DICTIONNAIRE ENCYCLOPÉDIQUE.

USUEL

OU RÉSUMÉ DE TOUS LES DICTIONNAIRES HISTORIQUES, BIOGRAPHIQUES, GÉOGRAPHIQUES, THOLOGIQUES, SCIENTIFIQUES, ARTISTIQUES ET TECHNOLOGIQUES, ETC.,

RÉPERTOIRE UNIVERSEL ET ABRÉGÉ
De toutes les Connaissances humaines,

Contenant la matière de 50 volumes in-8 ordinaires,

ET PRÉSENTANT LA DÉFINITION EXACTE ET PRÉCISE DE QUARANTE MILLE MOTS;

PUBLIÉ SOUS LA DIRECTION DE
CHARLES SAINT-LAURENT.

TOME II.

L-Z

QUATRIÈME ÉDITION.

PARIS,

ANCIEN COMPTOIR LIBRAIRIE SCIENTIFIQUE, INDUSTRIELLE ET AGRICOLE ANCIENNE MAISON
DES IMPRIMEURS-UNIS. DE LACROIX-COMON, MATHIAS (AUGUSTIN).

QUAI MALAQUAIS, 15.

1858

10224

Le plus souvent ce labre est plat, mais dans les hémiptères il est conique, allongé ; dans les diptères, il forme une des soies du suçoir.

LABROÏDES, famille de poissons que l'on reconnaît à leur corps oblong et couvert d'écailles, avec une seule épine dorsale. Les mâchoires sont garnies de dents, et les lèvres sont charnues et souvent extensibles, de manière qu'elles sont susceptibles de s'allonger et de former un tube qui sert à l'animal pour s'emparer des insectes dont ils se nourrissent. Les formes de ces poissons sont très élégantes, le corps est paré d'écailles bien colorées et si bien nuancées qu'il n'est pas de poissons qui les surpassent par la beauté de leur parure. Leur chair est dure et filandreuse. Les *gomphoses*, les *labres*, etc., appartiennent à cette famille.

LABYRINTHE, édifice où il y a beaucoup de détours, ou lieu coupé de plusieurs chemins, d'allées, en sorte qu'il est très-difficile d'en trouver l'issue. Le *labyrinthe d'Égypte* était le plus ancien. Il fut bâti par douze rois, qui régnèrent en même temps en Égypte. Il était divisé en douze palais voûtés, dont chacun avait douze portes ; il avait deux étages, l'un sur terre, l'autre au-dessous, et tous les deux contenaient trois mille chambres. Dans celui de dessous étaient les tombeaux des rois et des crocodiles sacrés. Il existait encore au temps d'Auguste. Le *labyrinthe de Crète*, bâti par Dédale sur le modèle du précédent, servit de prison au Minotaure. — Aujourd'hui un labyrinthe est un terrain planté et coupé de plusieurs chemins et d'allées, en sorte qu'il est très-difficile, une fois qu'on y est entré, de retrouver le passage qui y a conduit.

LABYRINTHE (anat.), nom donné à l'ensemble des diverses parties qui forment l'oreille interne. Le labyrinthe est placé entre le tympan et le conduit auditif interne ; il est composé de plusieurs cavités qui communiquent sur un os sec, et que l'on désigne sous le nom de *limaçon*, de *vestibule*, etc.

LABYRINTHIFORMES, famille de poissons. Les os de la tête qui avoisinent les branchies (organes respiratoires) sont divisés en petits feuillets diversement contournés sur eux-mêmes, et forment des cellules plus ou moins étendues qui communiquent avec les branchies. C'est cette disposition qui leur a valu leur nom. Lorsque ces poissons sortent de l'eau, leurs cavités labyrinthiques se remplissent de liquide qui y demeure en réserve ; et, lorsque l'animal se trouve hors de son élément, l'eau sort du réservoir où elle est retenue et va porter aux branchies le principe indispensable à l'exercice de leurs fonctions. Cette particularité permet à ces poissons de se rendre à terre et d'y ramper. A cette famille appartiennent l'*anabas*, les *polyacanthes*, etc.

LAC, masse d'eau d'une assez grande étendue, entourée de terre de tous côtés, soit que cette eau communique avec quelques rivières, soit qu'elle donne naissance à celles-ci. Les uns sont alimentés par la chute des pluies ou la fonte des neiges, les autres par des sources. Les plus célèbres sont la mer Caspienne, le lac Aral, l'Ontario, le lac Supérieur, celui de Constance, de Ladoga, etc.

LAC (Cercle du), partie méridionale du grand-duché de Bade, entourée par le lac de Constance. Sa population est de 148,000 âmes. Son chef-lieu est *Constance*.

LAC (Département du), département le plus méridional du royaume de Wurtemberg, dont *Altorf* est le chef-lieu. La population est de 106,000 âmes.

LAC SUPÉRIEUR, lac immense d'Amérique septentrionale, dans le Canada, d'environ 618 lieues de circonférence. Il est très-poissonneux. C'est un des plus grands lacs du monde.

LA CATHELINIÈRE (Louis Ripault de), chef vendéen, célèbre par son courage et sa cruauté. A la première insurrection des départements de l'Ouest, en 1793, il souleva les paysans du pays de Retz, et s'empara du port de Saint-Céré et de Bourg-Neuf. Repoussé de Nantes avec Charette et attaqué par plusieurs colonnes républicaines en 1794, ne pouvant résister à ces forces, il voulut licencier ses troupes. Forcé de combattre par ses soldats, il battit une colonne républicaine ; mais, vaincu à son tour et blessé de deux coups de feu, il fut pris, conduit à Nantes et fusillé.

LACÉDÉMONE. Voy. Sparte.

LACÉPÈDE (Bernard-Germain-Étienne de Laville, comte de), né à Agen en 1756. Il fut l'ami de Buffon et de Gluck, et fut également distingué dans la composition musicale et l'histoire naturelle. Appelé en 1791 au grade de président de section, à celui de commandant de la garde nationale, élu membre du conseil du département de Paris, président des électeurs, député à la constituante et président de cette assemblée, on le vit ensuite devenir sénateur (1799) et ministre d'État (1804). Cet homme illustre est mort en 1825. Ses plus fameux ouvrages sont l'*Histoire naturelle des quadrupèdes ovipares et des serpents*, celle *des poissons, des cétacés*, pour la continuation des œuvres de Buffon, et la *Poétique de la musique*. Il a fait quelques *romans*, des *symphonies* et des *sonates*.

LACERNE, espèce de grand manteau que portaient les anciens. On pouvait l'ouvrir par devant, et il s'attachait par des boucles et des agrafes. La lacerne originairement était un costume de négligé, et on ne la portait que dans les armées. Elle était alors fort courte. Mais insensiblement elle passa des camps à la ville. Elle devint plus ample et plus longue, et les riches l'adoptèrent pour parure. Vers la fin de la république, son usage était général.

LACERTIENS, famille de reptiles distingués par leur langue mince, extensible, et terminée par deux filets comme celle des couleuvres et des vipères. Leur corps est allongé, leur marche rapide ; les pieds ont cinq doigts armés d'ongles, séparés et inégaux ; les écailles sont disposées sous le ventre et autour de la queue par bandes transversales et parallèles. Une production de la peau protège leur œil. Cette famille renferme le *monitor*, l'*ameiva*, etc.

LACET, petit cordon rond ou plat, de fil ou de soie, ferré par les deux bouts, qui sert à attacher certains vêtements de femmes et d'enfants, les corsets, etc. — Il se dit aussi, 1° des lacs ou filets avec lesquels on prend les perdrix, les lièvres, etc. ; 2° en marine, d'un bout de ligne ou de tresse qu'on emploie à lacer, à unir deux objets ensemble ; 3° d'une serrure à deux branches flexibles qui, repliée sur elle-même, embrasse un anneau de fer et sert à le fixer dans le point d'un bâtiment.

LA CHAISE (François d'Aix de), jésuite, confesseur de Louis XIV, né en 1624. Ce religieux, doux, sage et modéré, favorisa le mariage du roi avec Mme de Maintenon, et se trouva mêlé à toutes les affaires ecclésiastiques et à celles de la cour. Il se fit beaucoup d'ennemis, malgré sa bonté et sa justice. On a de lui un *Abrégé d'un cours de philosophie*. Le P. La Chaise mourut en 1709. Son nom a été donné au plus beau cimetière de Paris, établi sur l'emplacement de sa maison de campagne.

LA CHAUSSÉE (Pierre-Claude Nivelle de). Voy. Chaussée (La).

LACHENALIE, genre de la famille des asphodélées, renfermant des plantes très-belles, originaires d'Afrique et cultivées dans nos jardins depuis le siècle dernier. Ces plantes sont très-voisines des jacinthes. Elles sont munies de feuilles simples, radicales, engaînées à leur base, et d'une hampe terminée par des fleurs en épis ou en grappe. Elles craignent les grands froids. On cultive la *lachenalie tricolore*, aux fleurs d'un jaune orangé, dont trois pétales sont terminés par une tache verte, et les trois autres par une tache rouge ; la *lachenalie à fleurs pendantes*, inodore comme la précédente, d'un beau rouge, couverte d'une espèce de poussière, et bordée de vert à son extrémité ; la *lachenalie à fleurs jaunâtres*, assez semblable à la *lachenalie tricolore*.

LACHÉSIS (myth.), une des trois parques. Elle tenait et filait le fil de la vie ; quelquefois elle tenait la quenouille, d'autres fois le fuseau. On la représente vêtue d'une longue robe semée d'étoiles.

LACIDAS, philosophe académique, natif de Cyrène, florissait vers l'an 241 avant J.-C. Il fut disciple d'Arcésilas, et lui succéda dans la direction de la deuxième académie. Il se concilia l'estime d'Attale, roi de Pergame, qui lui donna un jardin, où il se livra tout entier à son goût pour l'étude. Il adopta un des premiers les principes qui ressemblaient à ceux du scepticisme ; il recommandait sans cesse à ses disciples de suspendre leur jugement, et de ne jamais prendre un ton tranchant et décidé. Il mourut vers l'an 215 avant J.-C.

LACINIA, surnom de Junon, tiré de Lacinium, ville de la grande Grèce (sur la côte orientale du Brutium, au S. de Crotone), où on lui avait élevé un temple célèbre par sa magnificence et surtout par les miracles qui s'y accomplissaient journellement. Jamais le vent ne dispersait les cendres de l'autel, quoique cet autel fût en plein air dans la cour du temple. Les dalles de marbre dont le temple était formé avaient la propriété de garder les noms de ceux qui les y avaient inscrits, tant qu'ils étaient en vie, et de les laisser s'effacer à l'instant de leur mort.

LACINE, nom donné aux pans de devant de la toge en usage chez les Romains.

LACINIÉ, nom, en botanique, des parties des plantes lesquelles sont découpées sur leurs bords en lanières étroites et irrégulières.

LACIS. C'est, en anatomie, un entrelacement de vaisseaux ou de nerfs qui sont d'un petit volume et s'unissent entre eux de manière à représenter un tissu très-fin.

LACK, monnaie usitée dans l'Inde. Un *lack de roupies* vaut 100,000 roupies ; la *roupie* valant 2 francs environ, il s'ensuit que le *lack* vaut 200,000 francs.

LACLOS (Pierre-Ambroise Chauderlos de), né à Amiens en 1741. Il se rendit célèbre, avant la révolution, par un roman intitulé les *Liaisons dangereuses*. C'est un tableau de la galanterie à son époque. Laclos figura dans la révolution, et fut le rédacteur de plusieurs discours de Robespierre. Il mourut en 1803.

LACOMBE-SAINT-MICHEL (Jean-Pierre), né vers 1740 d'une famille noble du Languedoc, fut député en 1791 par le département du Tarn, député à l'assemblée législative. Il s'occupa de l'administration de l'armée nationale, et contribua puissamment, le 10 août, à la défaite des Suisses. Nommé député à la convention nationale, il y vota la mort de Louis XVI. Envoyé en Corse, il battit les habitants de cette île, se défendit longtemps contre les Anglais. En 1795, il fut nommé membre du conseil des anciens et du comité de salut public. Il se distingua en 1805 dans la guerre d'Italie, et mourut en 1812.

LACONIE, contrée méridionale du Péloponèse, appelée d'abord *Lelegie* et *Œbalie*, et de 19 lieues de long sur 12 de large. Elle était arrosée par l'Eurotas, et avait Sparte pour capitale. Elle eut des rois jusqu'en 192 avant J.-C., se réunit à cette époque à la ligue achéenne. La concision des paroles de ses habitants fut nommée *laconisme*. Les anciens donnaient le nom de *laconicum* aux bains très-chauds, parce que les Spartiates en avaient fait usage les premiers. — La Laconie forme aujourd'hui un nom près du Vésuve. Son chef-lieu est *Mistra*.

LACRYMA-CHRISTI, nom donné à un vin muscat rouge et blanc que l'on récolte sur le mont *Somma* près du Vésuve. La récolte annuelle monte à 10,000 bouteilles, dont chacune se vend de 4 à 6 francs

LACRYMAL. On a donné ce nom à plusieurs parties. Les *voies lacrymales* sont les organes chargés de sécréter des larmes, de les répandre au-devant de l'œil et de les transmettre dans les fosses nasales. La *glande lacrymale*, placée à la partie supérieure, antérieure et externe de l'orbite, est ovoïde et a la forme d'une amande. Sa couleur est d'un jaune léger. Elle sécrète les larmes et les verse au-devant du globe de l'œil par ses canaux excréteurs. Les *points lacrymaux*, au nombre de deux, sont de petites ouvertures arrondies placées près des paupières. Ils sont entourés d'un petit bourrelet muqueux et blanchâtre. Le canal lacrymal ou nasal est placé dans la paroi externe des fosses nasales. Il transmet dans les fosses nasales les larmes que les points lacrymaux ont absorbées.

LACS. Dans les métiers à tisser les étoffes façonnées, on donne ce nom à des cordes disposées pour supporter des fils forts qui remplacent les lisses dans les métiers à tisser les autres étoffes. Chacun de ces fils est tendu verticalement par un plomb long et étroit et, à une hauteur convenable, porte un anneau dans lequel on fait passer, en montant la pièce, un fil de la chaîne.

LACTANCE, célèbre écrivain chrétien du IIIe siècle, né en Afrique. Il enseigna la philosophie à Nicomédie, et en 317 il fut choisi par Constantin pour être précepteur de son fils Crispus. Il mourut en 325. Ses plus célèbres ouvrages sont un livre de *l'Ouvrage de Dieu*, dans lequel il prouve la création de l'homme et la providence divine; sept livres d'*Institutions divines*, dans lesquels il prouve la religion chrétienne et réfute les difficultés qu'on peut lui opposer, et un livre de *la Colère divine*, dans lequel il prouve que Dieu est capable de colère et de miséricorde.

LACTATES, sels résultant de la combinaison d'une base avec l'acide lactique, trouvé par Scheele dans le lait de vache.

LACTATION, nom donné ordinairement à *l'allaitement*, action par laquelle la mère transmet à son nourrisson le lait formé dans ses mamelles; il est aussi de la sécrétion du lait à l'aide des glandes mammaires. Elle est particulière aux animaux mammifères. Elle commence à certaine époque de la gestation, et cette époque varie selon les animaux. Il en est de même de sa durée et de sa cessation. Chez la femme, la lactation commence dès les premiers mois de la grossesse; trois jours après l'accouchement, les mamelles se gonflent, se distendent, le pouls acquiert de la force, de la fréquence; cette excitation augmente, perfectionne la sécrétion, et se termine bientôt par une sueur douce et surtout par la succion de l'enfant, qui en tirant le lait procure le dégorgement de la mamelle. Le lait, d'abord séreux, acquiert peu à peu plus de consistance, et lorsque l'enfant a acquis plus de forces, qu'il a besoin d'aliments plus solides, et qu'on lui en donne, il tète moins, et on le sèvre. La sécrétion du lait diminue alors; des sueurs douces en tarissent la source, et les autres fonctions se rétablissent comme avant la grossesse.

LACTÉ, nom donné à tout ce qui a rapport ou ressemble à du lait. Les anatomistes ont nommé *vaisseaux lactés* les vaisseaux lymphatiques qui pompent le chyle à la face interne des intestins pour les porter dans le canal thoracique. — En hygiène, la *diète lactée* est le régime dans lequel les malades font du lait leur principal aliment.

LACTÉE (Voie), bande blanchâtre, irrégulière, due à une multitude innombrable d'étoiles, trop éloignées pour être distinguées à la vue simple, et qu'on aperçoit dans le ciel pendant les nuits sereines. Dans sa course elle traverse plusieurs constellations. Les anciens l'attribuaient à quelques gouttes de lait qui tombèrent de la bouche d'Hercule lorsqu'il était suspendu aux mamelles de Junon.

LACTIFÈRE, nom donné aux vaisseaux ou conduits du corps des mammifères qui portent le lait vers les mamelles. En botanique, ce nom se donne aux plantes dont les tiges, les feuilles ou diverses autres parties renferment un suc laiteux. Tels sont le *pavot*, la *laitue*, la *tithymale*.

LACTIQUE (Acide), acide découvert par Scheele dans le petit-lait aigre, et qui existe dans tous les fluides animaux et dans la chair musculaire. Il est composé de carbone, d'oxygène et d'hydrogène, et se dissout dans l'eau et l'alcool.

LACUNE, nom donné par les anatomistes à de petites cavités que présentent les membranes muqueuses et dont les parois sécrètent une humeur visqueuse plus ou moins épaisse.

LACUSTRAL, épithète donnée aux plantes ou aux animaux qui croissent ou qui vivent sur le bord des lacs, des étangs ou dans les eaux mêmes.

LADANUM ou LABDANUM, substance gommo-résineuse, d'une odeur agréable, de couleur vert noirâtre et de saveur chaude et amère. On la recueille sur diverses espèces de *cistes*. Elle est émolliente à l'extérieur, astringente, fortifiante et calmante à l'intérieur. On l'employait autrefois dans les emplâtres résolutifs. Elle fait encore partie de la composition des clous et des pastilles odorantes.

LADISLAS (Herman), fils de Casimir Ier, roi de Pologne, né en 1043, succéda à son frère Boleslas II en 1082, et mourut en 1102. — LADISLAS *le Cruel* succéda à Boleslas III en 1139. Il voulut s'emparer de l'héritage de ses frères. Mais, ayant été vaincu, il se réfugia chez son beau-frère Conrad III, empereur, et ne put recouvrir son royaume. Il mourut en 1159. — LADISLAS *aux Jambes grêles* succéda à Mieczyslas son père, qui avait usurpé le trône sur le prince légitime Leszec, et se démit trois ans après de l'empire. Il mourut en 1231. — LADISLAS Ier *le Nain*, prince de Kouiavy, né en 1260, monta sur le trône après Przemyslas et Venceslas (1305), et en 1319 il fut sacré roi de toute la Pologne. Il défit plusieurs fois les Teutons, et mourut en 1353. — LADISLAS II, *Jagellon*, de la Pologne, parvint au trône de Pologne par son mariage avec Hedwige (1386). Il battit les Allemands et les Tartares, et mourut en 1434. Il était grand-duc de Lithuanie. — LADISLAS III, fils du précédent, lui succéda en 1434 à l'âge de dix ans. Nommé roi de Hongrie, il battit les Turks. Dans une de ces batailles (Varna) il mourut en 1444. — LADISLAS IV succéda à Sigismond III en 1632. Il s'empara de quelques provinces russes, et comprima la noblesse. Il mourut en 1648 à cinquante-cinq ans.

LADOGA, lac de l'empire de Russie, entre les gouvernements de Pétersbourg, Olonets et Viborg. Il est très-poissonneux, et nourrit de beaux saumons. Sa longueur est de 42 lieues et sa largeur de 26. Il se décharge dans la Baltique par la Néva. Ce lac est très - orageux. Il communique au Volga par des canaux qui unissent la Baltique à la mer Caspienne. Sur le bord méridional de ce lac est Ladoga, bâtie par Pierre Ier dans le gouvernement de Pétersbourg.

LADRE, nom donné aux chevaux qui ont autour des yeux et au bout du nez des taches brunes, dans lesquelles les poils manquent. — On nommait autrefois ainsi les *lépreux*.

LADRERIE, nom donné autrefois, 1° à la *lèpre*; 2° aux hôpitaux destinés au traitement de cette maladie. Aujourd'hui on ne s'en sert que pour désigner une affection particulière au cochon domestique, qui est caractérisée par le développement dans le tissu cellulaire de vésicules nommées *ladres*, qui se manifestent sous forme de granulations blanches de forme ovoïde. Ces vésicules sont produites par une espèce de vers intestinaux, nommés *cysticerques*. Ces animaux se logent dans le tissu cellulaire de presque toutes les parties molles, telles que la graisse, les muscles, on un mot dans tous les endroits où il existe un intervalle quelconque. Les causes qui disposent les cochons à contracter la ladrerie ne sont pas encore bien connues; on a cru remarquer que cette maladie attaque le plus ordinairement ceux qui habitent dans des endroits humides et marécageux, ceux qui font peu d'exercice, ou qui sont privés de bon air et d'eau de bonne qualité. C'est sur les cochons de deux ans à deux ans et demi que la ladrerie s'observe le plus fréquemment. On ignore si elle est héréditaire, mais il est prouvé qu'elle n'est pas contagieuse. Elle se guérit difficilement, et amène d'abord la chute des soies du corps, puis la mort de l'animal. — *Le mot ladrerie* est encore synonyme de l'*éléphantiasis* ou *lèpre des Arabes*.

LADY, mot anglais d'origine saxonne, qui signifie une dame, la dame d'un château, une maîtresse de maison. Comme titre honorifique, il se donne à la femme d'un lord duc, d'un comte, d'un marquis et même d'un baronnet et d'un chevalier. Les filles de comte et de duc non mariées sont déjà *ladies*. Les femmes de la bourgeoisie se nomment *mistress*.

LÆNA, nom donné par les Romains à un habit semblable à la chlamyde des Grecs. On le faisait ordinairement de grosse étoffe, parce qu'il était destiné à défendre du froid.

LAENSBERG (Matthieu), fameux astrologue et chanoine de Saint-Barthélemy à Liége, vers la fin du XVIe siècle ou au commencement du XVIIe siècle. Sous son nom a été publié et se publie encore de nos jours l'*Almanach de Liége*, qui jouit autrefois d'une si grande réputation. Napoléon lui-même faisait examiner avec soin cet almanach et les prédictions qu'il donnait, afin qu'elles ne répandissent pas des idées, des craintes, des espérances contraires à ses desseins. Le plus ancien de ces almanachs date de 1636.

LAERTE, roi d'Ithaque, épousa Anfyclée. Celle-ci, ayant eu commerce avec Sisyphe avant son mariage, accoucha huit mois après d'un fils qui fut nommé Ulysse. Laerte eut pour cet enfant la tendresse d'un père, lui céda sa couronne, et se retira à la campagne. Après vingt ans d'absence, lors de la guerre de Troie, Ulysse revint déguisé en mendiant, et se fit reconnaître par son père adoptif. Laerte l'aida à chasser les prétendants de Pénélope.

LÆTORIA, loi romaine en vertu de laquelle on donnait des curateurs aux prodigues et aux insensés, et qui punissait sévèrement ceux qui abusaient de la faiblesse de ces personnes pour s'emparer de leurs biens.

LA FAYETTE (Marie PIOCHE DE LAVERGNE, comtesse DE), née au Havre de Grâce en 1632. Élève de Rapin et de Ménage, elle entra à vingt-deux ans dans la société de Mme de Rambouillet. Elle fut l'amie de la Fontaine, de Segrais et de Mme de Sévigné. Ses romans de *Zaïde* et de *la Princesse de Clèves*, l'*Histoire d'Henriette d'Angleterre*, la *Princesse de Montpensier*, des *Mémoires sur l'histoire de France* (1688-89), lui acquirent une grande réputation. Elle mourut en 1693.

LA FAYETTE (Gilbert MOTIÉ, marquis DE), né en 1757 à Chavagnac, près Brioude, en Auvergne. Lors de l'insurrection d'Amérique, ayant appris que l'armée des insurgés avait été réduite par les Anglais à 2,000 hommes, il équipa une frégate à ses frais, débarqua à Georges-Town en 1777, et voulut servir sans appointements. Nommé général-major, il battit les Anglais, et se distingua à la bataille de Monmouth gagnée par les Américains en 1778. En 1781, il fut chargé de la défense de la Virginie, et vainquit Cornwalis. Revenu en France, où son nom était populaire, il fut nommé membre de l'assemblée des notables en 1787, demanda la suppression des lettres de cachet et des prisons d'État, et parla le premier de la nécessité de consulter la nation. Nommé membre de l'assemblée nationale, il proposa la première déclaration des droits de l'homme, et en 1789 fut nommé commandant de la garde nationale. Le roi, la reine lui durent leur salut. Cependant il s'attira beaucoup de persécutions, et se retira dans son pays. Lors de l'invasion des émigrés, investi d'un commandement supérieur, il repoussa les ennemis sur plusieurs points, et s'efforça de sauver Louis XVI en faisant soulever son armée; mais il fut arrêté par les Autrichiens, et eut à souffrir de mauvais traitements. Délivré sous Bonaparte, il vota contre le consulat à vie, et demanda le rétablissement de la liberté de la presse. Député en 1818, il montra une grande antipathie contre Louis XVIII, et en 1830 il fut un des premiers à faire élire roi Louis-Philippe d'Orléans. La Fayette est mort le 20 mai 1834.

LA FAYETTE (Louise DE). V. FAYETTE (La).

LA FONTAINE (Jean DE), célèbre fabuliste français, né en 1621 à Château-Thierry. Il fit des études assez médiocres, et la lecture de l'ode de Malherbe sur la mort de Henri IV développa en lui son talent. Il étudia Horace, Homère, Virgile, Térence, Plutarque et Platon. Il traduisit l'*Eunuque* de Térence en vers, et, devenu l'ami de Fouquet, il fit pour le remercier de l'intérêt qu'il lui portait le *Songe de Vaux*. Il écrivit ensuite le poëme d'*Adonis* et ses *Contes* en 1663. Mais il est plus célèbre par ses *Fables*, dont les plus connues sont *la Laitière et le Pot au lait*, *le Chêne et le Roseau*, *les Animaux malades de la peste*, *les Deux Pigeons*, *le Renard et la Cigogne*, etc. On lui doit encore quelques poëmes, tels que *Psyché*, *le Quinquina* et quelques opéras. La Fontaine se livra toute sa vie au plaisir, et fut toujours dans un état voisin du besoin. Il mourut en 1695.

LAGAN, droit que les seigneurs avaient sur les marchandises et les vaisseaux qui avaient fait naufrage, et dont la mer jetait les débris sur la côte. Ce droit fut aboli à Amiens par Philippe Auguste en 1191.

LAGERSTROÉMIE, genre de la famille des salicariées, renfermant des arbustes originaires de l'Asie et cultivés en France. La *lagerstroémie de l'Inde* est d'un très-bel aspect, et étale ses grandes corolles depuis le mois d'août jusqu'en octobre. Cet arbrisseau monte à six ou sept pieds de hauteur. Sa tige est droite et garnie à son sommet de rameaux anguleux et rougeâtres. Du pied sortent beaucoup de jets qui lui donnent l'aspect d'un buisson. Les feuilles sont ovales, aiguës, coriaces, luisantes et d'un vert foncé. Les fleurs sont d'un rouge éclatant.

LAGET, LACETTO OU BOIS DENTELLE, genre de la famille des thymélées, renfermant des arbrisseaux originaires des Antilles. Le laget monte de douze à vingt pieds; les rameaux et le tronc sont cylindriques, bruns, couverts de feuilles ovales, cordiformes, aiguës, d'un beau vert luisant; les fleurs, disposées en grappe ou en épi, donnent naissance à un petit fruit velu et renfermant une semence pointue aux deux bouts. Le bois est compacte, jaunâtre, avec une moelle d'un brun pâle. Sous une écorce d'un gris foncé, on remarque des couches nombreuses, se détachant les unes des autres, et unies ensemble de manière à former un réseau clair, blanc, légèrement ondulé, fort, d'une régularité assez grande pour que l'entrelacement de ses fibres le fasse comparer à la gaze ou à la dentelle. Ce tissu sert à faire des manchettes, des fichus, des articles de toilette, des nattes et des cordes. On le blanchit en l'agitant dans l'eau de savon.

LAGIDES, dynastie royale d'Égypte, dont la tige fut le Macédonien Lagus, et qui régna à Alexandrie depuis l'an 323 jusqu'à l'an 30 avant J.-C.

LAGOMYS ou PIKA, genre de mammifères, voisins des lièvres, et qui s'en distinguent par l'absence complète de la queue. La tête est moyenne, le museau proéminent, les oreilles petites et arrondies, et les jambes de devant égales à celles de derrière. La Sibérie est la seule contrée où on les trouve. Ils passent une grande partie de leur vie dans des terriers qu'ils se creusent, et ne sortent que pendant la nuit. Le *sulgan* ou *petit lagomys* est long de six pouces neuf lignes; son pelage est mélangé de gris et de brun sur son corps. Ses flancs et ses pieds sont jaunâtres, le ventre blanchâtre, et la gorge, le nez et les lèvres tout à fait blancs; les oreilles sont triangulaires, avec une bordure blanche. Il se nourrit de fleurs, de feuilles et de fruits. Le *pika* ou *lagomys des Alpes* est long de dix pouces, d'un roux jaunâtre. Les pieds sont bruns et les oreilles rondes et noires. Ils vivent seuls ou en société.

LAGON, nom donné par les marins à de petits lacs ou étangs salés formés sur un terrain bas près des côtes ou au fond d'une baie. La mer y entre pendant le temps de la marée, et y amène du sable et du gravier qui en bouchent l'entrée aux plus petites embarcations.

LAGONI, nom donné par les Italiens à des amas d'eau bourbeuse et noirâtre d'où s'exhalent continuellement, avec beaucoup de force et de bruit, des vapeurs chaudes et blanchâtres qui répandent une forte odeur de soufre, de bitume et d'hydrogène sulfuré.

LAGOPÈDE, oiseau de la famille des gallinacés alectrides, qui demeure sur les hautes montagnes au milieu des neiges et des précipices d'Europe, d'Asie et d'Amérique. Sa chair est très-estimée.

LAGRANGE (Joseph-Louis), célèbre géomètre, né à Turin en 1736 de parents d'origine française. A dix-neuf ans, il publia la *Méthode des variations*, et en 1764 il fut reçu à l'académie de Berlin. Il fit de grandes recherches sur le calcul intégral, le mouvement des fluides et les méthodes d'approximation. Après la mort de Frédéric, il vint en France et fit paraître en 1788 sa *Mécanique analytique*. Il fit ensuite sa *Théorie des fonctions*, fut membre de l'Institut et du sénat, et mourut en 1813, jouissant d'une haute considération.

LAGRANGE-CHANCEL (Joseph DE), né près de Périgueux en 1676. Ce poëte fécond débuta par la tragédie de *Jugurtha*, et n'eut pas de grands succès dans ses pièces, dont tous les sujets étaient empruntés à la mythologie. Il est plus célèbre par ses *Philippiques*, épigrammes qu'il composa contre Philippe, duc d'Orléans, régent du royaume. Exilé par le duc d'Orléans, il ne reparut qu'après sa mort et mourut lui-même en 1758.

LAGUIS, terme de marine, cordage rond ou sangle dont on fait à un des bouts une ganse sur laquelle un homme peut s'asseoir. Le nœud qui arrête la ganse est double et ne peut glisser. On le nomme *nœud d'aqui*. Ce nœud se trouve devant l'estomac de l'homme assis dans la ganse. L'usage du laguis est de soutenir, de hisser les matelots qui vont faire des manœuvres importantes au haut des mâts, le long des bords, etc.

LAGUNES, sortes de petits lacs marécageux, qui se forment sur le bord de la mer, à l'embouchure de certains fleuves. Ces fleuves, par le limon qu'ils charrient, forment des bancs et des îlots nombreux, séparés par des canaux sinueux, peu profonds et remplis d'eau jaunâtre. Ces canaux sont les lagunes. Une partie de la Hollande est bâtie sur des lagunes.

LAGUNES DE VENISE, marais sur lesquels Venise est construite. Ils communiquent avec la mer. Il y a dans ces lagunes environ soixante îles, dont *Murano* est la plus considérable après celles qui composent Venise. Voy.

LAGUS, Macédonien d'obscure naissance, épousa Arsinoé, fille de Méléagre, qui alors portait dans son sein le fruit de ses amours avec Philippe, roi de Macédoine. Pour cacher la honte de sa femme, Lagus exposa dans les bois l'enfant qu'elle mit au monde. Cet enfant fut sauvé, dit-on, de la mort par un aigle, qui le nourrit de sa proie et le couvrit de ses ailes comme pour le préserver de l'inclémence des cieux. Lagus, témoin de ce prodige, adopta le jeune infortuné et le nomma Ptolémée. Cet enfant devint dans la suite général d'Alexandre le Grand, et à sa mort fut fait roi d'Egypte et fonda la dynastie des Lagides.

LA HARPE (Jean-François), célèbre critique, né à Paris de parents inconnus en 1739. Ses tragédies n'eurent pas un grand succès, à l'exception du *Comte de Warwick*, de *Philoctète*; et le drame de *Mélanie* fut très-applaudi. Ses tragédies de *Timoléon*, *Gustave*, *Pharamond* furent mal accueillies. Il composa plusieurs *héroïdes* et le petit poëme de *Tangu et Félime*. Mais son plus célèbre ouvrage est son *Cours de littérature*. La Harpe mourut en 1803. Il avait été un des rédacteurs du *Mercure de France*.

LA HIRE (Etienne VIGNOLES, dit), un des plus illustres capitaines de Charles VII. Il accompagna Jeanne d'Arc au siége d'Orléans, et combattit avec elle à Jargeau et à Patai. Il s'avança jusqu'aux portes de Rouen (1431) pour s'opposer au supplice de Jeanne d'Arc, et fut fait prisonnier. Il échappa de leurs mains, et après de nombreux exploits il mourut de ses blessures à Montauban (1442). Son nom a été donné au *valet de cœur* dans le jeu de cartes.

LA HIRE (Philippe), né en 1640. Il s'adonna à l'étude des mathématiques, et après son *Mémoire sur la coupe des pierres* il fut reçu à l'académie des sciences en 1678. Il fut tour à tour chargé par Colbert de lever les cartes de la Bretagne et de la Guyenne, de déterminer les positions de Calais et de Dunkerque (1681). En 1683, il continua au nord de Paris la méridienne qui passe par cette ville. Louvois le chargea du nivellement de la rivière d'Eure. En 1685, la Hire fit paraître son *Traité des sections coniques*, et en 1687 des *Tables du soleil et de la lune*, l'*Art de tracer les cadrans solaires*, un *Traité de mécanique*, etc. Il mourut en 1719.

LAHORE ou PUNJAUB, royaume d'Asie, dans l'Indoustan, divisé en deux provinces, Lahore et Cachemyr, avec des capitales de même nom. Les Seiks forment une grande partie de la population, qui s'élève à 20,000,000 d'habitants, et le souverain du pays porte le nom de *rajah*, *maharajah*. Autrefois cette partie de l'Indoustan était partagée entre une foule de petits princes pillards et ambitieux. En 1800, Randjit-Singh s'empara des Etats des autres princes et fonda un royaume considérable. En 1822, un Français nommé M. Allard et un Italien M. Ventura y furent accueillis avec bienveillance. Le premier changea la discipline militaire et institua des régiments de grenadiers, hussards, dragons, etc. Il y fonda une décoration à l'instar de la Légion d'honneur. Le drapeau du royaume est le drapeau tricolore. Les femmes vivent dans une réclusion absolue, et les enfants ne reçoivent aucune éducation. Le duel à l'épée n'est pas usité, on se bat à coups de poing. Les revenus du pays montent à 70,000,000 francs. Le chiffre de l'armée est porté à 82,014 hommes, et le nombre des canons à 376. Le gouvernement est despotique.

LAI, la plus ancienne poésie des Gaules, empruntée aux Bretons. Le lai était toujours destiné à raconter. Quand l'ordre adopté pour le premier couplet changeait, la pièce s'appelait *virelai*.

LAI (MOINE). Un *frère lai* est un religieux occupé aux travaux du corps et à ceux de la campagne, ainsi qu'au service des monastères. Il portait des habits différents des religieux destinés à chanter au chœur, et ne pouvait devenir clerc. L'institution des frères lais date du XIe siècle. On appelait auparavant *laïques* ou *lais* les religieux de chœur qui n'avaient ni ordre sacré ni office dans le monastère.

LAÏC ou LAÏQUE, nom donné aux personnes qui ne sont point engagées dans l'état ecclésiastique.

LAICHE, genre de la famille des cypéracées, renfermant des plantes qui se plaisent sur le bord des eaux courantes et stagnantes, quelques-unes habitant les lieux secs et sablonneux. Toutes habitent le nord. Les laiches sortent de racines vivaces et traçantes; leurs tiges, cylindriques et triangulaires, sont munies de feuilles longues, dures, aux bords membraneux, surchargés de dents fines et acérées qui les rendent coupantes. Vertes, les bestiaux les mangent sans répugnance; le cheval seul les repousse : elles sont nuisibles aux moutons. On ne peut s'en servir que pour augmenter la masse des litières et des fumiers. Dans les dunes, leurs racines fixent les sables, empêchent l'éboulement des terres placées aux bords des eaux courantes, exhaussent le sol des marais, et forment en se décomposant des tourbes excellentes. La *laiche précoce* et la *laiche en gazon* font un fourrage vert excellent; la *laiche faux souchet*, les *laiches des marais, des rivages, jaunâtre*, ornent les pièces d'eau des jardins.

LAIE, nom donné, 1º à la femelle du *sanglier*; 2º à une route que l'on a ouverte dans une forêt en coupant pour cet effet le bois qui se trouvait dans le passage; 3º à une certaine étendue de bois; 4º à une sorte de denture que laisse sur la pierre le marteau, nommé lui-même *laie* lorsqu'on s'en sert pour la tailler.

LAINAGE, classe particulière de marchandises qui désigne les étoffes purement de laine ou dans lesquelles il entre une grande partie de laine. — C'est aussi la façon qu'on donne aux diverses sortes de draperie pour garnir l'endroit des étoffes et donner une direction aux poils.

LAINES, matières filamenteuses qui recouvrent la peau des moutons et de quelques autres animaux, tels que le castor, l'autruche, la vigogne, les chèvres du Thibet, de Cachemire, etc. C'est avec ces diverses espèces de laines qu'on fabrique des étoffes qui servent à divers usages domestiques, et qui prennent, suivant l'espèce de laine dont elles sont fabriquées, le nom de *mérinos, cachemires*, etc. Les laines se divisent en *laines de toison*, provenant de la tonte annuelle des animaux vivants, et en *laines mortes*, que l'on prend sur la peau des animaux morts. Les unes et les autres sont *surges* ou *en suint* quand elles n'ont pas été lavées. Les laines de Saxe sont les plus belles sous le rapport de la finesse; viennent ensuite celles de la France et de l'Espagne; ensuite celles d'Angleterre et de la Hollande. — Jusqu'au XVIᵉ siècle, les Flamands et les Hollandais fabriquèrent seuls des étoffes de laine. Ce n'est que sous Henri VII que les Anglais établirent des manufactures, et sous Henri IV que cette industrie prit en France une grande importance. La France produit chaque année 46,500,000 kilogrammes de laine environ.

LAIRD, nom donné, chez les Ecossais, au propriétaire d'une terre, d'un bien. Ce titre est purement honorifique et ne donne pas la noblesse. Le laird prend le nom de la terre qu'il possède. Ainsi l'on dit le *laird de Kilkenny* et *sir Kilkenny*.

LAIS, célèbre courtisane, née à Hyccara en Sicile. Elle fut enlevée de sa patrie et transportée en Grèce à l'époque où Nicias débarqua en Sicile. Elle pratiqua à Corinthe le métier de courtisane. Sa beauté attira auprès d'elle un grand nombre de philosophes et d'artistes. Elle quitta Corinthe pour suivre en Thessalie un jeune homme qu'elle aimait. Mais quelques femmes de cette contrée, jalouses de sa beauté, la massacrèrent dans le temple de Vénus, 340 avant J.-C.

LAIS et RELAIS. Les *lais* sont les alluvions ou atterrissements formés par des cours d'eau ou par la mer. Les *relais* sont les parties de terrain que les cours d'eau ou la mer laissent à sec en se portant d'un bord sur l'autre. Les *lais* et *relais* de la mer font partie du domaine public; ceux des rivières appartiennent aux propriétaires riverains.

LAISSE, nom donné, 1º à une corde avec laquelle on tient un ou plusieurs chiens attachés; 2º à un cordon dont on fait plusieurs tours sur la forme du chapeau pour le tenir en état; 3º à une espèce de cordon de chapeau fait de crin, de fil, de soie, etc.; 4º au sol que la marée avait couvert en montant, et qu'elle laisse à découvert en descendant; 5º à tout ce que la mer amoncelle au haut du rivage dans les grandes marées.

LAIT, liquide sécrété par les glandes mammaires des femelles des mammifères. Il est liquide, opaque, blanc, plus pesant que l'eau, et doué d'une saveur douce. Évaporé jusqu'à siccité et mêlé avec du sucre et des amandes, il constitue la *frangipane*. Le lait, exposé à l'air, produit à sa surface une couche d'un blanc jaunâtre nommée *crème*; au fond, le *caséum* et le *petit-lait*. Le lait écrémé contient de l'eau, de la matière caséeuse, du beurre, du sucre de lait, de l'acide lactique, etc. Le lait sert à la nourriture de l'homme, et est utile dans une foule de cas d'empoisonnement. Le lait de vache est le plus nutritif, et convient aux enfants et aux sujets nerveux. Le lait de brebis renferme plus de lait que le lait de vache, et sert à préparer les fromages de Roquefort. Enfin le lait de la femme contient plus de sucre de lait et de crème et moins de caséum que celui de la vache.

LAIT, nom donné vulgairement à tout ce qui a l'apparence ou la couleur du lait. Ainsi le *lait de chaux* est un liquide blanc et trouble que l'on prépare en délayant la chaux dans l'eau. — Le *lait d'amande* est une liqueur faite avec des amandes, et qui par sa couleur ressemble à du lait. — Le *lait de poule* est un jaune d'œuf délayé dans de l'eau chaude avec du sucre. — Le *lait répandu* est une expression populaire sous laquelle on désigne toute espèce de maladie, et particulièrement les douleurs vagues qui se développent après l'accouchement chez les femmes.

LAIT VÉGÉTAL, nom donné au suc blanc renfermé dans les feuilles et les tiges de plusieurs végétaux, et qui ressemble au lait des animaux par sa couleur et son aspect.

LAIT VIRGINAL, nom donné à la dissolution alcoolique d'un baume précipité par l'eau. Autrefois on appelait ainsi l'acétate de plomb liquide précipité par l'eau. Dans ces deux opérations, la matière précipitée est blanche, et donne au liquide l'aspect laiteux qui lui a valu le nom de *lait*. On en fait usage comme cosmétique dans le dessein de faire disparaître la rougeur de la peau.

LAITE ou **LAITANCE**, nom donné à la partie du corps des poissons mâles qui contient la semence ou liqueur séminale. La laite est un aliment agréable et nourrissant.

LAITERON, genre de la famille des synanthérées, renfermant des plantes voisines des laitues, dont il partage les propriétés. Les espèces qui le composent contiennent beaucoup de lait, et habitent l'Europe. Le *laiteron commun* est commun partout. Les vaches et les lapins l'aiment beaucoup.

LAITIER (terme des forges), matière vitreuse, de couleur blanchâtre ou vert bleuâtre, qui recouvre le métal pendant sa fusion et le défend de l'action de l'air. Le laitier se retrouve quelquefois dans la fonte et la rend cassante.

LAITON ou **CUIVRE JAUNE**, alliage composé de vingt à quarante parties de zinc et de soixante à quatre-vingts parties de cuivre. On l'emploie dans la préparation des chaudières, des poêlons, des épingles, des cordes d'instruments, etc.

LAITUE, genre de plantes de la famille de synanthérées chicoracées. La *laitue cultivée*, dont la patrie est inconnue, usitée comme aliment, est douce, fade, mais de difficile digestion. La *laitue sauvage* renferme un principe narcotique propre à remplacer l'opium. On en prépare un extrait et une eau distillée usités comme calmants et diurétiques. Cette plante est annuelle, a des feuilles arrondies et caulinaires.

LAIUS, roi de Thèbes, arrière-petit-fils de Cadmus. Son père Labdacus avait mis Laïus, son fils, sous la tutelle de Lycus; mais celui-ci s'empara du trône. A sa mort, les Thébains replacèrent Laïus sur le trône. Ayant épousé Jocaste, fille de Créon, il apprit de l'oracle qu'il serait mis à mort par l'enfant qui naîtrait de ce mariage. Œdipe fut ce fils. Œdipe ayant été exposé, puis sauvé par des bergers, accomplit la prédiction de l'oracle en tuant son père. Voy. ŒDIPE.

LAIZE, largeur d'une étoffe, d'une toile, etc., entre les deux lisières. La laize des toiles à voile, en marine, est de vingt à vingt-quatre pouces de largeur.

LAK ou **LEK**, monnaie de compte imaginaire usitée en Perse. Elle vaut 245,000 francs (100,000 roupies d'argent).

LALANDE (Joseph-Jérôme DE), l'un des astronomes modernes les plus renommés, né à Bourg en 1732. Bien jeune encore, il montra son penchant pour l'astronomie. Il fut chargé de déterminer la parallaxe de la lune à Berlin, et fit reçu à vingt ans à l'académie des sciences. Une de ses occupations les plus constantes fut l'étude des planètes. En 1764, il publia son *Traité d'astronomie*, et en 1778 ses *Réflexions sur le soleil*. Il a donné encore un *Catalogue de mille étoiles circumpolaires*, un *Traité de la sphère et du calendrier*, une *Bibliographie astronomique*, une *Histoire céleste française*, etc. Il mourut à Paris en 1807.

LALLY (Thomas-Arthur, comte DE), né à Romans en Dauphiné en 1702 d'une famille irlandaise, devint en 1755 lieutenant général des armées de France, après avoir longtemps combattu comme volontaire contre l'Angleterre et la Russie, et après avoir remporté de nombreuses victoires. Nommé commandant de tous les établissements français dans les Indes (1758), il chassa les Anglais de toute la côte de Coromandel; mais, trahi par une partie de la compagnie, il fut vaincu, fait prisonnier (1761). Après son retour en France, il fut accusé de concussion, enfermé à la Bastille et décapité en 1766. Louis XVI réhabilita sa mémoire.

LAMA, genre de mammifères de la famille des ruminants, et qui vivent dans l'Amérique méridionale. Ces animaux sont vifs, légers, doux, paisibles et sobres; les Péruviens s'en servent comme des bêtes de somme, mais leur marche est lente et rien ne peut la stimuler.

LAMA ou **DALAÏ-LAMA**, nom du grand prêtre du bouddhisme ou religion de Bouddha dans l'Inde. Le lama est incarné dans le corps de Bouddha, d'après les croyances religieuses de ce pays, et le dieu réside perpétuellement dans lui et ses successeurs. Du dalaï-lama dépendent d'autres *lamas* qui ont presque la même autorité. Dans les premiers temps on allait chercher dans l'Inde le successeur du dalaï-lama que le défunt désignait dans son testament. Aujourd'hui le gouvernement chinois les fait renaître dans une noble famille de Mandschous.

LAMANEUR, nom des pilotes qui connaissent parfaitement l'entrée d'un port, d'une rade, d'une baie ou d'une rivière, les dangers, les écueils qui s'y trouvent et l'heure des marées sur les côtes environnantes. Les lamaneurs sont chargés de conduire les vaisseaux étrangers à l'entrée et à la sortie des ports. — On nomme *lamanage* la direction que donne un pilote lamaneur à un bâtiment pour le sortir ou l'entrer d'une rade, un port, etc. Les salaires de ce pilote sont nommés *frais de lamanage*.

LAMANTIN, genre de mammifères de la famille des amphibies ou plutôt de celle des cétacés. Ils ont le corps oblong, terminé par une queue plate, la tête grosse, un museau charnu, des mamelles trèsproéminentes chez les femelles. Ils vivent dans la mer ou à l'embouchure des grands fleuves d'Afrique et d'Amérique. Ils sont doux et herbivores.—C'étaient les *sirènes* des anciens.

LAMARCK (J.-B. DE MONNETTE, chevalier DE), né à Bargentin (Somme) en 1744. Quoiqu'il fût destiné par ses parents au sacerdoce, il entra en 1761 dans l'armée commandée par le maréchal de Broglie contre la Prusse et l'Angleterre. Mais en 1768 il abandonna cette carrière pour se livrer à l'étude des sciences naturelles. Il tâcha de concilier les trois méthodes de botanique, et composa un système particulier pour l'étude des plantes, d'après lequel il rédigea sa *Flore française* (1779). Il organisa la célèbre institution du *Muséum*, et mourut en 1828. Ses plus fameux ouvrages sont la *Philosophie zoologique*, un *Mémoire sur la matière du son*, le *traité des animaux invertébrés*.

LAMARLIÈRE (Antoine-Nicolas), né à Crépy (Marne) en 1745, fut fait lieutenant au régiment Dauphin en 1761. Il fit la campagne de 1762 en Allemagne, et fut blessé au bombardement de Ham. Il suivit son régiment en Corse, y fit la campagne de 1769, et ne quitta cette île qu'après sa réunion à la France. Il adopta les principes de la révolution avec une sage modération, conduisit neuf bataillons à Lille que les ennemis bombardaient déjà, et commanda l'avant-garde de l'armée du Nord. Après de nombreuses victoires, il fut accusé d'être complice de Custines, et fut décapité en 1793.

LAMBALLE, chef-lieu de canton du département des Côtes-du-Nord, sur le Gouessan, à 6 lieues de Saint-Brieux. Population, 5,200 habitants. Cette ville, fort ancienne, est considérée comme l'ancienne capitale des Ambiliates, peuples de la Gaule. Au moyen âge, elle devint le chef-lieu du comté de Penthièvre, et une place forte abritée par des remparts et un château détruits en 1626 par Richelieu. Lamballe envoyait avant la révolution un député aux états de la province, et avait été érigée avec le comté de Penthièvre en duché-pairie (1569). Lamballe est une petite ville riche et industrieuse, qui possède une bibliothèque, une chambre littéraire. Elle commerce en toiles, cuirs, parchemin excellent, miel, grains, ardoises, faïence, etc.

LAMBALLE (Marie-Thérèse-Louise DE SAVOIE-CARIGNAN, princesse DE), née à Turin en 1749. Veuve à dix-neuf ans du prince de Lamballe, elle vint en France avec Marie-Antoinette, et fut nommée surintendante de la maison de la reine, qu'elle aimait beaucoup. Le 10 août 1792, lorsque Louis XVI fut arrêté à Varennes et ramené à Paris, la princesse se trouvait en Angleterre. Elle revint en France, et voulut être transférée du Temple avec la famille royale ; mais le 3 septembre on la transporta à la Force. Elle fut jugée par les massacreurs, et reçut la mort en récompense de son noble dévouement. Sa tête sanglante fut portée au bout d'une pique jusque sous les fenêtres de la reine.

LAMBERT (Anne-Thérèse DE COURCELLES, marquise DE), femme célèbre par ses écrits. Elle se livra toute sa vie à la pratique du bien et à l'étude des belles-lettres. Elle mourut à quatre-vingt-six ans en 1735. Les principaux de ses ouvrages sont les *Avis d'une mère à son fils et à sa fille*, la *Métaphysique d'amour*, des *Traités de l'amitié et de la vieillesse*, la *Femme ermite*, etc.

LAMBERT (Jean-Henri), mathématicien distingué et l'un des plus savants écrivains du xviiie siècle, né à Mulhausen en 1728. Il s'éleva de la plus grande pauvreté à une honnête aisance par son seul talent. Il s'occupa à la fois de physique, de mécanique, d'astronomie et de sciences littéraires. Il mourut en 1777. Ses principaux ouvrages sont *la Perspective libre*, la *Photométrie*, *Lettres cosmologiques*, *Hygrométrie*, la *Pyrométrie*, etc.

LAMBESC, chef-lieu de canton du département des Bouches-du-Rhône, à 5 lieues un quart d'Aix ; population, 4,500 habitants. Cette ville ancienne, autrefois importante, a été pendant un siècle et demi (de 1644 à 1786) le siège des assemblées de Provence. On voit dans ses environs quelques beaux restes d'antiquités romaines. Lambesc commerce en vins, huile, savon, bétail, laines, etc.

LAMBETH, ville d'Angleterre sur la Tamise, près de Westminster. Sa population est de 40,000 habitants. On y trouve du verre qu'on dit être le plus beau d'Europe, du vinaigre excellent, de belles pierres, etc. Cette ville renferme un château de plaisance de l'archevêque de Cantorbéry.

LAMBIS, nom que les marins donnent à un coquillage univalve du genre *strombe*, fait en forme de gros cornet très-sinueux. Les marins se servent du lambis, après avoir fait sortir l'animal qui y habite, pour corner, afin de pouvoir juger, par un temps de brume épaisse, la distance du vaisseau avec d'autres bâtiments, et éviter par là de s'aborder. On s'en sert spécialement sur les bâtiments pêcheurs.

LAMBOURDE (agricult.). On donne ce nom à de petites branches très-menues dont les yeux sont plus gros et plus rapprochés que sur les branches à bois, et qui, dans les arbres de fruits à pepins, ne s'élèvent jamais verticalement comme celles-ci, mais sont perpendiculaires à la branche où elles sont implantées. Les lambourdes des fruits à noyau donnent du fruit dans la même année ; celles des arbres à pepins sont trois ans pour donner du fruit ; elles naissent vers le bas de la branche à travers l'écorce du vieux bois, ou sortent des yeux des branches de l'année précédente.

LAMBOURDES (archit.), pièces de bois de sciage qu'on couche et scelle sur un plancher pour y attacher le parquet. On les dispose carrément ou obliquement, selon la forme du parquet, pour y clouer les feuilles. — On appelle encore ainsi des pièces de bois que l'on met le long des murs et des poutres, auxquels elles se lient par des étriers en fer ou des *corbeaux* de bois, de fer ou de pierre. Cette construction est employée pour soutenir les bouts des solives.

LAMBREQUINS. On nommait autrefois ainsi, 1° des bandes fixées au bas de la cuirasse, et qui retombaient en sens divers ; 2° des rubans qui arrêtaient le chaperon sur le casque, et qu'on entortillait autour du cimier. — En termes de blason, c'étaient des festons sur lesquels on plaçait l'écu ou dont on entourait le chef. C'étaient ordinairement des branches de feuillage.

LAMBRIS, nom donné en général à toutes sortes de plafonds et d'ouvrages de maçonnerie sur des lattes clouées, qu'on enduit de plâtre. — C'est aussi le nom donné à tout ouvrage de menuiserie, dont on recouvre quelquefois les murs d'un appartement. Les *lambris d'appui* règnent tout le long d'une chambre, et n'ont que deux ou quatre pieds ; les *lambris de revêtement* sont ceux qui règnent de haut en bas.

LAME, nom donné à toute espèce de bandes plates, longues, étroites et minces. Les lames, parties de certaines armes ou instruments, et destinées à couper, diviser, percer, etc., se font en acier pur ou en fer et en acier. — Les *lames* sont aussi des feuilles minces de métal sur lesquelles on grave une inscription, etc. — On nomme encore *lames* l'or ou l'argent battu qu'on fait entrer dans la fabrication des gazes, de quelques étoffes. — En histoire naturelle, ce sont les feuillets qui composent certaines plantes, certaines pierres ; les cloisons qui divisent l'intérieur des champignons. — Le grand prêtre des Juifs portait sur son front une lame d'or.

LAME, nom que les marins donnent à une vague plus ou moins agitée, que le vent, la tempête ou la marée élèvent au-dessus des autres. Les lames sont quelquefois assez terribles pour entraîner des matelots dans la mer, et même pour jeter les embarcations de côté. On dit qu'un bâtiment est *bout à la lame* lorsque la lame vient de l'avant.

LAMECH, fils de Mathusaël. Il épousa deux femmes, *Ada* et *Sella*, dont il eut *Jabel*, *Jubal*, *Tubal-Caïn* et *Noéma*. Ces enfants de Lamech ont été regardés comme le *Pallis*, l'*Apollon*, le *Vulcain* et la *Vénus* des Grecs. Lamech est le premier polygame connu. — LAMECH est aussi le nom du père de Noé. Il mourut l'an 691 âgé de cent quatre-vingt-trois ans.

LAMELLÉ, nom donné, en anatomie et en botanique, aux parties qui sont disposées en *lamelles*, petites lames ou feuillets, ou qui sont composées de lamelles. — On appelle *lamelleux* ou *lamineux* ce qui est garni ou composé de lames, de feuillets.

LAMELLICORNES, famille d'insectes de l'ordre des coléoptères, ayant pour caractères les antennes (ou filets de la tête) terminées en massue, composées d'articles en forme de lames ou de feuillets, tantôt s'ouvrant ou se pliant à la manière d'un éventail, tantôt disposés parallèlement et perpendiculairement à l'axe, en façon de dents de peigne.

LAMENTATIONS, livre canonique de l'Écriture sainte, renfermant une partie de la prophétie de Jérémie.— Autrefois on appelait *jours de lamentations* les trois jours de la semaine sainte où l'on chante à ténèbres, c'est-à-dire à matines, les Lamentations de Jérémie.

LAMETTRIE (Julien OFFRAY DE), médecin et sophiste du xviiie siècle, né à Saint-Malo en 1709. Élève du célèbre Boerhaave et nommé en 1742 médecin du régiment des gardes françaises à Paris, il fit paraître en 1745 son *Histoire naturelle de l'âme*, où il prouvait que l'âme n'était qu'un produit de l'organisation. Obligé de se réfugier à Leyde en 1746, il y publia la *Politique du médecin de Machiavel*, qui fut condamné au feu par le parlement, et une comédie satirique, *la Faculté vengée*. En 1748, il publia contre les médecins *Pénélope ou Machiavel médecin*, l'*Homme-Machine*, condamné au feu, l'*Homme-Plante*, l'*Art de jouir*, *Vénus métaphysique*, etc. Ce satirique malin et dangereux mourut en 1751.

LAMI (Dom François), né à Montereau de parents nobles. Il porta d'abord les armes et entra dans la congrégation de Saint-Maur en 1659. Un des talents du P. Lami était de briller dans la dispute. Il mourut en 1711 à Saint-Denis. Les principaux ouvrages sont un traité de *la Connaissance de soi-même*, le *Nouvel Athéisme renversé*, la réfutation du système de la grâce universelle de Nicole, et *la Connaissance de l'amour de Dieu*, etc.

LAMIAQUE, nom donné à la guerre qui eut lieu après la mort d'Alexandre, à l'occasion du projet que formèrent les Grecs, et surtout les Athéniens, de chasser les garnisons que les Macédoniens avaient mises dans les villes de la Grèce. Les Athéniens demandèrent bientôt la paix à Antipater, qui la leur accorda, à condition qu'ils recevraient garnison macédonienne, payeraient les frais de la guerre et lui livreraient Démosthène et Hypéride. Le premier s'empoisonna, le second fut condamné à mort.

LAMIE, nom donné, en histoire naturelle, 1° à des poissons faisant partie du genre *squale*. Ils diffèrent des autres poissons du même genre par un museau pyramidal sous la base duquel sont les narines, et par les branchies (organes respiratoires) situées en avant des nageoires pectorales. Les dents sont nombreuses et très-fortes. 2° A des insectes coléoptères. Les espèces qui comprennent ce genre vivent dans les arbres. Ils ont les pattes terminées par trois articles cordiformes. Au bout du dernier est un autre article cylindrique qui porte deux crochets. La tête est grosse, à peine distincte du corps. Les antennes sont très-longues et ont de dix à douze articles. Les yeux sont saillants et globuleux ; le corps gros et bombé, ordinairement gris ou brun, avec des taches blanches ou variées. On trouve ces insectes dans presque toutes les parties du monde.

LAMIES (myth.), monstres d'Afrique qui avaient, selon les païens, le visage et le sein d'une femme, et le corps d'un serpent. Ils n'étaient pas doués de la faculté de parler, mais ils sifflaient d'une manière si agréable qu'ils attiraient les étrangers et les dévoraient. La principale était fille de Neptune. Elle fut aimée de Jupiter. La jalouse Junon l'enlaidit et fit périr ses enfants. *Lamie* en perdit tellement la raison qu'elle dévorait tous les enfants qu'elle rencontrait. C'était la Croquemitaine des Grecs.

LAMINAGE, opération qui consiste à réduire les divers métaux en lames.

LAMINARIÉES, famille de plantes marines, voisine des varechs. Leur racine est fibreuse et très-forte ; elle donne naissance à des tiges très-solides, terminées par une fronde ou lame longue et large, épaisse, festonnée sur les bords, de couleur rougeâtre ou olivâtre. La plupart des laminariées peuvent servir d'aliment. On en trouve sur les côtes de presque toutes les mers. Quelques espèces acquièrent une longueur qui peut s'élever à plusieurs pieds. Le type de la famille est la *laminaire*.

LAMINOIR, machine composée de deux cylindres d'acier ou de fonte de fer, dont la surface est unie et polie. Les cylindres tournent au moyen de chevaux ou par une chute d'eau ou une machine à vapeur. On opère le laminage des métaux entre ces cylindres. L'usage du laminoir existe de toute antiquité.

LAMOIGNON (Charles-François DE), garde des sceaux pendant le règne de Louis XVI, né à Paris en 1735. Issu d'une ancienne famille dont les membres avaient illustré la magistrature, il suivit la même carrière et devint, jeune encore, président à mortier. Il se prononça avec énergie contre les mesures de Maupeou, et fut exilé en 1772. Rappelé sous le règne de Louis XVI, il fit partie de la première assemblée des notables en 1787, et appuya les mesures de son ami Loménie de Brienne, alors ministre. Lors du renvoi de ce personnage illustre, Lamoignon se retira dans sa terre de Baville, et mourut en 1789.

LAMOIGNON (Christian, vicomte DE), fils du précédent, né en 1770, suivit avec ses deux frères les princes hors de France lors de la révolution. Il se trouva avec son frère Charles à la bataille de Quiberon, y fut blessé ; mais il ne sauva en Angleterre. Là il se livra à l'étude, et il ne revint en France qu'après l'établissement du gouvernement consulaire. Il fut nommé pair de France en 1815. Il mourut en 1827.

LAMONNOYE (Bernard DE). Voy. MONOYE.

LAMOTHE (Joanne DE LUZ DE VALOIS, comtesse DE), née à Fontette (Champagne) en 1756. Fille du baron de Valois, descendant du baron de Saint-Remi, fils naturel de Henri II, Jeanne fut recueillie par une dame puissante. Le cardinal de Rohan la fit sous sa protection. Cette femme eut recours à l'intrigue pour s'enrichir, et établit une correspondance supposée entre la reine et le cardinal, alors en défaveur à la cour, à l'aide d'un nommé Villette, qui avait appris à imiter l'écriture de Marie-Antoinette. Dans ces lettres, les prétendues demandes d'argent faites par la reine au cardinal procurèrent à Mme de Lamothe 120,000 francs. Cette femme intrigante sut aussi persuader au cardinal que la reine désirait un beau collier de 1,800,000 francs, et l'obtint. La ruse fut découverte, et la comtesse fut condamnée à être fouettée et marquée sur les épaules

de la lettre V, et enfermée à l'hôpital de la Salpêtrière. Elle s'en échappa et alla mourir en Angleterre en 1791. Elle a laissé des *Mémoires*.

LAMOTTE (Antoine HOUDARD DE), poëte célèbre, né à Paris en 1672, s'essaya dans tous les genres de poésie, fables, tragédies, odes, comédies, églogues, etc. Il fut le chef d'une école qui voulait qu'on fit des tragédies en prose et des vers sans rimes, et qui prit parti contre les défenseurs enthousiastes de l'antiquité. Lamotte publia, pour soutenir ce parti, les *Réflexions sur la critique contre Mme Dacier*. Sans savoir le grec, il traduisit Homère, et réduisit l'Iliade à douze chants ; il composa des opéras, dont le plus fameux est celui d'*Issé* et l'*Europe galante*. La plus connue de ses tragédies est celle d'*Inès de Castro*. Il mourut en 1731.

LAMOURETTE (Adrien), évêque constitutionnel, membre de l'assemblée législative, né à Strevent (Pas-de-Calais) en 1742. Il fut chargé par Mirabeau de la partie théologique de ses discours relatifs au clergé de France, et fut élu en 1791 évêque du département du Rhône. Il parla sur la constitution civile du clergé et contre la liberté des cultes, et en juillet 1792 il invita ses collègues à rester fidèles à leurs serments, à la France et au roi. Il retourna dans son diocèse après la session législative. Arrêté à Lyon après le siège de cette ville, il fut condamné à mort et exécuté le 11 janvier 1794.

LAMPAS, tumeur inflammatoire qui survient au palais du cheval, derrière les pinces de la mâchoire supérieure, et qui met obstacle à la mastication. On la traite par les cautères.

LAMPE, vase dans lequel brûle une mèche de coton, dont la flamme est alimentée par de l'huile. L'invention des lampes est due aux anciens Égyptiens ; leur forme variait à l'infini. Chez les anciens, les lampes servaient à éclairer les temples, à illuminer dans les Lampadophories (fêtes des flambeaux). On se servit jusqu'au XVIIIe siècle des lampes des anciens ; depuis quelques années, on les a portées à un très-haut point de perfection. On distingue les lampes dont la mèche est pleine, celles dont la mèche est en cylindre creux, les *lampes mécaniques*, dans lesquelles l'huile est élevée vers la mèche par un mouvement d'horlogerie, et les *lampes hydrostatiques*, où l'huile monte par une pression soutenue et extérieure au réservoir.

LAMPE DE SURETÉ ou DE DAVY, lampe qui se compose d'une double enveloppe cylindrique de fil de fer, renfermant sept cent cinquante ouvertures par pouce carré, et d'une spirale de platine placée au-dessus de la mèche, qui devient lumineuse quand la lampe s'éteint. Cette lampe, due à Davy, a pour usage d'éclairer les mineurs, sans les exposer au danger des détonations qui ont lieu au moment où l'air se mêle avec le gaz hydrogène carboné qui se dégage des mines de charbon de terre.

LAMPE PHILOSOPHIQUE, appareil qui consiste en une fiole munie d'un tube. On introduit dans la fiole de la limaille de fer, de l'acide sulfurique et de l'eau, pour donner naissance à l'hydrogène, qui se dégage par une ouverture placée à l'extrémité supérieure du tube. On enflamme ce gaz à la sortie du tube, et la flamme dure jusqu'à l'absorption entière de l'hydrogène.

LAMPEDOUSE, île d'Afrique sur les côtes du royaume de Tunis, à 60 lieues de cette ville, 45 de Malte. Cette île a 5 lieues de circonférence. Elle est très-fertile, et ses côtes la pêche est très-abondante. Lampedouse est presque déserte. Elle est célèbre par le naufrage de l'armée navale de Charles-Quint en 1552.

LAMPOURDE, genre et type de la famille des xanthiacées, voisine de celle des urticées, renfermant des plantes herbacées, annuelles ou vivaces, à tiges rameuses, quelquefois épineuses, à feuilles plus ou

moins profondément incisées. Les fleurs sont tubuleuses, petites, disposées en épi. Les fruits sont épineux. La *lampourde strumaire, herbe aux écrouelles, petite bardane ou glouteron épineux*, est l'espèce la plus commune en France.

LAMPRIDIUS (Ælius), historien latin du IVe siècle, composa les vies de Commode, de Diadumède, d'Héliogabale et d'Alexandre Sévère, empereurs romains. La vie de cet auteur est inconnue.

LAMPRILLE. Voy. AMMOCÈTE.

LAMPROIE ou PÉTROMYZON, genre de poissons de la famille des cyclostomes, qui ont la forme des sangsues. Ils se distinguent par sept ouvertures rangées de chaque côté du corps, et par la propriété qu'ils ont de s'attacher aux corps étrangers avec une force considérable. La chair des lamproies est aussi délicate que celle de l'anguille et plus facile à digérer.

LAMPROPHORES (en grec, *celui qui porte quelque chose de brillant*), nom donné, dans la primitive Église, aux néophytes ou nouveaux baptisés qui, pendant les sept jours qui suivaient leur baptême, portaient un habit blanc.

LAMPSANE, genre de plantes de la famille des synanthérées. L'*herbe aux mamelles*, très-abondante dans les lieux cultivés voisins des habitations, a été regardée comme propre à guérir les ulcérations qui surviennent aux seins des femmes qui allaitent, et comme utile dans les maladies cutanées. La lampsane est une plante herbacée, aux feuilles alternes, fleurs petites et jaunes.

LAMPTÉRIES, fêtes solennelles qui avaient lieu la nuit à Palène en Achaïe, immédiatement après les vendanges, en l'honneur de Bacchus Lampter. Le nom du dieu et celui de la fête venaient de ce que ceux qui y assistaient portaient chacun des torches à la main. Au milieu de cette illumination, on faisait des distributions de vin aux passants.

LAMPYRE, genre d'insectes coléoptères, nommés vulgairement *vers luisants, mouches de feu, mouches lumineuses*. Ces insectes ont le corps allongé, mou ; la tête est cachée presque entièrement par un rebord du corselet. Dans les mâles les yeux sont globuleux et occupent presque entièrement la tête, les antennes sont assez longues ; le corselet est demi-circulaire, un peu bombé ; les ailes sont molles, et recouvrent un abdomen encore plus mou, dont les segments sont très-marqués. Ces insectes sont nocturnes, et vivent près des buissons et des fossés ; quelques femelles sont dépourvues d'ailes. Dans les pays chauds, les lampyres ont la propriété de jeter une lueur phosphorique, qui les a fait nommer *vers luisants*. A Paris et dans le Nord, la femelle jouit seule de cette propriété. L'organe lumineux réside dans les derniers segments de l'abdomen ; la lumière qu'ils répandent est d'un blanc verdâtre, et paraît, disparaît ou se modifie à la volonté de l'insecte. Le lampyre est long de cinq à sept lignes, un peu gris et jaunâtre.

LA-M'SAR, canton du Sénégal, colonie française agricole en Afrique. Il commence à 7 lieues au-dessous de Saint-Louis, a 4 lieues d'étendue, sur les bords de plusieurs petites rivières, entre autres le Khozag, le Ghieuss, la Gémoie. Il comprend dix-sept établissements agricoles, dont plusieurs sont assez importants.

LANARK, comté d'Écosse, entre ceux de Dumbarton, Dumfries, Ayr, Renfrew, Peebles et Stirling. Sa superficie est de 117 lieues carrées, et sa population de 190,000 habitants. La Clyde la traverse du S. au N. Le pays est fertile le long des rives ; le reste est montagneux et renferme des bois et des mines de fer, plomb et houille. C'est un des comtés les plus industrieux de la Grande-Bretagne. La capitale est *Lanark*, à peu de distance d'Hamilton. Population, 3,500 habitants. C'est une ville assez commerçante, qui envoie deux députés au parlement.

LANCASTER (Joseph), fils d'un pauvre

fabricant de tamis, né à Londres (1778), ouvrit en 1798 une école pour les enfants pauvres, et fut l'inventeur de la *Méthode lancastrienne* ou *enseignement mutuel*. (Voy.) Il organisa ainsi des écoles de garçons et de filles, qui recevaient l'instruction sans rien payer. Le clergé se déclara contre lui, et forma une association puissante pour renverser sa doctrine. Lancaster ne put suffire, malgré les souscriptions que l'on faisait pour soutenir son institution, aux frais de ses écoles, et, poursuivi par la calomnie, il fut forcé d'aller en Amérique se joindre à Bolivar, et il y fonda l'enseignement mutuel. A la mort de Bolivar, il portait pour les États-Unis, et on ignore ce qu'est devenu depuis ce protecteur de l'humanité.

LANCASTER, comté d'Angleterre, entre la mer d'Irlande, les comtés d'Yorck, de Westmoreland et de Chester. Sa superficie est de 480,000 hectares, et sa population de 828,318 habitants. Ce comté renferme des mines de charbon, de fer, de cuivre, d'antimoine, et nourrit un très-grand nombre de bêtes à cornes. Il fait un commerce considérable en toiles, soie et coton. Le chef-lieu est *Lancaster*, avec une population de 10,000 habitants. Cette ville envoie deux députés au parlement. Le titre de ducs de *Lancastre* fut donné à plusieurs princes qui disputèrent la couronne à la maison d'Yorck. Ces disputes finirent par le mariage de Henri VII, duc de Lancastre, avec l'héritière de la maison des Yorcks.

LANCASTER, un des comtés de la Pennsylvanie, dans les Etats-Unis de l'Amérique septentrionale. Population, 54,000 habitants. La capitale est *Lancaster*, à 18 lieues de Philadelphie.

LANCASTER, comté de Virginie, avec une capitale du même nom, entre le Rapahannock et la baie de Chesapeak. Population, 6,000 habitants.

LANCASTRE (Thomas, comte DE). Lorsque Edouard II, âgé de dix-huit ans, monta sur le trône en 1307, ce prince abandonna les rênes du gouvernement à Pierre Gaveston, gentilhomme gascon. Les seigneurs, indignés d'un tel choix, mirent à leur tête Thomas. Le duc arracha à Edouard l'ordre d'exil pour Gaveston, et s'empara du pouvoir en instituant un comité de douze membres. Cette usurpation dura trois ans. Au bout de ce temps, le roi reprit son autorité et rappela Gaveston. Le comte de Lancastre leva une armée, et fit périr le favori sur le gibet (1312). Il plaça auprès du roi Spencer, qui devint son propre ennemi. Thomas, obligé de prendre les armes, fut vaincu, fait prisonnier et décapité le 23 mars 1322.

LANCE, nom donné à une lame d'acier acérée en forme de dard, à deux tranchants, d'environ trois décimètres de long, portant à son pied une douille dans laquelle est ajusté un long manche de bois. On s'en servait autrefois dans les combats et les tournois. On a introduit la lance dans notre cavalerie. Voy. LANCIERS. — Les sculpteurs appellent *lance* une espèce de spatule dont ils se servent pour les sculptures en stuc, en terre, en plâtre ou en cire. — On nommait autrefois *lance fournie* un lancier accompagné d'un certain nombre d'hommes et de chevaux.

LANCE A FEU, appareil destiné à mettre le feu au canon. On se servait autrefois d'une corde préparée avec soin. On l'a remplacée aujourd'hui par des baguettes de bois trempées dans des dissolutions de nitrate de plomb, qui brûlent comme de l'amadou pendant une heure et demie. — C'est aussi une espèce de pièce d'artifice.

LANCELOT (Claude), né à Paris en 1616. Employé par les solitaires de Port-Royal, il y enseigna les humanités et les mathématiques. Lors de la destruction de cet établissement en 1660, il fut chargé de l'éducation des princes de Conti ; et puis religieux de Saint-Cyran, son jansénisme le fit exiler à Quimperlé (basse Bretagne), où il mourut en 1695. Il a fait de *Nou-*

velles Méthodes grecques et latines, le *Jardin des racines grecques*, une *Grammaire italienne et espagnole*, la *Chronologie sacrée*, etc.

LANCELOT DE LA CHARRETTE, poëme célèbre, écrit par Chrestien de Troyes, auteur du XIIe siècle, et continué et terminé par Godefroy de Leigni. Le héros est le même que celui de *Lancelot du Lac*. Lancelot, à la recherche de son amante Genièvre, monta sur une charrette menée par un nain et traînée par des vaches. Cet attelage honteux lui occasionna les mépris de Genièvre et une foule de combats singuliers.

LANCELOT DU LAC, héros d'un roman célèbre de chevalerie, écrit en latin par un auteur inconnu. Au XIIe siècle, Gautier-Mapp fut chargé par Henri II, roi d'Angleterre, de traduire ce roman. Dans ce livre Lancelot est enlevé, encore enfant, à sa mère par une bonne fée, qui se précipite avec lui dans un lac enchanté. Ce lac cachait aux yeux mortels le palais de la fée. Lancelot fut nommé à cause de cela *du Lac*, et fut un des plus grands héros de l'époque.

LANCÉOLÉ, ÉE, épithète donnée aux feuilles, aux pétales d'une corolle, qui ont la forme d'un fer de lance.

LANCES DE SONDE, nouvel instrument employé sur nos côtes par les ingénieurs-hydrographes de la marine. Elles sont de fer, et servent à indiquer la nature du fond de la mer. La *lance simple* est une simple tige de fer, pointue par l'extrémité inférieure et retenue par un câble. Elle sert à distinguer les fonds de roches des fonds pierreux, les roches plates des roches inégales, les fonds de sable des fonds de coquilles brisées et moulues, des fonds de vases, etc. La *grande lance*, est garnie vers son milieu d'un plomb, de forme conique, dont le poids varie de quarante à cent livres, afin que la pointe de la lance pénètre plus profondément. La partie basse de la lance est entaillée, barbelée de traits en forme de petites dentelures. La longueur des lances est d'environ six pieds. Le diamètre de la plus grosse est d'un pouce ; celui de la petite est à peu près moitié moindre.

LANCETTE, instrument de chirurgie destiné à l'ouverture des veines, à donner la vaccine et à ouvrir de petits abcès. Elle se compose de deux parties : la *lame*, mince, tranchante sur ses bords et très-acérée, et la *châsse*, formée de deux lamelles d'écaille mobiles sur la lame, qu'elles doivent conserver. La *lancette à grain d'orge* est sans pointe, et sert pour les grosses veines ; la *lancette à grain d'avoine* a sa pointe plus allongée que la précédente ; et la *lancette à langue de serpent* présente une pointe encore plus aiguë. — Les bouchers donnent ce nom à un petit couteau dont la lame est courte, large et aiguë, et dont ils se servent pour abattre les bœufs, en les enfonçant entre les deux cornes.

LANCHE, embarcation employée sur les côtes. Elle est d'un assez petit tirant d'eau; elle navigue dans les baies, rades et grandes rivières de l'Amérique méridionale. Elle porte deux mâts. Le petit est droit, tout à fait de l'avant : le grand mât est très-couché sur l'arrière. Ils portent chacun une voile carrée, et marchent très-bien. — Il y a aussi des *lanches* ou grands canots au Brésil, ayant seize ou dix-huit avirons de chaque côté.

LANCIER, soldat qui combat avec une lance. Les lanciers formèrent des parties les plus importantes de l'armée des anciens. Dans le moyen âge, il y en eut aussi ; mais ils furent supprimés sous Henri IV. En 1808, Napoléon créa quatre régiments de lanciers, qui furent supprimés en 1815, excepté dans la garde royale. Créé de nouveau, ce corps forme depuis 1831 huit régiments. — L'uniforme des lanciers est un habit *bleu*. Le collet, les retroussis, les parements, les passe-poils varient de couleur selon les régiments.

Les brides d'épaulettes sont garances, avec passe-poil bleu ; les boutons sont blancs, demi-sphériques, portant le numéro du corps ; les épaulettes sont garances, avec franges et torsades de contour blanches ; le pantalon est garance, avec deux bandes bleues sur les côtés ; leur coiffure est le shako polonais, à forme supérieure carrée, dit *czapska*, garance, avec soutache et galon bleu. Le cordon de czapska, est en fil blanc, avec nœuds et coulants en laine garance ; le plumet est en crin noir tombant. Les lanciers ont de plus une ceinture en tissu à cinq bandes, dont trois bleues et deux garances. La buffleterie est blanche. Les officiers portent l'épaulette d'argent. Chaque régiment de lanciers se divise en huit escadrons. Pour être admis dans ce corps, on exige la taille de cinq pieds trois pouces. Les armes des lanciers sont le sabre semi-courbe, les pistolets, le mousqueton et la lance armée d'une banderole.

LANCINANT, nom donné, en médecine, à une espèce de douleur qui consiste dans les élancements comparables à ceux que produirait un instrument acéré introduit dans la partie souffrante.

LANCIS, terme d'architecture. On appelle ainsi, dans le jambage d'une porte ou d'une croisée, les deux pierres plus longues que le pied, lequel est d'une seule pièce. On nomme *lancis du tableau* celui qui est au parement, et *lancis de l'écoinçon* celui qui est au dedans d'un mur.

LANDAIS (Pierre), fils d'un tailleur de Vitré en Bretagne, entra en 1475 au service du tailleur de François II, duc de Bretagne, et devint confident et grand trésorier du duc. Il voulut faire le mariage du duc d'Orléans avec Anne de Bretagne, et tourna contre lui la noblesse. Le duc, pour faire la paix, fut contraint de livrer Landais au chancelier Christian, qui le fit pendre en 1485.

LANDAMMAN, titre donné aux chefs des cantons de la Suisse élus par l'assemblée générale du canton, et au président de la diète générale des cantons suisses. A Zug, il porte le nom d'*amman* ; à Appenzel, il prend le titre de *bannerel*. Le temps de la charge du landamman n'est pas le même dans les divers cantons.

LANDAU, ville allemande dans le cercle du Rhin (royaume de Bavière) avec une forteresse due à Vauban. C'était autrefois une ville impériale. La population est de 7,500 âmes. Les Français s'en emparèrent en 1702 et 1713.

LANDAU, sorte de voitures à quatre roues, suspendue sur des ressorts, pour la ville et la campagne. Elle est plus lourde mais plus commode pour les voyages que la calèche, et sa calotte forme une impériale solide.

LANDERNAU, port à l'embouchure de l'Elorn, dans la rade de Brest, à 6 lieues de Brest (département du Finistère). Population, 5,000 habitants. Ce port est situé au fond d'une crique, dans une vallée entourée de collines hautes et escarpées sur la rive gauche. La ville est assez mal bâtie, mais ses quais sont beaux, bien entretenus. Le port est d'un accès difficile à cause des sinuosités de la rivière, et peut recevoir des bâtiments de 3 à 400 tonneaux. On remarque à Landernau un hôpital succursal de la marine. Landernau nomme un député. Cette ville commerce en grains, cuirs, savon, soude, toiles, papiers, suif, miel, fil, etc.

LANDES, vastes plaines dont le sol arénacé est stérile ou ne produit que des plantes inutiles, formées de couches d'argile, de cailloux, unis par un ciment ferrugineux, et dues aux sables qui sont poussés par les eaux et les vents. Ces terrains, tristes et misérables, se rencontrent en France dans la Sologne, près de Bordeaux, en Bretagne, etc. ; ils sont abandonnés à leur infertilité naturelle. Quelques troupeaux y trouvent seuls leur nourriture, et la stagnation des eaux y rend souvent les habitations insalubres et les voyages dangereux — L'Asie, l'Afrique, l'Arabie et la Perse renferment aussi des landes.

LANDES, département *maritime*, région du S.-O., formé des parties des anciennes provinces de Gascogne, de Guienne et de Béarn, borné à l'E. par les départements du Gers et du Lot-et-Garonne, au N. par la Gironde, au S. par les Basses-Pyrénées, à l'O. par l'Océan. Il tire son nom des landes qui occupent un grande partie de son territoire. Sa superficie est de 910,513 hectares, et sa population de 300,000. Il comprend trois arrondissements : *Mont-de-Marsan* (chef-lieu), *Dax* et *Saint-Sever*. Les habitants sont pauvres et se livrent à l'éducation des troupeaux, à la culture des terres ou à l'extraction et à la préparation de la résine. Ils se servent pour marcher à travers les sables d'échasses (*xcanques*) de cinq à six pieds de haut. On y remarquait autrefois la ville d'Albret qui a été un duché-pairie érigé en faveur de la maison de Bourbon et qui n'est plus qu'un village. Il commerce en grains, vins, maïs, miel, bestiaux, et récolte annuellement 1,215,000 hectolitres de céréales, 300,000 de vins et 140,000 de résines. Il est compris dans la vingtième division militaire, le diocèse d'Aire et le ressort de l'académie et de la cour d'appel de Pau. Il occupe 380,015 arpents métriques de landes, 11,264 de marais, étangs, rivières, etc., 61,147 de dunes. Le reste est en bois, en prés ou en culture.

LANDGRAVE (mot composé de deux mots allemands, *land*, terre, et *graff*, comte), titre donné à des juges qui rendaient la justice au nom des empereurs d'Allemagne dans l'intérieur du pays. Dans la constitution actuelle de ce pays, on nomme *landgraves* des princes souverains de l'empire, qui possèdent héréditairement des Etats qu'on nomme *landgraviats*. La Hesse est un landgraviat.

LANDIT, nom d'une foire qui se tenait à Saint-Denis près Paris, au moyen âge, et qui était un jour de congé célèbre dans l'université. C'était aussi le nom de l'honoraire que les écoliers payaient à leurs régents.

LANDSTURM, levée en masse à l'effet de défendre le territoire d'un royaume. La landsturm ne pouvait être employée hors du territoire, et en cela elle différait de la *landwehr*, qui était répartie dans les armées. Dans plusieurs provinces d'Allemagne, tout individu qui venait de recevoir le droit de bourgeoisie était obligé de s'armer et de se rendre apte aux exercices militaires. Dans quelques Etats, on a dissous depuis 1815 la landsturm et la landwehr.

LANDWEHR. Voy. BEVAERING.

LANER, opération qui consiste, dans les manufactures de draps, à tirer le poil des draps avec le chardon, jusqu'à ce qu'ils soient également couverts de laines dans toute l'étendue des pièces, et que la laine soit exactement couverte partout. Celui qui lane se nomme *laneur*. On dit aussi *lainer* et *laineur*.

LANET, terme de pêche, petit filet attaché au bout d'un petit manche et monté comme une raquette. Il sert pour prendre des crevettes.

LANFRANC (B.), archevêque de Cantorbéry, fils d'un conseiller du sénat de Pavie, vint en France après la mort de son père, et se fit religieux dans l'abbaye du Bec, dont il devint prieur. Il s'éleva avec force contre l'hérésie de Béranger (1050), et devint archevêque de Cantorbéry en 1070. Il réforma les mœurs du clergé, fonda des hôpitaux et des monastères, et mourut en 1089. Il a fait un *Traité du corps et du sang de Jésus-Christ*, des *commentaires* sur saint Paul et des *notes* sur Cassien.

LANFRANC (Jean), peintre, né à Parme en 1581, fut d'abord page du comte Scutti et puis élève d'Augustin et d'Annibal Carrache. Ayant étudié les ouvrages de Raphaël et du Corrége, et surtout les raccourcis dont ce dernier a embelli la coupole de Parme, il réussit parfaitement dans ce genre. Il peignit la coupole de Saint-André de la Valle, et se distingua dans la peinture des draperies. Lanfranc mourut à Rome en 1647.

LANGARD, nom donné aux bricks qui ont une grande voile carrée, indépendamment de leur grande voile naturelle, la brigantine. Les grands bricks portent seuls de semblables voiles.

LANGEAC, chef-lieu de canton du département de la Haute-Loire, à 8 lieues de Brioude. Population, 4,000 habitants. Langeac a donné son nom à une maison qui, par alliance, porta la possession de cette ville dans la maison de la Rochefoucauld. Longeac posséda longtemps un célèbre monastère des filles de Saint-Dominique. On trouve près de cette ville des bains d'eau minérale froide, contenant du gaz acide carbonique. On l'emploie comme rafraîchissante, apéritive et diurétique.

LANGELAND, île danoise, dans la mer Baltique, au S. de Fionie. Elle renferme six villages, et sa capitale est *Rudkiœping*, avec un château. Elle produit beaucoup de pâturages, du blé, des patates, des grains, du lin, etc. Sa population est de 112,000 habitants.

LANGOBARDI, nom latin des *Lombards*, peuples d'Italie ainsi nommés de leur longue barbe.

LANGON, chef-lieu de canton du département de la Gironde, sur la rive gauche de la Garonne, à 4 lieues de Bazas. Population, 4,200 habitants. Cette ville, traversée par la grande route de Bordeaux à Toulouse et à Bayonne, est très-commerçante. Le flux de la mer s'y fait sentir. Cette ville est ancienne, et s'appelait sous les Romains *Alingonis Portus*. Elle commerce en vins très-estimés, eaux-de-vie, grains, bestiaux, etc.

LANGOUSTE, grand crustacé qu'on pêche dans nos mers, qui ressemble aux homards quant à sa forme et à ses mœurs, et dont on fait un commerce assez grand. Ce mets est très-recherché. Les antennes des langoustes sont plus grosses, plus longues, plus hérissées que celles des homards. Leurs pieds sont presque uniformes, terminés en pointe, privés de serres, et au nombre de dix.

LANGRES, petite ville de France, près de la rive droite de la Marne, chef-lieu d'arrondissement du département de la Haute-Marne, à 7 lieues trois quarts de Chaumont. Population, 7,600 habitants. Cette ville est une des plus anciennes de France. Elle datait du temps de César la métropole des *Lingones*, et portait le nom de *Andematunum*, *Antomatunum* ou *Civitas Lingonum*. Langres souffrit beaucoup de l'invasion des barbares, fit partie du royaume de Bourgogne, et eut depuis Charles le Chauve des comtes particuliers. Hugues III donna ce comté en 1179 à Gauthier, évêque de Langres. Louis VII l'érigea en duché-pairie, et annexant la ville à la couronne. Les évêques de Langres eurent depuis ce temps le titre de ducs et pairs de France. Au sacre des rois, ils étaient chargés de porter le sceptre. L'évêché de Langres était encore en 1830 un de ceux dont la possession assurait la nomination à la pairie. Langres fut toujours fidèle aux rois de France. Les Autrichiens y entrèrent en 1814, et les princes alliés s'y trouvèrent réunis. — Langres possède une belle église cathédrale, bâtie en 380, une bibliothèque publique de 3,000 volumes, un bel hôtel de ville, un tribunal de première instance et de commerce, un évêché érigé dans le IIIe siècle suffragant de l'archevêché de Lyon, un séminaire diocésain, une école secondaire ecclésiastique, un collège, une école des beaux-arts. Langres commerce en vins, couteaux, eaux-de-vie, limes, outils de fer, bois de construction et de chauffage, etc.

LANGTON (Etienne), né en Angleterre, fut élevé dans l'université de Paris, et fut nommé archevêque de Cantorbéry par Innocent III. Les moines de Cantorbéry, selon l'usage, avaient élu un prélat; des querelles fournirent au pape un prétexte pour annuler l'élection et pour nommer Langton. Jean sans Terre chassa les moines et l'archevêque, et fut excommunié; il se soumit enfin. Langton occupa le siége vingt-deux ans, et mourut en 1228. Il a écrit l'histoire de la translation du corps de saint Thomas, quarante-huit statuts dans les conciles, des commentaires sur l'Ecriture sainte, etc.

LANGUE, organe musculaire et très-mobile, symétrique, placé dans l'intérieur de la bouche, depuis l'épiglotte jusqu'aux dents incisives, qui sert à nous procurer les sensations de saveur, et concourt aux actes de la succion, de la mastication, de la déglutition, de la prononciation et de l'expulsion. La langue a la forme d'une pyramide aplatie de haut en bas, arrondie à ses angles, et terminée en avant par une pointe mousse. Sa face supérieure est plate et divisée en deux parties par un sillon médiat. Au-dessous de la langue est une membrane muqueuse appelée *frein*, qui forme un repli triangulaire. Sa surface dorsale est hérissée de petites éminences, nommées *papilles*. — La forme et la longueur de la langue varient suivant les diverses espèces d'animaux; il en est même, tels que les poissons et les vers, qui en sont presque ou même entièrement dépourvus.

LANGUE (philol.), emploi des sons et des articulations assujettis à certaines règles, pour peindre les besoins, les sensations, les pensées, les idées et les sentiments. Les philosophes ont longtemps disserté pour savoir si le langage était naturel à l'homme, et quelle était la langue primitive L'expérience a prouvé que le premier homme avait eu besoin d'une révélation divine pour parler. Quant à la deuxième proposition, les uns ont soutenu que la langue hébraïque, d'autres que la langue basque fut la première langue parlée.

LANGUE DE CARPE, outil d'acier, tranchant par le bout et les deux côtés, plus épais que la lancette, et qui sert aux mêmes usages qu'elle. Il a la forme d'une langue de carpe, d'où il tire son nom.

LANGUE (ethnogr.). On évalue à 2,000 le nombre de langues connues; 560 seules sont classées. 153 appartiennent à l'Asie, 53 à l'Europe, 115 à l'Afrique, 117 à l'Océanie et 422 à l'Amérique. Les LANGUES ASIATIQUES se divisent en *famille des langues sémitiques* (arabe, hébreu), *langues de la région caucasienne* (arménien), *langues persanes* (zend, persan), *langues de la région indienne*, comprenant la *famille sanskrite* (sanskrit, pali), la *famille malabare* (malabare, tamoule); en *langues de la région transgangétique*, renfermant les familles *thibétaine, chinoise, japonaise*, etc. ; en groupe des *langues tartares*, renfermant la *famille tongouse* (mandchou), *mongole, la turque*, etc. ; en *langues de la région sibérienne*, comprenant les familles *samoyède*, *kamtchadale*, etc.—Les LANGUES EUROPÉENNES se divisent en 1° *langue basque*, etc. (gallique); 3° *langue thraco-pélasgique* ou *gréco-latine* (étrusque, grec, latin, français, espagnol, etc.); 4° *germanique* (allemand, anglais, danois, frison, etc.); 5° *slave* (russe, polonais); 6° *ouralienne* (lapon, hongrois, etc.).—Les LANGUES AFRICAINES se divisent en 1° *langues de la région du Nil* (égyptien, nubien); 2° *de la région de l'Atlas*; 3° *de la Nigritie maritime*, comprenant les familles *mandingo, achantie, ardrah*, etc. ; 4° *de l'Afrique australe*, comprenant les familles *congo, cafre, hottentote, monomotapa*, etc. ; 5° *de la Nigritie intérieure*, comprenant les familles *haoussa* et *bornouane* (Tombouctou, etc.).—Les LANGUES OCÉANIENNES comprennent la *famille des langues malaises* (javanais, océanien, malais, madécasse, etc.), et *les langues des nègres océaniens et autres peuples*.—Les LANGUES AMÉRICAINES se divisent en 1° *langues de la région australe* (Amérique méridionale), comprenant la *famille chilienne*, etc.; 2° *de la région péruvienne*; 3° *de la région guarani-brésilienne*, comprenant les *familles brésilienne, purys, camacan*, etc.; 4° *de la région orénoco-amazone* ou *Andes-Parime*; 5° *de la région de Guatemala*; 6° *du Mexique*; 7° *du plateau central de l'Amérique septentrionale et des pays limitrophes*; 8° *de la région colombienne*; 9° *de la région alleghanique et des lacs*, contenant les familles *iroquoise, natchez, chaktah*, etc.; 10° *de la côte occidentale de l'Amérique du Nord* ; 11° *de la région boréale de l'Amérique du Nord*. — Les *langues sémitiques* comprennent l'hébreu, l'arabe, etc.; elles sont ainsi nommées parce qu'on suppose qu'elles ont été parlées par Sem et ses descendants.

LANGUE (hist.). Par rapport aux chevaliers de l'ordre de Malte, le mot *langue* signifie *nation*. Ainsi les *langues* sont les différentes nations dont cet ordre est composé. Il y a la *langue de Provence, de France*, etc.

LANGUE (sens divers). Ce mot se dit en général de tout ce qui a la forme d'une langue amincie. En marine, c'est un morceau de toile étroit par le haut et large par le bas ou allongé, et qu'on met aux côtés de quelques voiles comme renfort. — On appelle *langue de balance* un petit style perpendiculaire au fléau, et qui doit être caché par la châsse lorsque la balance est en équilibre. — Les dentistes nomment *langue de serpent* un petit instrument dont on se sert pour racler les dents de la mâchoire inférieure. — On appelle *langue de terre* une portion de terre basse, longue et étroite, une pointe qui s'allonge plus ou moins de la côte ou d'une île dans la mer.—En histoire naturelle, on nomme vulgairement *langue-d'agneau* une espèce de *plantain*; *langue-de-bœuf*, la *buglosse*, la *scolopendre* et la *fistuline*, espèce de *bolet*; *langue-de-cerf*, la *scolopendre* et plusieurs *fougères*; *langue-de-chat*, l'*eupatoire* et la *telline*; *langue-de-cheval*, le *fragon*; *langue-de-chien*, la *cynoglosse officinale* et quelques autres *borraginées*; *langue-d'oie*, la *grassette*; *langue-d'oiseau*, le fruit du frêne et la *stellaire holostée*; *langue-d'or*, la *telline foliacée*; *langue-de-passereau*, la *stellaire passerine* et la *renouée*; *langue-de-serpent*, l'*ophioglosse vulgaire*, les *clavaires* et les *glossopètres*; *langue-de-vache*, la *grande consoude* et la *scabieuse des champs*.

LANGUEDOC. Anciennement habité par les Volces Tectosages et Arécomiques, ce pays faisait partie de la Gaule celtique. Conquis par les Romains (121 ans avant J.-C.), il fut compris dans la Gaule narbonnaise. Après avoir joui longtemps d'un système perfectionné d'administration politique et législative, cette province fut cédée par l'empereur Honorius aux Vandales et aux Visigoths (412). Ceux-ci y régnèrent environ trois siècles, et en furent chassés (712) par les Sarrasins, vaincus à leur tour par Charles Martel (758). Sous Pepin, le Languedoc se trouva entièrement soumis au roi de France. Chârlemagne en comprit une partie dans le royaume d'Aquitaine (778), et Louis le Débonnaire fit du reste le duché de Septimanie et le marquisat de Gothie, qui se subdivisèrent en les vicomtés de Béziers, d'Agde, de Carcassonne, etc. En 852, le duché de Toulouse, séparé de celui d'Aquitaine, devint fief héréditaire, et obtint la marche de Gothie et le marquisat de Narbonne. A la suite des guerres des albigeois qui dévastèrent cette belle province (XIIIe siècle), Philippe Auguste inféoda à la couronne de France en 1216 le comté de Toulouse, le duché de Narbonne, les vicomtés de Béziers et de Carcassonne, etc. Le comté de Toulouse fut réuni au domaine royal en 1228, et avec lui le Languedoc. —Cette province a formé les départements de *Haute-Garonne, Aude, Gard, Ardèche, Lozère, Hérault* et *Tarn.* —Le Languedoc eut des états célèbres, dont l'origine remonte au temps de la conquête romaine, et qui avaient pour attributions l'examen, le vote et la répartition des impôts. Cette assemblée se composait en 1789 de trois archevêques, de vingt évêques, de vingt-trois barons et de soixante-huit députés des villes.

LANGUEDOC (CANAL DU) ou DU MIDI, nommé aussi canal de la *jonction des deux mers, canal royal, canal de Riquet*, un des plus beaux canaux d'Europe, qui traverse plusieurs départements du midi de la France, et qui est destiné à établir, au moyen de la Garonne, une communication entre l'Océan et la Méditerranée. Il commence au-dessous de Toulouse, passe par Castelnaudary et par Carcassonne, baigne Béziers, et un peu au-dessous d'Agde entre dans l'étang de Thau, qui par le port de Cette communique avec la mer Méditerranée. Le canal est alimenté par les eaux de la montagne Noire, qui se réunissent dans des bassins immenses appelés *bassins de Saint-Féréol et de Lampy*, près de Saint-Félix de Caraman (Haute-Garonne). L'étendue de ce canal est de 244,092 mètres. De Naurouse dans l'arrondissement de Castelnaudary (Aude), son point de partage, jusqu'à son embouchure dans la Garonne, sa longueur est de 51,690 mètres. Du même point à son embouchure dans l'étang de Thau, sa longueur est de 187,555 mètres. On compte sur ce canal cent une écluses. Il se distingue par son étendue, le pont-aqueduc de Fresquel (Aude), ses soixante-douze ponts et ses cinquante-cinq aqueducs, qui livrent passage à autant de rivières, plusieurs voutés remarquables. Ce canal a été construit sur les plans de l'illustre Riquet, sous le règne de Louis XIV, et a été livré à la circulation en 1681. C'est un des plus beaux ouvrages en ce genre.

LANGUETTE, diminutif de *langue*. Ce mot est employé fréquemment dans les arts pour désigner une partie mince, allongée et étroite . Les luthiers appellent ainsi une petite pièce de métal ou de bois, percée d'un trou, et que l'on met à la tête d'un instrument à vent. Voy. ANCHE. — Les tailleurs et les couturières nomment *languette* un morceau de toile ou d'étoffe découpé ou cousu en forme de langue au bord d'une toile ou d'une étoffe. On nomme encore ainsi : 1° le mur qui fait la séparation de deux tuyaux de cheminée; 2° la partie d'un ais de menuiserie qui est arrangée par le rabot pour entrer dans la rainure d'un couteau; 5° une feuille de fer battu dans la première préparation pour en faire du fer-blanc; 6° une pièce placée sur le couvercle d'un vase d'étain, attachée à l'anse, et destinée à faire lever le couvercle par l'action du pouce que l'on pose dessus; 7° dans les imprimeries, une petite pièce de fer mince, attachée hors d'œuvre au châssis de la frisquette pour fixer à l'ouvrier un endroit certain où il puisse la lever et la baisser à mesure qu'il imprime chaque feuille.

LANGUETTE (hist. natur.), partie attachée intérieurement à la lèvre inférieure de quelques insectes. — En botanique, ce mot désigne l'appendice long et étroit qui termine les demi-fleurons dans les fleurs composées et les gaines des feuilles dans certaines plantes.

LANIER, espèce de *faucon*. Sa taille s'élève à un pied sept pouces et demi chez le mâle, et à un pied huit ou neuf pouces chez la femelle. Les ailes aboutissent chez cette espèce aux deux tiers de la queue. Le doigt du milieu est plus court que le tarse; les pieds sont bleuâtres. Le faucon lanier habite de préférence les contrées orientales et septentrionales de l'Europe. Il est commun en Hongrie, Pologne et Russie, en Autriche et en Syrie; mais il est très-rare en France, en Allemagne et en Islande. Sa nourriture se compose de gros oiseaux sur lesquels il se laisse tomber du haut des airs.—Buffon avait nommé *lanier* le faucon mâle adulte.

LANIFÈRE, nom donné, en zoologie et en botanique, à toute partie chargée de laine ou de poils laineux.

LANISTE, nom donné par les Romains à ceux qui achetaient des gladiateurs, les exerçaient, les nourrissaient pour les vendre ou les louer aux personnes qui voulaient donner des jeux en public.

LANNES (Jean), duc de Montebello, né à Lectoure (Gers) en 1769. Par suite de la perte de la fortune de son père, il fut mis à quinze ans en apprentissage chez un teinturier d'Auch. En 1792, il partit en qualité de sergent-major pour les Pyrénées-Orientales,et devint chef de brigade en 1795. Destitué par Aubry sous le prétexte d'incapacité, il s'engagea dans l'armée d'Italie, et, après avoir combattu vaillamment au passage du Pô et au combat de Bassano (1795), il fut nommé par Bonaparte général de brigade; il se distingua à Saint-Georges, à Fombio, à Governolo et à Arcole, et s'empara d'Imola (1797-98). Il suivit Bonaparte en Egypte et combattit avec lui à Alexandrie et à Aboukir, et à son retour il contribua beaucoup au succès de la journée du 18 brumaire. Devenu chef de la garde consulaire, il franchit le premier le Saint-Bernard, s'empara d'Aoste, d'Ivrée, et fut nommé plénipotentiaire à Lisbonne. En 1805, il combattit à Ulm, à Austerlitz, à Iéna, à Eylau. En Espagne, il s'empara de Saragosse. En 1809, lors de la reprise de la guerre entre l'Autriche et la France, Lannes fut atteint d'un boulet à la bataille d'Essling, et mourut le 31 mars.

LANNION, chef-lieu d'arrondissement du département des Côtes-du-Nord, à 19 lieues et demie de Saint-Brieux; population, 5,375 habitants. Lannion est dans une situation favorable pour le commerce, et possède sur la petite rivière du Leguer un port peu éloigné de l'Océan et d'un accès facile. C'est une ville ancienne, qui fut autrefois le chef-lieu d'un comté, et qui fut fortifiée. Le port de Lannion est bordé d'un quai large et spacieux. On trouve dans cette ville une source d'eau minérale ferrugineuse, vitriolique et sulfureuse, dont les eaux sont employées avec succès contre la pierre et l'hydropisie. Lannion possède un collège, une caserne, deux hôpitaux, un tribunal de première instance, une société d'agriculture. Cette ville commerce en beurre salé, chanvre, cuirs, vin, chevaux, etc.

LANS, écart momentané de la route suit un bâtiment, mouvement de rotation subit et répété qui a lieu par un grand sillage, le vent soufflant de l'arrière du bâtiment.

LANSQUENET (en allemand, *landsknecht*, *valet du fief*). Dans l'origine, les lansquenets furent des serfs faisant campagne à la suite des *reîtres*, et armés d'une mauvaise pique; chacun de ces reîtres ou cavaliers avait à son service deux lansquenets. Plus tard ceux-ci formèrent un genre de troupes indépendantes, et, poussés par le désir du pillage, se vendirent comme aventuriers aux rois qui les payaient le plus cher. Charles VIII et Louis XII entretinrent des lansquenets.

LANSQUENET, ancien jeu de cartes qui se jouait de la manière suivante. On donne à chaque joueur une carte sur laquelle on met ce qu'on veut; celui qui la main se donne la sienne. Il tire ensuite les cartes. S'il amène la sienne, il perd tout ce qui est sur jeu. S'il amène celles des autres, il gagne ce qui est sur ces cartes. Le nombre des joueurs est illimité.

LANTANIER, genre de la famille des verbénacées ou gattiliers, renfermant des arbrisseaux indigènes aux contrées chaudes de l'Amérique et de l'Océanie. Leurs rameaux sont anguleux, couverts de poils plus ou moins rudes, quelquefois même d'épines crochues; ils portent des feuilles opposées ou ternées, simples, crénelées, velues et âpres au toucher. Les fleurs sont petites, nuancées et serrées les unes contre les autres. On voit dans les jardins plusieurs espèces de lantaniers, remarquables par leur feuillage toujours vert et par la durée de leurs fleurs qui se succèdent tout l'été. Le *lantanier à feuilles de mélisse* est un petit arbrisseau de deux à trois pieds, à tronc tortueux, portant des rameaux velus, couverts de feuilles ovales, ridées, dentelées sur les bords, et des fleurs d'abord jaunes, puis écarlates.

LANTARA (Simon-Mathurin), né à Fontainebleau, un de nos plus célèbres paysagistes. Il fut toujours pauvre avec de grands talents. Lantara était friand et faisait un dessin pour une tourte, etc. Il mourut à l'hôpital de la Charité à Paris en 1778. Il avait les mœurs et la simplicité de l'enfance. Ses tableaux se vendent fort cher.

LANTÉAS, grande embarcation dont se servent les commerçants portugais et anglais dans les mers d'Asie, de Canton à Macao et aux environs.

LANTERNE, instrument léger, fabriqué en grande partie ou en totalité avec des matières transparentes, et propre à recevoir dans son intérieur un corps lumineux. A son extrémité supérieure est placée une ouverture destinée à laisser échapper la fumée et donner accès à l'air extérieur. Les lanternes sont construites en fer-blanc ou en laiton mince, avec un verre ou une feuille mince de corne sur le devant. On en construit en gaze, en toile, en verre, en papier, etc. — Les *lanternes sourdes* sont de petite dimension. La lumière du flambeau qu'elles renferment en sort au travers d'un verre bombé. Lorsqu'on veut que ces lanternes n'éclairent plus, on amène au-devant du verre une sorte de volet. — En mécanique, la *lanterne* est un pignon dont les ailes sont des cylindres percés de trous dans lesquels entrent des cylindres plus petits appelés *fuseaux.* — En termes de *balanciers*, la *lanterne* est une petite armoire dont les côtés et le dessus sont vitrés, pour empêcher l'action de l'air sur les balances très-fines qui y sont placées. — En architecture, les lanternes sont des espèces de petits édifices, comme des tourelles ouvertes par les côtés, et placées sur le comble d'une église ou d'un autre bâtiment, et d'ordinaire au-dessus d'un dôme. Ces lanternes sont toujours percées de fenêtres, et le plus souvent ornées de colonnes. Les dômes de Saint-Pierre à Rome, de Saint-Paul de Londres, des Invalides, du Panthéon à Paris, sont couronnés de lanternes. — En termes d'artillerie, on appelle *lanterne à gargousse* l'étui de bois ou de cuir dans lequel on porte les gargousses; *lanterne à mitrailles*, une boîte cylindrique de fer-blanc à demi soudée, du calibre du boulet des canons auxquels elle doit servir. On la remplit de mitraille, de balles, et on la soude entièrement. On la tire avec le boulet.

LANTERNE MAGIQUE, instrument d'optique, à l'aide duquel on fait paraître en grand sur une muraille blanche des figures peintes en couleur sur des morceaux de verre mince. Elle se compose d'une lanterne ordinaire à laquelle on adapte un tube renfermant deux verres lenticulaires dont la propriété est d'écarter les rayons qui partent de l'objet, de les rendre divergents, et par suite de projeter des images plus grandes que les objets. Ce tuyau est adapté de manière qu'on peut y introduire les verres peints entre les lentilles et la lumière renfermée dans la lanterne. Cet instrument a été inventé par le P. Kircher, jésuite.

LANTIER (E.-F. DE), littérateur, né à Marseille en 1734. Il fut étranger aux événements de la révolution. Son plus célèbre ouvrage est le *Voyage d'Anténor en Grèce et en Asie*, traduit en anglais, en allemand, en espagnol, en portugais et en russe. Lantier a fait des comédies, *l'Impatient, le Flatteur*; des poëmes, *Hermi-nie*, des *pièces fugitives*, des *Voyages en Espagne et en Suisse*. Il est mort en 1826.

LANUGINEUX, nom donné à tout ce qui est couvert de duvet. En histoire naturelle, ce mot s'applique aux parties chargées de laines, de poils laineux, etc. Le *mouton* est un animal *lanugineux;* le *coing* est un fruit *lanugineux.*

LAOCOON (myth.), fils de Priam et d'Hécube, grand prêtre d'Apollon et de Neptune, s'opposa aux Troyens lorsqu'ils voulurent faire entrer le cheval de bois dans la ville, et enfonça un javelot dans les flancs du colosse, pour montrer qu'il était creux et qu'il recélait dans son sein quelque piége sacré (les Grecs y étaient cachés en effet). Mais ses concitoyens s'obstinèrent à ne pas le croire. Minerve le punit de sa témérité. Un jour que Laocoon sacrifiait un taureau à Neptune, deux serpents sortirent des eaux et fondirent sur ses enfants, se replièrent sur Laocoon, qui venait à leur secours, et firent périr ces infortunés dans une longue agonie. — Ce drame sanglant a fourni à un sculpteur de l'antiquité le sujet d'un groupe admirable. Le nom de l'artiste est ignoré.

LAOMÉDON (myth.), roi de Phrygie, bâtit les murs de Troie avec l'aide d'Apollon et de Neptune, que Jupiter avait bannis du ciel. Ayant refusé de donner aux dieux la récompense qu'il leur avait promise, il vit ses États ravagés par un monstre marin et ses sujets en proie aux horreurs de la peste. L'oracle consulté répondit qu'il fallait exposer tous les ans une Troyenne au monstre. Le sort étant tombé sur Hésione, fille de Laomédon, Hercule la délivra. Mais, le roi lui ayant refusé des chevaux qu'il lui avait promis, Hercule s'empara de Troie et fit périr Laomédon.

LAON, chef-lieu du département de l'Aisne, autrefois capitale du Laonnais, à 32 lieues de Paris; population, 8,400 âmes. Elle ne fut dans l'origine qu'un château nommé par les Gaulois *Laudunum*, et son histoire ne commence qu'au iiie siècle. En 407 elle résista aux barbares, et en 451 à Attila. Au xiie siècle, elle fut une des premières et des principales villes qui s'émancipèrent et secouèrent le joug des seigneurs. En 1814 elle fut forcée de recevoir l'ennemi, et Napoléon perdit sous ses murs une grand bataille. Son plus beau monument est son église cathédrale, réédifiée en 1114. Laon possède une bibliothèque publique, riche de 17,000 volumes, plusieurs hôpitaux et casernes, un collége, un dépôt de mendicité, une salle de spectacle, un tribunal de première instance, une école secondaire ecclésiastique, une école normale primaire, un conseil d'agriculture et des cours publics. Le commerce est actif.

LAON (BATAILLE DE), combat livré en 1814 sous les murs de Laon aux Prussiens commandés par Blucher, par Napoléon, le 9 mars. L'empereur fut vaincu, et l'ennemi s'empara de 40 canons, 24 caissons, et fit 2,500 prisonniers. L'armée de Blucher renfermait 100,000 hommes, celle de Napoléon 30,000.

LAONNAIS, petite province de France, qui faisait partie de la Picardie. Elle était bornée au N. par le Thiérache, à l'E. par la Champagne, au S. et à l'O. par le Soissonnais. La capitale de ce pays était Laon (*Laudunum*). Sous les Romains, les peuples qui habitaient le Laonnais se nommaient *Lauduni.* Ce pays fut envahi par les Vandales au ve siècle, et en 486 par les Francs, qui s'en emparèrent sous la conduite de Clovis. Louis d'Outremer, appelé au trône en 936, fixa sa cour à Laon, qui jusqu'en 991 fut la résidence des rois francs. Depuis lors le Laonnais fut gouverné par des seigneurs particuliers, avec le titre de comtes, et plus tard de ducs et de pairs. Les Bourguignons s'étaient emparés de ce pays; ils en furent classés en 1414. Le Laonnais, ravagé pendant les guerres de religion et les guerres étrangères, a formé en 1789 la plus grande partie du département de l'Aisne.

LAOS. Voy. ANNAM.

LAPEROUSE (J.-F. GALAUP DE), né d'une famille noble à Albi en 1740. Il fut chargé de détruire les établissements anglaise de la baie d'Hudson, et, après avoir surmonté les périls et les fatigues que lui opposaient les mers du Nord livrées aux glaces et aux tempêtes, il prit et détruisit les forts du prince de Galles et d'Yorck, et se conduisit en ennemi généreux. Il fut chargé en 1785 de commander une expédition autour du monde, de faire des découvertes dans le Grand-Océan, et de continuer celles de Cook. Il partit de Brest le 1er août, longea le Brésil, la Patagonie, entra dans la mer du Sud, explora la côte de l'Amérique, descendit vers les terres de la Nouvelle-Hollande, et depuis ce temps on n'en entendit plus parler. On croit qu'il périt dans les récifs des îles *Vanikoro*.

LAPIDAIRE, artiste dont le travail consiste à tailler les diamants et les autres pierres précieuses, pour leur faire lancer de beaux rayons de lumière. Cet art est très-ancien. L'on se sert de différentes machines pour tailler les pierres précieuses. Le diamant se taille et se polit avec sa propre poussière, nommée *égrisée*, sur une meule d'acier très-doux. Les autres pierres se taillent sur des meules de cuivre, de plomb et de bois. Le procédé avec lequel on polit le diamaut a été découvert en 1476. On gravait sur les pierres de toute antiquité; mais le premier parmi les modernes est *Jean delle Corgnivole*, Florentin.

LAPIDATION (du latin *lapidare*, venu lui-même de *lapis*, pierre), supplice en usage dans l'Orient et surtout chez les Juifs. Les assistants faisaient pleuvoir des pierres sur le condamné jusqu'à ce qu'il fût tombé mort.

LAPIN, mammifère quadrupède de l'ordre des rongeurs et du genre *lièvre*. Sa chair est très-estimée. Son poil et sa peau fournissent une grande branche de commerce. Sa couleur est d'un brun cendré en dessus, blanchâtre à la gorge et sous le ventre, rousse à la nuque. Les oreilles sont longues et noires au bout; la queue est noire en dessus, blanche en dessous. Cette espèce est originaire d'Afrique. Le lapin habite toujours dans les pays montagneux, sur les petits coteaux, se nourrit de plantes et d'écorce d'arbre, et ne sort que la nuit. Il est, plus que les lièvres, susceptible d'éducation, et sa vie est de huit à neuf ans. La femelle du lapin (*hase*) est très-féconde. — La chair des lapins était défendue aux Juifs.

LAPIN. On nomme vulgairement *lapin* une espèce de *chouette* et une *porcelaine*, sorte de coquillage; *lapin d'Allemagne*, le *souslik*; *lapin d'Amérique*, l'*aguti*; *lapin d'Aroe*, le *kanguroo philandre*; *lapin de Bahama*, le *monax*; *lapin du Brésil*, le *cochon d'Inde*; *lapin chinois* et *des Indes*, le même animal, le genre le *capromys*; *lapin de Java*, l'*agouti*; *lapin à longue queue*, le *tolaï*, espèce de *lièvre*; *lapin de Norwége*, le *lemming*.

LAPIS-LAZULI. Voy. LAZULITE.

LAPITHES (myth.), nom donné aux descendants de Phorbas et de Périphas, fils de Lapithus, ou plutôt aux habitants du pays sur lequel ils régnèrent. Les chefs des Lapithes s'assemblèrent pour célébrer les noces de Pirithoüs, et l'un d'entre eux, les Centaures y furent invités; mais, l'un d'eux s'étant enivré et ayant voulu faire violence à l'épouse de Pirithoüs, les Lapithes voulurent venger cet outrage, et la querelle finit par un combat opiniâtre et sanglant. Hésiode a décrit les combats des Centaures et des Lapithes.

LAPLACE (Pierre-Simon), pair de France, un de nos plus célèbres géomètres, né à Beaumont-en-Auge (Calvados) en 1749 d'une famille de cultivateurs. Il dut à d'Alembert la place de professeur de mathématiques à l'école militaire de Paris, dirigea tous ses efforts et ses travaux vers l'astronomie théorique, et publia une *Exposition du système du monde* (1796) et un *Traité de mécanique céleste* (1769). Il embrassa les principes de la révolution, et fut nommé au 18 brumaire ministre de l'intérieur; mais il ne le fut que six semaines, fut nommé vice-président du sénat en 1803, et chargé en 1805 de faire un rapport sur la nécessité de reprendre le calendrier grégorien. Laplace est mort en 1827. Il est l'auteur de plusieurs ouvrages sur l'*astronomie* et le calcul des *probabilités*.

LAPONIE, contrée de l'extrémité septentrionale de l'Europe. Elle se divise en *norwégienne* ou *septentrionale* (et forme le *Finnmarck*), en *suédoise* ou *méridionale*, et en *russe* ou *orientale* (dans les gouvernements d'Arkhangel et de Finlande). La Laponie a 17,600 lieues carrées, et sa population est de 70,000 habitants, dont 2,000 indigènes. — Ce pays est très-froid, et n'a ni printemps ni automne ; mais le ciel est pur et serein. Les habitants (dits *Samé*) sont petits (ils ont quatre pieds et demi au plus de haut), pâles, basanés, superstitieux, et s'habillent de peaux d'animaux. Ils vivent de poissons et de lait de renne, animal très-utile qui leur sert de monture. Ils parlent la même langue que les Kalmouks.

LAQUE (Résine) ou Gomme laque, suc résineux concret, demi-transparent, sec, cassant, d'un rouge brun, d'une odeur aromatique, qui découle de plusieurs espèces de plantes, et dont la sécrétion paraît déterminée par la présence d'un petit insecte, de la forme et de la grosseur d'un pou, nommé *coccus ficus*. La *laque en bâton* est la résine dans son état naturel, déposée encore sur les branches où elle a été formée ; la *laque en grains* est la laque réduite en poudre grossière, et dont on extrait la couleur par l'eau seule ; la *laque en feuilles* ou *en écailles* provient de la fonte de la laque en grains dans un sac de coton. — Cette résine sert à faire de la cire à cacheter, des vernis, des couleurs, et entre dans quelques remèdes.

LAQUE (Couleur). On désigne sous cette dénomination des pâtes colorées, qui dans l'origine nous étaient apportées de l'Inde, et qui étaient ordinairement rouges, telles que le *lac-lake* (laque de laque) et le *lac-dye* (laque à teindre), dont nos teinturiers se servent en remplacement de la cochenille. On a étendu ensuite ce nom à toute pâte colorée, dont la craie, l'alumine, etc., forment l'excipient, quelle que soit d'ailleurs la matière colorante ajoutée. Ainsi l'on a des laques bleues, jaunes, rouges, vertes, carminées, etc.

LAQUÉAIRES, du mot *laqueus*, lacet, nom donné aux gladiateurs romains, parce qu'ils se servaient dans le combat d'un cordon avec lequel ils tâchaient d'arrêter leurs adversaires dans un nœud coulant qu'ils jetaient avec beaucoup d'adresse.

LAQUES DE CHINE, nom donné à des ouvrages le plus souvent en carton recouvert d'un beau vernis, orné de figures et de dorures bizarres, qui nous ont été apportés de la Chine. Depuis quelque temps, nos artistes ont cherché à atteindre la perfection que les Chinois y apportent, et ils ont donné à leurs produits le nom de *laques français*, pour les distinguer de ceux qui viennent d'Asie. On en fait des candélabres, des colonnes, etc., etc.

LARD, graisse blanche qu'on trouve entre la couenne du porc et sa chair. Ce mot se dit aussi de cette partie grasse qui est entre la peau et la chair de la baleine, des marsouins et d'autres cétacés. — *Larder*, c'est couvrir entièrement de petits morceaux de lard coupés en long une pièce de viande. *Larder* se dit encore, dans les manufactures de soieries, lorsque la navette, au lieu de passer franchement dans la laize du pas, passe à travers quelque portion de la chaîne levée ou baissée : ce qui serait un défaut sensible dans l'ouvrage. — On nomme *lardon*, 1° un petit morceau de lard avec lequel on pique une viande ; 2° des mots piquants adressés à une personne ; 3° en termes d'artificiers, certains serpenteaux un peu plus gros que les serpenteaux ordinaires, dont on garnit les pots des autres pièces d'artifice ; 4° en termes d'ouvriers en fer, un morceau de fer ou d'acier qu'on met aux crevasses qui se forment aux pièces en les forgeant.

LARES ou Pénates, dieux domestiques protecteurs des maisons et des familles. On les représentait sous la figure de petits hommes d'argent, de bois, etc. On les plaçait derrière la porte, au coin du foyer ou dans le vestibule. La fête de ces dieux avait lieu dans le mois de mai. Tous les peuples ont eu des lares. Les Romains avaient pour eux une vénération particulière.

LA RÉVEILLÈRE-LÉPAUX (Louis-Marie), né à Montaigu (Vendée) en 1753, fut élu député aux états généraux par la sénéchaussée d'Angers, et, durant la session de la législative, il siégea à la haute cour nationale comme juré de Maine-et-Loire. Il vota pour la mort de Louis XVI, et combattit la proposition de Danton de prendre les membres du ministère dans le sein de la représentation nationale (1793). Après la proscription des girondins, il réclama l'appel nominal sur les mesures proposées à l'assemblée depuis l'expulsion de ses amis, et s'opposa à Danton et à Robespierre. Forcé de chercher un asile chez M. de Buire, il revint à la convention le 9 thermidor. Il fut appelé au directoire, et fut nommé président de ce conseil. Il fut le fondateur de la secte religieuse des *théophilantropes*. Il refusa de prêter serment à l'empereur, et mourut à Paris en 1834, avec la réputation d'homme probe et désintéressé.

LARGE. Ce mot se dit, en marine, de l'éloignement de la terre, d'une mer quelconque hors de vue des côtes. Un bâtiment *se montre, vient du large*, etc.

LARGHETTO, mot italien qui désigne, en musique, une nuance de lenteur plus prononcée que l'andante et moins lente que le *largo*.

LARGILLIÈRE (Nicolas de), peintre d'histoire et de portraits, né à Paris en 1656. Il se distingua en France et en Angleterre. Il mourut en 1746. Ses plus célèbres tableaux sont *Phocion prêt à boire la ciguë*, *le Mariage du duc de Bourgogne*, les portraits *du cardinal de Noailles*, *du prince de Conti*, etc.

LARGO, mot italien qui désigne, en musique, un mouvement très-large. C'est le plus lent de tous les mouvements.

LARGUE, terme de marine par lequel on désigne un vent dont la direction est perpendiculaire à l'axe longitudinal d'un navire. Ce vent est le plus favorable, parce qu'il enfle toutes les voiles. — *Larguer* signifie *détendre* et *désunir*. — *Largue* est synonyme de *lâche* dans la langue commune.

LARIGOT, jeu d'orgue à bouche qui sonne la quinte au-dessus de la doublette. Ce jeu est un des plus aigus de l'orgue.

LARIN, petite monnaie de Perse. Elle est d'argent, et vaut 1 franc 3 centimes.

LARISSE, grande ville de la Thessalie, sur la rive droite du Pénée, dans la Pélasgiotide. Achille, le plus célèbre des héros grecs, régna dans cette ville. Philippe, roi de Macédoine, y transporta quelque temps le siége de son royaume. C'est encore à Larisse que Pompée se retira après la défaite de Pharsale.

LARISTAN, province de Perse, entre le Farsistan, le Kerman et le golfe Persique. Elle est peu habitée, généralement stérile. L'eau y est très-rare et la chaleur excessive. Le Laristan produit de la soie, du sel, du baume, des fruits, etc. La capitale est *Lar* ou *Laar*, avec 21,000 habitants. C'est une ville assez importante, qui commerce en soie, et qui renferme de nombreuses manufactures d'armes.

LARIVE (J. Mauduit de), fameux acteur tragique, né à la Rochelle en 1749. Il débuta à Lyon, et vint à Paris, où il parut en 1771 au Théâtre-Français, sous les auspices de Mlle Clairon. Il fut admis à doubler Lekain jusqu'à la mort de cet acteur en 1778. Il adopta les principes de la révolution avec franchise et modération, et fut choisi le 14 décembre 1790 pour aller jurer, au nom des électeurs, soumission à la constitution et aux décrets de l'assemblée. Arrêté et condamné à mort en 93, il ne dut son salut qu'au 9 thermidor. Il quitta le théâtre bientôt après, et ouvrit en 1804 un cours de déclamation. Il mourut en 1827. Il a composé quelques opuscules.

LARME DE JOB est le nom vulgaire du *coix*, plante de la famille des graminées, originaire de l'Inde et de l'Amérique, et que l'on cultive dans nos jardins. Ses racines sont annuelles ou vivaces ; son chaume est ferme et élevé, ses feuilles assez larges. Le fruit est un globule ou perle luisante, en forme de *larme*. Ces perles servent à composer des bracelets, des colliers, des chapelets, etc. Elles renferment une farine nutritive, que l'on a utilisée dans certains temps de disette.

LARMES, liquide limpide, inodore, incolore, d'une saveur salée, sécrété par les glandes lacrymales et versé entre le globe de l'œil et les paupières pour faciliter les mouvements de ces parties. Les larmes verdissent le sirop de violette et contiennent de l'hydrochlorate de sodium, des phosphates de calcium, de sodium et d'alumine. — Les larmes sont les symptômes de quelques maladies nerveuses. L'écoulement involontaire des larmes constitue une maladie très-fâcheuse (fistule lacrymale). — La sécrétion des larmes est influencée surtout par le système nerveux.

LARMES, ou Bombes, ou Boulets volcaniques, nom donné à des masses vitreuses que l'on rencontre souvent près des volcans, et qui affectent des formes arrondies, globuleuses ou ovoïdes. Leur grosseur varie depuis celle d'une noix jusqu'au delà de celle de la tête ; ordinairement elles sont formées d'une croûte extérieure compacte ou vitreuse, enveloppant un noyau de même nature ; quelquefois elles sont tout à fait creuses et renferment de l'eau dans leur intérieur. On ignore la cause originaire de ces larmes.

LARMES (sens divers), tout ce qui a la forme d'une larme. Il se dit d'une goutte ou d'une petite quantité de liquide. Les *larmes de vigne* sont un liquide qui distille goutte à goutte, au printemps, des sarments de la vigne après qu'elle a été taillée. *Larme* se dit aussi, 1° des sucs gommeux et résineux qui se coagulent en distillant des arbres qui les produisent ; 2° d'un ornement figurant à peu près une larme, et décorant les catafalques et les mausolées.

LARMES BATAVIQUES, nom donné à des gouttes de verre fondu qu'on laisse tomber dans l'eau froide, et qui prennent alors la forme de petites poires allongées, terminées par une petite queue recourbée en crochet. Lorsqu'on rompt la queue de ces larmes, elles se brisent sur-le-champ avec bruit, et une partie même se réduit en poussière. Les physiciens attribuent la rupture de ces larmes à l'élasticité du verre.

LARMIER, nom donné à deux sacs membraneux qui sécrètent une humeur épaisse, onctueuse et noirâtre ; ils sont situés au-dessous des yeux de certains animaux, et s'ouvrent en dehors par une fente de la peau. On les observe principalement dans quelques espèces du genre *cerf* et *antilope*. — Les *larmiers* dans le cheval sont les deux petits enfoncements qu'on voit à l'angle interne des yeux. — On nomme encore *larmier*, 1° une saillie qui est faite de l'aplomb d'une muraille, et qui sert à empêcher que l'eau ne découle le long du mur ; 2° la partie d'une corniche qui est le plus en saillie ; 3° une pièce de bois mise en saillie au bas d'un châssis, pour empêcher que l'eau ne coule dans l'intérieur d'une chambre.

LAROCHEFOUCAULD. Voy. ROCHEFOUCAULD.

LARUE (LE P.), né à Paris en 1645. Encore jeune, il entra chez les jésuites; à vingt ans il était professeur de rhétorique, et il avait déjà composé le poëme latin de *Louis XIV* et une tragédie de *Sylla*. Larue nous a laissé des sermons qui ont joui d'une grande réputation. Il mourut en 1725.

LARVE, nom donné aux insectes à leur sortie de l'œuf, quand ils sont sous la première forme et qu'ils n'ont subi aucune espèce de métamorphose. Les larves vivent, les unes dans les troncs d'arbres, d'autres dans le sein de la terre, sur les feuilles des plantes, dans le corps des animaux, etc. Quand les larves vont devenir chrysalides, elles se creusent un tombeau. (Voy. CHRYSALIDE.) On les nomme vulgairement *vers*. — Les larves des lépidoptères s'appellent *chenilles*.

LARVES (myth.). Les anciens donnaient ce nom aux ombres des méchants, qui sortaient, selon eux, pendant la nuit de leurs tombeaux et erraient çà et là pour épouvanter les vivants.

LARYNGÉ, tout ce qui a rapport ou appartient au larynx.

LARYNX, organe très-complexe, formé de cartilages, d'un fibro-cartilage, de ligaments propres à les unir entre eux, de muscles destinés à les faire mouvoir, d'une membrane muqueuse, de corps glanduleux, de vaisseaux et de nerfs. Le larynx est placé sur la ligne médiane du corps, à la partie antérieure et supérieure du cou. Les cartilages qui le forment s'appellent *thyroïde*, *arythénoïdes*, *cricoïde* et *épiglotte*. Vers son milieu, à droite et à gauche, sont deux ligaments nommés *cordes vocales*, et au-dessus de ces cordes sont deux enfoncements nommés *ventricules*. — Le larynx est destiné à livrer passage à l'air pour l'acte de la respiration, et à lui imprimer certaines modifications qui constituent la voix. Chez la femme, il est moins volumineux et situé moins bas que chez l'homme.

LASALLE (Antoine-Charles-Louis, comte DE), né à Metz en 1775, entra en 1786 dans le régiment d'Alsace et s'engagea comme simple soldat lors de la révolution dans le 23e régiment de chasseurs. Il se distingua par sa bravoure impétueuse à la bataille de Rivoli, à la bataille des Pyramides en Egypte. Nommé général de brigade à Austerlitz, il se distingua à la bataille d'Hueilsberg, et en Espagne il s'empara de Valladolid et de Palencia, de Burgos et de Villaviego. Rappelé en Allemagne, il combattit à Essling et fut tué à Wagram.

LASCARIS. Deux empereurs d'Orient portent ce nom. — Le premier (THÉODORE) avait épousé en 1200 Anne, fille de l'empereur Alexis l'Ange. Lors du siége de Constantinople par les croisés (1203), il s'efforça de résister aux Français et fut souvent battu par eux. Il s'empara de la Lydie, de la Phrygie et de l'Archipel, et se fit couronner empereur à la place de son beau-père (1206), qu'il enferma dans un couvent après une longue guerre (1210). Il mourut à Nicée en 1222. — THÉODORE LASCARIS II, fils de Jean Ducas, successeur du précédent, monta sur le trône en 1255. Il combattit avec succès les Bulgares, et mourut en 1259. — LASCARIS (Jean) Voy. JEAN.

LASIOPÉTALÉES, famille de plantes phanérogames, renfermant des petits arbustes à rameaux effilés, aux feuilles alternes, linéaires, aux épis floraux opposés aux feuilles. Les principaux genres sont le *scringat* et le *thomassia*. Ces plantes croissent dans l'Australie.

LASSA, ville d'Asie, capitale du Thibet, sur le Brahmapoutre. Elle fait un commerce considérable en poudre d'or. Près de cette ville est le mont *Poutala*, où réside le dalaï-lama.

LASSERET, espèce de tarière de huit lignes de diamètre, dont se servent les charpentiers pour faire les mortaises et y enlasser les tenons, ou pour percer les trous des chevilles. — Les serruriers nomment ainsi une espèce de piton à vis, et surtout les pièces dans lesquelles tournent les espagnolettes sur le battant des croisées qui les y retiennent.

LASSIS (N...), médecin qui s'est illustré dans les épidémies qui ont eu cours depuis trente ans. Elève de Bichat en 1798, il devint médecin de l'hôpital de Nemours (Seine-et-Marne). Vers 1812, ayant appris que le typhus suivait la grande armée, Lassis alla étudier cette épidémie, oubliant tout pour soulager les malades. Revenu (en 1814) à Paris, où le typhus s'était introduit, il apporta le même zèle et publia un traité en 1819. Lors de l'apparition de la fièvre jaune, il prouva qu'elle n'était pas contagieuse, et le choléra de 1832 le trouva aussi dévoué. Il ne put résister aux attaques de l'épidémie et mourut en 1835.

LAST, mesure de grande capacité en usage dans plusieurs contrées de l'Europe, surtout dans le Nord. Elle vaut deux de nos tonneaux ou environ 4,000 livres. Les Hollandais jaugent leurs bâtiments par last. — On nomme *last-gelt* un droit perçu en Hollande sur les bâtiments étrangers qui entrent ou qui sortent des ports de ce pays.

LATANIER, espèce de palmier remarquable par ses feuilles plissées et flabelliformes. Il fournit du *sagou*, et le bourgeon qui termine sa tige se mange sous le nom de *chou-palmiste*. Le latanier croît à l'île Bourbon et en Chine.

LATÉRAL, nom donné à tout ce qui est au côté de quelque chose. En botanique, ce mot s'applique aux parties des plantes insérées sur le côté de la tige, des rameaux ou d'autres organes.

LATÉRIGRADES, quatrième tribu de l'ordre des arachnides pulmonaires, renfermant des araignées qui ont les quatre pieds antérieurs toujours plus longs que les autres, tantôt la deuxième paire surpassant la première, tantôt les deux presque de la même longueur. L'animal se étend dans toute leur longueur ainsi que les autres, et peut marcher de côté, à reculons ou en avant. Les yeux sont au nombre de huit. Le corps est aplati, en forme de crabes, avec l'abdomen grand, arrondi ou triangulaire. Les latérigrades portent aussi le nom d'*araignées-crabes*, parce qu'elles marchent souvent à reculons ou de côté comme ces crustacés. Elles se tiennent tranquilles sur les végétaux, ne faisant pas de toiles et jetant simplement quelques fils solitaires pour arrêter leur proie. Elles se forment une habitation entre les feuilles, dont elles rapprochent, contournent et fixent les bords avec de la soie. Leur cocon est orbiculaire et aplati. Cette tribu renferme les genres *sélénope*, *storène*, *micrommate* et *philodrome*.

LATIAR, fête instituée à Rome par Tarquin le Superbe en l'honneur de Jupiter Latiaris. Tous les peuples du Latium venaient, pour cimenter et éterniser leur union, célébrer une fois par an des fêtes en commun. Originairement la fête n'était que d'un jour, mais on en prolongea successivement la durée jusqu'à quatre. On appelait *latiar* non-seulement la fête, mais tout ce qui s'y faisait, offrandes, sacrifices, etc.

LATICLAVE, bandes larges de pourpre que les sénateurs romains portaient sur la tunique pour marque de leur dignité. — Les *laticlaves* étroits prenaient le nom d'*angusticlaves*.

LATIN, nom d'un peuple d'Italie qui habitait le *Latium*. (Voy.) Les Latins se nommaient d'abord *Aborigènes*. Ils s'appelèrent ensuite du nom d'un de leurs rois, Latinus. Leur histoire ne s'éclaircit que sous Romulus. Ils furent tour à tour les rivaux et les alliés des Romains, par qui ils furent soumis (340 à 338 avant J.-C.). Les villes des Latins obtinrent plus tard le droit de cité romaine. — La *langue latine*, parlée aussi par les Romains, devint au moyen âge la langue des savants, la langue universelle. En France, tous les actes furent écrits en latin jusqu'en 1539.

LATIN (EMPIRE), nom de l'empire que les croisés français formèrent à Constantinople l'an 1204, après avoir chassé Ducas Murtzulphe. Le premier empereur fut Baudoin, comte de Flandre. Cette domination fut détruite en 1261 par Michel Paléologue.

LATIN (sens divers). On nomme en général *latin* tout ce qui vient du peuple de ce nom, ou ce qui appartient au Latium ou à la langue latine. — En termes de marine, on nomme *bâtiment latin*, dans le Levant, les bâtiments qui portent des voiles triangulaires ou *latines*. — On appelle *Eglise latine* l'Eglise catholique romaine, par opposition à l'Eglise grecque ou d'Orient. Les *Latins* sont les catholiques romains d'Occident. — Le *pays latin* ou *quartier latin* est un des quartiers de Paris, situé après le Luxembourg dans le faubourg Saint-Germain. Les rues *Saint-Jacques* et *de la Harpe* en sont les principales. Le pays latin est peuplé d'étudiants, à cause des nombreux établissements d'instruction publique qui s'y trouvent.

LATINUS (myth.), fils de Faunus, régnait sur les Aborigènes dans le Latium lors de l'arrivée d'Enée en Italie. Docile à une vieille prédiction qui lui ordonnait de ne point marier sa fille Lavinie à un Italien, il l'offrit pour épouse à Enée. Un jeune roi voisin, Turnus, qui l'avait demandée en mariage auparavant et l'avait obtenue de sa mère, piqué de se la voir enlever, prit les armes, et le sang coula longtemps en vain. Enfin les deux rivaux en vinrent à un combat singulier. Enée fut vainqueur et épousa la princesse. Latinus survécut peu à ce mariage.

LATIROSTRES. Voy. CULTRIROSTRES.

LATITUDE, distance d'un lieu à l'équateur terrestre; en d'autres termes, c'est l'arc du méridien compris entre le lieu et l'équateur. La latitude est *australe* ou *boréale*, suivant que ce lieu est situé dans l'un ou dans l'autre hémisphère. La latitude du lieu est exprimée par *degrés*. — La *latitude* et la *longitude* (voy.) servent à faire connaître la position d'un lieu. — En astronomie, c'est la distance d'un astre à l'écliptique. La *latitude géocentrique* d'une planète est sa distance au plan de l'écliptique, vue de la terre, et la *latitude héliocentrique* est la latitude d'une planète vue du soleil, ou telle qu'elle serait si l'observateur était placé au centre du soleil.

LATIUM, contrée d'Italie, voisine du Tibre, fut d'abord renfermée entre ce fleuve et le promontoire de Circé. Mais dans la suite elle comprit le territoire des Volsques, des Herniques, des Eques, des Ausones, des Ombres, des Rutules et des Albains. Ce pays eut des rois. Sa capitale fut *Laurentum* sous Latinus, *Lavinium* sous Enée et *Albe* sous Ascagne.

LATONE (myth.), fille du Titan Cœus et de Phœbé, fut aimée de Jupiter. Junon fit sortir de la terre le monstre Python et persécuta sa rivale, qui ne trouva aucun lieu où elle pût accoucher. Neptune, touché de son sort, fit sortir Délos du fond de la mer, et Latone y mit au monde Apollon et Diane. Elle erra longtemps et parcourut une grande partie de l'univers, et fut exposée aux railleries de quelques paysans changés en grenouilles par Jupiter, et aux insultes de Niobé. Latone était une des principales divinités des Grecs et des Egyptiens.

LATOUR D'AUVERGNE-CORRET (Théophile-Malo), de la famille de Turenne, né le 23 octobre 1743 en Bretagne. Il se distingua par sa valeur et ses vertus, ne voulut jamais être général, et après de longues fatigues, devenu vieux, il prit encore les armes pour remplacer le fils d'un ami. Il fut tué le 28 juin 1800. Il a publié un ouvrage sur les *Origines gauloises*.

LATRAN, patrice romain, mort sous Néron, dont le palais fut donné aux papes par Constantin. Cet empereur y fit bâtir en 324 une église appelée *basilique constantienne* et *Saint-Jean de Latran*. Brûlée au XIVe siècle, elle fut rebâtie de 1644 à 1667. Le palais de Latran, bâti auprès de l'église, a été jusqu'en 1377 la résidence des papes. Dans l'église de Saint-Jean de Latran, il s'est tenu quinze conciles, dont quatre généraux. Le premier se tint en 1102 et le dernier en 1517.

LATRIE, nom donné par les chrétiens au culte religieux qui n'est dû qu'à Dieu seul.

LATRODECTE, genre de l'ordre des arachnides pulmonaires, renfermant des araignées qui ont des yeux au nombre de huit, presque égaux entre eux, occupant le devant du corselet. Les pattes sont longues et fortes ; la première est la plus longue de toutes, la deuxième ensuite, et la troisième la plus courte. Ces araignées vivent dans les sillons des champs et sous les pierres. Elles y filent des nœuds et des filets, où les insectes qui passent se trouvent arrêtés. Le *latrodecte malmignatte* est d'un noir luisant clair, coupé par trois rangs de taches d'un rouge de sang. L'abdomen est rond, renflé à sa partie supérieure, et marqué de quatre taches noires et disposées en carré parfait. Le corps est couvert de poils. Sa morsure est très-dangereuse ; elle est mortelle même pour l'homme.

LATTE, morceau de bois coupé en long, peu large et de peu d'épaisseur. On se sert souvent de lattes dans toute espèce de charpente. Dans les couvertures de maison, on les fixe aux chevrons, afin qu'elles servent d'arrêt et de soutien à l'ardoise, à la tuile et aux autres matières qui forment le dessus des couvertures. On appelle *latte volice* celle qui sert à porter l'ardoise ; *latte jointive*, celle qu'on met aux pans de charpente, pour recevoir et tenir un enduit de plâtre ; *contre-latte*, celle qui est attachée en hauteur sur une autre latte, qu'elle coupe en angle droit ou oblique ; *latte de sciage*, celle qui est taillée à la scie. Les lattes sont souvent usitées en marine. — On nomme encore ainsi des échelons des ailes d'un moulin à vent, sur lesquels la toile est tendue. — On appelle *lattis* un arrangement de lattes sur un comble.

LATUDE (Henri Mazers de), né à Montagnac (Hérault) en 1724, forma à vingt-deux ans le projet d'intéresser à son sort la marquise de Pompadour. Il prépara un poison inoffensif, l'envoya à la favorite, et alla ensuite dénoncer au palais l'arrivée d'une boîte renfermant un poison subtil. Cette action lui valut trente-sept ans d'emprisonnement à la Bastille. Il tenta quatre fois de s'évader, fut toujours repris. Mis en liberté lors de la révolution (1789), il publia des *Mémoires*, et obtint une pension alimentaire. Latude est mort en 1805.

LATUMIES ou LATOMIES, mot grec qui s'appliqua d'abord à toutes les carrières et à tous les lieux où il y en avait de remarquables. Les carrières servaient souvent de prisons. La plus célèbre est celle de Syracuse, taillée dans le roc par Denys le Tyran. Elle est convertie aujourd'hui en un jardin souterrain.

LAUBARDEMONT (Jacques-Martin), obtint le titre de conseiller d'État par sa déférence aux volontés de Richelieu. Il présida aux jugements de Grandier et de Cinq-Mars, et fut rapporteur du procès de de Thou. Hypocrite et servile, il arrachait des aveux, et les répétait à des juges payés par le cardinal. Laubardemont mourut dans son lit, après avoir vu son fils tué (1651) au milieu d'une bande de voleurs auxquels il s'était associé.

LAUDANUM, nom donné en général à toutes les préparations d'opium liquides ou solides, et plus particulièrement à l'extrait de cette substance. — Le *laudanum liquide de Londres* est préparé avec l'opium, le safran, le castor, le vin et l'huile de muscade. — Le *laudanum liquide de Sydenham* s'obtient en faisant macérer au soleil deux gros d'opium, un gros de safran, de cannelle et de girofle, dans une livre de vin d'Espagne. Il est tonique et calmant. Pris à forte dose, il occasionnerait l'empoisonnement.

LAUDERDALE, nom donné à une partie du comté de Berwick (Ecosse).

LAUDES, partie de l'office de nuit que les catholiques disent après matines. Elles se composent de cinq psaumes, d'un capitule, d'oraisons et de cantiques.

LAUNCESTON, ville d'Angleterre, capitale du comté de Cornouailles, à 60 lieues de Londres environ. Sa population est de 8,000 habitants. C'est une ville très-commerçante.

LAUNEY (Bernard-René JOURDAN DE), né à Paris en 1740, devint en 1776 gouverneur de la Bastille. (Voy.) En 1789 (14 juillet), il prit la résolution de se défendre jusqu'à la dernière extrémité, et fit transporter dans la forteresse des armes et des munitions. Le peuple ayant tenté de s'emparer de la Bastille, la garnison fit feu. Après quatre heures de combat (de dix heures à deux heures du soir), de Launey demanda une capitulation. On promit de ne faire aucun mal ; mais à peine le pont-levis fut-il baissé que le gouverneur fut arrêté par la foule, et conduit à l'hôtel de ville, où il fut massacré.

LAURAGUAIS (Louis-Léon-Félicité, duc DE), né à Paris en 1733, un des hommes les plus célèbres du XVIIIe siècle par l'originalité de son caractère et la vivacité de son esprit et ses bons mots. Il s'occupa de chimie, d'anatomie, d'agriculture, des lettres, de la philosophie, etc. Il employa toute sa fortune à la pratique des arts industriels, et trouva le moyen de perfectionner la porcelaine. Il débarrassa les théâtres des banquettes occupées par les grands de la cour, et servit dans la guerre de sept ans contre l'Angleterre. On lui dut aussi la réforme des costumes, des acteurs, et plusieurs ouvrages. Appelé à la chambre des pairs en 1814, il est mort en 1824.

LAURAGUAIS, contrée du Languedoc, qui avait le titre de duché. Sa capitale était *Castelnaudary*.

LAURE, nom donné autrefois à une espèce d'anciens monastères d'Orient, dont les cellules séparées, éparses çà et là, formaient une sorte de village. C'est un vieux mot de la langue française qui signifiait *village, hameau, canton, habitation isolée*.

LAURE DE NOVES, né à Avignon en 1308, fut aimée de Pétrarque, qui composa à sa louange trois cent dix-huit sonnets et quatre-vingt-huit chansons. (Voy. PÉTRARQUE.) Laure mourut à Avignon en 1348. — On a contesté la réalité de son existence.

LAURÉAT, poëte qui a reçu avec solennité et pompe une couronne de laurier, d'une académie, d'une assemblée, etc. — En Angleterre, les *poëtes lauréats* sont des poètes pensionnés pour chanter les grands événements qui surviennent dans cette nation. On les connaît depuis le Xe siècle. Ils doivent publier deux odes par an sur la naissance du souverain et le nouvel an, et ils reçoivent un traitement annuel.

LAURENT (Saint), diacre de l'Église romaine et martyr, fut élevé au diaconat par le pape Sixte III en 257. L'empereur Valérien publia un édit par lequel les évêques, les prêtres, etc., étaient condamnés à mort. Sixte III, lorsqu'on le menait au supplice, promit à Laurent le martyre après trois jours. Il distribua les biens de l'Église aux pauvres, et fut arrêté. Le préfet de Rome lui ayant demandé où étaient les trésors de l'Eglise, il recueillit tous les pauvres et les montra au magistrat, qui le fit étendre sur un gril ardent. Le martyr mourut le 10 août de l'an 258. On fait sa fête le même jour.

LAURENT (SAINT-), fleuve immense de l'Amérique septentrionale, qui sort du lac Ontario et se jette dans l'océan Atlantique, après avoir traversé le Canada, dans un cours de 200 lieues. Vis-à-vis est l'île d'Anticosti, et au coin le golfe Saint-Laurent.

LAURÉOLE, espèce du genre *daphné*, renfermant un arbuste indigène à l'Europe, de trois à quatre pieds de haut. Les feuilles de cette espèce sont réunies vers le sommet des branches. Les fleurs sont tubuleuses, violettes ou blanchâtres. On le trouve dans toutes les forêts d'Europe. C'est sur cette espèce qu'on greffe toutes les autres espèces de daphné.

LAURIER, genre de la famille des laurinées, aux feuilles lancéolées, veinées, luisantes et toujours vertes. Leur écorce, leurs feuilles, leurs organes sont imprégnés de sucs aromatiques, et servent comme parfums et comme assaisonnement. Le bois du laurier est dur et élastique, il conserve longtemps son odeur aromatique. Ses baies donnent une huile (*huile de laurier*) très-usitée en onctions contre les douleurs. Le laurier a été de tout temps le symbole de toutes les gloires. Chez les anciens, les devins le jetaient dans le feu, et prédisaient d'après ses pétillements ; il était le symbole de la paix, de la victoire, et était consacré à Apollon.

LAURIER. On nomme vulgairement *laurier alexandrin* le *fragon* ; *laurier amandier* et *laurier au lait* , le *laurier-cerise* ; *laurier épineux*, le *houx* ; *laurier-épurge*, la *lauréole* ; *laurier grec*, l'*azédarach*, *laurier à languette*, le *fragon hypoglosse* ; *laurier de Mississipi*, le *cerisier de Caroline* ; *laurier nain*, le *vaccinium* ; *laurier de Portugal*, le *prunier de ce pays* ; *laurier-rose des Alpes*, le *rosage des Alpes* ; *laurier rouge*, un *franchipanier* ; *laurier Saint-Antoine*, l'*épilobium* ; *laurier sauvage*, le *myrice à cire* ; *laurier de Trébisonde*, le *laurier-cerise* ; *laurier-tulipier*, les *magnolias*.

LAURIER-AVOCATIER, arbre originaire de l'Amérique méridionale, au tronc grisâtre, au bois blanc et tendre, aux feuilles longues, larges et lisses, du genre *laurier*. Il produit un fruit charnu d'un violet pourpre foncé et de la grosseur et de la forme d'une poire. Ce fruit est très-estimé. Sa saveur approche de celle de la noisette et de l'artichaut.

LAURIER-CERISE, arbrisseau du genre *cerisier*, originaire des côtes de la mer Noire, transporté en Europe en 1576, et de la famille des rosacées. Les feuilles, grandes, ovales, lancéolées, amères et à odeur d'amandes, sont narcotiques, et peuvent devenir vénéneuses à haute dose. Elles renferment de l'acide hydrocyanique. L'eau distillée des feuilles du laurier-cerise est calmante et antispasmodique. On emploie les feuilles comme médicament et assaisonnement. Les fruits sont petits et vénéneux comme les feuilles.

LAURIER-ROSE. Voy. NÉRIUM.

LAURIER-TIN, arbrisseau de la tribu des sambucinées, et de la famille des caprifoliacées, remarquable par ses rameaux carrés, ses feuilles coriaces, lisses, par ses fleurs blanches, et qui croît dans les lieux pierreux et couverts. Cet arbrisseau s'élève de six à huit pieds, est cultivé comme plante d'ornement. Il appartient au genre *viorne*.

LAURIÈRE (Eusèbe-Jacob DE), né à Paris en 1659, fut reçu avocat en 1679 ; mais il abandonna le barreau pour se consacrer à la recherche des origines du droit coutumier français. Il scruta toutes les parties de la jurisprudence ancienne et moderne, débrouilla le chaos de l'ancienne procédure, des coutumes des diverses provinces. Il mourut en 1728. Ses plus célèbres ouvrages sont la *Bibliothèque des coutumes*, le *Glossaire du droit français*, le *Droit des francs-fiefs*, etc.

LAURINÉES, famille de plantes monocotylédones apétales, appartenant aux régions chaudes des deux continents. La plupart sont des arbres ou des arbrisseaux. Le *laurier* en est le type et le principal genre.

LAUSANNE, ancienne et belle ville de la république suisse, chef-lieu du canton de Vaud près du lac Léman, bâtie sur trois collines. Population, 12,000 âmes. Cette ville a une belle cathédrale, commencée en 1275, de trois cent seize pieds de long sur cent quatre-vingt-sept de large, une académie fondée en 1537, et des écoles de charité établies depuis soixante-dix ans, qui reçoivent plus de deux cents enfants. Elle fait un grand commerce en toiles, draps, orfèvreries, joailleries, livres et tanneries.

LAUTREC (Odet DE FOIX, seigneur DE), maréchal de France, suivit Louis XII dans son expédition d'Italie, et entra avec lui dans Gênes en 1507. Cousin et compagnon d'armes de Gaston de Foix tué à la bataille de Ravenne (1512), il le défendit en vain, et tomba lui-même percé de coups. En 1521, Lautrec fut nommé lieutenant général de François Ier en Italie. Forcé par ses soldats de combattre, il fut vaincu à la Bicoque, et revint à Paris après avoir perdu le Milanais. Après avoir été gouverneur de la Guienne, il revint en Italie (1525), s'empara de Gênes, d'Alexandrie et de Pavie, et mourut en 1528 d'une maladie contagieuse occasionnée par la chaleur excessive.

LAUZUN (Antoine-Nompar DE CAUMONT, duc DE), né en 1634. Louis XIV en fit son favori, et le créa grand maître de l'artillerie. Il fut sur le point d'épouser mademoiselle de Montpensier, petite-fille de Henri IV; mais madame de Montespan empêcha ce mariage. Tombé en disgrâce (1671), il fut longtemps prisonnier à Pignerol, obtint sa liberté par les soins de sa maîtresse, passa en Angleterre, revint en France (1688), et épousa la fille du maréchal de Lorges. Louis XIV lui rendit sa faveur, et il mourut en 1723.

LAUZUN (Armand-Louis DE GONTAUT BIRON, duc DE), né en 1747, combattit en faveur des insurgés de l'Amérique du Nord, et, élu député de la noblesse de Quercy aux états généraux de 1789, il se prononça contre le parti de la cour. Il réclama le rappel du duc d'Orléans, fut investi du commandement (1792) de l'armée du Haut-Rhin, et en 1793 de celle de la Vendée. Il fut décapité le 31 décembre.

LAVABO, mot emprunté du latin. En termes de liturgie, il se dit, 1o de l'action du prêtre qui se lave les doigts à un certain endroit de la messe, entre l'offertoire et l'*Orate fratres*; 2o de la partie de la messe où se fait cette action ; 3o du linge avec lequel le prêtre s'essuie les doigts; 4o d'un carton placé au côté droit de l'autel où sont écrites ou imprimées les paroles qu'on doit dire pendant cette cérémonie.

LAVAGE DES MINES, opération par laquelle on sépare les minerais des substances pierreuses. On fait le lavage le plus ordinairement au moyen d'un courant d'eau qui entraîne les parties terreuses les plus légères sans agir sur les parties métalliques plus pesantes. — Dans presque tous les arts, on fait usage du *lavage* pour séparer les substances qu'on emploie des saletés dont elles sont imprégnées, ou dissoudre les parties qu'elles contiennent.

LAVAL, ville de France, chef-lieu du département de la Mayenne, à 70 lieues un quart de Paris. Population, 17,267 habitants. Cette ville, qui est située sur les bords de la Mayenne, doit son origine à un château qui y fut bâti au viie siècle pour arrêter les courses des Bretons. Elle devint au xiie siècle le siège d'une baronnie, dont les seigneurs furent très-puissants. Emme de Laval, fille de Guy VI, ayant épousé en 1218 Matthieu de Montmorency, de ce mariage naquit un fils nommé Guy, tige des seigneurs de Montmorency-Laval, qui subsistent encore. La baronnie de Laval fut érigée en comté en 1429, et obtint les honneurs de la pairie en 1481. — Laval possède deux églises assez belles, deux hospices et une bibliothèque publique de 10,000 volumes, un collège, un tribunal de première instance et de commerce et une école de sourds-muets. Cette ville est très-manufacturière. Elle expédie annuellement environ 24,000 pièces de toile, du fil estimé, des siamoises, du lin, du chanvre, etc.

LAVALETTE (LE P.), jésuite, était depuis 1747, supérieur des missions de la Martinique. Il s'était joint à un juif établi à la Dominique, et exerçait avec lui un monopole exclusif sur tout le commerce de ces îles. Rappelé en 1753 en France à cause des plaintes des habitants, il obtint de nouveau sa place à force de sollicitations; mais il continua ses anciennes menées, et équipa des vaisseaux, qui tombèrent entre les mains des Anglais. Lavalette fut forcé de déposer son bilan, et déclara une faillite de 3 millions. — Cet acte contribua à la ruine des jésuites.

LAVALETTE (Emilie-Louise DE BEAUHARNAIS, comtesse DE), célèbre par son dévouement. Son mari ayant été condamné à mort lors du second retour de Louis XVIII (1815), le 21 décembre, veille de l'exécution, Mme de Lavalette se présenta avec sa fille à la prison, et fut introduite. Quelque temps après, la gouvernante et l'enfant sortirent soutenant M. de Lavalette, vêtu des habits de sa femme, enveloppé dans sa fourrure et tenant un mouchoir sur les yeux. Quand on se rendit dans la chambre du condamné, il n'y était plus; sa femme avait pris sa place. De retour en France, le comte trouva Mme de Lavalette atteinte d'une maladie mortelle, due à la force d'âme qu'elle avait montrée dans son dévouement.

LAVALLIÈRE (Louise-Françoise DE LA BAUME LE BLANC DE), première maîtresse de Louis XIV, née en 1644. Elle fut placée à dix-sept ans en qualité de fille d'honneur de Henriette d'Angleterre (1661). Quoique marié, le roi devint épris de Mlle de Lavallière, et en eut en secret quatre enfants. En 1674 elle prit le parti de se faire carmélite sous le nom de sœur *Louise de la Miséricorde*, et mourut en 1710.

LAVANDE, plante de la famille des labiées, à la tige rameuse, aux feuilles lancéolées, à fleurs disposées en épis terminaux et d'une odeur aromatique. Cet arbuste croît dans la région tempérée de l'Europe, sur les coteaux et dans les chemins pierreux. Il contient une huile essentielle d'une odeur très-agréable, connue sous le nom d'*huile d'aspic*.

LAVANGE, espèce d'*avalanche*, moins formidable que l'avalanche elle-même, mais également dangereuse et plus fréquente dans la région moyenne des montagnes. C'est la chute d'un pan de falaise ou celle d'un pic usé de vétusté. Souvent après un orage, les flancs des montagnes coulent des torrents de pierres et de boue, torrents terribles qui ravagent tout sur leur passage, engloutissent les habitations et comblent les vallées. On observe surtout les lavanges dans les Pyrénées.

LAVATER (Jean-Gaspard), né à Zurich en 1741. Ce ministre protestant composa un grand nombre d'ouvrages. Le plus célèbre est son *Traité de physiognomonie*. Lavater fut toujours malheureux et eut beaucoup à souffrir. Il mourut en 1801 d'un coup de feu reçu dans le ventre, de la main d'un soldat qu'il avait harangué au sein d'une émeute populaire.

LAVATÈRE, genre de la famille des malvacées, composé de plantes dicotylédones, herbacées, garnies de poils étoilés, aux feuilles alternes, lobées ou anguleuses, à fleurs axillaires. On cultive ces plantes dans les jardins.

LAVAUR, sur la rive gauche de l'Agout, chef-lieu d'arrondissement du département du Tarn, à 15 lieues d'Albi. Population, 7,179 habitants. Cette ville ancienne était une des places fortes des albigeois. Simon de Montfort l'assiégea en 1211, s'en empara, et y fit un massacre horrible des habitants. Louis XI érigea la sirerie de Lavaur en comté, qu'il donna au seigneur de Foix Candale. En 1483 ce comté fut définitivement réuni à la couronne. Lavaur possède une bibliothèque publique de 3,500 volumes, un tribunal de première instance, un cours de dessin linéaire. Elle était autrefois le siège d'un évêché, érigé en 1318. Lavaur renferme de grandes manufactures de soieries, où l'on fabrique des étoffes pour meubles. Son territoire est très-fertile.

LAVE, nom donné à toutes les substances minérales en *masse*, c'est-à-dire en *roche*, qui sont rejetées par les volcans dans un état de liquidité. Les roches qui se rangent parmi les laves sont le *basalte*, le *wacke*, la *leucostine*, la *téphrine*, la *pumite*, la *stigmite* et la *pépérine*. — Le sol recouvert par la lave s'appelle *coulée*.

LAVERNE (myth.), déesse des voleurs, des filous, des marchands, des fourbes, etc. Les premiers Romains, qui vivaient de brigandages, l'adoraient dans un bois sacré où ils cachaient leur butin. Son image était un corps sans tête ou une tête sans corps. La main gauche, regardée par les anciens comme la main destinée aux tours d'adresse et de friponnerie, lui était spécialement consacrée.

LAVES, nom donné à diverses substances minérales compactes, qui peuvent se diviser en plaques très-minces et servir à la couverture des maisons, au dallage des trottoirs, etc.

LAVEUR DE CENDRES, nom donné à ceux qui sont chargés de retirer l'or et l'argent contenus dans les cendres des orfèvres, bijoutiers et autres.

LAVINIE, fille de Latinus, roi des Latins, et d'Amate, fut promise à Turnus, roi des Rutules. Mais, l'oracle ayant déclaré qu'elle devait épouser un prince étranger, Lavinie fut mariée à Enée, qui avait tué Turnus en combat singulier. Après la mort d'Enée elle se retira dans les bois, craignant des mauvais traitements de la part d'Ascagne, et y donna le jour à Æneas Sylvius. — Quelques commentateurs pensent que Lavinie est la personnification de l'union qui se forma entre les Pélasges d'Italie et les Troyens.

LAVINIUM ou **LAVINUM**, ville d'Italie, bâtie par Enée, et ainsi nommée de Lavinie, son épouse. Elle fut la capitale du Latium sous le règne d'Enée. C'était le centre commun des Latins.

LAVIS, genre de peinture. Pour exécuter un lavis, on trace d'abord légèrement le trait au crayon ou au pinceau, puis, mêlant à l'eau la couleur dont on veut faire usage, on opère ou sur du papier blanc avec du bistre, de l'encre de Chine, de l'indigo, de la sépia; ou sur du papier coloré, avec les mêmes couleurs rehaussées par le blanc et la gouache. Une seule couleur suffit au lavis, et les ombres sont déterminées par des teintes plus ou moins fortes, ainsi que les clairs.

LAVOIR, bassin disposé à la naissance d'une source ou sur un cours d'eau et couvert d'une enceinte, pour abriter les laveuses du soleil, du vent et de la pluie, et destiné à unir un lieu propre au lavage du linge. Le fond du bassin doit être pavé et avoir trois pieds et demi de profondeur au moins.

LAVOISIER (Antoine-Laurent), créateur de la nouvelle nomenclature chimique, né à Paris en 1743. Il remporta en 1766 le prix proposé par l'académie des sciences pour le perfectionnement de l'éclairage de la capitale, et en 1768 fut associé à cette même académie. Il étudia la dilatation des corps, et en 1778 termina la théorie de l'oxygène et de ses combinaisons. Son laboratoire et sa fortune étaient à la disposition des savants et des malheureux. Il fut arrêté lors de la révolution, et décapité le 8 mai 1794. — Ses principaux ouvrages sont un *Traité élémentaire de chimie*, les *Opuscules physiques et chimiques*.

LAVRADIE, genre de la famille des frankéniacées, renfermant des sous-arbrisseaux aux feuilles simples, courtes, pétiolées, aux fleurs blanches ou roses, axillaires ou terminales, disposées en grappe. Ces plantes sont originaires du Brésil.

LAVURE, terme de monnayage, opération qui a pour but de retirer l'or et l'argent des cendres, terres ou creusets dans lesquels on a fondu ces métaux, et vases qui ont servi à cet usage. On donne aussi ce nom au métal que l'on retire par cette opération.

LAW (Jean), né à Edimbourg en 1671, se livra à une vie voyageuse et dépensière. Ayant séduit à Londres la fille d'un lord et tué en duel le frère de sa maîtresse, il fut condamné à être pendu. Obligé de fuir, il passa en Hollande, puis en Italie, et revint en Ecosse en 1700. Ayant proposé au parlement une émission de papier-monnaie qui ne fut pas acceptée; il voyagea et fit au jeu des gains considérables. Il vint en France en 1710, et parvint sous la régence du duc d'Orléans à établir une banque d'abord sous son nom (1716) et nommée plus tard banque du roi (1718), qui payait en billets les dettes de l'Etat. Les actions montèrent bientôt à vingt fois au delà de leur première mise; mais, comme on en mit en émission pour quatre-vingts fois plus d'argent qu'il n'en circulait dans le royaume, elles perdirent moitié de leur valeur. La ruine de la banque fut bientôt complète, et un grand nombre de familles y perdirent leur fortune. Law avait acquis de grandes richesses, dont il ne profita pas. Il fut obligé de quitter la France, et mourut à Venise en 1729.

LAWRENCE (Thomas), peintre de portraits, né à Bristol en 1769. Elève de Hoare et de Reynolds, il fit les portraits de la famille Kemble et devint peintre de la cour en 1792. Il fit ensuite les portraits des princesses de Galles, de lord Erskine, etc., et exécuta celui de la *Tempête* de Shakspeare. Nommé président de l'académie royale, il peignit en 1814 les ambassadeurs et les princes venus à Londres. Il demandait pour un portrait 13,000 francs. Il mourut en 1830.

LAXATIF, nom donné aux remèdes qui purgent doucement et sans irriter. Les laxatifs sont tirés du règne végétal. Ce sont le plus souvent des substances mucoso-sucrées ou des huiles fixes. Tels sont le *miel*, le *tamarin*, la *casse*, la *manne*, *l'huile de ricin*, etc.

LAYBACH, capitale de la Carniole, dans l'Illyrie (Autriche), à environ 60 lieues de Vienne. Population, 16,000 habitants. C'est une ville assez importante, qui a un évêché et qui fait un grand commerce.

LAZAGNE, espèce de pâte moulée en forme de rubans ou de grands lacets plats, dont on façonne quelquefois les bords et les échancrant ou les festonnant. Les lazagnes se font avec de la semoule, comme les macaronis et les vermicelles et de la même manière.

LAZARE, frère de Marie et de Marthe, demeurait à Béthanie. Jésus, qui l'aimait, allait quelquefois loger chez lui. Etant venu à Béthanie quatre jours après la mort de Lazare, il le rendit à la vie. On ne sait ce que Lazare devint ensuite. Les uns disent qu'il fut tué par les Juifs, d'autres qu'il fut le premier évêque de Marseille.

LAZARE (*Evang. de saint Luc*, chap. xvi), pauvre véritable ou symbolique, était couché devant la porte d'un riche, à qui il demandait en vain les miettes qui tombaient de sa table. Lazare mourut et fut porté dans le sein d'Abraham. Le riche mourut aussi, et son âme fut plongée dans les enfers. Apercevant Lazare, il lui demanda une goutte d'eau; mais Abraham lui dit qu'ayant été heureux dans l'autre vie pendant que Lazare souffrait, il était juste qu'il souffrît pendant que celui-ci serait heureux. On ignore si l'histoire de Lazare est une histoire réelle ou une simple parabole.

LAZARE (Chevaliers de Saint-), ordre établi par les croisés à Jérusalem en 1119. Ils exercèrent d'abord la charité envers les pauvres lépreux dans les hôpitaux, et prirent ensuite les armes pour la défense des chrétiens et des pèlerins. Ayant été chassés de la terre sainte, ils se retirèrent en France sous Louis VII. En 1490, cet ordre fut réuni à celui de Malte, et en 1572 à celui de Saint-Maurice. — Les chevaliers étaient admis à trente ans, et portaient sur la poitrine une croix d'or émaillée à huit pointes, ayant d'un côté l'image de saint Lazare, de l'autre celle de Notre-Dame. Le collier était formé du cordon de Saint-Lazare et du collier de Notre-Dame du Mont-Carmel. Le nombre des chevaliers était fixé à cent. On comptait avant la révolution cinquante commanderies de Saint-Lazare. La commanderie générale était à Boigny.

LAZAREFF, famille noble d'Arménie, qui a rendu de grands services à la Russie. Lazare de Lazareff, sous Catherine II, appliqua ses richesses aux arts industriels, et érigea de belles manufactures. Ivan Jean appela dans les plaines de la mer Noire des milliers de familles arméniennes pour repeupler ce beau pays, et éleva des villes et des églises. Joachim, frère de Jean, s'associa à la fondation de l'institut arménien pour les langues orientales, où soixante jeunes gens sont élevés et entretenus aux frais de la famille Lazareff.

LAZARET, enceinte destinée à recevoir pendant un certain temps les hommes et les pauvres provenant des pays où règnent des maladies contagieuses. Les Hébreux plaçaient les lépreux hors de leurs villes pendant un temps fixé ou pour toute leur vie. Lors de la conquête de Jérusalem, les croisés nommèrent *hôpitaux de Saint-Lazare* ceux qu'ils consacraient aux maladies épidémiques. Sous Louis VIII, on bâtit des lazarets pour les lépreux; sous les rois suivants, on en construisit pour diverses maladies, et à Marseille un lazaret fut fondé pour la peste en 1588. — Les vaisseaux partant d'un port doivent être munis d'une patente constatant l'état sanitaire du lieu du départ, et présenter, avant d'entrer dans le port où ils arrivent à un bureau spécial, leur patente de sûreté. Si la patente n'est pas nette, le vaisseau fait *quarantaine*. (Voy. ce mot.) Les établissements où a lieu la quarantaine se nomment *lazarets*.

LAZARISTES. Les croisés avaient formé au xiie siècle, à Jérusalem, un ordre (voy. Lazare (Chevaliers de Saint-) pour soigner les lépreux. Forcés de quitter la terre sainte, Louis VII les accueillit et leur donna près de Paris une maladrerie, transformée en hôpital après la disparition de la maladie. La commanderie de Boigny s'en sépara pour devenir un ordre civil, et la maison de Saint-Lazare fut administrée par des religieux. Elle fut donnée ensuite à saint Vincent de Paule, qui y établit les *prêtres de la mission*, nommés *lazaristes*. Sous le nom de *missionnaires*, ils vont prêcher le christianisme dans les pays étrangers.

LAZULITE ou Lapis-Lazuli (pierre d'azur), pierre d'un bleu d'azur magnifique, opaque, à grains très-serrés, et dont la cassure est mate. Elle raye le verre et étincelle par le choc du briquet. Elle est composée de silice, d'alumine et de soude. On en fait des coupes, des bracelets, etc. C'est avec cette pierre que l'on prépare le bleu d'outremer, couleur vive et inaltérable.

LAZZARONI, hommes qui exerçaient à Naples l'état de commissionnaires. Ils avaient tout le corps d'un rouge foncé, et, vêtus très-légèrement, ils vivaient dans des paniers d'osier. Quelques-uns étaient les instruments des vengeances des grands; ce, et étaient tout nus. Ils s'insurgèrent avec Masaniello et le cardinal Ruffo. Les lazzaroni n'existent plus de nos jours.

LAZZI, jeu de théâtre, qui consiste en jeu muet, mouvements, grimaces et contorsions risibles et quelquefois indécentes Ce jeu est presque toujours réservé à Arlequin dans les comédies italiennes.

LÉ. C'est, sur le bord des rivières navigables, un espace que les ordonnances fixent à vingt-quatre pieds, chemin qui doit rester libre pour le service des bâtiments qui sont traînés par des chevaux ou à la cordelle en remontant et descendant. — Le *lé* des toiles est la largeur de ces toiles.

LÉANDRE (myth.), jeune homme d'Abydos, traversait tous les jours l'Hellespont à la nage pour voir Héro, sa maîtresse. Il se noya dans une nuit d'orage.

LEBEAU (Charles), historien et poëte, né à Paris en 1701. Il fut professeur d'éloquence au collége royal et secrétaire de l'académie des inscriptions. Il a fait une *Histoire* très-célèbre *du Bas-Empire* en 27 volumes in-12. On a aussi de lui des *poésies latines* et des *discours latins*. Lebeau mourut en 1778.

LEBEUF (Jean), chanoine d'Auxerre, né en 1687. Il rendit de grands services à l'histoire et à la science. Il voyageait à pied dans les provinces, recherchant avec soin les détails les plus minutieux sur leur histoire et leurs antiquités. On a de lui des *dissertations*, une *Histoire du diocèse de Paris*, etc. Il mourut en 1760.

LEBON (Joseph), né à Arras en 1765, avait été curé de Neuville. Il embrassa la cause de la révolution avec ardeur, et établit à Arras un tribunal révolutionnaire dont il nommait et destituait les juges à volonté. Il couvrit sa patrie de sang et de proscriptions. Décrété d'accusation, cet homme féroce fut condamné à mort et exécuté le 9 octobre 1795.

LEBRUN (Ponce-Denis Écouchard), poëte célèbre, né à Paris en 1729. Il se roidit dans ses poésies contre les préjugés et les usages, contre le respect dû aux sommités sociales et contre les jugements académiques. Il fut un des poëtes de la révolution, un des plus enthousiastes. Il s'exerça dans l'épigramme, le genre lyrique et élégiaque. Lebrun mourut en 1807.

LEBRUN (Charles), peintre d'histoire, un des chefs de l'école française, né à Paris en 1619. Il fut comblé d'honneurs et de bienfaits par Louis XIV. Ses plus fameux ouvrages sont les *Batailles d'Alexandre*, *la Madeleine pénitente*, le *Martyre de saint Etienne*, etc. Il peignit aussi pour Fouquet, dans son château, un grand nombre de plafonds et de galeries. Il mourut en 1690.

LEBRUN (Mme), peintre de portraits, née à Paris en 1756, était fille de Louis Vigée. Elève de son père, de Joseph Vernet et de Greuze, elle fut reçue à l'académie royale en 1789, et voyagea en Italie à l'époque de la révolution. Ses tableaux les plus fameux sont les portraits de Marie-Antoinette, de Paesiello, et le sien propre; ils ont joui d'une grande réputation.

LECHT, terme de commerce et de marine, mesure qui contient 12 barils.

LECK, bras du Rhin qui joint ce fleuve à la Meuse, dans le royaume de Hollande. Les contrées que parcourt le Leck sont basses et exposées à de fréquentes inondations. Les habitants sont encaissé son lit entre deux hautes digues qui arrêtent les débordements.

LECLERC (Charles-Emmanuel), fils d'un marchand de farines de Pontoise, né en cette ville en 1772. Il adopta les principes de la révolution, et devint l'ami de Napoléon au siége de Toulon. Après la prise de cette ville, il fut nommé adjudant général. Leclerc suivit Bonaparte en Italie (1796), et se distingua par sa bravoure. Il fit partie de l'expédition d'Egypte, et épousa en 1797 Pauline Bonaparte. Il trempa dans la conjuration du 18 brumaire, et fut envoyé par Napoléon à Saint-Domingue pour arracher aux noirs cette belle colonie. Il mourut à l'île de la Tortue.

LECOUVREUR (Adrienne), actrice de la comédie française, née à Fismes (Champagne) en 1690. Sa voix triste et voilée, la force et la passion empreintes dans son jeu, se prêtaient à la tragédie, et Adrienne y fut toujours supérieure. Elle se montra l'amie sincère du maréchal de Saxe, en sacrifiant, pour payer ses dettes, sa fortune et ses diamants. Elle mourut en 1730.

LECTEUR, personne dont la fonction est de lire. Les anciens avaient des lecteurs pendant leurs repas; les rois en eurent aussi qui furent attachés à leur personne. Cet usage s'est conservé dans quelques colléges. — Dans l'Eglise catholique, le nom de *lecteurs* se donne à un des quatre ordres mineurs.

LECTEURS ROYAUX, nom donné autrefois aux professeurs du collège royal de France. Il y avait des lecteurs en philosophie, etc.

LECTICAIRES, du latin *lectica*, litière, esclaves qui, chez les Romains, étaient chargés dans les grandes maisons de porter les litières. Il y avait aussi des lecticaires publics, qui se louaient pour quelques heures. Le nom de *lecticaires* s'appliqua ensuite à ceux qui portaient les morts en terre, parce qu'à Rome on les plaçait souvent sur des litières.

LECTISTERNE, du latin *lectos sternere*, dresser des lits, cérémonie religieuse pratiquée chez les Romains dans les temps de calamités publiques, pour en obtenir la fin. C'était un festin que pendant plusieurs jours on donnait, au nom et aux dépens de la république, aux principales divinités, dans un temple. On y dressait une table avec des lits à l'entour, couverts de beaux tapis et de riches coussins, parsemés de fleurs, sur lesquels on mettait les statues des dieux invités au festin ; les déesses n'avaient que des sièges. Chaque jour que durait la fête, on servait sur la table un repas magnifique, que les prêtres avaient soin de desservir le soir. Pendant la fête, les particuliers laissaient leurs maisons ouvertes à tout le monde, toute animosité cessait, les procès étaient suspendus, et l'on délivrait les prisonniers. Les Romains avaient emprunté cette cérémonie aux Grecs et aux peuples de l'Orient. La première fut célébrée à Rome l'an 395 avant J.-C.

LECTOURE, près de la rive droite du Gers, chef-lieu d'arrondissement du département du Gers, à 9 lieues d'Auch. Population, 6,495 habitants. Avant l'invasion romaine, Lectoure était capitale d'un peuple gaulois, les *Lactorates*; devenue colonie romaine avec le titre de république, elle prit le nom de *Lectora*, que les Romains y élevèrent divers édifices, dont les débris existent encore. Elle fut fortifiée, et souffrit beaucoup pendant les guerres du moyen âge. Lectoure est située sur le haut d'un rocher élevé. Elle a maintenant un tribunal de première instance, un collège et une société d'agriculture. Elle commerce en blé, bétail, vins, cuirs renommés, eaux-de-vie, toiles et étoffes. C'est la patrie du maréchal Lannes.

LECTURE (COMITÉ ou JURY DE), assemblée d'auteurs, d'acteurs ou de simples amateurs, devant laquelle on lit les ouvrages destinés à un théâtre, et qui juge s'ils méritent d'être représentés.

LÉCYTHIDÉES, famille de plantes voisine des myrtes et des mauves. Ce sont des arbres ou arbrisseaux originaires de l'Amérique équinoxiale. Leurs feuilles sont alternes, non parsemées de points glanduleux comme les myrtes; leurs fleurs, naissent en grappes axillaires et terminales. Le type du genre est le *lécythis*, ainsi nommé, parce que ses fruits affectent la forme d'un vase ou d'une bouteille (en grec, *lékythis*). On les nomme vulgairement *marmite de singe*.

LÉDA (myth.), fille de Thestius et épouse de Tyndare, roi de Sparte. Jupiter, en étant devenu amoureux, se changea en cygne pour la séduire. Au bout de neuf mois, Léda accoucha de deux œufs, de l'un desquels sortirent Pollux et Hélène, et de l'autre Castor et Clytemnestre. Les deux premiers furent regardés comme les enfants de Jupiter et les deux derniers de Tyndare.

LÉDON ou LÉDUM, genre de la famille des rhodoracées ou des pyrolées. Il renferme des arbustes à l'odeur pénétrante et agréable, qui croissent en France et en Allemagne, dans les lieux ombragés et marécageux, et dont on se sert dans les régions septentrionales pour fabriquer la bière. Le *lédon à larges feuilles* est aromatique, et peut remplacer le thé. On l'appelle *thé du Labrador*.

LÉENA ou LIONNE (en grec, *Læana*), célèbre courtisane athénienne, fut impliquée dans le complot d'Aristogiton et d'Harmodius, qui assassinèrent Hipparque, roi d'Athènes. Hippias, frère d'Hipparque, la fit mettre à la question pour lui faire nommer ses complices. Elle supporta tous les tourments avec une constance invincible, et expira sans qu'il fût possible de lui arracher son secret. Quelques auteurs ajoutent qu'elle se coupa la langue avec les dents et la cracha au visage du tyran. Dans la suite les Athéniens lui élevèrent une statue.

LEFEBVRE (François-Joseph), duc de Dantzig, maréchal de France, né à Rufack (Haut-Rhin) en 1755. Il s'engagea dans les gardes françaises en 1773, protégea en 1789 la rentrée de la famille royale aux Tuileries, et facilita le départ pour Rome des tantes de Louis XVI. Nommé sous la république (1793) général de brigade et en 1794 général de division, il commandit en Autriche (1794-1799), et se distingua aux batailles de Fleurus, d'Aldenhoven, d'Iéna et de Sultzbach. Dans la guerre d'Espagne (1808), il s'empara de Bilbao ; dans celle de Russie, il commanda la garde impériale. Créé pair de France en 1819, il mourut en 1820.

LEFÉVRE (Robert, peintre d'histoire et de portraits, né à Bayeux en 1756. Elève de Regnault, il exposa en 1802 les *Callipyges grecques* et *Vénus désarmant l'Amour*. Il excella dans le portrait, et peignit ceux de Napoléon (1806), de Mme Lætitia (1808) et de Marie-Louise (1812). Il a fait aussi *Phocion prêt à boire la ciguë* et un *Calvaire* (1827). Il se suicida en 1830.

LEFORT (François), général et amiral de Russie sous le tzar Pierre Ier, dont il fut constamment le conseiller et l'ami. Il était né en 1656. Il prit une grande part aux changements importants entrepris par le tzar dans l'administration de l'empire. Il mourut en 1699, laissant un nom plein de gloire et inséparable de celui de Pierre Ier.

LÉGAL, se dit de tout ce qui est établi par les lois. — En termes de théologie, ce mot signifie ce qui regarde la loi de Moïse par opposition à la loi de Jésus-Christ ou à l'Evangile. — On appelle *médecine légale* l'art d'appliquer les préceptes de la médecine aux questions de droit pour les éclaircir et les interpréter convenablement.

LÉGALISATION, acte par lequel un officier public atteste la vérité des signatures apposées à un autre acte, ainsi que les qualités de ceux qui l'ont fait et reçu, afin qu'on y ajoute foi dans un autre pays. Les actes passés en France dont on veut faire usage à l'étranger doivent être légalisés d'abord dans la forme ordinaire ; puis une nouvelle légalisation doit être donnée par le ministre des affaires étrangères et par le ministre particulier accrédité en France au nom du pays dans lequel l'acte doit être produit. S'il s'agit d'un acte passé à l'étranger dont on veut se servir en France, on le fait légaliser par le consul ou l'ambassadeur français et puis par le ministre des affaires étrangères en France.

LÉGAT, nom donné aux ambassadeurs que le pape envoie aux souverains et qui sont chargés de le représenter. On distingue les légats *à latere* ou cardinaux envoyés en ambassade, représentant le pontife dans des affaires déterminées, et chargés du gouvernement de quelque province des Etats romains ; les légats *missi*, que le pape envoie sans qu'ils soient cardinaux, comme les nonces, etc. ; et les légats-*nés*, à la dignité desquels est attaché le titre de vicaires apostoliques, et à qui on ne donne aucune légation. Les légats ne pouvaient être admis en France si leurs bulles n'avaient d'abord été soumises au parlement. A la mort du pape, le pouvoir des légats cesse.

LÉGATAIRE, celui qui est appelé par le testateur à prendre une part dans la succession, à recueillir un *legs*. Il y a des légataires *universels* et *particuliers*.

LÉGATION, mot qui désigne la charge, les fonctions et la dignité des légats. Il indique aussi le territoire dans lequel ils exercent. Il y a des *légations ordinaires* ou *vicariales apostoliques* : telle était en France la légation d'Avignon, qui comprenait la Provence, le Dauphiné, le Lyonnais et le Languedoc ; et *extraordinaires*, dont le titulaire est chargé de traiter d'affaires particulières.

LÉGATIONS, noms donnés aux provinces de Bologne et de Ravenne, dans les Etats romains, gouvernés par des cardinaux revêtus du titre de légats *à latere*. Les autres provinces romaines s'appellent *délégations*, et sont gouvernées par des évêques. Les légats *à latere* ont une autorité absolue et ont sous leurs ordres la force armée.

LÈGE, nom donné à un bâtiment qui n'a rien à bord, qui est *léger*.

LÉGENDAIRE, auteur qui a composé une légende. Siméon *Métaphraste* est le premier légendaire grec que l'on connaisse. Il vivait dans le xe siècle. Ses Vies des saints sont remplies d'absurdités et sont toutes fausses ou dénaturées. Le premier légendaire latin fut Jacques de Varase. Il mourut à la fin du xiiie siècle, et fut l'auteur de la *Légende dorée*. (Voy.) Les légendaires admettaient trop légèrement les traditions populaires. Des savants s'efforcèrent de venger la morale, la vérité, et donnèrent lieu aux *bollandistes*. Voy.

LÉGENDE, nom qui fut donné d'abord aux versets que l'on récitait dans les leçons des matines, et que l'on appliqua ensuite aux Vies des saints et des martyrs, parce qu'on en devait les lire dans les réfectoires des communautés, des monastères. Elles se répandirent parmi le peuple, qui attachait une grande importance à connaître les détails du supplice des martyrs et des vies des saints. La vérité ne fut pas toujours conservée dans ces écrits.

LÉGENDE DORÉE, ouvrage célèbre dû à Jacques de Varase ou de *Voragine*, archevêque de Gênes, mort en 1298. Cet ouvrage est, avec la Bible, celui qui eut le plus d'éditions, à cause du style de l'ouvrage et de la brièveté des vies des saints. Il est rempli de mensonges et d'absurdités.

LÉGENDE DES MONNAIES, nom donné à toute inscription placée sur les monnaies, jetons, etc. Dans les premiers temps les légendes furent courtes, se bornant à l'indication du peuple et de la ville ; plus tard elles renfermèrent les noms des divinités, des magistrats, des faits, la valeur de la monnaie, etc. Les légendes au moyen âge furent écrites en latin. Sous les Mérovingiens, elles renfermèrent le nom de la ville et celui du monétaire; sous les Carlovingiens, le nom du roi s'y trouve seul. Pendant la troisième race, les légendes deviennent religieuses. Celle de *Sit Domini nomen benedictum* date de saint Louis. En 1685, on commença de marquer les monnaies sur la tranche avec la légende *Domine salvum fac regem*. On connaît les changements apportés par la république et l'empire.

LEGENDRE (Louis), né à Paris en 1756. Après avoir été matelot, puis boucher, il se prononça pour l'assemblée nationale, et excita le peuple (14 juillet 1789) à envahir l'hôtel des Invalides pour enlever les armes nécessaires à la prise de la Bastille. Il se lia en 1790 avec Danton, Desmoulins, etc., et fut un des chefs des cordeliers. Elu à la convention, il se montra acharné accusateur de Louis XVI et des girondins et l'un des plus grands ennemis de Robespierre. Il fut un des instigateurs des plus sanglantes mesures, et mourut en 1797.

LEGENDRE (Adrien-Marie), né à Paris en 1752, fut nommé professeur de l'école militaire en 1774, et entra à l'académie des sciences en 1783. Ce mathématicien célèbre publia en 1794 un *Mémoire sur les transcendantes elliptiques* et un *Essai sur la théorie des nombres*. Il a fait aussi un *Cours de géométrie*, dont il y a eu un grand nombre d'éditions. Après la révolution, il devint le chef du bureau chargé du travail sur les poids et mesures. Il fut nommé examinateur pour les mathématiques, et mourut en 1833.

LÉGER (Saint), né en 616 ou 626, fut nommé en 659 à l'évêché d'Autun, et eut part au gouvernement de l'Etat sous Childéric II. Les courtisans l'ayant rendu suspect au roi, il fut enfermé dans le monastère de Luxeuil, et n'en sortit qu'à la mort de Childéric. Ebroïn, maire du palais et son ennemi, le fit assiéger dans Autun, et lui fit crever les yeux. Enfin il fut décapité en 678. On fait sa fête le 2 octobre.

LÉGION FRANÇAISE, corps militaire français imité de la légion romaine. François Iᵉʳ créa sept légions provinciales, divisées chacune en six bandes de 1,000 hommes, et qui ne comprenaient ni grandes armes ni cavalerie, et Henri II en créa de nouveau en 1558; mais leur existence ne fut pas de grande durée. Elles reprirent faveur en 1741 et 1756, et on réunit l'infanterie, la cavalerie et les grandes armes. La guerre de la révolution donna naissance à plusieurs légions batave, hollandaise, des Alpes, des Francs, etc. Gouvion, en 1817, tenta de rétablir la légion provinciale. — La *légion étrangère* ne comprend que des hommes à pied. Elle est formée d'étrangers réfugiés en France, et forme un corps de 6,000 soldats assimilés à ceux de l'infanterie de ligne. Les gardes nationales ont conservé le nom de *légions*. La gendarmerie se divise aussi en *légions*, subdivisées chacune en plusieurs *compagnies*, pour le service des départements. Voy. GENDARMERIE.

LÉGION D'HONNEUR. Voy. ORDRE DE LA LÉGION D'HONNEUR.

LÉGION ROMAINE, corps militaire dont le nombre des soldats varia à différentes époques. Elle ne dépassa jamais celui de 6,000 fantassins et 700 cavaliers. Les légions étaient distinguées entre elles par des noms empruntés de l'ordre dans lequel on les avait levées, de l'empereur qui les avait formées, des dieux qui y présidaient ou d'une circonstance quelconque. La légion était divisée en dix cohortes, la cohorte en trois manipules, et le manipule en deux centuries. L'étendard de la légion fut, sous Romulus, l'image d'un loup, sous Marius, d'un aigle et sous Trajan un dragon. Le commandant de la légion se nommait *legatus*.

LÉGIS, nom donné dans le commerce aux plus belles soies de Perse. Il y en a de trois sortes : les *légis vourines*, qui sont les plus belles ; les *légis bourmes* ou *bourmios*, qui viennent après, et les *légis ardasses*, qui sont les plus grosses. Cette dernière sorte est celle qui vient en France en plus grande quantité.

LÉGISLATIF. On nomme *pouvoir législatif* l'autorité de qui émane la loi. Dans les Etats despotiques, ce pouvoir réside dans la personne du roi ; dans les monarchies représentatives, il est partagé entre le roi et un ou plusieurs corps délibérants. Dans les républiques, il réside dans le peuple ou ses représentants. — Le *corps législatif* est l'ensemble des assemblées chargées de faire les lois. En 1795, ce nom fut donné à la réunion des conseils *des anciens* et des *cinq-cents*. En 1800, on distingua le *corps législatif* et le *sénat*. La dénomination de *corps législatif* n'a pas été conservée, mais dans la langue usitée on donne encore ce nom aux deux chambres.

LÉGISLATIVE (ASSEMBLÉE). Elle remplaça immédiatement l'assemblée constituante le 1ᵉʳ octobre 1791. La session de l'assemblée législative dura un an moins dix jours. Cette réunion fut morcelée en une foule de partis; on y comptait les royalistes constitutionnels, les orléanistes, les républicains modérés ou girondins, enfin les républicains passionnés ou jacobins. L'assemblée prescrivit aux frères du roi de rentrer en France dans le délai de deux mois, mit en séquestre les biens des émigrés, et affecta ces biens à la garantie d'une nouvelle émission d'assignats. Elle ordonna la déportation des prêtres qui n'avaient pas prêté serment à la constitution civile du clergé; mais le roi refusa de sanctionner ces décrets, et le 10 août, s'étant réfugié au sein de l'assemblée, il fut conduit au Temple. Après le massacres de septembre, lors de l'envahissement des puissances étrangères, l'assemblée, qui n'avait pu empêcher les excès, déclara sa mission terminée, et fit place à la *convention nationale*.

LÉGISLATURE, mot qui désigne la réunion des chambres législatives et le temps légal d'existence d'une chambre élue.

LÉGITIMAIRE, nom donné à l'héritier présomptif d'un bien quelconque, et qui ne peut pas être dépouillé de ce bien par un testament. Voy. LÉGITIME.

LÉGITIMATION, acte par lequel on rend légitimes des enfants naturels, ou qui confère à l'enfant naturel les honneurs de la légitimité. Avant les empereurs chrétiens, on regardait les enfants naturels comme incapables de posséder aucuns biens et aucunes charges. Justinien voulut que les enfants naturels fussent légitimés par le mariage subséquent de leurs père et mère ; mais il refusa cette faveur aux adultérins. Cette règle est encore prescrite par la loi qui nous régit.

LÉGITIME, portion que la loi donne aux enfants sur les biens de leurs père et mère, et qui leur est due, en sorte que leurs parents ne peuvent les en priver, quoiqu'ils disposent de leurs biens en faveur d'autres personnes. Chez les Romains, le père avait le droit de disposer de ses biens comme il le voulait. Les *Novelles* de Justinien décidèrent que les enfants auraient droit au quart des biens, toutes les fois qu'il y en aurait quatre ou moins de quatre ; s'il y avait plus de quatre enfants, ils auraient droit au tiers de la succession de leur père. Cette jurisprudence passa dans le droit français, sauf le règlement des parts qui variait d'une province à l'autre. La légitime n'est due qu'aux enfants légitimes ou légitimés.

LÉGITIME COUTUMIÈRE, légitime qui tenait au système de succession adopté par les coutumes qui distinguaient les *propres* des *acquêts* et forçaient à remonter à la source des biens. La réserve légale des enfants ou autres légitimaires était appelée *légitime de droit*.

LÉGITIME DE GRACE, celle que le juge pouvait attribuer aux enfants qui ne trouvaient dans la succession de leurs parents que des biens substitués, sur lesquels ils ne pouvaient pas rigoureusement exercer leurs droits.

LÉGITIME DES ASCENDANTS, portion héréditaire accordée par le droit romain et quelques coutumes aux ascendants, plutôt à titre d'*aliments* que de *droit successif*. C'est aujourd'hui la *réserve des ascendants*.

LÉGITIME DES COLLATÉRAUX, portion héréditaire concédée à certains collatéraux dans des cas exceptionnels. Le principe de la légitime en matière collatérale est aujourd'hui proscrit par nos lois.

LÉGITIMITÉ, état d'une chose légitime. Dans son acception politique et sociale, ce mot exprime une conformité intime avec la loi de justice universelle, qui règle les rapports des hommes entre eux. C'est la légitimité qui fait le droit fondamental des constitutions. — Le sens de ce mot a été appliqué depuis quelque temps au droit d'hérédité par ordre de primogéniture dans la monarchie et surtout dans la monarchie de France.

LÉGITIMITÉ, en droit civil, s'entend exclusivement du mariage célébré dans les formes déterminées par la loi, avec toute la solennité requise. La légitimité du mariage peut seule faire la légitimité des enfants.

LEGOUVÉ (Gabriel-Marie), fils d'un avocat distingué, né à Paris en 1764. Il s'adonna à la poésie, et fit jouer en 1792 le drame de *la Mort d'Abel*, qui eut un grand succès. Ses tragédies d'*Epicharis*, de *Q. Fabius*, d'*Etéocle*, furent mal accueillies. Sa *Mort de Henri IV* (1806), ses poëmes de la *Sépulture*, des *Souvenirs*, de *la Mélancolie*, du *Mérite des femmes*, eurent une grande vogue. Legouvé est mort en 1813.

LEGS. Toute institution contenue dans un testament. Les dispositions testamentaires étant ou universelles ou à titre particulier, il appert aussi que les legs sont *universels*, ou *à titre universel*, ou à *titre particulier*. Le legs universel est la disposition testamentaire par laquelle le testateur donne à une ou plusieurs personnes l'universalité des biens qu'il laisse à son décès. Le legs à titre universel est celui par lequel le testateur lègue une quotepart des biens dont la loi lui permet de disposer, tels qu'une moitié, un tiers, ou tous ses immeubles, ou tout son mobilier, ou une quotité fixe de tous ses immeubles ou de tout son mobilier. — Toute disposition testamentaire qui n'est ni de l'universalité des biens ou de la portion disponible de ces biens, ni d'une quote-part de ces biens ou de la portion disponible, est un *legs particulier*.

LÉGUME. A proprement parler, les légumes sont les fruits des plantes dites *légumineuses*, telles que les pois, les lentilles, etc.; mais on donne vulgairement ce nom à toutes les plantes que l'on cultive dans les potagers, telles que les oignons, carottes, pois, haricots, etc. Presque tous les légumes servent à la nourriture de l'homme.

LÉGUMINEUSES, famille de plantes dicotylédones polypétales, dont le fruit est une gousse ou *légume*. Elle renferme des plantes herbacées, des arbrisseaux, des herbes annuelles, bisannuelles ou vivaces et même des arbres. Les feuilles sont alternes, pétiolées, les fleurs pédonculées, solitaires et axillaires, et les tiges droites ou volubiles. Les graines des légumineuses fournissent une nourriture saine et substantielle, et les feuilles, les cosses et les fanes composent le fourrage le plus abondant. Plusieurs genres de cette famille sont utiles dans la médecine et la teinture.

LEIBNITZ (Godefroi-Guillaume), célèbre philosophe et mathématicien, né en 1646 à Leipzig. A vingt ans, il fut nommé docteur en droit à Altdorf, puis conseiller de l'électeur Ernest-Auguste, et conseiller aulique de l'empereur. L'académie de Berlin fut fondée en 1700 sur le plan qu'il en donna, et il en fut président perpétuel. Il mourut en 1716. Ses principaux ouvrages sont des *Essais de théodicée*, un traité de *calcul intégral*, une solution de diverses questions de physique, de mathématiques, de philosophie, de jurisprudence, etc. Leibnitz fut le chef d'une école qui fut l'essai d'une alliance entre les écoles idéaliste et sensualiste.

LEICESTER, comté d'Angleterre, entre ceux de Lincoln, Rutland, Nottingham, Derby et Warwick. Il a 10 lieues de long sur 9 de large, et renferme 150,000 habitants. — Le climat est sain, le sol argileux et abondant en pâturages. La capitale est *Leicester*, sur la Sture, à 30 lieues de Londres. Elle envoie deux députés au parlement, et renferme 23,150 âmes.

LEICESTER (Simon DE MONTFORT, comte DE), fils du fameux Montfort qui commanda la croisade contre les albigeois, passa en Angleterre, où il fut créé comte de Leicester, en 1231 et épousa en 1238 la comtesse de Pembrock, sœur du roi Henri III, qui lui donna le gouvernement de la Guienne. Ayant perdu sa faveur, il s'unit avec des seigneurs, s'empara de la personne du roi, et forma un comité auquel appartint l'autorité souveraine. Après deux ans, Henri rentra dans ses droits; mais Leicester, ayant vaincu le roi, reprit l'administration des affaires. Mais il fut défait par le prince Édouard (1265), et périt les armes à la main. Son corps fut haché en morceaux.

LEICESTER (Jean DUDLEY), né en 1531, devint le favori d'Elisabeth, et aspira à sa main, après avoir fait périr sa femme. En 1564, il fut choisi pour commander un corps de troupes envoyé contre Philippe II, et se fit remarquer par son incapacité. Il mourut dans la disgrâce et l'oubli.

LEINSTER, province maritime d'Irlande, bornée par la mer, l'Ulster, le Connaught et le Munster. Elle abonde en grains, pâturages et bétail. Elle se divise en douze comtés. Sa capitale est *Dublin*.

LEIPZIG, cercle du royaume de Saxe, fertile en légumes, fruits, tabac, houblon, chanvre, lin et sel. Ce cercle contient 284,207 habitants. Il est au N. de la Misnie.

LEIPZIG, capitale du cercle de ce nom, dans la Saxe, sur la Pleisse.— Au xe siècle, cette ville n'était qu'un simple hameau; au xu^e, elle renfermait 6,000 âmes. Aujourd'hui elle contient 40,000 habitants. Leipzig a un grand nombre de manufactures de toile, soie, velours, etc., et plusieurs sociétés savantes. Son université est célèbre. Elle fut fondée en 1409 par des étudiants qui quittèrent Prague avec leurs professeurs. Soixante et dix maîtres sont attachés à cette université. Près de cette ville se livra, le 16 et le 18 octobre 1813, une grande bataille entre Napoléon, commandant 130,000 hommes, et l'armée austro-russe, composée de plus de 300,000 hommes. Nous avions conservé notre champ de bataille; mais nous perdîmes 50,000 hommes tués ou prisonniers, et les coalisés eurent 80,000 hommes hors de combat.

LEITRIM, comté d'Irlande, dans la province de Connaught, de 14 lieues de long sur 2 à 5 de large. Population, 35,000 âmes. Le chef-lieu est *Carrick*.

LEITURGES, nom donné, chez les Athéniens, à quelques personnages d'un rang et d'une fortune considérables, qui étaient chargés pour leurs tribus de s'acquitter de quelques devoirs importants au bien de l'État, et même de fournir à leurs propres frais aux besoins de la république.

LEKAIN (Henri-Louis), acteur tragique, né à Paris en 1728, se fit remarquer dès son enfance par ses heureuses dispositions. Ayant été admis parmi les comédiens du roi (1752), il rendit de grands services à l'art dramatique en faisant supprimer les banquettes sur le théâtre, en séparant ainsi les acteurs des spectateurs et en réformant le ridicule des vêtements. Lekain obtint de grands succès, et mourut en 1778.

LÉLÉGES, peuples errants, composés de différentes peuplades, originaires sans doute de la Carie, se fixèrent dans l'île de Crète, d'où ensuite ils émigrèrent sous la conduite de Deucalion. Ils allèrent peupler les côtes occidentales et méridionales du Péloponèse. Ils se répandirent ensuite au nord, et remplirent l'Étolie et l'île d'Eubée. Enfin ils passèrent dans l'Asie-Mineure, et y formèrent plusieurs établissements. — On donne aussi quelquefois le nom de *Léléges* aux habitants de la Laconie et de la Mégaride, qui avaient eu un *Lélex* pour roi.

LÉLIEN (Ulpius Cornelius Lælianus), général romain qui prit le titre d'empereur vers la fin du règne de Gallien, l'an 267 de J.-C. Son triomphe ne fut pas de longue durée : il fut vaincu et mis à mort quelque temps après par Posthumus, autre général qui avait usurpé comme lui la dignité impériale. On le nomme aussi *Trebellius Pollion*, *Lollien* ou *Elien*.

LEMAIRE, détroit qui sépare la Terre de Feu de la Terre des États (Amérique). Ce Détroit, qui n'a guère que 5 lieues de long et autant de large, a été découvert en 1615 par le Hollandais Jacques Lemaire. Ce navigateur mourut en 1616.

LÉMAN. Voy. GENÈVE (Lac de).

LEMBERG. Voy. LÉOPOLD.

LEMIERRE (Antoine-Marin), né à Paris en 1733. Après avoir remporté des prix à l'académie française, il fit représenter successivement *Hypermnestre*, *Térée*, *Idoménée*, *Artaxerce*, *Guillaume Tell*, la *Veuve du Malabar*, *Barnevelt*, etc. Lemierre a fait aussi les poëmes de *la Peinture* et des *Fastes*. Il mourut en 1793.

LEMME, proposition préliminaire qu'on établit pour servir à la démonstration de quelque autre proposition, quoiqu'elle n'ait qu'un rapport indirect avec le sujet de cette dernière.

LEMMING ou LEMING, sorte de rats de la famille des campagnols. Ils vivent en société et par troupes nombreuses, et font des dégâts énormes dans les champs. Les *lemmings de Norwége* sont roussâtres, longs de cinq à six pouces. Ils ont la tête courte, ovale, les oreilles petites et arrondies. Leur pelage est soyeux et varié de roussâtre, de gris, de noir et de blanchâtre. Tous les six ou huit ans, ils descendent des montagnes de la Norwége et de la Laponie pour s'étendre dans les pays environnants. Il n'est aucun obstacle pour eux. Ils traversent même les rivières à la nage. Ces animaux ne s'engourdissent pas; ils passent l'hiver sous la neige.

LEMNISCATE (géom.), nom donné à une courbe qui a la forme d'un 8 de chiffre.

LEMNOS, île de la Méditerranée, entre Ténédos, Imbros et la Samothrace. Sa circonférence est évaluée à 33 lieues, et sa population est de 8,000 habitants. — Elle était consacrée par les anciens à Vulcain, qui y tomba lorsque Jupiter le précipita du ciel. On recueille dans les montagnes de l'île une terre particulière, longtemps regardée comme une panacée universelle, et nommée *terre sigillée*. Il y avait à Lemnos un fameux labyrinthe. Cette île est appelée *Limné* par les Turks et *Limno* ou *Stalimène* par ses habitants. Elle a pour chef-lieu *Limno* ville de 1,000 habitants.

LEMNYSQUE ou LEMNISQUE, bandelette de pourpre avec laquelle on liait les couronnes chez les anciens et l'on ornait les palmes des athlètes vainqueurs. — On désigne aussi par ce mot un signe usité dans les anciens manuscrits, qui consiste en un trait horizontal placé entre deux points. On l'employait pour marquer la différence des interprètes quant aux termes seulement.

LEMONNIER (Pierre-Charles), mathématicien célèbre, né à Paris en 1715. À peine âgé de seize ans, il observa avec exactitude l'opposition de Saturne (1731), et fut admis à l'académie des sciences en 1736. Il fut adjoint à Maupertuis et à Clairaut pour mesurer un degré du méridien sous le cercle polaire. De 1738 à 1742, il publia des tables du soleil, vérifia l'obliquité de l'écliptique, et détermina l'influence de la température de l'air sur les réfractions astronomiques. En 1743, il traça la méridienne de l'église Saint-Sulpice, etc. Lemonnier fut le protecteur de Lalande, et mourut en 1799.

LEMONTEY (Pierre-Édouard), écrivain, né à Lyon en 1762. Il embrassa la cause des protestants, qui réclamaient le droit d'être admis aux états généraux, se prononça pour le rappel de Necker, et, nommé député à l'assemblée législative (1791), il se fit remarquer par la modération de ses votes. Sous le régime conventionnel, il revint à Lyon, où il se rangea parmi les défenseurs de cette ville contre les terroristes. En 1797, il se fixa à Paris, et publia des *opéras*, des *poëmes* et des *opuscules*. Il mourut en 1826.

LEMOYNE (Pierre), né à Chaumont en Bassigny en 1602, jésuite, est l'auteur du poëme de *Saint Louis* (1650) et des *Entretiens poétiques*. Le satirique Boileau a gardé lui-même le silence sur ces poésies, ce qui les fait juger sous un œil favorable. Lemoyne fit aussi quelques ouvrages de dévotion.

LEMTA, désert d'Afrique, dans la partie occidentale du Sahara. Les peuples qui l'habitent sont cruels et inhospitaliers. C'est de cette contrée que sont sortis les Almoravides.

LÉMURES, mauvais génies mâles et femelles, qui jetaient l'effroi parmi les vivauts et habitaient les lambris des maisons. Ils n'aimaient que les fèves. Pour les mettre en fuite, on jetait des fèves noires et rouges. Les Romains célébraient au mois de mai des fêtes nommées *Lémuries* en leur honneur. Elles duraient trois jours, qui étaient regardés comme malheureux. Romulus institua cette fête pour apaiser les mânes de Remus, et lui donna le nom de *Rémuries*, d'où l'on fit depuis *Lémuries*.

LÉMURIENS, famille d'animaux de l'ordre des quadrumanes. Les lémuriens appartiennent à l'ancien monde. Ils sont nocturnes, insectivores, et sont tous de taille moyenne ou même petite. Leur museau est très-allongé. Quelques espèces ont une grande intelligence. — On divise cette famille en cinq sous-genres, *maki*, *indri*, *galago*, *loris*, *tarsier*, auxquels on ajoute celui d'*aye-aye*.

LENCLOS (Ninon DE). Voy. NINON DE L'ENCLOS.

LENGLET-DUFRESNOY (Nicolas), écrivain fécond et audacieux, né à Beauvais en 1674. Il traita tous les sujets profanes et sacrés, sérieux et badins, utiles et frivoles. Son style caustique lui suscita des mauvaises affaires. Il fut cinq fois à la Bastille. L'abbé Lenglet a laissé plus de quarante ouvrages, dont les plus connus sont une *Méthode pour étudier l'histoire*, un *Livre sur l'usage des romans*, l'*Histoire de Jeanne d'Arc*. Il travailla aussi à la grande Encyclopédie, et mourut en 1756.

LÉNITIF, nom donné aux remèdes qui sont relâchants et tempérants, quelquefois aussi à ceux qui sont laxatifs. C'est ainsi que l'on dit que le *miel* est un lénitif. Il y a aussi des *électuaires lénitifs* qui purgent doucement et sans provoquer de coliques.

LENOTRE (André), né à Paris en 1613, devint architecte et dessinateur des jardins du roi. Il est l'auteur des jardins de Marly, de Trianon, de Chantilly, de Saint-Cloud, des Tuileries (1665) et de la terrasse du château de Saint-Germain. Louis XIV lui donna en 1675 des lettres de noblesse et la croix de Saint-Lazare. Il mourut en 1700.

LENTE, nom donné aux œufs allongés en forme de larmes que les poux déposent et collent après les cheveux. — FIÈVRE LENTE. Voy. HECTIQUE (Fièvre).

LENTICULAIRE, ce qui a la forme d'une lentille (en histoire naturelle ou en optique). L'*os lenticulaire* est le plus petit des quatre osselets de l'oreille. Il est à peine visible, arrondi, convexe sur ses deux faces, et placé entre la longue branche de l'enclume et la tête de l'étrier. — On appelle *verre lenticulaire* un verre qui est en forme de lentille.

LENTICULE, genre de plantes de la famille des naïades. Il renferme des petites herbes flottantes à la surface des eaux tranquilles. Plusieurs espèces sont usitées en médecine.

LENTILLE, espèce du genre *ers*, de la famille des légumineuses, qui renferme plusieurs plantes herbacées. La plus connue est la *lentille cultivée*, annuelle et rameuse, qui croît naturellement dans le midi de la France, en Suisse, en Carniole, et fournit des graines farineuses, orbiculaires, plus ou moins roussâtres, renfermées dans des gousses courtes, larges et obtuses. On en fait usage dans la vie domestique comme aliment. Les lentilles fournissent une nourriture substantielle, agréable et de facile digestion. Dans le nord de la France, on les sème avec des vesces, des pois, des fèves, de l'orge, etc., pour obtenir un excellent fourrage connu sous le nom de *dragée*.

LENTILLE, nom donné par les horlogers à la pièce d'un pendule qui est suspendue à la verge, et dont les oscillations règlent les mouvements. — *Lentille* (méd.). Voy. ÉPHÉLIDE.

LENTILLE (opt.), nom donné à des verres circulaires, dont les faces sont planes, convexes, concaves. On distingue les lentilles *plans-convexes* dont une surface est plane et l'autre convexe; les *convexes-convexes* ou *doublement convexes*; les *plans-concaves*, dont une surface est plane et l'autre concave; les *concaves-concaves* ou *doublement concaves*; les *concaves-convexes*. Les verres convexes ont seuls la propriété de faire converger les rayons lumineux; les verres *concaves*, au contraire, les rendent divergents. — Les *lentilles creuses* sont formées de deux verres circulaires bombés, appliqués et fixés l'un sur l'autre. On remplit le vide qui régnait entre eux d'un liquide bien pur, tel que l'alcool. — Les *lentilles à échelons* se composent de plusieurs pièces qui font une lentille plane-convexe, autour de laquelle s'adaptent des anneaux de verre concentriques et qui s'emboîtent exactement.

LENTISQUE, petit arbre du genre *pistachier*, de la famille des térébinthacées, tribu des anacardiers, qui croît en Afrique et dans l'Europe méridionale. Cet arbre fournit à l'île de Chio le mastic, substance résineuse employée en médecine comme stimulante et tonique. Elle sert aussi d'excellent cosmétique.

LENTULUS, famille romaine qui a produit plusieurs grands personnages. Le plus fameux est Cornelius Lentulus Sura, préteur, qui trempa dans la conjuration de Catilina. Il fut chargé de recruter dans Rome une armée, et appela les Allobroges. Une courtisane dévoila le complot. Cicéron fit arrêter les coupables, et les fit étrangler secrètement.

LÉON, ancien royaume d'Espagne, comprenait le *Léon propre*, la *Galice*, les *Asturies*, la *Vieille-Castille* et l'*Estramadure*. Ce royaume fut fondé au VIIIe siècle par Pélage, et fut réuni au royaume de Castille en 1030. — Le *Léon* proprement dit est borné au N. par les Asturies, au levant par la Vieille-Castille, au midi par l'Estramadure, et au couchant par la Galice et le Portugal. Sa superficie est de 1,045 lieues carrées, et sa population de 300,000 habitants. Il a été divisé en plusieurs provinces, celles de *Léon*, *Palencia*, *Valladolid*, *Toro* et *Zamora*, *Villafranca* et *Salamanque*. Le Léon est arrosé par de nombreuses rivières; le Duero le partage en deux parties. Le climat y est très-inégal, et le sol est couvert de montagnes élevées. Le Léon produit beaucoup de blé, de seigle, du vin, du lin, des légumes, des pommes de terre, des châtaignes, des noix, du foin, des cochons, des ânes, des mulets, des bois de construction; il possède des mines de fer, des carrières de marbre, et fabrique du cuir, des draps, de la toile, etc. La province de *Léon* proprement dite est divisée en trois districts, *Léon*, *Ponferrada* et *Barbera*.

LÉON, chef-lieu de la province et du royaume de ce nom, à 70 lieues de Madrid. Elle fut fondée par Galba. Cette ville a 7,500 âmes. Elle renferme les tombeaux de trente-sept rois. Sa cathédrale est la plus belle d'Espagne. Son archevêché est le plus ancien du royaume.

LÉON (NOUVEAU), un des vingt Etats du Mexique. Il a environ 5,000 lieues carrées et une population de 100,000 âmes. La capitale est *Monterei*. Cet Etat renferme de très-belles mines.

LÉON. Douze papes ont porté ce nom. — SAINT LÉON Ier *le Grand* naquit à Rome sous le règne de Théodose, et succéda en 440 à Sixte III. Il abattit les libertés de l'Eglise des Gaules, et en 452 obligea par la force de son éloquence Attila à s'éloigner de Rome. Il mourut en 461. On fait sa fête le 11 avril à Rome, le 10 novembre à Paris. — SAINT LÉON II succéda à Agathon en 682, et mourut en 683 sans avoir rien fait de mémorable. Sa fête se célèbre le 28 juin.

— LÉON III, Romain, succéda à Adrien Ier en 796. Il couronna empereur Charlemagne, qui l'avait rétabli sur le trône pontifical, et mourut en 816. — SAINT LÉON IV, Romain, succéda à Serge II en 847, orna et répara la ville de Rome, et mourut en 855. On fait sa fête le 17 juillet. — LÉON V succéda à Benoît IV en 903, fut chassé par l'antipape Christophe, et mourut la même année. — LÉON VI succéda à Jean X en 928, et mourut en 929. — LÉON VII succéda à Jean XI en 936, et mourut en 939. — LÉON VIII fut élu pape après la déposition de Jean XII en 963, fut chassé par le peuple, qui élut Benoît V; rétabli par l'empereur Othon, il mourut en 965. — SAINT LÉON IX succéda à Damase II en 1048. Il réforma le clergé, et mourut en 1053. On fait sa fête le 19 avril. — LÉON X (Jean de Médicis) succéda à Jules II en 1513, et fut l'un des plus grands politiques du XVIe siècle. Il conclut le concile de Latran pour le rétablissement de la discipline ecclésiastique en 1517, anathématisa Luther en 1520, et favorisa les arts et les sciences. Il mourut en 1521. — LÉON XI (Alexandre Médicis) succéda à Clément VIII en 1605, et mourut la même année. — LÉON XII succéda à Pie VII en 1823; il s'appelait Annibal della Genga; il fut le protecteur des lettres, et mourut en 1829 regretté de toute l'Eglise.

LÉON. Six empereurs d'Orient ont porté ce nom. Le premier succéda à Marcien en 457, combattit les barbares avec peu de succès, et mourut en 474. — LÉON II, fils de Zénon, succéda à son aïeul Léon Ier en 474, et mourut la même année. — LÉON III *l'Isaurien* fut d'abord marchand de bestiaux, et succéda à Théodose III en 717. Il protégea les iconoclastes, défendit Constantinople contre les Sarrasins, et mourut en 741. — LÉON IV succéda à Constantin Copronyme en 775, et mourut en 780. — LÉON V succéda à Michel III en 813, et mourut assassiné en 820. — LÉON VI succéda à Basile en 886, combattit les Bulgares, les Russes et les Sarrasins, et mourut en 911.

LÉON. Six rois d'Arménie de Cilicie ont porté ce nom. — Le premier, de la race des Rhoupen, succéda en 1123 à son frère Théodore. Il vainquit les Grecs, et fit la guerre à Baudoin de Jérusalem. Il mourut en 1141. — LÉON II succéda à Rhoupen II en 1185, fit la guerre aux musulmans, et mourut en 1219. — LÉON III succéda à Hétoun Ier en 1269, vainquit les mameluks, et mourut en 1289. — LÉON IV succéda à Hétoun II en 1305, et mourut en 1308. — LÉON V succéda à Oschin en 1320, chassa les mameluks, les Tartares, et mourut en 1342. — LÉON VI, de la maison de Lusignan de Chypre, fut élu en 1365. Vaincu par les Egyptiens, il mourut en 1393.

LÉON DE BYZANCE, fameux philosophe, né dans cette ville, florissait vers l'an 350 avant J.-C. Il fut disciple de Platon, et s'acquit une grande réputation par ses connaissances. Rendu suspect aux Byzantins par Philippe de Macédoine, et prêt à tomber sous les coups desquels il s'étrangla. Ses ouvrages, qui sont *huit livres* des affaires des Byzantins et de Philippe, des *Béotiques*, un *Traité* des séditions, etc., ne nous sont pas parvenus.

LÉONARD (Nicolas-Germain), né en 1744 à la Guadeloupe, se distingua dans la poésie pastorale. Il chercha dans ses ouvrages à imiter les meilleurs poëtes bucoliques, Théocrite, Tibulle, Ovide, Gessner et Thompson. Ses plus célèbres ouvrages sont un recueil d'*idylles*, un roman d'Alexis, le *Voyage aux Antilles*, et la versification du *Temple de Gnide* de Montesquieu. Il mourut en 1793.

LÉONARD DE VINCI. Voy. VINCI.

LEONATUS, fils d'Eunus, fut un des principaux généraux d'Alexandre le Grand, roi de Macédoine. Il se distingua dans les guerres de ce conquérant, et lui sauva la vie dans un combat contre les Indiens. Après la mort d'Alexandre, il fut un des tuteurs qu'on donna à l'enfant dont Roxane était enceinte, dans le cas où elle accoucherait d'un fils. Dans le partage des provinces de l'empire, il obtint une partie de la Phrygie et les côtes de l'Hellespont. Il forma le dessein de s'emparer de la Macédoine, et passa en Europe avec une armée de 20,000 soldats à pied et de 2,500 chevaux. Arrêté par les Grecs, il fut vaincu par eux, et mourut dans le combat en 323 avant J.-C.

LÉONCE, patrice d'Orient, donna des preuves de son courage sous Justinien II. Cet empereur, prévenu contre lui par des envieux, le tint trois ans dans une dure prison. Léonce, ayant recouvré la liberté, et se déclara Justinien et se plaça sur son trône en 695. Il gouverna l'empire jusqu'en 698, que Tibère Absimare lui fit couper le nez et les oreilles. Justinien, rétabli, fit trancher la tête à Léonce (705).

LÉONIDAS Ier, célèbre roi de Sparte, de la famille des Agides, succéda à Cléomène l'an 481 avant J.-C. Il fut chargé par ses compatriotes de défendre le passage des Thermopyles contre Xerxès, roi de Perse, qui avait envahi la Grèce avec une armée immense. Léonidas, avec 300 guerriers, résista aux Perses pendant trois jours; mais un habitant de Trachinie les ayant conduits jusqu'au sommet de la montagne, ils taillèrent en pièces les Spartiates. Un seul se sauva, et fut en butte aux outrages de ses compatriotes. Cette bataille se livra l'an 480 avant J.-C. Les Spartiates instituèrent en l'honneur de Léonidas une fête nommée *Léonidée*, dans laquelle on disputait le prix de l'adresse et de la valeur.

LÉONIDAS II, roi de Sparte, successeur d'Arée II, monta sur le trône l'an 257 avant J.-C. Il fut chassé par son gendre Cléombrote et rétabli dans la suite. Il fit mettre à mort Agis son collègue dans la royauté, qui avait voulu remettre en vigueur les lois de Lycurgue.

LÉONIN (jurispr.). Il y a *contrat léonin* toutes les fois que l'une des parties se met à l'abri de toute perte en stipulant une part dans les bénéfices, et toutes les fois que les chances de pertes ne sont pas en rapport direct avec les chances de bénéfices. Le contrat est une convention contraire à la morale et à la loi. La stipulation est réputée non écrite, et la convention qui donnerait à un associé tout le bénéfice est nulle.

LÉONINS (VERS), vers latins rimés tant à l'hémistiche qu'à la fin des vers, ou dans lesquels l'hémistiche rime avec la fin du vers. Presque toutes les hymnes d'église sont faites en vers léonins. On ignore l'origine de leur dénomination.

LEONTIUM, courtisane athénienne, étudia la philosophie sous Epicure, dont elle défendit la doctrine contre Théophraste dans un livre qui était un chef-d'œuvre de pureté et d'élégance. Les ennemis d'Epicure ont dit qu'elle se prostitua à son maître et à ses disciples. — *Leontium* ou *Leontini* est une ville célèbre de la Sicile, vers l'E., au N. de Syracuse, près de la mer. Elle avait été bâtie par une colonie grecque de Naxos. Son territoire produisait les meilleurs vins de la Sicile. Cette ville devint une des plus puissantes de l'Italie, et disputa la prééminence à Syracuse. Elle se réconcilia ensuite avec celle-ci, qui en fit sa citadelle.

LÉONTODON. Voy. CHIENDENT.

LÉONTOPHORE, nom donné à un vaisseau d'une grandeur extraordinaire, usité chez les anciens. Il avait huit rangs de rames de cent rames chacun. Ce qui faisait cent rameurs pour tout le vaisseau.

LÉONURE, genre de la famille des labiées. Une espèce, l'*agripaume* ou *léonure cardiaca*, est une plante qu'on trouve dans les lieux incultes et pierreux de l'Europe, quelquefois cultivée dans les jardins. Sa tige, haute de trois pieds, est carrée, ferme, cannelée et rameuse. Les feuilles sont d'un vert foncé en dessus, diminuant de grandeur du bas au sommet de la tige. Les fleurs d'un rouge clair ont la lèvre supérieure recouverte d'un duvet blanchâtre. Toute la plante a une odeur forte, une saveur un peu amère. On l'employait autrefois en médecine.

LÉOPARD, quadrupède mammifère du genre chat, dont il a les mœurs et la conformation. La longueur de son corps varie de trois pieds à trois pieds et demi, et sa hauteur de deux pieds à deux pieds et demi. Son pelage est jaune sur le dos, blanc sous le ventre et tacheté partout. Cet animal se trouve en Afrique. Sa peau est très-estimée des fourreurs. — Le léopard fait partie des armoiries du royaume britannique.

LÉOPOLD Ier, second fils de l'empereur Ferdinand III, né en 1640, fut élu roi de Hongrie en 1656, roi de Bohême en 1658 et empereur en 1658. Ses généraux battirent souvent les Turks (1664-1683). Léopold soutint trois guerres contre la France. La première, entreprise avec l'Espagne et le Brandebourg, se termina par la paix de Nimègue (1679). Elle avait été faite dans le but de maintenir la Hollande contre les Français et les Anglais. La deuxième, amenée par la ligue conclue entre la Hollande et l'Espagne contre la France, fut contraire à cette dernière, et se termina par le traité de Ryswich (1697). La troisième fut entreprise pour assurer au fils de l'empereur la succession d'Espagne (1702); mais Léopold mourut pendant le cours de cette guerre (1705).

LÉOPOLD II (Pierre-Joseph), fils de François Ier, lui succéda en 1765 sur le trône grand-ducal de Toscane. Il encouragea l'agriculture, l'industrie et le commerce, et abolit les privilèges. Devenu empereur en 1790 après Joseph II, il réduisit les Pays-Bas à l'obéissance, et, lors de la révolution française, il se borna à prendre des mesures défensives. Il modifia l'instruction publique, l'administration judiciaire et la police, et mourut en 1792.

LÉOPOLD ou LEMBERG (en polonais, Lwow), capitale de la Gallicie orientale, à 64 lieues de Cracovie, sur le Peltew. Sa population est de 71,000 habitants, dont 23,000 juifs. Cette ville a un archevêché latin et un évêché grec. Elle renferme quinze églises, deux synagogues, neuf couvents et cinq hôpitaux. Les principaux produits de l'industrie de cette ville consistent en sucre de betterave.

LÉOPOLDINE. Voy. TALARO.

LÉOTYCHIDE ou LEUTYCHIDE, roi de Sparte, de la famille des Proclides, monta sur le trône l'an 491 avant J.-C., et succéda à Démarate. Nommé avec Xanthippe l'Athénien commandant de la flotte des Grecs, il gagna sur les Perses la célèbre victoire de Mycale, le jour même où Pausanias battait leur armée de terre à Platée le 22 septembre 479 avant J.-C. Léotychide, après cette victoire, parcourut les côtes de l'Asie-Mineure, en fit révolter les habitants, et reçut dans l'alliance des Grecs les Ioniens et les Samiens. Quelques années après, Léotychide, ayant été envoyé en Thessalie contre les Aleuades, se laissa séduire par leurs présents, et se retira sans avoir remporté aucun avantage. A son retour il fut mis en accusation, et, ne se croyant pas en sûreté à Lacédémone, il se réfugia à Tégée dans le temple de Minerve Aléa (469 ans avant J.-C.). On mit à sa place Archidamus, son petit-fils. Il mourut à Tégée l'an 467 avant J.-C.

LÉPANTE, le golfe de ce nom sépare la Grèce de la Morée, commence au golfe de Patras, et se termine à l'isthme de Corinthe. Sur la côte septentrionale de ce golfe est la ville de Lépante, à 142 lieues de Constantinople, ville très-forte et jadis très-commerçante. — En 1571, la flotte chrétienne, composée de 205 vaisseaux et commandée par don Juan d'Autriche, remporta près de ce lieu une grande victoire sur la flotte turque, composée de 260 vaisseaux et commandée par le pacha Pertau.

LEPAUTE (Jean-André), célèbre horloger, né en 1709 à Montmédi. Il fit en 1753 la première horloge horizontale, qu'on ait vue à Paris, pour le palais du Luxembourg, c'est-à-dire une horloge dont la cage est couchée et dont les roues sont placées les unes à la suite des autres. Lepaute fit aussi une horloge à une seule roue, et publia en 1755 son Traité de l'horlogerie. Il mourut en 1789. Sa femme, Nicole-Reine Etable de Labrière, cultiva l'astronomie et mourut en 1788. — Son frère, JEAN-BAPTISTE, fit la belle horloge de l'hôtel de ville de Paris. Il mourut en 1802.

L'ÉPÉE. Voy. ÉPÉE (Abbé de l').

LEPELETIER DE SAINT - FARGEAU (Louis-Michel), né à Paris en 1760. Nommé à vingt-cinq ans président à mortier, il fut un des membres des états généraux en 1789. Il insista pour l'abolition de la peine de mort et de toute flétrissure indélébile. cependant il vota la mort du roi. Un garde Cu corps nommé Pâris l'assassina le 20 janvier 1793. Les honneurs du Panthéon furent décernés à Lepeletier, et sa fille fut adoptée par la nation.

LÉPICÈNE (du grec lépis, écaille), nom donné par les botanistes à l'enveloppe le fleurs de l'épillet des graminées. C'est le calice de Linné, la glume de Jussieu, la balle de Palissot. La lépicène est en général formée de deux écailles (genre brome), quelquefois d'une seule (ivraie). Tantôt elle contient une seule fleur (vulpins), tantôt deux ou davantage (avoines).

LÉPIDIER, genre de la famille des crucifères, renfermant des plantes herbacées ou à peine ligneuses, ayant des tiges cylindriques, rameuses, des feuilles simples, des fleurs médiocres, blanchâtres, disposées en grappes terminales. Ces fleurs ont quatre pétales et six étamines. Le fruit est une silicule ovale, déprimée, renfermant plusieurs graines. On connaît un grand nombre d'espèces de lépidiers; les plus connues sont la passerage et le nasitort ou cresson alénois. Voy. — Les lépidiers forment la neuvième tribu des crucifères, sous le nom de lépidinées.

LÉPIDOPHORE. Voy. PANGOLIN.

LÉPIDOPTÈRES, ordre d'insectes ayant quatre ailes couvertes d'une poussière écailleuse, une bouche sans mâchoires, une langue très-longue, roulée entre les palpes; la tête est transversale, les yeux globuleux et saillants, les antennes allongées et grêles; le thorax est plus long que large; les ailes sont très-longues. Leurs métamorphoses sont les mêmes que celles de tous les autres insectes. Les lépidoptères, à l'état de larves ou chenilles, causent de grands dégâts. — Les papillons appartiennent à cet ordre, qui se divise en trois familles; les diurnes, les crépusculaires et les nocturnes.

LEPIDUS (Marcus Æmilius), Romain célèbre, qui fut triumvir l'an 47 avant J.-C. Il était d'une naissance illustre, mais sans élévation d'âme et sans talents militaires. Il marcha contre les meurtriers de César, et se réunit quelque temps après à Antoine. Pendant le triumvirat, il signala sa cruauté par d'horribles proscriptions, et sacrifia son propre frère. Il obtint l'Afrique dans le partage de l'empire; mais son indolence l'ayant rendu méprisable aux yeux de ses soldats et de ses collègues, Auguste le dépouilla de sa dignité. Après cette disgrâce, Lépide tomba dans l'obscurité, et se retira à Circée, où il finit ses jours l'an 13 avant J.-C.

LÉPISME, genre d'insectes de l'ordre des thysanoures et de la famille des lépismènes. L'espèce la plus connue est la forbicina, dont le corps est lisse et couvert d'écailles argentées. Originaire d'Amérique, cet insecte est naturalisé en Europe, où il vit dans les boiseries, les fentes des châssis, sous les pierres et les plantes humides. Ces animaux courent très-vite. Ils sont longs de quatre à cinq lignes.

LÉPISMÈNES, famille de l'ordre des thysanoures, dont les caractères sont des antennes en forme de soie, des yeux formés de plusieurs ocelles conglomérés; un corps en ellipse allongée ou ovalaire; un abdomen allongé composé de six segments, etc. Ces insectes très-agiles se tiennent cachés pendant le jour. Les lépismes sont le type de la famille.

LÉPISOSTÉES, genre de poissons abdominaux, au museau très-allongé, aux mâchoires hérissées de dents pointues, et revêtus d'écailles pierreuses, dures et qui forment une cuirasse impénétrable. Ils sont hardis et féroces; mais la grandeur de leurs écailles rend leurs mouvements très-lents. Ces poissons habitent les mers d'Amérique. Leur chair est bonne à manger.

LÈPRE. On a donné ce nom 1° à l'éléphantiasis; 2° à la lèpre des Juifs ou affection dans laquelle le corps se couvre de taches cutanées blanchâtres, qui se montrent tantôt sur un point, tantôt sur un autre; 3° à la lèpre des Grecs, caractérisée par des tubercules durs, insensibles, qui se montrent sur les téguments et par l'affaiblissement des sensations et la perte de la voix. La loi de Moïse excluait les lépreux du commerce des hommes, et les reléguait hors des villes et des camps; cette action s'exerçait encore chez les Perses. La lèpre se répandit de la Judée en Asie, en Grèce, et fut exportée par les croisés en Europe, où elle fit de grands ravages. On fonda des hôpitaux (voy. LÉPROSERIE), et, toutes les fois qu'un cas de lèpre était signalé, les prêtres amenaient à l'église le malade en chantant les hymnes des morts; puis on le conduisait au lazaret ou dans un lieu isolé. Enfin la lèpre disparut peu à peu de la France. Cette maladie est héréditaire et contagieuse. Elle est endémique en Egypte, à Java, en Norwége et en Suède.

LÉPROSERIE, LADRERIE OU MALADRERIE, hôpital destiné exclusivement aux lépreux. On en comptait en France jusqu'à dix-neuf mille après les croisades. Ces établissements ont disparu avec la maladie qui les rendait nécessaires.

LEPTE, arachnides très-petites, à six pattes, au suçoir avancé, au corps ovale, renflé et mou, à la peau souple, tendue et luisante. Ces animaux sont parasites. Une espèce, le lepte automnal ou vendangeron, s'insinue dans la peau, à la racine des poils, et cause des démangeaisons aussi vives que celles produites par la gale. Cet insecte est très-petit et de couleur rouge.

LEPTE ou LEPTON, d'un mot grec qui signifie petit, poids et monnaie grecque de peu de valeur. C'était la huitième partie d'un obole.

LEPTINE, fils d'Hermocrate et frère de Denys l'Ancien, roi de Syracuse. Fut envoyé contre Magon, général carthaginois, avec toute la flotte du tyran (396 ans avant J.-C.). Il remporta d'abord quelques avantages, mais il fut vaincu ensuite et perdit plusieurs vaisseaux. Leptine, disgracié pendant quelque temps, recouvra la faveur de Denys, dont il épousa la fille. Il mourut à la bataille de Cronium l'an 388 avant J.-C. — C'est aussi le nom d'un orateur athénien qui proposa de décharger le peuple du poids des impôts. Démosthène s'opposa à sa demande. Nous avons encore le discours que ce dernier prononça à cette occasion.

LEPTIS. Les anciens distinguaient deux villes de ce nom en Afrique. L'une, Leptis la Grande ou Lebida, était située au bord de la mer dans le voisinage des Syrtes, et fut originairement une colonie phénicienne. C'est la patrie de Septime Sévère; la deuxième, Leptis la Petite ou Lempta, était située dans la Byzacène, sur la côte, à quelque distance de la première.

LEPTOPHIDES, genre de serpents voisins des couleuvres, mais qui s'en distinguent par leur forme allongée et grêle. Ils fréquentent les bois, et poursuivent sur les branches des arbres leur proie, qui consiste en insectes et en petits oiseaux. Leur robe est d'un beau vert. Leur blessure n'est pas dangereuse. Ils sont très-agiles. On les trouve dans les deux hémisphères, et on les nomme vulgairement *lien*, *fouet de cocher*.

LEPTOSPERME, genre de la famille des myrtacées, composé d'arbustes et d'arbrisseaux de la Nouvelle — Hollande. Leurs feuilles sont très-petites, coriaces, alternes, ponctuées et aromatiques, et, soumises à une infusion théiforme, donnent une liqueur très-agréable. Ces plantes constituent une tribu de la famille des myrtacées, celle des *leptospermées*.

LEPTURE, genre d'insectes coléoptères, de la famille des longicornes, ayant les antennes insérées au bas des yeux, la tête perpendiculaire, le corselet étroit et bombé. Les larves des leptures vivent dans le bois pourri. Ces insectes, longs de six à huit lignes, sont noirs ou bruns. On les trouve en France.

LEPTURÈTES, tribu d'insectes coléoptères, de la famille des longicornes, distingués par leurs yeux arrondis, sans échancrure, et par leurs antennes placées devant les yeux. Les *leptures* sont le type de cette famille.

LÉRINS, nom de deux petites îles de la Méditerranée, sur les côtes de France, département du Var, à 10 lieues de Draguignan. La plus grande se nomme *Sainte-Marguerite*. Il y a une citadelle très-forte, qui servait autrefois de prison d'État, et où le fameux Masque de Fer fut enfermé. La seconde des îles Lérins se nomme *Saint-Honorat*. Ces deux îles sont incultes, et habitées seulement par la garnison du fort et quelques pêcheurs.

LERME (François DE ROXAS DE SANDOVAL, duc DE), premier ministre de Philippe III, roi d'Espagne, et le plus chéri de ses favoris, était d'un caractère indolent. Il se montra ennemi de la guerre, supprima les impôts et les tributs; mais il devint l'objet de la haine et du mépris des Espagnols. Il fut accusé d'avoir fait empoisonner la reine Marguerite, et fut disgracié en 1618. Etant entré dans l'état ecclésiastique, il fut fait cardinal par Paul V, et mourut, dépouillé de ses biens par Philippe IV, en 1625.

LERNE, canton de l'Argolide, célèbre par un lac dans lequel les Danaïdes jetèrent les têtes de leurs époux, qu'elles avaient égorgés. C'est dans ce même pays qu'Hercule tua l'hydre fameuse qui en portait le nom.

LERNÉE, genre de crustacés parasites, qui vivent dans l'eau et s'accrochent à diverses parties de la surface extérieure des animaux et surtout des poissons, principalement autour des yeux et des branchies. Le corps des lernées est de forme assez variable, et la bouche est pourvue de deux crochets mobiles convergents.

LÉROT, petit quadrupède rongeur, du genre *loir*, et qui ravage les espaliers des jardins. Il est gris en dessus, blanchâtre en dessous, avec une bande noire à l'œil. Cet animal est très-fétide; il attaque tous les fruits qui commencent à mûrir.

LESAGE (Alain-René), né en 1668 à Sarzeau (Morbihan), vint à Paris en 1692, et traduisit les *Lettres galantes d'Aristénète* (1695). Reçu avocat au parlement, il écrivit la tragédie du *Traître puni* (1700), *Don Félix de Mendoce* et le *Point d'honneur* (1702). Il fit paraître (de 1704 à 1706) les *Nouvelles Aventures de don Quichotte*, traduites d'Avellanada. Enfin en 1707 parurent le *Diable boiteux* et les comédies de *Crispin rival de son maître* et de *Turcaret* (1708). En 1715, Lesage fit paraître *Gil blas de Santillane*. On a accusé l'auteur de n'avoir fait que traduire ce roman. Quoi qu'il en soit, il a eu une grande réputation. *Le Bachelier de Salamanque* fut son dernier ouvrage. Il mourut en 1747.

LESBOS, grande île de la Méditerranée, sur la côte de l'Éolide, a 50 lieues de circuit et une superficie de 35 lieues carrées. — Lesbos fut habitée d'abord par les Pélasges, puis par une colonie d'Achéens, et, après avoir eu ses rois particuliers, elle fut subjuguée par les Etats voisins. Sa population est de 35,000 âmes, dont la moitié appartient à la nation turque et l'autre moitié est subdivisée entre les Grecs, les Francs et les différents peuples européens et asiatiques. Lesbos aujourd'hui se nomme *Métélin*, et est appelée par les Turks *Midilli*. Elle a de très-beaux ports militaires; sa surface est montueuse et son sol très-fertile. Ses principales richesses sont en bois, huile, vins excellents, fruits, coton, etc. On y trouve des carrières de marbre.

LESCAR, sur le canal de ce nom, près du Gave de Pau (Basses-Pyrénées), à une lieue de cette ville, chef-lieu de canton. Population, 2,500 habitants. — Lescar, autrefois *Bencarnum*, était, au vᵉ siècle, le siège d'un évêché. Détruite par les Normands en 856, elle fut rebâtie par Guillaume Sanchez, duc de Gascogne. Henri IV, après sa conversion, y établit un évêché, qui a été supprimé depuis. Lescar fait un assez grand commerce en toiles, coton, cuirs et mouchoirs.

LESCHÉ, du grec *leschè*, conversation, nom donné à un lieu particulier dans chaque ville de la Grèce, où l'on se rendait pour converser. On nommait surtout ainsi les salles publiques de Lacédémone où l'on s'assemblait pour les affaires d'Etat. C'est là que le père portait son enfant nouveau-né pour qu'il fût visité par les anciens de chaque tribu, qui jugeaient s'il était bien ou mal conformé, et ordonnaient en conséquence de l'élever ou de l'exposer.

LESCOT (Pierre), célèbre architecte, né à Paris en 1510. Ses principaux ouvrages sont la façade intérieure de la cour du Louvre ou façade de l'Horloge et la fontaine des Innocents. Lescot fut admis dans le conseil de François Iᵉʳ, Henri II, François II et Charles IX. Il mourut en 1571.

LESCURE (Louis-Marie, marquis DE), général des armées royalistes de la Vendée, né en 1766 dans le Poitou. Elevé à l'école militaire, il s'exposa aux plus grands dangers (1792) pour sauver le roi. De retour dans sa famille, il fut emprisonné à Bressuire et délivré par l'armée vendéenne. Lescure se signala à la prise de Thouars, à Fontenai et à Saumur. Atteint d'une balle à la tête au combat de la Tremblaye, il mourut en 1793. Il fut un des chefs vendéens les plus braves et les plus humains.

LESDIGUIÈRES (François DE BONNE, duc DE), né à Saint-Bonnet (haut Dauphiné) en 1543, devint général des huguenots, et remporta plusieurs victoires sur les catholiques. Henri IV, devenu roi de France, le nomma lieutenant général de ses armées de Piémont, de Savoie et de Dauphiné. Lesdiguières remporta de grands avantages sur le duc de Savoie, qui fit créé maréchal de France en 1608. Il abjura sa religion en 1612, et mourut en 1626 avec le titre de connétable.

LÈSE-MAJESTÉ, tout attentat commis contre Dieu, contre le roi ou l'Etat. Le crime de lèse-majesté contre le souverain était puni, chez les Romains, avec une grande sévérité : les accusés étaient livrés aux bêtes féroces. En France, la peine de ce crime consistait à être tenaillé vif avec des tenailles rouges ou à être tiré à quatre chevaux. La législation française sur le crime de lèse-majesté a beaucoup changé depuis la révolution de 1789, suivant les changements qui ont eu lieu à plusieurs reprises dans le principe du gouvernement. La tendance la plus générale a été d'assimiler cette sorte de crime aux crimes ordinaires contre les personnes.

LESGHI, peupl. du *Lesghistan*, pays compris entre le Koï-Sou, l'Alazan et la mer Caspienne, et appelé *Daghestan* sept. On désigne sous le nom de *Lesghi* plus, peuplades voisines, qui se ressemblent par leurs mœurs féroces, mais qui ne parlent pas la même langue et ne forment pas un corps homogène. Ces peuples semblent être un mélange de diverses nations asiatiques et européennes. Ils sont cruels, audacieux et pillards. La Russie, qui n'a pu les dompter, accorde des subsides annuels à leurs princes. Les Lesghi forment une population d'environ 50,000 habitants.

LÉSION (méd.), altération qui survient par une cause quelconque dans le tissu des diverses parties du corps d'un être organisé ou dans l'exercice des fonctions. — Ce mot a la même valeur en botanique qu'en physiologie.

LÉSION (jurisp.), tout dommage souffert par suite d'une convention. Dans les actes synallagmatiques, chacune des parties doit recueillir l'équivalent de ce qu'elle apporte. Si cet équivalent n'est pas reçu, la partie est lésée. En droit, il faut que le dommage souffert soit d'une telle importance relativement à la valeur totale qu'il soit évident que la partie qui supporte le préjudice a été la victime d'une fraude, ce qui l'autorise à demander la *rescision* de l'acte qu'elle a souscrit.

LESPARRE, chef-lieu d'arrondissement du département de la Gironde, entre la mer et la Gironde, à 17 lieues et demie de Bordeaux. Population, 997 habitants. — Située dans les terres et sans débouchés, cette ville n'a pu acquérir de l'importance ni sous le rapport commercial ni sous celui de l'étendue. Son territoire produit des fruits estimés, et ses pâturages excellents nourrissent des bestiaux d'un bon rapport. Lesparre possède un tribunal de première instance et une société d'agriculture.

LESSERTIE, genre de la famille des légumineuses. Ces plantes sont toutes indigènes du cap de Bonne-Espérance. Leurs tiges sont herbacées, quelquefois sous-frutescentes; leurs feuilles sont pennées, avec impaire; leurs fleurs sont purpurines et disposées en grappes penchées.

LESSING (Gotthold-Ephraïm), poëte et littérateur allemand, né à Kamenz (Saxe) en 1729. Il débuta par quelques pièces de théâtre et des traductions. En 1753, il publia des *fables*, des *élégies* et des *odes anacréontiques*, et, peu de temps après, la tragédie de *Miss Sara Sampson*, qui eut un grand succès. Il travailla en 1759 à la *Bibliothèque des sciences*, publia *Emilia Galeotti* et des *Lettres sur la littérature du jour*. Devenu directeur du théâtre de Hambourg, il écrivit sa *Dramaturgie* (1767) et son *Laocoon*. Ses ouvrages sont nombreux. Il les fit presque tous pour vivre. Lessing mourut en 1781.

LESSIVE (chim.), eau dont on se sert pour séparer les parties solubles dans ce liquide de celles qui ne le sont pas lorsqu'on soumet à son action une substance qui en renferme de solubles et de non solubles.

LESSIVE DE CENDRES, dissolution des cendres dans l'eau. Elle est formée de sous-carbonate de potasse, de sulfate et d'hydrochlorate de potasse, de silice, d'oxydes de fer et de manganèse, les végétaux qui ont fourni les cendres ne produisent pas de la soude. L'eau obtenue par cette dissolution sert à nettoyer le linge.

LESSIVE DES SAVONNIERS, nom donné à la dissolution alcaline dont on se sert pour faire le savon; elle est principalement formée de soude caustique. On la prépare en traitant le sous-carbonate de soude par la chaux vive. On distingue plusieurs espèces de lessive.

LESSIVE PRUSSIQUE, nom donné par les fabricants de bleu de Prusse à l'eau qu'ils font passer sur le mélange des parties égales de sang desséché et de potasse combinés ensemble. Cette lessive renferme le sous-hydrocyanate de potasse, qu'ils convertissent par l'addition du sulfate de fer en hydrocyanate ferruré du peroxyde de fer, vulgairement appelé *bleu de Prusse*.

LESSONIE, genre de plantes cryptogames. Les racines, puissantes et rameuses, très-implantées dans les fentes des rochers, acquièrent une grande dureté. Les tiges sont formées de couches concentriques et d'un canal médullaire, ont de deux à trois pouces de diamètre. Les rameaux sont entrelacés, plus ou moins comprimés, rugueux à leur surface ; les feuilles sont peu épaisses, allongées et divisées à leur base. La fructification consiste en groupes graniformes et compactes. Les lessonies, de la famille des laminariées, habitent la Nouvelle-Hollande.

LEST, ensemble de pierres, de sable, de bombes, en un mot de tous les poids embarqués à bord d'un navire en sus de son chargement pour le maintenir en équilibre. A bord des vaisseaux de 120 canons, ce poids s'élève à 875,000 kilogrammes. On se sert encore de lest pour les aérostats. — L'action de lester se nomme *lestage*.

LESTOCQ, chirurgien français, était attaché à la maison d'Elisabeth, fille de Pierre le Grand. Ce fut lui qui dirigea la conspiration qui fit monter cette princesse sur le trône de Russie. Peu de temps après, Elisabeth l'exila. Après la mort de cette impératrice, Lestocq revint en Russie, et mourut dans l'oubli.

LESTRIGONS, premiers habitants de la Sicile. On les croit les mêmes que les Léontins, peuples dans le voisinage des Cyclopes. Ils étaient anthropophages et dévorèrent les compagnons d'Ulysse quand ce dernier aborda sur leurs côtes. La capitale de ces peuples de géants était *Lamus*.

LESUEUR (Eustache), peintre célèbre, né à Paris en 1617. Elève de Vouet, il publia *le Songe de Polyphile*, en huit grands tableaux destinés à être exécutés en tapisserie. Nommé peintre de la reine mère, il fit pour la chartreuse de Paris *la Vie de saint Bruno*, en vingt-deux tableaux, dont les plus fameux sont *le Sommeil* et *la Mort* du fondateur. Le tableau de *Saint Paul prêchant à Ephèse* est son plus célèbre ouvrage. Lesueur mourut en 1655.

LESUEUR (Jean-François), né en Picardie en 1763, devint maître de musique de la cathédrale de Dijon en 1789. Ses *oratorios* et ses *motets* lui firent une grande réputation. En 1788, il fit l'opéra de *la Caverne*, qui eut beaucoup de succès, et en 1789 *Paul et Virginie*. Le fameux opéra des *Bardes* (1803) le fit nommer maître de musique de l'empereur. En 1809 parut *la Mort d'Adam*. Ce compositeur est auteur d'un grand nombre de morceaux religieux. Il est mort en 1837.

LESZEK. Deux rois de Pologne ont porté ce nom. — Le premier, LESZEK *le Blanc*, était fils de Casimir II. Né en 1188, il avait à peine six ans à la mort de son père (1194) ; mais ses droits au trône étaient incontestables. Après un longs débats, les seigneurs l'élurent pour roi sous la tutelle de sa mère Hélène, du palatin Nicolas et de Pelka, évêque de Crakovie. Mieczyslas, frère du roi défunt, irrité de voir que la nation lui préférait un enfant, leva une armée en 1196, et put rînt à décider Hélène à abdiquer la régence. Il monta sur le trône en 1200. Leszek vit régner Mieczyslas et Vladislas III sans pouvoir ressaisir sa couronne. Le dernier ayant abdiqué en 1206, Leszek fut rappelé par ses sujets. Son règne ne fut pas heureux. Les Lithuaniens et les Prussiens firent de nombreuses incursions en Pologne. Leszek fut assassiné par Swientopelk, gouverneur de la Poméranie (1227). — LESZEK II, *le Noir*, succéda en 1280 à Boleslas V, son oncle. Il vainquit les Russes et les Lithuaniens qui avaient envahi la Pologne. Les Tatars y entrèrent en 1287, et dévastèrent tout le pays. Leszek parvint à les chasser en 1288, et mourut en 1289.

LETECH, mesure hébraïque de capacité, qui était la moitié du chomer, et contenait environ 169 pintes.

LÈTES ou LAITES, vallons plus ou moins spacieux situés entre les dunes dans les Landes. Les plantes qui y croissent sont de telle qualité que les animaux s'y plaisent plus qu'ailleurs, y engraissent davantage et fournissent plus de lait.

LETH. Les pêcheurs du Nord comptent les harengs par *leth*, c'est-à-dire par un nombre de 10,000. D'autres les comptent par coquons ou barils, qui en contiennent de 900 à 1,000.

LÉTHARGIE, sommeil profond, longtemps continué, dont il est difficile, mais non impossible de tirer les malades, et qui peut simuler la mort. Dans leur réveil imparfait, ils oublient ce qu'ils ont dit, et ne tardent pas à retomber dans l'assoupissement. La ressemblance de cette affection avec la mort a fait quelquefois donner l'inhumation à des êtres vivants. La léthargie peut durer jusqu'à plusieurs mois.

LÉTHÉ (myth.), fleuve des enfers dont le nom signifie *oubli*. Seul, entre tous les autres du Tartare, il coulait doux, indolent et sans bruit. On y buvait avec ses ondes l'oubli des maux passés. — Une rivière de ce nom parcourait l'Afrique, et se perdait entre les sables des Syrtes.

LETTRES, caractères qui composent l'écriture alphabétique. Les uns font honneur de leur invention à Adam, d'autres à Abraham, d'autres à Moïse. Selon Huet, Montfaucon, Calmet, etc., les lettres furent apportées de Phénicie en Grèce par Cadmus, l'an 1519 avant J.-C. Le nombre des lettres varia avec les divers alphabets. Leur articulation tire son nom de l'appareil vocal qui a le plus de part à cette articulation. Ainsi on distingue les *labiales*, les *dentales* et les *gutturales*; on y joint les *sifflantes*. On distingue les lettres capitales ou *majuscules* et les *minuscules*. — Presque tous les peuples anciens se servirent des lettres au lieu de chiffres. On a conservé les lettres numérales des Romains dans les inscriptions monumentales. Maintenant on se sert des lettres pour désigner sur les médailles le lieu où elles ont été frappées. — *Avant la lettre*, locution qui s'emploie pour des épreuves d'estampes ou de gravures qui se trouvent sans inscription. Ce sont les premières tirées, les plus belles et les plus estimées.

LETTRES APOSTOLIQUES, nom donné aux lettres du pape, qu'on appelle plus communément *rescrits*, *bulles*, *brefs*, etc. Voy. ces mots.

LETTRES CLOSES, lettres du roi contresignées par un secrétaire d'État et scellées du sceau du prince. Dans la marine, ce mot désigne la lettre par laquelle un capitaine de vaisseau reçoit du roi le commandement d'une division navale. — Les *lettres de cachet* (voy. CACHET) se nommaient jadis ainsi.

LETTRES DE CACHET, DE CHANGE, LETTRES DOMINICALES. Voy. CACHET, CHANGE, etc.

LETTRES DE GRACE, lettres patentes par lesquelles le roi accorde la grâce d'un criminel, d'après la charte. Ces lettres n'ont d'effet rétroactif, et n'ont d'effet que pour l'avenir.

LETTRES DE LA PÉNITENCERIE DE ROME, lettres qu'on obtient du tribunal de la pénitencerie dans les cas où l'on doit s'adresser à ce tribunal pour des dispenses de mariage, etc.

LETTRES DE NATURALISATION, lettres par lesquelles le roi accorde à un étranger le titre et la qualité de citoyen français. La loi exige que l'étranger passe dix années consécutives en France après l'âge de vingt et un ans accomplis. Les lettres de naturalisation ont été inventées pour adoucir la rigueur de ce décret.

LETTRES DE PASSE, celles par lesquelles on prévient un militaire qu'il passe d'un corps dans un autre.

LETTRES DE RÉCRÉANCE, lettres qu'un souverain envoie à son ambassadeur pour la faire parvenir au prince d'auprès duquel il le rappelle.

LETTRES DE SERVICE, lettres par lesquelles un officier en disponibilité est appelé à remplir les fonctions de son grade.

LETTRES DE VOITURE, lettres ouvertes, assujetties au timbre et adressées aux personnes à qui on envoie des marchandises par voiture, bateau, etc., surtout quand ces objets sont frappés de droits fiscaux, ou entrent dans des villes où l'on perçoit des droits d'entrée. Ces lettres renferment le nom du voiturier, la qualité et la quantité des marchandises, le lieu du départ et de la destination, et l'adresse de la personne qui doit les recevoir, et sont signées par le commerçant qui fait l'envoi.

LETTRES PATENTES, actes émanés de la personne royale et scellés de son sceau. Ces lettres étaient autrefois délivrées *ouvertes*, et servaient à conférer les titres de noblesse, les dignités, récompenses, priviléges, etc.

LEUCADE, île du golfe de Venise, sur les côtes de la Livadie. C'est dans cette île qu'était le fameux promontoire de *Leucade*, d'où les amants malheureux et qui voulaient se guérir des tourments de l'amour se précipitaient dans la mer. Cette île s'appelle aujourd'hui *Sainte-Maure*.

LEUCIPPE, célèbre philosophe, né à Abdère et disciple de Zénon, vivait vers l'an 328 avant J.-C. Il fut l'auteur du système des atomes et du vide, que développèrent dans la suite Démocrite et Epicure. Les atomes, disait Leucippe, possédant la faculté de se mouvoir, se portèrent par hasard vers un même point et formèrent le chaos. Ensuite ce qu'il y avait de plus lourd fut poussé dans les régions inférieures, et les parties subtiles s'élevèrent dans les cieux, d'où se sont formés les astres, la terre et les dieux eux-mêmes.

LEUCOME (du mot grec *leucos*, blanc). On nomme ainsi, en médecine, une tache blanche de la cornée produite par une cicatrice. On la nomme aussi *albugo*. — On appelle encore *leucome* ou *album* un registre public de la ville d'Athènes, dans lequel on inscrivait le nom de tous les citoyens qui avaient atteint vingt ans, âge prescrit pour être admis à l'héritage paternel.

LEUCOTHOÉ, fille d'Orchamus, fut aimée d'Apollon lors de l'exil de ce dieu. Clytie, jadis l'amante de Phœbus, en eut tant de jalousie, qu'elle découvrit à Orchamus la passion de sa sœur Leucothoé. Celle-ci fut ensevelie toute vive. Apollon métamorphosa le corps de sa maîtresse en l'arbre qui porte l'encens.

LEUCTRES, bourg de Béotie entre Platée et Thespie, célèbre par la victoire qu'Epaminondas remporta sur le roi de Sparte Cléombrote, le 8 juillet 371 avant J.-C. Cléombrote y fut tué avec 4,000 Spartiates. Les Thébains ne perdirent que 300 hommes. Cette défaite fit perdre aux Lacédémoniens l'empire de la Grèce.

LEUDES ou LIUDES (en langue franque, *hommes de la nation*), qualification qui s'appliqua d'abord au peuple franc, et qui après l'établissement de ces barbares dans les Gaules, lorsque les grands jouèrent seuls un rôle important, fut donnée aux seigneurs. La dénomination de *leudes* fut remplacée par celle de *barons*. Mais l'histoire ne précise pas l'époque de cette transformation.

LEUH, livre religieux des musulmans dans lequel, selon le Coran, toutes les actions des hommes sont écrites par le doigt des anges.

LEURRE, terme de fauconnerie, figure garnie de bec, d'ongles et d'ailes, qui ressemble un peu au faucon. Les fauconniers l'attachaient à une laisse, et s'en servaient pour rappeler et faire revenir les oiseaux de proie. — *Leurre* se dit, 1° figurément des choses qui agissent sur l'esprit en le trompant par de fausses apparences ; 2° de l'appât factice que les pêcheurs mettent aux hameçons pour attirer les poissons. — *Leurrer*, c'est dresser un oiseau au leurre, lui présenter le leurre.

LEUTMERITZ, cercle de Bohême de 75 lieues carrées. Population, 300,775 habitants. La capitale est *Leutmeritz*, sur l'Elbe. Ses environs produisent le meilleur vin de la Bohême.

LEVAILLANT (François), voyageur naturaliste, né en 1753 à Paramaribo, dans la Guyane hollandaise. Il pénétra dans l'Afrique australe, auprès des Cafres, des Hottentots, après des relations immenses. Revenu à Paris en 1785, il eut la douleur de voir attaquer la véracité de ses écrits ; mais il fut vainqueur de ces fausses accusations. Levaillant mourut en 1824. Il apporta en France de belles collections. Ses principaux ouvrages sont un *Voyage dans l'intérieur de l'Afrique*, *Histoire naturelle des oiseaux d'Afrique*, *Histoire naturelle des perroquets*, etc.

LEVAIN, nom donné à la pâte aigrie dont on se sert pour exciter la fermentation de la pâte fraiche avec laquelle on fait le pain, et en général à toute substance capable d'exciter un gonflement, une fermentation interne dans le corps avec lequel on la mêle. Les boulangers et les distillateurs emploient plus particulièrement la *levûre* de bière (voy.), dont on se sert aussi dans le nord de l'Europe. En Hongrie, on fait bouillir dans l'eau une certaine quantité de son de froment et de houblon, levain que l'on peut conserver toute l'année. Les Romains préparaient leur levain en faisant avec du vin en fermentation et de la farine de millet une pâte épaisse qu'ils faisaient sécher. On a imaginé divers procédés pour conserver le levain. La loi mosaïque défendait de manger du pain levé pendant les sept jours de la Pâque. — Le mot *levain* désignait autrefois la mauvaise disposition des humeurs.

LEVANT. En astronomie, ce mot désigne l'*est* ou *orient*. C'est la partie du monde vers laquelle le soleil semble se lever : telles sont pour la France les contrées littorales de la Méditerranée, au delà des îles ioniennes. La Méditerranée prend aussi le nom de *mer du Levant*, et la flotte qui stationne en Grèce celui d'*escadre du Levant*. Le Levant a été toujours le centre le plus actif du commerce de l'Europe. — On nomme *Levantins* les peuples du Levant.

LÉVANTINE, nom donné à une espèce d'étoffe en soie tout unie qu'on fabrique à Lyon et dans quelques autres villes de France. — La *Lévantine* est, en géographie, une vallée étroite et profonde où coule le Tésin, et qui s'étend depuis Saint-Gothard jusqu'à Poleggio, dans une longueur de 11 lieues.

LÉVANTIS, nom qu'on donne aux soldats des galères turques. — On appelle encore ainsi, à bord des bâtiments de la Méditerranée, un jeune matelot d'espérance, dispos et hardi.

LEVÉ DES PLANS, partie de l'arpentage qui a pour objet de représenter en petit, sur le papier, la figure et les proportions d'un terrain.

LEVER, première apparition d'un astre au-dessus de l'horizon, lorsqu'il passe de l'hémisphère inférieur à l'hémisphère supérieur par l'effet du mouvement diurne sensible et apparent de la voûte céleste : c'est le *lever apparent*. Le *lever astronomique* est celui qui s'effectue à l'horizon rationnel.

LEVER DES PRINCES. Les seigneurs étalaient un grand cérémonial à cet acte. On présentait d'abord au monarque de l'eau bénite ; puis le roi passait sa chemise lui-même, on lui mettait successivement ses jarretières, ses boucles de soulier, son cordon bleu, son épée, etc. Le *petit lever* était celui auquel on admettait les privilégiés jouissant de leurs petites entrées chez le roi, une première audience familière, au saut du lit ; le *grand lever* était celui auquel on admettait ceux qui jouissaient des grandes entrées ; il se faisait avec plus de solennité.

LÉVI, troisième fils de Jacob et de Lia, né en Mésopotamie l'an 1732 avant J.-C. Pour venger l'injure faite à Dina, sa sœur, il passa avec Siméon au fil de l'épée tous les habitants de Sichem. Jacob au lit de la mort prédit à Lévi qu'en punition de cette cruauté sa famille serait divisée. La prédiction s'accomplit : car la famille de Lévi, au partage de la terre promise, n'eut point de portion fixe comme les autres tribus, mais quelques villes. Lévi mourut l'an 1615 avant J.-C., et sa tribu fut consacrée au service de Dieu. Voy. LÉVITES.

LÉVIATHAN. Le nom de *léviathan* dont il est parlé dans Job et autres livres de la Bible a été l'objet des investigations des sa-

vants. Selon les uns, il se prend en général et indifféremment pour des monstres marins, des serpents énormes ou des poissons d'une grandeur extraordinaire. D'autres le restreignent à la baleine ; plusieurs croient que c'est le crocodile. Plusieurs anciens l'ont regardé comme une allégorie du démon.

LEVIER, nom donné à toute verge de fer, de bois ou de toute autre matière résistante, qui sert à soulever des fardeaux. On distingue dans un levier le *point d'appui*, c'est-à-dire le point par lequel il appuie sur un objet fixe ; le *point de la puissance*, auquel est appliquée la force qui doit déplacer l'obstacle, et le *point de résistance* ou celui qui est en contact avec l'obstacle. Les deux parties de la verge s'appellent *bras* du levier. Il existe trois sortes de leviers : les *leviers du premier genre*, dans lesquels le point d'appui est situé entre la puissance et la résistance ; les *leviers du second genre*, dans lesquels la résistance se trouve entre le point d'appui et la puissance ; et les *leviers de troisième genre*, dans lesquels la puissance se trouve entre la résistance et le point d'appui. Dans les corps des animaux, les os forment les bras du levier, et les muscles en sont les agents ou la puissance.

LÉVIGATION, opération par laquelle on réduit les corps en poudre très-fine. On la pratique en mettant dans l'eau les corps déjà pulvérisés ; les parties les plus grossières ne tardent pas à se déposer pendant que les molécules les plus fines restent en suspension dans l'eau ; on décante ce liquide dans un autre vase, et on attend que les particules du corps que l'on veut diviser soit rassemblées au fond du vase : alors on sépare le liquide par la décantation.

LEVIN, lac d'Ecosse d'où sort une rivière de même nom. Au milieu de ce lac est une île avec un château. C'est là que Marie Stuart passa le temps de sa captivité.

LEVIRAT (de l'hébreu *levir*, frère du mari, beau-frère), nom donné à la loi de Moïse qui obligeait le frère à épouser la femme de son frère mort.

LÉVITES, nom commun chez les Hébreux aux descendants de Lévi. Ils étaient divisés en plusieurs classes, et formaient une des douze tribus. Ils étaient préposés au service du tabernacle et du temple, devaient en garder les portes nuit et jour, porter durant les marches, les vases et les autres instruments employés dans les sacrifices. Ils chantaient et jouaient des instruments dans le temple, et étaient subordonnés aux prêtres dans tout ce qui avait rapport au culte divin. La loi leur accordait la dîme de toutes les productions de la terre et de tous les animaux, contribution dont ils devaient à leur tour donner la dîme aux prêtres. Elle leur avait assigné pour leur habitation quarante-huit villes dispersées dans les douze tribus. Les Lévites ne portaient point d'habits particuliers.

LÉVITIQUE (Loi), nom donné à la *loi mosaïque*, ou recueil des lois dont Moïse était l'auteur, et dont l'observation était ordonnée au peuple juif.

LÉVITIQUE, troisième livre de l'Ancien Testament, attribué à Moïse, ainsi nommé parce qu'il traite principalement de ce qui regarde les fonctions des lévites et des prêtres. Il se divise en vingt-sept chapitres, et en trois parties. La première partie traite des différentes espèces de sacrifices, d'expiations et de consécrations ; la deuxième traite de ceux qui offrent les sacrifices, de la lèpre, de l'idolâtrie, du parjure, du vol, des superstitions, etc.; la troisième traite des temps destinés aux sacrifices, des fêtes, du culte, du tabernacle, des décimes et des vœux.

LÈVRES, nom donné à deux espèces de voiles mobiles, composées de divers faisceaux musculaires, parsemés de nerfs, de vaisseaux recouverts par la peau et la membrane muqueuse de la bouche, qui

circonscrivent l'ouverture antérieure de cette cavité, et qui sont destinés par leur extrême mobilité, soit à la préhension des aliments, soit à la prononciation des sons. Les lèvres se distinguent en *lèvre inférieure* et en lèvre *supérieure*. Séparées par l'ouverture de la bouche, elles se réunissent sur les côtés par deux angles aigus nommés *commissures*. — Les lèvres, chez les insectes, sont les pièces uniques et impaires qui forment la bouche en devant. Ces lèvres ne s'observent que dans les insectes mâcheurs. La lèvre supérieure ou *labre* ne porte pas de palpes ; l'inférieure en a deux. — On dit les *lèvres d'une plaie*, *d'un ulcère*, en parlant des bords de ces solutions de continuité.

LEVRIER, espèce de chiens au corps long et étroit, au museau pointu et allongé, à la course rapide, dont on se sert pour chasser le lièvre. La femelle du levrier se nomme *levrette*.

LEVSINA, comté de New-Yorck, entre les comtés de Saint-Lawrens, Hamilton, Onéida, Oswego et Jefferson. La population est de 6,433 habitants. La capitale est Martinsbourg. — C'est aussi le nom d'un comté de Virginie, pris en 1816 sur le comté Harrison, et d'un comté du Kentucky, dont Clarskbourg est le chef-lieu.

LEVURE, substance que l'on retire du moût de bière pendant l'acte de la fermentation, et capable d'exciter un gonflement interne dans le corps auquel on la mêle. Dans le nord de l'Europe, l'on ne se sert que de levûre pour exciter le pain à la fermentation.

LEWIS (Matthieu-Grégoire), romancier et écrivain dramatique, né en Angleterre en 1773. Il fit paraître, encore jeune, son roman du *Moine*, qui fit un grand scandale à Londres, et qui fit regarder Lewis comme corrupteur de la morale publique. Les autres productions de ce romancier sont le *Brigand de Venise*, les *Tyrans féodaux*, romans ; le *Spectre du château*, *Alphonse*, les *Habitants des Indes orientales*, pièces de théâtre, etc. Lewis mourut en 1818.

LEXIARQUES, nom donné à des magistrats athéniens chargés 1° d'imposer des amendes à ceux qui ne se rendaient pas aux assemblées, et de forcer les marchands d'interrompre leur négoce pour s'y rendre ; 2° d'examiner ceux qui devaient être mis au rang des prytanes ; 3° d'inscrire sur un registre les noms des enfants parvenus à l'âge d'hériter de leur père. Ils étaient au nombre de six, et avaient sous leurs ordres trente subalternes.

LEYDE, ville célèbre de la Hollande, sur le Rhin, à 8·lieues d'Amsterdam. Leyde possède un ancien château fort, l'église la plus belle du royaume, une université à laquelle se rattachent un observatoire, une bibliothèque, un cabinet d'antiquités et d'histoire naturelle et un jardin botanique. Elle renferme un grand nombre de sociétés savantes et de collections scientifiques. Leyde a une population de 55,000 âmes. Cette ville, par sa résistance admirable, sauva la Hollande du joug des Espagnols (1572).

LEYDE (BOUTEILLE DE). Voy. BOUTEILLE DE LEYDE.

LEYTA, une des Philippines. Cette île a 90 lieues de circonférence, et est traversée par de hautes montagnes. Elle produit du riz, des cocos, du bois d'ébène, etc. Le chef-lieu est Sagor. La population est de 22,500 habitants. Leyta appartient aux Espagnols.

LÉZARD, genre de reptiles de la famille des lacertiens, qui ont pour caractères un bouclier formé par les prolongements des os du crâne, recouvrant la tête en dessus ; un collier au repli transversal de la peau à la partie inférieure du cou, et une rangée de pores fémoraux. Les espèces qui composent ce genre sont remarquables par la vivacité de leurs mouvements. Les anciens les avaient surnommés les amis de l'homme, à cause de leur douceur et de leur timidité.

Les lézards habitent dans les fentes des rochers et des vieilles murailles. Leur morsure, quoique dangereuse, n'est pas venimeuse. Leur vie est très-longue. Ces animaux sont ovipares (et vivipares dans quelques espèces). On les employait autrefois en médecine. Ils sont très-courageux. Les principales espèces sont le *lézard ocellé*, le *lézard vert* et le *lézard gris*. Le lézard se nourrit de vers, d'insectes et d'œufs d'oiseaux.

LHOMOND (Charles-François), grammairien né à Chaulnes (Somme) en 1727. Il devint professeur au collége du cardinal Lemoine, il s'attacha à l'instruction des jeunes enfants, et se consacra à leur éducation pendant vingt ans. Nommé professeur émérite de l'université de Paris, il adopta avec modération les principes de la révolution, dont il faillit devenir victime : il ne dut son salut (1792) qu'à son élève Tallien. Il mourut en 1794. Lhomond a laissé plusieurs ouvrages destinés à l'instruction de la jeunesse, dont les principaux sont *De viris illustribus Romæ, Epitome historiæ sacræ, Doctrine chrétienne, Histoire abrégée de la religion*, etc., etc.

L'HOPITAL ou L'HOSPITALE (Michel DE), né à Aigueperse (Auvergne) en 1505. Fils d'un médecin du connétable de Bourbon, il partagea avec son père la disgrâce de ce dernier. Revenu en France en 1534, il fut surintendant des finances à la cour des comptes et chancelier après la mort d'Olivier. Il mit ses soins à adoucir l'aigreur des partis et à les pacifier. Son caractère conciliant le fit exclure du conseil par Catherine de Médicis. Il mourut après la Saint-Barthélemy, en 1573. L'Hôpital a laissé des harangues, des mémoires et des poésies latines.

LIA, fille aînée de Laban, que celui-ci substitua à Rachel que Jacob devait épouser. (Voy. JACOB et LABAN.) Elle eut de ce patriarche six fils, *Ruben, Siméon, Lévi, Juda, Issachar, Zabulon*, et une fille *Dina*. Lia mourut dans la terre de Chanaan, et fut ensevelie avec Abraham, Isaac et Sara. On ignore l'époque de sa mort.

LIAIS (PIERRE DE), nom donné par les tailleurs de pierre à une variété du calcaire grossier ou pierre à bâtir des environs de Paris, dont le grain est fin et la cassure terreuse. Elle est facile à tailler, et est employée pour les rampes, les balustrades, les chambranles de cheminée et surtout les planchers des vestibules et des salles à manger. On distingue le *liais ferrault* et le *doux*; celui-ci est plus tendre. On l'associe ordinairement au calcaire noir ou au marbre.

LIAISON, union de plusieurs choses entre elles; ce qui sert à cette union. On nomme *liaison*, en maçonnerie, une certaine manière d'arranger et de lier les pierres ou les briques, par enchaînement les unes aux autres, de manière qu'une pierre ou une brique recouvre le joint des deux qui sont au-dessous. On appelle 1º *liaison de joint* le mortier ou le plâtre détrempé dont on se sert pour joindre les pierres ou les briques entre elles ; 2º *liaison à sec*, celle dont les pierres sont posées sans mortier, leurs lits étant polis seulement et frottés au grès ; 3º *liaison*, en musique, une ligne courbe qu'on met entre deux notes de même intonation, pour les lier l'une à l'autre dans la mesure, et en faire une seule durée égale à la valeur de toutes deux; c'est aussi une courbe qu'on met au-dessus de plusieurs notes d'intonations différentes pour qu'elles soient exécutées par un seul coup d'archet ou par un seul coup de langue, de manière à être liées ; 4º en calligraphie, les *liaisons* sont les traits déliés qui unissent les lettres ou les parties d'une même lettre ; 5º en termes de cuisine , ce sont des jaunes d'œufs délayés que l'on met dans les sauces ; 6º enfin , en marine, c'est l'assemblage de toutes les parties de charpente qui forment la construction d'un bâtiment.

LIAMONE, rivière de Corse qui prend sa source dans un lac vers le centre de l'île, se dirige vers le couchant, et se jette dans le golfe de Ginesca. Elle a jadis donné son nom à un département de la Corse.

LIANE, nom général donné, dans les colonies françaises de l'Amérique et de l'Inde, à toute plante sarmenteuse dont les rameaux choisissent d'autres végétaux pour supports, grimpent le long des arbres et s'étouffent sous une verdure plus épaisse que la leur. Leurs branches retombent quelquefois à terre, et les hommes s'en servent comme de fortes cordes pour monter à ces arbres. Beaucoup de plantes, de familles diverses sont des lianes. Il en existe parmi les herbes, les arbustes et les fougères.

LIANE. On a donné ce nom vulgairement à plusieurs plantes qui ont une certaine ressemblance avec les lianes : voici les principales avec leur nom scientifique. On nomme *liane d'ail*, la bignone alliacée; *liane amère*, l'abuta candicans; *liane à laine*, l'omphalée diandre; *liane avancare*, une espèce de haricot; *liane à balate*, liane à baudwin, plusieurs espèces de liserons; *liane-de-bœuf*, l'acasie brûlante; *liane bondieu*, l'abrus; *liane brûlante*, une aroïde; *liane coupante*, une espèce de roseau; *liane à l'eau*, le gouet grimpant; *liane à sang*, le millepertuis; *liane purgative*, le liseron du Brésil, etc.

LIARD, petite monnaie française de cuivre, de la valeur de 3 deniers, et dont quatre réunies formaient un sou. Sous Louis XI, le *liard* valut 4 deniers ; mais Charles VIII lui donna sa valeur actuelle. Sous Louis XIII on ne frappa pas de liards, et en 1649 on en fabriqua avec la légende : *liard de France*. En Gascogne, le liard s'appelait *hardit*.

LIAS, nom emprunté aux mineurs anglais, qui désigne un terrain composé de couches de marne, de calcaires et de grès. On la divise en trois étages : 1º l'étage supérieur, le plus puissant, est composé de marnes argileuses, à teintes jaunâtres, grisâtres, bleuâtres ou noirâtres ; le deuxième étage, ou étage moyen, se compose de marnes, de calcaires marneux et rarement de grès. Ce calcaire est compacte, d'un gris bleuâtre, noirâtre ou blanchâtre ; l'étage inférieur se compose de marnes, de calcaires, mais surtout de roches arénacées, telles que des grès. Le lias est extrêmement riche en débris organiques fossiles.

LIBAGE. On donne ce nom aux pierres brutes auxquelles on a seulement ôté la couche tendre appelée *bousin*, sans cependant les tailler ni les scier. Elles sont destinées aux fondations, et servent de plate-forme pour asseoir la maçonnerie en pierres de taille.

LIBAN, chaîne de montagnes qui longe la Syrie et confine à la Palestine, et qui appartient au groupe du Taurus. Elle commence au S. d'Antioche, et suit la direction des rivages de la Méditerranée. Le Liban se divise en deux chaînes, l'occidentale, qui regarde la Méditerranée, ou *Liban proprement dit*, et dont les parties les plus remarquables sont le *Carmel*, le Thabor, le Calvaire, etc. ; l'autre orientale, qui borne les plaines de Damas, ou *Anti-Liban* (Ausarieh). Ces deux chaînes ont chacune 100 lieues de circuit sur une longueur de 30 à 40 lieues. Le point culminant du Liban a une hauteur de 10,000 pieds. Les cèdres du Liban, autrefois si fameux, sont maintenant en petit nombre.

LIBANIUS, célèbre sophiste d'Antioche, vivait dans le IVe siècle de J.-C. Il fut élevé à Athènes, professa la rhétorique à Constantinople, et eut pour disciples saint Basile et saint Jean Chrysostome. L'empereur Julien tenta vainement de l'attirer à sa cour. Il refusa constamment les dignités qu'on lui offrait. On ignore l'année de sa mort. On a de lui des *lettres* et vingt-quatre *harangues*. Le philosophe était païen.

LIBATION, cérémonie qui avait lieu dans les sacrifices des païens, et qui consistait à remplir une coupe de vin, de lait ou d'une autre liqueur, qu'on répandait tout entière après y avoir posé légèrement les lèvres ou l'avoir goûtée. Les libations étaient aussi en usage chez les Juifs, et commandées par la loi.

LIBELLA. Voy. As.

LIBELLATIQUES, nom donné, dans la primitive Eglise, aux chrétiens qui par la crainte de perdre leurs biens, leurs charges ou leur vie, prenaient des certificats des magistrats païens qui attestaient qu'ils avaient obéi aux édits des empereurs. L'Eglise ne les recevait à la communion qu'après de longues épreuves.—Les billets qui renfermaient ces certificats s'appelaient *libelles*.

LIBELLULES ou DEMOISELLES, insectes névroptères de la famille des subulicornes, aux antennes courtes, terminées par une soie, aux mandibules et aux mâchoires très-fortes, aux ailes membraneuses et diaphanes, à la tête globuleuse et aux yeux composés. Ces insectes sont agiles et vivent sur les bords de l'eau, où ils se nourrissent de petits animaux. Leurs larves sont très-carnassières, et ne passent à l'état de nymphe qu'après un an. Les libellules forment la tribu des *libellulines* avec les *aeshines* et les *agrions*.

LIBER, nom d'une des trois substances qui dans le bois forment les couches corticales. Le liber touche immédiatement au bois, et est composé de couches superposées réunies contrairement à l'apparence des feuillets d'un livre. En s'unissant à l'aubier, il forme sur la circonférence de l'arbre, chaque année, une nouvelle couche qui en augmente le diamètre.

LIBER, nom donné par les peuples de l'Italie à Bacchus, à cause de la liberté qu'inspire le vin. Ce nom fut introduit lorsqu'à la fête tumultueuse des Bacchanales succéda une fête plus décente en l'honneur de Bacchus, nommée *Liberalia*. *Liber* est aussi le nom du soleil.

LIBERA, nom d'une prière que l'Eglise catholique fait pour les morts, et qui commence par le mot *libera* (c'est-à-dire *délivrez*).

LIBÈRE, trente-septième pape, succéda à Jules Ier en 352. Les évêques ariens lui ayant écrit contre saint Athanase, dont il se montrait le protecteur, il assembla un concile. L'empereur Constance exila Libère en Thrace (354) pour n'avoir pas souscrit à la condamnation d'Athanase par le concile. Il y souscrivit enfin en 357, et revint s'asseoir sur le trône pontifical. Il s'éleva beaucoup contre les ariens, se réconcilia avec saint Athanase, et mourut en 366.

LIBERIA, petit établissement fondé dans la Guinée par la société de colonisation des Etats-Unis de l'Amérique septentrionale, en 1821, à l'E. du cap Mesurado. Il est ainsi nommé parce qu'il ne doit avoir pour habitants que des hommes libres. Le sol est fertile, et on y cultive avec succès la canne à sucre, le riz, le caféier, etc. La population est d'environ 3,000 âmes. La capitale est *Monrovia*, avec 700 âmes.

LIBERTAD, province du Pérou, bornée au N. par la Colombie, au S. par le Junin, à l'O. par l'Océan et à l'E. par le Brésil. Sa superficie est de 13,250 lieues carrées. — Cette province est très-fertile et bien cultivée.

LIBERTÉ, faculté que nous avons de prendre possession de nous-mêmes, de délibérer, de prendre une détermination et d'agir à la suite de cette détermination. Cette vertu fut divinisée par les Grecs et les Romains, qui la dressent telle de Jupiter et de Junon. Elle était représentée en citoyenne romaine, vêtue de blanc, tenant d'une main un sceptre brisé, et de l'autre une pique surmontée d'un bonnet que les Romains imposaient aux esclaves affranchis, et ayant à ses pieds un chat. En 1792, on renouvela ce culte, et on promenait dans les rues des femmes coiffées du onnet phrygien et armées d'une c. Déjà en 1789 on avait vu s'élever sur toutes les places des arbres de la liberté. C'étaient des peupliers sur lesquels on inscrivait des couplets patriotiques.

LIBERTÉS DE L'ÉGLISE GALLICANE. Voy. GALLICANE (Église).

LIBERTINS, hérétiques qui s'élevèrent vers 1525 en Hollande et dans le Brabant. Ils se firent beaucoup de partisans. Les libertins soutenaient qu'il n'y avait qu'un seul esprit dans le monde, celui de Dieu ; que Dieu faisait le bien et le mal que les hommes semblaient faire, et qu'ainsi il ne fallait ni les blâmer, ni les punir, ni les récompenser ; qu'on devait vivre sans scrupule ; que Jésus-Christ était une composée de l'esprit de Dieu et de l'opinion des hommes. Ils niaient l'existence des anges et l'immortalité de l'âme.

LIBERTY, un des quarante comtés de la Géorgie (un des Etats-Unis d'Amérique), entre l'Alabama, les comtés de Bryan, de Tatnall, de Mackintosh. Population, 6,300 âmes. Chef-lieu, *Riceborough*.

LIBERUM VETO, mots latins usités dans l'ancienne constitution de Pologne pour désigner le droit qu'avait chaque nonce ou député de la noblesse, membre d'une diète, de s'opposer à une résolution, quel qu'en fût l'objet, et par là de la rendre nulle. Ce droit s'étendait jusqu'à dissoudre la diète elle-même.

LIBITINE (myth.), déesse qui présidait aux funérailles chez les Romains. Elle avait un temple élevé à Rome par Servius Tullius, où l'on portait une pièce d'argent pour chaque personne qui mourait. On mettait cet argent dans le trésor de la déesse, et un registre nommé *Libitina ratio* recevait les noms de ceux qui avaient payé ce dernier tribut. — On appelait *Libitinensis porta*, on *porte Libitine*, 1° une porte de Rome par laquelle on portait les morts hors de la ville ; 2° une porte de l'amphithéâtre par laquelle on retirait les cadavres des gladiateurs tués dans les jeux.

LIBOURET, ligne qui contient plusieurs hameçons, et qui sert à pêcher les maquereaux.

LIBOURNE, ville de France, sur la rive droite de la Dordogne, au confluent de l'Isle, chef-lieu d'arrondissement du département de la Gironde, à 11 lieues de Bordeaux. Population, 10,000 habitants. — Libourne fut bâtie en 1286 par Edouard Ier, roi d'Angleterre, à un quart de lieue de l'ancienne *Condate Portus*, dont il reste encore des débris. La cour des aides de Bordeaux y siégea de 1675 à 1690. Cette ville est très-régulière, bien bâtie et entourée de jolies promenades. Libourne possède une école d'hydrographie, un sous-commissariat de marine, un tribunal de première instance et de commerce, un collège et un dépôt royal où se trouvent vingt-neuf chevaux étalons. Cette ville est située dans un territoire très-fertile, et commerce en vins (la récolte annuelle est de 547,200 hectolitres), grains, merrain, sel, étoffes, draps, etc.

LIBRAIRE. On entend par ce mot tout commerçant qui se charge de faire imprimer, soit pour son propre compte, soit pour celui des auteurs, les manuscrits que ceux-ci leur confient. Lorsque les libraires font imprimer pour leur propre compte des ouvrages dont ils sont propriétaires ou qui sont dans le domaine public, ils prennent le nom de *libraires-éditeurs*. On appelle encore *libraires* ceux qui, ne faisant imprimer aucun ouvrage, se contentent de vendre les livres qu'ils achètent aux libraires-éditeurs, et qui, au moyen des remises que ceux-ci leur font, trouvent encore un bénéfice assez considérable, même en les vendant au même prix que le libraire-éditeur. Autrefois les libraires ne pouvaient mettre les ouvrages en vente que lorsqu'ils avaient été *revus et approuvés* par les membres de l'université. La révolution de 1789 établit la liberté entière pour l'exercice de la profession de libraire. En 1810, ils furent assujettis à la double formalité d'un brevet et d'un serment spécial.

LIBRAIRIE. Ce mot signifiait autrefois *bibliothèque*. Ainsi, sous Henri IV encore, *maître de la librairie*, dans la maison du roi, correspondait au mot *bibliothécaire du roi*. La librairie est aujourd'hui un genre de commerce qui a pour but la confection et la vente des livres. Elle se divise en *librairie ancienne et moderne*, dont chacune se subdivise en *librairie classique, commerciale* et *industrielle*, *de jurisprudence*, *de littérature*, *de médecine et de chirurgie*, *des sciences exactes et de théologie*.

LIBRATION, oscillation apparente de l'axe de la lune, dont l'effet est de nous rendre visible un peu plus de la moitié de sa surface. Outre cette libration, appelée *diurne*, il y a la *libration en latitude*, découverte, ainsi que la première, par Galilée, et qui a pour effet de nous rendre visibles alternativement les parties de la surface lunaire voisines des pôles. Elle est occasionnée par l'inclinaison de l'axe de la lune sur l'écliptique. On distingue encore la *libration en longitude*, découverte par Hevellius et Riccioli, qui est la plus grande de toutes, et qui résulte de ce que le mouvement de rotation de la lune sur son axe est uniforme, tandis que celui de sa révolution autour de la terre ne l'est pas.

LIBUM, gâteau composé de farine, de miel, de lait et de sésame, dont on faisait usage dans les sacrifices chez les anciens, surtout dans ceux de Bacchus, des lares et à la fête des Termes.

LIBURNES, nom donné par les anciens, 1° aux habitants de la Liburnie ; 2° aux hérauts des magistrats romains, ainsi nommés sans doute parce que les premiers étaient originaires de Liburnie ; 3° à des vaisseaux légers, à deux rangs de rames, dont se servaient les Romains.

LIBURNIE, ancienne province de l'Illyrie, s'étendait le long du golfe Adriatique depuis l'Istrie jusqu'à la Dalmatie. La Liburnie se nomme aujourd'hui *Croatie*.

LIBYE, ancien nom de l'Afrique occidentale, bornée par l'Egypte, l'Ethiopie, l'océan Ethiopien, l'Atlantique et la Méditerranée. La Libye se divisait en *Libye intérieure* ou *ultérieure*, comprenant le Sahara, la Nigritie et la Guinée ; et en *Libye extérieure*, située au N., et renfermant la Barbarie. Selon la fable, le nom de Libye lui fut donné en l'honneur d'une fille de Neptune. — La Libye proprement dite était circonscrite entre l'Egypte, les déserts, la Numidie et la Méditerranée. La *Libye supérieure* ou *maritime* était habitée par des colonies grecques et égyptiennes ; la *Libye inférieure* était située entre l'Egypte, le désert de Barca et la Marmarique, laquelle formait la Lybie Marmarique ou Pentapole.

LICE. Voy. LISSE.

LICE, lieu destiné aux combats, aux tournois des chevaliers et aux courses de tête et de bague. Voy. CHAMP CLOS. — La *lice*, en termes d'histoire naturelle, s'emploie pour désigner cette femelle d'un chien de chasse que l'on destine à la reproduction.

LICENCES, nom sous lequel on désigne dans l'industrie, dans le commerce et la navigation, les autorisations accordées par l'Etat pour certaines exploitations ou exportations. Ce mot est synonyme de celui de *patente*. — Dans la hiérarchie universitaire, la *licence* confère certains droits et privilèges. Elle constitue un grade intermédiaire entre le baccalauréat et le doctorat. Celui qui a pris ses degrés de licence se nomme *licencié*.

LICHAS (myth.), valet d'Hercule, apporta à ce héros, de la part de Déjanire, la tunique teinte du sang du centaure Nessus. Hercule, en proie aux douleurs la plus vives, précipita Lichas dans la mer. Les dieux le changèrent en un écueil voisin de l'île d'Eubée.

LICHENS, famille de plantes cryptogames, qui se rapproche des algues, des champignons et des hépatiques. Ces expansions végétales se présentent sous les formes de lèpre, de croûtes, de rameaux, etc., et habitent partout sur les murs, le bois, le fer, le marbre même ; ils tapissent les arbres, qu'ils défendent contre la rigueur du froid. Plusieurs espèces, réduites en poudre, entrent dans la fabrication du pain des peuples du Nord, ou se mangent en bouillie avec du lait. Le *lichen d'Islande* est très-usité en médecine. Il est sec, coriace et membraneux. Les espèces qui composent les divers genres de cette famille sont très-nombreux. Les lichens se reproduisent par des *gongyles*, espèces de séminules que les vents emportent au loin. Leurs fruits se nomment *apothécions*.

LICHIER, petit navire de transport usité en Hollande.

LICHTENSTEIN, principauté souveraine entre le Tyrol et la Suisse, de 138 kilomètres carrés, avec une population de 6,000 habitants. Chef-lieu, *Wadutz*. Ses revenus sont de 50,000 francs, et sa force armée de 55 hommes. Le Lichtenstein fait partie de la confédération germanique, et a une voix à la diète. Cette principauté appartient à la branche aînée des princes de Lichtenstein, qui possède en outre celles de Troppau et d'Iœgerndorf (Silésie), etc. Plusieurs princes de Lichtenstein ont servi avec honneur dans les armées dirigées sur la France sous la république et l'empire.

LICINIA, loi décrétée l'an de Rome 657, sous les auspices des consuls Licinius Crassus et Q. Metius, en vertu de laquelle tous les habitants de l'Italie furent inscrits sur les listes des citoyens dans leurs tribus respectives. — Loi proposée par Licinius Stolo l'an de Rome 388, qui permit aux plébéiens d'aspirer au consulat. — Loi décrétée sous les auspices de M. Licinius, l'an de Rome 690, contre les assemblées clandestines, où l'on intriguait pour l'élection des magistrats.

LICINIUS STOLO (Caïus), tribun du peuple, fut le premier plébéien qui parvint à la charge de maître de la cavalerie sous un dictateur. Son fils fit une loi (an de Rome 388) qui permit aux plébéiens d'aspirer au consulat. Il fut le premier de cette avantage (365 ans avant J.-C.). — D'autres Romains célèbres de l'antiquité ont porté le nom de Licinius. Les plus fameux sont le poëte Calvus Licinius, contemporain de Cicéron, et P. Crassus Licinius, vainqueur de Persée, roi de Macédoine.

LICINIUS (Flavius Licinianus), empereur romain, né vers l'an 263. Fils d'un laboureur de Dalmatie, il s'éleva du rang de simple soldat à celui de collègue de Galère (307), et obtint le gouvernement de la Pannonie et de la Rhétie. Après la mort de Galère (311), il épousa la sœur de Constantin, persécuta les chrétiens, et en vint bientôt à une rupture ouverte avec Constantin. Après avoir perdu trois batailles, il fut pris et étranglé avec son fils l'an de J.-C. 324.

LICITATION, vente d'une chose possédée en commun par plusieurs. Cette vente se fait aux enchères, et le prix en est partagé entre les copropriétaires. On a recours à la licitation lorsqu'une chose commune à plusieurs ne peut être partagée commodément et sans perte, ou lorsque, dans un partage fait de gré à gré de biens communs, il s'y trouve quelques-uns qu'aucun des copartageants ne puisse ou ne veuille prendre. La licitation est *à l'amiable* lorsque tous les copropriétaires sont majeurs, jouissant de leurs droits civils, présents ou dûment représentés et d'accord entre eux ; elle est *judiciaire* lorsque tous les propriétaires ne sont pas majeurs, présents ou dûment représentés, et lorsqu'ils sont majeurs, présents ou représentés, mais non d'accord.

LICORNE, animal fabuleux qui, selon les écrivains, se rapproche de l'âne et du cheval. La licorne a le corps blanc, les yeux bleus, la tête de couleur de pourpre et surmontée d'une corne, longue et aiguë, rouge à sa partie supérieure, blanche, inférieurement et noire au milieu. La licorne est remarquable par sa force, son agilité, et sa fierté. On ne peut la prendre vivante qu'en plaçant auprès de son gîte une jeune fille vierge. Cet animal, dit-on, habite l'Afrique, l'Arabie et l'Inde. Quelques voyageurs ont affirmé avoir vu des licornes; cependant l'existence de ce quadrupède est niée par les savants, et l'on a cru que les anciens avaient vu les licornes tantôt dans l'*urus* (bœuf sauvage), tantôt dans le rhinocéros, tantôt enfin dans l'oryx (espèce d'antilope) et le daim.

LICORNE DE MER, nom donné au *narwal*.

LICTEURS, gardes qui accompagnaient à Rome les magistrats, excepté les censeurs. Ils marchaient armés d'une hache liée dans un faisceau de verges formé de branches d'orme. Leur fonction était de faire ranger le peuple sur le passage des magistrats (*submotio*), de l'avertir de leur rendre l'honneur qui leur était dû (*animadversio*) et de faire exécuter leurs ordres. Ils servaient aussi de bourreaux. Ils furent institués par Romulus, et, selon d'autres, par Tarquin l'Ancien. Le nombre des licteurs varia souvent. Ils ne furent d'abord que douze. Les vestales avaient droit d'être précédées par ces ministres.

LIE, nom donné à la partie la plus grossière qui se dépose au fond d'une liqueur. La lie de vin contient du ferment, du tartre, une matière colorante et d'autres principes en faible quantité.

LIÈGE, substance légère, épaisse, molle, fongueuse et élastique, qui recouvre l'écorce d'une espèce de chêne (*quercus suber*), qui croît dans l'Europe méridionale et en Barbarie. La récolte de l'écorce se fait tous les huit à dix ans à l'aide d'incisions transversales et longitudinales. Le liège sert à faire des bouchons, des pessaires, des semelles pour garantir les pieds de l'humidité, des corsets pour aider à la natation, et des flotteurs pour soutenir les filets des pêcheurs. Brûlé dans des vases clos, il donne le noir d'Espagne, employé dans la peinture.

LIÉGE FOSSILE. Voy. ASBESTE.

LIÉGE, province du royaume de Belgique, bornée au S. par le Luxembourg, au N. par le Limbourg, à l'E. par la Prusse rhénane, à l'O. par le Brabant méridional et la province de Namur. Sa superficie est de 102 lieues carrées et sa population de 368,200 habitants. Ce pays, habité autrefois par les Eburons, fut gouverné au moyen âge par des princes ecclésiastiques. En 1794, la France réunit le pays de Liége à son territoire. Il fut rendu à la Belgique en 1814. La province se divise en quatre districts, et a pour capitale *Liége*. Elle produit de l'alun, des draps, de la laine, des cuirs, des cotons, du papier, etc., et envoie neuf députés à la chambre des représentants et cinq à celle des sénateurs.

LIÉGE, capitale de la province de ce nom, sur la Meuse, qui la coupe en deux parties, à 102 lieues de Paris. Cette ville a une université et des manufactures célèbres. Elle a soutenu des siéges fameux. Elle fut réduite en cendres par Charles le Téméraire et prise par les Français en 1794. Sa population est de 58,067 âmes.

LIEGNITZ, régence du royaume de Prusse, dans la province de Silésie. Sa superficie est de 318 lieues carrées, et sa population de 499,800 âmes. Le chef-lieu est *Liegnitz*, avec 8,675 habitants. Cette ville a des fabriques et des manufactures célèbres.

LIEN, ce qui sert à unir, à attacher. Le *lien religieux* est l'engagement contracté par ceux qui sont dans les ordres sacrés ou qui ont prononcé les vœux monastiques. — Le *double lien* exprime, en jurisprudence, la parenté entre personnes issues d'un même père et d'une même mère. Le *lien simple* est la parenté entre frères et sœurs qui ont un père ou une mère différents. — Le *lien* d'un gouvernail est la bande de fer qui entoure la tête de ce gouvernail. — Ce nom est aussi celui d'une couleuvre de la Caroline, qui se bat contre le serpent à sonnettes et l'étouffe dans ses replis.

LIEOU-KIEU, îles d'Asie, au nombre de trente-six, situées entre la Corée et le Japon, soumises à un souverain tributaire de la Chine. La principale se nomme Lieou-Kieu, et a 70 lieues de long sur 30 de largeur. La capitale est *Kien-Tching*. Ces îles produisent du riz, du thé, des légumes, et renferment de très-belles mines.

LIEOU-PANG, empereur chinois, succéda en 202 avant J.-C. à Tseu-Yug, dernier empereur de la race des Tsin. Il prit le nom de Kao-Tsou, et fut le chef et le fondateur de la dynastie des Han. Sous son règne, on construisit pour la première fois des ponts sur colonnes et des ponts suspendus. Il réprima plusieurs révoltes, et fut battu par les Hioung-Nou (les Huns?). Il mourut l'an 194 avant J.-C. à l'âge de cinquante-six ans.

LIEOU-YU, empereur chinois qui, sorti de la plus basse classe du peuple, parvint du grade de soldat à celui de général et de prince de Soung sous le règne de Ngan-Ti. Il fit étrangler ce prince, et força Koung-Ti, frère de celui-ci qui venait d'être appelé au trône, à abdiquer le pouvoir en sa faveur. Lieou-Yu, en montant sur le trône (420), prit le nom de Kao-Tsou-Wou-Ti. Il fut le fondateur de la dynastie des Soung. Il gouverna sagement et mourut en 423.

LIERNES. Pour lier entre elles et briser les solives d'un plancher qui ont une grande portée, on dispose en travers et par-dessus les pièces de bois de cinq à sept pouces équarrissage, qu'on entaille de la moitié de leur épaisseur à l'endroit où elles croisent chaque solive, et l'on y met de bonnes chevilles qui entrent à travers ces pièces de bois nommées *liernes*, et vont jusqu'aux deux tiers des solives.

LIERRE, grand arbrisseau grimpant, résineux et toujours vert, type de la famille des hédéracées. Il est très-commun en Asie et en Europe, où il tapisse les haies, les bois, les rochers et les vieilles murailles. Dans les pays chauds, il découle du tronc des gros lierres un suc gommo-résineux très-aromatique, nommé *gomme* ou *résine de lierre*. Ses feuilles sont alternes, les fleurs petites, blanchâtres, et le fruit est globuleux, charnu, pyriforme. Avec son bois on fait des boules pour les cautères, et ses feuilles servent à les panser. Chez les anciens, le lierre était consacré à Bacchus, et les faunes, les satyres et les bacchantes se tressaient des couronnes avec cet arbrisseau. — *Lierre terrestre*. Voy. GLÉCOME.

LIESSE (NOTRE-DAME DE), petite ville de France, dans le département de l'Aisne, à 4 lieues de Laon. Population, 1,300 habitants. Une antique image de la Vierge, jadis célèbre par de nombreux miracles et de nos jours encore en vénération, a donné lieu à l'établissement de ce village, dont la fondation remonte au temps des croisades. La fondation de l'église date de 1134. Elle est constamment visitée par les pèlerins qui y viennent de contrées fort éloignées. Plusieurs rois et reines de France ont fait ce pèlerinage.

LIEU, point, partie de l'espace. — On appelle *lieu géométrique*, en mathématiques, une ligne droite ou courbe dont chaque point peut également résoudre un problème indéterminé. S'il ne faut qu'une droite pour construire l'équation du problème, le lieu s'appelle *lieu à la ligne droite*; s'il ne faut qu'un cercle, *lieu au cercle*; s'il faut une *ellipse*, *lieu à l'ellipse*, et ainsi des autres, etc. — En astronomie, lieu se dit du point du ciel auquel répond une planète, une comète, etc. Comme nous les voyons de dessus la route de la terre, nous rapportons ces corps à un point différent de celui où ils seraient vus du centre de la terre, ce qui fait qu'on distingue le lieu véritable du lieu apparent. Leur différence s'appelle *parallaxe*. On appelle *lieu excentrique* d'une planète le lieu de l'orbite où paraîtrait cette planète si on la voyait du soleil; *lieu héliocentrique* ou *lieu excentrique dans l'écliptique*, le point de l'écliptique auquel on rapporterait une planète vue du soleil; *lieu géocentrique*, le point de l'écliptique auquel on rapporte une planète vue de la terre. — *Lieu* est le nom vulgaire d'un poisson du genre des *morues*, que l'on pêche sur nos côtes de la Manche.

LIEUE, ancienne mesure itinéraire, encore usitée en France, en Espagne et en Portugal. Chaque pays avait autrefois, avant l'introduction du système métrique, une *lieue* particulière. La lieue de poste a en France 2,000 toises (3,894 mètres). La lieue terrestre, dont 25 au degré, a 2,283 toises ou 4,446 mètres, et la lieue marine, dont 20 au degré, a 2,852 toises ou 5,557 mètres. La lieue légale est, en Espagne et en Portugal, de 5,000 *varas* (4,223 mètres), et cette distance est augmentée de 3,000 *varas* (2,542 mètres) sur les routes ouvertes depuis 1766; ces deux évaluations de la lieue y sont autorisées.

LIEUTENANT, deuxième officier d'une compagnie ou d'un escadron. Ce grade a été créé en 1444. Son emploi est de remplacer le capitaine en cas d'absence, et de l'aider dans ses fonctions. Dans la cavalerie, il y a des lieutenants en premier et en second, et dans l'infanterie il y a des lieutenants de première et de seconde classe. Ce grade, supprimé par Charles IX, fut rétabli par Henri IV. Il y a des lieutenants aides de camp, des lieutenants officiers payeurs, porte-drapeau, etc. Les lieutenants portent l'épaulette d'or ou d'argent à gauche. — L'officier général prend quelquefois le titre de Lieutenant.

LIEUTENANT (Sous-), troisième officier d'une compagnie ou d'un escadron. Ce grade a été créé vers 1589. Les sous-lieutenants sont employés comme les lieutenants à tous les détails de service, de police et d'administration de la compagnie. Il y a aussi des sous-lieutenants *officiers d'armement* et *adjoints au trésorier*; les *porte-drapeau* et les *porte-étendard* sont toujours sous-lieutenants.

LIEUTENANT CIVIL, second magistrat de l'ancienne juridiction du Châtelet de Paris. Il présidait à l'audience du parc civil, recueillait les opinions des conseillers, jugeait à huis clos les contestations relatives à l'opposition ou à la levée des scellés et aux inventaires, faisait dresser dans son hôtel les procès-verbaux, les interdictions, les demandes en séparation, ouvrir les testaments après le décès des testateurs, etc. Les revenus de cette charge étaient de 500,000 livres.

LIEUTENANT-COLONEL, grade créé en 1543. Il n'y en eut d'abord qu'un par régiment. En 1781 on en nomma un par bataillon; mais en 1793 on les supprima tous, et on les remplaça par les chefs de bataillon ou d'escadron. Ce grade a été rétabli en 1803 avec le titre de *major*, et n'a repris celui de lieutenant-colonel qu'en 1815. Le lieutenant-colonel d'un régiment est l'intermédiaire habituel du colonel dans toutes les parties du service. Il remplace le colonel absent, et transmet tous ses ordres pour ce qui concerne le service, la discipline, la tenue et l'instruction. Ses épaulettes ont le corps d'un métal et la frange d'un autre.

LIEUTENANT CRIMINEL, magistrat du Châtelet de Paris. Il prononçait sur tous les crimes et délits commis à Paris et dans la banlieue. Il était aidé d'un exempt et de dix archers. Cette charge rapportait en 1754 100,000 livres. — Il y avait un lieutenant criminel dans toutes les juridictions royales de l'ancienne France.

LIEUTENANT DE ROI, titre donné autrefois aux officiers généraux et aux officiers supérieurs commandant pour le roi dans une ville de guerre. Leur institution remonte à l'époque de celle des gouverneurs de province. Supprimés en 1791 et remplacés par des *commandants temporaires (commandants d'armes ou de place)*, ils reprirent leur ancien titre en 1814, titre échangé de nouveau en 1829 pour celui de commandant de place. Ils se divisent en trois classes. Ceux de la première classe sont pris parmi les officiers revêtus du grade de colonel; ceux de la deuxième, parmi les lieutenants-colonels, chefs de bataillon ou majors; ceux de la troisième, parmi les capitaines. Il y a en outre des commandants de poste militaire, de citadelle, fort ou château. Ils sont chargés de la police des troupes de leur garnison, de veiller à la conservation des fortifications, etc., et de défendre les places qui leur sont confiées.

LIEUTENANT DE VAISSEAU. Dans la marine militaire, c'est aujourd'hui le titre de l'officier qui marche après le capitaine. Les lieutenants commandent les quarts à bord des vaisseaux. Ils font exécuter les ordres du capitaine, et président aux manœuvres.

LIEUTENANT GÉNÉRAL, grade créé en 1603, et dont le titre fut remplacé pendant la révolution et l'empire par celui de *général de division*. Les lieutenants généraux occupent le premier rang parmi les officiers généraux. Ils peuvent commander en chef les armées, ou remplir les fonctions de majors généraux. Ils commandent les divisions de l'armée active ou les divisions territoriales. Ils ont une double broderie au collet et aux parements de leurs habits, et trois étoiles sur les épaulettes.

LIEUTENANT GÉNÉRAL DE POLICE, charge établie en 1667. Ses attributions étaient bornées à la recherche des publications clandestines, des libelles, des pamphlets; aux précautions de sûreté, de salubrité; à la vérification des poids et mesures; à la visite des tripots, cafés, maisons de jeu; à l'éclairage des rues, etc. Il rendait compte chaque année au parlement de l'état moral et sanitaire de la capitale. — Lyon avait aussi un lieutenant de police, dont les attributions étaient moins étendues.

LIEUTENANT GÉNÉRAL DU ROYAUME, dignité qui équivalait à celle de régent. Elle était essentiellement temporaire. Le comte d'Artois prit en 1814 ce titre jusqu'à l'arrivée de Louis XVIII, et en 1830 Louis-Philippe d'Orléans fut lieutenant général du royaume pendant plusieurs jours.

LIEUTENANTS PARTICULIERS AU CHATELET DE PARIS. Ils remplaçaient au besoin les lieutenants civil, criminel et de police. Ils présidaient de mois en mois, l'un à la chambre du conseil, l'autre au présidial.

LIEUX THÉOLOGIQUES, sources où les théologiens peuvent puiser des arguments pour établir leurs opinions ou réfuter celles des autres. On en compte dix : l'Ecriture sainte, la tradition, l'Eglise catholique, les conciles, les souverains pontifes, les Pères, l'autorité de l'histoire humaine, celle des théologiens scolastiques et des docteurs, celle des philosophes et la raison naturelle.

LIÈVRE, famille de quadrupèdes rongeurs, aux jambes longues et musculeuses, au museau arrondi et recouvert de poils longs et soyeux, aux yeux grands et saillants, latéraux, à membrane clignotante, aux oreilles longues et molles, à la lèvre supérieure très-fendue, et au poil long et rude. Leur pelage est d'un gris tirant sur le roux. Les lièvres sont doux et timides, et se nourrissent de feuilles, d'herbes, de racines, de fruits et de grains. Les lièvres qui gâtent le serpolet sont les meilleurs. On chasse ces animaux à l'affût ou au chien courant. Les lièvres abondent dans toutes les parties du monde. — La femelle du lièvre se nomme *hase*. Le mâle qui a pris son accroissement se nomme *bouquin*; avant cette époque, on l'appelle *trois-quarts*. — Le lièvre était chez les anciens un symbole de franchise. Sa chair est défendue aux Juifs et aux Turks. — La famille des lièvres se divise en deux genres, celui des *lièvres* et celui des *lagomys*, distingués par leur manque de queue.

LIÈVRE DE MER. Voy. APLYSIE.

LIGAMENT, nom donné à des organes fibreux, blanchâtres, fort compactes, résistants, peu élastiques, placés en général autour des articulations, et destinés à maintenir rapprochées les surfaces articulaires, à borner et à affermir leurs mouvements. Leur forme et leur force varient beaucoup. On nomme aussi ligaments des replis membraneux qui assujettissent certains viscères splanchniques. — En conchyliologie, le mot *ligament* indique la partie qui réunit et maintient les deux valves des coquilles.

LIGARIUS (Quintus), lieutenant du proconsul d'Afrique C. Considius, et proconsul après le rappel de ce dernier. Il embrassa le parti de Pompée. César triomphant voulait le condamner; mais, ne pouvant résister à l'éloquence de Cicéron, il lui accorda sa grâce. Ligarius fut dans la suite un des meurtriers de César.

LIGATURE. En termes de typographie, c'est le nom donné à des parties déliées en fonte ou en cuivre, et qui servent à lier les parties d'une même lettre pour qu'il y ait solution de continuité dans le contour de ces lettres. Aujourd'hui on n'emploie les ligatures qu'à la ronde et à l'écriture anglaise. — En calligraphie, ce sont les traits déliés et déliés qui lient une lettre à une autre ou les mots entre eux.

LIGATURES, nom donné à de petits rubans faits de plusieurs brins de fil ciré, et avec lesquels on lie les artères ou les veines pour prévenir ou arrêter une hémorragie, ou que l'on emploie pour opérer la division lente de nos tissus. Après les amputations, l'extraction de certaines tumeurs, etc., on lie les extrémités des vaisseaux divisés, en saisissant l'artère avec des pinces à disséquer, et en faisant glisser sur elle un nœud de fil, dont l'extrémité de la pince était garnie. La ligature est alors *immédiate*. La ligature *médiate* se fait avec une aiguille courbe, au moyen de laquelle on passe une anse de fil autour de l'artère, en y comprenant du tissu cellulaire et des fibres musculaires voisines. On emploie cette ligature quand l'artère s'est retirée dans la chair et ne peut être saisie avec les pinces. — On emploie aussi des ligatures de fil, de soie ou de fils métalliques.

LIGNE. En géométrie, la ligne est une *étendue* en longueur, sans largeur ni épaisseur. La *ligne droite* est celle dont toutes les parties ont une même direction; la *ligne courbe* est celle dont la direction varie à chaque point, en la considérant comme formée par une infinité de points placés les uns à côté des autres. Les *lignes géométriques* courbes sont celles dont on peut fixer tous les points. Les *mécaniques* sont celles dont on ne peut fixer les points que par approximation.

LIGNE (gnomon., astron.), nom donné à l'équateur. La *ligne équinoxiale* est l'intersection d'un cercle parallèle à l'équateur avec le plan du cadran; les *lignes horaires* sont les intersections des cercles horaires (méridiens qui divisent la sphère en vingt-quatre parties égales) avec le plan du cadran. — La *ligne soustylaire* passe par le pied du style d'un cadran, et représente la section du cadran par un cercle horaire perpendiculaire à son plan.

LIGNE (persp.). La *ligne de terre* est celle par laquelle le plan géométral (de terre) et celui du tableau se coupent; la *ligne verticale* est celle par laquelle le plan vertical coupe le tableau; la *ligne visuelle* est celle qui part de l'œil de l'observateur et aboutit à l'objet qu'il considère.

LIGNE (hydr.). La *ligne d'eau* est une ouverture circulaire d'une ligne de diamètre, percée dans une paroi plane, par où s'écoule l'eau d'un réservoir dont la surface est élevée de sept pouces au-dessus de cette ouverture. — En termes de marine, les *lignes d'eau* sont les coupes horizontales de la partie submergée de la carène du vaisseau parallèlement à la flottaison.

LIGNE (astron.). La *ligne des apsides* est le grand axe de l'orbite d'une planète. Elle passe par les points apogée et périgée ou aphélie et périhélie de cet orbite. La *ligne des syzygies* passe par les centres du soleil, de la terre et de la lune, lorsque celle-ci est en conjonction ou en opposition; la *ligne des nœuds* est celle par laquelle le plan de l'orbite d'une planète coupe celui de l'écliptique. — La *ligne de foi* est celle qui passe par le centre d'un instrument circulaire et par le point extrême de l'alidade, qui répond à une division du limbe. La ligne de foi représente le rayon mobile et mathématique de l'instrument.

LIGNE (accept. div.). On appelle *ligne de marcation* la ligne droite tracée sur la mappemonde par le pape Alexandre VI, qui donnait aux Espagnols les terres qu'ils découvriraient à l'ouest de cette ligne, et aux Portugais celles qu'ils découvriraient à l'est. La *ligne de démarcation* fut fixée ensuite d'accord entre ces peuples; elle déclinait de la précédente. — En termes de guerre, *ligne* indique la direction des troupes pour combattre ou manœuvrer. La *ligne de direction* est celle que l'on suit pour aller d'un lieu à un autre; la *ligne d'opération*, celle qu'une armée doit rallier sans cesse pour concourir à une grande opération. — La *ligne pleine* est celle où la droite d'un corps s'appuie à la gauche d'un autre corps par opposition à la *ligne par intervalle*. — La *troupe de ligne* est celle qui combat en ligne. — *Ligne* est synonyme de *retranchement*. — *Ligne* se dit du cordeau, de la ficelle dont se servent les maçons, les charpentiers, les jardiniers. — *Ligne* indique aussi les plis de la main qu'observaient souvent les chiromanciens. — La *ligne* (mesure) est la douzième partie d'un pouce, et vaut à peu près 2 millimètres. — *Lignes* (mus.). Voy. NOTATION.

LIGNE (mar.), nom donné à toute réunion de vaisseaux de guerre rangés sur un même rumb de vent. La *ligne du plus près* est celle de bâtiments de guerre qui forme avec le vent un angle de 67 degrés 30 minutes. On la nomme *ligne du plus près tribord*, quand les bâtiments qui la forment reçoivent le vent par la droite, et *ligne du plus près bâbord*, quand ils la reçoivent par la gauche. — Le *vaisseau de ligne* est un vaisseau ayant au moins 50 pièces de canon. — *Ligne* est aussi un cordage qui sert à retenir l'ancre, le loch, la sonde, etc.

LIGNE (généal.), suite de descendants d'une race, d'une famille. La ligne *directe* ou *droite* est celle qui va de père en fils, soit en montant, soit en descendant; la *ligne collatérale* est l'ordre des personnes qui descendent d'un même père, mais indirectement; c'est dans cet ordre que sont placés les neveux, les oncles, les cousins, etc. Les lignes sont encore *masculines* ou *féminines*, suivant qu'elles descendent des hommes ou des femmes.

LIGNE (Charles-Joseph, prince DE), né à Bruxelles en 1735 d'une ancienne famille des Pays-Bas, montra très-jeune un grand courage. En 1752 il obtint un drapeau dans le régiment de son père, feld-maréchal au service d'Autriche, et quatre ans après le brevet de capitaine. Il combattit avec beaucoup de valeur dans la campagne de 1757, dans la guerre de sept ans. Devenu général-major en 1770, il combattit comme lieutenant-général dans la guerre de la succession de Bavière en 1778 et dans celles des Autrichiens et des Russes contre les Turks. À la mort de Joseph II se termina sa carrière militaire. Le prince de Ligne a laissé un grand nombre d'ouvrages (29 volumes), dont les principaux sont ses *œuvres mêlées* et ses *Mémoires*. Il mourut en 1814.

LIGNEROLLE (mar.), petite ficelle faite à la main avec de vieux cordages mis en étoupes.

LIGNEUX, principe immédiat des végétaux, composé d'oxygène, d'hydrogène et de carbone, et qui constitue presque à lui seul le bois ou le tissu poreux des arbres. On le trouve dans la tige, les fleurs, les feuilles et les racines. Il est solide, incristallisable, insipide, incolore et plus pesant que l'eau. Il est formé de fibres d'un blanc sale. Il n'est soluble dans aucun liquide. Traité par l'acide sulfurique, il produit un sucre semblable à celui de raisin ; avec l'acide nitrique et la chaleur, il produit de l'amidon. On obtient le ligneux en traitant successivement la sciure de bois par l'alcool, par l'eau, par l'acide hydrochlorique et par la potasse. Le papier blanc non collé doit être regardé comme du ligneux pur.—Les *végétaux ligneux* sont ceux qui sont formés d'un tissu ligneux.

LIGNIRODE, gomme que l'on trouve mêlée assez souvent à la gomme arabique. Il y en a deux variétés. La *gomme lignirode du Sénégal* consiste en morceaux quelquefois jaunâtres, mais le plus souvent d'une couleur brune foncée et noirâtre, ternes dans leur aspect, renfermant des petites parcelles de bois et dans leur intérieur une cellule ovoïde qui paraît avoir servi de retraite à la nymphe d'un insecte. La *gomme lignirode d'Inde* consiste en morceaux très-durs, difficiles à casser, tenaces sous la dent, d'un goût âcre et désagréable, rougeâtres, formés d'une partie gommeuse très-soluble dans l'eau et de bois rongé. Ils offrent dans leur intérieur des cellules ovoïdes, et paraissent devoir être considérées comme le résultat du travail d'un insecte.

LIGNITE (minéral.), nom donné à une matière solide, opaque, d'un noir foncé ou d'un brun terreux, d'un tissu semblable à celui du bois. Cette substance est d'origine végétale, provenant de la décomposition de plantes pour la plupart phanérogames qui n'ont pas subi intégralement la transformation charbonneuse. On la trouve sous forme de couches plus ou moins épaisses. La nature des végétaux, leur décomposition plus ou moins grande, les substances terreuses mélangées, ont produit diverses sortes de lignites. Les principales sont le *jaïet*, le *lignite friable*, que l'on emploie comme la houille, le *lignite fibreux* et *terreux*, que l'on emploie dans la peinture.

LIGNON, petite rivière de France qui prend sa source dans le département du Puy-de-Dôme, traverse celui de la Loire, et se jette dans le fleuve de ce nom près de Feurs.

LIGNY, sur l'Ornain, chef-lieu de canton du département de la Meuse, à 4 lieues de Bar-le-Duc ; population, 3,800 habitants. Ligny est une ville ancienne, qui fut autrefois fortifiée. Elle fut le siège d'une seigneurie qui appartint aux ducs de Luxembourg jusqu'en 1719, et qui fut réunie à cette époque au duché de Lorraine et de Bar. Elle en suivit la destinée. — En 1814, des conscrits sans chefs supérieurs se défendirent pendant deux jours à Ligny contre une division de l'armée russe. 1,100 ennemis furent tués. En 1815, les empereurs de Russie, d'Autriche, le roi de Prusse et Wellington séjournèrent simultanément à Ligny. — Cette ville est agréablement située dans une plaine sur les bords de l'Ornain. Elle possède un hôpital, et commerce en groseilles, framboises, vins, confitures, liqueurs, couteaux, fers, fruits, cuirs, etc.

LIGUE, union, confédération de plusieurs princes, de plusieurs États ou de plusieurs partis dans un même État pour attaquer un ennemi commun ou s'en défendre, quand ils ont le même intérêt de religion et de politique. Il y avait autrefois dans le pays des Grisons trois ligues, savoir : la *ligue cadée* ou *de la Maison-Dieu*, formée en 1396, et renfermant onze grandes communes ; son chef-lieu était Coire ; la *ligue grise*, formée en 1424, et dont le chef-lieu était Ilantz ; la *ligue des dix juridictions* ou *des dix droitures*, formée en 1436, et dont le chef-lieu était Davos. Ces trois ligues se réunirent en 1471, et à leur admission parmi les cantons alliés en 1480 formèrent le canton des Grisons. — On nomme *ligue héréditaire* celle que, dans les premières années du XVIᵉ siècle, l'empereur Maximilien fit avec les Suisses.

LIGUE (LA SAINTE), grande association des partis bourgeois, municipal, populaire et catholique en France, pour se défendre contre le mouvement armé de la réforme calviniste. Les catholiques, voyant Catherine de Médicis traiter avec les huguenots, voulurent ressaisir leurs droits qu'ils croyaient perdus. Telle fut l'origine de la sainte Ligue, qui mit les Guise à sa tête. Après la journée des Barricades (1588), où Henri III fut chassé de Paris, la Ligue resta maîtresse. Son pouvoir amena la mort du roi ; elle envahit toute la France, et ne se termina qu'après le complot contre les Seize (1591) ; la Ligue avait paru en 1575.

LIGULA ou LINGULA (mot latin qui signifie *petite langue*), espèce de spatule dont les auruspices se servaient pour fouiller et examiner les entrailles des victimes. On nommait encore *ligula* ou *cochlear* une petite mesure romaine, la quatrième partie du *cyathus*.

LIGURIE, contrée de l'Italie entre le Pô, la Méditerranée, le Var, les Alpes et l'Étrurie. Les Ligures descendent, selon quelques auteurs des Grecs, selon d'autres des Gaulois, et enfin suivant quelques-uns des Germains. Ils habitèrent d'abord le pays qui forma plus tard l'État de Gênes, et poussèrent ensuite vers le N. Le Piémont et le pays compris entre le Rhône et le Var appartinrent aux Ligures. Leur forme de gouvernement était aristocratique. — La Ligurie était très-fertile. Ses habitants secoururent les Carthaginois, et furent soumis par les Romains. Gênes était leur capitale.

LILAS ou LILAC, arbuste de la famille des jasminées, aux feuilles d'un vert foncé et opposées, aux fleurs violettes ou blanches, disposées en grappes pyramidales et exhalant un doux parfum : l'espèce la plus connue est le *lilas commun* apporté de Constantinople en 1562 ; quarante ans après, on le trouvait partout. Le lilas se multiplie par graines et par rejets, et n'est pas délicat sur la nature du terrain. Il ne redoute pas les froids rigoureux et vient à toutes les expositions. Il bois grisâtre est très-dur et poli. Il répand une odeur agréable, et les Turks taillent des tuyaux de pipes dans ses jeunes rameaux après les avoir dépouillés de leur moelle. On cultive aussi le *lilas blanc*, *de Perse*, *d'Espagne*, etc.

LILAS, couleur que l'on fixe sur les étoffes, et qui est produite au moyen d'un mélange de rouge et de bleu. Cette couleur a peu de fixité, et finit par disparaître.

LILIACÉES, famille nombreuse de plantes monocotylédones, aux racines fibreuses ou bulbeuses, aux feuilles radicales, à tige simple ou à hampe nue, aux fleurs solitaires et terminales ou disposées en épis, au fruit charnu ou sec et déhiscent. Les plantes de cette famille sont presque toutes remarquables par la beauté de leur port et de leurs fleurs, et utiles par leurs propriétés. L'*ail*, l'*asphodèle*, l'*aloès*, le *lis*, etc., sont des liliacées.

LILLE, ville de France, autrefois capitale de la Flandre française, aujourd'hui chef-lieu du département du Nord, et la principale des places fortes de France, à 59 lieues de Paris. Sa population est de 76,000 habitants. — On fait remonter sa fondation à celle du château du Buc par Jules César (50 ans avant J.-C.). Aux environs de ce château un fort fut bâti, en 640 de J.-C. Ses premières murailles furent construites par Baudouin IV, comte de Flandre, en 1030. Baudouin IX y établit en 1195 un magistrat souverain nommé *échevin*. Lille eut à souffrir des sièges nombreux, entre autres par Philippe Auguste, qui s'en empara en 1213 et la détruisit complètement. La comtesse Jeanne la rebâtit en 1216. Philippe le Bel la prit en 1296 et en 1304. Il la conserva peu de temps. Les guerres de religion furent très-funestes à Lille. Louis XIV s'en empara en 1667, et en 1713 elle fut réunie définitivement à la France. En 1792, Lille soutint avec la plus héroïque résistance le siège des armées impériales commandées par le duc Albert de Saxe.—Lille est une grande et belle ville, située dans une plaine spacieuse, à 15 lieues de la mer, sur un canal de communication, entre la Scarpe et la Lys. Elle est ovale, et entourée de remparts qui en font une des premières places d'Europe. La citadelle, construite par Vauban, est un des plus beaux ouvrages de ce genre. Lille possède un bel hôtel de ville construit dans le XIIIᵉ siècle, de belles casernes, plusieurs hôpitaux et hospices, une bibliothèque publique de 21,000 volumes, des musées, un tribunal de première instance et de commerce, un collège, plusieurs sociétés savantes, un jardin botanique, des écoles gratuites, etc. Lille fait un commerce très-considérable et très-important. Il s'exerce, ainsi que l'industrie manufacturière, en draps, serges, camelots, damas, tapis, dentelles, coutils, linge, huiles, amidon, porcelaine et papiers. — Le nom flamand de Lille est *Ryssel*.

LIMA, capitale du Pérou, fondée par F. Pizarre en 1535. Cette ville devint bientôt après son origine le centre du commerce des contrées intérieures de l'Amérique méridionale. Son port (Callao) envoie des vaisseaux dans toutes les parties du monde. La population de Lima est de 54,000 âmes, dont 45,000 esclaves. Les tremblements de terre y sont très-fréquents. Elle fut presque entièrement détruite en 1746.

LIMA (prov.), province du bas Pérou, entre celles de Junin, d'Ayacucho, d'Aréquipa et l'océan Pacifique. Sa superficie est de 8,680 lieues carrées. Elle produit des vins, des huiles, des fruits, du sucre, du cacao, de la casse, du tabac, etc. Le chef-lieu de cette province est *Lima*, capitale de tout le Pérou.

LIMA, rivière de Portugal, qui prend sa source dans la Galice, près de Monte-Re, et se jette dans l'Océan à Viana. Son cours, parallèle au Minho, est de 15 à 20 lieues. Ses bords sont très-fertiles.

LIMACE, genre de mollusques gastéropodes, nus, au corps ovale, allongé, mou ; à la tête munie de deux paires de tentacules ; à la peau rugueuse, épaisse et couverte d'une humeur visqueuse. Les limaces habitent toutes les régions de l'Europe et de l'Amérique septentrionale, et vivent de jeunes végétaux, de fruits, de champignons, de papier et de bois pourri, etc. Les limaces s'enfoncent dans la terre pendant l'hiver. Elles s'accouplent en mai, et pondent jusqu'à sept cent soixante-seize œufs. Ces animaux nuisent beaucoup dans quelques affections de poitrine.

LIMAÇON, nom vulgaire des mollusques du genre *hélice*. — *Limaçon* indique aussi la plus antérieure des trois cavités qui constituent le labyrinthe ou l'oreille interne, et qui est formée de deux canaux coniques, contournés en spirale, comme les coquilles dont il porte le nom. On ignore quels sont les usages du limaçon dans l'audition.

LIMAÇON (arts), nom que donnent les horlogers à une roue à dents inégales, destinée à indiquer le nombre de coups que doit sonner une montre ou une horloge.

LIMAGNE, vallée de 60 lieues carrées, qui forme la presque totalité du département du Puy-de-Dôme (basse Auvergne) Cette vallée est bornée à l'E. et à l'O. par deux chaînes de hautes montagnes, et est traversée du midi au N. par la rivière de l'Allier. La Limagne est une plaine des plus riches, des plus fertiles et des plus riantes de France. Le sol est une terre vegétale, riche et grasse mêlée de fragments de calcaire marneux.

LIMAILLE, nom donné au fer ou à tout autre métal réduit en poudre très-fine au moyen de la lime. On fait usage de la limaille de fer ou d'acier, comme tonique et altérant, en médecine. Mêlée au soufre et au sel ammoniaque, la limaille de fer constitue un lut fort employé dans les ajustements de certaines pièces des chaudières en fonte à vapeur. Mêlée à l'eau et à l'acide sulfurique, la limaille produit l'hydrogène.

LIMANDE, poisson du genre *pleuronecte*. — En termes de marine, c'est une longue bande de toile goudronnée dont on entoure les cordages pour les garantir du frottement.

LIMBE (astron.), bord extérieur du soleil et de la lune. — On donne aussi ce nom au bord extérieur et gradué d'un cercle ou de tout autre instrument de mathématiques qui sert à mesurer la grandeur des arcs de cercle, l'ouverture des angles, etc.

LIMBE (botan.), surface plane ou contour laminé de la feuille, de la corolle ou du calice. Le limbe de la feuille est ordinairement porté par le pétiole. Dans les fleurs tubuleuses et monopétales, le limbe de la corolle est la partie évasée et découpée au-dessus du tube qui renferme les organes sexuels. Dans les fleurs polypétales, telles que les crucifères, le limbe du pétale est souvent rétréci en onglet.

LIMBES (théol.), lieu où les âmes des justes de l'Ancien Testament attendaient l'avénement de Jésus-Christ, et où le Sauveur descendit après sa mort pour conduire ces âmes saintes au ciel. Ce lieu est appelé dans l'Ecriture le *sein d'Abraham*. C'est dans les limbes que sont renfermés les enfants morts sans baptême, et qui ne peuvent entrer dans le ciel à cause du péché originel. Ces enfants, quoique privés de la vue de Dieu, ne souffrent aucune peine des sens. Le nom de *limbes* ne se lit ni dans l'Ecriture ni dans les Pères, et on n'en fait usage que depuis saint Thomas dans le sens de bord ou appendice des enfers.

LIMBOURG, province du royaume de Belgique que la conférence de Londres a partagée entre la Hollande et la Belgique, et qui cependant, sauf la ville de Maëstricht et la commune de Saint-Pierre, qui sont occupées par les Hollandais, appartient tout entière à la Belgique. Sa superficie est de 84 lieues carrées, et sa population de 303,900 habitants. Le seigle, les diverses espèces de blé, l'avoine, les fèves, le lin, le tabac, la garance, etc., se trouvent réunis dans le Limbourg.— Les comtes autrefois des comtes jusqu'en 1288 qu'il passa sous la domination des ducs de Brabant. Il se divise en trois districts, et a pour capitale *Maëstricht*. Il ne tient son nom de la ville de Limbourg, à 6 lieues de Liége, avec 4,000 âmes, et envoie neuf députés à la chambre des représentants et quatre à celle des sénateurs.

LIMÉNARQUE ou LIMÉNOPHYLAX (des mots grecs *limèn*, port, et *arkô*, commander, ou *phylax*, gardien), nom donné par les anciens Grecs à un inspecteur établi sur les ports pour que l'entrée n'en fût pas ouverte aux pirates et qu'il n'en sortît pas de provisions pour l'ennemi. Chez les Romains, sous les empereurs, on étendit ce nom aux soldats qui veillaient, sur les grandes routes, à la tranquillité. Ils furent établis par Auguste pour empêcher que les soldats, licenciés après les guerres civiles, ne ravageassent l'Italie.

LIMERICK, comté d'Irlande, dans la province de Munster, entre les comtés de Clare, de Kerry, de Corck, de Waterford et de Tipperary. Son étendue est de 14 lieues de long sur 7 de large. Population, 170,000 habitants. —. Ce comté est très-fertile. Le chef-lieu est *Limerick*, à l'embouchure du Shannon. La population est de 55,000 âmes. — Cette ville, la plus florissante de l'Irlande, et la deuxième du royaume, est très-commerçante. Elle est le siége d'un évêché.

LIMES (hist. nat.), nom de certaines coquilles bivalves, voisines des huîtres et habitées par un mollusque acéphale. — Petit citron d'une eau fort douce. Voy. LIMETTIER.

LIMES, outils d'acier trempé, dont les faces sont hérissées d'une multitude de dents que l'on forme en relevant la matière, avant qu'elle soit trempée, au moyen d'un ciseau. On se sert des limes pour dresser, ajuster et polir à froid la surface des métaux durs. Les grosses limes se fabriquent avec de l'acier naturel ou de cémentation : les petites sont ordinairement en acier fondu. La forme, la dimension et la taille des limes varient à l'infini. On dit un *carrelet*, un *tiers-point*, une *demironde*, une *queue-de-rat*, etc., pour dire qu'elles sont carrées, à trois angles, plates d'un côté et rondes de l'autre, rondes, etc. Chaque lime a une *queue* ou *soie* destinée à recevoir un manche. — Les marins appellent *limes* les traces que la mer laisse sur le rivage.

LIMETTIER, arbre du genre oranger, qui a le port et les feuilles du limonier. Ses rameaux ont, au lieu d'épines, de petites aspérités. Les fleurs sont petites et blanches, les fruits globuleux, de moyenne grosseur et couronnés par un large mamelon aplati ; leur écorce, très-mince, d'un jaune pâle, contient une pulpe aqueuse, douce ou légèrement amère et parfumée. Ces fruits, nommés *limes*, se mangent confits. Les espèces les plus connues sont le *limettier de Rome* et le *mélarose*.

LIMITE, expression dont on se sert en mathématiques pour désigner la grandeur dont une quantité variable peut approcher indéfiniment, mais qu'elle ne peut égaler ou surpasser. Telle est la fraction décimale 0,9999, etc., qui ne peut jamais atteindre l'unité, quoiqu'elle s'en rapproche sans cesse.

LIMNÉE, genre de mollusques gastéropodes pulmonaires, qui vivent à la surface des eaux douces, dans toutes les parties du monde. Ces animaux ont deux tentacules aplatis et triangulaires. Semblables aux limaçons par la forme de leur corps, ils rongent les végétaux et les débris organiques. Les limnées sont bisexués.

LIMNES, ville forte, sur les confins de la Laconie et de la Messénie. — Diane avait un temple célèbre à Limnes, d'où cette déesse avait pris le surnom de *Limnea* (patronne des pêcheurs), sous lequel elle était adorée à Sparte et en Achaïe. On y célébrait les *Limnatidies*, fêtes en l'honneur de Diane.

LIMODORE, genre de plantes de la famille des orchidées, presque toutes indigènes à l'Asie orientale et à l'Inde. Ces plantes, qui ont l'habitude de vivre au sein des prairies, ont des fleurs très-élégantes. L'espèce la plus belle est le *limodore de Chine*, qui a le tubercule arrondi, cinq à six feuilles radicales ; larges, nerveuses et lancéolées, une hampe très-haute et des fleurs odorantes, inclinées, blanches et rouges.

LIMOGES, sur la rive droite de la Vienne, chef-lieu du département de la Haute-Vienne, et capitale de l'ancienne province du Limousin, à 95 lieues de Paris. Population, 40,000 habitants. Cette ville, bâtie longtemps avant que les Romains envahissent les Gaules, était la capitale des *Lemovices*. Sous les empereurs, elle devint la résidence d'un proconsul romain, et eut un capitole, un amphithéâtre et des palais. Sous Domitien ses gloires s'éclipsa, et elle suivit la fortune de l'Aquitaine. Elle appartint successivement aux Visigoths, aux premiers rois francs, aux ducs d'Aquitaine, et fut réunie à la couronne par Henri IV. Cependant elle conserva ses gouverneurs particuliers, appelés *comtes* et plus tard *vicomtes*. Souvent pillée au moyen âge, cette ville n'a conservé aucun de ses anciens monuments. — Limoges est le siége d'un évêché suffragant de l'archevêché de Bourges, et fait un grand commerce en étoffes, mouchoirs, papier et porcelaine. Elle renferme un grand nombre de manufactures, une bibliothèque de 12,000 volumes, des musées, de beaux hôpitaux, un collége, plusieurs sociétés savantes, une école normale primaire, etc.

LIMON, nom donné, 1° à de la terre délayée, entraînée et déposée par les eaux courantes. 2° Aux différentes matières qui se précipitent lorsqu'on laisse reposer des liquides troublés par des corps qui y sont suspendus. 3° Au fruit du *limonier*. 4° A chacune des grosses pièces de devant d'une voiture, entre lesquelles on attelle un cheval. Les *limons de traverse* sont les morceaux de bois, longs d'environ huit ou dix pieds, dans lesquels s'enchâssent les roulons par le milieu, et qui terminent les ridelles par en haut. 5° En architecture, à cette pièce de bois qui soutient les marches d'un escalier par une de leurs extrémités. 6° Aux bouts des cordages qui servent en marine de bras d'échelle pour monter des gaillards dans les haubans, sans marcher sur les bastingages ; il y en a aussi pour monter au haut des mâts. Les échelons sont de gros bâtons tournés, qui ont de seize à dix-huit pouces de longueur.

LIMONADE, boisson composée de suc de citron ou de limon, d'eau et de sucre, et quelquefois d'huile essentielle de citron. On prépare la limonade à froid ou à chaud. La *limonade sèche* se fait en broyant l'acide citrique avec du sucre, en aromatisant le mélange avec un peu d'essence de citron, et en le faisant dissoudre dans l'eau. Pour rendre une limonade gazeuse, on y introduit de l'acide carbonique. — La limonade est rafraîchissante, et s'emploie en médecine dans une foule de cas.

LIMONADIER, celui qui tient un café, qui y fait faire et y vend de la limonade, de l'orgeat, des liqueurs, du café, du chocolat, etc.

LIMONELLIER ou LIMONIE, genre de plantes de la famille des hespéridées, qui renferme des arbustes des Indes orientales, à feuilles simples, trifoliées ou pinnées, à fleurs blanches ou roses et odoriférantes, aux fruits rouges ou jaunes de la grosseur d'une cerise. On prépare avec ce fruit des confitures sèches et liquides et des boissons rafraîchissantes.

LIMONIER, arbre du genre oranger, plus élevé que le cédratier. Sa tige droite, revêtue d'une écorce grisâtre, se divise en branches flexibles et longues, d'un vert jaunâtre et hérissées de longues épines. Les feuilles sont ovales, lisses, pointues et dentées. Les fleurs sont rouges et blanches. Les fruits appelés *limons* sont ovoïdes, à peau jaune, mince, lisse, aromatique, à écorce peu épaisse, blanche et coriace. On en fait le *sirop de limon*. La variété de limonier la plus connue est le *bergamotier*, qui donne le fruit appelé *bergamote*.

LIMONITE (*fer hydraté*, etc.), substance brune ou jaune, mais dont la poussière est toujours jaune. C'est la substance la plus répandue sur le globe. On en connaît plusieurs espèces ; les plus communes sont les *aétites* et l'*ocre*.

LIMOSINAGE (archit.), grosse maçonnerie faite de moellons, à bain de mortier, à parements bruts, dressée au cordeau. Le nom vient de ce que les Limousins exécutent ordinairement ce genre de travail grossier.

LIMOUSIN ou LIMOSIN, ancienne province de France, entre le Berri, l'Auvergne, le Quercy, le Périgord, l'Angoumois et le Poitou. La capitale était *Limoges*. Avant l'invasion romaine, elle faisait partie de la Celtique, se gouvernait par ses propres lois, et était habitée par les Gaulois *Lémovices*. Auguste l'annexa à l'Aquitaine. Cette province passa aux Visigoths en 418, et subit le sort de l'Aquitaine. En 887, les comtes de Limoges acquirent le titre de vicomtes. Au XIIe siècle, l'Aquitaine passa dans la maison d'Angleterre, et en 1275 dans celle des ducs de Bretagne. Elle appartint ensuite à celle d'Albret, et fut réunie par Henri IV à la couronne au commencement du XVIIe siècle. On divisait le Limousin en haut et bas. En 1790 le Limousin a formé le département de la Haute-Vienne et la plus grande partie de celui de la Corrèze. La superficie de cette province était de 626 lieues carrées. Le seigle et le blé sarrasin sont les principales productions du pays, ainsi que le châtaigner et les châtaigniers. La vigne et le froment n'y réussissent pas. Ce pays renferme de très-belles mines.

LIMOUX, chef-lieu d'arrondissement du département de l'Aude, sur la rive gauche de la rivière de même nom, à 7 lieues et demie de Carcassonne. Population, 6,518 habitants. Limoux est situé au milieu d'un vallon fertile, entouré de coteaux couverts de vignes. Cette ville est bien bâtie et bien percée. Elle possède une vaste église paroissiale, plusieurs fontaines, deux halles, un hospice, un théâtre, un tribunal de première instance et de commerce, une école chrétienne et un collège. Elle commerce en vins rouges secs, légers, d'une belle couleur et d'un bouquet agréable, en vins blancs très-estimés, connus sous le nom de *blanquette de Limoux*, draps, grains, etc. Près de Limoux, sur une petite colline baignée par l'Aude se trouve la chapelle de *Notre-Dame de Limoux*, visitée par de nombreux pèlerins.

LIMPOURG, seigneurie de Bavière, dans le cercle d'Iaxt, traversée par la rivière de Kocher. Cette seigneurie a 6 lieues de long sur 3 de large.

LIMUS, espèce d'habillement bordé en bas d'une frange de pourpre, dont les prêtres des anciens se servaient dans les sacrifices. Il prenait au milieu du corps et descendait jusqu'aux pieds, laissant le reste du corps à nu.

LIN, genre de végétaux dicotylédones, de la famille des linacées. Ces plantes sont herbacées, annuelles ou vivaces. Le *lin commun* croît naturellement dans les champs, et était connu des anciens. Sa tige est droite, garnie de feuilles éparses, lancéolées, et ses fleurs sont bleues et petites. Le *lin d'été* ou *petit lin* est le meilleur, et fournit les plus belles toiles et le meilleur fil pour la dentelle. Il est délié, fin et soyeux. Quand les tiges prennent une teinte voisine de la couleur du citron, on les déracine, on les fait sécher, on en extrait la graine, on en bat la tige pour obtenir une filasse douce et moelleuse. Le lin est beaucoup en médecine, où ses semences, très-mucilagineuses, sont employées comme émollientes. Ces semences fournissent une huile très-bonne à brûler.

LIN. On nomme vulgairement *lin aquatique* plusieurs espèces de conferves; *lin d'Amérique*, l'agave; *lin fossile* ou *lin incombustible*, l'amiante; *lin de la Nouvelle-Zélande*, le phormion tenace; *lin de lièvre* ou *maudit*, la cuscute; *lin de marais*, la linaigrette; *lin de mer*, plusieurs fucus ou conferves; *lin étoilé*, la lysimachie; *lin sauvage*, la linaire et le *muflier pelisserien*.

LIN (Saint), deuxième pape, fut le coadjuteur de saint Pierre, selon quelques auteurs, l'an 55, et lui succéda l'an 66. On ne sait rien de certain sur sa vie ni sur le genre de sa mort.

LINACÉES ou LINÉES, famille de plantes herbacées, annuelles ou vivaces, ou de sous-arbrisseaux à feuilles alternes, à fleurs toujours au sommet des tiges ou des rameaux, remarquables par la grandeur et les couleurs de leurs corolles. Ces corolles ont cinq pétales. Le fruit est une capsule globuleuse, souvent terminée en pointe, et renfermant des graines charnues, fines, luisantes. Le *lin* est le type de cette famille.

LINAIGRETTE, genre de plantes de la famille des cypéroïdes. Les linaigrettes naissent dans les prés humides. Leurs fruits sont des espèces d'épis très-remarquables par les poils longs et soyeux qui les entourent.

LINAIRE, genre de plantes de la famille des scrofulariées. Elle sont herbacées, rarement ligneuses, à feuilles de disposition très-variable sur la tige, aux fleurs le plus souvent terminées en grappes. Ces plantes, qui habitent les contrées montagneuses de l'Europe et le nord de l'Amérique, entrent dans nos jardins d'agrément à cause de la beauté de leurs fleurs, qui sont d'un jaune brillant.

LINÇOIR, pièce de bois, qui dans un plancher, a la même fonction que les lambourdes, mais est isolée des murs. Les linçoirs sont assemblés à tenon et mortaise près des murs, et vers le bout de deux fortes solives, et reçoivent elles-mêmes les bouts des autres solives, dont elle diminuent la portée. On n'use de ce mode d'assemblage que lorsque les planchers sont destinés à porter de fortes charges. Chaque linçoir sert d'appui à trois ou quatre solives.

LINCOLN, comté d'Angleterre entre ceux de Rutland, d'Yorck, de Nottingham, de Leicester et le nord d'Allemagne. Sa superficie est de 890,000 hectares, et sa population de 260,000 âmes. Il est divisé en trois parties, le Lindsey au N., le Kesteten à l'O., le Holland à l'E. Ce comté produit des chevaux excellents, du gibier et du blé en abondance. Sa capitale est *Lincoln* sur la Witham, à 45 lieues de Londres. Elle envoie deux députés au parlement. — *Lincoln* est le nom, 1º d'un comté du Tennessée (population, 6,105 âmes; chef-lieu, *Fayetteville*); 2º d'un comté du Maine (70 lieues sur 18; 43,000 âmes; chef-lieu, *Wiscasset*); 3º d'un comté de la Caroline du Nord (chef-lieu, *Lincolntown*); 4º d'un comté du Kentucky (chef-lieu, *Stanford*); 5º d'un comté de Géorgie (4,555 âmes; chef-lieu, *Lincolntown*); 6º d'un comté du Missouri (Etats-Unis).

LINDAU, ville autrefois libre et impériale de Souabe, sur des petites îles du lac de Constance. Elle est grande et très-commerçante, et renferme 5,701 âmes. Les fruits qui naissent dans le voisinage de cette ville sont très-estimés. Le commerce y est très-florissant en laines, plumes, fer et étoffes, etc. L'on y bat monnaie. Lindau appartient à la Bavière. — Lindau est aussi le nom d'un bailliage dans la principauté d'Anhalt.

LINDET (J.-B.-Robert), avocat de Bernai (Eure) et procureur syndic de cette ville. Nommé député de l'Eure à l'assemblée législative et plus tard à la convention, il se déclara contre les girondins, et vota la mort de Louis XVI sans sursis. Il fut membre du comité de salut public en 1793, et se conduisit avec beaucoup de modération. Il resta neutre dans la journée du 9 thermidor. Après les journées de prairial, il fut arrêté, puis amnistié. Impliqué dans la conjuration Babœuf (nov.), il fut condamné par coutumace, et acquitté en 1798. Il accepta le ministère des finances, dont il fut privé par suite de la révolution du 18 brumaire (1799), et se retira de la scène politique. Lindet est mort en 1825.

LINDRE, nom d'un étang du département de la Meurthe, dans l'arrondissement de Château-Salins, près de Dieuze et de Marsal. Sa superficie est de 622 hectares. La rivière de la Seille y prend sa source. L'étang de Lindre produit annuellement 3,000 quintaux de poisson.

LINDSEY (Théophile), ministre de l'Eglise anglicane, né à Middlewhich (Chestershire) en 1723. Des études brillantes et les mœurs pures lui firent obtenir son admission dans l'état ecclésiastique, et des bénéfices dans les comtés d'Yorck, de Dorset et de Catterick (Yorckshire); mais il résigna ce dernier bénéfice en 1774, alléguant que sa conscience répugnait à croire les trente-neuf articles de la confession de foi anglicane. Il se rendit à Londres, et y fonda la secte religieuse des unitariens, et établissait sa croyance sur un Dieu unique, en admettant les réformes introduites par Clarke dans la liturgie de l'Eglise anglicane. Lindsey exerça son ministère pendant vingt ans dans une chapelle particulière, et mourut en 1808, léguant sa fortune aux indigents.

LINÉAIRE, nom donné aux équations du premier degré, parce que l'inconnue n'y est élevée qu'à la première puissance; l'on nomme quantités linéaires celles qui sont élevées à la première puissance. — Les pathologistes nomment *linéaires* les fractures qui sont fort étroites, et dans lesquelles les fragments sont à peine séparés. — En zoologie et en botanique, ce nom se donne à tout ce qui a l'étendue, l'aspect d'une ligne.

LINGARD, nom donné, dans les manufactures, au fil de chaîne empesé qui sert à raccommoder ceux qui se rompent dans le travail.

LINGEN, comté d'Allemagne, partagé entre la Prusse et le Hanovre. Ce comté avait 6 lieues de long sur 4 et demie de large. Aujourd'hui le Lingen est un canton qui renferme 12,162 habitants. La capitale est *Lingen*, sur l'Ems, à 15 lieues de Munster. Sa population est de 1,800 âmes. Lingen renferme plusieurs manufactures.

LINGONES, peuples de la Lyonnaise première, firent d'abord partie de la Gaule belgique. Leur capitale était *Lingones* ou *Andomaturum*, aujourd'hui Langres. Une partie de ces peuples émigrèrent en Italie, dans la Cisalpine orientale. Leur territoire était borné au S. par celui des Boïens, au N. par le Pô, et à l'E. par le golfe Adriatique.

LINGOT, barre ou morceau de métal fondu, qui n'est ni monnayé ni ouvragé. On a souvent altéré les lingots par des métaux à bas prix, tels que le plomb, le zinc, etc. La dénomination de lingots s'applique plus particulièrement à l'or ou à l'argent. — En termes de chasse, un *lingot* est un petit morceau de fer ou de plomb, de forme cylindrique, dont on charge souvent le fusil.

LINGOTIÈRE, moule de forme ordinairement prismatique, dans lequel on coule les métaux fondus pour les réduire en lingots. Ces moules sont de fonte ou de fer.

LINGUAL, tout ce qui a rapport à la langue.

LINGUET (Simon-Nicolas-Henri), avocat et publiciste, né à Reims en 1736. Encore jeune, il publia une parodie d'*Hypermnestre* (tragédie de Lemierre), les *Femmes-Filles*, une *Histoire du siècle d'Alexandre*, celle *des révolutions de l'empire romain*, et celle du XVIe siècle. Il créa un *Journal politique et littéraire*, et se fit rayer du tableau des avocats. Enfermé deux ans à la Bastille, il voyagea ensuite en Suisse et en Angleterre, publia à Bruxelles les *Annales politiques et littéraires*. Revenu en France lors de la révolution, Linguet osa attaquer dans ses écrits l'assemblée nationale. Arrêté à Mareuil (Seine-et-Oise), il fut décapité le 27 juin 1794.

LINGUET (mar.), pièce de bois attachée sur le tillac d'un vaisseau pour arrêter le cabestan.

LINGULE, mollusque acéphale bivalve. L'animal des lingules est ovale allongé, enveloppé d'un manteau ouvert dans toute sa moitié antérieure. Il est verdâtre et grossièrement semblable pour la forme à un bec de canard. La lingule vit près de la surface des eaux, fixée aux rochers ou sur le sable. Sa chair est recherchée comme aliment.

LINIMENT, nom donné aux médicaments onctueux, contenant ordinairement de l'huile comme base principale, et que l'on emploie à l'extérieur sous forme de frictions pour les maladies nerveuses et surtout les rhumatismes. On connaît un grand nombre de liniments.

LINKOEPING, gouvernement de Suède, formé de l'ancienne province d'Ostrogothie. Ce pays est le plus beau et le plus pittoresque de la Suède. Il renferme plusieurs villes remarquables, et est surtout devenu important depuis qu'il est traversé par le canal de Gothie, destiné à mettre en communication la mer Baltique et la mer du Nord. Le chef-lieu est *Linkœping*, ville de 4,000 habitants, une des plus anciennes de Suède. Elle possède une église cathédrale, qui ne cède en beauté qu'à celle d'Upsal, un collège, une bibliothèque et un musée d'antiquités et d'histoire naturelle. Le gouvernement de Linkœping fait un grand commerce en céréales, fer, draps, cuirs, papiers, etc. Sa superficie est de 328 lieues carrées, et sa population de 192,280 habitants.

LINLITH-GOW ou WESTLOTHIAN, comté d'Ecosse, entre ceux d'Edimbourg, de Stirling, de Lanark et le golfe de Forth. La terre y est fertile en blé, fruits, légumes et pâturages. Il y a des mines de charbon de terre, de sel et de pierres à chaux. Ce comté a 5 lieues de long sur 3 de large. — La capitale est *Linlith-Gow*, à 5 lieues d'Edimbourg. Cette ville commerce en toiles, lin, cuirs tannés, etc. C'est la patrie de Marie Stuart.

LINNÉ ou LINNÆUS (Charles VON), né à Rœshult (Suède) en 1707, se livra dans sa jeunesse avec tant d'ardeur à la passion des fleurs qu'il négligea toute autre étude. Son père, persuadé qu'il n'avait aucun goût pour les lettres, le mit en apprentissage chez un cordonnier (1724), lorsqu'un médecin obtint d'en suivre l'éducation et le recommanda à un professeur d'histoire naturelle à l'université de Lund. Bientôt Linné reçut la direction du jardin d'Upsal (1730), et l'année suivante fut envoyé en Laponie pour faire des recherches sur l'histoire naturelle. Il publia en 1732 sa *Flora Laponica* après des fatigues inouïes. Après un voyage en Angleterre, en France et en Hollande, il devint médecin de la flotte suédoise, et fonda à Stockholm une université. Ayant obtenu la chaire de botanique à l'université d'Upsal en 1741, il fit un grand nombre d'élèves, et mourut en 1778 chevalier de l'Etoile polaire. Il a laissé plusieurs ouvrages, dont les plus célèbres sont *Genera plantarum, earumque characteres naturales, Somnus plantarum, Calendarium Floræ*, et plusieurs dissertations botaniques et entomologiques. — Le système botanique de Linné repose sur les différents caractères que peuvent offrir les organes sexuels. Il divise tous les végétaux en deux grandes classes, les *phanérogames* et les *cryptogames*, c'est-à-dire ceux qui possèdent des organes sexuels et ceux qui sont dépourvus de ces organes ou ne les ont pas apparents. Parmi les fleurs phanérogames, les unes sont *hermaphrodites* et peuvent avoir des étamines en nombre déterminé ou non déterminé, égales ou inégales entre elles, réunies par leurs filets, par les anthères ou au pistil ; les autres sont *unisexuelles*.

LINNÉE, genre de plantes rampantes, à racines fibreuses, vivaces; aux tiges sous-ligneuses, filiformes, munies de quelques poils blancs; aux feuilles toujours vertes et opposées; aux fleurs blanches, penchées et velues, exhalant une odeur agréable. La linnée ne se trouve que sur les plus hautes montagnes. Elle appartient à la famille des caprifoliacées.

LINON, toile de lin très-fine et claire, dont on fait des robes et des fichus. C'est de la mousseline moins douce au toucher et moins souple, mais aussi légère et aussi blanche que la mousseline de coton. On fabrique le linon avec le fil qui sert à faire la *batiste*.

LINOTTE, petit oiseau de la famille des granivores. La *linotte commune* est tachetée de roux, de blanc et de jaunâtre, et pèse environ une once. Ces linottes habitent sur les arbres les moins élevés et s'apprivoisent facilement. Leur chant est très-agréable, et on peut leur apprendre des airs et même des paroles. On connaît un grand nombre d'espèces de linottes. Les plus connues sont la *linotte de montagne* et la *linotte-cabaret*. — *Siffler une linotte*, c'est lui apprendre à répéter des airs.

LINTEAU, pièce de bois qu'on met horizontalement au-dessus de l'ouverture d'une porte ou d'une fenêtre, et qui pose sur les pieds-droits. Elle est destinée à porter la partie du mur qui est élevée au-dessus de cette ouverture. — En fortifications, on donne ce nom à la traverse sur laquelle sont fixés les pieux d'une palissade à un pied et demi au-dessous de leur pointe supérieure.

LINTEI (LIBRI), nom donné aux livres des anciens pontifes romains, contenant les formalités à remplir dans les sacrifices. On leur donnait ce nom parce qu'ils étaient écrits sur de la toile de fil.

LINTZ, capitale de la haute Autriche, sur le Danube, à 40 lieues de Vienne. Population, 20,000 âmes. Cette ville renferme de très-beaux édifices, des manufactures estimées. Elle est forte et défendue par deux châteaux. Lintz possède un évêché.

LINUS, fils d'Apollon et de Terpsichore ou d'Uranie, et, selon d'autres, d'Ismenius, naquit à Thèbes, et inventa les vers lyriques. Il fut le maître d'Hercule, qui, disciple peu docile, lui brisa la tête d'un coup de lyre, dans un accès de fureur. — Selon d'autres, il fut tué par Apollon pour avoir appris aux hommes à substituer des cordes aux fils dont on montait auparavant les instruments.

LINYPHIE, insectes de l'ordre des pulmonaires, de la famille des arachnides, distingués par des mâchoires carrées et droites. Ces insectes ont quatre yeux au milieu de la tête, formant un trapèze, et quatre autres yeux groupés par paires. Les linyphies vivent sur les buissons, les genévriers, les pins, sur les fenêtres et les coins des murailles, et construisent une toile horizontale, dans le milieu de laquelle elles se fixent dans une position renversée. Ces araignées sont les seules qui respectent les mâles lors de l'accouplement et qui habitent avec eux sur la même toile.

LION, animal carnassier du genre chat, d'une grande force musculaire et d'une grande agilité. Le lion est d'une grande taille (cinq à neuf pieds de longueur sur trois à quatre de hauteur); son pelage est fauve. Cet animal a une belle crinière, qui couvre la plus grande partie du corps; mais la femelle en est dépourvue. Cette crinière peut se hérisser et s'agiter en tous sens. Autrefois le lion était répandu dans toutes les parties du monde, et les Romains en faisaient descendre jusqu'à six cents dans le cirque. Aujourd'hui on n'en trouve que très-peu en Asie et en Afrique, dans l'Arabie, au cap de Bonne-Espérance, dans les monts Atlas. Le lion dort le jour et sort la nuit de sa tanière. Sa vie s'étend jusqu'à quarante ans. On a beaucoup vanté la noblesse, la générosité du lion et son attachement dans la domesticité. La chasse de cet animal est très-dangereuse et ne se fait guère à force ouverte, mais par la ruse. Les nègres se garantissent la nuit de l'approche des lions en allumant des feux autour de leurs tentes. — Chez les Egyptiens et les Grecs, le lion était le symbole du soleil et du Nil.

LION (astr.), un des signes que le soleil semble parcourir pendant l'été, et qui est ainsi nommé parce que, semblable à un lion furieux, le soleil est parvenu au plus haut point de sa course apparente et darde ses plus brûlants rayons. Cet astre entre dans le signe du Lion le 23 juillet. — Le Lion est aussi le nom d'une constellation boréale qui se trouve dans le zodiaque, et connue des anciens.

LION DE NÉMÉE. Le premier travail imposé par Eurysthée à Hercule fut de tuer le lion de Némée, qui désolait l'Argolide et surtout les forêts entre Cleonœ et Nemea. Ce lion ne pouvait être blessé par aucune arme et habitait une caverne à deux issues. Hercule, en ayant fermé une, pénétra dans l'antre et étouffa le lion entre ses bras. Le héros se servit de la peau de l'animal comme d'une cuirasse. — On appelle *lion cithæronien* un lion qui dévastait le mont Cithæron, et qu'Hercule tua.

LIONDENT. Voy. PISSENLIT.

LIOUBE, nom donné à une entaille angulaire qu'on fait dans toute l'épaisseur d'une pièce de bois pour recevoir l'extrémité d'une seconde pièce qui doit lui être liée. On la nomme aussi *gueule-de-loup*.

LIPARE, genre d'insectes coléoptères, aux antennes insérées près de l'extrémité de la trompe, aux yeux très-petits, au corselet cylindrique, à la trompe grosse, à l'abdomen ovoïde et large. Ces insectes sont lourds, se trouvent à terre, et sont revêtus de sombres couleurs. Ils habitent les provinces méridionales de l'Europe.

LIPARI, groupe d'îles de la Méditerranée, au N.-E. de la Sicile, et qui paraissent être le résultat d'éruptions volcaniques. Ce groupe se compose de sept îles: *Stromboli, Panaria, Salina, Filicuri, Lipari, Alicuri* et *Vulcano*. L'île *Stromboli* renferme un volcan dont les éruptions continuelles, et qui ne dégage que des vapeurs, des gaz et des scories. Ce volcan était connu 290 ans avant l'ère chrétienne. La principale île est *Lipari*, avec une capitale de même nom, qui renferme 10,000 âmes. Ces îles produisent du bitume, du soufre, de l'alun et des pierres ponces, etc.

LIPARIE, genre d'arbustes de la famille des légumineuses, remarquable par l'élégance de leur port, la beauté de leur feuillage et la vivacité de leurs couleurs, aux feuilles lancéolées et d'un beau vert, et aux fleurs d'un jaune orangé.

LIPEZ, province du Paraguay, entre les provinces de Paria, Parco, Chicas et Caraugas. Cette province a 60 lieues de longueur sur 20 de largeur. Elle renferme de très-belles mines d'or, de cuivre et d'argent. La capitale est *Lipez*.

LIPOME, tumeur formée par un amas de graisse dans le tissu cellulaire. Les lipomes sont quelquefois dangereux.

LIPOTHYMIE, état qui consiste dans la suppression presque complète du mouvement et du sentiment, la respiration et la circulation continuant encore; elle diffère par ce dernier caractère de la syncope, dans laquelle les deux dernières fonctions sont suspendues.

LIPPE, principauté et Etat d'Allemagne. Depuis quelques années la maison de Lippe est divisée en deux branches: LIPPE-DETMOLD (subdivisée en *Lippe-Detmold, L.-Biesterfeld, L.-Weissenfeld*. Ces deux dernières ne sont pas souveraines). Capitale, *Lippstadt* sur la Lippe. Population, 3,015 âmes. Sa superficie est de 1,134 kilomètres carrés, sa population de 76,000 habitants, ses revenus de 1,267,000 francs, sa force armée de 690 hommes. — LIPPE-SCHAUMBOURG, entre le Hanovre, la Hesse et le Minden. Capitale, *Rinthel*, avec 3,000 âmes. Sa superficie est de 540 kilomètres carrés, sa population de 26,000 habitants, ses revenus sont de 556,000 francs, et sa force armée de 240 hommes. Ces principautés font partie de la confédération germanique, et ont chacune une voix à la diète.

LIPPE, rivière d'Allemagne, qui a sa source à un mille de Paderborn. Elle passe à Lippstadt, et se perd dans le Rhin près de Wesel.

LIPPSTADT, capitale de la principauté de Lippe-Delmold, sur la Lippe, à 7 lieues de Paderborn. Population, 3,015 habitants.

LIPSE (JUSTE-), célèbre philologue et polygraphe, né à Isch (Belgique) en 1547. A neuf ans, il avait composé ses *Leçons diverses*. Il accepta une chaire d'histoire et d'éloquence (de 1572 à 1574) à Iéna, et fut nommé en 1579 professeur d'histoire à l'université de Leyde. Il avait été catholique à Rome, luthérien à Iéna et calviniste à Leyde ; il reprendit catholique à Louvain, où il vint enseigner l'histoire, et mourut en 1606. Juste-Lipse a laissé quelques ouvrages, dont les plus estimés sont un *Commentaire* sur Tacite et un *Traité de la constance.*

LIPS, nom donné par les anciens au vent du sud-est divinisé. On le peint sous les traits d'un homme adulte et tenant à la main un aviron de vaisseau, comme pour indiquer les dangers de la navigation sur les côtes de l'Attique pendant qu'il règne.

LIPTAU, comitat de Hongrie, entre ceux d'Arwe, Zips, Gœmœr, Sohl, Turocz. Ce comitat a 84 lieues carrées, et renferme 63,400 habitants. Le chef-lieu est Lipcse, avec 2,288 âmes.

LIQUATION, opération métallurgique, qui consiste à séparer par la fusion un métal moins fusible d'un autre qui l'est plus. Ainsi l'on sépare par la liquation le plomb combiné avec certains minerais de cuivre.

LIQUÉFACTION, transformation d'une matière solide en liquide. On emploie surtout ce mot en parlant des métaux et des corps gras.

LIQUEURS, mot sous lequel l'on désigne les boissons que l'on obtient artificiellement de certains végétaux ou de leurs produits, et en général les liquides qui ont pour base l'eau-de-vie ou l'alcool. Ainsi l'anisette, le curaçao, etc., sont des liqueurs. — Les liqueurs sont divisées en trois classes : 1º les *eaux*, *ratafias* ou *liqueurs simples*, très-peu sucrées, d'un degré spiritueux faible et peu aromatisées (les coings, cerises, eau d'anis, etc.) ; 2º les *huiles* ou *liqueurs fines*, qui renferment une proportion plus grande de sucre et d'esprit (anisette, huile de rose, de vanille, etc.) ; 3º les *crèmes* ou *liqueurs surfines*, c'est-à-dire les liqueurs étrangères que l'on contrefait en France (curaçao, eau-de-vie de Dantzick), etc. — On nomme *vins de liqueur* ceux qui contiennent une quantité plus qu'ordinaire d'alcool, de sucre, etc. Ils sont moins pernicieux que les liqueurs composées. C'est dans les pays chauds que l'on récolte ces vins.

LIQUEUR MINÉRALE ANODINE D'HOFFMANN. Voy. HOFFMANN.

LIQUIDAMBAR, arbre résineux de la famille des amentacées, dont une espèce, le *liquidambar copal*, élevé de trente à quarante pieds, originaire de l'Amérique septentrionale et se terminant en cime pyramidale, produit le *styrax liquide* ou *liquidambar*, suc résineux, d'une couleur ambrée, agréable à l'odorat, âcre au goût. On l'obtient en assez grande quantité en pratiquant des incisions sur le tronc. Le liquidambar jouit de propriétés émollientes et détersives. On s'en servait autrefois pour parfumer les peaux et les gants. Le bois de l'arbre qui produit ce baume ne sert à aucun usage et ne vaut rien pour brûler.

LIQUIDATION (jurispr.), série d'opérations par lesquelles on détermine la valeur d'une chose à partager, et ensuite la part à délivrer à chacun des prétendants à la possession. Suivant les circonstances, cette opération, qui reste toujours la même quant au but et au résultat, varie dans ses modes d'exécution. — En commerce, c'est l'inventaire par lequel le négociant détermine le résultat favorable ou défavorable de ses opérations. — Dans une dissolution de société de commerce, c'est la vérification exacte des droits et des dettes de la société, et la répartition de ces droits et de ces dettes entre les associés.

LIQUIDES, substances matérielles dont les molécules jouissent d'une grande mobilité, qui se meuvent indépendamment les unes des autres, qui cèdent à la plus légère pression, et qui sont à peine ou qui ne sont point compressibles. Plusieurs substances solides peuvent être amenées par la fusion à l'état liquide, et celles qui sont gazeuses sont amenées à cet état par l'abaissement de température. — En médecine, les liquides sont le sang, la bile, les urines, etc. — En termes de finance, *liquide* indique ce qui ne peut plus donner lieu à des contestations.

LIRA ou LIRE, monnaie d'argent usitée en Italie, dans l'archiduché de Parme. Elle vaut 1 franc de France. On se sert aussi des pièces de 5 *lires*, qui valent 5 francs; de 2 *lires*, qui valent 2 francs; de *demi-lire* et *quart de lire*, qui valent 50 centimes et 25 centimes. Toutes ces pièces sont en argent. Il y en a en or qui valent 40 ou 20 *lires*, c'est-à-dire 40 ou 20 francs.

LIS, genre et type de la famille des liliacées. Le lis est une plante sans calice ni corolle, et n'ayant qu'une seule enveloppe florale colorée et nommée *périanthe*, à six pièces. Le genre lis comprend plusieurs espèces, qu'on reconnaît surtout à leur bulbe, qui est formé d'écailles charnues et imbriquées les unes sur les autres. Leur tige, qui s'élève de cinq à six pieds, est cylindrique, chargée de feuilles étroites et linéaires. Elle supporte un bouquet ou épi de fleurs très-grandes, dressées ou renversées, blanches, jaunes ou rouges. La plus belle espèce est le *lis blanc*, originaire du Levant, cultivé partout à cause de la beauté de ses fleurs. La poésie en a fait l'emblème de l'innocence, la fable en fait naître du lait de Junon, et l'art héraldique en a fait le symbole de la France. La médecine emploie aussi l'infusum de ses fleurs dans l'huile d'olive comme émollient et adoucissant (*huile de lis*). Son bulbe, cuit sous la cendre, est employé en médecine pour cataplasmes. Dans les Pyrénées, on attache des bouquets de lis, bénits le jour de Saint-Jean-Baptiste, au haut des portes des maisons jusqu'à l'année suivante.

LIS. On a étendu ce nom à des plantes qui souvent n'offrent aucun trait de ressemblance avec les espèces de ce genre. Ainsi on nomme *lis asphodèle* l'hémerocalle; *lis épineux*, le catesbec; *lis d'étang*, le nénuphar blanc; *lis des Incas*, l'alstroémérie; *lis jacinthe*, le scille; *lis du Japon*, l'amaryllis sarniensis, et *l'uvaire du Japon*; *lis de mai*, le muguet de mai; *lis des marais*, les iris; *lis de mathiole*, le pancrace maritime; *lis de mer*, les encrines; *lis du Mexique*, l'amaryllis belladone; *lis narcisse*, *l'amaryllis d'automne* et *le pancrace maritime*; *lis orangé*, l'hémérocalle jaune; *lis de Perse* ou *de Suze*, la fritillaire de Perse; *lis de Saint-Bruno*, le phalangère liliastre; *lis de Saint-Jacques*, l'amaryllis très-belle; *lis de Saint-Jean*, le glaïeul; *lis de Surate*, la ketmie de Surate; *lis des teinturiers*, la gaude et la *lysimachie commune*; *lis turc*, *l'ixie de la Chine*; *lis des vallées*, le muguet; *lis vermeil*, l'hémérocalle; *lis vert*, le colchique d'automne.

LIS (ORDRE DE NOTRE-DAME DU), ordre militaire fondé par Garcias III, roi de Navarre, en 1048. Ce roi étant atteint d'une maladie dangereuse. Une image miraculeuse d'une madone fut trouvée dans le calice d'un lis, et cette image, dit-on, guérit le prince. Telle fut l'origine de cet ordre, que quelques auteurs croient n'avoir pas existé.

LIS (CHEVALIERS DU), chevaliers créés par Paul III en 1548, au nombre de cinquante, pour défendre le Patrimoine de Saint-Pierre contre les Turks. Ces chevaliers, qui furent augmentés dans la suite jusqu'au nombre de trois cent cinquante, portaient une médaille d'or sur laquelle il y avait d'un côté une image de la Vierge et de l'autre un lis avec ces paroles : *Pauli III Pont. max. munus.*

LISBONNE (autrefois *Olisipo*), capitale de l'Estramadure portugaise et de tout le Portugal, à l'embouchure du Tage, à 156 lieues de Madrid et à 441 lieues de Paris. Population, 230,000 habitants. Cette ville importante a 2 lieues de long sur une de large. Elle renferme des nègres, des mulâtres, des créoles et un grand nombre de Galiciens qui sont comme les Auvergnats à Paris. Lisbonne fut fondée par les Romains sous le nom de *Felicitas Julia.* Prise et rasée par Ordogno III au Xᵉ siècle, elle tomba entre les mains des Maures jusqu'à Alphonse, qui la conquit (1147). Après cette époque, son histoire se rattache à celle de tout le Portugal. Lisbonne est le siège d'un archevêché. Elle renferme un arsenal, une bourse, un collège, une académie, un port de 5 lieues de long, un des meilleurs de l'Europe. Elle exporte des vins de Porto, de Lisbonne, des huiles, de la laine, du sel, etc. On y compte 40 églises paroissiales, 50 couvents, 300 chapelles et 240 maisons de commerce. Le mouvement de son port est annuellement de 17 à 1,800 vaisseaux. Lisbonne est sujette aux tremblements de terre; celui de 1755 la détruisit presque entièrement.

LISBONNINE, monnaie d'or de Portugal. Il y a la *lisbonnine* de 4,800 reis ou *moeda douro*, qui vaut 33 francs 96 centimes de France; la *demi-lisbonnine* de 2,400 reis ou *meia moeda*, qui vaut 16 francs 98 centimes; et le *quart de lisbonnine*, de 1,200 reis ou *quartinho*, qui vaut 8 francs 49 centimes.

LISÉRÉ, espèce de cordonnet d'étoffe, de soie, d'or ou d'argent, que l'on met sur la couture des habits ou sur une étoffe, en suivant le contour du dessin pour mieux le faire ressortir.

LISEROLLE, genre de la famille des convolvulacées, très-voisin du liseron, et qui se compose d'herbes basses, étalées, rameuses, portant des feuilles alternes et entières, et des fleurs blanches ou bleues. Ces plantes, originaires des contrées méridionales de l'Asie et de l'Amérique, ne sont pas cultivées en France.

LISERON, genre principal et type de la famille des convolvulacées, composé de près de trois cent cinquante espèces qui croissent dans toutes les parties du globe. Les liserons naissent d'une racine tubéreuse ou charnue; leur tige rampe sur le sol ou se roule autour des plantes voisines, ou enfin forme de médiocres arbrisseaux. Leurs feuilles sont alternes et pétiolées, et leurs fleurs sont grandes et colorées; la racine est un aliment sain et agréable. Les liserons fournissent à la médecine le jalap, la scammonée, etc. Les espèces les plus connues sont le *liseron des champs*, aux fleurs blanches ou roses, et le *liseron à balais*, des îles Canaries, dont le tronc exhale une bonne odeur de rose.

LISEUR, ouvrier qui dans les fabriques de tissus ouvrés, brochés ou damassés, lit les dessins et les imite sur les étoffes par l'enlacement des fils de la chaîne et de la trame.

LISIÈRES, bords d'une pièce d'étoffe, ordinairement d'une couleur différente. Les fils de la chaîne destinés à former les lisières ne sont pas ourdis en même temps que la pièce; ils sont ajoutés après coup et tendus par des poids particuliers. Du reste ils font partie du tissu.

LISIEUX (*Noviomagus Lexoviorum*), ville très-ancienne de France, chef-lieu d'arrondissement du département du Calvados, à 11 lieues et demie de Caen, sur la Toucques. Population, 10,957 âmes. Cette ville fut longtemps victime des incursions des Saxons, des Bretons, des Normands, des Anglais, et ne fut définitivement à la France que sous Henri IV (1588). Lisieux était une place forte et une ville épiscopale, dont l'évêque prenait le titre de comte. Lisieux possède un tribunal de première instance et de commerce, une école secondaire ecclésiastique et un collége. Elle commerce en blé, fruits, chanvre, lin, bestiaux, etc. Son évêché a été transféré à Bayeux.

LISSES ou LICES, nom donné aux pièces mobiles d'un métier à tisser, au moyen desquelles et des pédales on fait ouvrir les fils de la chaîne d'un tissu quelconque pour passer la navette et par conséquent le fil de la trame. Les lisses ordinaires sont formées de deux tringles ou liteaux en bois, disposés parallèlement entre eux, d'une longueur égale à la largeur des tissus qu'on veut fabriquer.

LISSES (mar.), nom donné à de longues pièces de bois que l'on met en divers endroits sur le bout des membres des côtés d'un vaisseau. Elles portent divers noms, suivant la partie du vaisseau où elles sont placées. Ainsi la *lisse de vibord* est une ceinture qui entoure le vaisseau dans sa partie supérieure. Les *lisses d'appui* sont les *garde-fous*. — Les petites lisses se nomment *listcaux*.

LISSEUR, ouvrier dont l'occupation consiste à unir ou à polir la surface d'une étoffe ou d'un papier, pour la rendre brillante. C'est le dernier apprêt que l'on donne à ces substances avant de les livrer au commerce. Le *lissoir* est l'instrument dont le lisseur se sert pour exécuter l'opération appelée *lissage*. On se sert, dans les arts, de plusieurs espèces de *lissoirs*.

LISTEL, ceinture, moulure carrée ou bande étroite que l'on dispose comme ornement sur les colonnes et sur les autres parties d'un bâtiment. C'est aussi le nom de l'espace plein qui est entre les cannelures des colonnes, et qu'on appelle aussi *filet* ou *carré*.

LIT, meuble disposé pour le repos de l'homme. Il se compose d'un châlit ou bois de lit, d'un fond sanglé, d'une paillasse, d'un *lit* de plume, d'un ou deux matelas, d'un traversin, d'une paire de draps, d'une couverture, etc. Il est quelquefois entouré de rideaux. On fait des bois de lit avec toute sorte de bois. Les empereurs romains poussèrent même le luxe si loin, que l'on vit des lits en ivoire et même en argent et en or massif. — Un *lit de sangle* est un pliant ayant un fond sanglé ou de serge, sur lequel on jette un matelas. Chez les anciens, les lits étaient très-élevés. Le *lit nuptial* était placé vis-à-vis de la porte, et était l'objet d'un grand respect ; les Grecs et les Romains mangeaient sur des lits étroits et peu élevés, placés autour de la table. Ces lits tenaient un certain ordre. Le lit du milieu était considéré comme la place la plus honorable ; venait ensuite celui de gauche ; celui de droite ou du bas bout de la table était occupé par le maître de maison. — Un *lit* est aussi le canal dans lequel coule un fleuve, une rivière, etc. — On nomme encore ainsi une couche d'une chose étendue sur une autre. — Le lit du vent, en marine, est la ligne suivant laquelle il souffle.

LIT DE JUSTICE, nom donné au trône ou siége sur lequel le roi se plaçait lors des séances solennelles du parlement. Cinq coussins garnissaient ce lit recouvert d'un dais ; le roi s'asseyait sur l'un, posait ses pieds et ses bras sur trois autres ; le cinquième lui servait de dossier. Ce mot s'étendit ensuite aux séances elles-mêmes. Les lits de justice datent de Philippe le Long (1318). Dans ces occasions tous les grands officiers du parlement étaient en robes rouges.

LITAGE, nom donné dans les manufactures de draps à une opération qui consiste à appliquer au bord de la lisière une forte corde cousue avec de la ficelle, à l'endroit et à l'envers, afin qu'il reste un cordon blanc qui règne le long de la lisière.

LITANIES, prières publiques accompagnées de jeûne et de processions, destinées à apaiser la colère de Dieu, à détourner un fléau, à demander une grâce, etc. — Les *litanies* signifient aussi les prières et les processions que l'on fait pendant les trois jours qui précèdent l'Ascension, et qui furent établies en 470, à Vienne, pour la première fois. Dans ces cérémonies, on adresse des prières à chacun des saints afin qu'ils invoquent Dieu pour nous. Ces prières s'appellent *litanies des saints*. On en a depuis composé d'autres, comme celles du saint nom de Jésus, de Marie, etc.

LITCHFIELD, comté du Connecticut entre les Massachussets, Hartford, New-Haven, Fairfield et New-Yorck. Population, 41,375 âmes ; la capitale est *Litchfield*, à 10 lieues de Hartford. Population, 830 âmes. Elle renferme une académie, des forges, etc.

LIT-CHI, arbre fruitier de la Chine, de la famille des sapindées, qui s'élève de trente-six à quarante pieds. Ses branches s'étendent horizontalement, et ont l'écorce ponctuée. Le lit-chi a un beau feuillage, des fleurs blanchâtres ; il produit un drupe d'un rouge ponceau, revêtu d'une peau chagrinée, sous laquelle on trouve une pulpe aqueuse, molle, d'un parfum exquis, approchant de celui de la fraise. Ce fruit est de la grosseur d'une prune abricotée. Les Chinois estiment beaucoup le lit-chi.

LITEAU, petite tringle de bois couchée horizontalement au-dessus ou au-dessous d'autres pièces. — On donne aussi ce nom aux raies colorées qui traversent les toiles d'une lisière à l'autre.

LITES, nom grec sous lequel les anciens honoraient les *prières* déifiées.

LITHARGE, protoxyde de plomb solide et jaune quand il est sec, blanc quand il est à l'état d'hydrate et humide. Il entre facilement en fusion, et est indécomposable par la chaleur. Il cristallise en lames jaunes par le refroidissement, et passe, à une chaleur peu élevée, à un degré d'oxydation supérieure. Il n'existe dans la nature que combiné avec les acides. La litharge s'obtient, dans la coupellation en grand, du plomb ; opération dont le but est de séparer le plomb de l'argent qu'il peut renfermer. L'argent demeure dans la coupelle, tandis que le plomb oxydé et fondu est chassé de celle-ci par le vent des soufflets qu'on emploie pour faciliter l'oxydation du plomb. On distingue la *litharge d'argent* et celle *d'or*. La première est blanchâtre, et la deuxième rougeâtre. La *litharge marchande* est celle qui est en écailles brillantes et isolées ; et la *fraîche*, celle qui est en masse et sous forme de stalactites. — Les potiers forment avec la litharge la couverte de leurs poteries quand ils veulent leur donner une couleur bronzée. On s'en sert pour augmenter la propriété siccative des huiles, et on la fait entrer en grande proportion dans les emplâtres. On prépare l'extrait de saturne en faisant bouillir du vinaigre avec un excès de litharge. La litharge sert à la confection du blanc de plomb ou *céruse*, du jaune de Naples, de l'acétate de plomb, etc. La litharge se distingue du massicot en ce qu'elle a éprouvé une demi-vitrification.

LITHINE ou OXYDE DE LITHIUM, substance blanche, très-caustique, inodore. Elle verdit le sirop de violette, et, combinée avec les acides, elle forme des sels neutres. Elle a une grande tendance à attaquer le platine, et peut servir à reconnaître les traces de ce minéral.

LITHIUM, métal terreux, qui n'existe dans la nature qu'à l'état d'oxyde, et qui n'a été encore trouvé que dans la tourmaline verte et rouge. Sa tendance à attaquer le platine par la chaleur et le contact de l'air est très-remarquable.

LITHOBIES, animaux articulés myriapodes que l'on trouve dans toute l'Europe sous les pierres, dans les endroits obscurs des jardins, ainsi que dans les bois, sous les mousses et les feuilles mortes. Ils appartiennent à la famille des scolopendres, dont on leur donne le nom vulgairement. Ils ont quinze pattes de chaque côté du corps.

LITHOGRAPHIE, art de reproduire en un grand nombre d'exemplaires les dessins et écritures tracés sur pierre. Cet art a été découvert par Aloys Senefelder, Allemand, en 1793. Son importation en France date de 1814. L'art de la lithographie consiste à tracer sur une pierre avec un corps gras les traits ou le dessin qu'on veut reproduire, à décomposer ce corps par le moyen d'un acide, afin de le rendre insoluble à l'eau, à humecter la pierre pour que l'encre ne puisse adhérer qu'aux traits ou aux points tracés sur la pierre, enfin à placer un papier qui enlève au moyen de la pression l'encre que l'on a appliquée, de manière à reproduire le dessin original. Les pierres lithographiques sont de nature chalco-argileuse et d'un gris jaunâtre.

LITHONTRIPTIQUES, nom donné aux remèdes qu'on croyait propres à dissoudre les calculs développés dans les voies urinaires. On a essayé plusieurs moyens. On a proposé d'attaquer les pierres de la vessie en portant dans cet organe un agent chimique propre à les dissoudre. On a aussi conseillé d'agir sur les pierres vésicales avec de l'eau distillée, en lavant la vessie à grande eau, au moyen d'un courant galvanique, etc.

LITHOTOMIE, opération par laquelle on extrait la pierre de la vessie.

LITHOTRITIE, division de la pierre dans la vessie au moyen d'un agent mécanique. Dans la lithotritie, on perfore la pierre ou on l'écrase par pression ou par percussion.

LITHUANIE (*Litwa*), grand-duché de Pologne, qui avait autrefois une superficie de 5,000 milles géographiques carrés. — Après avoir eu ses ducs particuliers, il fut réuni à la Pologne en 1569. En 1773, 1793, 1795, différentes parties de son territoire furent successivement réunies à la Russie, qui possède la Lithuanie, excepté une partie, qui est enclavée dans la Prusse. La Lithuanie russe forme les gouvernements de *Mohilew*, *Witepsk*, *Minsk*, *Wilna* et *Grodno*. Sa population est de 1,391,265 âmes. La Lithuanie prussienne forme un district de la régence de *Gumbinnen*. Il contient 315 milles géographiques et 400,000 âmes. Il se partage en trois cercles : *Oleskoi*, *Insterburg* et *Schenten*. — Le climat de la Lithuanie est sain et tempéré. Elle produit du blé, du chanvre, de la cire, du miel, etc., et l'éducation des bestiaux est une des principales industries des habitants.

LITIÈRE, chaise en forme de caisse de voiture, fermée de toutes parts, portée sur deux brancards flexibles par deux bêtes de somme, l'une en avant et l'autre en arrière, ou même à bras d'hommes. C'est ainsi qu'on voyage dans les pays de montagnes. — La *litière* est aussi la paille et en général les fourrages sur lesquels les chevaux, les moutons, etc., se couchent.

LITISPENDANCE, instance qui n'a pas encore été terminée par jugement. Ce mot se donne aussi pour la durée du procès, le temps consacré à l'instruction de la cause. Mais il signifie en général l'existence simultanée de deux actions entre les mêmes parties qui ont le même objet, et qui sont portées devant deux tribunaux différents.

LITRE (mesure), mesure de capacité, dans le système métrique, tant pour les liquides que pour les substances sèches. Elle est de forme cylindrique, et sa contenance est d'un décimètre cube. Pour les substances sèches, le litre a 108 millimètres et 4 dix-millimètres pour chacune de ses dimensions intérieures. Pour les liquides, il a 172 millimètres de hauteur et 86 de diamètre. On le divise en *décilitres* ou dixièmes de litre, *centilitres*, etc. Ses multiples sont le *décalitre*, qui vaut dix litres ; l'*hectolitre*, l'être ; etc.

LITRE, ceinture funèbre que l'on tend autour d'une église aux obsèques des princes, des grands, etc., et sur laquelle sont appliquées les armoiries du défunt. — Le droit de *litre* était le droit qu'avaient les seigneurs, patrons, fondateurs et les seigneurs hauts justiciers, de faire peindre leurs armoiries au dedans ou au dehors des églises et des chapelles.

LITRON, ancienne mesure de capacité pour les grains. Sa contenance était de 40 pouces cubes, et il en fallait 16 pour faire un boisseau. Cette mesure n'est plus en usage.

LITTÉRAL (CALCUL). Voy. ALGÈBRE.

LITTORAL, nom donné au bord des côtes baigné par les eaux d'une mer, d'un fleuve, d'un cours d'eau. — On donne aussi ce nom à la lisière des côtes de la mer Adriatique, qui s'étend de Porto-Ré à la Dalmatie. Sa longueur est de 25 lieues environ, et sa population de 19,950 habitants. Elle fait partie de l'Illyrie et de la Croatie.

LITURGIE, culte rendu publiquement à la Divinité. Dans les livres de l'Ancien Testament, ce mot est mis pour le culte que les prêtres et les lévites rendaient au Seigneur dans le temple. Il est consacré dans l'Eglise pour signifier en général l'office divin et plus particulièrement l'office de la messe, c'est-à-dire l'ordre ou la forme des prières et les cérémonies de la messe. Les liturgies n'ont été écrites qu'au V siècle. En Occident, on en admet quatre : celles de Rome, de Milan (*ambroisienne*), des Gaules (*gallicane*), de l'Espagne (*mozarabique*). En Orient, on en reconnaît plusieurs, dont les plus remarquables sont celles des *Cophtes*, des *Syriens*, des *Nestoriens* et *Arméniens* et des *deux Grecques*. — On nomme *liturgistes* les auteurs qui traitent des différentes manières de célébrer l'office divin, dans chaque temps, chaque pays et chaque Eglise.

LITUUS, bâton que les augures et les aruspices tenaient à la main. Il était recourbé par le bout. Lorsque les augures voulaient faire leurs observations, ils divisaient le ciel en quatre régions à l'aide du lituus (voy. AUGURES), et traçaient des cercles à terre.

LIURE, câble d'une charrette qui sert à lier les fardeaux dont on la charge. — En termes de marine, il se dit de plusieurs tours de cordes qui lient deux objets ensemble ; et en charpenterie, des pièces de bois courbes par un bout, destinées à élever les bords d'un bateau.

LIVADIE (*Hellade* ou *Grèce propre*), province de la Grèce entre le golfe de Lépante et l'Archipel. Sa superficie est de 380 lieues carrées. Elle a été formée des anciens royaumes d'Etolie, de Locride, Phocide, Doride, Béotie, Mégare et Attique. Ce pays est montagneux, et produit des olives, des vins, des oranges, etc. Cette province renferme les ruines de plusieurs villes célèbres. — La capitale est *Livadie*, capitale de l'ancienne Béotie, à 26 lieues d'Athènes.

LIVARDE, nom donné, en marine, à une perche longue et légère, qui sert à élever une voile quadrangulaire, et à la tendre en l'écartant par le haut. Elle fait la diagonale sur la voile, et est peu en usage de nos jours. — Dans les corderies, la *livarde* est un bout de cordage mou, un morceau d'étoupe avec lequel on frotte un fil ou un cordage pour en rendre la surface plus unie.

LIVÈCHE, plante indigène de la famille des ombellifères, nommée aussi *ache de montagne*. Ses racines et ses semences sont stimulantes et diurétiques.

LIVERPOOL, ville d'Angleterre dans le comté de Lancastre, à 50 lieues de Londres. Population, 230,000 âmes Liverpool fait un très-grand commerce avec les colonies anglaises, l'Irlande, les Indes, la Chine, etc. L'histoire de cette ville n'est pas bien connue ; elle n'est citée dans l'histoire que depuis 1561. Liverpool renferme un grand nombre d'établissements philanthropiques et artistiques. Il possède un port très-beau et très-commode.

LIVIE, genre d'insectes hémiptères. La *livie des joncs* est longue d'une ligne. Son corps est court, glabre et pointillé, les antennes sont de la longueur des deux tiers du corps, rouges et noires. Tout le corps est rougeâtre. Les femelles déposent les œufs dans les fleurs des joncs, et y causent des extravasions de la sève. Ces insectes sont essentiellement sauteurs.

LIVIE DRUSILLE, célèbre dame romaine, épousa Tiberius Claudius Néron, dont elle eut l'empereur Tibère et Drusus Germanicus. Auguste, l'ayant vue lorsqu'elle accompagnait son mari dans sa fuite, en devint épris. Il répudia Scribonia, et épousa Livie, du consentement des augures. Livie profita de l'amour de l'empereur pour le dominer et lui faire adopter les enfants de son premier lit ; elle fit encore périr tous ceux d'Auguste pour assurer l'empire à Tibère, et fut même accusée d'avoir em-

poisonné son deuxième époux. Tibère n'eut que de la haine pour sa mère, qui mourut l'an 29 de J.-C. à quatre-vingt-six ans. Tibère défendit de rendre des honneurs funèbres à sa mémoire.

LIVIUS SALINATOR (Marcus), Romain célèbre, fut consul 219 et 207 ans avant J.-C. Dans son premier consulat, il fit avec succès la guerre en Illyrie ; dans le deuxième, il eut pour collègue son ennemi personnel Claudius Néron. L'intérêt de la république réunit les deux consuls. Ils marchèrent ensemble contre Asdrubal, et se couvrirent de gloire dans plusieurs combats. Nommé censeur trois ans après son deuxième consulat, il créa un impôt sur le sel, ce qui lui fit donner le nom de *Salinator*. On ignore ce qu'il devint ensuite, ainsi que l'année de sa mort.

LIVONIE, gouvernement russe situé sur les bords de la Baltique, entre les gouvernements de Saint-Pétersbourg, de Pskov, Witepsk et la Courlande. Sa superficie est de 2,940 lieues carrées, et sa population de 754,000 habitants. La capitale de la Livonie est *Riga*. Ce pays n'est connu dans l'histoire que depuis 1158. Au XIIe siècle, Canut VI, roi de Danemarck, s'en empara. Son successeur la transmit à l'ordre Teutonique, qui la conserva jusqu'en 1561 qu'elle fut réunie à la Pologne. La Suède, la Russie et la Pologne se disputèrent avec un très-grand acharnement la Livonie(1561 à 1660). Enfin le traité d'Oliva la donna à la Suède. En 1721, la Russie acquit la Livonie, et l'a toujours conservée. Ce gouvernement commerce en bois, résine, chanvre et lin.

LIVOURNE (*Livorno*), ville commerçante d'Italie, avec un port franc sur la Méditerranée, dans le grand-duché de Toscane, à 58 lieues de Rome et à 22 de Florence. Population, 70,000 âmes, dont 20,000 Juifs. La ville renferme de vastes magasins de sel, de tabac et d'huile ; des fabriques de corail, qui produisent annuellement 104,000,000 de francs, des tanneries, des papeteries, etc. Livourne est la ville la plus importante d'Italie pour son commerce.

LIVOURNINE, monnaie d'argent usitée en Toscane. On la nomme encore *piastre à la rose*, *francescone* ou *écu de 10 paoli*, *talaro* et *léopoldine*. Elle vaut 5 francs 61 centimes de France.

LIVRADAIS, ancienne subdivision de la basse Auvergne, dont *Ambert* (Puy-de-Dôme) était le chef-lieu. Ce petit pays se composait presque uniquement de la vallée dans laquelle Ambert est situé.

LIVRAISON. En jurisprudence commerciale, ce mot exprime la remise, la tradition, la délivrance que le débiteur d'une marchandise et à plus forte raison, d'une chose quelconque, en fait au créancier de cette chose. Il est important de connaître le temps et le lieu auxquels la livraison d'une chose due doit être faite. — Le mot *livraison* signifie, en librairie, chaque partie d'un livre ou d'un ouvrage qui est publiée à des époques plus ou moins rapprochées les unes des autres.

LIVRE, ouvrage en prose ou en vers destiné à être communiqué au public et parvenir à la postérité. Chez les anciens, on écrivit d'abord sur les blocs de pierre et de marbre ; bientôt à ces blocs informes succédèrent des lames de plomb, de cuivre, etc., l'écorce des arbres (*liber*), les tablettes de cire, des feuilles de palmier, le papyrus, etc. Le plus souvent on préparait des peaux de bêtes ; on écrivait d'un côté seulement, et on roulait ces peaux autour d'un cylindre (*umbilicus*). Les livres prirent leur forme carrée après l'invention du parchemin. Avant l'invention de l'imprimerie, les libraires étaient transcrire les manuscrits, et en apportant les copies aux députés de la faculté pour les approuver. Les livres étaient à cause de cela très-rares, et coûtaient jusqu'à 600 écus chaque (1360). Au Xe siècle, la comtesse d'Anjou acheta un recueil d'homélies au prix de deux cents moutons, dix setiers de froment, de seigle et de millet, et trois peaux de martres. L'invention du papier

et de l'imprimerie a facilité l'extension des livres, et en a fait une très-riche branche de commerce. On divise les livres en *livres sacrés* (voy.) et *livres profanes* ; ceux-ci comprennent les *livres élémentaires*, *classiques* et *spirituels*. (Voy.) Les livres *classiques* sont ceux qui sont mis entre les mains des élèves des écoles ; les *élémentaires* sont destinés à donner les premières notions des arts et des sciences. — *Livre* est aussi la division d'un ouvrage, division qui admet elle-même des subdivisions en chapitres.

LIVRE, ancienne monnaie et poids de France. — La *livre poids* valait 2 marcs, ou 16 onces, ou 128 gros, ou 9,216 grains, et dans le nouveau système, 0,4895 dix-millièmes de kilogramme. — La *livre moderne* ou *livre décimale* est le kilogramme. — La *livre monnaie* ou *livre tournois* valait 20 sous, le sou 12 deniers ou 4 liards, et dans le nouveau système 0 franc 9876 dix-millièmes de franc. A Venise, la *livre* est une monnaie d'argent qui vaut 52 centimes 25 centièmes de France. — La *livre coloniale*, en usage au Sénégal, vaut 75 centimes de France.

LIVRE. Ce nom est donné chez les nations étrangères à plusieurs poids. Voici leurs rapports avec les nouvelles mesures françaises. La *livre portugaise* vaut 458 grammes 9 décigrammes. Elle se divise en 2 marcs, 16 onces, 128 drachmes et 9,216 grains. — La *livre espagnole* vaut 460 grammes, et se divise en 2 marcs et 16 onces ; l'once en 8 ochavo, 16 adarmes et 576 grains. Le quintal de 100 livres se divise en 4 arrobes. — En Angleterre, on se sert de deux livres. La *livre troy*, usitée pour les matières sèches, vaut 372 grammes 9 décigrammes, et se divise en 12 onces, l'once en 20 penny, et le penny en 24 grains. La *livre avoir-du-pois* sert pour vendre tous les objets d'une nature grossière, tels que le beurre, le fromage, la viande, tous les différents articles du commerce de l'épicerie, le blé, le pain et les métaux, excepté l'or et l'argent que l'on pèse avec la livre troy. Cette livre 453 grammes 5 décigrammes ; elle se divise en 16 onces, l'once en 16 drachmes, la drachme en 27 grains. *Livre sterling*. Voy. STERLING. — La *livre suédoise* vaut 424 grammes, et se divise en 16 onces, 32 loth et 128 quintin. 20 livres font un *lispund*, et 120 un *quintal*. — La *livre russe* vaut 409 grammes 7 décigrammes, et se divise en 32 loth et 96 solotnick. 40 livres font un *pud*, et 10 pud un *berkowitz*. — La *livre prussienne*, dite *de Cologne*, vaut 467 grammes 4 décigrammes. Elle se divise en 2 marcs, 32 loth et 128 quintin. 100 livres font un quintal ; 4,000, un last. — La *livre autrichienne* vaut 560 grammes. Elle se divise en 16 onces, 32 loth, 128 quintin et 512 pfenning. 20 livres font un stone, 100 un quintal, 275 un saum, et 400 un karch. — La *livre hollandaise* vaut 491 grammes 8 décigrammes. — Pour la LIVRE ROMAINE, voy. As.

LIVRE (GRAND-). Voy. GRAND-LIVRE.

LIVRE D'OR, registre sur lequel étaient inscrits les noms de toutes les familles nobles de Venise. Ce *livre* fut fondé en 1297 par le doge Gradenigo, pour assurer aux familles nobles le droit exclusif d'élection et d'éligibilité à toutes les magistratures ; à ces noms on ajoutait ceux de princes étrangers.

LIVRE ROUGE, registres secrets des dépenses de Louis XV et de Louis XVI. Ces registres se composent de trois volumes in-4o reliés en maroquin rouge. Le premier livre commence au 10 janvier 1750, et finit au 7 janvier 1780 ; le deuxième commence à 1760, et le troisième commence à 1773. La partie qui appartenait à Louis XVI, et qui fut publiée par l'assemblée constituante, a été réimprimée par ordre de la convention.

LIVRÉES, nom donné aux habits que le roi distribuait aux seigneurs du royaume, pendant la cour plénière aux fêtes de Noël et de Pâques. Cet usage, établi par Pepin au VIIIe siècle, fut conservé jusqu'en 1789.

Seulement, les grands officiers de la couronne recevaient les livrées en argent comptant. — Les chevaliers se présentaient au carrousel et aux tournois avec la livrée de leurs dames. C'était une écharpe de la couleur qu'elles aimaient le plus. Les chevaliers firent porter à leurs valets, qui les accompagnaient dans ces solennités, la livrée de leurs dames; de là l'usage des livrées portées par les domestiques. — En zoologie, c'est la disposition particulière des couleurs qui caractérise les jeunes animaux, parmi les mammifères ou les oiseaux, et les différencie des adultes. On a étendu ce mot à la disposition des couleurs chez les adultes.

LIVRES (comm.), nom donné aux registres sur lesquels les négociants, banquiers, marchands, inscrivent régulièrement leurs affaires. Ces *livres* sont nécessaires et indispensables pour représenter fidèlement au commerçant l'état actuel de ses opérations, de ses correspondances, de ses marchandises et de sa caisse. Ces registres sont ordonnés par la loi. Voy. GRAND-LIVRE, LIVRE-JOURNAL, INVENTAIRES, etc.

LIVRES APOCRYPHES. Les livres *apocryphes* (voy. APOCRYPHE) de l'Ancien Testament sont le livre d'Hénoch, le troisième et le quatrième d'Esdras, des Machabées, l'oraison de Manassé, le Testament des douze patriarches, le psautier de Salomon, etc. — Ceux du Nouveau Testament sont l'Épître de saint Barnabé, celle de saint Paul aux Laodicéens, plusieurs faux Evangiles et Actes des apôtres, des fausses Apocalypses, le livre d'Hermas, la lettre de Jésus-Christ à Abgare, les Epîtres de saint Paul à Sénèque, etc.

LIVRES D'ÉGLISE, livres qui servent à la célébration de l'office divin, comme les antiphonaires, missels, graduels, etc.

LIVRES SACRÉS ET CANONIQUES, nom donné aux livres que l'Eglise admet et reconnaît faire partie de l'Ecriture sainte, comme la Genèse, l'Exode, etc.

LIVRES SAPIENTIAUX, livres de la Bible qui traitent spécialement de la vertu et des moyens de l'acquérir. Ce sont les *Proverbes*, la *Sagesse*, l'*Ecclésiaste* et l'*Ecclésiastique*.

LIVRES SPIRITUELS, livres qui traitent de la vie spirituelle ou chrétienne et de ses exercices, qui expliquent la manière de les faire, leurs usages, leurs pratiques, qui portent à la contemplation et à la dévotion; tels sont les livres de prières de saint François de Salles, de sainte Thérèse, etc.

LIVRET, certificat sur papier libre, que l'on délivre aux ouvriers aussitôt qu'ils sortent d'apprentissage. Ce livret contient le nom et les prénoms de l'ouvrier, son âge, le lieu de sa naissance, son signalement, la désignation de sa profession et le nom du maître chez lequel il travaille. Les congés et son entrée chez un nouveau maître sont portés sur ces livrets et visés par les maires ou adjoints. L'ouvrier qui veut voyager fait viser son dernier congé par le maire, et fait indiquer le lieu où il veut se rendre. — Les *livrets* des militaires leur sont remis à dater du jour de leur entrée au service. Ils contiennent leurs nom, prénoms, âge, ancienne profession, domicile, lieu de naissance, signalement, désignation du corps, de la compagnie à laquelle ils appartiennent, la date des effets qui leur sont livrés. — En arithmétique, le *livret* est le nom donné à la table de Pythagore, contenant les multiplications des nombres simples l'un par l'autre jusqu'à 10.

LIXIVIATION, opération qui consiste à traiter les cendres par l'eau pour en dissoudre les parties solubles, et à filtrer ensuite le liquide que l'on emploie sous le nom de lessive.

LLANOS, nom donné dans la Colombie (Amérique du Sud) à des plaines immenses, vastes solitudes où l'herbe s'élève jusqu'à la hauteur de dix ou douze pieds, mais dépourvues le plus souvent de végétation. Dans d'autres parties de l'Amérique, on les nomme *savanes* ou *pampas*. Ces prairies désertes abondent dans la basse Guyane, dans le bassin de l'Orénoque et de l'Apuré, et dans cette partie méridionale de la Nouvelle-Grenade, qui s'étend vers le fleuve des Amazones, couvrant des contrées inconnues aux Européens. Quelques-unes sont habitées par des Indiens à demi civilisés; les autres ne sont traversées que par des caravanes. On estime à 29,000 lieues carrées le llano compris entre les fleuves de l'Orénoque et du Guaviare. Les llanos sont impraticables pendant la saison des pluies.

LLOBREGAT, rivière d'Espagne qui prend sa source dans les Pyrénées, traverse les provinces de Barcelone et de Girone, et se jette dans la Méditerranée près de Barcelone.

LO (SAINT-), sur la Vire, chef-lieu du département de la Manche, à 81 lieues de Paris. Population, 9,200 âmes. Elle renferme un collége, une bibliothèque de 2,500 volumes, plusieurs sociétés savantes, un tribunal de première instance et un tribunal de commerce. Cette ville s'appelait autrefois *Briovera* (*pont sur la Vire*). Son nom moderne lui vient d'un saint évêque de Coutances en 549. Saint-Lô fut successivement détruit (890) et rebâti (912) par les Normands qui entourèrent la ville de fortifications. En 1346, Edouard IV d'Angleterre s'empara de Saint-Lô. Cette ville eut beaucoup à souffrir des guerres de religion. Elle possède des fabriques de draps et de coutellerie.

LOANDA (SAINT-PAUL DE), ville d'Afrique, capitale du royaume d'Angola, dans la Guinée inférieure, fondée par les Portugais en 1578, et à 125 lieues de Loango. Cette ville a un bon port et est très-fortifiée. Elle sert de résidence à un gouverneur portugais. Sa population est de 18,000 âmes. Il y a un évêque. — C'est aussi le nom d'une île située devant le port de Loanda, et qui a 7 lieues de long.

LOANGO, contrée de l'Afrique occidentale dans la Guinée inférieure, le long de l'océan Atlantique. Le Loango a 30 lieues de long. Les nègres qui l'habitent s'appellent Bramas. Ils sont vigoureux et doux, mais superstitieux, et si indolents qu'ils laissent aux femmes le soin de l'agriculture. Leur costume se compose d'un tablier de drap ou de peau pour les hommes, et d'un jupon pour les femmes. La polygamie est permise. Le roi de Loango est maître absolu et despotique. Le Loango produit du riz, du maïs, du manioc, des patates et des dents d'éléphant. Les albinos y sont nombreux, et remplissent auprès du roi la fonction de nécromanciens. La capitale est *Loango* (*Banza* ou *Bouali*), avec 15,000 âmes.

LOBAIRE, ce qui a rapport aux lobes du cerveau.

LOBAU, île du Danube, à 5 lieues de Vienne. Cette ile est célèbre par le séjour des Français en 1809. C'est d'elle que le général Mouton reçut de Napoléon le titre de comte de Lobau.

LOBE (bot.), nom donné aux divisions marquées par des sinus plus ou moins profonds sur le contour d'une corolle, d'un calice, d'une feuille. Ainsi la feuille du sycomore a cinq lobes, la corolle des primevères a cinq lobes. — On donne encore le nom de *lobes* aux divisions qui apparaissent à la surface du stygmate; 2° aux parties cotylédonaires ou feuilles séminales de l'embryon.

LOBE (anat.), portion arrondie et saillante d'un viscère ou d'un organe. Le foie, le poumon, le cerveau offrent des lobes. Le lobe d'une *oreille* ou *lobule* est une éminence molle et arrondie qui termine inférieurement la circonférence de l'oreille, et que l'on perce pour suspendre les anneaux.

LOBÉLIE, genre de plantes herbacées, à feuilles entières ou découpées et à fleurs disposées en grappes ou en épi terminal, à la corolle monopétale. Ces plantes, qui se plaisent sous toutes les températures, renferment un suc laiteux, âcre, caustique et vénéneux. Ce suc est un des poisons les plus violents. — Quelques botanistes ont formé une famille particulière des *lobéliacées*, mais à tort; les lobélies doivent rester dans la famille des campanulacées.

LOBINEAU (Gui-Alexis), né à Rennes en 1666, fit profession de la règle de Saint-Benoit en 1683, et s'appliqua toute sa vie à l'étude de l'histoire. Il a laissé plusieurs ouvrages, dont les plus célèbres sont l'*Histoire de Bretagne*, l'*Histoire de Paris*, l'*Histoire des deux conquêtes de l'Espagne par les Maures*, *Histoire des saints de Bretagne*. Lobineau mourut en 1727.

LOBKOWITZ, ville de la Bohême, dans le cercle de Kaurzim, sur l'Elbe. A cette ville appartient un château, berceau des princes de Lobkowitz. Cette maison est divisée en deux lignes, dont l'aînée possède le duché de Raudnitz et plusieurs seigneuries, avec 38 milles géographiques carrés et 80,000 habitants. La seconde possède Melnik et d'autres seigneuries, en tout 10 milles géographiques carrés et 28,000 habitants.

LOBULE, diminutif de *lobe*. Dans quelques plantes dicotylédonées, l'embryon se compose de deux lobes très-inégaux. Celui qui est le plus petit et presque rudimentaire a reçu le nom de *lobule*. — En anatomie, les *lobules* du cerveau sont les éminences que présente la face inférieure des hémisphères cérébraux.

LOCAIRES, nom donné par les Romains à des officiers dont la fonction était, dans les spectacles, de placer chacun selon son rang et sa dignité.

LOCATAIRE, LOCATIF. Celui qui prend à loyer une terre, une maison ou un appartement se nomme *locataire*. Celui qui prend à loyer une terre se nomme *fermier*. Celui qui prend à loyer une maison entière se nomme *principal locataire*. Le propriétaire se nomme *locateur* quand il donne à loyer une terre, une maison, etc. — Une chose est en bon état de réparations locatives lorsqu'elle est préparée à recevoir un locataire. Les risques locatifs sont les risques encourus par le locataire vis-à-vis de son propriétaire pour les dommages qu'il peut causer par sa faute à la propriété de ce dernier.

LOCH, instrument destiné à mesurer le sillage ou la vitesse d'un vaisseau. Le loch se compose d'un bateau et d'une corde; le *bateau* est une planchette de bois ayant la forme d'un triangle isocèle, ou d'un secteur de cercle de sept à huit pouces de hauteur, qu'on teste à la base pour qu'il se tienne debout dans l'eau, la pointe en haut. Le bateau est attaché à un cordon nommé *ligne*. Cette corde est divisée en parties égales appelées *nœuds*, espacées de quarante-cinq pieds. Si le navire s'écarte dans une minute de la distance de deux nœuds de son bateau de loch, le navire a parcouru quatre-vingt-dix pieds, et l'on dit qu'il file deux nœuds par minute. Cet instrument ne donne la mesure de la vitesse d'un vaisseau qu'avec peu d'exactitude.

LOCHABIR, nom donné à la partie montagneuse du comté d'Inverness en Ecosse.

LOCHANWIN, lac d'Ecosse dans le comté d'Inverness. Ce lac est couvert de glaces toute l'année.

LOCHE. Voy. CONITE.

LOCHES, sur la rive gauche de l'Indre, chef-lieu d'arrondissement du département d'Indre-et-Loire, à 10 lieues de Tours. Population, 5,774 habitants. Loches doit son origine à un ancien château bâti sous les Romains et regardé comme une place forte au moyen âge. En 1193, ce château appartenait à Jean sans Terre, qui le céda à Philippe Auguste. Nos rois le possédèrent jusqu'à la révolution. Louis XI en avait fait une prison d'État. Le château est presque entièrement détruit. Au S. est une forteresse carrée, fort haute, entourée de tourelles et de fossés, qui sert maintenant de prison. Le château de Charles VII forme aujourd'hui l'hôtel de ville. Agnès Sorel habita longtemps ce château. Son mausolée repose dans une de ses tours. Il est de marbre noir. — Loches possède un tribunal de première instance, un collége, et commerce en draps, soieries, papiers, fruits, céréales, etc.

LOCH-LOMOND, lac d'Ecosse dans le comté de Lenox. Ce lac a 8 lieues de long. Il renferme trente-trois îles. — Le *Loch-Tay* est aussi un lac d'Ecosse dans le comté de Perth. Il est long de 6 lieues.

LOCKE (Jean), philosophe né à Wrington (Angleterre) en 1632. Après avoir fait ses études à Londres et à Oxford, il écrivit quelques traités de médecine, et fit deux voyages en Allemagne et en France. Locke se chargea ensuite de l'éducation du fils de milord Ashley, depuis duc de Shaftesbury, et devint secrétaire à la chancellerie de la présentation des bénéfices. Mais son protecteur ayant été disgracié en 1673, il alla en Hollande, et ne revint dans sa patrie qu'en 1688. Il fut nommé commissaire du commerce des colonies anglaises, et mourut en 1704. Ses plus célèbres ouvrages sont le *Traité sur l'entendement humain*, le *Christianisme raisonnable*, l'*Education des enfants* et le *Gouvernement civil*. Locke appartient à l'école sensualiste, dont il est le fondateur avec Condillac.

LOCMAN. Voy. LAMANEUR.

LOCOMOTION, pouvoir qu'ont les animaux de se transporter d'un lieu dans un autre, et faculté qu'ils ont de produire tout mouvement volontaire quelconque. La locomotion a été donnée aux animaux pour qu'ils puissent veiller à leur conservation. Les parties du corps qui accomplissent cet acte diffèrent dans les animaux. Dans ceux dont le corps est homogène, c'est la masse même du corps qui, en se contractant, exécute les mouvements. Dans les animaux supérieurs, l'appareil locomoteur se compose de nerfs, de muscles (organes actifs) et de parties dures (organes passifs). Chez l'homme, il se compose de nerfs, de muscles, d'os auxquels les muscles s'insèrent, d'aponévroses (voy.) qui entourent les muscles, des ligaments, des cartilages, des fibro-cartilages et des membranes synoviales, qui recouvrent les surfaces articulaires.

LOCRES, ancienne ville d'Italie dans la grande Grèce (Italie méridionale), située sur l'Adriatique et non loin de Rhegium. Elle fut fondée par une colonie de Locriens (voy. LOCRIDE) l'an 737 avant J.-C. Cette cité devint florissante et se maintint libre jusqu'au temps de Pyrrhus, roi d'Epire, qui plia cette ville (275 avant J.-C.). Locres demeura depuis dans la dépendance de Rome. A sa place l'on voit aujourd'hui *Motta-di-Burzano*.

LOCRIDE, LOCRIENS. La Locride était autrefois une province de la Grèce propre. Elle se divisait entre trois petits peuples : les *Locriens-Ozoles*, les *Locriens-Opuntiens* et les *Locriens-Epicnémidiens*. La Locride des Ozoles était située sur la mer Ionienne, au midi de la Doride et à l'occident de la Phocide; chef-lieu, *Naupacte* (Lépante). La Locride Opuntienne, située à l'orient de la Phocide, sur la mer Egée, avait *Opuns* pour capitale. La Locride Epicnémidienne confinait à la Thessalie et renfermait les Thermopyles. La Locride fut peuplée originairement par les Lélèges, tribu pélasgique (vers 1529 avant J.-C.). Elle fut comprise dans les douze nations qui formaient le conseil des Amphictyons. (Voy.) Les Locriens aidèrent les Athéniens dans leurs guerres avec les Perses (481). Au temps de la guerre du Péloponèse, une partie embrassa la cause d'Athènes, l'autre celle de Sparte. Enfin, après avoir été occupée par les Macédoniens, la Locride fut (148) réduite en province romaine avec toute la Grèce. — Les Locriens-Ozoles, ayant abordé en Italie, y fondèrent Locres (757) et une république aristocratique, dans laquelle l'administration était concentrée entre les mains de cent familles, et qui avait un sénat composé de mille membres. Cette république subsista jusqu'en 275.

LOCUSTAIRES, insectes orthoptères, de la famille des coureurs, aux palpes internes et aux mâchoires très-larges, aux antennes sétacées, ayant une tarière comprimée dans les femelles, un organe musical situé à la base des élytres dans les mâles. Cette famille ne se compose que du genre *locuste* ou *sauterelle*.

LOCUSTE, célèbre empoisonneuse romaine. Ce fut à elle qu'Agrippine eut recours pour préparer le poison qui fit périr Claude (54 ans de J.-C.). Néron se servit de Locuste pour empoisonner Britannicus, et, satisfait de la mort prompte et violente de ce prince, il la combla de bienfaits, et lui donna des élèves. Après la chute de Néron, Galba fit conduire Locuste au supplice.

LOCUSTE ou SAUTERELLE, genre d'orthoptères, tribu des locustaires, La tête est méplate, verticale, les yeux ronds et saillants, les mandibules fortes, dentées, les élytres ou enveloppes des ailes longues et étroites, produisant des sons par le frottement. La femelle dépose ses œufs en terre. Les locustes sont herbivores, mais ne causent pas de grands dégâts. La *locuste verte* est la plus commune.

LODBROG (Régnier), roi de Danemarck dans le IXe siècle, fut célèbre comme guerrier, poëte et peintre. Les poésies qui sont parvenues jusqu'à nous respirent le plus grand enthousiasme.

LODÉSAN, pays du royaume lombardo-vénitien. Le Lodésan est arrosé par l'Adda. Il est très-fertile, et produit des fromages excellents. Sa capitale est *Lodi*.

LODÈVE, au confluent du Souloudre et de l'Ergue, chef-lieu d'arrondissement du département de l'Hérault, à 12 lieues et demie de Montpellier. Population, 10,258 habitants. Cette ville est ancienne, et se nommait *Luteva* sous les Romains. Les Goths s'en emparèrent et la ravagèrent. Elle devint au moyen âge le chef-lieu d'une vicomté et ville épiscopale. Elle fut prise et saccagée par les albigeois. Son évêque, ayant résisté avec vigueur aux hérétiques, fut en récompense nommé seigneur de la ville. Ses successeurs jouirent du même droit jusqu'en 1789. Lodève a été fortifiée, et possède encore ses remparts. Elle renferme un tribunal de première instance et de commerce, un collége et une société d'agriculture. Son évêché a été supprimé depuis quelques années. Lodève est commerce en draps, fers, étoffes, grains et vins.

LODI, province ou délégation d'Italie, entre celles de Crémone, Pavie, Milan et le duché de Parme. Elle a 96 lieues carrées, et renferme 191,665 habitants. Elle est très-fertile en grains, riz, lin, pâturages, soie. Elle produit les fameux fromages de lait d'ânesse dits parmesan. La capitale est *Lodi*.

LODI, ville du royaume lombardo-vénitien, à 8 lieues de Milan et de Pavie. Sa population est de 15,000 âmes. Elle est bien bâtie et renferme de beaux édifices. Elle a été construite par l'empereur Frédéric Barberousse. C'est sur un pont que se livra, le 16 mai 1796, une sanglante bataille entre les Autrichiens et les Français. Les premiers, au nombre de 17,000, avaient 30 bouches à feu, et étaient commandés par Beaulieu. Ils perdirent 20 pièces de canon et 2 à 3,000 hommes. Les Français ne perdirent que 200 hommes. Cette victoire assura à Bonaparte la possession du Milanais. C'est après elle que les soldats le nommèrent *le petit Caporal*.

LODOICÉE, genre de la famille des palmiers, renfermant une espèce unique plus connue sous le nom de *cocotier des Maldives*. Son tronc est droit, cylindrique, haut de quinze à trente-deux mètres, et d'un diamètre d'environ quarante à cinquante centimètres, surmonté au sommet par une touffe de douze à vingt feuilles d'une texture assez ferme, ovales, plissées, ouvertes en éventail, et de sept mètres de sur trois et quatre de large. Le loduicée produit tous les deux ans vingt ou trente cocos noirs, osseux et très-gros, du poids de cinq à douze kilogrammes

LODOMÉRIE, nom sous lequel est connue la partie septentrionale de l'ancienne Russie Rouge, aujourd'hui comprise dans la Gallicie autrichienne. Sa capitale est *Lemberg*, capitale de toute la Gallicie.

LODS, terme de pratique qui est synonyme de *lots*, et qui n'est plus d'usage qu'au pluriel et avec le mot *ventes*. — Le *droit de lods et de ventes* était la redevance qu'un seigneur censier avait droit de prendre sur le prix d'un héritage vendu dans sa censive. Ce droit a été comme les autres aboli à la révolution.

LOESS, LEHM ou LEIMEN. On appelle ainsi dans toute la vallée du Rhin un dépôt limoneux, jaunâtre, contenant partout des coquilles terrestres et fluviatiles, et qu'on croit s'être formé de sédiments provenant de la désorganisation ou de la décomposition des roches traversées par le fleuve du Rhin et ses affluents.

LOEWENDAHL (Ulric-Frédéric WALDEMAR, comté DE), petit-fils d'un fils naturel de Frédéric III, roi de Danemarck, né à Hambourg en 1700, porta les armes à l'âge de treize ans, et fut fait capitaine en 1714. Il se signala à Péterwaradin, au siège de Temeswar et à celui de Belgrade. Le roi Auguste de Pologne le fit maréchal de camp et inspecteur général de l'infanterie saxonne. Entré au service de la Russie, l'impératrice le fit lieutenant général de ses armées et de son artillerie. Il passa en 1743 au service de France avec le grade de lieutenant général. Il contribua à la victoire de Fontenoy, s'empara de Gand, Ostende, Oudenarde, Nieuport, reçut le collier des ordres du roi, et mit le comble à sa gloire par la prise de Berg-op-Zoom (16 septembre 1747), qui lui valut le bâton de maréchal. Il mourut en 1755, membre de l'académie des sciences.

LOF, (de l'anglais *loof*, *luff*, joue d'un vaisseau). On appelle ainsi, en termes de marine, la moitié du vaisseau considéré relativement à une ligne qui le partagerait également de la proue à la poupe, laissant une moitié à tribord du grand mât et l'autre à bâbord. De l'une de ces deux moitiés, celle qui se trouve au vent s'appelle *lof*. *Loffer*, c'est venir au vent, c'est approcher la proue du lit du vent.

LOFODEN-MAGEROE, groupe d'îles placé sur la côte N. de la Norwége, dans l'océan Glacial. Ce groupe occupe une longueur de 160 lieues. Les plus considérables de ces îles sont *Andoen*, *Langoen*, qui a 13 lieues de long et 1,000 habitants; *Hindoë*, qui a 18 lieues de long et 10 de large; *West-Waagen*, longue de 10 à 12 lieues, et *OEst-Waagen*, où se rassemblent chaque année en février et en mars 5,000 barques montées par 20,000 pêcheurs. Chaque barque rapporte de cette pêche huit à dix mille poissons. Les autres îles sont *Værœë* et *Moskenæsœ*, entre lesquelles on trouve le Maelström, courant qui lutte contre la marée, et entraîne les navires et les baleines avec une grande force; *Senjen*, longue de 16 lieues, large de 10, qui porte un pic haut de 3,000 pieds; *Tromsœ*, dont la capitale est une des principales places de commerce de la Norwége. On y trafique de poissons, de pelleteries, d'édredon, etc.; *Qvaloë*, ou l'île des Baleines, qui a 25 lieues de circonférence; *Hammerfest*; *Maasœ*, qui offre le point le plus septentrional de l'Europe; *Mageroë*, où se trouve le cap Nord, et *Seiland*, couronnée par un pic haut de 3,200 pieds.

LOG, mesure hébraïque qui tenait la moitié du *cabe*.

LOGARITHMES. On appelle ainsi, en mathématiques, des nombres en progression arithmétique, qui répondent, terme pour terme, à des nombres en progression géométrique. On s'en sert pour simplifier les calculs et les rendre plus exacts. Ainsi, pour faire une multiplication, on fait la somme des logarithmes du multiplicande et du multiplicateur, et l'on cherche dans une table dressée à cet effet le logarithme qui est égal à cette somme. Le nombre répondant à ce logarithme est le nombre cherché. Pour faire une division, il faut retrancher le logarithme du diviseur de celui du dividende, le reste sera le logarithme du quotient. Pour extraire une racine d'un nombre, il faut diviser son logarithme par le nombre exprimant la puissance à laquelle il est élevé : le quotient sera le logarithme de la racine.—La découverte des logarithmes est due à Neper, mathématicien écossais du XVII° siècle.

LOGARITHMIQUE, nom donné à une courbe dont les abscisses représentent les logarithmes des ordonnées. Elle est d'un grand usage pour la construction des logarithmes et la démonstration de leur théorie.

LOGE, petite hutte, petit logement.—En Angleterre, on connaît sous le nom de loge de Woodstock une sorte de résidence royale du temps des Stuart, située au milieu du parc de Woodstock, et qui a autrefois été l'habitation de la belle Rosemonde Clifford, maîtresse de Henri II.—Dans les théâtres, les loges sont de petits cabinets placés sur le pourtour de la salle, ouverts par devant et séparés entre eux par des cloisons. Les uns sont grillés, les autres ne le sont pas.—Les Italiens donnent le nom de loge (loggia) à diverses parties d'un bâtiment, et spécialement à un portique couvert formé par les colonnes ou les arcades d'un palais.—Loge des francs-maçons. Voy. FRANC-MAÇONNERIE.

LOGE (bot.), nom donné aux divisions intérieures du fruit formant de petites cellules séparées entre elles par des cloisons remplies de pepins. Le nombre des loges du fruit est ordinairement en rapport avec celui des stigmates ou de leurs divisions. S'il n'a qu'une seule loge, il est dit uniloculaire, biloculaire s'il en a deux, etc.

LOGEMENT, local habitable.—Les militaires appellent à la fois ainsi, 1° un ouvrage de campagne offensif et défensif, consistant en une espèce de retranchement fait à découvert dans un lieu dont on vient de chasser l'ennemi; 2° le lieu de gîte ou de campement. Dans les armées de Rome et de Byzance, les fonctionnaires chargés de la direction des logements militaires s'appelaient comtes du logement (comites mansionarii), mensores, metatores. L'Angleterre est aujourd'hui le seul pays où le logement soit l'objet d'une sorte de ministère exercé par un fonctionnaire de haut rang, appelé quarter-master general.

LOGIQUE, nom donné, du mot grec logos, discours, raisonnement, à la partie de la philosophie qui enseigne l'art de penser et de raisonner avec justesse, dans le but d'éviter l'erreur et de connaître la vérité. On fait ordinairement le mot logique synonyme de celui de dialectique. Cependant les rhéteurs admettent une légère différence entre ces expressions. Toutes deux se servent du raisonnement ; mais la logique l'applique à la recherche de la vérité, tandis que la dialectique s'en sert pour convaincre autrui d'une chose quelconque; aussi n'est-ce qu'une science pratique.

LOGISTES (du grec logos, raisonnement, compte), magistrats d'Athènes, formant dans cette république un tribunal dont les fonctions répondent à celles de notre cour des comptes. Les logistes siégeaient avec les archontes. Ils examinaient la conduite de ceux qui avaient été chargés de la régie, de la recette ou de l'emploi des deniers publics.

LOGNAC (N. DE MONTPEZAT, seigneur DE), favori de Henri III, maître de sa garde-robe et gentilhomme de sa chambre, fut le capitaine des quarante-cinq gentilshommes choisis pour la sûreté de Henri III. Ce fut lui qui conseilla à ce prince de se défaire du duc de Guise, au meurtre duquel il participa. Disgracié plus tard, il se retira dans la Gascogne sa patrie, où il fut tué quelque temps après.

LOGOGRAPHE, celui qui écrit aussi vite que la parole et sans recourir à des signes abréviatifs; en quoi il diffère du sténographe. L'invention de la logographie remonte au mois d'octobre 1790. Elle servit d'abord à reproduire les discours des membres de l'assemblée constituante. Il renferme quatre espèces principales, le Dans une loge pratiquée derrière le fauteuil du président, étaient placés douze ou quatorze écrivains qui écrivaient l'un après l'autre sur des bandes de papier numérotées les mots prononcés par l'orateur. Louis XVI, lorsqu'il vint avec sa famille se réfugier dans la journée du 10 août dans l'assemblée législative, chercha un asile dans la loge du logographe.

LOGOGRIPHE (du grec logos gruphos, sens caché), sorte d'énigme dont on décompose le mot en des parties qui, prises séparément, forment autant d'énigmes différentes de celles que marque le mot entier et qu'il faut deviner. Elle diffère de la charade en ce que celle-ci ne dérange pas l'ordre des lettres et décompose le mot par syllabes, tandis que le logographe prend souvent les lettres une à une pour les assembler.

LOGOS, mot grec qui signifie parole, discours, sens, raisonnement, et dont l'évangéliste saint Jean se sert pour, en l'Eglise grecque se servent pour désigner la seconde personne de la sainte Trinité. Le Logos n'est autre que l'émission ou l'émanation du principe de toutes choses, dont il manifeste la volonté suprême. On retrouve cette idée du Logos dans la religion de presque tous les peuples de la terre.

LOGOTHÈTE (de logos, compte, et tithêmi, régler), officier de l'empire grec, chargé de l'administration des finances. Le grand logothète faisait les fonctions de chancelier. C'était entre ses mains que l'empereur faisait, lors de son avénement à l'empire, le serment accoutumé dans l'église des Blaquernes. Le logothète ecclésiastique arrêtait les comptes du patriarche et lui servait aussi de chancelier.

LOGROÑO (autrefois Juliobriga Varia), ville d'Espagne, dans la province et à 22 lieues de Burgos, sur l'Ebre, dans une vaste plaine fertile en grains, vins, miel, olives. Sa population est de 7,000 habitants. Elle a été prise en 1823 par les Français.

LOI, règle qui ordonne ou défend certaines choses. Montesquieu, embrassant une acception plus générale, définit la loi tout rapport nécessaire qui dérive de la nature des choses. — Les anciens législateurs, pour assurer à leurs œuvres une sanction plus solennelle, les attribuaient à l'inspiration de la Divinité ! Numa se dit inspiré de la nymphe Egérie, et ce fut Dieu lui-même qui dicta le Décalogue à Moïse. — La loi de Moïse porte quelquefois le nom de loi écrite. En France, dans le commencement de la troisième race, on appelait ainsi le droit romain, par opposition aux coutumes locales qui commençaient à se former. Aujourd'hui, en France, le gouvernement ou même l'une des deux chambres proposent les lois, qui ne sont promulguées et mises en vigueur qu'après avoir été adoptées par les deux chambres et revêtues de la sanction royale.

LOI, en termes de monnaie, titre ou carat auquel les monnaies doivent être fabriquées, ou la bonté intrinsèque de l'or et de l'argent.

LOI AGRAIRE, GOMBETTE, RIPUAIRE, SALIQUE, etc. Voy. ces mots.

LOING, rivière de France qui prend sa source dans le département de la Nièvre et se jette dans la Seine, entre Melun et Montereau (Seine-et-Marne). Le canal du Loing, qui va rejoindre la Seine, est le prolongement du canal de Briare.

LOIR (Nicolas), peintre français, né en 1624 à Paris, fut l'élève de Bourdon et copia le Poussin avec tant d'art qu'il est difficile de distinguer la copie de l'original. Louis XIV le gratifia d'une pension de 4,000 livres. Il s'attacha surtout au coloris et au dessin, et excellait à peindre les femmes et les enfants. Nicolas Loir mourut en 1679. — Son frère ALEXIS, mort en 1713, s'est distingué dans l'orfèvrerie et la gravure.

LOIR, genre de mammifères de l'ordre des rongeurs et de la famille des murins. Il renferme quatre espèces principales, le loir proprement dit, le muscardin, le lérot et le lérot du Sénégal. Le premier est un animal long de six pouces, gris cendré en dessus, blanc roussâtre en dessous, avec une queue couverte de poils abondants et d'un cendré brunâtre. Les pattes sont blanches, les oreilles courtes, la langue douce et longue, les lèvres épaisses, velues et pourvues de longues moustaches. Le loir a les habitudes et la tournure de l'écureuil, auquel il ressemble d'ailleurs beaucoup. Il est sauvage et demeure engourdi l'hiver, quand il fait un froid de 7 degrés. Sa chair est bonne à manger.

LOIR, rivière de France qui prend sa source dans le département d'Eure-et-Loir, aux étangs de Cernay. Il parcourt une partie de ce département, traverse ceux de Loir-et-Cher et de la Sarthe, et se jette dans la Sarthe à Briolay, au-dessus d'Angers (Maine-et-Loire). Son cours est d'environ 54 lieues. La longueur de sa partie navigable est de 113,814 mètres.

LOIR-ET-CHER, département français, région du centre, formé du Blaisois, du Vendomois et de parties de l'Orléanais, du pays Chartrain, du Dunois et de la Touraine. Il est borné au N. par le département d'Eure-et-Loir, au N.-E. par celui du Loiret, au S.-E. par celui du Cher, au S. par celui de l'Indre, au S.-O. par celui d'Indre-et-Loire, et au N.-O. par celui de la Sarthe. Il tire son nom du Loir et du Cher, rivières qui le traversent, la première du N.-E., au S.-O., et la deuxième de l'E. à l'O. Sa superficie est de 653,096 hectares, et sa population de 250,000 hab. Le dép. se divise en 3 ar., Blois (chef-lieu), Romorantin, Vendôme, et nomme 3 députés. On y remarque les célèbres levées de la Loire, les châteaux historiques de Blois, de Chambord et de Chaumont, Chambord surtout bâti par François I er et habité par Louis XIV. Il est compris dans la quatrième division militaire, le diocèse de Blois et le ressort de la cour d'appel et de l'académie d'Orléans. — Le Loir-et-Cher est un département très-agricole. 450,000 hectares sont mis en culture et prairies, 24,854 en vignes ; le reste de sa superficie renferme des landes, des forêts et des étangs. Le produit annuel du sol est de 990,000 hectolitres de céréales, 975,000 de vins. Le département produit beaucoup de chanvre, renferme de nombreux pâturages, et nourrit de beaux troupeaux de bêtes à laine. Il est le centre d'une fabrication de pierres à fusil qui seraient suffisante pour fournir toute la France. Il possède des manufactures de sucre, des papeteries, fabriques de serges, draps, bonneterie, couvertures de coton, toiles, gants, tanneries, verreries, etc.

LOIRE, le Liger des anciens, un des principaux fleuves de la France et de l'Europe. La Loire a sa source au mont Gerbier-des-Joncs, dans les Cévennes, près de Sainte-Eulalie, village de l'arrondissement de l'Argenterie (Ardèche). Il traverse ou baigne douze départements (Ardèche, Haute-Loire, Loire, Saône-et-Loire, Allier, Nièvre, Cher, Loiret, Loir-et-Cher, Indre-et-Loire, Maine-et-Loire et Loire-Inférieure). Il se jette dans l'Océan, au-dessous de Nantes et de Palmbœuf. La pente de la Loire est rapide, et ses eaux sont su jettes à de fréquentes inondations; aussi a-t-on construit à droite et à gauche de son lit des digues ou levées qui en dirigent le cours et opposent une barrière aux inondations. Le premier fondateur de cette levée fut Louis le Débonnaire. La Loire commence à être flottable à Retournac (Haute-Loire), et navigable à la Noirie (Loire). La longueur de sa partie flottable est de 51,500 mètres, celle de la partie navigable est de 812,769 mètres. Ses principaux affluents sont l'Arroux, la Nièvre, la Mayenne, la Sarthe, l'Allier, le Loiret, le Cher, l'Indre, la Vienne et la

Sèvre-Nantaise. Son cours a plus de 220 lieues de long.

LOIRE, département français, région de l'E., formé des anciens Forez, Beaujolais et Lyonnais propre. Il a pour limites au N. les départements de l'Allier, du Rhône et de Saône-et-Loire, à l'E. ceux du Rhône et de l'Isère, au S. ceux de l'Ardèche et de la Haute-Loire, et à l'O. ceux du Puy-de-Dôme et de l'Allier. Il tire son nom de la principale rivière qui le traverse du S. au N. Sa superficie est de 474,620 hect., et sa population de 472,000 habitants. Le département se divise en trois arrondissements : *Saint-Etienne* (chef-l.), *Roanne* et *Montbrison*. On y remarque les bords du Lignon, où se passe le célèbre roman de l'*Astrée*, les manufactures de Saint-Etienne qui rivalisent avec les grandes villes industrielles d'Angleterre, etc. Il est compris dans la 19e division militaire, le diocèse de Lyon et le ressort de l'académie et de la cour d'appel de cette ville. — La Loire est un département manufacturier. L'agriculture y fait peu de progrès, et le sol y est en général assez ingrat. Les produits en céréales et en vins sont insuffisants pour les habitants. Le seigle et l'avoine sont les grains les plus cultivés. Le mûrier est cultivé en grand dans le pays. On y élève beaucoup de vers à soie, qui en produisent 35,000 kilogrammes par an. Mais l'industrie manufacturière est concentrée en quelque sorte dans l'arrondissement de Saint-Etienne. Elle s'exerce sur l'extraction des mines et le travail des métaux, sur la fabrication des rubans de soie et des tissus de coton et fil.

LOIRE (Haute-), département français, région du S.-E, formé du Velay, d'une partie du Vivarais et du Gévaudan (Languedoc), d'une partie de l'Auvergne et du Forez. Il a pour limites au N. le Puy-de-Dôme et la Loire, à l'E. la Loire et l'Ardèche, au S. l'Ardèche et la Lozère, à l'O. la Lozère et le Cantal. Il doit son nom de sa position sur le cours supérieur de la Loire. Sa superficie est de 498,046 hectares, et sa population de 300,000 habitants. — Le département se divise en trois arrondissements : *le Puy* (chef-lieu), *Brioude* et *Yssingeaux*. Parmi les anciennes familles du pays, on remarquait celles de Polignac et de Lafayette, dont les descendants ont joué un rôle si différent de nos jours. Il est compris dans la 19e division militaire, le diocèse du Puy, le ressort de la cour d'appel de Riom et l'académie de Clermont. — La Haute-Loire est de tous côtés circonscrite par des montagnes élevées, dont la plupart sont de formation volcanique. En général le sol est peu fertile et l'agriculture très-arriérée. La récolte des céréales, qui s'élève annuellement à 2,000,000 d'hectolitres, suffit à la consommation. Les légumes secs et les lentilles du pays sont très-estimés. On y élève beaucoup de bestiaux. On y exploite plusieurs mines de houille, qui en produisent annuellement une grande quantité. L'industrie manufacturière s'exerce sur la fabrication des dentelles, des rubans de soie, des tissus de laine, des toiles, des épingles, etc.

LOIRE-INFÉRIEURE, dép. français marit. rfg. de l'O., formé d'une partie de la Bretagne. Il a pour limites au N. le dép. d'Ille-et-Vilaine, à l'E. celui de Maine-et-Loire, au S. celui de la Vendée et à l'O. l'Océan. Il tire son nom de sa position relativement au cours de la Loire, qui le traverse de l'E. à l'O. et s'y jette dans la mer. Sa superficie est de 706,285 arpents métriques, et sa population de 535,000 hab. — Le département se divise en cinq arrondissements : *Nantes* (chef-lieu), *Ancenis*, *Châteaubriant*, *Paimbœuf*, *Savenay*. On y remarque plusieurs cantons célèbres dans les guerres de la Vendée pendant la révolution, le port de Nantes et d'autres ports à l'embouchure de la Loire, etc. Il est compris dans la 12e div. milit., le diocèse de Nantes et le ressort de l'académie et de la cour d'appel de Rennes. — La Loire-Inférieure est un pays fertile, assez bien cultivé. Les céréales, dont on récolte par année 1,400,000 hectolitres, suffisent à la consommation. Les produits en vin sont abondants (800,000 hectolitres), mais peu estimés. Les pâturages sont excellents, et nourrissent de très beau bétail. L'éducation des abeilles est assez suivie. L'industrie s'exerce sur l'exploitation des marais salants, la pêche des sardines, du hareng et autres poissons, la fabrication des toiles, mouchoirs, draps, étoffes de fil, de coton et de laine, la construction des navires et la fabrication de ce qui concerne la marine. On exploite dans le département des mines de fer limoneux très-abondantes et des mines d'étain, des carrières de granit, de quartz, de kaolin, d'argile, d'ardoise, de pierre calcaire et de houille.

LOIRET, rivière de France, qui prend sa source à une lieue et demie d'Orléans, dans le parc d'un château dépendant de la commune de Saint-Cyr en Val, et nommé pour cette raison le *Château de la Source*. Elle sort de deux gouffres appelés *le Bouillon* et *l'Abime*. Le Loiret porte bateau presque au sortir de sa source, et est navigable depuis les moulins de la chaussée inférieure. Après un cours d'environ trois lieues, il se jette dans la Loire.

LOIRET, département français, région du centre, formé de l'Orléanais et du Berri. Il a pour limites au N. les départements de Seine-et-Marne, de Seine-et-Oise et d'Eure-et-Loir, à l'E. celui de l'Yonne, au S. ceux de la Nièvre, du Cher et du Loir-et-Cher, à l'O. ceux de Loir-et-Cher et d'Eure-et-Loir. Il tire son nom d'une petite rivire qui y prend sa source et qui s'y jette dans la Loire. Sa superficie est de 705,138 hectares, et sa population de 340,000 hab. Il se divise en quatre arrond. : *Orléans* (chef-lieu), *Gien*, *Montargis* et *Pithiviers*. On y remarque la source pittoresque du Loiret, l'ancien château de Sully, celui de Courtenay, l'église de Notre-Dame-de-Cléry, où a été enterré Louis XI, etc. Il est compris dans la 1re division militaire, le diocèse d'Orléans et le ressort de l'académie et de la cour d'appel de la même ville. — Le Loiret est un pays riche, fertile et bien cultivé. On récolte chaque année 1,133,000 hectolitres de céréales, quantité suffisante à la consommation. Le pays est riche en menus grains et en vins (1,266,000 hectolitres). Il produit des plantes légumineuses et potagères, des fruits excellents, du chanvre, du lin, du colza, du safran, etc. On y élève beaucoup de volailles, de bestiaux et d'abeilles. L'industrie manufacturière et commerciale est dans un état moins prospère que l'industrie agricole. Les principaux établissements manufacturiers sont les vinaigreries, les distilleries, papeteries, fabriques de poteries, de faïences, tanneries, filatures de lin, fabriques de serges, de draps et de couvertures, etc.

LOISEL (Antoine), avocat au parlement de Paris, né à Beauvais en 1536, étudia à Paris sous le fameux Ramus, qui le fit son exécuteur testamentaire. Il s'acquit par ses plaidoyers une grande réputation, et fut successivement avocat du roi en Guienne, procureur général à Limoges, etc. Il mourut en 1617. On a de lui huit *discours*, les *Institutes coutumières*, les *Mémoires de Beauvais*, etc.

LOIZEROLLES (Jean-Simon Aved de), né à Paris en 1733, était en 1789 avocat au parlement de Paris, conseiller du roi et lieutenant général au bailliage de l'Arsenal. Enfermé en 1793 avec son fils à Saint-Lazare, et entendant appeler son fils pendant qu'il dormait, il prit sa place, fait substituer dans l'acte d'accusation ses prénoms, son âge, ses qualités à ceux de son fils, et monte pour lui à l'échafaud l'avant-veille du 9 thermidor, c'est-à-dire le 25 juillet 1794.

LOKEREN, ville de Belgique, dans la Flandre orientale, sur la Durme, à 5 lieues de Gand. Sa population est de 12,800 habitants. — Elle a un canal de communication entre la Durme et l'Escaut, des blanchisseries de toiles et de fils, des fabriques de chapeaux, siamoises, coutils, huile de lin, des brasseries, des corderies, des savonneries, des raffineries de sel, des tanneries, etc. Elle fait un commerce de lin, chanvre et toiles.

LOKMAN. Voy. LOCKMAN.

LOLLARD ou LOHLARD (Walter), hérésiarque allemand, qui se fit un grand nombre de disciples en Autriche, en Bohême, etc. Arrêté par les inquisiteurs, il fut brûlé vif à Cologne en 1422. Ses disciples portèrent le nom de *lollards*.

LOLLARDS, hérétiques allemands qui eurent pour chef Walter Lollard, brûlé vif en 1422. Ils croyaient que Lucifer et les démons avaient été injustement chassés du ciel, où ils rentreraient un jour ; soutenaient que Dieu ne voyait point ce qui se passait sous la terre ; n'admettaient que l'extrême-onction, la messe, les cérémonies, le mariage, et disaient que leurs prêtres étaient les successeurs d'Elie et d'Enoch. Les lollards passèrent d'Allemagne en Angleterre, où ils se confondirent avec les wiclefites et préparèrent le schisme anglican.

LOLLIA PAULINA, petite-fille et fille des consuls Marcus Lollius, était mariée à Caïus Memmius-Regulus, gouverneur de Macédoine, fut aimée de Caligula, qui l'enleva à son mari et l'épousa. Lorsqu'il fut question de donner une femme à Claude, Lollia Paulina mit sur les rangs, mais fut écartée par Agrippine sa rivale, qui la fit exiler comme sorcière, et assassiner en 49.

LOLLIEN (Spurius Servilius Lollianus), soldat de fortune, parvint aux premiers grades militaires par sa bravoure et son intelligence. Il fut couronné empereur en 267 par les soldats qui venaient de massacrer Posthume le Jeune. Il se défendit à la fois contre les troupes de Gallien et les barbares des bords du Rhin. Ses soldats mutinés l'assassinèrent après quelques mois de règne.

LOLLIUS (Marcus), consul romain, ami d'Auguste, qui lui donna le gouvernement de la Galatie, de la Lycaonie, de l'Isaurie et de la Pisidie, 23 ans avant J.-C. Il fut ensuite gouverneur de son petit-fils Caïus Agrippa, qu'il accompagna en Orient et trahit en faveur de Tibère. Accusé par Caïus, Lollius s'empoisonna, laissant des biens immenses, fruit de ses rapines, à son fils MARCUS LOLLIUS, qui fut aussi consul et père de Lollia Paulina.

LOLME (Jean-Louis DE), écrivain politique, né en 1740 à Genève, habita très-longtemps l'Angleterre, dont il étudia la constitution avec le plus grand soin, et il publia en 1772 sa *Constitution de l'Angleterre* ou *Etat du gouvernement anglais*, ouvrage capital écrit en langue anglaise. De Lolme mourut en 1806, membre du conseil des deux cents de Genève depuis 1775.

LOMAGNE, petit pays de France qui relevait des ducs de Gascogne, et qui était une subdivision du bas Armagnac. La Lomagne, jadis nommée *Leomania*, était habitée du temps de César, par les *Lactorates*. *Lectoure* en était la capitale. Au moyen âge, ce pays était gouverné par des vicomtes. Un mariage porta cette vicomté dans la maison d'Armagnac (vers l'an 1137), qui la posséda presque continuellement jusqu'en 1789. La Lomagne se trouve comprise aujourd'hui dans les départements de la Haute-Garonne, du Gers et du Tarn-et-Garonne.

LOMATIE, genre de la famille des protéacées, renfermant des sous-arbrisseaux à feuilles alternes, entières, aux fleurs remarquables par leur singularité plutôt que par leur beauté. L'espèce la plus connue est la *lomatie des teinturiers*, qui monte à deux mètres, et dont les semences sont couvertes d'une poussière sulfureuse, fournissant une bonne couleur rouge lorsqu'on la met infuser dans l'eau.

LOMBAIRE, qui a rapport aux lombes.

— On désigne, en anatomie, sous le nom de *région lombaire* la région postérieure du tronc, depuis le dos jusqu'aux hanches. Dans les quadrupèdes, elle porte le nom de *râble*. Cinq vertèbres constituent la partie solide de cette région, qui renferme quatre artères, cinq paires de nerfs, et un muscle très-fort, très-court, à qui sa forme quadrilatère a valu le nom de *muscle carré lombaire*.

LOMBARD (Pierre), célèbre théologien scolastique, ainsi nommé parce qu'il était natif de Novare en Lombardie, fut aussi appelé *le Maître des sentences*. Il se distingua tellement par son savoir dans l'université de Paris, qu'il fut pourvu d'un canonicat de Chartres et même de l'évêché de Paris vers 1159. Pierre Lombard mourut en 1164. Son excellent ouvrage *des Sentences*, divisé en quatre livres, et sur lequel Guillaume d'Auxerre, Gabriel Major, Scot, Ockam, saint Thomas, saint Bonaventure, Albert le Grand ont fait des commentaires, peut être regardé comme la source de la théologie scolastique.

LOMBARDIE, contrée d'Italie, qui comprend à proprement parler le bassin du Pô, et qui tire son nom des Lombards. Ils y fondèrent vers le milieu du vie siècle, un royaume divisé en *Lombardie transpadane* et *cispadane*. Toute la partie de la Lombardie qui dépend des duchés de Milan et de Mantoue est aujourd'hui comprise dans le royaume lombardo-vénitien.

LOMBARDO-VÉNITIEN (Royaume), nouveau royaume d'Italie, faisant partie des possessions de l'Autriche, et formé en 1815 d'une partie de la Lombardie, et des Etats vénitiens. Ses bornes sont au N. la Suisse et le Tyrol, à l'E. l'Illyrie et la mer Adriatique, à l'O. les Etats sardes, au S. les Etats romains et les duchés de Parme et de Mantoue. Sa superficie est de 2,380 lieues carrées, et sa population de 4,570,000 habitants. Il est divisé en deux gouvernements, celui de *Milan* et celui de *Venise*, subdivisés eux-mêmes, le premier en neuf délégations ou cercles ou provinces, le deuxième en huit. Chaque province forme un certain nombre de districts, et chaque district un certain nombre de communes. Chaque gouvernement est administré par un gouverneur et un collège, sous la direction des autorités supérieures de Vienne. Le vice-roi, qui est toujours de la famille impériale, nomme à tous les emplois civils et militaires, et réside à Milan.

LOMBARDS (*Langobardi*), peuples de race germaine qui prirent leur nom de la longueur de leur barbe (*lang baërt*), et, établis d'abord en Scandinavie, vinrent ensuite habiter les bords de l'Elbe. Narsès les ayant appelés en Italie pour combattre les Goths, leur fit donner par Justinien le Norique et une partie de la Pannonie. Augmentant de puissance, ils s'emparèrent de la Gaule cisalpine, à laquelle ils donnèrent leur nom, et où Alboin, leur roi, fonda en 568 un royaume dont Pavie fut la capitale. Cet Etat fut renversé en 774 par Charlemagne. Il comprenait alors la Lombardie, l'Etat de Venise jusqu'à l'Istrie, une partie du Tyrol, l'évêché de Trente, le pays des Grisons, la république de Gênes, la Toscane et le duché de Bénévent. On compte trente-trois rois lombards depuis Alboin jusqu'à Didier, le dernier.

LOMBARDS, nom sous lequel on connaissait au moyen âge les prêteurs sur gages, parce qu'ils venaient la plupart de Lombardie. Les premiers vinrent s'établir à Paris dans la rue qui porte leur nom à la fin du xiie siècle. On a conservé le nom de *lombards* aux établissements où l'on prête sur gages à des taux non fixés par la loi. Ces établissements sont prohibés.

LOMBES. Voy. Lombaire (Région).

LOMBEZ, ville de France, chef-lieu d'arrondissement du département du Gers, sur la rive gauche de la Save, à 9 lieues d'Auch. Population, 1,560 habitants. Lombez était anciennement une abbaye de l'ordre de Saint-Augustin. Elle fut érigée en évêché en 1317. La plaine dans laquelle cette ville est située est la partie la plus fertile du département, mais cet avantage est balancé par les fréquents débordements de la Save, qui y causent souvent des ravages considérables. Lombez n'a plus son évêché. Il possède un tribunal de première instance et une société d'agriculture. Il commerce en blé, vin, bestiaux et grains.

LOMBRIC, genre d'annélides, de la famille des lombricines, renfermant les animaux vulgairement connus sous le nom de *vers de terre*. Leur corps est arrondi, extensible, allongé, composé d'anneaux, et plus pointu antérieurement que postérieurement. Les pieds sont remplacés par de petites soies non rétractiles, en partie cornées, en partie calcaires, colorées en jaune. Les lombrics sont hermaphrodites et cependant s'accouplent. Ils se retirent dans les lieux humides, dans les terres argileuses et marneuses. Les poissons en sont très-friands; aussi les pêcheurs les emploient-ils comme appât. La taupe, les oiseaux, des mollusques et beaucoup d'autres animaux en font leur nourriture. Le *lombric commun* est rougeâtre.

LOMBRICINES ou Lombrics, famille d'animaux de l'ordre des annélides, renfermant le genre *lombric* et le genre *hypogéon*.

LOMÉNIE, famille distinguée du Berri, a donné, 1° Antoine, fils de Martial, greffier du conseil, tué à la Saint-Barthélemy, seigneur de la Ville-aux-Clercs, ambassadeur extraordinaire en Angleterre (1595), secrétaire d'Etat (1606), qui mourut en 1628, et légua à la bibliothèque royale 340 volumes de manuscrits connus sous le nom de *manuscrits de Brienne*. 2° Henri-Auguste, comte de Brienne, fils d'Antoine, mourut en 1666, laissant des *Mémoires* depuis le commencement du règne de Louis XIV jusqu'à la mort de Mazarin. Il avait été ambassadeur et ministre des affaires étrangères. 3° Henri-Louis, comte de Brienne, son fils, pourvu à seize ans en 1661 de la survivance de la charge de secrétaire d'Etat, exerça sa charge à vingt-trois ans; mais son esprit aliéné par la mort de sa femme fut la cause de sa disgrâce. Il prit alors les ordres, et mourut en 1698. On lui doit le *Roman du jansénisme* et un grand nombre d'autres ouvrages.

LOMÉNIE (Etienne-Charles de), comte de Brienne, né à Paris en 1727. Il embrassa l'état ecclésiastique, et fut nommé en 1752 grand vicaire de l'archevêché de Rouen. En 1760, promu à l'évêché de Condom, il passa en 1762 à l'archevêché de Toulouse. L'académie des sciences et l'académie française, en 1770, l'admirent dans leur sein. Il parvint en 1788 à être nommé premier ministre et archevêque de Sens. Son administration fut courte et impopulaire. Le mécontentement public le força de se retirer le 14 août. Il reçut en dédommagement le chapeau de cardinal. Il prêta serment à la constitution civile du clergé, et mourut subitement à Sens en 1794. Son administration en Languedoc a laissé de glorieux souvenirs. Toulouse lui doit le canal qui porte son nom, ainsi qu'une de ses bibliothèques.

LOMÉNIE (Louis-Marie-Athanase), comte de Brienne, frère du cardinal, né à Paris en 1729. Député à l'assemblée des notables, il fut fait en 1787 ministre de la guerre. Moins dissipateur que son frère, il embrassa avec moins de chaleur la cause de la révolution. Il fut condamné à mort par le tribunal révolutionnaire, et exécuté le 1er mai 1794.

LOMI (Aurelio), peintre pisan, né en 1556, neveu du célèbre Baccio Lomi dont il fut l'élève, a fait un grand nombre de tableaux à Pise, à Florence, à Bologne, etc. Il mourut en 1622. — Son frère Horatio Lomi, né en 1562, peignit à Rome dans plusieurs églises des tableaux à fresque et à l'huile, et les *Neuf Muses* du palais Rospigliosi. Il demeura ensuite en Angleterre, où le gouvernement lui accorda une pension de 500 livres sterling (12,375 francs). Il mourut en 1646.

LOMOND (Lac), beau lac d'Ecosse, dans le comté de Dumbarton. Il renferme trente îles, la plupart habitées et offrant des sites pittoresques, et est très-abondant en poissons. Il est long de 12 lieues et large de 2 à 3. Le lac Lomond est à 10 lieues de Stirling.

LOMONOZOFF, poète russe, né en 1711 à Kolmogori d'un pêcheur, s'échappa de la maison paternelle, et vint à Moscou se réfugier dans le monastère de Kaïkonospaski, où il fit de si rapides progrès que l'académie impériale des sciences l'envoya étudier à ses frais dans l'université de Marburg. Il devint en 1744 membre de l'académie, et fut successivement professeur de chimie, inspecteur du séminaire de l'académie et conseiller d'Etat. Il mourut en 1764. Lomonozoff s'est distingué dans tous les genres; mais ses *poésies* et surtout ses *odes* lui ont assigné le premier rang parmi les écrivains russes.

LONDONDERRY, comté d'Irlande, dans la province d'Ulster, borné au N. par l'océan Atlantique, à l'O. par le comté de Donnegal, à l'E. par celui d'Antrim, au S. par celui de Tyrone. Sa superficie est d'environ 56 lieues carrées, et sa population de 186,000 habitants. Il se divise en quatre baronnies, subdivisées en trente et une paroisses, et a pour capitale *Londonderry*. On y trouve des montagnes arides, des plaines et des vallées fertiles, des carrières de granit et des mines de fer. L'agriculture y est négligée.

LONDONDERRY, ville épiscopale d'Irlande, capitale du comté du même nom, sur la Foyle, à 47 lieues de Dublin. Population est de 10,600 habitants. Elle a de bonnes fortifications, de beaux édifices, un port vaste et commode, et fait un grand commerce avec l'Amérique.

LONDONDERRY. Voy. Castlereagh.

LONDRES (en anglais, *London*), la plus grande ville de l'Europe et la plus importante cité commerciale du monde, capitale du comté de Middlesex et de tout l'empire britannique, sur les deux rives de la Tamise (d'un côté se trouvent la *Cité* et *Westminster*, l'autre le bourg de *Southwark*), qui communiquent par plusieurs ponts, à 18 lieues de la mer. Sa population est de 2,500,000 habitants de toutes les religions. Londres renferme vingt-six quartiers administrés chacun par un aldermien; le premier magistrat est le lord-maire, qui réside à *Mansion-House*. Le conseil commun se compose de deux cent trente-six membres, un assesseur, deux shérifs et quelques autres officiers civils. On remarque la forteresse de la *Tour*, qui renferme les archives, les joyaux de la couronne, la Monnaie, l'Arsenal, etc., la prison de Newgate, le palais Saint-James, les théâtres de Covent-Garden et de Drury-Lane, le palais de Sommerset, le parc Saint-James et la belle promenade de Hyde-Park, la cathédrale de Saint-Paul, qui le cède qu'à Saint-Pierre de Rome, l'abbaye de Westminster. Londres possède soixante et dix *squares* (places publiques plantées d'arbres), quatorze mille rues (*streets*), cent trente et une écoles publiques, quatre-vingt-dix-huit hôpitaux, treize prisons, treize théâtres, quatre-vingt-dix établissements littéraires et scientifiques, dont le plus célèbre est la *société royale des sciences*, établie par Charles II en 1663. Londres est le siège de la monarchie, du parlement et d'un évêché suffragant de Cantorbéry. Son commerce est immense, et les exportations et les importations s'élèvent à environ 70,000,000 livres sterling (1,732,500,000 francs). Son port reçoit 3,000 navires portant ensemble six cent mille tonneaux, et emploie 45,000 marins. — Londres, autrefois *Londinium*, existait avant l'invasion de Jules César, et fut durant l'heptarchie la capitale du royaume d'Essex. Alfred le Grand en fit la capitale du royaume vers la fin du ixe siècle.

LONDRES ou Londrins, draps qui se fabriquent en France et particulièrement dans les anciennes provinces du Dauphiné et du Languedoc. Ils ont un quart de large et dix-sept à dix-huit aunes de la pièce. Suivant les qualités, on les nomme *premiers* ou *seconds*.

LONG (Jacques LE), né à Paris en 1665, entra en 1686 dans la congrégation de l'Oratoire, et, après avoir professé dans plusieurs colléges, fut nommé bibliothécaire de la maison Saint-Honoré à Paris. Cette bibliothèque augmenta de plus d'un tiers sous ses mains. Le P. le Long, mort en 1721, savait le grec, l'hébreu, le chaldéen, l'espagnol, le portugais, l'anglais. Ses principaux ouvrages sont une *Bibliothèque sacrée* et une *Bibliothèque historique*.

LONGCHAMPS, ancienne abbaye de religieuses, à 2 lieues de Paris. Elle est célèbre par les concerts spirituels qu'on y exécutait. C'est aussi le nom d'une promenade que l'on fait, à Paris, dans les Champs-Elysées pendant trois jours de la semaine sainte.

LONGE. On appelle ainsi la moitié de l'échine d'un veau ou d'un chevreuil depuis le bas des épaules jusqu'à la queue.

LONGEPIERRE (Hilaire-Bernard DE ROQUELEYNE, seigneur DE), né à Dijon en 1659, mort à Paris en 1721, secrétaire des commandements du duc de Berri, a eu quelque réputation comme poëte et traducteur. On lui doit trois tragédies : *Médée, Electre et Sésostris*. La première, quoique déclamatoire, est regardée comme supérieure à celle de Corneille, et a été conservée au théâtre ; des traductions en vers français d'Anacréon, de Sapho, de Théocrite, de Bion et de Moschus; et un *Recueil d'idylles*.

LONGFORD, comté d'Irlande, dans la province de Leinster, borné au N. par celui de Leitrim, à l'O. par celui de Roscommon, au S. par celui de West-Meath, et à l'E. par celui de Cavan. Sa superficie est de 60 lieues carrées, et sa population de 50,000 habitants. Le territoire est riche et plat, excepté au N. Il fait un grand commerce de bestiaux et de chanvre. Le comté environ deux députés au parlement. — La capitale est *Longford*, située sur la rivière de Camlin, à 24 lieues de Dublin.

LONGICORNES, famille d'insectes de l'ordre des coléoptères, section des tétramères, renfermant des insectes qui ont le corps étroit, allongé, déprimé en dessus; la tête saillante, penchée ou verticale; les antennes menues, sétacées et ordinairement très-longues; ce qui leur a fait donner le nom qu'ils portent. On les trouve soit sur le tronc des arbres, soit sur les fleurs. La famille des longicornes se divise en tribus : les *prioniens*, les *cérambycins*, les *nécidales*, les *lamiaires* et les *leptureles*.

LONGIN (*Dionysius Longinus*), philosophe et littérateur, natif d'Athènes, y enseigna la rhétorique et la philosophie. Appelé à Palmyre par la reine Zénobie, femme d'Odénate, il lui enseigna la langue grecque, et devint son premier ministre. Ce fut lui, dit-on, qui lui dicta la réponse fière qu'elle fit à Aurélien, qui l'assiégeait et la sommait de se rendre. Palmyre ayant succombé, Aurélien fit périr Longin dans les tourments en 273. Eunapius disait de Longin qu'il était une *bibliothèque vivante*. Il ne nous reste plus de lui que son célèbre *Traité du sublime*.

LONGIN. Deux saints portent ce nom. — Le premier, dont les Grecs font la fête le 16 octobre, était le centenier qui commandait les soldats romains, bourreaux de Jésus-Christ, et qui, en l'entendant jeter un cri, s'écria : *Cet homme est vraiment Dieu !* Il souffrit, dit-on, le martyre près de Tyane en Cappadoce. — Le second, que les Latins honorent le 15 mars, est le soldat qui ouvrit d'un coup de lance le côté de Jésus-Christ déjà mort. Il fut martyrisé à Césarée en Cappadoce.

LONGINA. Voy. DOMITIA.

LONGINUS. Voy. CASSIUS.

LONGIPALPES, tribu d'insectes de l'ordre des coléoptères, section des pentamères, famille des brachélytres, ainsi appelée à cause de ses palpes qui sont presque aussi longs que la tête, laquelle est dégagée du corselet par un étranglement.

LONGIPENNES, famille d'oiseaux de l'ordre des échassiers, renfermant les oiseaux de haute mer, auxquels les longues plumes de leurs ailes donnent un vol très-étendu. Les pétrels, les goëlands, les hirondelles de mer, etc., sont de cette famille.

LONGIROSTRES, famille d'oiseaux de l'ordre des échassiers, renfermant les oiseaux de rivage, au bec long, grêle et faible, ce qui leur a fait donner leur nom. Les bécasses et les avocettes sont de cette famille.

LONGIS (Guillaume DE), né à Bergame d'une famille noble, autrefois appelée *Longaspada*, fut chancelier de Charles II, roi de Naples, et fait cardinal en 1294 par Célestin V. Il prit la défense de Boniface VIII au concile de Vienne en 1310, et fut employé, dit-on, à la composition du sixième livre des *Décrétales*. Il mourut à Avignon en 1319.

LONG-ISLAND, île des Etats-Unis dans l'Etat de New-Yorck, séparée du Connecticut par un golfe de 57 lieues de long sur 12 de large, appelé *Long-Island-Sound*. Sa superficie est d'environ 228 lieues carrées, et sa population de 48,800 habitants. Elle est très-propre à l'agriculture, et abonde en pâturages et en bois. Elle se divise en trois comtés : *Suffolk*, chef-lieu *River-Head*, *Queen's-County*, chefs-lieux *Jamaïca* et *Hampstead*, et le *King's-County*.

LONGITUDE. En géographie, on appelle ainsi la distance d'un lieu à un premier méridien ; c'est-à-dire à un méridien convenu. Cette distance se mesure par l'arc de l'équateur compris entre le méridien du lieu et le méridien convenu. La longitude est *orientale* ou *occidentale*, suivant que le lieu dont on cherche la longitude est à l'orient ou à l'occident du méridien convenu. Elle se compte depuis 0 jusqu'à 180 degrés.

LONGITUDE. En termes d'astronomie, on appelle ainsi l'arc de l'écliptique compris entre l'équinoxe ou le commencement du signe du Bélier, et l'endroit de l'écliptique auquel un astre répond perpendiculairement. On appelle *longitude géocentrique* le point de l'écliptique où répond perpendiculairement le centre d'une planète vue de la terre, et *longitude héliocentrique* celui où répondrait le centre d'une planète si elle était vue du soleil.

LONGITUDES (BUREAU DES), établissement institué par une loi rendue le 25 juin 1795, et dont le siége principal est à l'observatoire royal de Paris. Il est chargé de rédiger pour chaque année la *connaissance des temps*, ouvrage contenant les levers et couchers du soleil, de la lune, des planètes, leurs longitudes, latitudes, déclinaisons, ascensions, l'annonce de leurs éclipses, les occultations des principales étoiles, etc., pour chaque jour de l'année. Ce bureau publie en outre tous les ans l'*Annuaire du bureau des longitudes*, contenant les tables de poids et mesures, de monnaie, de mortalité, etc., et des dissertations scientifiques. Le bureau des longitudes se compose de deux géomètres, quatre astronomes, deux anciens navigateurs, d'un géographe, d'un artiste opticien, d'un opticien adjoint et de quatre astronomes adjoints.

LONGOMONTANUS (Christian), fils d'un pauvre laboureur danois, né dans le Jutland en 1562. Il s'échappa à quatorze ans de la maison paternelle pour se rendre dans un collége. Il devint d'une force excessive dans les mathématiques, et passa huit ans auprès du célèbre astronome Tycho-Brahé, qu'il aida beaucoup dans ses observations et ses calculs. Pourvu d'une chaire de mathématiques en 1605, il mourut en 1647. On a de lui plusieurs ouvrages, dont les plus célèbres sont l'*Astronomie danoise*, dans lequel il propose un système composé de ceux de Ptolémée, de Copernic et de Tycho-Brahé, et la *Cyclométrie*, dans laquelle il a consigné sa prétendue découverte de la quadrature du cercle.

LONGPENDU, étang du département de Saône-et-Loire, situé dans l'arrondissement d'Autun, vers la source de la Brébince, à 2 lieues de Mont-Cenis.

LONGUEIL (Richard-Olivier DE), d'une ancienne famille de Normandie, archidiacre d'Eu, puis évêque de Coutances, nommé par le pape pour revoir le procès de Jeanne d'Arc, fit voir son innocence. Charles VII le fit ambassadeur près du duc de Bourgogne, chef de son conseil et premier président de la chambre des comptes de Paris. Nommé cardinal en 1456, Longueil se retira à Rome auprès du pape Pie II, qui lui confia la légation d'Ombrie et de la comma aux archevêchés de Porto et de Sainte-Rufine. Il mourut en 1470.

LONGUEIL (Joseph), célèbre graveur, né à Givet (Ardennes) en 1733, mort à Paris en 1792, fut l'élève d'Aliamet, graveur du roi, et devint bientôt le rival de son maître. Il épousa la fille de Jacques-Denis Géerin. Parmi ses chefs-d'œuvre en gravure on remarque *les Modèles* ou *le Peintre russe dans son atelier*, d'après Leprince ; plusieurs *Batailles chinoises* ; d'après Cochin ; une *Halte* et un *Cabaret flamand*, d'après Van-Ostade.

LONGUERUE (Louis DUFOUR DE), né en 1652 à Charleville de Pierre Dufour, seigneur de Longuerue et de Goisel, lieutenant de roi à Charleville. Il devint un savant distingué de très-bonne heure, et fit une étude approfondie de l'histoire, de la chronologie et de la géographie. Entré dans les ordres, il eut les deux abbayes de Sept-Fontaines (diocèse de Reims) et du Jard (diocèse de Sens), et mourut en 1733. On a de lui une *Description historique de la France*, les *Annales des Arsacides*, une *Dissertation latine sur Tatien*, etc.

LONGUEVAL (Jacques), né près de Péronne en 1680, entra dans l'ordre des jésuites, où il professa les belles-lettres, la théologie et l'Ecriture sainte. Il publia les huit premiers volumes de son *Histoire de l'Eglise gallicane*, ouvrage recommandable qu'il n'eut pas le temps d'achever, et qui a été continué par les PP. Fontenay, Brunoy et Berthier jusqu'au dix-huitième volume.

LONGUEVILLE, célèbre branche illégitime de la maison d'Orléans, dont elle tirait son origine par le brave Jehan, comte de Dunois, fils bâtard de Louis, duc d'Orléans, frère de Charles VI. — Henri Ier, duc DE LONGUEVILLE, son arrière-petit-fils, aima la belle Gabrielle d'Estrées et ce fut à Henri IV. Gabrielle l'ayant desservi auprès du roi, il embrassa le parti contraire, et fut tué d'une mousquetade au siége de Dourlens en 1595. — Son fils HENRI II, duc DE LONGUEVILLE, né en 1595, plénipotentiaire au congrès de Munster en 1648, gouverneur de Normandie, se jeta dans le parti de la Fronde, parce qu'il ne put obtenir le gouvernement du Havre. Il partagea en 1650 la captivité des princes de Condé et de Conti. Ayant recouvré sa liberté un an après, il resta tranquille, et mourut en 1663. Il avait épousé en secondes noces Anne de Bourbon-Condé, fameuse dans les troubles de la Fronde. Il en eut CHARLES, né en 1648, tué en 1672 au passage du Rhin, sans avoir été marié. De son premier mariage, il avait eu une fille, *Marie*, comtesse de Valengin et de Neufchâtel, mariée à Henri de Nemours, et morte en 1707 à quatre-vingt-deux ans, la dernière de sa famille qui subsista cependant dans une branche bâtarde, celle des marquis de Rothelin, jusqu'en 1764.

LONGUEVILLE (Anne-Geneviève DE BOURBON, duchesse DE), née à Vincennes en 1618 de Henri II, prince de Condé, et de Marguerite de Montmorency, épousa Henri d'Orléans, duc de Longueville. Née avec tous les agréments de son sexe, elle fit entrer dans le parti de la Fronde les princes de Conti et de Condé, ses frères et son mari. Elle se servit de l'amour que lui portait le fameux Turenne pour le faire révolter avec l'armée qu'il commandait, et fit usage de toute sorte d'intrigues. La paix ayant été conclue, elle se retira à Port-Royal et ensuite aux carmélites du faubourg Saint-Jacques, où elle mourut en 1679 dans les pratiques d'une austère dévotion.

LONGUE-VUE, nom général donné à toutes les lunettes terrestres que l'on emploie pour distinguer les objets placés à une grande distance.

LONGUS, romancier grec, fameux par son livre intitulé *Poimenica*, c'est-à-dire *pastorales*, et contenant les *Amours de Daphnis et de Chloé*. Ce roman, dont Amyot a donné une traduction très-naïve, a été augmenté d'un fragment trouvé dans la bibliothèque Laurentienne à Florence par Paul-Louis Courrier, qui en a donné une édition et une traduction nouvelles. On fixe l'époque de l'existence de Longus au IIIe siècle après J.-C.

LONGWY (autrefois *Longus Vicus*), petite ville de France, chef-lieu de canton du département de la Moselle, dans l'arrondissement et à 8 lieues de Briey, sur une hauteur baignée par le Chiers. Elle est bien bâtie, et son château, qui a de très-bonnes fortifications, la met au rang des places de guerre du département. Sa population est de 2,400 habitants. — Elle a des fabriques d'étoffes de laine, de bonneterie, de chapellerie, des papeteries, des forges, des faïenceries, etc. Elle a été prise en 1792, le 23 août, par les Prussiens.

LONGWY (Jacqueline DE), fille puînée de Jean de Longwy, seigneur de Givri, épousa en 1538 Louis Ier de Bourbon, duc de Montpensier, et eut beaucoup de crédit auprès des rois François Ier et Henri II. Elle s'acquit la confiance de Catherine de Médicis, contribua à l'élévation du chancelier de l'Hôpital, et mourut en 1561.

LONJUMEAU, bourg du département de Seine-et-Oise, dans l'arrondissement et à 4 lieues et demie de Corbeil, dans une vallée sur la petite rivière d'Yvette. Sa population; y compris les hameaux de Gravigny et de Balizy, est de 2,000 habitants. — Lonjumeau, ci-devant prieuré des bénédictins de Sainte-Geneviève, est situé à 5 lieues de Paris, sur la route d'Orléans.

LONS-LE-SAULNIER, ville très-ancienne et très-forte, chef-lieu du département du Jura, sur la petite rivière de Vaille, dans un bassin formé par les montagnes de 130 à 200 toises d'élévation, à 103 lieues de Paris. Sa population est de 8,000 habitants. — Elle a des tribunaux de première instance et de commerce, un collége communal, un musée, des sociétés d'agriculture et d'émulation, un théâtre, une inspection forestière, etc. On admire les bâtiments de graduation qui servent aux *saulneries* ou *sauneries* (fabriques de sel), d'où la ville tire son nom. Lons-le-Saulnier est l'entrepôt de tout le commerce du Jura, consistant en bois, fromage, vins, cuirs et fers.

LOOCH, mot d'origine arabe, employé en médecine pour désigner un médicament onctueux, d'une consistance de sirop, d'une saveur douce, qu'on administre dans les maladies de poitrine pour adoucir l'irritation provenant de la toux et faciliter l'expectoration. Fait avec des amandes douces, des amandes amères, du sucre, de la gomme adragant, de l'huile d'amandes douces, de l'eau de fleurs d'orange et de l'eau, il prend le nom de *looch blanc*. On se sert aussi du *looch vert*, *looch d'œufs*, etc., comme adoucissants.

LOOTZ, maison ducale de Westphalie, possédait dans cette contrée la principauté médiate de Rheina-Wolbeck, le duché de Corswarem et d'autres dominations dans les Pays-Bas. Ses possessions ont une population de 60,000 habitants environ et une superficie de 36 lieues carrées environ.

LOPEZ DE GOMARA (Dom Francisco), prêtre espagnol, né à Séville, vivait l'an 1551. Il a écrit en espagnol une *Histoire générale des Indes* en deux parties jusqu'à 1551, insérée dans le second volume des *Historiadores* de Barcia.

LOPEZ DE VEGA. Voy. VEGA.

LOPHOBRANCHES, l'un des ordres de la classe des poissons, renfermant des poissons qui tirent leur nom de ce que leurs branchies se divisent en petites houppes rondes (en grec, *lophos*). Ils se reconnaissent encore à leur forme bizarre et à leur corps couvert dans toute son étendue de plaques osseuses et anguleuses. Ils n'ont presque pas de chair. Cet ordre ne comprend qu'une seule famille, qui renferme les genres *syngnathe*, *hippocampe*, *solénostome* et *pégase*.

LOPHOPHORE, genre d'oiseaux de l'ordre des gallinacés, appelé *monaul* par certains auteurs. La plus belle espèce est le *lophophore resplendissant* ou *impey*, bel oiseau dont la tête porte une aigrette élégante (en grec, *lophos*) formée de dix-sept à dix-huit plumes d'un beau vert doré. Les longues plumes du cou ont l'éclat de l'or et de l'émeraude; celles du dos et des ailes ont la couleur de la pourpre mélangée avec le vert doré. Le dessous du corps est noir avec des reflets verdâtres. Les lophophores ont les mêmes mœurs que les paons et les faisans.

LOPHYROPES ou LOPHYROPODES, ordre de crustacés, renfermant des animaux qui habitent le plus souvent les eaux douces. Leurs pieds sont au nombre de six ou de huit, y comprenant les pieds mâchoires, et sont garnis de soies ou de poils. Leur corps est protégé par un test, et leur tête est confondue avec lui. Cet ordre se divise en deux familles : les *sélicères* et les *cladocères*.

LOPIN (Dom Jacques), religieux bénédictin de la congrégation de Saint-Maur, né à Paris en 1655, mort en 1693, possédait parfaitement les langues anciennes, et entre autres l'hébreu. Il aida Montfaucon dans l'édition de saint Athanase et dans celle des *Analecta Græca*.

LOQUET, lame de fer qui sert de fermeture ordinaire aux portes. Cette lame, appliquée horizontalement sur le côté de la porte, la dépasse un peu par l'un de ses bouts, et est fixée par l'autre à un clou qui lui sert d'axe de rotation. Au moyen d'une clef forée qui soulève le loquet à volonté, et qui le fait entrer dans une entaille pratiquée dans un autre fer qu'on appelle *mentonnet*, et qui est fiché perpendiculairement sur le montant de la porte, on ferme la porte. Il est facile de l'ouvrir en le dégageant de l'entaille.

LORANTHE, genre de plantes parasites, vivaces et ligneuses, dont on connaît soixante et onze espèces, toutes exotiques, à l'exception d'une seule. La fleur est le type de la famille des *loranthées*, séparée par Jussieu des caprifoliacées. La seule espèce indigène est le *loranthe d'Europe*, qui croît sur les châtaigniers, les pommiers, les poiriers et les chênes, et dont le fruit est une baie jaunâtre, à pulpe gluante, au milieu de laquelle se trouve la graine.

LORANTHÉES, famille de plantes dicotylédonées, à corolle périgyne, c'est-à-dire attachée au calice, très-voisine de la famille des caprifoliacées, dont elle a été séparée par Jussieu. La tige des plantes de cette famille est ligneuse et ramifiée; leurs feuilles ordinairement opposées, coriaces; leurs fleurs tantôt solitaires, tantôt groupées en épis ou en grappes. Cette famille renferme les genres *loranthe*, *gui*, *cloranthe*, *aucuba* et *cadonium*.

LORCA (autrefois *Eliocrata*), ancienne ville d'Espagne, située dans la province à 16 lieues de Murcie, sur une hauteur baignée par le Guadalentin. Sa population est de 22,000 habitants. — Elle a des manufactures de salpêtre, de soude et de potasse. Son territoire est très-fertile.

LORD, titre honorifique qui signifie *seigneur*, et qu'on donne en Angleterre aux personnes élevées en dignité. Ce mot est d'origine saxonne, et signifie *force*, appui. — Dans son sens plus restreint, le mot *lord* est la désignation spéciale de tout membre de la chambre haute, ou *pair* d'Angleterre. — Il se donne aussi à certains fonctionnaires. Ainsi on dit le *lord prévôt* d'Édimbourg, le *lord chef de justice* (chief-justice), le *lord avocat*, le *lord maire* de Londres, etc. Les quinze juges de la cour criminelle d'Édimbourg reçoivent le nom de *paper-lords* (lords de papier), parce qu'ils en ont reçu le titre par brevet.

LORD MAIRE, nom donné au gouverneur civil de la ville de Londres. Cette charge, dont le premier titulaire fut Henri Fitz-Alwin, date du XIIIe siècle. Les prérogatives en sont immenses. Le lord maire est le premier juge de toutes les cours et de toutes les commissions de la cité. Sous le rapport militaire, il est investi des mêmes pouvoirs que les lords lieutenants des comtés. Ce fonctionnaire est élu parmi les membres de l'une des douze corporations de la cité qui ont rempli les fonctions de shérif, et qui au temps de l'élection font l'office d'aldermen dans l'un des quartiers de la ville. Le choix est soumis, pour la forme seulement, à l'approbation royale. Le lord maire réside dans un grand hôtel, situé au bout du pont de Londres, et appelé *Mansion-House*.

LORDOSE, mot qui vient du grec *lordos* (plié), et que l'on donne en médecine à la courbure de la colonne vertébrale en avant, produisant une bosse par-devant la poitrine.

LOREDANO, famille illustre de Venise, qui a fourni trois doges ou souverains à cette république. — Le premier, LEONARDO LOREDANO, succéda en 1501 à Agostino Barbarigo, et mourut en 1521. — Le deuxième, PIETRO LOREDANO, succéda à Hyeronimo Priuli en 1567, et mourut en 1570. — Le troisième, FRANCISCO LOREDANO, succéda à Pietro Gremiani en 1752, et mourut en 1763. Le gouvernement de ces doges offre peu d'événements importants.

LORETO ou LORETTE, petite ville du Mexique, située sur le bord de la mer Vermeille, à 360 lieues de Mexico. Elle est la capitale du territoire de Vieille-Californie et le principal établissement des missionnaires dans ces contrées. Elle a été bâtie en 1730.

LORETTE, ville forte des États romains, dans la délégation et à 5 lieues d'Ancône, sur une montagne, à une lieue de l'embouchure du Musone dans la mer Adriatique. Sa population est de 6,000 habitants. — Elle a une église riche et magnifique, dédiée à la Vierge, et dans laquelle se trouve la chapelle de Nazareth, que les Italiens appellent *Santa-Casa*, et qu'ils disent avoir été transportée de Palestine en Dalmatie et de Dalmatie à Lorette. Cette chapelle, l'objet de pèlerinages de toutes les parties de la chrétienté, renferme une statue de la Vierge ornée de pierreries. Les Français, qui s'en étaient emparés en 1797, la rendirent en 1802.

LORGES, nom d'une ancienne famille de Normandie, qui possédait le comté de *Montgommery*.

LORGES (Guy-Aldonce DE DURFORT, duc DE), fils puîné de Guy-Aldonce de Durfort, marquis de Duras, et d'Élisabeth de la Tour, fit ses premières armes sous Turenne, son oncle maternel, et s'éleva par ses services au grade de lieutenant général. Il servait en cette qualité dans l'armée de Turenne, à la mort de ce grand capitaine, et ce fut alors que, prenant le commandement, il fit cette belle retraite qui lui valut l'année suivante (1676) le bâton de maréchal de France. Il commanda depuis en Allemagne, prit Heidelberg, et chassa les impériaux de l'Alsace. Il mourut à l'âge de soixante-douze ans, en 1702, capitaine des gardes du corps, chevalier des ordres du roi et gouverneur de Lorraine. Le roi avait érigé en sa faveur en 1700 la ville de Quintin en duché sous le titre de *Lorges-Quintin*.

LORGNETTE, nom vulgaire de toutes

les lunettes à un seul tube, que l'on peut tenir à la main, et dont on se sert pour rapprocher les objets éloignés, et particulièrement de la *lunette de spectacle*, appelée aussi *lunette de Hollande* ou *de Galilée*, du nom de son inventeur. Cette lunette se compose d'un tube qui renferme deux verres : l'un, l'objectif, convexe, et conséquemment convergent; l'autre, l'oculaire, concave, et conséquemment divergent. Ce dernier est placé à une distance convenable suffisante pour se trouver en deçà du foyer que forment les rayons lumineux tombant sur l'objectif. Alors il fait diverger ces rayons et augmente ainsi la grandeur de l'objet que, de plus, il fait voir dans une position directe et non renversée. C'est cette lunette qui a servi à Galilée à découvrir les satellites de Jupiter, les taches du soleil, etc. — Maintenant on assemble entre elles deux de ces lunettes parfaitement égales, afin que l'on puisse à la fois voir des deux yeux. On les appelle alors *jumelles*.

LORGNON, nom donné à un verre ordinairement grossissant, que l'on suspend autour du cou et qui sert à rapprocher les objets.

LORICAIRE, genre de poissons de l'ordre des acanthoptérygiens et de la famille des siluroïdes, ainsi nommés à cause des plaques anguleuses et dures qui cuirassent leur corps et leur tête. L'espèce la plus célèbre est le *loricaire cataphracte* ou *sétigère(porte-fil)*. On l'appelle ainsi parce que le bout de sa queue est terminé par un filament très-long et très-délié. Il est long d'environ douze à quinze pouces. Son corps est allongé, gros vers la tête et de couleur grise avec des taches brunes, inégales, arrondies.

LORIENT, ville de France, port maritime, avec une rade sur la rivière de Scorff, à une lieue de l'Océan, chef-lieu d'arrondissement du département du Morbihan, à 9 lieues de Vannes. Population, 18,500 habitants. Cette ville importante n'était encore au XVIIᵉ siècle qu'un village peu considérable. Ce village fut cédé en 1666 à la compagnie des Indes, qui, pour rendre plus directes ses relations avec l'Orient, arrêta la fondation d'un établissement sur les côtes de l'Océan. En 1728, la compagnie y établit sa place d'armes et son magasin général. La ville nouvelle prit un tel accroissement, qu'en 1738 elle comptait 14,000 habitants. En 1741, elle fut fortifiée. La compagnie des Indes ayant été dissoute en 1770, Lorient fut déclaré port franc du royaume. Cette ville est bien bâtie, le port est sûr et commode ; il a 600 toises de long sur 300 de large. C'est un des premiers chantiers de France. Lorient possède plusieurs bâtiments remarquables, l'arsenal maritime, un bagne pour les condamnés militaires, de belles casernes, de vastes magasins de marine, un lazaret spacieux et commode. Cette ville est le chef-lieu du troisième arrondissement maritime; il y a un préfet et un tribunal maritime, une direction d'artillerie de la marine, un hôpital de la marine, une école d'application au génie marine, une école d'hydrographie, un commissaire principal, une direction des ports, etc. Lorient renferme encore un tribunal de première instance, un collège, un tribunal de commerce, un observatoire, des comices agricoles, une salle de spectacle, etc.

LORIOT, genre d'oiseaux de l'ordre des passereaux ou des sylvains, ressemblant quelque peu aux merles. Ils vivent par couples, particulièrement sur les lisières des grands bois, et fréquentent le bord des eaux. A la fin de l'été, ils se réunissent en petite famille et émigrent. Leur nourriture se compose d'insectes ou de fruits, suivant la saison. L'espèce commune en France est le *loriot d'Europe*, dont tout le plumage est d'un beau jaune, nuancé seulement de verdâtre sur le croupion. Le ventre est d'un vert jaunâtre. Les ailes, la queue et les pieds sont noirâtres, le bec est de couleur incarnat. Le loriot est de la grosseur du merle. Son nid est un chef-d'œuvre de patience et d'adresse.

LORIS, genre de mammifères, de l'ordre des quadrumanes et de la famille des lémuriens, renfermant de petits animaux ressemblant aux makis quant à la forme générale. Il n'ont point de queue; leurs yeux sont grands, leurs narines ouvertes, leurs mamelles au nombre de quatre, deux pectorales, et deux inguinales. L'espèce appelée *loris grêle* est de la taille de l'écureuil. Son poil est doux, fin, laineux et roussâtre. Il est nocturne, et se nourrit d'insectes et de fruits.

LORME (Philibert DE), célèbre architecte du XVIᵉ siècle, né à Lyon. Après être allé étudier en Italie, il fut présenté à la cour par le cardinal du Bellay, et favorablement accueilli par Henri II, qui lui fit construire les châteaux d'Anet et de Meudon. C'est à Philibert de Lorme que l'on doit le palais des Tuileries, qu'il bâtit par l'ordre de Catherine de Médicis, et qui fut achevé seulement sous Louis XIV. En 1555 il fut nommé aumônier et conseiller du roi, et abbé de Saint-Eloi et de Saint-Serge à Angers. Il mourut en 1577. C'est lui qui a le premier posé les règles de la coupe des pierres, science jusqu'alors inconnue. On a de lui *Dix Livres d'architecture* et un *Traité sur la manière de bien bâtir et à peu de frais*.

LORME (Marion DE), célèbre courtisane du siècle de Louis XIII, née en 1612 ou 1615 à Châlons en Champagne, d'autres disent en 1606 eu Franche-Comté, fut la maîtresse de Desbarreaux et surtout de Cinq-Mars, avec lequel elle contracta, dit-on, un mariage secret. Elle s'immisça dans les troubles de la Fronde, et mourut en 1650, après avoir partagé avec Ninon de Lenclos l'admiration et les soins de tout Paris. D'autres prétendent qu'elle se fit passer pour morte, et qu'après avoir épousé successivement un lord et un chef de brigands, elle mourut dans le faubourg Saint-Germain, en proie à la misère, à l'âge de quatre-vingt-cinq ans, le lendemain de la mort de Ninon, en 1705.

LORMERIE, nom donné à de petits ouvrages de fer travaillés par les cloutiers, les selliers et les éperonniers, que l'on nomme aussi par cette raison *lormiers*.

LORRAIN (Claude GELÉE, dit LE). Voy. GELÉE.

LORRAINE, ancienne province de France, bornée au N. par le Luxembourg et l'archevêché de Trèves, à l'E. par l'Alsace et le duché des Deux-Ponts, au S. par la Franche-Comté, à l'O. par la Champagne et le Barrois. Sa superficie était de 1,424 lieues carrées, et sa population de 1,139,200 habitants. Divisée en quatre grands bailliages, celui de Nancy, la capitale, celui des Vosges, celui de Bassigny et la *Lorraine allemande*, la Lorraine forme aujourd'hui, avec le duché de Bar et les Trois-Evêchés, les quatre départements de la Meurthe, de la Moselle, des Vosges et de la Meuse. — La Lorraine a reçu son nom en latin, *Lotharingia* de Lothaire II, petit-fils de Louis le Débonnaire, pour lequel elle fut érigée en royaume. Ce royaume, morcelé plus tard, fut reconstitué en 895 en faveur de Zwentibold, fils naturel de l'empereur Arnoul. Enfin elle fut réduite au titre de duché. Son premier duc a été Gérard d'Alsace, oncle de l'empereur Conrad, à qui l'empereur Henri le Noir la donna en 1048. Sa descendance finit en la personne d'Isabeau, qui porta en 1430 la Lorraine à la maison d'Anjou. Celle-ci la conserva jusqu'en 1736, époque à laquelle le traité de Vienne la réunit au duché de Pologne Stanislas Leczinski, à la mort duquel (1766) elle fut réunie à la France par Louis XV, gendre de Stanislas. Le dernier duc François reçut en compensation la Toscane.

LORRAINE (Charles DE), connu sous le nom de *cardinal de Lorraine*, archevêque de Reims, de Narbonne, évêque de Metz, de Toul, de Verdun, de Théronane, de Luçon et de Valence, abbé de Marmoutiers, de Cluny, de Saint-Denis, de Fécamp, etc ; né à Joinville en 1525 de Claude de Lorraine, premier duc de Guise, reçut le chapeau de cardinal en 1547, et se signala en 1561 au colloque de Poissy, où il lutta avec avantage contre Théodore de Bèze Il parut aussi avec beaucoup d'éclat au concile de Trente. Il fonda en 1573 l'université de Pont-à-Mousson, et mourut l'année suivante. Zélé pour la religion catholique, il fut la terreur des calvinistes. Il ne faut pas le confondre avec le cardinal de Guise, son neveu.

LORRIS (Guillaume DE), ainsi appelé de la ville de Lorris (Loiret), où il naquit vers le commencement du XIIIᵉ siècle. On croit qu'il mourut vers 1240, d'autres disent vers 1260. Il est l'auteur des quatre mille cent cinquante premiers vers du *Roman de la Rose*, continué en 1280 par Jehan de Meung dit Clopinel. Ce roman est, d'aimer mis en principes, sous la forme d'une allégorie.

LORUM. On donne ce nom, en histoire naturelle, à la partie de la tête des oiseaux qui se trouve entre le bec et l'œil. Le *lorum* est *glabre*, c'est-à-dire nu de plumes ou *emplumé*.

LOSANGE (du grec *loxos*, oblique, et du latin *angulus* angle), figure de géométrie à quatre côtés égaux, placés obliquement l'un sur l'autre, et qui a deux angles aigus et deux obtus. Dans un losange, les diagonales se coupent à angles droits.

LOSSE ou LOUSSE, outil de fer acéré et tranchant, fait comme un demi-cône coupé du haut en bas dans l'axe et emmanché comme une vrille. Il sert aux tonneliers à percer les bondes des barriques.

LOT, rivière de France qui prend sa source dans les montagnes de la Lozère, à l'E. de Bleymard, reçoit la Truyère, la Selle et une foule d'autres ruisseaux, traverse les départements de la Lozère, de l'Aveyron, du Lot et du Lot-et-Garonne, passe à Mende, Espalion, Cahors, Villeneuve d'Agen, et se jette dans la Garonne au-dessous d'Aiguillon, à la pointe de Rebequet. Son cours total, d'environ 295,000 mètres, n'est navigable que depuis Entraigues (Aveyron).

LOT, département français, région du S., formé du ci-devant Quercy (Guienne). Il a pour limites, au N. le département de la Corrèze, à l'E. ceux du Cantal et de l'Aveyron, au S. celui de Tarn-et-Garonne, et à l'O. ceux de Lot-et-Garonne et de la Dordogne. Il tire son nom d'une des principales rivières qui le traversent. Sa superficie est de 524,397 hectares, et la population de 286,000 hab. Il se divise en trois arrond. : *Cahors* (chef-lieu), *Figeac*, *Gourdon*, et nommait six députés. C'est la patrie de Fénelon, archevêque de Cambrai, du poète Marot, et de Murat, qui a été roi de Naples ; on y remarque plusieurs antiquités romaines et autres. Il est compris dans la 10ᵉ div. mil., le dioc. de Cahors, le ress. de la cour d'appel d'Agen et de l'académie de Cahors. — Le Lot est un pays fertile, pierreux en plusieurs localités. L'agriculture est peu avancée. Il produit annuellement 1,525,000 hectolitres de céréales, 600,000 de vins (ceux de Cahors sont très-estimés), et 165,000 de châtaignes. Le département est un de ceux où la culture du tabac est autorisée. On en récolte environ 930,000 kilogrammes de feuilles par an, 1,853 hectares de terrain sont consacrés à sa culture. On y trouve aussi des truffes estimées, nommées *truffes du Périgord*. Cressensac est le centre de ce commerce. L'industrie commerciale s'exerce sur la fabrique de tuiles, poteries, bonneteries, cadis, étoffes de coton et de toile, sur la fabrication des cuirs, de papier, etc.

LOT ou LOTH, fils d'Aran, petit-fils de Tharé et neveu d'Abraham, quitta avec lui Ur, sa patrie, et s'en sépara pour obvier aux querelles qui s'élevaient entre les pasteurs de leurs troupeaux. Il alla habiter Sodome, et fut des envoyés de Dieu le firent sortir au moment où elle fut détruite. Ses filles, après l'avoir enivré, le rendirent ère chacune d'un fils. Ces enfants nés d'un inceste furent *Moab* et *Ammon*, tiges des Moabites et des Ammonites. Sa femme qui dans sa fuite de Sodome avait, en regardant derrière elle, contrevenu à la défense céleste, fut changée en statue de sel.

LOTERIE, sorte de jeu de hasard, dans lequel sont déposées certaines sommes d'argent ou tout autre objet de prix qui doivent échoir en partage aux personnes qui obtiendront les billets favorables. — L'usage des loteries était connu et pratiqué des Romains. Il nous est venu d'Italie, et, après plusieurs essais infructueux, les loteries s'introduisirent en France sous le ministère de Mazarin. Ce n'est qu'en 1776 que fut créée une nouvelle loterie, qui supplanta toutes les autres et qui reçut le nom de loterie royale de France. Il n'y eut d'abord qu'une seule loterie en France, à Paris. Puis s'établirent depuis 1800 celles de Bordeaux, de Strasbourg, de Lille et de Lyon. Pour mettre un terme aux abus de cette institution immorale, qui donnait à l'État un revenu de plus de 20,000,000, on commença par la supprimer dans vingt-huit départements, et elle a été totalement abolie à partir du 1er janvier 1836. — Les tirages de la loterie royale de France se faisaient par cinq numéros sur quatre-vingt-dix. L'*extrait* est la sortie d'un seul numéro désigné; il gagnait 15 fois la mise; l'*ambe*, sortie de deux numéros, gagnait 270 fois; le *terne*, de trois, 5,500 fois; le *quaterne* gagnait 75,000 fois la mise. Le *quine* ne se jouait pas.

LOT-ET-GARONNE, département français, région du S.-O., formé de l'Agenois et du Bazadois (Guienne), du Condomois et de la Lomagne (Gascogne). Il a pour limites, au N. les départements de la Dordogne et de la Gironde, à l'E. ceux du Lot et du Tarn-et-Garonne, au S. ceux de Tarn-et-Garonne, du Gers et des Landes, et à l'O. ceux des Landes et de la Gironde. Il tire son nom de la Garonne, qui le traverse, et du Lot, qui vient s'y réunir à cette rivière. Sa superficie est de 497,635 hectares, et sa population de 346,000 hab. Il se divise en quatre arrondis. : *Agen* (chef-lieu), *Marmande*, *Nérac* et *Villeneuve-d'Agen*. Il nommait cinq députés. C'est la patrie de Montluc, de Scaliger, de Bernard de Palissy, et dans ces derniers temps, du coiffeur-poète Jasmin; on y remarque le pont-canal à Agen. Il est compris dans la 11e div. militaire, le diocèse d'Agen, le ressort de la cour d'appel de la même ville et de l'académie de Cahors. Le Lot-et-Garonne un pays semé de landes et de rochers calcaires, fertile cependant le long des rivières qui le traversent et essentiellement agricole. On récolte annuellement 1,720,000 hectolitres de céréales, 630,000 de vins et 75,000 quintaux métriques de pruneaux excellents dits de Clairac. Les figues séchées de Clairac sont très-recherchées. La culture du tabac occupe 2,030 hectares, et produit par an environ 750,000 kilogrammes de feuilles. L'industrie commerciale s'exerce dans la préparation du liège (130,000 quintaux métriques par an), de la résine, du goudron, de la térébentine, sur la distillation des liqueurs, des verreries, la filature de laine, des fabriques de papiers, cuirs, verreries, poteries, etc. On y trouve de belles carrières.

LOTHAIRE Ier, empereur d'Occident et roi de France, né en 795, fils aîné de Louis le Débonnaire et d'Ermengarde d'Alsace, fut associé par son père à l'empire en 817 et nommé roi de Lombardie en 820. A la mort de son père, contre lequel il s'était révolté plusieurs fois et qu'il avait même fait enfermer au monastère de Saint-Médard à Soissons, il s'arrogea la suprématie sur ses frères Charles et Louis, qui, s'étant ligués contre lui, le vainquirent à Fontenoi (841) et partagèrent avec lui l'empire par le traité de Verdun (843). Lothaire eut le titre d'empereur, l'Italie, la Lorraine et la Bourgogne. Il abdiqua en 855, et se retira dans l'abbaye de Pruym, où il prit l'habit et mourut six jours après.

LOTHAIRE II, empereur d'Occident ou d'Allemagne, était fils de Gebhard, comte de Supplembourg et d'Arnsberg. Devenu duc de Saxe par son mariage avec Richèze, fille de Louis le Gros, il fut élu roi de Germanie après la mort de Henri V en 1125, et sacré en 1133 empereur d'Allemagne par Innocent II, auquel il se montra bassement dévoué, et qui lui donna l'usufruit des biens de la comtesse Mathilde. Il mourut en 1137, après avoir lutté contre Conrad de Franconie et Frédéric de Souabe, ses compétiteurs.

LOTHAIRE II, roi de France, fils de Louis IV d'Outremer et de Gerberge, sœur d'Othon Ier, naquit en 941, fut associé au trône en 952, et succéda à son père en 954. Il fit avec succès la guerre à l'empereur Othon, auquel il céda la Lorraine en 980. Il céda aussi à Charles son frère le duché de basse Lorraine, et mourut à Compiègne, empoisonné, dit-on, par sa femme Emma, fille de Lothaire II, roi d'Italie.

LOTHAIRE II, roi de Lorraine, second fils de l'empereur Lothaire Ier et d'Hermengarde d'Hasbain, succéda en 855 à son père dans cette partie de la France comprise entre le Rhin, la Meuse et l'Océan, et qui fut appelée de son nom *Lotharingia*, Lorraine. En 856 il épousa Thietberge, fille de Hubert, duc de la Bourgogne Transjurane, qu'il répudia cinq ans après pour épouser Valdrade, sœur de Gonthier, archevêque de Cologne. Forcé de reprendre Thietberge, il essaya en vain, dans un voyage en Italie qu'il fit en 868-869 pour secourir son frère Louis contre les Sarrasins, de fléchir le pape, et mourut à Plaisance en 869, ne laissant qu'un fils naturel, Hugues, et deux filles de Valdrade. L'aînée, Gisèle, épousa en 882 le duc de Frise, Godefroi le Danois. La cadette, Berthe, épousa, 1o le comte Thiébaud, 2o en 917 le marquis de Toscane, Adalbert II *le Riche*.

LOTHAIRE II, roi d'Italie, fils de Hugues, marquis de Provence, comte d'Arles et roi d'Italie et d'Alda, était petit-fils de Berthe, fille de Lothaire II et d'Adalbert. Associé au trône dès 931, et dépossédé avec son père en 949 par Bérenger, marquis d'Yvrée, il conserva cependant la couronne, tandis que Bérenger eut toute l'autorité. Il mourut empoisonné par ce dernier en 950. Il ne laissa de sa femme Adélaïde, fille de Rodolphe II, roi de Bourgogne, qu'une fille Emma, mariée en 966 à Lothaire II, roi de France.

LOTHIAN (en latin, *Laudania*), province maritime d'Écosse, formant les trois comtés d'Édimbourg ou *Mid - Lothian* (Lothian central), Linlithgow ou *West-Lothian* (Lothian occidental) et Haddington ou *East-Lothian* (Lothian oriental).

LOTIER, genre de plantes de la famille des légumineuses, contenant une cinquantaine d'espèces herbacées, vivaces ou annuelles, qui appartiennent presque toutes au bassin de la Méditerranée. Les plus communes sont le *lotier comestible*, aux tiges couchées et velues, aux fleurs jaunes, aux gousses tendres, d'une saveur douce, analogue à celle des petits pois ; et le *lotier corniculé*, aux tiges couchées, velues et fistuleuses, aux feuilles ovales et grasses, et aux fleurs jaunes.

LOTION, opération qui a pour but le lavage d'un corps en promenant sur sa surface un linge trempé dans un liquide. — En pharmacie, on emploie les *lotions* pour nettoyer les substances telles que les gommes, les racines, et leur enlever les impuretés. — En médecine, on les emploie souvent sur les parties malades comme médicaments externes. Elles prennent alors leurs noms des propriétés des diverses matières qui les composent. Telles sont les *lotions émollientes, détersives, astringentes*.

LOTISSAGE, opération de docimasie, qui consiste à faire un tas avec le minéral pulvérisé, et à prendre dans différentes parties de ce tas de quoi en faire l'essai, pour procéder avec plus d'exactitude.

LOTO, jeu qui se compose de vingt-quatre cartons, renfermant chacun quinze chiffres rangés sur trois rangs, chaque rang contient dix compartiments verticaux, cinq colorés, et cinq offrant des numéros dans l'ordre des chiffres depuis 1 jusqu'à 90. On tire d'un sac successivement des boules portant des chiffres de 1 à 90, et à l'appel de chaque numéro, les joueurs qui le trouvent sur leurs cartons le marquent. Le joueur auquel le sort a complété le premier une rangée horizontale gagne la partie.

LOTOPHAGES (*mangeurs de lotos*), ancien peuple d'Afrique, ainsi appelé par Homère parce qu'il se nourrissait des fruits du lotos, arbre qui était très-commun dans la Syrtique, sur les rivages de laquelle on place les Lotophages (près du golfe de la Sidre, dans la régence de Tunis).

LOTOS. L'on a dit que l'arbre nommé ainsi par les anciens est le *jujubier* des botanistes. Cependant on convient que les anciens appelaient encore ainsi deux plantes, l'une aquatique, le *nymphœa*, et l'autre terrestre, le *mélilot*. Selon Homère, le fruit du lotos, doux comme le miel, faisait oublier aux étrangers leur patrie.

LOUAGE, contrat verbal ou écrit par lequel une des parties contractantes s'engage à faire jouir l'autre d'une chose pendant un temps fixé, moyennant un prix que celle-ci s'oblige à payer.

LOUBÈRE (Simon DE LA), né à Toulouse en 1642, secrétaire d'ambassade en Suisse, fut envoyé par Louis XIV à Siam en 1687 en qualité d'envoyé extraordinaire. Pendant son voyage, il rédigea une *Relation* curieuse, publiée en 1691. De retour en France, il fut employé à plusieurs missions délicates, et mourut en 1729. Il avait été reçu en 1693 membre de l'académie française, et avait rétabli à Toulouse les jeux floraux tombés en décadence.

LOUBINE, nom vulgaire du *centropome loup*, poisson appelé encore *loup de mer*.

LOUCHET, instrument de fer, légèrement arqué, formant avec son manche, qu'on tient presque horizontal, un angle un peu plus fermé que l'angle droit. On s'en sert tantôt pour remuer la terre.

LOUDÉAC, chef-lieu d'arrondissement du département des Côtes-du-Nord, à 15 lieues de Saint-Brieuc. Population, 6,836 habitants. Cette petite ville, située près de la vaste forêt de même nom, est peu importante. Elle est le centre d'une exploitation très-étendue de toiles dites *de Bretagne*. Il y existe une chambre consultative des manufactures, un tribunal de première instance et une société d'agriculture. La fabrication des toiles y occupe quatre mille métiers, mis en action par quatre mille tisserands, et produisant annuellement 2,000,000 d'aunes de toile.

LOUDUN, ville ancienne de France, chef-lieu d'arrondissement du département de la Vienne, à 15 lieues de Poitiers. Population, 5,600 habitants. Capitale d'un ancien pays appelé *Loudunois*, cette ville fut cédée à Louis XI par les comtes du Poitou, et érigée en duché en faveur de Françoise de Rohan, à la mort de laquelle elle fut cédée à la couronne. Loudun est connu par les synodes qu'y tinrent les protestants en 1611 et 1612, et par le procès étrange fait au curé Urbain Grandier. Loudun possède de jolies promenades, des ruines d'un ancien château, un tribunal de première instance, un collège, une école modèle. Il commerce en draps, dentelles, blé, vins, eau-de-vie, cuirs, cire, miel, lin et chanvre.

LOUGRE, petit bâtiment de guerre, ayant comme la chasse-marée deux mâts et deux grandes voiles trapézoïdales, qui lui donnent une légèreté étonnante. Le lougre est le bâtiment des pirates et des contrebandiers.

LOUHANS, sur la rive gauche de la Seille, chef-lieu d'arrondissement du département de Saône-et-Loire, à 15 lieues de Mâcon. Population, 3,500 habitants. Louhans était au moyen âge une baronnie du duché de Bourgogne, et faisait partie de la Bresse châlonnaise. Le territoire de Louhans est remarquable par sa fertilité; la ville l'est par son active industrie. Elle possède un tribunal de première instance et de commerce, un collége et des comices agricoles. Louhans renferme plusieurs établissements métallurgiques, et commerce en fers, cristaux, etc.

LOUIS Ier, empereur d'Occident et roi des Francs, troisième fils de Charlemagne, né en 778, fut roi d'Aquitaine jusqu'à la mort de son père et son avénement à l'empire (814). Il associa son fils aîné Lothaire à l'empire, et donna à ses deux autres fils, Louis et Pepin, la Bavière et l'Aquitaine. Son cousin Bernard, roi d'Italie, s'étant révolté en 818, Louis lui fit crever les yeux, et presque aussitôt s'imposa en expiation de ce crime la pénitence publique d'Attigny. L'adjonction de Charles, son quatrième fils, au partage de ses États, excita la première révolte de ses autres fils, qui le déclarèrent déchu de la dignité impériale pour en revêtir Lothaire. Louis, après avoir subi l'humiliation d'une seconde pénitence publique à Soissons, fut enfermé à Saint-Médard jusqu'à la désunion de ses fils, qui lui rendirent sa couronne (835). Il mourut l'an 840, lorsqu'il marchait contre son fils Louis de Bavière, qui avait de nouveau pris les armes contre lui. Les écrivains contemporains, se fondant sur son excessive dévotion, l'ont surnommé le Pieux, surnom que les historiens modernes ont remplacé par celui de Débonnaire, marque de sa faiblesse et de son incapacité. — Louis II le Jeune, empereur d'Occident, fils aîné de Lothaire Ier, créé roi d'Italie en 844, monta sur le trône impérial en 855. Il habita Pavie au lieu de Rome, séjour ordinaire des empereurs en Italie, et mourut en 875, après avoir vaincu les Sarrasins. Il ne laissait de sa femme Engelberge, fille de Louis le Germanique, qu'une fille, Ermengarde, mariée à Boson, roi de Provence. — Louis III l'Aveugle, empereur, né en 880 de Boson, roi de Provence, et d'Hermengarde, fille de Louis le Jeune, succéda à son père dans le royaume de Provence. Il passa en Italie en 900 pour y défendre ses droits contre Bérenger qui lui disputait l'empire. Après l'avoir battu deux fois, il se fit couronner à Rome par le pape Benoît IV; mais, surpris dans Vérone par son rival, qui lui fit crever les yeux, et le renvoya en Provence, il mourut sans enfants dans cette ville en 934. — Louis IV l'Enfant (d'autres, ne faisant pas compter le précédent, l'appellent Louis III), fils de l'empereur Arnulf ou Arnoul, monta sur le trône à l'âge de sept ans en 899. Son règne, qui se termina en 911, époque de sa mort à Ratisbonne, fut troublé par les incursions et les ravages des Hongrois. Il fut le dernier de la race carlovingienne, et après lui la couronne d'Allemagne devint élective. — Louis V ou Louis IV, fils de Louis le Sévère, duc de Bavière, et de Mathilde, fille de l'empereur Rodolphe Ier, né en 1284, fut élu empereur à Francfort le 20 octobre 1314, en même temps que Frédéric d'Autriche, fils de l'empereur Albert Ier. Après plusieurs batailles décisives, et entre autres celle de Mühldor (1322), Frédéric renonça à l'empire. Jean XXII, qui jusqu'alors avait été neutre, déclara l'empire vacant, et excommunia Louis, qui lui répondit en élisant l'antipape Nicolas V. Excommunié aussi par Clément VI en 1346, il allait faire la guerre à Charles de Luxembourg, qui venait d'être élu empereur, lorsqu'il mourut d'une chute en 1347.

LOUIS Ier, roi de France. Voy. Louis Ier, empereur.

LOUIS II, dit le Bègue, roi de France, fils de Charles le Chauve, couronné roi d'Aquitaine en 867, succéda à son père en 877 dans le royaume de France. Il fut contraint de démembrer une partie de ses États en faveur de Boson, roi de Provence, et d'autres seigneurs mécontents, et mourut en 879 à trente-cinq ans, laissant d'Ansgarde, sa première femme, Louis et Carloman, et Adélaïde, sa seconde, enceinte d'un fils qui fut Charles le Simple.

LOUIS III, fils de Louis le Bègue, lui succéda en 879 conjointement avec son frère Carloman. Il eut l'Austrasie et la Neustrie, défit Hugues le Bâtard, qui revendiquait la Lorraine, et s'opposa aux courses des Normands qu'il vainquit en 882 à Saucourt en Vimeux. Il mourut sans enfants la même année.

LOUIS IV, dit d'Outremer (ainsi nommé à cause de son séjour en Angleterre pendant treize ans), fils de Charles le Simple et d'Ogive, sœur d'Athelstan, roi d'Angleterre. Rappelé en France à l'âge de seize ans (936) par le comte Héribert de Vermandois et Hugues le Blanc, duc de France, il succéda à Raoul. Il eut des peines infinies à apaiser les révoltes des grands, et fut fait prisonnier par les Normands en 944. Relâché moyennant la cession au duc de France de la ville de Laon, il mourut à Reims d'une chute de cheval en 954, laissant de Gerberge, fille de l'empereur Henri l'Oiseleur, deux fils, Lothaire et Charles.

LOUIS V, dit le Fainéant, fils de Lothaire, lui succéda en 986. Il s'empara de la ville de Reims, et s'apprêtait à marcher contre les Sarrasins au secours du comte de Barcelone, lorsqu'il mourut à l'âge de vingt ans en 987, empoisonné, dit-on, par sa femme Blanche. Louis V fut le dernier des rois carlovingiens.

LOUIS VI, dit le Gros, fils de Philippe Ier et de Berthe de Hollande, né en 1081, succéda à son père en 1108. Le règne de Louis le Gros fut presque tout entier employé à réduire à l'obéissance les comtes de Clermont, de Chaumont et de Corbeil, les sires de Montmorency et de Montlhéry, les seigneurs de Montfort l'Amaury, du Puiset, de Coucy, de Rochefort, qui inquiétaient le domaine royal, alors composé seulement de l'Ile-de-France et d'une partie de l'Orléanais. De 1115 à 1125, il eut surtout à combattre Henri Ier, roi d'Angleterre et duc de Normandie. Vaincu au combat de Brenneville (1119), où il faillit être pris, il fut forcé de faire la paix. Ses dernières années furent occupées à venger le meurtre de Charles le Bon, comte de Flandre, et à éteindre le schisme entre les papes Innocent II et Anaclet. Il mourut en 1137. Ce fut lui qui le premier octroya aux communes (Laon, Amiens) des chartes d'affranchissement.

LOUIS VII, dit le Jeune, fils de Louis VI, né en 1120, lui succéda en 1137, quoique associé à la couronne depuis quelques années. Ayant, dans une guerre contre Thibaut, comte de Champagne, incendié la ville de Vitry (1141), il partit pour la croisade afin d'expier ce crime (1147-1149), laissant l'abbé Suger régent de France. De retour en France, Louis divorça avec sa femme Éléonore de Poitou, qui lui avait apporté la Guienne et qui la transmit à Henri II, roi d'Angleterre, son second mari, et épousa Alix de Champagne. Après avoir fait la guerre à l'Angleterre de 1156 à 1177, il mourut en 1180.

LOUIS VIII, dit le Lion, fils de Philippe Auguste et d'Isabelle de Hainaut, né en 1187, fit, avant de monter sur le trône, une expédition infructueuse en Angleterre pour s'emparer de la couronne, et succéda à son père en 1223. Il chassa les Anglais du Poitou, de la Saintonge, de l'Aunis, du Limousin et du Périgord. Engagé dans la croisade contre les albigeois, il prit Avignon (1226) après un siège de trois mois, et mourut la même année à Montpensier. De deux enfants qu'il avait eus de Blanche de Castille, il ne laissa que cinq fils et une fille.

LOUIS IX, surnommé saint Louis, fils aîné de Louis VIII, né en 1215, fut couronné en 1226 roi de France sous la tutelle de sa mère, et remporta sur le roi d'Angleterre et les grands vassaux de la couronne révoltés les deux victoires de la Taillebourg et de Saintes (1242). Il s'embarqua à Aigues-Mortes en 1248 pour la croisade, obéissant ainsi à un vœu qu'il avait formé pendant une maladie. Après s'être rendu maître de Damiette (1249), il fut vaincu et fait prisonnier à la bataille de la Massoure (1250), et rendit sa capture pour rançon. Il demeura encore en Palestine jusqu'en 1254, époque à laquelle la mort de sa mère rendit son retour nécessaire. Il repartit pour la sixième croisade. En 1270, assiégea Tunis en Afrique, et mourut dans son camp la même année, emporté par une maladie contagieuse. Ses restes furent transportés en France. C'est sous le règne de Louis IX qu'il faut rapporter l'institution des maîtres des requêtes, l'interdiction des duels judiciaires qui reparurent plus tard, la construction de l'hospice des Quinze-Vingts et d'une foule de monastères ou églises, notamment la sainte Chapelle à Paris. Il avait donné en 1269 une pragmatique sanction pour conserver les droits de l'Église gallicane. On voit encore à Vincennes le chêne sous lequel il rendait la justice à ses sujets; modèle accompli de toutes les vertus chrétiennes, il fut canonisé en 1297. On fait sa fête le 25 août.

LOUIS X, dit le Hutin (c'est-à-dire mutin), fils de Philippe le Bel et de Jeanne de Navarre, succéda en 1314 à son père dans le royaume de France, étant déjà par sa mère roi de Navarre depuis 1305. Son règne, où prédomina l'influence de Charles de Valois, son oncle, fut signalé par le supplice d'Enguerrand de Marigny, le rappel des juifs, la guerre au comte de Flandre et l'affranchissement des serfs dans ses domaines. Il mourut en 1316 à vingt-six ans. Il avait fait mettre à mort sa première femme Marguerite de Bourgogne, convaincue d'adultère. Sa seconde épouse, Clémence de Hongrie, mit au monde un fils posthume, nommé Jean (1316); mais il ne vécut que huit jours.

LOUIS XI, fils de Charles VII et de Marie d'Anjou, né à Bourges en 1423, commença, lorsqu'il n'avait encore que dix-sept ans, par être le chef de la révolte qu'on appela la Praguerie, Il ne cessa de causer des chagrins à son père, dont il hâta la mort (1461). Parvenu au trône, son unique but fut d'abaisser les grands, et pour y parvenir il employa la ruse et la fausseté. Il sut dissoudre plusieurs ligues formées contre lui par eux, sous le prétexte du bien public. La première se termina par la paix de Conflans (1465). Il se laissa attirer par Charles le Téméraire, duc de Bourgogne, dans le château de Péronne, où il fut retenu prisonnier. Relâché presque aussitôt, il fit empoisonner son frère, le duc de Berri, allié de Charles, qui se ligua contre lui avec le roi d'Angleterre. Louis se hâta de conclure un traité avec ce dernier à Pecquigny (1475). Vers la fin de sa vie, il s'enferma au château de Plessis-les-Tours, où il se faisait garder avec les plus grandes précautions, et où il mourut en 1483. Cruel, dévot et fourbe, sa devise était, Qui ne sait dissimuler ne sait régner. Il contribua puissamment à la destruction de la féodalité, en abattant les têtes des seigneurs. C'est à lui qu'on doit l'établissement des postes (1464) et la réunion à la couronne de l'Anjou, du Maine, de la Provence et de la Bourgogne.

LOUIS XII, dit le Père du peuple, né à Blois en 1462 de Charles, duc d'Orléans, et de Marie de Clèves, épousa en 1476 Jeanne de France, fille de Louis XI. Pendant la régence d'Anne de Beaujeu, il prit les armes contre elle et fut battu par la Trémouille à Saint-Aubin (1488). Il succéda à Charles VIII en 1498, et fit rompre son mariage pour épouser Anne de Bretagne, veuve de ce prince. Il réunit ainsi la Bretagne à la couronne. Se fondant sur les droits que lui avait transmis sa mère, Valentine Visconti, il s'empara du Milanais dont il fit la conquête en vingt jours, et qu'il perdit en aussi peu de temps pour le reconquérir encore (1499), ainsi que le royaume de Naples (1500). Ce dernier lui fut bientôt enlevé par les Espagnols sous les ordres de Gonsalve de Cordoue (1503). Vainqueur en 1509 à Agnadel des Vénitiens contre lesquels le pape avait formé la ligue de Cambrai, et qui formèrent presque aussitôt avec lui la *sainte ligue* contre Louis XII, celui-ci ne leur échappa que par la mort du pape, la cession du Milanais et son mariage avec Marie, sœur de Henri VIII, roi d'Angleterre. Il mourut en 1515, ne laissant que deux filles, Claude, mariée à François Ier, et Renée, femme d'Hercule II d'Est, duc de Ferrare.

LOUIS XIII, surnommé *le Juste*, né à Fontainebleau en 1601, de Henri IV et de Marie de Médicis, succéda à son père en 1610 sous la régence de sa mère et la tutelle de ses favoris qui se succédèrent dans le gouvernement de la France, le maréchal d'Ancre, le duc d'Epernon et le connétable de Luynes. Le commencement de la faveur despotique du cardinal de Richelieu commence en 1621. Louis se laissa tellement dominer par ce génie extraordinaire qu'il lui abandonna entièrement les rênes de l'Etat, et qu'il n'osa défendre contre sa haine le duc de Montmorency, Chalais et Cinq-Mars. Il mourut en 1643, cinq mois après son ministre. C'est sous son règne que furent réunis à la couronne le Béarn (1620), le duché de Bar (1633) et le Roussillon (1642).

LOUIS XIV, dit *le Grand*, né à Saint-Germain en Laye en 1638, de Louis XIII et d'Anne d'Autriche, succéda à son père à l'âge de cinq ans, sous la régence de sa mère et le ministère du cardinal Mazarin. Tandis que ses généraux étaient victorieux au dehors de l'Espagne et de l'Autriche, au dedans les seigneurs formaient contre son ministre la ligue appelée *Fronde*, terminée en 1652. Ce ne fut qu'en 1661 que Louis XIV commença à régner par lui-même. Il destitua le surintendant Fouquet et le remplaça par Colbert, qui seconda merveilleusement ses vues d'agrandissement et d'amélioration. — 1667. Guerre avec l'Espagne; conquête de la Flandre et de la Franche - Comté. — 1672. Guerre en Hollande et conquête de ce pays. — 1678. Paix générale. — 1685. Révocation de l'édit de Nantes et persécution des calvinistes. — 1687. Bataille de Fleurus, batailles de Steinkerque, de Nerwinde, de la Marsaille. — 1697. Paix générale. — 1700. Guerre pour la succession d'Espagne. — 1712. Victoire de Denain. — 1713. Paix d'Utrecht, qui termine la guerre avec toutes les puissances européennes, sauf l'Autriche, avec laquelle a lieu la paix de Rastadt (1714). — 1715. Mort de Louis XIV. Ce règne fut non moins glorieux par le triomphe des lettres et des arts que par celui des armes, et mérita le surnom de *grand siècle*. Vers la fin de sa vie, ce monarque, veuf de sa première femme, Marie-Thérèse d'Autriche, et fatigué de ses nombreuses maîtresses, avait épousé en secret Mme de Maintenon, veuve du poëte Scarron.

LOUIS XV, fils de Louis, duc de Bourgogne, et de Marie-Adélaïde de Savoie, et arrière-petit-fils de Louis XIV, auquel il succéda en 1715, à l'âge de cinq ans, sous la régence du duc d'Orléans. Cette époque fut remarquable par la corruption des mœurs, l'introduction et la chute du système financier de Law. — 1723. Majorité du roi et ministère du cardinal de Fleury. — 1733. Guerre contre l'empereur Charles VI. — 1735. Traité de Vienne. — 1745. Victoire de Fontenoi sur les Anglais, les Autrichiens et les Hollandais. — 1756. Guerre désastreuse avec l'Angleterre. — 1763. Paix générale. — 1766. Réunion définitive de la Lorraine. — 1768. Réunion de la Corse. — 1770. Abolition des parlements. — 1774. Mort de Louis XV. Sa corruption et sa faiblesse furent les deux grands défauts de ce prince sous le long règne, sous lequel l'Angleterre nous enleva presque toutes nos colonies, et sous lequel la marquise de Pompadour et la comtesse du Barry se succédèrent dans la faveur royale et le gouvernement de la France.

LOUIS XVI, petit-fils de Louis XV, fils du dauphin Louis et de Marie-Joséphine de Saxe, épousa en 1770 Marie-Antoinette d'Autriche, et succéda en 1774 à son aïeul. Il rappela la même année les parlements exilés par son prédécesseur, et entra dans des voies de réformes et d'améliorations. — 1778. Traité d'alliance avec les Etats-Unis. — Guerre maritime avec l'Angleterre. — 1783. Traité de Versailles avec les Etats-Unis, l'Angleterre et l'Espagne. — 1787. Déficit de 100,000,000 dans les finances. — 1788. Assemblée des notables. — 1789. Assemblée des états généraux. — L'histoire du règne de Louis XVI devient ici celle des assemblées constituante et législative et de la convention. (Voy. ces mots.) Après avoir été arrêté dans sa fuite à Varennes (1791), et avoir été forcé dans la journée du 10 août de chercher une retraite au sein même de l'assemblée, il fut arrêté trois jours après et enfermé au Temple. Traduit à la barre de la convention, il répondit avec clarté et sang-froid sur les trente-quatre chefs d'accusation de son procès, et, malgré les efforts de Malesherbes, Tronchet et Desèze, ses défenseurs, il fut condamné dans la séance du 17 janvier 1793 à la peine de mort, à la majorité de cinq voix. Il monta sur l'échafaud dressé sur la place Louis XV, le 21 janvier, et mourut avec un grand courage.

LOUIS XVII, fils de Louis XVI, né en 1785, devint dauphin après la mort de son frère aîné (1789). Détenu au Temple avec sa famille, il fut, six mois après la mort de son père, enlevé à sa mère pour être confié à la garde d'un cordonnier brutal nommé Simon, dont les mauvais traitements précipitèrent sa mort, arrivée le 8 juin 1795. On crut qu'il avait été empoisonné. D'autres prétendirent qu'il avait été enlevé au moyen d'un cheval de bois; ce qui a donné lieu à l'apparition de plusieurs imposteurs qui ont cherché à exploiter sous son nom de la crédulité publique.

LOUIS XVIII, frère puîné de Louis XVI, né en 1755, porta d'abord le nom de *comte de Provence*, et ensuite celui de *Monsieur* à l'avènement de son frère. Il parvint en juin 1791 à franchir la frontière, et se mit à la tête des émigrés pour sauver son frère. Il ne put y réussir. A la mort de Louis XVII, il prit le titre de roi de France, auquel il ne voulut pas renoncer malgré les offres de Bonaparte, contre l'usurpation duquel il protesta en 1804. Reconnu le 6 avril 1814 par le sénat français, il fit quelques jours après son entrée dans Paris. Ses premiers actes furent la promulgation d'une charte constitutionnelle et la restitution des pays conquis. Chassé du trône par le retour de Napoléon (1815), il se retira à Gand pendant les cent jours. Sa rentrée dans Paris fut suivie du traité conclu dans cette ville, et qui stipula l'occupation du territoire français par les alliés avec une imposition de 700,000,000. — 1817. Concordat-congrès d'Aix-la-Chapelle (1818) et de Vérone (1822), qui règlent les intérêts des puissances européennes. — 1823. Intervention armée des Français dans la révolution d'Espagne. — 1824. Mort de Louis XVIII. Ce prince, bel esprit et politique habile, protégea les lettres, qu'il cultiva lui-même.

LOUIS, dauphin de France, appelé communément *le grand-dauphin*, fils de Louis XIV et de Marie-Thérèse d'Autriche, né en 1661, eut le duc de Montausier pour gouverneur et Bossuet pour précepteur. Il se signala à la tête des armées de son père en 1688 et en 1694, et vécut ensuite dans l'oisiveté jusqu'à sa mort (1711). Il avait eu de Marie-Christine de Bavière trois fils : Louis, duc de Bourgogne ; Philippe, duc d'Anjou, plus tard roi d'Espagne ; et Charles, duc de Berri.

LOUIS, duc de Bourgogne, fils aîné du dauphin Louis, né à Versailles en 1682, eut pour gouverneur le duc de Beauvilliers et pour précepteur Fénelon, qui composa pour lui son *Télémaque*. Il fut général de l'armée d'Allemagne en 1701 et généralissime de celle de Flandre en 1702. Une mort subite, qui donna lieu à des soupçons d'empoisonnement, l'enleva six jours après sa femme, le 18 février 1712. Il fut père de Louis XV.

LOUIS, dauphin de France, fils de Louis XV et père de Louis XVI, né en 1729, épousa en premières noces (1745) Marie-Thérèse d'Espagne, et en secondes (1746) Marie-Joséphine de Saxe. Ce prince religieux, doux et modeste, mourut en 1765.

LOUIS Ier LE GERMANIQUE, dit *le Vieil*, troisième fils de l'empereur Louis le Débonnaire, eut en partage la Germanie et la Bavière, dont il fut proclamé roi en 817, se ligua avec ses frères contre son père, et gagna en 841 sur Lothaire la célèbre bataille de Fontenai. Il mourut à Francfort en 876, à soixante-dix ans. — LOUIS II, dit *le Jeune*, succéda à son père Louis Ier en 876 sur le trône de Germanie, fut attaqué par son oncle Charles le Chauve, qu'il vainquit près d'Andernach la même année. Il mourut à Francfort en 882.

LOUIS D'ANJOU, roi de Hongrie et de Pologne, surnommé *le Grand*, succéda en 1342, à l'âge de vingt-quatre ans, à Charles Ier ou Charobert, son père. Il chassa les juifs de son royaume, fit la guerre aux Transylvains, aux Croates, aux Vénitiens et aux Tartares, et fut élu roi de Pologne après Casimir III son oncle (1370). Il mourut en 1382. Il laissa de sa seconde femme, Elisabeth de Hongrie, deux filles : Marie, qui porta la Hongrie en dot à Sigismond, empereur d'Allemagne, et Hedwige, qui, en épousant Jagellon, duc de Lithuanie, le fit monter sur le trône de Pologne. — Louis II succéda en 1516 à Wladislas son père, et eut peine à comprimer le mécontentement des grands. Il leva une armée contre les Turks, et osa livrer bataille à Soliman en 1526, à Mohacz, près de Bude. Presque toute la noblesse hongroise y périt, et le roi se noya dans un marais en fuyant.

LOUIS Ier, duc d'Anjou, deuxième fils de Jean le Bon, roi de France, et de Bonne de Luxembourg, fut chargé de la régence pendant la minorité de son neveu Charles VI, et en profita pour accumuler des trésors et aller prendre possession du trône de Naples, que la reine Jeanne lui avait légué par testament en 1380. Il trouva le trône occupé par Charles de Duras, et, après avoir fait de vains efforts pour l'en chasser, il mourut de chagrin en 1384. — Louis II, duc d'Anjou, fils du précédent et de Marie de Blois, né en 1377, succéda en 1384 à son père au comté de Provence, sous la tutelle de sa mère, qui le fit couronner de Naples à Avignon par le pape Clément VII en 1390. Il fit en 1391 son entrée solennelle à Naples, dont Ladislas Durazzo s'empara plus tard pendant son absence. Rappelé par les Napolitains (1409), il gagna sur Ladislas (1411) la bataille de Pontecorvo ; malgré cela, il retourna en France, où il mourut en 1417. — Louis III, duc d'Anjou, fils aîné du précédent et d'Iolande d'Aragon, né en 1403, succéda aux prétentions de son père sur le royaume de Naples. Après une guerre infructueuse, Louis, protégé par le pape, fut adopté en 1423 par la reine Jeanne II en place d'Alphonse V, roi d'Aragon, fut chassé de Naples par Guido Torelli, comte de Guastalla, venu au secours de Louis et de Jeanne. Ce prince mourut en 1434 pendant qu'il assiégeait dans sa capitale Antonio Orsini, prince de Tarente. Comme il ne laissa point d'enfants, ses droits passèrent à son frère René d'Anjou, dit *le Bon*.

LOUIS II, dit *le Sévère*, surnom qu'il acquit pour avoir livré au bourreau, sur un injuste soupçon d'infidélité, Marie de Brabant, sa première femme, électeur palatin, reçut en 1273 une marque éclatante de considération de la part des électeurs de l'empire : ils lui remirent leur droit d'élection, et Louis II proclama Rodol de Hapsbourg. Ce prince mourut en laissant deux fils, Louis V reur d'Allemagne, et Rodolphe Ier, électeur palatin, souche de la maison royale de Bavière de nos jours.

LOUIS (Saint), évêque de Toulouse, fils de Charles II *le Boiteux*, roi de Naples, et de Marie de Hongrie, né en 1274, fut envoyé en otage l'an 1288 au lieu de son père, qui était prisonnier du roi d'Aragon depuis 1283. Mis en liberté l'an 1294, il embrassa l'état ecclésiastique, et fut promu en 1296 à l'évêché de Toulouse. Il mourut en 1297, et fut canonisé en 1317. On honore sa mémoire le 11 avril.

LOUIS DE GONZAGUE (Saint), né à Châtillon, ville d'Italie près de Brescia en 1568, était fils de don Ferdinand de Gonzague, marquis de Châtillon, de l'une des premières familles d'Italie. Elevé par sa mère dans la piété, il manifesta d'abord quelque inclination pour les armes. Mais à l'âge de onze ans il prit la résolution de renoncer à son droit d'aînesse et d'embrasser l'état ecclésiastique. Louis accompagna en 1581 son père en Espagne, y étudia les belles-lettres et surtout la philosophie et la théologie. A quinze ans, il entra dans la compagnie de Jésus, après avoir renoncé à son droit sur le marquisat de Gonzague. Après avoir donné l'exemple des plus grandes vertus, Louis fut atteint d'une maladie contagieuse qui dévastait alors l'Italie, en donnant des secours aux malades, et mourut en 1591 à l'âge de vingt-trois ans. Le bruit de sa sainteté se répandit bientôt dans tout le monde chrétien. Déclaré bienheureux par le pape Paul V en 1605, il fut canonisé en 1726 et déclaré par Benoît XIII le protecteur de la jeunesse.

LOUIS (Ordre de Saint-), ordre militaire institué en 1693 par Louis XIV pour récompenser ceux qui s'étaient signalés dans le service militaire. Les conditions d'admission étaient d'être catholique et d'avoir servi sur terre ou sur mer comme officier pendant dix ans. La croix de l'ordre était d'or, à huit pointes, avec des fleurs de lis aux quatre angles. D'un côté, l'image de saint Louis tenant une couronne de laurier, une couronne d'épines et les clous de la passion, avec cette légende : *Ludovicus magnus instituit* 1693; de l'autre, une épée perçant une couronne de laurier, avec la légende : *Bellicæ virtutis præmium*. Cet ordre, sans avoir été aboli, se trouve depuis l'exil de la branche aînée des Bourbons dans un état de suspension.

LOUIS (Saint-), île du Sénégal, où se trouve situé le chef-lieu des établissements français sur la côte d'Afrique. C'est un banc de sable formé par le fleuve Sénégal. Sa distance de la mer varie de 3 à 5 lieues, l'embouchure du fleuve étant mobile. La longueur de cette île est, du N. au S., de 2,300 mètres et sa largeur moyenne de 250. La côte n'est d'un accès bien facile aux bâtiments que vers l'E. Voy. l'article suivant.

LOUIS (Saint-), dans l'île du même nom, chef-lieu de la colonie française du Sénégal, à 750 lieues (de 20 au degré) de Brest. Cette ville occupe une superficie de 1,500 mètres de longueur du N. au S. sur une largeur moyenne de 180 mètres. C'est à Saint-Louis que résident le gouverneur et le préfet apostolique de la colonie, le tribunal de première instance, qui connaît des affaires civiles et commerciales, et le conseil d'appel, qui les juge en dernier ressort. Cette ville a un port excellent, et est elle-même très-salubre. La population est de 9,000 habitants blancs, mulâtres et noirs, libres et esclaves. Saint-Louis renferme deux écoles gratuites, une pour les garçons et l'autre pour les filles, et une société d'agriculture. Près de Saint-Louis est un fort du même nom, renfermant une caserne et protégeant les ateliers du génie militaire. Il occupe une superficie de 4,384 mètres carrés.

LOUIS (Saint-), ville forte des Etats-Unis, bâtie dans un territoire sain et fertile, sur le bord occidental du Mississipi, capitale du territoire du Missouri. Sa population est de 3,000 habitants.

LOUIS D'OR, monnaie ainsi appelée depuis Louis XIII, qui le premier en fit fabriquer l'an 1640. A cette époque, il valait 10 francs. En 1716, on fabriqua des demi-louis de 12 livres, des louis de 24 et des doubles louis de 48. Ces deux dernières monnaies se sont seules conservées jusqu'à nos jours.

LOUISE DE SAVOIE, fille de Philippe, duc de Savoie, et de Marguerite de Bourbon, née en 1476 dans la Bresse, épousa en 1488 Charles d'Orléans, duc d'Angoulême, dont elle eut François Ier. Ce prince lui laissa la régence du royaume lorsqu'il partit pour la conquête du Milanais. La conduite altière et haineuse de cette princesse envers le connétable de Bourbon, qui avait rejeté son amour, jeta celui-ci dans le parti de Charles-Quint. Ce fut Louise de Savoie qui négocia en 1529 la paix de Cambrai, connue sous le nom de *paix des dames*. Elle mourut en 1532.

LOUISE DE LORRAINE, fille d'Antoine, comte de Vaudemont, fils puîné d'Antoine, duc de Lorraine, née en 1554, épousa en 1575 Henri III, roi de France, qu'elle n'aimait pas. Elle vécut dans de grandes pratiques de piété, et mourut en 1601 à Moulins, où elle s'était retirée après la mort de son époux.

LOUISE-MARGUERITE DE LORRAINE, fille de Henri, duc de Guise, tué en 1588, et de Catherine de Clèves, comtesse d'Eu. Elle épousa en 1605 François de Bourbon, prince de Conti, qui mourut en 1614. Après avoir été avant son mariage l'amante de Henri IV, elle fut pendant son veuvage celle du maréchal de Bassompierre, avec lequel elle contracta un mariage secret, et dont elle eut un fils nommé Latour (1631). Elle mourut la même année du chagrin que lui causa la disgrâce du maréchal.

LOUISIADE, archipel de l'Océanie, à l'E. de la Papouasie, dans la Mélanésie. Les îles de ce groupe sont hautes et peuplées d'une race de sauvages noirs, farouches, crépus. Ils vont nus, et ont la lèvre supérieure qui dépasse de beaucoup l'inférieure. La Louisiade fut découverte par Bougainville en 1769. Elle occupe un espace de 120 lieues environ de l'E.-S.-E. à l'O.-N.-O. depuis le cap de la Délivrance jusqu'aux îles Lusançay et à la baie de l'Orangerie. Elle a peu de largeur dans l'E. ; mais à l'O. elle a environ 40 lieues de large. Les côtes les plus connues de cet archipel sont *Rossel*, *Saint-Aignan*, *d'Entrecasteaux*, *Bonvouloir*, *Trobriand* et *Lusançay*. On ne connaît pas l'intérieur de ces îles.

LOUISIANE, l'un des Etats-Unis de l'Amérique septentrionale, borné au N. par le territoire d'Arkansas, à l'E. par l'Etat de Mississipi, au S. par le golfe du Mexique et à l'O. par le Mexique. Sa superficie est de 105,941 lieues carrées, et sa population de 109,558 habitants. — C'est un pays rempli de marais, inondé annuellement sur 8 lieues de largeur depuis la rivière de la Fourche jusqu'à la Nouvelle-Orléans, et cultivé seulement sur les bords des rivières, qui sont le Mississipi, la rivière Rouge et la Washitta. Ses productions sont le coton, le sucre, le riz, le tabac et l'indigo. Sa capitale est la *Nouvelle-Orléans*. — Découverte en 1504 par le Français Thomas Albert, et non par Ferdinand de Soto, comme on le croit communément, la Louisiane fut longtemps l'objet d'expéditions infructueuses pour la France, qui en céda une partie à l'Angleterre en 1763. En 1801, elle la vendit aux Etats-Unis pour 15,000,000 de dollars. La Louisiane a été admise dans l'union en 1812.

LOUP, espèce du grand genre *chien*. Il diffère de l'animal domestique en général par son museau plus allongé, ses oreilles plus développées, son pelage plus touffu, ses proportions plus vigoureuses, sa taille plus grande, ainsi que sa mâchoire et ses dents. Le *loup ordinaire* est de couleur fauve, c'est un des animaux les plus nuisibles. Affamé, il n'épargne pas plus l'homme. La louve peut être de cinq à neuf petits. — Les historiens latins prétendent que Romulus et Remus, les fondateurs de Rome, furent allaités par une louve, fable qui n'a d'autre fondement que la double signification du mot *lupa* en latin, mot qui veut dire *louve* et *courtisane*.

LOUP (Saint), né à Toul, épousa la sœur de saint Hilaire, évêque d'Arles, et s'en sépara pour entrer dans le couvent de Lérins. Ses vertus le firent nommer évêque de Troyes en 427, et lui ont mérité le titre de *premier des prélats*, que lui donne Sidoine Apollinaire. Il alla avec saint Germain d'Auxerre en Bretagne y combattre l'hérésie de Pélage. Lors de l'invasion d'Attila, il désarma par ses prières ce farouche vainqueur, qui épargna Troyes. Saint Loup mourut en 479, le 29 juillet, jour de sa fête.

LOUP, abbé de Ferrières en Gâtinais, naquit en 805 et fut le disciple de Raban, près duquel l'avait envoyé saint Aldric. De retour à Ferrières, il en fut nommé abbé en 842. Il parut avec éclat au concile de Verneuil (844) et en dressa les canons. Loup fut un des plus savants hommes de son siècle. On a de lui cent trente-quatre *lettres*, un traité *des Trois Questions contre Godeschalk* et des *hymnes*. Son *Histoire des empereurs* est perdue.

LOUP-CERVIER, nom donné au Lynx. Voy.

LOUP DE MER, nom vulgaire que l'on donne au *centropome loup*, poisson à peau gluante et de la longueur de huit à dix pieds. Il a la mâchoire armée de dents aiguës, et dévore tout ce qu'il rencontre. Les pêcheurs ne le pêchent qu'avec de grandes précautions. Il se rencontre sur les côtes de la France.

LOUPE. On appelle ainsi, en médecine, une tumeur ordinairement arrondie, indolente, circonscrite, sans inflammation et de la même couleur que la peau. Le volume des loupes varie depuis celui d'un pois jusqu'à celui de la tête et plus. Elles peuvent se rencontrer partout, excepté sur la paume des mains et des pieds. Quand on cherche à les faire disparaître, il n'est pas rare de les voir passer à l'état cancéreux.

LOUPE, nom donné, en optique, aux lentilles très-convexes dont on se sert pour grossir les objets. Ce sont les microscopes les plus simples. Les ouvriers horlogers entre autres s'en servent pour le travail des pièces les plus petites. Les loupes sont ordinairement enchâssées dans des cercles d'ivoire ou de métal. On peut en faire de très-simples en remplissant d'eau le verre d'une montre.

LOUP-GAROU, nom donné par le peuple à un homme qu'il suppose être sorcier et courir les campagnes et les rues, sous la forme d'un loup traînant des chaînes. Cette superstition, qui existe encore chez les paysans de la Saintonge, de la Bretagne, du Limousin et de l'Auvergne, était autrefois tellement accréditée, que les tribunaux condamnaient au feu ceux qui étaient accusés de ce genre de sorcellerie.

LOUQSOR, village d'Egypte dans la Thébaïde, l'un des quatre villages bâtis sur l'emplacement de l'ancienne ville de Thèbes, les trois autres sont *Karnak*, *Medinet-Abou* et *Gournou*, à 125 lieues du Caire. On y voit encore des ruines magnifiques, et c'est de là que vient le fameux obélisque que l'on a, depuis 1836 ! la place de la Concorde à Paris. Le superbe monument, transporté sur un vaisseau par les soins de l'ingénieur Lebas, a soixante-huit pieds de haut et est chargé sur ses quatre faces d'inscriptions hiéroglyphiques.

LOURDES, petite ville du département des Hautes-Pyrénées, chef-lieu de canton de l'arrondissement et à 3 lieues d'Argèles. Elle est située sur la route de Tarbes à Cauterets et à Baréges, sur le sommet d'un rocher baigné par le Gave de Pau. Sa population est de 2,700 habitants. Elle est le siége d'un tribunal de première instance. Son territoire a des carrières de marbre et d'ardoises.

LOUREIRO (Don Juan de), célèbre botaniste portugais, né en 1715. Il se rendit d'abord en qualité de missionnaire dans la Cochinchine; mais il fut bientôt forcé d'abandonner cette profession pour celle de médecin. Ce fut pendant le séjour de trente-six ans qu'il fit en Asie qu'il recueillit les matériaux avec lesquels, de retour en Europe, il publia sa *Flore cochinchinoise*, publiée aux frais de l'académie de Lisbonne, dont il était membre. Il mourut en 1796.

LOURISTAN (autrefois pays des *Mardes*), partie septentrionale et montagneuse de l'Irak-Adjémi, dans le royaume de Perse. Cette contrée est extrêmement fertile et abondante en pâturages. Un grand nombre de rivières l'arrosent. Sa capitale est *Korumabad*.

LOUTH, comté d'Irlande, situé dans la province de Leinster et borné au N. par le comté d'Armagh, au S. par celui de Dublin, à l'O. par l'Est-Meath et de Monaghan, et à l'E. par la mer. Sa superficie est de 50 lieues carrées, et sa population de 57,000 habitants. Sa capitale, autrefois *Drogheda*, est aujourd'hui *Dundalk*.

LOUTHERBOURG (Philippe-Jacques), peintre distingué, né à Strasbourg en 1740. Élève de Tischbein et de Casanova, il se rendit habile à peindre des batailles, des chasses et surtout des animaux et des paysages. Il fut reçu en 1768 membre de l'académie de peinture, et passa en 1777 en Angleterre, où il mourut en 1814.

LOUTRE, genre de mammifères carnassiers de la tribu des digitigrades, essentiellement aquatiques et très-bons nageurs. Leur tête est plate, leur museau terminé par un mufle dans lequel sont percées les narines; les membres sont courts, les pieds larges et palmés comme ceux du canard, la queue aplatie. Leur nourriture se compose de poissons, de végétaux et de crustacés; leur demeure, d'un simple trou. La couleur de leur pelage est partout la même, brune en dessus et blanchâtre en dessous. La fourrure est assez grossière; mais leur feutre a été employé dans la chapellerie.

LOUVAIN, grande ville de Belgique, dans le Brabant méridional, à 4 lieues de Bruxelles, sur la Dyle et le canal qui la fait communiquer au Rupel (nom que prend la Nèthe à son confluent avec la Dyle). Sa population est de 25,000 habitants. Elle a des brasseries très-renommées, des raffineries de sucre, des fabriques de draps, de toiles, de dentelles, etc. Sa foire, qui est très-belle et qui dure dix jours, commence le premier dimanche de septembre. Fondée, dit-on, par César avec de grands priviléges, elle se rendit célèbre par son université fondée en 1420, et qui possédait autrefois 4,000 écoliers, réduits aujourd'hui à 250. Elle a soutenu un grand nombre de siéges.

LOUVEL (Pierre-Louis), né à Versailles en 1783. Garçon sellier d'abord dans les écuries de Napoléon, ensuite dans celles de Louis XVIII, il nourrit pendant six ans, suivant ses aveux, le projet d'exterminer la famille royale, et le 13 février 1820 il commença à le mettre en exécution en assassinant, au sortir de l'Opéra, le duc de Berri. Après un procès de trois mois et l'audition de douze cents témoins, qui prouva qu'il n'avait point de complices, il monta sur l'échafaud sans s'émouvoir.

LOUVERTURE (Toussaint), célèbre général noir, né de parents esclaves à Saint-Domingue sur l'habitation Breda, appartenant à la famille de Noë, et où il était conducteur d'animaux. D'abord médecin dans l'armée des noirs, il passa en qualité de colonel au service de l'Espagne, qu'il quitta pour se joindre au général français Laveaux, dont il reçut le titre de général de brigade. En 1796, il fut proclamé général en chef des armées de la république. Il se débarrassa peu à peu de tous ceux qui pouvaient le gêner dans l'exercice d'un pouvoir absolu, et il gouverna ainsi Saint-Domingue jusqu'à l'arrivée du général Leclerc, qui le força de se rendre, et, après l'avoir fait prisonnier, l'envoya en France où il fut enfermé au fort de Joux. Il y mourut en 1803.

LOUVET DE COUVRAY (Jean-Baptiste), né à Paris en 1764. Il était déjà connu dans les lettres lorsque la révolution éclata. Membre de la société des jacobins, il rédigea la feuille appelée *la Sentinelle*. Le département du Loiret le nomma député à la convention nationale, où il s'attacha au parti de la Gironde, qu'il défendit avec talent et courage. Il osa attaquer Robespierre le 29 octobre 1792, et dévoiler ses projets tyranniques. Proscrit avec les girondins, il se cacha jusqu'au 9 thermidor. Il fut ensuite membre du conseil des cinq-cents, et mourut en 1797, libraire au Palais-Royal, et membre de l'Institut. Sa réputation littéraire est fondée sur un roman plus spirituel : *les Amours du chevalier de Faublas*.

LOUVIERS, sur l'Eure, chef-lieu de l'arrondissement du département de l'Eure, à 6 lieues d'Évreux. Population, 10,000 habitants. Louviers était au moyen âge une ville importante En 1196, il fut le théâtre des conférences entre Philippe Auguste et Richard d'Angleterre, qui mirent fin à une guerre désastreuse. Il eut beaucoup à souffrir pendant les guerres du moyen âge. Aujourd'hui Louviers a perdu son importance comme ville de guerre; mais son industrie lui en a donné une autre, grâce à la fabrication de draps superbes, non moins estimés pour leur beauté que pour leur solidité. Louviers possède de jolies promenades, une salle de spectacle, une bibliothèque publique, un tribunal de première instance et de commerce. Il commerce en draps, cardes, rubans, machines à filer, etc.

LOUVILLE (Eugène d'Allonville, chevalier de), né à Louville (Beauce) en 1671, fut brigadier des armées de Philippe V et colonel d'un régiment de dragons. Il s'adonna entièrement aux mathématiques et surtout à l'astronomie. L'académie des sciences de Paris et la société royale de Londres le reçurent dans leur sein. Il mourut en 1732, laissant plusieurs *dissertations* curieuses sur la physique et l'astronomie.

LOUVOIS (François-Michel le Tellier, marquis de), né à Paris en 1641 d'un ministre de la guerre, depuis chancelier. Il reçut en 1666 le ministère de la guerre, dont son père avait obtenu pour lui la survivance en 1664. Deux ans après, il se fit nommer surintendant général des postes. En 1683, il succéda à Colbert dans la surintendance des bâtiments, arts et manufactures. Il gouverna alors presque seul avec une inflexible sévérité. Ce fut lui qui fit exécuter avec la dernière rigueur la révocation de l'édit de Nantes. Il mourut en 1691, laissant le ministère de la guerre à Barbézieux, son troisième fils. Il encouragea les arts et les sciences, et réorganisa l'armée. C'est à lui qu'appartient l'idée de l'hôtel des Invalides.

LOUVOYER. En marine, on entend par ce mot courir des bordées quand on a le vent contraire, le pilote qui veut maintenir le vaisseau dans sa route, tantôt d'un côté, tantôt de l'autre, de manière à ce que la résultante des deux forces qui le sollicitent, la résistance de l'eau et l'action du vent le poussent dans un sens opposé à celui que le vent tend à lui faire prendre.

LOUVRE, célèbre palais dont l'origine est inconnue (on croit cependant que c'était un rendez-vous de chasse, situé dans une forêt de chênes, *rouvre*). Philippe Auguste y fit bâtir une grosse tour, dont il fit une prison d'État et un arsenal. Charles V en fit une bibliothèque, et agrandit le Louvre, qui devint sa demeure. Forteresse sous Charles VII, Louis XI, Charles VIII et Louis XII, le Louvre ne fut achevé que sous Louis XIV, d'après les dessins de Claude Perrault. Maintenant le Louvre renferme un musée qui contient des chefs-d'œuvre des arts de tous les temps.

LOVELACE (Richard), poète anglais, né dans le comté de Kent en 1604, et mort en 1658, après une vie fort agitée et partagée entre la guerre et la prison. Il a composé *le Soldat* et *l'Écolier*, deux pièces de théâtre. Ses *poésies* sont élégantes et légères. — Le nom de Lovelace est celui du héros d'un roman de Richardson, intitulé *Clarisse Harlowe*, et ce héros est resté comme le type des hommes astucieux et corrompus, qui font métier de triompher de la vertu des femmes.

LOWERTZ, lac de Suisse, aux bords très-pittoresques, situé dans le canton et à 2 lieues de Schwitz. La chute d'une montagne qui le domine faillit le combler, et détruire le village qui est bâti sur ses bords et qui porte le même nom.

LOWTH (Robert), célèbre érudit anglais, fils de William Lowth, savant ecclésiastique, naquit en 1710, et fut nommé en 1741 professeur de littérature hébraïque à l'université d'Oxford. Il publia alors son excellent ouvrage *sur la poésie des Hébreux*. En 1755, il accompagna en qualité de chapelain lord Cavendish, marquis de Devonshire, nommé vice-roi d'Irlande, et fut nommé successivement aux évêchés de Limerick, de Saint-Davids, d'Oxford et enfin de Londres (1777). Il mourut en 1787. Sa traduction d'*Isaïe* est aussi très-estimée.

LOXODROMIE, route d'un vaisseau qui suit une *ligne loxodromique*. On donne ce dernier nom à une courbe en spirale décrite par un vaisseau qui coupe constamment tous les méridiens suivant le même angle. Cette spirale, qui s'approche sans cesse du pôle, ne peut cependant, mathématiquement parlant, jamais l'atteindre. La découverte en est due au mathématicien portugais Nonius.

LOYER, prix payé par le locataire pour le prix de la chose ou du service qu'on lui loue. Le loyer d'un logement prend le nom de *fermage*. — Le mot *loyer* s'emploie, dans un autre sens, pour désigner le gage des matelots.

LOYOLA, château de la province de Guipuscoa (Espagne), près Placentia, où naquit saint Ignace, fondateur de l'ordre des jésuites. Ils y avaient un collége, d'où ils furent expulsés ainsi que de toute l'Espagne en 1767.

LOYSEAU (Charles), célèbre jurisconsulte, né à Nogent-le-Roi près Chartres, devint lieutenant particulier à Sens, puis bailli de Châteaudun, et enfin avocat au parlement de Paris, où il mourut en 1627 à soixante-trois ans. Son traité *du Déguerpissement* passe pour son chef-d'œuvre.

LOZÈRE, petite chaîne de montagnes, faisant partie des Cévennes, et s'étendant du N. au S. entre Mende et Uzès. Le Lot et le Tarn y prennent leur source. C'est elle qui donne son nom au département qui suit.

LOZÈRE, département français, région du S., formé du Gévaudan, et de parties des ci-devant d'Uzès et d'Alais (Languedoc). Il a pour limites, au N. les départements de la Haute-Loire et du Cantal, à l'E. ceux de l'Ardèche et du Gard, au S. ceux du Gard et de l'Aveyron, et à l'O. celui de l'Aveyron. Il tire son nom d'une des principales chaînes de montagnes qui le traversent. Sa superficie est de 509,343 arpents métriques, et sa popul. de 145,000 hab. Le départ. se divise en trois arrondiss. : *Mende* (chef-lieu), *Florac* et *Marvejols*. Il nommait trois députés. C'est la patrie de Rivarol et de Chaptal, on y remarque Châteauneuf-Randon, qu'assiégeait Du Guesclin quand il mourut et où il mourut à lui après sa mort. Il est compris dans la 8e divis. milit., le diocèse de Mende et le ressort de l'académie et de la cour d'appel de Nîmes. La Lozère est sillonnée par plusieurs chaînes de montagnes, ramifications de celle des Cévennes. La hauteur moyenne de leurs plateaux est 750 à 1,000 mètres au-dessus du niveau de la mer ; le territoire est peu fertile, l'agriculture peu avancée. On récolte annuellement 125,000 hectolitres de céréales, 30,000 de vins, etc., de l'avoine, des pommes de terre, des châtaignes, des fruits, du lin, de la garance, etc. On y élève 350,000 moutons environ, qui fournissent chaque année 725,000 kilogrammes de laine. L'industrie commerciale s'exerce sur l'exploitation des mines de plomb argentifère, de cuivre, d'antimoine et de fer, des carrières de marbre, gypse, pierres, etc. ; sur la fabrication des toiles, lainages, mouchoirs, chapeaux feutrés, cuirs, parchemins, poteries, etc.

LUBECK, principauté d'Allemagne enclavée dans le Holstein, et appelée encore *Eutin*. Elle est arrosée par la Trave et la Schwarte. Sa superficie est de 17 lieues carrées, et sa population de 22,000 habitants. Elle renferme deux villes, un bourg et soixante-seize villages. — C'était autrefois un évêché luthérien, héréditaire dans la maison de Holstein, qui le céda au Danemarck, et celui-ci le rendit en 1804 au duc d'Oldenbourg auquel il appartient encore.

LUBECK, ville libre d'Allemagne, l'une des quatre de la confédération germanique, avec une citadelle et un bon port, au confluent de la Trave, de la Stecknitz et de la Wackenitz, à 15 lieues de Hambourg et 3 et demie de la mer Baltique. Sa population est de 25,000 habitants. Elle a des édifices publics très-beaux, un consulat français, plusieurs hospices, des raffineries de sucre, des fonderies de cloches et de canons, et des chantiers de construction. Elle est l'entrepôt des marchandises du Midi, qu'elle importe dans le Nord, et de celles du Nord, qu'elle expédie dans le reste de l'Europe. Lubeck a deux bourses et deux sociétés d'assurance. Fondée en 1140 par Adolphe II, comte de Holstein-Schauenbourg, et indépendante en 1226, elle fut bientôt à la tête de la ligue hanséatique. Dès 1162, le siége épiscopal d'Oldenbourg y avait été transféré; l'évêque était prince du saint-empire. Cet évêché fut affecté à des princes luthériens depuis la réforme. En 1802, la ville de Lubeck a été érigée en ville libre. Son territoire a 202 kilomètres carrés et 46,000 habitants. Ses revenus s'élèvent à 1,034,000 francs, sa dette à 9,000,000 de francs ; à la diète, elle a une voix collective, et son contingent est de 406 hommes.

LUBLIN, waidovie du royaume de Pologne, entre la Russie, la Gallicie et les waivodies de Sandomir et de Mazovie. Sa superficie est d'environ 200 lieues carrées, et sa population de 468,500 habitants. — Sa capitale est LUBLIN, sur la Bistricza; sa population de 7,000 habitants. Elle a un évêque catholique, une académie, une belle synagogue et un château sur le rocher. Elle fait un grand commerce. Ses trois foires annuelles durent un mois chacune. Elle est à 36 lieues de Varsovie.

LUBOMIRSKA (Rosalie, princesse DE), née comtesse de Chodkiewicz, épousa très-jeune encore le prince Alexandre Lubomirski. Cette dame célèbre par sa beauté, son esprit et son attachement pour le célèbre Kosciusko, vint à Paris en 1792 avec le comte Thaddée Mostowski. Liée avec les girondins, elle fut arrêtée avec eux, conduite dans les prisons de la Conciergerie, et livrée au tribunal révolutionnaire, qui l'envoya à l'échafaud en 1793.

LUC (Saint), l'un des quatre évangélistes, né à Antioche et médecin de profession, fut le compagnon des voyages et de la prédication de saint Paul, qu'il commença de suivre en 51. On ne sait si auparavant il était juif ou païen de naissance. On croit qu'il prêcha l'Evangile dans la Dalmatie, les Gaules, l'Italie et la Macédoine, et qu'il mourut en Achaïe, après avoir, selon saint Jérôme, vécu quatre-vingt-quatre ans dans le célibat. L'Eglise célèbre sa fête le 18 octobre. On a de saint Luc un *Evangile*, écrit sur les mémoires des apôtres, et les *Actes des apôtres*, histoire de leurs principales actions de l'an 33 à l'an 63. Ces deux ouvrages sont écrits en grec. La pureté et l'élégance les caractérisent.

LUCAIN (Marcus Annæus Lucanus), poëte latin, né à Cordoue en Espagne, l'an de J.-C. 38, d'Annæus Mela, frère de Sénèque, vint de bonne heure à Rome, où il reçut, sous les auspices de son oncle, les leçons du philosophe stoïcien Cornutus, de Rhemnius Palémon et de Flavius Virginius. Emule de Néron pour la poésie, tant qu'il le flatta, il fut comblé d'honneurs, et reçut les charges de questeur et d'augure; mais, ayant un jour remporté sur lui le prix, il se fit un ennemi de l'empereur, et finit plus tard par entrer dans la conspiration de Pison ; condamné à mort, il se fit ouvrir les veines l'an 65 de J.-C. Il était consul désigné pour l'année suivante. La seule de ses œuvres qui nous soit parvenue est la *Pharsale*, poëme dont le sujet est la guerre civile entre César et Pompée. Plein d'enflure et d'exagération, il offre quelquefois des beautés mâles et hardies et des traits d'une énergique concision. Son ouvrage est celui d'un jeune rhéteur de vingt-sept ans.

LUCANIDES, tribu d'insectes de l'ordre des coléoptères, section des pentamères, famille des lamellicornes, ayant pour type le genre lucane, qui renferme des insectes de grande taille, au corselet carré, à l'abdomen ovale, à la tête et aux mandibules énormes. Les lucanes vivent à l'état de larve dans les arbres.

LUCANIE, ancienne province de l'Italie méridionale, située entre le pays des Picentins, la mer de Toscane, le golfe de Tarente, l'Apulie et le Brutium. C'était un pays de chasse, abondant en sangliers, et dont les villes principales étaient *Héraclée*, *Pestum* et *Sybaris*. C'est aujourd'hui la *Basilicate* et la *Principauté citérieure*.

LUCAR (SAN-) DE BARAMERA, belle ville de l'Andalousie (Espagne), à l'embouchure du Guadalquivir, avec un port très-important, défendu par deux châteaux, et dont l'entrée est difficile. Sa population est de 18,000 habitants. Elle a été dépeuplée en 1800 par une épidémie. Elle commerce en sel, fruits, vins, eaux-de-vie, etc.

LUCARNE, sorte d'ouverture pratiquée au toit d'un bâtiment pour éclairer l'espace qui est sous le comble. On appelle *carrée* celle qui est aussi haute que large, *ronde* celle qui est circulaire, *flamande* celle qui est fermée en haut par un arc de cercle, *flamande* celle qui est en maçonnerie, couronnée d'un fronton et portant l'entablement, *capucine* celle couverte en croupe de comble, *demoiselle* celle en charpente portée par des chevrons et couverte en triangle.

LUCAS (Marguerite), née à Saint-John, près Colchester, fut nommée en 1643 dame d'honneur de la reine Henriette, femme de Charles Ier. Elle épousa en France, où elle l'avait suivie, William Cavendish, marquis, puis duc de Newcastle (1645). A l'époque de la restauration de Charles II, elle revint en Angleterre, où elle continua ses travaux littéraires, qui sont très nombreux, et où elle mourut en 1673. La *Vie de son mari* est ce qu'elle a fait de mieux parmi ses nombreux opuscules.

LUCAS (Paul), voyageur français, né à Rouen en 1664, mort à Madrid en 1737. Il a fait trois voyages, dont les relations ont été publiées. Dans le premier, de 1699 à 1703, il parcourut le Levant, l'Egypte, l'Arménie, la Perse; dans le second, de 1703 à 1708, il explora le Levant par ordre du roi, qui au retour le nomma son antiquaire; dans le troisième enfin, de 1714 à 1717, il parcourut avec soin la Grèce, la Syrie, la Palestine et l'Egypte. Quoique inexact, Lucas mérite d'être consulté.

LUCAS (François), habile sculpteur, né à Toulouse (Haute-Garonne) en 1736, mort en 1813, est l'auteur d'un bas-relief de cinquante pieds de long placé à la jonction du canal des Deux-Mers et la nymphe du canal qui ordonne à faire couler ses eaux de la Méditerranée à l'Océan. Lucas est auteur de plus de cent cinquante statues ou bas-reliefs qui ornent plusieurs villes ou châteaux de France et d'Italie.

LUCAS DE LEYDE, peintre et graveur hollandais, né en 1494. Il grava à quatorze ans un sujet de la vie de Mahomet, et l'année suivante une *Tentation de saint Antoine* et neuf sujets de la passion. Plus profond qu'Albert Durer, il le surpassa dans la composition. Lucas de Leyde mourut en 1533. Ses meilleures productions sont un *Ecce Homo*, peint à seize ans, le *Jugement dernier*, deux *Descentes de croix*, etc.

LUCATELLI (André), excellent paysagiste, mort à Rome en 1741, fut surtout remarquable par sa manière de rendre les ruines antiques. Il peignait aussi parfaitement les femmes nues. Il s'est surpassé dans une suite de vingt-deux *morceaux* représentant l'histoire de Diane.

LUCAYES ou BAHAMA, groupe d'îles de l'océan Atlantique, au N. de Cuba et de Saint-Domingue, et au nombre d'environ sept cents, dont trente seules sont dignes de remarque. Les principales sont la *Providence*, *Bahama*, *Lucayonique*, *San-Salvador*, autrefois appelée *Guanahani*, qui fut la première terre découverte par Colomb le 11 octobre 1492. Leur superficie est de 490 lieues carrées, et leur population est de 15,000 habitants, dont 11,500 nègres. Leurs productions consistent en sel, coton, acajou, indigo et bois de teinture. Elles appartiennent aux Anglais depuis 1783. Le siége du gouvernement est à *Nassau*, ville de 5,000 habitants, dans l'île Providence.

LUCCHI (Michel-Ange), né à Brescia en 1744, entra de bonne heure dans la congrégation des bénédictins du Mont-Cassin, et parvint par son savoir aux premières dignités de l'ordre. Pie VII, son ami et son confrère, le créa cardinal en 1801. Lucchi mourut l'année suivante. Il a publié les œuvres de *Venance* (Venantius Honorius Clementianus), celles d'*Appien* et d'*Hérodien*, etc.

LUCE ou LUCIUS Ier (Saint), pape, succéda en 253 sur le trône pontifical à saint Corneille. Il était fils de Porphyre et Romain de naissance. Exilé peu de temps après son élection, il reçut le martyre en 253. Il ne nous reste rien de lui. — LUCE II (Gérard CACCIANEMICI), né à Bologne, bibliothécaire et chancelier de l'Eglise de Rome, puis cardinal du titre de *Sainte-Croix en Jérusalem*, succéda en 1144 au pape Célestin II, et mourut en 1145 d'un coup de pierre reçu dans une émeute. — LUCE III (Ubaldo ALLINCIGOLI), natif de Lucques et cardinal du titre de *sainte Praxède*, succéda en 1181 au pape Alexandre III. Contraint de quitter sa capitale par les partisans d'Arnaud de Brescia, il mourut à Vérone en 1185.

LUCE DE LANCIVAL (Jean-Charles-Julien), né en 1764 à Saint-Gobin (Aisne), fit ses études au collège de Louis-le-Grand, où son étonnante facilité le fit triompher dans presque tous les concours. Ayant embrassé l'état ecclésiastique, et nommé professeur de rhétorique à l'âge de vingt-deux ans, il fut en 1787 appelé au grand vicariat de Lescar. Il fut obligé en 1794 de se faire faire l'amputation d'une jambe. Nommé, lors de la réorganisation de l'université, professeur de belles-lettres au lycée impérial (collège de Louis-le-Grand), il mourut en 1810. Sa tragédie d'*Hector*, son chef-d'œuvre, représentée en 1809, lui valut une pension de 6,000 francs et la croix de la Légion d'honneur. On a encore de lui, entre autres œuvres remarquables, le poème en six chants d'*Achille à Scyros*, imité de Stace, plusieurs autres *tragédies*, des *épîtres*, etc.

LUCERNAIRE, terme de liturgie qui

signifie tantôt le répons qu'on chante aux vêpres et tantôt les vêpres mêmes, parce qu'on les disait autrefois à la lueur de lampes et de bougies. Le lucernaire des Grecs consiste dans un grand nombre de prières beaucoup plus longues que les vêpres de l'Eglise latine.

LUCERNE, canton de la Suisse, borné au N. par ceux de Soleure et d'Argovie, à l'E. et au S. par ceux de Schwitz et d'Underwald, et à l'O. par celui de Berne. Sa superficie est de 72 lieues carrées, et sa population de 106,000 habitants catholiques et répartis en cinq districts. Il est arrosé par la Reuss, l'Emmen, la Surren, etc. La partie méridionale est montagneuse, le reste est propre à la culture. On y trouve peu de vignes, mais il y a de bons pâturages dans l'Entlibuch. — Sa capitale est *Lucerne*.

LUCERNE, grande et belle ville de Suisse, chef-lieu du canton qui porte son nom, située au pied du mont Pilate, sur la Reuss, à l'endroit où elle sort du lac de Lucerne, à 6 lieues de Berne. Elle a 6,000 habitants. Elle est entourée d'une muraille flanquée de tours. Parmi ses beaux édifices, on distingue la maison de ville et l'arsenal. Elle possède un collége de jésuites, et est la résidence d'un nonce apostolique. La diète s'y tient tous les six ans.

LUCERNE (Lac de), l'un des trois lacs qui composent le lac de Waldstatt ou des Quatre-Cantons, et formé de sa partie supérieure. Il a une superficie d'environ 5 lieues carrées. Il est traversé par la Reuss, et reçoit plusieurs torrents, entre autres la Melch.

LUCIANISTES, hérétiques du IIe siècle, qui admettaient trois principes ou principautés : le Père, le Fils, Dieu des chrétiens, et le Saint-Esprit, Dieu des gentils. Ils niaient l'immortalité de l'âme, rejetaient l'Ancien Testament, le mariage et la conception immaculée de la sainte Vierge, et admettaient deux dieux, l'un bon, l'autre mauvais. Ils tiraient leur nom de leur chef Lucien ou Lucan, disciple de Marcion.

LUCIE (Sainte), vierge et martyre de Syracuse, prise comme chrétienne durant la persécution de Dioclétien et de Maximien, fut condamnée à la prostitution publique par le consulaire Pascale, gouverneur de la Sicile. Dieu l'en délivra et mit fin à ses tourments en permettant qu'on la tuât d'un coup d'épée (304). On fait sa fête le 13 décembre.

LUCIE (Sainte-), l'une des Antilles, au S. de la Martinique et au N.-E. de Saint-Vincent. Elle a 10 lieues de long sur 5 de large. Sa population est de 25,000 habitants de toute couleur. Le climat en est sain, la chaleur tempérée et le sol hérissé de collines volcaniques. On aperçoit de fort loin deux montagnes pointues, appelées les *Pitons de Sainte-Alausie*. Elle produit du cacao, du sucre, du café, etc. — Sa capitale est la petite ville du *Carénage*, de 3,000 habitants. Sainte-Lucie appartient aux Anglais depuis 1814.

LUCIEN, né à Samosate de parents pauvres vers l'an 120 de J.-C. D'abord apprenti statuaire, il se fit ensuite avocat et plaida plusieurs causes à Antioche. Il embrassa ensuite la profession de rhéteur, et, après un voyage à Rome, séjourna principalement à Athènes. On croit qu'il mourut sous Commode dans un âge fort avancé. Ecrivain spirituel, satirique et licencieux, Lucien a été le Voltaire de son temps. Il a écrit en dialecte attique des ouvrages d'une verve et d'une originalité peu commune. Ce sont les *Dialogues des morts*, *le Coq*, *Timon*, *le Jupiter tragique*, *le Jupiter confondu*, *les Ressuscités*, *les Sectes à l'encan*, etc. Venu dans un temps de décadence, Lucien fut sceptique et irréligieux par-dessus tout. On a prétendu, mais à tort, qu'il avait été chrétien.

LUCIEN (Saint), prêtre d'Antioche, où il avait ouvert une école, et martyr à Nicomédie, où il fut, sur la dénonciation d'un prêtre sabellien, nommé Pancrace, conduit devant Maximien Galère. Après avoir été tourmenté de mille manières, il fut jeté à la mer avec une pierre au cou en 312. On célèbre sa fête le 7 de janvier. Saint Lucien avait une grande connaissance de la langue hébraïque.

LUCIENNES, village du département de Seine-et-Oise, dans l'arrondissement de Versailles, à 3 lieues trois quarts de Paris et une de Saint-Germain en Laye, sur la pente d'une colline. Sa population est de 700 habitants. Il est fameux par son château ci-devant seigneurial, où se trouve un pavillon, prodige d'élégance et de goût, que Louis XV fit bâtir en trois mois pour Mme du Barry. C'est aujourd'hui la propriété du célèbre banquier Lafitte.

LUCIFER (myth.), en grec *phosphoros*, c'est-à-dire *porte-lumière*, fils de Jupiter et de l'Aurore, était l'étoile du matin. Suivant les astronomes, c'est la planète de Vénus, qui reçoit ce nom le matin et qui le soir prend celui d'*Hesperus*. — Dans l'Ecriture sainte, Lucifer est le nom du premier ange rebelle, précipité du ciel aux enfers, et chef des démons.

LUCIFER, évêque de Cagliari (Sardaigne), défendit en 355 au concile de Milan la cause de saint Athanase avec tant de fermeté que Constance l'envoya en exil d'abord en Syrie, puis en Palestine et enfin en Thébaïde. Rappelé par Julien vers 361, il alla à Antioche et augmenta le schisme de cette ville en ordonnant Paulin. Lucifer se sépara alors de sa communion, et mourut en Sardaigne en 370. Ses disciples, qui continuèrent le schisme, furent appelés *luciferiens*.

LUCILIUS (Caïus), chevalier romain, grand-oncle maternel de Pompée, né à Suessa dans le pays des Aurunces l'an 147 avant J.-C., porta d'abord les armes sous Scipion l'Africain, avec lequel il fut intimement lié. On regarde Lucilius comme l'inventeur de la satire, déjà cultivée cependant, mais très-grossièrement, par Ennius, Nævius et Pacuvius. De trente *satires* qu'il avait composées, il ne nous reste que quelques fragments. Lucilius mourut à Naples vers l'an 103 avant J.-C.

LUCILLE, fille de Marc Aurèle et de Faustine, épousa à l'âge de dix-sept ans Verus, qui faisait la guerre aux Parthes. Dégoûtée de se voir méprisée de son époux, elle se déshonora par des prostitutions et fit empoisonner Verus. Remariée au bout d'un an à Claudius Pompeïanus, elle se livra même à son frère Commode, contre lequel elle ourdit en 183 un complot qui fut découvert. Commode exila Lucille à Caprée, où il la fit mourir peu après à l'âge de trente-huit ans.

LUCINE (myth.), divinité qui, chez les Romains, présidait aux accouchements; son nom vient du mot latin *lux*, lumière, parce qu'elle aidait les mères à mettre leurs enfants au jour. Cette fonction est attribuée tantôt à Junon tantôt à Diane.

LUCIOLE, nom donné vulgairement au *lampyre d'Italie*, insecte très-lumineux, qui, réuni en masses serrées, produit l'effet d'une illumination.

LUCIUS, prénom en usage chez les Romains, venu de *lux*, lumière, jour. — Lucius Verus. Voy. Verus. — Lucius, papes. Voy. Luce.

LUCKNER (Nicolas), né à Campen (Bavière) en 1722, devint baron de l'empire et passa au service du roi de Prusse, qui l'employa dans la guerre de sept ans. Il passa ensuite en France, où il obtint le grade de lieutenant général et le bâton de maréchal (1791). Après avoir commandé en chef l'armée de la Flandre et celle de la Moselle, il fut rappelé et relégué à Châlons-sur-Marne. On le laissa tranquille jusqu'au moment où il voulut réclamer le payement de sa pension. Le comité révolutionnaire le fit alors arrêter et l'envoya à l'échafaud en 1793.

LUCKNOW, ville de l'Indoustan, capitale de la province d'Oude ou nabab de la Gounti. Elle est la résidence d'un nabab et des autorités anglaises. Quoique mal bâtie, elle a des palais et des jardins superbes. Sa population est de 300,000 habitants. Elle est située à 217 lieues de Calcutta.

LUÇON. Voy. Manille.

LUÇON, ville de France, chef-lieu de canton du département de la Vendée, dans l'arrondissement à 7 lieues de Fontenay, au milieu des marais salants, non loin de la mer. Sa population est de 3,800 habitants. Elle a un évêché suffragant de l'archevêché de Bordeaux, dont Richelieu fut autrefois le titulaire, et un séminaire diocésain. Elle est aussi remarquable par un canal de 3 lieues de long, qui a pour embouchure à la rade de l'Aiguillon, et par lequel on exporte du blé et des bois et l'on importe des denrées de l'Aunis, de la Saintonge et du Midi.

LUCQUES, duché d'Italie, borné par ceux de Gênes et de Modène, la Toscane et la Méditerranée. Sa superficie est de 14 lieues carrées, et sa population de 150,000 habitants. C'est un pays traversé par les Apennins, naturellement fertile et bien cultivé, qui produit du blé, des châtaignes, des figues, des citrons, de la soie, du vin, des olives (l'huile de Lucques passe pour la meilleure de l'Italie). On y trouve de beaux marbres. Le duché de Lucques est divisé en trois arrondissements : ceux de *Serchio*, des *Côtes* et des *Apennins*. — Ce petit Etat, qui depuis 1370 formait une petite république aristocratique indépendante, fut en 1805 érigé en principauté pour Félix Baccioehi, beau-frère de Napoléon. En 1815 le congrès de Vienne le donna à Marie-Louise, infante d'Espagne et reine d'Etrurie, dont le fils Charles-Louis lui a succédé en 1824. Les revenus sont de 1,500,000 francs environ.

LUCQUES, grande et ancienne ville d'Italie, capitale du duché de ce nom, sur le Serchio, au milieu d'une plaine environnée de coteaux agrestes. Elle a un archevêché, une université, un arsenal remarquable, des manufactures de draps, etc. Sa population est de 20,000 habitants, dont l'industrie a fait donner à leur ville le nom de *Lucca Industriosa*. Elle est à 4 lieues de Pise et à 5 de Livourne.

LUCRÈCE, fille de Spurius Lucretius Tricipitinus, préfet de Rome et femme de Tarquinius Collatin, inspira une passion violente à Sextus, fils de Tarquin le Superbe, qui pour l'assouvir pénétra de nuit dans sa chambre, et triompha par la force de sa vertu. Le lendemain, Lucrèce, après avoir raconté l'outrage à son père et à son mari, qu'elle avait fait mander, se poignarda à leurs yeux, et son corps exposé aux yeux du peuple fut le signal de l'expulsion des Tarquins (509 avant J.-C.).

LUCRÈCE (Titus Lucretius Carus), poëte didactique, né à Rome 100 ans environ avant J.-C. Il fut, dit-on, le beau-frère du célèbre Cassius. Il rapporta d'Athènes, où il avait été faire ses études, les principes de la philosophie d'Epicure, qu'il a mise en vers dans le poëme fameux qui nous reste de lui, et qui est intitulé *De natura rerum* (sur la nature des choses). Ce poëme, divisé en six livres, renferme quelques passages d'une belle et véritable poésie; le reste n'est que de la philosophie revêtue de formes poétiques. Lucrèce mourut l'an 52 avant J.-C., le jour même où Virgile prit la robe virile. Il se tua, dit-on, pour échapper à une frénésie causée par un philtre que lui avait donné sa femme Lucilia.

LUCRÈCE BORGIA, fille du pape Alexandre VI et de la courtisane Vanozzia, épousa en secondes noces Dominique Arimano, et en troisièmes Alphonse d'Est, duc de Ferrare. Elle est fameuse dans l'histoire du XVe siècle par ses incestueuses prostitutions avec son père et ses frères. Son histoire a fourni à M. Victor Hugo le sujet d'un drame.

LUCRIN (Lac), petit lac de Campanie, voisin de l'Averne, et à l'O. de Pouzzoles. Auguste fit couper la langue de terre qui séparait ces lacs, les unit à la mer par une forte digue, et en fit ainsi un vaste port appelé *Portus Julius*. La violence de la mer et les matières volcaniques du lac même comblèrent le lac dans le xvi siècle; ce qui en reste n'est qu'un marais fangeux et plein de roseaux.

LUCULLUS (Lucius Licinius), fils de Lucius Licinius Lucullus et de Cecilia, naquit vers l'an 115 avant J.-C. Après avoir paru avec éclat dans le barreau, il fut fait questeur en Asie et préteur en Afrique. Ses premiers exploits militaires furent contre Amilcar, sur lequel il remporta deux victoires navales. Elevé au consulat (l'an 74 avant J.-C.) et chargé de faire la guerre à Mithridate, qu'il vainquit en premier lieu sur les bords du Granique, et auquel il prit l'année suivante la Bithynie, il le poursuivit bientôt jusqu'en Arménie où il avait été forcé de se réfugier, et s'empara de presque tout ce pays. Il fut néanmoins remplacé par Pompée, et rappelé à Rome où on lui décerna les honneurs du triomphe. Il vécut ensuite dans le repos jusqu'en 57 avant J.-C. Il était tombé en démence sur ses derniers jours. Lucullus surpassa les plus grands rois par son luxe, son intempérance et ses magnifiques profusions.

LUCUMON, nom donné au chef de chacune des douze cités qui composaient la confédération étrusque. Le Grec Démarate étant venu s'établir à Tarquinies en fut nommé lucumon, et prit le nom de Tarquin. Ce fut lui qui monta plus tard sur le trône de Rome. Le titre de lucumon n'est donc pas le nom propre que Tarquin avait avant de venir à Rome, mais celui de sa dignité.

LUD, quatrième fils de Sem, peupla la Lydie, suivant l'Ecriture sainte et la plupart des anciens et des modernes.

LUDAMAR, royaume de l'Afrique centrale, au S. du Sahara et au N. des royaumes de Kaarta et de Bambara. Il est habité par des Maures pasteurs. Le roi a des troupes de cavalerie qui vivent de vol et de pillage et lui fournissent la subsistance. — La capitale est *Benowm*, à 20 journées de marche de Maroc.

LUDE (LE), petite ville du département de la Sarthe, sur le Loir, chef-lieu de canton de l'arrondissement et à 5 lieues de la Flèche. Sa population est de 3,224 habitants. Elle était autrefois duché-pairie appartenant à la maison du Lude. — JEAN DAILLON DU LUDE, le premier de cette maison qui eut quelque célébrité, fut élevé avec Louis XI, qui le fit son chambellan, capitaine de sa porte et de cent hommes d'armes, et successivement gouverneur du Dauphiné et de l'Artois. Il mourut en 1480. Sa postérité masculine finit en la personne de HENRI, duc du Lude, grand maître de l'artillerie en 1669, et mort en 1685 sans enfants, quoiqu'il eût été marié deux fois.

LUDIER, genre d'arbrisseaux originaires des îles Maurice et Mascareigne, appartenant à la famille des rosacées. Le type du genre est le *ludier à feuilles changeantes*, dans lequel les feuilles paraissent d'abord petites, roides, luisantes, dentées et épineuses, et s'allongent ensuite de façon à devenir très-douces et très-entières. Ses fleurs sont blanches, solitaires et axillaires.

LUDION, petite fiole remplie d'eau et contenant une figure d'émail suspendue à une petite ampoule de verre que l'on fait descendre et monter à volonté en pressant le bouchon de liège qui ferme la fiole. Le ludion a encore reçu le nom de *diable cartésien* ou *de Descartes*.

LUDLOW, jolie petite ville du comté de Shrop (Angleterre) sur la Teme. Elle a un beau port et un château bâti sur une montagne. Sa population est de 4,200 habitants. Elle envoie deux députés au parlement. Ludlow est à 10 lieues de Warwick et 50 de Londres.

LUDLOW (Edmond), né dans le comté de Wilts en 1620, fut l'un des chefs du parti républicain dans la révolution de 1688. Il était représentant au parlement quand il s'éleva sans cesse contre l'ambition égoïste de Cromwell. Nommé lieutenant général de la cavalerie du royaume, il fit tous ses efforts pour écarter son antagoniste du pouvoir souverain. Destitué et détenu dans le comté d'Essex, il revint, à l'avénement de Richard Cromwell au protectorat, siéger dans le nouveau parlement. Forcé de fuir à l'arrivée de Charles II, il se retira à Vevay en Suisse, où il mourut en 1693.

LUDOVIC SFORZA. Voy. SFORZA.

LUDUS, mot latin qui veut dire *jeu*, et que les anciens appliquaient à des nodules arrondis qui se trouvent au milieu de quelques roches calcaires, marneuses ou argileuses, et qui sont ordinairement plus durs que la roche qui les renferme. On nommait *ludus Helmontii* (jeu de Van-Helmont) des concrétions pierreuses, qui imitaient par leur forme divers objets connus; les *jeux de Paraceise* (*ludus Paracelsi*) étaient des concrétions analogues, qui renfermaient dans leur intérieur des cavités de forme prismatique, séparées par des cloisons. Les vides intérieurs sont ordinairement remplis de baryte, de carbonate de fer ou de quartz. — Ces corps ne sont généralement désignés aujourd'hui que sous les noms de *rognons* et de *concrétions*. On leur attribuait autrefois des propriétés merveilleuses.

LUDWIGSLUST, ville du grand-duché de Mecklembourg-Schwerin, dans le district de Parchim et le bailliage de Grabow, au confluent de l'Elbe et de la Rœgnitz. Sa population est de 4,200 habitants. C'est la résidence du grand-duc. Elle a une école vétérinaire, un séminaire d'instituteurs et des fabriques d'indiennes, objets en bronze, tabac, etc.

LUETTE, appendice long et arrondi, libre et flottant, et pendant à l'entrée du gosier, à l'extrémité et au milieu du voile du palais. La luette ne se trouve que chez l'homme et le singe. Elle peut être le siège de plusieurs maladies, dont la plus importante est la *chute* ou *procidence* de la luette, dans laquelle un amas de sérosité la fait gonfler de volume, au point qu'elle cause souvent une aphonie complète, et qu'elle nécessite une opération.

LUGANO (LAC) (autrefois *Lacus Ceresius*), situé dans le canton du Tésin en Suisse. Il a environ 10 lieues de long sur 1 à 2 de large, et à une très-grande profondeur. Il communique avec le lac Majeur par la rivière Tresa. Ses bords sont entourés de sites enchanteurs. Il s'élève de 882 pieds au-dessus du niveau de la mer.

LUGANO, ville de Suisse, chef-lieu de l'un des huit districts du canton du Tésin, sur le lac qui porte son nom, à 6 lieues de Côme. Elle a 4,500 habitants, et commerce en gros avec le Piémont et la Lombardie.

LUGO, province d'Espagne, formée d'une partie de la Galice, et bornée au N. par la mer, à l'O. par les provinces de la Corogne et de Vigo, au S. par celle d'Orense, et à l'E. par les Asturies et de Léon. Sa superficie est de 18 lieues carrées, et sa population de 11,000 habitants. Elle a pour capitale *Lugo*.

LUGO, ville de Galice, chef-lieu de la province de son nom, sur le Minho, à 23 lieues de Compostelle. Elle a un évêché et 5,000 habitants.

LUIS (SAN-), province de la république buénos-ayrienne, bornée au N. par les provinces de San-Juan et de Cordova, au S. par les Pampas, à l'O. par la province de Mendozn, et à l'E. par celles de Santa-Fé et de Buenos-Ayres. Sa superficie est de 5,050 lieues carrées. Sa capitale est *San-Luis*.

LUIS-POTOSI (SAN-), l'un des dix-neuf Etats qui composent la confédération mexicaine, borné au N. par la province de Tamaulipas ou Nouveau-Santander, au S. par celle de Guanaxato, à l'O. par celle de Zacatecas, et à l'E. par la mer. Sa superficie est de 3,400 lieues carrées, et sa population de 151,440 habitants. — Sa capitale est *San-Luis-Potosi*, située près de la source du Panuco. Elle a 12,000 habitants.

LUITPRAND, roi des Lombards, échappa à la vengeance d'Aribert, qui avait fait périr presque toute sa famille, et se retira en Bavière avec Ansprand son père, auquel il succéda en 712. Luitprand soumit Thrasimond, duc de Spolète, enleva aux Grecs une partie de leurs possessions en Italie, et s'empara du patrimoine que les papes avaient dans la Sabine et en Sicile. Le pape Zacharie obtint cependant la restitution exigée de force par ses prédécesseurs. Luitprand mourut en 744. Il a promulgué un code de cent cinquante-deux lois.

LULÉA, capitale de la province de Suède connue sous le nom de Norr-Botten ou Bothnie septentrionale. Elle a été bâtie par Gustave-Adolphe à l'embouchure de la Luléa, grande rivière qui prend sa source aux monts de Kalen, traverse plusieurs provinces et se jette dans le golfe de Bothnie, après un cours de près de 80 lieues. Luléa est à 28 lieues de Tornéa.

LULLE (Raimond), surnommé *le Docteur illuminé*, naquit à Palma (Majorque) en 1236. Disciple du célèbre Arnaud de Villeneuve, il devint chimiste pour essayer de guérir un cancer que portait au sein son amante Eléonore, et il y réussit. Il se livra dès lors avec un travail infatigable à l'étude de la philosophie arabe, de la chimie, de la médecine et de la théologie. Il fut lapidé l'an 1315 en Mauritanie, où il avait été annoncer les vérités de l'Evangile. Raimond Lulle, qui a été à tort mis au rang des sectateurs de l'alchimie et des sciences occultes, est l'auteur d'un grand nombre d'ouvrages. Sa doctrine, qui consiste dans la vérité des dogmes catholiques montrée par le raisonnement, est contenue dans celui qui porte le titre d'*Ars generalis sive magna*.

LULLI (Jean-Baptiste), célèbre musicien, né à Florence en 1633, vint en France à l'âge de douze ans, et fut sous-marmiton dans les cuisines de Mlle de Montpensier. Son mérite sur le violon attira bientôt l'attention de Louis XIV, qui créa tout exprès pour lui la bande des *petits violons*, l'anoblit plus tard, et le nomma secrétaire de la chancellerie. En 1672, l'abbé Perrin lui céda son privilège pour la musique d'opéras. Lulli mort, depuis ce temps jusqu'à sa mort arrivée en 1687, la scène française de beaux opéras, parmi lesquels on cite *Armide*, *Isis*, *Persée*, *Amadis*, *Atys*, les *Fêtes de l'Amour et de Bacchus*, etc.

LUMACHELLE ou LUMAQUELLE, variété de calcaire exploitée comme marbre et très-recherchée, parce qu'elle a un éclat fort agréable, qui est dû à la coloration par l'oxyde de fer des coquilles qu'elle renferme. Les plus belles viennent de Carinthie.

LUMIÈRE, cause de la vision ou bien agent particulier et subtil qui éclaire les objets et les rend appréciables au sens de la vue. On appelle *corps lumineux* les corps qui par eux-mêmes ou par réflexion sont des sources de lumière, et *non lumineux* ceux qui ne le sont pas. Deux systèmes ont été inventés pour expliquer les phénomènes lumineux. Celui de l'*émission*, dû à Newton, est presque abandonné aujourd'hui. Le second, celui des *ondulations*, dû à Huyghens et à Descartes, est le seul suivi de nos jours. (Voy. ÉMISSION et ONDULATION.) La lumière, mettant pour arriver du soleil qui est le grand corps lumineux par excellence, et qui se trouve éloigné de nous de 34,000,000 de lieues, 8 minutes 13 secondes, parcourt en une seconde 66,965 lieues. La transmission de la lumière se fait en ligne droite dans les milieux homogènes; quand elle passe d'un milieu dans un autre d'une densité inégale, la lumière éprouve une déviation qu'on appelle *réfraction*. Toutes les fois qu'un rayon de lumière tombe sur une surface polie, il éprouve ce qu'on appelle une *réflexion*. La lumière est composée de sept couleurs principales, le *violet*, l'*indigo*, le *bleu*, le *vert*, le *jaune*, l'*orangé* et le *rouge*, qui, réunies ensemble, forment le blanc, couleur de la lumière. Si on sépare ces diverses couleurs au moyen d'un prisme, cette modification s'appelle *dispersion*. Privés de lumière, les végétaux s'étiolent et les animaux éprouvent des phénomènes analogues. C'est elle qui entretient la pureté de l'air en absorbant la plus grande partie du gaz acide carbonique que rejettent les animaux. Elle paraît être la cause de la coloration des parties vertes des plantes, parties dans lesquelles se fixe le carbone. Enfin, considérée comme agent thérapeutique, la lumière du soleil convient en général à tous les malades chétifs et débilités.

LUNA (Don Alvar DE), connétable de Castille, grand maître de l'ordre de Saint-Jacques et premier ministre de Jean II, roi de Castille, eut une telle autorité qu'il disposa de tout dans le royaume. Son orgueil le perdit. Le roi le fit arrêter et condamner à mort par une commission. Il périt sur l'échafaud à Valladolid le 5 juillet 1453.

LUNAIRE, genre de la famille des crucifères, renfermant deux espèces, l'une vivace, l'autre bisannuelle. La première a des feuilles très-grandes, légèrement velues, acuminées et dentées en scie, des fleurs d'un rose clair, quelquefois même d'un pourpre assez vif et exhalant une odeur très-suave. La deuxième n'a pas d'odeur. Ses fleurs sont de couleur violette.

LUNATIQUE, nom donné à tout ce qui est soumis à l'influence de la lune. On l'a étendu soit aux maladies qui reparaissent ou deviennent plus graves à des phases déterminées de la lune, soit aux individus qui en sont affectés. Il se dit particulièrement des chevaux dont la vue se trouble ou s'éclaircit, selon les phases de la lune.

LUND, ville de Suède, ancienne capitale de la Scanie, aujourd'hui dans le gouvernement de Malmœ. Sa population est de 3,000 habitants. Elle a une université célèbre, fondée en 1666 par Charles IX, et un évêché luthérien. Elle commerce en garance, pastel et tabac. On y remarque un observatoire, un théâtre anatomique, un jardin botanique, une bibliothèque de 40,000 volumes, un musée, un cabinet d'histoire naturelle, de physique, de médailles et d'antiquités. La cathédrale est grande et très-belle.

LUNDI (*lunæ dies*, jour de la lune), premier jour de la semaine, ainsi appelé par les anciens, parce que la lune présidait à sa première heure. Le lundi, dans l'Eglise catholique, appelé *seconde férie*, est consacré plus particulièrement au culte du Saint-Esprit ; mais c'est une dévotion libre. Les manichéens jeûnaient ce jour-là en l'honneur de la lune, comme le dimanche en l'honneur du soleil.

LUNE, corps opaque qui est le satellite de la terre, et qui tourne autour d'elle en 27 jours 7 heures 43 minutes. Elle emploie le même temps à faire une révolution sur elle-même. La lune n'est lumineuse que par la réflexion des rayons du soleil ; c'est ce qui fait que nous ne pouvons en apercevoir que la partie éclairée par le soleil, et que dans sa révolution nous la voyons sous différents aspects ou *phases*. On dit que la lune est *nouvelle* ou en *conjonction*, lorsqu'elle se trouve entre le soleil et la terre : nous ne pouvons alors la voir ; en avançant, elle montre progressivement la partie qu'éclaire le soleil ; parvenue à la forme d'un demi-cercle, c'est le *premier quartier*. Lorsqu'elle accomplit la moitié de sa révolution, elle paraît ronde ; c'est la *pleine lune* ou opposition. Elle décroît ensuite peu à peu, et atteint encore la forme de *demi-cercle* ; c'est le *dernier quartier* ; puis elle arrive de nouveau entre le soleil et la terre ou en conjonction ; mais, comme la terre pendant ce temps s'est avancée aussi dans son orbite, il faut à la lune 2 jours 4 heures de plus pour arriver à ce point. C'est pourquoi cette seconde période, que l'on appelle *lunaison* ou *mois lunaire*, est de 29 jours 12 heures. Le point le plus éloigné de son orbite s'appelle *apogée*, et est éloigné de la terre de 91,450 lieues, et le point le plus rapproché, auquel on donne le nom de *périgée*, en est éloigné de 80,105. La lune est quarante neuf fois plus petite que la terre. On y observe aussi des vallons et des montagnes ; mais il paraît qu'elle n'a point d'atmosphère, ce qui semble la rendre inhabitable. C'est à l'attraction de la lune que sont dues les marées.

LUNE ROUSSE. Les jardiniers appellent ainsi la lune qui, commençant en avril, devient pleine soit à la fin du mois, soit dans le courant de mai. Suivant eux, elle *roussit* ou gèle les jeunes feuilles, les bourgeons exposés à sa lumière.

LUNE (myth.). Les Orientaux et les Hébreux en particulier avaient plus de respect pour la lune que pour le soleil. Ces derniers lui donnaient les noms de *Meni*, d'*Astarté* ; les Syriens l'adoraient sous les noms de *Céleste*, d'*Uranie*, d'*Astre* ; les Arabes sous celui d'*Alilat*, les Egyptiens sous celui d'*Isis*, les Grecs sous celui de *Diane* ou *Phœbé*.

LUNE (MONTS DE LA), appelés aujourd'hui *Djebel-al-Kamar* ou *Kumri-Djebel*, triple chaîne de montagnes très-élevées, dans laquelle on plaçait autrefois la source du Nil, et qui s'étendent au S. de la Nigritie en Afrique.

LUNEAU DE BOISJERMAIN (Pierre-Joseph-François), né à Issoudun en 1752, mort en 1801, s'est fait une réputation comme littérateur et traducteur. On lui doit une bonne édition de *Racine* avec commentaires, des *Cours de langues italienne, anglaise et latine*, et de *géographie et d'histoire*, etc.

LUNEBOURG, principauté du royaume de Hanovre. Sa superficie est d'environ 246,000 habitants. C'est un pays plat, dont le centre est plein de bruyères, et qui produit du froment, du lin, du houblon, des fruits, etc. Son commerce consiste en chevaux, miel, cire, chanvre, etc.

LUNEBOURG, grande et forte ville, autrefois hanséatique et aujourd'hui chef-lieu de la principauté qui porte son nom, sur l'Ilmenau, à 15 lieues de Hambourg. Sa population est de 10,000 habitants. Elle a un château fort, une école militaire très-célèbre, un gymnase, quatre églises et quatre hôpitaux. Elle fait un commerce actif d'importation et d'exportation avec Lubeck et Hambourg.

LUNEGIANE, petit pays d'Italie, à l'E. de la Magra, dans le duché de Massa et le quartier de Sarzane. Il tire son nom de l'ancienne ville de Luna, aujourd'hui ruinée, située à l'embouchure de la Magra.

LUNEL, petite ville du département de l'Hérault, chef-lieu de canton de l'arrondissement et à 6 lieues de Montpellier. Sa population est de 4,850 habitants. Elle est très-commerçante à cause du canal de son nom qui communique avec le Rhône, la Méditerranée et le canal des Deux-Mers. Son territoire produit d'excellent vin muscat. Elle fabrique beaucoup d'esprit de vin et d'eaux-de-vie.

LUNETTE, instrument d'optique destiné à faire voir les objets d'une manière plus distincte. Son invention est due à Jacques Metius, d'Alcmaër en Hollande (1608). Les lunettes les plus employées sont au nombre de trois. La *lunette astronomique*, inventée par Kepler, est un long tube de cuivre portant à ses deux extrémités deux verres convexes, l'un tourné vers les objets (*objectif*), l'autre vers l'œil (*oculaire*). Les objets se voient renversés de haut en bas et de droite à gauche. Le grossissement ne dépasse pas quinze cents fois. — La *lunette de Galilée* à l'oculaire bi-concave, ce qui rend l'image droite. — La *lunette terrestre* se compose de deux verres, outre ceux qu'à la lunette astronomique, et ils sont placés dans l'intervalle pour redresser les objets. Elle n'a pas l'inconvénient de celle de Galilée, qui est de n'embrasser qu'un espace restreint.

LUNETTE. En termes de fortifications, on donne ce nom à des espèces de demi-lunes, c'est-à-dire à des ouvrages composés de deux faces présentant un angle saillant vers la campagne. Ils sont défendus par un parapet et protégés par un fossé. On construit en général les lunettes près des glacis et vis-à-vis les angles rentrants du chemin couvert.

LUNÉVILLE, à l'entrée d'une belle plaine, au confluent de la Vezouze et de la Meurthe, chef-lieu d'arrondissement du département de la Meurthe, à 7 lieues et demie de Nancy. Population, 12,500 habitants. Cette ville, qui n'était dans l'origine qu'une maison de chasse, devint, dès le xe siècle, le chef-lieu d'un comté. On y voit un palais construit par Léopold, et où naquit l'empereur François Ier. Lunéville possède une belle église, un immense quartier de cavalerie, un des plus beaux de France. C'est le siège d'un intendant militaire, d'un tribunal de première instance. Il y a un collège, une école modèle primaire et une société d'agriculture. Le commerce s'exerce sur la faïence, le coton filé, des draps, étoffes, lainages, etc. Lunéville est célèbre par le congrès de 1801, qui fut conclu la paix entre la France et l'Autriche. Joseph Napoléon y représenta la république française, et en défendit les intérêts avec une grande habileté.

LUNULE. Ce mot est quelquefois synonyme de *croissant* ; aussi en botanique on appelle *lunulé* les parties des organes des plantes qui ont la forme d'un croissant. — Les filles de Jérusalem et les sénateurs paraient d'une lunule leur cou ou leur jambe, à l'endroit de la cheville.

LUNUS ou MEN (myth.), dieu de la lune personnifié. Ce dieu n'était autre que la lune même. Ce dieu était adoré en Carie, en Phrygie et surtout en Egypte. Les hommes lui sacrifiaient en habits de femme et les femmes en habits d'homme. On représentait le dieu Lunus sous les traits d'un jeune homme, un bonnet arménien sur la tête, un croissant sur le dos, tenant de la main droite une bride, de la gauche un flambeau et ayant un coq sous les pieds.

LUPATA, montagnes d'Afrique qui rejoignent les monts de la Lune, au S. de l'Abyssinie, et s'étendent jusqu'en Cafrerie, en longeant le Zanguebar et le Mozambique, qu'elles séparent du désert. Les monts Lupata ont encore reçu le nom d'*Epine du monde*.

LUPÉE, genre de crustacés de l'ordre des décapodes, famille des brachyures, tribu des nageurs, renfermant des espèces remarquables par l'étendue transversale et l'aplatissement de leur carapace. Elles se trouvent dans la mer de l'Inde.

LUPERCALES, fêtes que célébraient les Romains le 15 février, troisième jour des fêtes de Faune ou de Pan. Les prêtres de ces dieux, nommés *luperques* (c'étaient des plus anciens de Rome et ils formaient trois collèges, les *fabiens* ou *faviens*, les *quintiliens* et les *juliens*, institués par César), couraient nus dans les rues, s'abandonnant à la licence la plus éhontée. Les Lupercales vinrent suivant les uns d'Arcadie avec Evandre ; suivant les autres, elles furent instituées par Romulus et Remus en l'honneur de leur nourrice, la louve (*lupa*). Elles eurent encore lieu, même après l'abolition du paganisme, jusqu'au ve siècle.

LUPICINA (Flavia Ælia Martia Euphemia), d'une condition très-obscure, fut achetée par l'empereur Justin, qui en fit bientôt son épouse. Elle mourut avant lui ; mais pendant sa vie elle se montra digne de son rang par sa douceur et sa fermeté.

LUPIN, genre de plantes dicotylédones, de la famille des légumineuses, renfermant vingt-quatre espèces. Elles ont les racines fibreuses et pénétrant profondément dans le sol, les tiges droites, de trente-deux à soixante-dix centimètres de hauteur, les feuilles alternes, les fleurs grandes, blanches, bleues, roses ou jaunes, disposées en épis terminaux autour d'un axe commun. Le fruit est une gousse comprimée, allongée, renfermant des semences dures, blanchâtres extérieurement et jaunâtres à l'intérieur. Frais, le lupin offre aux animaux un excellent pâturage. Il était autrefois l'aliment favori des philosophes grecs. Ses tiges brûlées donnent le meilleur charbon que l'on puisse employer dans la fabrication de la poudre à canon. On le regarde aussi comme très-propre à fertiliser économiquement les terrains légers et secs.

LUPULINE, espèce de luzerne, connue aussi sous les noms vulgaires de *trèfle jaune* ou *noir*, *minette dorée* et *luzerne houblon*, et très-recherchée de tous les bestiaux. Elle convient aux terrains crayeux et élevés. Ses tiges, rampantes et très-rameuses, fournissent un fourrage propre aux bêtes à laine. Sa présence dans les prairies naturelles bonifie le foin, qu'elle rend appétissant. On l'y sème en automne et au printemps. Ses fleurs sont ramassées en petites boules dorées.

LURE, chef-lieu d'arrondissement du département de la Haute-Saône, à 7 lieues de Vesoul. Population, 2,850 habitants. — Lure est une ville ancienne et qui fut jadis importante. Elle possédait une célèbre abbaye fondée dans le VIIe siècle, et dont l'abbé avait le titre de prince de l'empire. Lure était une place forte au XIVe siècle. Tous les remparts ont été détruits pendant les guerres du moyen âge. Elle est située au milieu d'une plaine vaste et marécageuse, et possède un tribunal de première instance, un collége, un petit théâtre et une société d'agriculture. L'arrondissement de Lure renferme de bons pâturages, des fabriques de tissus et des filatures de coton, des bonneteries, des chapelleries, etc.

LUSACE (en allemand, *Lausitz*), contrée d'Allemagne, entre l'Elbe et l'Oder, bornée à l'E. par la Silésie, à l'O. par la Misnie (Saxe), au S. par la Bohême et au N. par le Brandebourg. Sa superficie est de 420 lieues carrées, et sa population de 500,000 habitants. — C'est un pays peu fertile en général, montagneux, couvert de forêts. On y trouve des carrières de pierre, et on y récolte du houblon, du lin, des légumes. Elle se divise en *haute Lusace*, au S., et *basse Lusace*, au N., et avait pour capitale BAUTZEN. — D'abord margraviat, elle appartint successivement aux margraves de Misnie, à ceux de Brandebourg et à la Bohême, qui l'engagea en 1623 à la maison de Saxe, des Etats de laquelle elle a fait partie jusqu'en 1815 qu'elle a été donnée à la Prusse, à l'exception d'une moitié de la haute Lusace, qui forme le cercle de ce nom dans le royaume de Saxe. Ce cercle a 184 lieues carrées et 160,000 habitants. Sa capitale est ZITTAU.

LUSIADES, descendants de Lusus, fils de Bacchus. C'est le nom poétique des Portugais, sous lequel le célèbre Camoëns a écrit une magnifique épopée destinée à célébrer les découvertes sous la conduite de Vasco de Gama. Ce poëme est le chef-d'œuvre de la littérature portugaise.

LUSIGNAN, ancienne ville du département de la Vienne, chef-lieu de canton de l'arrondissement et à 7 lieues de Poitiers, sur la Vonne. Sa population est de 2,500 habitants. — Elle a des fabriques de ras et de serges, et commerce en grains. Une vieille tradition du moyen âge attribuait la fondation de son château à la fée Mélusine. Les historiens varient sur son fondateur réel. Les uns citent Geoffroi *à la Grande Dent*; les autres Hugues III, dit *le Bien-Aimé*, mort en 1284. Ce château passait pour imprenable.

LUSIGNAN et mieux LESIGNEM, l'une des plus anciennes maisons nobles de France, dont le chef fut HUGUES Ier, dit *le Veneur*, vivant dans le Xe siècle. Ses descendants prirent le titre de *sires de Lesignem* jusqu'à HUGUES XIII, comte de la Marche et d'Angoulême, mort sans postérité en 1303.

Guy de Lusignan, fils de Hugues VIII, devint le chef de la branche d'outre-mer. En effet, étant passé en Palestine, il épousa Sibille, veuve du marquis de Montferrat et héritière du royaume de Jérusalem (1185). Saladin lui enleva son royaume deux ans après. Il acheta en 1192 de Richard, roi d'Angleterre, l'île de Chypre, qu'il érigea en royaume, et y mourut en 1194. Ses descendants, depuis Amaury son frère jusqu'à Jacques *l'Enfant*, possédèrent ce royaume jusqu'en 1473.

LUSITANIE, ancien nom du Portugal. Cependant la province que les anciens appelaient *Lusitanie*, et qui était l'une des trois de la péninsule hispanique, s'étendait encore en outre à une partie de l'Estramadure espagnole et du royaume de Léon. Elle était habitée par les *Lusitani*, qui se disaient issus de Lusus, fils de Bacchus, les *Celtici*, les *Turdetani* et les *Vergones*, et ses villes principales étaient *Olisippo* (Lisbonne), *Salmantica* (Salamanque) et *Ebora* (Evora). Peuples barbares, vivant de brigandages, simples, très-sobres, portant des vêtements noirs, les habitants de la Lusitanie étaient si braves que Rome ne put les soumettre que par ruse.

LUSSAN (Marguerite DE), fille d'un cocher et de la Fleury, célèbre diseuse de bonne aventure, née à Paris vers 1682, reçut une assez belle éducation, se mit à composer des romans, d'après l'exhortation du savant Huet, à ce qu'on prétend. Elle mourut à Paris en 1758. On a d'elle les *Anecdotes de la cour de Philippe Auguste*, son meilleur ouvrage, les *Anecdotes de la cour de François Ier*, les *Annales de la cour de Henri II*, *Marie d'Angleterre*, les *Veillées de Thessalie*, etc.

LUSTRALES, fête expiatoire célébrée à Rome depuis un temps immémorial, et dans laquelle le censeur, suivi des pontifes, des vestales et des magistrats, adressait des vœux aux dieux pour la prospérité de l'Etat, et purifiait le peuple par plusieurs sacrifices, entre autres par les *suovetaurilia*, dans lesquels on immolait une truie, une brebis et un taureau, et par l'aspersion de l'eau de la mer avec des branches d'olivier, de laurier ou de verveine. Les Lustrales se célébraient à la fin du cens. L'espace de temps qui s'écoulait d'une fête à l'autre s'appelait *lustre*, et, quoiqu'il ait toujours été pris pour cinq ans, il s'écoula en général toujours plus de cinq ans d'un lustre à un autre.

LUSTRATION, cérémonie consistant en sacrifices, aspersions ou fumigations, et par laquelle on purifiait les lieux ou les personnes souillés. Les anciens en avaient de trois sortes : les unes avec l'eau lustrale, les autres avec le feu et le soufre, les dernières avec l'air que l'on agitait au moyen d'un crible autour de la chose à purifier. Au mois d'avril, on faisait les lustrations des brebis; au mois de mai, celles des moissons.

LUSTRE. Voy. LUSTRALES.

LUSTRE, sorte de luminaire à plusieurs branches que l'on suspend aux voûtes ou aux plafonds des grandes salles que l'on veut éclairer. Il y en a de trois sortes : les *lustres à tiges découvertes*, dans lesquels ce qui supporte les bougies ou les lampes n'a aucun ornement; les *lustres à consoles*, dans lesquels les branches sont supportées par des consoles placées au-dessus ou au-dessous, la tige couverte d'ornements et le fond terminé par des culs-de-lampe; les *lustres à lacé*, ainsi nommés parce qu'ils sont entièrement couverts de cristaux taillés de manière à réfracter la lumière sous mille couleurs différentes.

LUSTRE. On donne encore ce nom au dernier apprêt des étoffes auquel est dû le brillant qui frappe les yeux. Le lustreur se sert ordinairement d'une machine composée d'un nombre plus ou moins grand de cylindres dont l'un est métallique et creux, afin qu'on puisse le chauffer en y introduisant des barres de fer rouges, et

entre lesquels on fait circuler l'étoffe préalablement enduite d'une matière liquide qui varie avec elle. Les soies se lustrent avec de l'alun froid, le taffetas noir avec de la bière double bouillie avec du jus d'orange ou de citron.

LUT, matière que l'on applique, dans les diverses parties d'un appareil, soit pour empêcher les déperditions, soit pour garantir les corps fragiles de l'action de la chaleur. On peut ranger les luts sous trois classes : *luts gras*, *luts à l'eau*, *luts argileux*. Les premiers sont préparés avec de l'argile calcinée réduite en poudre et de l'huile de lin; les derniers avec de l'argile simplement dans laquelle on incorpore la moitié de son volume environ de crottin de cheval et à peu près quatre fois son poids de sable.

LUTATIUS CATULUS (Caïus), consul romain l'an 240 avant J.-C., battit les Carthaginois dans un combat naval, entre Drépane et les îles Egates. Cette victoire, dans laquelle il prit soixante-dix navires et en coula cinquante à fond, mit fin à la première guerre punique. — QUINTUS LUTATIUS CATULUS, consul l'an 102 avant J.-C. et collègue de Marius, vainquit avec lui les Cimbres. Marius le proscrivit dans la suite, et il fut étouffer par la vapeur du charbon. Ce magistrat était du nombre des orateurs illustres. Ses ouvrages ne nous sont pas parvenus. Son fils QUINTUS fit rebâtir le Capitole.

LUTÈCE (*Lutetia*), ancien nom de Paris. Située dans une île de la Seine, elle dut son nom à son sol plein de marécages et de boue (*lutum*). Capitale des Parisii, elle résista aux Romains pendant longtemps. César l'entoura de murs, la fortifia et y établit le conseil souverain des Gaules. Elle devint plus tard la résidence de l'empereur Julien, qui l'agrandit et l'embellit. Voy. PARIS.

LUTH, instrument de musique monté d'abord de six rangs de cordes doubles, puis de dix, de onze et même de douze, que l'on pinçait de la main droite, tandis que de la gauche on appuyait sur les touches, qui étaient au nombre de neuf. Cet instrument, qui a été remplacé par la guitare, avec laquelle il offre de très-grandes ressemblances, était très-difficile à accorder. Les meilleurs venaient de Bologne et de Padoue.

LUTHER (Martin), célèbre hérésiarque, fondateur de la religion réformée, naquit en 1483 à Eisleben (Saxe) d'un père mineur qui lui fit donner une éducation savante. La foudre, qui tua un de ses compagnons de débauche à côté de lui, le détermina à entrer dans l'ordre des augustins. Il devint bientôt professeur à l'université de Wittemberg. Chargé par le supérieur de son ordre d'écrire contre la prédication des indulgences par les dominicains, il attaqua peu à peu et successivement l'abus des indulgences, puis les indulgences elles-mêmes, puis le pouvoir papal, l'efficacité des sacrements, le purgatoire, la confession auriculaire, etc. Anathématisé en 1520, il fit brûler la bulle du pape. Cité devant la diète de Worms (1521), son protecteur l'électeur de Saxe le fit mettre à l'abri des persécutions en l'enfermant au château de Wartbourg. Il en sortit l'année suivante, et se mit à la tête de son parti, qui grossissait de jour en jour. Conformément à sa doctrine, il épousa en 1525 Catherine de Bora, jeune religieuse qu'il avait séduite. Luther mourut en 1546, après avoir vu ses derniers jours l'Eglise qu'il avait fondée se démembrer et se scinder en plusieurs sectes ennemies. Parmi ses ouvrages, on cite son livre *de la Captivité de Babylone*, son traité *de la Confession auriculaire* et ses *Mémoires*. — Père de cette réforme que demandaient depuis longtemps plusieurs hérésiarques qui avaient échoué avant lui, Luther fut l'expression de la révolte politique contre le pouvoir papal, dont l'absolutisme avait blessé les idées de liberté et d'indépendance qui commençaient a fermenter parmi les peuples, et de la révolte religieuse du raisonnement contre la foi.

LUTHÉRIENS, partisans de la religion réformée qui suivent les doctrines de Luther. Ils condamnent les mystères, le libre arbitre, l'infaillibilité de l'Eglise et des conciles généraux, les jeûnes, la confession, les indulgences, le culte des saints et des images, le sacrifice de la messe, le pouvoir temporel de l'Eglise, le célibat des prêtres, les vœux monastiques, tous les sacrements autres que le baptême et l'eucharistie, et encore admettent-ils la nécessité de la communion sous les deux espèces. On compte jusqu'à trente-cinq différentes sectes de luthériens. — Le luthéranisme est la religion dominante en Suède, en Danemarck et au nord de l'Allemagne. Sur une population de 180,000,000 d'habitants, l'Europe compte 23,100,000 luthériens.—En France, les *luthériens* ou *protestants de la confession d'Augsbourg* ont des pasteurs, des consistoires, des inspections et des consistoires généraux. Les consistoires sont chargés de veiller à la discipline, à l'administration des biens de l'Eglise et des deniers provenant des aumônes. Les inspections se composent du pasteur et d'un ancien de chacune des cinq églises consistoriales. Chaque inspection choisit dans son sein deux laïques et un ecclésiastique qui prend le titre d'inspecteur. Cet inspecteur est chargé de veiller sur les ministres ou pasteurs et sur le maintien du bon ordre dans les églises consistoriales. L'inspection, pour s'assembler, a besoin de l'autorisation du gouvernement. Un consistoire général, établi à Strasbourg, compose l'administration supérieure de toutes les églises consistoriales et des inspections. Outre le consistoire général, et dans le temps intermédiaire d'une de ses assemblées à l'autre, il y a un directoire composé du président, du plus âgé des deux ecclésiastiques inspecteurs et de trois laïques, dont un nommé par le roi : les deux autres sont choisis par le consistoire général. Les luthériens ont une académie ou séminaire à Strasbourg pour l'instruction des ministres, et une faculté de théologie.

LUTIN, esprit malin, quelquefois nuisible, qui ne paraît que pendant la nuit pour tourmenter et faire du mal, du dégât, du désordre. Il y a peu de personnes aujourd'hui qui croient aux lutins.

LUTRIN, pupitre sur lequel on met les livres d'église, et auprès duquel s'assemblent les chantres pour chanter l'office. Le mot vient de *lectrain*, *lectrinum*, dérivés de *lego* (je lis). — Gresset a fait un poëme héroï-comique intitulé *le Lutrin vivant*, dans lequel il célèbre l'histoire d'un enfant qui portait sur son dos l'office que l'on chante au lutrin.

LUTTE, combat de deux hommes corps à corps. La lutte est un des principaux exercices gymnastiques des anciens. On connaissait trois sortes de luttes, la *lutte perpendiculaire*, la *lutte horizontale* et l'*acrochirisme*. Dans la première, qui était la plus commune, on se proposait de renverser son adversaire et de le terrasser. Pour cela, les athlètes employaient la force et la ruse. Dans la deuxième espèce, les deux adversaires combattaient courbés sur la terre, roulant l'un sur l'autre et s'entrelaçant en mille façons jusqu'à ce que l'un des deux prît le dessus et forçât l'autre à demander quartier. Dans l'acrochirisme, les athlètes ne se prenaient que par l'extrémité des mains et par les poignets, se les tordaient, et tâchaient de se renverser ainsi. Avant de combattre, les athlètes te faisaient frotter le corps d'huile pour donner de la force et de la souplesse aux membres. Puis, pour empêcher le glissant de ces onctions, ils se couvraient le corps d'un sable très-fin.

LUTZEN, petit village de Prusse sur l'Elster, dans la régence et le cercle de Mersebourg, à 4 lieues de Leipzig. Il est deux batailles : la première, livrée entre le roi de Suède Gustave-Adolphe et les impériaux, commandés par Waldstein, le 6 novembre 1632. Le roi de Suède y fut tué, et son armée remporta la victoire. La seconde, gagnée le 2 mai 1813 par Napoléon en personne contre les souverains de Russie et de Prusse.

LUXATION, déplacement d'un os mobile de l'endroit ou de la cavité qu'il doit naturellement occuper. Presque tous les os sont susceptibles de luxations. Les articulations orbiculaires, c'est-à-dire en forme de cercle, courent risque cependant d'être luxées plus que les autres, à cause de l'étendue de leur mouvement et de la laxité de leurs ligaments. Le seul moyen de rémédier aux luxations, c'est de les réduire, c'est-à-dire de remettre l'os dans sa position naturelle.

LUXEMBOURG, grand-duché de la confédération germanique, borné au N. par la province de Liége, à l'O. par celle de Namur, au S. par la France, et à l'E. par les Etats prussiens du Rhin. Sa superficie est de 205 lieues carrées, et sa population de 302,654 habitants. Son sol est montagneux, froid, couvert de grandes forêts, qui sont la continuation de celle des Ardennes. Ses productions sont les pommes de terre en abondance, et on élève beaucoup de bétail dans ses pâturages. Il a un grand nombre d'usines pour la fabrication du fer, principale richesse du pays. Il est divisé en trois districts : *Luxembourg* (capitale), *Dietkirch* et *Neufchâteau*. — Le Luxembourg eut autrefois des comtes, dont le premier fut SIGEFROI (Xᵉ siècle). La première branche s'étant éteinte en 1136 avec Conrad II, le Luxembourg passa à la maison de Namur, puis à celle de Bar et à celle de Bourgogne. Charles IV l'érigea en duché en 1354 en faveur de WENCESLAS son frère d'abord, puis de son fils JEAN, dont la fille Elisabeth céda cette province au duc de Bourgogne en 1448. Il passa ensuite à la maison d'Autriche, qui en céda à la France la partie méridionale en 1659. Le congrès de Vienne (1815) donna ce grand-duché aux Pays-Bas. La révolution de Belgique, en le séparant de la Hollande, a rendu l'adjudication du Luxembourg une véritable question européenne, que le traité des vingt-quatre articles (1839) a résolue en faveur de la Hollande, malgré les protestations des habitants.

LUXEMBOURG, grande et belle ville sur l'Eltz ou Alzette, qui la divise en *haute* et *basse*. Cette dernière est partagée en deux quartiers, le *Plaffenthal* et le *Grandl*. Sa population est de 10,000 habitants. C'est une des plus fortes places de l'Europe. Elle a des tanneries, des chamoiseries, des faïenceries, des papeteries, et fabrique des tolles recherchées. Louis XIV s'en empara en 1684, et les Français en 1795 en firent le chef-lieu du département des *Forêts*. Voy. l'article précédent.

LUXEMBOURG, palais superbe bâti en 1615 par Marie de Médicis sur le modèle du palais Pitti à Florence et sur les dessins de l'architecte Desbrosses. Cédé par elle au duc d'Orléans, il prit le nom de *palais d'Orléans*, qu'il garda jusqu'à la révolution, pendant laquelle il devint une prison. Le directoire y siégea ; sous Napoléon, il devint tour à tour *palais du consulat* et *du sénat conservateur*. La restauration en fit le *palais de la chambre des pairs*, et cette destination lui a été conservée de nos jours. — Le jardin du Luxembourg, l'un des plus beaux de la capitale, a été dessiné par le Nôtre.

LUXEMBOURG, l'une des plus anciennes et des plus illustres maisons de l'Europe, qui a possédé le trône de Bohême et a fourni trois empereurs. La branche aînée de cette maison fut fondue dans celle d'Autriche par le mariage d'Elisabeth, fille de Sigismond, avec l'archiduc Albert (1437). La branche cadette des *Luxembourg-Ligny* a donné WALERAN DE LUXEMBOURG, gouverneur de Gênes en 1396 ; grand maître des eaux et forêts en 1402 ; grand bouteiller de France en 1410. gouverneur de Paris et connétable en 1411, mort à soixante ans en 1417 ; et JEAN son frère, tige des *Luxembourg-Saint-Pol*, mort en 1397. Son fils PIERRE, mort en 1433, fut père du célèbre comte de Saint-Pol (voy. ce mot), dont la postérité masculine, tige des *Luxembourg-Pinci*, finit à HENRI, mort en 1616. Sa fille Marguerite-Charlotte eut un comte Charles-Henri de Clermont-Tonnerre, mort en 1674, MADELEINE, qui épousa François de Montmorency, connu sous le nom de *maréchal de Luxembourg*.

LUXEMBOURG (François-Henri DE MONTMORENCY, duc et maréchal DE), fils posthume de François de Bouteville, naquit en 1628, et porta d'abord le nom de son père. Elève du grand Condé, il servit en qualité de lieutenant général à la conquête de la Franche-Comté (1668). Il commanda en chef pendant la célèbre campagne de Hollande, à la fin de laquelle il fit cette fameuse retraite tant admirée de ses ennemis, dans laquelle avec 20,000 hommes il passa au travers de l'armée ennemie forte de 70,000 soldats. Il obtint en 1675 le bâton de maréchal de France. En 1690, il gagna la victoire de Fleurus, en 1691 celle de Steinkerque, et en 1693 celle de Nerwinde. Il mourut en 1695, regretté comme le plus grand général qu'eût alors la France. Il était contrefait et bossu.

LUXEUIL ou LUXEU, petite ville de la Haute-Saône, chef-lieu de canton de l'arrondissement de Lure, à 4 lieues de Plombières et 6 de Vesoul, au pied des Vosges, sur le Breuchin. Sa population est de 3,600 habitants. Elle a un collége communal et un séminaire diocésain. Elle a des eaux minérales et des bains chauds au nombre de cinq. A 400 pas de la ville, on voit des ruines d'anciens thermes magnifiques. Ruinée par Attila en 450, Luxeuil devint célèbre par l'abbaye que saint Colomban y établit en 590, et où Ebroïn, maire du palais, fut enfermé avec saint Léger Les Sarrasins massacrèrent en 731 les religieux, et renversèrent l'abbaye, qui se releva plus magnifique qu'avant.

LUXOR. Voy. LOUQSOR.

LUYNES ou MAILLÉ, petite ville de Touraine (Indre-et-Loire) sur la Loire, à 3 lieues de Tours. Elle fut érigée en duché-pairie par Louis XIII en faveur de CHARLES D'ALBERT, descendant d'une famille originaire de Toscane et appelée ALBERTI, qui vint se fixer en France vers 1414. Charles d'Albert, attaché au service de Louis XIII alors qu'il n'était que dauphin, parvint sous son règne aux charges de connétable, grand fauconnier, premier gentilhomme de la chambre, gouverneur de la Picardie, du Boulonais, etc. Il prit parti contre la reine mère, qui avait fait sa fortune, et fit tuer le maréchal d'Ancre par Vitry. Il mourut à quarante-trois ans en 1621

LUZ, petit bourg situé dans le département des Hautes-Pyrénées, au pied du pic de Bergons, chef-lieu de canton de l'arrondissement et à 5 lieues d'Argelès. Sa population est de 2,380 habitants. Ce village n'offre de remarquable que des ruines d'un vieux fort sur un roc qui le couronne. Près de Luz s'étend une vallée profonde de même nom.

LUZERNE, genre de plantes de la famille des légumineuses, toutes annuelles ou vivaces, et habitant plus particulièrement le voisinage du bassin de la Méditerranée. La luzerne ressemble assez au *trèfle*. On en compose de grandes prairies artificielles qu'on fauche trois à quatre fois par an, quelquefois six à huit fois. Elle aime les terrains profonds et substantiels. Le semis se fait en septembre dans le Midi avec une graine de belle couleur brune, répandue suivant le terrain, à raison de 12 à 18 kilogrammes par hectare. Les luzernières durent au moins dix ans, et on ne peut y faire reparaître la luzerne qu'après une durée de temps égale. On les améliore beaucoup en y semant du plâtre en poudre fine. La luzerne verte engraisse les bestiaux, mais elle les échauffe et les purge.

Sèche, on la mêle ordinairement à la paille. C'est avec ses racines qu'on fait des brosses à dents, colorées avec de l'orcanette, et parfumées à l'ambre ou à la vanille.

LUZERNE (Charles-Henri, comte DE LA), né en 1737 à Paris, lieutenant général, fut envoyé en 1786 aux Iles sous le Vent en qualité de gouverneur. Nommé en 1787 ministre de la marine, il donna sa démission définitive et quitta la France en 1791. Il mourut en Autriche en 1789.

LUZERNE (Anne-César, chevalier DE LA), frère du précédent, né à Paris en 1741, devint successivement major général de la cavalerie (1762), colonel des grenadiers, envoyé extraordinaire en Bavière (1776), envoyé aux Etats-Unis où il tint la plus noble et la plus belle conduite, et dont il revint en 1783, et ambassadeur à Londres, où il mourut en 1791. Le gouvernement de l'Etat américain de Pennsylvanie lui témoigna sa gratitude en décernant son nom à l'un des comtés de son Etat.

LY, nom de la mesure itinéraire de la Chine. 10 lys font une lieue française.

LYBIE. Voy. LIBYE.

LYCANTHROPIE, variété de mélancolie ou d'aliénation mentale dans laquelle le malade se croit changé en loup, et en imite la voix et les allures. Cette maladie est extrêmement rare, quoique certains voyageurs assurent qu'elle est commune en Livonie et en Islande.

LYCAON (myth.), roi d'Arcadie, qui, ayant donné l'hospitalité à Jupiter, voulut éprouver sa divinité en lui faisant servir les membres rôtis et bouillis d'un prisonnier. Jupiter foudroya sa demeure, et le changea en loup.

LYCAONIE, petite contrée de l'Asie-Mineure, entre la Pamphylie, la Pisidie, la Cappadoce et la Phrygie. Sa capitale était *Iconium*. Enlevée aux Perses par Alexandre, et prise par les Romains, elle fut incorporée à l'empire d'Orient. Elle fait aujourd'hui partie de la Caramanie.

LYCÉE, montagne du Péloponèse, au S. de Mantinée en Arcadie, entre l'Alphée et l'Eurotas. Elle était consacrée à Jupiter, et principalement au dieu Pan adoré dans toute la contrée.

LYCÉE, lieu consacré à Athènes à l'instruction de la jeunesse, et dédié à Apollon Lycéen. Ce gymnase, l'un des trois d'Athènes, était situé hors de la ville le long de l'Ilissus. Des portiques régnaient sur trois côtés d'une cour carrée située à l'entrée de l'édifice. Ce fut là qu'Aristote enseigna sa philosophie; ce qui fit donner à son école le nom d'*école du Lycée*. Ressuscité en France en 1787, ce nom de Lycée a plus tard été changé en celui d'*Athénée*. Pendant longtemps même, ce mot a remplacé celui de *collége*.

LYCHAS (myth.). Voy. LICHAS.

LYCHNIDE, genre de la famille des caryophyllées, renfermant environ trente espèces annuelles ou vivaces, presque toutes indigènes à l'Europe. Elles ont les tiges herbacées, les feuilles simples et opposées, les fleurs d'un rouge de diverses nuances, mais toujours éclatant, et disposées en bouquets au sommet des tiges.

LYCIARQUE, nom d'un magistrat annuel de Lycie, qui présidait aux affaires de cette province et spécialement aux jeux et aux fêtes établis en l'honneur des dieux.

LYCIE (auparavant *Mylias*), province maritime de l'Asie-Mineure, bornée au N. par la Phrygie, à l'E. par la Pamphylie, à l'O. par la Carie, au S. par la mer Méditerranée. Sa capitale était *Xanthe*, sur la rivière de ce nom. On y voyait la ville maritime de Patare, célèbre par l'oracle d'Apollon, et le mont Cragus, qui se terminait dans les ondes par sept ou huit sommets, dont le plus connu était un volcan appelé *Chimère* au golfe de Telmesse. Les parfums de la Lycie étaient renommés.

LYCIET, genre de la famille des solanées, renfermant plus de trente espèces, aux tiges ligneuses, droites ou pendantes, à rameaux grêles, à feuilles entières, et fleurs roses, purpurines, violettes, jaunâtres et même blanches. Le *lyciet* ou *lycium d'Europe*, qui croît spontané sur le sable aux rivages de la Méditerranée, sert à former des haies vives en Italie, en Portugal, en Espagne, en Egypte, etc.

LYCOMÈDE (myth.), roi de Scyros, qui reçut à sa cour Achille déguisé en femme, et lui donna plus tard la main de sa fille Déidamie.

LYCOPERDACÉES, famille de plantes cryptogames, de l'ordre des champignons, renfermant des végétaux qui croissent dans les régions tempérées. Ils existent d'abord à l'état lactescent, et par une dessication rapide ils arrivent promptement à l'état fibreux et pulvérulent. On les a distribués en quatre tribus appelées *fuliginées*, *lycoperdacées vraies*, *angiogastres* et *sclérotiées*. Le genre type est le *lycoperdon*.

LYCOPERDON, appelé vulgairement *vesse-de-loup*, genre de champignons, type de la famille des lycoperdacées. On voit le lycoperdon au milieu du gazon, dans les prairies, sur les collines, etc. Il n'a pas de pédicule. Il est globuleux, grand, d'un blanc pâle.

LYCOPHRON, fils de Périandre, roi de Corinthe vers l'an 628 avant J.-C., nourrit contre son père un ressentiment violent, parce qu'il avait tué Mélise sa femme. Périandre l'envoya régner à Corcyre, et, lorsqu'il voulut lui offrir le trône de Corinthe, les Corcyriotes tuèrent Lycophron pour empêcher que Périandre ne vînt les gouverner.

LYCOPHRON, fameux poète et grammairien grec, né à Chalcis (Eubée), vivait vers l'an 304 avant J.-C., et fut tué d'un coup de flèche. Suidas nous a conservé les titres de vingt *tragédies* de ce poète. Il avait fait aussi des *satires*. Le seul ouvrage qui nous soit parvenu est un poème obscur intitulé *Cassandre* ou *Alexandra*, suite de prédictions prêtées à Cassandre, fille de Priam. Lycophron était un des poètes de la Pléiade alexandrienne.

LYCOPODE, genre de cryptogames, de la famille des lycopodiacées, renfermant des herbes rameuses, vivaces, rarement ligneuses, le plus souvent rampantes, à feuilles simples, épaisses, de la hauteur de deux à trois pieds au plus, aux capsules solitaires placées dans l'aisselle des feuilles sous forme d'épis sessiles. On trouve les lycopodes dans les lieux ombragés et frais des bois. L'espèce la plus connue est le *lycopode en massue*, connu encore sous les noms de *soufre végétal*, *mousse terrestre*, *pied-de-loup*, dont le pollen d'un jaune soufre, pulvérulent, subtil, susceptible de s'enflammer subitement quand on le jette sur les flammes d'un corps en ignition (propriété mise à profit au théâtre toutes les fois qu'on veut simuler des éclairs ou fabriquer des torches ardentes), n'a ni saveur ni odeur. La médecine le regarde comme diurétique. Les nourrices l'appellent *poudre de vieux bois*, et s'en servent pour dessécher les écorchures qui viennent entre les cuisses des enfants. Le lycopode nous vient de la Suisse et de l'Allemagne.

LYCOPODIACÉES, famille de plantes cryptogames établie par Swartz, et renfermant environ cent cinquante espèces herbacées rarement ligneuses, différant des mousses par une fructification capsulaire, sans opercule ni coiffe. La famille des lycopodiacées se compose des genres *lycopode*, *tmesiptéris*, *psilotum*, *isoètes* et *stachygynandrum*.

LYCOSE, genre d'arachnides, de l'ordre des pulmonaires, famille des aranéides, section des dipneumones, tribu des citigrades, renfermant des espèces qui ont le corps couvert d'un duvet serré et l'abdomen de forme ovale. Leurs yeux, disposés sur trois lignes transverses, forment un quadrilatère. Les lycoses courent très-vite, et habitent presque toute la terre dans des trous qu'elles pratiquent. Elles se nourrissent de petits insectes. La plus célèbre est la *lycose tarentule*. On divise ce genre en trois classes : les *terricoles*, les *corsaires* et les *porte-queues*.

LYCURGUE, célèbre législateur de Sparte, fils d'Eunome, roi de cette ville, et frère de Polydecte. Après la mort de Polydecte, qui avait succédé à son père, sa veuve offrit la couronne à Lycurgue, promettant de faire mourir l'enfant qu'elle portait dans son sein, pourvu qu'il voulût l'épouser. Lycurgue refusa, et, content de la qualité de tuteur de son neveu Charilaüs, il lui remit le gouvernement à sa majorité (870 ans avant J.-C.). Après plusieurs voyages qu'il fit en Crète, en Asie et en Egypte pour y étudier les lois, il revint à Lacédémone, dont il réforma entièrement la constitution. Le principal objet de ses lois fut d'exercer le peuple et de l'endurcir aux travaux de la guerre, pour faire des Spartiates un peuple essentiellement guerrier. Il y réussit; mais, pour rendre l'observation de ses lois éternelle, il partit de Sparte après avoir fait jurer aux Spartiates de les pratiquer religieusement jusqu'à son retour, et se laissa, dit-on, volontairement mourir de faim à Delphes, en Elide ou en Crète, pour ne pas y retourner. Les bases de la législation de Lycurgue sont: deux rois gouvernant conjointement l'Etat, et dont le pouvoir était balancé par un sénat de vingt-huit membres. Le peuple avait des assemblées *générales*, où l'on décidait les alliances, et des assemblées *particulières* (composées de Spartiates seulement), où l'on délibérait sur l'administration intérieure. Les terres étaient également partagées, celles de la Laconie en trente mille parts, celles de Sparte en six mille. La monnaie de fer était la seule permise. Les repas publics, l'éducation sévère et dure des enfants aux frais du trésor public entretenaient le civisme et l'ardeur guerrière. Les jeunes filles s'exerçaient en public comme les garçons. De tous les arts, la musique seule était permise avec la sculpture consacrée à la représentation des héros et des dieux.

LYCURGUE, orateur athénien, né l'an 408 avant J.-C., fut disciple de Platon et d'Isocrate. Chargé de l'intendance du trésor public et de la police d'Athènes, il chassa de la ville tous les malfaiteurs, fit planta le gymnase du Lycée, fit construire quatre cents trirèmes, et tint de toute son administration un registre exact, qu'il suspendit en public afin que chacun pût le censurer librement. Il mourut l'an 326 avant J.-C. C'était l'un des huit orateurs que les Athéniens refusèrent de livrer à Alexandre après la prise de Thèbes.

LYCUS (myth.), roi de Béotie, répudia Antiope pour épouser Dircé, qui fit enfermer sa rivale. Jupiter, épris d'Antiope, la délivra, et les deux enfants qu'elle eut du monarque des dieux, Amphion et Zethus, tuèrent plus tard Lycus et Dircé.

LYDIE, province de l'Asie-Mineure, bornée au N. par la Mysie, au S. par la Carie, à l'E. par la Phrygie, et à l'O. par l'Archipel. Fertile en grains, fruits, vins exquis, mines d'or et d'argent, et arrosée par le Caïstre, le Méandre, le Pactole, elle avait pour capitale *Sardes*, bâtie sur le dernier fleuve qui roulait des paillettes d'or. — Appelé d'abord *Mæonic*, de *Mæon*, Egyptien, qui fut le premier roi de la dynastie des Atyades, vers l'an 1545 avant J.-C., la Lydie a été gouvernée par une longue suite de rois. Cette première dynastie finit dans la personne d'Omphale, qui eut d'Hercule un fils nommé Alcée, qui devint la tige de la dynastie des Héraclides, et régna l'an 1219. Son vingt et unième et dernier successeur fut Candaule, tué en 715 par Gygès, petit-fils de Mermnas, qui fut la souche de la dynastie des Mermnades. Crésus, son quatrième successeur, soumit à l'empire lydien toute l'Asie-Mineure, depuis la mer Egée jusqu'au fleuve Halys, à l'exception de la Cilicie et de la Lycie. Cet empire, renversé par celui des Perses, subit plus tard avec lui la domination macédonienne et le joug de Rome. La Lydie fait aujourd'hui partie de l'Anatolie.

LYDIEN (MODE), un des modes de la musique des Grecs. Il avait dans l'origine un caractère de sensibilité et de mélancolie, qui participait à la fois de la mélodie grave et monotone du dorien et de la délicatesse de l'ionique. Peu à peu il se rapprocha davantage de ce dernier, et devint souvent animé, badin, piquant et propre à la mollesse.

LYGE, nom donné, en botanique, au *sparte*, plante de la famille des graminées, originaire d'Espagne, et employée aux ouvrages de paille appelés *sparteries*.

LYMPHATIQUE (Tempérament). On donne ce nom au tempérament de ceux dans l'économie animale desquels le système lymphatique est prépondérant, c'est-à-dire à celui dans lequel la lymphe étant en plus grande quantité est la cause occasionnelle d'une plus grande quantité d'humeurs. Les hommes au tempérament lymphatique sont froids et épais.

LYMPHATIQUES (Vaisseaux). On donne ce nom à des canaux qui, naissant par des racines extrêmement fines dans la profondeur des divers organes, vont, après s'être réunis en troncs plus ou moins gros, déboucher dans les veines près du cœur. On les trouve dans toutes les parties du corps formant toujours deux plans qui communiquent entre eux, et dont l'un est superficiel, l'autre profond. Un grand nombre de physiologistes les regardent comme les agents spéciaux de l'absorption, et les appellent pour cela *vaisseaux absorbants*.

LYMPHE, liquide transparent, visqueux, parfois opalin et à peine opaque, et quelquefois jaunâtre et même rouge. Sa composition et ses propriétés sont les mêmes que celles du sang, et un naturaliste a dit que c'était du chyle ou sang blanc. La lymphe est formée de fibrine, d'albumine, de chlorure de sodium, de soude carbonatée, de phosphate de chaux et de magnésie, et de carbonate de chaux. Elle est puisée dans tous les organes par les extrémités des vaisseaux lymphatiques destinés à la conduire jusque dans les vaisseaux sanguins.

LYNCEE (myth.), fils d'Apharée, roi de Messénie, l'un des Argonautes, avait la vue si perçante qu'elle pénétrait les murailles, le ciel et la terre. Il tua Castor, auquel il disputait la belle Hilaïre, et fut tué par Pollux. — Fils d'Egyptus et mari d'Hypermnestre, fille de Danaüs, fut seul sauvé par elle du massacre de ses frères, et détrôna son beau-père. Il régna quarante ans, de 1460 à 1420 avant J.-C.

LYNX, animal du genre *chat*, dont les oreilles sont ornées de touffes de poils verticaux, dont la fourrure est longue et touffue, et la queue généralement courte. Il est de la grandeur du renard, et passe sa vie à faire la chasse aux martres, aux écureuils et aux oiseaux. Les naturalistes de l'antiquité avaient accrédité la fable que ses yeux pouvaient voir à travers les murailles, et que son urine se changeait en pierres précieuses.

LYON, grande et belle ville de France, la plus commerçante et la plus importante après Paris, chef-lieu du département du Rhône, au confluent de la Saône et du Rhône. Sa population est de 197,748 habitants, y compris celle de la Croix-Rousse, de la Guillotière et de Vaise, qui forment des communes séparées (46,944 habitants). Lyon est le siège d'un archevêché, d'une cour royale, d'un tribunal de première instance, d'un tribunal de commerce, de la septième division militaire, de la dix-neuvième légion de gendarmerie. Cette ville est à 93 lieues de Paris. Elle a une académie, des facultés de théologie, des lettres et des sciences, un collége royal de première classe, un grand séminaire diocésain, une école vétérinaire, une école secondaire de médecine, un conservatoire des arts, un hôtel des monnaies (lettre D), une bourse, une bibliothèque publique de 75,000 volumes, un jardin botanique, un cabinet d'histoire naturelle, un musée, des académies des belles-lettres et de peinture et sculpture, des sociétés d'agriculture, des arts et de médecine, un mont-de-piété, deux belles salles de spectacle (le *Grand-Théâtre* et les *Célestins*), etc., etc. Ses édifices remarquables sont : l'hôtel de ville, l'Hôtel-Dieu, le musée, les églises Saint-Jean et Saint-Nizier. Lyon a cinquante-neuf places, dont les plus belles sont celles de *Bellecour* ou de *Louis-le-Grand*, longue de cent cinquante-huit toises sur cent treize de large, et ornée d'une statue équestre de Louis XIV, et celle des *Terreaux* devant l'hôtel de ville. L'industrie et le commerce de Lyon sont immenses ; les étoffes de soie en sont la base principale. En 1828, le nombre des métiers pour le travail de la soie dans toute ses branches était *intrà muros* de dix-huit mille huit cent trente-neuf et de cinq à six mille *extrà muros*. —Bâtie suivant les uns par une colonie de Rhodiens, sur l'indication du vol d'un corbeau, l'an 220 avant J.-C., ou suivant les autres par Munatius Plancus, qui s'y établit l'an 40 environ avant J.-C., elle reçut les noms de *Lugudunum* et *Lugdunum* (en celtique *montagne du corbeau*). Auguste en fit la capitale de la Celtique, plus tard appelée *Lyonnaise*. Soixante nations de la Gaule y élevèrent en son honneur un temple superbe au confluent du Rhône et de la Saône. Les rois de Bourgogne y établirent le siége de leur royaume à la fin du ve siècle, et les rois francs en acquirent la possession dans le vie siècle. De 1032 à 1312, Lyon fut soumise à la puissance temporelle de son archevêque, qui conserva encore quelque juridiction après que la ville eut été réunie à la France (1312). En 1793, boulevard de l'opposition royaliste et modérée, cette ville s'insurgea contre la montagne et la convention, qui fit marcher contre elle 60,000 hommes. Après soixante jours de siége, les Lyonnais capitulèrent et s'en remirent à la clémence des vainqueurs, Couthon et Collot d'Herbois, qui les firent exterminer par milliers avec des canons chargés à mitraille, et firent démolir les principaux édifices. En 1834, Lyon a été le théâtre d'une insurrection presque aussitôt réprimée.

LYONNAIS, ancienne province de France, qui comprenait le Lyonnais propre, le Beaujolais et le Forez. Elle appartenait d'abord aux ducs de Bourgogne. Philippe le Bel la réunit à la couronne en 1312. Sa capitale était *Lyon*. Elle forme aujourd'hui les départements du Rhône et de la Loire.

LYONNAISE, nom qu'Auguste donna à l'une des trois grandes provinces de la Gaule, appelée aussi Celtique, et qui a été appliqué à plusieurs divisions territoriales au nombre de quatre. — La première avait pour métropole *Lyon*, et comprenait les Éduens et les Mandubiens (Rhône, Saône-et-Loire, Loire, Côte-d'Or, Nièvre, et partie de la Haute-Marne). — La deuxième Lyonnaise avait pour métropole *Rouen*, et comprenait l'ancienne Normandie. — La troisième avait pour métropole *Tours*, et embrassait la Bretagne, l'Anjou, le Maine et la Touraine. — La quatrième avait pour métropole *Sens*, et s'appelait encore *Sénonaise*. Elle embrassait les départements de l'Yonne, Seine-et-Marne, Seine, Seine-et-Oise, Eure-et-Loir et Loiret.

LYRE, instrument de musique à cordes, dont les Hébreux attribuent l'invention à Jubal, fils de Lamech, les Égyptiens à Thot-Trismégiste, et les Grecs à Mercure, Apollon, ou bien encore à Linus, Orphée, Amphion. Perfectionnée par Terpandre, Simonide, Pythagore, la lyre, qui n'avait qu'une seule corde (*monocorde*), en eut dans la suite jusqu'à quarante. Les Grecs appelaient la lyre *chélyx*, *barbytos*, *phorminx*, et les Romains changeaient le mot *chélyx* (tortue) en *testudo*, qui signifie la même chose, et qui tient à ce qu'on rapporte qu'Apollon fit la première lyre en ajustant sur une écaille de tortue des boyaux de chèvre.

LYRE, constellation de l'hémisphère boréal, renfermant vingt et une étoiles, dont une première grandeur. C'est avec Sirius la plus rapprochée de nous. Cette constellation tire son nom de ce qu'elle a la forme d'un vautour regardant vers le midi et portant dans son bec une lyre à dix cordes.

LYRE (oiseau). Voy. Ménure.

LYRÉE (botan.), nom donné aux feuilles dont le disque est élargi et entier à sa partie supérieure, et divisé inférieurement par des sinus latéraux, en plusieurs lobes qui décroissent en grandeur rapidement.

LYRIQUE, nom donné à la poésie primitive de l'enthousiasme et de la joie, consacrée d'abord à la religion et ensuite aux louanges des héros et des grandes vertus. De là deux sujets principaux pour la poésie lyrique, les *hymnes* et les *odes*. C'est dans la poésie lyrique que se retrouve le caractère essentiel de la véritable poésie, de la poésie primitive, de celle enfin que chantaient les peuples en s'accompagnant de la lyre. Les plus grands poëtes lyriques sont David, Orphée, Alcée, Sapho, Pindare, Horace, Ossian, Klopstock.

LYS. Voy. Lis.

LYS, rivière de Belgique, qui prend sa source à Lisbourg près Béthune (Pas-de-Calais), et se jette dans l'Escant à Gand, après un cours de 40 lieues, navigable depuis Aire. Elle a donné son nom à un département français de l'empire, qui avait *Gand* pour chef-lieu.

LYSANDRE, général lacédémonien, détacha Ephèse du parti des Athéniens, fit alliance avec le jeune Cyrus, gouverneur de Lydie et d'Ionie, et livra aux Athéniens un combat naval, dans lequel il battit Antiochus, lieutenant d'Alcibiade. Vainqueur de Conon dans la célèbre bataille d'Ægos-Potamos (405 avant J.-C.), il emporta diverses villes, et vint assiéger Athènes, qu'il contraignit de se rendre, dont il fit démolir les murs, et dont il changea le gouvernement. De retour à Sparte, il essaya vainement de se faire donner la couronne, et périt dans une bataille l'an 386 avant J.-C., avec la réputation d'un ambitieux plein d'orgueil.

LYSIAS, célèbre orateur grec, né à Syracuse l'an 459 avant J.-C., vint à Athènes avec son père Céphalès, qui l'y fit élever avec soin. Il partit à quinze ans pour l'Italie, et n'en revint qu'à l'âge de quarante-cinq. Exilé plus tard par les trente, il équipa 500 hommes, et aida Thrasybule à délivrer sa patrie. Ami et disciple de Socrate, il composa pour lui un plaidoyer que Socrate refusa comme trop oratoire. Lysias mourut l'an 374 avant J.-C. Il avait composé deux cents discours ; trente-quatre seulement sont parvenus jusqu'à nous. Le caractère de son éloquence est la pureté, la clarté et la précision sans force ni grandeur.

LYSIMACHIÉES, nom d'une famille de plantes appelée aussi Primulacées. Voy.

LYSIMAQUE, genre de plantes de la famille des primulacées, renfermant une vingtaine d'espèces, dont plusieurs sont communes en France et dans les lieux humides de l'Europe. La *lysimaque vulgaire* porte de juillet à septembre des fleurs jaunes disposées en corymbe ; la *lysimaque à feuilles de saule* a de superbes fleurs blanches disposées en longues grappes en forme d'épis. On sème la graine des lysimaques aussitôt après sa maturité.

LYSIMAQUE, l'un des généraux d'Alexandre, se rendit après sa mort maître d'une partie de la Thrace, et embrassa le parti de Cassandre et de Seleucus contre Antigone à la célèbre bataille d'Ipsus. S'étant emparé de la Macédoine (301 avant J.-C.), il y régna dix ans ; mais, abandonné pour sa cruauté, il passa en Asie pour faire la guerre à Seleucus, et fut tué dans un combat l'an 282 avant J.-C., à soixante-quatorze ans. On ne reconnut son corps qu'à l'aide de son petit chien.

LYSIPPE, célèbre sculpteur grec, de Sicyone, exerça d'abord le métier de serrurier, et fut pour maître dans la sculpture Doriphore de Polyclète. Il a laissé près de six cents ouvrages. L'un de plus célèbre est l'*Hercule* du palais Pitti à Florence Il vivait vers l'an 350 avant J.-C. Il avait fait plusieurs statues d'Alexandre.

M

MAC

M, treizième lettre et la dixième consonne de notre alphabet. Chez les anciens, c'était une lettre numérale. Chez les Grecs, M, avec un accent aigu au-dessus, valait 40; avec l'accent au-dessous, 40,000. Dans les anciens chiffres grecs, M, initiale du mot *murioi*, valait 10,000; chez les Romains, M valait 1,000; MM, 2,000, et un M surmonté d'un trait horizontal, M̄, un million. Dans les abréviations romaines, cette lettre désigne les noms *Marcus*, *Maximus*, etc. — M était autrefois la marque de la monnaie frappée à *Toulouse*; un M entrelacé avec un A est encore celle de la monnaie frappée à *Marseille*.

MABILLON (Jean), né en 1632 dans le diocèse de Reims. Il entra en 1654 dans l'ordre des bénédictins de la congrégation de Saint-Maur. D. Luc d'Achéry se l'adjoignit pour travailler à son *Spicilége*. Il fut choisi pour la publication et l'édition des *OEuvres de saint Bernard*, et refusa une pension de 2,000 livres que lui offrait Colbert. Il rapporta d'Allemagne et d'Italie, où on l'avait envoyé, des pièces et des documents précieux, et travailla aux *Annales générales de saint Benoît*. Il mourut en 1707. Il est le fondateur de la science connue sous le nom de DIPLOMATIQUE. L'un des hommes les plus érudits de son siècle, il était membre de l'académie des inscriptions et belles-lettres. Ses ouvrages les plus connus sont : *De re diplomatica libri IV*, *Analecta*, *Acta sanctorum ordinis sancti Benedicti*, et plusieurs dissertations historiques.

MABLY (L'ABBÉ Gabriel BONNOT DE), célèbre publiciste, né à Grenoble en 1709, frère aîné de l'abbé de Condillac. Il fut comme son frère destiné à l'état ecclésiastique, et publia plusieurs ouvrages, dont les plus fameux sont: le *Droit public de l'Europe*, les *Entretiens de Phocion*, les *Observations sur l'histoire de France*, les *Observations sur l'histoire de la Grèce*, le *Parallèle des Romains et des Français*, de la *Législation*, de la *Manière d'écrire l'histoire*. Les Polonais et les Américains ayant eu recours à ses lumières en législation, il composa pour eux : *du Gouvernement de la Pologne* et *Observations sur le gouvernement et les lois des Etats-Unis*. L'abbé de Mably mourut en 1785.

MACABRE (DANSE), ronde allégorique à laquelle prennent part toutes les conditions humaines, et en tête de laquelle se trouve la mort. On croit, suivant Van Praët, que le nom que porte cette danse lui vient de l'arabe *magbarah*, cimetière, parce qu'elle était peinte ou représentée dans les cimetières. Cette danse a fourni le sujet d'un roman au bibliophile Jacob (Paul Lacroix.)

MACAIRE (Saint), surnommé *l'Ancien*, natif d'Alexandrie, fut l'un des plus célèbres solitaires des premiers siècles du christianisme. Il passa soixante ans dans un monastère sur la montagne de Séti, au IVe siècle, et mourut à l'âge de quatre-vingt-dix ans. On lui attribue cinquante homélies en grec, que l'on trouve dans la bibliothèque des Pères. — Il ne faut pas le confondre avec SAINT MACAIRE *le Jeune*, natif aussi d'Alexandrie, qui est célèbre dans l'Eglise par ses miracles, la pureté de sa foi et les persécutions qu'il eut à souffrir de la part des ariens. C'est à lui qu'on attribue les règles des moines en trente chapitres. Il avait près de cinq mille moines sous sa conduite, et mourut en 394 ou 395.

MACAO, ville de Chine, dans la province de Queng-Tong ou Kang-Toung (Canton). Bâtie par les Portugais, elle a un port très-commerçant, protégé par trois forts, et une population de 15,000 habitants. Elle a un évêque catholique, et est le chef-lieu d'un établissement qui comprend la pointe méridionale de la presqu'île de Gaumin, et renferme sur une superficie de 5 milles géographiques carrés une population de 34,000 habitants, parmi lesquels 30,000 Chinois. Cet établissement est occupé par les Portugais moyennant une rétribution annuelle de 100,000 ducats.

MACAQUE, genre de quadrumanes appartenant à la division des singes de l'ancien continent. Les macaques diffèrent des guenons par la forme de leur museau, qui est plus gros et plus prolongé, et des cynocéphales par ce même museau, qui est plus court. Ils ont des lèvres minces, des abajoues assez développées, un corps trapu et épais, le cou court, la tête grosse, les membres robustes, les mains pentadactyles, les callosités des fesses prononcées, la queue quelquefois nulle, d'autres fois assez longue. Les macaques ont en général beaucoup d'adresse et de sagacité. On les divise en trois sections : les CERCOCÈBES, qui renferment les espèces connues sous les noms de *bonnet chinois*, de *macaque roux doré*, de *toque*, etc. ; les MAÏMONS, renfermant l'*ouandourou* ou *elwanda*, le *rhésus*, le *macaque ursin*, etc. ; et les MAGOTS.

MACARÉE (myth.), fils de Criasius ou Crinacus, conduisit le premier une colonie grecque dans l'île de Lesbos. Ses quatre fils prirent possession de quatre îles voisines, qui furent à cause de cela appelées le séjour des Macares ou du bonheur. — Fils de Lycaon, donna son nom à une ville d'Arcadie située dans le territoire de Mégalopolis, au S.-O. près de l'Alphée, dont il fut le fondateur.

MACAREUX, genre d'oiseaux de l'ordre des palmipèdes, placé entre les guillemots et les pingouins. Ils ont le bec plus court que la tête, plus haut que long et démesurément gros ; les jambes placées très en arrière, faisant ressembler leur marche à celle d'un chien qui s'avance sur ses jambes de derrière; les ailes courtes, et si défavorables pour le vol, qu'ils ne peuvent user que de volées très-basses et de très-peu de durée. Ils nagent et plongent avec une rare facilité, et changent de climat suivant les saisons. Ils se nourrissent de mollusques, de petits crustacés, etc., ne construisent point de nid, et pondent leurs œufs dans les trous des rochers. On les trouve dans les mers du Nord.

MACARONI, sorte de pâte formée de tuyaux, connue aussi dans le commerce sous le nom de *pâte d'Italie* et de *pâte de Gênes*, parce qu'elle a été inventée en Italie, et que les Génois excellent dans cette fabrication. On fait d'abord préparer du froment en gruau; on le réduit ensuite en semoule, et l'on pétrit avec de l'eau bien pure. Pour lui donner la forme qu'elle a, on en remplit un vase cylindrique en fonte de fer, appelé *cloche*, au fond duquel se trouve un crible parsemé de longs trous par lesquels, si l'on presse la pâte, elle sort et tombe en lanières, dont on forme des tuyaux en rapprochant les deux bords.

MACARONIQUE (POÉSIE), genre de poésie burlesque où l'on fait entrer beaucoup de mots de la langue vulgaire en leur donnant une terminaison latine.

MACARONS, sorte de pâtisserie délicate composée de sucre, d'amandes et de blancs d'œuf fouettés. On fait aussi des macarons avec des amandes de pistaches.

MACARTNEY (Georges, lord comte), né en 1737 en Irlande de Georges Macartney, évêque d'Auchinleck en Ecosse, il fut nommé membre du parlement, et en 1764 fut envoyé en Russie en qualité d'ambassadeur extraordinaire. A son retour, avec le titre de secrétaire du lord Townsend, qui était vice-roi d'Irlande, il fut nommé en 1768 membre du parlement de ce pays, puis gouverneur de Tabago et de la Grenade en 1775, de Madras en 1781. Il revint en Angleterre en 1786. Il fut en 1792 envoyé en ambassade en Chine pour y conclure un traité de paix. Sa mission ne réussit pas, et il reçut l'ordre de partir de la Chine en 1793. A son retour, il fut chargé d'une mission en Italie (1795), et nommé gouverneur du cap de Bonne-Espérance (1799). Il mourut à Londres en 1806. Il a publié la relation de son voyage en Chine.

MACASSAR ou **MANGKASSAR**, petit Etat de la Maluisie, dans la partie méridionale de l'île Célèbes. Les Hollandais y ont un gouvernement qui est formé des débris du grand et antique empire de Mangkassar. Cet empire, qui remonte à l'an 1300 à peu près, et qui a eu trente-neuf empereurs jusqu'en 1809, n'existe plus, quoique son empereur existe encore. Il n'est plus que vassal des Hollandais, qui lui ont donné une garde d'honneur, et réside à Goak, ville de l'intérieur des terres. Sur l'emplacement de la capitale de l'empire s'élève la ville de Vlaardingen et le fort Rofferdam, qui ont 1,200 habitants. On compte dans les environs de cette ville les trois bourgs de Kampoung-Barou, Kampoung-Bouguis et Kampoung-Malayou. Les Mangkassars sont mahométans, et forment une des cinq nations civilisées de Célèbes.

MACBETH, fils de Sinel, thane royal de Glamis et cousin germain du roi Duncan Ier. Salué par trois sorcières roi d'Ecosse, il chercha à accomplir la prédiction; ce qu'il fit en assassinant le roi Duncan en 1040. Il s'empara du trône au préjudice des fils de ce dernier, fit assassiner Banquo, thane de Locheber, son ami, et fut tué dans un combat que lui livra en 1057, près de Meigle (Perthshire), Macduff, seigneur attaché à la cause de Malcolm, fils de Duncan, et que pour cela Macbeth avait tenté d'assassiner. Shakspeare et Ducis ont fait une tragédie sur ce sujet.

MACDONALD (Etienne-Jacques-Joseph-Alexandre), duc de Tarente, célèbre général français, né à Sancerre (Cher) en 1765, entra en 1783 comme lieutenant dans le régiment de Dillon. A Jemmapes, il fut fait colonel, puis bientôt après général de brigade et général de division. Après avoir servi aux armées du Rhin et d'Italie, il fut nommé commandant de Rome et des Etats de l'Eglise, et se distingua en 1799 lors de la retraite des armées françaises de ce pays. Il commandait à Versailles lors du 18 brumaire an VIII. Après la bataille de Marengo, il fut envoyé en Danemarck comme ministre plénipotentiaire jusqu'en 1803. En 1809, il reprit le commandement d'une division en Italie. Il se distingua beaucoup à Wagram. Créé maréchal de France et duc de Tarente (1810), il commanda un corps d'armée en Espagne, et, deux ans après, il combattit en Russie à la tête du dixième corps. En 1813, il prit une part glorieuse aux combats de Lutzen, de Bautzen et de Leipzig. Pendant la campagne de 1814, il commanda l'aile gauche de l'armée. En juin 1814, il fut nommé membre de la chambre des pairs, et fut chargé l'année suivante de licencier l'armée de la Loire. En 1816, il fut nommé grand chancelier de l'ordre de la Légion d'honneur, dignité qu'il conserva jusqu'en 1831. Macdonald est mort en 1840.

MACÉDOINE, contrée de la Grèce située dans la Thrace, la Mésie, la Thessalie et l'Epire. Caranus l'Argien, qui en fut le premier roi l'an 814 avant J.-C., mourut en 786 avant J.-C., et laissa le trône à sa postérité, qui y régna jusqu'à la mort d'Alexandre, de son frère et de ses fils. Les plus célèbres rois furent Philippe et Alexandre le Grand. Le dernier de tous, Persée, fils de Philippe IV, et descendant d'Antigone, général d'Alexandre, ayant été vaincu et fait prisonnier à la bataille de Pydna, la Macédoine fut réduite en province romaine 168 ans avant J.-C. La Macédoine se nommait encore *Emathie*, *Æmonie*, *Mygdonie*, *Péonie* et *Edonie*. De nos jours, elle a formé une province de la Turquie d'Europe, dont la capitale était *Saloniki*, et qui était divisée en quatre sandjiakats : ceux de *Kostendil*, de *Saloniki*, d'*Uskul* et d'*Iskenderi*. Sa superficie était de 720 milles géographiques carrés, et sa population de 700,000 habitants. Pour la division actuelle, voy. Grèce.

MACÉDOINE (Guerre de). On donne ce nom à la guerre entreprise par les Romains, peu de temps après la seconde guerre punique, l'an 200 avant J.-C., et causée par les hostilités exercées par le roi Philippe IV contre les Achéens. Flamininus vainquit ce prince aux Cynocéphales en Epire et aux Thermopyles, et le força de demander la paix après quatre ans de combats. Son Persée, ayant recommencé la guerre, remporta deux victoires, fut défait à Pydna par Paul Emile, et conduit à Rome, où il périt. L'usurpateur Andriscus, ayant soulevé la Macédoine, fut défait par le consul Metellus, et conduit à Rome l'an 148 avant J.-C.

MACÉDOINE (Diocèse de), diocèse de l'empire romain sous Constantin. Il avait été formé de l'ancien royaume de Macédoine, auquel on avait joint une portion de l'Illyrie, l'Epire, la Thessalie, la Grèce propre et le Péloponèse. Il avait pour bornes au N. les diocèses d'Illyrie, de Dacie et de Thrace, au S. la mer Méditerranée, à l'E. la mer Egée, à l'O. les mers Adriatique et Ionienne, et comprenait neuf provinces : la *Macédoine propre*, la *Macédoine salutaire* (la plus septentrionale), l'*Epire nouvelle*, l'*Epire ancienne*, la *Thessalie*, l'*Achaïe*, la *Crète*, le *Péloponèse* et les *îles*.

MACÉDONIENS, secte d'hérétiques qui niaient la divinité du Saint-Esprit, et disaient qu'il était seulement un esprit créé, pareil aux anges, pour être l'instrument du Fils. Ils tiraient leur nom de *Macedonius*, évêque de Constantinople, qui fut leur chef, et étaient encore appelés *pneumatomaques* (qui combattent le Saint-Esprit). Ils furent condamnés dans le concile général de Constantinople (381), dans celui d'Ephèse (431), et dans ceux de Chalcédoine (451) et de Latran (1139).

MACER (Lucius Claudius), propréteur d'Afrique sous le règne de Néron, essaya après la mort de ce prince de s'emparer de la dignité impériale. Galba le fit mettre à mort par Trebonius Garucianus et le centurion Papirius.

MACERATA, délégation des Etats romains entre celles de Fermo, de Pérouse, de Spolète, d'Ancône et la mer. Elle faisait autrefois partie de la Marche d'Ancône. Elle a 120 lieues carrées, et une population de 197,315 habitants. Son cheflieu est Macerata, qui a une université, un évêque et une population de 10,000 habitants.

MACÉRATION, opération qui consiste à laisser séjourner des corps dans un liquide pendant quelque temps et qui a pour but de distendre ses parties et les mieux disposer à se laisser pénétrer par les dissolvants qu'on emploie pour en extraire tels ou tels principes. Ainsi l'on fait macérer les fruits dans le vinaigre ou l'eau-de-vie, les cadavres dans une dissolution de sublimé corrosif pour les conserver.

MACERON (en latin, *smyrnium*), genre de plantes dicotylédonées de la famille des ombellifères, herbacées, vivaces ou bisannuelles, qui se trouvent sur le bord des chemins et des fossés des cantons cultivés, et qui aiment surtout les lieux frais et ombragés. On en connaît huit espèces, dont quatre appartiennent à l'Europe.

Leurs tiges portent deux sortes de feuilles, les radicales, qui sont composées, et les caulinaires, qui sont simples ou ternées. Le *maceron commun*, à racine grosse, blanchâtre et bisannuelle, à tige haute d'un mètre, garnie à la base de feuilles trois fois ternées, à fleurs jaunes en ombelle, a été confondue avec le *persil de Macédoine* ou *bubon*, ce qui lui a fait donner le nom vulgaire de *gros persil*. On le mangeait autrefois en salade, et il était employé en médecine comme antiscorbutique, cordial et carminatif.

MACHABÉES, nom de sept frères juifs qui souffrirent le martyre avec leur mère Salmonée et leur père Eléazar dans la ville d'Antioche, lors de la persécution d'Antiochus Epiphanes, l'an 168 avant J.-C. Antiochus voulut les forcer à manger de la chair de porc ; sur leur refus, on leur coupa les pieds et les mains, et on les jeta dans une chaudière d'eau bouillante, ainsi que Salmonée et Eléazar.

MACHABÉES, livres de l'Ecriture sainte au nombre de quatre, et dont les deux premiers seuls sont canoniques. Le premier contient l'histoire juive depuis la mort d'Alexandre le Grand jusqu'aux premières années du pontificat de Jean Hircan vers l'an 131 avant J.-C., et a été originairement écrit en syriaque. La version grecque, qui est la seule qui reste, tient lieu d'original. Le second commence à l'entreprise d'Héliodore pour enlever les trésors du temple (188 avant J.-C.), et finit avec la victoire de Judas Machabée sur Nicanor (175 avant J.-C.). On attribue le premier à Jean Hircan, le second à Jason le Cyrénéen. Les deux livres non canoniques contiennent, l'un l'histoire de la persécution de Ptolémée Philopator, l'autre celle de la mort des sept frères Machabées. Ce dernier est de l'historien Josèphe.

MACHANIDAS, tyran célèbre de Lacédémone, qui usurpa l'autorité l'an 210 avant J.-C. Il épiait l'occasion d'assujettir le Péloponèse, lorsqu'il fut vaincu et tué à Mantinée par Philopémen l'an 208 avant J.-C.

MACHAON, fils d'Esculape et médecin fameux, conduisit avec son frère Podalire au siége de Troie les guerriers d'Ithome, d'OEchalie et de Trica. Il fut le médecin de l'armée grecque, et périt sous les coups d'Eurypylus, fils de Télèphe.

MACHAULT D'ARNOUVILLE (Jean-Baptiste de), né en 1701. Il fut d'abord maître des requêtes et devint en 1743 intendant du Hainaut. En 1745, il remplaça Philibert Orry dans la charge de contrôleur général des finances. En 1747, il fut nommé commandeur et grand trésorier des ordres du roi, en 1749 ministre d'Etat, et en 1750 garde des sceaux après le chancelier d'Aguesseau. Il établit l'impôt d'un vingtième sur toutes les propriétés et sur le prix de ferme des terres, impôt qui souleva contre lui tout le clergé, et en 1754 il abandonna le contrôle général des finances pour le ministère de la marine, qu'il garda jusqu'en 1757, époque à laquelle le crédit de Mme de Pompadour le fit exiler, et mourut en 1794 à la prison des Madelonnettes. Entre autres services qu'il a rendus, on peut citer l'arrêt de 1753 qui rétablit la liberté du commerce des grains à l'intérieur.

MACHE, petite plante annuelle du genre *valérianelle* et de la famille des dipsacées. Elle croît abondamment dans les champs et dans les vignes. On la cultive aussi dans les jardins potagers, et elle constitue une salade d'hiver. On l'appelle encore *doucette*, *boursette*, etc. Elle se sème depuis la mi-août jusqu'au commencement de novembre.

MACHEFER. On appelle ainsi les scories à demi vitreuses qui s'agglomèrent dans les foyers et forment le résidu combustible des houilles. Elles sont composées d'oxydes terreux, de schistes et de quelques millièmes d'oxyde de fer. On nomme quelquefois du mâchefer *escarbille*, et on l'emploie à chauffer les étuves, à cuire la chaux ou les briques, dans la composition

desquelles on le fait quelquefois entrer. On fait usage du mâchefer pour garantir les rez-de-chaussée de l'humidité en en mettant une couche de trente à quarante centimètres sous le plancher. Il entre aussi dans la composition du *pisé*.

MACHÈRE, épée espagnole courte et renforcée, avec laquelle on faisait des blessures extrêmement dangereuses. Les Romains l'adoptèrent après leur entrée en Espagne. — On connaît aussi sous ce nom une pierre qui se trouvait sur le mont Bérécynthe, et rendait fou celui qui la ramassait au temps des mystères de Cybèle.

MACHIAVEL (Nicolas), politique fameux, né à Florence en 1469 de Bernardo Machiavelli, gentilhomme d'une ancienne famille. Il fut protégé par le pape Léon X, et plus tard, accusé d'avoir eu part à la conjuration des Soderini contre les Médicis, il fut mis à la torture et n'avoua rien. La république de Florence le choisit pour son secrétaire et son historiographe. Il se retira des affaires, et mourut pauvre en 1527. Ses principaux ouvrages sont le *Traité du prince*, ouvrage qui renferme toutes ses doctrines politiques, et dans lequel il donne des maximes funestes et dangereuses. Selon lui, un prince parfait et qui veut se maintenir doit apprendre à n'être pas vertueux quand les besoins des affaires le demandent ; il doit ménager son bien particulier, et n'être libéral que du bien public. Il doit paraître avoir toutes les vertus sans s'attacher à les posséder ; il ne doit tenir sa parole que quand il le peut sans s'apporter du dommage, etc. Le *Discours* sur la première décade de Tite Live, dans lequel il professe les mêmes doctrines. L'*Histoire de Florence*, ouvrage estimé pour son exactitude et ses recherches. La *Vie de Castruccio Castracani*, *tyran de Lucques*. Deux comédies, la *Mandragore* et *Clitia* ; le conte de *Belphégor*, etc.

MACHIAVÉLISME. Voy. Machiavel.

MACHICOULIS, galerie saillante au delà d'un mur et soutenue par des corbeaux en pierre ou consoles. Ces intervalles représentaient entre ces supports formaient autant d'ouvertures par lesquelles on découvrait le pied de la muraille. Les anciens châteaux étaient garnis de machicoulis, et c'est de là qu'on jetait sur l'ennemi des pierres, des traits, de l'huile bouillante, etc.

MACHINE, assemblage d'un certain nombre de moyens mécaniques qui, mis en action par un moteur quelconque, facilitent et abrégent le travail manuel de l'homme. On divise les machines en *machines simples* et *machines composées*. Les premières, auxquelles il est possible de ramener les autres, sont le *cordes*, le *levier*, la *poulie*, le *treuil*, le *plan incliné*, la *vis* et le *coin*. Les machines composées sont très-nombreuses. On distingue les machines hydrauliques, les machines à vapeur, les machines électriques, etc.

MACHINE ARCHITECTONIQUE, assemblage de pièces de bois ou de fer tellement disposées qu'au moyen de cordes et de poulies un petit nombre de bras peut élever de grands fardeaux. De ce genre sont les grues, les crics, etc.

MACHINE A VAPEUR, machine fondée sur ce principe, que les gaz et les vapeurs exercent un effort continuel sur les parois des vases qui les renferment. Elle se compose d'une chaudière à parois extrêmement fortes, dans laquelle, au moyen d'une forte chaleur, se forme la vapeur ; d'un tuyau qui fait communiquer cette chaudière avec un corps de pompe dans lequel se meut de haut en bas et librement un piston. La vapeur, se rendant par le tuyau de communication dans le corps de pompe, chasse le piston à une grande distance. Mais si, au moyen d'une injection d'eau froide dans le corps de pompe on condense la vapeur, cette vapeur n'exercera plus de force pour chasser le piston, et le piston redescendra. Si on introduit de nouvelle vapeur, que l'on condense en-

104

suite par de nouvelle eau froide, il se produira un mouvement d'ascension et de descente du piston qu'on pourra convertir en tel autre mouvement demandé, et que l'on pourra appliquer à une foule de mécanismes.

MACHINE D'ATWOOD, machine qui sert à ralentir la vitesse des corps et à rendre par là plus facile l'observation du rapport qui lie les vitesses et les temps, et les espaces et les temps. Elle se compose d'une poulie autour de laquelle s'enroule un fil, aux deux extrémités duquel sont attachés deux poids d'inégale pesanteur; et le long du fil se trouve placée une règle divisée, dans laquelle peut se mouvoir de haut en bas un plan solide.

MACHINE DE COMPRESSION, instrument propre à comprimer l'air, et qui agit en diminuant le volume et en augmentant la densité du gaz. Il est de même forme que la machine pneumatique, dont il ne diffère que par la disposition des soupapes qui s'ouvrent de haut en bas.

MACHINE ÉLECTRIQUE, machine qui sert à développer et à conserver pendant quelque temps le fluide électrique. Il y en a de plusieurs sortes. La plus employée ne développe que du fluide positif. Elle se compose d'un plateau de verre placé entre quatre coussins, deux en haut, deux en bas, et communiquant avec le sol par une chaîne métallique, et d'un ou deux conducteurs métalliques cylindriques, isolés et armés dans la partie voisine du plateau de pointes qui ont la propriété d'attirer le fluide à mesure qu'il est dégagé par le frottement du verre contre les coussins.

MACHINE HYDRAULIQUE. Voy. POMPES et BÉLIER HYDRAULIQUE.

MACHINE INFERNALE, machine destructive dirigée contre Bonaparte, premier consul de la république française. Elle se composait d'un tonneau rempli de poudre, de balles, d'artifices et d'un ressort à détente, semblable à celui des brûlots anglais. Ce tonneau était placé sur une charrette stationnant à l'entrée de la rue Saint-Nicaise, le 24 décembre 1800. A huit heures du soir, le consul était sorti des Tuileries pour aller à l'Opéra. Il passait dans la rue Saint-Nicaise. La machine éclata après le passage de la voiture n'eut dépassé. Quarante-six maisons furent fortement ébranlées. Huit personnes furent tuées, et vingt-huit blessées : mais le but véritable ne fut pas atteint.

MACHINE PNEUMATIQUE, machine propre à faire le vide ou du moins à raréfier considérablement l'air contenu dans une cloche ou dans tout autre vase. Elle se compose d'un corps de pompe cylindrique dans lequel se meut un piston muni d'une soupape s'ouvrant de bas en haut ; à l'extrémité inférieure du corps de pompe se trouve une soupape s'ouvrant aussi de bas en haut, et placée à l'entrée d'un tube qui se recourbe et se rend sous le vase où l'on veut faire le vide.

MACHINE PYRIQUE, assemblage de pièces d'artifice, rangées sur des tringles de bois ou de fer, pour former un spectacle régulier.

MACHINES DE GUERRE. Elles tenaient lieu d'artillerie aux Grecs et aux Romains, soit pour les siéges, soit pour faire la guerre en pleine campagne, et consistaient en un assemblage de plusieurs pièces que l'on portait sur des chariots, les unes montées, les autres démontées, selon leur grosseur. On les employait à lancer des pierres ou des traits, à battre les murailles et les remparts pour les renverser. Les machines les plus connues pour les siéges étaient la *baliste*, la *catapulte*, la *tortue*, la *grue*, les *béliers*, les *tours mobiles*, l'*hélépole*, etc. (Voy. ces noms). Les Romains se servaient en outre sur leurs vaisseaux de guerre de *dauphins*, de *mains de fer*, de *corbeaux*, etc. Les machines de guerre sont toutes postérieures à la guerre de Troie. L'hélépole fut inventée par Démétrius Poliorcètes.

MACHINISTE. On donne ce nom à celui qui invente, fait ou conduit des machines. Dans l'art théâtral, le machiniste est celui qui s'occupe de l'arrangement des décorations, de la descente des nuages sur le plancher de la scène, des changements à vue, etc., au moyen de poids et de contrepoids. Il est aussi chargé de l'enlèvement des trappes, des coulisses, du tonnerre, des éclairs, etc., enfin de tout ce qui sert à l'illusion du théâtre.

MACHOIRE. On désigne sous ce nom la réunion de deux os qui soutiennent les dents, et servent, au moyen de ces dernières, à inciser, à déchirer et à broyer les substances alimentaires. Il y a deux mâchoires, l'une supérieure, l'autre inférieure : leur réunion forme la face.

MACHOIRES. On appelle ainsi deux leviers du premier genre, joints par un axe de rotation, dont les bras les plus courts sont façonnés selon l'objet qu'on a en vue de saisir, et dont les longs bras prêtent leur secours à la puissance pour serrer fortement. Tels sont les étaux, les pinces, les tenailles, etc.

MACIGNO, roche arénacée, composée essentiellement de petits grains de quartz, mêlés à du calcaire, et renfermant quelquefois du mica, et d'autres fois de l'argile. On distingue le *macigno solide*, le *macigno schistoïde*, le *macigno mollasse* et le *macigno compacte*.

MACIS, espèce de réseau membraneux ou d'arille, de couleur rouge écarlate ou rose, qui entoure et enveloppe en partie le fruit du muscadier. Il est immédiatement placé sur une espèce de coque brune et cassante, qui enveloppe la muscade. L'odeur du macis est très-aromatique ; il a une saveur chaude et piquante. Le macis sert à un grand nombre d'usages en médecine et dans l'économie domestique.

MACK (Charles, baron DE), né à Neusslingen en Franconie en 1752. Il entra comme simple soldat au service de l'Autriche, passa successivement par tous les grades, fit la guerre de sept ans sous le comte de Lascy, la guerre de Turquie sous le feld-maréchal Landon, fut nommé quartier-maître général de l'armée du prince de Cobourg, et fit avec lui en 1792 et 1793 les campagnes des Pays-Bas. Envoyé en 1794 en Angleterre pour y concerter avec Pitt une nouvelle invasion du territoire français, il revint prendre le commandement de l'armée, qui fut forcée de rétrograder. En 1798, nommé généralissime de l'armée napolitaine, il fit toutes ses fautes, et se livra lui-même au général Championnet. Conduit à Dijon, puis à Paris, où il resta libre sur sa parole, il s'évada en 1800. Sa carrière militaire se termina par la campagne de 1805, dans laquelle il perdit les combats de Wertingen et de Guntzbourg, et dans laquelle, après avoir été forcé de s'enfermer dans Ulm, il signa le 18 octobre 1805 la fameuse capitulation d'Ulm. Jugé par une commission militaire il fut condamné à mort, il fut gracié par l'empereur, et mourut dans l'oubli en 1824.

MACKENZIE, rivière de l'Amérique du Nord, qui sort du lac Athapescow dans la Nouvelle-Bretagne, et a son embouchure dans l'océan Boréal, après un cours d'environ 850 lieues. Elle doit son nom au célèbre voyageur anglais Mackenzie.

MACKENZIE (Henri), surnommé *l'Addison écossais*, romancier et critique célèbre, né à Édimbourg en 1744. Il s'appliqua à l'étude des lois, et fut en 1766 nommé procureur de la couronne à la cour de l'Echiquier (*attorney for the crown*). Il publia en 1770 son ouvrage : *l'Homme sensible* (the Man of feeling), qui eut un grand succès. Il donna peu après il publie *la Poursuite du bonheur*, poëme satirique. Quelques années après, il publia *l'Homme du monde*, qui est le pendant de son premier ouvrage. *Julie de Roubigné*, roman en lettres, fut aussi du succès. En 1777, il fonda à Édimbourg la feuille périodique intitulée *the Miror* (le miroir), et puis *the Longer* (le prome- neur). Il mourut en 1831 avec le titre de receveur *général des taxes* en Ecosse.

MACKINTOSH (Sir James), baronnet anglais, écrivain philosophe, historien et publiciste distingué, né en 1765 dans le comté d'Inverness (Ecosse). Il embrassa d'abord la médecine, qu'il quitta en 1789 pour le barreau. Lié avec plusieurs partisans de la réforme, il publia en sa faveur plusieurs écrits, dont l'*Vindiciæ Gallicanæ* (défense de la révolution française), qu'il publia en 1791 contre Burke. Il se rapprocha plus tard de ce publiciste et du ministère, qui, pour le récompenser, le nomma professeur à Lincoln's-Inn, puis juge assesseur au tribunal de Bombay (*recorder*) en 1803. Créé chevalier l'année suivante, il administra Bombay avec un soin digne des plus grands éloges. De retour en Angleterre (1811), il fut nommé membre de la chambre des communes, où il se distingua par son éloquence, et mourut en 1832. On lui doit, entre autres ouvrages, une *Histoire d'Angleterre* et une *Histoire de la révolution de 1688*.

MACLURE, genre de plantes ligneuses, à feuilles alternes et à fleurs dioïques, de la famille des urticées. On en connaît deux espèces. L'une est un arbre de dix mètres de haut, lactescent, aux feuilles ovales-acuminées, légèrement pubescentes sur les nervures et les pétioles : c'est le *maclure orangé*. On a proposé de remplacer par sa feuille celle du *mûrier*, comme nourriture du ver à soie. La seconde espèce (*maclure des teinturiers*) a plus de dix mètres de hauteur. Son écorce est dure. On croit qu'il est le même que le *bois jaune* de Cayenne, qui fournit une couleur solide aux teinturiers.

MAÇON, ouvrier qui est employé à élever les briques et les pierres d'un bâtiment, et à les lier par un mortier. L'ouvrier chargé de tailler les pierres sous la forme voulue s'appelle *appareilleur* et *tailleur de pierres*. Le maçon les pose, et se fait aider par des *manœuvres*, qui préparent le mortier et transportent les matériaux.

MACON, ville de France, chef-lieu du département de Saône-et-Loire, à 12 lieues de Lyon et 102 de Paris. Sa population est de 10,998 habitants. Elle a un tribunal de première instance, un tribunal de commerce, une société d'agriculture, sciences et belles-lettres, un cabinet de minéralogie, une école de dessin, une école théorique et pratique d'horlogerie et de mécanique, et une bibliothèque de 9,000 volumes.

MACONNAIS, petite province de France, faisant partie de la Bourgogne, et qui a formé la partie moyenne du département de Saône-et-Loire. Sa capitale était *Mâcon*. Elle fit partie du pays des Eduens, fut achetée en 1288 par Louis IX, donnée avec la Bourgogne à Philippe le Hardi, et réunie en 1476 à la couronne par Louis XI. Elle avait autrefois ses états particuliers présidés par l'évêque de Mâcon. Ses vins sont estimés.

MAÇONNERIE, construction où ont été employés les pierres ou les briques et le mortier. On distingue la *grosse* et la *légère* maçonnerie. La première consiste à fabriquer les massifs des fondations, les gros murs, etc. ; la seconde comprend les hourdis, les gobetis, enduits, pigeonnages, etc. Voy. Muns.

MACOUBA, un des quartiers de la Martinique (Antilles françaises), dans l'arrondissement de Saint-Pierre. Ce quartier a été presque entièrement détruit par les coups de vent de 1813 et 1817. On y récolte du sucre et des légumes. Le café et le cacao y viennent difficilement. Le tabac de Macouba était autrefois extrêmement renommé. Cette culture est de nos jours très-limitée ou presque nulle.

MACOUBÉ, genre de la famille des guttifères, renfermant un arbre de la Guyane, aux fruits gros comme une orange, venant en grappes à la bifurcation des rameaux qui sont opposés. La pulpe est charnue, et renferme un grand nombre de semences éparses, oblongues, assez grosses. Le bois, recouvert d'une écorce lisse et grise, est d'un jaune verdâtre.

MAC-PHERSON (James), écrivain anglais, né en 1738 à Kingensie en Ecosse. Il publia à vingt ans son poëme en six chants du *Montagnard* (*the Highlander*). En 1760 et en 1773, il fit paraître les *poésies d'Ossian* sous le titre de *Fragments de poésie ancienne, recueillis dans les montagnes d'Ecosse, et traduits de la langue erse ou gaëlique*. L'authenticité de ces poésies d'Ossian fut vivement combattue et défendue par Johnson et par Blair et d'autres critiques. L'opinion aujourd'hui généralement adoptée est que Mac-Pherson en était lui-même l'auteur. Il publia plus tard une *Histoire de la Grande-Bretagne depuis la restauration jusqu'à l'avénement de la maison de Hanovre*. Choisi en 1780 par le bourg de Camelford pour son représentant à la chambre des communes, il fut réélu en 1784 et en 1790, et mourut en 1796.

MACQUE, instrument dont on se sert pour préparer le chanvre et le lin, de même que les autres plantes filamenteuses, à recevoir l'action de la broie dans l'opération du teillage. La *macque* ordinaire est une masse assez large, munie dans le sens de la longueur de deux ou trois cannelures fortes et saillantes. On écrase avec la macque le chanvre et les tiges des autres plantes filamenteuses.

MACRASPIS, genre d'insectes coléoptères, de taille moyenne, au corps un peu carré, en pointe obtuse à ses deux extrémités, à la tête enfoncée dans une échancrure du corselet, à l'écusson triangulaire très-allongé, appartenant à la section des pentamères, famille des lamellicornes, tribu des scarabéides. La *macraspis à massue*, longue de douze lignes, est d'un brun rouge cuivreux ; la *macraspis verte*, longue de huit à neuf lignes, est d'un beau vert émeraude chatoyant.

MACRE, genre de plantes dicotylédonées, herbacées, aquatiques, à feuilles opposées, à fleurs axillaires et à fruits armés de pointes corniformes, appartenant à la famille des hydrocharidées. On connaît trois espèces de macres. La *macre d'Europe*, plante vivace, rampante dans l'eau, élève audessus de la surface de l'eau ses feuilles flottantes et ses fleurs blanches. Son fruit, appelé aussi *châtaigne d'eau*, se mange cuit sous la cendre ou dans l'eau. On en fait une consommation considérable.

MACREUSE, nom d'un oiseau du genre canard. La macreuse est un peu plus grosse que le canard proprement dit, et a le plumage noir. On la trouve en quantité dans le nord de l'Europe et particulièrement sur les côtes de la Picardie, où on lui fait la chasse au filet. On la trouve dans la Méditerranée, on fait dans quelques localités une chasse à ces oiseaux, appelée *battue aux macreuses*. Les macreuses arrivent sur nos côtes en hiver. Leur chair est blanche, tendre et recherchée ; elle est autorisée en carême.

MACRIEN (Titus Fulvius Julius Macrianus), Egyptien, qui de simple soldat parvint au rang de général. Ayant accompagné Valérien dans sa guerre contre les Perses en 258, et ce prince ayant été fait prisonnier, il se fit proclamer empereur, et fit donner le titre d'augustes à ses deux fils Macrien et Quietus. Il battit les Perses, et se maintint avec gloire dans l'Orient pendant une année. Il passa ensuite en Occident pour détrôner Gallien. Battu en Illyrie par Domitien, il se fit donner la mort par les troupes ainsi qu'à son fils Macrien en 262.

MACRIN (Marcus Opilius Severus Macrinus), né à Alger d'une famille obscure, d'abord gladiateur, puis tabellion, intendant, préfet du prétoire. Il fit assassiner Caracalla, et lui succéda à l'empire en 217. Il se fit aimer d'abord par son affabilité et par l'abolition des taxes. Mais ensuite il se rendit odieux en achetant lâchement la paix d'Artabau, roi de Perse, et en affectant une trop grande sévérité. Le peuple se révolta, et une légion d'Orient proclama Héliogabale. Macrin prit la fuite, et fut tué par des soldats avec son fils Diadumène à Archélaïde, ville de Cappadoce, en 218.

MACRIZY, l'un des plus savants historiens arabes, florissait dans le xve siècle. Il s'est principalement occupé de l'*Histoire ancienne et moderne* ainsi que de la *Géographie de l'Egypte*. On a encore de lui une *Histoire abrégée de l'art monétaire des Arabes*.

MACROBE (Aurelius Ambrosius Theodosius), un des chambellans de l'empereur Théodose, mort, dit-on, l'an 415. Il a laissé trois ouvrages, savoir : un *Commentaire sur le traité de Cicéron intitulé le Songe de Scipion*, un *Traité de l'analogie et des différences des langues grecque et latine*, et un recueil de critique et d'antiquités intitulé les *Saturnales* (*Convivia saturnalia*. Ce dernier ouvrage, le plus important, est écrit en forme de dialogues, est recherché à cause des compilations curieuses et savantes qu'il renferme.

MACRODACTYLES, tribu d'insectes de l'ordre des coléoptères, section des pentamères, famille des clavicornes, ainsi nommée à cause des tarses allongés et robustes qui forment le caractère le plus apparent des insectes qui la composent. Elle comprend les genres *potamophile*, *macronyque*, *elmis* et *géorisse*.

MACRON (Nævius Sertorius), favori de Tibère, qui présida par ordre de ce prince à l'arrestation de Séjan, et reçut en récompense la charge de préfet du prétoire l'an 31 de J.-C. Il se rendit odieux par ses intrigues, ses délations et sa cruauté. Lorsque Tibère sortit de la léthargie dans laquelle on l'avait cru mort, Macron l'étouffa entre deux matelas afin de complaire à Caligula, le nouvel empereur. Il conserva quelque temps la faveur de ce prince en lui prostituant sa femme Ennia ; mais il s'attira bientôt sa disgrâce, et Caligula le força de se donner la mort avec sa femme, l'an 38 de J.-C.

MACRONTICHOS, (en grec, *longue muraille*), muraille d'une lieue de long qui joignait la ville d'Athènes au Pirée. Elle était formée de deux murs qui, partant chacun d'une des deux extrémités de ce port, se réunissaient à un quart de lieue de là. — C'est aussi le nom d'une muraille de Thrace qui se prolongeait au N.-O. de Constantinople, depuis la Propontide jusqu'au Pont-Euxin.

MACROURES, famille de crustacés, la seconde de l'ordre des décapodes, renfermant des crustacés aux branchies qui consistent en des pyramides vésiculeuses, barbues ou velues, rapprochées par faisceaux, et accompagnées d'un appendice membraneux, vésiculeux, en forme de sac allongé. Le corps est généralement plus étroit et plus allongé que dans la famille des brachyures, avec le dessus du post-abdomen convexe et souvent caréné. Les antennes sont assez longues. La famille des macroures est divisée en trois sections. — La première est composée en deux divisions subdivisées à leur tour, la première en quatre. La première de ces subdivisions renferme les tribus des *hippides*, des *notoptérygiens* et des *paguriens* ; la deuxième, celles des *langoustines* et des *scyllarides* ; la troisième, celle des *galathines*, et la quatrième, celle des *thalassinides* ; la deuxième division compose la tribu des *astacines*. — La deuxième section comprend la tribu des *salicoques*, la troisième, celle des *coléopodes*.

MACTRACÉS, famille de mollusques proposée par Lamarck, renfermant toutes les coquilles bivalves, régulières, plus ou moins bâillantes à ligament intérieur. De Blainville a réparti les genres qui la composent dans les familles des conchacés et des pyloridés. — Le genre type est la MACTRE, animal à coquille transverse, inéquilatérale, un peu bâillante sur les côtés. Ce genre renferme de nombreuses espèces qui vivent enfoncées dans le sable à une petite distance des rivages. On en trouve aussi à l'état fossile.

MACULATURE. Les graveurs donnent ce nom à une contre-épreuve d'un dessin d'une gravure, tirée sur le dessin mouillé et avec une feuille de papier mouillée, au moyen d'une presse d'imprimeur en tailledouce.

MACULÉ (botan.), nom donné aux parties des plantes qui offrent une ou plusieurs taches formées par des changements résultant de la culture, des accidents dus aux intempéries, ou des interruptions habituelles de couleur. Les folioles du *trèfle rampant* sont *maculées* de blanc ; la base des tiges de la *pulmonaire commune* est *maculée* de noir ou de brun pourpre ; les feuilles du *bouton d'or* sont *maculées* de rouge, etc.

MACUSSON, nom vulgairement employé pour désigner la *gesse tubéreuse*, plante comestible qui croît spontanément dans le nord de la France, sur les bonnes terres à blé. On la multiplie par ses graines et par ses racines. Des jolies fleurs roses, odorantes, réunies cinq à six ensemble, lui méritent une place distinguée dans nos jardins. On vend encore en quelques villes ses racines pyriformes, légèrement noires ; mais on leur préfère la pomme de terre.

MADAGASCAR, île d'Afrique près de la côte orientale, dont elle est séparée par le canal de Mozambique. Elle a environ 350 lieues de long sur 100 de large (ce qui présente une superficie totale de 28,000 lieues carrées) et 800 lieues de circonférence. Sa population est de 4,000,000 d'habitants, et peut se diviser en trois races principales ; les *Malgaches*, qui paraissent être les habitants indigènes ; les *Séclaves*, issus des nègres d'Afrique et des Malgaches et habitant la côte O. de l'île. Ils ont la peau d'un noir d'ébène ; les cheveux crépus et les traits des nègres. Ils sont nomades et guerriers ; les *Ovas*, issus des Arabes qui sont venus s'établir dans le centre de l'île. Leur peau est cuivrée ; leurs cheveux sont lisses, et leurs traits ceux des Européens. Les Malgaches paraissent être de race malaise. Les habitants de Madagascar ou Madécasses sont intelligents, vindicatifs et guerriers. Leur religion est un mélange de mahométisme et de judaïsme. Ils reconnaissent un principe, Jankar, et un mauvais, Agathia, et se font circoncire. L'île est divisée en plusieurs contrées : le *pays des Ovas*, comprenant l'intérieur de l'île, et dont la capitale est *Tanarive*, ville de 50,000 habitants ; le *pays des Séclaves* sur la côte occidentale, renfermant les villes de *Bombetouk* capitale, de *Mouzengaye* qui a 30,000 habitants, et le port de *Louquez* ; le pays des *Antavares* sur la côte orientale, au N., s'étendant jusqu'à Pointe-àLarrée et renfermant le *Port-Choiseul* et les baies d'Antongil et de Woemar ; le *pays de Bétimsaras*, au S. du précédent, chef-lieu *Foullepointe* ; le *pays de Betinamènes*, chef-lieu *Tamalave* ; le *pays des Antacimes*, chef-lieu *Andevouranto*, et le *pays d'Anossy*, chef-lieu *Sainte-Lucie*. On croit qu'en 1506, l'île de Madagascar n'a été occupée qu'en 1642 par les Français. En 1665, elle passa à la compagnie des Indes, qui éleva le fort Dauphin. Après les guerres sanglantes avec les Madécasses, ils évacuèrent leurs établissements dans cette île, et firent en vain plusieurs tentatives pour les recouvrer. En 1814, la France reprit possession de ses anciens établissements et en fonda un nouveau à l'île Sainte-Marie, attenante à Madagascar. Les insulaires, aidés par les Anglais, inquiétèrent de nouveau nos colons, et il fallut plusieurs expéditions pour faire cesser leurs attaques. Nos efforts ont été à peu près nuls. Après avoir été longtemps le chef-lieu des colonies françaises dans l'océan Indien, Madagascar a fini par ne plus être qu'une dépendance de l'île Bourbon. Les Français y ont des établissements peu importants, le *Port de Sainte-Lucie*, le *Port-Dauphin*, d'où l'on tire beaucoup de riz, et l'île *Sainte-Marie de Madagascar.*

MADEIRA, rivière de l'Amérique méridionale qui prend sa source aux monts qui séparent la Louisiane du Nouveau-Mexique, et se jette dans le golfe de Mexique. — C'est aussi le nom espagnol de l'île de *Madère.*

MADELAINE (Sainte Marie). (Voy. Marie Madelaine (Sainte).

MADÈRE, île de l'océan Atlantique, de forme triangulaire; elle a 16 lieues sur 12, et une superficie d'environ 110 lieues carrées. Elle est à 100 lieues de Ténériffe, et à 122 de Canarie. Sa population est de 93,000 habitants. Elle est divisée en deux capitaineries : celle de Funchal et celle de Machico. La capitale de l'île est *Funchal*, ville de 15,000 âmes. La culture la plus importante de l'île est celle de la vigne. En 1813, le produit des vignobles était de 22,314 pipes de 600 litres chacun, ou bien de 13,388,400 litres. Découverte en 1344 par un Anglais, Robert Macham, retrouvée en 1420 par le Portugais Gonzalès Zarco, elle a depuis ce temps appartenu aux Portugais.

MADI, genre de plantes de la famille des corymbifères, dont on ne connaît encore que deux espèces, l'une sauvage, le *madi mielleux*, et l'autre cultivée en grand, le *madi sativa*. Cette dernière fournit des semences longues, couvertes d'une pellicule mince et brunâtre, dont on retire une huile très-douce employée non-seulement dans les préparations culinaires et pour le service des lampes, mais encore comme médicament propre à apaiser les douleurs. Ses fleurs sont jaunes et radiées. Le madi croît au Chili.

MADIANITES, peuple de l'Arabie habitant les bords de la mer Rouge et descendant de Madian, fils de Chus et petit-fils de Noé. Ce peuple, qui donna l'hospitalité à Moïse, reconnaissait le vrai Dieu : il ne faut pas le confondre avec les Madianites, descendants de Madian, quatrième fils d'Abraham et de Céthura, qui habitaient près de la mer Morte, au N. de la Palestine, et qui étaient idolâtres. Les Israélites ayant péché avec les filles madianites, Dieu ordonna à Moïse d'envoyer contre eux Phinées, fils du grand prêtre Eléazar, avec 12,000 hommes. Phinées défit les Madianites, mit à mort cinq de leurs rois, brûla leurs villes et leurs campagnes, et ramena un grand nombre de prisonniers avec un butin considérable.

MADONE. On donne ce nom en Italie aux statuettes représentant la Vierge qui se trouvent placées dans des niches à l'angle des rues, quelquefois au-dessous du toit d'une chaumière, d'autres fois sur une route, etc., et devant laquelle on fait brûler nuit et jour une lampe. Les Italiens ont pour les madones une grande vénération.

MADRAGUES. On donne ce nom à des pêcheries faites de câbles et de filets pour prendre des thons. Elles diffèrent des *pazes* en ce que celles-ci sont sur le sable, tandis que les madragues sont sur le bord de la mer.

MADRAS, ville de l'Indoustan, sur les bords du golfe du Bengale (côte de Coromandel). Sa population est de 300,000 âmes. Madras se compose, 1º du fort Saint-Georges, place belle et forte d'environ neuf cents maisons (outre les établissements européens) et de près de 20,000 âmes; 2º de la ville Noire peuplée d'Indous, de Chinois, de métis, de mahométans, etc. Population, 290,000 âmes. Elle a une école générale des langues, et est le chef-lieu d'une présidence de la compagnie britannique aux Indes orientales, comprenant les pays compris entre le cap Comorin et Balassor, embrassant une superficie de 26,000 lieues carrées, avec une population de près du 13,000,000 d'habitants. Les États indigènes qui sont de son ressort sont Muissour, Travancore et Cochin.

MADRAS, étoffe légère de trois quarts d'aune de large au plus, et servant le plus ordinairement aux femmes pour fichus de tête ou mouchoirs de cou. Elle est en coton, unie, rase et imprimée à carreaux. On en fait le tissage à la mécanique. Son nom vient de ce que les premiers madras sont venus de Madras (voy. ce mot), où on en fabriquait beaucoup.

MADRÉPORE, genre d'animaux zoophytes de la famille des polypiers pierreux ou lithophytes. La masse de leur corps, garnie de pores distincts et de lames étoilées sur son pourtour, a la forme d'un végétal rameux. On ignore quel est le mode d'accroissement, de reproduction et de vie des madrépores. On les a divisés en neuf espèces. On les rencontre à l'état vivant dans la mer Pacifique, la mer Rouge, etc. Les polypes qui les forment prennent en peu de temps un accroissement considérable.

MADRÉ. Ce mot est dans l'art du savonnier synonyme de *marbré*. On l'emploie pour désigner le savon qui n'est pas entièrement blanc, mais qui présente dans sa coupe des taches et des rayures semblables à celles du marbre de couleur. On préfère pour le blanchissage le savon madré au blanc, parce qu'il est plus cuit, plus dur et plus économique.

MADRID, province d'Espagne, formée par les cortès en 1821 d'une partie de la Nouvelle-Castille et située entre celles de Tolède, de Guadalaxara et de Cuença. Sa superficie est de 65 milles géographiques carrés, et sa population de 340,000 habitants. Le climat est âpre, mais variable. La capitale est *Madrid* (voy. plus bas), capitale de la Nouvelle-Castille et de toute l'Espagne.

MADRID, ville capitale de l'Espagne, à 6 lieues de l'Escurial et 280 lieues de Paris, sur la rive gauche du Manzanarès. Sa population est de 249,000 âmes. Elle a 17 portes, 484 rues, 82 places, 33 fontaines, 19 paroisses, 64 couvents, 18 hôpitaux, 3 hospices, 20 casernes, 8 prisons, 19 établissements d'instruction publique, 2 palais royaux, l'un près de la porte San-Vincente, l'autre, le Buen-Retiro, près du Prado, belle promenade. Madrid possède une académie fondée par Philippe IV pour le perfectionnement de la langue, une académie de médecine, une de beaux-arts, une bibliothèque publique de 200,000 volumes, un musée des sciences naturelles, un conservatoire des arts et métiers, une école de pharmacie, l'institut de San-Isidoro, université qui a seize professeurs; des manufactures en grand nombre, la banque de Saint-Charles, les compagnies des Philippines, de la Havane, de la pêche à la baleine, etc. Mentionnée en 1109 dans l'histoire pour la première fois, elle fut déclarée capitale de la monarchie espagnole seulement en 1560 par Philippe II.

MADRIERS, planches fort épaisses, ordinairement en bois de chêne, qu'on dispose horizontalement en manière de plateforme, pour servir à différents usages. Les madriers ont au moins cinq à six centimètres ou bien deux pouces d'épaisseur.

MADRIGAL, petit poëme renfermant une pensée fine, tendre ou délicate, exprimée en vers libres et avec concision, et ne dépassant pas dix-sept vers. Le mélange des rimes et des mesures est au gré du poète.

MADURÉ, province de l'Indoustan, s'étendant depuis le cap Comorin jusqu'au royaume de Tandjaour (Tanjor). Elle a à peu près 4,870 lieues carrées. Sa principale richesse consiste en une pêcherie de perles qu'on trouve en abondance sur ses côtes. La ville de *Maduré* en était la capitale. Cette ville, située à 90 lieues de Travancore, était le séjour des rois avant que les Maissouriens se fussent emparés du pays. Elle a été prise par les Anglais en 1776.

MAELSTROM (*courant qui moud*), célèbre courant de l'océan Atlantique boréal, situé près des côtes de Norwége, entre les deux îles de Vérœle et de Moskenæsoë. Sa profondeur est si peu grande entre ces deux îles qu'il ne pourrait pas porter un navire de médiocre grandeur. Il s'est frayé un passage entre l'île de Moskenæsoë et la côte de Loffoden, et sa profondeur en cet endroit est de 789 mètres environ. Le courant a sa direction, pendant six heures, du N. au S., et, pendant six autres heures, du S. au N., toujours contrairement à la marée. Lorsqu'il est le plus violent, il forme de grands tourbillons qui ont la forme d'un entonnoir, ce qui lui a fait donner aussi le nom de *nombril de la mer*. On prétend qu'il attire quelquefois les navires à six lieues et les engloutit. On l'entend à la distance de plusieurs lieues.

MAESTRICHT, ville des Pays-Bas, sur la Meuse, à 5 lieues de Liége, 22 de Bruxelles, 94 de Paris. Sa population est de 18,400 habitants. Elle a de beaux édifices, un gymnase, un hôtel de ville, une bibliothèque, et est très-fortifiée. Près d'elle se trouve la fameuse carrière du fort Saint-Pierre. Bombardée en 1794 et prise par les Français, réunie à la France en 1795, elle devint le chef-lieu du département de la Meuse-Inférieure. Maintenant elle appartient à la Hollande, quoique enclavée de tous côtés dans le pays ennemi.

MAFFÉE-VEGGIO, chanoine de Saint-Jean de Latran, né à Lodi en Milanais, mort en 1458. Il professa le droit dans l'université de Pavie, et fut appelé à Rome par le pape Eugène IV, qui le nomma dataire. Son principal mérite est tout littéraire. L'ouvrage qui lui fit le plus de réputation fut son treizième livre de l'*Enéide*, qui a été regardé comme digne de Virgile. Il a fait les *Vies de saint Bernardin de Sienne, de saint Pierre Célestin, de saint Augustin, de sainte Monique* et plusieurs poésies latines.

MAFFEI (Rafaelo), dit le Volaterran, né à Volterre en Toscane en 1450, se fit connaître par ses ouvrages et par les versions qu'il fit de ceux des autres. Entre les productions du premier genre, on distingue ses *Commentaria urbana* très-estimés. Parmi celles du second genre, on cite les *Traductions latines* de l'OEconomique de Xénophon, et l'histoire de la guerre de Perse et celle des Vandales par Procope de Césarée, et plusieurs oraisons de saint Basile, etc. Le Volaterran mourut en 1521 — Son frère Antonio Maffei fut un des deux prêtres qui, dans la conjuration des Pazzi, s'étaient chargés de l'assassinat de Laurent de Médicis; mais il manqua son coup et fut assassiné par la populace quelques jours après.

MAFFEI (Paolo-Alessandro), chevalier de l'ordre de Saint-Etienne, né à Volterre en 1653. Sa vie entière fut consacrée à l'étude. Il eut une connaissance profonde des langues grecque et latine, fut très-versé dans les antiquités, et posséda une érudition presque universelle. Il mourut en 1716. Ses deux principaux ouvrages sont : *Raccolta di statue antiche e moderne illustrata colle sposizioni a ciascuna imagine* (recueil de statues antiques et modernes, orné de l'exposition du sujet à chaque image), et *Gemme antiche figurate* (pierres précieuses gravées). On lui doit encore la *Vie de Pie V* et celle *de la princesse Camille Orsini Borghèse.*

MAFFEI (Le marquis Francisco-Scipione), né à Vérone en 1675 d'une ancienne famille. Il fut littérateur et poëte distingué, et fut associé à l'académie des Arcades de Rome. Il entra au service de la Bavière, et assista à la bataille de Donawert. Il revint en Italie, et publia un ouvrage sur le *Duel* à l'occasion d'une querelle où était engagé son frère aîné le marquis Alessandro. Il fut le collaborateur d'Apostolo Zeno dans la rédaction du *Journal des littérateurs* (Giornale dei litterati). Sa tragédie de *Mérope*, imitée par Voltaire, lui assura une réputation européenne. Ses autres ouvrages sont : *Istoria diplomatica* (histoire de la science diplomatique), la comédie *la Cérémonie*, *Verona illustrata* (Vérone illustrée), *Musæum Veronense* (muséum de Vérone), etc.

MAGADIS, instrument de musique des anciens, inventé par Timothée de Milet. Il avait vingt cordes qui, étant réunies deux à deux, ne formaient que dix sons.

MAGADOXO, royaume d'Afrique, dans la côte d'Ajan, au N. de celui de Brava. — On y récolte de l'orge, des fruits, et on y trouve d'excellents pâturages. Le roi et les habitants sont des Arabes mahométans. La capitale est Macadoxo, ville assez bien fortifiée, avec un port à l'embouchure de la rivière de même nom, à 45 lieues de Brava. Il y a beaucoup de riches marchands judiens et arabes.

MAGALHAENS, nom portugais de Magellan. Voy. ce mot.

MAGAS, né d'un premier mariage de Bérénice, épouse de Ptolémée Soter. Nommé gouverneur de la Cyrénaïque et de la Libye, il se révolta contre Ptolémée Philadelphe, son frère utérin, et se fit déclarer roi de ces provinces. Il y régna cinquante ans, et mourut l'an 257 avant J.-C. Il avait épousé Apamée, fille d'Antiochus Soter, roi de Syrie, qui l'excita à la révolte.

MAGDALENA, rivière de la Colombie, qui prend sa source dans le département de Cauca ou Popayan, à la Sierra de Parima, et traverse les départements de Cauca, de Cundinamarca ou Bogota, de Boyaca ou Tunja, et de Magdalena ou Carthagène, passe à Ténériffe, et se jette dans la mer des Antilles au-dessous de cette ville, après un cours de 270 lieues.

MAGDALENA, département de la Colombie, l'un des cinq qui forment la république de la Nouvelle-Grenade. Il est borné au N. par la mer des Antilles, à l'O. par le département de Cauca, au S. par ceux de Cundinamarca et de Boyaca, à l'E. par celui de Zulia. Sa superficie est de 12,000 lieues carrées, et sa population de 188,000 habitants. Le sol est assez fertile, couvert de forêts et de marécages. On y récolte du riz, du sucre, du maïs, du cacao et du coton, et on y trouve des salines et des mines d'or et de pierres précieuses. Il tire son nom de la rivière qui le traverse. Voy. l'article précédent. — La capitale est Carthagène, et les villes principales *Turbaco*, célèbre par ses volcans d'air, et *Santa-Marta*, qui a un évêché, etc. Le département de Magdalena se divise en quatre provinces, dont les chefs-lieux de même nom, savoir : *Carthagène, Rio-Hacha, Santa-Marta* et *Mompox*.

MAGDALÉON. On donne ce nom à tous les médicaments que l'on roule en cylindre, et plus particulièrement aux emplâtres, mis en cette forme par la malaxation à l'aide des mains.

MAGDEBOURG, régence de Prusse, dans la province de Saxe. Elle a 30 lieues de long sur 24 de large. Sa population est de 427,000 habitants. Son chef-lieu est Magdebourg, capitale de la province de Saxe, à 15 lieues de Hambourg, sur la rive gauche de l'Elbe. — Cette ville, avec ses seize bastions, ses ouvrages extérieurs et sa seconde enceinte bastionnée, est une des plus fortes places de l'Europe. Elle a deux lycées, sept écoles préparatoires, une école de commerce et une académie militaire. Elle fait un grand commerce d'expédition. Sa population est de 44,049 âmes. L'archevêché de Magdebourg, sécularisé par le traité de Westphalie, avait été fondé en 692 par l'empereur Othon Ier et le pape Jean XII.

MAGELLAN (Fernando), fameux navigateur portugais. Il passa dans l'Inde peu de temps après la découverte du passage du cap de Bonne-Espérance, et combattit sous Albuquerque à Malakka en 1510. N'ayant pu obtenir du roi Emmanuel une récompense, il alla offrir ses services à Charles-Quint, qui lui confia en 1519 une flotte de cinq vaisseaux. Il hiverna sur la terre qui de son nom a été appelée *Magellanique*, et découvrit en 1520 le détroit qui porte son nom, par lequel il déboucha dans l'océan Pacifique. Il arriva ensuite aux îles des Larrons, d'où il se rendit aux îles Philippines, dont il prit possession au nom du roi d'Espagne. Il y fut tué d'un coup de lance en 1521 en combattant pour un roi devenu son allié.

MAGELLAN (Détroit de), canal situé entre l'extrémité de l'Amérique méridionale et les îles de la Terre de Feu. Il a 175 lieues de long sur une de large dans l'endroit le plus étroit. La navigation en est pénible et dangereuse ; c'est ce qui l'a fait abandonner pour le détroit de Lemaire. Il doit son nom au célèbre navigateur qui le découvrit en 1520.

MAGELLANIQUE (Terre). Voy. Patagonie.

MAGES, prêtres de la religion de Zoroastre, formant une corporation sacerdotale vouée aux études savantes, à l'instruction et à l'administration de la justice. Les guèbres, gaures ou parsis ont conservé les anciens mages. Leur hiérarchie se divise, comme dans l'antiquité, en trois ordres, à la tête desquels est un chef suprême, *destouran-destour* (docteur des docteurs), répondant au *grand archimage*. Le premier grade est celui d'*herbed*, qui donne le droit de célébrer les parties les plus simples de la liturgie ; le second est celui de *mobed*, qui donne le droit d'accomplir en entier les fonctions de ministre de la religion; le troisième est celui de *destour-mobed* ou maîtres de la loi, qui sont comme les rabbins juifs. — Voy. Macophonie.

MAGES, nom donné dans le Nouveau Testament à trois rois qui vinrent adorer Jésus-Christ nouveau-né à Bethléem. L'Ecriture sainte dit qu'ils venaient de l'Orient. On leur donne les noms de *Gaspard, Melchior* et *Balthazar*. Ils apportèrent des présents à l'enfant Jésus, des parfums et de l'encens.

MAGGIA, vallée de la Suisse, dans le département du Tésin, entre les vallées Levantine et d'Ossola. Elle est traversée du N. au S.-E. par la Maggia, qui se jette dans le lac de Locarno. Elle forme un des huit districts du canton du Tésin, et son chef-lieu est *Maggia*, village à 6 lieues de Bellinzona. La vallée de Maggia a 12 lieues de long, et renferme douze villages.

MAGIE, science occulte à l'aide de laquelle l'homme est censé exercer un pouvoir surnaturel, commander aux éléments, évoquer les âmes, intervertir la marche des astres et se faire obéir des esprits infernaux. On la divise en *magie blanche* et *magie noire*. La première, que l'on prétend avoir été révélée à Salomon par les anges, a pour objet d'étudier les lois de la physique et de la chimie, et de s'en servir à produire des effets extraordinaires et qui paraissent merveilleux. Ces effets consistent le plus souvent en des tours où l'adresse des mains et le compérage jouent un grand rôle. La *magie noire* ou surnaturelle a pour objet de lire les destinées de l'homme dans les astres et de se faire obéir des démons, en vertu de certaines cérémonies et pourvu qu'on ait fait un pacte avec eux. Pendant tout le moyen âge, et jusqu'au XVIIe siècle, il y a eu en Europe beaucoup de magiciens.

MAGISTÈRE. On désignait anciennement sous ce nom les précipités obtenus avec les dissolutions salines, ainsi que les procédés propres à obtenir les médicaments. Ainsi le *magistère de soufre* est le *soufre précipité* d'une dissolution au moyen d'un acide ou de tout autre corps. Le *magistère de bismuth* est le *sous-nitrate de bismuth* ou le *blanc de fard*.

MAGMA. On appelle ainsi en chimie et dans les arts chimiques une masse épaisse, visqueuse ou gélatineuse, ayant l'aspect et la consistance de la bouillie. Le marc de café est un *magma*.

MAGNANERIE. On donne ce nom, dans les départements méridionaux de la France, à un atelier où l'on élève en grand les vers à soie. Le propriétaire d'une magnanerie ou le chef d'atelier qui dirige et surveille ces sortes de travaux prend le nom de *magnanier*. Ce nom vient de celui de *magnans*, donné dans ce pays aux vers à soie.

MAGNATS, nom donné en Pologne et en Hongrie à la haute noblesse. On donne ce titre (car ce n'est plus qu'un titre) aux barons du saint-empire, c'est-à-dire aux palatins, aux conseillers auliques, aux gouverneurs de la Croatie, de la Dalmatie et de l'Esclavonie, au trésorier et aux principaux fonctionnaires de la cour.

MAGNENCE (Flavius Augustus Magnentius), Germain d'origine, parvint du grade de simple soldat aux premiers emplois de l'empire. L'empereur Constant le combla de bienfaits ; mais Magnence conspira contre lui, et l'assassina dans son lit en 350. Il se déclarer empereur, et fut maître des Gaules, de l'Afrique, de la Grande-Bretagne, de l'Espagne, de l'Italie et de l'Illyrie. Constance marcha contre lui pour venger la mort de son frère, et le battit à Mursa en Pannonie (351). Magnence se réfugia dans les Gaules. La perte d'une bataille entre Dié et Gap le força de se sauver à Lyon, où, après avoir fait mourir sa mère et sa famille, il se tua lui-même d'un coup d'épée en 353, à cinquante ans.

MAGNÉSIE, ville de l'Asie-Mineure, située sur le Méandre, à 15 milles d'Éphèse, est célèbre par la mort de Thémistocle et par la bataille qu'Antiochus, roi de Syrie, perdit contre les Romains commandés par le consul Lucius Cornelius Scipion, l'an 187 avant J.-C. L'armée des Romains était de 30,000 combattants : elle perdit seulement 400 fantassins et 25 chevaux. L'armée d'Antiochus était de 80,000 hommes : elle perdit 30,000 fantassins et 4,000 cavaliers.

MAGNÉSIE. On appelle ainsi l'oxyde de magnésium. La magnésie est parfaitement blanche, plus ou moins terreuse, très-douce au toucher, ne jouissant d'aucune saveur distincte. Elle n'est d'aucun usage dans les arts ; mais en médecine on s'en sert beaucoup, soit à l'état de pureté, soit à l'état de combinaison avec quelques acides. On la trouve rarement isolée dans la nature : elle entre dans un grand nombre de pierres différentes, et se trouve toujours à l'état de sel ou combinée avec d'autres oxydes.

MAGNÉSIE ou Magnésie hydrosilicatée ou Écume de mer, substance blanche, plus ou moins terreuse, dure au toucher, compacte, à grain fin, susceptible d'être travaillée et de prendre un beau poli, et composée de silice, de magnésie et d'eau. On l'emploie presque exclusivement à la fabrication des pipes à fumer. Les amateurs recherchent beaucoup les pipes d'*écume de mer*.

MAGNÉSIUM, un des quarante corps simples métalliques, isolé pour la première fois de la magnésie par Davy en faisant réagir le potassium sur le chlorure de magnésium. Le magnésium est d'un blanc d'argent très-brillant et très-malléable. Il est fusible à une température peu élevée.

MAGNÉTISME, partie de la physique qui s'occupe des propriétés de l'aimant, et qui rentre aujourd'hui dans l'électricité. On admettait, avant les expériences d'Arago, d'Ampère et d'Oerstedt, que les phénomènes du magnétisme étaient dus à un fluide impondérable, distinct des autres fluides, et composé comme le fluide électrique de deux fluides, l'un boréal, l'autre austral. Maintenant tous les phénomènes magnétiques s'expliquent par l'action du fluide électrique. Parmi les corps qui ont les propriétés magnétiques, les uns l'ont *naturellement*, les autres *artificiellement*. Les premiers sont dits *aimants naturels* ; ce sont le *fer*, le *cobalt*, le *nickel*, le *chrome* et le *manganèse* ; les seconds sont dits *artificiels*. On les rend magnétiques en les aimantant par divers procédés.

MAGNÉTISME ANIMAL. Ce mot a une double acception. Il signifie un principe spécial qu'on indique comme la source des actions organiques, qui siège particulièrement dans le système nerveux, et qui se transmet d'un corps vivant à un autre par le contact, le simple approchement, ou l'effet d'une forte volonté. Il signifie aussi l'application des propriétés de ce fluide à l'art de guérir ; c'est ainsi qu'on dit *magnétiser* et *magnétiseur* pour désigner l'action d'appliquer ce fluide et celui qui l'applique. Les phénomènes du magnétisme animal, popularisés par Mesmer, ont été contestés. On a prétendu que les guérisons qu'ils produisaient étaient fausses et imaginaires, que l'état de somnambulisme dans lequel l'action magnétique met l'individu soumis à son influence est également faux. L'académie royale de médecine a refusé de l'adopter comme moyen universel de guérison.

MAGNIFICAT, cantique de la Vierge que l'on chante à l'église, à vêpres. La sainte Vierge ayant été visiter sa cousine Elisabeth, femme de Zacharie, qui la félicita d'avoir cru aux paroles de l'ange, entonna aussitôt le cantique de *Magnificat anima mea Dominum* (mon âme glorifie le Seigneur), dans lequel elle remerciait Dieu de l'avoir choisie pour la mère de son Fils, et lui rapportait toute la gloire de cette faveur.

MAGNOLIACÉES, famille de plantes dicotylédonées, composée d'arbres très-élevés et de grands arbustes élégants de l'Amérique septentrionale et de l'Asie, munis de feuilles alternes, simples, de fleurs d'un diamètre de seize à quarante centimètres. Elle est divisée en deux tribus : celle des ILLICIÉES, renfermant les genres *illicium*, *drymis* et *thasmannia*; et celles des MAGNOLIÉES, renfermant les genres *liriodendron*, *magnolia*, *michelia*, *mayna* et *talauma*.

MAGNOLIER, genre de plantes de la famille des magnoliacées. On en connaît une quinzaine d'espèces, toutes remarquables par un port éclatant et majestueux, par un feuillage d'un joli vert, par l'odeur agréable de leurs fleurs et de leur bois. Le *magnolier à grandes fleurs*, aux fleurs blanches et suaves, le *magnolier à parasol*, le *magnolier glauque*, aux fleurs pourpres et avec l'écorce duquel l'on fait une poudre contre les fièvres, connue sous le nom de *quinquina de Virginie*, et le *magnolier bicolore* sont les plus belles espèces de magnoliers.

MAGNUS. Plusieurs rois de Suède ont porté ce nom. — MAGNUS Ier, frère de Waldemar, s'empara du trône, et fut couronné roi en 1279. Il prit le premier le titre de *roi des Suédois et des Goths*; il réprima l'orgueil des grands, défendit les associations des nobles entre eux, et régla les assemblées de la noblesse. Il protégea les paysans contre les exactions des seigneurs, ce qui lui mérita le surnom de *Ladulas* (serrure de grange). Il fit déclarer par le conseil national le droit de majesté et d'inviolabilité royale. Magnus prit la croix contre les infidèles de la terre sainte ; mais la mort l'empêcha de réaliser ce projet (1290). Son fils Birger lui succéda. — MAGNUS II, fils d'Erik, fut élu roi à l'âge de trois ans, après la mort de Birger (1321), et hérita d'Hakan du royaume de Norwége la même année. Déclaré majeur en 1333, il prit le titre de *roi de Suède*, *de Norwége et de Scanie*. Il se laissa dominer par la noblesse, qui avait acquis pendant sa minorité une grande puissance et avait formé une ligue redoutable. Les débauches du roi, le mauvais succès d'une guerre en Russie, le dégradèrent aux yeux du peuple. Son fils Hakan fut nommé roi de Norwége en 1358. Le faible Magnus donna la Scanie au Danemarck, et se vit en butte au mépris de son peuple et à la haine de ses fils Erik et Hakan. Le premier mourut en 1359 ; le deuxième, déjà roi de Norwége, attaqua son père, le fit prisonnier et se fit proclamer roi de Suède. Ils se réconcilièrent bientôt après ; mais les seigneurs suédois, fatigués de leurs exactions, se liguèrent et déposèrent Magnus et Hakan. Ces princes voulurent résister ; mais ils furent vaincus à Enkœping (1365), et Magnus fut fait prisonnier. Albert, duc de Mecklenbourg, fut proclamé roi de Suède. Magnus, rendu à la liberté en 1371, mourut en Norwége en 1374 sans avoir pu recouvrer le trône.

MAGNUS. Huit rois de Norwége ont porté ce nom. — MAGNUS Ier succéda à Olof II en 1036. Il hérita du Danemarck en 1042. Mais un prince danois, qu'il fit gouverneur de ce pays, Suénon Estridson, s'y rendit souverain indépendant. Peu de temps après, Harald Hardrade, frère d'Olof, le força de lui céder une partie de la Norwége (1046). Magnus mourut l'année suivante. Harald lui succéda. — MAGNUS II, fils d'Harald Hardrade, lui succéda en 1067 avec son frère Olof III. Il mourut deux ans après. — MAGNUS III succéda à Olof II en 1093, et fut surnommé *Barvod* (aux jambes nues). Il conquit les îles Hébrides, Orcades, d'Anglesey et de Man, dont il fit un Etat particulier sous le nom de *royaume des îles*. Malheureux dans une guerre contre la Suède (1100), il entreprit une expédition contre l'Irlande, s'empara de Dublin. Il périt dans un combat en 1103. — MAGNUS IV succéda à Sigurd en 1130, et partagea son royaume avec Harald Gille, fils naturel de Magnus III ; mais en 1134 il le chassa et le força de se réfugier en Danemarck. Harald, ayant obtenu des secours du roi de pays, attaqua Magnus, le fit prisonnier, lui fit crever les yeux, et l'enferma dans un monastère (1135). Il mourut en 1139. — MAGNUS V, fils naturel de Harald Gille, fut roi d'une partie de la Norwége en 1142, et ne vécut que quelques années. — MAGNUS VI *Erlingson* succéda à Hakan II en 1162. Sverrer s'empara de la Norwége et le força de chercher un refuge en Danemarck. Magnus s'efforça en vain de remonter sur le trône. Il fut vaincu et tué en 1184. — MAGNUS VII *Lagabeter* (le réformateur des lois) succéda à Hakan V en 1263. Il fit la paix avec l'Ecosse (1266), et fit déclarer la couronne héréditaire en 1273. Il réforma la législation du royaume, exclut les paysans des assemblées des états ; il accorda au clergé de grands avantages. Après plusieurs guerres funestes, il mourut en 1280. — MAGNUS VIII ERIKSON, surnommé *Smeck* (mignon), succéda à Hakan VI, son grand-père maternel, fut aussi roi de Suède sous le nom de *Magnus II* (1321). En 1343, il nomma son fils Hakan VII roi de Norwége, et le laissa seul régner. Voy. les MAGNUS de Suède.

MAGON. Plusieurs généraux et amiraux carthaginois ont porté ce nom. — MAGON BARCÉE, envoyé en 396 avant J.-C. contre Denys le Tyran, remporta sur lui la bataille navale de Cataue, et fut tué peu de temps après à Cabala. — Son fils MAGON BARCÉE lui succéda dans le commandement, remporta sur Denys le Tyran la bataille de Cronion, prit la fuite devant Timoléon, et, accusé par le sénat de Carthage, se déroba à la honte du supplice par une mort volontaire. — MAGON fut envoyé ici en 300 avant J.-C. avec une flotte de 120 voiles au secours de Rome contre Pyrrhus et les Tarentins. Les Romains refusèrent ce secours. Magon fut le père d'Amilcar et l'aïeul d'Annibal. — MAGON, frère d'Annibal, se trouva à la bataille de Cannes, et fut chargé de porter en Afrique la nouvelle de la victoire. Envoyé en Espagne contre les Scipions, il fut vaincu ; mais, maître du pays de Carthagène, il passa dans les îles Baléares, qu'il soumit, et donna son nom à une des villes de ces îles (Port-Mahon). De là il passa dans l'Italie où il s'empara de l'Insubrie, et où il fut défait par le consul Quintillius Varus. Il mourut de ses blessures, l'an 203 avant J.-C.

MAGON (Charles-René), l'un des plus braves officiers de la marine française, né à Paris en 1763. Il avait à peine quatorze ans lorsqu'il entra au service en qualité d'aspirant. Il fit ses premières armes au combat d'Ouessant. En 1780, il passa sur le vaisseau *le Solitaire* avec le grade d'enseigne de vaisseau. Fait prisonnier par les Anglais et relâché, il obtint en 1788 le grade de lieutenant de vaisseau et le commandement de la frégate *l'Amphitrite*. Il fit pendant cinq ans respecter constamment le pavillon français dans les mers de l'Inde. Nommé capitaine de vaisseau, puis contre-amiral en 1801, il commanda en 1804 l'aile droite de la flottille de Boulogne. En 1805, il se trouva au combat de Trafalgar où, après avoir par son habileté et son courage sauvé *l'Algésiras*, qu'il montait, des attaques de l'ennemi, il fut tué d'une balle au front.

MAGOPHONIE, fête que les Perses célébraient en mémoire du massacre des mages. Smerdis, l'un d'eux, ayant usurpé le trône de Perse après la mort de Cambyse, sept nobles persans, parmi lesquels se trouvaient Intaphernes, Gobrias et Darius, fils d'Hystape, conspirèrent contre ce mage qui se faisait passer pour le frère de Cambyse, et le tuèrent avec les autres mages. Le jour de la Magophonie, il n'était pas permis aux mages de paraître en public ; le peuple ayant le droit de tuer tous ceux qu'il rencontrait.

MAGOT, animal de la famille des singes et du genre *macaque*. On le trouve dans le nord de l'Afrique, en Egypte, en Barbarie surtout. Il est remarquable par son intelligence et sa vivacité. Il manque complètement de queue. Son museau est allongé, et sa face revêt d'une couleur de chair livide. Il vit dans les endroits solitaires et sur les rochers, marche toujours à quatre pattes, et a la taille d'un chien ordinaire.

MAGREB (en arabe, *occident*), nom donné par les Orientaux à la côte de Barbarie depuis l'Egypte. De là les caravanes maures sont appelées *magrebins*.

MAGSCHIS, l'une des trois principales tribus des Beloutches ; elle habite le pays de Keitchy, dans les montagnes orientales du Katche-Gandavah. Les Magschis sont d'anciens esclaves affranchis et devenus puissants. Leur principale ville est Kampour.

MAGUELONNE, ancienne ville du bas Languedoc, située sur l'étang de ce nom, à 2 lieues de Montpellier. Elle était florissante dans le VIe siècle. Son évêque était l'un des plus puissants seigneurs de toute la contrée. Les seigneurs de Montpellier tenaient de lui ce fief. Charles Martel en 737 prit la ville de Maguelonne, dont les habitants vinrent augmenter la population de Montpellier, où dont l'évêché fut transféré dans cette ville en 1536. Il ne reste plus aujourd'hui de Maguelonne qu'une église.

MAHABHARATA, grande épopée indienne divisée en dix-huit livres composés de plus de cent mille stances, et attribuée à Vyâsa. Le sujet du Mahabharata est l'incarnation de Vishnou sous la forme de Krichna dans le sein de Devaki, sœur du roi Kansa, dans la ville de Matura sur le Djumna. Kansa, ayant prévu sa venue, massacrait de ses propres mains tous les enfants de sa sœur. Krichna échappe à ses fureurs, et ordonne qu'on l'élève parmi les pasteurs, chez lesquels il se distingue par sa force et son courage ; il tue le géant Kansa son oncle, et délivre les *Pandous des Courous*, fait triompher le bien sur la terre, et remonte au ciel.

MAHADI, troisième calife de la dynastie des Abbassides, succéda en 775 à son père Abou-Djiafar-al-Mansour, et se rendit célèbre par ses victoires et la sagesse de son gouvernement. Il obligea l'impératrice Irène à lui payer un tribut considérable, et mourut à la chasse en 785. Il avait déclaré pour successeur son fils aîné, à condition que son frère puîné lui succéderait à l'exclusion de ses propres enfants, ce qui causa entre les deux frères de grandes contestations.

MAHALEB, nom du *cerisier odorant* ou *bois de Sainte-Lucie*, arbre cultivé dans les bosquets d'agrément, et qui croît jusqu'à une assez grande hauteur. Son bois veiné est utile en ébénisterie. Le feuillage est joli, mais très-aimé des chenilles qui le dévorent.

MAHÉ, forteresse de la côte de Malabar

en Indoustan, à 10 lieues de Calicut et 5 de Tallichery. C'est là que se fait le principal commerce de poivre, de cardamome, de sandal et de tek.—Possédée depuis 1725 par la compagnie française des Indes, prise par les Anglais en 1761, rendue en 1763 et en 1783, elle a encore été reprise par eux avec tous les Etats de Tippo-Saïb. Les Français ont à Mahé un établissement colonial peu important : il a 2 lieues de rayon, et une population de 6,000 individus. — Mahé est aussi le nom de la principale des îles Seychelles. Elle a 5 lieues de circonférence. C'est d'elle que le groupe entier porte aussi le nom de *Mahé*.

MAHMOUD. Deux sultans turks ont porté ce nom. — Mahmoud Ier, fils de Mustapha II, né en 1696, succéda en 1730 à son oncle Achmet III par la révolte de trois janissaires, Patrona-Khalil, Muslu et Ali. Il avait un caractère pacifique, et gouverna avec douceur jusqu'à sa mort (1754). Thamas Kouli-Khan lui enleva la Géorgie et l'Arménie.—Mahmoud II, deuxième fils d'Abdul-Hamid, né en 1789, fut élevé sur le trône en 1808 par Baraïktar, pacha de Ruscsak, qui déposa son frère Mustapha IV. Le commencement de son règne fut signalé par une révolte de janissaires et par une guerre avec la Russie, terminée par le traité de Bucharest (1812). Le soulèvement de la Grèce étouffé dans des flots de sang, une seconde révolte de janissaires auxquels le sultan sacrifia son favori Khalet-Effendi (1822), une guerre avec la Perse terminée par un traité (1823), un second soulèvement de la Grèce, le licenciement des janissaires (1826), l'indépendance de la Grèce, la guerre avec la Russie terminée par la paix d'Andrinople (1829), sont les principaux événements de son règne jusqu'en 1830. Il faut ajouter la révolte de Méhémet-Ali, pacha d'Egypte, qui s'est rendu indépendant, et la civilisation européenne que Mahmoud a tenté d'introduire en Turquie. Il est mort en 1839. Son neuvième fils, Abd-ul-Meschid, né en 1823, lui a succédé.

MAHMOUDI, monnaie d'argent de Perse, vaut 48 centimes 50 centièmes de notre monnaie.

MAHOGONI ou Mahoni, nom indigène de l'espèce de *swietenia*, qui fournit le bois d'acajou. Le genre *mahogon*, de la famille des méliacées, renferme aussi un arbre de la côte de Coromandel dont l'écorce est très-employée aux Indes, et quelquefois même en Europe, comme fébrifuge.

MAHOMET ou Mohammed, Arabe de la tribu des Koréischites parmi lesquels on choisissait les prêtres du temple de la Kaaba, et qui prétendaient descendre de Koreisch, le plus illustre des douze fils d'Ismaël. Haschem, un de ses aïeux, avait obtenu la dignité de grand prêtre de la Kaaba, et ces fonctions étaient restées dans la famille des Haschemites. Mahomed naquit à la Mecque l'an 570 d'Abdallah et d'Eminnah. Orphelin à cinq ans et sans fortune, il fut élevé par son oncle Abou-Taleb, chérif de la Mecque. Enrôlé à quatorze ans dans une caravane, il fit quelque temps la guerre sur les frontières de Syrie, et revint ensuite dans sa patrie, où il épousa une riche veuve nommée Kadichah (Cadige). Il conçut alors la pensée de réunir tous les Arabes dans une même croyance, et de prêcher une religion nouvelle fondée sur l'unité de Dieu et sur l'apostolat de Mahomet, et appelée *islamisme* (consécration à Dieu). Il se retira sur le mont Hérat ou Ara, et y composa le Koran. (Voy. ce mot.) Il fut aidé dans ce travail par le juif Abdïah-ben-Salem, et par un moine grec appelé Bohaïra. Les progrès de l'islamisme ayant alarmé les cheiks des Koréischites, et surtout le nouveau chérif Abou-Sophian, Mahomet condamné à mort se réfugia à Yatreb, appelée depuis *Medinat-al-Nabi* (ville du prophète), avec Ali son cousin et ses autres disciples. Cette fuite est l'hégire des mahométans (622). A la tête des Médinates, Mahomet détruisit le commerce de la Mecque, battit à Béder Abou-Sophian, qui prit sa revanche sur le mont Ohed, et qui fut complétement défait à la bataille du *Fossé* ou des *Nations*. Les Koréischites, menacés dans la Mecque, demandent une trêve et permettent aux islamites de visiter la Kaaba. Ce pèlerinage gagna à Mahomet de nouveaux partisans; il avait auparavant massacré les juifs habitants de Khaïbar. La journée de la Monta en Syrie, gagnée sur l'empire romain, et de nouveaux succès, lui ouvrirent les portes de la Mecque, et lui soumirent toute l'Arabie (630). Il mourut deux ans après à Médine des suites d'un empoisonnement avec une épaule de mouton préparée par la juive Zaïnab, sœur de Marhab, chef des juifs de Khaïbar. Il avait marié sa fille Fatime à Ali, et avait épousé Ayesha, fille d'Abou-Bekr qui lui succéda.

MAHOMET. Quatre sultans turks ont porté ce nom.—Mahomet Ier, fils de Bajazet succéda en 1402 à son père conjointement avec Soliman, Isa et Mousah, ses frères, qui régnaient, le premier à Andrinople, le second à Broussa, tandis que lui régnait à Amassia, et que Mousah était prisonnier du prince de Kermian. Mousah, délivré, marcha contre Isa et Soliman, dont il conquit les Etats, et fut à son tour dépossédé par Mahomet, qui le fit périr (1413). Il régna alors seul, établit le siége de son empire à Andrinople, et mourut en 1421. — Mahomet II, surnommé *Bouyouk* (le grand, le profond), succéda à son père Amurat II en 1451. Il tourna ses armes contre les Grecs, prit d'assaut Constantinople en 1453, et acheva de détruire l'empire grec en 1457 par la prise du Péloponèse, de Sinope, de Trébizonde et de la Cappadoce. Irrité contre les Vénitiens, il attaqua et prit l'île de Nègrepont qui leur appartenait (1470), et tenta, mais vainement, de s'emparer de Rhodes (1472). Il menaçait l'Italie et l'Afrique à la fois, lorsqu'il mourut à Nicomédie en 1481. Il était savant, éclairé, cruel, politique, et avait autant de courage que d'ambition. — Mahomet III succéda à son père Amurat III en 1595. Il fit étrangler vingt de ses frères, précipiter dans la mer dix femmes que son père avait laissées enceintes, noyer une de ses femmes et étrangler le fils qu'il en avait eu. Il prit Agria, ville de Transylvanie, gagna la bataille de Careste sur les Impériaux (1596), et mourut en 1603 à trente-neuf ans. — Mahomet IV, né en 1642, succéda à Ibrahim son père en 1649. Son grand vizir Achmet-Koprogli prit Candie sur les Vénitiens (1669). Kara-Mustapha attaqua l'Allemagne, et s'avança jusqu'à Vienne, qui fut sauvée par Sobieski. Une révolte des janissaires déposa Mahomet en 1687. Il mourut en 1692.

MAHOMÉTISME, religion de Mahomet. Elle a aussi été appelée *islamisme* (consécration de la foi). Le nombre de ses sectateurs répandus sur toute la surface du globe est de 84,000,000 d'hommes, répartis de cette sorte : 70,000,000 en Asie, 3,700,000 en Europe, 3,000,000 en Afrique et 7,300,000 en Océanie. Un grand schisme divise le mahométisme en deux factions, celle des Persans ou *chiites*, partisans d'Ali, et celle des Turks ou *sunnites*, partisans d'Omar. En Perse, lorsque le muezzin invite les fidèles à la prière du haut du minaret, il ajoute après : Il n'y a point d'autre Dieu que Dieu, et Mahomet est son prophète: Ali est le lieutenant du prophète; Omar, Osman et Abou-Bekr, que vos noms soient maudits.

MAHON (Port-), ville principal de l'île de Minorque, une des Baléares. Sa population est de 20,000 habitants. Elle a un port à l'abri de tous les vents, et est située à 20 lieues de Majorque et à 60 de Barcelone. Le consul général de France y réside. — Fondée par Magon, général carthaginois, elle tomba au pouvoir des alliés en 1708. Prise par les Français en 1756, et par les Anglais en 1798, elle a été rendue aux Espagnols.

MAHOUTS, draps de laine destinés pour les Echelles du Levant. Les premiers se sont fabriqués en Angleterre. On en fait à présent beaucoup dans les anciennes provinces du Languedoc, du Dauphiné et de Provence. Ces draps sont de diverses couleurs, et ont une aune deux tiers de large.

MAHRATTES, peuple belliqueux de l'Inde, anciennement établis dans le Dekhan, dont ils occupaient la partie N.-O. Ils levèrent l'étendard de l'indépendance sous Aureng-Zeyb, contre lequel ils luttèrent trente ans, et devinrent les maîtres de l'Inde méridionale. A la mort de Tippoo-Saëb, ils furent les seuls qui luttèrent contre les Anglais, qui les ont soumis en 1818, en même temps que leur prince est devenu prisonnier et pensionnaire de la compagnie des Indes. Les Mahrattes pouvaient mettre sur pied 150 à 200,000 hommes de cavalerie. Leur capitale était Pounah, et les villes principales Nagpour et Peischwa. Ils occupent maintenant une partie des provinces d'Aurengabad, de Bidjapour, de Gandouanah, de Bérar, de Malvah, de Khandeisch ou Candeisch, de Guzarate, etc. Les Mahrattes sont de race indoue, et descendent de la caste des Soudras. Ils sont eux-mêmes divisés en trois tribus : les fermiers, les bergers et les vachers. Ce sont d'excellents cavaliers, mais de grands maraudeurs. Ils sont illettrés, et laissent aux brahmanes le soin des affaires et la conduite des finances. M. de Klenzi prétend que les Bohémiens ou Tzengaris ne sont autres que des parias mahrattes. Le nom sanscrit des Mahrattes est *Maha-Bashtra* (les grands guerriers).

MAI, cinquième mois de l'année dans le calendrier grégorien. Dans celui des Romains, il était d'abord le troisième, et tirait son nom de *maius* des *majores* ou *maiores* (anciens) du sénat, auxquels il était consacré. Il était sous la protection d'Apollon. Il était défendu chez les Romains de se marier dans ce mois, uniquement consacré à la vieillesse. Dans ce mois, le soleil entre dans le signe des Gémeaux du 19 au 23. Mai est le mois des fleurs ; c'est pour cela qu'on a donné le nom de *mai* à l'aubépine, qui fleurit ce mois-là.

MAIA (myth.), l'une des sept Pléiades ou filles d'Atlas et de Pléione, qui, surprise dans la grotte de Cyllène en Arcadie par Jupiter, le rendit père de Mercure. — Il y avait une autre déesse du nom de Maïa. Fille du dieu Faune et femme de Vulcain, on lui sacrifiait le premier jour de mai, et le flamine (prêtre de Vulcain) lui offrait du vin dans un vase à miel.

MAIA, genre de crustacés de l'ordre des décapodes, famille des brachyures, tribu des triangulaires. La carapace est environ d'un quart plus longue que large et assez fortement rétrécie en avant. La face supérieure est hérissée d'une infinité d'épines. Les pattes sont assez grêles ; elles se terminent par une pince assez longue et peu dentelée. Les *maïas* se plaisent dans les lieux vaseux et pierreux de la mer, et portent au delà de 6,000 et même 10,000 œufs. Ces crustacés, qui acquièrent une assez grande taille, sont connus dans le Midi sous le nom d'*araignées de mer* ou d'*esquinados*.

MAIGRE, genre de poissons de la famille des sciénoïdes, renfermant trois espèces. Le *maigre* est un grand poisson qui atteint jusqu'à cinq et six pieds. Assez gros pour sa longueur, il a le museau un peu fendu. La gueule est peu fendue. La couleur du maigre est d'un gris argenté assez uniforme ; les pectorales et les ventrales sont d'un beau rouge. Il est fort commun sur certaines côtes et célèbre par la bonté de sa chair. On dit qu'il a une force extraordinaire.

MAIGREUR, état d'un individu qui n'a pas le même degré d'embonpoint que présentent la plupart de ceux qui sont dans les mêmes conditions que lui. Il ne faut pas confondre la maigreur avec l'amaigrissement. Celui-ci est toujours lié à un état de maladie, tandis que la maigreur n'est pas incompatible avec la santé.

MAIL, gros marteau ou masse de fer carrée, dont le carrier se sert pour enfoncer les coins entre les joints des pierres ou dans les entailles qu'il y a pratiquées avec le marteau et le ciseau. Il y a des mails de huit à douze centimètres de grosseur (3 à 4 pouces et demi) sur vingt-quatre à quarante centimètres de long (9 à 14 pouces). Le jeu du mail est un jeu dans lequel, à l'aide d'un instrument analogue au mail du carrier, mais en bois, on pousse une boule en bois, et on cherche à la faire entrer dans un trou ou bien à l'empêcher d'y entrer.

MAILLARD (Jean et Simon) frères, notables bourgeois et chefs du petit nombre de Parisiens qui, sans oser se prononcer, s'opposaient aux efforts d'Étienne Marcel, prévôt des marchands, et des partisans de Charles le Mauvais. Au moment où Marcel allait ouvrir la porte Saint-Antoine au roi de Navarre et le rendre ainsi maître de Paris, Jehan Maillard, son frère Simon et Pepin des Essarts, instruits de son complot, arrivèrent, et Jean lui fendit la tête d'un coup de hache (1358).

MAILLARD (Olivier), prédicateur fameux au XVe siècle, né en Bretagne, et appartenant à l'ordre des cordeliers. Il figura parmi les docteurs en théologie de la faculté de Paris, et fut chargé d'emplois honorables par le pape Innocent VIII, par Charles VIII, roi de France, et Ferdinand, roi d'Aragon. Il mourut à Toulouse en 1502, laissant des sermons remplis de plates bouffonneries et de grossièretés méprisables, publiés en 1514 sous le titre de *Sermones dominicales, quadragesimales et aurei, Parisiis et alibi declamati*.

MAILLE, petite monnaie de cuivre ne valant qu'un demi-denier. Il y avait des *mailles parisis* et des *mailles tournois*. Sous François Ier, il y avait une monnaie d'or pesant deux deniers quatre grains, et valant 33 sous 6 deniers, qu'on appelait maille de Lorraine; sur l'un des côtés était figurée une croix, et sur l'autre la tête d'un duc de Lorraine. — On appelle encore *mailles* un tissu de fil de fer dont on faisait une arme défensive.

MAILLÉ, l'une des plus anciennes familles de France, remontant au XIe siècle et encore subsistante. — JAQUELIN DE MAILLÉ, chevalier de l'ordre des templiers, se distingua beaucoup dans les croisades (XIIe siècle). — URBAIN DE MAILLÉ, marquis DE BRÉZÉ, maréchal de France, gouverneur d'Anjou, commanda l'armée d'Allemagne en 1634, et gagna la bataille d'Avein en 1635. Il épousa Nicole du Plessis, sœur du cardinal de Richelieu, qui l'envoya ambassadeur en Suède et en Hollande, et l'éleva à divers honneurs. Il mourut en 1650 à cinquante-trois ans. — Son fils ARMAND DE MAILLÉ, duc de FRONSAC et de CAUMONT, marquis DE GRAVILLE et DE BRÉZÉ, défit la flotte d'Espagne en vue de Cadix en 1640. Ambassadeur en Portugal en 1641, il remporta de grands avantages sur mer contre les Espagnols, et mérita la charge de surintendant général de la navigation et du commerce. Il mourut en 1646 à vingt-sept ans au siège d'Orbitello.

MAILLEBOIS (Jean-Baptiste DESMARETS, marquis DE), né en 1681 de Nicolas Desmarets, contrôleur général des finances, se signala d'abord dans la guerre de la succession d'Espagne. Les campagnes d'Italie en 1733 et 1734 furent le fondement de sa réputation militaire. Il soumit la Corse, qui se révolta après son départ, et fut soumise en 1769 d'après ses plans. Cette expédition lui valut le bâton de maréchal. Il commanda en Allemagne et en Italie dans la guerre de 1741, prit Acqui en Montferrat, et mourut en 1762.

MAILLET, espèce de marteau de bois à deux têtes, fait avec un bois dur tel que du buis. La tête a ordinairement dix-huit à vingt-deux centimètres (7 à 8 pouces) de long. Le manche est en bois de frêne. Le maillet du plombier est un gros cylindre coupé en deux dans sa longueur par son axe, de sorte que le même cylindre sert à faire deux maillets égaux. Le manche est placé dans le demi-cercle, mais dans une direction parallèle à la section du cylindre. — On nomme *mailloche* un petit maillet.

MAILLOT, genre de petits mollusques terrestres, très-voisins des hélices, de l'ordre des gastéropodes, à la coquille cylindracée, turriculée, pupiforme, épaisse et assez solide, au sommet obtus. On en a décrit quatre-vingt-dix espèces. Les maillots vivent dans les lieux secs ou ombragés, sous les pierres, le gazon ou au pied des arbres. Ils aiment moins l'humidité que plusieurs autres animaux de la même famille.

MAILLOTINS, nom donné, dans notre histoire, aux auteurs d'une sédition sous les premières années du règne de Charles VI. Le rétablissement des aides, subsides, fouages, impositions, gabelles, treizième et quatorzième deniers abolis par les états généraux de l'année précédente (1380) et les entreprises qu'on méditait contre les franchises du peuple, excitent dans Paris (1er mars 1381) une sédition. Le peuple s'arme de *maillotins*, espèces de maillets de plomb dont on se servait pour rompre les cuirasses. La plupart des percepteurs périrent sous ces maillets. Les séditieux ouvrirent les portes des prisons, et cette insurrection se répéta à Rouen et dans les principales villes du royaume. Apaisée par les magistrats, elle servit de prétexte aux princes du sang pour faire périr l'avocat général Desmarets, désarmer les bourgeois, les rançonner et supprimer momentanément les chartes municipales qui garantissaient leurs priviléges (1383).

MAILLY, l'une des plus anciennes maisons du royaume de France, qui tire son nom de la terre de Mailly près d'Amiens, et s'est rendue illustre par les grands hommes qu'elle a produits. — GILLES II, seigneur de MAILLY et de plusieurs autres terres, se croisa avec saint Louis, et prit les armes contre les souverains en 1289. — FRANÇOIS DE MAILLY, de la branche d'Haucourt, bien loin d'entrer dans la ligue, fit tous ses efforts pour ramener les rebelles, et mourut en 1621. — LOUISE-JULIE DE MAILLY, de la branche de Nesle, épousa en 1726 son cousin germain le comte de Mailly, qui mourut en 1747. Elle était douée de toutes les qualités de l'esprit et de toutes les grâces du corps. Elle devint en 1737 la favorite de Louis XV, et conserva sur lui son empire jusqu'à ce que sa sœur Marie-Anne, veuve depuis 1740 du marquis de la Tournelle, la supplanta dans le cœur du prince. Forcée de sortir du palais de Châteauroux. Mme de Mailly se retira alors à la cour et vécut chrétiennement jusqu'à sa mort, arrivée en 1751.

MAIMBOURG (LE P. Louis), jésuite, né à Nancy en 1616. Il se distingua d'abord par ses prédications, qui furent célèbres par les saillies burlesques dont il les chargeait. Les jansénistes eurent en lui un ennemi ardent. Obligé de sortir de la compagnie de Jésus, par ordre du pape Innocent XI en 1682, pour avoir écrit contre la cour de Rome en faveur du clergé de France, il fut gratifié d'une pension par le roi, et se retira à l'abbaye de Saint-Victor, où il mourut en 1686. Ses principaux ouvrages sont l'*Histoire de l'arianisme*, l'*Histoire des iconoclastes*, l'*Histoire du luthéranisme et du calvinisme*, l'*Histoire des croisades*, l'*Histoire de la décadence de l'empire de Charlemagne*, l'*Histoire de la Ligue*, etc.

MAIMONIDES ou BEN-MAIMON (Moïse), célèbre rabbin, né à Cordoue en 1539, fut l'élève d'Averroës. Après avoir fait de grands progrès dans les langues et dans les sciences, il alla en Egypte, où il devint premier médecin du sultan Saladin. Il mourut comblé d'honneurs en 1209. On a de lui un *Commentaire sur la Mischna*, un *Abrégé du Talmud*, le *Sepher Hammisoth* (livre des préceptes), *Liber de cibis vetitis* (un livre sur les aliments défendus) et une foule d'autres ouvrages.

MAIN. On appelle ainsi la partie qui termine les membres thoraciques de l'homme, et qui sert à la préhension des corps et au toucher. La main est soutenue par un squelette osseux composé d'une grande quantité de pièces mobiles les unes sur les autres, de muscles, de tendons, de cartilages, de ligaments, de vaisseaux, de nerfs, etc. On a divisé la main en trois parties, le *carpe* ou *poignet*, le *métacarpe* et les *doigts*.

MAIN DE JUSTICE. On désigne ainsi l'autorité de la justice et la puissance qu'elle a de faire exécuter ce qu'elle ordonne en contraignant les personnes et procédant sur leurs biens. Cette puissance est représentée par une main d'ivoire qui est au-dessus d'une verge. On dit que les biens sont mis *sous la main de justice* quand ils sont saisis et placés sous le séquestre.

MAIN GAUCHE. Voy. MORGANATIQUE.

MAINLEVÉE, acte qui fait cesser les effets de l'interposition de la main de justice. *Donner mainlevée*, c'est lever l'empêchement qu'on avait formé par autorité de justice, et consentir à ce que les parties passent outre si bon leur semble.

MAINMISE. Ce mot, dans le langage du droit, est synonyme de *saisie*. La *mainmise* féodale était la saisie que le seigneur du fief dominant faisait du fief mouvant de lui, pour défaut de foi et hommage non rendus, et de droits et devoirs non payés et non remplis.

MAINMORTABLES. On appelait ainsi tous les serfs dont les biens devaient revenir au seigneur à leur décès sans hoirs (héritiers) issus de leur corps et procréés en légitime mariage; car ils ne pouvaient tester que jusqu'à 5 sols, s'il ne leur en avait donné l'autorisation.

MAINMORTE, dans le droit féodal, était la même chose que *puissance morte*. Ce mot vient de ce qu'après la mort d'un chef de famille sujet à ce droit, le seigneur venait prendre le plus beau meuble qui était dans la maison, ou, s'il n'y en avait point, on lui offrait la main droite du mort pour marquer qu'il ne le servirait plus, et qu'il était nécessaire de donner à ses biens mainmortables un successeur. On ne se sert plus de ce mot que pour l'appliquer aux communautés, corps et établissements ayant une existence légale, tels que colléges, hôpitaux, couvents. En effet le droit d'aliéner ne leur appartient pas, et l'État seul a le droit de disposer de leurs biens, dont ils n'ont que l'usufruit.

MAINA (BRAZZO DI) ou MAGNE, petite contrée montagneuse de la Grèce, dans la Morée, entre deux chaînes de montagnes qui s'avancent vers la mer, le long des golfes de Coron et de Colockythia dans l'ancienne Laconie. Sa population, évaluée à 40,000 âmes, est répartie dans cent korions (villages) et un certain nombre de villes, dont les principales sont *Dolous*, qui a 500 maisons; *Mandiniès*, qui a 200 maisons; *Kardamoula* et *Marathonisi*. Les Mainotes, descendants des anciens Spartiates, quoique placés sous l'autorité du capitan-pacha, n'ont jamais pu être soumis par les Turks. Le sud, aride et inculte, est habité par des brigands appelés *Kakurouniotes*.

MAINATE, genre d'oiseaux de la famille des dentirostres (Cuvier), ou des omnivores (Temminck), ou des conirostres (Lesson) et de l'ordre des grimpeurs. Ce genre renferme trois espèces, 1° le *mainate de Sumatra*, de la grosseur d'une grive assez forte, au bec large, comprimé, crochu au bout, sans échancrure, de couleur jaune ainsi que les tarses, au plumage noir à reflets métalliques violets. Il habite Sumatra. 2° le *mainate de Java*, un peu moins gros que le précédent, mais dont le bec moins long et plus élargi à la base. Ces oiseaux sont très-communs et font entendre un chant très-agréable. La ponte est de trois œufs grisâtres. Ils retiennent et répètent comme les perroquets des mots et des phrases. 3° Le *mainate* ou nino de Dumont, qui habite la Nouvelle-Guinée. Ils se nourrissent tous de fruits et d'insectes.

MAINE, un des vingt-quatre Etats unis, entre le bas Canada, le New-Brunswick, le New-Hampshire et la mer. Sa superficie est de 32,000 milles carrés, et sa population de 400,462 habitants. Son chef-lieu est PORTLAND. — C'est un pays élevé, âpre et stérile sur la côte, excellent ailleurs. Son industrie consiste en pêcheries, dans la fabrication des draps, des ustensiles d'agriculture, étoffes de coton, etc. Il est un de ceux dans lesquels il n'y a point d'esclaves. Il dépendait autrefois de la province de Massachussets, dont il était un district. En 1820, il en a été séparé pour former un Etat particulier. Il se divise aujourd'hui en neuf comtés, qui sont ceux d'*Yorck*, chef-lieu *Yorck*; *Cumberland*, chef-lieu *Portland*; *Hancock*, chef-lieu *Castine*; *Washington*, chef-lieu *Machias*; *Lincoln*, chef-lieu *Wiscasset*; au S. ceux de *Penobscot*, chef-lieu *Bangor*; d'*Otego*, chef-lieu *Paris*; de *Sommerset*, chef-lieu *Norridgewock*; de *Kennebeck*, chef-lieu *Augusta*, au N.

MAINE, ancienne province de France, entre la Normandie, le Perche, le Dunois, le Vendômois, l'Anjou, la Touraine et la Bretagne. — Ce pays a formé les départements de la Mayenne et de la Sarthe : le Mans en était la capitale. Il se divisait en *haut* et *bas Maine* ; le premier le long de la Sarthe et de l'Huine, le second au delà de la Sarthe. — Le Maine appartint d'abord à la maison d'Anjou ; en 1481, il revint à Louis XI par héritage ; mais il fut aliéné et retira à la couronne seulement en 1584. Les volailles et les chapons du Maine sont très-renommés.

MAINE (Louis-Auguste DE BOURBON, duc DU), fils naturel de Louis XIV et d'Athénaïs de Montespan, naquit en 1670. Madame de Maintenon, chargée de son éducation, fit imprimer en 1677 le recueil de ses thèmes sous ce titre : *OEuvres diverses d'un auteur de sept ans*. Louis XIV le nomma colonel général des Suisses et Grisons, puis grand maître de l'artillerie en 1688. Il épousa en 1692 Anne-Louise-Bénédictine de Bourbon-Condé, qui l'entraîna dans tous les rêves de l'ambition. De degrés en degrés, ils parvinrent à tous les honneurs des princes du sang, et obtinrent un édit de Louis XIV (1714) qui les appelait, eux et leur postérité, à la succession de la couronne. Le duc d'Orléans leur ayant enlevé le pouvoir, madame du Maine entra dans la conspiration de Cellamare, fut arrêtée en 1718, et enfermée à Dijon : son époux le fut à Dourleus. Ils ne furent relâchés qu'en 1720. Le duc du Maine mourut en 1736. La duchesse, née en 1676, mourut en 1753.

MAINE-ET-LOIRE, département de la France occidentale-centrale, borné au N. par ceux de la Sarthe et de la Mayenne, à l'E. par celui d'Indre-et-Loire, au S. par ceux de la Vienne, des Deux-Sèvres et de la Vendée, à l'O. par celui de la Loire-Inférieure. Sa superficie est de 719,880 hectares, et sa population de 515,000 individus. — Il est formé de l'Anjou et du Saumurois, et tire son nom de la Loire et la Mayenne (par abréviation *Maine*), qui l'arrosent. Le département nommait sept députés, et est divisé en cinq arrondissements : celui d'*Angers*, chef-lieu du département, et ceux de *Baugé*, *Beaupréau*, *Saumur* et *Segré*. On y remarque l'ancienne abbaye de Fontevrault devenue maison de détention, l'école d'équitation de Saumur, plusieurs bourgs et châteaux célèbres dans les guerres de la Vendée, etc. Ses principales richesses sont l'industrie agricole, l'exploitation des ardoises qui se trouvent près d'Angers, les manufactures de toiles à voile (à Angers), et celles de mouchoirs, siamoises, flanelles, etc. (à Cholet). Il est compris dans la 12e divis. mil., le dioc. et le ress. de l'acad. et de la c. d'ap. d'Angers.

MAINFROI, fils naturel de l'empereur Frédéric II, eut d'abord le titre de prince de Tarente. Après la mort de Conrad IV (1254) son frère, il se chargea d'être le tuteur de Conradin, fils de ce prince, qu'on le soupçonnait d'avoir empoisonné. Il s'empara du gouvernement de la Sicile, et gouverna despotiquement pendant onze ans. Ayant rompu avec le pape Innocent IV, il porta la guerre dans les Etats de l'Eglise, et battit en 1254 les troupes du pape, avec l'aide des Sarrasins de Luceria. Excommunié par le pape, qui appela Charles d'Anjou en Italie, il fut vaincu par ce dernier à Bénévent en 1266 et tué dans le combat. On lui refusa la sépulture.

MAINLAND, île d'Ecosse, la plus grande des îles Shetland. Elle a environ 20 lieues de long sur 7 de large. Sa population est de 13,000 habitants. Sa capitale est LERWICK. Les Hollandais y vont vers le milieu de l'été à la pêche du hareng, et la saison de la pêche dure six mois.

MAINTENON, chef-lieu de canton du département d'Eure-et-Loir, à 4 lieues et demie de Chartres. Population, 2,000 habitants. — Françoise d'Aubigné, favorite de Louis XIV, reçut en 1674, avec le titre de marquise, la terre de Maintenou. (Voy. l'article suivant.) Son château s'y voit encore. Après sa mort, la terre passa dans la famille de Noailles. Un immense aqueduc, passant par Maintenon, devait, d'après les projets de Louis XIV, amener les eaux de l'Eure à Versailles. Mais cette entreprise inouïe fut abandonnée après de longs et pénibles travaux.

MAINTENON (Françoise d'AUBIGNÉ, marquise DE), petite-fille de Théodore-Agrippa d'Aubigné, et fille de Constant d'Aubigné et d'Anne de Cardillac, naquit en 1635 dans une prison de Niort. Elevée avec la plus grande dureté par madame de Neuillant sa parente, qui la força d'abjurer le calvinisme, elle épousa à seize ans le poète Scarron, qui la laissa veuve en 1660 sans fortune. Elle chercha à obtenir une pension du roi : ce ne fut qu'avec beaucoup de peine, et avec le secours de madame de Montespan, alors en faveur, que le roi lui accorda sa demande. Chargée de l'éducation des enfants que madame de Montespan avait eus de Louis XIV, elle acquit un grand empire sur le cœur de ce monarque, qui la nomma dame d'atours de la dauphine, qui lui fit des présents à l'aide desquels elle acheta en 1674 la terre de Maintenon, et qui enfin l'épousa secrètement en 1685. Elle fut reine sans en avoir les honneurs, et exerça un grand pouvoir sur Louis XIV. On l'accuse d'avoir conseillé la révocation de l'édit de Nantes. Elle fonda en 1686, dans l'abbaye de Saint-Cyr, une communauté de trente-six religieuses et de vingt-quatre sœurs converses pour élever et instruire gratis trois cents jeunes demoiselles nobles. Cette maison fut dotée de 40,000 écus de rente. Après la mort du roi (1715), elle se retira à Saint-Cyr, et mourut en 1719.

MAINVIELLE (Pierre), né en 1765 d'un riche marchand d'Avignon, embrassa avec fureur la cause de la révolution. L'un des principaux agents des massacres de la Glacière d'Avignon et de tous les crimes que cette époque vit naître, Mainvielle exerça impunément pendant quatre mois toutes sortes de brigandages. Arrêté avec ses complices, il fut sauvé par une amnistie de l'assemblée législative du 19 mars 1792. Rendu à la liberté avec Jourdan dit *Coupe-tête* et ses autres complices, il fit périr encore plus de citoyens qu'auparavant. Appelé à la convention nationale comme député, et accusé par le député Duprat, il fut soutenu par les girondins, et leur voua depuis lors une reconnaissance à toute épreuve, qui fut suivie d'un changement total dans ses opinions et dans ses mœurs. Décrété d'accusation le 30 juillet 1793 comme complice de Barbaroux, il fut condamné à mort le 30 octobre et exécuté le lendemain avec Vergniaud, Brissot, etc. Il n'avait que vingt-huit ans.

MAIRAN (Jean-Jacques D'ORTOUS DE), né à Béziers en 1678 d'une famille noble. Mathématicien distingué, il se fit connaître dès 1715 par un *Mémoire sur les variations du baromètre* et des *Dissertations sur la glace et les phosphores*, travaux couronnés par l'académie des sciences de Bordeaux. Il fut reçu en 1718 à l'académie des sciences de Paris, et remplaça en 1740 Fontenelle dans la place de secrétaire perpétuel de cette académie. Il fut reçu en 1744 membre de l'académie française. Il mourut en 1771 membre des sociétés royales d'Edimbourg et d'Upsal, de l'académie de Saint-Pétersbourg et de l'Institut de Bologne. On a de lui un grand nombre de *mémoires*.

MAIRE, officier municipal chargé de représenter et d'administrer la commune. Il a un ou plusieurs suppléants qu'on nomme *adjoints*, et qui le remplacent dans ses fonctions. Les attributions du maire sont *judiciaires* ou *administratives*. Sous le rapport judiciaire, il est *officier de l'état civil*, et à ce titre il est chargé de la tenue des registres de naissance, mariage, décès, adoption, reconnaissance, etc. ; *officier de police judiciaire*, et à ce titre il recherche et constate les crimes, délits ou contraventions énumérés dans les lois pénales ; et *juge de police*, et à ce titre il connaît des contraventions commises dans l'intérieur de sa commune. Sous le rapport administratif, ou il est le représentant du gouvernement, et alors c'est à lui qu'aboutissent tous les services publics de la commune ; ou il est celui de la commune, et alors il agit pour lui-même et sous l'influence du conseil municipal. — Les maires ont été établis en France par la loi du 14 décembre 1789. Ils étaient nommés par les assemblées primaires, et plus tard par le gouvernement. — Depuis 1831, les maires et les adjoints sont choisis parmi les membres du conseil municipal, et nommés par le roi dans les communes qui ont 3,000 habitants et au-dessus et dans les chefs-lieux d'arrondissement, et par le préfet au nom du roi dans les autres communes. Ils sont nommés pour trois ans, peuvent être suspendus par le préfet et révoqués par le roi. Leurs fonctions sont gratuites, et incompatibles avec certaines fonctions publiques et avec les fonctions du culte déterminées par la loi. Les maires et les adjoints doivent avoir vingt-cinq ans accomplis, et avoir leur domicile réel dans la commune. — Le maire préside le conseil municipal. En cas d'absence ou d'empêchement, l'adjoint le remplace. — Il y a un seul adjoint dans les communes de 2,500 habitants et au-dessous, deux dans celles de 2,500 à 10,000 habitants, trois dans les communes d'une population supérieure un adjoint de plus par chaque excédant de 20,000 habitants.

MAIRE DU PALAIS (en latin, *major domùs*). Ce fut dans l'origine, sous les rois de la première race, l'officier chargé du gouvernement intérieur du palais. Peu à peu les maires du palais, forts de la faiblesse des rois, usurpèrent tous les pouvoirs de l'Etat. Warnachaire en Bourgogne et Radon en Austrasie s'étaient fait déclarer inamovibles par Clotaire II du consentement des grands, parmi lesquels ils avaient été choisis. A partir de Dagobert Ier (628), le gouvernement passa tout entier entre leurs mains : ils furent rois de fait ; en en 752 le maire Pepin le Bref, dans la famille duquel cette dignité était héréditaire, fit descendre du trône le dernier des Mérovingiens, et devint roi.

MAIRET, (Jean), poète français, né à Besançon en 1604, gentilhomme du duc de Montmorency, qui lui donna une pension de 15,000 livres. Il fut comblé de bienfaits par le cardinal de Richelieu, le comte de Soissons, le duc de Longueville et le cardinal de la Valette. En récompense des services qu'il avait rendus à l'empereur en négociant la paix entre la Franche-Comté et la France, ce prince (Léopold) lui donna des lettres de noblesse en 1638. Il mourut en 1686. Il précéda dans la carrière dramatique Rotrou, du Ryer et Corneille. A seize ans, il composa *Chryséide;* à dix-sept, *Sylvie;* à vingt-quatre, *Virginie;* à vingt-cinq, *Sophonisbe,* son chef-d'œuvre; à vingt et un, *Sylvanire;* à vingt-trois, *le Duc d'Ossone.* Il a encore fait six autres tragédies.

MAIS ou BLÉ DE TURQUIE, plante de la famille des graminées, à feuilles amples, produisant ordinairement deux épis très-gros ou *rafles charnues,* en forme de masse cylindrique et arrondie vers le bout, sur laquelle de gros grains sphériques et jaunes sont logés. Sa tige a cinq à six pieds d'élévation. Ses fleurs mâles, d'un blanc verdâtre ou légèrement purpurines, sont disposées en panicule longue; ses fleurs femelles, placées au-dessous, se terminent en houppe soyeuse diversement colorée. On sème le maïs à la volée ou au plantoir dans une terre bien travaillée qui a du fond. La récolte s'effectue d'ordinaire, tantôt au commencement d'octobre, tantôt à la fin. On a calculé que le maïs donne par hectare 20 à 30 hectolitres de grains et quelquefois le double. On a fixé la limite de la culture du maïs en France à une ligne qui partirait de l'embouchure de la Garonne et irait aboutir à l'extrémité septentrionale de l'Alsace. Le maïs est une nourriture excellente pour l'homme, qui l'emploie de diverses manières, mais principalement réduit en farine.

MAISON, habitation destinée à être occupée par des personnes privées, et dont l'architecture varie suivant les différents peuples.—En Chine et dans les pays chauds en général, les maisons sont fort basses. —Dans les pays du Nord, les maisons sont pour la plupart du temps en bois, et quelquefois portatives. Les peuplades des régions circompolaires habitent des maisons souterraines.—A Rome, les premières maisons furent construites en bois et couvertes de chaume et de paille. Après l'incendie des Gaulois, reconstruites plus solides et plus commodes, elles furent couvertes de lattes ou de planches minces. Elles s'embellirent de plus en plus. Mais ce ne fut qu'après l'incendie de Rome, sous Néron, qu'elles devinrent belles et riches tout à la fois. Elles étaient ordinairement divisées en deux parties, l'une pour la femme, l'autre pour le mari. Dans l'une et l'autre était un vaste péristyle; au-devant du vestibule, et à droite et à gauche du péristyle s'élevaient des portiques où l'on prenait le frais. Aux deux côtés du vestibule de la maison de la femme étaient le *thalame* ou chambre à coucher; chez les hommes, le vestibule était entre les salles de bibliothèque et de travail. Il y avait une ou plusieurs salles à manger; mais le plus souvent la salle ordinaire faisait partie de l'appartement des femmes, et la salle du festin de celui du mari.

MAISON DE CAMPAGNE. Chez les Romains, le luxe et la magnificence y éclataient encore plus que dans leurs maisons de ville. La maison de campagne de Scaurus fut, au rapport de Pline, évaluée à une somme d'environ 10,375,000 francs. La plupart étaient d'une étendue et d'une grandeur surprenante. Elles ressemblaient à de petites villes, et n'avaient communément que le rez-de-chaussée et un étage. Elles étaient ordinairement situées auprès de la mer, ou dans quelque paysage agréable. On en voyait un grand nombre à Baïes. L'usage des maisons de campagne s'est perpétué chez les Italiens jusqu'à nos jours, et l'Italie est couverte d'une foule de *villas* connues à grands frais. Telles sont les villas Médicis, Pamphili, etc.

MAISON DORÉE (*domus aurea*), palais immense et magnifique ainsi nommé en raison de la prodigieuse quantité d'or, d'argent, de statues, de tableaux et de pierres gravées qu'on y avait accumulés. Il fut construit par l'ordre de Néron, après l'incendie de Rome. L'emplacement de cet édifice ne consistait non-seulement tout le mont Palatin, mais encore les vallées qui le séparaient des monts Esquilin et Celius; un e partie même de l'Esquilin contenait des montagnes, des forêts, des lacs, des plaines, etc. Ce monument fut dépouillé d'une partie de ses richesses par Othon et Vitellius.

MAISON DU ROI, ensemble des officiers attachés au service intérieur et personnel du roi et des différents corps militaires de sa garde. Sous Louis XVI, la maison du roi se composait de la *chapelle,* c'est-à-dire du grand aumônier, des aumôniers ordinaires, des chapelains, etc., d'un grand maître, d'un grand chambellan, de quatre premiers gentilshommes de la chambre, d'un grand maître et de deux maîtres de la garde-robe, d'un grand écuyer, d'un premier écuyer, d'un premier panetier, d'un grand veneur, d'un grand prévôt, d'un premier maître d'hôtel, d'un maître d'hôtel ordinaire, d'un grand maître et de quatre maîtres des cérémonies, de quatre secrétaires de la chambre et du cabinet, de deux lecteurs, de deux écrivains et d'un bureau général d'administration donné à un secrétaire d'État.

MAISSOUR, province de l'Indoustan embrassant une partie du plateau formé par les deux chaînes des monts Gates. Sa superficie est d'environ 2,600 lieues carrées, et sa population d'à peu près 3,000,000 d'habitants, placés sous la domination d'un radjah, qui paye aux Anglais un tribut de 7,000,000 de francs. Trois soubahdars gouvernent les provinces. Les radjahs de Maïssour ou Mysore se prétendent issus de l'ancienne tribu de Yudava, dont était le dieu Krichna. Le plus ancien qu'on connaisse est Tcham-Radjah, qui régnait en 1507 sur un petit territoire agrandi depuis par ses successeurs. En 1759, Hyder-Ali, général habile, usurpa l'autorité et détrôna le radjah. Son fils Tippoo-Saïb lui succéda. En 1799, ce prince qui, avait soutenu une longue guerre contre les Anglais, fut tué dans sa capitale. Les Anglais, maîtres du Maïssour ou Mysore, replacèrent sur le trône la dynastie qu'Hyder-Ali avait détrônée. Le radjah réside à Maïssour, ville à 4 lieues de Seringapatnam.

MAISTRANCE. C'est en termes de marine l'ensemble des maîtres d'ateliers ayant sous leurs ordres des ouvriers qui leur sont subordonnés. Sur les bâtiments de l'État, ce sont les premiers officiers mariniers, les maîtres d'arts et métiers, sous les ordres desquels travaillent des ouvriers ou des hommes de l'équipage. Voy. ÉCOLE DE MAISTRANCE.

MAISTRE (Joseph, comte DE), l'un des plus grands philosophes du XIXᵉ siècle, né à Chambéry (Savoie) en 1753 d'une famille languedocienne. Il fut de bonne heure magistrat, et fut nommé sénateur en 1787. Lors de la fuite du roi de Sardaigne dans cette île, il l'y suivit, et fut nommé régent de la grande chancellerie. Envoyé en 1803 à Saint-Pétersbourg, avec le titre de ministre plénipotentiaire, il en revint en 1813. Il visita la France en 1816, et mourut en 1831 chevalier grand-croix des ordres de Saint-Maurice et de Saint-Lazare et membre de l'académie de Turin. Ses ouvrages les plus remarquables sont: l'*Essai sur le principe générateur des institutions politiques,* les *Soirées de Saint-Pétersbourg,* le traité *du Pape,* les *Considérations sur la France,* etc. Sa philosophie est toute chrétienne et théologique. Il a été avec M. de Bonald l'un des fondateurs de l'école qui porte ce nom.

MAISTRE (Xavier, comte DE), littérateur distingué, frère du précédent, né à Chambéry en 1764. Réfugié en Russie lors de l'émigration, il y obtint un emploi par le crédit de son frère, et devint bientôt général-major. Il se fixa et se maria à Saint-Pétersbourg, et ne rentra dans sa patrie qu'en 1817, où il fut nommé membre de l'académie de Turin. Il a fait plusieurs ouvrages, et entre autres: *Voyage autour de ma chambre, le Lépreux de la cité d'Aoste, le Prisonnier du Caucase,* etc.

MAITRE, nom donné à une personne qui a une certaine autorité sur d'autres. On l'applique aussi, 1º à toute personne destinée à enseigner une science, un art à une autre; 2º aux avocats, aux notaires et aux gens de robe en général ; 3º à ceux qui sont revêtus de certaines charges, comme *maître des requêtes, des comptes, de chapelle,* etc. ; 4º à un ouvrier qui est à la tête d'un atelier, qui commande aux autres ouvriers. Ainsi on dit *maître tonnelier, maître cordier, maître forgeron,* etc. En marine, le *maître d'équipage* est une espèce de lieutenant qui sur les bâtiments reçoit les ordres des officiers et les transmet à l'équipage. Il est le premier des officiers mariniers du bâtiment. On le désigne aussi sous le nom de *maître de manœuvre.* — Les mots *maître* et *maîtresse* s'appliquent aux choses inanimées pour les distinguer entre elles. On nomme ainsi celles dont dépendent les autres, qui ont une plus grande valeur, une plus grande importance. — Les *maîtres d'étude* sont chargés dans les collèges et les institutions de surveiller les élèves.

MAITRE DE CHAPELLE. On ne donnait autrefois ce nom qu'aux musiciens attachés au service d'une église pour composer de la musique sacrée. On appelle aujourd'hui ainsi tout compositeur qui écrit pour le théâtre.

MAITRE DE LA CAVALERIE (*magister equitum*), commandant de la cavalerie romaine, soumis immédiatement aux ordres du dictateur. C'était quelquefois le sénat et le peuple qui le choisissaient parmi les consulaires ou les anciens préteurs; mais le peuple seul, avec l'agrément du sénat, pouvait le destituer et le remplacer. On croit que le maître de la cavalerie avait pour marque distinctive de ses fonctions six licteurs et la robe prétexte. Il avait aussi la prérogative d'avoir un cheval, tandis que le dictateur allait toujours à pied. — Il ne faut pas le confondre avec le MAÎTRE DE LA MILICE, institué par Constantin. C'était un officier qui avait l'autorité militaire dans un département en remplacement du préfet du prétoire.

MAITRE DES COMPTES. Voy. COUR DES COMPTES.

MAITRE DES REQUÊTES. Voy. CONSEIL D'ÉTAT.

MAITRISE, institution musicale dépendante des églises cathédrales ou collégiales. Les maîtrises se composent du maître de musique et d'un certain nombre d'enfants de chœur placés sous sa discipline. Le nombre des maîtrises était autrefois en France d'environ quatre cent cinquante, et celui des élèves de quatre à cinq mille. La plupart de ces établissements ont été supprimés après la révolution de 1719.

MAITRISE DE MALTE (GRANDE), dignité de grand maître de l'ordre de Malte. Le grand maître de cet ordre était élu parmi les chevaliers de justice. Avant que l'ordre ne s'établît à Malte, son pouvoir était presque illimité. Lors de l'établissement à Malte, les anciens statuts ayant subi de grandes modifications, l'autorité du grand maître fut restreinte. Il eut le droit de promulguer les lois, de nommer les juges, d'émettre une nouvelle monnaie, d'exempter de la quarantaine, d'anoblir, etc. ; mais ces attributions ne purent être exercées par lui qu'avec l'assistance du conseil de l'ordre. Le dernier grand maître fut Emmanuel de Rohan, élu en 1775.

MAITRISES, privilégies octroyés pour l'exercice des arts et métiers. On appelle *maître* celui qui payé et emploie les ouvriers. Autrefois la maîtrise, c'est-à-dire la dignité de maître, n'était accordée qu'après un temps déterminé d'apprentissage et de compagnonage, et lorsque la capacité du sujet avait été constatée par ce qu'on appelait un *chef-d'œuvre.* Les maîtres éraient les jurés. (Voy. JURANDES.) Les maîtrises, abolies par Turgot et rétablies par son successeur, furent abolies définitivement après la révolution de 1789.

MAIXENT (SAINT), sur la rive droite de la Sèvre, chef-lieu de canton du département des Deux-Sèvres, à 4 lieues et demie de Niort. Population, 4,500 habitants. Cette ville, entourée de fortes murailles, est ancienne: Elle possède un vieux château, un hôpital, un dépôt royal où se trouvent soixante-trois chevaux étalons et un dépôt de remonte militaire pour la cavalerie de l'armée. Il possède environ 1,400 chevaux.

MAJEUR. Cet adjectif indique, en musique, la qualité d'un intervalle plus grand que le mineur de même dénomination. Ainsi la seconde majeure est composée d'un ton, et la seconde mineure d'un demi-ton. On appelle mode majeur le mode dans lequel la troisième note de la gamme d'un ton quelconque est à la distance de deux tons de la première, et la sixième à l'intervalle de quatre tons et demi, ou bien dans lequel la tierce et la sixte de la tonique sont dans leur plus grande extension relativement au ton.

MAJEUR (LAC), lac d'Italie appelé anciennement lac Verban, dans le royaume lombardo-vénitien. Il est situé dans la haute vallée du Tésin et sépare la Suisse et la Lombardie des Etats sardes. Sa plus grande longueur, de Magadino à Sesto-Calende, est de 14 lieues. Sa plus grande largeur, de Stresa à Lavino, est d'une lieue et demie. Au milieu du lac Majeur se trouvent les îles d'Isola Bella, d'Isola Madre, etc.

MAJEURS (ORDRES). Parmi les sept ordres ecclésiastiques, il y en a trois qu'on appelle ordres majeurs, ou simplement les majeurs, savoir le sous-diaconat, le diaconat et la prêtrise. On ne peut être sous-diacre avant l'âge de vingt et un ans, et prêtre avant vingt-cinq ans.

MAJOR, officier qui était autrefois chargé des détails du service, de l'administration d'un régiment, du logement, de l'inspection et de l'assemblée des troupes, de la police et du maintien de la discipline. Il suivait les exercices de détail et assistait aux distributions de vivres. Ce grade, supprimé en 1790, fut recréé en 1815. Les majors actuels sont chefs de bataillon ou d'escadron. Le major est membre et rapporteur du conseil d'administration; il en partage la responsabilité. Il est spécialement chargé de surveiller et de contrôler toutes les parties de l'administration et de la comptabilité. Il partage dans certains cas la responsabilité des officiers comptables. Sa solde est de 3,600 francs par an.

MAJOR DE PLACE, officier supérieur chargé du détail et de la surveillance du service d'une place de guerre. Dans une place où l'état-major est complet, cet officier est le troisième après le gouverneur et le commandant de la place. Il est spécialement chargé des détails relatifs au service des gardes, aux rondes de jour et de nuit et à la police de la garnison. Il fait de fréquentes visites de postes, et concourt au service des rondes de nuit avec les adjudants de place. Il est chargé de la rédaction des rapports journaliers et de la surveillance des écritures du bureau.

MAJOR GÉNÉRAL, emploi temporaire et qui ne s'accorde qu'à un officier général, exercé dans les détails des opérations d'une armée. Les premiers majors généraux remontent à Charles VII (1445). Depuis Louis XIV, ces officiers réunissaient dans leurs attributions l'ordre et la distribution du terrain dans les campements, les détails de tous les services relatifs aux distributions, aux gardes, aux détachements et à la police de l'armée. Il surveillait toutes les opérations des siéges et en dirigeait les travaux. Les fonctions du major général, celles du maréchal général des logis de l'armée et du maréchal général de la cavalerie furent réunis en 1790 sous les ordres d'un seul titulaire appelé chef d'état-major général de l'armée.

MAJOR (ADJUDANT-), officier chargé, dans un régiment, de commander le service journalier, de surveiller et de diriger l'instruction dans les corps. Les adjudants-majors ont succédé en 1791 aux aides et sous-aides-majors. Dans l'infanterie, il y en a un par bataillon; dans la cavalerie, un par deux escadrons. Les adjudants-majors sont capitaines ou lieutenants, mais ils ont la paye de capitaine.

MAJOR (CHIRURGIEN-), officier de santé attaché à la suite des corps pour panser les blessés et soigner les malades. La dénomination de chirurgien-major, supprimée le 27 juin 1794 et remplacée dans tous les corps par celle d'officier de santé de deuxième classe, leur fut rendue en 1803, et on en plaça un par bataillon. Depuis 1804, il n'y en a qu'un par régiment, et il a sous ses ordres des aides-majors.

MAJORAT. On appelle ainsi des biens immobiliers affectés au soutien d'un titre noble, non-seulement dans la personne qui en est revêtue, mais encore dans la descendance masculine, selon l'ordre de primogéniture. C'est une substitution perpétuelle, qui ne s'éteint que par la défaillance d'héritiers habiles à la recueillir. On distingue le majorat de pur mouvement, qui se compose de biens donnés par le prince, et le majorat sur demande, qu'un chef de famille est autorisé à former de ses propres biens. Etablis dans le moyen âge, les majorats furent rétablis par un décret de 1806 et par un autre décret de 1808. Selon ce dernier, le majorat du titre de duc de l'empire était de 200,000 francs de revenu. Les comtes et les barons étaient tenus pour transmettre leur titre de justifier le premier, de 30,000 francs, le second de 15,000 francs de revenu, dont le tiers devait être érigé en majorat.

MAJORDOME. Ce nom a été donné, 1° au maître d'hôtel, grand maître de la maison d'un prince ou officier dapifer (portemets); 2° au maire du palais; 3° au premier ministre chargé des affaires intérieures et extérieures de l'Etat (préfet du palais, préfet de la cour, comte du palais, préfet du prétoire), 4° à un officier des galères qui avait soin des vivres. Plus tard le majordome embrassa toutes les fonctions et la haute surveillance de l'intérieur.

MAJORIEN (Flavius Julius Valerianus Majorianus Augustus), fils d'un officier d'Aetius, fut élevé à l'empire en 457 par le Suève Ricimer, du consentement de l'empereur d'Orient Léon de Thrace. Au lieu de laisser Ricimer régner en son nom, il montra ses talents et le désir de gouverner sagement. Il réduisit les Visigoths, et forma le projet de détruire les Vandales qu'il taillait en pièces près de Sinuesse et qu'il chassa de l'Italie. Pour connaître la force de ses ennemis, il se déguisa en ambassadeur, et se rendit lui-même en Afrique. De retour à Rome, il arma une flotte qui fut incendiée. Le Vandale demanda la paix et l'obtint, et Majorien périt assassiné par les ordres de Ricimer en 461. Ses vertus le firent regretter.

MAJORITÉ, âge auquel on est supposé avoir atteint la maturité d'esprit et de jugement dont on a besoin pour diriger ses affaires soi-même. A Rome, la majorité était fixée à vingt-cinq ans; chez les Germains, à quinze ans. Les rois de France sont majeurs à quatorze ans, depuis l'édit de 1375. Aujourd'hui la majorité se trouve fixée à vingt et un ans pour tous les individus des deux sexes. Il n'y a que le mariage que les fils ne peuvent contracter avant vingt-cinq ans sans le consentement de leurs père et mère.

MAJORQUE, une des îles Baléares, la plus grande de toutes, entre Iviça et Minorque. Elle a 37 lieues de circonférence, une population de 140,500 habitants et une superficie de 155 lieues carrées. Sa capitale est Palma. Ses habitants sont robustes et très-bons matelots. Elle produit des vins délicieux, des oranges, des oliviers. Elle fut prise sur les Maures en 1229 par don Jayme Ier, roi d'Aragon.

MAKANA, sur le Sénégal, à 20 lieues au-dessus de Bakel, établissement français dans le Sénégal (Afrique), le plus avancé de tous ceux appartenant à la France, en remontant le cours du fleuve. C'est un village bâti sur l'emplacement du fort Saint-Joseph. Il a une grande importance. On y a bâti en 1825 un comptoir qui porte le nom de Saint-Charles, et qui est le centre d'un grand nombre d'affaires.

MAKI, genre d'animaux quadrumanes, nocturnes, à formes grêles et élancées, et qui ont une grande agilité dans leurs mouvements. Il appartient à la famille des lémuriens. Ils vivent sur les arbres, et se tiennent par troupes plus ou moins nombreuses. Leur nourriture consiste en fruits et en insectes. Leurs principaux caractères consistent dans leur museau étroit et allongé, leurs membres à peu près égaux, leur queue très-longue et entièrement touffue. Le maki se trouve dans l'Asie, l'Afrique et surtout à Madagascar.

MAL D'ANE. Les vétérinaires nomment ainsi les crevasses qui surviennent aux pieds du cheval, du mulet et surtout de l'âne, autour de la couronne, lorsqu'ils ont les eaux aux jambes.

MAL DE CERF, nom donné par les vétérinaires au tétanos du cheval, parce que, dans l'affection dont il s'agit, l'encolure de cet animal prend quelque chose de celle du cerf.

MAL DE MER. On donne ce nom aux nausées, aux vomissements et à quelques autres accidents dont sont attaquées la plupart des personnes qui se mettent en mer pour la première fois, et que ressentent même quelquefois ceux qui ont fait de longues traversées.

MALABAR, nom donné à la côte occidentale de la presqu'île en deçà du Gange ou de l'Indoustan. Elle est bornée au N. par la province de Kanara, à l'E. par les monts Gates, au S. par la province de Cochin, et à l'O. par la mer des Indes. Les habitants sont noirs ou fort bruns; ils ont la taille belle, les cheveux longs, et les oreilles fort longues à cause des lourds pendants dont ils les chargent. Les Malabares distinguent, 1° les nambouris ou brahmanes; 2° les naïrs, nobles du pays; 3° les tiars, qui sont cultivateurs ou bourgeois; 4° les maliars, musiciens, devins, charlatans; 5° les poulias, esclaves serfs ou attachés au sol; 6° les parias, tribu méprisée de toutes les autres. Les villes les plus remarquables sont Calicut, Cananor, Mahé, Travancore et Cochin. Découvert en 1498 par Vasco de Gama, qui débarqua à Calicut, le Malabar fut envahi par Haïder-Ali et son fils Tippoo-Saëb. Il est aujourd'hui soumis aux Anglais, et fait partie de l'Inde britannique.

MALACA ou MALAKKA, presqu'île de l'Inde au delà du Gange, formant l'extrémité la plus méridionale de l'Asie. Elle a environ 250 lieues de longueur, et est bornée au N. par le royaume de Siam. Elle est traversée dans sa longueur par une chaîne de montagnes qui la sépare en deux parties égales. La presqu'île de Malakka est habitée par les Malais (voy. ce mot), des Chinois et bon nombre d'Indous, des Portugais, des Hollandais et des Anglais. Les principaux Etats de la presqu'île sont libres, tributaires et dépendants de Siam, ou appartiennent aux Anglais. Les premiers sont ceux de Perak, de Pahang, de Johon et de Roumbo; les seconds sont ceux de Ligor, de Boundelon, de Kalantan, de Patani, de Tringanou, de Keddah et l'île de Janksey-lon. Les Anglais possèdent la province de Malakka, bornée au N. par l'Etat de Salengor, au S.-E. par celui de Djohor, au S.-O. par le détroit de Malakka, et à l'E. l'Etat de Pahang. Cette province, dont la ville de Malakka, où réside le gouverneur anglais, et où est le siège d'un évêché portugais, est la capitale, relève avec les îles de Pinang et de Singhapoura, depuis 1830; de la résidence de Calcutta.

MALACA (DÉTROIT DE), canal qui sépare la presqu'île de ce nom de l'île de Sumatra. Il a environ 212 lieues de long sur 70 de large.

MALACHIE, le dernier des douze petits prophètes. Il est tellement inconnu qu'on a douté si son nom était un nom propre (son nom en hébreu signifie *mon envoyé*). Saint Jérôme et les Juifs ont pensé qu'il n'était autre que l'Esdras. Il paraît certain qu'il prophétisa sous Néhémie, environ 400 ans avant J.-C. Son livre de prophéties, le quarante-troisième de l'Ancien Testament contient quatre chapitres. L'Eglise grecque honore le prophète Malachie le 3 janvier, et la latine, le 14 du même mois.

MALACHIE (Saint), évêque de Connorth, puis de Downe, et archevêque d'Armagh, né à Armagh en Irlande (1094). Il se démit de son archevêché en 1135, et mourut à Clairvaux en 1148. Ses vertus contribuèrent moins à sa célébrité que les prophéties qu'on lui a attribuées sur tous les papes depuis Célestin II jusqu'à la fin du monde, c'est-à-dire jusqu'au dernier pape (ce pape est le onzième après Grégoire XVI, le pape actuel). On sait maintenant que ces prophéties ont été fabriquées dans le conclave de 1590 par les partisans du cardinal Nicolas Sfondrati (Grégoire XIV). La prophétie qui s'applique au successeur de Grégoire XVI est celle-ci : *Crux de cruce*.

MALACHIE, genre d'insectes de l'ordre des coléoptères, section des pentamères, famille des serricornes, tribu des lampyrides. Les malachies sont de petits insectes que l'on trouve le plus habituellement sur les fleurs. Leur tête est carrée avec le museau avancé en pointe et la base recouverte par le corselet; les antennes sont en scie, écartées à leur base; leurs yeux sont petits, globuleux; le corselet est presque demi-circulaire; ils ont des vésicules d'un rouge vif, qu'ils font sortir des côtés du corselet et de l'abdomen quand on les saisit. Ce genre est très-nombreux en espèces; les plus connues sont le *malachie bronzé*, long de trois lignes, le *malachie rouge*, le *malachie à deux taches* et le *malachie fascié*, long d'une ligne et demie.

MALACHITE. On appelle ainsi le carbonate vert de cuivre. C'est un composé de 18 à 20 parties d'acide carbonique, de 71 à 72 de deutoxyde de cuivre et de 8 à 10 d'eau. On distingue trois variétés de malachite : la malachite *pulvérulente*, la malachite *soyeuse* et la malachite *concrétionnée*. Cette dernière est la plus abondante, la plus utile et la seule dont on se sert dans les arts. Elle a la forme de stalactites qui, sciées et polies, présentent des zones concentriques de toutes les nuances possibles. Aussi on en fait usage dans la bijouterie pour fabriquer des boucles d'oreilles, des colliers, des tabatières, dans l'ébénisterie pour faire des dessus de cheminées, de tables et de secrétaires. La malachite se trouve en Bohême, en Hongrie, en Saxe, in Tyrol et surtout en Sibérie dans les monts Ourals.

MALACIE. On donne ce nom à une dépravation du goût, dans laquelle, à un dégoût presque général, est joint un désir exclusif d'une substance qui est du nombre de celles qu'on mange. Ces symptômes accompagnent beaucoup d'affections nerveuses, chez les femmes en particulier, et fréquemment dans la grossesse.

MALACODERMES, famille d'insectes coléoptères établie par division de la famille des serricornes, et se composant d'individus à corps mou et allongé, à élytres sans consistance, comme les *lampyres*, les *lycus*, les *cébrionites*, etc.

MALACOPODES, classe d'animaux articulés (entomozoaires) qui ont sur les côtés du corps des mamelons subarticulés et mous (*malacos*, mou, et *pous*, pied), au moyen desquels ils se meuvent. Cette classe renferme le genre *péripate*. Cette division des malacopodes est due à de Blainville.

MALACOPTÉRYGIENS, l'une des deux classes de poissons renfermant les poissons à squelette osseux dont tous les rayons des nageoires sont mous, à l'exception cependant du premier et quelquefois du second, qui sont épineux. La classe des malacoptérygiens renferme trois ordres : les *abdo-*

minaux, caractérisés par des nageoires ventrales suspendues sous l'abdomen; les *apodes*, qui sont dépourvus de nageoires ventrales, et enfin les *subbrachiens*, qui ont les nageoires sous les branchies.

MALADIE, altération dans l'ordre régulier des fonctions vitales provenant de la lésion des parties de l'organisme, ou désordre des fonctions. Considérées par rapport aux individus, les maladies sont *héréditaires* ou *accidentelles* : considérées par rapport à leur mode de développement, elles sont *générales* quand elles affectent à la fois tout l'organisme d'un individu ; *locales*, quand elles sont bornées à telle ou telle partie : considérées dans leur mode de propagation, elles sont *endémiques*, si elles sont particulières à certaines races; *sporadiques*, si elles n'attaquent que quelques individus ; *épidémiques*, si elles frappent à la fois sans distinction d'âge, de sexe et de race un grand nombre d'individus, dans une même contrée ; *contagieuses*, si elles se propagent d'un individu à un autre ou par le contact immédiat ou par la transmission de particules subtiles à l'aide de corps étrangers.

MALADRERIE, hôpital de lépreux. Ce mot est synonyme de *ladrerie* et de *léproserie*.

MALAGA, province de la capitainerie générale du royaume de Grenade. Elle est bornée au N. par les provinces de Séville et de Cordoue, à l'E. par celle de Grenade, au S. par la Méditerranée, et à l'O. par les terres de Cadix. Sa population est de 407,000 individus. Elle est divisée en six districts : Malaga, Ronda, Antequerra, Velez-Malaga, Marbella et Estepona. — La capitale de la province est *Malaga*, sur la mer Méditerranée. Elle a une population de 50,000 habitants, un évêché, un bon port, une école de navigation. Son commerce consiste en raisins secs, citrons, oranges, figues et vins d'une excellente qualité connus sous le nom de *vins de Malaga*.

MALAGRIDA (Gabriel), jésuite italien, né en 1689 à Mereajo dans le Milanais. Envoyé par son supérieur en Brésil, puis en Portugal pour y faire des missions, il revint à Lisbonne, où il fut accusé avoir pris part au complot contre Joseph Ier, et, lorsque l'ordre des jésuites fut chassé du Portugal, le P. Malagrida fut retenu avec deux autres pères, Alexandre et Mathos, et livré à l'inquisition comme suspect d'hérésie et faux prophète. Les extravagances contenues dans son *Traité sur la vie et l'empire de l'antechrist* et sa *Vie de sainte Anne, mère de la sainte Vierge*, augmentèrent les soupçons. Une vision qu'il prétendit avoir eue, et dans laquelle la mort du roi lui avait été révélée, hâta son supplice. Il fut brûlé en 1761.

MALAGUETTE (CÔTE DE) ou DES GRAINES, côte d'Afrique dans la Guinée, comprise entre la Sierra-Leone et le cap de Monte et la côte des Dents et le cap des Palmes. Son étendue est de 126 lieues. Elle est arrosée par la rivière Mesurado, Junko et Sextos. Elle fournit du poivre, de la maluguette ou graines de paradis (c'est ce qui lui a fait donner son nom), de l'ivoire, de la poudre d'or. L'intérieur est habité par des nègres appelés *Kojas*. Voy. GUINÉE.

MALAIS, race d'hommes originaire selon les uns de la presqu'île de Malakka, selon les autres de l'empire de Menangkarbou, et selon d'autres du pays de Sedang dans l'île de Bornéo. Les Malais habitent la plupart des îles Moluques et Nicobar, les îles Pinang, Nias, Singhapouro, Linging, Bintang, la plupart des Etats maritimes de Sumatra, et ont colonisé les côtes orientales de l'île de Madagascar et de l'île Formosa. Les Malais ont le nez court, gros et quelquefois épaté; leur bouche et leurs narines sont très-larges, même chez les femmes. Leur peau se rapproche du rouge de brique foncé et quelquefois du blanc ou du noir. Ils ont les cheveux longs, lisses et noirs. Leur caractère est violent, astucieux et cruel. Ils sont

marins, pirates ou commerçants, et sont presque toujours armés d'un poignard appelé *kriss*, empoisonné souvent avec l'upas. Ils sont presque tous musulmans.

MALAISIE, une des quatre divisions de l'Océanie, anciennement appelée *grand archipel des Indes orientales*. Elle s'étend depuis les îles Andamen jusques aux îles Philippines, et depuis les îles Bachi jusqu'à Timor-Laout, et a une superficie d'environ 100,000 lieues carrées avec 21,000,000 d'habitants. Les principales îles qu'elle renferme sont les îles de la Sonde (Sumatra et Java), Bornéo ou Kalémantan, les îles Célèbes, les Moluques, les îles Philippines, les îles Holo, Bassilan, Bali, Timor, Pinang, Singhapoura, etc. Les religions sont le *mahométisme*, le *brahmanisme*, le *bouddhisme* et le *paganisme*. La langue des Malais, qui y sont les plus nombreux, est douce et harmonieuse. On y voit aussi des Chinois et des Européens. La Malaisie renferme toutes sortes de productions; c'est de là que les Européens retirent les épices, le camphre, la cannelle, le thé, etc.

MALANDRINS, bandes de brigands qui, au XIVe siècle, ravagèrent la France et particulièrement la Bourgogne, et qui faisaient partie des *grandes compagnies*. (Voy. ce mot.) C'étaient des soldats licenciés, des lépreux qui s'assemblaient et pillaient impunément les passants, les villes et les villages. Comme il se trouvait parmi eux des lépreux, on leur donna le nom de *malandrins*, donné aux lépreux, et emprunté à une gale qui afflige les chevaux, la *malandrie*. Leurs principaux chefs étaient le chevalier Vert, frère du comte d'Auxerre, Hugues de Caurelée, Matthieu de Gournay, Hugues de Varennes, Gauthier Huet et Robert Lescot, tous chevaliers.

MALAPTÉRURE, genre de poissons de l'ordre des malacoptérygiens et de la famille des ésoces, renfermant des espèces qui n'ont point de nageoire rayonnée sur le dos, mais seulement une petite nageoire sur la queue, qui manquent tout à fait d'épines aux pectorales, dont les rayons sont entièrement mous. Leur tête est, comme le corps, recouverte d'une peau lisse; leurs dents sont en velours, et disposées, tant en haut qu'en bas, sur un large croissant. On ne connaît de ce genre qu'une seule espèce, le *malaptérure électrique*, appelé encore *silure électrique*, poisson d'un brun grisâtre relevé de quelques taches noires irrégulières d'environ quinze pouces de long. Les Arabes lui donnent le nom de *raasch* (tonnerre), à cause de l'engourdissement dont il frappe les animaux qui s'avancent trop près de lui. Il doit cette faculté singulière à deux appareils particuliers placés entre la peau et la chair, et consistant en un certain nombre de tuyaux hexagones, pentagones ou carrés, contenant un fluide, et traversés par des nerfs qui se divisent dans toutes sortes de directions. C'est au moyen de cet organe que le silure électrique parvient à faire périr ses ennemis et à se procurer de la nourriture.

MALATES, sels résultant de la combinaison de l'acide malique avec les bases. On n'a encore rencontré dans la nature que le malate acide de chaux dissous dans le suc de joubarbe; tous les autres malates sont le produit de l'art. Deux seulement sont employés pour extraire l'acide malique : ce sont les *malates de plomb* et *de chaux*.

MALAXATION, opération consistant en une espèce de manipulation qu'on est obligé de faire dans certains cas pour ramollir et pétrir quelques pâtes auxquelles on veut donner plus d'homogénéité et de liaison, ou dont on veut faire sortir toute l'humidité. Ainsi on *malaxe* les emplâtres, les pilules, etc.

MALCHUS. L'histoire juive mentionne trois hommes de ce nom. Le premier, roi des Arabes, refusa un asile à Hérode, fils d'Antipater, quoiqu'il lui eût de grandes obligations, et l'obligea par là à passer en Egypte lorsqu'il était poursuivi par Antigone.—Le second, Juif d'une naissance illustre, s'était joint aux Romains contre Alexandre, fils d'Aristobule, qui faisait la guerre à Hircan. Il avait empoisonné Antipater, père d'Hérode. Celui-ci vengea sur lui la mort de son père dans la ville de Tyr. — Le troisième, serviteur de Caïphe, s'étant trouvé dans le jardin de Gethsémani avec ceux qui venaient arrêter Jésus-Christ, eut l'oreille coupée par saint Pierre. Jésus, en la touchant, la guérit.

MALCOLM. Quatre rois d'Ecosse ont porté ce nom. — MALCOLM Ier, fils de Donald III, succéda en 938 à son cousin Constantin III. Il périt assassiné dans le comté de Murray en 958. Indulph, fils de Constantin III, qui lui succéda, étant mort en combattant contre les Danois, la couronne passa en 961 à Duff, fils de Malcolm. — MALCOLM II, fils de Kenneth III, succéda en 1004 à Grim, petit-fils de Duff, qui avait succédé à Culen, fils d'Indalph. Il repoussa les Danois, et fut assassiné dans le château de Glamis en 1034, laissant deux filles, Béatrix, mère de Donald VI ou Duncan Ier, et Doada, mère de Macbeth.— MALCOLM III, fils de Duncan Ier, recouvra la couronne de son père en 1057, après la mort de Macbeth. Il donna le titre de *stewart* ou *stuart* (sénéchal) à Walter, petit-fils de Banquo, qui l'avait aidé à recouvrer la couronne, et ce nom devint celui de sa famille, qui monta plus tard sur le trône d'Ecosse. Malcolm mourut en 1093 dans une bataille près d'Alnwick, qu'il livra à Guillaume Ier, roi d'Angleterre. Il avait eu de Marguerite, sœur d'Edgar Atheling, huit enfants, dont trois, Edgar, Alexandre et David, régnèrent après lui. Donald VIII lui succéda (Duncan II). — MALCOLM IV succéda en 1153 à David Ier, son aïeul, fut d'abord allié, puis ennemi de Henri II, auquel il céda le Northumberland. Cette cession mécontenta les Ecossais. Malcolm mourut en 1165. Son frère Guillaume le Lion lui succéda.

MALDANIES, famille d'annélides de l'ordre des serpulées de Savigny, fondée sur le seul genre *clymène*, et caractérisée par l'absence des branchies. Les vers de cette division sont en outre remarquables par une bouche formée de deux lèvres extérieures, dépourvues de tentacules. Les pattes sont ambulatoires et doubles.

MALDIVES, îles de la mer des Indes, près de la côte de Malabar, à 150 lieues du cap Comorin. C'est un assemblage d'îlots et d'écueils dont on porte le nombre à douze mille. Il se compose de treize groupes ou *atollons* distincts. La principale des Maldives est Malé, d'une lieue et demie de tour, où réside le roi absolu, prince mahométan, ainsi que ses sujets, et qui s'intitule *seigneur des treize provinces et des douze mille îles*. Les Maldives, dont les habitants sont courageux, robustes, adroits, et ont le teint olivâtre et les cheveux noirs, produisent le corail et l'ambre gris. Sur les côtes on trouve de petits coquillages appelés *cauris*, qui servent de monnaie en Inde et en Afrique.

MALDUIN, roi d'Ecosse, fils de Donald III, succéda à Ferquhar en 664. Il gouverna sagement l'Ecosse, et fut tué en 684 dans un accès de jalousie par sa femme, qui fut brûlée avec les complices de son crime. Il eut pour successeur Eugène IV.

MALEBRANCHE (Nicolas), philosophe célèbre de l'école métaphysique mystique, né à Paris en 1638, étudia au collége de la Marche et à la Sorbonne, entra dans la congrégation de l'Oratoire en 1660, et mourut en 1715. Sa philosophie se rattache à celle de Descartes, dont il poussa les principes jusqu'aux dernières conséquences. Aussi finit-il par nier la possibilité pour l'homme de connaître une manière certaine l'existence des corps. Selon lui, Dieu est comme un miroir qui représente tous les objets. Par conséquent la source des idées générales est en Dieu, qui nous les communique par une action in-térieure et immédiate, et non en l'âme; système dont la conséquence est l'annihilation de l'esprit. La doctrine de Malebranche est renfermée dans son livre *de la Recherche de la vérité*, où l'on traite *de la nature de l'esprit de l'homme et de l'usage qu'il en doit faire pour éviter les erreurs dans les sciences*, publié en 1673. Les autres ouvrages de Malebranche sont: *Conversations chrétiennes*, *Traité de la nature et de la grâce*, *Entretiens sur la physique et la religion*, *Méditations chrétiennes*, etc.

MALESHERBES, chef-lieu de canton du département du Loiret, à 5 lieues N.-O. et dans l'arrondissement de Pithiviers. Population, 1,600 habitants.—Cette ville, située sur la rivière d'Essonne et sur la route d'Orléans à Fontainebleau, était jadis une seigneurie. Cette seigneurie appartenait, au XVIIe siècle, au seigneur d'Entragues, dont la fille, Henriette, fut une des maîtresses de Henri IV. Dans le siècle suivant, la terre de Malesherbes passa dans la famille de Lamoignon, et donna son nom à l'illustre défenseur de Louis XVI. (Voy. l'article suivant.) Le château existe encore. Son parc est de la plus grande beauté.

MALESHERBES (Chrétien-Guillaume DE LAMOIGNON DE), né à Paris en 1721, de la famille ancienne et illustre des Lamoignon. En 1741, il fut nommé substitut du procureur général. Conseiller d'Etat à vingt-quatre ans (1744), il succéda six ans après à son père comme président de la cour des aides, et se fit remarquer par la conduite noble qu'il tint et la fermeté avec laquelle il résista aux injonctions et aux tyrannies de la cour. Il favorisa la liberté de la presse, lors de la convocation des états généraux (1788), il fit un long écrit. Sacrifié à la haine de Maupeou et au crédit de la marquise de Pompadour, il fut exilé en 1770 dans sa terre, et ne fut rétabli qu'à l'avénement de Louis XVI. Sa célèbre remontrance de 1774, dans laquelle il peignait la situation de la France et ses malheurs, fut écoutée, et Louis XVI le nomma son ministre en remplacement du duc de la Vrillière. Il proposa avec Turgot, son ami, un grand nombre de réformes utiles et nécessaires, entre autres l'abolition des lettres de cachet, quitta le ministère en 1776, rentra au conseil en 1787, et l'abandonna bientôt. Il rentra dans la vie privée, et ne reparut sur la scène politique que pour prendre la défense du Louis XVI, dont il fut le consolateur et l'ami. Son éloquent plaidoyer en faveur du roi a rendu son nom immortel. Arrêté, conduit à Paris et condamné à mort par le tribunal révolutionnaire, il monta sur l'échafaud le 22 avril 1794, eut la douleur de voir exécuter avant lui sa fille chérie madame de Rosambo et ses petits-enfants. Ses vertus et sa bonté d'âme ne lui ont pas fait une moins grande renommée que sa conduite et son courage politique.

MALET (Charles-François), d'une famille noble de la Franche-Comté, né à Dôle en 1754. Il entra à seize ans dans les mousquetaires, et obtint un avancement rapide. Promu au grade d'adjudant général (1793) et de général de brigade (1799), il fut disgracié en 1804 à cause de ses opinions républicaines. Jeté en prison, il obtint la permission d'être transporté dans une maison de santé, rue de Charonne. Il conçut le projet de renverser Napoléon. La nuit du 23 au 24 octobre 1812, il escalada les murs de sa prison, se rendit chez le colonel Soulier, du second régiment de la garde parisienne, auquel il persuada que l'empereur était mort. Un détachement, commandé par le général Guidal, arrêta le duc de Rovigo (Savary), ministre de la police. Malet en personne essaya en vain de convaincre le général Hullin, commandant de la place, et fut arrêté par un adjudant nommé Laborde. Ses complices furent aussi arrêtés, et il fut fusillé avec eux le 27 octobre dans la plaine de Grenelle.

MALFILATRE (Jacques-Charles-Louis DE CLINCHAMP), né à Caen en 1733, concourut aux *Palinods* de Rouen avec l'ode *le Soleil fixe au milieu des planètes*, et vint à Paris, où il mourut de faim et de misère en 1767. Son poëme de *Narcisse dans l'île de Vénus*, ses *odes*, ses *traductions* de Virgile et des *Métamorphoses* d'Ovide, l'ont rendu célèbre. Il fut poète et malheureux comme Gilbert et Chatterton.

MALHERBE (François DE), célèbre poëte français, né à Caen vers 1556 d'une famille noble, où il s'attacha à la maison de Henri d'Angoulême, fils naturel de Henri II, et épousa une demoiselle de la maison de Coriolis. Il obtint de Henri IV une pension, et mourut en 1620. Il est regardé comme le créateur de la poésie française, dont il a fixé les lois. Il est le premier qui ait élevé le génie de la langue jusqu'au sublime et jusqu'à la majesté de l'ode. Ses œuvres poétiques consistent en *odes*, *stances*, *sonnets*, *épigrammes*, *chansons*, etc. Outre ses poésies, on a encore de lui une *traduction* de quelques lettres de Sénèque et celle du trente-troisième livre de l'*Histoire romaine* de Tite Live.

MALIBRAN (Marietta-Félicité GARCIA, Mme), célèbre cantatrice, née à Paris en 1808 de parents espagnols. Elle fut l'élève de son père, Manuel Garcia, de Séville, et débuta à l'âge de huit ans à Naples dans la comédie. Ce fut à Londres qu'elle parut ensuite dans l'opéra, où elle n'eut bientôt plus de rivales. *Le Barbier de Séville*, *la Pie Voleuse*, *Otello*, *Norma*, *la Somnambule* devinrent pour elle autant de triomphes. Elle parcourut l'Europe entière, et reçut partout des témoignages de la plus vive admiration. Mariée à M. Malibran, négociant français de New-York, elle obtint la cassation de son mariage, et épousa M. de Bériot. Elle tomba subitement malade à Manchester en Angleterre, et y mourut en 1836.

MALINES, ville des Pays-Bas, à 4 lieues de Bruxelles, 3 d'Anvers, 11 de Gand. Elle a 24,436 habitants et un archevêché. Il s'y fait un grand commerce de grains, lin, chanvre, houblon et dentelles fort estimées. Elle communique à Louvain par un canal et une belle chaussée. Elle est maintenant un chef-lieu d'arrondissement de la province d'Anvers. Autrefois elle faisait partie du département des Deux-Nèthes.

MALIQUE (ACIDE), acide formé d'oxygène, de carbone et d'hydrogène. On le trouve dans les pommes et les poires, les prunes sauvages, la joubarbe des toits, les baies du sorbier, du sureau noir, d'épine-vinette, etc. Il est liquide, transparent, incolore, inodore. On l'obtient en traitant par un excès de lait de chaux, le suc de joubarbe des toits, etc.; on transforme en malate de plomb le malate de chaux; le malate de plomb est ensuite décomposé par l'acide hydrosulfurique, qui laisse l'acide en dissolution.

MALLÉABILITÉ, propriété en vertu de laquelle certains métaux se réduisent en lames, en feuilles plus ou moins ténues quand on les soumet à l'action du marteau ou à la pression du laminoir. L'or, l'argent, le cuivre, le fer, l'étain, le plomb, le zinc sont *malléables*, tandis que l'antimoine, le bismuth, l'arsenic, etc., ne le sont pas.

MALLEMOLLE, mousseline ou toile de coton blanche, claire et très-fine, qui nous vient des Indes. On appelle encore ainsi des mouchoirs ou fichus de mousseline des Indes, dont quelques-uns sont rayés d'or et de soie.

MALLÉOLE, l'os de la cheville du pied. On nomme *malléolaire* tout ce qui s'y rapporte.

MALLET (Paul-Henri), né à Genève en 1730, écrivain distingué. Il remplaça Beaumelle en qualité de professeur royal de belles-lettres à l'académie de Copenhague. Il fut chargé de l'éducation du prince royal, et revint en 1790 dans sa patrie, où il fut d'abord professeur d'histoire à l'académie, et puis membre du conseil des deux cents. Il fit l'éducation du jeune lord Mount-Stuart, et jouit de deux pensions que lui firent le duc de Brunswick et le landgrave de Hesse. Il mourut en 1807. Il était depuis 1763 associé de l'académie des inscriptions et belles-lettres de France, de l'académie celtique de Paris et des académies de Lyon, de Cassel et d'Upsal. Ses principaux ouvrages sont l'*Introduction à l'histoire du Danemarck*, l'*Histoire de Danemarck*, les *Monuments de la mythologie et de la poésie des Celtes et Scandinaves*, etc.

MALLET DU PAN (Jacques), né à Genève en 1750. Il fit d'excellentes études dans sa patrie et fut, par le crédit de Voltaire, placé à Cassel en qualité de professeur de belles-lettres. Il continua les *Annales de Linguet*, et rédigea la partie politique du *Mercure de France*. La révolution le força de se retirer à Genève, puis en Angleterre (1797), où il fonda le *Mercure britannique*. Ce journal eut une grande célébrité. Mallet mourut en 1800. Ses principaux ouvrages sont des *Discours sur l'éloquence et les systèmes politiques*, *Discours sur l'influence de la philosophie sur les lettres*, *Considérations sur la nature de la révolution française et des causes qui en prolongent la durée*, etc.

MALLETIER, artisan qui fait des *malles* pour les voyages. On l'appelait autrefois *bahutier*, parce qu'il fabriquait de grands coffres appelés *bahuts*. Le *coffretier*, le *malletier*, le *bahutier* et le *layetier*, qui autrefois formaient quatre états différents, n'en font plus qu'un seul.

MALLICOLO, île de l'Océanie, une des Nouvelles-Hébrides. Sa population, composée de noirs, est de 50,000 individus. Elle a 18 lieues de long sur 4 de large, et produit en abondance des cocos, des ignames, des bananes, des poules et des cochons.

MALMAISON (LA), château de plaisance dans le département de Seine-et-Oise, à 2 lieues N.-N.-E. de Versailles, dans le canton de Marly et dans la commune de Ruel. Avant la révolution, il appartenait à M. Lecouteulx de Canteleu, qui le vendit à Mme de Beauharnais, qui fut depuis l'impératrice Joséphine. Ce château reçut un accroissement considérable par les soins de Joséphine et de Napoléon. C'était le séjour favori de l'impératrice. Ce fut là qu'elle vint se retirer après son divorce avec l'empereur et qu'elle mourut en 1814.

MALMESBURY (John HARRIS, comte DE), fils du célèbre philologue James Harris, né à Salisbury en 1746. Il fit ses études à l'université d'Oxford, où il fut reçu docteur ès lois, et embrassa la carrière diplomatique. Il fut d'abord ambassadeur en Espagne (1768), puis ministre dans les Pays-Bas, envoyé extraordinaire à Berlin (1772), à Saint-Pétersbourg (1776), à la Haye (1784). En 1794, il se rendit comme ambassadeur extraordinaire près du duc de Brunswick pour y épouser au nom du prince de Galles (Georges IV) la princesse Caroline, sa cousine. Eu par le bourg de Christchurch au parlement, il fut créé lord et chevalier du Bain, et fut envoyé en ambassade en France (1796). Il mourut à Londres en 1820. Il avait fait une *Histoire de la république des Provinces-Unies depuis 1777 jusqu'en 1788*. Il avait été élevé à la pairie en 1788 et fait comte en 1798.

MALMOEUS ou MALMOE, gouvernement ou capitainie du royaume de Suède, dans la province de Scanie, borné au N. et à l'O. par le gouvernement de Christianstad, et de tous les autres côtés par la mer. Sa superficie est d'environ 70 lieues carrées, et sa population de 192,199 habitants. On y voit des collines peu élevées, des terres bien cultivées, des hameaux groupés de la manière la plus heureuse, des villages riants et bien bâtis, etc. On y recueille une grande quantité de grains qu'on ne peut y en consommer la moitié. — La capitale du gouvernement est *Malmoë*, jolie ville de 10,000 habitants, sur le Sund, en face et à 9 lieues de Copenhague, autrefois capitale de toute la Scanie. Elle est florissante par son commerce et ses manufactures. Sa cathédrale est assez belle. Malmoë a été cédée aux Suédois par les Danois en 1658. Les autres villes célèbres du gouvernement sont Lund, *Helsingborg*, port et château sur le Sund en face d'Elseneur, *Landscrona*, ville forte de 2,788 habitants, avec un port militaire, etc.

MALO (SAINT-), ville de France, sous-préfecture du département d'Ille-et-Vilaine, dans une île jointe à la terre par la chaussée d'Auron, à 16 lieues de Rennes et 89 de Paris. Elle a 9,934 habitants, un tribunal de première instance et un tribunal de commerce, et un bon port dont l'accès est difficile à cause des rochers environnants, mais dont le séjour est sûr et commode. La ville de Saint-Malo envoie chaque année cinquante à soixante navires à la pêche de la morue. Elle est entourée d'importantes fortifications.

MALOUET (Pierre-Victor), né à Riom en 1740. Elevé chez les oratoriens, il se destina d'abord au barreau, puis à la poésie, et finit par se livrer exclusivement à la diplomatie. A dix-huit ans, il se rendit en Portugal en qualité de chancelier du consulat de Lisbonne. Après avoir rempli plusieurs fonctions, il fut employé à Saint-Domingue en 1767 comme sous-commissaire. De retour en France en 1774, il obtint la place de secrétaire de Mme Adélaïde de France. En 1780, il fut nommé intendant du port de Toulon. Le bailliage de Riom l'élut son député aux états généraux en 1789. Il y défendit constamment la cause royale, et fonda avec quelques-uns de ses collègues du côté droit de l'assemblée le *club des impartiaux* ou *club monarchique*, en opposition à celui des jacobins. Il passa en Angleterre après le 10 août 1792, et ne revint en France qu'en 1800. Nommé par le premier consul, en 1803, commissaire général de la marine d'Anvers, il fut récompensé de ses services par le titre de maître des requêtes (1808) et de conseiller d'État (1810). Exilé en 1812, il fut ramené à Paris par les événements politiques de 1814, et nommé par le gouvernement provisoire commissaire au département de la marine. Louis XVIII le nomma ministre de la marine; mais, sa santé s'étant affaiblie considérablement, il mourut en 1814, chevalier de Saint-Louis et commandeur de la Légion d'honneur.

MALOUINES, groupe d'îles appelées aussi *Falkland*, composé de deux grandes îles et de plusieurs petites situées dans l'océan Atlantique austral, à 80 lieues et vis-à-vis de l'entrée du détroit de Magellan. Le terrain est humide, rempli d'étangs et de lacs et bordé de touffes de jonc. Les côtes sont remplies d'un grand nombre d'albatros, de pingouins, de pies de mer, d'oies et de canards. Découvertes en 1594 par Richard Hawkins, occupées en 1763 par un établissement français cédé en 1767 aux Espagnols, elles appartiennent depuis 1832 aux Anglais. La superficie de leur territoire est de 680 lieues carrées.

MALPAS, montagne à 2 lieues de Béziers (département de l'Hérault), que l'on a percée et sous laquelle passe le canal du Languedoc. La percée est de cent soixante-quatorze mètres de longueur, dont cent quatorze mètres voûtés. La largeur du canal est réduite là à six mètres et demi. Un trottoir d'un mètre de large sert aux hommes qui tirent les barques pendant que les chevaux font le tour à l'extérieur. La colline a 28 mètres de hauteur.

MALPIGHIACÉES, famille naturelle de plantes dicotylédones polypétales, à étamines hypogynes, renfermant des arbres et des arbrisseaux très-rameux, souvent sarmenteux et grimpants, presque tous exotiques, et dont les troncs s'élèvent quelquefois à vingt-cinq et à trente mètres de haut. Les genres de cette famille sont : *malpighia* ou *mourciller*, *banisteria*, *thryallis*, *triopteris*, *tetrapteris*, *hiptage*, *tristellateia*, *galphimia*, *aspicarpe*, *bunchosie*, *byrsonime*, *camarée*, *caucanthus*, *gaudichaudie*, *hétéroptéris* et *hiræa*.

MALPIGHIER ou MOURELLIER, genre de la famille des malpighiacées, renfermant une quarantaine d'arbrisseaux à feuilles opposées, entières ou dentées et épineuses, aux fleurs disposées en petites ombelles axillaires et entourées de bractées. Les espèces les plus recherchées sont le *malpighier glabre* (dont les feuilles sont sans poil), aux fleurs d'un rouge léger, aux fruits charnus, d'une saveur aigrelette, que l'on mange comme les cerises; le *malpighier à feuilles d'yeuse*, le *malpighier à feuilles étroites* et le *malpighier piquant*.

MALPLAQUET, village de France, dans le département du Nord, près de Bavay, où se livra une bataille célèbre, dans laquelle le prince Eugène et le duc de Marlborough, commandant, l'un les impériaux, l'autre les Anglais, battirent le 11 septembre 1709 les Français sous les ordres du maréchal de Villars. Les Anglais et les impériaux perdirent 25,000 hommes, et les Français 10,000 hommes, 40 drapeaux et 16 canons.

MALT. On donne ce nom à l'orge gonflée dans l'eau, germée et séchée pour la fabrication de la bière. On s'en sert quelquefois en thérapeutique.

MALTE (ILE DE), île de la Méditerranée, à 25 lieues S. de la Sicile, entre cette île et l'Afrique. Elle a 8 lieues de long sur 4 de large et 20 de circuit. Sa population est de 120,000 hommes. Ce n'est presque qu'un roc couvert d'une légère couche de terre. Elle produit du coton, du cumin, un peu de blé, des oranges, des limons, des grenades. — Les Romains en furent chassés par les Sarrasins; ce qui la réunit au royaume de Tunis. Vers l'an 1089, elle fut cédée au comte Roger, qui la rendit au roi de Sicile, qui en jouit jusqu'en 1501, époque à laquelle elle passa sous la puissance de Louis XII et de Ferdinand le Catholique. Charles-Quint la donna en 1530 à l'ordre de Saint-Jean de Jérusalem. Attaquée inutilement par les Turks (1563), elle se rendit aux Français (1798), sur lesquels les Anglais l'ont prise en 1800; ils la possèdent encore. La capitale est *la Valette*.

MALTE (ORDRE DE). On désigne sous ce nom les chevaliers de Saint-Jean de Jérusalem, depuis que Charles-Quint les mit en possession de cette île et de celles de Gozo et de Connino (1530). Le grand maître n'agissait qu'avec la permission des conseils. Il y en avait deux, l'*ordinaire* et le *complet*. Le premier se composait du grand maître, du prieur de l'église, des baillis conventuels, des grands prieurs et des baillis capitulaires; le second était composé outre cela des grands-croix et des deux plus anciens chevaliers de chaque langue. Les chefs de chaque langue s'appelaient piliers ou baillis conventuels. Les chevaliers nobles étaient appelés *chevaliers de justice*, et pouvaient seuls être baillis, grands prieurs et grands maîtres. Les *chevaliers de grâce* étaient ceux qui, n'étant pas nobles, avaient été anoblis. Les *chevaliers de majorité* étaient ceux qui, selon les statuts, étaient reçus à seize ans seulement. Les *chevaliers de minorité* étaient ceux reçus dès leur naissance par dispense du pape. Les frères servants se divisaient en *frères servants d'armes*, qui avaient les mêmes fonctions que les chevaliers, et *frères servants d'église*, qui servaient les aumôniers. Voy. JEAN DE JÉRUSALEM (Saint-), LANGUE, etc.

MALTE-BRUN (Conrad), un des plus célèbres géographes modernes, né en 1775 à Thye dans le Jutland. Il fit ses études à l'université de Copenhague, et se fit connaître par des poésies et des écrits pour la liberté de la presse. Il fut forcé de s'enfuir en 1796 en Suède, et vint en France en 1800. Il obtint une part dans la rédaction du *Journal de l'empire*, puis dans *la Quotidienne* (1814), et enfin dans le *Journal des débats* (1818), qu'il continua de rédiger sans interruption jusqu'à sa mort (1826). Il a publié la *Géographie mathématique, physique et politique*, un *Précis de la géographie universelle*, un *Tableau de la Pologne ancienne et moderne*, une *Apologie de Louis XVIII*, un *Traité de la légitimité*, etc.

MALTHUS (Thomas-Richard), célèbre économiste anglais, professeur agrégé au collége de Christ à l'université de Cambridge, et professeur d'histoire et d'économie politique au collége de la compagnie des Indes, dans le comté d'Hartford. Il a publié, entre autres ouvrages, son *Essai sur le principe de la population* ou *Vue de ses effets anciens et modernes sur le bonheur de l'humanité, avec des recherches sur le moyen de diminuer les maux qu'elle occasionne*, et ses *Recherches sur la nature et les progrès du revenu* (rente), *et les principes sur lesquels il est réglé*. Selon lui, la population peut doubler en vingt-cinq ans, et ses progrès ultérieurs peuvent être représentés par la progression géométrique 1, 2, 4, 8, 16, 32, 64, 128, 256, etc.; de plus la fertilité de la terre reste stable, ou, si on admet qu'elle progresse indéfiniment, ses progrès peuvent être représentés par la progression arithmétique 1, 2, 3, 4, 5, 6, 7, 8, 9, etc.

MALTOTE. On appelait ainsi les impôts établis sans autorité légale. Ce nom fut appliqué pour la première fois à un subside extraordinaire imposé par Philippe le Bel en 1296 pour fournir aux dépenses de la guerre contre les Anglais. Le mot de *maltôte* s'appliquait encore à toute espèce d'exaction illégitime et d'usure. La *maltôte* exprime aussi, 1º le corps, l'ensemble des compagnies de finances; 2º le bateau où stationnaient les commis des douanes et des octrois, et dont la consigne était de surveiller tous les transports de la navigation de la Seine et des autres fleuves et rivières.

MALVACÉES, famille de plantes dicotylédones polypétales, à étamines hypogynes, renfermant des plantes herbacées, annuelles ou vivaces, s'élevant parfois à la hauteur des arbustes; toutes ou presque toutes sont pourvues de poils disposés en étoiles. Elles ont les feuilles alternes, simples, entières ou diversement lobées et incisées; les fleurs, presque habituellement monoïques, axillaires ou terminales, tantôt très-petites, tantôt très grandes. Elle renferme les genres *cotonnier, guimauve, mauve, lavatère, kelmie, bdellium, malope, urena, althæa, pavonia, senra, thespesia, fugosia, redoulea, lebretonia, kitaibelia, lopimia, anoda, cristaria, lagunea, periptera, ingenhousia, sida, palava*.

MALVAH, province de l'Indoustan, entre celles de Guzarate, d'Adjemir, Allahabad, Orixa et Khandeich. Elle est très-étendue, haute et variée, et produit de l'opium, du coton, du sucre, de l'indigo, du tabac, du riz, etc. Sa capitale est *Oudgein*. Les Mahrattes sont maîtres de ce pays, lequel est divisé entre le Peishwa, qui réside à Pounah, et les princes de Sindia et de Holkar.

MALVOISIE, petite presqu'île de la Morée, communément regardée comme une île, sur la côte orientale de l'ancienne Argolide, à 20 lieues de Mistra et 30 lieues d'Athènes. Elle est célèbre par les vins qui portent son nom, qui cependant ne sortent pas tous de cette île. La plus grande partie vient des plants de même nature sur la côte voisine. Le chef-lieu de la presqu'île est Napoli de Malvoisie.

MAMBRIN, roi maure dont l'armet ou le casque enchanté, qui rendait invulnérable celui qui en était coiffé, était l'objet de la convoitise des paladins de la chrétienté. Le paladin Renaud l'enleva à ce fier Sarrasin, qu'il tua. Cet armet a dû sa célébrité au roman de Don Quichotte.

MAMELLE. On appelle ainsi les organes glanduleux propres à une classe d'animaux nommés pour cela *mammifères*, et destinés à la sécrétion du lait. Les mamelles existent dans les deux sexes, mais elles acquièrent bien plus de volume chez les individus du sexe féminin. Les mamelles sont pectorales, abdominales ou inguinales selon leur position.

MAMELONS (bot.), excroissances tuberculeuses qui naissent à la surface d'une plante ou d'un de ses organes. Telles sont celles qui recouvrent l'espèce de cactus, qui a reçu pour cette raison le nom de *mamillaire*. Ces mamelons servent à la multiplier comme de véritables boutures.

MAMELOUKS, milice qui fut à l'Egypte ce que les janissaires ont été à la Turquie. Cette corporation militaire fut créée en 1230 par un sultan ayoubite d'Egypte, qui fit acheter jusqu'à 12,000 Circassiens, Mingreliens et Abazans, avec lesquels il forma une légion qui fit bientôt la loi à ses maîtres, et qui en 1250 mit à mort le dernier de ses princes pour placer l'un d'eux, Ibegh, sur le trône des sultans. Quarante-sept sultans se succédèrent de leur race jusqu'en 1517, époque à laquelle Sélim, sultan des Turks, fit pendre Touman-Bey, leur dernier chef, et mit fin à cette dynastie. Depuis lors, ils eurent la mission de maintenir les Arabes dans le devoir, et furent presque les seuls maîtres de l'Egypte. Leur nombre montait à 8,500 hommes. Méhemet-Ali, nommé pacha d'Egypte, résolut de les exterminer. Le 1er mars 1811, ceux du Caire furent mis à mort, et l'ordre fut donné aux commandants des provinces d'arrêter et de mettre à mort tous les mamelouks épars dans les villages. Ceux qui échappèrent se réfugièrent en Nubie, où leur nombre diminue de jour en jour.

MAMELOUKS DE LA GARDE, corps de mamelouks créé par Napoléon lors de son séjour en Egypte. L'état-major de ce corps était composé de Français. Le reste, non compris les officiers, était à peu de chose près composé de mamelouks. Il portait le costume national. Ce corps fut, après l'abdication de Napoléon, dispersé et en partie massacré par la réaction méridionale.

MAMERCUS, branche de la famille Emilia, qui a donné à Rome plusieurs personnages distingués. — EMILIUS MAMERCUS, célèbre Romain, fut nommé trois fois dictateur. Dans sa première dictature (316 de Rome), il défit les Fidénates; dans sa seconde (326 de Rome), il réduisit à un an et demi le terme de la censure, qui était de cinq; dans la troisième, il défit les Véiens, les Falisques et les Fidénates ligués. — MAMERCUS, tyran de Catane, se ligua d'abord avec Timoléon, puis le trahit pour faire alliance avec les Carthaginois. Timoléon le battit, le fit prisonnier et le conduisit à Syracuse, où il devait être jugé par le peuple. Il subit le dernier supplice 340 avant J.-C.

MAMERS, sur la Dive, chef-lieu d'arrondissement à 12 lieues du Mans, dans le département de la Sarthe. Population, 6,000 habitants. Cette ville est fort ancienne et industrieuse. Mamers nomme deux députés, et possède un tribunal de première instance et de commerce, et un collège. Mamers commerce en fers et toiles estimées.

MAMERTINS, habitants de Mamertium, ville du Brutium, vers la source du Metaurus, à 12 lieues d'Hipponium. — On a donné particulièrement ce nom à des soldats mercenaires, natifs de Mamertium, qui passèrent en Sicile au service d'Agathocle. Ils y réclamèrent le droit de voter dans l'élection des magistrats de Syracuse, et s'étant révoltés, furent bannis de Sicile. La ville de Messine les accueillit avec générosité, et les Mamertins, en récompense de ce service, les égorgèrent, épousèrent leurs femmes, s'emparèrent de leurs biens, et demeurèrent maîtres de cette ville importante, à laquelle ils donnèrent leur nom. Menacés par les Carthaginois, ils demandèrent du secours aux Romains, et engagèrent ainsi la première guerre punique, vers l'an 264 avant J.-C.

MAMILIA, famille plébéienne de Rome, qui faisait remonter son origine jusqu'à Telegonus, fils d'Ulysse et de Circé, et qui quitta Tusculum pour s'établir à Rome sous LUCIUS MAMILIUS, dictateur de Tusculum, l'an de Rome 296, qui secourut les Romains contre Appius Herdonius, et reçut en récompense le droit de cité. — CAÏUS VITULUS MAMILIUS fut le premier plébéien qui fut nommé grand curion l'an 545 de Rome. Préteur deux ans après, il eut la Sicile pour département. On l'envoya depuis en députation vers Philippe, roi de Macédoine. — La loi MAMILIA fut décrétée d'après la proposition du tribun du peuple Caïus Mamilius Limetanus, l'an de Rome 642. Elle ordonna de laisser cinq ou six pieds de terres incultes entre les propriétés.

MAMMAIRE (GLANDE), glande placée dans l'épaisseur de la mamelle dont elle détermine à peu près la forme et le volume. Cette glande, organe sécréteur du lait, représente un gâteau convexe, à surface inégale, recouvert par la couche graisseuse de la mamelle.

MAMMÉE (Julia), fille de Julius Avitus et de Julia Mœsa, épousa Genesius Marcianus, dont elle eut Alexandre Sévère. Elle se livra tout entière à l'éducation de son fils, et veilla surtout à le soustraire aux coups d'Héliogabale, qui cherchait à le faire périr par le poison. Elle anima les prétoriens en faveur de son fils, et lui fit donner l'empire. Elle ternit l'éclat de ses brillantes qualités par son caractère impérieux et son avidité pour les richesses. Elle fut tuée avec son fils par les soldats révoltés l'an de J.-C. 235. Le sénat lui fit rendre les honneurs divins. On prétend qu'elle s'était convertie à la religion chrétienne.

MAMMIFÈRES, nom donné à un ordre de la classe des animaux vertébrés. Les caractères qui distinguent des autres vertébrés les mammifères sont, 1º qu'ils sont vivipares, 2º qu'ils portent des mamelles, ce que veut dire leur nom (*mamma*, mamelle; *fero*, je porte), 3º qu'ils respirent par les poumons, 4º qu'ils ont un diaphragme musculaire séparant la poitrine de l'abdomen, 5º qu'ils nourrissent leurs petits avec le lait de leurs mamelles, etc. On a divisé les mammifères en quinze familles, dont voici les noms, *bimanes, quadrumanes, cheiroptères, plantigrades, digitigrades, pédimanes, rongeurs, édentés, tardigrades, monotrèmes, pachydermes, ruminants, solipèdes, amphibies et cétacés*. Voy. tous ces mots.

MAMMIFÈRES FOSSILES, nom donné aux animaux mammifères dont on trouve les ossements dans les couches diverses qui composent la surface du sol. Les espèces de mammifères dont on a pu reconnaître les restes sont répartis dans trente-six genres, dont douze n'ont plus d'analogues vivants sur le globe. Ces douze genres sont *megalonyx, megatherium, mastodonte, anthracotherium, anoplotherium, elasmotherium, palæotherium, chœropotames, adapis, dichobune, lophiodon et dinotherium*. La plupart appartiennent aux pachydermes, et semblent avoir habité dans les lieux marécageux.

MAMMILLAIRE, genre de la famille des cactées, renfermant des plantes basses, à tiges allongées en colonne, hérissées en tous sens de tubercules ou mamelons horizontaux, disposés en spirales multiples et terminés par un faisceau d'épines rayonnantes, assez courtes; aux fleurs petites, tubuleuses; à pétales peu nombreux, rouges, jaunâtres ou d'un blanc sale. Les mammillaires sont des plantes vivaces et se réunissent en groupes nombreux. On en connaît au moins soixante espèces.

MAMMOUTH, nom donné à l'éléphant fossile, appelé par les naturalistes *éléphant primordial*. Ses dents molaires sont marquées de nombreux sillons ordinairement très-serrés et moins fortement que dans aucune autre espèce. Sa tête est plus allongée, son front est excavé et ses dents incisives, qui sont fort longues, sortent d'alvéoles prolongés en une espèce de tube. L'ivoire fossile a été, dès la plus haute antiquité, un objet de commerce très-recherché, que l'on tirait de l'Asie septentrionale. Il y a sur les côtes de la Sibérie des îles entièrement composées de sable pétri d'une immense quantité de défenses et d'ossements de mammouths. On en a trouvé tout conservés dans les glaces.

MAMOUDI. Voy. Maumoudi.

MAN ou Men, poids en usage dans les Indes orientales. Le *man de roi* ou *poids de roi* sert à peser les denrées et les choses nécessaires à la vie. Il vaut 40 livres. — Le *man*, dont on se sert pour peser les marchandises de négoce, vaut 30 livres. — Un autre poids, qui porte le même nom, vaut 5 livres.

MAN (Ile de), île située dans la mer d'Irlande, à 15 lieues des côtes d'Angleterre. Elle a 10 lieues de long sur 5 de large, et environ 30 lieues de circonférence. Elle a environ 20,000 habitants, et est divisée en dix-neuf paroisses. Elle compte quatre villes. *Castletown*, ville de 2,000 âmes, est le chef-lieu. *Douglas*, ville de 6,000 âmes, est la résidence de l'évêque de Sodor et de Man. La langue de Man est un dialecte erse. On y fait la pêche au hareng. L'île de Man fut successivement la propriété de la famille de Northumberland, de celle de Derby et de celle d'Athol. En 1765, l'Angleterre racheta l'île pour 70,000 livres sterling (1,732,500 francs). Le duc actuel d'Athol en possède encore à peu près le tiers.

MANAHEM, fils de Gaddi, général de l'armée de Zacharie, vengea la mort de son maître par celle de Sellum, fils de Jabès, qu'il tua dans Samarie, et régna à sa place en 771. Il s'affermit sur le trône par le secours de Phul, roi des Assyriens, auquel il s'engagea de payer un tribut. Il gouverna pendant dix ans, et mourut l'an 761 avant J.-C., et Phacée son fils lui succéda.

MANAKIN, genre de passereaux dentirostres, caractérisés par un bec court, assez profondément ouvert, comprimé de bas en haut; des narines latérales et basales, recouvertes en partie par une membrane garnie de petites plumes; des ailes et une queue courtes. Ces oiseaux habitent l'Amérique méridionale, et vivent dans les bois, se nourrissant d'insectes et de fruits sauvages. Leur vol est bas, rapide, mais peu soutenu; leurs couleurs sont très-éclatantes. Le *manakin à longue queue* est bleu en dessus, avec le sommet de la tête rouge, les ailes noires. Le *manakin à deux brins* est brun en dessus, blanc grisâtre en dessous, avec le front rouge, la tête d'un brun ardoisé, le bec et les pieds bruns, les deux grandes plumes moyennes de la queue dépassant de beaucoup les autres. Il a trois pouces et demi de long. Le *manakin tijé* ou *grand manakin* est long de quatre pouces et demi. Le dessus de la tête est couvert d'une huppe rouge; le dos est d'un beau bleu, et le reste du plumage est noir velouté; le bec et les pieds rouges. Le *manakin rouge* est d'un beau rouge vif sur la tête, le cou, le dos et la poitrine, orangé sur le front, les côtés de la tête et la gorge; les ailes sont jaunâtres. Le bec et les pieds sont noirs.

MANASSÈS, fils aîné de Joseph et d'Aseneth, et petit-fils de Jacob, qui, près de mourir, adopta Manassès et son frère Éphraïm. Manassès naquit l'an 1712 avant J.-C. La tribu de Manassès sortit de l'Égypte au nombre de 32,200 combattants au-dessus de vingt ans, sous la conduite de Gamaliel, fils de Phadassur. Elle se partagea à l'entrée de la terre promise. La moitié eut son partage au delà, l'autre en deçà du Jourdain.

MANASSÈS, onzième roi de Juda, succéda à son père Ézéchias à l'âge de douze ans, l'an 696 avant J.-C. Il signala le commencement de son règne par tous les crimes et l'idolâtrie, dressa des autels à Baal, et fit saisir et couper par le milieu du corps, avec une scie de bois, le prophète Isaïe, son beau-père. Assaradon, roi de Babylone, le fit prisonnier l'an 677 avant J.-C. Relâché et ramené à Jérusalem, il répara ses impiétés, et mourut l'an 641 avant J.-C.

MANÇANARÈS, rivière d'Espagne, qui prend sa source près de la petite ville du même nom, dans la province et à 9 lieues de Madrid. Elle passe à Madrid, et se jette dans l'Hénarès, qui se jette lui-même dans le Jarama ou Xarame, l'un des affluents du Tage.

MANCENILLIER, genre de la famille des euphorbacées. L'espèce type est un arbre de troisième grandeur, ayant le port, le feuillage et l'aspect du pommier. Il a l'écorce grisâtre, le bois dur et d'un très-beau grain; les fleurs petites, d'un pourpre foncé et unisexuelles. On accuse le mancenillier, non-seulement de contenir un suc laiteux très-blanc, très-abondant et très-vénéneux, concret, répandant une odeur peu pénétrante, mais encore de porter des fruits mortels et de donner la mort à ceux qui s'arrêtent sous son ombrage. Le mancenillier croît sur les rivages des Antilles et de l'Amérique.

MANCHE, nom donné par les Français au canal qui sépare la France de l'Angleterre, et que les Anglais appellent *British-Channel*. Sa longueur est de 220 lieues, et sa largeur varie de 8 à 55 lieues. Sa profondeur varie de 40 à 350 pieds. Les îles de la Manche sont les *Sorlingues*, l'île de *Wigh*, *Aurigny*, *Guernesey* et *Jersey*, l'île de *Bas* et l'île d'*Ouessanni*.

MANCHE, département de la France septentrionale, formé d'une partie de la Normandie, et bornée par ceux d'Ille-et-Vilaine, de la Mayenne, du Calvados, de l'Orne et de la mer. Sa superficie est de 578,000 hectares, et sa population de 600,000 habitants. Il nommait huit députés, et se divise en six arrondissements communaux : ceux de *Saint-Lô*, d'*Avranches*, de *Coutances*, de *Cherbourg*, de *Valognes* et de *Mortain*. Le chef-lieu de préfecture est *Saint-Lô*. On y remarque le port de Cherbourg, la forteresse du Mont-Saint-Michel, la cathédrale de Coutances, celle de Saint-Lô, le port de Granville, etc. Cherbourg est le chef-lieu du 1er arrondissement maritime. La richesse du département consiste en céréales, beurre, miel et cire. L'industrie s'exerce sur la fonte du fer, l'exploitation des marbres, le travail du zinc et du cuivre, la coutellerie. Il est compris dans la quatorzième division militaire, le diocèse de Coutances, et le ressort de l'académie et de la cour d'appel de Caen.

MANCHE, province d'Espagne, entre celles de Tolède, de Cuença, de Jaën, de Murcie, de Cordoue et de l'Estramadure. Sa superficie est de 374 milles géographiques carrés (5,500 lieues carrées à peu près), et sa population de 205,550 habitants. Elle forme un pays uni, sablonneux, chaud et arrosé par la Guadiana, le Guadarrama et le Xucar. Elle a pour chef-lieu Ciudad-Réal, et forme le département de Ciudad-Réal et une partie de ceux de Jaën, Chinchilla, Cuença et Tolède. — Elle produit d'excellents vins; on y trouve les mines d'Almaden, de Calamino et de Riopar. Les premières sont si riches, qu'elles peuvent donner 20,000 quintaux de mercure par an.

MANCHE (Gardes de la), compagnie de vingt-cinq gentilshommes qui se tenaient de chaque côté du roi dans les cérémonies et chaque fois qu'il allait à la chapelle. Ils portaient pour armes une longue hallebarde à lame damasquinée et frangée d'argent. Ils étaient choisis dans la compagnie écossaise.

MANCHE (Gentilshommes de la), corps de gentilshommes attachés au service personnel des *enfants de France* dès qu'ils passaient des mains des femmes à celles des hommes, c'est-à-dire depuis l'âge de sept ans jusqu'à leur majorité. Ils les accompagnaient partout, et, comme l'étiquette leur défendait de le tenir par la main, il ne leur était permis de le toucher qu'à la manche.

MANCHESTER, ville d'Angleterre, dans le comté de Lancastre, à 22 lieues d'Yorck et 60 de Londres, sur les rivières d'Irk et d'Irwell. La population de Manchester est de plus de 300,000 habitants. Elle a six cents rues, vingt-quatre églises, un très-beau collége et un hôpital. Mais ce qui lui a fait le plus de réputation est le commerce considérable qu'elle fait avec tous les points de l'Angleterre. Un grand nombre d'ouvriers sont employés à ses manufactures de velours de coton, d'étoffes de laine, de soie, de poil de chèvre et d'acier. Ses édifices sont très-beaux et très-nombreux. Un chemin de fer unit Manchester à la ville de Birmingham.

MANCHON, petit vêtement que l'on porte en hiver pour se garantir du froid, fait, soit en pelleteries plus ou moins précieuses, soit en étoffes de soie, soit en plumes d'oiseaux. Le manchon est composé d'un double sac dans son fond. — En mécanique, on fait usage de *manchons* en fer forgé ou en fonte pour raccorder deux axes bout à bout. — Les souffleurs de verre appellent *manchons* les cylindres dont ils font, en les étendant, les feuilles de verre à vitre.

MANCHOT, genre d'oiseaux de l'ordre des palmipèdes. Ses caractères généraux sont d'avoir un bec fort, plus long que la tête, comprimé sur les côtés; les ailes impropres au vol, très-petites; les pieds portés très en arrière, très-courts, très-gros. On divise le genre manchot en trois sous-genres : les *manchots proprement dits*, ne comprenant qu'une seule espèce; le *grand manchot*, qui a le volume d'une oie et atteint quelquefois jusqu'à quatre pieds de hauteur, a le dos de couleur bleu ardoisé et le ventre blanc satiné; les *gorfous*, ne comprenant qu'une seule espèce; le *gorfou sauteur*, de la grosseur d'un gros canard noir, brun en dessus, blanc neigeux en dessous; les *sphénisques*, comprenant deux espèces; le *sphénisque du Cap* et le *petit sphénisque*. Les manchots habitent la terre Van-Diémen, les îles Malouines, la Nouvelle-Guinée et les terres australes.

MANCINI (Paolo), baron romain, prêtre après la mort de sa femme Vittoria Cappati, en avait eu deux fils : le cadet, François-Marie Mancini fut fait cardinal en 1660 à la recommandation de Louis XIV; l'aîné, Michel-Lorenzo Mancini, épousa Hieronyma Mazarin, sœur puînée du cardinal Mazarin, et eut plusieurs fils et cinq filles, entre autres Philippe-Julien, duc de Nevers; Laura-Vittoria Mancini, mariée en 1651 à Louis de Bourbon, duc de Vendôme et de Mercœur; Hortense Mancini, mariée à Charles de la Porte, duc de la Meilleraye, de Mazarin et de Mayenne, maréchal de France; Olympe Mancini, mariée au comte de Soissons; Marie Mancini, mariée au prince Colonna, connétable de Naples; et une cinquième, mariée à Henri de la Tour d'Auvergne, duc de Bouillon.

MANCINI (Hortense), fille de Michel-Laurent Mancini et d'Hieronyma Mazarin, née à Rome en 1646, fut demandée en mariage par le roi d'Angleterre Charles II et le duc de Savoie. Son oncle le cardinal la maria au duc de la Meilleraye, qui prit le nom et les armes de Mazarin. Tyrannisée par son époux, elle parvint à se réfugier à Rome près de sa sœur Marie. Louis XIV lui fit une pension de 24,000 livres. Elle se retira à Chambéry, d'où elle passa en Angleterre (1675). Charles II lui fit une pension de 4,000 livres sterling (99,000 fr.). Sa maison devint le rendez-vous des gens de lettres. Guillaume III réduisit sa pension à 2,000 livres sterling (49,500 fr.). Elle mourut en 1699.

MANCINI (Marie), troisième fille de Michel Mancini, née à Rome en 1639. Louis XIV, encore très-jeune, en devint amoureux, et songea même à l'épouser.

Mazarin, son oncle, l'éloigna de la cour, où elle revint après le mariage du roi avec l'infante Marie-Thérèse, et où elle épousa le connétable de Naples, prince Colonna, auquel elle apporta 100,000 livres de rente. Elle s'enfuit quelques années après avec sa sœur Hortense, et voulut se rendre à la cour de Louis XIV, qui refusa de la voir. Elle fit alors prononcer son divorce, et se retira dans un couvent près de Madrid, qu'elle quitta douze ans après pour revenir en France. On croit qu'elle mourut en 1715.

MANCIPATION, espèce d'aliénation volontaire en usage chez les Romains par laquelle le propriétaire transférait à un autre la propriété d'une chose, en observant certaines formalités. Cet acte se faisait en présence de cinq témoins, et celui qui recevait la chose à titre de mancipation donnait au vendeur une pièce de monnaie, en employant une formule prescrite. Les objets dont on pouvait transférer la propriété par l'acte de mancipation s'appelaient *res mancipii*.

MANCO-CAPAC, chef de la famille des Incas qui a régné sur le Pérou. Il se disait fils du Soleil, et avait pour femme Mama-Ocello. Ils descendirent tous deux, selon la tradition, près du lac Titicaca, à 800 lieues de Cusco, vers l'an 1100. Manco-Capac régna quarante ans, et légua son empire à son fils aîné Sinchi-Roca. Voy. INCAS.

MANDARINS (en chinois, *ko-han*, ministre), magistrats chinois que le souverain a établis pour l'aider dans le gouvernement. La place de mandarin est amovible, et non héréditaire; on la donne au mérite et à ceux qui ont rendu des services à l'Etat. Les mandarins sont choisis dans toutes les classes de l'empire, et principalement dans les classes inférieures. Le pouvoir du mandarin est aussi absolu que celui de l'empereur. Les mandarins ne forment point un corps dans l'Etat; mais chacun d'eux est attaché à un tribunal chargé d'une administration particulière. Les mandarins forment deux classes principales, civile et militaire, et se divisent en grands mandarins, qui sont les gouverneurs généraux des provinces, les trésoriers généraux, les lieutenants généraux du tribunal des crimes, les inspecteurs juges des lettres, les commissaires impériaux; et en simples mandarins ou subalternes, qui sont les gouverneurs des villes de première, deuxième et troisième rang, sous les ordres desquels se trouvent un grand nombre de mandarins chargés de l'exécution des lois relatives à chaque administration. Leur nombre monte à quatre-vingt-dix mille, dont neuf mille grands mandarins et quatre-vingt-un mille mandarins subalternes. L'institution des mandarins remonte à Tchéou-Koung, frère du roi Wou-Wang, régent pendant la minorité de Tching-Wang, son neveu (1146 ans avant J.-C.).

MANDAT, acte par lequel une personne donne à une autre, nommée *mandataire*, pouvoir ou *procuration* de faire quelque chose pour le *mandant* et en son nom. — En matière de commerce, le *mandat* est une *lettre de change*. — Les *mandats judiciaires* sont les ordres transmis au nom de la justice. Tels sont les *mandals de comparution*, *d'amener*, *d'arrêt*, *de dépôt*, etc.

MANDCHOURIE ou MANTCHOURIE, province de l'empire chinois, arrosée par le fleuve Amour, entre la mer du Japon, la Sibérie, dont elle est séparée par les monts Stanowoï, et la Mongolie, dont elle est séparée par les monts Sioïki. Elle forme les trois gouvernements de SAKHALIEN-OULA, villes principales *Sakhalien-Oula-Khoton* et *Tsi-tsi-Kar*; de GHIRIN, capitale *Ghirin*, et de CHING-KANG, capitale *Ching-Yang* ou *Moukden*. — La Mandchourie est habitée par les Tartares Mandchous, qui ont la figure moins plate que les Mongols, la taille moyenne, les yeux petits, le nez camus, le teint jaunâtre et la chevelure noire. Les Mandchous se divisent en *Mandchous proprement dits* ou *Mandjous*, et en *Tongouses*, *Lamoutes*, *Daoures*, *Ketchings*, etc. La dynastie qui occupe actuellement le trône de Chine est une dynastie de Tartares Mandchous.

MANDEMENT, écrit adressé par les évêques à leurs diocésains pour indiquer les synodes, ordonner des prières et des jeûnes, ouvrir des jubilés, etc. Il était défendu aux religieux et aux autres exempts, sous prétexte d'exemption, de refuser de publier les mandements épiscopaux et de mépriser les interdits lancés dans un diocèse.

MANDIBULES, première paire de pièces qui au-dessous de la lèvre supérieure des insectes se meuvent latéralement vis-à-vis l'une de l'autre et qui affectent toutes sortes de formes. Elles sont de substance cornée, unies ou dentelées, longues ou courtes. Elles servent soit à broyer les substances solides dont l'insecte se nourrit, soit à les aider à saisir la femelle.

MANDIBULES. Les ornithologistes donnent ce nom aux deux parties qui forment le bec des oiseaux, et qui sont tantôt égales, tantôt inégales, la mandibule supérieure étant quelquefois plus courte, quelquefois plus longue que la mandibule inférieure. Les formes des mandibules varient beaucoup : elles sont crochues, courbées en haut, courbées en bas, convexes, etc.

MANDING, royaume d'Afrique entre le Fouladou, le Jallonkadou, le Bambara et le Kaarta. Les nègres qui l'habitent ou *Mandingues* sont civils, hospitaliers, laborieux, rusés, très-propres aux sciences et surtout au commerce. Ils sont *buschréens* ou *kafirs*, c'est-à-dire musulmans ou païens. Le gouvernement est oligarchique; chaque ville a son *mansa* ou roi particulier. La circoncision y est en usage. Les Mandingues parviennent rarement à une extrême vieillesse. A quarante ans, la plupart sont couverts de rides, et leurs cheveux deviennent gris. Leur langue, le *walof*, est douce et harmonieuse. L'or est très-commun dans le pays des Mandingues. On le retire du sable par le lavage.

MANDOLINE, instrument composé d'une caisse ovoïde sonore et d'un manche, et sur lequel sont tendues quatre cordes disposées et accordées comme celles du violon. Il y a des mandolines dont toutes les cordes sont en double à l'exception de la chanterelle. On joue de cet instrument en grattant les cordes avec un petit morceau de plume, d'écorce de cerisier ou d'écaille de tortue.

MANDORE, instrument de musique long d'un pied et demi environ, et ayant la forme du luth. Il est monté de quatre cordes doubles, accordées de quinte en quarte. On a abandonné la mandore depuis longtemps.

MANDRAGORE, plante du genre *belladone*, de la famille des solanées. C'est une herbe sans tige, qui pousse du collet de sa racine de grandes et larges feuilles; leur couleur est vert brunâtre, et leur odeur désagréable. Ses fleurs, d'un blanc purpurin, sont nombreuses et grandes. Son fruit, un peu plus gros qu'une cerise, est vert et puis jaunâtre. Sa racine fibreuse est, comme toutes les autres parties de la mandragore, d'une odeur repoussante. Ces plantes possèdent à un haut degré des propriétés narcotiques et purgatives. Les anciens leur attribuaient des propriétés secrètes.

MANDRIL, espèce de singe du genre *cynocéphale*, remarquable par sa laideur.

MANDRIN (Louis), né en 1718 à Saint-Etienne de Geoire en Dauphiné, fils d'un maréchal ferrant, s'enrôla de très-bonne heure, déserta, fit de la fausse monnaie et enfin de la contrebande. Devenu chef d'une troupe de brigands au commencement de 1754, il exerça un grand nombre de violences, commit plusieurs assassinats, et se rendit célèbre dans toute la France. On le poursuivit pendant plus d'un an; enfin on le trouva caché sous un amas de fagots dans un vieux château dépendant du roi de Sardaigne. Il fut condamné au supplice de la roue le 24 mai 1755 par la chambre criminelle de Valence et fut exécuté le 26.

MANDRIN, nom donné par le tourneur à diverses pièces qui se montent à vis sur le nez de l'arbre d'un tour en l'air. Les forgerons et les ajusteurs appellent également *mandrins* des outils de fer ou d'acier dont ils se servent pour agrandir et égaliser des trous, soit à chaud soit à froid. Les mandrins des tourneurs servent à fixer les diverses pièces qu'ils veulent travailler soit en dedans soit en dehors.

MANÈGE, bâtiment où l'on dresse les chevaux et où l'on donne des leçons d'équitation en se conformant aux règles de l'art. On appelle aussi *manége* une machine mise en mouvement par un ou plusieurs animaux, tournant autour d'un axe vertical, et que les animaux font mouvoir en parcourant un cercle horizontal.

MANES, nom donné communément par les anciens aux âmes des morts. Quelquefois ils appelaient *mânes* les divinités infernales. Les Romains leur rendaient un culte, et croyaient qu'ils veillaient à la garde des tombeaux. Les augures avaient coutume de les invoquer dans leurs cérémonies. Numa leur avait consacré le second mois de l'année. On distinguait des mânes bons et méchants. Ceux-ci se nommaient spécialement *larves*, *lémures*. Le cyprès était consacré à ces dieux, auquel le nombre neuf était dédié comme le dernier terme de la première progression numérique, ce qui le faisait regarder comme l'emblème du terme de la vie.

MANÈS, hérésiarque du IIIe siècle, chef de la secte des *manichéens* (voy. ce mot), était un esclave persan appelé d'abord Curbicus. Il puisa dans les livres de l'hérétique Terebinthus les dogmes les plus extravagants, qu'il sema d'abord dans la Perse où ils se répandirent rapidement. Sapor, roi de Perse, qui lui avait confié la guérison de son fils, voyant que son fils avait succombé, le fit écorcher vif. Manès appartenait à l'école gnostique. Manès se fit appeler le *Paraclet*, et se choisit douze apôtres, institution qui subsista dans l'hérésie des manichéens.

MANÉTHON, prêtre d'Héliopolis en Egypte, florissait sous le règne de Ptolémée Philadelphe vers l'an 304 avant J.-C. Il composa en grec *l'Histoire d'Egypte*, ouvrage célèbre, souvent cité par Josèphe et les anciens auteurs. Il comptait trente dynasties de rois égyptiens, et donnait à ce pays environ six mille ans d'antiquité avant Alexandre. Jules Africain en avait fait un abrégé dans sa chronologie. L'ouvrage de Manéthon s'est perdu, et il ne nous en reste que des fragments des extraits de Jules Africain et de Georges le Syncelle. Annius de Viterbe publia une prétendue *Histoire d'Egypte* de Manéthon, qui n'est que l'ouvrage d'un faussaire du XIIIe siècle.

MANGANÈSE, nom donné à l'un des corps simples métalliques, découvert par Scheele et Gahn en 1774. C'est un métal d'un gris blanchâtre, très-dur et très-cassant. Sa pesanteur spécifique est de 6,85. Il n'entre en fusion qu'à 160 degrés du pyromètre de Wedgwood. Le manganèse existe abondamment dans la nature, mais on ne l'a rencontré qu'à l'état de phosphate, de carbonate et surtout d'oxyde. On l'obtient de l'hydroxyde ou du peroxyde de manganèse en les chauffant à la forge, après les avoir imprégnés d'huile et après les avoir placés dans un creuset rempli d'un mélange de charbon pulvérisé et d'argile en petite quantité. Dans les laboratoires, le peroxyde de manganèse sert à préparer l'oxygène par la calcination et à dégager le chlore de l'acide hydrochlorique.

MANGLIER, nom collectif de divers genres d'arbres, et entre autres du *palétuvier*, qui à la Guiane et aux colonies croissent sur les rivages de la mer. Leurs rameaux pendants, s'enfoncent dans la terre, y jettent des racines, et, s'entrelaçant à l'infini, forment des barrières impénétrables, où les poissons se réfugient et où les mollusques s'attachent et vivent.

MANGOUSTAN, arbre de médiocre hauteur (dix-huit à vingt pieds), au tronc droit, à l'écorce grisâtre et crevassée, dont les branches, opposées et obliques l'une à l'autre, forment au sommet une cime régulière, aux fleurs solitaires, de médiocre grandeur, d'un rouge aurore; au fruit sphérique, de la grosseur d'une moyenne orange (sa structure interne est analogue à celle de l'orange), revêtu d'une enveloppe épaisse, vert jaunâtre en dehors, rouge au dedans. Les fruits du mangoustan sont réputés les plus exquis et les plus savoureux de toute l'Asie. Cet arbre appartient à la famille des guttifères.

MANGOUSTE, genre de mammifères de la famille des carnassiers digitigrades, renfermant plusieurs espèces. La *mangouste à bandes* est un animal d'une taille de neuf à dix pouces, au corps allongé et aux pattes courtes, terminées par cinq doigts armés d'ongles aigus. La couleur de sa peau est brune ; douze à treize bandes transversales d'un brun foncé, séparées l'une de l'autre par une teinte rousse, sillonnent son corps depuis les épaules jusqu'à l'origine de la queue. Les autres espèces sont la *mangouste vansire*, la *mangouste nems*, la *mangouste de Java* et la *mangouste rouge*. Les mangoustes habitent au bord des eaux, et se nourrissent de rats et de serpents.

MANGUE, genre de mammifères de la famille des digitigrades, aux formes plus ramassées que celles des mangoustes, à la tête plus arrondie, au museau plus pointu. Leur peau est de couleur brune uniforme; leur longueur est de onze à douze pouces; leur hauteur moyenne de cinq, et leur queue de sept pouces. La seule espèce est la *mangue obscure*, vivant sur les côtes occidentales de l'Afrique.

MANGUIER, genre de la famille des térébinthacées, composé de plusieurs espèces d'arbres à fruits comestibles, indigènes des Indes orientales. L'espèce la plus commune est le *manguier domestique*, arbre de trente à quarante pieds, au tronc recouvert d'une écorce épaisse, raboteuse et noirâtre. Son fruit, la *mangue*, de forme oblongue, comprimée sur les côtés et renflée vers l'insertion du pédoncule, gros comme un abricot ou une poire, de couleur verte avec des parties rouges ou jaunes, a une pulpe de couleur jaune orangé comme la carotte. La mangue est un fruit exquis. On cultive le manguier aux Antilles, à Cayenne, à l'île de France, dans la Malaisie, etc.

MANHEIM, ville d'Allemagne, autrefois capitale du Palatinat, maintenant deuxième résidence du grand-duc de Bade et chef-lieu du cercle du Necker, au confluent de cette rivière avec le Rhin. Sa population est d'environ 22,000 habitants. Elle possède le magnifique palais du grand-duc, qui a sept cent cinquante pieds de long, et qui est l'un des plus grands et des plus beaux de l'Allemagne. Elle a un observatoire, deux académies, un hôtel des monnaies, une fonderie de canons, etc. On fabrique à Manheim le *similor*, appelé aussi *or de Manheim*.

MANICHÉENS, hérétiques, ainsi nommés du nom de leur chef Manès, appelé par les Grecs *Manichée*. Le fondement du manichéisme était l'existence des deux principes ou du dualisme persan. Ils admettaient deux principes : l'un du bien, identifié avec Dieu; l'autre du mal ou des ténèbres, identifié avec Satan. Le principe du bien était auteur de la nature spirituelle et de la loi nouvelle; celui du mal était auteur de la nature corporelle et de la loi mosaïque. Ils admettaient deux âmes dans chaque homme : l'une, intellectuelle et raisonnable, venant du bon principe; l'autre, mauvaise, venant du mauvais principe et causant tous les péchés. Ils disaient que Jésus-Christ n'avait pris qu'un corps fantastique, et qu'on ne devait point honorer les images ; que les âmes des hommes, des bêtes et des plantes étaient coéternelles à Dieu; que le baptême de l'eau était inutile ; que l'homme n'était point libre ; que les âmes seules ressusciteraient; que Jésus-Christ était le soleil matériel éclairant le monde ; que le mariage, le vin, la chair des animaux étaient impurs, comme venant du mauvais principe; que toutes les religions étaient indifférentes, etc. Les manichéens se divisaient en auditeurs et en élus, parmi lesquels étaient choisis le pape et les douze apôtres. Ils avaient soixante-douze évêques, des prêtres et des diacres.

MANICOU, animal du genre *sarigue*, appelé aussi *sarigue à oreilles bicolores*. Il a le museau assez semblable à celui du cochon ou plutôt du sanglier ; les jambes courtes, la queue roide et assez longue, le poil rude et long, de couleur brun fauve. Il habite au milieu des bois. La durée de la gestation est de vingt-six jours ; les petits séjournent ensuite cinquante jours dans la poche que le manicou femelle a de même que la sarigue. Cet animal fait une guerre assidue aux oiseaux de basse-cour. On le trouve dans l'Amérique septentrionale.

MANILIA (Loi), loi décrétée l'an de Rome 686 (avant J.-C. 68) sous les auspices du tribun Manilius, en vertu de laquelle Pompée fut chargé de la conduite de la guerre contre Mithridate, et que Cicéron appuya d'une harangue éloquente. — C'est aussi le nom d'une loi relative à la délimitation des propriétés, portée l'an de Rome 515 (avant J.-C. 258).

MANILIUS. Plusieurs Romains célèbres ont porté ce nom. — SEXTUS MANILIUS fut l'un des deux tribuns auxquels leurs collègues conférèrent l'autorité suprême, l'an de Rome 305, quand le peuple se retira sur le mont Aventin. — CAÏUS MANILIUS, tribun du peuple de l'an de Rome 686, proposa plusieurs lois populaires, et entre autres la loi qui porte son nom. — MARCUS ou CAÏUS MANILIUS est l'auteur d'un poëme didactique, en vers latins, sur l'astrologie. Sa versification est dure, ses constructions sont bizarres ; mais la diction est généralement remarquable par l'énergie et même par l'élégance du style, ce qui l'a fait placer par quelques critiques au nombre des écrivains du siècle d'Auguste. On ignore l'époque de son existence et le lieu même de sa naissance. Au reste aucun auteur ancien ne fait mention de ce poëte ni de ses ouvrages.

MANILLE ou LUÇON, une des îles Philippines, qui a 160 lieues de long sur 40 de large. Sa population est de plus de 1,000,000 d'âmes. Elle se divise en quinze provinces ou *alcaldies*. Celle de Tondo a pour chef-lieu *Manila* ou *Manilla*, capitale de toute l'île et chef-lieu des possessions espagnoles dans la Malaisie. Sa population est de 15,000 âmes. Elle est passablement fortifiée, a un archevêché, une université, deux collèges. Elle est la résidence du gouverneur espagnol.

MANIOC, plante du genre *médicinier*. C'est un arbuste qui habite les tropiques, à la tige tortue, haute de deux à trois mètres, noueuse, tendre, cassante, aux feuilles profondément palmées; aux fleurs rougeâtres, épanouies en bouquets aux mois de juillet et d'août; au fruit capsulaire, à trois coques, et aux graines luisantes, d'un gris blanchâtre. Ce que cette plante offre de remarquable, c'est que son suc est laiteux et très-vénéneux, et que cependant on retire de la racine ratissée, lavée et râpée une fécule nourrissante, dont l'emploi est général aux Antilles. Le *cipipa* ou *tapioca* se retire de la fécule décantée. Cette fécule sert à composer la *cassave* ou le *couac*. On fait aussi avec le manioc fermenté diverses boissons.

MANIPULAIRE, officier qui, chez les Romains, commandait la fraction de la légion appelée *manipule*. Il y avait trois *manipules* par cohorte, et, comme il y avait dix cohortes dans la légion, il y avait trente *manipules* dans la légion. Ce manipule, d'abord de cent hommes, fut doublé plus tard et divisé en deux centuries commandées chacune par un centurion *manipulaire*.

MANIPULATION, manière d'exécuter les différentes opérations d'un art, et d'unir convenablement la pratique à la théorie, résultat d'une longue habitude facilitée par une adresse naturelle. Les manipulations chimiques sont toutes les opérations de la science; les manipulations pharmaceutiques sont habituellement des mélanges de substances, des malaxations, etc.

MANIPULE, ornement ecclésiastique que les officiants, prêtres, diacres et sous-diacres portent au bras gauche, et qui consiste dans une bande large de trois à quatre pouces, faite en forme de petite étole de la même étoffe que les chasubles et les étoles. Les Grecs et les maronites portent deux manipules, un à chaque bras. — Voy. MANIPULAIRE.

MANITOU. C'est le nom que les Indiens de l'Amérique septentrionale, tels que les Hurons, les Illinois, les Natchez, les Leuni-Lénapes, etc., donnent à l'Être suprême ou à Dieu.

MANIVELLE, pièce ordinairement en fer, façonnée en équerre, dont une des branches se fixe par son bout sur l'axe d'une machine, d'une roue, et dont l'autre branche forme le manche par lequel on fait tourner à bras la machine ou la roue. Les manivelles jouent un grand rôle dans le mouvement des machines; c'est par leur moyen qu'on transforme le mouvement de rotation en celui de va-et-vient, et réciproquement, c'est-à-dire le mouvement de va-et-vient en celui de rotation, à l'aide d'un axe à deux manivelles faisant entre elles un angle droit.

MANLIA, maison patricienne de Rome, qui descendait d'Octavius Manlius Tusculanus, gendre de Tarquin le Superbe. Ses branches principales étaient les *Torquatus*, les *Vulso* et les *Capitolinus*. La première existait encore du temps de Caligula. — C'est aussi le nom de plusieurs lois, dont la plus connue est celle que fit décréter l'an 357 avant J.-C. CNEIUS MANLIUS CAPITOLINUS IMPERIOSUS, consul en 359 et 357 avant J.-C., interroi en 356, et censeur en 350. Cette loi ordonnait au maître qui affranchissait son esclave de déposer au trésor le vingtième du prix de cet esclave. — Il ne faut pas le confondre avec LUCIUS MANLIUS IMPERIOSUS, père de Manlius Torquatus, dictateur en 363 avant J.-C. Voy. les articles suivants.

MANLIUS CAPITOLINUS (Marcus), Romain de la famille Manlia, qui tirait son origine de Manlius Tusculanus, gendre de Tarquin le Superbe. Lorsque Rome fut prise par les Gaulois, il se réfugia dans le Capitole, et défendit cette forteresse, que l'ennemi tenta de surprendre, et dont l'attaque fut déjouée par les cris des oies. Dans la suite Manlius, ayant proposé d'abolir les taxes qui pesaient sur les citoyens pauvres, s'attira la haine du sénat. Le dictateur Cornelius Cossus le fit arrêter comme rebelle ; mais le peuple lui rendit la liberté. Enfin il fut assigné par les tribuns du peuple devant le peuple pour avoir aspiré à la royauté. Cité dans le Champ-de-Mars, la vue du Capitole, qu'il avait sauvé, le protégea. On fut forcé de convoquer l'assemblée loin de cette forteresse, et il fut précipité de la roche Tarpéienne l'an de Rome 371 (avant J.-C. 382).

MANLIUS TORQUATUS (Titus), fils du dictateur Manlius Imperiosus, qui le retenait à la campagne. Le tribun Marcus Pomponius ayant accusé son père d'injustice envers Titus, ce jeune homme courut chez le tribun et lui fit jurer, le poignard sur la gorge, qu'il abandonnerait l'accusation. Le peuple le nomma l'année suivante tribun militaire. Dans la guerre contre les Gaulois, il combattit l'un d'entre eux, le tua, lui ôta un collier (*torques*) qu'il avait au cou, et le mit au sien.

Cela lui valut le surnom de *Torquatus*. Nommé dictateur, puis consul, il fit mettre à mort son fils Manlius, qui, dans la guerre des Latins, avait outre-passé ses ordres. Sa sévérité passa dans le langage.

MANNE, matière concrète et sucrée fournie par plusieurs végétaux, et entre autres par le *frêne à fleurs* et le *frêne à feuilles rondes*, naturellement ou par suite d'incisions pratiquées artificiellement. On connaît trois espèces principales, la *manne en larmes*, la *manne en sorte* et la *manne grasse*. La manne est soluble dans l'eau, de couleur blanche variant jusqu'au jaune, d'une odeur suave analogue à celle du miel, et d'une saveur douce, légèrement nauséabonde. La manne est un purgatif très-employé en médecine. On la récolte en Italie et en Sicile.

MANNE, substance analogue à la gomme, friable, très-douce, susceptible d'être pétrie en gâteaux, et que les uns regardent comme identique à la manne ordinaire, et d'autres comme une substance particulière. Quelque temps après leur sortie d'Egypte, les Hébreux étant arrivés dans la vallée de Sin manquèrent de nourriture : alors il parut sur le sol, le matin après la rosée, cette substance que les Hébreux appelèrent manne (*man hu*, qu'est-ce ?). Elle se fondait au soleil et se corrompait dans vingt-quatre heures. Il était ordonné d'en amasser pour la journée seulement, excepté la veille du sabbat, jour où il n'en tombait point. Elle tomba durant quarante ans, c'est-à-dire jusqu'à ce que les Israélites furent en possession de la terre sainte.

MANNE, sorte de panier rond, ovale ou rectangulaire, à fond plat, assez profond, sans anses extérieures, fabriqué ordinairement en osier. Les mannes fabriquées par les vanniers sont employées par les chapeliers, les ciriers, les chandeliers, etc.

MANNEQUIN, long panier de gros osier et à claire-voie ordinairement employé au transport des fruits et des légumes. — Les peintres et les sculpteurs appellent ainsi une figure d'homme plus ou moins grande, qu'ils couvrent de draperies ou d'habillements suivant le sujet qu'ils veulent traiter. Tous les membres de ces mannequins sont à articulations. On fait des mannequins en bois et en métal (laiton et acier). Ces derniers sont les plus estimés, parce que les articulations dans le sens naturel y sont partout exactement imitées, jusque dans les doigts.

MANNET, espèce d'animal rongeur vulgairement connue sous le nom de *lièvre sauteur du Cap*. Il est de la taille du lièvre; comme lui, il porte deux sortes de poils, les uns duveteux et courts, et les autres plus longs et soyeux. Son pelage est généralement d'un fauve clair, ses oreilles sont rousses à la racine; la queue, presque aussi longue que le corps, est touffue et terminée par une tache noire. Il vit dans des terriers très-profonds, et vit d'herbes et de graines. Sa chair est assez bonne. On l'appelle encore *helamys* et *lagotis*.

MANNHARTSBERG, chaîne de montagnes d'Allemagne, s'étendant de la Moravie au Danube par la basse Autriche; et donnant son nom à deux cercles ou quartiers de la basse Autriche : le BAS MANNHARTSBERG, compris entre le Danube, la Moravia et la Tey (superficie, 88 milles géographiques carrés. Population, 131,000 habitants. Sa capitale est *Korn-Neubourg*); et le HAUT MANNHARTSBERG, entre la Bohême et le Danube (superficie, 92 milles géographiques carrés. Population, 190,200 habitants. Sa capitale est *Krems*).

MANNITE, substance blanche, solide, incolore, d'une saveur sucrée et fraîche. La mannite existe dans la manne, dans les feuilles de céleri, dans le suc fermenté de betteraves et dans les miels. Pour l'obtenir, on fait dissoudre dans de l'alcool bouillant de la manne en larmes; on filtre la liqueur chaude, et la mannite se précipite par le refroidissement.

MANŒUVRE. On appelle ainsi, dans les arts mécaniques, l'ensemble des mouvements d'une machine en fonction. C'est ainsi que les marins donnent ce nom aux changements de dispositions des voiles, des vergues, des cordages, propres à produire dans un navire les évolutions nécessaires. Ils appellent encore ainsi les *cordes*. — En architecture, le manœuvre est l'ouvrier qui sert les maçons, prépare le plâtre, la gâche, apporte les pierres, etc. C'est, le plus souvent, un enfant qui est en apprentissage.

MANOIR (en latin, *manerium*). Ce mot est, dans le moyen âge, synonyme de château du seigneur. Le *manoir seigneurial* appartenait par précipuit à l'aîné. Tous les actes de foi et d'hommage, les significations d'aveu, de recensement, devaient être faits au *manoir*, chef-lieu du fief. Si la succession ne se composait que d'un seul fief, l'aîné seul héritait du château, des préclôtures et de toutes ses dépendances, et ne payait à ses puînés qu'un droit légitimaire.

MANOMÈTRE, appareil destiné à donner la tension des gaz et des vapeurs sous des températures données. C'est un tube recourbé à une extrémité ou plutôt un tube à siphon. L'extrémité de la branche la plus courte est ouverte, l'autre est fermée. La branche la plus longue renferme de l'air séparé par une petite colonne de mercure de l'air extérieur. La branche ouverte est soumise à la pression de la vapeur qu'on veut observer. Le mercure comprime alors l'air, et la pression de la vapeur s'obtient en ajoutant la pression de la colonne de mercure et celle de l'air, qui, réunies ensemble, font équilibre à celle de la vapeur.

MANORINE, oiseau de l'ordre des sylvains et de la famille des chanteurs, au bec court, un peu grêle; au plumage d'un vert olive, légèrement lavé de jaune en dessous; au front d'un beau noir velouté. La femelle a des couleurs moins vives. La manorine habite la Nouvelle-Hollande, et a cinq à six pouces de long.

MANS (LE), ville de France, chef-lieu du département de la Sarthe, sur la rive gauche de la Sarthe, à 58 lieues de Paris. Sa population est de 19,792 habitants. Elle a un évêché suffragant de l'archevêché de Tours, et érigé dans la IIIe siècle, un muséum d'histoire naturelle, une bibliothèque publique de 42,000 volumes, une société royale d'agriculture, des sciences et des arts, une société royale des arts, une société de médecine, un musée de minéralogie départementale, etc., des tribunaux de première instance et de commerce. Cette ville très-ancienne était la capitale des *Cenomani*. Ce fut sous ses murs que se livra en 1793 la fameuse bataille qui porta le dernier coup à la cause des Vendéens insurgés. Marceau s'empara alors du Mans. Le Mans est renommé pour ses poulardes.

MANSARDE, chambre pratiquée dans un comble brisé de manière que la partie inférieure formant l'égout soit roide et presque à plomb du mur, et la supérieure, qui porte le faîtage, en pente plus douce. On y perce des lucarnes pour éclairer l'intérieur. On attribue l'idée des mansardes au célèbre architecte Mansart.

MANSART ou MANSARD (François), fameux architecte, né à Paris en 1598 d'une famille originaire d'Italie, mort en 1666. Ses principaux ouvrages sont le *portail de l'église des Feuillants*, rue Saint-Honoré ; *l'église des Filles-Sainte-Marie*, rue Saint-Antoine; le *portail des Minimes*, de la place Royale ; une partie de *l'hôtel de Conti*, *l'hôtel de Bouillon*, les *hôtels de Toulouse et de Jars*, *l'église du Val-de-Grâce* ; le *château de Maisons*, qui appartint successivement au président de Longueil, au maréchal Lannes, et qui est actuellement à M. Laffitte ; les *châteaux de Balleroy, de Berni, de Blérancourt*, etc.

MANSART (Jules-Hardouin), neveu de François Mansart, né en 1645, mort en 1708. Il devint premier architecte du roi, chevalier de Saint-Michel, surintendant et ordonnateur général des bâtiments, arts et manufactures. C'est sur les dessins de ce fameux architecte qu'on a construit la *galerie du Palais-Royal*, la place *Louis-le-Grand*, celle *des Victoires*. Il a fait le dôme des *Invalides* ; il a encore donné le plan de la maison de *Saint-Cyr*, de la *cascade de Saint-Cloud*, de la *ménagerie* et de *l'orangerie*, des *écuries*, du *château de Versailles* et de la *chapelle*. Il est encore l'architecte du *Trianon*. Il était membre protecteur de l'académie royale de peinture et de sculpture.

MANSE (du mot allemand *mann*, homme, ou du latin *manere*, rester). La manse paraît avoir été dans le temps de Charlemagne et à l'origine de la féodalité la mesure de terre jugée nécessaire pour faire vivre un homme et sa famille. Ducange l'évalue à douze arpents. Le capitulaire de Charlemagne de l'an 807 contient les dispositions suivantes : tout homme libre possédant trois manses et plus doit marcher en personne à la guerre ; de deux hommes libres possédant chacun deux manses, que le plus vigoureux aille à la guerre, et que l'autre fasse les frais de son équipement. Trois hommes qui n'avaient chacun qu'une manse s'associaient de même, et les deux qui ne faisaient pas le service militaire personnellement contribuaient chacun pour un tiers à la dépense de l'autre. Six hommes dont chacun n'avait qu'une demi-manse ne fournissaient qu'un soldat, en suivant la même cotisation ; avec une moindre possession, on était exempt de tout service et de toute charge militaire. — Plus tard, MANSE ou MENSE désigna le revenu d'un prélat, d'un abbé ou d'une communauté : de là trois sortes de menses : *l'épiscopale*, *l'abbatiale* et la *conventuelle*.

MANSFELD (Pierre-Ernest, comte DE), d'une des plus illustres familles d'Allemagne qui avait pris son nom du château de Mansfeld, situé dans l'ancien cercle de la Saxe supérieure, naquit en 1517. Fait prisonnier en 1552 dans Ivoy où il commandait, il servit depuis les catholiques à la bataille de Montcontour. Devenu gouverneur du Luxembourg, il maintint la tranquillité dans cette province. Les états lui témoignèrent leur gratitude par une inscription placée sur la porte de l'hôtel de ville. Il fut ensuite gouverneur général des Pays-Bas, et mourut en 1604 avec le titre de *prince du saint-empire*.

MANSFELD (Pierre-Ernest DE), fils naturel du précédent et d'une dame de Malines, né en 1540. Il servit uniquement le roi d'Espagne dans les Pays-Bas et l'empereur en Hongrie, avec son frère Charles, comte de Mansfeld. Sa bravoure le fit légitimer par l'empereur Rodolphe II. Des injustices le jetèrent en 1610 dans le parti des princes protestants, quoiqu'il fût catholique. Il se mit en 1618 à la tête des révoltés de Bohême, et s'empara en 1619 de Pilsen. La défaite de ses troupes ne l'empêcha pas de pénétrer dans le Palatinat. Il y prit plusieurs places, ravagea l'Alsace, s'empara de Haguenau et défit les Bavarois. Il fut enfin défait par Walstein à la bataille de Dessau en avril 1626. Il mourut la même année. Il s'était rendu si redoutable à la maison d'Autriche, qu'on ne l'appelait que l'Attila de la chrétienté.

MANSFELD, comté d'Allemagne, dans la Thuringe septentrionale. Sa superficie était de 19 milles allemands carrés, et sa population de 59,000 habitants. Il renferme les villes de Mansfeld et d'Eisleben. Il fut séquestré en 1570, à cause de dettes, par la Saxe électorale et Magdebourg. Depuis 1814, il est incorporé au district de Mersebourg en Prusse.

MANSOURAH. Voy. MASSOURE.

MANTE, vêtement de femme, ample et sans manches, qui se portait par-dessus les autres vêtements dans la rue. Elle fut d'abord un grand voile noir traînant jusqu'à terre, que les dames de la cour portaient dans les grandes cérémonies et surtout dans le deuil.

MANTE, genre d'insectes orthoptères de la famille des coureurs, tribu des mantides. Les mantes sont des insectes méridionaux que l'on trouve sur le littoral de la Méditerranée, dans la Provence et le Languedoc. Elles se tiennent au soleil, et sont très-voraces. La *mante religieuse* a été ainsi nommée parce qu'on la voit souvent posée sur ses pattes de derrière, ayant le corps vertical, la tête un peu penchée et joignant ses deux pattes de devant. Les mantes tiennent des *demoiselles* par .eurs ailes et la forme de leur corps, et des *sauterelles* par celle de leurs pattes de derrière.

MANTEAU, vêtement long, ample et sans manches, destiné à se placer par-dessus les autres vêtements et à envelopper tout le corps. Il était en usage chez les Grecs ; les Romains le portèrent adopté sous le nom d'Antonins. Les Espagnols en font un grand usage. — Au théâtre, on appelle *rôles d manteau* ceux des personnages graves et âgés, les tuteurs, notaires, etc.

MANTEGNA (André), célèbre peintre italien, né en 1431 dans un village près de Padoue, fut d'abord gardeur de moutons. Un peintre, étonné de ses dispositions pour la peinture, l'adopta pour son fils et l'institua son héritier. A l'âge de dix-sept ans, Mantegna fut chargé de faire le *tableau* de l'autel de Sainte-Sophie de Padoue et les *Quatre Évangélistes*. Son chef-d'œuvre est le *Triomphe de César*, qu'il fit pour le duc de Mantoue, et qui lui valut le titre de chevalier de l'ordre du duc. On attribue communément à Mantegna l'invention de la gravure en burin pour les estampes. Il mourut en 1517.

MANTELET, petit manteau de soie, de velours ou de drap, que les femmes portent sur leur robe. On appelle encore ainsi un petit manteau violet que les évêques jettent sur leur rochet lorsqu'ils sont devant le pape ou son légat pour témoigner que leur autorité lui est subordonnée.

MANTELET, en termes de guerre, parapet portatif et roulant dont se couvraient les pionniers employés au travail d'un siège. Les mantelets étaient faits en gros madriers doublés, ayant cinq pieds de haut et trois de large, unis par des barres de fer et formant quelquefois un angle et deux faces.

MANTES, ville du département de Seine-et-Oise, chef-lieu d'arrondissement, sur la rive gauche de la Seine, à 12 lieues de Versailles. Population, 5,000 habitants. Cette ville est très-ancienne et a été fortifiée jadis. Elle possède un tribunal de première instance, une société d'agriculture, un pont très-beau composé de trois arches qui ont chacune plus de cent vingt pieds de largeur. Mantes commerce en vins, blés et cuirs.

MANTICORE, genre de coléoptères, section des pentamères, famille des carnassiers, tribu des cicindélètes, aux mandibules longues et dentées, à la tête très-grosse et large, au corselet cordiforme un peu plus large que long, à l'écusson arrondi. Ces insectes sont carnassiers, vivent dans l'Afrique, courent avec rapidité et se cachent sous les pierres. Il y en a deux ou trois espèces.

MANTILLE, espèce de fichu à trois pointes dont celle de derrière est arrondie. On les faisait autrefois de velours ou de drap écarlate, rehaussés d'un galon ou d'une broderie d'or. Maintenant on porte une mantille noire en dentelle, en blonde, en soie, en velours. La mantille est le vêtement des Espagnoles.

MANTINÉE, ville du Péloponèse, dans l'Arcadie, célèbre par la bataille qu'Épaminondas, célèbre thébain, y livra l'an 364 avant J.-C. aux armées combinées de Sparte, des Achéens et d'Athènes. Ce grand homme y fut mortellement blessé, et comme on regrettait devant lui qu'il ne laissât point d'enfants, *Leuctros et Mantinée m'en tiendront lieu*, dit-il. Il retira le javelot qui était enfoncé dans sa poitrine, et expira.

MANTO (myth.), fameuse prophétesse, fille du devin Tirésias. Prise à Thèbes par les Épigones, elle fut envoyée en présent à Delphes, et y rendit pendant quelque temps des oracles en qualité de pythie. Elle alla ensuite à Claros (Ionie), où elle fonda un oracle d'Apollon. Elle eut de Rhacius, souverain de cette contrée, le célèbre Mopsus. De là étant allée en Italie, elle épousa Tiberinus, roi d'Albe ou dieu du Tibre. Elle en eut Ocnus, qui bâtit une ville, et la nomma en l'honneur de sa mère *Mantoue*. Quelques auteurs croient que ce fut elle qui conduisit Énée aux enfers et qui vendit à Tarquin le Superbe les livres sibyllins. Elle reçut après sa mort les honneurs divins.

MANTOUE, ville d'Italie dans le royaume lombardo-vénitien, sur le Mincio, à 8 lieues de Vérone et 35 de Milan. Sa population est de 25,000 âmes. Elle a une académie des arts et des sciences, un évêché. Elle était anciennement la capitale du duché de Mantoue, qui resta jusqu'en 1701 dans la maison de Gonzague et qui fut en 1785 réuni à celui de Milan. Les Français prirent la ville de Mantoue en 1797, et la rendirent en 1799. Elle revint en leur pouvoir en 1801, et ils ne l'ont rendue qu'en 1814. Maintenant Mantoue est le chef-lieu d'une province du gouvernement de Milan, qui a 42 milles carrés et 234,775 habitants, Cette province est formée du Mantouan ou duché de Mantoue et des petits duchés de Castiglione et de Saeferino.

MANUCE, famille célèbre d'imprimeurs italiens établis à Venise, et illustres par leur savoir. Voy. Aldes Manuces.

MANUEL, ouvrage présentant sous un petit format l'essence des traités longs et étendus composés sur un sujet quelconque. Ainsi *le Manuel du peintre* est un ouvrage qui est une sorte de traité économique où est enseigné en peu de mots l'art du peintre.

MANUEL (Louis-Pierre), né à Montargis en 1754. Il reçut une bonne éducation, et devint précepteur des enfants d'un banquier. Un pamphlet qu'il publia le fit mettre pour trois mois à la Bastille. Membre de la société des amis de la constitution, il fut bientôt après nommé procureur de la commune de Paris, et en 1791 président de cette commune. Destitué le 6 juillet pour n'avoir pas arrêté l'insurrection du 20 juin, il fut réintégré le 13. Il contribua beaucoup à la journée du 10 août. Ce fut lui qui, après avoir fait décréter que Louis XVI serait conduit au Temple, l'y mena avec toute sa famille. Il prit une part indirecte aux massacres de septembre, proposa, comme membre de la convention, de loger aux Tuileries le président de l'assemblée. Le 7 octobre, il fut chargé d'annoncer à Louis XVI l'abolition de la royauté et les victoires des armées républicaines. Tout à coup il changea d'opinions ; secrétaire de la convention, il soutint Louis XVI, rejeta la condamnation à mort, et insista pour l'appel au peuple. Il se réfugia plus tard à Montargis (1793). Appelé comme témoin dans le procès de Marie-Antoinette, il eut le courage de la défendre. Traduit lui-même devant le tribunal révolutionnaire, il monta sur l'échafaud le 14 novembre 1793.

MANUEL (Jacques-Antoine), né à Barcelonette en 1775. En 1793, à l'âge de dix-sept ans, il entra comme volontaire dans un bataillon formé par la réquisition, et y fut bientôt nommé officier. Après la paix de Campo-Formio, il rentra dans la vie privée et choisit la carrière du barreau. Élu en 1815 député par le collège de Barcelonnette et le département des Basses-Alpes, il fit passer à l'ordre du jour, sur la proposition faite par un ministre d'État, après l'abdication de Napoléon, de proclamer Napoléon II et reçut, en descendant de la tribune, les félicitations de tous ses collègues. Il conquit, dans cette session, l'admiration et l'estime de tous. Il fut réélu en 1818 par les départements du Finistère et de la Vendée. Il opta pour ce dernier. Ses discours sur le budget (1819), sur l'exclusion du député de l'Isère, Grégoire (1820), et plusieurs autres dans lesquels il défendit la révolution française, excitèrent la haine de ses ennemis. Le 27 février 1823, un discours qu'il prononça sur la question de la guerre d'Espagne fournit l'occasion de demander son exclusion de la chambre. M. de Labourdonnaye renouvela le lendemain cette demande. L'exclusion fut prononcée, et le soir même (3 mars) une réunion de soixante députés chez M. Laffitte décida que Manuel ne céderait qu'à la force. Des cris l'accueillirent le lendemain (4 mars 1823), et le chef des huissiers, suivi d'un piquet de garde nationale et de vétérans, lui somma de se retirer. Il n'obéit que lorsqu'un piquet de gendarmerie envahit son banc. Sa carrière politique se termina là. Il mourut en 1827.

MANUEL. Deux empereurs d'Orient ont porté ce nom. — Manuel Comnène Ier, quatrième fils de l'empereur Jean Comnène et d'Irène de Hongrie, né en 1120, succéda en 1143 à son père. Il défit Masoud, sultan d'Iconium, auquel il accorda la paix, livra passage dans ses États à l'empereur Conrad et à Louis VII, qui se rendaient en Orient pour la seconde croisade, et les trahit en leur donnant des guides infidèles. Pendant cette croisade, il soutint une guerre contre Roger, roi de Naples et de Sicile, et le défit. Il faillit être assassiné par Andronic, fils de son frère aîné Isaac, et le fit emprisonner. Il conclut la paix avec Saladin, soutint plusieurs guerres. contre les Bulgares et les Hongrois, et mourut en 1180. — Manuel Paléologue II, fils de Jean VI Paléologue, succéda à son père en 1391. Les Turks lui enlevèrent Thessalonique, et faillirent se rendre maîtres de Constantinople en 1395. Manuel Paléologue remit en 1425 le sceptre à son fils Jean VII Paléologue, et prit l'habit religieux deux jours avant sa mort (1425). Il avait soixante-dix-sept ans.

MANUFACTURE. On appelle ainsi une vaste entreprise occupant un grand nombre d'ouvriers. Colbert fut le premier qui, en France, donna aux manufactures une existence régulière. Ce fut lui qui créa les *manufactures royales*. On donne ce nom à des établissements entretenus par le gouvernement et administrés à son profit par des agents nommés par lui. Les pays les plus manufacturiers sont l'Amérique, l'Angleterre, la France. L'Amérique prépare elle-même des manufactures 35,000,000 de kilogrammes de coton, le cinquième de sa récolte.

MANULÉE, genre de la famille des scrofulariées, composé de plantes herbacées ou frutescentes, à feuilles opposées ou alternes, ayant leurs fleurs en grappes et munies de bractées. Toutes les manulées, au nombre d'une trentaine d'espèces plus ou moins déterminées, sont indigènes du cap de Bonne-Espérance, à l'exception d'une seule qui croît à la Nouvelle-Hollande. La plus jolie espèce est la *manulée d feuilles opposées*, arbrisseau de deux à quatre pieds, aux fleurs rose lilas ou blanches. On la multiplie de graines ou de boutures.

MANUMISSION. Voy. Affranchissement.

MANUS, puissance du mari sur la femme. Elle s'acquérait de trois manières différentes, 1° par la forme du mariage appelée par *confarréation* ; 2° par la *coemption* ou vente solennelle de la femme au mari ; 3° par *usucapion*, qui s'accomplissait après deux années de mariage, à moins que pendant ce temps la femme ne s'absentât du domicile conjugal pendant trois jours et trois nuits de suite.

MANUSCRITS, ouvrages écrits à la main. Tous les vieux manuscrits qui existent encore sont écrits sur parchemin ou sur papier. Les manuscrits écrits sur papier sont, 1° en papier égyptien, fait de la plante papyrus ; 2° en papier de coton ou de soie (*charta bombycina*), inventé en

Orient vers l'an 706, et dont l'usage n'a cessé entièrement qu'au milieu du XIVe siècle; 3° en papier de toile, qui date de la première partie du XIIIe siècle. Les manuscrits étaient divisés en deux classes : 1° les rouleaux (*volumina*), 2° les livres reliés ou brochés (*codices*). On appelait *rubricateurs* des personnes qui traçaient les lettres initiales, les premières lignes et les titres des chapitres.

MANUTENTION. Ce mot exprime le soin que l'on prend ou que l'on doit prendre pour qu'une chose se maintienne dans le même état où elle est, ou bien qu'elle se fasse. C'est ainsi que l'on dit que les souverains et les magistrats doivent veiller à la *manutention* des lois. — On appelle encore *manutention* l'établissement où se fabrique et se conserve le pain pour la troupe.

MANY, le premier peintre dont l'Inde ait conservé la mémoire et le plus fameux, se mit en grande faveur par son mérite à la cour de Mahradji, qui le combla de bienfaits en récompense des figures magnifiques qu'il avait peintes, et qu'il lui avait présentées comme celles de ses ancêtres. Pour éterniser sa mémoire, il persuada au roi de faire adorer ces figures, qui devinrent ainsi l'objet du culte des Indous, et qui ont perpétué le nom de celui qui en avait été l'auteur, que les Orientaux regardent comme le plus grand peintre du monde.

MAOUNA, une des îles de l'archipel des Navigateurs ou Samoa. Elle a 17 milles de longueur sur 7 de large. Elle est fertile, quoique montueuse et boisée. Les habitants ont paru violents, féroces, querelleurs et même cannibales. Le 6 décembre 1787, le capitaine de Langle, qui accompagnait la Pérouse, le naturaliste Lamanon et neuf hommes de l'équipage, y furent massacrés par les naturels. Maouna produit des fruits, des volailles, des pigeons, des cochons. Elle a été découverte par Bougainville.

MAPHRIEN, dignité ecclésiastique parmi les jacobites (voy. ce mot), pareille à celle de primat. Elle est inférieure à celle de patriarche et supérieure à celle de métropolitain. Le *maphrien* étend sa juridiction sur les Églises d'Orient, et il a droit d'en ordonner les évêques. Il reconnaît cependant pour supérieur le patriarche jacobite d'Antioche.

MAPPE, nom donné par les Romains à un rouleau de linge que l'on agitait pour annoncer le commencement des jeux du cirque. L'officier qui donnait ce signal prenait le nom de *mappaire*.

MAPPEMONDE, carte géographique qui représente les deux hémisphères du globe terrestre. Pour représenter qu'on a scié un globe terrestre en deux suivant le plan d'un méridien, et qu'ensuite on a placé les deux demi-boules l'une à côté de l'autre, et présentant toutes deux la partie convexe.

MAQUE. Voy. MACQUE.

MAQUEREAU, espèce de poisson très-délicat, et dont on fait une grande consommation. Ce poisson est du genre scombre. Voy. ce mot.

MAQUETTE. Les sculpteurs nomment ainsi une première ébauche d'un ouvrage qu'ils font en terre molle. — C'est aussi une pièce de fer d'un échantillon proportionné au canon de fusil qu'on veut en faire.

MAQUIGNON, individu qui fait profession d'acheter et de vendre les chevaux. Les nombreuses friponneries des maquignons, leurs ruses pour cacher les vices des chevaux, ont fait prendre en mauvaise part le titre de *maquignon*.

MAR, partie méridionale du comté d'Aberdeen en Écosse, formant un comté appartenant à la famille royale d'Écosse.

JEAN, COMTE DE MAR, fils de Jacques II, roi d'Écosse et frère de Jacques III, fut mis à mort par l'ordre de ce dernier, qui le fit, dit-on, étouffer dans un bain, ou, selon d'autres historiens, lui fit tirer jusqu'à la dernière goutte de sang.

MARABOU ou ARGALA, division du genre cigogne, renfermant des oiseaux nommés par les naturalistes *cigognes argala*, distingués par un bec plus gros et de substance plus légère que chez les autres espèces. Les parties supérieures sont cendrées; les plumes qui les garnissent sont roides et dures; les parties inférieures sont blanches, à plumes longues; la tête et le cou sont parsemés de poils sur une peau rouge et calleuse; une longue membrane conique, couverte d'un léger duvet, pend au milieu du cou. Les plumes de la queue sont duveteuses, et constituent les panaches légers nommés *marabous*, très-recherchés, et qui sont un grand objet de luxe. Le marabou se réduit facilement en domesticité. Il habite le Sénégal et l'Inde, où il rend service aux habitants en dévorant les immondices et les insectes nuisibles.

MARABOUT (en arabe, *morabeth* ou *marbouth*, c'est-à-dire cénobite, homme voué au service religieux). Les Arabes donnent ce nom à leurs prêtres desservant les mosquées de campagne. Les marabouts exercent sur ceux-ci une grande influence. Abd-el-Kader Mahiddin, qui soutient contre la France une guerre défensive et acharnée, est un marabout. — On a également donné ce nom à une sorte de coquemar, composé de fer et de cuivre, qui vient du Levant, et que sa laideur a, par une étrange association d'idées, fait assimiler aux prêtres arabes ou *marabouts*. — On appelle encore MARABOUT un oiseau dont la queue fournit des plumes qui servent d'ornement aux chapeaux et aux toques des dames. Il ressemble beaucoup à la cigogne. Voy. MARABOU.

MARACAIBO, lac de l'Amérique méridionale, dans la Colombie, occupant la partie centrale du département de Zulia. Sa superficie est d'environ 1,200 lieues carrées. Il communique avec le golfe de la mer des Antilles qui porte son nom, par un goulet bien défendu, et à l'embouchure duquel se trouve un banc de sable ; ce qui en rend l'entrée très-difficile. — MARACAÏBO est une jolie ville, capitale du département de Zulia et de la province qui porte son nom, sur le passage qui mène du lac à la mer, à 170 lieues de Santa-Fé de Bogota, 85 de Carthagène et 120 de Caracas. Sa population est de 22,000 habitants. Elle fait un grand commerce de cuirs, de tabac et de cacao. Sa position la rend une des villes les plus importantes de la Colombie.

MARAGNON. Voy MARANHAM.

MARAICHER, jardinier qui cultive un *marais*, c'est-à-dire un jardin consacré à l'unique culture des légumes. Les eaux et les engrais, que les *maraîchers* peuvent mettre à profit, rendent leurs herbages beaux, tendres, mais sans saveur. Ils ont une grande habitude et un rare talent pour forcer la nature à produire des *primeurs*. Les plantes que les *maraîchers* cultivent sont les salades, le céleri, le cerfeuil, les oignons, etc.

MARAIS, terrains plus bas que les lieux voisins, où les eaux pluviales viennent se rassembler, où elles croupissent, et qui, favorisant la croissance rapide des joncs, des graminées dures, et de beaucoup d'autres plantes inutiles, enlèvent à la culture de vastes étendues de terre, et répandent l'infection et les maladies dans le voisinage. C'est surtout en automne, lorsque l'évaporation a desséché le sol en tout ou partie, que les poissons, les insectes et les plantes putréfiées engendrent des miasmes qui attaquent la santé et même la vie de tous les animaux. La Bresse, la Sologne, la Flandre, le Laonnais, la Vendée, les environs de Rochefort, Brouage, Marenne, l'Isère, la Camargue, les Landes, la Gironde, une partie de la Touraine et de la Brie sont couvertes de marais.

MARAIS SALANTS, lieux bas, à fond argileux, disposés sur les côtes pour recevoir à volonté l'eau de la mer, la faire évaporer et en extraire le sel marin. Les marais salants communiquent avec la mer par un réservoir appelé *jas*, séparé de la mer par une digue percée d'une écluse ou *vareigne*, que l'on ouvre ou ferme à volonté. Du *jas* l'eau entré dans d'autres réservoirs appelés *aires*, où elle s'évapore et dépose le sel.

MARAIS-PONTINS, marais situés dans les États pontificaux, au midi de Rome, et s'étendant de Nettuno à Terracina. Ils ont 40 milles romains de long sur 4 à 10 de large. — Les Romains s'occupèrent de leur dessèchement. Parmi les papes, Boniface VIII, Martin V, Léon X, Sixte V et Pie V s'occupèrent de les dessécher. Ce dernier surtout rendit à l'agriculture une partie du terrain, et fit construire une chaussée superbe appelée *Via-Pia* ou *Linea-Pia*, qui les traverse dans une étendue de 8 lieues, et sert de passage entre Rome et Naples.

MARAIS (LE), quartier de Paris s'étendant le long du boulevard Saint-Antoine jusqu'au boulevard du Temple.

MARALDI (Jean-Dominique), petit-neveu de Jean-Dominique Cassini, naquit à Paris en 1709, et après avoir achevé ses études à San-Remo, s'appliqua à l'étude de l'astronomie. Ses premières recherches se tournèrent vers la théorie des satellites de Jupiter, qui fut pendant cinquante ans le but principal de ses observations. En 1765, il reconnut dans le nœud du second satellite un mouvement oscillatoire, et en 1769 il détermina la période des variations de l'inclinaison du troisième. Pendant huit années consécutives, il fut associé à son cousin Cassini (de Thury) pour les travaux trigonométriques qui furent le fondement de la grande carte générale de France. En 1735, Maraldi fut chargé de rédiger la connaissance des temps, fonction qu'il remplit jusqu'en 1760. Il mourut à Perinaldo en 1788. Il était membre de l'académie royale des sciences. — Son oncle, JACQUES-PHILIPPE MARALDI, neveu du fameux Cassini, né à Perinaldo (comté de Nice) en 1665, fut mandé en France par son oncle en 1687, et s'y acquit une grande réputation. En 1700, il travailla à la prolongation de la fameuse méridienne. En 1718, il alla avec trois autres académiciens terminer cette méridienne du côté du Nord. Il mourut en 1729 membre de l'académie des sciences.

MARANHAM ou MARANHAO, province du Brésil entre celles de Piauhy, de Goyaz, de Para et la mer. Elle forme une triangle qui a 120 lieues du N.-S. à la partie occidentale, et offre deux divisions naturelles : le continent, qui comprend les villes d'Hycatu, de Caxias, d'Itapicuru-Grande, de Guimaraëns, d'Alcantara, de Lumiar et de Tutoya; et l'île, qui forme aujourd'hui une comarca séparée, et dont la capitale est San-Luiz de *Maranham*, capitale de toute la province. Les Tupinambas y formaient vingt-huit aldées ou villages. Ceux qui y existent aujourd'hui sont les *Gamellas*, les *Tumbiras*, les *Sakamekrans*, etc. La population du Maranham est de 150,000 habitants.

MARANS, au-dessous du confluent de la Sèvre Niortaise et de la Vendée, à 3 lieues de l'embouchure dans le golfe de l'Aiguillon, chef-lieu de canton du département de la Charente-Inférieure, à 5 lieues N.-E. de la Rochelle. Population, 4,600 habitants. Marans fut jadis une place forte, défendue surtout par les marais qui l'entourent. Elle possédait un château fort et soutint plusieurs sièges. En 1588, Henri IV s'en empara. Le château fut rasé en 1638. — Marans est bien bâti, bien percé et situé avantageusement dans un pays coupé de canaux. Son port reçoit des navires de 100 tonneaux.

MARANTA, genre de la famille des amomées, dont trois espèces sont cultivées dans les jardins. Ce sont le *maranta zébré*, aux longues feuilles rayées de brun velouté et de jaune en dessus et d'un beau violet en dessous, aux fleurs en épi d'un blanc violacé, lavé et rayé de bleu; le *maranta à feuilles de balisier*, et le *maranta bicolore*.

MARASME. On nomme ainsi le dernier degré de la maigreur, qui survient dans plusieurs maladies chroniques, et qui est marqué par la fonte des chairs et la saillie des éminences osseuses.

MARASQUIN, liqueur forte obtenue en faisant infuser dans de l'alcool des petites cerises nommées *griottes* ou *marasca*.

MARAT (Jean-Paul), né en 1744 à Boudry, dans le pays de Neufchâtel, de parents calvinistes. Il étudia d'abord la médecine et la chirurgie, et se fit recevoir médecin des écuries du comte d'Artois. Le premier journal qu'il publia, le *Publiciste parisien*, commença à attaquer les hommes en place. A ce journal succéda l'*Ami du peuple*, où il préconisa le pillage et le meurtre. Dénoncé en 1790 à l'assemblée constituante pour avoir dit « qu'il fallait élever huit cents potences dans les Tuileries, et y pendre tous les traîtres, à commencer par Mirabeau; » dénonça une seconde fois (1792) par les girondins, proscrit, fugitif, il n'en continua pas moins de faire paraître l'*Ami du peuple*. Il fut l'un des moteurs de la journée du 10 août, et devint alors membre de la municipalité de Paris. Il organisa avec Danton les massacres de septembre. Nommé député à la convention, il y fut accusé d'avoir demandé deux cent mille têtes, vota la mort de Louis XVI, voulut qu'on mît à prix la tête de Dumouriez et celle du duc de Chartres, arma contre la convention l'insurrection du 31 mai 1793, et périt le 14 juillet 1793 assassiné dans sa baignoire par Charlotte Corday. On lui rendit les plus grands honneurs.

MARATHON, bourg de l'Attique, à 10 milles d'Athènes, célèbre par la victoire que les Athéniens et les Platéens, commandés par Miltiade, remportèrent le 28 septembre de l'an 490 avant J.-C. sur les Perses commandés par Datis et Artapherne. Les premiers avaient 11,000 hommes; les seconds 100,000 selon les uns, 300,000 selon Valère Maxime, 600,000 selon Justin. Les Grecs ne perdirent que 192 hommes, et les Perses 6,300. Pour éterniser le souvenir de la victoire, les Athéniens élevèrent à Marathon de petites colonnes sur lesquelles ils gravèrent les noms des guerriers qui y périrent.

MARATTE (Carle), peintre et graveur, né en 1627 à Camerino (Marche d'Ancône). Envoyé à Rome à l'âge de onze ans, il fut l'élève de Sacchi, et se fit, d'après les ouvrages de Raphaël, de Carrache et du Guide, une manière qui lui donna une haute réputation. Le pape Clément XI lui accorda une pension et le titre de chevalier du Christ. Louis XIV le nomma son peintre ordinaire. Il mourut comblé d'honneurs à Rome en 1713. Il restaura les peintures de Raphaël au Vatican, et de Carrache aux palais Farnèse, et a fait plusieurs tableaux très-estimés, et entre autres : *une Jeune Femme pleurant à côté d'un mort et un ange à côté d'elle lui montrant du doigt le ciel*.

MARATTES. Voy. MAHRATTES.

MARAUDE. On appelle ainsi l'action de s'adonner au pillage. La maraude diffère du butin en ce que celui-ci est autorisé par la loi et qu'il se fait en masse, tandis que la maraude ne l'est pas, et qu'elle n'est le propre que de quelques soldats. Avant 1789, le soldat maraudeur pris en flagrant délit par le prévôt de l'armée était pendu sur-le-champ. Sous le consulat et l'empire, la maraude fut divisée en trois classes ou égard à la pénalité : ainsi la maraude simple était punie de la prison et de l'exposition ; la maraude avec récidive, de cinq ans de fers, et la maraude à main armée, de huit ans de fers.

MARAVÉDIS, ancienne monnaie espagnole, de cuivre, dont la valeur a varié. Un maravédis équivalait environ à un centime et demi de France. Deux maravédis font un *ochavo* (monnaie de cuivre), et 34 un *réal*. Il y a eu aussi des maravédis d'or et d'argent. Cette monnaie remonte au règne d'Alphonse IX (1212).

MARBRE. On donne ce nom à des substances dures, susceptibles de recevoir un beau poli. Le marbre n'est rien autre que du carbonate de chaux. Le nombre des différentes espèces de marbres est immense. Les plus connus dans le commerce sont ceux d'Italie, de Belgique et de France. Au nombre des premiers, on compte : le *blanc statuaire*, le *blanc veiné*, le *bleu turquin*, le *bardiglie fleuri*, le *portor*, les *jaunes de Sienne et de Vérone*, le *vert de mer*, le *vert de Turin*, la *brèche violette*, la *brèche jaspe de four*, etc. Ceux de Belgique sont : le *noir pur de Dinant et Namur*, le *Saint-Anne*, le *rouge de Franchimont*, le *petit granit*. Ceux de France sont : les *jaunes d'Ampus, de Montpellier et de Touris*, les *marbres verts et rouges de la vallée de Campan*, le *sarrancolin*, le *nankin de Saint-Martory*, les *blancs de Sott et de Saint-Béat*, la *griotte de la Haute-Garonne*, etc.

MARBRE (TABLE DE), grande table destinée aux banquets royaux dans la grande salle du palais de justice à Paris. C'était autour de cette table que s'assemblaient les juges de trois juridictions qui siégeaient au palais, et qui pour cette raison, avaient pris le nom de *juridictions de la table de marbre*. Ces trois juridictions étaient : 1° la *connétablie et maréchaussée de France*, 2° l'*amirauté*, 3° la *réformation générale des eaux et forêts*. Cette dernière était la plus considérable. Elle se composait d'un président à mortier, d'un nombre déterminé de conseillers de la grand'chambre, auxquels se joignaient les magistrats attachés particulièrement à cette juridiction. La table de marbre fut détruite lors de l'incendie du palais en 1618.

MARBRES D'ARUNDEL ou DE PAROS, marbres fameux sur lesquels sont gravées les époques des événements les plus célèbres de l'histoire grecque depuis Cécrops, fondateur du royaume d'Athènes (1582 ans avant J.-C.), jusqu'à l'archonte Diognète (264 ans avant J.-C.). Ces marbres, gravés l'an 264 avant J.-C., et trouvés dans la ville et l'île de Paros, sont au nombre de soixante-dix-neuf. Ils tombèrent d'abord entre les mains d'un savant français nommé Peiresc, de qui les acheta l'Anglais Thomas Howard, duc de Norfolk, comte d'Arundel et de Surrey, qui donna son nom à ces marbres précieux, et qui les mit sous la tutelle de l'université d'Oxford. Humfride-Prideaux en 1677 en a donné un recueil.

MARC, nom d'un poids qui valait 8 onces anciennes, 64 gros, 192 deniers, 4,608 grains. On commença à se servir en France du poids de marc sous Philippe Ier. En 1703, la valeur du marc d'or fut fixé par arrêt du conseil d'Etat à 474 livres 10 sous 10 deniers, et celle du marc d'argent fin à 31 livres 12 sous 8 deniers. Aujourd'hui la valeur du marc d'or est d'environ 800 francs, et celle du marc d'argent de 100 francs. — Le *marc* signifie aussi ce qui reste des fruits ou des herbes dont on a extrait le jus par la pression ou l'ébullition.

MARC (Saint), successeur du pape Sylvestre Ier, le 16 janvier 336, mourut le 7 octobre de la même année, et eut pour successeur Jules Ier.

MARC (Saint), l'un des quatre évangélistes, converti à la foi après la résurrection de Jésus-Christ, fut le disciple et l'interprète de saint Pierre. Lorsque ce dernier alla à Rome pour la seconde fois (l'an 44), il fut envoyé en Egypte pour y prêcher l'Evangile, et fonda l'Eglise d'Alexandrie. Les païens l'en chassèrent; il y revint en 63, et fut martyrisé par eux l'an 68 de J.-C. Les Vénitiens prétendent que ses restes furent transportés dans leur ville vers l'an 815, et pour cela que saint Marc est le patron de Venise. L'Evangile de saint Marc, qui renferme seize chapitres et commence par la pénitence de saint Jean le désert, a été composé selon les uns à Rome, selon les autres en Egypte.

MARC (SAINT-). Une place et une église célèbres à Venise portent ce nom. La place est le premier objet de la curiosité des étrangers. Elle est beaucoup plus longue que large, et est formée par trois corps de bâtiments, qui sont les *procuratie* anciennes, les *procuratie* nouvelles et l'église. Sur l'un des côtés de la place se trouve un monument ou une tour cannelée, dans toute sa hauteur (trois cent vingt-quatre pieds) et finissant en arcades soutenues par des colonnettes de marbre. Au-dessus de cette partie règne à l'entour un balcon où s'élève une pyramide surmontée d'un globe en pierre de dix-huit pieds. C'est le *campanile*. — L'église de Saint-Marc se compose d'abord d'un vestibule séparé de l'église, ayant deux cents pieds de long et décoré d'une façade magnifique. La seconde partie est la nef, la *grembo*. On y entre par cinq portes d'airain ; sur les côtés est un lieu réservé pour les femmes. A droite et à gauche se trouve une aile divisée par des arcs et des piliers. La dernière partie est le sanctuaire, séparé de la nef par un parapet qui avec huit colonnes soutient une architrave de trois pieds de large, en porphyre et en serpentin. Au milieu de l'architrave est une croix d'argent massif. Aux côtés sont des figures en marbre, de grandeur naturelle, représentant saint Marc, la Vierge et les douze apôtres. — Le lion de Saint-Marc est un lion en bronze placé au haut d'une colonne de granit très-élevée sur la *Piazzetta*, place voisine de Saint-Marc.

MARC (SAINT-), ordre de chevalerie institué à Venise en l'honneur de saint Marc l'Evangéliste. Les chevaliers portaient sur leurs armes et leurs drapeaux blancs un lion ailé de *gueules* avec la devise : *Pax tibi, Marce evangelista meus*, et avaient le titre de citoyens. Il y avait trois sortes de chevaliers de Saint-Marc. Les premiers étaient faits par le sénat, lorsqu'ils avaient rendu de grands services à l'Etat. Ils avaient le privilège de porter la stole d'or aux jours de cérémonie, et étaient distingués les autres jours par un galon d'or sur le bord de leur stole noire. Les deux autres étaient ceux qui avaient acquis ce degré de mérite des armes et des lettres. Ils portaient une chaîne d'or où pendait le lion de Saint-Marc dans une croix d'or.

MARCA (Pierre DE), l'un des plus célèbres prélats de l'Eglise gallicane, né à Gand en Béarn en 1584 d'une famille noble et illustre. Il travailla à rétablir la religion catholique dans le Béarn, et obtint la charge de président au parlement de Pau en 1621, et celle de conseiller d'Etat en 1639. Après la mort de sa femme, il entra dans les ordres et fut nommé à l'évêché de Couserans, puis à l'archevêché de Toulouse en 1652. Le roi le fit ministre d'Etat en 1658. Ses premiers soins furent d'écraser le jansénisme, et le premier il dressa le projet d'un *formulaire*, où l'on condamnait les cinq propositions dans le sens de l'auteur. Son zèle fut récompensé par l'archevêché de Paris ; mais il mourut le jour même que les bulles arrivèrent (1662). C'était un homme plein d'érudition. On lui doit l'*Histoire du Béarn*, la *Marche espagnole* et un grand nombre de traités et dissertations.

MARCASSITE, une des variétés du fer sulfuré ou de la pyrite ferrugineuse, contenant, selon Haüy, une petite quantité de cuivre. La marcassite est d'un jaune de laiton, assez dure pour étinceler par le choc du briquet, susceptible d'un beau poli et d'être taillée à facettes. Dans cet état, on en faisait autrefois des boutons, des entourages de pierres précieuses, de portraits et d'autres bijoux. Ce minéral acquiert par frottement l'électricité résineuse, lorsqu'on l'a isolé. Sa pesanteur spécifique est de 4,6 à 4,7.

MARCEAU (François-Séverin DESGRAVIERS), général républicain, né à Chartres en 1769. Il s'engagea à dix-sept ans comme soldat au régiment de Savoie-Carignan. Son avancement fut rapide. En 1792, il partit pour la frontière en qualité de commandant d'un des bataillons d'Eure-et-Loir. Il fut chargé d'aller porter au roi de Prusse la capitulation de Verdun. Il reçut le grade de capitaine de cuirassiers dans la légion germanique qui fut formée en 1793 pour aller combattre l'insurrection vendéenne. Il se distingua à la bataille de Saumur gagnée par les Vendéens. Un décret spécial l'éleva au grade de général de brigade à vingt-deux ans. Nommé général en chef des deux armées de l'Ouest, il gagna sur les Vendéens la célèbre bataille du Mans (1793), et détruisit leur dernier corps à Savenai. Un trait d'humanité fut cause de sa destitution et faillit l'être de sa mort. Il avait sauvé une jeune Vendéenne, et avait été dénoncé au comité de salut public. Le conventionnel Bourbotte, auquel il avait sauvé la vie, usa de tout son crédit pour le sauver. Envoyé à l'armée des Ardennes, puis à celle de Sambre-et-Meuse comme général de division, il s'y distingua pendant deux ans, et périt lors du champ de bataille d'Altenkirchen à vingt-sept ans (1796).

MARCEL. Deux papes ont porté ce nom.
— MARCEL Ier, Romain, succéda en 308 à saint Marcellin. La sévérité dont il usa envers un apostat le rendit odieux au tyran Maxence, qui le bannit de Rome. Il mourut en 310. — MARCEL II (*Marcello Cervino de Monte-Pulciano*), né à Fano (Etats romains), fut secrétaire du pape Paul III. Marcel accompagna le cardinal Farnèse, neveu du pape en France, et succéda au pape Jules III en 1555. Il mourut vingt et un jours après son élection, le 30 avril.

MARCEL (Etienne), prévôt des marchands de Paris, se concilia l'amour du peuple par son opposition à la cour pendant la captivité du roi Jean. Il livra la ville au roi de Navarre Charles le Mauvais; mais, ce prince en ayant été chassé, il voulut le faire rentrer et lui ouvrir les portes. Jean Maillard lui fendit la tête d'un coup de hache (1358).

MARCEL (Claude), prévôt des marchands en 1570. Il exerçait encore cette charge en 1572. Il était en grande faveur près de la reine Catherine de Médicis et de Charles IX. Il réunit chez lui à l'hôtel de ville, la veille du massacre de la Saint-Barthélemy, les commandants des quartiers, les échevins et les dizainiers, et leur ordonna de prendre les armes. Le duc de Guise le destitua dans la nuit du 24 au 25 août 1572, et lui substitua le président Charon. On croit que cette expulsion fut causée par la découverte d'un complot tramé entre la reine mère et Marcel pour se défaire des Guise et des Montmorency en même temps que des protestants.

MARCELLIN, trentième pape, Romain, succéda à Caïus en 296. Sous son pontificat eut lieu la persécution de Dioclétien, commencée l'an 303. Il mourut en 304, après un pontificat de huit ans trois mois et vingt-cinq jours.

MARCELLIN (SAINT-), chef-lieu d'arrondissement du département de l'Isère, à 13 lieues de Grenoble. Population, 3,000 habitants. Située dans une contrée agréable et fertile en excellents vins, sur les bords de l'Isère, cette ville est bien bâtie et ceinte de murailles. On y trouve de belles fontaines et un tribunal de première instance. Saint-Marcellin commerce en vins et soies.

MARCELLUS, branche de la maison plébéienne Claudia, qui commença à devenir célèbre, l'an de Rome 423 (331 avant J.-C.), en la personne de MARCUS CLAUDIUS, élu dictateur, et père de MARCUS CLAUDIUS MARCELLUS. Celui-ci s'éteignit, 28 ans avant J.-C., dans la personne du jeune MARCELLUS, neveu et gendre d'Auguste. Voy. plus bas.

MARCELLUS (Marcus Claudius), célèbre général romain, qui fit une expédition dans les Gaules, et combattit Annibal en Italie. Peu de temps après, nommé consul pour la troisième fois, il fut envoyé en Sicile avec une armée considérable. Il assiégea Syracuse par terre et par mer, et s'en empara après trois ans. Il fut une seconde fois opposé à Annibal, reprit la plupart des villes samnites révoltées, fit 3,000 Carthaginois prisonniers, et fut tué dans une embuscade à l'âge de soixante ans, l'an de Rome 544 (avant J.-C. 209). — MARCUS CLAUDIUS MARCELLUS, son cinquième descendant, contemporain de César et de Pompée, se signala par son dévouement pour ce dernier. Rappelé par César, Cicéron prononça en sa faveur une harangue : *Pro Marcello*. — MARCUS CLAUDIUS MARCELLUS, son fils, épousa Octavie, sœur d'Auguste, et en eut MARCUS CLAUDIUS MARCELLUS, qui épousa Julie, fille d'Auguste, fut désigné successeur de celui-ci, et mourut à l'âge de dix-huit ans. On connaît à son sujet les vers de Virgile : *Tu Marcellus eris*.

MARCHAND. On appelle ainsi celui qui se livre au commerce, qui prend les marchandises des mains du fabricant pour les mettre à la disposition du consommateur. Il y en a trois sortes : les *marchands en gros*, qui achètent par grandes masses et ne revendent que des parties assez considérables; les *marchands en demi-gros*, qui se fournissent chez les marchands en gros et revendent ensuite au détaillant; les *marchands en détail*, qui vendent à leur tour aux consommateurs. Avant la révolution de 1789, on connaissait à Paris les six corps ou communautés des marchands qui vendaient les plus notables marchandises. Les premiers étaient les drapiers, les chaussetiers ; les seconds étaient les épiciers ; les troisièmes, les merciers; les quatrièmes, les pelletiers (ceux-ci, qui étaient d'abord les premiers, vendirent leur droit de préséance aux drapiers, et ne vinrent plus qu'en quatrième rang); les cinquièmes étaient les bonnetiers, et les sixièmes, les orfèvres.

MARCHANDISE, tout ce qui peut être l'objet d'un commerce. On appelle *marchandises de traite* les objets que les armateurs envoyaient en Afrique pour être offerts aux habitants du pays en échange des produits qu'on voulait obtenir d'eux : c'étaient des armes, des couteaux, des haches, du tabac, de la verroterie, etc. On appelle *marchandises de contrebande* celles qui ont été soustraites à l'imposition des droits que chaque marchandise doit payer en entrant en France. On appelle *marchandises de pacotille* des marchandises fabriquées expressément pour l'exportation et notamment pour l'Amérique du Sud. Elles font l'objet d'un commerce très-considérable, et leur qualité est inférieure à celle des marchandises qui doivent être livrées à la consommation intérieure.

MARCHANGY (Louis-Antoine DE), magistrat et littérateur distingué, né à Saint-Saulge (Nièvre) en 1775. Il débuta dans la carrière littéraire par le poëme du *Bonheur* (1804), et publia en 1813 la *Gaule poétique* ou l'*Histoire de France considérée dans ses rapports avec la poésie, l'éloquence et les beaux-arts*. En 1818, il fut nommé substitut du procureur du roi, puis procureur du roi. Le talent qu'il déploya lui valut bientôt la place d'avocat général à la cour royale, et plus tard à la cour de cassation. Il porta la parole dans l'affaire des sergents de la Rochelle. En 1823, il fut nommé député, et éprouva des difficultés pour son admission. L'année suivante, le même collège le réélut. Il mourut en 1826, chevalier de Malte et de la Légion d'honneur. L'année de sa mort, il avait publié *Tristan le Voyageur* (xve siècle).

MARCHE, contrée de Suisse, dans le canton de Schwitz, entre le lac Zurich et le canton de Glaris. Son chef-lieu est Lachen.

MARCHE, ancienne province de France, un des trente-deux gouvernements militaires du royaume, formant aujourd'hui le département de la Creuse et une partie de celui de la Haute-Vienne, était enclavée entre le Berri, l'Auvergne, le Poitou, l'Angoumois et le Limousin. Elle a 22 lieues de long sur 10 de large. La capitale de la Marche était *Guéret*. La Marche se divisait en haute Marche, chef-lieu *Guéret*, et en basse Marche, chef-lieu *Bellac*. Elle comprenait une petite contrée appelée le *Combraille*, située à son extrémité orientale. Cette contrée eut d'abord ses comtes souverains (de la maison de Charroux, puis de celles de Montgommery et de Lusignan), et, confisquée en 1309, elle passa dans la maison de Bourbon. — François Ier la réunit en 1527.

MARCHE, pièce de musique composée pour des instruments à vent et de percussion, destinée à régler le pas d'une troupe militaire. Les marches s'emploient quelquefois dans la musique théâtrale, et souvent on y joint un chœur. Le mouvement de la marche est à quatre temps, d'un caractère bien déterminé, mais modéré.

MARCHE (mus.). On donne ce nom, en harmonie, à une progression régulière et uniforme d'accords, à un dessin que l'on suit pendant quelque temps. Les marches sont d'un très-bel effet, surtout dans les morceaux de musique dits *fugués*.

MARCHE ÉLECTORALE. Voy. BRANDEBOURG.

MARCHE (ORDRE DE). On appelle ainsi, en stratégie, la disposition que l'on doit apporter dans les mouvements des corps d'armée. On appelle, en stratégie navale, la position, l'arrangement assignés aux vaisseaux d'une escadre qui navigue. On reconnaît cinq ordres de marche différents : 1° l'*ordre de chasse*, l'armée sur une des lignes du plus près; 2° l'armée sur la perpendiculaire au vent; 3° ordre de retraite, l'armée sur les deux lignes du plus près, le général au centre et sous le vent ; 4° l'armée en trois divisions, chacune dans le troisième ordre, chaque commandant respectivement l'un à l'autre; 5° l'armée partagée en trois colonnes, chacune rangée sur la ligne du plus près dont elle vient d'être détachée.

MARCHE TRÉVISANE, province du royaume lombardo-vénitien. Elle se divise en quatre parties : 1° le territoire de Trévise, capitale *Trévise*; 2° le territoire de Feltre, capitale *Feltre*; 3° le territoire de Bellune, capitale *Bellune*; 4° le territoire de Cadore, capitale *Cadore*.

MARCHE (Olivier DE LA), historien français et chroniqueur, fils d'un gentilhomme bourguignon, né en 1426. Page, puis gentilhomme de Philippe le Bon, duc de Bourgogne, devenu ensuite bailli d'Amont et capitaine des gardes de Charles le Téméraire, il fut après la mort de ce prince (1477) grand maître d'hôtel de Marie de Bourgogne et de Philippe le Beau. Il mourut à Bruxelles en 1501. On a de lui des *Mémoires ou Chroniques* (de 1435 à 1492), *le Chevalier délibéré*, poëme, *le Parement et le triomphe des dames d'honneur*, etc.

MARCHÉ, lieu où les consommateurs viennent s'approvisionner. On appelle *marchés francs* ceux qui étaient affranchis des taxes ordinaires. La Russie, l'Orient et quelques villes d'Allemagne ont seuls conservé des marchés considérables. Les principaux marchés de cette espèce encore fréquentés sont, en Angleterre, Bristol, Exeter, Horncastle, Woodstock, Falkirk ; en Russie, Nijnei-Novogorod et Kiachta ; en Orient, la Mecque et Hurdwar; en Allemagne, Francfort-sur-le-Mein, Francfort-sur-l'Oder et Leipzig.

MARCHES, dénomination par laquelle on désignait autrefois les territoires situés le long de la frontière des Etats. Ce mot est dérivé de l'allemand *mark*, qui a la même signification, ou de *marca*, *marchia*, *limes*, dont l'un est le nom de *marchio* ou *marcheus* (marquis) donné au seigneur qui commandait les marches.

MARCHES. On donnait autrefois ce nom

aux touches des divers claviers de l'orgue. — On appelait aussi *marches* les touches de la *vielle* par lesquelles on forme les intonations en les appuyant contre la corde.

MARCIA. Plusieurs dames romaines célèbres ont porté ce nom. — MARCIA, femme de Regulus, se vengea du supplice de son époux en torturant les prisonniers carthaginois. — MARCIA, femme de Caton d'Utique, fut cédée à l'orateur Hortensius, quoiqu'il en eût eu plusieurs enfants, et reprise par lui à la mort de son ami fort enrichie. — MARCIA FURNILLA, seconde femme de Titus, fut répudiée par amour pour Bérénice, reine de Judée. — MARCIA, maîtresse favorite de Commode, ayant surpris une liste de proscrits par l'empereur, sur laquelle elle se trouvait, l'empoisonna et ensuite le fit étrangler au sortir du bain. Elle avait empêché Commode de tyranniser les chrétiens.

MARCIAGE (terme d'ancien droit féodal), droit par lequel un seigneur prenait de trois années le produit de l'une dans les fruits que la terre produit naturellement, tels que prés, saules, etc. A ce prix, le vassal était quitte du cens de cette année. Le droit de marciage était seulement de la moitié du produit pour les terres labourables, les vignes, etc. — C'était aussi un droit de manœuvre ou de corvée.

MARCIEN, né en Thrace d'une famille obscure, fut d'abord simple soldat. Enrôlé dans la milice, il parvint de grade en grade aux premières dignités de l'empire. À la mort de Théodose II (450), Pulchérie, sœur de ce prince, l'épousa et l'éleva à l'empire. Il publia une loi rigoureuse contre les hérétiques, rappela les évêques exilés, fit assembler en 451 un concile œcuménique à Chalcédoine; les impôts furent abolis, le vice puni. Ce grand homme se préparait à marcher contre Genséric lorsqu'il mourut en 457, à l'âge de soixante-neuf ans. — MARCIEN, fils d'Anthemius, empereur d'Occident, qui avait époséLeontia, fille de l'empereur Léon, voulut enlever le trône à l'empereur Zénon, et, vaincu, s'enferma dans un cloître.

MARCION, hérésiarque du IIe siècle, natif de Sinope, sur le Pont-Euxin, ce qui l'a fait surnommer *le Pontique* et *le Loup du Pont*. Excommunié par son père, évêque de cette ville, et chassé de sa patrie, il se retira à Rome, où il embrassa les erreurs de Cerdon et des manichéens. Il fut le fondateur de la secte des MARCIONITES, qui croyaient en deux Christs, l'un envoyé par un Dieu inconnu, pour le salut de tout le monde; l'autre que le Créateur enverrait un jour pour celui des Juifs. Ils niaient la résurrection de la chair, condamnaient le mariage, et rejetaient l'usage de la viande et de toutes les choses créées. Ils soutenaient que Jésus-Christ n'avait eu qu'une chair fantastique, et qu'il n'avait pas délivré des enfers les justes de l'Ancien Testament, mais bien les méchants, tels que Caïn, Nemrod, les Sodomites, etc.

MARCUS, nom des membres de la famille Marcia. Elle remontait au Sabin MARCUS MARCIUS SABINUS, qui conseilla à Numa Pompilius d'accepter la couronne, et vint à Rome avec lui. Il disputa le trône à Tullus Hostilius, et, ayant échoué, il se tua. — MARCIUS NUMA, probablement son fils, épousa Pompilia, fille de Numa Pompilius, et fut créé grand pontife par son beau-père. Il fut père d'ANCUS MARCIUS. Voy. ce mot. — QUINTUS MARCIUS CORIOLANUS. Voy. CORIOLAN. — CAÏUS MARCIUS RUTILUS, consul l'an de Rome 397, triompha des Privernates, et fut l'année suivante nommé dictateur, quoique plébéien. Il gagna une victoire sur les Étrusques, et obtint les honneurs du triomphe. L'an 402, il fut réélu consul avec Valerius Publicola. Après avoir été nommé censeur avec Cneius Manlius, il fut encore élevé au consulat en 410 et 412 de Rome.

MARCK (Guillaume DE LA), d'une maison illustre qui tirait son origine des comtes d'Aremberg dans le XIIIe siècle, s'empara de Liége, dont il assassina l'évêque Louis de Bourbon (1482) avec l'aide de Louis XI, fit élire de force son fils à sa place, fut excommunié par le pape, et pris par le seigneur de Horn, frère de l'évêque élu canoniquement pour succéder à Louis de Bourbon. De Horn lui fit trancher la tête à Maestricht. Il avait reçu le surnom de *Sanglier des Ardennes*.

MARCK (Robert DE LA), duc de Bouillon, prince de Sédan, servit sous le roi Louis XII, et se trouva en 1513 à la bataille de Novare avec ses deux fils Fleuranges et Jametz. Il envahit le Luxembourg, et fut chassé par l'empereur de ses possessions. Rétabli par le traité de Madrid, il reçut en 1530 le bâton de maréchal de France, et mourut en 1537. — ROBERT DE LA MARCK, maréchal de Fleuranges, son fils, mort en 1537, a écrit des *Mémoires* depuis 1503 jusqu'à 1521 sous le nom de *Jeune Aventureux*. — Son petit-fils, HENRI-ROBERT DE LA MARCK, duc de Bouillon, ne laissa qu'une fille, morte en 1594, et mariée à Henri de la Tour d'Auvergne, qui hérita ainsi du duché de Bouillon.

MARCK ou MARC. Plusieurs monnaies portent ce nom. Le *marck danois*, de 16 schellings, de 1776, monnaie d'argent de Danemarck, vaut 94 centimes de France; le *marck de Lubeck*, de 16 schellings, d'argent, vaut 1 franc 53 centimes. — Le *marck banco*, de Hambourg, d'argent, vaut 1 franc 88 centimes; le *marck de 16 schollings*, d'argent, vaut 1 franc 53 centimes.

MARCOMANS (de *mark*, frontières, et *man*, homme), peuples de la Germanie, qui habitaient originairement sur les bords du Danube et de l'Elbe, dans le pays appelé de nos jours Bohème et Moravie. Ils furent pour l'empire romain des ennemis redoutables. Auguste leur accorda la paix. Antonin et Trajan les subjuguèrent.

MARCO-POLO, célèbre voyageur, fils du Vénitien Nicolas-Polo. Son père et son oncle Matteo avaient déjà fait plusieurs voyages. Ils emmenèrent avec eux le jeune Marco, pour qui Kublaï, kan des Tartares, à la cour duquel ils se rendirent, fit une affection toute particulière. Marco-Polo, ayant appris les différents dialectes tartares, fut employé dans les ambassades qui lui donnèrent le moyen de parcourir la Tartarie, la Chine, Madagascar et d'autres contrées. Après vingt-quatre ans de voyages, rentré dans sa patrie en 1295, il eut le commandement d'une galère, et fut fait prisonnier par les Génois. Ce fut dans sa captivité qu'il écrivit la relation de ses voyages. De retour à Venise, il s'y maria, et mourut en 1324.

MARCOTTE, branche d'arbre ou d'arbuste qui, placée dans une terre humide, se garnit de racines et reproduit le végétal dont elle a été séparée. Les arbres et les plantes vivaces se multiplient par le marcottage.

MARCULFE, moine français du VIIIe siècle, fit à l'âge de soixante-dix ans, par ordre de Landri, évêque de Paris, un recueil des *formules* des actes les plus ordinaires. Son ouvrage, très-utile pour la connaissance du droit ecclésiastique et de l'histoire de la première race, est divisé en deux livres. Le premier contient les chartes royales, *Præceptiones regales*; le second, les actes des particuliers, *Chartæ pagenses*. Jérôme Bignon a publié en 1613 cet ouvrage de Marculfe. Baluze en donna une édition dans le *Recueil des capitulaires des rois de France* (1677).

MARCUS, prénom très-usité chez les Romains, qui se marque souvent en abrégé par la seule lettre *M*.

MARDI, second jour de la semaine. Les astrologues pensaient que Mars présidait à la première heure de ce jour, et de là son nom. En Sicile, l'usage est établi de faire abstinence de chair ou de laitage le mardi en l'honneur de la sainte Vierge. Selon le bréviaire le mardi est la troisième férie.

MARDOCHÉE, Juif, fils de Jaïr et oncle d'Esther, était de la race de Saül et l'un des premiers de la tribu de Benjamin. Il fut mené captif à Babylone par Nabuchodonosor, et s'établit à Suze. Étant à la porte du palais du roi Assuerus, il découvrit le complot de deux eunuques qui avaient résolu de tuer le roi, et seul refusa de fléchir le genou devant Aman, favori du prince, qui, irrité de ce refus, fit élever une potence pour y faire pendre Mardochée. Le roi, détrompé par Esther, fit pendre Aman, et donna toute sa faveur à Mardochée.

MARDONIUS, général de Darius, roi des Perses, et son gendre. Envoyé en Thrace, sa flotte fut battue par la tempête près du mont Athos. Rappelé par Darius, il reçut, après la mort de ce prince, de Xerxès son fils, le commandement de l'armée contre les Grecs. Laissé en Grèce après la bataille de Salamine avec une armée de 300,000 hommes, il entra dans Athènes, qu'il acheva de détruire, et fut vaincu et tué à la bataille de Platée l'an 479 avant J.-C.

MARE. On donne ce nom à des bassins peu profonds et de peu d'étendue qui se trouvent à la surface du sol, et qui reçoivent les eaux répandues sur les terres voisines. On en trouve dans les endroits secs et élevés, comme dans ceux qui sont bas et humides. Le pays Chartrain en fournit des exemples.

MARÉCHAL DE CAMP, officier supérieur établi vers 1534, et dont le titre fut, de 1793 à 1814, remplacé par celui de *général de brigade*. Les maréchaux de camp commandent les brigades de l'armée active, et peuvent remplacer par intérim les lieutenants généraux dans celui des divisions. Ils sont chargés du commandement des départements ou subdivisions militaires, de celui des principales places fortes, et remplissent les fonctions de chefs d'état-major d'armée. Leur solde est de 10,000 francs.

MARÉCHAL DE FRANCE. Cette haute dignité militaire, créée en 1185, n'était pas dans l'origine accordée à vie, et ne s'exerçait que par commission. Supprimée pendant la révolution française, elle a été réinstituée lors de l'établissement de l'empire. Les officiers généraux qui furent nommés maréchaux reçurent le titre de *maréchaux de l'empire*, qu'ils gardèrent jusqu'en 1814, époque à laquelle une ordonnance royale rétablit l'ancien titre. Le nombre des maréchaux de France est limité à douze. Un lieutenant général ne peut devenir maréchal sans avoir commandé en chef une armée.

MARÉCHAL DES LOGIS. Ce titre correspond, dans la cavalerie, à celui de sergent dans l'infanterie, et celui de *maréchal des logis chef* à celui de sergent-major.

MARÉCHAL FERRANT, artisan chargé de ferrer les chevaux, les ânes, les mulets, les bœufs, etc., et de les traiter dans leurs maladies. Ainsi il est à la fois artisan et médecin vétérinaire.

MARÉCHAUSSÉE, corps institué pour faire respecter les lois et en assurer l'exécution. François Ier tenta de donner au corps de la maréchaussée, existant depuis longtemps, une nouvelle constitution. Henri II augmenta, de 1554 à 1557, les brigades de maréchaussée. Ces brigades veillent au maintien de l'ordre, de la police et de la tranquillité publique. Indépendamment des compagnies détachées, on comptait encore la *compagnie de la connétablie*, créée en 1060, et qui était la première de l'arme. Cette arme, composée de trente-trois compagnies, formait un total de 368 officiers et 4,241 sous-officiers et soldats. La maréchaussée a pris en 1790 le nom de *gendarmerie nationale*.

MARÉE, mouvement alternatif journalier des eaux de la mer, qui couvre et abandonne successivement ses rivages. Les eaux montent d'abord pendant environ six heures. Ce mouvement est le *flux*; on l'appelle aussi la *marée montante*. Après être parvenues à leur plus grande hauteur, elles restent quelques instants en repos; c'est la haute mer ou la marée haute. Peu à peu elles commencent à descendre pendant six heures; ce mouvement est le reflux; on l'appelle aussi marée descendante. Lorsque les eaux sont arrivées à leur plus grande dépression, elles restent un instant en repos; c'est la basse mer ou la marée basse. Puis le flux recommence, et ainsi de suite. Les marées sont dues à l'attraction de la lune.

MAREMME. On appelle ainsi dans l'Italie des terrains isolés, et situés soit dans les États de l'Église, soit dans le grand-duché de Toscane, aux environs de Sienne et sur le versant occidental des Apennins, soit dans le royaume de Naples. On ne saurait habiter en été sans danger les maremmes à cause des émanations délétères qu'exhale le sol imprégné de soufre et d'alun. En hiver, au contraire ce sont autant de riches prairies où le bétail trouve une abondante nourriture. Les maremmes de Sienne sont sur le bord de la mer entre Orbitello et Piombino.

MARENGO, hameau d'Italie, à 2 lieues E.-S.-E. d'Alexandrie, sur la Bormida, célèbre par la victoire qu'y remportèrent le 14 juin 1800 les armées françaises, sous la conduite du premier consul Bonaparte, sur les Autrichiens, commandés par le général Mélas. Quatre fois les troupes françaises furent repoussées et mises en retraite, quatre fois elles furent ramenées au combat. La victoire fut due à l'intrépidité du général Desaix qui fit une trouée et mourut sur le champ de bataille.

MARENNES, ville de la Charente-Inférieure, chef-lieu de sous-préfecture, sur la Seudre, à une demi-lieue de l'Océan, à 13 lieues de la Rochelle par terre, à 6 par mer. Population, 4,800 habitants. Cette ville avait le titre de comté dans le XIVe siècle. Elle appartint depuis à Philippe de Valois et à la maison de Pons. Dans le XVIIIe siècle, elle devint une seigneurie, dont les comtes de Soissons et l'abbesse de Saintes se partageaient la propriété. Cette ville est bien bâtie, mais insalubre à cause du voisinage des marais. Marennes a un bon port de mer sur l'Océan, un tribunal de première instance et de commerce, une école modèle, des fabriques nombreuses. On y pêche des huîtres très-estimées; on y exploite de belles salines.

MARFORIO, statue satirique déterrée près du Capitole à Rome. Marforio faisait les demandes à une autre statue satirique appelée Pasquino, qui répondait. Ces demandes, ordinairement malicieuses, s'écrivaient sur le pied de la statue, et les réponses de même.

MARGARATES, sels résultant de la combinaison de l'acide margarique avec les bases salifiables et qui sont de véritables savons. Le seul qui sous le rapport des arts mérite de l'intérêt est le margarate de potasse, parce qu'il peut aisément se réduire en bi-margarate, et que c'est de ce dernier qu'on retire l'acide margarique, employé dans la composition des bougies stéariques.

MARGARIQUE (Acide), acide gras, blanc, inodore, insipide, fondant à 60 degrés, insoluble dans l'eau. On l'obtient en traitant la graisse par la potasse. Le bi-margarate qui se forme est traité à chaud par de l'acide hydrochlorique, et l'acide margarique se dépose. Il est composé d'oxygène, de carbone et d'hydrogène. Depuis quelques années, on forme avec le mélange de cet acide et d'acide stéarique des bougies très-blanches, très-solides et très-sonores. Ces bougies, appelées d'abord oxygénées, portent aujourd'hui le nom de stéariques.

MARGIANE, contrée de la Bactriane près de l'Oxus, au N. de la Bactriane propre. Elle était arrosée par le Margus, et sa ville principale était Margine, autrement Antioche. Elle produisait des vins très-estimés, et les ceps de vigne y étaient si gros que deux hommes, dit-on, pouvaient à peine en embrasser un. Le Margus, aujourd'hui Marghab, donnait son nom à la Margiane. Il prenait sa source dans les monts Paropamisus, et, après avoir arrosé Marginie, allait se jeter dans l'Oxus.

MARGINELLE, genre de mollusques de la famille des columellaires, à coquille polie, ovale-oblongue, à sommet un peu conique, à spire courte. L'animal des espèces les plus connues est pourvu de deux tentacules courts et élargis à leur base. C'est dans les pays chauds, sur les rochers qui bordent la mer, qu'ils se trouvent en plus grande quantité. Les espèces les plus connues sont la marginelle bleuâtre, la marginelle neigeuse, la marginelle bullée et la marginelle rose.

MARGRAVE (de mark, frontière, et graff, comte), comte de la frontière. C'est le seigneur commandant les frontières. Son nom équivaut à celui de marquis. C'est le titre de quelques petits princes souverains d'Allemagne. Le margraviat est la dignité, l'état, la juridiction d'un margrave.

MARGUERITE (Sainte), reine d'Ecosse, sœur d'Edgar et petite-fille d'Edmond II, surnommée Côte de fer. Poursuivie par Guillaume le Conquérant, elle aborda en Ecosse avec ses frères, et fut accueillie par Malcolm III, qui l'épousa en 1070. Elle ne se servit de l'ascendant qu'elle eut sur son époux que pour faire fleurir la religion et la justice. Elle eut de Malcolm trois fils, Edgar, Alexandre et David, et une fille, Mathilde, mariée à Henri Ier, roi d'Angleterre. Marguerite mourut en 1093 à quarante-sept ans, et fut canonisée en 1251.

MARGUERITE D'ANJOU, fille de René d'Anjou, comte de Provence, roi de Sicile, etc., et d'Isabelle de Lorraine, née en 1425, épousa en 1443 Henri VI, roi d'Angleterre. Elle fut l'ennemie du duc de Glocester, qu'on l'accusa d'avoir fait périr, et du duc d'Yorck, qui se révolta contre son époux et prétendit à la couronne. Elle se mit elle-même à la tête de ses troupes, gagna sur le duc d'Yorck la bataille de Wakefield, et sur le comte de Warwick celle de Saint-Albans. Battue à Townton et à Exham, elle prit la fuite, et, en traversant une forêt, fut arrêtée par des voleurs, auxquels elle présenta son fils en leur disant : « Je vous confie le fils de votre roi. » Elle se réfugia en France, et revint en 1471 en Angleterre. Défaite à Tewkesbury, elle fut faite prisonnière avec son fils, qui fut massacré, et fut enfermée à la Tour de Londres. Rachetée par Louis XI, elle revint en France, où elle mourut en 1482

MARGUERITE D'AUTRICHE, fille de l'empereur Maximilien d'Autriche et de Marie de Bourgogne, née à Gand en 1480. Fiancée au dauphin (Charles VIII), puis renvoyée à son père et fiancée de nouveau en 1497 à l'infant Juan, fils de Ferdinand le Catholique et d'Isabelle, elle épousa en 1508, après la mort de don Juan, Philibert le Beau, duc de Savoie, qu'elle perdit en 1512 sans avoir eu d'enfants. Son père la nomma gouvernante des Pays-Bas, et elle mourut à Malines en 1530.

MARGUERITE DE BOURGOGNE, fille de Robert II, duc de Bourgogne, fiancée à Louis le Hutin en 1299, l'épousa en 1305 à l'âge de quinze ans. Elle aima les plaisirs avec fureur. Convaincue d'adultère ainsi que Blanche de Bourgogne, épouse de Charles, comte de la Marche, frère du roi, avec deux frères, l'un Philippe, l'autre Gaultier d'Aulnay, elle fut enfermée au château Gaillard (voy. ce mot), où elle fut étranglée par l'ordre de son mari. Elle avait eu une fille nommée Jeanne, née en 1312 et mariée en 1315 à Philippe, comte d'Evreux.

MARGUERITE DE DANEMARCK, seconde fille de Waldemar III, roi de Danemarck, et femme d'Hakan VII, roi de Norwége, fit proclamer, à la mort de Waldemar son père (1376), son fils Olaüs roi de Danemarck, et se fit donner la régence du royaume. En 1387, elle succéda à son fils Olaüs, et fut appelée en même temps au trône de Norwége, sur lequel elle plaça son petit-neveu Eric de Poméranie (1389). Les Suédois, fatigués du joug d'Albert de Mecklembourg, lui offrirent la couronne. Elle vainquit Albert à Falkœping (1394), et fit accepter par les états des trois royaumes l'acte célèbre d'union, connu sous le nom d'union de Calmar. Elle mourut en 1412, surnommée la Sémiramis du Nord.

MARGUERITE D'ÉCOSSE, fille de Jacques Ier, roi d'Écosse, épousa en 1428 le dauphin (Louis XI). Elle avait à peine douze ans. Femme de beaucoup d'esprit, elle aimait les gens de lettres, et donna un baiser à Alain Chartier, dont les lèvres disaient de si belles choses. Elle fut malheureuse, et mourut en 1445 à vingt-six ans de la douleur d'apprendre qu'on avait calomnié sa vertu. Elle dit en mourant ces paroles : Fi de la vie ! qu'on ne m'en parle plus.

MARGUERITE DE FRANCE, fille de François Ier, née en 1523, épousa en 1559 Emmanuel-Philibert, duc de Savoie, cultiva les lettres, et répandit ses bienfaits sur les savants. Elle savait le grec et le latin, et reçut les surnoms de Pallas de l'Europe et de Mère des peuples. Elle mourut en 1574.

MARGUERITE DE FRANCE, fille de Henri II, née en 1552, épousa en 1572 le prince de Béarn Henri de Bourbon (Henri IV). On l'a accusée d'avoir eu des mœurs trop légères, et cette conduite aussi bien que celle de son époux ne contribua pas peu à entretenir la froideur de leur liaison. Henri, devenu roi de France, lui fit proposer de faire casser leur mariage; elle y consentit avec autant de noblesse que de désintéressement (1599), et vécut le reste de ses jours dans le commerce des gens de lettres. Elle mourut en 1615, et a laissé des poésies et des Mémoires.

MARGUERITE DE PARME, fille naturelle de Charles-Quint et de Marguerite Vaugeste, demoiselle flamande, épousa à treize ans le duc de Florence Alexandre de Médicis. Celui-ci ayant été assassiné en 1537, elle fut mariée au duc de Parme Octave Farnèse. Philippe II, roi d'Espagne, l'appela auprès de lui, et lui confia le gouvernement des Pays-Bas, dans lequel elle se fit estimer et qu'elle abandonna en 1568 au duc d'Albe. Elle mourut de la goutte à Naples en 1586.

MARGUERITE DE PROVENCE, fille aînée de Raymond Béreuger, comte de Provence, épousa saint Louis en 1234. La reine Blanche était si jalouse de l'affection de ses fils, qu'elle ne voyait qu'avec chagrin les empressements de saint Louis pour son épouse. Elle suivit le roi en Egypte l'an 1248, et accoucha en 1250 à Damiette d'un fils qu'elle nomma Tristan. Elle prit un vieux chevalier de lui couper la tête plutôt que de la laisser tomber entre les mains des Sarrasins. Elle revint en France avec saint Louis, et mourut en 1285 à soixante-seize ans

MARGUERITE DE VALOIS, fille du duc d'Angoulême Charles d'Orléans et de Louise de Savoie, et sœur de François Ier, née à Angoulême en 1492, épousa en 1509 Charles de Valois, duc d'Alençon, mort à Lyon en 1525. Aussitôt après la mort de son époux, elle se rendit à Madrid pour y voir son frère prisonnier et malade. En 1527, elle épousa Henri d'Albret, roi de Navarre, dont elle eut Jeanne d'Albret, mère de Henri IV. Elle fit fleurir l'agriculture, encouragea les savants et les arts, et mourut en 1549 au château d'Odos en Bigorre. On a d'elle l'Heptaméron ou les Nouvelles de la reine de Navarre, etc. On l'avait surnommée la Marguerite des Marguerites, la dixième Muse, la quatrième Grâce.

MARGUERITE D'YORCK, fille de Richard, fille de Richard, fille d'Edouard IV et de Richard III, fut la seconde femme de Charles le Téméraire, duc de Bourgogne, et survécut à son époux. Henri VII, qui avait détrôné Richard III son frère, en voulut épousa la nièce de Marguerite, maltraitant cette princesse, la duchesse de Bourgogne suscita contre lui des imposteurs, et entre autres Lambert Simnel et Perkin Warbeck. Elle fut surnommée la *Junon* du roi d'Angleterre.

MARGUERITE D'YORCK, fille de Georges, duc de Clarence, frère des rois Édouard IV et Richard III. Mariée à Richard Pool, cousin germain de Henri VII, elle en eut quatre fils, dont un devint célèbre sous le nom de cardinal Polus. Henri VIII la choisit pour gouvernante et dame d'honneur de sa fille unique Marie. Après la répudiation de Catherine d'Aragon, le cardinal Polus ayant eu le courage de reprocher au roi ses débauches, et Marguerite, sa mère, lui ayant écrit à Rome où il se trouvait, Henri VIII l'accusa de haute trahison, et lui fit trancher la tête en 1541, à l'âge de soixante et onze ans.

MARGUERITE DE LANCASTRE, fille de Jean de Beaufort, duc de Sommerset, cousin germain de Henri V, née à Bletsoe (Bedfordshire) en 1441, épousa Edmond Tudor, comte de Richmond, fils de sir Owen Tudor et de Catherine de France, et frère utérin de Henri VI. Elle en eut Henri, comte de Richmond, qui fut depuis Henri VII. Après la mort d'Edmond (1456), elle épousa sir Henri Stafford, second fils du duc de Buckingham, dont elle n'eut point d'enfants, et dont elle devint veuve en 1482. Elle épousa en troisièmes noces lord Thomas Stanley, qui fut créé en 1485 comte de Derly, et mourut en 1504. Marguerite mourut en 1509.

MARGUERITE (*Margarita*), île de la mer des Antilles, située sur les côtes de la Colombie, à peu de distance de la province de Cumana. Sa superficie est d'environ 48 lieues carrées, et sa population de 14,000 habitants, parmi lesquels on compte des Américains et des mulâtres, mais peu d'Espagnols. L'air est épais et malsain. Le sol est fertile en maïs, fruits, etc. On y trouve beaucoup de pâturages. Des brouillards épais la couvrent presque continuellement, quoique la nature lui ait refusé des eaux courantes. On y faisait autrefois la pêche des perles. Le chef-lieu est *Pampatar* ou *Mon-Padre de l'Assomption*, petit bourg fortifié sur la côte méridionale de l'île. — Découverte en 1498 par Christophe Colomb, elle fut occupée par les Espagnols en 1524. Elle fait aujourd'hui partie de la république de Venezuela.

MARGUERITE, nom commun à plusieurs plantes, principalement de la famille des *composées*. La marguerite jaune est la *chrysanthème coronaire*; la marguerite des prés est la *chrysanthème à fleurs blanches*.

MARGUILLIER, fabricien qui a l'administration des affaires temporelles d'une église, paroisse, etc. Dès que le conseil de fabrique pour une paroisse est nommé, on choisit au scrutin, parmi les membres, ceux qui doivent faire partie du bureau des marguilliers. Ce bureau se compose 1° du curé, membre perpétuel et de droit, 2° de trois fabriciens. Le curé a la présidence. Chaque année l'un des marguilliers est remplacé. Le bureau nomme un président, un trésorier, un secrétaire, choisis dans son sein. Le bureau des marguilliers dresse le budget de la fabrique, prépare les affaires qui doivent être portées au conseil, est chargé de l'exécution de ses délibérations et de l'administration journalière du temporel de la paroisse.

MARIAGE, union légitime de l'homme et de la femme, consacrée par la religion et sanctionnée par la loi. De là deux formes de mariages, les mariages religieux et les mariages civils. En France, le mariage civil suffit aujourd'hui pour valider l'union matrimoniale aux yeux de la société, qui ne considère le mariage religieux que comme une sanction du premier. L'Église ne reconnaît pas de mariage légitime sans mariage religieux. Il constitue pour elle un des sept sacrements, dont le caractère est d'augmenter la grâce sanctifiante et d'apporter un remède aux maux introduits dans le mariage par le péché. Les solennités qui en précèdent la célébration sont les fiançailles, la proclamation des bans et le consentement des parents. Celles qui accompagnent la célébration du mariage sont la présence du prêtre et des témoins, celle des parties contractantes et leur consentement, la bénédiction et les autres cérémonies religieuses. *Voy.* EMPÊCHEMENTS. — Le mariage civil ne peut être contracté avant l'âge de dix-huit ans pour les hommes et de quinze pour les femmes, et de plus le consentement des père et mère ou tuteur est indispensable jusqu'à l'âge de vingt-cinq ans pour les hommes et de vingt et un pour les femmes. — On donne le nom d'ACTE DE MARIAGE à l'acte de l'état civil constatant que la célébration du mariage a eu lieu dans les formes légales. — On appelle CONTRAT DE MARIAGE un acte qui règle les conditions civiles de mariage et détermine sous quel régime les époux doivent vivre.

MARIAGE (hist.). La forme de la célébration et les conditions du mariage varient suivant les différents peuples. — Chez les Hébreux, le mariage était une obligation rigoureuse. Celui qui ne mariait pas ses enfants était déshonoré. Les festins nuptiaux duraient sept jours. — Chez les Assyriens, toutes les filles nubiles étaient tous les ans assemblées dans un même lieu et mises à l'encan en commençant par les plus belles. L'argent qui en provenait servait à offrir une compensation de la beauté aux autres, et à marier ainsi les plus laides. — A Lacédémone, les hommes ne se mariaient point avant trente ans et les filles avant vingt. Les filles ne portaient à leurs maris d'autre dot que l'honneur et la vertu. Le jour marqué, le fiancé enlevait de force sa future épouse et la conduisait dans sa maison. Dans le reste de la Grèce, c'était aux pères que l'on demandait les filles en mariage. Les Athéniens se mariaient ordinairement dans l'hiver, surtout dans le mois qui avait été pour cette raison appelé *gamélion*, de *gamein*, se marier. Le quatrième jour du mois était le plus heureux pour cette cérémonie. Tous les mariages en Grèce se faisaient à la clarté des flambeaux. — A Rome, le mariage légal se contractait de trois manières différentes, 1° par *confarréation*, 2° par *coemption*, 3° par *cohabitation*. L'âge fixé par les lois pour se marier était à quatorze ans pour les garçons et douze pour les filles. On évitait surtout de se marier un des jours qui étaient considérés comme *néfastes* ou malheureux. Les noces étaient aussi défendues pendant tout le mois de mai.

MARIAGE DES PLANTES. On appelle ainsi la manière dont les plantes se reproduisent. L'hyménée se célèbre chez les plantes publiquement ou clandestinement. Dans le premier cas, les plantes sont dites PHANÉROGAMES, et CRYPTOGAMES dans le second.

MARIANA (Juan), jésuite et historien espagnol, né à Talavera de la Reyna en 1537, entra dans la compagnie de Jésus en 1554. Il enseigna la théologie avec beaucoup de succès à Rome, en Sicile et à Paris. Retiré en Espagne (1574), il composa en latin son *Histoire générale de l'Espagne*, qui obtint beaucoup de vogue et l'engagea à en faire une édition en espagnol. Il mourut en 1623. Ses principaux ouvrages sont le traité *De rege et regis institutione*, brûlé en 1609 par le parlement de Paris, *De ponderibus et mensuris*, etc.

MARIANNES, grand archipel de la Polynésie, situé au N. des Carolines. Il est composé de dix-sept îles, dont la superficie réunie est évaluée à 385 lieues carrées. Les plus importantes sont *Gouaham*, *Rotta*, *Tinian*, *Saypan*, *Agowigan*, *l'Assomption*, etc. La population de toutes les îles Mariannes n'est guère que de 8,000 habitants, dont 4,500 à Gouaham. La ville d'*Agagna*, capitale de l'île de Gouaham, l'est de tout l'archipel. La végétation est grande, féconde et puissante aux îles Mariannes. L'arbre à pain, le goyavier, le riz, le maïs et la plus grande partie des plantes légumineuses y ont été naturalisées par les Espagnols. Les Mariannes appartiennent aux Espagnols, et se trouvent à 300 lieues des îles Philippines. — Découvertes en 1521 par Magellan, qui les nomma *islas de los Ladrones* (îles des Larrons), Saavedra en prit possession au nom du roi d'Espagne en 1528. Elles furent colonisées en 1668. Le gouverneur actuel est don Francisco Lobo.

MARIE, sœur de Moïse et d'Aaron, fille d'Amram et de Jocabed, naquit environ 10 ans avant Moïse, 1576 ans avant J.-C. On croit qu'elle fût prophétesse. Après le passage de la mer Rouge, elle entonna le cantique : *Cantemus Domino*. Ayant parlé contre Moïse au sujet de Séphora, son épouse, elle fut punie par Dieu, qui la couvrit d'une lèpre qui dura sept jours. L'historien Josèphe dit qu'elle fut mariée à Hur. Elle mourut au campement de Cadès, dans le désert de Sin, quarante ans après la sortie d'Égypte.

MARIE, vierge de la tribu de Juda et de la famille de David, fille de Joachim et d'Anne, mère de Jésus. Elle épousa Joseph son parent à l'âge de quinze ou seize ans, et demeura constamment vierge. Peu de temps après son mariage, l'ange Gabriel lui apparut pour lui annoncer qu'elle enfanterait le Sauveur en lui disant : *Ave Maria gratiâ plena*. Et aussitôt elle conçut par l'opération du Saint-Esprit. Elle mit au monde le Sauveur dans une étable de Bethléem, où elle était venue avec Joseph pour le dénombrement des Juifs ordonné par Auguste. Les mages vinrent adorer l'enfant Jésus, et Hérode, ayant appris qu'un roi d'Israël était né, ordonna le massacre de tous les enfants mâles. Avertis par miracle, Marie et Joseph s'enfuirent en Égypte avec Jésus, et y demeurèrent sept ans. Après la mort d'Hérode, elle revint à Nazareth, et commença cette vie d'amour, de piété et de saint respect pour son fils, qu'elle accompagna jusqu'à la croix. On dit qu'elle mourut à soixante-trois ans à Éphèse ou à Gethsemani. La fête plus particulièrement consacrée au culte de la sainte Vierge est l'Assomption.

MARIE DE CLÉOPHAS, sœur de la sainte Vierge, épousa Cléophas ou Alphée, et en eut Jacques le Mineur, Siméon, Joseph et Judes. Elle accompagna Jésus-Christ au Calvaire, où elle était avec la sainte Vierge au pied de la croix. Elle était aussi présente lorsqu'il apparut aux femmes qui allaient le chercher à son tombeau. On ignore l'année de sa mort. On fait sa fête le 9 avril.

MARIE, sœur de Marthe et de Lazare, demeurait à Béthanie. Lorsque Lazare tomba malade, elle et sa sœur en avertirent Jésus, qui ne vint chez eux qu'après la mort de Lazare, et qui le ressuscita. Six jours avant la Pâque, lorsque Jésus soupait chez Simon le Lépreux, elle répandit sur ses pieds une livre d'essence de nard. Elle vint, dit-on, mourir avec son frère et sa sœur en Provence. Sa fête se célèbre le 29 juillet.

MARIE MADELEINE (Sainte), née à Magdalum en Galilée, fut délivrée par Jésus-Christ de sept démons, et s'attacha à suivre et à servir son libérateur. Elle se trouva au pied de la croix avec la sainte Vierge et Marie de Cléophas, et se rendit avec les autres femmes, le lendemain du sabbat, au sépulcre, où elle trouva Jésus ressuscité. Les uns disent qu'après la descente du Saint-Esprit elle se retira avec la sainte Vierge et saint Jean à Éphèse ; les autres croient qu'elle vint à Marseille, et que de là elle se retira dans une grotte, la Sainte-Baume, où elle fit pénitence. Sa fête se célèbre le 22 de juillet.

MARIE ÉGYPTIENNE (Sainte), célèbre pénitente, quitta son père et sa mère à l'âge de douze ans, et s'en alla contre leur gré à Alexandrie, où elle passa dix-sept ans plongée dans la débauche. Elle passa ensuite à Jérusalem, où elle continua de mener la vie licencieuse à laquelle elle était plongée. Voulant un jour adorer la sainte croix, elle se sentit arrêtée et repoussée jusqu'à trois fois par une puissance invisible. Elle se convertit alors, et supplia la sainte Vierge d'intercéder pour elle auprès de Jésus-Christ. Elle entendit ensuite une voix qui lui cria : *Au delà du Jourdain tu trouveras ton repos.* Elle partit à l'heure même pour aller faire pénitence dans cette solitude, où elle passa quarante-sept ans, au bout desquels le saint solitaire Zozime la découvrit et apprit d'elle son histoire.

MARIE. Deux reines d'Angleterre ont porté ce nom.—MARIE Ire, née en 1515 de Henri VIII et de Catherine d'Aragon, succéda en 1553 à son frère Édouard VI. Son premier soin fut de faire emprisonner sa sœur Élisabeth, et d'ordonner la mort de Jeanne Gray et de ses partisans. (Voy. GRAY). Elle ouvrit les prisons aux catholiques, rétablit la religion romaine et persécuta les protestants. On a porté à environ huit cents le nombre des suppliciés. Elle épousa en 1554 Philippe II, roi d'Espagne, et mourut en 1558 sans enfants. Sous son règne les Anglais perdirent Calais. — MARIE II, de la maison de Stuart, née en 1662 de Jacques II et d'une fille du lord Clarendon mariée secrètement avec le roi, avait en 1677 épousé le prince d'Orange (Guillaume III). Appelée au trône par le parlement (1688), elle vint en Angleterre l'année suivante, et fut couronnée avec son époux, qui venait de détrôner son père. Elle mourut à Kensington en 1694.

MARIE-ANTOINETTE. Voy. ANTOINETTE (Marie-).

MARIE D'ANGLETERRE, fille de Henri VII, roi d'Angleterre, et sœur de Henri VIII, épousa en 1514 Louis XII, roi de France, et n'en eut point d'enfants. Elle épousa après sa mort (1515) Charles Brandon, duc de Suffolk, dont elle eut une fille, Françoise Brandon, mariée à Henri Gray, duc de Suffolk, et mère de Jeanne Gray. Marie mourut en 1534 à trente-sept ans.

MARIE D'ANJOU, fille aînée de Louis, duc d'Anjou, roi titulaire de Naples, née en 1404, épousa Charles VII, roi de France, qui la délaissa pour Agnès Sorel. La reine Marie cependant lui assura la couronne par ses conseils et par l'ardeur qu'elle mettait à l'exciter à secouer son apathie. Elle mourut en 1463.

MARIE DE BOURGOGNE, fille de Charles le Téméraire, duc de Bourgogne, née en 1457, hérita en 1477 de tous les Etats de son père, et épousa Maximilien, fils de l'empereur Frédéric III, et depuis empereur. Louis XI s'étant emparé des Etats qu'elle avait en France, elle porta dans la maison d'Autriche seulement ceux des Pays-Bas. Elle mourut à Bruges d'une chute de cheval en 1482, et laissa deux enfants, Philippe le Beau et Marguerite. Voy ce mot.

MARIE DE BRABANT, fille de Henri III, duc de Brabant, épousa en 1274 le roi de France Philippe le Hardi. Accusée en 1276 d'avoir fait périr par le poison l'aîné des fils que le roi avait eus d'Isabelle d'Aragon, sa première femme, elle fut emprisonnée. Son frère Jean Ier, duc de Brabant, vint pour défendre son innocence; l'accusateur, Pierre de la Brosse, n'osa pas soutenir sa calomnie, et fut pendu. Marie mourut en 1321. Elle protégeait les trouvères et les poëtes.

MARIE DE CLÈVES, femme de Henri Ier, prince de Condé, inspira un amour violent au duc d'Anjou, depuis Henri III. Lorsque ce prince fut appelé au trône de Pologne, il ne cessa de lui écrire de ce pays, signant de son sang tous les lettres. Il eut la pensée de faire rompre le mariage du prince de Condé; mais sa mère, qui redoutait l'empire que Marie aurait sur son fils, prit ses mesures de telle sorte que Marie mourut subitement en 1574 à dix-huit ans.

MARIE DE MÉDICIS. Voy. MÉDICIS.

MARIE LECZINSKA, fille de Stanislas Leczinski, roi de Pologne, duc de Lorraine, et de Catherine Opalinska, née en 1703, épousa en 1725 Louis XV, roi de France, dont elle eut deux fils et huit filles. Elle fut sur le trône le modèle de toutes les vertus et la mère des pauvres. La mort de son père et celle du dauphin la conduisirent au tombeau en 1768.

MARIE-ADÉLAÏDE DE SAVOIE, fille aînée de Victor-Amédée II, née à Turin en 1685, épousa en 1697 Louis, duc de Bourgogne, depuis dauphin. Son esprit, ses grâces et sa sensibilité la rendaient propre à faire le bonheur de son époux. Elle mourut en 1712, emportée par une fièvre ardente. On soupçonna qu'elle avait été empoisonnée.

MARIE-THÉRÈSE D'AUTRICHE, fille de Philippe IV, roi d'Espagne, née en 1638, épousa en 1660 Louis XIV, et mourut en 1683. Son époux la pleura, et fit son éloge en disant : Voilà le seul chagrin qu'elle m'ait donné. C'était une femme d'un esprit élevé, mais d'une dévotion quelquefois outrée.

MARIE-THÉRÈSE, née en 1717 de l'empereur Charles VI et d'Élisabeth-Christine de Brunswick - Wolfenbuttell. Son père avait dès 1713 fait la *pragmatique sanction*, par laquelle, au défaut d'enfants mâles, sa succession devait passer à l'aînée de ses filles. Marie-Thérèse, mariée en 1736 à François-Étienne de Lorraine, depuis empereur (François Ier), monta sur le trône en 1740. Le roi de Prusse envahit aussitôt la Silésie, qu'il conquit ainsi que la Moravie ; l'électeur de Bavière, Charles-Albert, se fait nommer empereur. Marie-Thérèse se réfugie chez les Hongrois, qui jurent de mourir pour elle, et regagne peu à peu ce qu'elle avait perdu. (Voy. GUERRE DE LA SUCCESSION.) Enfin le traité d'Aix-la-Chapelle (1748) met fin à la guerre, et Marie-Thérèse ne s'occupe plus que du bonheur de ses sujets. Une guerre contre Frédéric, roi de Prusse (1756), terminée en 1763 par le traité d'Hubertsbourg, le démembrement de la Pologne (1772), qui lui assura la Gallicie, une seconde guerre contre la Prusse terminée par le traité de Teschen (1779) furent les derniers événements de son règne. Elle mourut en 1780, laissant un grand nombre d'enfants, parmi lesquels Joseph II, Marie-Antoinette, reine de France, Léopold II, Caroline, reine de Naples, etc.

MARIE (SAINTE-), commune de l'île Bourbon, colonie française, dans l'océan Indien. Sa population est de 5,368 habitants, dont 407 blancs, 366 hommes de couleur libres, 4,795 esclaves. Sainte-Marie, sur la rivière de ce nom, à 2 lieues et demie de Saint-Denis, est un bourg éloigné de la mer d'environ 100 mètres. Sainte-Marie a un petit port.

MARIE (SAINTE-), île de l'océan Indien, à l'E. de Madagascar, dont elle est séparée par un canal de 2 à 5 lieues de large. Sa population est de 1,900 habitants, dont 1,500 Malgaches et 400 Européens. Le chef-lieu est *Port-Louis*. C'est le poste militaire et la résidence du commandant. Les dépenses du service colonial de Sainte-Marie ont été fixées à 80,000 francs. Depuis 1831, les soldats français, chassés de Madagascar, se sont retirés à Sainte-Marie.

MARIE-GALANTE, une des petites Antilles, à 7 lieues au S.-E. de la Guadeloupe, dont elle est une dépendance. Cette île a 4 lieues de long et est de forme presque circulaire. Elle est d'un accès très-difficile. Sa superficie est d'à peu près 16,500 hectares. Sa circonférence est de 14 lieues. Le sol est très-fertile. La partie cultivée de l'île est ainsi divisée : pour la culture des cannes à sucre, 1,500 hectares; café, 460 ; coton, 600; cacao, 3 ; savanes, 3,300. Elle est divisée en trois paroisses ou quartiers, qui sont ceux de *Grand-Bourg*, chef-lieu de l'île, de *Capesterre* et de *Vieux-Fort*. La population de l'île est de 11,840 habitants, dont 1,560 blancs, 680 hommes de couleur libres et 9,600 esclaves. Découverte en 1493 par Colomb, elle appartient à la France depuis 1650. Depuis 1763, elle est sous la dépendance de la Guadeloupe et est gouvernée par un commandant et un aide-major.

MARIE STUART, fille de Jacques V, roi d'Écosse, et de Marie de Lorraine, hérita du trône de son père huit jours après sa naissance (1542). Recherchée en mariage par Henri VIII pour Édouard VI son fils, elle épousa en 1558 le dauphin (François II), et monta sur le trône de France avec lui. A la mort de François II (1561), elle retourna en Ecosse, où elle épousa en 1565 Henri Stuart Darnley, son cousin. Les chefs écossais virent cette union d'un mauvais œil. Le meurtre de David Riccio, son favori, fut suivi de l'accouchement de la reine, qui mit au monde un fils (1556). L'année suivante Darnley périt assassiné, et la reine commit la faute d'épouser Jacques Hepburn, comte de Bothwell, que la voix publique désignait comme l'assassin, et qu'elle créa duc d'Orkney. L'Écosse s'étant soulevée, Marie s'enfuit et vint se mettre entre les mains des conjurés, qui l'enfermèrent à Lochleven, et la forcèrent de donner la couronne à son fils et la régence à son ennemi le comte de Murray, son frère naturel. Elle s'échappe de sa prison (1568), est battue à Langside-Hill, et se réfugie en Angleterre, où Élisabeth, son ennemie, la fait emprisonner et accuser d'homicide (1569). Des tentatives de délivrance accélérèrent son jugement, et, après dix-huit ans de captivité, Marie eut la tête tranchée à Fotheringay (1587).

MARIE-SALOPE, petit bâtiment d'une construction particulière, destiné à porter à une certaine distance des ports les vases, les sables, etc., que l'on en tire quand on les cure et qu'on les nettoie. Ce bâtiment porte un mât placé au milieu, qui porte une voile carrée. Deux ou trois hommes le manœuvrent et se servent de longues perches pour le pousser. La marie-salope a de chaque côté deux espèces de cages de forme quadrangulaire. C'est là que l'on met les matières que l'on ôte des ports.

MARIENBAD, petite ville de Bohême, renommée pour ses eaux minérales ; elle est située dans le cercle de Pilsen, à 6 milles de Carlsbad et tout près du monastère de Tepel. Il y a trois sources principales : la source salée, la source ferrugineuse et la source dite de Marienbad.

MARIENBOURG ou MALBORG, ville de la Prusse occidentale, dans la régence de Dantzig, à 12 lieues S. - O. d'Elbing. Elle est maintenant un chef-lieu de cercle avec 15,600 âmes. Autrefois elle était la capitale de l'ancien palatinat qui portait son nom. — D'abord petite forteresse bâtie par les chevaliers teutoniques en 1342, elle s'agrandit et se fortifia quand le grand maître y eut fixé sa résidence. Le château des grands maîtres s'y voit encore.

MARIENWERDER, régence de la Prusse occidentale. Elle a 315 milles géographiques carrés, et 325,208 habitants. Le chef-lieu est *Marienwerder*, ville à 12 lieues de Dantzig.

MARIGNAN, ville du royaume lombardo-vénitien, à 4 lieues S.-E. de Milan, célèbre par la bataille que se livra le 13 et le 14 septembre 1515 entre François Ier et les Suisses unis au duc de Milan. Bayard y arma chevalier de sa propre main le roi François Ier, et le duc de Milan, abandonné à la suite de la victoire sa capitale qui passa aux Français, livra le Milanais à François Ier.

MARIGNAN (Giovanni - Giacomo MEDICHINO, marquis DE), célèbre capitaine du XVIIIe siècle, né à Milan de Bernardino Medichino. Ayant donné dans sa jeunesse diverses preuves de valeur, il s'acquit la protection et principal ministre de Francisco Sforza, duc de Milan. Ce dernier l'employa se défaire d'Ettore Visconti, et voulut ensuite le faire périr afin de cacher ce crime. Mais, averti à temps, Medichino s'enfuit, et parvint à s'emparer de la forte de Musso, dans laquelle il brava la colère du duc. Il entra en 1528 au service de l'empereur, et reçut la ville de Marignan, d'où il prit son titre de marquis. Ce grand capitaine défit en 1554, à la bataille de Marciano en Toscane, l'armée française commandée par le maréchal Strozzi, et s'empara, après un siège de huit mois, de la ville de Sienne révoltée contre l'empereur. En 1555, il s'empara de Porto-Hercole, et mourut la même année. GIOVANNI ANGELO MEDICHINO, qui fut pape sous le nom de PIE IV, était son frère. On les fait descendre d'une branche de la maison de Médicis.

MARIGNY (Enguerrand DE), comte de Longueville, d'une famille noble de Normandie, grand chambellan, principal ministre et coadjuteur du royaume de France sous Philippe le Bel, capitaine du Louvre, intendant des finances et bâtiments, pilla, selon quelques historiens, les finances, accabla le peuple d'impôts, altéra les monnaies. Ce fut lui qui inspira à Philippe le Bel la pensée d'anéantir l'ordre des templiers pour s'emparer de ses richesses. Il conserva sous Louis X les mêmes dignités que sous son père. Le comte de Valois, mécontent de la conduite qu'il avait tenue à son égard, et jaloux de sa fortune, le fit condamner et pendre au gibet qu'il avait fait lui-même dresser à Montfaucon, sous prétexte d'exaction, en 1315. Sa mémoire fut réhabilitée.

MARILLAC (Louis et Michel DE). Le premier, gentilhomme ordinaire de la chambre de Henri IV, puis maréchal de France en 1629 ; le second, conseiller au parlement de Paris, puis surintendant des finances (1624) et garde des sceaux (1626), furent les principaux acteurs de *la Journée des dupes*. Ils devaient leur fortune au cardinal de Richelieu, et ils se flattèrent de l'espoir de le renverser. Le maréchal s'offrit, dit-on, à le tuer de sa propre main. Richelieu, feignant d'ajouter foi à ce complot, qui du reste ne fut jamais prouvé, fit arrêter le maréchal au milieu de son armée en Italie, et fit instruire son procès qui dura deux ans. Enfin le maréchal eut la tête tranchée en place de Grève, le 10 mai 1632. Son frère Michel, dépouillé de toutes ses charges, fut enfermé au château de Caen, puis à Châteaudun, où il mourut en 1632.

MARIN (Publius Servilius Marinus) s'était distingué contre les Goths, ce qui lui fit donner le nom de césar par les troupes l'an 249. Il prit la pourpre impériale dans la Mésie, à la fin du règne de Philippe l'Arabe, qui envoya contre lui une armée. Mais, avant qu'elle fût arrivée, les soldats le massacrèrent à cause de sa mauvaise conduite. Ce qu'il y a de remarquable, c'est qu'il fut mis au rang des dieux.

MARIN (SAINT-) ou SAN-MARINO, petite république d'Italie, enclavée dans le comté d'Urbin. Son territoire actuel a une superficie de 59 kilomètres carrés, et une population de 7,000 âmes. Les revenus sont de 70 à 80,000 francs, et la force armée de 40 hommes. — La ville de Saint-Marin, chef-lieu de ce petit État, qui ne comprend que 3,000 habitants, a été fondée par un maçon nommé Marino, qui, s'étant fait ermite vers 520, obtint d'une dame, nommée Félicité, la propriété du lieu où il s'était retiré. Peu à peu il se forma un petit bourg soumis aux exarques. Les habitants achetèrent en 1100 le château de Penna-Rosta, et en 1170 celui de Casola. Ces acquisitions constituèrent le territoire actuel. En 1183, les habitants se constituèrent en république. L'autorité réside, 1° dans un conseil général appelé *arringo*, composé d'un représentant pris dans chaque famille, et ayant soixante membres qui forment le corps législatif ; 2° dans deux capitaines qui ont le pouvoir exécutif ; 3° un conseil de douze magistrats, dont les deux tiers se renouvellent chaque année ; 4° une cour de judicature élue tous les ans. Un livre d'or contient le nom des patriciens nationaux et étrangers.

MARIN (LE), un des quatre arrondissements de la Martinique, colonie française,
dans la mer des Antilles. Il se divise en six quartiers, et a une population de 14,600 habitants. — Les quartiers du Marin sont ceux du *Marin*, de *Sainte-Anne*, du *Vauclin*, de la *Rivière-Pilote*, de *Sainte-Luce* et du *Diamant*. Le bourg du *Marin*, chef-lieu de l'arrondissement, est placé au fond de la baie du même nom. Il est assez considérable. On y trouve un bon port et un bureau de douane.

MARIN. Deux papes ont porté ce nom. — MARIN Ier, appelé aussi Martin II, archidiacre de l'Église romaine, trois fois légat à Constantinople pour l'affaire de Photius, succéda en 882 à Jean-VIII, condamna Photius, et mourut en 884. — MARIN II ou Martin III, Romain, succéda en 942 au pape Étienne VIII, et mourut en 946.

MARINE. On appelle ainsi tout ce qui concerne le service de mer. L'organisation de la marine en France se compose, 1° du *matériel*, comprenant les vaisseaux, bouches à feu, etc. Il existe 287 bâtiments à flot, savoir : 33 vaisseaux, 37 frégates, 17 corvettes de guerre, 9 corvettes-avisos, 54 bricks et goëlettes de huit à dix canons, 8 bombardes, 6 canonnières-bricks de huit bouches à feu, 12 goëlettes, lougres, cutters de six à huit bouches à feu, 36 bâtiments de flottille à quatre canons et moins, 17 bâtiments à vapeur, 20 corvettes de charge, 28 gabares et 4 transports. 2° Du *personnel*, comprenant les quatre corps royaux des officiers de la marine, du génie maritime, de l'artillerie de la marine et de l'administration de la marine. Le premier se compose de 3 amiraux, 10 vice-amiraux, 80 capitaines de frégate, 90 capitaines de corvette, 550 lieutenants de vaisseau, 550 lieutenants de frégate, 300 élèves. Le second se compose de 1 inspecteur général, 5 directeurs des constructions navales, 10 ingénieurs de première classe, 12 de seconde classe, 15 sous-ingénieurs de première classe, 12 de seconde, 6 de troisième, 2 élèves et 3 adjoints au génie. Le troisième se compose de 4 colonels, 4 lieutenants-colonels, 13 chefs de bataillon, 52 capitaines en premier, 35 en second, 38 lieutenants en premier, 5 en second, 22 sous-lieutenants : total 188. Le quatrième corps se divise en administration supérieure, comprenant le ministère de la marine, le conseil d'amirauté, etc. ; et en administration des ports, comprenant 9 commissaires généraux, 6 commissaires principaux, 17 commissaires de première classe, 27 de seconde, 32 sous-commissaires de première classe, 75 de seconde, 144 commis principaux, 371 commis de première, deuxième et troisième classe : total 1,681. Il existe encore d'autres petits corps moins importants. Pour la division maritime, voy. MARITIME (Division).

MARINES. On appelle ainsi les dessins et les peintures qui ont pour objet de représenter des scènes maritimes. Parmi les Hollandais et les Belges, Wieger, Vanderheyden, Vander-Velde, Cuyp, Ruysdaël, Van-Everdingen ; parmi les Italiens, Canaletto, Salvator Rosa ; parmi les Français, ClaudeLorrain, Joseph Vernet, Gudin, Garneray, Isabey, A. Delacroix ; parmi les Anglais, Wilson, Thomas Jones, Andries Both, Turner, Harding, Calcott, etc., sont les plus grands peintres de marines.

MARINGOUINS, nom donné en Amérique à de petits insectes du genre *cousin* et des genres voisins. Ils se tiennent ou paraissent au lever et au coucher du soleil. Ils attaquent les hommes et les bestiaux en si grand nombre, que leurs piqûres ne laissent pas un moment de repos. On s'en garantit par des frictions grasses, par la fumée ou en s'enveloppant d'étoffes épaisses.

MARINI (Giovanni-Battista), dit le cavalier MARIN, naquit à Naples en 1569. Obligé de fuir de la maison paternelle parce qu'il voulait contre la volonté de son père cultiver la poésie, il devint secrétaire du grand amiral de Naples, et
passa ensuite à Rome, où il s'attacha au cardinal Aldovrandini, neveu de Clément VIII, qui l'emmena avec lui dans sa légation de Savoie. Doué d'une humeur satirique outre mesure, il se fit beaucoup d'ennemis. Sa *Murtoleide*, satire dirigée contre le poëte Murtola, lui valut de ce dernier un coup de pistolet, qui le manqua. Appelé en France par la reine Marie de Médicis, il y mit au jour son poème d'*Adonis*, dont le style a une mollesse voluptueuse, qui offre des peintures agréables, des allégories ingénieuses, mais qui est semé de pointes et de *concetti*. Son style, appelé *marinesco*, corrompit la poésie italienne, et fut le germe d'un mauvais goût qui y régna pendant tout le XVIIe siècle. Le cavalier Marin mourut en 1625.

MARINO (Don IACO), l'un des généraux qui ont le plus contribué à la délivrance de la Colombie, avec Bolivar et Paëz, né dans le Venezuela. Jeune étudiant, brave et intelligent, il passa par tous les grades militaires, et participa aux premiers succès obtenus par ses compatriotes. Il s'empara en 1812 de la ville de Maturin, battit complètement à Bocachica (1813), réuni à Bolivar, les ennemis de l'indépendance, et remporta en 1814 l'importante victoire de Carabola. Dès l'année précédente, il avait pris le titre de *dictateur des provinces orientales*. La victoire qu'il remporta le 12 juin 1819 à San-Diego sur les troupes espagnoles, commandées par le général Morillo, décidèrent le triomphe de la cause de l'indépendance.

MARION DE LORME. Voy. LORME (Marion de).

MARIONNETTES, petites figures de bois assez grossièrement exécutées et grotesquement vêtues, que des hommes font mouvoir, soit à l'aide de ressorts, soit à l'aide des mains, sur un théâtre derrière lequel ils sont cachés. Les Grecs connaissaient les marionnettes sous le nom de *neurospata*, et les Romains sous celui d'*imagunculæ, simulacra, oscilla*. — Généralement dans les machines on appelle *marionnettes* toutes les pièces qui ont l'air de danser.

MARIOTTE (Edme), l'un des savants les plus remarquables du XVIIe siècle, né près de Dijon, avait embrassé l'état ecclésiastique, et était prieur de Saint-Martin sous Beaune lorsqu'il fut appelé à faire partie de l'académie des sciences lors de sa fondation (1666). Il a confirmé par des expériences multipliées la théorie du mouvement des corps et de l'hydrostatique. Il trouva la *loi* qui porte son nom, et en vertu de laquelle le volume occupé par un gaz est réciproquement proportionnel à la pression qu'il supporte, c'est-à-dire que si sa pression est deux, trois fois plus grande, le volume deviendra deux, trois fois plus petit. Il mourut en 1684. Parmi ses ouvrages, on distingue un *Traité du mouvement des eaux*, un *Traité de la percussion*, un *Traité du mouvement des pendules*, etc.

MARITIME (DIVISION) de la France. La France, considérée sous le rapport maritime, est divisée en cinq arrondissements ou préfectures maritimes. Le premier, qui comprend les départements maritimes du Nord, du Pas-de-Calais, de la Somme, de la Seine-Inférieure, du Calvados et de la Manche (non compris Granville), a pour chef-lieu Cherbourg ; le deuxième, qui comprend les trois départements maritimes d'Ille-et-Vilaine, Côtes-du-Nord, Finistère et *Granville*, a pour chef-lieu Brest ; le troisième, qui comprend les deux départements du Morbihan et de la Loire-Inférieure, a pour chef-lieu Lorient ; le quatrième, qui comprend les cinq départements de la Vendée, de la Charente-Inférieure, de la Gironde, des Landes et des Basses-Pyrénées, a pour chef-lieu Rochefort ; le cinquième, qui comprend tout le littoral de la Méditerranée et de la Corse, a pour chef-lieu Toulon. Dans chaque chef-lieu d'arrondissement, il y a un préfet maritime (vice-amiral ou contre-amiral). Il y a en outre un conseil d'administration, composé du préfet maritime et des chefs des différents services du port.

MARIUS (Caïus), célèbre général romain, d'une naissance obscure, fut sept fois consul. Il acheva la guerre de Jugurtha, et défit près d'Aix les Teutons et les Cimbres (102 avant J.-C.). Sylla, son compétiteur et son ennemi, furieux de le voir nommer consul (100 avant J.-C.), marche sur Rome, fait déclarer Marius ennemi de la patrie, et le chasse de Rome. Marius, alors âgé de plus de soixante-dix ans, s'enfuit et se tient caché dans les marais de Minturnes. Reconnu et emprisonné, il dit au Cimbre envoyé pour l'assassiner : *Barbare! auras-tu bien le courage de tuer Caïus Marius?* Le meurtrier, effrayé, s'enfuit. Délivré par les Minturnates, il se rendit en Afrique, d'où il gagna l'île de Cercina, où il habita pendant quelques années. Rappelé par Cornelius Cinna, qui le mit à la tête de ses troupes, il entre à Rome en vainqueur, et immole ses ennemis à sa vengeance. Il meurt l'an 86 avant J.-C. d'une maladie d'intempérance. — Son fils Marius, d'abord à vingt-cinq ans, l'an 82 avant J.-C., fut battu par Sylla, et s'enfuit à Préneste, où il se tua de désespoir. — Marius était né près d'Arpinum, 154 ans avant J.-C.

MARIVAUX (Pierre-Carlet de Chablain de), né à Paris en 1688, mort en 1763 membre de l'académie française. Le théâtre fut son premier goût, et il se livra à la composition des pièces d'intrigue. Il soutint seul et longtemps la fortune des Italiens, auxquels il a donné vingt et une *pièces*. Ses ouvrages, dont le principal défaut est une recherche affectée de situations, une grande subtilité dans les sentiments, une complication d'intrigues embarrassantes et obscures, ont fait école, et l'on donne encore le nom de *marivaudage* à la *manière* qui reproduit tous ces défauts. Les principaux ouvrages de Marivaux, outre ses pièces de théâtre, dont les plus connues sont *les Jeux de l'amour et du hasard*, *la Méprise*, *les Fausses Confidences*, *la Surprise de l'amour*, *la Double Inconstance*, *la Mère confidente*, *l'Epreuve*, etc., sont les romans du *Paysan parvenu* et de la *Vie de Marianne.*

MARJOLAINE, espèce de plantes du genre *origan*. Voy. ce mot.

MARLBOROUGH (John Churchill, duc de), un des plus grands généraux anglais, né dans le Devonshire en 1650. Il servit dans le corps d'armée que Charles II fournit à Louis XIV dans sa guerre contre la Hollande, et se distingua dans la campagne de 1672 et dans celle de 1673, ce qui lui valut le grade de lieutenant-colonel. De retour en Angleterre, il obtint un régiment, et épousa en 1680 Sara Jennings, favorite de la princesse Anne. Nommé brigadier général et pair d'Angleterre, il fit en 1690 la campagne de Flandre. Nommé en 1700 commandant en chef de toutes les forces de l'Angleterre dans les Provinces-Unies, il reçut en 1702 l'ordre de la Jarretière, et fut mis à la tête des affaires. La guerre ayant éclaté contre la France, il se fit nommer commandant en chef des troupes alliées, et remporta les fameuses victoires d'Hochstedt ou de Blenheim, de Ramillies et de Malplaquet (1702-1709). Il mourut en 1722, laissant une fortune de plus de 1,500,000 livres de revenu.

MARLI, espèce de tricot-chaîne ou grosse gaze gommée, en fils de coton, dont on garnit le devant des chapeaux des dames ou d'autres pièces de leur toilette. Les mailles, disposées en losange, et que les fils de la chaîne traversent diagonalement, sont formées par les fils de la trame, qui s'entrelacent entre eux.

MARLIN ou Merlin, sorte de coin à fendre du bois. Le marlin est emmanché comme une hache, et l'angle formé par les deux faces latérales est encore plus grand que dans le coin. Cet instrument sert à diviser en petites parties des morceaux de bois à brûler.

MARLY, petit village sur la rive gauche de la Seine, à 3 lieues et demie de Paris, dans le département de Seine-et-Oise et l'arrondissement de Versailles. Il est situé dans un vallon, à l'extrémité d'une forêt, avec un beau château bâti sous Louis XIV, par les soins du célèbre Mansard. Il y avait à Marly une machine hydraulique, pour élever l'eau de la Seine, et qui, construite sous Louis XIV par le Hollandais Rannequin, se composait de quatorze roues hydrauliques de trente pieds de diamètre, dont les unes faisaient jouer des pompes qui portaient l'eau dans un premier réservoir, tandis que les autres faisaient mouvoir des balanciers en fer qui transmettaient le mouvement à des pompes placées dans ce réservoir et dans un second, d'où l'eau était enfin élevée au point culminant du réservoir supérieur. Cette machine est remplacée aujourd'hui par une très-belle machine à vapeur de la force de soixante chevaux. Elle donnait de l'eau à Versailles.

MARMANDE, sur la rive droite de la Garonne, chef-lieu d'arrondissement du Lot-et-Garonne, à 15 lieues d'Agen. Population, 8,000 habitants. Cette ville est très-ancienne, et eut à subir plusieurs sièges au moyen âge. Le parlement de Bordeaux y fut transféré quelque temps à la fin du XVIIe siècle. Marmande a un bel hôtel de la mairie, un collège, un port commode, jusqu'où remontent les bateaux à vapeur, un tribunal de première instance et de commerce, et une société d'agriculture. Cette ville commerce en blé, vins, eaux-de-vie, prunes, fil, chanvre, cuirs, chapeaux, etc.

MARMARA (Mer de), petite mer, appelée par les anciens *Propontide*, située entre la mer Noire et l'Archipel. Sa plus grande longueur est d'environ 52 lieues, et sa largeur est de 26 à 30 lieues. Sa surface est évaluée à 870,000 hectares. On y trouve l'île de Marmara, qui a 12 lieues de tour, et les îles de Goudouri, Koutouli, Alzia et Aloui.

MARMARIQUE, ancienne contrée d'Afrique, bornée au N. par la Méditerranée, à l'E. par l'Egypte, à l'O. par la Cyrénaïque. Du côté du S., on ne peut guère lui assigner de bornes précises. Quelques auteurs ont compris dans cette contrée l'extrémité orientale de la Cyrénaïque ; d'autres au contraire l'ont extrêmement resserrée en ne l'étendant pas au delà de la Cyrénaïque à l'O., et de la Lybie inférieure à l'E. Selon Ptolémée, cette contrée renfermait vingt-sept villes, dont douze maritimes. Elle était habitée par les Marmarides, peuple peu nombreux, très-habile à la course, et possédant, dit-on, un remède infaillible contre la morsure des serpents.

MARMAROS, un des cinquante-deux comitats de Hongrie, en deçà de la Theiss, un des moins Krapacks, la Transylvanie et les comitats de Szathmar, Beregh et Ugosch. Il a 179 milles géographiques carrés de superficie et 114,200 habitants. Son chef-lieu est *Szigeth*. Ses productions sont du bois, du sel gemme, de l'argent, du fer, des diamants, de l'avoine, du lin, du bétail, du poisson.

MARMITE, vase dans lequel on fait cuire des aliments par l'ébullition de l'eau. — La *marmite américaine* est une marmite composée de deux vases, l'un intérieur, l'autre extérieur. Au fond de ce dernier se trouve en petite quantité l'eau destinée à produire la vapeur. Dans le vase intérieur sont renfermés, de manière à ce qu'ils ne touchent pas l'eau, les aliments à cuire ; le tout est hermétiquement fermé, et les aliments cuisent à la vapeur que donne l'eau en ébullition.

MARMITE DE PAPIN, vase de fonte ou de cuivre à parois très-fortes, terminé à sa partie supérieure par un rebord horizontal, d'où part un cadre en fer perpendiculaire au plan du rebord. Le couvercle s'appuie sur ce rebord et s'y applique fortement par la pression d'une vis qui s'engage dans un écrou pratiqué au milieu de la traverse horizontale du cadre; dans le couvercle est pratiquée une soupape de sûreté fermée par un levier dont l'extrémité opposée porte un poids. On se sert de cette marmite pour extraire la gélatine des os et faire cuire les substances alimentaires végétales ou animales plus vite que dans les marmites ordinaires.

MARMONTEL (Jean-François), membre de l'académie française, né à Bord en Limousin en 1719. Après avoir fait ses études à Toulouse, où il remporta quelques prix à l'académie des jeux floraux, et avoir pour quelque temps pris la soutane, il vint à Paris en 1745, et obtint la place de secrétaire des bâtiments du roi avec une pension de 1,500 livres et pendant deux ans le privilége exclusif du *Mercure*. Disgrâcié et mis à la Bastille, il fut en 1763 admis à l'académie française, dont il était secrétaire en 1789. Elu en 1797 membre du conseil des anciens, son élection fut annulée, et il mourut ignoré le 31 décembre 1799. Ses ouvrages les plus connus sont les *Contes moraux*, *Bélisaire*, *les Incas*, les *Eléments de littérature*, etc. Ses opéras-comiques sont *la Fausse Magie*, *le Huron*, *Lucile*, *Sylvain*, *Zémire et Azor*, *l'Ami de la maison*, *les Mariages samnites*, *la Bergère des Alpes*, *Annette et Lubin*; ses grands opéras, *Didon*, *Démophon*, *Céphale et Procris*; ses tragédies, *Denys le Tyran*, *Cléopâtre*, *Aristomène*, etc.

MARMOTTE, genre de quadrupèdes de l'ordre des rongeurs. Ils ont les membres excessivement courts. Leurs ongles sont forts, tranchants; leur forme est lourde; leur queue médiocre et peu remarquable; leurs oreilles petites. Pendant l'hiver, les marmottes tombent en léthargie. Aussi elles se creusent de profonds terriers, et s'y renferment pendant ce temps. Très-grasses alors, elles sont très-maigres à leur réveil. Le type du genre est la *marmotte des Alpes*, dont le poil est d'un brun roux, et qui sert de gagne-pain aux petits Savoyards. Les marmottes mettent bas annuellement trois ou quatre petits. On croit qu'elles sont omnivores.

MARNE, terre formée de proportions variables d'argile, de craie, de calcaire et même de quartz. Lorsque l'argile domine, on l'appelle *marne argileuse*; lorsque c'est le calcaire, on l'appelle *marne calcaire* ou *terre blanche*. La première est aussi connue sous le nom de *terre forte*. On se sert de la marne pour amender le sol et le rendre plus fécond. La marne argileuse sert aussi pour la poterie. La marne est extrêmement variée; elle se trouve dans les différentes couches de la terre, et forme des lits plus ou moins épais. Les départements qui en contiennent le plus sont les départements du Nord, du Pas-de-Calais, de la Somme, de l'Aisne, de l'Oise, Seine-et-Oise, Haute-Garonne, Loiret, Tarn, Puy-de-Dôme, Deux-Sèvres, etc.

MARNE, rivière de France, qui prend sa source à une lieue au S. de Langres (Haute-Marne), et qui, après un cours de 90 lieues, se jette dans la Seine à Charenton. Elle porte bateau depuis Saint-Dizier (Haute-Marne).

MARNE, département de la France (région du N.-E.), borné au N. par les départements de l'Aisne et des Ardennes, à l'E. par ceux de la Meuse et de la Haute-Marne, au S. par ceux de l'Aube, de Seine-et-Marne et de la Haute-Marne, à l'O. par ceux de Seine-et-Marne et de l'Aisne. Il est formé de la Champagne propre, du Châlonais et du Rémois. Sa superficie est de 817,037 hectares, et sa population de 375,000 hab. Son chef-lieu est *Châlons-sur-Marne*. Il nommait six députés, et se divise en cinq arrondiss., qui sont ceux de *Châlons-sur-Marne*, de *Reims*, de *Sainte-Menchould*, d'*Epernay* et de *Vitry-le-Français*. C'est la patrie de Colbert, du cardinal de Retz et de Royer-Collard ; on y remarque la cathédrale de Reims où étaient sacrés les rois de France. Il est compris dans la deuxième division militaire, dans le diocèse de Reims-et de Châlons, et le ressort de l'acad. et de la cour d'appel de Paris. L'agriculture et principalement les vins font la richesse du département. Parmi ces vins, si connus sous le nom de *vins de Champagne*, les plus fameux sont ceux d'*Aï*, d'*Epernay*, de *Clos-Thierry*, de *Sillery*, etc. La filature en grand de la laine, la fabrication des lainages et tissus de toute espèce, des bougies et des pains d'épices constituent l'industrie départementale.

MARNE (HAUTE-), département de la France (région du N.-E.), borné au N. par ceux de la Marne et de la Meuse, à l'E. par ceux des Vosges et de la Haute-Saône, à l'O. par ceux de l'Aube et de la Côte-d'Or, au S. par ceux de la Haute-Saône et de la Côte-d'Or. Il est formé de la Champagne et de parties de la Bourgogne et de la Lorraine. Sa superficie est de 625,043 hectares, et sa population de 270,000 habitants. Le chef-lieu est *Chaumont*. Il nommait quatre députés, et est divisé en trois arrondiss., qui sont ceux de *Chaumont*, de *Vassy* et de *Langres*. C'est la patrie de Diderot. On y remarque les bains de Bourbonne, de nombreuses usines, d'immenses forêts qui fournissent du bois de construction et de chauffage, etc. Les grains, les vins et les avoines font la richesse du département. L'exploitation des mines de fer et la fabrication des différentes choses dans lesquelles entre ce métal occupent le premier rang dans l'industrie. On y compte cinquante-deux hauts fourneaux et cent quatre forges. On cite aussi la coutellerie de Langres. On y fait aussi un grand commerce de bois de construction et de chauffage. Le département est compris dans la dix-huitième division militaire, le diocèse de Langres et le ressort de la cour d'appel et de l'académie de Dijon.

MAROC, contrée d'Afrique, bornée au N. par la Méditerranée, au S. par le Sahara, à l'O. par l'océan Atlantique, à l'E. par l'Algérie. Sa superficie est de 13,000 milles géographiques carrés, et sa population de 10,000,000 habitants. Cette population se divise en *Maures*, établis dans les villes et se livrant au commerce; en *Arabes*, qui habitent les villages et qui mènent une vie nomade; en *Berbers* ou *Amazirghs*, les plus anciens habitants du pays; en *juifs*, qui payent à l'empereur un tribut considérable, et qui habitent dans les villes des parties séparées; en *chrétiens*, négociants, artistes ou esclaves. Les principales productions de cet empire sont le blé, les huiles, les amandes, les dattes et la gomme. Les principales manufactures sont celles de maroquin (à Maroc et à Fez) et de soieries. Le Maroc se compose des royaumes de Fez, de Maroc, de Sous, de Tafilet et de Seldjemesse et du pays de Darah. Depuis 1670, il a pris le titre d'empire. L'empereur est tout à fait indépendant de la Turquie. Ses revenus s'élèvent par an à 10 millions de florins. Son armée se compose de 12,000 cavaliers maures, et en temps de guerre peut monter à 100,000 hommes. La marine de l'Etat compte 24 bâtiments et 6,000 hommes. Le Maroc, gouverné anciennement par plusieurs dynasties (les Almoravides, les Almohades), est soumis depuis 1557 à une dynastie dont le chef fut Méhémet. Le souverain actuel est Muléi-Abderrahman, qui en 1822 a succédé à son oncle Muléi-Soliman. —La capitale de l'empire était autrefois MAROC, ville de 30,000 habitants. Aujourd'hui c'est MÉQUINEZ.

MAROLES, bourg du département du Nord, à 3 lieues O. d'Avesnes, dont la population est de 1,200 habitants. Ses fromages, connus dans toute la France, petits, de forme carrée, à pâte tendre et grasse, sont exclus des tables recherchées à cause de leur odeur forte.

MAROLLES (Michel DE), abbé de Villeloin et de Beaugerais, né à Touraine en 1600 de Claude de Marolles, capitaine des Cent-Suisses de la garde du roi, et d'Agathe de Châtillon. Il travailla toute sa vie depuis 1619, année dans laquelle il publia la *traduction* de Lucain, jusqu'en 1681, qu'il fit paraître l'*Histoire des comtes d'Anjou*. Il mourut en 1681. On a de lui des *Mémoires*, des *traductions* de Plaute, de Térence, de Lucrèce, de Catulle, de Tibulle, de Virgile, d'Horace, de Juvénal, de Perse, de Martial, de Stace, d'Aurelius Victor, d'Ammien Marcellin, de Grégoire de Tours et d'Athénée. On lui doit la collection d'estampes au nombre de 100,000, qui est à la bibliothèque royale.

MARONITES, secte de chrétiens orientaux formée des débris des *monothélistes*, et tirant leur nom de Jean Maron, leur premier chef. Les maronites formèrent dans la partie du Liban appelée *Kesrouan*, dans le pachalik de Terabius, un peuple de montagnards guerriers, qui maintient encore aujourd'hui sous son indépendance politique et religieuse, quoiqu'il soit soumis à la Turquie et qu'il lui paye un tribut. Le pays occupé par eux est de 56 milles géographiques carrés, et ils sont au nombre de 50,000. Ils vivent des fruits du sol, et portent un turban vert. Leur langue est l'arabe. Ils ne diffèrent des catholiques sous le rapport des rites que par le mariage des prêtres et le sacrifice de la messe, qu'ils disent en arabe. Leur chef prend le titre de patriarche d'Antioche, et réside à Kanobin. Il rend tous les dix ans compte au pape de l'état de l'Eglise maronite.

MAROQUIN, peau de chèvre tannée et mise en couleur. On travaille aussi de la même manière des peaux de mouton, qui prennent alors le nom de *mouton maroquiné*. Ce nom de *maroquin* vient de ce que c'est du Maroc que l'on a importé en Europe les premiers maroquins. La fabrication du maroquin n'a été introduite en France que vers le milieu du XVIIIe siècle. Un nommé *Garon* éleva, dit-on, la première fabrique dans les faubourg Saint-Antoine à Paris. Un nommé *Barrois*, qui éleva la seconde en 1749, reçut des lettres patentes de 1765 qui le mettait au rang des manufactures royales. On fait du maroquin de toutes couleurs.

MAROS, rivière d'Europe, qui prend sa source en Transylvanie sur les confins de la Moldavie, dans le siège Tckik des Szeklers, reçoit l'Aranios et la Kokel, entre en Hongrie et se jette dans la Theiss. —Elle donne son nom au siège de Transylvanie, l'un des cinq du pays des Szeklers, entre ceux d'Udvarheli et de Tchik, et les comitats de Kokelbourg et de Thorenbourg. Sa superficie est de 21 milles géographiques carrés, et sa population de 70,000 habitants. Le climat est doux, le sol montueux et fertile; les productions consistent en bois, vin, grains, tabac; on y élève du bétail et on y trouve du gibier, des poissons, des chevaux des brebis, des chèvres, etc.—La capitale est *Maros-Vaharseli*, jolie ville de 10,000 habitants, avec un tribunal supérieur d'appel, un collège, un séminaire, un gymnase, une bibliothèque, un cabinet de minéraux, un haras, une caserne, etc.

MAROT (Clément), né à Cahors (Lot) en 1495, mort en 1544. Il fut comme son père Jehan Marot valet de chambre de François Ier, qu'il accompagna à la bataille de Pavie, où il fut fait prisonnier. Accusé d'hérésie, il fut mis en prison et délivré par la reine de Navarre. Il fut l'un des premiers écrivains de la langue française, et le premier poète de son temps. Son *Epître à François Ier*, ses *rondeaux*, ses *sonnets*, ses *épigrammes*, ses *élégies* et ses *ballades* lui ont fait une grande réputation. Sa *Traduction des Psaumes de David*, continuée par de Bèze, a été longtemps chantée dans les temples des protestants. On connaît aussi son *Enfer*, satire sanglante des gens de justice.

MAROTIQUE (STYLE). On a donné ce nom au style qui reproduisait les tours de phrases, les expressions naïves et quelquefois bouffonnes, la suppression de l'article et du pronom, qui employait une foule de mots vieillis, mais familiers aux poésies du célèbre Marot. De cette imitation naquit un style rarement naïf, et presque toujours bizarre et inintelligible, parce qu'il voulait singer l'ancienneté.

MAROTTE, espèce de sceptre surmonté d'une tête d'homme sculptée en bois ou en métal, coiffée d'un capuchon, bigarré de différentes couleurs, et garnie de grelots, et que portaient autrefois ceux qui faisaient le personnage de fous.—En termes d'horticulture, c'est un bâton de six ou huit pieds de long, au bout duquel est un coussinet rond et rempli de bourre ou de crin, dont on se sert pour frapper les branches des arbres fruitiers au printemps afin d'en faire tomber les chenilles et les hannetons.

MAROZZIA, courtisane romaine, fille de Théodora et sœur d'une autre Théodora. Sa beauté, ses charmes et son esprit la rendirent maîtresse des cœurs des plus grands seigneurs de Rome, et elle s'en servit pour aider son ambition. Elle s'empara du château Saint-Ange, et fit et défit les papes selon sa fantaisie. Elle déposa et fit périr Jean X en 928, et plaça en 931 sur le trône papal Jean XII, son fils. Albéric, fils qu'elle avait eu d'Adelber, mit en prison Jean XII avec sa mère, qui mourut misérablement (932).

MARQUE, signe indicatif d'une chose. La *marque* d'un fabricant est l'empreinte qu'il a choisie pour empêcher de confondre ses marchandises avec celles des autres. Le gouvernement a aussi des *marques* pour indiquer que telle ou telle marchandise a acquitté le droit auquel elle était sujette. —La *marque* était autrefois une empreinte ineffaçable laissée sur la personne d'un condamné, et ordinairement sur son épaule avec un fer chaud par la main du bourreau. Voy. FLÉTRISSURE.—On appelle *lettres de marque* un acte du gouvernement qui contient l'autorisation donnée à un particulier d'armer et d'équiper en guerre un navire pour courir sur les ennemis de l'Etat.

MARQUETERIE, assemblage de plusieurs pièces de bois de différentes couleurs appliquées en feuilles minces sur un fond de menuiserie. L'art de la marqueterie fut inventé en Orient et apporté par les Romains en Occident. Jean de Verne, peintre, contemporain de Raphaël, est le premier qui imagina l'art de teindre les bois avec divers ingrédients et des huiles cuites qui les pénétraient, et parvint à faire des perspectives en *marqueterie*. Outre les bois précieux et aromatiques, le *marqueteur* emploie l'or, l'étain, l'argent, le cuivre, l'écaille de tortue, l'ivoire, la corne, la nacre de perle, le burgau, la baleine, etc.

MARQUIS, titre honorifique de noblesse. Dans l'origine, c'était le seigneur qui avait la garde des marches ou frontières. Maintenant ce n'est un titre donné aux nobles, et placé entre celui de comte et de duc. Un marquis est plus qu'un comte et moins qu'un duc.

MARQUISAT.—On appelle ainsi le titre de marquis et la terre à laquelle ce titre est attaché. Un domaine ne pouvait être érigé en marquisat que par lettres patentes du roi.

MARQUISE (mar.). On appelle ainsi une tente ordinairement rayée et d'une coupe élégante, confectionnée en fort coutil, pour prévenir l'infiltration de l'eau, et que l'on met par-dessus celle des officiers.

MARQUISES (ILES). Voy. NOUKA-HIVA.

MARRON, fruit du marronnier. Une propriété des marrons est de fournir des cendres alcalines excellentes pour le blanchissage du linge. De plus ils sont très-recherchés des bestiaux. On en extrait avec la râpe une fécule dont on fait de la colle, de la poudre à poudrer, de l'amidon, etc. L'infusion réitérée dans l'alcool, au bain-marie, enlève à cette pâte sa saveur acerbe, et, séchée au four, elle donne une farine dont on peut faire du pain.

MARRON (NÈGRE). On appelle ainsi, dans les colonies, un nègre qui s'est enfui de chez son maître, et qui se cache dans les bois, les cavernes, les montagnes, pour échapper aux châtiments. Dans les colonies, les blancs vont souvent *à la chasse des nègres marrons*, qu'ils tuent à coups de fusil comme des bêtes.

MARRONNIER, genre de végétaux de la famille des acérinées ou plutôt des hippocastanées, renfermant un petit nombre d'espèces, toutes arborescentes, à fleurs en grappe. Ces espèces, au nombre de quatre, sont : le *marronnier de l'Ohio*, haut de quinze mètres; le *marronnier rubicond*; le *marronnier à gros panaches de fleurs*, et le *marronnier d'Inde*, arbre d'un beau port, que la majesté de sa tige, la beauté de ses fleurs blanches panachées de rouge, l'épaisseur de son feuillage, font rechercher pour la composition des grandes allées de jardin. On le multiplie de boutures, de rejetons et de marcottes. Son bois est blanc, tendre et léger, et peut servir au chauffage et à l'ébénisterie.

MARRUBE, genre de plantes de la famille des labiées renfermant une vingtaine d'espèces reconnaissables par leur odeur fortement musquée. Le *marrube blanc*, qui se trouve dans toutes les contrées tempérées de l'Europe, sur tous les chemins, a une tige carrée, épaisse, rameuse, velue, blanchâtre et haute d'un à deux pieds, des feuilles opposées, cotonneuses, ovales et d'un vert cendré, et des fleurs blanchâtres. Cette plante est un stimulant fort actif et un tonique puissant. On l'a employée en médecine.

MARS, troisième mois de l'année. C'est le 21 de ce mois que le soleil entre dans le signe du Bélier, et que le printemps commence. L'année de Romulus commençait autrefois dans ce mois la grande fête de Minerve et les *Hilaries* (Joyeuses), sorte de carnaval.

MARS, une des planètes de notre système, la quatrième dans l'ordre des distances au soleil. Sa lumière rougeâtre et toujours trouble indique l'existence d'une atmosphère. Elle exécute sa révolution autour du soleil en 686 jours 23 heures 30 minutes 39 secondes. Son diamètre n'a pas plus de 1,693 lieues de 2,000 toises, et son volume est à peine le sixième de celui de la terre. La durée de sa rotation sur elle-même est de 24 heures 39 minutes 21 secondes 3 dixièmes. Sa densité est 0,77, celle de la terre étant 1. Sa plus grande distance au soleil est de 65,339,856 lieues (de 2,000 toises), et sa plus petite distance de 59,206,064 lieues. Elle s'éloigne de la terre jusqu'à 105,227,117 lieues, et s'en rapproche jusqu'à 14,318,803 lieues.

MARS, dieu de la guerre, fils de Jupiter et de Junon, ou de la seule Junon. Son éducation fut confiée à Priape. Ses amours avec Vénus sont très-célèbres. Vulcain, averti par Apollon, tendit des rets invisibles dans lesquels les amants furent pris. Il favorisa les Troyens dans la guerre de Troie. Les Romains lui rendaient un culte plus grand que les Grecs. Ses prêtres se nommaient *saliens*. On le représentait sous la figure d'un vieillard armé d'un casque, d'une lance, d'un bouclier, et assis sur un char attelé de deux coursiers appelés la Fuite et la Terreur. Ses surnoms étaient *Gradivus*, *Mavors*, *Quirinus* chez les Romains, *Arès* chez les Grecs.

MARSAILLE, plaine, dans les Etats sardes, entre Pignerol et Turin, dans laquelle se livra le 4 octobre 1693 une bataille célèbre entre l'armée de Catinat et celle du duc de Savoie. Une manœuvre habile du duc de Vendôme décida du succès de la journée. 8,000 ennemis hors de combat, 2,000 prisonniers avec 32 pièces de canon, 97 drapeaux et 4 étendards furent nos trophées de la Marsaille.

MARSCHESVAN, second mois de l'année civile, et le huitième de l'année sainte des Hébreux. Il n'a que vingt-neuf jours, et répond à la lune d'octobre.

MARSEILLE, ville de France, chef-lieu du département des Bouches-du-Rhône, située sur les bords de la Méditerranée, à 203 lieues S.-S.-E. de Paris, avec un évêché suffragant d'Aix, et siége de la huitième division militaire. Sa population est de 200,000 habitants. Elle a un port magnifique, l'un des plus vastes et des plus sûrs de la Méditerranée. Son commerce est le plus important de tous les ports de la Méditerranée. Elle possède un tribunal de première instance et un tribunal de commerce, une école de navigation, une chambre et une bourse de commerce, un syndicat maritime, un conseil de prud'hommes, un hôtel des monnaies (lettres M et A entrelacées), un collége, un musée, deux théâtres, une bibliothèque de 49,000 volumes et 1,270 manuscrits, une académie des sciences, lettres et arts, une société de statistique, une société royale de médecine, une société de pharmacie, un athénée, une société des amateurs de musique, un cabinet d'histoire naturelle, une institution des sourds-et-muets, des écoles d'accouchement, de dessin, de géométrie, de musique, de chimie, etc. Les importations, consistant en peaux sèches, suif, fruits secs, sucre, café, huile d'olive, coton, en laine et plomb; et les exportations, consistant en viandes salées, poisson salé, fruits secs, fruits oléagineux, amandes, etc., mélasse, huile d'olive, garance, soufre, vins, savon, sucre raffiné, chandelles, montent tous les ans à des quantités énormes. — Fondée environ 600 ans avant J.-C. par les Phocéens, Marseille devint la rivale d'Athènes et de Rome. Elle appartint aux Visigoths, puis aux Francs et aux comtes de Provence. Réunie à la couronne avec le comté, elle fut désolée en 1720 par une peste apportée du Levant, qui enleva 50 à 60,000 habitants. Depuis la conquête d'Alger et la guerre d'Orient, elle a pris une nouvelle importance. Voy. MASSILIENS.

MARSES, peuple guerrier de l'Italie centrale, d'origine germaine, établi aux environs du lac Fucin. Irrités de ce que Rome n'avait pas voulu leur donner le droit de bourgeoisie, les Marses, l'an 91 avant J.-C., prirent les armes, et commencèrent la guerre connue sous le nom de *Marsique* ou *Sociale*.

MARSHAM (Sir John), chevalier de la Jarretière, né à Londres en 1602, fit de bonnes études en Italie, en France et en Allemagne, et se perfectionna dans l'histoire ancienne et la chronologie par la vue des différents monuments antiques. De retour à Londres (1658), il devint l'un des six clercs de la cour de la chancellerie. Il suivit le parti de Charles Ier, et se livra à l'étude jusqu'à sa mort, arrivée en 1685. Charles II l'avait récompensé du titre de baronnet. On a de lui *Diatriba chronologica*, *De re numerariâ*, etc. Mais son ouvrage le plus connu et le plus recherché est le *Canon chronicus Ægyptiacus*, *Hebraïcus*, *Græcus et disquisitiones*, dans lequel il débrouille le chaos de l'antiquité.

MARSIGLI (Ludovico-Fernando, comte DE), d'une ancienne famille patricienne de Bologne, naquit dans cette ville en 1658. Il entra au service de l'empereur Léopold, et montra, par son intelligence dans la stratégie et les fortifications, combien il était au-dessus d'un simple officier. Colonel en 1684, il fut employé comme négociateur entre l'empire et Venise d'une part, et la Porte ottomane de l'autre. L'importante place de Brisach, où il commandait comme général sous les ordres du comte d'Arco, s'étant rendue après treize jours de tranchée ouverte, l'empereur, surpris et mécontent, nomma des juges qui condamnèrent le comte d'Arco à être décapité, et Marsigli à être déposé de tous les honneurs et charges, avec la rupture de l'épée. Cette flétrissure injuste excita l'indignation de l'Europe. Le comte de Marsigli chercha une consolation dans l'étude des sciences. Il mourut à Bologne en 1730, membre associé des académies des sciences de Paris et de Montpellier, et de la société royale de Londres. Il avait fondé dans sa patrie une académie des sciences et des arts sous le nom d'*institut de Bologne*. Cette académie prit naissance en 1710, et s'ouvrit en 1714. Marsigli a fait plusieurs ouvrages.

MARSILÉACÉES, famille de plantes cryptogames, renfermant deux sections, les *marsiléacées* proprement dites et les *salviniées*. La première, qui renferme les deux genres *marsilée* et *pilulaire*, se distingue par des involucres coriaces, épais, indéhiscents, offrant dans l'intérieur plusieurs loges, et par des feuilles roulées en crosse avant leur développement. Les marsiléacées rampent au fond des eaux stagnantes et peu profondes. La seconde section comprend les genres *salvinie* et *azolla*, dont toutes les espèces flottent sur l'eau.

MARSILÉE, genre de la famille des marsiléacées, dont on connaît huit espèces. Ce sont des plantes aquatiques dont la tige rampe dans les eaux peu profondes, aux feuilles caulinaires et longuement pétiolées. Les marsilées se propagent dans l'Europe tempérée et méridionale, dans l'Amérique méridionale, la Nouvelle-Hollande, l'Inde, l'Egypte et l'Afrique.

MARSIN (Ferdinand, comte DE), d'une noble famille liégeoise, était fils de Jean-Gaspard-Ferdinand, comte de Marsin, qui, après avoir servi dans les troupes françaises, passa au service de l'Espagne et de l'empire, et mourut en 1673. Son fils vint alors en France. Il avait dix-sept ans. Nommé brigadier de cavalerie, il servit en Flandre (1690) et fut blessé à Fleurus. En 1693, il se trouva à la bataille de Nerwinde, à la prise de Charleroi, et passa ensuite en Italie. Louis XIV le nomma en 1701 ambassadeur extraordinaire auprès de Philippe V, roi d'Espagne ; il reçut peu de temps après le cordon bleu. En 1703, il fut promu au grade de maréchal de France. En 1704, il commanda la retraite de la bataille d'Hochstett. Envoyé en Italie, il fut si chagrin d'avoir donné lieu à la défaite de Turin (1706), qu'il s'exposa imprudemment au péril et fut blessé à mort. Il mourut des suites de l'amputation d'une cuisse. En lui finit la postérité mâle des Marsin, connus seulement depuis le XVe siècle.

MARSOLLIER DES VIVETIÈRES (Benoît-Joseph), né à Paris en 1750. Un goût irrésistible l'entraîna de bonne heure vers l'art dramatique. Les vingt-deux premières pièces qu'il présenta aux comédiens furent, dit-on, refusées. Sa première pièce, les *Aveugles de Bagdad*, jouée au Théâtre-Italien, ne fut pas bien accueillie. Le *Vaporeux* répara cet échec. Il donna successivement à la scène les opéras si connus de *Nina* ou *la Folie par amour*, les *Petits Savoyards*, *Camille* ou *le Souterrain*, *Gulnare*, le *Traité nul*, *Alexis* ou *l'Erreur d'un bon père*, *Léonce*, *Adolphe et Clara*, *l'Irato*, etc. Il mourut en 1817 membre de la Légion d'honneur.

MARSOUIN, genre de mammifères cétacés, de la famille des dauphins. Ils ont la tête obtuse et arrondie, et se distinguent par là des dauphins. Ce genre renferme sept espèces. Les plus connues sont : le *marsouin commun*, long de quatre à cinq pieds, au corps en forme de fuseau; la partie dorsale est teinte d'une couleur aux reflets violacés ou verdâtres; la partie ventrale est d'un blanc sale; le *marsouin globiceps*, le *marsouin épaulard* ou *saintongeois*, le plus grand de tous (il a quelquefois vingt-cinq pieds de long), et le *marsouin beluga*. La chair des marsouins est recherchée des peuples du Nord.

MARSUPIAUX, ou DIDELPHES, ou ANIMAUX A BOURSE, famille de mammifères. Ces animaux singuliers sont surtout remarquables par l'appareil génital des femelles. On distingue chez les marsupiaux deux gestations. L'une, que l'on nomme *utérine*, a lieu dans la matrice. Au bout de vingt vingt-six jours environ de gestation utérine, ces animaux mettent au jour leurs petits à peine ébauchés, et ces embryons viennent par un mécanisme particulier se fixer aux mamelles au moyen de la bouche. Ces mamelles sont toujours abdominales et le plus souvent placées dans une bourse ou poche formée par un repli de la peau. Il se passe alors une seconde gestation que l'on peut appeler *marsupiale* ou *mammaire*, et pendant laquelle ont lieu toutes les phases de la vie fœtale. A leur première apparition, ces animaux ne pèsent qu'un grain environ. Au bout de quinze jours, ils atteignent la taille d'une souris; quand ils ont celle d'un rat, ils cessent d'adhérer aux mamelles; mais ils peuvent les reprendre momentanément comme les autres mammifères, et y chercher un refuge lorsqu'un danger les menace. Cette bourse n'existe que chez les femelles. — Ces animaux sont frugivores, herbivores ou insectivores; quelques espèces sont carnassières. Ils vivent dans l'Amérique et l'Océanie. — On divise les *marsupiaux* en deux ordres : les *éleuthérodactyles* (aux doigts libres et séparés) et les *syndactyles* (aux doigts soudés et réunis entre eux). — Parmi les marsupiaux, on distingue les genres *sarigue, dasyure, phalanger, kanguroo*. — On a nommé *os marsupial* un appareil osseux spécial, propre à ces animaux. Cet os, double et implanté sur le bord antérieur du pubis, existe chez tous les marsupiaux femelles et mâles.

MARSY (François-Marie DE), né à Paris, entra de bonne heure dans l'ordre des jésuites, où il cultiva la littérature. Obligé de quitter l'habit religieux, il n'abandonna pas la carrière des lettres, et mourut en 1763. On a de lui plusieurs poèmes latins, dont le plus connu est celui de *la Peinture*; l'*Histoire de Marie Stuart*, l'*Histoire moderne* (en 30 vol. in-12), un *Dictionnaire abrégé de peinture et d'architecture*, etc.

MARSYAS (myth.), célèbre joueur de flûte, fils d'Hyagnis de Célènes en Phrygie, osa disputer à Apollon le prix de l'harmonie. En vain il déploya toutes les ressources de son art; Apollon, ayant marié avec grâce sa voix au son de la lyre, enleva tous les suffrages, hormis celui de Midas. Apollon, irrité, fit attacher Marsyas à un chêne où il fut écorché vif. Il fut changé en un fleuve de Phrygie qui se nomme *Marsyas*.

MARTE ou MARTRE, grand genre de mammifères carnassiers de la famille des digitigrades. Ce genre a été divisé en trois sections, celle des *martes* proprement dites, celle des *putois* et celle des *zorilles*. (Voy. ces mots). La section des martes renferme la *marte commune*, la *fouine*, la *zibeline*, le *pekan* et la *marte des Hurons* ou *visou blanc*. Les martes sont très-agiles; elles ont un museau un peu allongé et les ongles acérés. Elles sont très-carnassières, et attaquent avec courage de grands animaux. Leur fourrure est recherchée. La *marte commune* a un peu plus d'un pied et demi de long. Tout son pelage est d'un brun luisant avec une tache jaune sous la gorge. Elle vit dans les forêts, grimpe sur les arbres et vit de mulots, de lézards, d'oiseaux, d'écureuils, de miel, etc. Sa fourrure est très-estimée. La *marte des Hurons* a le poil velu et doux. Sa teinte est d'un fauve clair presque blanchâtre à la tête.

MARTEAU, instrument de percussion en fer ou en acier, plus ou moins pesant et de formes diverses, traversé par un manche en bois, sur l'un des bouts duquel il est fortement fixé. On distingue dans le marteau la *tête*, l'*œil*, la *panne* et le *manche*. La tête (bout qui frappe) est rectangulaire ou ronde, et légèrement bombée; l'œil (trou par lequel entre le manche) est un peu conique; la panne (côté opposé à la tête) est plate, dure et acérée. L'effet d'un coup de marteau se mesure par le produit de la masse du marteau par le carré de sa vitesse au moment de la percussion.

MARTEAU, genre de poissons voisin du genre requin par ses mœurs et toute la conformation intérieure et extérieure des individus qui le composent. Leur tête est configurée de manière à représenter un marteau dont le corps serait le manche. Ce genre de malacoptérygiens abdominaux renferme deux ou trois espèces. La plus commune est le *marteau commun*, qui a le corps grisâtre, la tête large et étendue sur les côtés, les yeux gros et saillants, le corps assez étroit. On le prend en juillet, août et septembre. Sa chair est mauvaise.

MARTEAUX, instruments de fer en forme de marteau et portant l'empreinte d'une ancre surmontée du sceau de l'État, que l'État confie aux gardes des eaux et forêts, et avec lesquels ils marquent les arbres destinés à être coupés pour son service. Les contrefacteurs ou falsificateurs de ces marteaux sont punis de travaux forcés à temps. Autrefois il y avait en chaque maîtrise un officier préposé à la garde de ce marteau, et nommé *garde-marteau*. L'opération par laquelle on marque les arbres de l'État s'appelle *martelage*. La marine a le droit de choisir et de faire marteler dans les forêts de l'État, dans celles des communes et des particuliers, les arbres propres aux constructions navales. Trente-neuf départements, sur les quatre-vingt-six, sont entièrement soumis au martelage. Onze le sont que pour quelques parties de leur territoire. Un directeur des constructions navales est chargé de la surveillance des fournitures des bois de marine.

MARTELAGE. Voy. MARTEAUX.

MARTHE (Sainte), sœur de Lazare et de Marie de Béthanie, fut pendant quelque temps l'hôtesse du Seigneur, qu'elle recevait de son mieux. Marthe le servit à table lorsqu'il mangea chez Simon le Lépreux, et se rendit au sépulcre avec les autres femmes pour l'embaumer. On croit que sainte Marthe fut exposée avec sa sœur et son frère Lazare sur un bâtiment presque sans agrès, et que ce vaisseau les porta en Provence. Selon la légende, elle mourut à Tarascon. On fait sa fête le 29 juillet.

MARTHE (Anne BIGET, connue sous le nom de Sœur), était avant la révolution de 1789 tourière dans un couvent de Besançon. En 1792, elle y vivait d'une modique pension de 133 francs et du revenu d'une petite maison. C'est avec ces faibles secours qu'elle s'empressa de voler auprès des malheureux, de les soigner et de les consoler. Ce fut surtout aux prisonniers qu'elle prodigua tous ses secours. En 1809, six cents Espagnols captifs étant arrivés à Besançon, sœur Marthe, alors âgée de soixante-deux ans, retrouva de nouvelles forces pour les soulager. Dans la campagne, elle parut redoubler de zèle, et s'attira par sa conduite généreuse l'amour des soldats et l'admiration des chefs. A leur arrivée à Paris, les souverains alliés voulurent la voir. L'empereur de Russie la reçut le 24 août, et la décora d'une médaille d'or portant son effigie, distinction qu'il accompagna d'une somme considérable. L'empereur d'Autriche lui donna la croix du Mérite civil avec une gratification de 2,000 francs; elle reçut aussi du roi de Prusse une médaille d'or, et du roi d'Espagne une croix. Sœur Marthe mourut peu de temps après.

MARTIAL (Saint), patron du Limousin, premier évêque de Limoges, fut envoyé dans les Gaules par les papes vers le milieu du IIIe siècle. Il prêcha dans l'Aquitaine et à Limoges, où il mourut en paix avec deux prêtres qu'il avait amenés avec lui, Alpinien et Austriclinien. On fait sa fête le 30 juin.

MARTIAL (Marcus Valerius Martialis), poète latin, né à Bilbilis en Celtibérie (Aragon), vint à Rome à l'âge de vingt-trois ans, en 63 de l'ère chrétienne, et y demeura trente-cinq ans (jusqu'en 98), sous les règnes de Galba, Othon, Vitellius, Vespasien, Titus, Domitien, Nerva et Trajan. Se voyant négligé par cet empereur, il retourna à Bilbilis, où il mourut cinq ou six ans après (vers 103 ou 104). Il avait été créé tribun, et était de l'ordre des chevaliers. Il reste de ce poète quatorze livres d'épigrammes et un livre intitulé *des Spectacles*. Ses épigrammes sont au nombre de quinze cent soixante. Ce sont des espèces d'inscriptions ingénieuses pour le fond et pour le style, mais quelquefois peu délicates.

MARTIAL D'AUVERGNE, né à Paris en 1440, suivit la carrière du barreau, et fut pendant cinquante ans procureur au parlement et notaire au Châtelet de Paris. Il mourut en 1508. On a de lui les *Arrêts d'amour*, dont l'idée lui fut donnée par ceux des cours d'amour; l'*Amant rendu cordelier à l'observance des amours*, etc. Mais l'ouvrage qui a valu le plus de réputation à son auteur est un poëme historique de six à sept mille vers, intitulé *les Vigiles de la mort du roi Charles VII, à neuf psaumes et neuf leçons, contenant la chronique et les faits advenus durant la vie dudit roi*.

MARTIALE (Cour), tribunal militaire, en tout semblable aux conseils de guerre. Après la fameuse journée du 10 août, le peuple demanda à l'assemblée législative, et obtint la création d'une cour martiale, qui envoya à la mort plusieurs Suisses qui avaient échappé au massacre.

MARTIALE (Loi), loi demandée le 21 octobre 1789 à l'assemblée constituante par les députés de la commune de Paris. D'après cette loi, chaque fois que les circonstances devaient nécessiter sa proclamation, le canon devait être tiré et un drapeau rouge placé sur la maison commune. Le magistrat sommait par trois fois le rassemblement de se dissiper, et ensuite il était dispersé par la force. Cette loi a été renouvelée dans la loi sur les attroupements.

MARTIGUES, port de mer, chef-lieu de canton du département des Bouches-du-Rhône, dans l'arrondissement et à 10 lieues d'Aix. Population, 4,000 habitants. Cette ville est située partie sur une île et partie sur les deux rives d'un canal qui fait communiquer l'étang de Berre avec la mer; ses trois parties ont des noms différents : *Jonquières, l'Isle et Ferrières*. Martigues a un sous-commissariat de marine, une école d'hydrographie, une commission sanitaire. Il commerce en huiles, vins, poissons, thons, sels, etc.

MARTIN. Il y a eu cinq papes de ce nom. — MARTIN Ier, de Todi dans le duché de Spolette, fut élu pape après Théodore en 649. Il convoqua le concile de Rome, dans lequel il condamna l'hérésie des monothélites avec l'*ecthèse* d'Héraclius et le *type* de Constant II. Ce dernier le fit enlever du milieu de Rome pour le conduire jusqu'à Constantinople. Exilé ensuite en Chersonèse, il y mourut en 655.—MARTIN II et III. Voy. MARIN Ier et II.—MARTIN IV (Simon de Brion), Français, successivement garde des sceaux de saint Louis, et pape en 1281 après Nicolas III. Il excommunia Pierre d'Aragon, auteur du massacre des Vêpres siciliennes, et Michel Paléologue. Il mourut en 1285.—MARTIN V, Romain (Othon Colonna), élu en 1417 après l'abdication de Grégoire XII et la déposition de Benoît XIII. Il tint les dernières sessions du concile de Constance, mit fin au schisme d'Occident (1429), et mourut en 1431 à soixante-trois ans.

MARTIN (Saint), né vers 316 à Sabarie (Pannonie). Baptisé par Hilaire, évêque de Poitiers, il le quitta pour retourner en Pannonie, où il convertit sa mère au christianisme. Il revint en 360 auprès de saint Hilaire, et se fit un nom à cause des nombreux miracles qu'il opérait. En 374 il fut élu évêque de Tours, et bâtit le célèbre monastère de Marmoutier, où il rassembla quatre-vingts moines. Il se rendit en 383 auprès du tyran Maxime, révolté contre Gratien, et en obtint quelques grâces. Il mourut à Candes en novembre 397 ou 400. La plus célèbre des fêtes de saint Martin est celle du 11 novembre. Saint Martin est le patron de la ville de Tours et de la Touraine.

MARTIN, roi de Sicile, fils du roi d'Aragon Pierre IV, devint roi de Sicile en épousant en 1391 Marie, fille du roi Frédéric II, dit *le Simple*. Il lutta jusqu'en 1399 contre les barons du pays et l'ambition papale. A la mort de la reine Marie (1401), il épousa Blanche de Navarre, et se rendit en Aragon en 1405. Il revint précipitamment dans ses Etats, où de nouveaux troubles avaient éclaté, et périt en Sardaigne à trente-cinq ans en 1409 regretté de ses sujets.

MARTIN (Claude), général dans l'Inde, né à Lyon en 1732 d'un tonnelier. Enrôlé à vingt ans dans la compagnie des guides du général Lally qui se rendait dans l'Inde, il déserta chez les Anglais pendant le siége de Pondichéry, obtint du gouverneur de Madras le commandement d'un régiment de chasseurs, et puis celui d'un guidon de cavalerie. Chargé de lever la carte des Etats du nabab d'Aoude, ce dernier, charmé de ses talents, obtint de la compagnie anglaise l'agrément de le nommer surintendant de son arsenal. Il devint le favori du nabab, et acquit une fortune considérable. Il fit bâtir à Lucknow un palais magnifique, et mourut en 1800. (Il était depuis 1796 général-major). Il légua 700,000 francs environ à la ville de Lyon, autant à celles de Calcutta et de Lucknow, et fixa en outre un capital dont les revenus devaient être distribués aux pauvres de Lucknow, Chandernagor et Calcutta. Sa fortune s'élevait à 12,000,000.

MARTIN (N...), célèbre chanteur français, né à Paris en 1770. Il débuta au théâtre de Monsieur dans le rôle du *marquis Tulipano*, et obtint dès le premier jour les suffrages du public. Sa voix était celle d'un ténor très-étendu, et bientôt il se fit applaudir par son jeu comme acteur, presque autant que par le charme de sa voix. Il créa plusieurs rôles dans *les Visitandines*, *le Nouveau Don Quichotte*, *une Folie*, *Joconde*, *ma Tante Aurore*, *Gulistan*, *Maison à vendre*, *Picaros et Diego*, *les Voitures versées*, etc. Il passa après la dispersion de la troupe de Monsieur au théâtre de l'Opéra-Comique, dont il devint sociétaire et se retira en 1823. Martin est mort en 1837. Il s'est aussi livré à la composition. On a de lui plusieurs recueils de romances, et un opéra-comique, *les Oiseaux de mer*.

MARTIN (Dom Jacques), religieux bénédictin de la congrégation de Saint-Maur, né à Fanjaux (haut Languedoc) en 1684, entra dans l'ordre en 1709, et vint à Paris en 1727. Il mourut à Saint-Germain des Prés en 1751. On doit à ce savant écrivain le *Traité de la religion des anciens Gaulois*, *l'Histoire des Gaules et des conquêtes des Gaulois depuis leur origine jusqu'à la fondation de la monarchie française*, une *Traduction de saint Augustin*, etc. Il avait fourni des matériaux aux auteurs *de la Gaule chrétienne* (*Gallia christiana*).

MARTIN (Saint-), l'une des Antilles, située à 45 lieues N.-O. de la Guadeloupe, dont elle est une dépendance. Elle a environ 18 lieues de tour et une superficie de 49,000 hectares. Sa population est de 8,000 habitants. On y trouve des baies et des rades très-commodes. Son tabac est regardé comme le meilleur de toutes les Antilles. Elle est surtout estimée pour ses salines, ses lacs abondent en poissons et en tortues. Elle produit annuellement 10,000 tonneaux de sucre et de rhum.— Les Français et les Hollandais y abordèrent en 1638, et s'y établirent ensemble; en 1674, elle fut réunie au domaine de la couronne et annexée au gouvernement de la Guadeloupe. Les Anglais ont possédé cette île en 1781, 1794, 1800 et 1810. Elle a été rendue à la France en 1814. Mais les Anglais en occupent la plus grande partie. La partie française de Saint-Martin forme un arrondissement électoral de la Guadeloupe, et envoie un député au conseil colonial. Elle est divisée en quatre quartiers : le *Marigot*, le *Colombier*, la *Grande-Case* et *Orléans*. Le sol est léger et exposé à des sécheresses fréquentes. Le climat est sain. Le chef-lieu de l'île est *le Marigot*, petit bourg avec un bon port.— Saint-Martin est aussi le nom de plusieurs villes, et entre autres de la capitale de l'île de Ré, chef-lieu de canton du département de la Charente-Inférieure à 4 lieues de la Rochelle. Sa population est de 8,000 habitants. Elle a une citadelle bâtie par Vauban.

MARTIN, genre de passereaux de la famille des dentirostres, voisins des merles et des étourneaux par leurs caractères et leurs habitudes. Leur bec est comprimé, allongé, très-peu arqué. Ils ont les mêmes habitudes, la même manière de vivre, de se rassembler et de voler en grandes troupes que les étourneaux. Les espèces les plus connues sont le *martin* proprement dit, qui a neuf pouces six lignes de long, le bec et les pieds jaunes, le plumage brun marron en haut, grisâtre à la poitrine et à la gorge, et blanc sous le ventre. La couvée est ordinairement de quatre œufs. Le martin mange les sauterelles, les mulots, les insectes et les fruits. On le trouve aux Indes, en Afrique, en Europe, etc.; le *martin roselin*, le *martin vieillard*, etc.

MARTIN-CHASSEUR, genre d'oiseaux de la famille des alcyons, très-voisins des martins-pêcheurs. Leur bec est trigone et à mandibule supérieure échancrée et inclinée vers le bout. Ils vivent dans les forêts d'insectes, de lombrics et de larves. Leur ponte faite dans des creux d'arbres consiste en quatre ou cinq œufs d'un blanc bleuâtre. Les espèces les plus communes sont : le *martin-chasseur géant*, qui a seize pouces de long, dont le plumage est brun olivâtre en dessus et fauve brunâtre en dessous; le *martin-chasseur à tête grise*, long de huit pouces et demi, à la tête et au cou bruns; le *martin-chasseur à coiffe brune*, d'un brun enfumé.

MARTIN-PÊCHEUR, genre d'oiseaux de la famille des alcyons et de l'ordre des passereaux syndactyles. Ils ont le bec long, gros, droit, plus ou moins comprimé, les narines basales et étroites, la queue courte, les tarses courts, les ailes de médiocre longueur. Ils sont répandus sur tout le globe en nombre considérable, vivent sur les bords des rivières, des lacs, des étangs, et se nourrissent de petits poissons et d'insectes aquatiques. Ils ne s'attroupent jamais. Les espèces les plus connues sont : le *martin-pêcheur d'Europe*, au plumage mêlé de bleu, de vert et de noir ; le *martin-pêcheur huppé*, au plumage rouge et gris noirâtre; le *martin-pêcheur à collier*, etc. Ils pondent de quatre à huit œufs.

MARTIN SEC, poire de dentirostre, de taille moyenne, pointue, d'un roux foncé d'un côté, et de l'autre d'un jaune de coing.

MARTINET, gros marteau du poids de 40, 50 ou 60 kilogrammes suivant son objet, frappant depuis deux cents jusqu'à cinq cents coups par minute, et sous lequel on étire les barres de fer ou d'acier, et où l'on bat à froid les faux, les bêches, les poêles, les casseroles, etc. On fait battre les martinets par le moyen des cames d'un arbre horizontal que l'eau fait tourner plus ou moins vite.

MARTINET, genre d'oiseaux de l'ordre des passereaux et de la famille des fissirostres. Ils ont le bec très-petit, très-fendu, triangulaire, aplati horizontalement, les pieds courts, la queue fortement bifurquée, les ailes excessivement longues et étroites. Les martinets volent presque toujours. Ils sont insectivores, craignent la grande chaleur et le grand froid, et habitent les lieux élevés. On en connaît plusieurs espèces, telles que le *grand martinet à ventre blanc*, au ventre blanc et au dos gris brun, le *martinet noir*, le *martinet coiffé*, etc. Ils pondent deux fois par an, et font en tout cinq à six œufs.

MARTINGALE, large courroie qui s'adapte au menton du cheval et correspond aux sangles. La martingale s'emploie ordinairement pour assurer la tête du cheval qui se cabre, ou pour ramener le nez de celui qui l'éloigne trop ou qui *porte au vent*. — En termes de jeu, la *martingale* consiste à porter à chaque coup le double de ce qu'on a perdu sur le coup précédent. — On le dit aussi de certaines manières de jouer imaginées par différents joueurs.

MARTINI (Jean-Paul-Gilles), musicien né en 1741 à Freistadt, dans le haut Palatinat. Il vint en France, où il se fit connaître par quelques productions, et fut attaché en qualité d'officier au régiment des hussards de Chamborand. Il composa pour plusieurs régiments des trios, des duos, des morceaux d'ensemble, etc., qui mirent en vogue en France le genre de musique connu sous le nom de *musique d'harmonie*. Il quitta ensuite le service, et devint successivement directeur de la musique du prince de Condé et de celle du comte d'Artois. Il venait d'obtenir la survivance de la surintendance de la musique, du roi lors de la révolution. En 1794, il fit représenter *Sapho*, son plus bel ouvrage. A l'époque de la restauration (1814), il reprit sa place de surintendant de la musique royale. Il mourut en 1817. On cite parmi ses ouvrages d'*Annette et Lubin*, de *Zimeo*, du *Droit du seigneur*, de *la Bataille d'Ivri*, etc.; six *recueils* d'airs, de romances, chansons, etc., etc.

MARTINIEN (Martinus Martinianus), officier distingué qui parvint par son courage aux premiers grades, dans l'armée de Licinius, qui lui donna le titre de *maître des officiers du palais*, et qui, poursuivi par Constantin, le prit pour collègue en le nommant césar en juillet 323. Constantin, après les avoir défaits à Chalcédoine le 18 septembre, fit mettre en pièces Martinien et ses soldats. Les médailles de celui-ci le représentent âgé d'environ cinquante ans, avec une physionomie pleine de douceur et de gravité.

MARTINIQUE, une des Antilles, située entre la Dominique et Sainte-Lucie. Sa superficie est d'environ 89,636 hectares, et sa population de 111,831 habitants, dont 28,464 hommes libres et 82,873 esclaves. Elle se divise en quatre arrondissements territoriaux, subdivisés en quartiers, qui sont ceux de *Fort-Royal*, avec huit quartiers; de la *Trinité*, avec sept quartiers; de *Saint-Pierre*, avec six quartiers; et du *Marin*, avec six quartiers. Fort-Royal est la capitale de l'île et le chef-lieu militaire. Un officier général de terre ou de mer est gouverneur de l'île et de ses dépendances. Il réside à Fort-Royal. — Il y a à la Martinique une cour royale, deux tribunaux de première instance, quatre justices de paix, un préfet et un vice-préfet apostolique, plusieurs sociétés savantes, et une assemblée représentative ou conseil colonial composé de trente membres élus par les colléges électoraux. — Découverte en 1502 par Colomb, elle fut prise par les Français en 1635. Elle tomba plusieurs fois au pouvoir des Anglais, et fut rendue à la France en 1814. Elle a ressenti en 1839 un tremblement de terre qui lui a fait éprouver les plus grands désastres. — Les principales cultures à la Martinique sont celles de la canne à sucre, du café, du cacao, du coton, du giroflier. On y compte quatre cent quatre-vingt-trois sucreries, qui produisent annuellement 30,000,000 de kilogrammes de sucres, 12,000,000 de litres de sirops et mélasses, et 2 à 3,000,000 de litres de tafia; quatorze cent cinquante-cinq caféries, produisant 706,000 kilogrammes de café. Les exportations consistent en sucres, mélasses, tafia, liqueurs, sirops, cacao, café, girofle, cannelle, casse, manioc, coton, bois précieux, peaux, tabac, rhums exquis, etc.

MARTINISME, doctrine de quelques philosophes, qui se vantent de professer un christianisme épuré. Ils prétendent avoir commerce avec les morts, les intelligences secrètes, et connaître les mystères de la nature.

MARTINUZZI (Georges), dont le vrai nom est *Utysenilsah*, né en 1482 dans la Croatie, eut étant jeune l'emploi de chauffer les étuves de Jean Zapoll. Il embrassa ensuite l'état monastique dans l'ordre de Saint-Paul, apprit les belles-lettres, et retourna à la cour de Zapoll. Les services qu'il lui rendit le firent élever au rang de premier ministre (1536), à l'évêché de Waradin et à la tutelle du jeune Jean-Sigismond, fils de Zapoll. Après la mort de celui-ci (1540), la reine mère Isabelle appelant les Turks, il traita avec Ferdinand Ier, qui lui fit donner le chapeau de cardinal. Il emporta à la tête de ses troupes la ville de Lippe, que les Autrichiens ne pouvaient reprendre sur les Turks. Sa popularité alarma l'empereur Ferdinand, qui le fit assassiner en 1551 dans le château de Vints. Bechet, chanoine d'Uzès, a écrit sa vie.

MARTIOBARBULE. Les Romains appelaient ainsi une arme qui d'un côté offrait un marteau et de l'autre côté un long fer barbelé. Cette arme était peu en usage. Les soldats qui s'en servaient portaient le nom de *martiobarbules*.

MARTYR (du grec *martur*, témoin). On appelle ainsi celui qui se dévoue et fait l'abandon de sa vie pour témoigner de la sainteté de la religion qu'il professe. Mais on appelle cependant plus particulièrement *martyrs* ceux qui ont versé leur sang pour le triomphe de la religion chrétienne. On distingue les martyrs des confesseurs. Ces derniers avaient souffert pour la foi, mais avaient survécu à leurs souffrances. Les chrétiens rassemblèrent les interrogatoires que l'on faisait subir aux martyrs, et nous avons donné à ces procès-verbaux le nom d'*Actes authentiques des martyrs*. Le premier martyr de la religion chrétienne fut saint Etienne, lapidé à Jérusalem par les Juifs.

MARTYR (Pierre). Deux hommes distingués ont porté ce nom. — Pierre Martyr d'Anghiera, ainsi nommé de la ville d'Anghiera dans le Milanais, sa patrie, né en 1455, mort en 1526, fut célèbre par son habileté dans les négociations. Ferdinand le Catholique, roi d'Espagne, lui confia l'éducation de ses enfants, et l'envoya ensuite en qualité d'ambassadeur extraordinaire, d'abord à Venise et ensuite en Egypte. De retour en Espagne, il obtint des pensions et des bénéfices considérables. On a de lui un *Recueil de lettres*, renfermant des détails exacts sur l'histoire du XVe siècle; une *Historia* en latin *de la découverte du nouveau monde*, etc. — Pierre Martyr, dont le vrai nom était Vermigli, né à Florence en 1500, entra dans les chanoines réguliers de Saint-Augustin. Ses *sermons* et son prodigieux savoir lui firent un nom dans l'Italie. Mais la lecture de Zwingle et de Bucer le jeta dans l'hérésie des protestants. Il épousa en 1546 une jeune religieuse, et mourut en 1562. Il a laissé plusieurs ouvrages.

MARTYROLOGE, nom donné à la liste ou au catalogue des martyrs. Il y a un grand nombre de martyrologes. Les plus célèbres sont ceux d'Eusèbe, traduits par saint Jérôme, et dont il ne reste que des fragments; de Bède, continué par Florus; de Vandelbert, de Rabam, de Notker, de Nevelon et d'Usuard, moine français. Ce dernier est celui dont se sert ordinairement l'Eglise romaine, avec les remarques et les changements de Baronius.

MARVEJOLS, sur la Colagne, chef-lieu d'arrondissement du département de la Lozère, à 7 lieues et demie de Mende. Population, 4,000 habitants. — Cette ville est ancienne, et a beaucoup souffert pendant les guerres du moyen âge. Elle possède un tribunal de première instance et de commerce, une chambre de manufactures et une société d'agriculture. Marvejols commerce en serges, draps, toiles, lin, garance et châtaignes.

MARYLAND, un des vingt-quatre Etats unis de l'Amérique du Nord, borné au N. par celui de Pennsylvanie, à l'E. par l'océan Atlantique, le Delaware et le New-Jersey, au S.-O. par la Virginie. Sa superficie est de 1,334 lieues carrées ou 267 myriamètres carrés, et sa population de 450,000 habitants. Il est divisé en deux parties par la baie de Chesapeack. La partie E. renferme huit comtés; la partie O. en renferme onze. Annapolis, chef-lieu du comté d'Arundel, est la capitale du Maryland, quoique *Baltimore* (voy. ce mot) soit plus considérable. — L'intérieur est couvert de montagnes; le reste est un pays plat, voisin des marais et des eaux stagnantes. Le Maryland produit du tabac, du maïs, du chanvre, du lin, du noyer noir, des chênes, des pêches, des pommes à cidre, des eaux-de-vie, etc. Il a des mines de fer. — Colonie fondée en 1632 par lord Baltimore, et primitivement catholique; il fut l'un des seize premiers Etats qui formèrent l'union (1776).

MASANIELLO, pêcheur de Naples appelé Thomas Aniello, et par abréviation Masaniello, né à Amalfi. Il allait à Naples vendre ses poissons et des légumes. Une nouvelle taxe venait d'être mise sur les fruits et les légumes. Le 7 juillet 1647, Masaniello se présente, et au lieu de se soumettre au droit appelle le peuple à la révolte. Une insurrection éclate, et Masaniello, reconnu chef suprême, traite d'égal à égal avec le duc d'Arcos, vice-roi, et fait rendre au peuple tous ses privilèges. Bientôt il tombe dans une espèce de démence, et commet des folies. Enfin, après dix jours de règne, il meurt assassiné à coups de fusil, dans le couvent des Carmes, à vingt-quatre ans. On lui fit de magnifiques funérailles.

MASCARET, phénomène qui se remarque dans plusieurs rivières, et en particulier en France dans la Seine et la Dordogne. Ce phénomène présente le spectacle d'une masse d'eau en forme de monticule, remontant le courant avec force et impétuosité. Cette masse d'eau se nomme *pororoca* sur le fleuve des Amazones en Amérique, *bogatz* sur le Nil, *barre* sur la Seine et *mascaret* sur la Dordogne. On l'observe principalement quand les eaux de cette rivière sont très-basses, en août et en septembre. Alors on voit près du Bec d'Ambès, point où la Dordogne se joint à la Garonne, une lame d'eau, haute de huit à dix pieds, ordinairement de la grandeur d'une tonne, rouler sur la côte, la parcourir dans toutes ses sinuosités, rapidement mais avec un bruit assez fort. Quelquefois le mascaret remonte la rivière jusqu'à environ 8 lieues de son confluent, et s'éteint en espèce de brouillard. La marée est la cause principale du mascaret.

MASCARON (Jules), célèbre prédicateur, né à Marseille en 1634. Il entra fort jeune dans la congrégation de l'Oratoire. La ville de Saumur fut le premier théâtre de ses succès. Il se fit ensuite entendre à Aix, Marseille, Nantes et d'autres villes, et enfin à Paris. Il remplit peu après à la cour douze stations. En 1666, il prononça l'oraison funèbre d'Anne d'Autriche, reine de France. Quelques années après, il fut nommé à l'évêché de Tulle. En 1671, il prononça les deux oraisons funèbres d'Henriette d'Angleterre et du duc de Beaufort. Il parut à la cour pour la dernière fois en 1694, et mourut en 1703. Ses deux plus célèbres oraisons funèbres sont celles de Turenne et du chancelier Séguier.

MASCARONS, figures ou masques sculptés en ronde-bosse ou en bas-relief, qu'on emploie comme ornements en architecture ou décoration. On les place ordinairement sous les entablements, sous les balcons, à l'orifice des fontaines, à l'ouverture des grottes, etc. On leur donne indifféremment un caractère grotesque ou sérieux. Ce sont des figures de satyres de faunes, de naïades, etc.

MASCATE, ville d'Asie, dans l'Arabie Heureuse, capitale de la province d'Oman, avec un beau port sur la mer des Indes ou golfe d'Oman. Sa population est de 15,000 habitants. Elle est la résidence d'un iman. Son port est situé au fond d'un golfe d'environ 900 pas géométriques de long sur 400 de large. Mascate a été et est encore l'entrepôt des marchandises de l'Arabie, des Indes et de la Perse. Elle exporte tous les objets de Moka, du salpêtre, du benjoin, du soufre, de la gomme, des fruits secs, des ânes, du sel ammoniaque, de l'assa fœtida, etc. On y importe des sucres, du poivre, du fer, de l'encre, du plomb, de l'acier, du riz, du coton, etc.

MASCLEF. Voy. Massore.

MASINISSA, prince numide, fils de Gala, roi des Massyliens. Fiancé à Sophonisbe, fille d'Asdrubal, il prit d'abord le parti des Carthaginois contre les Romains. Le mariage de Sophonisbe avec Syphax, roi de l'autre partie de la Numidie, et la clémence de Scipion, qui renvoya sans rançon son neveu, lui firent embrasser avec chaleur le parti des Romains. Il remporta plusieurs victoires sur Syphax, qu'il fit prisonnier, et épousa Sophonisbe, qu'il empoisonna peu après pour obéir à Scipion. Il fut constamment l'allié des Romains, et reçut en récompense toute la Numidie. Il mourut à l'âge de quatre-vingt-dix ans l'an 149 avant J.-C., laissant trois fils, Gulussa, Micipsa et Manastabal, et cinquante-quatre enfants naturels.

MASON (Georges), homme d'Etat américain, né dans la Virginie en 1725. Il soutint les armes à la main l'indépendance de sa patrie, et fut élu membre du congrès national qui établit en 1787 la constitution des Etats-Unis. Il contribua beaucoup à améliorer le sort des esclaves, et mourut en 1792 emportant les regrets de tous ses compatriotes.

MASO FINIGUERRA, c'est-à-dire Thomas dit *Finiguerra*, orfèvre de Florence, passe pour être l'inventeur de l'art de graver les estampes sur cuivre vers 1460. Cette découverte lui fut révélée par le hasard. Les Italiens donnèrent à ces sortes de gravures le nom de *stampa*, tiré du verbe *stampare*, qui veut dire imprimer, et de *stampa* les Français ont fait estampe. Cette invention heureuse passa en Flandre. Martin d'Anvers et Albert Durer furent les premiers qui en profitèrent.

MASQUE, faux visage qui sert à déguiser celui qui s'en couvre. On distingue les *masques en carton* et les *masques en cire*. Tous se fabriquent sur des moules ordinairement en plâtre et formés d'après une figure en relief, sculptée exprès. La base des masques ordinairement est le carton. Après avoir formé le masque au moyen du moule, on le colore d'abord avec une couche de couleur de chair très-pâle, puis avec une seconde, et enfin avec du fard. Cela fait, on passe, lorsque les couleurs sont sèches, une colle claire qu'on laisse sécher, et enfin un vernis. La base des masques en cire est la toile de lin fine et à demi usée. L'usage des masques vient de l'Italie.

MASQUE (hist.). Chez les anciens, le masque ne ressemblait pas aux nôtres. C'était une espèce de casque métallique qui couvrait toute la tête, et qui, outre les traits du visage, représentait encore la barbe, les cheveux, les oreilles. La bouche était construite de manière à rendre la voix plus sonore et plus retentissante. Les masques variaient selon la nature des pièces tragiques ou comiques, et selon le sexe et l'âge de ceux qu'ils devaient représenter. On s'en servait non-seulement sur le théâtre, mais encore dans les festins, les triomphes, etc. L'invention des masques est due à Eschyle.

MASQUE DE FER (L'homme au), prisonnier mystérieux, toujours couvert d'un masque de velours noir. La première époque de sa détention remonte à 1681. Il fut alors emprisonné à Pignerol sous la garde de Saint-Mars, qui, à ce qu'il paraît, le gardait depuis dix ans. En 1687, il fut transféré avec Saint-Mars aux îles Sainte-Marguerite. Le 18 septembre 1698, il suivit à la Bastille Saint-Mars, qui venait d'en être nommé gouverneur. Le lundi 19 novembre 1703, il mourut et fut enterré sous le nom de Marchiali à Saint-Paul. On déguisa son âge en lui donnant quarante-cinq ans au lieu de soixante, qu'il croyait avoir. Sa chambre fut dépavée, regrattée, reblanchie, et les meubles brûlés. On a essayé diverses conjectures sur cet homme mystérieux. Les uns veulent que ce soit le duc de Monmouth, les autres le comte de Vermandois ou bien le duc de Beaufort. On a dit que c'était Fouquet, le secrétaire du duc de Mantoue, Avédic, patriarche d'Antioche. On croit plus généralement que c'était un frère jumeau de Louis XIV, né après lui et par conséquent son aîné.

MASSA-CARRARA, duché d'Italie, annexé autrefois à la principauté de Lucques, et faisant depuis 1829 partie du duché de Modène. Il comprend les anciennes principautés de Massa, de Carrara et la seigneurie de Carfagnana. Sa superficie est de 15 milles géographiques carrés, et sa population de 28,000 habitants. Sa capitale est *Massa*, sur le Frigido à une lieue de la mer. Elle a un évêché. La ville principale est *Carrara*, à 2 lieues de Massa.

MASSACHUSSETS, l'un des vingt-quatre États unis de l'Amérique du Nord, entre ceux de New-Hampshire, de New-Yorck, de Connecticut et de Vermont, et l'océan Atlantique. Sa superficie est de 900 lieues carrées, et sa population de 624,037 habitants, dont 6,401 Indiens. Il se divise en un grand nombre de comtés. *Boston* (voy. ce mot), chef-lieu du comté de même nom, est la capitale du Massachussets. Le sol est varié. Tantôt ce sont des terrains stériles, tantôt richement cultivés. On exporte du blé, des chevaux, des bestiaux, des poissons, du bœuf salé, du fromage, du rhum, des instruments d'agriculture. On y trouve des mines de fer, de cuivre et de plomb. Les villes principales sont *Charles-Town*, *Salem*, *Plymouth* et *Dedham*. Le Massachussets est un des États qui formèrent primitivement l'union.

MASSAGE, terme de chirurgie, sorte de pression momentanée qu'on exerce avec la main sur le corps et les membres, surtout sur les jointures, pour exciter les tissus de la peau et les muscles du corps. Le massage est très-usité en Orient. Il a lieu ordinairement au sortir du bain.

MASSAGÈTES, peuples de la Scythie, habitant les plaines à l'E. de la mer Caspienne, au delà du fleuve Iaxartes (le Sihoun). Ils vivaient sous des tentes, et chez eux les femmes étaient en commun. Ils n'avaient point de temples et adoraient le soleil, auquel ils immolaient des chevaux. Ils tuaient les vieillards et les mangeaient. Ils combattaient à pied et à cheval avec des flèches, des masses d'armes, des traits, des piques et des *sagares* (épées à deux tranchants).

MASSE, amas de plusieurs parties de même nature ou de nature différente qui font corps ensemble. En physique, la *masse* d'un corps est la quantité de matière qu'il renferme sous l'unité de volume. le poids donne une idée de la masse relative d'un corps. — Une *masse* est un gros marteau de fer, carré des deux bouts, emmanché de bois, et servant aux carriers, tailleurs de pierre, paveurs, etc.— La *masse d'armes* était une ancienne arme de fer, fort pesante d'un bout, ainsi que la quelle on assommait. — Enfin la *masse*, ou *chaise*, ou *royal dur*, était une monnaie d'or à 22 carats, et pesant 5 deniers 12 grains.

MASSE, nom donné dans l'armée à des fonds spéciaux qui doivent subvenir à une dépense déterminée, et auxquels contribuent tous les soldats. On compte plusieurs espèces de masses : la masse de linge et de chaussure, la masse d'habillement ou masse générale, celle de chauffage, celle d'économie ou masse noire, la masse de musique, de compagnie ; et dans la cavalerie, les masses de remonte, de fourrage, de harnachement, de médicaments et de ferrage.

MASSÉNA (André), général français, né à Nice en 1758. Il entra, comme simple soldat, en 1775, dans le régiment royal-italien. Quatorze ans après, il se retira en 1789 dans son pays, où il se maria. Il rentra dans l'armée lors de la révolution, et fut nommé d'abord adjudant-major au bataillon du Var, puis chef de bataillon (1792). Général de brigade en 1793 et général de division la même année, il fut envoyé à l'armée d'Italie, s'empara de Saorgio et de Dego, et gagna la bataille de Loano (1795). Il se trouva à Montenotte, Millesimo, Lonato, Castiglione, Roveredo, Arcole, Rivoli, et s'avança jusqu'à 25 lieues de Vienne. Il fut envoyé à Rome en remplacement du général Berthier, commanda les armées de la Suisse et du Danube, et remporta sur l'armée austro-russe la célèbre victoire de Zurich, qui sauva la France. Créé en 1804 maréchal de France et grand cordon de la Légion d'honneur, il installa Joseph sur le trône de Naples, se distingua dans la guerre d'Allemagne, reçut le titre de duc de Rivoli, gagna la bataille de Wagram, et fut fait prince d'Essling. Il commanda en Portugal, et reçut ensuite de l'empereur le commandement de la huitième division militaire. Louis XVIII le nomma grand commandeur de Saint-Louis Il mourut en 1817. Napoléon l'avait surnommé *l'Enfant chéri de la victoire*.

MASSEPAINS, espèce de petits biscuits faits de pâte d'amande et de sucre, auxquels on donne souvent la forme d'un pain. On les fait avec des amandes d'abricots, ou bien avec des amandes amères.

MASSESSYLIENS, peuples de la Numidie, qui partageaient ce pays avec les Massyliens. Du temps de Masinissa, roi des Massyliens, Syphax était roi des Massessyliens. Ils habitaient au pied de l'Atlas. Leur capitale était *Cirtha* (aujourd'hui Constantine). Ils montaient à cheval sans selle et sans bride, et étaient très-belliqueux.

MASSETTE, genre de plantes monocotylédones, de la famille des typhacées, composé de sortes de roseaux à hautes tiges, environnées inférieurement de feuilles larges et rubanées, et terminées par une sorte de masse cylindrique et noire, dont le duvet s'échappe quelquefois léger et soyeux. On distingue la *massette à larges feuilles*, haute de cinq à six pieds. Cette espèce est très-commune en France. On l'utilise dans les pays pauvres et marécageux. La *massette à petites feuilles* est aussi très-commune chez nous.

MASSICOT, protoxyde de plomb jaune, formé de 100 parties de ce métal et de 7,7 d'oxygène. On l'obtient en convertissant directement le plomb en son oxyde par le contact simultané de l'air et de la chaleur. On se sert du massicot pour obtenir le minium, qui est le deutoxyde de plomb. On faisait autrefois un grand usage du massicot pour la peinture à l'huile et principalement pour la couleur jaune. On lui substitue aujourd'hui le chromate de plomb.

MASSILIENS, nation célèbre de la Gaule, ainsi nommée de Massilie (Marseille), sa capitale. L'État était gouverné chez eux par un sénat de six cents membres, nommés *timuques* (honorables). Leur charge était inamovible. Dans ce nombre on en choisissait quinze, qui formaient un conseil chargé de rendre la justice, et trois pour présider aux assemblées en qualité de premiers magistrats ; les autres composaient la chambre chargée de délibérer sur les affaires de l'État. La religion y était extrêmement respectée. Diane éphésienne était la déesse protectrice de la république. Le luxe était proscrit. Une dot ne pouvait jamais passer cent pièces d'or, dont cinq seulement pour les vêtements. Le suicide ne pouvait avoir lieu que de l'assentiment des magistrats, qui délivraient alors du poison mis en réserve. Les beaux-arts, les sciences étaient une des occupations favorites des Massiliens, et leur ville fut nommée l'Athènes de la Gaule. Dans la suite, le luxe, amené par les richesses, corrompit les mœurs, et la licence qui y régna passa même en proverbe.

MASSILLON (Jean-Baptiste), un des plus grands orateurs chrétiens, né à Hyères (Provence) en 1663, entra en 1681 dans la congrégation de l'Oratoire. Il prêcha pour la première fois à Vienne, où il prononça l'oraison funèbre de Henri de Villars, archevêque de cette ville. Nommé en 1696 directeur du séminaire de Saint-Magloire à Paris, il prêcha en 1698 à Montpellier, et en 1699 il prêcha son premier carême dans l'église de l'Oratoire. Nommé prédicateur de la cour en 1699, il y fit entendre le fameux sermon sur le petit nombre des élus, et prêcha pour la seconde fois à la cour en 1704. Durant le rude hiver de 1709, il fit un sermon sur l'aumône. L'année suivante, il prononça l'oraison funèbre du dauphin, et en 1715 celle de Louis XIV. Nommé à l'évêché de Clermont en 1717, il fut appelé l'année suivante à prêcher devant Louis XV, et composa ces discours admirables connus sous le nom de *Petit Carême*. Reçu en 1719 membre de l'académie française, il prononça en 1723 l'*Oraison funèbre de la duchesse d'Orléans*, et mourut en 1742.

MASSORE, travail sur la Bible pour aider la lecture du texte, en distinguer et en compter les versets, les mots et jusqu'aux lettres, fait par des rabbins juifs, qui pour cela ont pris le nom de MASSORÈTES. Comme les Hébreux écrivent souvent leurs mots sans aucune voyelle qu'en détermine le son, les massorètes ont inventé les points-voyelles, qui sont au nombre de treize, et qui règlent la manière de lire les mots qui peuvent avoir plusieurs significations. Cette méthode des points-voyelles n'a pas été admise par tous les savants. — Les MASCLÉFITES (partisans de l'hébraïsant Pierre François Masclef, né à Amiens et mort en 1728 à soixante-six ans) ajoutent à la consonne la voyelle qui suit cette même consonne quand on la prononce seule. Ainsi les mascléfites prononcent *bll belal*, parce que la voyelle qui suit *b* quand on dit *beth* est *e*, et que la voyelle qui suit *l* dans *lameth* est *a*.

MASSOURE (LA) (en arabe, *al Mansourah*), ville d'Egypte, sur la rive orientale du Nil, à 9 lieues de Damiette et 24 du Caire. On y voit un grand nombre de fours à poulets. — Mais la Massoure est surtout célèbre par la bataille qui s'y livra en avril 1250 entre l'armée des croisés, commandée par saint Louis, et celle des mamelouks d'Egypte. Le comte d'Artois, frère du roi, y fut tué, et le roi lui-même fait prisonnier avec un grand nombre de seigneurs.

MASTIC, composé pâteux, ductile, employé pour clore les joints, s'opposer au passage ou à l'action des gaz ou des liquides. On distingue le *mastic* de vitrier, composé de blanc en poudre et d'huile de lin ; le *mastic des fontaines*, composé d'arcanson et de ciment de brique ; le *mastic de limaille de fer*, composé de limaille de fer, de fleur de soufre et de sel ammoniaque en poudre ; le *mastic bitumineux*, formé de bitume glutineux minéral, de bitume fondu et de calcaire bitumineux.

MASTIGADOUR, espèce de mors uni, garni de patenôtres et d'anneaux, qu'on met dans la bouche des chevaux pour exciter la salive et leur rafraîchir la bouche. Un cheval *est au mastigadour* lorsqu'on lui met la tête entre deux piliers, la croupe tournée vers la mangeoire.

MASTODONTE, genre de mammifères fossiles, dont il ne reste que des débris dans des terrains d'alluvion, soit en Europe, soit en Amérique. Ces débris consistent principalement en dents molaires. Ce genre, très-voisin du genre *éléphant*, appartient comme lui à la famille des pachydermes. Il se distingue par ses dents molaires tuberculeuses, l'absence de dents canines et la direction vers le bas des incisives supérieures. On distingue le *mastodonte de l'Ohio*, haut de neuf pieds environ; le *mastodonte à dents étroites*, etc. On a trouvé des restes nombreux de mastodontes dans le département du Gers.

MASTOÏDE, tout ce qui a la forme d'un mamelon. On nomme particulièrement ainsi, en anatomie, l'apophyse de l'os temporal, située à la partie postérieure et inférieure de l'os des tempes, près du trou de l'oreille. — On appelle *mastoïdien* tout ce qui a rapport à cet os.

MASULIPATAM, ville de l'Indoustan, sur la côte de Coromandel, à l'embouchure de la Krischna, à 70 lieues de Madras. Cette ville, dont la population est de 60,000 habitants, est très-renommée par ses toiles, les plus belles des Indes. Elle appartient aux Anglais, et est la capitale des Cirkars septentrionaux.

MAT. On appelle ainsi tout ce qui est *inégal*, *mal poli*, *peu clair*, etc. L'or *mat* est celui qui n'est pas bruni; l'argent *mat* est celui qui est blanchi, mais qui n'est ni bruni ni poli. On fait l'argent mat avec de la pierre ponce, du grès et le blanchiment au feu. — Au jeu des échecs, on appelle *faire mat*, cerner le roi de manière à ce qu'il ne puisse pas faire un pas sans être pris.

MAT, pièce de bois placée verticalement pour supporter la voilure. Le nombre et leurs dimensions varient beaucoup. A bord des grands vaisseaux, on compte quatre grands mâts principaux; ce sont le *mât d'artimon*, le *grand mât*, le *mât de misaine* et le *mât de beaupré*. On en distingue encore douze autres, qui sont ceux de *hune d'artimon*, de *foc*, de *perroquet d'artimon*, le *petit mât* et le *grand mât de hune*, le *petit* et le *grand mât de perroquet*, le *petit* et le *grand mât de cacatois*, le *bout-dehors de clin-foc*, le *mât de cacatois d'artimon* et le *bout-dehors du foc volant*.

MATADOR (du latin *mactator*, tueur), terme espagnol désignant l'homme qui, dans les combats de taureaux, est chargé de mettre l'animal à mort. Ce nom fut donné en 1714 à une troupe de 200 hommes levés par les habitants de Barcelone, qui refusaient de reconnaître Philippe V pour leur souverain. L'objet de cette milice était de massacrer tous ceux de leurs concitoyens qui passaient pour être attachés à ce prince. — Chez nous, on appelle ainsi un enrichi très-fier de sa personne, de son or, et de ses propriétés, etc.

MATAMATA, espèce de tortue, formant un sous-genre caractérisé par un nez prolongé en trompe, des pieds courts, des doigts armés d'ongles forts, une carapace étroite. La *malamata* a deux pieds trois pouces et quelques lignes de long, la tête grande, aplatie, arrondie en avant, la carapace hérissée d'éminences pyramidales. La couleur de son corps est brune et uniforme. On la trouve dans l'Amérique du Sud.

MATAMORE (en espagnol, *matamoros*, tueur de Maures). Chez les Barbaresques, on appelait ainsi un cachot souterrain dans lequel on enfermait toutes les nuits les esclaves. L'air et le jour n'y pénétraient que par une lucarne. Les esclaves y étouffaient accumulés, et en sortant ils ne pouvaient supporter le jour. — Chez les Espagnols, le *matamore* était le capitaine qui tuait les Maures. De là, l'application de ce mot à celui de faux brave.

MATAPAN, cap d'Europe qui termine la partie méridionale de la Morée, et qui est la pointe la plus méridionale de l'Europe. Il portait autrefois le nom de *Ténare*, et est formé par l'extrémité du mont Pentadactylon, autrefois *Taygète*. Voy. ces mots.

MATÉ (en portugais, *yerva do maté*, herbe de maté), plante appartenant au genre *houx*, et comme lui de la famille des rhamnoïdes. C'est un arbre de la grosseur d'un petit chêne, aux feuilles larges et dentelées, aux fleurs réunies en grappes de trente à quarante chacune. Le *maté* ou *arbore de Congonha* ou *thé de Paraguay* croît en abondance aux environs de Villa-Rica, au Brésil, dans le Paraguay et l'Amérique du Sud. Il forme des buissons qu'on émonde tous les deux ou trois ans. L'usage de la boisson produite par l'infusion des feuilles du *maté* rôties et réduites en poudre dans l'eau bouillante est général au Brésil, à Buenos-Ayres et au Chili.

MATÉRIALISME, système philosophique qui n'admet d'autre existence que celle de la matière, et qui nie par conséquent celle des esprits, c'est-à-dire de l'âme et de Dieu. Le matérialisme fut professé dans l'antiquité par l'école ionienne, l'école atomistique, l'école épicurienne; de nos jours, l'école baconienne et l'école physiologique. Spinosa donna à la matière des organes animaux, et forma le système des *panthéistes*.

MATÉRIALISTES. Voy. MATÉRIALISME.

MATÉRIAUX, nom général donné à tout ce qui entre dans la confection d'un ouvrage. Par exemple, les faits, les idées, les réflexions sont les matériaux d'un ouvrage d'histoire; les pierres, le bois, le fer, la chaux, le sable, les tuiles, etc., sont les matériaux d'un bâtiment.

MATÉRIEL, nom général donné à tout ce qui a rapport aux approvisionnements de toute nature, à l'harnachement, l'équipement d'une armée. Le matériel d'une armée se compose, outre ces choses, de la réunion des caissons et des fourgons nécessaires au service des vivres, des hôpitaux et ambulances, du trésor de l'armée, des postes militaires, et au transport des papiers. Le corps de l'intendance est spécialement chargé de l'organisation et de la surveillance du matériel.

MATÉRIEL DE SIÈGE. Le matériel d'un siège comprend un nombre déterminé de canons de calibre plus fort que 12, d'obusiers plus forts que 24; de caissons, de munitions chargés de gargousses, de poudre, d'obus, de boulets, de grenades, d'artifices, de cartouches et de forges de campagne (tout cela compose le matériel de l'artillerie). Il comprend aussi les caissons et les chariots chargés de porter les outils nécessaires aux travaux du siège, et qui composent le matériel du génie.

MATERNEL, ce qui a rapport à la mère. La ligne *maternelle* ou le côté *maternel* comprend tous les parents qui sont unis par les liens du sang à la mère de celui dont on veut apprécier les droits. Les biens qui ont appartenu à la mère ou aux parents de la mère sont dits *maternels*. Autrefois les biens maternels ne pouvaient revenir qu'aux parents maternels; on distinguait dans la succession les biens *propres des acquêts*; maintenant toutes les successions collatérales sont divisées en deux parts, l'une pour les parents paternels, l'autre pour les parents maternels, et le plus proche parent dans chaque ligne recueille, à l'exclusion de tous les autres, la moitié des biens, droits, etc.

MATERNITÉ, qualité de mère. Il y a à Paris, à l'angle des rues Soufflot et Saint-Etienne, un hospice dit *de la Maternité*, exclusivement destiné aux femmes enceintes, et où chacune d'elles, que l'on reçoit voilée et qui donne par écrit et dans un billet cacheté son nom (ce billet est remis à la sortie de la personne sans avoir été décacheté), est seule dans un lit, et reçoit des soins empressés. Sur trois mille personnes qui y sont reçues chaque année, il n'en meurt environ qu'une par vingt.

MATEUR, ouvrier qui par un travail particulier empêche les surfaces des métaux d'être brillantes, en formant sur elles une espèce de sable, à l'aide d'instruments appelés *matoirs*.

MATHAN, prêtre de Baal et confident de la reine Athalie, fut tué devant l'autel de ce dieu par le peuple et conformément aux ordres du pontife Joad ou Joïada. — Un autre Mathan, fils d'Éléazar et père de Jacob, de la race de David, fut l'aïeul de saint Joseph, époux de la Vierge Marie.

MATHATHIAS, Juif, descendant d'Aaron, fils de Jean, petit-fils de Simon, de la famille de Joarib, dite des Machabées ou Asmonéens, se rendit célèbre pendant la persécution d'Antiochus Epiphanes. Après la prise de Jérusalem par Jason l'an 169 avant J.-C., il s'était retiré avec ses cinq fils, Jean surnommé Gaddis, Simon surnommé Thasi, Judas surnommé Machabée, Éléazar surnommé Abaron et Jonathas surnommé Apphus, sur la montagne de Modin où il était né. Là il tua un Juif qui allait sacrifier aux idoles avec l'officier d'Antiochus, et se retira dans les montagnes. Bientôt, à la tête des Juifs qui n'avaient pas voulu renier la foi du Seigneur, il combattit contre Félix, lieutenant général des troupes d'Antiochus Epiphanes, le mit en fuite, et rendit la liberté aux Juifs. Il mourut en 166 avant J.-C., laissant la grande sacrificature à son fils Judas Machabée.

MATHÉMATIQUES. On appelle ainsi la science des quantités ou des grandeurs mesurables. Considérées abstractivement, les mathématiques sont dites *mathématiques pures* ; considérées dans leurs applications, elles sont dites *mathématiques appliquées*. Les mathématiques pures comprennent la science des nombres ou *algorithmie* et la science de l'étendue ou *géométrie*. L'algorithmie se divise en deux branches comprenant l'une les nombres considérés en général ou les lois des nombres, l'autre les nombres considérés en particulier ou les faits des nombres. La première est l'*algèbre* ou *arithnomie*, la seconde est l'*arithmétique* ou *arithmographie*. Les mathématiques appliquées le sont aux objets de la nature ou aux objets de l'art. Dans le premier cas, elles sont *physico-mathématiques*, et dans le second, *technico-mathématiques*. Les premières renferment la *mécanique* et toutes ses branches, l'*astronomie*, l'*hydraulique*, l'*optique*, l'*acoustique*, etc. Les secondes renferment l'*arpentage*, l'*architecture*, la *gnomonique*, la *géodésie*, etc.

MATHIAS ou MATTHIAS (Saint), l'un des soixante-douze disciples de Jésus-Christ, qu'il accompagna depuis le commencement de sa prédication jusqu'à son ascension, fut choisi par les autres apôtres pour remplacer le traître Judas. Il reçut avec ses collègues la grâce du Saint-Esprit le jour de la Pentecôte, et depuis ce temps-là prêcha sans relâche la foi de Jésus-Christ. Les Grecs croient qu'il a prêché et qu'il est mort en Colchide ; d'autres croient qu'il a subi le martyre en Éthiopie. L'Église latine célèbre sa fête le 24 de février, et l'Église grecque le 9 d'août. On a attribué à saint Mathias un *évangile* et un *livre de tradition* aujourd'hui reconnus apocryphes.

MATHIAS, empereur d'Allemagne, fils de Maximilien II, succéda à son frère Rodolphe II le 13 juin 1612 (il était déjà archiduc d'Autriche, roi de Bohême et de Hongrie). Il termina, par un traité conclu en 1615 avec le sultan Achmet, la guerre contre les Turks, et eut à soutenir la guerre des protestants de Bohême, qui commença en 1618 et ne finit qu'en 1648. Le comte de Thurn, s'étant emparé de presque toute la Bohême, et la Silésie s'étant révoltée, Mathias tomba malade. L'enlèvement de son savori, le cardinal Elesel, hâta sa mort, arrivée le 10 mars 1619. Il n'avait point eu d'enfants de sa femme Anne-Catherine, fille de l'archiduc Ferdinand, qu'il avait épousée en 1611, et qui mourut en 1618. Son cousin Ferdinand de Gratz, qu'il avait adopté, lui succéda.

MATHIAS CORVIN, roi de Hongrie, fils de Jean Corvin (Huniade). A la mort de Ladislas, roi de Hongrie et de Bohême,

Mathias Corvin se trouvait à la cour de Frédéric III, qui l'envoya à Georges Podiébrad, récemment élu roi de Bohême (1458). Michel Zilagi, oncle de Mathias, fait élire son neveu roi de Hongrie, et celui-ci ne peut quitter la Bohême qu'après avoir épousé la fille de Podiébrad. Couronné à Bude en 1458, il continua avec vigueur la guerre contre les Turks, leur prit Jaïczna, fit la conquête de la Moldavie et de la Valachie (1467), et après une guerre contre Podiébrad conclut une paix (1475), confirmée en 1478. Il envahit ensuite par deux fois l'archiduché d'Autriche, mais mourut en 1490. Ses institutions ne sont pas moins célèbres que ses conquêtes. Il régularisa la justice par son *Decretum majus* (grande charte), abolit le combat judiciaire, et donna lieu au proverbe : *Depuis Corvin, plus de justice.* Il organisa la bande noire, espèce de milice analogue à celle des janissaires, protégea les savants et les lettres, et établit à Bude une bibliothèque. Il avait épousé en secondes noces Béatrix de Naples, fille de Ferdinand I*er*.

MATHILDE (Sainte), fille de Thierry, comte de Ringelheim, épousa en 913 Henri l'Oiseleur, roi de Germanie, et lui donna de Saxe, et en eut l'empereur Othon Ier le Grand; Brunon, archevêque de Cologne; Henri, duc de Bavière; Tancmar; et trois filles, dont l'une, Hedwige, mariée à Hugues le Grand, fut mère d'Hugues Capet. A la mort de ses époux (936), persécutée par ses fils, elle souffrit tout avec patience jusqu'à ce qu'Othon la rappelât auprès de lui. Elle fonda plusieurs monastères, et entre autres ceux de Poled et de Northhausen, renfermant chacun 3,000 personnes, plusieurs hôpitaux, et mourut en 967 à l'abbaye de Quedlimbourg.

MATHILDE (L'IMPÉRATRICE), fille de Henri Ier, roi d'Angleterre, et de Mathilde d'Ecosse, fille du roi Malcolm III et de sainte Marguerite, épousa l'empereur Henri V de la maison de Franconie. Après la mort de ce prince (1125), elle épousa en secondes noces Geoffroy Plantagenet, comte d'Anjou. Déclarée en 1127 par son père Henri Ier, et reconnue par les barons héritière de ses Etats, elle disputa le trône à Etienne, comte de Blois, son cousin (1135), s'empara de Londres, d'où elle fut chassée par une émeute populaire, et s'enfuit à Oxford (1141). Robert, comte de Glocester, frère naturel de la reine, ayant été battu à Winchester, Etienne rentra à Londres. Mais les hostilités ne cessèrent qu'en 1153, lorsque Etienne désigna pour lui succéder Henri Plantagenet, fils de Mathilde. Cette princesse mourut dans un âge avancé.

MATHILDE DE TOSCANE, fille de Boniface III, marquis et puis duc de Toscane, et de Béatrix, fille de Frédéric, duc de la Lorraine supérieure. Elle succéda à son père, mort assassiné en 1052 dans ses Etats, et exerça une grande influence en Italie. Née en 1046, elle avait épousé Godefroy le Bossu, fils du duc de Lorraine. Restée veuve en 1076, elle défendit les intérêts du pape Grégoire VII contre l'empereur Henri IV, son cousin, et remporta sur ce prince de grands avantages. Elle fit ensuite une donation solennelle de tous ses biens au saint-siége, et mourut en 1115. Les biens légués par la comtesse Mathilde forment cette partie des Etats romains qu'on appelle aujourd'hui le Patrimoine de Saint-Pierre, et qui s'étend d'Acquapendente à Ronciéglione.

MATHURINS. Voy. TRINITAIRES.

MATHUSALEM et mieux MATHUSALA, un des patriarches qui vécurent avant le déluge. Fils d'Hénoch et de la race de Seth, il naquit l'an du monde 687 (3317 avant J.-C.), engendra Lamech à l'âge de cent quatre-vingt-sept ans, et mourut à l'âge de neuf cent soixante-neuf ans, l'année même du déluge, l'an du monde 1656 (avant J.-C. 2348). Quelques-uns placent sa mort quatorze ans plus tôt. La longue vie de Mathusalem a donné lieu au proverbe : *Vieux comme Mathusalem.*

Un autre MATHUSALEM, de la race de Caïn, dont il était arrière-petit-fils, était fils de Maviael, petit-fils d'Irad et père de Lamech le bigame.

MATIÈRE, toute substance qui entre dans la composition d'un corps. Les philosophes entendent par matière tout ce qui n'appartient pas au monde des esprits, tout ce qui ne participe pas de la nature spirituelle. Pour eux, la matière *existe*, mais elle existe *passivement*, c'est-à-dire qu'elle ne peut puiser aucunement en elle un principe d'action. Les *spiritualistes* sont ceux qui ont nié l'existence de la matière; les *matérialistes* (voy. ce mot), ceux qui n'admettent rien que la matière; les *panthéistes* ou *spinosistes*, ceux qui la représentent comme une substance éternellement agissante, et ayant pour monde en général l'étendue et la pensée. — Pour les physiciens, la matière est *étendue*, *impénétrable*, *divisible*, *susceptible de mouvement*.

MATIGNON (GOYON DE), famille originaire de Bretagne, remontant au XIIIe siècle, et établie en Normandie vers le milieu du XVe siècle. Les plus célèbres hommes qu'elle a produits sont JACQUES GOYON DE MATIGNON, prince de Mortagne, comte de Thorigny, né à Lonray en 1626, fait lieutenant général de Normandie en 1559, et qui se signala contre les Huguenots. Henri III récompensa ses services en 1579 par le bâton de maréchal de France et le collier de ses ordres. Commandant de l'armée de Picardie, puis lieutenant général de Guienne en 1584, il obtint le gouvernement de cette province, et mourut en 1597. — CHARLES-AUGUSTE GOYON DE MATIGNON, comte de Gacé, sixième fils de François Goyon de Matignon, comte de Thorigny, servit sous le duc de la Feuillade, se signala à Fleurus, à Mons et à Namur, fut nommé lieutenant général en 1693, maréchal de France en 1708, fut désigné pour conduire en Ecosse les troupes qui allaient secourir le roi Jacques, et mourut en 1729, à quatre-vingt-trois ans. Un de ses frères, comte de Thorigny, se maria avec l'héritière des Grimaldi, et devint duc de Valentinois.

MATIN. Les astronomes appellent ainsi la moitié du jour comprise entre minuit et midi, et c'est dans ce sens que le prennent aussi tous les actes de la vie civile et les indications du calendrier. — Vulgairement on appelle *matin* la partie du jour comprise entre le lever du soleil et midi.

MATIN, race de chiens renfermant ceux de ces animaux dont la tête est plus ou moins allongée. A cette race appartiennent le mâtin, le chien danois, le lévrier, etc. Le *chien mâtin* proprement dit tient le premier rang parmi les chiens de force. On l'emploie principalement à la garde des maisons et du gros bétail. Il a beaucoup d'intelligence, est fort et courageux, et attaque des animaux plus forts que lui, les loups par exemple. On peut le dresser à la chasse, et on le destine surtout à celle des sangliers. Ce chien, naturel aux régions tempérées, a donné naissance au danois et au lévrier.

MATINES, première partie de l'office divin de chaque jour, qui se dit de grand matin, quelquefois à minuit et quelquefois la veille. On l'appelle encore *vigiles*, *heures canoniales* ou *matutinales*, *prières nocturnes*, etc. Quelques chapitres et quelques ordres religieux ont encore conservé l'usage de se lever pendant la nuit pour chanter *matines*. Dans l'office des dimanches et des fêtes, les matines sont ordinairement divisées en trois nocturnes composés chacun de trois psaumes, de trois antiennes et de trois leçons. Après le dernier répons, on chante le *Te Deum*.

MATISIE, genre de la famille des malvacées, renfermant un arbre de l'Amérique équinoxiale de quinze à dix-huit pieds de hauteur, et dont le tronc se divise à son sommet en nombreux rameaux étalés horizontalement. Ses feuilles sont alternes, pétiolées, entières, cordiformes, marquées de sept nervures saillantes. Ses fleurs, réunies sur les branches en trois ou six faisceaux, sont pédonculées, soyeuses extérieurement et de couleur blanche rosée. Elles produisent des fruits dont la saveur est analogue à celle de l'abricot.

MATRAS, vaisseau de verre à long col, dont le corps est rond et quelquefois ovoïde. Les matras sont tubulés ou non tubulés. Les premiers offrent une ou plusieurs tubulures. On en fait usage en chimie, en pharmacie et en physique.

MATRICAIRE, genre de la famille des corymbifères, renfermant des plantes qui toutes croissent en Europe. La matricaire camomille est commune dans les champs et les moissons. Elle a une odeur forte; ses tiges sont dressées, glabres, diffuses, hautes de douze à dix-huit pouces; ses feuilles sont sessiles, épaisses, découpées en segments linéaires. Les rameaux, uniflores, se réunissent en un corymbe irrégulier; les fleurons du centre sont jaunes; les demi-fleurons, blancs. Cette plante possède les vertus antispasmodiques et fébrifuges de la *camomille romaine*. Ses fleurs distillées donnent une huile essentielle de couleur bleue.

MATRICE, organe musculaire, creux, symétrique, ayant la figure d'un conoïde tronqué et placé au milieu du bassin. Cet organe, spécial à toutes les femelles d'animaux, est destiné à loger le fœtus depuis le moment de la conception jusqu'à celui de la naissance. — En général on donne le nom de *matrice* à tout ce qui sert à mouler, à façonner quelque chose, à faire des empreintes sur les métaux, les bois, etc. — Les fondeurs de caractères d'imprimerie donnent ce nom au moule dans lequel ils coulent ces caractères. — Les graveurs de médailles, des pièces de monnaie, nomment ainsi les carrés d'acier fondu sur lesquels ils gravent ces médailles, pièces de monnaie.—Les minéralogistes appellent *matrice* les substances qui servent de base aux divers minéraux, et quelquefois leurs gisements. — On appelle encore *matrices* des contributions les rôles à souche qui servent à vérifier les erreurs commises sur les bordereaux envoyés aux contribuables, etc. Ces rôles doivent être déposés à la maison commune.

MATRICULE, grand registre sur lequel sont inscrits les noms et prénoms des soldats à mesure qu'ils entrent au corps, leur numéro d'ordre, le lieu et la date de leur naissance et leur signalement complet. Ce registre indique aussi le passage d'un corps à un autre, les condamnations infamantes, les désertions, etc. Les matricules sont faits en double expédition. La première est tenue au corps par le quartier-maître sous la surveillance du major, et la seconde dans les bureaux du ministère de la guerre. Les conseils d'administration des régiments envoient de plus tous les quinze jours au ministre l'état des mutations survenues d'une semaine à l'autre.

MATRONALES, fêtes célébrées à Rome par les gens mariés seulement le jour des calendes de mars. Les femmes les solennisaient en mémoire de ce qu'à pareil jour les Sabines, enlevées par les Romains, avaient conclu la paix entre leurs maris et leurs pères, et les hommes pour attirer la faveur de Mars et de Junon sa mère sur leur mariage. Le matin, les femmes se rendaient au temple de Junon, et les hommes à celui de Janus. La solennité était couronnée par de somptueux festins offerts aux dames par les maris. Dans ces fêtes, les servantes jouissaient des mêmes priviléges que les esclaves aux Saturnales.

MATRONE (en latin, *matrona*). Les anciens appelaient ainsi une femme mariée ou bien une femme à laquelle on caractère, ses richesses ou toute autre circonstance donnaient quelque autorité et assuraient quelque respect. — Chez nous, on a donné le nom de *matrones* aux sages-femmes.

MATTEAU, nom donné par les marchands et les teinturiers en soie à un certain nombre d'écheveaux de soie qu'on réunit sur une ficelle dont on noue ensemble les bouts afin que les écheveaux ne se séparent point. La réunion de cinq à six de ces écheveaux conserve quelquefois (à Lyon) le nom de *matteau*. A Tours, elle prend le nom de *parceau* ; à Paris, celui de *bouin* ; ailleurs, celui de *poignée*.

MATTHIEU (Saint), l'un des douze apôtres et des quatre évangélistes, était fils d'Alphée, Galiléen, juif, publicain, et demeurait à Capharnaüm, lorsque Jésus passant dans cet endroit lui dit de le suivre. Matthieu quitta tout pour obéir, et amena chez ses amis le Sauveur, auquel on fit un grand festin. L'Evangile ne dit plus rien de lui. L'opinion la plus commune est qu'après avoir prêché pendant quelques années l'Evangile en Judée il alla porter la parole de Dieu dans la Perse ou chez les Parthes, où il souffrit le martyre. Il avait écrit l'Evangile qui porte son nom vers l'an 36 de J.-C. Le texte grec, à défaut de l'hébreu qui est perdu, tient aujourd'hui lieu d'original. Le but principal de saint Matthieu dans son Evangile, qui a vingt-huit chapitres, a été de décrire la race royale de David, de représenter la vie humaine que Jésus-Christ a menée parmi les hommes, et de montrer qu'il a accompli dans sa personne les anciennes prophéties. L'Eglise latine célèbre sa fête le 21 de septembre

MATTHIEU (Pierre), né en 1563 à Salins ou à Porentruy, fut d'abord principal du collège de Verceil, puis avocat à Lyon, zélé ligueur et fort attaché aux Guise. Henri IV le nomma historiographe de France. Il suivit Louis XIII au siège de Montauban, où il tomba malade, et mourut à Toulouse en 1621. On a de lui : une *Histoire des choses mémorables arrivées sous le règne de Henri le Grand*, une *Histoire de saint Louis*, une *Histoire de Louis XI*, une *Histoire de France sous François Ier*, *Henri II et jusqu'en 1621*, une *Histoire de la mort déplorable du roi Henri le Grand*, des *quatrains sur la vie et la mort* connus sous le nom de *Tablettes du conseiller Matthieu*, et imprimés avec ceux de Pibrac et d'autres ouvrages.

MATTHIEU PARIS, historien anglais du XIIIe siècle, religieux du monastère de Saint-Alban. Chargé par le roi Henri III de faire l'histoire d'Angleterre, il se servit de celle qui avait été composée par Richard de Wendower, depuis Guillaume le Conquérant jusqu'en 1235, et la continua jusqu'en 1259. Il composa aussi un *abrégé* de cette histoire ; la *Vie des deux Offa, rois de Mercie et fondateurs du monastère de Saint-Alban* ; et la *Vie des vingt-trois premiers abbés de ce monastère*. On a encore sous son nom une *Histoire universelle du commencement du monde jusqu'à Guillaume le Conquérant*, et qui diffère peu de celle de Matthieu de Westminster.

MATTHIEU DE WESTMINSTER, bénédictin de l'abbaye de Westminster, au XIVe siècle, composa en latin une chronique générale depuis le commencement du monde jusqu'à l'an 1307. Cette chronique a été imprimée à Londres en 1570.

MATTO-GROSSO, province du Brésil, bornée au N. par celle de Para, au S. par celle de San-Paulo, le Paraguay et le Rio de la Plata, à l'O. par le Pérou et la Bolivia, à l'E. par la province de Goyaz. Sa superficie est de 48,000 lieues carrées, et sa population de 120,000 habitants. Elle est divisée en sept *comarcas*, qui sont celles de *Matto-Grosso, de Camapuania, de Cuyaba, de Boroconia, de Jurucna, d'Arinos et de Tappiraguia*. Sa capitale est *Villa-Bella*, située dans le district de Matto-Grosso.

MATURATION et MATURITÉ. La maturation est le progrès successif de l'arbre ou de la plante vers la maturité. C'est aussi en ce sens que les médecins disent : la *maturation d'un abcès*. La maturité est l'état des fruits et des graines parvenus à leur plus grand degré de déve-

loppement. Toutes les semences qui tombent d'elles-mêmes sont dans l'état de maturité. L'époque de la maturité d'un arbre est le temps où on doit le couper.

MATURIN, département de la Colombie, l'un des quatre qui forment la république de Venezuela, borné au N. par la mer des Antilles, au S. par l'Orénoque, à l'E. par l'océan Atlantique, à l'O. par le département de Venezuela. Sa superficie est de 21,000 lieues carrées, et sa population de 250,000 habitants. Il se divise en deux provinces, *Barcelona* et *Cumana*, avec des capitales de même nom. — La capitale du département est *Cumana*. Les bois précieux abondent dans le département de Maturin.

MATUTA (myth.), divinité romaine, la même que la *Leucothoé* des Grecs, c'est-à-dire Ino changée sous ce nom en divinité de la mer. Les femmes mariées et libres avaient seules le droit d'entrer dans son temple. On célébrait en l'honneur de Matuta des fêtes appelées *Matralies*, dans lesquelles on offrait des fleurs à la déesse et on l'invoquait pour les enfants.

MATUTE, genre de crustacés, de l'ordre des décapodes, famille des brachyures, section des homochèles, troisième tribu des nageurs. Le test chez ces crustacés est généralement déprimé, presque en forme de cœur, tronqué en avant ; les antennes extérieures ou latérales sont beaucoup plus petites que les intermédiaires et insérées près de leur base extérieure ; le second article des pieds-mâchoires extérieurs est triangulaire, allongé et pointu ; les pinces des serres sont épaisses, tuberculeuses, dentelées ; la queue est composée de cinq à sept tablettes. On distingue le *matute vainqueur*, long d'un pouce et demi, le *matute planipède* et le *matute front entier*.

MAUBÈCHE, oiseau de l'ordre des échassiers et de la famille des scoloparidés, appelé par les Anglais *sand-piper* et *canut*. On a fait trois espèces de maubèche en la décrivant sous les trois états qu'offre annuellement son plumage. En hiver, elle a tout le dessus du corps cendré, et le dessous blanc ; en été, elle a le dessus du corps d'un brun noirâtre bordé de brun marron clair, et la queue d'un gris brun. Le dessous du corps est d'un beau marron clair. Dans l'état intermédiaire, elle est de couleur brun cendré varié de grandes taches rousses ou noir violet. La maubèche vit sur les bords de la mer, et se nourrit d'insectes et de larves aquatiques. Elle ressemble beaucoup à la bécassine.

MAUBEUGE, sur la Sambre, chef-lieu de canton du département du Nord, à 4 lieues et demie d'Avesnes. Population, 7,000 habitants. Cette ville a été fortifiée par Vauban en 1680, et est au nombre des places de guerre de France. Elle possède une belle manufacture d'armes à feu et un collège.

MAUGÈRE, nom donné en marine à des conduits de cuir ou de la grosse toile goudronnés, qui servent à l'écoulement des eaux qui sont sur le tillac.

MAUGRABINS, nom donné en Orient aux Maures mercenaires.

MAULE, province du Chili, bornée au N. par celle de Colchagua, au S. par celle de Conception, à l'O. par le Grand-Océan, et à l'E. par la Cordillère des Andes. Sa superficie est de 460 lieues carrées, et sa population de 58,900 habitants. Elle tire son nom d'une rivière qui la sépare de la province de Santiago, et qui était autrefois la limite de l'empire des Incas. La province du Maule est d'une fertilité étonnante et parfaitement cultivée. Elle tire sa principale ressource de l'exportation des bestiaux, des fromages et des bois de construction. Les habitants ont le teint noir, le front bas et sombre, le caractère sauvage et perfide. — La capitale est *Cauquènes*, célèbre par ses eaux minérales, dont la chaleur s'élève à 100 degrés ; les autres principales villes sont *Maule*, renommée pour ses mines d'or, *Chillan*, pour ses volcans, etc.

MAULÉON, chef-lieu d'arrondissement du département des Basses-Pyrénées, à 14 lieues de Pau. Population, 1,500 habitants. C'est une petite ville d'un aspect assez agréable, quoique triste, et qui commerce en vins, maïs, grains, lin, porcs et bestiaux.

MAULTROT (Gabriel-Nicolas), célèbre jurisconsulte, né à Paris en 1714. Il se destina de bonne heure à la carrière du barreau, et fut reçu avocat au parlement de Paris. Il devint le défenseur du pauvre et de l'opprimé, et fit preuve de talent dans plusieurs causes, et notamment dans celle de son collègue Courtin. Moins attaché à la plaidoirie qu'à la consultation, il rédigea un mémoire à consulter sur lequel Louis XV accorda la grâce à M. de Chalotais, condamné à mort par le parlement de Bretagne. Il avait embrassé toutes les parties du droit politique et civil, et s'occupa spécialement du droit canonique, qui fut sa principale étude. Il défendit les prêtres qui n'avaient pas voulu signer le formulaire relatif à la bulle *Unigenitus*, contre le despotisme épiscopal (sous l'administration du cardinal de Fleury, il y avait eu 60,000 lettres de cachet de distribuées). Enfin il devint l'avocat du clergé. Cependant il se porta contre la constitution civile de 1791. Il composa un grand nombre d'ouvrages et mourut en 1803.

MAUPEOU (René-Nicolas-Charles-Augustin DE), né à Paris en 1714. Fils du vice-chancelier René-Charles de Maupeou, né en 1688, vice-chancelier en 1763, et premier président depuis 1743, il succéda en 1763 à son père dans la charge de premier président du parlement de Paris, et en 1768 devint chancelier de France. En 1770, lors du procès fait au duc d'Aiguillon, gouverneur de Bretagne, par la cour des pairs et le parlement, il commença la lutte avec le parlement. Après avoir écarté le duc de Choiseul, premier ministre, il tenta un coup d'Etat. Les magistrats, après plusieurs actes d'autorité, avaient suspendu leurs fonctions. Pendant la nuit du 19 janvier 1771, tous sont sommés par deux mousquetaires de reprendre leurs fonctions. Sur le refus presque général (il n'y eut que trente-huit membres qui y consentirent, et ceux-là même se rétractèrent), le chancelier notifie aux membres du parlement la confiscation de leurs charges et leur exil. Le nouveau parlement qu'il installa le 24 janvier, et qui prit le nom de *parlement Maupeou*, était composé des membres du conseil du roi. Ce parlement éprouva la plus vive opposition de la part de la nation, et à l'avénement de Louis XVI (1774), le chancelier fut exilé dans sa terre de Tuy en Normandie, et l'ancien parlement rappelé. Maupeou mourut en 1792.

MAUPERTUIS (Pierre-Louis MOREAU DE), né à Saint-Malo en 1698. Il entra en 1718 dans les mousquetaires, et obtint en 1720 une compagnie de dragons dans le régiment de la Roche-Guyon. Il quitta peu de temps après le métier des armes pour les sciences exactes, et fut en 1723 membre de l'académie des sciences de Paris. En 1728, il fut reçu membre de la société royale de Londres. En 1736, il fut mis à la tête des académiciens envoyés au pôle arctique pour déterminer la figure de la terre et pour compléter les observations des académiciens envoyés à l'équateur, en vérifiant le méridien. En 1740, il fut appelé en Prusse par Frédéric II pour y exercer la présidence et la direction de l'académie de Berlin. L'académie française le reçut aussi au nombre de ses membres. Dans son *Essai de cosmologie*, il avait proposé plusieurs hypothèses nouvelles dans la théorie du mouvement, et entre autres le *Principe de la moindre action*. Cette découverte, attaquée par le professeur Kœnig, fournit à Voltaire, qui avait été autrefois l'ami et l'élève de Maupertuis, se diatribe du docteur Akakia. Maupertuis mourut en 1759.

MAUR (Saint), célèbre disciple de saint

Benoît, auquel il fut présenté en 322 par son père Équice. Envoyé en France, il vint à Glanfeuil, aujourd'hui Saint-Maur-sur-Loire, et y bâtit un monastère, dont il fut le premier abbé. On croit qu'il mourut le 15 de janvier de l'an 540, et que ses reliques furent conservées à Paris dans l'église de Saint-Maur des Fossés jusqu'au transport que l'on en fit en 1750 dans l'abbaye de Saint-Germain des Prés. Il a donné son nom à une congrégation de l'ordre de Saint-Benoît.

MAUR (Saint-), congrégation de l'ordre de Saint-Benoît, qui eut pour mère la congrégation de Saint-Vanne, qui avait commencé sa réforme en Lorraine vers la fin du xvie siècle. En 1613, Jean Renaud, abbé de Saint-Augustin de Limoges, alla chercher des religieux de la congrégation de Saint-Vanne, à l'aide desquels il jeta les premiers fondements de celle de Saint-Maur. Plusieurs monastères entrèrent dans son dessein, qui était de rétablir la règle de Saint-Benoît dans sa pureté primitive. Elle fut approuvée par Grégoire XV en 1621, et confirmée en 1627 par Urbain VIII, qui lui accorda de nouveaux priviléges. L'abbaye de Marmoutier était la maison chef d'ordre. L'ordre avait un supérieur général, des assistants et des visiteurs, et on tenait le chapitre général de trois ans en trois ans à Marmoutier. La congrégation se divisait en dix provinces. Les religieux faisaient une profession particulière de belles-lettres, et avaient dans chaque province des séminaires pour y élever la jeunesse. Ils ajoutaient à leur nom de famille, qu'ils conservaient, le mot *dom*. La science historique a été pour ainsi dire créée en France par les bénédictins de Saint-Maur. C'est à eux que l'on doit l'*Art de vérifier les dates*, la *Diplomatique*, la *Gallia christiana*, les *Histoires de Paris, de Bourgogne, du Languedoc, de Bretagne*, l'*Histoire littéraire* de D. Rivet, etc. Les principaux écrivains de cette congrégation sont DD. d'Acheri, Mabillon, Ruinart, Merle, Vaissette, Lobineau, Félibien, Montfaucon, Martenne, etc.

MAURE (Sainte-), une des îles Ioniennes, au N. de Céphalonie. Sa population est de 20,000 habitants, et sa capitale est Sainte-Maure. Elle est séparée de la terre ferme par un canal de 500 pas creusé de main d'homme. Autrefois elle formait la presqu'île de Leucate. Elle est fertile en blé, vin, huile, limons, oranges, amandes, etc. Ses habitants sont Grecs, et ont un évêque particulier. La capitale a 6,000 habitants.

MAUREPAS (Jean-Frédéric Phelypeaux, comte de), petit-fils de Louis Phelypeaux, comte de Pontchartrain, ministre sous Louis XIV, contrôleur général des finances et chancelier, naquit en 1701. Il obtint à quatorze ans la charge de conseiller d'Etat qu'avait eue son père. Il eut en 1718 le département de la maison du roi, et celui de la marine en 1723. Enfin il fut nommé ministre secrétaire d'Etat en 1738, et montra de l'activité, de la pénétration et de la finesse. Exilé à Bourges en 1749 par les intrigues de Mme de Pompadour, contre laquelle il avait fait une épigramme, il fut rappelé au ministère à l'avénement de Louis XVI (1774), rétablit l'ancien parlement et entreprit la guerre d'Amérique. Il mourut en 1781, regretté du roi, qui l'aimait beaucoup, et membre honoraire de l'académie des sciences.

MAURES, peuple d'Afrique, répandu dans le royaume de Maroc et de Fez, dans la régence d'Alger et la partie intérieure de l'Afrique. Les Maures proviennent, dit-on, du mélange des Berbères avec les Arabes, ou de leurs descendants avec les nègres. Ils ont le teint brun foncé, de beaux yeux, de belles dents. Leur constitution varie selon qu'ils sont nomades ou sédentaires. Ils professent la religion de Mahomet, et dans l'O. de l'Afrique, vers les bords du Niger, cette croyance est mêlée avec le fétichisme. Ils sont industrieux et généralement adonnés à la vie pastorale et au brigandage. Il y a aussi des Maures en Asie, mais ils sont adonnés au commerce et ont les mœurs plus douces. On a aussi donné le nom de Maures aux Sarrasins ou Arabes, qui, sortis de l'Arabie, s'établirent dans le nord de l'Afrique, où ils formèrent plusieurs dynasties, et de là passèrent en Espagne, où ils établirent leur domination. Ils formèrent un grand nombre de petits royaumes soumis à la suzeraineté du *miramolin* ou *wali*, d'abord lieutenant des califes de Bagdad, puis du califat de Grenade. Les rois de Léon, de Castille et d'Aragon, les battirent et les chassèrent peu à peu de l'Espagne. En 1491, Grenade, leur dernier boulevard, tomba au pouvoir de Ferdinand le Catholique. Une partie des Maures passa en Afrique. Le reste demeura en Espagne, où quelques-uns, qui embrassèrent le christianisme, furent appelés *Morisques*. Philippe II les persécuta et les expulsa au nombre de plus de 100,000 en 1571, et Philippe III proscrivit ce qui en restait (1610). La domination des Maures en Espagne avait été la période de gloire et de civilisation pour ce pays. En effet, ils y apportèrent les sciences et les arts de l'Orient, et y édifièrent une foule de monuments utiles et durables. Avec eux l'Espagne perdit sa splendeur.

MAURIAC, chef-lieu d'arrondissement du département du Cantal, à 9 lieues d'Aurillac, située sur une colline dont la Dordogne baigne le pied. Population, 4,000 habitants. Mauriac eut autrefois une certaine importance. Elle était le chef-lieu d'une élection, et l'une des trois villes qui possédèrent les premières un collège de jésuites. Elle renferme aujourd'hui un tribunal de première instance, un collège et une société d'agriculture.

MAURICE (Ile) ou de France, île de l'océan Indien, au S.-E. de Madagascar, dont elle est éloignée de 166 lieues. Elle est ovale, a 14 lieues de long sur 11 de large, et 45 de circonférence. Sa population est de 93,700 habitants, dont 26,000 hommes libres, savoir 10,000 blancs et 16,000 hommes de couleur, 63,700 noirs esclaves, dont 53,000 mâles et 4,000 *convicts* (Indiens condamnés à la déportation) ou soldats de la garnison et marins. Son chef-lieu est Port-Louis. Elle produit de l'ébène, des ananas, des oranges, de l'indigo, du sucre, du café, du tabac, du girofle, du coton, du camphre, de la gomme élastique. Découverte par le Portugais Mascarenhas, qui la nomma *Acerna* ou *Cerné*, elle passa en 1598 aux mains des Hollandais, qui lui donnèrent le nom de *Maurice* et la quittèrent en 1712. Les Français lui donnèrent en 1715 le nom d'*Ile de France*, et la colonisèrent en 1721. Depuis 1810 elle appartient aux Anglais.

MAURICE (Saint), chef de la légion thébaine toute composée de chrétiens, fut appelé d'Orient l'an 286 pour aller combattre les Bagaudes par ordre de l'empereur Maximien Hercule. Ce prince s'étant arrêté à *Octodurum* (Martigny en Valais) et ayant ordonné des sacrifices, la légion thébaine alla camper à *Agaune* (Saint-Maurice), et refusa d'exécuter les ordres sacriléges de l'empereur, qui furieux la fit d'abord déciner, puis les fit tous massacrer le 22 septembre. On croit posséder à Vienne la tête de saint Maurice, à Angers son bras droit, à Mirepoix son bras gauche. Aujourd'hui la fête de saint Maurice n'est plus obligatoire.

MAURICE (Saint-), ordre militaire de Savoie, établi en 1434 par Amédée VIII dans le château de Ripailles, et réuni sous Grégoire XIII à celui de Saint-Lazare. (Voy. ce mot.) Les chevaliers portaient une croix blanche pommetée et bordée de bandes vertes sur le manteau, qui dans les cérémonies était de taffetas incarnat, doublé de soie blanche, avec une houppe en soie blanche et verte. Ils portaient aussi une cotte de damas incarnat, sur laquelle était brodée en or, devant et derrière, la croix de l'ordre.

MAURICE (Tiberius Mauricius), empereur d'Orient, né à Arabisse en Cappadoce l'an 539, d'une famille distinguée, originaire de Rome. Après avoir occupé quelques places à la cour de Tibère Constantin, il obtint le commandement des armées contre les Perses. L'empereur lui donna en mariage sa fille Constantine. Maurice succéda à son beau-père en 582. Il replaça sur le trône de Perse Chosroès II, et lui donna sa fille en mariage. Il soutint une guerre contre les Avares, rétablit la discipline militaire, et périt assassiné le 26 novembre 602 par le centurion Phocas, qui se fit proclamer empereur. Il avait auparavant vu ses cinq fils égorgés sous ses yeux.

MAURICE DE NASSAU. Voy. Orange.

MAURICE DE SAXE, duc de Saxe de la branche Albertine, né en 1521 du duc Henri le Pieux. Il se signala dès sa jeunesse par son courage, et se sépara en 1542 de la ligue protestante de Smalkalde, quoique lui-même fût protestant. En 1544 il servit l'empereur Charles-Quint contre la France, et en 1545 contre la ligue de Smalkalde. L'empereur, pour le récompenser, l'investit en 1547 de l'électorat de Saxe, dont il avait déchu Jean-Frédéric de la branche Ernestine. Maurice marcha contre son cousin Jean-Frédéric et contre son beau-père Philippe, landgrave de Hesse, qu'il battit et fit prisonniers à la bataille de Muhlberg (24 avril 1547). L'ambition, qui l'avait porté à seconder les vues de Charles-Quint, le détacha de ce prince. Il s'unit en 1551 contre lui avec l'électeur de Brandebourg, le comte palatin, le duc de Wirtemberg et d'autres princes, lève le masque au siége de Magdebourg, qu'il avait été chargé de faire et qu'il fit traîner en longueur, marcha sur Inspruck (1552), où il faillit faire prisonnier l'empereur, et le força à signer le traité de Passau (août 1552), qui rendit aux protestants le libre exercice de leur religion. L'année suivante, il marcha contre Albert de Brandebourg, qu'il défit à la bataille de Sieversbausen, et mourut dix jours après de ses blessures (19 juillet 1553).

MAURICE, comte de Saxe, un des plus grands hommes de guerre du xviiie siècle, né en 1696 d'Auguste II, électeur de Saxe, roi de Pologne, et de la comtesse de Kœnigsmarck. Il fit ses premières armes en Flandre, sous Marlborough et le prince Eugène, et se maria à l'âge de quinze ans. En 1720, il vint en France, où il prit le commandement d'un régiment. En 1726, il fut élu duc par les états de Courlande, il fut obligé par la Russie et la Pologne de renoncer à son duché, et retourna en France, où il servit comme maréchal de camp sous les ordres du maréchal de Berwick. Nommé lieutenant général, il commanda un corps d'armée dans la guerre de Bohême, et les succès qu'il obtint lui valurent le grade de maréchal de France. Sa campagne de Flandre (1744) et celle des Pays-Bas (1745) furent couronnées par la victoire de Fontenoy, qu'il remporta sur les alliés. Il reçut en 1746 des lettres de naturalisation, et fut nommé en 1748 maréchal général de toutes les armées françaises. Après avoir gagné les batailles de Raucoux et de Lawfeld, il mourut à Chambord en 1750, membre de l'académie française. Louis XV lui fit ériger un monument en marbre, ouvrage de Pigal.

MAURIENNE, vallée du royaume de Sardaigne, dans la Savoie. Elle a 20 lieues de long et s'étend jusqu'au mont Cenis, qui la sépare du Piémont. Saint-Jean de Maurienne, ville de 2,200 habitants, située à 6 lieues de Moutiers, en est la capitale de cette vallée.

MAURITANIE. Les anciens appelaient ainsi la partie occidentale de l'Afrique qui forme aujourd'hui les royaumes de Fez et de Maroc. On la nommait aussi *Maurusie*, et ses habitants étaient appelés *Maures* (du grec *mauroi*, qui signifie noirs) et *Maurusiens*. La Mauritanie fut réduite en province romaine sous le règne de Claude.

MAUROCORDATO, famille célèbre qui

descend de négociants de l'île de Scio. Nicolas Maurocordato, drogman de la Porte ottomane, rendit tant de services à la Turquie, que son fils fut élevé à la dignité d'hospodar de Valachie et de Moldavie. Nicolas mourut en 1711. Constantin Maurocordato, son petit-fils, hospodar en 1735, abolit l'esclavage dans ses principautés. Son fils, l'hetman Alexandre Maurocordato, épousa la princesse Smaragda Morusi. Lors de l'insurrection grecque, il fut arrêté, sans qu'il y eût pris aucune part, privé de sa fortune et transporté à Angora. Son fils, le prince Alexandre Maurocordato, né en 1787, a été l'un des chefs de l'insurrection grecque.

MAURY (Jean SIFFREIN), né à Valréas (Vaucluse) en 1746. Son père, pauvre cordonnier, lui fit donner une éducation soignée et lui fit embrasser les ordres religieux. Le jeune Maury, à peine âgé de vingt ans, vint à Paris, où il publia en 1766 l'*Eloge funèbre du dauphin* et l'*Eloge de Stanislas*. En 1767, il concourut pour l'*Eloge de Charles V* et les *Avantages de la paix*, double sujet proposé par l'académie française. Ses discours ayant été favorablement accueillis, Maury résolut de se consacrer à l'éloquence de la chaire. Sa réputation s'accrut de jour en jour, et il devint le prédicateur à la mode. En 1777, il publia l'*Essai sur l'éloquence de la chaire*, son chef-d'œuvre. En 1785, il devint membre de l'académie française, et la même année il prononça un autre chef-d'œuvre, le *Panégyrique de saint Vincent de Paule*. Elu député du clergé aux états généraux, il y défendit avec chaleur les grands et la monarchie, et y fut constamment l'antagoniste de Mirabeau. Il sortit de France en 1791, et se rendit à Rome, où il fut nommé archevêque *in partibus* de Nice, puis archevêque de Montefiascone et Corneto, et cardinal en 1794. En 1806, de retour en France, il fut nommé aumônier du prince Jérôme Bonaparte, et fut l'un des courtisans assidus de Napoléon. En 1810, il administra provisoirement le diocèse de Paris, et refusa d'obéir au pape, qui lui ordonnait de quitter ses fonctions. En 1814, enfermé à Rome, où il s'était retiré, il ne devint libre qu'un an après, et mourut en 1817, après s'être réconcilié avec le pape.

MAUSOLE, roi de Carie, mort l'an 353 avant J.-C. Sa femme Artémise lui éleva un magnifique tombeau, qui passa pour une des merveilles du monde, et fut appelé *mausolée*, nom donné depuis à tous les tombeaux de ce genre. Quatre architectes distingués, Scopas, Timothée, Léocharès et Bruxis, construisirent les façades de l'orient, du midi, de l'occident et du nord. Un cinquième, nommé Pythis, éleva la majestueuse pyramide qui couronnait le monument, et sur laquelle il plaça un char de marbre attelé de quatre chevaux.

MAUSOLÉE. Voy. MAUSOLE.

MAUVE, genre de la famille des malvacées à laquelle il sert de type, renfermant plus de cent espèces, dont la plus grande partie est exotique. Les mauves sont herbacées ou annuelles, suffrutescentes ou vivaces. Leurs feuilles sont alternes; les fleurs, disposées au sommet des tiges et des rameaux, ont la corolle composée de cinq pétales en cœur, planes, ouverts, réunis à leur base. Les espèces les plus connues sont la *mauve à feuilles rondes*, aux fleurs blanches ou purpurines; la *mauve sauvage*, aux grandes fleurs purpurines et aux feuilles lobées. On fait un grand usage des mauves en médecine; on les emploie comme émollient.

MAUVIETTE. Voy. ALOUETTE.

MAUVIS, espèce du genre *merle*, très-voisine de la grive, et plus estimée qu'elle parce que sa chair est plus fine. Le mauvis rend des services très-importants à la culture en détruisant une quantité considérable d'insectes et de chenilles, surtout à son passage au printemps. On le chasse soit à la pipée, soit aux appeaux, avec le fusil.

MAUVISQUE, genre de la famille des malvacées, renfermant quinze espèces, toutes indigènes du Mexique, des Antilles, de la Colombie et du Brésil. La plus connue de toutes est le *mauvisque arborescent*, arbuste de huit à dix pieds, aux fleurs d'un rouge écarlate très-vif. Le mauvisque fleurit toute l'année; il est d'une culture assez facile, et se multiplie de graines et de boutures.

MAVARALNAHAR, nom donné au pays des Usbecks ou Ouzbecks, très-peuplé et très-fertile, et renfermant un grand nombre de villes. Il se divise en deux parties: la Boukharie et la Kourgang. Elle renferme des mines d'or et d'argent. Sa capitale est *Samarkand*.

MAX, monnaie d'or de Bavière, qui vaut 25 francs 87 centimes de France. Il y a des demi-max, des quarts de max et des doubles max.

MAXENCE (Marcus Aurelius Valerius Maxentius), fils de Maximien Hercule et gendre de Galerius, profita de l'abdication de son père et de Dioclétien pour avoir part au gouvernement. Il se fit proclamer auguste par le sénat et le peuple de Rome en 306. Son père Maximien sort de sa retraite pour se joindre à lui. Sévère, envoyé par Galerius contre eux, et forcé de se remettre entre leurs mains, est obligé de se faire ouvrir les veines. Galerius en personne, qui marche contre eux, est contraint de prendre la fuite. Après la mort de son père (310), Maxence porte la guerre en Afrique, où il soumet et où il se fait détester par ses cruautés. De retour à Rome, il marche contre Constantin, qui était entré en Italie et avait déjà battu son général Ruricius Pompeianus sous les murs de Vérone. Vaincu lui-même à 9 milles de Rome, il se réfugie vers Rome, et le pont du Tibre s'étant écroulé sous le poids des fuyards, il se noie le 24 septembre 312.

MAXILLAIRE, ce qui a rapport aux mâchoires. On appelle *os maxillaires* les deux os qui forment la mâchoire supérieure et l'os unique qui forme la mâchoire inférieure. Il y a deux artères et deux nerfs maxillaires.

MAXIME. On appelle ainsi une règle de morale énoncée sous la forme de précepte. Lorsquelles sont dans la bouche de tout le monde, elles prennent le nom de *proverbes*, et, quand leur vérité se saisit à la simple intuition, on les appelle *axiomes*. La Rochefoucauld a composé un livre de *Maximes*, et Fénelon est l'auteur d'un ouvrage intitulé *Maximes des saints*.

MAXIME, nom donné, dans l'ancienne musique, à une note dont la forme était d'un carré long terminé par une queue verticale au côté droit. Cette figure de note, dont la valeur était de huit rondes dans les mesures à deux temps, et de douze dans les mesures à trois temps, a disparu de la musique moderne.

MAXIME (Saint), abbé de Chrysopolis, né à Constantinople en 580. Il fut d'abord premier secrétaire d'Heraclius, et quitta la cour pour s'enfermer dans le monastère de Chrysopolis près de Chalcédoine, dont il fut élu abbé. Adversaire zélé des monothélistes, il conseilla au pape Martin Ier, qu'il avait été trouver à Rome, d'assembler le concile de Latran en 649, où le monothélisme fut condamné. L'empereur Heraclius, partisan de cette hérésie, le fit enlever de Rome, et l'envoya en exil où il mourut en 662 des mauvais traitements qu'il avait soufferts. Il a fait un grand nombre d'ouvrages, et entre autres un *Traité de l'âme*, un excellent *Discours ascétique*, des *Traités* polémiques contre les *monothélites*, des *Maximes spirituelles*, etc.

MAXIME. Deux philosophes platoniciens ont porté ce nom. Le premier, MAXIME DE TYR, vint à Rome l'an 146, sous le règne de Marc Aurèle, qui voulut être son disciple, et vécut, dit-on, jusqu'à l'empereur Commode. On a de lui quarante et un *discours*, publiés par Henri Estienne en 1557 pour la première fois, et des *Maximes*

Ces deux ouvrages ont été traduits en français. — Le second, MAXIME DE MADAURE, né en Afrique, fut l'ami de saint Augustin, quoiqu'il conservât toujours sa croyance au paganisme. On trouve parmi les lettres de saint Augustin une *épître* de lui souvent citée pour prouver que les philosophes de l'antiquité admettaient un Dieu unique.

MAXIME (Marcus Clodius Puppienus Maximus), fils d'un forgeron, s'éleva par son mérite aux premiers honneurs. Créé tribun militaire, il devint sénateur et préteur. Il fut fait consul avec Balbin l'an 227. Proconsul de Bithynie, puis de la Grèce et de la Gaule narbonnaise, il devint préfet de Rome et fut élu empereur avec Balbin (237) après la mort des deux Gordiens. Maxime, après avoir marché contre Maximin que ses propres gardes massacrèrent, se préparait à marcher contre les Perses lorsqu'il fut assassiné avec Balbin par les prétoriens révoltés.

MAXIME (Magnus Clemens Maximus), sénateur, né en Espagne, et allié par sa mère à la famille de Constantin. Il commandait les troupes romaines dans la Grande-Bretagne et, profitant du mécontentement général excité par l'apathie de l'empereur Gratien, se fit proclamer empereur en 383, et envahit les Gaules avec 60,000 hommes. Gratien alors à Paris marche contre lui, est battu et se réfugie à Lyon, où Andragathius le fait mettre à mort. Maxime fut maître de la Grande-Bretagne, de l'Espagne et des Gaules, et fixa son séjour à Trèves. Bientôt après il envahit l'Italie où régnait le jeune Valentinien II, frère de Gratien, qu'il contraint de prendre la fuite. Théodose, empereur d'Orient, s'arme pour la défense de Valentinien, et bat en Pannonie Maxime, qui se réfugie à Aquilée où il est mis à mort par les soldats de Théodose en 388.

MAXIME (Flavius Anicius Petronius Maximus), né en 395 d'une famille illustre, fut deux fois consul en 433 et 443. Il était sénateur lorsque l'empereur Valentinien III outragea sa femme. Pétrone Maxime, pour s'en venger, fit assassiner l'empereur par deux barbares, Trantila et Optila, et le sénat le promut à l'empire (455) comme le plus digne. Maxime força Eudoxie, veuve de Valentinien, à l'épouser, et lui révéla son crime. Eudoxie, pour venger son premier époux, appelle Genseric, roi des Vandales, et Maxime périt massacré dans une sédition excitée par sa femme, après avoir régné trois mois.

MAXIMIEN HERCULE (Marcus Aurelius Valerius Maximianus), né près de Sirmium en 250 de parents très-pauvres, s'avança dans les armées par ses talents militaires. Dioclétien, son ancien compagnon d'armes, l'associa à l'empire en 286, et lui donna en partage l'Italie, les Gaules, l'Afrique, la Grande-Bretagne et l'Espagne. Sa première expédition militaire fut contre les Bagaudes. Il alla ensuite attaquer l'usurpateur Carausius dans la Grande-Bretagne, et fut forcé de lui donner la paix. Il défit et tua un usurpateur, Aurélius Julianus, qui occupait l'Afrique, en 305. Il abdiqua ainsi que Dioclétien, et se retira en Lucanie. Il n'en sortit que pour aller à l'aide de son fils Maxence. Bientôt, forcé d'abandonner l'Italie, il se réfugia dans les Gaules, où il fit épouser à Constantin sa fille Fausta. Un complot qu'il trama contre son gendre fut cause de sa mort arrivée à Marseille en 310. On lui avait laissé le choix, et il s'étrangla de ses propres mains.

MAXIMILIEN. Deux empereurs d'Allemagne ont porté ce nom. — Le premier, fils de l'empereur Frédéric III, né en 1459, épousa en 1477 Marie de Bourgogne, dont il eut entre autres enfants l'archiduc Philippe le Beau, père de Charles-Quint et de Ferdinand Ier. Elu roi des Romains en 1493. L'année suivante, il épousa Blanche Sforza, fille du duc de Milan. Il s'unit plusieurs fois avec l'Espagne, le roi de Naples, le duc de Milan, et le pape contre la France, et particulièrement dans la ligue de Cambray (1508). Il mourut à Inspruck en 1519. Ses institutions sont devenues célèbres. Ce fut lui qui divisa l'Allemagne en cercles, et qui établit le premier des troupes permanentes appelées *lansquenets*. Il créa un service de postes, protégea les arts, et fut lui-même poëte.

—MAXIMILIEN II, fils de Ferdinand Ier, né en 1527, élu roi des Romains en 1562, succéda à son père comme empereur en 1564. Il fut pendant toute sa vie en guerre avec les Turks, et mourut en 1576, laissant de sa femme Marie, fille de Charles-Quint, sept fils et deux filles. La dernière, Elisabeth, épousa Charles IX, roi de France, et l'aîné, Rodolphe, fut empereur.

MAXIMILIEN-EMMANUEL, né en 1662, succéda à son père Ferdinand-Marie dans l'électorat de Bavière en 1679. Il rendit de grands services à l'empereur Léopold, et se signala au siége de Neuhausel (1685), au siége de Bude (1688). Il commanda l'année suivante la principale armée de Hongrie, et emporta Belgrade l'épée à la main en 1689. Il se trouva ensuite au siége de Mayence, conduisit l'armée impériale sur le Rhin (1690), et fut gouverneur des Pays-Bas depuis 1692 jusqu'en 1706. A cette époque il fut mis au ban de l'empire, et mourut à Munich en 1726. Son fils Charles-Albert lui succéda, et fut depuis empereur.

MAXIMILIEN-LÉOPOLD-JOSEPH, né en 1727, succéda en 1745 à son père Charles VII dans l'électorat de Bavière. En 1747, il épousa Marie-Anne-Sophie, duchesse de Saxe, dont il n'eut point d'enfants, et mourut en 1777. En lui finit la branche bavaroise des comtes de Wittelsbach. Sa mort occasiona entre l'impératrice Marie-Thérèse et le roi de Prusse une guerre terminée en 1779 par le traité de Teschen.

MAXIMILIEN-JOSEPH, roi de Bavière, né en 1756, fut avant la révolution de 89 colonel du régiment d'Alsace au service de France et duc de Deux-Ponts à la mort de son frère Charles II en 1795. En 1799, il succéda comme électeur de Bavière au prince Charles-Théodore son oncle. Marié deux fois, il eut de chaque fois il deux filles, dont l'aînée, la princesse Amélie, épousa en 1806 le prince Eugène Beauharnais, depuis duc de Leuchtenberg, et en eut deux fils ; et la seconde, l'empereur François II. Après s'être montré pendant longtemps allié fidèle de Napoléon, qui l'avait créé roi de Bavière, il entra en 1813 dans la ligue des puissances d'Allemagne, et mourut en 1825.

MAXIMIN (Caïus Julius Verus Maximinus), né l'an 173 dans un village de Thrace, et fils d'un paysan goth. D'abord berger, il fut ensuite militaire, et s'éleva du grade de soldat aux plus hautes dignités militaires. Sous Macrin il se retira du service ; Alexandre Sévère le rappela pour lui décerner le *laticlave*, et lui confier le commandement d'une légion contre les Perses. Pendant la guerre, Maximin excite une sédition dans laquelle périt Alexandre Sévère, et se fait proclamer empereur à sa place (235). Après avoir associé son fils à l'empire, il se livra à son caractère féroce, et commit tant de cruautés que le peuple se souleva (237), et proclama les deux Gordiens. Maximin, qui était sur le point de porter la guerre chez les Sarmates, vole en Italie ; mais, arrêté devant Aquilée par les troupes de son ennemi, il meurt massacré avec son fils par ses propres soldats (238). On prétend qu'il avait huit pieds de haut, et que les bracelets de sa femme pouvaient lui servir de bague. Il lui fallait quarante livres de viande par jour, et dix-huit bouteilles de vin.

MAXIMIS ET MINIMIS. On désigne sous ce nom les plus grandes et les plus petites valeurs d'une fonction de quantités variables ; et les procédés à l'aide desquels on détermine ces valeurs forment la *Méthode des maximis et minimis*. Si, par exemple, fx désigne une fonction quelconque de la quantité variable x, et que a soit une valeur particulière de x qui rende la valeur de la fonction fx la plus grande ou la plus petite possible, fa sera le *maximum* ou le *minimum* de fx.

MAXIMUM. En mathématiques, c'est l'état le plus grand auquel puisse parvenir une quantité variable. Dans la langue usuelle, c'est la somme la plus forte de celles dont il est question, ou bien le taux au-dessus duquel, à certaines époques, il a été défendu de vendre une marchandise. En avril et septembre 1793, on fixa pour toute la France un *maximum* auquel furent soumises les marchandises de première nécessité, telles que viandes, beurre, huile, vin, etc. ; et ce *maximum* devait être jusqu'à l'année suivante le prix que chacune d'elles avait en 1790 plus le tiers en sus. En décembre 1794, le commerce redevint libre.

MAY. Deux îles portent ce nom : l'une, appartenant à l'Écosse, est située à l'embouchure du Forth. Elle a un bon havre, et l'on y trouve quantité de poissons, de gibier et de pâturages. La seconde, l'une des îles du Cap-Vert, a environ 7 lieues de tour. Sa population est de 7,000 habitants. Elle abonde en chèvres sauvages et domestiques, en sel, blé, patates, lataniers, figues, salines, coton, soie, etc.

MAYENCE, ville d'Allemagne, jadis capitale de l'archevêché de ce nom, actuellement chef-lieu de la province rhénane du grand-duché de Hesse et forteresse de la confédération germanique, au confluent du Rhin et du Mein, à 8 lieues de Francfort, 30 de Trèves, 32 de Strasbourg et 120 de Paris. Elle a 27 places publiques, 126 rues, 11 églises, 2,200 maisons et 27,000 habitants. Elle possède un lycée, un cabinet de médailles, un cabinet d'histoire naturelle, une collection d'instruments de physique et de mécanique, une galerie de tableaux, une bibliothèque de 90,000 volumes. Son université, fondée en 1432, n'existe plus. Parmi les beaux édifices, on distingue la cathédrale, le palais de l'archevêché, l'église Saint-Ignace, l'hôtel de l'ordre Teutonique, l'arsenal, etc. Jadis capitale de l'électorat et de l'archevêché de ce nom érigé en 747 (l'archevêque électeur était chancelier de l'empire), elle vit naître dans ses murs (1440) l'imprimerie. Prise par les Français (1792), reprise par le roi de Prusse (1793), cédée à la France par le traité de Campo-Formio, et devenue chef-lieu du département du Mont-Tonnerre, rendue aux alliés (1814), et cédée en 1815 à la Hesse-Darmstadt, elle a été déclarée forteresse de la confédération germanique, et l'Autriche et la Prusse nomment alternativement tous les cinq ans le gouverneur, le vice-gouverneur et le commandant de la forteresse de Mayence.

MAYENCE (ARCHEVÊCHÉ DE), pays d'Allemagne sur le Rhin et sur le Mein, moins étendu que l'électorat de ce nom. Il est très-fertile et bien cultivé. Son produit est le vin du Rhin. L'archevêque de Mayence était électeur, et occupait le premier rang parmi les électeurs.

MAYENCE (ÉLECTORAT DE), pays d'Allemagne d'environ 486 lieues carrées de superficie et 710,000 habitants. Il a formé en partie sous l'empire le département du Mont-Tonnerre, et est aujourd'hui partagé entre la Bavière et le grand-duché de Hesse-Darmstadt.

MAYENNE, rivière de France, qui a sa source à Linières, dans le bas Maine, et qui, après avoir reçu la Sarthe et le Loir, va se jeter dans la Loire au-dessous de Pont-de-Cé. Elle donne son nom au département de la Mayenne, qu'elle traverse au centre dans toute sa longueur du N. au midi. Elle est navigable depuis Laval jusqu'à la Loire.

MAYENNE, département de la France occidento-septentrionale, formé du bas Maine et d'une partie de l'Anjou. Il est borné au N. par les départements de l'Orne et de la Manche, à l'E. par celui de la Sarthe, au S. par celui de Maine-et-Loire, et à l'O. par ceux d'Ille-et-Vilaine et de la Loire-Inférieure. Sa superficie est de 514,868 hectares, et sa population de 375,000 hab. Il nommait cinq députés, et se divise en trois arrondissements, qui sont : *Laval* (chef-lieu du département), *Mayenne* et *Château-Gontier*. C'est la patrie de Volney et d'Ambroise Paré ; on y remarque le pays boisé où les *chouannerie* a pris naissance pendant la révolution. Il est compris dans la quatrième division militaire, le diocèse du Mans et le ressort de l'académie et de la cour d'appel d'Angers. L'agriculture, les exploitations rurales, les céréales et le cidre composent la principale richesse du département. La filature du lin, le tissage du lin, la fabrication du papier, des calicots et des fers, sont au premier rang dans l'industrie du département, qui compte six hauts fourneaux et quatorze feux d'affinerie. Le commerce des bois est encore important. On en expédie pour la marine : une grande partie sert aux constructions locales, et on envoie en Anjou du merrain et du bois de chauffage.

MAYENNE, sur la rive droite de la Mayenne, chef-lieu d'arrondissement du département de la Mayenne, à 7 lieues et demie de Laval. Population, 10,200 habitants. — Cette ville est très-ancienne. Elle a soutenu plusieurs siéges contre les Anglais. La seigneurie de Mayenne était une baronnie appartenant à la maison de Lorraine et de Guise. François Ier l'érigea en marquisat en 1544 ; Charles IX, en duché-pairie (1573) pour Charles de Lorraine, qui prit le nom de duc de Mayenne. (Voy. l'article suivant.) Le cardinal Mazarin acheta ce duché en 1651, et en fit don à Charles de la Porte, duc de Mazarin, qui avait épousé sa nièce, Hortense Mancini — Mayenne a un tribunal de première instance et de commerce, un collége, des hospices et une école de sourds et muets. Elle possède des fabriques de toiles, fil, calicots, et fait un commerce assez important.

MAYENNE (Charles de Lorraine, duc de), second fils de François de Lorraine, duc de Guise, né en 1554, se distingua aux siéges de Poitiers et de la Rochelle et à la bataille de Montcontour. Il battit les calvinistes en Guyenne, en Dauphiné et en Saintonge. Ses frères ayant été tués aux états de Blois (1588), il se déclara chef de la Ligue, et prit le titre de lieutenant général de l'Etat et couronne de France. Il fit déclarer roi le cardinal de Bourbon sous le nom de Charles X, et hérita de la haine de ses frères pour Henri III et son successeur Henri IV. Il marcha à la tête de 30,000 hommes contre ce prince, et fut battu à la journée d'Arques à à celle d'Ivry. Il éteignit la faction des Seize, et en fin fut forcé de s'accommoder avec le roi en 1590. Henri IV se réconcilia sincèrement avec lui, et lui donna le gouvernement de l'Ile-de-France. Le duc de Mayenne mourut en 1611, laissant de sa femme Henriette de Savoie, fille du comte de Tende, un fils, Henri, mort sans enfants en 1621, à quarante-trois ans.

MAYER (Tobie), l'un des plus célèbres et des plus grands astronomes modernes, né en 1723 à Marbach, dans le royaume de Wurtemberg. Il publia en 1745 son premier ouvrage, *Traité des courbes pour la construction des problèmes de géométrie*, et un *Atlas mathématique*. En 1750, l'université de Gœttingue le nomma professeur de mathématiques, et la société royale de cette ville le fit un de ses membres. En 1751, il fut chargé de la direction de l'observatoire de cette ville, et mourut en 1762. Il a inventé plusieurs instruments propres à mesurer des angles en pleine campagne. Il décrivit la surface, les mouvements et la libration de la lune, et dressa des tables excellentes, auxquelles les astronomes ont souvent recours. Il a composé beaucoup d'ouvrages.

MAYNARD (François), poëte français.

fils de Géraud Maynard, conseiller au parlement de Toulouse, et petit-fils de Jean Maynard, auteur d'un Commentaire sur les Psaumes. Il naquit à Toulouse vers 1582, vint à la cour encore jeune, et fut secrétaire de la reine Marguerite. Il publia alors un poëme en cinq livres, appelé *Philandre*. Il obtint la charge de président au présidial d'Aurillac en Auvergne, fut membre de l'académie des jeux floraux de Toulouse, et admis en 1632 au nombre des quarante de l'académie française. Il mourut en 1646. On a de lui des *épigrammes*, des *odes*, des *chansons*, des *lettres en prose*, etc.

MAYO, comté d'Irlande, dans la province de Connaught, entre ceux de Galloway, de Roscommon, de Sligo et la mer. Sa superficie est de 78 milles géographiques carrés, et sa population de 140,000 habitants. Sa capitale est Castlebar, ville de 5,000 âmes, à 47 lieues de Dublin; et les villes principales sont *Killala* et *Ballinrode*. Il est divisé en sept baronnies, et abonde en gibier, faucons, bestiaux et miel.

MAZANDERAN, province de Perse, entre celles de Ghilan, d'Irak-Adjémi, de Khorasan et la mer Caspienne. Sa superficie est de 1,900 milles géographiques carrés, et sa population est de 850,000 habitants. Sari partage avec Ferabad le rang de capitale. Les autres villes importantes sont *Asterabad* et *Balfrouch*. Elle est montagneuse et boisée au S., et marécageuse par intervalles.

MAZARIN ou Mazarini (Jules), né à Piscina dans les Abruzzes, d'une noble famille sicilienne, en 1602. Il s'attacha au cardinal Sacchetti, qu'il suivit en Lombardie, et aida beaucoup le cardinal Antoine Barberini à la conclusion de la paix à Quiérasque en 1631. La gloire que lui acquit cette négociation lui mérita l'amitié du cardinal de Richelieu et la protection de Louis XIII. Richelieu lui fit avoir le titre de vice-légat du pape à Avignon, et se l'attacha tout à fait en 1639. Il obtint le chapeau de cardinal à la recommandation de ce ministre, qui persuada Louis XIII de le nommer conseiller d'Etat après sa mort : ce qui arriva. A celle de Louis XIII, la régente Anne d'Autriche chargea Mazarin du gouvernement de l'Etat. Dès son entrée au pouvoir, il se forma contre lui un puissant parti. Les grands, prenant pour prétexte leur haine contre *le Mazarin*, comme ils l'appelaient, commencèrent la guerre civile connue sous le nom de *Fronde*, aussitôt après la journée des Barricades, dans laquelle Mazarin avait fait emprisonner deux membres du parlement, chefs du parti qui s'opposait à la vérification d'édits bursaux. Une foule de pamphlets, de plaisanteries sur le compte de Mazarin, et connus sous le nom de *Mazarinades*, furent le prélude d'une guerre plus sérieuse. Effrayé de l'union de Monsieur (Gaston, duc d'Orléans) avec le parlement, Mazarin quitta Paris et la France (1651) pour y rentrer l'année d'après à la tête d'une armée de 7,000 hommes levée à ses frais. La reine mère vint le trouver avec son fils, et la guerre recommença. Enfin, après plusieurs combats, Mazarin quitta une seconde fois la cour, où il revint en 1653 plus puissant que jamais. Un des plus importants services qu'il rendit fut la négociation de la paix des Pyrénées en 1659. Mazarin mourut en 1661, laissant une fortune de 200,000,000, dont hérita Armand-Charles de la Porte de la Meilleraye, qui avait épousé sa nièce Hortense Mancini. Hortense eut un fils, qui n'eut qu'une seule fille, et cette fille fit entrer la riche succession de sa famille dans celle des Duras, d'où elle passa par les filles dans la maison d'Aumont, et ensuite dans celle de Matignon, ducs de Valentinois.

MAZEPPA (Jean), gentilhomme polonais, né en 1624, fut page du roi Jean-Casimir. Une intrigue qu'il eut avec la femme d'un gentilhomme fut cause qu'on l'attacha nu sur un cheval sauvage, qui retourna dans l'Ukraine, sa patrie, et y déposa Mazeppa. Celui-ci, recueilli à demi mort par les Kosaks de l'Ukraine, devint bientôt secrétaire de l'hetman Samoïlowitz. En 1687, il lui succéda comme hetman des Kosaks de l'Ukraine. Il se lia d'abord avec le czar Pierre le Grand, qui l'éleva à la dignité de prince de l'Ukraine. Mazeppa chercha plus tard à se rapprocher de Charles XII, roi de Suède. Le czar, ayant découvert ses intrigues, le fit brûler en effigie. Alors l'hetman s'unit à Charles XII. Après la défaite de Pultawa, il se sauva en Valachie, et de là à Bender où il mourut en 1709.

MAZOVIE, waïvodie du royaume de Pologne, bornée au N. par celle de Plotsk, à l'O. par celle de Kalisch et la Lithuanie, au S. par celle de Sandomirz, à l'E. par celle de Podlaquie. Sa population est de 318,000 habitants, et sa superficie de 218 milles géographiques carrés. Vansovie est sa capitale. La Mazovie est riche en grains et en forêts peuplées de buffles, de sangliers, d'élans et de daims.

MAZUREK ou Mazur ou Mazurkas, c'est-à-dire *mazovien*, nom donné aux airs de la Mazovie. Ils ont le premier rang en Pologne après les polonaises. La mazurek s'écrit, dans la mesure à trois temps, comme ces dernières; mais elle est plus vive et plus animée; son mouvement varie souvent. Ces airs expriment admirablement les sentiments doux et tendres; ils sont tantôt gracieux, tantôt mélancoliques, tantôt vifs et enjoués. La mazurek est l'air favori des Polonais, comme danse et comme chant. Comme danse, les principales figures de la mazurek sont le rond, la grande chaîne et le changement des dames.

MAZZARA (Val di), pays de la Sicile, à la partie occidentale de cette île, et l'une des trois anciennes provinces de Sicile. Il est très-fertile en grains, chanvre, lin, amandes, réglisse, soude, et a 643,000 habitants. Palerme en est la capitale, et la ville de *Mazzara*, maritime et épiscopale, qui a 7,500 habitants, et qui est à 18 lieues de Palerme, lui a donné son nom. Le Val di Mazzara forme aujourd'hui les trois provinces de *Palerme, Trapani* et *Girgenti*.

MAZZUOLI (Francisco), surnommé *le Parmesan*, peintre, graveur et alchimiste italien, né à Parme en 1503 d'une famille de peintres. Elève de ses deux oncles, Michel et Pierre-Jérôme Mazzuoli, il peignit à quinze ans un tableau qu'on admire encore en Italie, *Saint Jean baptisant le Christ*. Il prit des leçons du Corrége, dont il fut l'ami. Il imita si bien Michel-Ange, et particulièrement Raphaël, qu'on disait que l'âme de ce dernier était passée dans le corps du Parmesan. Chassé de Rome par la guerre (1527), il travailla successivement à Bologne et à Parme, et mourut en 1540. On a de lui, outre celui déjà cité, les tableaux de *Saint Roch, Sainte Marguerite caressant l'enfant Jésus, la Conversion de saint Paul, Moïse, la Mort de Lucrèce, la Sainte Famille, Saint François recevant les stigmates, le Mariage de sainte Catherine*, etc.

MÉACO ou Miako, grande et belle ville du Japon, dans l'île de Niphon, à 100 lieues d'Yédo. Autrefois elle était la capitale de l'empire. Elle est située dans la province de Jamato au milieu d'une grande plaine. Elle est la demeure du *daïri* (empereur spirituel, et qui n'a de l'autorité que le nom); qui fait sa résidence dans un grand château fort, occupant un quartier septentrional séparé par un fossé et un mur du reste de la ville. Méaco renferme beaucoup de temples et de couvents. Les rues sont étroites et d'une longueur extraordinaire. La population de Méaco est d'environ 600,000 habitants. Elle possède une monnaie générale, une imprimerie et une académie.

MÉANDRE, fleuve de l'Asie-Mineure, qui prenait sa source près de Célènes en Phrygie, traversait la Carie et l'Ionie, recevait le Marsyas, le Lycus, l'Eudon et le Lethéus, et, après mille détours, se jetait dans la mer Egée, entre Milet et Priène. Le Méandre est aussi célèbre par ses cygnes, qui chantaient leur mort mélodieusement, que par ses détours. Cette dernière circonstance a fait appeler du nom de *méandre* tout ce qui a rapport aux sinuosités de ce fleuve.

MÉAT, nom donné, en anatomie, à tous les canaux du corps qui portent quelque fluide. Ainsi on dit *méat urinaire, méat auditif*. Le *méat cystique* est le conduit qui porte la bile de la vésicule du fiel dans le duodénum.

MEATH (East-), comté d'Irlande, dans la province de Leinster, entre ceux de West-Meath, de King's-County, de Kildare, de Dublin, de Louth, de Monaghan et de Cavan. Sa superficie est d'environ 36 milles géographiques carrés, et sa population de 112,400 habitants. Il abonde en blé et en pâturages. Sa capitale est *Trim* sur la Boyne, à 9 lieues de Dublin.

MEATH (West-), comté d'Irlande, dans la province de Leinster, entre ceux d'East-Meath, de King's-County, de Longford et de Cavan. Sa superficie est de 16 milles géographiques carrés, et sa population de 69,000 habitants. *Mullingar*, sur la Foyle, est sa capitale. Il renferme beaucoup de lacs poissonneux, des marais et des prairies.

MEAUX, ville de France, sous-préfecture du département de Seine-et-Marne, à 18 lieues de Melun et 12 de Paris, sur la rive droite de la Marne. Sa population est de 8,537 habitants. Elle a un évêché suffragant de l'archevêché de Paris, et que le célèbre Bossuet posséda. Sa cathédrale, une de nos églises gothiques les plus curieuses, commencée en 1282 et terminée dans le xvie siècle, a cent mètres de long, quarante-deux mètres de large et quarante-six mètres de haut. Son clocher a soixante-cinq mètres d'élévation. Meaux possède deux autres églises, un théâtre, une bibliothèque de 14,000 volumes, un inspecteur des forêts, des tribunaux de première instance et de commerce, un collége, une société d'agriculture, sciences et arts.

MÉCANIQUE, science des lois de l'équilibre et du mouvement, ou bien science des lois des forces motrices. Comme d'un côté l'équilibre existe par rapport aux corps solides et aux corps liquides, la mécanique se divise en deux sciences, traitant ces deux parties de l'équilibre, la *statique* et l'*hydrostatique*. Comme, de l'autre côté, le mouvement existe par rapport aux corps solides et aux corps liquides, la mécanique se divise encore en deux autres sciences, la *dynamique* et l'*hydrodynamique*, traitant ces deux parties du mouvement. — On distingue encore la *mécanique* en *théorique* et en *pratique*. — On appelle aussi *mécanique* l'assemblage de plusieurs moteurs. Le mot *machine* est généralement plus employé.

MÉCÈNE (Caïus Cilnius Mœcenas), célèbre chevalier romain, descendant des rois d'Etrurie. Il aida Auguste à s'emparer du pouvoir, et fut son confident et son ministre. La protection éclairée qu'il accorda aux lettres et aux gens de lettres est connue, et c'est de là qu'on donne le nom de *Mécènes* à ceux qui se font les protecteurs des littérateurs, des poëtes ou des artistes. Mécène cultiva lui-même les lettres avec succès. Il composa une *Histoire des animaux*, le *Journal de la vie d'Auguste*, différents *Traités sur les pierres précieuses*, deux tragédies intitulées *Prométhée* et *Octavie*, des *poésies*. Virgile lui a dédié ses *Géorgiques*, et Horace ses *Odes*. Mécène mourut l'an 8 de J.-C.

MÉCHAIN (Pierre-François-André), astronome moderne, né à Laon en 1744. Il se fixa en 1772 à Paris, où il fut attaché au dépôt des cartes de la marine en qualité d'astronome hydrographe. Il s'adonna plus particulièrement à la recherche des comètes, et en découvrit deux en 1781, dont il calcula aussitôt les orbites. En dix-huit ans, il découvrit onze comètes et calcula leurs orbites. Il concourut avec Cassini et Legendre à constater la position relative des observatoires de Paris et de

Greenwich, et, quand on décréta l'établissement d'un nouveau système de mesures fondé sur la grandeur du méridien terrestre, Méchain fut l'un de ceux qui devaient déterminer les différences terrestre et céleste entre les parallèles de Dunkerque et de Barcelone. Il fut chargé de la partie qui s'étend de Rhodez à Barcelone. Il voulut pousser ce travail jusque dans les îles Baléares, où il mourut en 1805 d'une fièvre de climat. Il était membre de l'académie des sciences et de l'Institut.

MÈCHE. On appelle ainsi généralement une substance combustible qu'on place dans l'axe d'une chandelle, d'une bougie, etc., et qu'on allume. Les substances végétales, et surtout le coton que l'on emploie en fils réunis en faisceau et plongés dans l'huile, présentent seules les qualités nécessaires pour faire de bonnes mèches. On se sert aussi de mèches plates trempées dans la cire pour les lampes dites économiques, et de mèches cylindriques pour les lampes à double courant d'air.

MÈCHE. On appelle ainsi la corde d'étoupe broyée et sèche, dont les canonniers se servent pour mettre le feu au canon, ou avec laquelle les mineurs mettent le feu à la mine. On les fait avec de l'étoupe de lin ou de chanvre (la première vaut mieux). Elle est composée de trois fils de douze à quinze lignes chacun. Sa circonférence doit être de vingt à trente lignes. La mèche est actuellement remplacée par la *lance*.

MÈCHE. On appelle ainsi un outil d'acier dont se servent les charpentiers, les menuisiers, etc., pour faire des trous plus gros qu'avec les vrilles ordinaires. Il a d'ordinaire six pouces de long, et est *formé* d'une tige de fer ou d'acier, dont une extrémité est carrée et entre dans un trou semblable pratiqué au bout du vilebrequin, et dont l'autre est en forme de gouge bien tranchante.

MÉCHITAR, célèbre Arménien, né à Sébaste (Sivas) en 1676. Après avoir reçu les ordres et le bâton doctoral, il se livra spécialement à l'étude des Écritures saintes et des Pères de l'Église. En 1700, il se rendit à Constantinople, où il prêcha la soumission au pape. Forcé de s'enfuir dans la Morée, il y établit un ordre religieux, et y fonda une école et un couvent arménien. Il se réfugia ensuite à Venise, où la république lui concéda la petite île de Saint-Lazare, où il bâtit en 1717 un monastère de moines arméniens catholiques. Cet établissement subsiste encore sous le nom d'ordre des *méchitaristes* ou de *Saint-Lazare*. — La première condition pour être admis dans l'ordre des méchitaristes est d'être Arménien d'origine. Chaque méchitariste doit être ou *vartabied*, c'est-à-dire docteur spirituel prêchant comme les missionnaires, ou bien *varjabied*, docteur ès lettres, enseignant et initiant à la science, et écrivain tenant un rang dans le monde littéraire. Une riche collection de manuscrits arméniens orne la bibliothèque de ce monastère, qui possède aussi une imprimerie qui peut être classée parmi les premières imprimeries orientales de l'Europe. Les méchitaristes suivent la règle des bénédictins.

MÉCHOAGAN ou VALLADOLID, un des dix-neuf États du Mexique et l'une des quinze ci-devant intendances. Il est située entre le Grand-Océan et les États de Mexico, de Queretaro, de Guanaxato et de Xalisco. Sa superficie est de 7,446 lieues carrées, et sa population de 413,500 habitants. La capitale est *Valladolid de Méchoagan*. Elle produit beaucoup de vers à soie, des ouvrages en plumes, des aux minérales, et possède des mines d'or, d'argent, de cuivre et d'étain.

MECKLEMBOURG, grand-duché d'Allemagne, entre la mer Baltique, le duché de Holstein et la Prusse. Sa superficie est de 745 lieues carrées, et sa population de près de 520,000 âmes. Ce duché est divisé en deux parties, le grand-duché de *Mecklembourg-Schwerin* et celui de *Mec-klembourg-Strélitz*. Le Mecklembourg, d'abord habité par des Hérules et les Vandales, le fut ensuite par des tribus slaves, les Obotrites et les Wilzes. Henri le Lion, duc de Saxe et de Bavière, parvint à conquérir le pays, et le duc Prébislaf embrassa le christianisme. Son fils Henri Burwin épousa Mathilde, fille de Henri le Lion. En 1170, Prébislaf fut élevé à la dignité de prince de l'empire, et devint la souche des princes mecklembourgeois. À la mort de Henri Burwin II, petit-fils de Prébislaf, la dynastie se divisa en quatre lignes, celle de Mecklembourg, de Gustrow (ou ligne vandale), éteinte en 1436, celles de Rostock et de Parchim (ces deux dernières s'éteignirent bientôt). En 1340, Albert et Jean, fils de Henri le Lion, et chefs des branches de Stargard et de Schwerin, furent nommés ducs par l'empereur. Par une convention faite en 1701 entre Frédéric-Guillaume, duc de Schwerin, et Adolphe-Frédéric II, duc de Strélitz, le Mecklembourg fut divisé en deux parties, tel qu'il l'est actuellement. En 1807, il entra dans la confédération du Rhin, et en 1815 les deux duchés furent élevés au rang de grands-duchés. La religion du Mecklembourg est la luthérienne.

MECKLEMBOURG-SCHWERIN, grand-duché d'Allemagne, qui a 646 lieues carrées de superficie, et 442,000 habitants, dont 3,100 juifs. Il renferme 41 villes, 11 bourgs et 2,001 villages (le grand-duc en possède 990 et 269 lieues carrées). Les revenus de l'État sont de 2,300,000 florins (5,957,000 francs). La dette publique, y compris celle de Mecklembourg-Strélitz, s'élève à 9,800,000 florins (24,605,000 francs). La capitale, SCHWERIN, a 12,640 habitants. La résidence grand'ducale, *Ludwigslust*, en a 3,400. Ce grand-duché a deux voix à la diète. Son contingent fédéral est de 3,580 hommes. Le grand-duc occupe conjointement avec celui de Mecklembourg-Strélitz la quatorzième place dans le conseil intime de la diète.

MECKLEMBOURG-STRÉLITZ, grand-duché d'Allemagne, qui a 99 lieues carrées de superficie, 79,800 habitants, et 500,000 florins de revenu (1,295,000 francs). Sa capitale, NEU-STRÉLITZ, a 8,700 habitants. Le grand-duché a une voix à la diète. Son contingent fédéral est de 717 hommes. La branche de Strélitz est cadette de Schwerin. Les haras des deux grands-duchés sont très-renommés, et offrent à ces pays une source de richesses.

MÉCONIQUE (ACIDE), acide formé d'oxygène, d'hydrogène et de carbone, et découvert dans l'opium par M. Sertuerner. Il est solide, blanc, cristallin, fond et se sublime à 125 degrés, et se dissout très-bien dans l'eau et dans l'alcool. Il se combine aux alcalis, et forme des sels appelés *méconates*. Le plus connu est le *méconate de morphine*, que renferme l'opium, et auquel il doit toutes les propriétés somnifères. On obtient l'acide méconique en faisant bouillir une infusion d'opium avec de la magnésie. Le dépôt qui se forme est du sous-méconate de magnésie. En le traitant par l'alcool et l'acide sulfurique, et en y mêlant de l'hydrochlorate de baryte, on obtient l'acide.

MÉCONIUM. On a donné ce nom aux excréments que l'enfant rend peu de temps après sa naissance, et qui s'étaient accumulés dans les intestins durant le cours de la gestation. Cette matière est d'une couleur verdâtre ou d'un noir foncé, fort visqueuse, et contient de petits poils très-fins. Elle paraît formée par le mélange de la bile avec les mucosités intestinales.

MECQUE (LA MEKKE), ville de l'Arabie dans l'Hedjaz, située dans une vallée entre deux monts stériles, à 10 lieues de la mer Rouge et 8 de Médine. Elle n'a aujourd'hui que 18,000 habitants. Elle est l'entrepôt du commerce qui se fait avec la Syrie, l'Égypte, l'Italie, l'Inde et la Perse. Aussi, à l'époque d'une foire qui s'y tient, et où se rendent les caravanes de tous les pays, il s'y rassemble plus de 100,000 marchands. Mais elle est moins célèbre par son commerce que parce qu'elle est la ville sainte des mahométans. On y voit encore la sainte mosquée ou *Kaaba*, édifice haut de trente-quatre pieds, construit selon Mahomet par Adam, Abraham et Ismaël, et sur l'un des côtés de laquelle se trouve la fameuse pierre noire encadrée d'argent, qui servait autrefois d'idole aux Arabes païens. Près de ce temple est la fontaine ou puits d'Ismaël. Une porte d'argent, qui ne s'ouvre que trois fois l'année, une fois pour les hommes, une autre fois pour les femmes et une troisième fois pour laver l'édifice, où quarante eunuques sont chargés d'entretenir l'ordre et la propreté, conduit à la Kaaba. On n'y entre que sur les genoux. Les infidèles ne peuvent approcher de la Mecque qu'à une distance de 9 lieues. La ville et les environs sont gouvernés par un *chérif*, choisi par le sultan dans la famille de Mahomet. Le pays est sous la suzeraineté du sultan de Turquie.

MÉDAILLE. On appelle ainsi toute pièce de métal frappée pour conserver la mémoire d'un personnage ou d'un fait. Les médailles se divisent en *antiques*, du *moyen âge* et *modernes*. Les premières ont eu presque toutes cours comme *monnaies*. Les seules qui n'ont pas servi de monnaie sont les *médaillons*, les *tessères* et les *spinthriennes*. Les pièces les plus anciennes dont l'émission soit déterminée sont celles d'Alexandre I, roi de Macédoine, et de Gélon, roi de Syracuse. Dans le premier, 484 av. J.-C. Leur forme est généralement ronde, carrée ou ovale. Leur grandeur s'appelle *module*. Les métaux qui les composent sont l'or, l'argent, l'électrum (alliage d'or et d'argent), le bronze (celles de bronze sont partagées en trois classes : le grand, le moyen et le petit bronze. Le premier ne passe point les Posthumes), le second va jusqu'à la décadence de l'empire en Occident et aux Paléologues en Orient), le potin (mélange d'argent, de cuivre, de plomb et d'étain), le billon et le plomb. Le nombre des types divers des médailles et de leurs variétés s'élève à environ 100,000. Les pièces qui ont le plus de relief, le plus de poids, et qui sont sans légendes, doivent être regardées comme les plus anciennes. Les plus modernes de toutes sont marquées au coin des familles.

MÉDAILLE. On nomme *médailles dentelées* ou *crénelées* celles dont les bords sont découpés comme de la dentelle ; *médailles saucées*, celles de cuivre argenté ; *médailles restituées*, celles dont le type, frappé à une époque antérieure, a été renouvelé depuis ; *médaille inanimée*, celle qui n'a pas de légende ; *médaille fruste*, celle qui est défectueuse dans sa forme, effacée par la circulation, ou dont certaines parties sont devenues méconnaissables ; *médaille fourrée*, une médaille antique couverte d'une petite feuille d'argent sur le cuivre ou le fer ; *médaille martelée*, une médaille antique commune dont on a fait une médaille rare en effaçant à coups de marteau le revers et en frappant un nouveau ; *médaille incuse*, celle qui n'est marquée que d'un côté ; *médaille contorniate*, une médaille de bronze dont la circonférence est terminée par un cercle d'une ou deux lignes de largeur, continu avec le métal, quoiqu'il paraisse en être détaché par une rainure profonde qui règne à l'extrémité du champ de l'un et l'autre côté de la médaille. — En architecture, on nomme *médaille* un bas-relief de forme ronde, sur lequel est représentée la tête de quelque prince, d'une personne illustre ou quelque action mémorable. — Chaque année, les sociétés savantes et les académies de France donnent des médailles aux meilleurs ouvrages écrits sur des sujets ou des questions indiqués par ces sociétés ou ces académies.

MÉDAILLE BÉNITE PAR LE PAPE. On appelle ainsi toute médaille chargée d'une indulgence temporaire ou plénière. On attache ordinairement cette sorte de médailles à des rosaires, à des chapelets, etc. Par délégation des autorités pontificale et métropolitaine, un assez grand nombre de prêtres ont l'autorité d'attacher les mêmes indulgences à des médailles.

MÉDAILLIER. On appelle ainsi un meuble à tiroirs où sont renfermées des médailles rangées dans un ordre méthodique. — On a aussi donné le même nom aux collections de médailles publiques ou particulières. Le plus riche médaillier qui existe est celui de la Bibliothèque royale à Paris. Les plus célèbres après celui-là sont ceux de Vienne, de Londres, du Vatican, de Florence, de Milan, de Turin, etc. Des dix-sept médailliers de Venise, on n'en compte plus que deux.

MÉDAILLON. On appelle ainsi toute pièce d'or, d'argent ou de bronze, d'un module et d'un poids supérieurs au module et au poids ordinaires des médailles. Les médaillons antiques paraissent avoir été destinés aux mêmes usages que les monnaies, ou avoir été réservés à des présents, des largesses, et à fixer les effigies des dieux et des empereurs sur les enseignes militaires. On appelle contorniates ceux dont le bord est sillonné d'un cercle creux.

MÉDAILLON. En architecture, on appelle ainsi un bas-relief rond ou ovale représentant une tête, un buste ou un sujet, encadrés dans une bordure également saillante. On en faisait à l'époque de la renaissance un grand usage pour décorer regardé comme d'un goût médiocre. cet ornement est

MÉDARD (Saint), évêque de Noyon, né à Salency, à une lieue de Noyon, d'un père franc et d'une mère romaine, vers le commencement du règne de Childéric, père de Clovis. Élu évêque de la cité des Veromandui, Augusta Veromanduorum (Saint-Quentin), en 530, à l'âge de soixante-douze ans, il transféra le siège de l'épiscopat à Noviomagus (Noyon). Étant élu en 532 évêque de Tournay, il réunit ces deux diocèses sous sa direction, et mourut à Noyon en 545. Il fut enseveli au bourg de Crouï, à deux cents pas de Soissons. Ce lieu devint célèbre, et Clotaire Ier y bâtit une abbaye en son honneur. Voy. ce mot.

MÉDARD (Abbaye de Saint-), grande et célèbre abbaye bâtie par Clotaire Ier, roi des Francs, pour renfermer les reliques de saint Médard, et achevée par Sigebert, roi d'Austrasie, son fils. Tous deux y furent enterrés aux pieds du saint, et l'abbaye fut donnée à une congrégation de moines de l'ordre de Saint-Benoît, récemment introduit en Gaule. Elle fut exemptée de la juridiction épiscopale, gratifiée de priviléges et de bénéfices immenses. On dit qu'il y avait autrefois à Saint-Médard quatre cents moines qui chantaient nuit et jour les louanges de Dieu. Elle avait sept églises et une triple enceinte de murailles. Le dernier roi mérovingien y fut déposé, et Louis le Débonnaire y fut enfermé (833). L'abbé de Saint-Médard était un de ceux qui les premiers battirent monnaie. Saccagé et pillé en 1568 par les huguenots, le monastère de Saint-Médard fut remplacé par une église de construction moderne, détruite par la révolution. Il ne reste plus que la crypte de Saint-Médard et deux cellules souterraines.

MÉDECIN, celui qui exerce la médecine. On distingue plusieurs sectes de médecins, et ces sectes tirent leur nom de leur doctrine ou leur manière particulière de guérir les maladies, ou du nom du fondateur de leur école. Ainsi il y a des méthodistes, des stahliens, des brownistes, des iatroleptes, des pneumatiques, des épisynthétiques, des homœopathes, etc. (Voy. ces mots.) Toutes ces sectes se fondent dans cinq systèmes, en sorte que tous les médecins peuvent être rangés en cinq classes distinctes : les hippocratistes, les physiologistes, les contro-stimulistes, les homœopathes et les éclectiques. — Ce fut vers l'an 600 seulement que les médecins commencèrent à acquérir chez les Romains quelque considération. Jules César fut le premier qui leur donna le droit de bourgeoisie, et Auguste les exempta de payer les impôts. — Nul ne peut exercer en France la profession de médecin, de chirurgien ou d'officier de santé, sans avoir été préalablement examiné et reçu, conformément à une loi rendue en 1803. Cette loi reconnaît des officiers de santé (degré inférieur) et des docteurs en médecine ou en chirurgie (degré supérieur). L'instruction médicale se donne dans les facultés et les écoles de médecine. Il y a en France trois facultés de médecine, à Montpellier, Paris et Strasbourg, et dix-huit écoles secondaires de médecine, à Amiens, Arras, Angers, Besançon, Bordeaux, Caen, Clermont, Dijon, Grenoble, Lyon, Marseille, Nancy, Nantes, Poitiers, Rennes, Reims, Rouen et Toulouse.

MÉDECINE, science qui a pour but la guérison des malades et la conservation de la santé. Dans toute maladie, on se propose trois choses : 1° d'éloigner la cause de l'affection, 2° de faire disparaître les symptômes maladifs, 3° d'empêcher le retour de ces symptômes. La médecine se divise en plusieurs branches : la pathologie, la matière médicale, la thérapeutique, l'anatomie, la physiologie, etc.

MÉDÉE (myth.), princesse magicienne, fille d'Æétès, roi de Colchide, et d'Hypsée, fameuse par ses enchantements, et nièce de Circé, qui l'instruisit dans son art. Lorsque Jason vint à Colchos avec les Argonautes, elle devint éprise de lui, l'aida à conquérir la toison d'or, et s'enfuit avec lui en Thessalie, où elle rajeunit Eson son beau-père, et, pour venger son mari de Pélias, elle le coupa en morceaux sous prétexte de le rajeunir. Peu après, Jason lui étant infidèle pour Créuse, fille de Créon, roi de Corinthe, elle empoisonna Créuse et son père, poignarda les enfants qu'elle avait eus de Jason, et s'enfuit sur son char, traîné par des dragons, à Athènes, où elle eut un fils, nommé Medus, du roi Egée. Elle voulut perdre Thésée, et fut forcée de s'enfuir en Colchide. On dit que Jason se réconcilia avec elle. On a dit aussi que tout ce qui a été raconté sur Médée est faux, que ses enfants furent massacrés par les Corinthiens, qui furent présent à Euripide de 5 talents pour bâtir cette fable.

MÉDELPAD, ancienne province de Suède, dans la Suède proprement dite, sur le golfe de Bothnie. Sa superficie est de 60 milles géographiques carrés, et sa population de 19,000 habitants. — Elle est couverte de forêts et montueuse. Elle produit du blé, et on y trouve du bétail. Elle était entourée par les provinces d'Angermanland, d'Helsingaland, d'Heriedalie, de Jemtland et la mer. Sa capitale était SUNDSWALT, port maritime de 1,500 habitants. Elle forme aujourd'hui une partie du gouvernement de Wester-Norrland.

MÈDES, peuples d'Asie, habitant la Médie, tirant selon l'histoire profane leur nom de Medus, leur premier roi, fils de Médée, et, selon l'histoire sacrée, de Madaï, troisième fils de Japhet. Les Mèdes secouèrent le joug des Assyriens l'an 820 avant J.-C., sous la conduite d'Arbacès. Peu de temps après, ils adoptèrent le gouvernement républicain. Déjocès, usant d'artifice, fut le premier roi l'an 700 avant J.-C. Phraortes lui succéda l'an 647 avant J.-C., et Cyaxara succéda à Phraortes l'an 625. Astyages régna de 585 à 550, époque à laquelle Cyrus, son petit-fils, régna avec lui. Cyrus réunit les Mèdes aux Perses l'an 555 avant J.-C. Les Mèdes étaient très-belliqueux, et, comme la plupart des peuples de l'Asie, polygames.

MÉDIANTE. On appelle ainsi la troisième note de la gamme d'un ton quelconque. Ainsi dans la gamme d'ut, mi est la médiante. La médiante sert à distinguer l'accord parfait majeur de l'accord parfait mineur ; car elle seule varie parmi les notes qui composent ces accords ; elle est majeure dans le premier cas, et mineure dans le second.

MÉDIAS, siége de Transylvanie, entre celui de Schœsbourg, celui d'Hermanstadt et les comitats de Kokelberg, de haut Weissenbourg et de bas Weissenbourg. Sa superficie est de 12 milles géographiques carrés, et sa population de 10,000 habitants. Le chef-lieu est MÉDIAS, sur le Kokel, ville de 4,235 habitants.

MÉDIASTIN, cloison membraneuse formée par l'adossement des plèvres, et divisant la poitrine en deux parties, l'une droite, l'autre gauche. — On nomme artères médiastines des branches artérielles très-déliées qui se répandent dans le tissu cellulaire du médiastin.

MÉDICAMENT. On appelle ainsi toute substance employée pour ramener à leur état naturel les propriétés vitales altérées dans le cours des maladies. On divise les médicaments en médicaments externes et médicaments internes. Les premiers sont appliqués au dehors, les seconds pris au dedans. On divise aussi tous les médicaments en évacuants, en vermifuges, en diurétiques, pectoraux ou béchiques, antispasmodiques, fébrifuges, toniques, antiscorbutiques, dépuratifs, antiphlogistiques, etc., suivant les maladies qu'ils doivent combattre.

MÉDICINIER, genre de la famille des euphorbiacées, renfermant des plantes exotiques à l'Europe, et croissant pour la plupart dans l'Inde et les climats chauds de l'Amérique. On en compte à peu près vingt-cinq espèces, au nombre desquelles se trouvent le manioc et le médicinier cathartique (jatropha carcas), nommé aussi pignon d'Inde. (Voy. JATROPHIQUE.) Ces plantes contiennent un suc propre, très-caustique et très-vénéneux (et particulièrement le médicinier brûlant); la cuisson en détruit tellement le principe que la racine perd son âcreté, et devient la base d'un aliment sain, agréable et savoureux. Les graines des médiciniers ont des propriétés très-purgatives. La plus belle espèce est le médicinier acuminé, aux fleurs d'un rouge écarlate brillant.

MÉDICIS, famille célèbre de Florence, que quelques historiens font remonter jusqu'au XIIe siècle. Mais sa généalogie n'est bien constatée que depuis PHILIPPE DE MÉDICIS, établi à Fiorano en 1250. Ses richesses acquises par un commerce très-étendu et ses talents l'avaient placé au premier rang de la bourgeoisie. Attaqué par les gibelins qui le regardaient comme leur ennemi, il fut secouru par les guelfes qui l'amenèrent en triomphe à Florence, où il obtint le titre de citoyen, et où ses descendants parvinrent aux premières charges de la république.

MÉDICIS (JEAN Ier DE), né en 1360, fut élu gonfalonier en 1421. Cette dignité, la première de la république de Florence, fut la récompense de son dévouement et de ses succès contre les Visconti, ennemis de Florence. Il mourut en 1429, après avoir sagement gouverné pendant vingt et un ans. Il eut pour fils Cosme, premier du nom, et Laurent. Ce dernier fut père de Pierre-François.

MÉDICIS (COSME Ier DE), fils de Jean, et surnommé Père de la patrie et l'Ancien, né à Florence en 1389. En l'an 1434 gonfalonier, il mit un nouvel ordre dans le gouvernement, fit fleurir le commerce et l'agriculture, fonda l'université de Pise, protégea les lettres et les arts, forma une imprimerie grecque, bâtit à ses frais une superbe bibliothèque et l'église de Saint-Laurent, et conserva le pouvoir jusqu'à sa mort arrivée en 1464. Son fils Pierre de Médicis, premier du nom, fut élu gonfalonier en 1460, et mourut en 1472.

MÉDICIS (LAURENT Ier DE), surnommé le Grand et le Père des lettres, fils de Pierre Ier et de Lucrecia Tornabuoni, et frère de Julien de Médicis, naquit en 1448. Il succéda à son père dans la charge de gonfalonier, et montra la même magnificence que son aïeul Cosme Ier. Il protégea les arts, fit élever de nouveaux palais, fonda une université à Pise, et honora les savants. En 1478, les Pazzi (voy. ce mot) s'étant conjurés pour l'extermination des Médicis, Julien, frère de Laurent, fut assassiné dans l'église de Santa-Reparata (il laissait un fils naturel, Jules, depuis pape sous le nom de Clément VII). Laurent échappa aux meurtriers, qui furent mis à mort, et se réconcilia avec le pape Sixte IV et Ferdinand, roi de Naples, qui avaient encouragé les conspirateurs. Il mourut en 1492, laissant de sa femme Clarisse des Ursins trois fils : Pierre II, Jean, depuis pape sous le nom de Léon X, et Julien II, gonfalonier et lieutenant général des armées de l'Eglise.

MÉDICIS (Pierre II de), fils et successeur de Laurent Ier, se fit détester par son orgueil. La basse condescendance avec laquelle il se livra à Charles VIII lors de son passage sur le territoire de Florence, Pise, Sarzane, Pietra-Santa, Sarzanella et Livourne, excita l'indignation des Florentins, qui le chassèrent avec toute sa famille du territoire de la république, le 9 novembre 1494. Les deux fils de Pierre-François, descendants de Laurent, frère de Cosme Ier, furent seuls rappelés à Florence. Ils firent effacer de leurs armoiries celles de leur famille (les armes des Médicis étaient d'or à cinq boules (*palle*) de gueules en *orle*, c'est-à-dire disposées le long des bords de l'écu. Pierre Ier y avait ajouté une *palle* avec trois fleurs de lis d'or dessus, addition autorisée par Louis XI (1465); ils les remplacèrent par la croix d'argent des guelfes en champ de gueules, et prirent le nom de *Popolani*. Pierre II se noya en 1503 au passage du Garigliano, où il combattait avec les Français contre les Espagnols. Il laissait un fils, Laurent II, duc d'Urbin, père d'Alexandre et de Catherine de Médicis.

MÉDICIS (Alexandre de), fils de Laurent II, duc d'Urbin, et selon d'autres fils naturel du pape Clément VII. Il fut imposé aux Florentins par l'empereur Charles-Quint (1532) comme duc de Florence, et après lui ses enfants. Il gouverna en tyran, et fit empoisonner le cardinal Hippolyte de Médicis, fils de Julien II et petit-fils de Laurent Ier, dit *le Grand*. Il épousa ensuite Marguerite d'Autriche, fille naturelle de Charles-Quint, et fut assassiné en 1537 par Lorenzino de Médicis, fils de Laurent III et petit-fils de Pierre-François.

MÉDICIS (Jean II de), surnommé *l'Invincible* à cause de sa valeur et de sa science militaire, était fils de Jean ou Jourdain de Médicis, et petit-fils d'un autre Jean, fils de Pierre-François. Il fit ses premières armes sous Laurent de Médicis, duc d'Urbin. Il servit ensuite le pape Léon X, après la mort duquel il passa au service de François Ier, qu'il quitta pour le service de François Sforza, duc de Milan. Lorsque François Ier se ligua avec le pape et les Vénitiens contre l'empereur, il rentra au service de France. Il fut blessé à Governolo (Mantouan) d'une arquebusade dans le genou, et, s'étant fait transporter à Mantoue, il mourut en 1526 à l'âge de vingt-huit ans, laissant un fils unique, Cosme, depuis grand-duc de Toscane. Ses soldats s'habillèrent de noir, et prirent des enseignes noires pour montrer leur douleur. C'est ce qui fait qu'on les a nommés *bandes noires*.

MÉDICIS (Cosme de), second du nom, et le premier duc de ce nom, né en 1519, fils de Jean de Médicis *aux bandes noires*, fut élu duc de Florence en 1537 après l'assassinat d'Alexandre de Médicis. Il conquit Sienne sur les Espagnols, établit l'université de Pise, fonda en 1554 l'ordre militaire de Saint-Etienne, acheta de la famille Piombino seize cent soixante-six toises de terrain dans l'île d'Elbe, où il fit construire la forteresse de Cosmopoli pour protéger les côtes de ce pays, et fut élevé en 1569 à la dignité de grand-duc de Toscane. Il mourut en 1574. De ses cinq enfants, Jean, Garzias, Ferdinand, François et Pierre, les trois derniers lui survécurent.

MÉDICIS (François-Marie de), né en 1541, succéda à Cosme son père en 1574. Il avait épousé Jeanne d'Autriche, fille de l'empereur Ferdinand Ier, qu'il trahissait pour Bianca Capello, fille d'un noble de Venise, qui avait suivi à Florence Pierre Bonaventuri, chef d'un comptoir de commerce. A la mort de Jeanne (1578), François épousa secrètement Bianca Capello, dont le mariage fut rendu public un an après. François mourut en 1587 sans enfants mâles.

MÉDICIS (Ferdinand Ier de), frère du précédent. Nommé cardinal sans être prêtre, il succéda en 1587 à son frère François Ier, et épousa Catherine de Lorraine. Son règne ne fut pas moins brillant que celui de son père. Il protégea les beaux-arts. Il maria sa nièce, Marie de Médicis, fille de François et de Jeanne d'Autriche, au roi Henri IV. Il mourut le 7 février 1609 pleuré de ses sujets. — Cosme, son fils, lui succéda sous le nom de Cosme II, et mourut le 28 février 1621, laissant ses Etats à son fils aîné Ferdinand II, qu'il avait eu de Marie-Madeleine, archiduchesse d'Autriche, sœur de la reine d'Espagne et de la duchesse de Savoie.

MÉDICIS (Ferdinand II de), fils aîné de Cosme II et de Marie-Madeleine d'Autriche, né en 1611, succéda à son père dans le grand-duché de Toscane, sous la régence de sa mère et de sa grand'mère, veuve de Ferdinand Ier. Il fut l'élève de Galilée, et gouverna ses Etats avec douceur. Il épousa en 1636 Victoire d'Est, fille du duc d'Urbin, et mourut en 1665 universellement regretté. Il se plaisait à vivre en homme privé, et protégeait les lettres, les sciences et les arts. Son fils Cosme III lui succéda. Il avait épousé, après la paix des Pyrénées, Marguerite-Louise d'Orléans, l'aînée des princesses de la seconde lit de cette maison. Cette princesse lui donna deux fils, Ferdinand et Jean-Gaston, et une fille, Marie-Anne-Louise, née en 1667, mariée à l'électeur palatin. Cosme fut pendant toute sa vie en désaccord avec sa femme, et mourut en 1723. Son fils aîné Ferdinand étant mort, Jean-Gaston lui succéda.

MÉDICIS (Jean-Gaston de), né en 1671, second fils de Cosme III et de Marguerite d'Orléans, succéda en 1723 à son père sur le trône grand-ducal. Déjà marié avec Anne-Marie-Françoise de Saxe, veuve du prince Philippe de Neubourg, qui ne lui avait pas donné d'enfants, il tenta d'adopter un fils de Philippe V; mais le traité de Vienne (1736) vint renverser ses projets. La Toscane y fut donnée à François, duc de Lorraine, en dédommagement de la Lorraine, cédée au roi de Pologne Stanislas. Avec Jean-Gaston, mort en 1737 à soixante-six ans, finit le dernier rejeton mâle des Médicis. Avec la princesse Anne, sœur de ce prince, finit la maison des Médicis.

MÉDICIS (Catherine de), fille de Laurent de Médicis, duc d'Urbin, et de Madeleine de Latour, comtesse de Boulogne, née en 1519. Elle épousa en 1533 le duc d'Orléans, second fils de François Ier (Henri II), et lui apporta en dot 100,000 ducats d'or, un trousseau de même valeur et les comtés d'Auvergne et de Lauraguais. Elle monta sur le trône de France avec son époux; il n'est guère de part au gouvernement qu'après sa mort. Alors, usant de cette politique astucieuse qu'elle employa toujours, elle chercha à affermir son pouvoir sur celui des autres partis. Elle opposa les partis entre eux, et tantôt alliée des Guise, tantôt du roi de Navarre et du prince de Condé, elle parvint à se rendre maîtresse du gouvernement. Mais elle ne fut véritablement reine que sous le règne de son second fils, Charles IX. Ce fut elle qui organisa le massacre de la Saint-Barthélemy. La première régence avait commencé avec la mort de Henri II, sa seconde avec la minorité de Charles IX; sa troisième commença avec la mort de ce prince, et finit au retour de Henri III de Pologne. Elle avait aucune part aux événements du règne de Henri III, et mourut en 1589. Elle avait toute sa confiance aux astrologues, qu'elle consultait à chaque instant.

MÉDICIS (Marie de), fille du grand-duc François Ier et de Jeanne d'Autriche, née en 1575. Elle épousa en 1601 Henri IV, roi de France, et lui apporta en dot 600,000 écus, un riche trousseau, des diamants, des joyaux et des meubles. Elle accoucha d'un dauphin le 27 septembre 1601. Elle fut presque toujours en querelle avec le roi, qui l'abandonnait pour ses maîtresses. Ce ne fut qu'après dix ans de mariage que le roi se détermina à la faire couronner. La cérémonie eut lieu à Saint-Denis, et tout était disposé pour l'entrée de la reine à Paris, fixée au 10 mars 1610, lorsque le roi fut assassiné. La reine se fit déclarer régente. Concini et sa femme Leonora Galigaï, le duc d'Epernon et même Richelieu étaient les véritables maîtres du pouvoir. Enfin, le duc de Luynes ayant persuadé au jeune roi de s'affranchir de la tutelle de sa mère, la reine mère fut exilée à Blois. Le duc d'Epernon l'enleva de Blois. Elle se retira dans les Pays-Bas en 1631, et mourut dans la misère à Cologne en 1642. C'est elle qui a fait bâtir le palais du Luxembourg et d'autres monuments.

MÉDIE, contrée d'Asie, bornée au N. par la mer Caspienne, à l'E. par l'Hyrcanie et la Parthie, au S. par la Perse, et à l'O. par l'Arménie. Elle s'appelait aussi *Aria*. On distinguait la *grande* et la *petite Médie*. La première répond aujourd'hui à l'Irak-Adjemi, au Tabaristan et à la partie du Khousistan appelée Louristan. La petite Médie ou Médie Atropatène répond aujourd'hui à l'Aderbaïdjan et au Kourdistan.

MÉDIMNE, mesure pour les choses sèches, entre en usage parmi les Grecs. Elle valait 8 boisseaux et demi ou 51 litres 79 centilitres de nos mesures. Un médimne valait 6 *hecteus*, 8 *tzolarion* de Sparte, 12 *hémihectes*, 48 *chœnix* et 96 *xestes*.

MÉDINE (en arabe, *Médinah-al-Nabi*, ville du prophète), ville d'Arabie dans l'Hedjaz, située dans une plaine abondante en palmiers, à 80 lieues au N. de la Mecque. Sa population est de 6,000 habitants. Elle est célèbre par le tombeau de Mahomet, qui y mourut en 622 (auparavant elle s'appelait *Yatreb*), et par ceux d'Abou-Beckr et d'Omar. Ces tombeaux sont renfermés dans une superbe mosquée, où les mahométans vont en pèlerinage. Celui de Mahomet est en marbre blanc. Médine fut prise en 1803 par les Wahabis. Reprise sur eux, elle appartient aujourd'hui au chérif de la Mecque, qui y entretient garnison.

MÉDIQUES (Guerres), nom donné aux guerres des princes perses contre les Grecs dans le Ve siècle avant J.-C. La cause réelle de ces guerres, qui sont au nombre de trois, fut l'ambition des monarques persans, désireux d'étendre leur empire. Les prétextes furent l'embrasement de la ville de Sardes par les Athéniens, dans la guerre des Ioniens contre Darius. — La première, conduite par Mardonius, gendre de Darius, eut lieu l'an 496 avant J.-C. Ce ne fut qu'une expédition dans la Grèce barbare, expédition qui échoua par la résistance des peuples de la Thrace et le désastre de la flotte près du mont Athos. — La deuxième fut entreprise à la sollicitation d'Hippias, chassé d'Athènes par le peuple, et conduite par Datis et Artapherne, l'an 490 avant J.-C. Ces 300,000 Perses, vaincus à Marathon, regagnent à la hâte leurs vaisseaux, et reprennent la route de l'Asie. — La troisième, entreprise par Xerxès, l'an 480 avant J.-C., à la tête de 5 millions d'hommes, de femmes et d'esclaves, comme s'il eût voulu établir dans la Grèce la capitale de son royaume, commença par le combat des Thermopyles et se termina par les défaites de Salamine, et de Platée. Ces revers multipliés forcèrent à accepter la paix, qui mit fin aux guerres médiques.

MÉDITERRANÉE (Mer), mer située entre l'Europe, l'Afrique et l'Asie, et baignant la France, l'Italie, la Grèce, la Turquie, l'Anatolie, la Syrie, l'Egypte et le N. de l'Afrique. Elle communique avec l'océan Atlantique par le détroit de Gibraltar, et forme la mer Adriatique, la mer Ionienne, l'Archipel, la mer de Marmara, la mer Noire et la mer d'Azof. Elle est sans marée sensible et régulière ; mais on y remarque un courant de l'O. à l'E. Les anciens appelaient la Méditerranée *mare Internum* (mer intérieure).

MÉDIUM. On appelle ainsi la portion moyenne de l'étendue d'une voix ou d'un instrument également éloignée des extrémités grave et aiguë.

MÉDOC, contrée de France dans le Bordelais, aujourd'hui faisant partie du département de la Gironde. Elle comprend le pays situé entre la Gironde et la mer. Son chef-lieu est *Lesparre*. Le Médoc est connu par ses huîtres et ses vins renommés.

MÉDON, surnommé *le Boiteux*, fils de Codrus, dernier roi d'Athènes. La royauté ayant été abolie, on lui substitua l'archontat, dignité d'abord à vie, ensuite réduite à deux ans, puis à un an de durée. Médon fut le premier archonte, et on l'élut (1070 avant J.-C.) par l'avis de l'oracle de Delphes, et préférablement à son frère Nélée. Il se fit aimer par sa justice et sa modération. Ses successeurs prirent de lui le nom de *Médontides*, et sa famille fut pendant deux cents ans en possession de la dignité d'archonte perpétuel.

MÉDRASCHIM, nom que donnent les juifs à leurs commentaires allégoriques sur l'Ecriture sainte et principalement sur le Pentateuque et sur cinq autres livres qui composent un second petit Pentateuque, savoir : le Cantique des cantiques, Ruth, les Lamentations, l'Ecclésiaste et Esther. En hébreu, *medraschim* signifie *allégorie*.

MÉDULLAIRE, nom donné, en médecine, à tout ce qui appartient à la moelle, qui en a la nature, les formes, l'apparence, etc.

MÉDUSAIRES, famille d'animaux invertébrés, de la classe des radiaires. Tous vivent dans la mer ; ils sont transparents, et n'ont pas plus de consistance que la gelée ; ils ont un corps ou ombrelle circulaire, convexe en dessus, plat ou convexe en dessous. La bouche, placée à la surface inférieure, est une ou multiple. A peine retirés de l'eau, ils se changent en un liquide transparent analogue à celui dans le milieu duquel ils vivent. Ils se nourrissent de toutes sortes d'animaux. On a divisé les médusaires en deux groupes : D'un côté sont les espèces à bouche unique, comprenant les espèces eudore, phoreynide, carybdée, équorée, callirhoé, orythie et dianée ; de l'autre sont les espèces à plusieurs bouches, comprenant les genres éphyre, obélie, cassiopée, aurélie et céphée.

MÉDUSE. Voy. MÉDUSAIRES.

MÉDUSE, l'une des trois Gorgones, fille aînée de la nymphe Céto et du dieu marin Phorcus. Elle habitait les îles Oréades dans l'océan Éthiopien. Neptune, épris de ses charmes, s'unit à elle dans le temple de Minerve, qui, irritée de cette profanation, changea en serpents les beaux cheveux de Méduse, et grava sa tête sur sa redoutable égide. Persée, muni des ailes de Mercure, coupa la tête de Méduse, du sang de laquelle naquirent le cheval Pégase et Chrysaor. La tête de Méduse avait le pouvoir de changer en pierres tous ceux qui la regardaient.

MEETING, mot anglais qui signifie une réunion populaire dont le but est de délibérer et de discuter sur un sujet politique quelconque, ou sur toute question importante qui intéresse le sort de la nation. Les élections sont ordinairement, en Angleterre, précédées de nombreux *meetings*, où assistent jusqu'à 30,000 individus. L'objet du *meeting* est annoncé à l'avance par des placards en grosses lettres, qui couvrent les murs, ou qui sont portés au bout d'une perche dans les rues. Les *meetings* ont ordinairement lieu en plein air.

MÉGABYSE, un des sept satrapes qui conspirèrent contre le mage usurpateur Smerdis. Il fut l'un des meilleurs capitaines de Darius, qui, après son expédition contre les Scythes, lui donna le commandement de l'armée qu'il laissait en Europe. Mégabyse prit Périnthe et conquit la Thrace. — MÉGABYSE, satrape rebelle, défit deux grandes armées qu'Artaxercès envoya contre lui. S'étant dans la suite réconcilié avec le roi, il lui prouva son attachement en tuant à la chasse un énorme lion qui allait se jeter sur lui. Il mourut l'an 447 avant J.-C. âgé de soixante-seize ans.

MÉGACÉPHALE, genre d'insectes coléoptères de la section des pentamères, famille des carnassiers, tribu des carabiques. Ils ont le corps bombé, la tête forte et ronde, et ressemblent beaucoup aux cicindèles. On en connaît actuellement plus de vingt-cinq espèces. Les mégacéphales sont en général des insectes très-brillants et revêtus de couleurs métalliques. Le *mégacéphale à quatre taches* est long de neuf lignes, d'un vert doré ; les mandibules, les antennes, les palpes, fauves.

MÉGACHILE, genre d'insectes hyménoptères, de la section des porte-aiguillons, famille des mellifères, tribu des apiaires ; ils ont la tête forte, épaisse ; les yeux ovalaires ; les mandibules triangulaires, finement dentelées intérieurement ; les antennes courtes, insérées au milieu de la face ; le corselet arrondi et bombé. On les divise en deux groupes : les mégachiles *maçonnes* et les mégachiles *coupeuses de feuilles*. Les premières bâtissent des nids, où elles pondent leurs œufs ; les secondes font leurs nids à terre et les garnissent de feuilles.

MÉGACLÈS, archonte annuel l'an 600 avant J.-C., pendant l'administration duquel éclata la conjuration de Cylon. Le complot ayant été découvert et les conjurés s'étant réfugiés dans le temple de Minerve, Mégaclès les en fit sortir par ruse, et les fit ensuite massacrer. Ceux qui restèrent du parti de Cylon, étant plus tard devenus les plus forts, se vengèrent avec acharnement sur les descendants de Mégaclès. — MÉGACLÈS, tyran de Sicyone, fils d'Alcméon, épousa Agariste, fille de Clisthène, riche Athénien, qui lui apporta en mariage des biens considérables. Forcé bientôt de céder à Pisistrate la souveraine puissance, dont il s'était emparé depuis le départ de Solon, il se ligua avec lui, et lui donna sa fille en mariage.

MÉGADERME, mammifère de la famille des vespertilionidés, très-remarquable en ce qu'il présente au-dessus des narines un développement singulier de la peau. Il n'a point d'incisives supérieures ; les canines sont fortes et crochues. Les oreilles sont très-grandes et réunies sur le devant de la tête. Il a trois crêtes nasales, point de queue, les lèvres velues et sans tubercules. Le *mégaderme lyre* a trois pouces de long, et chacune de ses ailes huit pouces. Son pelage est roux en dessus et fauve en dessous. Le *mégaderme feuille* a le pelage d'une belle couleur cendrée.

MÉGALÉSIENS (JEUX), jeux qui, chez les Romains, accompagnaient les MÉGALÉSIES, fêtes instituées en l'honneur de Cybèle vers le temps de la seconde guerre punique, le 14 avril. Dans les jeux mégalésiens, les dames dansaient devant l'autel de Cybèle. Les magistrats y assistaient en robe de pourpre ; la loi défendait aux esclaves d'y paraître. Durant ces jeux, plusieurs prêtres phrygiens portaient en triomphe la statue de la déesse. On représentait aussi sur le théâtre des comédies choisies.

MÉGALONYX, genre de mammifères fossiles découvert en 1796 à la profondeur de deux ou trois pieds dans une caverne du comté de Green-Briar, dans l'ouest de la Virginie. Les ossements découverts consistaient en un petit fragment de fémur ou d'humérus, un radius complet, un cubitus également complet, mais brisé, trois ongles et une demi-douzaine d'autres os du pied ou de la main. Des observations répé- tées ont fait regarder le mégalonyx comme une espèce de *mégathérium*. Voy. ce mot.

MÉGALONYX, genre d'oiseaux, de la famille des mégapodes. Ses caractères sont : le bec plus court que la tête, droit, conique, robuste ; les ailes très-courtes, obtuses ; la queue imparfaite, pointue, successivement élargie ; les tarses puissants, très-gros proportionnellement à la taille de l'oiseau ; les ongles très-longs, très-forts et très-peu recourbés. L'espèce qui a servi de type au genre est le *mégalonyx roux*, qui a près de neuf pouces de longueur totale ; le dessus de la tête et du cou, le manteau, les ailes d'un brun roux uniforme ; le ventre, les flancs et les couvertures inférieures de la queue sont rayés de brunâtre et de blanchâtre. Le mégalonyx habite l'Amérique.

MÉGALOPE, genre de crustacés de l'ordre des décapodes, famille des macroures, tribu des galathines. Ils ont la carapace large, courte et un peu déprimée, terminée en avant par un rostre pointu ; les antennes extérieures sétacées, n'ayant pas le quart de la longueur de la carapace, et formées d'articles allongés. Parmi les espèces, toutes de petite taille, sont : la *mégalope rhomboïdale*, qui a trois lignes de long ; la *mégalope armée* et la *mégalope multique*, longues de cinq à six lignes. — Il y a aussi de ce nom un genre d'insectes coléoptères, de la section des tétramères, famille des eupodes, tribu des sagrides.

MÉGALOPOLIS, c'est-à-dire la grande ville, aujourd'hui *Leontari* ou *Sinano*, ville du Péloponèse, capitale de l'Arcadie, sur l'Hélisson, à peu de distance de son embouchure dans l'Alphée. Cette ville fut bâtie par Épaminondas, qui voulut ainsi réunir en un centre commun les forces trop dispersées de la ligue arcadienne contre Sparte, et qui persuada à toutes les villes et bourgades de l'Arcadie d'envoyer la plus grande partie de leurs citoyens vers cette nouvelle ville, l'an 372 avant J.-C. Le territoire de Mégalopolis devint le district le plus considérable de l'Arcadie. Il comprenait les contrées appelées *Parrhasie*, *Ménalie*, *Eutrésie* et *Egytide*. Mégalopolis ne cessa d'être la rivale de Sparte, qui fit tous ses efforts pour la détruire. Elle fut surtout célèbre par le rôle important qu'elle joua dans les guerres de la confédération achéenne, dans laquelle elle entra l'an 232 avant J.-C., et par la naissance de Philopémen. Deux tyrans y avaient régné, Aristodème, vers l'an 366 avant J.-C., et Lysiade soixante-dix ans après.

MÉGALOSAURE, grande espèce de reptiles fossiles découverte à Stonesfield, à 12 milles d'Oxford, en Angleterre. On possède de ce reptile un fémur, des débris de mâchoires, une suite de cinq vertèbres, un os plat et plusieurs autres moins déterminables. Cuvier pense que c'était un animal marin, grand comme la baleine et très-vorace. Ce reptile, intermédiaire entre les lacertins et les crocodiles, est très-voisin du genre *géosaure*.

MÉGAPODE, genre d'oiseaux placé par Cuvier parmi les échassiers, par Lesson parmi les passereaux, par Drapiez dans les gallinacés. Le mégapode a le bec grêle, faible, droit, un peu comprimé ; les jambes écussonnées, fortes, assez élevées, placées à la partie postérieure du corps ; les ongles très-forts, très-longs ; les ailes médiocres, concaves, arrondies ; la queue petite, cunéiforme, dépassant à peine les ailes. Ces oiseaux pondent des œufs très-gros et habitent la mer du Sud. Le *mégapode de Duperrey* a le corps de couleur brun fauve.

MÉGARE, ville de la Grèce, capitale de la Mégaride, située près du golfe Saronique, presque à égale distance de Corinthe et d'Athènes (à 20 milles ou 9 lieues). Son territoire était bas, enfoncé et abondant en pâturages. Fondée vers l'an 1131 avant J.-C., elle fut d'abord gouvernée par des rois qui se succédèrent au nombre de douze. Dans la suite elle se constitua en république, et tomba sous le joug des Athéniens, dont les Héraclides l'affranchirent. Les Mégariens envoyèrent 20 vaisseaux à Salamine, pour la défense de la Grèce, et 300 soldats à Platée. Les femmes des Mégariens étaient regardées comme les plus lascives de la Grèce. Sa population s'éleva jusqu'à 12,000 âmes. Maintenant ce n'est plus qu'un bourg ruiné.

MÉGARE (myth.), fille de Créon, roi de Thèbes, qu'Hercule épousa à l'âge de dix-huit ou dix-neuf ans en récompense du secours qu'il avait donné à Créon dans la guerre d'Orchomène. Lycus ayant voulu, pendant qu'Hercule était descendu aux enfers, enlever Mégare et l'épouser pour s'emparer du royaume de Thèbes, Hercule tua Lycus. Junon, irritée de ce meurtre, rendit Hercule si furieux qu'il tua Mégare et Créontiadès, Terimachus et Deïcon, enfants qu'il avait eus d'elle.

MÉGARIDE, contrée de la Grèce, bornée au N. par l'isthme de Corinthe, au S. par le détroit de Salamine, à l'O. par la Corinthide, à l'E. par l'Attique. *Mégare* en était la capitale, et les principales villes étaient Nisée et Pagæ.

MÉGARIQUE (École), secte philosophique qui agita principalement la question de la science ou des moyens de connaître qu'elle faisait généralement consister dans des subtilités. Le chef de cette école fut Euclide de Mégare, qui vivait 400 ans avant J.-C. On distingue aussi quelquefois de cette école celle d'Elis, fondée par Phædon, et celle d'Érétrie, fondée par Ménédème. Ces deux philosophes vivaient 350 ans avant J.-C.

MÉGASCOPE. On appelle ainsi une espèce de chambre obscure, éclairée par une lampe et munie, comme la fantasmagorie, d'un tube et de verres. Cet instrument se compose d'une grande caisse avec cheminée, percée dans sa partie supérieure d'un trou circulaire assez grand pour y introduire les objets, tels que bouquets, morceaux de sculpture, bustes, etc. Une de ses propriétés les plus remarquables est de montrer les choses en relief avec leurs contours et leurs couleurs.

MÉGASTHÈNES, historien grec, qui vivait vers l'an 300 avant J.-C. Il jouissait d'une grande considération à la cour de Seleucus Nicanor, et composa une *Histoire des Indes*, souvent citée par les auteurs anciens. Cet ouvrage est totalement perdu. Ce que nous avons de Mégasthènes n'est rien moins qu'authentique.

MÉGATHÉRIUM, genre de mammifères fossiles, renfermant des animaux de très-grande taille, dont on trouve les restes dans les couches superficielles du terrain alluvionnaire de l'Amérique du Sud. On en a recueilli au Paraguay des débris assez nombreux pour composer quatre squelettes. Le *mégathérium* avait la taille de l'éléphant d'aujourd'hui. Il appartient à l'ordre des édentés, et parait intermédiaire entre les tatous et les fourmiliers tamanoirs. La première découverte du *mégathérium* date de 1789.

MÉGÈRE, une des trois Furies, dont l'unique occupation était de punir le crime non-seulement dans les enfers, mais même dès cette vie. Son nom, qui vient du grec *megairô*, signifie *je porte envie*. Elle était la seconde des Euménides. (Voy. ce mot et FURIES.) Son nom est resté pour exprimer la colère et la fureur d'une femme laide et vieille.

MÉGISSERIE ou MÉGIE. On appelle ainsi l'art d'apprêter les peaux de mouton, de veau, etc., pour les rendre propres à divers usages. Le mégissier prépare les peaux blanches et les peaux qui servent à faire les gants. Il prépare aussi les peaux non pelées, et qui doivent conserver leurs poils, telles que les housses, les fourrures, etc.

MÉHÉDY (Moulcassem-Mohammed-ben-Abdallah AL), fondateur de la dynastie des Ismaëliens d'Afrique. Il s'appuya de la prédiction que Mahomet avait, dit-on, faite qu'au bout de trois cents ans il se lèverait un soleil à l'occident, et paraissant vers le IIIᵉ siècle de l'hégire, soutint par les armes sa prétendue mission apostolique. Il fondit sur l'Egypte avec trois armées, et ne put que s'emparer d'Alexandrie. Il fonda la ville appelée de son nom *Méhédyeh*. Il y établit sa résidence, et mourut l'an 322 de l'hégire (644 de J.-C.), dans la soixante-troisième année de son âge et la vingt-sixième de son règne.

MÉHUL (Etienne-Henri), l'un des plus grands musiciens français, né à Givet (Ardennes) en 1763. A seize ans, il vint à Paris, et composa sous les yeux de Gluck trois opéras, *Psyché*, *Anacréon* et *Lausus et Lydie*. En 1790, il fit représenter à l'Opéra-Comique *Euphrosine et Coradin*, dont le succès fut prodigieux. Le grand opéra de *Cora et Alonzo* et ceux d'*Adrien* et des *Amazones* n'en eurent pas autant. Les autres opéras de Méhul sont *Stratonice*, *Joseph*, *le Jeune Henri*, *Ariodant*, *Phrosyne et Mélidore*, *l'Irato*, *Uthal*, *une Folie*, *Amphion*, *Valentine de Milan*, *Horatius Coclès*, etc. Il mourut en 1817 membre de l'Institut. On lui doit aussi la musique du fameux *Chant du départ.*

MEIBOMIUS. Il y a eu quatre savants de ce nom. — HENRI, l'aîné, né en 1555 à Lengo, et mort en 1625 médecin et professeur de littérature à Helmstadt, a laissé quelques poëmes en latin et quelques ouvrages. — HENRI, son petit-fils, né à Lubeck en 1638, parcourut l'Allemagne, l'Angleterre, la France, l'Italie; professa la médecine, l'histoire et la poésie à l'université d'Helmstadt, et mourut en 1700. Il immortalisa son nom dans les sciences anatomiques par ses recherches sur les glandes pituitaires des paupières appelées *glandes de Meibomius* et par la découverte du trou aveugle de la langue appelé *trou de Meibomius*. On lui doit encore la collection des écrivains de l'histoire d'Allemagne (*Scriptores rerum Germanicarum*), le *Chronicon Bergense*, etc. — MARC MEIBOMIUS, cousin du précédent, fut un érudit et un philologue distingué. Né en 1634 à Tœnningen, il mourut en 1711. Il s'occupa principalement de la musique des anciens.

MEIN, rivière d'Allemagne, qui prend sa source au mont Fichteberg dans la Franconie, traverse le royaume de Bavière, le duché de Wurtzbourg, le grand-duché de Hesse-Darmstadt, et, après avoir reçu la Regnitz et arrosé les villes de Bareith, de Wurtzbourg, d'Aschaffenbourg, de Hanau, de Francfort, se jette dans le Rhin à Mayence.

MEIN INFÉRIEUR, cercle du royaume de Bavière, formé de l'évêché de Bamberg, d'une partie de la principauté de Bareith et du haut Palatinat. Sa superficie est de 62 milles géographiques carrés, et sa population de 433,000 habitants. Il est compris entre celui du Mein supérieur, ceux de la Regen et de la Rezat, les principautés de Saxe-Cobourg, de Saxe-Hildeburghausen, de Lobeustein, le royaume de Saxo et la Bohême. Sa capitale est BAREITH (voy. ce mot), et les villes principales sont *Culmbach*, *Cronach*, *Hof*, etc.

MEIN SUPÉRIEUR, cercle du royaume de Bavière, formé de l'évêché de Bamberg et de la principauté de Wurtzbourg, et situé entre ceux du Mein inférieur, de la Rezat, le grand-duché de Bade, la Hesse et la Saxe. Sa superficie est de 107 milles géographiques carrés, et sa population de 422,500 habitants. Le chef-lieu est BAMBERG (voy. ce mot), et les principales villes sont *Wurtzbourg*, *Aschaffenbourg*, *Scheinfurt*, etc.

MEININGEN (DUCHÉ DE SAXE-), duché d'Allemagne, entre ceux de Saxe-Gotha, de Saxe-Hildeburghausen, de Saxe-Weimar et la principauté de Schwartzburg. Sa superficie est de 49 lieues carrées, et sa population de 130,000 habitants. Sa force armée est de 1,268 hommes, et ses revenus sont de 1,240,000 francs. Sa capitale est MEININGEN, à 15 lieues d'Erfurt, sur la Wera. Elle a un lycée, une école d'industrie, et 4,125 habitants. Le duché de Saxe-Meiningen appartient à la branche Ernestine et à la maison de Saxe-Gotha. La ville principale après Meiningen est *Henneberg*, chef-lieu d'un comté. Le duché de Saxe-Meiningen a une voix à l'assemblée générale de la diète et une voix collective à l'assemblée ordinaire (avec Cobourg, Weimar, Gotha et Hildeburghausen).

MEISSEN, cercle du royaume de Saxe, dans la Misnie, situé entre ceux de Dresde, de Leipzig, d'Ertzebirge et de Lusace. Sa superficie est de 78 milles géographiques carrés, et sa population de 298,308 habitants. La capitale est MEISSEN, à 6 lieues de Dresde, sur l'Elbe. Population, 10,000 habitants. Elle a un beau collége, une fabrique célèbre de porcelaine et une riche mine d'étain.

MEISTERSINGERS (maîtres chauteurs), nom donné en Allemagne aux troubadours de la classe des bourgeois et des artisans qui succédèrent aux *minnesingers*, qui appartenaient exclusivement à la classe des nobles. Leurs chants roulent ordinairement sur des matières d'histoire, de morale et de religion. Ils prirent naissance vers le XIVᵉ siècle, et jetèrent leur plus vif éclat dans le XVIᵉ avec le cordonnier Hans-Sach.

MELA (Pomponius), géographe romain, florissant sous Claude, et né en Espagne dans la Bétique. Il a publié un traité de géographie divisé en trois livres, et intitulé : *De situ orbis* (de la situation de l'univers). Dans le premier livre, il présente un tableau raccourci des trois parties du monde : Asie, Afrique et Europe, et une description sommaire du littoral méridional de la Méditerranée. Dans le second livre, il décrit le littoral septentrional et les îles; et dans le troisième, les côtes extérieures de la Gaule, de l'Espagne, la Mauritanie, etc. La meilleure édition de Pomponius Mela est celle de Gronovius. Amsterdam, 1722.

MÉLALEUQUE, genre de plantes de la famille des myrtacées, appartenant essentiellement à l'Australie : on en trouve aussi dans l'Inde. Ce sont parfois de grands arbres, mais le plus habituellement des arbrisseaux très-fournis de rameaux et de feuilles velues, rudes au toucher, d'un joli vert, opposées ou verticillées. Les espèces les plus connues sont le *mélaleuque à feuilles de millepertuis*, aux fleurs d'un rouge vif, disposées en épis; le *mélaleuque à feuilles de bruyère*; le *mélaleuque armillaire*, avec les graines duquel on fait des bracelets, des colliers, et dont les fleurs sont violacées. On retire du *mélaleuque à bois blanc* le *cajeput*, huile très-liquide d'un vert foncé.

MÉLAMPE (myth.), Argien, fils d'Amythaon, fut à la fois un fameux devin et un habile médecin. Il demeurait à Pylos, ville du Péloponèse. Il épousa l'aînée des filles de Prœtus, qu'il avait guéries de la folie en leur donnant de l'ellébore, appelé depuis *melampodium*. Chassé par Nélée de Pylos, il reçut de son beau-père, qui était roi d'Argos, une partie de son royaume, qu'il transmit à ses descendants jusqu'à la sixième génération. Il voulut avoir la main de Pero, fille de Nélée, pour son frère Bias, et obtint par son habileté des bœufs d'Iphiclus, qui en devenaient le prix. Mélampe reçut après sa mort les honneurs divins.

MÉLAMPYRE, genre de la famille des rhynanthacées, renfermant des herbes à feuilles simples, opposées; à fleurs disposées en épis terminaux, et accompagnées de bractées. Elles sont au nombre de dix à douze, presque toutes indigènes des lieux élevés et couverts de l'Europe. Leur graine, mêlée au froment et au seigle, imprime au pain une couleur violet noir, une odeur piquante et une saveur désagréable. Le *mélampyre des champs*, appelé aussi *rougeole* ou *blé de vache*, à cause de l'adeur avec laquelle les vaches le mangent, et à cause de la couleur rouge de ses bractées et de ses fleurs, se trouve souvent mêlée au blé.

MÉLANCHTHON (Philippe), ami de Luther et ministre luthérien, né en 1497 à Bretten dans le palatinat du Rhin. Il changea son nom de Schwarzerd, qui en allemand signifie *terre noire*, en celui de Mélanchthon, qui a la même signification en grec. Il ouvrit à Tubingue (1512) un cours public de littérature grecque et latine. Frédéric, électeur de Saxe, lui fit donner en 1518 la chaire de professeur de langue et littérature grecque à Wittemberg. La cause de la réforme trouva en lui un puissant défenseur. Cependant il joua le rôle de médiateur dans cette lutte acharnée. Ce fut lui qui dressa en 1530 la célèbre profession de foi connue sous le nom de *Confession d'Augsbourg*. Il assista en 1539 aux conférences de Spire, et y fit briller tout son savoir, ainsi qu'à celles de Ratisbonne (1541). Il mourut en 1560 à Wittemberg. Il est le chef d'une secte de luthériens connue sous le nom de *mélanchthoniens* ou *luthériens mitigés*.

MÉLANÉSIE, une des quatre parties de l'Océanie, bornée au N. par la Malaisie, au S. et à l'O. par la mer des Indes, et à l'E. par la Polynésie. Sa superficie est de 381,000 lieues carrées, et sa population de 2,400,000 habitants. Elle comprend la Nouvelle-Guinée ou Papouasie, les îles des Papous, les îles Salomon, Viti, Nouvelle-Irlande, Nouvelle-Bretagne, Mallicolo, Van-Diémen, la Nouvelle-Calédonie, la Nouvelle-Hollande ou Australie. Les villes de la Mélanésie sont *Dori* (Nouvelle-Guinée), la *Baie du bois de Sandal* (île Viti-Levou), *Sidney* et *Hobart-Town* (Nouvelle-Hollande). Des voyageurs récents divisent les Mélanésiens en deux races: les Papouas et les Endamènes, les premiers de couleur noir jaunâtre, les seconds de couleur noire tirant sur la suie vieille et terne. L'angle facial des premiers varie de 69 à 64 degrés, celui des seconds de 66 à 60, tandis que celui de l'orang-outang varie de 65 à 62. — La Mélanésie se distingue par de hautes montagnes, de grandes forêts, d'immenses déserts, par une végétation extraordinaire, d'admirables oiseaux et des animaux bizarres.

MÉLANIE, genre de mollusques de la famille des conchyliés. Les mélanies sont toutes des coquilles d'eau douce des pays chauds. L'animal qu'elles renferment est trachélipode, dioïque, ayant le pied frangé dans sa circonférence, ayant deux tentacules filiformes portant les yeux à leur base extrême. La coquille est turriculée, à ouverture entière, ovale ou oblongue, évasée à sa base. On en connaît plusieurs espèces, entre autres, à l'état fossile.

MÉLANOPSIDE, genre de mollusques établi en 1807, on le trouve à l'état fossile ou à l'état vivant en Europe, en Asie, en Afrique. L'animal que renferme la coquille est dioïque, spiral, trachélipode; sa tête est munie de deux gros tentacules coniques, portant les yeux sur un renflement assez saillant situé à leur base externe. La coquille est allongée, fusiforme, à sommet aigu. L'ouverture est ovale oblongue. Les espèces les plus connues sont la *mélanopside buccinoïde* et la *mélanopside épineuse*.

MÉLANOSE, affection organique dans laquelle le tissu des parties est converti en une substance noire, dure, homogène, auprès de laquelle il se forme des ulcères ou des cavités dus au ramollissement soit de cette matière elle-même, soit de quelque autre tissu morbide, des tubercules en particulier. Cette dégénérescence affecte particulièrement les poumons. Ses causes sont fort obscures. Elle survient spécialement à un âge avancé.

MÉLANTHE, genre de plantes de la famille des joncées, renfermant une quinzaine d'espèces croissant les unes dans l'Amérique septentrionale, les autres au cap de Bonne-Espérance, et dont les plus remarquables sont le *mélanthe à épi*, plante gracieuse, à tige menue, à feuilles engaînantes, longues et étroites; elle donne en un épi de fleurs pourpres, dont les lobes s'ouvrent en étoiles; et le *mélanthe à feuilles de jonc*, à tige garnie de deux feuilles longues et étroites, aux fleurs en grappe. Ces deux espèces naissent de bulbes forts petits.

MÉLANTHUS, fils d'Andropompe, descendait des Néléides, qui régnèrent à Pylos après Polycaon. Chassé de ses Etats par le retour des Héraclides, il se réfugia à Athènes, où Thymétès, qui régnait alors, offrit de lui céder la royauté s'il combattait contre Xanthus, roi des Thébains, qui lui avait déclaré la guerre. Dans le combat, Mélanthe s'écria que Xanthus a amené avec lui un second qui rend le combat inégal. Celui-ci étonné tourne la tête, et au même instant Mélanthe l'étend à ses pieds d'un coup de lance. Ainsi vainqueur, il monta sur le trône d'Athènes, qu'il transmit à ses descendants, dont Codrus fut le dernier. Son règne, qui fut de trente-sept ans, commença l'an 1128 avant J.-C. En mémoire de la ruse qui lui avait assuré la victoire, on institua des fêtes nommées Apaturies. Voy.

MÉLAR (Lac) ou Méler, lac de Suède, entre les provinces d'Upland, de Westmanie, de Sudermanie. Il a 25 lieues de long sur 10 de large, et communique à la Baltique près de Stockholm. Les villes de Stockholm, de Sigtuna, de Westeras et de Strangnas sont bâties sur le lac Mélar. Parmi un assez nombre d'îles, on distingue celle de Lofoe, où est bâti le château de plaisance des rois de Suède; le Drontingholm, bâti sur le dessin de celui de Versailles.

MÉLAS (N... DE], feld-maréchal autrichien, né en Moravie. Il fut envoyé en 1795 à l'armée du Rhin, qu'il quitta en mars 1796 pour se rendre à celle d'Italie, dont il prit le commandement en chef par intérim, et y servit ensuite sous les divers généraux qui se succédèrent. Il se trouvait en 1799 à la tête de l'armée autrichienne qui combattait alors sous les ordres de Suwarow. A la fin de septembre, il se trouva seul chargé du commandement de 60,000 Autrichiens, et repoussa le 3 novembre à Genola le général Championnet, mais il n'obtint pas les mêmes succès en 1800. Perdant devant Gênes un temps précieux, il laissa au général Bonaparte le temps de traverser les Alpes et de lui couper la retraite. Il fut battu à Marengo, et signa un armistice qui lui valut des reproches de l'Autriche. Il reparut presque aussitôt en qualité de commandant en Bohême. En 1806, il fut nommé président du conseil de guerre qui devait juger le général Mack, et mourut en 1810.

MÉLAS, fleuve de Cappadoce, aujourd'hui le *Kara-Sou*. Il prenait sa source aux frontières de cette province, dans les monts Taurus, coulait au N.-E., puis à l'E. vers la petite Arménie, et se rendait dans l'Euphrate un peu au-dessous de Mélitène. — Fleuve de Thrace, aujourd'hui le *Sulduth*. Il avait sa source près de Syraselle, dans les monts Ganos, et allait se jeter près de Cardic dans le golfe Mélas, aujourd'hui golfe de Mégarisse. — Petite rivière de Thessalie, prenait sa source sur les confins de la Doride, au mont OEta, coulait entre le Sperchius et l'Asope, passait près d'Héraclée, et se jetait dans le golfe Maliaque. — Petite rivière de la Béotie occidentale, qui prenait sa source près d'Orchomène, et se jetait dans le lac Copaïs.

MÉLASIS, genre d'insectes coléoptères, section des pentamères, famille des serricornes, tribu des buprestides, offrant pour caractères des mandibules pointues, quatre palpes courts, des antennes également courtes, un corps allongé, cylindrique. Ces insectes vivent à l'état de larve dans l'intérieur du bois. On distingue le *mélasis flabellicorne*, long de trois à quatre lignes, noir brun, un peu duveteux.

MÉLASOMES, famille d'insectes coléoptères, de la section des hétéromères, offrant pour caractères la tête enfoncée jusqu'aux yeux dans le corselet; les yeux à peine saillants, ovales; les antennes grenues, ayant le troisième article le plus long de tous; un crochet aigu à la partie interne des mâchoires; peu ou point d'ailes. On a divisé cette famille en trois tribus, les piméliaires, les blapsides et les ténébrionites.

MÉLASSE. On appelle ainsi le liquide sirupeux qui s'écoule des cristallisations du sucre, et dont on ne peut plus extraire le sucre qu'il contient encore. On distingue trois principales espèces de mélasse, la *mélasse de sucre brut*, employée à la confection de l'alcool; la *mélasse de sucre de betterave*, servant au même usage, et pouvant en outre s'employer dans la confection des rouleaux d'imprimerie; et la *mélasse de raffinage du sucre de canne*, qui s'emploie dans la préparation du pain d'épice, des oublies, de l'alcool. Elle sert souvent à remplacer le sucre chez les personnes indigentes.

MÉLASTOME, genre de plantes, type de la famille des mélastomées, se composant d'un assez grand nombre d'arbres, arbustes ou herbes d'un aspect élégant, à feuilles opposées, marquées de nervures longitudinales et transversales, aux fleurs tantôt nues tantôt accompagnées de bractées. Tous les mélastomes ont des fruits charnus et indéhiscents. Quelques espèces sont cultivées dans les jardins d'agrément.

MÉLASTOMÉES, famille de plantes dicotylédonées polypétales, à étamines périgynes. Elle se distingue des myrtacées et des salicariées par ses feuilles chargées de nervures longitudinales et transversales, et dans la fleur par la structure membraneuse des étamines. La famille des mélastomées renferme deux genres, le *mélastome* et la *rhexie*. Cette dernière se distingue de la première par son fruit sec et indéhiscent.

MELCHIADES, trente-troisième pape, Africain de naissance, succéda au pape saint Eusèbe le 17 août 310. Il obtint de l'empereur Maxence un décret pour faire rendre les temples et les autres choses qu'on avait ôtés aux chrétiens durant les persécutions, et eut le bonheur de voir la religion chrétienne adoptée par Constantin l'an 313. Il assembla un concile à Rome contre les donatistes, par ordre de Constantin, et mourut en 314. L'Eglise fait sa fête le 10 décembre. On l'appelle aussi Miltiade.

MELCHISÉDECH, roi de Salem, dont parle la Genèse, vint à la rencontre d'Abraham, victorieux des quatre rois ligués qui avaient emmené Loth. Il bénit Abraham dans cette occasion, et lui présenta du pain et du vin; car il était prêtre du Très-Haut. On ne sait plus rien sur lui ni sur sa famille, et cela a donné lieu à une foule de questions et de solutions. Quelques-uns ont vu dans Melchisédech Sem ou Cham, fils de Noé, et il a donné lieu à une secte d'hérétiques appelés *melchisédéchiens*. Voy. ce mot.

MELCHISÉDÉCHIENS, hérétiques du IIIe siècle, appelés ainsi parce qu'ils disaient que Melchisédech était une vertu céleste, supérieure à Jésus-Christ même, puisqu'il était l'intercesseur et le médiateur des anges, tandis que Jésus ne l'était que des hommes, que Jésus-Christ n'était que la copie de Melchisédech, et que son sacerdoce n'était formé que sur le modèle de celui de Melchisédech. Pour autoriser leurs erreurs, ils avaient certains livres de leur composition, qu'ils attribuaient à des personnes dont l'Ecriture ne parle point. Le chef de cette secte fut Théodote, banquier, disciple d'un autre Théodote, corroyeur.

MELCHITES, nom que l'on donne aux chrétiens orientaux qui suivent la doctrine du concile de Chalcédoine sur l'incarnation de Jésus-Christ, et reconnaissent en lui deux natures avec une personne. Les schismatiques qui rejettent ce concile, appelèrent les catholiques *chalcédoniens* et *melchites*. Depuis le schisme des Grecs, on a appelé ainsi ceux qui sont unis au patriarche de Constantinople, et qui se servent dans leurs églises des mêmes liturgies. Ils ont traduit en arabe l'eucologe des Grecs, plusieurs autres livres de l'office ecclésiastique, les canons des conciles.

MELCHTAL (Arnold de), un des auteurs de la liberté helvétique. Son véritable nom était Erni Ander Halden, et il était natif du canton d'Unterwald. Bérenger de Landenberg, gouverneur du canton pour l'empereur, lui avait pour une faute légère enlevé ses bœufs; le jeune Erni irrité cassa d'un coup de bâton le doigt d'un insolent valet. Le gouverneur eut la barbarie de faire crever les yeux du père d'Erni, et fit poursuivre celui-ci, qui vint se cacher chez Walter Furst d'Attinghausen. Sur un plateau du Rutlli (Uri), Arnold de Melchtal, Werner d'Attinghausen, Walter Furst d'Attinghausen et Werner Stauffacher jurèrent l'indépendance de leur patrie, le 14 novembre 1307. La mort du farouche Gessler, tué par Guillaume Tell, gendre de Furst et l'un des trente conjurés, et la bataille de Morgarten assurèrent l'indépendance de la Suisse.

MÉLÉAGRE (myth.), un des héros de l'antiquité grecque, fils d'OEnée, roi d'Etolie, et d'Althæa, fille de Thestius. Les Parques, qui assistèrent à sa naissance, prédirent sa grandeur future, et annoncèrent qu'il vivrait autant que durerait un tison qu'elles mirent au feu. Althæa se saisit promptement du tison, qu'elle éteignit et garda soigneusement. Méléagre prit part à l'expédition des Argonautes et à la chasse du sanglier de Calydon. Méléagre eut la gloire de le tuer, et il en offrit la peau et la hure à Atalante. Toxéus et Plexippus, oncles maternels de Méléagre, voulurent lui disputer cette part. Méléagre fort parti contre eux et les tua. Sa mère, à cette nouvelle, jeta au feu le tison fatal, qui finit avec Méléagre. D'autres disent que ses oncles, jaloux de la préférence accordée à Atalante, armèrent contre lui les Curètes, et qu'il périt dans un combat.

MÉLÉAGRE (hist.), un des lieutenants d'Alexandre le Grand, s'opposa vivement après la mort de ce prince à ce qu'on attendît l'accouchement de Roxane pour nommer un roi, et fit donner la couronne à Arrhidée. Il eut la Lydie en partage, mais il n'en jouit pas longtemps. Perdiccas, qu'il avait choqué, le fit citer devant son tribunal, et mettre à mort, comme ayant attenté à ses jours. — Poëte grec, auteur de la première Anthologie, était d'une ville de Syrie, et vivait sous Seleucus II, environ un siècle avant J.-C. Il passa la fin de ses jours dans l'île de Cos. Il est connu surtout par son *Anthologie* ou recueil d'épigrammes et de pièces fugitives de quarante-six poëtes différents, tels que Sapho, Alcée, Callistrate, Archiloque, Stésichore, etc. — Frère de Ptolémée Ceraunus, monta sur le trône de Macédoine l'an 280 avant J.-C., et ne régna que deux ans.

MÉLÉCIENS ou MÉLÉTIENS, anciens hérétiques ou schismatiques d'Egypte, ainsi appelés du nom de Mélèce, évêque de Lycopolis, qui, ayant été déposé par Pierre, évêque d'Alexandrie, pour avoir sacrifié aux idoles, se fit chef de parti en 306. Ils soutenaient seulement qu'on ne devait pas prier dans les églises avec les chrétiens tombés dans la persécution, quelque pénitence qu'ils eussent faite de leur faute. Les méléciens, d'abord ennemis des ariens, se joignirent à eux dans la suite contre saint Athanase.

MÉLÈS, petite rivière de l'Ionie, qui prenait sa source dans une grotte, près du mont Sipyle, et se jetait dans le golfe de Smyrne, auprès de la ville du même nom. On prétend que ce fut dans une grotte voisine du Mélès qu'Homère vint au monde ou qu'il composa ses poésies, ce qui lui a fait donner le surnom de *Mélésigènes*, et ce qui a fait appeler ses ouvrages *Meletæ*

chartæ. — MÉLÈS est aussi le nom d'un roi de Lydie, qui succéda en 747 avant J.-C. à son père Alyatte Ier. Il fut père de Candaule.

MÉLÈZE, genre de la famille des conifères, qui se rapproche, par son port et ses usages, des pins et sapins, mais qui, seul de tous les arbres de cette famille, perd et renouvelle chaque année ses feuilles. Le tronc est élancé et s'élève jusqu'à plus de cent pieds de hauteur sur un diamètre de trois à quatre pieds à sa base. Les branches sont horizontales; les rameaux grêles et pendants portent des feuilles fines et en aiguille, disposées en petits faisceaux. Il porte pour fruits des cônes ou strobiles violets, que l'on recueille en novembre et en décembre pour en retirer les graines. On connaît trois espèces de mélèzes; on les trouve surtout dans les Alpes, en Allemagne, en Russie. Le bois du mélèze est blanc, jaune ou rougeâtre, et on l'estime beaucoup parce qu'il est incorruptible, excellent pour la charpente, la menuiserie, les tuyaux de conduite, etc. Il est le plus droit, le plus léger de tous les bois. On voit suinter sur l'écorce du mélèze un suc fade qui, coagulé en petits grains blancs, compose une substance purgative connue sous le nom de *manna de Briançon*. La résine du mélèze est limpide, visqueuse, jaunâtre, aromatique et connue sous le nom de *térébenthine de Venise*.

MÉLIACÉES, famille de plantes dicotylédonées, à corolles polypétales, à étamines hypogynes. Elle a pour type l'*azédarach* ou *mélia*. Les caractères de cette famille sont des feuilles alternes, non ponctuées, sans stipules, et des fleurs à étamines monadelphes, réunies en un tube anthérifore (portant l'anthère). On a divisé cette famille en trois tribus: les *méliacées* proprement dites, comprenant les genres *azédarach* ou *mélia, turræa, strigilia, sandoricum, quivisia, geruma, humiria*; les *trichiliées*, renfermant les genres *trichilia, guarea, heynea*; et les *cédrélées*, renfermant les genres *cedrela, swietenia, chloroxylon, flindersie, carapa*.

MÉLIANTHE, genre de la famille des rutacées, renfermant trois espèces qui croissent au cap de Bonne-Espérance, dont deux surtout sont cultivées dans nos serres d'orangerie. Le *mélianthe pyramidal* ou *pimprenelle d'Afrique* est un arbrisseau de six à huit pieds, aux feuilles ciselées, alternes, grandes; aux fleurs d'un rouge foncé, petites, irrégulières, naissant en grappes pyramidales, sur des pédoncules munis chacun d'une bractée. Il doit son nom à la glande du calice, qui sécrète une liqueur mielleuse fort abondante et de couleur noirâtre. L'autre espèce de méliante cultivée est le *mélianthe petit*, arbrisseau de quatre à cinq pieds, aux fleurs d'un jaune rougeâtre et naissant en épis.

MÉLICERTE (myth.), fils d'Athamas et d'Ino. Sa mère le saisit de la fureur de son père, qui voulait lui donner la mort, comme il l'avait déjà donnée à Léarque, son autre fils. Ino épouvantée se précipita dans la mer, en tenant Mélicerte dans ses bras. Neptune, ayant pitié de ces deux infortunés, les changea en divinités marines. Ino prit le nom de Leucothoé ou Matuta, et Mélicerte fut nommé Palémon par les Grecs et Portumnus par les Latins. Quelques-uns croient que les jeux isthmiques furent institués en son honneur.

MÉLILOT, genre de la famille des légumineuses, voisin des trèfles, dont il a tous les caractères, hors la gousse qui est plus longue et point couverte par le calice, et des luzernes dont il diffère par son calice tubuleux, par sa carène, qui est petite, simple, rapprochée de l'étendard, et par sa gousse à peine déhiscente et généralement monosperme. Il renferme environ trente espèces de plantes herbacées, spontanées dans toute l'Europe tempérée et méridionale. Partout elles viennent sans culture dans les blés, les avoines, etc.

Elles sont très-recherchées par tous les bestiaux, mangées en pâture ou servies comme fourrage frais, avant la chute des feuilles. Trois espèces méritent de fixer l'attention. Ce sont le *mélilot blanc*, le *mélilot commun* et le *mélilot bleu*. On remarque aussi le *mélilot houblonné*, que les Anglais nomment *timothy*, et qui est connu sous le nom de *petit trèfle jaune*.

MÉLINDE, royaume d'Afrique, sur la côte de Zanguebar, gouverné par un roi mahométan qui exerce un pouvoir absolu. Sa superficie est d'environ 500 lieues carrées. Il est arrosé par le Jubo, qui le sépare du Brava, par la Grande-Rivière et par le Quilimancy, qui le sépare du Monbaza. Le prince est tributaire des Portugais. On y trouve des moutons dont la queue seule pèse vingt-cinq à trente livres. La capitale est MÉLINDE, à l'embouchure du Quilimancy. Population, 200,000 habitants. Elle fait un commerce considérable. Les Portugais y ont bâti une forteresse.

MELIPILLA, district de la province de Santiago du Chili, situé entre la mer, qui le baigne à l'O.; le district de Rancagua au S., dont elle est séparée par le Rio-Maypo; le district de Santiago au N., et les Andes. Sa superficie est d'environ 580 lieues carrées, et sa population de 28,000 habitants. La capitale est SAN-JOSÉ DE LOCHONO, située sur le Rio-Maypo, à 20 lieues de Santiago. Le district de Melipilla a de l'importance par les riches métairies (*haciendas*) qu'y possèdent plusieurs habitants de Santiago.

MÉLIPONE, genre d'hyménoptères, de la section des porte-aiguillons, famille des mellifères, tribu des apiaires. Les caractères qui le distinguent des abeilles sont peu nombreux. Ils se bornent principalement à n'avoir pas les mandibules dentelées. Leurs pattes sont plus larges; leur abdomen est plus court, et tout au plus de la longueur du corselet. Tous ces insectes sont exotiques et de la longueur de quatre à cinq lignes. Leurs mœurs sont inconnues.

MÉLIQUE, genre de graminées remarquable par ses panicules élégantes plutôt que par son utilité. Les méliques sont fort voisines des festuques et des *poa*. On distingue parmi les espèces la *mélique uniflore*, qui se reconnaît à ses fleurs courtes et ventrues, pendantes, peu nombreuses, réunies en épillet. Les deux ou trois tiges que pousse sa racine n'ont que peu de feuilles. Aussi est-ce un fourrage assez maigre, dont l'avantage est de croître dans les lieux ombragés où les autres graminées ne subsistent pas. La *mélique ciliée*, particulière aux collines pierreuses, et formant une panicule spiciforme, qui, après la floraison, étale les poils soyeux de ses balles. C'est un fourrage recherché des bestiaux; mais on ne peut en faire des prairies ni des gazons, parce qu'elle ne croît que par touffes.

MÉLIS, nom donné par les marins aux toiles de France, dont on se sert généralement pour faire certaines voiles d'un bâtiment. On les distingue par *mélis doubles* et *mélis simples*. Les premiers sont les plus forts.

MÉLISSE, genre de la famille des labiées, renfermant au moins quinze espèces, soit en Europe, soit en Amérique. Toutes ces plantes sont odorantes, à feuilles simples, opposées; à fleurs axillaires, portées sur des pédoncules rameux, et disposées en grappes au sommet de la tige. Les mélisses se rapprochent beaucoup des *thyms* et des *origans*. Les deux espèces les plus connues sont la *mélisse officinale*, à tige droite, rameuse, haute de cinq à six pieds; aux feuilles ovales, cordiformes, dentées; aux fleurs blanches, verticillées (on la nomme aussi *citronelle, herbe au citron, citronade*), et qui répand une odeur analogue à celle du citron. Elle fournit à la distillation beaucoup d'huile essentielle. Elle est très-employée en médecine comme stimulante, et fait la base de l'*eau de mé-*

lisse des carmes. La mélisse calament, a des fleurs purpurines ou blanchâtres, tachetées de violet.

MÉLIS-STOKE, chroniqueur batave, qui a écrit vers 1385 une *Chronique hollandaise rimée*, qui est une histoire complète de tous les comtes de Hollande depuis Didéric Ier (863) jusqu'à Guillaume III en 1305. Cette chronique est partagée en dix livres, qui forment ensemble douze mille six cent quatre-vingts vers. Mélis-Stoke avait dédié son ouvrage à Florent V, comte de Hollande. Sa chronique, tirée de la célèbre abbaye d'Egmond, fut imprimée pour la première fois à Amsterdam en 1591. Jean Vander-Does, seigneur de Nordwyk (Janus Dousa), en donna une seconde édition en 1620 à la Haye. La meilleure est celle de Balthazar Huyde-Coper. Leyde, 1772.

MÉLITÉE, genre de polypiers de l'ordre des isidées, de la division des corticifères, renfermant des espèces lisses, dendroïdes, noueuses, à rameaux souvent anastomosés, à l'écorce crétacée, très-mince et friable. Quelques-unes atteignent plusieurs pieds de hauteur. Leur couleur varie du blanc rose au rouge de corail le plus vif.

MELIUS (Spurius), chevalier romain que sa libéralité envers le peuple fit accuser d'aspirer à la tyrannie. Ayant été sommé par Caïus Servilius Ahala, général de la cavalerie, de comparaître devant le dictateur Lucius Quintus Cincinnatus, non-seulement il n'obéit point, mais il se jeta dans la foule pour se dérober à la poursuite de Servilius Ahala, qui lui passa son épée au travers du corps, et le tua l'an de Rome 314 (440 avant J.-C.). Ses biens furent confisqués et sa maison rasée.

MELLE, sur la Béronne, chef-lieu d'arrondissement du département des Deux-Sèvres, à 10 lieues de Niort. Population, 3,000 habitants. — Cette petite ville, ancienne et d'un aspect agréable, a joui d'une certaine importance. On y battait monnaie du temps de Charles le Chauve. Melle a un tribunal de première instance, un collége, une école modèle et une société d'agriculture. Elle commerce en draps, laines, cuirs, peaux, vinaigre, eau-de-vie, faïence, poterie, laine, coton et papier.

MELLI, royaume d'Afrique, dans l'intérieur des terres, à la distance de 640 lieues des côtes de l'Océan, au S. du royaume de Kassina et à l'E. de celui de Wangara. Le climat y est si chaud que les Arabes mêmes y périssent. On y fait un grand commerce de sel.

MELLIFÈRES, famille d'insectes hyménoptères, de la section des porte-aiguillons. Elle se divise en deux tribus : les *andrénètes* et les *apiaires*, et se distingue par le premier article des tarses postérieurs, qui, dans les neutres et les femelles, est très-grand, comprimé en palette, et le plus souvent hérissé de poils pour recueillir le pollen des plantes, avec lequel elles composent une substance particulière nommée *miel*; par les mâchoires et une lèvre allongées, formant une trompe propre à puiser la liqueur sucrée qui existe dans le nectaire des fleurs. Les *abeilles* appartiennent à cette famille.

MELLITATES, nom donné aux sels formés par la combinaison de l'acide mellitique avec les bases salifiables. Tout ce qu'on sait sur eux, c'est que les mellitates de soude, de potasse et d'ammoniaque sont solubles et cristallisables.

MELLITIQUE (ACIDE), acide formé d'oxygène, d'hydrogène et de carbone, et découvert par Klaproth. Il est solide, pouvant cristalliser en petits prismes ou en aiguilles, d'une saveur aigre et amère, soluble dans l'eau. Il existe dans la pierre de miel ou mellite, où il est combiné avec l'alumine. On l'obtient en traitant par l'alcool la dissolution de ce minéral réduit en poudre, en filtrant, évaporant jusqu'à siccité.

MÉLOCACTE ou CACTIER MÉLONIFORME, nom spécifique d'une plante du genre CACTUS, remarquable par sa forme globuleuse, les côtes dont la surface est relevée et par la beauté de ses fleurs. C'est l'espèce du genre qui fut la plus anciennement cultivée en France (vers 1600).

MÉLODIE, succession de sons qui forment un sens musical plus ou moins agréable à l'oreille. La mélodie est une des parties les plus importantes de la musique. Les éléments de la mélodie sont la succession des sons et le rhythme. Il y a en Angleterre une société de mélodistes ou d'amateurs passionnés de la mélodie qui a pour but d'encourager la production des airs populaires.

MÉLODRAME, nom d'une sorte de tragi-comédie, offrant pour la plupart des sentiments outrés, et ne s'attachant qu'aux turpitudes ou aux misères exceptionnelles de la vie sociale. Le mélodrame n'est ni la comédie, représentation bourgeoise des mœurs ; ni la tragédie, tableau sévèrement sublime des malheurs des rois ou des princes : c'est un théâtre exclusivement réservé au vice revêtu d'un vernis d'urbanité et d'intérêt. Dès 1732, le mélodrame prit naissance. Maintenant il est tombé, et a été remplacé par le drame. On lui avait donné le nom de *mélodrame* parce qu'on y employait quelque peu de musique pour annoncer des entrées et des sorties d'acteurs.

MÉLOÉ, genre d'insectes coléoptères, de la section des hétéromères, famille des trachélides, tribu des cantharides. Ces insectes ont la tête méplate, triangulaire, verticale; les yeux sont situés près des angles de la bouche ; les antennes sont insérées entre les yeux : elles sont plus longues que la tête et le corselet. Le chaperon est plus étroit que la tête, carré ; l'écusson n'est pas apparent; l'abdomen est presque toujours développé. Le peu de vivacité des mouvements dont jouissent ces insectes, leur démarche lente, les font remarquer facilement. On les a désignés sous le nom de *proscarabées* ou de *scarabées onctueux*, parce qu'ils laissent suinter par des pores des articulations des genoux une liqueur gluante, plus ou moins odorante, lorsqu'on les saisit. Le nombre des méloés est très-considérable.

MELON, plante de la famille des cucurbitacées, appartenant au genre *concombre*. Elle est annuelle, à racine branchue et fibreuse, la tige longue, rampante, sarmenteuse; la feuille alterne, anguleuse, arrondie; les fleurs jaunes, en forme de cloche évasée, découpée en cinq parties terminées en pointe. On dit le melon originaire d'Asie ou d'Afrique. Ce qui est certain, c'est qu'il appartient aux pays chauds ou à notre hémisphère, et que, pour atteindre sa maturité, il demande une grande chaleur. Il est ordinairement ovoïde ou presque rond, à surface unie ou raboteuse, à côtes de couleur cendrée, blanche, jaune ou verte. Son écorce, dure, épaisse, recouvre une pulpe blanche, verdâtre, jaunâtre ou rougeâtre, aqueuse, mucilagineuse et d'une saveur sucrée. On compte plus de soixante variétés de melons. On les a divisés en cinq classes : les *melons proprement dits*; les *melons cantaloups*, dont le nom vient de Cantalupo, village près de Rome, où ils furent d'abord cultivés ; les *melons à chair verte*, qui sont hâtifs; les *melons à chair blanche*, aussi précoces; et les *melons d'eau* ou *pastèques*.

MÉLONGÈNE ou MÉRANGÈNE, nom d'une espèce du genre *morelle*, vulgairement nommée *aubergine* ou *poule pondeuse*. C'est une plante herbacée, haute d'un à deux pieds, aux rameaux couverts de poils, aux feuilles grandes, ovales, portées par de longs pétioles; aux fleurs grandes, de diverses couleurs. Le fruit est une énorme baie pendante, ovoïde, allongée, lisse, luisante, violette (*aubergine ordinaire*), quelquefois blanche (*aubergine aux œufs*). Ce fruit renferme une chair blanche et pulpeuse, et fournit un mets très-délicat et très-agréable. L'aubergine est originaire d'Amérique.

MÉLONIDES, nom scientifique donné aux fruits du poirier et du pommier.

MELONNÉE, espèce du genre *courge*, renfermant des plantes aux feuilles anguleuses, très-molles, couvertes d'un duvet cotonneux ; aux fleurs blanches en dehors; au fruit aplati, sphérique ou ovale, quelquefois cylindrique, en forme de massue ou de pilon ; à pulpe fine, d'un bon goût, et dont la couleur varie depuis le jaune soufré jusqu'au rouge orangé. Ce fruit est très-recherché dans le midi de la France, en Italie et en Amérique.

MELONNIÈRE. On appelle ainsi les terrains ou les portions de terrain exclusivement réservés à la culture du melon. Les terrains exposés au midi sont indispensables pour une melonnière de bon rapport. On entoure ensuite ces terrains de murs plus élevés au nord qu'au midi, polis et blanchis sur toute la surface intérieure pour faciliter la réflexion des rayons calorifiques ; puis on divise la superficie en petites fosses carrées ou couches plus longues que larges, et qu'on remplit de terreau et de fumier de cheval. Quelquefois aussi on les recouvre de cloches de verre. Le melon craint l'humidité. C'est à l'époque de la floraison qu'il exige le plus de soins.

MÉLOPÉE. C'était, chez les anciens, l'art de la composition du chant. Cet art avait des règles sévères et multipliées, et se divisait en trois espèces, qui se rapportaient à autant de modes. La première, appropriée au mode tragique, avait un chant qui régnait seulement sur les sons graves; la seconde, qui s'alliait à un mode créé pour Apollon, exigeait un chant qui régnait sur les sons moyens; la troisième, remplissant les conditions d'un mode appelé *bachique* ou *dithyrambique*, était consacrée au chant qui ne s'étendait qu'aux sons aigus. La mélopée n'existe pas dans la musique moderne, la composition de la mélodie étant livrée aux fantaisies du compositeur.

MÉLOPHAGE, genre d'insectes diptères de la famille des pupipares, tribu des coriaces, ayant les caractères suivants : tête séparée du corselet par une suture apparente ; le suçoir renfermé entre deux valves coriaces; pas d'ailes; la tête est ovalaire, transverse, enfoncée dans le corselet; les antennes sont logées dans deux fossettes; le corselet est presque carré; les pattes sont robustes ; les crochets longs et recourbés. Le *mélophage des moutons*, long de deux lignes et demie, s'attache aux moutons, et vit dans leur toison. Il est de couleur fauve.

MÉLOPLASTE, tableau composé de cinq lignes de la portée musicale, avec quelques lignes additionnelles au-dessus et au-dessous. Ce tableau, sur lequel le professeur de musique promène une baguette terminée par une petite boule, sert à représenter par une notation mobile des chants exécutés par les élèves au fur et à mesure que la baguette leur indique de nouveaux sons, ce qui les dispense d'apprendre à lire les signes ordinaires de la musique, de connaître les clefs et tous les accessoires de la musique écrite. La méthode du méloplaste a été inventée vers 1817 par Pierre Galin de Bordeaux.

MÉLOS. Voy. MILO.

MELPOMÈNE (myth.), une des neuf Muses, filles de Jupiter et de Mnémosyne, présidait à la tragédie. On la représente ordinairement sous la figure d'une jeune fille avec un air sérieux, superbement vêtue, chaussée du cothurne, portant une couronne sur la tête, tenant un sceptre d'une main et une coupe ou un poignard de l'autre. Elle était regardée comme la protectrice de la poésie lyrique.

MELUN, ville de France, chef-lieu de préfecture du département de Seine-et-Marne, à 4 lieues de Fontainebleau et 12 de Paris. Sa population est de 6,622 habitants. Elle est partagée par la Seine en trois parties. Elle a des tribunaux de première instance et de commerce et une maison de détention pouvant contenir de

11 à 1,200 détenus. Elle a un collége, une école modèle, une bibliothèque de 10,000 volumes, un petit théâtre et une société d'agriculture. Elle se nommait anciennement *Melodunum*, et appartenait aux Senones. Elle est la patrie du célèbre Amyot. L'arrondissement de Melun a 6 cantons, 106 communes et 57,697 habitants.

MELUN, maison célèbre de France, remontant au xᵉ siècle. — Simon de Melun, seigneur de la Loupe, suivit saint Louis en Afrique l'an 1270, et se signala au siége de Tunis. A son retour, il fut fait maréchal de France en 1293, et fut tué à la bataille de Courtrai en 1302. — Jean II, vicomte de Melun, succéda en 1350 à son père Jean Iᵉʳ dans la charge de grand chambellan de France, et se trouva à la bataille de Poitiers et à la paix de Bretigni. Il mourut en 1382. — Son frère, Guillaume de Melun, était archevêque de Sens. — Charles de Melun, baron de Nantouillet, fut nommé en 1465 lieutenant général du roi Louis XI dans tout le royaume. Accusé d'intelligence avec les ennemis de l'Etat, il eut la tête tranchée le 20 août 1468. Il descendait d'un frère de Simon de Melun. Sa postérité masculine finit à son petit-fils.

MÉLUSINE, fée ou gnome du moyen âge, représentée dans les armoiries de la maison de Lusignan en Poitou, comme un monstre moitié femme, moitié serpent. Son histoire a été écrite par Jean d'Arras, secrétaire de Jean duc de Berri, frère de Charles V, pour l'amusement de sa sœur la duchesse de Bar, en 1387. Fille d'Elinas, roi d'Albanie, et de la fée Pressine, elle avait, selon lui, deux sœurs Méline et Palestine, qui, comme elle, furent si malheureuses parce que leur père avait violé ses engagements en cherchant à voir leur mère, qu'elles l'enfermèrent dans une caverne, où il périt. En expiation de ce crime, Mélusine devait être changée tous les samedis en serpent, et, si son époux la voyait dans cet état, il ne lui serait plus permis de redevenir femme. Raimondin, comte de Poitiers, son époux, n'ayant point rempli la promesse qu'il avait faite, Mélusine est depuis ce temps enfermée dans un souterrain du château de Lusignan, où elle doit rester jusqu'à ce qu'un de ses descendants ait reconquis le trône de Jérusalem. Elle eut de Raimondin neuf enfants, dont l'un, Geoffroi à *la Grande Dent*, fut, dit-on, tige de la maison de Lusignan.

MELVIL (Sir James), troisième fils de lord Keith, né à Hallhill dans le comté de Fife, en 1530, fut page de Marie Stuart, puis son conseil privé. Le roi Jacques, fils de Marie, l'admit dans son conseil, et lui confia l'administration des finances. Il ne voulut point le suivre en Angleterre, et demanda à rester dans la retraite. Il mourut à Hallhill en 1606. On a de lui des *Mémoires*, imprimés en anglais et puis en français, et écrits simplement et naïvement. Ces Mémoires ont été trouvés par hasard dans le château d'Edimbourg en 1660.

MELVILLE (Henri Dundas, baron Dundas, lord vicomte), pair d'Angleterre, fils de Robert lord Dundas, président d'une cour de justice du royaume d'Ecosse, naquit à Edimbourg en 1741. Il se destina au barreau, et fut reçu en 1763 membre de la faculté de droit. Devenu assesseur des magistrats d'Edimbourg, il passa de cette place à celles d'avocat-député, de procureur général du royaume d'Ecosse et de garde-adjoint du sceau. Nommé par la ville d'Edimbourg député à la chambre des communes, il se mit d'abord au rang des membres de l'opposition. Mais bientôt il embrassa le parti du ministère, et obtint la place de président du comité secret établi par le parlement pour rechercher les causes de la guerre du Carnate. En 1782, il fut nommé membre du conseil privé et trésorier de la marine. Eloigné sous le ministère Fox, il rentra au pouvoir avec le ministère Pitt, et fut nommé président du contrôle pour les affaires de l'Inde. La conduite qu'il tint pendant la démence de Georges III le fit nommer en 1791 secrétaire d'Etat et ministre de l'intérieur, place qu'il céda en 1794 pour passer au secrétariat général de la guerre. Il était aussi lord du sceau privé et gouverneur de la banque d'Ecosse. En 1802, il fut élevé à la pairie et fut nommé lord de l'amirauté. En 1804, il fut nommé ministre de la marine. Il mourut en 1811. — Son fils, Robert Saunders Dundas, lord vicomte Melville, a été nommé commandeur de l'ordre du Bain, lord du sceau privé, premier lord de l'amirauté, etc.

MÉLYRIDES, tribu de coléoptères de la famille des serricornes, ayant pour caractères une tête inclinée, les mandibules bifides à la pointe, les palpes filiformes, les antennes plus ou moins en scie, les articles des tarses entiers, le corps plus ou moins cylindrique et les élytres molles. Ces insectes, à l'état parfait, se trouvent sur les fleurs. Cette tribu renferme les genres *mélyre*, *dasytes* et *malabie*.

MÉMACTÉRION, quatrième mois de l'année athénienne, qui concourait avec le mois de novembre ou de décembre. On faisait dans ce mois des fêtes appelées *Mémactéries*, que les Athéniens célébraient en l'honneur de Jupiter, et dans lesquelles ils faisaient un sacrifice pour obtenir de lui, comme maître des saisons, un hiver doux. Le mois de mémactérion avait vingt-neuf jours.

MEMBRACE, genre d'insectes hémiptères, de la section des homoptères, famille des cicadaires, tribu des membracides, présentent les caractères suivants : les antennes insérées sous un rebord du front, ayant leurs deux premiers articles courts; le prothorax foliacé, très-élevé, comprimé, s'étendant presque jusqu'à l'extrémité du corps; les pattes foliacées, les postérieures dentelées sur les arêtes; le front allongé, arrondi au bout, détaché de la tête; le corselet est foliacé, beaucoup plus élevé que le corps; on distingue les *membraces lunulée* et *lancéolée*.

MEMBRACIDES, tribu d'hémiptères, de la famille des cicadaires, de la section des homoptères, ayant pour caractères deux ocelles; les antennes de trois articles, insérées entre les yeux; le corselet dilaté dans divers sens. Cette tribu renferme les genres *membrace*, *darnis*, *bocydium*, *tragope*, *centrote*, *lèdre* et d'autres encore.

MEMBRANES. On donne, en anatomie, ce nom à des organes aplatis, minces, tantôt disposés en longs canaux, tantôt étendus largement sur les viscères, et placés non-seulement à l'intérieur mais encore à l'extérieur du corps. Les membranes sont en général destinées à exhaler, à absorber, à sécréter certains fluides, à isoler, à envelopper ou à former d'autres organes. Bichat les a divisées en *simples* et en *composées*. Les *simples* comprennent les membranes *muqueuses*, qui tapissent les conduits, les cavités, les organes creux, qui communiquent à l'extérieur par diverses ouvertures dont la peau est percée; les membranes *séreuses*, composées de deux parties distinctes, quoique continues, et disposées en forme de sacs sans ouverture (les membranes séreuses se divisent à leur tour en *séreuses* proprement dites et en *synoviales*); et les membranes *fibreuses*, qui toutes sont continues entre elles et aboutissent au périoste, leur centre commun ; les membranes *composées* comprennent les *séro-fibreuses* formées d'un feuillet séreux et d'un feuillet fibreux, intimement adhérents l'un à l'autre; les *séro-muqueuses*, formées par l'adossement des membranes séreuses et muqueuses; et les *fibro-muqueuses*, constituées par la jonction d'une fibreuse avec une muqueuse.

MEMBRANEUSES, tribu d'hémiptères de la section des hétéroptères et de la famille des longilabres. Cette division renferme une partie des punaises les plus nuisibles et les plus incommodes, les *tingis* et les punaises des lits. La gaîne du suçoir des membraneuses n'offre que deux ou trois articles; leur labre est court; toutes les pattes sont attachées sur la ligne médiane du corps; les crochets des tarses, au nombre de deux, sont insérés au milieu du dernier article.

MEMBRES. On appelle ainsi, dans les animaux, des appendices plus ou moins longs et apparents, toujours mobiles, situés sur les parties latérales du tronc, et destinés à l'exercice des grands mouvements. C'est au moyen de leurs membres que les animaux se transportent d'un lieu à un autre, stationnent, se défendent, s'attaquent, etc. Ils sont au nombre de quatre chez l'homme. On les a divisés en *inférieurs* et en *supérieurs*, ou bien encore en *thoraciques* et en *pelviens* ou *abdominaux*. Les supérieurs ou thoraciques sont subdivisés en quatre parties : l'épaule, le bras, l'avant-bras et la main; les inférieurs, pelviens ou abdominaux sont formés par trois parties : la cuisse, la jambe et le pied.

MEMBRURE. Les charpentiers donnent ce nom à une planche épaisse d'au moins trois pouces. On en fait surtout usage dans l'établissement des machines et des bâtis de la forte menuiserie, comme portes cochères, panneaux à rainures et languettes, etc. On appelle aussi *membrure* un assemblage formé de chevrons convenablement espacés pour mesurer le volume du bois de chauffage. Elle avait autrefois quatre pieds de large et quatre de haut.

MEMEL, ville du royaume de Prusse, dans la régence et à 30 lieues N.-E. de Kœnigsberg, située sur le lac appelé Kurisch-Haff, qui communique à la Baltique, à l'embouchure du Niémen ou Memel dans le Kurisch-Haff. Elle a un bon port et 8,200 habitants. Son port, fréquenté annuellement par 600 vaisseaux marchands, est défendu par un fort. Il y a à Memel un vice-consul français. C'est à Memel que le roi Frédéric-Guillaume III se retira en 1807 lors de l'invasion de ses Etats par Napoléon, et qu'il reçut las conditions du vainqueur.

MEMENTO, partie du canon de la messe où l'on fait commémoration des vivants et des morts. Le *memento* pour les vivants est avant la consécration, et le *memento* pour les morts est après. — On appelle aussi *memento*, qui vient du latin et signifie *souviens-toi*, tout objet destiné à rappeler le souvenir d'une personne, d'un fait ou d'une chose.

MEMMIA, famille romaine qui ne parvint au consulat qu'après la chute de la république. Elle était plébéienne et descendait, selon Virgile, de Mnesthée, un des compagnons d'Enée. Le membre le plus célèbre de cette famille est Caius Memmius Gemellus, qui cultivait l'éloquence et la poésie. Il fut d'abord tribun du peuple, puis préteur et enfin gouverneur de Bithynie. Accusé de concussion dans sa province, il fut exilé par César dans l'île de Patras, l'an 61 avant J.-C., quoique Cicéron eût entrepris de le défendre. Il avait brigué le consulat, et c'est à lui que Lucrèce a dédié son poëme. — Memmia Sulpitia, fille de Memmius Sulpitius, personnage consulaire, et petite-fille de Catulus, épousa l'empereur Sévère, et mourut jeune.

MEMMO, famille illustre de Venise, une des douze appelées les Apostoliques, et a donné un doge et un tribun à la république. — Giovanni Memmo, qualifié seulement le nom du tribun, succéda en 979 à Vitale Candiani, et mourut en 991. — Marco-Antonio Memmo succéda en 1612 à Leonardo Donati, et mourut en 1615.

MEMNON (myth.), roi d'Ethiopie, fils de Tithon et de l'Aurore, amena du secours à Priam dans la guerre de Troie, et fut tué par Achille, qui vengea ainsi d'Antiloque, fils de Nestor, tué par Memnon. Jupiter, touché des pleurs de l'Aurore, le changea en un oiseau, qui multiplia beaucoup et se retira en Ethiopie avec ses petits. On rapporte que ces oiseaux, appelés *memnonides*, revenaient tous les ans dans la campagne de Troie, où, après avoir voltigé trois fois autour du tombeau de Memnon, ils se séparaient en deux bandes, et, fondant l'une sur l'autre, ils s'immolaient aux mânes du héros. Selon quelques auteurs, les Éthiopiens et les Égyptiens lui élevèrent une statue célèbre dans l'antiquité, qui, selon Strabon, rendait, dès que les premiers rayons du soleil venaient la frapper, un son semblable à celui d'une harpe. Ce monument, connu sous le nom de *colosse de Memnon*, se voit encore à Médinet-Abou, village d'Égypte, sur la rive gauche du Nil, près des ruines de Thèbes. Il a cinquante-cinq pieds de haut, et on l'aperçoit de 5 lieues. Quelques auteurs pensent que Memnon l'Égyptien est distinct de celui qui apporta du secours aux Troyens. Selon eux, c'est Aménophis auquel on attribue l'invention des lettres, et qui régnait 1686 ans avant J.-C.

MÉMOIRE, faculté que possède l'esprit humain de se représenter les objets absents ou les faits passés comme s'ils étaient présents, et de les faire revivre dans notre imagination avec leurs circonstances et leurs détails. Gall, qui a localisé toutes les facultés de l'intelligence, a placé le siège de la mémoire au-dessus de l'orbite et même derrière l'œil. Plusieurs physiologistes ont fait du cerveau le siège de la mémoire. Les procédés *mnémotechniques*, nouvellement inventés, ont été faits pour favoriser l'exercice de la mémoire. Voy. MNÉMOTECHNIE.

MÉMOIRES. On appelle ainsi des recueils d'observations scientifiques ou de mœurs usuelles. Dans le premier cas, on les appelle *mémoires scientifiques*. Ce sont alors des dissertations sur un point quelconque, traitées avec clarté et simplicité. Chaque académie fait ordinairement publier une collection ou un recueil de ses mémoires. Le *Recueil des mémoires de l'académie des sciences et de celle des inscriptions et belles-lettres*, les *Transactions philosophiques* de l'Angleterre, les *Acta eruditorum* de l'Allemagne, les *Asiatic Researches* de l'académie de Calcutta, etc., sont ce qu'il y a de plus parfait en ce genre. Dans le second cas, on les appelle *mémoires particuliers*. Ce sont alors des narrations d'événements piquants, des observations sur la société en général ou sur une société en particulier. Les *mémoires historiques* sont une autre classe de *mémoires*. A proprement parler, ce sont des sortes de chroniques intimes où sont dévoilés les secrets de la cour, la politique du prince, etc. Les *Mémoires de Mme de Motteville*, *du duc de Saint-Simon*, *du cardinal de Retz*, sont les plus célèbres en genre. Les fameux *Mémoires du comte de Grammont* appartiennent à la classe des mémoires particuliers.

MÉMORIAL. Ce mot a plusieurs significations. Il est souvent synonyme de *mémoires*. Le *Mémorial de Sainte-Hélène* rentre dans cette catégorie. — Cependant il indique plutôt un placet, et ces mémoires diplomatiques des cours de Rome et d'Espagne, qui servent à l'instruction d'une affaire. — Le livre-journal sur lequel les commerçants et les banquiers écrivent leurs affaires quotidiennes au fur et à mesure qu'elles sont conclues prend encore le nom de *mémorial*. — Les registres de la chambre des comptes où étaient transcrites les lettres patentes des rois, s'appelaient les *mémoriaux*. — Les chevaliers de Malte donnent ce nom aux extraits des preuves de noblesse qu'on leur présentaient pour être admis.

MEMPHIS, ville célèbre d'Égypte, dans l'Heptanomide, dont elle était capitale. Elle avait été, dit-on, bâtie par Ménès, sur la rive occidentale du Nil à quatre journées de la mer. Cette ville, dont on a découvert les ruines entre les villages de Bédréchein, de Métrainé (Mit-Rahineh) et de Memf, était la seconde résidence des anciens rois d'Égypte. On y voit encore les ruines de plusieurs temples magnifiques, entre autres celui de Phta ou Vulcain, dans lequel on nourrissait le bœuf Apis, celui de Sérapis et le palais des Pharaons. Memphis ne décrut qu'après la fondation d'Alexandrie. Elle n'est située qu'à une lieue et demie des fameuses pyramides.

MÉNADES (du grec *mainomai*, je suis furieux). C'était un surnom donné aux bacchantes (voy. ce mot), parce que dans la célébration des mystères de Bacchus elles paraissaient agitées de transports furieux.

MÉNAGE (Gilles), né à Angers en 1613 de Guillaume Ménage, avocat au bailliage du roi, suivit de bonne heure la carrière du barreau, qu'il ne tarda pas à abandonner pour l'étude des lettres. Il embrassa l'état ecclésiastique, et obtint des bénéfices qui le mirent à même d'ouvrir sa maison aux poètes et aux érudits. Il se tenait chez lui tous les mercredis une assemblée de gens de lettres qu'il appelait sa *mercuriale*. Molière le livra au ridicule dans ses *Précieuses ridicules* sous le nom de *Vadius*. Il mourut à Paris en 1692. De ses nombreux ouvrages, les plus connus sont le *Dictionnaire des origines de la langue française*, le *Menagiana*, l'*Anti-Baillet*, etc.

MÉNAGERIE. On appelle ainsi une collection plus ou moins nombreuse d'animaux de toute espèce. La plus belle ménagerie est celle du Jardin des Plantes à Paris, qui a reçu depuis peu de nouveaux embellissements et de nouveaux sujets. Autrefois la ménagerie royale était à Versailles.

MÉNALE, montagne d'Arcadie, qui était le séjour ordinaire du dieu Pan. Ce dieu avait pour cette raison reçu le nom de *Ménalien*. Ce fut aussi sur cette montagne qu'Apollon chanta la métamorphose de Daphné en laurier. On appelait l'*Ourse du mont Ménale* la constellation de l'Ourse, parce que Calisto, changée en ourse, était née près du mont Ménale.

MÉNANDRE, poète comique grec, disciple de Théophraste, naquit à Athènes l'an 342 avant J.-C. Honoré par les Grecs du titre de *Prince de la nouvelle comédie*, il fut en effet le créateur de ce genre de comédie qui ne s'écartait jamais des règles de la plus austère bienséance, et qui peint les mœurs sous des caractères déguisés. Sur cent dix-huit comédies qu'il avait composées, il n'obtint que huit couronnes. Soit cabale, soit mauvais goût, Philémon son rival lui fut toujours préféré. Ménandre mourut de douleur l'an 293 avant J.-C. Les fragments qui nous restent de lui ont été publiés par le Clerc en 1709.

MÉNANDRE LE GNOSTIQUE, disciple de Simon le Magicien, se fit le chef d'une secte particulière qui reconnaissait un être éternel et nécessaire, source de l'existence, et qui enseignait que la majesté de cet être suprême était cachée et inconnue à tout le monde, et qu'on n'en savait rien autre chose sinon qu'il était la source de l'existence et la force pour laquelle tout existait. Une multitude d'éons et de méchants, sortis de cet être, avaient formé le monde et les hommes. Ménandre était, selon lui, envoyé pour découvrir aux hommes le moyen de triompher des mauvais éons. Ce moyen était le secret de rendre les organes de l'homme inaltérables par un bain magique appelé la vraie résurrection. Ménandre eut de nombreux disciples. Il vivait l'an 50 de J.-C.

MÉNANDRE LE PROTECTEUR, écrivain de l'histoire byzantine, né à Constantinople. Il écrivit après Agathias, mais lui fut très-supérieur. Nous n'avons de lui que des fragments assez étendus conservés par Constantin Porphyrogénète. Ces fragments roulent sur les différentes ambassades et négociations des empereurs d'Orient. Ils répandent beaucoup de jour sur les Huns, les Avares, etc. Mais ce qu'on y trouve de plus remarquable est le traité de Justinien et de Chosroès, avec toutes les formalités dont il fut accompagné.

MÉNANDRIENS. Voy. MÉNANDRE LE GNOSTIQUE.

MÉNANGKARBOU, royaume de l'île de Sumatra, autrefois considérable, aujourd'hui réduit à un pays encore assez étendu, compris entre les rivières Siak et Palembang à l'E., et les rivières de Singkel et de Maniouta à l'O., dans une superficie de environ 3,125 lieues carrées. La capitale était autrefois MÉNANGKARBOU et plus tard PANDJA-RACHOUNG. Les naturels sont tous mahométans. La secte des *padris*, dont le chef était le radjah de Passaman, ayant été vaincue par les Hollandais, ceux-ci ont conservé la suzeraineté du pays, qui produit de l'or, de l'ivoire, du benjoin, du camphre, du coton, du poivre, etc.

MENDE, ville de France, sur la rive gauche du Lot, chef-lieu du département de la Lozère, à 141 lieues et demie de Paris. Sa population est de 5,822 habitants. — Autrefois petit bourg (*Viculus Mimatensis*), elle eut à souffrir au XVIᵉ siècle des guerres de religion. — Toutes les toitures des maisons sont en ardoise. La cathédrale est une église gothique remarquable par ses deux clochers. Elle possède un évêché suffragant de l'archevêché d'Albi, et érigé dans le Vᵉ siècle, un collège, une société d'agriculture, commerce, sciences et arts, une bibliothèque publique riche de 6,600 volumes.

MENDELSOHN (Moïse), un des plus célèbres philosophes et des plus savants israélites de son temps, né à Dessau en 1729. Ses lettres *sur les Sensations* passent pour le premier ouvrage dans lequel se trouvent exposés en langue allemande les principes de la philosophie hébraïque. Il prit une part active à la publication de la *Bibliothèque des belles-lettres*, ainsi qu'à celle des *Lettres sur la littérature moderne*. La langue allemande doit en partie à Mendelsohn l'essor qu'elle a pris par la suite, et les études philosophiques devinrent, grâce à lui, plus générales et plus populaires. Indépendamment de ses écrits littéraires, on a encore de lui des OEuvres *philosophiques* et *Phœdon, sur l'immortalité de l'âme*, son chef-d'œuvre, qui a eu depuis 1767 plusieurs éditions.

MENDEZ-PINTO (Fernand), né à Monte-Morovelho en Portugal, fut d'abord le quais d'un gentilhomme portugais. Le désir de faire fortune le détermina à s'embarquer pour les Indes en 1537. Sur la route, le vaisseau qu'il montait ayant été pris par les Turks, il fut conduit à Moka et vendu à un renégat grec, qui le revendit. Enfin délivré, il alla aux Indes, où, pendant vingt et un ans de séjour, il fut témoin des plus grands événements, et où il essuya les plus singulières aventures. Il revint en Portugal en 1558, après avoir été treize fois esclave et vendu seize fois. On a de lui une *Relation* très-rare et très-curieuse de ses voyages, publiée à Lisbonne en 1614, et renfermant des détails précieux sur les empires de la Chine, du Japon, du Pégou, de Siam, etc.

MENDIANTS (ORDRES), religieux qui font vœu de pauvreté, et qui ne vivent que du fruit des aumônes. Il y a quatre ordres anciens qu'on nommait principalement les ordres mendiants, savoir : les franciscains, les dominicains, les carmes et les augustins. Cependant les franciscains seuls sont mendiants par leur règle même; les autres ne le sont qu'en vertu des constitutions ajoutées à leur règle. Les religieux mendiants ne pouvaient posséder aucun bénéfice.

MENDICITÉ, état de celui qui demande l'aumône. C'est en Angleterre qu'il y a le plus grand nombre de pauvres : le sixième de la population vit en mendiant. En Espagne et en Portugal, on a estimé qu'il se trouve 1 pauvre sur 25 ou 40 habitants. En France, la moyenne des indigents est 1 pauvre sur 20 habitants. Le département du Nord est celui qui offre le plus de mendiants : il a 168,463 pauvres sur une population de 989,938 habitants. Ceux qui ont le moins de mendiants sont les départements des Vosges et des Landes, qui en ont, le premier 13,294 sur 397,987 habitants, et le second 9,180 sur 281,504 habitants. Un décret du 5 juillet 1808, en déclarant que la mendicité était défendue dans tout le territoire de l'empire, avait prescrit dans chaque département la création de dépôts de mendicité où les mendiants devaient être conduits. Mais ces dépôts n'ont pas été généralement établis, et la loi ne punit aujourd'hui que les mendiants qui n'ont aucun prétexte pour être à la charge de la charité publique.

MENDOLE, genre de poissons se distinguant des spares par leurs dents en velours ras, leurs mâchoires extensibles en une sorte de tube, et garnies chacune d'une rangée de fines dents. Ce sont des poissons semblables au hareng, et dont la chair est bonne à manger. Ce genre renferme quatre espèces, dont la plus remarquable est la *mendole commune*. Les mendoles sont très-fécondes.

MENDOZA, famille ancienne et illustre d'Espagne dans la Castille. Elle a fourni un grand nombre d'hommes distingués, parmi lesquels on remarque DON PEDRO GONZALEZ DE MENDOZA, cardinal, d'abord évêque de Calahorra, puis archevêque de Séville et enfin de Tolède, chancelier de Castille et de Léon, né en 1428, et mort en 1495. Henri IV, roi de Castille, le nomma son exécuteur testamentaire. Il rendit des services importants à Ferdinand et à Isabelle dans la guerre contre le Portugal et dans la conquête du royaume de Grenade. On l'appelait *le cardinal d'Espagne*.
— DON DIEGO HURTADO DE MENDOZA, né à Grenade en 1503, et mort en 1574 après avoir été ambassadeur de Charles-Quint. De tous ses écrits, les plus connus sont son *Histoire de la guerre contre les Maures de Grenade* et les *Aventures de Lazarille de Tormès*. — DON JUAN GONZALEZ DE MENDOZA, évêque de Lipari, puis évêque de Chiappa et de Popayan au Mexique, a publié une *Histoire de la Chine*.

MENDOZA, une des quatorze provinces de la république de Buenos-Ayres. Sa superficie est d'environ 4,300 lieues carrées, et sa population de 40,000 habitants. Elle est située entre le Chili et les provinces de San-Juan, de San-Luiz et de Catamarca. Sa capitale, *Mendoza*, a 16,000 habitants. C'est par cette ville que passent les deux routes qui unissent le Pérou et le Chili à la confédération de la Plata.

MENEAUX. On appelle ainsi, en architecture, les montants et les traverses de bois, de fer ou de pierre, qui, dans les croisées, servent à séparer les ouvertures.

MÉNÉDÈME. Deux philosophes de l'antiquité grecque ont porté ce nom. — Le premier, disciple de Phédon et fils de Clisthène d'Érétrie, vivait vers l'an 300 avant J.-C. Il suivit d'abord la profession des armes, qu'il abandonna pour s'adonner à l'étude de la philosophie. On dit qu'avec les secours de Demetrius il défendit Érétrie contre la tyrannie de ceux qui voulaient la soumettre, et qu'ayant prié Antigone de laisser cette ville libre, sans avoir pu l'obtenir, il demeura sept jours sans manger, et mourut à l'âge de soixante-quatorze ans. Sa gravité lui fit donner le surnom de *Bœuf d'Érétrie*. — Le second, philosophe cynique de Lampsaque, se disait venu des enfers pour observer la méchanceté et les crimes des hommes. Il s'habillait comme les furies, et était le disciple de Colotès de Lampsaque.

MÉNÉHOULD (SAINTE-), ville de France, sous-préfecture de la Marne, à 10 lieues de Châlons et à 51 de Paris, sur l'Aisne. Sa population est de 3,906 habitants. Un grand château fort, dont la fondation remonte à une époque très-reculée, a été l'origine de cette ville, qui devint plus tard la capitale de l'Argonne. Elle a soutenu plusieurs sièges cruels, et entre autres ceux de 1606 et de 1652. Elle a un tribunal de première instance et un collège. Son arrondissement renferme 8 cantons, 82 communes et 34,932 habitants.

MÉNÉLAS (myth.), roi de Sparte, frère d'Agamemnon et fils d'Atrée. Il épousa Hélène, fille de Tyndare, dont l'enlèvement par le beau Pâris fut la cause de la guerre de Troie. A cette époque, il était absent de Sparte. Il conduisit à la guerre de Troie les guerriers de Sparte et de toute la Laconie avec 60 vaisseaux. Ménélas déploya le plus grand courage pendant la guerre, et, après la prise de la ville, il ramena son épouse Hélène à Sparte, où il mourut peu de temps après son retour. Il eut d'Hélène deux enfants, Hermione et Nicostrate, et d'une esclave, un fils nommé Mégapenthès. Quelques auteurs disent que Ménélas, à son retour de Troie, allait en Égypte redemander Hélène, qui avait été retenue par le roi du pays.

MÉNÉLAS. Voy. ONIAS.

MENENIUS AGRIPPA, célèbre Romain, qui, plébéien d'origine, fut nommé consul l'an 502 avant J.-C., vainquit les Sabins et les Samnites, et reçut le premier les honneurs du triomphe. Le peuple s'étant retiré sur le mont Sacré l'an 494 avant J.-C., il fut mis avec T. Largius et M. Valerius à la tête de la députation composée de dix commissaires, et envoyée par le sénat pour traiter avec les mécontents. L'apologue est connu des *Membres révoltés contre l'Estomac* fut le moyen par lequel il calma l'exaltation de la populace et apaisa la sédition. Menenius Agrippa mourut très-âgé, sans laisser de quoi faire ses funérailles. Le peuple se taxa à deux onces par tête pour les payer, et cet argent, rendu inutile par les soins du sénat qui les fit faire à ses frais, fut donné à ses enfants.

MÉNÈS, premier roi d'Égypte, fit, dit-on, bâtir Memphis et arrêta le Nil près de cette ville par une chaussée de cent stades de large, qui lui fit prendre le cours actuel. On donne à Ménès trois fils qui se partagèrent son empire, et qui régnèrent, le premier, *Atholis*, à Thèbes; le second, *Curudès*, à Héliopolis, et le troisième, *Torsothros*, à Memphis. Ménès fut, selon Hérodote, honoré comme un dieu après sa mort. On croit que c'est le même prince que Mesraïm, fils de Cham et petit-fils de Noé.

MÉNESTRELS, musiciens poètes ou quelquefois simples joueurs d'instruments qui allaient, dès le XIe siècle, de ville en ville et de châteaux en châteaux, chantant les prouesses des chevaliers, en s'accompagnant du son des instruments. Les rois, les princes et les grands vassaux de la couronne avaient presque tous des ménestrels à leur service. Les ménestrels formaient une corporation connue sous le nom de *ménestrandie*, et s'élisaient un roi. On divise les ménestrels en *trouvères*, qui appartenaient à la langue d'oil, et en *troubadours*, qui appartenaient à la langue d'oc. Chaque ménestrel de rang élevé avait un jongleur qui amusait la multitude par ses tours. On appelle encore les ménestrels du nom général de *chanterres*.

MENESTRIER (Claude-François), jésuite, né à Lyon en 1633. Il joignit à l'étude des langues et à la lecture des anciens tout ce qui pouvait perfectionner ses connaissances dans la science héraldique, dont il est un des fondateurs. Il avait une mémoire prodigieuse et parlait avec une égale facilité le français, le latin et le grec. Il mourut en 1705, laissant plusieurs ouvrages, entre autres sa *Méthode de blason*, l'*Histoire de Louis le Grand par les médailles, emblèmes, devises*, etc., et l'*Histoire consulaire de la ville de Lyon*.

MÉNÉTRIERS, nom donné autrefois à toute sorte de joueurs d'instruments, surtout quand ils jouaient pour faire danser. Les ménétriers formaient une confrérie sous l'invocation de saint Julien. Ce mot est consacré aujourd'hui à désigner un mauvais joueur de violon qui fait danser dans les villages.

MENG-TSEU, célèbre philosophe chinois, de l'école de Confucius, naquit dans le petit royaume de Tsou (aujourd'hui *Chang-Toung*) au commencement du IVe siècle avant notre ère. Meng-Tseu, nommé *Meng-Kho* dans sa jeunesse, descendait de la famille des Meng-Sun. Il fut l'élève de Tseu-Sse, descendant de Confucius, de qui il reçut bientôt dix-sept disciples. Il parcourut la Chine en prêchant la morale de Confucius, et composa un livre qui, réuni à ceux de ce philosophe, compose les *Quatre Livres* (*Sse-Chou*), que doivent savoir en entier ceux qui se soumettent aux examens littéraires pour obtenir des degrés et arriver aux fonctions publiques. Meng-Tseu mourut à l'âge de quatre-vingt-quatre ans.

MENGS (Antoine-Raphaël), fils d'Ismaël Mengs, peintre d'Auguste III, roi de Pologne, né à Aussig en Bohême en 1728. D. Carlos, roi de Naples, étant monté sur le trône d'Espagne, attacha Mengs à son service en lui donnant 2,000 doublons de pension, un logement et un équipage. Il demeura cependant presque toujours à Rome, où il mourut en 1779. Le roi d'Espagne adopta ses cinq filles, et accorda des pensions à ses deux fils. Ses plus beaux tableaux sont l'*Ascension*, à Dresde, la *Madona Colbambino*, le *Songe de saint Jacques*. On lui a élevé des monuments magnifiques à côté de Raphaël et dans l'église de Saint-Pierre.

MENHIR ou PIERRES LEVÉES, nom donné à des blocs de pierre d'une hauteur quelquefois considérable, élevés en forme de colonnes et isolés les uns des autres, que l'on retrouve dans certaines contrées de la France, surtout dans la Bretagne. Les menhirs servaient au culte religieux des druides et des anciens Gaulois.

MENIDES, famille de poissons qui diffèrent des spares par leur mâchoire rétractile et protractile; ces animaux se servent de cette propriété pour saisir leur nourriture. Tout leur corps est recouvert d'écailles comme celui des spares. Cette famille renferme quatre genres, les mendoles, les picarels, les cæsio et les gerres.

MENIN (de l'espagnol *menino*, mignon), nom donné en Espagne aux jeunes nobles attachés aux enfants de la famille royale pour partager leurs jeux et les accompagner; et en France à chacun des six gentilshommes attachés à la personne du dauphin.

MÉNINGES. Les anatomistes donnent ce nom aux membranes qui enveloppent le cerveau, et qui sont la *dure-mère*, l'*arachnoïde* et la *pie-mère*.

MÉNIPPE, philosophe cynique, né à Gadara en Palestine et esclave de naissance. Il fut l'élève de Ménédème le cynique, et, parvint, au moyen du trafic de l'usure, à racheter sa liberté. Il obtint à Thèbes le titre et les droits de citoyen. On dit qu'ayant perdu une somme considérable qu'on lui vola, il se pendit de désespoir. Ses *écrits*, mêlés de vers et de prose, et qui ne sont pas parvenus jusqu'à nous, étaient si satiriques et si mordants que Lucien l'appelle *le plus hargneux et le plus acharné de tous les dogues que sa secte ait enfantés*.

MÉNIPPÉE (SATIRE), pamphlet politique contre la faction de la Ligue, qui couvrit de honte et de ridicule. Cette satire, due à plusieurs écrivains, se compose du *Catholicon d'Espagne*, par l'ecclésiastique Leroy, et de l'*Abrégé de la tenue des États* par Pierre Pithou, Rapin, Passerat et Gillot. Elle parut en 1594, et l'impression générale qu'elle produisit en France servit beaucoup la cause de Henri IV en défaveur au pays les menées du parti contraire.

MÉNISPERME, genre d'arbrisseaux grimpants, sarmenteux, servant de type à la famille des ménispermées et croissant en Afrique, dans le midi de l'Asie et en Amérique. En Égypte, on mange les fruits du *ménisperme comestible*, et par la fermentation on en obtient une liqueur enivrante. Les rameaux du *ménisperme cocculle* fournissent une bonne teinture jaune. On cultive dans les jardins le *ménisperme du Canada* au feuillage d'un vert foncé, aux petits drupes noirs et aux fleurs herbacées.

MÉNISPERMÉES, famille naturelle de

plantes exotiques, dont la tige est pubescente, ordinairement sarmenteuse, voluble de droite à gauche. Leurs feuilles sont alternes, simples ou composées, dépourvues de stipules; leurs fleurs très-petites et sans éclat naissant dans les aisselles des feuilles ou au sommet des rameaux, et disposées en épis ou en grappes. On a divisé cette famille en *ménispermées vraies* et en *ménispermées fausses*.

MÉNISQUE, verre lenticulaire concave d'un côté et convexe de l'autre. Les ménisques sont au nombre des lentilles convergentes. — On appelle ainsi, en géométrie, une figure plane ou solide, composée d'une partie concave et d'une partie convexe, à l'instar des ménisques optiques.

MENNONITES. On appelle ainsi, dans les Provinces-Unies, des hérétiques sectateurs de Mennon Simonis. On les considère comme une secte d'anabaptistes, mais cependant ils ne rebaptisent point les enfants, et, loin d'inspirer la révolte, ils recommandent la plus parfaite obéissance aux magistrats, et condamnent la guerre et les fureurs des anabaptistes, qui prétendaient rétablir le nouveau règne de Jésus-Christ sur la terre par la voie des armes. Il y a deux sectes principales de mennonites : ceux de Flandre, appelés les *vrais mennonites*, qui exercent la discipline ecclésiastique avec une très-grande rigueur, et ceux de Frise, qui sont très-relâchés dans leur discipline.

MÉNOLOGE, catalogue divisé par chaque mois de l'année, et qui contient en abrégé les vies des saints pour chaque jour ou la simple commémoration de ceux dont on n'a point les vies écrites. C'est la même chose chez les Grecs que le martyrologe des Latins. On croit que l'auteur du premier ménologe est saint Jean Damascène. Le premier est celui qui porte le nom de l'empereur Basile.

MENOU (Jacques-François, baron DE), né en 1750 à Boussay de Loches en Touraine d'une famille ancienne. Il embrassa la carrière militaire, et parvint au grade de maréchal de camp. La noblesse de Touraine le députa en 1789 aux états généraux, où il embrassa avec chaleur la cause de la liberté. Après la clôture de la session de l'assemblée constituante, dans laquelle il fit preuve d'éloquence et de fermeté, il fut employé dans son grade militaire, et commanda en second le camp formé près de Paris en 1792. L'année suivante, il fut employé dans la Vendée. Après la journée du 9 thermidor, il fut chargé d'apaiser l'émeute du faubourg Saint-Antoine, et reçut en récompense le commandement en chef de l'armée de l'intérieur (1795). Lors des événements de vendémiaire, il refusa de marcher contre les sections, et fut remplacé par le général Bonaparte. Arrêté et traduit devant un conseil de guerre, il fut absous par les soins de Bonaparte, et sans aucun emploi jusqu'à l'expédition d'Égypte, où il accompagna Bonaparte, qui lui donna le commandement d'une division. Après l'assassinat de Kléber, il prit le commandement en chef de l'armée, et, de retour en France, il fut nommé gouverneur général du Piémont, puis de Venise, où il mourut en 1810.

MENSAIRES (en latin, *mensarii*). On appelle ainsi cinq officiers romains qui tenaient leurs séances dans les marchés, faisaient comparaître devant eux les débiteurs et les créanciers, examinaient leurs affaires, et prenaient des précautions pour que le débiteur s'acquittait et que son bien ne fût pas engagé aux particuliers, mais seulement au public qui avait pourvu à la sûreté de la créance. L'an de Rome 536, on créa, à la requête du tribun du peuple M. Minucius, des triumvirs et des mensaires. Il y avait des mensaires dans quelques villes d'Asie. Ils y portaient le nom de TRAPÉZITES.

MENSE, mot qui signifiait autrefois le lieu où l'on mange. On le donnait plus spécialement aux revenus dont jouissaient les abbés des monastères ou les religieux. Ainsi on disait *mense abbatiale*, *conventuelle*, etc. Voy. MANSE.

MENSOLE, terme d'architecture qui désigne la clef d'une voûte.

MENSORES, fourriers et maréchaux des logis qui avaient le soin de marquer les logements, chez les Romains, quand l'empereur voulait se rendre dans quelque province, et qui, lorsqu'il fallait camper, dressaient le plan du camp et assignaient à chaque légion son quartier. — On appelait encore *mensores* les arpenteurs, les architectes et les experts de bâtiments publics.

MENSTRUE, mot adopté par les anciens chimistes pour signifier un dissolvant lent, à l'aide d'une douce chaleur que l'on soutenait pendant un mois ou quarante jours. Aujourd'hui on nomme ainsi des substances propres à faire prendre la liquidité à divers corps solides, tels que l'eau, l'alcool, les acides, etc.

MENTELLE (Edme), géographe et membre de l'Institut et de la Légion d'honneur, né en 1730 à Paris. Il débuta dans la carrière littéraire par quelques pièces de poésie et par des comédies, et se consacra à l'étude de la géographie et de l'histoire. Ses *Éléments de géographie*, qui parurent en 1758, lui valurent deux ans après la chaire de géographie et d'histoire à l'école militaire. Il fut appelé ensuite aux écoles centrales et à l'école normale, où il obtint de constants succès. Il mourut en 1815. Ses plus remarquables ouvrages sont les *Éléments de l'histoire romaine*, la *Géographie comparée*, la *Cosmographie élémentaire* et plusieurs ouvrages faits en société avec Malte-Brun.

MENTHE, genre de la famille des labiées, renfermant en général des herbes à fleurs blanches et purpurines, qui se plaisent dans l'humidité. Il comprend un grand nombre d'espèces, parmi lesquelles se trouve la *menthe poivrée*, à tige droite, rameuse, garnie de feuilles ovales, pointues, dentées, d'un vert foncé; aux fleurs petites, rougeâtres et disposées en épis courts. Elle est originaire de l'Angleterre, et on la cultive dans les jardins pour ses usages économiques et médicinaux. Elle a une odeur aromatique très-volatile. La saveur de ses feuilles est piquante, chaude et vive. La menthe est un médicament excitant très-puissant. Son huile volatile est d'une énergie extraordinaire. C'est avec cette huile et du sucre qu'on prépare les pastilles de menthe.

MENTON. On désigne ainsi la partie inférieure de la face située au-dessous de la lèvre inférieure. La conformation du menton dépendant de celle de l'os maxillaire inférieur et du plus ou moins d'embonpoint, il peut être arrondi, carré et plus ou moins saillant. Le menton est formé par la peau, le tissu cellulaire, les muscles, des nerfs et l'os maxillaire inférieur.

MENTONNET. On appelle ainsi, dans les arts mécaniques, une pièce saillante fixée à une roue ou à un arbre tournant, etc., qui vient faire son arrêt sur une autre pièce, lorsqu'elle la rencontre dans son mouvement.

MENTOR (myth.), fils d'Alcimus, ami d'Ulysse et précepteur de son fils Télémaque. Minerve prit, dit-on, plusieurs fois sa figure pour instruire le jeune prince. La prudence et la sagesse de Mentor sont devenues proverbiales. On le confond souvent avec Mentès, roi des Taphiens, dont Minerve prit la ressemblance pour assurer à Pénélope qu'Ulysse était vivant.

MENU-VAIR. On appelait autrefois ainsi une fourrure très-utile et très-recherchée, faite de la peau d'un petit écureuil du Nord, qui a le dos gris et le ventre blanc. Le menu-vair était employé pour les vêtements des seigneurs. On l'appelle aujourd'hui *petit-gris*.

MENUET, air de danse d'un mouvement modéré et à trois temps. Les menuets d'Exaudet, de Fischer, de Grétry, ont été longtemps en vogue. Le menuet était d'o-
rigine française, et se dansait à deux. On donne aussi ce nom à un morceau en mesure ternaire, qui, dans les symphonies, précède ou suit l'*adagio* ou l'*andante*. Ce morceau est en général très-rapide. C'est à cause de cela qu'on lui donne aujourd'hui le nom de *scherzo* (badinage). Le mennet ou *scherzo* est ordinairement composé de deux parties, chacune divisée en deux reprises. La seconde de ces parties se nomme *trio*.

MENUISIER, artisan qui construit toute sorte d'ouvrages en bois appropriés aux usages de la vie. La menuiserie comprend cinq branches : *menuisier en bâtiments*, *menuisier en meubles*, *ébéniste et marqueteur*, *menuisier en voitures et menuisier treillageur*. Les bois que les menuisiers emploient le plus ordinairement pour leurs ouvrages sont le *chêne*, le *noyer*, le *sapin*, le *peuplier*, le *châtaignier*, le *tilleul*. Les principaux outils propres aux menuisiers sont. l'équerre, le maillet, le marteau, le compas, les tenailles, la scie à cheville, la varlope, le rabot, le vilebrequin, etc. Les menuisiers célèbrent la fête de leur corporation le jour de Sainte-Anne, le 26 de juillet.

MENURE, genre d'oiseaux de la famille des passereaux dentirostres selon Cuvier et Temminck, et de celle des gallinacés selon d'autres. Ses caractères sont : le bec à sa base plus large que haut, droit; les pieds grêles; les ailes courtes, concaves; la queue à pennes très-longues, de diverses formes, et au nombre de seize. Ce genre ne renferme qu'une seule espèce, le *menure-lyre*, de la taille d'un faisan, au plumage généralement d'un brun grisâtre. Les deux plumes externes de sa queue forment le contour d'une lyre, et les plumes du milieu figurent les cordes. Il sort le soir et le matin, et reste toujours perché sur des arbres.

MÉNYANTHE, genre de plantes de la famille des lysimachies, au calice d'une seule pièce, à la corolle monopétale, en cloche, à cinq étamines. La seule espèce de ce genre est le *ményanthe à trois feuilles* (trèfle d'eau, trèfle des marais), plante à racine vivace, horizontale, produisant une touffe de feuilles radicales, glabres et d'un vert foncé; ses fleurs blanches sont agréablement nuancées de pourpre, disposées en grappes et munies de bractées. Les racines et les feuilles du ményanthe, d'une saveur amère, sont toniques, fébrifuges. On les emploie avec succès contre les vers, les scrofules, l'hydropisie, la goutte, les dartres, etc. Dans les pays du Nord, on en mange la racine, qui, réduite en poudre et mêlée avec le sarrasin, constitue le pain des pauvres.

MENZIEZIE, arbuste à feuilles alternes et à fleurs très-belles, formant un genre de la famille des rhodoracées. Une jolie espèce, que l'on trouve dans le midi de la France et en Islande, où on la nomme *daboécie*, et qui se montre toute fleurie en été et durant l'automne, est la *menziezie à feuilles de germandrée*. Elle forme de larges buissons qui tapissent la terre. Ses fleurs sont d'un joli pourpre, et figurent des grelots assez gros, ovales et rapprochés en grappes terminales.

MENZIKOFF (Alexandre), né en 1694, fils d'un paysan des environs de Moscou. Garçon pâtissier sur la place du Palais à Moscou, il dut son élévation à un hasard heureux, qui le plaça dans la maison du czar Pierre le Grand. Le savant Lefort fut chargé de son éducation, et Menzikoff répondit si bien à ses soins qu'après la mort du savant ce fut lui qui remplaça Lefort dans la confiance du czar. Il mérita par ses services le titre de prince d'Ingrélie et de général-major. Il commanda ensuite en Ukraine, et fut envoyé en Pologne comme ambassadeur en 1722. Il aida Catherine à monter sur le trône de son époux, et fut plus en faveur que jamais. Cette princesse, en désignant Pierre II pour son successeur, ordonna qu'il épouserait la fille de Menzikoff, et que son fils épouserait la sœur du czar. Menzikoff fut fait duc de Cozel et grand maître d'hôtel du czar. Il régna au nom de Pierre II jusqu'à ce que celui-ci, cédant aux insinuations de Dolgorouki et des ennemis de Menzikoff, le fit arrêter en 1727, et le condamna à passer ses jours à Besorowa en Sibérie. Il y mourut en 1729. Son fils et sa fille furent réintégrés en faveur par la czarine Anne. Lorsque Menzikoff fut disgracié, il possédait, indépendamment de ses vastes possessions en terres, 15,000,000 de roubles (69,150,000 francs).

MÉONIE, contrée de l'Asie-Mineure, la même que dans la suite on appela Lydie. Selon Pline, SIPYLUM, qui se nommait autrefois *Tantalis*, avait été la capitale de la Méonie. — On appelait Homère *Méonide* parce que ce poète était né dans la Méonie. — Le lac Trasymène se nommait aussi *Mœonius lacus* à cause de la colonie lydienne qui s'était établie dans l'Etrurie.

MÉOTIDE (PALUS-), nom donné par les anciens à la mer d'Azof. (Voy. ce mot.) Les Massagètes l'adoraient comme une divinité, et les peuples qui vivaient sur ses bords prenaient le nom de *Méotes* ou *Méotides*.

MÉPHITISME, altération de l'air atmosphérique produite par diverses émanations et la présence de causes corruptrices. Les causes productrices du méphitisme sont les eaux croupissantes, les exhalaisons des gaz azote, ammoniacal, acide sulfureux et acide hydrochlorique, des puits, des égouts, du charbon de terre, du gaz oxyde de carbone, etc.

MEPPEN, grande seigneurie et ville du royaume de Hanovre, à 20 lieues de Munster. La seigneurie a 33 milles géographiques carrés de superficie, et une population de 32,000 habitants. La ville de MEPPEN, au confluent de l'Hase avec l'Ems, a 6,357 habitants. Elle appartenait autrefois au duc d'Arenberg. Elle fait un commerce considérable de toiles et de café chicorée.

MEQUINEZ, ville d'Afrique, une des deux capitales du royaume de Maroc, à 17 lieues de Salé et 12 de Fez. L'empereur de Maroc y fait sa résidence. Elle est située dans une plaine délicieuse, et jouit d'un air pur et serein. Les juifs ont au milieu de la ville un quartier dont les portes sont fermées toute la nuit. Mequinez a une population de 20,000 habitants.

MER. On appelle ainsi l'universalité des eaux amères et salées qui couvrent un peu moins des trois quarts de la surface du globe. La densité moyenne des eaux de la mer est de 1,0272. Leur couleur varie beaucoup. Cependant elle est en général d'un bleu verdâtre foncé. On a évalué la profondeur des mers, terme moyen, à 4,000 ou 5,000 mètres. C'est au sulfate et carbonate de magnésie qu'elle contient qu'on attribue l'amertume de l'eau de mer. Sa salure provient du chlorure de sodium. C'est à partir du niveau des mers que l'on mesure la hauteur du sol et l'élévation des montagnes. Par un temps calme et une température moyenne, le baromètre, auprès des mers, marque 28 pouces ou 76 centimètres. La colonne éprouve, à mesure qu'on s'élève au-dessus de sa surface, une dépression qui fait connaître la hauteur du lieu au moyen de calculs. Sollicitées par l'attraction des corps célestes, et principalement du soleil et de la lune, les mers éprouvent des balancements ou plutôt des oscillations régulières et périodiques qu'on appelle *marées*. Voy. ce mot. — Un des phénomènes les plus curieux est la phosphorescence de la mer, qui tantôt ressemble à une nappe immense de feu qui suit les ondulations des flots, tantôt ne présente que des étincelles brillant çà et là à la manière des étoiles. Les naturalistes ont donné de ce phénomène des explications diverses. Les uns l'attribuent à la présence d'animaux microscopiques lumineux, d'autres à celle de corps animaux en putréfaction, d'autres enfin à l'électricité.

MER D'AIRAIN, énorme cuve d'airain, de forme ronde, soutenue sur douze bœufs de même métal, et ayant dix coudées de diamètre, environ trente de circonférence et quinze de profondeur. Elle pouvait contenir trois cents muids de nos mesures. Salomon l'avait fait fondre pour la placer dans le temple, où elle servait aux prêtres à se purifier et à se laver avant et après les sacrifices.

MER (géogr.). Voy. les noms qui s'y trouvent joints, ROUGE, MORTE, CASPIENNE, etc.

MERA (myth.), chienne d'Icarius, qui par ses cris indiqua à Erigone où les assassins avaient jeté le corps de son père après l'avoir tué. Erigone se pendit à cette vue, et Mera mourut de douleur à ses côtés. Elle fut mise au rang des astres. C'est la Canicule.

MÉRANIE (Agnès DE), fille du duc de Méranie, épousa en 1196 Philippe-Auguste, roi de France, qui venait de répudier Ingelburge. Elle ne garda pas longtemps son titre de reine. Abandonnée de Philippe par déférence aux censures de l'Eglise, elle mourut de chagrin en 1201.

MERARI, troisième fils de Lévi, et tige première de la famille lévitique des Mérarites, fut père de deux fils, MOHOLI et MUSI, qui donnèrent naissance aux Moholites et aux Musites.

MERCATOR (Gérard), habile géographe, né à Rupelmonde en Flandre en 1512, travaillait nuit et jour à la géographie et aux mathématiques. L'empereur Charles-Quint en faisait un cas particulier, et le duc de Juliers le nomma son cosmographe. Il mourut à Duisbourg en 1594. On a de lui une *Chronologie* depuis le commencement du monde jusqu'en 1568, des *cartes géographiques*, etc., etc.

MERCI (ORDRE DE LA), ordre religieux, fondé en 1223 à Barcelone en Espagne par saint Pierre Nolasque, à l'imitation de celui des trinitaires, établi en France par saint Jean de Matha. On appela d'abord les religieux de cet ordre les *confrères de la congrégation de Notre-Dame de miséricorde*. Aux trois vœux ordinaires de religion ils joignaient celui d'employer leurs biens, leur liberté, leur vie à la rédemption des chrétiens réduits en esclavage par les infidèles. Grégoire IX approuva cet ordre, et l'assujettit en 1235 à la règle de Saint-Augustin. En 1308, Clément V ordonna qu'il serait administré par un religieux prêtre, et dès lors l'ordre de la Merci ne fut plus composé que d'ecclésiastiques.

MERCIE, partie de l'ancienne Angleterre qui fut autrefois un des sept royaumes composant l'heptarchie anglo-saxonne, c'est-à-dire fondée par les Anglo-Saxons. Voy. HEPTARCHIE.

MERCIER, marchand qui vend en gros ou en détail les marchandises qui servent à l'habillement et à la parure, telles que les galons, les rubans, le fil, les aiguilles, etc. — Les merciers formaient autrefois à Paris le troisième des six corps des marchands. Cette corporation, qui se divisait en vingt classes, fut créée par Charles VI. Le corps des merciers était administré par sept maîtres et gardes électifs chargés de la conservation de ses privilèges et de la police de la communauté. Jusqu'à la fin du XVIe siècle, la mercerie n'eut qu'un seul chef, dont l'autorité s'étendait sur toute la France, et à qui seul appartenait le droit d'accorder, moyennant 1,000 livres, le brevet de marchand mercier. C'était le *roi des merciers*. Supprimée par François Ier, rétablie sous Henri III, cette charge fut irrévocablement supprimée en 1597.

MERCIER (Louis-Sébastien), né à Paris en 1740, se voua dès l'âge de vingt ans à l'étude des lettres. Après la suppression de l'ordre des jésuites, il occupa pendant quelque temps une chaire de rhétorique au collège de Bordeaux. En 1781, il fit paraître les deux premiers volumes de son *Tableau de Paris*, qui contenait, quoique dans un style déclamatoire, la satire de

nombreux abus. Cet ouvrage, auquel il ajouta dix volumes, fut achevé à Neufchâtel en Suisse. De retour en France, il prit parti pour la révolution, pendant laquelle il se fit constamment remarquer par la modération de ses principes. Il publia avec Carra les *Annales patriotiques* et la *Chronique du mois*. Député à la convention nationale par le département de Seine-et-Oise, il vota dans le procès de Louis XVI contre la peine de mort. En 1795, il passa au conseil des cinq-cents. En 1797, il accepta une place de contrôleur de la loterie, contre laquelle il déclama. Nommé professeur d'histoire à l'école centrale, il mourut en 1814 membre de l'Institut.

MERCOEUR (Philippe-Emmanuel de Lorraine, duc DE), né en 1538 de Nicolas de Lorraine et de Jeanne de Savoie-Nemours, se distingua à la guerre dans plusieurs occasions. Lié avec le duc de Guise, il aurait été arrêté avec lui aux états de Blois si, averti par la reine sa sœur, il n'avait pris la fuite et ne s'était réfugié dans son gouvernement de Bretagne, où il embrassa alors ouvertement le parti de la Ligue. Cependant, comme tous les autres chefs de ce parti avaient fait leur soumission à Henri IV, il fit la sienne en 1598. Le mariage de sa fille Françoise, son héritière, avec César de Vendôme, fils naturel du roi, fut le prix de la réconciliation. L'empereur Rodolphe II lui ayant en 1601 fait offrir le commandement de l'armée hongroise contre les Turks, il fit une brillante campagne, et mourut à Nuremberg en 1602, comme il revenait en France.

MERCREDI (*Mercurii dies*), troisième jour ouvrable de la semaine, celui que, dans le bréviaire, on nomme quatrième férie. Il est ainsi appelé, disent ceux qui admettent des heures planétaires, parce que la planète de Mercure domine dans sa première heure. Le mercredi et le vendredi étaient autrefois destinés aux exercices religieux qu'on appelait *stations*, et qui consistaient en jeûnes et en prières sur les tombeaux des martyrs ou dans les lieux d'oraison. Ces jours étaient choisis parce que les Juifs avaient résolu de faire mourir Jésus-Christ le mercredi, et avaient mis leur résolution à exécution le vendredi.

MERCURE (myth.), l'un des douze grands dieux des anciens, messager de Jupiter et des autres dieux, dieu de l'éloquence, du commerce et des voleurs. Il était fils de Jupiter et de Maïa, l'une des Pléiades. Chassé de l'Olympe par son père, il inventa pour charmer ses ennuis la lyre, qu'on appela *testudo* parce qu'elle ne fut d'abord formée que d'une écaille de tortue. Il donna cet instrument à Apollon, dont il reçut en échange le *caducée* (voy.), qu'il porte en qualité de négociateur des dieux. Les Grecs nommaient Mercure *Hermès*, parce qu'il était l'interprète des dieux. On le peint sous les traits d'un jeune homme, portant d'une main une bourse, comme divinité tutélaire des marchands, et de l'autre le caducée ou un rameau d'olivier, ayant sur la tête un bonnet appelé *pelasus*, et à ses pieds des ailes appelées *talonnières*. — La multiplicité des fonctions attribuées à ce dieu par les mythologues grecs a fait croire qu'il y a eu plusieurs Mercure. Lactance en compte quatre, et Cicéron cinq. Mais de tous, les deux qui eurent le plus d'importance furent *Mercure*, fils de Maïa, et *Mercure Trismégiste*. Voy. l'article suivant.

MERCURE TRISMÉGISTE, c'est-à-dire *trois fois grand* (myth.), il est le même que le *Thot* ou *Thaut* des Egyptiens. Contemporain d'Osiris, il fut l'âme de son conseil, et le prince s'en servit dans les affaires les plus délicates. Thot s'appliqua à faire fleurir le commerce et les arts, enseigna aux Egyptiens la manière de mesurer leurs terres, forma le premier une langue exacte et régulière des dialectes incertains et grossiers, inventa ou du moins interpréta les caractères hiéroglyphiques et peut-être l'écriture, institua plusieurs pratiques religieuses, et donna aux hommes les premiers principes de l'astronomie. On attribuait à Mercure Trismégiste quarante livres sur la théologie, la médecine et la géographie, dont Sanchoniaton fait mention dans sa théogonie.

MERCURE, très-petite planète, dont le diamètre est les deux cinquièmes de celui de la terre, et le volume le seizième. C'est la plus voisine du soleil, dont elle n'est éloignée dans sa distance moyenne que de 13,161,000 lieues. Sa plus grande distance de la terre est de 47,000,000 de lieues; sa plus petite de 21, et sa distance moyenne de 34. Sa révolution se fait d'occident en orient, comme celle de toutes les autres planètes. Elle s'accomplit en 87 jours 23 heures 14 minutes et 30 secondes. Mercure tourne sur son axe en 24 heures 51 minutes. D'après les calculs des astronomes, la chaleur qu'éprouve cette planète est égale à celle de l'eau en ébullition, si elle n'est tempérée par la densité de l'atmosphère qui l'entoure. Mercure est le plus souvent invisible à l'œil nu.

MERCURE, nom donné successivement à plusieurs livres ou journaux. Le *Mercure français* est une histoire de France, qui a vingt-cinq tomes, et qui, commençant en 1605, se termine en 1644. Le *Mercure armorial*, par Segoing, traite du blason. Le *Mercure indien*, de Rosnel, traite de l'orfèvrerie et des pierres précieuses. Le *Mercure galant* est un journal fondé par Visé en 1672. Ce journal donnait tous les mois des nouvelles, des anecdotes, des historiettes, des propos de boudoir et de salon. Il fut continué jusqu'en mai 1710, qu'il forma quarante-six volumes. Dufresny succéda à Visé dans la rédaction du *Mercure*, et de juin 1710 à avril 1714, il publia quarante-quatre volumes sous le même titre. De mai 1714 à octobre 1716, Lefèvre le continua, et en donna trente volumes sous le nom de *Mercure de France*. L'abbé Buchet le reprit en 1717, et l'amena à mai 1721 en quarante-trois volumes, sous le titre de *Nouveau Mercure*. Il eut pour successeur de Laroque, Marmontel et plusieurs autres. En 1789, la collection montait à onze cents volumes. Interrompu par les troubles de la révolution, le *Mercure* a reparu souvent sur la scène littéraire, mais sans succès.

MERCURE (minér.), métal connu de la plus haute antiquité, et à qui sa liquidité constante à la température ordinaire, qui le fait ressembler à de l'argent liquide, a fait donner par les anciens le nom d'*hydrargyrum* et d'*argent-vif*. Il est encore plus généralement connu parmi le vulgaire sous ce dernier nom que sous celui de mercure. — A l'état de *sulfure*, c'est-à-dire combiné avec le soufre, on l'appelle communément CINABRE. A l'état de *chlorure*, c'est-à-dire combiné avec le chlore, on le connaît sous le nom de MERCURE DOUX ou CALOMEL. Le mercure entre en ébullition à 350 degrés centigrades, et se change en une vapeur qui se condense facilement. Sa densité, par rapport à celle de l'eau, est de 13,59, c'est-à-dire que le mercure pèse un peu plus de treize fois plus que l'eau. Il se congèle à 40 degrés au-dessous de 0 seulement; ce qui le fait employer de préférence à tout autre liquide dans la confection des baromètres et des thermomètres. Ces qualités le rendent encore le plus propre à la plupart des expériences de physique et de chimie. C'est à sa tendance à former des *amalgames* (on appelle ainsi ses combinaisons avec les autres métaux), que le mercure doit son utilité en métallurgie, parce qu'il est toujours facile de le séparer, par l'action de la chaleur, des métaux auxquels il s'est uni. Il forme avec le zinc l'on MUSSIF. Mais l'usage le plus répandu du mercure est de servir à l'étamage des glaces, en s'unissant aux feuilles d'étain qu'il fixe sur leur surface. On emploie le mercure en médecine dans le traitement des maladies vénériennes. Le mercure est assez rare dans la nature, et toujours d'un prix élevé. Le nombre annuel des quintaux métriques qu'on retire des mines du globe est de 43,915, représentant une valeur de 43,915,000 francs. — Voy. SUBLIMÉ CORROSIF.

MERCURE DOUX. Voy. CALOMEL.

MERCURIALE, genre de la famille des euphorbiacées, renfermant une dizaine d'espèces, dont huit sont indigènes. Les plus connues sont la *mercuriale vivace*, plante commune dans les bois ombragés, aux tiges droites, peu rameuses, munies de quelques poils, hautes de huit à dix pouces, aux feuilles d'un vert sombre, dentées, ovales lancéolées. On dit qu'elle cause de longs assoupissements, une diarrhée opiniâtre, des convulsions, des vomissements. On en a extrait un suc teignant en bleu, mais qu'on n'a pas pu encore parvenir à fixer. La *mercuriale annuelle* croît spontanément dans nos jardins et dans tous les endroits cultivés, qu'elle infeste. Elle est réputée émolliente et laxative.

MERCURIALE, cérémonie qui avait lieu autrefois, dans les cours de justice de France, le premier mercredi après l'ouverture des audiences de la Saint-Martin et de Pâques. C'étaient des espèces d'assemblées dans lesquelles le premier président exhortait les conseillers à rendre scrupuleusement la justice, et blâmait ou louait les autres membres subalternes de la magistrature, selon qu'ils avaient bien ou mal rempli leurs fonctions. — Par extension, ce mot s'est donné à toute réprimande adressée à quelqu'un. — On a désigné encore ainsi 1° des assemblées de gens de lettres qui avaient lieu le mercredi, 2° l'état du prix des grains, des fourrages, qui ont été vendus au marché.

MERCURIALES, fêtes célébrées chez les Romains en l'honneur de Mercure, et qui sont les mêmes que les HERMÉES chez les Grecs. On les célébrait le 14 juillet.

MERCY (François DE), général de l'armée du duc de Bavière, né à Longwy en Lorraine. Il prit Rotweil en 1643 et Fribourg en 1644. Il perdit peu de temps après la bataille donnée près de cette ville, fut blessé à celle de Nordlingen en 1645, et mourut de ses blessures. On l'enterra sur le champ de bataille, et on grava sur sa tombe ces mots: *Sta, viator; heroem calcas* (arrête, voyageur; tu foules un héros). — FLORIMOND, comte DE MERCY, son petit-fils, né en Lorraine en 1666, se signala tellement par sa valeur dans les armées impériales, qu'il devint feld-maréchal de l'empereur en 1704. L'année suivante, il força les lignes de Psaffenhoven, et fut vaincu en Alsace par le comte de Bourg en 1709. Le comte de Mercy se distingua beaucoup dans les guerres de l'empereur contre les Turks. Il fut tué à la bataille de Parme en 1734. Le comte d'Argenteau, son cousin, colonel impérial, qu'il avait adopté, fut son héritier, à condition qu'il prendrait le nom et les armes de Mercy.

MERGENTHEIM, ville du royaume de Wurtemberg, dans le cercle d'Iaxt, chef-lieu de bailliage sur la Tauber. Elle a 2,900 habitants, un gymnase et un château, ci-devant la résidence du grand maître de l'ordre Teutonique. — C'est aussi le nom d'un archipel d'Asie, dans le golfe du Bengale, de la province birmanne de Tenasserim, à l'isthme de Malakka. Les villes principales sont Clara, King et Tennasseriu.

MÉRIAN (Marie-Sibylle), fille de Matthieu Mérian, né à Bâle en 1593, morte à Francfort en 1652, l'un des plus féconds graveurs de l'Europe; naquit à Francfort en 1647, et mourut à Amsterdam en 1717. Elle est célèbre par ses *paysages*, ses *perspectives*, ses *vues*. Le goût, l'intelligence et la vérité avec laquelle elle sa peindre en détrempe les fleurs, les papillons et les insectes en général, lui ont fait beaucoup de réputation. Observatrice fidèle de la nature, elle a consigné ses découvertes curieuses sur les mœurs des insectes dans un ouvrage intitulé *Histoire des insectes de l'Europe, dessinés d'après nature par Marie-Sibylle Mérian*. — JEAN-BERNARD MÉRIAN, philosophe suisse, né à Liestall (Bâle) en 1723 de Jean-Rodolphe Mérian, pasteur et chef de la république, mourut en 1807 à Berlin secrétaire perpétuel de l'académie des sciences de cette ville. On lui doit un grand nombre de mémoires.

MÉRIDA, ville du Mexique, chef-lieu de l'État de Yucatan, à 16 lieues de la mer et 38 de Valladolid. Elle a un évêque et 15,000 habitants, tant Espagnols qu'Indiens. Voy. YUCATAN. — MÉRIDA, ville de la Colombie, capitale de la province de ce nom, dans le département de Zulia, avec une population de 4,000 habitants. Elle possède une des quatre universités de la Colombie (les trois autres sont à Santa-Fé de Bogota, Quito et Caracas). — MÉRIDA, autrefois *Augusta Emerita*, ancienne et forte ville d'Espagne, dans une vaste et fertile campagne de la province de Badajoz (Estramadure), à 60 lieues de Madrid, sur la Guadiana. Elle avait autrefois un archevêché, transféré en 1124 à Santiago de Compostelle, et il s'y tint en 666 un concile convoqué par le roi Recesvinthe, et dans lequel on promulgua vingt et un canons. Sa population est de 6,000 habitants. On y voit de très-beaux restes d'antiquités et un pont magnifique.

MÉRIDIEN, terme d'astronomie, nom donné à de grands cercles de la sphère qui passent par les deux pôles de la terre et par un lieu convenu, coupant ainsi la terre en deux parties placées l'une à l'orient et l'autre à l'occident. On les nomme ainsi du mot latin *meridies*, midi, parce que, lorsque le soleil se trouve dans un de ces cercles, il est minuit ou midi pour tous les endroits situés sous ce même cercle. Comme tous les méridiens sont semblables, il faut convenir d'un premier, d'après lequel on compte tous les autres en allant à l'orient en occident. Ce cercle convenu se nomme *premier méridien*. Autrefois on prenait ce méridien de comparaison le méridien qui passe par l'île de Fer, une des Canaries. Aujourd'hui chaque peuple prend ordinairement celui qui passe par sa capitale. — Les *méridiens célestes* sont les cercles de la sphère céleste qui correspondent exactement aux méridiens de la sphère terrestre. Le *méridien magnétique* est un grand cercle qui passe par les pôles de l'aimant et dans le plan duquel se dirige l'aiguille aimantée.

MÉRIDIENNE ou LIGNE MÉRIDIENNE, une ligne droite tirée du nord au sud dans le plan d'un méridien. — On appelle encore ainsi une ligne qui est la section du plan du méridien et d'un autre plan quelconque, horizontal, vertical ou incliné. Quand on en a tracé une portion sur le terrain ou sur un plan fixe, le point de la lumière ou la ligne d'ombre qui passe dessus marque l'heure de midi. On voit de semblables méridiennes à Paris, à l'observatoire et à l'église Saint-Sulpice. — La *méridienne* d'un cadran est une droite qui se détermine par l'intersection du méridien du lieu avec le plan du cadran. La *hauteur méridienne* d'un astre est sa hauteur au moment où il est sur le méridien du lieu où on l'observe. — On appelle aussi *méridienne* un léger sommeil que l'on prend après le repas dans les pays chauds.

MERINGUE, espèce de massepain fait de pâte d'œufs dont on a séparé les blancs, de râpures de citron et de sucre fin. Cette pâtisserie est très-fine et très-estimée.

MÉRINDOL, village du département de Vaucluse, dans le canton et à 3 lieues de Cadenet. Il est célèbre dans l'histoire de nos guerres religieuses par le massacre qui fut fait de ses habitants, qui suivaient les erreurs des vaudois, par arrêt du parlement d'Aix, en 1545. Voy. CABRIÈRES.

MÉRINOS, race de bêtes à laine toute particulière, acclimatée sous le ciel de l'Espagne depuis plus de deux mille ans. Les uns la font originaire d'Afrique, les autres de Milet. L'Espagnol Francesco

Hernanz de Vargas croit qu'elle a été importée d'Angleterre en Castille à la fin du xive siècle. Columelle croit qu'elle est le résultat des améliorations que les cultivateurs espagnols ont fait subir aux races primitives. Le mérinos est bien fait, de taille petite; il a un mètre du sommet de la tête à la naissance de la queue. La face est large, le corps ample, les jambes courtes, les cornes épaisses, larges, contournées en spirale, et d'une grande étendue. Le bélier est plus gros que la brebis. La durée de leur existence est de vingt ans. La laine est très-fine, abondante, douce au toucher, pleine de suint, tassée, un peu frisée, très-élastique, d'un blanc sale. La moyenne du poids de la toison est entre deux et trois kilogrammes. Les mérinos ont été introduits en France dans les premières années du xviiie siècle.

MÉRION (antiq.), fils de Molus et de Melphis et parent d'Idoménée, conduisit avec lui au siége de Troie les quatre-vingts vaisseaux de l'île de Crète. Il se distingua dans les combats et dans les jeux donnés à l'occasion de la mort de Patrocle, où il remporta le prix de l'arc et celui du javelot. C'est lui qui conduisait le char d'Idoménée. Mérion avait été un des prétendants à la main d'Hélène.

MÉRION (hist. nat.), genre d'oiseaux de l'ordre des passereaux et de la famille des sylvidés, renfermant plusieurs espèces, que quelques ornithologistes avaient placées dans les genres merle et sylvie, et caractérisées par un bec plus haut que large, comprimé dans toute sa longueur; des pieds longs et grêles; des ailes courtes, arrondies; une queue très-longue, conique. Les mœurs de ces oiseaux, qui habitent l'Afrique, l'Océanie et l'archipel Indien sont inconnues.

MÉRIONETH, comté d'Angleterre dans la province de Galles, borné au N. par ceux de Caërnarvon et de Denbigh, à l'O. par le canal de Saint-Georges, au S. par celui de Cardigan, à l'E. par celui de Montgomery. Sa superficie est de 110 lieues carrées, et sa population de 31,000 habitants. Le pays est montagneux, et abonde en moutons, poissons, gibier. On y trouve des fabriques d'étoffes de coton. Le comté de Mérioneth envoie un député au parlement. — Sa capitale est HARLEIGH, à 60 lieues de Londres.

MERISIER, espèce du genre *cerisier*, qui a donné naissance à plusieurs variétés créées par la culture, telles que le *bigarreautier*, le *guignier*, le *heaumier*, etc. Ces variétés ont, comme leur type, le tronc droit, les branches étendues sans confusion, les feuilles un peu pendantes et portées sur des pétioles longs et faibles. Le merisier est spontané dans nos bois montagneux. Il y acquiert de la grosseur et une taille élevée (treize et quatorze mètres). Sous une écorce gris cendré ou un reflet rougeâtre, on trouve un bois solide, prenant aisément le poli, et dont la couleur varie du jaune clair au rouge. On en fait de beaux meubles et d'excellentes solives. Aux fleurs blanches, peu ouvertes, succèdent des fruits petits, d'un rouge foncé et même noir, dont la chair est d'une saveur âcre et amère avant la maturité, et fade lorsqu'elle est mûre. On les connaît sous le nom de *merises*. On les mange fraîches et sèches. On en fait des compotes, des ratafias, un vin fort agréable, et surtout une liqueur connue sous le nom de *kirschen-wasser*.

MÉRITE MILITAIRE (Ordre du). Voy. Ordre.

MERLAN, genre de poissons de la famille des *gades*, très-ressemblant au genre *morue*, dont il diffère par l'absence de barbillons à la mâchoire inférieure. Le corps des merlans est médiocrement allongé, peu comprimé, couvert d'écailles molles, peu volumineuses, minces et arrondies, de couleur argentée, se nuançant sur le dos en vert noirâtre; leurs nageoires sont grisâtres. Ils se nourrissent de vers, de mollusques, de crabes et de jeunes poissons. Ils approchent constamment du rivage; voilà pourquoi on les prend presque toute l'année. La chair est molle, tendre, légère, facile à digérer. Le genre merlan comprend peu d'espèces, parmi lesquelles les plus communes sont : le *merlan ordinaire*, le *charbonnier* et le *lieu* ou *merlan jaune*.

MERLE (hist. nat.), genre d'oiseaux de l'ordre des passereaux et de la famille des dentirostres, comprenant non-seulement les *merles proprement dits*, mais encore les *grives* et les *moqueurs*. Les caractères de ce genre sont : un bec aussi large que haut à sa base, comprimé latéralement; les pieds un peu grêles; quatre doigts, trois en avant; l'aile généralement subobtuse, c'est-à-dire la troisième et quatrième rémiges étant les plus longues. Les merles proprement dits ont le plumage coloré par grandes masses. A leur tête se place le *merle noir* ou *merle commun*, long de dix pouces et quelques lignes. Son bec et l'aréole de ses yeux sont jaunes. La femelle diffère du mâle en ce que son plumage est brunâtre et non noir. Il fait sa nourriture de fruits et d'insectes. Sa chair était excellente, on lui dresse toutes sortes de piéges. Le merle offre des variétés blanches assez fréquentes.

MERLE (Matthieu), né à Uzès vers le milieu du xvie siècle, était fils d'un cardeur de laine de cette ville. Il se rendit fameux par son caractère audacieux et ses exploits, qui furent cependant ternis par d'atroces cruautés exercées surtout contre les prêtres catholiques. Il répandit la terreur dans l'Auvergne et le Gévaudan, et mourut en 1584. Il avait, en 1576, épousé Françoise d'Auzolle, fille du seigneur de Serres, et acheté en 1582 les terres de la Gorce et de Salavas. C'est pourquoi il prit le titre de baron de la Gorce et de Salavas.

MERLIN (Ambroise), écrivain anglais du ve siècle, qu'on a regardé longtemps comme un grand magicien et un enchanteur. Plusieurs auteurs ont écrit qu'il avait été engendré d'un incube, et qu'il avait transporté d'Irlande en Angleterre les grands rochers qui s'élèvent en pyramides près de Salisbury, et qu'on appelle *Stone-Henge*. On lui attribue des prophéties extravagantes, traduites en latin par Geoffroy de Monmouth.

MERLIN (mar.). On appelle ainsi un petit cordage de deux ou trois fils de caret que l'on a commis ensemble (voy. CONNETTAGE), et dont les voiliers se servent dans les voiles principales. Aussi l'on dit *merliner* une voile pour désigner l'action de coudre une ralingue avec le renfort d'une voile, travail qui s'exécute au moyen de fortes aiguilles, dans l'œillet desquelles se passe le merlin.

MERLIN DE DOUAI (Philippe-Antoine, comte), né en 1754 à Arleux (Nord), embrassa l'étude des lois, et devint avocat au parlement de Douai. Son talent et la rédaction du *Répertoire de jurisprudence* lui procurèrent l'honneur d'acquérir en 1782 la charge de secrétaire du roi. Le bailliage de Douai le nomma, en 1789, député aux états généraux et à l'assemblée constituante. Il soutint longtemps la nécessité d'une monarchie constitutionnelle et l'inviolabilité de la personne du roi. Il s'opposa souvent, mais en vain, à l'effusion de sang que répandait la montagne. Cependant il vota la mort de Louis XVI. Chargé tour à tour de plusieurs missions à l'armée du Nord et de Bretagne, puis de rédiger un projet de code des délits et des peines, qui fut adopté presque en entier, et qui a fait loi jusqu'en 1811, il fut nommé membre du conseil des anciens et bientôt après ministre de la justice. En 1797, il fut élu membre du directoire exécutif de la république, et donna sa démission en 1800. Le premier consul Bonaparte le nomma procureur général à la cour de cassation, puis conseiller d'État à vie. L'empire l'éleva au rang de comte et de membre de l'Institut. La restauration l'exila. Revenu en France en 1830, il est mort en 1838. Ses travaux le mettent au nombre des premiers jurisconsultes français. Outre le Code qu'il rédigea sous la république, il a laissé le *Répertoire de jurisprudence* et les *Questions de droit*.

MERLON. On donne ce nom, en termes d'artillerie et de fortifications, à la partie du parapet qui est entre deux embrasures.

MERLUS, genre de poissons de la famille des gades ou gadoïdes, offrant les caractères suivants : animaux à corps allongé, épais, revêtu de petites écailles, à deux nageoires dorsales, une seule anale, et manquant de barbillons comme les merlans. De ce genre est le *merlus ordinaire* ou *merluche* ou bien *merlans*, qui vit dans l'Océan et dans la Méditerranée, et atteint quelquefois jusqu'à la longueur de plus de deux pieds. Il est très vorace, et va par troupes très-nombreuses. Sa chair est blanche et lamelleuse; on la sale et on la sèche comme on fait des morues. Ce poisson est allongé, d'un gris blanchâtre sur le dos, d'un blanc argenté sous le ventre.

MERLUT, terme de mégisserie qui désigne des peaux de boucs, de chèvres, et de moutons, qu'on fait sécher à l'air sur des cordes, en attendant qu'elles puissent se mettre en chamois.

MERMNADES, dynastie royale qui occupa le trône de Lydie après les Héraclides, et que quelques auteurs font descendre d'un fils d'Hercule et d'Omphale. Ce fut Gygès qui, par le meurtre de Candaule, fit passer le trône de Lydie de la famille des Héraclides dans celle des Mermnades (l'an 718 avant J.-C.). Crésus fut le dernier prince de cette maison, en même temps que le dernier roi de Lydie (l'an 548 avant J.-C.). La dynastie des Mermnades avait régné environ soixante-six ans.

MÉRODACH-BALADAN, roi de Babylone que l'on croit être le même que Mardocempade, fils de Bélésis, l'un des descendants de Nabonassar. Il monta sur le trône vers l'an 721 avant J.-C., et vécut en bonne intelligence avec Ezéchias, roi de Juda. Il fut mis après sa mort au rang des dieux et adoré comme tel par les Babyloniens.

MÉROÉ (géogr.), ancienne presqu'île d'Ethiopie, formée par le Nil et le fleuve Astaboras (aujourd'hui *Tacazzé*) à l'E. Selon les anciens, il paraîtrait que les sciences, et particulièrement l'astronomie, y auraient été cultivées de très-bonne heure, avant même que l'Egypte fût habitable, et que cette presqu'île était le siége d'un royaume gouverné par des prêtres, qui choisissaient le roi parmi eux, et le tenaient dans une dépendance telle, qu'il ne pouvait, si on le lui intimait, refuser de mourir. Les habitants du royaume de Méroé étaient nègres. Ce furent eux qui peuplèrent graduellement l'Egypte suivant la vallée du Nil. Mais leur premier et leur plus grand établissement fut à Thèbes, où ils apportèrent le gouvernement théocratique et le culte de Jupiter Ammon. Le royaume de l'île de Méroé subsista toujours malgré l'occupation de l'Egypte. Ergamènes fut le premier roi qui dans le iiie siècle avant J.-C. secoua le joug de la théocratie. Il fit massacrer tous les prêtres de Jupiter Ammon. — L'île de Méroé était le centre du commerce entre l'Ethiopie, l'Arabie, les Indes et l'Egypte. — Sa capitale, d'abord nommée *Saba*, reçut le nom de *Méroé* de la sœur de Cambyse. Elle était située sur le Nil. La presqu'île de Méroé est aujourd'hui appelée *Shandy*. Elle fait partie de la Nubie.

MÉROPE, célèbre reine de Messénie, fille de Cypselus de Corinthe, avait épousé Cresphonte, roi de Messénie, dont elle eut trois enfants. Polyphonte, après avoir tué son mari et deux de ses enfants, voulut la contraindre à l'épouser. On était aux jeux, lorsque Téléphonte ou Epytus, son troisième fils, reparaissant tout à coup, vengea la mort de son père en massacrant le tyran. — Mérope a fourni à Voltaire et à Maffei le sujet de deux belles tragédies.

MÉROVÉE ou Menowig (en langue germanique, *éminent guerrier*) succéda à Clodio ou Clodion dans le commandement de la tribu des Francs Saliens l'an 448. Il combattit à la bataille de Châlons, et étendit, dit-on, les bornes de la domination de sa tribu depuis les bords de la Somme jusqu'à Trèves, qu'il prit et saccagea. Il mourut en 458, laissant le commandement à son fils Childéric ou Hildérik. Il a donné son nom à la première dynastie des rois francs, connus sous le nom de Merowings ou Mérovingiens. Voy. ci-après.

MÉROVÉE, fils de Chilpéric, épousa à Rouen en 576 Brunehaut, la veuve de Sigebert, l'ennemie de son père, et fut forcé de se réfugier avec elle dans une église, d'où ils ne sortirent que pour être, Brunehaut renvoyée en Austrasie, et Mérovée ordonné prêtre, et ensuite mis à mort.

MÉROVINGIENS ou Merowings, première dynastie des rois francs, que la plupart des auteurs font remonter ridiculement à Pharamond, dont l'existence est même révoquée en doute, et qu'on doit commencer à Clovis ou tout au plus à Mérovée, qui lui a donné son nom. En commençant à Pharamond (420), la race des Mérovingiens a duré 333 ans; en commençant à Mérovée, elle a duré 305 ans; et enfin, si l'on date son origine de Clovis, elle n'a régné que pendant 272 ans. Loin de régner sur toute la France, et par conséquent de lui donner des rois, elle a possédé seulement, comme pays de conquête, les contrées situées au nord de la Loire; comme pays d'occupation, les contrées situées au sud de ce fleuve et à l'ouest du Rhône; et comme pays tributaire, la Bretagne ou Armorique. Tel fut l'état des possessions franques sous la première race. Minée peu à peu par l'accroissement du pouvoir des maires du palais, épuisée d'un autre côté par le contact de la civilisation romaine qui l'énerve, et en même temps par celui de la barbarie germaine qui la brise, cette dynastie mérovingienne l'image, ou pour mieux dire l'expression de toute une société, ne produisit que des rejetons sans vigueur, morts presque tous avant l'âge de trente ans, et céda la place à celle des Carlovingiens, race d'hommes nouveaux et forts, destinés à régénérer les Gaules. Cette révolution, qui fut le triomphe de la tribu des Saliens sur celle des Ripuaires, c'est-à-dire de la barbarie sur la civilisation romaine, préparée par la victoire de Testry (687), s'accomplit en 753 entre les mains du maire Pepin le Bref. Voy. Carlovingiens.

MERRAIN, nom donné par les tonneliers à des planches ordinairement fendues avec le coutre, qui servent à former des douves de tonneaux, fûts, futailles, etc. — En termes de vénerie, on appelle ainsi la perche ou tige qui supporte les andouillers ou bois des cerfs et des animaux semblables.

MERRIMACK, rivière des Etats-Unis, prend sa source dans un lac de l'Etat de New-Hampshire, arrose Concord, entre dans l'Etat de Massachussets, passe près de Boston, et se jette dans l'océan Atlantique à Newbury-Port, à 13 lieues au N. de Boston.

MERSEBOURG, régence des Etats prussiens, faisant partie de la Saxe prussienne, et bornée au N. par les principautés d'Anhalt, au S. par celles de Saxe et le royaume de Saxe, à l'O. par la régence d'Erfurt, et à l'E. par celle de Potsdam. Sa superficie est de 210 milles géographiques carrés, et sa population de 41,000 habitants. Elle est traversée par l'Elbe et la Saale, et abonde en blé, bois, bétail, gibier, haras, faisans et salines. Elle est bien cultivée. — La capitale est Mersebourg, à 7 lieues de Leipzig et à 42 de Berlin, sur la Saale. Sa population est de 9,000 habitants. Sa cathédrale est un bel édifice gothique, remarquable par ses quatre tours pyramidales. C'était autrefois la capitale du ci-devant évêché de Mersebourg, sécularisé par l'électeur de Saxe, et compris aujourd'hui dans le cercle de Leipzig.

MERSENNE (François-Martin), religieux minime, né au bourg d'Oysé (Maine) en 1588, étudia à la Flèche avec Descartes, et forma avec lui une liaison qui dura toute la vie. Né avec un génie heureux pour la philosophie et les mathématiques, le P. Mersenne inventa la courbe appelée *cycloïde* (voy. ce mot), et acquit ainsi un rang distingué parmi les géomètres. Le savant religieux, également propre à la théologie et à la philosophie, les enseigna depuis 1615 jusqu'en 1619. Il mourut en 1648. Il était entré en 1611 dans l'ordre des minimes. On a de lui un grand nombre d'ouvrages. Les principaux sont : *Quæstiones in Genesim*, le *Traité de l'harmonie universelle*, etc.

MERSEY, rivière d'Angleterre, qui prend sa source dans le comté de Lancastre, traverse celui de Chester et le sépare de celui de Lancastre, passe à Liverpool, et se jette dans la mer d'Irlande au-dessous de cette ville. Elle unit la mer d'Irlande avec la mer du Nord au moyen du canal connu sous le nom de *Grand-Trunk*, et dont les rameaux s'étendent à la Tamise et à la Trent. Voy. Bridgewater.

MERULA (Lucius Cornelius), préteur de Rome l'an 556 de cette ville (198 av. J.-C.), apaisa une révolte parmi les esclaves. Quatre ans après, il conduisit une colonie à Tempsa. Consul en 561, il eut la Gaule pour département, et remporta sur les Boïens une victoire célèbre auprès de Mutine (Modène). — Lucius Cornelius Merula, consul l'an 87 avant J.-C. en remplacement de Lucius Cornelius Cinna, se démit volontairement du pouvoir quand le parti de Cinna eut triomphé. Après son abdication, ses ennemis le forcèrent à se donner la mort, et il s'ouvrit les veines auprès de la statue de Jupiter.

MÉRULAXE, genre d'oiseaux créé par M. Lesson, et que l'on fait rentrer dans le genre fourmilier. Voy. ce mot.

MERVEILLES DU MONDE (Les sept), nom sous lequel on connaît sept ouvrages de l'antiquité qui surpassaient les autres en beauté et en magnificence. Ce sont, 1° les jardins suspendus de Babylone, 2° les murs de cette ville, 3° les pyramides d'Egypte, 4° la statue de Jupiter Olympien, 5° le colosse de Rhodes, 6° le temple de Diane à Ephèse, 7° le mausolée ou tombeau de Mausole. Certains auteurs, en faisant une seule merveille des jardins et des murs de Babylone, y font entrer le temple de Jérusalem ; d'autres, le phare d'Alexandrie. Voy. ces mots.

MESA ou Mœsa (Julia), sœur de l'impératrice Julia Domna, femme de Septime Sévère, épousa Julius Avitus, et eut deux filles : Julia Sœmis, mère d'Héliogabale, et Julia Mammée, mère d'Alexandre Sévère. Exilée à Emèse avec sa famille après la mort de Caracalla, elle contribua à l'élévation d'Héliogabale au trône en le faisant passer aux yeux des soldats pour le fruit d'un commerce secret entre sa fille Sœmis et Caracalla. Elle gouverna l'empire au commencement du règne de son petit-fils, et lui donna l'utile conseil d'adopter son cousin Alexion, depuis Alexandre Sévère. Elle concourut plusieurs fois à la rédaction des sénatus-consultes.

MÉSANGE, genre d'oiseaux placé par Cuvier dans l'ordre des passereaux et dans la famille des conirostres, renfermant des espèces parées en général d'agréables couleurs ; au bec petit, court, droit, conique, comprimé ; aux pieds médiocrement forts; aux doigts, au nombre de quatre, armés d'ongles assez puissants; aux ailes obtuses. Les mésanges sont des oiseaux extrêmement vifs, qui se nourrissent d'insectes et de fruits, et vivent par familles. L'adresse avec laquelle elles construisent leur nid est admirable. Les espèces les plus connues sont la *mésange charbonnière*, qui fait son nid dans les trous des huttes de charbonniers ; la *mésange bleue*, la *mésange à longue queue* et la *mésange rémiz*.

MÉSENTÈRE. On appelle ainsi, en anatomie, un vaste repli du péritoine qui, fixé par son extrémité postérieure à la colonne vertébrale, est libre et flottant par son bord inférieur, qui donne attache à tout l'intestin grêle.

MESGRIN (Paul de Stuert de Caussade, comte de Saint-), l'un des mignons de Henri III que ce prince aimait le plus. Il osa se vanter d'être dans les bonnes grâces de la duchesse de Guise, uniquement pour mortifier l'ennemi de son maître. Le duc le fit assassiner le 21 juillet 1578, à deux heures du soir, lorsqu'il sortait du Louvre. Henri III lui fit élever un tombeau, ainsi qu'à Caylus et à Maugiron. — Le fils de son frère, Jacques de Stuert de Caussade, comte de Saint-Mesgrin, distingué par son courage, servit le roi en Catalogne, dont il fut vice-roi, fut fait lieutenant général en 1650, puis capitaine des chevau-légers, à la tête desquels il fut tué au combat du faubourg Saint-Antoine (2 juillet 1652). Louis XIV le fit enterrer à Saint-Denis.

MÉSIE ou Mœsie, province de l'empire romain, qui avait pour bornes au N. le Danube, au S. la chaîne de l'Hemus, qui la séparait de la Grèce et de la Thrace; à l'E. le Pont-Euxin, et à l'O. l'Illyrie. On la divisait en *première Mésie*, à l'O., et *seconde Mésie*, à l'E., séparées l'une de l'autre par le fleuve Oscius, aujourd'hui *Esker* ou *Iskar*. La seconde Mésie, appelée encore *Mésie inférieure* à cause de sa position sur le Pont-Euxin, faisait partie du diocèse de Thrace. — Les Romains n'envahirent la Mésie que fort tard. Ce fut Curion, contemporain de Cicéron, qui ajouta cette province à l'empire. Elle comprend toute la Servie et toute la Bulgarie d'aujourd'hui.

MESLIER (Jean), curé du village d'Etrepigny (Marne), était né à Mazerny, non loin de là, en 1677, et mourut en 1733. Il s'est rendu célèbre par la publication d'un pamphlet grossier et impie qui ne parut qu'après sa mort, et qui est intitulé *Testament du curé Meslier*. C'est une déclamation contre les dogmes de la religion chrétienne qu'on lui a faussement attribuée.

MESMER (Frédéric-Antoine), célèbre médecin allemand, né dans la Souabe en 1734, est le fondateur de la doctrine du *magnétisme animal*, nommée aussi *mesmérisme*, du nom de son inventeur. Ne trouvant pas en Allemagne d'approbateurs de son système, il vint en France en 1778. Les magnétisations se faisaient alors au moyen d'un baquet rempli de bouteilles magnétisées et pleines d'eau, et duquel sortaient un grand nombre de baguettes ou tringles de fer qui se dirigeaient vers les malades qu'on prétendait guérir. Après avoir éprouvé beaucoup d'obstacles, Mesmer se fit un assez grand nombre de partisans, et retourna en Allemagne, où il mourut en 1815.

MESMES, maison illustre de Guyenne, qui a produit plusieurs grands hommes. — Jean-Jacques de Mesmes, seigneur de Roissy, né en 1490, fut successivement conseiller de Catherine de Foix, reine de Navarre, lieutenant civil au Châtelet, maître des requêtes en 1544, et premier président au parlement de Rouen ; mais Henri II le retint dans son conseil. Il mourut en 1568. — Son fils aîné, Henri de Mesmes, seigneur de Malassise, devint conseiller au grand conseil, maître des requêtes, conseiller d'Etat, chancelier du royaume de Navarre, garde du trésor des chartes, etc. Il conclut avec le maréchal de Biron le traité de paix de 1570, appelé *la paix boiteuse et malassise*, parce que Biron était boiteux et de Mesmes seigneur de Malassise. Il mourut en 1596. — Claude de Mesmes, son petit-fils, plus connu sous le nom de *comte d'Avaux*, fut plusieurs fois envoyé en ambassade, plénipotentiaire au traité de Munster (1648), ministre, surintendant des finances, commandeur des ordres, et mourut en 1650.

MÉSOCHORE, nom que les Grecs donnaient au musicien qui présidait dans les concerts et qui dirigeait la mesure avec ses pieds, c'est-à-dire au chef de leur orchestre. Chez les Romains, il donnait dans les jeux publics le signal des applaudissements.

MÉSOPORPHYRE, sorte de robe ornée de nœuds ou de clous, que les Latins appelaient *clavatæ vestæ*. Au milieu de la robe étaient placés des nœuds ou des bandes de pourpre.

MÉSOPOTAMIE, c'est-à-dire *au milieu des fleuves*, célèbre contrée d'Asie, ainsi nommée parce qu'elle était comprise entre l'Euphrate à l'O. et le Tigre à l'E. Elle était bornée au N. par l'Arménie, et au S. par la Babylonie. Elle se divisait en *supérieure* au N. et *inférieure* au S., séparées par le fleuve Mygdonius. La première renfermait l'*Osroène*, la *Mygdonie*, la *Gauzanitide*, la *Cornée* et la *Zabdicène*, et les villes d'Edesse, de Nisibe, d'Amide, etc.; c'était la plus fertile. — Habitée par les Hébreux, qui lui donnaient le nom d'*Aram-Maharaïm* ou *Padar-Aram*, elle fit dans la suite partie de l'empire assyrien, puis de celui des Perses. Conquise par Alexandre et échue aux Séleucides, elle tomba ensuite au pouvoir des Parthes et des Romains. Elle forme aujourd'hui l'*Aldjézirah* et une partie du Diarbekr, dans la Turquie d'Asie.

MÉSOPRION, genre de poissons acanthoptérygiens, différant des diacopes seulement en ce qu'ils offrent une dentclure sur le milieu de chaque côté de la tête. Tous ces poissons viennent des mers des pays chauds. On les connaît dans nos colonies des Indes orientales sous le nom de *vivaneau* ou *vivanet*, et sous celui de *sarde*. Leur chair est très-bonne.

MÉSOTYPE, substance minérale ordinairement blanche et quelquefois jaune, qui ne raye pas le verre, et donne de l'eau par la calcination, et est composée d'alumine, de silice, de soude, d'eau et d'oxyde de fer. On l'appelle *natrolithe*, lorsqu'elle est en fibres radiées jaunâtres. Elle appartient aux dépôts d'origine ignée.

MESRAIM. Voy. MISRAÏM.

MESSALA, surnom des Maximus Corvinus, branche de la maison Valeria, à Rome. Celui qui le porta le premier fut MARCUS VALERIUS MAXIMUS, consul l'an de Rome 491, qui prit Messane (Messine), et prit en mémoire de cet exploit le surnom de *Messala*. — MARCUS VALERIUS CORVINUS MESSALA fut un des premiers orateurs de son temps. Proscrit par les triumvirs, 43 ans avant J.-C., sous prétexte qu'il était complice du meurtre de César, il demeura fidèle au parti républicain jusqu'à la mort de Brutus. Auguste le combla d'honneurs, et le fit son collègue dans le consulat 31 ans avant J.-C. Messala fut le protecteur de Tibulle, et mourut l'an 9 de J.-C., âgé de plus de soixante-seize ans.

MESSALIENS ou MASSALIENS, anciens sectaires ainsi appelés d'un mot hébreu qui signifie *prière*, parce qu'ils croyaient qu'il fallait toujours être en prière. On en distingue deux sortes: les *anciens*, antérieurs à Jésus-Christ et païens, et les *nouveaux*, postérieurs à Jésus-Christ et chrétiens. La première secte se perpétua encore après Jésus-Christ, puisque saint Grégoire de Nazianze en faisait partie avant d'embrasser la religion chrétienne. — Les messaliens chrétiens parurent vers 361. Ils enseignaient que la seule prière suffisait pour le salut, que l'homme avait deux âmes, que le baptême était inutile, qu'on était possédé depuis sa naissance par un démon, etc. Saint Augustin leur donne le nom de *psalliens*, qui est le nom des messaliens en hébreu. Ils s'appellent encore *enthousiastes*, *adelphiens*, *euchites*, *saccophores*, etc.

MESSALINE (Valérie), fille de Marcus Valerius Barbatus Messala et d'Emilia Lepida, et arrière-petite-fille d'Octavie, sœur d'Auguste. Elle épousa l'empereur Claude, dont elle eut Britannicus et Octavie, et se plongea dans les plus coupables désordres. Officiers, sénateurs, soldats, histrions, esclaves partagèrent tour à tour ses faveurs. Julie, fille de Germanicus, Justus Catonius, Valerius Asiaticus et Sabina Poppea sa femme, mère de la célèbre impératrice de ce nom, furent sacrifiés ainsi qu'Appius Silanus, son propre beau-père, à sa jalousie et à ses vengeances. Elle vendait ou faisait vendre par ses affranchis les places, les sentences des juges, les droits de citoyen romain. Elle osa épouser solennellement Silius, comme si Claude l'eût répudiée. Celui-ci, averti par Narcisse, la fit mourir l'an 46 de J.-C.

MESSALINE (Statilie), troisième femme de Néron, d'une des premières familles de l'empire, fut célèbre par son esprit, son ambition et ses débauches. Après avoir eu trois époux, elle venait de se marier au consul Atticus Vestinus, lorsque Néron le fit assassiner l'an 65 de J.-C. pour l'épouser. Après la mort de ce prince, elle passa ses jours dans l'étude de l'éloquence et des belles-lettres. Othon était sur le point de l'épouser lorsqu'il mourut.

MESSAPIE, petite contrée de la grande Grèce, dans l'Apulie, bornée au N. par la Peucétie et la Calabrie, au S. par le golfe de Tarente, à l'O. par la Lucanie, et à l'E. par l'Iapygie. *Tarente* en était la capitale. Elle reçut son nom de Messapus, fils de Neptune, qui vint de Béotie s'y établir.

MESSE (du latin *missio*, renvoi, parce qu'autrefois avant de la commencer on renvoyait les catéchumènes), nom donné, dans la liturgie catholique, au sacrifice dans lequel l'Eglise offre à Dieu par l'entremise d'un prêtre le corps et le sang de Jésus-Christ sous les espèces du pain et du vin. Le saint sacrifice de la messe remonte jusqu'à l'institution de l'eucharistie par Jésus-Christ, qui prenant du pain le bénit, et, après l'avoir rompu, le distribua à ses disciples en disant: *Prenez et mangez, ceci est mon corps*. Les calvinistes et les luthériens ont condamné la messe parce que les premiers nient la présence réelle de Jésus-Christ dans l'eucharistie, et les seconds la transsubstantiation, c'est-à-dire le changement du pain et du vin en le corps et le sang de Notre-Seigneur Jésus-Christ. On distingue deux sortes de messes: la *messe solennelle*, *haute* ou *grand'messe*, où le célébrant a pour assistants un diacre, un sous-diacre, etc., et qui se chante par des choristes, et la *messe basse*, qui se dit par un prêtre seul et sans chant. La messe des présanctifiés, dans laquelle on ne consacre point, se célèbre le vendredi saint. On appelait *messe sèche* ou *nautique* celle qu'on disait sur les vaisseaux et dans laquelle il ne se faisait point de consécration, parce qu'on aurait pu répandre le sang de Jésus-Christ dans le balancement du vaisseau.

MESSE, œuvre musical composé sur les paroles de certaines prières de la messe, savoir: le *Kyrie*, le *Gloria*, le *Credo*, le *Sanctus* et l'*Agnus Dei*; quelquefois on y ajoute un morceau d'offertoire, un *O salutaris hostia* et un *Domine salvum fac regem*. Cette sorte de messe prend le nom de *solennelle*. La *messe des morts* ou de *Requiem* diffère de l'autre par son introït: *Requiem æternam*, qui précède le *Kyrie*, le graduel; la prose *Dies iræ*, l'offertoire *Domine Jesu Christe*, y remplacent le *Gloria* et le *Credo*. Les plus célèbres compositeurs de messes sont Haydn, Mozart, Hummel, Jomelli, Cherubini, Lesueur, etc.

MESSÈNE, ancienne et célèbre ville du Péloponèse, capitale de la Messénie, vers le centre, au S. de Thuria et à l'O. du Pamysus. C'était la plus grande ville du Péloponèse et la mieux fortifiée après Corinthe. Le mont Ithôme lui servait de forteresse au N., et c'est de là qu'elle prenait quelquefois ce nom. Messène ou Ithôme fut fondée l'an 370 avant J.-C. par Epaminondas, qui rappela les familles messéniennes exilées et en peupla la nouvelle ville. Il reste encore aujourd'hui de vastes débris de ses murailles près du village de *Mavro-Mali*.

MESSÉNIE, contrée célèbre du Péloponèse, bornée au N. par l'Arcadie, à l'O. par la mer Ionienne, au S. par la Méditerranée, et à l'E. par la Laconie. Elle était arrosée par les deux Pamysus, le Néda et le Balyra, et sillonnée par une chaîne de montagnes dont les sommets les plus connus sont l'Ira et l'Ithôme. C'était une des provinces de la Grèce les plus riches en beaux sites. Depuis Polychaon, fils de Lelex, qui y conduisit une colonie égyptienne, la ville d'*Andanie* fut la capitale de la Messénie, jusqu'à ce que, détruite par les Lacédémoniens, elle fut remplacée par MESSÈNE. (Voy.) Au retour des Héraclides (1190 avant J.-C.), Cresphonte, l'un d'eux, eut la Messénie en partage. Elle fut plus tard dévastée par trois guerres terribles. Aujourd'hui elle forme un nome de la Grèce. Voy. GRÈCE.

MESSÉNIE (GUERRES DE). Elles sont au nombre de trois. Toutes furent soutenues contre les Lacédémoniens. La première commença vers l'an 743 avant J.-C. Le prétexte fut le meurtre de plusieurs Spartiates par les Messéniens, arrivé soixante-dix-huit ans auparavant. La guerre dura dix-neuf ans et finit par la prise d'Ithôme, qui succomba après un siège de dix ans. Les Messéniens furent forcés de se soumettre. Leur révolte l'an 685 avant J.-C. commença la deuxième guerre, qui se termina l'an 668 par la prise d'Ira, après onze ans de résistance. L'an 465 avant J.-C., les Messéniens se réunirent aux Hilotes révoltés et commencèrent la troisième guerre, qui se termina par la soumission des Messéniens l'an 453 avant J.-C. La plupart devinrent esclaves; les autres se réfugièrent en Sicile, où ils donnèrent leur nom à la ville de Messine.

MESSENIUS (Jean), fameux historiographe de Suède, qui est l'auteur du *Théâtre de la noblesse de Suède* et de plusieurs ouvrages estimés, entre autres *la Scandinavie illustrée*, est célèbre par sa science et ses malheurs. Gustave-Adolphe le fit professeur de droit et de politique à l'université d'Upsal. Accusé en 1615 de favoriser les ennemis de la Suède, Messenius fut mis en prison, et y mourut en 1636. L'esprit de sédition et une fin tragique étaient en quelque sorte héréditaires dans la famille. Son père eut la tête tranchée pour avoir excité des troubles dans l'Etat, et ARNOLD MESSENIUS, son fils, fut décapité en 1648 avec son fils, âgé d'environ dix-sept ans, pour avoir écrit des satires relatives à la maison royale et aux ministres d'Etat.

MESSIDOR, dixième mois du calendrier républicain français, ainsi appelé parce que c'était le mois des moissons. Il commençait le 19 juin et finissait le 18 juillet.

MESSIE (de l'hébreu *maschuach*, qui signifie *oint*), qualification attribuée, chez les Juifs, aux sacrificateurs, aux prophètes, aux patriarches, aux rois, et donnée par excellence à Jésus-Christ. Les Juifs ne croient pas à la venue du Messie dans Jésus-Christ, et l'attendent encore. Cependant plusieurs d'entre eux croient qu'il est venu en la personne d'Ezéchias. Aussi on a vu dans presque tous les siècles s'élever parmi les Juifs des faux messies. Voy. BARKOCHÉBAS, DAVID, etc.

MESSIER (Charles), célèbre astronome, ancien membre de l'académie des sciences, puis membre de l'Institut, du bureau des longitudes, de la Légion d'honneur, de l'académie des sciences de Berlin, de celle de Saint-Pétersbourg, etc., etc., naquit à Badonviller (Meurthe) en 1730. Il succéda à l'astronome Delisle dans la place d'astronome de la marine, et mourut en 1817 après avoir passé sa vie à faire des observations astronomiques. Il avait découvert douze comètes.

MESSIN (PAYS), nom donné à une petite province de France qui faisait partie de la Lorraine. Son chef-lieu était Metz pour capitale. Après avoir été habitée par les *Médiomatrices*, peuple gaulois très-belliqueux, elle appartint successivement aux Romains et aux rois francs. Ceux-ci l'enclavèrent dans le royaume d'Austrasie, dont Metz devint la capitale. Les empereurs d'Allemagne s'en emparèrent en 945, et la conservèrent jusqu'en 985, qu'elle s'érigea en république. L'autorité fut concentrée entre les mains d'un échevin et d'un conseil de treize personnes, élus par le peuple. Cet échevin et ce conseil formaient ensemble ce qu'on nommait le *magistrat*. Il jugeait en dernier ressort, même en matière criminelle, levait des contributions, faisait battre monnaie, et décidait la paix ou la guerre. Le pays Messin suivit la fortune de Metz, sa capitale. Il forma en 1790 le département de la Moselle.

MESSINE, ville de Sicile, chef-lieu de l'intendance de ce nom, située entre celles de Trapani, de Girgenti, de Palerme et de Caltanisetta, sur le détroit qui porte son nom, à 44 lieues de Palerme et 75 de Naples. Sa population est de 70,000 habitants. Elle a un port bon et vaste, une citadelle et plusieurs forts, et est le siége d'un archevêché. Elle a des fabriques d'étoffes de soie, et commerce en soie, huile, blé, vins, liqueurs. — Fondée l'an 1600 avant J.-C. sous le nom de *Zancle* par des Naxéens établis à Catane, elle reçut dans ses murs les Messéniens fugitifs, qui lui donnèrent le nom de *Messane* ou *Messine*. Selon d'autres, ce fut Anaxilas, tyran de Rhegium, Messénien d'origine, qui eut cet honneur l'an 494 avant J.-C. (Voy. MAMERTINS.) Elle fut presque entièrement détruite par un tremblement de terre en 1783.

MESSIRE, titre d'honneur usité en France au moyen âge et jusqu'en 1789. Le mot *messire*, devant le nom d'une seigneurie, ne s'appliquait qu'aux nobles. Ainsi on disait *messire de Tercy*, *messire de Joinville*. Devant un nom de baptême seulement, il s'appliquait aux plébéiens. On disait *messire Pierre*, *messire Antoine*. Plus tard on le substitua pour les magistrats au titre de *maître*.

MESSIS (Quintin), célèbre peintre flamand, né en 1460 à Anvers, et mort en 1529, est aussi connu sous le nom de *maréchal d'Anvers*, parce qu'il exerça pendant vingt ans cette profession. Ce fut son amour pour la fille d'un peintre et le refus de celui-ci d'accorder sa fille à un homme qui n'était pas son confrère, qui décidèrent sa vocation. Son principal ouvrage est une *Descente de croix*. Son coloris est vigoureux et sa manière très-finie; mais son pinceau est dur. On le nomme encore *Mathys* et *Matsys*.

MESTRE. On nomme ainsi, en marine, une pièce principale dont dépendent plusieurs autres. On dit l'*arbre de mestre* pour le *grand mât*, *antenne de mestre*, etc. — On appelait autrefois *mestre de camp* un officier dont le grade correspondait à celui de colonel de nos jours, et qui commandait en chef un régiment de cavalerie ou d'infanterie. On ne donna dans la suite ce nom qu'à celui qui était à la tête d'un régiment de cavalerie. — On appelait encore *mestre de camp* la première compagnie d'un régiment.

MESURE, règle originairement arbitraire, et devenue peu à peu fixe chez tous les peuples anciens et modernes, pour marquer soit la durée du temps, soit la longueur ou la quantité de tout ce qui est susceptible d'accroissement ou de diminution. La mesure du temps a été assez communément déterminée, chez les diverses nations de la terre, 1° par la durée de la révolution que la terre fait autour du son axe en vingt-quatre heures (de là les *jours*); 2° par celle que la lune fait autour de la terre, d'où l'on a compté par lunes (de là les *mois lunaires*), ou par le temps que le soleil met à parcourir les signes du zodiaque (de là les *mois solaires*); 3° enfin par le temps qu'emploie la terre à tourner autour du soleil, ce qui fait l'*année*. Pour fixer de reconnaître le nombre des années, on a imaginé d'espace en espace des points fixes dans la durée des temps marqués par de grands événements, et c'est ce qu'on nomme *époque* ou *ère*.

MESURE. C'est, en musique, la division du temps en un certain nombre de parties égales. Chacune de ces parties ou subdivisions de la mesure prend le nom de *temps*. — On distingue les *mesures simples* et les *mesures composées*. Les premières sont celles *à quatre temps*, *à deux temps* et *à trois temps*. La mesure à quatre temps se marque par un 2 ou par un C. Elle se *bat* en frappant le premier temps, portant la main à gauche pour le deuxième temps, à droite pour le troisième, et en levant pour le quatrième. La *mesure à deux temps* se bat en frappant le premier temps et en levant la main au deuxième. La *mesure à trois temps* se bat en frappant le premier temps, portant la main à droite pour le deuxième et levant pour le troisième. Une *ronde* ou *quatre noires* sont l'unité de valeur pour la mesure à quatre temps; une *blanche* ou *deux noires* sont celle de la mesure à deux temps; une *blanche pointée* ou *trois noires* sont celle de la mesure à trois temps. — Les *mesures composées* sont celles qui sont les fractions des précédentes. On les désigne par deux chiffres. Ainsi $\frac{2}{4}$, $\frac{3}{8}$, $\frac{6}{8}$, $\frac{9}{8}$, $\frac{12}{8}$, etc., sont des mesures composées. Dans ces mesures il faut concevoir la *ronde*, qui est l'unité en musique, divisée en autant de ses parties qu'il y a d'unités au chiffre inférieur; pour la mesure on prend autant de ces parties qu'il y a d'unités au chiffre supérieur. Ainsi considérons la mesure à $\frac{6}{8}$ (*six-huit*) par exemple. La ronde a été divisée en huit parties. Or on sait que la ronde vaut huit croches; ainsi ces parties seront des croches. Le chiffre supérieur, étant 6, il faudra donc six croches pour cette mesure, ou une blanche pointée, ou deux noires pointées, etc. Il en est de même pour toute espèce de mesure composée.

MESURE. Ce mot désigne, en poésie, le nombre de syllabes ou *pieds* dont se compose un vers. Ce nombre varie suivant le genre de vers que l'on examine.

MESURES ANCIENNES. Les plus connues sont celles des Grecs, des Romains et des Orientaux, en comprenant sous cette dénomination les Egyptiens et les Juifs. — Chez les Grecs, l'unité des petites mesures de longueur était le *pied olympique* (11 pouces 4 lignes 65 centièmes), auquel on substitua vers la fin du siècle avant J.-C. le *pied philétérien* (1 pied 1 pouce 1 ligne 38 centièmes); l'unité des grandes mesures de longueur était le *stade* (569 pieds 3750 dix-millièmes). — L'unité des mesures de capacité pour les liquides était le *métrétès* (1,953 pouces cubes 178 millièmes); pour les choses sèches, le *médimne* (2,610 pouces cubes 905 millièmes). Voy. POIDS ET MONNAIES. — Chez les Romains, l'unité de toutes les mesures était l'*as*, qui prenait différents noms et différentes valeurs, et qui se divisait en 12 onces; pour la longueur, c'était le *pied romain* (131 lignes 15); pour les mesures itinéraires, le *mille* (758 toises 5 pieds 8 pouces 7 lignes). — L'unité pour les choses liquides était l'*amphore*, 1,805 pouces cubes 452); pour les sèches, le *modius* (435 pouces cubes 1508). — Les autres mesures en usage étaient les *coudées* (voy.), plus particulièrement propres aux Orientaux.

MESURES MODERNES. En France, le système des mesures est fondé sur le *mètre*, et a reçu le nom de *système métrique*. Voy. — En Angleterre, l'*yard* ou demi-toise sert de base aux mesures de longueur. Il vaut 0,9143894 mètre. — L'unité de surface est l'*acre*, composé de 4,840 yards carrés. Le *rood* en est le quart. — L'unité de poids est la *livre de troy* de 12 onces, 540 *pennys* ou 6,760 grains, et valant 373 grammes 09502. — L'unité des mesures de capacité est le *gallon*, qui vaut 4 litres 543454. Le *bushell* vaut 8 gallons, le *quarter* 8 bushells. — En Hollande et en Belgique, on se sert de notre système métrique; les noms seulement sont changés. — En Espagne, le *pied* égale 0,282655 mètre, la *vare* ou aune vaut 3 pieds, l'*estado* ou toise en vaut 6; lo *passo* 5, l'*estadale* 11, la *fanegade* égale 500 estadales carrés. L'*arrobe* pèse 25 livres; cette livre égale 0,46087 kilogramme. En Autriche, le *pied* (*fuss*) égale 0,316103 mètre, l'aune égale 0,7792 mètre, la livre (*pfund*) égale 0,560011 kilogrammes, le *saum* pèse 275 livres. — En Prusse, le *pied* est de 0,313854 mètre, la perche (*ruthe*) est de 12 pieds, l'arpent vaut 30 perches carrées, le *hute* 30 arpents. L'aune égale 0,6669 mètre. La livre vaut 0,46771131 kilogramme.

MÉTACARPE, partie de la charpente osseuse de la main, située entre le carpe et les doigts. C'est elle qui constitue la plus grande partie du dos et de la paume de la main.

MÉTACENTRE, nom donné, en marine et en mathématiques, au point d'intersection d'une ligne verticale passant par le centre de gravité d'un bâtiment avec la résultante de la pression latérale de l'eau, lorsqu'il est incliné sur un bord ou sur l'autre, limite au-dessus de laquelle le centre de gravité d'un bâtiment ne peut pas être placé.

MÉTAGITNION, second mois de l'année athénienne, ainsi nommé à cause des fêtes Métagitnies, que célébraient dans ce mois en l'honneur d'Apollon les habitants de Mélite, bourg de l'Attique, ou selon d'autres à cause des déménagements qui s'y faisaient. Le mois de métagitnion avait vingt-neuf jours, et répondait à la fin d'août et au commencement de septembre.

MÉTAL. Voy. MÉTAUX. — En termes de blason, il se dit de l'or et de l'argent représentés par les couleurs jaune et blanche. Ponctué par le graveur, l'écu représente l'or. Il représente l'argent quand il est tout à fait blanc et uni. Lorsque l'écu porte métal sur métal, c'est-à-dire sur argent, on dit que les armes sont fausses ou *à enquerre*.

MÉTALLIQUES. On donne ce nom à tout ce qui est métal ou en a l'apparence. — Les métaux reçoivent souvent le nom de *corps métalliques*. — En 1799, le directoire émit une monnaie fictive appelée *métallique*. — En Russie, on appelle *métalliques* les effets publics payables en roubles d'argent, par opposition à ceux qui sont payables en billets de banque. — On nomme *métalliques d'Autriche* des obligations de 1,000 florins de capital ou de 50 florins de rente sur la banque d'Autriche. Le florin vaut toujours 2 francs 50 centimes.

MÉTALLISATION, opération par laquelle les anciens alchimistes prétendaient que les substances contenues dans le sein de la terre étaient transformées en métaux. On a fait signifier encore au mot *métallisation* l'accroissement des métaux dans le sein de la terre. Toutes ces opinions sont aujourd'hui abandonnées, et on donne le nom de *métallisation* à une opération chimique ou plutôt métallurgique à l'aide de laquelle les métaux sont ramenés à leur pureté, c'est-à-dire à leurs propriétés métalliques.

MÉTALLURGIE, art d'extraire les métaux de leurs minerais ou de les purifier. C'est une des sciences d'application les plus importantes, car la plupart des métaux ne se trouvent pas dans la nature à l'état de pureté. Les appareils dont on se sert pour les différentes opérations métallurgiques sont de deux sortes : les *fourneaux à courant d'air forcé*, dans lesquels on introduit le vent au moyen de machines soufflantes; et les *fourneaux à courant d'air naturel*. Parmi ces derniers, les *fourneaux à réverbère* sont ceux où les minerais ne sont soumis qu'à l'action de la flamme, de la fumée et du courant d'air, sans contact avec le combustible. On fait souvent subir aux minerais des préparations, dont les plus communes sont le *bocardage*, le *lavage* et le *grillage*. (Voy. ces mots.) Chaque métal exige communément une opération particulière. Voy. chacun d'eux.

MÉTAMORPHOSE, changement de forme. Ces transformations étaient très-fréquentes dans la mythologie. Ainsi Jupiter se métamorphosa en cygne pour tromper Léda, en pluie d'or pour pénétrer jusqu'à Danaé, etc. Ovide a fait sur ce sujet et sous ce titre un poëme en quinze chants, qui le range parmi les premiers poëtes de l'antiquité. Il contient deux cent quarante-six fables. C'est une histoire complète de la mythologie, qui commence au chaos et conduit jusqu'à la mort de César.

MÉTAMORPHOSE. En histoire naturelle, on donne ce nom à l'ensemble des transformations successives subies par certains êtres depuis le moment de leur naissance jusqu'à celui où ils sont aptes à la reproduction. On distingue deux sortes de métamorphoses chez les insectes : les *incomplètes*, dans lesquelles les insectes n'éprouvent que des mutations partielles, et conservent toute leur vie les mêmes organes digestifs ; tels sont les cloportes, les armadilles, les forficules, les blattes, les sauterelles, les grillons, etc. ; et les *complètes*, dans lesquelles les insectes naissent d'un œuf et passent de l'état de *larve, ver* ou *chenille*, à l'état parfait de plusieurs façons, mais ordinairement en devenant *chrysalide, momie* ou *pupa*, et puis insecte parfait. Les crustacés et les batraciens ont aussi des métamorphoses.

MÉTAPHYSIQUE, science des êtres spirituels, des choses abstraites et purement intellectuelles. Ce mot, pris dans un sens plus général, signifie l'art d'abstraire ses idées. C'est aussi un traité d'Aristote sur la science des choses abstraites.

MÉTAPONTE, ancienne ville d'Italie, aujourd'hui *Torre di Mare*, dans la Lucanie, sur la côte orientale. Cette ville fut fondée l'an 1269 avant J.-C. par Metabus, père de Camille, reine des Volsques, et tyran des Privernates, ou par Épius, l'un des compagnons de Nestor.

MÉTASTASE (Pierre-Bonaventure TRAPASSI, ou en grec), célèbre poëte italien, né à Assise en 1698 d'un simple soldat, mort à Vienne en 1782 poëte impérial. Il avait reçu les quatre ordres mineurs en 1717, et composé dès l'âge de quatorze ans *il Giustino* (Justin), sa première tragédie. Métastase est regardé comme la Racine de l'Italie, et ses opéras, au nombre de soixante-trois, comme des chefs-d'œuvre de style. Les plus beaux sont *Didon abandonnée, Démophon, la Clémence de Titus, l'Olympiade,* etc. On a encore de lui douze oratorios, quarante-huit cantates, une quantité innombrable d'élégies, de *canzonette,* d'idylles, etc., etc.

MÉTATARSE. On appelle ainsi, en anatomie, la portion du pied comprise entre le tarse et les orteils. Les os qui le forment constituent une partie du dos et de la plante du pied.

METAURO (autrefois *Metaurus*), rivière d'Italie, qui sort de l'Apennin sur les frontières de la Toscane, et se jette dans la mer Adriatique, après un cours de 18 lieues, près de Fano. C'est sur ces bords que les consuls Livius Salinator et Claudius Néron défirent Asdrubal, frère d'Annibal, l'an 207 avant J.-C.

MÉTAUX. On comprend sous ce nom toutes les substances métalliques qui s'offrent sous leur véritable aspect ou s'y laissent facilement ramener au moyen du charbon. Les métaux forment la plus grande partie des corps simples ou élémentaires. Ils sont au nombre de quarante-trois, dont onze se trouvent à l'état libre, et dont quinze s'obtiennent par des moyens chimiques. Les métaux ont des propriétés générales, qui sont la *ductilité*, la *malléabilité,* la *ténacité* et la *densité*. L'or est le plus ductile et le plus malléable de tous ; le plus tenace est le fer, et le plus dense le platine.

MÉTÉCIE, tribut payé par les étrangers pour obtenir la liberté de demeurer à Athènes. Il entrait dans la caisse publique. On l'a confondu avec l'*énécion*, qui désignait le loyer, et se payait au propriétaire de la maison.

MÉTEIL, mélange de seigle et de froment, que l'on sème ensemble afin d'augmenter la valeur vénale du seigle, plus forte alors que si on le vendait séparément.

MÉTÉLIN, nom moderne de LESBOS (voy. ce mot) et de MITYLÈNE (voy. aussi ce mot), sa capitale.

METELLA (FAMILLE), branche illustre de la famille plébéienne Cecilia, qui fournit à la république romaine une suite de grands hommes auxquels on décerna pour leurs conquêtes les surnoms de *Macédonique, Baléarique, Numidique, Dalmatique* et *Crétique,* et ceux de *Celer* et de *Pius* à cause de leurs brillantes qualités. Dans deux cent cinquante ans, dix-neuf individus de cette branche furent vingt-neuf fois consuls, dix-sept fois censeurs, quatre fois grands pontifes, deux fois dictateurs et douze fois maîtres de la cavalerie. Les Creticus seuls obtinrent douze triomphes.

METELLUS. Plusieurs grands hommes ont porté ce nom ; mais deux surtout sont célèbres. — QUINTUS CECILIUS METELLUS MACEDONICUS, préteur en Macédoine l'an de Rome 606 (148 avant J.-C.), défit le faux Philippe Andriscus et l'aventurier Alexandre, et réduisit la Macédoine en province romaine (147 avant J.-C.). Il termina ensuite presque entièrement la guerre du Péloponèse, achevée par Mummius, et reçut les honneurs du triomphe. Il fut aussi consul, censeur et prince du sénat. — QUINTUS CECILIUS METELLUS NUMIDICUS, consul l'an de Rome 645 (109 ans avant J.-C.), fut opposé à Jugurtha dans la Numidie, qu'il soumit presque tout entière. Marius, son lieutenant, devint son ennemi juré, et finit par le supplanter. Il revint alors à Rome, où il reçut les honneurs du triomphe.

MÉTEMPSYCOSE, transmigration des âmes d'un corps dans un autre. Ce fut Pythagore qui enseigna la métempsycose aux Grecs ; mais il l'emprunta cette doctrine des Égyptiens, qui la tenaient eux-mêmes des Indous. Les Égyptiens enseignaient qu'après la mort l'âme passait successivement dans les corps des animaux terrestres, aquatiques et aériens, et qu'elle revenait après trois mille ans animer le corps de l'homme. Il paraît que les Égyptiens eux-mêmes avaient reçu cette doctrine de l'Inde. Ils pensaient que les hommes qui avaient expié leurs fautes étaient transportés dans une étoile qui devenait leur demeure.

MÉTÉORES, nom donné aux phénomènes qui proviennent de l'atmosphère terrestre, et qui n'en sont réellement ou fictivement que des modifications. On range ces phénomènes sous trois classes : les *météores aqueux,* qui comprennent les brouillards, les nuages, les pluies, la neige, la rosée, le givre, la grêle, les tempêtes, les trombes ; les *météores ignés* ou *aériens,* qui renferment la foudre, les feux Saint-Elme, l'aurore boréale, les étoiles tombantes, etc. ; les *météores lumineux,* qui ont trait à la réfraction, à l'arc-en-ciel, aux parhélies, etc. La science qui s'occupe des météores a reçu le nom de *météorologie.* La *météorologie rurale* est cette partie de la météorologie qui considère certaines circonstances prises dans la nature comme des indicateurs des phénomènes atmosphériques.

MÉTÉORINE et plus vulgairement SOUCI, genre de plantes dicotylédonées, de la famille des synanthérées (*radiées* de Tournefort), renfermant des herbes dont une partie est indigène et l'autre du cap de Bonne-Espérance. La *météorine* ou *souci des champs* est une plante aux fleurs grandes, jaunes, aux feuilles sessiles, aux tiges longues de trois à quinze pouces. Les bestiaux la recherchent, et on joint ses feuilles à celles des ciguës pour leur donner du ton. Cette plante s'employait autrefois comme narcotique, dépurative et antiscorbutique. On remarque encore le *souci des jardins* et le *souci des pluies*, dont les fleurs s'ouvrent ou se ferment selon l'état de l'atmosphère.

MÉTÉORIQUES, nom donné aux fleurs sensibles aux phénomènes divers de l'atmosphère. Tels sont le *laiteron de Sibérie,* qui se ferme la nuit qui précède un beau jour, et s'ouvre si le jour est pluvieux ; le *souci des pluies* ou *météorine*, qui s'ouvre dès sept heures du matin pour se fermer avant quatre heures du soir si le temps est serein, et ne s'ouvre point si le temps annonce de la pluie, excepté la pluie d'orage.

MÉTÉOROLOGIE. Voy. MÉTÉORES.

MÉTHODE, ordre adopté dans l'étude ou dans l'enseignement d'une science. Dans la langue botanique, le mot méthode a deux acceptions. Il signifie tantôt la collection des principes sur lesquels le botaniste s'appuie pour sa classification, tantôt le simple arrangement systématique des végétaux. On donne le nom de *méthode naturelle* à celle qui se rapproche le plus de la marche adoptée par la nature. Telle est celle de Jussieu. (Voy. BOTANIQUE.) Les *méthodes artificielles* ne sont fondées que sur un ou plusieurs caractères seulement. — On appelle *méthode analytique* celle qui va de la synthèse à l'analyse, c'est-à-dire de l'ensemble aux détails ; et *méthode synthétique,* celle qui commence par l'analyse ou les détails et finit par la synthèse ou l'ensemble.

MÉTHODISTES, secte religieuse qui s'est formée au sein de l'Église anglicane, et a pris naissance dans l'université d'Oxford vers 1720. Elle tire son nom de ce que ses membres se vantent d'avoir trouvé une méthode, une voie particulière pour arriver au salut. Le fondateur de la secte des méthodistes est John Wesley, et le plus célèbre prédicateur Georges Whithefield. En 1766, cette secte se propagea dans l'Amérique du Nord. En 1831, on y comptait 513,000 méthodistes.

MÉTIER, nom donné à toute profession qui exige l'emploi des bras, et qui se borne à un certain nombre d'opérations mécaniques. — Le *métier* est encore, 1° la machine dont un ouvrier se sert pour la fabrication de son ouvrage. Ainsi on dit *métier à bas, métier à dentelle,* etc. ; 2° le nom de plusieurs professions non mécaniques, comme le *métier des armes, de la guerre,* etc. ; 3° la liqueur que les brasseurs retirent après avoir fait tremper la farine ou le houblon. Les premières opérations se nomment *premiers métiers ;* les deuxièmes, *seconds métiers.* On ne lui donne le nom de *bière* que quand elle est entonnée dans les pièces.

MÉTIS, nom venu de l'espagnol *mestizo,* et employé plus particulièrement pour désigner le produit de l'union d'un Espagnol ou d'un Européen avec une Américaine, ou d'un Américain avec une Espagnole ou une Européenne. — On donne aussi ce nom, en histoire naturelle, aux produits mélangés de deux espèces différentes dans les règnes animal et végétal. On les appelle encore *mulets* ou *hybrides*.

METIUS SUFFETIUS, dictateur d'Albe, fit la guerre aux Romains, et proposa, pour mettre fin aux différends survenus entre les deux peuples, de s'en rapporter à la valeur des Horaces et des Curiaces. Albe ayant eu le dessous, Métius promit de secourir les Romains contre tous leurs ennemis. Mais il les trahit dans un combat, et Tullus Hostilius, indigné de sa perfidie, le fit écarteler entre deux chars tirés par quatre chevaux, vers l'an 669 avant J.-C.

MÉTON, mathématicien d'Athènes, fut l'inventeur du *nombre d'or*, qu'il publia l'an 432 avant J.-C. C'était un cycle de dix-neuf ans par lequel il corrigeait les légères inexactitudes de l'octaéteride ou cycle de huit ans.

MÉTOPE, espace, intervalle carré qui se trouve entre chaque triglyphe de la frise dans les colonnes de l'ordre dorique.

MÉTOPOSCOPIE, art de découvrir le tempérament et le caractère des hommes. Les métoposcopes distinguent sept lignes au front, à chacune desquelles préside une planète, Saturne à la première, Jupiter à la seconde, et ainsi des autres.

METRA (myth.), fille d'Erésichton, obtint de Neptune le pouvoir de prendre différentes formes, et fit usage de cette faculté pour soulager la faim dévorante de son père en se laissant vendre à différents maîtres sous la forme de vache, mouton, cheval, etc., pour fournir, avec le prix de sa servitude, des aliments à son père. Après la mort de celui-ci, elle épousa Autolycus, grand-père d'Ulysse.

MÈTRE, unité de longueur des nouvelles mesures, en France. Pour déterminer cette unité, on a cherché la longueur de l'arc du méridien terrestre qui mesure la distance du pôle à l'équateur. Cette longueur, qui exprime le quart de la circonférence de la terre, a été trouvée de 5,130,740 toises ou de 30,784,440 pieds. Sa dix-millionième partie a été adoptée pour la longueur du mètre; de sorte qu'un mètre vaut 0 toise 513074, ou 3 pieds 078444, ou 3 pieds 0 pouce 11 lignes et 296 millièmes de ligne. Toutes les mesures nouvelles dérivent du mètre. Les mesures linéaires ou de longueur sont des multiples et des sous-multiples décimaux du mètre, c'est-à-dire que ces mesures sont les produits des multiplications et les quotients des divisions de la longueur du mètre par 10, par 100, 1,000, etc. On compose les mesures plus grandes ou plus petites que l'unité principale en faisant précéder le nom de cette unité des mots *myria* (dix mille), *kilo* (mille), *hecto* (cent), *deca* (dix), *deci* (dixième), *centi* (centième), *milli* (millième). Ainsi le myriamètre vaut 10,000 mètres; le centimètre est un centième de mètre. Pour exprimer la distance d'un lieu à un autre, on fait usage du myriamètre, qui vaut 10,000 mètres, ou 10,000 fois 0 toise 513074, ou 5,130 toises 74; et du kilomètre, qui vaut 1,000 mètres ou 513 toises 074. — Pour réduire des mètres en toises, il faut multiplier le nombre de mètres donné par 0 toise 513, qui exprime la valeur du mètre en toise. Pour réduire des toises en mètres, il faut multiplier le nombre de toises par 1 mètre 949, valeur de la toise en mètre. — Le *mètre cube* est le *stère*.

MÉTRIQUE (SYSTÈME), nouveau système de mesures, conçu et adopté après la révolution de 1789. Dans ce système, toutes les mesures sont liées entre elles, et dérivent d'une unité principale qui peut se vérifier dans tous les temps et dans tous les pays. Cette unité est le *mètre*, dix-millionième partie de la distance du pôle à l'équateur. Le calcul est simple, et s'effectue sur des nombres décimaux. L'unité de longueur est le *mètre*. L'unité de surface est le *mètre carré*; 100 mètres carrés font un *are*. L'unité de volume est le *mètre cube* ou *stère*. L'*unité de capacité* pour les liquides et les grains est le *litre* ou *décimètre cube*. L'*unité de poids* est le *centimètre cube* ou *gramme*. L'*unité monétaire* est le *franc*, qui pèse 5 grammes. Voy. tous ces mots. — Dans le système métrique, on compose les mesures plus grandes ou plus petites que l'unité principale en faisant précéder le nom de cette unité des mots *myria, kilo, hecto, deca, deci, centi, milli*, qui désignent respectivement *dix mille, mille, cent, dix, dixième, centième, millième*. Ainsi, pour exprimer 10 litres, on dit un *décalitre*; pour désigner un millième de mètre, on dit un *millimètre*. Etc.

MÉTRIQUES, dénomination employée par M. Al. Brongniart pour désigner la dimension de certains fragments arrondis dont se composent les poudingues. Ce sont ceux qui ont environ un mètre de diamètre. Les cailloux bi-métriques sont ceux dont le diamètre est d'environ deux mètres.

MÉTROMANIE, manie de faire des vers. C'est le titre d'une excellente comédie de Piron, où il ridiculise cette manie.

MÉTRONOME, instrument propre à mesurer le temps musical, inventé par le mécanicien Winckel, d'Amsterdam, et perfectionné par Maelzel, qui lui a donné son nom (1816). Dans cet instrument chaque vibration d'un balancier produit un bruit sensible à l'oreille. L'inventeur a pris pour unité la minute. Toutes les nuances du mouvement, depuis le plus lent jusqu'au plus rapide, y sont exprimées et représentées par des vibrations de balancier qui se décomposent à volonté en mesures à 2, 3 ou 4 temps, et qui représentent, selon la fantaisie du musicien des rondes, des blanches, des noires ou des croches. La simplicité du principe en fait le plus grand mérite. Ce principe consiste à déplacer le centre de gravité de manière à pouvoir substituer une verge de courte dimension à un pendule très-long, et à opérer de grandes variations de mouvement par des changements peu sensibles dans le déplacement du point central. Au moyen du métronome, tout le système de la division du temps en musique est représenté dans son ensemble et dans ses détails.

MÉTROPOLE (en grec, *mère-ville*). Ce mot signifiait chez les Grecs la mère-patrie, c'est-à-dire la ville d'où sortaient des colonies qui allaient habiter d'autres terres. Les villes des colonies étaient comme les filles de la mère. Dans la suite les Romains appelèrent *métropole* la ville capitale d'une province. Le gouvernement ecclésiastique ayant imité le civil, les églises de ces capitales furent appelées *métropoles*, et les sièges épiscopaux établis dans les villes *métropolitains*.

MÉTROSIDÉROS, genre de plantes dicotylédonées de la famille des myrtées, renfermant de charmants arbrisseaux particuliers à la Nouvelle-Hollande, et cultivés aujourd'hui pour la plupart dans nos serres tempérées, à cause de leur feuillage argenté et soyeux et de leurs belles fleurs, réunies et serrées souvent en un long épi, de couleur jaune d'or, blanc mat ou pourpre éclatant. On connaît une trentaine d'espèces de métrosidéros, dont les plus belles sont le *métrosidéros à panaches* et le *métrosidéros à feuilles de saule*.

METTERNICH, maison princière d'Allemagne, qui possède en Wurtemberg la principauté d'Ochsenshausen, qui a 6 lieues carrées de superficie et une population de 5,950 habitants, sur le Rhin les seigneuries de Spurkenberg, de Rudesheim et de Johannisberg ; en Bohême les seigneuries de Martensgrun, d'Ammonsgrun, de Kœnigsberg et de Mittigau. — CLÉMENT-WENCESLAS-NÉPOMUCÈNE-LOTHAIRE, prince DE METTERNICH — WINEBURG, fils du prince François-Georges-Charles de Metternich-Wineburg, ministre d'État et des conférences d'Autriche, né en 1746 et mort en 1818, est né en 1773. C'est un des plus grands diplomates de notre époque. Il a été l'âme de toutes les négociations diplomatiques des guerres de l'empire et des congrès de la restauration. Gratifié de presque tous les ordres de l'Europe, il exerce de plus les fonctions de chancelier d'État de l'Autriche et de premier ministre.

METTEUR EN OEUVRE, ouvrier dont la profession est de monter des pierreries. — Le *metteur en pages*, en termes d'imprimerie, est l'ouvrier qui met en pages les petites fractions d'articles dont les caractères ont été mis en ordre.

METZ, ville de France, chef-lieu du département de la Moselle, situé à l'extrémité d'un plateau, au confluent de la Seille et de la Moselle, à 82 lieues E. de Paris. Population, 44,500 habitants. Cette ville est très-ancienne. Elle fut longtemps la capitale des Médiomatrices, et se nomma *Métis* ou *Divodurum*. Elle devint en 510 capitale du royaume d'Austrasie, puis de celui de Lorraine (843). Soumise avec ce pays par Othon, empereur d'Allemagne, elle resta sous la puissance des successeurs de ce prince pendant cinquante ans ; mais elle finit par s'en affranchir, et fut reconnue en 985 ville libre impériale. Sa petite république, qui comprenait outre la ville deux cent quatorze villages, et dont le chef était un échevin, se nommait pays Messin, et payait une contribution aux empereurs. Fatiguée de leurs exactions, voyant se ruiner son commerce, son crédit et son trésor, Metz se donna à la France en 1552. Mais l'empire tenait à conserver cette ville. Le duc d'Albe, général de Charles-Quint, fut chargé d'en faire le siége. Ce siège dura quarante-cinq jours. L'ennemi, quoique supérieur en nombre, fut repoussé par les Messins et le duc de Guise, commandant de la place. En 1648, Metz et son territoire se réunirent à la France par le traité de Munster. — Metz est une des places les mieux fortifiées de France ; elle possède de belles casernes, des magasins militaires, un hôpital, une belle cathédrale terminée en 1480, une bibliothèque publique de 60,000 volumes, une école d'application où les élèves sortant de l'école polytechnique complètent leurs études pratiques, et un arsenal militaire. Metz a de plus un collége royal de deuxième classe, une école normale primaire, un évêché érigé dans le IIIe siècle, suffragant de l'archevêché de Besançon, et dont le titulaire se nommait *prince d'Allemagne*, plusieurs académies et sociétés savantes. Metz commerce en vins, colza, navette, fruits, confitures, faïences, verroteries et toiles.

METZU (Gabriel), excellent peintre de genre, né à Leyde en 1615, mort à Amsterdam en 1658. Il ne peignit presque jamais qu'en petit ; mais le nombre de ses tableaux est très-étendu. On cite comme son chef-d'œuvre le *Marché aux herbes d'Amsterdam*, estimé à 36,000 francs. Gabriel Metzu était le rival de Terburg et de Gérard Dow.

MEUBLES. On comprend, en droit, sous cette dénomination tout ce qui est détaché du sol et par conséquent susceptible d'être déplacé, et de plus tous les droits incorporels qui n'ont pas eux-mêmes une existence fictive, et qui sont entièrement assimilés aux meubles réels. Lorsqu'on veut spécifier plus particulièrement cette partie des meubles qui sert à l'ornement et à l'usage des habitations, on se sert de l'expression de *meubles meublants*. En un mot, les biens meubles sont tous ceux qui ne sont pas immeubles. On divise les *meubles* en *corporels* et en *incorporels*. Ces derniers comprennent tous les droits mobiliers qui se rapportent pas à un corps certain.

MEUDON, village du département de Seine-et-Oise, sur le penchant d'un coteau, à 2 lieues et demie de Versailles. Population, 3,500 habitants. Ce bourg, cité dans les chartes du XIIe siècle sous le nom de *Meodum*, est situé au pied du château de Meudon, à l'entrée du bois. Il a existé deux châteaux à Meudon. L'ancien, fondé par le cardinal de Lorraine, sous le règne de François Ier, fut démoli en 1804, après avoir servi en 1793 de local pour des expériences d'artillerie et du génie. Le château neuf, bâti à environ 50 toises de l'ancien par le deuxième dauphin, fils de Louis XIV, a été réparé et orné de meubles magnifiques par ordre de Napoléon ; Marie-Louise l'habita pendant une partie de la campagne de Russie.

MEULE, bloc de pierre, d'acier ou de fer, taillé en rond et plat, qui sert à aiguiser les corps durs ou à les broyer. Les instruments tranchants s'aiguisent à la meule de pierre ; les graines se broient au moulin avec deux meules de pierre posées l'une sur l'autre. On appelle *meule courante* la meule supérieure qui tourne sur celle de dessous. Cette dernière reste immobile et se nomme *meule gisante*. Une meule est plus *ardente* qu'une autre lorsqu'elle est plus coupante par les inégalités qu'a naturellement, et par celles qu'on y a faites en la piquant. Les anciens se servaient de meules pour broyer les grains. Ils les faisaient tourner par leurs esclaves.

ou leurs prisonniers de guerre. — On nomme *meulières* les carrières d'où on extrait les pierres à meules. — Le nom de *meule* se donne encore 1° à un gros tas de foin que l'on élève dans les champs; 2° à la racine dure et raboteuse du bois des cerfs; 3° à une roue de fer qui sert pour tailler les diamants et les pierres précieuses.

MEULEN (Antoine-François VAN-DER), célèbre peintre de batailles, né à Bruxelles en 1634, fut l'élève de Pierre Snayers. Appelé à Paris par Colbert, il obtint une pension de 2,000, puis de 6,000 livres, et suivit partout Louis XIV à l'armée. Il fut employé avec Lebrun, son ami, à exécuter les embellissements du palais de Versailles et du Louvre. Reçu en 1673 membre de l'académie de peinture, il mourut en 1690. Le musée de Paris possède quinze tableaux de ce maître.

MEULIÈRE (PIERRE), minéral appelé aussi *silex molaire*, dont les couleurs sont le blanchâtre, le grisâtre, le jaunâtre et le rougeâtre, et qui se trouve par bancs interrompus au milieu des sables ou de l'argile. On l'appelle ainsi parce qu'en le dégrossissant et en lui donnant une forme régulière on en fait des meules. Les plus belles carrières de pierres meulières sont en France dans les départements de Seine-et-Marne, où on en trouve près de trente, de Seine-et-Oise et de la Marne.

MEUNG (Jean DE), surnommé *Clopinel*, parce qu'il était boiteux, né à Meung (Loiret) en 1280, mort en 1364, fut le continuateur du *Roman de la Rose*, commencé par Guillaume de Lorris. Ce roman parut à Paris en 1503.

MEUNIER ou MEYNIER (Jean-Baptiste), né à Avignon en 1749, parvint en 1793 au grade de général de brigade, et presque aussitôt après à celui de général de division, et se fit toujours distinguer par son courage et ses talents militaires. Commandant la dix-huitième division militaire en 1800, il fut ensuite nommé par Napoléon commandant de la place de Mayence. Il mourut dans une attaque en 1803.

MEUNIER, poisson. Voy. CHABOT.

MEURTHE, rivière de France qui est formée dans le département des Vosges de deux courants qui descendent des montagnes de Gérardmer, arrose le département qui porte son nom, et se jette dans la Moselle, à 3 lieues au-dessus de Pont-à-Mousson et 2 lieues et demie au-dessous de Nancy. Son cours est de 31 lieues, dont 26 de flottables depuis Plainfaing, et 4 et demie de navigables depuis Saint-Nicolas.

MEURTHE, département français, région du N.-E., borné au N. par le département de la Moselle, à l'E. par celui du Bas-Rhin, au S. par celui des Vosges, et à l'O. par celui de la Meuse. Formé d'une partie des anciens duchés de Bar et de Lorraine, de la portion méridionale de la province des Trois-Evêchés et du comté de Dabo, il tire son nom d'une rivière qui l'arrose du S. au N., et qui s'y jette dans la Moselle. Sa superficie est de 557,274 arpents métriques, et sa pop. de 450,000 hab. Il nomme six députés, et se divise en cinq arrond. comme: *Nancy* (chef-lieu), *Toul*, *Château-Salins*, *Sarrebourg* et *Lunéville*. C'est la patrie du pape Léon IX, de l'empereur Léopold, du ministre Choiseul, du poëte St-Lambert, du duc de Guise *le Balafré*, du maréchal de Bassompierre, du général Drouot, du célèbre agronome Mathieu de Dombasle, etc. La Meurthe est un pays agricole et manufacturier. Il possède les plus belles salines de France et 213,983 hectares de bois. 15,990 hect. sont plantés en vignobles, produisant annuellement 580,000 hectol. de vin. Les céréales forment la principale culture; on en récolte chaque année 5,500,000 hectol., dont une partie est livrée au commerce. L'industrie commerciale s'exerce sur la verrerie, la faïencerie, la poterie, le tissage des toiles, fabrique des étoffes de laine, de la chandelle, des instruments de musique, des outils en fer et en acier, la préparation

des cuirs et des peaux, papier, viande de porc, blés, grains, vins et cristaux. La Meurthe fait partie de la 3° div. mil. Elle forme le dioc. de Nancy, et est comprise dans le ress. de la c. d'ap. et de l'acad. de Nancy.

MEURTRE, homicide commis volontairement, différant de l'assassinat en ce que celui-ci a été commis avec préméditation. — Ce fut Numa Pompilius qui donna, dit-on, la première loi que les Romains aient eue sur l'homicide. — Chez les Francs et les Germains, le meurtre était racheté par la composition ou *wehrgeld*. Aujourd'hui le meurtre est chez nous généralement puni des travaux forcés à perpétuité lorsqu'il n'y a pas de circonstances qui l'assimilent à un assassinat ou bien qui le rendent excusable.

MEURTRIÈRES. On nommait autrefois ainsi des ouvertures pratiquées dans les murs d'une fortification, et par lesquelles on pouvait tirer à couvert sur les assiégeants. — C'est encore le nom de trous qu'on perçait dans le pont supérieur des bâtiments armés en guerre, pour tirer des coups de fusil, de dessous ce pont, sur les ennemis qui avaient sauté à bord.

MEUSE, grand fleuve d'Europe, qui se forme à Fort-Fillières (Haute-Marne) de deux courants qui ne prennent le nom de *Meuse* qu'en arrosant le village de ce nom. Il traverse les départements de la Haute-Marne, des Vosges, de la Meuse, des Ardennes, arrose dans la Belgique les provinces de Namur, de Liége et de Limbourg; en Hollande sépare la Gueldre et la Hollande du Brabant septentrional, se divise à Gorcum en deux branches, qui prennent différents noms et se jettent toutes deux dans la mer du Nord, entre l'île d'Over-Flakke et la ville de Rotterdam. Ce fleuve a 190 lieues de cours, dont 146 navigables depuis Vaucouleurs. Son cours en France est de 90 lieues, dont 48 environ sont navigables. Ses principaux affluents sont la Meurthe, la Sambre, l'Ourthe, le Roër, le Wahal, le Leck, etc.

MEUSE, département français, région du N.-E., formé du pays de Bar et de parties de la Lorraine, des Trois-Evêchés et de la Champagne. Il est borné au N. par le département des Ardennes et le grand-duché de Luxembourg, à l'E. par les départements de la Moselle et de la Meurthe, au S. par ceux des Vosges et de la Haute-Marne, à l'O. par ceux de la Marne et des Ardennes. Il tire son nom de la principale rivière qui l'arrose. Sa superficie est de 620,565 hectares, et sa population de 330,000 hab. Il nomme quatre députés, et se divise en quatre arrond. : *Bar-le-Duc* (ch.-l.), *Commercy*, *Montmédy* et *Verdun*. C'est la patrie d'un grand nombre d'hommes de guerre, parmi lesquels on remarque Chevert, Oudinot et Gérard ; le cardinal de Retz y écrivit ses mémoires. La Meuse est un pays industrieux et agricole. Il possède de nombreuses mines de fer et des carrières d'excellentes pierres de taille. 335,190 hectares du département sont en culture, 13,540 sont plantés en vignobles, 179,237 sont couverts de forêts. On cultive les céréales, dont on récolte chaque année 1,300,000 hectolitres, le lin, le chanvre et les graines oléagineuses. On y élève des bestiaux estimés, et on cultive en grand le groseillier dans certaines parties. Les vignes produisent annuellement 400,000 hectolitres de vin. L'industrie commerciale s'exerce sur les fers, les toiles de coton, les bois de construction, les vins, les bas tricotés, les confitures de groseilles, les liqueurs et les dragées de Verdun, etc. Il est compris dans la 2° divis. mil., le dioc. de Verdun et le ress. de la cour d'appel et de l'académie de Nancy.

MEXICO, l'un des dix-neuf Etats de la confédération mexicaine, borné au N. par celui de Queretaro et celui de la Vera-Cruz, au S. par l'océan Pacifique, à l'E. par l'Etat de la Puebla, et à l'O. par celui de Mechoagan. Sa superficie est de 4,100 lieues carrées, et sa population de 1,159,000 habitants. Il est traversé par la chaîne des

montagnes connue sous le nom de *Cordillère de Mexico*, et renferme un grand nombre de mines d'argent, dont les plus belles sont celles de Zimapan, de Real-del-Monte, de Themascalpec et de Tasco. On y récolte aussi de l'indigo, de la cochenille, du sucre, du tabac, du cacao, etc. — La capitale est MEXICO.

MEXICO, ville magnifique, capitale de toute la confédération mexicaine et de l'Etat de Mexico, située dans le district fédéral de ce nom, à l'O. du lac de Tezcuco, et à 25 lieues de la Puebla et 90 de la Vera-Cruz. Sa population est de 180,000 habitants. Elle a 4 lieues de tour. On y aborde par cinq grandes chaussées de cent pieds de large. Elle est le siége du gouvernement et des autorités supérieures et d'un archevêché. Elle possède une université célèbre, plusieurs établissements scientifiques et littéraires, un beau palais autrefois résidence du vice-roi, de belles églises, un grand nombre de couvents, des promenades magnifiques. Elle est le centre du commerce de cette partie de l'Amérique, et commerce en orfévrerie, bijouterie, passementerie, sellerie et autres ouvrages en bois. — Elle fut la capitale de l'empire mexicain jusqu'à la conquête.

MEXIQUE, grande république fédérative de l'Amérique du Nord, bornée au N. par les Etats-Unis, à l'E. par la mer des Antilles et le golfe du Mexique, au S. par le Guatemala, et à l'O. par la mer Pacifique. Sa superficie est de 269,680 lieues carrées, et sa population de 7,097,900 habitants, dont 1,500,000 blancs, 2,000,000 d'hommes de couleur, 3,590,000 Indiens et 7,900 nègres. Le Mexique est traversé par une grande chaîne de montagnes, qui prend différents noms (*Sierra Madre*, *Sierra de los Mimbres*, *Cordillère de Mexico*, *Sierra Verde*, etc.). On y trouve en abondance des mines d'or, d'argent, de mercure, de pierres précieuses. Le sol, sablonneux sur la côte orientale et très-fertile dans les régions basses et moyennes de la côte occidentale, produit du sucre, du café, du cacao, de la vanille, du coton, de la cochenille, des bois de teinture et généralement toutes les productions des contrées équatoriales. — Le Mexique était autrefois divisé en un grand nombre de petites républiques qui reconnaissaient toutes la souveraineté de l'empereur de Mexico. Quoique adorant des idoles et leur sacrifiant des victimes humaines, les Mexicains ou Aztèques étaient très-avancés en civilisation, et cultivaient l'architecture, la peinture et la sculpture, lorsqu'ils furent soumis par l'invasion espagnole, conduite par Cortez en 1521 (il avait été découvert en 1518 par Juan de Grijalva). L'Espagne conserva le Mexique jusqu'en 1821. A cette époque une insurrection, annoncée par plusieurs tentatives, l'a séparé de la métropole, et il s'est constitué en république fédérative indépendante, qui se compose aujourd'hui d'un district fédéral, de dix-neuf Etats et de quatre territoires. Le pouvoir législatif est confié à deux chambres, et le pouvoir exécutif à un président, suppléé par un vice-président. Tous deux sont élus pour quatre ans par les corps législatifs des différents Etats. Chaque Etat se gouverne d'après ses lois, mais non qu'il ne soit qui regarde la constitution générale. Les revenus s'élèvent à 53,543,400 francs, la dette à 50,127,695 francs. L'armée de terre est de 30,000 hommes. La marine consiste en un vaisseau de ligne, 2 frégates et quinze bâtiments inférieurs.

MEXIQUE (NOUVEAU), un des quatre territoires de la confédération mexicaine non encore admis au rang d'Etats. Il est borné au N. et à l'E. par les Etats-Unis, à l'O. par le territoire de Nouvelle-Californie, au S. par les Etats de Chihuahua, de Durango, de Cohahuila et de Nuevo-Leon. Sa superficie est d'environ 30,000 lieues carrées, et sa population de 44,900 habitants. Le climat est tempéré, le sol fertile et riche en mines. Il se compose d'une vallée magnifique, très-élevée et arrosée par le Rio-del-Norte, et de savanes habitées par les Apaches. — Sa capitale est Santa-Fé, à 450 lieues de Mexico. — Le Nouveau-Mexique comprenait autrefois les États de Chihuahua, de Durango, de Cohahuila, de San-Luis Potosi, de Nuevo-Santander ou Tamaulipas, de Sonora y Cinaloa et le territoire des Californies, indépendamment de celui du Nouveau-Mexique.

MEXIQUE (Golfe du), nom donné à la portion de la mer qui s'étend entre le Mexique, les États-Unis et les grandes Antilles, et qui est borné au N. par le Texas, la Louisiane, l'Alabama et le Mississipi, au S. par la presqu'île de Yucatan et l'île de Cuba, à l'O. par le Mexique, et à l'E. par la presqu'île de la Floride. Les principaux fleuves qu'il reçoit sont le Mississipi, le Rio-Bravo del Norte, le Santander, le Tabasco ou Grijalva, etc.

MÉZENCE, tyran célèbre surtout par son impiété, régnait sur les Tyrrhéniens lors de l'arrivée d'Énée en Italie. Chassé du trône par ses peuples, il se réfugia auprès de Turnus, auquel il prêta son secours contre les Troyens. — Son fils Lausus, qu'il aimait tendrement, ayant été tué par Énée, Mézence voulut le venger, et succomba sous les coups du héros.

MÉZERAY (François-Eudes de), célèbre historien, né à Ry (Seine-Inférieure) en 1610, mort en 1683, secrétaire perpétuel de l'académie française. Il travailla en cette qualité au *Dictionnaire de l'académie*. Mais le plus célèbre de ses ouvrages est son *Histoire de France* en quatre volumes, dont le premier parut en 1643, et qui obtint un grand succès. Cependant on préfère généralement l'*Abrégé* qu'il en fit en 1668. Ennemi de Mazarin, il publia contre lui une suite de pamphlets, qui parurent sous le nom de *Sandricourt*. On a encore de lui un *Traité sur l'origine des Français*, une traduction de Jean de Salisbury, une continuation de l'*Histoire des Turks*, etc. Des deux frères de Mézeray, l'aîné, Jean-Eudes, fut le fondateur de la congrégation des eudistes.

MÉZIÈRES, ville forte de France, sur la Meuse, chef-lieu du département des Ardennes, à 58 lieues et demie de Paris. Population, 3,800 habitants. L'origine de Mézières remonte au ixe siècle. Elle n'obtint le titre de ville qu'en 1233. En 1520, Bayard y soutint un long siége contre l'armée de l'empereur Charles Quint, qui fut obligé de l'abandonner. Mézières est une ville petite et mal bâtie. On y remarque l'église paroissiale, la préfecture, l'Hôtel-Dieu, une bibliothèque publique de 4,000 volumes, une société d'agriculture, une école modèle, les archives et un musée. Mézières commerce en cuirs, toiles, serges, pierres, etc.

MEZUZOTH, nom que les juifs donnent à certains morceaux de parchemin sur lesquels ils écrivent les commandements de Dieu, et qu'ils enchâssent ensuite dans les poteaux de leurs maisons, prenant ainsi à la lettre ce que dit Moïse (Deutéronome, vi, 9; et xi, 20).

MEZZO-TINTO, sorte de gravure très-ressemblante à l'*aqua-tinta*.

MI, note de musique, la troisième de la gamme d'*ut*, et appelée *E* par les Allemands et les Italiens. C'est aussi le nom de la corde la plus fine du violon et de la guitare.

MIACO. Voy. Méaco.

MIAMI. Trois rivières des États-Unis portent ce nom. — La grande *Miami* et la petite *Miami* se jettent toutes deux dans l'Ohio à 7 lieues l'une de l'autre. La première sépare l'État d'Ohio de celui d'Indiana. — La troisième rivière de ce nom a sa source tout près de celle de la grande Miami, et se jette dans le lac Érié à 10 lieues au-dessus de Sandusky. Toutes ces rivières tirent leur nom des Indiens Miamis, qui habitaient leurs bords.

MIAO-TSEU, peuple sauvage habitant dans les hautes montagnes de la province de Sse-Tchouan, à l'occident de la Chine, près du Thibet. Elle s'est maintenue indépendante depuis les temps les plus reculés jusqu'en 1775, époque à laquelle l'empereur Khian-Loung les fit exterminer par son général Akoui.

MIASMES, émanations qui s'élèvent des matières animales ou végétales en décomposition, et qui exercent une influence morbifique sur les personnes exposées à leur action. On croit que les miasmes ne sont que des sels nuisibles à base d'ammoniaque. On les neutralise par les produits acides des fumigations, l'évaporation de l'acide acétique et le chlore.

MICA, substance minérale, brillante, foliacée, divisible presque à l'infini en feuillets minces et flexibles. Les couleurs des micas sont assez variées. Ce sont principalement le noir, le brun, le vert foncé, le vert clair, le rouge, le violet, le jaune, le grisâtre et le blanchâtre. On les trouve dans tous les terrains. Les Russes s'en servent en grandes feuilles pour garnir en guise de vitres les lanternes et les fenêtres des vaisseaux de guerre. Le sable micacé ressemble à de la poudre d'or, et sert au même usage. On utilise aussi les micas dans la confection de certains instruments de physique appelés *colorigrades*.

MICASCHISTE, roche composée de mica et de quartz, mais dans laquelle le premier domine. Sa texture est feuilletée, et sa structure *fissile* (c'est-à-dire qu'elle se divise en grandes plaques). Le micaschiste est très-abondant dans la nature, et appartient principalement au terrain inférieur appelé *système cambrien*. On en distingue plusieurs variétés.

MICHALLON (Claude), sculpteur, né à Lyon vers 1751, fut l'élève de Bridan, et obtint le grand prix de sculpture. Il fut chargé du monument élevé dans l'église de Sainte-Marie *in vià latà*, à Rome, à la mémoire du célèbre Drouais, et cet ouvrage contribua beaucoup à sa réputation. Il mourut en 1799. — Il y a aussi un peintre célèbre de ce nom, élève de Jean-Victor Bertin, né en 1795, et mort à Paris en 1822, dans le cours de sa vingt-septième année. Il avait remporté en 1818 le grand prix de peinture et laissé plusieurs tableaux.

MICHAUX (André), voyageur et naturaliste français, né à Versailles en 1746, passa toute sa vie à parcourir l'Angleterre, l'Espagne, la Perse, les États-Unis, etc., et en rapporta des collections précieuses de plantes et de graines. Il mourut en 1809 sur la côte de Madagascar. Il était membre associé de l'Institut, des sociétés d'agriculture de Paris et de Charlestown. On a de lui une *Histoire des chênes de l'Amérique du Nord*, une *Flore de l'Amérique septentrionale*, etc.

MICHE, nom donné à Paris et dans plusieurs autres lieux à un pain d'une grosseur quelconque. Il y a des miches d'une livre, de deux livres, de douze, de vingt, etc.

MICHÉE, le septième des petits prophètes, vivait sous Juda, Joathan, Achaz et Ézéchias (de 740 à 724 avant J.-C.). On a de lui une prophétie en sept chapitres, dans laquelle il annonce la captivité de Samarie, la naissance du Sauveur à Bethléem et l'établissement de l'Église chrétienne. Il est un des prophètes qui ont prédit le plus clairement la venue du Messie. On l'a confondu à tort avec Michée, fils de Jemla, qui prédit à Achab sa mort.

MICHEL (Saint), archange, c'est-à-dire le chef des anges, combattit à la tête des bons anges contre les mauvais qu'il précipita dans les enfers. Aussi on le représente la tête couverte d'un casque étincelant, la main armée d'une épée ou d'une lance d'or, foulant aux pieds le démon. On célèbre sa fête le 29 septembre. Saint Michel était autrefois le patron des pâtissiers.

MICHEL (Ordre de Saint-), ordre militaire de France, institué en 1469 par Louis XI dans le château d'Amboise. Les chevaliers, dont le nombre était fixé à trente-six, devaient porter tous les jours le collier d'or fait de coquilles entrelacées sur une chaîne d'or d'où pendait une médaille représentant l'archange saint Michel terrassant le démon. La devise était: *Immensi tremor Oceani*. Pour être chevalier, il fallait être gentilhomme de cœur et de nom. Louis XIV réduisit à cent le nombre des chevaliers, qui s'était beaucoup augmenté. Henri III l'avait joint à celui du Saint-Esprit, en ce sens que, pour recevoir l'ordre du Saint-Esprit, il fallait être chevalier de Saint-Michel. Aussi on prenait cet ordre la veille. Celui qui portait les deux croix du Saint-Esprit et de Saint-Michel prenait le titre de *chevalier des ordres du roi*.

MICHEL (Ordre militaire de l'aile de Saint-), institué en 1171 par Alphonse-Henriquez, roi de Portugal, en mémoire d'une grande victoire sur les infidèles, due, dit-on, à l'apparition de l'archange saint Michel. Les chevaliers portaient un manteau blanc orné d'une croix rouge en forme d'épée, et avaient pour enseigne une aile déployée couleur de pourpre et environnée de rayons d'or. Leur devise était: *Quis ut Deus?*

MICHEL (Mont Saint-), prison et place forte, dans le département de la Manche, à 4 lieues d'Avranches. La population est de 390 habitants, sans compter les prisonniers de la maison centrale de détention, au nombre de 850. Ce mont célèbre s'élève au fond de la baie de Cancale à une demi-lieue de la côte, au milieu d'une vaste grève. Au ive siècle, il n'y avait qu'un monastère fondé par quelques ermites. Dans la suite une ville se forma au pied du mont et s'entoura de fortifications. Elle eut beaucoup à souffrir pendant les guerres avec les Anglais. Les bâtiments du monastère, ruinés sous la révolution, furent réparés sous l'empire et affectés à une maison centrale de détention. Le mont Saint-Michel est de granit, sa circonférence est de 2,000 mètres, sa hauteur de 45 mètres (140 pieds). Il est de forme conique, escarpé de tous les côtés et fortifié à sa base. La ville s'élève en amphithéâtre, et est habitée par de pauvres pêcheurs et des ouvriers. La prison est située au haut du mont.

MICHEL (Saint-), île de l'archipel des Açores, la plus peuplée de toutes, à l'E. de Tercère ou Terceira. Sa superficie est de 44 lieues carrées, et sa population de 40,000 habitants. Elle est très-riche et très-fertile, et commerce en pastel et en étoffes qu'on y fabrique. — Le chef-lieu est Delgada.

MICHEL. Huit empereurs d'Orient ont porté ce nom. — Michel Ier Curopalate, surnommé *Rhangabé*, épousa Procopie, fille de Nicéphore et sœur de Staurace, auquel il succéda en 811. Il rétablit la paix dans l'Église de son royaume, et vainquit les Sarrasins par l'entremise de Léon l'Arménien, qui se révolta et le fit descendre du trône en 813. Michel Rhangabé prit l'habit monastique. — Michel II le Bègue, Phrygien, plut à Léon l'Arménien, qui l'éleva au rang de patricien; mais, accusé d'avoir conspiré contre lui, il allait périr lorsqu'une révolte le sauva et le mit sur le trône (820). Il perdit la Sicile, se plongea dans les débauches, et mourut de ses excès en 829. — Michel III, dit l'*Ivrogne*, né en 836, succéda à son père Théophile en 842 sous la régence de sa mère Théodora, et s'abandonna à toutes les passions. Il fit mourir Bardas, frère de Théodora, qu'il avait associé à l'empire, et aurait fait de même de Basile le Macédonien, qu'il avait élevé au même rang, si celui-ci ne l'avait fait assassiner en 867. — Michel IV le Paphlagonien, du nom de son pays, succéda à Romain Argyre en 1034 par l'amour de l'impératrice Zoé, à laquelle il dut ensuite le pouvoir, et tomba peu de temps après en démence. Il se retira dans un monastère en 1041, et désigna pour son successeur son neveu qui suit. — Michel V Calafate, neveu de Michel IV, lui succéda en 1041, après avoir été adopté par l'impératrice Zoé qu'il exila ensuite. Le peuple se souleva contre lui, et le fit enfermer dans un monastère en 1042, après lui avoir crevé les yeux. — MICHEL VI STRATIOTIQUE succéda en 1056 à l'impératrice Theodora; mais, étant incapable de gouverner, il fut obligé de céder son trône à Isaac Comnène en 1057, et de se retirer dans un monastère. — MICHEL VII DUCAS, dit *Parapinace*, succéda à Romain IV en 1071, fut détrôné par Nicéphore Botoniate, et mis dans un monastère en 1078, d'où il sortit pour être archevêque d'Éphèse. — MICHEL VIII PALÉOLOGUE monta en 1260 sur le trône à la place de Jean Lascaris son tuteur, auquel il fit ensuite crever les yeux. En 1261, il reprit la ville de Constantinople sur les Latins qui la possédaient; il fit ensuite la guerre aux Vénitiens, travailla à la réunion de l'Église grecque avec l'Église de Rome, et mourut en 1282, après avoir été excommunié l'année précédente par le pape Martin IV, qui suspectait sa bonne foi.

MICHEL CÉRULAIRE, patriarche de Constantinople, succéda à Alexis en 1043, et consomma la séparation des deux Églises grecque et romaine, en se déclarant contre cette dernière dans une lettre en 1053. Il fut excommunié et excommunia à son tour. Il fit soulever le peuple contre Michel VI, et favorisa la cause d'Isaac Comnène, qui, redoutant son influence, le fit déposer en 1059, et l'exila dans une île où il mourut peu de temps après.

MICHEL FÉODOROWITZ, tzar de Russie, descendait d'une fille du tzar Iwan Vasiliévitsch. Élu en 1613 à l'âge de dix-sept ans, il conclut la paix avec les Polonais et les Suédois, et pensa à policer ses États; mais il mourut en 1645. Il avait commencé son règne par le supplice du fils du second imposteur Demetrius ou Dmitri.

MICHEL-ANGE. Voy. ANGE.

MICHEL-ANGE DES BATAILLES, peintre italien, né à Rome en 1602 de Marcello Cerquozzi, joaillier. Il reçut le surnom qu'on lui donne à cause de son habileté à peindre des batailles. Il eut aussi celui de *Michel-Ange des bambochades* à cause de la façon dont il imita la manière de peindre les fruits, les foires, les animaux, etc., propre à son maître Pierre de Laër, dit *Bamboche*.

MICHEL LE FOU, portefaix de Naples, l'un des chefs des lazzaroni, fut dévoué d'abord à la cause du roi dans la révolution de 1799, et opposa la plus vigoureuse résistance aux troupes françaises. Fait prisonnier, il parut depuis ce temps s'attacher entièrement à la cause des Français, et fut élevé au rang de général de brigade. Étant tombé au pouvoir de l'armée du cardinal Ruffo, il fut condamné à mort et expira au milieu des tourments.

MICHIGAN, grand lac de l'Amérique septentrionale, qui est compris tout entier dans les États-Unis, et a une superficie de 6,300 lieues carrées. Il est navigable et très-poissonneux. Il abonde en esturgeons, truites, etc. Il se partage au N.-O. en baies Noquet et Green, et communique au N.-E. avec le lac Huron par le détroit de Michillimackinac. Il donne son nom à un territoire des États-Unis.

MICHIGAN, territoire des États-Unis, borné au N. et à l'E. par le lac Huron, à l'E. par les lacs Saint-Clair et Érié, à l'O. par le lac Michigan, et au S. par les États d'Indiana et d'Ohio. Sa superficie est de 15,750 lieues carrées, et sa population de 400,000 habitants. Le territoire du Michigan est sablonneux et aride sur le lac, fertile dans l'intérieur et vers l'E. Il est arrosé par le Miami, les deux rivières Huron, etc. — Sa capitale est DÉTROIT, sur la rivière de ce nom, qui joint le lac Saint-Clair au lac Érié.

MICHILLIMACKINAC, canal ou détroit, long de 16 lieues et large de 2, par lequel le lac Michigan communique avec le lac Huron. — C'est aussi le nom d'une île qui se trouve à l'entrée de ce détroit, et qui a 4 lieues de tour. Elle renferme un village et un fort du même nom dominés par le fort Holmes. On y fait un grand commerce de fourrures.

MICHOL, fille de Saül, épousa David environ 1063 ans avant J.-C. Deux ans après, Saül ayant voulu faire saisir David dans sa maison pour le faire mourir, Michol favorisa sa fuite. Dans la suite, ayant raillé David de ce qu'il avait dansé devant l'arche, elle devint stérile.

MICIPSA, fils de Masinissa, roi de Numidie, devint après la mort de ses frères Gulussa et Manastabal maître de tout le royaume de son père. Il adopta Jugurtha, fils du dernier, et, voyant qu'il serait un rival redoutable pour ses fils, il l'envoya en Espagne pour tâcher de le faire périr dans les combats. Jugurtha étant revenu couvert de gloire, Micipsa l'associa au trône et le nomma en mourant héritier du royaume de Numidie conjointement avec Adherbal et Hiempsal ses propres fils.

MICOCOULIER (*celtis*), genre de plantes dicotylédonées de la famille des amentacées, renfermant de grands et beaux arbres à feuilles simples, alternes, à fleurs petites, axillaires. On en distingue une trentaine d'espèces, toutes exotiques, à l'exception d'une seule qui croît dans le midi de la France; c'est le *micocoulier austral*, vulgairement appelé *bois de Perpignan*, *fabrecaulier*, *fabreguier*, aux feuilles ovales, dentées en scie, aux fleurs très-petites, verdâtres, au fruit charnu, noirâtre, ayant la forme d'une petite cerise. Son bois est dur, serré, pesant, noirâtre, prenant aisément un beau poli. Les charrons s'en servent pour les brancards; les luthiers l'emploient pour faire des instruments à vent; on s'en sert aussi pour la menuiserie et la marqueterie.

MICON, peintre grec, surnommé le *Prince des peintres d'Athènes*, vivait environ 400 ans avant J.-C. Il fut chargé par les amphictyons des travaux du Pécile, et de la décoration du temple de Thésée. Son fils, nommé *Onata*, se fit une grande réputation. — Pline parle encore d'un autre MICON le jeune, qui laissa une fille célèbre dans la peinture sous le nom de TIMARÈTE.

MICROLOGUE, petit ouvrage très-estimé qui traite des rites et des cérémonies de l'Église de Rome, et qu'on attribue à Jean, écrivain italien ou français du XIIe siècle.

MICROMÈTRE, instrument qu'on adapte aux lunettes pour mesurer le diamètre apparent des astres ou de très-petites distances. Il est composé de deux fils parallèles mobiles et d'un fil perpendiculaire. Cet appareil se place au foyer de la lunette. — Dans la balance de torsion inventée par Coulomb, le *micromètre* est une boîte en cuivre placée à l'extrémité supérieure d'un cylindre en verre autour de l'axe duquel elle est mobile. Son disque est divisé en 360 degrés, et une aiguille qui suit le mouvement du fil d'argent dont la torsion mesure la force répulsive sert à indiquer cette même torsion.

MICROPHYLLE (bot.), adjectif qui s'applique aux plantes pourvues de petites feuilles. Il est le contraire du mot *macrophylle*, et sert à distinguer des genres les espèces entre elles.

MICROPTÈRE, genre de poissons qui ont la gueule fendue et les dents en velours des sciènes, mais qui s'en distinguent par la petitesse très-remarquable de leur seconde dorsale. Les microptères sont des poissons grisâtres de dix à douze pouces de long.

MICROSCOPE, instrument d'optique destiné à amplifier considérablement l'image des objets à peine visibles, ou qui échappent totalement à la vue simple. Le *microscope simple* n'a qu'une lentille, sans autre verre; le *microscope composé* est garni d'un corps de métal qui renferme trois verres convexes placés à diverses distances les uns des autres, l'*oculaire* en haut, l'*objectif* au milieu, et le verre *lenticulaire* au fond du tube de métal. Ce tube est monté à vis dans une lame de cuivre solidement fixée sur une tige. Celle-ci glisse sur autre tige qui porte une vis de rappel. Au-dessous du corps du microscope, on fixe une platine à la tige, à angle droit; cette platine, percée à son centre, reçoit une cage dans laquelle on glisse les porte-objets qui sont éclairés par un miroir de réflexion en dessous ou en dessus. L'instrument est aussi muni d'une pince pour saisir les insectes et les soutenir sous la lentille.

MICROSCOPE SOLAIRE, instrument destiné à donner sur une surface blanche, dans une chambre que l'on a eu soin de rendre obscure, l'image bien claire et prodigieusement agrandie de l'objet à observer. Sa forme et les dispositions de ses parties varient beaucoup; le plus simple se compose le plus souvent d'un miroir plan et de trois lentilles convergentes, dont les deux premières servent à concentrer la lumière sur l'objet soumis à l'expérience, et dont la troisième sert à amplifier l'image. La lumière qu'on emploie est la lumière solaire; elle est réfléchie par le miroir sur la première lentille, puis sur la deuxième, qui la concentre sur l'objet. Les rayons lumineux, tombant enfin sur une lentille placée au-devant de l'objet, vont tracer son image amplifiée sur un tableau blanc, placé à distance.

MICROSCOPIQUES. On appelle ainsi tous les corps vivants ou inertes que leur petitesse force d'étudier avec des instruments grossissants. On se sert quelquefois de l'adjectif *microscopiques* substantivement pour indiquer les animaux *infusoires*, parce qu'ils sont la plupart microscopiques.

MIDAS (myth.), fils de Gordius et de Cybèle, régna sur les bords du Pactole en Phrygie, et reçut de Bacchus le don de changer en or tout ce qu'il toucherait; mais, comme il ne pouvait plus rien manger, il eut encore recours à Bacchus, qui lui conseilla de se laver dans le Pactole, qui depuis lors roule des paillettes d'or. Apollon et Pan s'étaient un jour défiés au chant, et le Tmolus, établi pour juge, avait prononcé en faveur du premier. Midas se récria contre ce jugement, qui lui valut de la part d'Apollon des oreilles d'âne. Son barbier, s'en étant aperçu, alla confier son secret dans un trou qu'il fit dans la terre, et où il poussa une forêt de roseaux qui répétaient : *Midas, le roi Midas a des oreilles d'âne*. Celui-ci mourut de chagrin.

MIDDELBOURG, ville du royaume de Hollande, capitale de la province de Zélande dans l'île de Walcheren, à 9 lieues de Bruges et 32 d'Amsterdam. Sa population est de 20,000 habitants. Elle a un collège de l'amirauté, une chambre de la compagnie des Indes orientales, un canal qui aboutit à la mer, et qui amène les vaisseaux marchands jusqu'au centre de la ville, des places et des édifices publics magnifiques. Son commerce consiste dans le débit des vins d'Espagne et de France; elle a des moulins à poudre, des fonderies de canons, des fabriques d'amidon, etc.

MIDDLESEX, comté d'Angleterre, borné au N. par celui de Hartford, au S. par la Tamise qui le sépare du Surreyshire, à l'O. par le comté de Buckingham, et à l'E. par celui d'Essex. Sa superficie est de 326 lieues carrées, et sa population de 2 millions d'habitants, y comprenant celle de Londres. Le chanvre, le froment, les fruits, les bestiaux, les patates sont les principales productions de ce comté, qui peut être regardé comme un domaine de Londres; la campagne ne présente que des jardins, des pâturages et des enclos de toute espèce destinés à ses besoins. — La capitale est *Londres*.

MIDDLETON (sir Hugh), orfèvre de Londres, né à Denbigh, devint le bienfaiteur de la capitale en y conduisant les eaux de deux sources, l'une dans le voisinage d'Hartford, et l'autre dans celui de Ware à 8 lieues de Londres. Réunies, elles ont pris le nom de *New-River* (Nouvelle-Rivière). Cet ouvrage fut entrepris en 1608 et terminé en 1613. Jacques Ier récompensa Middleton en le créant chevalier baronnet. On ne sait ni le lieu ni l'époque de sa mort.

MIE

MIDI. Les astronomes appellent ainsi l'instant précis où le soleil passe au méridien d'un lieu, ou bien celui où le soleil, dans la courbe qu'il nous paraît décrire chaque jour par le mouvement diurne, est au plus haut point de cette courbe. C'est lorsqu'il est midi pour un point de la surface terrestre, que les rayons solaires lui arrivent le moins obliquement, et par conséquent c'est l'instant où il reçoit le plus de chaleur. Cependant cette heure n'est pas celle du maximum de température; il n'arrive qu'un peu plus tard.

MIDOUZE, rivière de France formée du concours de la Midou et de la Douze, prend sa source dans le département du Gers, qu'elle traverse ainsi que celui des Landes, passe à Mont-de-Marsan, où elle commence à devenir navigable, et se jette dans l'Adour, à une lieue et demie audessous de Tartas, après un cours d'environ 25 lieues.

MIECHOW. Voy. CRACOVIE.

MIECZYSLAS. Trois rois de Pologne ont porté ce nom.—MIECZYSLAS Ier, né en 931, monta sur le trône en 962. Il épousa Dombrowka, fille de Boleslas Ier, duc de Bohême, et, en faveur de cette princesse qui professait le christianisme, il se convertit lui et sa nation entière à la religion du Christ. Il eut plusieurs guerres à soutenir avec les princes d'Allemagne, et mourut en 992. Son fils Boleslas Ier lui succéda. —MIECZYSLAS II succéda à Boleslas Ier en 1025. Ce prince faible et voluptueux laissa les ennemis morceler son royaume. Vers la fin de sa vie il devint fou, et mourut en 1034. Il avait divisé la Pologne en palatinats. — MIECZYSLAS III, *le Vieux*, né en 1131, succéda à Boleslas IV, son frère, en 1173. Il mécontenta ses sujets par son orgueil, ses cruautés et ses vexations, et fut chassé par les Polonais, qui lui préférèrent (1177) Casimir III *le Juste*. Remonté sur le trône en 1190, il le céda de nouveau à Casimir III, et vit élire Leszek *le Blanc*. Il obtint la tutelle de cet enfant encore au berceau, et en profita pour reprendre le sceptre. Il mourut en 1201. Leszek lui succéda.

MIEL, substance sucrée que les insectes de l'ordre des hyménoptères et principalement de la famille des apiaires, c'est-à-dire les abeilles, extraient des fleurs, et qui après une élaboration dans leur estomac est employée, soit pure, soit mélangée, à la nourriture de leur postérité et même à celle de l'homme. Le miel le plus estimé est le miel blanc, grenu, d'une saveur et d'une odeur aromatiques. Les miels qu'on recherche sont ceux de Narbonne, du Gâtinais ou de la Bretagne. Le miel se rapproche beaucoup du sucre, dont il a les propriétés. Il est fréquemment employé dans l'économie domestique et en médecine comme laxatif. Il entre dans un grand nombre de médicaments, soit comme correctif, soit comme excipient.

MIEL ROSAT, nom donné au miel épuré, et auquel on a communiqué un parfum agréable, celui de l'eau de roses par exemple.

MIEL (Jean), célèbre peintre flamand, né à Ulcenderen, à 2 lieues d'Anvers en 1599, et mort à Turin en 1664. Il excellait surtout dans le coloris. Il a orné plusieurs églises de grands tableaux; mais son goût le portait à peindre des *pastorales*, des *paysages*, des *chasses*, des *bambochades*, etc.

MIELLAT ou **MIELLURE,** nom donné à une matière visqueuse et sucrée, plus ou moins liquide, et qui se trouve, soit en gouttes, soit en petits placards sur toutes les parties de certains végétaux, mais principalement sur la surface des feuilles. On l'attribue à une maladie ou à la piqûre des pucerons. D'autres croient que le miellat est dû à une sécrétion particulière des pores de la feuille.

MIÉRIS (François), peintre de l'école hollandaise, né à Delft en 1635. Élève de Gérard Dow, il excellait à peindre les étoffes, et se servait d'un miroir convexe pour agrandir les objets. Ses tableaux sont très-rares et d'un très-grand prix. Les plus connus sont *la Dame évanouie*, des *portraits*, etc. François Miéris, surnommé *le Vieux*, mourut en 1683 des suites d'une vie déréglée. — GUILLAUME MIÉRIS, son fils, surnommé *le Jeune*, fut aussi peintre, mais sans avoir les talents de son père. Né à Leyde en 1662, il mourut en 1717, et laissa un fils, peintre comme lui, FRANÇOIS MIÉRIS.

MIGNARD, famille de peintres français, d'origine anglaise. Leur véritable nom était *More*. — NICOLAS MIGNARD, né à Troyes en 1608, fut surnommé *Mignard d'Avignon* à cause du long séjour qu'il fit dans cette ville, et mourut en 1668 recteur de l'académie de peinture. Il excellait surtout dans le coloris, et on a de lui un grand nombre de portraits et de tableaux d'histoire. — PIERRE MIGNARD, surnommé *le Romain* à cause de son séjour dans cette ville, frère de Nicolas, naquit à Troyes en 1610, fut l'élève de Vouet, succéda en 1690 à Le Brun dans les charges de premier peintre du roi et de directeur et chancelier de l'académie royale de peinture, et mourut en 1695. Mignard a laissé un très célèbre peintre de portraits. On considère comme ses chefs-d'œuvre les plafonds de la galerie de Saint-Cloud, les peintures de la petite galerie de Versailles, le dôme du Val-de-Grâce et le superbe tableau de *Saint Charles Borromée donnant la communion aux pestiférés de Milan*. Il excellait aussi à copier les tableaux des grands hommes.

MIGNARDISE, nom vulgaire d'une espèce d'œillet, employé en bordure dans les jardins à cause de ses belles fleurs roses ou blanches et du parfum qu'elles répandent. La tige de la mignardise est haute de six à dix pouces, et ses feuilles très-longues, radicales. On a des variétés de mignardise, simples ou doubles, purpurines, roses ou blanches, avec ou sans des taches de pourpre. La plus recherchée est la *mignardise couronnée*, qui a un fond velouté d'un pourpre plus ou moins foncé.

MIGRAINE (en latin, *hemicranica*), névralgie ou douleur des nerfs qui affecte ordinairement un des côtés de la tête, l'œil, le front et la tempe. Elle a été attribuée par Hoffmann à un vice dans la circulation ; par Tissot, à des lésions de l'estomac ; par d'autres médecins, à une affection rhumatismale ou à une névrose du nerf ophthalmique. Un régime sévère, la cessation des lectures et des travaux qui fatiguent les yeux, les purgatifs, les vomitifs, sont ordonnés avec succès contre cette affection. En médecine, la migraine se nomme *céphalalgie*.

MIGRATIONS, nom donné aux voyages que certains oiseaux entreprennent à des époques, soit périodiques, soit irrégulières. Parmi ceux qui émigrent périodiquement sont les hirondelles, qui partent en automne ; les grues, les cigognes, les hérons, les cailles, les oies, etc., qui partent deux fois par an, en automne et au printemps. Pour la plupart des espèces, les migrations se font d'occident en orient. Parmi les oiseaux qui émigrent à des époques irrégulières sont les becs-croisés, les casse-noix, les jaseurs, etc. Il paraît que l'instinct qui les avertit de l'approche du froid, et le besoin de la nourriture que ce froid leur enlève, sont les causes des migrations des oiseaux.

MIKANIER, genre de plantes de la famille des corymbifères, renfermant une vingtaine d'espèces toutes généralement frutescentes, propres à l'Amérique centrale. L'espèce la plus intéressante est le *mikanier guaco*, connu aussi sous le nom de *liane guaco*, et qui jouit de propriétés excellentes contre la morsure des reptiles venimeux. Sa tige s'attache aux arbres, et monte jusqu'à dix et quinze mètres. Ses feuilles sont ovales, d'un vert blanchâtre ; ses fleurs blanches, d'une odeur et d'un goût désagréables. On a obtenu des succès de l'emploi de son extrait dans les rhumatismes aigus, les fièvres intermittentes, la fièvre jaune et le choléra-morbus.

MIL, nom vulgaire du *panis*. (Voy. ce mot.) Il sert à la nourriture des oiseaux. — On donne aussi le nom de *grand mil* ou *millet d'Afrique* à la *houque sorgho*.

MILAN, genre d'oiseaux de l'ordre des accipitres (oiseaux de proie) et de la famille des faucons ou falconidés. L'espèce la plus connue est le *milan royal*, de couleur fauve, sauf la queue, qui est rousse, et les pennes de l'aile, qui sont noires. Son bec est long, grêle, crochu ; ses ailes, d'une dimension considérable, atteignent quelquefois jusqu'à l'extrémité de la queue, qui est échancrée ou étagée. Il a environ deux pieds deux pouces de long, et se nourrit habituellement de mulots, de taupes, de rats, de reptiles, d'insectes, de chair putréfiée, etc. Le milan est de tous les oiseaux de proie celui qui a le vol le plus rapide et le plus soutenu ; mais aussi c'est le plus lâche et le plus timide, car il quitte prise aussitôt qu'il trouve la moindre résistance.

MILAN, un des deux gouvernements qui composent le royaume lombardo-vénitien, occupant la partie occidentale, et borné au N. par la Suisse ; à l'O. par le Tésin, qui le sépare du Piémont ; au S. par le Pô, qui le sépare des duchés de Parme et de Modène ; à l'E. par le Mincio et le Tartaro, qui le séparent du gouvernement de Venise. Sa superficie est de 586 lieues carrées, et sa population de 2,191,680 habitants. Il se divise en neuf provinces ou délégations : *Milan, Mantoue, Brescia, Crémone, Bergame, Côme, Lodi, Pavie, Sondrio* ou *Valteline*.

MILAN, délégation du gouvernement de ce nom, dans le royaume lombardo-vénitien. Elle est située entre celles de Côme, de Bergame, de Pavie, de Lodi et le Piémont. Sa superficie est de 135 lieues carrées, et sa population de 463,160 habitants. Elle est arrosée par le Térin, l'Adda, l'Olona, les canaux Grande, Naviglio et Mortesana, et ne présente qu'un jardin continu, varié de prairies, champs, vignobles et vergers. Sa capitale est MILAN.

MILAN, grande et belle ville d'Italie, ancienne capitale du Milanais, aujourd'hui chef-lieu du gouvernement et de la délégation de ce nom, et capitale de tout le royaume lombardo-vénitien, sur l'Olona, à 26 lieues de Gênes, 32 de Turin, 110 de Rome et 160 de Paris. Sa population est de 160,000 habitants. Elle est la résidence du vice-roi et le siège d'un archevêché. Elle a une université, une célèbre académie de peinture, une bibliothèque publique, dite *Ambroisienne*, qui renferme 60,000 volumes et 15,000 manuscrits ; des églises superbes, au nombre de deux cent trente-huit ; la plus belle est la cathédrale dite *le Dôme*, chef-d'œuvre d'architecture gothique, toute revêtue de marbre. Le théâtre *della Scala* est l'un des plus beaux de l'Europe. Milan renferme encore un grand nombre de beaux édifices et de palais. Elle rivalise avec Turin pour le commerce de la soie. — Fondée, dit-on, par le Gaulois Bellovèse, elle devint la capitale des Lombards, et ensuite du Milanais ou duché de Milan. En 1796, elle fut la capitale de la république transpadane, et ensuite de la république cisalpine et du royaume d'Italie. En 1814, elle est retournée à l'Autriche.

MILANAIS ou DUCHÉ DE MILAN, grand-duché d'Italie, borné au N. par la Suisse et le Tyrol, au S. par les duchés de Plaisance et de Parme, à l'O. par le Piémont et le Montferrat, à l'E. par le Mantouan et les États de Venise. Il renfermait plusieurs petits pays secondaires, tels que le Bergamasque, le Crémasque, le Lodesan, le Brescian, la Valteline, etc. — Le Milanais fut érigé en duché en 1396 par l'empereur Wenceslas en faveur de Jean Galéas Visconti. La maison de Visconti, qui avait depuis longtemps succédé à celle della Torre dans la seigneurie de Milan, s'étant éteinte en 1447, celle des Sforza lui succéda dans le duché, et finit en 1535. Le Milanais passa alors à la couronne d'Espagne, à laquelle il appartint jusqu'en 1700. Il échut alors à l'Autriche, qui le garda jusqu'en 1796 et l'a regagné en 1814.

MILANDRE, genre de poissons chondroptérygiens, de la famille des squales, trèsvoisins des requins, dont ils se distinguent par plusieurs caractères, et particulièrement par la présence d'évents. On ne connaît qu'une seule espèce de milandre. Sa longueur est de un mètre et demi environ. Sa nourriture ordinaire se compose de jeunes poissons; mais il a les mêmes goûts que le requin, dont il a la férocité. Il est gris cendré en dessus, blanchâtre en dessous. Sa chair est dure, et répand une odeur désagréable. On le trouve dans la Méditerranée et plusieurs autres mers.

MILET, ancienne et fameuse ville de l'Asie-Mineure, capitale de l'Ionie, un peu au S. de l'embouchure du Méandre. Elle a aussi porté les noms de *Lelecis*, *Pythusa* et *d'Anactoria*, et fut fondée par les Crétois vers 1155 avant J.-C. Elle avait quatre ports considérables, dont un pouvait contenir une flotte entière. De là vint qu'elle fut une des plus puissantes villes maritimes de l'antiquité, et qu'elle fonda sur les bords de la Méditerranée et du Pont-Euxin un grand nombre de colonies que Pline fait monter jusqu'à quatre-vingts. Ses magistrats, appelés *énantes*, délibéraient en pleine mer dans les affaires importantes. Les Milésiens étaient célèbres par leur mollesse et la dissolution de leurs mœurs. C'est de là que vient le nom de *milésiaques* donné aux fables obscènes. Milet, patrie de Thalès, d'Anaximandre, d'Anaximène, d'Eschine, etc., etc., est entièrement détruite, n'offre plus qu'un monceau de ruines qu'on nomme *Palasha*.

MILHAU, sur la rive droite du Tarn, chef-lieu d'arrondissement du département de l'Aveyron, à 16 lieues de Rhodez. Population, 10,000 habitants. — Cette ville est fort ancienne. Au moyen âge, elle était le siège d'une vicomté appartenant aux comtes de Toulouse. Les habitants, fidèles au comte Raymond VII pendant les guerres des albigeois, s'offrirent en 1243 à lui servir de caution. Milhau fut entouré de fortifications en 1350. Les doctrines des protestants s'y répandirent en peu de temps, et Milhau compta longtemps parmi les principales places des calvinistes. Louis XIII s'en empara en 1629, et en fit démolir les fortifications. Depuis lors la ville cessa de s'occuper des affaires politiques ou religieuses, et tourna tous ses efforts vers le commerce et l'industrie, qui en font la ville la plus riche et la plus peuplée du département. Milhau possède un beau pont construit en 1817, un tribunal de première instance et de commerce, un collège et une société d'agriculture. Il commerce en bestiaux, soie, fromages, céréales, vins et étoffes de laine.

MILICE, terme aujourd'hui synonyme d'*armée*, et qui signifiait, avant la révolution de 1789, l'armée recrutée presque exclusivement parmi les ouvriers et les cultivateurs. Les *miliciens* étaient les jeunes gens de cette condition désignés par le sort. — En Espagne, les mots *milice* et *miliciens* désignent encore les gardes urbaines, c'est-à-dire les gardes nationales de chez nous.

MILICES. On donnait autrefois ce nom aux gardes bourgeoises, dont le service était restreint à la défense et à la sûreté intérieure des communes. Le *guet assis* de Paris n'était, dans l'origine, autre chose que la milice bourgeoise. Les milices bourgeoises étaient obligées, comme les hommes de fief, d'accompagner à la guerre le souverain.

MILIEU. En géométrie, on appelle ainsi le point qui sépare une ligne en deux parties d'égale longueur. Le vulgaire l'applique à tout point qui est à peu près également éloigné des limites d'un corps. — En physique, le mot *milieu* signifie l'espace matériel dans lequel un corps existe ou se meut. L'eau est le milieu dans lequel les poissons vivent; l'air est celui dans lequel nous vivons. C'est à la différence de densité des milieux que la lumière traverse qu'est due sa réfraction.

MILITAIRE, tout ce qui a rapport aux choses de la guerre, aux soldats (en latin, *miles*). Voy. RÉGIMENT, DRAPEAU, SOLDAT, etc. — Pour régler l'administration de l'armée et pour assurer la tranquillité intérieure et la sûreté extérieure du territoire national, il a été partagé en plusieurs *divisions militaires*, renfermant autant de *subdivisions* qu'elles renferment de départements. Un lieutenant général commande chaque division, et un maréchal de camp chaque département. Il y a actuellement (1841) vingt et une *divisions militaires*. La 1re, dont le chef-lieu est PARIS, comprend les départements de la *Seine*, de la *Seine-et-Oise*, de l'*Aisne*, de *Seine-et-Marne*, de l'*Oise*, du *Loiret* et d'*Eure-et-Loir*; la 2e DIV., à CHALONS, comprend ceux des *Ardennes*, de la *Meuse* et de la *Marne*; la 3e DIV., à METZ, ceux de la *Moselle*, de la *Meurthe* et des *Vosges*. La 4e DIV., à TOURS, ceux d'*Indre-et-Loire*, de *Loir-et-Cher*, de la *Vienne*, de la *Mayenne* et de la *Sarthe*; la 5e DIV., à STRASBOURG, ceux des *Haut* et *Bas-Rhin*; la 6e DIV., à BESANÇON, ceux du *Doubs*, du *Jura* et de la *Haute-Saône*; la 7e DIV., à LYON, ceux du *Rhône*, de l'*Isère*, de la *Loire*, de la *Drôme*, des *Hautes-Alpes* et de l'*Ain*; la 8e DIV., à MARSEILLE, ceux des *Basses-Alpes*, de *Vaucluse*, des *Bouches-du-Rhône* et du *Var*; la 9e DIV., à MONTPELLIER, ceux de l'*Ardèche*, du *Gard*, de la *Lozère*, de l'*Hérault* et de l'*Aveyron*; la 10e DIV., à TOULOUSE, ceux de la *Haute-Garonne*, de *Tarn-et-Garonne*, du *Tarn* et du *Lot*; la 11e DIV., à BORDEAUX, ceux de la *Gironde*, de la *Charente*, de la *Charente-Inférieure*, de la *Dordogne*, de *Lot-et-Garonne*; la 12e DIV., à NANTES, ceux de la *Loire-Inférieure*, des *Deux-Sèvres*, de la *Vendée* et de *Maine-et-Loire*; la 13e DIV., à RENNES, ceux d'*Ille-et-Vilaine*, des *Côtes-du-Nord*, du *Finistère* et du *Morbihan*; la 14e DIV., à ROUEN, ceux de *Seine-Inférieure*, de l'*Eure*, de la *Manche*, du *Calvados* et de l'*Orne*; la 15e DIV., à BOURGES, ceux du *Cher*, de l'*Indre*, de la *Creuse*, de la *Nièvre* et de la *Haute-Vienne*; la 16e DIV., à LILLE, ceux du *Nord*, du *Pas-de-Calais* et de la *Somme*; la 17e DIV., à BASTIA, l'île de *Corse*; la 18e DIV., à DIJON, comprend les départements de l'*Aube*, de la *Haute-Marne*, de l'*Yonne*, de la *Côte-d'Or* et de la *Saône-et-Loire*; la 19e DIV., à CLERMONT-FERRAND, ceux du *Puy-de-Dôme*, du *Cantal*, de l'*Allier*, de la *Haute-Loire* et de la *Corrèze*; la 20e DIV., sans chef-lieu fixe, ceux des *Basses-Pyrénées*, des *Hautes-Pyrénées*, du *Gers* et des *Landes*; la 21e DIV., à PERPIGNAN, ceux des *Pyrénées-Orientales*, de l'*Aude* et de l'*Ariége*.

MILIUM, genre de plantes de la famille des graminées, dont on connaît plusieurs espèces assez voisines du genre *mil* ou *millet*. Le type du genre est le *milium effusum*, commun en Europe dans les lieux ombragés. On le distingue à ses fleurs pendantes, disposées en panicule étalée, peu fournie. Son fourrage est odorant et fort recherché des bestiaux.

MILLE. On appelle ainsi, en arithmétique, l'unité du quatrième ordre formé de la réunion de dix centaines ou de cent dizaines. Mille s'écrit ainsi 1,000 (en chiffres arabes) et M (en chiffres romains). — En géographie, ce nom se donne à une unité linéaire servant à mesurer de grandes distances. La longueur de cette unité varie dans de grandes proportions, suivant les pays où elle est employée. Le *mille géographique* a 3,334 toises. Le *mille suédois* vaut 30,000 pieds du Rhin, c'est-à-dire 2 lieues et demie de poste françaises. Le *mille russe* n'a que 3,750 pieds, ou un peu moins du tiers d'une lieue de poste. L'Allemagne a trois *milles* différents; le moindre vaut une lieue et demie de poste française. Le *mille autrichien* vaut 7,586 mètres 400 millimètres; le *mille prussien*, 7,532 mètres 40 centimètres. Le *mille anglais* vaut à très-peu près 1,800 mètres. Le *mille romain* moderne vaut 764 toises.

MILLE ROMAIN, mesure romaine itinéraire, ainsi appelée parce qu'elle valait 1,000 *pas* romains. Les Romains comptaient les distances par milles comme nous comptons par lieues, et marquaient chaque mille par une borne numérotée qui indiquait la distance à la capitale à partir du *milliaire doré*, et s'appelait aussi *milliaire*. Le volume du *mille romain* à 758 toises 58 pouces ou 1 kilomètre 479 mètres 26 centimètres.

MILLE-FEUILLE ou ACHILLÉE, genre de plantes de la famille des corymbifères, qui doit son nom aux filets très-déconpures des feuilles de plusieurs espèces, qui sont pour la plupart des plantes herbacées, vivaces, croissant dans les diverses régions de l'Europe et surtout dans les montagnes. La *millefeuille commune*, aux tiges assez simples, hautes d'un pied et demi, aux feuilles très-découpées, aux fleurs d'un blanc sale, parfois rosé, est une plante qui jouit d'une grande réputation comme topique ou baume, pour cicatriser les blessures.

MILLÉNAIRES ou CHILIASTES, chrétiens qui croyaient qu'après le jugement universel les élus resteraient mille ans sur la terre pour jouir de tous les plaisirs.

MILLE-PERTUIS, genre de plantes de la famille des hypéricées, dont elle est le type, qui doit son nom à la multitude des points transparents ou obscurs dont sont parsemés le calice et les feuilles. On en connaît plus de cent vingt espèces, qui sont des herbes ou des arbrisseaux à feuilles opposées, à fleurs jaunes, sécrétant toutes un suc propre, gommo-résineux, jaunâtre ou rougeâtre. La plus connue est le *mille-pertuis commun*, d'un à deux pieds de haut, que l'on trouve communément en France dans tous les bois montueux, et qui était autrefois très-usité en médecine comme astringent, vermifuge, vulnéraire, etc. On en préparait une huile célèbre pour la guérison des blessures et des ulcères.

MILLE-PIEDS, nom vulgaire de tous les insectes de l'ordre des myriapodes et en particulier des *scolopendres*.

MILLÉSIME. On appelle ainsi le chiffre qui, sur les monnaies, médailles, etc., marque l'année de la fabrication. Les anciens ne s'en servaient pas. On n'a commencé d'en faire usage que vers le XVe siècle, et il paraît qu'il fut d'abord adopté en Allemagne et dans les Pays-Bas. La première de nos monnaies qui en porte un est un écu frappé par ordre d'Anne de Bretagne en 1498. Cet usage, abandonné ensuite, fut remis en vigueur en 1549.

MILLESIMO, village du Piémont, à 3 lieues E. de Mondovi, célèbre par la bataille que le général Bonaparte y remporta le 14 avril 1796 sur les Autrichiens, qui laissèrent 2,500 hommes sur le champ de bataille et 8,000 prisonniers, 22 bouches à feu et 15 drapeaux au pouvoir du vainqueur. Cette victoire ouvrit l'Italie à l'armée française.

MILLET, genre de plantes de la famille des graminées, confondu à tort avec le genre *panis*. Le millet a en effet les graines globuleuses ou ovoïdes, et portées sur une panicule lâche et un chaume ferme. On en connaît quatre espèces dont on mange les graines réduites en farine, et dont on fait d'excellentes bouillies. Elles servent aussi à la nourriture des volailles. Comme fourrage, elles fournissent une bonne nourriture à tous les bestiaux. Le *millet fourrage* est aussi connu sous le nom de *moha*. Voy. — On donne improprement le nom de *millet* à une espèce de panis appelée aussi *millet des petits oiseaux* et *petit millet*, et au maïs, que l'on appelle tantôt *millet d'Inde*, tantôt *gros millet*.

MILLEVOYE (Charles-Hubert), célèbre

poëte élégiaque, né à Abbeville en 1782, mort en 1816, étudia d'abord à Abbeville, puis au collége des Quatre-Nations à Paris, et remporta les prix de poésie accordés par l'académie française pour les poëmes sur *la Tendresse maternelle, le Voyageur, l'Indépendance des gens de lettres, la Mort de Rotrou*. Le dernier concours académique dans lequel il figura fut celui où il remporta le prix extraordinaire fondé par l'Institut pour *l'Eloge de Goffin*. Mais il s'est surtout rendu célèbre par ses élégies intitulées *la Chute des feuilles* et *le Poëte mourant*.

MILLIAIRE DORÉ (*milliarium aureum*), colonne surmontée d'une borne en or, et placée par Auguste au milieu du Forum. C'est de là que l'on commençait à compter par milles la distance de Rome à toutes les villes de l'empire. — Lors de la translation de l'empire à Constantinople, Constantin fit élever dans la place de l'Augustéon un milliaire doré. C'était une arcade ornée de statues, et destinée au même usage que le milliaire de Rome.

MILLIARIA, nom donné par les Romains à trois vases immenses d'airain placés dans le salon des thermes et contenant des milliers d'amphores. L'un servait pour l'eau chaude, l'autre pour l'eau tiède, et le dernier pour l'eau froide. Ces vases étaient disposés de manière à ce que l'eau pouvait passer de l'un dans l'autre au moyen de plusieurs siphons.

MILLIN (Auguste-Aubin), membre de l'Institut et de la Légion-d'honneur, né à Paris en 1759. Après d'excellentes études, il s'adonna d'abord à l'étude de l'histoire naturelle, et fut le fondateur de la *société linnéenne*, appelée depuis *société d'histoire naturelle*, qui le nomma son secrétaire perpétuel. Il rédigea ensuite avec Condorcet, Noël et Rabaut-Saint-Etienne *la Chronique de Paris*. En 1794, choisi pour succéder à l'abbé Barthélemy dans la place de conservateur des médailles à la bibliothèque nationale, il s'appliqua dès lors à l'étude de la numismatique, et devint l'un des savants les plus distingués de l'Europe dans cette partie. Il mourut en 1818, laissant un grand nombre d'ouvrages, dont les plus connus sont : *Dictionnaire des beaux-arts, Antiquités nationales, Monuments antiques, inédits*, etc.

MILLION, unité du septième ordre, réunion de mille fois mille. Le chiffre qui dans un nombre écrit représente les millions, en a six à sa droite. La réunion de mille millions s'appelle *billion*, et plus souvent *milliard*.

MILLOT (Claude-François-Xavier), né à Besançon en 1726, ancien grand vicaire de Lyon, prédicateur du roi, était membre des académies de Lyon et de Nancy, lorsque l'académie française l'admit dans son sein en 1788. Il mourut en 1785 précepteur du duc d'Enghien. On a de lui plusieurs ouvrages, dont les plus célèbres sont : *l'Histoire des troubadours, Mémoires politiques et militaires pour servir à l'histoire de Louis XIV et de Louis XV, Eléments de l'histoire universelle, Eléments de l'histoire de France*, quelques traductions, etc.

MILO (autrefois *Mélos*), l'une des Cyclades, la dernière du côté de la Morée. Sa superficie est de 86 lieues carrées, et sa population de 5,600 habitants, tous Grecs et bons matelots. Son port est un des meilleurs et des plus grands de la Méditerranée, mais le refuge des corsaires. L'air est malsain à cause des vapeurs sulfureuses qui s'exhalent de la terre, qui renferme d'abondantes mines d'alun, de soufre, de fer, et des carrières de pierres meulières. Milo produit des raisins, des figues, des melons, etc. — Elle fut peuplée par les Lacédémoniens l'an 1116 avant J.-C., et ravagée par les Athéniens dans la guerre du Peloponèse (416 ans avant J.-C.). Elle fait aujourd'hui partie du nome des Cyclades.—Sa capitale est Milo, bourgade de 300 habitants, sur la côte orientale.

MILON DE CROTONE, fameux athlète, ainsi appelé du lieu de sa naissance, fils de Diotime, fut sept fois vainqueur aux jeux Pythiques, et six fois aux jeux Olympiques. Sa force était prodigieuse. Athénée rapporte qu'une fois ayant parcouru toute la longueur du stade, portant sur ses épaules un taureau de quatre ans, il l'assomma d'un coup de poing, et le mangea tout entier dans la journée. Un jour qu'il assistait aux leçons de Pythagore, il soutint seul pendant que les auditeurs se sauvaient la colonne sur laquelle reposait tout l'édifice, et qui s'était tout à coup ébranlée. Dans sa vieillesse, il voulut écarter de ses mains un arbre entr'ouvert par des coins ; mais ses mains restèrent prises de manière que, ne pouvant les retirer, il fut dévoré par les bêtes féroces vers l'an 500 avant J.-C.

MILON (Titus Annius), né à Lanuvium vers l'an 95 avant J.-C., épousa la fille de Sylla, et, nommé tribun du peuple en 57 avant J.-C., agit avec zèle pour le retour de Cicéron. Celui-ci devint son plus cruel ennemi, et s'efforça de faire échouer ses prétentions au consulat (51 ans avant J.-C.). Un jour Milon, s'étant rencontré avec Clodius près de Rome, le tua dans un combat survenu entre leurs esclaves. Il fut accusé et condamné à l'exil malgré le discours de Cicéron. Ce discours, que Cicéron publia en le corrigeant, est connu sous le nom de *Milonienne*, et regardé comme un chef-d'œuvre d'art oratoire.

MILOUIN, section du genre canard, renfermant plusieurs espèces caractérisées par la largeur du bec, qui est de plus plat et uni, et par un renflement qui termine la trachée et forme à gauche une sorte de capsule. Le *milouin commun* est long de dix-sept pouces, et a la tête et le cou roux, les plumes des ailes et les membres inférieurs bleuâtres, et le reste blanchâtre, finement strié de noirâtre. On distingue encore le *morillon* et le *milouinan*. Tous appartiennent au nord de l'Europe.

MILTIADE, Athénien, frère utérin de Cimon, père du fameux Miltiade, devint roi des Dolonces en Thrace, et laissa après sa mort son royaume à Stésagoras, fils de Cimon et frère du grand Miltiade. Les peuples de la Chersonèse de Thrace célébraient à certaines époques en son honneur des fêtes d'où étaient exclus les habitants de Lampsaque, qui l'avaient retenu prisonnier.

MILTIADE, Athénien, fils de Cimon, succéda à son frère Stésagoras dans le gouvernement de la Chersonèse, et consolida sa puissance en épousant Hégésipyle, fille du roi Olorus, et en soumettant Lemnos et les Cyclades. Craignant la vengeance de Darius, auquel il avait voulu fermer le retour en Perse dans son expédition de Sarmatie en coupant le pont du Danube, Miltiade se retira à Athènes, où il fut mis à la tête d'une partie de l'armée athénienne contre celle des Perses. Ce fut lui qui remporta la célèbre bataille de Marathon (490 ans avant J.-C.). La seule récompense qu'on lui accorda ce fut de le peindre dans le Pécile. Quelque temps après, ayant eu ordre de soumettre les îles de l'Archipel, et ayant échoué devant Paros, il fut condamné à une amende de 50 talents. Ne pouvant la payer, il fut mis en prison, où il mourut (489 ans avant J.-C.). Son fils Cimon acheta la permission de l'ensevelir en payant l'amende.

MILTON (John), célèbre poëte anglais, né à Londres en 1608 d'une ancienne famille, paraphrasa quelques psaumes dès l'âge de quinze ans, et composa à dix-sept ans plusieurs pièces de poésies latines ou anglaises très-remarquables. Il embrassa le parti du parlement contre la royauté, et devint lors de la mort de Charles Ier secrétaire du conseil d'Etat établi par le parlement. Il obtint des lettres d'abolition au retour de Charles II, et ne fut soumis qu'à l'exclusion des charges publiques. Ce fut en composant des pamphlets nombreux pour justifier les actes de son parti qu'il perdit la vue. Puritain dans sa jeunesse, il prit dans l'âge mûr le parti des indépendants et des anabaptistes, et dans sa vieillesse se détacha de toute communauté. Il mourut à Bunhill en 1674. L'ouvrage qui a rendu son nom immortel est le *Paradis perdu*, poëme magnifique en vers anglais non rimés, dans lequel il chante la chute des anges rebelles et le péché du premier homme, qui lui fait perdre le paradis. On a encore de lui *le Paradis reconquis*, poëme, un grand nombre de *poésies*, etc., etc.

MILVIUS (Pont) (aujourd'hui *Pont de Mole*), pont sur le Tibre, à 2 milles de Rome. Il était fameux du temps de Néron par les rendez-vous qui s'y donnaient et les courses nocturnes de l'empereur. Maxence, vaincu devant Rome par Constantin, opérait sa retraite en désordre vers la ville, quand le pont croula sous ses pas ; il fut noyé ainsi que la plus grande partie de ses troupes le 29 octobre 312.

MIMES, sorte de farces dramatiques inventées par les Romains, et dans lesquelles le jeu des acteurs faisait tout. Les paroles ne consistaient guère que dans quelques monologues et quelques conversations fort courtes. Le sujet et le style des mimes était ordinairement bas et trivial. Ces pièces, après avoir fait le délice de la populace et avoir remplacé les atellanes d'abord et toute sorte de pièces dramatiques ensuite, prirent quelque chose de plus régulier et de plus élevé vers l'époque de Jules César. Decimus Laberius, Publius Syrus et Cneius Mattius furent dans ce temps les plus célèbres auteurs de mimes.

MIMEUSE (en latin, *mimosa*), genre de plantes de la famille des légumineuses, tribu des mimosées, dont il est le type, renfermant des herbes ou des arbrisseaux propres à la zone torride, et remarquable par les mouvements singuliers qu'ils opèrent et qui leur ont fait accorder un sentiment d'animalité. L'espèce la plus connue est la *mimeuse pudique* vulgairement appelée *sensitive*, à la tige herbacée, annuelle, hérissée d'aiguillons, aux fleurs d'un violet clair, cultivée chez nous en serre chaude. Une égratignure, la chaleur, le froid, les agents chimiques ont sur elle une action évidente et remarquable par les phénomènes d'irritabilité qu'elle présente.

MIMNERME, célèbre poëte et musicien grec, natif de Colophon ou d'Astypalée, et contemporain et ami de Solon. Les anciens lui attribuaient l'invention du vers pentamètre et de l'élégie. Properce et Horace en parlent avec éloge. Il nous reste de ses diverses compositions des fragments que l'on trouve dans Stobée.

MIMOSA. Voy. MIMEUSE.

MIMOSÉES, tribu de plantes dicotylédonées, à fleurs polypétales, hermaphrodites ou polygames, de la famille des légumineuses. Elle renferme plus de sept cents espèces, divisées en plusieurs genres, dont les plus connus sont : *mimeuse, acacia, inga, parkia, prosopis*, etc.

MIMUSOPE, genre de plantes de la famille des sapotacées, renfermant de grands et beaux arbres de l'Inde et de la Nouvelle-Hollande. Le *mimusope elengi* se distingue par son port élégant, son épais feuillage et le parfum de ses fleurs, qui ressemblent à notre petite marguerite. Les femmes s'en parent, et en parfument les meubles et les vêtements. Le fruit est ovoïde, charnu, semblable à l'olive, mais rouge à sa maturité. On le mange. Le bois de l'arbre est dur, blanc, et se conserve longtemps dans l'eau. Les Indiens préparent avec l'eau distillée de ses fleurs une espèce de thé.

MINA (Don Francisco Espoz y), général espagnol, né dans un village de la Navarre en 1784 d'un simple cultivateur, prit en 1808 le commandement d'une petite troupe de partisans (*guerilla*) contre les Français, et se maintint constamment en Navarre malgré leurs attaques répétées. La junte centrale le nomma colonel, et le régence de Cadix brigadier et maréchal de camp (1813). Au retour de Ferdinand, il marcha sur Pampelune pour y arborer l'étendard constitutionnel ; mais, son projet ayant échoué, il se réfugia en France, et ne rentra en Espagne qu'en 1820. Ferdinand VII lui donna alors la charge de capitaine général de la Navarre et de la Galice, et l'exila à Léon l'année suivante. Rappelé en 1822, il fut chargé du commandement de l'armée de Catalogne. Il y défit l'armée de la Foi, et reçut en récompense la grade de lieutenant général et la grand'croix de Saint-Ferdinand. Après avoir résisté pendant longtemps à l'armée française qui venait d'entrer en Catalogne, il fut forcé de rendre Barcelone, et quitta l'Espagne en 1823. Il se réfugia en Angleterre, et ne rentra dans sa patrie qu'après la mort de Ferdinand (1833). Il obtint le commandement général de l'armée de Navarre, puis fut appelé à la principauté de Catalogne, où il mourut en 1837.

MINARET, petite tour de quinze à vingt pieds de diamètre, à trois et quatre étages avec des balcons ou galeries en saillie, couverte de plomb, et au sommet de laquelle est une aiguille surmontée d'un croissant. Les minarets sont les clochers des mosquées. C'est de là que les muezzins ou crieurs publics invitent le peuple à la prière. Les mosquées ont souvent plusieurs minarets.

MINAS-GERAES (en français, *mines grandes*), province du Brésil, bornée au N. par celles de Bahia et de Pernambuco ou Fernambouc, à l'O. par celle de Goyaz, à l'E. par celles de Porto-Seguro et d'Espirito-Santo, au S. par celles de San-Paulo et de Rio-de-Janeiro. Sa superficie est d'environ 52,200 lieues carrées, et sa population de 700,000 habitants. — La province de Minas-Geraës est sillonnée dans sa longueur par plusieurs chaînes de montagnes (*Serra-do-Espinhaço, Serra-do-Mar, Serra-dos-Vertentes, Serro-do-Frio*), et arrosée par le Rio-San-Francisco, le Parana, le Jiquitinhonha, le Rio-das-Mortes, le Rio-das-Velhas, etc. Elle doit son nom aux nombreuses mines d'or et de diamants qu'elle renferme. Le produit de ces dernières monte annuellement à environ 930,000,000 de francs. Le Minas-Geraës se divise en six *comarcas* ou districts : *Ouro-Preto*, chef-lieu *Villa-Rica*; *Rio-das-Mortes*, chef-lieu *San-Joao del Rey*; *Rio-das-Velhas*, chef-lieu *Sabara*; *Paracatu*, chef-lieu *Paracatu*; *Rio-San-Francisco*, chef-lieu *Rio-Grande*; *Serro-do-Frio*, chef-lieu *Fanado* ou *Bom-Successo*. La capitale de la province est VILLA-RICA.

MINCIO (autrefois *Mincius*), rivière d'Italie, qui a sa source aux Alpes dans le Tyrol, traverse le lac de Garde, d'où elle sort à Peschiera, passe à Mantoue, et se jette dans le Pô à Borgo-Forte, après un cours de 30 lieues environ. Le prince Eugène Beauharnais remporta sur ses bords, entre Peschiera et Mantoue, le 8 février 1814, une victoire complète sur les Autrichiens commandés par le comte de Bellegarde. Ce dernier perdit environ 8,000 hommes, dont 3,000 prisonniers. Les Français n'eurent pas plus de 2,500 hommes hors de combat.

MIND (Godefroi), peintre suisse, né à Berne en 1768 d'un menuisier, fut l'élève de Freudenberger, et dessina avec le plus grand succès deux espèces d'animaux, les ours et les chats. Son talent à représenter cette dernière espèce le fit surnommer *le Raphaël des chats*. Il mourut en 1814.

MINDANAO ou MAÏNDANAO, l'une des îles Philippines, la plus méridionale du groupe. Sa superficie est de 4,464 lieues carrées, et sa population de 1,500,000 habitants. Elle se divise en partie espagnole au N. et au S.-O., et en partie indépendante au centre et à l'E. La première a une superficie de 636 lieues carrées, et une population de 700,000 habitants. Elle est régie par trois alcades et un gouverneur, qui réside à ZAMBOANGA, ville d'environ 1,290 habitants. La partie indépendante obéit à un sultan, qui réside à SELANGAM, située sur le Pelandji, en face de *Maïndanao*, aujourd'hui presque abandonnée. Ces deux villes, regardées comme ne faisant qu'un, ont une population de 12,000 habitants. Les indigènes se distinguent en *Malais, Caraqos, Loutas* et *Soubanis*. Quelques-uns sont idolâtres et anthropophages. On trouve dans l'île de Maïndanao des mines d'or, du sel, du riz, du sucre, du tabac, etc.

MINDEN, régence des États prussiens, dans le grand-duché du BAS-RHIN et en Westphalie, bornée au S. par celle d'A-rensberg, à l'O. par celle de Munster, au N. par le royaume de Hanovre, à l'E. par les principautés de Lippe et le duché de Brunswick. Sa superficie est de 264 lieues carrées, et sa population de 336,000 habitants. La capitale est MINDEN, à 11 lieues d'Osnabruck, sur la rive gauche du Weser. Sa population est de 8,000 habitants. Elle a des fabriques de bière, eau-de-vie, bougie, etc., et des manufactures de drap, de tabac, etc. Son commerce consiste en grains, lins, sucre raffiné, etc. Elle a été rendue à la Prusse en 1814.

MINDORO, l'une des îles Philippines, située au S.-O. de Luçon ou Manille. Sa superficie est de 600 lieues carrées environ, et sa population de 50,000 habitants. Elle est susceptible de la plus riche culture, et a pour chef-lieu CALAPAN. Les autres postes occupés par les Espagnols sont *Santa-Cruz* et *Baco*.

MINE. On donne vulgairement ce nom à toutes les substances minérales telles qu'elles se rencontrent dans la nature. Ainsi on dit de la mine d'argent, d'or, de cuivre, de charbon, d'alun, de soufre, etc. — On donne encore ce nom en particulier à diverses substances auxquelles on a soin d'ajouter une épithète ou le nom du métal qu'on veut désigner. Ainsi la *mine d'acier* est le minerai de fer cristallisé qui, dans le traitement par les foyers catalans, donne directement de l'acier malléable. — La *mine de plomb* est le percarbure de fer ou plombagine, avec lequel on fabrique les crayons à écrire. — La *mine de plomb rouge* est le minium.

MINE, ancienne mesure de France, qui servait à mesurer les volumes de substances sèches, et qui contenait la moitié d'un setier. Elle valait 3 décalitres 9 dixièmes à peu près.

MINE, monnaie et poids des Athéniens. La mine valait 100 drachmes. La *mine poids* valait 14 onces 2 gros 6 grains, ou 4 hectogrammes 3 décagrammes 6 grammes 3 décigrammes. — La *mine monnaie* équivalait à 92 francs 68 centimes et demi.

MINÉE. Voy. MINYAS.

MINÉIDES. Voy. MINYADES.

MINERAIS, nom générique donné, en métallurgie, à toutes les substances minérales telles qu'on les extrait du sein de la terre, et qui sont susceptibles d'exploitation. Les métaux se trouvant rarement dans la nature à l'état métallique, les minerais sont presque toujours des combinaisons de ces métaux avec le soufre, l'oxygène, etc., ou bien avec d'autres métaux. Le *minerai de plomb argentifère*, par exemple, est un sulfure de plomb qui contient quelque peu d'argent. On donne le nom de *gangue* aux matières avec lesquelles les minerais sont souvent mélangés, et celui de *schlich* aux minerais préparés et prêts à être passés au fourneau.

MINÉRALISATION. On donne ce nom aux modifications survenues et survenant à certaines substances minérales au sein de la terre. Ces changements paraissent avoir généralement pour cause l'électricité, qui se développe par la présence de trois éléments ou trois corps métalliques, et dont le développement entraîne des réactions chimiques qui modifient la nature des corps.

MINÉRALOGIE, science qui s'occupe de la formation et de la nature des corps inorganisés en général et des minéraux en particulier. Fondée par Aristote et son disciple Théophraste, la science minéralogique se conserva au moyen âge dans l'alchimie, et se constitua comme science véritable au XVIIIe siècle, par suite des mêmes études dont se forma la chimie. Des découvertes nombreuses faites au commencement du XIXe siècle ont étendu de beaucoup le domaine de la minéralogie. On connaît quatre principales classifications minéralogiques : celle de Berzelius, purement chimique; celle de Haüy, fondée sur les propriétés combustibles, oxydables, réductibles, etc., des minéraux; celle d'Al. Brongniart, qui renverse ces trois classes : les *métalloïdes*, les *hétéropsides* et les *autopsides*, dans les minéraux proprement dits; et celle de Beudant, qui est la plus usitée, et qui compte trois classes : les CAZOLITES, avec quartorze familles, telles que les *silicides*, les *chlorides*, les *arsénides*, etc. ; les LEUCOLYTES, avec huit familles, telles que les *bismuthides*, les *argyrides*, les *stannides*, etc. ; les CHROICOLYTES, avec quartorze familles, telles que les *orides*, les *cuprides*, les *sidérides*, etc. Les minéralogistes, se fondant sur l'expérience, admettent dans tous les composés un corps *électro-positif* ou base, et un corps *électro-négatif* ou acide.

MINÉRAUX, nom donné aux substances minérales, c'est-à-dire à toutes les matières qui se trouvent, soit à la surface, soit dans les diverses couches de l'écorce du globe. Les minéraux sont, comme tous les corps, composés de un ou plusieurs corps élémentaires, réunis deux à deux, trois à trois, etc., ce qui constitue les genres que l'on nomme *binaires, ternaires, quaternaires*, etc. Le nombre des minéraux connus n'est encore que de cinq à six cents espèces. Pour connaître la composition d'un minéral, on en fait l'essai, soit par la *voie sèche*, c'est-à-dire à l'aide du feu, ou à l'aide des réactifs solides; soit par la *voie humide*, c'est-à-dire à l'aide des réactifs liquides.

MINERVE (myth.) (en grec, *Athéné*), déesse de la sagesse, des arts et de la guerre. Considérée sous ce dernier point de vue, elle porte le nom de *Pallas*, pris de l'agitation de sa lance (*pallein*, secouer). Jupiter, ayant épousé Métis (*la Prudence*), et craignant qu'elle ne lui donnât des enfants plus sages que lui, la dévora pendant sa grossesse. Sentant ensuite une grande douleur au cerveau, il eut recours à Vulcain, qui le fendit d'un coup de hache. Minerve en sortit armée de pied en cap. Ce fut elle qui inventa la flûte, et eut l'honneur de donner son nom à Athènes, après avoir vaincu Neptune en produisant l'olivier. Minerve eut de Vulcain un fils monstrueux, appelé Erichthonius. On la représente ordinairement le casque en tête, ayant une pique d'une main et un bouclier de l'autre, avec l'égide sur la poitrine. L'olivier parmi les plantes, le coq et la chouette parmi les oiseaux, le dragon parmi les reptiles, lui étaient consacrés. Le culte de cette déesse était universel. Les Athéniens lui élevèrent un temple magnifique, et célébrèrent en son honneur les Panathénées.

MINES, mot tantôt synonyme de *minerais*, tantôt désignant les excavations faites dans le sein de la terre pour l'exploitation d'une substance minérale. On distingue plusieurs sortes de mines : celles en *filons*, celles en *couches* et celles ou *amas*. En général les mines se composent de chemins souterrains qui portent le nom de *galeries* lorsqu'ils sont horizontaux, et un peu inclinés, et celui de *puits* lorsqu'ils sont très-inclinés ou perpendiculaires. On appelle *galeries d'écoulement* celles qui servent à l'écoulement des eaux; *de roulage*, celles qui servent au transport du minerai; *d'allongement*, celles qui sont percées parallèlement à la direction d'un gîte du minerai ou d'une couche de terrain ; et *galeries de traverse*, celles qui coupent transversalement ces gîtes et ces couches. — En France, l'administration des mines dépend du ministère des finances. Il y a à Paris un *conseil général des mines* présidé par le ministre, et, en son absence, par le sous-secrétaire d'État. Pour le service des mines dans les départements et les *inspections*, voyez FRANCE.

MINES. On appelle ainsi, dans l'art militaire, les cavités souterraines au moyen desquelles on introduit, sous les ouvrages et les fortifications d'une place assiégée, des artifices qui les font sauter. — On appelle *fourneau de mine* une capacité pratiquée dans l'intérieur de la terre ou d'une maçonnerie, disposée de telle sorte que, lorsqu'on l'a remplie de poudre, et qu'on y met le feu, l'effet de l'explosion est dirigé contre l'obstacle qu'on veut renverser.

MINEUR, nom donné à ceux qui descendent dans les mines, soit pour exploiter les minerais, soit pour être employés aux travaux pratiqués contre les places. Dans ce dernier sens, les mineurs sont attachés à l'arme du génie. — Les ouvriers mineurs, c'est à-dire ceux qui exploitent les mines, appellent dans presque tous les pays *petit mineur* un être imaginaire, un esprit tantôt malfaisant, tantôt bienfaisant, auquel ils offrent une chandelle à certaines époques.

MINEUR. En jurisprudence, on donne ce nom à l'individu de l'un ou l'autre sexe qui n'a point encore atteint sa majorité, c'est-à-dire l'âge de vingt et un ans accompli. L'effet essentiel de la minorité, c'est-à-dire l'état de mineur, c'est l'incapacité de contracter et l'obligation d'être sous la puissance d'un tuteur quand la mort, l'absence ou l'incapacité légale du père du mineur a fait cesser l'exercice de la puissance paternelle. Le mineur peut cependant être émancipé, soit par le mariage, soit par la déclaration de son père ou d'un conseil de famille ; mais, quoique pouvant faire quelques actes, il ne peut faire les autres sans l'assistance d'un curateur.

MINEUR (MODE). Voy. MODE et MAJEUR.

MINEURS, nom que prennent par humilité tous les religieux de l'ordre de Saint-François d'Assise, et en particulier les cordeliers, qui se disent *frères mineurs*. — On donne le nom d'ORDRE DES CLERCS RÉGULIERS MINEURS à un ordre religieux établi en 1588 à Naples par le Génois Giovanni-Agostino Adorno, aidé d'Agostino et de Francisco Caraccioli. Ce fut Sixte-Quint qui, en confirmant leur ordre, leur donna le nom de *mineurs*, parce que lui-même avait été cordelier ou frère mineur.

MINEURS (ORDRES). Ils sont au nombre de quatre, et sont ceux-ci appelés *non sacrés*, parce qu'ils ne confèrent pas un caractère sacré et n'imposent aucune obligation irrévocable. Ce sont ceux d'*acolyte*, de *lecteur*, d'*exorciste* et de *portier*. Comme ces fonctions n'existent plus pour la plupart dans l'Eglise, on les confond en une, qui est celle de *minoré*. L'âge requis pour la collation du minorat est d'ordinaire dix-huit ans. On n'est admis à le recevoir, en France, qu'après avoir fait une année de théologie.

MINGRÉLIE, province de la Russie caucasienne, faisant partie de la Géorgie, et appelée par les Orientaux *Odichi*. Le pays est couvert de bois et très-malsain. Les naturels y arrivent à un âge peu avancé. Les Mingréliens, que les Arméniens appellent *Egeratsik* ou descendants d'Egros, que la tradition fait regarder comme le fondateur de la nation, sont bien faits, bons cavaliers, fiers, perfides, et vendent leurs enfants pour des habits et des vivres. Le gomi (*panis*), les choux et quelques fruits sauvages forment leur nourriture habituelle. Ils peuvent mettre au pied 30,000 soldats. Ils sont soumis à l'autorité fictive d'un prince, aujourd'hui déchu, et qui réside à *Zougdidi*. Ce souverain, appelé *Dadian*, est héréditaire. L'origine de son royaume remonte au XIVe siècle. La religion de la Mingrélie est le christianisme selon le rit grec, mais entremêlé de coutumes superstitieuses. Leur patriarche s'appelle *catholicos*.

MINHO (en latin, *Minius*), rivière d'Espagne, qui a sa source près de Mondonedo en Galice, traverse cette province en passant à Lugo, Orense, Tuy, et en recevant le Sil sépare l'Espagne du Portugal, et se jette dans l'océan Atlantique à Caminha, après un cours de 86 lieues.

MINIATURE, nom donné aux peintures de petite dimension, et ordinairement d'un travail soigné et minutieux. On trouve des miniatures dans les manuscrits du Ve siècle. C'est en France et en Flandre qu'elles atteignirent le plus de perfection. La découverte de l'imprimerie ayant fait tomber la vogue des manuscrits, les peintres en miniature se jetèrent sur le portrait, la peinture des boîtes, des tabatières, etc.

MINIMES, ordre religieux fondé par saint François de Paule, qui leur donna ce nom en signe d'humilité. Outre les trois vœux monastiques, les minimes faisaient un autre vœu ; celui d'observer un carême perpétuel ou d'une vie quadragésimale. L'habit des frères clercs et des frères lais, fait d'une étoffe de laine noire et grossière, tombait jusqu'aux talons. Les généraux, élus d'abord pour trois ans, le furent pour six à dater de l'an 1605. L'ordre des minimes comptait quatre cent cinquante maisons, réparties en trente et une provinces, dont douze en Italie, onze en France et en Flandre, sept en Espagne et une en Allemagne. Les minimes de Niégon près Chaillot portaient le nom de *bons hommes*, soit parce que Louis XI avait coutume d'appeler saint François de Paule *bon homme*, soit parce qu'ils furent d'abord établis dans un couvent du bois de Vincennes qui s'appelait ainsi.

MINIMUM. Ce mot, opposé à *maximum*, désigne la plus petite valeur que puisse prendre, entre des limites données, une quantité variable.

MINISTÈRE, emploi ou charge qu'on remplit. — On donne le nom de *ministère public* à une magistrature amovible qui s'exerce auprès des tribunaux et représente le pouvoir. Les magistrats revêtus de cette charge portent auprès des tribunaux de première instance le nom de *procureurs du roi*, et leurs *substituts*; celui d'*avocats du roi*. Auprès de chaque cour royale est un *procureur général*, qui exerce à l'égard des procureurs du roi les fonctions de la cour royale auprès des tribunaux de première instance, la surveillance. Il est assisté de plusieurs *avocats généraux*, chargés du service des audiences, et de *substituts*, qui suppléent ceux-ci au besoin. Dans tous les tribunaux, le ministère public ne fait que requérir l'application de la loi.

MINISTÈRE. On appelle encore ainsi la partie de l'administration gouvernementale confiée à un haut fonctionnaire agissant au nom du prince, nommé et révocable par lui. Il y avait en France avant la révolution de 1789 cinq ministères : 1o celui *des affaires étrangères*, dont la création date du XVIe siècle et qui porte encore le nom de *ministère des relations extérieures* ; 2o le *ministère de la maison du roi*, borné d'abord à la surintendance de la maison du roi et plus tard chargé d'attributions plus étendues : il a été supprimé en 1830 ; 3o le *ministère des finances*, dont le titulaire porta d'abord le nom de surintendant général des finances, puis celui de *contrôleur général* ; 4o le *ministère de la guerre*, dont la spécialité n'a été déterminée que sous Henri III et après la suppression de la charge de connétable ; 5o le *ministère de la marine*, créé dans le XVIIe siècle. Les quatre ministères conservés et cinq autres créés depuis 1789 portent aujourd'hui le nombre des ministères à neuf. Les cinq autres sont : 1o celui *de la justice et des cultes*, qui formait d'abord deux ministères séparés, l'un remplaçant la chancellerie depuis 1789, l'autre créé en 1801, et qui ont été réunis en 1830 ; 2o le *ministère de l'intérieur* ; 3o celui *du commerce* ; 4o celui *des travaux publics* ; 5o celui *de l'instruction publique*.

MINISTRE, haut fonctionnaire gouvernant un *ministère*. — Ce mot se dit aussi des hauts agents diplomatiques envoyés par les princes dans les cours étrangères pour représenter le roi à poste fixe, à la différence des ministres plénipotentiaires, qui sont chargés d'une mission spéciale et temporaire. Les ambassadeurs sont au premier rang dans la hiérarchie diplomatique, les résidents et les chargés d'affaires aux deuxième et troisième rangs.

MINISTRE. Dans l'Eglise réformée, c'est-à-dire chez les luthériens, les calvinistes et les autres sectes protestantes, on donne ce nom au fonctionnaire ecclésiastique qui fait le prêche. — Dans l'Eglise catholique, les trinitaires ou mathurins donnent ce nom au premier supérieur de leur ordre. Les jésuites le donnent au second supérieur de chacune de leurs maisons. Le général des cordeliers prend le titre de *ministre général*.

MINISTRES DES INFIRMES (clercs réguliers), congrégation instituée par Camille de Lellis, en 1582 à Buchaniero en 1550. Sixte V approuva en 1586 cette congrégation, qui portait alors le nom de *congrégation du père Camille*, et permit aux clercs qui la composaient de faire des vœux simples de pauvreté, de chasteté, d'obéissance, et un quatrième, celui d'assister les malades à la peste même en temps de peste. Grégoire XIII les érigea en ordre religieux l'an 1591.

MINIUM (*deutoxyde de plomb*), substance pulvérulente que l'on trouve dans la nature, en Sibérie, en Westphalie et en Angleterre, et qu'on fabrique en Hollande, en Angleterre et en France, en transformant le plomb en massicot ou protoxyde de plomb, et en le chauffant assez pour l'oxyder davantage. Le minium est alors sous la forme d'une poudre d'un rouge vif, inodore et insoluble dans l'eau. Dans les arts, on l'emploie dans la peinture à l'huile pour colorer les papiers de tenture et surtout pour la préparation du cristal et du *flint-glass*. Il entre également dans un grand nombre de préparations médicinales.

MINNESINGERS (*chanteurs d'amour*), nom donné aux troubadours allemands du moyen âge. On les appelait aussi les poëtes *souabes*, à cause du dialecte qu'ils affectionnaient particulièrement. Les minnesingers n'étaient tous que des chevaliers qui appartenaient aux plus hautes classes de la société et qui faisaient un corps à part. Ils différent en cela des meistersingers, qui leur succédèrent, et qui appartenaient au contraire à la classe des bourgeois et des artisans. L'époque la plus brillante de l'existence poétique des minnesingers est la fin du XIIe et le commencement du XIIIe siècle. On connaît encore les noms de trois cents d'entre eux, parmi lesquels figurent des empereurs, des princes, des barons. En 1313, un chevalier zurichois, Rüdiger von Manesse, réunit en un recueil les chants de cent quarante de ces poëtes, dont les plus fameux sont Ulrich von Lichstenstein, Walther von der Wogelweide, Wolfram von Eschembach, Heinrich von Ofterdingen, Hermann von der Ault, Heinrich von Waldeck, Godfried von Strasbourg et Conrad von Wurttbourg.

MINORQUE, l'une des îles Baléares, dans la Méditerranée, à 10 lieues de Majorque. Sa superficie est de 55 lieues carrées, et sa population de 27,000 habitants. Elle abonde en blé, vin, pâturages, oranges, fruits, bestiaux, lapins, perdrix, mulets excellents, et a des fabriques de cordages. Sa capitale est CITADELLA, et sa ville principale *Port-Mahon*. — Prise par les Carthaginois sur les Phéniciens en 452 avant J.-C., conquise par les Romains, et enlevée successivement par les Vandales et les Sar rasins, elle fut conquise par Alphonse, roi d'Aragon, qui la réunit à la couronne avec les autres îles Baléares.

MINOS. Deux rois de Crète ont porté ce nom. — MINOS Ier, fils de Jupiter Asterius et d'Europe, fut le législateur des Crétois. La sagesse de son gouvernement et surtout son équité lui ont fait donner par les poëtes, après sa mort, la fonction de juge souverain des enfers. Minos avait épousé Itona, dont il eut Lycastès, père de Minos II. Ses lois subsistaient encore du temps de Platon, qui en fait le plus grand éloge. — MINOS II, petit-fils du précédent, épousa Pasiphaé, fille du Soleil et de Perséis, et en eut trois fils : Androgée, Glaucus et Deucalion, et deux filles : Phèdre et Ariane. Les Athéniens ayant tué Androgée, il les vainquit et les obligea à lui envoyer chaque année sept jeunes garçons et sept jeunes filles pour servir de pâture au Minotaure. S'étant mis à la poursuite de Dédale qui s'était réfugié en Sicile, il fut mis à mort par ordre du roi Cocalus, 33 ans avant la guerre de Troie.

MINOTAURE (myth.), monstre au corps d'homme et à la tête de taureau, qui fut le fruit des infâmes amours de Pasiphaé, femme de Minos, avec un taureau. Neptune s'était ainsi vengé d'une offense de Minos. Le Minotaure fut enfermé dans le labyrinthe, où on le nourrissait de chair humaine. Trois fois il dévora le honteux tribut des Athéniens ; mais à la quatrième il fut tué par Thésée. On explique la fable du Minotaure en disant que, ressemblant à un officier nommé Taurus, pour lequel la reine avait eu une violente passion, il pouvait être regardé à la fois comme le fils de Minos et comme celui de Taurus.

MINSK, gouvernement de la Russie d'Europe, borné au N. par celui de Witesbk, au S. par celui de Volhinie et celui de Kiev, à l'O. par ceux de Grodno et de Wilna, à l'E. par ceux de Mohilev et de Tchernigov. Sa superficie est de 5,300 lieues carrées, et sa population de 976,750 habitants. Le pays est boisé, marécageux, arrosé par la Duna, le Dniéper, le Niémen, le Pripet, la Bérezina. Ses productions sont en grains, chanvre, lin, houblon, manne, miel, potasse, bons chevaux, etc. — La capitale est MINSK, ville archiépiscopale, sur la Swistock, à 218 lieues de Saint-Pétersbourg. Sa population est de 2,000 habitants. Il y a des fabriques de chapeaux.

MINTURNE (aujourd'hui Trajetto), ville du Latium, au midi, chez les Aurunces, un peu au-dessus de l'embouchure du Liris (Garigliano), qui la traversait, et formait dans les environs de vastes marais. Livrée aux Romains par trahison, l'an 400 avant J.-C., elle reçut une colonie romaine seize ans après. Ce fut au milieu de ses marais que Marius se cacha pour se dérober aux poursuites de Sylla. Découvert et emprisonné à Minturne, il dut cependant son évasion aux habitants, qui furent touchés de compassion en apprenant que sa vue seule avait fait tomber l'arme des mains du soldat qu'ils avaient envoyé pour le tuer.

MINUTE. Considérée comme espace de temps, elle est la soixantième partie de l'heure. — Considérée comme longueur d'une partie de la circonférence du cercle, elle est la soixantième partie du degré.— On emploie encore le mot de MINUTE pour signifier l'original, la première rédaction de pièces judiciaires ou d'actes civils quelconques. Les minutes d'actes et de jugements restent déposées chez les notaires, juges de paix, aux greffes des tribunaux, etc.

MINUTIUS RUFUS (Marcus), consul l'an de Rome 533 (221 ans avant J.-C.), fut envoyé contre les peuples d'Istrie, qu'il força à se soumettre. L'an 537, il fut maître de la cavalerie sous le dictateur Fabius Maximus. Battu par Annibal, il ne dut son salut qu'à Fabius qui l'avait offensé en se faisant accorder un pouvoir égal au sien. Il en fut si reconnaissant qu'il déposa son autorité aux pieds de son libérateur, et

jura de lui obéir ponctuellement. Il fut tué l'année suivante à la bataille de Cannes.

MINUTIUS FELIX (Marcus), écrivain chrétien, né en Afrique, florissait vers l'an 207 après J.-C. Il exerça longtemps avec succès à Rome la profession d'avocat, et, s'étant converti au christianisme, il composa pour la défense de sa nouvelle religion un dialogue intitulé : Octavius, nom du principal interlocuteur.

MINUTUM, petite pièce de monnaie qui était la cent quatre-vingt-douzième partie de la drachme judaïque (valant 10 sous 5 deniers), et qui valait 125 192es de denier. Elle portait suivant les lieux les noms de perutah, lepton, semina, etc.

MINYADES ou MINÉIDES (myth.), nom donné aux trois filles de Minée ou Minyas, Alcithoé, Leuconoé et Leucippe, nommée aussi Clymène et Iris. S'étant moquées des fêtes de Bacchus, et n'ayant pas voulu interrompre leurs travaux le jour des Bacchanales, le dieu leur inspira le désir de manger de la chair humaine. Elles tirèrent au sort, et le sort désigna Hippasus, fils de Leucippe, qui fut dévoré par les trois sœurs. Celles-ci furent changées en chauves-souris.

MINYAS ou MINÉE (myth.), roi d'Orchomène et d'Iolcos, fils de Chrysès et de Chrysogénie, acquit de si grandes richesses que son opulence passa en proverbe. Il fut le premier qui fit bâtir un édifice pour renfermer ses trésors, il eut de sa première femme Clitodore trois fils : Preston, Clymenus et Periclymenus ; de sa deuxième, Phanasora, trois autres fils : Orchomenus, Diochithonde et Athamas. On lui donne encore trois filles connues sous le nom de Minyades ou Minéides.

MINYENS, nom commun aux habitants d'Iolcos en Thessalie et d'Orchomène en Béotie. Ces deux peuples prirent ce nom de Minyas, qui régna sur ces deux villes, soit en personne, soit par ses fils. Les poëtes désignent quelquefois les Argonautes sous ce nom, parce que Jason, leur chef, était d'Iolcos. Le nom de Minyens fut ensuite donné plus spécialement aux fils qui naquirent de leur commerce passager avec les femmes de Lemnos.

MIPHIBOSETH, fils de Jonathas et petit-fils de Saül, fut traité favorablement par David, qui lui fit rendre tous les biens de son aïeul. Quelques années après (1040 ans avant J.-C.), Miphiboseth fut accusé par son intendant Siba de suivre le parti d'Absalon ; mais, s'étant justifié, il reprit les biens que David avait donnés à Siba.— C'est pour le nom d'un fils de Saül et de sa concubine Respha, que David livra aux Gabaonites avec ses six frères, et qui fut mis à mort par eux.

MIQUELETS, nom des Espagnols qui vivent de brigandages dans les Pyrénées et les autres montagnes du nord de l'Espagne, sur les frontières de la Catalogne et de l'Aragon, et qui pendant les guerres de la Péninsule ont joué plusieurs fois le rôle de partisans.

MIQUELON, îles d'Amérique appartenant à la France et qui forment avec l'île Saint-Pierre un groupe situé au S. de Terre-Neuve, à l'embouchure du golfe Saint-Laurent. Les îles Miquelon se distinguent en grande et petite. Le climat est très-sain, le sol plat et peu boisé. Les côtes des îles sont basses et appartiennent au gouvernement français, qui en fait concession aux pêcheurs. Le bourg de Miquelon est la seule ville de la colonie. Les habitants vont pêcher la morue sur les bancs de Terre-Neuve, et en livrent au commerce environ 4,000,000 de kilogrammes par an. L'administration des îles Saint-Pierre et Miquelon est confiée à un officier de marine. Chacune des deux colonies possède un tribunal de paix. Il y a à Saint-Pierre un tribunal de première instance, un conseil d'appel et un bureau de conservation des hypothèques pour les îles Saint-Pierre et Miquelon. La population des trois îles réunies est de 1,491 habitants, dont 891

colons en résidence permanente, 300 pêcheurs, population mobile et se renouvelant chaque année, et 300 pêcheurs qui n'y sont que de passage, et retournent en France après la pêche.

MIRABAUD (Jean-Baptiste DE), originaire de Provence, secrétaire de Mme la duchesse d'Orléans et secrétaire perpétuel de l'académie française, né à Paris en 1675, mort en 1760, entra d'abord dans la congrégation de l'Oratoire, et ensuite prit la carrière des armes qu'il quitta pour les lettres. On lui doit plusieurs ouvrages, parmi lesquels on remarque une traduction de la Jérusalem délivrée et une de Roland le Furieux.

MIRABEAU (Victor RIQUETTI, marquis DE), d'une ancienne famille de Provence, originaire de Naples, né à Perthuis en 1715, fut l'un des principaux économistes de son temps, et le tyran de sa famille, contre laquelle il obtint cinquante-quatre lettres de cachet. Il mourut à Argenteuil en 1789. Ses principaux ouvrages sont l'Ami des hommes et la Théorie de l'impôt. Il eut deux fils, dont l'aîné fut le célèbre Mirabeau.

MIRABEAU (Honoré-Gabriel RIQUETTI, comte DE), fils aîné du précédent, né à Aix en 1749, mena dans sa jeunesse une vie désordonnée qui fut la suite de la conduite tyrannique de son père envers lui. Repoussé par la noblesse aux élections de 1789, il fut nommé député du tiers état de la ville d'Aix aux états généraux. Il s'y déchaîna de toute la puissance de son éloquence contre tous les abus de la monarchie et de la féodalité, et acquit l'empire de la tribune. Ce fut lui qui fit déclarer l'inviolabilité des députés, fit demander la formation des gardes nationales et déclarer les biens du clergé propriété nationale. Il s'éleva sur la fin de ses jours contre les factieux, et parut se rapprocher de la royauté qu'il avait attaquée auparavant. Frappé d'une maladie subite et de courte durée, il mourut en 1791. Son cercueil fut déposé au Panthéon à côté de celui de Descartes. Mirabeau a composé un grand nombre d'ouvrages, parmi lesquels on cite ses Lettres à Sophie, écrites du donjon de Vincennes, et contenant les détails de sa liaison avec Sophie de Ruffey, marquise de Lemonnier.

MIRABEAU (Boniface RIQUETTI, vicomte DE), frère cadet du célèbre Mirabeau, né en 1754, fut surnommé Mirabeau-Tonneau à cause de sa grosseur extraordinaire et de son penchant à boire. Colonel du régiment de Touraine, il servit en Amérique, et y mérita la croix des Cincinnati et celle de Saint-Louis. Nommé député aux états généraux de 1789 par la noblesse du Limousin, il s'opposa avec chaleur à la réunion des ordres et à l'envahissement des biens du clergé. Il émigra, suivit le prince de Condé en Pologne, et mourut à Fribourg en 1792.

MIRACLES (COUR DES), nom donné, au moyen âge, dans plusieurs villes, aux lieux où se réunissaient les mendiants de tout genre, qui formaient une véritable communauté, ayant ses lois et ses statuts et des chefs particuliers.

MIRAGE, phénomène singulier d'optique, très-commun dans les déserts de l'Afrique, et qui consiste à montrer aux yeux comme une vaste mer dans laquelle on voit l'image renversée des villages, des arbres, etc. Ce phénomène est dû à la densité de l'air qui, dans ce cas, au lieu d'être plus dense vers la terre, l'est davantage à mesure qu'on s'élève ; ce qui résulte de la température élevée du sol. L'observateur, placé au-dessus des couches d'air plus denses que celles qui avoisinent le sol, reçoit les rayons qui viennent de l'objet par réflexion, et le voit renversé.

MIRAMOLIN, titre qu'Omar, deuxième successeur de Mahomet, prophète et chef des musulmans, substitua à celui de calife, qui a été porté par les Abassides et les Fatimites.

MIRANDA (Don Francisco), né au Pérou d'une famille riche et distinguée, s'attacha d'abord au service de l'Espagne, puis à celui de la France où il fut nommé général de division. Il retourna en Amérique en 1806, et reprit avec ardeur les projets qu'il avait conçus pour l'affranchissement des colonies espagnoles du nouveau monde. En moins de cinq ans, il parvint à soulever la Nouvelle-Grenade et le Venezuela; mais, fait prisonnier par les Espagnols en 1812, il fut enfermé à Cadix où il mourut en 1816. Bolivar continua son œuvre.

MIRANDE, sur la rive gauche de la Baïse, chef-lieu d'arrondissement du département du Gers, à 5 lieues et demie d'Auch. Population, 3,000 habitants. Mirande fut fondée sous le règne de Philippe le Bel en 1289 par Centule, comte d'Astarac; elle devint la capitale du comté de ce nom et une place forte, dont les murs sont encore en bon état. Mirande est une ville symétrique, propre et bien bâtie, qui a un tribunal de première instance et une société d'agriculture.

MIRANDOLE (LA), duché d'Italie, situé entre les duchés de Mantoue, de Ferrare, de Parme et de Modène, et comprenant le petit duché de Reggio. Elle appartint d'abord à la famille des Pic, dont le plus célèbre fut JEAN PIC DE LA MIRANDOLE, qui renonça à son duché en faveur de son neveu GIOVANNI-FRANCISCO PIC DE LA MIRANDOLE, mort assassiné avec son fils au pied d'un crucifix en 1532 par son neveu Galeotto, qui s'empara du duché. Le duché de la Mirandole passa ensuite à Charles-Quint. Charles VI, l'un de ses successeurs, le vendit en 1710 au duc de Modène, qui le possède encore. Voy. PIC et EST. — La ville de la Mirandole est située à 7 lieues de Modène, 9 de Mantoue et 10 de Ferrare.

MIRE, marque sur la longueur d'une arme à feu, qui sert de guide à l'œil de celui qui veut s'en servir.

MIRE (Aubert LE) (en latin, Miræus), chroniqueur flamand, né à Bruxelles en 1573. Albert, archiduc d'Autriche, le fit son premier aumônier et son bibliothécaire. Il devint doyen et grand vicaire de l'église d'Anvers, dont son oncle Jean le Mire était évêque, et mourut en 1640. On a de lui un excellent recueil de chartes flamandes, intitulé : *Opera historica et diplomatica, Rerum Belgicarum Chronicon*, etc.

MIRECOURT, ville de France, chef-lieu d'arrondissement (département des Vosges), sur la rive gauche du Madon, à 7 lieues et demie d'Epinal. Population, 8,000 habitants. Cette ville est ancienne; au XVᵉ siècle, elle appartenait aux comtes de Vaudemont et avait de belles fortifications, que le marquis de Créqui détruisit en 1670. Mirecourt est connu par l'exploitation active et prospère d'une branche d'industrie particulière. C'est la fabrique des instruments de musique, violons, serinettes, orgues de Barbarie, etc. La ville possède une bibliothèque publique de 6,500 volumes, un tribunal de première instance et de commerce, un collège, une école normale primaire, une école modèle et une société pour l'instruction primaire. Elle commerce en vins, bestiaux, lin, houblon, merises, avoine, dentelles, blondes et instruments de musique.

MIRKHOND, historien persan, qui vivait au commencement du XVᵉ siècle de notre ère, et qui a écrit en langue persane un ouvrage célèbre dans l'Orient, et ayant pour titre *le Jardin de pureté*. M. Silvestre de Sacy en a traduit et publié la partie qui regarde l'*Histoire des rois perses de la dynastie des Samanides*.

MIROIR, surface polie, ordinairement plane destinée à reproduire par réflexion l'image des objets qu'on place au-devant. Nos miroirs sont des glaces de verre uni et étamé avec du mercure. Ceux des anciens étaient en métal ou en pierre obsidienne. La forme en était généralement ronde ou ovale. On nommait *lophcion* l'étui où ils étaient renfermés. — Les miroirs de métal ne servent plus aujourd'hui que dans la physique. Ils sont ou concaves ou convexes. Les premiers sont appelés *miroirs ardents* parce qu'ils produisent à leur foyer un degré très-élevé de température.

MIROMÉNIL (Armand-Thomas HUE DE), né dans l'Orléanais en 1723, était président du parlement de Rouen à l'époque de la lutte du chancelier Maupeou avec les parlements. Exilé avec tous les membres de sa cour, il se rapprocha de M. de Maurepas, et, peu de temps après que ce dernier eut été nommé premier ministre de Louis XVI, devint garde des sceaux (1774). Il se vit forcé de donner sa démission en 1787, se retira dans ses terres, et y mourut ignoré en 1796.

MIRON (Marc), premier médecin du roi Henri III, d'une famille noble, originaire de Catalogne, est connu par le *Journal* qu'il a écrit, et qui est précieux pour les détails de l'histoire de Henri III. — Son fils, CHARLES MIRON, né en 1570, fut nommé à l'évêché d'Angers en 1588, et prononça l'oraison funèbre de Henri IV, auquel il était fort attaché. Transféré en 1626 à l'archevêché de Lyon, il mourut en 1628.

MIROWITCH (Wasili), officier russe, dont le père avait suivi le parti de Mazeppa et avait vu confisquer ses biens. Mirowitch, n'ayant pu les obtenir, chercha à tirer de sa prison le prince Iwan pour le mettre à la tête du parti. Le prince fut tué, et Mirowitch, arrêté, fut condamné à être décapité et exécuté en 1764.

MISAINE. En termes de marine, on appelle ainsi la vergue et la voile gréées sur celui des bas mâts qui est placé le plus en avant entre le beaupré et le grand mât. Ce mât porte aussi le nom de *mât de misaine*.

MISCHNA. Voy. MISNA.

MISÈNE, promontoire de la Campanie, au S. de Baies et de Pouzzoles, ainsi nommé du Troyen Misène, habile à sonner de la trompette, qui perdit la vie dans un naufrage, et fut enterré sur ce promontoire par ordre d'Énée. — La ville de Misène était située sur le promontoire. Auguste et ses successeurs avaient coutume de tenir en station dans son port une partie de leurs forces maritimes.

MISERERE. On désigne sous ce nom le cinquantième psaume, qui est le quatrième des psaumes de la pénitence. David l'écrivit aussitôt après que Nathan lui eut reproché le crime qu'il avait commis avec Bethsabée. Il y a cependant plusieurs autres psaumes qui commencent par le mot *miserere*. Le plus beau chant composé sur le *Miserere* est celui d'Allegri.

MISÉRICORDE, vertu qui nous inspire de la compassion pour nos semblables. — C'était, chez les anciens, une divinité allégorique qui avait un autel célèbre à Athènes, et dans le temple de laquelle les malheureux trouvaient un refuge assuré. — On appelait autrefois *miséricorde* un poignard que les chevaliers portaient à la ceinture du côté droit, et avec lequel ils achevaient leurs ennemis.

MISÉRICORDE (RELIGIEUSES DE NOTRE-DAME DE LA), ordre monastique, établi à Aix en 1637 par le P. Yvan, de l'Oratoire, et par Marie-Madeleine de la Trinité. Ces religieuses suivaient la règle de Saint-Augustin, et, outre les trois vœux ordinaires, en faisaient un quatrième, qui consistait à recevoir sans dot les filles de qualité qui n'avaient pas assez de bien pour entrer dans les autres ordres. Urbain VIII les approuva en 1642.

MISITHÉE ou TIMÉSICLÈS, préfet du prétoire sous l'empereur Gordien III, qui avait épousé sa fille Sabina Tranquillina. Gordien se conduisait d'après ses conseils, et lui dut toute la prospérité de son règne. Misithée fortifia les frontières de l'Empire, fit réformer tous les abus, et développa dans la guerre contre Sapor autant de génie militaire qu'il avait montré de science et de probité dans l'administration. Le sénat lui décerna un char de triomphe attelé de quatre chevaux, avec les titres de *Père de l'empereur* et de *Père de la patrie*. Mais il tomba malade, et mourut l'an de J.-C. 243, après quelques jours, empoisonné par l'Arabe Philippe, qui lui succéda.

MISNA ou MISCHNA (en hébreu, *seconde loi*), seconde partie du Talmud, appelée encore par les Juifs la *loi orale*, parce qu'elle est le recueil du droit de ce peuple. La Misna fut écrite vers l'an 180 de J.-C. par le fameux rabbin Judas le Saint, ou vers l'an 159 par Hakkados. Elle est divisée en six parties.

MISNIE, province du royaume de Saxe, bornée au N. par le duché de Saxe, au S. par la Bohème, à l'E. par la Lusace, et à l'O. par la Thuringe et le cercle de Voigtland. Sa superficie est de 386 lieues carrées, et sa population de 306,000 habitants. Le terroir est excellent, et fertile en blé et en vin. On y trouve un grand nombre de mines et des fabriques de drap. — La Misnie a pour capitale DRESDE, et se divise en cinq cercles.

MISPIKEL ou FER ARSENICAL, substance métallique, formée de 21 parties de soufre, de 43 d'arsenic et de 35 à 36 de fer. Elle est blanche ou d'un blanc jaunâtre, cristallise en prismes rhomboïdaux; on la trouve disséminée dans les roches granitiques et schisteuses.

MISRAIM ou MESRAÏM, fils de Cham et petit-fils de Noé, régna sur l'Egypte, qui de là est appelée dans l'Ecriture *terre de Mesraïm*. C'est de lui que sont sortis les différents peuples qui ont habité l'Egypte et les pays voisins, comme les Ethiopiens, les Anaméens, les Libyens, les Nasamones, etc. Plusieurs savants croient qu'il est le même que Menès. On conjecture qu'il commença à régner vers l'an 2188 avant J.-C., et que c'est lui qui, après sa mort, fut adoré comme un dieu sous le nom d'Osiris, d'Apis ou Sérapis, et d'Adonis.

MISSEL, livre qui sert à dire la messe, et qui contient les différentes messes qui se disent tous les jours de l'année. L'invention du missel est due au pape Zacharie. Le pape Gélase, mort en 496, y ajouta de nouveaux offices, et fit un recueil qui a été nommé le *Sacramentaire de Gélase*. Saint Grégoire le Grand perfectionna le missel, y fit quelques changements, et l'appela le *Livre des sacrements*. Chaque diocèse et chaque ordre religieux a maintenant son missel particulier, de même que chaque secte chrétienne a le sien. Ainsi il y a le missel grec, mozarabique, copte, etc.

MISSILIA, mot latin qui signifie les choses qu'on envoie, qu'on jette, et qui sert à désigner particulièrement l'argent que l'on jetait au peuple aux couronnements des empereurs. On enveloppait l'argent dans des morceaux de drap pour qu'il ne blessât pas, et il y eut des tours bâties pour cet usage. Quelquefois au lieu d'argent on distribuait des oiseaux, des noix, des dattes, des figues ou des dés, avec lesquels on allait ensuite se faire délivrer les dons désignés sur les dés.

MISSION, suite de prédications faites par un prêtre appelé *missionnaire*, dans un pays idolâtre, pour la propagation de la foi. Les missions sont placées sous la surveillance d'une congrégation instituée en 1622 à Rome par Grégoire XV, et appelée *congrégation de la propagande (de propaganda fide)*. Le premier missionnaire envoyé en Angleterre fut saint Augustin (VIᵉ siècle); en Allemagne, saint Boniface (VIIIᵉ siècle); en Scandinavie, saint Anschaire (IXᵉ siècle). Au Xᵉ siècle, les missionnaires établirent la religion chrétienne en Pologne, en Russie et en Norwège. La découverte du nouveau monde, et la connaissance plus exacte de l'Asie, ouvrirent aux missionnaires un champ plus vaste. Les principales missions furent celles du Brésil, du Paraguay, de la Chine, du royaume de Siam, du Tonquin, de la ochinchine, etc. — Les protestants ont aussi leurs missionnaires, qui cherchent à s'établir dans les îles de l'Océanie. En 1824, le nombre des missionnaires protestants s'élevait à 500. L'Angleterre possède louze sociétés de missions, et les Etats-Unis cinq.

MISSION (Congrégation de la). Voy. Congrégation.

MISSIONS ÉTRANGÈRES (Séminaire des), société de prêtres fondée à Paris en 1663 par le P. Bernard de Sainte-Thérèse, évêque de Babylone, pour la propagation de la foi dans l'Asie, et principalement dans le royaume de Siam, le Tonquin et la Cochinchine.

MISSISSIPI (en langue indienne, *Missinipi* ou *Meschacebé*), grand fleuve de l'Amérique du Nord, qui prend sa source dans les lacs Cassina et Leech, au N. du territoire de Nord-Ouest, traverse les Etats-Unis du N. au S., et se jette dans le golfe du Mexique, au-dessous de la Nouvelle-Orléans, par plusieurs embouchures, après un cours de 1,000 lieues. Sa largeur moyenne est de 1,500 à 2,200 mètres. Il est navigable dans un espace de 725 lieues, depuis les cataractes de Saint-Antoine jusqu'à son embouchure. Ses principaux affluents sont, à droite, la rivière des Moines, le Missouri, l'Arkansas et le Red-River; à gauche, la rivière des Illinois, la Kaskaskia, l'Ohio.

MISSISSIPI, l'un des Etats unis de l'Amérique du Nord, borné au N. par le Tenessée, à l'E. par l'Alabama, à l'O. par le Mississipi, qui lui donne son nom et le sépare du territoire d'Arkansas et de la Louisiane, et au S. par la Louisiane. Sa superficie est de 6,340 lieues carrées, et sa population de 600,000 habitants. — C'est un pays plat, très-fertile en coton, sucre, tabac, indigo, fruits, etc., arrosé par la Tombigbee, la Pearl-River, etc. — L'Etat de Mississipi a été admis dans l'union en 1817. Il se divise en vingt et un comtés, a pour capitale Jackson, ville de 1,500 habitants, sur la rive droite de la Pearl-River. Ses autres villes principales sont *Monticello* et *Columbia*, jadis capitales, l'une sur la Pearl-River, l'autre sur la Tombigbee, et *Natchez*, sur le Mississipi, avec 3,000 habitants. C'est elle qui fait tout le commerce de l'Etat.

MISSOLONGHI, ville forte de la Livadie, sur la côte S.-O., à 9 lieues O. de Lépante, vis-à-vis de Céphalonie. Les Turks l'assiégèrent vainement deux fois (1822 et 1823); mais enfin, attaquée par le séraskier Reschid-Pacha, à la tête de 25,000 hommes, et bombardée pendant quarante jours par la flotte du capitan-pacha, elle fut prise par les Turks le 22 avril 1826. Les courageux habitants, commandés par Noto Botzaris, oncle de Marco Botzaris, firent sauter une partie de la place, et s'ensevelirent sous ses décombres. En 1829, Missolonghi revint au pouvoir des Grecs.

MISSOURI, grand fleuve de l'Amérique septentrionale, le plus grand affluent du Mississipi, qu'il surpasse même en longueur. Il prend sa source dans les monts Rocheux (*Rocky mountains*), traverse le territoire et l'Etat qui portent son nom, et se jette dans le Mississipi à Saint-Louis, après un cours de 1,100 lieues. Ses principaux affluents sont la rivière de la Pierre-Jaune (*Yellow-Stone-River*), celle des Chiens, la Rapide, la Plate, la Kansas, l'Osage.

MISSOURI, l'un des Etats unis de l'Amérique du Nord, tirant son nom du fleuve qui le traverse, et borné au N. et à l'O. par le territoire de Missouri, au S. par celui d'Arkansas et le Tenessée, et à l'E. par le Mississipi, qui sépare de l'Etat d'Illinois. Sa superficie est de 8,217 lieues carrées, et sa population de 700,000 habitants. Au N., le pays est plat et fertile en céréales, en légumes et en fruits. Au midi, il est montueux et abonde en mines de plomb, de fer, de zinc, d'antimoine, de sel, de nitre, de plâtre, etc. L'Etat de Missouri a été admis dans l'Union en 1821. Il se divise en trente comtés, a pour capitale Jeffer-son, petite ville de 500 habitants, sur le Missouri. La ville la plus importante est *Saint-Louis*, sur le Mississipi, tout près de l'embouchure du Missouri. Elle a 100,000 habitants et un évêque catholique.

MISSOURI, territoire des Etats-Unis de l'Amérique du Nord, borné au N. par la Nouvelle-Bretagne, au S. par le Mexique et le territoire d'Arkansas, à l'E. par les Etats de Missouri et d'Illinois et le territoire du Nord-Ouest, à l'O. par les monts Rocheux, qui le séparent du territoire de Columbia. — Sa superficie est de 162,500 lieues carrées, et sa population de 581,300 habitants. C'est un pays sauvage, comprenant les bassins de l'Arkansas et du Missouri, dépourvu de bois, mais riche en prairies, où errent un grand nombre de tribus sauvages (les *Panis* ou *Pawnies*, les *Sioux*, les *Osages*, les *Snakes* ou *Serpents*, les *Mandanes*, les *Chippeways*, les *Assiniboines*, etc.) et des troupeaux immenses de buffles. Le territoire de Missouri est occupé seulement par quelques postes militaires, et la seule ville qu'on y trouve est *Leavenworth*, près de la rive gauche du Missouri, à 75 lieues de Jefferson.

MISTIQUE, bâtiment d'Espagne et de Portugal, espèce de chasse-marée, mais portant des antennes; il est du port de 80 tonneaux environ, et navigue à l'entrée de la Méditerranée et dans le Levant.

MISTRA ou Misitra, ville de Morée, à une lieue et demie des ruines de Lacédémone ou Sparte, et à 40 d'Athènes. Sa population est de 12,000 habitants. Elle a une belle mosquée, un hôpital, de beaux restes antiques, etc. Elle était jadis le chef-lieu d'un des sandjiakats turks de Morée. Aujourd'hui elle est la capitale du nome de Laconie.

MISTRAL. Les marins provençaux connaissent sous ce nom le N.-O. de la boussole, le *caurus* ou *corus* des Latins. Les Italiens l'appellent *maëstro*. C'est le vent le plus redoutable qui règne sur ces parages de la Méditerranée. C'est pendant l'hiver et l'automne qu'il souffle avec le plus d'impétuosité, surtout après les pluies orageuses.

MITELLA, espèce de bonnet des Romains, qui s'attachait sous le menton. Cette coiffure était particulière aux femmes, mais les hommes en faisaient usage à la campagne. On appelait aussi *mitella* des couronnes d'étoffes de soie, bigarrées de toutes les couleurs et parfumées d'odeurs. Il y en avait qui coûtaient 4 millions de sesterces (815,166 francs 67 centimes).

MITHRAS (myth.), divinité des Perses, confondue par les Grecs et les Romains avec le Soleil, et qui, selon Hérodote, n'était autre que l'Amour, principe de la génération et de la fécondité qui perpétue le monde. Suivant les Perses, Mithras était né d'une pierre. C'est par les Romains seuls que nous connaissons des monuments de Mithras. Le culte de ce dieu fut porté en Italie l'an de Rome 687. On représente Mithras avec un bonnet phrygien, une tunique et un manteau. Il tient le genou sur un taureau renversé, et lui plonge un poignard dans le cou, symbole de la force du soleil lorsqu'il entre dans le signe du Taureau.

MITHRIAQUES, fêtes et mystères de Mithras chez les Romains. La principale fête était celle de la naissance du dieu, le 25 décembre. Il fallait avant d'être initié à ces mystères passer par vingt-quatre épreuves différentes. On faisait baigner les candidats, puis on les obligeait de se jeter dans le feu. On les reléguait ensuite dans un désert, où ils étaient soumis à un jeûne rigoureux de cinquante jours. On leur mettait vingt autres fois dans la neige, etc. Après toutes ces épreuves, dans lesquelles l'initié succombait souvent, on était admis aux mystères.

MITHRIDATE. Six rois de Pont ont porté ce nom. — Mithridate Ier et mieux Mithridate, fils d'Ariobarzane Ier, monta sur le trône en 406 avant J.-C., et mourut l'an 368. — Mithridate II, surnommé *Ctistès* (fondateur), fils d'Ariobarzane II, monta sur le trône l'an 336 avant J.-C. Chassé par Alexandre, il reconquit son royaume sur Antigone, et mourut à quatre-vingt-quatre ans l'an 301. — Mithridate III, son fils, lui succéda, et réunit à ses Etats plusieurs provinces conquises dans la Paphlagonie et dans la Cappadoce. Il mourut l'an 226 avant J.-C. — Mithridate IV succéda à Ariobarzane II, son père, et eut Pharnace pour successeur l'an 183 avant J.-C. — Mithridate V, surnommé *Evergète* (bienfaiteur), succéda à Pharnace 156 avant J.-C., fit alliance avec les Romains, qui lui donnèrent en récompense la Phrygie, et périt assassiné à Sinope l'an 121 avant J.-C. — Mithridate VI, surnommé *le Grand* et *Eupator* (d'illustre naissance), succéda à son père Evergète, l'an 121 avant J.-C., à l'âge de douze ans. Il est fameux surtout par sa haine contre les Romains. Elle avait sa source dans ce qu'ils lui avaient enlevé la Phrygie et qu'ils l'avaient empêché de s'emparer de la Paphlagonie et de la Cappadoce. Mithridate lève une armée, s'empare de presque toute l'Asie-Mineure, et envahit la Grèce. Battu par Sylla, il est forcé de demander la paix (84 ans avant J.-C.); mais il recommence bientôt une seconde guerre (de 84 à 82 ans avant J.-C.). La mort du roi de Bithynie et la réduction de ce royaume en province romaine lui fournirent le prétexte d'une troisième guerre, dans laquelle il est battu par Lucullus et par Pompée (75 à 65). Il conçoit alors le projet d'attaquer Rome même; mais, ses soldats s'étant révoltés, il se fait tuer par un esclave l'an 64 avant J.-C. Il était cruel et farouche, mais instruit et lettré.

MITHRIDATE. Trois rois parthes ont porté ce nom. — Mithridate Ier, fils de Phriapatius, succéda l'an 164 avant J.-C. à son frère aîné Phraate Ier, subjugua les Mèdes, les Perses, les Bactriens, la Babylonie, la Mésopotamie, et étendit son empire de l'Euphrate au Gange. Il donna à ses peuples un code de lois, et mourut l'an 136 avant J.-C. — Mithridate II, fils d'Artaban III, monta sur le trône 126 ans avant J.-C., rétablit Antiochus Eusèbe sur ses Etats, et mourut l'an 86 avant J.-C. Il eut pour successeur son fils Mnaskirès. — Mithridate III, fils de Phraate, lui succéda l'an 61 avant J.-C. Ayant été chassé de ses Etats, il se rendit à son frère Orode, qui le fit égorger 53 ans avant J.-C.

MITHRIDATE. Trois rois du Bosphore Cimmérien ont porté ce nom. — Mithridate Ier, *le Grand*, roi de Pont, fut aussi roi du Bosphore; mais il s'associa son fils Macharès. — Mithridate II, surnommé *le Pergaménien* du lieu de sa naissance, fut placé sur le trône de Bosphore par César, et mourut assassiné. Sa mère, concubine du grand Mithridate, l'avait fait passer pour le fils de ce prince. — Mithridate III, se donnant pour descendant de Mithridate Eupator, fut établi roi par Claude l'an 42 de J.-C., et chassé en 49 par les Romains de son trône, qui fut donné à Cotys II, son frère. Mithridate vécut à Rome jusque sous le règne de Galba, qui le fit mettre à mort comme complice de Nymphidius.

MITHRIDATE, nom d'un médicament très-composé, dans lequel entrent la myrrhe d'Arabie, le safran, l'agaric, le gingembre, la cannelle, l'encens, l'ail, la moutarde, l'aristoloche, le galbanum, le castoréum, le poivre long, l'opopanax ou suc retiré du collet de la racine du panais, le bdellium, la gomme arabique, l'opium, la gentiane, l'iris, le sagapénum, la valériane, l'acacia, la mille-pertuis, le vin des Canaries, etc. Ce médicament, qu'un contre-poison que l'on croit avoir été composé par Mithridate, roi de Pont. Il est peu usité aujourd'hui, et on lui préfère la *thériaque*.

MITRAILLE, réunion de biscaïens, de balles ou de vieux fers renfermés dans des boîtes de fer-blanc ou en paquets munis de toile, arrangés autour d'une tige de fer, sur un culot ou plaque du calibre d'un canon. Celle-ci se nomme *grappe de raisin*. On en charge les canons et les caronades pour faire le plus de mal possible à l'ennemi. Pour tirer à mitraille, il faut être près de son ennemi parce qu'elle ne porte pas loin. On ne s'en sert que sur des masses ; car elle s'écarte comme le plomb, ce qui la rend plus dangereuse et plus meurtrière.

MITRAL (anat.). On appelle ainsi certains organes auxquels on a reconnu une certaine ressemblance avec une mitre d'évêque. — En botanique, le mot *mitral* a la même signification, mais il est peu employé.

MITRE, ornement pontifical que les évêques, les archevêques et les cardinaux portent sur leur tête quand ils marchent ou officient publiquement. C'est un bonnet rond, pointu et fendu par le haut, ayant deux fanons qui pendent sur les épaules. Les abbés réguliers portaient autrefois la mitre, mais tournée de profil, et la crosse en dedans, pour montrer qu'ils n'avaient juridiction spirituelle que dans leur cloître.

MITRE, genre de mollusques confondus à tort avec les *volutes*, dont ils se distinguent par leur forme approchant de celle d'une tour, leur sommet pointu et l'existence d'un drap marin. Les mitres sont communes dans les mers du Sud. On compte plus de quatre-vingts espèces vivantes et un grand nombre à l'état fossile. Les plus belles sont la *mitre épiscopale*, longue d'environ cinq à six pouces, et remarquable par la vivacité de ses couleurs, et la *mitre papalo* ou *tiare*.

MITTAU, ville de Russie, capitale de la Courlande, à 12 lieues de Riga et 96 de Varsovie. Sa population est de 15,000 habitants. Elle commerce en blé, vin, chanvre, viande salée. Elle a été prise en 1701 par les Suédois et en 1706 par les Russes.

MITYLÈNE (aujourd'hui *Mételin* ou *Castro*), capitale de l'île de Lesbos, sur la côte orientale, avec un port. Sa population est de 10,000 habitants. Cette ville était autrefois une des plus riches, des plus puissantes et des plus peuplées de la Grèce. Elle fut la patrie de Pittacus, d'Alcée et de Sapho. Aussi sa gloire principale fut celle des lettres et des sciences. Il ne reste aujourd'hui que quelques ruines de la ville ancienne.

MIXTE, terme consacré dans la règle de Saint-Benoît pour signifier un vase de vin, le tiers de l'hémine, que l'on donnait aux lecteurs de table, aux serviteurs de cuisine, etc. — Le mot *mixte* veut généralement dire mélangé. C'est de là que dérivent *mixtion*, qui signifie le mélange de plusieurs substances, qui conservent leurs propriétés, et *mixture*, qui indique un mélange destiné à être pris en gouttes sur du sucre ou dans un verre de boisson appropriée.

MNASKIRÈS, dixième roi des Parthes, succéda à son père Mithridate II l'an 76 avant J.-C., et laissa la couronne à Sinnathrocès, son frère, après un règne de neuf ans (77 ans avant J.-C.)

MNÉMOSYNE (myth.), déesse de la mémoire, fille du Ciel et de la Terre, sœur de Saturne et de Rhéa. Jupiter, sous la forme d'un berger, la rendit mère des neuf Muses, qui sont appelées souvent Piérides parce qu'elle accoucha sur le mont Piérius. On attribue à Mnémosyne l'invention du raisonnement et l'imposition des noms convenables à chaque être.

MNÉMOTECHNIE, art de développer et de fortifier la mémoire. Les anciens le connaissaient. Selon quelques-uns, l'invention en est due au poète Simonide. Conrad-Celtes dans le XVe siècle et Schenkel dans le XVIe siècle remirent en usage et perfectionnèrent cet art, qui emploie pour soulager la mémoire tantôt les chiffres, tantôt les images.

MNESTER, pantomime célèbre de Rome, l'un des favoris de Caligula, fut aimé de Messaline sous le règne de Claude, et repoussa ses offres de crainte d'irriter Claude. Messaline s'en étant plainte, l'empereur fit battre Mnester de verges et lui ordonna de ne rien refuser à l'impératrice. Il fut mis à mort avec Messaline. — C'est aussi le nom d'un des affranchis d'Agrippine, qui, après la mort de cette princesse, se perça de son épée et se jeta au milieu des flammes de son bûcher.

MNESTHÉE, Troyen, fils de Clytius, l'un des descendants d'Assaracus, et natif de Lyrnesse, remporta le prix de la course navale et celui de l'arc dans les jeux donnés en Sicile à l'occasion de la mort d'Anchise. En Italie, il se couvrit de gloire en forçant Turnus à la fuite. Il fut la tige de la famille romaine Memmia.

MNÉVIS (myth.), nom du bœuf consacré au Soleil dans la ville d'Héliopolis. Il devait être noir et hérissé. Il était l'emblème d'Osiris ; on lui rendait le même culte qu'au bœuf Apis, dont, selon quelques mythologues, il était le père, et lorsqu'il mourait on lui faisait des obsèques magnifiques.

MOAB, fils incestueux de Loth et de sa fille aînée, père des Moabites. — On appelle *plaines de Moab* la partie septentrionale de la Moabitide, à cause de ses vastes plaines.

MOABITES, peuple de la Palestine, descendant de Moab, et habitant la Moabitide, petite contrée bornée au N. par le torrent d'Arnon, au S. par l'Arabie Pétrée, à l'E. par l'Arabie Déserte et le pays de Madian, et à l'O. par le lac Asphaltite. Les Moabites furent souvent en guerre avec les Juifs. Eglon, leur roi, les réduisit en captivité pendant dix-huit ans (1345-1327). Jéroboam, roi d'Israël, les soumit. Ils adoraient Chamos et Belphégor. Leur capitale était Ar ou Aréopolis, nommée aussi *Rabbath-Moab* et *Kirs-Arscheth*.

MOAVIA ou MOHAWYAH, arrière-petit-fils d'Omayah ou Ommiah, prince de la tribu arabe des Ben-Koreisch, et cousin germain de l'aïeul de Mahomet, était général du calife Othman, et fut le concurrent d'Ali pour le califat après l'assassinat d'Othman. Il ne monta sur le trône qu'après Ali en 661. Il fut le premier calife de la dynastie des Ommiades, et mourut en 680. Il rendit le califat héréditaire en faveur de son fils Yézid.

MOBILE, qui peut se mouvoir. — En imprimerie, on appelle ainsi des caractères séparés, qu'on place les uns après les autres pour former des mots, par opposition aux planches stéréotypées. — Les *fêtes mobiles* sont celles qui ne se célèbrent pas le même jour toutes les années. Ce sont la Septuagésime, la Sexagésime, la Quinquagésime, les Cendres, Pâques, l'Ascension, la Pentecôte, la Trinité et la Fête-Dieu. Cela dépend de la fête de Pâques, fixée par l'Eglise au premier dimanche qui suit la première pleine lune après l'équinoxe du printemps.

MOBILE. Les anciens astronomes appelaient *premier mobile* le mouvement diurne et commun de tout le ciel. Les horlogers nomment *mobile* une roue ou quelque autre pièce du mouvement d'une montre ou d'une pendule qui tourne sur des pivots. Dans une montre, les *premiers mobiles* sont le barillet, la fusée et la grande roue moyenne ; les *derniers mobiles*, la petite roue moyenne, la roue de champ, la roue de rencontre et le balancier.

MOBILE (géogr.), rivière des Etats-Unis, qui se forme du concours des rivières de Tombigbée et d'Alabama, dans l'État de l'Alabama qu'elle traverse. Son cours est de 20 lieues environ depuis la jonction des deux rivières jusqu'à son embouchure dans la baie Mobilo au-dessous de la ville qui porte aussi ce nom.

MOBILIER. On appelle ainsi, en droit, tout ce qui n'est pas immeuble, soit de sa nature, soit par la détermination de la loi. — Une *action mobilière* est toute action qui tend à la revendication d'un meuble incorporel ou corporel. — Les *ventes mobilières* embrassent également toutes les dispositions à titre onéreux qui portent sur des biens meubles corporels ou incorporels.

MOCENIGO, famille illustre de Venise, l'une des douze appelées apostoliques. Elle a donné plusieurs doges à la république. — TOMMASI MOCENIGO succéda en 1413 à Michel Zeno, et mourut en 1423. — PIETRO MOCENIGO succéda en 1474 à Nicolas Marcello, et mourut en 1476. — GIOVANNI MOCENIGO succéda en 1478 à Andrea Vendramino, et mourut en 1485. — LUIGI MOCENIGO succéda en 1570 à Pietro Loredano, et mourut en 1577. — LUIGI MOCENIGO II succéda en 1700 à Silvestro Falieri, et mourut en 1709. — SÉBASTIEN MOCENIGO succéda en 1722 à Giovanni Cornaro, et mourut en 1732. — ALOÏSIO MOCENIGO succéda en 1763 à Marco Foscarini, et mourut en 1779.

MOCOCO, espèce de quadrumane, du genre *maki*, qu'il ne faut pas confondre avec le *macoco*, qui est du même genre et habite comme lui Madagascar. Le mococo a le pelage d'un cendré roussâtre en dessus et sur les membres, avec les parties inférieures blanches, et la queue annelée de noir.

MODE. En grammaire, forme que prend la terminaison d'un verbe pour exprimer les différentes manières de présenter l'affirmation. Il y a en français cinq modes : 1° l'*indicatif*, qui ne fait qu'indiquer l'affirmation, mais avec nombre et personne ; 2° le *conditionnel*, qui affirme avec condition ; 3° l'*impératif*, qui affirme avec commandement ; 4° le *subjonctif*, qui donne à l'affirmation un certain degré de doute ; 5° l'*infinitif*, qui affirme d'une manière générale, sans nombre ni personne. Les Latins traduisent le conditionnel, qu'ils n'ont pas, par l'imparfait et le plus-que-parfait du subjonctif, et les Grecs ont un *optatif*, que nous traduisons par le subjonctif ou le conditionnel.

MODE, manière d'être d'un ton. Dans la musique des anciens, il y avait un grand nombre de modes. Chacun correspondait à un sentiment particulier de l'âme. Dans la musique moderne, il n'y en a que deux, et le mot a changé d'acception. Ces deux modes sont le *majeur* ou le *mineur*. Le mode est majeur, quand la troisième note d'une gamme (ou *médiante*) est à la distance de deux tons ou quatre demi-tons de la première (ou *tonique*), et la sixième à l'intervalle de quatre tons et demi, ou de neuf demi-tons. Le mode est mineur, quand ces deux intervalles sont plus petits d'un demi-ton. — *Mode*, dans la notation, désigna longtemps au moyen âge une manière de fixer des signes la valeur relative des notes et des silences. Le mode se marquait après la clef par des cercles ou des demi-cercles, avec ou sans point à leur centre, accompagnés des chiffres 2 ou 3, selon que la mesure était à deux ou trois temps. C'est de cet usage qu'est resté dans la musique moderne celui d'employer le C commo ou traversé d'une ligne verticale, pour indiquer la mesure à deux ou quatre temps.

MODE (antiq.). Les Grecs avaient quinze modes dans leur musique. Saint Ambroise et saint Miroclet en choisirent quatre qui composèrent le plain-chant primitif ; ce sont le *dorien*, le *phrygien*, le *lydien* et le *mixo-lydien*, ayant pour toniques *ré, mi, fa, sol*. Ils furent appelés *authentiques*. Le pape Grégoire ajouta à chacun d'eux un ton supplémentaire appelé *plagal*, pris à la quarte inférieure du ton authentique, et désigné sous le nom de celui-ci, précédé de *hypo*. Enfin on ajouta plus tard deux autres modes avec leurs plagaux, l'*éolien* et l'*ionien*, ayant *la* et *ut* pour toniques.

MODELAGE, opération par laquelle le sculpteur et quelquefois le peintre fait en argile, en cire ou en plâtre, une figure d'après laquelle il exécute ensuite ses ouvrages, en marbre ou en bronze, ou bien sur la toile. Les Grecs attribuaient à Dibutade de Sicyone l'invention des modèles en argile. — L'expression *bien modeler* s'entend aussi, en peinture, de bien rendre, au moyen des lignes et des ombres, les parties rondes, saillantes, etc. Vandick et les Carrache modelaient avec une grande perfection.

MODÈNE, duché d'Italie, borné au N. par le royaume lombardo-vénitien, au S. par la mer, la principauté de Lucques et le grand-duché de Toscane, à l'O. par les duchés de Parme et de Gênes, et à l'E. par les Etats de l'Eglise. Il comprend 1° le duché de Modène, qui renferme le duché de Reggio, ceux de Carpi, de Correggio, de Novellara et de la Mirandole, avec une superficie de 285 lieues carrées et une population de 480,000 habitants; 2° les duchés de Massa et Carrara, avec une superficie de 15 lieues carrées et une population de 28,000 habitants. Le sol du duché de Modène est montueux et fertile. Les olives, le vin et la soie sont les principales branches de son commerce. Les revenus montent à un demi-million de florins. Le pouvoir absolu a résidé depuis 1290 dans la maison d'Este, éteinte en 1803. L'archiduc Ferdinand, époux de Béatrix, fille du dernier duc, a fondé une nouvelle branche des ducs de Modène. Son fils, François IV, né en 1779, règne depuis 1814.

MODÈNE, ville d'Italie, capitale du duché de ce nom, à 38 lieues de Milan, et 9 de Bologne. Sa population est de 25,010 habitants. Elle a plusieurs beaux monuments (la cathédrale, le palais ducal, etc.), une université, une bibliothèque, un évêché, etc. Elle a des fabriques considérables de voiles, et est la patrie de Muratori, de Fallope et de Tassoni. Les jésuites y ont été rétablis en 1814.

MODERATO (en italien, *modéré*), mouvement ni trop vif ni trop lent d'un morceau de musique.

MODILLON, terme d'architecture, ornement de la corniche de l'ordre corinthien. Les modillons sont de petites consoles renversées en forme de S, sous le plafond de la corniche. On appelle *entre-modillons* les distances qui sont entre les modillons.

MODIUS, mesure romaine de capacité pour les choses sèches, qui valait 16 sextarii ou setiers, environ les 4 cinquièmes de notre boisseau, ou 8 litres 6 décilitres 3 centilitres.

MODULATION, terme de musique, manière de changer de mode ou de ton dans le cours d'un morceau de musique. *Moduler*, c'est faire des modulations.

MODULE, terme d'architecture, mesure prise à volonté pour régler les proportions des colonnes et la symétrie ou la disposition de l'édifice. Les architectes prennent le plus souvent pour module le diamètre ou le demi-diamètre du bas de la colonne, et le subdivisent en parties ou *minutes*. En numismatique, c'est une mesure prise pour fixer les médailles par des grandeurs déterminées, et en composer les différentes suites dans un médaillier.

MOEDA ou LISBONNINE, monnaie d'or du Portugal. La *moeda d'ouro* vaut 4,800 reis ou 33 francs 96 centimes de notre monnaie. La *meia moeda*, aussi d'or, vaut 2,400 reis ou 16 francs 98 centimes. On la nomme aussi *demi-lisbonnine*.

MOELLE. On appelle ainsi, en anatomie, une substance plus ou moins molle, douce et grasse, renfermée dans l'intérieur des os. Elle paraît formée de l'agglomération de petites vésicules membraneuses enveloppant un liquide huileux dont la consistance varie beaucoup dans les différentes espèces d'animaux. Elle est considérable dans le mouton et dans le bœuf. On ignore les fonctions de la moelle. Ceux qui n'ont sa sensibilité et ses autres propriétés lui assignent le seul rôle de remplir les cavités osseuses.

MOELLE (bot.). On appelle ainsi une substance spongieuse, légère et humide, qui se voit au centre des plantes dicotylédonées et dans toute la tige des monocotylédonées. Elle existe en grande quantité dans les jeunes plantes; elle disparaît peu à peu dans les vieilles, et semble alors se convertir en bois. Elle descend de la tige jusqu'à la racine, et s'allonge du centre à la circonférence. Elle paraît ne pas avoir d'usages.

MOELLE ÉPINIÈRE, nom donné en anatomie à cette portion du système nerveux qui occupe la colonne vertébrale, et qui donne naissance aux nerfs spinaux.

MOELLON, la moindre pierre qui provient d'une carrière. Le moellon s'emploie aux fondements, aux murs de médiocre épaisseur et pour le garni des gros murs. On appelle *moellon blogué* un moellon de mauvaise qualité qui ne peut être équarri; *moellon d'appareil*, un moellon qui est équarri comme un petit carreau de pierre, et piqué pour être employé dans un mur de face; *moellon de plat*, un moellon placé sur son lit dans les murs que l'on élève à plomb; *moellon en coupe*, un moellon posé sur le champ dans la construction des voûtes; *moellon gisant*, celui qui a le plus de lit et où il y a moins à tailler pour le façonner; *moellon piqué*, celui qui, après avoir été ébauché, est piqué jusqu'au vif avec la pointe du marteau. — Dans les manufactures de glaces, les *moellons* sont des pierres qui servent à adoucir les glaces de petit volume. On distingue celui d'*assiette*, sur lequel repose la glace, et celui de *charge*, avec lequel on appuie sur la glace.

MOELLENHAGEN, village de la seigneurie de Stargard en Prusse. Il a donné son nom à une branche de la maison de Holstein.

MOELLENDORFF (Richard-Joachim-Henri, comte de), feld-maréchal prussien, chevalier des ordres de Prusse, gouverneur de Berlin, etc., naquit dans la régence de Priegnitz en 1724, dut sa élévation à son courage, qui lui mérita la faveur du grand Frédéric, dont le successeur lui confia la charge de général de l'infanterie prussienne. Le comte de Mœllendorff commanda presque toujours les armées prussiennes jusqu'à sa mort arrivée en 1807.

MOERIS, roi d'Egypte, qui occupa le trône pendant soixante-huit ans, avant Sésostris, environ dans le XVIIe siècle avant J.-C. C'est à lui qu'on attribue la construction du lac qui porte son nom.

MOERIS (Lac), célèbre lac d'Egypte, dans l'Heptanomide, à peu de distance d'Arsinoé, à 12 milles de Memphis et 12 du Nil. Il avait, selon la plupart des auteurs anciens, 3,600 stades de tour (environ 105 de nos lieues). Sa profondeur était de 300 pieds. Il communiquait au Nil par un canal de 5 lieues et de 20 pieds de largeur. Au milieu du lac étaient deux grandes pyramides qui s'élevaient à 300 pieds audessus de la surface des eaux. Ce lac avait été construit par le roi Mœris pour corriger l'irrégularité des inondations du Nil, tantôt trop abondantes, tantôt trop faibles, en recevant le superflu des eaux dans le premier cas, et en lui en donnant dans le second.

MOESIE. Voy. MÉSIE.

MOFETTE ou MOUFFETTE, nom donné au gaz azote et à d'autres gaz délétères qui se dégagent des mines. Ainsi l'hydrogène carboné et sulfuré, l'acide carbonique, etc., sont des mofettes.

MOGADOR, ville de l'empire de Maroc, capitale de la province de Haha, avec un port sur l'océan Atlantique. Sa population est de 30,000 habitants, dont 6,000 juifs. Elle est la résidence de plusieurs consuls étrangers, et exporte des amandes, des dattes, des grenades, de la cire, des peaux de chèvre, de veau, etc., de l'huile d'olive, etc.

MOGHISTAN (c'est-à-dire *pays des dattes*), contrée de la Perse, faisant partie de la province de Kerman, et s'étendant le long du golfe Persique depuis le cap Jask jusqu'au N. de Bender-Abassi. Elle est ainsi appelée parce qu'elle ne produit que des dattes. C'est un pays malsain, où les chaleurs sont insupportables. La capitale est MINA, à 12 lieues de Kerman.

MOGOLISTAN, nom donné à l'empire fondé dans l'Indoustan par les Mogols ou Mongols. Il était borné à l'O. par la Perse, au N. par la Boukharie et le Thibet, et à l'E. par l'Indo-Chine. Appelé aussi empire du grand Mogol, cet empire, fondé en 1519 par Babour, un des descendants de Tamerlan, fut rétréci d'abord par les Anglais, et renversé finalement par les Mahrattes à la fin du XVIIIe siècle.

MOGOLS. Voy. MONGOLS.

MOHA, espèce de millet, cultivée comme plante à fourrage, produisant beaucoup, se semant épais, aussitôt après les gelées, dans un sol chaud, meuble, sablonneux, et rapportant, année commune, trois cent soixante-quatorze gerbes du poids de 10 kilogrammes chacune par demihectare. La graine du moha est ovoïde, d'un jaune pâle. Légèrement concassée, elle remplace le riz dans la cuisine. Les oiseaux de basse-cour l'aiment beaucoup.

MOHAMMED, mot arabe d'où nous avons fait MAHOMET. Voy. ce mot.

MOHAMMED (LE CHEIK), célèbre fondateur de la secte religieuse des wahabis, nom qu'ils prirent d'*Abd-el-Waheb*, père de leur fondateur, naquit vers 1705 dans la tribu des Ben-Temim, province du Nedjed, en Arabie. Eloquent, pieux et instruit, il passa pour inspiré, et voulut prêcher la réforme de l'islamisme. Il admettait le Koran, et regardait comme des sages Jésus-Christ, Mahomet et les prophètes; mais il leur refusait toute espèce de culte. En dix ans, les wahabis devinrent maîtres du Nedjed, et firent des progrès rapides hors de cette province. Le cheik Mohammed mourut en 1803, et eut pour successeur dans le pontificat suprême Hougain, son fils aîné.

MOHATRA (CONTRAT). On appelait autrefois ainsi un contrat par lequel on achetait à crédit, mais fort cher, de la marchandise, à condition de la revendre aussitôt argent comptant et à bon marché au marchand même de qui on l'avait achetée. Ce contrat contient une usure manifeste.

MOHAWK, rivière des Etats-Unis, qui prend sa source dans l'Etat de New-Yorck, et se jette dans l'Hudson, à 3 lieues au N. d'Albany, après un cours de 55 lieues. Elle arrose le pays habité autrefois par la tribu indienne des Mohawks, qui avaient leurs demeures aux environs du lac Erié.

MOHILEF, gouvernement de la Russie d'Europe, formé de la Lithuanie, borné au N. par celui de Vitesk, au S. par celui de Tchernigov, à l'O. par celui de Minsk, et à l'E. par celui de Smolensk. Sa superficie est de 1,960 lieues carrées, et sa population de 662,700 habitants. Il est traversé par le Dniéper, et se divise en deux cercles. La capitale est MOHILEF, sur le Dniéper, à 36 lieues de Smolensk. Elle a une population de 12,500 habitants et un archevêché. Il se livra sous ses murs en 1707 une bataille des Suédois contre les Russes.

MOINE (de deux mots grecs qui signifient *seul* et *tristesse*), religieux qui vit dans la solitude et la pénitence, loin du commerce du monde. On n'est pas d'accord sur l'origine de la vie monastique. L'opinion commune la place au IIIe siècle. Saint Paul, fuyant la persécution, se retira dans un désert vers 250, et fut le premier ermite. Pour l'Occident, la vie monastique n'y fut guère connue et pratiquée que vers le milieu du IVe siècle. Les moines de l'Orient suivirent la règle de saint Basile, et ceux de l'Occident celle de saint Benoît. Il y avait anciennement trois sortes de moines: les *cénobites*, qui vivaient en commun; les *sarabaïtes*, qui habitaient deux ou trois dans les cellules; et les *ermites* ou *anachorètes*, qui vivaient seuls dans les déserts.

MOINE (François LE), célèbre peintre, né à Paris en 1688, fut l'élève de Galloche, professeur à l'académie de peinture, en devint lui-même membre en 1718. C'est lui qui a peint le grand salon qui est à l'entrée des appartements à Versailles, et qui représente l'apothéose d'Hercule. Il y employa quatre ans. Le roi le nomma en 1736 son premier peintre, et lui donna peu de temps après une pension de 3,600 livres. Il se tua de plusieurs coups d'épée en 1737.

MOINE (Jean-Baptiste LE), sculpteur français, né à Paris en 1704, fut l'élève de son père Jean-Louis Le Moine, mort en 1755 à quatre-vingt-dix ans, et remporta le prix de sculpture. Il mourut à Paris en 1778, membre de l'académie de peinture et de sculpture, des académies des sciences, belles-lettres et arts de Toulouse, de Rouen et de Dijon. Il est surtout connu par sa statue équestre de Louis XV à Bordeaux, par la pédestre à Reims, par les tombeaux de Mignard et du cardinal Fleury, et par l'autel de Saint-Jean en Grève.

MOINEAU, section du genre *gros-bec*, de l'ordre des passereaux granivores, de la famille des fringillés, renfermant des oiseaux qui ont le bec parfaitement conique, seulement un peu bombé vers la pointe et un peu obtus. Le type du groupe des moineaux est le *moineau domestique*, dont la longueur totale est de cinq pouces dix lignes. Son plumage est varié de roux, de brun, de cendré et de gris blanc. La femelle, qui est plus petite, pond trois et quatre fois par an de cinq à huit œufs, qu'elle dépose dans des nids au sommet des arbres ou dans les trous de muraille. Le moineau s'apprivoise facilement, et vit jusqu'à plus de quinze ans. Il supporte également les chaleurs de l'été et les rigueurs de l'hiver. On le trouve dans les pays fertiles, non parce qu'il dévore le blé, ce qui est une erreur, mais parce qu'il se nourrit des chenilles, des insectes, etc., qui en sont les fléaux.

MOIRA (Francis Rawdon-Hastings, lord), marquis de Hastings, né en Irlande en 1754, d'une des plus anciennes familles d'Angleterre. Il servit dans la guerre d'Amérique, où il parvint jusqu'au grade de général. De retour en Angleterre, il fut nommé par le roi son aide de camp et pair de la Grande-Bretagne. En 1803, il devint commandant en chef des forces britanniques en Ecosse et constable de la Tour. En 1805, il reçut l'emploi de lord-lieutenant d'Irlande. En 1806, il devint grand maître de l'artillerie, et en 1814 gouverneur général des possessions anglaises dans l'Inde.

MOIRE, sorte d'étoffe de soie assez forte, et dont le tissu présente des ondes et des ramifications vagues et brillantes qui lui donnent de l'éclat.

MOIRÉ. On donne ce nom à tout ce qui a l'aspect de la moire, c'est-à-dire qui présente des reflets. — Le *moiré métallique* n'est autre chose que du fer-blanc dont la surface a été amenée à l'état cristallin par une méthode due à un Français nommé Allard. Cette méthode consiste à faire chauffer le fer-blanc de manière à en faire fondre l'étain et à le refroidir ensuite brusquement en versant de l'eau sur le côté opposé.

MOIS. Il y en avait autrefois de deux sortes : les *mois lunaires*, mesurés par la révolution de la lune autour de la terre, étaient de 29 jours et demi environ ; les *mois solaires*, mesurés par le douzième de la révolution de la terre autour du soleil, étaient de 30 jours environ. Presque tous les peuples avaient divisé l'année en douze mois. Les Juifs et les Grecs seuls en admettaient un treizième dans certaines années lunaires, afin de revenir au système solaire. Les Hébreux distinguaient deux espèces d'années ; ils commençaient l'année religieuse au mois abib ou nisan, et la finissaient à vé-adar ou adar II ; tandis que la civile, reculant de six mois, commençait à tizri et finissait à élul.

MOISE (en latin, *Moses*), c'est-à-dire *sauvé des eaux*, célèbre législateur, prophète et général des Juifs, de la tribu de Lévi, naquit à Tanis en Egypte, d'Amram et de Jocabed, l'an 1571 avant J.-C., et fut sauvé par Thermutis, fille du Pharaon, des eaux du Nil, où, selon l'édit de ce prince, toutes les femmes des Hébreux étaient obligées de jeter leurs enfants mâles. Choisi par Dieu pour être le libérateur de son peuple, il réclame du roi la liberté d'emmener le peuple hébreu dans le désert, et l'obtient enfin après un grand nombre de miracles, connus sous le nom des *sept plaies d'Egypte*. Il fit passer la mer Rouge aux Israélites, opéra un très-grand nombre de miracles, reçut la loi de Dieu sur le mont Sinaï, vainquit les rois qui s'opposaient à son passage, et réprima les séditions des Hébreux. Il mourut l'an 1451 avant J.-C. sur la montagne de Nebo en Moabitide, où Dieu lui avait commandé de monter pour lui faire voir la terre promise. C'est Moïse qui est l'auteur du *Pentateuque*. On lui attribue aussi quelquefois le livre de *Job*.

MOISE. Voy. Mousaï.

MOISE, nom donné à des liens de bois qui embrassent d'autres pièces de charpente. — Dans les manufactures de glaces, on appelle *moise* un instrument de fer, de douze pieds de longueur, ayant des *cornes* ou crochets d'environ dix pouces de long, et écartés d'environ cinq pouces. Il sert pour enfourner ou retirer les glaces du four.

MOISISSURE (en latin, *mucor*), nom vulgaire sous lequel on comprend toutes les petites plantes cryptogames, filamenteuses ou pulvérulentes que l'on trouve sur les substances en décomposition.

MOISSAC, sur la rive droite du Tarn, chef-lieu d'arrondissement du département de Tarn-et-Garonne, à 7 lieues et demie de Montauban. Population 11,000 habitants. Cette ville est très-ancienne ; elle était considérable sous Clovis, qui y fonda une abbaye célèbre, existant encore en partie ; l'abbé se nommait *abbé chevalier*. Il était le seigneur de Moissac, et relevait des comtes de Toulouse. Chaque habitant devait lui payer annuellement 500 sous de Cahors. L'abbaye avait seule le privilège de servir d'asile aux malfaiteurs. Moissac est dans une situation agréable ; le Tarn, qui y est navigable, facilite son commerce très-actif avec Bordeaux. Cette ville a un tribunal de première instance et de commerce, une école secondaire ecclésiastique, un collège. Elle commerce en belles farines, laines, grains, huile, vins, sel, safran, etc.

MOISSON, récolte des blés et des autres céréales. L'usage le plus ordinaire est de couper les céréales avec la faucille ; mais dans un grand nombre de départements on les coupe à la faux. Le temps que l'on doit préférer pour faire la moisson est l'instant où le chaume perd sa couleur verte pour se rembrunir, quoique le grain ne lui résiste pas cependant encore à la pression. L'avoine a besoin d'être coupée un peu plus verte que le froment, le seigle et l'orge. Après avoir coupé le blé, on le rentre immédiatement ou on le laisse sécher.

MOITTE (Jean-Guillaume), sculpteur célèbre, né à Paris en 1747 de Pierre-Etienne Moitte, graveur du roi. Elève de Pigal et de Le Moine, il remporta le grand prix en 1768 pour un *David portant en triomphe la tête de Goliath*. Une statue représentant un *Sacrificateur* lui ouvrit en 1783 les portes de l'académie de peinture et de sculpture. Il mourut en 1810. On lui doit un grand nombre de statues et de bas-reliefs.

MOLAIRES. On appelle *dents molaires* ou *mâchelières* les dents qui occupent la partie la plus reculée de chaque arcade alvéolaire, et présentent une couronne plus large que haute, inégale, tuberculeuse, et une racine plus ou moins subdivisée. Leur nombre est de vingt, six à chaque mâchoire. On distingue les deux premières paires de dents molaires à chaque mâchoire sous le nom de *petites molaires* ; les trois paires qui suivent sont les *grosses molaires* ; la troisième de ces dernières est nommée *dent de sagesse*.

MOLAY (Jacques de), dernier grand maître de l'ordre des templiers, de la noble famille de Longwy en Bourgogne. Accusé avec ses frères, Jacques de Molay, qui faisait alors la guerre aux Turks dans l'île de Chypre, se rendit à la sommation du pape, qui lui ordonnait de venir se justifier des crimes dont son ordre était accusé. Après avoir été mis à la torture avec plusieurs chevaliers, ils firent des aveux qu'ils rétractèrent ensuite, et le 11 mai 1313 Jacques de Molay fut brûlé vif dans l'île du Palais avec Guy, frère du dauphin de Viennois, et Hugues de Péralde. On dit qu'il ajourna le pape à paraître devant Dieu dans quarante jours et le roi dans l'année.

MOLDAU, rivière de Bohême, qui prend sa source dans le cercle de Budweis au Böhmerwald, traverse la Bohême du S. au N., reçoit la Beraun, la Luchnitz, la Metau, etc., passe à Prague et se jette dans l'Elbe au-dessous de cette ville, après un cours de 62 lieues.

MOKA, ville d'Arabie, dans l'Yémen, avec un bon port défendu par deux forts, à 15 lieues au N. du détroit de Bab-el-Mandeb. Sa population est de 20,000 habitants. Moka est le centre du commerce de l'Inde, de l'Arabie, de l'Egypte et du reste de l'Afrique. Les importations consistent en draps, corail, fer, cochenille, poivre, épices, tabac, toiles, etc. ; les exportations en encens, myrrhe, gomme arabique, séné, noix de galle, nacre de perle, et surtout en café, qui passe pour le meilleur de l'univers.

MOLDAVIE, principauté d'Europe, bornée au N. par la Gallicie, à l'E. par la Bessarabie, au S. par la Valachie, et à l'O. par la Transylvanie. Sa superficie est de 2,014 lieues carrées, et sa population de 450,000 habitants, dont 130,000 Zingari ou Zinguénes ou Bohémiens. Le terrain est uni, l'air chaud, mais peu sain. Le pays est fertile, mal cultivé et arrosé par le Dniester, le Pruth, la Moldava, qui lui donne son nom, etc. Les revenus s'élèvent à 6,000,000 de francs. La Moldavie est gouvernée par un *hospodar* (en slave, seigneur), sous la suzeraineté de la Turquie et la protection de la Russie, qui ont reconnu l'intégrité de son territoire par un traité (1829). — La Moldavie embrassait autrefois un plus grand territoire. Mais en 1777 l'Autriche s'empara d'une étendue de près de 420 lieues carrées, appelée *Buchowine*, et en 1812 le sultan fut obligé de céder à la Russie une étendue de 3,700 lieues carrées, qui comprend la Bessarabie. — La capitale de la principauté de Moldavie est Jassy.

MOLE. On nomme ainsi une sorte de jetée en pierres de taille très-dures, construite à l'entrée des havres pour en fermer l'entrée du côté le plus exposé aux vents du large. Il diffère de la digue en ce que celle-ci présente ses travers aux lames, tandis que lui présente son extrémité. — En ichthyologie, *mole* est le nom d'un genre de poissons de la famille des plectognathes, remarquables par leur grande taille et leur queue si haute et si courte verticalement qu'ils ont l'air d'avoir la partie supérieure coupée. Ce genre renferme trois espèces, dont la plus remarquable est le *môle de la Méditerranée*, vulgairement appelé *lune* ou *soleil*.

MOLÉ, famille noble et ancienne, originaire de Troyes en Champagne, qui a donné à la France un grand nombre d'excellents magistrats. Le plus célèbre est Mathieu Molé, seigneur de Champlâtreux, de Lassy, etc., etc., né en 1584, se fit estimer de tout le monde par sa probité, ses talents et son zèle pour l'Etat. Il fut reçu conseiller au parlement en 1606, devint successivement président aux requêtes du palais, puis procureur général, et enfin premier président au parlement de Paris en 1641. Il succéda en 1650 dans la charge de garde des sceaux à Châteauneuf, et mourut en 1656. On cite de lui un grand nombre de traits de fermeté et de sang-froid.

MOLÉ (René-François), célèbre acteur du Théâtre-Français, membre de l'Institut, né à Paris en 1734. Il débuta au Théâtre-Français en 1754 par le rôle de *Britannicus*, et ne fut reçu définitivement qu'en 1761. Il exerça avec le plus grand succès les emplois de premier comique. Sous l'empire, il fut nommé maître de déclamation de l'école de l'Opéra, et chargé en chef de l'école du Théâtre-Français. Il mourut en 1805.

MOLÉCULE. On nomme ainsi, en chimie, la plus petite partie d'un corps quelconque. Les molécules sont de deux sortes dans les corps ; les unes, appelées *intégrantes*, sont semblables ou homogènes, c'est-à-dire de même nature ; les autres, appelées *constituantes*, sont dissemblables ou hétérogènes. Dans les corps simples, on ne trouve que des premières ; dans les composés, on trouve les unes et les autres.

MOLETTE, la partie de l'éperon faite en forme d'étoile, et garnie de petites pointes qui servent à piquer le cheval. On nomme encore ainsi, 1° une maladie particulière aux chevaux, formée par un amas de liquide, qui se manifeste au-dessus du boulet par une tumeur molle. La *molette simple* affecte la face postérieure du tendon du muscle sublime ; la *molette soufflée* occupe les deux côtés du tendon ; 2° un morceau de marbre ou de pierre dure, taillé ordinairement en cône, dont la base est unie et sert à broyer des couleurs ou d'autres corps ; 3° un épi de poils qui se trouve au milieu du front du cheval, entre les deux yeux ; 4° une petite roue employée par les horlogers dans la conduite des cadrans des grosses horloges ; 5° un petit rouleau de bois traversé par une broche de fer terminée en crochet, à laquelle les cordiers attachent le chanvre, qui se tord à mesure que la molette tourne ; 6° de grandes pinces dont les orfèvres se servent à la forge, et qui sont d'une égale largeur d'un bout à l'autre.

MOLIÈRE (Jean-Baptiste Poquelin, dit), le plus célèbre de nos auteurs comiques, né à Paris en 1620 d'un père qui était valet de chambre tapissier du roi. Elevé chez les jésuites, il y forma son esprit par l'étude des belles-lettres. Entraîné par son goût pour le théâtre, il forma, de concert avec quelques jeunes gens, une troupe qui représenta à Lyon en 1653 la première pièce que Molière ait composée, *l'Etourdi*. Il continua de jouer lui-même les pièces qu'il composait, et mourut en 1673. On compte parmi ses chefs-d'œuvre *Tartufe*, *l'Avare*, *le Misanthrope*, *le Malade imaginaire*, *les Précieuses ridicules*, *l'Ecole des maris*, *l'Ecole des femmes*, *les Fâcheux*, *Monsieur de Pourceaugnac*, etc. Il avait depuis 1663 une pension de 1,000 livres. Molière était aussi bon acteur qu'excellent poëte.

MOLINA (Louis), célèbre théologien, né d'une famille noble à Cuença (Nouvelle-Castille) en 1535. Il entra chez les jésuites en 1553, professa la théologie pendant vingt ans à l'université d'Evora, et mourut en 1600. Son plus célèbre ouvrage est un livre sur *la Concorde de la grâce et du libre arbitre*, qui a fait tant de bruit dans l'Eglise, et a suscité les fameuses disputes sur la grâce et la prédestination. Le pape Clément VIII institua pour les terminer en 1597 la congrégation *De auxiliis* ; mais rien ne fut décidé.

MOLINET (Jean), historien et poëte, chanoine de Valenciennes, né à Poliguy (Jura), fut aumônier et bibliothécaire de Marguerite de Parme, gouvernante des Pays-Bas, et historiographe de Maximilien Ier, et mourut en 1507. On a de lui des *poésies*, une *Chronique* contenant les faits les plus remarquables de 1474 à 1504, la continuation de la *Chronique en vers* de Georges Chastelain, etc.

MOLINISME, doctrine du théologien Molina. La base du molinisme est la non-admission de l'efficacité de la grâce par elle-même, que cet auteur subordonne au libre arbitre, c'est-à-dire à la volonté de l'homme.

MOLINOS (Michel), prêtre espagnol, né dans le diocèse de Saragosse en 1627, publia à Rome un ouvrage espagnol intitulé *le Guide spirituel* ou *la Conduite spirituelle*, dans lequel il avança sur la mysticité des opinions hétérodoxes qui firent condamner soixante-huit propositions de ses écrits par l'inquisition (1685). Condamné à une prison perpétuelle, il y mourut en 1696. On a donné à ses disciples le nom de QUIÉTISTES, parce qu'ils faisaient consister la perfection à s'anéantir pour s'unir à Dieu, à s'occuper uniquement du moyen de parvenir à lui par l'oraison mentale.

MOLISE, province du royaume de Naples, avec titre de comté, bornée au N. par l'Abruzze citérieure, au S. par la Principauté ultérieure, à l'O. par la Terre de Labour, à l'E. par la Capitanate. Sa superficie est de 139 lieues carrées, et sa population de 207,000 habitants. — Sa capitale est Campo-Basso, à 20 lieues de Naples. Population, 5,450 habitants.

MOLLET, saillie formée à la partie postérieure de la jambe par les muscles jumeaux et soléaires, et par le tissu cellulaire et la peau qui les recouvre. Ces contractions vigoureuses dont ces muscles sont susceptibles rendent les mollets fréquemment le siège de crampes douloureuses.

MOLLETON, espèce de petite serge ou étoffe de laine croisée, tirée à poil, tantôt d'un seul côté, tantôt des deux côtés.

MOLLUSQUES, classe d'animaux invertébrés renfermant des animaux au corps constamment mou, sans squelette intérieur ou extérieur, enveloppés d'une peau musculaire, à la surface de laquelle se développe le plus souvent une coquille d'une ou deux pièces, à circulation complète, à sang blanc, tantôt hermaphrodites se reproduisant eux-mêmes, tantôt hermaphrodites se reproduisant par le concours de deux individus, tantôt se reproduisant comme les autres animaux. Les mollusques sont terrestres ou aquatiques : les premiers recherchent les lieux humides, et se nourrissent de substances végétales ou animales ; les seconds habitent l'eau douce ou l'eau salée. Ces derniers sont les plus nombreux. Cuvier divise la classe des mollusques en six ordres : les *céphalopodes*, à tête développée ; les *ptéropodes*, qui ont aux deux côtés du cou deux ailes ou nageoires membraneuses servant au mouvement ; les *gastéropodes*, qui rampent sur le ventre ; les *acéphales*, sans tête distincte ; les *brachiopodes*, qui ont des bras charnus et membraneux ; et les *cirrhopodes*, qui ont des membres nombreux, articulés, etc., appelés *cirrhes*.

MOLOCH, MOLECH ou MELCHOM, une des divinités des Ammonites et des Moabites, représentée sous la forme d'un buste ou demi-corps d'homme avec une tête de veau et les bras étendus. Elle était creuse et partagée en dedans en sept parties, dans lesquelles on plaçait les objets du sacrifice. Dans l'une d'elles, on brûlait, dit-on, des enfants. On croit que c'est le même que Saturne, dont le culte, adopté par les Phéniciens, fut transporté à Carthage.

MOLOSSE, fils de Pyrrhus et d'Andromaque, monta sur le trône de son père après la mort d'Helanus, son frère aîné, et donna son nom à ses sujets. — C'est aussi le surnom d'Alexandre Ier, roi d'Epire, fils de Néoptolème, et oncle d'Alexandre le Grand par sa sœur Olympias.

MOLOSSES, nation de l'Epire, habitant la Molosside, et ainsi nommés de Molosse, fils de Pyrrhus et d'Andromaque. Ils paraît que ce peuple est le même que les Thesprotes, et qu'on a eu tort de faire deux provinces distinctes de la Thesprotie et de la Molosside.

MOLOSSIDE, petite contrée d'Epire, bornée au N. par l'Atintanie et la Paravée, au S. par la Cestrine, à l'E. par la Char-

zanes, qui la sépare de la Paravée et de l'Hellopie, à l'O. par la mer. — Sa capitale était Buthrote. Elle était renommée pour la grosseur, l'intelligence et l'intrépidité de ses chiens. On la confond quelquefois avec la Thesprotie.

MOLOUAS, peuplade noire de l'intérieur de l'Afrique, dans la Cafrerie, habitant une contrée bornée au N. par le royaume de Mono-Emugi, au S. par le Monomotapa, à l'E. par le-Mozambique, à l'O. par le royaume des Cazembes et celui de Cassange. Les Molouas sont la première puissance de cette partie de l'Afrique, et ont rendu tributaires plusieurs peuples, parmi lesquels on distingue les Mouchingis ou Moucangamas. Leur royaume a deux capitales, Yanvo, ville de 43,000 habitants, résidence du roi, et Agatrou-Yanvo ou Tandi-a-Voua, ville de 16,000 habitants, séjour de la reine.

MOLUQUES, archipel de la Malaisie, borné au N. par les Philippines, au S. par la Mélanésie, à l'O. par l'île Célèbes, et à l'E. par la Polynésie et la Mélanésie. Il se compose de quatre groupes : celui d'Amboine avec quinze îles, celui de Timor avec trente-deux îles ou îlots, celui de Banda, composé de quatre îlots, et celui de Guiloio, composé de vingt-trois. Elles abondent en aromates, girofle, muscade, riz, fruits, sagou, café, cannes à sucre, mines d'or, d'argent et de cuivre. La récolte moyenne des muscades par an, limitée au groupe de Banda, est estimée à 530,000 livres, et celle du macis à 150,000 livres. C'est ce qui leur a fait donner aussi le nom d'*Iles aux épices*. Découvertes en 1511 par les Portugais, les îles Moluques sont aujourd'hui en partie hollandaises, en partie gouvernées par des sultans indépendants. Le gouverneur général des possessions hollandaises réside à Amboine, petite ville de 12,000 âmes. Les Portugais y ont aussi quelques possessions.

MOLWITZ, village d'Allemagne en Silésie, dans la régence de Breslau. C'est là que Frédéric le Grand, roi de Prusse, gagna le 10 avril 1741 sa première bataille contre les Autrichiens, commandés par le général Newperg.

MOLY, plante que, selon la mythologie, Mercure remit à Ulysse pour empêcher l'effet des breuvages de Circé. La racine en était noire, et la fleur blanche comme du lait. Il n'était pas au pouvoir des mortels de l'arracher de terre. On a cru la retrouver dans une espèce du genre *ail*, appelée *ail moly*, *ail doré*.

MOLYBDATES, sels composés d'une base et de l'acide molybdique. Un seul existe dans la nature, c'est le molybdate de plomb, substance jaune, fragile, d'une pesanteur spécifique de 5,486. Les molybdates sont sans usages.

MOLYBDÈNE, l'un des quarante-deux corps simples métalliques. Il est solide, de couleur du fer arsenical, cassant, très-difficile à fondre. On le trouve dans la nature à l'état de sulfure, d'acide libre et de combinaison avec l'oxyde de plomb. Sa pesanteur spécifique est de 7,400. On l'obtient en traitant l'acide molybdique par du noir de fumée et de l'huile, à une température très-élevée, et il se dépose en petits grains agglutinés. Le molybdène n'a été obtenu que par Hielm en 1782.

MOLYBDIQUE (Acide), acide solide, blanc, peu sapide, inodore, peu soluble dans l'eau, composé de 100 parties de molybdène sur 50 d'oxygène. Sa pesanteur spécifique est de 3,46. On l'obtient en grillant le sulfure de molybdène pulvérisé, en le chauffant ensuite avec une solution de potasse, en le décomposant le molybdate qui se forme par l'acide sulfurique. — Il ne faut pas le confondre avec l'*acide molybdeux*, composé de 100 parties de molybdène et de 33,2 d'oxygène Il est solide et blanc.

MOMBAZA. Voy. Mondaza.

MOMENT. On nomme généralement, en statique, *moment d'une force*, le produit de cette force par une droite. Il y en a différentes espèces, suivant la nature de la droite qui sert de facteur. Ainsi, lorsqu'on rapporte le moment d'une force à un plan ou à une droite, ce facteur est la perpendiculaire abaissée du point d'application de la force sur le plan ou la droite.

MOMIES, nom donné à toute espèce de cadavres que l'embaumement a préservés de la putréfaction. Cette opération était habituelle en Égypte, et elle était pratiquée aussitôt après la mort par les *taricheutes* ou *cholchytes*, prêtres chargés de ce soin. Il y avait plusieurs sortes de momies. L'opération la plus commune consistait à purger avec des drogues de vil prix l'intérieur du ventre, à faire dessécher le corps pendant soixante et dix jours dans le natron, et à l'ensevelir ensuite dans un linceul de toile grossière. Dans tous les cas, on remplaçait les yeux par des yeux en émail, et on faisait l'extra.tion du cerveau par le nez. Après soixante et dix jours d'immersion, on enveloppait séparément chaque partie du corps de bandelettes étroites, et on le plaçait dans trois cercueils successifs. Les momies étaient déposées dans le tombeau de la famille ou le tombeau public. Celles des hommes se reconnaissent à leur barbe tressée au menton. Celles de diverses espèces d'animaux sont très-communes.

MOMORDIQUE, genre de plantes de la famille des cucurbitacées, renfermant douze ou treize espèces, dont une seule n'est pas exotique. La *momordique balsamine*, espèce annuelle, originaire de l'Inde, a des tiges anguleuses et grimpantes, avec des feuilles alternes, aiguës, luisantes, et des fleurs jaunes et solitaires, auxquelles succèdent des fruits du volume d'une grosse prune, d'abord verts, puis d'un jaune rouge. Ces fruits ont des propriétés balsamiques et vulnéraires; on les connaissait autrefois sous le nom de *pommes de merveille*.

MOMOT ou MOTMOT, genre de l'ordre des passereaux, division des syndactyles, renfermant des oiseaux au bec long, robuste, épais, aux tarses de moyenne longueur, écussonnés, à la queue longue et étagée, au plumage très-fourni à la tête, au cou et au-dessus du corps. Sauvages et défiants, ils sont sots, et habitent les forêts les plus épaisses des contrées équatoriales de l'Amérique. Ils sont en partie carnivores, en partie frugivores. Les espèces les plus connues sont le *momot houtou*, long de dix-huit pouces environ, au plumage varié de vert, de noir et de violet, et le *momot tutu*, au ventre bleu.

MOMUS (myth.), dieu de la raillerie et des bons mots; et fils du Sommeil et de la Nuit. On le représente levant le masque de dessus un visage, et tenant une marotte de la main, parce qu'il s'occupait uniquement à examiner les actions des dieux et des hommes et à les reprendre en liberté. Les dieux, fatigués de ses sarcasmes, le chassèrent de l'Olympe. — On donna le nom de *soupers de Momus* à des réunions bachiques et gastronomiques établies en 1813 et supprimées en 1828.

MONACO, principauté d'Italie, enclavée dans le royaume de Sardaigne et s'étendant sur les bords du golfe de Gênes. Sa superficie est de 7 lieues carrées, et sa population de 8 à 9,000 habitants. — La capitale est MONACO, petite ville de 1,200 habitants, avec un bon port sur le golfe de Gênes, à 2 lieues de Nice. Elle est protégée par une citadelle. Cet État possède en outre Roccabruna et Mentone, qui a 3,000 habitants. — Possédée par la maison Grimaldi depuis le Xᵉ siècle, la principauté de Monaco passa en 1731 dans la maison de Matignon par le mariage de l'héritière des Grimaldi avec un comte de Matignon. Le prince jouit du droit de battre monnaie.

MONADAIRES, famille d'animaux infusoires, de la classe des microscopiques et de l'ordre des gymnodés, proposée par M. Bory de Saint-Vincent pour des êtres excessivement simples, infiniment petits, parfaitement translucides, sans la moindre apparence d'organe quelconque. Le genre type est le genre *monade*.

MONADE, genre d'animaux infusoires, de la classe des microscopiques et de l'ordre des gymnodés, type de la famille des monadaires, renfermant certains corps ovales ou globuleux, parfaitement transparents et se mouvant avec une extrême vitesse dans les infusions animales ou végétales. On ne trouve chez eux aucune trace d'organes, et on les regarde comme des animaux réduits à leur plus simple composition. On en distingue plusieurs espèces. — Les philosophes anciens et, parmi les modernes, Leibnitz, donnaient le nom de MONADES à des êtres simples et sans parties, qui, pour eux, étaient le germe primitif et le principe de tous les êtres créés.

MONADELPHIE, seizième classe du système sexuel de Linné, caractérisée par la réunion des filets des étamines en un seul faisceau ou tube. Toutes les plantes de cette classe sont dicotylédonées. D'après le nombre des étamines, on la divise en cinq sections : *pentandrie* (cinq étamines), *heptandrie* (sept), *décandrie* (dix), *dodécandrie* (douze), *polyandrie* (plus de douze).

MONAGHAN, comté d'Irlande, situé dans la province d'Ulster, et borné au N. par celui de Tyrone, au S. par ceux du Cavan, d'East-Meath et de Louth, à l'O. par celui de Fermanagh, et à l'E. par celui d'Armagh. Sa superficie est de 64 lieues carrées, et sa population de 118,000 habitants. Le sol est fertile et couvert de montagnes, de bois et de marais. On y trouve des manufactures de toiles. — Sa capitale est MONAGHAN, à 5 lieues d'Armagh.

MONALDESCHI (Jean, marquis DE), grand écuyer et favori de Christine, reine de Suède, la suivit en France après son abdication, et y publia un libelle secret où il dévoilait ses intrigues. Christine, charmée d'avoir une occasion de se défaire d'un amant qu'elle n'aimait plus, le fit tuer par des affidés. Monaldeschi étant cuirassé, il fallut l'assommer. On a prétendu que Christine prit part elle-même à ce meurtre, qui fut commis au château de Fontainebleau en 1657.

MONARCHIE, gouvernement d'un seul. La plupart des royaumes de l'Europe sont des monarchies. On en distingue de deux sortes : elles sont *absolues* quand la volonté du monarque fait loi, *constitutionnelles* quand le pouvoir royal est tempéré par des ois et des constitutions.

MONARCHIQUES, hérétiques ainsi appelés parce qu'ils ne reconnaissaient qu'une seule personne dans la Trinité, ce qui leur faisait dire que le Père avait été crucifié. Ils parurent vers l'an 196, sous le pontificat du pape Victor.

MONARDE, genre de plantes de la famille des labiées, composé d'environ quinze espèces d'herbes de l'Amérique septentrionale. La *monarde pourprée*, connue vulgairement sous le nom de *thé d'Oswego* ou *de Pennsylvanie*, parce que l'infusion de ses feuilles aromatiques remplace celle du thé, a des racines vivaces, des tiges robustes, hautes de deux pieds, et des fleurs longues, d'un rouge vif.

MONASTÈRE, maison établie pour recevoir des religieux ou religieuses, soit abbaye, soit prieuré, soit toute autre forme de couvent. Les grands monastères étaient autrefois des espèces de villes où les religieux trouvaient toutes les choses nécessaires à la vie. Le grand autel était tourné à l'orient; l'entrée du cloître était près du vestibule; le dortoir occupait l'aile de l'orient, et répondait au haut de l'église; au-dessous était le chapitre; vis-à-vis l'église était le réfectoire, et au bout du réfectoire, à l'occident, la cuisine. Le cloître était au milieu de tout. — L'origine de la vie monastique remonte au IVᵉ siècle, que saint Pacôme réunit sous une règle commune trente ou quarante cénobites. Elle fut introduite vers la fin du même siècle dans les Gaules par saint Martin.

MONASTÉRIENS, hérétiques du XVIᵉ siècle, ainsi nommés de la ville de Munster (*Monasterium*), dont ils s'étaient rendus maîtres. Ce sont les mêmes que les anabaptistes.

MONBODDO (James BURNETT, lord), littérateur écossais, né en 1717 dans le comté de Kincardine, exerça d'abord la profession d'avocat. En 1766, il succéda à son parent lord Milton dans la place de juge à la cour de session d'Édimbourg. Il publia en 1773 son fameux ouvrage de *l'Origine et du Progrès des langues*, dans lequel il regarde l'orang-outang comme un homme dégénéré. Lord Monboddo mourut en 1799.

MONCADE, famille très-illustre et très-ancienne, originaire de Catalogne, et autrefois souveraine du Béarn. — HUGUES DE MONCADE s'attacha d'abord à la fortune de Charles VIII, puis à celle de César Borgia, et passa ensuite dans l'armée espagnole. Il se distingua contre les pirates africains, et continua de rendre à Charles-Quint des services importants qui furent récompensés par la vice-royauté de Sicile. Fait prisonnier en 1524 par André Doria, il fut relâché à la paix de Madrid. Il prit Rome en 1527, et mourut en 1528 au combat naval de Capo d'Orso. — FRANÇOIS DE MONCADE, comte D'OSONA, né à Valence en 1586, fut conseiller d'État, gouverneur des Pays-Bas, et généralissime des armées du roi d'Espagne, et mourut en 1635.

MONCHY (Charles DE), marquis d'Hocquincourt, connu sous le nom de *maréchal d'Hocquincourt*, d'une ancienne et noble famille de Picardie, fils de Georges de Monchy, grand prévôt de l'hôtel du roi, se signala à la Marfée et à Villefranche, et commanda l'aile gauche de l'armée française à la bataille de Rhétel en 1650. Cette journée lui valut le bâton de maréchal de France (1651). S'étant jeté par mécontentement dans le parti des ennemis, il fut battu à Bleneau (1652) par le grand Condé, et tué devant Dunkerque en 1658, en voulant reconnaître les lignes de l'armée française.

MONCK (Georges), né en 1608 près de Torrington (Devonshire) d'une ancienne et noble famille, se signala dans les troupes de Charles Iᵉʳ; mais, fait prisonnier par Fairfax, il ne sortit de la Tour de Londres que pour conduire un régiment contre les Irlandais catholiques. Après la mort de Charles Iᵉʳ, il eut le commandement des armées de Cromwell en Écosse, et, après celle de Cromwell, il fit d'abord proclamer son fils Richard. Mais, sollicité par Charles II, il forma le dessein de le rétablir sur le trône, marcha sur Londres, cassa le parlement, et proclama roi Charles II en 1660. Ce monarque le fit son grand écuyer, conseiller d'État, trésorier de ses finances et duc d'Albemarle. Monck mourut en 1679, et fut enterré à Westminster.

MONCONTOUR, petite ville du département de la Vienne, dans l'arrondissement et à 4 lieues de Loudun, sur la Dive. Elle est célèbre par la bataille que Henri III, alors duc d'Anjou, y gagna contre l'amiral de Coligny, en octobre 1569.

MONCRIF (François-Augustin PARADIS DE), né à Paris en 1687, mort en 1770, lecteur de la reine, secrétaire des commandements du comte de Clermont, membre de l'académie française et de celles de Nancy et de Berlin, a fait plusieurs ouvrages, dont les plus connus sont *l'Art de plaire* et *l'Histoire des chats*.

MONDE. On donne ce nom à tout l'univers, ou bien seulement à cette partie de l'univers que nous habitons. Les Phéniciens, les Égyptiens, les Babyloniens, etc., croyaient que la matière du monde était éternelle, mais non pas la forme introduite par une intelligence suprême. D'autres, tels que les pythagoriciens ont cru que la forme du monde était éternelle aussi bien que la matière. L'Écriture nous dit que Dieu créa le monde en six jours. Suivant la supputation d'Uscerius, la plus suivie aujourd'hui, on compte 4000 ans depuis le commencement du monde jusqu'à la naissance de J.-C. Il n'y a rien de plus incertain que le temps auquel le monde finira. Selon une vieille tradition juive adoptée par quelques anciens Pères, il doit durer 6000 ans, dont 2000 sous le Messie.

MONDEGO, fleuve de Portugal, qui prend sa source dans la Sierra d'Estrella, province de Beira, traverse cette province, passe à Coïmbre, et se jette dans l'océan Atlantique, à 7 lieues au-dessous de cette ville, après un cours de 45 lieues.

MONDONEDO, ville d'Espagne, en Galice, dans la province et à 9 lieues de Lugo. Sa population est de 3,000 âmes. Elle a un évêché suffragant de Compostelle. Mondonedo est située à l'extrémité d'une campagne fertile et dans un air fort sain.

MONDONVILLE (Jeanne DE), fille d'un conseiller au parlement de Toulouse, épousa en 1646 M. de Turles, seigneur de Mondonville, et se consacra, après sa mort, à des pratiques de piété. Elle forma ensuite le projet d'employer ses biens à la fondation d'une congrégation qui perpétuât ses œuvres de charité. Cet institut, connu sous le nom de *congrégation des filles de l'enfance*, fut approuvé en 1662, et supprimé en 1686 à l'instigation des jésuites. Reléguée dans un couvent à Coutances, Mᵐᵉ de Mondonville y mourut en 1703.

MONDONVILLE (Jean-Joseph CASSANEA DE), l'un des plus célèbres musiciens du xviiiᵉ siècle, né à Narbonne en 1711, mort en 1772 maître de musique de la chapelle du roi. Il est auteur de la musique d'*Isbé*, de *Tithon et l'Aurore*, de *Daphnis et Alcimadure*, des *Fêtes de Paphos*, du *Carnaval du Parnasse*, etc.

MONDOVI, province des Etats sardes, bornée au N. par celle d'Alba, à l'O. par celle de Coni, au S. et à l'E. par le duché de Gênes. Sa superficie est de 102 lieues carrées, et sa population de 129,300 habitants.

MONDOVI, ville des Etats sardes, sur l'Elero, chef-lieu de la province de ce nom, à 13 lieues de Turin. Sa population est de 21,587 habitants. Elle a une citadelle, une université et un évêché. Elle commerce en bestiaux, laines, pelleteries, etc., et a des fabriques de draps, de chapeaux, de soieries, etc. — Elle est célèbre par la bataille qui s'y livra en mai 1796 entre la division française du général Serrurier et le corps piémontais commandé par le général Colli. Les Piémontais, battus, perdirent 3,000 hommes, 8 pièces de canon et 10 drapeaux.

MONE ou MOEN, île du Danemarck, faisant partie du bailliage de Seeland, au S.-E. de Seeland, et au N.-E. de Falster. Sa superficie est de 8 lieues carrées, et sa population de 8,000 habitants. Son chef-lieu est STÉKIE.

MONETA (myth.), surnom de Junon, ainsi appelée parce qu'elle conseilla aux Romains, dans un tremblement de terre, d'immoler une truie à Cybèle. C'était dans son temple que l'on fabriquait la monnaie, qui tira de là son nom. — MONETA était aussi le nom de la troisième région de Rome, renfermant la partie la moins élevée du mont Esquilin. Elle tirait son nom du temple de la déesse qui s'y trouvait. On lui donnait encore celui d'ISIS ou de SÉRAPIS, à cause de quelque temple dédié aux divinités égyptiennes.

MONGAULT (Nicolas-Hubert DE), fils naturel de Colbert-Pouanges, né à Paris en 1674, entra d'abord dans la congrégation de l'Oratoire, et fut ensuite précepteur du duc de Chartres, et membre de l'académie des inscriptions. Les abbayes de Chartreuve et de Villeneuve furent sa récompense, ainsi que les places de secrétaire général de l'infanterie française, secrétaire de la province de Dauphiné et secrétaire des commandements. Nommé en 1718 membre de l'académie française, il mourut en 1746. On a de lui, entre autres ouvrages, une traduction des *Lettres de Cicéron à Atticus*.

MONGE (Gaspard), célèbre mathématicien, né à Beaune (Côte-d'Or) en 1746 d'un marchand forain, étudia chez les oratoriens, et obtint à seize ans une chaire de physique. Elevé à l'école de Mézières, il y devint professeur de mathématiques et de physique, et fut le créateur d'une science nouvelle à la quelle a reçu le nom de *Géométrie descriptive*. Nommé correspondant de l'académie des sciences, et appelé à Paris, il y fut successivement nommé membre de cette académie, professeur d'un cours d'hydrodynamique (1780), examinateur de la marine (1783), ministre de la marine (1792-1793). Il fut appelé à l'école normale dès sa fondation, et fut le principal fondateur et organisateur de l'école polytechnique. Il fit partie de l'expédition scientifique d'Egypte (1798), en présida depuis à la publication du bel ouvrage sur cette contrée. Nommé d'abord membre du sénat, puis créé comte de Peluse, il mourut en 1818. On lui doit un grand nombre d'ouvrages, dont les plus célèbres sont la *Géométrie descriptive*, un *Traité élémentaire de statique*, etc.

MONGOLIE, grande contrée d'Asie, bornée au N. par la Sibérie, au S. par la Chine, à l'O. par la Kalmoukie, et à l'E. par la Mantchourie et la Corée. Sa superficie est d'environ 6,000 lieues carrées, et sa population de 4,000,000 d'habitants. — C'est un pays en partie sablonneux, aride, occupant la partie orientale du plateau central de l'Asie, arrosé par le Hoang-Ho, l'Argounsk, etc., et riche en bestiaux, chevaux, ânes sauvages, chameaux, chèvres jaunes, zibelines, etc. — La Mongolie fait partie de l'empire chinois, et est divisée en quatre kanats, régis chacun par un kan. Elle n'est habitée que par les tribus nomades des Mongols. Les seuls villages importants sont KARAKORUM, autrefois résidence de Gengis-Kan, et KOUNO ou OURGA, sur le Toula, siège d'un kan et du *koutouchta* ou chef du clergé lamaïque. Cette dernière a 8,000 tentes.

MONGOLS, peuple asiatique, type de la seconde race humaine, ayant une taille moyenne, un teint jaune brun, une tête plate, des yeux étroits et obliques, le nez petit et camus, les lèvres grosses, les oreilles saillantes et les genoux arqués. On les divise en 1º *Mongols proprement dits*, qui comprennent les Kalkas, les Ortosch, les Solons, habitant la Mongolie; 2º *Derbets* ou *Doerboen-Oirets*, en Kalmoukie; 3º *Eleuts*, *Dzoungares*, *Bourettes*, etc., disséminés en Russie, au nombre de 300,000, dans le gouvernement d'Irkoutsk. — Partis des pays qu'ils habitent encore, les Mongols envahirent dans le xiiiᵉ siècle, sous la conduite de Tchinghiz-Kan (Gengis-Kan), toute le reste de l'Asie et une partie de l'Europe. Après sa mort (1227), son empire, qui s'étendait depuis la mer de Chine et la mer des Indes jusqu'à la mer Glaciale et la frontière de la Pologne, fut démembré en 1260. Un nouveau conquérant, Timour-Beg ou Tamerlan, subjugua de nouveau toute l'Asie. Un de ses descendants, Babour, fonda en 1519 aux Indes une monarchie puissante qui s'y maintint jusqu'à la fin du xviiiᵉ siècle sous le nom d'*empire du grand Mogol*. Leur domination en Chine dura de 1279 à 1367.

MONILIFORME. On donne ce nom, en histoire naturelle, à certains organes placés à la suite les uns des autres comme les grains d'un chapelet, disposition que l'on observe souvent, en botanique, dans les acotylédonées.

MONIME, femme milésienne, que Mithridate épousa après avoir vainement tenté de la séduire. Peu de temps après, Mithridate, ayant été vaincu par Lucullus, lui fit ordonner de se tuer. N'ayant pu s'étrangler avec son bandeau royal, elle se fit tuer par l'eunuque Bacchide.

MONIMIÉES, famille de plantes dicotylédones, renfermant des arbres et des arbrisseaux à feuilles opposées, et dont le type est le genre *monimie*, qui se renferme que deux espèces, dont la plus connue est la *monimie à feuilles rondes*, de dix à douze pieds de haut, aux fleurs très-petites, d'un jaune orangé, disposées en grappes, et exhalant une odeur douce et agréable. Le fruit est une baie charnue. Ce végétal est de l'île de France.

MONIQUE (Sainte), née en 332 de parents chrétiens, épousa Patrice, bourgeois de Tagaste en Afrique, et en eut deux fils et une fille. Elle convertit au christianisme son mari, qui était païen, et son fils aîné, qui fut depuis si célèbre sous le nom de saint Augustin, mais qui alors était livré aux plaisirs et imbu des erreurs du manichéisme. Elle mourut en 387 à Ostie, où elle s'était rendue pour retourner en Afrique. L'Eglise fait sa fête principale le 4 mai.

MONITEUR (du latin *monitor*), toute personne qui avertit, qui donne des conseils. — Chez les Romains, on donnait ce nom aux instituteurs des enfants et à des hommes qui accompagnaient dans les rues les *candidats* aux fonctions publiques, et qui leur nommaient les hommes qu'il fallait mettre dans leur parti. — Le *moniteur militaire* était un officier chargé d'avertir les jeunes gens des fautes qu'ils commettaient dans les fonctions de l'art militaire. — Le *moniteur domestique* était un esclave chargé d'éveiller les maîtres, et de les prévenir aux heures du repas, de la promenade et du bain. — Le *moniteur théâtral* était ce que appelons le souffleur.

MONITEUR. Dans le système de l'enseignement mutuel, on donne ce nom à un élève instructeur choisi par le maître pour être à la tête d'un certain nombre d'écoliers, et qui préside à leurs exercices sous la surveillance du maître. On divise les moniteurs en deux classes : les *moniteurs généraux*, qui commandent à toute l'école, et les *moniteurs particuliers*, subordonnés aux précédents. Un moniteur est souvent élève dans une classe et maître dans une classe inférieure.

MONITEUR UNIVERSEL, journal officiel du gouvernement français, fondé en 1789 par Charles-Joseph Panckoucke, qui se continue encore. La collection du *Moniteur*, aujourd'hui composée de plus de 100 volumes, est très-rare et souvent consultée, parce qu'elle est le répertoire de tous les faits importants qui composent les matériaux de nos annales politiques modernes. Le premier volume contient un abrégé historique des premières formes du gouvernement français, de ses états généraux, des événements qui amenèrent la révolution, etc., sorte d'introduction due à M. Peuchet.

MONITION, en termes de jurisprudence ecclésiastique, avertissement juridique qui se fait en certains cas, par l'autorité de l'évêque, avant que de prononcer l'excommunication. On fait d'ordinaire jusqu'à trois monitions.

MONITOIRE, ordre émané d'un juge ecclésiastique, qui oblige tous ceux qui ont connaissance de fait qui leur y est dénoncé à révéler ce qu'on en sait, sous peine d'excommunication, aux curés et aux vicaires chargés de la publication. L'usage des monitoires n'existe plus en France.

MONITOR, genre de reptiles de l'ordre des sauriens, famille des lézards ou lacertins, divisé en deux groupes. Le premier renferme les *monitors* proprement dits ou *tupinambis*, qui se distinguent par les nombreuses et petites écailles qui garnissent la tête, le ventre, les membres et la queue, et qui présentent quelquefois des couleurs assez vives. Le tupinambis est un animal dont le corps est tacheté de blanc, et dont l'ennemi mortel est le crocodile. Sa présence lui inspire une si grande frayeur, qu'il fait entendre un sifflement très-fort qui avertit les hommes qui se baignent dans les environs, et lui a fait pour cette raison donner le nom de *sauvegarde* ou de *sauveur*. Le tupinambis n'attaque pas l'homme. Le second groupe renferme les *dragonnes* et les *aménivas*.

MONMOUTH, comté d'Angleterre, dans la principauté de Galles, borné au N. et à l'E. par celui de Hereford, au S. par le canal de Bristol, et à l'O. par les comtés de Glamargan et de Brecknock. Sa superficie est de 60 lieues carrées, et sa population de 40,960 habitants. Il se divise en six *hundreds* ou centuries. Le sol en est fertile, quoique couvert de forêts et de montagnes. Les vallées offrent du blé et des pâturages. Le comté possède des manufactures de flanelle. — La capitale est MONMOUTH, au confluent de la Wye et de Minnow, à 43 lieues de Londres et 9 de Bristol. Sa population est de 8,000 habitants. Elle est la patrie de Henri V, et envoie un député au parlement.

MONMOUTH (James, duc DE), naturel de Charles II, roi d'Angleterre, et de Marie Barlow, né à Rotterdam en 1641, fut conduit en France à l'âge de neuf ans, et élevé dans la religion catholique. Son père, ayant été rétabli dans ses États, le rappela en 1660, le créa comte d'Orkney, puis duc de Monmouth et pair d'Angleterre, chevalier de la Jarretière, capitaine de ses gardes, et l'admit dans son conseil. Envoyé en France en 1672 avec un régiment, il se signala contre les Hollandais, et reçut le titre de lieutenant général des armées de France. Il fut envoyé en 1670 contre les rebelles covenantairs d'Écosse, et les défit au pont de Bothwell. Il conspira contre son père, qui lui pardonna, et contre son oncle Jacques II, qui, après l'avoir battu, le fit prisonnier. Enfermé à la Tour de Londres, il n'en sortit que pour monter sur l'échafaud en 1685.

MONNAIE, pièce d'or, d'argent ou de tout autre métal, et en général signe quelconque qui sert à représenter la valeur des marchandises. Les Indiens se servent de coquillages nommés *cauris* comme de monnaie, et, chez d'autres peuples, elle était de fer, de plomb, de cuir. Le nom de *monnaie* est venu du latin *moneta*, parce que c'était dans le temple de Junon Moneta que l'on fabriquait la monnaie à Rome.

MONNAIE (PAPIER-). Voy. PAPIER.

MONNAIES GRECQUES. Leur usage ne remonte qu'à Phédon (476 avant J.-C.), qui fit battre la première monnaie de métal dans l'île d'Égine. La plus ancienne monnaie grecque portait l'empreinte d'un bœuf. Dans la suite, chaque province eut des signes particuliers. Ainsi les Delphiens y avaient un dauphin; les Athéniens, une chouette; les Béotiens, un Bacchus avec une grappe de raisin et une grande coupe; les Macédoniens, un bouclier; et les Rhodiens, le soleil. Les Lacédémoniens n'eurent que de la monnaie de fer depuis Lycurgue, qui proscrivit les autres sous peine de mort, jusqu'à Lysandre. L'unité monétaire des Grecs était la *drachme* (18 sous 7 deniers). Parmi les monnaies inférieures était l'*obole* (3 sous 1 denier); parmi les supérieures, la *mine* (92 francs 68 centimes); le *talent attique d'argent* (5,500 francs 89 centimes), et le *talent attique d'or* (55,608 francs 99 centimes).

MONNAIES ROMAINES. Elles furent d'abord de cuivre, de bois peint, de terre cuite, etc. Ce fut Servius Tullius qui fit frapper le premier de la monnaie d'airain. On ne fit de la monnaie d'argent que l'an de Rome 485. Tantôt ovales, oblongues, circulaires, les plus anciennes portaient l'effigie d'un animal (*pecus*), d'où le mot latin *pecunia*. On nommait *nummi dentati* celles dont le contour était dentelé; *ligati*, celles qui avaient au revers un char à deux chevaux; *quadrigati*, à quatre; etc. Ce ne fut qu'en l'an de Rome 547 qu'on commença à frapper des pièces d'or. Les monnaies romaines les plus connues sont l'*as* (1 sou), portant une tête de Janus, et au revers la proue d'un vaisseau; le *demi-as* (*semissis*), marqué d'une tête de Jupiter couronnée de laurier, avec un S au bas; le *tiers de l'as* (*triens*), portant une tête de femme, avec quatre points; le *quart d'as* (*quadrans*), avec la tête d'Hercule couvert de la peau du lion, et trois points; le *sextans* ou *demi-triens*, présentant la tête de Mercure et deux points; le *denier* (*denarius*), qui valait 16 as; le *sesterce* (*nummus*), qui en valait 4; l'*aureus* ou *solidus*, qui en valait 400. Ces valeurs sont de l'an 217 à l'an 34 avant J.-C.

MONNAIES ÉTRANGÈRES. En Angleterre, les comptes ont lieu par *guinées*, *schellings*, *crowns* et *souverains*; en Autriche, par *ducats*, *risdales* et *kreutzers*; en Hollande, par *ducats*, *florins* et *risdales*, ainsi qu'au Danemarck; dans les Etats romains, par *pistoles*, *sequins* et *écus*; en Espagne, par *pistoles*, *piastres* et *réaux*; en Suisse, par *ducats*, *pistoles*, *écus* et *florins*; en Prusse, par *ducats*, *frédérics* et *risdales*; en Russie, par *ducats*, *roubles* et *impériales*; en Suède, par *ducats* et *risdales*; aux États-Unis d'Amérique, par *aiglos* et *dollars*; au Mogol, par *roupies*, *pagodes* et *fanons*; en Perse, par *roupies*, *abassi* et *mahmoudi*; en Turquie, par *sequins*, *allmichlec*, *paras*, *aspres* et *piastres*; en Savoie, par *sequins*, *pistoles*, *carlins* et *écus*; en Saxe, par *ducats*, *augustes*, *risdales* et *thalers*.

MONNAIES FRANÇAISES. Les nouvelles monnaies d'argent contiennent les neuf dixièmes de leur poids en argent pur; les monnaies d'or renferment les neuf dixièmes de leur poids en or pur. On dit par cette raison que les nouvelles monnaies d'or et d'argent sont à *neuf dixièmes de fin*. La nouvelle unité monétaire est le *franc*. La pièce d'un franc pèse 5 grammes. Le dixième d'un franc s'appelle *décime*, et le centième est un *centime*. Les nouvelles monnaies d'argent sont les pièces d'*un franc*, d'*un demi-franc*, d'*un quart de franc*, de 2 francs et de 5 francs. Les nouvelles monnaies d'or sont les pièces de 20 francs et de 40 francs. Les pièces de 20 francs pèsent 6 grammes 45161 : elles ont 21 millimètres de diamètre. Les pièces de 40 francs ont 26 millimètres de diamètre. Les nouvelles monnaies de cuivre sont les petites pièces d'*un centime*, qui valent un centième de franc; la pièce de 5 *centimes* ou le nouveau *sou*; et la pièce d'*un décime* ou le gros sou, qui vaut un dixième de franc. — Les anciennes monnaies étaient le *livre tournois*, le *denier*, le *liard*, le *sou*, les pièces de 15 et 30 *sous*, l'*écu* de 6 *livres* et de 3 *livres*, le *louis* et le *double louis*.

MONNAIES DE COMPTE. On appelle ainsi certaines monnaies qui n'ont d'existence que sur le papier, et qu'on emploie d'habitude ou pour la facilité des calculs, sans qu'aucune pièce de monnaie réelle leur corresponde. — En Angleterre, on compte par *livre sterling*, valant 24 francs 75 centimes, et représentant la valeur de 20 schellings; en Espagne, on compte par *réaux de veillon*, dont chacun vaut 34 maravédis ou 27 centimes; en Portugal, par *reis*, dont 1,000 valent 6 francs 20 centimes; en Prusse, par *livre de banque* (*pfund*) de 24 groschens à 12 pfennings, valant 4 francs 93 centimes; en Russie, par *rouble de compte* de 100 kopecks, valant 2 francs 6 centimes.

MONNAIES (HÔTELS DES), établissements du gouvernement où l'on bat la monnaie, et à la tête desquels sont des directeurs nommés par l'État, qui achètent les matières à leur compte, et livrent à l'État les monnaies frappées à des conditions convenue. Les fonctionnaires dans chacun d'eux sont en outre un commissaire du roi, un contrôleur au change et un contrôleur aux monnaies. Il y avait autrefois en France treize hôtels de monnaies, avec les lettres suivantes : Paris, A; Bayonne, L; Bordeaux, K; Lille, W; Lyon, D; Marseille, un A entrelacé avec un M; Nantes, T; Rouen, B; Strasbourg, BB; Perpignan, Q; Limoges, I; la Rochelle, B; et Toulouse, M. Ces quatre derniers et ceux de Bayonne et de Nantes ont été supprimés en 1838.

MONNAYEUR (FAUX-), celui qui fabrique ou altère des monnaies ayant cours légal, ou participe à l'émission, à l'introduction de fausses monnaies sur le territoire français. Les faux-monnayeurs étaient autrefois mis à la torture et rompus vifs. En 1726, on substitua à ces horribles supplices la peine de mort, qui a été elle-même remplacée en 1832 par la peine des travaux forcés à perpétuité pour la contrefaçon des monnaies d'or et d'argent, et celle des travaux forcés à temps pour celle des monnaies de billon et de cuivre.

MONNIER (Jean-Charles, comte), lieutenant général, né à Cavaillon (Vaucluse) en 1758, servit de 1789 à 1792 dans la garde nationale comme volontaire, et fut nommé alors sous-lieutenant du 7e régiment d'infanterie. Sa conduite à Arcole et à Lodi lui mérita en 1796 le grade de général de brigade. La belle défense d'Ancône, qu'il défendit cent cinq jours, après lesquels il capitula avec les honneurs de la guerre, lui valut, le 18 brumaire an VIII, du premier consul le grade de général de division et une armure complète. Son dernier exploit militaire fut la prise de Vérone, dont il s'empara le 17 janvier 1801, après cinq jours de siège. Il se rallia aux Bourbons, fut nommé pair de France et chevalier de Saint-Louis en 1815, et mourut en 1816.

MONNIER (LE). Voy. LEMONNIER.

MONNOYE (Bernard DE LA), né à Dijon en 1641, devint en 1672 correcteur de la chambre des comptes de Dijon, remporta en 1671, par son poème du *Duel aboli*, le prix de l'académie française, qui se l'associa en 1713. Il mourut à Paris en 1728. Bibliographe érudit, il était regardé comme l'oracle des hommes de lettres. Ses principaux ouvrages sont des *poésies françaises* et *latines* assez élégantes, des *noëls bourguignons*, que l'on regarde comme un chef-d'œuvre de naïveté, et des *remarques* sur différents auteurs.

MONOCLE, nom donné aux lunettes composées d'un seul verre et qui ne peuvent servir que pour un seul œil à la fois.

MONOCORDE, instrument en forme de caisse rectangulaire, monté d'une seule corde, dont on varie les intonations au moyen de chevalets mobiles, et qui sert à mesurer les proportions des intervalles des sons.

MONOCOTYLÉDONÉES, plantes dont la semence ne développe qu'un seul cotylédon durant la germination. Cette division comprend environ un cinquième des plantes connues, chez qui les branches et les rameaux sont rares et dont la plupart, n'ayant pas de graines et conséquemment d'embryon, se reproduisent au moyen d'organes particuliers, d'une nature analogue aux bulbilles ou gemmes libres. On divise les monocotylédonées en deux groupes : les CRYPTOGAMES, qui renferment trois familles : les *mousses*, les *fougères* et les *lycopodiées*; et les PHANÉROGAMES, comprenant vingt-quatre familles, dont les plus connues sont les *graminées*, les *liliacées*, les *joncées*, les *palmiers*, les *orchidées*, etc.

MONOCULE. En termes de droit ecclésiastique, c'était autrefois le bénéfice qui était à la collation d'une personne qui n'avait à pourvoir qu'à celui-ci seul.

MONODELPHES, une des classes dans lesquelles on divise les mammifères, eu égard à leur mode de génération. Elle comprend les quadrumanes, les carnassiers, les édentés, les cétacés, les rongeurs, les gravigrades ou éléphants et les ongulogrades (pachydermes, solipèdes, ruminants). Tous ces animaux qu'elle renferme ont des mamelles pectorales, abdominales ou inguinales très-développées, et manquent de poche abdominale et d'os marsupial. Leurs petits prennent leur entier développement dans la matrice de leur mère.

MONOECIE, vingt et unième classe du système sexuel de Linné, renfermant toutes les plantes à fleurs unisexuées portées sur le même individu, c'est-à-dire celles où les fleurs mâles sont séparées des fleurs femelles, mais sur le même pied. Elle se divise en neuf ordres, caractérisés soit par le nombre des étamines, soit par la soudure des étamines, soit par la disposition relative des étamines et du pistil : 1° *monandrie* (zanichellie), 2° *diandrie* (lentille d'eau), 3° *triandrie* (figuier), 4° *tétrandrie* (mûrier), 5° *pentandrie* (amarante), 6° *hexandrie* (cocotier), 7° *polyandrie* (hêtre), 8° *monadelphie* (pin), 9° *syngénésie* (concombre).

MONOEMUGI, royaume d'Afrique, borné au N. par les déserts de la Nigritie méridionale, au S. par le royaume des Molouas, à l'E. par le Zanguebar, et à l'O. par les déserts qui le séparent du royaume d'Anzico ou Micoco. Le Monoemugi, appelé aussi souvent royaume de *Bomba* du nom de sa capitale, est l'un des plus puissants de l'intérieur, et a pour tributaires les États de Mouenehaï, de Samouenehaï et plusieurs autres. Il est très-peu connu. On sait seulement qu'il est riche en mines d'or et d'argent.

MONOÉPIGYNIE, nom donné par Richard à l'une des trois grandes divisions de la classe des monocotylédonées. C'est la moins considérable.

MONOGAMIE, dernier des ordres établis par Linné dans sa syngénésie, comprenant les plantes dont les fleurs ont leurs étamines réunies par leurs anthères.

MONOGRAMME, caractère lettre composé d'une seule lettre ou de plusieurs lettres entrelacées, qui sont ordinairement les initiales d'un nom. Les anciens ont fait usage des monogrammes, mais la plupart de ceux qui nous restent sont indéchiffrables. Aux VIIe et VIIIe siècles, la signature en monogramme était fort en usage.

MONOGRAPHIE. On donne ce nom à la description d'objets particuliers, d'une seule espèce ou d'un seul genre d'animaux, de végétaux, etc.

MONOGYNIE, premier ordre de chacune des treize premières classes du système sexuel de Linné, renfermant les plantes dont la fleur ne renferme qu'un pistil, quel que soit le nombre des étamines.

MONOHYPOGYNIE, nom donné par Richard à la première des trois grandes divisions qu'il établit dans la classe des végétaux monocotylédonés.

MONOIQUES. On donne ce nom, en botanique, aux plantes de la classe de la monœcie de Linné, c'est-à-dire à celles qui ont sur le même pied les fleurs mâles et les fleurs femelles.

MONOLITHE, mot venu du grec, et qui signifie *d'une seule pierre*. Il s'applique aux ouvrages exécutés d'un seul bloc. L'obélisque de Louqsor et le zodiaque de Denderah sont des *monolithes*.

MONOLOGUE, scène dramatique où un acteur paraît et parle seul. Les monologues sont la plupart du temps froids et languissants. Cependant les tragédies de Corneille et de Racine en contiennent de très-beaux et de très-pathétiques.

MONOMANIE, sorte d'aliénation mentale dans laquelle le délire est exclusif, c'est-à-dire borné à un seul objet. Elle se montre presque exclusivement chez les adultes et les jeunes gens. Une passion forte, un chagrin profond, etc., en sont les causes déterminantes les plus ordinaires. Les principales variétés sont la monomanie érotique, religieuse, et celle avec tendance au suicide. On a donné les noms particuliers de *lycanthropie* et de *cynanthropie* à deux variétés très-rares, dans lesquelles les malades croient être changés en loup ou en chien. La durée de la monomanie, qui communément est de quelques mois, peut se prolonger pendant plusieurs années.

MONOME, quantité algébrique composée d'une seule partie, d'un seul terme.

MONOMOTAPA, ancien empire de l'Afrique méridionale, borné au N. par le Mozambique et des pays inconnus, au S. par la Cafrerie propre, à l'E. par le canal de Mozambique, et à l'O. par le pays des Betjouanas. Sa superficie est de 15,000 lieues carrées, et sa population de 840,000 habitants. Le Monomotapa est traversé en tous sens par des torrents, des rivières (le Zambèze ou Cuama, le Manzoro, le Luabo, etc.), couvert de bois et de forêts, abondant en pâturages, et fertile en toute sorte de plantes européennes. On y trouve beaucoup d'éléphants, des cannes à sucre, et des mines d'or si abondantes, que les Portugais donnaient au despote de cette contrée le nom d'*empereur d'or*. Il avait droit de vie et de mort sur ses sujets, qui ne lui parlaient qu'à genoux. — Les habitants du Monomotapa ont la peau très-noire et très-luisante, les yeux grands, le nez épaté, les cheveux crépus, la taille moyenne, et sont robustes et bien faits. — On divisait anciennement le Monomotapa en vingt-cinq royaumes tributaires de l'empereur, et dont les plus considérables étaient ceux de *Biri*, de *Manica*, de *Sabia* (chef-lieu, *Mambone*), d'*Inhamior*, des *Mongas* (chef-lieu, *Téte*), de *Chicova*, de *Mumbos*, de *Butua*, d'*Inhambane* (chef-lieu, *Tonge*) et de *Sofala*. Aujourd'hui les Portugais se sont emparés de tous ces royaumes, et en ont formé les quatre gouvernements de *Lorenzo-Marquez* ou *Lagoa*, d'*Inhambane*, de *Sofala* et des *Rivières de Sena* (chef-lieu, *Téte*). Le reste a été partagé entre les Cazembes et les Maravis. Le sultan de ces derniers réside à ZIMBAOÉ, l'ancienne capitale.

MONOPÈDE, nom donné, chez les anciens, aux tables à manger soutenues par un seul pied. Elles étaient ordinairement de citronier ou d'érable, et le pied était d'ivoire et artistement travaillé. Leur prix était exorbitant.

MONOPÉRIGYNIE, nom donné par Richard à la seconde et la plus considérable des divisions qu'il a établies dans la classe des végétaux monocotylédonés.

MONOPÉTALE. En botanique, on donne ce nom à la corolle formée d'une seule pièce, quel que soit le nombre de ses divisions et leur profondeur. La fleur de la mauve est monopétale. Les plantes monopétales forment une des trois grandes sections de la classe des végétaux dicotylédonés.

MONOPHYLLE, adjectif employé en botanique pour désigner tout organe foliacé composé d'une seule pièce, quel que soit d'ailleurs le nombre de ses divisions. Tel est le calice ou l'involucre des fleurs lorsqu'ils ne se composent pas de folioles distinctes.

MONOPHYSITES ou EUTYCHÉNIENS, hérétiques d'Orient qui parurent au IVe siècle, et qui ne reconnaissaient qu'une seule nature en Jésus-Christ. Ils condamnaient comme nestoriennes les expressions que l'Église a autorisées dans le concile de Chalcédoine. On les nommait aussi *agnoëtes* ou *agnoïtes*.

MONOPOLE, acte par lequel un individu, une compagnie, un gouvernement s'attribue le droit de vendre ou d'exploiter seul, à l'exclusion de tous les autres, une chose déterminée. La plus ancienne loi que l'on connaisse sur cette matière est celle de l'empereur Zénon, qui le considère comme un crime et défend de le commettre sous peine de confiscation de biens et de bannissement perpétuel. Généralement les peines appliquées par le parlement de Paris aux marchands accapareurs étaient le blâme, la déchéance de la maîtrise et l'amende. La loi du 26 juillet 1793 prohiba le monopole sous peine de mort. Aujourd'hui les peines sont l'emprisonnement, l'amende et la surveillance de la haute police. Prohibé dans les individus et les compagnies, le monopole est presque toujours permis aux gouvernements. Ainsi autrefois l'Espagne avait le monopole du commerce des Indes.

MONOPTÈRE (en grec, *qui a une seule aile*), sorte de temple de figure ronde et sans murailles pleines, de telle façon que le dôme qui le couvre n'est soutenu que par des colonnes posées de distance en distance.

MONORIME, sorte de poëme dont tous les vers finissent par la même rime. Il est à peu près certain que les Arabes ont, avant aucun peuple de l'Europe, fait usage de *monorimes*. On doit plusieurs exemples de ce genre d'ouvrages à Jean de Meung, dit *Clopinel*, auteur du *Roman de la Rose*.

MONOSÉPALE. On donne ce nom, en botanique, au calice qui n'a qu'une sépale, c'est-à-dire dont les divisions ne pénètrent pas jusqu'à sa base.

MONOSPERME. On désigne ainsi, en botanique, le fruit ou les divisions du fruit, lorsqu'elles ne contiennent qu'une seule graine.

MONOSYLLABE, mot qui ne se compose que d'une seule syllabe, tel que *Dieu, ciel, jour*, etc. L'emploi des monosyllabes, en donnant au discours de la rapidité, nuit presque toujours à l'harmonie. Cependant on cite pour exemple du contraire le vers de Racine :

Le jour n'est pas plus pur que le fond de mon cœur.

MONOTHÉLITES, hérétiques qui ne reconnaissaient qu'une seule volonté en Jésus-Christ, et qui, tout en ne niant pas que les facultés, les volontés et les opérations humaines ne fussent en Jésus-Christ, à cause des deux natures, les réduisaient à une seule opération théandrique ou déivirile, qu'ils attribuaient au Verbe. — Théodore, évêque de Pharan, fut le premier qui enseigna cette doctrine vers l'an 620. Sergius, patriarche de Constantinople, mort en 639, fut son héritier, et composa la fameuse déclaration de l'empereur Heraclius, qui, sous le nom d'*ecthèse*, favorisait le monothélisme. L'empereur Constant fit publier en 648 un autre édit nommé *type*, qui fut condamné comme le premier par l'Église d'Occident. Condamnés au concile de Constantinople (680), les monothélites ne se relevèrent plus.

MONOTRÈMES (qui n'a qu'un seul trou), nom donné par Geoffroy Saint-Hilaire aux ornithorhynques et aux échidnés, c'est-à-dire aux animaux qui n'ont qu'un seul orifice pour les voies génitales, fécales et urinaires. Geoffroy en fait une classe à part, intermédiaire aux mammifères et aux reptiles ou aux oiseaux. M. de Blainville les place parmi les mammifères, et en fait une troisième sous-classe (les deux autres sont les *monodelphes* et les *didelphes*) sous le nom d'*ornithodelphes*.

MONOTROPÉES, petite famille de plantes dicotylédonées classée par Nuttal pour les trois genres *monotrope, hypopite* ou *suce-pin* et *pyrole*, et appelée par Lindley PYROLÉES. De Jussieu les réunit aux éricinées. Les plantes de cette famille ont le port des orobranches, et croissent comme elles sur les racines des arbres. Elles sont herbacées, parasites, dépourvues de feuilles vertes et garnies d'écailles blanchâtres, jaunâtres ou rougeâtres.

MONRO (Alexandre), célèbre médecin, professeur d'anatomie à l'université d'Édimbourg, né à Londres en 1697, mort en 1767, passa pour l'un des plus grands anatomistes de son siècle. On lui doit plusieurs ouvrages, parmi lesquels on distingue au premier rang l'*Anatomie*, le *Traité de l'ostéologie* et l'*Essai sur les injections anatomiques*.

MONROE (James), né vers 1757 dans l'État de Virginie, fut destiné à la carrière du barreau, et fut, dès l'âge de vingt et un ans, nommé député au congrès. Mais, lors de la guerre de l'indépendance, il s'enrôla dans l'armée et parvint au grade de colonel. De nouveau député au congrès, il fut en 1794 envoyé ambassadeur à Paris. Rappelé en 1797, il fut en 1803 nommé gouverneur de la Virginie, où, par réélection, il fut maintenu pendant trois ans. En 1811, il devint secrétaire d'État. En 1814 ministre de la guerre, puis ministre des affaires étrangères, il ne remit ce dernier ministère qu'en 1817, et fut élu président des Etats-Unis. Réélu en 1821, il rentra dans la vie privée en 1825, et mourut peu de temps après.

MONS, ville de Belgique, fortifiée, bien bâtie, capitale du Hainaut, sur la Trouille, à 14 lieues de Namur et 59 de Paris. Sa population est de 24,000 habitants. Elle a une bibliothèque publique, une académie de dessin, une société des sciences et des lettres, etc. Elle commerce en grains, lin, chanvre, fruits, huile, colza. — Mons doit sa fondation à la construction d'un monastère bâti au VIIe siècle par sainte Waltrude. Elle fut souvent prise et reprise dans les guerres entre la France et l'Autriche, par Louis XIV (1691), par les alliés (1705) et par les Français (1746, 1792, 1794).

MONS-EN-PUELLE, village du département du Nord, dans l'arrondissement de 2 lieues de Douai. C'est un lieu célèbre par la victoire qu'y remporta en 1304 Philippe le Bel sur les Flamands, commandés par Philippe de Chietti.

MONSIAU (Nicolas-André), célèbre peintre d'histoire, membre de l'ancienne académie royale de peinture, né à Paris, fut l'élève de Peyron, disciple de Vien, et mourut en 1837. On lui doit une foule de tableaux, dont les plus connus sont *Molière lisant Tartufe chez Ninon de Lenclos*, *Nicolas Poussin à Rome*, *reconduisant le cardinal Massini*, *le Couronnement de Marie de Médicis*, *la Mort de Raphaël*, *la Mort d'Agis*, *Alexandre domptant Bucéphale*, etc.

MONSIEUR, mot formé par corruption de *mon seigneur*, et qui, pris dans son acception honorifique, n'était autrefois donné qu'au plus âgé des frères du roi. Dans son acception générale, il est devenu commun aux Français de toutes les classes. A la fin de l'assemblée législative, le mot *monsieur* fut remplacé par celui de *citoyen*, et a repris peu à peu après la réaction thermidorienne.

MONSIEUR (CANAL DE) OU DU RHÔNE AU RHIN, canal destiné à joindre la Saône au Rhin par le Doubs, et en traversant les départements de la Côte-d'Or, du Jura, du Doubs, du Haut et du Bas-Rhin. On le divise en quatre parties. La première, joignant la Saône au Doubs, se termine à Dôle. La deuxième est comprise sur le Doubs même, passe par Orchamps, Besançon, Baume-les-Dames, Dampierre et Vongeaucourt, où elle finit. La troisième joint le Doubs au Rhin en passant par Montbéliard, Mulhausen, Neuf-Brisach et Graffenstadt, où le canal entre dans l'Ill, affluent du Rhin, à peu de distance de Strasbourg. La quatrième partie est un embranchement qui, de Mulhausen, va rejoindre le Rhin, entre Bâle et Huningue. La première partie a été achevée en 1806, la deuxième depuis 1820. Les autres viennent d'être livrées récemment à la circulation.

MONSIGNY (Pierre-Alexandre), célèbre compositeur, né à Faustemberg en Artois en 1729. Il donna en 1759 son petit opéra-comique des *Aveux indiscrets*, en 1760 *le Maître de droit*, en 1761 *le Cadi dupé*. On lui doit encore *le Déserteur*, *Rose et Colas*, *la Belle Arsène*, *Félix* ou *l'Enfant trouvé*, *Aline, reine de Golconde*, *le Roi et le Fermier*, etc. En 1800, il remplaça Piccini dans la place d'inspecteur de l'enseignement au conservatoire de musique. Successeur de Grétry à l'Institut impérial en 1813, membre de la Légion d'honneur en 1815, et de l'académie des beaux-arts en 1816, il mourut en 1817 doyen des musiciens.

MONSTRE, nom sous lequel on désigne tout produit de la génération dont le développement a été troublé, et qui, ne s'écartant des règles imposées par la nature à la formation des êtres vivants, présente une organisation différente et le plus souvent difforme. On a rapporté à trois les causes de la monstruosité. On l'a attribuée 1° à une monstruosité primitive du germe; 2° à une altération quelconque éprouvée dans le sein de la mère, de l'intervalle de la conception à la naissance; 3° à l'influence de l'imagination de la mère sur le produit de la conception. — L'on admet trois classes de monstres, 1° les *monstres par excès*, qu'on peut diviser en monstres par excès dans l'ensemble de l'organisation (*géants*), et en monstres par excès comprenant la réunion de plusieurs fœtus; 2° les *monstres par défaut*, privés de diverses parties du corps; 3° les monstres dits *hermaphrodites*. Parmi les plus célèbres monstres humains, on cite les deux frères siamois, *Chang* et *Eng*, nés en 1811, et réunis entre eux depuis le ventre jusqu'à la poitrine, et *Ritta-Cristina*, nées à Sassari (Sardaigne).

MONSTRELET (Enguerrand DE), chroniqueur français, né à Cambrai au XVe siècle d'une famille noble et ancienne, mort gouverneur de cette ville en 1453, est l'auteur d'une *Chronique* ou *Histoire curieuse et intéressante des choses mémorables arrivées de son temps*, depuis l'an 1400 jusqu'en 1467. Son ouvrage est précieux pour le grand nombre de pièces originales qu'il renferme, et est la continuation de celui de Froissard.

MONSTRUOSITÉS. On donne ce nom à tous les écarts de la végétation, que l'on doit à la piqûre des insectes, aux caprices des cultivateurs, à l'influence des météores ou à une lésion dans les fonctions physiologiques. Toutes les fleurs doubles, triples, pleines, sont des monstruosités. La rose double n'est qu'une monstruosité résultant de la transformation des étamines en pétales.

MONT. Voy. MONTAGNE.

MONT-AFRIQUE, chaîne de collines qui s'étendent dans un espace de 10 lieues, depuis Dijon jusqu'à Chagny (Côte-d'Or), et sur le penchant desquelles on cultive des vignobles qui produisent le meilleur vin de Bourgogne.

MONT BLANC, célèbre montagne de la chaîne des Alpes, la plus haute en hauteur; car elle n'a que 2,446 toises de haut, tandis que le mont Ortler en a 2,469. Le mont Blanc est élevé de 11,532 pieds au-dessus de la vallée de Chamouny. Le rayon de son horizon est de 68 lieues. Il a été gravi cinq fois seulement : par D. Pacard (1786), par Saussure (1787), par Bourrit (1788), par un Lausannais et un Courlandais (1802) et par Mlle Dangeville (1838). Le mont Blanc donnait avant 1815 son nom à un département français, formé de la Savoie, et dont le chef-lieu était *Chambéry*.

MONT-CARMEL (ORDRE DE NOTRE-DAME DU). Voy. CARMEL.

MONT-CASSIN. Voy. CASSIN.

MONT-DAUPHIN, petite place forte presque inexpugnable du département des Hautes-Alpes, située à 5 lieues d'Embrun, au confluent du Guil et de la Durance. Cette place, bâtie sur un mamelon qui commande les vallées inférieures, peut contenir dix bataillons. Ses fortifications ont été commencées en 1694 par Vauban. Les casernes et les casemates sont spacieuses. La population est de 500 habitants.

MONT-DE-MARSAN, petite ville de France, chef-lieu de préfecture du département des Landes, au confluent du Midou et de la Douze, à 175 lieues et demie de Paris. Sa population est de 4,200 habitants. Elle a un tribunal de première instance avec deux chambres, un collège, une école normale primaire, une petite salle de spectacle, une bibliothèque de 13,000 volumes, une pépinière départementale, une société d'agriculture, commerce et arts, etc. — Anciennement capitale du pays de Marsan, elle fut bâtie, dit-on, en 1140 par Pierre Lubaner, vicomte de Marsan. Elle faisait partie des possessions du roi de Navarre, échut à Henri IV dans la succession de sa mère Jeanne d'Albret, et fut réunie à la couronne à son avènement avec le reste de la Gascogne.

MONT-DE-PIÉTÉ, nom donné à des établissements philanthropiques créés dans l'intérêt des classes pauvres qui y obtiennent le prêt temporaire de certaines sommes d'argent, moyennant le nantissement d'objets de certaines valeurs. Au bout du temps fixé, on rembourse à l'administration la somme prêtée, on reprend les objets qui ont servi de nantissement. Mais, si l'on ne se présente pas pour dégager ces effets et payer la somme prêtée, les effets sont vendus au profit de l'établissement. En reprenant les effets, on paye en outre l'intérêt des prêts. Cet intérêt est de neuf pour cent. Il y a en France un grand nombre de monts-de-piété dans les principales villes du royaume; Paris, Lyon, Bordeaux, Strasbourg, Rouen, Metz, Besançon, Marseille, Montpellier possèdent les plus importants de ces établissements.

MONT D'OR, ou mieux MONT-DORE, montagne du département du Puy-de-Dôme, située à 8 lieues de Clermont-Ferrand, et haute de 5,808 pieds au-dessus du niveau de la mer. Elle est célèbre par ses eaux minérales qui viennent du Puy-de-l'Augle à une lieue de là, et dont les sources sont au nombre de sept. La plus chaude est celle de la Caroline (36 degrés). Elles portent à la peau, remuent le cœur, augmentent et accélèrent les sécrétions et le pouls.

MONT D'OR, montagne du département du Rhône, située près de la Saône, à une lieue et demie de Lyon. Elle produit du blé, du vin, des grains, et est célèbre par ses fromages de chèvre.

MONT-LOUIS, place forte du département des Pyrénées-Orientales, chef-lieu de canton de l'arrondissement et à 7 lieues et demie de Prades, située sur un roc escarpé qui domine le pont de la Tet, à la droite du col de la Perche. Sa population est de 442 habitants. La ville est petite et séparée par une esplanade de la citadelle, qui est remarquable par les bâtiments qu'elle renferme et la régularité de ses fortifications. Ces ouvrages sont, ainsi que ceux qui environnent le corps de la place, du célèbre Vauban (1681).

MONTAGNARDS. Voy. MONTAGNE.

MONTAGNE, nom donné à toute aspérité hérissant la surface du globe, et formant des masses qui s'élèvent à des hauteurs plus ou moins considérables. Ce mot est synonyme de *mont*. — Les formes variées que présentent les montagnes leur ont fait donner des noms différents. Ainsi les sommets arrondis des Vosges ont été nommés *ballons*; les pointes effilées et volcaniques de l'Auvergne, *pics* ou *puys*. Les montagnes un peu considérables ont un côté escarpé et un autre qui se termine en pente plus douce. Le côté escarpé regarde toujours le centre autour duquel se groupent les montagnes. Les montagnes tendent toujours, par l'action des agents atmosphériques, à élargir leur base aux dépens de leurs sommités. On mesure leur élévation au moyen de la dépression du mercure dans le baromètre et à l'aide d'opérations trigonométriques. Il y a deux grands systèmes sur la formation des montagnes; celui des *vulcaniens*, qui les font soulever par les feux souterrains, et celui des *neptuniens*, qui les font s'agglomérer par l'affaissement des eaux terrestres.

MONTAGNE. On a nommé ainsi un parti de la convention nationale, comptant parmi ses rangs les plus farouches démagogues et les plus ardents républicains, tels que Robespierre, Marat, Danton, Legendre, Couthon, Saint-Just, Lebon, Carrier, etc. On lui donnait ce nom parce que ceux qui en faisaient partie prenaient place sur les bancs les plus élevés de la salle. Le parti de la montagne renversa celui des girondins le 31 octobre 1793, puis il se divisa lui-même en différents partis qui se firent la guerre entre eux. Robespierre fit périr Danton et ses adhérents, et fut lui-même envoyé à l'échafaud par la révolution du 9 thermidor an II (30 août 1794).

MONTAGNE BLANCHE (en allemand, *Weissberg*), mont calcaire situé en Bohême, près de Prague. Frédéric V, comte palatin, y perdit le 8 novembre 1620 contre les impériaux une bataille mémorable.

MONTAGNE DES GÉANTS (en allemand, *Riesen-Gebirge*), chaîne de montagnes, branche des monts Sudètes, s'étendant depuis le cercle de Buntzlau en Bohême jusqu'à Glatz en Silésie, dans un espace de 10 à 12 lieues de long sur 5 de large. On y trouve des plantes rares et curieuses, des mines et des pierres précieuses. Le plus haut sommet est le *Riesenkopfe* ou *Schneekopf*, haut de 4,950 pieds.

MONTAGNE NOIRE, nom donné à une chaîne de montagnes qui parcourt le sud du département du Tarn, et se rattache aux Cévennes. Les eaux de la montagne Noire remplissent le bassin de Lampy, qui les décharge dans le superbe bassin de Saint-Ferréol, qui est le plus grand réservoir du canal du Midi.

MONTAGNE-VERTE, principale défense de Trèves, célèbre par la défaite qu'y éprouva le 11 août 1675 l'armée française, forte de 15,000 hommes, aux ordres du maréchal de Créquy, contre les impériaux commandés par le duc de Lorraine. Cette défaite est encore connue sous le nom de *défaite de Consarbruck*, à cause du pont établi sur la Sarre au village de Konz. Les Français y remportèrent une grande victoire en 1794.

MONTAGNES RUSSES, nom donné à des montagnes réelles ou artificielles, où l'on a pratiqué un chemin uni et incliné, souvent droit, quelquefois tournant. On se place dans un traîneau au haut de la montagne, et on se laisse glisser avec une grande rapidité jusqu'au bas. Ce jeu est très en usage en Russie, d'où lui est venu son nom.

MONTAGU, l'une des plus anciennes familles d'Angleterre, qui a produit plusieurs personnages distingués. — ÉDOUARD MONTAGU, premier COMTE DE SANDWICH, vaillant amiral, servit sous Cromwell, et concourut à la restauration de Charles II, qui le créa comte au combat naval de Southwall-Bay. Lord Montagu tira la flotte anglaise du plus grand danger en 1672, et se noya en cherchant à éviter l'incendie de son vaisseau. — CHARLES MONTAGU, son cinquième fils, né en 1661, entra dans la chambre des communes, où il défendit la cause de Guillaume III avec chaleur. Parvenu au trône, celui-ci le nomma commissaire du trésor, chancelier de l'échiquier, et sous-trésorier. Ce fut lui qui donna la première idée des billets de l'échiquier. Après la mort de la reine Anne, il fut un des régents du royaume jusqu'à l'arrivée de Georges Ier, qui le nomma comte d'Halifax, conseiller privé, chevalier de la Jarretière et premier commissaire du trésor. Il mourut en 1715. — Son fils ÉDOUARD MONTAGU de Allerthorpe, épousa Elisabeth Robinson. Voy. l'art. suiv. — JEAN MONTAGU, comte de Sandwich, pair de la Grande-Bretagne, né à Westminster en 1718, devint successivement second lord de l'amirauté (1744), ministre plénipotentiaire (1746), membre du conseil privé, premier lord de l'amirauté, lord justicier, vice-trésorier adjoint d'Irlande (1755), adjoint-directeur général des postes (1768), et mourut en 1792.

MONTAGU (Elisabeth ROBINSON, lady), fille de Matthieu Robinson, seigneur de Horton, montra de bonne heure du goût pour la littérature. Elle épousa en 1742 le lord Edouard Montagu d'Allerthorpe, et demeura peu de temps après veuve et sans enfants. Elle forma une société littéraire connue sous le nom de *club des bas-bleus* (*blue-stocking club*), et appelée ainsi de la couleur des bas de l'un des membres de la société. Elle mourut dans un âge très-avancé, en 1800.

MONTAGU (Jean), vidame de Laonnais, fils d'un maître des comptes du roi de France, eut la principale administration des affaires sous Charles V et Charles VI. Ce dernier le nomma surintendant des finances. Il se fit revêtir de la charge de grand maître de France en 1408, et irrita par sa violence et son orgueil les premières personnes du royaume. Le duc de Bourgogne et le roi de Navarre le firent arrêter comme coupable de divers crimes, le 7 octobre 1409, pendant la maladie de Charles VI. Il eut la tête tranchée le 17, et son corps fut attaché au gibet de Montfaucon qu'il avait fait réparer. — Son fils Charles, marié avec la fille de Charles d'Albret, connétable de France, fut tué en 1415 à Azincourt sans enfants.

MONTAGUE (Marie WORTLEY), née à Thoresby (Nottinghamshire) en 1690 d'Evelyn, duc de Kingston, et de lady Marie Fulding, fille du comte de Denbigh, montra de bonne heure les dispositions les plus heureuses, et épousa en 1712 lord Edouard Wortley-Montague, qu'elle suivit dans l'ambassade de Constantinople. Elle voyagea en Orient et dans le reste de l'Europe, et ne revint en Angleterre qu'en 1761. Elle mourut en 1762. On a d'elle des *lettres* pleines d'agrément et d'intérêt, écrites pendant ses voyages depuis 1716 jusqu'en 1718, et précieuses touchant les mœurs et le gouvernement de la Turquie. On les a comparées à celles de Mme de Sévigné. C'est à lady Montague qu'on doit l'importation de l'inoculation en Angleterre.

MONTAIGNE (Michel DE), né au château de ce nom (Dordogne) en 1533 de Pierre Eyquem, seigneur de Montaigne. Destiné à la robe, il épousa Françoise de la Chassaigne, fille d'un conseiller au parlement de Bordeaux, et posséda lui-même pendant quelque temps une semblable charge, qu'il quitta ensuite par dégoût. Après avoir voyagé en Allemagne, en Suisse, en Italie, il fut élu en 1581 maire de Bordeaux. Il parut avec éclat aux états de Blois (1588), reçut de Charles IX le collier de l'ordre de Saint-Michel, et se retira dans son château pour se livrer tout entier à la philosophie. Il mourut en 1592. Il s'est peint dans les *Essais*, que le cardinal Duperron appelait le *Bréviaire des honnêtes gens*, et dans lesquels il professa une philosophie très-hardie pour son temps ; ce qui l'a fait accuser de scepticisme. En se peignant lui-même et ne dissimulant rien de ses observations, il a tracé le portrait le plus fidèle de l'espèce humaine. Comme écrivain, il a imprimé à notre langue une énergie qu'elle n'avait pas avant lui.

MONTAIGU (Guérin DE), quatorzième grand maître de l'ordre de Saint-Jean de Jérusalem, qui résidait alors à Ptolémaïde, était natif de la province d'Auvergne. Il succéda en 1206 dans la grande maîtrise à Geoffroy le Rat, amena du secours au roi d'Arménie contre les Sarrasins, se signala à la prise de Damiette en 1219, et mourut en 1230.

MONTAIGU (Gilles AYCELIN DE), archevêque de Narbonne et ensuite de Rouen, mort en 1318, fonda à Paris en 1314 le collège qui portait son nom. — GILLES AYCELIN DE MONTAIGU, arrière-petit-fils de son frère, fut nommé chancelier de France et proviseur de Sorbonne, sous le règne du roi Jean, et garde des sceaux de de prince pendant sa prison en Angleterre. Congédié et rappelé ensuite avec honneur, il fut dépouillé de la pourpre en 1361. Il mourut en 1378. — Son frère PIERRE AYCELIN DE MONTAIGU, appelé le *cardinal de Laon*, proviseur de Sorbonne après lui, rétablit le collège de Montaigu, et mourut en 1389.

MONTALEMBERT (André DE), seigneur d'Essé et de Panvilliers, né en 1485 d'une ancienne famille de Poitou, fit ses premières armes à la bataille de Fornoue en 1495, et continua de se distinguer dans toutes les guerres de Louis XII. Il défendit Landrecies en 1543 contre l'empereur Charles-Quint, et reçut en récompense de ses nombreux services militaires la charge de gentilhomme de la chambre. Henri II l'envoya en Ecosse, et l'honora du collier de son ordre. Il fut tué en 1553 sur la brèche de Térouanne qu'il défendait contre l'empereur.

MONTALEMBERT (Marc-René, marquis DE), né à Angoulême en 1714, de la même famille que le précédent, entra au service dès l'âge de dix-huit ans, fit avec honneur la campagne de 1736, et reçut en récompense la place de capitaine des gardes du prince de Conti. A la paix, il consacra ses loisirs à la culture des sciences, fit une étude particulière de l'art de fortifier les places, créa un système de fortification perpendiculaire. Il établit en 1750 en Angoumois les forges de Ruelle pour la fonte des canons de la marine, et servit pendant la guerre de sept ans. Il traversa sain et sauf les orages de la révolution, et mourut en 1802 à Paris avec le grade de général de division, doyen des généraux, et de l'académie des sciences, dont il était membre depuis 1747.

MONTALIVET (Jean-Pierre BACHASSON, comte DE), grand officier de la Légion d'honneur, grand'croix de l'ordre de la Réunion, etc., né à Sarreguemines en 1766, suivit d'abord la carrière des armes, et acheta ensuite une charge de conseiller au parlement de Grenoble. Il remplit pendant la révolution les fonctions de maire de Valence, et fit la connaissance de Bonaparte, qui, devenu premier consul, l'appela à la préfecture de la Manche, et en 1804 à celle de Seine-et-Oise. Il fut créé en 1805 comte de l'empire et directeur général des ponts et chaussées. En 1810, il reçut le portefeuille de l'intérieur, et s'attacha dans son administration à doter la France et Paris de beaux et utiles monuments. Nommé en 1815 pair de France et intendant général de la couronne, il fut rappelé à la chambre des pairs en 1819, et mourut en 1823. — Son fils le comte CAMILLE BACHASSON DE MONTALIVET, né à Valence en 1801, entra en 1820 à l'école polytechnique, dont il sortit en 1823. Il succéda à son frère aîné le comte Simon de Montalivet dans la pairie, et fut admis à siéger en 1826. Ministre de l'intérieur de 1830 à 1832, il fit partie du cabinet du 13 mars, et reçut le portefeuille de l'instruction publique et des cultes. A la mort de Casimir Périer, il prit celui de l'intérieur, qu'il quitta la même année pour la place d'intendant général de la liste civile. Il a été encore ministre de l'intérieur depuis le mois de février 1836 jusqu'en 1837.

MONTAN, fameux hérésiarque du IIe siècle, natif d'Ardaban en Mysie. Doué d'une imagination exaltée jusqu'au délire, il prétendait lire dans l'avenir, et se disait inspiré du Saint-Esprit. A la tête de ses partisans, connus sous le nom de *montanistes*, étaient deux femmes très-nobles et très-riches, Maximille et Priscille, qu'il faisait passer pour prophétesses.

MONTANISTES, hérétiques du IIe siècle, qui eurent pour chef Montan, et qui soutenaient, 1° que Montan était le *Paraclet* ou l'Esprit saint promis aux apôtres par Jésus-Christ, et que les apôtres n'avaient pas par conséquent reçu le Saint-Esprit; 2° que l'homicide, l'adultère et l'idolâtrie étaient des péchés irrémissibles ; 3° qu'au lieu de baptiser au nom de la sainte Trinité il ne fallait baptiser qu'en mémoire de la mort de Jésus-Christ pur homme ; 4° ils méprisaient tous les anciens prophètes comme possédés du démon ; 5° ils composaient leur hiérarchie de patriarches, de cénons et d'évêques; 6° ils piquaient un petit enfant pour en tirer le sang qu'ils mêlaient à la farine pour en faire le pain de l'eucharistie.

MONTANSIER-NEUVILLE (Mlle), née à Bayonne en 1730. Elle quitta fort jeune son pays pour suivre aux colonies une troupe d'acteurs ambulants. Elle acquit assez de fortune pour prendre la direction des théâtres de Versailles, du Havre, de Nantes et de Rouen. Elle prit ensuite celle de la petite salle du palais dite *Montansier*, au Palais-Royal. Fermé momentanément, il se rouvrit avec le titre de *Théâtre de la Montagne*. Ce fut elle qui fit construire salle de l'académie royale de musique, dont le gouvernement s'empara en ne lui donnant que 300,000 francs d'indemnité, spoliation contre laquelle elle protesta en vain. Mlle Montansier épousa, déjà âgée, le comédien Bourdon-Neuville, et mourut en 1820 à quatre-vingt-dix ans.

MONTARGIS, ville de France, chef-lieu d'arrondissement du département du Loiret, à la jonction des canaux d'Orléans, de Briare et du Loing, à 17 lieues d'Orléans. Sa population est de 6,781 habitants. Elle a un tribunal de première instance, un tribunal de commerce, un collége et une petite salle de spectacle. — Elle s'étend au pied d'une haute colline et près d'une belle forêt, qui prend son nom de la ville. On y voit encore les ruines d'un château, dans la grande salle duquel on voyait représentée sur une des cheminées l'histoire célèbre d'Aubry de Mont-Didier, dont le chien combattit et vainquit, dit-on, en présence de Charles VIII, l'assassin de son maître. — La fondation de la ville ne remonte pas au delà de Clovis. Au XIIe siècle, elle appartenait à la maison de Courtenay. Elle souffrit beaucoup pendant les XIVe, XVe et XVIe siècles.

MONTAUBAN, ville de France, chef-lieu du département de Tarn-et-Garonne, sur la rive droite du Tarn, au confluent du Tescou, à 159 lieues de Paris. Sa population est de 24,660 habitants. Elle a un tribunal de première instance avec deux chambres, un tribunal de commerce, un évêché érigé dans le XIVe siècle et suffragant de l'archevêché de Toulouse, un séminaire diocésain, un collége, une école modèle, une église consistoriale, deux facultés de théologie protestantes, une bibliothèque de 10,000 volumes, une *société des sciences, de l'agriculture et des belles-lettres*, une *école gratuite de dessin*, un *cours de géométrie appliquée aux arts*. — Fondée au XIVe siècle, elle fut une de nos premières villes qui embrassèrent les dogmes de la réforme. Place très-fortifiée, elle devint l'un des boulevards du parti protestant. En 1621, elle soutint pendant trois mois un siége contre une armée commandée par Louis XIII. Le siége fut levé, mais quelques années après elle ouvrit ses portes. Louis XIII y fit son entrée en 1629.

MONTAULT (Philippe DE), duc de Navailles, pair de France, d'une famille de Bigorre qui remonte au XIVe siècle, né en 1621, fut reçu page chez le cardinal de Richelieu en 1636, abjura la religion protestante, et parvint aux premiers grades militaires. Il commandait la droite de la cavalerie à la bataille de Senef (1674). L'année suivante, il reçut le bâton de maréchal de France. Il eut ensuite le cordon de l'ordre du Saint-Esprit et la place de gouverneur du duc d'Orléans. Il mourut en 1684, ne laissant que des filles.

MONTAUSIER (Charles DE SAINTE-MAURE, duc DE), pair de France, chevalier des ordres du roi, d'une ancienne maison originaire de la Touraine, se distingua de bonne heure par sa valeur et sa vertu. Durant les guerres civiles de la Fronde, il maintint dans l'obéissance la Saintonge et l'Angoumois, dont il était gouverneur. Son austère probité le fit choisir pour présider à l'éducation de Louis, dauphin de France. Il mourut en 1690, ne laissant de sa femme Julie-Lucie d'Angennes qu'une fille, mariée au duc d'Uzès. Fléchier a fait son oraison funèbre.

MONTBARD, ville de France du département de la Côte-d'Or, chef-lieu de canton de l'arrondissement et à 7 lieues et demie de Sémur, sur la Brenne, au bord du canal de Bourgogne. Sa population est de 2,061 habitants. On y voit encore le château où naquit Buffon.

MONTBARREY (Alexandre-Marie-Léonor DE SAINT-MAURICE, prince DE), né à Besançon en 1732 d'une ancienne famille, obtint dès l'âge de douze ans une compagnie dans le régiment de Lorraine. Colonel en 1749, il commanda huit ans après le régiment de la couronne. Il fut fait brigadier après la bataille de Crevelt. En 1763, il devint capitaine des Cent-Suisses. En 1776, il fut adjoint à M. de Saint-Germain, ministre de la guerre, qu'il remplaça en 1777. Ce fut pendant son administration qu'eut lieu la guerre d'Amérique. Remplacé en 1780 par M. de Ségur, il mourut en 1796 à Constance, où il s'était réfugié pendant la révolution.

MONTBAZON, ville du département d'Indre-et-Loire, chef-lieu de canton de l'arrondissement et à 4 lieues de Tours, près de la rive gauche de l'Indre. Elle fut érigée en duché-pairie en mai 1588, en faveur de Louis de Rohan, comte de Montbazon, mort en 1589.

MONTBÉLIARD, ville de France, chef-lieu d'arrondissement du département du Doubs, sur l'Allan et la Luzine, à 20 lieues de Besançon. Sa population est de 4,767 habitants. Elle a un tribunal de première instance, un collége, une congrégation de mennonites, une bibliothèque publique de 10,000 volumes. — C'était autrefois la capitale d'un comté qui appartint longtemps aux ducs de Bourgogne. En 1419, il passa avec le titre de principauté à une des branches de la maison de Wurtemberg. En 1530, elle embrassa la réforme. Son commerce, favorisé par la protection du souverain, lui procura une importance et une prospérité qui décrut lorsqu'elle devint française.

MONTBÉLIARD (Philibert GUENEAU DE), né en 1720 à Sémur (Côte-d'Or), mort en 1785, s'annonça avantageusement dans le monde littéraire par la continuation de la *Collection académique*, recueil qui contient tout ce qu'il y a de plus intéressant dans les mémoires des différentes académies de l'Europe. Ce fut lui qui continua l'histoire des oiseaux dans la grande Histoire naturelle de Buffon, et s'occupa ensuite de celle des insectes.

MONTBRISON, ville de France, chef-lieu de préfecture du département de la Loire, sur le Vizezy, à 110 lieues trois quarts de Paris. Sa population est de 5,265 habitants. Elle a un tribunal de première instance avec deux chambres, une école secondaire ecclésiastique, une école normale primaire, une *société d'agriculture et de commerce*, une bibliothèque de 1,500 volumes. C'est la ville la moins importante du département, et elle ne doit qu'à sa position centrale l'honneur d'être le chef-lieu. — Fondée autour d'un château qui servait de demeure aux comtes de Forez, Montbrison fut prise en 1562 par le farouche baron des Adrets, livrée au pillage et dévastée.

MONTBRUN (Charles DU PUY, dit *le Brave*), l'un des plus vaillants capitaines calvinistes du XVIe siècle, se rendit maître de plusieurs places en Dauphiné et en Provence, et se trouva aux batailles de Jarnac et de Moncontour. En 1570, de retour en Dauphiné, il défit l'armée du marquis de Gordes, gouverneur de la province. En 1574, il marcha contre les troupes de Henri III, qui faisait le siége de Livron, et pilla son bagage. Arrêté près de Die, il fut conduit à Grenoble, où on lui fit son procès. Il fut exécuté en 1575.

MONTCALM (Louis-Joseph DE SAINT-VÉRAN, marquis DE), lieutenant général des armées du roi, né à Candiac en 1712 d'une famille de Rouergue, qui a produit le fameux Gozon, grand maître de Saint-Jean de Jérusalem. Il porta les armes de bonne heure, et fut fait colonel du régiment d'Auxerrois en 1743. Brigadier en 1747, mestre de camp en 1749, maréchal de camp et commandant en chef des troupes françaises en Amérique en 1756, commandeur de Saint-Louis en 1757, et lieutenant général en 1758, il fut tué en 1759 dans un combat près de Québec. Il avait conservé pendant quatre ans à la France la colonie du Canada.

MONTDIDIER, ville de France, chef-lieu d'arrondissement du département de la Somme, sur le Dom, à 9 lieues d'Amiens. Sa population est de 3,769 habitants. Elle a un tribunal de première instance, un pensionnat ecclésiastique, etc. — C'est une ancienne ville, où les rois de la seconde race avaient un palais. Elle fut fortifiée, et résista à divers siéges.

MONTDIDIER (Aubry DE). Voy. MACAIRE.

MONTEBELLO, petite ville du royaume lombardo-vénitien, dans la délégation de Vicence, à 8 lieues de Vérone. Elle a 3,055 habitants. Napoléon l'érigea en duché en faveur du maréchal Lannes, qui avait puissamment contribué au succès de l'affaire qui se livra sous les murs de cette ville.

MONTECUCULLI (Sébastien, comte DE), gentilhomme italien, né à Ferrare, se produisit à la cour de France, et devint échanson du dauphin François, fils de François Ier. Accusé d'avoir donné à ce jeune prince du poison dans une tasse d'eau fraîche, il fut mis à la question, et avoua qu'il avait été poussé au crime par don Antonio de Leyva et don Fernand Gonzaga, généraux de Charles-Quint. D'autres en accusèrent Catherine de Médicis. Montecuculli fut écartelé à Lyon en 1536.

MONTECUCULLI (Raimond DE), né dans le Modenois en 1608, passa par tous les grades de la milice sous le commandement de son oncle Ernest de Montecuculli, commandant l'artillerie de l'empereur. L'empereur l'attacha entièrement à son service en 1637 par le grade de maréchal de camp général. Envoyé au secours de Jean-Casimir, roi de Pologne, attaqué par Ragotski, prince de Transylvanie, et par la Suède, il battit les Transylvains et les Suédois. Il vainquit les Turcs à la célèbre journée de Saint-Gothard en 1664, victoire qui amena la paix et le fit récompenser par la place de président du conseil de guerre de l'empereur. Il fut opposé en 1675 au grand Turenne dans cette campagne où mourut le général français; et fut arrêté dans sa marche par Condé, successeur de Turenne. Il mourut en 1680. On l'a surnommé *le Végèce moderne*. Il a en effet composé des *Mémoires* en italien, précieux pour les militaires.

MONTEFIASCONE, ville d'Italie, dans les États romains, à 4 lieues de Viterbe, de la délégation de laquelle il fait partie, sur une hauteur à l'E. du lac Bolsena. Elle a 4,000 habitants, et un évêché réuni à celui de Corneto, érigé en 1436. Son territoire abonde en vin muscat.

MONTEIL (Adhémar DE), évêque du Puy et légat du pape Urbain II dans l'armée des croisés, mourut à Antioche en 1098, regretté de la nation chrétienne, dont il était l'oracle. On croit qu'il composa en l'honneur de la sainte Vierge le *Salve regina*.

MONTELEONE, ville du royaume de Naples, dans la Calabre ultérieure, près du golfe de Sainte-Euphémie, à 10 lieues d'Aquila. Sa population est de 15,000 habitants. Elle a un évêché. On la nomme encore *Bivona* ou *Vibona*.

MONTÉLIMART, ville de France, sous-préfecture du département de la Drôme, sur le Jabron et le Roubion, près de la rive gauche du Rhône, à 11 lieues de Valence. Sa population est de 7,560 habitants. Elle a un tribunal de première instance, un collége, une bibliothèque publique de 3,000 volumes. C'est une ville très-commerçante et très-animée, dont le territoire abonde en grains, fruits, orangers, oliviers, mûriers, etc. — L'une des cités *Segalauni*, elle portait le nom d'*Acunum* ou d'*Acusium*. Elle fut plus tard une ville fortifiée et importante.

MONTEMAYOR (Georges DE), célèbre poète de Castille, né à Montemayor en Espagne vers 1520. Il parvint à se faire recevoir dans la chapelle royale de Philippe II, et fut revêtu d'un emploi très-honorable auprès de la reine Catherine, sœur de Charles-Quint. Il mourut avant 1562. Il est regardé par les Espagnols comme l'inventeur parmi eux du genre pastoral, dans sa *Diane*, connue sous le nom de *Diane de Montemayor*.

MONTENEGRO (en slave, *Czerna-Gora*; en turk, *Kara-Tag*), province indépendante de la Turquie d'Europe, et bornée au N. par la Bosnie, au S. par l'Albanie, à l'O. par la Dalmatie et l'Herzegovine, à l'E. par la Morakn, qui la sépare de l'Albanie. Sa superficie est de 125 lieues carrées, et sa population de 86,400 habitants, dont 7,900 combattants. On compte quelquefois au nombre des Monténégrins les habitants de plusieurs cantons indépendants, au nombre de 37,000, dont près de 8,000 combattants. — Les Monténégrins sont belliqueux et féroces; ils professent la religion grecque, et leur gouvernement est une théocratie dont le chef est leur évêque ou *vladika*, qui réside au couvent de Stagnevicz. La capitale est Cettigne, dans le canton de Kattuni. Le Montenegro, qui n'est qu'un pays de montagnes, se divise en quatre nahiés : *Czernitza, Katluni, Gliubotin* et *Glieskopolie*. — D'abord au pouvoir des empereurs serbes, ce pays fit ensuite partie du duché de Zenta, l'une des provinces de l'empire de Servie, et depuis ce temps (1146) il s'est maintenu indépendant.

MONTENOTTE, village d'Italie, dans le Piémont. Il tire son nom d'une montagne qui a donné aussi son nom à un département de l'empire, dont le chef-lieu était Savone. C'est près de ce village que se livra le 12 avril 1796 une bataille dans laquelle Bonaparte, général en chef de l'armée d'Italie, battit les Autrichiens, commandés par le comte de Beaulieu. 2,000 prisonniers, 4 drapeaux, 5 pièces de canon restèrent en notre pouvoir.

MONTEREAU, ville de France, département de Seine-et-Marne, chef-lieu de canton de l'arrondissement et à 6 lieues de Fontainebleau, au confluent de la Seine et de l'Yonne. Sa population est de 4,598 habitants. Elle a un tribunal de commerce, une école modèle dirigée par les frères de la doctrine chrétienne, et fait un commerce assez étendu. En 1419, le pont de cette ville fut le théâtre de l'assassinat de Jean sans Peur, duc de Bourgogne, qui était venu conférer avec le dauphin, depuis Charles VII, sur l'alliance projetée entre les deux partis. En 1814, Montereau fut le théâtre d'un combat acharné. Napoléon en chassa les troupes alliées, qui l'occupaient, et qui, pour échapper à une défaite totale, coupèrent derrière eux les deux ponts de la ville.

MONTEREY (San-Carlos de), port et établissement situé sur la côte occidentale du Mexique, au fond d'une baie. C'est la résidence du gouverneur du territoire de la Nouvelle-Californie.

MONTEREY, ville du Mexique, capitale de l'Etat de Nuevo-Léon.

MONTESA (Notre-Dame de), ordre militaire, fondé en 1317 par don Jayme II, roi d'Aragon, dans la ville de Montesa, au royaume de Valence. Il fut confirmé par Grégoire IX sous la règle de Citeaux, dont les chevaliers portaient l'habit. On les en dispensa dans la suite, pourvu qu'ils portassent une croix rouge sur la poitrine. L'ordre d'*Alfama* fut réuni à celui de Montesa, dont les statuts étaient à peu près les mêmes que ceux de Calatrava.

MONTESPAN (Françoise-Athénaïs de Rochechouart-Mortemart, marquise de), fille de Gabriel, duc de Mortemart, pair de France, mort en 1675, et sœur de Louis-Victor, duc de Mortemart et de Vivonne, et de Marie-Madeleine-Gabrielle, abbesse de Fontevrault, naquit en 1641, et épousa en 1663 Henri-Louis de Pardaillan de Gondrin, marquis de Montespan, qui la produisit à la cour, et la fit nommer dame du palais de la reine. Avant son mariage, elle portait le nom de *mademoiselle de Tonnay-Charente*. Admise dans la société de Mme de la Vallière, elle la supplanta dans le cœur de Louis XIV (1670), dont elle eut huit enfants. Le plus connu est le duc du Maine. Fatigué de son humeur bizarre et hautaine, le roi l'abandonna, à l'instigation de Mme de Maintenon, en 1674, pour Mlle de Fontanges. Elle était retirée de la cour depuis quelques années, lorsqu'elle mourut en 1707.

MONTESQUIEU (Charles de Secondat, baron de la Brède et de), d'une ancienne famille de Guyenne, né au château de la Brède (Gironde) en 1689 d'un président à mortier au parlement de Bordeaux. Il fut reçu en 1714 conseiller au parlement de cette ville, puis en 1716 président à mortier. Ses *Lettres persanes*, ouvrage ingénieux et allégorique, qui parut en 1721, commencèrent sa réputation, et le firent recevoir à l'académie française en 1728. Il publia en 1734 son ouvrage sur les *Causes de la grandeur et de la décadence des Romains*, historique mâle et rapide de la puissance romaine. Mais l'ouvrage qui lui a fait le plus de renommée comme publiciste est l'*Esprit des lois*, dans lequel on voit une connaissance éclairée des gouvernements de l'Europe, et que l'on a nommé le *Code du droit des nations*, réservant à son auteur le nom de *Législateur du genre humain*. Outre ces ouvrages, on a encore de lui le *Temple de Gnide* et la *Défense de l'Esprit des lois*. Il composa pour l'Encyclopédie l'*Essai sur le goût*. Montesquieu mourut en 1755 , ne laissant de sa femme Jeanne de Lartigue, qu'il avait épousée en 1715, qu'un fils, dont la postérité s'est éteinte en 1824, et deux filles.

MONTESQUIOU, petite ville de France, chef-lieu de canton du département du Gers, dans l'arrondissement et à 2 lieues de Mirande. Sa population est de 2,015 habitants. — La terre de Montesquiou, démembrée du Fezensac dès le XIe siècle, et l'une des quatre baronnies du comté d'Armagnac, fut le berceau d'une des plus anciennes familles de France, qui, divisée en plusieurs branches, compte, entre autres personnages, un cardinal ; plusieurs évêques et trois maréchaux de France, dont l'un fut le fameux Blaise de Montluc.

MONTESQUIOU (Le baron de), capitaine des gardes du duc d'Anjou (depuis Henri III), tua de sang-froid, pour se venger d'une injure particulière, le prince de Condé, déjà blessé, à la bataille de Jarnac en 1569.

MONTESQUIOU-D'ARTAGNAN (Pierre de), chevalier des ordres du roi, gouverneur d'Arras, lieutenant général de l'Artois, etc., se signala en divers siéges et combats, et commanda l'infanterie française à la bataille de Ramillies et à celle de Malplaquet. Il eut trois chevaux tués sous lui dans la dernière, et reçut en récompense de sa valeur le bâton de maréchal de France en 1709. Il contribua beaucoup au succès de la campagne de Flandre, et mourut en 1725.

MONTESQUIOU-FEZENSAC (Anne-Pierre, marquis de), premier écuyer de Monsieur (depuis Louis XVIII), grand maître en 1774, chancelier garde des sceaux en 1778, chevalier des ordres militaires du Mont-Carmel et de Saint-Lazare, chevalier des ordres du roi, maréchal de camp, naquit en 1741. Il fut reçu membre de l'académie française en 1784, et député par la noblesse de Paris aux états généraux (1789), où il se réunit au tiers état. A la fin de la session, nommé lieutenant général commandant l'armée du Midi, il envahit et occupa la Savoie. Accusé devant la convention de dilapidation et décrété d'arrestation en 1792, il se retira en Suisse, et ne revint qu'en 1795 en France, où il mourut en 1796. — Son fils, le comte Elisabeth-Pierre de Montesquiou-Fezensac, né en 1764, fut grand chambellan de Napoléon, président du corps législatif en 1810 et pair de France en 1814. Sa femme fut nommée en 1811 gouvernante du roi de Rome.

MONTESQUIOU-FEZENSAC (François-Xavier-Marie-Antoine, abbé de), né en 1757 de la même famille que le précédent, mais d'une branche distincte, embrassa de bonne heure l'état ecclésiastique, et devint agent général du clergé, fonction qu'il remplit depuis 1785 jusqu'en 1789. Nommé à cette époque député aux états généraux par le clergé de Paris, nommé deux fois président de l'assemblée nationale, le 5 janvier et le 28 février 1790, il mérita des remerciments, et se fit remarquer par son éloquence douce et persuasive. A la suite des événements du 10 août, il se retira en Angleterre, d'où il ne revint qu'après le 9 thermidor. Nommé en avril 1814 membre du gouvernement provisoire, il fut l'un des commissaires rédacteurs de la charte, dont on lui attribue la plus grande partie. En juillet suivant , il reçut le portefeuille de l'intérieur. En 1816, il fut nommé pair, conserva le titre de ministre d'Etat, et fut reçu membre de l'académie française. En 1821, il fut créé duc. En 1830 il se démit de la pairie, et mourut en 1832.

MONTESSON (Charlotte-Jeanne Béraud de la Haye de Riou, marquise de), née à Paris en 1737 d'une ancienne et illustre famille de Bretagne, épousa en 1753 le marquis de Montesson, riche gentilhomme du Maine, lieutenant général des armées du roi. Restée veuve de bonne heure, elle inspira au duc d'Orléans, petit-fils du régent, une passion vive fondée sur son amabilité et son excellente réputation. Louis XV accorda en 1773 à son cousin la permission de l'épouser, mais en secret. Arrêtée pendant la terreur, elle ne sortit de prison qu'après le 9 thermidor, et mourut en 1806.

MONTEVIDEO, ville de l'Amérique du Sud, capitale de la république de l'Uruguay. Sa population est de 10,000 habitants. Elle est bâtie en amphithéâtre, sur la rive gauche du Rio de la Plata. Son port, quoique exposé à la violence du vent d'ouest, nommé *pampero*, est cependant très-sûr. Les maisons sont à un étage, et surmontées d'une terrasse. Les rues n'y sont point pavées.

MONTEZUMA (en mexicain, *Moteuczoma*). Deux empereurs du Mexique ont porté ce nom. — Montezuma Ier, surnommé *Huchué* (le vieux), cinquième empereur, monta sur le trône en 1455, et mourut en 1483. — Montezuma II, surnommé *Xocojolzin* (le jeune), succéda en 1502 à son grand-père Ahuitzotl. Ce fut sous son règne que Cortez fit la conquête du Mexique (1519), et Montezuma fut bientôt la victime de son asservissement aux Espagnols. S'étant montré dans une révolte, il fut tué à coups de pierres en 1520. Il laissait un fils et trois filles, qui embrassèrent le christianisme. Du premier, nommé avant son baptême *Tlacahuepan-Tohuolicahualzin*, et après *don Pedro*, comte de Montezuma, descendent les comtes de Montezuma et de Tula en Espagne. De *Temicpatzin*, l'une des filles, descendent trois anciennes maisons du Mexique, les Cano-Montezuma, les Andrada-Montezuma et les comtes de Miravilla.

MONTFAUCON (Dom Bernard de), célèbre bénédictin, né en 1655 au château de Soulage (Aude) d'une famille noble. Il embrassa le parti des armes, et servit en qualité de cadet dans le régiment de Perpignan. Mais, dégoûté du monde par la mort de ses parents, il entra en 1675 dans la congrégation de Saint-Maur. La supériorité de ses talents comme antiquaire et historien lui fit bientôt un nom célèbre dans toute l'Europe. En 1698, il fit un voyage en Italie pour consulter les bibliothèques, et en donna une relation curieuse sous le nom de *Diarium Italicum*. Il mourut en 1741, à l'abbaye de Saint-Germain des Prés. L'académie des inscriptions et belles-lettres l'était associé en 1719 au nombre de ses ouvrages monte à quarante-quatre. Les plus célèbres sont l'*Antiquité expliquée*, la *Paléographie grecque*, les *Monuments de la monarchie française* et les *Analectes grecques*.

MONTFAUCON, éminence située près de

Paris, entre le faubourg Saint-Martin et le faubourg du Temple. Elle portait autrefois un haut massif de maçonnerie surmonté de treize piliers liés par des poutres auxquelles pendaient des chaînes de fer qui supportaient habituellement cinquante à soixante cadavres. Ce gibet, construit par Enguerrand de Marigny, et réparé par Pierre Remi et Jean de Montaigu, n'existe plus depuis longtemps. Il est remplacé par une voirie où l'on tue les vieux chevaux poussifs, les chiens, les chats, etc., et qui est un véritable foyer d'infection.

MONTFERRAT, ancienne province d'Italie, bornée au N. et à l'O. par le Piémont, au S. par la république de Gênes, et à l'E. par le Milanais. Sa superficie était de 135 lieues carrées, et sa population de 191,850 habitants. — C'est un pays montueux, fertile, bien cultivé, produisant beaucoup de blé et de vins. La capitale était CASAL. — Le Montferrat eut depuis son origine, au Xe siècle, des marquis héréditaires de la race d'Alcran. Cette famille, tant illustrée par les croisades, fut remplacée en 1306 par une branche des Paléologues, dont le chef fut Théodore, fils de l'empereur Andronic et d'Yolande de Montferrat. Une seconde Yolande, fille de ce Théodore, épousa Aimond le Pacifique, comte de Savoie en 1330, avec la clause que ses descendants succéderaient au marquisat de Montferrat en cas d'extinction de la ligne masculine. Cette ligne s'éteignit en 1533 dans la personne de Jean-Georges Paléologue, mort sans enfants. La maison de Gonzague, dont les droits au marquisat se fondaient sur le mariage de Frédéric II de Gonzague avec Marguerite, fille de Guillaume VI Paléologue, et nièce de Jean-Georges, revendiqua le Montferrat, et en frustra celle de Savoie. La réunion du Montferrat au Piémont n'a été achevée qu'en 1814. Il forme aujourd'hui les deux provinces de Casal et d'Acqui.

MONTFLEURY (Zacharie JACOB, dit), né d'une famille noble vers le commencement du XVIIe siècle, fut page chez le duc de Guise, et s'engagea dans une troupe de comédiens ambulants. Devenu bientôt célèbre, il fut reçu en 1638 dans la troupe de l'hôtel de Bourgogne, et joua en 1637 dans les premières représentations du *Cid*. Il mourut en 1667. Montfleury fut le premier maître de Baron, qui le surpassa. Il est auteur de la *Mort d'Asdrubal*, tragédie.

MONTFORT-LA-CANNE, ville de France, sous-préfecture du département d'Ille-et-Vilaine, sur un coteau élevé, au confluent du Chailloux et du Meu, à 7 lieues de Rennes. Sa population est de 1,715 habitants. Elle a un tribunal de première instance, et est ceinte de remparts flanqués de plusieurs tours, et environnés d'un large fossé.

MONTFORT-L'AMAURY, ville de France (Seine-et-Oise), chef-lieu de canton de l'arrondissement et à 5 lieues et demie de Rambouillet. Sa population est de 1,817 habitants. — Le château fort qui la domine fut construit sous le règne de Robert par *Amalric* ou *Amaury*, et en prit son nom. — D'abord baronnie, puis comté, la terre de Montfort-l'Amaury fut possédée dès la fin du Xe siècle par une maison illustre et florissante. (Voy. ci-après.) La fille unique d'Amaury, comte de Montfort, ayant épousé le comte de Dreux, porta le comté de Montfort dans la maison de Bretagne. Il fut depuis l'apanage d'une branche de la maison ducale dont la tige fut Jean, frère du duc Jean III. Cette branche, à qui la maison de Penthièvre, représentée par Charles de Blois, mari de Jeanne de Penthièvre, nièce du même duc, disputait le duché de Bretagne, en devint maîtresse en 1365.

MONTFORT (BERTRADE DE). Voy. BERTRADE.

MONTFORT (SIMON IV, comte DE) surnommé *le Fort* et *le Machabée*, fils de Simon III, comte de Montfort, et d'Amicie, comtesse de Leicester, naquit vers 1172, prit part à la croisade prêchée en 1202 par Foulques, curé de Neuilly. Mais il déserta le camp avec Guy de Monfort son frère, et retourna en France, où il s'enrôla en 1208 dans la croisade prêchée par les légats du pape contre les albigeois. Il en devint le chef, s'empara de Béziers et de Carcassonne, en ajoutant à ses titres celui de vicomte de ces villes, assiégea Toulouse, dont il s'empara plus tard, remporta la bataille de Muret en 1213 sur le roi d'Aragon et le comte de Toulouse, reçut en 1215 du pape Innocent III l'investiture du comté de Toulouse, et, après être sorti de cette ville pour aller combattre Raymond VI son ancien comte, fut tué au siège qu'il en fit pour y rentrer en 1218.

MONTFORT (AMAURY VI, comte DE), fils de Simon IV et d'Alix de Montmorency, voulut continuer la guerre contre le comte de Toulouse ; mais, n'ayant pas assez de force pour résister à Raymond VII, il céda à Louis VIII, roi de France, les droits qu'il prétendait avoir sur le comté de Toulouse et les autres terres du Languedoc. Saint Louis le fit connétable de France en 1231 ; puis, ayant été envoyé en Orient au secours des chrétiens de la terre sainte, il fut fait prisonnier devant Gaza. Délivré en 1241, il mourut à Otrante la même année. Sa fille unique épousa un comte de Dreux. Il avait un frère qui fut Simon V, comte de Leicester.

MONTFORT (SIMON V, comte DE LEICESTER et DE), fils cadet du fameux Simon, comte de Montfort, et frère d'Amaury VI, épousa Éléonore d'Angleterre, fille de Jean sans Terre et veuve du comte de Pembroke. Henri III, en lui donnant la main de sa sœur, le nomma son lieutenant dans les provinces de France. De retour en Angleterre, il fit entrer les barons dans le projet qu'il avait conçu de supplanter son beau-frère, et gagna sur lui la fameuse bataille de Lewes (1264). L'année suivante (1265) le comte de Glocester, jaloux de l'autorité du comte de Leicester, forma un parti contre lui. Le comte de Leicester fut défait et tué avec son fils Henri à la bataille d'Evesham. Son corps fut haché en mille morceaux. Il laissa cinq fils. Le plus connu est GUY, qui suivit Charles d'Anjou en Sicile.

MONTGAILLARD (Bernard DE PERCIN DE), né en 1563 d'une maison noble et illustre, entra dans l'ordre des feuillants, où il se distingua par son austérité, ses sermons et son zèle pour le parti de la Ligue. On l'appelait *le Petit Feuillant* ou *le Laquais de la Ligue*. Il fut pourvu de l'abbaye de Nizelle et de celle d'Orval, introduisit une réforme austère dans cette dernière, et y mourut en 1628. — PIERRE-FRANÇOIS DE PERCIN DE MONTGAILLARD, son petit-neveu, évêque de Saint-Pons, né en 1633 et mort en 1713, était fils de Pierre de Percin, baron de Montgaillard, gouverneur de Brême dans le Milanais, qui fut décapité pour avoir rendu cette place faute de munitions.

MONTGAILLARD (Pierre DE FAUCHERAN DE), poète français du XVIe siècle, natif de Nyons (Drôme), embrassa la profession des armes, et fut attaché à Laurent de Galles, seigneur du Mestrail, et puis à son frère, M. de la Buisse, seigneur de Voyron. Il a composé *vers héroïques* et des *gaillardises*. Il mourut en 1606.

MONTGERON (Louis-Basile CARRÉ DE), né à Paris en 1686, acheta à vingt-cinq ans une charge de conseiller au parlement. Ce qui fit sa réputation, ce fut le livre qu'il publia en 1737 sur les prétendus miracles attribués aux convulsionnaires, et intitulé : *la Vérité des miracles opérés par l'intercession du diacre Pâris*. Ce livre le fit renfermer à la Bastille, et plus tard dans la citadelle de Valence, où il mourut en 1754.

MONTGOLFIER (Jacques-Etienne), né en 1740 à Annonay (Ardèche), mort en 1799 correspondant de l'académie royale des sciences, et chevalier de l'ordre de Saint-Michel. Héritier de la manufacture de papiers de son père, il fut le premier en France qui fabriqua du *papier vélin*. Il s'immortalisa en 1783 par l'invention des ballons, qu'il fit d'abord en papier gris, puis en toile, et qu'il n'enflait qu'au moyen de l'air chauffé et devenu ainsi plus léger. On a donné à ces premiers ballons, formés de toile, et portant au-dessous un brasier plein de paille hachée et enflammée le nom de *montgolfières*.

MONTGOLFIER (Joseph-Michel), né en 1745 à Annonay, mort en 1810 membre de l'Institut et de la Légion d'honneur, chevalier de la Légion d'honneur, administrateur du conservatoire des arts et métiers. Il fut constamment associé avec son frère dans l'invention et l'exécution des ballons, et se fit connaître par plusieurs découvertes, et entre autres par celle du *bélier hydraulique*, machine qui sert à élever l'eau à plus de soixante pieds.

MONTGOLFIÈRE. Voy. MONTGOLFIER, n° 1.

MONTGOMMERY, comté d'Angleterre, dans la principauté de Galles, borné au N. par celui de Denbigh, au S. par celui de Brecknock, à l'O. par ceux de Cardigan et de Merioneth, et à l'E. par ceux de Shrop et de Radnor. Sa superficie est de 129 lieues carrées, et sa population de 53,960 habitants. Il se divise en sept *hundreds* ou centuries. C'est un pays de montagnes, dont les richesses consistent dans la laine de ses moutons. Son territoire est stérile, mais abondant en minéraux, ardoises, chaux, etc. — Sa capitale est MONTGOMMERY, sur la rive droite de la Saverne, à 54 lieues de Londres. Sa population est de 5,000 habitants. Elle envoie deux députés au parlement, et le comté un autre.

MONTGOMMERY, village du département du Calvados, dans l'arrondissement et à 6 lieues de Lisieux. — Il avait titre de comté, et appartenait à la maison de Montgommery, établie anciennement en Angleterre. — Le premier qui vint en France fut RODULT DE MONTGOMMERY, qui vint d'Ecosse au service de François Ier. Il était petit-fils d'Alexandre de Montgommery, comte d'Egland en Ecosse, cousin par les femmes de Jacques Ier, roi d'Ecosse. Robert eut pour fils Jacques qui suit.

MONTGOMMERY (Jacques DE LORGES, comte DE), seigneur de Lorges (Orléanais), l'un des plus vaillants hommes de son temps, fameux sous le nom de *Lorges* dans les guerres de François Ier, succéda en 1545 à Jean Stuart, comte d'Aubigny, dans la charge de capitaine des cent gendarmes de la garde écossaise du roi. Il avait acquis en 1543 le comté de Montgommery, possédé par ses ancêtres. Ce fut lui qui en jouant avec François Ier le blessa au menton avec un tison, accident qui fut la cause des longues barbes que l'on porta en France pendant plus de cinquante ans. Lorges mourut en 1559, âgé de plus de quatre-vingts ans.

MONTGOMMERY (Gabriel DE LORGES, comte DE), fils aîné du précédent, lui succéda dans la charge de capitaine de la garde écossaise du roi. Pendant les réjouissances qui eurent lieu pour les noces de Marguerite de France avec le duc de Savoie, Henri II voulut jouter avec Montgommery, qui, ayant rompu sa lance, oublia d'en jeter le tronçon et en frappa le roi si fort à l'œil droit, qu'il en mourut onze jours après, le 10 juillet 1559. Montgommery se retira en Angleterre, mais ne revint en France que pendant les guerres civiles. Il s'attacha au parti protestant, dont il devint un des principaux chefs. Fait prisonnier à Domfront par le maréchal de Matignon, il fut amené à Paris et condamné à mort sous prétexte d'avoir arboré le pavillon anglais sur les vaisseaux avec lesquels il était venu au secours de la Rochelle en 1573. Il eut la tête tranchée en 1574. Sa mémoire fut réhabilitée en 1576. Il laissait neuf fils, tous braves et vaillants capitaines.

MONTHOLON (François DE), fils de Nicolas de Montholon, lieutenant général d'Autun, puis avocat du roi au parlement de Dijon, devint avocat général au parlement de Paris en 1538, puis garde des sceaux en 1542, et mourut en 1543. — Son fils FRANÇOIS, avocat distingué et fort estimé des ligueurs, reçut les sceaux en 1588, et les rendit à l'avènement de Henri IV. Il mourut la même année (1590). — Le marquis DE MONTHOLON, colonel du régiment des dragons de Penthièvre et premier veneur de *Monsieur* (depuis Louis XVIII), mourut en 1788, laissant plusieurs enfants en bas âge, parmi lesquels CHARLES-TRISTAN, comte de MONTHOLON, lieutenant général, aide de camp et exécuteur testamentaire de Napoléon, qu'il a suivi à Sainte-Hélène, né à Paris en 1783.

MONTHYON (Antoine-Jean-Baptiste-Robert-Auger, baron DE), ancien conseiller d'État et intendant de la province de Limousin, chancelier de *Monsieur*, qu'il suivit en 1791 à l'étranger. Il ne rentra en France qu'en 1815. Il avait fondé un prix annuel de vertu et un autre de 1,200 francs pour l'ouvrage que l'académie française aurait reconnu le meilleur. La convention ayant aboli ces fondations, M. de Monthyon les renouvela en 1816. Aujourd'hui les prix Monthyon sont au nombre de quatre, chacun de 10,000 francs. Deux sont donnés par l'académie française; ce sont ceux cités plus haut. Les deux autres sont donnés par l'académie des sciences; ce sont ceux accordés à toute découverte qui rendra quelque art mécanique moins malsain, et à toute découverte d'un moyen de perfectionnement de la science médicale et de l'art chirurgical. M. de Monthyon a aussi légué 10,000 francs à chacun des hospices de Paris pour être distribués aux pauvres. Il mourut en 1820.

MONTI (Vicenzo), un des plus célèbres poètes de l'Italie moderne, surnommé il *Dante engentilito* (le Dante gracieux), né à Lusignano près Ferrare en 1753, mort en 1828, d'abord secrétaire de don Louis Braschi, neveu de Pie VI, fut lors de l'établissement de la république cisalpine nommé professeur de belles-lettres au collège de Milan, puis professeur d'éloquence à l'université de Pavie. Ses *poésies*, dans lesquelles il a tour à tour fait l'éloge et le blâme de Bonaparte et de l'empereur d'Autriche, font plus d'honneur à son talent qu'à son caractère.

MONTIGNI (François DE LA GRANGE D'ARQUIEN, dit LE MARÉCHAL DE), servit parmi les catholiques à Coutras, où il fut fait prisonnier. Henri IV le fit gouverneur de Paris en 1601, lieutenant de roi dans les Trois-Évêchés en 1609, et Marie de Médicis lui fit avoir le bâton de maréchal de France en 1616. Il commanda l'armée royale contre les mécontents du Nivernais, et mourut la même année (1617). Ce maréchal n'eut qu'un fils, mort sans postérité masculine. Mais son frère eut entre autres enfants HENRI, marquis D'ARQUIEN, dont la fille, Marie-Casimire, épousa Sobieski, roi de Pologne, et revint en France en 1716 à soixante-dix-sept ans. Elle était revenue en France dès 1714.

MONT-JOIE, cri d'une haute antiquité et ordinairement suivi des mots *Saint-Denis*. Ce cri *Mont-joie Saint-Denis* était l'ancien cri de guerre des rois de France. Celui des ducs de Bourgogne de la maison de Valois était *Mont-joie Saint-Andrieu*. On ignore l'origine de ce mot. — Le premier héraut d'armes de France portait le titre de *Mont-joie*.

MONTJOIE (ORDRE DE), ordre de chevalerie établi à Jérusalem par le pape Alexandre III et confirmé sous la règle de Saint-Basile en 1180. Les chevaliers, institués pour combattre les infidèles, portaient une croix rouge. Alphonse le Sage les introduisit en Espagne pour aller contre les Maures, et les nomma *chevaliers de Molfrac*. Ils furent unis à l'ordre de Calatrava par le roi Ferdinand.

MONTLHÉRY, petite ville du département de Seine-et-Oise, sur la pente d'une montagne dans l'arrondissement et à 5 lieues de Corbeil. Sa population est de 1,566 habitants. Elle est célèbre par la tour antique qui la domine, reste d'un château fortifié en 959 par Thibaud, surnommé *File-étoupe*, et longtemps la terreur du voisinage. — La fameuse bataille qui eut lieu en 1465 entre Louis XI et son frère Charles de France, duc de Berry, fut livrée près de cette ville, et eut pour résultat le traité de Conflans. Montlhéry était une châtellenie de la vicomté de Paris.

MONTLHÉRY (Guy DE), comte de Rochefort, sénéchal de France, fut de la première croisade en 1096. Philippe Ier força son fils aîné Louis le Gros à épouser la fille de ce seigneur. Mais, ce prince ayant fait casser ce mariage trois ans après sous prétexte de parenté, Guy s'arma contre le roi, qui le défit auprès de Gournay, et mourut en 1108. — Son fils, HUGUES DE MONTLHÉRY, comte de Rochefort et seigneur de Cressy, lui succéda dans l'office de sénéchal, que Louis VI le contraignit de quitter à cause de ses violences, et se fit religieux en 1118 à Cluni, où il mourut quelques années après.

MONTLUC (Blaise DE LASSERAN-MASSENCOMME, seigneur DE), né vers 1500 d'une branche de la maison de Montesquiou. Il porta les armes dès l'âge de dix-sept ans, et fut créé chevalier en 1544. Il se signala en plusieurs occasions importantes, à la Bicoque, à Pavie, aux sièges de Perpignan, de Casal, et devint gouverneur de Montcalquier et d'Albe. Lieutenant du roi à Sienne, il la défendit longtemps contre les impériaux, et ne la rendit que le 21 avril 1555 après un long siège. Il obtint pour récompense le collier de Saint-Michel. Colonel général de l'infanterie française en 1558, lieutenant général au gouvernement de Guyenne en 1564, il fit pendant près de dix ans une rude, mais cruelle guerre aux calvinistes. Maréchal de France en 1574, il mourut en 1577 dans sa terre d'Estillac (Agénois). Il a laissé des *Commentaires à l'exemple de César*, mémoires curieux et intéressants, que Henri IV appelait la *Bible du soldat*.

MONTLUC (Jean DE), frère de Blaise de Montluc, se fit religieux dominicain, et se distingua par son esprit, son savoir et son éloquence subtile. Ayant fait paraître du penchant pour le calvinisme, la reine Marguerite de Navarre le fit employer en diverses ambassades. Il réussit très-bien dans celle de Pologne au sujet de l'élection du duc d'Anjou. Ayant reçu les ordres sacrés, il fut fait évêque de Valence et de Die, ce qui ne l'empêcha pas de se marier secrètement avec Anne Martin, dont il eut un fils naturel. Il revint dans la suite de ses erreurs, et mourut à Toulouse en 1579.

MONTLUC (Jean DE), seigneur de Balagni, fils naturel du précédent, légitimé en 1567, s'attacha au duc d'Alençon, qui lui donna le gouvernement de Cambrai en 1581. Entraîné dans le parti de la Ligue, il y joua un rôle important à la levée du siège de Paris et de celui de Rouen. Henri IV lui donna (1594) le bâton de maréchal de France, à cause de sa femme Renée de Clermont-d'Amboise, nièce de Bussy d'Amboise, qui défendit vainement Cambrai contre les Espagnols, et mourut de douleur de n'avoir pu sauver la ville. Jean de Balagni se remaria avec Diane d'Estrées, sœur de Gabrielle, et mourut en 1603.

MONTLUÇON, ville de France, sous-préfecture du département de l'Allier, sur le flanc d'un coteau et la rive droite du Cher, à 24 lieues de Moulins. Sa population est de 4,991 habitants. Elle a un tribunal de première instance, un collège, un hôpital et une *société d'émulation*. — C'est une des plus anciennes villes du Bourbonnais. Elle était autrefois le siège d'une seigneurie, qui appartenait dès le Xe siècle aux sires de Bourbon.

MONTMARTRE, village du département de la Seine, dans l'arrondissement et à une lieue de Saint-Denis, à un quart de lieue de Paris. Il est situé sur une colline qui porte le nom de *butte Montmartre*. Il a donné son nom à un des faubourgs de Paris, compris entre la barrière Montmartre et le boulevard des Italiens.

MONTMAUR (Pierre DE), né dans le Limousin, entra chez les jésuites, et enseigna la grammaire à Rome pendant trois ans. Après avoir quitté l'habit des jésuites, il fut successivement charlatan, vendeur de drogues à Avignon, avocat et poète à Paris, et ensuite professeur de langue grecque au collège de France. Il faisait le métier de parasite par avarice. Comme il mettait tout son plaisir à railler et à dire des bons mots, il fut attaqué par tous les savants, qui ne l'épargnèrent pas dans leurs écrits. Il mourut en 1648.

MONTMÉDY, ville de France, chef-lieu d'arrondissement du département de la Meuse, sur la rive droite de la Chiers, à 21 lieues et demie de Bar-le-Duc. La population est de 2,195 habitants. Elle a un tribunal de première instance, un sous-intendant militaire, etc. C'est l'une des deux places fortes du département. Ses fortifications sont dues à Vauban. Elle a été cédée à la France par le traité des Pyrénées en 1657.

MONTMÉLIAN, ville des États sardes, dans la Savoie, sur l'Isère, à 3 lieues de Chambéry. Sa population est de 2,000 habitants. Elle a une forteresse. célèbre dans l'histoire. François Ier et Henri IV s'en emparèrent. Louis XIII fut obligé d'en lever le siège, après treize mois d'attaque. Louis XIV la prit en 1691, et la rendit cinq ans après à la Savoie. Les Français la reprirent encore en 1705, et en démolirent les fortifications. Elle retourna encore à la Savoie.

MONTMIRAIL, petite ville du département de la Marne, chef-lieu de canton de l'arrondissement et à 8 lieues d'Épernay, sur le petit Morin. Sa population est de 2,343 habitants. Cette ville, ancienne baronnie, est célèbre par la victoire que Napoléon y remporta le 11 février 1814 sur l'armée des alliés. 6 drapeaux, 26 bouches à feu, russes ou prussiennes, plus de 700 prisonniers restèrent entre leurs mains. La bataille de Montmirail coûta 3,000 hommes aux alliés, et environ 2,000 aux Français.

MONTMORENCY, village du département de Seine-et-Oise, chef-lieu de canton de l'arrondissement et à 3 lieues de Pontoise. Sa population est de 1,789 habitants. On le nomme aussi souvent ENGHIEN. Montmorency est situé sur une éminence qui domine la belle vallée qui porte son nom. — Un châtelain, connu par ses brigandages, Bouchard le Barbu, fonda en 1008 la forteresse autour de laquelle se forma Montmorency, dont sa famille prit le nom. Érigée en duché-pairie en 1551, la terre de Montmorency fut confisquée en 1632 par Louis XIII, et donnée au duc de Bourbon, prince de Condé, qui avait épousé en 1609 Charlotte de Montmorency, sœur du duc décapité à Toulouse.

MONTMORENCY, l'une des plus anciennes familles de France, tirant son nom de la ville de Montmorency, et l'une des premières qui aient possédé une baronnie. C'est sans doute pour cette raison que les Montmorency ont pris le titre de *premiers barons chrétiens*. Avant 1878, la maison de Montmorency avait donné six connétables, onze maréchaux, quatre amiraux, des grands maîtres, des chambellans, etc. Elle possédait, outre celle de Montmorency, les terres d'Écouen, de Chantilly, de Marli, Conflans-Sainte-Honorine, Verneuil, Braisur-Seine, Saint-Brice, Hérouville, Épinai, Feuillarde, Attichy, Courteil, Tillai, etc. — On trouve dès l'an 950 BOUCHARD Ier, des plus puissants feudataires de la couronne; BOUCHARD II, dit *le Barbu*, mort vers 1020; ALBÉRIC, vivant en 1060 et connétable; THIBAUT II, connétable après son oncle Albéric, vers 1090; BOUCHARD IV, assiégé dans sa forteresse par Louis le Gros, alors prince royal ; MATTHIEU Ier, petit-neveu de Thibaut II, qui suit.

MONTMORENCY (MATTHIEU Ier, baron DE), connétable sous Louis le Jeune, était petit-neveu de Thibaut II. Il avait épousé Aline, fille naturelle de Henri Ier, roi d'Angleterre, et en secondes noces (1141) Adèle de Savoie, veuve de Louis VI. Il n'eut d'enfants que de la première, et mourut en 1160. — Son cinquième fils, MATTHIEU, fonda la branche des *Montmorency-Marly*, éteinte en 1352. Il se croisa en 1189 avec Philippe Auguste, et prit part à la guerre des albigeois. Il périt dans la quatrième croisade à Constantinople (1204).

MONTMORENCY (MATTHIEU II, baron DE), petit-fils de Matthieu Ier, fut surnommé *le Grand* à cause de ses exploits. Il se signala au siège de Château-Gaillard (1203), contribua au gain de la bataille de Bouvines (1214), et mérita l'épée de connétable (1218) à cause de sa valeur dans la guerre des albigeois. Il commanda l'armée royale dans la guerre contre les Anglais, se croisa une seconde fois contre les albigeois en 1226, et protégea l'enfance de saint Louis. Il mourut en 1230, laissant beaucoup d'enfants de trois lits différents. D'Emma, sa seconde femme, était né celui qui fonda la branche de *Montmorency-Laval*, éteinte en 1412.

MONTMORENCY (MATTHIEU III, baron DE), petit-fils de Matthieu II, né en 1243, suivit saint Louis en Afrique, et mourut en 1270 au siège de Tunis. Son second fils, ÉNAND DE MONTMORENCY, fonda la branche de *Montmorency-Conflans*, éteinte en 1424.

MONTMORENCY (MATTHIEU IV, baron DE), fils de Matthieu III, mena du secours à Charles d'Anjou, et suivit Philippe le Hardi en Aragon en 1285. Créé chambellan de Philippe le Bel, amiral de France en 1295, il servit en Flandre (1303), et mourut en 1304.

MONTMORENCY (CHARLES, baron DE), petit-fils du précédent, chambellan du roi, panetier de France, fut fait maréchal en 1343, et commanda l'armée que Jean, duc de Normandie, envoya au secours de Charles de Blois. Il fut fait gouverneur de Picardie, et contribua beaucoup au traité de Brétigny. Il mourut en 1381. — Son petit-fils JACQUES DE MONTMORENCY est la tige des *Montmorency-Croiselle*, éteints en 1615.

MONTMORENCY (JEAN II, baron DE), petit-fils de Charles, fut fidèle à la cause de Charles VII. Ses deux fils aînés, qu'il avait eus de sa première femme, héritière de Nivelle et de Fosseux (Brabant), ayant embrassé malgré lui le parti de Charles le Téméraire, il les déshérita, et institua son héritier GUILLAUME son troisième fils, né en 1477, mort en 1531. Les deux aînés fondèrent les branches des seigneurs de *Nivelle*, aujourd'hui comtes de *Horn*, et des marquis de *Fosseux*, aujourd'hui ducs de *Montmorency*.

MONTMORENCY (ANNE DE), l'un des plus grands capitaines du XVIe siècle, second fils de Guillaume, né en 1493 à Chantilly, fit ses premières armes en Italie (1512), défendit en 1521 la ville de Mézières conjointement avec Bayard, et mérita par sa conduite à la Bicoque d'être fait maréchal de France (1522). Il était déjà colonel général des Suisses. Fait prisonnier à Pavie (1525) et relâché, il obtint en récompense de ses services la charge de grand maître et le gouvernement du Languedoc. La campagne de 1536 lui valut l'épée de connétable en 1538. Dès ce moment, jusqu'à sa disgrâce (1541), il fut l'âme des conseils de François Ier. Rappelé par Henri II en 1547, le connétable prit le Bolonais (1550) et fit ériger la baronnie de Montmorency en duché-pairie (1551), et perdit la bataille de Saint-Quentin, où il fut fait prisonnier (1557). Disgracié de nouveau en 1559, il fut rappelé à l'avénement de Charles IX (1560), se déclara contre les calvinistes, gagna la bataille de Dreux (1562) et celle de Saint-Denis (1567); mais il fut blessé à cette dernière, et mourut deux jours après. Il était farouche et même cruel, et laissa cinq fils : *François*, *Henri*, *Charles*, qui suivent; *Gabriel*, baron *de Montberon*, tué à Dreux (1562), et *Guillaume*, seigneur *de Thoré*, colonel général de la cavalerie légère en Piémont, mort en 1594.

MONTMORENCY (FRANÇOIS DE), duc et pair de France, fils aîné du connétable, né vers 1530, fit ses premières armes en Piémont (1551), et se distingua dans toutes les guerres de son temps. Il reçut en échange de la charge de grand maître, qu'il céda au duc de Guise, le bâton de maréchal de France et le gouvernement du château de Nantes (1551). Ambassadeur auprès d'Élisabeth, reine d'Angleterre (1572), il en reçut le collier de la Jarretière. Accusé d'avoir trempé dans la conjuration de Saint-Germain en Laye, dite *des jours gras*, qui avait pour but d'enlever le duc d'Alençon (1574), il fut arrêté et enfermé à la Bastille, d'où il ne sortit que par la reine mère, qui avait besoin de lui, le fit sortir en 1575. Le maréchal de Montmorency mourut en 1579.

MONTMORENCY (HENRI Ier DE), connu pendant la vie de son père et de son frère aîné sous le nom de DAMVILLE, second fils du connétable, se signala durant les guerres civiles, et fit prisonnier le prince de Condé à la bataille de Dreux (1562). Il obtint en récompense le gouvernement de Languedoc (1563) et le bâton de maréchal (1567). Il vécut en souverain dans son gouvernement, échappant aux embûches de la reine Catherine de Médicis, et se déclara le chef des catholiques mécontents ou *politiques*. Il se soumit à Henri IV, qui l'appelait son *compère* et le fit connétable en 1593. Damville mourut à Agde en 1614. Dans sa jeunesse il avait été aimé de Marie Stuart, qu'il suivit en Écosse. Il fut père du dernier duc de Montmorency et de la belle princesse de Condé.

MONTMORENCY (CHARLES DE), seigneur de Méru, troisième fils du connétable Anne, pair et amiral de France, lieutenant général de la ville de Paris et de l'Ile-de-France, créé en 1571 colonel général des Suisses, se trouva aux batailles de Dreux, Moncontour et Saint-Denis, et mourut en 1612. Sa baronnie de Damville fut érigée en duché-pairie par Louis XIII en 1610.

MONTMORENCY (HENRI II DE), fils du duc Henri Ier, né à Chantilly en 1595, eut pour parrain Henri IV, et fut créé amiral en 1612 et chevalier du Saint-Esprit en 1619. Successeur de son père dans le gouvernement du Languedoc, il combattit souvent les protestants. Envoyé en Piémont (1629) en qualité de lieutenant général, il remporta la victoire de Veillane, fit lever le siége de Casal, et mérita le bâton de maréchal de France (1630); le roi lui donna la même année. Mécontent du cardinal de Richelieu, il s'unit à Gaston, duc d'Orléans, frère du roi, et fit soulever le bas Languedoc. Vaincu à Castelnaudary par le maréchal de Schomberg et blessé de deux coups de pistolet, il fut fait prisonnier (1632), conduit à Toulouse, jugé par le parlement et exécuté dans l'hôtel de ville le 30 octobre. C'était le dernier rejeton de la branche aînée des Montmorency, ne laissant pas d'enfants de Marie-Félicie des Ursins, son épouse.

MONTMORENCY (Charlotte-Marguerite DE), sœur du précédent, née en 1594, épousa en 1609 Henri II, prince de Condé, et eut toujours pour lui la plus vive affection. Ce fut pour elle que Henri IV, déjà vieux, s'éprit d'un ridicule amour, qui força le prince de Condé à emmener sa femme hors de France. Veuve en 1646, la princesse de Condé mourut en 1650. Elle fut mère du grand Condé, du prince de Conti et de la duchesse de Longueville.

MONTMORENCY-LAVAL (Matthieu-Jean-Félicité, duc DE), issu de la seconde branche des Montmorency-Laval, né à Paris en 1766, fit la guerre d'Amérique et fut élu en 1789 député aux états généraux.

L'un des premiers de son ordre il se réunit au tiers état, vota constamment avec la majorité pendant tout le cours de la session, émigra et ne revint en France qu'en 1795. Il partagea en 1811 l'exil de Mme de Staël, et devint successivement à la restauration aide de camp de *Monsieur*, maréchal de camp, chevalier d'honneur de *Madame*, duchesse d'Angoulême, et pair de France. Nommé en 1821 ministre des affaires étrangères et nommé président du conseil, il rétracta ses anciennes opinions, et prit part au congrès de Vérone, après lequel il fut remplacé par M. de Châteaubriand, créé duc, membre du conseil privé, gouverneur du duc de Bordeaux et membre de l'académie française. Il mourut en 1826.

MONTMORENCY-LUXEMBOURG. Cette branche de la maison de Montmorency existe encore; elle descend de FRANÇOIS DE MONTMORENCY, comte DE BOUTEVILLE, décapité en 1627, et père de François-Henri de Montmorency, qui épousa Madeleine-Charlotte-Bonne-Thérèse de Clermont-Tonnerre, dernière héritière du duché de Luxembourg, et porta pour elle le titre de *maréchal de Luxembourg*. (Elle était fille de Marguerite-Charlotte de Luxembourg, et petite-fille de Henri de Luxembourg, dernier rejeton mâle de cette famille.)

MONTMORILLON, ville de France, chef-lieu d'arrondissement de la Vienne, sur la Gartempe, à 13 lieues de Poitiers. Sa population est de 3,608 habitants. Elle a un tribunal de première instance et une école secondaire ecclésiastique. On y trouve un précieux monument antique, que l'on regarde comme un temple gaulois.

MONTMORIN-SAINT-HEREM (LE COMTE Armand-Marc DE) commença sa carrière politique par être ambassadeur en Espagne, et reçut l'ordre de la Toison d'or. De retour en France, il obtint le cordon de l'ordre du Saint-Esprit, et fut nommé commandant en Bretagne. Membre de l'assemblée des notables en 1787, il devint peu de temps après ministre des affaires étrangères. Renvoyé le 12 juillet 1789, il fut rappelé après le 14. Il sortit du ministère en 1791, et se réfugia après les événements du 10 août chez une blanchisseuse. Découvert et livré au tribunal révolutionnaire, il fut condamné à mort et exécuté (1792).

MONTMORT (Pierre-Raimond DE), né à Paris en 1678 d'une famille noble, étudia la philosophie et les mathématiques, et embrassa l'état ecclésiastique. Il quitta en 1706 pour se marier avec Mlle de Romicourt, petite-nièce de Mme la duchesse d'Angoulême. Il mourut en 1719, membre de la société royale de Londres depuis 1715 et de l'académie française depuis 1716. — HENRI-LOUIS HABERT, seigneur DE MONTMORT, maître des requêtes, conseiller au parlement en 1625, et mort en 1679 membre de l'académie française, était réputé pour son amour pour les belles-lettres.

MONTOLIEU (Isabelle, baronne DE), née à Lausanne (canton de Vaud), morte en 1833, est connue dans le monde littéraire par des romans intéressants, parmi lesquels on distingue *Caroline de Lichtfield*, le *Robinson suisse*, *Saint-Clair des Iles*, etc.

MONTPELLIER, grande ville de France, chef-lieu de préfecture du département de l'Hérault, près du Lez, à une lieue de la mer, à 188 lieues de Paris. Sa population est de 35,825 habitants. Elle a une cour royale qui comprend dans son ressort l'Hérault, l'Aude, l'Aveyron et les Pyrénées-Orientales, un tribunal de première instance à deux chambres, un tribunal de commerce et une maison centrale qui renferme 600 détenus. Elle a un évêché, érigé dans le VIe siècle, suffragant d'Avignon, un séminaire diocésain et une école secondaire ecclésiastique, une église consistoriale et une synagogue. Elle possède une faculté des sciences, une faculté de médecine, la plus ancienne et la plus célèbre du royaume (elle compte six siècles de durée), un collège royal de deuxième classe, des écoles de pharmacie, de médecine vétérinaire, de dessin, de géométrie et de mécanique, d'architecture, de chant, d'équitation, etc., une société d'agriculture, un jardin botanique et des plantes, une bibliothèque publique de 7,000 volumes, une bibliothèque de l'école de médecine qui en a 35,000, la bibliothèque Fabre qui en a 15,000, le musée Fabre, don précieux du peintre Fabre. — Montpellier n'était au IIe siècle qu'un village qui s'accrut des ruines de Maguelonne, détruite en 747, et plus tard de la population presque entière de Melgueil ou Substantion. Au Xe siècle, elle était devenue une cité considérable et très-commerçante. Ses seigneurs, qui remontent à l'an 975, prenaient le titre de comtes. Les rois d'Aragon devinrent comtes de Montpellier par le mariage de l'un de ces princes avec l'héritière de Guillaume VIII. Jean, roi de Majorque, vendit Montpellier à Philippe de Valois en 1349.

MONTPELLIER, ville des Etats-Unis, capitale de l'Etat de Vermont, à 66 lieues de Boston. Sa population est de 3,000 habitants. Elle possède une académie.

MONTPENSIER, village du département du Puy-de-Dôme, dans l'arrondissement et à 4 lieues de Riom, à une demi-lieue d'Aigueperse. Il a donné son nom à deux branches de la maison de Bourbon. — La première, qui pour tige LOUIS Ier DE BOURBON, troisième fils de Jean Ier, duc de Bourbon. Il mourut en 1486. Son petit-fils CHARLES, dit *le connétable de Bourbon*, tué au siége de Rome en 1527, n'ayant pas laissé d'enfants, sa sœur LOUISE, morte en 1561, épousa LOUIS DE BOURBON, prince de la Roche-sur-Yon, fils de Jean, comte de Vendôme. — Ce prince fut la tige de la deuxième branche. Son arrière-petit-fils HENRI DE BOURBON, fils de François de mort en 1608, eut d'Henriette-Catherine de Joyeuse MARIE DE BOURBON, souveraine de Dombes, morte en 1627, femme de Gaston, duc d'Orléans, et mère de la célèbre *Mademoiselle de Montpensier*.

MONTPENSIER (LOUIS II DE BOURBON, duc DE), prince de la Roche-sur-Yon, souverain de Dombes, né à Moulins en 1513 de Louis de Bourbon et de Louise de Bourbon, se signala dans les armées sous François Ier, Henri II et Charles IX, soumit les places rebelles du Poitou en 1574, et mourut en 1582. Sa femme Jacqueline de Longwy, morte en 1561, lui donna un fils qui suit. Sa seconde femme, Catherine-Marie de Lorraine, morte en 1596 à quarante-cinq ans, sœur du duc de Guise, figura dans toutes les intrigues de la Ligue. Ce fut elle qui arma Jacques Clément. Elle portait à sa ceinture une paire de ciseaux pour tondre Henri III.

MONTPENSIER (FRANÇOIS DE BOURBON, duc DE), prince de Dombes, duc de Châtellerault, dauphin d'Auvergne, fils du précédent, se signala à Rouen (1562), Jarnac et Moncontour (1569), et au massacre d'Auvers (1572). Henri III le fit chevalier de ses ordres et l'envoya en Angleterre. L'un des plus braves généraux de Henri IV, il se distingua à Arques et à Ivri (1590), et mourut en 1592. Son fils fut HENRI DE BOURBON, mort en 1608, et père de Marie de Bourbon, morte en 1627.

MONTPENSIER (Anne-Marie-Louise D'ORLÉANS, connue sous le nom de MADEMOISELLE DE), fille unique de Gaston, duc d'Orléans, frère de Louis XIII, et de Marie de Bourbon, naquit en 1627. Bizarre, intrigante et impétueuse, elle prit parti pour les princes dans la guerre de la Fronde, et s'empara d'Orléans en 1652, accompagnée seulement des comtesses de Fiesque et de Frontenac. Le 2 juillet, pendant le combat du faubourg Saint-Antoine, elle fit tirer sur les troupes de Louis XIV le canon de la Bastille, action violente qui la perdit dans l'esprit de son cousin. Retirée dans sa terre de Saint-Fargeau, elle y écrivit ses *Mémoires*. Elle obtint en 1669 la permission d'épouser le comte de Lauzun, permission rétractée et restreinte à un mariage secret. Mademoiselle de Montpensier mourut malheureuse en 1693.

MONTPEZAT (Antoine DES PREZ DE), simple gendarme dans la compagnie du maréchal de Foix, fut fait prisonnier à Pavie, et servit de valet de chambre à François Ier, qui l'envoya en mission secrète auprès de sa mère. Il servit au siége de Naples et dans le Piémont. Créé maréchal de France en 1543, il mourut en 1544. Sa postérité finit dans son petit-fils EMMANUEL-PHILIBERT, marquis DE VILLARS, tué au siége de Montauban en 1621.

MONTRE, pièce portative d'horlogerie, qui sert à régler la marche du temps. On distingue dans une montre plusieurs parties principales : le *ressort moteur*, lame d'acier trempé, très-élastique et roulée en spirale ; l'*échappement*, qui est le régulateur du mouvement ; les *rouages*, qu'on appelle le *mouvement*; la *fusée* et sa *chaîne*; le *cadran*, et enfin la *boîte*, dans laquelle toutes les autres parties sont renfermées. — On croit que l'invention des montres remonte à l'an 1500, dans la ville de Nuremberg. Les plus communes, les moins chères, les plus anciennes et les plus mauvaises sont celles *à verge*, c'est-à-dire où l'échappement est à verge. Celles *à cylindre*, c'est-à-dire où l'échappement est un cylindre creux, sont les meilleures. — Les *montres à répétition* sont celles qui sonnent l'heure et les quarts ; les *montres à réveil*, celles qui font entendre un carillon à une heure marquée pour réveiller.

MONTRE MARINE. Voy. CHRONOMÈTRE.

MONTRE, nom donné, dans le commerce, à l'exposition que les marchands font de leurs marchandises à ceux qui se présentent pour les acheter, ou de celles qu'ils mettent au-devant des boutiques ou aux portes des magasins, pour faire connaître aux passants les objets que l'on y vend.— Les organistes nomment *montre* un jeu de l'orgue dont les tuyaux sont en étain poli et placés sur le devant de l'instrument. La montre appartient aux jeux de flûte. Sa qualité de son est douce et pénétrante.

MONTRÉAL, ville de Sicile, dans l'intendance et à 2 lieues de Palerme. Sa population est de 8,000 habitants. Elle doit son origine à une abbaye de bénédictins que le roi Guillaume II, dit *le Bon*, y fonda, et qui fut érigée en évêché vers l'an 1176, et en archevêché en 1180. L'archevêché est le plus riche bénéfice de toute l'Italie et de toute la Sicile.

MONTRÉAL, grande île du fleuve Saint-Laurent, dans le bas Canada. Sa superficie est d'environ 30 lieues carrées, et sa population de 50,000 habitants. Elle est très-fertile, et commerce en peaux d'ours et de castor. Son climat est fort sain.— La capitale est MONTRÉAL, sur la côte méridionale de l'île, à 50 lieues de Québec. Elle est aussi la capitale du bas Canada. Sa population est de 40,000 habitants. Elle possède de nombreux établissements d'instruction publique et de bienfaisance.

MONTREUIL, ville de France, sous-préfecture du département du Pas-de-Calais, sur la rive gauche de la Canche, à 4 lieues de la mer et 18 et demie d'Arras. Sa population est de 4,083 habitants. Elle a un tribunal de première instance et une société d'agriculture, de commerce, des sciences et des arts. Montreuil est entouré de remparts et défendu par une vieille citadelle. Elle ne fut réunie à la France qu'avec tout le Ponthieu en 1665.

MONTREUIL (Eudes DE), architecte du XIIIe siècle, fut fort estimé du roi saint Louis, qui le conduisit avec lui en Palestine, et lui fit fortifier la ville et le port de Jaffa. Il mourut en 1289. Il avait bâti plusieurs églises, celles de Sainte-Catherine du Val des Ecoliers, des Blancs-Manteaux, des Mathurins, des Cordeliers, des Chartreux, de l'Hôtel-Dieu, de Sainte-Croix et de la Bretonnerie.

MONTREUIL (Pierre DE), célèbre architecte, contemporain du précédent et mort en 1266, a donné les dessins de la fameuse sainte Chapelle de Paris. Il fut enterré dans l'église de Saint-Germain des Prés, qu'il avait fait construire en partie. Son tombeau, sur lequel il est représenté avec un compas et une règle à la main, est au musée des monuments français.

MONTROSE, ville d'Ecosse, dans le comté d'Angus, à 8 lieues de Saint-André et 15 d'Edimbourg, avec un port sur la mer du Nord. Sa population est de 6,000 habitants. Elle a un chantier de construction, et commerce en drèche et en grains. On y fait la pêche des saumons, des homards, des morues et des baleines. Elle a donné son nom à une branche de la famille de Graham.

MONTROSE (James GRAHAM, comte et duc DE), d'une des plus anciennes familles d'Ecosse, généralissime et vice-roi d'Ecosse pour le roi d'Angleterre Charles Ier, défendit généreusement ce prince contre les troupes du parlement. Battu en Angleterre, il passa en Ecosse, où il prit Perth et Aberdeen (1644), battit le comte d'Argyle, et se rendit maître d'Edimbourg. Peu de temps après, forcé de quitter le pays, il servit en Allemagne à la tête de 12,000 hommes en qualité de maréchal de l'empire. Renvoyé de nouveau en Ecosse par Charles II, mais défait et forcé de se cacher, il fut découvert, jugé à Edimbourg, et pendu et écartelé le 21 mai 1650. Charles II réhabilita sa mémoire.

MONTROUGE, village du département de la Seine, dans une belle plaine, sur la route d'Orléans, dans l'arrondissement et à une lieue et demie de Sceaux. Sa population est de 3,847 habitants. Ce village est devenu principalement célèbre par la résidence des jésuites qui y avaient autrefois une maison de noviciat.

MONTSERRAT, l'une des Antilles, au S.-O. d'Antigoa et au N.-O. de la Guadeloupe. Sa superficie est de 10 lieues carrées, et sa population de 15,000 habitants, dont 12,000 nègres aujourd'hui émancipés. Elle est fertile en sucre, indigo, gingembre, coton. Elle fut reconnue en 1493 par Christophe Colomb, et les Espagnols lui donnèrent le nom qu'elle porte parce qu'ils lui trouvèrent de la ressemblance avec leur Montserrat.

MONTSERRAT (en espagnol *Monte-Serrado*, mont coupé, scié), haute montagne d'Espagne, presque au centre de la Catalogne, à 10 lieues de Barcelone, au milieu d'une vaste plaine. Elle a 5 lieues de circonférence, et une demi-lieue de hauteur. Il y a sur cette montagne un monastère de l'ordre de Saint-Benoît, rendez-vous de nombreux pèlerins qui y viennent visiter l'image de Notre-Dame de Montserrat.

MONTUCLA (Jean-Etienne), savant astronome, membre de l'Institut de France et de l'académie des sciences de Berlin, né à Lyon en 1725, fit des progrès rapides dans l'étude des mathématiques, et devint un des principaux rédacteurs de la *Gazette de France*. Il mit au jour en 1758 son *Histoire des mathématiques*, qui est très-estimée. En 1761, secrétaire de l'intendance de Grenoble, puis premier commis des bâtiments de la couronne, il mourut en 1799. On lui doit encore l'*Histoire des recherches sur la quadrature*.

MONVEL (Jacques-Marie BOUTET DE), célèbre acteur du Théâtre-Français, né à Lunéville en 1745. Il débuta avec succès à Paris en 1770, et fut reçu au Théâtre-Français en 1772 pour doubler Molé dans l'emploi des jeunes premiers. Il excellait surtout dans les rôles de Xipharès et de l'Orphelin de la Chine, etc. Forcé de quitter la France, il devint pendant plusieurs années le principal ornement du théâtre français de Stockholm. De retour à Paris en 1786, il joua les pères nobles. Retiré du théâtre en 1806, il mourut en 1811. Il a fait aussi des pièces de théâtre, parmi lesquelles on distingue *l'Amant bourru*, comédie; *Blaise et Babet, les Trois Fermiers, Sargines. Raoul. sire de Créqui, Roméo et Juliette*, opéras-comiques.

MONZA, ville du royaume lombardo-vénitien, sur le Lambro, à 3 lieues de Milan. Sa population est de 10,000 habitants. Elle est célèbre par la superbe maison royale et par l'église de Saint-Jean-Baptiste, où l'on conserve la *couronne de fer* qui servait au couronnement des empereurs, et qui a récemment servi à l'empereur d'Autriche Ferdinand, lorsqu'il s'est fait couronner à Milan en 1838.

MOOR (Antoine DE), peintre hollandais, né à Utrecht en 1541, mort à Anvers en 1697, a excellé à peindre le portrait et rendu la nature avec beaucoup de force et de vérité. Ses *tableaux* sont rares et fort chers. On l'appelle aussi le *chevalier de Moor*, parce qu'un des princes souverains qui se le disputaient le décora de ce titre. — CHARLES DE MOOR, né à Leyde en 1656, mort en 1738, excellait à peindre des petits sujets de la vie privée. Dans le portrait, il a souvent la manière de Rembrandt et quelquefois celle de Vandyck.

MOORE (John), médecin et littérateur écossais, né à Stirling en 1730, nommé chirurgien de l'armée de Flandre en 1747, mort en 1802, est l'auteur de plusieurs ouvrages, et entre autres des romans intitulés *Zeluco, Edouard et Mordaunt*. — Son fils, JOHN MOORE, général anglais, né à Glasgow en 1761, servit en Irlande et en Egypte, et fut tué à la bataille de la Corogne en Espagne le 16 janvier 1809.

MOPSUESTE (aujourd'hui *Messis*), ville de la Cilicie, sur le Pyrame, fut considérablement embellie par Adrien. Elle a donné son nom à Théodore, Père de l'Eglise, qui en fut évêque.

MOPSUS (myth.), fameux devin, fils d'Apollon, de Tirésias ou de Rhacius et de Manto, vivait dans le temps de la guerre de Troie, et était le rival de Calchas, qu'il surpassa en science et qui en mourut de chagrin Mis au rang des dieux après sa mort, il avait à Malle en Cilicie un oracle célèbre par la vérité et la clarté de ses réponses.

MOQUETTE, étoffe de laine, velue ou plucheuse, tissée, croisée et coupée comme les velours. Elle est employée à faire des petits tapis de pied, des garnitures communes de meubles, etc. C'est principalement à Abbeville qu'on la fabrique. — C'est aussi un oiseau vivant qu'on attache à un filet à la chasse, afin que par ses cris il y attire d'autres oiseaux.

MOQUEUR, oiseau du genre *merle*, de la section des *grives*. Il a tout le dessus du corps d'un gris brunâtre et le dessous blanchâtre, tacheté de blanc. Sa taille est de neuf pouces. Il se plaît dans les pays chauds et tempérés, fréquente les bois, et se nourrit de baies, de fruits et d'insectes. Quoique assez familier, on l'élève difficilement en cage. Son chant, et le singulier talent qu'il a de contrefaire toute sorte de cris et de ramage, lui a valu le nom qu'il porte.

MORABITES (de l'arabe *morabeth*, sentinelle, cénobite, homme voué au service religieux) nom donné, chez les musulmans, aux sectateurs de Mohaïdin, petit-fils d'Ali, gendre de Mahomet. Ils sont ainsi appelés parce que les plus zélés embrassent la vie solitaire. — En général, on donne aussi ce nom aux mahométans qui font profession de science et de sainteté.

MORAILLON. On donne ce nom, dans les arts mécaniques, à un morceau de fer plat percé d'un œil où entre un anneau. On s'en sert pour fermer une porte avec un cadenas, dont on fait passer l'anse dans l'anneau.

MORALÈS (Ambrosio), prêtre de Cordoue, né en 1513, mort en 1590, fut nommé historiographe de Philippe II et professeur à l'université d'Alcala. Sa *Chronique générale d'Espagne*, commencée par Florian de Zamora, ne va que jusqu'à Veremond ou Bermude III. Sandoval la continua jusqu'à Alphonse VII. Il est encore auteur des *Antiquités des villes d'Espagne* et de la *Relation littéraire d'un voyage* dans diverses provinces de l'Espagne.

MORALÈS, célèbre peintre espagnol, appelé généralement le *divin Moralès*, né à Badajoz en 1509, mort en 1586. Il avait fait une étude particulière des ouvrages de Michel-Ange et du Titien. Tous ses tableaux ne représentent que des *christs* peints avec un art et une finesse admirables. Moralès a beaucoup travaillé pour Philippe II.

MORAT, petite ville de Suisse, dans le canton de Fribourg, à 7 lieues de Berne et 3 de Fribourg, sur les bords du lac du même nom. Elle est célèbre par la victoire que les Suisses y remportèrent le 22 juin 1746 sur l'armée bourguignonne de Charles le Téméraire. On fit avec les ossements des vaincus un monument connu sous le nom d'*Ossuaire de Morat*, et que les Français détruisirent en 1798.

MORATIN (Don Leandro - Fernandez), célèbre auteur comique espagnol, né en 1760 à Madrid d'une famille noble des Asturies, travailla d'abord chez un joaillier et devint en 1787 secrétaire du comte de Cabarrus. Il entra ensuite dans les ordres et obtint un bénéfice. Il débuta au théâtre par le *Vieillard et la Jeune Fille* (el Viejo y la Nina) (1790) et la *Comédie nouvelle* ou *le Café* (la Comedia nuevo o el Cafe). La même année, ces deux pièces obtinrent un grand succès. Moratin donna successivement *el Baron, la Mogigata, el Si de las Niñas*, etc., et, forcé de s'expatrier après la chute de Joseph Bonaparte, passa la fin de sa vie en Italie et en France, où il mourut en 1828. On a encore de lui une *Histoire du théâtre espagnol* et plusieurs traductions. — Son père, DON NICOLAS-FERNANDEZ MORATIN, mort en 1790, a été auteur tragique et poète distingué.

MORAVA, deux rivières portent ce nom. — L'une, qui donne son nom à la Moravie, prend sa source aux confins de la Bohême, dans les monts Riesengebirge (*montagne des Géants*), passe à Olmutz et à Hradisch, reçoit la Hama, la Treya, etc., et se jette dans le Danube, à 4 lieues au-dessus de Presbourg, après un cours de 72 lieues, qui sépare l'Autriche de la Hongrie. — L'autre prend sa source aux monts Balkhan, sur les confins de la Servie, reçoit la Tœplizza, la Nessava, l'Ibar, etc., et se jette dans le Danube à Kastolacz, après un cours de 70 lieues.

MORAVES (MONTS) (en allemand *Gesenkergebirge*, c'est-à-dire montagnes abaissées), chaîne de montagnes d'Allemagne, liant les monts Sudètes (*Riesengebirge*), d'un côté aux monts Crapacks, de l'autre aux montagnes de Mannhartzberg et de Carlsberg. Les monts Moraves séparent la Moravie de la Bohême et de la Silésie.

MORAVES (FRÈRES), secte établie par deux couteliers originaires de Moravie à Bartelsdorff (haute Lusace) en 1722. Le comte Nicolas-Louis de Zinzendorff y bâtir pour eux le village d'*Herrnhut*, à 2 lieues de Liebaw, et les y établit en 1727. Cette secte, appelée encore à cause de son origine *herrnhuters* et *frères bohèmes*, s'est répandue très-rapidement dans toute l'Allemagne. L'objet favori du culte extérieur des frères moraves est la plaie que Jésus-Christ reçut au côté sur la croix. Ils veulent n'avoir d'autre morale que les pures maximes de l'Evangile. Chaque personne est chargée à son tour de prier Dieu pour la société. Ils croient que c'est en Jésus-Christ que la Trinité est concentrée, et ne se marient que pour un temps déterminé. Ils recommandent le travail par-dessus tout.

MORAVIE, province de l'empire d'Autriche, bornée au N. par la Silésie, au S. par l'archiduché d'Autriche, à l'O. par la Bohême, et à l'E. par la Hongrie. Sa superficie est de 1,400 lieues carrées, et sa population de 1,400,000 habitants. C'est un pays montueux, fertile en blé et en lin, et produisant des vins très-estimés, entre autres celui de *Poleschowitz*. On y nourrit beaucoup de porcs, d'oies, de canards. — Sa capitale, autrefois *Olmutz*, est aujourd'hui BRUNN. — Autrefois habitée par les Quades, elle fut ensuite envahie par les Esclavons, qui y formèrent vers le VIe siècle un royaume très-étendu, lequel avait la Bohême sous sa dépendance. Mais, la Bohême étant devenue plus puissante, la Moravie fut réduite en marquisat et incorporée à la Bohême en 1040. Aujourd'hui elle se divise en six cercles, ceux de *Prerau, Brunn, Olmutz, Iglau, Bradisch* et *Znaïm*, et forme un gouvernement avec les deux cercles de la Silésie autrichienne.

MORBIHAN, grand étang ou golfe de la côte occidentale de la Bretagne, peu profond, mais de plusieurs lieues d'étendue, formé par la côte de Vannes et les presqu'îles de Rhuis et de Crach. On y trouve l'île aux Moines et l'île d'Arz. Les anciens Celtes Armoricains le nommaient *Mor-Bihan* (petite mer). C'est de là que le département dans lequel il est situé tire son nom.

MORBIHAN, département maritime de la France occidentale, borné au N. par les Côtes-du-Nord, à l'E. par l'Ille-et-Vilaine, au S. par la Loire-Inférieure et l'Océan, à l'O. par le Finistère. Il est formé de la basse Bretagne. Sa superficie est de 695,761 hectares, et sa population de 480,000 hab. Il nommait six députés, et se divise en 4 arrond. : *Vannes* (ch.-l.), *Lorient, Pontivy, Ploërmel*. On y remarque les monuments druidiques de Carnac, l'obélisque du combat des Trente près de Ploërmel, la presqu'île de Quiberon, le pont suspendu de la Roche-Bernard, etc. L'agriculture est peu avancée, ainsi que l'industrie. Le beurre frais et salé de la réputation, et l'objet d'un grand commerce. L'éducation des abeilles donne le miel et la cire d'excellente qualité. Les chevaux, vigoureux, sobres, ardents au travail, sont petits et d'un bon usage. On trouve dans le Morbihan quatre hauts fourneaux, quatre forges, des manufactures de draps, quatre-vingts tanneries, sept papeteries, etc. La pêche du congre, de la raie, des huîtres et de la sardine forme une des branches les plus importantes de l'industrie morbihanaise. Il est compris dans la treizième division militaire, le diocèse de Vannes et le ressort de l'académie et de la cour d'appel de Rennes.

MORDACHE, nom donné, 1º à une tenaille propre à remuer le gros bois dans le feu ; 2º à une espèce de tenaille composée de deux morceaux de bois élastiques, assemblés par les leurs extrémités, et faits à l'autre en mâchoire d'étau. On met la mordache dans l'étau, et elle sert à tenir les ouvrages délicats que les mâchoires de l'étau pourraient endommager si on les laissait à nu.

MORDELLONES, tribu d'insectes de l'ordre des coléoptères, section des hétéromères, famille des trachélides. Les mordellones ont toujours la tête inclinée, le corselet semi-circulaire, les yeux ovalaires et saillants, le corps comprimé sur les côtés. Ils vivent à l'état parfait sur les fleurs, et feignent d'être morts quand on les saisit. Ils sont ordinairement de petite taille et très-agiles. Le genre type est le genre *mordelle*.

MOREAU (Jacob-Nicolas), né à Saint-Florentin (Yonne) en 1717, reçu avocat et ensuite conseiller à la cour des aides de Provence, quitta jeune la magistrature pour les lettres, fut nommé historiographe de France et bibliothécaire de la reine. Il mourut en 1799. Ce fut lui qui rassembla les chartes, les édits, les monuments historiques depuis Charlemagne, collection immense, connue sous le nom de *Dépôt des chartes et de législation*. Parmi ses nombreux écrits, on remarque les *Principes de morale politique et du droit public ou Discours sur l'histoire* de France, un *Mémoire pour servir à l'Histoire des Cacouacs*, *l'Observateur hollandais*, etc.

MOREAU DE LA ROCHETTE (François-Thomas), né en 1720 à Aigny-le-Féron (Yonne), était directeur des fermes à Melun lorsqu'il acheta en 1751 la terre de la Rochette, inculte et stérile. Il la défricha en 1760, et vit le succès répondre à ses espérances. Dans l'espace de treize années, on retira de ce domaine, devenu riche et fécond, 1,000,000 d'arbres de tige et 31,000,000 de plants forestiers. En 1766, ce célèbre agriculteur fut nommé inspecteur général des familles acadiennes restées sur les ports de mer; en 1767, inspecteur général des pépinières royales; et en 1769, décoré de lettres de noblesse et du cordon de Saint-Michel. Il créa à Urcel (Aisne) la première manufacture de couperose verte qu'ait eue la France, et mourut en 1791.

MOREAU (Jean-Michel), dit *le Jeune*, graveur et dessinateur du cabinet du roi, membre de l'ancienne académie royale de peinture, d'architecture et de sculpture, de l'athénée des arts et de la société philotechnique, né à Paris en 1741, mort en 1814, passe pour l'un des plus célèbres graveurs de la France et de l'Europe. Son œuvre monte à plus de deux mille quatre cents estampes. Il était élève de Lebas. — Il ne faut pas le confondre avec Louis MOREAU, son frère, dit *l'Aîné*, connu pour ses peintures à la gouache, et mort quelque temps avant lui.

MOREAU (Jean-Victor), général en chef de la république française, né en 1763 à Morlaix d'un père avocat, était prévôt de l'école de droit de Rennes lors de la révolution. Il devint en 1790 commandant du premier bataillon de volontaires du Morbihan, et se rendit à l'armée du Nord. Il fut, sur les instances de Pichegru son ami, nommé général de brigade à la fin de 1793, et général de division en 1794. Il eut aussitôt le commandement d'un corps séparé, qui s'empara d'une partie de la Flandre maritime et de la Hollande. Nommé au commandement en chef de l'armée de Rhin-et-Moselle, il ouvrit en 1796 une campagne fameuse, qui fonda sa réputation militaire. Sa retraite a été citée comme l'un des plus beaux faits d'armes. Général en chef de l'armée du Haut-Rhin, puis de celle de l'Italie (1799), et enfin de celles du Danube et du Rhin, il gagna les victoires de Biberach, d'Hochstedt, de Northlingen, d'Oberhausen et de Hohenlinden. Mais, voyant d'un œil inquiet l'ambition du premier consul, il devint son ennemi. Impliqué dans le procès de Cadoudal et de Pichegru, il fut condamné au bannissement, et se retira aux Etats-Unis. Il en partit en 1813 pour se rendre auprès des souverains qui se liguaient contre Napoléon, et fut mortellement blessé le 26 août à l'attaque de Dresde. Il expira six jours après. Louis XVIII déposa le bâton de maréchal sur sa tombe.

MOREAU DE SAINT-MÉRY (Médéric-Louis-Elie), né à la Martinique en 1750 d'une famille distinguée, vint en France à l'âge de dix-neuf ans, et se fit recevoir avocat au parlement. Président de l'assemblée des électeurs de 1789, ce fut lui qui harangua Louis XVI à l'hôtel de ville après le 14 juillet, et à son entrée dans Paris le 6 octobre. Nommé en 1790 député de la Martinique à l'assemblée constituante, il s'embarqua précipitamment en 1793 pour les Etats-Unis, ne revint à Paris qu'en 1798. Nommé historiographe de la marine, puis conseiller d'Etat (1800) et président de France à Parme (1801), il fut en 1802 chargé de l'administration générale des Etats de Parme, Plaisance et Guastalla. Rappelé en 1806, il vécut mal à son aise jusqu'à sa mort (1819). On a de lui une *Description de la colonie de Saint-Domingue* et plusieurs autres ouvrages restant publiés que manuscrits.

MORÉE, presqu'île de Grèce, bornée au N. par le golfe de Lépante ou de Corinthe, au N.-E. par l'isthme de Corinthe, qui la joint au continent, et de tous les autres côtés par la mer Méditerranée. Sa superficie est de 1,146 lieues carrées, et sa population de 844,000 habitants, dont 300,000 Grecs, 40,000 Turks et 4,000 Juifs. — On prétend qu'elle a pris le nom de *Morée* sous le règne des derniers empereurs d'Orient, soit parce que sa forme a quelque analogie avec celle de la feuille du mûrier, soit parce qu'elle produit beaucoup de mûriers. Le sol est fertile en céréales, en fruits magnifiques, en vin, huile, soie, laine, coton, noix de galle, etc. Le commerce d'exportation consiste en raisins de Corinthe, cuirs, peaux, etc. — Autrefois *Péloponèse*, la Morée resta partie intégrante de l'empire grec jusqu'à sa ruine (1453). Venise s'en empara sur les Turks en 1686, et la garda jusqu'en 1716, qu'Achmet III la réduisit de nouveau à la domination turque. Divisée sous l'empire des Turks en deux sandjiakats, *Tripolitza* et *Mistra*, les Grecs et les Turks se la disputèrent de 1821 à 1828 jusqu'à son entier affranchissement. Aujourd'hui elle se divise en cinq nomes : l'*Arcadie*, chef-lieu *Tripolitza*; la *Messénie*, chef-lieu *Arcadia*; l'*Achaïe* et l'*Elide*, chef-lieu *Patras*; la *Laconie*, chef-lieu *Mistra*; et l'*Argolide*, chef-lieu *Nauplie*.

MORÉE, genre de la famille des iridées, renfermant plusieurs espèces cultivées en France, et toutes originaires des contrées chaudes du globe. On les multiplie de graines ou de jeunes pieds. La *morée faux iris* a les feuilles disposées en éventail comme celles des iris, et les fleurs en petit nombre, sans odeur, de couleur blanche mélangée de jaune et de bleu.

MOREL (Frédéric), célèbre imprimeur du roi pour l'hébreu, le grec, le latin et le français, était le fils de Frédéric Morel, imprimeur du roi et son interprète dans les langues grecque et latine, mort en 1583. Il fut encore plus célèbre que son père, et publia plusieurs traités de saint Basile, de saint Chrysostome, de saint Grégoire, de saint Jérôme, de Xénophon, de Galien, de Théophraste, etc. Il mourut en 1630 à soixante-dix-huit ans.

MOREL (André), l'un des plus habiles antiquaires du XVIIe siècle, né à Berne, fut mis à la Bastille par ordre de Louvois. A sa sortie, il se retira en Allemagne, et mourut à Arnstadt en 1703. Ses principaux ouvrages sont le *Thesaurus Morellianus sive Familiarum Romanarum Numismata omnia* et le *Specimen rei nummariæ*.

MORELLE (en latin, *solanum*), genre de plantes herbacées ou frutescentes, que l'on multiplie de graines et par l'éclat de leurs pieds sur un terrain ombragé. Il est le type de la famille des solanées. Ses espèces sont nombreuses. Deux ou trois se cultivent en pleine terre dans nos départements du Midi, et il en est trois que l'on admet dans les préparations culinaires : ce sont la *morelle aubergine*, ou *mélongène*, ou *plante aux œufs*; la *morelle pomme d'amour*, dont le fruit porte encore le nom de *tomate*; et la *morelle tubéreuse*, dont le tubercule est si connu et si répandu sous le nom de *pomme de terre*. Deux sont principalement employées en médecine : c'est la *morelle douce-amère* et la *morelle noire*. Cette dernière, indigène à la France, et ainsi appelée à cause de la couleur de ses fruits, qui sont à leur maturité parfaite de la couleur et de la grosseur d'un grain de cassis, similitude funeste, puisqu'en les mangeant on avale un poison assez actif, a de petites fleurs blanches, réunies en corymbes pendants; des graines rondes, brillantes, jaunâtres. Ces plantes sont employées, surtout à l'extérieur, comme calmantes, et quelquefois à l'intérieur comme narcotiques.

MORELLET (André), né à Lyon en 1727 d'un marchand papetier, fit ses études chez les jésuites, et entra en 1747 à la Sorbonne. Il en sortit en 1752 philosophe et licencié, et se consacra tout entier à soutenir les opinions nouvelles des encyclopédistes et des économistes, à écrire sur tous les sujets d'administration, de politique et de philosophie à l'ordre du jour. Membre de l'académie française en 1785, il obtint le prieuré de Thimers de 16,000 livres. En 1799, il fut nommé professeur d'économie politique aux écoles centrales. Appelé au corps législatif en 1808, l'abbé Morellet mourut en 1817. Son ouvrage le plus connu a pour titre : *Mélanges de littérature et de philosophie du XIXe siècle*.

MORENA (SIERRA-), chaîne de montagnes d'Espagne, qui se lie aux monts Ibériques et traverse l'Espagne de l'E. à l'O., séparant les deux bassins de la Guadiana et du Guadalquivir. Elle se prolonge jusqu'à l'extrémité méridionale du Portugal sous le nom de *Sierra de Monchique*. Don Pablo Olavidé fit défricher la Sierra-Morena, et y fonda une colonie, dont le chef-lieu est CAROLINA.

MORERI (Louis), docteur en théologie, né à Bargemont (Var) en 1643, étudia à Draguignan, Aix et Lyon, et prêcha la controverse dans cette dernière ville pendant cinq ans. Il est l'auteur du premier *Dictionnaire historique* qui ait paru en France. Cet ouvrage, qui fut publié en 1673 en un volume in-fol., a eu vingt éditions ; mais réformé et considérablement augmenté, tellement que la dernière est en 10 vol. in-fol., il n'est plus de lui quoiqu'il porte encore son nom. Il mourut à Paris en 1680.

MORET (Antoine DE BOURBON, comte DE), fils naturel de Henri IV et de Jacqueline de Beuil, comtesse de Moret, et prince légitimé de France, naquit en 1607. Il eut les abbayes de Savigny, de Saint-Etienne de Caen, de Saint-Victor de Marseille, et n'en porta pas moins les armes. Il fut tué d'un coup de mousquet au siège de Castelnaudary (1632). D'autres prétendent qu'il se retira en Portugal, et que, de retour en France, il se cacha sous le nom de frère *Jean-Baptiste* dans un ermitage d'Anjou. Selon eux, il ne mourut qu'en 1593.

MORFÉE, maladie commune à l'olivier et à l'oranger, et que l'on appelle *lou negre* dans la Provence, à cause de la couche de matière noire qu'elle imprime à l'arbre, surtout à la partie supérieure de la feuille et à la brindille. La plante affectée de cette maladie, qui paraît être le résultat d'une sève dépravée par un sol humide, se couvre ordinairement d'une foule d'insectes qui augmentent la mal et rendent l'arbre stérile. La morfée dure dix, quinze et même vingt ans. Le grand froid la détruit. Elle attaque les arbres placés dans les lieux bas et humides, et peu exposés au vent.

MORFIL, nom sous lequel on désigne les dents d'éléphant dans le commerce. — On l'emploie aussi pour désigner ces petites particules presque imperceptibles de métal qui restent sur le coupant d'un instrument tranchant quelconque, passé à la meule. On fait tomber ces particules au moyen d'un cuir ou d'une pierre plus douce.

MORFONDURE, écoulement excessif d'un liquide séreux par la membrane pituitaire. — C'est aussi une affection du cheval, caractérisée par la toux et l'expulsion de mucosités par le nez.

MORFONTAINE, village du département de l'Oise, dans l'arrondissement et à 2 lieues de Senlis. Sa population est de 487 habitants. Il doit son importance à un magnifique château, construit ou agrandi vers le milieu du siècle dernier, et qui devint au commencement de ce siècle la propriété de Joseph Napoléon. C'est dans ce château qu'en 1800 une fête brillante fut donnée aux envoyés des Etats-Unis, à l'occasion du traité conclu entre la République française et la république américaine.

MORGAGNI (Jean-Baptiste), savant anatomiste, né à Forli en 1682, fut professeur d'anatomie à Padoue, et honora cette ville par ses découvertes et par ses ouvrages, qui roulent tous sur son art. Il a donné son nom a un trou de la langue et à un muscle de la luette, parce qu'il les signala le premier. Il mourut en 1771 correspondant de l'académie des sciences de Paris et membre de l'académie des Inquiets (institut de Bologne).

MORGAN (Miss Owenson, lady), une des plus célèbres romancières contemporaines de l'Angleterre, née en Irlande d'un père comédien, nommé Owenson, se fit connaître avantageusement dans le monde littéraire par des romans fort remarquables. Elle épousa M. Morgan, médecin de lord Abercorne, qui reçut, à l'époque de son mariage et par les sollicitations de son épouse, le titre de chevalier (knight). Depuis son mariage elle s'est jetée dans un autre genre, ce qui a fait dire une *lady Morgan avait enseveli miss Owenson*. Ses romans les plus connus sont *la Jeune Fille irlandaise, Ida* ou *l'Athénienne, O'Donnell, le Missionnaire*.

MORGANATIQUE (MARIAGE) OU DE LA MAIN GAUCHE. On appelle ainsi en Allemagne le mariage qu'un prince ou seigneur propriétaire d'un fief relevant immédiatement de l'empire contracte avec une femme d'une condition inférieure, parce qu'au lieu de la main droite, comme cela se pratique ordinairement, il ne peut lui donner que la main gauche. Les enfants nés d'un mariage morganatique sont légitimes et nobles ; mais ils ne peuvent hériter des Etats de leur père.

MORGELINE, genre de la famille des cariophyllées, plus connu sous le nom de *moron* ou *mouron des oiseaux*, renfermant des plantes qui croissent partout dans les champs et les lieux cultivés. Ces plantes ont la tige rameuse et tendre, les feuilles entières, ovales et pointues, les fleurs constamment blanches. Les oiseaux sont extrêmement friands de toutes les parties de ces plantes. On s'en sert en médecine comme d'un vulnéraire résolutif et astringent. On en retire une eau usitée contre les maux d'yeux. Les parfumeurs la font entrer dans diverses préparations.

MORGHEN (Raphaël), graveur italien, né à Naples en 1758, reçut de son père les premiers principes de son art, et suivit ensuite à Rome les leçons de Volpato, dont il devint le gendre et l'ami. Il partagea avec lui la gloire de reproduire par le burin les chefs-d'œuvre de Raphaël, les *loges* du Vatican, et fit paraître vers 1790 celle qui représente le *Miracle de Bolsena*. Il fut chargé par le grand-duc de Toscane de graver en 1792 les principaux tableaux de la galerie de Florence, et en 1794 la fameuse *Cène* de Léonard de Vinci. Raphaël Morghen mourut à Florence en 1833. On remarque parmi les œuvres de ce graveur célèbre *la Transfiguration* de Raphaël, *la Vierge à la chaise* du même, *le Char de l'Aurore* du Guide, *Thésée vainqueur du Minotaure* de Canova, *le Génie de la poésie* de Carlo Dolci.

MORGUE, lieu où l'on expose les corps morts que l'on trouve dans le cours ou sur le bord des fleuves et généralement partout ailleurs que dans leur domicile, afin qu'ils puissent être reconnus par leurs parents et confrontés avec leurs assassins, s'ils ont essuyé une mort violente. — On appelle encore ainsi le second guichet d'une prison, dans lequel on retient quelque temps les accusés ou condamnés qu'on écroue, afin que les gardiens puissent les reconnaître au besoin.

MORICE (Dom Pierre-Hyacinthe), né à Quimperlé (Finistère) en 1693 de parents nobles, fit ses études au collège des jésuites de Rennes, et entra dans la congrégation de Saint-Maur. Il fut chargé de l'histoire de la maison de Rohan, ouvrage qui est resté manuscrit, et travailla ensuite à donner une nouvelle édition de l'*Histoire de Bretagne* de dom Lobineau. Il mourut en 1750.

MORILLE, genre de champignons caractérisés par un chapeau elliptique ou en cloche, irrégulier, composé de plis nombreux et de forme variable, adhérent au pédicule, lequel est creux. Les morilles apparaissent au printemps sur la terre ; leur consistance est sèche et cassante ; leur odeur, leur saveur sont agréables. Leur couleur est d'un fauve plus ou moins foncé. C'est un champignon très-sain et très-bon à manger. On en fait un grand usage dans les cuisines.

MORILLO (Don Pablo), général espagnol, né en 1778 à Fuentes-Secas, à 3 lieues de Toro. Il s'engagea en 1791 dans le corps royal de la marine, et resta dans les grades inférieurs jusqu'en 1808. Capitaine et colonel en 1809, et maréchal de camp en 1814, il fut la même année envoyé en Amérique en qualité de capitaine général des provinces de Venezuela et général de l'armée de la côte ferme. Parti de Cadix le 17 février 1815, il aborda à Corrolitos le 8 août, et reçut pour adversaires les généraux Paëz et Bolivar. Après être entré en vainqueur à Caracas et à Carthagène, et avoir forcé Bolivar et Marino à chercher un salut dans la fuite, Morillo marche contre les indépendants, et est battu près d'Ocanno le 29 avril 1816, à Banco-Largo et sur les bords de l'Orénoque (1817). Les armées espagnoles ayant été vaincues à San-Diego et à Sagamoso (1819), Morillo conclut une trêve, et revint en 1821 en Espagne, où il fut nommé comte de Carthagène, marquis de la Puerta, capitaine général du premier district et gentilhomme de la chambre du roi. Il commanda en chef en 1823 l'armée du Nord, et se retira en France en 1824. De retour à Madrid en 1831, il obtint en 1833 la grand'croix de l'ordre de Charles III, et en 1834 le rang de sénateur. Il est mort en 1837.

MORILLON. Ce mot désigne : 1° deux espèces de raisins : il y en a de blancs et de noirs. 2° Une espèce de *canard* : sa couleur est d'un beau noir luisant, à reflets pourpres et verdâtres. Il a du blanc au ventre, au haut des épaules et sur les ailes. Le bec est large et bleu, les pieds bleuâtres. La longueur du corps est de quinze à seize pouces. Les morillons sont de passage en France, où ils arrivent en hiver. Leur chair est recherchée. 3° Des émeraudes brutes.

MORIN (Jean), célèbre oratorien, l'un des plus savants hommes du XVIIe siècle, né à Blois en 1591 de parents calvinistes, fut converti au catholicisme par le cardinal Duperron, et entra dans la congrégation nouvelle de l'Oratoire. Il se fit bientôt connaître par son érudition et ses ouvrages. Il était très-habile dans les langues orientales, et fit revivre en quelque sorte le *Pentateuque samaritain*, en le publiant dans la Bible polyglotte de Jay. Il mourut en 1659, laissant entre autres ouvrages les *Exercitationes biblicæ*, un excellent *Traité des ordinations*, une *Histoire de la délivrance de l'Eglise par Constantin*.

MORIN (Simon), fanatique, né en 1623 à Richemont, près d'Aumale, vint à Paris, où il se jeta dans les rêveries des illuminés, et où il se mit à prêcher ses erreurs. Il assurait que Jésus-Christ s'était incarné en lui pour réformer l'Eglise. Renfermé plusieurs fois à la Bastille, et désavouant aussitôt après sa mise en liberté les abjurations qu'il faisait en prison, il fut arrêté une dernière fois sur la dénonciation de Desmarets de Saint-Sorlin, dans le temps qu'il composait un discours au roi, qui débutait par ces mots : *Le Fils de l'homme au roi de France*, et fut brûlé vif à Paris pour ses impiétés en 1663.

MORIN, nom de deux rivières de France. — Le GRAND MORIN prend sa source dans le canton et à une lieue et demie de Sézanne (Marne), et se jette dans la Marne en face de Vignely, à 2 lieues au-dessous de Meaux, après avoir reçu l'Aubetin. Son cours est de 30 lieues, et navigable dans la plus grande partie. — Le PETIT MORIN prend sa source à Pont-Morains, à 2 lieues de la Ferté-Champenoise (Marne), et se jette dans la Marne, vis-à-vis la Ferté-sous-Jouarre, après un cours de 25 lieues.

MORINDE, genre d'arbres et d'arbrisseaux de la famille des rubiacées, renfermant plusieurs espèces, dont les plus connues sont le *morinde royoc* de la Chine, du Mexique et de la Guyane. Sa tige, faible et pliante, haute d'environ dix pieds, se divise en rameaux courts et sarmenteux portant des fleurs blanches à tube étroit, qui sont remplacées par des fruits assez semblables à des mûres, d'où le nom de *morinde* (*morus indica*). La racine de cet arbrisseau donne par infusion une liqueur noire analogue à l'encre. La *morinde à ombelles* a une racine qui donne une teinture jaune safran.

MORINGA, genre de la famille des légumineuses, renfermant quatre espèces d'arbres, dont l'une croît en Arabie et les autres aux Indes orientales. Le type du genre est le *moringa-ben*, arbre de grandeur moyenne, au tronc droit, recouvert d'une écorce noirâtre. Ses fleurs sont de couleur blanche et en panicule au sommet des rameaux. Ses graines, de la grosseur d'une noisette, sont connues vulgairement sous le nom de *noix de ben*. L'huile de leur amande est douce, sans odeur, et ne rancit point en vieillissant, qualité précieuse pour la parfumerie, qui l'emploie dans la composition des essences.

MORINS, peuple de la Gaule, habitant la Belgique seconde, sur la côte, en face de l'Angleterre, dont les séparait le Pas de Calais. Il avait pour villes principales *Bononia* (Boulogne), *Castellum Morinorum* (Mont-Cassel) et *Civitas Morinorum* (Thérouanne), et habitait les arrondissements actuels de Boulogne et de Saint-Omer.

MORION, sorte d'armure de tête, plus légère que le casque, et que portaient les chevaliers lorsqu'ils n'étaient pas armés de pied en cap. Les écuyers portaient le morion derrière eux dans les combats. — C'est aussi une espèce de punition dont on se servait à l'égard des soldats en les frappant sur le derrière avec la hampe d'une hallebarde ou la crosse d'un mousquet. — Les MORIONS étaient chez les anciens des personnages bossus, boiteux, contrefaits, à longues oreilles et de physionomie ridicule, que l'on admettait dans les festins pour amuser les convives.

MORISONIE ou MABOUIER, genre de la famille des capparidées, ne renfermant qu'une seule espèce commune aux Antilles et à l'Amérique méridionale. C'est un arbre peu élevé, aux fleurs d'un blanc obscur, un peu odorantes, disposées en corymbes latéraux. Le fruit est une baie de la grosseur d'une pomme ordinaire, recouverte d'une écorce dure, calleuse, d'un rouge de tuile.

MORLAIX, ville de France, chef-lieu de sous-préfecture du département du Finistère, à 3 lieues et demie de la mer, à 23 lieues et demie de Quimper. — La population de cette ville est de 9,595 habitants. Elle a un tribunal de première instance, un tribunal de commerce, un sous-commissariat de marine et une manufacture royale de tabacs. — Morlaix était déjà une ville importante en 1374 lorsque les Anglais s'en emparèrent. Elle est défendue par un château placé au fond de la rade, vaste et sûre en tout temps. Le port occupe le centre de la ville ; il est formé par la jonction des rivières de Jarbeau et de Kerlent.

MORLAQUIE, petite province de la Croatie, entre l'Istrie et la Dalmatie, habitée en partie par les *Uskoks*, c'est-à-dire *déserteurs*, ainsi nommés de ce qu'ils désertèrent la Dalmatie, ne pouvant supporter l'oppression. Ils sont grossiers, sauvages, de haute taille, courageux et adonnés à la rapine. La principale ville est SEGNA. La Morlaquie dépend du royaume d'Illyrie, et est sous la protection de l'Autriche.

MORLAS, chef-lieu de canton du département des Basses-Pyrénées, à 2 lieues N.-E. de Pau, avec 2,000 habitants. Après la destruction de l'ancienne *Benearnum*, depuis rebâtie sous le nom de *Lescar*,

Morlas devint la résidence des vicomtes de Béarn. Il y avait un hôtel des monnaies. Cette petite ville est aujourd'hui sans importance.

MORMYRE, genre de poissons à corps comprimé, oblong, écailleux, à queue mince à sa base, renflée vers la nageoire, dont la tête est couverte d'une peau nue et épaisse, et qui appartiennent à la famille des ésoces. On connaît un petit nombre de mormyres, dont les uns ont le museau pointu, la dorsale longue, comme l'*oxyrhynque*, et les autres le museau cylindrique et la dorsale très-courte, comme le *mormyre hersé*.

MORNAY (Pierre DE), évêque d'Orléans en 1288, puis d'Auxerre, et chancelier de France sous Philippe le Bel. Il assista à la fameuse assemblée que le roi tint au Louvre en 1296. Il fut envoyé à Rome pour terminer les différends entre le pape et le roi de France. N'ayant pas pu venir à bout de cette entreprise, il resta fidèle au roi et mourut en 1306.

MORNAY (Philippe DE), seigneur du PLESSIS-MARLY, né en 1649 à Bussy (Oise) d'un père catholique et d'une mère huguenote, Françoise du Bec, qui lui fit embrasser la religion réformée. Echappé au massacre de la Saint-Barthélemy, il voyagea en Italie, en Allemagne, en Angleterre, etc., et s'attacha au service du roi de Navarre, depuis Henri IV, qui l'envoya à Elisabeth, reine d'Angleterre. Sa science, sa valeur et sa probité le rendirent, après l'abjuration de ce monarque, le chef du parti protestant, et le firent appeler le *pape des huguenots*. Il soutint avec Duperron, évêque d'Evreux, la conférence de Fontainebleau, où les deux partis s'attribuèrent réciproquement la victoire. Louis XIII lui ôta en 1621 son gouvernement de Saumur. Il mourut en 1623, laissant de sa femme Charlotte de l'Arbalète, veuve du marquis de Feuquières, un fils mort en 1605, et trois filles, dont la plus jeune épousa le duc de La Force. On a de lui des *Mémoires*.

MORNES, nom que l'on donne dans les Antilles, à Bourbon et à l'île de France, aux pics escarpés que l'on reconnaît de la mer et qui ne sont pas très-éloignés des côtes, ou bien encore à ceux qui s'avancent dans la mer pour former un cap. Ainsi, à la Martinique, on connaît le *Gros-Morne*, le morne du *Vauclin* et le morne de la *Calebasse*.

MOROGNES (Sébastien-François BIGOT, vicomte DE), fils d'un conseiller d'Etat ordinaire, intendant de la marine en Bretagne, né à Brest en 1705, entra en 1723 dans l'artillerie de terre, et fut nommé en 1735 correspondant de l'académie des sciences, sur la présentation d'un *mémoire* touchant l'application de la théorie des forces centrales aux effets de la poudre à canon. Entré en 1736 dans le corps de la marine, il commandait en 1739 le vaisseau le *Magnifique*, lorsqu'il combattit à lui seul trois vaisseaux de ligne anglais pendant plus d'une heure. Nommé en 1752 directeur de l'académie de marine, chef d'escadre et commissaire général de l'artillerie de marine en 1764, il fut élevé en 1771 au grade de lieutenant général des armées navales et d'inspecteur général de l'artillerie de la marine, et mourut en 1781 officier de Saint-Louis. Son meilleur ouvrage est son *Traité des évolutions et des signaux*.

MOROSINI, une des plus anciennes familles nobles de Venise, appelées *apostoliques*. Elle a donné quatre doges à la république. — DOMENICO MOROSINI succéda en 1157 à Pietro Polani, et mourut en 1165. — MARTINO MOROSINI succéda en 1249 à Jacopo Tiépolo, et mourut en 1252, après avoir soumis Padoue à la république. — MICHELE MOROSINI succéda en 1382 à Andrea Contarini, et mourut en 1283, quatre mois après son élection, et après avoir soumis l'île de Ténédos. — FRANCISCO MOROSINI, né à Venise en 1618, fut nommé en 1651 commandant de la flotte, et, ayant pris sur les Turcs un grand nombre de places,

fut déclaré généralissime. Il défendit l'île de Candie contre plus de cinquante assauts, de quarante combats et de cinq cents mines. Obligé de se rendre, il capitula en 1669 au bout de vingt-huit mois. On lui conféra la charge de procurateur de Saint-Marc. Elu généralissime pour la troisième fois en 1684, il remporta sur les Turks en 1687 une victoire complète près des Dardanelles, et s'empara de presque toute la Grèce. Elu doge le 23 mars 1688, à la place de Marco-Antonio Justiniani, et généralissime pour la quatrième fois en 1694, il mourut le 6 janvier 1694. Le titre de *Péloponnésiaque* lui fut donné après ses victoires en 1687.

MORPHÉE (myth.), fils du Sommeil et de la Nuit, que l'on confond souvent avec son père, et qui est le premier des trois Songes, celui qui seul annonce la vérité. Il tire son nom (venu du grec *morphé*, forme) de ce qu'il était le plus habile de tous à prendre la démarche, le visage, l'air et le son de voix de ceux qu'il voulait représenter. Ces songe ne prenait la ressemblance que des hommes. On le représente sous les traits d'un enfant endormi, et on lui donne pour attributs des ailes de papillon et des pavots.

MORPHINE, une des bases salifiables contenues dans l'opium, formée de 72,340 parties de carbone, 6,366 d'hydrogène, 4,995 d'azote et 16,299 d'oxygène. Elle a été découverte en 1818 par Serturener, et c'est à elle, ainsi qu'à la narcotine, que l'opium doit ses propriétés. A l'état de pureté, elle est en prismes rectangulaires blancs, transparents, insipides et inodores. On l'obtient en précipitant par l'ammoniaque la dissolution aqueuse de l'opium et par d'autres moyens. Combinée avec les acides, elle forme des sels très-vénéneux.

MORPHO, genre d'insectes de l'ordre des lépidoptères (papillons), de la famille des diurnes, tribu des papilionides. Ils ont le corps robuste, la trompe longue, les antennes filiformes et presque aussi longues que le corps, les ailes très-développées, brunes en dessous avec des yeux d'une autre couleur, et souvent ornées en dessus des couleurs les plus brillantes. Les espèces les plus connues sont le *morpho adonis*, bleu d'azur métallique très-brillant, avec le bord externe noir et deux taches au sommet des premières ailes; le *métellus*, noir, avec le bord des ailes verdâtre; l'*andromaque*, le *ménélas*, bleu pâle très-brillant avec le bord des échancrures blanchâtre et trois petites taches blanches à la côte, etc.

MORRISSON (Robert), l'un des missionnaires protestants établis dans les factoreries anglaises à Macao et à Canton. Envoyé dans cette dernière ville, il s'instruisit dans l'idiome chinois, se mit en état de traduire en cette langue les saintes Ecritures. Il publia en 1812 ses *Horæ Sinicæ*, sa *Grammaire chinoise* en 1815, et son *Dictionnaire anglo-chinois*. Il fonda en 1818, à Malakka, un collége anglo-chinois pour l'enseignement de la littérature anglaise et chinoise et la propagation du christianisme.

MORS, partie de la bride d'un cheval qui passe dans la bouche. Elle se compose de deux branches qui montent le long des joues, et sont jointes ensemble par une gourmette ou des chaînettes qui prennent sous la lèvre inférieure et son gosier. — On dit qu'un cheval *prend le mors aux dents*, lorsqu'il s'emporte, bien que le frein ait conservé sa position normale. C'est une mauvaise locution, qu'il faudrait appliquer au moment où le cheval prend les branches de ce frein avec les incisives, et dès lors lutte avec avantage contre son conducteur.

MORSE, genre de mammifères, de l'ordre des carnassiers, de la famille des carnivores, formant avec les phoques la tribu des amphibies. La seule espèce sur laquelle les auteurs soient bien d'accord est le *morse du Nord* vulgairement connu sous les noms de *vache marine*, de *cheval*

marin, de *bête à la grande dent*, et d'*éléphant de mer*, parce que de sa mâchoire supérieure sortent deux énormes défenses, qui se dirigent vers le bas, et qui ont quelquefois jusqu'à deux pieds de long sur une épaisseur proportionnée. Elles relèvent tout le devant de cette mâchoire en forme de gros mufle renflé. Les membres du morse, très-courts et disposés comme chez les phoques, sont terminés par cinq doigts armés d'ongles robustes et réunis en forme de nageoire par une membrane épaisse. Son corps allongé, conique, est terminé par une queue très-courte et couverte d'un poil ras et brunâtre. Sa tête est arrondie, et n'offre aucune trace d'oreille. Il surpasse souvent en grosseur les plus forts taureaux, et peut atteindre vingt pieds de longueur. Les morses paraissent vivre de proie comme les phoques, en y ajoutant des varechs. On les trouve abondamment dans les régions polaires.

MORT, cessation de l'existence ou séparation de l'âme et du corps par une dissolution organique de ce dernier. — Les Grecs, qui personnifiaient toutes les idées, en avaient fait une divinité infernale, fille de la Nuit, qui ne conçut sans le secours d'aucun autre dieu. Elle fut adorée surtout par les Lacédémoniens. On la représentait sous la figure d'un enfant noir, avec des pieds tortus, ou bien sous celle d'un squelette armé d'une faux. L'if, le cyprès et le coq lui étaient consacrés.

MORT (méd.). On en distingue deux: la *mort réelle* ou *absolue*, qui est une dissolution des organes et une cessation complète et éternelle des fonctions vitales, et la *mort apparente*, qui n'est qu'une suspension de ces mêmes fonctions. La putréfaction est le seul signe d'une mort réelle. L'asphyxie, la léthargie, l'hystérie, les convulsions, l'hypocondrie, la syncope, la catalepsie, les pertes sanguines très-fortes, la chorée, l'apoplexie, l'épilepsie, l'extase, le tétanos et plusieurs autres maladies nerveuses peuvent donner lieu, surtout chez la femme, à une mort apparente. C'est pour remédier aux accidents qui pourraient résulter des morts apparents d'une trop prompte inhumation que l'on laisse s'écouler l'espace de vingt-quatre heures entre la mort et l'enterrement.

MORT (PEINE DE), condamnation capitale, à laquelle sont sujets les grands criminels. C'est l'une des peines afflictives et infamantes. L'assassinat, le parricide, l'infanticide et l'empoisonnement sont punis de la peine de mort. Tout condamné à mort a la tête tranchée. — Depuis quelques années, quantité de philosophes éclairés réclament l'abolition de la peine de mort, et demandent qu'on lui substitue l'emprisonnement provisoire des condamnés dans des maisons de détention, jusqu'à ce qu'on ait organisé en France le système pénitentiaire.

MORT-BOIS, expression qui se rapporte à l'exercice des droits d'usage dans les bois et forêts. Le droit de *mort-bois* est celui de couper le bois qui reste sur l'arbre, tandis que le droit de *bois-mort* n'est que celui de recueillir et d'emporter le bois sec détaché de l'arbre et gisant à terre.

MORT CIVILE, fiction légale qui consiste à considérer comme mort à la société le condamné auquel on fait cependant grâce de la vie, et à le priver alors de l'exercice de ses droits civils. Par la mort civile, le condamné perd la propriété de tous ses biens; sa succession est ouverte au profit de ses héritiers. Il ne peut plus recueillir aucune succession, ni être nommé tuteur, ni être témoin dans un acte solennel ou authentique ou bien en justice. Il est incapable de contracter un mariage civil, et celui qu'il avait précédemment contracté est dissous quant à tous ses effets civils.

MORT (accept. div.). En botanique, on appelle *mort-au-chanvre* l'orobanche rameuse; *mort-aux-chiens*, le colchique d'automne; *mort-de-froid*, le grand agaric ; *mort-au-loup*, l'aconit lycoctone ; *mort-aux-poules*, la jusquiame noire ; *mort-aux-vaches*, la renoncule scélérate ; *mort-aux-poux*, la staphisaigre. — On donne le nom de *mort-du-safran* à la maladie du safran due à la présence d'un cryptogame parasite, le *rhizoctone*. — En chimie, on donne le nom vulgaire de *mort-aux-mouches* à l'arsenic métallique réduit en poudre, à cause de la propriété qu'il a, étant délayé dans l'eau, de faire périr les mouches qui viennent goûter cette liqueur, et celui de *mort-aux-rats* au deutoxyde d'arsenic.

MORTAGNE, ville de France, chef-lieu d'arrondissement du département de l'Orne, sur la route de Paris à Brest, à 9 lieues et demie d'Alençon. Sa population est de 5,158 habitants. Elle a un tribunal de première instance et un hospice fondé en 1523 par Marguerite de Lorraine. — Cette ville, autrefois place forte, et qui a de tout temps prétendu au titre de capitale du Perche, doit son origine à un château fort dont Yves de Bellesme était seigneur en 968. En 1590, Mortagne fut le théâtre d'un sanglant combat entre les ligueurs et les troupes de Henri IV.

MORTAILLABLES. On donnait ce nom, dans le régime féodal, aux serfs attachés de père en fils à la glèbe, et dont le seigneur héritait, de manière qu'ils payaient encore la taille, même après leur mort, dans la personne de leurs enfants. Les mortaillables ne cessaient d'être les hommes du seigneur qu'en se déclarant les hommes du roi.

MORTAIN, ville de France, chef-lieu d'arrondissement du département de la Manche, sur la Cance, à 18 lieues de Saint-Lô. Sa population est de 2,511 habitants. Elle a un tribunal de première instance et un collége. — Mortain est une ville fort ancienne, jadis place forte et chef-lieu d'un comté.

MORTAISE. Le menuisier donne ce nom à une entaille plus ou moins profonde, de forme ordinairement rectangulaire, qu'il pratique à l'aide du ciseau, du maillet et autres instruments, dans une pièce de bois qu'il veut assembler avec une autre qui porte une saillie nommée *tenon*, et qui doit remplir exactement la mortaise.

MORTALITÉ. Ce mot exprime tantôt la mort d'une quantité considérable d'hommes ou d'animaux qui meurent de la même maladie, tantôt la quantité d'individus de l'espèce humaine qui meurent annuellement sur un certain nombre de vivants.—Dans ce dernier sens, la *mortalité*, dans un pays, croît en proportion de la misère, et décroît en proportion de l'aisance. Dans le douzième arrondissement de Paris, l'un des plus pauvres, les décès sont dans le rapport d'un à trente-quatre, tandis que dans le premier ils ne sont que dans celui de un à quarante et un. C'est toujours dans les premiers temps de la vie que les chances de mortalité sont les plus grandes. Il meurt en France vingt-trois enfants sur cent dans la première année de leur existence, douze dans la seconde, et sept dans la troisième. A l'âge de dix à onze ans, la proportion n'est plus que de huit sur mille. La mortalité à Paris et à Londres est d'un individu sur trente ; dans les petites villes et les bourgs, d'un sur trente-sept, et dans les villages, d'un sur quarante.

MORTE (Mer) ou Lac Asphaltite (en arabe *Bahr-el-Mouth*, et en turk *Eulu-den-Yzi*), grand lac de Palestine qui n'a aucune communication probable avec la mer Méditerranée, l'évaporation étant plus que suffisante pour compenser les eaux qu'il reçoit. Sa superficie est d'environ 140,000 hectares. La pesanteur spécifique de ses eaux est de 1,211, celle de l'eau étant 1,000. Le bitume et le sel y sont si abondants qu'une quantité quelconque d'eau contient plus d'un quart de cette dernière matière. Le sol, également imprégné de cette salure, ne peut convenir à la végétation, et fait régner un aspect de mort aux environs du lac. La mer Morte reçoit le Jourdain, et les torrents de Cédron, d'Arnon et de Zared. C'est sur l'emplacement qu'elle occupe, que se trouvaient autrefois les villes de Sodome, Gomorrhe, Adma, Amora et Tséboïm, englouties par le feu céleste.

MORTEMART, village du département de la Haute-Vienne, dans l'arrondissement et à 4 lieues de Bellac. C'était autrefois une baronnie appartenant à la maison de Rochechouart. Elle fut érigée en marquisat en faveur de Gaspard de Rochechouart, mort en 1643 ; et en duché-pairie en 1650 en faveur de Gabriel de Rochechouart, comte de Maure, prince de Tonnay-Charente, mort en 1675.

MORTIER (Édouard-Adolphe-Casimir-Joseph), né à Cambrai en 1768 d'un député aux états généraux de 1789, entra en 1791, en qualité de capitaine, dans le premier bataillon de volontaires du département du Nord. Il gagna à Hondscoote (1793) le grade d'adjudant général. Appelé à l'armée du Danube en 1799 en qualité de général de brigade, il fut appelé en 1800 au commandement des quinzième et seizième divisions militaires. En 1803 il commanda l'armée qui s'empara du Hanovre, et devint successivement en 1804 maréchal de France, grand-aigle de la Légion d'honneur, et chef de la deuxième cohorte. En 1805 il reçut l'ordre du Christ du Portugal; il commanda une division de la grande armée en 1805. Il gagna une célèbre bataille contre le général Koutousoff. En 1806 il qui s'empara d'Hambourg en 1806. En 1808, il eut le commandement du cinquième corps de l'armée d'Espagne, et reçut le titre de duc de Trévise. Il gagna en 1809 les batailles d'Ocana et de Gebora, et partagea en 1812 l'honneur de sauver les débris de la grande armée. Il défendit en 1814 Paris avec le duc de Raguse. Elu député en 1816, il siégea jusqu'en 1819, époque à laquelle on lui restitua son rang dans la chambre des pairs. Le maréchal Mortier accepta en 1836 la présidence du conseil, et fut tué par la mitraille de la machine infernale que Fieschi avait dirigée contre la famille royale dans la revue du 28 juillet.

MORTIER, substance susceptible de lier entre eux les matériaux durs employés dans les constructions. Les mortiers sont des mélanges de chaux et de sable, de ciment ou de pouzzolane détrempés avec de l'eau. Les éléments proportionnels du meilleur des mortiers connus se trouvent naturellement combinés dans une pierre calcaire connue sous le nom de *caillou anglais* ou *de Boulogne*. Dans la composition artificielle des mortiers, on cherche à s'en rapprocher le plus possible. Les chaux hydrauliques sont employées préférablement aux autres.—L'usage des mortiers remonte à plus de 2000 ans avant notre ère. Ceux des Égyptiens, des Grecs et des Romains ont conservé une très-grande dureté, et sont devenus par la pénétration de l'acide carbonique de véritables marbres.

MORTIER, bouche à feu qui sert à lancer des bombes, et qui est à peu près faite comme un mortier à piler, c'est-à-dire qui consiste en une cavité hémisphérique. On place le mortier presque perpendiculairement, et la bombe s'y charge à la main. Elle est assujettie par des éclisses de bois. Les mortiers ne servent que pour les siéges ; ils ne sont pas pièces de bataille. Quand ils sont montés sur un crapaud de même métal, on les appelle *mortiers à la Gomère*. — L'usage des mortiers se remonte pas au delà de 1510.

MORTIER, vase en métal, en bois, en pierre, en marbre, en verre, en plomb, qui se compose d'un creux hémisphérique, et dont on se sert pour piler, concasser et réduire en poudre certaines drogues ou matières solides, au moyen d'un instrument lourd et gros à son extrémité, que l'on nomme *pilon*. Les pharmaciens et les droguistes sont ceux qui font le plus d'usage des mortiers.

MORTIER, bonnet que portaient autrefois les présidents de chambre des anciens parlements, qui leur avait fait donner le nom de *présidents à mortier*. Sa forme était ordinairement ronde, plate et peu élevée. Celui du chancelier était d'étoffe d'or, bordé et rehaussé d'hermine ; celui du premier président, de velours noir, orné de deux galons d'or, et celui des présidents de chambre, d'un seul galon.

MORTIMER (Roger), seigneur anglais, d'une naissance distinguée, devint l'amant d'Isabelle de France, femme d'Édouard II. Après la mort tragique de ce prince, il devint ministre de la régente. L'écueil de sa faveur fut la guerre d'Écosse, qui ne réussit pas. Les comtes de Kent, de Norfolk, de Lancastre, princes du sang, se liguèrent contre Mortimer, qui fit condamner le premier à perdre la tête et confisquer ses biens au profit de son fils. Surpris dans le château de Nottingham, il fut pendu en 1330. — Son fils Edmond Mortimer, mort en 1381, épousa Philippine de Clarence, fille de Lionel, duc de Clarence, second fils d'Édouard III, et en eut un fils, Roger Mortimer, déclaré en 1385 héritier de la couronne, et mort en 1399 avant Richard II, auquel il devait succéder.—Sa fille, Anne Mortimer, en épousant Richard d'Yorck, fils d'Edmond, duc d'Yorck, quatrième fils d'Édouard III, en eut un fils, Richard, duc d'Yorck, tige de la maison de la Rose blanche, auquel elle transmit ses droits à la couronne.

MORTON (Jacques Douglas, comte de), né à Dalkeith en 1530, se montra l'un des seigneurs les plus ardents à propager la réforme. Accusé du meurtre de lord Henri Darnley, il se réfugia en Angleterre, où il resta jusqu'à la bataille de Carberry. De retour en Écosse, il obtint la place de chancelier. En 1574, il succéda au comte de Mar en qualité de régent du royaume d'Écosse, et résigna sa place en 1579. Deux ans après, il fut condamné pour crime de haute trahison, et décapité à Édimbourg.

MORTS. De tout temps on a honoré leur mémoire ; aussi regardait-on chez les anciens comme le dernier acte de la tyrannie d'empêcher qu'on ne leur rendit les derniers devoirs. On les honorait sous le nom de *mânes*, et on les invoquait solennellement à une fête annuelle nommée *Férales*. Chez les Égyptiens, le corps mort d'un proche parent était un gage sacré.

MORTS (Jugement des). Cette idée du jugement des âmes après la mort est reçue par presque tous les peuples. — Chez les Égyptiens, l'âme était jugée dans l'*Amenthi* (l'enfer), après divers pèlerinages dans les régions nombreuses qu'elle devait parcourir. On pesait dans une balance, devant quarante-deux juges présidés par Osiris, les bonnes et les mauvaises actions du défunt, dont on punissait ou dont on récompensait l'âme suivant qu'il y avait lieu. — Les Grecs imitèrent ce dogme égyptien en disant que les âmes étaient jugées dans les enfers par trois juges, Minos, Eaque et Rhadamanthe, et envoyées dans les champs Élysées ou dans le Tartare, suivant leurs vertus ou leurs crimes. La religion chrétienne admet le dogme du jugement des morts. Elle enseigne que les âmes sont jugées par Dieu après la mort, et récompensées ou punies par le paradis ou l'enfer, où elles doivent rester jusqu'au jour du jugement dernier, jour où tous les morts ressusciteront et seront définitivement condamnés à des souffrances éternelles ou voués à d'éternelles jouissances.

MORTS (Fête des) ou des Trépassés, fête que l'on célèbre le 2 novembre en commémoration de tous les fidèles qui, depuis l'établissement de l'Église, ont comparu devant Dieu. On y chante des litanies solennelles et lugubres appropriées, pour ce jour seulement, au sacrifice de la messe. La fête de la commémoration des morts remonte à Odilon, abbé de Cluny, qui institua en 998 dans tous les monastères de sa congrégation.

MORTUAIRE. On appelle *extrait mor*-

tuaire l'acte qui constate un décès, et *domicile mortuaire* le lieu qui constituait le domicile légal de la personne décédée au moment de son décès. C'est le domicile où s'ouvre la succession, et c'est là que doivent se faire toutes les opérations du partage.

MORUE, poisson du genre *gade*, appelé aussi *cabéliau*. Il a le corps allongé, légèrement comprimé et revêtu d'écailles. La morue est d'un gris cendré, tacheté de jaunâtre sur le dos et blanchâtre sous le ventre. Elle a un estomac très-volumineux, et est très-vorace. Elle se nourrit de poissons, de mollusques et de crabes. Elle se tient dans les profondeurs des mers, hormis dans le temps du frai, où elle s'approche des rivages. C'est l'époque choisie pour la pêche au banc de Terre-Neuve, qui est le lieu où l'on fait cette pêche en plus grande quantité. Là, cette époque arrive en mai; ailleurs c'est en février. Après avoir pêché les morues à la ligne, on les sale ou on les fait sécher. Dans le premier cas, on les éventre et on leur ôte le foie ou les œufs, après avoir coupé la tête et la langue, que l'on met à part. Elles portent alors le nom de *morues vertes*. Dans le second, on les expose au soleil ou à la fumée. Elles portent alors le nom de *merluches* et de *stock-fish* (poisson en bâton) à cause de leur dureté. — Les *morues blanches* sont celles qui ont été salées, mais séchées promptement, et sur lesquelles le sel a laissé une sorte de croûte blanchâtre. On pêche tous les ans 36,000,000 de kilogrammes de morues. — On a trouvé dans une femelle jusqu'à quatre millions (d'autres disent neuf millions) d'œufs.

MORUS (Thomas), fils du chevalier sir John Morus, l'un des juges de la cour du banc du roi, naquit à Londres en 1480, et fut employé par Henri VIII dans plusieurs ambassades, entre autres celle de Cambrai (1529). A son retour, fait grand chancelier d'Angleterre, il se démit de cette charge en 1531, lorsque Henri VIII se souleva contre l'Eglise romaine. Après avoir tenté vainement de l'amener à le reconnaître pour chef de l'Eglise anglicane, le roi le fit mettre en prison, et employa contre lui toutes les violences, mais en vain. Il eut la tête tranchée en 1535. Tous les savants font l'éloge de sa probité, de son mérite et de sa vertu. C'est à tort qu'on l'a accusé de cruauté envers les protestants. On a de lui un livre utile et agréable, intitulé *Utopie*, et plusieurs ouvrages latins.

MORUSI, famille de Fanariotes, dont plusieurs membres sont devenus célèbres.
—DEMETRIUS MORUSI, hospodar de Valachie, fut destitué en 1800 comme accusé d'intelligences secrètes avec la Russie, et réintégré en 1802. Il accompagna en 1812 Khaleb-Effendi en qualité de drogman au congrès de Bukharest, et fut assassiné par les gardes que le grand vizir lui avait donnés. Ses deux neveux et son frère Banajotti subirent le même sort. Ses fils, sauvés par leur mère, se réfugièrent en Russie.

MORVAN, contrée de France, dans le Nivernais, le long de l'Yonne, et formant aujourd'hui une partie de l'arrondissement de Château-Chinon. C'est un pays de montagnes qui produit du blé et du seigle. La race des bêtes à cornes qu'il produit est très-estimée. La chaîne de montagnes qui la traverse du S. au N., et qui a pris le nom qu'elle porte de la contrée, commence près de Digoin, et finit près de Briare.

MORVE, nom vulgaire sous lequel on désigne l'humeur excrémentielle qui sort habituellement par le nez, et que la propreté commande de faire disparaître.

MORVE, en médecine vétérinaire, maladie particulière au cheval, à l'âne et au mulet, et consistant dans un écoulement par les naseaux du mucus de la membrane pituitaire, et souvent d'une humeur sanieuse et ulcéreuse. La morve est une maladie contagieuse que l'on guérit le plus souvent en mettant dans l'eau que l'on administre aux animaux affectés de l'acide hydrochlorique, et en frictionnant avec le même acide les parties du corps dont on a rasé le poil.

MORVILLIERS (Jean DE), né à Blois en 1507, fut d'abord lieutenant général de Bourges, puis doyen de la cathédrale de cette ville, conseiller au grand conseil, maître des requêtes et ambassadeur à Venise. Il fut nommé évêque d'Orléans en 1552, et garde des sceaux en 1568. Il parut avec éclat au concile de Trente, et mourut en 1577. Il s'était démis de son évêché en 1574.

MORVILLIERS (Pierre DE), d'une autre famille que le précédent, fils de Philippe de Morvilliers, premier président au parlement de Paris, mort en 1438, fut lui-même conseiller au parlement de Paris. Louis XI le nomma chancelier de France en 1461, et le destitua en 1465 pour donner satisfaction au comte de Charolais que Morvilliers avait blessé par des paroles impérieuses. Il mourut en 1476.

MOSAÏQUE, adjectif par lequel on désigne tout ce qui regarde Moïse. La *loi mosaïque*, les *traditions mosaïques* sont la loi de Moïse, les traditions de Moïse.

MOSAÏQUE, ouvrage de marqueterie, fait de plusieurs pièces de marbre, de petites pierres de diverses couleurs, assemblées par un ciment commun, de manière à former des dessins et de véritables peintures. Ce genre d'ornement est très-ancien; le pavé des temples de Grèce, de Sicile, etc., est en mosaïque. On découvre journellement de très-belles mosaïques sur divers points de la France et de l'Europe. Toutes les peintures qui ornent la fameuse basilique de Saint-Pierre à Rome sont en mosaïque. L'immense voûte de cet édifice offre un vaste tableau qui représente Dieu et les douze apôtres, qui, vu du bas de l'enceinte, présente de beaux contours, tandis que, vu de près, ce n'est qu'un assemblage grossier et sans liaison de pierres de couleur.

MOSAÏSTES. On appelle ainsi les peintres qui travaillent en mosaïque. Un des plus célèbres fut *Mathiole*, qui fut chargé sous Léon X de faire les mosaïques de Saint-Pierre de Rome.

MOSCATELLE ou MOSCATELLINE, genre de la famille des saxifragées, renfermant des plantes agrestes que l'on trouve dans les bois ombragés de l'Europe. Ses tiges sont simples, hautes de quelques pouces, portant des feuilles opposées, découpées en plusieurs folioles elles-mêmes incisées; les fleurs sont en grappe terminale, sans corolle; le fruit est une baie globuleuse, à quatre ou cinq loges.

MOSCHUS, poëte bucolique grec, né à Syracuse, et contemporain de Ptolémée Philadelphe, roi d'Egypte. Il ne nous reste de lui que cinq idylles: *Mégare*, *Europe*, l'*Amour fugitif*, l'*Amour laboureur* et la *Mort de Bion*, dont il était l'ami; elles nous font regretter la perte des autres ouvrages. Moschus a beaucoup de pureté, d'esprit et d'élégance, mais aussi un peu de recherche et d'affectation.

MOSCOU, gouvernement de la Russie centrale, borné au N. par celui de Tver, au S. par ceux de Kalouga et de Toula, à l'O. par celui de Smolensk, à l'E. par ceux de Riazan et de Vladimir. Sa superficie est de 1,600 lieues carrées, et sa population de 1,280,000 habitants. L'agriculture y prospère autant que le permet le climat, quoique le sol y soit d'une qualité médiocre. Il produit des grains, du lin, du chanvre, du houblon, du bois, etc. Le gouvernement de Moscou faisait partie de l'ancien duché de ce nom; c'est le plus industriel de l'empire. On y compte cinq cent quarante manufactures.

MOSCOU, grande et ancienne ville de Russie, autrefois capitale du duché de Moscovie et de toute la Russie, aujourd'hui capitale d'un gouvernement de la Russie, entièrë, sur la Moscova, à 185 lieues de Saint-Pétersbourg et 600 de Paris. Elle l'emporte sur Saint-Pétersbourg par son étendue; son circuit est de 10 lieues, et sa population monte en hiver à 450,000 habitants. Elle se compose de quatre quartiers : le *Kremlin* ou *Kreml*, forteresse qui occupe une éminence sur la rive gauche de la Moscova, et qui est l'ancienne résidence des souverains, dont on voit encore le palais; le *Kitaïgorod* ou ville chinoise, où se trouve le bazar; le *Béloïgorod* ou ville blanche, le plus beau de tous; et le *Zemlianoïgorod* ou ville aux remparts de terre. On cite le palais impérial, la tour d'Ivan Véliki, l'église de l'Assomption, où l'on célèbre le sacre. Moscou possède trois cents églises, une université, une académie de médecine et de chirurgie, une académie pour l'étude des langues slavonne, grecque et latine, plusieurs hôpitaux, des sociétés savantes, des théâtres et des manufactures nombreuses. Moscou est la ville sainte de Russie, et la résidence du patriarche métropolitain. C'est la ville la plus manufacturière et la plus commerçante de tout l'empire.— Fondée en 1147, par Georges ou Youry Dolgorouki, sous le nom de *Koutchkovo*, elle succéda en 1328 à Vladimir dans l'honneur d'être la capitale de l'empire russe, et céda ce rang en 1703 à Saint-Pétersbourg. Brûlée par les Russes eux-mêmes le 14 septembre 1812, elle fut rebâtie avec plus de régularité et d'élégance qu'auparavant.

MOSCOUADE. On désigne ainsi le sucre à l'état brut, extrait des cannes ou des betteraves. C'est un mélange de cristaux menus imprégnés de mélasse. La moscouade est d'un prix assez élevé dans le commerce.

MOSCOVIE, nom sous lequel on désigne quelquefois aujourd'hui toute la Russie, mais qui s'applique spécialement au pays qui a été le noyau de l'empire russe, la Grande-Russie ou grand-duché de Moscou.

MOSCOWA ou MOSKOWA, rivière de Russie, qui prend sa source sur les confins du gouvernement de Smolensk, traverse celui de Moscou, arrose cette ville et se jette dans l'Oka, l'un des affluents du Volga, au-dessous de Kolomna, sur les confins du gouvernement de Riazan. Son cours est de 80 lieues.

MOSCOWA (BATAILLE DE LA) ou DE BORODINO, célèbre bataille gagnée le 7 septembre 1812 par la grande armée française, commandée par Napoléon en personne, sur l'armée russe, commandée par Koutousoff. La victoire, due au courage du prince Eugène, de Davoust, de Murat, de Grouchy, de Poniatowski et de Ney, valut à ce dernier le titre de *prince de la Moskowa*. Plus de 30,000 cadavres jonchèrent le champ de bataille, parmi lesquels les généraux français Caulaincourt, frère du duc de Vicence, et Montbrun. 7 à 800 prisonniers et une vingtaine de canons furent les trophées de cette victoire, qui nous ouvrit le chemin de Moscou.

MOSELLE, rivière de France et d'Allemagne, qui a trois sources, dont la principale sort du mont des Faucilles, à une lieue de Bussang (Vosges). Elle reçoit les deux autres à Remiremont. La Moselle traverse les départements des Vosges, de la Meurthe et de la Moselle, le grand-duché du Bas-Rhin, passe à Remiremont, Epinal, Toul, Metz, Thionville, Trèves, et se jette dans le Rhin à Coblentz, après avoir reçu entre autres rivières, le Madon, la Meurthe, la Seille, l'Ornos, la Sarre. Son cours est d'environ 130 lieues, dont 80 flottables depuis Dammartin (Vosges), et 85 navigables depuis Frouard (Meurthe), où elle reçoit la Meurthe.

MOSELLE, département septentrional et frontière, borné au N. par les grands-duchés de Luxembourg, du Bas-Rhin et des Deux-Ponts, au S. par la Meurthe, à l'O. par la Meuse, à l'E. par le Bas-Rhin. Il a été formé d'une partie du pays des Trois-Evêchés, de la Lorraine et du Luxembourg. Sa superficie est de 679,143 hectares, et sa popul. de 460,000 hab. Le dép. nommut six députés, et se divise en 4 arr. comm.:

Metz (chef-lieu), *Briey, Thionville* et *Sarreguemines*. On y remarque les fortifications de Metz, de Longwy, de Thionville, le chemin de fer, un ancien aqueduc romain, des eaux minérales, de belles forêts, etc. L'agriculture et le jardinage y sont très-perfectionnés. Les arbres fruitiers donnent des produits considérables, ainsi que les vignes et les prairies. Les porcs y sont excellents. L'industrie, généralement avancée, réside dans des établissements métallurgiques, des poteries, des verreries, des toileries, etc. Il est compris dans la 3e division militaire, le diocèse de Metz et le ressort de la cour d'appel et de l'académie de Metz.

MOSHEIM (Jean-Laurent), célèbre littérateur, théologien et prédicateur allemand, né à Lubeck en 1694, fut professeur de théologie à l'université d'Helmstadt, et mourut en 1755 chancelier de l'université de Gœttingue. Il occupa un rang distingué parmi les meilleurs dogmatiques et historiens protestants. Son plus célèbre ouvrage est une *Histoire ecclésiastique* en 6 vol. in-8o.

MOSQUÉE (du turk *meschit*, qui veut dire temple fait de charpente), temple des sectateurs de la religion mahométane. Le genre d'architecture propre aux mosquées construites par les Arabes tient à la fois de la forme grecque et asiatique, surchargée d'ornements et d'inscriptions tirées du Koran. Les plus célèbres sont celle de la Mecque, qui a conservé son ancien nom de *Caaba*, celle de Sainte-Sophie, du sultan Sélim et du sultan Méhémet à Constantinople, et celle de Cordoue. Au Caire, on en compte près de trois cents. Toutes sont surmontées d'un ou de plusieurs *minarets*.

MOSQUITOS, tribu indienne indépendante de l'Amérique du Nord, habitant la côte orientale de la république de Guatemala, sur les bords du golfe de Mexique. Les Mosquitos ont donné leur nom au littoral qui s'étend depuis la rivière de San-Juan, jusqu'au cap Honduras, dans une longueur de 180 lieues.

MOSSOUL, l'un des trois pachaliks du Diarbekr, borné au N. par celui de Diarbekr, au S. par l'Irak-Arabi, à l'O. par le pachalik d'Ourfa, et à l'E. par le Kurdistan. Sa superficie est de 1,600 lieues carrées, et sa population de 140,000 habitants. — Sa capitale est Mossoul.

MOSSOUL, ville de la Turquie d'Asie, capitale de l'un des pachaliks du Diarbekr, sur la rive droite du Tigre, en face des ruines de l'ancienne Ninive. Sa population est de 54,000 habitants. Elle fait un grand commerce de draps, de soie, et surtout de fines toiles de coton qui ont reçu d'elle le nom de *mousselines*. On les y apporte de l'Inde. Mossoul est le siège d'un patriarche nestorien. — Autrefois *Labbana*, Mossoul fut fondée, selon les écrivains persans, par le roi Tahmurath. Tamerlan la saccagea.

MOSTAGANEM, ville de la régence d'Alger, située sur le bord de la mer, près de l'embouchure du Chellif, dans la province et à 25 lieues d'Oran, à 48 lieues d'Alger. Sa population est de 2,000 habitants. Elle a un château et un port.

MOSTANG-BILLAH, vingt-huitième calife abbasside, succéda l'an 1160 à son père Moctafi, et mourut en 1172. Son frère ayant voulu le faire poignarder par ses femmes, Mostang averti les fit jeter dans le Tigre, et fit emprisonner sa mère et son frère. Il était sévère observateur de la justice.

MOSTAR, capitale de l'Herzégovine ou Dalmatie turque, sur la Nara, à 18 lieues de Raguse. Sa population est de 10,000 habitants. Elle est grande, fortifiée et la résidence d'un pacha.

MOT, réunion de plusieurs lettres formant une, deux, trois ou plusieurs syllabes. Dans le premier cas, le mot est un *monosyllabe*; dans le second, un *dissyllabe*; dans le troisième, un *trissyllabe*; dans le quatrième, un *polysyllabe*. — En termes de blason, on appelle *mot* une courte phrase ordinairement sentencieuse, écrite sur un rouleau que l'on place au-dessus ou au-dessous de l'écusson. Le mot de la maison de France était *Espérance*; celui de la maison royale d'Angleterre est *Dieu et mon droit*; celui de l'ordre de la Jarretière: *Honni soit qui mal y pense*.

MOT D'ORDRE. Voy. ORDRE.

MOTADHED ou MOTAED-BILLAH, quinzième calife abbasside, succéda l'an 902 à Motamed-Billah, et mourut en 908. Ce fut un prince sévère et juste.

MOTAMED-BILLAH, quatorzième calife abbasside, monta sur le trône en 892, et mourut en 902. Ce fut sous son califat que naquit la secte des *carmathes*, fondée en 891 par Al-Faradj-el-Carmath.

MOTASSEM, huitième calife abbasside, troisième fils du calife Haroun-al-Raschid, succéda en 833 à son second frère Abdallah-al-Mamoun, et mourut à l'âge de quarante-huit ans, en 842. On l'a surnommé le *Huitainier*, parce qu'il naquit le huitième mois de l'année, fut le huitième de sa race, commanda huit fois ses armées, et enfin parce que toutes les actions importantes de sa vie sont marquées du nombre huit.

MOTET, morceau de musique sacrée, composé sur des paroles latines, pour une ou plusieurs voix, avec ou sans accompagnement d'orgue ou d'orchestre, et destiné à être exécuté pendant la messe ou dans quelque autre cérémonie religieuse. On cite parmi les compositeurs de motets Carissimi, Couperin, Durante, Handel, Mondonville, etc.

MOTEUR, nom que les mécaniciens donnent à la cause qui imprime le mouvement à un appareil quelconque. Les animaux, le vent, la vapeur, une chute d'eau, sont des *moteurs* lorsqu'ils agissent de manière à communiquer une vitesse aux parties inertes d'une machine. Le plus puissant moteur connu est la vapeur. Celui d'une pendule est un poids attaché à une corde; celui d'une montre, un ressort plié en spirale.

MOTEURS (NERFS), nom donné à deux nerfs qui sont destinés à mouvoir l'œil, et qui partent, le premier d'un enfoncement placé en dedans des pédoncules du cerveau, le second du sillon qui sépare la moelle allongée de la protubérance annulaire. Le premier s'épanouit dans le muscle droit supérieur de l'œil, et le second dans le muscle droit externe ou abducteur.

MOTHE-HOUDANCOURT (Philippe DE LA), duc de Cardonne, porta les armes de bonne heure, et commanda l'armée française en Piémont en 1639. Il commanda en Catalogne en 1641, défit les Espagnols devant Tarragone, leur enleva plusieurs places, et reçut en récompense (1642) le bâton de maréchal de France, le duché de Cardonne et le titre de vice-roi en Catalogne. Défait devant Lérida en 1644 et malheureux dans le reste de la campagne, il fut arrêté et renfermé au château de Pierre-Encise à Lyon, jusqu'à ce que son innocence eût été pleinement justifiée par le parlement de Grenoble en 1648. Vice-roi en Catalogne une seconde fois en 1651, il y força les lignes des ennemis devant Barcelone (1652) et mourut à Paris l'année suivante. Il ne laissa que trois filles: la duchesse d'Aumont, la duchesse de Ventadour et la duchesse de la Ferté-Senneterre.

MOTHE-LE-VAYER (François DE LA), né à Paris en 1588 fut un substitut du procureur général, devint précepteur de Philippe, duc d'Anjou, depuis duc d'Orléans, frère unique de Louis XIV, fut fait conseiller d'Etat ordinaire, et fut reçu à l'académie française en 1634. Il mourut en 1672. On a de lui un grand nombre d'ouvrages philosophiques, qui sentent quelque peu le scepticisme et même le pyrrhonisme.

MOTHE-HOUDART (Antoine DE LA). Voy. HOUDART.

MOTHE-PIQUET (N. DE LA), né en 1710, entra fort jeune au service de la marine, et fit la guerre d'Amérique avec d'Estaing, Suffren, Guichen, Bouillé, etc. Il sauva devant le Fort-Royal un convoi français attaqué par une escadre anglaise de 14 bâtiments. Monté sur l'*Invincible* en 1781, il prit vingt-six navires des trente-deux avec lesquels l'amiral sir Georges Rodney conduisait en Angleterre les richesses qu'il avait enlevées à Saint-Eustache. Plein de bravoure et d'honneur, la Mothe-Piquet parvint au grade de lieutenant général des armées navales, et mourut à Brest en 1791.

MOTIF, idée principale d'un air, d'un morceau de musique.

MOTTE, petit morceau de terre détaché du reste de la terre. En termes de jardinage, c'est la terre adhérente aux racines d'un arbre et qui les conserve. *Planter en motte* est une opération par laquelle on ouvre un fossé à une certaine distance d'un arbre et tout autour, afin de lui conserver le plus grand nombre de racines qu'il est possible; ensuite, lorsque le fossé est à une profondeur plus basse que celle des racines, on cerne la terre par-dessous, et on enlève l'arbre avec la terre qui est attachée aux racines. On nomme aussi *motte* la terre laissée au pied des fleurs qu'on lève sur la couche. Les faïenciers appellent *motte* une masse de terre épluchée, nettoyée et prête à mettre sur le tour pour y prendre la forme que l'on désire. Les tanneurs appellent *motte à brûler* une espèce de pain rond et plat, qu'on fabrique avec du tan en le foulant avec les pieds dans un moule. On s'en sert pour chauffer les fours et les appartements.

MOTTEUX, espèce d'oiseau qui appartient au genre *traquet*.

MOTTEVILLE (Françoise BERTAUT, dame DE), fille d'un gentilhomme ordinaire de la chambre du roi, naquit en 1615 suivant les uns, et en 1621 selon les autres. Placée auprès d'Anne d'Autriche et disgraciée par le cardinal de Richelieu, elle épousa en 1639 Nicolas Langlois, seigneur de Motteville, premier président de la chambre des comptes de Rouen, qui mourut deux ans après. Rappelée à la cour en 1644, elle ne quitta plus Anne d'Autriche et mourut en 1689. Elle a laissé des *Mémoires pour servir à l'histoire d'Anne d'Autriche*, en 5 vol. in-12. Ils sont très-curieux et pleins de détails authentiques sur la cour à cette époque.

MOUCHARD, espion de la police secrète, qui rôde de côté et d'autre pour voir ce qui se passe, ce qu'on dit, et en rendre compte. On les appelle aussi *mouches*.

MOUCHE, genre d'insectes de l'ordre des diptères, famille des athéricères, tribu des muscides, dont elle est le type. Il renferme un grand nombre d'espèces, dont les unes vivent à l'état de larve dans les cadavres, les autres dans les excréments, et d'autres enfin dans des fumiers; quand elles sont arrivées à leur dernier degré d'accroissement, elles se retirent en terre ou sous les pierres. Elles sont alors connues sous le nom d'*asticots*. On en emploie beaucoup pour la pêche aux poissons. Les deux espèces de mouches les plus connues sont: la *mouche domestique*, commune partout et surtout dans les appartements, où elle est très-importune. Elle est longue de trois lignes, a le corselet cendré, l'abdomen cendré en dessus et jaunâtre en dessous. Ses ailes sont transparentes, comme celles de tous les diptères; et la *mouche à viande* ou *vomissante*, longue de cinq à six lignes; elle a le thorax noir et l'abdomen bleu métallique. Tout le corps est couvert de longs poils noirs, roides. Cette espèce bourdonne l'été dans les appartements, où elle dépose dans les viandes ses œufs qui éclosent promptement et les font se gâter.

MOUCHE (hist. nat.). Ce nom a été appliqué par le vulgaire à tous les insectes qui volent, et particulièrement à ceux de l'ordre des diptères. On appelle *mouche asile* des œstres, des taons, des mélophages; *mouche de coton*, un ichneumon; *mouche de feu*, un polistre de Cayenne; *mou-

che gallinsecte, des cochenilles et des kermès; *mouche jaune*, le poliste hebrea; *mouche luisante*, les lampyres, quelques fulgores ou des taupins ; *mouche à miel*, l'abeille ; *mouche de Saint-Jean*, la cantharide.

MOUCHE, petit morceau de taffetas noir préparé, de la grandeur d'une aile de mouche, que les dames se mettaient autrefois sur le visage pour cacher quelque défaut, ou pour faire paraître leur teint plus blanc. Les mouches taillées en long s'appelaient des *assassins*.

MOUCHE (accept. div.). On appelle ainsi un bouquet de barbe, finissant en pointe par le bas, que les jeunes gens ou les militaires laissent croître sous la lèvre inférieure, dans le creux qui la sépare du menton. On l'a appelée aussi, suivant les temps, *impériale* ou *royale*. — En marine, c'est un petit bâtiment de guerre, brick, goëlette ou cutter, employé à épier les manœuvres de l'ennemi, et à faire les fonctions d'aide de camp de l'amiral. — En astronomie, c'est le nom d'une constellation de l'hémisphère méridional, invisible dans nos climats. — C'est aussi un jeu de cartes et un jeu d'écoliers.

MOUCHEROLLE, genre d'oiseaux de l'ordre des sylvains et de la famille des myiothères, très-voisins des gobe-mouches, dont on les a démembrés. Leurs mœurs sont en tout semblables à celles des gobe-mouches. Ils sont insectivores comme eux, ont le bec déprimé, pointu à son extrémité, les ailes obtuses ou subobtuses (c'est-à-dire que c'est la quatrième ou la cinquième penne qui est la plus longue de toutes). Les espèces les plus connues sont le *moucherolle couronné*, que distingue la belle huppe d'un rouge bai, terminée de noir, qui couronne son front. Sa poitrine est blanche, tachetée de brun ; sa gorge est jaunâtre, et ses ailes d'un brun foncé. Sa taille ne dépasse pas sept pouces ; il habite l'Amérique méridionale; le *moucherolle à cou jaune*, qui habite l'Asie, a environ six pouces de long.

MOUCHERONS. On appelle ainsi vulgairement tous les petits diptères qui volent le soir ; mais on connaît plus spécialement sous ce nom les *cousins*.

MOUCHOIR, tissu de fil, de coton ou de soie, dont on se sert pour divers usages de la vie, et principalement pour se moucher et s'essuyer. — Les anciens faisaient rarement usage de mouchoirs (*stousarion*, *emilubion*, *épicraton* chez les Grecs). Le bon ton était d'en porter un à sa ceinture, imprégné comme aujourd'hui d'odeurs fortes et de parfums. Aujourd'hui, on ne se sert guère que des mouchoirs en toile ou en soie. Ces derniers sont connus sous le noms de *foulards*. — Pour les mouchoirs de cou, autrement dits *fichus*, on emploie l'indienne, la soie, la gaze, la dentelle. Les marchandes de modes les tirent en grande partie de Lyon, de Nîmes, de Rouen et quelquefois même des Indes. Parmi ceux en coton qui viennent des Indes, on distingue les *horipals*, les *balacors* et les *masulipatans*.

MOUCHOIR, en termes de marine, bordage produit d'une pièce de bois qu'il faut beaucoup travailler pour le placer sur l'arrière d'un bâtiment. Il a neuf à dix pouces de large. Sa place est sous la première précinte.

MOUETTE, genre d'oiseaux de l'ordre des palmipèdes, renfermant des oiseaux au bec comprimé, allongé et pointu, à la queue pleine, aux jambes élevées, aux ailes très-longues et très-aiguës. Ils sont lâches, voraces et criards. Répandus sur tout le globe, ils se tiennent sur les bords de la mer, et sont très-sanguinaires : ce qui leur a fait donner le nom de *vautours de mer*. Leur vol, quoique lourd, est aisé. Ils s'abattent souvent sur les flots, mais nagent rarement. Ils ne deviennent jamais gras, et ont la chair dure, coriace, de mauvais goût et d'une odeur désagréable. Ils pondent leurs œufs dans les trous des rochers. On a donné le nom de *goëlands* à toutes les espèces de grande taille, et l'on conserve celui de *mouette* aux petites. L'Europe possède huit de ces dernières.

MOUFETTE. Voy. MOFETTE.

MOUFETTE, genre de mammifères de l'ordre des carnassiers ; famille des carnivores, tribu des digitigrades, très-voisin des martes, des zorilles et des putois. Ces animaux diffèrent des derniers par les ongles des pieds de devant, qui sont robustes, arqués et propres à fouiller la terre. Les moufettes vivent dans des terriers qu'ils se sont creusés, et se nourrissent de miel, d'œufs et même de petits quadrupèdes. Ce qui leur a valu leur nom, c'est l'odeur épouvantable et infecte qu'ils répandent à volonté, et qui est produite par un liquide que sécrètent deux glandes placées sous la queue.

MOUFLE, machine qui consiste en un assemblage de plusieurs poulies, dont tous les axes sont portés par une pièce solide nommée *chape*. Le cordon enveloppe successivement toutes les poulies passant de celles qui sont fixes à celles qui sont mobiles. On se sert de la moufle pour élever des poids énormes en peu de temps, et on nomme moufle à deux, à trois, à quatre yeux une moufle composée de deux, de trois, de quatre poulies. L'expérience a appris que, pour supporter un fardeau de cent kilogrammes, une poulie doit avoir au moins trois centimètres d'épaisseur, et le diamètre cinq fois son épaisseur.

MOUFLETTES. On appelle ainsi deux petits morceaux de bois creusés sur leur lougueur en dedans; les plombiers s'en servent pour prendre leur fer à souder, quand ils le retirent du feu pour faire fondre et étendre leur soudure.

MOUFLON, espèce du genre *mouton*, connue aussi sous les noms de *mufione* en Sardaigne, et de *mufole* en Corse (il est en effet principalement répandu dans les montagnes de cette île). Il a trois pieds sept pouces de long sur deux pieds et quelques pouces de haut. Ses cornes, triangulaires à leur origine, se changent à leur extrémité en deux véritables lames. Le corps du mouflon est couvert de deux sortes de polis ; les uns, laineux, courts, fins et doux au toucher, sont cachés par les autres, soyeux, peu longs et roides. Les premiers sont grisâtres, les seconds fauves ou noirs. Les mouflons, dans l'état de liberté, errent en troupes sur le sommet des montagnes, et ne peuvent pas s'apprivoiser. Ils tiennent une des dernières places dans les mammifères sous le rapport de l'intelligence. C'est dans eux que les naturalistes ont vu la souche primitive des moutons domestiques.

MOUFLON D'AFRIQUE, appelé encore *mouflon à manchettes*, espèce du genre *mouton*, qui a la taille du mouflon ordinaire, et le pelage court et d'un fauve roussâtre. Ses cornes, médiocres, sont un peu plus longues que la tête, se touchent à leur base, s'élèvent d'abord droites, puis se recourbent en arrière et un peu en dedans.

MOUFLON D'AMÉRIQUE, appelé encore *bélier de montagne*, espèce du genre *mouton*. Elle se fait remarquer par la sveltéité de sa taille et la longueur de ses jambes ; sa tête est courte, forte ; ses cornes, grandes et larges chez le mâle, sont ramenées au-devant des yeux, en décrivant à peu près un tour de spirale. Le poil est court, roide, grossier, d'un brun marron ; la queue très-courte, comme chez tous les mouflons, est noire.

MOUILLAGE, lieu où un vaisseau peut être retenu à l'ancre, à l'abri de la grosse mer et des grands vents. Le mouillage est sûr quand le fond n'est pas vaseux, et que la quantité de brasses d'eau est suffisante.

MOUKDEN (en chinois, *Foung-Thian* ou *Ching-Yang*), ville de l'empire chinois, capitale de la Mandchourie, et de la province de Ching-King, près d'une rivière qui se jette dans le golfe de Liao-Toung, à 126 lieues de Pékin. Sa population est de 10,100 habitants. On y voit le magnifique mausolée de Chun-Tchi, conquérant de la Chine, et dont la dynastie règne sur cet empire depuis 1644. Moukden a été célébrée dans un poëme de l'empereur Khian-Loung.

MOULAGE, opération qui a pour objet de verser dans des moules de sable, de pierre ou même de métal, les métaux fondus destinés à faire diverses choses d'une forme donnée. Le moulage des grosses pièces en fonte de fer se fait par terre et dans des moules recouverts. Il y a des objets qui se moulent à ciel ouvert, tels que les plaques de cheminée, les saumons, les gueuses, etc. Le moulage des canons et des cloches se fait d'une manière particulière.

MOULAGE, opération qui a pour objet d'appliquer sur une statue, un bas-relief, un ouvrage quelconque, une substance propre à en retenir l'empreinte et à servir de moule au besoin. On se sert ordinairement pour mouler de plâtre cuit, battu, tamisé et délayé dans l'eau, que l'on applique sur les objets. Pour les figures de ronde-bosse, comme le plâtre employé en grands morceaux s'affaisse et se crevasse, on moule en plusieurs pièces qui s'ajustent, et qui sont recouvertes d'enveloppes solides appelées *chapes*. C'est ce qui fait qu'il existe encore des coutures appelées *balèvres*, et qu'il faut réparer.

MOULE, nom général de tout instrument qui sert à déterminer la forme de quelque ouvrage. — Dans l'art du mouleur en plâtre, on appelle ainsi l'appareil composé de plâtre, retenu dans les chapes, et qui conserve l'empreinte d'un modèle que l'on peut reproduire en relief, au moyen du moule qui est creux. — Dans l'art du mouleur en métal, on distingue des moules en pierre, en métal et le plus souvent en sable. Ces derniers se font sur des modèles établis en bois ou en métal, avec du sable mêlé d'argile et de poussier de charbon de bois.

MOULE (accept. div.). Le boutonnier appelle ainsi un petit morceau de bois tourné, arrondi sur une face et plat sur l'autre, sur lequel il dispose les fils de soie, d'argent, d'or, etc., pour en fabriquer des boutons. — En chimie, on donne le nom de *moule* à un vaisseau de terre à creuset, de la forme d'un cylindre creux, coupé par moitié dans la direction de son axe, et fermé de tous les côtés, excepté par un seul qui est la partie antérieure. On introduit dans cette espèce de four des coupelles ou des creusets d'opération. — Le fondeur en caractères appelle ainsi un instrument composé de douze principales pièces de fer, parfaitement ajustées et bien limées, assujetties entre elles par des écrous et des vis.

MOULE (hist. nat.), genre de mollusques de la classe des acéphales et de l'ordre des lamellibranches, type de la famille des mytilacés. Ce sont des coquilles bivalves, entièrement fermées et de forme ovale, renflée au milieu de sa longueur. L'animal est hermaphrodite, et a le corps de la forme de la coquille. Les moules vivent en troupes serrées, réunies entre elles par un tissu filamenteux nommé *byssus*, qui sert aussi à les attacher aux rochers. L'animal ferme et ouvre ses valves, au moyen de deux gros muscles qui adhèrent fortement sur leur surface intérieure. Les moules habitent généralement les eaux salées, et au moins les eaux saumâtres. Leur reproduction est immense. Partout et de tout temps elles ont été employées à la nourriture de l'homme. Elles peuvent cependant causer des inflammations dangereuses, qui arrivent, dit-on, lorsque la moule a mangé du frai des *astéries*, qui est très-vénéneux. L'antidote est le vinaigre.

MOULE (LE), quartier de la Guadeloupe, sur la côte N.-E. de la Grande-Terre. Le bourg est agréable, propre et bien bâti. Il possédait autrefois une sénéchaussée, supprimée en 1783, et remplacée par un tribunal de première instance, supprimé en 1802. Le port du Moule est peu considérable et peu sûr ; il ne reçoit que des bâtiments d'un faible tirant d'eau. La ville est assez commerçante.

MOULIN (Du). Voy. DUMOULIN.

MOULIN, toute machine qui a pour objet de pulvériser, d'écraser, de diviser une substance quelconque. Suivant qu'elle est mue par l'eau, le vent, les bras ou le secours des animaux, elle prend les noms de *moulin à eau, moulin à vent, moulin à bras et moulin à manège*. — Chez les Romains, les moulins se composaient de deux pierres, taillées l'une intérieurement, l'autre extérieurement, en forme de cônes tronqués qui se pénètrent, dont l'inférieure était fixe et la supérieure mobile. La première s'appelait *mela*, et la seconde *catillus*. On employait au travail du moulin les esclaves et les prisonniers de guerre. Samson chez les Philistins, Plaute chez les Romains tournèrent la meule. — Généralement les moulins servent à réduire le grain en farine.

MOULIN A BRAS. Parmi les moulins à bras, ceux à farine sont de deux sortes, à meules de pierre et à meules métalliques. Les premiers sont formés de deux meules en pierre, dont l'inférieure est fixe et creusée cylindriquement pour recevoir dans son intérieur la meule tournante. Le grain, réduit en farine entre elles deux, sort par une ouverture. Les seconds sont ou *à boisseau et à noix métallique* (et alors ils ressemblent aux moulins à poivre et à café dans lesquels la meule est ronde et sillonnée par des cannelures angulaires en spirale), ou *à meules plates*, placées dans une position verticale, l'une mobile et l'autre fixe (elles sont en fonte dure, un peu concaves).

MOULIN A EAU. On en distingue trois sortes : ceux *à roues hydrauliques à augets*, ceux *à roues hydrauliques à aubes*, et ceux *à turbines*. Dans les deux premiers systèmes, qui, comme on le voit, ne diffèrent que par la forme de la roue, les moulins se composent d'une roue extérieure, mise en mouvement par l'eau ; à son centre passe un arbre ou essieu ; à la partie de l'essieu qui donne dans le moulin est attaché un *rouet* qui met en mouvement une *lanterne*, laquelle met à son tour en mouvement la meule supérieure. Celle-ci, creusée en dedans, tourne sur la meule inférieure, qui est immobile et écrase le grain que l'on jette dans une espèce de grande boîte appelée *trémie*. Dans les moulins à turbines ou à cuves, il n'y a point d'engrenage. Ce sont des cuves ou turbines en bois de chêne, ayant la forme d'un cône tronqué et renversé, au fond desquelles sont placées des roues à aubes qui tournent horizontalement. L'eau entre dans la cuve dans une direction inclinée à l'axe de la turbine qui porte la roue tournante et qu'elle entraîne. C'est ainsi que sont bâtis les fameux moulins du Bazacle à Toulouse, construits en 1790.

MOULINS A VENT. Ils sont d'origine orientale, et ont été importés en Europe par les croisés, vers 1040 ou 1050 ; ils se composent d'une tour, dont la charpente est soutenue par une forte pièce de bois qui la traverse en partie, et autour de laquelle elle peut tourner, afin de présenter toujours les ailes au vent. Le vent, soufflant sur les ailes, fait tourner l'arbre qui met en mouvement un *rouet*, lequel met en mouvement une *lanterne* ; celle-ci fait mouvoir la meule supérieure comme dans les moulins à eau. La vitesse des ailes du moulin est proportionnelle à celle du vent ; elle est d'environ six, huit, dix ou douze tours par minute.

MOULINS, ville de France, chef-lieu du département de l'Allier, sur la rive droite de l'Allier, à 72 lieues un quart de Paris. Sa population est de 15,000 habitants. Elle a un tribunal de première instance avec deux chambres, un tribunal de commerce, un évêché suffragant de Sens et érigé dans le xix° siècle, un séminaire diocésain, un collége royal de troisième classe, une bibliothèque publique de 20,000 volumes, une société d'agriculture et d'économie rurale, une école gratuite de dessin, et une pépinière départementale. Moulins est une jolie ville qui communique avec le faubourg placé sur la rive gauche de l'Allier par un beau pont de treize arches, long de 1,017 pieds et large de 42, construit de 1753 à 1763. Son origine est incertaine ; on a cru y trouver la *Gergovia* des Boïens. Elle existait déjà comme ville dans le xie et le xiie siècle ; mais ce n'est qu'en 1368 qu'elle commença à acquérir l'importance qu'elle a eue depuis en devenant la capitale du Bourbonnais.

MOULINAGE, ensemble des diverses préparations qui ont lieu dans le travail des soies, depuis le moment où on la retire du cocon que forme le ver à soie, jusqu'à la cuite, au décreusage ou à la teinture appropriée au genre de fabrication. La première opération dans l'art du moulinier est le *tirage* de la soie ; il s'effectue à l'aide de la chaleur et de l'eau. La seconde est le *moulinage proprement dit*, dans lequel on passe la soie dans un moulin pour achever de la préparer.

MOULTAN, province de l'Indoustan, bornée au N. par celle de Lahore, à l'O. par le Caboul et le Beloutchistan, au S. par le Sindhy, et à l'E. par le Delhy et l'Adjemir ou Radjepoutanah. Sa superficie est de 5,175 lieues carrées, et sa population de 419,000 habitants. Elle produit du coton, du sucre, de l'opium, du soufre, des noix de galle, etc. Sa capitale est MOULTAN, ville forte sur l'Indus, à 88 lieues de Lahore et 130 de Candahar, au roi de laquelle elle est soumise. Elle a un temple hindou célèbre et une population de 80,000 habitants.

MOULURE, ornement simple et uni, soit dans des ouvrages de menuiserie, soit d'architecture, tels que les encadrements de tableaux, de gravures, de glaces, le profil d'une corniche, etc. L'ensemble de ces moulures se compose de baguettes, de filets, de quarts de rond, d'astragales, de doucines, etc. Les moulures sur la pierre, le marbre, se font au ciseau ; celles dans le bois se font avec des outils dits *outils à moulure* ; celles en plâtre se font avec des gabarits ou profils qu'on fait glisser parallèlement à eux-mêmes le long de deux règles, pendant que la matière est encore molle.

MOUNIER (Jean-Joseph), né à Grenoble en 1758, acheta à vingt-cinq ans la charge de juge royal à Grenoble, et s'y fit connaître avantageusement. Elu en 1789 député aux états généraux, il prit part sa proposition que, retirés au jeu de paume, les députés firent serment de ne se séparer qu'après avoir achevé la constitution. Choisi pour rapporteur par le comité central chargé d'établir un ordre de travail constitutionnel, il proposa dans son rapport à l'assemblée la sanction royale pleine et entière, et la division du corps législatif en deux chambres. Elevé à la présidence le 28 septembre, il envoya sa démission le 8 octobre et se retira en province. Il passa de là en Suisse (1790), en Angleterre et en Allemagne. De retour en France (1801), il accepta l'année suivante les fonctions de préfet du département d'Ille-et-Vilaine. Conseiller d'Etat, il mourut en 1806. On a de lui plusieurs ouvrages.

MOURAD-BEY, né en Circassie vers 1750, fut acheté dans son enfance par Mohammed-Abou-Dhahab, sous les auspices duquel ses talents et son courage le firent élever au rang des vingt-quatre beys qui gouvernaient l'Egypte. Après la mort de Mohammed (1776), il convint de partager avec Ibrahim-Bey la souveraine puissance sous le titre d'*émir-el-hadj* pour lui, et de *cheik-al-belad* pour Ibrahim. Ils vainquirent les troupes du sultan envoyées contre eux. A l'arrivée des Français en Egypte, Mourad-Bey fut vaincu à Rhamanich, à Chebreisse, aux Pyramides où il osa avec 5 ou 6,000 mamelouks soutenir l'attaque de 80,000 guerriers, à Sédiman ; il fut forcé de gagner la haute Egypte Kléber eut avec lui une entrevue près de Djizeh (1800), et conclut la paix en lui donnant le titre de prince gouverneur des provinces d'Assouan et de Djirgeh. Il mourut fidèle à ce traité en 1801.

MOUREILLER. Voy. MALPIGUIER.

MOURINE, genre de poissons chondroptérygiens, de la famille des sélaciens (Cuvier), ou plagiostomes (Duméril). La seule espèce connue est la *mourine aigle*, plus connue sous les noms de *raie aigle, aigle de mer, crapaud de mer, rat de mer, chauve-souris marine*, et dont le dos est de couleur brun foncé, et le dessous du corps d'un blanc plus ou moins éclatant. Sa peau est lisse, épaisse, coriace et enduite d'une liqueur gluante. Sa chair est de médiocre qualité ; mais son foie, très-volumineux, est très-bon à manger, et donne beaucoup d'huile. Sa queue offre un gros et long dard, dentelé des deux côtés, qui est pour elle une arme offensive et défensive très-dangereuse. On trouve la mourine dans la Méditerranée.

MOURON, nom sous lequel on connaît deux plantes qui appartiennent, l'une à la famille des lysimachiées, ou selon d'autres des primulacées, et l'autre à celle des caryophyllées. Le nom scientifique de la première est l'*anagallide* ; celui de la seconde, la *morgeline*. On appelle la première vulgairement *mouron rouge*, et la seconde *mouron des oiseaux*.

MOURRE (en italien, *morra*), jeu qui consiste à lever autant de doigts que l'indique celui qui commande, ou bien encore à deviner sur-le-champ le nombre de doigts que lève un joueur. Ce jeu, connu des Romains sous le nom de *micatio (micare digitis)*, est encore populaire en Italie et surtout à Rome. La statue de Germanicus, dans cette ville, est dans une attitude qui annonce ce jeu.

MOURSCHIDABAD, ville de l'Indoustan, sur un des bras du Gange, dans la présidence et à 27 lieues de Calcutta. Sa population est de 30,000 habitants. Elle était autrefois capitale du Bengale, et aujourd'hui encore elle est la résidence de l'ancien souverain ou nabab du pays, auquel les Anglais font une pension.

MOURZOUK, grande ville d'Afrique, capitale du Fezzan, située dans un désert, près d'une rivière, à environ 130 lieues de Mesurata, 20 journées de Tripoli et 25 de Tombouctou. Sa population est de 20,000 habitants. Elle est très-fréquentée par les Maures qui commercent avec les nègres de l'Afrique centrale, et est la résidence d'un sultan tributaire du bey de Tripoli.

MOUSAH ou MUSAH, quatrième calife abbasside, succéda en 785 à son père Mahadi, et mourut l'année suivante. Il eut pour successeur son frère, le fameux Haroun-al-Raschid, avec lequel il fut toujours en mésintelligence.

MOUSAH ou MOÏSE, surnommé *Tchélébi*, fils de Bajazet Ier, se fit reconnaître sultan par l'armée d'Europe, tandis que celle d'Asie proclamait Mahomet Ier son frère (1410). Il détrôna son frère aîné Soliman Ier, qui régnait depuis 1402, et le fit tuer dans un village entre Andrinople et Constantinople. Il remporta en 1412 une victoire complète sur l'empereur Sigismond ; mais l'année suivante (1413), trahi par les siens et vaincu par Mahomet son frère, il fut mis à mort par son ordre.

MOUSAH, MUSAH ou MOÏSE, gouverneur d'Afrique pour le calife Walid Ier, au commencement du viiie siècle, conquit la Mauritanie, et acheva la conquête de l'Espagne, commencée en 711 par son lieutenant Tarik. Il porta ensuite ses armes au delà des Pyrénées, et se rendit maître de la Septimanie. Mandé à la cour du calife en 714 pour y justifier sa conduite, il laissa le gouvernement de l'Espagne à ses fils Abdallah et Abdélaziz. Le calife Soliman, frère de Walid, son ennemi personnel, le condamna à une amende de 200,000 pièces d'or, et, après l'avoir fait fustiger en public, l'exila à la Mecque, où il mourut en 715. Sa famille fut massacrée.

MOUSKES (Philippe), chroniqueur flamand, né à Gand, chancelier, puis évêque de Tournay en 1274, mort en 1283, est l'auteur d'une *Histoire de France* en vers, ouvrage curieux et plein de détails intéressants sur la vie et les habitudes des Français aux XIIe et XIIIe siècles.

MOUSQUET, arme à feu d'origine moscovite, introduite en France en 1527, et dont l'usage, devenu plus général en 1567, remplaça l'ancienne arquebuse dont elle était une imitation. Le mousquet était composé d'un canon long de trois pieds huit pouces et d'un gros calibre, monté comme le fusil sur un fût, et garni d'une platine dont le chien ou *serpentin*, garni d'une mèche, mettait le feu à l'amorce en tombant sur le bassinet, au moyen d'une machine à bascule que faisait jouer la pression du pouce. On appuyait ordinairement le mousquet sur une espèce de fourchette fichée en terre. — Le *mousquet à rouet* portait au chien une pierre qui, appuyant sur la détente, frottait un morceau d'acier cannelé. Ce frottement produisait des étincelles qui mettaient le feu à l'amorce.

MOUSQUETAIRE, nom donné d'abord aux soldats qui portaient le mousquet. — Henri IV ayant créé en 1600, pour le service de sa garde, une compagnie de gentilshommes appelés *carabins du roi*, et Louis XIII ayant en 1622 donné le mousquet à cette compagnie, ceux qui en firent partie furent nommés *mousquetaires*. Elle fut licenciée en 1646 et rétablie en 1657. Une seconde fut créée en 1661. La première portait le nom de *mousquetaires gris*, à cause de la couleur des chevaux qui étaient gris pommelé. La deuxième portait celui de *mousquetaires noirs*, à cause de la couleur des chevaux qui étaient tous d'un noir zain. En temps de paix, les mousquetaires suivaient le roi à la chasse; en temps de guerre, ils combattaient à pied et à cheval, comme les dragons. Réformés en 1775, rétablis en 1789, supprimés en 1791, ils furent recréés en 1814 et supprimés définitivement en 1815.

MOUSQUETON, arme à feu plus courte que le fusil ordinaire. Elle n'est qu'à moitié montée sur bois, et est assez légère pour qu'on puisse l'épauler et la tirer d'une main. La cavalerie moderne a conservé l'usage du mousqueton, dont on compte trois modèles, un pour la grosse cavalerie, un pour les hussards et un pour la gendarmerie.

MOUSSA, aliment que les nègres se procurent avec la farine du petit mil, en d'autres termes, de la houque épi qu'ils mettent dans l'eau et qu'ils réduisent en bouillie.

MOUSSE (de l'espagnol *moço*), jeune enfant de l'âge de dix à seize ans qu'on destine à devenir matelot, etc. Cet état est comme une sorte d'apprentissage. On en place un à chaque plat d'officiers mariniers, qu'ils servent en allant chercher les vivres à la cambuse. Il est aujourd'hui défendu aux officiers d'en faire des domestiques; mais sur les bâtiments de commerce, où on en embarque un par dix hommes de l'équipage, ils balayent les vaisseaux, servent l'équipage et les officiers, et sont leurs souffre-douleurs.
— On donne encore le nom de mousses à des employés du bagne qui sont après les sous-argousins, et dont la fonction est de fouiller les forçats à leur rentrée et à leur sortie. Il y en a un par salle.

MOUSSE. On donne vulgairement ce nom à toutes les petites plantes de la famille des mousses qui tapissent les murs, les arbres. Cependant on connaît plus particulièrement sous cette dénomination spéciale les plantes du genre *hypnum* et de la section des *hypnoïdées*.

MOUSSE (accept. div.). On appelle *mousse aquatique* des conferves qui croissent dans les eaux douces et salées; *moussed'Astrakhan*, le buxbaume; *mousse de Corse* ou *de mer*, un mélange de six espèces de varechs, trois espèces d'ulves, huit de conferves et deux de coralliones, dont on se sert beaucoup en médecine dans les maladies des vers des enfants; *mousse grecque*, la jacinthe muscari; *mousse marine*, des conferves, des varechs et quelques polypiers; *mousse membraneuse*, la tremelle; *mousse du Nord*, le lichen des rennes; *mousse de paon*, l'amarante à queue; *mousse d'Islande*, la physcie ou lichen d'Islande; *mousse terrestre*, le lycopode.

MOUSSELINE, toile de coton très-fine, qu'on tirait autrefois de Mousoul ou Moussoul (Asie), ce qui lui a fait donner le nom qu'elle porte. On en tirait aussi directement des Indes, lieu de leur fabrication. Aujourd'hui nous fabriquons des mousselines tout aussi fines que celles qui venaient des Indes. Il ne faut pour cela que du fil du numéro cent à cent cinquante. Les principales fabriques de mousseline sont à l'étranger celles de Glascow (Ecosse), de Suisse et de Hollande; en France, celles de Tarare, Saint-Quentin, Alençon, Nancy, Rouen, etc. On fait des mousselines unies, rayées et brodées.

MOUSSERON, nom vulgaire sous lequel on connaît plusieurs espèces de champignons du genre *agaric*, très-bons à manger et d'une odeur agréable. Le *mousseron à cheville* ou *tire-bourre* est très-commun dans les prés et dans les friches. Le *mousseron sauvage*, champignon de couleur blanche, croît abondamment dans les bois.

MOUSSES, famille de plantes cryptogames qui se plaisent dans les lieux frais, humides et aérés, tapissent les arbres et les habitations, et forment des touffes, des gazons toujours verts. Le nombre des mousses est extrêmement considérable; on en compte plus de douze cents espèces. Ce sont des plantes parmi lesquelles le médecin trouve des pectoraux, des vermifuges, des sudorifiques et des purgatifs; l'agriculture, des moyens d'engrais; l'industriel, de quoi remplacer la laine des matelas et le crin des sommiers, etc. Excepté les espèces aquatiques, les mousses n'ont guère que quelques pouces de hauteur; beaucoup n'ont même que quelques lignes. On divise cette famille en onze sections : *sphagnoïdées*, *phascoïdées*, *gymnostomoïdées*, *buxbaumoïdées*, *splachnoïdées*, *orthotrichoïdées*, *grimmoïdées*, *dicranoïdées*, *bryoïdées*, *hypnoïdées* et *polytrichoïdées*, qui tirent chacune leur nom du genre qui leur sert de type.

MOUSSONS. On appelle ainsi, dans la mer des Indes, des Moluques, etc., des vents périodiques, qui, après avoir soufflé du S.-O. et du S.-E., reviennent pendant plusieurs mois de la même année au N.-O. et au N.-E., suivant les lieux. Dans ces régions, les navigateurs profitent des moussons et les attendent. Les moussons ont la même cause que les vents alizés; seulement leur direction se trouve un peu modifiée par la configuration des terres.

MOUSTACHE. Ce nom sert, en ornithologie, à désigner plusieurs espèces de corbeaux, de mésanges et de drongos. Cuvier en a formé un petit sous-genre, distingué des mésanges proprement dites, en ce que la mandibule supérieure se recourbe légèrement sur l'autre.

MOUSTACHE, partie de la barbe qui borde la lèvre supérieure. La moustache est roide chez les races blanches, douce, laineuse et bouclée dans la plupart des races noires. La mode de porter des moustaches était en usage chez le peuple franc lors de l'invasion des Gaules. Cet usage se perdit au XVe siècle, et reparut avec les croisades. Presque immédiatement vers la fin du XIVe siècle, la moustache reparut sous le règne de François Ier, et fut à la mode jusque sous Louis XIV. Elle devint alors l'apanage de l'armée; mais aux grenadiers seuls appartenait le droit de la porter. Un règlement de l'an XIII (1805) l'accorda à toute la cavalerie, les dragons exceptés. Accordé aux officiers en 1821, ce privilège a été concédé à tous les militaires en 1832.

MOUSTACHES (zool.). On appelle ainsi le pinceau de poils, longs et roides, peu flexibles, et quelquefois tordus, implantés sous le derme des mammifères, et occupant l'extrémité postérieure de la commissure des lèvres. Les moustaches sont d'une sensibilité excessive, parce que les nerfs qui se rendent dans leur racine sont très-développés. Les chats, les phoques, les écureuils, les porcs-épics, les chinchillas, les coëndous, les viscaches sont ceux où elles sont le plus développées.

MOUS-TAG, monts d'Asie qui se détachent au N. de l'Himalaya, traversent le Djagataï et rejoignent le Caucase et le Karatchouk.

MOUSTIERS, ville de France, chef-lieu de canton du département des Basses-Alpes, dans l'arrondissement et à 11 lieues de Digne. Sa population est de 1,725 habitants. Elle a des manufactures de faïence et de poterie, et doit son origine à un monastère de servites.

MOUSTIQUES (de l'espagnol *mosquitos*, petites mouches), nom vulgaire et collectif employé spécialement aux colonies pour désigner des insectes diptères du genre *cousin*, qui tourmentent si cruellement l'homme dans les pays chauds. Ils se nomme aussi *maringouins*, *mosquilles*, *mosquittes*. On s'en préserve en étendant sur les lits un rideau de gaze ou de mousseline fine appelée *mosquillier*, *moustillier* ou *mousliquaire*.

MOUTARDE ou SÉNEVÉ (en latin, *sinapis*), genre de plantes de la famille des crucifères, la plupart herbacées, quelques-unes suffrutescentes, à fleurs toujours jaunes ou blanches, quelquefois rosées et en forme de grappes terminales. On en connaît plus de quarante espèces, dont une douzaine seulement croit naturellement en Europe. Les deux les plus renommées pour leur utilité sont la *moutarde noire* ou *sénevé noir*, plante annuelle, aux feuilles grandes, pétiolées, aux fleurs jaunes, petites, fleurissant tout l'été, et abondant dans les champs, les lieux pierreux, le bord des chemins. Les graines s'emploient en médecine en sinapismes et comme stomachique. On fabrique avec elles la *moutarde*. Et la *moutarde blanche* ou *sénevé blanc*, aux fleurs d'un jaune pâle, assez grandes, qui croît partout, et sert aux mêmes usages de la première, quoiqu'elle soit moins commune.

MOUTARDE, composition liquide dont on se sert pour assaisonner certains ragoûts, et qu'on sert sur les tables pour la manger avec les viandes. Pour la faire, on prend un demi-kilogramme de farine de moutarde bien préparée; on obtient cette farine en moulant la graine de la moutarde noire ou blanche, vannée, bien lavée et trempée dans l'eau); on la met dans un moulin, on l'arrose petit à petit avec du vinaigre ou du moût de vin, et on continue de la broyer jusqu'à ce qu'elle forme une pâte fine et homogène, qu'on conserve dans des vases de grès ou de faïence, scellés avec un bouchon de liège pour empêcher l'action de l'air.

MOUTIER, vieux mot qui signifiait *monastère*, *église*.

MOUTIERS, petite ville des Etats sardes, dans la Savoie, sur l'Isère, à 10 lieues de Chambéry, 25 de Turin. Sa population est de 2,500 habitants. Elle était autrefois le siège d'un évêché, dont le palais existe encore. Il est fort beau. MOUTIERS est la capitale de la Tarentaise.

MOUTON, genre de mammifères de l'ordre des ruminants, ayant pour caractères des cornes creuses, persistantes, anguleuses, ridées en travers, contournées latéralement en spirale; le chanfrein arqué; trente-deux dents; le museau terminé par des narines de forme allongée, oblique, sans mufle; point de barbe au menton; les oreilles médiocres et pointues; le corps de stature moyenne, couvert de poils; les jambes assez grêles; la queue plus ou moins courte. A l'état de liberté, les moutons vivent en troupes plus ou moins nombreuses, dans les pays élevés, les sommités des montagnes, et se nourrissent de végétaux. Les quatre espèces primitives sont le *mouflon ordinaire*, le *mouflon d'Amérique*, le *mouflon d'Afrique* et l'*argali*. La première est la souche de nos bêtes à laine ou des *moutons domestiques*.

MOUTON DOMESTIQUE. On en distingue plusieurs races, dont les plus connues sont le *mouton d'Islande*, de couleur brun roussâtre, avec la queue noire; le *mouton mérinos*; le *mouton à grosse queue*, chez qui cet organe devient si volumineux qu'il a peine à le traîner; le *mouton morvan*; le *mouton de Valachie*, qui a la queue longue et très-touffue, la laine abondante, ondulée, mais grossière; le *mouton anglais*, sans cornes, à laine fine et très-longue, et à queue longue et pendante : la variété la plus précieuse de moutons anglais est celle de *Dishley*; puis viennent celles du *Lincolnshire*, de *Dartmoor*, de *Tees-Water*, etc.; le *mouton commun*, bien connu, compte plusieurs variétés : la *flandrine*, à taille haute et longue; la *solognote*, à tête fine, effilée, ordinairement sans cornes; la *berrichonne*, à cou allongé, sans cornes, à laine fine, blanche, serrée, courte et frisée, etc.

MOUTON (économ. rur.). On donne ce nom au mâle de la brebis qui a été coupé. Le mâle entier conserve celui de *bélier*, et les petits celui d'*agneaux*. Le mouton s'engraisse plus facilement après l'opération qui le prive de ses facultés génératrices; sa chair acquiert plus de délicatesse, et sa toison fournit un riche grain. Les bons herbages, les navets, l'orge, les choux, les pois, les fèves, etc., sont de très-bons aliments pour le mouton comme engrais. Deux ou trois mois suffisent pour l'engraisser. Leur tonte se fait en mai et en juin. La toison des plus gros pèse 10 à 12 livres; celle des petits, 3 à 5 livres seulement. Les peaux servent à doubler les souliers de femme, à faire des gants, du parchemin, des housses, etc.

MOUTON (accept. div.). Dans les arts mécaniques, on appelle ainsi une masse pesante qu'on élève et qu'ensuite on abandonne à son propre poids, pour que le choc qu'elle produit en retombant fasse entrer en terre les pieux qu'on veut y fixer. — On désigne aussi par ce mot la grosse pièce de bois dans laquelle sont engagées les anses d'une cloche pour qu'elle reste suspendue. — Le MOUTON, était aussi une ancienne monnaie d'or, sur laquelle était gravé un mouton avec ces mots : *Ecce agnus Dei*. Ce fut saint Louis qui fit le premier battre des deniers d'or avec l'empreinte d'un mouton.

MOUTURE, opération par laquelle le meunier sépare, à l'aide des moulins, sans les altérer, les différentes parties qui constituent le froment, savoir : la farine blanche, la farine bise et le son. Il y a plusieurs sortes de moutures, qui se réduisent à deux : *la mouture directe, rustique* ou *à la grosse*, par laquelle le moulage du grain s'exécute en une seule fois, et dans laquelle on se sert du bluttoir à brosses; et la *mouture économique*, par laquelle il s'opère en plusieurs fois. La première manière donne sur 100 livres de blé d'élite 68 de farine blanche, 14 de bise, 26 de son et 2 de déchet; tandis que la seconde donne 65,99 de blanche, 8,3 de bise, 23,33 de son et 2,35 de déchet.

MOUVANCE, terme de jurisprudence féodale, signifiant la relation d'infériorité d'un fief dépendant d'un autre dont il relève. Ainsi un fief est dit *tenu* et *mouvant* d'un autre fief, lorsqu'il lui doit foi, hommage et autres devoirs.

MOUVEMENT, translation continue et successive des corps dans l'espace. On distingue le *mouvement absolu* et le *mouvement relatif*. C'est Galilée qui a le premier trouvé les lois du mouvement. Les principales sont qu'on *ne gagne jamais en puissance sans perdre en temps une va-*

leur égale (ce qui démontre l'impossibilité de réaliser le mouvement perpétuel, même en supposant les matériaux indestructibles pour l'usage); et que *le produit d'une force par sa vitesse est toujours égal à celui de la résistance par la vitesse qu'elle reçoit de la machine*. On change facilement tout mouvement rectiligne, c'est-à-dire en ligne droite, en mouvement circulaire et réciproquement, principe qui a dans les arts de nombreuses applications. — En termes de physique, on appelle *mouvement simple* celui qui a, lieu sous l'action d'une force unique; *composé*, celui qui a lieu sous l'action de plusieurs forces; *uniforme*, celui qui est produit par une force qui abandonne le corps après l'impulsion qu'elle lui a donné, et dans lequel le corps conserve la même vitesse dans toute sa durée; *varié*, celui produit par une force qui agit constamment. Quand cette force est constamment de même intensité, ce mouvement est dit *uniformément varié*; il est *non uniformément varié* quand il en est autrement.

MOUVEMENT, en mécanique, système qui met une machine en mouvement. On emploie surtout ce mot en horlogerie, pour désigner l'ensemble des rouages qui font marcher les aiguilles des horloges et des montres.

MOUVEMENT. En termes de musique, ce mot a deux sens. Dans le premier, il désigne le mode de vitesse ou de lenteur d'un morceau de musique. Ses diverses nuances se nomment *adagio*, *allegro*, *andante*, *andantino*, *allegretto*, etc. Dans le deuxième, c'est la marche relative de deux parties. Le mouvement est *semblable*, lorsque ces parties montent ou descendent en même temps; *oblique*, lorsqu'une partie monte ou descend tandis que l'autre reste à la même place; *contraire*, quand une des parties monte tandis que l'autre descend.

MOUVERON, morceau de bois de sept à huit pieds de long, aplati par un bout comme une rame, qui sert dans le raffinage du sucre à *mouver*, c'est-à-dire à détacher des parois de la forme le sucre qui s'y collerait en se coagulant.

MOXA. Les Chinois et les Japonais appellent ainsi un tissu cotonneux qu'ils obtiennent en brisant les feuilles desséchées de l'artémise à larges feuilles. Ils donnent à ce tissu cardé la forme conique, et le brûlent après l'avoir appliqué sur la peau qu'ils veulent cautériser. — En Europe, les moxas se font en coton cardé, auquel on donne une forme cylindrique. La *moxibustion* ou la cautérisation par le moxa est spécialement employée pour exciter fortement le système nerveux, changer le siège d'une irritation, produire une dérivation, etc.

MOXIBUSTION. Voy. Moxa.

MOXOS, peuple de l'Amérique méridionale, habitant entre les Cordillères et le fleuve Paraguay. Leur pays est fertile en maïs, cannes à sucre, riz, poivre, etc. On y trouve des forêts où l'on rencontre beaucoup de jaguars et de tigres.

MOYEN, qui tient le milieu entre deux objets de comparaison. — On appelle MOYEN AGE la période de temps qui commence à la chute de l'empire d'Occident (476) et finit à la prise de Constantinople par les Turks (1453). Ce fut une époque de barbarie et d'élaboration pendant laquelle les restes des États de l'antiquité se rapprochèrent et se coordonnèrent pour former les États modernes.

MOYEN (mathém.). On appelle ainsi, dans les proportions arithmétiques et géométriques, chaque terme du milieu. Les deux autres sont les extrêmes. — Une *moyenne arithmétique* entre deux nombres est la moitié de la somme de ces deux nombres, 4 est moyenne arithmétique entre 3 et 5; 20 entre 7 et 33, etc. — Une *moyenne géométrique* entre deux nombres est le nombre dont le carré est égal au produit de ces deux nombres. Ainsi 12 est moyenne géométrique entre 8 et 18, parce que le carré de 12, 144, égale le produit de 8 par 18.

MOYEU, la partie centrale d'une roue de voiture, qui est traversée par l'essieu autour duquel elle tourne. Le moyeu est rond, il a dans le milieu de sa longueur une forme cylindrique. Cette partie, nommée *bouge* par les charrons, est surmontée d'un cône tronqué, aplati du côté de la voiture et plus allongé du côté extérieur. Il est percé dans son axe d'un trou légèrement conique pour recevoir le bout de l'essieu.

MOZAMBIQUE, capitainerie générale des possessions portugaises dans l'Afrique orientale, qui s'étend le long du canal auquel elle donne son nom, entre la Cafrerie au N.-O, à l'O. et au S.-O., le Zanguebar au N.-E., et la mer à l'E. Sa superficie est de 46,000 lieues carrées, dont 13,000 seulement en possession des Portugais, et sa population de 3,240,000 habitants, dont 287,000 seulement obéissent aux Portugais. Les autres sont gouvernés par des chefs indépendants. Cette contrée est très-fertile, surtout en riz; les forêts, où l'on trouve l'arbre *malumpava* qui a jusqu'à soixante-dix pieds de tour, sont remplies d'éléphants, qui fournissent une grande quantité d'ivoire. L'objet le plus important du commerce est ensuite la poudre d'or. Les Portugais divisèrent ce pays en sept gouvernements, qui sont du S. au N. : 1° *Lorenzo-Marquez* (chef-lieu, *Preside de Lorenzo-Marquez*); 2° *Inhambane*; 3° *Sofala*, un des chefs-lieux du même nom; 4° *Rivières de Sena* (chef-lieu, *Téte*); 5° *Quilimano* (chef-lieu, *Saint-Martin de Quilimane*); 6° *Mozambique* (chef-lieu, MOZAMBIQUE, capitale de toute la capitainerie); 7° *Capo-Delgado* ou *Querimbo* (chef-lieu, *Fort-Ibo*).

MOZAMBIQUE, royaume d'Afrique, l'un des sept gouvernements de la capitainerie générale de son nom. — Sa capitale est MOZAMBIQUE, ville vaste, située dans une île très-voisine du continent, et bien fortifiée. Son port est fréquenté par les vaisseaux qui font le commerce de l'Inde et de mer Rouge. Sa population est de 2,800 habitants, dont 1,500 nègres, 800 Arabes et 500 Portugais. Elle est la résidence du gouverneur ou capitaine général, qui est assisté d'un conseil de régence composé de l'évêque, suffragant de l'archevêque de Goa, d'un ministre président de la junte, et de l'officier commandant les troupes.

MOZARABES, MOSARABES, MOSTARABES ou MUZARABES, nom donné communément aux chrétiens d'Espagne qui, après la conquête de ce royaume par les Arabes en 711, conservèrent, moyennant un tribut, leurs lois, leurs coutumes et l'exercice de leur religion. Le bréviaire et le missel mozarabiques furent arrangés par saint Léandre, archevêque de Séville, et saint Isidore, son frère et son successeur, et reçurent d'abord le nom de *gothiques* (VIIIe siècle). L'office mozarabique continua d'être célébré en Espagne jusqu'au XIIe siècle, où le roi Alphonse le remplaça par le romain.

MOZART (Jean-Chrysostome-Wolfgang-Amédée), célèbre compositeur allemand, né à Salzbourg en 1756 d'un musicien qui lui apprit la musique dès l'âge de quatre ans. Il fit des progrès si rapides, que dès l'âge de six ans il jouait dans les concerts publics, et dès celui de sept ans il jouait devant l'empereur François Ier. Il voyagea dans diverses contrées de l'Europe jusqu'en 1766. Il composa alors la *Finta Semplice*, non jouée. En 1769, il était maître des concerts de la cour de Vienne. A Rome, le pape le nomma chevalier de l'Eperon d'or; à Bologne, il fut reçu maître de chapelle et membre de la société philharmonique. Ce fut à Milan qu'il composa en 1770 son premier opéra joué, *Mithridate*. En 1780, il fut nommé maître de la chapelle impériale de Vienne, et mourut en 1791. Son chef-d'œuvre dramatique est l'opéra de *Don Juan*, son chef-d'œuvre de musique religieuse, un *Requiem*. On a encore de lui les opéras suivants : le *Mariage de Figaro*, la *Flûte enchantée*, la *Clémence de Titus*, *Il Pastore*, la *Finta Giardiniera*, *Lucio Silla*, *Cosi fan tutti*, l'Enlèvement du sérail, Idoménée, roi de Crète, etc.

MOZETTE, camail d'un évêque, ou bien encore chaperon des cordeliers et des récollets. C'est un morceau de la même étoffe que la robe, taillé en rond, qui couvre les épaules et le devant de l'estomac.

MSTA, rivière de Russie, qui prend sa source dans le gouvernement de Novogorod, et se jette dans le lac Ilmen, après un cours de 50 lieues. Elle est très-poissonneuse. Pierre le Grand la réunit par un canal à la Twertza, qui se jette dans le Wolga à Twer, et comme le lac Ilmen communique lui-même au lac Ladoga par le Wolkhof, et le Ladoga à la mer Baltique par la Neva, la mer Caspienne se trouve réunie à la mer Baltique.

MUANCES, changement du nom des notes dans la solmisation du plain-chant, lorsque ce chant sort des bornes de l'*hexacorde* ou échelle de six notes. Les chanteurs ont pour règle, dans ces changements, d'appeler *mi-fa* en montant les deux notes entre lesquelles il y a un demi-ton, et *fa-la* les mêmes notes qui descendent.

MUCÉDINÉES, famille de plantes cryptogames, renfermant des végétaux qui ont l'aspect de tubes plus ou moins allongés, simples ou rameux, croissant et vivant sur des corps le plus souvent en décomposition, tels que les pierres humides, les matières en fermentation, les bois qui commencent à se pourrir. Cette famille renferme cinq tribus : 1° *phylliriées*, 2° *mucorées*, 3° *mucédinées vraies*, 4° *byssacées*, 5° *isariées*. Le genre type de cette famille est le genre *mucor*, qui renferme ce qu'on appelle vulgairement les moisissures.

MUCIA, famille plébéienne de Rome, dont les membres portaient le surnom de Scévola en mémoire du guerrier qui se laissa brûler la main droite en présence de Porsenna. Cette famille, célèbre surtout par les habiles jurisconsultes qu'elle a produits, s'éteignit sous les empereurs; mais un fils naturel de Publius Mucius Scévola, consul en 580 de Rome, adopté par Licinius Crassus Dives, changea son nom de *Mucius* en celui de *Mucianus*. De là vint la branche des Crassus Mucianus, qui produisit Mucien, général de Vespasien.

MUCIA, fille de Quintus Mucius Scévola et sœur de Quintus Metellus Celer, fut la troisième femme de Pompée, qui en eut trois enfants, et qui la répudia à cause de sa dissolution. Elle se remaria à Marcus Scaurus, de qui elle eut aussi plusieurs enfants. — La loi *Mucia* fut décrétée sous les auspices de Licinius Crassus et de Quintus Mucius Scévola, l'an de Rome 667. On l'appelle encore LICINIA.

MUCIEN (Marcus Licinius Crassus Mucianus), général romain, descendant de Publius Licinus Crassus Mucianus, fils naturel de Quintus Mucius Scévola, consul l'an 580 de Rome (174 avant J.-C.). Parvenu au consulat en 52 de J.-C., il se ruina entièrement par une folle dépense et son amour excessif des plaisirs. Claude l'exila en Orient avec un commandement subalterne. Ce fut lui qui détermina Vespasien à se faire proclamer empereur; et l'aida dans cette entreprise. Il resta toujours en faveur auprès de Vespasien, et mourut avant lui, après avoir été deux fois consul, l'an 70 et l'an 74 de J.-C.

MUCILAGE, substance visqueuse, plus ou moins transparente, fade, plus ou moins colorée, qui n'est autre que de la gomme dissoute ou tenue en suspension dans de l'eau. On emploie ordinairement les mucilages en pharmacie, soit comme excipients, soit comme topiques. On les prépare soit par solution à froid ou à chaud (ceux de gomme arabique ou de gomme adragant), soit par décoction (ceux de racines de guimauve, de graines de lin, de coings, de lichens, etc.

MUCIQUE (ACIDE), acide découvert par Scheele en 1780, et composé de 34,72 parties de carbone, 4,72 d'hydrogène et 60,56 d'oxygène. Il est blanc, pulvérulent, non volatil, peu sapide, etc. ; il est sans usages. On l'obtient en traitant à chaud la gomme ou le sucre de lait par l'acide nitrique, lavant à l'eau froide le précipité qui se forme, et faisant sécher.

MUCIUS SCÉVOLA (Cordus), jeune Romain, qui, lors du siége de Rome par Porsenna, pénétra dans la tente de ce roi, et tua son secrétaire en croyant le tuer. Au lieu de répondre aux questions qu'on lui adressait, il laissa brûler sa main sur un brasier ardent, et reçut son épée des mains du roi, qui admirait son courage. Comme il ne put la prendre que de la main gauche, il reçut le surnom de *Scévola* (de l'ancien romain *scæd volā*). Il avoua alors à Porsenna que trois cents jeunes gens avaient fait comme lui le dessein de le tuer, et l'engagea à faire la paix avec Rome. Le sénat donna en récompense à Mucius un champ au delà du Tibre, appelé les *prés Muciens*.

MUCIUS SCÉVOLA (Quintus), de la même famille que le précédent, préteur en Sicile (179 avant J.-C.) et consul (174 avant J.-C.), fit la guerre en Ligurie, et fut père de Quintus Mucius Scévola l'augure, consul et maître de Cicéron, et de deux filles, dont l'une épousa l'orateur Crassus, et l'autre le jeune Marius. Son fils naturel PUBLIUS, ayant été adopté par Licinius Crassus, prit son nom, en y ajoutant son nom de famille Mucius, changé en Mucianus. Publius Licinius Crassus Mucianus fut le chef de la famille des Muciens.

MUCOR, genre de plantes cryptogames, de la famille des champignons et de la sous-famille des mucédinées, tribu des mucorées. Les plantes du genre mucor sont ce qu'on appelle vulgairement *moisissures*. On les trouve disposées en touffes blanchâtres, jaunâtres ou roussâtres. L'espèce la plus commune est le *mucor vulgaris* ou *moisi proprement dit*, qui se développe sur les légumes, le pain, les pâtisseries, les confitures, l'empois, la colle, etc., étendu à la surface ou pénétrant dans leur épaisseur, sous forme de réseau filamenteux, blanc, puis grisâtre, noirâtre et enfin verdâtre, analogue à une toile d'araignée.

MUCRONÉ (bot.), adjectif par lequel on désigne un organe terminé brusquement par une pointe isolée. On appelle *mucronée* la petite pointe qui termine quelquefois les écailles, les paillettes, les glumes et l'ovaire des graminées.

MUCUNA, genre de plantes de la famille des légumineuses, renfermant des plantes herbacées ou arbustes très-grimpants, sarmenteux, aux bras très-longs, portant des fleurs disposées en grappes axillaires et pendantes. Le *mucuna pois à gratter* ou *pois pouilleux* monte fort haut et a des fleurs variées de pourpre, de chair et de vert. Ses gousses larges sont hérissées de poils cuisants. Il appartient à l'Inde.

MUCUS, principe immédiat des animaux, composé d'eau, de chlorure de potasse et de soude, de soude, de phosphate de soude, d'albumine, de lactate de soude, etc. C'est un fluide que sécrètent les membranes muqueuses. Il compose presque en totalité l'épiderme, les ongles, les durillons, les callosités, etc. ; et entre pour une bonne partie dans les cheveux, les poils, les plumes, la laine. Pur et liquide, il est blanc, visqueux, transparent, inodore, insipide; à l'état solide, il se présente sous la forme d'une substance demi-transparente, fragile, etc.

MUDGE (Thomas), célèbre mécanicien anglais, né en 1715 à Exeter. Il entra à l'âge de dix-sept ans chez Graham, célèbre horloger, en qualité d'apprenti, et s'acquit une grande réputation. Il obtint en 1777 le titre d'horloger du roi. Il construisit pour l'observatoire de Greenwich des garde-temps, pour lesquels la chambre des communes lui vota en 1793 une somme de 2,500 livres sterling (61,250 francs). Il mourut en 1794. Mudge avait inventé un nouvel échappement pour les montres ordinaires. — Un de ses fils, WILLIAM MUDGE, né en 1762 à Plymouth, mort en 1820, fut major général, membre de la société royale de Londres, correspondant de l'Institut de France, membre de l'académie des sciences de Copenhague, etc.

MUE. On appelle *mue de la voix* un changement qui s'opère dans la voix à l'âge de la puberté. Ce changement dans la voix des hommes substitue des sons graves et mâles aux sons aigus de la *voix* des enfants, en sorte que la voix baisse d'une octave ou d'une octave et demie. Chez les femmes, la mue est presque insensible, et ne se manifeste que par une plus grande intensité dans le timbre, après qu'elle a cessé. Pendant tout le temps de la mue, la voix est rauque, et l'émission du son pénible ou tout à fait impossible. — Le mot de *mue* s'applique encore, 1° à un changement de plumes ou de poils, auquel sont sujets chaque année les oiseaux et plusieurs autres animaux, dans le cou le cerf; 2° aux dépouilles d'un animal qui a mué: ainsi l'on dit la *mue du cerf*, pour le bois que le cerf a mis bas; 3° au temps où ce changement arrive; 4° à une sorte de grande cage où l'on met les oiseaux de fauconnerie quand ils muent; 5° à un lieu obscur et serré où l'on tient la volaille pour l'engraisser.

MUE, action par laquelle certains animaux subissent des changements qui n'altèrent jamais leur forme et n'influent que sur leur enveloppe. Les oiseaux, les mammifères, les poissons et les ophidiens éprouvent des *mues* de diverses sortes. Dans les deux premières classes, elles sont de deux sortes : ou elles s'effectuent au passage d'un âge à un autre, de la jeunesse à la puberté, ou elles ont lieu d'une saison à une autre saison. C'est surtout dans les oiseaux que cette dernière sorte est commune. Tous les oiseaux muent régulièrement en automne, les uns plus tôt, les autres plus tard. Il en est qui muent deux fois par an. Chez les mâles seuls, les couleurs du plumage changent.

MUET. On appelle ainsi celui qui est incapable d'articuler des sons, qui n'a point l'usage de la parole. Le mutisme est souvent congénital, et joint à la surdité dont il est l'effet. Dans quelques cas il est accidentel. Les sourds-muets ne parlent pas, non qu'ils ne puissent parler, mais parce qu'ils n'ont pas entendu parler. On compte en Europe 140,000 sourds-muets, dont 8,223 en Prusse et environ 20,000 en France, dont 1,000 à peine reçoivent de l'instruction. On compte en France vingt-huit écoles de sourds-muets, dix-huit en Prusse, quatorze dans la Grande-Bretagne, cinq en Italie et six en Russie.

MUETTE, petite maison bâtie, soit pour y garder les mues de cerf, soit pour y loger des oiseaux de fauconnerie quand ils sont en mue.

MUETS (INSTITUTION ROYALE DES SOURDS-), établissement utile fondé en 1760 par le respectable abbé de l'Épée, et devenu par un décret de l'assemblée constituante (1791) établissement national. Le nombre des élèves gratuits est de cent, et celui des payants illimité. On y reçoit tous les sourds-muets de dix à quinze ans dont les parents peuvent payer la pension, qui est fixée à neuf cents francs pour les élèves de l'un et de l'autre sexe. Les élèves restent six ans dans l'établissement. Ils apprennent à lire, à écrire, à compter, la langue française, l'histoire, la géographie, etc. ; ils apprennent aussi à articuler la parole et à la figurer au moyen de gestes.

MUEZZIN. Voy. MINARET.

MUFLE. On appelle ainsi cette portion de peau nue, rugueuse, ordinairement noire, qui termine le museau d'un grand nombre de mammifères. C'est dans cette peau criblée d'un nombre considérable de pores muqueux, que sont percés les orifices externes de l'organe de l'olfaction chez ces animaux.

MUFLIER ou MUFLE-DE-VEAU, genre de plantes de la famille des scrofulariées de Jussieu et des personnées ou pédiculaires de Tournefort, renfermant des végétaux ordinairement herbacés, à feuilles opposées ou alternes, à fleurs disposées en grappe terminale, et remarquables par la singularité de leur corolle, dont la forme offre quelque ressemblance avec le mufle d'un quadrupède. On en connaît dix à douze espèces, dont la plus connue est le *muflier des jardins*, appelée encore *gueule-de-lion* ou *de-loup*, et *mufleau*, à racine bisannuelle, quelquefois vivace, produisant une ou plusieurs tiges cylindriques, rameuses, garnies de feuilles opposées, d'un vert foncé, aux fleurs grandes, pourprées avec du jaune. Elle fait l'ornement des jardins.

MUFTI. Voy. MUPHTI.

MUGE ou MUGIL, genre de poissons osseux abdominaux, qui se reconnaissent à leur bouche fendue en travers, garnie de lèvres charnues et crénelées; à leur tête large, déprimée et tout écailleuse; à leur corps cylindrique, oblong, revêtu de fortes écailles. Les muges sont de bons poissons qui remontent en troupes aux embouchures des fleuves en sautant au-dessus de l'eau. Ils ont pour ennemis la plupart des poissons voraces. L'espèce la plus connue est le *muge céphale*, appelé vulgairement *mulet de mer*, d'un bleu noirâtre en dessus et argenté en dessous, et qui parvient dans nos mers jusqu'au poids de cinq kilogrammes.

MUGGLETON (Lewis), tailleur anglais, né en 1617, se fit connaître vers 1650 comme un schismatique, prétendant avoir une lumière intérieure qui répondait à toutes ses questions, et damnant tous ceux qui n'étaient pas de son avis. Il fut condamné au pilori et à la réclusion pour ses écrits, qui furent brûlés de la main du bourreau. Muggleton mourut en 1697. Ses partisans ont conservé le nom de *muggletoniens*.

MUGNOS (Gilles), chanoine de Barcelone, succéda en 1424 à l'antipape Benoît XIII, et se fit nommer Clément VIII ; mais il se soumit volontairement en 1429 au pape Martin V, qui lui donna en dédommagement l'évêché de Majorque. Cette abdication mit fin au schisme d'Occident qui avait divisé l'Église pendant quarante et un ans.

MUGUET. Voy. CONVALLAIRE.

MUHL, rivière d'Autriche qui prend sa source dans les monts Böhmerwald, sur les frontières de la Bohême, et se jette dans le Danube. Elle donne son nom au Mühlwiertel ou cercle de la Mühl.

MUHL, cercle ou quartier de l'archiduché d'Autriche, dans le pays au-dessus de l'Ens, borné au N. par la Bohême, au S. par le Danube qui le sépare des cercles d'Inn, de Hausruck et de Traun, à l'E. par les cercles de Haut-Wienerwald et de Haut-Mannhartsberg, à l'O. par la Bavière. Sa superficie est de 130 lieues carrées, et sa population de 117,324 habitants. Ce cercle est montueux et fertile en fruits. Sa capitale est FREYSTADT.

MUHLBERG, ville de Prusse, dans la régence d'Erfurt, à 2 lieues de Torgau, sur l'Elbe. Sa population est de 1,650 habitants. Elle est célèbre par la victoire que les impériaux de Charles-Quint y remportèrent en 1547 sur les Saxons, et dans laquelle l'électeur de Saxe, Jean-Frédéric, fut fait prisonnier.

MUHLENBACH, siége saxon de Transylvanie, situé entre les comitats de Kokelbourg, de Bas-Weissembourg et de Haut-Weissembourg, et les siéges de Schossbourg, de Gross-Schenk, et d'Hermanstadt. Sa superficie est de 36 lieues carrées, et sa population de 6,615 habitants. Ses productions consistent en vin excellent, blé, maïs, fruits, bois, gibier, poissons, bestiaux, etc. La capitale est MUHLENBACH, petite ville de 4,115 habitants, sur la rivière de même nom.

MUHR, rivière d'Allemagne qui prend sa source au mont Schwartzhorn, dans les Alpes Noriques, traverse la Styrie et la Hongrie, passe à Judenbourg, Bruck,
Gratz, et se jette dans la Drave à Leyrad. Son cours est de 80 lieues.

MUID, mesure dont on se servait autrefois en France pour les liquides, les grains, et plusieurs autres matières, comme sel, charbon, plâtre, chaux, etc., et qui était de différente grandeur selon les différents pays. Le *muid de vin* contenait 272 litres, mesure de Paris; le *demi-muid* ou *feuillette* en contenait 136, le *quart*, 68; le *demi-quart*, 34.

MULÂTRE, nom donné aux individus qui proviennent de l'union d'un nègre ou d'une négresse avec un individu de la race blanche. Les diverses nuances qui résultent ensuite de l'alliance d'un mulâtre avec un blanc reçoivent des noms spéciaux. L'individu issu d'un blanc et d'une mulâtresse, ou d'un mulâtre et d'une blanche s'appelle *metsif*; le metsif et le blanc produisent le *quarteron*; le quarteron et le blanc produisent le *mamelouk*. Les degrés supérieurs sont caractérisés par l'appellation de *sang-mêlé*. Les mulâtres sont fiers, sensibles, irascibles et voluptueux; on leur donne quelquefois le nom d'*hommes de couleur*, qui leur est commun avec tout ce qui n'est ni blanc ni noir.

MULE, quadrupède femelle engendré d'un âne et d'une jument. Les mules ne sont pas incapables de produire, comme on l'avait cru. En France, autrefois, les magistrats, les médecins et les ecclésiastiques allaient en voyage sur des mules; encore de nos jours, en Espagne, on les attelle aux carrosses et aux voitures. — On appelle encore ainsi une espèce de chaussure sans quartier, ou de pantoufle qui n'est plus guère portée que par les femmes. Baiser la *mule* du pape, laquelle était ornée d'une croix, était une cérémonie autrefois en usage.

MULET, quadrupède mâle engendré d'un âne et d'une jument. Il tient de l'un et de l'autre; sa tête est plus grosse et plus courte que celle du cheval, et ses oreilles sont presque aussi longues que celles de l'âne. Il a comme ce dernier les jambes sèches et la queue presque nue; il tient plus de la jument par le volume du corps, par l'encolure, la croupe, les hanches, etc. Les mulets supportent mieux la fatigue que le cheval, sont moins délicats, moins maladifs, ont le pied plus sûr, et portent mieux les fardeaux; aussi les emploie-t-on de préférence dans les pays montagneux. On regarde généralement les mulets comme inféconds; cependant ils produisent quelquefois dans les pays chauds. — On désigne ordinairement par ce nom tous les métis regardés comme inféconds et résultant de l'accouplement de deux espèces différentes. — En botanique, on appelle aussi *mulet* une plante qui est le produit d'une semence fécondée par le pollen d'une plante d'une autre espèce. — C'est encore un bâtiment à trois mâts, dont deux sont inclinés sur l'avant et portent des voiles latines.

MULET DE MER, nom vulgaire que l'on donne aux poissons du genre *muge* ou *mugil*.

MULETTE, genre de mollusques acéphaliens, de l'ordre des lamellibranches et de la famille des submytilacés, renfermant des espèces très-ressemblantes aux moules, avec lesquelles on les confond souvent, et très-abondantes dans l'Amérique du Nord. Les coquilles des mulettes sont de forme assez variable, mais toujours équivalves, inéquilatérales, assez bombées. Leurs valves sont très-souvent noirâtres ou brunes en dehors et violacées en dedans. L'espèce la plus connue est la *mulette des peintres*, nacrée intérieurement, longue de trois ou quatre pouces, dans les valves de laquelle les peintres mettent leurs couleurs.

MULETTE ou MOULETTE, bateau plat usité par les pêcheurs des côtes du Portugal. Il est gondolé, bas de l'arrière, porte une douzaine de voiles latines, et est monté par huit ou dix hommes.

MULGRAVE, famille célèbre et ancienne d'Angleterre. — CONSTANTIN-PHILIPPE, lord MULGRAVE, né en 1746, entra dans la marine et devint capitaine de haut bord à dix-neuf ans. Élu en 1768 membre du parlement, il se montra zélé défenseur du parti populaire. En 1773, il partit avec le capitaine Lutwidge pour une exploration du pôle boréal. À la mort de son père, il lui succéda à son titre et à la pairie, et mourut en 1792. — Son fils, HENRI-PHILIPPE MULGRAVE, né en 1770, entra en 1793 à la chambre des pairs, par droit d'hérédité, avec le titre de baron, et devint successivement vicomte, ministre d'État du cabinet Pitt, comte, membre du conseil privé du roi, lord de l'amirauté (1806) et grand maître de l'artillerie (1810).

MULHOUSE ou MULHAUSEN, ville de France, chef-lieu de canton du département du Haut-Rhin, dans l'arrondissement et à 5 lieues d'Altkirch, sur la rive gauche de l'Ill et sur la droite du canal du Rhône au Rhin. Sa population est de 20,000 habitants. 7,000 ouvriers des environs viennent en outre travailler chaque jour dans la ville. Elle nomme un député, a un tribunal de commerce, un collége, une *société lithographique* et une *société industrielle*. En 1828, les manufactures seules de draps, d'étamines, de toiles peintes, de cotonnades, d'indiennes, de rubans de fil et de soie, de cuivre laminé, etc., y occupaient plus de 60,000 ouvriers, et le montant de leurs produits annuels s'élevait à 50,000,000 de francs. Avant la révolution, Mulhausen formait avec son territoire une petite république démocratique alliée des Suisses depuis 1515; elle a été réunie à la France en 1798. Aujourd'hui elle est le centre de l'industrie alsacienne.

MULLE, genre de poissons osseux, de la division des thoraciques et de la famille des percoïdes, renfermant des poissons au corps oblong, couvert de larges écailles dures et rudes, à la tête comprimée, aux deux nageoires du dos courtes et très-écartées l'une de l'autre, et portant de longs barbillons qui pendent à l'extrémité de la mâchoire inférieure et qui leur servent d'appât pour leur proie. Les deux seules espèces de la Méditerranée sont le *rouget* et le *surmulet*.

MULLER (Jean) ou REGIOMONTANUS, célèbre astronome, né à Koningshoven en Franconie en 1436, s'acquit une grande réputation en publiant l'abrégé de l'*Almageste* de Ptolémée. Ayant relevé plusieurs fautes dans les traductions latines de Georges de Trébisonde, les fils de ce traducteur s'assassinèrent dans un second voyage qu'il fit à Rome, où le pape Sixte IV, qui l'avait pourvu de l'évêché de Ratisbonne, l'avait appelé pour travailler à la réforme du calendrier en 1476 ; d'autres assurent qu'il mourut de la peste.

MULLER (Gerhard-Frédéric), né en 1705 à Horford en Westphalie, s'établit en Russie sous le règne de Catherine Ire, et fut reçu membre de l'académie des sciences de Saint-Pétersbourg. L'impératrice Anne l'ayant chargé en 1731 de faire un voyage au nord de la Russie, il ne revint à Saint-Pétersbourg que sous le règne d'Élisabeth, qui le fit conseiller d'État et garde des archives de Moscou. Catherine II acheta la collection des matériaux qu'il avait recueillis 50,000 livres sterling (1,225,000 fr.), et le décora de l'ordre de Saint-Wladimir. À sa mort (1783), son fils fut anobli et sa veuve pensionnée.

MULLER (Otto-Frédéric), naturaliste danois, né à Copenhague en 1730. Il obtint en 1753 l'emploi de précepteur du jeune comte de Schulin, fils d'un ancien ministre d'État, et publia en 1767 une Histoire latine des insectes et des plantes de la campagne de son patron. Il acheva en 1782 la *Flora de Dancmarck*, commencée en 1761, ouvrage qui passe pour le plus beau publié en ce genre. Il mourut en 1784, après avoir été conseiller de la chancellerie (1769) et archiviste de la chambre de Norwége (1771). Ses travaux sur les entomostracés ou monocles, les hydrachnes ou araignées aquatiques, et principalement sur les infusoires, lui ont assigné un des premiers rangs parmi les naturalistes.

MULLER (Jean DE), célèbre historien suisse, né à Schaffouse en 1752, termina ses études à Gœttingue, et publia dès l'âge de vingt ans son *Histoire de la guerre des Cimbres* ; c'est au commencement de 1780 qu'il publia la première partie de son *Histoire de la confédération suisse*, regardée comme son chef-d'œuvre. On a encore de lui un *Cours d'histoire naturelle*. Muller mourut en 1809, ministre secrétaire d'Etat et directeur général de l'instruction publique du royaume de Westphalie, grand cordon de l'ordre royal de Hollande, membre de l'académie de Berlin, etc.

MULLER (Jean GODARD DE), l'un des graveurs les plus distingués de l'Allemagne, né en 1747 à Bernhausen (Wurtemberg), fut l'élève du célèbre Wille et remporta plusieurs prix à l'académie royale de Paris, qui l'admit dans son sein en 1776. Rappelé à Stuttgard, il y créa une école de gravure dont il fut professeur, refusa les propositions les plus avantageuses, et mourut en 1831 chevalier de l'ordre de la Couronne de Wurtemberg, membre des académies des arts de Berlin, de Munich, de Vienne et de Copenhague. Muller fut surtout renommé pour le portrait; mais il s'est aussi exercé dans le genre historique.

MULLINGAR, ville d'Irlande, capitale du comté de West-Meath, sur la Foyle, à 18 lieues de Dublin. Sa population est de 3,000 habitants.

MULOT, petit mammifère de l'ordre des rongeurs, appartenant au genre rat proprement dit. Il a beaucoup de rapport avec la souris, mais est un peu plus gros, a la tête proportionnellement plus longue et plus grosse, les yeux plus grands et plus saillants, les oreilles plus larges et plus allongées, les jambes plus longues. Il vit de grains et se trouve dans les champs.

MULTICAULE, épithète donnée, en botanique, aux plantes dont la racine pousse plusieurs tiges. La racine du muflier est *multicaule*.

MULTIFLORE, adjectif qui s'applique, en botanique, soit au rameau, soit au pédoncule, soit à la plante même, lorsqu'ils portent plusieurs fleurs.

MULTILOCULAIRE, adjectif qui s'applique, en botanique, soit à l'ovaire soit au fruit dont l'intérieur est partagé en plusieurs loges.

MULTILOCULAIRES, nom donné aux mollusques céphalopodes foraminifères ou microscopiques. Il n'est pas applicable à tous, puisqu'il en est parmi eux qui n'ont qu'une seule division ou loge à leur coquille.

MULTINERVÉE. On donne ce nom, en botanique, à la feuille dont le limbe est marqué de plusieurs nervures.

MULTINOME, terme d'algèbre, grandeur exprimée par plusieurs termes joints par les signes + ou — (*plus ou moins*).

MULTIPLE, en termes d'arithmétique, nombre qui en contient un autre un certain nombre de fois exactement. 8 est multiple de 2, aussi bien que 64 est multiple de 8. — On appelle *raison multiple* celle qui se trouve entre des nombres multiples. Ainsi la raison du rapport 4 : 16 est multiple, parce que les nombres 4 et 16 sont multiples l'un de l'autre. — En géométrie, on appelle *point multiple* le point commun d'intersection de deux ou plusieurs branches d'une même courbe.

MULTIPLICANDE. On donne ce nom à un des facteurs de la multiplication. C'est le nombre que l'on donne à multiplier par un autre nombre que l'on nomme multiplicateur. Dans la multiplication de 6 par 7, 6 est le multiplicande.

MULTIPLICATEUR, l'un des facteurs de la multiplication: c'est le nombre par lequel on doit multiplier le multiplicande. Des deux nombres donnés, on prend ordinairement le plus grand pour multiplicande, et le plus petit pour multiplicateur. Dans la multiplication de 12 par 15, 12 est le multiplicateur.

MULTIPLICATION, opération d'arithmétique par laquelle, deux nombres étant donnés, on cherche un troisième nombre qui soit composé avec le premier comme le second l'est avec l'unité. Cette définition s'applique également aux nombres entiers et aux fractions. On en donne une autre, qui n'est applicable qu'aux nombres entiers. C'est une opération par laquelle on répète un nombre appelé multiplicande autant de fois qu'il y a d'unités dans un autre nombre appelé multiplicateur. Soit 19 à multiplier par 6 : il faut répéter 6 fois 19, c'est-à-dire l'ajouter 5 fois à lui-même. La multiplication n'est alors, comme on le voit, qu'une sorte d'addition.

MULTIVALVES, nom par lequel on désigne, en histoire naturelle, tous les mollusques qui ont plus de deux coquilles ou valves. Lamarck compte huit genres de multivalves; Blainville, dix-huit, répartis en quatre familles. Les oscabrions, les balanes, les diadèmes sont des multivalves.

MUMMIA, famille plébéienne de Rome, dont le membre le plus ancien que l'histoire mentionne est Quintus Mummius, tribun du peuple l'an de Rome 565. Il s'opposa, ainsi que Lucius Mummius son collègue, à une loi dont l'objet était de rechercher ce qui était devenu l'argent donné par le roi Antiochus. Le membre le plus illustre de la famille Mummia est le destructeur de Corinthe, qui suit.

MUMMIUS ACHAICUS (Lucius), consul l'an de Rome 608 (146 avant J.-C.), fut envoyé dans le Péloponèse contre les Achéens qui s'étaient soulevés, battit leur général Diœus, mit fin à la célèbre ligue achéenne, s'empara de Corinthe qu'il incendia, et réduisit toute la Grèce en province romaine sous le nom d'Achaïe. Il reçut les honneurs du triomphe et le surnom d'*Achaïcus*. Mummius est célèbre par son désintéressement et son ignorance.

MUMMOLE (Ennius), fils de Peonius, comte d'Auxerre, obtint en 561 du roi Gontran l'office de comté, et mérita par ses talents d'être nommé patrice de Bourgogne. Il défit les Lombards et les Saxons qu'il chassa de la Bourgogne, et recouvra la Touraine et le Poitou sur Chilpéric, roi de Soissons. Plein d'ambition, il entreprit en 585 de mettre sur le trône un prétendu frère de Gontran, Gundobald, et le fit reconnaître roi à Brives-la-Gaillarde. Assiégé dans Comminges, il s'y défendit courageusement pendant quinze jours, et, se voyant à la veille d'être pris, il livra Gundobald, et se fit tuer lui-même à la main.

MUNCER (Thomas), l'un des plus fameux disciples de Luther, né à Zwickau (Saxe), répandit dans sa patrie les erreurs de son maître, et se fit ensuite chef des anabaptistes et des enthousiastes. Il prêcha que Dieu ne voulait plus souffrir de souverains ni de magistrats sur la terre, et souleva par ses discours un grand nombre de paysans, dont il composa une armée qui ravageait toute l'Allemagne. Attaqués et taillés en pièces par le landgrave de Hesse, Muncer et son compagnon Pfeiffer furent faits prisonniers et décapités à Mulhausen en 1525.

MUNDEN ou MINDEN, ville du royaume de Hanovre, dans le gouvernement d'Hildesheim, à 5 lieues de Cassel et de 6 de Gœttingue. Elle est située au confluent de la Werra et de la Fulda, qui par leur réunion forment le Weser. Elle est célèbre par une bataille qui s'y livra dans la guerre de sept ans.

MUNGO-PARK, célèbre voyageur anglais, avait formé le projet de traverser l'Afrique du nord au midi, et l'entreprit en 1795; mais il fut forcé d'y renoncer. Dans sa relation écrite en 1798, il prétendit que le Niger, au lieu de couler à l'est, se dirigeait vers l'ouest jusqu'à la ville de Tombouctou, qu'il tournait en suite au sud, se joignait au Zaïre et se jetait avec lui dans l'océan Atlantique. Il repartit pour l'Afrique en 1805, et s'enfonça dans l'intérieur de la Nigritie par Gorée. On n'en entendit plus parler ; mais en 1817 on recueillit près des Achantis des renseignements qui prouvèrent qu'il s'était noyé au passage du Niger.

MUNICH, ville d'Allemagne, capitale du royaume de Bavière, sur la rive gauche de l'Isar, et chef-lieu du cercle de l'Isar, à 78 lieues de Vienne et 205 de Paris. Sa population est de 90,000 habitants. C'est la résidence des rois et l'une des plus belles villes d'Allemagne. Elle s'est embellie, sous le règne de Louis, d'une foule de monuments qui en font l'Athènes de nos jours. Munich a un archevêché, un tribunal suprême, une académie des sciences, une bibliothèque royale de 400,000 volumes et 8,500 manuscrits, une université fameuse, un lycée, une riche musée, un cabinet de médailles, un observatoire, une académie militaire et d'artillerie, un arsenal, un hôtel de monnaies, etc. Elle a un grand nombre de fabriques et de manufactures, telles que de tapis, de cotonnades, de soieries, de tapisseries haute lisse, de rubans, etc. La chapelle musicale de Munich est estimée comme l'une des meilleures de l'Allemagne.

MUNICH (Burchard-Christophe, comte DE), célèbre général russe, né en 1683 près d'Oldenbourg d'un simple gentilhomme hollandais, entra en 1716 au service d'Auguste, roi de Pologne, et obtint le grade de major général des armées saxonnes et le commandement de gardes de la couronne. Il vint en Russie en 1721, et fut accueilli avec empressement par Pierre le Grand, qui lui confia l'exécution du canal de Ladoga. Pierre II le récompensa en lui donnant le titre de comte et le gouvernement de Saint-Pétersbourg, et de l'Ingrie et de la Finlande. Il soumit la Crimée, prit Otchakof en 1737, et vainquit les Turks. Munich fit partie du conseil de régence sous la minorité d'Ivan VI, et fut exilé en Sibérie à l'avènement d'Elisabeth (1742). Celui de Pierre III (1762) lui rendit la liberté. Il mourut en 1767 gouverneur de l'Esthonie et de la Livonie.

MUNICIPALES (VILLES) (en latin, *municipia*), titre que les Romains donnaient aux villes étrangères dont les habitants, en jouissant des mêmes droits et des mêmes privilèges que ceux de Rome, se gouvernaient par leurs propres lois. C'était en cela qu'elles différaient des colonies, dont les citoyens étaient astreints aux mêmes lois et aux mêmes règlements que ceux de Rome. Elles avaient deux assemblées distinctes : le *sénat*, d'institution romaine, et la *curie*, qui répond à ce que nous appelons aujourd'hui conseil municipal. On distinguait originairement deux classes de *municipia*, celles qui jouissaient du droit de suffrage et celles qui n'en jouissaient pas. Il n'y avait que les habitants des premières qui pouvaient aspirer aux magistratures dans Rome même. Il n'y eut d'abord de villes municipales qu'en Italie; mais bientôt les autres provinces en eurent. On en comptait soixante-huit en Italie; les plus célèbres étaient *Asculum* (Ascoli), *Assise*, *Bologne*, *Capoue*, *Cumes*, *Milan*, *Pise*, *Plaisance*, *Préneste*, *Rhegium* (Reggio), *Tarquinies*, *Tibur* (Tivoli), *Urbin*.

MUNICIPALITÉ, circonscription de terrain administrée par des magistrats *municipaux*, c'est-à-dire se régissant d'après leurs lois. Les municipalités prirent leur origine dans les *municipia* romaines ou villes municipales, et se perpétuèrent jusqu'à nos jours. Les municipalités sont administrées aujourd'hui par deux pouvoirs : le *maire*, pouvoir exécutif, assisté de ses adjoints, et le *conseil municipal*, pouvoir législatif.

MUNICIPES. Voy. MUNICIPALES (Villes).

MUNITION, tout ce qui sert à approvisionner. — Un *fusil de munition*, par opposition à un fusil de chasse, est celui qui se confectionne dans les manufactures d'armes, au compte du gouvernement, et pour le service de l'infanterie. — Le *pain de munition* est celui qu'on fabrique à l'usage spécial des troupes. L'entrepreneur qui le fournit se nomme *munitionnaire*. On distingue deux sortes de munitions: celles de guerre et celles de bouche.

MUNITIONNAIRE, entrepreneur qui fournit les vivres et les fourrages d'une armée ou d'une garnison. C'est à 1648 que l'on peut placer l'établissement de l'entreprise régulière des vivres et des fourrages. Depuis 1831, la fourniture des grains est mise chaque année en adjudication avec publicité et concurrence. Celle des fourrages est faite au moyen de marchés à prix ferme passés en adjudication publique. Le personnel de ces deux services comprend huit directeurs de première classe, huit de deuxième et neuf de troisième, dix-sept agents comptables, trente commis de première classe, quarante de deuxième et trente de troisième.

MUNSTER, régence des Etats prussiens, dans la Westphalie, bornée au N. par le royaume de Hanovre, au S. par les régences de Clèves, de Dusseldorf et d'Arensberg, à l'O. par la Hollande et à l'E. par la régence de Minden. Sa superficie est de 264 lieues carrées, et sa population de 390,000 habitants, dont 350,000 catholiques et 2,700 juifs.

MUNSTER, ville d'Allemagne, dans les Etats prussiens, chef-lieu de la régence de ce nom et capitale de toute la Westphalie, sur l'Aa, à 156 lieues de Paris, 18 de Paderborn, et 170 de Vienne. Sa population est de 18,300 habitants. Elle a un évêché qui remonte à la fin du viiie siècle, un gymnase qui a neuf professeurs, et un directeur et une bibliothèque de 28,000 volumes, un institut chirurgical, une école botanique, etc. Munster commerce en vins du Rhin, jambons, bière, etc. a des fabriques de toiles de coton. Elle est célèbre par le traité qui y fut conclu le 24 octobre 1648 entre les divers plénipotentiaires des Etats européens, et qui est encore connu sous le nom de *paix de Westphalie*.

MUNSTER, une des quatre provinces d'Irlande, au S. de ce pays, borné au N. par le Connaught, à l'E. et au N.-E. par le Leinster, au S. par la mer. Sa superficie est de 1,156 lieues carrées, et sa population de 1,268,000 habitants. C'est un pays montagneux et couvert de forêts vers le S., abondant en blé, et fournissant le meilleur bétail de l'Irlande. Il renferme les six comtés de Kerry, Limerick, Clare, Tipperary, Waterford et Cork.

MUNYCHIE, bourg et port de l'Attique, situé entre le Pyrée et le cap Sunium. Ce port, l'un des trois d'Athènes, était un des postes les plus forts et les plus propres à assurer la possession de cette ville. Il fut ainsi nommé de *Munychus* ou *Munitus*, fils d'Athamas, qui y bâtit un temple en l'honneur de Diane, et y institua les fêtes appelées *Munychies*.

MUNYCHIES, fêtes annuelles célébrées à Athènes en l'honneur de Diane Munychienne, dans le port de Munychie. On offrait à la déesse de petits gâteaux appelées *amphiphantes*, parce qu'on les portait au temple à la lueur d'un grand nombre de torches. Cette cérémonie se célébrait le 16 du mois munychion.

MUNYCHION, dixième mois de l'année athénienne. Il avait vingt-neuf jours, et commençait à diverses époques suivant l'année de l'octaétéride. Il commençait le 28 mars, la première année; le 17, la deuxième; le 6, la troisième; le 25, la quatrième; le 13, la cinquième; le 1er avril, la sixième; le 21 mars, la septième; et le 10, la huitième.

MUPHTI ou MUFTI, chef suprême de la religion mahométane. Il réside habituellement à Constantinople; son rang est celui de bacha, et, à l'avènement au trône du grand seigneur, il lui ceint l'épée. C'est le grand seigneur qui nomme le muphti. Celui-ci est le chef des *ulémas* ou savants. A lui seul appartient le pouvoir d'expliquer et d'interpréter la loi. Ses ordonnances, nommées *fetfas*, sont respectées aveuglément.

MUQUEUSE, nom donné à une espèce de membrane simple et qui revêt la plupart des cavités intérieures. Les membranes muqueuses tapissent les conduits, les cavités, les organes creux qui communiquent à l'extérieur par les diverses ouvertures dont la peau est percée. Elles sont parsemées d'une grande quantité de follicules qui fournissent une humeur visqueuse nommée *mucus*, et forment une sorte de peau interne qui a de grands rapports avec le tissu cutané.

MUR, construction en maçonnerie destinée à clore un espace quelconque. Les murs se font en pierre de taille, en moellon, en briques cuites ou crues, en cailloux, etc., joints entre eux par du mortier. — On appelle *mur mitoyen* celui qui sépare les propriétés de deux voisins, et qui est commun à tous deux. — Les *gros murs* sont les murs principaux sur lesquels repose la charpente et la toiture. — Le *mur de refend*, au contraire, est celui qui sépare les pièces de l'intérieur du bâtiment.

MURAILLE. On donne ce nom à une réunion de murs, ou à un mur d'une grande étendue. — On cite au nombre des merveilles du monde les *murailles de Babylone*, construites par Sémiramis, et sur lesquelles six chars pouvaient courir de front, et la fameuse *grande muraille* construite par l'empereur Tsin-Chi-Hoang-ti (vers l'an 214 avant J.-C.) pour défendre la Chine contre les invasions des Hiong-nou ou Tartares. Elle a environ six cents lieues de long, de dix-huit à vingt pieds de haut, et est flanquée de tours qui s'élèvent jusqu'à quarante pieds, et qui sont disposées de cinq cents toises en cinq cents toises. Sa largeur, d'environ quatorze pieds, est telle que six cavaliers peuvent la parcourir de front à son sommet. Elle a quatre grandes portes de fer : celles de *Liao-Toung*, de la *Daourie*, de *Le-Ling* et du *Tibet*.

MURAT, ville de France, chef-lieu d'arrondissement du département du Cantal, à 10 lieues et demie d'Aurillac, sur la rive gauche de l'Alagnon. Sa population est de 2,941 habitants. Elle a un tribunal de première instance et une société d'agriculture. On y trouve des chaudronneries, des fabriques de grosses draperies, des merceries. — Murat était autrefois chef-lieu d'une vicomté qui passa en 1415 à la famille d'Armagnac, et de là à celle de Bourbon.

MURAT (Regnauld, vicomte DE), né vers le milieu du XIVe siècle, fut le dernier de sa race qui posséda la vicomté de Murat. Persécuté par le connétable Bernard d'Armagnac, et dépouillé de ses biens, il s'échappa en 1416 de sa prison pour se retirer à la cour du duc de Bourgogne, qui le nomma son écuyer, son conseiller et chambellan. Regnauld le trahit à Montereau où il fut assassiné, et mourut en 1439, après avoir vainement tenté de recouvrer sur les armagnacs sa vicomté, qui passa ensuite dans la famille de Bourbon, d'où elle vint à la couronne de France par la défection du connétable de Bourbon.

MURAT (Henriette-Julie DE CASTELNAU, comtesse DE), petite-fille de Jacques, marquis de Castelnau, maréchal de France, et héritière de sa maison, épousa le comte de Murat, colonel d'un régiment d'infanterie, et mourut en 1716 à quarante-cinq ans. Elle a laissé des *chansons*, des *contes de fées*, de petites pièces de *poésie*, etc. On cite d'elle le roman des *Lutins de Kernosi*, plein de grâce et d'agrément.

MURAT (Joachim), né à la Bastide (Lot) en 1771 d'un aubergiste, fut d'abord destiné à la prêtrise, et s'engagea dans le douzième régiment de chasseurs. Parvenu au grado d'aide de camp du général Bonaparte en 1795, puis de général de brigade en 1796, il suivit Bonaparte en Egypte, où il se distingua au premier rang aux batailles des Pyramides et du mont Thabor, et à l'assaut de Saint-Jean d'Acre. Général de division en 1799, il épousa en 1800 Caroline Bonaparte, sœur du premier consul, qu'il suivit en Italie, où il contribua puissamment à tous les succès. Il fut ensuite successivement gouverneur de Paris, maréchal de l'empire, prince, grand amiral, grand-aigle de la Légion d'honneur, chevalier de l'Aigle-Noire et de l'ordre de Saint-Hubert. Elevé au rang de grand-duc de Berg, il commanda toujours une partie des armées de Napoléon, et fut l'un des vainqueurs d'Austerlitz, d'Iéna, d'Eylau et de Friedland. Appelé en 1808 au trône de Naples, il se fit aimer de ses sujets. Il commanda une partie de la grande armée (1812), et contribua au gain de la bataille de la Moskowa. En 1814 il s'unit aux alliés contre Napoléon, et fut abandonné et dépossédé par eux. Après la bataille de Waterloo (1815), il se réfugia dans l'île de Corse, et forma le dessein de rentrer dans ses Etats. Jeté par la tempête dans le golfe de Sainte-Euphémie le 8 octobre 1815, il fut arrêté, jugé, condamné par une commission militaire, et fusillé au Pizzo (Calabre) cinq jours après. L'intrépidité et un honneur chevaleresque faisaient le fond de son caractère.

MURAT (Caroline-Marie-Annonciade BONAPARTE, épouse de Joachim), sœur cadette de Napoléon, née en 1782 à Ajaccio, épousa Murat en 1800, et fut couronnée avec lui reine de Naples. Régente pendant l'absence du roi, elle montra un caractère ferme et plein de dignité. Retirée en Autriche depuis la mort de son époux sous le nom de *comtesse de Lipano*, elle est morte en 1839.

MURATORI (Louis-Antoine), célèbre historien et érudit, né à Vignola (duché de Modène) en 1672, fut appelé en 1694 à Milan par le comte Charles Borromée, qui lui confia le soin de la bibliothèque Ambroisienne. Le duc de Modène le fit son bibliothécaire en 1700, et lui donna la prévôté de Sainte-Marie de la Romposa. Il mourut en 1750 membre des académies de la Crusca, des Arcades, de Cortone, d'Olmutz, et de la société royale de Londres. Ses ouvrages et ses publications les plus importants sont les *Ecrivains de l'Histoire d'Italie*, de l'an 500 de l'ère chrétienne à l'an 1500, les *Antiquités de l'Italie au moyen âge*, les *Annales d'Italie* et la *Généalogie de la maison de Modène*.

MURCIE, province d'Espagne, avec titre de royaume, bornée au N. par la Nouvelle-Castille, au S. par la mer, à l'O. par l'Andalousie, et à l'E. par le royaume de Valence. Sa superficie est de 1,027 lieues carrées, et sa population de 455,455 habitants. C'est un pays très-montueux (la principale montagne est la *Sierra-Sagra*), produisant de bon vin et du blé, et fournissant en abondance des fruits, du riz et des légumes, du miel, de l'huile, de la soie et de la soude de barille. C'est une des provinces d'Espagne où l'on recueille le plus de laine. L'air y est pur et salubre, et le terroir assez sec. — Conquise en 1236 sur les Maures par Alphonse, roi de Castille, le royaume de Murcie a été divisé par les cortès de 1821 en deux provinces, *Murcie* et *Chinchilla*.

MURCIE, province d'Espagne, formée de l'ancien royaume de ce nom, dont elle occupe la partie S., bornée au N. par celle de Chinchilla, au S. par la mer, à l'O. par l'Andalousie, à l'E. par la province d'Alicante. Sa superficie est de 550 lieues carrées, et sa population de 260,000 habitants. On y recueille les plus fines laines d'Espagne dans les champs de Murcie et de Carthagène. — La capitale est Murcie.

MURCIE, ville d'Espagne, capitale de la province de son nom, sur la Segura, à 102 lieues de Madrid, 40 de Valence, et 10 de

Carthagène. Sa population est de 36,000 habitants. Elle a un évêché, cinq colléges, une cathédrale dont la tour est élevée. Elle possède des fabriques de drap, de savon, de céruse, de salpêtre, des filatures de soie et des moulins à huile.

MURE, fruit du mûrier. C'est une baie charnue, succulente, fort grosse, pleine d'un jus de couleur vineuse-rougeâtre. On la mange quand elle est bien mûre, et elle laisse dans la bouche une saveur agréable et acide. On s'en sert pour préparer des boissons rafraîchissantes, un sirop employé avec succès dans les inflammations légères de la gorge, et un vinaigre assez bon; il entre dans la série des teintures, et est recherché pour colorer les vins, les liqueurs, les confitures, etc. — On donne aussi le nom de *mûres* aux fruits de diverses espèces de ronces.

MURENA (Lucius Licinius), célèbre général romain, contribua puissamment à la victoire que Sylla remporta à Chéronée sur Archélaüs (87 avant J.-C.). Après le départ de Sylla, il eut le commandement de l'armée contre Mithridate, et commença la seconde guerre contre ce prince en s'emparant de Comane en Cappadoce. Après une campagne de quelques mois, ayant perdu ses avantages, il se retira en Phrygie. Il eut à Rome les honneurs du triomphe.

MURENA (Lucius Licinius), fils du précédent, l'un des lieutenants de Lucullus en Asie, se distingua extrêmement dans la guerre contre Mithridate. Il obtint le consulat l'an 62 avant J.-C.; mais, Caton l'ayant traduit en justice comme ayant employé la brigue, Cicéron le défendit, et le sauva par sa belle harangue pour Muréna, qui nous a été conservée.

MURÈNE, genre de poissons de l'ordre des malacoptérygiens, de la famille des anguilliformes, et démembré du grand genre anguille. Ce sont des animaux complètement privés de nageoires pectorales, mais du reste à peu près semblables aux anguilles. La *murena hélène* est un poisson rusé, carnassier et vorace, qui ne porte qu'une seule rangée de dents aiguës à chaque mâchoire, tient le corps, long de quatre à cinq pieds, est marbré de brun sur un fond jaunâtre. C'est l'espèce que la délicatesse de sa chair a rendue si célèbre chez les Romains, qui l'élevaient dans des viviers près de la mer, en nombre très-considérable. Védius Pollion les nourrissait avec des esclaves fautifs qu'il leur faisait jeter.

MURET, petite ville de France, sous-préfecture du département de la Haute-Garonne, sur la rive gauche de la Garonne, à 4 lieues et demie de Toulouse. Sa population est de 3,787 habitants. Elle a un tribunal de première instance et une société d'agriculture. Elle est célèbre par la bataille sanglante qui se livra sous ses murs en 1213, et dans laquelle don Pedro, roi d'Aragon, qui était venu au secours de Raymond, comte de Toulouse, fut taillé en pièces par Simon de Montfort et tué dans la bataille.

MURET (Marc-Antoine-François), né à Muret près Limoges en 1526, professa au collége Sainte-Barbe à Paris, puis à Toulouse, à Venise et enfin à Rome, où le pape lui donna les ordres sacrés, et le pourvut de riches bénéfices. Muret y mourut en 1585. Excellent poète latin, Muret a donné une foule d'ouvrages, dont les plus connus sont les *Juvenilia Carmina.*

MURFREESBOROUG, ville des Etats-Unis, autrefois capitale de l'Etat de Tennessee, à 12 lieues de Nashville, la nouvelle capitale. Sa population est de 3,000 habitants.

MURG, rivière d'Allemagne qui prend sa source dans la forêt Noire, au royaume de Wurtemberg, près de Freudenstalt, et se jette dans le Rhin, un peu au-dessous de Rastadt. Elle donnait autrefois son nom à un cercle du grand-duché de Bade, qui est aujourd'hui réuni à celui de Pfing-et-Entz. Leur réunion forme le cercle de Murg-et-Pfing.

MURG-ET-PFING, cercle du grand-duché de Bade, formé des deux anciens cercles de Murg et de Pfing-et-Entz, et ainsi appelé du nom des deux rivières qui l'arrosent. Il est borné au N. par celui de Necker, au S. par celui de Kintzig, à l'O. par le Rhin qui le sépare de la France, et à l'E. par le royaume de Wurtemberg. Sa superficie est de 120 lieues carrées, et sa population de 209,028 habitants. — Sa capitale est DOURLACH.

MURIATES, nom ancien des sels formés de la combinaison de l'acide muriatique, aujourd'hui appelé *acide hydrochlorique*, avec les bases. Les muriates sont tantôt des *chlorures*, tantôt des *hydrochlorates.* Un des muriates les plus connus était le *muriate d'ammoniaque*, aujourd'hui connu sous le nom scientifique d'hydrochlorate d'ammoniaque et sous le nom vulgaire de *sel ammoniac.*

MURIATIQUE (ACIDE). C'est l'ancien nom de l'*acide hydrochlorique.* — L'*acide muriatique oxygéné* est le même que le *chlore.* — L'*acide muriatique suroxygéné* est l'*acide chlorique.*

MURIER, genre de la famille des urticées, composé d'arbres de troisième grandeur contenant un suc propre, laiteux, plus ou moins âcre ou caustique, et dont le bois est d'une teinte jaune tirant sur le vert. Leurs feuilles sont simples, alternes, les fleurs monoïques, unisexuées, le fruit une baie charnue, succulente. On en connaît quinze espèces environ; quatre sont naturalisées en France. Les plus utiles sont le *mûrier noir*, dont l'écorce est rude, la cime large, la feuille assez grande, le fruit mangeable (voy. MURE), de moins de dix mètres de hauteur; et le *mûrier blanc*, appelé encore *mûrier de la Chine*, dont la taille médiocre, dont l'écorce est peu épaisse, rude, gercée, les branches diffuses, le bois jaune, les feuilles minces, les fleurs axillaires. Aucune espèce n'est préférable au mûrier blanc pour l'élève des vers à soie. La soie qui provient de ses feuilles est très-pure et d'une grande beauté. Le mûrier blanc aime les terres légères et aérées. Le meilleur moyen pour obtenir de beaux arbres est de les semis. — Le mûrier est un arbre vigoureux, qui s'acclimate partout. Sa culture, introduite en France sous le règne de Charles VII, a pris depuis quelque temps une grande extension dans le midi de la France. On peut aussi l'employer à faire des cordages et même de la toile et du papier.

MURILLO (Barthélemy-Etienne), célèbre peintre espagnol, fondateur de l'école de Séville, né à Séville en 1618. A vingt ans, il alla étudier à Madrid sous Velasquez, et revint dans sa patrie en 1645. Il mourut en 1685 des suites d'une chute qu'il fit du haut d'un échafaudage, à Cadix, où il peignait pour le grand autel des capucins sa fameuse composition des *Fiançailles de sainte Catherine.* Son coloris était si beau qu'on l'a surnommé *le Prince des coloristes*; on l'a comparé à Paul Véronèse et à Van-Dick. Il fonda une académie publique de dessin à Séville. Ses plus beaux tableaux sont *l'Enfant prodigue*, qui fut payé la somme alors énorme de 20,000 fr.; *le Bon Pasteur*, qui fut vendu 40,650 livres avec le *Saint Jean*, la *Sainte Elisabeth*, le *Miracle des pains et du poisson*, *Moïse frappant le rocher*, etc.

MURINS, famille de mammifères de l'ordre des rongeurs qui renferme les genres *marmotte*, *hamster*, *marmotte du Cap*, *rat* et *rat-taupe.*

MURIQUÉ (bot.). On appelle ainsi les organes arrondis hérissés de pointes ou aiguillons à base élargie; telles sont les semences du *bunias prostrata*, qu'on nomme aussi pour cette raison *muricaire* et la *pomme épineuse.*

MURPHY (ARTHUR), auteur dramatique irlandais, né à Cork en 1727, débuta dans la carrière littéraire par l'établissement d'un journal sous le titre de *the Gray's-Inn Journal*, et se mit peu d'années après à faire des pièces de théâtre. Sa *Fille grecque* est une des tragédies les plus intéressantes du théâtre anglais. Ses meilleures comédies sont: *Trois Semaines après le mariage*, *Tout le monde a tort*, *l'Ennemi de lui-même*, *l'Ecole des tuteurs*, *le Choix*, etc. Il mourut en 1805 à Brompton.

MURRAY ou ELGIN. Voy. ELGIN.

MURRAY (Jacques, comte DE), fils naturel de Jacques V, roi d'Ecosse, et de Marguerite Douglas, dame de Lochleven, prit les armes contre sa sœur Marie Stuart, lorsqu'elle épousa, en 1568 Jacques Hepburn, comte de Bothwell. Sous prétexte de venger Henri Darnley, second époux de sa sœur, assassiné par Bothwell, il chassa ce dernier d'Ecosse, fit sa sœur prisonnière, la déposa du trône et l'enferma à Lochleven. Elu régent d'Ecosse pendant la minorité de Jacques VI son neveu, il eut en main toute l'autorité, et bannit la religion catholique d'Ecosse. Il fut assassiné en 1570, à Linlithgow, par Jacques Hamilton dont il avait confisqué les biens.

MURRAY (William), comte de Mansfield, né à Perth en Ecosse en 1705, entra dans la carrière du barreau, et fut en 1742 nommé membre du parlement pour le bourg de Boroughbridge. Procureur général de la cour du banc du roi en 1758, il fut peu de temps après nommé lord chef de la justice et baron de Mansfield. En 1757, il accepta les fonctions de chancelier de l'échiquier, et fut créé en 1776 comte de Mansfield. Il faillit, en 1780, à être la victime d'un mouvement populaire, et demanda sa retraite en 1788. Il mourut sans enfants en 1793.

MURRHINS, nom donné par les anciens à des vases dont ils faisaient un très-grand cas, et qu'ils tiraient de diverses contrées de l'Orient. La matière qui formait ces vases avait l'aspect vitreux, brillant, varié et orné de diverses couleurs. On pense que la *matière murrhine* était le *spath fluor.*

MURSA (aujourd'hui *Essek*), ville de la basse Pannonie, sur la Drave, célèbre par la bataille sanglante que s'y livrèrent Constance et Magnence (353). Ce dernier y perdit toutes ses espérances; mais la victoire fut fatale à l'empereur, qui fut privé de l'élite de ses troupes.

MURTOLA (Gaspard), poète italien, né à Gênes, se retira à Rome où il mourut en 1624. Son poëme *de la Création du monde* ayant été critiqué par Marini, Murtola écrivit contre lui sa *Marinéide*, à laquelle Marini répondit par sa *Martoléide.* Se sentant inférieur à son rival, il blessa Marini d'un coup de pistolet. Celui-ci obtint sa grâce.

MURVIEDRO, ville d'Espagne dans la province et à 6 lieues de Valence, sur la Palencia, à un quart de lieue de son embouchure. Sa population est de 5,000 habitants. Elle est bâtie à deux lieues des ruines de l'ancienne Sagonte.

MURVILLE (André), homme de lettres, né à Paris en 1754, remporta plusieurs prix à l'académie française, composa ensuite pour le théâtre, et mourut en 1815. Parmi ses nombreux ouvrages, les plus connus sont: *Abdélazis et Zuleima*, tragédie en cinq actes, *Melcour et Verseuil*, *Linval et Viviane*, le *Huila de Samarcande*, les *Rendez-vous du mari*, etc., comédies.

MUS (Decius). Voy. DECIUS.

MUSA (Antonius), affranchi, puis médecin de l'empereur Auguste et frère d'Euphorbe, médecin de Juba, roi de Mauritanie. Ayant guéri Auguste d'une maladie dangereuse, il fut récompensé généreusement, et par le sénat qui lui mit sa tête à côté de celle d'Esculape, et par l'empereur même qui lui permit de porter l'anneau d'or des chevaliers et l'exempta de tout impôt. Il ne put sauver Marcellus. On a de lui deux traités: *De herba botanica* et *De tuendâ valetudino.*

MUSA. Voy. MOUSAH.

MUSACÉES, famille de plantes monocotylédones, qui renferme quatre genres et tire son nom du *bananier* (en latin, *musa*), qui en est le type. Les plantes de cette famille sont presque toutes de magnifiques herbes, faisant l'ornement des contrées tropicales, et dont les fleurs ont cinq étamines insérées sur l'ovaire.

MUSARAIGNE, genre de petits animaux de l'ordre des carnassiers et de la famille des insectivores, renfermant des animaux répandus sur presque tous les points du globe, au corps allongé, assez semblable à celui des rats; à la tête allongée, terminée par un museau en forme de boutoir; à la queue plus ou moins longue et assez souvent quadrilatère; aux yeux assez petits. On distingue sur leurs flancs des glandes odoriférantes. Les musaraignes, appelées vulgairement *musettes*, vivent principalement dans les prairies et restent cachées dans des trous. On prête mal à propos des qualités nuisibles à leur morsure. Les espèces les plus connues sont la *musette*, dont le pelage est doux, épais, d'un brun noir lustré de roussâtre aux parties supérieures et d'un blanc grisâtre aux parties inférieures, et qui est longue de quatre pouces trois lignes; et la *musaraigne d'eau*, longue de cinq pouces quatre lignes avec la queue, noire en dessus et blanche en dessous.

MUSC, nom donné : 1° à une espèce du genre *chevrotain*, connue sous le nom de porte-musc; 2° à la substance odoriférante qu'il fournit.—L'animal a une taille de dix-neuf à vingt pouces, une longueur de deux pieds treize pouces, à peu près la forme du chevreuil ; les jambes de devant droites, frêles, légères et flexibles; celles de derrière lourdes, pesantes, robustes, fortement arquées. La teinte générale de son pelage est brun gris de fer foncé. Il vit solitaire au fond des bois, en Asie, sur les montagnes du Tibet et du Tonquin. La substance connue sous le nom de *musc* est renfermée dans une sorte de bourse ovale qui se trouve placée sous le ventre, et qui, pleine, contient environ deux gros de cette substance.

MUSC, substance odoriférante, formée de grumeaux secs et faciles à écraser, d'une saveur amère, âcre et désagréable, douce, onctueuse au toucher, d'un brun rougeâtre, d'une odeur forte, particulière et extrêmement divisible. Il existe dans le commerce deux sortes de musc : le *tonquin* ou *chinois*, et le *russe*, appelé *musc kabardin*. Le premier est le plus estimé et le plus cher. Le musc est très-employé par les parfumeurs. On lui a reconnu des propriétés toniques, excitantes et antispasmodiques. Il entre dans une foule de préparations, de baumes et d'onguents. Il contient des matières volatiles, de la graisse, une résine amère, un extrait alcoolique, un extrait aqueux et un résidu sableux insoluble.

MUSCADE, fruit du muscadier. Il est charnu, sphéroïde, d'un vert pâle qui jaunit en mûrissant, s'ouvrant à son sommet en deux valves, pleines d'un suc astringent, contenant au centre une amande à laquelle on donne particulièrement le nom de *muscade*, revêtue d'une membrane charnue, fibreuse, d'un pourpre vif, appelée *macis*. La chair de l'amande est blanche, ferme, huileuse, très-odorante. La muscade met près de neuf mois à parvenir à sa maturité, et alors de la grosseur d'une pomme de reinette. On emploie l'amande pour aromatiser les aliments et exciter l'appétit. On en retire une huile essentielle fort usitée dans la paralysie, les rhumatismes, etc., comme liniment.

MUSCADIER, genre de plantes de la famille des myristicées dont il est le type, renfermant la plupart de très-grands arbres, à cime étalée et touffue, croissant tous dans les contrées intertropicales de l'Asie, de l'Afrique, de l'Amérique ou de l'Océanie. On en connaît une vingtaine d'espèces, dont les plus connues sont : le *muscadier aromatique*, de trente à quarante pieds de haut, à écorce rougeâtre, aux fleurs jaunâtres, petites, pendantes, au fruit connu sous le nom de *muscade*. Le bois est très-léger, blanc et sans odeur. On en fait de petits meubles à l'usage des dames. On trouve ce muscadier particulièrement dans le groupe de Banda, de l'archipel des Moluques; et le *muscadier à suif*, commun à Cayenne et dans toute la Guyane, et des graines duquel, pilées en semble et soumises à l'ébullition, on retire un suif jaunâtre avec lequel on fabrique des chandelles. Le suc de ses rameaux est antiscorbutique, antiodontalgique, etc.

MUSCARDINE, maladie à laquelle le ver à soie est sujet dans les pays arides et sablonneux, et dans les lieux exposés à l'action directe des vents de l'O. et du S. La muscardine tue le ver à tout âge et en peu de jours. La couleur du ver, d'abord rouge, devient blanche, puis pourpre. La cause essentielle de cette maladie, qu'on nomme aussi *dragée*, réside dans la trop grande population des magnaneries et l'air corrompu que l'on y maintient.

MUSCARI, genre de plantes de la famille des asphodélées, très-voisin du genre *jacinthe*, et renfermant une dizaine d'espèces environ. Ce sont de petites plantes à racine bulbeuse, à feuilles radicales, à fleurs en épi, toutes européennes. Quatre ou cinq sont indigènes en France. Le *muscari chevelu*, vulgairement *jacinthe à toupet*, dont la hampe, de quinze à dix-huit pouces de haut, est chargée de cinquante à quatre-vingts fleurs en grappes, d'un bleu rougeâtre, est cultivé dans les jardins. Une de ses variétés, le *muscari monstrueux* ou *jacinthe de Sienne*, *lilas de terre*, etc., porte des fleurs en panache de couleur bleu lilas.

MUSCAT, sorte de raisin ferme d'un très-bon goût. On en distingue plusieurs, dont les plus remarquables sont le *muscat blanc*, le *muscat rouge*, le *muscat violet* et le *muscat d'Alexandrie*, dont le grain est fort gros et ovale. On appelle *vin muscat* le vin que l'on fait avec ces raisins. Les meilleurs crus de muscat sont ceux connus sous le nom de *muscat de Rivesaltes* et grenache de Collioure (Pyrénées-Orientales), de *vin de Frontignan* et de Lunel (Hérault), et de *muscat de Die* (Drôme).

MUSCAT, nom donné à six sortes de poires, à cause de leur goût agréable ; ce sont : le *petit muscat*, petite poire hâtive ; le *muscat fleuri*, petite poire d'été, ronde, lisse, vert jaunâtre et roussâtre ; le *muscat royal*, poire d'été d'un gris fauve, à peau rude; le *muscat robert*, poire d'été lisse et d'un vert jaunâtre ; le *muscat d'Allemagne*, grosse poire d'automne conique, mi-partie cendrée et rouge ; le *muscat vert* ou *cassolette*, petite poire d'été d'un rouge terne un peu jaunâtre.

MUSCHELHORN, montagne de Suisse dans le canton des Grisons, entre les vallées de Blegno, de Calanca, de Missex et de Rienwald. Elle fait partie de la chaîne des Alpes des Grisons, et sa hauteur est de 10,680 pieds.

MUSCHELKALK (en allemand, *calcaire coquillier*). On appelle ainsi, en géologie, une série de couches, tantôt calcaires et tantôt marneuses. Considéré minéralogiquement, le muschelkalk est un calcaire compacte, d'un gris de fumée, quelquefois jaunâtre et même rougeâtre, qui contient une assez grande quantité de corps organisés et surtout de coquilles.

MUSCHENBROECK (Pierre DE), né à Leyde en 1692, mort en 1761, fut reçu docteur en médecine en 1715, mais s'occupa principalement des sciences exactes. Il fut nommé professeur de physique et de mathématiques à l'université d'Utrecht, et remplit ensuite les mêmes fonctions auprès de celle de Leyde. L'académie des sciences de Paris et la société royale de Londres se l'associèrent. On lui doit plusieurs ouvrages, dont le plus fameux est intitulé *Essais de physique*.

MUSCIDES, tribu d'insectes de l'ordre des diptères et de la famille des athéricères, caractérisé par un suçoir de deux pièces, couché dans la rainure supérieure d'une lèvre rétractile et des antennes de trois articles. Les muscides ont presque toutes le port de la mouche domestique. Les larves sont des vers blancs, coniques, ridés, qui éclosent le plus souvent des œufs déposés dans les viandes en putréfaction. Le genre mouche (en latin, *musca*) est le type de cette tribu.

MUSCLES. On donne ce nom, en anatomie, à des organes charnus, mous, rouges ou rougeâtres, composés, 1° de fibres irritables et contractiles, destinées à mouvoir en tout sens les diverses parties du corps, et connues sous le nom de *fibres musculaires* ; 2° de tissu cellulaire ; 3° d'artères ; 4° de veines ; 5° de vaisseaux lymphatiques ; 6° de nerfs. On divise les muscles en 1° *extérieurs* ou *de la vie animale*, au nombre de trois ou quatre cents dans l'homme, qui font mouvoir les divers organes extérieurs du corps ; et 2° *intérieurs* ou *de la vie organique*, qui sont creux, constituent de véritables membranes, et sont destinés aux organes intérieurs et aux fonctions végétatives. Les muscles extérieurs seuls ont reçu des noms tirés ou de leurs usages (*adducteurs, fléchisseurs, abaisseurs*), ou de leur figure (*trapèze, rhomboïde, dentelés*), de leur position, etc. La nomenclature de Chaussier est fondée sur les divers points du squelette où ils se fixent. — Une alimentation abondante influe sur le développement du système musculaire non moins que l'exercice. La contraction musculaire paraît se continuer, dans certains cas, quelque temps après la mort.

MUSEAU. On appelle ainsi, en anatomie, le prolongement des mâchoires chez les animaux, et la partie de leur tête qui comprend la gueule et le nez. Chez le cochon, il prend le nom de *grouin* ; chez le sanglier, celui de *boutoir*.

MUSÉE, ancien poète grec, fils d'Orphée ou de Linus, c'est-à-dire leur disciple, vivait, dit-on, vers l'an 1180 avant J.-C. Ses ouvrages nombreux, dont aucun n'est parvenu jusqu'à nous, avaient pour titre : *Théogonie*, *Guerre des Titans*, *Hymnes*, *Oracles*, *Préceptes à mon fils Eumolpe*. On lui a faussement attribué le poème de *Héro et Léandre*, qui est probablement d'un grammairien grec du IVe siècle.

MUSÉE, édifice de la ville d'Alexandrie, où l'on entretenait, aux dépens du public, un certain nombre de gens de lettres, de savants et de philosophes, qui n'avaient d'autres occupations que de se livrer entièrement à l'étude, sous la direction d'un chef ou prêtre nommé par le roi d'Égypte. Cette espèce d'académie, dont on attribue la fondation à Ptolémée Soter, réunissait les philosophes de toutes les sectes. Elle produisit plusieurs hommes célèbres, mais fut remplacée au IIIe siècle de J.-C. par l'école néo-platonicienne.

MUSÉE, lieu destiné à rassembler les monuments en tout genre relatif aux beaux-arts, aux sciences et aux lettres. Son nom lui vient de ce qu'il est établi à l'instar du muséum d'Alexandrie. La peinture, la gravure, la sculpture, la numismatique et la glyptique fournissent aux musées des objets propres à former des collections. Les plus célèbres musées se trouvent en Italie. On cite celui du Vatican et le musée Pio-Clémentin (pour les antiquités) à Rome, et la galerie de Florence et le musée égyptien de Turin, en Russie la galerie de l'Ermitage, en Angleterre le musée d'Oxford, qui remonte à 1679, en Allemagne l'*Augusteum* de Dresde, ou collection des antiques, et le musée de Berlin, en France, les musées du Louvre et de Versailles sont les plus beaux du reste de l'Europe. — Le *musée du Louvre*, ouvert en 1793, contient près de 1,000 tableaux, la plupart appartiennent aux plus grands maîtres. — Le *musée de Versailles*, un des plus beaux du monde, a été ouvert en 1837. Il renferme les tableaux ayant pour sujets les grands événements des siècles passés, les batailles, etc. ; les portraits présentant la suite de tous les rois de France, de tous les maréchaux, des connétables, etc., de tous les personnages fameux ; les bustes et statues formant des galeries de personnages célèbres ; les vieux châteaux ; et les marines représentant quelques-unes de nos grandes batailles navales. On cite encore à Paris le *musée monétaire, de marine*, etc.

MUSEROLLE, partie de la bride du cheval qui se place au-dessus du nez.

MUSES (myth.), déesses de la fable, au nombre de neuf, toutes filles de Jupiter et de Mnémosyne (la Mémoire). C'étaient Clio, Euterpe, Calliope, Erato, Polymnie, Melpomène, Terpsichore, Thalie et Uranie (Voy.). Chacune présidait à des arts libéraux, et avait pour attributs les instruments des arts auxquels elle présidait. Le Parnasse, l'Hélicon et le Pinde étaient leur demeure ordinaire. L'Hippocrène, le Permesse et Castalie leur étaient consacrés, ainsi que le cheval Pégase, le palmier et le laurier. On les peint jeunes, belles, modestes, ayant à leur tête Apollon, couronné de laurier et la lyre en main. — Pausanias ne compte que trois muses : *Mnémé, Meleté* et *Aœdé* (la mémoire, la méditation et le chant). Selon Diodore de Sicile, les neuf muses étaient neuf jeunes filles de la cour d'Hélios (Osiris), conduites par son fils Apollon (Horus). Selon d'autres, la fable des muses vient des concerts réglés établis par Jupiter en Crète.

MUSETTE, instrument de musique, à vent et à anches, qui ressemble beaucoup à la cornemuse, dont il diffère seulement par le bourdon ; son chant est plus doux et moins fatigant. Son chalumeau a onze trous. Le reste de l'instrument est une peau qu'on enfle au moyen d'un soufflet. On attribue l'invention de la musette, qui fut toujours l'instrument des bergers, aux Lydiens.

MUSÉUM, mot latin adopté dans la langue française comme synonyme de *musée*. Il s'applique principalement aux sciences. Le *muséum d'histoire naturelle* est un lieu où sont disposées méthodiquement des collections appartenant aux trois règnes de la nature.

MUSIQUE, art de varier les sons de manière à flatter l'oreille et à émouvoir le cœur. Sous ce nom les anciens comprenaient en outre tous les beaux-arts. — Les Grecs, pour noter leurs chants, avaient inventé des caractères qui marquaient chaque ton. Toutes ces figures étaient composées d'un monogramme, formé de la première lettre du nom particulier qu'ils donnaient à chacun des sons. Ces signes s'écrivaient au-dessus des paroles, rangés sur deux lignes, dont la supérieure était pour le chant, l'inférieure pour l'accompagnement. L'harmonie ne remonte, dit-on, pas au delà du VIIIe siècle. L'invention de la gamme des Européens est due à Guido d'Arezzo, moine italien du XIe siècle ; car tous les peuples ne se servent pas de la même gamme. Celle des Européens, sinon parfaite, est du moins la meilleure. Considérée dans ses moyens d'exécution, la musique est *vocale* ou *instrumentale*. La première se divise en quatre sections : 1o la musique sacrée ou d'église ; 2o la musique dramatique ; 3o la musique de chambre ; 4o les airs populaires. Le plain-chant est la musique d'église primitive. Les trois grands moyens musicaux sont la *mélodie*, l'*harmonie*, et l'*accent*.

MUSONIUS-RUFUS (Caïus), célèbre philosophe stoïcien du IIe siècle de J.-C., originaire d'Etrurie, et chevalier, fut exilé dans l'île de Gyarus par Néron en 62, et conduit cinq ans après à l'isthme pour y travailler avec les condamnés. Galba le rappela de l'exil, et Vespasien l'excepta seul du bannissement général qu'il fit des philosophes.

MUSSATI (Albertino), historien et poëte padouan, mort en 1329, fut ministre de l'empereur Henri VII, et mérita par ses succès poétiques l'honneur d'être proclamé dans sa patrie lauréat. On lui doit l'*Histoire des gestes de l'empereur Henri VII* et celle *des gestes des Italiens après Henri*.

MUSTAPHA. Quatre sultans turks ont porté ce nom. — MUSTAPHA Ier, fils de Mahomet III, succéda en 1617 à son frère Achmet Ier ; mais, chassé deux mois après par les janissaires qui mirent sur le trône Osman II son neveu, il fut rétabli par eux en 1622, et fut mourir Osman. Après un règne de seize mois, il fut déposé de nouveau et étranglé dans sa prison. — MUSTAPHA II, fils de Mahomet IV, succéda à son oncle Achmet II en 1695, battit les impériaux à Temeswar, et fut battu par eux à Zentha en 1697. Contraint de laisser Azof aux Moscovites et d'abandonner une partie de ses conquêtes, il se retira à Andrinople où il se livra aux plaisirs. Déposé en 1703, il mourut six mois après de mélancolie (1704). — MUSTAPHA III, fils d'Achmet III, né en 1716, succéda en 1757 à son cousin Mahomet V, et se laissa gouverner par ses vizirs. Il mourut en 1774, avant d'avoir vu la fin de guerre funeste entre la Russie et la Porte, qui mit celle-ci à deux doigts de sa perte. — MUSTAPHA IV, fils d'Abdul-Hamid, succéda en 1807 à son cousin Sélim III, qu'il détrôna et fit périr à la première nouvelle de la révolution qui le déposa (1808) et mit à sa place le sultan Mahmoud. Il fut étranglé la même année par le grand vizir Mustapha-Baïracter.

MUSTAPHA, fils aîné de Soliman II, gouverneur des provinces d'Amasieh et de Magnésie et d'une partie de la Mésopotamie, était un prince accompli. Roxelane, une des femmes de Soliman II, voulant assurer le trône à ses fils, l'accusa de tramer une conspiration contre le sultan, qui, sans l'écouter, le fit inhumainement étrangler en 1553. Cette mort tragique a fourni à Chamfort le sujet de sa tragédie de *Mustapha et Zéangir*.

MUSTAPHA (Kara), neveu du grand vizir Koprougli, élevé parmi les ichoglans, fut mis au nombre des officiers de la chambre du trésor, et devint l'amant de la sultane validé, dont la protection l'éleva de dignités en dignités jusqu'au rang de grand vizir. Mahomet IV lui fit épouser sa fille. Kara-Mustapha commanda l'armée de Hongrie et mit le siége devant Vienne, secourue par Sobieski en 1683. La sultane validé, qu'il avait offensée en recherchant l'amour de Basch-Kari, sœur du sultan, se servit de la perte de Gran, pour insurger les janissaires, et Mahomet IV fit étrangler son vizir à Belgrade en 1683.

MUSTAPHA-BAIRACTAR et mieux BAÏRAKDAR, ainsi surnommé parce que dans un combat sanglant, il conserva malgré ses blessures, un étendard qu'il avait enlevé à l'ennemi, naquit en 1750 d'une famille obscure, et fut d'abord laboureur, marchand de chevaux, puis soldat dans les armées de Tersanik-Oglou, dont il s'attira la confiance et auquel il succéda dans le pachalik de Routschouk. Il soutint avec courage la guerre contre les Russes; mais, partisan du sultan détrôné Sélim III, il gagna l'armée et marcha sur Constantinople dont il s'empara. Sélim ayant été assassiné, il déposa Mustapha IV et proclama empereur Mahmoud, frère de ce prince (1808). Elevé au rang de grand vizir, il s'occupa sans relâche de l'organisation de toutes les parties de l'administration, opposa aux janissaires le corps des *seymens*, et, assiégé par eux dans le sérail, fit étrangler Mustapha IV, et se fit sauter avec ses ennemis, le 15 novembre 1808.

MUSULMAN (du mot arabe *moslemim*, qui signifie vrai croyant), nom que prennent les sectateurs de la religion mahométane, par opposition à ceux qu'ils appellent les infidèles. Les Arabes, les Turks et tous les peuples asiatiques mahométans prennent ce titre.

MUTA (myth.), déesse du silence, appelée encore *Tacita, Lara, Laranda, Lalaria*, était fille du fleuve Almon. Jupiter, pour la punir d'avoir révélé à Junon son commerce avec la nymphe Juturne, lui fit couper la langue et la fit conduire aux enfers par Mercure qui, touché de sa beauté, l'épousa et en eut les dieux lares.

MUTATION, nom donné, dans l'ancienne jurisprudence, au changement de propriétaire qu'éprouve un fief. — En musique, *mutation* est synonyme de *muances*. Les *jeux de mutation* sont les registres de l'orgue dont les tuyaux ne sont point accordés au diapason des jeux de fonds, et qui sonnent ou la tierce ou la quarte ou la quinte de ceux-ci, et quelquefois plusieurs de ces intervalles à la fois.

MUTILLAIRES, tribu d'insectes de l'ordre des hyménoptères, section des porte-aiguillons, famille des hétérogynes, ayant pour type le genre *mutille* ; les mâles de cette tribu sont seuls pourvus d'ailes, et on les trouve sur les fleurs. Leur tête est arrondie, leurs yeux lisses, leurs antennes droites, sétacées ; ils ont quatre ailes. Les femelles ont la tête plus large, les antennes plus courtes, courbées et courent à terre avec rapidité.

MUTIQUE (bot.), adjectif par lequel on désigne un organe sans arête, sans épine ou sans pointe. Lorsque la paillette ou glume des graminées est privée de soie ou d'arête, on la dit *mutique*.

MUTIS (DON José-Celestino), astronome et botaniste célèbre, né à Cadix en 1732, fut nommé en 1757 suppléant de la chaire d'anatomie de Madrid. Ce fut lui qui enrichit les herbiers de Linné, son ami, des plantes de la Colombie. Ayant suivi en Amérique le vice-roi don Pedro Mesia de la Cerda, comte de Casaflores, il s'occupa pendant plus de cinquante ans à examiner les richesses végétales de cette contrée, et fonda en 1790 à Santa Fé de Bogota un établissement dont il eut la direction, l'*expedicion real botanica*. Il mourut en 1808. L'Europe lui doit la découverte du quinquina de la Nouvelle-Grenade.

MUTISIÉES, une des vingt tribus de la famille des synanthérées, correspondant aux onoseridées de Kunth et aux labiatiflores de Candolle, renfermant des herbes avec ou sans tiges, quelquefois des arbrisseaux à feuilles alternes ou sessiles, souvent découpées, et accompagnées de vrilles. Le type de cette tribu est le genre *mutisie*, dédié au botaniste Mutis, et composé de plantes ligneuses, à tiges grimpantes, portant des fleurs solitaires et pédonculées. Les mutisies, dont on connaît douze espèces, toutes indigènes de l'Amérique du Sud, ressemblant à la clématite.

MUTIUS. Voy. MUCIUS.

MUTTATHAL, vallée de Suisse, dans le canton de Schwitz, longue de 3 lieues et traversée par la Monotta. Elle est célèbre par la marche du général russe Souwarow qui fit gravir à son armée (1799) le mont Kientzingkoulm par des chemins que fréquent seulement des chasseurs de chamois.

MUTULE. C'est, en architecture, un modillon carré dans la corniche de l'ordre dorique.

MUTUNUS, MUTINUS ou MUTO (myth.), dieu des Romains, le même que le priape des Grecs, le phallus des autres peuples anciens et le lingam des Indiens. On lui fit le simulacre du sexe de l'homme. On lui donnait quelquefois la forme d'une lampe ou d'une terrine, ou on le représentait avec des ailes. Les nouvelles mariées étaient forcées pour l'usage à faire plusieurs cérémonies devant la statue de ce dieu.

MUY (Louis-Nicolas-Victor DE FÉLIX, comte du), né à Marseille en 1711, fut abord chevalier de Malte de la langue de Provence, et obtint en 1745 une place de menin du dauphin père de Louis XVI. Nommé en 1748 lieutenant général des armées du roi, il se signala à Hastembeck (1757), à Crevelt (1758) et à Minden (1759). Ses services militaires lui valurent le ministère de la guerre et le bâton de maréchal de France en 1774. Il mourut l'année suivante.

MUZIANO (Hieronymo), célèbre peintre,

né à Acqua-Freda (Lombardie) en 1528, fut l'élève de Hieronymo Romanini, et s'inspira des chefs-d'œuvre des grands maîtres et en particulier du Titien. La manière de Muziano était excellente, et ses tableaux très-recherchés. Il employa le crédit dont il jouissait auprès du pape Grégoire XIII, pour fonder à Rome l'académie de Saint-Luc, dont il fut le premier président. Quoique bon peintre d'histoire, il réussissait mieux dans le paysage et le portrait. Il mourut à Rome en 1590.

MYAGRUS, Myode ou Myacore (myth.), dieu des mouches, le même que le *Belzébuth* des Syriens et l'*Achor* des Carthaginois. On l'invoquait et on lui faisait des sacrifices pour être délivré des insectes ailés. Il avait à Rome une chapelle où une puissance divine empêchait, dit-on, les mouches et les chiens d'entrer.

MYCALE (aujourd'hui *Samsoum*), montagne célèbre de l'Ionie méridionale, en face de l'île de Samos. Elle forme en avant dans la mer le promontoire Trogilium, où eut lieu le combat naval dans lequel les Grecs commandés par l'Athénien Xanthippe et le Lacédémonien Léotychidès défirent entièrement les Perses au nombre de 100,000, l'an 479 avant J.-C., le jour même de la victoire de Platée.

MYCÈNES (aujourd'hui Saint-*Adrien*, *Charie* ou *Carvathos*), une des principales villes de l'Argolide, située dans l'intérieur des terres, près du mont Trétos et du fleuve Astérion, à 50 stades d'Argos. Cette ville, fondée vers 1344 avant J.-C. par Acrisius ou par Persée, et nommée ainsi, soit à cause de Mycène, fille d'Inachus, soit parce que Persée la bâtit, par ordre de l'oracle, en un lieu où était tombé le pommeau de son épée (en grec, *mycès*), fut de 1344 à 1106 avant J.-C. la capitale d'un fort petit royaume, qui fut très-célèbre, et dont les rois furent au nombre de huit. Le premier fut Acrisius et le dernier Epytus, fils d'Oreste, qui fut détrôné en 1104 par les Héraclides. Ceux-ci détruisirent le royaume de Mycènes, et le confondirent dans celui d'Argos. Mycènes fut ruinée de fond en comble en 462 avant J.-C. par les Argiens, et en on découvre à peine aujourd'hui quelques restes.

MYCÉRINUS, roi d'Egypte, d'une des plus anciennes dynasties, fils de Chéops, selon Hérodote, et de Chemmis selon Diodore, succéda à son père, et régna avec justice et modération, environ 200 ans avant la guerre de Troie. Il fut si affligé de la mort de sa fille unique qu'il fit enfermer son corps dans une vache de bois doré, et la fit placer dans sa chambre, pour la voir à chaque instant.

MYCOLOGIE. On appelle ainsi la science qui s'occupe de l'étude des champignons et de toutes les plantes qui leur ressemblent, soit par leur texture, soit par leur mode de développement, etc.

MYCONE (aujourd'hui *Miconi*), l'une des Cyclades, à l'O. de Délos, dont elle est séparée par un détroit de 3 milles, au S. de Ténos (Tine), au N. de Paros et de Naxos. L'agriculture y est négligée. On y trouve des figues, des olives et de l'orge. La population est de 2,000 habitants. Cette île fut longtemps inhabitée à cause de ses tremblements de terre. On prétendait autrefois que dans cette île se trouvait le tombeau des centaures vaincus par Hercule, et il paraît que les habitants étaient sujets à être ou à devenir chauves.

MYDAS, genre de mammifères de l'ordre des carnassiers plantigrades, voisin du genre moufette, et ne renfermant qu'une seule espèce qu'on trouve dans les îles de Java et de Sumatra. C'est le *télagon*, animal à tête pyramidale, allongée, au mufle assez semblable au groin d'un cochon, à queue rudimentaire. Son poil est brun, sauf une ligne blanche sur le dos et la queue. Il répand une odeur puante comme les moufettes.

MYDASIENS, tribu d'insectes de l'ordre des diptères, de la famille des notacanthes, qui ne se compose que des deux genres *mydas* et *céphalocère*, et qui renferme les animaux les plus grands de tout l'ordre des diptères, ayant de très-grands rapports avec les asiliques, chassant comme eux leur proie en volant et la suçant avec leur suçoir de quatre soies. Ils ont les antennes de cinq articles. Leur tête est transverse, plate, verticale; leurs ailes longues, étroites, écartées; l'abdomen très-long.

MYGALE, genre d'arachnides, de l'ordre des pulmonaires, de la famille des aranéides, section des tétrapneumones, renfermant les araignées les plus grandes et les plus fortes, connues dans l'Amérique sous le nom d'*araignées crabes*, en pouvant occuper, les pattes étendues, un espace circulaire de huit à neuf pouces de diamètre. Elles vivent dans des trous, des troncs d'arbre, dont elles tapissent l'ouverture, grimpent aux branches, et saisissent quelquefois des colibris ou des oiseaux-mouches. Sa proie ordinaire se compose d'anolis, de fourmis et d'oiseaux; elles distillent de leur bouche une liqueur lactescente et venimeuse qui rend leur piqûre dangereuse. Les mygales paraissent nocturnes, et se trouvent dans toutes les parties du globe.

MYGDONIE, petite province septentrionale de Macédoine, sur les confins de la Thrace, bornée au N. par la Syntique et l'Almopie, à l'O. par l'Axius qui la séparait de l'Emathie et l'Estrie, à l'E. par le Strymon qui la séparait du pays des Bisaltes, et au S. par l'Amphaxitide. La Mygdonie renfermait les villes d'Antigonie et de Lété, et avait pour capitale Anthemus. Ses habitants passèrent en Asie, et s'établirent dans un canton de la Phrygie et de la Bithynie auquel ils donnèrent le nom de leur ancienne patrie. Ce canton était situé auprès du mont Olympe, dans la partie orientale de la Bithynie. — C'était aussi le nom d'une province importante de la Mésopotamie, entre la Gauzanide au S., la Zaibdicène au N. Elle fut nommée *Mygdonie* après la conquête de l'Asie par Alexandre, parce que sans doute beaucoup de Mygdoniens d'Europe s'y établirent.

MYIOTHÈRES ou Myiothérinées, famille d'oiseaux, intermédiaire aux merles et aux pies-grièches et renfermant tous les oiseaux connus sous le nom de *fourmiliers*. Ils vivent à terre, sautillent continuellement, et se nourrissent de fourmis, de petits fruits et de baies. Leur ponte est de deux à cinq œufs blanchâtres, variés de taches roussâtres. Ils sont très-sauvages, et habitent dans les fourrés inaccessibles. La famille des myiothères renferme neuf genres, dont le type est le genre *fourmilier* ou *myiothère*.

MYLABRE, genre d'insectes de l'ordre des coléoptères, section des hétéromères, famille des trachélides, tribu des cantharidies. Ces insectes ont le corps oblong, noir, velu, la tête plus large que le corselet et inclinée, les antennes terminées par une massue arquée, et sont particuliers aux contrées chaudes et sablonneuses de l'Afrique et de l'Asie. On les trouve sur les fleurs, et les Chinois s'en servent, dit-on, comme les cantharides.

MYLITTA, surnom que les Assyriens donnaient à Vénus, dans les temples de laquelle les femmes étaient obligées de se prostituer aux étrangers.

MYOPE, nom donné, en médecine, à celui dont les yeux ne peuvent apercevoir les objets que de très-près. La myopie tient à la trop grande courbure de la cornée transparente ou du cristallin ; ce qui fait que les rayons lumineux qui partent de l'objet éloigné sont trop convergents pour faire leur image sur la rétine. Il faut donc diminuer cette convergence, et par suite employer une lentille divergente. Voilà pourquoi les myopes se servent de lentilles bi-concaves. La myopie disparaît avec l'âge ; le temps, usant la courbure de l'œil, fait disparaître sa trop grande convexité.

MYOPORINÉES, famille de plantes dicotylédonées, à étamines insérées sous le pistil, voisine des verbénacées ou vitieées, et renfermant des arbrisseaux à feuilles alternes ou opposées, simples, à fleurs axillaires. Cette famille se compose de cinq genres ; le type est le genre *myopore*, ainsi appelé à cause de la multitude de pores infiniment petits dont la plupart de ces plantes sont couvertes. Il renferme vingt espèces, natives de l'Océanie, dont deux ou trois sont cultivées en serre à cause de la quantité des fleurs petites et blanches et la singularité du feuillage, qui est charnu et denté.

MYOPOTAME, genre de mammifères de l'ordre des rongeurs, dont on ne connaît qu'une seule espèce, connue au Chili sous le nom de *Coypou* et de *Quouya*. C'est un animal long de près de trois pieds, de couleur brune, aux pieds longs, les antérieurs libres et les postérieurs palmés, ressemblant beaucoup au castor, surtout par son pelage qui a été principalement employé, comme celui du castor, dans le commerce de la chapellerie. On l'importait autrefois par milliers sous le nom de *raconde*. Le coypon est doux, facile à apprivoiser, habite des terriers qu'il se creuse sur les bords de l'eau, et nage facilement. Il a un petit cri aigu.

MYOSOTIS, genre de plantes de la famille des borraginées, qui ne diffère des héliotropes que par les écailles dont est munie l'entrée du tube de ses corolles. Les myosotis sont des plantes ordinairement herbacées, à feuilles simples, alternes, et dont les fleurs nombreuses, petites, bleues ou blanches, sont disposées en épis latéraux et terminaux. On en connaît une quarantaine d'espèces, dont les plus connues sont le *myosotis annuel*, vulgairement *oreille-de-souris*, qui fleurit au printemps, et est très-commune dans les champs et les lieux secs. Ses fleurs sont bleues, quelquefois jaunes ou très-pâles ; et le *myosotis vivace*, connu sous les noms vulgaires de *Ne m'oubliez pas* et de *Plus je vous vois, plus je vous aime*, et dont les fleurs sont ordinairement d'un bleu tendre, avec la gorge jaune. Elle se plaît sur les bords de l'eau.

MYOTILITÉ, nom donné par Chaussier à la *contractilité musculaire*.

MYRIA (en grec, 10,000). Ce mot entre dans la composition d'un grand nombre de mots, et en particulier dans celle des quantités métriques exprimant 10,000 unités de mesure ou de poids. — Ainsi le *myriagramme* est un poids de 10,000 grammes ; il pèse environ 20 livres et demie. — Le *myriamètre* est une mesure de longueur égale à 10,000 mètres ; elle vaut à peu près 5,132 toises, environ 2 lieues. — Le *myriare* est une mesure pour les terrains égale à 10,000 ares. Elle équivaut à environ 196 arpents, composés chacun de 100 perches carrées, de 22 pieds de côté. Le myriare est inusité.

MYRIAPODES (qui a 10,000 pieds, c'est-à-dire un nombre incalculable), classe d'animaux articulés, terrestres, au corps composé de segments nombreux dont chacun a le plus souvent une paire de pattes, ayant la tête pourvue de deux antennes, les yeux astaciformes, et dépourvus d'ailes. Leur circulation est incomplète, leur respiration trachéenne, leur génération bisexuée, ovipare ou ovovivipare. Les myriapodes ont de douze paires à plusieurs centaines de pieds. Leurs mœurs varient selon les familles. Certaines espèces sont frugivores, d'autres carnassières. Ils vivent dans les lieux humides, sous les mousses et quelquefois dans les habitations ; ils ne sortent que la nuit de leurs trous, et résistent aux plus grandes mutilations. On les trouve dans toutes les parties du monde. La classe des myriapodes se divise en deux ordres : les *chilognathes*, divisés en deux familles, les *oniscoïdes* avec trois genres, et les *iuloïdes* avec six genres ; et les *chilopodes*, divisés en deux familles, les *scutigériens* avec un seul genre, et les *scolopendriens* avec quatre genres.

MYRICÉES, famille de plantes dicotylé-

MYR　　　　　　　MYR　　　　　　MYS   933

dones, démembrée de celle des amentacées de Jussieu, et la même que celle des casuarinées, renfermant des arbrisseaux à feuilles alternes ou éparses, à fleurs dioïques, disposées en chaton. Les genres qui la composent sont au nombre de cinq : les deux qui ont servi de types sont le genre *casuarine* et le genre *myrica*, appelé encore *galc* et *cirier*.

MYRICINE, substance solide, d'un blanc grisâtre, fusible à 65 degrés, qui reste lorsqu'on traite par l'alcool bouillant la cire des abeilles et celle des myricas. Elle est encore sans usages.

MYRISTICÉES, famille de plantes dicotylédones, séparée par Brown des laurinées de Jussieu, et ayant pour type le genre *muscadier* (en latin, *myristica*). Les plantes de cette famille sont toutes des arbres ou arbrisseaux intertropicaux, et remplis en général d'un suc propre et rougeâtre, à feuilles alternes, très-entières, coriaces, à fleurs axillaires ou terminales, disposées en grappes ou en faisceaux. Elle ne renferme que les deux genres *myristica* et *knema*.

MYRMÉCOBIE, genre de mammifères, de la classe des didelphes, ainsi appelé parce qu'il vit de fourmis. Sa tête est allongée, ses oreilles médiocres et droites, sa queue également médiocre, ses pieds antérieurs pentadactyles et les postérieurs tétradactyles. La seule espèce connue a 10 pouces, moins la queue qui est de six pouces. Le pelage est mélangé d'ocre rougeâtre, de blanc, de noir et de jaune.

MYRMÉCOPHAGE. Voy. FOURMILIER.

MYRMÉLÉON. Voy. FOURMI-LION.

MYRMIDONS (du grec *myrmex*, fourmi), peuple des contrées méridionales de la Thessalie, ainsi appelé parce qu'ils furent, dit-on, originairement fourmis, ou parce qu'ils furent sujets de Myrmidon, fils de Jupiter et d'Euryméduse, ou enfin parce qu'ils imitèrent les fourmis par leur zèle et leur diligence pour les travaux de l'agriculture. — On nomme aussi *Myrmidons* les Eginètes, parce qu'Actor, mari d'Egine qui donna son nom à l'île, était fils de Myrmidon.

MYRMILLONS, gladiateurs romains ainsi appelés parce qu'ils portaient sur leurs casques un poisson nommé en grec *myrmiros*. Ils combattaient contre les rétiaires. On les nommait aussi Gaulois, soit qu'ils fussent armés à la gauloise, soit que les premiers fussent venus de Gaule.

MYROBOLAN, nom donné à des espèces de glands ou fruits d'arbres différents, originaires de l'Inde, et fort employés autrefois en médecine, aujourd'hui complètement abandonnés. On en compte cinq espèces : 1º le *myrobolan belleric*, gros comme une olive, de couleur brunâtre, terne, d'une saveur astringente et peu aromatique ; c'est le fruit d'une espèce de *badamier* ; 2º le *myrobolan chébule*, brunâtre, marbré, acide, croquant, ovoïde, allongé, de la grosseur d'une datte ; c'est le fruit du *terminalier chebula* ; 3º le *myrobolan indique*, qui n'est autre que le myrobolan chébule cueilli longtemps avant sa maturité ; sa couleur est d'un noir foncé, son goût amer et astringent ; 4º le *myrobolan citrin*, moitié moins gros que les chébules, dont on croit qu'ils ne sont qu'une variété ; leur forme est un ovoïde allongé, d'un jaune pâle, à la chair sèche, jaunâtre et astringente ; 5º le *myrobolan emblic*, de la grosseur d'une cerise et de couleur noirâtre. Tous les myrobolans nous arrivent desséchés, et servent de purgatifs.

MYROBOLANÉES, famille de plantes dicotylédones renfermant sept genres, dont les plus importants étaient le *myrobolan* et le *terminalier*, et qui rentre aujourd'hui dans la famille des combretacées.

MYRONIDE, un des plus habiles généraux d'Athènes, s'acquit une gloire immortelle par la campagne qu'il fit en 458 avant J.-C. contre les Thébains, qui avaient embrassé le parti des Lacédémoniens, ennemis d'Athènes. Myronide battit complétement les Thébains, prit d'assaut Ta-

nagre, s'empara de toute la Béotie, à l'exception de Thèbes, soumit les Phocéens et les Locriens Opuntiens, et revint dans sa patrie, où il fut comblé d'honneurs.

MYROXYLE, genre de la famille des légumineuses renfermant plusieurs espèces. Le *myroxyle du Pérou* à l'écorce lisse, épaisse, les feuilles alternes, les fleurs blanches et disposées en grappes rameuses. Toutes les parties de cet arbre et surtout son écorce sont résineuses, et donnent par incision ou par infusion le célèbre *baume du Pérou*. Le *myroxyle de Tolu* diffère du précédent par ses folioles moins nombreuses, lancéolées et aiguës. Son écorce donne par incision le *baume de Tolu*. Cet arbre est ainsi appelé parce qu'il croît près de Tolu (province de Carthagène).

MYRRHA (myth.), fille de Cinyras, roi de Chypre, conçut pour son père un amour criminel et parvint à le satisfaire dans l'obscurité de la nuit. Découverte par son père, elle s'enfuit en Arabie, où elle pria les dieux de lui accorder de n'être ni au nombre des vivants ni parmi les morts. Elle fut changée en l'arbre qui porte son nom, et mit au monde Adonis.

MYRRHE, gomme résineuse, en larmes ou en grains roussâtres ou jaunâtres, pesants, assez transparents, fragiles, d'une odeur aromatique agréable, d'une saveur amère et un peu âcre. Elle contient, sur 100 parties, 34 de résine et 66 de gomme. En brûlant, elle répand un parfum très-suave. On ne la rapporte de l'Arabie et de la côte d'Ajan, où croît l'arbre qui la produit, et qui est encore inconnu. Les uns en font un *amyris* ; les autres, un *mimosa* ou *acacia*. Les Arabes la mâchent, dit-on, continuellement, et en font un grand usage contre leurs maladies. La myrrhe est très-répandue dans le commerce, et entre dans un grand nombre de préparations médicales.

MYRRHIDE, genre de la famille des ombellifères, renfermant deux espèces, dont la principale est la *myrrhide odorante*, connue vulgairement sous les noms de *cerfeuil d'Espagne* et de *cerfeuil musqué* ; elle répand de toutes parts une suave odeur d'anis, et elle croît particulièrement en Espagne. On la trouve aussi dans le midi de la France. C'est une plante vivace, haute de deux à trois pieds, portant des fleurs blanches disposées en petites ombelles. On la multiplie de graines, et on l'emploie en assaisonnement dans les salades.

MYRSILE, ancien historien grec, contemporain de Solon, dont il ne nous reste que des *fragments* recueillis avec ceux de Bérose et de Manéthon. — C'est aussi le nom d'un roi de Lydie, nommé plus communément CANDAULE.

MYRSINÉES, famille de plantes dicotylédones renfermant des arbres ou des arbustes à feuilles alternes, rarement opposées ou ternées, glabres, coriaces, entières ou dentées, à fleurs réunies en grappes. Elle est en partie formée de celle des sapotées, et comprend deux tribus ; les *ardisiacées* et les *primulacées*. Elle renferme six genres, dont les plus importants sont le genre *ardisia* et le genre *myrsine*. Ce dernier renferme des arbustes du port d'un myrte, aux fleurs disposées en corymbe.

MYRTACÉES, MYRTÉES, MYRTOÏDES ou MYRTINÉES, famille de plantes dicotylédones, renfermant des plantes ligneuses, aux feuilles simples, opposées, entières, ponctuées et munies le plus souvent de glandes transparentes, pleines d'huile essentielle, aux fleurs généralement blanches ou rougeâtres. Le genre type est le genre *myrte*. Cette famille se divise en cinq groupes : les *myrtées* proprement dites, les *chamælauciées*, les *leptospermées*, les *barringtoniées* et les *lécythidées*.

MYRTE, genre de plantes de la famille des myrtacées, dont il est le type, et du groupe des myrtées, composé de dix-neuf espèces, dont une seule vit spontanément dans le

midi de la France. C'est le *myrte commun*, joli arbre cultivé dans les jardins à cause de la fraîcheur perpétuelle de son feuillage toujours vert et sans duvet, du nombre et de la beauté de ses fleurs, dont le blanc pur est relevé par la teinte rouge des rameaux, et de l'odeur suave qu'il répand. Son bois est dur, et dans les pays où sa tige acquiert de la grosseur on l'emploie avec profit pour faire des meubles et des ustensiles. On emploie dans le Var et les Calabres les feuilles du myrte pour le tannage des cuirs. On en distille aussi une eau pour la toilette, qui parfume et raffermit la peau, *l'eau d'ange*. On retire de toutes les parties de la plante une huile volatile recherchée comme stimulant, et du fruit, d'un bleu foncé, pilé, mis en infusion dans l'alcool, on exprime, un suc huileux propre à rappeler la fraîcheur de la peau. Les baies desséchées du *myrte piment* sont employées comme condiment sous le nom de *toute-épice* et de *poudre de clous de gérofle*. L'écorce du *myrte géroflier* porte le nom de *cannelle géroflée*. — Le myrte était chez les anciens consacré à Vénus.

MYRTIFORME, qui a la forme d'une feuille de myrte, c'est-à-dire qui est petit, ovale, entier et lancéolé.

MYRTILE (myth.), fils de Mercure et de Myrto, écuyer d'OEnomaüs, roi de Pise, fut gagné par Pélops, qui voulait épouser Hippodamie, fille du roi, et se voyait obligé comme tous les concurrents de lutter à la course des chars avec OEnomaüs. Myrtile ayant ôté la clavette qui retenait la roue, le char versa, et le roi se fracassa la tête. Pélops, victorieux, fit jeter Myrtile dans la mer. Son corps fut poussé sur le rivage, et les Phénéates instituèrent en son honneur une fête annuelle et nocturne. Myrtile fut mis au rang des astres.

MYRTOS, très-petite île de la mer Egée, située au S. de l'Eubée, vis-à-vis de Géreste ou auprès du promontoire Capharée. Elle donna son nom à la portion de la mer Egée comprise entre l'Eubée, l'Attique, les îles du Péloponèse et les Cyclades, qui fut alors appelée *Myrtoum mare*, mer de Myrtos.

MYSIE, contrée de l'Asie-Mineure, bornée au N. par la Propontide, à l'E. par la Lydie et la Phrygie, à l'E. par la Bithynie, et à l'O. par la mer. Elle se divisait en *grande Mysie* à l'O. et au S., et en *petite Mysie* au N. Troie, Pergame, Thèbes, Adramytte sont les villes principales de la première, qui renfermait l'Eolide et la Troade. Les villes principales de la seconde sont Lampsaque, Cyzique et Parium. Les Mysiens furent d'abord très-belliqueux ; dans la suite, ils dégénérèrent ; ils faisaient généralement le métier de pleureurs dans les funérailles. Ils excellaient dans la musique, et surtout dans la danse armée. Ils étaient descendus des Mésiens d'Europe, et tombèrent sous la domination d'Alexandre, après avoir été soumis aux rois de Perse. La Mysie fut réduite en province romaine environ 126 ans avant J.-C. Elle correspond aujourd'hui aux sandjiakats de *Biga* ou *Karassi*, chef-lieu *Bali-Kesri*, et de *Kodavenkiar*, chef-lieu *Broussah*.

MYSIES, fêtes grecques en l'honneur de Cérès, ainsi nommées de l'Argien Mysius, qui avait bâti un temple à la déesse dans le voisinage de Pallène. Elles duraient trois jours ; au troisième, les femmes chassaient du temple les hommes et les chiens, et s'y renfermaient pendant la journée et la nuit suivante avec les chiennes.

MYSITHÉE. Voy. MISITHÉE.

MYSON, Spartiate du bourg de Chen, l'un des sept sages de la Grèce. Anacharsis ayant demandé à l'oracle d'Apollon quel était le plus sage des Grecs, la pythie lui répondit que c'était celui qui, en ce moment, labourait son champ. Ce fut Myson.

MYSORE. Voy. MAISSOUR.

MYSORINE, minéral trouvé dans le pays de Mysore ou Maïssour, et composé d'environ 17 parties d'acide carbonique, 61 de deutoxyde de cuivre, de 19 à 20 de per-

MYS

oxyde de fer et de 2 de silice. C'est une substance d'un brun noirâtre, ordinairement foncé et sali de vert, de rouge et de brun, tendre et facile à couper au couteau.

MYSTAGOGUE. On appelait ainsi, chez les païens, celui qui introduisait les initiés à la connaissance des mystères.

MYSTÈRES. On nommait ainsi, chez les païens, certaines cérémonies relatives au culte des principales divinités, telles que Cérès, Bacchus, Isis, Mithras, les Cabires, etc. Les plus célèbres étaient ceux de Cérès et d'Isis, que l'on croit être les mêmes, et qu'on divisait en *grands* et en *petits*. On les connaît sous le simple nom de *mystères*, de *mystères d'Eleusis* et d'*Eleusinies*.

MYSTÈRES. Au moyen âge, on donne ce nom aux pièces dont le sujet était généralement tiré de la Bible ou du Nouveau Testament. Autorisées et même préconisées par le clergé, ces pièces, connues aussi sous le nom caractéristique de *moralités*, se représentèrent d'abord dans les cathédrales, puis dans les parvis et enfin dans les places publiques. La plupart étaient composées par des clercs et jouées par eux ou par des confréries et des corporations. C'était une gloire et un honneur de jouer dans les mystères. Les plus fameux sont le *Mystère de la passion*, celui *de l'incarnation*, celui *de la résurrection*, et le *Mystère de sainte Catherine*. Ces derniers remontent au XIIe siècle. Les mystères commencèrent à disparaître dans le XVe siècle.

MYSTES, nom donné, chez les païens, à ceux qui étaient initiés aux petits mystères de Cérès. Ils ne pouvaient entrer que dans le vestibule du temple. Il leur fallait au moins un an pour être admis aux grands mystères, et pour pouvoir entrer dans le temple même; alors ils prenaient le nom d'*Époptes*.

MYT

MYSTICISME, doctrine ou science qui s'occupe de recherches profondes en fait de spiritualité, c'est-à-dire qui porte sur un ordre de choses dont on ne s'occupe pas ordinairement.

MYSTIQUE (ÉCOLE). On comprend sous ce nom les divers philosophes qui ont pris le mysticisme pour base de leurs systèmes et qui l'ont envisagé sous divers aspects. Les principaux sont Fludd, natif d'Ecosse (1574-1637); Bœhm, de Gœrlitz (1575-1624); les Van-Helmont, de Bruxelles (1578-1644). Le Danois Swedenborg résuma le mysticisme des époques et des philosophes précédents.

MYSTIQUE (accept. div.). On appelle *sens mystique* une explication allégorique d'un événement, d'un passage, d'un discours de l'Ecriture. En droit, on nomme *testament mystique* un testament écrit ou du moins signé par le testateur et remis par lui clos et scellé à un notaire, en présence de six témoins.

MYSTRE, petite mesure grecque de capacité pour les liquides. Elle valait environ un centilitre et demi, et était la 3456e partie du métrétès.

MYTEN, monnaie de Bruxelles qui est la dernière sous-division du livre; c'est le tiers du denier ou *penning*.

MYTHE, trait de la fable de l'histoire héroïque ou des temps fabuleux. Le mythe n'est le plus souvent qu'une enveloppe sous laquelle sont cachés de grands faits, de grandes innovations. Ainsi le mythe des Myrmidons, peuple que la fable fait venir de fourmis, signifie la diligence et le zèle de ce peuple pour les travaux de l'agriculture. Le mythe de Protée, le devin insaisissable, s'explique par sa profonde sagesse et la difficulté que ses sujets avaient de l'aborder.

MYU

MYTHOLOGIE, ensemble des traditions religieuses et fabuleuses d'un peuple sur l'origine et la nature des dieux, et sur leurs rapports avec les hommes. Les trois mythologies qui offrent le plus d'intérêt sont la *mythologie grecque*, la *mythologie scandinave* et la *mythologie hindoue*. La première est tout entière dans les œuvres d'Hésiode et d'Homère. Le système mythologique du premier, connu sous le nom de *naturalisme*, personnifie les formes de la nature physique dans la plupart de ses dieux. Celui du second, appelé *anthropomorphisme*, personnifie celle de la nature morale, c'est-à-dire les passions humaines. Il y a encore deux systèmes d'interprétation des symboles mythologiques : celui que ramène tous à des événements historiques, dû à Evhémère, et celui qui les ramène tous à des allégories astronomiques, dû à Dupuis.

MYTILACÉS, famille de mollusques acéphales pourvus de coquille. Toutes les espèces qui y rentrent ont le manteau fendu par devant, mais avec une ouverture séparée pour les excréments; un pied servant à ramper, ou du moins à tirer, diriger et fixer le byssus. Le genre *moule* (en latin, *mytilus*) en est le type.

MYURE (du grec *mûs*, rat, et *oura*, queue), c'est-à-dire *queue de rat*. On nomme ainsi, en médecine, le pouls inégal dont les pulsations deviennent progressivement moins fortes, par comparaison avec la queue d'un rat qui va toujours en diminuant jusqu'à son extrémité. — On le nomme *pouls myure réciproque* lorsque, après s'être affaibli peu à peu, il reprend dans le même ordre et progressivement sa force première.

N

NAB

N, la quatorzième lettre de notre alphabet et la onzième des consonnes. — Suivie d'un ou de plusieurs points, elle indique un nom propre qu'on ignore. — En termes de marine, N veut dire *nord*, N.-E. *nord-est*, N.-O. *nord-ouest*, N.-N.-E. *nord-nord-est*, etc., etc. — Pris numéralement, N avec un accent aigu dessus signifiait 50 chez les Grecs; avec l'accent dessous, 50,000.— Chez les Romains, N valait 900, et N̄ 900,000. Dans les abréviations, N. L. (abrégé de *non liquet*, c'est-à-dire *cela n'est pas clair*) s'employait à Rome par les juges pour annoncer qu'après avoir entendu le plaidoyer des deux parties ils ne pouvaient pas prononcer le jugement, parce l'affaire n'était pas assez prouvée. — La lettre N désignait jadis la monnaie frappée à Montpellier.

NAAMAN, général de Bénadad, roi de Syrie, fut attaqué de la lèpre, dont Elisée le guérit vers l'an 884 avant J.-C., parce qu'il avait cru les paroles du prophète, et qu'il s'était lavé par son ordre dans le Jourdain.

NAARMALCHA, canal célèbre, creusé par les anciens rois de Babylone, réparé d'abord par Trajan et ensuite par Julien. Ce canal, qu'on appelait aussi *Fossa regum*, était destiné à recevoir une partie des eaux de l'Euphrate. Il partait de ce fleuve au-dessous de Périsabora et joignait le Tigre à Séleucie.

NABAB (en hindoustani *nawaub*, délégué), nom qu'on donne dans les Indes à ceux qui sont investis du commandement des troupes ou du gouvernement d'une province, dignité qui reçoit alors le nom de *nababic*. On l'a étendu à tous ceux qui reveulaient des Indes après y avoir fait fortune.

NAB

NABAL, riche Israélite de la tribu de Juda et de la famille de Caleb. David auquel il avait refusé des vivres pour sa troupe, ayant envoyé 400 hommes pour l'exterminer lui et sa famille, fut apaisé par Abigaïl, femme de Nabal. Celui-ci étant mort de frayeur dix jours après, l'an 1057 avant J.-C., David épousa sa veuve.

NABARZANE, général de Darius Codoman, commandait à Issus la cavalerie et 20,000 archers frondeurs. Deux ans après, il s'unit avec Bessus pour assassiner son maître et s'emparer du royaume. Il se retira dans l'Hyrcanie, et fit sa paix avec Alexandre en se rendant à lui avec des présents magnifiques.

NABATHÉE, petite portion de l'Arabie Pétrée, dont la ville de Pétra était la capitale, et qui s'étendait le long du golfe Arabique, depuis le mont Hippos au S. jusqu'à la Gébalène.

NABATHÉENS, habitants de la Nabathée, ainsi appelés de Nabaioth, premier fils d'Ismaël, dont ils descendaient. Ils étaient nomades et vivaient de pillage. On ne put jamais les réduire. Jonathan, frère de Judas, les battit et ravagea leur pays.

NABIS, tyran de Sparte, s'empara de l'autorité après Machanidas, l'an 206 avant J.-C. Il attaqua la ligue achéenne, et reçut en dépôt de Philippe la ville d'Argos, où il exerça les plus grandes cruautés. Ayant pris le parti de Philippe contre les Romains (195 avant J.-C.), il fut vaincu. Il assiégea Gythium, ville des Achéens, et battit sur mer leur général Philopœmen, qui le poursuivit et le vainquit à son tour près de Sparte. Nabis fut tué en trahison vers l'an 192 avant J.-C. Il avait inventé une machine en forme de statue, ressem-

NAB

blant à sa femme Apega, et dont les bras, les mains et le sein étaient hérissés de pointes cachées sous les vêtements. Il s'en servait pour torturer ses sujets et leur extorquer de l'argent.

NABLE (en hébreu, *nebel*), instrument de musique des Hébreux, à peu près de la forme d'un Δ. Il se jouait à deux mains, et l'on faisait résonner les cordes sur un ventre creux par le haut. Quelquefois aussi on le jouait avec une espèce d'archet.

NABLOUS ou **NAPLOUSE** (*Neapolis*), ville de Palestine, située dans une vallée fertile en fruits excellents et particulièrement en olives, sur les ruines de Neapolis bâtie par Hérode, et près du lieu où fut Sichem, l'ancienne capitale des Samaritains, à 10 lieues de Jérusalem. Ses habitants sont les plus riches de la Syrie, et font un grand commerce. Elle est la résidence d'un cheik. On y voit les tombeaux de Joseph et de Josué, ainsi que le puits de Jacob à Sichem. Elle a donné le jour à saint Justin.

NABO ou **NEBO** (myth.), une des divinités des Assyriens et des Chaldéens, avait le premier rang après Baal. Vossius croit que c'était la lune. La plupart des rois de Babylone portaient ce nom joint au leur propre, comme Nabo-Nassar, Nabo-Polassar, Nabo ou Nabu-Chodonosor.

NABONASSAR, roi de Babylone, qui est surtout célèbre par l'ère qui porte son nom, et qui commence le 26 février 747 avant J.-C. On croit qu'il est le même que Bélésis le Chaldéen, premier roi de Babylone après Sardanapale; cependant la plupart le considèrent comme le fils et le successeur de ce Bélésis. Il régna quatorze ans.

NABONIDE, le même que le Labynit d'Hérodote et le Balthazar de l'Ecriture. Voy. BALTHAZAR.

NABOPOLASSAR, gouverneur de Babylone pour Sarac-Sardanapale, roi de Ninive, s'empara de Ninive, et détrôna Sarac ou Chiniladdon de concert avec Cyaxare Ier, roi des Mèdes, l'an 626 avant J.-C. Défait par Néchao, roi d'Egypte, qui lui enleva Carchémis, place importante de son empire, il envoya contre lui son fils Nabuchodonosor II, qui força Néchao de rentrer dans ses Etats, après avoir perdu la bataille de Circesium. Nabopolassar régna vingt et un ans, et eut pour successeur Nabuchodonosor II, son fils. On croit qu'il est le même que Nabonassar II.

NABOTH, Israélite de Jezraël, qui, n'ayant point voulu vendre sa vigne à Achab, roi d'Israël, fut tué par l'ordre de Jézabel, femme de ce prince, l'an 869 avant J.-C. Ce fut au lieu même où il avait été lapidé que, conformément à la prophétie d'Elie, les chiens léchèrent le sang de la criminelle Jézabel.

NABUCHODONOSOR ou **NEBUCHADNEZAR** Iᵉʳ, roi de Ninive et de Babylone, défit et tua Phaortes ou Arphaxad, roi des Mèdes. Il envoya contre les Israélites Holopherne avec 132,000 hommes (690 avant J.-C.). Les uns croient que c'est le même que Nabopolassar, les autres qu'Artaxercès Ochus.

NABUCHODONOSOR II, surnommé *le Grand*, roi d'Assyrie et de Babylone, succéda à Nabopolassar son père l'an 606 avant J.-C., et se rendit maître de presque toute l'Asie. Il prit Jérusalem sur Joachim, roi de Juda, et emmena les Juifs en captivité à Babylone (l'an 600 avant J.-C.). Jéchonias, fils de Joachim, auquel il avait rendu la couronne, s'étant révolté, ainsi que plus tard Sédécias son oncle, ces deux princes furent emmenés en captivité, et Nabuchodonosor mit ainsi fin au royaume de Juda (587 avant J.-C.). Deux ans après, ou selon d'autres deux ans avant, il alla assiéger Tyr, dont il s'empara après un siège de treize ans, et soumit l'Egypte et une partie de la Perse. Il mourut l'an 563 avant J.-C Au temps de sa prospérité, selon l'Ecriture, il eut un songe célèbre, dans lequel il crut voir un colosse à la tête et au corps d'or et d'argent, et aux pieds d'argile. Daniel seul lui expliqua ce songe par la destruction de son empire après lui. Il demeura sept ans dans les forêts, laissant croître ses cheveux et ses ongles, et s'imaginant avoir été changé en bête, conformément à une prophétie de Daniel. Il fit bâtir les fameux jardins suspendus de Babylone, attribués aussi à Belus.

NACARAT, ce qui est d'un rouge clair, entre le rouge cerise et le rose. Il se prend souvent comme substantif.

NACELLE, petit batelet sans mât ni voile, dont on se sert pour voyager en suivant les rivages d'une rivière, et quelquefois pour la traverser. — En termes d'architecture, c'est un membre creux, en demi-ovale dans les bases. — En histoire naturelle, c'est le nom d'une *patelle* et des *oscabrions*. — C'est aussi une espèce de petite barque, qui est suspendue au-dessous d'un ballon, et dans laquelle se place l'aéronaute.

NACHOR, patriarche hébreu, fils de Sarug et père de Tharé, naquit l'an 2155 avant J.-C., et mourut à l'âge de cent quarante-sept ans. Ce fut l'aïeul d'Abraham. — Il ne faut pas le confondre avec le frère de ce même Abraham, comme lui fils de Tharé, qui épousa sa nièce Melcha, fille d'Aran, et en eut huit fils, entre autres Bathuel, père de Rébecca, femme d'Isaac.

NACKCHIVAN, ville d'Arménie, dans le gouvernement russe d'Erivan, à 45 lieues de cette ville. Elle était autrefois très-opulente, mais Amurat la dévasta. Elle est pleine de ruines qui attestent son ancienne splendeur. Elle a encore aujourd'hui de très-beaux bazars, et fait un très-grand commerce. Ses habitants sont pour la plupart chrétiens.

NACRE, substance blanche, éclatante, dure, argentée, reflétant la pourpre et l'azur. Elle résulte d'une disposition particulière des molécules calcaires qui revêtent l'intérieur d'un grand nombre de coquilles, et qui sont sécrétées par le collier et le bord du manteau de certains mollusques. Les haliotides, les turbos, les mulettes, les anodontes et les pintadines sont celles de toutes les coquilles qui fournissent la plus belle nacre. La nacre sert pour un grand nombre d'ornements.

NADAD, fils d'Aaron, fut, comme son frère Abiu, dévoré par le feu du ciel pour avoir présenté au Seigneur l'encens avec un feu profane. — Roi d'Israël, succéda en 954 avant J.-C. à son père Jéroboam. Il se livra à toutes sortes de sacriléges et d'impiétés, et fut tué après un règne de deux ans par Baasa, un de ses généraux, qui s'empara du trône et fit périr toute sa race.

NADASTI (Thomas, comte DE), l'une des plus anciennes familles de Hongrie, défendit en 1531 la ville de Bude contre Soliman II, sultan des Turks. Un traître le livra à ce prince, qui le renvoya sous bonne escorte à Ferdinand, roi de Hongrie. Nadasti servit ensuite Charles-Quint, et enseigna l'art de la guerre à Ferdinand de Tolède, si fameux sous le nom de duc d'Albe.

NADASTI (François, comte DE), président du conseil souverain de Hongrie, n'ayant pu obtenir de l'empereur Léopold la dignité de palatin, conspira contre lui en 1665 avec le comte de Serin, Frangipani et Tattembach. Après avoir vainement essayé l'incendie et le poison, il fut découvert et condamné à avoir le poing droit coupé et la tête tranchée, sentence qui fut exécutée en 1671. Ses enfants furent forcés de prendre le nom de Cruzemberg.

NADIR. On appelle ainsi, en astronomie, le point de la voûte céleste qui se trouve directement au-dessous de nos pieds, et qui est diamétralement opposé au *zénith*. Tous deux sont les extrémités ou les pôles d'une ligne perpendiculaire à l'horizon et se prolongeant jusqu'à la voûte céleste. Ce mot est d'origine arabe.

NADIR-SCHAH, prince persan, dépouillé de la souveraineté des Afschards par un de ses oncles, passa au service de différents princes. Le beglerbeg du Khorasan lui ayant fait donner la bastonnade, Nadir-Schah se mit à la tête de brigands, entra au service du roi de Perse Schah-Thamas, et prit alors le nom de *Thamas-Kouli-Khan*. Dévoré d'ambition, il fit déposer Thamas, mit un de ses fils à sa place, et finit par s'emparer de la couronne (1735). Son règne ne fut qu'une suite de dévastations. Il périt en 1747 assassiné par Ali-Kouli-Khan, neveu de Thamas, qui lui succéda.

NADJAH, fondateur de la dynastie des Nadjahides, dans l'Yemen, fut d'abord esclave de Mardjan, et, s'étant mis à la tête d'une armée d'Arabes et de noirs, fit une guerre sanglante à Caïs, son compagnon d'esclavage, qui s'était emparé de l'Yemen, qu'il gouvernait avec la férocité la plus cruelle. Nadjah le tua et s'empara du pouvoir de 1021 à 1060.

NÆFELS, village et château du canton de Glaris, en Suisse, à 2 lieues de cette ville, sur la Linth. Sa population est de 1,300 habitants. Léopold, duc d'Autriche, y fut défait par les cantons réunis en 1388.

NÆVIUS (Cnéius), poète latin qui porta les armes dans la première guerre punique, dont il chanta les événements en vers saturnins qui ne sont pas parvenus jusqu'à nous. S'adonnant ensuite au théâtre, il essaya de mêler la satire aux imitations de la comédie grecque; mais il effraya la sévérité des mœurs romaines en mettant sur la scène des personnages vivants. Metellus le fit bannir de Rome et exiler à Utique, où il mourut l'an 204 avant J.-C. Sa première comédie avait été représentée l'an 229.

NAGEOIRES, appendices propres aux corps des poissons et leur servant à diriger leur marche. Ces appendices sont formés d'un nombre variable d'os appelés rayons parce qu'ils vont en divergeant comme les branches d'un éventail, lesquels, servant de soutien à une membrane solide, forment avec elle une large rame, susceptible de se rétrécir au gré de l'animal. Le nombre des nageoires est variable chez les poissons, et celui des rayons qui les composent, l'étant aussi, fournit des caractères excellents pour distinguer les poissons entre eux. On appelle nageoires *pectorales* les deux qui se trouvent devant, près des branchies ; *ventrales*, les deux de derrière, situées tantôt vers la queue (poissons *abdominaux*), tantôt près des pectorales (poissons *subbrachiens* ou *thoraciques*), quelquefois même en avant de celles-ci (poissons *jugulaires*) ; *dorsale*, *anale*, *caudale*, celle qui se trouve sur le dos, à l'anus, à la queue.

NAGPOUR, ville de l'Indoustan, ancienne capitale du Bérar et aujourd'hui des possessions mahrattes de Benou ou Gandouanah. Cette ville considérable, mais mal bâtie et sans défense, située vers le centre de l'Inde, à 92 lieues de Brampour, a environ 50,000 habitants. Le district dont elle est la capitale en a 80,000.

NAHASSON, fils d'Aminadab, était le chef de la tribu de Juda lors de la fuite d'Egypte. Il fit le premier son offrande au tabernacle, la deuxième année après la sortie d'Egypte.

NAHUM, le septième des douze petits prophètes, natif ou habitant d'Elcésaï en Galilée, vécut probablement du temps d'Ezéchias, entre la ruine des dix tribus par Salmanazar et l'expédition de Sennachérib contre Juda. Sa prophétie consiste en trois chapitres, pleins de vivacité, de pathétique et d'énergie. Il y annonce la ruine de Ninive.

NAIADE, genre de plantes de la famille des naïadées, habitant les eaux stagnantes ou courantes, à la surface desquelles elles s'étalent en tous les sens. La *naïade d'un seul fruit* est une plante annuelle de quatre à six pouces de haut, aux tiges cylindriques, rameuses, munies de pointes épineuses ; aux feuilles d'un beau vert, luisantes, étroites, d'un pouce de long, élargies à la base, puis linéaires, dentées, garnies de pointes épineuses ; aux fleurs peu apparentes ; aux fruits très-petits, renfermant une seule graine. Cette plante est commune dans nos pays ; les cultivateurs s'en servent comme engrais.

NAIADÉES, famille de plantes monocotylédonées, renfermant des plantes aquatiques, inondées ou submergées, aux feuilles transparentes et minces, aux fleurs monoïques ou hermaphrodites et à un ou plusieurs fruits monospermes. Le genre type est la *naïade*.

NAIADES ou **NAYADES** (myth.), nymphes qui présidaient aux fleuves et aux fontaines. Leur nom vient du grec *naein*, couler. Filles de Jupiter, on leur offrait en sacrifice des agneaux et des chèvres, ou bien du lait, du vin, de l'huile, du miel, des fleurs et des fruits.

NAIGEON (Jacques-André), fils d'un fameux moutardier de Dijon, né à Paris en 1738, puisa dans la société de baron d'Holbach les principes d'incrédulité et d'athéisme qui ne l'abandonnèrent jamais. Ami intime de Diderot, des œuvres duquel il a donné une édition, il fut son collaborateur dans l'*Encyclopédie méthodique*, et y fit les articles de philosophie ancienne et moderne. Il mourut en 1810. Parmi ses ouvrages on cite plusieurs *traductions* et des publications du baron d'Holbach.

NAILLAC (Philibert DE), grand prieur d'Aquitaine, fut élu en 1383 grand maître de l'ordre de Saint-Jean de Jérusalem, qui résidait alors à Rhodes. Venu au secours de Sigismond, roi de Hongrie, contre le sultan Bajazet-Ildérim, il perdit un grand nombre de ses chevaliers à la funeste bataille de Nicopolis (1396). Il assista en 1409 au concile de Pise, et mourut en 1421 avec la réputation d'un guerrier aussi courageux que prudent.

NAIN (du grec *nanos*). On appelle ainsi tout individu d'une taille beaucoup au-dessous de l'ordinaire. Ce mot est applicable à tous les êtres organisés, depuis l'homme jusqu'aux végétaux. Les arbres en effet ont leurs nains, comme l'espèce de l'homme a les siens. Les causes du nanisme sont le défaut d'alimentation, même à l'état d'embryon, la sécheresse ou la vive froideur du climat, les excitations prématurées, soit par des nourritures, soit par des actes épuisants. L'antiquité fait mention de peuples entiers nains, tels que les *Pygmées*, les *Troglodytes*, les *Spithamiens* (ainsi appelés parce qu'ils n'excédaient pas la hauteur de trois palmes, en grec *spithamè*); ces récits sont pour la plupart des contes; cependant de nos jours, les Lapons, les Samoïèdes, les Groënlandais, etc., et toutes les nations circompolaires n'ont pas plus de quatre pieds et demi de haut.

NAIRN, comté d'Écosse, borné au N. par l'océan Atlantique, à l'O. et au S. par celui d'Inverness, à l'E. par celui de Murray. Sa superficie est d'environ 16 lieues carrées, et sa population de 8,250 habitants. — Sa capitale est *Nairn*, petite ville agréable, située sur le golfe de Murray, à l'embouchure de la Nairn, à 40 lieues d'Édimbourg. Elle envoie un député au parlement.

NAIS, genre d'annélides abranches de Cuvier, renfermant de très-petits vers au corps filiforme, allongé, garnis de soies placées sur les côtés du corps, et vivant dans les ruisseaux peu rapides, enfoncés dans la vase ou les débris de corps organisés. Ils sont très-communs en France.

NAISSE (aujourd'hui *Nissa*), ville importante de la haute Mésie, sur le Margus. Elle était la patrie de Constantin le Grand. Ce qui l'a rendue non moins célèbre, c'est la victoire complète qu'y remporta en 270 l'empereur Claude II sur les Goths.

NAJA ou **NAIA**, genre de reptiles, de l'ordre des ophidiens (serpents) hétérodermes, caractérisé par ses crochets à venin implantés sur les os de la mâchoire supérieure et cachés dans un repli de la gencive à l'état de repos, les mâchoires très dilatables, la langue très-extensible, la tête élargie en arrière et couverte de grandes plaques, la queue munie d'un double rang de plaques et à extrémité arrondie. Ce genre renferme deux espèces: l'*aspic*, appelé encore *vipère hajé* ou le *naja vulgaire* ou *vipère à lunette*, qui doit son nom à un trait noir représentant au-dessus de son cou une lunette plus ou moins exacte. La morsure des najas est extrêmement venimeuse.

NAKIR, nom donné, chez les Turks, à l'officier chargé de porter l'étendard du prophète Mahomet.

NAMAQUOIS. Voy. NIMIQUAS.

NAMUR, province du royaume de Belgique, bornée au N. par le Brabant méridional, au E. et à l'E. par la province de Liége, au S. par le grand-duché de Luxembourg et la France, et à l'O. par le Hainaut. Sa superficie est de 88 lieues carrées, et sa population de 119,000 habitants. C'est un pays montueux et couvert de forêts, du reste fertile en blé, tabac, houblon, fruits, etc. — Sa capitale porte le même nom.

NAMUR, ville grande, riche et épiscopale du royaume de Belgique, située au confluent de la Sambre et de la Meuse, à 13 lieues de Bruxelles. Sa population est de 18,800 habitants. Elle avait autrefois de bonnes fortifications tracées par Cohorn et Vauban, qui ont été démolies en partie en 1784 et rasées entièrement en 1794. Sa cathédrale est un édifice très-remarquable. Namur a des manufactures d'armes, des fonderies de laiton, des coutelleries, tanneries, etc., une bourse, une chambre et un tribunal de commerce. — Namur était autrefois capitale du comté de ce nom. Le premier de ses comtes fut Ghérard, mort en 899. La race de Bérenger, son successeur, s'étant éteinte dans Henri l'Aveugle, d'après une convention faite en 1189, il eut pour héritier Philippe le Noble, deuxième fils de Baudoin V, comte de Hainaut, son neveu. Guy, comte de Flandre, acheta en 1228 le comté de Namur à l'empereur Baudoin; et Jean III, le dernier de sa race, le céda en 1421 à Philippe le Bon, duc de Bourgogne. En 1793, Namur devint le chef-lieu du département de Sambre-et-Meuse. Elle a soutenu divers sièges.

NANCY, une des plus jolies villes de France, ancienne capitale de la Lorraine, aujourd'hui chef-lieu du département de la Meurthe, dans une plaine fertile, sur la Meurthe, à 84 lieues de Paris. Sa population est de 30,000 habitants. Elle a une cour royale (Meurthe, Meuse et Vosges), des tribunaux de première instance et de commerce, une académie du même ressort que la cour royale, un collége royal, une école secondaire de médecine, une école forestière, un évêché suffragant de Besançon, un grand séminaire diocésain, une chambre des manufactures, des sociétés des sciences, des arts et d'agriculture, un musée, un théâtre, une bibliothèque de 24,000 volumes, un superbe jardin botanique. Elle est le siége de la vingt-deuxième légion de gendarmerie, et le chef-lieu du quatrième arrondissement forestier. Ses monuments sont fort beaux. La chandelle et les broderies sont ses produits les plus renommés. Ce fut près de Nancy que Charles le Téméraire, dernier duc de Bourgogne, perdit la vie dans une bataille en 1476.

NANDHIROBÉES, nouvelle famille de plantes dicotylédonées, créée par Auguste Saint-Hilaire, et assez rapprochée des passiflorées et des myrtées. Son genre type est le *nandhiroba* ou *feuillée*, renfermant des arbrisseaux grimpants, appartenant tous à l'Amérique intertropicale, à feuilles alternes, pétiolées, glabres et cordiformes, aux fleurs petites, aux semences amères et huileuses.

NANDOU, espèce du genre autruche, dont le caractère distinctif est d'avoir trois doigts à chaque pied. Les nandous ont l'aileron armé d'un petit ongle. Ils habitent l'Amérique méridionale.

NANÉE (myth.), déesse qui avait un temple célèbre à Élymaïs en Perse, et dont les prêtres lapidèrent Antiochus Epiphane qui l'avait violé pour s'emparer des grandes richesses qu'il renfermait. Appien et Polybe la prennent pour Vénus. Les uns croient que c'est Cybèle, les autres que c'est Diane; mais le sentiment le plus probable est celui des derniers.

NANFIO (autrefois *Membliaros* et *Anaphe*), petite île de l'Archipel, d'environ 5 lieues de circonférence, à 8 lieues E. de Santorin. Elle doit sa formation à un volcan qui l'a détachée du sein des eaux, et parut, selon les poètes de l'antiquité, pour recevoir la flotte des Argonautes battue par la tempête. Elle a un havre et une belle rade, avec un petit bourg du même nom, au S., et produit de l'orge et un peu de vin.

NANGASAKI, une des cinq villes impériales du Japon, située dans l'île de Kiu-Siu, Saïkof ou Ximo, avec un port très-fréquenté sur la baie de Kiu-Siu. Sa population est de 60,000 habitants. C'est la seule ville de l'empire ouverte aux Européens, ou pour mieux dire aux Hollandais, qui, ainsi que les Chinois, y sont relégués dans un quartier séparé et privés de leurs armes et de leurs voiles. Dans cette ville, un grand nombre de chrétiens furent martyrisés en 1590.

NANGIS, famille qui tire son nom de la petite ville de Nangis, aujourd'hui chef-lieu de canton de l'arrondissement de Provins (Seine-et-Marne), avec 1,800 habitants. Elle remonte jusqu'au XIVᵉ siècle. C'est d'elle qu'appartenait ANTOINE DE BRICHANTHEAU, marquis DE NANGIS, mort en 1617, colonel des gardes sous Henri III, et très-attaché à Henri IV, qu'il accompagna dans ses voyages de 1590 à 1592.

NANI (Giovanni-Battista), historien vénitien, né d'un procurateur de Saint-Marc et ambassadeur de Venise à Rome, fut admis en 1641 dans le collége des sénateurs, et envoyé peu de temps après comme ambassadeur en France. De retour à Venise, il obtint la surintendance de la guerre et des finances. Il mourut en 1678 procurateur de Saint-Marc. On lui doit *l'Histoire de la république de Venise* de 1613 à 1671.

NANKIN, étoffe de coton, de couleur particulière, approchant de celle du chamois (cette couleur porte elle-même le nom de *nankin*), et qui se fabrique à Nan-Kin, ville de la Chine. On l'imite avec succès aux Indes et en Europe. Le coton dont on se sert pour le nankin est naturellement coloré; ce qui dispense de le teindre, et ce qui en garantit la solidité et la durée. On en fabrique aussi avec du coton ordinaire que l'on a teint de cette couleur; mais il est bien moins estimé.

NAN-KIN ou plutôt KIANG-NAN-FOU, ville de Chine, capitale de la province de Kiang-Nang sur le Yang-Tsé-Kiang. Elle a près de 7 lieues de tour, et mérite la célébrité dont elle jouit par sa situation, son port, ses canaux, la fertilité du sol et sa tour fameuse, de deux cents pieds de haut, à neuf étages, mal à propos dite *Tour de porcelaine*, puis qu'elle n'est revêtue que de tuiles vernissées. Son territoire produit du coton jaune avec lequel on fabrique l'étoffe qui porte son nom. Sa population est de 1,000,000 d'habitants, dont 40,000 hommes de garnison. Elle est située à 510 lieues de Pékin. Elle a été capitale de l'empire jusqu'en 1368, époque à laquelle l'empereur Taï-Tsou transporta la cour à Pékin.

NANNI (Giovanni), peintre célèbre, né à Udine (Frioul) en 1494, mort à Rome en 1564, fut successivement l'élève du Giorgione et de Raphaël. Il excella dans la peinture des animaux, des oiseaux, des fruits, des fleurs, des ornements. Ce fut lui qui peignit l'orgue et les instruments de musique dans le grand tableau de sainte Cécile.

NANNUS, roi des Ségobrigiens, dans les Gaules, favorisa la fondation de *Massilia* (Marseille) par les Phocéens en accordant sa fille *Gyptis* à *Protis*, leur chef. Son fils Comanus lui succéda.

NANSOUTY (LE COMTE CHAMPION DE), né à Bordeaux en 1768, entra à l'âge de douzeans à l'école militaire, et passa trois ans après en qualité de sous-lieutenant au régiment de Bourgogne-cavalerie. La révolution l'éleva successivement aux grades de lieutenant-colonel et colonel des carabiniers. En 1803, Napoléon le créa général de division. Employé à l'armée d'Allemagne dans la campagne de 1805, il se distingua au combat de Wertingen à la tête de ses cuirassiers. Sa belle conduite à Austerlitz lui valut le grand cordon de la Légion d'honneur. Les journées d'Eylau, de Friedland, d'Eckmühl, d'Essling et de Wagram mirent le comble à sa réputation militaire. Il fit très-honorablement la campagne de Russie. Sous la restauration, il devint capitaine-lieutenant de la première compagnie de mousquetaires, et mourut en 1815.

NANTERRE, bourg du département de la Seine, chef-lieu de canton de l'arrondissement et à 8 lieues de Saint-Denis, et à 2 et demie de Paris. Sa population est de 2,400 habitants. C'est la patrie de sainte Geneviève, patronne de Paris. On y voyait au Vᵉ siècle un temple élevé à Thor, principale divinité gauloise. Nanterre a été pillé et brûlé par les Anglais en 1346; ses habitants furent massacrés ou noyés par les mêmes et les armagnacs en 1441.

NANTES, ville ancienne de France, autrefois chef-lieu du comté et de la haute Bretagne, aujourd'hui chef-lieu du département de la Loire-Inférieure, avec un port sur la rive droite de la Loire, à 13 lieues de son embouchure, et au confluent de l'Erdre et de la Sèvre nantaise. Sa population est de 85,000 habitants. Elle a des tribunaux de première instance et de commerce, une chambre de commerce, un commissariat général de marine, une bourse, un hôtel des monnaies (aujourd'hui supprimé), un collége royal, un évêché suffragant de Tours, un grand et un petit séminaire diocésain, une école secondaire de médecine, des écoles de navigation et de commerce, des sociétés d'agriculture, des arts et des sciences, un muséum d'antiquités, un cabinet d'histoire naturelle, un jardin des plantes, un théâtre, etc. Nantes renferme un magasin général des vivres et des munitions de la marine ; on y construit beaucoup de vaisseaux, et son port fait avec l'Asie, l'Afrique et l'Amérique un commerce considérable, notamment en instruments d'agriculture. Nantes est célèbre par l'édit qui porte son nom, et par les noyades atroces dont elle fut le théâtre pendant la révolution, sous le farouche Carrier.— Cette ville est à 97 lieues et demie de Paris.

NANTEUIL (Robert), peintre et graveur, né à Reims eu 1630, mort en 1678. Il s'appliqua à la peinture au pastel, et spécialement à la gravure. Il eut l'avantage de faire le portrait de Louis XIV, qui le récompensa par la place de dessinateur et de graveur de son cabinet avec une pension. Ce maître n'a gravé que des portraits, mais avec une précision et une pureté qui le placent sans contredit à la tête des graveurs en ce genre.

NANTILDE, reine de France, fut la seconde femme de Dagobert Ier, qui l'épousa après Gomatrude. Elle fut mère de Clovis II, pendant la minorité duquel elle fut régente conjointement avec Ega, maire du palais de Neustrie (638). Elle mourut en 642.

NANTISSEMENT, contrat par lequel un débiteur remet à un créancier une chose pour sûreté de sa dette. Le nantissement d'une chose mobilière prend le nom de *gage*, et celui d'une chose immobilière le nom d'*antichrèse*. — Les *pays de nantissement* étaient autrefois ceux, tels que Reims et Saint-Quentin, dans lesquels la coutume voulait qu'on fît enregistrer sur les registres du lieu où l'on voulait prendre hypothèque un acte destiné à faire préférer cette hypothèque à toutes les autres, et cela sur l'exhibition du contrat de nantissement.

NANTUA, petite ville de France, chef-lieu d'arrondissement du département de l'Ain, dans une gorge sauvage, entre deux montagnes, et sur le lac de même nom, à 8 lieues de Bourg. Sa population est de 3,800 habitants. Elle a un tribunal de première instance, une chambre des manufactures, un collége communal, une bibliothèque, une société d'agriculture, une sous-inspection forestière. Nantua fait un commerce considérable de pelleteries. Son industrie consiste en fabriques de tapisseries, rideaux de lit, grosses couvertures, toiles à sac, toiles de coton, etc.

NANTUCKET, petite île sur la côte du Massachussets (États-Unis). Sa superficie est d'environ 18 lieues carrées, et sa population de 6,800 habitants, bons marins, qui pêchent surtout la baleine, et s'occupent peu d'agriculture. Elle a de bons pâturages, mais presque point d'arbres.

NAPÉES (myth.) (du grec *napos*, forêt), nymphes qui présidaient aux bois et aux collines, et selon d'autres aux vallées, aux prairies et aux bocages. On leur rendait un culte à peu près semblable à celui des naïades.

NAPEL, plante du genre *aconit*, se distinguant de ses congénères par des fleurs bleues ou blanches, dont le sépale supérieur est en casque convexe, les feuilles en lobes linéaires et le fruit à trois capsules ; son suc est âcre et caustique, son odeur repoussante. C'est un poison dangereux.

NAPHTE, matière liquide, incolore, d'une odeur forte et pénétrante, que l'on trouve toujours mêlée avec plus ou moins de bitume brun et épais. Le naphte brûle par l'approche d'un corps en combustion, avec une flamme bleuâtre et une épaisse fumée. Il est composé de même que le carbure d'hydrogène ou *hydrogène percarburé*. Le naphte était autrefois employé en médecine ; son odeur écarte les insectes. On en trouve des sources abondantes dans la région du Caucase. On en rencontre quelques-unes en Italie.

NAPIER (Jean), baron de Merchistone, mathématicien écossais, élevé à l'université de Saint-André, fut l'inventeur des logarithmes, invention contenue dans son livre : *Logarithmorum canonis Descriptio* (1614), et perfectionnée en 1617 par Briggs, professeur de géométrie au collége de Gresham. Napier a enrichi de plusieurs découvertes intéressantes la trigonométrie sphérique, et on lui doit la *rabdologie* ou méthode de calculer avec des baguettes, pour laquelle il avait inventé un instrument appelé les *osselets* ou les *petits bâtons de Napier*. Il mourut à Manchester en 1517.

NAPIONE (LE COMTE Jean-François GALEANI), chevalier grand-croix de l'ordre militaire de Saint-Maurice et de Saint-Lazare, surintendant et président en chef des archives royales de Sardaigne, premier président, conseiller d'État, membre de l'académie royale de Turin, etc., est connu par plusieurs ouvrages, entre autres par son écrit *Sull' uso ed i pregi della lingua italiana* (sur l'usage et le prix de la langue italienne), dans lequel il prit à tâche de ramener ses compatriotes vers une langue abandonnée par le français; *Della patria di Cristoforo Colombo*, où il veut que ce célèbre navigateur soit Piémontais et non Génois; *Dell' origine dell' ordine di San Giovanni de Jerusalemme*, où il prétend que l'ordre de Saint-Jean de Jérusalem a été fondé par le Piémontais Gérard d'Asti, etc., etc. Le comte Napione est mort vers 1810.

NAPLES OU DES DEUX-SICILES (ROYAUME DE), grand royaume de l'Italie méridionale, composé du royaume de Naples proprement dit et de la Sicile. Il est environné de toutes parts par la Méditerranée et l'Adriatique, excepté au N., où il est borné par les États de l'Église. Sa superficie est de 8,100 lieues carrées, et sa population de 7,420,000 habitants, réputés paresseux, inconstants, dissimulés et superstitieux à l'excès, et cependant quelquefois généreux, bons et bienfaisants. Le royaume de Naples est un pays montagneux, sujet aux tremblements de terre et menacé par les éruptions du Vésuve et de l'Etna. Le climat est sain et chaud, le sol extrêmement fertile, quoique mal cultivé. Les productions consistent en grains, fruits exquis, légumes, huiles, vins excellents, chanvre, lin, coton, manne et safran très-estimés; on y trouve de l'alun, du vitriol, du soufre, du cristal de roche, des carrières de marbre, du bétail abondant, des chevaux recherchés, des mulets, des buffles, etc. Le royaume de Naples proprement dit se divise en quinze provinces : *Naples, Terre de Labour, Principautés ultérieure et citérieure, Abruzze citérieure, Abruzzes ultérieures première et deuxième, Molis, Capitanale, Terre de Bari, Terre d'Otrante, Basilicate, Calabre citérieure, et Calabres ultérieures première et deuxième*. Le revenus de l'État sont de 110,000,000 ; la dette de 210,000,000 ; l'armée de terre de 40,000 hommes ; celle de mer d'environ 28 bâtiments. Le trône est héréditaire dans la descendance masculine et féminine des Bourbons ; la majorité du roi ou de la reine est fixée à seize ans ; le prince héréditaire porte le titre de duc de Calabre, et son fils celui de duc de Noto. A la tête du gouvernement est un conseil des ministres présidé par le roi. La Sicile a un conseil d'État qu'administre séparément sous la présidence d'un vice-roi ordinairement pris dans la famille royale. Deux assemblées nationales, l'une de trente membres pour Naples, l'autre de dix-huit pour la Sicile, et dont le président et les membres sont nommés par le roi, votent sur les projets de loi : toute décision cependant dépend de la volonté royale.—Appelé autrefois *Grande-Grèce*,

le royaume de Naples fit, dès 273 avant J.-C., partie de l'empire romain. Vers le milieu du vie siècle, les empereurs grecs l'usurpèrent sur les enfants de Charlemagne et en furent chassés de la ixe par les Sarrasins, qui s'y maintinrent pendant les ixe et xe, et furent expulsés à leur tour par les Normands (vers l'an 1066). Guillaume III, un des descendants de Roger, étant mort sans enfants en 1189, ces États passèrent en 1194 à la maison de Souabe, par le mariage de la princesse Constance avec l'empereur Henri VI. En 1268, Charles d'Anjou, frère de saint Louis, appelé par le pape Urbain, enleva la couronne à l'héritier légitime, Conradin de Souabe. Frustré en 1282 de la Sicile, qui massacra les Français et se livra au roi d'Aragon, il fut réduit au royaume de Naples qu'il laissa à ses enfants, pendant que la Sicile était possédée par les rois d'Aragon. L'un d'eux, Alphonse V, s'étant rendu maître de Naples en 1442, donna ce royaume à son bâtard Ferdinand, dont la postérité a régné jusqu'en 1501. Déjà depuis 1495 Charles VIII, et après lui Louis XII, rois de France, s'étaient momentanément emparés du royaume de Naples pour faire valoir les droits qu'ils avaient sur lui par la maison d'Anjou. Ferdinand le Catholique, roi d'Aragon, finit par s'en emparer sur Louis XII en 1503. Il passa alors aux rois d'Espagne. L'archiduc Charles s'en saisit en 1706, et Philippe le reconquit en 1735. Le traité de Vienne le donna à son second fils, l'infant don Carlos, qui devint roi d'Espagne en 1759, et le céda à son troisième fils, Ferdinand IV. Dépossédé en 1799 par Bonaparte, qui fit couronner en 1806 son frère Joseph, auquel succéda en 1808 Joachim Murat son beau-frère, Ferdinand IV fut ramené par la chute de Napoléon (1814), et prit en 1816 le nom de Ferdinand Ier. Son fils, François Ier, lui succéda en 1825, et il a été remplacé à son tour en 1830 par Ferdinand II, roi régnant.

NAPLES, capitale du royaume des Deux-Siciles, grande et belle ville d'Italie, bâtie dans une situation délicieuse, sur la pente d'un coteau, au fond d'un golfe de la Méditerranée appelé *Cratère*, à 3 lieues O. du Vésuve, qui lui fournit ses laves pour paver les rues, et les eaux qui, amenées par un aqueduc remarquable, alimentent de nombreuses fontaines. Naples a trois lieues et demie de tour, et sa population de 412,000 habitants dont près de 60,000 lazzaroni (espèce de mendiants portefaix, la plupart sans asile). On y compte 122 églises (Santa-Chiara, Saint-Philippe de Neri, l'Annunziata, la Chartreuse, la cathédrale, consacrée au patron de la ville, saint Janvier, où l'on garde la tête du saint et son sang, qui se liquéfie, dit-on, deux fois par an, à la vue de tout le monde), 149 couvents, un grand nombre de places petites et irrégulières, à l'exception de celle du Palais-Royal ; des rues propres, mais généralement étroites ; celle de Tolède, qui a 800 toises de long, est une des plus fréquentées. Ses palais sont superbes, mais inférieurs à ceux de Gênes et de Rome ; son plus beau théâtre est celui de San-Carlo, contigu au Palais-Royal, incendié en 1816 et rebâti depuis avec la plus grande magnificence. Ses plus belles promenades sont celles de *Platamone*, sur le bord de la mer, celle du *Corso* et celle de *Chiaja*, quai long de 7,000 toises. Le port de Naples, ouvrage de l'art, est défendu par les trois forts de Saint-Elme, qui domine toute la ville, le Château-Neuf, et le château de l'OEuf. Naples a un archevêché, une université fondée en 1224, une académie des sciences, des écoles militaires et de peinture, plusieurs sociétés savantes, des bibliothèques publiques très-riches, un arsenal, un vaste chantier de construction. Elle fabrique des cordes de violon, bougies, pâtes d'Italie, liqueurs, huiles, essences, etc., etc., et fait un grand commerce de ses productions. Naples est située à 43 lieues de Rome, 120 de Venise et 384 de Paris.

NAPLOUSE. Voy. NABLOUS.

NAPO, grande rivière d'Amérique, dans la république de l'Equateur. Elle prend sa source aux Cordillères, vers la montagne de Cotopaxi, et se jette dans le fleuve des Amazones après un cours de 225 lieues.

NAPOLÉON, nom que prit BONAPARTE à son avénement au trône impérial le 18 mai 1804, en vertu d'un sénatus-consulte qui consacra le vœu du tribunat et du corps législatif. Nous allons donner un résumé succinct des événements les plus importants qui ont signalé cette vie extraordinaire depuis l'époque ci-dessus indiquée jusqu'à sa mort. — 1804. Promulgation du Code civil. — Création de dix-huit maréchaux, dont un seulement vit encore, Soult, duc de Dalmatie. — Inauguration de l'ordre de la Légion d'honneur. — Protestation de Louis XVIII contre l'usurpation de Napoléon. — Camp de Boulogne. — Sacre de l'empereur et de l'impératrice. — 1805. Napoléon se fait couronner roi d'Italie le 26 mai. — Incorporation de Gênes à la France. — Troisième coalition contre la France. — Défaite de Trafalgar. — Bataille d'Austerlitz, dite des trois empereurs (France, Russie, Autriche). — Entrée des Français à Vienne et à Munich. — Paix de Presbourg. — 1806. Organisation de la confédération du Rhin, dont Napoléon se déclare protecteur. — Quatrième coalition. — Bataille d'Iéna. — Entrée des Français à Berlin et à Varsovie. — Blocus continental. — 1807. Victoire d'Eylau et de Friedland. — Paix de Tilsitt. — Suppression du tribunat. — Expédition du Portugal. — 1808. Le roi d'Espagne, prisonnier de Napoléon, qui, sous la foi d'un sauf-conduit, l'a attiré, ainsi que son fils, à Bayonne. — Guerre d'Espagne et de Portugal. — Entrée des Français à Lisbonne et à Madrid. La guerre continue en Espagne jusqu'en 1814. — 1809. Italie réunie à la France. Guerre avec l'Autriche. — Batailles d'Essling et d'Eckmühl. — Entrée des Français à Vienne. — Bataille de Wagram. — Paix avec l'Autriche, suivie du divorce avec Joséphine. — 1810. Mariage de l'empereur avec Marie-Louise. — Le pape, prisonnier de Napoléon, qui réunit ses États à la France, ainsi que la Hollande et le Valais. — Prise momentanée de la Guadeloupe par les Anglais. — 1811. Naissance du prince impérial, qui reçoit le titre de roi de Rome. — 1812. Traité avec la France et la Prusse. — Guerre avec la Russie. — Batailles de Wilna, Smolensk, Moskowa, qui lui ouvrent les portes de Moscou. — Incendie de cette capitale par les Russes. — Retraite de l'armée. — Passage de la Bérézina. — Conspiration de Malet. — 1813. Guerre avec la Prusse. — Batailles de Lutzen et de Bautzen. — Guerre avec l'Autriche. — Bataille de Leipzig. — Retraite de l'armée. — 1814. Coalition générale. — Invasion de la France. — Batailles de Brienne, Champaubert, Montmirail, Montereau. — Capitulation de Paris. — Abdication de Napoléon, qui se retire à l'île d'Elbe. — 1815. Napoléon part de l'île d'Elbe le 26 février, et aborde le 1er mars à Cannes dans le golfe Juan. — Il entre le 20 mars à Paris, que venait de quitter dans la nuit le roi Louis XVIII. — Seconde coalition générale contre la France. — Batailles de Fleurus, de Ligny, de Waterloo. — Les alliés envahissent de nouveau la France. — Seconde abdication de Napoléon, qui s'embarque à Rochefort sur le vaisseau anglais *le Bellérophon*, et qui est relégué à Sainte-Hélène. — Il y arriva le 16 octobre, et y mourut le 5 mai 1821. — Les généraux Bertrand, Montholon et Gourgaud, le comte de Las-Cases et son fils l'avaient suivi dans son exil. — Il fut enterré à Sainte-Hélène. En 1840, une flottille commandée par S. A. R. le prince de Joinville a ramené le corps de Napoléon en France. L'imposante cérémonie de l'entrée de son cercueil à Paris a eu lieu le 15 décembre. Le corps a été déposé dans l'église des Invalides.

NAPOLÉON, pièces d'or à l'effigie de l'empereur Napoléon. Il y en avait de deux sortes: celles de 40 francs, pesant 12,9032 grammes, et celles de 20 francs

NAPOLÉONÉES ou BELVISIÉES, nom donné à une famille de plantes récemment établie, renfermant des arbustes à feuilles simples, alternes, portant des fleurs solitaires, placées à l'aisselle des feuilles, à la corolle monopétale, avec un grand nombre de plis rayonnants, au fruit en forme de baie charnue. Le type de la famille est la *napoléone*, plante d'Afrique, dont une espèce, la *napoléone impériale*, est un arbrisseau élevé d'un mètre à deux mètres, à écorce brune, rameux, aux feuilles d'un vert foncé, ovales - oblongues, entières, terminées par une pointe aiguë, aux fleurs d'un beau bleu d'azur. Cette plante magnifique n'est pas cultivée en France.

NAPOLI DE MALVOISIE (en grec moderne, *Monembasia*), péninsule de la Grèce, d'une lieue environ de tour, sur la côte orientale de la Morée, renommée par ses vignobles, qui donnent le fameux vin de Malvoisie. La ville, l'ancienne *Epidaure*, est bâtie sur la mer, au pied d'un rocher que couronne une bonne forteresse. Son port est fréquenté. Elle est la résidence d'un évêque. Sa population est de 6,000 habitants.

NAPOLI DE ROMANIE, ville très-forte de la Morée, adossée au mont Palamède, et située au fond du golfe de Napoli, avec un bon port, une forte citadelle et un archevêché grec. Elle a un consulat français. Les Grecs l'ont enlevée aux Turks en 1823. C'est l'ancienne *Nauplie*. Elle a été de 1823 à 1833 le siège du gouvernement grec, transféré en 1834 à Athènes par le roi Othon.

NAPPE, linge dont on couvre la table pour prendre un repas. Les Romains ne la connaissaient pas plus que les serviettes. Les tables d'ivoire ou de marbre sur lesquelles ils mangeaient étaient trop belles pour être couvertes, et les anciens, quand ils avaient besoin de s'essuyer les doigts, le faisaient aux cheveux de leurs esclaves. Au moyen âge, les nappes furent en usage. A cette époque, *trancher la nappe*, c'est-à-dire la couper devant quelqu'un était un sanglant affront. — A l'église, on appelle *nappe* le linge double et quelquefois triple qui couvre l'autel, et *nappe de communion* le linge placé devant les communiants.

NAPPE. On nomme encore ainsi, 1° la peau des bêtes fauves, et surtout celle du cerf, qu'on étend par terre pour donner la curée aux chiens; 2° la partie la plus déliée d'un filet; 3° *nappe d'un tramail*, la toile du milieu qui a de petites mailles de fil délié, qui entrent dans les grandes mailles, et qui servent à y engager le gibier qui entre dedans; 4° *nappe*, les filets à prendre des alouettes, des ortolans, etc. En hydraulique, la *nappe d'eau* est, 1° une espèce de cascade dont l'eau tombe en forme de nappe mince, d'une pierre large et unie, sur une ligne droite ou circulaire; 2° une grande étendue d'eau tranquille.

NARBONNAISE, une des quatre grandes contrées de la Gaule, entre les Pyrénées, la Méditerranée, les Alpes, la Lyonnaise et l'Aquitaine. On la nommait d'abord *Braccata*. Elle se divisait en cinq provinces: les Narbonnaises 1re et 2e, la Viennaise, les Alpes pennines et grecques, et les Alpes maritimes. — La *Narbonnaise* 1re avait pour métropole *Narbonne*, et avait au N. l'Aquitaine 1re et la Lyonnaise 1re, à l'E. le Rhône, au S. l'Espagne, et à l'O. la Novempopulanie. Les Volces Tectosages (*Varnosol*, capitale), les Volces Arécomices (*Narbonne*, capitale), les Sardones (*Illiberis*, capitale), les Umbraniques, les *Tolosates* (*Toulouse*, capitale), les Atacins (*Carcassonne*, capitale) l'habitaient. — La *Narbonnaise* 2e, bornée au N. et à l'O. par la Viennaise, au S. par la Méditerranée, et à l'E. par les Alpes maritimes, avait pour métropole *Aix*. Les Salyces ou Salyes (*Aix*, capitale), les Albiéces et les Commones l'habitaient.

NARBONNE, ancienne et belle ville du département de l'Aude, chef-lieu de sous-préfecture, à 13 lieues de Carcassonne, à une lieue de la mer, traversée par le canal de la Robine, qui la fait communiquer avec les étangs. Sa population est de 10,000 habitants. Elle a des tribunaux de première instance et de commerce, une bourse, un syndicat maritime, une école de navigation, un petit séminaire, une société d'agriculture, un théâtre. Narbonne avait autrefois un archevêché, aujourd'hui réuni à celui de Toulouse, dont le titulaire prenait le titre de primat des Gaules, et présidait les états de Languedoc. On remarque à Narbonne le palais archiépiscopal, la cathédrale de Saint-Just, renfermant le tombeau de Philippe le Hardi et des inscriptions plus nombreuses qu'on aucune autre ville des Gaules. On fabrique à Narbonne des draps communs et des châles, on récolte dans ses environs de la soie, des grains, de l'huile, du vin, de la cire et du miel très-renommé. — Narbonne a été fondée l'an 636 de Rome par Licinius Crassus, qui y établit les vétérans de la dixième légion. C'était la plus ancienne colonie romaine en Gaule. Elle avait un port sur la Méditerranée, un capitole, un amphithéâtre, un aqueduc, des bains, etc. Constantin en fit la capitale de la Gaule narbonnaise vers 309, et, sous l'empereur Gratien, elle fut réduite à être la capitale de la 1re Narbonnaise. L'administration de Narbonne fut pendant le moyen âge partagée entre l'archevêque, le vicomte et les consuls.

NARBONNE (Aimery, vicomte DE), amiral de France, mort en 1382, appartenait par les femmes à l'ancienne maison des vicomtes de Narbonne, qui remonte au Xe siècle. Il fut fait prisonnier à la bataille de Poitiers, et conduisit Blanche de Bourbon à Pierre le Cruel. Après sa mort, la vicomté de Narbonne passa dans la maison de Lara, qui a continué cette illustre famille.

NARBONNE-LARA (LE COMTE Louis DE), né en 1755 à Colomo dans le duché de Parme, où sa mère avait accompagné en qualité de dame d'honneur Madame Elisabeth de France, fille de Louis XV, mariée au duc de Parme. Après avoir fait ses études au collége de Juilly, il entra dans la carrière militaire. Il était en 1789 colonel du régiment de Piémont. En 1791, il fut nommé maréchal de camp et appelé au ministère de la guerre, qui lui fut enlevé en 1792. Mis hors la loi par la commune de Paris, il se réfugia en Angleterre, puis en Suisse, et ne revint en France qu'au consulat. Napoléon le nomma en 1809 général de division, et ensuite son aide de camp particulier. Ambassadeur à Vienne en 1813, il mourut la même année de la chute de cheval à Torgau.

NARCISSE (myth.), fils de Céphise et de Liriope, orgueilleux de sa beauté, méprisa la nymphe Echo, qui en sécha de douleur. Les dieux, pour le punir, le rendirent amoureux de sa propre image qu'il voyait dans une fontaine. Ne pouvant vaincre sa passion, il se donna la mort. Son sang fut changé en un fleur qui porte son nom.

NARCISSE, affranchi, puis secrétaire de Claude, parvint au plus haut degré de puissance sous cet empereur. Il amassa, dit-on, par ses déprédations jusqu'à 50,000,000 de rente. Messaline, qui voulut le perdre, fut perdue par lui. Agrippine le fit exiler, et le contraignit de se donner la mort l'an 54 de J.-C.

NARCISSE, genre de la famille des narcissées, renfermant environ une vingtaine d'espèces indigènes ou exotiques. Quatre sont particulièrement intéressantes : le *narcisse des poètes*, à la racine petite et ronde; aux fleurs simples ou doubles, blanches et à couronne pourpre, exhalant une odeur agréable mais forte. Il sert à faire des bordures. Le *narcisse des bois* ou *faux narcisse*, à la racine grosse; aux feuilles plates, longues et larges; à la fleur solitaire, d'une couleur soufre pâle; à couronne jaune et grande, faite en cloche et inodore. Ce narcisse est employé comme antispasmodique. Le *narcisse d'hiver*, *tazette* ou *à bouquets*, qui donne la meilleure odeur et le plus grand nombre de variétés. Sa fleur a le limbe intérieur en forme de cloche, blanc, jaune soufre ou orangé et le limbe extérieur trois fois plus grand, blanc ou jaune, avec six découpures. Le *narcisse jonquille*, plus connu sous le nom de *jonquille*. Cette jolie plante a les feuilles grêles, semi-cylindriques ; les fleurs assez nombreuses, offrant une corolle allongée, d'une odeur suave mais forte. Elle est indigène dans le midi de l'Europe, et produit des variétés à fleurs doubles dans les jardins.— La fable a célébré la métamorphose du beau *Narcisse* (voy.) en ces fleurs, qui portent le même nom que lui.

NARCISSÉES, famille de plantes monocotylédonées, renfermant des plantes basses, herbacées, à bulbe vivace, à tiges simples, en forme de hampe, à feuilles radicales, engaînantes à la base, aux fleurs grandes, belles, odorantes, à l'extrémité des tiges. Le genre type est le *narcisse*.

NARCOTINE, substance découverte en 1804 dans l'opium par Dérosne, et composée de carbone, d'hydrogène, d'oxygène et d'azote. C'est à elle que l'opium doit une partie de ses propriétés convulsives qu'il manifeste quand il est pris à forte dose. Inodore et insipide, la narcotine est à l'état de pureté en aiguilles déliées, en prismes rhomboïdaux ou en paillettes nacrées. On l'obtient en traitant le marc d'opium par l'acide acétique étendu d'eau et bouillant, et en précipitant par l'ammoniaque.

NARCOTIQUE, nom donné aux substances diverses qui jouissent de la propriété de produire l'assoupissement, comme l'*opium*, la *belladone*. Elles paraissent agir en diminuant l'activité vitale de tout l'organisme.

NARD, nom sous lequel les anciens désignaient un parfum exquis, qu'ils mettaient au rang des plus précieux, et qui était une substance végétale. On pense qu'ils désignaient ainsi une espèce de *valériane*, croissant dans les parties montagneuses de l'Inde. Les anciens lui accordaient aussi de nombreuses propriétés médicales.—Aujourd'hui on nomme *nard*, *nard indien* ou *indique*, ou *spica-nard*, dans les pharmacies, une substance végétale qui nous vient des Indes, et surtout de Ceylan, sous forme de petits paquets, composés de bas de tiges, coupées près de la racine et enveloppées dans les feuilles. Leur odeur est forte, peu agréable, leur saveur amère. On leur accorde de propriétés stomachiques. On a cru reconnaître le *nard indien* dans une graminée qui croît aux Indes, l'*andropogon nardus*.—On donne vulgairement le nom de *nard* à plusieurs *valérianes* qui croissent en Europe, et dont les propriétés se rapprochent de celles attribuées au *nard* des anciens. Le *nard celtique* ou *nard de montagne* ou *de crète* est la *valériane celtique*; le *nard des champs* est la *valériane pha*; le *nard commun* est le nom vulgaire de la *lavande en épis* et de la racine de l'*asaret* ; l'*asaret sauvage* est l'*asaret* ; le *faux nard*, l'*ail victorialis*; le *nard de Narbonne*, la *festuque spadicée*.

NARD, genre de plantes de la famille des graminées, renfermant trois espèces, dont deux sont européennes et la troisième habite l'Inde. Le *nard roide*, plante herbacée à racine fibreuse, menue et vivace, porte des chaumes grêles, roides, de six à douze pouces de haut, formant touffes, garnis de feuilles piquantes ; les fleurs sont en épi, d'un vert violacé. On la trouve communément en Europe, dans les lieux secs et sablonneux.

NARDINI (Pietro), célèbre violoniste italien, né à Livourne en 1725. L'élève le plus distingué de Tartini, il fut d'abord attaché en 1762 à la chapelle du duc de Wurtemberg, et en 1770 il devint premier violoniste du duc de Toscane. Frappé du mérite de ce grand virtuose, l'empereur Joseph II lui donna, à son passage en Italie, une tabatière d'or d'un travail pré-

cieux. Nardini mourut en 1796. On cite parmi ses compositions : six *concertos*, six *solo*, six *quatuor*, six *duos* pour le violon, et six *trios* pour flûte.

NARINES, ouvertures ovalaires situées à la base du nez, séparées l'une de l'autre par le bord inférieur de la cloison du nez, et limitées en dehors par les portions latérales du nez, qu'on appelle *ailes*.

NARNI, belle et ancienne ville d'Italie, avec un évêché, sur une montagne baignée par la Néra, dans la délégation et à 8 lieues de Spolète, à 18 de Rome. Sa population, qui commerce en soie, gros draps et blé, est de 8,000 habitants. On y voit encore les restes du pont d'Auguste, superbe aqueduc. — Autrefois *Nequinum*, puis *Narnia*, elle fut la patrie de l'empereur Nerva.

NARNIE, ancien nom de *Narni*.—L'une des quatre tribus qui l'an 384 avant J.-C. furent ajoutées aux vingt et une qui composaient le peuple romain.

NARRAGANSETT, baie des Etats-Unis dans l'Etat de Rhode-Island, qu'elle partage en formant au N.-E. l'enfoncement appelé *Mount-Hope-Bay*, et au N.-O. *Greenwich-Bay*. C'est sur les bords de cette baie qu'habitait autrefois la valeureuse nation indienne des Narragansetts, dont les chefs les plus célèbres furent Miantinimoh et Conanchet, son fils, le dernier de sa race.

NARSÈS, dit *Nakh-Djirkan*, roi de Perse, succéda à Varannès son père en 294. Il s'empara de la Mésopotamie et de l'Arménie. Battu par Maximien Galère, il fit avec les Romains une paix qui dura quarante ans. Narsès mourut en 301. Il eut pour successeur Hormisdas II.

NARSÈS, eunuque persan, devint chambellan de l'empereur Justinien, et ensuite général de ses armées. Envoyé en Italie, il marcha contre les Goths, les défit dans deux batailles en 552, et donna la mort à leur roi Totila. Il soumit ainsi toute l'Italie, qu'il gouverna treize ans. A l'époque de l'invasion des Lombards, Narsès, irrité de ce que l'impératrice Sophie lui avait fait dire qu'une moitié d'homme comme lui était plus propre à filer avec les femmes qu'à commander des armées, appela les barbares en 553, et mourut en 567.
—Plusieurs autres patriarches ont porté ce nom. Les plus célèbres sont : NARSÈS III, successeur d'Esdras vers 630, et l'un des auteurs du schisme qui sépara l'Eglise catholique de l'arménienne.—NARSÈS IV, surnommé *le Gracieux* à cause de la douceur et de la pureté de son style, qui le classent à la tête des historiens arméniens, était de la maison des Arsacides. Né en 1102, évêque en 1135, il fut élevé en 1135 à la dignité de patriarche après Grégoire III *Bahlavouni*, son frère. Il réunit le synode de Romcla ou de Tarse, où il essaya de ramener l'Eglise arménienne au sein de la catholique ; mais il mourut en 1173, avant d'y avoir réussi.

NARTHEX, mot grec qui correspond au mot *ferula* des Latins, et signifie littéralement une plante assez dure et assez forte pour infliger des corrections. Les Grecs donnaient ce nom à la partie basse de l'église, ou vestibule intérieur, dans laquelle on plaçait les païens, les juifs, etc., et tous ceux qui ne participaient point aux saints mystères, parce qu'ils étaient censés sous la férule de l'Eglise.

NARUSCEWICZ (N.), savant polonais, appartenant à l'ordre des jésuites. On a de lui l'*Histoire de la nation polonaise*. Il mourut en 1796 dans un âge très-avancé,

laissant, dit-on, 360 volumes manuscrits.

NARVA, ville forte de la Russie d'Europe, située dans le gouvernement et à 4 lieues de Saint-Pétersbourg, sur la rivière de son nom, qui se jette dans le golfe de Finlande. Elle a un château, un port, un archevêché uni à celui de Pleskow, et 3,600 habitants. En 1700, Charles XII, roi de Suède, y remporta avec 10,000 hommes une victoire complète sur les Russes, au nombre de 80,000, et commandés par Pierre le Grand.

NARVAL, genre de mammifères de l'ordre des cétacés, renfermant des animaux qui ressemblent aux marsouins par la forme obtuse et arrondie de leur tête, et aux dauphins par la forme plus allongée de leur crâne osseux. La longueur du narval est de quinze à vingt pieds, et sa plus grande largeur de trois pieds environ. La nageoire de la queue a environ quatre pieds d'envergure. Sa peau brillante, lisse, sans écailles, est de couleur grise avec des taches noirâtres. Les dents sont remplacées par une défense droite, horizontale, et longue quelquefois de huit à dix pieds. Le narval habite les mers septentrionales, et se nourrit de méduses, de sèches, de petits poissons, etc.

NASAL, adjectif par lequel on désigne tout ce qui tient au nez. Ainsi on appelle : 1° *os nasaux* ceux qui sont placés au-dessous de l'os frontal, et qui occupent l'intervalle existant entre les apophyses montantes des deux os de la mâchoire supérieure ; *fosses nasales*, les deux grandes cavités anfractueuses placées au-dessous de la partie antérieure de la base du crâne, au-dessus de la bouche, au-devant de la cavité gutturale. Ces fosses sont revêtues de la membrane pituitaire, siége de l'odorat.

NASAMONES, peuple sauvage de l'Afrique, sur les confins de l'ancienne Cyrénaïque, au sud de l'extrémité de la grande Syrte, dans l'intérieur des terres. Ils menaient la vie pastorale, ou s'adonnaient à la piraterie. Polygames et sobres, ils se nourrissaient, selon Hérodote, de sauterelles mêlées avec du lait. Plusieurs fois révoltés, ils furent plusieurs fois soumis.

NASCIO ou NATIO (de *nasci*, naître), déesse adorée chez les Romains, qui lui offraient des sacrifices solennels à Ardée, ville du Latium où elle avait un temple. Elle présidait à la naissance des enfants.

NASEAU, orifice extérieur des narines. Cette expression ne s'emploie guère qu'en parlant du cheval et des autres animaux de grande taille.

NASEBY, ville d'Angleterre, dans le comté et à 5 lieues de Northampton, doit sa célébrité à la victoire qu'Olivier Cromwel y remporta sur les troupes royalistes en 1645.

NASHVILLE, ville commerçante des Etats-Unis, la plus importante de l'Etat de Tennessée, dont elle est la capitale avant que le siége des autorités eût été transféré à Murfreesborough. Elle est située sur la rivière de Cumberland, et a 4,000 habitants.

NASI (en hébreu, *prince*), titre donné chez les Juifs aux chefs des tribus, des grandes familles, et même aux princes du peuple.

NASICA, surnom de plusieurs Romains de la famille Cornelia et de la branche des Scipions. La tige des Scipio Nasica fut *Publius Cornelius Scipio Nasica*, fils de Cneius Cornelius Scipio Calvus, et cousin de Scipion l'Africain. Consul en 191 avant J.-C., il vainquit les Boïens, et fut honoré du triomphe. Jurisconsulte probe et éclairé, il donnait ses consultations gratis.

NASILLEMENT, altération de la voix résultant, suivant certains physiologistes, de la difficulté qu'éprouvent les sons articulés à passer par les *fosses nasales*, bouchées en tout ou partie, et que d'autres au contraire attribuent à l'introduction du son dans ces fosses nasales, par une cause quelconque.

NASITOR, nom donné vulgairement au *cresson aléuois*.

NASSAU, duché de la confédération germanique, borné au N. et à l'O. par la Prusse, au S. et à l'E. par la Prusse, le grand-duché de Hesse-Darmstadt et le territoire de Francfort-sur-le-Mein. Sa superficie est de 456 lieues carrées, et sa population de 348,000 habitants, dont 185,461 protestants et 157,638 catholiques. Il se divise en vingt-huit bailliages ; son revenu est de 6,000,000 de francs, et sa dette de 9,500,000 francs. Il a deux voix à la diète, et fournit à l'armée fédérale un contingent de 3,028 hommes. Couvert en partie de bois et de montagnes, le duché de Nassau renferme des mines d'argent, de cuivre, de fer, de mercure, de vitriol et de charbon, des carrières de pierre de taille et à chaux, des eaux minérales et thermales. Il produit des grains, vins, fruits, chanvre, lin, tabac, etc. Ses chevaux sont estimés. — Sa capitale est Wiesbaden. — Le duché de Nassau se divisait autrefois en deux parties : Nassau-Usingen et Nassau-Wielbourg. Une grande partie de l'une et de l'autre ont été données à la Prusse en 1815; le reste compose le duché actuel.

NASSAU, petite ville du duché de même nom, ancienne résidence et patrimoine de la maison de Nassau, sur la Lahn, à 5 lieues de l'embouchure de cette rivière dans le Rhin et à 5 lieues de Coblentz. Elle a environ 1,400 habitants.

NASSAU, célèbre maison ducale dont l'origine réelle remonte à Robert, comte de Laurenburg et de Nassau en 1124. Ses descendants, Waleran et Othon, se partagèrent en 1255 les Etats de leur maison. Du premier sont descendus les ducs de Nassau actuellement régnants ; le second fonda la branche des Nassau-Dillenbourg, actuellement régnante en Hollande. Par le mariage de Henri de Nassau, fils du comte Guillaume d'Orange avec Claude de Châlons, princesse d'Orange, la principauté d'Orange échut à leur fils René, qui, étant mort sans enfants, institua son héritier Guillaume le Taciturne, fils du frère de son père Henri Guillaume qui donc la tige des princes d'Orange-Nassau régnants en Angleterre et en Hollande.

NASSAU (Maurice, Guillaume de). Voy. ces mots.

NASSE, instrument d'osier propre à prendre du poisson. Il est formé de deux paniers ronds, pointus par le bout, enfoncés l'un dans l'autre, et à ventre renflé.

NASSIR. C'est le nom du *destin* chez les Turks, ou d'un livre écrit dans le ciel, qui contient la bonne ou la mauvaise fortune des hommes, qui ne peuvent l'éviter, quoi qu'ils fassent.

NASSER (c'est-à-dire *victorieux*), nom commun à un grand nombre de princes d'origine arabe. — Aboul-Abbas-Ahmed Nasser-Eddyn-Allah, trente-quatrième calife abbasside, succéda en 1180 à Mostadhy, et prit peu de part aux événements de son règne. Il confirma Saladin dans la dignité d'émir-al-omrah. Il perdit la vue et la raison sur la fin de son règne, et mourut en 1225. — Mouammed-Melek-al-Nasser, neuvième sultan d'Egypte et de Syrie, de la dynastie des Baharites, succéda à l'âge de neuf ans, en 1297, à son frère Khalil, perdit et reconquit trois fois le trône, et mourut en 1341.

NATAL, pays de la côte orientale de l'Afrique, dans la Cafrerie, au N. de la baie de Lagos et au S. du Monomotapa. Ses habitants sont noirs, hospitaliers et agriculteurs. On y trouve des éléphants nombreux. Les Portugais y ont des établissements dans la ville du même nom, située à l'embouchure d'une rivière appelée aussi rivière de Natal.

NATAL, qui a rapport à la naissance. — Le *jour natal* était honoré particulièrement chez les Romains. On dressait un autel de gazon entouré de toutes les herbes sacrées, et on y immolait un agneau. On s'envoyait des présents entre amis, et les grands avaient soin d'étaler chez eux ce jour là ce qu'ils avaient de plus précieux. — Dans l'Eglise chrétienne, on employait le terme de *natal* pour signifier la fête d'un saint ou d'une église. — On appelle *quatre grands natauxs* la Toussaint, Noël, Pâques et la Pentecôte.

NATANGEN, cercle du royaume de Prusse, sur le Pregel, divisé en quatre provinces : le *Natangen propre*, le Bartenland, la Sudavie et la Galindie. Sa capitale était Brandebourg.

NATATION, locomotion dans l'eau. L'homme n'apporte pas en naissant la faculté de nager. Sa pesanteur spécifique est le principal obstacle à son maintien au-dessus de la surface liquide. Il lui faut de grands efforts pour soutenir sa tête hors de l'eau, maintenir son corps dans une position presque horizontale, et se diriger, et ces efforts épuisent bientôt ses forces musculaires. Les Egyptiens, les Grecs et surtout les Romains attachaient à cet art une grande importance ; un proverbe vulgaire chez les derniers disait en parlant d'un ignorant : *Il ne sait ni lire ni nager*. Les poissons sont les animaux nageurs par excellence ; les palmipèdes parmi les oiseaux, les serpents à collier et à large queue, certains coléoptères parmi les insectes, nagent aussi avec beaucoup de facilité.

NATCHEZ, peuplade de l'Amérique septentrionale, occupant autrefois 450 lieues de pays, depuis la rivière d'Iberville (Louisiane) jusqu'à l'Ohio (Kentucky), c'est-à-dire les Etats actuels de Louisiane, Mississipi, Tennessée et Kentucky. Les Natchez, qui ont été célébrés dans un poème par M. de Châteaubriand, adoraient le soleil, et avaient un chef despotique. — On a donné leur nom à la ville la plus importante et la plus jolie de l'Etat de Mississipi, bâtie sur une hauteur baignée par le Mississipi. Sa population est de 4,000 habitants.

NATHAN, prophète qui parut dans Israël dans les temps de David. Il déclara à ce prince que le temple ne serait bâti que par son fils Salomon, et fut, en 1035 avant J.-C., chargé par Dieu de lui reprocher le meurtre d'Urie.

NATHANAEL (en hébreu, *don de Dieu*), natif de Cana, un des disciples de Jésus-Christ, auquel il fut amené par Philippe. Jésus-Christ lui apparut après la résurrection. Il est peut-être le même que Barthélemy. Les Grecs seuls l'honorent comme apôtre le 22 avril.

NATHINÉENS, noms que les Juifs donnaient originairement aux peuples conquis, et qui fut réservé aux Gabaonites et puis aux Chananéens voués aux emplois les plus bas du service du tabernacle et du temple.

NATICE, genre de mollusques à coquille univalve, renfermant des animaux qui vivent dans les eaux marines, près du rivage, au milieu des algues. On les trouve dans plusieurs régions de la surface du monde. Parmi les nombreuses espèces, on distingue : la *natica orangée* ou *teton orangé*, à coquille élégante, ovale, ventrue, un peu épaisse, lisse, luisante, colorée d'un beau rouge orangé, sauf l'ouverture qui est blanche. Elle habite les mers de la Chine et de l'Océanie. La *natica glaucine*, à coquille assez large, d'un fauve varié de jaune et de bleuâtre ; elle habite l'Afrique, la Méditerranée, les côtes de l'Inde, de l'Amérique. La *natica mamillaire* ou *mamelon fauve à grand ombilic*, coquille large, ovale, ventrue, épaisse, fauve rougeâtre à l'extérieur, blanche à l'intérieur.

NATIF, nom donné, en minéralogie, à un métal qui se trouve dans le sein de la terre pur et sans être combiné à une autre substance minérale.

NATION, réunion d'hommes ayant une même origine, et vivant ensemble sur le même sol et avec les mêmes lois. — Dans l'ancienne université de Paris, on appelait nation une société de maîtres appartenant à une commune patrie et vivant sous les mêmes règlements. Cette distribution en nations remonte, dit-on, au IXᵉ siècle ; elle est au moins antérieure au XIIᵉ. Elles étaient au nombre de quatre : la nation de France, surnommée *honoranda* ; la nation picarde, surnommée *fidelissima* ; la nation normande, surnommée *veneranda* ; et la nation *allemande*, surnommée *constantissima*. Chacune d'elles était régie par un procureur, et les quatre procureurs élisaient le recteur. La première comprenait les Français avec les Espagnols, les Italiens ; les Grecs et les Orientaux ; la troisième que pour la Normandie, le Maine et l'Anjou ; et la quatrième pour le reste de l'Europe. — On appelait *collége des Quatre-Nations* un collége fondé par Mazarin pour recevoir les élèves appartenant aux quatre nations espagnole, italienne, allemande et flamande, vaincues par Louis XIV.

NATIVITÉ, jour de la naissance. Quand on se contente de dire la Nativité tout court, on entend parler de celle de Jésus, la Noël. — L'Eglise romaine célèbre tous les ans, le 8 septembre, la fête de la nativité de la Vierge. Instituée par Sergius Iᵉʳ, pape en 687, cette fête n'a été établie en France que sous le règne de Louis le Débonnaire. Les Grecs et les Orientaux n'ont commencé à la célébrer que dans le XIIᵉ siècle ; mais ils le font avec beaucoup de solennité. — Dans la liturgie mozarabe, on appelle *nativité* la seconde des neuf parties lesquelles on divise l'hostie.

NATRON, vallée d'Egypte, dans le désert de Chaïat, à l'O. du Delta, remarquable par sept lacs d'environ 6 lieues de long sur 3 à 400 toises de large. Ils sont à sec pendant neuf mois de l'année, et l'hiver se remplissent d'une eau rougeâtre, salée et nitreuse, qui, évaporée aux rayons du soleil, donne annuellement 36,000 quintaux d'un sel nitreux appelé *natron*.

NATRON ou Natrum (*carbonate de soude natif*), espèce de sel nitreux, d'un blanc grisâtre, qui se forme journellement, tantôt sous forme de poussière, tantôt sous forme de pierre, à la surface des terrains sablonneux ou de certains lacs particuliers en Egypte. On emploie le natron à blanchir le lin, ou dans la fabrication du verre.

NATTAIRE, nom donné autrefois aux moines et aux solitaires, parce qu'ils couchaient sur des nattes.

NATTE, tissu plat, fait de paille, de jonc, de genêt, de roseau, d'écorce ou d'autres productions végétales, faciles à se plier et à s'entrelacer, dont on se sert pour couvrir les planchers, revêtir les murs des chambres, et garantir des frimats les fleurs et les fruits. Le mot *natte* seul désigne ordinairement le natte faite de paille. — Les Orientaux mangent, s'asseyent et dorment généralement sur des nattes. Les premiers ermites s'en servaient aussi. Enfin leur usage est universel chez les nègres et les Indiens. — Le mot *natte* désigne encore toute sorte de tresses de fil, d'or, d'argent, de soie, etc., lorsqu'elles sont faites de trois brins ou cordons ; *une natte de cheveux* indique des cheveux tressés en natte.

NATTIERS, secte de manichéens, ainsi appelés parce qu'ils couchaient sur des nattes de jonc, et auxquels on donne encore le nom de *mattaires* ou *mattariens*.

NATURALISATION. Voy. Lettres.

NATURE, origine ou essence des choses, et même souvent ensemble des êtres créés. Les anciens philosophes croyaient que la nature n'était autre chose que Dieu même, et que Dieu n'était autre chose que le monde. On en faisait une divinité allégorique, mère, femme ou fille de Jupiter. C'était elle qu'adoraient, à ce que l'on croit, les Assyriens sous le nom de Belus, les Phéniciens sous celui de Moloch, les Arcadiens sous celui de Pan (du grec *pan*, tout), et les Egyptiens sous celui d'Ammon.

NAUCLARES ou Naucrates (du grec *naus*, vaisseau), nom que l'on donnait chez les Athéniens aux principaux magistrats des bourgs et villes maritimes, ainsi appelé parce qu'ils étaient forcés de fournir 2 cavaliers et 1 bâtiment pour le service de la république, à sa requisition. Hesychius dit qu'il y en avait douze par tribu, et qu'ils étaient chargés de lever les impôts. Quelques auteurs prétendent que leurs fonctions étaient les mêmes que celles des démarques, desquels on les a distingués à tort.

NAUCRATIS, ville d'Egypte, dans l'intérieur, sur la rive droite de la branche Canopique du Nil. Elle fut bâtie par Psammeticus, qui la donna aux Grecs qui l'avaient aidé à monter sur le trône. Cette ville était florissante par le commerce qui se faisait dans son port, le seul du royaume où les vaisseaux marchands eussent la faculté d'aborder. Naucratis a été la patrie de Julius Pollux et d'Athénée.

NAUDÉ (Gabriel), né en 1600 à Paris, exerça la médecine à Padoue, et fut nommé médecin de Louis XIII. Il se trouvait à Rome, lorsqu'il soutint contre les bénédictins de Saint-Maur, que l'*Imitation de Jésus-Christ* était l'ouvrage de Thomas-à-Kempis, et non pas du bénédictin Jean Gerson. Cette discussion littéraire se terminait par un procès qui fut vidé en faveur de Naudé. Après avoir été bibliothécaire de Mazarin, il passa en Suède, où l'appelait la reine Christine. Il revint comblé d'honneurs, et mourut à Abbeville en 1653. Il a fait un grand nombre d'écrits.

NAULAGE, NAULIS ou NOLIS (du grec *naulos*, prix du passage), louage d'un vaisseau, au moyen d'un acte passé avec le propriétaire. Ce mot, autrefois particulier à la Méditerranée, était sur l'Océan remplacé par celui de *fret*, et le locataire prenait le nom d'*affréteur*. L'armateur est un affréteur qui dispose d'un navire entier pour y transporter à ses risques les marchandises d'autrui.

NAULE. On appelait ainsi, chez les Grecs, la pièce de monnaie qu'on mettait dans la bouche des morts pour payer à Caron le prix du passage de la barque. Les magistrats athéniens recevaient après leur mort dans la bouche 3 oboles au lieu d'une, pour se distinguer de la populace.

NAUMACHIE (*naus*, vaisseau, et *maché*, combat), spectacle de combat naval que l'on donnait chez les Romains sous les empereurs, dans des cirques creusés exprès. Il y en avait plusieurs dans les environs de Rome. Le cirque *Maximus* en était un, dans Rome même. Le spectacle coûtait des sommes immenses. On y voyait des hommes blessés ou noyés et même des vaisseaux coulés à fond. Souvent on transformait en étang les cirques ordinaires pour une naumachie, au moyen d'un aqueduc souterrain.

NAUMANN (Jean-Amédée), compositeur allemand, né à Blasewitz près Dresde en 1743. Après avoir fait deux voyages en Italie, il fut en 1767 nommé maître de chapelle. Il refusa de se fixer en Danemarck, et devint chef et directeur général de la chapelle de Dresde. Il mourut en 1801. Il a composé en suédois les opéras d'*Amphion*, de *Cora* et de *Gustave Wasa*, en danois celui d'*Orphée*, en allemand *Elisa*, *Tutto per Amore*, etc., etc. On a encore de lui de belle musique d'église et de chambre.

NAUMBOURG, ville très-commerçante de l'ancienne haute Saxe, aujourd'hui chef-lieu de cercle dans la régence et à 7 lieues de Mersebourg (Prusse), avec un château, au confluent de la Saale et de l'Unstrutt. Elle est bien bâtie et divisée en trois parties séparées par des murs. Sa population est de 10,000 habitants environ. Elle a un tribunal de commerce, une bibliothèque, un lycée, etc. Il s'y tient le 25 juin une foire célèbre, dite de *Saint-Pierre et Saint-Paul*. Jadis ville impériale, Naumbourg avait un évêché dont le domaine avait 12 lieues de long sur 6 de large, avec 31,000 habitants. Sécularisé et possédé par la Saxe en 1569, le chapitre a été partagé entre Zeits et Naumbourg.

NAUPACTE (aujourd'hui *Lépanto*), ville de la Locride, sur le golfe de Corinthe, à l'embouchure de l'Evenus, fondée par les Doriens. On y remarquait plusieurs temples et entre autres celui de Diane, décoré avec une rare magnificence. Elle appartint successivement aux Locriens Ozoles, aux Athéniens, aux Messéniens, aux Etoliens. Rome s'en empara en 191 avant J.-C.

NAUPLIE, ville d'Argolide, au fond du golfe de même nom, servait de port à Argos. C'est aujourd'hui *Napoli de Romani*. Voy.

NAUPLIUS (myth.), roi de l'île d'Eubée, fils de Neptune et d'Amymone, une des Danaïdes, épousa Clymène, et en eut entre autres enfants Palamède, un des princes grecs qui allèrent au siége de Troie, et dont la mort, causée par les artifices d'Ulysse, alluma dans le cœur de Nauplius le désir de la vengeance. Après la prise de Troie, il fit allumer des feux sur les rochers qui bordent l'Eubée, pour y attirer les vaisseaux, qui s'y brisèrent en partie. Il se jeta à la mer de dépit de n'avoir pu se venger d'Ulysse.

NAUROUZ, premier jour de l'ancienne année solaire des Persans, avant l'établissement de l'islamisme. Il était fixé au premier jour de l'équinoxe de printemps.

NAUSÉE, sensation interne qui annonce le besoin de vomir, et qui consiste en un sentiment de malaise général et de tournoiement, soit dans la tête, soit dans la région épigastrique, avec une salivation abondante et tous les symptômes précurseurs du vomissement. Les nausées sont presque toujours déterminées par l'irritation de l'un des points du canal digestif ou de tout autre organe.

NAUSICAA, fille d'Alcinoüs, roi des Phéaciens, ayant rencontré Ulysse au moment où il venait de faire naufrage sur les côtes de l'île où régnait son père, lui donna l'hospitalité. Selon Aristote et Dictys de Crète, Télémaque l'épousa et en eut un fils appelé Perséplois ou Ptoliporthès. On lui attribuait l'invention d'une danse qui s'exécutait en lançant une balle dans l'air.

NAUTILE, genre de mollusques de l'ordre des céphalopodes polythalames cloisonnés. Le nautile, dont l'animal a été récemment découvert, est pourvu d'une grande coquille enroulée et divisée intérieurement par une multitude de cloisons transversales. — Les anciens avaient donné le nom de *nautile* à l'argonaute, qui voyage comme un vaisseau, se servant de deux de ses bras très-élargis vers le bout comme de voiles, tandis que les six autres lui servent de rames.

NAUTODICES (*nautés*, matelot, et *dicé*, justice), magistrats subalternes qui étaient, chez les Athéniens, chargés de terminer les différends survenus entre les marchands, les matelots et les étrangers, dans les affaires de commerce maritime. Leur audience générale était fixée au dernier jour de chaque mois.

NAVARETTA (Fernandez), dit *el Mudo*, c'est-à-dire le Muet, peintre de l'école espagnole, né à Logrono en 1532. Sourd et muet de naissance, il fut l'élève d'un peintre dominicain, et voyagea en Italie, où il fut admis à l'école du Titien. Il mourut en 1572, à l'Escurial auquel il avait travaillé.

NAVARETTE, petite ville d'Espagne, située sur une montagne, dans la Vieille-Castille, à 5 lieues de Logrono. Elle a donné son nom à la bataille livrée en 1366 entre don Pedro le Cruel et Henri de Transtamare son frère naturel, et dans laquelle le célèbre du Guesclin, qui combattait pour le dernier, fut fait prisonnier.

NAVARIN (l'ancienne *Pylos* de Messénie), ville forte de la Morée, située au pied du mont Egialée, avec un excellent port en fer à cheval, sur le golfe de Zanchio, vis-à-vis la petite île de Sphactérie. Sa population est de 3,000 habitants. Elle est célèbre par la victoire navale qu'y remportèrent, le 20 octobre 1827, les trois escadres combinées, française, anglaise et russe, aux ordres des amiraux de Rigny, sir Edward Codrington et le comte Heyden, sur l'escadre turque, aux ordres de Taher-Pacha. Cette dernière, forte de plus de 70 voiles, fut presque totalement détruite.

Cette victoire, qui assura l'indépendance de la Grèce, coûta à l'escadre française 42 morts et 142 blessés, à l'escadre anglaise 74 morts et 198 blessés, et à l'escadre russe 59 morts et 139 blessés.

NAVARRE, ancien royaume d'Europe, situé entre la France et l'Espagne. Il se divisait en *haute* et *basse* Navarre. La première appartient maintenant à l'Espagne, et la deuxième à la France. — Fondé en 857 par Aznar, duc des Basques chrétiens repoussés dans les montagnes par les Maures, le royaume de Navarre resta pendant cinq cents ans dans la maison de Bigorre. Philippe le Bel, roi de France, ayant épousé Jeanne, héritière de la Navarre, prit le titre de roi de Navarre. Démembrée et donnée en 1316 à Jeanne, fille unique de Louis le Hutin, elle entra en 1494 dans la maison d'Albret. Ferdinand V, roi d'Aragon, déposséda en 1512 Jean III d'Albret de la partie espagnole de ses Etats, c'est-à-dire de la haute Navarre, et ne lui laissa que la partie française. L'avénement de Henri IV au trône de France unit définitivement cette partie de la Navarre à la France, dont les rois ont jusqu'en 1830 porté le titre de *roi de France et de Navarre*.

NAVARRE (BASSE), ancienne province de France, bornée à l'E. par la haute Navarre, à l'O. par le Béarn, au S. par la Soule, et au N. par la Labourd. Sa superficie est de 54 lieues carrées, et sa population de 50,350 habitants. C'est un pays montagneux et peu fertile, qui renferme d'excellents pâturages et des mines de fer et de cuivre. Son ancienne capitale était *Saint-Jean Pied-de-Port*, et la ville principale Saint-Palais. La basse Navarre a formé en partie les arrondissements de Bayonne et Mauléon (Basses-Pyrénées).

NAVARRE (HAUTE), une des plus belles provinces d'Espagne, bornée à l'O. par les provinces vascongades, à l'E. par l'Aragon, au N. par les Pyrénées, au S. par la Vieille-Castille. Sa superficie est de 312 lieues carrées, et sa population de 230,000 habitants. C'est un pays de montagnes entrecoupées de grands vallons, et arrosé par l'Ebre, l'Aragon, l'Arga, l'Ega. On y trouve dans les lieux les plus effrayants des mines d'argent, de cuivre, de fer, de plomb, de vitriol et de soufre, des carrières de marbre, d'agate et de granit. Les habitants, braves, laborieux et indépendants, appartiennent à la population basque. Ils sont très-attachés à leurs anciens priviléges. La haute Navarre, dont la capitale est PAMPELUNE, se divise en cinq *mérindades* ou districts, dont les chefs-lieux sont *Pampelune*, *Estella*, *Tudela*, *Olite* et *Sanguesa*.

NAVARRE (NOUVELLE-), ancienne province du Mexique, située entre la mer Vermeille ou golfe de Californie, la Nouvelle-Biscaye, le Nouveau-Mexique et des pays inconnus. C'est un pays fertile, renfermant des mines d'or, qui forme aujourd'hui l'Etat de Sonora-y-Cinaloa.

NAVARRE (Pierre DE), grand capitaine du XVIe siècle, né en Biscaye. D'abord matelot, puis valet de pied du cardinal d'Aragon, il s'enrôla dans les troupes des Florentins, et s'acquit une grande réputation de valeur. Gonsalve de Cordoue l'employa dans la guerre de Naples avec le titre de capitaine. L'empereur le récompensa des services qu'il lui avait rendus à la prise de la capitale, par l'investiture du comté d'Alveto. Il échoua dans une expédition navale contre les Maures d'Afrique, et fut fait prisonnier à Ravenne en 1512. Il prit alors un parti au service auprès de François Ier, et se signala par plusieurs faits d'armes jusqu'en 1522, époque à laquelle il fut pris par les impériaux. Repris une seconde fois par ceux-ci en 1528, il mourut au château de l'Œuf, sa prison.

NAVARRE (Martin), surnommé *Azpilcueta*, jurisconsulte distingué, fut successivement professeur de droit à Toulouse, à Salamanque et à Coïmbre. Il était consulté de toutes parts comme l'oracle du droit. S'étant rendu à Rome pour défendre son ami Barthélemy Carranza, archevêque de Tolède, accusé d'hérésie, il fut nommé assesseur du cardinal François Alciat, vice-pénitencier, et reçut les plus grands honneurs du pape et des cardinaux. Il mourut à Rome en 1586 à quatre-vingt-douze ans. Le plus grand éloge d'un savant à cette époque, c'était de dire : *c'est un Navarre.*

NAVARREINS, sur le golfe d'Oloron, petite ville du département des Basses-Pyrénées, chef-lieu de canton de l'arrondissement et à 5 lieues d'Orthez. Population, 1,580 habitants. Cette ville, assise dans une plaine fertile, a été bâtie par Henri d'Albret, roi de Navarre. A cette époque c'était une place très-importante; c'est encore de nos jours une place forte.

NAVET, espèce du genre *chou*, famille des crucifères. C'est une plante bisannuelle, indigène, dont la racine est en forme de fuseau renflé vers le haut, et d'une saveur douce, agréable et sucrée, sauf le tissu épidermique qui a un goût piquant, dont les feuilles sont radicales, oblongues et couvertes de poils qui les rendent rudes au toucher, et dont les fleurs sont jaunes ou blanches, disposées en grappes lâches et terminales, et donnant naissance à une silique contenant des graines brunâtres, d'une saveur piquante. Il faut au navet un terrain léger, sablonneux et profond. La saison pour le semer est de juin en août. C'est un aliment sain et assez recherché, quoique venteux. Les grosses espèces servent à l'engraissement de tous les bestiaux.

NAVETTE, variété de navet dont la racine est moins grosse que celle du navet proprement dit, et dont les fleurs petites, ordinairement jaunes, quelquefois blanches ou tirant sur le violet, ont une odeur forte qui attire les insectes. On cultive la navette pour récolter ses graines semblables à celles du navet, dont on retire une huile excellente propre à l'éclairage, à la préparation des laines et à la fabrication du savon noir. On sème la navette dans toute espèce de terre, au printemps et en automne. Six à huit livres de graines suffisent pour ensemencer un hectare.

NAVETTE, instrument de bois dont les tisseurs ou tisserands se servent pour former avec le fil, la soie, les fils d'or ou d'argent, le chanvre, la laine, etc., qu'il renferme, la trame de leurs étoffes, toiles, rubans, etc.; ce qui se fait en jetant alternativement la navette de gauche à droite et de droite à gauche, transversalement, entre les fils de la chaîne qui sont étendus en longueur sur le métier. — On nomme *ouvriers de la grande navette*, les ouvriers en drap d'or, d'argent, de soie et autres étoffes mélangées, par opposition aux rubaniers, qu'on nomme *ouvriers de la petite navette.*

NAVETTE (mar.), petit bateau dont se servent les Indiens, fait d'un tronc d'arbre creusé, et dont la forme approche de celle d'une navette.

NAVETTE. Le plombier nomme ainsi une masse de plomb de la forme d'une navette de tisserand; on l'appelle plus ordinairement *saumon.*

NAVETTE, petit vase de cuivre, d'argent ou d'autre métal, en forme de nef ou de navire; ce qui lui a fait donner son nom. Il sert à mettre l'encens que l'on brûle à l'église.

NAVIGATEURS (ARCHIPEL DES), appelé encore DE SAMOA OU DE HAMOA, archipel de la mer du Sud, dans la Polynésie, occupant une étendue en longueur de 100 lieues de l'E. à l'O. Sa superficie est de 75 lieues carrées, et sa population de 60,000 habitants. Il se compose de huit îles : *Maouna, Opoun, Leone, Fauboué, Oiolava, Pola,* l'île *Plate* et l'île *Rose.* Les indigènes sont d'une taille très-élevée, bien faits, musculeux ; leur teint est foncé, leurs cheveux sont droits et ébouriffés. Ils ont paru féroces, querelleurs et même cannibales aux voyageurs. Cet archipel, qui produit en abondance des cocotiers, des goyaviers, des bananiers, des amandiers, des cannes à sucre, a été découvert en 1722 par le navigateur hollandais Roggeween. Bougainville acheva cette découverte en 1768.

NAVIGATION. On peut l'envisager sous trois points de vue : la navigation *intérieure*, la navigation *côtière* ou cabotage, et la navigation *hauturière* ou en pleine mer. La longueur de nos lignes intérieures navigables en France, soit canaux achevés, soit rivières, est de 2,277 lieues. — C'est aux Phéniciens ou aux Carthaginois que l'on attribue la découverte de la navigation. Dans les premiers temps la navigation ne se fit que de côte à côte. Le premier grand voyage dont l'histoire fasse mention est celui qu'exécutèrent autour de l'Afrique, sous le règne de Néchos, des vaisseaux phéniciens; encore n'abandonnèrent-ils pas les côtes, et ce mode de navigation se perpétua jusqu'à l'invention de la boussole (XIVe siècle). Le premier voyage autour du monde fut exécuté par l'escadre de Magellan, partie de Portugal en 1519.

NAVIRE, toute espèce de bâtiment propre à naviguer. Ceux des anciens peuvent se diviser en deux classes : les navires de transport (en latin *onerariæ*, en grec *olcades*), ouverts et sans pont, et les navires de guerre appelés *longs, longæ*, par opposition aux premiers qui étaient ronds et ovales), couverts (*constratæ*) et portant à la proue un éperon de fer ou de cuivre pour percer les vaisseaux ennemis (*rostrum*). Les navires de guerre étaient de deux sortes : les uns n'avaient qu'un seul rang de rames de chaque côté ; c'étaient des vaisseaux de vingt, de trente, de cinquante, de cent rames, et appelés par cette raison *eikosoroi, triècontoroi, pentècontoroi, écatontoroi* ; les autres, à deux, trois, quatre, cinq et six rangs de rames, étaient pour cette raison appelés *diéreis, triéreis, tetréreis, pentéreis, exéreis,* chez les Grecs, et *birèmes, trirèmes, quadrirèmes, quinquerèmes,* chez les Romains. Ces derniers n'en avaient pas de plus de cinq rangs de rames ; les Grecs en ont eu de seize rangs. Les rameurs d'en bas s'appelaient *thalamites,* ceux du milieu *zeugites,* et ceux d'en haut *thranites.* Tous les navires anciens allaient à la voile en même temps qu'à la rame.

NAVIRE SACRÉ. Les Egyptiens, les Grecs et les Romains avaient certains bâtiments dédiés aux dieux. Les Egyptiens en consacraient un tous les ans à Isis. Ils nourrissaient sur un autre le bœuf Apis pendant quarante jours avant de le transférer de la vallée du Nil à Memphis, dans le temple de Vulcain. — Les Grecs nommaient leurs navires sacrés *théories* (de *théorein*, envoyer) ou bien *iéragogi* (de *iera*, sacrifices, et *agein*, conduire). Les deux plus célèbres furent la galère *Parale* et la *Salaminienne.*

NAVIRE (ORDRE DU), nom donné à l'ordre de chevalerie appelé encore ordre du Double Croissant. Voy. CROISSANT.

NAXIENS, habitants de l'île de Naxos. Après avoir obéi à des rois, ils adoptèrent le gouvernement républicain, et jouirent de leur liberté jusqu'à ce que Pisistrate les soumit. Ils furent ensuite soumis par les Perses ; mais, dans l'expédition de Darius et de Xercès en Grèce, ils secouèrent le joug, et se rangèrent sous les étendards des Grecs. Dans la guerre du Péloponèse, ils prirent parti pour les Athéniens.

NAXOS, île de la mer Égée, la plus grande et la plus fertile des Cyclades, entre Paros à l'E. et Amorgos à l'O. Elle a environ 105 milles (34 lieues) de tour. Elle s'appela successivement *Strongyle, Dia, Dionysias* et *Callipolis,* et prit son nom de Naxius, chef d'une colonie de Cariens qui s'y établit. Bacchus était surtout honoré à Naxos. — Appelée aujourd'hui *Naxie*, elle a 18,000 habitants, et fait partie du nome des Cyclades Sa capitale a un château et un fort, un archevêché grec et un évêché catholique. Ses plaines sont couvertes d'orangers, de limoniers, de citronniers, d'oliviers, de grenadiers, de cédrats, de mûriers et de figuiers. Ses montagnes renferment des carrières de granit et de marbre serpentin très-renommé. Ses vins ont conservé leur antique réputation. — Naxos, soumise par les Romains, fut donnée aux Rhodiens par Marc Antoine. Elle eut vingt et un ducs particuliers depuis Marc Sanudo (1310) jusqu'à Chrispo, sous lequel elle secoua le joug des Latins pour se donner à la Porte (1568).

NAZ, petit village situé près de Gex (département de l'Ain) sur les confins de la Suisse. Il renferme un bel établissement agricole destiné à la propagation de moutons d'une race supérieure et à la production des laines fines. Cette association rurale, fondée par M. Girod de l'Ain, se compose de 3,000 moutons mérinos, et peut mettre chaque année dans le commerce plus de 1,500 individus. Les laines fournies par ces mérinos sont très-estimées, et luttent avec avantage sur les laines de Saxe.

NAZAIRE (Saint), martyr qui vivait au 1er siècle de l'Eglise. Il était fils de sainte Perpétue, et fut condamné à mort avec un jeune enfant nommé Celse ou Ceols. On fait son fête le 28 juillet. — Ville de France, chef-lieu de canton du département de la Loire-Inférieure, assise au port à l'embouchure de la Loire. Elle a un syndicat maritime et 3,000 habitants. Elle a dans son voisinage des tourbières et des pierres d'aimant. Saint-Nazaire est dans l'arrondissement et à 5 lieues de Savenay.

NAZARÉENS, nom que donnaient les gentils aux premiers chrétiens, comme disciples de Jésus-Christ de Nazareth, et qui a été plus tard attribué à une secte juive dont les partisans se distinguaient du reste des hommes principalement en trois choses : 1° en s'abstenant de vin, 2° en laissant croître leurs cheveux, 3° en évitant de toucher les morts, de peur d'en être souillés. Leur condition portait le nom de *nazaréat.* On en distinguait de deux sortes : l'un qui ne durait qu'un certain nombre de jours, l'autre qui durait toute la vie.

NAZARETH, petite ville de Galilée, située sur une montagne au N.-O. dans la tribu de Zabulon. Elle est célèbre pour avoir été la résidence de la sainte Vierge, de saint Joseph et de Jésus-Christ, depuis le retour de Jésus-Christ jusqu'à son baptême. Ses habitants passaient pour ignorants; aussi Jésus fut forcé de la quitter. Les Français gagnèrent en 1799 dans une vallée du voisinage la bataille dite de *Nazareth.*

NAZIANZE, petite ville de Cappadoce, près Césarée S.-O. Elle est la patrie de saint Grégoire le Grand, qui en fut évêque.

NEAGH (Lac), lac d'Irlande, 8 lieues de long sur 6 de large, un des plus grands d'Europe, entre les comtés d'Armagh, de Down, de Tyron et d'Antrim. Ce lac, traversé par la Banne, renferme les îles d'Enisgarden et de Sidney. Ses eaux sont pétrifiantes et propres à la guérison de plusieurs maladies.

NÉANTHE, orateur et historien de Cyzique, florissait vers l'an 257 avant J.-C. Il composa un traité *des Hommes illustres*, un *des Heures*, et un *des Affaires des Grecs*. Dans un traité *des Imitations*, il expliquait les usages de la superstition païenne.

NÉARQUE, amiral d'Alexandre, parcourut par ordre de ce prince l'Océan des bouches de l'Indus à celles de l'Euphrate, pour explorer les côtes de la Perse. Alexandre lui fit en récompense épouser une princesse persane. Après la mort du roi, Néarque obtint la Lycie et la Pamphylie. Néarque et Pythéas sont les seuls parmi les anciens qui aient fait sur l'Océan des voyages de quelque étendue. Nous avons encore la relation de sa navigation ou *Périple* de l'embouchure de l'Indus à Babylone, qu'on trouve dans Arrien.

NÉBO, montagne de Judée, chez les Moabites. C'est là que Moïse mourut après avoir regardé la terre promise où Dieu lui avait prédit qu'il n'entrerait point.

NÉBULEUSES. On appelle ainsi, en astronomie, de petites nuages blanchâtres dont la forme et la grosseur sont variables. Les uns sont formés par des amas d'étoiles, les autres par l'agglomération d'une certaine quantité de flocons nébuleux. On compte près de mille nébuleuses. La voie lactée n'est elle-même qu'un assemblage de nébuleuses.

NÉBOUSAN, petite et ancienne province de la Guienne, formant aujourd'hui la partie inférieure du département de la Haute-Garonne, et ayant pour capitale SAINT-GAUDENS.

NÉCESSAIRE, sorte d'étui ou de boîte où l'on renferme certaines choses indispensables pour la toilette des hommes ou des femmes, ou pour un voyage. Les nécessaires sont quelquefois disposés avec beaucoup d'élégance.

NÉCESSITÉ (myth.), divinité allégorique, fille de la Fortune. On la représentait toujours accompagnant sa mère, avec des mains de bronze, dans lesquelles elle tenait de longues chevilles et des coins de fer, symboles de son inflexibilité. Elle était adorée par toute la terre. Personne, excepté ses prêtresses, n'avait droit d'entrer dans son temple à Corinthe. On la confond souvent avec les Parques, le Destin, Adrastée et Némésis.

NÉCHAO ou NÉCHOS Ier, roi d'Égypte, monta sur le trône vers l'an 691 avant J.-C., et fut tué huit ans après par Sabacon, roi Éthiopien. Son fils Psammeticus lui succéda.

NÉCHAO II, fils de Psammeticus, lui succéda l'an 616 ou, selon d'autres, l'an 610 avant J.-C. Il entreprit au commencement de son règne de creuser un canal depuis le Nil jusqu'au golfe Arabique. Il sacrifia à ce projet 120,000 hommes et le laissa inachevé. Vainqueur à Magedon de Josias, roi de Juda, qui s'opposait à son passage (608), il remporta plusieurs victoires sur Nabuchodonosor, dont il enleva une partie des États, mais qui le vainquit à Circésium (606) et le força à rentrer dans ses anciennes limites. Sous son règne, des Phéniciens firent en trois ans le tour de l'Afrique.

NÉCHEPSUS, roi d'Égypte de la vingtième dynastie, vers l'an du monde 2550, passe pour avoir composé des livres de magie, d'astrologie et de médecine.

NECKER, rivière d'Allemagne, qui a sa source au N. et à peu de distance de celle du Danube, traverse le Wurtemberg et une partie du grand-duché de Bade, reçoit l'Entz, la Muhr, le Kocher, l'Elfatz, etc., et se jette dans le Rhin, près de Manheim. Son cours est de 45 lieues.

NECKER, cercle du royaume de Wurtemberg, borné au N. et à l'O. par le grand-duché de Bade, au S. par le cercle de la Forêt-Noire, et à l'E. par celui de l'Iaxt. Sa population est de 866,000 habitants, et sa superficie de 120 lieues carrées. Il est divisé en seize grands bailliages. — La capitale est LUDWIGSBOURG, siége des administrations. C'est dans le cercle du Necker que se trouve *Stuttgard*.

NECKER, cercle du grand-duché de Bade, borné au N. par le grand-duché de Hesse-Darmstadt et le cercle de Mein-et-Tauber, à l'O. par le cercle du Rhin, au S. par celui de Murg-et-Pfing, et à l'E. par le royaume de Wurtemberg. Sa superficie est de 50 lieues carrées, et sa population de 150,000 habitants. Il est divisé en quatorze bailliages. Son chef-lieu est MANHEIM.

NECKER (ILES DE), groupe de petites îles ou rochers, dans la mer du Sud, au N.-O. des îles Sandwich, découvertes par la Peyrouse, qui faillit s'y perdre contre un banc très-dangereux.

NECKER (Jacques), né à Genève en 1734, était fils de Charles-Frédéric Necker de Cuttrin, professeur de droit public allemand à l'université de Genève en 1724, et mort en 1760. Necker, d'abord simple commis chez Thélusson, banquier de Paris, devint bientôt son associé. Sa fortune, dans l'espace de quinze ans, s'éleva à plus de 6,000,000. Successeur de Taboureau en 1777 dans la place de contrôleur général des finances, il entra pleinement dans la voie des réformes depuis longtemps attendues; le déficit comblé, 10,000,000 d'excédant des recettes sur les dépenses, 300,000,000 empruntés pour les dépenses de la guerre sans avoir eu recours à de nouveaux impôts, l'économie et la justice introduites dans le système des impôts, les restes du servage abolis, tels furent les résultats de l'administration de Necker, qu'il signala lui-même dans son célèbre mémoire justificatif, imprimé en 1781 sous le titre de *Compte rendu*. Peu après, il donna sa démission, et publia dans sa retraite de Copet en Suisse le *Traité de l'administration des finances*. Rappelé après Brienne en 1788, il rétablit le parlement exilé, et fit décréter par le roi que le nombre des députés du tiers serait égal à celui des deux autres ordres. Exilé par le roi le 14 juillet 1789, un mouvement populaire força la cour à le rappeler. Après avoir vainement essayé de lutter contre la révolution, il donna sa démission le 4 septembre 1790, et se retira dans sa terre de Copet, où il mourut en 1804. Sa fille est devenue célèbre sous le nom de Mme de Staël.

NÉCROLOGE (du grec *nécros*, mort, et de *logos*, discours), livre dans lequel on inscrit le nom et quelquefois aussi une notice de la vie des morts. Dans les monastères, l'usage de lire après le martyrologe à prime le nécrologe de l'abbaye succéda à la coutume antique par laquelle le diacre ou sous-diacre récitait à l'oreille du prêtre pendant le canon les noms inscrits dans les diptyques. Le nécrologe s'appelait encore *calendaire* et *obituaire* (livre des morts, en latin *obitii*).

NÉCROMANCIE (de *nécros*, mort, et *manteia*, divination), divination qui consiste à évoquer les mânes des morts. Les rabbins juifs croient que les nécromanciens employaient surtout le crâne des morts pour faire leurs évocations. Les Thessaliens les faisaient en arrosant de sang chaud un cadavre, après avoir fait les expiations prescrites et satisfait par des sacrifices et des présents les mânes du défunt.

NÉCROPHORE, genre d'insectes de l'ordre des coléoptères, de la section des pentamères, famille des clavicornes, tribu des peltoïdes, renfermant des insectes de taille moyenne (huit lignes à un pouce), à la tête forte avec les mandibules avancées, aux yeux ovales, aux pattes fortes et propres à fouir, aux antennes terminées par une massue presque globuleuse de quatre articles. Les nécrophores, dont le nom signifie en grec *fossoyeurs*, ont un instinct remarquable pour la nourriture de leurs larves. Ils choisissent le cadavre d'un animal de petite taille, tel qu'une taupe, une grenouille, et l'enterrent en creusant le sol sous lui; puis ils y pondent leurs œufs, et leurs larves se nourrissent du cadavre.

NÉCROPOLIS (de *necros*, mort, et de *polis*, ville), faubourg de la ville d'Alexandrie en Égypte, où étaient des jardins consacrés aux sépultures.

NÉCROSE, maladie, gangrène des os, appelée encore *carie sèche*. Les os superficiellement situés plutôt que les autres, les os longs (et parmi ceux-ci les os du bras, de la cuisse, de la jambe) plutôt que les os plats, les os plats (et parmi ceux-là les os du crâne) plutôt que les os courts, sont sujets au nécroses. Les causes spéciales de ces maladies sont la dénudation d'un os, le décollement ou la déchirure du périoste, l'inflammation des os (*ostéite*), la lésion de la moelle, et enfin la saillie des os amputés mal faites. Toute

portion d'os nécrosée, quelle que soit son espèce, tend à se séparer du reste par un travail naturel. L'art de la guérison ne consiste qu'à faciliter par tous les moyens l'absorption ou l'expulsion de cette partie qui a reçu le nom de *séquestre*. Ce traitement ne réussit pas toujours.

NECTAIRE, appareil qui, dans les fleurs, sécrète une liqueur mucoso-sucrée, appelée *nectar*, dont l'usage n'a pas été bien précisé. La distillation de cette liqueur s'opère tantôt par un ou plusieurs pores placés au fond de la corolle, tantôt par toute sa surface, qui est couverte de petites ouvertures imperceptibles. Le nectaire n'est indispensable ni à l'existence ni au développement de la fleur.

NECTAIRE, patriarche de Constantinople, natif de Tarse, d'une maison illustre, succéda en 381 à saint Grégoire de Nazianze, et mourut en 397. Ce fut sous son épiscopat que la dignité de pénitencier fut supprimée dans l'Église de Constantinople.

NECTANÈBE Ier, roi d'Égypte, succéda probablement à Pausiris vers l'an 375 avant J.-C., défendit ses États envahis par les Perses, et mourut vers l'an 365 avant J.-C.

NECTANÈBE II, petit-fils du précédent, monta sur le trône après Tachos, l'an 363 avant J.-C. Il conclut dans l'alliance formée par les Cypriotes, les Sidoniens et les Phéniciens révoltés contre les Perses, et opposa à Artaxerce Ochus une armée de 100,000 hommes. Vaincu dans une bataille rangée, il s'enfuit en Éthiopie l'an 354 ou l'an 350 avant J.-C. L'Égypte redevint alors tributaire du roi de Perse.

NECTAR, breuvage délicieux réservé aux divinités. Sapho en fait un aliment; mais Homère le donne comme la boisson des dieux. Il appelle *rouge* celui que Ganymède servait à Jupiter. Hébé en servait aux autres dieux. Le nectar donnait l'immortalité aux hommes qui le touchaient seulement des lèvres. Ce mot vient des deux mots grecs *né*, ne pas, et de *eclaca*, parfait de *cleinein*, tuer, c'est-à-dire qui ne tue pas, qui donne l'immortalité.

NÉCYDALIDES, tribu d'insectes de l'ordre des coléoptères, section des tétramères, famille des longicornes, ayant pour caractère des élytres qui ne recouvrent pas les ailes, et celles-ci à peine repliées à leur extrémité. Les divers genres dont elle se compose peuvent tous être ramenés au genre type *nécydale*.

NÉCYSIES (du grec *nécus*, mort), fêtes solennelles, que célébraient les Grecs en l'honneur des morts, durant le mois anthestérion. Pendant ce temps, la culte des autres divinités était suspendu, leurs temples étaient fermés, et l'on évitait de célébrer des mariages pendant ces jours lugubres. Les Romains et les Grecs s'imaginaient que les ombres sortaient, pour y assister, d'enfers dont les portes étaient ouvertes tout le temps de la solennité.

NEDJED-EL-ARED (en arabe, *pays montagneux*), grande contrée du centre de l'Arabie, entre l'Hedjaz, l'Irak-Arabi, la Syrie et l'Yemen. Elle est sillonnée par des chaînes de montagnes couvertes de forêts, parmi lesquelles sont des lieux très-fertiles avec des villes et des villages. Les plaines sont pour la plupart désertes et d'une culture pénible. Le Nedjed, d'où sont originaires les Wahabis, est divisé en sept provinces, gouvernées par des cheiks. Sa capitale est DREMICH.

NEDJM-EDDYN-AYOUB (Melek-el-Salek), sultan d'Égypte et de Damas, de la dynastie des Ayoubides, succéda en 1240 à Seif-Eddyn-Abou-Bekr, et s'empara d'une grande partie de la Syrie, de Tibériade et d'Ascalon. Ce fut lui qui, ayant acheté des Mongols un grand nombre d'esclaves de la Crimée, du Turkestan, etc., appelés *baharites* et aussi *mamelouks*, en fit sa garde. Il mourut en 1249 du chagrin de n'avoir pu empêcher Damiette de tomber au pouvoir de saint Louis.

NEEDHAM (John TUBERVILLE), descendant

de la famille dont le chef est le lord Kilmotey, né à Londres en 1713, entra dans les ordres, et mourut en 1781 à Bruxelles où il était recteur de l'académie des sciences et belles-lettres, laissant une grande réputation dans les sciences et surtout dans l'histoire naturelle. Il fut le premier ecclésiastique catholique que la société royale de Londres admit dans son sein (1742). Ses recherches sur les animaux microscopiques sont précieuses pour la science, et il est l'un des plus laborieux collaborateurs de Buffon.

NEF, vieux mot, équivalent de navire, et qui est aujourd'hui spécialement usité pour désigner la partie de l'église qui s'étend depuis le portail jusqu'au chœur. On l'a ainsi appelée parce qu'elle a dans les édifices gothiques la forme d'un navire renversé, dont la partie évasée s'appuierait au pavé, de la quille serait marquée par la ligne de rencontre des deux côtés qui forment l'ogive.

NÉFASTE. Les Romains appelaient ainsi : 1° les jours de l'année consacrés au repos, et dans lesquels on ne pouvait point vaquer aux affaires publiques ; 2° les jours de fêtes solennelles, accompagnées de sacrifices et spectacles ; 3° les jours de deuil et de tristesse, regardés comme funestes à cause de quelque disgrâce éclatante du peuple romain arrivée à pareil jour. Il était défendu de travailler ces jours-là ; et l'on s'abstenait de tout voyage, dans la crainte d'un fâcheux accident. Ce dernier sens est le plus usité. Il a passé dans la langue française pour désigner les jours marqués par un événement déplorable.

NÈFLE, fruit du néflier. Concave dans sa partie supérieure, d'une couleur grisâtre, d'une chair dure, acerbe et astringente, semée de cinq noyaux osseux, la nèfle n'est mangeable qu'après avoir subi une sorte de fermentation qui la ramollit et lui donne une saveur douce. Ecrasées et mêlées avec des pommes sauvages et des poires, elles constituent une boisson saine et légèrement astringente.

NÉFLIER, genre de la famille des rosacées, renfermant un grand nombre d'espèces, la plupart arbres ou arbrisseaux. Deux sont particulièrement connus : le *néflier commun* ou *meslier*, arbre de quinze à seize pieds, aux feuilles grandes, ovales, lancéolées, vertes en dessus, blanches et cotonneuses en dessous, aux fleurs blanches, grandes, solitaires. On le trouve dans les bois, de l'Europe centrale où il fleurit en juin. Il se multiplie de graines, de marcottes, et se greffe sur le cognassier, l'aubépine, etc. Le *néflier buisson ardent*, arbrisseau originaire du midi de l'Europe, au feuillage toujours vert et aux fruits de couleur rouge ardent.

NÉGAPATNAM (en indien, *ville des couleuvres*), ville forte et maritime du Tanjore, dans le Karnate, sur la côte de Coromandel (Indoustan). C'était autrefois la capitale des possessions hollandaises ; aujourd'hui elle appartient aux Anglais. Elle doit son nom aux nombreux serpents qui l'habitent, et qui sont respectés des indigènes. Négapatnam est arrosée par une rivière très-agréable, à l'embouchure de laquelle les bâtiments de 2 à 300 tonneaux peuvent se mettre à l'abri dans tous les temps.

NÈGRE, individu de couleur noire. Les nègres ont les cheveux laineux, le nez épaté, de grosses lèvres, les mâchoires prolongées et l'angle facial descendant quelquefois au-dessous de 80 degrés. La coloration de la peau du nègre est due à un pigment noir qui se dépose en couche sous l'épiderme dans le tissu muqueux, et émane, selon les uns, de la bile, selon d'autres, de la partie corticale brune du cerveau. Les nègres constituent l'une des trois races primitives ; leur pays indigène est l'Afrique (Guinée, Nigritie, Sénégambie, Cafrerie, Abyssinie). On les trouve disséminés à Saint-Domingue, où ils forment la plus grande partie de la population, dans presque toutes les Antilles, dans les deux Amériques, etc. Ils peuvent former un quart de l'espèce humaine. Ils naissent blancs ou à peu près, et, quel que soit le climat, noircissent entièrement au bout de quelques semaines. Toutes les passions mauvaises sont développées chez eux d'une façon toute particulière ; cependant ils chérissent et révèrent leurs parents, et donnent d'héroïques exemples d'attachement et de fidélité. Leur religion consiste en une crainte superstitieuse des mauvais esprits, des sorciers et des devins. Ils adorent certaines idoles appelées *fétiches*, ou bien des animaux, tels que les serpents et les crocodiles. Leur population décroît par l'effet des guerres intestines continuelles et de la traite. Des armateurs de toutes les nations achetaient d'eux leurs prisonniers de guerre, et souvent leurs parents, leurs enfants ; puis allaient les conduire aux colonies, où ils faisaient l'office de bêtes de somme. Le plus grand nombre des puissances européennes ayant aboli en 1815 la traite odieuse des nègres, les Américains et autres négriers ne font plus ce trafic que par contrebande. Dans les colonies, les nègres sont employés à tous les travaux. Ils sont traités avec beaucoup de sévérité (voy. MARRONS); ce qui est dû à leur paresse invincible, qui ne peut être domptée qu'à force de coups et de mauvais traitements.

NÉGRÉPELISSE, petite ville du département de Tarn-et-Garonne, chef-lieu de canton dans l'arrondissement et à 3 lieues et demie de Montauban, près de l'Aveyron. Sa population est de 3,000 habitants. Elle a des manufactures de toiles, de coton, et commerce en minots et en grains. Négrepelisse était une ville autrefois très-florissante ; l'un des boulevards protestants, elle eut beaucoup à souffrir des guerres religieuses. Elle est bien déchue depuis 1622, époque à laquelle elle fut prise d'assaut, pillée et brûlée par les troupes de Louis XIII.

NÉGREPONT ou ÉGRIPOS (l'ancienne Eubée), île considérable de l'Archipel grec, dont elle est une des plus belles, séparée de la terre ferme par un petit bras de mer appelé autrefois *Euripe*, aujourd'hui canal ou détroit de Négrepont. L'île a 145 lieues carrées de superficie, et 60,000 habitants dont 45,000 Grecs. Son territoire est montueux, mais fertile ; il abonde en blé, vin, fruits, coton, cire, huile, miel, bétail, beaux pâturages, cuivre, marbre, amiante. Prise en 1469 par les Turks sur les Vénitiens, elle fait aujourd'hui partie du royaume de Grèce. — Sa capitale est NÉGREPONT (l'ancienne *Chalcis*), ville forte, située à l'endroit le plus resserré de l'Euripe, avec un pont qui communique à la terre ferme. Son port est spacieux. Elle a 16,000 habitants.

NÉHALÉNIE, déesse adorée dans les Gaules et principalement dans le nord de la Germanie. On croit que c'était la *lune*.

NEHAVEND ou NOUHAVEND (*la victoire des victoires*), ville ancienne du Kousistan (Perse), à 20 lieues d'Hamadan, célèbre par la victoire que le calife Omar y remporta en 638 sur Iezdegerde III, roi de Perse, et dont les résultats furent la conquête de la Perse par les Arabes.

NÉHÉMIE, savant juif, échanson d'Artaxercès-Longuemain, obtint de ce prince la permission de rebâtir les murs de Jérusalem, entreprise qu'il parvint à achever, après un travail de cinquante-deux jours, l'an 454 avant J.-C. C'est à Néhémie que l'on doit la constitution qui gouverna le peuple juif jusqu'à l'époque des Machabées, et qui en fit une sorte d'aristocratie dépendante de la monarchie perse. Après avoir gouverné le peuple juif pendant environ trente ans, il mourut vers l'an 430 avant J.-C. Néhémie passe pour être auteur du second livre d'Esdras.

NEIGE, eau congelée, dont la formation est due au refroidissement des vapeurs aqueuses qui, saisies par une température plus froide dans leur voyage à travers l'atmosphère, se solidifient en tombant alors à terre en vertu de leur nouvelle pesanteur. La neige tombe sous forme de cristaux de forme très-variée, dont on n'a pas encore pu expliquer la formation. La figure qu'ils affectent dans nos climats est le plus souvent l'étoile à six rayons. La neige n'a pas toujours la couleur blanche ; car on a trouvé dans les Alpes et au pôle des neiges colorées en rouge. On a cru trouver la raison de cette coloration dans la présence d'un petit champignon rouge, qui y croît et s'y développe. Quelques montagnes sont continuellement couvertes de neiges depuis une certaine hauteur. Cette limite varie : dans l'Amérique méridionale, elle est à 2,460 toises au-dessus du niveau de la mer ; dans celle du Nord, à 2,360. Dans les Alpes et les Pyrénées, elle n'est qu'à 1,300 et 1,400.

NEILL (O'), dit *le Grand et le Héros des naufragés*, né en 352, fut couronné monarque suprême de l'Irlande, et fit beaucoup de mal aux Romains par ses incursions dans la Grande-Bretagne. Il leur eût peut-être porté le dernier coup, si Stilicon ne fût venu changer la face des affaires. Il fut tué en 405, d'un coup de flèche empoisonnée, par Eocha, roi de Lagénie ou de Leinster, qu'il avait persécuté. Ses descendants, appelés *Hy-Nialls* ou O'Neills méridionaux, ont donné dix-neuf rois à l'Irlande.

NEILLE. Les tonneliers appellent ainsi du chanvre ou de la ficelle décordée, dont on se sert pour étouper une pièce de vin qui suinte par le fond à l'endroit du jable.

NEIPPERG (Guillaume-René, comte de), d'une noble famille de Souabe, né en 1684, servit la maison d'Autriche avec beaucoup de zèle et de fidélité. Ce fut lui qui conclut le traité qui remit en 1739 Belgrade aux Turks, pour délivrer le grand-duc François, pris durant une partie de chasse. Mis à la tête de l'armée que Marie-Thérèse opposa au roi de Prusse, il fut défait à Molwitz et se retira quelque temps après à Luxembourg, dont il avait été nommé gouverneur dès l'an 1750. Il y resta jusqu'en 1758, et mourut en 1774 avec le rang de feld-maréchal. — Son fils LÉOPOLD, né en 1728, ambassadeur à Naples, chambellan de l'empereur d'Autriche, mort en 1792, est inventeur d'une machine propre à copier les lettres et nommée le *copiste secret*.

NEISS, petite rivière d'Allemagne, qui a sa source près du village de Proschwitz (Bohême), devient navigable à Guben, et se jette dans l'Oder près de Grossen. — Rivière de Silésie, qui a sa source au mont Schomberg, et se jette dans l'Oder, près de Schurgast.

NEISSE, principauté de Silésie, partagée entre l'Autriche et la Prusse. C'est un pays de montagnes, mais fertile et abondant en pâturages. La principauté de Neiss dépendait autrefois de l'évêché de Breslau. Aujourd'hui la partie autrichienne est enclavée dans le cercle de Troppau (Moravie); elle a 49,000 habitants. La partie prussienne, en a 92,000. Elle fait partie de la régence d'Oppeln. — Sa capitale, située à 14 lieues de Breslau, au confluent de la Gilla et de la Neisse, a un évêque, et commerce en lin, fil, toiles, etc.

NEITH (myth.), nom sous lequel les Egyptiens adoraient Minerve.

NEIVA, petite rivière de Portugal, dans l'Entre-Douro et Minho. — C'est aussi le nom d'une province de Colombie, dans le département de Cauca. Elle renferme des mines d'or et d'argent, et sa capitale est NEIVA ou NEYVA, à 50 lieues de Popayan.

NÉKIR et MONKIR, juges des morts chez les Turks. Tous les morts vont en présence de ces deux juges, qui leur adressent diverses questions. Si les réponses que donne le coupable ne satisfont pas ses juges, il subit diverses épreuves cruelles, telles que d'être tiré en haut par une faux et repoussé avec une massue de fer rouge.

NÉLÉE (myth.), fils de Neptune et de Tyro, s'empara, avec son frère Pélias, du royaume d'Iolcos, qui appartenait de droit à Eson, fils de Créthée et de Tyro. Chassé de la Thessalie par Pélias, il se réfugia en Messénie, où il bâtit Pylos. Devenu l'un des plus puissants princes du Péloponèse, il épousa Chloris, fille d'Amphion, qui lui donna une fille et douze fils. Hercule le massacra avec eux, à l'exception de Nestor, pour lui avoir refusé le passage en allant en Espagne.

NÉLÉE, fils de Codrus et frère cadet de Médon, alla vers l'an 1090 avant J.-C. fonder une colonie dans le territoire de Milet, et, pour en assurer l'existence, il massacra tous les habitants, et donna leurs femmes à ses soldats. On lui attribue la fondation d'Éphèse, Milet, Colophon, Myonte, Lébédos, Clazomène.

NÉLI, nom donné, dans les Indes, au riz non encore dépouillé de ses balles. On appelle encore de ce nom la balle du riz, dont on se sert pour entretenir le feu.

NELSON (Horace), célèbre marin anglais, né en 1758 à Burnham-Thorpe (Norfolkshire), dont son père était recteur, servit dès l'âge de douze ans à bord du *Rational*, sous son oncle le capitaine Suckling. Lieutenant en 1777 et capitaine en 1779, il contribua à la prise de Toulon et de Bastia, et perdit un œil à celle de Calvi. Commodore en 1796, il remporta avec l'amiral Jervis (lord Saint-Vincent), à la hauteur du cap Saint-Vincent, une victoire sur les Espagnols en 1797, et fut créé en récompense chevalier du Bain et contre-amiral. Privé du bras droit à l'attaque de Ténériffe, et chargé de combattre la flotte qui portait Bonaparte en Egypte, il remporta sur l'amiral Brueys la désastreuse victoire d'Aboukir (1799), qui lui valut les titres de baron du Nil de son gouvernement, et duc de Bronte en Sicile, du gouvernement napolitain. Après s'être arrêté quelque temps à Naples, où il ternit sa gloire par sa liaison scandaleuse avec lady Hamilton et l'indifférence coupable avec laquelle il laissa couler le sang des innocents, il revint en Angleterre, et entra en 1802 à la chambre haute. Envoyé en 1804 en croisière dans la Méditerranée, il attaqua les flottes française et espagnole à leur retour des Antilles, et remporta sur elles la célèbre victoire navale de Trafalgar (21 octobre 1805), où 17 des vaisseaux des escadres combinées furent pris ou détruits, et où une balle partie des hunes du *Bucentaure* le blessa mortellement. Nelson a été inhumé dans la cathédrale de Saint-Paul, où on lui a érigé un monument.

NELSON (Port-), fort de l'Amérique septentrionale, bâti par deux frères canadiens en 1682 , sur la côte méridionale de la baie d'Hudson, à l'embouchure de la rivière Nelson ou Bourbon, à 200 lieues du fort Albany. Le Port-Nelson porte encore le nom de fort *Yorck*.

NÉLUMBIACÉES, petite famille de plantes monocotylédonées, créée par quelques auteurs à côté des nymphéacées, dont on ne doit pas la séparer. Le type de cette famille est le genre *nélumbo*, qui renferme de belles plantes croissant au milieu des eaux douces. Elles étendent à la surface des eaux de grandes feuilles ombiliquées qui forment une coupe de trente à soixante centimètres de diamètre, et du sein de laquelle s'élèvent de superbes fleurs d'un rose pourpré, quelquefois entièrement blanches ou jaunes, portées sur de longs pédoncules et répandant autour d'elles une odeur agréable.

NÉMÉE, ville de l'Argolide, entre Cléone et Phlionte, et près d'une forêt où Hercule tua le fameux lion connu sous le nom de *lion de Némée*. Cette ville avait un temple dédié à Jupiter. Elle était célèbre par les jeux qui s'y tinrent et auxquels elle avait donné son nom.

NÉMÉENS (Jeux), un des quatre grands jeux de la Grèce, institués, selon les uns par Hercule, en mémoire de sa victoire sur le lion de Némée; selon d'autres, par les sept chefs argiens, pour honorer la mémoire du jeune Ophèltès ou Archémore, fils de Lycurgue, et, selon les derniers enfin, consacrés à Jupiter Néméen. Les Argiens y jugeaient en habits de deuil, et le vainqueur recevait une couronne d'abord d'olivier, puis d'ache. Ces jeux, dans lesquels on faisait tous les exercices usités dans les autres, étaient une ère pour les Argiens et les peuples du voisinage. Ils se célébraient tous les trois ou cinq ans.

NÉMÉSIEN (Marcus Aurelius Olympius), poète latin, né à Carthage, vivait vers l'an 268 de J.-C., sous l'empire de Numérien, dont il était assez probablement le parent. Il périt, dit-on, par les ordres de Dioclétien. Connu surtout par quatre *églogues*, il avait fait trois poëmes : *Halieutica* (sur la pêche), *Nautica* (sur la navigation) et *Cynegetica* (sur la chasse). Il ne nous reste que le commencement et trois cent trente vers du dernier. Ces fragments ont été découverts à Tours par Sannazar.

NÉMÉSIS (myth.), déesse de la vengeance, appelée encore *Adrastia*, était fille de Jupiter et de la Nuit. On la représentait avec des ailes, armée de flambeaux et de serpents, et ayant sur la tête une couronne de pierres précieuses chez les Étrusques, et surmontée d'une corne de cerf chez les Grecs. Némésis avait à Rome, avec le surnom de *Sainte*, un temple sur le Capitole, et un autre fort célèbre Rhamnus ou Rhamnonte (dans l'Attique), d'où lui vint le surnom de *Rhamnusie*. — On doit à M. Barthélemy un poëme satirique intitulé *Némésis*.

NÉMÉSIUS, évêque d'Émèse, florissait vers la fin du IVe siècle. Il a laissé en grec un ouvrage *de la Nature de l'homme*; en quarante-quatre chapitres, l'une des meilleures productions de l'antiquité chrétienne. Il y combat avec force la fatalité des stoïciens et les erreurs des manichéens ; mais il soutient l'opinion de la préexistence des âmes.

NÉMOCÈRES, famille d'insectes de l'ordre des diptères, ayant pour caractère des antennes qui n'ont jamais moins de six articles, et presque toujours plus. Les némocères ont une forme grêle, allongée, la tête assez petite, inclinée, leurs yeux très-gros, la bouche composée d'un suçoir allongé, inclinée en bas; le thorax élevé, bossu ; l'abdomen allongé, terminé en pointe dans les femelles, et par des crochets dans les mâles ; les ailes longues, étroites; les pattes grêles et allongées. La famille des némocères a deux tribus, les *tipulaires* et les *culicides*.

NEMOURS, petite ville de France, chef-lieu de canton du département de Seine-et-Marne, sur le Loing et le canal de ce nom, dans l'arrondissement et à 4 lieues de Fontainebleau.Cette ville, ancien duché-pairie, a une bibliothèque, un collège communal, un hospice, un beau pont sur le Loing, un vieux château fort, résidence des anciens ducs, et une population de 4,000 habitants. Elle fait un grand commerce de grains, vins, farines et fromages.

NEMOURS (Jacques d'Armagnac, duc de), petit-fils de Bernard d'Armagnac, connétable de France, se laissa entraîner dans les conjurations que le duc de Guienne et le comte d'Armagnac formèrent contre Louis XI. Toujours inquiet et remuant, il se ligua avec les ducs de Bretagne et de Bourgogne. Mais arrêté à Carlat, amené à Paris et enfermé à la Bastille, il fut condamné comme criminel de lèse-majesté par le parlement, et fut décapité en 1477. Louis XI, par un raffinement de cruauté, fit placer sous l'échafaud, pour recevoir le sang de leur père, ses malheureux enfants ; ceux-ci ne laissèrent pas de la postérité.

NEMOURS (Jacques de Savoie, duc de), fils de Philippe de Savoie, duc de Nemours, et de Charlotte d'Orléans-Longueville, né en 1531, fut fait, après plusieurs campagnes en Italie, colonel général de la cavalerie, réduisit le Dauphiné, défit le baron des Adrets qu'il ramena dans le parti du roi, assista à la bataille de Saint-Denis, et mourut en 1585. Sa femme, Anne d'Est, déjà veuve du duc de Guise, figura dans la Ligue sous le nom de duchesse de Nemours, et lui donna plusieurs enfants. Sa postérité masculine s'éteignit à Henri, qui suit.

NEMOURS (Henri de Savoie, duc de), prit ce titre à la mort de son aîné, Charles-Amédée, tué en duel en 1652 par César de Vendôme, duc de Beaufort, dont il avait épousé la sœur Élisabeth. Attaché pendant la Fronde au parti des princes, Charles-Amédée s'était brouillé avec le duc de Beaufort, et n'avait laissé que deux filles : l'une mariée au duc de Savoie, l'autre mariée successivement aux rois de Portugal, Alphonse et Pierre. Le duc Henri mourut sans enfants en 1659. Sa veuve, Marie d'Orléans, fille du duc de Longueville, née en 1625 et morte en 1707, a laissé des *Mémoires* fidèles et d'un style léger.

NEMROD, fils de Chus et petit-fils de Cham, usurpa le premier la puissance souveraine, et bâtit, dit-on, de jeunes gens qu'il avait endurcis au travail par les exercices pénibles de la chasse. Aussi l'Écriture lui donne le nom de *fort chasseur*. Il éleva les murs de Babylone, dans le Sennaar, sur l'emplacement de la tour de Babel, et régna durant soixante-cinq ans. L'Écriture lui attribue aussi la fondation de Ninive. Après sa mort, ses sujets lui élevèrent des autels. On le confond à tort avec Ninus.

NÉNIE (myth.), déesse qui présidait aux funérailles et aux chants lugubres en l'honneur des morts ; elle était particulièrement honorée des vieillards. On ne commençait à l'implorer que lorsque l'agonie commençait. Elle avait un temple hors de Rome, près de la porte Viminale.

NÉNIES, chants funèbres, contenant les louanges de la personne qui venait de mourir et débitées d'une voix lamentable, au son des flûtes, par une femme nommée *praefica*, louée pour cet office. L'origine des nénies est attribuée à Simonide ou à Linus, et, comme ils étaient pour la plupart vides de sens, on appela de leur nom les mauvais vers et les chansons puériles.

NENNIUS, ancien écrivain breton, auteur d'une *Histoire de Bretagne* qui va jusqu'au VIIIe siècle et qui est écrite dans le genre de celle de Gildas. Nennius vivait au commencement du IXe siècle.

NÉNUPHAR (en latin, *nymphœa*), genre de plantes, type de la famille des nymphéacées, et composé d'une vingtaine d'espèces toutes aquatiques, vivaces; à racine épaisse, charnue, horizontale, d'où sortent de longs pédoncules portant de grandes feuilles arrondies, échancrées en cœur à leur base, s'étalant sur l'eau en nappes luisantes d'un vert foncé ; aux fleurs solitaires, de couleur bleue, blanche ou rose, et du plus bel aspect. On trouve les nénuphars en Europe, en Afrique et en Asie. Leur souche a été longtemps recherchée en médecine comme rafraîchissante, tempérante et anti-aphrodisiaque On en retire une sorte de farine avec laquelle les Ostiaks et les Kalmouks font du pain.

NÉOCORES (des deux mots grecs *neós*, temple, et *coréin*, avoir soin), prêtres grecs chargés du soin d'orner les temples et de veiller en bon état tout ce qui était nécessaire aux sacrifices. C'étaient des sortes de sacristains. Ces fonctions, d'abord peu relevées, devinrent si honorables que des empereurs et des peuples entiers prirent le titre de *néocores*, c'est-à-dire pieux.

NÉOGRAD, comitat de Hongrie, limitrophe de celui de Pest, et ainsi nommé du village et du château de Néograd qui en fait partie. Sa superficie est de 140 lieues carrées, et sa population de 163,000 habitants. Le pays, montagneux vers le N., assez fertile dans le midi, produit du vin, du blé, etc. Son chef-lieu est Balassa-Gyarmath.

NÉOLOGIE (de *néos*, nouveau, et *logos*, discours), nouveau genre de langage, nouvelle manière de parler. Il ne faut pas confondre la néologie, qui enrichit une langue en formant des mots nouveaux suivant ses formes et son analogie, avec le *néologisme*, qui n'est que l'affectation à se servir d'expressions et de mots nouveaux et bizarres. Les écrivains modernes ont presque tous cette manie, et méritent ainsi le nom de *néologues*.

NÉOMÉNIE (de *néos*, nouveau, et de *mên*, mois), fête célébrée à la nouvelle lune on Syrie, en Egypte, en Grèce et à Rome. Chez les Egyptiens, la cérémonie principale consistait à conduire en pompe les animaux qui répondaient au signe céleste dans lequel allaient entrer la lune et le soleil. Chez les Grecs, on offrait des sacrifices à tous les dieux et particulièrement à Apollon. On célébrait les néoménies par des jeux et des repas publics auxquels assistaient également les riches et les pauvres. On y faisait aux dieux des prières solennelles, et on y rendait un hommage religieux aux héros et aux demi-dieux. Les Romains, qui empruntèrent cette fête aux Grecs, la nommèrent *calendes*.

NÉOPHYTE (de *néos*, nouvelle, et de *phyton*, plante), nom donné dans la primitive Eglise aux nouveaux chrétiens, c'est-à-dire aux païens nouvellement convertis à la foi. Les néophytes portaient pendant huit jours des habits blancs ou aubes, et les quittaient le samedi, appelé en latin *in albis depositis*, et en français la *désauberie*.

NÉOPLATONICIENS, l'une des écoles grecques après Socrate, et la dernière des trois écoles d'Alexandrie. Elle eut pour chef, Ammonius, vers 193 après J.-C. Ce fut un essai d'éclectisme qui aboutit à une transformation mystique des doctrines de Pythagore et de Platon. Suivant cette école, il y a une unité absolue et primitive d'où émane l'intelligence absolue, qui donne naissance à la puissance absolue, et cette unité, intelligence et puissance sont les trois personnes de la Trinité, principe unique de tous les êtres. Le monde des sens n'est qu'une image de celui des esprits. L'âme, est une, intelligente et puissante comme Dieu. Elle ne peut se procurer la vertu que par l'extase.

NÉOPTOLÈME (de *néos*, jeune, et *polemos*, guerre), nom sous lequel on connaît Pyrrhus, fils d'Achille et de Déidamie. Calchas ayant déclaré que Troie ne pouvait être prise sans lui, on le fit venir de Scyros à l'âge de dix-huit ans. Ce fut lui qui alla avec Ulysse chercher Philoctète, qui possédait les flèches d'Hercule. Entré le premier dans le cheval de bois, il massacra Priam, fit précipiter du haut d'une tour Astyanax, fils d'Hector, et emmena sa veuve en Epire. Il en eut plusieurs fils, dont un, Molossus, lui succéda, et laissa pour elle Hermione, sa légitime épouse, dont la jalousie arma contre lui Oreste. Ce prince le fit tuer au pied des autels d'Apollon à Delphes par les habitants, qui crurent qu'il venait piller leurs trésors. Virgile et Racine le font tuer par Oreste même.

NÉOTTIÉES, troisième section de la famille des orchidées, renfermant tous les genres qui ont leurs masses polliniques formées de grains lâchement cohérents entre eux. Cette section, dont le nom a été changé en celui de limodorées, a pour type le genre *néottie*, qui renferme des plantes à racines vivaces, bulbeuses ou fasciculées, aux feuilles radicales, la hampe terminée par des fleurs en épi. Nous possédons en France la *néottie nid d'oiseau*, dont les fleurs forment un épi cylindrique jaunâtre.

NÉPAUL, contrée de l'Indoustan, dans la partie septentrionale, entre le Tibet, le Bahar et le Delhy. C'est un pays environné de montagnes neigeuses, renfermant des mines de fer et de cuivre, produisant du riz, du poivre, du gingembre, de la résine, du miel, du bois de construction. Sa superficie est de 7,080 lieues carrées, et sa population de 3,500,000 habitants, Indous et Newars d'origine mongole ou chinoise). Le Népaul est gouverné despotiquement par un rajah, propriétaire du sol et tributaire de la Chine. Mais il est depuis 1816 presque sous la domination des Anglais, qui ont un régent à *Katmandou* sa capitale, ville de 20,000 âmes, sur les bords du Bischmuttes.

NÉPENTHÈS (de *né*, sans, et de *penthos*, douleur), plante dont Hélène se servit, au dire d'Homère, pour charmer la mélancolie de ses hôtes, et particulièrement de Télémaque. Elle l'avait reçue de Polydamna, femme de Phéron, roi d'Egypte. On croit que c'est l'opium ou la jusquiame blanche; d'autres, l'aunée, ou la buglosse, ou la bourrache. C'est aussi le nom d'un genre de plantes dicotylédonées, de la famille des aristolochiées.

NÉPHALIES (de *néphéin*, être sobre), fêtes des gens sobres, célébrées en offrant une simple boisson d'hydromel à Mnémosyne, l'Aurore et Vénus. Les Athéniens brûlaient aussi sur les autels de ces divinités toutes sortes de bois excepté la vigne et le figuier.

NÉPHÉLÉ (myth.), seconde femme d'Athamas, roi de Thèbes, dont elle eut Phryxus et Hellé. Comme elle était sujette à des accès de folie, Athamas la répudia pour reprendre sa première femme Ino. Celle-ci ayant résolu de faire périr les enfants de sa rivale, Néphélé leur donna le fameux bélier qui les porta en Colchide. Appelée quelquefois *Thémisto* et quelquefois aussi *Démodice* et *Phérécyde*, Néphélé fut changée en nuage, fable fondée sur ce que son nom veut dire en grec *nuée*.

NÉPHÉRITE ou NÉPHRÉE, roi d'Egypte de 400 à 397 avant J.-C., secourut les Lacédémoniens et leur général Agésilas contre les Perses, et leur envoya une flotte de 100 vaisseaux battue par Conon à la hauteur de Rhodes.

NÉPHRÉTIQUE ou NÉPHRITIQUE, terme de médecine, ce qui a rapport aux reins (en grec, *nephros*). Ce mot s'applique spécialement aux douleurs, aux *coliques* dont ces organes sont quelquefois le siège. On l'a étendu aux personnes atteintes de ces douleurs.

NÉPHRITE, inflammation des reins. Cette maladie est le plus souvent produite par la présence de calculs dans les reins ou l'uretère. Elle peut occuper les deux reins ou se borner à un seul. Elle se présente sous deux formes : la *néphrite aiguë*, causée par l'usage des boissons alcooliques, les diurétiques âcres, tels que la térébenthine, les cantharides, mais surtout par la présence d'un calcul, est caractérisée par une douleur aiguë dans la région des reins et la partie inférieure du corps, par une grande anxiété et la faiblesse du malade, une soif vive, des vomissements, une augmentation de chaleur et l'accélération du pouls. Cette maladie se termine peu de jours ; elle est souvent mortelle. D'autres fois elle passe à l'état chronique. La *néphrite chronique*, qui a les mêmes causes, est caractérisée par une douleur obscure dans les lombes et dans la cuisse, l'excrétion d'une urine trouble, purulente, et le dépérissement du malade. Cette maladie est presque toujours mortelle.

NÉPHROTOMIE, dissection des reins, opération dont le but est d'extraire les calculs développés dans l'intérieur des reins, au moyen d'une incision pratiquée dans le tissu de ces organes.

NEPHTALI, sixième fils de Jacob, qu'il eut de Bala, servante de Rachel. Il fut ainsi appelé d'un mot hébreu qui signifie *il a combattu*, parce que Rachel était entrée en lutte avec Lia. On ne sait rien que le nom de ses quatre fils : *Jaziel*, *Guni*, *Geser* et *Sallem*. — Sa tribu qui, à la sortie d'Egypte, était déjà forte de 53,400 guerriers, eut dans le partage de la terre de Chanaan une partie de la Galilée inférieure, le long du Jourdain depuis sa source jusqu'au lac de Génézareth. La plus septentrionale des tribus situées en deçà du Jourdain, elle avait pour bornes au N. la Célésyrie, au S. la tribu de Zabulon, à l'O. celle d'Aser, et à l'E. la demi-tribu de Manassé.

NÉPIDES, tribu d'insectes de l'ordre des hémiptères, section des hétéroptères, famille des hydrocorises, renfermant des insectes carnassiers sous tous les états, et vivant dans l'eau. Leur corps est déprimé, leurs pieds de devant ravisseurs, leurs tarses courts. Le type de cette tribu est le genre *nèpe*.

NÉPOMUCÈNE (Saint Jean), né à Népomuck ou Groenberg (Bohême) vers 1330, chanoine de Prague et confesseur de la reine Jeanne, femme de Wenceslas, ne voulut point trahir le secret de la confession de la reine accusée d'adultère. D'abord jeté en prison, saint Jean Népomucène fut ensuite, par ordre du roi, précipité dans la Moldau en 1383. Il fut canonisé en 1729. On le regarde comme le patron de l'honneur.

NEPOS (Cornélius), célèbre biographe latin, contemporain de César et d'Auguste, ami de Cicéron et d'Atticus, était né à Hostilie près Vérone. Selon quelques écrivains, il avait composé trois livres de *Chroniques* ou *Annales*, qui contenaient un abrégé d'histoire universelle et beaucoup d'autres ouvrages. Il ne nous reste de lui que les *Vies des capitaines de la Grèce et de Rome*, ouvrage longtemps attribué à Æmilius Probus, qui les publia. A part quelques inexactitudes qui la déparent, sa narration est toujours choisie, élégante, naturelle, claire et précise. Il donne du reste peu de détails sur la vie de ses héros.

NEPOS (Flavius Julius), fils du général Népotien et d'une sœur du patrice Marcellin, né en Dalmatie, épousa une nièce de la femme de l'empereur Léon Ier, qui le fit proclamer empereur d'Occident en 474 à la place de Glycerius. Il céda en 475 le pays des Arvernes à Euric, roi des Wisigoths, pour conclure la paix. Obligé de quitter Ravenne, sa capitale, par la révolte du général Oreste, qui fit couronner son fils Augustule (29 octobre 475), Nepos se retira à Salone en Dalmatie, et, après y avoir langui quatre ans, il y fut assassiné par deux courtisans de Glycerius. Julius Nepos s'était montré humain et vertueux.

NÉPOTIEN (Flavius Popilius), fils d'Eutropie, sœur du grand Constantin, se fit proclamer empereur après la mort de Constant en 350 ; mais, s'étant rendu odieux par sa cruauté, il fut assassiné après un mois de règne par Anicet, préfet du prétoire de Magnence.

NÉPOTISME, terme usité d'abord en Italie pour désigner le crédit et l'autorité souvent injuste que les papes vivants avaient coutume de donner à leurs neveux. Il s'applique maintenant aux actes des hommes haut placés qui se servent de leur influence pour procurer des emplois à leurs parents souvent incapables.

NEPTUNE (myth.), l'un des grands dieux, fils de Saturne et de Rhée ou Ops, et frère de Jupiter, de Pluton et de Junon. Dévoré par son père, il fut rendu à la lumière par le breuvage de Métis. Dans le partage du monde, il obtint l'empire de la mer. S'étant uni contre Jupiter avec les autres dieux, il fut momentanément chassé du ciel, et se vit réduit à bâtir les murs de Troie. Dans la suite Neptune fut rétabli dans tous ses honneurs. Dans sa lutte avec Minerve, il fit sortir de terre un cheval ; c'est pour cela qu'on lui donnait le soin des chevaux et des chars, et que ses fêtes se célébraient par des jeux équestres. Neptune eut de nombreuses amours. Il obtint la main d'Amphitrite, qui cependant avait fait vœu de virginité, et mit au rang des astres le dauphin qui avait persuadé cette déesse. Neptune portait les surnoms de *Consus* (à Rome), à cause des bons avis qu'il donnait ; d'*Asphalée* (à Athènes), parce qu'il était le protecteur des marins ; de *Hippias* ou *Equester*, à cause de sa création du cheval ; de *Natalitius*, parce qu'il présidait à la naissance des hommes. Les Philistins l'adoraient sous le nom de *Dagon*. — On représente Neptune debout, sur un char en forme de conque et traîné par des chevaux marins, tenant en main un trident avec lequel il agite ou calme les mers.

NÉRA (l'ancien *Nar*), rivière d'Italie, dans les Etats romains. Elle a sa source aux montagnes de l'Abruzze, reçoit le Velino après sa magnifique chute près de Terni, et se jette dans le Tibre à peu de distance de Narni.

NÉRAC, petite ville de France, chef-lieu d'arrondissement du département de Lot-et-Garonne, sur la Baïse qui la traverse, à 7 lieues d'Agen. Elle a des tribunaux de première instance et de commerce, un grand château, ancienne résidence des rois de Navarre, une belle statue de Henri IV, et une population de 5,800 habitants.

NERBUDDAH ou REVA (l'ancien *Namadus*), grande rivière de l'Inde, qui a sa source dans le Gandouanah, traverse le Kandelsch, le Goudjerat et le Malwah, et se jette dans le golfe de Cambaye, après un cours de plus de 300 lieues.

NÈRE, espace de temps dont les Chaldéens faisaient usage dans leur chronologie. Ils divisaient le temps en *sares*, le sare en six *nères*, et le *nère* en dix *soses*. Le *sare* marquait un espace de 3600 ans, le *nère* en marquait 600.

NÉRÉE (myth.), fils de l'Océan et de la Terre, ou, selon Hésiode, de Téthys; l'un des dieux de la mer, épousa Doris, sa sœur, dont il eut les cinquante nymphes appelées *Néréides*. Sa résidence ordinaire était la mer Égée. Il avait don de prophétie, et changeait de forme comme Protée. On le représente sous les traits d'un vieillard avec une barbe d'azur.

NÉRÉIDÉES, ordre d'annélides, renfermant des vers dont le corps est cylindrique, très-allongé et très-grêle, composé d'un nombre considérable d'anneaux très-mobiles les uns sur les autres, plus larges au milieu du corps qu'aux extrémités, vers lesquelles ils diminuent insensiblement pour s'élargir ensuite devant en une sorte de renflement appelé *céphalique*, et sur lequel on remarque ou deux paires de petites tachées noirâtres prises par quelques auteurs pour des yeux. Cet ordre renferme quatre familles : les *néréides*, les *amphinomes*, les *aphrodites* et les *eunices*.

NÉRÉIDES, famille d'annélides, de l'ordre des néréidées, divisée en trois sections : les *néréides lycoriennes*, qui ont des mâchoires, des antennes courtes de deux articles, et point d'antennes impaires ; les *néréides glycériennes*, qui sont comme les précédents, mais elles n'ont point de mâchoires ; les *néréides sylliennes*, qui n'ont pas de mâchoires, et ont des antennes longues, composées de beaucoup d'articles et une antenne impaire.

NÉRÉIDES (myth.), nymphes de la mer, filles de Nérée et de Doris. Elles étaient au nombre de cinquante. On les invoquait comme les autres divinités. On leur offrait du lait, du miel et de l'huile, et quelquefois on leur immolait des chèvres. On les représente sous les traits de jeunes et belles vierges, assises sur des dauphins, et tenant à la main le trident de Neptune et quelquefois des guirlandes de fleurs.

— NERFS. On appelle ainsi, en médecine, des cordons blanchâtres, mous et pulpeux, qui sont attachés à la moelle épinière ou au cerveau, et se ramifient dans chaque partie du corps. Ce sont les organes de la sensibilité. Il y a dans tout le corps humain quarante-deux paires de nerfs qui se subdivisent en des milliers de filets nerveux, dont le vaste réseau embrasse le corps. Dix de ces paires se trouvent dans la tête, et trente-deux dans le reste du corps. Il existe en outre un grand nerf très-complexe, plus grand, plus noueux que les autres, et qu'on appelle *grand sympathique* et *trisplanchnique*. Se nombreux filets se répandent presque exclusivement autour des artères, et dans ceux de nos organes sur lesquels la volonté n'a aucun empire. Il est probable que c'est au moyen de lui que nous ressentons le besoin d'aliments, les impressions de la faim et de la soif, les douleurs internes, etc. Les nerfs concourent à toutes les fonctions vitales ; leur paralysie entraîne la paralysie de la partie entière qui recevait d'eux l'animation et la vie. — Dans le langage vulgaire, on donne improprement le nom de nerfs aux tendons des muscles. Un *nerf de bœuf* n'est autre chose que les tendons de la jambe ou du calcanéum du bœuf.

NERF-FÉRU ou NERF-FERURE, contusion du tendon fléchisseur du pied de devant chez le cheval. Cette contusion produit la claudication, puis un gonflement qui laisse souvent à sa suite une petite tumeur dure.

NÉRI (Saint Philippe DE), fondateur de la congrégation des prêtres de l'Oratoire, né à Florence en 1515 d'une famille noble. Élevé au sacerdoce à l'âge de trente-six ans, il fonda en 1550 une célèbre confrérie pour le soulagement des pauvres étrangers, des pèlerins, etc. Elle fut comme le berceau de la célèbre congrégation de l'Oratoire, approuvée en 1575. Le fondateur mourut en 1595 après s'être démis du généralat en faveur du célèbre cardinal Baronius. Saint Philippe de Néri fut canonisé en 1622 par Grégoire XV.

NÉRICAULT-DESTOUCHES. Voy. DESTOUCHES.

NÉRICIE, ancienne province de Suède, au N. du lac Wetter. C'est un pays très-peuplé, riche en bétail, en plaines fertiles en blé, en forêts de pins et de hêtres, remplies de gibier, en mines de cuivre, fer, aimant, soufre et alun, en carrières de marbre, pierres de taille et charbon de terre. Sa capitale était Œrebro, et elle forme aujourd'hui la majeure partie du gouvernement d'Œrebro.

NÉRIGLISSOR ou NÉRICASSOLASSAR, roi de Babylone, monta sur le trône l'an 559 ou 560 avant J.-C., en chassant Evilmerodach, dont il avait épousé la sœur. Ce prince paraît être le même que Darius le Mède. Il fut tué dans une bataille contre Cyaxares II, après quatre ans de règne, et eut pour successeur son fils Laborosoarchod.

NÉRION ou NERIUM, plus vulgairement appelé *laurier-rose*, *laurelle* et *laurose*, genre de la famille des apocynées, composé d'arbustes agréables, toujours verts et vénéneux ; d'un bois blanc jaunâtre assez dur, mais cassant et recouvert d'une écorce grisâtre ; aux feuilles opposées, d'un vert foncé, aux fleurs grandes, belles, d'un rose superbe, quelquefois blanches. Le nérion ou laurier-rose a été recherché comme plante héroïque. Son écorce et ses feuilles réduites en poudre, et mises à l'état de cérat ou pommade avec de la graisse ou de l'huile, guérissent de la gale, de la teigne, des poux, etc.

NÉRITACÉES, famille de mollusques créée par Lamarck, et renfermant des animaux trachélipodes operculés, à coquille semi-globuleuse ou ovale-aplatie, sans columelle, et dont l'ouverture imite une demi-cloison. Le genre type est le genre *nérite*.

NÉROLI, nom donné par les pharmaciens à l'huile volatile que l'on retire des fleurs d'oranger, et qui est excessivement odorante.

NÉRON, surnom d'une branche des Claudius, illustre famille romaine, de laquelle sont sortis plusieurs personnages illustres, et entre autres l'empereur. Le mot *nero* signifiait dans la langue des Sabins *fort* ou *guerrier*.

NÉRON (Caïus Claudius), lieutenant du consul Marcellus (216 ans avant J.-C.), préteur deux ans après, et ensuite, après la mort des Scipions général des troupes romaines en Espagne, où il se laissa jouer par Asdrubal. Nommé en 207 consul avec son ennemi mortel Caïus Livius Salinator, il abjura sa haine, trompa Annibal qu'il laisse que opérer sa jonction avec son collègue, et, après avoir traversé l'Italie dans toute sa longueur, taille en pièces à Séna, sur les bords du Métaure, Asdrubal qui venait au secours de son frère. 56,000 hommes et Asdrubal restèrent sur le champ de bataille. Claudius Néron revient ensuite avec la même rapidité faire face à Annibal dans le camp duquel il répand le découragement et la terreur en y faisant jeter la tête d'Asdrubal. Il reçut en récompense les honneurs du triomphe. Claudius fut nommé censeur six ans après.

NÉRON (Tiberius Claudius), premier mari de Livie, qui fut plus tard femme d'Auguste, et père de Tibère, servit sous César en qualité de questeur, dans la guerre d'Égypte, 47 ans avant J.-C. Il combattit d'abord contre Octave ; mais il consentit ensuite à répudier sa femme, et à la lui céder. Il mourut quelques années après.

NÉRON (Lucius Domitius), célèbre empereur romain, dont la cruauté est devenue proverbiale, était fils de Caïus Domitius Ænobarbus et d'Agrippine, fille de Germanicus. Il fut adopté l'an 50 de J.-C. par l'empereur Claude, qui lui donna de plus sa fille Octavie (53). Élevé par Burrhus et Sénèque, il monta sur le trône en 54, à l'âge de dix-sept ans, au préjudice de Britannicus, fils de Claude. Le commencement de son règne fut paisible et heureux ; mais, bientôt jaloux de Britannicus, il le fit empoisonner, et s'abandonna à tous les excès. Il fit bientôt périr sa mère elle-même (l'an 59 de J.-C.). Assassin de sa femme Octavie, de Poppée sa maîtresse et sa seconde femme, de Burrhus et de Sénèque ses maîtres, il inventa ou du moins mit au grand jour les vices les plus honteux, se prostitua publiquement à ses affranchis, et rabaissa la dignité impériale jusqu'à jouer le rôle d'histrion. Possédé de la manie de l'éloquence, de la poésie et du chant, il attachait plus d'importance à sa réputation d'artiste qu'à sa dignité d'empereur. En 64, il fit mettre le feu aux quatre coins de Rome pour se faire une image de l'embrasement de Troie, et rejeta l'odieux de ce forfait sur les chrétiens, qu'il fut le premier à persécuter. Plusieurs conspirations contre ses jours, et entre autres celle de Pison, échouèrent ; mais, Galba s'étant révolté avec Vindex, le sénat déclara ennemi public Néron, qui fut forcé de fuir et de se poignarder l'an 68 de J.-C. Sous son règne cependant les finances furent assez bien administrées, et les armes romaines soutinrent avec Corbulon leur ancienne réputation.

NÉRON (LES FAUX). Il y eut deux imposteurs qui voulurent se faire passer pour Néron. — Le premier, se confiant dans sa ressemblance avec le défunt empereur, se mit en Asie à la tête de quelques troupes, l'an 69, et fut tué dans l'île de Cythnus par Calpurnius Asprénas, qui avait découvert son imposture. — Le deuxième parut en Parthie sous Domitien ; on ne le fit livrer par Artabane, roi de ce pays.

NERPRUN (en latin, *rhamnus*), genre de plantes, type de la famille des rhamnées. Ce sont des arbrisseaux indigènes et exotiques, au nombre d'environ cinquante espèces. Trois sont surtout remarquables : le *nerprun purgatif*, dont les baies globuleuses et noirâtres sont employées sous forme de sirop dans les hydropisies de poitrine, la paralysie, les dartres chroniques : en préparant leur suc avec de l'alun, on fait le *vert de vessie* des peintres ; le *nerprun des teinturiers*, dont les baies petites, globuleuses et verdâtres, connues dans le commerce sous le nom de *graines d'Avignon*, cueillies avant la maturité, et préparées avec du blanc de céruse, donnent la couleur verdâtre appelée *stil de grain* ; le nerprun *bourgène*, dont le bois donne un charbon très-léger employé préférablement à d'autres dans la fabrication de la poudre à canon.

NERSÈS. Voy. NARSÈS.

NERTSCHINSK, province de la Sibérie, riche en mines d'argent et de plomb et en animaux à fourrures, et habitée par les Tongouses. Elle fait partie du gouvernement d'Irkoutsk. Sa capitale est NERTSCHINSK, sur l'Amour, aux confins de la Chine, à 180 lieues d'Irkoutsk. C'est le lieu d'exil le plus éloigné de la Sibérie.

NERVA (Marcus Cocceïus), né à Narni (Ombrie), l'an 32, d'une famille crétoise. Deux fois consul en 71 et 90, il succéda en 96 à Domitien, renversé du trône par une conspiration. Il se montra doux et clément, rappela les chrétiens de l'exil, défendit de mutiler les enfants, abrogea plusieurs lois abusives, et tint la promesse qu'il avait faite de ne pas toucher à la personne des sénateurs. Les prétoriens s'étant révoltés contre lui, il se sentit trop faible pour régner longtemps, et adopta Trajan. Il mourut l'année d'après (98).

NERVATION, en botanique, ramification formée par les vaisseaux qui parcourent et constituent la lame d'une feuille. La nervation est simple dans les monocotylédonées, et très-ramifiée dans les dicotylédonées.

NERVEUSE (FIÈVRE), espèce de fièvre caractérisée par un trouble général des fonctions et surtout de celles qui sont sous l'influence des nerfs. Le tempérament nerveux, la jeunesse et l'âge adulte, une éducation molle, les excès dans le travail du cabinet, une grande ardeur dans l'étude, les passions fortes, une vie sédentaire, etc., sont les principales causes de ces affections; une impression vive en est souvent la cause occasionnelle. Les symptômes sont le désordre de l'attitude et de la physionomie, le trouble de la contractilité musculaire, marqué par des mouvements involontaires, des convulsions; l'altération de la voix, des sensations, des facultés, et quelquefois le délire. La durée ordinaire de cette affection est de quinze à vingt jours. Elle est souvent mortelle. On en connaît plusieurs variétés : la *fièvre nerveuse inflammatoire* et la *fièvre nerveuse adynamique* sont marquées par le concours des symptômes inflammatoires ou adynamiques avec ceux de la fièvre nerveuse; la *fièvre lente nerveuse* est caractérisée par des symptômes moins manifestement dangereux et une marche assez lente; la *fièvre cérébrale* est celle dans laquelle l'assoupissement ou une forte migraine prédominent sur tous les autres symptômes.

NERVEUX, ce qui a rapport ou appartient aux nerfs. Le *système nerveux* est l'ensemble des nerfs.—Le *fluide nerveux* était jadis le nom qu'on donnait à un fluide qu'on supposait circuler dans les nerfs, et qu'on regardait comme l'agent de la sensibilité et du mouvement. — En pathologie, l'*état nerveux* désigne un trouble dans les fonctions des nerfs, moins intense que la *fièvre nerveuse*, dont il a plusieurs symptômes, et qui est produite par des causes semblables. Dans l'état nerveux, la physionomie est altérée ; le corps offre des frémissements passagers, des mouvements convulsifs; la voix est affaiblie, suspendue ou altérée ; le malade éprouve un grand trouble dans ses facultés et la mémoire ; son sommeil est agité ou nul ; il éprouve des spasmes. La chaleur irrégulière du corps, des sueurs partielles, l'augmentation des larmes, etc., sont les autres symptômes de cette maladie. Elle se termine en peu de jours, et le plus souvent d'une manière heureuse. Quelquefois la fièvre nerveuse ou l'hypocondrie ou l'hystérie lui succèdent. Le traitement consiste principalement dans le repos absolu du corps et de l'esprit, l'éloignement du bruit, de la lumière, l'abstinence des aliments et l'emploi méthodique des moyens antispasmodiques.

NERVIENS, peuple de l'ancienne Gaule, dans la Belgique deuxième, entre les Atrébates, les Morins et les Veromandui. Ils avaient au N. une portion de l'océan Atlantique à laquelle ils donnaient le nom de *Nervicanus tractus*. Cambrai et Tournai étaient leurs villes principales. Ils étaient très-belliqueux, et arrêtèrent longtemps César. Leur pays correspond à peu près à la Flandre française, au Hainaut et au Cambrésis.

NERVULES. En botanique, on appelle ainsi les faisceaux nourriciers qui descendent du stigmate à l'ovaire. On les nommait aussi *cordons pistillaires*.

NERVURES, lignes plus ou moins saillantes qui parcourent la surface des feuilles, et en sont en quelque sorte le squelette. La principale des nervures, qui s'étend longitudinalement de la base au sommet, toujours en diminuant de grosseur, s'appelle *côte*. On nomme *nervures secondaires* celles qui partent de la côte pour aller aux bords de la feuille.

NESLE, petite ville de Picardie (Somme), sur l'Ignon, aujourd'hui chef-lieu de canton de l'arrondissement et à 5 lieues de Péronne, autrefois le premier et le plus beau marquisat de France. Sa population est de 1,700 habitants. Elle commerce en grains, et a des fabriques de toiles et de moutarde.

NESLE (Louise-Julie DE MAILLY-), fille de Louis III de Mailly, marquis de Nesle, prince d'Orange, née en 1710, épousa en 1726 son cousin Louis-Alexandre, comte de Mailly-Rubempré, mort en 1747. Aimée de Louis XV, elle l'aima seulement pour lui-même; mais elle eut bientôt la douleur de se voir supplanter d'abord par sa seconde sœur Mme de Ventimille, ensuite par sa troisième, Mme de Brancas, duchesse de Lauraguais, et enfin par sa cinquième sœur, la marquise de la Tournelle, depuis duchesse de Châteauroux. Abandonnée par le roi, la comtesse de Mailly se retira de la cour, et mourut en 1751 sans enfants, imitant le repentir de Mme de la Vallière.

NESLE (Marie-Anne DE MAILLY-), duchesse de Châteauroux, sœur cadette de la précédente, douée d'une grande beauté, épousa Jean-Louis, marquis de la Tournelle dont elle devint veuve en 1742. Louis XV, qui la voyait chez sa sœur la comtesse de Mailly, en fut bientôt épris, lui donna le duché de Châteauroux et la fit dame du palais de la reine, puis surintendante de la maison de la dauphine. Exilée pendant la maladie du roi à Metz, elle reçut l'ordre de revenir ; mais une maladie violente et subite l'emporta en 1744, à vingt-sept ans. La duchesse de Châteauroux employait tous ses efforts à faire du faible et voluptueux Louis XV un homme et un roi.

NESLE, tour fameuse qui faisait partie de l'hôtel du même nom, à Paris, sur le bord de la Seine. Cet hôtel occupait l'emplacement où sont aujourd'hui le collège Mazarin et l'hôtel de la Monnaie. Elle était ronde, très-élevée et accouplée à une seconde tour, plus haute, d'un plus petit diamètre, et qui contenait l'escalier à vis. Cette tour a acquis une triste célébrité par les crimes de Jeanne de Bourgogne, femme de Philippe le Long. Cette princesse s'y livrait aux plus infâmes débauches avec ses deux sœurs, et faisait ensuite assassiner et jeter dans la Seine leurs complices. Cet édifice a été démoli en 1663.

NESLE. C'était une ancienne monnaie de billon, en usage en France au XVIIe siècle. On la nommait ainsi parce qu'elle avait été fabriquée dans l'origine à la tour de Nesle, à Paris.

NESKHY, écriture qui a remplacé le koufique ou cufique, et dont les Turks et les Arabes se servent dans leurs livres.

NESMOND (Henri DE), d'une illustre famille d'Angoumois, se distingua de bonne heure par son éloquence, fut élevé à l'évêché de Montauban, ensuite à l'archevêché d'Alby et enfin à celui de Toulouse. L'académie française se l'associa en 1710. Il mourut en 1727, laissant des *discours*, des *sermons*, etc., qui manquent de chaleur, mais qui sont simples et d'un style soutenu.

NESS (Lac) lac d'Écosse, dans le comté et à peu de distance d'Inverness. Il a 10 lieues de long sur une de large, et communique avec le golfe de Murray par le canal Calédonien qui le traverse.

NESSELRODE, village de Westphalie, près de Poerg, dans la régence de Dusseldorf (États prussiens). C'était l'ancien séjour des comtes de Sulingen, de la famille de Nesselrode. Cette famille, dont une branche vint s'établir en Livonie, a donné à la Russie le plus grand diplomate de nos jours, CHARLES-ROBERT, comte DE NESSELRODE, né en 1770, signataire des traités de Reichenbach (1813), de Chaumont (1814), du congrès de Vienne (1814), du traité d'Unkiar-Skelessi (1833). Vice-grand-chancelier de l'empire russe, ministre secrétaire d'État aux affaires étrangères, il a été mis à la retraite en 1856; mais il gouverne encore la diplomatie par son immense influence.

NESSUS (myth.), centaure, fils d'Ixion et de la Nue, offrit à Hercule de passer sur son dos Déjanire à travers les flots grossis de l'Évenus. Mais à peine eut-il traversé le fleuve qu'il voulut lui faire violence. Hercule le perça d'une de ses flèches empoisonnées, et le centaure, pour venger sa mort, ayant trempé sa tunique dans son sang, la remit à Déjanire en l'assurant que c'était un moyen infaillible de conserver sans cesse l'affection du héros. Ce fut cette tunique qui fit périr Hercule.

NESTE, petit pays de Bigorre (Hautes-Pyrénées), l'une des quatre vallées. Son chef-lieu est LA BARTHE.

NESTOR (myth.), fils de Nélée et de Chloris, fut placé sur le trône de Pylos par Hercule, qui avait tué son père et ses onze frères. Il épousa Eurydice, fille de Clymène ou selon d'autres Anaxibie, fille d'Atrée. Il conduisit les Pyliens et les Messéniens à la guerre de Troie, où son éloquence, sa justice et sa sagesse lui attirèrent la plus haute considération. Homère le représente comme un héros accompli. La manière et le temps de sa mort sont inconnus; les anciens disent qu'il vécut trois âges d'homme, ce que l'on évalue à quatre-vingt-dix ans en comptant trente ans pour chaque génération. Nestor avait eu deux filles et sept fils, dont les plus fameux sont Antiloque, Pisistrate et Thrasymède.

NESTOR, moine russe, né en 1056, entra à vingt-neuf ans dans le monastère de Petchoski, à Kiow, où il mourut dans un âge avancé. Il a laissé une *Chronique de Russie*, qui va jusqu'à l'an 1116, et qui a été continuée par Sylvestre, moine de Kiow et ensuite évêque de Péreïaslaw. Elle se termine à l'an 1206. Cette chronique est le plus ancien monument de l'histoire russe.

NESTORIANISME, hérésie des nestoriens. Voy. ce mot.

NESTORIENS, hérétiques qui ont pris leur nom de Nestorius, patriarche de Constantinople. Leurs principales erreurs consistent à dire qu'il y a deux personnes en Jésus-Christ; que le Verbe, fils de Dieu, ne s'est pas fait homme en prenant de la sainte Vierge la nature humaine, mais qu'il est descendu sur l'homme né d'elle; qu'elle a enfanté le temple de Dieu et non pas celui qui habite dans le temple; qu'ainsi on ne devait appeler Marie *mère de Dieu* (Theotocos), mais bien *mère de Christ* (Christotocos). Ils ajoutaient que le Christ était uni au Verbe, non pas d'une union hypostatique, mais d'une union morale et par l'habitation du Verbe dans l'homme comme dans un temple. Les nestoriens, appelés encore *chaldéens* et *chrétiens orientaux*, se répandirent jusqu'aux extrémités de l'Asie. Ils ont été plusieurs fois réunis à l'Église romaine.

NESTORIUS, hérésiarque né à Germanicie en Syrie, et élevé au monastère de Saint-Euprépie à Antioche, fut promu au siége patriarcal de Constantinople après Sisinnius en 428. Il professa bientôt les erreurs que nous avons rapportées à l'article NESTORIENS et qui furent combattues par saint Cyrille d'Alexandrie. Le concile de Rome (430) et le concile général d'Éphèse (431) condamnèrent et déposèrent Nestorius qui, relégué en 432 dans la Thébaïde, y mourut de misère.

NÈTHE. Deux rivières portent ce nom, la *grande Nèthe* et la *petite Nèthe*, qui s'unissent pour former la Nèthe dans le Brabant, et qui, après avoir reçu la Dyle, prennent le nom de Rupel et se jettent dans l'Escaut en face de Rupelmonde. Ces rivières avaient donné sous l'empire leur nom à un département français dont Anvers était le chef-lieu.

NETSCHER (Gaspard), peintre célèbre

né à Prague en 1636, fils d'un ingénieur mort au service du roi de Pologne, fut adopté par un médecin d'Arnheim nommé Tulkens. Il étudia la peinture sous Koster et sous Terburg, adopta la manière de ce dernier, et après plusieurs voyages vint se fixer à la Haye, où son nom devint bientôt célèbre, surtout dans le portrait. Sa touche est fine, délicate et moelleuse, son dessin assez correct. Il excellait à imiter les étoffes, les linges, les dentelles, les fourrures, les ameublements.

NETZE. Voy. NOTEZ.

NEUBOURG, ville bien bâtie du royaume de Bavière, sur une hauteur au pied de laquelle coule le Danube, avec un château remarquable. Sa population est de 5,000 habitants. Elle a un gymnase, des fabriques de draps, toiles, lainages, aiguilles, etc. Neubourg était autrefois fortifiée et capitale du duché de son nom. Aujourd'hui elle est chef-lieu du cercle de la Rezat, à 8 lieues d'Augsbourg.

NEUF, nombre impair, placé entre les nombres 8 et 10 ; c'est le dernier et le plus grand des nombres exprimés par un seul chiffre et des unités du premier ordre. —En musique il y a plusieurs mesures qui se marquent à l'aide d'un 9. La mesure di neuf-huit, représentée ainsi $\frac{9}{8}$, se bat à trois temps ; elle est composée de neuf croches ou de valeurs égales. La mesure à neuf-quatre ou $\frac{9}{4}$ se bat aussi à trois temps, et se compose de neuf noires ou de valeurs égales.

NEUFBRISACK, ville de France, dans une plaine sur la rive gauche du Rhin, à une demi-lieue du fleuve, à 3 lieues un quart et dans l'arrondissement de Colmar (département du Haut-Rhin), chef-lieu de canton. Population, 2,500 habitants. Cette ville, place forte construite par Vauban en 1690, est un octogone régulier. C'est un des plus beaux ouvrages de cet illustre ingénieur. Il y a de belles casernes. Cette ville, sans commerce et sans industrie, n'a aucune importance.

NEUFCHATEAU, assez jolie ville de Lorraine, dans un fond, près du confluent de la Mouzon et de la Meuse, chef-lieu de sous-préfecture du département des Vosges, à 17 lieues d'Epinal. Sa population est de 3,200 habitants. Elle a un tribunal de première instance, une inspection forestière, un collége communal, une société d'agriculture, une bibliothèque.

NEUFCHATEL-EN-BRAY, petite ville de Normandie agréablement située sur la rivière de Béthune, chef-lieu de sous-préfecture du département de Seine-Inférieure. Sa population est de 3,600 habitants. Elle a un tribunal de première instance, un tribunal de commerce, une bibliothèque, des fabriques de siamoises, des bonneteries, etc. La ville de Neufchâtel est renommée par son beurre et ses fromages excellents.

NEUFCHATEL, canton de la Suisse, borné au N. et à l'E. par le canton de Berne, à l'E. par le lac de Neufchâtel, au S. par le canton de Vaud, à l'O. par la France. La superficie du canton de Neufchâtel est de 34 lieues carrées et sa population de 55,219 habitants, dont 2,000 catholiques. C'est un pays varié, produisant du vin, des céréales, et renfermant de riches pâturages. Les montagnes sont calcaires ; on y exploite des mines de gypse, de fer, et des houillères. La langue du pays est le français. L'industrie consiste principalement en travaux d'horlogerie, fabrication de dentelles, impression sur toiles. — Le canton de Neufchâtel occupe le vingt et unième rang dans la fédération où il a été reçu en 1815 ; mais il n'a pas cessé depuis le commencement du XVIIIe siècle (sauf de 1806 à 1814 , où il devint l'apanage du maréchal Berthier) d'être principalement soumise au roi de Prusse, auquel les états se donnèrent à l'extinction de la famille d'Orléans-Longueville, qui la possédait depuis 1503. Avant elle avait eu d'abord des comtes, puis des princes particuliers. Le pouvoir du roi de Prusse est tempéré par celui des états, assemblée composée des dix plus anciens membres du conseil d'Etat, et de quarante-quatre autres membres. Le conseil d'Etat, présidé par le gouverneur que nomme le roi de Prusse, composé de vingt et un membres nommés aussi par le roi, a en main le pouvoir exécutif. Le canton est divisé en treize districts. Son contingent fédéral est de 960 hommes et de 19,200 francs.

NEUFCHATEL, ville de Suisse, située au pied du Jura, sur la rive occidentale et vers le N. du lac de Neufchâtel, à 10 lieues de Berne. Capitale du canton de son nom, elle a un château sur la hauteur, un gymnase, un hôtel de ville bâti avec un legs d'un riche capitaliste, David de Pury ; un superbe hôpital, fondé par M. Pourtalès, riche négociant. Sa population est de 7,500 habitants. Elle fait un commerce considérable de vins, de fromages, de bijouterie, de dentelles, papiers, draps, toiles peintes, fil de fer.

NEUFCHATEL (LAC DE), lac de Suisse, qui baigne les cantons de Neufchâtel, de Fribourg et de Vaud. Il a 9 lieues de long et 2 lieues de large. Il est plus élevé que le Léman de 190 pieds. La Thièle le traverse et le réunit ensuite à celui de Bienne ; il reçoit aussi la Broye, la Reuse, l'Orbe et la Seyon.

NEUFCHATEL (Charles DE), fils de Jean de Neufchâtel, lieutenant général au duché de Bourgogne, chambellan du roi de France, né en 1442, fut élu en 1463 archevêque de Besançon. En 1480 Louis XI lui donna l'administration de l'évêché de Bayeux. Il fut le premier prélat qui fit imprimer des missels et des bréviaires. Il mourut en 1498.

NEUFME (en latin nonagium, nona), droit que les curés prenaient anciennement sur les biens des personnes décédées. C'était d'abord la neuvième partie des meubles ; mais en 1559 ce droit fut réduit à la neuvième partie du tiers des meubles, d'où il fut encore appelé tierçage. Ce droit existait particulièrement en Bretagne.

NEUFVILLE (Nicolas DE), seigneur DE VILLEROI, conseiller et secrétaire d'Etat, grand trésorier des ordres du roi , d'une famille anoblie au commencement du XVIe siècle qui s'est éteinte vers la fin du XVIIIe. Dès l'âge de dix-huit ans, on le regardait comme un homme d'un mérite consommé, et il exerça la charge de secrétaire d'Etat en 1567, à vingt-quatre ans, sous Charles IX. Il continua de remplir le même office auprès des rois Henri III, Henri IV et Louis XIII, auxquels il rendit les plus grands services. Il mourut en 1617 à soixante-quatorze ans, laissant de Mlle de l'Aubespine , sa femme, un fils, CHARLES DE VILLEROI, gouverneur du Lyonnais et ambassadeur à Rome, mort en 1642 à soixante-dix ans.

NEUFVILLE (Nicolas DE), duc DE VILLEROI, fils de Charles, mourut en 1685 à quatre-vingt-huit ans, avec la réputation d'un courtisan honnête homme. Il avait été en 1646 gouverneur de Louis XIV, qui le créa duc de Villeroi, pair et maréchal de France, chef du conseil royal des finances, etc.

NEUFVILLE (François DE), duc DE VILLEROI, fils du précédent, pair et maréchal de France, fut plus heureux dans le cabinet qu'à la guerre. Il commanda en Lombardie, où il fut fait prisonnier à Crémone (1702). Les ennemis le rendirent sans rançon. Il alla faire la campagne de Flandre, et perdit en 1706 la bataille de Ramillies. Il devint ministre d'Etat, chef du conseil des finances, et gouverneur du roi Louis XV, et mourut en 1730 à quatre-vingt-sept ans, regardé comme un général incapable et un seigneur hautain, mais comme un honnête homme, généreux et bienfaisant. Le maréchal de Villeroi avait été le favori de Louis XIV.

NEUHAUSEL, ville de la haute Hongrie, autrefois très-forte, dans une plaine marécageuse sur la Neytracht, à 16 lieues de Presbourg. Prise par les Turks en 1663, reprise en 1685 par les impériaux qui y firent un carnage épouvantable, elle fut démantelée par ordre de l'empereur en 1724.

NEUHOFF (Théodore, baron DE), gentilhomme allemand, né à Metz en 1690, après avoir porté les armes en France et en Espagne, se trouvant en 1736 à Livourne, y eut correspondance avec les mécontents de Corse : il négocia pour eux à Tunis, et en rapporta des munitions et des armes. Les rebelles le couronnèrent roi de Corse ; mais il s'y maintint peu de temps ; les Français ayant soumis l'île pour les Génois, il fut obligé d'en sortir, et alla finir ses jours à Londres, dans la misère, en 1746.

NEUILLY-SUR-SEINE, grand village du département de la Seine, chef-lieu de canton de l'arrondissement et à une lieue trois quarts de Saint-Denis. Ce village s'étend près de la rive droite de la Seine, que l'on y passe sur un très-beau pont de pierre, ouvrage de l'architecte Péronnet, long de sept cent cinquante pieds, composé de cinq arches qui ont chacune cent vingt pieds d'ouverture, et en alignement avec la grande allée des Tuileries. Dans la commune de Neuilly, on distingue, parmi les nombreuses maisons de plaisance, le pavillon de Sainte-Foix et le château de Villiers, avec deux parcs et une île de la Seine, propriété de la maison d'Orléans ; la maison de Saint-James, habitation magnifique dont on admirait les jardins pleins de raretés en tout genre, qui a été pillée en 1815 ; Bagatelle, à l'extrémité du bois de Boulogne, et remarquable par ses jardins et sa situation.

NEUME, terme de plain-chant, qui signifie la longue suite de notes vides, c'est-à-dire sans lettres ni paroles , que l'on chantent sur la dernière syllabe de l'alleluia. Comme cette suite de notes ne forme que le seul son de a, et n'est que le même souffle prolongé, on l'a appelé neume par abréviation du grec pneuma, qui signifie souffle. Le neume est facultatif, et sert à donner loisir au diacre de monter au jubé pour l'évangile.

NEURE, petit bâtiment usité par les Hollandais pour la pêche du hareng. Il est du port d'environ 60 tonneaux.

NEURES, peuples de la Sarmatie intérieure, dans le voisinage des Gélons, et au N.-O. des Scythes laboureurs, dont ils étaient séparés par un lac d'où sort le Tyras (Dniester). Hérodote prétend que ce peuple fut assailli par une si grande quantité de serpents, qu'il fut contraint de se retirer sur le territoire des Budins. Les Neures avaient, dit-on, le pouvoir de se métamorphoser en loups.

NEUSER (Adam), celui des émissaires sociniens qui, le premier, infecta l'Allemagne de cette doctrine, dont il exagérait même les principes. Neuser fut banni pour ses erreurs et ses intrigues, et, ayant passé en Turquie, il finit par se faire janissaire. Samuel Crellius le représente comme l'auteur de l'opinion qui condamne toute espèce de culte rendu à Jésus-Christ.

NEUSIEDEL, lac du comitat de Wieselbourg (Hongrie), qui a un 12 lieues de long sur 4 de largeur, dont les eaux sont salées. Sur sa rive occidentale s'élève la ville de Neusiedel, qui a 1,700 habitants et qui est située dans un territoire fertile en vins et en blé.

NEUSOHL, jolie ville épiscopale de Hongrie, chef-lieu du comitat de Sohl, sur la Gran et le Bistricz. Sa population est de 10,000 habitants. Elle est à 32 lieues de Presbourg. Elle a une fabrique de lames de sabre damasquinées, des forges nombreuses, un château, des mines de cuivre et de mercure.

NEUSTADT, ville de la Finlande (Russie d'Europe), sur le golfe de Bothnie, à 10 lieues d'Abo. Elle est remarquable par le traité de paix de 1721, entre le Danemarck, la Suède et la Russie.

NEUSTADT, ville de la basse Autriche, au confluent du Kehrbach et de la Fishna, sur la route de Vienne en Styrie, avec un château fort qui sert de prison d'État, un arsenal, un beau parc et une école militaire. Sa population est de 5,800 habitants. Elle a des manufactures d'étoffes de soie, de laine, de porcelaine, etc., des fabriques d'aiguilles, d'épingles et de fil de laiton. Son commerce est très-actif.

NEUSTADT, ville du royaume de Saxe, chef-lieu d'un district de 36,812 habitants, à 7 lieues d'Iéna et 13 de Naumbourg. Son territoire abonde en fer, cuivre, plomb. On y trouve peu de grains, du tabac, de la garance, du lin, etc.

NEU-STRÉLITZ. Voy. STRÉLITZ.

NEUSTRIE, région occidentale de la Gaule d'outre-Loire, s'étendant depuis la forêt Carbonaria (portion des Ardennes) jusqu'à l'Océan. Cette division de la Gaule en *Neustrie*, pays de l'ouest, et *Austrasie*, pays de l'est, ne fut consacrée en fait qu'en 511, époque à laquelle ces deux contrées commencèrent à avoir une existence politique séparée. La lutte de la Neustrie contre l'Austrasie ne fut autre chose que celle du monde romain contre le monde germain, de la nation conquise contre la nation conquérante. La bataille de Testry (687) donna la victoire à cette dernière, qui parvint au trône en la personne de Pépin le Bref. La Neustrie eut longtemps des rois particuliers.

NEUTRA, comitat de Hongrie, arrosé par la Waag et la Neutra, traversé par les monts Krapacks à l'O. et les monts Czobor à l'E., et borné par les comitats de Presbourg, de Bars, de Comorn, de Trentschin, de Thurocz et la Moravie. Sa superficie est de 236 lieues carrées, et sa population de 348,520 habitants, la plupart Slaves. Il forme cinq districts.

NEUTRA, chef-lieu du comitat de ce nom, sur la Neutra, à 16 lieues de Presbourg. Elle a 6,000 habitants, un évêque, un collège, un gymnase, un château fort. Elle commerce en excellents vins dont on fait la récolte dans son territoire.

NEUTRALISER, rendre neutre, anéantir une force par l'opposition d'une force contraire. Ce mot s'emploie surtout en chimie. Un sel est toujours formé par la réaction d'un acide sur un oxyde. Il résulte de là que les composants d'un sel annihilent réciproquement leurs propriétés; c'est ce qu'on appelle neutraliser. Cette neutralisation a lieu quand pour des proportions définies d'acide et de base ou d'oxyde (80 parties d'acide sulfurique, par exemple, neutralisent exactement 96 de potasse), et le sel qui en résulte est appelé *neutre*. Mais, si l'acide prédomine, le sel prend le nom de *sel-acide* ou de *sur-sel*; si c'est la base, celui de *sous-sel*.

NEUTRE (accept. divers.), en entomologie, individu qui n'est censé posséder aucun sexe. On a des exemples parmi les abeilles que les neutres ne sont que des femelles dont les organes sexuels sont avortés. — En botanique, fleur dont les pétales se sont accrus aux dépens de ses organes reproducteurs, comme dans la *boule de neige* et dans l'*hortensia*. — En chimie, neutre. Voy. NEUTRALISER.

NEUTRE (gramm.), qui n'appartient à aucun des deux genres masculin ou féminin. Plusieurs langues ont un genre *neutre*, dans lequel sont classés avec une exactitude plus ou moins rigoureuse tous les êtres dont le sexe est nul, c'est-à-dire les êtres inanimés. Ce genre manque à la langue française.

NEUVAINE, espace de neuf jours pendant lesquels on répète en l'honneur de Dieu ou de quelque saint certaines prières, pour en implorer le secours. Ce nombre de neuf jours trouve sa raison dans les dogmes catholiques. Il a été fixé en l'honneur de la sainte Trinité, puisque 9 n'est que trois fois 3.

NEUWIED, comté d'Allemagne, appartenant autrefois à la maison de Nassau, enclavé aujourd'hui dans le duché du Bas-Rhin en Prusse, à laquelle il appartient depuis 1814. Son territoire est très-fertile, et produit en abondance du vin et des fruits. Sa superficie est de 5 lieues carrées, et sa population de 111,000 habitants. — Sa capitale était NEUWIED, petite ville florissante, sur le Rhin, chef-lieu de cercle de la régence et à 6 lieues de Coblentz. Sa population est de 4,500 habitants.

NEVA, rivière de la Russie d'Europe, qui sort du lac Ladoga et se jette, après un cours de 17 lieues, dans le golfe de Finlande, près de Saint-Pétersbourg et vis-à-vis de l'île de Cronstadt. Il communique avec le lac Saima par le Woxa, et avec le lac Ilmen par le Wolkhof.

NEVADA (SIERRA), en espagnol *montagne neigeuse*, chaine de montagnes de l'Espagne centrale. C'est le dernier échelon horizontal de la grande arête qui sillonne l'Espagne dans toute sa longueur. Elle est située entre les royaumes de Grenade et de Murcie.

NEVERS, ville très-commerçante de France, ci-devant capitale du Nivernais, aujourd'hui chef-lieu du département de la Nièvre, bâtie en forme d'amphithéâtre sur le penchant d'une colline, au confluent de la Nièvre et de la Loire que l'on y passe sur un joli pont, à 60 lieues de Paris. Sa population est de 15,000 habitants. Elle a un évêché suffragant de Sens, des tribunaux de première instance et de commerce, une chambre des manufactures, une inspection forestière, une inspection des ponts et chaussées, une bourse de commerce, un grand et petit séminaire, un collège communal, une société d'agriculture, une bibliothèque de 7,000 volumes, un théâtre, une citadelle, ouvrage de Vauban, un arsenal, le château des ducs de Nevers, etc. Elle est entourée des plus belles usines de France, et possède une fonderie de canons pour la marine. — Anciennement appelée *Noviodunum*, elle faisait partie du territoire des Éduens. Capitale de la province nommée *Nivernais*, elle fut érigée vers 880 par Charles le Gros en comté héréditaire en faveur de Bernard. Après être passé dans plusieurs familles, le comté fut érigé en 1538 en duché-pairie en faveur de François de Clèves, deuxième du nom.

NEVERS (François DE CLÈVES, duc DE), fils de Charles de Clèves, né en 1516, succéda à son père à l'âge de cinq ans dans les comtés d'Auxerre, de Nevers, d'Eu et de Rhétel, qui appartenaient à sa famille depuis le commencement du XIVe siècle. Il fut créé duc et pair de France par lettres patentes de François Ier (1538). Henri II le nomma gouverneur de Champagne, de Brie et de Luxembourg. Il mourut en 1562, laissant six enfants de son mariage avec Marguerite de Bourbon, sœur d'Antoine, roi de Navarre, et de Louis, prince de Condé.

NEVERS (François DE CLÈVES, duc DE), fils du précédent, né en 1539, marié à Marie de Bourbon en 1561, gouverneur de Champagne, mourut en 1563, avant la bataille de Dreux, d'un coup de pistolet que de Bordes, un de ses gentilshommes, lui avait imprudemment lâché dans les reins. Comme il mourut sans enfants, JACQUES DE CLÈVES, son frère, marquis de Lisle, lui succéda, et mourut en 1564, à l'âge de vingt ans. Il fut le dernier duc de Nevers de la maison de Clèves. Henriette, sa sœur aînée, hérita de ce duché, qu'elle porta en mariage à la maison de Gonzague.

NEVERS (Louis DE GONZAGUE, duc DE), fils de Frédéric II, duc de Mantoue, né en 1538, épousa en 1565 Henriette de Clèves, qui lui apporta le duché de Nevers. Il servit avec distinction Henri II, Charles IX et Henri III. Il obtint le commandement de Champagne, et fut le premier chevalier de l'ordre du Saint-Esprit. Il mourut en 1595. On a de lui des *Mémoires* qui vont de 1574 à 1595.

NEVERS (Charles DE GONZAGUE, duc DE), fils du précédent, lui succéda dans les duchés de Nevers et de Rhétel et le gouvernement de Champagne. Devenu en 1627 duc de Mantoue et de Montferrat, il mourut en 1637. Il avait en 1634 obtenu des lettres de naturalisation pour son petit-fils *Charles de Gonzague*, qui lui succéda et vendit en 1659 le duché de Nevers au cardinal Mazarin.

NEVERS (Philippe-Julien MANCINI, duc DE), neveu du cardinal Mazarin, hérita en 1661, à la mort de son oncle, du duché de Nevers. Il épousa en 1670 Diane-Gabrielle de Damas, fille du marquis de Thiangues, et mourut en 1707. C'était un des beaux esprits de l'hôtel de Rambouillet. Il se prononça pour Pradon contre Racine. Il publia plusieurs *pièces de poésie*, dont les vers les plus remarquables sont ceux contre l'abbé de Rancé.

NEVERS (Philippe-Jules-François MANCINI-MAZARIN, duc DE), fils aîné de Philippe-Julien, courtisan spirituel et lettré, auteur de plusieurs poésies légères et d'un ouvrage intitulé *le Parfait Cocher*, se démit du duché-pairie de Nevers en faveur de son fils, lorsqu'il lui fit épouser en 1730, à l'âge de quinze ans, Hélène-Angélique Phélippeaux de Pontchartrain.

NEVERS (Louis-Jules MANCINI-MAZARIN, duc DE), plus connu sous le nom de *duc de Nivernais*, fils du précédent, né à Paris en 1716, entra au service à l'âge de dix-huit ans. Nommé colonel du régiment de Limousin, il abandonna bientôt cette carrière pour s'adonner à la poésie. L'académie française et celle des inscriptions et belles-lettres le reçurent dans leur sein. Ambassadeur à Rome en 1748, en Prusse en 1756, à Londres en 1762, il signa le traité de paix de 1763. Pair de France, chevalier des ordres du roi et ministre d'État sous les règnes de Louis XV et Louis XVI, il se retira en 1791 du ministère. Dénoncé par Chaumette en 1793, il fut jeté dans la prison des Carmes, d'où il ne sortit qu'après le 9 thermidor. Il mourut en 1798. Parmi ses titres littéraires, on remarque un recueil de *fables*, des *poésies élégiaques*, la traduction du poëme d'*Adonis et Richard*, et plusieurs autres traductions, etc.

NEVEU, fils du frère ou de la sœur. Ce mot vient de *nepos*, par le changement du p en v. Le *petit-neveu* est le fils du neveu. On appelle *neveu à la mode de Bretagne* le fils du cousin germain ou de la cousine germaine, parce que la coutume de Bretagne regardait, par une espèce de fiction légale, les cousins germains et cousines germaines comme frères et sœurs. Le mot *nièce* est le féminin de neveu. Il s'entend de la fille du frère ou de la sœur.

NÉVRALGIES (des deux mots grecs *neuron*, nerf, et *algia*, douleur), nom générique donné, en médecine, à une classe de maladies dont le principal symptôme est une douleur fort vive, exacerbante ou intermittente, qui suit le trajet d'une branche nerveuse, et ses ramifications, et paraît par conséquent avoir son siège dans ce nerf. Les principales névralgies ont été désignées par les noms de *faciale* (tic douloureux; son siège est dans les nerfs de la face), d'*ilio-scrotale* (elle a son siège dans le rameau de la première paire des nerfs lombaires), *crurale* (le siège de l'*ilium*), de *fémoro-poplitée* (goutte sciatique des auteurs; elle occupe le grand nerf sciatique), etc.

NÉVRILÈME. On donne ce nom, en anatomie, à la gaîne ou enveloppe cellulaire qui recouvre chaque nerf.

NÉVROPTÈRES, quatrième ordre de la classe des insectes ailés, qu'on reconnaît aux caractères suivants: la bouche composée de deux lèvres, de mandibules et de mâchoires propres au broiement des aliments; quatre ailes membraneuses, finement réticulées; ce qui leur a valu le nom, qui en grec signifie *aux ailes nerveuses*; les ailes toujours hexapodes. L'ordre des névroptères se divise en trois familles: les *subulicornes*, les *planipennes* et les *plicipennes*.

NÉVROSES, nom générique des maladies dont le siège est supposé résider dans le système nerveux, et qui consistent dans un trouble idiopathique des fonctions, sans qu'il y ait lésion sensible dans la structure des parties, et qui ne sont produites par aucun agent matériel.

NEWCASTLE, surnommée *upon-Tyne*, parce qu'elle est située à 10 milles de l'embouchure de la Tyne, pour la distinguer de Newcastle *under-Line* (Staffordshire), ville d'Angleterre, capitale du comté de Northumberland, à 110 lieues de Londres. Sa population est de 38,600 habitants, non compris celle du faubourg de Gainshead, réuni à la ville par un beau pont de pierre de neuf arches. On remarque parmi les édifices publics la bourse, le théâtre, l'école de chirurgie, l'hôtel de ville, l'hôpital et l'église Saint-Nicolas, dont la flèche est un travail admirable. Newcastle fait un commerce prodigieux en charbon de terre, dont on estime le débit à 1,560,000 tonneaux par année. On l'extrait de mines inépuisables, exploitées sur les deux rives de la Tyne, depuis Shields jusqu'à Lammington.

NEW-FOREST, forêt de l'Angleterre, dans le Hampshire, entre Southampton-Water et la rivière d'Avon. Cette forêt est très-utile à la construction navale.

NEW-HAMPSHIRE, un des vingt-quatre Etats unis de l'Amérique septentrionale, borné au N. par le Canada, à l'E. par le Maine, au S. par le Massachussets, à l'O. par le fleuve de Connecticut, qui le sépare de Vermont. Sa superficie est de 2,100 lieues carrées, sa population de 300,000 habitants. Son territoire, généralement plat jusqu'à la distance de 10 à 12 lieues de la mer, est ensuite occupé par des collines et puis par les White-Mountains, dont l'élévation en plusieurs endroits est de 7,000 pieds au-dessus de la mer. Le climat, chaud en été, est excessivement froid en hiver. Le New-Hampshire a des forêts de cèdres, de sapins, de chênes, de noyers et d'érables. Il est arrosé par le Connecticut, la Piscatagua, la Merrimack, l'Androscoggin, etc. L'agriculture y est très-soignée.

— Découvert en 1614 par le capitaine Smith, il reçut en 1623 le premier établissement. Admis dans l'Union en 1776, il compte aujourd'hui six comtés. Sa capitale est CONCORD, son port unique *Portsmouth*.

NEW-HAVEN, ville du Connecticut (Etats-Unis), chef-lieu du comté de même nom, avec un port sur le bras de mer qui sépare le continent de Long-Island, à 30 lieues de New-Yorck. Sa population est de 6,000 habitants. Elle a un collége, une bibliothèque, un cabinet de physique, une banque et des fabriques de toiles et de boutons.

NEW-JERSEY, un des vingt-quatre Etats unis de l'Amérique septentrionale, borné au N. par le New-Yorck, au S. par la baie de Delaware, à l'E. par la mer, et à l'O. par la Pennsylvanie. Sa superficie est de 1,240 lieues carrées, et sa population de 500,000 habitants, dont 13,000 esclaves et 5,000 Indiens. Ce pays, fertile dans la plus grande partie, produit toutes sortes de céréales, du tabac excellent, du lin et des fruits, et renferme des mines de cuivre et de fer. Les habitants du New-Jersey s'adonnent à la pêche de la morue et des gros poissons. — Défriché par les Hollandais, repris sur eux par les Suédois, puis par les Anglais sous le règne de Charles Ier, l'Etat de New-Jersey fait partie de l'Union depuis 1776. Sa capitale est TRENTON.

NEWMARKET, petite ville d'Angleterre, dans le comté et à 6 lieues de Cambridge, sur les limites de celui de Suffolk. Sa population est de 1,900 habitants. Newmarket est remarquable par ses fameuses courses de chevaux qui ont lieu en avril et en octobre, où se rendent les amateurs des trois royaumes.

NEWPORT, petite ville d'Angleterre, chef-lieu de l'île de Wight, sur la Médina. Sa population est de 3,900 habitants. Elle envoie deux députés au parlement. Son havre est défendu par un château. Elle a des fabriques d'amidon. Newport est à 40 lieues de Londres.

NEWPORT, ville des Etats-Unis, capitale de l'Etat de Rhode-Island, avec un bon port et une superbe rade protégée par trois forts, à 10 lieues de Providence. Ses maisons sont en bois, petites et vilaines. Le séjour de la ville est néanmoins agréable. Sa population est de 8,000 habitants.

NEW-RIVER, rivière artificielle destinée à alimenter la ville de Londres et à y conduire l'eau dont elle manque. Elle prend les eaux à Hertford (7 lieues de Londres), et les mène jusqu'à Islington près de Greenwich.

NEWTON (Isaac), l'un des plus fameux mathématiciens et philosophes des temps modernes, né à Wolstropé (Lincolnshire) en 1642 d'une famille noble. Il étudia à Grœntham, où se développa son goût pour les mathématiques; à Cambridge, où il se familiarisa avec les ouvrages de Descartes et Képler. On prétend qu'à vingt-quatre ans il avait fait ses grandes découvertes en géométrie, et posé les bases de ses deux célèbres ouvrages, les *Principes mathématiques de la philosophie naturelle* (1687) et l'*Optique* ou *Traité de la lumière et des couleurs* (1704). Barrow, professeur de mathématiques au collége de la Trinité à Cambridge, se démit de sa chaire à condition qu'il aurait pour successeur Newton, alors âgé de vingt-six ans. Ce qui fut fait.

Créé en 1696 garde des monnaies, président de la société royale en 1703, chevalier en 1705, il mourut en 1727. On lui éleva un tombeau magnifique dans l'abbaye de Westminster. C'est à lui que l'on doit le système de l'*émission de la lumière*, la théorie du monde aujourd'hui généralement adoptée, et une foule d'autres découvertes qui attestent la puissance et la profondeur de son génie.

NEW-YORCK, un des vingt-quatre Etats unis de l'Amérique septentrionale, borné au N. par le fleuve Saint-Laurent et l'Ontario, à l'O. par le lac Erié et la rivière de Niagara, à l'E. par le Connecticut, le Massachussetts et le Vermont, au S. par l'océan Atlantique, le New-Jersey et la Pennsylvanie. Sa superficie est de 2,400 lieues carrées, sa population de 3 millions d'habitants, dont 20,000 esclaves et 10,000 Indiens. Le sol est très-fertile dans l'intérieur, sablonneux vers la mer, couvert de forêts et de montagnes à l'E. et au N., arrosé par les fleuves Saint-Laurent, la Delaware, l'Hudson, la Susquehannah, le Niagara, etc., et renferme les lacs Champlain, Seneca, Skeneateles, Owasco, etc. L'Etat de New-Yorck est sillonné par des canaux nombreux; il renferme des eaux minérales très-salutaires, des sources salées produisant du sel en quantité, des mines de plomb et de fer, des carrières de marbre et d'ardoises, et commerce en blé, orge, farine, avoine, bœufs, etc. — Découvert par les Hollandais en 1609, défriché par eux, il fut donné au duc d'Yorck, frère de Charles II, et a été admis un des premiers à l'Union. Sa plus belle ville est *Now-Yorck*; sa capitale politique est ALBANY.

NEW-YORCK, une des plus peuplée et la plus riche ville des Etats-Unis, un des entrepôts de son commerce, couvrant une grande partie de l'île Manhattan, à l'East-River et à l'Hudson, à 75 lieues de Boston et 81 de Washington. Généralement bien bâtie, New-Yorck renferme de superbes édifices publics, parmi lesquels le collége appelé *Columbia*, le *Federal-Hall* ou *City-Hall* (l'hôtel de ville), où se tint en 1789 le premier congrès américain, la bourse (*New-Yorck-Exchange*), les églises, les théâtres, le pont de *King's-Bridge*. On remarque aussi la belle rue de *Broadway*, qui a un tiers de lieue de long et soixante et dix pieds de large. New-Yorck possède dix marchés, quatorze à quinze banques, de belles bibliothèques, des sociétés, des manufactures, etc. Cependant sa population, qui s'élève à 1 million d'habitants, est plus commerçante que manufacturière.

NEXUS (du latin *nectere*, lier), nom que les Romains donnaient à celui qui, ne pouvant acquitter au jour marqué ses dettes, devenait l'esclave de son créancier, qui pouvait non-seulement le faire travailler pour lui, mais encore le jeter dans les fers. Il ne recouvrait sa liberté qu'en payant sa dette. Cette coutume fut en usage à Rome jusqu'à l'an de Rome 429. Les *nexi* étaient aussi appelés *addicti*.

NEY (Michel), né en 1769 à Sarrelouis (Moselle) d'un simple artisan. Engagé en 1787, capitaine en 1794, il parvint deux ans après au grade d'adjudant général. Sa victoire de la Rednitz lui valut celui de général de brigade (1796). Général de division en 1799, il contribua puissamment au gain des batailles d'Ingolstadt, de Kirchberg, de Hohenlinden. Après avoir été ministre plénipotentiaire en Suisse, il est élevé en 1804 à la dignité de maréchal et de grand-aigle de la Légion d'honneur. Victorieux en 1805 à Elchingen, il en porta plus tard le nom avec le titre de duc. Il soumet le Tyrol, contribue aux victoires d'Iéna, d'Eylau, de Friedland, et après avoir heureusement fait la guerre en Espagne se couvre de gloire à la Moskowa (1812). Cette victoire lui valut le titre de prince de la Moskowa et le surnom de *brave des braves* que lui décerna Napoléon. Sa retraite l'immortalisa. Lors de l'abdication de Napoléon, il se rallia aux Bourbons, qu'il abandonna au retour de l'île d'Elbe. La seconde restauration arriva. Accusé de trahison et traduit devant la chambre des pairs, il fut condamné à la majorité de 169 voix contre 17, malgré l'éloquence de ses défenseurs MM. Dupin et Berryer, et fut fusillé le 7 décembre 1815.

NEZ, éminence osseuse dans le haut et cartilagineuse dans le bas, qui n'est autre chose que la partie extérieure de l'organe de l'odorat. On appelle *narines* les deux cavités qui s'ouvrent à sa partie inférieure et qui sont séparées entre elles par une cloison appelée *septum*. La cavité du nez est tapissée par la membrane muqueuse, dans laquelle viennent s'épanouir les nerfs de l'olfaction. Le nez est la partie caractéristique du visage de l'homme qui, du reste, est le seul animal dans lequel il soit régulièrement constitué. Crochu chez les uns, camus chez d'autres, il affecte un grand nombre de formes plus ou moins gracieuses. Le nez régulier est le nez droit, qui est le type de la beauté grecque.

NHANDIROBÉES. Voy. NANDIROBÉES.

NIAGARA, rivière de l'Amérique septentrionale, dans le haut Canada, entre le lac Erié et le lac Ontario. Elle a environ 14 lieues de long et une demi-lieue de large. Près du fort Chippeway, à 6 lieues au-dessus de son embouchure dans le lac Ontario, il forme une fameuse cataracte de 150 pieds de haut sur 600 de large, dont la chute s'entend à 3 lieues de distance. La cataracte est divisée en deux; et même trois parties, par l'île de *Goat's-Island*, ou de la Chèvre, qui communique au continent par un pont de bois.

NICAISE (Saint), évêque de Reims au XVe siècle, fut martyrisé par les Vandales dans cette ville. Il ne faut pas le confondre avec saint NICAISE, martyr du Vexin, que l'on marque pour le premier archevêque de Rouen, vers le milieu du IIIe siècle.

NICAISE (Claude), natif de Dijon, où son frère était procureur général à la chambre des comptes, embrassa l'état ecclésiastique, et se livra tout entier à l'étude des monuments antiques. Il mourut en 1701, à soixante-dix-huit ans. On a de lui un *Discours sur les sirènes*, dans lequel il prétend avec Huet qu'elles étaient des oiseaux et non pas des monstres marins. Il est principalement connu par les relations qu'il entretenait avec tous les savants de l'Europe.

NICANDRE, célèbre grammairien, poëte et médecin grec, né à Claros en Ionie, florissait vers l'an 140 avant J.-C., et s'acquit une grande réputation par ses ouvrages, dont il ne nous reste que deux en vers: *Theriaca* (sur la thériaque) et *Alexipharmica* (sur les contre-poisons).

NICANDRE, roi de Sparte, de la race des Eurypontides, fils de Charilaüs, régna trente-neuf ans (809 à 770 avant J.-C.). Son collègue Teleclus ayant été tué par les Messéniens, il eut à soutenir une guerre sanglante. Son fils Théopompe lui succéda.

NICANOR ou NICATOR (du grec *nican*, vaincre, et *anêr*, homme), surnom de plusieurs princes de Syrie, successeurs des Seleucus.—Général d'Antiochus Epiphane, roi de Syrie, fut envoyé en Judée contre Judas Machabée, qui le vainquit dans deux batailles (165 et 162 avant J.-C.). Il perdit la vie dans la dernière.

NICANOR, grammairien d'Alexandrie, fils d'Hermias et natif de Cyrène, florissait sous l'empereur Adrien. Il fut surnommé *Stigmatius* parce qu'il composa un long traité en six livres *sur la ponctuation en général* (*peri stigmês tês catholou*). Il avait aussi écrit une description d'Alexandrie.

NICARAGUA (LAC), lac de l'Amérique septentrionale, dans la république de Guatimala. Il a 80 lieues de circuit, débouche dans la mer, a une très-grande profondeur, avec une île au milieu. Il est navigable pour de gros bâtiments.

NICARAGUA, l'un des Etats de la république de Guatimala, borné au N. par l'Etat de Honduras, au S. par celui de Costa-Rica, à l'O. et à l'E. par la mer. Sa superficie est de 3,000 lieues carrées, et sa population de 500,000 habitants. L'air est très-sain, les forêts nombreuses, le sol extrêmement fertile et abondant en sucre, cacao, gomme, poix, goudron, bois de teinture et de construction, lin, chanvre, baume, miel, etc. On y trouve du gros bétail et des porcs, et on y pêche le petit mollusque qui fournit la pourpre. Sa capitale est SAN-LEON DE NICARAGUA, ville épiscopale, sur le lac. Sa population est de 8,000 habitants. Le port de cette ville est *Realejo*, à 7 lieues de distance. Non loin de là se trouve un volcan non en activité.

NICARI ou ICARIA, île de l'Archipel entre Tyne et Samos, traversée de l'E. à l'O. par une chaîne de montagnes couvertes de bois et d'où sortent des sources abondantes. Elle récolte du froment, de l'orge, des figues, du miel et de la cire. Elle n'a point de port. Son circuit est d'environ 20 lieues, et sa population de 5,000 habitants grecs.

NICATORES, nom donné aux soldats de la cohorte royale chez les Macédoniens.

NICAUSIS, nom qu'on donne à la reine de Saba qui vint rendre hommage à la sagesse de Salomon. Les sentiments sont partagés sur le pays d'où elle vint. Les uns disent que Saba est l'ancien nom de la ville de Méroë en Ethiopie; les autres, que la reine de Saba vint d'Arabie, parce que les présents qu'elle apporta se trouvent plus ordinairement dans l'Arabie que dans l'île de Méroë.

NICE, comté du royaume de Sardaigne, borné au N. par le Piémont, au S. par la mer, à l'O. par la France, et à l'E. par le duché de Gênes. Sa superficie est de 300 lieues carrées, et sa population de 91,200 habitants. C'est un pays de montagnes, assez fertile vers le S., produisant beaucoup de vin et de fruits et d'excellents pâturages. Ce comté appartint d'abord aux comtes de Provence, et finit par se donner à la Savoie en 1388. Réuni à la France, il forma le département des *Alpes-Maritimes* jusqu'en 1814, époque à laquelle il a été réuni au Piémont. Le comté de Nice forme aujourd'hui les deux provinces de *Nice* et de *Sospello*.

NICE, ville de Sardaigne, chef-lieu du comté de ce nom, sur un rocher à l'embouchure de la petite rivière de Paglione dans la Méditerranée. Elle a des rues sales et tortueuses dans la vieille ville, larges et régulières dans la nouvelle. On y remarque le beau faubourg *de la Croix-de-Marbre*, une magnifique terrasse le long de la mer, la promenade des Oliviers, la place du *Champ-de-Bataille*, ornée de portiques et appelée encore *Piazza di Santo-Agostino*. Nice a un évêché, un tribunal de commerce, un port très-petit,

et 20,000 habitants. Elle est située à une demi-lieue de l'embouchure du Var, 27 de Toulon, et 38 de Turin, dans un climat délicieux qui y fait affluer tous les ans une multitude d'étrangers.

NICÉARQUE, l'un des plus habiles peintres de l'antiquité, dont on admirait surtout une *Vénus au milieu des Grâces*, un *Cupidon*, un *Hercule vaincu par l'Amour*, dont les anciens parlent comme de trois chefs-d'œuvre.

NICÉE (aujourd'hui *Isnik*), ville de Bithynie, dans la partie orientale de cette province, sur le bord du lac Ascanien. Cette ville avait été fondée par Antigone sous le nom d'*Antigonie* ; mais ensuite Lysimaque, qui l'agrandit, lui donna le nom de Nicée que portait sa femme. Elle avait un théâtre magnifique, élevé à grands frais par Pline, gouverneur de la province, et de fameuses écoles de philosophie. Nicée est la patrie de Dion Cassius; elle est célèbre par le concile général qui s'y tint sous Constantin (l'an de J.-C. 324), et dans lequel l'hérésie d'Arius fut condamnée. On y dressa un *symbole* que l'on chante à la messe, et dans lequel on fit entrer le terme de *consubstantialité*, qui fut depuis la distinction des catholiques. Le deuxième concile général, transféré à Nicée en 787, condamna l'hérésie des iconoclastes.

NICÉPHORE (des deux mots grecs *nicê*, victoire, et *phero*, je porte), surnom de Jupiter, représenté portant sur la main une petite statue de la Victoire. Ce nom est très-commun dans le Bas-Empire.

NICÉPHORE Ier, grand *logothète* (c'est-à-dire intendant des finances et chancelier de l'empire), s'empara en 802 du trône de Constantinople sur l'impératrice Irène, qu'il relégua dans l'île de Métélin. Il envoya des ambassadeurs à Charlemagne, et apaisa la révolte de Bardane en lui faisant crever les yeux. Dans une guerre contre les Bulgares, Nicéphore fut vaincu et tué (811). Le roi Crumne fit une coupe avec son crâne.

NICÉPHORE II, surnommé *Phocas*, vainqueur des Turks, conquérant de Candie et commandant de l'armée d'Orient, fut proclamé empereur (963), et épousa la même année l'impératrice Théophano, veuve de Romain le Jeune. Il fit la guerre aux Sarrasins, les chassa de Cilicie, d'Antioche et d'une partie de l'Asie. Sa femme conspira contre lui avec Jean Zimiscès, qui le tua pendant son sommeil en 969.

NICÉPHORE III, surnommé *Botoniate*, passait pour descendre de la famille romaine Fabia. L'armée d'Orient qu'il commandait l'ayant élu empereur en 1077, il envoya contre Nicéphore Brienne, son compétiteur, Alexis Comnène, qui fut lui-même proclamé empereur par ses troupes en 1081 et relégua Botoniate dans un couvent où il mourut peu de temps après.

NICÉPHORE (Saint), patriarche de Constantinople, successeur de Taraise en 806, défendit avec zèle le culte des images contre l'empereur Léon l'Arménien, qui l'exila en 815 dans un cloître où il mourut en 828 à soixante-dix ans. On a de lui la *Chronologie tripartite* ; la *Sticométrie*, c'est-à-dire l'énumération des livres sacrés; le *Antirrhétiques* ou écrits contre les iconoclastes; le *Historiæ Breviarium*, abrégé historique qui s'étend depuis la mort de l'empereur Maurice jusqu'à Léon IV.

NICÉPHORE GRÉGORAS, bibliothécaire de l'Eglise de Constantinople au XIVe siècle, nous a laissé une *Histoire des empereurs grecs depuis l'an 1204 jusqu'en 1341*; elle fait partie de la Collection des historiens byzantins.

NICÉPHORE CALLISTE vivait au XIVe siècle sous le règne d'Andronic Paléologue le Vieux, auquel il dédia son *Histoire ecclésiastique depuis la naissance de J.-C. jusqu'en 610*. C'est le seul qui fasse un portrait de la Vierge, et qui ait dit bien expressément que saint Luc était peintre et qu'il avait peint la Vierge.

NICÉRON (Jean-Pierre), né à Paris en 1685, entra dans la congrégation des barnabites, et s'adonna surtout avec succès à la bibliographie et à l'histoire littéraire. Il mourut à Paris en 1738. Parmi ses ouvrages, on remarque les *Mémoires pour servir à l'histoire des hommes illustres dans la république des lettres*, en quarante volumes. Ses collaborateurs, le P. Oudin, J. B. Michault et l'abbé Goujet, ont donné trois autres volumes.

NICÉTAS, surnommé *Achominate* et *Choniate* parce qu'il était de Chone en Phrygie, exerça des emplois considérables à la cour de Constantinople. Après la prise de cette ville par les Français en 1204, il se retira à Nicée, où il mourut en 1206. On a de lui une *Histoire de 1118 à 1205*, qui fait partie de la Collection byzantine.

NICHE, nom donné, en architecture, à un espace creux pratiqué dans l'intérieur des murs d'un édifice. Les anciens employaient les niches dans leurs monuments funéraires sous le nom de *columbaria*, et elles étaient destinées à recevoir les urnes cinéraires. Les monuments du moyen âge en renferment un grand nombre, ornées de dentelures et de colonnettes. On y plaçait des madones, des saints sculptés.

NICHOLSON (William), physicien et chimiste anglais, né en 1753 et mort en 1815, a laissé un *Dictionnaire de chimie*. On lui est redevable de l'aréomètre qui porte son nom, et du plan des travaux hydrauliques du Middlesex occidental.

NICIAS, célèbre général athénien, enleva aux Lacédémoniens (424 avant J.-C.) l'île de Cythère. Il conquit ensuite une partie de la Thrace. Il fut, l'an 415 avant J.-C., mis à la tête de l'expédition de Sicile, quoiqu'il la désapprouvât hautement. Il fit pendant quelque temps la guerre avec succès; mais l'arrivée du Lacédémonien Gylippe et la faute de Démosthène, son collègue, qui se laissa vaincre, le forcèrent à capituler, et les Siciliens le mirent à mort (l'an 413 avant J.-C.).

NICKEL, l'un des corps simples métalliques, d'un blanc rougeâtre, et d'une ductilité ou moyens moins grande que celle de l'argent, ne se fondant qu'à la plus haute température de nos fourneaux, d'une densité de 8,446. Le nickel est l'un des trois métaux qui possèdent la propriété d'acquérir, sous l'influence d'un aimant, la faculté magnétique. Il la perd seulement quand on l'écarte du corps aimanté. Le nickel existe dans la nature combiné avec l'arsenic. Son minerai contient de plus du cobalt, du fer, de l'antimoine et du soufre. Son extraction ne peut être effectuée qu'après diverses préparations longues et difficiles. Dans les arts, le nickel s'emploie combiné avec le zinc et le cuivre, qui en font un alliage d'un blanc d'argent légèrement rougeâtre.

NICOBAR, groupe d'îles de l'océan Indien, entre la côte de Sumatra et l'archipel des îles Endamen ou Andaman. Il se compose d'une vingtaine d'îles, dont six principales : la *Grande* et la *Petite-Nicobar*, *Katchall*, *Camorta*, *Noncovery*, *Car-Nicobar*. Le climat est malsain pour les étrangers. Les côtes seules sont habitées par les naturels, race grande, robuste et bien proportionnée. Excellents nageurs, les Nicobariens habitent des maisons de bambous, suivent la religion mahométane, et tiennent leurs femmes renfermées. — NICOBAR, la plus grande et la plus méridionale du groupe, a un port commode. Sa superficie est de 40 lieues carrées. Ses productions consistent en cacaotiers, citronniers, pommiers, tilleuls, manguiers, noix de coco et de bétel, etc., chèvres, cochons, volaille, beaux oiseaux, et surtout perroquets les plus recherchés des Indes.

NICOCLÈS, fils et successeur d'Evagoras, roi de Salamine en Chypre, l'an 374 avant J.-C., était magnifique et voluptueux. Isocrate lui a adressé un discours dans lequel il trace les devoirs d'un roi. — Roi de Paphos en Chypre, tributaire de Ptolémée Soter, roi d'Egypte, condamné à mort pour avoir secoué le joug de ce prince et embrassé le parti des Perses, prévint le supplice en se donnant la mort, et toute sa famille suivit son exemple (310 avant J.-C.).

NICOCRÉON, tyran de Salamine en Chypre et ensuite de l'île entière (372 avant J.-C.), régnait encore sous le règne d'Alexandre le Grand, à la cour duquel il vécut longtemps. C'est lui qui fit piler dans un mortier le philosophe Anaxarque.

NICODÈME, sénateur juif de la secte des pharisiens, disciple de Jésus-Christ. Il lui rendit les derniers devoirs avec Joseph d'Arimathie. En 415 son corps fut découvert avec ceux de Gamaliel, son oncle, et de saint Etienne, et l'Eglise latine fait le 3 d'août la fête de cette invention. On a sous le nom de Nicodème un *Evangile* plein de faussetés et d'erreurs, composé par les manichéens.

NICOLAI, famille célèbre dans la magistrature, et dont les membres furent jusqu'à la révolution premiers présidents de la chambre des comptes. Le dernier fut AYMAR-CHARLES-MARIE DE NICOLAÏ, né à Paris en 1747, conseiller au parlement, puis président à la mort de son père. Il figura en 1787 parmi les membres de l'assemblée des notables, et ne put échapper à la proscription de 93. Il périt sur l'échafaud avec son fils aîné en 1794. Son frère cadet, le marquis de NICOLAÏ, né en 1752, mort en 1824, s'éleva successivement aux différents grades militaires, et fut nommé avant la révolution colonel du régiment d'Angoumois-infanterie et chevalier de Saint-Louis. Emigré avec les princes, il fut en 1814 nommé lieutenant général.

NICOLAITES, hérétiques du 1er siècle après J.-C., ainsi nommés de leur chef Nicolas. Ils niaient la divinité de Jésus-Christ par l'union hypostatique, et disaient que Dieu avait seulement habité en lui. Ils soutenaient que les voluptés du corps les plus illégitimes étaient bonnes et saintes. C'est ce qui les fit appeler *borboristes* ou bourbeux, obscènes. Ils se divisèrent en plusieurs sectes appelées *stratioliques* et *lévitiques*.

NICOLAS (Saint). Il y en a trois. — Le premier, évêque de Myre en Lycie, vivait au commencement du ive siècle. Son corps fut transporté dans le xie siècle à Bari en Italie, et ensuite dans un bourg de Lorraine, appelé *Saint-Nicolas du Port*, lieu de pèlerinage. Sa fête se célèbre le 2 de novembre — Le second, surnommé *Studite*, parce qu'il était archimandrite du monastère de Stude à Constantinople, naquit à Canée (Candie) vers 793, souffrit deux persécutions (814 et 856), et mourut en paix l'an 868. Sa fête se célèbre le 4 février. — Le troisième, surnommé *de Tolentin*, parce qu'il naquit à Tolentino près de Fermo en 1239, chanoine de cette ville, entra dans l'ordre des augustins et mourut en 1310. Les miracles qu'il opéra le firent canoniser en 1446. Sa fête se fait le 10 septembre.

NICOLAS, le premier des sept diacres choisis par les apôtres, après avoir été païen et s'être fait juif, puis chrétien, fut évêque de Samarie. On lui attribue à tort ou à raison la fondation de la secte des nicolaïtes.

NICOLAS Ier, dit *le Grand*, pape, Romain de naissance, fils de Théodore et diacre de l'Eglise de Rome, succéda en 858 à Benoît III. Il excommunia Photius, patriarche de Constantinople, auteur du schisme grec, et Lothaire, roi de Lorraine, avec Valdrade sa concubine. Il travailla avec zèle à la conversion des Bulgares, tint plusieurs synodes, et mourut en 867.

NICOLAS II (auparavant appelé *Gérard de Bourgogne*), devint évêque de Florence, et fut élu pape en 1058, après Etienne X. Il fit casser l'élection factieuse de l'antipape Benoît X, confirma à Richard la principauté de Capoue et à Robert Guiscard la Pouille et la Calabre, fit rétracter dans un concile tenu à Rome en 1059 ses erreurs à Bérenger, et mourut en 1061.

NICOLAS III (auparavant *Jean-Gaëlano des Ursins*), cardinal-diacre de Saint-Nicolas, succéda en 1277 sur le trône pontifical à Jean XXI. Savant et ami des lettres, il eut le défaut du népotisme, entra dans la ligue contre Charles d'Anjou, ligue qui produisit plus tard les vêpres siciliennes, et mourut en 1280.

NICOLAS IV, général des frères mineurs sous le nom de *frère Jérôme* de Palestrine en 1281, succéda dans le pontificat à Honoré IV en 1288. Il mourut en 1292, après avoir érigé l'université de Montpellier (1289) et pacifié divers princes chrétiens. Il était natif d'Ascoli et savant théologien.

NICOLAS V (*Thomas de Sarzane*), né près de Luni, cardinal-évêque de Bologne, fut mis malgré lui à la place d'Eugène IV en 1447. Il reçut le désistement de l'antipape Félix V, embellit la ville de Rome, récompensa magnifiquement ceux qui s'appliquaient à faire fleurir les belles-lettres, et mourut en 1455 d'une attaque de goutte que lui causa la conspiration de Porcario contre sa vie, et la prise de Constantinople par les Turks.

NICOLAS, roi de Danemarck, septième fils de Suénon II, fut le cinquième qui régna. Il succéda à son frère Eric Ier en 1104. Les commencements de son règne furent heureux ; mais son indolence lui fit perdre la confiance de ses sujets, qui le chassèrent en 1134, et mirent à sa place Eric II. Il fut assassiné quelque temps après.

NICOLAS DE CUSA, né en 1401 à Cusa au diocèse de Trèves, était fils d'un pêcheur. Elevé par le comte de Manderscheidt, il prit à Padoue le bonnet de docteur en droit canon à vingt-deux ans, et se rendit habile dans les sciences et les langues. Curé de Saint-Florentin à Cobientz, puis archidiacre de Liége, il fut un des plus grands théologiens du concile de Bâle (1431). Nicolas V le fit cardinal en 1448, et lui donna l'évêché de Brixen en Tyrol. Envoyé comme légat *à latere* en Allemagne, il fut emprisonné, puis relâché par l'archiduc Sigismond, et mourut en 1454. Ses œuvres sont nombreuses. Elles traitent de la théologie, de l'astronomie et des mathématiques. Le cardinal de Cusa tâcha de ressusciter l'hypothèse du mouvement de la terre que Pythagore avait hasardée.

NICOLAS DE DAMAS, ainsi nommé du lieu de sa naissance, poëte, historien et philosophe péripatéticien du 1er siècle avant J.-C., fut en grande faveur auprès d'Hérode, roi de Judée, qui l'envoya à Rome pour le disculper des accusations portées contre lui. Nicolas de Damas avait composé des pièces de théâtre, et entre autres une tragédie, *Suzanne*. Il avait donné une *Histoire universelle* en cent quarante-quatre livres. Photius nous en a donné des extraits.

NICOLAS DE PISE ou LE PISANO, célèbre sculpteur et grand architecte du xiiie siècle, fut le premier qui quitta l'étude des modèles byzantins pour s'adonner à celle des antiques. C'est à lui qu'on doit le tombeau en marbre de saint Dominique, fondateur de l'ordre des frères prêcheurs, pour lesquels il construisit aussi à Bologne une église et un couvent : celui de ses ouvrages qui mit le sceau à sa réputation fut le clocher ou campanile des augustins de Pise, octogone au dehors et circulaire au dedans.

NICOLAS (SAINT-), une des îles du Cap-Vert, entre Sainte-Lucie et Saint-Iago. Elle est triangulaire, et a environ 35 lieues de circonférence. Ses habitants, au nombre de 6,000, sont non cuivrés. Montagneuse, mais assez fertile à l'intérieur, cette île produit du coton et nourrit beaucoup d'ânes et de chèvres. — Sa capitale est SAINT-NICOLAS, située dans un vallon, et résidence d'un évêque.

NICOLAS (Roublouni), né en 1715 en Andalousie (Espagne), s'enfuit de la maison paternelle à l'âge de dix-huit ans. Après avoir été au service d'un voiturier, et avoir assassiné un préposé de la douane de Cadix, il alla à Séville, où, affectant une dévotion outrée, il parvint à se faire recevoir dans l'ordre des jésuites, en menant secrètement une vie très-désordonnée. Envoyé comme missionnaire dans l'Amérique méridionale, il trouva le Paraguay prêt à secouer la domination européenne. Poussé par l'ambition, il encouragea ces dispositions à la révolte, et fit insurger les habitants contre la tyrannie de l'Espagne et du Portugal. Nommé chef des rebelles, il s'empara de l'Assomption, capitale du Paraguay, et poussa la cruauté jusqu'à faire massacrer un grand nombre de jésuites qui avaient un couvent dans cette ville. Nicolas soumit ensuite les contrées de Corrientes, de Rio de la Plata, etc., et se fit proclamer roi du Paraguay dans la ville de Santa-Fé, sous le nom de Nicolas Ier. Il soumit bientôt la nation des sauvages Mammelus, prit le titre d'empereur, et fit frapper des médailles nombreuses. Il donna des lois à ses Etats, et se fit un harem comme les sultans des Turks. Le Paraguay étant rentré sous la domination européenne, Nicolas porta la guerre dans le Pérou, mais fut obligé de revenir sur ses pas. Dès lors il gouverna l'empire des Mammelus, vivant dans la mollesse et se faisant haïr par ses cruautés. On ignore l'époque de sa mort, et quelle fut sa fin.

NICOLE (Pierre), théologien et moraliste, né à Chartres en 1625, possédait parfaitement à quatorze ans le latin et le grec. Reçu bachelier en 1649, il alla professer les belles-lettres à Port-Royal, et ne tarda pas à partager les opinions religieuses de ses habitants. Mêlé à toutes les intrigues et à toutes les vicissitudes du parti janséniste, dont il fut un des émissaires les plus actifs, il fut contraint en 1679 de chercher un refuge dans les Pays-Bas. De retour à Paris, il publia ses *Essais de morale*, ouvrage qui se fait remarquer par l'ordre et l'enchaînement des idées, ainsi que par la justesse des aperçus, et qui eut un succès de vogue. Nicole mourut en 1695, laissant un grand nombre d'ouvrages de controverse.

NICOLO (Nicolas ISOUARD, dit), célèbre compositeur de musique, né à Malte en 1775. Son goût pour la musique lui fit abandonner le commerce, profession que son père lui avait fait prendre. Elève de Vella, d'Azopardi, de Sala et de Guglielmi, il donna au théâtre les opéras d'*Avviso ai maritati* et d'*Artaserse*, qui lui firent une réputation. Emmanuel de Rohan, grand maître de Malte, le nomma maître de chapelle de l'ordre. Le général Vaubois l'emmena en 1799 à Paris, où il est mort en 1818. Parmi ses plus jolis opéras, on cite : *Cendrillon*, qui eut un succès prodigieux, les *Rendez-vous bourgeois*, *Jocondo*, son dernier opéra et son chef-d'œuvre, *Un Jour à Paris*, *Renaud d'Ast*, le *Tonnelier*, etc.

NICOMAQUE, poëte tragique d'Athènes, florissait vers l'an 420 avant J.-C. Il se rendit célèbre par une pièce intitulée *OEdipe*, et vainquit plusieurs fois Euripide et Sophocle. Nous n'avons rien de lui: —Père du célèbre Aristote, fut médecin d'Amyntas, roi de Macédoine, et écrivit, selon Suidas, six livres sur la médecine. — Peintre, fils et élève d'Aristodème, fut mis au rang d'Apelle et de Protogène.

NICOMÈDE, géomètre grec, vivait sous Eratosthène. Il est célèbre par l'invention de la courbe appelée *conchoïde*, qui sert également à la solution des deux problèmes de la duplication du cube et de la trisection de l'angle.

NICOMÈDE Ier, roi de Bithynie, l'aîné des fils de Zypætas, lui succéda vers l'an 281 ou 278 avant J.-C., et fit assassiner ses deux frères, dont l'un était son rival. Il fonda la ville de Nicomédie, et gouverna avec sagesse. Il déshérita Ziélas, son fils du premier lit, pour le jeune Prusias ; ce qui causa des troubles après sa mort arrivée en 246 avant J.-C.

NICOMÈDE II, surnommé par ironie *Philopator* (qui aime son père), petit-fils du précédent, ravit en 148 avant J.-C. le trône à Prusias II, son père, qu'il fit assassiner dans un temple. Mithridate le Grand, son beau-frère, ayant voulu lui enlever la Paphlagonie, Nicomède lui suscita dans la Cappadoce un embarras dans la personne d'un fils supposé d'Ariarathe. Les Romains, pris pour juges, ôtèrent à l'un la Paphlagonie et à l'autre la Cappadoce. Nicomède périt en 92 avant J.-C., assassiné par son fils Socrate.

NICOMÈDE III, fils du précédent et d'une danseuse nommée Nysa, succéda en 92 à son père, et fut détrôné d'abord par Socrate, son frère aîné, puis par Mithridate. Rétabli par les Romains, il fut chassé de nouveau de ses Etats en 89 par Mithridate, et ne fut replacé sur le trône que par Sylla, après la mort de ce prince (88). Il mourut en 75 avant J.-C. sans héritiers, et, comme il avait légué son royaume aux Romains, la Bithynie fut alors réduite en province romaine.

NICOMÉDIE, grande ville d'Asie, capitale de la Bithynie, fondée sur la Propontide, à l'extrémité du golfe d'Astacus, entre Calcédoine et Nicée, par Nicomède Ier, augmentée par Dioclétien qui en fit sa résidence, et célèbre par la naissance d'Arrien et la mort d'Annibal. Devenue chrétienne, Nicomédie fut le siège d'un évêché, et compta un grand nombre de martyrs. — C'est aujourd'hui *Ismid* ou *Isnihmid*, avec un archevêché grec, dans le pachalik d'Anadouli, avec 20,000 habitants turcs, grecs, juifs et arméniens. Elle est située sur le golfe de son nom, à 22 lieues de Constantinople, et fait un grand commerce de toiles, coton, soie, laine, fruits, poterie, etc.

NICON, fameux athlète de Thase, couronné quatorze fois aux jeux Olympiques. Une statue qu'on lui avait élevée ayant tué un homme en tombant, on la jeta à la mer. Mais, les Thasiens ayant été affligés d'une grande famine, on la retira de la mer, et on lui rendit les honneurs divins, conformément à l'oracle.

NICOPOLIS (du grec *nicé*, victoire, et *polis*, ville), nom commun à beaucoup de villes, ainsi appelées en mémoire de quelque victoire éclatante. Les plus célèbres sont les deux suivantes.

NICOPOLIS, ville de la Mésie Ire (aujourd'hui Bulgarie), au confluent du Danube et de l'Ossam, à 65 lieues d'Andrinople et 110 de Constantinople, eut pour fondateur Trajan, vainqueur de Décébale, roi des Daces. Elle est célèbre par la bataille que perdit en 1395 Sigismond, roi de Hongrie, contre le sultan Bajazet. Brûlée en 1798 par Passawan-Oglou, prise en 1810 par les Russes, *Nicopoli* est la résidence d'un archevêque grec et le chef-lieu d'un sandjiakat.

NICOPOLIS (aujourd'hui *Preveza-Vecchia*), très-belle ville d'Epire (*Albanie*), fondée à l'entrée du golfe d'Ambracie (golfe de l'Arta), sur la côte Nord en face d'Actium, par Auguste, qui voulut perpétuer le souvenir de la victoire qu'il avait remportée dans ces lieux.

NICOSIE, grande, belle et forte ville, ancienne résidence des rois de Chypre de la famille de Lusignan, et aujourd'hui celle du pacha turc, située au pied des montagnes dans une plaine agréable. Elle a 15,000 habitants, de très-belles mosquées, beaucoup d'églises grecques et un archevêché. Prise d'assaut en 1570 par Sélim II, elle est depuis restée au pouvoir des Turks. Elle a des fabriques de maroquin, d'étoffes de coton imprimées et de tapis, et commerce en poudre de Chypre, vermillon, térébenthine, cire, laudanum, storax, soies, coton, etc.

NICOT (Jean), seigneur de Villemain et maître des roquettes de l'hôtel du roi, né à Nîmes en 1530, fut en 1559 envoyé ambassadeur en Portugal, et en rapporta la plante qui fut d'abord appelée de son nom *nicotiane*, puis reçut celui d'*herbe à la reine*, parce qu'il en fit hommage à Catherine de Médicis, et a été définitivement nommée *tabac*. Nicot mourut en 1600.

NICOTIANE, nom primitif du tabac; lequel lui est venu de Jean Nicot, ambassadeur de France en Portugal, qui l'apporta dans notre pays.

NICOYA, ville de l'Etat de Costa-Rica (Guatimala), à l'embouchure de la rivière du même nom au golfe des Salines dans la mer Pacifique, à 70 lieues de Léon. Elle a un port superbe de 15 lieues d'étendue, et commerce par le lac Nicaragua en bois de teinture, peaux de taureaux et de vaches, échangés pour des marchandises d'Europe.

NID, construction plus ou moins variée, que les oiseaux emploient à protéger leurs petits. Chez quelques espèces, chez la mésange par exemple, les nids sont des chefs-d'œuvre d'habileté ingénieuse. Certains oiseaux, comme le merle et la huppe, enduisent le dedans de leurs nids d'une légère couche de mortier qui colle toutes les parties et entretient la chaleur, avec un peu de bourre ou de mousse dont ils sont revêtus. Les hirondelles font les leurs avec une espèce de ciment qu'elles fabriquent avec de la poussière détrempée. Pour la détremper, elles s'humectent l'estomac, et se roulent après cela dans la poussière, et elles emploient ensuite leur bec à maçonner. Celles de l'Océanie, connues sous le nom de *salanganes*, forment avec du frai de poisson des nids qui sont un mets très-friand et très-recherché.

NIDDUL, mot hébreu qui veut dire séparé, et qui désigne la plus petite des trois sortes d'excommunications en usage chez les Juifs. Celui qui l'avait encourue devait s'éloigner de ses proches à la distance d'au moins quatre coudées. Elle durait ordinairement un mois, et se prolongeait quelquefois jusqu'à soixante et même quatre-vingt-dix jours.

NIDHARD ou NYTHARD (Jean-Everard), né à Falkenstein (Autriche) en 1607, entra en 1631 dans la société des jésuites. Confesseur de l'archiduchesse Marie, il la suivit en Espagne lorsqu'elle épousa Philippe IV. Après la mort de ce prince, la reine mère lui donna les charges d'inquisiteur général et de ministre, qu'il exerça longtemps; mais le duc de Lerme, soutenu par don Juan d'Autriche, fils naturel de Philippe IV, le força à se retirer à Rome, où il fut ambassadeur d'Espagne près la pape. Clément X lui donna en 1672 le cardinalat et l'archevêché d'Edessa. Il mourut en 1681.

NIEBELUNGEN, nom sous lequel sont connus dans les anciennes Eddas germaniques et les poëmes héroïques les Germains habitant la Bourgogne. Le poëme des Niebelungen est le grand poëme national de l'Allemagne. Cet ouvrage, qui est attribué aux minnesingers Klingsor de Hongrie, Henri d'Ofterdingen et autres, on a groupé autour du célèbre Attila tous les héros de l'invasion. La scène se passe au Ve siècle sur les bords du Rhin et sur les frontières de la Hongrie. Sigfrid, roi des Pays-Bas, a épousé Chrimhilde, sœur de Gunther, roi des Bourguignons. Celui-ci, excité par l'envie de s'approprier les immenses trésors de Sigfrid et par le désir de satisfaire la haine qu'a conçue contre lui sa femme Brunhilde, le fait assassiner. Chrimhilde, qui épousa plus tard Attila, parvient à attirer les Bourguignons chez elle, et les fait massacrer par les guerriers d'Attila et de Théodoric. Elle-même est tuée par un vieux guerrier, indigné de voir couler tant de sang pour une femme.

NIEBUHR (Carsten), célèbre voyageur dancis, né dans le duché de Luxembourg en 1733, dut s'être fait remarquer en 1758 dans le corps des ingénieurs, il fit partie comme mathématicien et trésorier de l'expédition scientifique, envoyée en Arabie par le Danemarck. Cette expédition, dans laquelle il perdit tous ses compagnons de voyage, dura six ans. De retour en Danemarck, Niebuhr publia la relation de ses voyages en Arabie et dans les pays circonvoisins, et mourut en 1815.

NIEBUHR (Berthold-Georges), fils du précédent, entra dans la carrière administrative, et devint secrétaire du ministre des finances, puis sous-bibliothécaire et enfin l'un des directeurs de la banque danoise. Il quitta le Danemarck pour la Prusse, et fut nommé professeur à l'université de Berlin, conseiller d'Etat et membre de l'académie royale des sciences de cette ville. Il fit paraître en 1807 le premier volume de son *Histoire romaine*, dans laquelle il a introduit un nouveau système d'appréciation des faits de l'histoire ancienne, et qui est restée inachevée. Cet ouvrage est considéré comme un des plus beaux monuments de l'érudition au XIXe siècle. Envoyé en 1816 en ambassade à Rome, il découvrit à son passage à Vérone les *Institutes* de Gaïus. De retour en Prusse, il y mourut en 1831.

NIÈCE. Voy. NEVEU.

NIEDERUNG ou NEHRUNG (de l'allemand *nieder*, bas), contrée desséchée de la Prusse orientale, située dans la régence de Gumbinnen, entre les rivières de Ross et de Gilge. Sa superficie est de 150 lieues carrées, et elle donne son nom à un cercle qui a 72 lieues carrées et 32,750 habitants. Elle est très-fertile en herbes potagères. On y trouve beaucoup de bestiaux, et surtout un grand nombre de chevaux.

NIELLE, nom commun donné à plusieurs plantes telles que la *nielle du blés*, appelée aussi *coquelourde* et *agrotemme*, et au genre nommé aussi *nigelle*.

NIELLE, maladie des végétaux, dans laquelle les grains attaqués, et plus spécialement le froment, l'orge et l'avoine, conservent leur forme et quelquefois leur place sur l'épi ; mais, au lieu de farine, ils ne renferment plus qu'une poussière noire, fétide, grasse au toucher. C'est à tort qu'on a voulu distinguer la nielle du charbon, qui est la même chose. La nielle des arbres est la *rouille*.

NIELLE, émail noir dont les orfévres couvraient, au XVe siècle, les tailles d'une planche d'argent, gravée à la pointe ou au burin. La préparation du nielle se faisait en mettant dans un creuset du cuivre, de l'argent, du plomb, du soufre et du borax, mélange que l'on faisait fondre jusqu'à vitrification, qui, refroidi, était pilé, broyé et tamisé en poudre très-fine, que l'on appliquait sur les parties gravées de la planche préalablement passée dans de l'eau mêlée avec de la cendre. Pour faire adhérer le nielle aux aspérités de la planche, on le mettait au feu en renvoyant la flamme d'un foyer sur la planche au moyen d'un soufflet et en polissant ensuite.

NIÉMEN, nom polonais du *Memel*, fleuve qui prend sa source à Slonin, dans le gouvernement russe de Grodno, passe à Memel, se divise en deux branches appelées le *Russ* et le *Gilge*, reçoit plusieurs rivières considérables, et se jette, après un cours de 60 lieues, dans le Curisch-Haff. Il est navigable.

NIEUPORT, ville démantelée de la Belgique, dans la Flandre occidentale, sur l'Yperlée, à un quart de lieue de la mer et 6 de Dunkerque. Sa population est de 3,000 habitants, la plupart pêcheurs. Son port est garni d'écluses. Elle a des corderies et des fabriques de filets.

NIEUWLAND (Pierre), mathématicien et poëte hollandais, né près d'Amsterdam en 1764 d'un maître charpentier. Son étonnante précocité le rendit célèbre de bonne heure. Il mourut en 1794, professeur de mathématiques, de physique et d'astronomie à l'université de Leyde. Il a fait un grand nombre d'ouvrages.

NIÈVES ou NEVIS, l'une des Antilles anglaises, de 9 lieues de circonférence, à une lieue N.-O. de Saint-Christophe. Sa population est de 16,000 habitants, dont 10,000 noirs. Très-fertile et bien arrosée, elle produit du coton, du tabac, du sucre. Sa capitale est *Charlestown*.

NIÈVRE, petite rivière qui n'a que 10 lieues de cours, prend sa source dans le Nivernais oriental ou Morvan, et se jette dans la Loire à Nevers. Elle donne son nom à un département.

NIÈVRE, département de la France centrale, formé de l'ancien Nivernais et d'une partie du Gâtinais, est borné au N. par le Loiret et l'Yonne, au S. par l'Allier, à l'O. par le Cher, et à l'E. par la Côte-d'Or et la Saône-et-Loire. Sa superficie est de 736,719 hectares, et sa population de 330,000 habitants. Il se divise en quatre arrondissements : *Nevers* (chef-lieu), *Cosne*, *Clamecy*, *Château-Chinon*. Il envoyait à la chambre quatre députés. Le sol est généralement fertile ; plus d'un septième est couvert de forêts. On y trouve de fort bons pâturages et des vins recherchés, parmi lesquels celui de *Pouilly-sur-Loire*. L'industrie départementale consiste en grande partie dans le travail du fer. On y emploie cent trente-neuf usines, dont quelques-unes fournissent de l'acier estimé. Le département possède aussi des faïenceries, des verreries, des fabriques de clous, ancres et boulets pour la marine, des coutelleries, des quincailleries, des tanneries, etc. La principale richesse territoriale consiste en bois qui s'exportent dans le nord de la France. Ce département est compris dans la quinzième division militaire. La Nièvre est du ressort de la cour d'appel et de l'académie de Bourges et du diocèse de Nevers.

NIGELLE ou NIELLE, genre de plantes de la famille des renonculacées, tribu des helléborées, renfermant onze espèces, toutes herbacées, annuelles et propres à l'ancien continent, aux racines grêles et pivotantes, aux tiges peu élevées, aux feuilles alternes, aux fleurs terminales d'un aspect agréable. Trois espèces surtout sont remarquables : la *nigelle cultivée*, dite vulgairement *cumin noir*, la *nigelle des champs* ou *nielle*, et la *nigelle de Damas*, appelée plus communément *barbiche*, *barbe de capucin*, *cheveux de Vénus*. Les graines de ces plantes sont aromatiques, et forment un assaisonnement usité en Orient depuis un temps immémorial.

NIGER, fleuve célèbre de l'Afrique centrale, qui est très-peu connu. D'après les nombreuses investigations des voyageurs de ce siècle, le Niger, nommé *Joliba* ou *Dholiba* dans la partie supérieure de son cours, descend des montagnes de Khoung, décrit au nord de cette chaîne un demi-cercle en se dirigeant vers l'orient, tourne à la hauteur de Sakatou, vers le midi, et descend dans le golfe de Guinée, où il se divise en plusieurs bras, dont les embouchures se nomment rivières *Formose*, *dos Escardos*, *dos Forcados*, *dos Ramos*, *Noun*, *Bonny*, *Vieux* et *Nouveau-Calabar*. On peut évaluer à 600 lieues la longueur du Niger.

NIGER (Caius Pescennius Justus), natif d'Aquinum, où sa famille occupait un rang distingué, débuta dans la carrière des armes sous les Antonins, et fut nommé par Commode gouverneur de Syrie et commandant des troupes romaines en Asie. Parvenu au consulat, il se fit proclamer empereur par ses troupes, sur le vœu du sénat, en 193, après la mort de Pertinax. Septime Sévère, son compétiteur, le bat dans les plaines d'Issus. Pescennius Niger se réfugie à Cyzique, où on le tue. Sa tête est portée à Sévère, qui la fait promener publiquement à Rome en 195. Niger fut vivement regretté; car c'était un homme simple et vertueux, ennemi du luxe et de la mollesse.

NIGRITIE, grande contrée de l'Afrique centrale, entre l'océan Atlantique à l'O., la Nubie et l'Abyssinie à l'E., le Sahara et l'Egypte au N., la Guinée au S. Quelques géographes la restreignent au pays compris entre la Sénégambie, la Guinée, le Sahara, la Nubie et l'Abyssinie. Ce pays,

que les Arabes appellent *Bellad-el-Soudan* (pays des noirs), dénomination souvent employée seulement sous la forme de Soudan, est appelé par les naturels *Takrour*. Sa superficie est de 165,000 lieues carrées, et sa population de 20,000,000 d'habitants. La chaleur y est excessive, le sol généralement fertile, mais entrecoupé de déserts sablonneux. On y trouve le lac Tchad, appelé encore *Ouangarah* ou *mer intérieure*. Toutes les productions de l'Afrique se trouvent en Nigritie. La religion mahométane y domine ainsi que le fétichisme. Les habitants sont assez civilisés. Ils n'appartiennent pas tous à la race noire. La Nigritie est divisée en plusieurs Etats réguliers, dont les principaux sont le *Bambara*, capitale Séco, l'Etat de *Tombouctou* ou *Ten-Boktoue*, celui de *Sackatou*, celui de *Kashna* ou *Kachena*, celui de *Bornou*, et le *Darfour*, capitale Cobbé.

NIJNÈI-KAMTSCHATKA, petite ville située sur la côte du Kamtschatka, dont elle est la capitale, avec deux tribunaux qui ressortissent du gouvernement d'Okotsk. Elle est située à 70 lieues au N.-E. d'Avatcha, l'ancienne capitale.

NIJNÈI - NOVGOROD (*Novgorod inférieur*), gouvernement de Russie, borné à N. par celui de Kostroma, au S. par ceux de Tambov, de Simbirsk et de Penza, à l'O. par celui de Vladimir, et à l'E. par celui de Kazan. Sa superficie est de 3,025 lieues carrées, et sa population de 850,000 habitants. Il est divisé en onze cercles. C'est un pays plat, entrecoupé de quelques collines, très-fertile en blé et en toutes sortes de grains, fournissant beaucoup de bétail, de poisson et de gibier. — Ce gouvernement faisait autrefois partie du grand-duché de Moscou. Sa capitale porte le même nom.

NIJNÈI-NOVGOROD, ville très-commerçante de Russie, capitale du gouvernement de son nom, sur une éminence, au confluent de l'Oka et du Volga. Elle a une bonne citadelle; mais elle est irrégulière et mal bâtie. Sa population est de 10,000 habitants. Elle est le siège d'un archevêché grec. Elle a des fabriques de savon, des tanneries, des distilleries, des brasseries, des corderies, etc. En juillet, sa foire dure un mois. Nijnèi-Novgorod est à 90 lieues de Moscou.

NIKOEPING, une des vingt-quatre capitanies ou gouvernements de la Suède, formé de l'ancienne province de Sudermanie, et borné au N. par les gouvernements de Westeras et d'Upsal, au S. par celui de Linkœping et la mer, à l'E. par le gouvernement de Stockholm, et à l'O. par celui d'Orebro. Sa superficie est de 260 lieues carrées, et sa population de 156,000 habitants. — C'est un pays composé de lacs et de montagnes couvertes d'épaisses forêts, fertile en blé, grains et excellents pâturages, et renfermant des mines de plomb, cuivre, fer et cobalt. — La capitale porte le même nom.

NIKOEPING, ville de Suède, ancienne capitale de la Sudermanie et aujourd'hui du gouvernement qui porte son nom, avec un bon port sur la Baltique, à 18 lieues de Stockholm. Elle a un château et 6,000 habitants.

NIKON, né en 1613 d'une famille obscure dans le gouvernement de Novgorod en Russie, devint successivement archimandrite, métropolite de Novgorod et patriarche de Moscou en 1652. Il introduisit le chant dans l'Eglise russe, et fit une correction des livres sacrés. Forcé d'abdiquer en 1658, il mourut en 1679. On a de lui une *Histoire de Russie*, qui va jusqu'au règne du czar Alexiowitz.

NIL, grand fleuve d'Afrique, dont la source est encore peu certaine. Il paraît formé dans le Sennaar de deux rivières : le Bahr-el-Azrek (*fleuve bleu*), dont les sources ont été découvertes par Bruce dans le pays des Agows (Abyssinie), et le Bahr-el-Abiad (*fleuve blanc*), rameau principal, qui paraît sortir des montagnes de la Lune, Réunies à Hojile dans le Sennaar, ces deux rivières forment un fleuve qui prend le

nom de *Nil*, reçoit le Tacazzi, traverse la Nubie et l'Egypte dans toute sa longueur, et va, après un cours de 830 lieues environ, se jeter dans la Méditerranée par plusieurs bouches. Elles étaient autrefois au nombre de sept ; le sable les a comblées, à l'exception de la bouche Bolbitine, qui passe à Rosette, et de la Phatmitique, qui arrose Damiette. Avant d'entrer en Egypte, le Nil se précipite du haut de huit cataractes. Son eau, bourbeuse pendant six mois de l'année, est délicieuse à boire quand elle est claire, et pèse un degré et demi de moins que celle de la Seine. Mais ce qui fait du Nil un courant précieux pour les terres qu'il arrose, c'est son débordement régulier et périodique, qui a lieu tous les ans depuis le 13 juin jusqu'au 17 septembre qu'il commence à décroître. Le limon qu'il laisse sur ses bords est la source de la fertilité du sol égyptien. On trouve dans le Nil beaucoup de crocodiles.

NIL (Saint), disciple de saint Jean Chrysostome, appartenait à la première noblesse de Constantinople. Il se retira dans le désert avec son fils Théodule, et vécut longtemps au mont Sinaï. Il fut consacré prêtre par l'évêque d'Eluze, et mourut vers 450. On a de lui des *opuscules*.

NIL, monnaie de compte usitée dans les Indes. Le nil vaut 100 *padans*; le *padan*, 100 *courons*; le *couron*, 100 *laks*; le *lak*, 100,000 *roupies*, et la *roupie*, 2 francs 96 centimes de notre monnaie.

NILLE. On nomme ainsi, 1° une petite roue de bois dont les bouviers se servent pour tordre les boyaux ; 2° un petit tuyau de bois dans lequel entre la branche d'une manivelle pour empêcher que le fer de cette manivelle, en tournant dans la main, ne la blesse ; 3° de petits pitons de fer que les serruriers rivent aux croisillons et aux traverses des vitraux d'église pour retenir les panneaux ; 4° (vulgairement) le petit filet par lequel la vigne s'accroche aux corps voisins : on le nomme mieux *vrille*; 5° un ornement de parterre consistant en un filet ou un trait de buis de peu d'importance.

NILOMÈTRE, colonne de marbre située en Egypte non loin du Caire, au milieu d'un bassin, dont le fond est de niveau avec le milieu du Nil. Elle est graduée dans toute sa hauteur, et divisée en coudées et en pouces. Quand le Nil déborde dans l'intérieur des terres, on juge de l'importance de sa crue, et on la mesure exactement en examinant le point du nilomètre où ses eaux sont parvenues.

NIMÈGUE, ville de Hollande, ancienne capitale de la Gueldre, sur le Wahal, à 20 lieues d'Amsterdam. Sa population est de 13,000 habitants. Elle a une citadelle, plusieurs forts et une maison de ville magnifique. Elle est célèbre par le traité de paix que Louis XIV y conclut en 1678 avec la Hollande et les autres puissances belligérantes. La Hollande recouvra tout ce qu'elle avait perdu ; mais Louis XIV acquit définitivement la Franche-Comté, ainsi que Bouchain, Condé, Valenciennes, Cambrai, Maubeuge, Cassel, etc.

NIMES, ancienne ville de France, chef-lieu du département du Gard, dans une plaine délicieuse et fertile, à 175 lieues de Paris. Sa population est de 43,000 habitants, dont 25,000 protestants. — Nimes est le chef-lieu du vingt-neuvième arrondissement forestier. Elle a une cour royale, des tribunaux de première instance et de commerce, une académie, un collège, un évêché suffragant de l'archevêché d'Avignon, une chambre et une bourse de commerce, un conseil de prud'hommes, un conseil royal, un grand séminaire diocésain, une bibliothèque publique, des sociétés de médecine et d'agriculture, une maison de correction et de détention, un cabinet d'histoire naturelle et d'antiques, un théâtre, etc. Nimes a de belles fabriques de soieries, et fait un commerce considérable avec le Nord de graines et de plantes propres à la médecine ou à la teinture. — Appelée autrefois *Nemausus*, elle était la capitale des Volsces Arécomiques. Elle fut fondée par une colonie de Phocéens de Marseille. Ses édifices anciens qui subsistent encore sont : l'amphithéâtre, appelé les *Arènes*, qui a une circonférence de cent quatre-vingts toises et une hauteur de dix toises et demie, et qui pouvait contenir vingt-quatre mille spectateurs ; la *Maison-Carrée*, le *temple de Diane*, les restes de la *Tour-Magne*, qui était à sept faces et en pierres de taille ; l'aqueduc qui amène les eaux des montagnes aux anciens bains, et qui traverse le Gard sur un pont magnifique. — Prise par les Sarrasins, Nîmes fut ensuite gouvernée par des vicomtes, les comtes de Toulouse et les rois d'Aragon, dont le dernier y renonça en faveur de saint Louis. (1258). Les Nîmois embrassèrent en grande partie le calvinisme. En juin 1791 et en 1815, Nîmes fut le théâtre de sanglantes réactions.

NIMES (FONTAINE DE), monument célèbre même du temps des Romains, qui avaient élevé sur ses bords un temple superbe, dont les débris sont disséminés dans les environs. Elle a sa source dans une chaîne de collines renfermant des grottes et des cavités, qui s'étendent à plus de 6,000 mètres et communiquent entre elles. Le diamètre du bassin est de près de douze toises, et sa profondeur de quatre. La fontaine devient quelquefois une rivière considérable, dont l'abondance et l'impétuosité des eaux attirent l'attention générale.

NIMIQUAS, nation d'Afrique sur la côte occidentale, au N. des Hottentots, sur les bords de la rivière d'Orange, qui les divise en *grands* et *petits Nimiquas* ; ces derniers habitent au S. de la rivière. Ils sont peu civilisés, se couvrent de peaux de marmottes ou de chacals, et se nourrissent avec la gomme des mimosas. On les appelle encore *Namaquois*.

NIMBE, auréole ou cercle lumineux dont les peintres entouraient la tête des dieux. Dans la suite on le donna aux empereurs, et les artistes de nos jours en parent la tête des saints.

NINIAS ou ZAMÈS, fils de Ninus et de Sémiramis, monta sur le trône d'Assyrie, l'an 1965 avant J.-C., après l'abdication volontaire de sa mère. D'autres disent au contraire qu'il la chassa du trône et la fit mourir. Le règne de Ninias fut celui du luxe et de l'extravagance. Il mourut en 1936 avant J.-C.

NINIVE, l'une des plus anciennes villes du monde, fondée par Assur, environ 3000 ans avant J.-C., sur la rive gauche du Tigre, au N. de Babylone. Agrandie et embellie par Ninus, elle prit le nom de ce prince. Elle avait 10 lieues de circuit ; ses murs, hauts de cent pieds et flanqués de quinze cents tours de deux cents pieds d'élévation, étaient d'une telle épaisseur, qu'on pouvait aisément y faire passer trois chars de front. Sa population était d'environ 2,400,000 habitants. Ninive fut la capitale d'un royaume possédé par les trente-cinq successeurs de Ninus jusqu'à Sardanapale ou Sardan-Pal, qui s'y brûla avec ses femmes et ses trésors l'an 759 avant J.-C. Ninive continua de former un royaume indépendant sous sept rois, dont le dernier fut Chinilladdon ou Sarac-Sardanapale, mort aussi sur un bûcher pendant que le Babylonien Nabopolassar et Cyaxare, roi des Mèdes, s'emparèrent de la ville, qu'ils détruiront 625 avant J.-C.

NINON DE LENCLOS, femme célèbre du siècle de Louis XIV, naquit à Paris en 1615 d'une famille noble. Devenue orpheline à l'âge de quinze ans, elle préféra au mariage une liberté licencieuse qui ternit ses belles qualités. Sa beauté et son esprit firent de ses salons le rendez-vous de tout ce qu'il y avait de noble et de spirituel de son temps. Coligni, Villarceaux, Sévigné, le grand Condé, la Rochefoucauld, Gourville furent successivement ses amants. Elle inspirait encore de violentes passions à quatre-vingts ans. Amie de Molière, de Saint-Evremond, de Fontenelle, elle fut la protectrice de Voltaire, et mourut à quatre-vingt-dix ans en 1705 dans des sentiments de piété.

NINUS Ier, fils de Belus, lui succéda l'an 2059 avant J.-C. dans le royaume d'Assyrie, et fut le premier roi dont l'histoire nous est connue. Il conquit Babylone, toute la haute Asie jusqu'à la Bactriane, l'Egypte, la Célésyrie, l'Asie-Mineure, et agrandit Ninive, que quelques-uns veulent avoir été fondée par lui. Il dut la conquête de la Bactriane à Sémiramis, femme d'un de ses officiers qui se donna la mort en la voyant aimée de Ninus. Ninus l'épousa, en eut un fils Ninias, et lui laissa le trône en mourant (2007 ans avant J.-C.).

NINUS, roi d'Assyrie l'an 898 ou 840 avant J.-C. Des auteurs en ont fait le même que le Sardanapale qui périt lors de la révolte d'Arbace ; d'autres ont vu en lui le roi appelé dans l'Ecriture *Téglat-Phalassar*.

NINUS III, roi d'Assyrie, succéda à Sarhaddon vers 688 ou 667 ans avant J.-C., et mourut en 641. Il eut pour successeur Nabuchodonosor. Quelques chroniqueurs le confondent avec le précédent.

NIO (l'ancienne *Ios*), petite île montagneuse de l'Archipel entre Amorgo, Santorin, Sikino et Naxie. Elle a environ 14 lieues de circonférence et 5,000 habitants, tous pilotes ou agriculteurs. Elle produit beaucoup de froment, peu d'huile et de bois, du vin, du coton. Ses ports sont excellents. On croit y avoir retrouvé en 1772 le tombeau d'Homère, que l'on suppose mort dans cette île vers 920 avant J.-C. — La capitale de l'île est Nio, sur une éminence, avec 3,000 habitants.

NIOBÉ (myth.), fille de Tantale, sœur de Pélops et femme d'Amphion, roi de Thèbes, en eut suivant Hésiode dix fils et autant de filles, suivant Homère six fils et six filles seulement, et enfin suivant Ovide et Apollodore sept fils et sept filles, nombre ordinairement adopté. Dans son orgueil Niobé osa se préférer à Latone, qui pria ses enfants de la venger. Apollon et Diane percèrent à coups de flèches tous les enfants de Niobé devant ses yeux, et celle-ci retourna en Phrygie, où Jupiter la changea en un rocher qui versait un ruisseau de larmes. Cette fable fait le sujet d'un beau groupe antique exposé maintenant au musée de Florence, et attribué, suivant les uns à Scopas, et suivant les autres à Praxitèle.

NIONS ou NYONS, petite ville de France, sous-préfecture du département de la Drôme, sur l'Eygues, qui est traversé par un pont d'une seule arche dû aux Romains, à 22 lieues de Valence. Sa population est de 3,900 habitants. Elle a un tribunal de première instance, des manufactures de savon et d'étoffes de laine et des eaux minérales.

NIORT, ville de France, chef-lieu de préfecture du département des Deux-Sèvres, sur le penchant de deux collines, sur la Sèvre niortaise, dont la navigation, facile pour de grandes barques jusqu'à la mer, est très-favorable à son commerce de grains, de farines, de vins, d'eaux-de-vie, de vinaigre, etc. Sa population est de 17,000 habitants. Elle a un tribunal de première instance et un tribunal de commerce, un conseil de prud'hommes, un collège communal, une société d'agriculture, un athénée, une bibliothèque de 20,000 volumes, deux salles de spectacle, une école de dessin, un jardin botanique. Ses principales fabriques consistent en gants et autres objets en peau. Son château sert aujourd'hui de prison, et l'ancien palais d'Eléonore d'Aquitaine est maintenant l'hôtel de ville. Niort est une ville élégante et bien percée, située à 108 lieues de Paris.

NIPHON, grande île d'Asie, formant la partie la plus considérable du Japon, au S. de l'île Yeso et au N. des îles Xikoko et Kiusiu. Sa superficie est d'environ 10,000 lieues carrées, et sa population de 16,000,000 d'habitants. Niphon est traversée par une chaîne de montagnes qui la rend fertile d'un côté, stérile de l'autre. Le terrible ouragan de 1800 la dévasta.— C'est dans l'île de Niphon que se trouvent les deux capitales du Japon, *Yédo* et *Méaco*.

NIRÉE, roi de l'île de Naxos, était après Achille le plus beau des Grecs venus au siège de Troie, de même que Thersite en était le plus laid.

NISAN ou ABIB, mois des Hébreux, le premier de l'année sacrée, et le sixième de l'année civile. Le mois de nisan sacré correspondait à mars et avril ; celui de l'année civile à septembre et octobre. Tous deux avaient trente jours. La Pâque avait lieu à la première pleine lune du mois de nisan.

NISIBE, ville de la Mésopotamie septentrionale, très-forte, très-ancienne et très-célèbre. Fondée par Nemrod, elle est fameuse dans l'histoire des guerres des Romains en Asie. Prise par Lucullus sur Tigrane, roi d'Arménie, elle fut cédée par Jovien à Sapor II, roi de Perse. Elle passait pour une des forteresses les plus redoutables de l'empire romain. Elle s'appelait encore *Antioche de Mygdonie*.

NISIDA, île stérile et peu considérable d'Italie, près de Pouzzol, sur la côte du royaume et à l'O. de Naples. Vers le S. se trouve un petit port appelé *Porto-Pavone*, près duquel on voit, sur un rocher, le lazaret de Naples.

NISSA (l'ancienne *Naïsse*), ville considérable et forte de la Servie, sur la Nassava, un des affluents de la Morava, à 52 lieues de Belgrade. Elle est la résidence d'un évêque grec. Les impériaux la brûlèrent en 1689.

NISUS (myth.), frère d'Egée, régnait à Nisa, depuis appelée Mégare, lorsque Minos, marchant contre l'Attique, vint l'assiéger dans sa ville. Le sort de ce prince dépendait d'un cheveu de pourpre qu'il portait et que sa fille Scylla, devenue amoureuse de Minos, coupa pendant son sommeil. Nisus mourut aussitôt et fut métamorphosé en épervier.

NISUS, fils d'Hyrtacus et ami d'Euryale, né sur le mont Ida en Phrygie, suivit Enée en Italie. Ayant pénétré avec son ami dans le camp des Rutules, et ayant fait un grand carnage des ennemis, il périt au moment où il accourait au secours d'Euryale, tué par Volscens. L'amitié de Nisus et d'Euryale est passée en proverbe comme celle d'Oreste et Pylade.

NITÉTIS, fille d'Apriès, roi d'Egypte, chassé du trône par Amasis. Cyrus ayant demandé en mariage la fille de ce prince, celui-ci lui envoya à sa place, en la faisant passer pour sa fille, Nitétis sa prisonnière. La fraude réussit, et Nitétis devint mère de Cambyse ; mais elle profita de son empire pour déterminer son fils à porter la guerre en Egypte.

NITHARD, historien, né en 790 d'Angilbert, comte de la Côte maritime, plus tard abbé de Saint-Riquier, et de Berthe, fille de Charlemagne. Il embrassa la carrière des armes, et mourut en 859 de ses blessures. On trouve dans la Collection des historiens de France, une *Histoire des guerres* entre les fils de Louis-le-Débonnaire. Nithard est le seul qui rapporte le texte du serment prêté à Strasbourg en 842, en langue romane et en langue tudesque, par Charles le Chauve et son frère Louis le Germanique.

NITOCRIS, reine de Babylone, rompit le cours de l'Euphrate pour repousser les invasions des Mèdes ses voisins, et fit bâtir sur ce fleuve un pont-levis admirable par sa solidité et sa grandeur. Elle fit construire son tombeau au-dessus d'une des portes les plus remarquables de la ville, avec une inscription par laquelle elle promettait de grands biens à celui qui l'ouvrirait. Darius Ier le fit ouvrir en 516 avant J.-C., par pure curiosité, et n'y trouva qu'un cadavre.

NITRATES, sels résultant de la combimaison de l'acide nitrique avec les bases salifiables. Ils sont très-solubles dans l'eau et se reconnaissent à la vapeur peu sensible, accompagnée d'une odeur d'eau-forte, qu'ils exhalent. Il y a des nitrates d'ammoniaque, d'argent, de baryte, de carbure d'hydrogène, de chaux, de cobalt, de mercure, de nickel, de potasse, de strontiane, de cuivre, d'étain, de fer, de morphine, et de plomb. On les appelle plus scientifiquement des *azotates*. Le plus intéressant est celui de potasse, appelé vulgairement *nitre* ou *salpêtre*.

NITRE ou SALPÊTRE, sel blanc cristallisé en prismes à six faces, d'une saveur fraîche et piquante, susceptible de fuser sur les charbons ardents et de pouvoir être coulé en une masse pierreuse, blanche, opaque, appelée par les pharmaciens *sel de prunelle* ou *cristal minéral*. Le sel de nitre, qui est composé de quatre-vingt-seize parties de potasse sur cent huit d'acide nitrique ou azotique, existe toute formé dans la nature, et se trouve dans les débris des vieux bâtiments, sur les murs des lieux inhabités. Pour le purifier, on lessive les terres ou plâtres qui le contiennent, et ensuite on procède, en versant dans les lessives du carbonate de potasse à la saturation qui a pour objet de transformer en salpêtre les nitrates de chaux et de magnésie mêlés avec lui. Les usages du nitre sont nombreux; il entre dans la composition de la poudre, sert dans la fabrication de l'acide sulfurique, dans la teinture. La médecine l'administre comme diurétique.

NITREUX (ACIDE), acide formé de deux parties d'azote et trois d'oxygène; il n'existe pas isolé, et d'ailleurs est sans usages.

NITRIÈRE. On appelle ainsi le lieu d'où l'on retire le nitre. Les principales nitrières se trouvent dans les Indes orientales, en Espagne et dans le royaume de Naples. A défaut de formations naturelles, on établit souvent des nitrières artificielles en réunissant autour de certains murs bâtis à cet effet les conditions nécessaires à la formation du nitre, c'est-à-dire de la chaux, une matière animale et la présence de l'air. Les plâtres des murs donnent le nitrate de chaux, que l'on décompose ensuite par la potasse.

NITRIQUE (ACIDE), et mieux *acide azotique*, liquide blanc, très-acide, d'une odeur forte, d'une saveur corrosive, susceptible de se vaporiser à 86 degrés et de se congeler à 50 au-dessous de zéro. On le fabrique en traitant le nitre par l'acide sulfurique dans des chaudières en fonte. Ses usages sont très-nombreux. Il s'emploie dans la gravure sur cuivre, la chapellerie, la teinture, la métallurgie, la dorure, etc. Les bijoutiers l'emploient ordinairement étendu d'eau ; il prend alors le nom d'*eau seconde*. Uni avec l'acide hydrochlorique, il forme l'*eau régale*. On donne encore vulgairement à l'acide nitrique le nom d'*eau forte*.

NIVE, petite rivière de France, qui prend sa source aux Pyrénées, au-dessous de Roncevaux, passe à Saint-Jean Pied de Port, et se jette dans l'Adour à Bayonne, après un cours de 20 lieues, navigable depuis Ustaritz.

NIVEAU. Ce mot signifie deux choses : 1° la situation de deux surfaces se trouvant renfermées dans un même plan ordinairement horizontal; 2° l'instrument qui sert à produire cette situation ou à indiquer qu'elle n'a pas été produite. On connaît plusieurs sortes de niveaux : le *niveau d'eau*, composé d'un tuyau cylindrique de fer-blanc dont les extrémités se recourbent à angles droits et qui, parce que l'eau s'élève dans ces deux tubes verticaux à la même hauteur, donne un surface horizontale. Le *niveau à bulle d'air* est un tube de verre hermétiquement fermé des deux bouts, après qu'on y a eu introduit de l'alcool qui le remplit à l'exception d'une bulle d'air. La présence de cette bulle aux divers points de l'instrument annonce plus ou moins d'inégalité dans le niveau. Il est parfait lorsqu'elle se trouve au milieu.—On appelle *niveau simple* un instrument qui a la forme d'une équerre dont les deux branches sont d'égale longueur. A leur intersection est un trou d'où pend une corde terminée par un plomb qui bat sur une ligne perpendiculaire au milieu d'un quart de cercle qui joint les extrémités des deux branches; le *niveau des charpentiers et des paveurs* est une longue règle au milieu de laquelle est ajustée à angles droits une autre règle plus petite, qui porte vers le haut un fil à plomb.—Le *niveau des maçons* est formé de trois règles, qui font, en se joignant, un triangle, isocèle rectangle, ressemblant un peu à la lettre A ; un fil à plomb pend du sommet ; lorsque le plan sur lequel est appliqué le niveau est horizontal, le fil à plomb bat exactement sur une ligne marquée dans le milieu de la base. Le *niveau à plomb* ou *à pendule* est celui qui fait connaître la ligne horizontale au moyen de la ligne verticale décrite par son fil à plomb ou son pendule. Le *niveau des canonniers* est une plaque triangulaire, haute de quatre à cinq pouces, au bas de laquelle est un arc de cercle de 45 degrés; on s'en sert pour niveler les canons ou les mortiers. Le *niveau à équerre* est un instrument qui fait l'office d'un niveau, d'une équerre, d'une règle à jambes.

NIVEAU DE RÉFLEXION, niveau que forme une surface d'eau assez étendue, laquelle, représentant renversés les mêmes objets que nous voyons naturellement droits, est par conséquent de niveau avec le point où l'objet et son image paraissent seuls s'unir. — On nomme encore ainsi un miroir d'acier ou d'autre substance, bien poli, et placé ou peu devant le verre objectif d'un télescope, suspendu perpendiculairement, et avec lequel il doit faire un angle de 45 degrés; auquel cas la direction perpendiculaire d'un télescope se changera en horizontale ou en *ligne de niveau*.

NIVELLE , petite ville de Belgique, située sur la Thienne, dans un pays agricole de la province de Brabant, à 6 lieues de Bruxelles. Sa population est de 6,000 habitants. Elle a des fabriques de dentelles, étoffes de laine , siamoises , des moulins à eau , des brasseries, des tanneries, etc. Son horloge porte un homme de fer appelé *Jean de Nivelle*, qui du haut d'une tour frappe les heures avec un marteau. Nivelle est célèbre par la victoire qu'y remportèrent les Français en 1794.

NIVELLE (Jean DE MONTMORENCY, seigneur DE), fils aîné de Jean de Montmorency, grand-chambellan de France sous Charles VII, embrassa le parti du comte de Charolais contre Louis XI dans la ligue du Bien public. Son père, après l'avoir fait sommer à son de trompe de rentrer dans le devoir, sans qu'il obéît, le traita de chien; c'est de là qu'est venu le proverbe: Il ressemble au chien de Jean de Nivelle, il s'enfuit quand on l'appelle. Né en 1422, Jean de Nivelle mourut en 1447. Il était bisaïeul de Philippe, comte de Horn, et du baron de Montigny, décapités l'un en 1568, l'autre en 1570 dans les Pays-Bas.

NIVELLEMENT, action de ramener à un même niveau différentes surfaces, ou bien encore de déterminer la hauteur d'un point, relativement à la surface des eaux dormantes. On emploie pour niveler les niveaux d'eau et à bulle d'air, instruments portants une lunette à l'aide de laquelle on fixe une mire, dont la position relative au niveau donné par l'instrument est la base de l'opération.

NIVERNAIS, ancienne province de France, bornée au N. par l'Orléanais, au S. par le Bourbonnais, à l'O. par le Berry et à l'E. par la Bourgogne. Sa superficie était d'environ 280 lieues carrées. La partie orientale ou *Morvan* est montagneuse et stérile. Le reste offre de vastes plaines très-fertiles. Les mines de fer, de houille et de marbre y abondent, et les principaux produits de la culture sont le grain, le vin, les fruits et le chanvre. — Autrefois comté (depuis 868), le Nivernais fut en 1538 érigé en duché-pairie. Cette province a formé en 1790 le département de la Nièvre. Sa capitale est NEVERS.

NIVERNAIS (Ducs DE). Voy. NEVERS.

NIVOSE, quatrième mois du calendrier républicain, renfermant l'espace compris entre le 21 décembre et le 19 janvier, et ainsi appelé du mot latin *nix* , *nivis*, neige. C'est le 3 nivôse an IX (24 décembre 1800) qu'une machine infernale faillit tuer Bonaparte.

NIXES, dieux qui, au nombre de trois, présidaient aux accouchements. On les représentait accroupis, et le corps suspendu sur les jarrets, pour exprimer les efforts d'une femme en travail.

NIZAM, titre de dignité honorifique, équivalente à celle de vizir, à la cour des rois de l'Inde. — *Nizam-el-Molouk*, élevé à la cour d'Aureng-Zeyb où son père, chef d'aventuriers tartares, avait obtenu la vice-royauté de Guzarate, devint le favori de son successeur, puis vice-roi du Dekkhan, battit les Mahrattes, et parvint, à force d'intrigues, à se rendre indépendant. Il ajouta à ses États le Guzarate et le Malwah, et mourut en 1748 à cent quatre ans. Ses descendants se sont maintenus indépendants dans la possession de la province d'Haïderabad qui forme l'État du Nizam, allié des Anglais.

NOAILLES, illustre maison de France, qui a pris son nom d'un ancien château du Limousin, à une lieue O. de Brives, érigé en duché-pairie en faveur d'Anne de Noailles en 1663. Elle a constamment joui de la faveur des souverains, et a donné à la France plusieurs maréchaux, cardinaux et hommes d'État célèbres.

NOAILLES (Antoine DE), né en 1504, mort en 1562 chevalier de l'ordre du roi, gentilhomme ordinaire de sa chambre, gouverneur de Bordeaux, s'éleva par son mérite aux plus places d'ambassadeur d'Angleterre, de chambellan des enfants de France, d'amiral de Guyenne, et pair de France en 1543.

NOAILLES (Anne DE) , petit-fils du précédent, capitaine des gardes du corps, mourut en 1678. Ce fut en sa faveur que le comté d'Ayen fut érigé en duché-pairie sous le nom de Noailles, par lettres patentes de 1663.

NOAILLES (Anne-Jules DE), fils du précédent, né en 1650, capitaine des gardes du corps en survivance de son père, eut le commandement de la maison du roi en Flandre (1680), et de l'armée de Roussillon et de Catalogne (1689), fut fait maréchal de France en 1693, commanda à Versailles en 1708, après avoir gagné la bataille du Ther et pris les villes de Palamos et de Girone (1694).

NOAILLES (Adrien-Maurice, duc DE), fils du précédent, né en 1678, fut choisi en 1700 pour accompagner le roi Philippe V jusqu'à Madrid. Brigadier en 1702, maréchal de camp en 1704, lieutenant général en 1706, reçu duc et pair en 1708, il commanda l'armée de Roussillon et s'empara de Girone ; ce qui lui valut en 1711 le titre de grand d'Espagne. Sous la régence, il fut nommé en 1715 président du conseil des finances, et en 1718 membre de celui de régence. L'entrée du cardinal Dubois au ministère l'en fit sortir; mais après sa mort (1723) il fut rappelé, et fit restituer 219,400,000 livres aux traitants qui avaient appauvri la France. Maréchal de France en 1733, il mourut en 1766.

NOAILLES (Louis-Antoine DE), frère d'Anne-Jules de Noailles, né en 1651, embrassa l'état ecclésiastique. Évêque de Cahors en 1679, transféré à Châlons-sur-Marne en 1680, il fut en 1695 nommé à l'archevêché de Paris. Ce prélat charitable et ami de la paix eut un épiscopat orageux par les querelles du jansénisme. Il fut l'un de ceux qui rejetèrent la bulle *Unigenitus*. Il mourut en 1729.

NOAILLES (Louis-Marie, vicomte DE),

grand bailli d'épée et colonel des chasseurs d'Alsace en 1788, fut nommé député aux états généraux, et embrassa avec ardeur les principes de la révolution. Ce fut lui qui provoqua la réunion des trois ordres et la renonciation aux priviléges. Elu président en 1791, il quitta les affaires à l'époque de la terreur, et ne rentra au service de son pays que sous le gouvernement consulaire. Employé en qualité de général de brigade à l'expédition de Saint-Domingue, il y mourut en 1805, âgé de quarante-neuf ans. Ses grenadiers placèrent son cœur dans une boîte d'argent qu'ils attachèrent à leur drapeau.

NOBILISSIME, titre d'honneur qui distinguait dans le Bas-Empire la famille des empereurs. Constantin accorda ce titre à Constance son frère et à Anaballien son neveu. Quelques hauts seigneurs furent ensuite admis aux honneurs de ce titre.

NOBLE (Eustache LE), écuyer, sieur de Ténélière, né à Troyes en 1643, procureur général au parlement de Metz, fut condamné pour faux à neuf ans de bannissement, et à faire amende honorable en 1668. Il fut dissipateur et déréglé toute sa vie, et mourut en 1711, laissant un grand nombre d'ouvrages, parmi lesquels on remarque *l'Histoire de l'établissement de la république de Hollande*, plusieurs autres histoires, des *contes*, des *fables*, etc.

NOBLES. On appelait ainsi à Rome ceux qui avaient le droit d'avoir chez eux les portraits de leurs ancêtres. Ceux qui n'avaient que leurs portraits s'appelaient des hommes nouveaux (*homines novi*), et ceux qui n'en avaient pas prenaient le nom d'*ignobiles*. — Dans le moyen âge, on appela *nobles* ceux qui possédaient des charges importantes qu'ils rendaient plus tard héréditaires dans leurs familles. Après la conquête de la Gaule par les Francs, les *leudes* ou chefs barbares, compagnons du chef des Francs Saliens, s'étaient partagé le territoire. Ces possessions, ils les transmirent à leurs enfants qui prirent, pour se distinguer, un simulacre quelconque; c'est l'origine des armoiries, signe caractéristique de la noblesse. Les bénéfices concédés à des particuliers par les rois ou les grands propriétaires, ayant été déclarés inamovibles par le traité d'Andelot (585) et héréditaires ensuite par le capitulaire de Kiersy-sur-Oise, devinrent une seconde source de noblesse. Plus tard le droit de noblesse, auquel furent inhérents tant de priviléges si despotiques et si onéreux pour ceux qui y étaient soumis, fut attaché à la possession de certaines charges. Par exemple, la magistrature de la ville de Toulouse, ou *capitoulat*, anoblissait les titulaires. Cette noblesse était appelée *noblesse de la cloche*, de même qu'on appela plus tard *noblesse de robe* celle des membres du parlement. La plus ancienne conservait le titre de *noblesse de nom et d'armes*. La révolution de 1789, en abolissant les priviléges, porta le coup de grâce à la noblesse. Napoléon essaya d'en créer une toute à lui, fondée sur la distinction militaire, et cette noblesse fut appelée *noblesse de l'empire*. La vieille noblesse reparut avec la restauration, mais elle n'a conservé que ses titres.

NOBLESSE. Voy. l'article précédent.

NOCERA (l'ancienne *Nucérie*), ville épiscopale du royaume de Naples, sur le Sarno, dans la Principauté citérieure, à 4 lieues de Salerne. Sa population est de 6,800 habitants. Dans la guerre que Manfred, fils naturel de l'empereur Frédéric II, soutint contre Charles d'Anjou, il appela à son secours des Sarrasins de Sicile, et leur donna en propriété la ville de Nocera; ce qui le fit appeler ironiquement par le duc d'Anjou, son ennemi, *sultan de Nocera*.

NOCES, célébration du *mariage*. Voy. ce mot.

NOCTUÉLITES, tribu d'insectes de l'ordre des lépidoptères ou papillons, famille des nocturnes, ayant pour caractères : une trompe cornée assez longue, roulée en spirale, les palpes inférieurs terminés brusquement par un article plus mince que le précédent, les antennes sétacées, les ailes inférieures plissées dans leur longueur au côté interne. Cette tribu renferme les deux grands genres *noctuelle* et *érèbe*.

NOCTULE, chauve-souris de France, presque aussi grosse que la serotine et le murin. Son pelage est roux et sa queue assez grande. Son oreillon a la forme d'une hache ou d'un couperet semi-circulaire.

NOCTUO-BOMBYCITES, tribu d'insectes de l'ordre des lépidoptères ou papillons, famille des nocturnes, ayant pour caractères : les ailes inférieures munies d'un lien qui retient les supérieures couchées sur le corps dans le repos; la trompe apparente et beaucoup plus longue que dans les bombycites, mais moins cependant que dans les noctuélites; les antennes toujours pectinées; toutes les chenilles vivant à l'air libre.

NOCTURNE, ce qui appartient à la nuit.—En termes de bréviaire, on appelle ainsi la partie de l'office divin qui se chantait autrefois la nuit, et qui constitue aujourd'hui les matines.—Il y a des matines qui ont jusqu'à trois nocturnes, comme ceux des fêtes doubles ou semi-doubles. Les nocturnes furent introduits en Occident par saint Ambroise, à ce que l'on prétend. — En musique, le *nocturne* est une romance à deux voix, d'un caractère tendre et langoureux, propre enfin à être chantée le soir, en guise de sérénade.

NOCTURNES, épithète donnée aux animaux qui restent pendant tout le jour cachés dans leur retraite, ne sortant que la nuit comme les chauves-souris, les chouettes, etc.—C'est le nom d'une famille d'insectes de l'ordre des lépidoptères ou papillons, renfermant un grand nombre de tribus, telles que les *noctuélites*, les *noctuo-bombycites*.

NODDI, oiseau du genre *sterne*, que les marins appellent, à cause de sa confiance ou de sa stupidité, l'*oiseau fou*. Sa taille est un peu supérieure à celle de l'hirondelle de mer. Tout son plumage est d'un brun noirâtre, et le dessus de sa tête blanchâtre. Il a le bec et les pieds bruns; sa chair est dure, coriace, noire et de mauvais goût. Il habite les îles intertropicales.

NODOSITÉS (méd.), concrétions dures qui se forment autour des articulations atteintes de rhumatisme ou de goutte.—Quelques auteurs ont étendu la signification de ce mot aux exostoses, aux calculs articulaires, aux ganglions et au gonflement chronique des articulations.

NOE (de l'hébreu *nuac*, repos, consolation), fils de Lamech, fut le seul juste et le seul excepté de la destruction générale des hommes opérée par le déluge. Il construisit par l'ordre de Dieu une arche de trois cents coudées de long, large de quatre-vingts et haute de trente, où il se renferma avec sa famille et un couple de tous les animaux. Après que les eaux se furent retirées, Noé sortit de l'arche, et repeupla la terre avec ses trois fils, Sem, Cham et Japhet. Il vécut encore trois cent cinquante ans après le déluge, et mourut à l'âge de neuf cent cinquante ans (avant J.-C. 2029). Noé planta la vigne, et fit le premier du vin.

NOÉ (Marc-Antoine DE), d'une ancienne maison de Gascogne, né en 1724 près de la Rochelle. D'abord grand vicaire de l'archevêque de Rouen, il fut en 1763 nommé évêque de Lescar, et se fit aimer par sa bienfaisance et sa popularité. Le clergé du Béarn l'élut son député aux états généraux de 1789. Réfugié en Espagne, puis en Angleterre pendant la terreur, il fut en 1802 pourvu de l'évêché de Troyes, où il mourut la même année. Ce prélat cultivait les lettres avec succès.

NOEL, fête de la naissance de Jésus-Christ. On en attribue l'institution au pape Télesphore, mort en 138. Mais à cette époque elle ne se célébrait point partout le même jour, et on la confondait même avec l'Epiphanie; ce ne fut que sous le pontificat de Jules Ier (337 à 352) que l'époque de la fête de Noël fut invariablement fixée pour toute la chrétienté au 25 décembre. L'usage de célébrer dans cette solennité trois messes, l'une à minuit, une autre au point du jour et la troisième le matin, remonte plus haut que le vie siècle. La fête de Noël est chez les catholiques la plus grande des réjouissances. Les protestants en ont fait la fête des enfants.

NOEL, cantique d'allégresse en l'honneur de la naissance de Jésus-Christ, et qu'on chante d'ordinaire le jour de la fête de Noël. Bernard de la Monnoye a donné un recueil de Noëls bourguignons. L'origine de ces chants s'explique par le cri de Noël que faisait autrefois entendre le peuple pendant la messe de ce jour. Ce cri même devint le synonyme de cri de joie, et depuis dans toutes les occasions où le peuple se portait à des réjouissances, il criait *Noël! Noël!*

NOEMI, femme juive, épouse d'Elimelech, de la tribu de Benjamin, suivit son mari dans le pays de Moab. Après la mort de son mari et de ses deux fils, qu'elle avait mariés à Orpha et à Ruth, elle retourna en Judée avec cette dernière, qui ne voulut point la quitter et y épousa Booz, dont elle eut un fils appelé Obed, un des ancêtres de Jésus-Christ.

NOËTIENS, hérétiques du IIIe siècle, ainsi appelés de leur chef Noët, maître de Sabellius, philosophe d'Ephèse. Il parut en 240, et enseigna qu'il n'y avait qu'une seule personne en Dieu, savoir le Père, et que c'était elle qui sous le nom de Verbe s'était faite chair, et sous celui de Saint-Esprit était descendue sur les apôtres.

NOEUD (accept. div.), entrelacement de quelque chose de flexible, dont on passe les bouts l'un dans l'autre en les serrant. —En botanique, ce nom à un renflement local que se remarque de distance en distance sur diverses parties des végétaux, notamment sur les tiges, à l'insertion des feuilles et sur les racines.—Lamarck a nommé *nœud vital* la ligne médiane qui, dans la masse homogène de l'être végétal, existe au collet de la plante, entre la racine et la tige.

NOEUD (ORDRE DU), ordre militaire de chevalerie du royaume de Naples, institué en 1352 par Jeanne de Naples à l'occasion de son mariage avec Louis, prince de Tarente. Cet ordre fut composé de soixante chevaliers qui portaient sur le bras et sur la poitrine une espèce de lacs avec un nœud rouge de soie et d'or orné de perles; il avait pour patron saint Nicolas, et pour grand maître le roi de Naples.

NOGAIS, Tartares mahométans, sujets de la Russie, qui habitent sous des tentes les vastes plaines au N. et à l'E. de la mer Caspienne. Jadis très-nombreux, ils sont aujourd'hui réduits à six ou sept mille familles. Les Nogaïs ont beaucoup de troupeaux, se nourrissent de leur chair, et boivent le lait de jument fermenté. Ils travaillent et vendent aux peuples voisins des sangles de laine, des camelots filés par leurs femmes, des cuirs de bœufs et de chevaux, des peaux de mouton, etc.

NOGARET. Voy. VALETTE et ÉPERNON.

NOGARET (Guillaume DE) fut chargé d'aller signifier au pape Boniface VIII, de la part de Philippe le Bel, l'appel au futur concile des bulles qu'il avait fulminées contre le monarque, et s'emporta, dit-on, jusqu'à frapper la joue du souverain pontife avec son gantelet de fer. De retour en France, il obtint les sceaux en 1307 et la place de chancelier en 1308. Il mourut en 1315.

NOGENT-LE-ROTROU, ville de France, autrefois capitale du Perche, et aujourd'hui chef-lieu d'arrondissement du département d'Eure-et-Loir, sur l'Huisne, à 17 lieues de Chartres. Sa population est de 6,800 habitants. Elle a un tribunal de première instance, une chambre des manufactures, une bibliothèque, un collége communal, une société d'agriculture, des fabriques de droguets, d'étamines, de serges, de bonneterie, etc. Nogent-le-Rotrou avait autrefois titre de duché-pairie.

NOGENT-SUR-SEINE, ville de France, chef-lieu d'arrondissement du département de l'Aube, sur la rive gauche de la Seine, avec un port très-commode, à 26 lieues de Paris. Elle a 4,000 habitants, un tribunal de première instance, des fabriques de bonneterie, de serges et toiles de coton. Cette ville et son territoire ont été cruellement ravagés par les armées étrangères en 1814. Elle est à 16 lieues de Troyes.

NOGUET, grand panier d'osier très-plat, plus long que large, dont les angles sont arrondis et les bords fort bas, avec une anse de châtaignier qui le traverse dans le sens de la largeur.

NOIR, le contraire du blanc. Le noir n'est pas une couleur; c'est l'absence de toutes les couleurs; le blanc au contraire est la réunion des sept couleurs. Le noir est en France le signe du deuil, tandis qu'en Turquie c'est le bleu ou le violet, en Éthiopie le gris, en Japou le blanc.—*Chambre noire.* Voy. CHAMBRE.

NOIR (Édouard D'ANGLETERRE, dit LE PRINCE). Voy. ÉDOUARD.

NOIR. On nomme ainsi plusieurs préparations usitées dans les arts industriels; tels sont le *noir d'ivoire*, le *noir de fumée*, le *noir animal*, le *noir d'Allemagne*, le *noir d'Espagne*, etc. qui possèdent la couleur noire. On appelle *noir de cerf* ce qui reste dans la cornue après que l'on a tiré de la corne du cerf l'esprit, le sel volatil et l'huile; ce résidu, broyé avec de l'eau, donne un beau noir.—On nomme *noir de livre* une substance foncée avec laquelle les peintres font un *noir* usité pour la peinture à fresque. — Les corroyeurs appellent *premier noir* la première teinte noire qu'ils appliquent sur les peaux, et *second noir* la deuxième teinte, sur laquelle ils donnent ensuite le lustre.—Les émailleurs appellent *noir de cadran* un noir d'écaille broyé avec de l'huile d'aspic, et *noir de melteur* un œuvre une poudre noire qui provient de l'ivoire brûlé. — *Noir* est encore synonyme de *nègre*.

NOIR ANIMAL. Voy. CHARBON ANIMAL.

NOIR DE FUMÉE ou NOIR A NOIRCIR, espèce de poudre noire faite de la fumée de la poix-résine brûlée, que l'on recueille dans une chambre close ou dans un vaisseau clos et tapissé de peaux de mouton, d'où on la fait sortir en les secouant. On s'en sert dans la fabrication de l'encre, du cirage et une foule d'autres préparations semblables.

NOIR D'IVOIRE. Voy. IVOIRE.

NOIRE, note de musique, ayant pour valeur le quart d'une ronde ou la moitié d'une blanche. La noire vaut deux croches, quatre doubles croches, huit triples croches et seize quadruples croches.

NOIRE (FORÊT). Voy. FORÊT NOIRE.

NOIRE (MER), appelée par les anciens *Pont - Euxin* (mer hospitalière, par antiphrase, à cause des tempêtes qui y sont fréquentes), vaste mer intérieure située entre la Russie, la Turquie d'Europe, celle d'Asie et les régions caucasiennes. Sa superficie, y compris celle de la petite mer d'Azof, est évaluée à 20,000 lieues géographiques carrées. Elle communique à la mer de Marmara par un détroit de peu d'étendue, et par cette mer à l'Archipel, et reçoit près de quarante fleuves, entre lesquels le Danube, le Dniester, le Borysthène, le Kouban. Aussi l'eau en est-elle presque douce.

NOIRMOUTIERS, île de France, l'ancienne *Herio*, située à la pointe N. - O. du département de la Vendée, dont elle est séparée du continent par un détroit de 1,800 mètres de largeur. — Sa superficie est de 4,500 hectares, et sa population de 8,000 âmes. La partie septentrionale de l'île est un peu élevée au-dessus du niveau de la mer, la partie méridionale au contraire se trouve au-dessous de ce niveau; mais des digues la protégent. Le centre seul est fertile.—Sa capitale est NOIRMOUTIERS, chef-lieu de canton, avec syndicat maritime et 5,400 habitants.

NOISETIER, espèce du genre *coudrier* (voy.), nommé aussi *coudrier commun*. C'est un arbrisseau abondant dans nos forêts, et haut de dix à douze pieds. Son fruit se nomme *noisette*. Son bois sert à faire des fourches, des cercles de barils, etc. Les chandeliers s'en servent pour mouler la chandelle commune, dite *à la baguette*. Son charbon s'emploie pour les esquisses des peintres.

NOISETTE, fruit du noisetier. C'est une espèce de petite noix, renfermant une amande assez agréable à manger, et dont on retire une huile préférée par quelques-uns à l'huile d'olives. Parmi les variétés de noisettes, on donne le premier rang aux *noisettes de Saint-Gratien* ou *avelines*, ainsi appelées parce que les arbres qui les produisent sont originaires d'Avellino, ville du royaume de Naples. Recouverte de son brou, c'est-à-dire de son enveloppe verdâtre et frangée, la noisette prend le nom de *coquerelle*. Les coquerelles sont usitées en blason.

NOIX. En botanique, on appelle ainsi la seconde enveloppe ligneuse, testacée ou osseuse, d'une ou plusieurs semences, revêtues en outre d'un tégument propre. La noix est engagée dans une pulpe plus ou moins molle ou charnue, ou sèche et cassante, appelée *brou* dans l'amandier, le châtaignier, le noisetier, etc., *drupe* dans l'abricotier, le pêcher, etc. Le nom de noix est spécialement réservé au fruit du noyer. Cependant on le donne improprement à une foule de fruits ou même d'objets présentant des caractères et un près semblables.

NOIX, fruit du *noyer*. A l'état de cerneaux, c'est-à-dire lorsque les noix ne sont pas encore revêtues de leur enveloppe dure, elles sont appétissantes et amères. Plus tard, quand la pellicule ne peut plus se séparer de l'amande, elles sont quelquefois indigestes. Quand elles sont sèches, on en retire de l'huile; celles dont l'amande noire donnent l'huile à manger, les autres l'huile de table. Le résidu après la pression est appelé *pain de trouille*; il est excellent pour la nourriture et l'engrais des volailles et des bestiaux. C'est avec la noix que l'on prépare l'eau dite des trois noix, en usage en pharmacie, et avec le brou une liqueur stomachique fort agréable et une encre très-belle. — Chez les Romains, le nouvel époux jetait des noix aux enfants de la noce pour leur déclarer qu'il renonçait aux jeux de l'enfance.

NOIX (accept. div.). On nomme ainsi : 1° une petite glande qui se trouve dans une épaule de veau, près de la jointure des deux os; 2° la partie d'un instrument de géométrie pratique, tel qu'un *graphomètre*. C'est une boule de métal ou de bois, qui a un cou long, sur lequel on fixe l'instrument. Cette boule est enchâssée dans une boîte où elle peut se mouvoir en tous sens, pour pouvoir mettre l'instrument dans une situation quelconque, et de manière qu'on puisse l'arrêter dans toutes ses situations et la fixer par le moyen d'une vis qui serre la boîte dans laquelle la noix est renfermée; 3° un petit morceau de fer plat, que l'on voit dans les fusils, large de dix à douze lignes et épais de six, arrondi par derrière et garni de deux crans, dont l'un sert pour le repos et l'autre pour la détente, et s'engrènent dans la mâchoire de la gâchette, qui est ordinairement posée derrière cette noix. — 4° En marine, *noix* est synonyme de *tête*. C'est ainsi qu'on dit la *noix* des mâts de hune.

NOIX D'ACAJOU. On appelle vulgairement ainsi la semence de l'*anacarde d'Asie* et de l'*Amérique du Sud*, plante appelée en latin *cassuvium*.

NOIX D'AREC. C'est la graine de l'*aréquier de l'Inde*, que les Indous mêlent avec de la chaux d'huîtres pour l'unir ensuite au bétel et mâcher ce mélange.

NOIX DE BEN, nom impropre donné tantôt au légume long du *ben oléifère*, tantôt à ses semences à trois côtés et à trois ailes.

NOIX DE COCO.. C'est l'enveloppe de l'amande des cocotiers, et quelquefois aussi la semence coriace du *knépier de la Jamaïque*.

NOIX DE GALLE, excroissances formées par la piqûre d'un insecte nommé *cynips* sur diverses espèces de chêne.(Voy. GALLE.)

NOIX DE GIROFLE. Voy. GIROFLE.

NOIX DES BARBADES. Voy. MÉDICINIER.

NOIX MUSCADE. Voy. MUSCADE.

NOIX VOMIQUE, nom donné à la baie globuleuse, à écorce souvent fragile du *vomiquier* ou *strychnos*, arbre qui donne un poison très-actif.

NOLASQUE (Saint Pierre), né vers 1189 dans le Lauraguais, au diocèse de Saint-Papoul, de parents nobles, s'attacha les bonnes grâces de Jacques, roi d'Aragon, et s'en servit pour fonder en 1223 l'ordre de *la Merci* destiné à la rédemption des captifs. Il s'était associé saint Raymond de Penafort dans l'institution de cet ordre, qui fut approuvé en 1230 et mis en 1235 par Grégoire X sous la règle de Saint-Augustin. Saint Pierre Nolasque mourut en 1256, après avoir racheté des infidèles 400 captifs.

NOLE, ville ancienne et épiscopale du royaume de Naples, dans la terre de Labour, à 5 lieues de Naples. Sa population est de 3,500 habitants. — Fondée par les Chalcidiens, Nole était, sous les Romains, très - florissante. Le consul Marcellus y vainquit trois fois Annibal. Auguste y mourut. Ce fut là que les cloches furent, dit-on, inventées au commencement du ve siècle, et c'est pour cette raison qu'on les appela *nolæ* ou *campanæ*, c'est-à-dire de Campanie.

NOLET, terme de couvreur, nom donné aux tuiles creuses, qui forment des canaux pour couvrir les lucarnes et égoutter les eaux.

NOLI ME TANGERE, nom donné : 1° à des plantes, soit parce qu'elles sont épineuses, soit parce que leurs semences s'élancent quand on les touche; telle est, par exemple, la balsamine d'Europe; 2° à une espèce d'ulcère malin, qu'on ne peut pas toucher sans danger, ni sans douleur pour celui qui en est affligé. — *Noli me tangere* sont trois mots latins qui signifient : ne me touchez pas.

NOLIS ou NOLISSEMENT (du grec *naulon* ou *naulos*, prix du passage), mots usités sur la Méditerranée dans le même sens que ceux de *fret* et de *frettement*, c'est-à-dire du louage d'un navire.

NOLLET, (L'ABBÉ Jean-Antoine), célèbre physicien, né en 1700 à Pimpré (Oise), étudia aux collèges de Clermont, puis de Beauvais et de Paris. Destiné par ses parents à l'état ecclésiastique, il ne fut jamais que diacre, et s'adonna tout entier à l'étude de la physique. Il ouvrit en 1735 un cours de physique expérimentale qui, trois ans après, lui valut une chaire. En 1753 le roi créa pour lui une chaire de physique expérimentale au collège de Navarre. Il mourut en 1770, membre de l'académie des sciences de Paris et de plusieurs autres académies, laissant des *mémoires* et des *ouvrages distingués*.

NOM, terme qui sert à désigner une personne ou une chose. Il y a deux sortes de nom, les *noms propres* et les *noms communs*. Les premiers, s'appliquent qu'à un seul être, un seul objet; les seconds s'appliquent à tous les êtres, à tous les objets, dont la ressemblance constitue une espèce. Parmi les noms propres, on distingue les *noms de baptême* ou prénoms, ceux que les chrétiens reçoivent au baptême, et qui servent à les distinguer des individus de la famille. — Les Hébreux donnaient un nom à leurs enfants huit jours après leur naissance ; les Asiatiques, en général, n'en portaient qu'un seul, auquel ils joignaient celui de leur père. Les Grecs n'avaient aussi qu'un nom. Il était d'usage que celui de l'aïeul passât au fils aîné. On ajoutait souvent au nom celui de sa ville, de sa profession ou de quelque autre circonstance remarquable. Les Romains portaient communément trois noms, le *prénom* (voy.), le *nom* et le *surnom* (voy.); quelquefois quatre, cinq et même six ; ces derniers portaient alors le noms d'*agnoms*. Le nom proprement dit indiquait la famille (*gens*) ; le prénom était le nom personnel à l'individu, et le surnom indiquait la branche de la famille. Les noms étaient tous terminés en *ius*, à l'exception de *Cecina*. Les femmes étaient ordinairement désignées par le nom de famille.

NOM DE RELIGION. C'est celui qu'on prend en entrant dans un couvent. Il est d'usage que ce soit celui d'un saint. Les papes changent aussi de nom après leur exaltation. L'historien Platine prétend que ce fut Sergius IV qui changea le premier de nom, parce qu'il s'appelait *Groin de porc* (Bucca porci). Baronius attribue ce changement à Sergius III, qui s'appelait Pierre, et ne voulut point par humilité porter le nom du prince des apôtres. Plus tard la coutume s'introduisit de prendre, à l'avènement au pontificat, le nom du pape qui avait élevé le nouveau pontife au cardinalat.

NOM SOCIAL se dit, en termes de commerce, de celui sous lequel des négociants associés indiquent au public leur association et leur raison de commerce. La signature est dévolue à l'un des associés, et cette signature du nom social lie nonseulement celui qui la donne, mais encore tous les autres.

NOMADE (du grec *nomas*, fait de *nemo*, paître), adjectif qui sert à désigner des hommes sans demeure fixe, et qui en changent continuellement, afin de trouver de nouveaux pâturages pour leurs troupeaux. On voit par là que la plupart des peuples nomades sont pasteurs. Les Israélites, les Arabes, les Tartares étaient ou sont encore des peuples nomades. De ce nom est venu celui de *Numide*, qui s'est appliqué aux peuples nomades de l'Afrique septentrionale.

NOMANCIE, sorte de divination qui tire l'horocospe d'une personne par les lettres de son nom séparées, comptées d'une manière superstitieuse et appliquées quelquefois à des figures bizarres de planètes ou d'autres corps.

NOMARQUE (du grec *nomos*, nome, et *archô*, commander), nom que l'on donnait chez les anciens au commandant ou gouverneur d'un nome.

NOMBRE, assemblage de plusieurs unités de même nature, ou bien encore résultat de la comparaison d'une grandeur quelconque à son unité. Le nombre est *abstrait* ou *concret* ; dans le premier cas, il est considéré uniquement en lui-même, sans détermination d'objet, comme 1, 2, 3 ; dans le second, il est considéré uni avec l'objet auquel il ajoute une idée de grandeur ; comme un livre, deux chevaux, trois maisons. Les nombres *entiers* sont ceux dans lesquels l'unité n'est pas divisée ; les nombres *fractionnaires* sont ceux dans lesquels elle l'a été. Si le nombre fractionnaire contient un nombre de parties moins grand que celui dans lequel l'unité a été divisée, il prend le nom particulier de fraction : $\frac{3}{4}$ est une fraction ; cependant on donne le nom de fraction à des quantités qui ne sont que de véritables nombres fractionnaires : $\frac{11}{4}$, par exemple, est appelé une fraction, quoique ce ne soit autre chose que le nombre entier, 1 plus 7 quarts. Les nombres *premiers* ou *primitifs* sont ceux qui ne sont divisibles que par l'unité, ou qui, divisés, ne donnent pas de quotient exact. 3, 5, 7, 11 sont des nombres premiers. Le nombre *parfait* est celui que reproduisent ses parties aliquotes additionnées. Tel est 6, dont les parties aliquotes 3, 2 et 1 additionnées donnent 6. Le nombre *imparfait* est le contraire. Le nombre *rationnel* ou *commensurable* et le nombre *irrationnel*, *incommensurable* ou *sourd*, sont ceux qui ont ou qui n'ont pas de mesure commune avec l'unité. Les nombres *cardinaux* sont ceux qui expriment une quantité d'unités, comme 1, 2, 3 ; les nombres *ordinaux* sont ceux qui expriment leur ordre, comme 1er, 2e, 3e.

NOMBRE (gramm.), détermination de la quotité d'un mot, au moyen de la terminaison. La plupart des langues comptent deux nombres : le *singulier* indiquant l'unité, et le *pluriel* indiquant la multiplicité. Les langues grecque, hébraïque et polonaise en admettent un troisième, qui exprime la dualité ; c'est le *duel*. Le duel se fait spécialement sentir sur les terminaisons des verbes.

NOMBRE D'OR, nom donné au cycle lunaire, appelé par les Grecs *ennéacaléride*, c'est-à-dire période de dix-neuf ans, et *nombre d'or*, parce qu'ils le firent graver en lettres d'or dans la place publique. Voy. CYCLE.

NOMBRES (LIVRE DES), quatrième livre du Pentateuque, ainsi nommé parce que les trois premiers chapitres en sont consacrés aux dénombrements du peuple d'Israël ; les trente-trois autres racontent l'histoire du peuple juif jusqu'à son arrivée dans les plaines de Moab. Les Hébreux lui donnent le nom de *Vajedabber*, parce que dans l'hébreu il commence par ces mots qui signifient : et il parla.

NOMBRES PROPORTIONNELS. Voy. ÉQUIVALENTS.

NOMBRIL, nom vulgaire de l'*ombilic*. Voy. OMBILIC.

NOME (du grec *nemo*, gouverner), subdivision politique ou circonscription administrative des provinces de l'Egypte. La division de ces nomes a beaucoup varié. Les époques les plus célèbres de ces variations sont celles de Sésostris, qui avait divisé l'Egypte en trente-six nomes, et celles du IVe siècle de l'empire romain, où on en comptait cinquante-trois. A la tête de chaque nome était un *nomarque*, et le nome tirait son nom de sa capitale, comme les nomes Tentyrite ou de Tentyra, Omblite ou d'Ombos, Héracléopolite ou d'Héracléée, etc.

NOME (du grec *nomos*, loi), composition musicale de longue haleine, destinée à déterminer, par sa cadence et son rhythme, la cadence et le rhythme des vers qu'on y adaptait. Les nomes sont désignés tantôt par la simplicité des modulations (nome *droit* ou *orthien*), tantôt par le mouvement de la mesure (nome *trochaïque*), quelquefois par le sujet des paroles (nome *harmatique*, dont le sujet était Hector traîné au char, *harma*, d'Achille), d'autres fois par le nom des inventeurs (nomes *hiéracion, polymnestan*), le plus souvent enfin par celui des peuples qui les employaient (nomes *béotien, éolien*).

NOMENCLATEUR, nom que donnaient les Romains aux gens, presque tous esclaves, qui faisaient le métier de connaître et de désigner les citoyens à leurs maîtres en avaient besoin. A table, ils faisaient ranger les convives ; sur la place publique, ils servaient aux candidats à leur apprendre à même de capter leur bienveillance en faisant l'acte de civilité romaine qui voulait qu'on appelât chacun par son nom.

NOMENCLATURE, méthode qui assigne aux divers objets dont s'occupe une science les noms servant à indiquer leurs rapports entre eux. L'histoire naturelle n'avait pas de nomenclature avant Linné. La nomenclature chimique que nous possédons a été élaborée à la fin du XVIIIe siècle par Guyton-Morveau, Lavoisier et Berthollet. Cette nomenclature, quoique encore imparfaite, est cependant précieuse en ce qu'elle fait connaître à l'instant les substances élémentaires des corps. Elle est fondée sur les combinaisons de l'oxygène, l'un des corps élémentaires, avec presque tous les corps, et des corps élémentaires entre eux. Les composés de l'oxygène avec les autres corps sont de deux classes, distinguées chacune par des caractères spéciaux, les *acides* et les *oxydes*. L'acide est dénommé par le nom de son radical, que l'on termine en *ique* ou en *eux*, suivant que le corps est plus ou moins oxygéné. De plus, comme l'hydrogène forme aussi des acides, on forme le nom de ces composés en mettant la même terminaison et en mettant le premier le nom du radical. Ainsi on dit : *acide chlorhydrique* et non *hydrochlorique* comme autrefois, pour indiquer l'acide résultant de la combinaison de l'hydrogène avec le chlore. Les oxydes se désignent par le nom joint à celui du radical : *oxyde de plomb*. Le moins oxygéné reçoit le nom de *protoxyde*, le second celui de *deutoxyde*, et le plus oxygéné celui de *peroxyde*. Quand les corps qui se combinent sont deux corps simples autres que l'oxygène, l'un des corps se termine en *ure* : *chlorure de calcium*, composé de chlore et de calcium. Quand les corps combinés sont formés d'un acide et d'un oxyde, le composé est un sel, et pour le nommer on énonce l'acide le premier en le terminant en *ate* ou en *ite*, selon que l'acide était en *ique* ou en *eux*.

NOMENTANE (VOIE), grand chemin qui conduisait par la porte Viminale et le mont Sacré de Rome à *Nomentum*, petite ville des Sabins, près des bords de l'Allia, renommée à cause de ses vins et célèbre par la victoire qu'y remporta sur les Véiens et les Fidénates, l'an de Rome 312, le dictateur Quintus Servilius Priscus. De Nomentum, la voie Nomentane se prolongeait encore jusqu'à la voie Salaria.

NOMINALIES, jours solennels pendant lesquels on imposait le nom aux enfants chez les anciens. Cette cérémonie avait lieu sous les auspices d'une déesse appelée *Nundina*.

NOMINATIF, premier cas des déclinaisons, celui qui exprime le sujet de la phrase, le nom auquel se rapporte l'action faite par le verbe. Le nominatif, ainsi appelé parce qu'il énonce, il nomme le sujet de la phrase, ne peut conséquemment être régi par aucun cas.

NOMINAUX. On appelle ainsi les philosophes scolastiques qui soutenaient, contrairement aux *réalistes*, que l'objet de la dialectique sont les paroles, les noms, et non pas les choses. La secte des nominaux naquit dans le XIe siècle ; elle eut pour chef Occam.

NOMIQUE, officier de l'Église grecque chargé du soin de faire observer les rites et les rubriques. Pour le rang, il suivait le primicier des lecteurs et précédait le protocanonarque.

NOMIUS (du grec *nemo*, faire paître, et de *nomos*, loi), surnom de Mercure, soit comme gardien des troupeaux de Jupiter, soit parce qu'il était invoqué dans les lois et les conventions commerciales. Ce surnom était encore donné à Jupiter et à Apollon, comme deux protecteurs des campagnes, des bergers et surtout des pâturages.

NOMOCANON (composé de *nomos*, loi, et de *canon*, règle). On appelle ainsi : 1° un recueil de canons et des lois impériales qui y ont trait ; 2° un recueil des anciens canons des apôtres, des conciles, des Pères, sans aucun rapport aux constitutions impériales ; 3° les livres pénitentiaux des Grecs.—Le premier nomocanon de la première espèce fut compilé en 554 par Jean le Scolastique, et le second par Photius, patriarche de Constantinople en 883. Le pénitentiel de Jean le Jeûneur, patriarche de Constantinople, est un nomocanon de la troisième espèce.

NOMOPHYLACES (de *nomos*, loi, et de *phylaces*, gardiens), magistrats athéniens qui étaient chargés non-seulement de garder, mais encore de faire observer les lois. Ils avaient droit de faire arrêter les contrevenants et même de les punir de mort.

NOMOTHÈTES (du grec *nomos*, loi, et de *lithêmi*, poser), magistrats athéniens qu'on élisait, quand on jugeait à propos d'abroger les lois, d'en établir de nouvelles, ou de confirmer les anciennes. Leurs propositions étaient communiquées au sénat, qui les modifiait à sa convenance, et présentées ensuite à l'acceptation du peuple.

NONAGÉSIME se dit du quatre-vingt-dixième degré de l'écliptique, en commençant de compter au point de l'est. C'est le point de l'écliptique éloigné d'un quart de cercle du lieu où l'écliptique coupe l'horizon.

NONAGONE. Voy. ENNÉAGONE.

NONANDRIE. Voy. ENNÉANDRIE.

NONANTE, ancien nom du nombre appelé aujourd'hui *quatre-vingt-dix*, et composé de neuf dizaines. On appelle *quart de nonante* un instrument qui représente un quart de cercle divisé en quatre-vingt-dix ou *nonante* degrés.

NONCE (en latin *nuncius*, messager). On connaît sous ce nom spécial l'ambassadeur du pape vers un prince ou un Etat catholique. Quand il n'y a point de nonce en titre, l'ambassadeur prend le nom d'*internonce*. Avant le concile de Trente, les nonces connaissaient en première instance des causes qui sont de la juridiction ecclésiastique; mais, depuis ce concile, ils ne peuvent que juger d'appel, et cela seulement dans les lieux soumis à la discipline des décrétales et du concile de Trente; car en France les nonces n'ont aucune autorité. En Pologne, on appelle *nonces* les députés de la noblesse aux diètes ou assemblées.

NONCIATURE. Ce mot désigne 1° le titre et les fonctions de *nonce*; 2° le temps qu'un prélat a occupé ce titre et rempli ces fonctions; 3° le territoire dans lequel chaque nonce exerce sa juridiction ecclésiastique.

NON-CONFORMISTES. On appelait autrefois ainsi en Angleterre les *puritains* ou calvinistes rigides; aujourd'hui il s'étend à tous ceux qui ne font pas profession de la religion anglicane dominante, excepté les catholiques romains, qui sont désignés sous ce nom. Ainsi les non-conformistes sont les *presbytériens*, les *quakers*, les *épiscopaux*, etc. Voy. CONFORMISTES.

NONE, ancien droit qui consistait dans le neuvième denier que l'en payait pour certains biens. Ainsi les laïques qui tenaient des terres par concession de l'Eglise lui devaient double redevance, la dîme ecclésiastique d'abord, puis la neuvième partie des fruits comme rente seigneuriale.

NONE est aussi un terme de bréviaire signifiant une des petites heures canoniales, qui se dit avant vêpres, et qu'on appelle ainsi parce qu'on la récitait à la neuvième heure du jour, c'est-à-dire vers trois heures après midi.

NONES. Les Romains appelaient ainsi le jour qui se trouvait le neuvième avant les ides. Comme l'époque des ides variait, celle des nones variait aussi. Dans les mois de mars, mai, juillet, octobre, les nones tombaient le 7, et dans les autres mois le 5. Dans le mois de la première classe, il y avait six jours de nones et quatre dans les autres. Les jours qui précédaient les nones jusqu'aux calendes étaient comptés à reculons : second, troisième, quatrième, etc., jour avant les nones. Les nones étaient un jour néfaste et qui n'était consacré à aucune divinité.

NONETTE, petite rivière de France, qui a sa source près de Versigny, passe à Senlis et se jette dans l'Oise à trois quarts de lieue de Chantilly, après un cours de 8 lieues environ.

NONIUS, sénateur romain, contemporain de Marc Antoine, possédait une opale estimée 20,000 sesterces. Le triumvir lui ayant demandé ce bijou, Nonius préféra s'exiler que le lui céder.

NONIUS (math.). Voy. VERNIER.

NONIUS MARCELLUS, grammairien et philosophe péripatéticien, natif de Tibur, est l'auteur d'un ouvrage : *De proprietate sermonum* ou *De varia verborum significatione* (de la propriété des mots ou des diverses significations des mots), en dix-neuf chapitres. On ignore l'époque de sa vie, et l'on croit qu'il florissait vers le III° siècle de J.-C.

NONNIUS (Pierre), en portugais *Pedro Nunez*, né à Alcaçar-do-Sal, médecin et mathématicien portugais, fut le précepteur de D. Henri, fils du roi Emmanuel, enseigna les mathématiques à l'université de Coïmbre avec une grande réputation, et mourut en 1577, à quatre-vingts ans. On a de lui deux livres *sur l'Art de la navigation*, un livre *des Crépuscules* et des *OEuvres mathématiques*, parmi lesquelles un *Traité d'algèbre* qu'il estimait beaucoup.

NONNIUS (Ferdinand), en espagnol *Fernand Nunez*, critique espagnol, natif de Pincia près Valladolid et appelé pour cette raison *Pincianus*, introduisit le premier en Espagne le goût de l'étude de la langue grecque. Il professa les belles-lettres à Alcala et à Salamanque, et mourut en 1552. Ce savant, de l'illustre maison de Guzman, fut mis par Ferdinand le Catholique à la tête des finances du royaume. On estime surtout ses *Commentaires* sur Pline, sur Pomponius Mela et sur Sénèque.

NONNUS, poëte grec, né à Paléopolis en Egypte, florissait vers l'an 410 ou bien vers l'an 492 de J.-C. De païen qu'il était, il se convertit au christianisme. On a de lui un poëme mythologique en quarante-huit livres : les *Dionysiaques* ou *Exploits de Bacchus*, les *hymnes* en l'honneur de Bacchus, et une *paraphrase en vers* de l'Evangile de saint Jean.

NONOTTE (Claude-François), savant jésuite, né en 1711 à Besançon. Il doit sa célébrité à ses querelles avec Voltaire, contre lequel il avait publié un livre intitulé : *Erreurs de M. de Voltaire*, réfutant le fameux *Essai sur les mœurs*. L'abbé Nonotte devint depuis ce temps l'objet des critiques les plus acharnées de la part du philosophe de Ferney, qui ne sut pas toujours conserver la modération dont son adversaire lui donnait l'exemple. L'abbé Nonotte mourut en 1793, membre de l'académie de Besançon et auteur de plusieurs ouvrages.

NONS (VAL DE), jolie vallée du Tyrol, au N.-O. de Trente. Elle a 3 lieues de large sur 5 de long, et est parcourue dans toute sa longueur par la Noce, qui se jette dans l'Adige près de Saint-Michel. La nature y est fort belle, mais les habitants y ont une réputation bien méritée de *brigandage*. Le val de Nons (en italien, *val di Non*) renferme quatre bourgs, vingt châteaux et plusieurs villages, parmi lesquels *Cles* et *Revo*.

NONTRON, petite ville de France, chef-lieu d'arrondissement du département de la Dordogne, sur le Bandiat, à 10 lieues de Périgueux. Elle a 3,600 habitants, un tribunal de première instance, des mines de fer, des forges et des carrières de granit estimé. Son commerce consiste en bestiaux, tannerie, coutellerie. C'était une ancienne baronnie.

NON-VALEUR, dette non exigible par suite de l'insolvabilité du débiteur. En termes de finances, ce sont des deniers dont la perception desquels on avait compté et dont on ne peut faire le recouvrement.

NOOT (Henri-Nicolas VAN DER), né à Bruxelles en 1750, avocat au conseil de Brabant, se mit à la tête du comité insurrectionnel qui chassa les Autrichiens de Belgique en 1789. Il fut nommé président du congrès national établi à Bruxelles, et montra dans son administration plus de zèle que de capacité. La rentrée des Autrichiens le força de se réfugier en Hollande (1790). Il vécut presque ignoré jusqu'à sa mort arrivée en 1817. On le trouva mort de faim dans son lit.

NOOTKA, île de l'Amérique du Nord, sur la côte N.-O., déterminée par Vancouver, qui lui a aussi donné son nom. Son climat est tempéré. Elle a de beaux arbres, et ses habitants, petits et sans barbe, commercent en pelleteries avec les Anglais. Le ca-

pitaine Cook a pensé que cette île n'était autre qu'une portion du continent américain, dont elle n'est en effet séparée que par des passages étroits.

NOPAGE. On nomme ainsi l'action d'ôter, avec de petites pinces, les nœuds qui se trouvent sur une pièce de drap ou d'étoffe de laine lorsqu'elle est levée de dessus le métier.

NOPAL, nom que l'on donne quelquefois au *cactus raquette* ou *cactus opuntia*, sur lequel on trouve la cochenille. Quelques naturalistes ont pour cette raison proposé de donner à la famille des cactées le nom de *nopalées*.

NOPAL (GOMME DE), substance gommo-résineuse, qui transsude en grande abondance du *cactus nopal* où vit la cochenille. Elle est insoluble dans l'eau, et se présente en concrétions de forme diverse, d'un blanc jaunâtre ou rougeâtre, translucides ou demi-opaques, d'une saveur d'abord fade, puis un peu âcre. Cette gomme sèche sous la dent quand on la mâche, se gonfle dans l'eau, mais sans se dissoudre. Elle est sans usages.

NOPER se dit, dans les manufactures de drap, de l'action d'arracher avec de petites pinces , par l'action appelée *nopage*, les nœuds qui se trouvent sur les étoffes de laine; l'ouvrière chargée de ce travail se nomme *nopeuse*.

NOQUET. On appelle ainsi une petite bande de plomb, que l'on place quelquefois dans les angles enfoncés d'une couverture d'ardoises.

NORA, petite ville de Suède, dans le gouvernement d'OErebro, sur l'Hogby et le lac de son nom. Elle a 800 habitants, et fait un commerce en fer brut très-estimé. Ce fer est le produit des mines de son territoire.

NORADIN. Voy. NOUREDDIN.

NORBERT (Saint), fondateur de l'ordre des prémontrés, qu'il institua en 1120, et qui fut confirmé sous la règle de Saint-Augustin par Honorius II en 1126, naquit à Santen (duché de Clèves) en 1080, brilla à la cour de son parent Henri V, empereur d'Allemagne, et se retira du monde dans le petit village de Prémontré près de Laon. Saint Norbert mourut en 1134 archevêque de Magdebourg, et fut canonisé en 1584 par Grégoire XIII.

NORBY (Severin), gentilhomme norwégien, amiral de Danemarck sous Jean et Christiern II, devint la terreur des villes hanséatiques. Il resta fidèle jusqu'au dernier moment à Christiern, et, ayant fait naufrage sur les côtes de la Russie, il y resta prisonnier jusqu'en 1529. Charles-Quint lui fit avoir sa liberté et le prit à son service. Il fut tué d'un boulet de canon au siége de Florence (1530).

NORCIA (l'ancienne *Nursia*), petite ville des Etats romains, entre des montagnes sur la Freddara, dans la délégation et à 8 lieues de Spolète. Sa population est de 5,000 habitants. Cette petite ville, que les Romains appellent *la Froide*, et qui possédait autrefois un siège épiscopal aujourd'hui réuni à celui de Spolète, est la patrie de saint Benoît. Pendant le moyen âge, elle formait une petite république régie par autre magistrats.

NORD. L'un des quatre points cardinaux, celui qui répond à l'extrémité du pôle boréal. Le nord, qui est l'opposé du sud ou midi, s'appelle encore *septentrion*. Le point le plus septentrional de l'Europe est le cap *Nord*.

NORD (CAP), pointe septentrionale de l'île Maggerœ, sur la côte de la Laponie.

NORD (MER DU) ou D'ALLEMAGNE, nom spécial donné à la partie de l'océan Atlantique qui s'étend entre l'Angleterre, la France, le Danemarck, l'Allemagne, la Hollande, la Belgique et la France.

NORD (POLE), celui des deux pôles qui occupe l'extrémité septentrionale de l'axe terrestre. On a depuis trois siècles essayé de s'approcher le plus près possible de ce pôle. Les points les plus extrêmes que l'on ait atteints sont, en Amérique, le 83° degré de latitude (le capitaine écossais Scoresby en

1823), et au nord de l'Asie le même degré (vaisseau russe *le Neptune*, 1817). Le capitaine anglais Parry ne put cependant arriver qu'au 82e.

NORD, département frontière de la France, le plus septentrional de tous, ce qui lui a fait donner son nom, et formé de l'ancienne Flandre française. Il est borné au N. par la Manche, au N.-E. par la Belgique, à l'O. par le département du Pas-de-Calais, au S. par ceux du Nord et de la Somme, à l'E. par celui des Ardennes. Sa superficie est 567,664 hectares, et sa population de 160,000 habitants. Il se divise en sept arrondissements : *Lille* (chef-lieu), *Hazebrouck*, *Dunkerque*, *Douai*, *Cambrai*, *Valenciennes* et *Avesnes*. Il envoyait à la chambre douze députés. Le département du Nord est un pays de grande et petite culture, produisant toutes les variétés de grains et de légumes cultivés en France, toutes les plantes fourrageuses, oléagineuses et textiles, entre autres ces beaux lins dont on fait de superbes batistes. La fabrication du sucre de betteraves y compte 224 usines. Il y a 389 machines à vapeur, dont 134 filatures, 25 moulins à blé et à huile, 103 sucreries, 68 machines à exploiter les mines de fer, de houille, etc., 16 hauts fourneaux et 239 machines consacrées à diverses industries. Le département est compris dans la seizième division militaire, le diocèse de Cambrai et le ressort de la cour d'appel et de l'académie de Douai.

NORD-EST, point de l'espace situé entre le *nord* et l'*est*. Le *nord-nord-est* est le point situé entre le *nord* et le *nord-est*. Le *nord-est-quart-est* est situé entre le *nord-est* et l'*est-nord-est*. Le *nord-est-quart-nord* est situé entre le *nord-est* et le *nord-nord-est*.—*Nordester* se dit, en marine, du vaisseau ou de l'aiguille aimantée qui se dirigent du côté du nord-est, vers le nord-est. Le *nord-quart-nord-est* est situé entre le nord et le nord-nord-est.

NORD-OUEST, point de l'espace entre le *nord* et l'*ouest*. Le *nord-nord-ouest* est le point situé entre le *nord* et le *nord-ouest*. Le *nord-ouest-quart-ouest* est situé entre le *nord-ouest* et le *nord-nord-ouest*. Le *nord-ouest-quart-ouest* est situé entre le *nord-ouest* et l'*ouest-nord-ouest*. Le *nord-quart-nord-ouest* est situé entre le *nord* et le *nord-ouest*.—*Nordouester* se dit d'un vaisseau ou d'une aiguille aimantée qui se dirigent vers le nord-ouest.

NORD-OUEST (TERRITOIRE DU), l'un des territoires des États-Unis de l'Amérique septentrionale, borné au N. par le lac Supérieur et la Nouvelle-Bretagne, au S. par l'État d'Illinois, à l'O. par le Mississipi qui le sépare du territoire de Columbia, et à l'E. par le Michigan. Sa superficie est de 3,000 lieues carrées, et sa population de 240,000 habitants. Le sol est fertile et riche en cuivre natif et en mines de plomb très-abondantes. Les seuls établissements sont le fort *Howard* au N. de la baie Green, et le fort *Crawford* dans la Prairie-du-Chien.

NORDHAUSEN, ancienne ville d'Allemagne, sur la Zorge, au pied du Hartz, jadis libre et impériale, aujourd'hui dans la régence d'Erfurt (Prusse), avec des murailles flanquées de tours et 11,000 habitants. Elle fait un grand commerce d'huiles et de grains, et a des fabriques d'eaux-de-vie, et surtout de l'acide sulfurique qui porte son nom, et qui est le produit de la cristallisation du protosulfate de fer, très-concentré et mêlé d'un peu d'acide sulfurique.

NORDLAND, Voy. NORRLAND.

NORDLINGEN, ville forte du cercle de la Rezat (Bavière), sur l'Eger, ci-devant libre et impériale. Sa population est de 7,560 habitants. Elle est surtout célèbre par la victoire qu'y remporta le prince de Condé en 1646 sur les Bavarois.

NORFOLK, comté d'Angleterre, borné au N. et à l'E. par la mer du Nord, au S. par le comté de Suffolk, et à l'O. par celui de Cambridge. Sa superficie est de 274 lieues carrées, et sa population de 400,000 habitants. Il se divise en trente-trois hundreds. L'air y est perçant et froid ; le territoire, l'un des plus fertiles et des mieux cultivés du royaume, abonde en grains, bestiaux, gibier, bêtes à laine, miel, safran, beurre excellent. Sa capitale est NORWICH.

NORFOLK, île de l'Océanie, au N. de la Nouvelle-Zélande, découverte par Cook en 1774, visitée par la Peyrouse en 1788, et habitée par une colonie anglaise de 1,200 hommes presque tous criminels relaps, qui depuis ont été transférés à la Nouvelle-Hollande. Norfolk-Island est très-escarpé, d'un accès difficile, sans port ni rade, et abonde en froment, maïs, légumes, oranges, citrons, etc. Elle a environ 6 lieues de tour.

NORFOLK (Roger BIGOD), comte DU, maréchal d'Angleterre et gendre d'Alexandre, roi d'Écosse, s'éleva avec force contre les prétentions des papes au concile de Lyon, et fut un de ceux qui forcèrent Henri III à confirmer la grande charte et la charte des forêts. Il mourut en 1270.

NORFOLK (Thomas HOWARD, duc DE), grand amiral d'Angleterre, s'illustra par ses exploits contre les pirates de la Manche et la victoire de Flodden-Field qu'il remporta sur le roi d'Écosse. Il comprima ensuite la révolte d'Irlande. Malgré tous ces services, Henri VIII le fit arrêter sur un vague soupçon de trahison, et fit décapiter en sa présence son fils Henri Howard. Le duc de Norfolk ne dut lui-même la vie qu'à la mort du tyran. Né en 1488, il mourut en 1554.

NORFOLK (Thomas HOWARD, duc DE), petit-fils du précédent, né en 1536, fut d'abord un des favoris d'Élisabeth, qui, ayant appris qu'il entretenait une correspondance avec Marie Stuart, le fit arrêter et lui donna, l'année suivante, son palais pour prison. Norfolk reprit alors ses relations écrites avec Marie, qu'il avait le dessein d'épouser ; mais, trahi par son secrétaire, il fut condamné à mort. Deux fois Élisabeth signa l'ordre de son supplice, et deux fois elle le révoqua ; enfin, après quatre mois d'hésitation, elle laissa Norfolk aller à l'échafaud, dont il reconnut la justice (1572).

NORFOLK (Charles HOWARD, duc DE), comte de Surrey et d'Arundel-Castle, naquit en 1746 dans la religion catholique, qu'il abjura en 1780, lorsque son père hérita des titres et de la fortune des ducs de Norfolk. Membre de la chambre des communes, le comte de Surrey se montra le partisan de l'opposition et l'un des plus ardents adversaires de lord North. Héritier du duché de Norfolk par la mort de son père en 1786, il entra à la chambre haute, et exerça par lui-même la dignité de comte maréchal héréditaire dans sa famille. Il prit la défense des catholiques d'Irlande, vota en faveur de leur émancipation, et mourut en 1815.

NORIQUE, contrée d'Europe, bornée au N. par le Danube qui la séparait de la Germanie, à l'O. par l'Ænus qui la séparait de la Vindélicie, au S. par les Alpes Noriques, à l'E. par la Pannonie. La Norique devint sous Auguste province romaine, et plus tard, sous Dioclétien, elle fut divisée en deux parties : la Norique première ou riveraine, à cause de sa situation le long des rives du Danube, et la Norique deuxième ou méditerranée, qui s'étendait au milieu des terres. On tirait de ce pays du fer excellent ; aussi on appelait une bonne épée *noricus ensis*. La Norique, dont le nom vient de l'ancienne *Norcia* qui n'existe plus, embrassait une partie de la Bavière et de l'Autriche, et en particulier la Styrie et la Carinthie.

NORIS (Henri), né à Vérone en 1631, religieux de l'ordre des ermites de Saint-Augustin, professa avec réputation à Pesaro, à Pérouse et à Padoue. Le grand-duc de Toscane le prit en 1674 pour son théologien, et le fit professeur en histoire ecclésiastique dans l'université de Pise. Le pape Innocent XII l'appela à Rome (1692), le fit sous-bibliothécaire du Vatican et cardinal en 1695. Il succéda en 1700 au cardinal Casanate dans la place de bibliothécaire du Vatican, et mourut à Rome en 1704, laissant une foule d'ouvrages pleins d'érudition.

NORKOEPING, grande ville de Suède, sous le gouvernement de Linkœping (ancienne Ostro-Gothie), à l'embouchure de la Motale, dans le golfe de Bœrwik, à 30 lieues de Stockholm. Elle a 10,000 habitants. C'est la ville la plus commerçante et la plus manufacturière de la province. Son port est sûr et commode. Elle fut brûlée en partie en 1803.

NORMAL (du latin *norma*, règle), qui n'a pas d'irrégularité. On connaît sous le nom de *normale*, en géométrie, la ligne droite perpendiculaire à une surface. La verticale est une normale. — *École normale*. Voy. ÉCOLE.

NORMANDIE, ancienne province de France, bornée au N. par la Manche, au S. par le Perche, le Maine et une partie de la Bretagne, à l'E. par la Picardie et l'Ile-de-France, à l'O. par l'Océan. Sa longueur est d'environ 60 lieues et sa largeur de 322,920 lieues carrées. La Normandie était divisée en *haute*, chef-lieu Rouen, et en *basse*, chef-lieu Caen. Elle forme aujourd'hui avec le Perche les cinq départements de *Seine-Inférieure*, *Orne*, *Manche*, *Calvados* et *Eure*. — La Normandie est un pays abondant en tout, excepté en vin. Jadis partie de la Gaule lyonnaise ou celtique, puis de la Neustrie, elle fut ensuite ravagée par les hommes du Nord (*Normands*), qui s'y établirent en 912 sous la conduite de leur chef, le Norwégien Harolf, Raoul, Roll ou Rollon. Le duc Guillaume le Bâtard ayant fait en 1066 la conquête de l'Angleterre, les rois d'Angleterre possédèrent le duché de Normandie, que Philippe Auguste leur enleva en 1203, l'ayant confisqué sur Jean sans Terre. Le dernier des princes de la famille royale qui ait porté le nom de duc de Normandie est le fils de Louis XVI.

NORMANDS (*Northmans*, c'est-à-dire hommes du Nord), nom donné par les historiens à cet amas de pirates danois, suédois ou norwégiens, qui allaient, depuis le VIe siècle, ravager les côtes de l'Angleterre et de la France, sous la conduite de leurs chefs appelés *vikings*, *sœkongar*, ou rois de la mer, etc. Les premières incursions des Normands sur le territoire de la France remontent à Guitlach ou Godleik, roi de Fionie, qui ravagea le pays situé entre la Hollande et la Meuse. En 835, on les voit maîtres de l'île de Noirmoutier ; en 841, ils brûlèrent Rouen et l'abbaye de Jumiége, et, après plusieurs invasions sur les rivages de la Loire, où ils avaient formé un établissement dans l'île de Her, et de la Garonne, ils parvinrent en 845 jusqu'à Paris. Charles le Chauve obtint leur départ au prix de 7,000 livres pesant d'argent. D'autres s'emparèrent de l'île d'Oissel, qui leur assura le cours de la Seine. Robert le Fort, aïeul de Hugues Capet, périt en défendant contre les Normands l'Anjou (865), et Ranulphe, duc d'Aquitaine, eut le même sort. Une flotte normande, ayant remonté la Seine, vint en 885 mettre le siège devant Paris, qui fut sauvé par l'évêque Gozlin et le comte Eudes. Enfin en 900 Rollon ou Hrolf s'établit en Normandie, dont le roi Charles le Simple lui concéda la souveraineté avec la main de sa fille Gisèle par le traité de Saint-Clair-sur-Epte (912). Des aventuriers normands, partis en 1035, fondèrent en Italie un royaume qui resta à leurs descendants jusqu'en 1186, celui de Naples, tandis que le Normand Guillaume le Bâtard plaçait en 1066 sa dynastie sur le trône d'Angleterre.

NORNES. C'était le nom des Parques chez les anciens Scandinaves (les Suédois). Il y en avait trois. La première s'appelait *Urd* (la passée), la deuxième *Verandé* (la présente), et la troisième *Skuld* (la future). Il ne faut pas les confondre avec les Walkyries.

NORRLAND, l'une des trois grandes contrées de la Suède, comprenant la partie du N. Sa superficie est de 9,150 lieues carrées, et sa population de 250,650 habitants. C'est un territoire montagneux, renfermant d'épaisses forêts de pins, et arrosé par l'Anger, la Backen, la Njuninda, l'Iemdal, l'Uméa, la Pitéa, la Luléa, la Calix, etc., dont pas une n'est navigable. Le climat est rude, le sol infertile, les mines non exploitées. Dans la partie septentrionale l'hiver est perpétuel. Le Norrland renfermait autrefois les provinces de Iœmtland, d'Heriedal, de Medelpad, d'Helsingie, d'Angermanie, de Bothnie occidendentale (*Wester-Botten*) et de Bothnie septentrionale (*Norr-Botten*). Aujourd'hui il forme les quatre gouvernements de *Iœmtland*, de *Wester-Botten*, de *Norr-Botten* et de *Wester-Norrland*.

NORRLAND, l'un des cinq diocèses de Norwége, occupant la partie septentrionale de ce pays. Sa superficie est de 5,550 lieues carrées, et sa population de 86,000 habitants, dont 5,000 Lapons. Le sol est boisé, le climat âpre et les rennes nombreux. — La capitale du Norrland est Belswaag, ville de 300 âmes, résidence du gouverneur et de l'évêque dans l'île d'Alstenoë. Le diocèse de Norrland renferme deux bailliages, celui de Norrland et celui de Finmark.

NORTH (François), lord Guilford et lord garde du sceau sous Charles II et Jacques II, troisième fils de Dudley, deuxième lord North, baron de Kertling, succéda à sir Edward Turner dans la charge de solliciteur général pour le roi. Il devint ensuite membre de la chambre des communes, procureur général et ensuite lord chef de justice. Il mourut en 1685.

NORTH (Frédéric), comte de Guilford, né en 1732, fut admis en 1758 à la chambre des communes, nommé en 1759 l'un des lords de la trésorerie, et en 1767 chancelier de l'échiquier. Il remplaça en 1770 le duc de Grafton dans l'emploi de premier lord de la trésorerie. Ce fut sous son ministère que l'Amérique conquit son indépendance. Il occupa ensuite le ministère conjointement avec Fox. Renversé par Pitt, il fit de l'opposition dans la chambre des communes, et mourut en 1792, deux ans après son entrée à la chambre haute, que lui avait rendue vacante la mort de son père.

NORTHAMPTON, comté d'Angleterre, borné au N. par les comtés de Leicester, de Rutland et de Lincoln, au S. par ceux de Buckingham et d'Oxford, à l'O. par celui de Warwick, et à l'E. par ceux de Bedford, de Huntingdon et de Cambridge. Sa superficie est de 133 lieues carrées, et sa population de 200,000 habitants. Il se divise en vingt *hundreds*. C'est un pays sain et agricole, à l'exception du N., où l'on rencontre un sol humide et sujet aux inondations. Les pâturages y sont excellents, les brebis et les bêtes à cornes en nombre très-considérable, et les chevaux de belle race. La capitale est Northampton.

NORTHAMPTON, petite ville d'Angleterre, capitale du comté de son nom, sur une éminence baignée par le Nen, à 25 lieues de Londres. Elle a 21,500 habitants. Presque détruite par un incendie en 1695, elle a de belles maisons, un marché spacieux, des foires de chevaux et des fabriques considérables de bottes et de souliers, dont la plupart passe à l'étranger. En 1460, dans les prairies au-dessous de cette ville, se livra une bataille célèbre entre les partisans du duc d'Yorck et de Henri VI. Ce dernier y fut battu et fait prisonnier.

NORTHUMBERLAND, le plus septentrional des comtés d'Angleterre, borné au N. par l'Ecosse, à l'O. par l'Ecosse et le comté de Cumberland, au S. par les comtés de Westmoreland et de Durham, et à l'E. par la mer du Nord. Sa superficie est de 245 lieues carrées, et sa population de 300,000 habitants. Il se divise en sept *hundreds*. Dans la partie méridionale on retrouve des débris de la muraille bâtie par les Pictes; dans l'O. sont les monts Che-

viot, et sur les côtes des roches calcaires. L'air est sain et très-froid, le sol varié, renfermant des mines de charbon et de plomb. On y trouve de gras pâturages, et des bestiaux en quantité.—La capitale est Newcastle-upon-the-Tyne.

NORTIA (myth.), déesse des Etrusques, honorée par les Volsiniens, les Falisques et les Volaterrains, qui, pleins de vénération pour elle, joignaient à son nom le surnom de grande déesse, qu'on n'accordait ailleurs qu'à Cybèle. Les clous attachés dans son temple désignaient le nombre des années. On plaçait un enfant dans ses bras, parce qu'elle était spécialement la protectrice du jeune âge. On croit qu'elle est la même que Némésis ou la Fortune.

NORWÉGE (mot venu du suédois *Norrige*, qui signifie la même chose), contrée de l'Europe septentrionale, faisant partie du royaume de Suède, et bornée au N. par la mer Glaciale, à l'E. par la Russie et la Suède, au S. par le Catégat et Skager-Rack. Sa superficie est de 12,177 lieues carrées, et sa population de 1,046,500 habitants. Séparée de la Suède par la chaîne des monts Dofrines ou la Kiölen, la Norwége est partagée dans sa largeur par une autre chaîne nommée Dowre, et arrosée par le Glommen et une foule d'autres rivières. Les montagnes recèlent des mines d'argent (à *Kongsberg*), de cuivre (à *Rœraas*), de cobalt (à *Modum*) et surtout de fer (près d'*Arendal*). La pêche occupe, avec l'exploitation des mines, une partie de la population, qui se divise en trois races distinctes : les *Norwégiens*, les *Finnois* ou *Lapons*, habitants nomades du N., et les *Quaeners*, habitants fixes du N. Les priviléges ont été abolis en Norwége par la loi de 1821. Il y a cependant encore les deux comtés de Laurwig et de Jarlsberg qui forment le bailliage de Grevskabern dans le diocèse d'Aggerhuus. La Norwége est divisée en cinq gouvernements ou diocèses : *Aggerhuus* ou *Christiania*, *Bergen*, *Christiansand*, *Drontheim* et *Norrland*. Quelquefois on y ajoute celui de Finmark, que d'autres géographes considèrent comme un bailliage du Norrland. Chaque diocèse se divise en bailliages, et renferme un *Stift*. La capitale est Christiania.—La Norwége a eu ses rois particuliers, dont l'histoire se perd dans la nuit des temps. Harald Harfager réunit, dit-on, en 936 tous le petits royaumes dont elle se composait en un seul. Olaüs Ier Trygwason, son cinquième successeur, mort en 1000, introduisit le christianisme dans ses Etats. Les descendants de Harold Harfager se succédèrent jusqu'en 1387, époque de la mort du dernier, Olof ou Olaüs, fils de Haquin et de Marguerite de Danemarck. Cette princesse, connue sous le nom de la *Sémiramis du Nord*, après avoir fait nommer le petit-fils de sa sœur Erik roi de Norwége, conclut en 1397 l'union de Calmar, qui réunit la Norwége, la Suède et le Danemarck. Depuis cette époque, la Norwége suivit le sort du Danemarck ; mais le traité de 1814 la donna à la Suède, qui rendit en échange au Danemarck la Poméranie et Rugen, cédées plus tard à la Prusse par cette puissance. La Norwége forme maintenant, d'après un décret de cent douze députés réunis à Eisvold le 10 avril 1814, et qui ont établi le nouveau gouvernement, un royaume ou Etat libre, indépendant et indivisible, uni à la Suède sous un seul et même roi. Un vice-roi l'administre, et a en main le pouvoir exécutif et nomme à tous les emplois. Le pouvoir législatif est confié à l'assemblée des représentants, appelée *storthing*. (Voy.) Le pouvoir du roi est extrêmement limité pour tout ce qui a rapport aux intérêts essentiels du pays. Il doit toujours avoir près de lui un ministre et deux conseillers norwégiens, dont la mission est de protester dans le cas où il prendrait une mesure contraire à l'esprit de la constitution. Les juifs et les jésuites sont chassés pour toujours du royaume. La liberté de la presse est reconnue. Les revenus sont

évalués à 8,000,000 de francs, et la dette à 20,000,000. La marine n'a qu'une frégate, 2 corvettes, 2 bricks et 90 bâtiments inférieurs. Les forces de terre consistent en une armée de 12,000 hommes.

NORWICH, ville ancienne et épiscopale d'Angleterre, sur l'Yare qui la traverse, chef-lieu du comté de Norfolk, à 43 lieues de Londres. Sa population est de 55,000 habitants. Elle a des édifices publics très-remarquables, des églises nombreuses, des hôpitaux, une bibliothèque, une belle cathédrale, des fabriques de camelots, d'étoffes de coton, de calmandes, satins, damas, crêpes, etc. Presque détruite sous Edouard VI, rebâtie par Elisabeth, elle fut repeuplée par des Belges ou Wallons.

NOSOCOMIAL (du grec *nosocomion*, hôpital), nom donné en médecine à tout ce qui concerne les hôpitaux ; c'est dans ce sens que l'on dit une *fièvre nosocomiale*, un *typhus nosocomial*.

NOSOGRAPHIE, partie de la science médicale qui traite de la description des maladies. C'est seulement depuis le xviie siècle que parurent les premiers essais nosographiques. Les premiers nosographes furent Césalpin, Plater, Johnstone, Sennert. Ce mot a été quelquefois remplacé par celui de *nosologie*, qui le plus souvent cependant désigne un traité conforme à la science nosographique.

NOSTALGIE (du grec *nostos*, retour, et *algos*, mal), mélancolie produite par l'absence et le désir de revoir la patrie. C'est une espèce d'excitation cérébrale continue, qui, prolongée, se convertit souvent en véritable inflammation et entraîne la mort. Le retour sur le sol natal est le seul remède qu'on ait pu trouver à la nostalgie. Cette maladie affecte plus particulièrement la jeunesse.

NOSTOC, genre de plantes cryptogames, de la famille des chaodinées et de la tribu des tremellaires, consistant en une matière gélatineuse enveloppée d'une membrane traversée de filaments, d'un volume qui varie entre celui d'une cerise et d'un œuf, de couleur verdâtre ou jaunâtre. Cette matière croît en quelques heures sur la terre après les pluies d'automne et du printemps, et disparaît par la sécheresse. Le *nostoc commun* a reçu les noms de *crachat de lune ou de mai*, *perce-terre*, *beurre magique*, *vitriol végétal*, *salive de coucou*, *essence printanière*, etc. Les nostocs passent pour guérir les cancers, les plaies, les fistules, les toux, les phthisies pulmonaires et les inflammations de la peau.

NOSTRADAMUS (Michel), habile médecin et célèbre astrologue, né à Saint-Remi (Bouches-du-Rhône) en 1503, étudia à Montpellier, et de retour en Provence publia ses sept premières centuries (1555). Henri II lui fit compter pour cela 200 écus d'or, et le roi Charles IX l'honora de son estime à son passage. Nostradamus mourut en 1566 après avoir publié en 1558 ses trois dernières *centuries*. On imprima depuis sa mort onzième et une douzième *centurie*. L'obscurité de ces prophéties fait qu'on a pu y trouver la prédiction de faits arrivés.

NOSTRADAMUS (Jean) ou de Nostre-Dame, frère puîné de Michel, procureur au parlement de Provence, a laissé les *Vies des anciens troubadours provençaux*.—César, fils aîné de Michel, né en 1555, mort en 1629, a laissé une *Histoire et Chronique de Provence*.

NOTABLES. Par ce mot, employé comme substantif, on désigne les principaux habitants de chaque commune, ayant le droit d'élection ou d'éligibilité aux fonctions municipales. Ils ont depuis 1790 pris le nom de membres du conseil municipal.—Ce qui distinguait les grandes assemblées de notables des états généraux, c'est que les membres étaient choisis par le roi et son conseil, au lieu d'être élus comme l'étaient ceux des états. Ces assemblées de notables étaient composées de la noblesse, du clergé et de la haute magistrature. La plus célèbre de toutes fut celle convoquée en 1787 pour remédier à l'épuisement du trésor et au désordre des finances. Ouverte le 22 février, la première session fut close le 25 mai; la seconde s'ouvrit le 6 novembre 1788, et fut close le 12 décembre. L'assemblée des notables proposa la convocation des états généraux avec la double représentation pour le tiers état.

NOTACANTHES, famille d'insectes créée par Latreille, dans l'ordre des diptères, et ayant pour caractères des antennes de trois articles, un suçoir de quatre pièces et un écusson épineux. Chez ces insectes, la trompe est membraneuse; la tête est globuleuse et presque entièrement occupée par les yeux; les ailes croisées sur le corps dans l'état de repos; l'abdomen grand, arrondi; les pieds sans épines.

NOTAIRE (du latin *nota*, note, écrit). On appelait ainsi, chez les Romains, des esclaves publics qui, par des procédés tachygraphiques, prenaient note de ce qui se passait dans les procédures. Ils étaient des sortes de greffiers sténographes, et comme les clercs de *tabellions*, qui répondent assez à nos notaires. Dans la suite les fonctions de notaire s'anoblirent, et les patriciens eux-mêmes ne dédaignaient pas de les remplir.

NOTAIRE, fonctionnaire public établi pour recevoir tous les actes et contrats qui ont besoin la plupart du temps d'un caractère authentique, pour en assurer la date, en conserver la minute et en délivrer des grosses et expéditions. Entre autres formalités matérielles prescrites sous peine de nullité, la loi veut que les actes soient rédigés par deux notaires ou par un notaire assisté de deux témoins. Pour l'admission aux fonctions de notaire, il faut être Français, jouir des droits civils, avoir vingt-cinq ans accomplis, justifier d'un stage de trois ans au moins et de six au plus, d'un certificat de capacité et de moralité, et être présenté par le notaire qui cède son office. C'est le roi qui, sur cette présentation, nomme le notaire, lequel ne peut exercer qu'après avoir prêté serment devant le tribunal de sa résidence, et avoir justifié du dépôt de son cautionnement, dont la quotité est variable suivant les lieux. Il y a trois classes de notaires, exerçant chacun dans les limites de leur juridiction, qui est celle de la cour royale pour la première classe, du tribunal de première instance pour la deuxième, et de la justice de paix pour la troisième.

NOTARICON, nom donné à la troisième espèce de cabale judaïque. C'est celle dans laquelle on prend une seule lettre pour un mot, ou au contraire un mot entier pour une lettre seulement.

NOTATION, partie de la science musicale qui s'occupe de la figuration des sons par des signes spéciaux. Les Grecs et les Latins se servaient pour noter leur musique des lettres de l'alphabet diversement combinées. L'invention des notes telles qu'elles sont à peu près aujourd'hui est attribuée à Guido d'Arezzo, qui, au XIIe siècle, imagina de remplacer les lettres par des points placés sur plusieurs lignes parallèles. Ces notes étaient alors toutes égales sous le rapport de la durée. Le chanoine Jean de Muris (XIVe siècle) imagina d'exprimer les nuances de durée par des nuances dans la forme des signes, et inventa les rondes, blanches, etc. J.-J. Rousseau essaya vainement à la fin du XVIIIe siècle de substituer des chiffres aux notes; celles-ci ont prévalu. Dans la musique moderne, on pose les notes, signes représentatifs des sons, sur des lignes parallèles au nombre de cinq. L'ensemble de ces cinq lignes se nomme *portée*. Leur position *sur* ou *entre* ces lignes détermine le nom de la note, et par suite le son qu'elles représentent. Quand les notes dépassent ces cinq lignes, au lieu de construire des lignes nouvelles, on se contente d'en indiquer les parties qui devraient correspondre à ces notes, s'il y avait un plus grand nombre de lignes. On se sert de plusieurs signes pour la notation de la musique. Ce sont les *clefs*, les *mesures*, les *accidents*, etc.

NOTE, marque, signe destiné à attirer l'attention, à rappeler un souvenir, à expliquer un passage difficile. — On donne le nom particulier de *notes* à des communications confidentielles entre des agents diplomatiques, ou bien à des déclarations officielles ou demi-officielles insérées, par ordre du gouvernement, dans le *Moniteur*.
— En musique, ce sont les signes figuratifs des sons. Il y a sept notes: *ut, ré, mi, fa, sol, la, si* (les Italiens, au lieu d'*ut*, disent *do*), dont la réunion forme une octave, et dont les différentes valeurs sont toutes rapportées à celle d'une note particulière, appelée *ronde*. La blanche vaut la moitié de la ronde; la *noire*, la moitié de la blanche; la *croche*, la moitié de la noire; la *double croche*, la moitié de la croche; la *triple croche*, la moitié de la double croche, et la *quadruple croche*, la moitié de la triple croche. Le *point*, placé à la droite d'une note, l'augmente de la moitié de sa valeur.

NOTE SENSIBLE. Voy. SENSIBLE.

NOTES D'ABRÉVIATION ou DE TIRON ou TIRONIENNES, figures abréviatives usitées chez les Romains, qui n'avaient aucun rapport avec l'écriture ordinaire, mais dont chacune exprimait une syllabe ou un mot tout entier. C'était la *sténographie* des anciens. Ces *notes* avaient été inventées par Tiron, affranchi de Cicéron. Voy. ABRÉVIATION.

NOTES DE GOUT. Voy. APPOGIATURA.

NOTEZ, NOTEC ou NETZE, rivière de Prusse, qui prend sa source au lac Goplo (régence de Bromberg), et se jette dans la Warta près de Landsberg, après un cours de 62 lieues, navigable depuis Nakel. Cette rivière communique avec la Brahé et l'Elbe par un canal de 44 lieues de long, que Frédéric a fait creuser. Elle donne son nom à un cercle du duché de Posen, dont Bromberg est la capitale.

NOTHUS (c'est-à-dire *bâtard*), surnom de Darius II, roi de Perse, qui lui fut donné parce que sa mère n'avait été que la concubine et non pas la femme d'Artaxerxès Longuemain.

NOTICE (du latin *notitia*, venu de *noscere*, connaître), traité succinct donnant la connaissance d'une certaine espèce d'objets.
— On appelle *Notice de l'empire* un ouvrage géographique précieux, publié après Constantin, et donnant une description de l'empire à cette époque. Il existe aussi une Notice des dignités de l'empire, tant en Orient qu'en Occident, publiée vers le temps de Théodose.

NOTIFICATION, déclaration qui sert à donner à quelqu'un la connaissance d'un fait ou d'un acte, et qui se fait par le ministère d'un huissier. Ainsi, par exemple, le ministère public doit faire notifier à l'accusé, vingt-quatre heures avant les débats, la liste du jury, afin qu'il puisse exercer son droit de récusation.

NOTO (VAL DI), l'une des trois grandes divisions de la Sicile, occupant la partie S.-E., et se trouvant placée entre la mer, le Val di Mazzara et le Val di Demona. Il forme aujourd'hui l'intendance de Catane et une partie de celles de Caltanisetta et de Syracuse.

NOTONECTIDES, tribu d'insectes de l'ordre des hémiptères, section des hétéroptères, famille des hydrocorises, ayant pour caractères un corps épais, les quatre pieds de devant recourbés en dessous, et les pattes de derrière très-ciliées, en forme de rame, et terminées par des crochets très-petits. Ces insectes nagent avec vivacité, et sont carnassiers. Leur rostre, très-court et très-aigu, pique quand on les saisit sans précaution.

NOTOPODES, tribu de crustacés, appartenant à l'ordre des décapodes, à la sixième de la famille des brachyures. Les caractères sont les deux ou quatre pieds de derrière insérés sur le dos et au-dessus du plan des autres. Ces crustacés sont rares, et se tiennent à de très-grandes profondeurs.

NOTORIÉTÉ, connaissance acquise par les sens d'un cas ou d'un fait sensible, éclatant, public, c'est-à-dire d'un fait notoire. On appelle *acte de notoriété* l'acte qui atteste un fait de cette nature. Il est rédigé par un notaire ou un juge de paix, qui consigne dans un procès-verbal spécial les dépositions des témoins nécessaires pour attester le fait. Ces témoins doivent être au moins deux. En général, les actes de notoriété sont destinés à constater les faits sur lesquels il n'y a pas de preuves écrites, comme, par exemple, dans le cas d'absence d'inventaire, ou bien dans celui où quelqu'un, voulant contracter mariage et étant dans l'impossibilité de rapporter son acte de naissance, y supplée par un acte de notoriété fait par sept témoins.

NOTRE (LE). Voy. LENÔTRE.

NOTRE-DAME, nom donné très-souvent à la sainte Vierge et aux églises ou aux ordres religieux qui lui sont consacrés. L'église cathédrale de Paris porte le nom de *Notre-Dame*, celui de sa patronne. Ce bel édifice fut bâti au centre de l'île de la Cité par Childebert, dans le style appelé *gothique* assez improprement. — On connaît deux ordres religieux de ce nom, la *congrégation de Notre-Dame*, instituée en 1597 pour l'instruction des filles, par le P. Fourrier de Mataincourt, réformateur des chanoines réguliers en Lorraine, et par la mère Alix le Clerc, qui en fut la première religieuse; l'ordre de *Notre-Dame de Charité*, institué à Caen en 1641 par le P. Eudes, et confirmé en 1666 par le pape Alexandre VII.

NOTTINGHAM, comté d'Angleterre, borné au N. par celui d'Yorck, à l'O. par celui de Derby, à l'E. par celui de Lincoln, et au S. par celui de Leicester. Sa superficie est de 110 lieues carrées, et sa population de 275,000 habitants. Il se divise en six districts (*hundreds* ou *centuries*). C'est une des contrées les plus fertiles du royaume, arrosée par la Trent et l'Ilde, à l'air pur, au climat tempéré, fournissant du charbon de terre en abondance, du bois, de la réglisse, du malt, de la laine, du bétail, du poisson et du gibier. Les manufactures y sont florissantes. La capitale est *Nottingham*.

NOTTINGHAM, grande et belle ville d'Angleterre, capitale du comté de son nom, très-agréablement située à un quart de lieue de la Trent, à mi-côte d'une colline dont le sommet est couronné par un château fort, à 40 lieues de Londres. Sa population est de 44,000 habitants. Nottingham a des fabriques de bas de soie et de coton, des poteries, des brasseries, des verreries, etc.

NOTUS, nom du vent du midi ou *auster*, chez les Romains.

NOUE (François DE LA), surnommé *Bras de fer*, parce qu'ayant eu le bras gauche cassé à la prise de Fontenai (Poitou) il s'en fit faire un de fer à la Rochelle. Gentilhomme breton, né en 1531, devint le soutien du parti des calvinistes. C'était lui qui conduisait l'arrière-garde de leur armée à Jarnac; ce fut lui qui défendit la Rochelle contre les troupes royales. Il prit, en 1578, du service auprès des états généraux de Hollande. Fait prisonnier en 1580 et échangé cinq ans après avec le comte d'Egmont, il retourna en France et servit la cause de Henri IV. Il fut tué au siège de Lamballe en 1591, et emporta les regrets de l'armée.

NOUE (Jean-Baptiste SAUVÉ, dit DE LA), auteur dramatique et acteur, né à Meaux en 1701, se fit comédien au sortir du collège, et débuta à Lyon à l'âge de vingt ans. Son début à Fontainebleau par le rôle du comte d'Essex (1752) le fit charger par la cour d'un divertissement pour le mariage du dauphin. Il fit *Zeliska*, qui lui valut 1,000 livres de pension avec la place de répétiteur des spectacles des petits appartements. Il se retira du théâtre en 1757, et mourut en 1761. Ses meilleures pièces sont *Mahomet second*, tragédie, et la *Coquette corrigée*, comédie.

NOUE. Ce mot a plusieurs sens : chez les couvreurs, c'est une espèce de tuile ou demi-canal pour égoutter l'eau. La *noue de plomb* est une table de plomb de toute la longueur de la noue d'un comble d'ardoises; elle sert à égoutter les eaux. — C'est encore l'endroit où se joignent deux combles en angle rentrant. La *noue cornière* est la noue où se joignent les couvertures de deux corps de logis. En termes de pêche, les *noues* sont les entrailles de morue, salées en même temps que le poisson. — *Noue* se dit encore d'une terre grasse et humide, où l'herbe croît abondamment pour la nourriture des bestiaux.

NOUÉ. Les médecins nomment ainsi, 1º un bandage qui offre un grand nombre de nœuds placés les uns au-dessous des autres; ce bandage se fait avec une bande de six à sept aunes de longueur : il sert à comprimer la région parotidienne, après l'extirpation de la glande parotide; 2º les enfants chez lesquels le rachitis a gonflé les articulations; 3º la goutte qui a produit des *nodus* ou *nœuds* aux jointures.

NOUET, sachet rempli de substances médicamenteuses, et que l'on plonge dans un liquide quelconque pour communiquer à celui-ci les propriétés des médicaments contenus dans le sachet. — Les cuisiniers se servent de *nouets d'épiceries* ou *d'herbes* aromatiques pour donner du goût à leurs sauces.

NOUET (Dom Nicolas–Antoine), astronome, né en 1740 en Lorraine, entra dans l'ordre de Citeaux, et étudia l'astronomie à Paris sous Cassini (1780). C'est à lui qu'on est redevable du calcul de la première elliptique de la planète Uranus. Après plusieurs missions importantes, il fit comme astronome partie de l'expédition d'Égypte. Il mourut en 1811 à Chambéry, où il dirigeait les opérations topographiques de la carte du Mont-Blanc.

NOUGARET (Pierre-Jean-Baptiste), littérateur et compilateur, né à la Rochelle en 1742, mort en 1823, est connu par ses résumés d'anciens ouvrages connus sous les noms de *Beautés de l'histoire d'Allemagne*, *d'Angleterre*, *du Bas-Empire*, etc., et surtout par son roman des *Mille et une Folies*.

NOUGAT, espèce de pâte solide, faite le plus souvent d'amandes ou de noix et de caramel bien unis ensemble; c'est un mets très-délicat. On en fait aussi avec des amandes et du miel. Le *nougat de Provence* est très-estimé.

NOUH Iᵉʳ, roi de Perse, de la dynastie des Samanides, fut presque toujours en guerre avec ses voisins ou ses sujets révoltés. C'était cependant un prince clément et généreux. Il monta sur le trône en 943 et mourut en 954.

NOUH II, petit-fils du précédent, succéda encore mineur à son père Mansour; mais son règne ne fut qu'une longue minorité, et son caractère faible le rendit le jouet des émirs et l'objet du mépris des peuples.

NOUKA-HIVA, nom indigène d'un archipel de la mer du Sud, dans la Polynésie, à peu de distance des îles de la Société, auquel les divers navigateurs ont donné les noms de *Marquises de Mendoza*, archipel de *Mendana*, de *la Révolution*, de *Marchand*, *d'Ingraham* et de *Washington*. Sa superficie est d'environ 7 lieues carrées, et sa population de 62,000 habitants. Il se compose d'environ douze îles, dont les plus importantes sont celles de *Nouka-Hiva*, *d'Ohiva-Hoa*, *d'Otahi-Hoa*, de *Tao-Wati*, *d'Oua-Houga* et *d'Oua-Poua*. Généralement volcaniques, ces îles sont cependant hautes, montagneuses et boisées, et donnent toutes les productions des îles de ces parages. Les habitants sont doux, braves, honnêtes, d'une taille haute, d'un teint de cuivre foncé. — L'archipel de Nouka-Hiva a été découvert en 1594 par don Alvaro Mendana de Neyra, navigateur espagnol.

NOUR-DJIHAN, épouse de l'empereur mogol Djihan Ghyr ou Selim, gouverna sous le nom de son époux, après la mort duquel (1627) elle fut reléguée dans le palais de Lahore, où elle mourut en 1645 à trente-quatre ans.

NOUR-EDDYN, fils de Zenghyn-Emad-Eddyn, sultan d'Alep, tué par ses eunuques en 1145, au siége de Caljembar, partagea le trône de son père avec Seif-Eddyn, son frère aîné. Ce prince, célèbre par sa justice, sa sagesse et sa générosité, et qui pleura la mort de Baudoin, roi de Jérusalem, agrandit ses Etats aux dépens des royaumes des croisés. Il s'empare de Damas en 1154, du comté d'Edesse et d'une partie de la principauté d'Antioche, et poussa ses conquêtes jusqu'à la mer Rouge. Son vizir Schirkouh se rendit indépendant en Egypte (1171), et laissa à sa mort (1174) ce royaume à son neveu, le fameux Saladin, qui commence la dynastie des Ayoubides. Nour-Eddyn mourut la même année, et Saladin épousa, dit-on, sa veuve. Nour-Eddyn est souvent appelé Noradin.

NOURRICE, femme qui allaite un enfant; la nourrice naturelle, c'est la mère. Aussi J.-J. Rousseau s'élève-t-il avec force contre les femmes qui abandonnent leurs enfants aux soins d'une étrangère. Cependant il est des cas de maladie où l'allaitement par une nourrice étrangère est indispensable. Ce sont ceux de scrofule, de dartres ou de toute autre maladie transmissible et héréditaire. Les qualités du lait d'une bonne nourrice sont celles d'être d'un beau blanc, médiocrement consistant et d'une saveur légèrement sucrée.

NOURRICIER, qui nourrit, qui alimente. En anatomie, on appelle ainsi plusieurs branches artérielles qui pénètrent les os pour y porter le sang, et principalement celles qui s'introduisent par le trou principal des os longs, auxquels on a donné aussi le nom de *nourriciers*.

NOURRIT (Adolphe), célèbre chanteur, né à Montpellier en 1800, fut destiné d'abord au commerce. Poussé par une passion invincible pour l'art musical, il embrassa la carrière du théâtre, et débuta en 1821 par le rôle de *Pylade* dans *Iphigénie en Tauride*. Sa voix était celle d'un ténor, très-élevée et de la plus grande pureté. Il acquit bientôt une grande célébrité. Les rôles d'*Eléazar* dans la *Juive*, de *Robert* dans *Robert le Diable*, *d'Arnold* dans *Guillaume Tell*, etc., étaient ceux où il brillait le plus. Lors de l'entrée de M. Duprez à l'Opéra, il s'exila de ce théâtre et se rendit à Naples, où son talent fut accueilli avec acclamation (1837). Mais bientôt sentant de jour en jour son talent baisser et s'éteindre, et livré au plus vif désespoir, il mit fin à ses jours en se jetant par une fenêtre à Naples, au commencement de 1839. A. Nourrit n'était pas moins distingué par ses talents en musique que comme acteur distingué et littérateur plein de goût.

NOURRITURE. On comprend sous cette dénomination toute substance alimentaire ou destinée à nourrir. Les anciens n'avaient pas en fait de nourriture la même délicatesse que nous. Les talons grillés de chameau, l'ânon, le loir, le chien, le renard, les ours, le paon, l'autruche, la truie, la cigogne étaient leurs mets favoris, avec le poisson. Leurs assaisonnements étaient l'*assa fœtida*, le *muria* (espèce de saumure de thon) et le *garum* (entrailles de poisson confites dans le vinaigre, dans l'huile, ou dans l'eau et le sel, ou même dans le vin). Les anciens ne connaissaient ni les haricots venus de l'Inde orientale, ni les épinards apportés par les Goths. Les champignons et les truffes dans le règne végétal, les cailles et autre gibier, avec la volaille et la chair du bœuf, du mouton, du cochon, de l'agneau et du veau, font les délices des gastronomes modernes, et sont une nourriture agréable et saine.

NOUSCHIRVAN, surnom de Chosroës ou Khosrou Iᵉʳ, roi de Perse de la dynastie des Sassanides.

NOUSFIEH ou *demi-zermahboub*, pièce d'or de Turquie, valant 4 francs 36 centimes de notre monnaie.

NOUVELLE, annonce d'un fait. — On appelle encore ainsi une sorte de composition littéraire, qui participe à la fois de l'histoire et du roman, et qui consiste d'ordinaire en de petits tableaux de mœurs et de scènes intimes. Les plus fameux recueils en ce genre sont les *Nouvelles de Boccace*, les *Cent Nouvelles nouvelles*, que l'on attribue à Louis XI, et l'*Heptaméron* de la reine Marguerite de Navarre.

NOVACULITE. C'est le nom que porte, en minéralogie, la substance appelée encore *coticule*, *wetzschiefer* et plus vulgairement *pierre à rasoir*. C'est une roche simple en apparence, mais composée de silice, d'alumine, d'oxyde de fer et d'eau. Sa couleur est jaunâtre, verdâtre ou bleuâtre. Elle forme des bancs, parfois des filons ou des veines dans la Saxe, la Bohème, le Levant, la France occidentale, etc. On s'en sert pour aiguiser les canifs, les rasoirs, etc.

NOVALES. On appelait autrefois ainsi les terres nouvellement cultivées et semées, et dont les dîmes appartenaient aux curés et aux vicaires perpétuels, par préférence aux gros décimateurs, sans diminution de la portion congrue. Il y avait cependant de gros décimateurs, tels que les religieux de Cluny et de Saint-Denis qui percevaient la dîme des novales.

NOVALIS (Frédéric de Hardemberg, connu sous le nom de), né à Weissenfels en 1772 d'une noble famille de Saxe. Il étudia aux universités d'Iéna, de Leipzig et de Wittemberg, et se lia d'amitié avec Schlegel, Tieck, Werner, Fichte, Schelling, etc. Après une vie de souffrances, il mourut en 1801. On amis recueillirent les ouvrages de ce grand poète et les publièrent. On remarque surtout parmi eux les *Hymnes de la nuit*, poésies religieuses et mélancoliques, et le roman non achevé de *Henri d'Ofterdingen*.

NOVARE, province des Etats sardes appelée encore *Novarèse*, formée d'une partie du Milanais piémontais, et divisée en *haute* et *basse*. Sa superficie est d'environ 120 lieues carrées, et sa population de 226,090 habitants. C'est un pays plat, malsain, montagneux dans certains endroits. Ses productions consistent en lin, riz, etc. Sa capitale est *Novare*.

NOVARE, ville forte, ancienne et épiscopale des Etats sardes, sur une colline, entre l'Agogna et la Terdoppia. Sa population est de 13,000 habitants. Elle possède l'une des principales forteresses du royaume, bâtie en 1512, sur le sommet de la colline. Novare a des fabriques de toiles et de soieries, et commerce en blé et en cuirs. Elle est à 5 lieues de Verceil.

NOVAT, prêtre ambitieux et turbulent de Carthage au IIIᵉ siècle, s'éleva contre saint Cyprien, et embrassa en 251 l'hérésie de Novatien. Il fit revivre en Afrique l'erreur de Montan et enseigna que le sacrement de pénitence était inutile pour la rémission des péchés.

NOVATIEN, Phrygien de naissance, était d'abord païen et philosophe stoïcien. Il embrassa le christianisme dans une maladie, et prétendit succéder au pape Fabien en 251. Irrité de ce qu'on lui eût préféré Corneille, il excita le premier schisme qui ait troublé l'Eglise, en se faisant sacrer pape avec l'aide du prêtre Novat. Il forma aussi une secte connue sous le nom de *novatiens*, qui se distingua par la sévérité de sa discipline, et renouvela une partie des erreurs de Montan. Il fut condamné dans plusieurs conciles en 252 et en 253. On le regarde comme l'auteur d'un ouvrage *De Trinitate*, attribué aussi à Tertullien.

NOVATION, terme de droit qui signifie le changement d'une obligation ou d'un titre en un autre. On distingue deux sortes de novations : l'une *nécessaire*, qui se fait par une condamnation en justice et ne décharge pas les fidéjusseurs; l'autre *volontaire*, qui les décharge. La substitution d'une dette à une autre ancienne, ou d'un nouveau débiteur à un ancien, opèrent la novation.

NOVELLARA, jolie petite ville d'Italie,

capitale d'une principauté de ce nom faisant partie du duché de Modène et à 6 lieues de cette ville. Sa population est de 4,000 habitants. Elle a des manufactures de soieries et des tanneries.

NOVELLES, nom sous lequel on connaît les diverses ordonnances ou constitutions publiées par l'empereur Justinien depuis 535 jusqu'en 559; leur nombre est de 168. Les Novelles ont été originairement écrites en grec; elles forment la quatrième partie du corps du droit romain.

NOVEMBRE, mois romain, ainsi nommé parce que, dans l'ancienne année romaine, il était le neuvième. Il avait trente jours, et se trouvait sous la protection de Diane. Dans les années julienne et grégorienne, le mois de novembre est le onzième. C'est le mois des plantations et des semences retardées.

NOVEMDIALES (de *novem*, neuf, et de *dies*, jours), sacrifices et banquets que les Romains faisaient pendant neuf jours, soit pour apaiser les dieux, soit pour se les rendre propices avant de s'embarquer. Ce fut Tullus Hostilius, roi de Rome, qui les institua à la nouvelle des ravages causés par une grêle terrible sur le mont Aventin. Les funérailles portaient quelquefois aussi ce nom, parce qu'elles avaient lieu neuf jours après le décès.

NOVEMPOPULANIE (aujourd'hui *Gascogne*, *Béarn*, *Comminges* et comté de *Foix*), nom donné à la portion S.-O. de l'Aquitaine, parce qu'elle était habitée par neuf (*novem*) peuples (*populi*) principaux, tels que les *Boii*, les *Convenæ*, les *Conserrani*, les *Vasates*, etc. Cette province, qu'on appelait encore *Aquitaine troisième*, fut successivement conquise par les Wisigoths, les Arabes et les Francs australiens, et se confondit au moyen âge dans les duchés d'Aquitaine et de Gascogne.

NOVEMVIRS (du latin *novem*, neuf, et *viri*, hommes). Les Romains appelaient ainsi les archontes d'Athènes, parce qu'ils étaient au nombre de neuf.

NOVENSILES, dieux des Romains qu'introduisirent les Sabins, et auxquels Tatius fit élever des temples. Les uns pensent que c'est un nom général donné aux divinités champêtres et étrangères, au nombre de neuf. Les autres ont cru que c'étaient les neuf Muses. Certains prétendent qu'on appelait ainsi, du latin *novissimi*, les divinités d'un culte plus récent, telles que Romulus, Hercule, Esculape, la Santé, etc.

NOVERRE (Jean-Georges), célèbre chorégraphe français, né en 1727 à Paris, fut l'élève du danseur Dupré, et débuta sur le théâtre de la cour à Fontainebleau avec le plus grand succès. Il parcourut l'Europe presque en triomphe, et mourut en 1810. Il est le premier qui ait fait une juste application de la danse et de la pantomime dans les ballets, qu'il rendit plus agréables et moins ridicules en supprimant les perruques et les tonnelets des danseuses. Noverre est l'auteur d'une foule de ballets, parmi lesquels on estime surtout celui d'*Iphigénie en Aulide*, les *Noces de Thétis et de Pélée* et les *Danaïdes*.

NOVGOROD, gouvernement de la Russie d'Europe, borné au N. par celui d'Olonetz, au S. par ceux de Pskov et de Tver, à l'O. par celui de Saint-Pétersbourg, et à l'E. par celui de Vologda. Sa superficie est de 4,000 lieues carrées, et sa population de 622,900 habitants. Il se divise en dix cercles, et a pour capitale NOVGOROD-VELIKI. C'est un pays marécageux dans la partie septentrionale, plein de forêts, avec des plaines fertiles en blé et de vastes prairies. Il renferme des mines de fer, des carrières de plâtre et de pierres à chaux, etc.

NOVGOROD – VELIKI (c'est-à-dire *la Grande*), ville ancienne, grande et archiépiscopale de Russie, chef-lieu du gouvernement de son nom, avec 8,000 habitants, sur le Volkhov, près de la sortie du lac Ilmen, à 45 lieues de Saint-Pétersbourg. Novgorod fut fondée dans le Ve siècle par une colonie de Slaves, qui y établirent une république, devenue plus tard si puissante qu'elle donna naissance au proverbe: *Qui pourrait résister à Dieu et à Novgorod-la-Grande*. Cette république était gouvernée par un *namesluik*, représentant du grand-prince russe, par un *posaduik*, magistrat annuel et électif, chef de l'administration, et par un *tysiatski*, espèce de surveillant ou d'éphore placé pour observer le posaduik. L'assemblée du peuple s'appelait *vetch*. La république de Novgorod fut détruite en 1570 par Iwan IV.

NOVGOROD (CANAL DE). Il traverse la partie occidentale du gouvernement de Novgorod, et établit une communication entre les rivières de Volkhov et de Msta, et par elles entre le lac Ilmen et le lac Ladoga.

NOVI, ville des États sardes, dans le duché et à 10 lieues de Gênes, dans une belle plaine et près des Apennins. Elle est dominée par un château fort, et ses murailles, flanquées de tours, sont entourées par un fossé rempli d'eau vive. Sa population est de 8,000 habitants. Elle est l'entrepôt de commerce entre la Lombardie et l'Allemagne. Devant Novi se livra le 15 août 1799 une célèbre bataille, dans laquelle 45,000 Français luttèrent une journée contre 70,000 Austro-Russes, commandés par Souwarow et Mélas, et remportèrent une victoire qui coûta la vie à leur chef, le brave Joubert, aux Autrichiens 12,000 hommes et 7,000 blessés. Notre perte fut de 10,000 hommes.

NOVICE, celui ou celle qui, se destinant à la vie religieuse, n'a point encore prononcé ses vœux, et se trouve dans le temps d'épreuves qu'on appelle pour cette raison *noviciat*. D'après le règlement du concile de Trente, un novice ne peut être admis à faire la profession qu'à l'âge de seize ans, et le noviciat doit avoir duré au moins une année entière. Il est défendu de recevoir au noviciat les personnes mariées, les enfants et les serviteurs contraints par leurs parents ou leurs maîtres, les personnes qui ont des maladies ou des infirmités incompatibles avec la vie monastique.

NOVICE. Dans la marine, c'est le premier grade au-dessus du mousse, un bien encore l'apprenti matelot. En France, dans la marine royale, la paye du novice est de 18 francs; c'est pourquoi on l'appelle souvent *novice à 18*.

NOYALE, espèce de toiles de chanvre, écrues, très-fortes et très-serrées, qui se fabriquent en Bretagne, et dont on se sert pour faire des voiles. — On appelle *noyales extraordinaires* celles qui sont à six fils de brin; *ordinaires*, celles qui sont à quatre fils. On distingue aussi les *noyales courtes*, *simples*, etc.

NOYAU, substance dure et de consistance ligneuse, qui renferme l'amande de certains fruits, tels que la pêche, l'abricot, la prune. Il se forme, scientifiquement parlant, de l'endocarpe uni à une partie du sarcocarpe, c'est-à-dire qu'il est la partie solidifiée du péricarpe. Lorsqu'un fruit contient plusieurs noyaux, comme la nèfle, on les appelle *nucules* ou *pyrènes*.

NOYAU, terme d'astronomie, désignant le milieu des taches du soleil et des têtes de comètes, qui paraît plus ou moins clair que les autres parties de ces corps.

NOYAU (archit.), la maçonnerie qui sert de grossière ébauche pour former une figure de plâtre ou de stuc. On la nomme aussi *âme*. — C'est aussi toute saillie brute, et particulièrement en brique, où doivent s'appliquer des ornements. — Un *noyau de bois* est celui des points qui, posée à plomb, reçoit dans des mortaises le tenon des marches d'un escalier de bois, et dans laquelle sont assemblées les limons et appuis des escaliers à deux ou à quatre noyaux. On appelle *noyau de fond* celui qui porte depuis le rez-de-chaussée jusqu'au premier étage; *noyau à corde*, celui qui est taillé d'une grosse moulure en forme de corde, pour conduire la main; *noyau d'escalier*, un cylindre de pierre qui porte le fond, et est formé par le bout des marches gironnées d'un escalier à vis. Le *noyau creux* est celui qui a un puisard dans le milieu, et qui retient par encastrement les collets des marches. — On nomme encore *noyau creux* un noyau fait en forme de tour circulaire, et percé d'arcades et de croisées pour donner du jour.

NOYAU (artill.), espèce de barre de fer, longue et cylindrique, qui, après avoir été revêtue d'un fil d'archal tourné en spirale, et recouverte d'une pâte de cendres que l'on fait sécher, se place au milieu du moule d'une pièce de canon pour en former l'âme. Quand le métal a été coulé dans le moule, et que la pièce est fondue, on retire le noyau, et l'on alèse ensuite la pièce pour égaliser l'intérieur du canon. — C'est aussi un globe ou une boule de terre sur laquelle on moule la chape des bombes, des grenades et des boulets creux.

NOYAU (sens div.). En termes de fonderie, c'est un corps solide dont on remplit l'espace renfermé par les cires. On l'appelle encore *l'âme d'une figure*. — En termes de graveur, c'est la moitié de la pierre qui est entrée dans la charnière. — Les potiers d'étain appellent *noyaux* les pièces de leurs moules qui sont tout enveloppées des chapes qui composent ces mêmes moules.

NOYAU. En minéralogie, on applique ce nom à des substances minérales, cohérentes, qui, arrondies comme les cailloux, sont enveloppées généralement dans d'autres matières, et n'ont pas un volume assez gros pour qu'on les appelle *blocs*, ni assez petits pour qu'on les nomme *grains*.

NOYÉ, celui qui trouve la mort par l'immersion dans un liquide et l'introduction de ce liquide dans le corps. La mort arrive dans ce cas par l'asphyxie, suivie de l'apoplexie; en effet le sang, ne pouvant plus pénétrer dans les poumons, parce que l'eau introduite s'y oppose, reflue dans les cavités droites du cœur et les artères qui le conduisent à la tête. Le cerveau se trouve engorgé, et détermine la mort. Chez certaines personnes, quelques minutes suffisent pour amener la mort; chez d'autres, il faut plus longtemps, de telle sorte que le rappel à la vie peut avoir lieu après un nombre d'heures que les exemples, rares il est vrai, ont fait monter jusqu'à seize. Dans les villes maritimes et celles de quelque importance, on a établi des boîtes de secours pour les noyés, lesquelles renferment tout ce qui est nécessaire pour les ramener à la vie. Paris en renferme trente-quatre.

NOYER (en latin *Jovis glans*, et par syncope *juglans*, c'est-à-dire gland de Jupiter), genre de plantes dicotylédonées, placé par Jussieu à la suite des térébinthacées, et par Richard et de Candolle à la tête de la famille des juglandées ou balanifères. Grand arbre aux feuilles alternes, aux fleurs petites, au fruit consistant en drupe qui contient une noix bivalve, le noyer est indigène aux montagnes de l'Asie centrale et mineure. Ses espèces jusqu'ici sont au nombre de douze. La plus importante est le *noyer commun*, qui dépasse quelquefois dix-huit mètres. Son tronc, couvert d'abord d'une écorce lisse, qui s'épaissit ensuite et se gerce, donne du bois précieux pour la menuiserie, l'ébénisterie, le charronnage et même les constructions navales. Ses rameaux s'étalent et forment une cime touffue; ses fleurs sont verdâtres. Il faut au noyer une terre sèche et rocailleuse, une terre calcaire. On le sème à la fin de l'automne, et l'on recueille ses fruits vers le même temps.

NOYERS (MILES VI DES), grande ancienne et noble famille du Vexin, rendit de grands services au roi Philippe le Bel, qui le fit grand bouteiller de France en 1302. Il se démit de cet office pour prendre la charge de porte-oriflamme. Il se trouva en cette qualité à la bataille de Cassel (1328) et à celle de Crécy (1346), qui fut donnée contre son avis. Il fut nommé exécuteur testamentaire de Louis le Hutin, et mourut en 1350. Sa maison s'éteignit en 1415.

NOYON, ancienne et belle ville du département de l'Oise, dans l'arrondissement et à 6 lieues de Compiègne, au penchant d'une colline, sur la Vorse. Sa population est de 6,000 âmes. Elle a un tribunal de première instance, une inspection forestière, un petit séminaire du diocèse de Beauvais, une belle cathédrale avec un chapitre dont le célèbre Calvin, qui était natif de Noyon, fut chanoine, une bibliothèque, un théâtre, des fabriques de toiles de coton et de lin, de mousselines et de bonneteries. Elle possédait autrefois plusieurs abbayes.

NOYON, terme d'horlogerie, petit creux de forme cylindrique.

NOYURE, trou fait en entonnoir pour recevoir la tête d'une vis, d'un clou.

NUAGE. Les médecins nomment ainsi une suspension nébuleuse, une substance trouble et légère, qu'offre souvent l'urine chez l'homme malade. C'est aussi le nom d'une tache légère de la cornée.

NUAGES, amas de brouillards qui doivent naissance soit aux vapeurs s'élevant de la terre dans les contrées humides, les vallées, sur les rivières, soit à la condensation d'une partie de l'humidité dont deux vents étaient saturés quoique à des températures différentes, lorsqu'ils viennent à se rencontrer. Les nuages ne sont autre chose que la réunion d'une foule de petits globules d'eau, remplis d'air humide et semblables à des bulles de savon. Ces globules devraient tomber, vu leur densité qui est plus grande que celle de l'air ambiant. Un auteur prétend que les courants d'air chaud fournis sans cesse par la terre suffisent pour les maintenir suspendus, et Fresnel suppose que la chaleur solaire absorbée par les nuages en fait des sortes de ballons qui s'élèvent d'autant plus que la température augmente.

NUAISON, terme de marine. On nomme ainsi la durée du même vent.

NUBIE, contrée de l'Afrique orientale, bornée au N. par l'Egypte, au S. par l'Abyssinie, à l'E. par la mer Rouge, et à l'O. par la Nigritie. Sa superficie a été évaluée à 60,000 lieues carrées, et sa population à 1,000,000 d'habitants, dont la plupart sont encore sauvages, comme les *Bedjahs* qui vivent dans les cavernes, et les Changallas qui pendant l'été habitent sous des arbres et pendant l'hiver dans des grottes. Les Nubiens appartiennent à la race des Berbères ou Barabras; ils sont robustes et bien faits, mahométans (on y trouve aussi des idolâtres et quelques chrétiens jacobites). Leur pays est traversé par le Nil, dont les bords sont toujours fertiles au moyen d'irrigations; le reste de la contrée n'est que déserts et sables. On tire de la Nubie de l'or, du bois de sandal, de l'ébène, des dattes, des dents d'éléphant et des esclaves. Elle est divisée en quatre parties principales : la *Nubie égyptienne*, capitale DERR, soumise entièrement au vice-roi d'Egypte; le royaume de *Dongolah*, celui de *Sennaar*, le pays des *Bedjahs*, dont la principale *Soua-Kem*, qui ne lui sont soumis que nominativement depuis 1821. La Nubie est une partie de l'ancienne Ethiopie.

NUCLÉUS. C'est le nom qu'on donne, en histoire naturelle, à la masse des viscères qui font saillie sous le ventre des mollusques de l'ordre des ptéropodes, appelés encore pour cette raison *nucléobranches*.

NUCULAIRE, nom donné par Richard à tout fruit charnu provenant d'un ovaire libre et contenant plusieurs noyaux ou nucules disposés circulairement autour de l'axe du fruit.

NUCULE. Voy. NOYAU.

NUDIBRANCHES, deuxième ordre des mollusques gastéropodes, institué par Cuvier pour les mollusques marins, hermaphrodites, et caractérisé 1° par la position des branchies à nu sur le dos; 2° par l'absence de coquille et de cavité pulmonaire.

NUDICOLLES, tribu d'insectes de l'ordre des hémiptères, section des hétéroptères, famille des géocorises, ayant pour caractères le labre court, non strié; le rostre court, courbé, robuste; le corps oblong et plus étroit quant à la partie antérieure. Les nudicolles sont carnassiers. Le genre le plus connu est celui des *réduves*.

NUDIPÈDALES, fête extraordinaire dans laquelle on marchait nu-pieds (*nudis pedibus*), qu'on ne célébrait à Rome que par l'ordre du magistrat et à l'occasion de quelque calamité publique. Les dames romaines elles-mêmes y faisaient une procession nu-pieds dans le temple de Vesta.

NUDITÉ, état d'une personne nue. Celle des pieds a toujours été une marque de respect. Les Israélites quittaient leur chaussure en entrant dans le temple, et les Turcs observent encore cette cérémonie dans leurs mosquées. L'Ecriture nous dit qu'Adam et Eve ne connurent leur nudité qu'après avoir mangé du fruit défendu, et c'est alors qu'ils se couvrirent de feuilles de figuier. L'étude des nudités, si indispensable pour les artistes, était plus facile aux Grecs qu'aux modernes. En effet plusieurs cérémonies, telles que les fêtes de Vénus, les Lupercales, exigeaient une nudité complète. Les adamites et les abéliens croyaient adorer Dieu avec plus de fruit en le priant tout nus.

NUÉE, grande quantité de vapeurs répandues dans l'air. On le dit par analogie d'une grande quantité d'objets réunis ensemble. Les lapidaires appellent *nuées* des parties colorées qui se trouvent dans quelques pierres précieuses et qui en diminuent la beauté et le prix.—On appelle *nuées de Magellan* ou *du Cap* deux blancheurs remarquables que l'on observe au ciel près du pôle austral.

NUÉES, célèbre comédie d'Aristophane, dans laquelle il ridiculise Socrate. Le chœur est composé de nuées personnifiées, qui, suivant le poëte, sont les seules divinités qu'honore Socrate. Il fait allusion par là à l'obscurité et à la hauteur des pensées de ce philosophe. C'est à tort qu'on a prétendu que cette pièce avait eu sur la mort de Socrate une influence directe et immédiate; car celle-ci n'arriva que vingt-quatre ans après la représentation des *Nuées*, qui eut lieu l'an 424 avant J.-C.

NUER, c'est assortir et distribuer sur un fond ou tissu les couleurs et les teintes, selon les rapports qu'elles ont entre elles et avec le fond et les objets qu'elles représentent ou imitent.

NUIT (myth.) (en latin *nox*, en grec *nyx* en hébreu *hereb*), fille du Chaos ou selon d'autres du Ciel (*ouranos*) et de la Terre (*ghê*), fut mère de la Lumière ou de l'Ether et du Jour qu'elle eut de l'Erèbe. Elle eut de l'Achéron les Furies. Hésiode lui fait enfanter les Parques, les Hespérides, les Songes, la Discorde, le Destin, la Mort, Momus et la Fraude. Quoi qu'il en soit, tous les peuples qui l'ont adorée s'accordent à la regarder comme le principe de tous les êtres, et la placent en conséquence au commencement de toutes les cosmogonies. La Nuit était représentée sous la forme d'une femme assise sur un char étoilé et couronnée de pavots. On lui immolait un coq et une brebis noire.

NUIT, temps durant lequel le soleil reste sous l'horizon d'un lieu. Il est facile de comprendre que, comme la terre est ronde, le temps de la nuit n'est pas le même pour tous les points de la terre. Ainsi, lorsqu'il fait nuit en Europe, il est jour pour les peuples de l'Amérique situés dans une position presque diamétralement opposée. Sous l'équateur les nuits sont égales aux jours; ce qui, pour les autres points du globe, n'arrive que le jour des équinoxes. Les anciens Gaulois et Germains, les Hébreux et encore aujourd'hui les Arabes divisaient le temps non par jours, mais par nuits.

NUITS, petite ville du département de la Côte-d'Or, chef-lieu de canton, dans l'arrondissement à 4 lieues de Beaune, au pied d'une colline appelée côte *Nuitonne*, sur le ruisseau de Muzin. Elle a des fabriques de draps, des papeteries, des tanneries, un tribunal de commerce et 2,800 habitants. On récolte sur les coteaux d'alentour les excellents vins de Chambertin, du Clos-Vougeot, de Richebourg, de Saint-Georges, de la Romanée, et c'est là la fortune du pays.

NULLITÉ. On nomme ainsi l'état d'incapacité ou de non-valeur. En jurisprudence, la *nullité* d'un acte est un vice qui lui ôte toute valeur. Par exemple, la loi frappe de nullité toute obligation contractée par un mineur qui est lésé, de même que tout acte de notaire qui ne serait point passé devant un autre notaire ou deux témoins.

NUMA POMPILIUS, second roi de Rome, né à Cures, ville des Sabins, le jour même où Romulus jeta les fondements de Rome, de Pompilius Atticus, appartenant à l'une des familles les plus considérables du pays. Il épousa lui-même Tatia, fille de Tatius, roi des Sabins. Après l'interrègne qui suivit la mort de Romulus, les Romains jetèrent les yeux sur lui pour le remplacer. Numa s'appliqua à inspirer aux Romains l'amour des lois et le respect des dieux. Il institua le collège des pontifes, celui des flamines, celui des vestales, celui des augures et celui des prêtres saliens. Il fit la dédicace du temple de Janus, ajouta deux mois à l'année qui avant lui n'en avait que dix, et, pour faire admettre avec plus de facilité toutes ces innovations, il feignit d'en avoir reçu l'ordre dans ses entretiens avec la nymphe Egérie. Ce prince mourut l'an de Rome 82, après un règne de quarante-deux ans. Il fut enterré sur le Janicule avec un grand nombre de livres qui contenaient, dit-on, les lois de Pythagore. On les retrouva l'an 181 avant J.-C., et le sénat les fit brûler, afin de n'avoir rien à changer à la religion.

NUMANCE ville d'Espagne, dans la Tarraconaise, chez les Arévaques, sur une colline près des sources du Douro, soutint pendant quatorze ans (147-133 avant J.-C.) la guerre contre les Romains, quoiqu'elle fût sans fortifications. Scipion Emilien vint l'assiéger en 133 avant J.-C. avec une armée de 60,000 hommes. Après avoir souffert tous les malheurs de la disette, les Numantins allèrent trouver Scipion; celui-ci voulut leur imposer des conditions si dures qu'ils mirent le feu à leurs maisons et s'entre-tuèrent tous. Le surnom de *Numantin* fut pour cette victoire donné à Scipion Emilien.

NUMÉRAIRE (du latin *numerare*, compter). Les Romains nommaient ainsi un officier chargé de porter dans le trésor l'argent des lettres.

NUMÉRAL (du latin *numerus*, nombre), ce qui a rapport aux nombres. On appelle *lettres numérales* les lettres qui sont employées comme chiffres au lieu des chiffres arabes. Les Grecs, les Romains, les Orientaux se servaient de lettres pour leurs chiffres. (Voy. les articles de ce dictionnaire relatifs à chaque lettre.) Les lettres V, X, C, L, 10, 100, 50, 1,000, 1, sont des *lettres numérales*. On les appelle encore *chiffres romains* ou *chiffres de compte*.

NUMÉRATEUR. En arithmétique, c'est celui des deux membres d'une fraction qui indique combien on a pris des portions égales dans lesquelles l'unité se trouve divisée. Ainsi, dans la fraction 5/8, le chiffre 8 indique que l'unité a été divisée en huit parties égales, et le chiffre 5 qu'on a pris seulement cinq de ces parties. Ce dernier est le *numérateur*.

NUMÉRATION, en arithmétique, art de former les nombres, et par là d'exprimer une quantité quelconque par des chiffres. La base de la numération consiste dans les chiffres 1, 2, 3, 4, 5, 6, 7, 8 et 9, qui expriment les unités de premier ordre. Si à 9 on ajoute une unité, on obtient un nombre qui exprime l'unité du second ordre ou la dizaine. On le figure par 1 suivi du 0, c'est-à-dire 10. On compte par dizaines comme par unités, et l'on dit 1, 2, 3, 4, 5, 6, 7, 8, 9 dizaines, ou bien communément 10, 20, 30, 40, 50, 60,

70, 80, 90. Si à 90 on ajoute d'abord les unités de premier ordre de 1 à 9, on aura 99, et si à ce nombre on ajoute une unité, on obtiendra une unité de troisième ordre appelée *centaine*, se chiffrant par 1 suivi de deux 0, c'est-à-dire 100. On compte par centaines comme par unités et dizaines, et l'on dit 1, 2, 3, 4, 5, 6, 7, 8, 9 centaines, ou bien 100, 200, 300, 400, 500, 600, 700, 800, 900, en comblant toutefois les lacunes qui existent entre ces nombres au moyen des dizaines et des unités. Si à 900 on ajoute d'abord les unités de second ordre de 10 à 90, on a 990, puis les unités du premier, on a 999. En y ajoutant une unité, on forme une unité de quatrième ordre appelée *mille*. On compte par mille comme par centaines, dizaines et unités, et à l'aide de ces quatre ordres d'unités on en forme une cinquième appelée *million*, qui sert à son tour à la formation infinie d'autres nombres.

NUMÉRIEN (Marcus Aurelius), empereur romain, fils de Carus et frère de Carin, était déjà césar lorsqu'il suivit son père à la guerre des Parthes. Il lui succéda au mois de janvier 284 avec son frère Carin. Il fut assassiné en revenant d'Asie par Arrius Aper, préfet du prétoire et son beau-père, à la fin de la même année. La puanteur du cadavre put seule faire deviner sa mort; car on continuait de le porter dans sa litière comme par le passé. Numérien était un prince juste, d'un naturel aimable et modéré, et d'un esprit très-cultivé. Il le disputait pour la poésie à Némésien, le meilleur poëte de son temps.

NUMÉRO (venu du latin *numerus*), chiffre qui sert à indiquer la place d'un objet parmi d'autres objets. Le numérotage joue un grand rôle dans l'armée. Chaque soldat, en entrant au corps, y est inscrit sur le registre matricule avec un numéro qu'il ne quitte jamais, et qui est celui de son habillement, de son équipement et de son armement. Ce n'est que depuis peu de temps qu'on a numéroté les maisons dans les villes. Un grand nombre de petites villes manquent encore de ce moyen sûr d'arriver à sa destination.

NUMÉRO, terme dont se servent les manufacturiers pour désigner la grosseur, la largeur, la longueur et la qualité de certaines marchandises. Les épingles des numéros 3, 4, 5 sont les plus petites de toutes. Les fileurs de coton distinguent la grosseur de leur fil par des numéros. — On appelle *livre du numéro* un livre que les marchands tiennent pour connaître avec facilité toutes les marchandises qui entrent dans leurs magasins, qui en sortent ou qui y sont actuellement.

NUMICUS, petit fleuve du Latium, près de Lavinium, aux confins des Rutules. Sur les bords de ce fleuve eut lieu une bataille entre Énée et les Troyens d'une part, et les Tyrrhéniens commandés par Mézence d'autre part. C'est dans le Numicus que se noya Anne, sœur de Didon, et que l'on retrouva le corps d'Énée, mort au milieu d'une bataille qui se livra près de ce fleuve.

NUMIDES (du grec *nomades*, errants), peuple de la Numidie. Ils habitaient l'intérieur des terres, à demi sauvages, sans aucune discipline, sous des tentes couvertes de chaume ou transportaient d'un lieu à un autre. Ils se nourrissaient du lait et de la chair de leurs troupeaux. Leur cavalerie était surtout estimée. Ils montaient leurs chevaux sans selle et sans mors, et les guidaient uniquement par le son de la voix ou par l'éperon. Chez eux les femmes étaient en commun.

NUMIDIE, grande contrée d'Afrique, comprise entre l'Afrique propre et la Malva. Ces limites varièrent du côté de l'O. parce que les Romains, pour récompenser la trahison de Bocchus, roi de Mauritanie, lui donnèrent une portion de la Numidie. A l'époque des guerres puniques, la Numidie était habitée par deux peuples : les *Massyliens* à l'E., capitale ZAMA, et les *Massessyliens* à l'O., capitale SIGA. Les premiers obéissaient à Massinissa, et les seconds à Syphax. Massinissa réunit toute la Numidie sous un seul pouvoir (l'an de Rome 552), et embrassa le parti des Romains. Micipsa lui succéda (l'an de Rome 603), et laissa le trône à son neveu Jugurtha (de l'an de Rome 636 à l'an 648). Une partie, de la Numidie fut alors donnée à Bocchus, et l'autre à Hiempsal II, fils de Gulussa, deuxième fils de Massinissa. Son successeur fut Juba Ier, partisan de Pompée, qui, vaincu à Thapsus par César (l'an de Rome 708), se tua de désespoir. La Numidie fut alors réduite en province romaine. Auguste donna en dédommagement le royaume de Mauritanie à Juba II ; la Numidie fut une des provinces proconsulaires.

NUMISMA-CENSUS, espèce de tribut par tête ou de capitation, qui consistait en une pièce de monnaie, et que payaient les Juifs aux empereurs romains. Saint Matthieu parle dans son Évangile, ch. 22, de la tentation que voulurent faire éprouver à Jésus-Christ les disciples des pharisiens et des hérodiens, lui présentant le denier du tribut, et rapporte la réponse célèbre qu'il fit à leur demande : *Rendez à César ce qui est à César*, faisant allusion à l'image de la pièce.

NUMISMALE, nom donné à des pierres dont la forme circulaire et aplatie semble se rapprocher de celle des monnaies (en grec, *numisma*).

NUMISMATIQUE, science qui s'occupe de la description et de l'explication des monnaies, médailles et autres pièces de quelque métal que ce soit. La numismatique est l'auxiliaire presque indispensable de l'histoire, qu'elle constitue quelquefois à elle seule. C'est depuis le XVIe siècle seulement qu'elle a pris un développement remarquable. Aujourd'hui les Italiens sont de tous les peuples les plus avancés en fait de numismatique. Les savants qui s'adonnent à cette science portent le nom de *numismates* ou mieux de *numismatistes*.

NUMITOR, fils aîné de Procas, roi d'Albe, lui succéda en 800 avant J.-C., conjointement avec son frère Amulius, qui le détrôna, fit périr son fils Lausus, et plaça au rang des vestales sa fille Rhea Sylvia, dont les enfants, devenus grands, se firent reconnaître de leur grand-père, et après avoir tué Amulius, le replacèrent sur le trône l'an 752 avant J.-C.

NUMMULAIRE (de *nummus*, monnaie, argent). On croit que c'était chez les Romains un personnage répondant à ce qu'est chez nous un banquier. D'autres pensent que c'était un usurier qui, sans prendre l'intérêt de son argent prêté, recevait en présents la valeur de cet intérêt.

NUMMULITE ou NUMMULINE, genre de coquilles de l'ordre des céphalopodes, renfermant un assez grand nombre d'espèces presque toutes connues à l'état fossile. Très-répandues, formant quelquefois d'un disque quelquefois aussi grand qu'une pièce de monnaie, d'autres fois pas plus grand qu'une lentille. Pendant longtemps on leur a attribué une origine miraculeuse.

NUMMUS, nom général donné par les Romains à leurs différentes pièces de monnaie d'or, d'argent, de cuivre, etc. Celle d'argent ou *nummus argenteus* était la même chose que le *denarius* ou denier. Quant à celle d'or, on l'appelle encore *nummus aureus*, *nummus solidus*, ou simplement *aureus*, *solidus* et valait 20 francs 38 centimes. Cependant le mot *nummus* s'emploie souvent seul pour désigner le petit sesterce, c'est-à-dire une de leurs moindres monnaies.

NUNCUPATIF, testament fait de vive voix et non rédigé par écrit.

NUNDINALES (LETTRES), nom que les Romains donnaient aux huit premières lettres de l'alphabet, dont ils faisaient usage dans le calendrier pour marquer les jours de marché ou *nundines*. La suite de ces lettres était écrite en colonne et répétée successivement depuis le premier jusqu'au dernier jour de l'année. A se trouvant être la lettre nundinale d'une année où les nundines tombaient le 1er janvier, la lettre nundinale de l'année suivante aurait été D, parce que, comme l'année romaine a 365 jours, c'est-à-dire quarante-cinq fois huit nundines, et que la dernière tombe cinq jours avant la fin de l'année, il faut aller trouver, pour avoir l'autre dans l'année suivante, le quatrième jour qui est marqué de la lettre D.

NUNDINES, jours de marché à Rome, ainsi appelés parce qu'ils revenaient tous les neuf jours. Dans les calendriers, les nundines étaient marquées par une lettre de l'alphabet.

NUNEZ. Voy. NONNIUS.

NUPÉDALES (c'est-à-dire *nu-pieds*), hérétiques sortis des albigeois, qui prétendaient que pour être sauvé il fallait marcher sans chaussure.

NUPHAR, genre de la famille des nymphéacées, renfermant six espèces, dont la plus commune est le *nuphar des étangs*, très-répandue dans les rivières au cours lent, dans les eaux stagnantes, etc. Ses feuilles, longuement pétiolées, cordiformes, s'élèvent à la surface des eaux, et paraissent comme de petits îlots flottants, où sont posées des fleurs d'un jaune d'or que l'on appelle du nom vulgaire de *lis des étangs* et de *plateau à fleurs jaunes*. Le nuphar ressemble beaucoup au nénuphar.

NUPTIAUX (DIEUX), dieux des noces chez les Romains. Ils étaient cinq : Jupiter, Junon, Vénus, Suada et Diane. On leur adressait des vœux pour rendre les mariages fortunés.

NUQUE, partie postérieure du cou, s'étendant depuis la bosse occipitale jusqu'à la première vertèbre dorsale. Dans le cheval, elle est placée à la partie supérieure de la tête, derrière les oreilles.

NUREMBERG, ville de Bavière, ancienne capitale de la Franconie, autrefois ville libre et impériale, avec un territoire de 23 milles carrés et 40,000 habitants, aujourd'hui ville du cercle de la Rezat, dans une vaste plaine sur la Pegnitz qui la divise en deux parties (*Sebald* et *Laurent*), à 33 lieues de Munich. Sa population est de 39,985 habitants, dont 3,505 catholiques et juifs. Nuremberg abonde en monuments gothiques bien conservés, tels que l'hôtel de ville, les églises Saint-Laurent et Saint-Sébald, le château fort ou citadelle impériale. — Nuremberg était autrefois la ville la plus commerçante de l'Allemagne ; aujourd'hui encore on y fabrique beaucoup de jouets d'enfants. Ce fut là qu'au commencement du XVIe siècle Pierre Hèlé inventa les montres, appelées d'abord *œufs de Nuremberg*. Nuremberg possède une université ; elle appartient à la Bavière depuis 1806.

NUTATION (de *nutare*, chanceler), mouvement dont le but est de s'incliner, de se pencher du côté du soleil et de le suivre dans sa direction. Les feuilles et les fleurs de certaines plantes, telles que le tournesol, l'ansérine sagittée, la mauve, ont ce mouvement, et manifestent à diverses heures du jour des changements de direction qui en sont l'effet.

NUTATION, en astronomie, phénomène que l'on observe dans l'axe de la terre, et qui consiste en une sorte de mouvement circulaire en vertu duquel il s'incline tantôt plus, tantôt moins vers l'écliptique. Ce mouvement est subordonné à la précession des équinoxes, et comme elle déterminé par la combinaison de la rotation de la terre avec sa figure sphéroïdale et l'inégalité d'attraction du soleil et de la lune sur les régions polaire et équatoriale. Si la nutation existait seule, elle ferait décrire au pôle en dix-neuf ans une petite ellipse dont le grand axe, dirigé vers le pôle de l'écliptique, aurait 18 secondes

5 dixièmes, et le petit axe 13 secondes 7 dixièmes.

NUTRITION, en physiologie, fonction commune à tous les êtres vivants, et par laquelle ils appliquent immédiatement à leurs diverses parties les matériaux destinés à les nourrir et les accroître. La nutrition renouvelle sans cesse les organes, qu'elle compose et décompose tour à tour. On a même voulu assigner la durée du temps nécessaire pour que le corps ait été entièrement renouvelé par la nutrition. Les uns l'ont fixée à sept ans, les autres à trois. Cette fonction est la plus compliquée chez l'homme, et se simplifie en raison de l'organisation de l'animal. Quoi qu'il en soit, elle n'a pas pu jusqu'à ce jour recevoir d'explication rationnelle; c'est un des mystères de notre existence.

NUYS, petite ville des Etats prussiens, à 9 lieues de Cologne, avec une population de 4,400 habitants. Elle a donné son nom à une congrégation de chanoines réguliers qui y furent fondés en 1170 et s'unirent en 1430 à celle de Wyndesheim.

NYCTAGE, genre de plantes exotiques propres aux climats chauds du continent américain, type de la famille des nyctaginées. Les nyctages, ainsi appelés parce que leurs fleurs demeurent épanouies toute la nuit (en grec *nyx*), et ne s'ouvrent durant le jour que lorsque le soleil ne paraît pas, sont des plantes herbacées, aux feuilles opposées ou alternes, aux fleurs pourpres, jaunes ou blanches qui, ont rarement vingt-quatre heures d'existence. On les connaît en France, où elles vinnent bien, sous le nom de *belles-de-nuit*.

NYCTAGINÉES, famille de plantes dicotylédonées, renfermant des plantes herbacées et ligneuses, réparties dans douze genres, dont le principal est le *nyctage*, type de la famille. Elle est caractérisée, 1° par l'insertion des étamines sous l'ovaire; 2° par l'ovaire, qui est renfermé dans le calice.

NYCTALOPIE (du grec *nyx*, *nyctos*, nuit, et *ops*, œil), maladie des yeux par laquelle on perd la faculté de voir, ou si ce n'est les objets faiblement éclairés et comme dans une sorte de nuit. On n'a que des conjectures sur la cause et le siége du mal; mais on soupçonne qu'il tient à une altération de l'uvée.

NYCTANTHE, genre de la famille des liliacées, renfermant un arbre de moyenne grandeur, à rameaux quadrangulaires, à feuilles opposées, ovales, pointues, épaisses, rudes, velues en dessous, à fleurs portées sur des pédoncules axillaires et munies de bractées. Le *nyctanthe triste* ou *arbre triste* croît au Malabar selon les lieux sablonneux et stériles; ses fleurs ne s'épanouissent que la nuit, et c'est ce qui lui a valu son nom. (en grec; *nyx* veut dire nuit et *anthos*, fleur).

NYCTÉE (myth.), fils de Neptune et de Célène et roi de Thèbes, épousa la nymphe Polyxo ou Amalthée, dont il eut Antiope et Nyctimène. Cette dernière, ayant conçu pour son père une passion criminelle, eut commerce avec lui. Nyctée, s'étant aperçu de ce crime involontaire, voulut tuer sa fille, mais Minerve la changea en hibou. Nyctée mourut d'une blessure dans une guerre contre Epopée, qui avait enlevé Antiope, et laissa le trône à son frère Lycus.

NYCTÉLIES, fêtes nocturnes de Bacchus, célébrées principalement sur le mont Cithéron. C'était la répétition des Bacchanales ou Dionysiaques.

NYCTOSTRATÉGES. C'étaient chez les Romains trois magistrats préposés pour prévenir ou faire éteindre les incendies pendant la nuit. Ils avaient le commandement de la garde. On les nommait quelquefois *triumviri nocturni* (triumvirs de nuit).

NYKOEPING. Voy. NIKŒPING.

NYLAND, ancienne province de la Suède faisant partie de la Finlande, et appartenant aujourd'hui à la Russie. Le Nyland est borné au N. par la province de Wasa, à l'O. par celle d'Abo, à l'E. par celle de Kimmenegard, et au S. par le golfe de Finlande. Elle a environ 300 lieues carrées de superficie et 115,000 habitants. Elle renferme des mines de fer, des forêts nombreuses, des lacs et des rivières poissonneuses. Sa capitale est HELSINGFORS.

NYMPHAGOGUES (du grec *nymphê*, nouvelle mariée, *agein*, conduire), ceux qui chez les anciens conduisaient la nouvelle mariée de la maison paternelle à celle de son époux.

NYMPHALE, genre d'insectes de l'ordre des lépidoptères, famille des diurnes, tribu des papilionides, renfermant des insectes qui ont les antennes assez longues, en massue, et les palpes très-courts. Ils habitent les bois, se posent volontiers à terre quand elle est humide, ou sur le crottin de cheval. Ils sont très-farouches. Leurs chenilles habitent à l'extrémité des arbres dont elles dévorent les feuilles. En général elles sont vertes et sans taches.

NYMPHE ou CHRYSALIDE. On appelle ainsi l'insecte arrivé à la seconde période de ses métamorphoses. L'état de nymphe varie suivant les divers ordres d'insectes. Les lépidoptères et les diptères sont dans cet état enveloppés par une membrane dure et solide; les coléoptères, les hyménoptères, la plupart des névroptères et un petit nombre d'hémiptères ont les membres distincts et visibles à l'extérieur, mais dans un tel état de gêne qu'ils ne peuvent servir à mouvoir le corps. Enfin la plupart des hémiptères, quelques hyménoptères et les orthoptères n'ont que les ailes à l'état rudimentaire.

NYMPHÉACÉES, famille de plantes dicotylédonées, dont le type est le genre *nymphœa* ou *nénuphar*, et que quelques auteurs rejettent dans la famille des renonculacées.

NYMPHÉEN. On appelle ainsi, en géologie, un terrain qui a été formé dans l'eau douce, et qui renferme des débris d'animaux et de végétaux analogues à ceux qui vivent sur nos terres et dans nos eaux douces. Le terrain nymphéen correspond aux terrains tertiaires d'eau douce de la plupart des géologues.

NYMPHÉES, lieux consacrés aux nymphes. C'étaient ordinairement des antres naturels ou creusés, et ornés de manière à imiter la nature; quelquefois cependant c'étaient de petits temples. Parmi les plus célèbres, on remarque celui de la nymphe Egérie près Rome.

NYMPHES (myth.), divinités subalternes, formant la transition entre les dieux et les hommes. Il y en avait d'*uranies* ou célestes et d'*épigies* ou terrestres. Ces dernières étaient divisées en nymphes des eaux et de la terre. Les nymphes des eaux étaient les *Océanides*, *Néréides*, *Mélies*, présidant à la mer; les *Crénées*, *Naïades* ou *Pégées*, présidant aux fontaines et aux fleuves. Parmi les nymphes de la terre, les *Oréades* présidaient aux montagnes, les *Napées* aux vallées, les *Dryades* aux forêts. Hésiode fait monter le nom des nymphes à trois mille. On ne leur accordait pas l'immortalité, mais une vie de longue durée. Plutarque les fait vivre 9720 ans. On rendait aux nymphes un culte particulier, et on leur offrait en sacrifice le lait, l'huile, le miel. On les représentait sous la forme de jeunes filles nues. Les voir ainsi était s'exposer à la démence.

NYMPHIDIUS SABINUS, fils d'une esclave courtisane, se prétendait fils de l'empereur Caligula. Il fut préfet du prétoire sous Néron, qu'il flatta durant sa vie, et qu'il songea à détrôner. Ses soldats, gagnés, proclamèrent Galba, qu'il crut pouvoir faire descendre facilement du trône. Il voulut se faire proclamer empereur, et fut massacré par ses soldats (l'an de J.-C. 66).

NYMPHIS, historien d'Héraclée, composa en vingt-quatre livres une Histoire d'Alexandre et de ses successeurs jusqu'à Ptolémée Evergète, dont il était contemporain.

NYONS. Voy. NIONS.

NYSA, ville d'Ethiopie ou d'Arabie, était consacrée à Bacchus, qui y fut, dit-on, élevé par les nymphes. Bacchus fit de Nysa la capitale de son empire, et en tira son nom de *Dionysios*, venu aussi de *Dios*, qui signifie Jupiter.

NYSSONIENS, petite tribu d'hyménoptères de la famille des fouisseurs, comprenant trois ou quatre genres, dont le type est le genre *nysson*.

NYSTADT, ville de Finlande, sur la mer Baltique, à 15 lieues d'Abo, avec 2,000 habitants. Elle est célèbre par le traité de paix conclu en 1720 entre la Russie et la Suède.

O

O, quinzième lettre de l'alphabet et la quatrième des voyelles. Comme lettre numérale, O avec l'accent dessus valait 70 chez les Grecs; avec l'accent dessous, 70,000. Chez les Romains, O valait 11; avec une ligne au-dessus Ō, 11,000. Dans les abréviations cette lettre était rare; elle désignait les mots *ossa* (les os) et *omnia* (tout). J. O. M. signifiait *Jovi optimo maximo* (à Jupiter très-bon, très-grand). *Oct.* était l'abréviation d'*octavus* (huitième), d'*octo* (huit) et d'*Octavius* ou *Octavia* (noms propres). — Chez les modernes, O a été la marque des monnaies frappées à Riom. En géographie, cette lettre est a-bréviation d'*ouest*. S-O. veut dire *sud-ouest*, etc. Dans le commerce, O désigne le mot *ouvert*. C/O veut dire *compte ouvert*.

O, nom donné à sept ou neuf antiennes que l'Eglise romaine chante dans l'Avent sept ou neuf jours avant Noël et qui suivent le *Magnificat*. On les appelle ainsi parce que chacune de ces antiennes commence par l'exclamation O, comme *O sapientia*, *O Adonaï*, etc. On n'en dit qu'une seule à chacun des sept ou neuf jours.

O (François D'), seigneur de Gresner, d'une famille illustre de Normandie, né vers 1535, devint par ses bassesses un des favoris de Henri III, qui l'éleva en 1578 à la charge de surintendant des finances. Après la mort de Henri III, il s'attacha à Henri IV, qui lui donna le gouvernement de la ville de Paris. D'O mourut peu regretté, des suites de ses débauches, en 1594. Il avait sous Henri III dilapidé les finances. Le dernier rejeton de sa famille est mort en 1784.

OAKHAM. Voy. OKEHAM.

OANNES ou OAN (myth.), une des principales divinités des Assyriens. C'était un monstre moitié homme, moitié poisson, qui habitait la mer Rouge. Il avait deux têtes; à sa queue étaient joints les pieds d'homme, et il en avait la voix et la parole. Il était sorti de l'œuf primitif d'où tous les autres êtres avaient été tirés, et se retirait au soleil couchant dans la mer pour passer la nuit sous les eaux. Il demeurait parmi les hommes sans manger. Ce fut lui qui leur apprit à bâtir des villes et des temples, à établir des lois et à fixer les limites des champs, à semer et à recueillir les grains et les fruits, etc. Cette fable s'explique par la traduction du mot *oannès*, qui en syriaque signifie *étranger*.

OASIS, sortes d'îles de verdure placées au milieu des déserts sans fin de l'Afrique. Quoique situées dans des solitudes arides, les oasis sont des terrains fertiles où croissent la plupart des arbres de l'Afrique, et où l'on trouve des sources. On en compte cinq principales : 1° la *grande Oasis*, connue des Egyptiens sous les noms de *El-Oudh-el-Kebyr* ou *El-Oudh-el-Khargeh*, et des anciens sous celui d'Oasis de Thèbes (elle est placée vis-à-vis de Thèbes; sa superficie est de 175 lieues carrées, et sa population de 4,000 habitants); 2° l'*Oasis du milieu* ou *El-Oudh-el-Dakhel*, dont le chef-lieu est *Balât* et qui est située un peu plus haut que la précédente ; 3° la *petite Oasis* ou *El-Oudh-el-Bâhâryeh* dans l'Ouestarabi on Egypte moyenne. Son chef-lieu est le village de *El-Kassr*; 4° l'*Oasis d'Ammon* ou *de Syouâh*, qui vit périr dans les sables voisins l'armée de Cambyse et où était situé le fameux temple de Jupiter Ammon (voy. SYOUAH); 5° l'*Oasis de Touât*, au midi de l'Algérie, dont la ville d'AOULEF est la capitale.

OATES (Titus), célèbre dénonciateur anglais, né vers 1619, d'abord ministre de l'Eglise anglicane, puis jésuite et ensuite apostat, accusa en justice, l'année 1678, les catholiques anglais ou, comme on les appelait, les *papistes*, d'avoir conspiré contre la vie de Charles II, de concert avec le pape et les jésuites, pour faire de la religion catholique l'unique religion du royaume. Malgré l'absurdité et l'invraisemblance de ses assertions, les preuves démonstratives de l'imposture, milord Stafford, d'autres personnes de mérite et quelques jésuites furent mis à mort. Titus Oates obtint même une pension. Sous le règne de Jacques II, il fut condamné comme parjure à une prison perpétuelle, et à être fustigé par la main du bourreau quatre fois l'année, ce qui fut exécuté jusqu'en 1689. Il mourut à Londres en 1705.

OAXACA, l'un des dix-neuf Etats qui composent la confédération mexicaine, borné au S. par l'océan Pacifique, à l'E. par l'Etat de Chiapa, au N. par celui de Vera-Cruz et le territoire de Tlascala, à l'O. par l'Etat de la Puebla. Sa superficie est de 2,900 lieues carrées environ, et sa population de 596,600 habitants. Il est coupé en deux par la Cordillère de Mexico, et abonde en sucre, coton, blé, cacao, etc. On y trouve des mines d'or, d'argent, dont la plus belle est celle de *Villalta*, et des plantations de mûriers et surtout de nopal à cochenille. L'Etat d'Oaxaca renferme plusieurs tribus sauvages d'Indiens. Ce sont les *Mixtèques* et les *Zapotèques*. La capitale de l'Etat est OAXACA, une des plus belles villes du Mexique, dans un climat sain, sur le Rio-Verde, à 80 lieues de Mexico. Elle a une cathédrale, un séminaire, un palais épiscopal et une population de 40,000 âmes.

OBAN, lingot d'or d'un poids déterminé au titre de 22 carats, qui sert de monnaie au Japon et vaut 151 livres tournois.

OBBA, sorte de vase dont les anciens se servaient dans les repas funèbres.

OBCONIQUE (bot.), ayant la forme d'un cône renversé. Cet adjectif s'applique à l'ovaire, au fruit, etc., quand ils sont pointus à leur origine et dilatés à leur extrémité. Telle est la poire.

OBCORDÉ ou OBCORDIFORME (bot.), adjectifs qui s'appliquent à la feuille, au pétale, etc., qui ont la forme d'un cœur renversé.

OBED, un des aïeux de Jésus-Christ selon la chair, était fils de Booz et de Ruth et grand-père de David. Il naquit vers l'an 275 avant J.-C. Il ne faut pas le confondre avec OBED-ÉDOM, lévite chez qui David mit en dépôt pendant trois mois l'arche d'alliance, et qui en récompense fut ensuite destiné à garder les portes du temple. Il était fils d'Idithun.

OBÉDIENCE. Ce terme se prend ou se prenait 1° pour l'acte par lequel un supérieur ecclésiastique accorde à un inférieur certaines permissions, comme d'aller en voyage, en mission, en pèlerinage, etc.; 2° pour l'envoi des religieux qui vont desservir des bénéfices dépendants de quelques monastères : ces religieux s'appelaient *obédienciers* et étaient révocables; 3° pour les pays ou provinces qui étaient peu ou point soumises au concordat, c'est-à-dire dans lesquelles le pape nommait aux bénéfices vacants dans certains mois de l'année ; 4° pour synonyme d'obéissance.

OBEID-ALLAH-AL-MAHADY (Abou-Mohammed), fondateur de la dynastie des califes Fatimites, naquit vers l'an 882 de l'ère chrétienne. Fils ou prétendu fils de l'iman Dzafar-al-Sœdit, il s'annonça ainsi comme le descendant d'Ali et de Fatime, et, forcé de fuir la cour du calife abbasside Moctafy, se sauva à Sedjelmesse, où il fut jeté en prison. Délivré par le secours de l'Arabe Abou-Abdallah-al-Maschtak, il détrône le calife Aglabide, et soumet presque toute l'Afrique septentrionale à l'exception de l'Egypte. Après avoir fondé la ville de Kairouen (1013), et ainsi établi le siège de la domination des Fatimites, qui prirent de lui les noms d'*Obéidides*, d'*Ismaélides* et d'*Alides*, il abdiqua le pouvoir en faveur de son fils Aboul-Cacem-Mahommed-Caïm-Biahr-Allah, qui le fit empoisonner en 934. Il avait régné vingt-cinq ans.

OBÈLE, signe en forme de broche ou de flèche, que l'on retrouve dans les anciens manuscrits. L'obèle indique une suppression à faire, une surabondance de mots, une répétition à effacer.

OBÉLISQUE (du grec *obeliscos*, petite broche), sorte de pyramide quadrangulaire, tronquée par le haut, longue, élancée et étroite, et se terminant en pointe plus ou moins aiguë. Les obélisques sont les monuments les plus simples et les plus anciens de l'architecture égyptienne. Ils sont ordinairement *monolithes*, c'est-à-dire d'une seule pierre, et couverts d'hiéroglyphes depuis le haut jusqu'au sommet. On ignore complétement qui fit construire le premier. On présume cependant que l'origine de leur construction est antérieure au siècle de Moïse. Auguste fit transporter à Rome deux obélisques dus à Sésostris, et qui avaient chacun à peu près 140 pieds de haut. Sixte-Quint fit ériger en 1589 un de ces obélisques par son architecte Dominique Fontana, et on l'érige encore aujourd'hui à la place Saint-Pierre à Rome. On cite encore l'obélisque de Longsor.

OBERKAMPF (Christophe-Philippe), fondateur de la manufacture de toiles peintes de Jouy (Seine-et-Oise) et de la filature de coton d'Essone près de Corbeil, naquit à Weissembourg en Bavière en 1738. A dix-neuf ans, il quitta la maison paternelle et vint à Paris, où il obtint l'édit de 1759, qui autorisait la fabrication intérieure de toiles peintes. Pendant la révolution, il échappa à la proscription, et refusa de Napoléon la dignité de sénateur. Oberkampf mourut en 1815, du chagrin de voir que l'invasion étrangère avait rendu les ateliers déserts.

OBERLIN (Jérémie-Jacques), antiquaire et philologue, bibliothécaire de l'école centrale du Bas-Rhin, naquit à Strasbourg en 1735. Reçu docteur en 1758, il fut depuis fils de son âge de vingt ans nommé suppléant de son père, professeur au gymnase de Strasbourg, et fut en 1771 appelé à la charge de professeur adjoint d'éloquence latine à cette académie. Successivement professeur extraordinaire à l'université de Strasbourg (1778), professeur de logique et de métaphysique (1782), directeur en 1787, administrateur du district de Strasbourg et ensuite du Bas-Rhin, il mourut en 1806. On a de lui plusieurs éditions (Ovide, Tacite, Horace, César) et plusieurs ouvrages estimés.

OBERLIN (Jean-Frédéric), frère du précédent, né à Strasbourg en 1740, mort en 1826, embrassa l'état ecclésiastique, et fut en 1767 appelé à remplir les fonctions de ministre évangélique à Waldbach, paroisse du Ban-de-la-Roche, contrée autrefois aride et sauvage, dans les Vosges. C'est au pasteur Oberlin que ce pays a dû la fertilité et la prospérité dont il jouit. La société d'agriculture lui décerna en 1818 une médaille d'or à titre de récompense.

OBERSTEIN, petite bourgade de la Bavière rhénane, située entre Trèves et le mont Tonnerre. Sa population est de 1,100 habitants, presque tous employés à l'exploitation d'une belle roche d'un brun foncé, un peu violâtre, enrichie d'une multitude de globules ronds agatisés, que l'on trouve en abondance dans les montagnes sur lesquelles le bourg est situé, ou bien à la mise en œuvre de ces pierres sous forme de coupes, cachets, tabatières, etc.

OBÉSITÉ, embonpoint excessif.

OBJECTIF. On appelle ainsi, en dioptrique, celui des verres d'une lunette qui est tourné vers l'objet, pour le distinguer de l'*oculaire*, qui est du côté de l'œil.

OBI ou Ou, grand fleuve de l'Asie septentrionale, qui se forme dans le gouvernement de Tomsk en Sibérie du concours de deux rivières : la *Büa*, qui a pour lac Tetleskaé, et la *Katounia*, qui prend sa source au petit Altaï. L'Obi traverse les gouvernements de Tomsk et de Tobolsk, reçoit à gauche le Bulyk, le Salym, l'Irtisch grossi du Tobolk, etc.; à droite l'Inia, le Tom, le Ket, le Vakh, etc., et se jette dans le golfe de la mer Glaciale qui porte son nom après un cours de 650 lieues. L'Obi est très-poissonneux ; ses bords sont habités par les Samoïèdes et par les Ostiaks, qui le nomment *Emé* et *Ossé*. Les Tartares l'appellent *Onmar*.

OBIER, belle espèce de viorne qu'on trouve en Europe et dans l'Amérique septentrionale, sur le bord des bois, des rivières, des prairies, etc. Sa tige est droite; ses rameaux fragiles portent des feuilles découpées et des fleurs blanches et odorantes formant de fausses ombelles. Cette espèce, connue aussi sous les noms de *sureau d'eau*, *sureau aquatique*, cultivé dans les jardins, a produit une charmante variété que l'on remarque à cause de la blancheur et de la forme sphérique de ses fleurs, qui sont toutes stériles et ramassées en boule; ce qui a fait donner à la plante le nom de *boule de neige* ou *pelote de neige*. Elle porte encore les noms de *rose de Gueldre*, *caillebotte*, *obier stérile*.

OBIT, messe fondée pour un défunt, dite tous les ans le jour de l'anniversaire de sa mort. Le plus ancien obit de France est celui du roi Childebert, fondé à Saint-Germain des Prés, et qui se disait la veille de Saint-Thomas. — On entend aussi quelquefois par obit une chapelle à titre de bénéfice, quelquefois une simple fondation de messes ou de prières, et quelquefois même l'émolument qu'il produit.

OBITUAIRE, bénéficier pourvu d'un bénéfice vacant par mort (*per obitum*).

OBLAT. On donnait autrefois ce nom aux enfants que leurs parents offraient à Dieu pour être religieux dans un monastère. La cérémonie consistait à conduire l'enfant à l'autel, où on lui enveloppait la main dans un des coins de la nappe. — On connaît aussi sous le nom d'OBLATS ceux qui se donnaient avec leurs biens à un monastère. Il y avait de ces oblats que l'on nommait autrement *donnés*, et qui se donnaient au monastère en servitude avec leurs enfants, leurs biens et leurs descendants. On les recevait en leur mettant autour du cou les cordes des cloches de l'église et des deniers sur leur tête.

OBLATES, religieuses de la congrégation fondée par sainte Françoise, ainsi appelées parce que, au lieu de vœu de profession, elles ne font qu'une oblation ou offrande. — En termes de liturgie, OBLATES se dit des pains qui servaient anciennement à la messe. Voy. EULOGIES, HOSTIES, etc.

OBLATION, terme de religion catholique, action d'offrir. — Il se dit aussi de la partie de la messe qui suit immédiatement l'évangile ou le *Credo*, et qui consiste dans l'offrande que le prêtre fait à Dieu du pain destiné au sacrifice, puis du vin mêlé d'un peu d'eau dans le calice.

OBLATOIRE, fer avec lequel l'on cuisait les oblates et on imprimait les figures dessus.

OBLIQUITÉ, position respective de deux lignes, de deux plans, ou d'une ligne et d'un plan obliques l'un à l'autre. Une oblique quelconque à une autre ligne est toujours plus longue que la perpendiculaire. — On appelle *muscles obliques* ceux dont l'action s'exerce suivant des directions non parallèles aux plans qui divisent le corps suivant la verticale. On en compte six : les *muscles grand* et *petit oblique de l'abdomen*, les mêmes *de l'œil*, et les mêmes *de la tête*. — On connaît sous le nom d'OBLIQUITÉ DE L'ÉCLIPTIQUE l'inclinaison de l'écliptique sur l'équateur terrestre, inclinaison marquée par un angle de 23 degrés 28 minutes. Cette obliquité n'est cependant pas immuable ; car on a trouvé que les deux cercles se rapprochaient de 92 secondes par siècle. C'est à l'obliquité de l'écliptique que les habitants des zones tempérées doivent la douceur de leur climat. — Tous les peuples qui vivent entre les pôles et l'équateur ont la sphère oblique, parce que leur horizon ne coupe pas l'équateur à angle droit.

OBLITÉRÉ (du latin *obliterare*), boucher, fermer). En médecine, on dit qu'un canal, qu'un vaisseau s'est oblitéré, quand ses parois se sont rapprochées et ont adhéré de telle manière que sa cavité a complétement disparu.

OBLONG, épithète donnée à tout objet, toute figure plus longue que large. Une ellipse est une figure *oblongue* ; tous les rectangles, à l'exception du carré, sont *oblongs*, etc.

OBNONCIATION, action par laquelle les augures romains, lorsqu'ils apercevaient au ciel quelques signes sinistres, avertissaient (en latin, *obnuntiare*) celui qui tenait les comices de les remettre à un autre jour. Cette faculté, dont les prêtres abusaient pour diriger à leur gré les affaires, leur fut retirée par la loi *Clodia*.

OBOLE, poids et monnaie des Grecs, était le sixième de la drachme, et valait, comme poids, environ 13 grains ou 72 centigrammes, et, comme monnaie, 3 de nos sous. L'obole fut la première monnaie des Grecs. Phidon, roi d'Argos, contemporain de Lycurgue, en introduisit, dit-on, l'usage. Dans les cérémonies funéraires, on ne manquait jamais de mettre une obole dans la bouche du défunt pour payer à Caron le prix du passage.

OBOVALE (bot.), qui a la forme ovale renversée. On appelle ainsi toute feuille, tout pétale ou tout organe plane qui est plus large à son origine qu'à son extrémité.

OBRIN (ORDRE DES CHEVALIERS D'), ordre militaire institué au XIIIe siècle par Conrad, duc de Mazovie et de Cujavie, d'abord sous le nom de *chevaliers de Jésus-Christ* et ensuite sous celui d'Obrin, qui était le nom d'un fort qu'on leur fit bâtir dans la terre de Cédeliz en Cujavie. Les chevaliers portaient un manteau blanc avec une épée rouge et une étoile au côté du manteau. Conrad, qui les avait institués pour s'opposer aux incursions des Prussiens en Pologne, les supprima et appela à son secours les chevaliers teutoniques.

OBSÉCRATIONS (du latin *obsecrare*, supplier), nom donné aux sacrifices solennels que le sénat romain ordonnait pour les grandes calamités.

OBSEQUENS (Julius), compilateur romain dont il nous reste un ouvrage intitulé *De prodigiis*, collection de faits miraculeux la plupart tirés de Tite Live, et dont les six premiers livres qui manquaient ont été suppléés par un commentateur nommé Lycosthène. On fait vivre Julius Obsequens sous Auguste ; d'autres l'ont placé sous Constantin.

OBSERVATION (CORPS D'). On appelle ainsi les corps d'armée chargés d'observer la marche et les dispositions de l'ennemi. On les emploie dans les armées, sur les frontières lorsqu'on veut épier les mouvements d'une puissance qu'on suspecte, dans les pays plats lorsqu'on veut, soit intercepter les convois de l'ennemi, soit opérer une diversion en faveur d'une armée agissant sur les côtés. Ces derniers mouvements sont toujours exécutés par de la cavalerie.

OBSERVANCES, nom donné aux statuts, aux ordonnances ecclésiastiques. — *Observance* se dit aussi d'une communauté de religieux qui sont obligés à l'observation perpétuelle de la même règle. Il est dans ce sens synonyme de *congrégation* ou *ordre*. On appelle une partie des religieux de l'ordre de Saint-François, qui font profession d'observer la règle plus strictement que les autres, des *religieux de l'Observance*.

OBSERVANTIN, religieux de l'observance de Saint-François.

OBSERVATOIRE, monument élevé, destiné à l'observation des mouvements des corps célestes. Les premiers peuples chez qui on voit des observatoires proprement dits sont les Arabes et les Mongols. Les premiers qui furent établis en Europe ont été ceux de Tycho-Brahé, dans l'île de Hven entre Copenhague et Malmœ, et du landgrave de Cassel. En Angleterre, le plus célèbre est celui de Greenwich, construit aux frais du roi Charles II, et par où passe le méridien à partir duquel les Anglais comptent les longitudes. En France, on trouve des observatoires à Marseille, Toulouse, Lyon, Dijon, Bordeaux, Brest, Strasbourg, etc. ; mais le plus beau est celui de Paris, construit par ordre de Louis XIV, de 1664 à 1672.

OBSIDIENNE, roche opaque et quelquefois translucide, d'un éclat vitreux, variant en couleur depuis le noir et le vert jusqu'au jaune et au rouge. Elle raye le verre et possède une densité de 2,36. Quoique d'apparence simple, on y a trouvé de la silice, de l'alumine, de la soude et de l'oxyde de fer. L'obsidienne est très-commune au Mexique, dans les Andes du Pérou, en Islande, dans les îles Lipari. Les Péruviens en employaient des fragments pour servir de couteaux et miroirs : de là le nom de *miroir des Incas* qu'on lui a donné ainsi que ceux de *pierre de Gallinace* et d'*agate d'Islande*.

OBSIDIONALE (COURONNE), couronne que l'on décernait, chez les Romains, à celui qui délivrait une ville ou un camp des assiégeants. Elle était formée d'un peu de gazon pris sur le lieu même où l'événement s'était passé, et de quelques herbes arrachées dans le même endroit. — On connaît sous le nom de *monnaie obsidionale* ou *de nécessité* celle que les villes assiégées étaient à certaines époques obligées de frapper pour suppléer au défaut, à la rareté des espèces. Les plus anciennes monnaies obsidionales que l'on connaisse remontent au commencement du XVIe siècle ; elles furent frappées aux sièges de Pavie et de Crémone sous François Ier.

OBSTRUCTION, terme fort employé autrefois pour désigner toute affection dans laquelle le volume des organes était augmenté, et que l'on attribuait à une cause unique, l'obstacle que les fluides rencontraient dans les vaisseaux.

OBTURATEUR, qui forme une ouverture. — Les chirurgiens donnent ce nom à un instrument composé d'une plaque d'or ou d'argent, destiné à boucher un trou contre nature à la voûte du palais. — Les anatomistes appellent ainsi tous les organes relatifs à la fermeture de diverses parties, tels que les muscles *obturateurs* au nombre de deux, le nerf *obturateur*, etc.

OBTUS. On appelle ainsi, en géométrie, un angle plus grand qu'un angle droit. Les triangles qui ont un angle obtus prennent le nom de triangles *obtusangles*.

OBTUSANGULÉ, nom donné aux parties des plantes dont les angles sont obtus.

OBUS, projectile creux, d'un diamètre plus petit que celui de la bombe, et en outre sans anse et sans culot. L'invention de l'obus est due aux Anglais et aux Hollandais. Les premiers que l'on vit en France furent pris à la bataille de Nerwinde (1693). Les obus sont employés avec le plus grand succès contre des masses ou des lignes de cavalerie. On admet en France trois sortes d'obus : celui de six pouces, celui de quatre et demi, dit de vingt-quatre, et celui des batteries de montagne, celui de douze. — On donne le nom d'*obus têtes de mort* à ceux qui sont percés de plusieurs trous par lesquels ils vomissent des matières d'artifices enflammées.

OBUSIER, bouche à feu, espèce de mortier long, monté sur un affût de campagne, comme les pièces de douze et de huit, mais pouvant, à cause de la mobilité de la semelle, être pointé à 45 degrés. Il sert à lancer l'obus. L'obusier, pointé à 45 degrés, lance l'obus à 2,230 mètres ; pointé à 6 degrés, il le porte à 2,340 mètres. Les batteries de campagne en France se composent de quatre canons et de deux obusiers de six pouces ou de vingt-quatre.

OBVOLUTÉ (du latin *obvolutus*, qui est enroulé), épithète réservée aux rudiments des feuilles pliées en gouttière par leur face interne et encore renfermées dans le bourgeon.

OC (LANGUE D'), nom donné en France, à l'époque du moyen âge, à la langue que parlaient les peuples de la France habitant au sud de la Loire, par opposition à la langue d'oil que parlaient les peuples au nord de cette rivière. La différence entre ces deux langues qui avait donné lieu à la distinction consistait dans la manière de dire *oui*, qui dans le Midi se disait *oc*, et dans le Nord *oil*. On prétend que c'est de là que le Languedoc a tiré son nom. La langue d'oc eut une littérature propre, dont le principal caractère fut la poésie, tandis que celui des productions septentrionales était la narration.

OCCABES. Les anciens appelaient ainsi des colliers et des bracelets garnis de pierres précieuses, où l'on pendait de petites chaînes. Les sacrificateurs portaient des occabes dans les cérémonies, et surtout dans celle du taurobole.

OCCAM ou OCKHAM (Guillaume), théologien scolastique, de l'ordre des cordeliers, natif du village d'Occam dans le comté de Surrey en Angleterre, et disciple de Scot, fut le chef de la secte des *nominaux* (voy.), et s'acquit une si grande réputation qu'on le surnomma le *Docteur invincible*. Il entra dans la querelle des papes et des empereurs, et écrivit en fanatique pour Louis de Bavière contre Jean XXII. Excommunié par ce dernier, il se fit absoudre des censures de Rome, et mourut en 1347, laissant différents ouvrages.

OCCASE, terme d'astronomie, dérivé du latin *occasus* (coucher). On appelle *amplitude occase* l'arc de l'horizon compris entre le point où se couche un astre et l'occident vrai, qui est l'intersection de l'horizon et de l'équateur.

OCCIDENT, l'un des quatre points cardinaux, le lieu où le soleil se couche quand il est à l'équateur. L'occident s'appelle encore ouest ; il est opposé à l'est ou levant. — On connaît sous le nom d'EMPIRE D'OCCIDENT l'empire formé des provinces occidentales de la monarchie romaine après la scission définitive de cette monarchie en

OCE

deux portions indépendantes, sous Valentinien et Valens, le 18 juin 364, ou selon d'autres, à la mort de Théodose le Grand, le 11 janvier 395. Cet empire était divisé en deux grands gouvernements : les *Gaules* et les *Italies*. Ces gouvernements étaient subdivisés en diocèses, savoir : dans les Gaules, 1° la Gaule proprement dite, 2° la Grande-Bretagne, 3° l'Espagne ; dans les Italies, 1° l'Italie proprement dite, 2° l'Illyrie, 3° l'Afrique. Administré par une suite presque continuelle de princes inhabiles, attaqué et démembré par les barbares, déchiré par les tyrans et les factieux, l'empire d'Occident ne dura guère qu'un siècle, et finit en 476 dans la personne de Romulus Augustule.

OCCIPITAL, qui appartient à l'occiput. L'*os occipital* est un os aplati, symétrique, recourbé sur lui-même, situé à la partie postérieure et inférieure du crâne qu'il concourt à former. Il s'articule avec l'os sphénoïde, les temporaux, les pariétaux et la première vertèbre cervicale.

OCCIPUT, nom donné à la partie postérieure de la tête dans laquelle entre l'*os occipital*.

OCCLUSION, nom donné, en médecine, à l'état d'une cavité du corps qui par une cause quelconque se trouve bouchée.

OCCULTATION, nom sous lequel on désigne, en astronomie, l'éclipse d'une étoile ou d'une planète par la lune ou par toute autre planète. Les occultations offrent, comme les éclipses, un moyen précieux pour obtenir la longitude des lieux terrestres.

OCCUPATION (Armée d'), nom donné au corps d'armée qui fournit les garnisons dans les places d'un pays conquis, et occupe militairement les provinces d'un pays envahi.

OCÉAN. On appelle ainsi toute l'étendue d'eau qui environne la terre. On en sépare seulement les mers intérieures et les golfes. On divise l'Océan en cinq parties : 1° l'*océan Atlantique*, entre l'Amérique, l'Europe et l'Afrique, limité au N. et au S. par les cercles polaires ; 2° le *Grand-Océan* ou *océan Pacifique*, appelé encore *mer du Sud*, entre l'Amérique, l'Asie et la Nouvelle-Hollande ; 3° l'*océan Indien* ou *mer des Indes*, entre l'Afrique, l'Asie et la Nouvelle-Hollande ; 4° l'*océan Austral*, au delà du cercle polaire antarctique ; 5° l'*océan Boréal* ou *Glacial*, au N. du cercle polaire arctique. Voy. MER.

OCÉAN (myth.), dieu de la mer, fils du Ciel et de la Terre, ou d'Uranus et de Gé, épousa Téthys, dont il eut les principaux fleuves, tels que l'Alphée, le Pénée, le Strymon, etc., et un grand nombre de filles, appelées OCÉANIDES. L'Océan régnait sur la mer, les fleuves et les rivières. On le représente sous la forme d'un vieillard, assis sur les ondes de la mer, le front armé de deux pinces d'écrevisse, tenant une pique à la main, et ayant à ses côtés un monstre marin. Outre Téthys, on lui donne deux autres épouses : *Pamphylyge*, dont il eut *Asie* et *Afrique* ou *Libye*, et *Parthénope*, dont il eut *Europe* et *Thrace*. Selon Homère, l'Océan était le père de tous les dieux.

OCÉANIDES (myth.), nymphes de la mer, filles de l'Océan et de Téthys. Elles étaient au nombre de 3,000. Apollodore en nomme 7, Hygin 16, Hésiode 41. Les plus célèbres étaient *Eurynome*, mère des Grâces, *Perséis*, épouse d'Hélios, *Clymène*, épouse de Japet, *Calypso*, etc., etc. On offrait aux Océanides des libations et des sacrifices. On leur adressait aussi des prières pour la conservation des nautonniers. Dans les temps calmes, les marins leur immolaient des agneaux ou des porcs, et dans la tempête un taureau noir.

OCÉANIE, immense étendue de terre, qui forme la cinquième partie du monde, et qui tire son nom de sa position dans le Grand-Océan. En effet l'Océanie est située au S.-E. de l'Asie, entre le Grand-Océan et la mer des Indes. Sa superficie est, en terres, d'environ 500,850 lieues carrées,

OCH

et la population y fait des progrès rapides. En étendant les bornes de cette vaste contrée aux îles Andaman et Nicobar à l'O., à l'île de Kerguelen au S.-O., à l'île Sala-y-Gomez à l'E., on divise l'Océanie en quatre parties : 1° la *Malaisie*, au N.-O., dont les terres les plus importantes sont les îles *de la Sonde*, *Bornéo* ou *Kalémantan*, les îles *Célèbes* et les îles *Philippines* ; 2° la *Micronésie*, au N., dont les îles les plus connues sont *Necker*, *Mounin-Sima* ou *Bonin*, etc. ; 3° la *Polynésie*, à l'E., qui renferme les îles *Mariannes*, les *Carolines*, les îles *Haouaï* ou *Sandwich*, les îles *Pelew*, les îles *Nouka-Hiva*, les îles *Pomotou* ou *Archipel Dangereux*, les îles *Taïti* ou *de la Société*, les îles *Tonga* ou *des Amis*, la *Nouvelle-Zélande*, etc. ; 4° la *Mélanésie*, au S., qui renferme la *Nouvelle-Hollande* ou *Continent Australien*, la *Nouvelle-Guinée* ou *Papouasie*, la *Nouvelle-Calédonie*, les îles *Salomon*, les îles *Viti*, les *Nouvelles-Hébrides*, etc. L'Océanie est habitée par quatre races distinctes : les MALAIS, les POLYNÉSIENS, les PAPOUS ou PAPOUAS et les ENDAMÉNES. Le voyageur Rienzi regarde la grande île de Bornéo ou Kalémantan comme le foyer de toutes les populations primitives de l'Océanie. C'est la partie du monde où l'on trouve les êtres les plus curieux. L'émigration y crée un monde nouveau peuplé d'habitants de race anglaise. L'Angleterre possède en Océanie Poulo-Pinang, Singhapoura, Melville au N., Norfolk à l'E., la Tasmanie ou terre de Van-Diémen et la Nouvelle-Hollande ; la Hollande, Batavia et les îles de la Sonde, et la côte S.-O. de la Papouasie (10,000,000 d'hab.) ; l'Espagne, les Philippines, Leyte, Samar, Mindoro, Mindanao, Palawan (3,000,000 d'habit.). Le Portugal occupe la partie N.-E. de Timor et les deux petites îles de Sabrao et de Solor avec 140,000 habitants. La France y possède les îles *Marquises* et *Taïti*.

OCELLES. On désigne sous ce nom, en entomologie, les yeux simples et lisses de certains insectes. Les arachnides n'ont que des ocelles ; ils sont quelquefois très-développés à l'intérieur. Immédiatement au-dessous de la cornée se trouve un cristallin globuleux, après lequel vient un corps vitré, volumineux, hémisphérique, revêtu en avant par un pigment de couleur foncée et entouré en arrière par la rétine. Les ocelles sont plus rares chez les hexapodes ailés, et encore plus chez les hexapodes aptères. On leur donne aussi le nom de *stemmates*.

OCELLUS LUCANUS, fameux philosophe grec de l'école de Pythagore, était natif de Lucanie, et descendait d'une ancienne famille de Troie. Il vivait vers l'an 400 avant J.-C. Il composa plusieurs ouvrages, dont le seul conservé entier est le *Traité sur la nature de l'univers*, qui servit dans la suite de base aux systèmes d'Aristote, de Platon et du Juif Philon. Il a pour objet d'établir que l'univers n'a pas eu de commencement et ne peut par conséquent être détruit. Ses parties seules subissent à chaque instant des variations, des relations nouvelles. Il nous reste quelques fragments conservés par Stobée.

OCELOT, espèce du genre *chat*, appelée encore *maracaya* et *chibiguaza*, et habitant la Guyane et le Paraguay. Sa longueur est de quatre pieds deux pouces. Il est fauve en dessus, blanc en dessous, et varié sur le croupe et les flancs de bandes obliques d'un fauve foncé, bordées de noir et au nombre de cinq.

OCHAVO, monnaie de cuivre d'Espagne, qui est la moitié du quarto, et qui a cours pour 2 maravédis de vellon, à peu près 3 centimes de France.

OCHE, synonyme de *petite entaille*. On nomme généralement ainsi des entailles ou marques que font les charpentiers sur des règles de bois pour marquer des mesures.

OCHNACÉES, famille de plantes dicotylédonées, très-voisine de la section des simarroubées ; elle a aussi quelques rapports

OCT

avec les magnoliacées. Le genre type est le genre *ochna*. Les plantes qu'il renferme sont des arbres et des arbustes indigènes des contrées intertropicales des deux mondes. On en compte onze espèces.

OCHOSIAS. Deux rois juifs, l'un de Juda, l'autre d'Israël, ont porté ce nom. — OCHOSIAS, roi de Juda, appelé aussi *Azarias* et *Joachaz*, était le dernier des fils de Joram et d'Athalie. Il succéda à son père à l'âge de vingt-deux ans (885 avant J. C.), et se joignit à Joram, son oncle, roi d'Israël, pour faire la guerre à Hazaël, roi de Syrie. Quelque temps après, étant allé voir Joram qui était blessé, Jéhu, un des généraux de ce prince, qui s'était révolté contre lui, le poursuivit et, l'ayant saisi à Mageddo, le fit mettre à mort (l'an 884 avant J.-C.). — OCHOSIAS, roi d'Israël, succéda en 887 avant J.-C. à son père Achab, dont il imita les impiétés. Peu après étant tombé d'une fenêtre, et se sentant près de mourir, il envoya consulter l'idole de Béelzébuth : Elie l'en punit en lui annonçant sa mort prochaine. Il mourut en effet sans enfants, l'an 896 avant J.-C. Son frère Joram lui succéda.

OCHOTE ou DOUBLE-QUARTO, monnaie de cuivre d'Espagne, qui vaut 8 maravédis de vellon, environ 25 centimes de France.

OCHREA (bot.), nom donné à une espèce de gaîne qui, dans certaines plantes, telles que le *mélianthe*, le *polygonum*, le *rumex*, etc., entoure la base des pétioles. On regarde l'ochrea comme formé de deux stipules intraaxillaires, réunies et soudées entre elles, et se prolongeant autour de la tige.

OCHS (Pierre), chevalier et grand tribun de l'Etat de Bâle, l'un des plus célèbres hommes d'Etat de la Suisse, naquit à Bâle vers 1749. Il était connu depuis longtemps comme un des premiers jurisconsultes de la Suisse, lorsqu'il fut choisi en 1795 pour être l'un des intermédiaires entre les gouvernements prussien et français, et préparer la paix de Bâle. Après plusieurs autres missions de ce genre, il devint membre du sénat helvétique et président de ce sénat assemblé à Arau. Il fut en 1798 nommé membre du directoire helvétique, et donna sa démission en 1799. Il mourut en 1821. On a de lui plusieurs ouvrages.

OCHUS, surnom synonyme de *nothus*, c'est-à-dire bâtard, et sous lequel on connaît dans l'histoire ancienne ARTAXERCE III et DARIUS II. C'est aussi le nom ancien d'une des rivières de l'Asie, aujourd'hui le *Tedzen*. Elle prenait sa source dans les monts Paropamisus, longeait l'Arie sous le nom d'*Arius*, et coulait à travers l'Hyrcanie, et se jetait dans la mer Caspienne.

OCQUE, poids du Levant, en usage dans le commerce des peaux, et des cuirs. Il équivaut à 3 livres 2 onces (ancien poids de France).

OCRE, substance terreuse, friable, souvent douce au toucher, ayant un aspect terne et diverses nuances qui appartiennent aux couleurs jaunes et brunes. L'ocre d'apparence simple est composée d'argile et d'oligiste pour le rouge, d'argile et de limonite pour toutes les autres. Elle se trouve dans plusieurs terrains, et particulièrement au-dessus du calcaire oolithique, où elle forme des couches, des amas et des filons. On distingue habituellement trois sortes d'ocres : les *ocres jaunes*, les *ocres brunes* et les *ocres rouges*. Toutes ou du moins presque toutes s'emploient en peinture, telles qu'on les retire des gisements, ou bien après qu'on les a calcinées. Parmi les jaunes, la variété appelée *terre de Sienne*, est très-recherchée. L'ocre brune ou *terre d'ombre* est aussi très-recherchée. Elle porte aussi le nom de *terre fine de Turquie*. Parmi les rouges, la première est le *bol d'Arménie*, rouge pâle. C'est avec les ocres qu'on met les carreaux des appartements en couleur. Voy. SANGUINE.

OCRE, monnaie de Suède, qui est la huitième partie du marc d'argent et la vingt-quatrième du marc de cuivre.

OCTAÈDRE, solide terminé par huit

faces, et représenté par deux pyramides quadrangulaires opposées par leur base. Pour calculer la solidité d'un octaèdre régulier, il faut multiplier la base de l'une de ses pyramides par le tiers de sa hauteur et doubler le résultat. Le carré du côté de l'octaèdre est la moitié de celui du diamètre de la sphère circonscrite. La forme de l'octaèdre est une de celles sous lesquelles les minéraux se cristallisent souvent. On compte cinq espèces d'octaèdres : le *régulier*, dans lequel les huit faces sont des triangles équilatéraux égaux entre eux, le *symétrique*, le *rhomboïdal*, le *rectangle* et l'*obliquangle*. Parmi les substances qui cristallisent en octaèdres, on peut citer l'alun et le fluate de chaux.

OCTAÉTÉRIDE (de *octo*, huit, et de *etos*, année), cycle de huit ans, inventé par Méton, pour rétablir la concordance entre les années solaire et lunaire. En effet l'année lunaire, étant composée de 354 jours, était en arrière sur l'année solaire tantôt de 11, tantôt de 12 jours, et, au bout de huit ans, cela faisait 90 jours. En les intercalant dans cet espace de huit ans, la concordance se trouvait rétablie, pourvu toutefois qu'on eût soin de faire alternativement les octaétérides de 2,922 et de 2,925 jours, à cause des 8 heures 48 minutes 38 secondes qui surpassent les 354 jours de l'année lunaire.

OCTANDRIE, huitième classe du système sexuel de Linné, comprenant les végétaux à fleurs hermaphrodites ayant huit étamines. Cette classe se subdivise en plusieurs ordres, d'après le nombre des pistils, savoir : 1° *oclandrie monogynie*, à un pistil; 2° *digynie*, à deux; 3° *trigynie*, à trois; 4° *tétragynie*, à quatre.

OCTANT ou QUARTIER DE RÉFLEXION, instrument inventé par Halley pour observer en mer les hauteurs et les distances des astres, et fondé sur la propriété qu'ont les rayons lumineux de se réfléchir sur les miroirs plans, en faisant un angle de réflexion égal à celui d'incidence. C'est un demi-quart dont l'axe est divisé en quatre-vingt-dix parties, et muni d'une lunette et de deux miroirs.

OCTANT. On donne ce nom à quatre phases de la lune intermédiaires et situées à égale distance des syzygies et des quadratures.

OCTAPLES, espèce de Bible polyglotte, à huit colonnes, due à Origène. On y trouvait : 1° le texte hébreu en caractères hébraïques; 2° le texte hébreu en caractères grecs; 3° la version d'Aquila; 4° celle de Symmaque; 5° celle des Septante; 6° celle de Théodotion; 7° celle qui s'appelait la cinquième; 8° celle qui s'appelait la sixième.

OCTATEUQUE. On appelle ainsi les huit premiers livres de l'Ancien Testament.

OCTAVE, nom que portait Auguste (voy.) avant son avènement au trône impérial. Son véritable surnom patronymique était *Octavius*; mais, en entrant par adoption dans la famille Julia, il le changea en *Octavianus*. Par une corruption consacrée, on dit toujours Octave et jamais Octavien.

OCTAVE. On appelle ainsi, en termes de bréviaire, l'intervalle de huit jours consacré au service, à la commémoration d'un saint ou d'une fête solennelle. Le huitième jour, qu'on nomme proprement l'*octave*, l'office est plus solennel que les autres jours précédents. Noël, Pâques, la Fête-Dieu, la Pentecôte sont accompagnés d'une octave. — On nomme *octavaire* le livre qui contient ce qu'on doit réciter à l'église pendant les octaves.

OCTAVE (mus.), intervalle compris entre huit notes d'une gamme. Il renferme cinq tons et deux demi-tons. L'octave est regardée comme la plus parfaite des consonnances; elle ne peut être altérée. En renversant l'octave, c'est-à-dire en rapportant le grave à l'aigu ou l'aigu au grave, cet intervalle devient *unisson*. La deuxième, la troisième, la quatrième octave, etc., d'une note se nomment les *redoublements* de cette note. En harmonie, une règle défend que, dans la succession d'un accord à un autre, deux parties fassent octave entre elles.

OCTAVE se dit des stances de huit vers dans la poésie italienne. — C'est aussi le synonyme d'*octavin* ou *petite flûte*.

OCTAVIA, maison patricienne de Rome, dont les branches principales furent les Rufus et les Balbus, et qu'il ne faut pas confondre avec la célèbre maison plébéienne de ce nom, qui acquit un grand éclat par son union à la famille Julia, et surtout par l'élévation d'Octave à l'empire sous le nom d'Auguste. La famille Octavia s'éteignit dans la personne de cet empereur, qui en était le seul rejeton, lorsque l'adoption le fit entrer dans la famille Julia.

OCTAVIE, sœur d'Auguste et fille de Caïus Octavius et d'Accia, nièce de Jules César, était célèbre par sa beauté et sa vertu. Elle épousa en premières noces Claudius Marcellus, dont elle eut le jeune Marcellus, marié à Julie, fille d'Auguste; en secondes, Pompée, et enfin Marc Antoine. Ce dernier mariage fut un moyen auquel on eut recours pour réconcilier Antoine et Auguste. Ce dernier trouva bientôt dans l'abandon d'Octavie le sujet ou du moins le prétexte de la guerre qui lui donna toute la puissance. Octavie eut d'Antoine deux filles, appelées toutes deux Antonia. Elle ne cessa de pleurer la mort de son fils Marcellus, et mourut l'an 10 avant J.-C. Son frère lui fit des obsèques magnifiques, et prononça son oraison funèbre.

OCTAVIE, fille de Claude et de Messaline, et sœur de Britannicus, était fiancée à Silanus. Agrippine lui rompre cet hymen, et la maria à Néron, qui l'abreuva de dégoûts et la répudia ensuite sous prétexte d'adultère pour épouser Poppée, sa rivale et la fit exiler en Campanie. Rappelée à la prière des Romains, Octavie fut accusée de nouveau du même crime, et reléguée dans l'île de Pandatarie, où peu de jours après on lui fit ouvrir les veines. Elle mourut ainsi à l'âge de vingt ans. Sa tête fut portée à sa rivale.

OCTAVIEN (Caïus Julius Cæsar Octavianus), nom d'Octave (voy.) après son adoption par son oncle Jules César. Son véritable nom était *Octavius*, nom de son père. Il le changea en *Octavianus* quand il fut adopté par César. Il le quitta ensuite pour celui d'*Auguste*. Par une corruption consacrée, on dit Octave et jamais Octavien.

OCTAVIEN, antipape, de la famille des comtes de Frascati, était cardinal-prêtre du titre de Sainte-Cécile lorsqu'il fut élu par deux cardinaux seulement, après la mort d'Adrien IV (1159). Il prit alors le nom de Victor IV, fut soutenu par l'empereur Frédéric V, et réduisit à fuir en France son compétiteur Alexandre III, qu'il fit déposer par le concile de Pavie (1160), et qui fut reconnu comme le seul pape à celui de Toulouse (1161). Octavien mourut à Lucques en 1164.

OCTAVIER, effet désagréable qui se produit dans les instruments à vent lorsque le souffle s'y introduit avec trop de force. Dans ce cas, au lieu de produire le son que voulait faire entendre l'exécutant, il donne l'octave supérieure. C'est ce qu'on appelle *octavier*. La clarinette n'octavie pas; elle fait entendre la quinte au lieu de l'octave quand on force le son.

OCTAVIN, instrument de musique ainsi nommé parce qu'il sonne l'*octave* de la flûte, à laquelle il ressemble, mais en petit; ce qui lui fait donner aussi les noms de *petite flûte* et de *piccolo*, qui en est la traduction italienne. Celui dont on fait usage dans les orchestres est diapasonné en *ré*, et rend les notes une octave plus haut qu'elles ne sont écrites.

OCTAVIUS, nom des membres des familles Octavia. — CNEIUS OCTAVIUS NEPOS, préteur l'an de Rome 586 (avant J.-C. 168) et chargé du commandement de la flotte contre Persée, le poursuivit dans l'île de Samothrace, et l'envoya prisonnier à Rome, victoire qui lui fit obtenir les honneurs du triomphe. L'an 165, il partagea le consulat avec Marcus Torquatus. Envoyé trois ans après en Syrie, il fut tué dans son bain par un habitant du pays, indigné de son arrogance et de sa tyrannie. Le sénat lui érigea une statue. — CAIUS OCTAVIUS, père d'Auguste et d'Octavie, qu'il eut d'Attia, fille de Julia, sœur de Jules César, descendait d'une branche des Octavius qui jusque-là n'avait pas été dans les honneurs, et s'était contentée du rang de chevaliers. Il fut préteur 61 ans avant J.-C. Nommé ensuite gouverneur de Macédoine, il vainquit les Besses et les Thraces, et fut surnommé par ses soldats *imperator*. Il mourut à Nole en revenant de sa province.

OCTIDI, huitième jour de la *décade*, dans le calendrier républicain.

OCTIL, terme d'astronomie. On appelle *aspect octil* la position de deux planètes éloignées l'une de l'autre de 45 degrés ou de la huitième partie du zodiaque.

OCTOBRE, dixième mois de l'année dans le calendrier moderne. Il correspond au huitième signe du zodiaque, le Scorpion, et a trente et un jours. Il était sous Romulus le huitième mois, ce qui lui a fait donner son nom. Le mois d'octobre était consacré à Mars. Le 15, on lui immolait un cheval nommé *equus october*. Le rit exigeait que sa queue fût transportée avec tant de vitesse du Champ de Mars, où on la coupait, jusqu'au temple du dieu, qu'elle en tombât encore des gouttes de sang dans le feu quand on y arrivait.

OCTOGONE, polygone à huit angles et à huit côtés. Connaissant le diamètre du cercle circonscrit, on calcule le côté de l'octogone en tirant la longueur de l'un des côtés du carré inscrit, puis en calculant la hauteur du triangle formé par ce côté et deux rayons du cercle circonscrit. Cette hauteur connue, on retranche sa longueur de celle du rayon, et, le reste exprimant la hauteur d'un triangle formé par le côté du carré et les deux côtés consécutifs de l'octogone, on peut trouver les côtés de l'octogone en considérant le triangle divisé en deux par une perpendiculaire; car alors ces deux côtés seraient les hypoténuses des deux nouveaux rectangles.

OCTOGYNIE, l'un des ordres du système sexuel de Linné, comprenant les plantes dont l'appareil générateur femelle réunit huit pistils.

OCTOPHORE (du grec *octo*, huit, et *pheró*, je porte), litière en usage chez les anciens et qui était portée par huit esclaves. On s'en servait aussi pour les funérailles.

OCTOPODES, première famille de mollusques, de l'ordre des céphalopodes cryptodibranches. Elle comprend les genres *argonaute* ou *ocythoé*, *poulpe*, *éledon* et *calmar*.

OCTROI, concession de quelque grâce ou privilège faite par le prince. — Mais on appelle plus communément ainsi les contributions que les villes s'imposent pour faire face à leurs dépenses en augmentant leurs revenus. Ce nom vient de ce qu'il fallait que le roi *octroyât* l'établissement de ces taxes par des lettres patentes. Les octrois portèrent d'abord le nom d'*octrois de bienfaisance* parce que le produit de ces taxes était spécialement affecté à l'entretien des hospices et des hôpitaux. Aujourd'hui la plupart des communes ont leur octroi. Le mode de perception peut se faire soit par *régie simple*, sous l'administration immédiate du maire; par *régie intéressée*, dans laquelle le percepteur a un intérêt moyennant une somme qu'il paye à la commune; par *bail à ferme* ou par *abonnement*. Les droits d'octroi ne peuvent être en général imposés que sur des objets de consommation locale, qui doivent être compris dans les cinq catégories suivantes : 1° boissons et liquides, 2° comestibles, 3° combustibles, 4° fourrages, 5° matériaux.

OCULAIRE, ce qui appartient à l'œil (en

latin, *oculus*). On appelle ainsi, en optique, celui des verres d'une lunette, d'un télescope ou d'un microscope composé, qui est du côté de l'œil, contrairement à l'objectif qui se trouve du côté de l'objet.

OCULÉS, tribu d'insectes de l'ordre des hémiptères, section des hétéroptères, famille des géocorises, établie par Latreille pour des insectes qui ont le bec libre et ordinairement droit, les yeux très-gros. Les punaises qui composent ce groupe fréquentent les lieux aquatiques et les prairies humides. Cette tribu se divise en trois genres.

OCULI, terme de liturgie catholique qui signifie le troisième dimanche de carême, ainsi nommé du premier mot de l'introït de la messe du jour, qui commence : *Oculi mei semper*.

OCULISTE, médecin qui s'occupe spécialement de guérir les maladies des yeux. Chez les Egyptiens, la médecine oculaire était exercée par les prêtres du troisième ordre, et l'on dit que ce fut le refus fait par Amasis à Cyrus de lui envoyer un célèbre oculiste, qui alluma la guerre dans laquelle les Egyptiens furent vaincus. La médecine oculaire est aujourd'hui exercée par une quantité de personnes, pour la plupart charlatans.

OCYPODE, genre de crustacés de l'ordre des décapodes, famille des brachyures, section des homochèles, tribu des quadrilatères. Leur corps est un peu plus large que long; les pinces sont inégales, grandes, courbées, en forme de cœur. Les ocypodes se tiennent le plus souvent à terre, surtout après le coucher du soleil; on les rencontre sur les plages sablonneuses des bords de la mer ou des fleuves. Ils s'y creusent des terriers, où ils se retirent pendant la nuit. Ils sont très-voraces, et se nourrissent de cadavres d'animaux. La vitesse de leur course est si grande qu'on ne peut les atteindre qu'avec un cheval. C'est ce qui leur a fait donner leur nom.

ODALISQUES (en turk, *odalisk*), femmes dévouées au service des sœurs du sultan, de ses nièces, de ses filles et de ses femmes, et dont les unes servent à table et les autres prennent soin des appartements. On a étendu ce nom à toutes les femmes d'un harem.

ODE, poëme qui appartient exclusivement au genre lyrique, et qui est caractérisé par tous les écarts de l'imagination poétique, et par les digressions hors du sujet. Les sujets de l'ode sont toujours ce qu'il y a de plus élevé. Les plus élevées de toutes sont celles qui célèbrent la Divinité. Telles sont un grand nombre de psaumes hébraïques, les chants de Moïse et de Débora, quelques odes de Pindare, l'hymne de Cléanthe, certaines odes d'Horace, etc. Après l'hymne ou ode religieuse vient l'*ode héroïque*, puis ensuite l'*ode didactique*, l'*ode philosophique* et l'*ode satirique*. On peut aussi y ajouter une autre sorte d'ode, c'est l'*ode anacréontique*, qui célèbre le plaisir. Les Grecs donnaient le nom d'ode (*odè*) à tout ce qui pouvait être chanté.

ODELSTHING. Voy. STORTHING.

ODÉNAT, prince de Palmyre dans le IIIe siècle de J.-C. Très-attaché aux Romains, il remporta de grands avantages sur l'armée de Sapor, roi de Perse, fit sa femme prisonnière, et s'empara d'un riche butin. L'empereur Gallien le nomma son collègue à l'empire, et donna le titre d'auguste à ses enfants et à sa femme, la célèbre Zénobie. Il se préparait à marcher contre les barbares du Nord, lorsque son neveu Méonius, irrité d'avoir été mis dans les fers par ses ordres, l'assassina à Emèse dans un festin l'an 267. On croit que sa femme Zénobie, jalouse de la tendresse qu'il marquait à un fils du premier lit, ne fut point innocente de ce crime.

ODENSÉE, ville du royaume de Danemarck, au centre de l'île de Fionie ou de Fuen dont elle est la capitale, à 30 lieues de Copenhague. Sa population est de 12,000 habitants. Elle est le siége du bailli diocésain et d'un évêque, et commerce en grains, cuirs, etc. Elle a des fabriques de draps et de savon et des raffineries de sel.

ODÉON (de *odê*, chant), nom donné chez les anciens aux théâtres secondaires où avaient lieu les répétitions de la musique qui devait être chantée sur le grand théâtre. Dans la suite on y répéta les pièces elles-mêmes; quelquefois aussi on y plaçait des juges qui entendaient les musiciens lorsqu'ils disputaient le prix. Le premier odéon fut construit à Athènes. Les autres villes imitèrent cet exemple : il y en avait quatre à Rome. — On donna en 1798 le nom d'ODÉON au théâtre construit en 1783 au faubourg Saint-Germain, et qui fut primitivement le Théâtre-Français. Abandonné à plusieurs reprises, le théâtre de l'Odéon est devenu le *second Théâtre-Français*, réservé à la représentation des œuvres de la nouvelle école dramatique.

ODER, l'un des principaux fleuves de l'Allemagne, autrefois le *Viadrus*. Il prend sa source au cercle de Prerau en Moravie, à 2 lieues de Rodenstadt, traverse la Moravie, la Silésie, le Brandebourg, la Poméranie, et se divise en quatre branches, dont la plus importante conserve le nom d'Oder, tandis que les trois autres prennent le nom de *Parnitz* et de *grande* et *petite Redlitz*. Ces branches se jettent dans le lac de Damm pour en sortir en un seul cours d'eau qui, après avoir traversé le *Frische-Haff*, vaste lac de 15 milles carrés, dont la partie occidentale s'appelle *Grosse-Haff*, et la partie orientale *Kleine-Haff*, se jette dans la mer Baltique par trois embouchures. Il reçoit d'environ 200 lieues. Ses principaux affluents sont, à droite, l'*Ostrawitza*, la *Warta* et l'*Ihna*; à gauche, l'*Oppa*, la *Neisse*, l'*Ocklau*, etc. Il communique avec l'Elbe par le canal de Finow qui unit la Führer avec le Havel, et par celui de Frédéric-Guillaume que de Mullroser qui se décharge dans la Sprée.

ODESSA, ville de Russie, dans le gouvernement de Kherson, sur la mer Noire, à 10 lieues environ du port d'Otchakov, et 480 de Saint-Pétersbourg. Sa population est de 40,000 habitants. Son port, d'un accès facile, est déclaré franc en 1817 pour trente ans, est un des plus fréquentés de l'Europe. On y trouve une grande rade, des rues larges, un lazaret, une forteresse, un lycée, une banque, une bourse, un prêt d'escompte tenu par le gouvernement, etc. — Construite en 1792 par l'ordre de Catherine II, et embellie par le duc de Richelieu, qui en fut longtemps gouverneur, Odessa est devenu le principal port marchand de la mer Noire, l'entrepôt du commerce russe avec tous les Etats baignés par la Méditerranée, et le débouché des produits de la Russie méridionale. Elle est le siége du gouverneur général militaire de cette contrée.

ODEURS, émanations subtiles qui s'élèvent des corps, et qui sont propres, en affectant certains organes, à produire la sensation de l'odorat. Voy. OLFACTION.

ODIER (Louis), célèbre médecin, né à Genève en 1748, mort en 1817, l'un des fondateurs de la société médico-chirurgicale de Genève, vice-président de la société des arts, et membre de la société de physique et d'histoire naturelle de la même ville, correspondant de l'Institut de France et d'une foule de sociétés et académies étrangères. Après avoir étudié à Genève et à Edimbourg, et s'être fait recevoir docteur en 1770, il ouvrit à Genève un cours de chimie, où il fit connaître l'un des premiers en France la théorie de Black sur le calorique latent. Ce fut aussi lui qui le premier signala en France la découverte de la vaccine. Il fit partie du conseil des deux cents, et fut pendant trente ans ancien du consistoire de Genève.

ODILON (Saint), fils de Bérault le Grand, seigneur de Mercœur, naquit en Auvergne l'an 962, et quitta le monde pour se faire moine de Cluny. Saint Mayeul jeta les yeux sur lui pour lui succéder dans la dignité d'abbé, et Odilon fut élu en 992. Son humilité lui fit refuser l'archevêché de Lyon (1034) et le pallium dont Jean XIX voulut l'honorer. Il mourut à Sauvigny en 1048, après avoir répandu son ordre en Italie, en Espagne et en Angleterre. Son nom est célèbre dans les fastes de l'Eglise par l'institution de la *Commémoration générale des trépassés*, pratique qui des monastères de Cluny passa dans d'autres Eglises, et fut enfin adoptée par l'Eglise romaine.

ODIN (myth.), célèbre héros de l'antiquité, qui habitait vers l'an 70 avant J.-C. les bords de la mer Caspienne et les contrées du Caucase, et qui était chef d'un peuple asiatique, connu dans la mythologie scandinave sous le nom des *Ases*. Il s'appelait *Sigge*. Chassé de sa patrie, probablement par les Romains, il traversa la Russie, à laquelle il donna un de ses fils pour roi, un autre aux Saxons et un troisième à la Franconie; ensuite il passa en Danemarck, où il fit reconnaître pour roi Skold, un autre de ses fils. Il se rendit alors en Suède, où il fit de Sigtuna la capitale de son empire, et opéra une réforme dans le culte et la législation. Il prit alors le nom d'*Odin*, qui était celui d'un des anciens dieux du pays, et établit une nouvelle religion dont il fut le chef. Il inventa les caractères runiques, et donna aux Scandinaves les lois qui existaient dans le Caucase, sa patrie. La tradition rapporte que, se sentant près du tombeau, Odin, après avoir assemblé ses amis, se fit en leur présence neuf blessures en forme de cercle, et déclara en mourant qu'il allait dans la Scythie boire la bière avec les dieux immortels, promettant d'ouvrir le chemin du *Walhalla* à ceux qui périraient dans les combats. L'ancien dieu dont Sigge avait pris le nom afin d'inspirer plus de respect aux hommes était OHN, fils du géant Borr et frère de *Wili* et de *Wé*. Ils créèrent le monde, ainsi que l'homme et la femme, auxquels Odin donna l'âme et la vie. Voy. MYTHOLOGIE SCANDINAVE.

ODOACRE, fils d'Edécon, chef de la tribu des Scyrres et l'un des ministres d'Attila. Rassemblant les restes de sa tribu presque entièrement exterminée en 453, il devint bientôt l'un des chefs de la garde impériale. Les barbares mercenaires, s'étant révoltés contre Oreste et son fils Augustule, mirent à leur tête Odoacre. Devenu ainsi le chef des Scyrres, des Hérules, des Turselinges, des Rugiens, etc., il prit d'assaut Pavie, où Oreste s'était renfermé, et le fit décapiter le 28 août 476. Augustule fut exilé en Campanie, et en lui finit l'empire d'Occident et l'empire romain. Odoacre, proclamé roi d'Italie par ses soldats, établit le siége de son royaume à Ravenne, sans vouloir jamais prendre le titre ni les ornements impériaux. Attaqué par Théodoric, roi des Ostrogoths, il fut défait par lui en trois combats (489-490). Assiégé dans Ravenne, il est forcé de se rendre (493). Théodoric lui accorde la vie, et promet de partager avec lui l'empire d'Italie; mais un an après il le tue à sa propre main dans un festin (494).

ODOMÈTRE. Voy. COMPTE-PAS.

ODON (Saint), chanoine de Saint-Martin de Tours en 899, moine à Baume (Doubs) en 909, et second abbé de Cluny en 927, naquit dans le Maine en 879, et devint, par ses lumières et sa sainteté, l'arbitre des princes séculiers et de l'Eglise. Le monastère de Cluny reçut, sous son administration, des donations si considérables qu'il en reste 188 chartes. Son zèle pour la discipline le fit appeler pour réformer les monastères d'Aurillac, de Sarlat, de Tulle, de Saint-Pierre le Vif à Sens, de Saint-Julien à Tours, qu'il soumit à une exacte réforme. Il mourut en 942, laissant plusieurs ouvrages.

ODON (Saint), né en Angleterre de parents danois, fut baptisé par les soins du duc d'Athelm, et reçut ensuite les ordres sacrés. Nommé à l'évêché de Schirbury, transféré depuis à Salisbury et ensuite à Wilton, il fut promu à l'archevêché de Cantorbéry, après avoir reçu l'habit de Saint-Benoît. Il mourut en 961.—On a de lui des *Constitutions ecclésiastiques*. On le regarde comme un des principaux auteurs des lois publiées par les rois Edmond et Edgar.

ODON, fils d'Herluin de Conterville, et frère utérin de Guillaume le Conquérant, duc de Normandie, qui le fit nommer en 1049 à l'évêché de Bayeux. Il n'avait alors que quatorze ans. Lors de la conquête de l'Angleterre (1066), Odon fit équiper 100 navires à ses frais; en récompense il fut fait gouverneur du royaume conquis en l'absence de son frère. Dans le partage des terres, il eut, outre le château de Douvres et le comté de Kent, 253 fiefs dans divers cantons, et amassa des sommes immenses par ses exactions dans le dessein de se faire élire pape. Arrêté par ordre du roi, il fut mis en prison à Rouen, où il resta jusqu'à la mort de Guillaume. Ayant pris parti pour Robert, duc de Normandie, contre Guillaume le Roux, il se réfugia à la cour de Robert, et partit avec lui pour la croisade (1096). Il mourut en route à Palerme en 1097.

ODON, quatrième comte de Savoie, épousa, vers le milieu du XIe siècle, Adélaïde, unique héritière de Mainfroi, marquis de Suse et de Turin, et en étendant ainsi jusqu'en Italie les possessions de sa famille auparavant confinée dans l'étroite vallée de Maurienne, fonda la puissance de sa maison.

ODON DE DEUIL (*Odo de Diogilo*), abbé de Saint-Corneille de Compiègne, et successeur de l'abbé Suger dans l'abbaye de Saint-Denis, mourut en 1168. Il avait été chapelain et secrétaire de Louis le Jeune, qu'il avait accompagné en Palestine. On a de lui une *Relation du voyage de Louis VII*, pleine de faits intéressants.

ODONATES, cinquième ordre de la classe des insectes, selon Fabricius. Il correspond à la tribu des libellulines de Latreille.

O'DONNELL (Don Joseph-Henri), comte de l'Abisbal, lieutenant général espagnol, grand-croix de l'ordre militaire de Saint-Ferdinand. Né vers 1770 en Andalousie d'une famille originaire d'Irlande, il entra dans les gardes royales à l'âge de quinze ans, et parvint rapidement jusqu'au grade de maréchal de camp (1808). Nommé gouverneur de la Catalogne (1810), il battit et fit prisonnier, au bourg de l'Abisbal, le général Schwartz; c'est de cette action que dérive son titre. En 1814, il fut nommé capitaine général de l'Andalousie, et appelé en 1815 au commandement de l'armée d'observation. En 1818 il fut nommé gouverneur de Cadix, et l'année suivante on l'investit du commandement de l'expédition dirigée contre les colonies espagnoles de l'Amérique méridionale qui s'étaient révoltées. Mais il ne partit pas, et prit part à tous les troubles de 1820.

ODONTALGIE ou ODONTAGRE, douleur rhumatismale ou goutteuse des dents, accompagnée souvent du gonflement fluxionnaire de la joue.

ODONTOGNATHE, genre de poissons de l'ordre des malacoptérygiens abdominaux et de la famille des clupes ou clupées. Ce genre ne se compose que d'une seule espèce, dont la tête, le corps et la queue sont très-comprimés, mais ce qui est surtout remarquable par le mécanisme particulier que présentent ses mâchoires. L'inférieure est plus longue que la supérieure, et de plus, lorsque l'animal a la bouche entièrement fermée, très-relevée contre cette dernière. Elle s'abaisse en quelque sorte comme un pont-levis quand le poisson ouvre sa bouche. L'odontognathe a reçu le nom d'*aiguillonné* à cause des nombreux aiguillons disposés sur deux rangs longitudinaux que présente sa carène. Il vit dans l'eau salée, présente sur tout son corps le vif éclat de l'argent, et parvient à la longueur de cinq à six pouces. Il est bon à manger comme la sardine; aussi l'a-t-on nommé *sardine* sur les côtes de la Guyane.

ODONTOIDE, en anatomie, ce qui ressemble à une dent.

ODONTOIDIEN, ce qui a rapport à l'apophyse odontoïde de la première vertèbre.

ODONTOLITHE, nom donné au tartre des dents, sorte d'incrustation de couleur jaunâtre qui se forme à la base des dents, et qui est formée de 79 parties de phosphate de chaux, 12 et demie de mucus, de 1 partie de matière salivaire particulière et de 7 et demie de substance animale.

ODRYSES, ancienne et puissante nation de Thrace, vers le centre de cette contrée. Elle habitait les bords de l'Ebre, de l'Argiane et du Contadesdus. Leur principale ville était ORESTIAS ou ANDRIANOPOLIS (aujourd'hui *Andrianople*).

ODYSSÉE, poëme grec fameux, qui a pour sujet les aventures d'Ulysse à son retour à Ithaque, après la guerre de Troie. Son nom dérive de celui d'Ulysse (en grec, *Odusseus*). Ce poëme passe pour être l'ouvrage d'Homère. Il a plus d'intérêt que l'Iliade, mais moins d'éclat, plus d'énergie que celle-ci. L'Odyssée a vingt-quatre chants, dont voici l'analyse rapide et succincte. *Chant* Ier. Conseil des dieux pour arracher Ulysse de l'île de Calypso. — Minerve engage Télémaque, fils d'Ulysse, à aller à la recherche de son père. — *Chant* IIe. Plaintes de Télémaque dans le conseil des Athéniens ; son départ et son arrivée à Athènes. — *Chant* IIIe. Télémaque arrive à Pylos et reçoit l'hospitalité de Nestor. — Récit de la guerre de Troie et du départ des Grecs pour leur pays. — *Chant* IVe. Télémaque arrive à Lacédémone. — Description du palais de Ménélas, portrait d'Hélène. — Les prétendants à la main de Pénélope, épouse d'Ulysse, délibèrent à Ithaque sur les moyens de se défaire de Télémaque. — *Chant* Ve. Deuxième conseil des dieux. — Ulysse quitte Calypso. — Son naufrage. — Il est jeté par la tempête sur le rivage des Phéaciens.—*Chant* VIe. Nausicaa, fille du roi Alcinoüs, le conduit au palais de son père.—*Chant* VIIe. Ulysse, accueilli favorablement par le roi, lui raconte ses aventures depuis son départ de l'île d'Ortygie jusqu'à son arrivée chez les Phéaciens. — *Chant* VIIIe. Assemblée des Phéaciens. — On prépare un vaisseau pour Ulysse.—Grand festin, jeux et combats. — *Chant* IXe. Ulysse raconte ses aventures chez les Ciconiens, les Lothophages, les Cyclopes. — Ses dangers chez Polyphème, et sa ruse pour s'y dérober. — *Chant* Xe. Côte d'-son île. — Les compagnons d'Ulysse ouvrent l'antre où Éole a renfermé les vents. — Tempête. — Dangers qu'ils courent chez les Lestrigons. — Arrivée d'Ulysse chez l'enchanteresse Circé qui change ses compagnons en pourceaux. — *Chant* XIe. Voyage aux enfers.—Apparition et conversation avec les ombres des guerriers grecs.—Description des enfers. *Chant* XIIe. Ulysse retourne vers Circé. — Il la quitte bientôt après.—Les dangers causés par les Sirènes.—Nouveau naufrage. —Les bœufs du Soleil.—Arrivée dans l'île de Calypso.—Là finit le récit des aventures d'Ulysse, fait par ce héros au roi des Phéaciens. — *Chant* XIIIe. Ulysse quitte Alcinoüs et arrive à Ithaque.—*Chant* XIVe. Ulysse joint Eumée. — *Chant* XVe. Télémaque, de retour à Ithaque, se rend aussi chez Eumée.—*Chant* XVIe. Reconnaissance de Télémaque et d'Ulysse. — *Chant* XVIIe. Ulysse et son fils vont à la ville. — Ils sont reconnus par leurs chiens. — *Chant* XVIIIe. Dispute d'Ulysse et d'Irus.—Pénélope se présente à ses poursuivants.—*Chant* XIXe. Entretien d'Ulysse et de Pénélope.—Il est reconnu de la nourrice de Télémaque. — *Chant* XXe. Signes célestes favorables à Ulysse et sinistres pour les prétendants. — Ceux-ci célèbrent un grand festin. — *Chant* XXIe. Pénélope propose aux prétendants de se servir de l'arc d'Ulysse.—Celui-ci seul en vient à bout.—*Chant* XXIIe. Massacre des prétendants.-*Chant* XXIIIe. Reconnaissance d'Ulysse et de Pénélope.—*Chant* XXIVe. Le père d'Antinoüs, un des prétendants à la main de Pénélope, mis à mort par Ulysse, excite une sédition que le héros apaise par son courage. Voy. ULYSSE.

OEBALIE, canton de la Grande-Grèce dans la Messapie, aux environs de Tarente. C'était une des contrées les plus fertiles de l'univers. On y recueillait du vin excellent, du miel et des olives en abondance. Elle était ainsi appelée parce qu'elle avait été peuplée par les Lacédémoniens fondateurs de Tarente. En effet la Laconie portait aussi le nom d'OEBALIE, d'OEbalus l'un de ses rois, et ses habitants celui d'OEBALIENS.

OECHALIE, ville célèbre de la Grèce où régnait Eurytus, père d'Iole, et qu'Hercule, irrité de la perfidie de ce prince, ruina de fond en comble. Il y a trois opinions sur sa position ; mais la première, celle d'Homère et de Strabon, qui la placent dans l'Etolie septentrionale, sur les confins de Thessalie, chez les Eurytanes, près du mont Panætolium, sur un affluent de l'Evenus, est la plus vraisemblable. Pline et Pausanias la mettent en Messénie, vers le N.-O. près du mont Ira et du fleuve Néda, au N. de Stényclaros et au N.-E. d'Andanie. Enfin quelques auteurs la placent près d'Erétrie en Eubée.

OECOLAMPADE (Jean), l'un des principaux apôtres de la réforme en Suisse, né au village de Weinsperg, dans la Franconie, en 1482. Il apprit assez bien le grec et l'hébreu, et se fit religieux de Sainte-Brigitte dans le monastère de Saint-Laurent près d'Augsbourg ; mais il quitta bientôt son cloître pour se rendre à Bâle, où il fut fait curé. Il adopta les principes de la réforme, et préféra l'opinion de Zwingle à celle de Luther sur l'eucharistie. Il se maria à l'exemple de Luther, et eut beaucoup de part à la propagation des idées de la réforme en Suisse. Il mourut en 1531. Il a fait plusieurs ouvrages, dont la plupart sont des libelles contre les luthériens, ou des réfutations de leurs livres. Son véritable nom était *Hausschein*, que suivant l'usage de son temps il traduisit en grec.

OECUMÉNIQUE (du grec *oikouméné*, la terre habitée, toute la terre), adjectif qui signifie universel ou général. Ainsi le mot *concile œcuménique* est synonyme de concile général. Voy. CONCILE. — Plusieurs patriarches de Constantinople ont pris le nom de patriarches *œcuméniques*, et aujourd'hui tous les patriarches grecs le font.

OEDELEM ou OEDENBOURG, comitat de Hongrie, situé dans le cercle au delà du Danube, entre ceux de Wieselbourg, de Raab, d'Eisenbourg et d'Autriche. Sa superficie est de 175 lieues carrées, et sa population de 164,720 habitants. Le climat est doux, le sol universellement salubre qu'au N.-O., où il est montueux. Il produit du lin, des châtaignes, des graines, des fruits et des vins excellents. On y élève des bestiaux, des brebis, des porcs, etc. Le chef-lieu est OEDENBOURG. Voy.

OEDÉMATEUX, ce qui est attaqué d'*œdème*, ce qui est de la nature de l'*œdème*.

OEDÈME, gonflement produit par l'accumulation d'un liquide séreux dans les interstices du tissu cellulaire. Ce gonflement est mou, pâle, indolent, et s'avent lieu à la suite des maladies éruptives et plus spécialement de la scarlatine. On prescrit contre l'œdème alternativement les diurétiques, les laxatifs, les diaphorétiques, les vésicatoires, les scarifications, etc.

OEDÈME DE LA GLOTTE, maladie caractérisée par le gonflement de la membrane muqueuse qui circonscrit l'ouverture supérieure du larynx. Ses causes sont obscures; elle attaque ordinairement les individus qui relèvent d'une maladie grave, et atteint d'une affection déjà très-longue. Les malades éprouvent de la gêne et de l'embarras vers le larynx, puis une grande difficulté dans la respiration qui produit la suffocation au bout de quelques jours. Cette maladie est presque constamment mortelle.

OEDÉMÉRITES, tribu d'insectes de l'ordre des coléoptères, section des pentamères, famille des trachélides, et renfermant des insectes qui ont les antennes filiformes ou sétacées, généralement allongées et quelquefois en scie, et le corps étroit, allongé. Le genre type est le genre œdémère.

OEDENBOURG, ville de Hongrie, chef-lieu du comitat d'OEdelem, près du lac Neusiedel. Sa population est de 11,850 habitants. Elle a des bains et des eaux minérales, et commerce en fruits confits, miel, cire, tabac, laine, beurre, crème de tartre, graines, bestiaux, vin, houille.

OEDICNÈME, genre d'oiseaux de l'ordre des échassiers, de la famille des pressirostres et de la tribu des gralles, formant le passage des outardes aux pluviers. Le bec est plus long que la tête ; les pieds longs, grêles, se distinguant au premier coup d'œil par la forme dilatée du haut du tarse et la grosseur de l'articulation moyenne, qui leur a fait donner leur nom, qui signifie *jambe enflée* ; les ailes médiocres et aiguës. L'Europe n'en possède qu'une seule espèce connue sous le nom de *grand pluvier* ou *courlis de terre*, et qui se plaît dans les terrains secs, pierreux et sablonneux. C'est un oiseau très-timide, nocturne, dont la marche très-agile lui a fait aussi donner le nom d'*arpenteur*. Il est généralement de couleur roussâtre cendrée.

OEDIPE (myth.) (de *oidéin*, s'enfler, et de *pous*, pied), fils de Laïus, roi de Thèbes, et de Jocaste, fut exposé sur le mont Cythéron par un officier de Laïus, qui avait ordre de le tuer, afin de prévenir l'oracle qui avait prédit que Laïus serait tué par son fils, et que sa mère deviendrait son épouse. Il lui perça les pieds, et le suspendit à un arbre. C'est de l'enflure de ses pieds qu'il tira son nom. Phorbas, berger de Polybe, roi de Corinthe, l'emporta et le donna au roi, qui le fit élever comme son fils. OEdipe, ayant plusieurs années après consulté l'oracle qui lui fit la même réponse qu'à Laïus, s'enfuit de Corinthe, trouve dans un chemin de la Phocide son père qui lui dispute le passage, le tue sans le connaître, et arrive à Thèbes, où il triomphe du Sphinx et obtient pour prix la main de sa mère. Il en eut deux fils, Etéocle et Polynice, et deux filles, Antigone et Ismène. Quelques années après, le royaume fut désolé par une peste cruelle, et une enquête que nécessita la réponse de l'oracle, qui ordonnait de punir le meurtrier de Laïus, fit connaître ce meurtrier. OEdipe, au désespoir, s'arracha les yeux et quitta Thèbes, banni par ses enfants. Accompagné de la seule Antigone, il arriva à Colone en Attique, où il fut englouti dans la terre entr'ouverte sous ses pas. Ses malheurs ont fourni le sujet d'un grand nombre de tragédies, et entre autres de l'*OEdipe roi* et de l'*OEdipe à Colone* de Sophocle.

OEIL, organe de la vision chez les animaux. Les diverses parties qui le composent sont divisées en *accessoires* et en *constituantes*. Les premières occupent le contour de la cavité qui renferme le globe de l'œil, ou bien sont situées autour de cet organe ; ce sont 1° les *sourcils*, 2° les *paupières*, 3° les *cils*, 4° la *caroncule lacrymale*, 5° la *membrane conjonctive*. Les secondes sont celles qui entrent dans la composition de l'œil. Il a la forme d'un sphéroïde dont le plus grand diamètre s'étend d'avant en arrière. Ses parties constituantes sont 1° la *sclérotique*, 2° la *cornée transparente*, qui s'enchâsse dans la grande ouverture antérieure de la sclérotique, et semble un segment d'une sphère plus petite surajoutée à une autre, 3° la *rétine*, 4° la *choroïde*, 5° l'*iris*, 6° et 7° le *cercle* et les *procès ciliaires*, 8° l'*humeur aqueuse* et sa *membrane*, 9° le *cristallin* et sa *membrane*, 10° le *corps vitré*, 11° la *membrane hyaloïde*. On peut aussi y ajouter le nerf optique. On y trouve de plus un grand nombre de muscles, de nerfs et de veines. La cavité dans laquelle l'œil est contenu a reçu le nom d'orbite. Les insectes et les oiseaux sont de tous les êtres organisés ceux qui ont les yeux les plus gros par rapport au volume de la tête. L'œil et les parties de l'œil affectent des formes diverses chez les divers animaux. Ainsi la pupille est ronde dans les rongeurs, les singes et les chéiroptères, ovale chez les ruminants, les solipèdes, les baleines, ovale de haut en bas chez les chats, etc.

OEIL (accept. div.) se dit de plusieurs choses qui présentent une certaine ressemblance avec l'œil des animaux. On appelle ainsi, en architecture, le milieu de la volute du chapiteau ionique. L'*œil de dôme* est l'ouverture qui est en haut de la coupe d'un dôme, et qu'on couvre ordinairement d'une lanterne.—On nomme *œil d'ouverture* ouvertures qui se trouvent dans plusieurs outils et instruments ; comme l'*œil d'un marteau* par où passe le manche ; l'*œil d'une chèvre*, d'une grue, etc. (en mécanique), c'est le trou par où passent les câbles.—On appelle *œil du mors* le trou qui est au haut de la branche du mors, et par où sort la têtière. — Les horlogers nomment *œil d'un ressort* une fente faite à chacune des extrémités du grand ressort d'une horloge pour le faire tenir aux crochets du barillet et de son arbre. — Dans les fonderies, l'*œil* est une ouverture située au bas du fourneau, par laquelle la matière fondue s'écoule pour être reçue dans le bassin qui est au-dessous. *Fondre par l'œil*, c'est fondre sans boucher ce trou et laisser couler le métal à mesure qu'il fond. On appelle *œil de la perle*, la petite ouverture d'une perle. — *OEil*, en termes d'imprimerie, se dit de l'étendue ou plutôt de l'épaisseur d'un caractère d'imprimerie. On distingue les différentes épaisseurs par les termes de *petit œil*, *œil ordinaire*, *œil moyen* et *gros œil*. — On a nommé *œil simple* un bandage destiné à couvrir un œil, et *œil double* un autre bandage destiné à couvrir les deux yeux. Le premier se nomme *monocle*, le deuxième *binocle*.

OEIL (hist. nat.). Les botanistes appellent ainsi un petit filet verdâtre et pointu que l'on remarque entre le corps de la branche et le pédicule des feuilles ; c'est pour ainsi dire le germe du bouton.— On nomme vulgairement ainsi plusieurs plantes, mollusques, poissons, etc. Voici les principaux : on appelle *œil-d'Ammon* ou *de bouc*, la coquille *buline* ; *œil-de-bœuf*, un poisson du genre *spare*, un mollusque du genre *hélice*, la camomille des teinturiers ; *œil-de-bouc*, les coquilles des *patelles*, une *hélice*, la camomille pyrètre et le chrysanthème des prés ; *œil-de-bourrique*, le *dolice* ; *œil-de-chèvre*, une graminée très-commune ; *œil-de-chien*, un plantain ; *œil-de-Christ*, une astère ; *œil-de-corneille*, un agaric noir et vénéneux ; *œil-de-dragon*, le *lit-chi* ; *œil-de-flambe*, la coquille *bouge* ; *œil-de-loup*, la crapaudine ; *œil d'or*, les *lutjans* ; *œil-de-paon*, un chélodon et un papillon du genre *paon* ; *œil-de-perdrix*, l'adonide et une scabieuse ; *œil-de-rubis*, une *patelle* ; *œil-de-Sainte-Lucie*, un mollusque du genre *sabot* ; *œil-de-soleil*, la *matricaire* ; *œil-de-vache*, l'hélice glauque et plusieurs camomilles ; *œil-du-diable*, une adonide ; *œil-du-jour*, un papillon du genre *paon* ; *œil rouge*, un *cyprin*.

OEIL-DE-BOEUF (on dit au pluriel *œils-de-bœuf*), petit jour circulaire pris dans une couverture pour éclairer un grenier, une mansarde, un escalier, une antichambre.—Dans le palais de Versailles, on voit encore une salle sans fenêtre, qui était l'antichambre de celles du roi, et qui, éclairée par un *œil-de-bœuf*, portait aussi le nom d'*œil-de-bœuf*.

OEIL-DE-CHAT, variété de quartz chatoyant, d'un gris verdâtre ou d'un jaune brunâtre, offrant des reflets blanchâtres, nuancés de la couleur du fond, et dus, selon Cordier, à des filets d'asbeste insérés posés dans la pierre. Cette pierre est infusible ; ce qui la distingue d'une autre pierre chatoyante connue sous le nom d'*œil-de-poisson*, et qui est une variété de feldspath adulaire, présentant un fond blanchâtre avec des reflets d'un blanc nacré ou d'un bleu céleste. L'œil-de-chat est une pierre fort rare et d'un assez haut prix ; les plus estimées nous viennent de Ceylan et de Malabar.

OEIL-DE-CHAT. C'est le nom d'une pierre meulière rougeâtre percée de grands pores. On l'emploie de préférence pour moudre le seigle.

OEIL-DE-LIÈVRE ou LAGOPHTHALMIE, affection de l'œil dans laquelle la paupière supérieure ne recouvre pas entièrement l'œil, qui reste entr'ouvert même pendant le sommeil. Ce nom dérive de l'habitude que possède le lièvre de dormir les yeux entr'ouverts.

OEIL-DE-PERDRIX, roche micacée dont la pâte est un feldspath granulaire brun, contenant des lames de mica noir. Cette roche est volcanique ; elle est d'un bel aspect, et s'emploie pour faire des vases, des petites colonnes, etc. On la trouve en Italie. — C'est encore 1° le nom d'une lave grise avec des cristaux d'amphigène blanchâtre ; 2° une pierre meulière d'un gris un peu argentin avec de petits pores. On s'en sert pour les meules pour moudre le froment.

OEIL-DE-POISSON. Voy. OEIL-DE-CHAT, n° 1.

OEILLÉ, synonyme des poissons *squale*, *labre*, *pleuronecte* et *callionyme*. C'est aussi le nom des pierres susceptibles du poli, qui présentent à leur surface et dans leur cassure des cercles concentriques d'une substance ou d'une couleur différente de la pâte et du fond de la pierre. On voit cet accident dans les agates, les calcédoines, etc.

OEILLÈRE, nom donné aux dents canines de la mâchoire supérieure, parce qu'elles sont très-rapprochées de l'œil.— Les bourreliers appellent ainsi, 1° deux morceaux de cuir un peu épais, carrés, attachés par un côté aux montants de la bride, à côté de l'œil du cheval ; 2° la partie de la têtière du cheval de harnais. Ce sont des morceaux de cuir placés à côté des yeux pour les garantir des coups de fouet. — On nomme encore *œillère* ou *bassin oculaire* un petit vase de forme ovale dont on se sert pour baigner l'œil.

OEILLET, genre de plantes, type de la famille des caryophyllées, renfermant près de cent vingt espèces, appartenant presque toutes à l'ancien continent, herbacées, vivaces, bisannuelles ou annuelles, de plus de hauteur, à tiges articulées, noueuses, faibles, à feuilles opposées, à fleurs solitaires, en panicule ou agrégées. De la deux divisions : 1° à fleurs agrégées : l'*œillet barbu* ou *de poète*, appelé vulgairement *compagnon*, *bouquet parfait*, *jalousie*, etc. ; — des fleurs panachées de blanc et de rouge vif, des feuilles nombreuses, d'un vert foncé ; l'*œillet des chartreux* a des fleurs ordinairement rouges, etc. ; 2° à fleurs solitaires : l'*œillet plumeux*, appelé vulgairement *mignardise* (voy.) ; l'*œillet superbe*, aux fleurs rosées ou blanches, larges de près de deux pouces ; l'*œillet giroflée*, l'*œillet des fleuristes* ou vulgairement l'*œillet* : c'est la plus belle espèce du genre et la plus recherchée. Ses fleurs sont solitaires, d'un pourpre plus ou moins foncé à l'état sauvage, mais nuancées de mille manières, suivant les variétés produites par la culture. Ces variétés sont au nombre de plus de sept à huit cents.

OEILLET, petit trou entouré de soie, de fil, de cordonnet, qu'on fait à divers ouvrages de toilette pour y passer un lacet, un cordon, etc. C'est aussi une petite vésicule qui s'élève quelquefois sur les plaques émaillées, lorsqu'on les met au feu.—En termes de marine, ce sont de grandes boucles que l'on fait sur certaines parties pour y passer des cordages.

OEILLETON, pièce ronde de cuivre que l'on place dans les télescopes à l'extrémité du tuyau des oculaires. Elle est percée d'un trou fort petit auquel on applique l'œil.

OEILLETON, nom donné, en agriculture, aux pousses latérales qui se forment après la floraison au collet des racines des plantes vivaces. On s'en sert quelquefois pour la reproduction des végétaux.

OEILLETTE, huile retirée par expression des semences des pavots indigènes, et particulièrement du *pavot simple*. Elle a une odeur vireuse et un goût nauséabond. Quand on sait l'en dépouiller, elle est blonde, claire, douce, saine, agréable au goût et l'une des meilleures que puissent produire les plantes herbacées oléagineuses. On l'emploie avec succès à l'assaisonnement comme à la préparation des aliments, pour l'éclairage et dans les arts. Elle est un objet très important de commerce pour nos départements du Nord, dont les habitants en font un usage habituel. La moitié de la récolte est consommée dans le pays; le reste passe dans le Midi, où elle sert depuis longtemps à la fabrication du savon et même à des sophistications de l'huile d'olive.

OELAND, île de la mer Baltique, sur les côtes du gouvernement de Calmar, dont elle fait partie et dont elle est séparée par un détroit d'environ 5 lieues. Sa superficie est de 90 lieues carrées, et sa population de 30,000 habitants. Elle a dans la partie septentrionale des forêts et des carrières de pierres de taille. La partie méridionale est un pays de plaines, de champs fertiles et de prairies où l'on élève beaucoup de bétail. C'est dans cette île que la Suède tient ses matelots. — La capitale est BORGHOLM, sur le détroit de Calmar, à 35 lieues de Stockholm. C'est un simple château fort.

OELS, jolie et forte ville de la Silésie, à 8 lieues de Breslau. Elle est le chef-lieu d'une principauté médiate qui appartient à la maison de Brunswick, et qui a une superficie de 114 lieues carrées et une population de 87,800 habitants. C'est la résidence du duc de Brunswick-OEls.

OENANTHE, genre de plantes herbacées, aquatiques, de la famille des ombellifères, renfermant neuf espèces, toutes extrêmement vénéneuses, à l'exception de l'*œnanthe pimprenellière*, qui croît dans nos prés, et a une racine vivace, composée de plusieurs tubercules allongés. Les tubercules fusiformes réunis en faisceaux de l'*œnanthe safranée* sont des poisons éminemment dangereux, qui, pressés entre les doigts, donnent un suc jaune assez solide, dont les teinturiers n'ont cessé de faire usage depuis qu'ils l'ont reconnu être la source de nombreux accidents. L'*œnanthe aquatique* a une plante de deux mètres de haut, aux racines semblables à celle du navet, et que l'on prend souvent pour du céleri sauvage à cause de ses feuilles.

OENÉE (myth.), roi de Calydon, était fils de Parthaon ou Prothéus et d'Euryté. Il épousa Althée, fille de Thestius, dont il eut Clymenus, Méléagre, Gorgé et Déjanire, qui épousa Hercule. Après la mort d'Althée, il épousa Péribée, fille d'Hipponoüs, qui le rendit père de Tydée. C'est sous son règne que Diane, irritée de ce qu'il l'avait oubliée dans un sacrifice qu'il offrait à tous les dieux pendant la moisson, suscita le sanglier de Calydon. (Voy. MÉLÉAGRE, CALYDON, ATALANTE.) Après la mort de Méléagre, OEnée, chassé du trône par les enfants de son frère Agrius, fut rétabli par son petit-fils Diomède. Mais il abdiqua la couronne en faveur d'Andrémon, son gendre, époux de Gorgé, se bannit lui-même de sa patrie, et mourut en allant dans l'Argolide.

OENOMAUS (myth.), fils de Mars et de Stéropé ou d'Arpine, régna à Pise en Élide, et épousa Évareté, fille d'Acrisius, dont il eut la célèbre Hippodamie. Il crut écarter les prétendants à sa main en mettant pour condition de lutter avec lui à la course et de subir la mort en cas de défaite. Pélops le vainquit par l'artifice de son écuyer Myrtile, qu'il avait gagné, et qui, détachant une des roues du char d'OEnomaüs, le fit renverser et périr.

OENONE (myth.), nymphe du mont Ida, fille de Cebrenus, fleuve de Phrygie, avait reçu d'Apollon la connaissance de l'avenir. Elle prédit à Pâris, qui l'avait épousée avant que Priam ne l'eût reconnu pour son fils, tout ce qui devait arriver. Lorsque Pâris eut reçu une blessure mortelle, il se fit transporter auprès d'elle dans l'espoir qu'elle le guérirait; mais il expira en arrivant, et la malheureuse OEnone se tua après l'avoir baigné de ses larmes. Elle avait eu de lui un fils, appelé Corythus, que son père tua pour lui avoir voulu persuader, par le conseil de sa mère, de répudier Hélène.

OENOPTE (du grec *oinos*, vin, et *optomai*, inspecter), magistrat athénien qui était chargé de réprimer toutes les débauches illicites qui pouvaient avoir lieu dans les festins. Il était tenu de citer les coupables devant l'Aréopage.

OENOTRIE, contrée d'Italie qui prit dans la suite le nom de Lucanie, et qui donna son nom à toute l'Italie. Elle fut ainsi appelée d'OEnotrus, fils de Lycaon et petit-fils de Pelasgus, roi d'Arcadie, qui y conduisit une colonie d'Arcadiens, environ dix-sept générations avant la prise de Troie. Dans la suite les OEnotriens se répandirent dans l'Ombrie et occupèrent les confins du Latium et de la Sabinie. Le pays où se fixa OEnotrus était d'abord habité par les Ausoniens.

OEREBRO, gouvernement ou préfecture du royaume de Suède, dans la Suède proprement dite. Il est formé de l'ancienne Néricie, et est borné au N. par le gouvernement de Stora-Kopparsberg, au S. par celui de Linkoping, à l'E. par ceux de Westeras et de Nykoping, à l'O. par ceux de Carlstad et de Skaraborg. Sa superficie est de 450 lieues carrées, et sa population de 68,095 habitants. Ce gouvernement se compose de plaines ondulées que couvrent les plus belles moissons. — La capitale est OEREBRO, située près de l'extrémité occidentale du lac Hielmarn, à 36 lieues de Stockholm. Sa population est de 4,000 habitants. Elle reçoit tout le fer de la province, et communique avec la Baltique par le lac Hielmarn, le lac Mélar ou Malarn et le canal d'Arboga. Cette facilité et cette rapidité de communication donne beaucoup d'activité à son commerce.

OESEL, île de la mer Baltique, à l'entrée du golfe de Riga, sur la côte du gouvernement russe de Revel, dont elle dépend, à une lieue et demie de l'île Dago. Elle est de forme triangulaire. Sa superficie est de 110 lieues carrées, et sa population de 31,000 habitants. Deux forts la défendent. Il y a un fanal. Les étrangers viennent y charger des grains. — La capitale est ARENSBOURG, qui commerce en blé, beurre, suif, etc. — L'île d'OEsel appartenait autrefois au Danemarck. Elle passa ensuite à la Suède. Aujourd'hui elle appartient à la Russie.

OESOPHAGE, conduit cylindroïde qui s'étend de l'extrémité inférieure du pharynx ou gosier, à l'orifice supérieur de l'estomac. Il sert à porter la nourriture, et se compose d'une couche musculeuse très-forte, et d'une membrane muqueuse.

OESTRE, genre d'insectes de l'ordre des diptères, famille des athérieères, tribu des œstrides. Ce sont des insectes d'une taille assez grande, ressemblant beaucoup à de grosses mouches, mais beaucoup plus velus, qui ne sont pas plutôt parvenus à l'état parfait, qu'ils cherchent à s'accoupler. L'espèce la plus commune est l'*œstre du cheval*, longue de cinq lignes, de couleur fauve et ferrugineuse. La femelle dépose ses œufs sur les jambes et les épaules des chevaux, qui, en se léchant, transportent les larves dans leur estomac où elles se développent. Elles descendent ensuite jusqu'à l'anus, et tombent à terre pour subir leur transformation en chrysalides et ensuite en insectes.

OESTRIDES, tribu d'insectes de l'ordre des diptères, de la famille des athérieères, renfermant des insectes qu'on trouve rarement à l'état parfait, mais le plus souvent à l'état de larve. Les larves sont généralement de forme conique, et privées de pattes, avec un corps composé de onze anneaux chargés de petits tubercules et de petites épines. Chaque espèce d'œstre dépose ses œufs sur une espèce particulière d'animal. Le bœuf, l'âne, le cheval, le renne, le cerf, l'antilope, le chameau, le mouton et le lièvre sont jusqu'ici les seuls quadrupèdes connus sujets à recevoir des larves d'œstres. Cependant il paraîtrait que ces larves attaquent l'homme lui-même.

OETA, montagne de la Grèce, située près de la mer Egée, entre la Thessalie au N., la Béotie et la Doride au S. C'est entre ce mont et la mer que se trouve le fameux défilé des Thermopyles, qui n'a guère que vingt-cinq pas de largeur. Le mont OEta était célèbre dans l'antiquité parce qu'Hercule se brûla lui-même sur sa cime. L'élévation de cette montagne a donné lieu aux poètes d'imaginer que le soleil, la lune, les étoiles se lèvent derrière elle. Le mont OEta porte aujourd'hui le nom de *Banina* ou de *Commaïla*.

OETTINGEN, maison princière d'Allemagne qui tire son nom du comté d'OEttingen, dont la superficie est de 54 lieues carrées et la population de 61,150 habitants, et qu'elle possède sous la souveraineté de la Bavière et du Wurtemberg. Le comté d'OEttingen est divisé en trois parties : 1° l'une en Bavière, dans le cercle de la Rezat, d'une superficie de 12 lieues carrées et une population de de 14,920 habitants. Elle appartient aux princes d'OEttingen-Spielberg. Son chef-lieu est OEttingen, ville de 2,300 habitants, située à 17 lieues d'Ulm. Elle a deux châteaux et un gymnase. 2° La seconde, en Bavière et en Wurtemberg, a une superficie de 36 lieues carrées avec une population de 41,955 habitants. Son chef-lieu est *Wallerstein*, à 5 lieues d'OEttingen. Elle appartient aux princes d'OEttingen-Walterstein. 3° La troisième a 6 lieues carrées de superficie et 4,250 habitants. C'était autrefois la possession de la branche des princes d'OEttingen-Baldern, ligne aujourd'hui éteinte. Elle appartient maintenant aux deux autres branches en commun, sous la souveraineté du Wurtemberg.

OEUF (économie domest.). On appelle de ce nom, en général, le produit femelle émané de l'ovaire et dans lequel est renfermé le germe qui doit perpétuer l'espèce, dans les êtres organisés et particulièrement les oiseaux. Ceux des oiseaux de basse-cour, tels que la poule, l'oie, la dinde, le canard, etc., offrent avec une plus grande quantité d'aliments un goût préférable à celui des œufs des autres ovipares. Mais ce sont surtout ceux de poules dont l'usage est universellement répandu comme aliment. Le jaune, délayé dans de l'eau chaude et sucrée, forme ce que on appelle un *lait de poule*. Il sert aussi dans les loochs. Soumis à la torréfaction, il fournit une huile utile dans plusieurs circonstances. L'albumine est employée dans les collyres; c'est encore avec elle qu'on clarifie les boissons, les liqueurs vineuses, etc. On se sert aussi du jaune pour enlever les taches de graisse; le blanc et la chaux mélangés forment un lut excellent pour raccommoder les porcelaines. Le moyen qui paraît avoir le plus de chances de succès pour la conservation des œufs est le séjour dans un vase rempli d'eau de chaux.

OEUF. Les metteurs en œuvre appellent ainsi de petites cassolettes ou boîtes de senteur, lesquelles sont suspendues à chaque côté de la chaîne d'un étui de pièce. — Dans les moulins à sucre, c'est le bout du pivot du grand tambour.

OEUF. On a appliqué vulgairement ce nom à plusieurs animaux ou plantes : on a nommé *œuf l'oursin*; *œuf à l'encre*, un *agaric noir*; *œuf du Japon*, une *ovule*; *œuf marin*, un *oursin*; *œuf papyracé*, une *ovule*; *petit œuf*, un *agaric*; *œuf rayé à l'encre*, un *agaric*; *œuf de serpent*, les oursins fossiles; *œuf de vanneau*, la coquille *bulle*; *œuf de molesme*, des géodes calcaires; *œuf d la neige*, un *agaric*; *œufs de poisson*, de petites coquilles fossiles qu'on a nommées *borélies*. — L'on appelle vulgairement *œufs de coq* des œufs de serpent que l'on trouve quelquefois dans les meules de foin, le fumier, etc., et des œufs de poule sans jaune.

OEUVRE, toute production d'une puissance. — En termes de gravure, il se dit du recueil des ouvrages d'un auteur, et, en termes de musique, d'une partie des œuvres. — En termes de marine, on appelle *œuvres vives* toute la partie d'un bâtiment qui est submergée, et *œuvres mortes* toute la partie de la carcasse qui est hors de l'eau. On appelle *œuvre de marée* le *radoub*, le carénage que l'on donne aux vaisseaux quand la mer est retirée; *grosses œuvres*, les *cabestans*, *roues de gouvernail*, etc. — Les tailliandiers nomment *œuvres blanches* les gros ouvrages de fer qui s'aiguisent sous la meule, comme haches, faux, etc. — En termes de joaillier, *œuvre* se dit du chaton dans lequel une pierre est enchâssée. *Mettre en œuvre*, c'est enchâsser, monter des pierreries. Le *metteur en œuvre* est celui qui fait ce travail. — Le *maitre des œuvres* est un officier qui a juridiction et inspection sur les ouvrages de maçonnerie et de charpenterie. On nomme *œuvre d'église* un banc placé dans la nef d'une église, où s'asseyent les marguilliers, et qui a devant une table ou un coffre sur lesquels on place ordinairement des reliques. — En métallurgie, on appelle *œuvre* le plomb qui contient de l'argent.

OFFA, roi de Mercie en Angleterre, succéda à son oncle Ethelbald l'an 757 de J.-C. Il assassina lâchement Ethelbert, roi d'Estanglie, qu'il avait attiré chez lui sous prétexte de lui faire épouser sa fille. Il eut ensuite avec Charlemagne des différends calmés par Alcuin. Après diverses conquêtes, il remit le trône à son fils Egfrid. Il mourut peu de temps après, en 796.

OFFA, espèce de pâte que les augures romains jetaient aux poulets sacrés quand ils voulaient prendre les auspices. L'augure était favorable s'ils mangeaient avidement, funeste dans le cas contraire.

OFFENBACH, petite ville d'Allemagne, sur le Mein, à une lieue de Francfort et 3 de Hanau. Elle est la capitale de l'ancien comté d'Isenburg, qui appartient depuis 1815 à la Hesse-Darmstadt et a une population de 4,000 habitants. Elle est renommée pour ses voitures, sa bijouterie et son tabac râpé.

OFFENDICES, bandes qui descendaient des deux côtés des bonnets des prêtres romains appelés *flamines*, et que l'on nouait sous le menton.

OFFERTE, offre que le prêtre fait à Dieu, dans le saint sacrifice de la messe, du pain et du vin avant qu'ils soient consacrés, au moyen de l'oraison qu'on appelle *secrète* ou *super oblata*, pour les préparer comme par degrés à être changés au corps et au sang de Jésus-Christ.

OFFERTOIRE, antienne qu'on chante pendant que le peuple va à l'offrande et qu'on prépare le pain et le vin de la messe pour les offrir à Dieu. Autrefois l'offertoire consistait en un psaume avec son antionne, que l'on finissait au signal du célébrant. Le prêtre ne le récitait point aux messes hautes. — On a étendu le nom d'*offertoire* à la nappe de toile dans laquelle les diacres recevaient les offrandes des fidèles.

OFFICE. Ce mot signifie dans son acception la plus générale la fonction dans la société civile. — Autrefois il se disait de certaines charges avec juridiction, ou d'une dignité avec fonction publique. Les offices étaient *vénaux*, c'est-à-dire vendus et aliénés par le roi, ou non *vénaux*. La vénalité des charges date en France du règne de François Ier et de l'administration du chancelier Duprat. En 1597, le parlement, qui avait jusqu'à ce moment fait prêter serment que l'on n'avait acheté son office ni directement ni indirectement, abolit ce serment. — Il y avait autrefois sept *offices* de la maison du roi, c'est-à-dire sept fonctions qui donnaient à leurs titulaires le droit d'approcher personnellement le monarque et de faire le service près de sa personne. Voy. OFFICIERS DE LA COURONNE.

OFFICE. En droit canonique, on donnait autrefois ce nom à un bénéfice sans juridiction. L'*office claustral* était celui que l'on donnait à des religieux pour avoir soin de l'infirmerie, de la sacristie, etc., moyennant certains revenus. L'office de grand veneur de l'abbaye de Saint-Denis était un *office claustral*. — On donne souvent à l'inquisition le nom de *saint-office*.

OFFICE DIVIN, hommage rendu à Dieu, et consistant dans les prières publiques que l'on fait à l'église. On lui a aussi donné le nom de *liturgie*. — Le chant des psaumes, introduit dans la liturgie antérieurement à l'an 250, est attribué à saint Ignace, disciple des apôtres. Ce fut saint Jérôme qui, à la prière du pape Damase, distribua les psaumes, les évangiles et les épîtres dans l'ordre où ils sont. Les oraisons, les répons et les versets furent ajoutés par les papes Grégoire et Gélase; les graduels, les traits et l'*alleluia*, par saint Ambroise. — La célébration de l'office varie chaque jour, selon le degré de solennité de la fête, du mystère, etc. On distingue des offices solennels majeurs, solennels mineurs, doubles, semi-doubles, simples, etc. — L'Église impose à tous les prêtres l'obligation de réciter tous les jours l'office divin ou le bréviaire.

OFFICIAL, juge ecclésiastique délégué autrefois par l'évêque pour exercer sa juridiction contentieuse. L'official devait être prêtre, gradué en droit canon, ou bien seulement licencié en théologie dans la faculté de Paris ou dans les autres facultés du royaume. L'évêque pouvait l'instituer ou le destituer à volonté. Les officiaux connaissaient de matières purement ecclésiastiques, et en particulier des actions en promesse ou en dissolution de mariage. Ils ne pouvaient condamner ni au fouet ni au bannissement, et n'avaient aucun pouvoir hors de leur territoire. — L'institution des officiaux ne commença, dit-on, que vers la fin du XIIIe siècle. Il paraît cependant, par le témoignage de Pierre de Blois et le septième canon du concile de Tours de l'an 1163, que les officiaux étaient établis en France antérieurement à 1163.

OFFICIALITÉ, juridiction, tribunal de l'official. Dans toute officialité, la partie publique prenait le titre de *promoteur*, et le lieutenant celui de *vice-gérant*. On distinguait en France trois sortes d'officialités : les *ordinaires*, établies dans la ville épiscopale; les *foraines*, établies hors de cette ville; et les *privilégiées*, dont des appellations étaient portées au pape, *omisso medio*, c'est-à-dire sans passer par l'évêque.

OFFICIER, celui qui possède un *office*. — On nommait autrefois *grands officiers de la couronne* les grands dignitaires qui étaient titulaires des offices de la maison du roi; c'étaient le *grand chambellan*, le *grand chancelier*, le *grand maître des cérémonies*, le *grand échanson*, le *grand veneur*, le *connétable* et le *grand aumônier*. Abolis par la révolution, les grands officiers reparurent sous Napoléon sous le nom de *grands dignitaires de l'empire*. Ils étaient six : le *grand électeur*, l'*archichancelier de l'empire*, l'*archichancelier d'État*, l'*architrésorier*, le *connétable* et le *grand amiral*. Toutes ces charges ont été abolies en 1815.

OFFICIER. On donne ce nom, dans la hiérarchie militaire, à tous ceux qui tiennent leur *office*, leur nomination du gouvernement, à la différence des *sous-officiers*, qui sont nommés par le chef du corps. On divise les officiers en *officiers généraux*, *officiers supérieurs* et *officiers subalternes*. Les premiers, qui sont les *lieutenants généraux* et les *maréchaux de camp*, sont ainsi appelés parce qu'ils peuvent commander les troupes de différentes armes; les seconds, qui sont les *colonels*, les *lieutenants-colonels*, les *chefs de bataillon* ou *d'escadron* et les *majors*, font partie d'un corps dans lequel ils exercent diverses fonctions, mais toutes supérieures et administratives; les troisièmes, qui sont les *capitaines*, les *lieutenants* et les *sous-lieutenants*, sont chargés du commandement inférieur des diverses fractions du corps.

OFFICIER DE SANTÉ, médecin qui peut exercer la médecine et la chirurgie, quoique n'étant pas pourvu du diplôme de docteur, et dont le ministère est pour cette raison limité à certains cas. Il y a deux sortes d'officiers de santé : les uns *civils*, ce sont ceux dont nous venons de parler, et les autres *militaires*. Dans ce dernier cas, l'idée d'officier de santé n'entraîne nullement celle de l'absence du titre de docteur. Ils prennent tous ce titre, docteurs ou non. Le corps des officiers de santé militaires, organisé par un règlement du 12 août 1836, se compose de médecins attachés aux corps de troupes, et de chirurgiens et pharmaciens attachés aux hôpitaux.

OFFRANDE, présent offert à une divinité. — Les fruits de la terre, le pain, le vin, l'huile, le sel ont été chez tous les peuples les plus anciennes offrandes. Numa Pompilius ordonna aux Romains d'offrir aux dieux des fruits, du froment, de la farine ou de la mie de pain avec du sel, du froment grillé ou rôti. Chez les Grecs, la matière ordinaire des offrandes des pauvres était le *thylema*, farine mêlée avec de la vin et de l'huile. — L'Église chrétienne a adopté les offrandes, et leur a consacré une partie de l'office divin qui porte ce nom.

OG, roi de Basan, de Galaad et de Gaulanite, fut battu et tué par Moïse. Ce roi, qui était de la race des géants, couchait sur un lit de fer, long de neuf coudées. Les Syriens en firent un dieu.

OGÉ, créole quarteron de Saint-Domingue, qui fut l'un des principaux auteurs de l'insurrection des nègres de cette île. Ce fut en 1790 que le mouvement éclata dans le quartier dit de la Grande-Rivière. Malheureusement le lieutenant d'Ogé, Chavannes, se livra à des excès qui firent regarder les insurgés comme de véritables brigands. Pris et condamnés, Ogé et Chavannes expirèrent sur la roue.

OGER ou OGIER LE DANOIS, personnage fameux dans les romans de chevalerie, où il est aussi appelé *Aulchaire*. C'était un des preux de Charlemagne, auquel il rendit, dit-on, de grands services. Pieux et brave, Ogier le Danois se fit religieux dans l'abbaye de Saint-Faron de Meaux, où il mourut dans le IXe siècle. Il a donné son nom à l'un des quatre valets.

OGIVE, reine de France, fille d'Édouard Ier, roi d'Angleterre, célèbre par son courage, sa beauté et son génie, épousa Charles le Simple, dont elle eut un fils Louis, surnommé plus tard d'*Outre-Mer*, parce que, lorsque son époux eut été fait prisonnier par le comte de Vermandois, Ogive chercha un asile à la cour de son frère Athelstan, et s'y éleva son fils, qui revint en France pour remonter le trône de son père.

OGIVE (archit.), sorte de voûte formée de deux arcs de cercle qui se rencontrent en formant au sommet un angle plus ou moins aigu, de manière à imiter le profil de la partie supérieure d'une mitre. L'ogive est le caractère distinctif de l'architecture dite *gothique*. Tout en l'adoptant comme symbole de l'esprit religieux qui a surtout été la personnification du moyen âge et qui s'élance vers les cieux, on peut l'attribuer à l'influence des Arabes sur les créations architecturales de l'époque.

OGLETHORPE (Sir James), général anglais, fils de sir Théophile Oglethorpe de Godalmin, au comté de Surrey, naquit à Westminster en 1688, servit comme simple enseigne dans les armées en 1710, et devint aide de camp et secrétaire du prince Eugène. A la paix, il fut nommé membre du parlement. En 1745, promu au grade de major général, il fut envoyé coutre les rebelles. Il mourut à quatre-vingt-dix-sept ans, le doyen d'âge de tous les généraux anglais.

OGMIUS ou OCMION, nom d'Hercule chez les Gaulois. Il était pour eux le dieu de l'éloquence ; aussi ils le représentaient sous la forme d'un vieillard à cheveux blancs, et, outre la peau de lion et la massue, on remarquait dans ses statues des chaines d'or et d'ambre très-déliées, qui partaient de sa bouche et allaient enchaîner les oreilles des auditeurs.

OGNON ou OIGNON, une des espèces du genre *ail*, caractérisée principalement par une bulbe parfaitement sphérique, composée de tuniques rouges ou blanches, et par une hampe nue, s'élevant à plus d'un mètre et demi, qui se charge en juillet de fleurs rougeâtres, nombreuses, disposées en tête arrondie. La graine de l'ognon est longue, d'un vert bleuâtre et anguleuse. Ce légume contient une huile volatile, âcre, blanche, qui excite le larmoiement quand on le coupe. On distingue un grand nombre d'ognons: l'*ognon rouge*, le *pâle*, le *blanc*, le *jaune*, etc. On en retire une grande quantité de sucre incristallisable. — Les Egyptiens nourrissaient leurs esclaves avec des ognons; et c'est des Romains qu'est venu l'usage, encore très-répandu dans le Midi, d'en faire son repas.

OGNON. Dans le langage vulgaire, on nomme *ognon* ce que les naturalistes appellent *bulbe*. On appelle *ognon de loup* un *polion*; *ognon de mer*, la *scylle maritime*; *ognon de Strasbourg*, l'*ail fistuleux*; *ognon musqué*, la *jacinthe* des environ de Montpellier ; *ognon sauvage*, la *jacinthe à toupet*.

OGNON, tumeur dure et douloureuse qui vient aux pieds. Les ognons sont susceptibles de guérison et persistent pendant toute la vie.

OGRE. On connaît sous ce nom, dans la littérature fantastique et dans les contes des fées, les hommes voraces qui mangent les petits enfants. Cette croyance a son origine dans la terreur inspirée par les invasions barbares des Huns, des Hongres, des *Oïgours*, qui buvaient, dit-on, le sang des vaincus, et dont les annales contemporaines ne parlent qu'avec horreur. Il paraît alors que le nom d'ogres n'est qu'une corruption de celui d'*Oïgours*.

OGULNIA, loi décrétée à Rome l'an 301 avant J.-C., sous les auspices des tribuns du peuple Q. et Cn. Ogulnius. Cette loi porta de quatre à neuf le nombre des pontifes et des augures, et régla que les nouveaux membres des collèges sacerdotaux seraient pris parmi les plébéiens.

OGULNIUS (Cneius et Quintus), tribuns du peuple l'an 301 avant J.-C., portèrent sur le sacerdoce une loi qui excita de grandes querelles entre les plébéiens et les patriciens. (Voy. OGULNIA.) Quatre ans après, ils furent nommés édiles curules. — Il y a encore de ce nom un consul, QUINTUS OCULNIUS GALLUS (l'an 269 avant J.-C.), pendant l'administration duquel on frappa la première monnaie d'argent à Rome.

OGYGÈS, premier roi connu de l'Attique, était, selon la mythologie, fils de la Terre ou de Neptune et époux de Thébé, fille de Jupiter et d'Iodamé, dont il eut trois filles, *Alalcomène*, *Aulis* et *Thelsinie*, et deux fils, *Cadmus* et *Eleusinus*. L'histoire le fait naître en Egypte ou en Phénicie. Il régna à la fois sur la Béotie et sur l'Attique. Ce fut sous son règne qu'arriva la grande inondation connue sous le nom de *déluge d'Ogygès*, qui fut causée,

dit-on, par le débordement d'un des fleuves de l'Attique. On place cet événement 250 ans avant Deucalion, vers l'an 1764 avant J.-C. Du reste, la durée de son règne, son origine, etc., sont tellement enveloppées d'obscurités que les Grecs appelaient *ogygies* tout ce qui était d'une antiquité reculée.

OGYGIE, île où régnait la nymphe Calypso. On la croit située vis-à-vis de Lacinium (Grande-Grèce); mais du reste sa situation précise est inconnue; son existence même est un problème. Ulysse, au retour de la guerre de Troie, y fit naufrage.

OHIO, grande rivière des Etats-Unis, qui se forme dans l'Etat de Pennsylvanie, à Pittsbourg, du concours des deux rivières Monongahela et Alleghany. L'Ohio sépare les Etats d'Ohio auquel il donne son nom, d'Indiana et des Illinois de ceux de Virginie, de Kentucky et Tennessee, et se jette dans le Mississipi après avoir reçu, dans un cours total de 415 lieues, à droite, le Muskingum (64 lieues), la Scioto, la Miami, la Wabash (180 lieues); à gauche, la Kenhawa, la Licking (75 lieues), la Kentucky (100 lieues), la Green, la Cumberland (200 lieues), la Tennessee (220 lieues). L'Ohio est joint au lac Erié par un canal de 63 lieues, qui traverse l'Etat d'Ohio.

OHIO, l'un des Etats unis de l'Amérique septentrionale, qui tire son nom du fleuve qui le traverse, et qui est borné au N. par le lac Erié et le territoire de Michigan, au S. par l'Ohio qui le sépare du Kentucky et de la Virginie, à l'O. par l'Etat d'Indiana, et à l'E. par celui de Pennsylvanie. Sa superficie est de de 5,229 lieues carrées, et sa population de 2,000,000 d'habitants. Il se compose d'un plateau généralement uni, varié par des prairies et des forêts ; on y récolte du maïs, du froment, du seigle, de l'avoine, de l'orge, du vin, du tabac qui est très-recherché. C'est un des Etats les plus manufacturiers. Le produit annuel de l'industrie est de 8 millions de dollars (40 millions de francs).— Admis dans la confédération en 1802; l'Etat d'Ohio a un gouvernement particulier comme tous les autres Etats. Le pouvoir législatif est confié 1° à un sénat de trente-trois membres au moins, âgés de trente ans et élus pour deux ans; 2° à une chambre des représentants qui compte soixante-neuf membres. Le pouvoir exécutif est entre les mains d'un gouverneur élu tous les deux ans par le peuple.—La capitale de l'Etat d'Ohio est COLUMBUS sur la Scioto, la ville principale est *Cincinnati*, avec 100,000 habitants.

OIE, section du genre *canard* qui tient le milieu entre les canards proprement dits et les cygnes. Cet oiseau est polygame; le mâle, appelé *jars*, peut suffire jusqu'à douze femelles. Les oies font leur nid à terre, et y pondent de six à huit œufs, dont la couvaison dure un peu plus d'un mois. Elles ont la vue bonne, l'ouïe très-fine et une vigilance remarquable. On les engraisse spécialement pour leur foie, avec lequel on fait des pâtés excellents; leur fiente, mélangée avec des engrais ou délayée avec de l'eau, est un excellent amendement pour l'agriculture. La peau, garnie de son duvet, sert à faire des fourrures, des houpes à poudrer, etc. Les plumes moyennes sont recherchées par les plumassiers et les tapissiers, pour en remplissent les lits, coussins, oreillers, carreaux, etc. Les grosses plumes de l'aile sont généralement employées pour écrire.— L'oie sauvage vit, dit-on, jusqu'à quatre-vingts ans. Elle a le sommeil extrêmement léger et beaucoup d'intelligence. Elle voyage par troupes, dans ses migrations des pays septentrionaux dans le Midi, volant sur d'assez longues lignes formant un angle aigu. Le mâle qui conduit se place au sommet de l'angle, et va se placer à l'extrémité de l'une des lignes lorsqu'il est fatigué.

OIES SACRÉES. Les Romains les employaient à la garde comme les chiens. On

nourrissait avec grand soin, dans le temple de Jupiter Capitolin, une troupe d'oies consacrées à Junon, parce que ces oiseaux avaient autrefois, par leurs cris et le battement de leurs ailes, éveillé les Romains à l'instant où les Gaulois faisaient une tentative pour prendre le Capitole d'assaut. Depuis cette époque leur soin était confié aux censeurs, et l'on célébrait même tous les ans en leur honneur une fête dans laquelle on en portait une en pompe dans une litière richement ornée, tandis qu'on traînait à sa suite un chien attaché sur une croix.

OIGNON. Voy. OGNON.

OIL (LANGUE D'), nom donné, dans le moyen âge, à la langue que parlaient les peuples de la France habitant au nord de la Loire, par opposition à ceux de la langue d'*oc*. Cette différence reposait sur ce que dans la première le mot *oui* se disait *oïl*, tandis que dans la seconde il se disait *oc*. La langue d'oïl était un mélange de latin, avec les langues celtique et franque, mélange qui, épuré à la longue, constitua la langue française.

OILÉE, roi des Locriens et père d'Ajax.

OILLE, potage espagnol dans lequel il entre plusieurs viandes différentes et plusieurs racines ou végétaux.

OINDRE, enduire de quelque substance grasse et molle. Il se dit des huiles dont les Israélites se servaient autrefois pour consacrer les rois et les grands prêtres, et de celles dont l'Eglise catholique se sert pour l'administration des sacrements.

OING. Voy. AXONGE.

OINT, ce qui a été frotté d'huile, de graisse, de matière onctueuse, et, par extension, ce qui est consacré. — On connaît sous ce nom une secte de chrétiens, qui prit naissance vers l'an 1570 à Barnstead dans le comté de Surrey en Angleterre, et dont le chef fut un nommé Writ, qui soutenait 1° que ceux de sa secte ne pouvaient pécher, ainsi que ceux à qui leurs péchés avaient été pardonnés une fois; 2° que le Nouveau Testament n'était qu'une prédiction de ce qui devait arriver, et que Jésus-Christ reviendrait encore sur la terre pour remplir toutes les promesses, avant la fin du monde.

OISE, rivière de France qui a sa source près de Rocroy (Ardennes), traverse les départements de l'Aisne et de l'Oise, commence à devenir navigable à Chauny (Aisne), et constitue l'être sur une longueur de 121,543 mètres jusqu'à son embouchure dans la Seine à Conflans-Sainte-Honorine (Seine-et-Oise). Elle est flottable depuis Bautor, sur une ligne de 14,000 mètres. Son cours total est de 45 lieues. Elle est très-poissonneuse, et reçoit l'Aisne un peu au-dessous de Compiègne.

OISE, département de la France septentrionale, formé de l'Ile-de-France en partie, du Santerre et de l'Amiénois, et borné au N. par le département de la Somme, à l'E. par celui de l'Aisne, au S. par ceux de Seine-et-Marne et de Seine-et-Oise, et à l'O. par ceux de l'Eure et de la Seine-Inférieure. Sa superficie est de 608,560 hectares, et sa population de 400,000 habitants. Il nommait cinq députés, et se divise en quatre arrondissements : *Beauvais*, *Clermont*, *Compiègne* et *Senlis*. Le chef-lieu de préfecture est *Beauvais*. C'est la patrie de Calvin, et y remarque les ruines de Pierrefonds, le château et la forêt de Compiègne, le château et la forêt de Chantilly, le parc d'Ermenonville, etc. L'agriculture est assez avancée. L'industrie commerciale réside dans les manufactures de lainage, des blondes, de bonneterie, de faïence, de porcelaine, de tabletterie, etc., et dans la fabrication de l'alun et de la couperose. Ce département est compris dans la 16e division militaire, le diocèse de Beauvais et le ressort de l'académie et de la cour d'appel d'Amiens.

OISEAU. On donne vulgairement ce nom à une foule d'oiseaux très-différents entre eux par leur organisation et leurs habitudes. On appelle *oiseau-abeille* les *oiseaux-mouches* et les *colibris* ; *oiseau d'Afrique*, le *casse-noix* et la *pintade* ; *oiseau aquatique*, le *bec-en-fourreau* ; *oiseau ballimore*, le *troupiale* ; *oiseau à bec tranchant*, le *pingouin* ; *oiseau béni*, la *sylvie* ; *oiseau bête*, le *bruant* ; *oiseau bleu*, la *poule sultane*, un *merle* et le *martin-pêcheur* ; *oiseau de bœuf*, le *héron-crabier* ; *oiseau de Bohême*, le *jaseur* ; *oiseau à bonnet noir*, la *mésange des marais* ; *oiseau boucher*, la *pie-grièche* ; *oiseau-bourdon*, des *colibris* et des *oiseaux-mouches* ; *oiseau de cadavre*, la *chevêche* ; *oiseau des Canaries*, le *serin* ; *oiseau des cerises*, le *loriot* ; *oiseau-chameau*, l'*autruche* ; *oiseau de cimetière*, le *grimpereau de muraille* ; *oiseau de combat*, le *bécasseau* ; *oiseau à cou de serpent*, l'*anhinga* ; *oiseau des courants*, le *pingouin* ; *oiseau à couronne*, la *grue* ; *oiseau couronné noir*, un *tangara* ; *oiseau de la croix*, le *bouvreuil à sourcils roux* ; *oiseau de Curaçao*, le *hocco* ; *oiseau de Dampier*, le *calao de Céram* ; *oiseau de dégoût*, le *dronte* ; *oiseau du destin* et *oiseau à deux becs*, deux espèces de calaos ; *oiseau du diable*, le *pétrel* ; *oiseau diablotin*, le *stercoraire* ; *oiseau de Dieu*, le *paradisier* ; *oiseau dunette*, la *grive* ; *oiseau fétiche*, le *butor* ; *oiseau de feu*, un *troupiale* et un *tangara* ; *oiseau fou*, la *sistelle* ; *oiseau des glaces*, l'*ortolan de neige* ; *oiseau goitreux*, le *pélican blanc* ; *oiseau de guerre*, la *fregata* ; *oiseau jaune*, le *loriot*, le *bruant* et la *sylvie d'été* ; *oiseau des joncs*, l'*ortolan des roseaux* ; *oiseau de Juda*, le *gros-bec* ; *oiseau de Libye*, la *grue cendrée* ; *oiseau de mai*, la *calandre* ; *oiseau marchand*, le *cathare* ; *oiseau de mauvaise figure*, l'*effraie* ; *oiseau de Médie*, le *paon* ; *oiseau de meurtre*, la *litorne* ; *oiseau à miroir*, une *sylvie* ; *oiseau mon père*, la *coracine* ; *oiseau de montagne*, les *hoccos* ; *oiseau de la mort*, l'*effraie* ; *oiseau des neiges*, la *niverolle*, l'*ortolan des neiges* et le *tétras lagopède* ; *oiseau de nerte*, la *litorne* ; *oiseau niais*, le *canard siffleur* ; *oiseau noir*, le *stourne* ; *oiseau de Notre-Dame*, un *martin-pêcheur* ; *oiseau de Numidie*, la *pintade* ; *oiseau d'œuf*, le *sterne* ; *oiseau d'or*, le *monaul* ; *oiseau de Palamède*, la *grue cendrée* ; *oiseau de paradis*, le *paradisier* ; *oiseau pêcheur*, l'*aigle balbuzard* ; *oiseau de la Pentecôte*, le *loriot commun* ; *oiseau à pierre*, le *pauxi* ; *oiseau des pluies*, le *tocco* ; *oiseau pluvial*, le *pic-vert* ; *oiseau de plumes*, une *grue* ; *oiseau pourpré*, la *lalève* ; *oiseau prédicateur*, plusieurs *faucons* ; *oiseau quaker*, l'*albatros* ; *oiseau rhinocéros*, un *calao* ; *oiseau rieur*, le *coucou* ; *oiseau de riz*, un *gros-bec* ; *oiseau-roi*, un *gobe-mouches* ; *oiseau royal*, une *grue* et le *manucaude* ; *oiseau des savanes*, un *gros-bec* ; *oiseau Saint-Jean*, un *faucon* ; *oiseau Saint-Martin*, le *busard* ; *oiseau de Saint-Pierre*, le *pétrel* ; *oiseau sans ailes*, le *pingouin* et le *manchot* ; *oiseau de sauge*, la *fauvette des roseaux* ou *sylvie* ; *oiseau silencieux*, un *tangara* ; *oiseau de soleil*, le *caurale* et le *grèbe foulque* ; *oiseau sorcier*, l'*effraie* ; *oiseau-souris*, le *coliou* ; *oiseau-teigne*, le *martin-pêcheur commun* ; *oiseau de tempête*, le *pétrel* ; *oiseau des Terres-Neuves*, l'*aracari* ; *oiseau-tout-bec*, le *toucan* et l'*aracari* ; *oiseau trompette*, l'*agami*, l'*oiseau royal* et le *calao* ; *oiseau du tropique*, la *paille-en-queue* ; *oiseau de Turquie*, le *casse-noix*.

OISEAU, terme de maçonnerie. On nomme ainsi une espèce de demi-auget, composé de planches légères, arrondies par une extrémité et jointes en équerre par l'autre, dont celle d'en bas est posée horizontalement sur deux morceaux de bois, en forme de bras, et celle d'en haut est attachée à deux autres petits bâtons qui tombent d'aplomb sur chacun des bras. Les manœuvres portent le mortier aux maçons sur cet auget.

OISEAU-MOUCHE, genre d'oiseaux de l'ordre des passereaux et de la tribu des trochilés ou trochilidés dont il est le type. Il diffère peu de celui des *colibris*. Les oiseaux-mouches, ainsi appelés à cause de la petitesse de leurs proportions, sont de petits chefs-d'œuvre en miniature. Revêtus des couleurs les plus vives et les plus variées, ils voltigent continuellement comme les papillons, et se nourrissent comme eux du pollen des fleurs. Il paraît cependant qu'ils font aussi la chasse à de très-petits insectes. On les trouve indifféremment sous l'équateur et dans les zones tempérées de l'Amérique. Les plus jolies espèces sont le *rubis-topaze* et la *huppe-col*. La plus petit est l'*oiseau-mouche à ventre gris*, qui a deux pouces quatre lignes de longueur totale.

OISEAU ROYAL, espèce du genre *grue*, nommée aussi *grue couronnée*. C'est un très-bel oiseau, dont le corps est noir ; les ailes sont blanches, et la joue est variée de deux plaques rouge et blanche. Sa tête est surmontée d'une belle aigrette roussâtre, qui représente une sorte de couronne. Il est originaire d'Afrique ; mais il s'acclimate parfaitement en Europe, où il vit en domesticité.

OISEAUX, animaux ovipares à circulation et à respiration doubles, organisés pour le vol, composant la deuxième classe de l'ordre des vertébrés. L'appareil de la locomotion chez les oiseaux réside dans les plumes des ailes et dans celles de la queue. Les premières sont connues sous le nom de *pennes rémiges*, parce qu'elles font l'office de rames ; les secondes sous celui de *pennes rectrices*, parce qu'elles font l'office de gouvernail. On peut mettre encore au nombre des moyens de progression le volume considérable de leurs poumons, et les cellules aériennes qui, transmettant l'air dans toutes les parties du corps et même dans la cavité des os et des plumes, augmentent la légèreté spécifique de l'animal et en font comme une sorte de ballon. Les oiseaux sont les seuls animaux chez lesquels on rencontre immédiatement à la division de la trachée-artère un second larynx dans lequel se produit la voix. La circulation est la même que chez les mammifères. L'appareil de la digestion se fait remarquer par le triple renflement de l'œsophage : le premier appelé *jabot*, le second appelé *ventricule succenturié* ou *jabot glanduleux*, et le troisième, qui est le véritable estomac, connu sous le nom de *gésier*.—Les mœurs des oiseaux ne sont pas moins curieuses que leur organisation. L'habilité ingénieuse et admirable avec laquelle ils fabriquent leurs nids, leurs migrations, leurs chants, leur parure brillante dans la saison des amours, la vigilance de leurs soins dans l'incubation, sont autant de faits qui sont dignes d'exciter l'attention et l'admiration. Les mœurs des oiseaux varient suivant les genres, les familles et les ordres ; ainsi l'oiseau de proie vit tout autrement que le palmipède, le gallinacé autrement que le passereau, etc.

OISEAUX FOSSILES ou ORNITHOLITHES. Leur existence n'a commencé d'être signalée que dans le XVIIIe siècle. On a trouvé dans les environs de Liége des débris fossiles de canard, d'oie, de perdrix, de coq, de pigeon, de corbeau, d'alouette et de martin. On a constaté la présence du premier animal dans le calcaire marneux bleuâtre de l'ancienne Gergovie (Auvergne), et Cuvier a signalé une espèce voisine des bécasses, et d'autres qui se rapprochent de la chouette, de l'alouette de mer, du balbuzard, du pélican et du courlis.

OJAK, régiment de janissaires chez les Turks. L'officier qui les commande s'appelle *ajak-agalari*.

OKA, grande rivière de la Russie d'Europe, qui prend sa source dans le gouvernement d'Orel et se jette dans le Volga, près de Nijni-Novogorod. Elle est navigable et très-poissonneuse. Son cours est de 100 lieues environ.

OKAL. Les Egyptiens nomment ainsi leurs hôtelleries. On les appelle encore *kans* ou *caravansérails*.

OKEHAM, ville d'Angleterre, chef-lieu du comté de Rutland, dans une riche vallée, à 31 lieues de Londres. Sa population est de 3,000 âmes. Elle a un château, une église, un hôpital et une école de charité. Autrefois, quand un seigneur à cheval entrait dans cette ville, il devait donner un fer de cheval ou le racheter avec de l'argent.

OKHOTSK, province de la Sibérie, dans le gouvernement d'Irkoutsk, bornée au N. et à l'O. par celle d'Iakoutsk, au S. par l'empire chinois, et à l'E. par la mer qui a pris son nom, et qui s'appelle encore *mer de Sakhalien* ou *de Tarrakaï*. Sa superficie est d'environ 20,000 lieues carrées, et sa population de 150,000 habitants. — La capitale est OKHOTSK, sur la mer de ce nom, siége de l'administration et entrepôt général du commerce russe dans ces contrées. Son port est petit et fréquenté par des négociants qui font le commerce des fourrures. Sa population n'est guère que de 1,000 habitants.

OLAF. Voy. OLOF.

OLAUS. Voy. OLOF.

OLAVIDÉ (Don Pablo), comte de Pilos, né à Lima (Pérou) en 1725. Il était auditeur dans cette ville en 1746, lorsqu'il fut appelé à Madrid pour se défendre du crime d'irréligion. Il fut emprisonné et relâché peu après. Nommé secrétaire du comte d'Aranda, il le suivit dans son ambassade en France, et contribua puissamment avec lui à l'expulsion des jésuites. Charles III le créa comte et intendant général de l'Andalousie. C'est alors qu'il conçut et exécuta le projet de défricher la Sierra-Morena, entreprise gigantesque qui livra à l'agriculture et au commerce un pays inculte et stérile. Arrêté en 1776 comme coupable d'hérésie, il subit un emprisonnement de deux ans ; après quoi, une sentence inique le condamna à une détention de huit ans dans un couvent. Parvenu à s'échapper en 1780, il se réfugia en France, puis à Genève. Revenu ensuite à des sentiments pieux, il composa un livre, intitulé *Triomphe de l'Evangile*, qui le fit rappeler dans sa patrie, où il mourut en 1803.

OLBERS (Guillaume), savant astronome saxon, né à Arbergen dans le duché de Brême en 1758, se livra de bonne heure à l'étude de l'astronomie, et se fit bientôt connaître par la découverte de plusieurs comètes et de deux planètes (Pallas en 1802, et Vesta en 1807). Mais ce qui le distingue, c'est l'invention d'une méthode nouvelle, recommandable surtout par sa simplicité, et qui diffère de celles qui sont appelées proprement analytiques, en ce qu'elle est tirée d'une construction à laquelle l'auteur applique les règles des deux trigonométries.

OLDCASTLE (Sir John), connu sous le nom du *bon lord Cobham*, naquit sous le règne d'Edouard III, et obtint la pairie en épousant l'héritière d'un lord Coblam, qui se distingua par son patriotisme sous Richard II. Il s'éleva avec force contre la corruption cléricale qu'il dénonça au parlement. Imbu de l'hérésie de Wiclef, il propagea ses écrits et sa doctrine, et fut arrêté et emprisonné, sous le règne de Henri V, comme coupable d'hérésie. Il s'échappa de la Tour de Londres, et alla se réfugier dans le pays de Galles. Sa tête fut mise à prix. Conduit à Londres, il fut suspendu à un gibet placé au-dessus d'un bûcher ardent qui le consuma en 1417. Il avait fait quelques ouvrages.

OLDENBOURG, grand-duché d'Allemagne, faisant partie de la confédération germanique et enclavé de tous les côtés dans le royaume d'Hanovre, à l'exception du N. où il est borné par la mer d'Allemagne, et de l'E. où il confine au territoire de Brême. Il se compose 1° du duché d'Oldenbourg proprement dit, avec toutes ses dépendances, savoir les sei-

OLE   OLG   OLI   981

gneurles de Jever, de Bentinck et de Varel (300 lieues carrées et 206,000 habitants); 2° de la principauté de Lubeck et Eutin, enclavée dans le Holstein (24 lieues carrées et 20,000 habitants); 3° de la principauté de Birkenfeld, enclavée dans le duché du Bas-Rhin (27 lieues carrées et 24,000 habitants). Sa superficie totale est de 354 lieues carrées, et sa population de 250,000 habitants On y trouve beaucoup de lacs, de marais et de varennes où l'on élève des bestiaux et des chevaux estimés. On y récolte du lin, du chanvre, du houblon, du colza en quantité, mais très-peu de blé. Les revenus annuels du grand-duc s'élèvent à 1,500,000 florins (3,885,000 francs). Il occupe dans l'assemblée ordinaire de la diète la quinzième place collectivement avec les duos d'Anhalt et les princes de Schwarzbourg. Il a une voix dans l'assemblée générale. Son contingent fédéral est de 2,177 hommes. — L'Oldenbourg était autrefois un comté qui, réuni en 1647 à celui de Delmenhorst, passa, après l'extinction de la famille des anciens comtes, à la branche de Holstein qui règne aujourd'hui en Danemarck. Echangé en 1773 contre une partie du duché de Holstein, il passa alors au grand-duc Paul, depuis empereur de Russie, qui l'abandonna à son cousin Frédéric-Auguste, duc de Holstein-Gottorp, évêque de Lubeck, en faveur duquel l'empereur d'Allemagne l'érigea en duché en 1775. — La capitale de ce grand-duché est OLDENBOURG.

OLDENBOURG, ville d'Allemagne, capitale du grand-duché de ce nom, sur la rivière de Hunte, l'un des affluents du Weser, à 8 lieues de Brême et 30 de Munster. Elle a été bâtie en 1155 par Christian Ier, premier comte d'Oldenbourg, et renferme un beau château qui sert de citadelle, deux églises luthériennes, une catholique, un observatoire et une population de 10,849 habitants.

OLDENLANDIE, genre de la famille des rubiacées, renfermant plusieurs espèces, dont une, l'*oldenlandie à ombelles*, est appelée par les Indiens *chaya-ver*, racine colorante, parce qu'elle donne une couleur rouge superbe, dont l'éclat paraît mieux lorsqu'on la stimule au moyen d'un alcali. C'est une plante à racine fibreuse, longue, rougeâtre, d'où sortent plusieurs tiges faibles, rameuses, presque tombantes, portant une petite tête de fleurs blanches. Les mouchoirs que le commerce apporte de Madras, de Masulipatnam, etc., les toiles peintes de Bangalore, de Calcutta, etc. (*chints* ou *chiles*), les foulards de Patna et du reste de l'Inde doivent la beauté, la richesse et la solidité de leurs couleurs à l'emploi de la couleur fournie par la racine de cette plante.

OLÉAGINEUX (du latin *oleum*, huile), synonyme de *huileux*, se dit de tout ce qui contient de l'huile ou de tout ce qui ressemble à ce corps.

OLÉATE, genre de sels composés d'une base d'acide oléique. Ils sont pulvérulents, incolores, presque inodores, d'une saveur amère et alcaline. Ils n'existent pas dans la nature.

OLÉCRANE. On appelle ainsi une éminence ou apophyse volumineuse que présente l'extrémité supérieure de l'os cubitus, et qui devient très-saillante pendant la flexion de l'avant-bras. C'est elle qui constitue ce qu'on appelle le coude.

OLEG, prince russe, tuteur du jeune Igor, fils de Rurick, garda pendant trente-quatre ans la régence des États de son pupille. Il soumit les Drewliens, conquit les villes de Kief et de Smolenko, et alla en 904 avec une flotte de 2,000 bateaux rançonner Constantinople, sous le règne de Léon le Philosophe. Ce prince mourut en 912.

OLÉINE. Voy. ÉLAINE.

OLÉIQUE (ACIDE), acide liquide, incolore, d'une consistance oléagineuse, d'une odeur et d'une saveur rances, composé de 7 parties 69 d'oxygène, de 80,94 de carbone et de 11,85 d'hydrogène en poids. Il a été découvert par M. Chevreul, et existe dans le gras des cadavres. On l'obtient en traitant la graisse de porc par la potasse. Sa pesanteur spécifique est de 0,898 à 19 degrés.

OLEN, ancien poëte grec, originaire de Lycie ou de Sarmathie, était antérieur à Orphée. Il avait composé des hymnes qui se chantaient à Delphes dans les fêtes solennelles. L'on a dit qu'il avait établi dans cette ville l'oracle d'Apollon, devenu depuis si célèbre.

OLÉO-SACCHARUM. On donne ce nom à une composition de sucre et d'une huile essentielle broyés ensemble pendant un certain temps. Le sucre sert à diviser les molécules de l'essence et à faciliter la dissolution de l'huile dans des liquides avec lesquels on se mêlerait difficilement. L'oléo-saccharum sert à aromatiser des liqueurs.

OLÉRACÉ (bot.), qui sert à la nourriture comme plante culinaire. On donne ce nom aux espèces de chou, d'épinard, de mâche, de pourpier, d'ail, etc., quand elles entrent dans la cuisine. Les anciens étendaient cette épithète à toutes les plantes herbacées et même aux arbres dont on servait les fruits sur les tables.

OLERON, île de l'océan Atlantique, faisant partie du département de la Charente-Inférieure, à une lieue du point le plus proche du continent. Sa superficie est de 10 lieues carrées, et sa population de 16,244 habitants. Le sol est bas et presque plat. Il s'y trouve de nombreux marais salants, qui produisent un sel blanc recherché pour sa légèreté. Le territoire est fertile en blé, seigle, orge, fèves, maïs, et bons légumes, en vins, etc. Elle se divise en deux cantons: celui de *Château-Ile d'Oleron* et celui de *Saint-Pierre*, chef-lieu de l'île, qui a 4,630 habitants. — L'île d'Oleron, connue des anciens sous le nom d'*Uliarius*, formait, dit-on, autrefois une presqu'île; les lois maritimes appelées *jugements d'Oleron* étaient célèbres dans le XIIIe siècle.

OLESNIKI (Zbigniew), l'un des plus grands hommes de la Pologne, issu d'une famille noble et ancienne, naquit en 1389. Secrétaire du roi Ladislas Jagellon, il le suivit en cette qualité dans ses expéditions, et lui sauva la vie. Il embrassa ensuite l'état ecclésiastique, et obtint l'évêché de Cracovie et le chapeau de cardinal. Ladislas l'employa dans les ambassades et dans les affaires les plus importantes. Olesniki lui marqua bientôt sa reconnaissance, en faisant, aussitôt après sa mort arrivée en 1434, élire roi de Pologne à Posna ou Posen le jeune Ladislas, son fils aîné, depuis roi de Hongrie, mort à Warna en 1444. A cette époque, Olesniki fit élire Casimir, frère du jeune Ladislas. Il mourut à Sandomir en 1455, laissant tous ses biens aux pauvres.

OLFACTION, fonction sensitive par laquelle nous apprécions les odeurs. L'organe de l'olfaction est situé à la tête et comprend, chez l'homme, une cavité osseuse du nez appelée *fosse nasale*. Cette cavité est tapissée d'une membrane muqueuse sur laquelle viennent se distribuer les nerfs de l'olfaction, et qui s'appelle *membrane olfactive*. On appelle *nerf olfactif* un nerf qui, en quittant la partie du cerveau où il prend son origine, se divise en une quarantaine de petits filets, et, après avoir pénétré au moyen d'un nombre égal de trous par le sommet des fosses nasales, se distribue dans la partie supérieure et moyenne de la membrane olfactive; les odeurs, ces particules émanant des corps odorants et se propageant dans l'air dans tous les sens, pénètrent dans les fosses nasales en même temps que l'air, et viennent se mettre en contact avec la partie supérieure de la membrane olfactive. Le nerf olfactif les transmet au cerveau.

OLGA, femme d'Igor, second prince de Russie, qu'elle épousa vers l'an 903, devint régente sous le règne de Sviataslaf son fils (945). Elle gouverna la Russie avec la plus grande habileté, tira une vengeance éclatante des Drevliens, qui avaient assassiné son époux, et, se fit chrétienne en 955. Elle mourut en 967, emportant les regrets de sa famille et de son peuple. La tradition lui a donné le surnom d'artificieuse, et l'Église grecque celui de sainte.

OLGIATI (Jérôme), gentilhomme milanais, conspira avec Jean-André Lampugnani et Charles Visconti contre Galéas Sforza, duc de Milan, qui avait séduit et déshonoré sa fille, morte de douleur peu de temps après. Ils l'assassinèrent dans l'église Saint-Etienne de Milan, le 26 décembre 1476; Olgiati fut aussitôt saisi par les gardes. Il expira quelques jours après dans les tourments avec la plus grande fermeté.

OLIBAN. Voy. ENCENS.

OLIBRIUS. Voy. OLYBRIUS.

OLIER (Jean-Jacques), instituteur, fondateur et premier supérieur de la communauté des prêtres du séminaire de Saint-Sulpice à Paris, naquit en 1608, et entra en 1633 dans les ordres sacrés. Il se lia étroitement avec saint Vincent de Paule, et refusa l'évêché de Châlons-sur-Marne, pour accepter en 1642, la cure de Saint-Sulpice, plus propre à l'exécution de ses pieux desseins. Il travailla à la réforme des mœurs avec autant de zèle que de succès, et institua en 1645 le séminaire de Saint-Sulpice. Il jeta en 1655 les fondements de l'Église que l'on voit aujourd'hui, d'accord avec son successeur qui l'avait remplacé en 1652. Il mourut en 1657, après avoir vécu saintement.

OLIGARCHIE (du grec *oligos*, peu, un petit nombre, et *arché*, autorité, puissance), sorte de gouvernement politique où l'autorité souveraine est entre les mains d'un petit nombre de personnes.

OLIGISTE, substance minérale qui est un oxyde de fer, et dont la pesanteur spécifique varie de 5,24 à 5,50. Elle peut se diviser en deux variétés principales: la *spéculaire*, dont l'éclat est métallique et la couleur d'un gris de fer passant quelquefois du noir au brun; et la *rouge*, qui possède une couleur d'un rouge qui passe au brun rougeâtre et au violet. L'oligiste est un minéral qui est très-recherché parce qu'il donne du fer de très-bonne qualité.

OLIK ou OULIK, monnaie d'argent de Turquie qui vaut 10 aspres.

OLIMPIA MALDACHINI naquit à Rome d'une famille sans fortune en 1593, épousa un membre de la maison des Pamphili. Elle parvint à faire nommer son beau-frère, J.-B. Pamphili, cardinal en 1629, et pape en 1644, sous le nom d'INNOCENT X. Ce fut réellement Olimpia qui gouverna le nouveau pape et l'Église romaine. Elle exerça sur l'esprit du pape un tel empire, qu'elle fit annuler une délibération prise solennellement dans le sacré collége, parce qu'elle n'y avait point participé. Cependant Innocent X étant mort en 1655, son successeur Alexandre VII lui intima l'ordre de sortir dans trois jours de Rome, et de se rendre dans huit à Orviette, où elle mourut en 1656, victime de la peste. Elle laissait, dit-on, 800,000 livres en numéraire, des meubles, des effets précieux et des propriétés considérables.

OLINDA, ville du Brésil, dans la province de Fernambouc et mieux Pernambuco, que l'on a souvent confondue avec *Villa do Recife*, appelée encore *Pernambuco*, qui en est à une lieue, et qui est la vraie capitale de la province. Olinda est située comme elle à l'embouchure du Rio-Bibe-ribe. Fondée dans le XVIe siècle par le premier donataire de la province, Duarte Coelho Pereira, elle reçut le titre de cité et fut longtemps la capitale de la province. Olinda a un séminaire et une population de 5,000 habitants.

OLINDE, sorte de lames d'épée, ainsi nommées de la ville d'*Olinda*, au Brésil, d'où on les porte.

OLIVA (Jean), né à Rovigo, dans les Etats de Venise, en 1689, reçut la prêtrise en 1711, et fut pendant huit ans professeur d'humanités à Asolo. Il obtint après la mort de Clément XI, la place de secrétaire du conclave, ce qui lui procura la connaissance du cardinal de Rohan, qui se l'attacha et le fit son bibliothécaire en 1722. Il mourut à Paris en 1727. On a de lui plusieurs ouvrages. — ALEXANDRE OLIVA, général de l'ordre de Saint-Augustin et célèbre cardinal, natif de Sasso-Ferrato, fut évêque de Camerino, rendit des services importants au pape Pie II, et mourut à cinquante-cinq ans, laissant quelques ouvrages.

OLIVAIRE, ce qui ressemble à une *olive*. On appelle *bouton olivaire* l'extrémité d'un outil arrondie comme une olive. Les anatomistes nomment *corps* ou *éminences olivaires* deux protubérances que l'on observe près de l'origine de la moelle vertébrale, à côté des éminences pyramidales et qui ont la forme d'olives.

OLIVARÈS (Don Gaspard DE GUZMAN, comte D'), d'une des plus célèbres et des plus anciennes familles d'Espagne, naquit à Rome, où son père était ambassadeur auprès de Sixte-Quint. Il s'insinua dans la faveur de l'infant, plus tard Philippe IV, en flattant ses goûts pour le vin, le jeu et les femmes, et, à l'avènement du jeune prince au trône (1621), fut appelé à l'administration du royaume et décoré du titre de duc de San-Lucar ; ce qui fit qu'il prit désormais le titre de *comte-duc*. Il supplanta le duc d'Uzeda dans la charge de premier ministre, et gouverna l'Espagne sous le nom de Philippe IV. Cependant le royaume essuya tant de défaites sous son administration, que les murmures s'élevèrent de tous côtés. La perte du royaume de Portugal vint combler la mesure, et le roi renvoya Olivarès de la cour en 1673. Confiné à Toro, il y mourut la même année du chagrin de sa disgrâce. Son neveu, don Louis de Haro, hérita de ses biens et de son rang.

OLIVE, fruit de l'*olivier*. On doit cueillir les olives durant la première quinzaine de décembre jusqu'au commencement de janvier. Ce sont elles qui donnent, par expression, la meilleure huile connue, dont les caractères sont d'être d'un jaune d'or, d'une belle transparence, d'une odeur et d'une saveur agréables, facile à se coaguler, et susceptible de se garder longtemps sans rancir. Prise comme médicament, l'huile d'olive est relâchante, émolliente, adoucissante, et, portée à dose élevée, purgative. L'olive se mange aussi comme fruit alimentaire. Pour la conserver, on la cueille encore verte, et on la met à confire dans du vinaigre aromatisé, de la saumure, de l'huile, ou bien dans une lessive faite avec de la chaux vive et de la cendre de bois neuf.

OLIVES. En termes d'architecture, ce sont de petits grains oblongs, enfilés en forme de chapelets, que l'on place sur diverses moulures.

OLIVET (Joseph THOULIER D'), né à Salins en 1682 d'un conseiller au parlement de Besançon. Il entra d'abord chez les jésuites, qu'il quitta à l'âge de trente-trois ans, et vint à Paris pour vivre au sein des lettres. Reçu en 1723 membre de l'académie française, il consacra toute sa vie à l'étude de la langue française et des auteurs classiques, et surtout de Cicéron. Il mourut en 1786. Excellent critique traducteur exact, grammairien consommé, on lui doit la *traduction* la plus estimée des œuvres de Cicéron, des *Opuscules sur la langue française*, la continuation de l'*Histoire de l'académie française* de Pelisson et plusieurs autres ouvrages.

OLIVETTE, champ planté en oliviers. — Les joailliers appellent ainsi des perles fausses, ordinairement blanches, dont on fait commerce avec les nègres de l'Afrique.

OLIVETTES, espèce de danse en usage chez les Provençaux, après qu'ils ont cueilli les olives. Elle se danse par trois personnes qui courent les unes après les autres en serpentant autour de trois oliviers.

OLIVIER, genre de la famille des jasminées, renfermant environ neuf espèces, une originaire d'Amérique, une de l'Asie, six de l'Afrique et une seule de l'Europe. Cette dernière est l'*olivier commun*, arbre de troisième grandeur, dépassant rarement quatorze mètres de haut, aux rameaux fort irréguliers, à l'écorce grisâtre, aux feuilles persistantes, d'un vert foncé en dessus et blanches en dessous, de l'aisselle desquelles sort une grappe rameuse qui se couvre de petites fleurs blanches. Les fruits qui leur succèdent sont appelés *olives*. (Voy.) Il en reste d'ordinaire deux seulement sur chaque grappe, qui mettent près de six mois pour arriver à leur complète maturité. L'olivier prospère également sur les sols fertiles et sur les sols ingrats ; mais, quand le thermomètre descend à 12 degrés centigrades au-dessous de zéro, l'olivier est frappé de mort. Aussi tous les climats ne sont-ils pas également propices à sa culture. La limite septentrionale de la culture de l'olivier en France est marquée par une ligne qui, partant des Pyrénées, passe par Carcassonne, Alais, Montélimart, et va aboutir aux Alpes. Le bois de l'olivier est jaunâtre, marqué de veines bien nuancées, susceptible de prendre un beau poli. Dans l'île de Corse, on l'emploie pour la construction des navires.

OLIVIER DE BOHÊME. Voy. CHALEF.

OLIVIER DE LEUVILLE, famille de robe qui s'éleva par son mérite et qui a produit de grands magistrats et hommes d'État. Le premier de cette famille, procureur au parlement de Paris, laissa un fils, JACQUES OLIVIER DE LEUVILLE, avocat général au parlement, puis premier président, mort en 1519. — Son fils FRANÇOIS OLIVIER DE LEUVILLE, magistrat habile et éloquent, était président à mortier au parlement de Paris lorsque François Ier le nomma chancelier de France en 1545. Sous le règne de Henri II, la duchesse de Valentinois lui fit ôter les sceaux, qui furent donnés au cardinal Bertrandi et qu'on érigea en titre d'office. Rappelé à la cour par François II en 1559, il servit d'instrument aux passions des partis, et mourut en 1560 du chagrin que lui causa la conjuration d'Amboise et ses suites. Sa postérité masculine finit à CHARLES OLIVIER DE LEUVILLE, mort à vingt-deux ans en 1671.

OLIVIER (Claude-Matthieu), avocat au parlement d'Aix, né à Marseille en 1701, mort en 1736, est l'auteur d'une *Histoire de Philippe, roi de Macédoine*, de *Mémoires sur les secours donnés aux Romains par les Marseillais durant la seconde guerre punique et durant la guerre contre les Gaulois*.

OLIVIER (Guillaume-Antoine), voyageur en Turquie et en Perse, entomologiste distingué, naquit près de Fréjus en 1756, fut reçu en 1800 membre de l'Institut et ensuite membre de la société d'agriculture du département de la Seine, et mourut en 1814. Ce fut lui qui rédigea la partie entomologique de l'*Encyclopédie méthodique*. On lui doit plusieurs articles d'insectes dans le *Dictionnaire d'histoire naturelle* de Déterville, une *Histoire naturelle des coléoptères*, etc.

OLIVIER DE LA MARCHE, chroniqueur français, né en Franche-Comté d'une ancienne famille, devint premier maître d'hôtel de l'archiduc Philippe le Beau, fils de Maximilien et comte de Flandre, et mourut en 1501. On a de lui des *Mémoires* très-estimés, qui comprennent l'histoire de France depuis l'an 1435 jusqu'à l'an 1499, le *Chevalier délibéré*, le *Miroir de la mort*, etc.

OLIVIERS (MONTAGNE DES) ou MONT DES OLIVES, mont de la Judée situé à l'orient de Jérusalem, dont il est séparé par le torrent de Cédron et la vallée de Josaphat. C'est là que Jésus-Christ fut pris par les soldats juifs conduits par le traître Judas ; c'est aussi là qu'il monta au ciel, après sa résurrection, en présence de ses apôtres.

OLLAIRES. Les naturalistes appellent ainsi des pierres douces et savonneuses au toucher, qui ont la propriété de se sculpter et de se travailler aisément, et de prendre au tour la forme qu'on veut leur donner.

OLMUTZ, cercle de la Moravie, borné au N. par la Silésie autrichienne, à l'O. par la Bohême, au S. par le cercle de Brunn, et à l'E. par celui de Prerau. Sa superficie est de 78 lieues carrées, et sa population de 200,635 habitants. Il est montagneux vers le N. et l'O. — Sa capitale est OLMUTZ.

OLMUTZ, ville importante et célèbre de Moravie, capitale du cercle de ce nom, à 30 lieues de Vienne et 50 de Prague. Elle est très-commerçante, et a une population de 19,000 habitants. Son université, supprimée en 1782, est remplacée par un collège qui a quatre professeurs de théologie, deux de jurisprudence, deux de médecine, quatre de philosophie et d'économie politique. Elle est le siège d'un évêché établi dans le IXe siècle et transféré à Olmutz dans le XIe. Olmutz a une bibliothèque de 50,000 volumes, une académie de chevaliers, un bel hôtel de ville, etc. Elle était autrefois la capitale de la Moravie ; aujourd'hui c'est Brunn. Elle est célèbre par la détention que subirent le général Lafayette et ses compagnons dans sa citadelle.

OLOF ou OLAF (en latin, *Olaüs*). Six rois de Norwège ont porté ce nom. — OLOF Ier *Trætelja*, fils du roi suédois Ingjald Ilrada, de la race des Inglinges, échappé au massacre de sa famille, fut le chef de la dynastie norwégienne vers l'an 668. Il fut assassiné en 698 par ses sujets. — OLOF II, surnommé *Geirsthada Afur*, succéda à son père Guthroth II en 802 conjointement avec son frère Halfdan III, et mourut en 839. — OLOF III *Trygveson* (fils de Trygve), arrière-petit-fils de Harald Harfager, né en 969, monta sur le trône après la mort de Hakan ou Haquin Ier. Il s'efforça d'établir dans ses États le christianisme qu'il avait embrassé, et périt dans le combat naval de Swœlderœ, que lui livrèrent en 1000 les rois de Suède et de Danemarck. — OLOF IV *Diggra* (le gros), plus connu sous le nom de *saint Olof* ou *Olaüs*, fils d'Harald Grœnske, fut élu roi de Norwège à Drontheim en 1014. Il porta tous ses soins à améliorer les anciennes lois et à en créer de nouvelles, qui avaient surtout pour but de favoriser la propagation du christianisme. Chassé de ses États en 1030 par Canut le Grand, roi de Danemarck, il périt à la bataille de Stiklarstad en 1031, en voulant reconquérir son royaume. L'Église l'honore comme un saint le 29 de juillet, et il est le patron de la Suède et de la Norwège. — OLOF V, surnommé *Kyrre* (le pacifique), fils de Harald Hardrada, succéda à son père en 1067, conjointement avec son frère Magnus II, et régna seul depuis 1069 jusqu'à sa mort arrivée en 1093. Il fonda Bergen en 1070, encouragea le commerce, et essaya le premier d'abolir l'esclavage. — OLOF VI, fils naturel de Magnus III, lui succéda en 1103 conjointement avec ses frères Sigurd Ier et Eystein ou Augustin Ier, et mourut en 1126.

OLOF. Trois rois de Suède ont porté ce nom. — OLOF Ier succéda à Emund vers l'an 848, et permit à saint Anschaire de prêcher l'Evangile dans ses États en 853. — OLOF II succéda à Bjoern l'Ancien, conjointement avec Erik IV, et laissa un fils nommé Bjoern le Fort. — OLOF III, surnommé *Skatkonung*, fils d'Erik IV et de Sigrid la Superbe, succéda à son père et mourut en 1018. Il avait fait la guerre à la Norwège, et fut le premier roi chrétien de la Suède. Son fils *Anund* lui succéda.

OLOGRAPHE. On appelle ainsi, en termes de jurisprudence, un testament écrit tout en entier de la main du testateur, daté et signé par lui. Il n'est astreint à aucune forme légale.

OLONETZ, gouvernement de Russie, borné au N. par celui d'Arkhangel, au S. par celui de Novgorod, à l'E. par celui de Vologda, à l'O. par ceux de Viborg et de

Finlande, et par le lac Ladoga. Sa superficie est de 6,840 lieues carrées, et sa population de 281,000 habitants. La terre est pierreuse et peu fertile ; mais on en tire de bon bois de construction. On y trouve des carrières de marbre, des mines d'or, de cuivre, de fer et de plomb. Le lac Onega y est compris tout entier.—La capitale du gouvernement, autrefois *Olonetz*, sur la rivière d'Olonza qui tombe dans le lac Ladoga, à 47 lieues de Saint-Pétersbourg, est aujourd'hui Petrozavodsk sur le lac Onega, à 23 lieues N.-E. d'Olonetz. Elle a été bâtie par Catherine II, qui lui a accordé les mêmes franchises qu'à Arkhangel. La ville d'Olonetz a été le premier chantier de Pierre Ier.

OLONNE, sorte de toiles fortes qui se fabriquent en Bretagne et dont on fait des voiles pour les vaisseaux.

OLONNE (Louis de la Trimouille, comte d'); né en 1626, se trouva en 1643 à la bataille de Nordlingue, commanda les chevau-légers à la majorité de Louis XIV, et mourut en 1686, sans laisser d'enfants de Catherine-Henriette d'Augennes, parente de la maréchale de la Ferté, qu'il avait épousée en 1652. La comtesse d'Olonne, morte en 1714, s'est fait une célébrité scandaleuse par le déréglement de ses mœurs. Cette branche de la maison de la Trimouille fut terminée en 1690 par un frère du comte d'Olonne dont la fille fit passer les biens dans la maison de Montmorency.

OLOPHYRME, chanson que les anciens chantaient dans les événements tristes et les cérémonies funèbres.

OLORON, ville de France, sous-préfecture du département des Basses-Pyrénées, au confluent des gaves d'Aspe et d'Ossau, qui forment par leur réunion celui d'Oloron, à 6 lieues de Pau. Sa population est de 6,458 habitants. Elle a un tribunal de première instance et des fabriques de cadis, de bonnets, bas de laine au métier, des papeteries, des verreries, etc.

OLYBRIUS (Anicius), de l'ancienne maison Aulcia, l'une des plus illustres de Rome, fut nommé consul à l'occasion de son mariage avec Placidie, sœur de l'empereur Valentinien III, qui l'envoya en Italie à la tête d'une armée. Après qu'Anthemius eut été détrôné par Ricimer, celui-ci éleva Olybrius sur le trône d'Occident l'an 472, avec intention de l'en faire descendre bientôt ; mais la mort prévint ses desseins. Olybrius mourut le 23 octobre de la même année après un règne très-court. Sa mort amena un interrègne de deux ans, au bout duquel fut proclamé Glycerius. Sa jactance et son incapacité ont donné lieu à la locution devenue vulgaire : *c'est un Olybrius*.

OLYMPE (myth.), musicien grec de Mysie, fils de Méon et disciple de Marsyas, vécut avant la guerre de Troie. Il était également habile sur la flûte et sur les instruments à percussion et à cordes. Il est regardé comme l'auteur du genre harmonique, et comme l'inventeur des rhythmes prosodiaque, choréique et bachique.

OLYMPE (géogr.), petite chaîne de montagnes célèbre dans la fable, située entre la Macédoine et la Thessalie, le long des côtes du golfe Thermaïque. Elle a environ un mille et demi de hauteur perpendiculaire, et est toute couverte de bois. Les anciens, qui croyaient qu'elle touchait le ciel, imaginèrent de là que les dieux y faisaient leur résidence, et que Jupiter y tenait sa cour. Aussi l'Olympe est-il pris dans les poètes pour le ciel même. L'Olympe porte aujourd'hui le nom de *Lacha*.

OLYMPIA. Voy. Olimpia.

OLYMPIADES, nom donné, en Grèce, à des périodes de quatre ans mesurées par l'espace qui s'écoulait entre les célébrations des jeux Olympiques. L'usage de supputer le temps par le moyen des olympiades remonte à l'an 280 avant J.-C. que Timée, historien de Sicile, commença de l'employer le premier. Comme ère historique, les olympiades furent presque universellement employées par les Grecs jusqu'à Auguste, et cessèrent totalement d'être en usage à la fin de la cccxlve, l'an de J.-C. 440. Les auteurs ne sont pas d'accord ni sur leur nombre, ni sur l'époque exacte à laquelle on les fait remonter. D'après le P. Pétau, ce serait 777 ans avant J.-C. ; d'après Usherius, 772 ; d'après Calvisius, 774 ; et, d'après Gatterer, 776, c'est-à-dire l'an du monde 3224. C'est l'époque généralement adoptée. Voy. Ère des olympiades.

OLYMPIAS, fille de Néoptolème, roi d'Epire, et sœur d'Alexandre Ier, aussi roi d'Epire. Elle s'appela *Myrtale* dans son enfance, et épousa, à peine âgée de seize ans, le célèbre Philippe, roi de Macédoine, dont elle eut Alexandre le Grand. Philippe, l'ayant répudiée pour épouser Cléopâtre, nièce d'Attale, Olympias se retira de la cour, et fut, dit-on, la complice de Pausanias, le meurtrier de son époux. Elle fit en même temps périr Cléopâtre sa rivale. Après la mort d'Alexandre, elle s'enfuit en Epire, d'où elle revint en triomphe, protégée par Polysperchon. Elle fit alors mourir Arrhidée, Eurydice sa femme, Nicanor frère de Cassandre, et cent des principaux seigneurs. Assiégée dans Pydna par Cassandre, elle fut forcée de se remettre entre ses mains. Condamnée à mort, elle ne put être massacrée que par les parents de ceux qu'elle avait fait périr, l'an 316 avant J.-C.

OLYMPIE (aujourd'hui *Mirala* ou *Longenico*), une des principales villes de l'Elide, sur l'Alphée, entre les embouchures des fleuves Leucyanias (*Miracca*) et Cytherus (*Cladéon*), vis-à-vis de l'emplacement occupé jadis par Pise avec laquelle on l'a mal à propos confondue. Cette ville était célèbre surtout par les jeux qu'on y célébrait tous les quatre ans en l'honneur de Jupiter Olympien, et par le fameux temple dédié à la même divinité. Le temple, un des plus beaux et des plus vastes de la Grèce, était bâti avec une pierre qui ressemblait au marbre de Paros. Il était entouré d'un rang de colonnes, et couvert de marbre taillé en forme de tuile. On remarquait surtout dans l'intérieur une statue de Jupiter, d'or et d'ivoire, chef-d'œuvre de Phidias, et qui passait pour une des merveilles du monde. Elle avait soixante pieds de haut, et représentait le dieu assis sur son trône. Autour du temple était un bois sacré nommé *Altis*, où étaient placées les statues des vainqueurs.

OLYMPIEN, surnom de Jupiter, honoré spécialement à Olympie.

OLYMPIODORE, historien grec, natif de Thèbes en Égypte, vécut sous le règne de Théodose, qui l'envoya en ambassade auprès des Huns. Il composa en grec une histoire divisée en vingt-deux livres, qui commence à l'an de J.-C. 407, et qui porte le titre de *Sylves* ou *Matériaux* ; nous n'en avons que des extraits dans Photius. Olympiodore avait aussi écrit le récit de son ambassade chez les barbares du Nord.

OLYMPIONIQUES. C'est ainsi que l'on nommait les athlètes couronnés aux jeux Olympiques. Ils étaient fort considérés de leur ville natale, qui presque toujours abattait un pan de ses murailles pour laisser le passage à leur char triomphal. Athènes surtout faisait tant de dépenses en présents pour les olympioniques nés dans son sein, que Solon crut que les lois devaient y mettre des bornes, et qu'il défendit de leur donner plus de 500 drachmes d'argent.

OLYMPIQUES (jeux), les plus célèbres et les plus brillants jeux de la Grèce, célébrés tous les quatre ans à Olympie en l'honneur de Jupiter Olympien. Ils duraient cinq jours, et s'ouvraient le 12 d'hécatombéon, la veille étant consacrée à un sacrifice fait à Jupiter. On fait remonter l'origine des jeux Olympiques jusqu'à l'un des cinq dactyles que Cybèle fit venir de Crète en Élide pour élever Jupiter, et qui est connu sous le nom d'*Hercule Idéen*, ou bien jusqu'à Jupiter lui-même, qui combattit à Olympie contre Saturne pour l'empire du monde. Plusieurs fois interrompus, rétablis par Pélops, et négligés encore après lui, ils furent rétablis en 884 avant J.-C. par Iphitus, législateur d'Élée. Les divers exercices furent introduits peu à peu, savoir : la course dans la Ire olympiade, la course du stade doublé dans la xive, le *pentathle* dans la xviiie, le ceste dans la xxiiie, la course du char à deux chevaux dans la xxve, le combat du pancrace et la course avec les chevaux de selle dans la xxviiie. Les athlètes combattirent tout nus depuis la xxxiie olympiade, et il fut défendu aux femmes et aux filles, sous peine de la vie, d'assister à ces jeux. Les vainqueurs recevaient une couronne d'ache, d'olivier ou de laurier, qui leur était remise le dernier jour par les *hellanodices* ou juges du concours.

OLYNTHE (aujourd'hui *Agio-Mama*), ville de la Macédoine dans la Chalcidice, à l'extrémité septentrionale de la presqu'île de Pallène. Elle devint célèbre à cause des différends qu'elle eut successivement avec les Athéniens, les Lacédémoniens et le roi Philippe de Macédoine, qui la détruisit et réduisit ses habitants en esclavage en 348 avant J.-C. Pressés par Philippe, les Olynthiens avaient demandé du secours aux Athéniens, qui leur en avaient envoyé, à la persuasion de Démosthène. C'est pour les y déterminer que ce célèbre orateur prononça les trois fameux discours connus sous le nom d'*Olynthiennes*, et qui nous sont parvenus.

OLYRÉES, neuvième section établie par Kunth dans la famille des graminées, et dont le genre type est l'*olyra*, composé de douze espèces vivaces, toutes indigènes au climat des Antilles et de l'Amérique méridionale. Ce sont des plantes presque semblables à l'orge.

OMAN, pays d'Arabie, au S.-E., sur le détroit d'Ormus et l'océan Indien. C'est une contrée montueuse, où il ne pleut que du 20 novembre au 20 février, et qui est divisée en plusieurs petits princes qui n'ont que le titre de *cheiks*, tandis que le plus puissant prend celui d'*iman*. Le froment y abonde, ainsi que l'orge, le raisin, les dattes, etc. La mer est très-poissonneuse. On trouve dans l'Oman des mines de cuivre. La capitale est Mascate.

OMAR. Deux califes arabes ont porté ce nom. — Omar Ier (Abou-Hassa-Ibn-Al-Kuattad), né vers la fin du vie siècle de notre ère, était de la famille des Koréischites comme Mahomet, dont il fut d'abord un des plus ardents persécuteurs et ensuite un des plus zélés prosélytes. Il lui donna même sa fille. Omar succéda à Abou-Bekr l'an 634 de J.-C. Ce prince, un des plus rapides conquérants de la terre, prit d'abord Damas, capitale de la Syrie, dont il chassa les Grecs, puis Jérusalem en 637. Ses lieutenants défirent le roi de Perse Jezdegerde à la bataille de Nehavend. L'un d'eux, Amou-ben-Elass, enleva aux Byzantins l'Égypte entière et une partie de l'Afrique. Omar ne jouit pas longtemps de sa gloire ; il fut assassiné l'an 644, à soixante-trois ans, par un esclave persan. — Omar II, huitième calife de la dynastie des Ommiades, succéda à son cousin Soliman l'an 717 de J.-C. Il attaqua Constantinople, et fut obligé d'en lever le siége. Sa famille, voyant qu'il accordait quelques réparations aux Alides ou partisans d'Ali, le fit empoisonner auprès d'Emèse l'an 720.

OMAR-AL-MOTAWAKKEL-AL-ALLAH (Abou-Mohammed), surnommé *Al-Aftas*, cinquième et dernier roi maure de Badajoz en Espagne. Il avait disputé ses États, qui comprenaient une partie du Portugal, à son frère Yahia, auquel il succéda l'an 1079 de J.-C. Un lieutenant du roi de Maroc, Youssouf-ben-Taschfyn, l'assiégea dans sa capitale, et, après l'avoir fait prisonnier, lui fit trancher la tête l'an 1094 de J.-C.

OMASUM et Omasus, noms que l'on donne

au troisième estomac des animaux ruminants.

OMBELLE, mode d'inflorescence commun à un grand nombre de végétaux et surtout à un des principales familles naturelles, celle des OMBELLIFÈRES. L'ombelle offre la ressemblance parfaite d'un parasol; en effet elle présente une réunion de plusieurs pédoncules communs partant tous d'un même point, divergeant comme les rayons d'une demi-sphère, et se terminant en une surface convexe; ce qui la distingue du corymbe, dans lequel les rayons sont à la même hauteur. Ces pédoncules communs forment eux-mêmes le plus souvent des *ombellules*, qui ne sont autre que de petites ombelles partielles sur chaque tige de la grande ombelle.

OMBELLIFÈRES, famille naturelle de plantes dicotylédonées, à tige herbacée, annuelle ou vivace; aux feuilles alternes; aux fleurs petites, sans éclat, ordinairement blanches, rosées ou jaunes, disposées en ombelle. Sprengel divise la famille des ombellifères en huit tribus : 1º HYDROCOTYLINÉES, 2º BUPLÉVRINÉES, 3º PIMPINELLÉES, 4º SMYRNIÉES, 5º CAUCALIDÉES, 6º SCANDICINÉES, 7º AMMIDÉES, 8º SÉLINÉES.

OMBELLULE. Voy. OMBELLE.

OMBILIC. On appelle ainsi, en anatomie, le point du corps où s'insérait le cordon ombilical au moment de la naissance. Ce point, situé vers le milieu de l'abdomen, est encore appelé *nombril*. Il remplace l'ouverture qui, dans le fœtus, donne passage à l'ouraque et aux parties constituantes du cordon ombilical, et résulte de l'oblitération de cette ouverture par quatre plans de fibres qui s'entre-croisent par leurs extrémités. L'ombilic donne son nom à la partie moyenne du ventre, bornée de part et d'autre par les flancs, la *région ombilicale*.

OMBILIC. En botanique, ce mot est synonyme de *cicatricule* et de *hile*, et désigne le point où la graine était attachée dans l'ovaire au placenta par le moyen du cordon ombilical appelé encore *funicule* ou *podosperme*. Le point central du hile, par lequel les vaisseaux nourriciers du placenta arrivaient à la graine, porte le nom d'*omphalode*. Dans le fruit du marronier d'Inde, l'ombilic est très-vaste; c'est une large tache blanche située à la face inférieure.

OMBILIC. Dans les mollusques, c'est une ouverture plus ou moins marquée qui se voit dans beaucoup de coquilles spirales à la base de l'axe ou de la columelle.

OMBILICAL (CORDON). Voy. CORDON.

OMBILIQUÉ (bot.). On appelle ainsi tout organe qui présente sur un point de sa surface une dépression marquée. Le stigmate, le fruit, l'ovaire peuvent être *ombiliqués* dans ce sens que leur sommet porte un enfoncement distinct. — On appelle plus spécialement *ombiliquée* toute graine qui porte la cicatrice du funicule ou cordon ombilical.

OMBOS ou OMBI (*El-Bueid* ou *Koum-Ombon* des modernes), grande ville d'Egypte dans la Thébaïde, au S., sur la rive orientale du Nil, entre Syène et Apollinopolis la Grande. Cette ville est célèbre par le culte qu'on y rendait aux crocodiles.

OMBRE. Indépendamment de l'acception commune de ce mot, qui s'emploie pour désigner la teinte plus ou moins foncée projetée par un corps contrairement au côté de la lumière, on donne encore ce nom à un genre de poissons démembré du grand genre *saumon*, et renfermant une seule espèce, dont la tête est petite, arrondie, parsemée de petits points noirs; le corps allongé, couvert d'écailles; les côtés un peu aplatis et de couleur mélangée de gris et de bleu le long des côtes; le ventre est blanc, ainsi que les nageoires pectorales; celles du ventre et de la queue sont rougeâtres; celle du dos est d'un beau violet. Ce poisson aime l'eau fraîche, froide et pure. Sa chair est blanche, douce et de très-bon goût. Elle exhale une odeur très-agréable.

OMBRE ou TERRE D'OMBRE, terre brune noirâtre qu'on emploie dans la peinture.

OMBRES (accept. div.). La théologie païenne distinguait dans l'homme trois parties, dont chacune avait une destination particulière après la mort : le corps, qui était réduit en cendres; l'esprit, qui retournait au ciel, et l'ombre (en latin, *umbra*, *simulacrum*), qui descendait aux enfers et y conservait toutes les formes des corps terrestres, sans avoir ni chair ni os. C'est pour cela que les enfers sont nommés dans les poëtes le royaume des ombres. — Chez les Romains, ceux qui étaient invités à un repas pouvaient y mener avec eux quelques-uns de leurs amis, et ces nouveaux convives s'appelaient *ombres*.

OMBRES CHINOISES. On connaît sous ce nom un spectacle pour amuser les enfants, dans lequel on fait agir les ombres de divers personnages derrière une surface transparente, et qui est imité des peintures chinoises. Les ombres chinoises commencèrent leur apparition en Europe par l'Allemagne, où elles étaient connues sous le nom de *schutteuspiel*. Ce fut en 1767 qu'on en fit en France un premier essai; mais leur réussite populaire date de 1784. Le fondateur et le directeur de ce spectacle à Paris fut *Séraphin*.

OMBRES, nom des peuples de l'Ombrie.

OMBRIE ou UMBRIE, contrée de l'Italie ancienne, séparée de l'Etrurie par le Tibre, et bornée au N. par la mer Adriatique, au S. par le Nar (aujourd'hui *Neri*), et à l'E. par le pays des Sabins. L'Ombrie, qui tirait son nom des pluies (*ab imbribus*) fréquentes dont elle est inondée, ou de sa position à l'ombre des Apennins (*ab umbra*), était divisée en trois parties : l'*Ombrie proprement dite* à l'E., le pays des *Sénones* au N.-E., et le *Picenum* au S.-E. Ses villes principales étaient Ariminium (Rimini), Asculum (Ascoli), Firmum (Fermo), Ancône, etc. — Les Ombres, peuple qui l'habitait, étaient renommés pour leur frugalité et leur économie. On pense assez généralement qu'ils étaient d'origine celtique, et qu'ils possédaient toute la Gaule cisalpine, dont ils furent chassés par les Etrusques. Après avoir été longtemps ennemis des Romains, ils devinrent leurs alliés vers l'an de Rome 434.

OMBRINE, genre de l'ordre des acanthoptérygiens, famille de sciénoïdes, renfermant des poissons ressemblant beaucoup aux *sciènes*. Le type du genre est l'*ombrine commune* ou *scième barbue*. Sa tête est comprimée, toute écailleuse, et forme une pointe obtuse. La mâchoire supérieure avance sur l'inférieure; elles sont toutes deux armées en forme de lime. A la mâchoire supérieure pend un barbillon très-court. Le tronc est comprimé et large, le dos arrondi et arqué. Le fond de la couleur de ce poisson est jaune citron. Aux côtés sont des raies ondoyantes métalliques qui vont du dos à la tête; le ventre est blanc; la nageoire de l'anus rouge, etc.; les dorsales sont brunes; les nageoires du ventre et de la poitrine sont noires. Ce poisson atteint une grandeur considérable; il se nourrit de vers et de zoophytes; sa chair est ferme et délicate. On le trouve dans la mer Méditerranée.

O'MÉARA (Barry Edward), chirurgien irlandais, d'abord attaché en cette qualité au navire anglais *le Bellérophon*, lorsque Napoléon y monta dans l'espérance d'être transporté en Angleterre ou aux Etats-Unis. Trompé dans son attente, il reçut du docteur O'Méara des soins qui le déterminèrent à lui faire la proposition de le suivre à Sainte-Hélène. Celui-ci accepta avec le consentement de son gouvernement, qui comptait en faire un espion. Le refus du docteur O'Méara provoqua son rappel, qui eut lieu le 25 juillet 1818. Il consigna les observations qu'il avait faites sur Napoléon pendant trois années dans un journal qui a produit en Europe une grande sensation, et dont il a été publié plusieurs traductions françaises.

OMER (Saint) (en latin *Audomarus*), né dans le val de Goldenthal près de Constance d'une famille noble et riche, se retira dans sa jeunesse au monastère de Luxeuil, et fut nommé en 636 évêque de Térouanne par Dagobert. Il travailla avec zèle à rétablir la discipline dans son diocèse, fonda le monastère de Sithieu, auquel saint Bertin, qui en fut le second abbé après Saint-Momelin, donna son nom, et mourut en 668. Son corps fut enterré dans l'église de Notre-Dame qu'il avait bâtie, et qui est devenue cathédrale de la ville de Saint-Omer, qui s'est formée autour.

OMER (SAINT-), sur Aa, chef-lieu d'arrondissement du département du Pas-de-Calais, à 17 lieues d'Arras. Sa population est de 19,344 habitants. Elle a un tribunal de première instance avec deux chambres, un collége, une société d'agriculture, de commerce, des sciences et arts, une société des antiquaires de la Morinie, une école royale de dessin, etc. Saint-Omer est l'une des neuf places de guerre du département. On remarque sa belle cathédrale construite pendant le XIVe siècle. — Autrefois capitale du pays du Morins, Saint-Omer s'appelait alors *Sithieu*. Saint Audomarus ou Omer, évêque de Térouanne, y fut enterré et lui donna son nom.

OMER, mesure des Hébreux. Voy. GOMER.

OMMASTRÈPHE, genre de mollusques de l'ordre des céphalopodes et de la famille des décapodes, démembré du grand genre calmar, dont il diffère surtout par leurs nageoires terminales, par leurs yeux mobiles et garnis de paupières, et par plusieurs autres caractères. L'ommastrèphe renferme une douzaine d'espèces, dont la plus connue est l'*encornet*, rattaché par d'autres au genre calmar. Voy.

OMMIADES, première dynastie des califes arabes successeurs de Mahomet. Cette famille avait eu pour chef OMAYAH ou OMMIAH, un des Koréischites, ou Ben-Koréisch, cousin germain de l'aïeul de Mahomet. Elle parvint au califat en 661 dans la personne de son arrière-petit-fils Moavia ou Mohawyah, qui avait disputé à Ali la succession d'Othman et qui succéda à Ali. La dynastie de Ommiades resta au pouvoir jusqu'en 749, où elle fut renversée par les Abbassides. Abdérame, échappé au massacre de sa famille à l'âge de dix-huit ans, fonda en Espagne la seconde dynastie des Ommiades, qui régna de 755 à 1031.

OMNIBUS (en latin, *pour tous*), voitures publiques consistant en un caisse oblongue et carrée, où se trouvent deux banquettes longitudinales qui peuvent contenir jusqu'à vingt personnes. On les employa à Paris pour la première fois en 1828. Elles portent les noms de *béarnaises*, de *dames blanches*, d'*écossaises*, d'*orléanaises*, de *tricycles*; ces dernières marchaient sur trois roues dans l'origine.

OMNIUM. On appelle ainsi en Angleterre, dans le langage de l'économie politique, la totalité des objets, des fonds publics que le gouvernement donne à l'adjudicataire d'un emprunt. Chaque article séparé de l'emprunt se nomme *scrip*, diminutif de *souscription*. L'*omnium* d'un emprunt est sujet à la hausse et à la baisse et par conséquent l'objet de grandes spéculations.

OMNIVORES (*qui mange tout*). On emploie cet adjectif, en zoologie, pour désigner les animaux qui se nourrissent à peu près indifféremment de substances animales ou végétales, c'est-à-dire qui sont carnivores et herbivores tout à la fois. L'homme, l'ours, la plupart des animaux domestiques sont dans ce cas. Les animaux omnivores sont ceux dont le canal intestinal a une étendue moyenne entre celle des carnivores et des herbivores.

OMOPLATE, os mince, de forme irrégulièrement triangulaire, qui s'articule avec l'humérus ou du bras et forme l'épaule.

OMPHALE (myth.), fille de Jardanus, femme de Tmolus, roi de Lydie, qui lui laissa son royaume en mourant. Hercule étant tombé malade après le meurtre d'Iphitus, l'oracle déclara qu'il ne recouvrerait la santé que lorsqu'il aurait été vendu comme esclave. Omphale l'acheta et lui rendit bientôt la liberté, dont il ne fit usage que pour rester aux pieds de sa maîtresse. Il fut si épris de la beauté de cette reine, que les poëtes nous le représentent filant à ses pieds avec ses femmes. Hercule resta auprès d'Omphale trois ans selon les uns, et un an selon les autres. Après son départ, la reine le remplaça par d'autres amants qu'elle faisait assassiner à mesure. Elle fut elle-même massacrée par un prince lydien. Hercule en avait eu un fils nommé Agelaüs ou Lamon, qui fut la souche des rois lydiens.

OMPHALIER, genre de plantes de la famille des euphorbiacées, tribu des hippomanées, qui ne renferme que deux espèces, dont l'une, l'*omphalier à trois étamines* ou *noisetier d'Amérique*, est un arbre de plus de quarante pieds de haut, à feuilles alternes, éparses, d'un vert pâle; à fleurs petites, verdâtres, disposées en panicules; au fruit consistant en une grosse baie pendante, renfermant un noyau dont l'amande, qui a le goût de la noisette, fournit une huile fort analogue à celle d'amandes douces. Toutes les parties de cette plante, excepté l'amande, sont très-purgatives.

OMRAH. On appelait ainsi, à la cour du grand Mogol, les seigneurs ou officiers qui remplissaient les premières fonctions de l'Etat et qui étaient chargés du commandement des armées. La paye ordinaire d'un omrah était de 50,000 roupies (128,500 francs). Les omrahs les plus distingués étaient le premier ministre appelé *ermad-el-dewlet*, les deux secrétaires d'Etat et les gouverneurs de Caboul et de Bengale.

ONAGGA. Voy. DAUW.

ONAGRARIÉES, famille de plantes dicotylédonées, se composant de végétaux herbacés, portant des feuilles simples, opposées, alternes et des fleurs grandes, formant à la sommité de la tige et des rameaux une sorte de grappe ou d'épi. Elle se divise en trois sections, et renferme entre autres les genres *œnothera*, qui, connu en français sous le nom d'*onagre*, est le type de la famille; et *epilobium*, à cause duquel on a voulu lui donner le nom d'*épilobiées*.

ONAGRE, genre de plantes, type de la famille des onagrariées ou épilobiées, renfermant des végétaux herbacés, annuels ou bisannuels. L'espèce la plus connue est l'*onagre bisannuelle*, vulgairement appelée *herbe aux ânes*, parce qu'on croit faussement que les ânes la préfèrent, apportée de Virginie en Europe en 1614. Sa racine est très-longue, grosse, pivotante, charnue, rougeâtre; ce qui lui a fait donner les noms de *raiponce rouge* et de *jambon du jardinier*. En Allemagne, on la mange avec du sel, un peu de beurre ou du lait. En France, l'abandonne aux pourceaux. Les fleurs sont grandes, jaunes, bien ouvertes, d'une odeur suave et disposées en un long épi.

ONAGRE, animal du genre cheval, type sauvage de l'âne. On le trouve en Afrique, en Asie et particulièrement dans le pays des Kalmoucks, où on le connaît sous le nom de *koulan* ou *choulan*. Le pelage de l'onagre est d'un beau gris, quelquefois plus ou moins jaunâtre; ses oreilles sont moins longues que celles de l'âne, mais sa taille est plus élevée. Les Kalmoucks le chassent pour sa chair et sa peau, qui est très-dure et très-élastique. Elle sert à faire des cribles, des tambours, etc., et à fabriquer ce que les Orientaux nomment *sagri* et nous *chagrin*. Les onagres se réunissent en troupes innombrables.

ONAGRE. Les Grecs donnaient ce nom à la *catapulte*.

ONCE (en latin, *uncia*). Ce nom désignait chez les Romains la douzième partie d'un tout; dans ce sens, la livre, l'amphore, etc., avaient leur once. Mais il désignait plus spécialement le douzième de la livre.— Comme mesure de longueur, l'*once* était la douzième partie du pied et la troisième du palme, et valait 2 centimètres et demi. — Comme mesure de superficie, l'*once* était la douzième partie du *jugerum* ou arpent et la sixième de l'acte carré, et valait 2 ares 10 mètres 6 décimètres 81 centimètres 6 millimètres carrés.—Comme mesure de pesanteur, l'*once* était la douzième partie de la livre, et valait 7 gros 9 grains et un quart, ou bien 2 décagrammes 7 grammes 2 décigrammes 6 centigrammes 6 milligrammes.—L'once est encore aujourd'hui en Europe la douzième partie ou plus généralement la seizième de la livre. En France, elle pèse 31 grammes 25 centigrammes.

ONCE. C'est le nom de plusieurs monnaies étrangères. L'*once*, monnaie d'or du royaume de Naples (depuis 1818) vaut 12 francs 99 centimes. L'*once* d'or de Sicile (depuis 1748) vaut 13 francs 75 centimes.

ONCE (hist. natur.), espèce du genre *chat*, caractérisée par sa queue plus longue que celle de la panthère, son corps blanchâtre marqué de grandes taches noires irrégulières et en anneaux ocellés, ainsi que par son poil plus long. En Perse, on l'apprivoise pour faire la chasse aux gazelles, aux antilopes, etc. Pour cela, on met l'once en croupe avec les yeux bandés. Quand la proie est lancée, on lui débande les yeux, et elle s'élance à grands bonds sur l'animal qu'elle terrasse. On trouve l'once en Asie et en Afrique.

ONCIAL. Ce nom a été donné par quelques critiques à une sorte d'écriture antique dont les caractères avaient un pouce de haut. On les appelait ainsi parce que l'*once*, chez les Romains, était la douzième partie du pied, c'est-à-dire un pouce. —On appelle plus généralement *écriture onciale* une écriture dont les lettres ont presque toujours beaucoup moins d'un pouce de hauteur. C'est une écriture majuscule qui affecte souvent les contours arrondis, et qui se distingue de la capitale par la forme de plusieurs lettres.

ONCIDIE, genre de la famille des orchidées, renfermant des plantes à bulbes, croissant soit au pied, soit sur le tronc des arbres, intéressantes par la beauté de leurs fleurs, et appartenant toutes aux contrées chaudes du globe, et spécialement à celles du nouveau continent. On en connaît une trentaine d'espèces, dont la plus élégante est l'*oncidie jolie*, aux fleurs élégantes disposées en épi, blanches, teintes de rose à la base, et mouchetées de jaune en haut.

ONCLE, le frère du père ou de la mère par rapport à un enfant, de même que la *tante* est la sœur du père ou de la mère. L'oncle et la tante sont les plus proches parents collatéraux après les frères et les sœurs. Le droit civil les place au troisième degré avec leurs neveux et nièces, et le droit canon au deuxième. A défaut d'héritiers directs ou de frères et de sœurs, les oncles et les tantes sont appelés en première ligne à la succession de leurs neveux et nièces. Il en est de même des neveux et nièces à leur égard. — On donne le nom d'*oncle* ou *tante à la mode de Bretagne* au cousin germain ou à la cousine germaine du père ou de la mère. Cela vient de ce qu'on trouvait cette dénomination dans la coutume de Bretagne. Cette expression a été dans la suite appliquée aux parentés équivoques et qui semblent difficiles à établir.

ONCTION, action d'oindre, c'est-à-dire d'étendre sur la peau des substances grasses et onctueuses. Considérée comme moyen thérapeutique, l'*onction* sert à porter des médicaments dans le sein de l'organisme par le moyen des vaisseaux absorbants de la peau. Les topiques, dans lesquels l'huile d'olive entre presque toujours pour une bonne part, constituent les remèdes par onction. Considérée théologiquement, l'*onction* imprime un caractère sacré; ce terme est même, dans les livres saints, devenu synonyme de *consé-*

cration. Les onctions étaient très-fréquentes chez les Hébreux; car même ils se parfumaient par principe de santé et de propreté la barbe et les cheveux. Les rois et les grands prêtres étaient oints pour la cérémonie de leur inauguration. On oignait même les vases sacrés du tabernacle et du temple pour les consacrer au service du Seigneur. L'Eglise chrétienne a retenu et conservé la plupart de ces usages.

ONDATRA, genre de mammifères de l'ordre des rongeurs, renfermant une seule espèce. Les doigts postérieurs de l'ondatra ont leurs bords garnis d'une rangée de soies roides et serrées qui lui permettent de nager; la queue est longue, ronde à sa base et comprimée dans le reste de son étendue. L'ondatra, appelé aussi *rat musqué* à cause de la forte odeur de musc qu'il exhale, vit en famille sur le bord des eaux comme le castor. Il est d'un brun teint de roux en dessus, et d'un cendré clair en dessous. Sa longueur est de douze à treize pouces.

ONDÉCAGONE. Voy. UNDÉCAGONE.

ONDINES, espèce de génies aquatiques répandant chez les peuples du Nord aux Naïades de la Grèce, et provenues d'Odin ou plutôt de Nocken ou Nickar, le Neptune scandinave. C'est sans doute à cause de cela que les Teutons les appelaient *Nixes*. Les Ondins leur étaient subordonnés, et le plus souvent étaient leurs époux.

ONDOIEMENT, baptême provisoire fait sans l'assistance d'un prêtre et les cérémonies ordinaires de l'Eglise, en versant simplement de l'eau sur la tête de l'enfant, et en disant : *Je te baptise, au nom du Père, du Fils et du Saint-Esprit.* L'ondoiement est permis lorsque le nouveau-né paraît être en danger de mort, et qu'il n'est pas possible de le porter à l'église. L'usage était établi en France d'ondoyer les princes à leur naissance, et de ne les baptiser que plusieurs années après. Louis XVI fut le premier qui fit baptiser ses enfants avec toutes les cérémonies immédiatement après la naissance.

ONDULATION ou ONDE, mouvement oscillatoire que l'on observe dans un liquide ou dans un fluide. Une pression opérée sur la surface d'un liquide en repos détermine un mouvement d'ondulation qui se multiplie par des cercles concentriques au point touché. — On donne le nom de *système des ondulations* à un système inventé par Huyghens et Descartes, et qui explique la propagation de la lumière par des vibrations et des ondes lumineuses semblables aux ondes sonores, et mettant en mouvement un fluide subtil répandu dans l'espace.

ONDULÉ (bot.). Cet adjectif s'emploie pour qualifier les organes des végétaux dont le bord présente des plis arrondis ou des ondulations qui résultent de ce que le bord du limbe est plus long dans sa circonférence que le limbe lui-même. Les feuilles du chou, de la mauve crispée, du lilas de montagne, etc., sont *ondulées*.

ONEGA, grand lac de la Russie d'Europe, situé dans le milieu du gouvernement d'Olonetz, au N.-E. du lac Ladoga, dans lequel il se décharge par la rivière Svir. Il reçoit la Mégra, la Chouïa, la Sytagra, la Vodla, etc. On a le projet d'établir une communication entre ce lac et la mer Blanche par les lacs Ségo et Vygo.— C'est aussi le nom d'une rivière qui prend sa source sur les confins du gouvernement de Vologda près de Kargapol; traverse les gouvernements d'Olonetz et d'Arkhangel, et se jette dans la mer Blanche à Oneg, après un cours de 400 verstes ou 100 lieues.

ONEIDA, lac des Etats-Unis, dans l'Etat de New-York. Sa superficie est de 30 lieues carrées. Il reçoit la Wood-Creek, et communique au lac Ontario par la rivière Oswego. Le lac Oneida tire son nom de la tribu sauvage des Oneïdas, appartenant à la grande nation iroquoise, et qui habitait les lieux situés entre le lac Ontario et la rivière d'Hudson.

ONGLE, lame cornée qui revêt la face dorsale de la dernière phalange des doigts et des orteils. Dans la plupart des onguiculés, c'est une sorte d'étui qui entoure cette dernière; il constitue alors une griffe. Chez les ongulés, il forme un sabot. Les ongles sont communs aux mammifères, aux oiseaux et aux reptiles, et sont comme enchâssés dans une duplicature de la peau. Les ongles de l'homme et de la plupart des autres animaux paraissent formés de couches superposées, extrêmement minces, d'une texture analogue à celle des membranes muqueuses. Presque tous les animaux naissent avec leurs ongles plus ou moins développés; chez l'homme, ils se manifestent dès le troisième mois de la conception.

ONGLE, terme de blason, se dit d'un animal qui porte des ongles à ses pieds.

ONGLET (bot.). On appelle ainsi le point d'attache par lequel un pétale adhère au reste d'une fleur. Tout pétale pourvu d'un onglet est dit *onguiculé*, et c'est le cas du plus grand nombre; mais ce nom est spécialement donné aux pétales chez lesquels l'onglet est très-développé, comme dans les œillets et les malpighiacées; car dans beaucoup de fleurs l'onglet manque tout à fait (*liliacées, cactées*, etc.), ou est très-peu apparent (*vigne, cissus*, etc.). On dit alors le pétale *sessile*.

ONGLET. On nomme ainsi, en menuiserie, la coupe que l'on donne aux cadres et aux moulures dans les assemblages. L'*assemblage à onglet* est celui dont les deux pièces qui doivent se joindre sont coupées de telle sorte par les extrémités, qu'étant jointes elles forment un angle droit, une équerre. — Les imprimeurs appellent ainsi deux pages que l'on imprime de nouveau pour suppléer à deux autres pages déjà imprimées, mais dans lesquelles il y avait des fautes. — C'est aussi, 1o un burin dont se servent les graveurs, qui est plus étroit du côté de la pointe que l'*onglette*; 2o la partie laiteuse d'un onyx.

ONGLETTE, petit burin plat dont se servent les graveurs. C'est aussi une échancrure faite sur le dos d'une lame de couteau, de canif, pour aider à lever la lame.

ONGUENT, médicament composé de corps gras et notamment de graisse de porc, unie à des résines, des poudres, des sucs, de consistance molle, susceptible d'oindre la peau, et toujours employé à l'extérieur sous forme de frictions. Les plus célèbres onguents sont l'*onguent basilicum*, l'*onguent brun* ou *de la mère*, l'*onguent gris* ou *mercuriel*, et l'*onguent populeum*.

ONGUENT ÉPISPASTIQUE, onguent composé à l'aide du mélange d'une once d'onguent basilicum, d'autant d'onguent populeum et de dix-huit grains de cantharides pulvérisées. On le prépare aussi avec l'onguent populeum, le cérat et la poudre de cantharides. — L'*onguent épispastique au garou* est formé de graisse de porc, de cire et d'écorce de garou. — L'*onguent épispastique vert* est composé avec la poudre de cantharides, l'onguent populeum, la cire blanche, le vert-de-gris et l'extrait aqueux d'opium. — L'*onguent épispastique végétal de Pelletier* se prépare avec la graisse de porc, la cire, l'huile d'olives, les feuilles de sabine et le *rhus radicans*. — Un autre onguent épispastique s'obtient avec la moutarde en poudre, la pyrèthre, le staphisaigre, le poivre long et l'euphorbe. Tous ces onguents sont employés comme suppuratifs et pour exciter les plaies des vésicatoires.

ONGUENT DE LA MÈRE ou **ONGUENT BRUN**, onguent inventé par la mère Thècle, et qui est composé de graisse de porc, de beurre, de suif, de litharge porphyrisée, de cire jaune, d'huile à brûler et de poix noire. Cet onguent est suppuratif.

ONGUENT MERCURIEL, onguent employé contre la gale, les dartres et autres maladies de la peau. L'*onguent mercuriel et blanc* se compose d'une once de graisse de porc, de dix-huit grains de précipité blanc et de quatre gouttes d'huile essentielle de citron. — L'*onguent mercuriel double* ou *napolitain* est formé de parties égales de graisse de porc et de mercure métallique. L'*onguent mercuriel simple* ou *gris* ne diffère du précédent que par les proportions. Il a deux onces de mercure et une livre de graisse de porc.

ONGUENT DE POMPHOLIX, emplâtre formé d'huile rosat, de cire jaune, de suc de morelle dépuré, d'oxyde de zinc, de sulfure de plomb calciné, d'oxyde blanc de ce métal et d'encens. Il est dessiccatif.

ONGUENT POUR LA GALE. Il est formé de graisse de porc, de soufre sublimé, lavé, d'hydrochlorate d'ammoniaque lavé, et d'alun. On s'en sert en frictions dans les maladies de la peau.

ONGUENT POPULEUM, onguent formé d'une livre de germes de peupliers noirs, récents, de cinq livres de graisse de porc, de quatre onces de feuilles récentes de pavot noir, de belladone, de jusquiame et de morelle noire. Il est calmant et usité contre les hémorroïdes.

ONGUICULÉ. Voy. **ONGLET**. — On donne aussi ce nom aux animaux dont chaque doigt porte des ongles.

ONGULÉS, animaux dont les doigts des pieds sont entourés d'un ongle épais ou sabot, comme les chevaux, les ruminants.

ONIAS. Cinq grands prêtres des Juifs ont porté ce nom. — ONIAS Ier succéda en 321 avant J.-C. à Jaddus ou Jeddon, son père, gouverna la république des Hébreux pendant vingt et un ans, et eut pour successeur son fils Simon Ier, dit *le Juste*. — ONIAS II, fils de Simon Ier, succéda à Manassé, son oncle, dans la souveraine sacrificature, l'an 242 avant J.-C. Sans talent et plein d'avarice, il refusa de payer le tribut à Ptolomée Evergète, qui lui déclara la guerre. Il mit fin aux poursuites du roi en payant ce qu'il devait. Il mourut l'an 215 avant J.-C. Son fils Simon II lui succéda. — ONIAS III, fils de Simon II, lui succéda en 195 avant J.-C. Ce fut sous son pontificat qu'eut lieu l'événement connu sous le nom d'*Héliodore chassé du temple*. Dépouillé de sa charge par Antiochus Epiphane, qui la vendit à Jason, frère d'Onias, il fut tué par l'ordre de son autre frère Ménélas, qui avait usurpé sur Jonas la grande sacrificature. — ONIAS IV, frère du précédent, fut plus connu sous le nom de MÉNÉLAS. Il arracha la grande sacrificature à Jason, son frère, en 169 avant J.-C., et, ayant été convaincu d'avoir excité des troubles en Judée, il fut arrêté par ordre d'Antiochus Eupator, qui le força de se jeter du haut d'une tour en 153. — ONIAS V, fils d'Onias IV, ne put succéder à son père, et se retira en Egypte, où il devint le favori de Ptolomée Philométor, qui lui donna la permission de bâtir un temple comme celui de Jérusalem, et d'y établir des prêtres et des lévites. Ce temple s'appela Onion, et fut renversé par Vespasien dans la suite. Onias mourut peu de temps après Ptolomée Philométor.

ONOMANCIE, divination par les noms. Il serait mieux de dire *onomatomancie*. Une des règles de l'onomancie chez les pythagoriciens était qu'un nombre pair de voyelles, dans le nom d'une personne, signifiait quelque imperfection au côté gauche, et un nombre impair, quelque imperfection au côté droit. Ils avaient encore pour règle que de deux personnes celle-là était la plus heureuse dans le nom de laquelle les lettres numérales, jointes ensemble, formaient la plus grande somme. Ainsi Achille devait vaincre Hector, parce que la somme de ses lettres numérales CILL, 201, était plus grande que celle des lettres numérales d'Hector, c'est-à-dire C ou 100.

ONOMARQUE, fils d'Euthycratès, célèbre général phocéen, partagea d'abord avec Philomèle le commandement de l'armée phocéenne pendant la guerre sacrée; puis, après la mort de son frère, il commanda seul (353 avant J.-C.). Il prit Thronion, Amphissa et les villes principales de la Doride, et remporta deux victoires sur Philippe, roi de Macédoine, qui était venu faire diversion en faveur des Béotiens. Il revint ensuite en Béotie, où il remporta des succès brillants. Uni aux Thessaliens, Philippe dirigea contre lui une seconde attaque, dans laquelle il tomba entre les mains des ennemis avec 3,000 des siens. Philippe ordonna son supplice, et fit attacher son corps au gibet pour venger le sacrilège commis dans le temple de Delphes l'an 353 avant J.-C.

ONOMATOPÉE, mot dont le son imite l'objet qu'il représente. Tel est, par exemple, le *glouglou* de la bouteille, le *cliquetis* des armes, le *bêlement* des agneaux, le *jappement* du chien, le nom du *coucou* qui n'est qu'une imitation du cri de l'animal, etc.

ONONE, rivière de la Russie d'Asie, dans le gouvernement d'Irkoutsk. Elle a sa source sur les confins de l'empire chinois, et forme par son confluent avec l'Ingoda, un peu au-dessus de Nertchinsk, la Chilka. Cette dernière se réunit à l'Argounsk, et forme avec elle le Sakhalien — Oula ou fleuve Amour. L'Onone est très-poissonneuse.

ONONIDE. Voy. BUGRANE.

ONOPORDE, genre de la famille des synanthérées ou composées, tribu des gnaracées, renfermant une quinzaine d'espèces propres à l'ancien continent. Ce sont des herbes épineuses, à hautes et moyennes tiges, bisannuelles ou annuelles, croissant spontanément dans les lieux arides, le long des fossés, etc. L'espèce la plus commune est l'*onoporde acanthe*, vulgairement appelée *chardon acanthe* et *pet-d'âne* ou *pédane*. C'est une plante haute de quatre pieds et plus, entièrement blanche et cotonneuse, aux feuilles très-grandes, épineuses, aux fleurs purpurines en corymbes. Le réceptacle de cette plante est bon à manger, à le goût de l'artichaut.

ONTANAGON, rivière des Etats-Unis, dans le territoire du Nord-Ouest. Elle a sa source entre les lacs Supérieur et Michigan, et son embouchure dans le premier, à 20 lieues O. de Keweena-Point, après un cours de 50 lieues. On trouve de riches mines de cuivre à 12 lieues de son embouchure.

ONTARIO, grand lac de l'Amérique septentrionale, partagé entre le Canada et les Etats-Unis, et situé à l'E. du lac Erié. Sa superficie est de 3,376 lieues carrées. Ses eaux sont très-douces et très-profondes. Il est généralement navigable pour les plus gros bâtiments, et reçoit la Genessee, l'Oswego, la Trent, etc. Le lac Ontario communique par le lac Erié au moyen de la fameuse rivière Niagara, qui lui apporte les eaux des autres lacs, et à son tour il verse les siennes dans la mer par le moyen du fleuve Saint-Laurent, auquel il donne naissance. Le lac Ontario est un des plus grands du monde.

ONUPHRE PANVINI. Voy. PANVINI.

ONYCHOMANCIE, divination qui se faisait au moyen des ongles, et qu'on pratiquait en frottant avec de la suie, de l'huile ou de la cire les ongles d'un jeune garçon qui les présentait ensuite au soleil. D'après les figures que l'on s'imaginait y voir, on connaissait ce qu'on désirait savoir.

ONYX, variété de calcédoine présentant diverses teintes, qui forment des espèces de raies parallèles, et qui donnent alors à la pierre une certaine ressemblance avec l'ongle de nos mains. On se sert des onyx pour les camées.

ONZIÈME, intervalle de musique compris entre onze notes. C'est le redoublement de la quarte. De ut (1) à fa (2) il y a une *onzième*. — On appelait autrefois *accord de onzième* un accord nommé aussi *accord de quarte et quinte*.

OOLITE ou **CALCAIRE OOLITIQUE**, roche calcaire, composée d'une agglomération de petits grains ou de petits noyaux plus ou moins gros. On a donné le nom d'*oolite miliaire* à celle qui est formée de parties de la grosseur d'un grain de millet, et qui est regardée par certains géologues comme le résultat de petites coquilles. L'oolite abonde principalement dans les terrains jurassique et du lias, que l'on nomme pour cette raison *terrain oolitique*.

OOST (Van-), famille de peintres célèbres de l'école flamande. — Jacques Van-Oost, dit *le Père*, est l'un des plus grands peintres de son école. Né à Bruges en 1600, il y mourut en 1671. Il copia dans sa jeunesse Rubens et Vaudyck avec tant d'art que ses copies trompent souvent les connaisseurs. Un peu plus tard, il se rendit en Italie, où il eut pour maître Annibal Carrache, dont il imita aussi la manière avec beaucoup de bonheur. Les plus célèbres de ses compositions sont la *Descente du Saint-Esprit sur les apôtres* (1658), une *Descente de croix*, une *Résurrection* et un tableau représentant des *Magistrats assistant à la lecture d'une sentence de mort qu'ils viennent de prononcer*. — Jacques Van-Oost, *le Jeune*, son fils et son élève, né à Bruges en 1637, mort en 1713, fit comme son père d'excellents portraits, et lui fut même supérieur à certains égards. Ses tableaux les plus connus sont le *Martyre de sainte Barbe*, une *Transfiguration*, une *Résurrection du Lazare*, etc.

OOST-FRISE ou Frise orientale, province du royaume de Hanovre, bornée au N. par la mer d'Allemagne, au S. par la principauté de Meppen, à l'O. par la province hollandaise de Groningue, et à l'E. par le grand-duché d'Oldenbourg. Sa superficie est de 180 lieues carrées, et sa population de 127,525 habitants. L'air est humide le long des côtes ; au centre, la terre est marécageuse et pleine de tourbes. Le terrain est gras et fertile. On y trouve beaucoup de pâturages, où l'on élève du bétail qui donne du beurre et du fromage excellent. L'Oost-Frise a des manufactures de toiles fines qui, blanchies à Harlem, prennent dans le commerce le nom de *toiles de Hollande*. — Le chef-lieu de la province est Aurich ou Ourich, à 4 lieues d'Embden et 14 d'Oldenbourg, avec une population de 5,000 habitants.

OPALE, substance minérale, infusible, blanchissant au feu, donnant de l'eau par la calcination, et composée de silice et d'eau. Elle raye le verre, est assez fragile, et a une densité entre 2,11 et 2,35. L'opale est remarquable par les reflets qui jaillissent de son intérieur, en présentant souvent des teintes très-vives et très-variées. Sa couleur propre est habituellement d'un blanc bleuâtre ; d'autres fois elle est comme marquée par des nuances mobiles, offrant ou toutes les couleurs de l'iris, ou l'une ou l'autre de ces couleurs. Cette pierre est employée en joaillerie et très-recherchée ; aussi son prix est fort élevé.

OPALIN, tout ce qui ressemble à l'*opale*. Un liquide est opalin quand il est de couleur laiteuse et qu'il présente un aspect assez ressemblant à celui de l'opale.

OPAQUE, adjectif qui s'applique aux corps solides qui ne laissent pas passer la lumière à travers leurs molécules. Il y a des corps opaques qui deviennent transparents lorsqu'ils sont imbibés de certains liquides. Une pierre connue sous le nom d'*hydropha*, est opaque dans un état de siccité parfaite, et transparente quand on l'imbibe d'eau.

OPÉRA, drame mis en musique. On distingue l'*opera seria* ou grand opéra de l'*opera buffa* ou opéra-comique. Le premier est au second ce que la tragédie est à la comédie. Dans le premier, la musique n'est jamais interrompue par des paroles dans le cours de l'action, puisque le récitatif remplace les dialogues. L'introduction de l'opéra date du XIVe siècle ou du commencement du XVe. Francisco Boverini fit représenter en 1486 un opéra dont les paroles étaient de Jean Sulpicius de Verulano. Emilio del Cavaliero est considéré comme l'inventeur du récitatif en 1570 ; mais le premier drame musical en règle fut représenté en 1597. Les paroles étaient d'Ottavio Rinocceio et la musique de Giacomo Peri. Le premier opéra buffa fut représenté à Venise en 1624. En 1646, l'opéra fut introduit en France par le cardinal Mazarin. Le premier opéra allemand original fut *Adam et Eve*, représenté à Hambourg en 1678. Le premier opéra représenté en Suède fut des Suédois est *Birger Jarl* (1774). L'opéra italien fut introduit en Angleterre dans le XVIIe siècle. En Espagne, ce ne fut que dans la seconde moitié du XVIIIe que l'opéra italien fut représenté.

OPÉRA-COMIQUE, drame qui tient à la fois de la comédie par le ton et l'intrigue de la pièce et à l'opéra par le chant dont il est mêlé. Son origine, en France, remonte aux premiers théâtres de la foire en 1617. Supprimé en 1745, il fut rétabli en 1752. En 1762, la comédie italienne obtint qu'il lui serait réuni. Fixé au théâtre Feydeau, puis à la salle Ventadour, il fut transféré au théâtre de la Bourse, puis enfin à la place Feydeau.

OPERCULE, terme employé en conchyliologie pour désigner une pièce de forme assez variable, de consistance cornée ou calcaire, et qui a pour fonction de compléter l'appareil protecteur des coquilles univalves de la classe des gastéropodes. Cette partie s'insère à la face supérieure de l'extrémité du pied, et, lorsque l'animal rentre dans sa coquille, il s'applique sur l'ouverture de celle-ci, qu'il ferme plus ou moins complétement. — En botanique, on donne ce nom à différentes parties des végétaux lorsqu'elles simulent un couvercle.

OPHÉLAS, lieutenant de Ptolémée Lagus, roi d'Egypte, reçut de ce prince le gouvernement de la Libye et de la Cyrénaïque, qu'il lui avait soumises. Pendant une guerre du roi, il se rendit indépendant, et fit alliance avec Agathocle contre les Carthaginois ; mais ce perfide prince, l'ayant attiré auprès de lui ainsi que ses troupes, l'attaqua, le battit, le fit mourir, et se fit ensuite reconnaître général par l'armée de Cyrène.

OPHICÉPHALE, genre de poissons de la famille des pharyngiens labyrinthiformes, ayant la tête déprimée et couverte de grandes écailles comme les serpents, ce qui lui a fait donner le nom qu'ils portent. Les cavités dont ils sont pourvus au-dessus de leurs branchies, et qui sont destinées à retenir l'eau, leur donnent la faculté de vivre assez longtemps hors de l'eau. Les jongleurs de l'Inde en ont toujours avec eux pour divertir la populace. Ils ont la vie si longue et si dure qu'on leur arrache les entrailles et qu'on en coupe des morceaux sans qu'ils meurent à l'instant. La chair des ophicéphales est d'un goût médiocre. Les Indiens l'appellent *karouvé*.

OPHICLÉIDE, instrument à vent en cuivre qui se joue avec une embouchure ouverte ou bocal. Selon les dimensions qu'on lui donne, on peut le considérer comme le *ténor*, l'*alto* ou la basse de la trompette à clefs. L'étendue de ces divers instruments est à peu près celle des voix auxquelles il correspondent. Les morceaux se notent le plus ordinairement à la clef de fa ou d'ut pour l'*ophicléide basse*, et sur les clefs de *fa*, d'*ut* ou de *sol* pour les autres. Dans la musique militaire ou d'église, l'*ophicléide basse* remplit le rôle de violoncelle ou *basse*.

OPHIDIENS, ordre de reptiles qui comprend tous les animaux connus sous le nom de serpents. Les serpents ou ophidiens ont un corps allongé, dépourvu de toute espèce de membre ou d'appendice, mais le plus ordinairement recouvert par une peau formée d'écailles régulières arrangées, ou simplement par une peau annelée, tantôt granulée, tantôt simplement coriace. La considération de l'enveloppe extérieure a servi pour partager l'ordre des ophidiens en deux grandes familles : les homodermes, chez lesquels la peau est tout à fait uniforme, tantôt complétement nue, tantôt recouverte d'écailles ; ce sont les plus petits de la classe et les moins dangereux : leur nourriture se compose habituellement d'insectes ; et les hétérodermes, chez lesquels la partie supérieure du corps est recouverte de petites écailles, l'inférieure de larges plaques cornées. C'est à cette section qu'appartiennent les serpents dont la taille et la puissance musculaire sont les plus considérables, et dont la morsure est la plus dangereuse. Manquant de membres, les serpents effectuent leurs mouvements à l'aide des contractions de leur corps. Pendant l'hiver, ils tombent dans un engourdissement complet. Les yeux sont placés sur les côtés de la tête et immobiles ; la langue, semblable à une fourche, est à moitié cartilagineuse et à moitié cornée, et très-extensible. C'est un organe tout à fait inoffensif, et qui sert particulièrement à la déglutition. Tous les serpents sont pourvus de dents pointues, acérées, dirigées en arrière. Les venimeux ont en outre une dent placée à la partie antérieure et médiane de la mâchoire supérieure. Cette dent est crochue et creuse ; elle est destinée à donner un écoulement au venin que sécrète une glande placée de chaque côté de la mâchoire, et qu'elle conduit dans la plaie qu'elle forme. Les ophidiens atteignent jusqu'à trente et quarante pieds de long ; et vivent très-longtemps. Ils sont ovipares.

OPHIOGLOSSE, genre de la famille des filicées, renfermant des plantes cryptogames qui habitent les lieux marécageux et les prairies humides. Ce sont des fougères simples, petites, à feuilles simples, lancéolées, entières, portant des nervures, d'une consistance molle, d'un vert tendre. De la base des feuilles s'élève un épi plus ou moins long, bordé de loges, renfermant une infinité de graines très-fines. L'*ophioglosse vulgaire* ou *langue-de-serpent* est commune en Europe ; elle a environ vingt centimètres de haut. Du milieu des feuilles sort un épi qui fructifie en mai. Sa souche fibreuse passe pour vulnéraire.

OPHIOLITE, roche formée de plusieurs silicates de magnésie, généralement tenace, mais tendre ; ses couleurs sont le vert, le brun, le noirâtre, le rougeâtre et le jaunâtre ; il y en a des unies et des bigarrées. L'ophiolite forme des filons ou des amas ; elle affecte diverses textures. On y trouve souvent des minéraux divers mélangés, tels que le diallage, le calcaire, le grenat, etc. On se sert de l'ophiolite pour fabriquer des vases et divers objets de décoration.

OPHIOMANCIE, divination par les serpents. Elle était fort en usage chez les anciens, et consistait à tirer des présages de leurs divers mouvements. Les prêtres et les devins n'employaient réellement que des couleuvres, qui, comme on le sait, sont sans venin ; mais le peuple, qui croyait tous les reptiles venimeux, criait au miracle en voyant qu'on les touchait sans effroi et sans accident. On en nourrissait exprès pour cet emploi, et on les rendait familiers.

OPHIR (Pays d'), contrée célèbre dans l'Ecriture par ses mines d'or, ses aromates, ses bois précieux et son ivoire. C'est là que les vaisseaux de Salomon, partis de port d'Asiongaber sur la mer Rouge, allaient chercher ces trésors qui en firent le plus riche monarque de la terre. Le voyage durait trois ans. On ignore la position véritable de cette contrée. D. Calmet la place dans l'Arménie ou la Colchide, d'autres dans l'Arabie Heureuse, d'autres dans l'Inde ou la presqu'île de Malacca, d'Anville sur la côte orientale de l'Afrique, dans le royaume de Sofala. Toutes les opinions sont également incertaines.

OPHISURE, genre de poissons séparé des *anguilles* proprement dites, parce que leur anale et leur dorsale ne s'étendent pas comme chez celles-ci jusqu'à l'extrémité de la queue, qui reste ainsi dépourvue de nageoire et se termine en poinçon. Chez les ophisures, c'est sur le bord même de la lèvre supérieure que s'ouvre l'orifice postérieur des narines. La Méditerranée en nourrit une espèce nommée aussi *poisson de mer* ou *anguille serpent*, longue de six à sept pieds. Il est extrêmement grêle et parfaitement arrondi ; son museau est allongé et pointu. La partie supérieure de son corps est brune, et l'inférieure argentée.

OPHITES, hérétiques de la secte des gnostiques, ainsi appelés parce qu'ils révéraient le serpent comme ayant rendu le plus grand service à notre premier père, en lui apprenant à connaître l'arbre de la science du bien et du mal, et croyaient que ce serpent n'était autre que Jésus-Christ. Ils tenaient renfermé dans une cage un serpent qu'ils lâchaient au jour présumé de la séduction d'Adam et d'Eve. Le reptile glissait que une table et s'entortillait au gâteau qu'on lui présentait, et qui devenait l'eucharistie des ophites. Leur chef fut l'Egyptien Euphrate vers l'an 180.

OPHNI ET PHINÉES, fils d'Héli, grand prêtre des Juifs, célèbres par leurs débauches et leur impiété. Leurs compatriotes ayant été battus par les Philistins, ils amenèrent l'arche d'alliance dans le camp ; mais les Israélites subirent une nouvelle défaite plus désastreuse que la première, et Ophni et Phinées restèrent sur le champ de bataille avec 30,000 hommes. Leur père se cassa la tête en tombant évanoui à la nouvelle de ce désastre.

OPHRISE, genre de la famille des orchidées, renfermant des espèces nombreuses, dont les fleurs offrent une très-grande ressemblance avec certains insectes. Ce sont des plantes herbacées, à racines formées de tubercules arrondis, à tige simple, cylindrique, garnie de feuilles d'un très-beau vert, aux fleurs disposées en épi terminal. L'espèce la plus répandue est l'*ophrise-mouche*, ainsi appelée parce que le labelle de sa fleur, qui est d'un vert blanchâtre, figure une espèce de mouche d'un pourpre noirâtre. Elle vient partout d'elle-même, et est commune en France. Les autres espèces tirent leur nom de l'insecte que figurent leurs fleurs : tels sont l'*ophrise-bourdon*, l'*ophrise-araignée*, etc.

OPHTHALMIE, inflammation de la membrane muqueuse qui revêt le globe de l'œil et la surface correspondante des paupières.
— L'*ophthalmie aiguë* paraît due tantôt à un virus mis en contact avec la conjonctive ou répandu dans toute l'économie, tantôt à des substances irritantes. Elle est caractérisée généralement par le gonflement de la conjonctive, sa rougeur, la confusion dans la vue, etc. — L'*ophthalmie chronique* succède souvent à l'ophthalmie aiguë, et quelquefois est primitive. Elle a spécialement son siége sur la conjonctive palpébrale, est d'une guérison difficile. Les collyres, les sangsues, les saignées, etc., sont les remèdes de l'ophthalmie.

OPHTHALMIQUE, nommé à tout ce qui a rapport aux yeux. Telle est l'*artère ophthalmique*.

OPIAT, sorte d'électuaire ainsi appelé par les anciens parce qu'il était préparé avec de l'opium. Les modernes donnent ce nom à plusieurs médicaments officinaux dans lesquels il n'entre point d'opium, et qui ne diffèrent en rien des électuaires. Ainsi on dit un *opiat purgatif*, un *opiat pour les dents*.

OPIE (N...), célèbre peintre anglais, né à Londres, mort en 1798, est très-estimé en Angleterre pour la vérité avec laquelle il a su rendre les scènes de brigands, de mendiants et de vieillards. On le compare quelquefois à Rembrandt pour la force et le coloris. — Sa femme, MISTRISS OPIE, fille du docteur Anderson, née à Norwich en 1771, est une des plus célèbres romancières de l'Angleterre. On lui doit les jolis romans de *le Père et la Fille*, *Adelina Mowbray*, *la Veille de Saint-Valentin*, les *Scènes de la vie réelle*, les *Simples Contes*, les *Dangers de la coquetterie*, etc.

OPIMES (DÉPOUILLES). On nommait ainsi chez les Romains les armes consacrées à Jupiter Férétrien, et remportées sur le général ennemi après l'avoir tué de sa main en bataille rangée. Le premier qui consacra les premières dépouilles opimes à Jupiter Férétrien fut, selon Tite Live, Romulus, qui avait tué de sa propre main Acron, roi des Céniniens. Ce fait d'armes ne se renouvela que deux fois depuis Romulus jusqu'à Auguste, c'est-à-dire dans un espace de plus de sept cents ans, l'an 438 et l'an 222 avant J.-C. Les dépouilles étaient suspendues dans les lieux les plus fréquentés de la maison.

OPIMIEN (VIN). On appelait ainsi chez les Romains du vin recueilli sous le consulat de Lucius Opimius Nepos et de Quintus Fabius Maximus, l'an 121 avant J.-C. Ce vin parut exquis, et on en garda, dit-on, pendant plus d'un siècle.

OPIMIUS NEPOS (Lucius), consul l'an 121 avant J.-C., est célèbre par son acharnement contre Caïus Gracchus. Pendant sa préture, l'an 126 avant J.-C., il avait apaisé une révolte qui venait d'éclater parmi les habitants de Frégelles, et qu'il attribua à Gracchus. Pendant son consulat, il entreprit de faire casser les lois de C. Gracchus; quelques-uns des partisans du tribun ayant fait résistance, il le cita lui-même à son tribunal, et, sur son refus de comparaître, il fit attaquer son cortège et le força de se donner la mort. En mémoire de cet événement, il fit bâtir comme par dérision un temple à la Concorde. Au sortir de son consulat, il fut accusé; mais Caïus Carbon vint à bout de le faire absoudre. Envoyé peu de temps après en Afrique, et s'y étant laissé corrompre par Jugurtha, il fut condamné à l'exil. Il mourut de misère à Dyrrhachium.

OPISTOGRAPHES. On a donné ce nom aux actes, aux chartes anciennes écrites sur le recto et le verso de la page. Ces actes sont extrêmement rares.

OPITZ (Martin), poète allemand, né en 1597 à Buntzlau en Silésie. Il a le mérite d'avoir été le Malherbe de l'Allemagne. Il épura et ennoblit comme lui la langue de son pays. Ce fut lui qui composa en 1627 les paroles de *Daphné*, dont la musique fut faite par Schutz, et qui fut le premier opéra allemand. Il était à la vérité imité des Italiens. Il mourut en 1639, après avoir été poète lauréat, secrétaire et historiographe du roi de Pologne Ladislas IV. Opitz a composé des odes, des épigrammes, des cantates, des poésies sacrées, des poèmes, etc.

OPIUM, suc épaissi du *papaver somniferum album* (pavot blanc). On le recueille à l'aide d'incisions horizontales faites aux capsules ou têtes de pavots non encore mûres. On le dépose ensuite dans un mortier où on le pile en crachant dessus, afin, disent les paysans, de l'empêcher de se putréfier. On l'enveloppe alors dans des feuilles sèches, et c'est dans cet état qu'il est livré au commerce. On connaît dans la droguerie française trois sortes d'opium : 1° l'*opium de Smyrne*, que l'on doit considérer comme le meilleur de tous, 2° l'*opium de Constantinople*, 3° l'*opium d'Egypte* ou *de la Thébaïde*. On récolte encore l'opium dans l'Inde, en Perse et en France. Mais ce dernier a des qualités moitié moins énergiques que les autres. L'opium est le médicament narcotique par excellence. C'est le meilleur des calmants et des débilitants du système nerveux. A petites doses, il calme les douleurs et dispose au sommeil ; à trop fortes doses, c'est un poison violent qui enflamme les organes, accélère ou ralentit la circulation et produit les effets du narcotisme. On l'administre à l'extérieur et à l'intérieur, en pilules, en lavements, en lotions, en injections, etc. En pharmacie, on en prépare un sirop, une teinture, un extrait et deux vins, l'un le *laudanum*, l'autre les *gouttes* ou *vin de l'abbé Rousseau*. Les mahométans s'en servent pour déterminer l'ivresse, exalter l'imagination, donner du courage, enfanter des idées riantes et voluptueuses, etc. — L'opium renferme un grand nombre de substances élémentaires; l'acide *méconique*, la *morphine* et la *codéine* sont, à ce qu'il paraît, celles à qui l'opium doit ses qualités calmantes et somnifères.

OPIUM EN LARMES. C'est l'opium le plus pur, celui qu'on retire par incision de la tête des pavots.

OPIUM MÉCONIUM, opium de qualité inférieure, préparé avec les têtes de pavot dont on a déjà séparé le suc.

OPIUM THÉBAÏQUE, opium obtenu en faisant évaporer le suc des têtes de pavot jusqu'à consistance solide ou de rob.

OPLITES (en grec, *soldats pesamment armés*), soldats armés de piques ou sarisses, d'une épée et d'un bouclier garni d'airain, et couverts d'un casque, d'une cuirasse et de grèves ou devants de bottines en métal. Les oplites composaient l'infanterie pesante de la phalange antique. A la suite de chacun d'eux étaient attachés un ou plusieurs valets, portant le bagage et appelés *skeuophores*.

OPLITODROMES (du grec *oplites*, soldat pesamment chargé, et *dromos*, course). Les Grecs appelaient ainsi des athlètes qui disputaient le prix de la course, quoique pesamment armés.

OPONTIENS, tribu de Locriens, habitaient la partie de la Grèce située au N.-E. de la Béotie, à l'E. de la Phocide, au S. des Locriens Epicnémidiens. On les confond souvent avec ces derniers. Leur capitale était OPONTE. — On nommait *golfe d'Oponte* un golfe de la Locride septentrionale qui faisait partie de la mer Eubéenne.

OPOPANAX, gomme-résine, médiocrement usitée aujourd'hui et attribuée soit au *pastinaca opopanax*, soit au *laserpitium chironium*. Cette gomme, assez rare aujourd'hui dans le commerce à l'état de pureté, doit être choisie en larmes irrégulières, opaques, légères et friables, rougeâtres au dehors et d'un jaune marbré au dedans, d'une saveur âcre et amère, d'une odeur aromatique très-forte.

OPOSSUM, genre *sarigue* ou *didelphe*, assez répandu à la Guyane et qui paraît commune à Surinam. Sa taille est un peu supérieure à celle de l'écureuil d'Europe ; sa queue un peu plus courte que le corps et la tête, et son pelage le roux cannelle sur le dos et d'un blanc jaunâtre sous le ventre. Vers l'angle de la bouche, il est blanchâtre.

OPPÈDE (Jean MEYNIER, baron d'), premier président au parlement d'Aix, joignit à sa charge la lieutenance générale de Provence et le commandement militaire en l'absence du comte de Grignan. Il fit exécuter en 1545, avec l'aide du baron de la Garde et de l'avocat général Guérin, l'arrêt rendu contre les vaudois par le parlement d'Aix le 18 septembre 1540, et dont l'exécution avait été suspendue. Au lieu de deux villages condamnés, il y en eut quarante-quatre de brûlés, et au lieu de dix-neuf personnes quatre mille perdirent la vie. Accusé devant le parlement de Paris (1551), il d'Oppède fut absous à cause de son excellent plaidoyer ; mais Guérin eut la tête tranchée en place de Grève. D'Oppède mourut en 1558.

OPPIA, loi célèbre qui fut décrétée l'an de Rome 539 (215 ans avant J.-C.), lorsque Annibal était en Italie et Rome se penchant de sa ruine, sous les auspices du tribun Caïus Oppius. Elle mettait des bornes au luxe des femmes, et leur défendait de porter sur elles plus d'une demi-once d'or et de se faire traîner en char. Elle excita un mécontentement général. Dix-huit ans après, les femmes présentèrent au peuple une pétition pour la faire abroger. Caton s'opposa fortement à cette demande, qui fut si éloquemment défendue par le tribun Valerius qui l'avait présentée, que la loi fut rapportée malgré l'opposition de Caton.

OPPIEN, poëte didactique grec, était né à Corycus ou à Anazarbe en Cilicie, vers la fin du IIe siècle de J.-C., sous Septime Sévère. Il accompagna dans l'exil son père Agesilaüs, et ensuite s'étant rendu à Rome il obtint sa grâce. Il nous reste de lui deux poëmes, l'un en cinq livres sur la pêche, intitulé *Halieuticon*; l'autre en quatre sur la chasse, intitulé *Cynegeticon*. La différence qui existe entre ces deux poëmes a rendu presque incontestable l'hypothèse de l'existence de deux Oppien, l'un natif d'Anazarbe et auteur de l'*Halieuticon*, et l'autre natif d'Emèse et auteur du *Cynegeticon*, qui est très-inférieur au premier. On lui attribue aussi *la Chasse aux oiseaux* (*Ixeutica*). Oppien mourut de la peste à l'âge de trente ans.

OPPOSÉ (bot.), adjectif qui s'applique aux parties des végétaux qui sont disposées par paires et placées vis-à-vis l'une de l'autre à la même hauteur. Les feuilles sont *opposées* dans les labiées, les gentianées, le gui, les *hypericum*, la véronique officinale, etc. Les branches, les rameaux sont *opposés* dans les lilas, les frênes, le marronnier, etc.

OPPOSITION. Ce mot désigne en général l'obstacle mis à quelque chose. On forme opposition aux scellés, à une vente, à un mariage. On se sert de l'opposition pour se pourvoir contre les jugements rendus par défaut; pour que le tribunal admette l'opposition, il faut qu'elle soit faite dans la huitaine qui suit la signification faite à l'avoué constitué de la partie condamnée, ou bien, à défaut d'avoué, l'opposition est admise jusqu'au jour de l'exécution de l'arrêt. — En politique, on donne le nom d'OPPOSITION à tout ce qui n'approuve pas la marche du pouvoir. Les membres de l'opposition dans la chambre des députés siégent à gauche et à droite. A gauche sont ceux de l'opposition républicaine et constitutionnelle; à droite, ceux de l'opposition légitimiste.

OPPOSITION. Ce mot, en astronomie, signifie l'aspect d'un corps céleste qui est à 180 degrés d'un autre. Les éclipses de lune ont lieu quand la lune est en OPPOSITION avec le soleil.

OPS (myth.), nom donné à Cybèle, du latin *opus*, travail, parce que cette déesse, la même que la Terre, n'accordait rien sans travail. On célébrait en son honneur des fêtes appelées *Opalies*, et on lui immolait au mois d'avril une vache pleine et impure.

OPSIGONES, nom donné aux dernières dents molaires, appelées aussi *dents de la sagesse*, parce qu'elles sortent les dernières.

OPSONOMES (du grec *opson*, vivres, et *nomos*, loi), magistrats athéniens chargés de l'inspection des marchés.

OPTAT, évêque de Milève en Afrique, mort en 384 sous Valentinien, composa sept livres contre les donatistes. Saint Augustin, saint Jérôme, saint Fulgence le citent avec éloge.

OPTÉRIES (du grec *optomai*, voir), présents qu'on faisait à un enfant la première fois qu'on le voyait. C'était aussi le nom des présents qu'un nouveau marié faisait à son épouse.

OPTION, action de choisir entre deux choses incompatibles. Le droit d'option se rattache à une foule de contrats importants, et forme même la condition essentielle d'une espèce particulière de conventions qui, pour cette raison, ont pris le nom d'*obligations alternatives*.

OPTIQUE, partie de la physique qui traite de la lumière et des phénomènes de la vision. On la divise en trois parties: l'*optique proprement dite*, qui traite de la propagation de la lumière en ligne droite et indépendamment des phénomènes qui peuvent résulter de la rencontre d'un milieu différent, c'est-à-dire dans le même milieu; la *dioptrique*, qui traite de la réfraction, et la *catoptrique*, qui traite de la réflexion.

OPTIQUE (NERF), nerf qui est considéré comme le principal organe de la vision et qui, partant du cervelet, se divise en deux rameaux, dont chacun aboutit à l'orbite d'un œil et forme par son épanouissement la membrane connue sous le nom de *rétine*. Chaque portion de nerf optique transmet au cerveau l'image peinte sur la rétine de chaque œil; mais, comme ils se réunissent pour ne former qu'une seule branche, le cerveau ne perçoit qu'une image.

OPUNTIA, genre de la famille des cactées, composé d'arbrisseaux à tronc et à rameaux cylindriques, ou bien à tige formée de plusieurs articulations aplaties, ovales ou oblongues, munis de faisceaux de soies ou d'épines, à fleurs jaunes, rouges ou blanches, aux fruits petits ou gros, jaunes ou pourpres, comestibles, souvent en forme de figues et mûrissant ordinairement la deuxième ou la troisième année.

OPUNTIENS, nom donné aux Locriens qui habitaient la partie de la Grèce située au N.-E. de la Béotie, et à l'E. de la Phocide. *Opunte* était leur capitale. Elle était située à une demi-lieue de la mer d'Eubée, et avait un port nommé Cygnus. Ajax, fils d'Oilée, régnait à Opunte.

OR, métal plus ductile et plus tenace que tous les autres, très-malléable, solide, peu dur, fusible au chalumeau, et attaquable seulement par l'eau régale. Sa couleur est un jaune plus ou moins pur, tirant quelquefois sur le blanc jaunâtre, le verdâtre ou le rougeâtre. Il est six fois pesant que tous les métaux excepté le platine; car sa pesanteur spécifique est de 19,2581. C'est un de ceux qui sont le plus utiles. On l'emploie dans la fabrication de la monnaie et dans un grand nombre d'usages dans les arts, entre autres la dorure des autres métaux, du bois, etc. Le titre de l'or, c'est-à-dire son degré de pureté, s'évalue par *carats*. L'or ne se présente jamais dans la nature qu'à l'état natif, mais non pur. La plus grande partie de celui qui est livré au commerce provient du lavage des sables *aurifères* (qui portent de l'or). On le fond ensuite et on le met en lingots. On trouve des mines d'or en Europe, en Asie, en Afrique et surtout en Amérique. La première en donne annuellement 4,736 marcs, l'Afrique 10,000, l'Asie 44,409, et l'Amérique 85,554; ce qui forme un total de 151,098 marcs ou 36,982 kilogrammes, représentant un valeur de 127,013,377 francs. Dans le blason, l'or est figuré par l'or ou la couleur jaune.

OR. On appelle *or vierge* ou *natif* celui qu'on trouve dans l'état métallique; *or filé*, l'or en lames dont on a couvert un filet de soie; *or en lames* ou *trait*, celui qu'on a aplati entre deux rouleaux d'acier; *or en coquille*, des feuilles d'or réduites en poudre et broyées sur le marbre avec du miel, dont on enduit l'intérieur d'une coquille et dont se servent les peintres; *or monnayé*, l'or fabriqué en monnaie; *or vert*, *or en feuilles*, celui appliqué sur l'assiette après avoir été bruni, et dont on se sert en peinture; *or en chaux*, de l'or épuré qu'on emploie au vermeil doré; *or en pâte*, de l'or prêt à être fondu dans le creuset; *or en bain*, celui qui est en état de fusion; *or mat*, celui qui n'est pas poli; *or faux*, le cuivre doré; *or d'essai*, l'or très-fin qui a été essayé; *or aigre*, celui qui se gerce sous le marteau. — On appelle encore *or de vernis* celui qui sert à donner une couleur approchante celle de l'or, et une couleur qui se compose avec du blanc, du jaune, de l'ocre et de l'orpin rouge; *or d'Allemagne* est une feuille très-mince de cuivre jaune; *or-couleur* est le reste des couleurs détrempées à l'huile qui se trouve dans les pinceliers des peintres; *l'or haché* est de l'or appliqué sur un métal qui a été auparavant préparé par une infinité de hachures.

OR ARGENTAL, alliage naturel d'or et d'argent trouvé à Zméof en Sibérie, et dans lequel l'argent entre dans la proportion de 36 centièmes environ. Sa pesanteur spécifique est voisine de celle de l'or.

OR FULMINANT, ou appelle ainsi l'oxyde d'or ammoniacal. Il est solide, insipide, inodore et susceptible d'être décomposé par la chaleur ou un frottement subit et vif. Cette décomposition est accompagnée d'une forte détonation. C'est ce qui lui a valu le nom qu'il porte.

OR MUSSIF, nom donné au deuto-sulfure d'étain (composé de soufre et d'étain en parties égales), mélange dont la couleur jaune approche de la couleur de l'or, et dont on frotte les coussins des machines électriques pour les rendre propres à développer davantage d'électricité. On l'emploie aussi, en peinture, pour dorer et bronzer.

OR POTABLE, nom donné à un liquide huileux et alcoolique que l'on obtient en versant une huile volatile dans une dissolution d'hydrochlorate d'or, en la dissolvant dans cinq fois son poids d'alcool. L'or potable était jadis employé comme cordial.

OR VERT, métal qui s'obtient en fondant ensemble 708 parties d'or avec 292 parties d'argent. Il est peu employé.

ORACLE, nom donné aux réponses faites par les dieux ou par leurs ministres aux questions des hommes, et étendu au lieu où se faisaient ces réponses et à la personne qui les faisait. Les oracles les plus célèbres de l'antiquité étaient ceux de Delphes, de Dodone et de Jupiter Ammon. La petite province de Béotie n'en avait pas moins de vingt-cinq, et le Péloponnèse en comptait autant. Les réponses des oracles étaient ordinairement en vers et à double sens. On les consultait non-seulement dans les affaires importantes, mais encore dans la vie privée, et ils ne cessèrent d'être en usage qu'à la chute du paganisme, c'est-à-dire plusieurs siècles après l'ère vulgaire.

ORAGE. Voy. FOUDRE, TONNERRE, etc.

ORAIRE, nom donné autrefois à l'*étole* et à un linge que le prêtre portait autour du cou pour empêcher la sueur de salir la bordure de l'ancienne étole.

ORAISON, mot le plus souvent synonyme de *prière*. C'est en ce sens qu'on dit l'*oraison dominicale* pour signifier la prière agréable au Seigneur par-dessus toutes, parce qu'elle a été enseignée par Jésus-Christ. C'est le *Pater noster*. — On donne encore, en liturgie catholique, le nom d'*oraison* à la prière propre à l'office du jour ou aux commémorations des fêtes et fériés, et qui est toujours précédée d'une antienne ou d'un verset. L'oraison termine les laudes, prime, none, sexte, tierce et les vêpres.

ORAISON FUNÈBRE, sorte de panégyrique d'un personnage important prononcé devant son cercueil par un orateur de la chaire. L'usage des oraisons funèbres n'a existé que sous Louis XIV et Louis XV. Bossuet en première ligne, puis Fléchier, Mascaron, Boismont, etc., sont les plus célèbres prédicateurs qui aient prononcé des oraisons funèbres. On cite comme des chefs-d'œuvre l'*oraison funèbre de Henriette, reine d'Angleterre*, par le premier, et celle de *Turenne*, par le second.

ORAL, vêtement pontifical consistant en une espèce de grand voile que le pape met sur sa tête et qui se replie sur ses épaules et sa poitrine.

ORAN, ville de la régence d'Alger, située sur la côte au bord de la mer, à 80 lieues O. d'Alger. Elle appartient aux Français; elle est bâtie en amphithéâtre sur la pente d'une montagne élevée, et a pour défense la résidence d'un bey et cinq châteaux. A une lieue O. de la ville se trouve le *Mers el-Kebir*, port vaste et excellent, qui abriterait facilement 50 vaisseaux. La population d'Oran est de 20,000 habitants. C'était autrefois la résidence du bey de l'O.; aujourd'hui c'est celle d'un général de division et d'un préfet. La population de la ville et de la province est surtout espagnole, à cause du voisinage de l'Espagne. Les principales villes sont Tlemcen, Mascara et Mostaganem.

ORANGE (hist. nat.), fruit de l'oranger. C'est une baie charnue recouverte d'une écorce luisante de couleur jaune à l'époque de la maturité, parsemée de glandes remplies d'une huile volatile. L'écorce entre dans une foule de préparations pharmaceutiques, la pulpe fournit des boissons excellentes contre les inflammations légères des organes digestifs. Le suc clarifié se convertit en un sirop rafraîchissant et très-agréable. Les oranges de haute qualité viennent des Açores, de Malte, du Portugal, des îles Baléares, etc.

ORANGE (géogr.), ville de France, sous-préfecture du département de Vaucluse, à 7 lieues d'Avignon. Sa population est de 9,123 habitants. Elle a un tribunal de première instance, un collège, une société d'agriculture, des fabriques de toile peinte, de serges et de mouchoirs, des filatures de soie, etc. Orange est surtout célèbre par ses ruines romaines au nombre de deux : le *théâtre*, dont la partie rectiligne ou la façade est un mur immense de 40 mètres de hauteur, de 80 mètres de longueur et de 4 mètres d'épaisseur ; et l'*arc de triomphe*, parfaitement conservé : il a 20 mètres de hauteur et de largeur, et 8 mètres d'épaisseur. Il est percé de trois arceaux. — Orange était autrefois une des cités des Cavares, et s'appelait *Arausio-Cavarum*. Charlemagne l'érigea en comté qui devint plus tard une principauté. Elle passa plus tard dans la famille des comtes de Châlons, dont une fille la porta à une branche cadette de Nassau vers 1515. La paix d'Utrecht réunit la principauté d'Orange à la France, en conservant aux héritiers de Nassau le droit d'imposer à une partie de la Gueldre le nom de principauté d'Orange et d'en retenir le titre et les armoiries. Le titre de *prince d'Orange* est encore aujourd'hui celui de l'héritier présomptif du royaume de Hollande.

ORANGE ou GARIEP, rivière d'Afrique qui prend sa source dans le versant occidental des monts Neuwield, où elle se forme du Gariep noir et du Gariep jaune et se jette dans l'océan Atlantique après avoir traversé le pays des Hottentots et reçu le Boschiman et le Lack. Son cours est de 270 lieues environ.

ORANGE (Philibert DE CHALONS, prince D'), l'un des plus grands capitaines de son siècle, né en 1502, était fils de Jean de Châlons, baron d'Arlay, et de Philiberte de Luxembourg, et le dernier de sa famille. Il quitta en 1520 le service de François Ier pour unir à celui de l'empereur, et perdit ainsi sa principauté d'Orange, que le roi confisqua. L'empereur lui donna en revanche le duché de Gravina, la principauté de Melfi, l'ordre de la Toison d'or, etc. Il commanda toute l'infanterie espagnole au siège de Fontarabie (1522), et l'armée impériale à la prise de Rome (1527), qu'il saccagea après la mort du connétable de Bourbon. Il mourut en 1530, dans un combat près de Pistoie. Sa principauté lui avait été rendue par le traité de Madrid.

ORANGE (Claude DE CHALONS, princesse D'), sœur de Philibert de Châlons, et héritière après sa mort de sa principauté, épousa Henri de Nassau, oncle du fameux Guillaume de Nassau, et mourut en 1521. Elle en avait eu RENÉ DE NASSAU, qui, ayant pris comme son oncle le parti de Charles Quint contre François Ier, vit confisquer sa principauté par arrêt du parlement de Provence du 30 juin 1543. Il mourut sans enfants, et laissa par son testament la principauté d'Orange au fameux Guillaume de Nassau, son cousin germain ; ce qui lui fut contesté par la maison de Longueville. Louis XIV s'en empara pour cette maison, et la possession lui en fut confirmée par le traité d'Utrecht.

ORANGE (Guillaume DE NASSAU, prince D'). Voy. GUILLAUME.

ORANGE (Maurice DE NASSAU, prince D'), un des plus grands capitaines et hommes d'État de son siècle, était fils de Guillaume de Nassau et d'Anne de Saxe, sa seconde femme. Né en 1566, il succéda en 1584 à son père dans le commandement des armées confédérées et le titre de gouverneur des Pays-Bas (*stathouder*). Il remporta sur les Espagnols un grand nombre de victoires, et s'empara de Breda (1590), de Zutphen, de Deventer, de Hulst, de Nimègue (1591) et de Gertruidemberg (1593). Il battit les troupes de l'archiduc Albert, chassa les Espagnols de la Hollande, et mourut en 1625, du chagrin d'avoir perdu Breda que venait de lui enlever Spinola. On lui reproche la mort de Barneveldt.

ORANGE (Frédéric-Henri DE NASSAU, prince D'), fils de Guillaume de Nassau et de Louise de Coligny, sa quatrième femme, naquit en 1584. En 1625, il succéda à son frère Maurice dans la dignité de stathouder. Il fit comme lui triompher les armes hollandaises, prit en 1632 Ruremonde, Venloo, Strale et Maëstricht, et força enfin l'Espagne à reconnaître l'indépendance des Provinces-Unies. Il mourut en 1647.

ORANGE (Guillaume II DE NASSAU, prince D'), fils du précédent, né en 1626, succéda à son père en 1647 dans la dignité de stathouder, et mourut en 1650, laissant sa femme, Henriette-Marie, fille de Charles Ier, roi d'Angleterre, enceinte d'un fils. Ce fils, appelé GUILLAUME, parvint au stathoudérat, après le meurtre des frères de Witt, au trône d'Angleterre, dont il renversa Jacques II en 1688. Voy. GUILLAUME III.

ORANGÉ, une des sept couleurs primitives dont se compose la lumière. C'est la moins réfrangible après la couleur rouge.

ORANGEADE, boisson faite avec le suc d'orange étendu d'eau. Elle est très-rafraîchissante et usitée dans les maladies aiguës.

ORANGER, genre de plantes de la famille des hespéridées, renfermant sept espèces, savoir : l'*oranger* proprement dit, le *citronnier*, le *cédratier*, le *limonier*, le *limettier*, le *bigaradier* et le *pamplemousse*. Ce sont des arbres d'un port élégant, garnis de feuilles toujours vertes. L'oranger proprement dit est un arbre haut de plus de dix-huit mètres, remarquable par le vert éclatant de son feuillage et l'odeur suave de ses fleurs blanches, dont on retire une eau distillée qui s'emploie fréquemment dans l'économie domestique et dans les pharmacies à cause de ses vertus antispasmodiques. Le bois seul de l'oranger est de peu de ressource, le cœur étant presque toujours pourri. L'oranger est très-susceptible. Il se trouve en Provence, en Espagne, en Italie, etc., et est originaire de la zone torride. On le cultive aussi en serre chaude dans des orangeries. La plus renommée est celle de Versailles, chef-d'œuvre de Mansart et renfermant 1,200 orangers.

ORANGISTES (*orange-men*), dénomination de mépris que donnent les catholiques irlandais à leurs compatriotes protestants. Elle a son origine dans ce que les protestants d'Irlande se déclarèrent les premiers pour le prince d'Orange, depuis Guillaume III, lorsqu'il détrôna Jacques II en 1688.

ORANG-OUTANG et mieux ORANG-HOUTAN (de deux mots malais qui signifient *homme des bois*), genre de mammifères de l'ordre des quadrumanes et de la famille des singes. Il renferme des singes qui manquent de queue, n'ont point de callosités aux fesses, et ont leurs membres de devant excessivement longs proportionnellement à ceux de derrière. Leur tronc est court et trapu, et leurs membres sont forts et pleins d'agilité. Il paraît que les orangs-outangs marchent comme l'homme sur les deux membres de derrière, et se servent des autres comme de mains. Leur angle facial est de 60 à 65 degrés, et leur intelligence les approche infiniment de l'homme ; ce qui a donné lieu à l'opinion que l'homme n'était qu'un orang-outang perfectionné. On ne connaît que deux espèces d'orangs-outangs : le *roux*, qui habite l'Océanie, et le *noir*, qui habite l'Afrique.

ORATEUR, homme éloquent, qui prononce des discours pour opérer la persuasion. On divise les orateurs en *profanes* et en *sacrés*. Parmi les premiers, Périclès et Démosthène chez les Grecs, Cicéron chez les Latins, Mirabeau chez les Français ; parmi les seconds, saint Jean Chrysostome, Bossuet, Bourdaloue, Massillon, Fléchier sont les plus célèbres. — En Angleterre, on appelle ORATEUR (*speaker*) le président de la chambre des communes d'Angleterre. Il est élu à la pluralité des voix ; c'est lui qui expose les affaires. On porte devant lui une masse d'or couronnée. — On a de Cicéron un ouvrage intitulé l'*Orateur*, où il y pose les caractères du véritable orateur, et passe en revue les principaux orateurs de Grèce et de Rome.

ORATOIRE, endroit retiré où l'on prie en particulier. Avant que les moines eussent des églises, ils priaient dans de petites chapelles qu'on appelait *oratoires*. Les grands et les rois ont eu leurs oratoires comme un privilège ; mais les canons défendaient d'y célébrer la liturgie et d'y baptiser.

ORATOIRE (CONGRÉGATION DE L'), communauté religieuse établie à Rome en 1510 par le Florentin saint Philippe de Néri, sous le titre de Sainte-Marie en la Valicelle, et introduite en France en 1611 par le cardinal Pierre de Bérulle. Ce qui distinguait la congrégation de l'Oratoire d'Italie de celle de France, c'est que les maisons autres que celle de Rome ne faisaient point corps avec elle et étaient indépendantes, tandis qu'en France toutes les maisons étaient subordonnées à un supérieur général, aidé de trois assistants. Les oratoriens de France ne faisaient point de vœux, et avaient pour but la littérature et l'instruction de la jeunesse. Le collège de Juilly qu'ils dirigeaient a été longtemps le rival de ceux des jésuites.

ORATORIO, pièce de musique religieuse ainsi appelée parce qu'on en exécuta pour la première fois dans l'église de la congrégation de l'Oratoire à Rome, et que saint Philippe de Néri fut l'inventeur ou du moins en donna l'idée pour attirer la foule dans les églises. L'oratorio est une sorte de drame religieux accompagné à grand orchestre et par un grand nombre de chanteurs. Les plus célèbres sont la *Création* d'Haydn, le *Messie* d'Hændel, *Jésus au mont des Olives* de Beethoven. Au nom de ces compositeurs d'oratorios, on peut ajouter aussi ceux de Jommelli et de Mozart.

ORBE. Deux rivières portent ce nom. — L'une en Suisse, dans le canton de Vaud, sort d'un rocher du Jura, à 200 pieds d'élévation, et se jette dans le lac de Neufchâtel à Yverdun, après un cours de 15 lieues ; l'autre en France, dans le département de l'Hérault, prend sa source près de Lodève, aux monts Cévennes, passe à Béziers, et se jette dans la Méditerranée 2 lieues au-dessous de cette ville, après un cours de 25 lieues. — Le mot *orbe* est encore synonyme d'*orbite* et du poisson appelé *diodon*.

ORBICULAIRE, ce qui a la forme arrondie, circulaire. En anatomie, ce nom est donné à plusieurs muscles, tels que les *muscles orbiculaires des paupières*, le *muscle orbiculaire des lèvres*, etc.

ORBICULAIRES, tribu de crustacés, de l'ordre des décapodes, famille des brachyures, dont les caractères distinctifs sont le rétrécissement de la cavité buccale, la petitesse des yeux et des antennes latérales.

ORBITAIRE, ce qui a rapport ou appartient à l'orbite, comme la *cavité orbitaire* par exemple.

ORBITE, route suivie dans l'espace par un corps planétaire, indiquée par la ligne que décrit dans sa marche le centre du corps. Kepler a découvert que les orbites sont des ellipses qui ont un foyer commun occupé par le soleil. Ces orbites des planètes autour du soleil proviennent de la combinaison des forces centripète et centrifuge qui, tendant, la première à les rapprocher du centre du soleil, la seconde à les en éloigner, les force à décrire une courbe intermédiaire qui est précisément leur orbite. L'orbite des comètes est une ellipse très-allongée.

ORBITE (anat.). On désigne sous ce nom la cavité située à la partie supérieure du visage, et destinée à loger l'œil et ses parties accessoires. Il y a deux orbites, et un grand nombre d'os du crâne et de la face entrent dans leur composition.

ORBITÈLES, tribu d'arachnides de l'ordre des pulmonaires, de la famille des aranéides, section des dipneumones, renfermant cinq genres, et se rapprochant beaucoup des inéquitèles, dont elles se distinguent par la largeur de leurs mâchoires qui sont droites.

ORCADES (en anglais, *Orkneys*), groupe d'îles situées dans l'océan Atlantique, au N. de l'Ecosse, dont elles sont séparées par le détroit de Pentland, large de 5 lieues. Elles sont au nombre de soixante-sept, dont vingt-neuf seulement habitées. Leur superficie totale est de 75 lieues carrées, et leur population de 23,600 habitants. On y trouve de nombreux troupeaux de petit bétail et de bétail noir, et des mines de fer, d'argent, d'étain et de plomb. Elles sont visitées par les aigles, les faucons, les oies et les canards sauvages, les mouettes, les bécasses, etc. La plus grande des îles est Pomona, dont la capitale est *Kirkwal*, capitale de tout le groupe. Les Orcades envoient un député au parlement, réunies aux Shetland. Toute la partie méridionale appartient à la famille écossaise de Dundas, qui est en même temps investie de la dignité de grand juge héréditaire. Les Orcades ont été cédées par la Norwége à l'Ecosse sous Jacques II.

ORCAGNA (André DE CIONE, dit), célèbre peintre, sculpteur et architecte, etc., né à Florence en 1320 ou 1329, mort en 1389, décora les églises de Santa-Croce et de Sainte-Marie-Nouvelle à Florence, et le Campo-Santo de Pise. Ce fut là qu'il peignit un *Jugement universel*, où il représenta ses amis en paradis et ses ennemis en enfer.

ORCANETTE, jolie couleur rouge, très-employée dans la teinture des étoffes, et fournie par trois plantes distinctes, appartenant toutes à la famille des borraginées. Ce sont la *buglosse teignante*, le *grémil des teinturiers* et l'*onosme vipérine*. L'orcanette se retire des racines de ces plantes. Celle de la première est un rouge vermeil peu tenace, employé par les confiseurs et les pharmaciens. Celle de la seconde est un blanc rouge qui passe au bleu par diverses préparations.

ORCHESTIQUE (du grec *orcheisthai*, danser). On connaît sous ce nom l'un des deux genres qui composaient les exercices en usage dans les gymnases des anciens. Le genre orchestique comprenait la danse, la *cubistique* ou l'art de faire des culbutes, la *sphéristique* ou la paume.

ORCHESTRE. On appelait autrefois ainsi le lieu où les musiciens étaient réunis pour l'exécution de la musique. Il se prend aujourd'hui plus souvent dans l'acception de la réunion même des musiciens et de l'effet qu'ils produisent. — Chez les Grecs, l'*orchestre* était la deuxième partie du théâtre, destinée aux acteurs, aux chœurs, aux musiciens, etc. Elle était divisée en trois parties : la première portait particulièrement le nom d'*orchestre*; la deuxième s'appelait *thimélé*, et la troisième *hyposcénion*. C'était dans la dernière que se trouvaient les musiciens. — L'orchestre français ne date que du siècle de Louis XIV. Il fut organisé par Lulli, mais il n'a commencé réellement à devenir important que depuis Gluck. Aujourd'hui un orchestre complet compte au moins dix-huit instruments.

ORCHESTRION, nom de deux instruments à clavier qui ont été inventés vers la fin du XVIIIe siècle. Le premier est un orgue portatif composé de quatre claviers, chacun de soixante-trois touches, et d'un clavier de pédales de trente-neuf touches. L'ensemble de l'instrument présente un cube de neuf pieds. Cet instrument fut inventé en Hollande en 1789. L'autre instrument appelé *orchestrion*, inventé par Thomas-Antoine Kunz à Prague en 1796, était un piano uni à quelques registres d'orgue.

ORCHIA, loi romaine décrétée l'an 188 avant J.-C. sous les auspices d'Orchius, tribun du peuple, et qui fixa le nombre des convives qu'un citoyen devait admettre à sa table. Elle ordonna encore que les portes des maisons seraient ouvertes pendant le souper, qui était le principal repas des Romains.

ORCHIDE, genre de plantes de la famille des orchidées, dont il est le type, renfermant des espèces herbacées, aux fleurs généralement purpurines, disposées en panaches et souvent remarquables par leur bonne odeur. Les racines partent de deux bulbes charnus dont la ressemblance avec les testicules (en grec, *orchis*) leur a fait donner leur nom. Ils renferment un mucilage abondant, des plus sains et des plus nourrissants, avec lequel on forme le salep, de la gelée, des tablettes, des pastilles, etc. On trouve les orchides dans les prairies, les bois et les collines, près de fleures.

ORCHIDÉES, famille de plantes monocotylédones, qui a pour type le genre orchide, et qui doit son nom à la forme des bulbes de ses racines qui ressemblent à des testicules. Ce sont des végétaux tous vivaces, tantôt croissant sur l'écorce des arbres, ou grimpant le long de leur tronc, tantôt habitant les lieux humides. On a partagé la famille des orchidées en quatre sections : les OPHRYDÉES (genres *ophryse*, *orchide*, etc.), les LIMODORÉES (genres *vanille*, *limodorum*, etc.), les EPIDENDRÉES (genre *angrec* ou *epidendrum*, etc.) et les CYPRIPÉDIÉES (genre *cypripedium*.

ORCHOMÈNE (aujourd'hui *Scripons*), ville de la Béotie, située dans la partie N.-O. de la province, et appelée primitivement *Andréis*, du nom de son fondateur Andrée, fils du fleuve Pénée. C'était la seconde ville de la Béotie, et l'une des plus belles et des plus riches de toute la Grèce. Pindare l'appelait la ville des Grâces. Elle renfermait l'oracle de Tirésias, le trésor de Minyas et le tombeau d'Hésiode. C'est près de là que l'armée de Mithridate fut battue par Sylla. — Il y avait aussi une ville de ce nom en Arcadie, au N. de Mantinée, qui n'est plus qu'un monceau de ruines.

ORCINIENS (*orcini liberti*), nom que donnaient les Romains aux esclaves affranchis par le testament de leurs maîtres.

ORCUS, surnom de Pluton chez les Romains. Il avait un temple à Rome. Les poètes employoient souvent ce mot pour désigner les régions infernales. Les Romains appelaient *orciniens* les esclaves affranchis par le testament de leurs maîtres, parce qu'ils en étaient redevables à Orcus.

ORDALIE (du saxon *ordall*, purgation). On désignait par ce mot en Angleterre les différentes épreuves du feu chaud, de l'eau, du feu, du duel, c'est-à-dire tout ce qu'on nommait en France *jugement de Dieu*.

ORDERIC VITAL, moine de Saint-Evroul en Normandie, était né en Angleterre en 1075, quoique originaire d'Orléans. L'année de sa mort est incertaine. Il vivait encore en 1143. L'ouvrage qui a fait sa réputation est une *Histoire ecclésiastique* en treize livres, depuis le commencement de l'ère vulgaire jusqu'en 1141. Elle contient un grand nombre de faits curieux relatifs à l'histoire de Normandie, de France et d'Angleterre.

ORDINAL. En grammaire, on donne ce nom au mot qui sert à déterminer l'ordre des personnes ou des choses relativement à leur nombre. *Premier, second*, sont des nombres ordinaux. — Les Anglais appellent ORDINAL un livre composé sous le règne d'Edouard VI et substitué dans tout le royaume au Pontifical romain. Ce livre contient le détail des cérémonies religieuses nécessaires pour l'ordination et la célébration du service divin.

ORDINATION, cérémonie par laquelle on confère les ordres, et qui, dans l'Église romaine, consiste dans l'imposition des mains de l'évêque sur la tête des ordinants, avec une formule ou une prière, et dans l'action de leur mettre en main les instruments du culte divin. Cependant l'imposition des mains n'a lieu que pour les trois ordres majeurs. On ne peut conférer les ordres que dans les quatre-temps, et quand les ordinands ont l'âge requis, savoir vingt-deux ans pour le sous-diaconat, vingt-trois pour le diaconat et vingt-quatre pour la prêtrise.

ORDON. On donne ce nom aux usines qui contiennent les gros marteaux de forge qui ne sont pas mus à la main à cause de leur lourdeur. Un ordon se compose 1° d'un marteau, 2° d'une enclume, 3° d'une forte charpente qui supporte le marteau, 4° d'un arbre garni de cames et placé perpendiculairement à la direction du manche du marteau, 5° d'une roue hydraulique qui doit mettre en mouvement la machine.

ORDONNANCE, loi rendue par le chef de l'Etat. — Sous la première race, quelques-unes furent nommées *édits* ou *constitutions*; sous la seconde, elles furent toutes qualifiées du titre de capitulaires. — La première ordonnance rendue en français est celle faite en 1227 par Philippe le Bel concernant les bourgeois.

ORDONNANCE (COMPAGNIES D'), nom sous lequel on connaissait la cavalerie avant l'institution des armées permanentes. Charles VII les organisa en 1444. Elles étaient alors au nombre de quinze, composées chacune de 100 gentilshommes armés de lances et ayant chacun un écuyer ou *coustillier*, un page ou *varlet* et trois archers. Les communes étaient chargées de leur entretien. Modifiées plus tard, les compagnies d'ordonnance disparurent sous le règne de Henri III.

ORDONNANCE, messager militaire à cheval, placé, en temps de paix, auprès du général pendant le temps d'une garde (vingt-quatre heures) pour porter les dépêches. En campagne, on y reste beaucoup plus longtemps. La réunion des ordonnances forme l'escorte du général. Le corps royal d'état-major n'étant pas assez nombreux pour fournir aux généraux employés en temps de guerre le nombre voulu d'aides de camp, on détache près d'eux des officiers de cavalerie ou d'infanterie, appelés *officiers d'ordonnance*.

ORDONNATEUR (COMMISSAIRE), titre que prend dans les ports militaires le chef des officiers civils, quand il n'y a pas d'intendant. C'est le directeur de la comptabilité. — Autrefois il y avait des *commissaires ordonnateurs des guerres*, qui étaient les chefs de l'administration militaire. Il y en avait un par division territoriale. Ils ont été réunis aux inspecteurs des revues et remplacés par les intendants militaires.

ORDONNÉE. On donne ce nom, en géométrie, à une droite qui sert à déterminer la position d'un point conjointement avec l'abscisse.

ORDRE. Dans son acception générale, ce mot signifie l'arrangement des parties d'un tout, ou le commandement dans le supérieur. — On donne ce nom, en histoire naturelle, à une des principales divisions admises dans la classification des animaux, des végétaux, etc. L'*ordre* est la seconde division, celle de la classe. Il se divise en familles, subdivisées en genres.

ORDRE. Ce mot correspond souvent à classe. En géométrie, on distingue divers *ordres* de lignes correspondant aux degrés des équations qui les représentent. Les lignes droites composent le premier *ordre*, dont l'équation ne s'élève qu'au premier degré; les sections coniques, le deuxième, dont l'équation ne s'élève qu'au deuxième degré; et les autres courbes, le troisième, le quatrième, le cinquième, etc., suivant que leurs équations sont du troisième, du quatrième, du cinquième degré.

ORDRE. On appelle ainsi, en architecture, le rapport des diverses parties qui composent une colonne et son entablement. Les anciens se sont servis de cinq ordres d'architecture qu'on appelle *toscan*, *dorique*, *ionique*, *corinthien* et *composite*.

ORDRE, en théologie, sacrement de l'Eglise institué par Jésus-Christ pour donner le pouvoir et la grâce de remplir les fonctions ecclésiastiques. Il produit deux effets principaux, la grâce sanctifiante et le caractère ineffaçable. L'ordre est conféré par *l'ordination*. L'évêque consacré en est le seul ministre. Ce sacrement se compose de six degrés, trois appelés les *ordres majeurs*, et trois les *ordres mineurs*. Le dernier des ordres majeurs est la prêtrise.

ORDRE, compagnie militaire ou religieuse dont les membres s'obligent par serment de vivre sous certaines règles. On peut réduire à quatre les ordres religieux : les *moines*, les *chanoines*, les *mendiants* et les *clercs réguliers*. Les ordres militaires sont des corps de chevaliers qui joignaient les vœux religieux aux fonctions de la guerre. Les plus célèbres sont les *templiers*, les *chevaliers de Malte*, les *chevaliers teutoniques*, etc. Les premiers de ces ordres ne remontent pas au delà du xii siècle. — On donne encore le nom d'ordre à une sorte de corporation honorifique instituée pour les personnes qui se distinguent dans les sciences, les arts, les fonctions civiles et militaires, et caractérisée par un collier, une croix ou un ruban. Tels sont l'ordre de la Jarretière, du Saint-Esprit, de la Légion d'honneur.

ORDRE. En termes de commerce, on appelle ainsi l'endossement ou écrit succinct que l'on met au dos d'un billet ou d'une lettre de change pour en faire le transport et le rendre payable à un autre.

ORDRE (Mot d'), injonction verbale et écrite contenant une marque destinée à distinguer l'ami de l'ennemi. La série des mots d'ordre est faite au ministère de la guerre, et envoyée par quinzaine aux généraux qui commandent les divisions. Le roi donne l'ordre aux Tuileries ; le général en chef le donne dans son armée ; il est porté à tous les chefs. Le mot d'ordre est sacré ; quiconque le divulgue est puni de mort. — Les anciens avaient une manière d'ordre muet que les Grecs appelaient *synthème*, *parasynthème*, que les Romains appelaient *tessère*. Il consistait dans une tablette carrée, transférée de main en main.

ORDRE DU MÉRITE MILITAIRE, ordre militaire fondé en 1759 en France. Il fut supprimé à la révolution. — Il y a encore aujourd'hui plusieurs ordres de ce nom, comme l'*ordre du Mérite militaire de Maximilien-Joseph*, dans le royaume de Bavière ; l'*ordre du Mérite civil* ou *de la Couronne*, dans le même royaume ; l'*ordre du Mérite civil*, en Saxe ; l'*ordre du Mérite civil*, en Wurtemberg ; l'*ordre du Mérite militaire*, dans le même royaume, etc.

ORDRE ROYAL DE LA LÉGION D'HONNEUR, institution honorifique créée par une loi du 29 floréal an x (17 mai 1801) pour récompenser les services et les vertus militaires et civiles. Le roi en est le chef souverain et le grand maître. L'administration de l'ordre est confiée à un *grand chancelier*, qui travaille directement sous le roi. — L'ordre est composé de *chevaliers*, d'*officiers*, de *commandeurs*, de *grands officiers* et de *grands-croix* (d'abord nommés *grands-aigles*). Le nombre des chevaliers est illimité ; celui des officiers est fixé à 2,000, celui des commandeurs à 400, celui des grands officiers à 100, celui des grands-croix à 80. Malgré cette fixation, les membres actuels (dont le nombre est supérieur) conservent leurs grades. La réduction se fera par les extinctions. Les princes de la famille royale, les princes du sang et les étrangers auxquels le roi accorde la décoration ne sont point compris dans le nombre fixé. Les étrangers sont *admis* et non *reçus*; ils ne prêtent aucun serment. Les membres de la Légion d'honneur français prêtent serment de fidélité au roi, obéissance à la charte constitutionnelle et aux lois du royaume. — Nul ne peut être admis dans la Légion d'honneur qu'avec le premier grade de chevalier, et après avoir exercé pendant vingt ans, en temps de paix, des fonctions civiles ou militaires, sauf les dispenses accordées par le roi ; en temps de guerre, pour les actions d'éclat et les blessures graves, et en tout temps pour les services extraordinaires rendus au roi et à l'État dans les fonctions civiles ou militaires, dans les sciences et dans les arts. Pour monter à un grade supérieur, il faut avoir passé dans le grade inférieur, savoir : 1° pour le grade d'officier, quatre ans dans celui de chevalier ; 2° pour le grade de commandeur, deux ans dans celui d'officier ; 3° pour le grade de grand officier, trois ans dans celui de commandeur ; 4° pour le grade de grand-croix, cinq ans dans celui de grand officier. Chaque campagne est comptée double aux militaires dans l'évaluation des années exigées. Les membres de la Légion d'honneur sont nommés à vie. Ils ne peuvent perdre cette qualité que par les causes qui font perdre ou suspendent l'exercice des droits de citoyen français. Les membres de la Légion d'honneur qui sont convoqués et assistent aux cérémonies publiques occupent des places réservées. On porte les armes aux chevaliers, officiers et commandeurs ; on les présente aux grands officiers et aux grands-croix. — Pour les honneurs funèbres et militaires, les grands-croix et les grands officiers sont traités comme les lieutenants généraux employés ; les commandeurs comme les colonels, les officiers comme les capitaines, et les chevaliers comme les lieutenants. — La décoration de l'ordre consiste dans une étoile à cinq rayons doubles, surmontée de la couronne royale ; le centre de l'étoile, entouré d'une couronne de laurier et de chêne, présente d'un côté l'effigie de Henri IV (avant 1814, c'était celle de Napoléon), et de l'autre côté des drapeaux tricolores (ce fut avant 1814 un aigle tenant la foudre, et de 1814 à 1830 des fleurs de lis), avec l'exergue *honneur et patrie*. Cette décoration, émaillée de blanc, est en argent pour les chevaliers, et en or pour les autres membres. Les chevaliers portent la décoration en argent à une des boutonnières de leur habit, attachée par un ruban moiré rouge sans rosette. Les officiers la portent à leur boutonnière, mais en or et avec une rosette au ruban. Les commandeurs portent la décoration en sautoir, attachée à un ruban un peu plus large que celui des officiers. Les grands officiers portent sur le côté droit de leur habit une plaque en argent semblable à celle des grands-croix, mais du diamètre de sept centimètres deux millimètres. Ils continuent en outre de porter la simple croix d'or à la boutonnière. Les grands-croix portent un large cordon moiré rouge, passant de l'épaule droite au côté gauche, et au bas duquel est attachée la grande décoration ; ils portent en outre une plaque en argent, ayant dans les angles des drapeaux tricolores, du diamètre de dix centimètres quatre millimètres, attachée sur le côté gauche de l'habit, et au milieu de laquelle est l'effigie de Henri IV avec l'exergue *honneur et patrie*. Les membres de la Légion d'honneur portent toujours la décoration. — Il y a des maisons pour l'éducation des filles et orphelines des membres de l'ordre. Ces maisons (voy. SAINT-DENIS) sont sous la surveillance et la direction du grand chancelier, qui présente les élèves à la nomination du roi.

OREADES (du grec *oros*, montagne), nymphes des montagnes, filles de Phoronée et d'Hécate. Quelques auteurs les nomment *Orestiades* et leur donnent Jupiter pour père. Elles allaient ordinairement à la suite de Diane, et l'accompagnaient à la chasse.

OREES (du grec *ôra*, saisons), offrandes de fruits que les anciens faisaient aux déesses qui présidaient aux saisons, quatre fois par an, pour en obtenir un temps doux, serein et propice aux biens de la terre.

OREGON, territoire des Etats-Unis, borné au N. par la Nouvelle-Bretagne, au S. par le Mexique, à l'E. par le territoire de Missouri, à l'O. par le Grand Océan. Sa superficie est d'environ 28,000 lieues carrées, et sa population de 170,000 habitants. Il a été élevé au rang de territoire en 1823. Sa capitale est ASTORIA, bâtie en 1811 à l'embouchure du fleuve Columbia, appelé aussi *Oregon*, qui a donné son nom au territoire. Le territoire de l'Oregon est habité par les Indiens Snakes ou Serpents, Têtes-plates et Chochonis.

OREILLARD, genre de mammifères de l'ordre des chéiroptères ou chauves-souris, renfermant une seule espèce remarquable par l'extrême développement de ses oreilles presque aussi longues que le corps, leur tête aplatie, leur museau renflé des deux côtés et assez large. Le pelage est gris brun sur les parties supérieures, cendré aux inférieures. La longueur totale est de trois pouces cinq lignes.

OREILLE, organe de l'audition. Il comprend chez l'homme et la plupart des mammifères trois parties : 1° *l'oreille externe*, formée du pavillon et du conduit auriculaire ou conduit auditif externe ; 2° *l'oreille moyenne*, comprenant la caisse du tympan et ses dépendances ; 3° *l'oreille interne*, comprenant le labyrinthe que constituent les trois canaux demi-circulaires, le limaçon et le vestibule. Les rayons sonores sont successivement reçus et réfléchis dans toutes ces cavités jusqu'à ce qu'ils viennent ébranler la pulpe du nerf auditif logée dans la plus profonde de ces cavités.

OREILLE. On donne vulgairement ce nom à plusieurs animaux ou plantes : l'*oreille-d'abbé* est le spathe des *gouets* et le *colylet*; l'*oreille-d'âne*, les mêmes plantes et de plus le *nostoc* et la grande *consoude*; ce sont aussi des mollusques des genres *haliotide* et *strombe*; on nomme *oreille-de-bœuf* le mollusque *bulime*; *oreille-de-capucin* ou *de cochon*, des *tremelles*, une *moule* et un *strombe*, qu'on nomme aussi *oreille déchirée*; *oreille-de-Diane*, le *gouet* et le *colylet*; *oreille-de-géant*, une *haliotide*; *oreille grande* ou *grande oreille*, le *thon*; *oreille-d'homme*, l'*asaret* et des *champignons* parasites ; *oreille-de-Judas*, la *pézize* et l'*oreille-d'âne*; *oreille-de-lièvre*, les *buplèvres*, l'*agrostemme* et le *trèfle des champs*; *oreille-de-Malchus*, des champignons parasites ; *oreille-de-Mer*, l'*haliotide*; *oreille-de-Midas*, l'*auricule* et un *hélix*; *oreille-de-muraille*, un *myosotis*; *oreille-d'ours*, une espèce de *primevère*; *oreille-de-rat* et *de souris*, le *myosotis*, une *épervière* et un *cératite*; *oreille-de-Saint-Pierre*, les *fissurelles*; *oreille-sans-trous*, le *sigaret*; *oreille-de-Silène*, un *bulime*; *oreille-de-Vénus*, l'*haliotide*.

OREILLETTE, nom donné à deux cavités faisant partie du cœur et situées à sa base, une à droite et une à gauche, chacune d'elles correspondant au ventricule situé en dessous, mais point entre elles. Voy. CIRCULATION. — En botanique, on donne vulgairement ce nom à l'*asaret européen*.

OREILLON (en latin, *tragus*). On appelle ainsi, en histoire naturelle, une partie de la conque des chauves-souris qui fait saillie dans la cavité de cet organe. L'oreillon n'existe que chez les chauves-souris, et toutes ne l'ont pas.

OREL, gouvernement de la Russie européenne, borné au N. par ceux de Kalouga et de Toula, au S. par celui de Koursk, à l'E. par ceux de Tambov et de Voronej, à l'O. par ceux de Smolensk et de Tchernigov. Sa superficie est d'environ 3,000 lieues carrées, et sa population de 110,200 habitants. Le sol de ce gouvernement est en partie d'une grande fertilité. Les forêts et les mines de fer y sont l'objet d'exploitation assez considérable. — Le chef-lieu est ORel, sur l'Oka, à 180 lieues de Saint-Pétersbourg. Sa population est de 20,000 habitants et très-industrielle.

ORELLANA (Francesco), Espagnol faisant partie de l'expédition de Gonzalès Pizarre. Il s'embarqua en 1539 assez près de Quito sur la rivière de Cauca, et tomba dans une plus grande. Arrivé au cap Nord sur la côte de la Guyane, après une navigation de près de 1,800 lieues, il rencontra des femmes armées; ce fleuve prit le nom de rivière des Amazones. Orellana périt dix ans après, sans avoir pu retrouver l'embouchure de ce fleuve.

ORELLE (Rigaud n'), chevalier, comte de Nogarole en Italie, baron de Villeneuve en Auvergne, conseiller-chambellan et maître d'hôtel du roi, gouverneur et sénéchal d'Agénois et de Gascogne, né en Auvergne, occupa plusieurs places importantes à la cour de Louis XI, de Charles VIII et de Louis XII, où fut envoyé plusieurs fois en ambassade. Il mourut en 1538.

OREMUS, mot latin qui signifie *prions*, et que prononce le prêtre toutes les fois qu'il va réciter une oraison. En le disant, il étend et puis joint les mains, pour inviter le peuple à prier avec lui.

ORENBOURG, gouvernement de la Russie européenne, borné au N. par celui de Perm, à l'Oural et les monts Ourals, au S. par celui d'Astrakkan et la mer Caspienne, à l'O. par ceux de Sarator, de Simbirsk, de Kazan et de Viatka. Sa superficie est de 19,325 lieues carrées, et sa population de 2,203,050 habitants. Le sol est généralement fertile, même dans les régions montagneuses; il comprend dans ses limites une partie des monts Ourals, connus par leurs richesses métalliques. — La nouvelle capitale est Oufa, ville archiépiscopale, au confluent de l'Oufa et de la Bélaia, à 485 lieues de Saint-Pétersbourg. Sa population est de 2,500 habitants. L'ancienne capitale était Orenbourg, à 70 lieues d'Oufa, sur l'Oural. Elle est le centre du commerce des Tartares et des autres peuples asiatiques avec la Russie.

ORÉNOQUE (de l'espagnol *Orinoco*), fleuve de l'Amérique méridionale, qui prend sa source dans les montagnes de Parima, en Colombie, décrit un demi-cercle vers la partie du S., remonte vers le N. et se jette dans l'océan Atlantique par cinquante embouchures, dont sept sont navigables. Son cours est de 660 lieues. Ses principaux affluents sont le Venturai, la Caura, le Caroni, le Guaviare, le Méta et l'Apure. Il communique par le Cassiquiare avec le Rio-Negro et au moyen de celui-ci avec l'Amazone.

ORÉNOQUE, département de la Colombie, faisant partie de la république de Venezuela, borné au N. par ceux de Zulia, de Venezuela et de Maturin, au S. par le Brésil, à l'E. par la mer et la Guyane, et à l'O. par le Boyaca et le Cundinamarca. Sa superficie est de 83,380 lieues carrées, et sa population de 550,440 habitants. Il est arrosé par l'Orénoque, l'Apure, le Méta, le Guaviare, et se compose en grande partie de plaines immenses nommées dans le pays *llanos* et dans le midi de l'Amérique *pampas*. Il est sillonné à l'E. par plusieurs chaînes de montagnes, dont les plus connues sont la Sierra-Pacaraina et la Sierra-Maranga. Le département de l'Orénoque a pour capitale Varinas ou Barinas. Il se divise en cinq provinces : *Apure*, chef-lieu *Caycara* ; *Varinas*, *San-Juan de los Llanos*, *Caguan*, avec des chefs-lieux de même nom, et *Guayana* (l'ancienne Guyane espagnole), chef-lieu *San-Thomé de Nueva-Guayana*.

ORENSE, province d'Espagne, formée de l'ancienne Galice et bornée au N. par celle de Lugo, à l'E. par celles de Villafranca et de Zamora, à l'O. par celle de Vigo, et au S. par le Portugal. Sa superficie est de 325 lieues carrées, et sa population de 325,000 habitants. — Sa capitale est Orense, sur le Minho, à 104 lieues de Madrid. Elle a un évêché et des bains chauds.

ORESTE (myth.), fils d'Agamemnon et de Clytemnestre. Dérobé par sa sœur Electre aux atteintes du meurtrier de son père, il fut élevé à la cour de Strophius, roi de Phocide, et contracta avec son fils Pylade une amitié qui est devenue célèbre. Devenu grand, il entra secrètement dans Mycène, et tua de sa main sa mère et l'usurpateur. Dès ce moment les Furies ne cessèrent de le tourmenter jusqu'à ce qu'il eût délivré en Tauride sa sœur Iphigénie. Il épousa Hermione, et vécut depuis paisiblement dans ses Etats. Mordu par un serpent en Arcadie, il y mourut âgé de quatre-vingt-dix ans, après un règne de soixante-dix, l'an 1106 avant J.-C. Il laissa deux fils, Tisamène et Penthile.

ORESTE, général de l'empereur d'Occident Flavius Julius Nepos, se révolta contre lui en 475, et fit couronner son fils Augustule, qui fut le dernier empereur romain. Oreste était un des grands de la cour d'Attila, qui l'avait envoyé en ambassade à l'empereur Théodose, à la recommandation duquel il s'était avancé dans les armées romaines. Odoacre le poursuivit dans Pavie, où il s'était réfugié, et le fit périr (476).

ORESTIDES, descendants ou sujets d'Oreste, fils d'Agamemnon. Ayant été chassés du Péloponèse par les Héraclides, ils s'établirent dans une contrée située à l'ouest de la Macédoine et à l'est de l'Epire, qui prit d'eux le nom d'*Orestide*.

ORFÉVRE, artiste qui fabrique, vend et achète toute sorte de vaisselles et d'ouvrages d'or et d'argent. Les orfèvres composaient à Paris le sixième corps des marchands; leur nombre était limité à trois cents. L'apprentissage était de huit années et le compagnonnage de trois. Cette corporation existait avant le règne de saint Louis, et elle jouissait de grands privilèges.

ORFRAIE (du latin *ossifraga*, qui rompt les os), oiseau du genre *pygargue*, vulgairement connu sous le nom d'*aigle de mer*. Il a le plumage brunâtre, la queue noirâtre tachetée de blanc pendant la jeunesse et blanchissant avec l'âge. Il établit son aire dans les fentes des rochers ou sur le haut des arbres; sa nourriture se compose de poissons morts.

ORGANDI, sorte de mousseline ou de toile de coton d'une valeur moins grande que la mousseline.

ORGANE. On nomme ainsi toute partie d'un être destinée à remplir une fonction quelconque. Les animaux et les végétaux sont formés par l'ensemble de ces organes, qui a reçu le nom d'*organisation*. Tous les êtres organisés ont pour base de leur organisation un tissu cellulaire ou aréolaire dont les diverses modifications forment tous les organes. Les organes des végétaux sont, en raison de leurs fonctions, divisés en deux classes : 1° de *nutrition* ou de *végétation* ; 2° de *reproduction* ou de *fructification*. Dans les animaux, les principaux tissus organiques sont au nombre de trois : 1° le *tissu cellulaire*, 2° le *tissu musculaire*, 3° le *tissu nerveux*.

ORGANEAU, nom donné à un gros anneau de fer qui est passé au bout de la verge de l'ancre et qui sert à amarrer le câble.

ORGANSIN, soie ouvrée et apprêtée. L'organsin est composé de deux ou trois brins de soie grège, qui ont été d'abord filés et moulinés séparément, et qui, étant une seconde fois remis au moulinage tous ensemble, ne composent qu'un seul fil. Les organsins de France s'appellent *organsins du pays*.

ORGASME (du grec *orgaô*, je désire avec ardeur). On appelle ainsi, en médecine, l'agitation, le mouvement impétueux des humeurs superflues du corps humain qui cherchent à s'évacuer.

ORGE, genre de la famille des graminées, renfermant des plantes herbacées à feuilles alternes, aux fleurs disposées en épis simples, serrés trois par trois. Parmi les espèces cultivées, on en distingue quatre : l'*orge commune* (vulgairement *orge carrée, grosse orge* et quelquefois *épeautre*), qu'on sème en avril et quelquefois en mai ; l'*orge escourgeon* (vulgairement *orge à six rangs, orge d'hiver, soucrion*) ; l'*orge en éventail* ou *paumelle*, et l'*orge distique* ou *petite orge*, dite encore *pamelle, paumolle*, etc. L'orge fut la première céréale qui servit à la nourriture de l'homme : les Romains, les Grecs, les Hébreux en firent du pain. De nos jours, les Italiens en forment une pâte molle appelée *polenta* ; fermentée et aigrie dans l'eau, elle sert à la préparation de certains cuirs. On fait avec elle le sirop d'orgeat, le sucre d'orge et la bière ; on en retire une sorte d'alcool. L'orge sert à engraisser les volailles, les vaches et surtout les cochons. Elle convient mieux aux bestiaux en grain qu'en herbe.

ORGE MONDÉ. On donne ce nom à l'orge commune privée de sa pellicule. On la prend sèche, on la passe au crible, et on la verse dans une auge circulaire sur laquelle coule une meule qui conserve le grain entier en enlevant sa pellicule. Ce procédé est pratiqué dans les départements du Doubs et du Jura.

ORGE PERLÉ, nom donné à l'orge qui a reçu la forme sphérique et la surface polie d'une perle, au moyen d'un moulin à bras renfermant des râpes en toile contre lesquelles l'écorce s'use et le grain prend une forme ronde. Ce procédé nous vient des Hollandais.

ORGEAT, liqueur très-rafraîchissante et très-usitée dans les pays méridionaux pendant les chaleurs de l'été. On la fabrique avec des amandes de Provence, des graines de melons d'Italie et du sucre en poudre que l'on pile ensemble et que l'on étend d'une certaine quantité d'eau.

ORGEMONT (Pierre n'), conseiller au parlement de Paris, puis second et enfin premier président, maître des requêtes de l'hôtel, chancelier du Dauphiné et chancelier de France en 1373, exerça cette charge jusqu'en octobre 1380, et mourut en 1389. — NICOLAS D'ORGEMONT, son fils, surnommé *le Boiteux*, embrassa l'état ecclésiastique, et fut maître des comptes, doyen des églises de Troyes, de Saint-Martin de Tours, de Saint-Germain l'Auxerrois, etc. Il était le plus riche clerc de France. S'étant mis à la tête d'une conspiration contre le roi, il fut privé de tous ses bénéfices et transféré à Mehun-sur-Loire, où il mourut en 1416. — La famille d'Orgemont finit à François, mort en 1587 au siège de Chorges.

ORGEOLET ou ORGELET, maladie des paupières, consistant en une petite tumeur circonscrite, rénitente, qui vient sur le bord des paupières, tout auprès des cils. Elle s'échauffe, devient rouge, et se termine par la suppuration. On la nomme ainsi parce qu'elle est à peu près de la grosseur d'un grain d'orge.

ORGIASTES, prêtresses de Bacchus ou bacchantes, qui présidaient aux Orgies.

ORGIES (du grec *orgè*, fureur), fêtes en l'honneur de Bacchus, les mêmes que les Dionysiaques et les Bacchanales, étaient célébrées par les bacchantes agitées d'une fureur sacrée, d'où vient leur nom. On appelait *orgiophantes* les principaux ministres ou sacrificateurs dans ces fêtes. Ils étaient subordonnés aux *orgiastes*. On a donné par imitation le nom d'*orgie* à toute débauche de table.

ORGIOPHANTES, principaux ministres dans les Orgies. Ils étaient subordonnés aux orgiastes.

ORGUE, le plus grand des instruments de musique. Il se compose de plusieurs suites de tuyaux en bois ou en mélange d'étain et de plomb, dont les uns à bouche ouverte comme la flûte à bec, et dont les autres portent à leur embouchure des *anches*. Ces tuyaux sont placés debout, du côté de leur embouchure, dans des trous pratiqués à la partie supérieure de certaines caisses de bois appelées *sommiers;* à chaque rangée de tuyaux correspond une réglette de bois aussi percée de trous à des distances égales aux trous du sommier et appelée *registre*, qui, étant poussée, ôte au vent fourni par des soufflets le moyen d'entrer. Quand l'organiste pose le doigt sur une touche, celle-ci tire une baguette qui ouvre une soupape correspondante au trou du registre; le vent pénètre alors dans le tuyau qui rend le son qui lui est propre. On distingue les jeux de l'orgue en *jeux de flûte, jeux d anches* et *jeux de mutation*. Un grand orgue a ordinairement quatre ou cinq claviers pour les mains et un aux pieds. — L'orgue est en usage dans les églises; ses sons majestueux en remplissent bien l'étendue. Un grand nombre d'auteurs prétendent que le premier orgue est celui que l'empereur Constantin Copronyme envoya en 757 à Pépin le Bref et placé à Compiègne dans l'église de Sainte-Corneille; d'autres veulent le retrouver dans l'*orgue hydraulique* des anciens.

ORGUE (POINT D'). Voy. POINT.

ORGUE DE BARBARIE, appelé encore *orgue à cylindre* et *vielle organisée*, instrument de musique consistant en un coffre qui contient de petits tuyaux d'orgue de deux ou trois octaves d'étendue. Une manivelle fait manœuvrer le soufflet qui chasse le vent dans les tuyaux et tourner un cylindre qui, armé de petits morceaux de métal, remplace les doigts de l'organiste pour faire mouvoir les touches qui ferment ou ouvrent les tuyaux.

ORGUE HYDRAULIQUE ou HYDRAULE, instrument dont il est parlé par quelques auteurs de l'antiquité, et dont on attribue l'invention à Ctesibius, mathématicien d'Alexandrie. Tout ce que l'on sait sur son mécanisme, c'est que la pression de l'air dans les tuyaux avait lieu par l'impulsion de l'eau.

ORGUES GÉOLOGIQUES, nom donné à des espèces de puits que l'on trouve à Maëstricht et dans les vastes carrières qui pénètrent sous Paris, et qui, assez exactement cylindriques, percent toutes les couches calcaires et affectent la forme de tuyaux d'orgue. Les orgues géologiques paraissent dues à l'infiltration des eaux.

ORGYIE, mesure de longueur des Grecs, qui valait 6 pieds grecs et 5 pieds 8 pouces 6 lignes de nos mesures, c'est-à-dire un mètre 85 centimètres.

ORIBASE, disciple de Zénon le Cypriote, et natif de Pergame, fut médecin de l'empereur Julien, qui le fit questeur et eut pour lui la plus grande estime. Il le vit mourir de ses blessures, et fut exilé sous les empereurs suivants, puis rappelé. Il mourut au commencement du Ve siècle. On a de lui un grand nombre d'ouvrages, dont le plus estimé est son livre des *Collections*, en soixante-douze livres, dont il ne nous reste que dix-sept.

ORICAH ou ORIXAH, province de l'Indoustan, dans le Dekkan, entre celles de Bahar, de Bérar, de Bengale et le golfe de ce nom. Elle est montueuse, arrosée par le Mahanada, et fertile en riz, coton, etc. Sa capitale est CATTAKK ou KETTECK, à 80 lieues de Calcutta. La province appartient aux Anglais.

ORIENT, l'un des quatre points cardinaux, le même que le *levant* ou l'*est*. Le véritable orient est celui où le soleil se lève aux équinoxes. L'*orient d'été* et l'*orient d'hiver* sont les points où le soleil se lève le jour du solstice d'été et celui du solstice d'hiver. — Les Européens désignent, en général, sous le nom d'ORIENT toute l'Asie. La littérature orientale comprend jusqu'à dix-sept littératures différentes, dont deux appartiennent à l'Afrique. On donne le nom d'*orientalistes* aux savants qui s'occupent de l'étude des langues et des littératures de l'Orient. — L'on nomme *grand orient* la première loge d'où ressortissent toutes les loges des francs-maçons.

ORIENT (EMPIRE D'), moitié orientale de l'empire romain, contenant deux préfectures du prétoire, l'Illyrie et l'Orient, avec sept diocèses, dont deux, la Macédoine et la Dacie, appartenaient à l'Illyrie, et cinq, la Thrace, l'Orient, l'Egypte, l'Asie et le Pont, à l'Orient. L'empire d'Orient devint empire à part en 364 sous Valens. Voy. BYZANTIN.

ORIFICE, ouverture qui sert d'entrée ou d'issue à un objet quelconque, un organe, un canal. Par exemple, l'extrémité inférieure de l'estomac est l'*orifice pylorique*, et l'extrémité supérieure l'*orifice cardiaque*.

ORIFLAMME, célèbre bannière française qui était dans le principe la bannière de l'abbaye de Saint-Denis, et que l'on appelait ainsi parce que c'était un morceau d'étoffe unie de soie rouge à trois flammes pendantes, et que la hampe était dorée. Le roi de France étant devenu seigneur du Vexin, alla prendre sur l'autel de Saint-Denis la bannière du couvent dont il était devenu le vassal. Depuis 1457, on n'entend plus parler d'oriflamme. On porta à la fédération de 1790 une oriflamme de soie bleue parsemée de fleurs de lis d'or, et à deux flammes seulement, ornée de franges, de nœuds et de broderies.

ORIGAN, genre de la famille des labiées, section des népétées ou des saturéiées, très-voisin du thym. Il se compose d'une vingtaine d'espèces environ, appartenant presque toutes à l'ancien continent. Les plus connues sont l'*origan vulgaire*, très-commun dans tous nos bois, le long des haies, des chemins, etc. ; l'*origan marjolaine* et l'*origan dictamne*. La première a des tiges hautes de un à deux pieds, des feuilles ovales, un peu dentées en scie, des fleurs disposées en épis oblongs de couleur pourprée. Ses feuilles ont été préconisées comme sudorifiques, stomachiques, emménagogues, céphaliques et expectorantes.

ORIGÈNE, l'un des Pères de l'Eglise les plus célèbres, né à Alexandrie l'an 185 de J.-C., avait un zèle si ardent qu'il se mutila. Il eut pour maître saint Clément d'Alexandrie, et lui succéda à dix-huit ans dans l'enseignement de l'école. Il voyagea dans plusieurs contrées, et se fit partout des admirateurs. Il eut souvent à souffrir des haines particulières de quelques évêques, et des persécutions de Maximien et du jeune Gordien, et mourut à Tyr en 254 à soixante-neuf ans. Il avait reçu les surnoms d'*Adamantius* et de *Chalcentéros*, à cause de sa persévérance au travail. Sa doctrine étant mêlée de néoplatonisme, l'Eglise d'Occident le déclara hérétique. Mais saint Athanase, saint Grégoire de Nazianze, saint Chrysostome, etc., le défendirent. Origène laissa de nombreux ouvrages qui consistent en plus de mille *homélies*, en traités dont le plus fameux est le *Traité contre Celse sur la vérité de la religion*, en *Commentaires*, etc. Il publia aussi la Bible grecque connue sous le nom d'*Hexaples* ou *Exaples*.

ORIGNAL, nom qu'on donne à l'*élan* dans le nord de l'Amérique septentrionale.

ORIHUELA, ancienne ville d'Espagne, dans la province et à 10 lieues d'Alicante. Elle a un évêché et une population de 21,000 habitants. Ses campagnes sont fertiles; elle a des fabriques de soie.

ORIN, grosse corde attachée à la croisée de l'ancre par un de ses bouts, et qui tient de l'autre à une bouée qui marque l'endroit précis où est l'ancre. — *Oringuer*, c'est s'assurer, en faisant effort sur l'orin d'une ancre, si elle est bien mouillée et si les becs ne sont pas couchés sur le sol.

ORIOLLE (Pierre D'), chancelier de France, seigneur de Loiré-en-Aunis, et fils du maire de la Rochelle. Il s'éleva par son mérite, et fut employé dans les affaires les plus importantes depuis 1472 jusqu'en 1483, époque à laquelle Louis XI le destitua pour le faire premier président de la chambre des comptes. D'Oriolle mourut en 1483.

ORION (myth.), fameux géant et célèbre chasseur, né, selon Ovide, de l'urine de Jupiter, de Neptune et de Mercure, qui, pour récompenser la pieuse hospitalité d'un paysan nommé Hyriée, lui promirent un fils, et le firent naître de la peau d'un taureau enfoncé en terre et arrosée de leur urine. Orion apporta de Libye en Grèce la connaissance des astres et du mouvement des cieux ; ce qui l'a fait assimiler à l'Horus Egyptien. Il fut tué par Diane selon les uns, ou par la morsure d'un scorpion selon les autres, et placé après sa mort au rang des astres.

ORION, constellation située, moitié dans l'hémisphère boréal, moitié dans l'autre, et composée de soixante-dix-huit étoiles, dont trois très-belles et scintillantes, placées sur une même ligne, ont reçu les noms de *baudrier d'Orion* et des *trois Rois*. Elle a la forme d'un quadrilatère, et la figure d'un homme armé d'un glaive.

ORIPEAU, lame ou feuille de cuivre, fort battue et fort mince, qui, lorsqu'il n'est pas oxydée, a l'aspect de l'or, et qu'on employait autrefois dans les étoffes de faux or. On donne le nom de *paillons* aux oripeaux colorés en rouge, bleu, violet, rose, etc.

ORITHYE (myth.), fille d'Erechthée et de Praxithée. Un jour qu'elle traversait l'Ilissus, elle fut enlevée par Borée, qui la rendit mère de Cléopâtre, de Chioné, de Zethès et de Calaïs. — Fille de Marthésie, reine des Amazones, à laquelle elle succéda, rendit le nom des Amazones si redoutable, qu'Eurysthée crut commander une chose impossible en demandant à Hercule la ceinture et les armes de cette princesse.

ORKHAN, fils d'Othman, sultan des Turks, s'empara du trône en 1328, après s'être défait de ses frères aînés. Il étendit les bornes de l'empire de son père, s'empara de Gallipoli, épousa Théodora, fille de l'empereur Jean Cantacuzène, et la fille du prince de Caramanie, dont il détruisit la puissance, et fut tué, selon les uns, dans une bataille contre les Tartares, ou mourut, suivant les autres, du chagrin que lui causa la mort de Soliman, son fils aîné, en 1360.

ORLE, de l'italien *orlo* (ourlet), terme d'architecture, filet sous l'œil d'un chapiteau. Lorsqu'il est dans le haut ou dans le bas du fût, on le nomme *ceinture*. — En marine, c'est un ourlet qui est autour des voiles. — En termes de blason, des pièces *en orle* sont celles qui sont rangées le long des bords de l'écu.

ORLÉANAIS, ancienne province de France, bornée au N. par l'Ile-de-France, au S par le Berri, à l'O. par le Maine et la Touraine, à l'E. par la Champagne et la Bourgogne. Elle comprenait cinq pays : l'*Orléanais propre*, le *Gâtinais-Orléanais*, la *Sologne*, le *Blaisois* et la *Beauce*. C'est un pays très-fertile, et produisant du bois, du safran, des grains, des plants d'arbres, etc. Le N. est occupé par une vaste forêt, l'une des plus belles de France, de 12 à 14 lieues de long sur 4 à 5 de large. — Orléans était la capitale de l'Orléanais, qui a formé la presque totalité des trois départements du Loiret, d'Eure-et-Loir et de Loir-et-Cher.

ORLÉANS, grande et belle ville de France, ancienne capitale de l'Orléanais, et aujourd'hui chef-lieu du département du Loiret, sur la rive droite de la Loire, à 31 lieues de Paris. Sa population est de 40,161 habitants. Elle a une cour royale, un tribunal de première instance, avec deux chambres, un tribunal de commerce, un évêché érigé dans le IIIe siècle et suffragant de Paris, une académie, un collège royal de deuxième classe, une école normale primaire, une bibliothèque publique de 27,000 volumes, un cabinet de tableaux, de sculpture et d'antiquités, un *muséum* d'histoire naturelle, un jardin botanique, une société royale des sciences, belles-lettres et arts, des écoles gratuites de dessin, d'architecture, d'écriture, d'accouchement, etc. Parmi ses édifices les plus remarquables est la cathédrale, *Sainte-Croix*, monument d'édifice gothique, l'un des plus beaux de France. — Autrefois *Aurelianum*, elle subit deux sièges fameux, l'un en 451 livré par Attila, l'autre en 1428 par les Anglais. Elle dut sa délivrance à l'héroïsme de Jeanne d'Arc. Après la mort de Clovis, elle fut la capitale du royaume de Clodomir; puis après appartint à Clotaire, à Gontran qui y réunit celui de Bourgogne. Réunie à la couronne par Hugues Capet, elle fut érigée en duché en faveur de Philippe, fils de Philippe VI, et appartenait à la maison de Valois quand Louis XII la réunit encore à la couronne. Louis XIII donna le duché d'Orléans à Gaston son frère, et Louis XIV à son frère Philippe, tige des ducs d'Orléans.

ORLÉANS, île du bas Canada, dans le fleuve Saint-Laurent, à 4 lieues N.-E. de Québec. Sa superficie est d'environ 20 lieues carrées, et sa population de 4,500 âmes. Elle est très-élevée, ses bords sont couverts de bois fort épais; l'intérieur est bien cultivé. Elle a été découverte en 1535 par Jacques Cartier.

ORLÉANS (NOUVELLE-), belle ville des Etats-Unis, capitale de la Louisiane, dans une île longue et étroite, sur la rive gauche du Mississipi, à 42 lieues de son embouchure et à 520 de Washington. Sa population est de 40,000 habitants, dont 21,000 blancs, 12,000 esclaves et 5,000 hommes de couleur. Elle est bien bâtie, et compte onze faubourgs, quatre banques, neuf compagnies d'assurance, des pressoirs à coton, des moulins à vapeur, des forges, divers établissements de bienfaisance et d'instruction publique, etc.; mais elle est surtout importante par son commerce, qui s'étend aux Antilles, à l'Amérique méridionale et à l'Europe. — Fondée en 1717 sous la régence du duc d'Orléans, elle a été cédée aux Etats-Unis avec la Louisiane.

ORLÉANS (CANAL D'), canal de communication entre la Loire et la Seine par le canal du Loing. Il commence à Combleux (environ 2 lieues au-dessus d'Orléans), et finit à Bruges, où il rejoint le canal de Loing, à une lieue au-dessous de Montargis. Sa longueur est de 73,304 mètres 32 centimètres. Il a été ouvert en 1692.

ORLÉANS (Philippe, duc D'), fils de Philippe VI, de la maison de Valois, reçut de son père le duché d'Orléans en apanage, et mourut sans postérité en 1383. A la mort de sa veuve, duchesse douairière d'Orléans, celui qui prit le titre de duc d'Orléans fut Louis qui suit.

ORLÉANS (Louis, duc D'), comte de Valois, d'Ast, de Blois, etc., fils du roi Charles V, né en 1371. Il porta le titre de duc de Touraine jusqu'à ce qu'il obtint du roi l'échange de son duché pour celui d'Orléans. Il prit alors une grande influence sur les affaires du royaume, s'adonna presque tout entier aux plaisirs. Il dissipa les trésors de l'Etat, et excita l'indignation par ses liaisons criminelles avec Isabeau de Bavière. Jean sans Peur, duc de Bourgogne, son ennemi, le fit assassiner en 1407 dans la rue Barbette (rue de la Ferronnerie), à Paris, par Raoul d'Ocquetonville. Louis d'Orléans aimait les lettres et les cultivait. Il avait épousé en 1389 Valentine de Milan, qui lui donna plusieurs enfants, parmi lesquels CHARLES qui suit.

ORLÉANS (Charles, duc D'). Voy. CHARLES.

ORLÉANS (Louis, duc D'). Voy. LOUIS XII.

ORLÉANS (Gaston-Jean-Baptiste DE FRANCE, duc D'), troisième fils de Henri IV et de Marie de Médicis, né à Fontainebleau en 1608, prit part à toutes les conspirations contre Richelieu, et quitta plusieurs fois la France, où il ne revint que pour se joindre au duc de Montmorency. Après la bataille de Castelnaudary, il fit sa paix avec le cardinal pour se jeter ensuite dans la conspiration de Cinq-Mars, dans laquelle il négocia avec l'Espagne. A la mort de Louis XIII, Gaston eut la lieutenance générale du royaume, et se mêla à toutes les intrigues de la Fronde. Il mourut en 1660 sans laisser d'autre enfant qu'une fille, mademoiselle de Montpensier, qu'il avait eue de sa première femme,

mademoiselle de Montpensier; la deuxième fut Marguerite de Lorraine.

ORLÉANS (Philippe DE FRANCE, duc D'), second fils de Louis XIII et d'Anne d'Autriche, et frère unique de Louis XIV, né en 1640, porta le titre de duc d'Anjou jusqu'en 1651 qu'il prit celui de duc d'Orléans. Il épousa Henriette d'Angleterre, sœur de Charles II, morte en 1670 empoisonnée selon quelques auteurs. Il épousa en secondes noces Charlotte-Elisabeth de Bavière. Il suivit Louis XIV à ses conquêtes de Flandre, et gagna en 1678 la célèbre bataille de Cassel contre le prince d'Orange. Il mourut en 1701. Le duc d'Orléans laissa deux enfants: Elisabeth-Charlotte, et le prince fameux sous le nom de régent. Voy. l'art. suiv.

ORLÉANS (Philippe, duc D'), fils du précédent et de Charlotte-Elisabeth de Bavière, né en 1674, fut nommé duc de Chartres jusqu'à la mort de son père (1701) qu'il prit le titre de duc d'Orléans. Il fit sa première campagne en 1691, et commanda en 1706 l'armée de Piémont. Il alla ensuite faire la guerre en Espagne. A la mort de Louis XIV (1715), le parlement cassa son testament, et lui donna la régence. C'est alors que commença cette époque si fameuse dans l'histoire par la corruption scandaleuse des grands, le ministère du cardinal Dubois et la banqueroute de Law. Le régent aimait les arts et les sciences, leur accordait sa protection, et pardonnait généreusement à ses ennemis. Mais, relâché dans sa morale, il s'abandonna tout entier aux plus honteuses débauches. Il avait déjoué en 1718 la conspiration de Cellamare. Il mourut en 1723. Il laissa de sa femme Françoise-Marie de Bourbon (mademoiselle de Blois), fille de Louis XIV et de Mme de Montespan, Louis qui suit, Marie-Louise-Elisabeth, duchesse de Berri, et plusieurs autres enfants.

ORLÉANS (Louis, duc D'), né à Versailles en 1703 de Philippe, depuis régent du royaume, se rendit célèbre par sa piété, et après la mort de son père et de son épouse, quitta le monde pour se consacrer à l'étude et à la pénitence. Il s'établit en 1742 à l'abbaye de Sainte-Geneviève, et mourut en 1752. Il possédait l'hébreu, la chaldéen, le syriaque etc., et laissa un grand nombre d'ouvrages de religion.

ORLÉANS (Louis-Philippe, duc D'), fils du précédent et d'une princesse de Bade, né à Paris en 1725, reçut à douze ans le commandement d'un régiment de cavalerie qui porta son nom. Chevalier des ordres du roi en 1740, il fit ses premières armes dans la campagne de Flandre (1742), fut nommé lieutenant général en 1744, et gouverneur général du Dauphiné en 1752, et mourut en 1785. Veuf de sa première femme Louise-Henriette de Bourbon-Conti en 1759, il avait épousé en 1773 Mme de Montesson.

ORLÉANS (Louis-Philippe-Joseph, duc D'), fils de Louis-Philippe d'Orléans et de sa première femme, né à Saint-Cloud en 1747. Il porta pendant sa jeunesse le titre de duc de Montpensier, puis celui de duc de Chartres, et épousa en 1769 Louise-Marie-Adélaïde de Bourbon, fille du duc de Penthièvre; ce ne fut qu'en 1787 qu'il prit le titre de duc d'Orléans. Son inimitié pour la cour vint, dit-on, de ce qu'on lui refusa la charge de grand amiral que son beau-père consentait à lui céder. Depuis cette époque tous les partis opposés à la cour se servirent de son nom comme d'un prétexte. Il fut nommé en 1792 député à la convention nationale par la ville de Paris, et prit le nom de Philippe-Egalité. Il vota la mort du roi, et fut ensuite dénoncé plusieurs fois. Décrété d'arrestation le 4 mars 1793, il parut devant le tribunal révolutionnaire, et périt sur l'échafaud le 6 novembre. Il laissa trois fils, Louis-Philippe, duc de Chartres du vivant de son père, puis duc d'Orléans, et appelé au trône en 1830; Antoine-Philippe, né en 1775, mort en 1807; et Louis-Charles, comte de Beaujolais, né

en 1779 et mort en 1807; et une fille, madame Adélaïde, née en 1777.

ORLÉANS (Pierre-Joseph D'), jésuite, né à Bourges en 1641, professa d'abord les belles-lettres, et fut ensuite destiné à la chaire. S'étant depuis consacré à l'histoire, il travailla dans ce genre jusqu'à sa mort, arrivée en 1698. Ses principaux ouvrages sont l'Histoire des révolutions d'Angleterre, celle des révolutions d'Espagne, etc.

ORLOFF, famille puissante de Russie, qui remonte à un strélitz épargné par Pierre le Grand lors du massacre de ce corps. Il fut l'aïeul des cinq frères Orloff, qui s'élevèrent rapidement sous le règne de Catherine II. — Les plus célèbres furent GRÉGOIRE, qui, n'étant qu'aide de camp, s'attira par sa beauté l'amour de Catherine, alors grande-duchesse. Il fut l'âme de la conspiration qui plaça cette princesse sur le trône en 1762. Après être resté douze ans l'amant favori et toutpuissant de Catherine, il fut disgracié, et mourut de chagrin en 1772. Il avait eu de Catherine quatre enfants, dont deux seuls vécurent, le comte Basile Bobrinski et une fille mariée au comte de Bouxhowden. — ALEXIS son frère fut avec Baratinski et Téplof l'un des meurtriers de Pierre III, et se rendit célèbre par la victoire navale de Tchesmé, dont il reçut le surnom de Tchesminski. Il mourut en 1801. — Les autres frères furent Ivan, Féodor et Volodimir.

ORME, genre de la famille des amentacées, renfermant des arbres de seconde grandeur et des arbrisseaux tant indigènes qu'exotiques, aux feuilles alternes et aux fleurs précoces annonçant la venue du printemps. On compte dix espèces d'ormes, dont cinq pour l'Europe, deux pour l'Asie, et trois pour l'Amérique septentrionale. Parmi celles indigènes à l'Europe, les plus connues sont l'orme champêtre, au tronc droit, revêtu d'une écorce rude, gercée, dont la couleur varie du brun rougeâtre au gris cendré, et dont la cime branchue s'élève à plus de trente-trois mètres; et l'orme liège, dont l'écorce ressemble à celle du chêne liège. Le bois d'orme est liant, dur, compacte, pesant, jaunâtre, et sert à la marine, à la charpente, au charronnage, à la menuiserie et à l'ébénisterie.

ORMESSON (Olivier LE FÈVRE D'), fils d'André le Fèvre d'Ormesson, mort en 1665 doyen des conseillers au parlement de Paris, fut regardé comme le magistrat le plus intègre de la cour de Louis XIV. Il fut le rapporteur du procès de Fouquet, et mourut en 1685. — Son fils ANDRÉ, né en 1644, mort en 1684, était maître des requêtes et intendant de Lyon. Il laissa un fils, HENRI-FRANÇOIS DE PAULE LE FÈVRE D'ORMESSON, né en 1681 et mort en 1756, qui fut intendant des finances, puis conseiller au conseil souverain des finances et conseiller d'Etat. Sa sœur avait épousé le chancelier d'Aguesseau.

ORMESSON (Louis-François de Paule LE FÈVRE D'), fils du précédent, né en 1712, mort en 1789, fut successivement avocat général du roi au Châtelet (1738), avocat-général au grand conseil, puis au parlement (1741), président à mortier (1755) et premier président (1788). — Son fils, ANNE-LOUIS-FRANÇOIS DE PAULE LE FÈVRE D'ORMESSON, connu sous le nom de président de Noiseau, né en 1753, conseiller au parlement en 1770, président à mortier en 1788, député aux états généraux en 1784, périt sur l'échafaud en 1794. — MARIE-FRANÇOIS DE PAULE LE FÈVRE D'ORMESSON, neveu du premier président, né en 1751, conseiller au parlement, maître des requêtes, intendant des finances, contrôleur ordinaire et d'Etat, succéda à M. de Fleury dans la charge de contrôleur général des finances, et mourut en 1807.

ORMIER. Voy. HALIOTIDE.

ORMUS, île d'Asie, dans le détroit du même nom, à l'entrée du golfe Persique, et à 4 lieues de la côte du Kerman. Ce n'est qu'un amas de rochers volcaniques de 10 lieues de circonférence. La chaleur y est excessive. Ormus a deux ports sûrs et commodes. — Sa capitale est Ormus, presque tombée en ruine. Autrefois capitale d'un royaume puissant, elle fut prise par les Portugais en 1807, et par le roi de Perse Schah-Abbas en 1522.

ORMUZD. Voy. ORomaze.

ORNAIN, petite rivière de France qui prend sa source à Grands (Haute-Marne), traverse les départements de la Meuse et de la Marne, arrose Bar-le-Duc appelé aussi Bar-sur-Ornain, reçoit la Chée et la Saulx, et se jette dans la Marne, un peu au-dessus de Vitry-le-Français, après un cours de 75,600 mètres. L'Ornain est flottable depuis Bar-le-Duc jusqu'à son embouchure, sur une longueur d'environ 3,600 mètres.

ORNANO (Vanina d'), fille de Francisco d'Ornano, l'un des plus riches seigneurs de l'île de Corse, et son unique héritière, épousa en 1548 San-Pietro di Bastelica, Corse de basse naissance, parvenu au grade de colonel de l'infanterie corse au service de France. Ennemi des Génois qui l'avaient proscrit et banni de Corse avec sa famille, San-Pietro étrangla lui-même sa femme, qui avait voulu s'enfuir de Marseille pour aller obtenir la révocation de l'arrêt porté par les Génois (1563).

ORNANO (Alphonse D'), colonel général des Corses au service de France, et Corse lui-même, fils de San-Pietro et de Vanina d'Ornano, remplaça le nom de son père, devenu odieux, par celui de sa mère. Il rendit de grands services pendant les troubles de la Ligue à Henri IV, qui le nomma lieutenant de roi en Dauphiné, puis maréchal de France en 1595. Il mourut en 1610 à soixante-deux ans. Il était franc, mais cruel comme son père.

ORNANO (Jean-Baptiste d'), fils aîné d'Alphonse, né à Si... en 1581, reçut jeune encore la charge de gouverneur de Gaston, frère de Louis XIII. Éloigné de la cour en 1624 pour avoir suggéré à Gaston l'idée d'entrer au conseil, il fut rappelé en 1626 et nommé maréchal de France. Ses ambitieuses menées le firent arrêter quelques mois après, et il mourut à Vincennes en 1626, pendant qu'on lui faisait son procès. Sa postérité s'éteignit en 1774.

ORNANS, petite ville du département du Doubs, chef-lieu de canton dans l'arrondissement et à 6 lieues de Besançon. Sa population est de 3,600 habitants. Elle a une école secondaire ecclésiastique. Près d'Ornans se trouve le *puits de la Brême* qui, dans les grandes pluies, se remplit d'une eau limoneuse, que l'on voit s'élever du fond de l'abîme, s'élancer en bouillonnant à plusieurs pieds de hauteur perpendiculaire, et se répandre au dehors pour inonder le vallon.

ORNE, fleuve de France, qui prend sa source au village d'Aunon, à une lieue de Séez (Orne), traverse le département auquel il donne son nom, et celui du Calvados, reçoit le Noireau, la Baise, l'Odon, se jette dans la Manche à 4 lieues au-dessous de Caen. Son cours est de 167,000 mètres, dont 17,000 navigables depuis Caen.

ORNE, département de la N.-O. de la France, borné au N. par le Calvados, au S. par la Sarthe et la Mayenne, à l'O. par la Manche, et à l'E. par l'Eure et l'Eure-et-Loir. Il est formé d'une partie de la Normandie et du Perche. Sa superficie est de 601,053 hectares, et sa population de 441,881 habitants. Il se divise en quatre arrondissements: *Alençon* (chef-lieu), *Argentan*, *Domfront* et *Mortagne*, et nomme sept députés. C'est la patrie de Charlotte Corday; on y remarque le haras du Pin fondé sous Louis XIV, le château d'O, l'ancien évêché de Séez, les eaux de Bagnoles, etc. L'agriculture et encore arriérée. Les arts métalliques et la fabrication des toiles occupent le premier rang dans l'industrie départementale. Le département renferme treize hauts fourneaux et vingt et une forges, et possède des fabriques d'acier cémenté, des tréfileries pour l'acier, le cuivre, le fer, des fabriques d'épingles, de clous, de fil à cardes, etc. Ce départ. est compris dans la 14ᵉ div. mil., le dioc. de Séez et le ressort de la cour d'appel et de l'académie de Caen.

ORNITHODELPHES, nom donné par M. de Blainville à un groupe d'animaux vertébrés, renfermant deux animaux de la Nouvelle-Hollande, l'*échidné* et l'*ornithorhynque*, appelés *monotrèmes* par M. Geoffroy. Ce dernier nom leur vient de ce que chez eux les organes de la défécation, de l'urine et de la génération, aboutissent à un cloaque commun et communiquent à l'extérieur par ce seul orifice. Celui d'*ornithodelphes* indique que ces animaux ont dans leur fonction génératrice et dans les organes qui y président des ressemblances avec les oiseaux. Ces animaux ont un corps ovale, déprimé, traînant, couvert de poils nombreux et porté sur des membres courts, écartés, terminés par deux doigts fortement onguiculés et pourvus, dans le mâle, d'un ergot venimeux. Ils n'ont qu'un seul orifice postérieur.

ORNITHOGALE (c'est-à-dire *lait d'oiseau*), genre de la famille des liliacées, tribu des asphodélées, renfermant des plantes bulbeuses, aux feuilles radicales, aux fleurs jaunes, blanches ou verdâtres et toujours disposées en corymbe ou en épi. On en connaît plus de quatre-vingts espèces, dont six environ croissent naturellement en France. Les plus connues sont l'*ornithogale en ombelle*, vulgairement appelé *dame d'onze heures*, parce que sa fleur s'ouvre à cette heure, et l'*ornithogale jaune*, commun dans les jardins et les lieux cultivés.

ORNITHOLITHES. Voy. Oiseaux fossiles.

ORNITHOLOGIE, science qui s'occupe de l'histoire naturelle des oiseaux, de leur anatomie et de leur classification. Il existe plusieurs classifications des oiseaux. Les plus connues sont celles de Linné, de Cuvier, de Blainville et de Vieillot. Linné divise les oiseaux en six ordres fondés sur la réunion des caractères génériques: 1º *accipitres* ou *oiseaux de proie*; 2º *pics*, oiseaux en promeneurs, grimpeurs et marcheurs; 3º *palmipèdes*; 4º *échassiers*; 5º *gallinacés*; 6º *passereaux*. Cuvier conserve cette classification en donnant au second ordre le nom de *grimpeurs*, en fondant sa distribution sur le bec et les pieds, et en divisant les ordres en un certain nombre de familles. De Blainville, fondant sa classification sur la variation du sternum, divise les oiseaux en neuf ordres: 1º *préhenseurs*; 2º *ravisseurs* ou *oiseaux de proie*; 3º *grimpeurs*; 4º *passereaux*; 5º *pigeons*; 6º *gallinacés*; 7º *curseurs*; 8º *échassiers*; 9º *palmipèdes*. Vieillot n'admet que cinq ordres, en confondant celui des pics de Linné avec les passereaux, dont il fait un seul ordre sous le nom de *sylvains*.

ORNITHOPE (c'est-à-dire *pied d'oiseau*), genre de la famille des légumineuses, tribu des coronillées, renfermant des plantes herbacées, européennes, aux fleurs petites, blanches ou roses, peu nombreuses. Ce genre ne renferme que deux espèces, dont la plus connue est l'*ornithope naine*, vulgairement appelé *pied-d'oiseau*, que l'on cultive en Portugal comme pâturages artificiels. C'est une plante de quatre à huit pouces de hauteur, aux fleurs variées de rouge et de blanc, et aux feuilles ailées, très-petites, pubescentes.

ORNITHORHYNQUE, genre de mammifères, du groupe des ornithodelphes ou monotrèmes, renfermant des animaux de la Nouvelle-Hollande, aussi appelés parce qu'ils ont une sorte de bec fort analogue à celui des oiseaux, tandis que, pour le reste du corps, ils participent des mammifères. Leur corps est déprimé, couvert de poils d'un brun plus ou moins roussâtre; le bec comme celui d'un canard, les pieds courts, écartés, palmés, terminés par cinq doigts, pourvus dans le mâle d'un ergot qui sécrète une liqueur venimeuse. Les ornithorhynques font leurs terriers sur les bords des rivières et des lacs, et savent fouir et nager avec une égale facilité. Ils se nourrissent de vers et de petits animaux aquatiques.

OROBANCHE, genre de la famille des pédiculaires, type de la petite section des orobanchées, renfermant des plantes à tiges herbacées, à fleurs grandes, monopétales, réunies en épi terminal, au fruit consistant en une capsule ovale-oblongue, bivalve. Les orobanches se plaisent dans les champs d'avoine, de seigle, d'orge et même de froment. On en connaît une douzaine, dont cinq croissent naturellement en France. C'est à tort que l'on considère ces plantes comme nuisant à celles avec lesquelles elles sont mêlées.

OROBANCHÉES, petite famille de plantes dicotylédonées, se composant de plantes herbacées, à tiges simples ou rameuses, sur lesquelles on ne voit jamais de feuilles, mais simplement des écailles scarieuses, aux fleurs solitaires, constamment accompagnées de bractées, et disposées en épi. Le genre type est le genre *orobanche*.

OROBE, genre de la famille des légumineuses, composé d'une quarantaine d'espèces, dont dix-neuf se trouvent en France. L'*orobe tubéreux* a une racine pourvue de sept à huit tubérosités grosses comme une noisette et excellentes à manger cuites dans l'eau. Les montagnards de l'Écosse en retirent une boisson rafraîchissante et fortifiante. Les tiges grêles, rameuses et demi-couchées sont mangées des bestiaux. Elle porte des fleurs d'un pourpre rose ou versicolores, qui deviennent bleues peu de jours après l'épanouissement.

ORODE. Trois rois des Parthes ont porté ce nom. — Orode Ier s'empara du trône en assassinant son frère Mithridate III (56 ans avant J.-C.), vainquit Crassus en 54, et après l'avoir fait mourir remplit sa bouche d'or fondu. Phraate, l'aîné de ses trente fils, l'empoisonna et l'étrangla de ses propres mains pour parvenir plus promptement à la couronne, vers l'an 35 avant J.-C. — Orode II, frère de Phraate IV, lui succéda l'an 4 avant J.-C. et fut mis à mort par ses sujets, la même année, à cause de sa cruauté. — Orode III, fils d'Artaban III, fut établi par son père roi d'Arménie, et fut tué dans un combat contre Pharasmane, l'an 35 de J.-C.

OROMAZE ou Ormuz. Voy. Ahrimane.

ORONGE, nom vulgaire des champignons appelés *amanites* par les naturalistes. L'*oronge vraie*, nommée aussi *jaurand*, *dorade*, *jaune d'œuf*, *cadran*, est d'un rouge orange fort éclatant et uni; le pédicule est plein, cylindrique, jaune, avec un collet membraneux et pendant; le chapeau est convexe, large de quatre à cinq pouces, lisse, quelquefois incisé sur un bord. Sa saveur est délicieuse: c'est un champignon commun en France et qui se mange avec plaisir. La *fausse oronge*, vulgairement appelée *agaric aux mouches*, *agaric moucheté*, a le port et les couleurs analogues à la précédente. Son chapeau est tacheté de plaques jaunâtres irrégulières, appelées *verrues*; son pédicule est blanc et non jaune comme dans l'oronge vraie; les lames du chapeau sont blanches; dans l'autre espèce, elles sont jaunes. Son odeur est nauséeuse. Ce champignon est très-vénéneux. On connaît encore l'*oronge ciguë blanche*, l'*oronge ciguë jaunâtre*, l'*oronge ciguë verte*, qui sont de mêmes couleurs et qui sont très-vénéneuses; l'*oronge vraie de Malte*, l'*oronge souris*, l'*oronge de Picardie*, l'*oronge dartreuse*, l'*oronge blanche*, etc., toutes également vénéneuses.

ORONTE ou Typhon (aujourd'hui *Bahr el-Assi*), une des principales rivières de Syrie, qui prend sa source entre le Liban et l'Anti-Liban auprès de l'ancienne Héliopolis, et se jette dans la mer près d'Antakieh, après un cours de près de 100 lieues.

OROSE (Paul), écrivain espagnol, né à Tarragone selon la croyance générale. Il vivait vers l'an 416, et était contemporain de saint Jérôme et de saint Augustin, dont il était l'ami. Il a composé en latin une *Histoire universelle*, divisée en sept livres, dans laquelle il embrasse tous les siècles antérieurs à son époque.

ORPAILLEUR, artisan qui retire les paillettes d'or des fleuves qui en roulent. Parmi les rivières qui charrient de l'or en France, on compte le Rhin, le Rhône, l'Arriége, le Salat, la Cèze, l'Hérault, la Garonne, etc. Ce genre de travail leur procure depuis 2 francs 50 jusqu'à 5 et 6 francs par jour. On les nomme encore *arpailleurs* et *pailloteurs*.

ORPHÉE (myth.), fils d'Apollon ou d'OEagre, roi de Thrace, et de Calliope, fut un théologien, un poëte et un musicien célèbre chez les Grecs. Ses voyages en Égypte le perfectionnèrent dans la science sacerdotale, au point qu'il est regardé comme le père de la théologie païenne. Il s'abstenait de manger de la chair et des œufs, persuadé que l'œuf était le principe de tous les êtres, dogme cosmogonique qu'il avait puisé en Égypte. Musicien habile, il avait surtout cultivé la cithare, dont il jouait avec tant de perfection que les bêtes sauvages quittaient les forêts et que les montagnes s'ébranlaient pour venir l'entendre ; exagérations poétiques qui expriment l'art avec lequel il fit passer les Thraces de la vie sauvage à la vie civilisée. Comme poëte, on attribue à Orphée l'invention du vers hexamètre, des poëmes sur la guerre des géants, l'enlèvement de Proserpine, le deuil d'Osiris, les travaux d'Hercule, des hymnes. Il fut un des Argonautes, et célébra cette expédition dans un poëme qui ne nous est point parvenu, quoique nous en ayons un sous son nom. Selon les modernes, le poëme des Argonautes et les autres ouvrages attribués à Orphée sont d'Onomacrite, poëte du temps de Pisistrate. Insensible à l'amour depuis la perte d'Eurydice son épouse, qu'il avait été sur le point de ramener des enfers, il fut mis en pièces par les bacchantes.

ORPHÉON (mus.), espèce de grande vielle composée de cordes à boyau qu'on fait résonner par le moyen d'une roue et d'un clavier, comme celui d'un clavecin. Cet instrument a été perfectionné sous le nom d'*orchestrino*.

ORPHÉOTÉLESTES (du grec *Orpheus*, Orphée, et *telestés*, qui initie). On appelait ainsi, chez les Grecs, certains interprètes des mystères introduits par Orphée en Grèce.

ORPHIE, genre de poissons de la famille des ésoces. L'*ésoce belone* ou *aiguille des pêcheurs* a le corps extrêmement allongé et délié, revêtu d'écailles peu apparentes. Son museau est très-long, et ses mâchoires sont garnies de petites dents pointues, égales ; ses yeux sont gros. Ce poisson est d'un beau vert mêlé d'azur en dessus, argenté ou gris sur les côtés. Il atteint près de deux pieds de long. Sa chair est excellente ; ses os sont remarquables par leur couleur d'un beau vert.

ORPHIQUE (VIE), vie pure, religieuse, éclairée par la science, dont une des pratiques consistait à s'abstenir de la chair des animaux, et qu'Orphée avait enseignée aux Grecs, contrairement à la vie dionysiaque ou conforme au culte de Bacchus.

ORPHIQUES. On désigne sous ce nom, 1° une espèce de prêtres païens suivant les pratiques religieuses introduites par Orphée ; 2° les poëmes et les vers détachés que les anciens attribuent à Orphée. Ce sont les *Argonautiques*, des *hymnes*, un *Traité des vertus magiques des pierres*, et soixante-six vers du poëme intitulé des *Tremblements de terre*. Gessner, Ruhnken, Voss, Wolf soutiennent l'authenticité de ces ouvrages, tandis qu'elle est infirmée par Huet, Heyne, Schneider et Hermann. Il paraît qu'Onomacrite et Hippias auraient dans le Ve siècle avant J.-C. refait les poésies d'Orphée.

ORPIMENT, nom donné à l'arsenic sulfuré jaune ou sulfure jaune d'arsenic. C'est un minéral d'une belle couleur jaune citron, insipide, inodore, lamelleux. Il fond plus facilement que l'arsenic, et est vénéneux. On le trouve à l'état naturel dans l'intérieur de certains filons métallifères, dans les calcaires de la Hongrie et les solfatares ou produits immédiats des volcans. Le plus souvent l'orpiment est le produit de l'art. On le fabrique en Saxe en sublimant un mélange de soufre et d'arsenic blanc ou acide arsénieux. On emploie l'orpiment en peinture, et les peintres ainsi que les marchands de couleurs l'appellent *orpin jaune*.

ORPIN, genre de la famille des crassulacées, tribu des joubarbes ou sempervivées, renfermant des herbes ou des sous-arbrisseaux, aux tiges souvent rameuses dès la base, aux feuilles alternes, très-entières, charnues, aux fleurs tantôt blanches, tantôt jaunes, pourpres ou bleues. On en connaît près de cent espèces, dont près de trente appartiennent à la France. Les plus connues sont l'*orpin reprise*, vulgairement *grassette*, *joubarbe des vignes*, *herbe aux coupures*, *aux charpentiers*, dont les racines tuberculeuses et les feuilles nombreuses, sessiles, épaisses, ont été regardées comme astringentes, rafraîchissantes et surtout vulnéraires ; on appliquait généralement autrefois les jeunes feuilles sur les plaies ; et l'*orpin à fleurs blanches*, vulgairement *trique-madame*, *vermiculaire*, *petite joubarbe*, employée comme astringente et rafraîchissante. — On donne encore le nom d'ORPIN à l'*orpiment*. Voy.

ORRÉRY, instrument qui représente le mouvement des astres et qui est plus connu sous le nom de *planétaire*. Le nom d'orréry lui vient parce qu'il fut construit dans l'origine pour le célèbre Boyle, comte d'Orréry.

ORSEILLE, matière colorante d'un rouge violet, très-employée dans les ateliers de teinture, et qui provient de deux plantes appartenant à la cinquième famille des végétaux agames, le *lichen des teinturiers* et le *lichen parelle*. De la première on retire l'*orseille d'herbe*, que l'on prépare avec des tubercules d'un cendré blanchâtre, qui croissent le long des tiges. On les pile avec un mélange de chaux, d'urine et d'alcali, et on en fait une pâte molle. De la deuxième on retire l'*orseille de terre*, croûte blanchâtre dont on enlève des tiges. Il y a encore une troisième espèce d'orseille : c'est le *cud-beard* ou orseille en poudre.

ORTALIDÉES, famille d'insectes de l'ordre des diptères, renfermant des animaux dont la tête est hémisphérique, la trompe épaisse, les antennes inclinées, l'abdomen oblong, les ailes vibrantes. La pulpe de la cerise, les ovaires des fleurs composées nourrissent les larves connues de ces insectes. Cette famille renferme une douzaine de genres, dont le type est le genre *ortalide*.

ORTE (LE VICOMTE D'), gouverneur de Bayonne pendant le massacre de la Saint-Barthélemy, eut le courage de refuser d'obéir aux ordres de Charles IX, et lui répondit *qu'il avait trouvé parmi les soldats de braves citoyens et pas un bourreau*. Le vicomte d'Orte mourut empoisonné.

ORTEILS, nom donné aux doigts du pied. Le premier, correspondant au pouce de la main, a reçu le nom de *gros orteil*, et le cinquième, correspondant au petit doigt, celui de *petit orteil*. Les orteils présentent à peu près la même organisation que les doigts de la main. La perte des gros orteils exempte du service militaire, parce que, le pied ne portant que sur eux, leur perte gêne la marche.

ORTENAU, contrée du grand-duché de Bade, partie septentrionale du Brisgau, en face du département du Bas-Rhin. Sa superficie est de 8 lieues carrées, et sa population de 6,210 habitants. Elle formait autrefois une prévôté ; aujourd'hui elle fait partie du cercle de Kintzig, et renferme les villes d'Offenbach, de Gengenbach et de Zell.

ORTHEZ, ville de France, chef-lieu d'arrondissement du département des Basses-Pyrénées, sur le penchant d'une colline au pied de laquelle coule le gave de Pau, à 9 lieues de Pau. Population, 7,121 habitants. Elle a un tribunal de première instance, un collége, une école protestante, une église consistoriale. — Connue au IXe siècle sous le nom d'*Orthesium*, Orthez appartint longtemps aux vicomtes de Dax, et ne fut cédée aux princes de Béarn que très-tard. C'est dans le château de cette ville que fut empoisonnée par sa sœur Éléonore, comtesse de Foix, Blanche de Navarre, fille du roi d'Aragon.

ORTHIA, surnom de Diane chez les Spartiates. C'était sur ses autels qu'on fouettait les jeunes enfants afin de leur apprendre à souffrir sans se plaindre.

ORTHODORON, petite mesure de longueur chez les Grecs. Elle valait 11 dactyles et à peu près 7 pouces 9 lignes ou 21 centimètres 1928 de nos mesures.

ORTHODOXIE, conformité d'une opinion religieuse avec les décisions ecclésiastiques. — On donne encore ce nom à une fête instituée en 842 par Methodius, patriarche de Constantinople, et célébrée chez les Grecs le dimanche qui termine la première semaine du carême au sujet du rétablissement des saintes images après la persécution des iconoclastes.

ORTHOGONAL. En géométrie, on appelle ainsi tout ce qui est à angles droits. Le mot est synonyme de *rectangulaire*. Par exemple, les coordonnées d'un point sont *orthogonales* ou *rectangulaires* lorsque les abscisses et les ordonnées sont perpendiculaires l'une sur l'autre.

ORTHOGRAPHIE. En géométrie, représentation de la face d'un objet, comme celle d'un édifice, d'après le rapport géométrique de toutes ses parties, c'est-à-dire en leur donnant dans le dessin des hauteurs et des largeurs proportionnelles aux hauteurs et aux largeurs réelles.

ORTHOGRAPHIQUE DE LA SPHÈRE (PROJECTION). On nomme ainsi, en astronomie, la représentation sur un plan de différents points de la surface de la sphère faite en supposant l'œil à une distance infinie et dans une ligne perpendiculaire au plan. De cette manière, chaque point de la sphère se projette sur un plan par une ligne qui lui est perpendiculaire.

ORTHOPÉDIE, art de prévenir ou de corriger les difformités du corps des enfants. On essaya d'abord les moyens de l'extension pour corriger les déviations de la colonne vertébrale, et, vers le milieu du dernier siècle, Levacher de la Feutrie paraît avoir imaginé le premier appareil extensif mécanique. Duverney et les autres ont construit leurs machines sur le même principe, en soutenant que le traitement consiste à tirer en sens opposés les deux extrémités du tronc, le corps placé dans la position verticale. Venel employa en Suisse, le premier, la position horizontale. Plus tard, en Angleterre, on s'est servi du plan incliné. La position horizontale prévalu.

ORTHOPNÉE, nécessité de se tenir debout pour respirer, ou impossibilité de respirer dans la position horizontale.

ORTHOPTÈRES, sixième ordre de la classe des insectes, distingué des autres par ses quatre ailes, dont les deux supérieures sont courtes et en forme d'élytres, et dont les inférieures sont plissées sur leur longueur en droite ligne ; les yeux lisses sont le plus grand nombre ; les antennes ayant ordinairement plus de onze articles ; la bouche composée d'organes propres à la mastication. Le corps des orthoptères est généralement allongé, de consistance molle et charnue. L'ordre des orthoptères se divise en deux grandes sections, les CURSEURS et les SAUTEURS. La première renferme quatre familles : *forficuliens*, *mantiens*, *blattides* et *phasmiens* ou *spectres*; la deuxième en renferme trois : *acridiens*, *locustiens* et *grylliens*.

ORTHOSE, substance minérale limpide, blanche, rouge, verte, chatoyante ou aventurinée, à texture laminaire, grenue et compacte, composée de 0,642 de silice, 0,184 d'alumine, 0,169 de potasse et de quelques traces de chaux. On la trouve abondamment dans les terrains plutoniens. On a donné le nom d'*adulaires* aux variétés limpides, parce qu'elles viennent du mont Adule ou Saint-Gothard. On emploie dans la bijouterie les variétés chatoyantes (*pierre de lune*) et aventurinées (*pierre du soleil*). En éprouvant une certaine décomposition et en perdant sa potasse, l'orthose donne le kaolin.

ORTHOTOME, genre d'oiseaux au bec grêle, allongé, presque droit, aux ailes fort courtes et très-arrondies, aux tarses allongés, grêles, à la queue médiocre. On en connaît trois espèces; celle qui sert de type est le *chiglet* de couleur fauve olivâtre, avec le ventre jaunâtre et la tête de couleur ferrugineuse. Sa taille ne dépasse pas quatre pouces. On le trouve à Java.

ORTIE, genre de plantes, type de la famille des urticées, renfermant plus de cent trente espèces herbacées dans nos climats, dont quelques-unes seulement croissent en Europe. Le simple contact avec les tiges et les feuilles fraîches de ces plantes cause une douleur brûlante déterminée par la piqûre de poils extrêmement fins, aigus, remplis d'un suc âcre et vénéneux. Les orties offrent aux bestiaux une nourriture verte précieuse; mais le plus grand avantage qu'elles offrent est dans la filasse qu'on retire des tiges séchées et traitées comme celles du chanvre; la toile qu'on en fait ressemble à celles du chanvre. On mange les jeunes pousses de l'*ortie dioïque* ou *grande ortie*, accommodées de la même manière que les épinards.

ORTIE DE MER, nom vulgaire donné, sur les côtes de la Méditerranée, à des médusaires et surtout à des actinies, dont la plupart causent à la peau une inflammation douloureuse semblable à celle des orties.

ORTIVE, épithète que l'on donne à l'*amplitude orientale* d'un astre.

ORTOLAN, oiseau du genre *bruant*, long de six pouces trois lignes. Il est de couleur mélangée de brun-roux et de noirâtre, à l'exception du sommet de la tête et du derrière du cou qui sont d'un olivâtre cendré, et du tour des yeux qui est ainsi que la gorge d'un jaune de paille. L'ortolan est commun dans le midi de la France, où il habite les vignes, les blés et les champs; la ponte est de cinq œufs grisâtres. Ils émigrent du midi pour se répandre dans les contrées du centre. Les oiseleurs les engraissent dans des lieux obscurs avec de l'avoine et du millet. Les ortolans sont extrêmement recherchés pour la délicatesse de leur chair.

ORTYGIE, ancien nom de l'île de Délos. C'était de là qu'Apollon était surnommé *Ortygius* et Diane *Ortygia*. — C'était aussi le nom d'une petite île dans la rade de Syracuse; elle avait environ deux milles de circonférence, et formait autrefois un des quartiers de cette grande ville. C'était dans cette île qu'était la fontaine Aréthuse. Ortygie est la seule partie de Syracuse qui existe encore.

ORURO, l'un des six départements de la république de Bolivia, borné au N. par celui de la Paz, au S. par celui de Potosi, à l'O. par le bas Pérou et à l'E. par le département de Cochabamba. Sa superficie est de 2,443 lieues carrées, et sa population de 116,000 habitants. C'est un pays fertile, rempli de pâturages et sujet aux ouragans; on y trouve des mines d'or et d'argent négligées. — La capitale est SAINT-PHILIPPE-D'ORURO, petite ville de 4,000 habitants, à 40 lieues de la Plata.

ORUS ou HORUS (myth.), fils d'Osiris et d'Isis, frère d'Harpocrate, fut le dernier des dieux qui régnèrent en Egypte. Il tua de sa propre main Typhon, meurtrier de son père, sur le trône duquel il monta; mais il succomba ensuite sous la puissance des princes Titans, qui le mirent à mort. Isis ayant trouvé son corps dans le Nil, lui rendit la vie et lui procura l'immortalité. On représente Orus tenant d'une main un bâton terminé par une tête d'épervier, et de l'autre un fouet. On croit qu'Orus et Harpocrate sont deux symboles du soleil. Les Egyptiens célébraient sa naissance le 25 décembre.

ORVET, espèce de serpent du genre *anguis*, connu encore dans la campagne sous les noms d'*envoye* et d'*aveugle*. C'est un reptile inoffensif dont la queue épaisse, cylindrique, mousse, se rompt facilement quand on cherche à la prendre; c'est ce qui lui a fait donner son nom. L'orvet est long de quarante à cinquante centimètres, et parvient tout au plus à la grosseur du petit doigt; il est d'un brun argenté dans le jeune âge, et d'un brun fauve ou grisâtre avec des lignes noires dans la vieillesse.

ORVIÉTAN, électuaire regardé autrefois comme un antidote précieux, et ainsi appelé parce qu'il fut inventé par un charlatan nommé Orviétano, ou parce qu'il fut trouvé à Orviette en Italie. Ses propriétés médicales étaient, jusqu'à un certain point, semblables à celles de la thériaque. Il renfermait une foule de substances et entre autres de la vieille thériaque, des vipères sèches, de la scorsonère, de la carline, de l'impératoire, de l'angélique, de la bistorte, du romarin, etc.

ORVIETTE, ville des Etats romains, près du Chiane, à 20 lieues de Rome, chef-lieu d'une province avec titre de délégation. Sa superficie est de 60 lieues carrées, et sa population de 140,000 habitants. Orviette a un évêché, des palais magnifiques, une belle église et une population de 8,000 habitants.

ORYCTÉROPE ou COCHON DE TERRE, mammifère très-voisin des fourmiliers, il est de la taille d'une loutre, mais sur jambes. Son corps, du bout du museau à l'origine de la queue, a trois pieds et demi, et celle-ci un pied neuf pouces. Sa hauteur est de douze à treize pouces. Il est couvert de poils courts, peu serrés, d'un gris roussâtre; ses membres sont noirâtres, et sa queue presque blanche. Ses oreilles sont longues et pointues; son museau très-allongé. Il a quatre doigts aux pieds de devant, et cinq à ceux de derrière, armés d'ongles propres à fouir. L'*oryctérope du Cap* est un animal fouisseur et nocturne qui vit dans les terriers et se nourrit de fourmis. Sa chair possède un goût très-prononcé de fourmis; ce qui n'empêche pas les Hottentots de le manger. Il habite le cap de Bonne-Espérance.

ORYCTOGNOSIE, nom que certains savants donnent à la partie de la minéralogie qui traite de la description des espèces.

ORYCTOGRAPHIE, nom donné à l'étude des fossiles, comme autrefois on donnait celui d'*oryctologie* à la science qui traitait de l'étude des minéraux, des roches et des fossiles.

ORYX, espèce d'*antilope* à cornes longues, très-grêles, annelées, droites ou peu courbées. Cette espèce, nommée aussi *chamois à cap*, *pasan*, *antilope à cornes droites*, est plus grande que le cerf, et ses cornes atteignent jusqu'à trois pieds de longueur. Sa teinte générale est d'un brun cendré bleuâtre, avec des taches blanches ou brunes sur la tête et les autres parties du corps. Cet animal est très-commun dans l'intérieur de l'Afrique. Il y a une variété que l'on a nommée *leucoryx*, et qui a le corps du plus beau blanc. Les oryx ont beaucoup de courage, et se servent avec habileté de leurs cornes. On a cru voir en eux les *licornes* si célèbres dans les contes orientaux.

OS, parties dures et solides du corps des animaux, dont la réunion en forme la charpente osseuse ou le squelette. Leur couleur est en général d'un blanc rougeâtre à l'extérieur, et rouge à l'intérieur. Peu flexibles, non extensibles, ils se brisent facilement en éclats. Dans l'homme ils sont entourés par les muscles, revêtus extérieurement du *périoste*, membrane fibreuse, et abreuvés par un suc huileux. Les os reçoivent leur nourriture du sang, et sont formés de beaucoup de phosphate de chaux, d'une assez grande quantité de carbonate de chaux, et de très-peu de phosphates de magnésie et d'ammoniaque, avec quelques traces d'alumine, de gélatine, etc. La surface des os est surmontée souvent par des éminences appelées *apophyses* et *épiphyses*. On retire des os la gélatine.

OSAGES (en indien, *Ouabacha* ou *Wabash*), Indiens des Etats-Unis qui habitent les territoires de l'Arkansas et du Missouri dans deux villages distants de deux lieues l'un de l'autre, sur les bords de la rivière Osage, à 150 lieues au-dessus de son confluent avec le Missouri. Ils y sont au nombre de 6,000. — On trouve encore des Osages au nombre de 2,000, 62 lieues plus à l'O. sur des affluents de l'Arkansas. Les Osages sont hospitaliers et braves, mais pacifiques.

OSANNE ou ANTILOPE CHEVALINE, espèce d'*antilope*. Elle est de la grandeur d'un petit cheval et remarquable par la longueur de ses oreilles. Son pelage est long et de couleur grise ou roussâtre; sa tête est brune; sur le cou est une crinière qui se prolonge vers le dos. Ses cornes sont grandes et annelées. Cette espèce habite l'Afrique.

OSCABRION, genre très-singulier de mollusques, caractérisés par une coquille elliptique composée d'un grand nombre de valves transverses, imbriquées et réunies à leur extrémité par un ligament circulaire. Ils vivent dans presque toutes les mers, où ils s'attachent à divers corps avec une force prodigieuse. L'*oscabrion fasciculaire* est remarquable par sa coquille cendrée, lisse, avec dix paires de faisceaux de soies blanches. On le trouve en Afrique. L'*oscabrion hérissé* a une coquille de huit valves, et est de couleur blanche avec des taches brunes.

OSCHOPHORIES, fêtes célébrées à Athènes, instituées par Thésée en mémoire de son heureux retour de l'île de Crète. On y faisait des processions dans lesquelles on portait des branches de vigne chargées de raisins en l'honneur de Bacchus et d'Ariane.

OSCILLAIRE. Voy. OSCILLATOIRE.

OSCILLATION. On appelle ainsi, en physique, le mouvement d'un corps pesant suspendu à l'extrémité d'un fil, tandis que l'autre extrémité est attachée à un point fixe. Si on met cet appareil ou un nom *pendule* dans une position inclinée, il arrivera jusqu'au point le plus bas, et remontera de l'autre côté de la verticale en décrivant un arc de cercle. Le mouvement tout entier se nomme *oscillation*, et chaque moitié du mouvement de l'un et l'autre côté de la verticale *demi-oscillation*. L'*amplitude* de l'oscillation est l'étendue de l'arc parcouru par le pendule, et sa *durée* l'espace de temps mis à le parcourir. Les oscillations sont *isochrones*, et leurs *durées* sont entre elles comme les racines carrées des longueurs du pendule.

OSCILLATOIRE ou OSCILLAIRE, genre de plantes acotylédonées, type de la nouvelle division des oscillariées dans la famille des conferves. On les rencontre dans les eaux froides, croupissantes et stagnantes, sur la terre humide, etc. Elles tapissent les parties basses des vieux murs exposés à l'ombre et à l'humidité. Elles se montrent fréquemment sous la forme de pellicules vertes, de nature mucilagineuse, et douces au toucher. On les divise en trois sections : les *oscillaires filamenteuses*, *membraneuses* et les *pulvérulentes*.

OSCILLES, nom donné par les anciens à de petites figures qu'on plaçait près des statues des dieux. — C'étaient aussi des fêtes en l'honneur de Bacchus, dans lesquelles on se balançait (en latin, *oscillare*) sur une corde suspendue à un arbre ou à une solive.

OSCINES, nom des oiseaux par le chant desquels les augures prenaient les auspices.

OSCULATION, terme synonyme de *baisement*, par lequel on désigne, dans la théorie des développées, le contact d'une courbe avec le cercle décrit sur le rayon de sa développée; le contact se nomme *point d'osculation*. — On nomme encore ainsi le point d'attouchement de deux branches d'une courbe qui se touchent sans se couper.

OSÉE, fils de Béeri, le premier des douze petits prophètes. On croit qu'il prophétisa dans le royaume de Samarie l'an du monde 3200 jusque environ 3283, sous le règne de Jéroboam II. Il épousa, d'après l'ordre de Dieu, une courtisane nommée Gomer qui lui donna trois enfants. Osée invectiva contre les désordres d'Israël, et prédit sa captivité.

OSÉE, dernier roi d'Israël, fils d'Ela, conspira contre Phacée, roi d'Israël, le tua et s'empara du royaume en 729 avant J.-C. Salmanasar, roi d'Assyrie, auquel il avait refusé de payer tribut, l'assiégea dans Samarie, s'en rendit maître après un siége de trois ans, l'an 721 avant J.-C., et mit fin au royaume d'Israël en transportant les Israélites captifs en Médie et en Assyrie.

OSEILLE, genre de la famille des polygonées, dont plusieurs auteurs ont fait leur famille des rumicinées et le genre *patience*. Ce sont des plantes herbacées, dont les fleurs petites, le plus souvent verdâtres et peu apparentes, sont disposées en longues grappes paniculées, et dont on connaît plus de soixante-dix espèces. Elles sont usitées dans la médecine et l'art culinaire. L'*oseille commune* est une plante à racine vivace, rameuse, allongée, aux feuilles vertes, souvent déchiquetées en arête, aux fleurs rougeâtres ou blanchâtres. Elle abonde dans les prés, et on la cultive dans les jardins potagers. Sa racine est tonique, diurétique et apéritive ; ses feuilles ont une saveur acide et un peu astringente, et sont rafraîchissantes et antiscorbutiques. On en a fait un emploi journalier pour la nourriture.

OSELLE, monnaie d'or de Venise, qui vaut 47 francs 7 centimes de notre monnaie. — Il y a aussi une *oselle* d'argent, qui vaut 2 francs 7 centimes.

OSIANDRIENS, secte de luthériens, ainsi nommés d'André Osiander leur chef, l'un des premiers disciples de Luther, né en Bavière en 1498, professeur et ministre de l'université de Kœnigsberg, mort en 1552. Il se distingua des autres luthériens en enseignant : 1° que l'homme est justifié formellement, non par la foi, ni par la grâce, ni par l'imputation de la justice de Jésus-Christ, comme le disaient Luther et Calvin, mais par la justice essentielle de Dieu, par la nature divine ; 2° que Jésus-Christ a été médiateur en qualité de Dieu seulement.

OSIAS, dixième roi de Juda, appelé aussi AZARIAS, fils d'Amasias. Il succéda à son père à l'âge de seize ans, et en régna cinquante-deux, de l'an 809 à l'an 757 avant J.-C. Vainqueur des Philistins, des Arabes et des Ammonites, il voulut faire l'office de grand sacrificateur, et fut frappé sur-le-champ de lèpre pour un rayon de soleil.

OSIDIUS GETA, poëte latin qui vivait l'an de J.-C. 47, fut, suivant Tertullien, le premier qui mit en vogue le genre de composition appelé *centons*, et qui consiste à recueillir des vers de différents poëmes, pour les adapter à un sujet. Il composa une tragédie de *Médée*, dont presque tous les vers étaient tirés de Virgile.

OSIER, espèce de *saule*, dont on compte de nombreuses variétés que l'on cultive en grand dans les plantations nommées *oseraies*. Les jeunes rameaux, très-flexibles, sont employés pour faire des liens, des paniers et divers ouvrages de vannerie.

Pour s'en servir, on fait tremper dans l'eau, afin de leur rendre leur flexibilité, les jeunes branches coupées et séchées. L'osier veut un sol profond et humide. Les variétés qu'on choisit de préférence sont l'*osier blanc*, le *brun*, le *jaune* et le *rouge*.
— L'*osier en épi* est l'*épilobe*.

OSIRIS (myth.), la plus grande divinité des Egyptiens, personnification du soleil. On l'adorait sous les noms d'Apis, de Sérapis, de Mnévis, de Chnouphis, etc. Considéré métaphysiquement sous le nom de *Phta*, c'était le fabricateur de l'univers. Les Grecs en firent le fils de Saturne et de Rhéa, ou de Jupiter et de Niobé, l'époux d'Isis sa sœur, et le père d'Orus. Il pénétra en Ethiopie et en Arabie, et visita la plupart des royaumes d'Asie et d'Europe. A son retour en Egypte, où il régnait, il fut assassiné par son frère Typhon, auquel il avait laissé la régence. Ses membres furent mis en pièces et jetés dans le Nil. Isis parvint à les retrouver. On représente Osiris avec une mitre royale (*pschent*), un bâton de la main gauche et un fouet de la droite. Quelquefois on lui met sur la tête un globe orné de deux serpents plats (*uræus*), ou celle d'un bœuf et la tête d'un épervier.

OSIUS, évêque de Cordoue en 295, naquit en Espagne en 257, et mérita le titre de confesseur par la constance qu'il fit paraître dans la persécution de Dioclétien et de Maximien. Constantin le consulta dans toutes les affaires ecclésiastiques. Ce fut lui qui présida le concile de Nicée en 325. Il combattit courageusement l'arianisme, et mourut en 358.

OSMA, ville d'Espagne, dans la Vieille-Castille, sur la rive droite du Douro, à 43 lieues de Madrid, dans une plaine fertile. Sa population est de 2,600 habitants. Elle a un évêché suffragant de Tolède, et une université fondée en 1550.

OSMAN ou ORHMAN. Trois sultans turks ont porté ce nom. — OTHMAN, OTTOMAN ou OSMAN Ier, fils d'Orthhogrul et petit-fils de Soliman, né à Sankouthan (Bithynie) l'an 1258, fut le chef de la dynastie qui règne à Constantinople. L'un des émirs d'Aladin, sultan seldjoucide d'Iconium, il obtint dans le partage de ses Etats, une partie de la Bithynie et de la Cappadoce, et mourut en 1326. Il fit de Pruse ou Broussah le siége de son empire, et reçut le surnom de *Ghazy* (conquérant). — OSMAN II, fils d'Achmet Ier, succéda en 1618, à l'âge de douze ans, à son oncle Mustapha Ier, déposé par les janissaires, et fut renversé du trône par eux en 1622. Mustapha rétabli le fit étrangler. — OSMAN III, fils de Mustapha II, succéda en 1754, âgé de cinquante-six ans, à son frère Mahmoud Ier, et mourut en 1757.

OSMANLIS, nom que portent les Turks en l'honneur du fondateur de leur empire.

OSMAZOME (du grec *osmé*, odeur, et *zômos*, bouillon), principe qui communique l'odeur au bouillon. Il est sous la forme d'extrait brun rougeâtre, d'une odeur aromatique, d'une saveur forte semblable à celle du bouillon. Il fait partie de la chair de bœuf, du cerveau, du bouillon, de quelques champignons, etc. On l'obtient en traitant à plusieurs reprises la chair musculaire (viande) par l'eau froide, faisant bouillir, versant de l'alcool et faisant évaporer.

OSMIE, genre d'insectes de l'ordre des hyménoptères, section des porte-aiguillons, famille des mellifères, tribu des apiaires. Leur corps est généralement oblong, plus étroit dans les mâles que dans les femelles, velu ou pubescent et pointillé. Quelques unes des osmies sont maçonnes, les autres coupeuses de feuilles ou de pétales.

OSMIUM, l'un des cinquante-deux corps simples, ainsi appelé à cause de son odeur piquante lorsqu'il fait perdre l'hydorat pour quelques jours. C'est un métal solide, pulvérulent, d'une couleur noirâtre. L'osmium n'a été trouvé, jusqu'à présent, que dans la mine de platine, combiné avec l'iridium. Il a encore été uni qu'au chlore et à quelques métaux. L'osmium a été découvert en 1803 par Tennant.

OSNABRUCK, province du royaume de Hanovre, bornée au N. par le grand-duché d'Oldenbourg, au S. par le grand-duché du Bas-Rhin, à l'O. par ce grand-duché et la principauté de Meppen, à l'E. par le grand-duché du Bas-Rhin et le comté de Hoïa. Sa superficie est de 315 lieues carrées, et sa population de 250,000 habitants. Le sol est généralement plat et peu fertile. Les mines de sel gemme, de charbon de de terre et la tourbe y abondent. La presque totalité de cette province est formée de la principauté d'Osnabruck ; jadis évêché, qui a 129 lieues carrées et 250,000 habitants. Les évêques étaient, depuis le traité de Westphalie, tour à tour catholiques et protestants. — La capitale est OSNABRUCK.

OSNABRUCK, ville du royaume de Hanovre, à 14 lieues de Munster, sur la rivière de Hase, capitale de la province du même nom. Sa population est de 11,000 habitants. Elle a un évêché, et commerce en toiles, jambons, saucisses, lard fumé, etc. Fondée en 776 par Charlemagne, elle devint célèbre par le traité conclu en 1648, et connu sous le nom de *paix d'Osnabruck*.

OSORIO ou OSORIUS (Jérôme), savant portugais, né à Lisbonne en 1506, étudia à Paris, Salamanque et à Bologne, devint archidiacre d'Evora, puis évêque de Silves et des Algarves, et précepteur du fils de l'infant don Louis, et mourut en 1580 à Tavira. Osorius fut surnommé le *Cicéron du Portugal*. On a de lui plusieurs ouvrages et entre autres : *De rebus Emmanuelis, Lusitaniæ regis, libri XII*.

OSPHRONÈME ou GOURAMI, genre de poissons de la famille des pharyngiens labyrinthiformes. Un appareil particulier, qui se remplit d'eau et la transmet aux branchies, permet à ces poissons de séjourner assez de temps hors de l'eau. Leur corps est haut et comprimé; le museau obtus et la bouche protractile. Ils ont de grandes écailles arrondies. Ces poissons acquièrent une taille considérable. Leur goût est excellent. Leur couleur est d'un brun doré clair

OSQUES, ancien peuple d'Italie, qui habitait une contrée située entre le Tibre, l'Anio et la Campanie. Les peuplades qui composaient cette nation étaient les *Apuli*, les *Ausoni* ou *Aurunci*, les *Volsques* et les *Eques*. Les Osques étaient de race celtique ou gauloise; leur langue, dialecte du celtique, différait de celle des Romains. Les auteurs anciens font souvent mention des bons mots et des saillies piquantes des Osques, et prétendent que le mot *obscène* est un dérivé de leur nom, parce qu'ils étaient très-licencieux. Ils appelaient encore *osques*, thi jeux scéniques, des farces empruntées à ces peuples, et qui se jouaient le matin.

OSROËNE, contrée de la Mésopotamie, qui s'étendait le long de l'Euphrate, depuis le mont Taurus au N. jusqu'au Khabour (*Chaboras*). Elle fut ainsi nommée d'Osroës ou Chosroës, seigneur parthe, général de Vologèse, qui la subjugua vers l'an 80 de J.-C. L'Osroène avait pour capitale EDESSE. Elle joua un rôle assez important dans les guerres des Romains, et semble n'avoir été soumise que sous Caracalla. Ses rois portaient le titre pour la plupart le nom d'Abgare.

OSSA (aujourd'hui *Kissabo*), haute montagne de Thessalie (Roumélie), sur la côte du golfe de Salonique. Les Centaures y avaient, dit-on , fixé leur séjour. Hercule y mourut. Le mont Ossa est un de ceux que les géants entassèrent sous escalade le ciel.

OSSAN ou D'OSSAN, vallée du département des Basses-Pyrénées, arrosée par le gave de ce nom, qui forme avec celui d'Aspe le gave d'Oloron. Elle a des eaux minérales, et sa principale ville est *Laruns*, chef-lieu du canton.

OSSAT (Arnaud d'), né en 1636 à Cassagnabère (Gers) d'un maréchal ferrant. Il devint précepteur de plusieurs jeunes seigneurs de son pays, et suivit ensuite la carrière du barreau. Il obtint une charge de conseiller au présidial de Melun, et suivit à Rome Paul de Foix, archevêque de Toulouse, en qualité de secrétaire d'ambassade. Après la mort de ce prélat (1584), il lui succéda en qualité d'ambassadeur. C'est à lui que Henri IV dut sa réconciliation avec l'Eglise. Ses services furent récompensés par l'évêché de Rennes, par le chapeau de cardinal (1598) et l'évêché de Bayeux (1601). Il mourut à Rome en 1604. Ses *Lettres* passent pour des chefs-d'œuvre de politique.

OSSEC. On appelle ainsi, en termes de marine, le lieu où s'assemblent, au bas de la pompe, les eaux du vaisseau que l'on vide avec l'écope.

OSSÉENS, sectaires juifs appelés encore *osséniens*, qui parurent vers l'an 50 de l'ère chrétienne, et firent profession de christianisme dans plusieurs articles. Ils prirent ensuite le nom d'*elcésaïtes* sous la conduite d'Elci, vers l'an 106, sous le règne de Trajan.

OSSELETS, petits os. — On a nommé *osselets de l'oreille* quatre petits os qui sont placés dans la cavité du tympan, et forment une chaîne non interrompue depuis la membrane du tympan jusqu'à la fenêtre ovale. Ce sont, de dehors en dedans, la *marteau*, l'*enclume*, l'*os lenticulaire* et l'*étrier*. — Les enfants appellent ainsi de petits os avec lesquels ils jouent, et qui sont tirés de la jointure d'un gigot de mouton. Les Grecs les nommaient *astragaloi* et les Romains *tali*.

OSSELIN (Charles-Nicolas), avocat, né à Paris en 1754, entra dans la municipalité de 1789 et dans celle du 10 août 1792. Elu en 1792 député de Paris à la convention nationale, il y vota la mort du roi sans appel et sans sursis, entra ensuite au comité de sûreté générale, et fut dénoncé au tribunal révolutionnaire. Il périt sur l'échafaud en 1793.

OSSÈTES, peuple de Russie, habitant la partie septentrionale de l'isthme caucasien, entre l'Ouroup, le Terek, le Rion et l'Aragra. Ils sont incivilisés, pauvres et brigands, et au nombre de 10,000 cavaliers.

OSSEUX. En histoire naturelle, sous-classe qui comprend tous les poissons dont le squelette a la consistance des os, à la différence des poissons cartilagineux qui l'ont mou et flexible. Les poissons osseux ont été divisés en quatre ordres : les *plectognathes*, les *lophobranches*, les *acanthoptérygiens* et les *malacoptérygiens*.

OSSIAN, fameux barde écossais du IIIe siècle, fils de Fingal ou Fion-Gall, roi de Morven, et d'Evir-Allin, fille de Brenno, roi de Rego (Irlande), un seul fils nommé Oscar, l'amant de Malvina. Après avoir suivi son père dans ses expéditions en Irlande, Ossian lui succéda dans le commandement. Devenu infirme et aveugle, il se retira du service, et chanta les exploits des autres guerriers et de son fils tué en trahison. Malvina était sa compagne. James Macpherson publia en 1765 des poésies d'Ossian qu'il prétendit avoir recueillies dans le nord de l'Ecosse; mais il est aujourd'hui certain qu'il n'en est l'auteur. Cependant il nous reste quelques fragments du véritable Ossian.

OSSIFICATION, formation des os en longueur, en grosseur et en solidité, par le secours des sucs nourriciers qui y arrivent, les développent, les allongent, augmentent leur épaississement et leur dureté jusqu'à ce qu'enfin, n'étant plus capables d'admettre les sucs nécessaires à leur nutrition, ils s'altèrent dans leur substance, et rendent inévitable le dépérissement de l'organisme. Le *point d'ossification* est celui où commence l'ossification d'un os, d'où elle s'étend aux autres parties.

OSSONE (Don Pedro Giron, duc d') gentilhomme de la chambre du roi d'Espagne, et chevalier de la Toison d'or, se distingua dans les guerres des Pays-Bas, et fut successivement vice-roi de Sicile et de Naples. Dans ce dernier poste, il se rendit redoutable aux Vénitiens principalement sur mer. Il prit part à la conjuration d'Alphonse de la Cueva, marquis de Bedmar, ambassadeur à Venise. Soupçonné par la cour d'Espagne d'aspirer à la souveraineté de Naples, il fut mis en prison où il mourut en 1624.

OSTADE (Adrien Van-), peintre hollandais, né à Lubeck en 1610, mort à Amsterdam en 1685. Elève de François Hals, il imita la manière de Brauwer et celle de Téniers, et s'attacha surtout à peindre des scènes triviales. La galerie du Louvre possède plusieurs tableaux : le *Maître d'école*, un *Marché aux poissons*, etc. — Son frère, Isaac Van-Ostade, son élève et son imitateur, né à Lubeck en 1612, mourut jeune. Le Louvre possède de lui une *Halte de voyageurs*, des *Patineurs*, etc.

OSTENDE, ville de Belgique, dans la Flandre occidentale, à 4 lieues de Bruges, avec un port sur la mer du Nord, au commencement du canal d'Ostende à Bruges, et près de la jonction de celui-ci avec le canal de Nieuport. Le port est très-fréquenté. La population de la ville est de 12,000 habitants. Bâtie avant le IXe siècle, elle fut prise en 1704 par Ambroise Spinola après un siège de trois ans, par les Français en 1745, 1792 et 1793, et bombardée par les Anglais en 1798.

OSTÉOLOGIE, partie de la science anatomique qui traite de la composition et de la formation des os.

OSTÉOMALACIE, ramollissement des os, maladie très-rare, dans laquelle les os, privés des sels et en particulier de phosphate de chaux qui entrent dans leur formation, acquièrent une souplesse qui les rend impropres à remplir leurs fonctions. Cette affection s'est toujours terminée par la mort.

OSTÉOTOMIE, dissection des os.

OSTERLAND, contrée du duché de Saxe-Altenbourg entre le cercle de Naumburg, la Misnie, le Voigtland et le duché de Saxe-Weimar. La capitale est Altenbourg.

OSTERMANN (Le comte), né en Westphalie d'un ministre luthérien, obtint la confiance de Pierre Ier, empereur de Russie, qui le fit chevalier. Il fit partie du conseil de cabinet sous Anne Ivanowna, et du conseil de régence sous la minorité d'Iwan VI. A l'avènement d'Elisabeth (1741), Ostermann fut exilé en Sibérie, où il mourut en 1747. — Son fils, le comte Ostermann, vice-chancelier de Russie sous Catherine II, puis chancelier, fut disgracié par Paul Ier, et mourut pendant cette disgrâce.

OST-FRISE. Voy. Oost-Frise.

OSTIAKS, nation finnoise de la Sibérie, dans le gouvernement de Tobolsk, depuis les bords de l'Obi jusqu'à ceux de la Iéniséi. Les Ostiaks sont petits, pauvres, ignorants et paresseux ; les peaux d'ours, de rennes et de renards sont leurs vêtements d'hiver; ceux d'été consistent en la dépouille de l'esturgeon et des autres poissons marins. Ils habitent des huttes d'écorce de bouleau, ont pour armes des arcs, des flèches et des couteaux, et voyagent dans des traîneaux attelés de rennes ou de chiens.

OSTIE, ville des Etats romains dans le comarchat de Rome, située à l'embouchure du Tibre et à 5 lieues de Rome. Sa population est de 4,000 habitants. Son port, creusé par Ancus Martius, est presque entièrement détruit. Elle a un évêché réuni à celui de Velletri depuis le milieu du XIVe siècle, et dont le titulaire est de fait doyen du sacré collège, et le premier des six cardinaux-évêques suffragants du pape. L'évêque d'Ostie a l'usage du pallium et le droit de sacrer le pape.

OSTRACÉS, première famille de l'ordre des mollusques acéphales testacés, divisée en deux sections, dont la première renferme les coquilles qui n'ont qu'un muscle adducteur (*huître*, *peigne*, *perne*, etc.), et la deuxième celles qui en ont deux (*pétoncle*, *avicule*, etc.)

OSTRACISME (du grec *ostracon*, coquille), mode de bannissement en usage à Athènes, et ainsi appelé parce que les citoyens donnaient leurs suffrages en écrivant le nom de l'accusé sur une coquille. Il fallait six mille votes pour la condamnation. Le citoyen qu'elle atteignait était exilé pour dix ans. Les biens n'étaient ni confisqués ni vendus, et on employait ordinairement ce moyen pour éloigner les citoyens dont on craignait la puissance. Institué sous l'archonte Callisthène (513 ans avant J.-C.), l'ostracisme tomba sur Aristide, Cimon, Thémistocle, et fut aboli vers l'an 338 avant J.-C., pour avoir été déshonoré en atteignant le vil Hyperbolus.

OSTRACODES ou Ostrapodes, ordre des crustacés, de la classe des entomostracés, renfermant des animaux extrêmement communs, et qui remplissent nos eaux dormantes. Il comprend les deux genres *cypris* et *cythérée*.

OSTREVANT, petit pays de la Flandre française, compris aujourd'hui dans le département du Nord. Sa capitale était Bouchain, aujourd'hui chef-lieu de canton dans l'arrondissement et à 3 lieues de Valenciennes. Population, 1,102 habitants. L'Ostrevant avait autrefois le titre de comté, et appartenait à la maison de Bourgogne.

OSTRO-BOTHNIE (Bothnie orientale), province de Russie dans le gouvernement de Finlande, bornée au S. par celles de Wasa et de Kuopio, à l'E. par les gouvernements d'Olonetz et d'Arkhangel, au N. par la Laponie suédoise, et à l'O. par le golfe de Bothnie. Sa superficie est d'environ 10,150 lieues carrées, et sa population de 110,000 habitants La capitale est Uléaborg. L'Ostro-Bothnie est unie et marécageuse. Ses principales ressources consistent dans l'agriculture et la chasse. On y construit beaucoup de vaisseaux, et on en exporte du goudron.

OSTRO-GOTHIE (Gothie orientale), gouvernement de Suède dans la Gothie, formé de l'ancienne province du même nom, et borné au N. par celui d'Œrebro et de Sœdermanie ou Nykœping, au S. par ceux de Jonkœping et de Calmar, à l'O. par le lac Wetter qui le sépare du Skaraborg, à l'E. par la mer Baltique. Sa superficie est d'environ 630 lieues carrées, et sa population de 182,280 habitants. L'Ostro-Gothie est un pays des plus pittoresques, traversé par le canal de Gothie, et baigné par le lac Wetter. Il abonde en céréales, en mines de fer, carrières de marbre, etc. La capitale est Linkœping.

OSTROGOTHS, l'un des trois peuples de la grande tribu des Goths, qui, appartenant à la race suève, envahirent la Péninsule scandinave, et en furent ensuite refoulés ou ou deux siècles après, vers les premiers temps de l'ère chrétienne. Ils s'établirent alors dans les pays situés entre le Dniester et le Volga, à l'orient des autres Goths; ce qui leur fit donner leur nom. Leurs chefs appartenaient à la race royale des Amala. L'un d'eux fut le célèbre Théodoric. Sous son règne, les Ostrogoths, déjà établis en Pannonie, s'emparèrent de l'Italie et de la Provence. Ils disparurent vers l'an 555 de la scène politique.

OSYMANDYAS, roi d'Egypte de la quinzième dynastie, fut, selon quelques auteurs, le premier monarque qui forma une bibliothèque. Il donna à la sienne le titre de *Remède de l'âme*. Un des plus beaux tombeaux des rois de Thèbes, celui d'Osymandyas était un des plus célèbres. Il était composé de sa bibliothèque, de portiques, de vastes cours, de temples et du tombeau proprement dit. On y voyait, entre autres merveilles, une statue dont un des pieds avait plus de sept coudées de longueur.

OSYRIDÉES, famille de plantes dicotylédonées apétales, ayant pour type le genre *osyris*, composé de deux espèces. L'*osyris blanc*, vulgairement appelé *rouvel*, est un petit arbuste de deux à trois pieds de haut, divisé en rameaux assez nombreux, grêles, verts, garnis de fleurs petites, d'un vert jaunâtre, d'une odeur agréable, au fruit rougeâtre de la grosseur d'un pois. La famille des osyridées a été remplacée par celle des éléagnées selon les uns, et des santalacées selon les autres.

OTAGE, personne qu'une autorité civile ou militaire remet à une autre comme garantie de ses promesses ou d'un traité. Dans l'antiquité, on donnait beaucoup d'otages qui couraient risque de perdre la vie. Clélie et ses compagnes furent données en otage à Porsenna, roi d'Etrurie. Aujourd'hui il arrive encore qu'après avoir signé un traité, un ou deux officiers de marque restent au quartier général ennemi jusqu'à complète exécution de ce qui a été stipulé.

OTAITI. Voy. TAÏTI.

OTAN, nom donné par les Arabes aux districts en qui se subdivisaient les provinces, et à la tête desquels étaient des fonctionnaires appelés kaïds.

OTANE, l'un des sept seigneurs persans qui renversèrent le mage Smerdis. Ce fut lui qui découvrit la fourberie de l'usurpateur, par le moyen de Phédime sa fille, une de ses femmes. Dans la suite Otane obtint de Darius le gouvernement de l'Asie-Mineure.

OTCHAKOV, ville de Russie, dans le gouvernement de Kherson, à 65 lieues d'Ekaterinoslav, avec un port de mer sur la mer Noire à l'embouchure du Dniéper. Sa population est de 18,000 habitants. Elle est célèbre par une bataille que le général Munich, commandant les Russes, remporta le 12 juillet 1737 sur les Cosaques. Elle appartient à la Russie depuis 1788.

OTHMAN, troisième calife des Arabes, succéda à Omar à l'âge de soixante-dix ans, l'an 644 de J.-C. Il supprima plusieurs copies défectueuses du Koran, et le fit publier. Moavia, son général, fit sous lui de grandes conquêtes. Othman fut assassiné dans une sédition excitée par Ali en 656. — OTHMAN, fondateur de l'empire ottoman. Voy. OSMAN.

OTHON, famille romaine originaire de Ferentinum, ville d'Etrurie. C'était l'une des plus considérables de ce pays; elle prétendait même descendre des anciens rois. — LUCIUS SALVIUS OTHON, fils de Marcus Salvius Othon, épousa Albia Terentia, dont il eut Lucius Titianus Othon et Marcus Salvius Othon, depuis empereur. Il eut aussi une fille qui épousa Drusus, fils de Germanicus.

OTHON (Marcus Salvius), empereur romain, fils de Lucius Salvius Othon, né à Rome l'an 32 de J.-C. d'une famille descendant des anciens rois d'Etrurie, devint le favori de Néron par la conformité de ses penchants vicieux. Néron le nomma gouverneur de Lusitanie, afin de pouvoir épouser la célèbre Poppée, qu'Othon avait enlevée à Crispinus Rufus pour en faire sa femme. Après la mort de Néron (68), il chercha à captiver la faveur de Galba, qu'il fit assassiner avec Pison son successeur désigné, et fut proclamé empereur par les soldats en 69. Attaqué par Vitellius et vaincu à Bédriac, il se donna la mort la même année, âgé de trente-sept ans.

OTHON. Quatre empereurs d'Allemagne ont porté ce nom. — OTHON Ier le Grand, né en 912, succéda en 936 à son père Henri l'Oiseleur, vainquit les Hongrois, soumit les Slaves, introduisit le christianisme en Danemarck, en Pologne et en Bohême, qu'il rendit presque tributaires; conquit l'Italie, d'où il chassa le pape Jean XII, fit la guerre aux Grecs, et mourut en 973. Il avait assuré la paix au dedans en domptant les révoltes des seigneurs, et en distribuant les fiefs à de membres de la famille royale. — OTHON II, fils du précédent et d'Adélaïde sa seconde femme, surnommé le Sanguinaire, et la Pâle Mort des Sarrasins, succéda à son père en 973. Il avait été couronné dès 962 roi des Romains. Il eut à soumettre son cousin Henri de Bavière, qui lui disputait la couronne, et fut vaincu en 976 par Lothaire, roi de France, qui s'empara de la Lorraine. Défait en 982 par les Grecs et les Sarrasins à Basentello, il mourut à Rome en 983. Il était né en 955. — OTHON III le Roux, né en 980, succéda en 983 à son père Othon II sous la tutelle de sa mère Théophanie, et mourut empoisonné en 1002 sans postérité. Il avait fait mettre à mort Crescentius et l'antipape Jean XVI, opposé à Grégoire V. — OTHON IV, troisième fils de Henri le Lion, duc de Bavière, et de Mathilde d'Angleterre, né en 1175. Il fut élu empereur, à la mort de Henri VI (1197), par les Guelfes, tandis que les Gibelins proclamaient Philippe de Souabe. Vaincu par son rival, il ne fut reconnu qu'à sa mort (1208). Il fut vainqueur à Bouvines par Philippe Auguste en 1214, et mourut en 1218 sans enfants. Il avait été excommunié en 1210 par Innocent III, qui avait proclamé Frédéric II.

OTHON (Saint), évêque de Bamberg et apôtre de la Poméranie, naquit en Souabe vers 1069. Il devint chapelain et chancelier de l'empereur Henri IV, puis évêque de Bamberg en 1100. Il convertit Uladislas, duc de Poméranie, avec la plus grande partie de ses sujets, et mourut en 1139.

OTHON DE FREISINGEN, ainsi nommé parce qu'il était évêque de cette ville au XIIe siècle, était fils de Léopold, marquis d'Autriche, et d'Agnès, fille de l'empereur Henri IV. Devenu abbé de Morimond, puis évêque de Freisingen en 1138, il accompagna l'empereur Conrad en Palestine, et mourut en 1158. On a de lui une Chronique en sept livres depuis le commencement du monde jusqu'en 1146.

OTHONIEL, fils de Cenez et parent de Caleb. Ayant pris Dabir ou Cariath-Sepher, il épousa Axa, fille de Caleb, que celui-ci avait promise en mariage à celui qui prendrait cette ville. Les Israélites ayant été assujettis pendant huit ans par Chusan Rabathaïm, roi de Mésopotamie, Othoniel fut suscité de Dieu contre cet oppresseur (1405 avant J.-C.), le vainquit, et fut le premier juge des Israélites, qu'il gouverna en paix pendant quarante ans.

OTITE. On appelle ainsi, en pathologie, l'inflammation de l'oreille. On en distingue quatre espèces : l'otite aiguë, qui attaque particulièrement les enfants et les jeunes gens, et qui est produite par l'exposition au froid, la suppression de quelques évacuations, l'introduction d'un corps étranger ; l'otile chronique, qui peut avoir son siège dans le conduit auditif externe ou dans le conduit et la cavité interne à la fois ; ces deux otites peuvent être externes ou internes. Les moyens employés dans l'otite aiguë sont les fumigations aqueuses, les saignées, les boissons adoucissantes, etc.

OTRANTE (TERRE D'), province du royaume de Naples, bornée au N. par la terre de Bari, au S. par le golfe de Tarente, à l'E. par le golfe de Venise, à l'O. par la Basilicate. Sa superficie est de 330 lieues carrées, sa population de 300,000 habitants. C'est une contrée montueuse, abondante en olives, figues et vins. On y recueille des laines estimées. Elle tire son nom de la ville de ce nom. — Sa capitale est Lecce, à 8 lieues d'Otrante et 78 de Naples. Population, 15,000 habitants.

OTRANTE (Hydruntum), ville du royaume de Naples, située à l'entrée du golfe de Venise, à 24 lieues de Tarente et 15 de Brindes, dans la province qui porte son nom. Sa population est de 5,000 habitants. Elle a un archevêché. Son port, autrefois fréquenté, est aujourd'hui comblé.

OTREPIEF (GEORGES ou YOURI), et par diminutif GRISKA). Voy. DMITRI (Le faux).

OTSEGO, lac des Etats-Unis, situé dans la partie septentrionale de l'Etat de New-York. Il est long de 3 à 4 lieues et très-poissonneux. C'est du lac Otsego que sort la Susquehannah.

OTT (Pierre-Charles, baron D'), feld-maréchal autrichien, né à Battorkez (Hongrie), parvint à ce grade en 1797. Il commandait une partie de l'aile droite à la bataille de Novi, et s'empara de Savigliano. Ce fut lui qui assiégea Gênes en 1800 et força Masséna à capituler. Il éprouva auprès de Montebello un échec considérable, et commanda en 1808 les nobles hongrois insurgés. Il mourut en 1819.

OTTAWA, rivière d'Amérique qui prend sa source au N. du lac Huron, sépare le haut Canada, du bas Canada et se jette dans le fleuve Saint-Laurent, après un cours de 318 lieues, au-dessus de Montréal. Son cours est entravé par des chutes et des cataractes.

OTTO (Louis-Guillaume), comte de Mosloy, diplomate français, né à Strasbourg vers l'an 1753, fut nommé en 1777 secrétaire de la légation française de Bavière et de celle des Etats-Unis en 1785. Il fut mis en 1793, par le comité de salut public, à la tête de la première division politique des relations étrangères. Secrétaire de légation en Prusse (1798), ministre plénipotentiaire en Angleterre (1800), conseiller d'Etat (1805), ambassadeur à Vienne (1809), ministre d'Etat (1813), sous-secrétaire d'Etat au ministère des affaires étrangères (1815), il mourut en 1817.

OTTOCARE. Deux rois de Bohême du nom de Przémislas ont porté ce surnom, qui suivirent partisan d'Othon. — PRZÉMISLAS OTTOCARE Ier succéda en 1214 à Wladislas et mourut en 1230. — PRZÉMISLAS OTTOCARE II, succéda en 1253 à Wenceslas IV, obtint par son mariage avec Marguerite d'Autriche la Styrie, et acquit en 1262 la Carinthie, l'Istrie et la Carniole. Rodolphe de Hapsbourg l'ayant forcé de lui rendre hommage pour les terres qui relevaient de lui, il s'empara de l'Autriche ; mais l'empereur le défit à la bataille de Marchegg, à 10 lieues de Vienne. Ottocare y perdit même la vie (1278).

OTTOMAN (EMPIRE), grand empire qui s'étend en Europe, en Asie et en Afrique. La partie de l'Europe, porte le nom de Turquie d'Europe ; celle d'Asie, celui de Turquie d'Asie ; celle d'Afrique comprend les Etats barbaresques et l'Egypte, qui sont soumis que nominativement à l'empire. Les deux premières ont une superficie de 99,500 lieues carrées et une population de 20,690,000 habitants Turks, Turcomans, Tartares, Kurdes, Arméniens, Kophtes, Slavons, Druses, Juifs, Valaques, Bohémiens. L'empire ottoman se divise en vingt-cinq gouvernements appelés eyalets ou pachaliks, subdivisés en deux cent quatre-vingt-dix sandjakats. Voy. TURQUIE (D'EUROPE et D'ASIE, SYRIE, ANATOLIE, etc. — L'origine de l'empire ottoman remonte à la dissolution de l'empire des Seldjoucides par les Mongols au XIIIe siècle. Il fut fondé vers l'an 1300 à Konieh par Othman ou Osman. Etabli à Pruse (Broussah) en 1326, le siège de l'empire fut transféré en 1359 à Gallipoli, et en 1453 à Constantinople, qui en est encore aujourd'hui la capitale. Depuis cette époque, l'empire ottoman s'agrandit successivement jusqu'à la bataille de Lépante (1571) ; mais ensuite, soumis généralement à des sultans faibles, il marcha vers sa décadence, et ne put se dérober à l'influence envahissante de la Russie. Cette dernière puissance ayant tenté de faire un pas de plus vers Constantinople, en 1853, la France et l'Angleterre se sont alliées pour défendre contre elle l'intégrité de l'empire ottoman.

OTTO-VENIUS (en hollandais, Ottavio Van-Veen), peintre hollandais, né en 1556 d'un bourgmestre de Leyde, fut l'élève d'Isaac Nicolas et de Frédéric Zuccharo. Il s'attacha au prince de Parme, gouverneur des Pays-Bas, qui le nomma ingénieur en chef et peintre du roi. L'archiduc Albert, qui succéda au prince de Parme, fit venir Otto Venius à Bruxelles, et lui donna l'intendance des monnaies. Il mourut en 1634. Le célèbre Rubens fut son élève.

OTWAY (Thomas), poète anglais, né à Trottin (Sussexshire) en 1651. Elevé à Winchester et à Oxford, il vint à Londres, où il se livra tout entier au théâtre, et fut longtemps acteur avant d'être auteur

126

A vingt-cinq ans, il fit jouer sa tragédie d'*Alcibiade*, et deux ans après il donna *Titus et Bérénice* et les *Fourberies de Scapin*; mais ses meilleures pièces sont l'*Orpheline*, *Venise sauvée* et *Don Carlos*. Otway mourut dans l'indigence en 1685.

OU, instrument des Chinois, qui a la forme d'un tigre couché sur une caisse de bois léger. Le dos du tigre porte vingt-sept chevilles, sur lesquelles on promène doucement une sorte de planchette nommée *tchen*, qui fait résonner l'instrument.

OUAHAB. Voy. WAHAB.

OUAICHE, terme de marine, sillage d'un bâtiment. *Tirer un vaisseau en ouaiche*, c'est le remorquer par l'arrière d'un autre vaisseau. *Traîner un pavillon ennemi en ouaiche*, c'est mettre à l'arrière de son navire le pavillon qu'on a pris sur l'ennemi. On écrit aussi *houache*.

OUANGARAH ou WANGARAH, royaume d'Afrique, au centre de la Nigritie, borné au N. par celui de Bornou, au S. par le Dar-Koulla, à l'E. par le Baghermé, et à l'O. par la mer de Nigritie. Sa superficie est d'environ 18,500 lieues carrées, et sa population de près de 1,000,000 d'âmes. Le Wangarah est un pays rempli de marais et de lacs. Le Niger s'y perd dans le grand lac de Wangarah, appelé encore *mer de Nigritie* et *lac Tchad*. — Le royaume de Wangarah est tributaire de celui de Bornou. Sa capitale est GHANARA.

OUBLIE, sorte de pâtisserie très-légère, fort mince, cuite entre deux fers et roulée en forme de cornets. Les oublies ont été autrefois une redevance de fiefs connue sous le nom de *droit d'oublies* ou d'*oubliages*, laquelle redevance se convertit en gâteaux connus sous le nom d'*oubliaux*, et ensuite en argent monnayé.

OUATE, espèce de coton très-fin et un peu lustré, que l'on met entre deux étoffes pour fourrer des robes de chambre, des courtes-pointes et autres habillements, qu'elle rend très-chauds sans en augmenter le poids. A cet effet, on carde le coton, qu'on met ensuite à la presse, et que quelquefois on imbibe de colle claire. Avant que le coton fût devenu commun en Europe, on employait une espèce d'*ouate* fournie par l'*apocyn* ou *asclépiade*.

OUBLIETTES, cachots de certaines prisons de France où l'on renfermait autrefois ceux qu'on voulait faire entièrement oublier, c'est-à-dire ceux qui étaient condamnés à une prison perpétuelle. On prétend même que c'étaient des puits garnis de faux aiguës et saillantes qui mettaient en pièces le corps de la victime qu'on y jetait. Le château de Plessis-les-Tours, dernière résidence de Louis XI, renfermait, dit-on, de ces sortes d'oubliettes.

OUCHE, rivière de France qui a sa source à Bligny (Côte-d'Or), passe à Dijon où elle reçoit le Suzon, et se jette dans la Saône à un quart de lieue au dessus de Saint-Jean de Losne. Le canal de Bourgogne la côtoie presque constamment. Elle n'est pas navigable. — OUCHE est encore le nom d'un petit pays du département de l'Eure, dont *Bernai* en le chef-lieu.

OUDE. Voy. AOUDE.

OUDENARDE ou AUDENARDE, ville forte de Belgique, dans la Flandre orientale, dans une vallée sur l'Escaut, à 5 lieues de Gand et 11 de Bruxelles. Sa population est de 4,000 habitants. Elle a des manufactures de nankins et de tapisseries de haute lisse, des savonneries, des tanneries, des blanchisseries, etc.

OUDJEIN, ville de l'Indoustan, capitale de la province de Malvah, sur les bords du Sepra, à 80 lieues d'Ahmed-Abad et 115 d'Agrah. Sa population est de 60,000 habitants. Les mosquées en ont été détruites par les Mahrattes.

OUDRY (Jean-Baptiste), peintre et graveur, né à Paris en 1686, fut l'élève de Nicolas Largillière, dont il retint des principes sûrs pour le coloris. Il avait un talent supérieur pour peindre les animaux. Il dirigea la manufacture de Beauvais, et mourut en 1755 membre de l'académie de peinture. Ses œuvres les plus estimées sont les *Fables de la Fontaine*, la *Chasse au loup*, la *Chasse au sanglier*.

OUEN (Saint) (*Audoenus*), né dans les environs de Soissons, fut l'ami de saint Eloi, et le ministre d'Etat et chancelier de Dagobert Ier. Il fut élu archevêque de Rouen en 640, après la mort de saint Romain. Il mourut en 683, après avoir tâché de maintenir la paix entre les princes francs. On lui attribue la *Vie de saint Eloi*.

OUEN (SAINT-), abbaye de l'ordre de Saint-Benoît, située dans la ville de Rouen, et fondée, dit-on, par saint Victrice avant 399. Selon d'autres, Clotaire Ier en fut le fondateur en 535. Les fondements de la basilique qui est encore debout ne furent jetés qu'en 1318, par Jean Roussel, et surnommé *Mardargent*. L'abbé de Saint-Ouen était autrefois conseiller du parlement de Rouen. Son abbaye avait sous sa dépendance neuf prieurés, sept chapelles et quatre-vingts cures. Cette maison, gouvernée par des abbés réguliers jusqu'en 1462 qu'elle tomba en commende, était unie à la congrégation de Saint-Maur depuis 1660.

OUESSANT (*Uxantis*), île de France, sur les côtes du département du Finistère, formant un chef-lieu de canton dans l'arrondissement et à 10 lieues de Brest. Sa superficie est de 2 lieues carrées environ, et sa population de 2,032 habitants. L'île d'Ouessant est située à 5 lieues et demie de la côte; elle est la principale de sept îles qui forment un petit groupe. Le sol en est généralement fertile; il offre surtout de riches prairies couvertes de chevaux et de moutons. On trouve à Ouessant un château fort, un petit port, et quelques hameaux.

OUESSANT (COMBAT D'), célèbre bataille navale qui se livra le 27 juillet 1778, à la hauteur des îles d'Ouessant, entre la flotte française, commandée par le comte d'Orvilliers et forte de 27 vaisseaux, et la flotte anglaise, aux ordres de l'amiral Keppel et forte de 30 vaisseaux. Après deux heures d'engagement, la victoire resta à la France.

OUEST ou COUCHANT, l'un des quatre points cardinaux, à gauche de celui qui est tourné vers le nord. C'est le point du coucher du soleil au jour des équinoxes, ou l'extrémité de la ligne tracée dans l'horizon perpendiculairement à la méridienne. — On nomme *ouest-nord-ouest* le point compris entre le *nord-ouest* et l'*ouest*; *ouest-quart-nord-ouest*, le point qui occupe le milieu de l'espace qui sépare l'ouest de l'ouest-nord-ouest; *ouest-quart-sud-ouest*, le point placé au milieu de l'espace qui sépare l'ouest de l'ouest-sud-ouest; *ouest-sud-ouest*, le point placé au milieu de l'espace qui sépare l'ouest de sud-ouest.

OUFA, capitale du gouvernement d'ORENBOURG. Voy.

OUIE, fonction par laquelle les animaux perçoivent les sons. — On donne vulgairement ce nom aux ouvertures que les poissons ont aux côtés de la tête et qui donnent issue à l'eau entrée dans leur bouche par la respiration. On les nomme scientifiquement *branchies*.

OUISTITI, genre de singes du nouveau monde et de l'ordre des quadrumanes, renfermant des animaux fort remarquables par la vivacité de leurs mœurs; leurs narines sont écartées, leurs fesses sans callosités, leur queue lâche, entièrement velue, médiocrement longue, les oreilles assez grandes, les yeux volumineux; les membres postérieurs sont pourvus de véritables pouces. On les trouve dans l'Amérique, à la Guyane au au Brésil. Ils vivent sur les arbres des forêts, et font la chasse aux insectes. Leur taille est celle des écureuils.

OULOUGH ou OLUGH-BEG (Mirza-Mohammed-Turaghy), petit-fils de Tamerlan et fils de Schah-Rokh, né à Sulthanieh en 1394, prince du Mazandéran et de la Transoxiane, fut un des plus grands astronomes de son temps. A l'âge de vingt-sept ans, il fonda un observatoire à Samarkand, capitale de ses Etats, et rédigea lui-même des *Tables astronomiques* très-estimées. Olugh-Beg fut détrôné par son fils Abdel-Lathif, qui le fit mettre à mort en 1449.

OUMMERAPOURA, grande ville d'Asie, ancienne capitale de l'empire Birman, sur l'Irraouaddi, à 190 lieues de Calcutta, 110 de Pégou et 7 d'Ava. Sa population est d'environ 180,000 habitants. Elle a de beaux édifices et de bonnes fortifications. L'empereur, qui faisait de temps immémorial sa résidence à Ava, la transporta à Oummerapoura; mais en 1824 Ava est redevenue la capitale.

OUNALACHKA, grande île de la mer de Behring, l'une des îles Aléoutiennes ou des Renards, séparée de la presqu'île d'Alaska par l'île d'Ounimak. Sa superficie est d'environ 80 lieues carrées. Ses habitants sont de moyenne taille, idolâtres, au teint brun, avec peu de barbe, vivant dans des demeures souterraines, recouvertes de longues arêtes de poisson.

OURAGAN, vent furieux, le plus souvent accompagné de pluie, d'éclairs, de tonnerre, quelquefois de tremblements de terre, déracinant les arbres, renversant les édifices et bouleversant la nature. Plusieurs ouragans ont parcouru 4 ou 500 lieues de terrain avec la même intensité. Leur vitesse ordinaire est de 20 lieues à l'heure. Aux Antilles, ils ne se font sentir que du 15 juillet au 15 octobre. Leur cause n'est pas bien connue.

OURAL ou IAIK, fleuve qui sépare la Russie d'Europe de celle d'Asie. Il prend sa source dans le S. des monts Ourals, au district de Verkho-Ouralsk, dans le gouvernement d'Orenbourg, et se jette dans la mer Caspienne par trois branches principales, et après un cours tortueux de 700 lieues. Il reçoit à gauche l'Or, le Soundouk, l'Ilek, l'Outva, le Gratchi; à droite le Kizil, le Tanalik, le Sakmara et le Bolchoï-Tchegan. L'Oural est très-poissonneux.

OURALS (MONTS) (du mot tartare *oural*, ceinture), chaîne de montagnes qui sépare l'Europe de l'Asie et couvre une largeur de plus de 50 lieues, dans une longueur d'environ 500. Son extrémité septentrionale touche à l'océan Glacial vis-à-vis l'île de Vaigatch, et son extrémité méridionale un peu au S.-O. d'Orsk, sur la droite de l'Oural. La hauteur moyenne du plateau des monts Ourals est de 4 à 5,000 pieds. La cime la plus élevée est le Pardinski, haut de 6,365 pieds au-dessus de la mer Caspienne, dans le gouvernement de Perm. Les monts Ourals, appelés *Poyas* par les Russes, renferment des marbres précieux, des mines d'argent et de plomb, de l'or, des pierres précieuses, etc.

OURALSK, ville de Russie, chef-lieu du district de Verkho-Ouralsk, sur l'Oural, dans le gouvernement d'Orenbourg, à 110 lieues d'Oufa et 60 d'Orenbourg. Elle est vaste, fortifiée et peuplée de 15,000 habitants, dont 3,600 Cosaques pêcheurs gouvernés par un *hetman* ou *ataman*.

OURAQUE, en anatomie, long canal membraneux qui chez certains quadrupèdes naît de la vessie, sort de l'abdomen par l'ombilic, et va se terminer dans la poche nommée *allantoïde*, très-développée pendant le temps de la gestation.

OURCQ, petite rivière de France qui prend sa source à 2 lieues au S. de la Fère-eu-Tardenois (Aisne), et se jette dans la Marne à une lieue au S. de Lizy (Seine-et-Marne). Elle commence à être navigable à la Ferté-Milon (Aisne), dans une longueur de 36,500 mètres. Son cours total est de 81,500 mètres.

OURCQ (CANAL DE L'), canal de dérivation destiné à conduire à Paris les eaux de la rivière d'Ourcq nécessaires aux besoins et à l'embellissement de cette ville et à alimenter le canal de Saint-Denis. Le point de prise d'eau est à Mareuil (Oise), et il finit à la Villette, aux portes de Paris. Il se vide dans la Seine par le canal de Saint-Martin. Sa longueur est de 92,922 mètres.

OURDISSAGE, opération par laquelle on dispose les fils qu'on destine à former la chaîne d'une pièce d'étoffe, de manière que, par une division alterne qu'on désigne sous le nom d'*enverjure* ou d'*encroix*, sur une longueur donnée, ces fils puissent être montés facilement sur le métier du tisserand, et être avec facilité passés dans les lisses et dans le peigne. C'est la première opération qu'on doit faire subir aux fils avant de tisser la pièce.

OURDISSOIR, instrument qui sert à l'ourdissage. On en connaît deux sortes : l'*ourdissoir long* et l'*ourdissoir rond*. Le premier est plus généralement employé. Il se compose de quatre fortes pièces de bois d'environ six pieds de haut, placées verticalement, et assemblées à tenons et à mortaises dans deux autres fortes pièces horizontales.

OUREBI, espèce d'*antilope*, assez ressemblante au *grimm*. Elle est plus grande et atteint la taille de notre chevreuil. L'ourebi est svelte et léger. Son pelage est fauve en dessus, blanc en dessous. Les cornes du mâle sont petites et droites. On le trouve en Afrique.

OURFA, l'un des trois pachaliks du Diarbekr, borné au N. par ceux de Diarbekr et de Maratch, à l'E. par celui de Mossoul, au S. par celui de Bagdad, et à l'O. par ceux d'Alep et de Damas. Sa superficie est de 4,000 lieues carrées, et sa population de 350,000 habitants. C'est un pays presque tout uni, fertile, mai arrosé. Il forme sept sandjiaks. La capitale est Ourfa.

OURFA, ville forte de la Turquie d'Asie, capitale d'un pachalik, à 40 lieues de Diarbekr, bâtie sur les ruines présumées de la ville chaldéenne d'Ur. Ourfa est une ville bien bâtie, industrieuse, commerçante, qui a une population de 50,000 habitants. C'est l'ancienne *Edesse*.

OURLET. C'est, en termes de lingères et de tailleurs, une espèce de petite bordure que l'on fait à l'extrémité d'une étoffe ou d'une toile, en relevant cette étoffe ou cette toile sur elle-même, et l'y fixant par la couture. L'ourlet empêche que le linge s'effile et lui donne plus de grâce. On dit encore, 1° du cuir mince, replié et étroit, avec lequel les ouvriers en cuir bordent certains endroits de leurs ouvrages ; 2° en termes de verriers, la partie plus épaisse qui forme le tour d'un plat de verre ; 3° en termes d'architecture, la jonction de deux tables de plomb sur leur longueur, de manière que le bord de l'une est replié sur l'autre en forme de crochet ; 4° en botanique, un repli formé par les organes de la fructification dans quelques fougères.

OURMIAH, lac de Perse dans la province d'Aderbaïdjan. Sa superficie est d'environ 250 lieues carrées. On le nomme indifféremment *lac de Téla*, à cause d'une petite île de ce nom située au milieu de ses eaux, *lac de Tébriz*, *lac Salé*, *lac Khabodau* ou *bleu*. — C'est aussi le nom d'une ville située sur le lac, à 25 lieues de Tauris. Sa population est de 12,000 habitants.

OURS, genre de mammifères de l'ordre des carnassiers plantigrades, renfermant des animaux au corps assez long et épais, médiocrement haut, à la tête un peu forte, avec un front convexe, et terminée par un museau assez mince, aux ongles robustes, au pelage épais, fourni et ordinairement d'une seule couleur, à la langue longue, étroite et douce, aux oreilles courtes, à la queue peu développée, aux pieds terminés par cinq doigts avec des ongles robustes et une plante entièrement nue. Les ours recherchent pour la plupart les montagnes, vivent de végétaux comme d'animaux, et se tiennent tantôt isolés, tantôt en troupes nombreuses. Ils marchent lourdement et ne courent que rarement ; mais ils grimpent très facilement aux arbres. On les chasse avec ardeur pour leur fourrure, qui très-employée, entre autres par les bourreliers. La graisse passe pour avoir la propriété de dissiper les douleurs rhumatismales, et les pattes pour être un mets délicat. Les femelles mettent bas depuis un jusqu'à cinq petits, après une gestation de sept mois. Elles vivent environ trente ans. Pris jeune, l'ours est susceptible d'éducation. Les principales espèces sont l'*ours noir* et l'*ours blanc* ou *maritime*.

OURS BLANC, espèce du genre *ours*, qui atteint jusqu'à sept pieds de long. Son corps et son cou surtout sont très-allongés ; son museau est plus gros que dans l'ours commun ; ses oreilles plus courtes et plus arrondies ; la longueur proportionnelle de la main et du pied est beaucoup plus considérable. Le poil de l'ours blanc est fin, doux, laineux, blanc. Le bout du nez, les ongles sont d'un noir foncé. Cet animal nage bien et habite les contrées les plus froides du pôle boréal. Il se nourrit de cadavres, de phoques et de végétaux.

OURS NOIR. Il y en a deux variétés, l'une d'Europe, qui habite les Alpes, les Pyrénées, et se distingue par la forme particulière et aplatie de son crâne, et l'autre d'Amérique. Ce dernier diffère des autres ours par l'écartement de ses oreilles, la brièveté de la plante des pieds, le poil qui est d'un beau noir, droit et assez long. On en tire une quantité considérable d'huile et de graisse. Les peaux sont assez recherchées.

OURS DE BERNE. L'ours, en allemand *bær*, compose les armes de la ville de Berne, qui en a pris son nom (XIIe siècle). Il existe une fondation de rentes annuelles pour l'entretien de six ours qui sont nourris dans les fossés de la ville. L'heure est annoncée à la grande horloge de Berne par une procession d'ours qui défilent dans les postures les plus grotesques, l'un à cheval, l'autre jouant du fifre, un troisième coiffé d'un casque.

OURS (Ordre de l'), ordre militaire établi en Suisse en 1213 par l'empereur Frédéric II, en faveur de l'abbé de Saint-Gall, et en reconnaissance des services que les Suisses lui avaient rendus. Les chevaliers, qui avaient saint Gall pour patron, portaient un collier composé d'une chaîne d'or entrelacée d'une branche de chêne, et auquel pendait une médaille représentant un ours élevé sur une éminence de terre.

OURSE (astr.), nom de deux constellations boréales, la première appelée *grande Ourse* ou *grand Chariot*. On y distingue principalement sept étoiles, dont quatre forment un carré et les autres une espèce de queue. En s'alignant sur les deux étoiles de l'extrémité du carré opposé à la queue, on découvre l'*étoile polaire*. Cette étoile est située à l'extrémité de la deuxième constellation, connue sous le nom de *petite Ourse* ou *petit Chariot*. Elle est tout à fait semblable à la grande Ourse, mais plus petite et dans une situation renversée.

OURSIN, genre de la famille des échinides et de l'ordre des échinodermes, renfermant des animaux au corps en général fort régulièrement circulaire, composé de vingt séries radiaires, alternativement inégales, de plaques polygonales hérissées d'épines. Il comprend des espèces vivantes et d'autres fossiles. Les premières plus nombreuses se trouvent dans toutes les mers, et même dans la Méditerranée. Leur couleur est verdâtre ou violacée. Ce sont des animaux carnassiers, auxquels on donne communément les noms de *châtaignes de mer*, *hérissons de mer*, etc., que portent tous les genres de la famille des échinides qui composait autrefois le grand genre oursin.

OURSIN (Bonnet d'), ancienne coiffure des grenadiers et carabiniers à pied et à cheval. Celle du grenadier était ornée d'une plaque aux armes du pays. Elle était accompagnée d'un cordon qui se passait sous le bras, pour la retenir, si elle était prête à tomber. — Les grenadiers et les voltigeurs de la garde nationale de Paris, la gendarmerie de la Seine, et les corps de musique des chasseurs à cheval et des hussards portent encore des oursins.

OURSINE ou Pied-d'ours, genre de plantes de la famille des ombellifères, tribu des smyrnées, ainsi nommé parce que les feuilles de l'unique espèce qui le compose étant hérissées de pointes fines, longues et nombreuses, l'ont fait comparer à la patte d'un ours. C'est une plante herbacée, vivace, du cap de Bonne-Espérance, à la racine grosse, longue, noueuse, rampante, aux fleurs blanches, disposées en ombelles.

OURTHE, rivière de Belgique qui prend sa source dans le grand-duché de Luxembourg, sur les frontières, et se jette dans la Meuse, un peu au-dessus de Liége, après avoir reçu l'Emblève et la Vesde. Elle est très-poissonneuse. Son cours, long de 25 lieues, commence à devenir navigable à la Roche (Liége). Elle a donné son nom à un département de l'empire, dont le chef-lieu était Liége.

OUSE. Trois rivières d'Angleterre portent ce nom. — Rivière qui prend sa source sur les frontières occidentales du comté d'Yorck, passe à Yorck, et se jette dans l'Humber après avoir reçu entre autres rivières la Derwent et l'Aire. Son cours est de 30 lieues. — Rivière qui prend sa source dans le comté de Norfolck, reçoit la Cam, et se jette dans la mer d'Allemagne à Lynn-Regis. Son cours est de 15 lieues. — Rivière qui prend sa source dans le comté de Sussex, et se jette dans la Manche à New-Haven.

OUSTIOUG. Deux villes de Russie portent ce nom. — Oustioug-Welili, chef-lieu du district du même nom, dans le gouvernement et à 80 lieues de Vologda, au confluent des rivières de Soukhona et de Youg, qui s'unissent pour former la Dwina. Sa population est de 4,000 habitants. Elle fait un grand commerce avec Arkhangel et Vologda — Oustioug-Jelezopolski, chef-lieu de cercle, sur la Mologa, dans le gouvernement et à 99 lieues de Novgorod. Sa population est de 2,400 habitants. Elle a des mines, des usines, des clouteries et des fabriques de fer.

OUTARDE, genre d'oiseaux de l'ordre des échassiers et de la famille des pressirostres. Les outardes sont des oiseaux pesants, plus propres à la course qu'au vol, d'un naturel très-farouche, vivant par troupes plus ou moins nombreuses, et se nourrissant d'herbes, d'insectes, de graines et de semences. Ils muent deux fois par année, et pondent leurs œufs dans un trou creusé en terre. Le nombre des espèces s'élève à dix ou douze, appartenant presque exclusivement à l'ancien continent. La plus connue est la *grande outarde* ou *outarde barbue*, dont la longueur est ordinairement de deux pieds et demi à trois pieds, et qui est ainsi appelée parce qu'elle porte, de chaque côté de son faisceau de longues plumes effilées, d'un cendré clair. Toutes les parties supérieures du corps sont d'un roux jaunâtre, rayé de noir, et les parties inférieures blanches. L'outarde est un gibier estimé. On connaît l'*outarde canepetière*. Voy. ce mot.

OUTIL, instrument dont les ouvriers et artisans se servent pour travailler aux ouvrages de leurs professions, arts et métiers. Les tourneurs appellent *outil de côté* des espèces de ciseaux qui ont deux biseaux, savoir un par le bout et un par le côté. — Les lapidaires nomment *outil plat* un petit cylindre de métal, attaché au bout d'un long fer, dont ils se servent dans la gravure des pierres précieuses. Les ébénistes appellent *outil à ondes* une machine très-compliquée dont ils se servaient jadis pour faire des moulures ondées et d'autres ornements. — L'*outil crochu* est d'une espèce de ciseau tranchant, tout d'acier, ou au moins de fer bien acéré par un bout, qui est à demi courbé en crochet. Avec ce ciseau, les marbriers-stucateurs atteignent où les autres ciseaux ne pourraient entrer ou servir.

OUTRE, peau de bouc qui, d'abord garnie de son poil, puis cousue et préparée avec de l'eau de chaux qui aide à l'écharner et à l'épiler, sert comme de baril pour renfermer des liqueurs, afin de les pouvoir transporter plus facilement. En Espagne, on transporte l'huile et le vin dans des outres. Les habitants de l'Attique célébraient en l'honneur de Bacchus une fête dans laquelle on tâchait de se tenir debout sur un seul pied sur une outre pleine de vin ou d'huile. Voy. ASCOLIES.

OUTRE DE MER, nom vulgaire des *ascies*.

OUTREMER, substance minérale qu'on retire des rochers granitiques de Sibérie, du Thibet et de la Chine. Elle est composée de 0,358 de silice, 0,348 d'alumine, 0,232 de soude, 0,31 de soufre, 0,031 de carbonate de chaux. On l'emploie pour faire des objets d'ornement, et on en retire une couleur bleue remarquable par sa beauté et sa fixité.

OUTREMER (BLEU D'), belle couleur bleue éclatante et d'un prix fort élevé à cause de sa rareté. C'est du *lapis-lazuli* que l'on extrait. Le procédé consiste à faire chauffer fortement la pierre et la plonger dans l'eau pour qu'elle se fendille, à la réduire ensuite en une poudre excessivement ténue, et à en former une pâte avec un mastic composé de résine, de cire et d'huile cuite. On l'enferme dans un nouet, on la pétrit dans l'eau chaude. On a trouvé en 1828 le moyen de faire le bleu d'outremer sans lapis-lazuli.

OUTRE-MER (Louis D'), nom sous lequel on connaît le roi de France Louis IV, parce qu'après la mort de son père Charles le Simple sa mère Ogive le conduisit à la cour de son frère Athelstan en Angleterre, pour le soustraire aux entreprises des grands.

OUVERTURE (accept. div.), trou, fente, espace vide dans un corps continu et solide, ou action par laquelle on ouvre, on commence. — En termes de géométrie, on appelle *ouverture d'un angle* l'écartement des deux lignes qui le forment par leur réunion. — En termes de dioptrique, *ouverture* se dit de la quantité plus ou moins grande de surface que les verres des lunettes et des télescopes présentent aux rayons lumineux. — En termes de guerre et de marine, l'*ouverture des colonnes* est l'espace qui se trouve entre chaque colonne d'une armée ou d'une escadre. — En termes de jurisprudence, l'*ouverture d'une succession* est le moment où cette succession est ouverte. En parlant d'un procès jugé en dernier ressort, on dit qu'il y a *ouverture à requête civile, à la requête civile*, pour dire qu'il y a lieu de se pourvoir contre l'arrêt par requête civile. Dans le droit féodal, on nommait *ouverture de rachat* le cas où le rachat d'une terre était dû au seigneur dont elle relevait. On dit dans le même sens, *ouverture de la substitution*. On disait qu'il y avait *ouverture de fief*, pour dire que le seigneur de qui relevait le fief était en droit d'en lever les fruits.

OUVERTURE (mus.), morceau considérable de symphonie qui précède le commencement de l'action théâtrale d'un opéra ou d'un ballet, et qui leur sert de début et d'introduction. L'ouverture d'un opéra renferme les principaux motifs de cet opéra, ou en représente le sens général. L'ouverture du *Jeune Henri*, de Méhul, représente toutes les circonstances d'une chasse au cerf; celle de la *Pie voleuse*, de Rossini, commence par une marche militaire qui annonce une partie des événements de la pièce; celle d'*Iphigénie en Tauride*, de Gluck, peint une tempête.

OUVRAGE, production d'une industrie, d'une intelligence, etc. — En termes de fortification, ce mot, au singulier, exprime un retranchement isolé; au pluriel, il désigne un système de fortifications qu'on construit autour d'une place, ou pour retrancher un camp. On en distingue de plusieurs espèces : les *ouvrages à cornes*, composés de deux demi-bastions; les *ouvrages à couronne*, qui ont un bastion entre deux courtines, et deux demi-bastions avec ses ailes; et les *ouvrages détachés*, qui couvrent le corps de la place du côté de la campagne et qui ne sont pas liés l'un à l'autre.

OUVREUR, nom que l'on donne, dans l'art du papetier, à l'un des trois ouvriers qui font le papier. C'est lui qui prend la pâte dans la cuve avec la forme, tandis que le *coucheur* pose la feuille sur le feutre mettre sous la presse, et que le *leveur* retire les feuilles de papier après qu'elles sont pressées et met les feutres, au fur et à mesure, sur la presse.

OUVRIER, artisan qui reçoit un salaire pour faire un travail, et qui est employé sous les ordres d'un chef d'atelier. — Chaque régiment a ses ouvriers militaires, qui confectionnent l'habillement, la chaussure et tout ce qui entre dans l'entretien des troupes. Les militaires qui travaillent dans les ateliers militaires sont pris dans les compagnies, et payent leur service sur leurs bénéfices. À la tête de chaque atelier est un *maître ouvrier*, tailleur, armurier, cordonnier et sellier-éperonnier (dans la cavalerie), avec lequel le conseil d'administration passe un marché.

OUVRIERS (COMPAGNIES D'), compagnies militaires qui ont le même uniforme, le même régime, la même organisation que les compagnies de canonniers, et qui sont à la suite de l'artillerie. Elles ne comptent dans leurs rangs que des ouvriers en fer ou en bois, qui ne font pas d'autre service que de travailler dans les arsenaux. Les officiers roulent pour l'avancement avec tous ceux de l'arme.

OUVRIERS PIEUX, congrégation fondée par le religieux Charles Carafa en 1621, à Naples. Les membres mènent une vie très-austère, mais sans faire de vœux. Les maisons nomment leurs supérieurs particuliers, nommés *recteurs*, et sont toutes ensemble gouvernées par un *général* et quatre *consulteurs*, qui exercent leurs offices pendant trois ans, et qui peuvent être continués dans leurs fonctions par le chapitre général qui se tient tous les trois ans. Le but de cette congrégation est de propager les missions étrangères.

OVAIRE. En anatomie, on donne ce nom à une grappe ou corps glanduleux placé près des reins des femelles de la plupart des animaux, qui communique le, sous la forme de globule, l'œuf a déchiré lors de la copulation l'enveloppe qui le retenait captif.

OVAIRE, en botanique, partie de la fleur qui sert de base au style et qui contient les germes des semences, attendant l'émission du pollen chargé de leur donner la vie. Après la floraison, l'ovaire devient fruit et survit à la destruction des autres parties de la fleur. Il est *simple* dans les fleurs unipartites, *multiple* dans les fleurs polypétales. Sa position est de trois sortes: *supère*, lorsqu'il repose immédiatement sur le calice; *infère*, lorsqu'il le supporte; *semi-infère* ou *semi-supère*, selon qu'il est au tiers, à moitié, etc., engagé dans la base du calice.

OVALE, en géométrie, figure curviligne, oblongue, ainsi nommée de sa ressemblance avec un œuf (*ovum*). L'ovale est généralement une figure irrégulière, plus étroite par un bout que par l'autre, ce qui la distingue de l'ellipse qui est un ovale régulier.

OVALE (COURONNE), couronne de myrte ou de laurier que portaient ceux qui recevaient l'ovation.

OVALES, famille de crustacés, de l'ordre des lœmodipodes, établie par Latreille et ne renfermant que le seul genre *cyame*. Elle a pour caractères un corps ovale, des pieds forts et de longueur moyenne.

OVATION, petit triomphe, dans lequel le vainqueur était conduit au Capitole précédé de la cavalerie, vêtu d'une robe blanche bordée de pourpre et le sceptre à la main. On y sacrifiait une brebis (*ovis*), d'où la cérémonie a pris son nom. L'ovation fut instituée, l'an de Rome 325, pour Posthumius Tubertus; on n'en connaît pas d'exemple après l'an 820 de Rome. On accordait l'ovation à ceux qui n'avaient remporté que des victoires d'une importance secondaire.

OVAS, une des trois populations qui habitent l'île de Madagascar. L'opinion la plus commune est que les Ovas tirent leur origine d'Arabes qui sont venus s'établir dans le centre de l'île. La couleur de la peau est cuivrée, leurs cheveux sont lisses, et les traits de leur figure ont beaucoup de ressemblance avec ceux des Européens. Ils sont pleins de fierté et de bravoure, apportent beaucoup de finesse dans leurs relations avec les Européens, sont très-intelligents et portés à la civilisation. Ils ont fini par chasser les Européens de l'île, du moins en grande partie, et à soumettre les petits royaumes établis dans cette contrée. Un de leurs chefs, Radama, a fondé de nos jours un empire puissant qui comprend la majeure partie de l'île; les autres chefs et peuples sont ses tributaires. Ce chef intelligent s'est occupé avec soin de la civilisation de ses sujets; il a créé des écoles pour la jeunesse, envoyé à Paris et à Londres des jeunes gens intelligents pour étudier nos arts et nos sciences; il a su créer une armée de 50,000 hommes, presque tous armés de fusils et soumis à la discipline européenne. La population de la capitale, TANARIVE, est de 50,000 habitants. Les séditions qui ont éclaté parmi les peuplades conquises, depuis la mort de Radama, font pressentir la dissolution de son empire.

OVE, en architecture, moulure ronde dont le profil est ordinairement un quart de cercle. *Oves* se dit aussi de certains ornements qui ont la forme d'un œuf renfermé dans une coque, imitée de celle d'une châtaigne, et qui se taillent dans l'ove. — On appelle *oves fleuronnés* ceux qui paraissent enveloppés par quelques feuilles de sculpture. On fait des *oves* en forme de cœur.

OVÉ, nom donné, en botanique, aux feuilles ovales, rétrécies à l'une de leurs extrémités.

OVER-YSSEL, province de Hollande, bornée au N. par la Frise et la Drenthe, au S. par la Gueldre et le duché de Bas-Rhin, à l'E. par le Hanovre et à l'O. par le Zuyderzée et l'Yssel, de la position duquel elle tire son nom et qui la sépare de la Gueldre. Sa superficie est 270 lieues carrées, et sa population de 170,500 habitants. On y récolte de l'avoine, du maïs, du chanvre, du colza, du froment, du lin, de l'orge, des pommes de terre, du beurre excellent et de bons fromages. On y fabrique de belles étoffes. — Sa capitale est ZWOLL, et sa ville principale *Deventer*.

OVIBOS, genre de mammifère ruminant, renfermant un animal nommé aussi *bœuf musqué*, et que plusieurs naturalistes ont compris dans le genre *bœuf*. Il s'en distingue par les cornes très-élargies et se touchant à leur base, les mamelles au nombre de deux et le manque de mufle, son nez étant couvert d'un poil fin jusqu'aux lèvres, comme cela existe dans les moutons. Son nom sert à rappeler la ressemblance que cet animal offre avec les bœufs et les moutons. Le bœuf musqué habite l'Amérique.

OVIDE (Publius Ovidius Naso), célèbre poète latin, né à Sulmone (Abruzzes) en 45 avant J.-C. Destiné au barreau, il étudia sous le célèbre Messala, et de là à Athènes et en Asie. Il fut très-jeune encore triumvir, centumvir et décemvir. Il eut pour amis Virgile, Horace, Properce, Tibulle, Fabius Maximus, confident d'Auguste. Exilé à Tomes (Temeswar) l'an 9 de J.-C. pour une cause restée inconnue, il y mourut l'an 17, après avoir vainement sollicité son rappel. Ses *Métamorphoses* sont regardées comme son chef-d'œuvre; mais c'est dans l'élégie qu'il a surtout réussi. Ses cinq livres des *Tristes*, ses

Elégies pontiques, ses douze livres des *Fastes*, ses *Heroïdes*, son *Art d'aimer*, son *Remède d'amour* et ses *Amours* sont écrits avec beaucoup d'élégance et d'imagination, mais avec trop de licence.

OVIDUCTE, nom donné au conduit qui donne passage aux ovules et qui communique avec la matrice ou l'utérus. On lui donne encore le nom de *trompe*.

OVIÉDO, ville d'Espagne au confluent de la Deva et de l'Ove, à 80 lieues de Madrid, capitale de la province des Asturies. Sa population est de 7,500 habitants. Elle a une université, un siége épiscopal, un collége, un hôpital de pèlerins, une société économique, des tanneries, etc.

OVIN, terme de marine, corde attachée à une extrémité de l'ancre.

OVIPARES. En zoologie, on donne ce nom à tous les animaux qui pondent des œufs, sans qu'ils aient été préalablement développés dans leur sein. De ce nombre sont les oiseaux, les reptiles, les poissons, à l'exception d'un seul (*la blennie vivipare*). Presque tous les mollusques, les insectes, etc., sont *ovipares*.

OVOIDE, qui a la forme d'un œuf. En botanique, il s'applique à la forme du fruit. — C'est le nom d'un genre de poissons établi aux dépens des diodons, dont il diffère par l'absence des nageoires impaires.

OVOIR, terme de ciseleurs, ciselet dont un bout, creusé comme pour recevoir l'extrémité d'un œuf, sert à faire sur le métal un relief en ovale.

OVOLOGIE, partie de la science qui s'occupe de la formation et de la production des œufs. Le principe fondamental de l'ovologie est que tous les animaux naissent d'un œuf, et que l'être dont l'œuf émane est semblable en tout à l'être qui en est le développement. Ce principe exclut l'hypothèse des *générations spontanées*, c'est-à-dire qui naissent sans parents ou de l'*hétérogénie*.

OVOVIVIPARES. En zoologie, on donne ce nom aux animaux chez lesquels l'œuf éclot dans son trajet à travers les voies utérines. Chez les mammifères, les ornithorhynques et les kanguroos offrent cet exemple.

OVULE, en anatomie, petit corps arrondi composé d'une matière pulpeuse ou liquide, et contenu dans un petit sac membraneux. Les ovules sont sécrétés par l'ovaire. On les appelle autrement *œufs*.

OVULE (bot.), rudiment contenu dans l'ovaire avant la fécondation, et qui devient graine lorsque cet acte est consommé. — C'est encore le nom donné aux corps reproducteurs des champignons, des conferves, des varechs, etc. On les appelle aussi *bourgeons séminiformes*. — Genre de mollusques de la classe des univalves, qui ont pour caractères une coquille bombée, plus ou moins allongée aux extrémités, à bords roulés en dedans.

OWEN GLENDOWR, Gallois, né en 1348, parent de Lewellyn, prince du pays de Galles, fut obligé de fuir la cour de Henri IV, roi d'Angleterre, et se retira dans son pays, où il fut dans une assemblée d'insurgés proclamé chef et prince de tout le pays de Galles (1401). En 1404 il obtint des secours de France, dans laquelle il était connu sous le nom d'*Yvain de Galles*; mais, défait en 1407 sur les bords de l'Usk, il vit son parti décliner de jour en jour et mourut en 1415 assassiné. Son fils Meredith capitula et obtint son pardon.

OWEN (John), poëte latin, né à Armon dans le comté de Caernarvon (Angleterre) se rendit habile dans les belles-lettres, et fut obligé de tenir école pour subsister. Il mourut en 1622. On a de lui un grand nombre d'*épigrammes* estimées, qui l'ont fait surnommer *le Martial moderne*.

OWHYHÉE. Voy. SANDWICH.

OXALATES, sels résultant de la combinaison de l'acide oxalique avec les bases. Ils sont tous décomposables au feu, mais laissent très-peu de charbon. On n'en a rencontré que quatre dans la nature: l'oxalate de chaux, l'oxalate acide de potasse, l'oxalate de soude et l'oxalate de fer. — Le second est connu sous le nom vulgaire de *sel d'oseille*.

OXALIDE, genre de plantes de la famille des géraniacées, composé d'environ cent espèces, presque toutes spontanées au cap de Bonne-Espérance, et dont deux sont communes en Europe et en France. Ce sont des plantes herbacées, fortement traçantes, à fleurs alternes, axillaires ou solitaires ou disposées en ombelle simple. L'*oxalide blanche*, plus connue sous le nom d'*alléluia*, de *pain du coucou*, d'*oseille à trois feuilles* et de *surelle des bûcherons*, est vivace, très-petite, aux fleurs blanches veinées de violet, et se trouve dans les bois élevés, le long des haies et sur les montagnes. On en retire le *sel d'oseille*. Elle sert de plus dans les maladies inflammatoires et se mange comme salade.

OXALIQUE (ACIDE), acide blanc, solide, d'une saveur très-forte, toujours uni à la chaux et à la potasse dans les sucs de plusieurs végétaux. On l'obtient en traitant l'acétate de plomb par le sel d'oseille, et en décomposant le produit par l'acide hydrosulfurique. On l'emploie pour détruire les couleurs à base de fer (l'encre par exemple), et, en médecine, comme rafraîchissant. Il est composé de 26 parties de carbone, 70 d'oxygène et environ 3 d'hydrogène.

OXENSTIERNA, famille illustre de Suède, l'une des plus anciennes de ce pays. — BENGT ou BENOIT OXENSTIERNA et JONS OXENSTIERNA furent archevêques d'Upsal dans le XVe siècle. Le premier couronna la reine, épouse de Charles VIII. Le plus célèbre est le fameux AXEL OXENSTIERNA (voy. ci-après), qu'il ne faut pas confondre avec GABRIEL OXENSTIERNA, grand maréchal de Suède, son frère, et le grand trésorier GABRIEL OXENSTIERNA, son cousin. Tous deux firent avec Axel partie du conseil de régence sous la minorité de Christine.

OXENSTIERNA (Axel), célèbre homme d'État, né à Fanoë dans l'Upland (Suède) en 1583. Il fut nommé en 1609 conseiller du royaume, et à l'avénement de Gustave-Adolphe (1611) il devint grand chancelier de Suède. A la mort de Gustave (1632), Oxenstierna fut un des cinq tuteurs de la jeune reine Christine, et supporta presque seul tout le fardeau des affaires. La nation lui décerna le titre de *directeur général de la Suède*. Il mourut en 1654, entouré de considération et toujours à la tête des affaires. — Son fils JOHAN OXENSTIERNA fut ambassadeur et plénipotentiaire à la paix de Munster en 1648.

OXFORD, comté d'Angleterre, borné au N. par ceux de Warwick et de Northampton, au S. par ceux de Wilts et de Berks, à l'O. par celui de Glocester, à l'E. par celui de Buckingham. Sa superficie est de 110 lieues carrées, sa population de 170,000 habitants. Le pays est fertile en blé, fruits, pâturages. On y fait des fromages excellents. L'air y est bon. — La capitale est OXFORD.

OXFORD, ville d'Angleterre, capitale du comté de ce nom, près de la Tamise, au confluent de la Cherwel et de l'Isis, à 20 lieues de Londres. Sa population est de 20,000 habitants. Elle a un évêché suffragant de Cantorbéry et une université fameuse, la plus célèbre de l'Angleterre, qui compte vingt colléges. C'est plus beau est celui de *Christ-Church*. La bibliothèque de l'université est une des plus riches de l'Europe; elle possède 500,000 volumes et 30,000 manuscrits. On estime à 3,000 le nombre des étudiants. L'université et la ville envoient quatre députés au parlement.

OXIDATION. Voy. OXYDATION.
OXIDES. Voy. OXYDES.
OXIGÈNE. Voy. OXYGÈNE.

OXUS (aujourd'hui *Gihoun*, *Djihoun* ou *Amou-Deria*), rivière de l'Asie centrale, qui a sa source dans les monts Paropamisus (*Hendon-Khos*), séparait la Sog-

diane de la Bactriane propre, et se jette dans la mer d'Aral, après un cours de 390 lieues.

OXYBAPHON, mesure des Grecs pour les liquides. Elle était le quart du cotyle, et valait un peu plus de 6 centilitres.

OXYCRAT, espèce de boisson composée d'eau et de vinaigre, très-usitée dans les hôpitaux et les ambulances militaires parce qu'elle est rafraîchissante, antiseptique et quelquefois astringente.

OXYDATION, action par laquelle l'oxygène, en se combinant avec un corps, produit un composé connu sous le nom d'*oxyde*. La combinaison de l'oxygène avec le fer et le cuivre, par exemple, produit une espèce d'efflorescence à la surface de ces corps, et a reçu le nom de *rouille* pour le fer, de *vert-de-gris* pour le cuivre. On a recours, pour s'opposer à l'oxydation en général, 1° aux propriétés électriques des corps simples en contact, 2° à la propriété galvanique du fer, 3° à l'immersion des métaux dans des solutés alcalins. Le dernier de ces moyens est dû au chimiste Payen. L'oxydation a aussi reçu le nom d'*oxygénation*.

OXYDES, corps composés résultant de la combinaison de l'oxygène avec un corps simple et n'ayant pas la faculté de rougir la couleur bleue du tournesol, mais bien de ramener au bleu la teinture rougie par un acide. Les oxydes s'unissent aux acides pour former des sels. Suivant la nature du corps combiné avec l'oxygène, on divise les oxydes en *métalliques* et *non métalliques*; et, suivant la quantité plus ou moins grande d'oxygène combiné, on a des oxydes de premier, deuxième, troisième, dernier degré, c'est-à-dire des *protoxydes*, des *deutoxydes*, des *tritoxydes*, des *peroxydes*.

OXYGÈNE, gaz incolore, insipide, invisible comme l'air, d'une pesanteur spécifique de 1,10½6, celle de l'air étant prise pour unité. Par une pression forte et subite, il devient lumineux, et laisse dégager assez de chaleur pour enflammer de l'amadou. Une bougie éteinte, plongée dans ce gaz, s'y rallume. L'oxygène est le corps le plus abondamment répandu dans la nature, où il se rencontre sous les trois états de gaz, de liquide et de solide. Il fait à peu près les quatre-vingt-neuf centièmes en poids de l'eau, et est un des éléments de l'air, dont il forme un peu plus de la cinquième partie. Il est le seul propre à entretenir l'existence des êtres vivants et la combustion des corps. — Découvert en 1774 par Priestley et Scheele à la fois, il reçut du premier le nom d'*air déphlogistiqué*, et du dernier celui d'*air de feu*. Lavoisier lui donna le nom qu'il porte aujourd'hui, à cause de la propriété acidifiante qu'il lui attribuait exclusivement.

OXYLUS, Étolien qui guida les Héraclides dans leur invasion en Péloponèse. Il obtint l'Élide en partage, et se rendit célèbre par la sagesse et l'équité avec lesquelles il régna. Il laissa la couronne à son fils Laïas.

OXYMEL, mélange de miel et de vinaigre cuits ensemble à feu doux jusqu'à consistance de sirop. Il est employé comme rafraîchissant. En remplaçant le vinaigre ordinaire par du vinaigre scillitique ou du vinaigre colchique, on obtient ce qu'on nomme *oxymel scillitique*, *oxymel colchique*.

OXYNTHES, roi d'Athènes, fils de Démophoon, lui succéda en 1149 avant J.-C., et eut pour successeur Aphidas, l'an 1137 avant J.-C.

OXYRHINQUE (aujourd'hui *Bohnécé*), une des principales villes de l'Égypte, dans l'Heptanomide, sur le bord occidental du canal de Joseph, branche artificielle du Nil. Elle était la capitale d'un nome. On y voit de nombreux monuments.

OXYURES, tribu d'insectes de l'ordre des hyménoptères, section des térébrans, famille des pupivores. Ce sont des insectes qui la plupart vivent à terre, n'ont ou plus qu'une nervure à leurs ailes intérieures, les antennes composées de dix à quinze

OZA

articles, toujours filiformes, et la tarière formée par l'extrémité de l'abdomen, mais sans aiguillon au bout.

OYAPOCK, bourg de la Guyane française, sur la rivière du même nom (son cours est de 70 lieues), à 4 lieues de son embouchure, à 31 lieues S.-E. de Cayenne. Il renferme de beaux magasins et une église. L'embouchure de l'Oyapock forme une baie abritée, qui peut servir d'asile à plusieurs centaines de bâtiments.

OZANAM (Jacques), célèbre mathématicien, né à Bouligneux (Ain) en 1640, entra dans les ordres qu'il quitta après la mort de son père. Il enseigna les mathématiques à Lyon avec succès, puis à Paris. Il fut reçu membre de l'académie des sciences de Paris en 1702, et mourut d'apoplexie en 1717. Ses principaux ouvrages sont une *Géométrie pratique*, un *Dictionnaire de mathématiques*, des *Récréations mathématiques et philosophiques*, etc.

OZÈNE (du grec *ozô*, sentir mauvais),

OZE

ulcère de la membrane pituitaire, dont un des symptômes est une odeur très-fétide exhalée par les narines.

OZIAS. Voy. AZARIAS.

OZOLES (en grec *puants*), nom donné aux Locriens qui habitaient entre l'Etolie et la mer de Crissa, depuis le promontoire Antirrhium jusqu'au territoire de Cirrha. Naupacte au S.-E. et Amphissa au N.-E. étaient leurs villes principales. On les appelait ainsi, parce qu'il y avait dans leur pays des marais fétides.

OZO

P

PAC

P, la seizième lettre de notre alphabet, et la douzième des consonnes. — Chez les Grecs π, avec l'accent aigu dessus valait 80, et avec l'accent dessous 80,000. — A Rome, P valait 100, comme le C ; cependant, surmonté d'une barre horizontale p̄, il valait 400,000.—Cette lettre était employée souvent en abréviation. P signifiait *plebs* (le peuple). S. P. Q. R., *senatus populusque Romanus* (le sénat et le peuple romain) ; P. C., *patres conscripti* (les pères conscrits) ; P.C., *procurator* (procurateur) ; P. R. C., *post Romam conditam* (après la fondation de Rome) ; P. Ex. R., *post exactos reges* (après l'expulsion des rois) ; P. Ka. ou Kal., *pridie kalendas* (la veille des calendes) ; PBL., *Publicus* ; Pc. prt., *præfectus prætorio* (préfet du prétoire) ; P. II (ou X ou C) S., L. *pondo duarum* (ou *decem* ou *centum*) *semis librarum* (poids de deux (ou de 10 ou de 100) demi-livres.— Dans le commerce, P signifie *protesté* ; P.o/o, *pour cent* ; A. S. P., *accepté sans protêt*. — Sur les monnaies, P indiquait jadis la monnaie frappée à Dijon.

PAAMYLIES, fêtes égyptiennes célébrées en l'honneur d'Osiris Paamylès (ce mot signifiant en langue égyptienne, *retenez votre langue*, semblerait identifier Osiris Paamylès avec le dieu du silence). Ces fêtes consistaient principalement en une procession que l'on faisait après la moisson, et où l'on portait la statue du dieu.

PAC (Louis-Michael, comte DE), général polonais, né à Strasbourg en 1780, tirait son origine des Pazzi de Florence. Il fit son éducation militaire à Paris, se distingua dans toutes les campagnes de l'empire, et fut nommé en 1812 général de brigade. Il suivit l'empereur à Paris en qualité de général de division, et retourna en Pologne après les événements de 1814. Nommé sénateur en 1815, il se déclara en 1830 pour l'insurrection, prit le commandement de la réserve, combattit vaillamment à Ostrolenka, refusa le commandement en chef après la démission de Skrzynecki, et se retira en France. Il mourut à Smyrne en 1835.

PACA, genre de mammifères de l'ordre des rongeurs, famille des caviens, renfermant deux espèces, l'une fauve, l'autre brune. Les pacas sont des animaux fouisseurs comme les lapins ; ils ont d'ailleurs le port lourd, le corps gras et ramassé, la chair grasse et lardée, le poil rude et court. Tous leurs pieds ont cinq doigts chacun, et leur joue se distingue par une cavité profonde qui s'enfonce sous l'os de la pommette. Ces animaux vivent au Brésil, à la Guyane et au Paraguay ; on leur fait une chasse active pour leur chair. Leurs habitudes sont celles du cochon.

PACAGE, action de faire paître des troupeaux. —Le *droit de pacage* est la faculté qu'ont les habitants d'une même commune de mener paître leurs troupeaux sur le bien des uns des autres, lorsque ce bien est en jachère ou en friche. Dans quelques provinces, ce droit n'était autrefois accordé qu'aux habitants propriétaires ;

PAC

d'où la maxime : *Qui n'a labourage, n'a pacage*. Le droit de pacage est la même chose que les droits de *parcours* et de *vaine pâture*.

PACAJÈS, contrée du haut Pérou, située entre le lac Titicaca et le pays des Chiquitos. Elle est enclavée aujourd'hui dans les départements de Cochabamba et de Santa-Cruz de la Sierra.

PACAMORES, contrée de la Colombie, située au N. du fleuve des Amazones, et abondant en or, en bétail et en grains. Elle est aujourd'hui comprise dans le département de l'Assuay, république de l'Equateur. La ville principale est *San-Juan de las Salinas*.

PACARAIMA ou PACARINA (SIERRA-), chaîne de montagnes qui parcourt le N. de l'Amérique méridionale, en formant le prolongement de la Sierra-Parima, depuis les sources du Rio-Paragua jusqu'aux frontières de la Guyane brésilienne. Sa longueur est de près de 135 lieues. Elle donne naissance à deux chaînes, dont l'une, au N., va rejoindre la Sierra-Rinocota ou Rinocosa, et dont l'autre va rejoindre au S. la Sierra-Tumucumaque.

PACATIEN (Titus Julius Marinus ou Marcius Pacatianus), général des armées romaines dans les Gaules, se fit proclamer empereur sur la fin du règne de Philippe l'Arabe, et fut vaincu et mis à mort par Dèce l'an 249. Il n'est connu que par les médailles que l'on a de lui.

PACCHIONI (GLANDES DE), granulations des membranes du cerveau.

PACE (IN), expression latine qui veut dire *en paix*, et qui était autrefois usitée pour désigner dans les monastères la prison où l'on enfermait pour la vie ceux qui avaient commis ou ceux à qui prêtait de grandes fautes. L'*in pace* était d'ordinaire un cachot noir en forme de tombe, avec une trappe en haut qui servait à faire passer la nourriture au prisonnier. On pratiquait plusieurs cérémonies avant d'enfermer les religieux dans l'*in pace*.

PACE (Richard), né à Winchester (Angleterre) en 1482, s'éleva auprès de l'évêque Langton et du cardinal Bainbridge jusqu'à la faveur de Henri VIII, qui le nomma secrétaire d'Etat. Admis dans l'état ecclésiastique en 1514, il devint chanoine d'Yorck, archidiacre de Dorset, doyen de Saint-Paul de Londres et d'Exeter. Envoyé à Rome en 1521 pour solliciter le trône pontifical en faveur du cardinal Wolsey, il arriva trop tard, et fut cependant poursuivi par le ressentiment de ce ministre jusqu'à sa mort, arrivée en 1532.

PACHA, titre que l'on donne en Turquie aux chefs suprêmes de l'armée et aux gouverneurs des provinces ; ils correspondent à peu près à nos lieutenants généraux, employés, soit comme gouverneurs d'une portion du territoire, soit comme commandants d'une portion de l'armée. Les signes distinctifs des pachas sont les queues de cheval qui leur servent d'étendard. Il y a des pachas à deux et à trois queues. Ils

PAC

sont révocables à la volonté du sultan, et jouissent dans leurs commandements d'un pouvoir illimité.

PACHACAMAC (myth.), nom que les Péruviens donnaient au souverain être, et qui veut dire en langue péruvienne : *l'esprit qui vivifie l'univers*. Pachacamac n'était autre que le soleil ; les Incas lui avaient élevé dans la vallée de ce nom un temple fameux, où ils entraient toujours à reculons, ainsi que les prêtres, ayant le dos tourné à l'autel, et d'où ils sortaient sans se retourner. Les ruines de ce temple témoignent encore aujourd'hui de sa structure et de sa grandeur prodigieuse.

PACHACAMAC, vallée du Pérou, située à 5 lieues au S. de Lima, et qui s'étend de l'E. à l'O. dans une longueur de 10 lieues. Elle est arrosée par la Pachacamac, et est célèbre non-seulement par le temple que les Incas avaient élevé à leur principale divinité et qui fut détruit par Pizarre, mais encore par sa prodigieuse fertilité. On y récolte le blé en janvier, et l'on y vendange en avril.

PACHALIK, circonscription militaire et administrative de l'empire ottoman, à la tête de laquelle est un pacha. L'empire tout entier se divise en vingt-cinq pachaliks ou eyalets, sans y comprendre la Moldavie et la Valachie, avec les villes de Constantinople et d'Andrinople qui ont une administration particulière. Parmi ces vingt-cinq pachaliks, trois donnent à leurs possesseurs le titre de *begler-beg* et le droit de l'étendard à trois queues ; ce sont ceux de Roum-ili, d'Anatolie et de Damas.

PACHE (Jean-Nicolas), ministre de la guerre et maire de Paris, était Suisse d'origine. Né en France d'un portier, il fut d'abord précepteur des enfants du maréchal de Castries, et ensuite employé dans l'administration de la marine. Successivement intendant de la marine royale à Toulon, munitionnaire général des vivres de la marine et enfin contrôleur de la maison du roi sous le ministère Necker, il se démit de tous ses emplois au commencement de la révolution, et se fit bientôt remarquer par son austérité et sa violence républicaines. Il se servit des girondins pour arriver au ministère de la guerre (1792), et les abandonna ensuite. Remplacé en 1793 sur le rapport de Barrère, il fut nommé maire de la commune de Paris, et fut l'un des principaux auteurs de la journée du 31 mai, où tomba le parti girondin. L'influence de Pache diminua avec celle du club des cordeliers dont il faisait partie. Retiré des affaires en 1794, il vécut dans l'obscurité jusqu'en 1823, époque de sa mort.

PACHECO (Don Juan DE), marquis de Villena, grand maître de l'ordre de Saint-Jacques et favori de Henri IV, roi de Castille, avec lequel il avait été élevé, gouverna le royaume sous le règne de ce faible prince, qu'il détrôna ou voulut détrôner en proclamant (1465) don Alphonse, son frère. Ce prince mourut cependant bientôt après, et don Juan de Pacheco se réconcilia avec son maître, qui le regretta beaucoup lorsqu'il mourut (1473), et le fit enterrer avec pompe.

PACHECO (Dona Maria), dame espagnole d'un courage héroïque, était l'épouse de don Juan de Padilla, chef de l'insurrection qui avait pris le nom de *sainte Ligue*, sous le règne de Charles-Quint. Loin de s'abandonner à la douleur lorsque, après la perte de la bataille de Villalar, son mari fut conduit à l'échafaud, elle ne songea qu'à le venger. Elle soutint avec un rare courage le siége de Tolède, et remporta plusieurs avantages sur les troupes royales; mais, trahie par le clergé qui persuada au peuple qu'elle était sorcière, elle se retira dans la citadelle où elle se défendit encore pendant quatre mois. Enfin elle s'échappa déguisée, et se retira en Portugal où elle mourut vers 1530.

PACHECO (François), peintre, écrivain et poëte distingué, né à Séville en 1571, mort en 1654, fut élève de Luis Fernandez. Choisi pour peindre avec Antonio Vasquez au couvent de la Merci, il y exécuta six grands tableaux, dont les sujets sont tirés de la *vie de saint Raymond*. Il ouvrit à Séville une école qui produisit plusieurs peintres célèbres, parmi lesquels se trouvent en première ligne Alfonse Coëllo et Juan Velasquez, auquel Pacheco donna sa fille en mariage. Le chef-d'œuvre de Pacheco est son tableau du *Jugement universel*, qu'il fit en 1618. On a de lui plus de cent cinquante portraits à l'huile et plusieurs pièces de poésie. Il a eu la gloire d'être chanté par Lope de Vega.

PACHIRIER, genre de plantes de la famille des malvacées, renfermant de grands et superbes arbres qui appartiennent exclusivement aux régions équinoxiales du continent américain. On n'en connaît que quatre espèces. Celle qui est le type du genre est le *pachirier aquatique*, arbre de six mètres et demi de haut, d'un très-bel aspect, au tronc revêtu d'une écorce cendrée, recouvrant un bois spongieux et mou; mais ce qui fait surtout sa beauté, c'est la magnificence de ses fleurs, qui ont jusqu'à quarante-sept centimètres de longueur sur vingt-sept de diamètre. Elles sont veloutées, jaunâtres, vertes en dessous, en forme de tube; les pétales se recourbent au sommet, et un gros paquet d'étamines occupe le centre de la fleur. La forme de son fruit a fait donner à cet arbre le nom de *cacaoyer sauvage*.

PACHYDERMES (des deux mots grecs *pachys*, épais, et *derma*, cuir), ordre de la classe des mammifères, renfermant les plus grands quadrupèdes connus. On les distingue des autres mammifères en ce qu'ils ne ruminent pas, et que leurs doigts, immobiles dans des enveloppes cornées appelées *sabots*, ne peuvent pas se replier autour des objets pour les saisir. Les pachydermes ou animaux à peau épaisse, sont remarquables par la masse de leur corps, la brièveté de leurs membres, la pesanteur de leur allure, et presque toujours par la saillie de deux grandes dents appelées *défenses*, qui, jointes à leur force prodigieuse, en feraient les plus redoutables des mammifères, si leur caractère pacifique et timide ne les portait plutôt à se tenir cachés au sein des forêts désertes ou dans les plaines inhabitées. Ils aiment surtout les lieux humides et marécageux, et se nourrissent d'herbes, de feuilles, de racines et rarement de chair. Leurs instincts sont brutaux; mais l'intelligence de quelques-uns est très-développée. On divise l'ordre des pachydermes en trois familles: les *proboscidiens*, qui renferment l'éléphant et le mastodonte; les *pachydermes proprement dits*, qui renferment les genres hippopotame, rhinocéros, tapir, daman, cochon; et les *solipèdes*, qui renferment le genre *cheval*.

PACHYMÈRE (Georges), l'un des écrivains les plus distingués de la période byzantine, né à Nicée vers l'an 1242, suivit à Constantinople l'empereur Michel Paléologue, et parvint aux premières dignités de l'Eglise et de l'Etat. Il mérita la faveur de Michel et d'Andronic, son successeur, et mourut en 1310. On a de lui une *Histoire*, qui va de l'an 1258 à l'an 1308, et qui est la suite de celles de Nicétas et d'Acropolite. L'Histoire de Cantacuzène est elle-même la suite de celle de Pachymère.

PACHYNUM (Cap), aujourd'hui *Passaro*, le plus méridional des trois promontoires qui terminent la Sicile. Il était situé à l'E.

PACIAIRES. On appelait autrefois ainsi ceux qui étaient commis par le pape pour faire observer la paix partout où le pape et les conciles avaient ordonné de l'observer. Les paciaires s'appelaient encore *conservateurs de la paix*. Clément IV donne à Charles Ier, roi de Sicile, ce nom et cette dignité dans la Toscane.

PACIEN (Saint), évêque de Barcino ou Barcelone, florissait sous le règne de Valens. Il mourut vers 390 sous celui de Théodose le Grand, après s'être distingué par son éloquence, ses vertus et son savoir. Il reste de lui 1° trois *Lettres* au donatiste Sempronien; 2° une *Exhortation à la pénitence*; 3° un *Discours sur le baptême*. Son latin est pur. Saint Pacien est mentionné au martyrologe romain le 9 mars.

PACIFICATEURS ou PACIFIQUES, nom que l'on donna dans le ve siècle à ceux qui suivaient l'hénotique de l'empereur Zénon, et dans le xvie à certains anabaptistes qui se vantaient de prêcher la paix.

PACIFICUS, archidiacre de Vérone au vi^e siècle, inventa, dit-on, les horloges à roues et à ressorts, qui divisent le jour en vingt-quatre parties égales.

PACIFICUS MAXIMUS, poëte latin du xive siècle, né à Ascoli (Etats romains) en 1400, mort vers 1500, a été comparé à Ovide. Il ne manque pas de facilité. Ses poésies ont été imprimées sous le titre de *Hecatelegium, sive Elegiæ nonnullæ jocosæ et festivæ*.

PACIFIQUE (Mer ou Océan), nom donné à la mer qui s'étend du S. au N. entre l'Amérique et l'Asie, et couvre à peu près la moitié de la surface du globe. Elle a été ainsi appelée par Magellan, qui n'y éprouva qu'un temps favorable. Son nom de *mer du Sud*, qu'on lui donne quelquefois, lui vient de ce que les premiers Espagnols qui la découvrirent avaient traversé du N. au S. l'isthme de Darien.

PACKHUIS, nom donné, en Hollande, à la douane où l'on dépose les marchandises en attendant qu'on en ait payé les droits.

PACOME (Saint), né de parents idolâtres dans la haute Thébaïde, vers 292, se convertit au christianisme et devint bientôt le fondateur et l'abbé du monastère de *Tabenne*, situé sur les bords du Nil. Saint Pacôme peupla la Thébaïde de solitaires, et eut sous sa conduite plus de cinq mille religieux. Sa sœur fonda de l'autre côté du Nil un monastère de cénobites religieuses, qui pratiquaient la règle la plus austère. Saint Pacôme mourut en 348. On a de lui, 1° une *Règle* qu'on trouve dans sa Vie écrite en grec par un auteur inconnu; 2° onze *lettres* imprimées dans le recueil de saint Benoît d'Aniane. Sa fête se célèbre le 14 de mai.

PACORUS, fils aîné d'Orode Ier, roi des Parthes, se signala par la défaite de Crassus, qu'il fit prisonnier, et dont il tailla l'armée en pièces (53 ans avant J.-C.). Il soumit la Syrie, et donna le trône de Judée à Antigone, fils d'Hyrcan. Dans les guerres civiles de Rome, il prit le parti de Pompée, puis de Brutus et de Cassius. Il fut tué en 33 avant J.-C. dans une bataille contre Publius Ventidius, lieutenant d'Antoine. Son père en mourut de chagrin.

PACORUS Ier, roi des Parthes le vingt-cinquième des Arsacides, fils d'Artaban IV, lui succéda vers l'an 90. Il s'allia avec Décébale, ennemi des Romains, et embellit Ctésiphon, sa capitale. Il eut pour successeur Chosroës vers l'an 108.

PACORUS II, roi des Parthes, dont le règne est contesté, est compté par des auteurs comme le trentième des Arsacides. Successeur d'Ardavan en 199, il fut battu par Septime Sévère, et mourut en 209, laissant le trône à Vologèse IV, l'avant-dernier des rois parthes.

PACORUS, fils de Vonones II, roi des Parthes, reçut de son frère Vologèse Ier la Médie à titre de royaume indépendant, et fut chassé du trône par une invasion d'Alains.

PACORUS. Plusieurs rois d'Ibérie ont porté ce nom. — Le premier, fils de Vatché, régna de 281 à 246, et eut pour successeur son fils Mirda. — Pacorus II, roi d'Ibérie, vivait au commencement du ve siècle. — Pacorus III, roi d'Ibérie, succéda en 528 à son père Datchi Ier, et eut pour successeur Pharasmane VI la même année. — Pacorus IV, fils et successeur de Pharasmane VII, monta sur le trône en 557. L'empereur de Constantinople le fit descendre du trône en 568.

PACOURIER, genre de plantes de la famille des apocynées, renfermant une seule espèce, qui croît à la Guyane. C'est un arbrisseau grimpant, dont la tige vigoureuse, de trois à quatre pouces de diamètre, produit des tiges nombreuses, articulées, sarmenteuses, montant jusqu'à la cime des plus grands arbres, et retombant ensuite brusquement à terre. Les feuilles sont opposées, ovales - oblongues, acuminées; les fleurs jaunes et réunies en bouquets, et portées sur de longs pédicules rameux. Toutes les parties de cette plante renferment très-abondamment un suc laiteux et visqueux encore inconnu aux chimistes.

PACTA CONVENTA, expression latine qui signifie *pacte, traité de convention*, et qui désigne les conventions que le roi de Pologne, nouvellement élu, et la république s'obligeaient mutuellement d'observer et de maintenir.

PACTE DE FAMINE. On a flétri de ce nom le monopole des grains, dont la funeste exploitation livra à la merci d'une compagnie d'accapareurs privilégiés la subsistance de la population française. Cette compagnie fut fondée en 1729 à la suite de plusieurs disettes. C'était une régie spéciale, agissant sous la protection du gouvernement, et qui devait acheter des grains quand ils étaient abondants, des entrepôts et les revendre à des prix modérés dans les années difficiles. L'infâme cupidité de ces monopoleurs dénatura ces bienveillantes intentions du gouvernement. Ils tournèrent tout à leur profit, et acquirent des fortunes immenses, achetant à bon compte et revendant le plus chèrement possible les blés et les farines. Des disettes effroyables se firent sentir; la révolution vint mettre un terme à ce pacte cruel, et renverser l'association des monopoleurs en décrétant la libre circulation des grains.

PACTE DE RACHAT. Voy. RÉMÉRÉ.

PACTOLE, fleuve de la Lydie (Asie-Mineure), que Pline nomme Tmolus et que les mythologues appelèrent *Chrysorrhous*, c'est-à-dire qui coule des flots d'or, parce qu'il roulait autrefois des paillettes de ce métal, dont la fable attribuait la présence au bain qu'y prit Midas pour se débarrasser de la faculté de tout métamorphoser en or. Le Pactole prenait sa source au mont Tmolus, passait sous les murs de Sardes, se jetait un peu au-dessous de cette ville dans l'Hermus. On lui donne aujourd'hui le nom de *rivière de Sart*.

PACUVIUS CALAVIUS, sénateur de Capoue et chef de la faction carthaginoise, reçut chez lui Annibal, que son fils Pérolla, partisan de Rome, voulut assassiner. Pacuvius l'en détourna. Tite Live met à cette occasion dans sa bouche un discours remarquable.

PACUVIUS (Marcus), poëte latin, neveu d'Ennius, né à Brindes vers l'an 221 avant J.-C., se distingua par son double talent de peintre et de poëte. Il fit des satires, comme son oncle, mais excella surtout dans la tragédie. Il en composa trente-neuf, parmi lesquelles *Oreste* passait pour son chef-d'œuvre. Il ne nous reste de toutes ces pièces que quatre cent trente-sept vers sans liaison. On louait surtout Pacuvius pour la force des expressions et la vérité des caractères. Sur sa vieillesse, il se retira à Tarente, où il mourut à quatre-vingt-dix ans, l'an 131 avant J.-C. Il fut lié d'une étroite amitié avec Accius.

PADANG, ville d'Océanie, sur la côte S.-O. de l'île de Sumatra, avec un bon port. C'est le principal établissement hollandais sur cette côte. On en exporte du camphre, du café, du poivre, du benjoin, de l'or. Cette ville est située à 105 lieues de Bencoulen et vis-à-vis le petit groupe qui porte son nom.

PADELIN, grand creuset dans lequel on fait fondre la matière dont on forme le verre.

PADERBORN, ville très-ancienne de l'Allemagne, ci-devant libre et hanséatique, ensuite capitale d'un petit État gouverné par son évêque, cédé à la Prusse en 1802, annexé au royaume de Westphalie en 1807 et rentré sous la domination prussienne en 1814. Cette ville est située à la source de la Pader, possède une belle cathédrale, un évêché, une cour de justice provinciale supérieure, un gymnase catholique qui s'est enrichi des revenus de l'ancienne université supprimée en 1819, un séminaire et 6,700 habitants. Elle est le chef-lieu d'un cercle dans la régence et à 15 lieues de Minden. Pendant la guerre contre les Saxons, Paderborn fut la résidence de Charlemagne.

PADERBORN (ÉVÊCHÉ DE), pays d'environ 82 lieues carrées, de 97,000 habitants, assez fertile en grains, chanvre et lin, renfermant dans ses montagnes des mines de fer et de plomb très-riches, et partagé en deux districts, l'*Oberwald* et l'*Unterwald*, par la chaîne de l'*Egge-Gebirge*. — Sa capitale était PADERBORN. Voy. plus haut.

PADILLA (Dona Maria DE), demoiselle espagnole, aussi artificieuse que belle, était au service de la femme de don Alphonse d'Albuquerque lorsque Pierre le Cruel, roi de Castille, en devint éperdument amoureux (1350). D'après les conseils de don Juan de Hinjstrosa, son oncle maternel, elle céda aux désirs du roi, qui en eut plusieurs enfants. La jeune reine Blanche de Bourbon, que Pierre avait été forcé d'épouser par des raisons d'État, se vit abandonnée trois jours après son mariage par le roi son époux. Cependant, Jeanne de Castro ayant touché le cœur de ce prince, il fit déclarer nul son mariage avec Blanche, et épousa Jeanne; mais, au bout de deux jours, Padilla reprit son empire. Elle mourut peu de temps après (1361). Ses funérailles furent célébrées avec la même magnificence que celles d'une reine; ses restes furent déposés dans la sépulture royale, et ses enfants élevés comme les héritiers présomptifs du trône.

PADILLA (Don Juan DE), fils du commandeur de Castille, allié aux plus grandes familles d'Espagne et époux de dona Maria Pacheco, fut choisi pour chef par les habitants de Tolède, révoltés contre Charles-Quint pour recouvrer leurs anciens priviléges. Il s'empara de Tordesillas et de la princesse Jeanne la Folle, puis de Valladolid où siégeait le conseil royal. Il fut ensuite choisi pour remplacer don Pedro Giron dans le commandement général de la ligue; mais ce fut trop tard. Malgré la fermeté de sa femme, qui dépouilla la cathédrale de Tolède d'une partie de ses trésors pour alimenter l'armée, il fut vaincu à Villalar par le connétable de Castille, fait prisonnier et conduit à l'échafaud où il mourut (1522) en chrétien et martyr de la liberté.

PADISCHAH, titre d'honneur qui dérive de *pah*, trône, et de *schah*, prince, et qui signifie souverain. Ce titre, le sultan le prend lui-même, et le donne à d'autres princes. Soliman II fut le premier qui le donna au roi de France. Aujourd'hui les empereurs de Russie et d'Autriche reçoivent aussi le titre de *padischah*.

PADOUAN, pays de l'Italie, ancienne dépendance de la république de Venise, et borné au N. par le Trévisan, au S. par la Polésine de Rovigo, à l'E. par le Dogado, et à l'O. par le Véronèse. Il forme aujourd'hui la province de Padoue.

PADOUANES, nom donné à certaines médailles qui ont été parfaitement contrefaites d'après l'antique par deux graveurs de Padoue, les Padouans.

PADOUANS (*Jean Cavino* et *Alexandre Baniano*, dits Lus), très-habiles graveurs sur acier, vivant à Padoue dans le XVIe siècle, ont contrefait les plus belles médailles antiques avec tant d'art que les connaisseurs sont souvent en peine de les distinguer des véritables. Les coins de ces graveurs sont passés de la bibliothèque de Sainte-Geneviève au cabinet des antiques de la bibliothèque royale.

PADOUE, délégation du royaume lombardo-vénitien, dans le gouvernement de Venise, bornée au N. par celle de Trévise, à l'O. par celles de Vérone et de Vicence, au S. par celle de Rovigo et à l'E. par celle de Venise. Sa superficie est de 80 lieues carrées, et sa population de 288,000 habitants. Ce pays, l'ancien *Padouan*, est fertile en blé, vin, fruits et pâturages, et arrosé par la Brenta et le Bacchiglione. On y élève des vers à soie. La capitale est PADOUE.

PADOUE, ville du royaume lombardo-vénitien, chef-lieu de la province qui porte son nom, sur les rivières de Brenta et de Bacchiglione, à 8 lieues de Venise. Sa population est de 48,000 habitants. Elle a un évêché, une université fondée en 1222 et qui réunit 1,200 élèves, une bibliothèque de 70,000 volumes, un jardin botanique et un observatoire, deux gymnases, un séminaire qui a une bibliothèque de 55,000 volumes et 800 manuscrits, une académie des sciences et arts, deux théâtres, plusieurs hôpitaux. Padoue est, à cause de ses rues mal pavées et des portiques qui les bordent, d'un aspect assez triste malgré le grand nombre de belles églises et de beaux édifices qu'elle renferme. — Fondée, suivant Virgile, par le Troyen Anténor, Padoue, appelée anciennement *Patavium*, dut à son commerce maritime de devenir l'une des plus florissantes et des plus riches villes de l'Italie. Il paraît qu'on n'y parlait un latin bien pur; car Tite Live qui y naquit reçut des Romains le reproche de *patavinité* ou de provincialisme. On croit même que c'est de là qu'est venu le mot français *patois*.

PADOUS, nom donné à certains rubans qui se fabriquent à Padoue. Ils sont moitié de fil et moitié de soie.

PÆAN, hymne en honneur d'Apollon (quelques-uns disent aussi de Diane), qui rappelait la victoire remportée par ce dieu sur le serpent Python, et que l'on chantait en diverses circonstances, mais toujours pour implorer contre quelque danger l'assistance du dieu. Le pæan était chanté également par la peste, comme on peut le voir dans l'*Œdipe-roi* de Sophocle, avant le combat et après la victoire. Son refrain était *io Pæan*, ou plutôt *io Paiéon*, qui signifie non pas *allons! lance les flèches*, mais plutôt *allons! guéris-nous, porte-nous secours*.

PAESIELLO. Voy. PAISIELLO.

PÆSTUM, une des premières villes de la Lucanie (Italie ancienne), située vers le N.-O. sur un golfe de même nom, entre l'embouchure du fleuve Silare et le promontoire Posidium. Fondée par des Grecs qui la dédièrent à Neptune (en grec, *poséidôn*), elle fut primitivement nommée *Posidonie*. Les Romains, l'ayant soumise, y envoyèrent une colonie, et substituèrent à son nom celui de *Pæstum*. Cette ville était surtout célèbre par ses belles roses, qui fleurissaient deux fois l'année. Il reste encore de Pæstum des ruines magnifiques, principalement de portiques et de temples. Ses murs, qui sont debout tout entiers, ont trois milles de tour.

PÆTUS, mot latin qui veut dire *un peu louche*, et qui était le surnom de plusieurs familles romaines, principalement des Elius. Le plus célèbre des Pætus était l'époux de la fameuse Arria. Ayant été accusé d'avoir trempé dans la conjuration de Scribonianus contre Claude, il fut amené à Rome devant l'empereur, et fut condamné à mourir. Sa femme Arria se poignarda et lui tendit ensuite le poignard en lui disant, *Pœtus, cela ne fait pas de mal*.

PAEZ (François-Alvar), théologien portugais, cordelier en 1304, et pénitencier du pape Jean XXII, qui lui donna l'évêché de Coron, puis celui de Sylves et la qualité de nonce en Portugal. Il mourut en 1352. On a de lui un fameux traité *De planctu Ecclesiæ*, où il soutient avec une chaleur outrée les prétentions de la papauté à la domination universelle.

PAGAIE, petit aviron court dont se servent les sauvages pour faire marcher leurs pirogues. — En termes de raffineurs de sucre, c'est une grande spatule de bois avec laquelle on remue le sucre quand il rafraîchit, afin d'en former le grain.

PAGALE (EN), veut dire, en marine, *avec précipitation, avec désordre. Mouiller en pagale*, c'est mouiller avec précipitation.

PAGAN (Blaise-François, comte DE), ingénieur et astronome, né en 1604 près de Marseille, avait à peine douze ans quand il embrassa la carrière militaire. Au passage des Alpes et aux barricades de Suse, il entreprit, à la tête des enfants perdus, d'arriver le premier à l'attaque, et, après avoir gagné le haut d'une montagne escarpée qui dominait la place, il se laissa glisser en disant: Voici le chemin de la gloire, et força les barricades avec le secours de ses compagnons. Louis XIII le fit aussitôt maréchal de camp et l'envoya en Portugal. Il avait perdu un œil au siège de Montauban; une maladie lui enleva l'autre (1642), et le força de renoncer au service. Il se livra alors aux sciences, et mourut en 1665. Son principal ouvrage est le *Traité des fortifications*, qui ne fut supplanté que par celui de Vauban.

PAGANEL (Pierre), né à Villeneuve-d'Agen (Lot-et-Garonne) en 1725, était à l'époque de la révolution curé de Noailles. Elu député à l'assemblée législative (1791) et à la convention nationale (1792), il vota la mort du roi avec l'amendement de Mailhe, c'est-à-dire le sursis. Chargé après le 31 mai de plusieurs missions dans les départements de la Gironde, du Lot, de Lot-et-Garonne, de la Haute-Garonne, du Tarn et de l'Aveyron, il arracha une foule d'innocents à l'échafaud, et fut rappelé par le comité de salut public. Rentré malgré les jacobins au sein de l'assemblée, il en devint secrétaire. Nommé sous le directoire chef du contentieux et secrétaire général du ministère des relations extérieures, puis en 1803 chef de division à la grande chancellerie, il fut forcé de sortir de France en 1816 comme régicide, et se réfugia en Belgique, où il mourut en 1826.

PAGANISME (du latin *paganus*, paysan), parce que ce furent les habitants des campagnes chez qui le culte des faux dieux fut le plus vivace), nom donné vers le IIIe siècle de notre ère au culte des faux dieux, qui malgré ses persécutions contre le christianisme naissant, les déclamations de Symmaque et l'apostasie de l'empereur Julien, ne put lutter contre la religion nouvelle et succomba partout. Le paganisme fut détruit au VIIIe siècle.

PAGANO (François-Marius), avocat napolitain, né à Brienza en 1748, parut à l'âge de vingt-cinq ans au barreau, et s'y fit admirer par son éloquence. La chaire de droit de l'université de Naples lui fut déférée par acclamation. Chargé de proposer un plan de réforme pour la procédure criminelle, il publia ses *Considérations sur la procédure criminelle*, complément de l'ouvrage de Beccaria. Ses *Essais politiques* sur l'origine, le progrès et la décadence des sociétés le firent accuser d'athéisme. Persécuté par la junte d'Etat et forcé de fuir à Milan, il revint avec l'armée française, et fit partie du gouvernement provisoire, qu'il essaya vainement de défendre les armes à la main. Compris dans la capitulation générale, violée par l'amiral Nelson d'un manière si indigne, il fut cependant emprisonné et peu après condamné. Il expira sur l'échafaud en 1800.

PAGASÉTIQUE (GOLFE), enfoncement de la mer Egée, entre la Phthiotide et la presqu'île de Magnésie. Sur ce golfe était située la ville *Pagase*, aujourd'hui Volo, où fut, dit-on, construit le navire Argo, qui porta les Argonautes en Colchide; ce qui fit donner à ce vaisseau l'épithète de *Pagasœus*.

PAGE. En termes d'imprimerie, c'est un des côtés d'une feuille de papier, et ce mot a donné naissance à celui de *pagination*, qui exprime la série des nombres placés en tête des pages et indiquant leur ordre relatif.

PAGE (du grec *pais*, enfant), jeune enfant placé auprès de la personne d'un roi, d'un prince ou d'un seigneur pour le servir en diverses occasions et recevoir en même temps une éducation distinguée. Au temps de la chevalerie, l'emploi de page était le premier échelon pour arriver au rang de chevalier. L'enfant, retiré à sept ans des mains des femmes, rendait à son maître ou à sa maîtresse les services ordinaires des domestiques, l'accompagnait à la chasse, en voyage, en visite, faisait ses messages, et même le servait à table et lui versait à boire. A quatorze ans, le jeune homme sortait *hors de page*, c'est-à-dire qu'il était conduit par son père et sa mère tenant un cierge à la main à l'autel où le prêtre lui attachait au côté une épée bénite qui lui donnait rang d'*écuyer*. Le page était encore appelé *varlet* ou *damoiseau*. Pour remplir cet office auprès d'un roi ou d'un prince, il fallait faire preuve de noblesse. Les rois de France conservèrent jusqu'à la révolution des pages, qui élevés de douze à dix-huit ans dans un hôtel particulier, soumis à une éducation particulière, s'étaient fait une réputation de hardiesse et d'effronterie bien méritée. Napoléon rétablit les pages, dont l'institution est retombée avec lui.

PAGEL, genre de poissons de l'ordre des acanthoptérygiens et de la famille des sparoïdes, renfermant douze espèces, se nourrissant toutes de petits poissons et de mollusques, vivant en société, et approchant vers le printemps des côtes où elles demeurent jusqu'au commencement de l'hiver. La plus connue, le *pagel commun*, est un poisson de la Méditerranée, au corps ovale-allongé, légèrement comprimé et un peu rétréci vers la queue. Ses mâchoires sont garnies chacune de deux rangées de dents petites et pointues; son museau est pointu et avancé; ses lèvres sont charnues et assez épaisses; ses nageoires pectorales étroites et en faux; sa caudale profondément fourchue, et ses ventrales triangulaires et assez développées. La couleur du pagel est d'un beau rouge carmin, passant au rose sur les côtes, avec des reflets argentés sous le ventre. Sa longueur est d'un pied. Sa chair est blanche, agréable au goût et d'une digestion facile.

PAGÈS (Pierre-Marie-François, vicomte DE), voyageur français, né en 1748 à Toulouse, entra dans la marine à dix-neuf ans, et exécuta le projet qu'il avait conçu de visiter les mers de l'Inde en s'y rendant par l'ouest. Parti en juin 1767 de Saint Domingue, il traversa la Louisiane et le Mexique, s'embarqua à Acapulco pour les îles Philippines, et revint en Europe par l'Inde, l'Arabie et la Syrie (1771). Nommé en 1773 pour faire partie de l'expédition infructueuse de Kerguelen, il en publia néanmoins la relation. Le gouvernement le récompensa de ses services en le nommant capitaine de vaisseau et chevalier de Saint-Louis, et l'académie des sciences en le plaçant au nombre de ses correspondants. Il fut assassiné à Saint-Domingue pendant la révolte des noirs (1793).

PAGET (William), fils d'un simple huissier de Londres, s'éleva par son mérite aux premières charges, devint clerc du cachet, puis clerc du conseil et du sceau privé, et peu de temps après greffier du parlement sous le règne de Henri VIII. Ce prince l'envoya à la cour de France en qualité d'ambassadeur, et le fit à son retour chevalier, secrétaire d'Etat et l'un de ses exécuteurs testamentaires. Après la mort de Henri VIII, lord Paget fut membre du conseil privé d'Edouard VI, ambassadeur auprès de Charles-Quint, comte d'Uxbridge, etc. Disgracié peu de temps après, et rétabli à l'avènement de Marie, il mourut en 1564. Elisabeth lui fit faire de magnifiques funérailles aux dépens du trésor.

PAGNE, morceau d'étoffe carré, dont les nègres et les Indiens, qui vont nus, s'enveloppent le corps, depuis la ceinture jusqu'aux genoux ou jusqu'au milieu des cuisses.

PAGO, l'une des îles Illyriennes, située sur la côte de la Croatie, séparée par un détroit d'une lieue de large, dans le golfe de Quarnero. Beaucoup plus longue que large, elle a environ 15 lieues de circonférence et 4,000 habitants. L'air y est froid, le territoire stérile. On y trouve des salines. Elle fait partie de la Dalmatie autrichienne. — Sa capitale est PAGO, bourg de 1,000 âmes, avec un château fort, à 9 lieues de Zara.

PAGODE (des deux mots persans *pout*, idole, et *gheda*, temple), nom général donné à tout temple païen chez la plupart des peuples de l'Asie. La plus fameuse de toutes les pagodes est celle de Jaggernaüt ou Jagrenat, sur la côte d'Oriçah. Les Indiens y font de nombreux pèlerinages, et la pagode est si riche qu'elle nourrit tous les jours quinze à vingt mille pèlerins. — On donne aussi par extension ce nom : 1o à l'idole, 2o à de petites figures grotesques venues de Chine, 3o à une monnaie d'or des Indes. La valeur moyenne de la *pagode au croissant* est de 9 francs 46 centimes, et celle de la *pagode à l'étoile*, de 9 francs 35 centimes de France.

PAGRE, genre de poissons de l'ordre des acanthoptérygiens et de la famille des sparoïdes, renfermant douze espèces, qui ressemblent beaucoup aux pagels par les mœurs et les caractères scientifiques. Les pagres seulement ont le museau très-court, et leurs mâchoires garnies sur les côtés de dents rondes, placées seulement sur deux rangs, les unes à côté des autres, comme des pavés; ce qui leur a fait donner le nom de *gueules pavées*, et n'est pas une des causes les moins puissantes de leur voracité et de leur penchant à la destruction. Le *pagre commun* est un poisson qui pèse jusqu'à dix livres. Sa partie supérieure est argentée, teinte de rougeâtre sur l'épaule. Sa chair est d'une saveur médiocre.

PAGURIENS, tribu de crustacés, de l'ordre des décapodes, famille des macroures, renfermant plusieurs genres caractérisés par une queue plus courte que dans les autres macroures, et la longueur de leur carapace, leurs pattes antérieures terminées en pinces et la mollesse de leurs téguments. Cette tribu, composée des genres *pagure*, *cancelle*, *cénobite* et *birgue*, tous démembrés du grand genre pagure, comprend tous les animaux auxquels leur habitude de s'approprier la coquille de certains mollusques, de s'y enfoncer presque entièrement et de n'y laisser que le nom d'*hermites*, de *bernard-l'hermite*, de *soldats* et de *diogènes*. Comme leur corps prend sans cesse de l'accroissement, ils sont obligés de changer tous les ans d'habitation, et de courir tous les ans de nouveau les dangers auxquels cet embarras les expose.

PAH, nom que l'on donne, dans l'Océanie et particulièrement dans la Nouvelle-Zélande, aux villages fortifiés, entourés de palissades, et à l'abri des coups de main de l'ennemi.

PAIE, solde des gens de guerre ou des ouvriers. Polybe nous apprend que, chez les Romains, les fantassins recevaient par jour 2 oboles chacun (29 centimes), les cavaliers une drachme (87 centimes). Les centurions recevaient une paie double de celle des fantassins (61 centimes). Mais, chez les Romains, comme dans nos armées, la nourriture, l'habillement et l'équipement étaient déduits de cette paie. Au moyen âge, on ne payait que les troupes mercenaires; les autres devaient le service à titre de redevance féodale. En France, Charles VII fut le premier qui, renonçant à l'appui inconstant et capricieux des seigneurs, équipa une armée nationale, stipendiée par l'Etat. Les états généraux d'Orléans (1439) lui accordèrent des subsides pour la paie de 1,500 lances qui composèrent d'abord toute la gendarmerie. — L'organisation de l'armée fut complétée en 1445 par la création de quinze compagnies d'ordonnance, par celle des francs archers, et par l'établissement d'une taille perpétuelle qui devait assurer la solde régulière des troupes royales.

PAIEN, adorateur des faux dieux. Voltaire, dans son *Essai sur les mœurs*, donne à ce mot l'origine suivante. Les peuples de la campagne persistèrent longtemps après Théodose dans leur ancien culte, celui des faux dieux : c'est ce qui fit donner aux sectateurs de l'ancienne religion le nom de *pagani*, païens, du nom des bourgades (*pagi*), dans lesquelles on laissa subsister l'idolâtrie jusqu'au VIIIe siècle, de sorte que le nom de PAIEN ne signifie au fond que paysan, villageois.

PAILLASSE. Dans l'acception ordinaire, ce mot désigne une toile remplie de paille, et sur laquelle reposent les autres pièces qui composent le lit. La toile des paillasses est ordinairement une toile à carreaux. C'est sans doute à cause de cette particularité qu'on a donné le nom de *paillasse* au bouffon populaire qui, dans les parades jouées en plein vent, remplit le rôle de comique, et cherche à égayer la populace par ses saillies. C'est en effet il est presque toujours habillé de cette toile à carreaux. Notre paillasse répond au polichinelle (*pulcinella*) des Italiens.

PAILLE. On appelle ainsi les chaumes des graminées jaunis après la maturité, ainsi que les tiges de quelques légumineuses. La paille, douée de toutes ses plus hautes qualités, est d'un jaune doré, d'une odeur douce et d'une saveur sucrée. Quand elle est mouillée et renfermée avant sa parfaite dessiccation, elle est impropre à la nourriture des bestiaux. D'après l'analyse chimique, on doit ranger les espèces selon leurs différents degrés d'utilité dans l'ordre suivant : 1o pour fourrage : paille de millet, de maïs, de lentilles, de vesces, de pois, de fèves, de colza, d'orge, de seigle, de froment, d'avoine, de sarrasin ; 2o pour litière ou engrais : paille de colza, de vesces, de sarrasin, de fèves, de lentilles, de millet, de pois, d'orge, de froment, de seigle, de maïs, d'avoine. La paille a encore d'autres usages dans les arts ; on en fait des nattes, des liens, des paillassons, des chaises, etc.

PAILLE-EN-QUEUE ou PHAÉTON, genre d'oiseaux de l'ordre des palmipèdes, famille des totipalmes, renfermant des espèces qui ressemblent par leur forme, leur taille et l'étendue de leur vol aux hirondelles de mer. Leur tête et leur gorge sont complètement emplumées; ils portent à leur queue deux pennes longues et étroites, qui de loin ressemblent à deux pailles, particularité à laquelle ils doivent leur nom français. Leur bec est médiocre, légèrement arqué et denté sur les bords; leurs ailes ont une longueur considérable; aussi volent-ils très-loin sur les mers intertropicales qu'ils ne quittent jamais, ou dont ils ne s'éloignent presque jamais. C'est pour cela que leur apparition annonce aux navigateurs le voisinage de la zone torride, et qu'on les a nommés *oiseaux du tropique*. Toutes les espèces sont de la taille d'un pigeon.

PAILLET, terme de serrurerie, petite pièce de fer ou d'acier, que l'on place entre la platine et le verrou pour lui servir de ressort et le tenir en état lorsqu'il est levé. — En termes de marine, c'est une sorte de natte faite de fils de caret tressés ensemble, dont on se sert sur les vaisseaux pour divers usages.

PAILLETTES. On appelle ainsi, en minéralogie, de très-petites plaques ou plutôt de très-petites lames, qui semblent avoir été détachées des substances à texture laminaire. Le mica en offre un exemple frappant. — Par analogie, on a donné ce nom à de petits disques de métal, or, argent ou acier, qui sont percés au centre, et que l'on fixe sur les habits pour leur donner un éclat emprunté.

PAILLETTES. En botanique, ce sont des organes foliacés, qui, dans certains végétaux, semblent tenir lieu des divisions du périanthe. On les nomme écailles, valves, spathelles, spathellules, selon leur forme, leur grandeur et leur position relative dans les synanthérées, lépicène, balles ou glume dans les graminées. Dans la première de ces familles, les paillettes recouvrent le réceptale; dans la seconde, elles tiennent lieu d'enveloppes florales.

PAILLON, terme de joaillier, petite feuille carrée de cuivre battu, très-mince et colorée d'un côté. On s'en sert pour orner les broderies, les habits de théâtre, etc. Les orfèvres nomment *paillon de soudure*, un petit morceau de soudure. Les potiers d'étain appellent *paillon*, des feuilles d'étain minces, rondes, qui servent à paillonner les ouvrages d'étain. C'est aussi la façon que l'on donne aux pièces d'étain avec le paillon.

PAIMBŒUF, petite ville de France, chef-lieu de sous-préfecture du département de Loire-Inférieure, sur la rive gauche de la Loire, à 3 lieues de son embouchure et 10 de Nantes. On y décharge les gros navires qui ne pourraient remonter jusqu'à Nantes, dont, à proprement parler, cette ville est le véritable port. Paimbœuf, qui n'était qu'un hameau au commencement du XVIIIe siècle, a aujourd'hui 4,500 habitants, un tribunal de première instance, une bourse de commerce, un collège communal, une école de navigation, des chantiers de construction, une briqueterie et une tuilerie.

PAIMPOL, ville maritime de France, chef-lieu de canton, dans l'arrondissement et à 10 lieues N.-O. de Saint-Brieux (département des Côtes-du-Nord), avec 3,000 habitants. Elle possède sur la Manche un port bien abrité avec une rade où les vaisseaux et même les frégates peuvent trouver un refuge ; elle existait avant le XIVe siècle. Paimpol est très-commerçant. Il a une calle de construction. Dans ses environs est une source d'eau minérale ferrugineuse. Il y a à Paimpol un sous-commissaire maritime, un trésorier de la marine et un tribunal de commerce.

PAIN, base essentielle des substances alimentaires, résultat de la préparation d'un végétal. On emploie à la fabrication de cet aliment divers végétaux ; mais aucun ne présente la fécule qui en est l'essence nutritive dans des proportions aussi convenables que les céréales proprement dites. Le pain de froment est le plus léger et le plus facile à digérer. Il ne s'altère pas en se desséchant, comme le font les pains de pommes de terre. On fait le pain avec une pâte composée d'eau et de farine, que l'art a trouvé le moyen de rendre légère par le pétrissage, qui unit intimement toutes les parties ensemble, la fermentation qui la dispose à de nouvelles combinaisons, et la cuisson qui lui donne ses propriétés nutritives en lui enlevant son aigreur. Les différentes qualités de farine font autant de qualités différentes de pain, comme le *pain bis*, le *pain blanc*. On peut fabriquer du pain avec l'avoine, le maïs, l'orge, le riz, le sarrasin, la pomme de terre, la châtaigne, le gland et la citrouille jointe aux fèves.

PAIN (accept. div.). Ce mot a été étendu à une foule d'objets qui ont avec le pain véritable des rapports plus ou moins éloignés. — *Pain de noix* est le nom vulgaire des tourteaux obtenus des fruits du *noyer* quand on a retiré l'huile. — On appelle *pain de singe* les capsules pulpeuses du baobab ; *pain de pourceau*, le *cyclame* d'Europe ; *pain de Saint-Jean*, les fruits du *caroubier*; *pain d'oiseau*, l'*orpin brûlant*; *pain de lièvre*, une espèce de *gouet*, etc.; *pain des anges*, le *sorgho sucré*; *pain blanc*, la *viorne à fleurs blanches*; *pain des Hottentots*, la *zamie africaine*; *pain de lapin*, la *véronique commune*; *pain de trouille*, le résidu de la fabrication des huiles de graines; *pain vin*, l'*avoine fromentale*; *pain de bougie*, le *serpule*.

— PAIN se dit aussi de certaines choses réunies en masses, comme un *pain de sucre*, un *pain de savon*, etc. On nomme *pain de roses* le marc de roses qui reste dans l'alambic après qu'on en a tiré l'eau et l'huile volatile; *pain de lie*, la lie sèche que les vinaigriers tirent de leurs presses après en avoir exprimé tout le vin pour faire du vinaigre ; *pain de creton*, le marc des graisses qu'on a exprimées pour en tirer le suif, et dont on forme, à l'ancienne de la presse, une masse compacte ou espèce de pain destiné à la nourriture des chiens de basse-cour; *pains de liquation*, les gâteaux de cuivre qui restent sur le fourneau de liquation après que le plomb et l'argent en ont été dégagés; *pain d'acier*, une sorte d'acier qui vient d'Allemagne; *pain d'émail*, un morceau d'émail préparé et formé comme un petit pain plat; *pain de nœuds*, des blocs de pierre d'ardoise. — Le *pain d'aubier* est du pain fait avec l'écorce intérieure du pin et du sapin de Norwège. Les habitants de ce dernier pays l'aiment beaucoup. On nomme *pain de coucou* les samares de l'orme et la *surelle blanche*; *pain de crapaud*, le *gouet*, le *plantain d'eau* et des *bolets*; *pain de loup*, des *agarics*; *pain de lapin*, l'*orobanche*.

PAIN A CACHETER, sorte de petit pain sans levain, dont on se sert pour cacheter les lettres. On le nomme encore *hosties*.

PAIN BÉNIT, pain que l'on offre à l'église pour le bénir et le partager entre les fidèles. Dans l'Eglise catholique, le curé bénit tous les dimanches et les jours de grandes fêtes un pain présenté tour à tour par tous les paroissiens chefs de famille. Quelques savants fixent l'institution de cet usage au VIIe siècle dans le concile de Nantes.

PAIN D'ÉPICE, sorte de gâteau qui se fait avec de la farine de seigle, du sucre, du miel, des épices, etc. On estime particulièrement le pain d'épice de Reims.

PAINS DE PROPOSITION, sorte de pains sans levain préparés par les lévites juifs, et offerts à Dieu par les lévites tous les jours de sabbat sur la table d'or qui était vis-à-vis l'arche d'alliance, dans le tabernacle du Seigneur. Il y en avait douze, pour désigner les douze tribus; on les offrait tous chauds avec de l'encens et du sel, et on les renouvelait tous les jours de sabbat. Il n'était permis qu'aux prêtres d'en manger.

PAIR, mot venu du latin *par*, égal, origine suffisamment expliquée par la plupart de ses acceptions. La langue mathématique l'emploie pour désigner un nombre exactement divisible par 2, tel que 4, 6, 8, 10. — La langue commerciale s'en sert pour indiquer l'égalité de change résultant de la comparaison du prix d'une espèce dans un pays, avec celui qu'elle a dans un autre. On dit de la rente qu'elle est *au pair* quand elle se vend et s'achète au prix de sa création, ne perdant ainsi rien sur place.

PAIRS. Le sens de ce mot a subi différentes modifications dans les différents temps. Le terme de *pairs* introduit au Xe siècle s'appliquait aux vassaux d'un même seigneur, et désignait leur égalité de droits entre eux. En ce sens on disait qu'un homme libre ne pouvait être jugé que par ses pairs. Les grands vassaux relevant de la couronne de France prenaient le titre de *pairs de France*, et vers la fin du Xe siècle six fiefs seulement donnaient ce privilège : les duchés de Bourgogne, de Normandie et d'Aquitaine, les comtés de Flandre, de Toulouse et de Champagne. Au sacre de Philippe Auguste (1179), ces six pairs parurent accompagnés de six autres pairs ecclésiastiques : l'archevêque de Reims, les évêques de Langres, de Laon, de Beauvais, de Noyon et de Châlons-sur-Marne ; ce qui compléta le nombre de douze pairs, réunis en cour souveraine. En 1297, cette cour fut réunie au parlement. Les anciennes pairies s'éteignirent par la réunion des fiefs à la couronne. Alors commença la création de nouveaux pairs, pris d'abord parmi les princes du sang, ensuite parmi les princes étrangers (1505), et enfin parmi les simples gentilshommes. Anne de Montmorency fut le premier en faveur de qui fut faite cette exception (1551). Sous le règne de Louis XIV le nombre de pairs fut augmenté; mais leur seule prérogative se bornait au droit d'assister aux séances du parlement de Paris. Abolie par la révolution de 1789, la pairie fut rétablie par Louis XVIII en 1814. La chambre des pairs, composée d'environ trois cent cinquante membres, a été depuis 1814 un des pouvoirs législatifs de l'Etat. Elle était convoquée par le roi en même temps que la chambre des députés des départements. La session de l'une commençant en même temps que celle de l'autre. La chambre des pairs connut des crimes de haute trahison et des attentats à la sûreté de l'Etat. Les pairs avaient entrée dans la chambre à 25 ans et voix délibérative à 30. La chambre était présidée par le chancelier de France, et en son absence par un pair nommé par le roi. Aucun pair ne pouvait être arrêté que de l'autorité de la chambre, et jugé que par elle en matière criminelle. La nomination des pairs appartenait au roi, qui ne pouvait les choisir que parmi certaines notabilités. Leur nombre était illimité. Leur dignité était conférée à vie. L'hérédité de la pairie fut abolie en 1831. Les pairs prenaient rang entre eux par ordre de nomination. Depuis 1831, aucun traitement, aucune dotation, ne pouvaient être attachés à la dignité de pair. — La chambre des pairs, abolie par la révolution de 1848, a été rétablie sous le nom de *sénat conservateur*, par la const. imp. de 1852, mais avec des différences sensibles. Les sénateurs jouissent d'un traitement de 30,000 fr., et leurs attributions ne sont plus les mêmes.

PAISIELLO (Jean), célèbre compositeur, né à Tarente (royaume de Naples) en 1741, fut l'élève de Durante, et après avoir composé des messes, des oratorios, des motets, débuta en 1763 dans la composition dramatique par deux opéras-comiques qui lui acquirent une réputation méritée. Le *Marquis de Tulipano*, *Démétrius*, *Artaxerxe*, le *Négligent*, l'*Idole chinoise*, les *Deux Comtesses* rendirent son nom célèbre dans toute l'Europe. Il consentit en 1776 à se rendre aux sollicitations empressées de l'impératrice Catherine II, auprès de laquelle il jouit pendant neuf ans d'un traitement de 900 roubles (3,600 francs). Il composa à cette époque deux de ses plus fameux opéras : *la Servante Maîtresse* et *le Barbier de Séville*. A Varsovie, il mit en musique pour le roi de Pologne l'oratorio de *la Passion* par Métastase ; à Vienne, il composa pour l'empereur Joseph II l'opéra : *le Roi Théodore*, dans lequel il offrit le modèle des grands morceaux d'ensemble appelés *finales*, dont on n'avait eu que l'idée avant lui. De retour en Italie, il y produisit une foule de chefs-d'œuvre, parmi lesquels on cite *la Molinara* et *la Nina*. Après un séjour de trois ans en France, où Napoléon l'avait appelé, il mourut à Naples en 1816.

PAISLEY, ville importante d'Ecosse, dans le comté et à 3 lieues de Renfrew, à 24 de Glascow et 21 d'Edimbourg, sur le White-Cart. Sa population est de 46,500 habitants, dont 20,000 sont employés aux manufactures de mousselines, de gaze, de linon broché et rayé. Paisley a une banque et de nombreuses fabriques, telles que des tanneries, des savonneries, des brasseries, etc.

PAISSE, mot vulgaire dont on se sert pour désigner plusieurs oiseaux. La *paisse des bois* est le *pinson d'Ardenne*; la *paisse buissonnière* ou *privée* est le *pegot*; la *paisse de saule* est le *friquet*; la *paisse solitaire* ou *sauvage*, le *merle solitaire*.

PAIX (myth.), divinité allégorique des anciens, que les Athéniens représentaient tenant Plutus sur ses genoux, pour indiquer qu'elle est la source des richesses; et que les Romains figuraient tenant d'une main une branche d'olivier, l'autre la corne d'abondance, quelquefois tenant un caducée, un flambeau renversé, et des épis de blé, et ayant dans son sein Plutus encore enfant. L'empereur Vespasien lui bâtit à Rome un temple qui fut incendié sous le règne de Commode, et dans lequel les savants avaient coutume de s'assembler et même de déposer leurs ouvrages.

PAIX, nom donné à une petite plaque de métal ciselé, émaillé ou niellé que le célébrant baise aux jours de grandes fêtes, pendant l'*Agnus Dei*, et qu'après avoir baisée il transmet à l'acolyte, qui la présente à chacun des ecclésiastiques assistant au service divin, en lui disant : *Pax tecum*, la paix soit avec vous. Cette cérémonie a été établie dans le ve siècle par le pape Innocent Ier en souvenir et en place de l'usage que les fidèles avaient en dans les premiers temps de l'Eglise de se donner mutuellement le baiser de paix au moment où ils se préparaient à s'approcher de la sainte table. Il ne faut pas confondre la *paix* avec la *patène*, que le célébrant donne à baiser pendant l'offertoire.

PAIX DE DIEU ou TRÊVE DE DIEU, nom donné à la paix instituée par saint Louis en 1245 pour mettre des bornes aux guerres privées. Cette trêve, durant laquelle aucune guerre ne pouvait être faite, avait lieu depuis l'Avent jusqu'à l'Epiphanie, depuis le dimanche de la Quinquagésime jusqu'à la Pentecôte, pendant les quatre-temps, les jours de mai et les principaux jours de fête, enfin dans chaque semaine depuis le mercredi soir jusqu'au lundi matin. Le seigneur qui tuait pendant la paix de Dieu était chassé de son fief, qui revenait au domaine royal ; le serf coupable de la même infraction avait la tête tranchée.

PAIX PUBLIQUE. Elle interdisait les guerres privées dont les motifs n'étaient pas suffisamment établis. En Allemagne, toute guerre devait être déclarée trois jours à l'avance. La peine réservée à l'infraction de la paix était celle du *harnescar*, par laquelle on était obligé de porter sur les épaules un chien galeux. En Hongrie, le noble qui avait de la fortune la perdait ; s'il n'en avait pas, il était fouetté et vendu comme esclave. Saint Louis prit aussi sur ce point les mesures les plus énergiques. — Aujourd'hui les infractions à la paix publique sont, suivant leur importance, des crimes ou des délits, et punies comme tels.

PAJOT (Louis-Léon), comte d'Onsembray, né à Paris en 1678, exerça sous le règne de Louis XIV la charge de directeur général des postes. Ce marque le fit appeler dans sa dernière maladie pour cacheter son testament. Il hérita après la mort de son père d'une maison de campagne à Bercy, et en fit un cabinet philosophique rempli de curiosités naturelles et mécaniques, et devenu si célèbre qu'il attira à son possesseur les visites de Pierre le Grand, de l'empereur, du prince Charles de Lorraine, etc. Pajot mourut en 1755,

membre de l'académie des sciences, à laquelle il légua son cabinet, et dont il enrichit le recueil de plusieurs mémoires sur la mécanique.

PAJOU (Augustin), sculpteur renommé, né à Paris en 1730, fut reçu à l'âge de quatorze ans au nombre des élèves de Lemoine, sculpteur du roi, remporta le grand prix à dix-huit, fut envoyé à Rome, où il resta douze ans pour se perfectionner par l'étude approfondie de l'antique. De retour à Paris, il se présenta à l'académie royale de peinture et de sculpture, et fut reçu sur un groupe en marbre représentant *Pluton tenant Cerbère enchaîné*. Nommé professeur en 1767, il fut un des premiers membres de l'Institut dès sa création, et mourut à Paris en 1809, conservateur du musée Napoléon et membre de la Légion d'honneur. Il eut la douleur de voir un grand nombre de ses ouvrages détruits pendant la révolution. Ses statues en marbre de *Bossuet*, de *Turenne*, de *Descartes*, de *Pascal*, de *Démosthène*, que l'on voit encore à l'Institut et au Luxembourg, sont regardées comme des chefs-d'œuvre.

PAL (du latin *palum*, pieu), pièce de bois plus longue que large et taillée en pointe. Le supplice du pal ou de l'empalement est un des plus cruels que l'on ait pu jamais inventer. Il consiste à enfoncer dans le fondement du supplicié un pal qui traverse ses entrailles, à le planter ensuite en terre, et à laisser la victime mourir dans les souffrances de l'agonie, à laquelle viennent se joindre les tortures de la soif. Quelquefois le poids du corps fait sortir le pal par la poitrine, l'aisselle ou la gorge. — Ce supplice est réservé en Turquie aux assassins et aux blasphémateurs. On le pratique aussi en Perse et dans le royaume de Siam. En Russie où l'on empalait autrefois par les côtés, il a été aboli par l'impératrice Elisabeth.

PAL. En termes de blason, c'est une pièce perpendiculaire traversant l'écu. Les armes d'Aragon étaient *palées* d'or et de gueules, c'est-à-dire que l'écu était traversé perpendiculairement par plusieurs bandes alternativement jaunes et rouges.

PALADIN, mot venu du latin *palatinus*, qui désignait en général les grands, les dignitaires, les nobles. A ce mot s'attacha, dans la chevalerie, l'idée d'un gentilhomme d'une naissance sans tache, d'une bravoure à toute épreuve, et doué de toutes les autres vertus chevaleresques. Parmi les paladins figurent Roland, Renaud, Ogier le Danois, Olivier, tous les Amadis, Lancelot du Lac, et la plupart des héros de nos légendes chevaleresques.

PALÆOGRAPHIE (du grec *palœos*, ancien, et *graphia*, écriture), science des anciennes écritures, et surtout des écritures du moyen âge. Le meilleur ouvrage palœographique est la *Diplomatique* de Mabillon.

PALÆONTOLOGIE (du grec *palœos*, ancien, *ontos*, génitif de *ôn*, être, et *logos*, discours, étude). On appelle ainsi la science qui traite des animaux et des végétaux fossiles, c'est-à-dire des êtres organisés enfouis dans la terre à une époque indéterminée. Les corps des animaux renferment des parties solides et imputrescibles, telles que les os, dont la forme ne s'altère point par la mort de l'être auquel elles ont appartenu. Ces parties sont les seules qui nous aient été conservées dans le sein des couches de terres où elles ont été successivement ensevelies par les alluvions et les révolutions du globe ; c'est ce qu'on appelle des *fossiles*. Avec la connaissance des diverses pièces fossiles, et soutenue par l'étude approfondie de la contexture corporelle des animaux actuellement existants, la palœontologie s'est élevée jusqu'à la connaissance des anciens animaux eux-mêmes. Les plus curieux d'entre les animaux fossiles reconstruits sont le *mammouth*, le *palœothérium*, le *mastodonte*, le *plésiosaure*, l'*ichthyosaure*, l'*anoplothérium*, le *ptérodactyle*.

PALÆOTHÉRIQUE (GROUPE), épithète

donnée par certains auteurs au groupe de terrains vulgairement appelés *terrains tertiaires* parce que les palæothériums se trouvent dans cette espèce de terrains que l'on a encore appelés terrains de la période palæothérienne.

PALÆOTHÉRIUM, genre d'animaux fossiles reconstruit par Cuvier, pour des quadrupèdes de l'ordre des pachydermes, voisins des tapirs. On compte environ douze espèces de ces animaux. Le *palœothérium grand* avait la taille d'un cheval. Son poil était ras. Il ressemblait à un tapir monstrueux. Le *palœothérium moyen* était un tapir de la taille d'un cochon ; le *palœothérium court* avait celle d'une brebis, et le *palœothérium petit*, celle d'un petit chevreuil. Ces animaux fossiles ont été trouvés en France, en Allemagne et dans d'autres pays.

PALAFOX (Jean DE), d'une famille d'Aragon, né en 1600, fit partie du conseil de guerre de Philippe IV. Entré dans l'état ecclésiastique, il devint en 1639 évêque de los Angelos (Angelopolis) dans le Mexique, avec le titre de juge de l'administration des trois vice-rois des Indes. Ce prélat ne négligea rien pour améliorer le sort des naturels. Un démêlé fort vif qu'il eut avec les jésuites de son diocèse l'ayant ramené en Espagne, son esprit et sa piété plurent tant au roi d'Espagne, qu'il le fit évêque d'Osma en 1653. Il mourut en 1659. On a de lui plusieurs ouvrages. Le roi d'Espagne demanda à Clément XIII et à Clément XIV la canonisation de Palafox ; mais cette affaire fut abandonnée après la mort de ces deux pontifes.

PALAFOX Y MELZI (Don Jose DE), de la même famille que le précédent, naquit en 1780. Admis de très-bonne heure dans la maison militaire du roi, il commanda en second, sous le marquis de Castellar, la garde à laquelle fut confié le prince de la Paix, après son arrestation à Aranjuez. Il vivait dans une de ses terres, près de Saragosse en 1808, lorsque, nommé par le capitaine général d'Aragon, D. Juan Guillermi, pour répondre sur sa conduite, il fut proclamé par le peuple capitaine général. Son premier acte fut de déclarer la guerre à la France. Son intrépidité sauva Saragosse contre l'attaque dirigée par le général français Lefebvre-Desnouettes, qui fut forcé de se retirer après soixante et un jours de siège le plus meurtier. La ville fut investie une seconde fois le 27 novembre par une armée aux ordres des maréchaux Moncey et Mortier, puis du maréchal Lannes, et se défendit avec une incroyable énergie. Malade depuis longtemps, l'héroïque Palafox remit, le 20 février, le commandement au général Saint-Marc, qui capitula le lendemain. Le second siège avait coûté quatre-vingt-six jours, et coûté la vie à 54,000 personnes. Envoyé prisonnier en France, Palafox revint en 1813 en Espagne, où il reprit ses anciennes fonctions. Resté sans emploi de 1820 à 1823, il se déclara pour Isabelle II.

PALAIS, édifice d'une architecture magnifique, servant de demeure aux riches et aux puissants. L'origine du mot *palais* est dans le mot *palatium*, désignant la demeure impériale qu'Auguste se fit élever sur le mont Palatin. Le plus beau palais de l'ancienne Rome était celui que fit construire Néron sur les monts Palatin, Esquilin et Cœlius, et que l'on appelait *Domus aurea* (maison dorée) à cause de la prodigieuse quantité d'or, d'argent et de marbre dont il était embelli. Les villes d'Italie sont aujourd'hui peuplées de palais magnifiques, résidence des nobles ou des souverains. En France, les deux demeures royales sont le palais du Louvre et celui des Tuileries. On remarque aussi le *Palais-Royal*.

PALAIS-CARDINAL. Voy. PALAIS-ROYAL.

PALAIS-ROYAL, palais situé à Paris, dans la rue Saint-Honoré. Bâti en 1629, sur les dessins de Lemercier, et à la place des anciens hôtels de Mercœur et de Rambouillet, par le cardinal de Richelieu, il prit d'abord le nom de *Palais-Cardinal*.

Richelieu le légua en 1642 à Louis XIII, qui y fixa sa demeure. Il prit dès lors le nom qu'il porte aujourd'hui. Louis XIV céda en 1692 le Palais-Royal à son frère Philippe, duc d'Orléans, et à tous ses descendants mâles, qui en firent leur demeure jusqu'en 1793. Il fut occupé par le tribunat depuis 1803 jusqu'à sa suppression, en 1815 par Lucien Bonaparte, et enfin après la restauration par la famille d'Orléans jusqu'à son avénement au trône (1830). La plus grande partie du Palais-Royal est maintenant louée à diverses industries. Ses galeries sont encore un des plus riches bazars de l'univers, et son théâtre attire une foule considérable.

PALAIS DES PONTIFES (en latin; *regia pontificum*), palais de Rome ancienne, où le roi sacrifices s'acquittait de ses fonctions, et où le grand pontife assemblait ses collègues pour y faire leurs cérémonies. On y voyait une lance appelée *Mars*, que Romulus y avait fait mettre, et l'on y portait tous les ans la tête du cheval October, immolé dans le Champ-de-Mars au dieu de la guerre.

PALAIS, en anatomie, voûte ou partie supérieure de la bouche. Elle est formée par les os maxillaires et palatins, bornée en avant par l'arcade alvéolaire et les dents de la mâchoire supérieure, en arrière par le voile du palais, revêtue d'une membrane parsemée de nombreux follicules muqueux, et divisée en deux parties latérales par une ligne médiane.

PALAIS, partie supérieure du fond de la corolle dans les fleurs monopétales irrégulières, comme les labiées.

PALAIS (LE), capitale de l'île de Belle-Ile, chef-lieu de canton du département du Morbihan, dans l'arrondissement et à 12 lieues de Lorient. Sa population est de 2,500 habitants.

PALAIS (SAINT-), petite ville du département des Basses-Pyrénées, une des plus anciennes capitales de la Navarre française, avec portes et murailles, sur une hauteur baignée par la Bidouze, chef-lieu de canton dans l'arrondissement et à 4 lieues de Mauléon. Sa population est de 1,100 habitants. Elle a le tribunal de première instance de l'arrondissement.

PALAISEAU, bourg du département de Seine-et-Oise, le long d'une vallée, sur l'Yvette, autrefois marquisat, aujourd'hui chef-lieu de canton de l'arrondissement et à 3 lieues de Versailles, à 4 lieues et demie de Paris. Sa population est de 1,700 habitants. On y voit plusieurs maisons de campagne.

PALAMÈDE, fils de Nauplius, roi d'Eubée, et descendant de Bélus, usa de ruse pour amener au siège de Troie Ulysse, qui feignait d'être fou. Il mit le jeune Télémaque devant la charrue dont Ulysse se servait, et le força de renoncer à la feinte en écartant son fils. Ulysse résolut de s'en venger. A cet effet il corrompit un de ses esclaves, l'engagea à enfouir une somme considérable dans la tente de Palamède, qu'il vint ensuite accuser devant les Grecs d'entretenir avec Priam des relations secrètes. Il en donna pour preuve la somme que Priam avait envoyée à ce prince, et que l'on trouva enfouie dans la tente. Palamède eut beau protester de son innocence, il fut lapidé à la tête de l'armée. On attribue à Palamède l'invention des six lettres de l'alphabet grec, Θ, Ψ, Χ, Φ, Π, Ω, des poids, des mesures, des dés et du jeu d'échecs. Il fut le premier qui eut ranger un bataillon, placer des sentinelles autour d'un camp, et inventa le mot d'ordre.

PALAMMÉENS, dieux malfaisants, toujours occupés à nuire aux hommes. Ils sont les mêmes que les dieux Telchines. Jupiter était surnommé *Palamméen* quand il punissait les coupables.

PALAMOS, petite, mais forte ville d'Espagne, en Catalogne, avec un port sur la Méditerranée, à 19 lieues de Barcelone, 25 de Perpignan. Les Français la prirent en 1694. Il y a une bonne citadelle.

PALAMPORE, châle à fleurs que portent en Orient les personnes d'un haut rang.

PALAN, terme de marine, assemblage de deux poulies à un ou plusieurs rouets, chacune avec son cordage, servant à former une puissance, soit dans certaines parties de la manœuvre d'un vaisseau, soit pour enlever les fardeaux. — *Palanquer*, c'est se servir des palans.

PALANCHE, instrument de bois, long de deux pieds, large d'un pouce environ, un peu concave dans le milieu, aux bouts duquel a deux entaillures dont y accrocher deux seaux d'eau, qu'on porte ainsi sur l'épaule. — C'est aussi une étoffe grossière avec laquelle on double les capotes des matelots.

PALANQUIN, espèce de litière que l'on porte sur les épaules dans les pays chauds. Les palanquins sont ordinairement découverts et surmontés d'un dais porté aussi par des esclaves. On en fait usage en Chine, dans l'Inde et en Amérique.

PALAOS. Voy. PELEW.

PALAPRAT (Jean DU BIGOT-), né à Toulouse en 1650 d'une famille de robe, se distingua de bonne heure par son talent pour la poésie. Créé capitoul en 1675 et chef du consistoire en 1684, il se fixa ensuite à Paris, où le duc de Vendôme se l'attacha en qualité de secrétaire, et où il se lia avec l'abbé Brueys. Ils composèrent en commun une foule de pièces qui obtinrent assez de succès. Palaprat mourut en 1721.

PALARDEAUX, terme de marine, bouts de planche garnis de bourre et de goudron pour boucher les trous du bordage.

PALASTRE, boîte de fer qui fait la partie extérieure d'une serrure, et sur laquelle les pièces sont montées.

PALATIN (MONT), la plus haute des sept collines de Rome, près de la rive orientale du Tibre. Ce fut là que Romulus jeta les premiers fondements de la capitale du monde. Auguste y éleva à Apollon un temple dans lequel étaient déposés les livres sibyllins, et où il y forma une bibliothèque très-riche, célèbre sous le nom de bibliothèque d'Apollon Palatin. Sur le mont Palatin se célébraient les fêtes de Mars et les jeux palatins. — L'origine de ce mot vient, dit-on, de la déesse *Palès*, ou bien de *Pallantia*, ville d'Arcadie, patrie du roi Evandre, qui fonda sur ce mont une ville et la métropole; ou bien encore du mot *palantes*, errants, parce que les habitants de ces contrées étaient errants avant l'arrivée d'Evandre; ou bien enfin de *palare* ou *balare*, qui signifie bêler, parce qu'on y menait paître des troupeaux.

PALATIN, dignité créée par l'empereur Othon Ier pour des officiers du palais royal ou impérial, dont la fonction était de surveiller les serfs et d'empêcher leurs empiétements. L'institution des officiers ou comtes palatins était calquée sur celle des anciens *missi dominici* de Charlemagne, mais elle ne tarda pas à dégénérer; car ces dignitaires, qui disparurent réduits à l'impuissance par les ducs auprès desquels ils résidaient, ou bien devinrent eux-mêmes princes indépendants. Pour punir le comte de Franconie, Conrad, de la trahison de son père, Othon donna la dignité de *comte palatin du Rhin* à Hermann, troisième fils d'Arnulf, duc de Bavière, et y attacha des terres et des châteaux situés le long du Rhin, donations qui, accrues par la ruine des ducs de Franconie, firent du comte palatin du Rhin un des plus puissants princes de l'Allemagne. Voy. PALATINAT. — En Pologne, les *palatins* étaient les gouverneurs des provinces. — En Hongrie, on donne le titre de *palatin* au principal magnat, choisi par l'assemblée nationale sur la liste de quatre candidats présentés par les fonctionnaires, et ne cède la préséance qu'à l'archevêque de Gran. Il remplit les fonctions de vice-roi.

PALATINAT (en allemand *Pfalz*), ancienne province d'Allemagne, divisée en haut et bas Palatinat. — Le *haut Palatinat* était une province de 250 lieues carrées et de 283,775 habitants, comprise entre la Bohême, la Bavière, le territoire de Nuremberg, le duché de Neubourg et la principauté de Baireuth. Sa capitale était *Amberg*. Il est aujourd'hui compris dans les cercles bavarois de la Regen et du Haut-Mein. — Le *bas Palatinat* ou *Palatinat du Rhin*, situé en grande partie sur la rive gauche de ce fleuve, était une province de 150 lieues carrées et de 305,000 habitants, comprise entre la Lorraine, l'Alsace, l'évêché de Mayence et les territoires de Trèves, de Bade, de Wurtemberg et de Katzenellnbogen. Ses villes principales étaient *Manheim* et *Heidelberg*. Il est aujourd'hui réparti entre la Hesse, la Bavière et le grand-duché de Bade. — Le Palatinat fut donné par Othon Ier à Hermann, troisième fils d'Arnulf, duc de Bavière. Après la mort de son fils Hermann II, l'empereur Frédéric Ier donna en 1156 l'investiture du Palatinat à son frère Conrad, dont la fille Agnès le porta dans la maison de Bavière par son mariage avec Henri, fils de Henri le Lion. La fille de ce prince épousa Othon II de Vittelsbach, qui hérita ainsi du Palatinat et le réunit à la Bavière. La maison de Bavière se divisa en 1255 en deux maisons : la maison ducale, dont le chef fut Henri, fils d'Othon II ; et la maison palatine ou électorale, parce qu'elle possédait la dignité électorale, dont le chef fut Louis II, frère de Henri. La dignité d'électeur palatin passa à Rodolphe, son fils aîné, et à ses descendants, qui s'éteignirent en 1559. L'électorat échut alors à Frédéric III, de la branche collatérale de Simmern, descendue d'Etienne, fils de l'empereur Robert III, arrière petit-fils de Rodolphe. Frédéric V, arrière-petit-fils de Frédéric III, ayant accepté la couronne de Bohême, fut privé du haut Palatinat, qui fut donné à la Bavière, et qui garda la dignité électorale. On créa pour la maison Palatine une huitième dignité électorale. La branche de Simmern s'éteignit en 1685, et le bas Palatinat passa à Philippe-Guillaume, palatin de Neubourg, qui descendait de Louis le Noir des Deux-Ponts, second fils d'Etienne. En 1777, l'ancienne branche de Bavière s'étant éteinte, le Palatinat fut réuni à la Bavière. La paix de Lunéville (1801) divisa le Palatinat comme il l'est actuellement.

PALATINE, fourrure que les femmes portent sur leur cou en hiver.

PALATINS (JEUX), jeux institués par Livie en l'honneur d'Auguste, ou, selon d'autres, par Auguste lui-même, en l'honneur de Jules César. Ils prirent leur nom d'un temple situé sur le mont Palatin, où on les célébrait tous les ans pendant huit jours, à partir du 15 décembre.

PALATINS, surnom donné aux prêtres saliens à Rome.

PALATINS (Os), os qui concourent à la formation de la voûte du palais, en s'articulant avec les os maxillaires supérieurs.

PALE, terme en usage chez les catholiques, et désignant un carton carré, garni en dessous de toile blanche, et en dessus de divers ornements, qui sert à couvrir le calice quand on dit la messe. — En hydraulique, la *pale* est une petite vanne qui sert à ouvrir et fermer la chaussée d'un moulin ou d'un étang, à faire arriver l'eau sur la roue d'un moulin. — C'est le bout plat d'une rame, d'un aviron, qu'on nomme aussi la *pelle*; c'est la partie qui entre dans l'eau.

PALÉACÉ, terme qui s'emploie, en botanique, dans deux acceptions différentes : 1º on l'applique aux objets dont l'apparence, la nature, la couleur ou la consistance sont celles de la paille (en latin *palea*); 2º on l'applique au clinanthe des synanthérées par exemple, et il signifie alors, formé ou garni de paillettes.

PALÉE, terme d'architecture hydraulique, rang de pieux espacés assez près les uns des autres, boulonnés de chevilles de fer, et enfoncés avec le mouton suivant le fil de l'eau, pour porter quelque fardeau de maçonnerie ou les travées d'un pont de bois.

PALEFROI, vieux mot français, qui désigne soit le cheval de parade des souverains, des princes, des paladins, soit le cheval doux et bien dressé que montaient les dames nobles. Les plus célèbres palefrois sont Babiéca, palefroi du Cid, Bayard de Renaud, Bride-d'or et Vieillantin de Roland, Beiffror et Flori d'Oger le Danois, Passebreul de Tristan, Rabican de Roger, Tachebrun de Ganélon ; Entencendur de Charlemagne.

PALEMBANG, royaume de l'île de Sumatra, situé au N.-E., conquis en partie par les Hollandais. Il est gouverné par un sultan malais dont le pouvoir est absolu. Son territoire est fertile en poivre, coton, riz, tabac, indigo, benjoin, bois d'ébène, etc. Les habitants sont presque tous mahométans — La capitale est PALEMBANG, ville de 25,000 habitants, bâtie sur pilotis, sur les bords du Mousi, à 25 lieues de la mer. Elle a des relations étendues avec toutes les îles malaises, l'Inde, l'empire Birman, le Siam, l'Annam et la Chine.

PALÉMON (myth.), dieu marin, fils d'Athamas et d'Ino, porta d'abord le nom de *Mélicerte*. Palémon présidait aux ports et portait encore le nom de *Portumne*.

PALÉMON. Voy. RHEMMIUS.

PALÉMON, genre de crustacés de l'ordre des décapodes, famille des macroures, tribu des salicoques, renfermant des animaux dont le corps est arqué, comme bossu, d'une consistance moindre que dans la plupart des crustacés; la queue très-comprimée, courbée en dessus et terminée par une nageoire. De la partie antérieure du milieu du dos s'avance une espèce de bec comprimé en lame d'épée, et dont les bords sont dentelés de chaque côté. Les antennes intermédiaires sont formées de trois filets, dont deux sont très-longs et presque filiformes. Les *palémons* sont des crustacés marins, que l'on recherche à cause de la bonte de leur chair, et qui sont plus connus sous le nom vulgaire de *chevrettes* ou *crevettes*.

PALEMPUREZ. On appelle ainsi dans le commerce des tapis de toile peinte qui viennent des Indes orientales.

PALENCIA, province d'Espagne, comprise dans l'ancienne province de Léon, et bornée au N. par celle de Santander, au S. par celle de Valladolid, à l'O. par celle de Léon, et à l'E. par celle de Burgos. Sa superficie est de 170 lieues carrées, et sa population de 118,000 habitants. Le climat est tempéré, mais malsain à cause des marais. Le pays est montueux dans le nord, et abonde en vins et en bestiaux.

PALENCIA, ancienne ville d'Espagne, capitale de la province de ce nom, sur le Carrion, à 26 lieues de Léon. Sa population est de 9,500 habitants. Elle a un évêché, une belle cathédrale, des rues remarquables, des fabriques de chapeaux et de couvertures. Son université, fondée en 1209, a été transférée à Salamanque.

PALENQUE, ancienne ville de la république mexicaine, dont les ruines découvertes vers 1750, et explorées pour la première fois en 1787, occupent un espace d'environ 8 lieues, au pied d'une chaîne de collines qui sépare l'Etat de Yucatan, où elles sont situées, de la république de Guatemala. En 1787, il y avait quatorze édifices encore debout autour du grand temple ; en 1807, il n'y en avait plus que onze. Le principal, le grand temple, est une masse de construction pyramidale comme chez les Egyptiens, assise sur une base présentant un parallélogramme de mille quatre-vingts pieds de tour et soixante de haut.

PALÉO. Voy. par PALÉO les mots qui ne se trouvent pas ici.

PALÉOLOGUE, famille célèbre qui posséda le trône de Constantinople depuis la chute de l'empire latin (1261) jusqu'à la destruction de l'empire grec par les Turcs (1453). Les empereurs de la maison des Paléologue furent MICHEL VIII, qui, successeur de Jean IV Lascaris au trône de Nicée, reprit Constantinople sur les Latins en 1261, et mourut en 1283. — ANDRONIC II, qui règne de 1283 à 1328. — ANDRONIC III, dit *le Jeune*, qui règne de 1328 à 1332. — JEAN V, qui règne conjointement avec Jean Cantacuzène de 1332 à 1355, et seul de 1355 à 1390. — ANDRONIC IV, qui règne de 1390 à 1391. — MANUEL II, qui règne de 1391 à 1425. — JEAN VI qui règne de 1425 à 1448, et CONSTANTIN XII, dernier empereur grec, qui règne de 1448 à 1453, et meurt à la prise de Constantinople par Mahomet II. — André Paléologue, neveu de Constantin et despote de Morée, fut l'héritier des droits de sa famille à l'empire. Il les céda en 1494 à Charles VIII, roi de France, et en 1500 à Ferdinand, roi d'Aragon, et à Isabelle, reine de Castille.

PALÉOSAURES, famille introduite par les naturalistes modernes dans l'ordre des reptiles sauriens pour y ranger des animaux de cet ordre dont les espèces sont perdues. Les paléosaures, dont les deux genres sont l'*ichthyosaure* et le *plésiosaure*, différaient des autres sauriens par la conformation de leurs membres, qui, au lieu de se terminer par des pieds propres à la marche, présentaient à leur extrémité une large nageoire presque entièrement semblable à celle des poissons. Ils passaient leur vie dans le sein des eaux marines, et cependant ils devaient avoir besoin de respirer plus fréquemment qu'aucun des reptiles vivants, puisque leurs poumons étaient plus développés.

PALÉPHATE, ancien poëte, philosophe ou plutôt grammairien, né à Athènes ou à Paros, et contemporain de Thucydide selon Suidas. Cependant on le place communément entre le siècle d'Aristote et celui d'Auguste. Il a fait un ouvrage intitulé : *De incredibilibus*, ou des choses incroyables, dans lequel il cherchait à expliquer la fable par l'histoire, et qui était divisé en cinq livres, dont le premier seul est parvenu jusqu'à nous. On lui attribue aussi un poëme sur la création du monde ou *Cosmopée*, que d'autres mettent sur le compte d'un autre Paléphate, antérieur à Homère.

PALÉPOLIS (c'est-à-dire l'*ancienne ville*), ville de Campanie, située près de la côte et de Néapolis (*la nouvelle ville*), aujourd'hui Naples. Elle en était si voisine qu'elle y fut par la suite enclavée et perdit son nom. Les Romains s'en emparèrent l'an 326 avant J.-C.

PALERME, ville ancienne, grande et belle, capitale de la Sicile et de l'intendance qui porte son nom, dans la Val-di-Mazzara, environnée d'une plaine agréable et fertile, et sur la bord du golfe de son nom, à 82 lieues de Naples et 53 de Messine. Son port, l'un des plus beaux de la Méditerranée, et défendu par deux forts, est très-fréquenté. Deux principales rues qui se croisent divisent la ville en quatre grands quartiers, et forment une place magnifique au point de leur intersection. Palerme abonde en édifices publics, églises, places et fontaines superbes. Elle a une université fondée en 1374, et qui possède une bibliothèque de 30,000 volumes et un observatoire dû aux Sarrasins, un musée, des sociétés savantes, trois théâtres ; c'est la seule ville d'Italie que l'on éclaire la nuit, et la seule de Sicile où l'on batte monnaie. Elle est la résidence du vice-roi, le siége des administrations supérieures de l'île et d'un archevêché. Sa population est de 158,000 habitants. Palerme est le port le plus important de la Sicile pour l'exportation des produits de l'île, qui consistent en céréales, vin, huile, fruits, manne et soie. — Fondée par une colonie phénicienne, elle portait le nom de *Panormus* lorsque les Romains s'en emparèrent l'an 250 avant J.-C. Les Normands en firent la conquête en 1072, et depuis cette époque elle a été la capitale de l'île. La cour de Naples y fit même sa résidence de 1806 à 1814.

PALERON, mot vulgaire par lequel on désigne dans les quadrupèdes, tels que le cheval par exemple, tantôt l'omoplate seule, tantôt l'épaule revêtue de ses parties molles.

PALÈS (myth.), déesse des bergers, en l'honneur de laquelle les Romains célébraient des fêtes appelées *Palilies*. Voy. ce mot.

PALES COULEURS, nom vulgaire d'une maladie qui attaque spécialement les jeunes filles, et qui est ainsi appelée à cause du changement qu'elle produit dans la couleur des téguments. Le nom scientifique est *chlorose*.

PALESTE, mesure grecque de longueur, la même que le *doron* ou le *palme*. C'était la quatrième partie du pied olympique, et la sixième de la coudée. Sa valeur était de 7 centimètres 70647 cent-millièmes.

PALESTINE, contrée de l'Asie, que l'on appelle encore *terre sainte*, et que les Arabes nomment *Falesthinn*. Elle est située dans la province de Syrie, et bornée à l'O. par la Méditerranée, au S. par l'Arabie, au N. par la Syrie propre, à l'E. par les monts d'au delà du Jourdain. C'est un pays aride, inculte et presque désert, habité seulement par des Juifs pauvres, des Samaritains et des chrétiens, infesté d'Arabes Bédouins dont les caravanes et les voyageurs sont forcés d'acheter la protection. La Palestine fait partie du pachalik de Damas, et comprend les sandjiakats de Naplouse, de Razzé et de Jaffa. La capitale de la Palestine est JÉRUSALEM. — Jadis l'entrée des Israélites, la Palestine était occupée par les Cananéens et divisée en divers petits royaumes. Partagée d'abord en douze tribus, puis en deux royaumes, composés, l'un, celui de Juda, de deux tribus, l'autre, celui d'Israël, des dix autres, elle devait à la venue de Jésus-Christ divisée en six provinces : trois à l'O. du Jourdain ; la *Galilée*, la *Samarie* et la *Judée* ; trois à l'E. : la *Balanée*, l'*Auranitide* et la *Pérée*. Quelques-uns y ajoutent les petits pays de *Trachonitide* et d'*Iturée*. Sous Adrien, la Palestine fut une province de la grande province d'Orient ; sous Constantin, elle forma avec l'Arabie trois provinces du diocèse d'Orient, dans la préfecture d'Orient.

PALESTRE (du grec *Palestra*, fille de Mercure à laquelle on attribue l'invention de la lutte, en grec *palè*), espèce d'école publique, presque la même que le gymnase, où l'on formait les athlètes aux différents exercices du corps. Les jeux qui y étaient en usage s'appelaient *cœreices palestriques*. Ils étaient au nombre de neuf : la lutte, le pancrace, le pugilat, la course, l'hoplomachie, le saut, le disque, le trait et le cerceau.

PALESTRINA (Jean-Baptiste-Pierre-Aloïs DE), célèbre compositeur italien, proclamé par ses contemporains le *prince de la musique*, naquit à Palestrine en 1529, et prit, selon l'usage, le nom du lieu de sa naissance. Son mérite est d'avoir le premier mis en pratique toute la théorie de l'art, en se proposant la plus rigoureuse observation des règles. Il n'a composé que de la musique d'église, et la plupart de ses compositions sont regardées comme des chefs-d'œuvre. Il mourut en 1594, maître de la chapelle de Saint-Pierre de Rome, où il fut enterré. L'une des plus remarquables de ses œuvres est la fameuse *Messe* du pape Marcel, par laquelle il arrêta le décret que ce pape allait lancer pour la suppression de la musique dans les églises, un *Stabat*, et le motet *Popule meus*.

PALESTRINA, ville d'Italie, dans la province et à 8 lieues de Rome, au penchant d'une montagne. Elle a un évêché et 3,000 habitants. — Cette ville est l'ancienne *Préneste*, capitale des Eques, fondée, selon les uns, par Telegonus, fils d'Ulysse et de Circé, ou, selon d'autres, par Cæculus, fils de Vulcain. Les Prénestins quittèrent le parti des Latins pour celui des Romains, l'an 501 avant J.-C., et se révoltèrent ensuite plusieurs fois. Marius s'y retira, et s'y fit donner la mort pour un de ses esclaves pour échapper à Sylla, et ce dernier, quand il fut maître de la ville, fit sortir tous les Romains et massacrer tous les Prénestins. Le territoire de la ville fut confisqué au profit du peuple romain. Préneste renfermait un temple célèbre dédié à la Fortune. On en voit encore des restes, et c'est dans une de ses salles que l'on a découvert la mosaïque de Palestrine, morceau très-bien conservé, sur lequel est figurée une scène de l'histoire ou des mœurs de l'Égypte.

PALET, morceau de pierre, de fer ou de cuivre, épais de trois ou quatre doigts, un peu ovale et long de plus d'un pied, qui servait dans le jeu du disque. La victoire était pour celui qui l'avait lancé plus haut et plus loin que les autres. Avant de pousser le palet ou disque, on avait soin de le frotter de sable ou de poussière, ainsi que la main qui le soutenait, afin de le tenir plus ferme. Sa pesanteur était telle que, lorsqu'on voulait le transporter, on le mettait sur l'épaule.

PALETTE, petite plaque de bois, ronde ou ovale, armée d'un manche, et dont les enfants se servent pour jouer au volant. — Ce mot s'applique aussi, en peinture, à une petite planchette de bois très mince et cependant très-dure, de forme ordinairement ovale, et portant à une de ses extrémités un trou qui laisse passer le pouce de la main gauche des peintres lorsqu'ils travaillent. C'est sur la palette que sont rangées les couleurs. — En médecine, la palette est un petit vase d'une capacité connue, destiné à recevoir le sang. Comme la palette ordinaire contient quatre onces, une saignée de deux palettes est une saignée de huit onces.

PALÉTUVIER, nom donné à plusieurs espèces d'arbres originaires des régions intertropicales, et dont le caractère commun est d'avoir les racines baignées par les eaux de la mer. Ce mot est aujourd'hui spécialement réservé au manglier, genre de la famille des loranthées. L'espèce la plus connue est le palétuvier de l'Inde, arbre de troisième grandeur, dont le tronc, haut de trois à quatre mètres, est ordinairement tortueux, et présente un bois dur, rougeâtre, pesant, revêtu d'une écorce épaisse, brune, rugueuse, crevassée que les Chinois recherchent pour la teinture en noir. Ses rameaux, fort nombreux, s'étendent plus flexibles inclinés vers la terre, dans laquelle ils s'enracinent dès qu'ils parviennent à la toucher. Les feuilles sont très-grandes, vertes, terminées en pointes, opposées ; les fleurs sont d'un jaune verdâtre, et forment un long tube renflé vers le bout et se terminant en pointe.

PALEUR, état de coloration du visage quand une cause quelconque lui a fait perdre de son éclat en diminuant la quantité de sang qui circule dans les vaisseaux capillaires de la face. — Les Romains en avaient fait un dieu qui avait ses prêtres, les palloriens, pris parmi les anciens prêtres de Mars, parce que la Pâleur est inséparable de Mars. On sacrifiait à la Pâleur un chien et une brebis. Tullus Hostilius, roi de Rome, sur le point d'être vaincu, voua un temple à la Pâleur et à la Crainte, et ce temple fut élevé hors de la ville.

PÂLI (LANGUE), langue sacrée de l'Indo-Chine ou de la presqu'île transgangétique, l'un des dialectes du sanskrit, et celui qui s'en rapproche le plus. Le pali est la langue des prêtres de Bouddha. Son alphabet est dérivé d'un ancien alphabet bouddhique formé sur le modèle du devanagari.

PALIACATE, ville de l'Indoustan, dans la province de Carnate, sur la côte de Coromandel, à 96 lieues de Masulipatnam. Les Hollandais y avaient autrefois un comptoir. Cette ville est surtout remarquable par ses fabriques de mousselines.

PALIBOTHRA, la plus riche et la plus grande ville de l'Inde au temps d'Alexandre, au confluent du Gange et du Jomanès. Elle était la capitale des Prasii ou Prasiens, qui en ont quelquefois reçu le nom de Palibothri, ainsi que tous les habitants du pays compris entre le Gange et l'Indus.

On en voit encore les ruines près d'Allahabad.

PALICE (Jacques II DE CHABANNES, seigneur DE LA), l'un des plus grands capitaines de son temps, gouverneur du Bourbonnais, de l'Auvergne, du Forez, du Beaujolais, du Lyonnais, suivit Charles VIII à la conquête de Naples et Louis XII à celle du Milanais. Il contribua au gain de la bataille de Ravenne en 1512, et fut fait prisonnier l'année suivante à la journée des Éperons. Il échappa à ceux qui l'avaient arrêté, et rendit l'Espagne, la Provence et l'Italie témoins de ses exploits. Il fut tué à la bataille de Pavie en 1525. François Ier l'avait fait maréchal de France. La chanson que le peuple chante encore aujourd'hui atteste, malgré son ridicule, la gloire de ce héros.

PALICES (myth.), nom donné à deux frères jumeaux, fils de Jupiter et de la nymphe Etna ou Thalie, parce que celle-ci, voulant se soustraire à la fureur jalouse de Junon, pria son amant de la cacher dans les entrailles de la terre, et que, lorsque son terme fut arrivé, la terre s'entr'ouvrit pour laisser sortir ses deux fils, qui revinrent ainsi du fond de la terre (palin iconto). Le culte des frères Palices était extrêmement répandu en Sicile ; ils y avaient un temple magnifique, près duquel étaient deux petits bassins d'eau bouillante et sulfureuse, redoutables aux parjures. Après s'y être purifié par un bain, on prêtait un serment. Si l'on avait l'intention de violer sa promesse, on tombait dans le lac ou l'on mourait en revenant. Les temples des Palices servaient d'asile aux esclaves fugitifs. Dans l'origine, on offrait à ces divinités des victimes humaines ; plus tard, on ne leur offrit plus que des fruits.

PALIER ou REPOS, espace carré ou sorte de grande marche au tournant d'un escalier. On appelle demi-palier un palier qui est carré sur la longueur des marches ; palier de communication, le palier qui sépare deux appartements de plain-pied, et leur sert de communication.

PALIFICATION, terme d'architecture hydraulique, action de fortifier un sol avec des pilotis.

PALILIES, fêtes que les Romains célébraient tous les ans le 21 avril, anniversaire du jour de la fondation de Rome, en l'honneur de la déesse Palès. Ce jour-là, les bergers se purifiaient avec des parfums mêlés avec du sang de cheval, des cendres d'un veau nouvellement tué et des tiges de fèves. Ils purifiaient aussi les bergeries avec de l'eau, du soufre, de l'olivier, du pin et du romarin, offraient à la déesse du lait, du vin cuit et des gâteaux de millet, et faisaient tourner les troupeaux autour de l'autel pour écarter les loups. Une cérémonie essentielle à la fête était de mettre le feu à des tas de paille sur lesquels les bergers passaient en sautant.

PALIMPSESTE (des deux mots grecs palin, de nouveau, et psestos venu de psaô, racler, polir), nom donné à des parchemins manuscrits que l'on faisait gratter pour y écrire de nouveau. C'est dans le moyen âge surtout que le défaut de science et d'industrie la fois rendit commun l'usage des palimpsestes. On détruisit un grand nombre d'ouvrages précieux pour y écrire des légendes. Le bibliothécaire du Vatican, Angelo Maï, est parvenu à retrouver, sous la nouvelle écriture des palimpsestes, des fragments assez considérables d'auteurs anciens, de Fronton, de Symmaque, de Dion Cassius, des lettres d'Antonin et de Marc Aurèle, et en 1822 le Traité de la république de Cicéron, presque tout entier. L'historien Niebuhr a tiré des palimpsestes de Vérone les Institutes de Gaïus.

PALINGÉNÉSIE (des deux mots grecs palin, de nouveau, et génésis, naissance), régénération des êtres. Les stoïciens admettaient une palingénésie universelle, et les Gaulois croyaient qu'après un certain nombre de révolutions l'univers serait dissous par l'eau et par le feu, et qu'il re-

naîtrait de ses cendres ; ils prétendaient qu'ainsi rien ne se détruisait, opinion adoptée par la science moderne pour le monde physique aussi bien que pour le monde intellectuel.

PALINOD ou PALINOT. On nommait autrefois ainsi un poëme en l'honneur de l'immaculée conception de la sainte Vierge. On donnait un prix à la meilleure pièce de ce genre, à Rouen, à Caen et à Dieppe.

PALINODIE (des deux mots grecs palin, de nouveau, et odé, chant), chant dans lequel le poëte exprime une rétractation de ce qu'il a dit dans un ouvrage antérieur. Tel est du moins le sens qu'il avait dans l'antiquité. On attribue la première palinodie au poëte Stésichore, qui fut privé de la vue par les Dioscures pour avoir calomnié Hélène leur sœur, et qui composa, en manière de rétractation, un poëme où il exaltait sa beauté et sa vertu. De nos jours, chanter la palinodie a été étendu à tout changement dans les paroles ou dans les actions, à tout désaveu sérieux, ou bien à toute louange qui loue tour à tour et par intérêt le vice et la vertu.

PALINURE (myth.), pilote du vaisseau d'Énée, qui, étant tombé dans la mer durant son sommeil, fut jeté après quatre jours sur la côte d'Italie près de Vélie ou d'Élée, dont les habitants laissèrent son corps sans sépulture sur le rivage. Au retour des enfers, Énée lui éleva un tombeau sur un cap de la Lucanie, entre Élée et l'embouchure du fleuve Melpès, et donna à ce cap le nom de Palinure.

PALISOT DE BEAUVOIS (LE BARON Ambroise-Marie-François-Joseph DE), célèbre naturaliste, né à Arras en 1752, se fit recevoir en 1772 avocat au parlement de Paris. Ses observations sur les phytogames lui valurent dès 1781 le titre de correspondant de l'académie des sciences. Il voyagea en Afrique et à Saint-Domingue, où il devint même membre du conseil supérieur du Cap. Ses riches collections furent détruites dans l'incendie du Cap. Il alla ensuite chercher un asile à Philadelphie, où il fit de nouvelles collections qu'il rapporta en France lorsque son nom fut rayé de la liste des émigrés. Admis en 1806 au nombre des membres de l'Institut, il mourut en 1820. Mirbel lui a consacré, sous le nom de belvisia, un genre de la famille des fougères.

PALISSADE. En termes de fortification, c'est un assemblage de pièces de bois de forme triangulaire que l'on emploie pour garnir certains ouvrages de défense, et fortifier tous les postes où l'on craint des surprises et dont les approches sont faciles. La longueur de la palissade est de trois mètres à trois mètres cinquante centimètres ; elle est terminée en pointe par le haut sur une longueur de trente centimètres, et charbonnée au pied pour que la partie enfoncée ne se conserve plus longtemps.

PALISSADES, en termes de jardinage, réunion d'arbres touffus, taillés en forme de mur le long d'une allée ou contre la muraille d'un jardin. Les plus épaisses sont celles de charmes ou charmilles.

PALISSADES DE L'HUDSON, barrière de roches qui borde cette rivière à la hauteur de l'île de Manhattan, et dont les colonies irrégulières présentent la forme de palissades.

PALISSANDRE. Voy. PALIXANDRE.

PALISSE (LA), petite ville de France, chef-lieu de sous-préfecture du département de l'Allier, sur la Besbre, à 12 lieues de Moulins. Sa population est de 3,000 habitants. Elle commerce en toiles, fils, chanvre et blé. Le tribunal de première instance est à Cusset.

PALISSOT DE MONTENOY (Charles), célèbre critique, né à Nancy en 1730 d'un ancien conseiller du duc de Lorraine. Ses progrès furent si rapides qu'à l'âge de treize ans il soutint une thèse de théologie et se fit recevoir à seize ans bachelier dans cette faculté. A dix-neuf ans, il avait composé deux tragédies. Il se lança dans la carrière de la polémique littéraire, et se fit un grand nombre d'ennemis, surtout parmi les encyclopédistes, qu'il attaqua dans sa comédie du *Cercle*, dans ses *Petites Lettres* et dans sa comédie des *Philosophes* (1760). Attaqué avec violence dans tous les mémoires, tous les libelles, toutes les satires du temps, il fit paraître en 1764 le poëme de la *Dunciade*, d'abord en trois puis en dix chants, dans lequel il répondit à ses ennemis par des railleries. Nommé sous le directoire membre du conseil des anciens, plus tard administrateur de la bibliothèque Mazarine et correspondant de l'Institut, il mourut en 1814.

PALISSY (Bernard), né dans le diocèse d'Agen en 1500 selon les uns, en 1524 selon les autres, était si pauvre que ses parents ne purent donner aucun soin à son éducation. Simple portier à Saintes, il y inventa l'art d'émailler les faïences en France, et acquit lui seul et malgré la pauvreté des connaissances fort étendues. Appelé à la cour, il fut nommé intendant des Tuileries, et mourut en 1590. Il était très attaché au protestantisme, qu'il refusa d'abjurer, malgré les prières de Henri III. On a de Bernard Palissy deux ouvrages rares, le *Moyen de devenir riche par l'agriculture*, et *de la Nature des eaux et fontaines, des métaux, sels et salines, des pierres, des terres, du feu et des émaux*.

PALIURE, genre de la famille des rhamnées, renfermant des plantes voisines des jujubiers, indigènes à l'Europe méridionale, et au nombre de trois espèces, dont l'une croît spontanément dans les broussailles et les lieux incultes du midi de la France. C'est le *paliure épineux*, arbuste d'ornement, propre à fournir des haies impénétrables à cause du double aiguillon qui naît à l'extrémité de chaque feuille. Le buisson haut et touffu qu'il forme sort d'une tige tortueuse, dont le bois jaunâtre est recouvert d'une écorce brune et très unie. Ses rameaux cylindriques, fléchis en zigzag, sont étalés et chargés de feuilles alternes, ovales, dentées en scie sur les bords. De mars à juin naissent des fleurs petites, jaunes, auxquelles succède un fruit mûr en automne. Ce fruit est un drupe sec, tronqué, remarquable par une large membrane qui, l'environnant horizontalement, a fait donner à la plante le nom vulgaire de *porte-chapeau*. On s'en sert avec succès dans les hydropisies. Le paliure est dans le Midi appelé *arnaveou* et *argalou*.

PALIXANDRE (prononcez *palissandre*), arbre dont on ignore encore le genre et la famille parce que son bois n'est apporté en Europe que débité. Il croît dans les forêts de la Guyane, non loin des sources du Surinam. Le bois de cet arbre, connu dans le commerce sous les deux noms de *palixandre de Sainte-Lucie* et de *bois violet*, est recherché pour la marqueterie et les archets de violon. On en fait aussi de très jolis petits meubles. Cette espèce est d'une couleur violette, quelquefois marbrée, qui se embrunit avec le temps, et répand un parfum de violette. Son poli est assez brillant, et comme vernissé.

PALLA, longue robe traînante dont se servaient les comédiens romains quand ils représentaient des tragédies. On la nommait aussi *syrma*. — Le nom de *palla* était encore donné à une espèce de manteau qui se mettait par-dessus le *stola*, et qui était si particulièrement réservé aux femmes que les hommes ne pouvaient pas en porter sans se déshonorer.

PALLADE, natif de Cappadoce, solitaire de Nitrie en 388, évêque d'Hélénopolis en Bithynie l'an 401, puis d'Aspone, essuya pour son étroite amitié avec saint Jean Chrysostome de grandes persécutions. Il composa une *Histoire des solitaires*, appelée *Histoire lausiaque* parce qu'il l'entreprit à la prière de Lausus, gouverneur de Cappadoce.

PALLADIO (André), célèbre architecte italien, né à Vicence en 1508, eut pour maître Jean Fontana, et mourut en 1580, laissant un *Traité d'architecture* divisé en quatre livres, et que son mérite a fait traduire dans toutes les langues. Parmi les nombreux édifices qu'on lui doit, on remarque le théâtre *degli Olimpici* à Vicence, le palais des comtes Valmarana, et la basilique du *palais de la Raison* dans la même ville, le palais Foscari, le palais ducal, le monastère des chanoines de Latran, l'église de Saint-Georges le Majeur à Venise. Palladio fut anobli par ses compatriotes.

PALLADIUM, célèbre statue de Pallas ou Minerve, la représentant assise ou, selon d'autres, debout et comme marchant, tenant une pique d'une main, avec une quenouille et un fuseau de l'autre. Cette statue, tombée du ciel, selon les uns, près de la tente d'Ilus, lors de la fondation de Troie, et donnée, selon les autres, par l'Atlantide Electre à son fils Dardanus, était, suivant cette dernière version, formée des os de Pélops. Quoi qu'il en soit, le palladium était la sauvegarde de Troie; aussi Ulysse et Diomède tentèrent-ils de l'enlever. Quelques auteurs disent qu'ils n'enlevèrent point le véritable, et que ce dernier, recueilli par Enée, fut porté par lui en Italie, et conservé avec le plus grand soin dans le temple de Vesta.

PALLADIUM, corps simple métallique, que l'on trouve au Brésil et dans les monts Ourals mélangé avec le platine et l'iridium. Il est gris de plomb ou d'un blanc plus mat que l'argent, malléable, difficilement fusible et formant de petites paillettes. Sa pesanteur est de 11,3 à 11,8. Le palladium a été découvert par Wollaston.

PALLADIUS (Rutilius Taurus Æmilianus), écrivain romain qui, suivant les auteurs de l'*Histoire littéraire de la France*, était fils d'Exsuperantius, préfet dans les Gaules, naquit au commencement du ve siècle, et vécut à la campagne près de Naples. Il est auteur d'un traité d'agriculture : *De re rustica*, le plus ancien ouvrage qui nous soit parvenu sur l'agronomie.

PALLANTÉE, ville d'Arcadie, voisine de Mantinée, bâtie par Pallas, fils de Lycaon, et patrie de cet Evandre qui, étant venu s'établir en Italie, donna le nom de sa ville natale à celle qu'il fonda sur les bords du Tibre, aux lieux où fut plus tard Rome, dont une des collines portait son nom, le mont Pallantin ou Palatin.

PALLANTIDES, fils de Pallas, frère d'Egée, roi d'Athènes, et oncle de Thésée. Ils étaient au nombre de cinquante. Ayant voulu enlever le trône à Thésée, leur cousin germain, ils furent tous tués par ce héros.

PALLAS (myth.), déesse de la guerre que les uns confondent avec Minerve, tandis que les autres l'en distinguent. Apollodore fait de Pallas la fille de Triton, à laquelle Jupiter confia l'éducation de sa fille Minerve. Un jour les deux guerrières en vinrent aux mains; l'égide de Jupiter put seule sauver Minerve, qui tua sa maîtresse et para désormais son bras du bouclier qui lui avait été si utile. Apollodore ajoute que, pour se consoler du regret que lui causait la mort de son institutrice, Minerve fit une image qui lui ressemblait et qui fut le *palladium*. Voy.

PALLAS, planète découverte en 1802 par Olbers, une de celles que l'on appelle *télescopiques* parce que leur petitesse empêche de les apercevoir sans le secours d'une lunette. On n'a pas pu davantage en mesurer exactement le volume ni en fixer la rotation. Pallas est éloignée du soleil de 95,500,000 lieues, et exécute sa révolution autour de lui en 4 ans 221 jours.

PALLAS, d'abord esclave d'Antonia, belle-sœur de Tibère, puis affranchi de Claude, jouit d'un si grand crédit sous le règne de ce prince que les courtisans placèrent sa statue en or au rang des dieux domestiques. Agrippine acheta ses services, et ce fut avec son aide qu'elle épousa Claude, fit adopter par lui son fils Néron, et se débarrassa bientôt de l'empereur. L'arrogance de Pallas était telle qu'il ne parlait à ses esclaves que par signes. Néron ne put la supporter; il le fit empoisonner en 61 et s'empara de ses biens, qui montaient à plus de 60,000,000 de notre monnaie. Pallas était frère de Félix, gouverneur de Judée au temps de l'apôtre saint Paul.

PALLAS (Pierre-Simon), célèbre voyageur et naturaliste allemand, né à Berlin en 1741, s'établit d'abord à Leyde, puis à la Haye et fut appelé par Catherine II à Saint-Pétersbourg. Cette princesse l'adjoignit aux astronomes envoyés en 1768 dans la Sibérie pour y observer le passage de Vénus sur le soleil. Pallas employa ensuite plusieurs années à voyager dans les différentes parties de la Russie asiatique, et poussa même jusqu'aux frontières de la Chine. De retour à Saint-Pétersbourg (1774), il y publia la relation de son *Voyage*. Ses observations sur la composition des montagnes ont changé la face de la géologie. Pallas retourna dans sa patrie, et y mourut en 1811, laissant un grand nombre d'ouvrages sur l'histoire naturelle.

PALLAVICINI ou PALLAVICINO (LE MARQUIS Oberto), capitaine italien du xiiie siècle, prit parti pour l'empereur Frédéric II contre le pape Grégoire IX. Chargé de faire la guerre aux Génois, il y déploya de grands talents militaires qui le firent nommer vicaire impérial et le placèrent à la tête du parti gibelin en Lombardie. Pallavicini s'était créé une principauté indépendante en Italie; mais les revers qu'il essuya contre l'armée de Charles d'Anjou, marchant à la conquête de Naples, le firent dépouiller d'une grande partie de ses conquêtes. Il mourut de chagrin en 1269.

PALLAVICINI (Ferrante), littérateur italien, né à Plaisance en 1615, fut forcé par ses parents de prendre l'habit des chanoines réguliers de Saint-Augustin, de la congrégation de Latran. Il composa des satires contre le pape Urbain VIII et la famille Barberini, pendant la guerre de ce pontife contre Odoard Farnèse, duc de Parme et de Plaisance. Le pape mit sa tête à prix. Le poëte se sauva à Venise, d'où il fut amené par la trahison d'un Français nommé Charles de Brèche qui se prétendait son ami, sur le pont de Sorgues, dans le comtat Venaissin, où il fut arrêté, conduit à Avignon et décapité quatorze mois après en 1644. Charles de Brèche fut assassiné quelques années après à Paris par un ami de Pallavicini.

PALLAVICINI (Pierre-Sforza), né à Rome en 1607, entra dans les ordres, quoiqu'il fût l'aîné de sa maison, et devint par son mérite membre de l'académie des humoristes, des congrégations romaines, et ensuite gouverneur de Jesi, d'Orviette et de Camerino. Il renonça à tous ces avantages pour se faire jésuite en 1638. Chargé par le pape Innocent X de plusieurs affaires importantes, il reçut en 1657 d'Alexandre VII, son ancien ami, le chapeau de cardinal. Le cardinal Pallavicini mourut en 1667. Son principal ouvrage est l'*Histoire du concile de Trente*, faite pour répondre à celle de Fra-Paolo.

PALLAVICINI (Alerame), né à Gênes en 1730 d'une des plus illustres familles de ce pays, fit ses études au collége Clementino à Rome, et parvint aux premières dignités dans la république génoise. Successivement inquisiteur d'État, coadjuteur camérier, protecteur de Saint-Georges, il fut deux fois procureur de la dignité suprême du syndicat, gouverneur de la vallée de Polcevera, trois fois sénateur, trois fois procurateur et enfin doge en 1789. Après l'expiration de sa charge, il fut nommé procurateur perpétuel. Napoléon décora de la Légion d'honneur cet homme illustre, qui mourut en 1805.

PALLAVICINO, petit Etat d'Italie, situé entre le Parmesan et le Plaisantin, et annexé au duché de Parme et de Plaisance. Sa capitale est *Busselo*, à 7 lieues de Plaisance.

PALLE. On appelait autrefois ainsi un

voile ou tapis de soie assez long pour couvrir tout l'autel.

PALLÈNE, primitivement appelée *Phlegra*, la plus occidentale des trois petites péninsules qui terminaient au S. la Chalcidique en Macédoine, s'étendait dans la mer Égée entre le golfe Thermaïque au S. et le golfe Toronaïque au N.-E. Ses villes principales étaient *Potidée, Scione, Menda*, et ses habitants passaient pour avoir eu autrefois des ailes. Selon quelques auteurs, ce fut dans cette contrée que les géants firent la guerre aux dieux.

PALLIATÆ. Voy. COMÉDIE.

PALLIATIFS, nom par lequel on désigne en médecine les remèdes qui tempèrent ou guérissent en apparence les maladies incurables. Au premier rang des palliatifs on place l'opium, dont l'effet général est de calmer plutôt que de guérir.

PALLIOLUM, capuchon qui était en usage chez les Romains. Il enveloppait la tête et les épaules jusqu'au coude, et passait pour une marque de débauche et de mollesse.

PALLISER (Sir Hugh), amiral anglais, né en 1721, entra fort jeune dans la marine, et fut nommé capitaine en second en 1746. Il prit part à la prise de Québec, et fut en 1763 nommé contrôleur de la marine et créé baronnet. Il servait au fameux combat d'Ouessant en 1778 comme amiral en second sous l'amiral Keppel, qu'il accusa d'incapacité et qui fut acquitté. Sir Hugh Palliser, mis en jugement à son tour, fut réprimandé et nommé cependant bientôt après gouverneur de l'hôpital de Greenwich, où il mourut en 1796.

PALLIUM, ornement ecclésiastique qui, selon quelques auteurs, était dans son origine un manteau impérial. Les empereurs en accordèrent l'usage aux patriarches et aux papes, qui dans la suite s'attribuèrent le droit d'en honorer d'autres prélats. Suivant les uns, l'origine du pallium remonte à saint Lin (66); suivant les autres, il n'en est point fait mention avant 326. — Le pallium est aujourd'hui un ornement consistant en une bande de laine blanche, large de trois doigts, entourant les épaules, avec des pendants longs d'une palme devant et derrière et de petites lames de plomb arrondies aux extrémités, et couverte de soie noire et de quatre croix rouges. Le pallium est le signe par lequel les papes accordent leur consentement à une installation épiscopale. La laine qui sert à le fabriquer est prise sur deux agneaux offerts tous les ans, le jour de Sainte-Agnès, par les religieuses de cette église, pendant l'*Agnus Dei*. Ces deux agneaux, reçus par deux chanoines de Saint-Jean de Latran, sont mis par eux entre les mains des sous-diacres apostoliques, qui en prennent soin, les tondent, et fabriquent les palliums, qu'ils portent ensuite sur les corps de saint Pierre et saint Paul, dans leur église.

PALLOBIENS. Voy. PALEUR.

PALMA, petit bouclier rond en usage chez les Romains, et porté par certains gladiateurs nommés *palmulaires*.

PALMA, ville fortifiée, capitale de l'île de Majorque, au fond d'une bonne rade, sur le penchant d'une colline, à 141 lieues de Madrid. Sa population est de 30,000 habitants. Elle a un évêché, une cathédrale, un hôtel de ville, un palais où réside le capitaine général des îles Baléares, une université fondée en 1483. Son port, formé par un môle de 600 toises de long, est défendu par deux forts.

PALMA, l'une des îles Canaries, à 12 lieues au N. de l'île de Fer. Sa superficie est d'environ 60 lieues carrées, et sa population de 22,600 habitants. Elle a de vastes forêts de bois propre aux constructions navales, abonde en pâturages, cannes à sucre, vin, bétail, miel, cire et soie en quantité, et renferme un volcan dont la première éruption (1652) fut accompagnée d'un tremblement de terre.

PALMA-CAIET. Voy. CAIET.

PALMA-CHRISTI, nom latin de la plante appelée *ricin*. Voy.

PALMAIRE. En anatomie, on appelle ainsi tout ce qui a rapport à la paume de la main (en latin, *palma*). Il y a une aponévrose palmaire, des arcades palmaires, des muscles et des ligaments palmaires.

PALMAS (CIUDAD-REAL DE LAS), ville épiscopale, capitale de la grande Canarie et de tout le groupe. Sa population est de 12,000 habitants. Elle est l'entrepôt de tout le commerce de l'île, et fabrique beaucoup de soieries.

PALME, petite mesure de longueur usitée chez les anciens. — En Grèce, le *palme*, appelé aussi *paleste* et *doron*, était le quart du pied olympique, et valait 7 centimètres 70647 cent-millièmes. — Chez les Romains, le palme était le quart du pied, et valait 7 centimètres 39031 cent-millièmes. C'est encore une mesure usitée chez les Romains modernes, et qui vaut 8 pouces 3 lignes et demie. — Le palme de France, dans les ports maritimes, vaut 13 lignes anciennes.

PALME, feuille du *palmier*. Les unes ressemblent à des éventails largement ouverts; les autres sont composées de deux rangs de folioles, très-étroites, aiguës, alternes et quelquefois opposées. La palme est le symbole du triomphe. On la met ordinairement aux mains des triomphateurs et des martyrs. Dans le midi de l'Europe, les palmes jouent un grand rôle dans la fête des Rameaux. Ce sont elles qu'on fait bénir, et dont on décore l'intérieur des habitations pour les préserver de tout malheur.

PALME. On nomme *huile de palme* une substance huileuse, blanche, que l'on retire du fruit de certains palmiers, et entre autres du pindova (*coco à beurre*), qui abonde au Brésil, et de l'avoira de Cayenne. Cette huile sert à l'apprêt des aliments, à l'entretien des lampes, et comme substance médicamenteuse. — *Cire de palme*. Voy. CERA DA PALMA.

PALME (LES DEUX). Deux peintres italiens de l'école vénitienne portent ce nom.

— JACOPO PALMA, appelé vulgairement *Palme le Vieux* ou *l'Ancien*, naquit à un village du Bergamasque, fut l'élève de Titien dont il imita la manière, ainsi que celle de Giorgione, se distingua surtout par les nombreuses qualités de son coloris, et mourut à Venise en 1574, d'autres disent en 1588, à l'âge de quarante ans.

— JACOPO PALMA, appelé vulgairement *Palme le Jeune*, était le neveu du précédent. Né à Venise en 1544, il étudia d'abord sous son père Antonio Palma. Le duc d'Urbin, son protecteur, l'envoya à Rome où il resta huit ans, et où il s'inspira des ouvrages des grands maîtres. De retour à Venise, il fut regardé comme le premier peintre de cette ville, après la mort du Tintoret et de Bassan, et mourut en 1620.

PALMÉ, adjectif que l'on emploie en zoologie pour exprimer l'état dans lequel se trouvent les doigts chez certains individus pris dans les différentes classes des vertébrés, mais surtout dans celle des oiseaux. Les doigts sont *semi-palmés* lorsqu'ils sont unis entre eux par une membrane, mais seulement dans une moitié de leur longueur ou à peu près, et *toti-palmés* lorsqu'au contraire cette membrane embrasse toutes les phalanges.

PALMER (John), célèbre acteur anglais, né à Londres en 1741 d'un concierge du théâtre de Drury-Lane. D'abord comédien ambulant à Norwich, il parvint dans la suite à jouer à Londres les premiers rôles. Il mourut en 1798, on représentant le rôle de l'étranger dans la pièce de Kotzebue intitulée : *Misanthropie et Repentir*. On assure que la cause de sa mort fut le saisissement douloureux qu'il éprouva lorsqu'il lui fallut répondre à la question que le major lui fit sur la santé de ses enfants, parce qu'elle lui rappela la mort récente de son fils.

PALMIERS, grande famille de plantes monocotylédones, dont la taille s'élève autant parmi les végétaux de leur embranchement que celle des sapins et des chênes parmi les dicotylédones. Le plus élevé de tous les palmiers n'a pas moins de cinquante mètres de haut; c'est le *céroxyle* ou palmier à cire. Le stipe cylindrique des palmiers s'élance dans les airs comme une flèche, portant à son extrémité un vaste faisceau de feuilles étalées, du milieu desquelles s'échappe d'abord un superbe bouquet de fleurs disposées en panicule, et enveloppées d'une spathe, et tard une grappe immense de fruits aussi agréables à la vue qu'au goût, et dont la réunion s'appelle *régime*. Presque tous les arbres de cette famille sont dioïques, c'est-à-dire à sexes séparés, et c'est le vent qui charrie à travers les airs la poussière fécondante des palmiers mâles sur les femelles. Les palmiers sont tous exotiques, à l'exception d'un seul, le *chamærops* ou *palmite*, qui croît dans le midi de l'Europe. Ils sont surtout nombreux dans les régions intertropicales, où ils forment de vastes forêts. On retire des palmiers du vin, des fécules, des liqueurs spiritueuses, de l'huile, etc. Le naturaliste Martius a divisé la famille des palmiers en six sections : les *sabalinées*, les *coryphinées*, les *borassées*, les *arécinées* et les *cocoïcées*. A la famille des palmiers appartiennent le dattier, l'arec, le cocotier, le sagou, le chamærops, etc.

PALMIPÈDES, sixième ordre de la classe des oiseaux, renfermant ceux des oiseaux dont les pieds sont *palmés* et placés à la partie postérieure de leur corps, dont les tarses sont courts et généralement comprimés, et dont le plumage est ferme, lustré et imbibé d'un suc huileux, qui le rend imperméable à l'eau. Au-dessous des plumes et près de la peau se trouve un duvet fin et épais, qui garantit l'oiseau des variations atmosphériques et surtout des atteintes du froid. Les palmipèdes ont le corps extrêmement large, afin de toucher l'eau par une plus grande surface et de pouvoir nager plus facilement. Cette facilité de natation est d'ailleurs favorisée par la position reculée de leurs pattes et surtout la palmure de leurs doigts; car d'un côté ils frappent l'eau avec plus de force, et de l'autre la membrane qui joint leurs doigts faisant des sortes de rames, ils la frappent par une plus grande surface. L'eau est le véritable élément des palmipèdes. On divise cet ordre en quatre familles : les *brachyptères*, (genres grèbe, plongeon, guillemot, pingouin, manchot), les *longipennes* (genres pétrel, albatros, mauve, labbe, sterne et bec-en-ciseaux), les *toti-palmes* (genres pélican, cormoran, frégate, fou, anhinga et paille-en-queue) et les *lamellirostres* (genres canard et harle).

PALMIPES, mesure de longueur chez les Romains. Elle valait un pied romain, plus un quart de pied, ce qui lui a valu son nom. Sa valeur était de 36 centimètres 98155 cent-millièmes.

PALMISTE, espèce de mammifères de l'ordre des rongeurs, de la famille des sciurins ou écureuils, et du genre *tamia*. Cet animal est gris, avec des bandes brunes sur le dos. Il s'apprivoise facilement, et devient familier, quoique libre. Quoiqu'il fasse beaucoup de tort aux fruits, les Indiens se gardent bien de le tuer. Son cri aigu et prolongé peut se rendre par la syllabe *tuit* répétée plusieurs fois, d'une manière aiguë et sonore, pendant un quart d'heure sans interruption. Le palmiste est ainsi appelé parce qu'il se tient ordinairement sur l'arbre de ce nom.

PALMISTE, nom donné à plusieurs arbres de la famille des palmiers : 1° au palmier éventail ou *chamærops*; 2° à deux espèces des genres *rhapis*; 3° à un arbre du genre *arec*, qui porte à son extrémité un bourgeon foliacé et florifère appelé vulgairement *chou-palmiste*, et fort bon à manger.

PALMULAIRES, gladiateurs qui combattaient avec le bouclier appelé *palma*.

PALMYRE, célèbre ville de la Syrie, dans la Palmyrène, à laquelle elle avait donné son nom, vers les confins de l'Arabie Déserte. Cette ville, bâtie par Salomon sous le nom de *Tadmor* qui veut dire *lieu des palmiers*, et que les Grecs ont traduit en celui de *Palmyre*, appartint d'abord aux rois de Babylone ; puis, dès le 1er siècle, elle devint la capitale d'une république qui se gouverna par ses propres lois. Odénat et sa femme Zénobie y prirent la pourpre impériale. Cette dernière, vaincue par Aurélien, se défendit encore longtemps dans Palmyre, qui fut enfin prise et pillée en 272. Rebâtie ensuite par Aurélien, et appelée par Adrien *Adrianopolis*, elle fut fortifiée par Justinien. Il n'en reste plus aujourd'hui que des ruines, décrites par Wood, Darkins et Volney, et qui sont avec celles de Balbek, l'ancienne *Héliopolis*, les plus belles de l'univers. On y remarque le temple que les Palmyriens avaient élevé au Soleil, et qui est entouré d'une enceinte carrée de portiques, ayant six cent soixante-dix-neuf pieds de longueur sur chaque face. Palmyre est à 103 lieues de Damas.

PALMYRÈNE, contrée de la Syrie, ainsi appelée de Palmyre sa capitale. Elle était située entre l'Euphrate, la Chalybonitide, l'Arabie et la Cœlésyrie.

PALNATOKE, chef de pirates danois du xe siècle, se fit remarquer par sa bravoure et son intrépidité, et devint très-puissant par son mariage avec la fille d'un jarl ou comte de l'île de Gothland. Il forma une espèce d'association de piraterie, dont le chef-lieu était Jomsbourg dans l'île de Wollen. Palnatoke est le héros d'une tragédie du poëte Oehlenschlæger.

PALO DE VACA, arbre de la famille des sapotées. Il a la port du chrysophylle ou caïmitier, et est décoré de grandes feuilles oblongues, coriaces, alternes, ayant trente centimètres de long, terminées en pointes et marquées de nervures latérales, saillantes par-dessous et parallèles. Son fruit est un peu charnu, et renferme un et quelquefois deux noyaux. Au moyen d'incisions que l'on pratique sur son tronc, on en retire, pendant que l'arbre est jeune, un lait très-abondant, assez épais, agréable à boire et recherché comme essentiellement nourrissant.

PALOMBE, nom sous lequel on connaît l'espèce de colombe ou pigeon appelé aussi *ramier*.

PALON, petite pelle ou espèce de spatule dont on se sert dans différents arts pour enlever et remuer la matière qu'on emploie.

PALONNIER, pièce du train d'un carrosse, qui est jointe au train de devant ou à la volée par un anneau de fer ou par une chaînette de cuir, et sur laquelle les traits des chevaux sont attachés.

PALOS, ville d'Espagne, dans l'Andalousie, à 20 lieues au S.-O. de Séville. Elle a un petit port à l'embouchure du Rio-Tinto, d'où partit Christophe Colomb (1492) pour aller à la découverte du nouveau monde.

PALOS (Iles). Voy. PELEW.

PALOURDE, nom que l'on donne sur les côtes de France à diverses grosses coquilles bivalves.

PALPÉBRAL, adjectif par lequel on désigne, en anatomie, tout ce qui tient aux paupières. Il y a des artères palpébrales, des follicules, des ligaments, un muscle et des nerfs palpébraux.

PALPES, petits filets articulés, mobiles, faisants saillie hors de la bouche de certains animaux crustacés, arachnides ou insectes, et propres aux mâchoires (*palpes maxillaires*) ou à la lèvre (*palpes labiaux*). Leurs fonctions pendant l'acte de la mastication paraissent être de maintenir en place les substances soumises à l'action des mandibules ; on les voit en effet les retourner en tout sens, les manier, les *palper* en quelque sorte, d'où leur est venu leur nom. On les appelle encore quelquefois *antennules*, à cause de la ressemblance qu'ils ont avec les antennes. Ils sont sont assez semblables entre eux. Leur différence ne porte que sur leur dernier article, qui, suivant sa forme, est appelé *filiforme*, *sétacé*, *moniliforme*, *en massue*, etc. Les palpes sont *sécuriformes*, lorsque le dernier article est triangulaire et que son extrémité est arrondie comme le fer d'une hache (*securis*) ; *aciculés*, quand ils se terminent par un article très-court, aigu comme une aiguille (*acu*) ; *turbinés*, si le dernier article est renflé à sa base et se termine subitement en pointe aiguë comme une toupie (*turbo*).

PALPEURS, tribu d'insectes de l'ordre des coléoptères, section des pentamères, famille des clavicornes, renfermant les deux genres *mastige* et *scydmène*. Ces insectes se tiennent à terre, sous des pierres et d'autres corps, et sont ainsi appelés à cause du développement considérable de leurs palpes maxillaires, qui, renflés vers leurs extrémités, sont au moins de la longueur de la tête.

PALPICORNES, famille d'insectes de l'ordre des coléoptères, section des pentamères, ainsi appelée parce que les insectes qui la composent ont les palpes maxillaires plus longs que les antennes. Leur corps est généralement ovoïde ou hémisphérique, bombé ou voûté. On divise cette famille en deux tribus, les *hydrophiliens* ou palpicornes aquatiques, et les *sphéridiotes* ou palpicornes terrestres.

PALPITATION. On donne ce nom à tout battement du cœur inégal, violent et tumultueux, produit par une affection plus ou moins grave ou seulement une émotion plus ou moins vive. Les palpitations naissent sous l'influence de causes très-variées : les unes, appelées *nerveuses*, sont communes aux personnes de complexion délicate et de constitution impressionnable ; les autres, nommées *organiques*, sont plus rares parce qu'elles sont le résultat de lésions matérielles du cœur ou de ses organes avoisinants.

PALTE, lac fameux du Thibet, au S.-O. de Lassa, et à 4 lieues au S. de la rivière Sanpou. Il entoure une île, siége de la prêtresse Lamissa-Torcepano, dépositaire de l'esprit divin, considérée comme le grand lama, et l'une des puissances de la hiérarchie sacerdotale des Thibétains.

PALUDAMENTUM, manteau écarlate et pourpre que le général, chez les Romains, portait par honneur, et dont il se servait surtout pour faire des vœux et des sacrifices.

PALUS-MÉOTIDE. Voy. MÉOTIDE.

PAMBAMARCA, une des plus hautes montagnes de la chaîne des Andes, dans la république de l'Équateur (Amérique méridionale), à 8 lieues de Quito. Ce fut le lieu choisi en 1736 pour mesurer un degré de l'équateur.

PAMBEOTIES (du grec *pas*, tout, et *bœótos*, béotien), fêtes célébrées à Coronée en l'honneur de Minerve, où se rendaient tous les Béotiens.

PAMIER, genre de la famille des élæagnées, renfermant une seule espèce. C'est un arbre qui s'élève à plus de dix mètres, et offre un bois blanc très-cassant, caché sous une écorce grise et gercée. Son tronc se charge de branches qui montent verticalement, et d'autres dont les rameaux étagés s'inclinent plus ou moins, ou bien s'étendent beaucoup horizontalement. Toutes sont garnies de grandes feuilles entières, d'un vert foncé, lisses au milieu, ondulées sur les bords, ovales, terminées en pointe et rassemblées en rosette autour des nœuds des branches et des rameaux. Aux fleurs petites et blanchâtres, formant des grappes axillaires portées sur de longs pédoncules succèdent des baies oblongues et triangulaires, dont le noyau renferme une amande bonne à manger.

PAMIERS, ville de France, chef-lieu de sous-préfecture du département de l'Ariége, dans une plaine fertile sur l'Ariége, à 4 lieues de Foix. Sa population est de 7,000 habitants. Elle a un évêché suffragant de l'archevêché de Toulouse, un grand et un petit séminaire diocésains, un tribunal de première instance et un tribunal communal. On y voit une fontaine d'eau minérale bonne contre la goutte et les obstructions. Pamiers a des fabriques de faux, de draps, serges, cadis, toiles, bonneterie, chapellerie, etc., et commerce en fromages, beurre, bestiaux.

PAMISUS (aujourd'hui *Panatza*), petite rivière de la Messénie, prenait sa source un peu au N.-E. de Messène et se jetait dans le golfe de Messénie au milieu de son enfoncement septentrional. — Autre rivière de la Messénie, séparait cette province de la Laconie, en coulant de l'E. au S.-O., et se jetait dans le golfe de Messénie entre Leuctres et Pephnos. — Fleuve de Thessalie, dans la Thessaliotide, prenait sa source près de Ctémène, et tombait dans le Pénée entre Phalanna et Pharcadon, presque en même temps que le Curalis.

PAMMAQUE (Saint), sénateur de Rome, issu de l'ancienne et noble maison Furia, fut décoré de la pourpre proconsulaire. Il découvrit le premier les erreurs de Jovinien, et les dénonça au pape Sirice, qui les condamna en 390. Pammaque ayant perdu sa femme Pauline, fille de sainte Paule et sœur de sainte Eustoquie, embrassa la vie monastique, fit bâtir à Porto un hôpital où il servit les pauvres de ses propres mains, et mourut en 409.

PAMPAS, mot de la langue péruvienne par lequel on désigne les vastes plaines de l'Amérique méridionale, bornées au N. par les montagnes de Cordova et de San-Luis, au S. par celle de Tendil et la Sierra-Ventana, et s'étendant des Andes à l'océan Atlantique dans un espace de 350 à 400 lieues. On peut considérer les pampas comme partagées de l'E. à l'O. en trois régions distinctes. La première, à partir de Buenos-Ayres, est sur une ligne de 100 milles, couverte de trèfles et de chardons ; la deuxième est un herbage admirable de 450 milles, et la troisième, qui touche à la base des Cordillères, forme une immense forêt. Dans les pampas, on appelle *medanos* de petites dunes formées d'une terre légère, sablonneuse et fertile, *cañada* un terrain inondé pendant l'hiver et desséché durant l'été, *banado* un pays baigné par une rivière et inondé par ses crues, *esteros* des marais profonds, et *congrejales* des marais qui servent d'habitation aux crabes. Les pampas sont parsemées d'habitations où l'on élève les bestiaux (*estancias*), où l'on cultive les fruits (*quintas*), où l'on fait venir les céréales (*chacras*). — L'habitant des pampas s'appelle *guacho*.

PAMPE, partie herbacée, feuille roulée en forme d'un petit ruban, qui est attachée au tuyau de la plupart des céréales.

PAMPELMOUSSE, POMPELMOUSSE ou PAMPLEMOUSSE, arbre de la famille des hespérides (orangers) et du grand genre *citronnier*. Le pamplemousse, appelé par quelques auteurs *shadeck*, du nom de celui le premier à l'apporter de l'Inde aux Antilles, est un arbre qui s'élève à sept ou huit mètres. Il est garni d'épines ; ses rameaux sont gros, cassants, peu divisés, et leurs jeunes pousses pubescentes ; ils sont ornés de feuilles très-grandes, ovales-oblongues, d'un vert gai en dessus, blanchâtres en dessous, tandis qu'à leur sommet des grappes de fleurs blanches et parsemées de points verdâtres se font remarquer par l'épaisseur de leurs quatre pétales, l'éclat de leurs nombreuses étamines et l'odeur délicieuse qu'elles répandent au loin. Le fruit du pamplemousse est légèrement pyriforme ; son écorce, sillonnée de côtes peu saillantes, varie du jaune pâle à la couleur dorée de l'orange. La pulpe est verdâtre et légèrement acide. Le bel arbre a été célébré dans *Paul et Virginie* par Bernardin de Saint-Pierre.

PAMPELUNE (en espagnol, *Pamplona*), ancienne ville d'Espagne, capitale de la Navarre, dans une plaine fertile sur l'Arga, à 17 lieues de Bayonne et 82 de Madrid. Sa population est de 15,000 âmes. Siége d'un évêque et des administrations supérieures de la province, Pampelune a un vieux château et une citadelle bâtie, dit-on, par Pompée, qui l'appela *Pompeiopolis*, d'où est dérivé le nom moderne de

Pampelune. Ses rues sont larges, ses édifices sont vitraux, et ses places belles et ornées de boutiques. Cette ville a des foires très-fréquentées ; elle commerce en laines principalement.

PAMPHILE. Voy. PAMPHYLE.

PAMPHILE (Saint), prêtre et martyr, naquit à Béryte en Phénicie, où il exerçait les premiers emplois de la magistrature lorsqu'il se convertit au christianisme. Il établit à Césarée une école et une bibliothèque qui renfermait près de 30,000 volumes, avec l'aide d'Eusèbe, son intime ami. Arrêté par ordre du gouverneur de Césarée pendant la persécution de Maximien (307), il fut retenu pendant deux ans en prison ; et composa pendant sa captivité son Apologie d'Origène, en cinq livres, dont le premier seul nous est parvenu dans la traduction latine qu'en a faite Rufin. Saint Pamphile subit le martyre en 309. On lui doit une bonne révision de la Bible et un savant Commentaire sur les Actes des apôtres.

PAMPHLET (du grec *pamphlectos*, employé par Sophocle et Athénée dans la signification de *qui brûle tout*, et qui est formé de *pan*, tout, et de *phlégo*, brûler), petit livre dicté par un esprit de critique ou de sarcasme, plus ou moins violent et spirituel, et d'un petit volume qui en facilite le débit. A la tête des faiseurs de pamphlets politiques, on place Paul-Louis Courier. Les articles 287, 288 et 289 du Code pénal punissent d'une amende de 16 francs à 500 francs, d'un emprisonnement d'un mois à un an, et de la confiscation des exemplaires imprimés, la distribution d'un pamphlet diffamatoire ou immoral.

PAMPHYLE, célèbre peintre grec, contemporain de Philippe, roi de Macédoine, et natif d'Amphipolis, de Sicyone ou de Nicopolis, fonda à Sicyone une école de peinture où il ne recevait que moyennant le don d'une somme de 10 talents, et compta Apelle au nombre de ses élèves.

PAMPHYLIE, province maritime de l'Asie-Mineure, bornée au N. par la Pisidie, du côté de laquelle les limites varièrent souvent, au S. par cette partie de la Méditerranée à laquelle elle donna son nom, à l'O. par la Cilicie, et à l'E. par la Lycie. Olbia, Attalée, Side et Ptolémaïde étaient ses villes principales. Les Pamphyliens étaient Ciliciens d'origine. Chassés de leur pays après la guerre de Troie, ils se retirèrent dans les montagnes, où ils donnèrent à ce que l'on croit naissance aux Pisidiens, aux Isauriens et aux Lycaoniens.

PAMPLEMOUSSE. Voy. PAMPELMOUSSE.

PAMPLONA, nom espagnol de *Pampelune*. — C'est aussi celui d'une province du département de Boyaca dans la république de la Nouvelle-Grenade. Elle était bornée au N. par les départements de Zulia et de Magdalena, au S. par les provinces de Socorro et de Casanare, à l'O. par le département de Cundinamarca, à l'E. par celui de l'Orénoque. Sa superficie est de 750 lieues carrées, et sa population de 200,000 habitants. Sa capitale est PAMPLONA, à 15 lieues de Tunja et 25 de Santa-Fé.

PAMPRE, bourgeon ou sarment de vigne garni de ses feuilles, de ses vrilles et de ses fruits. Le pampre est devenu dans la poésie et dans la peinture la parure obligée de Bacchus et de Silène.

PAN (myth.), dieu des bergers, des chasseurs et de tous les habitants de la campagne, fils de Jupiter et de Callisto, ou de Jupiter et d'Onéïs, suivant certains, de Mercure et de Dryope, suivant Homère; de Mercure et de Pénélope, suivant Lucien et Hygin. D'autres lui donnent l'origine suivante. Sa femme Pénélope eut commerce avec *tous* ses prétendants, et le fruit qu'elle mit au monde fut Pan, dont le nom signifie en grec *tout*. Né avec des cornes sur la tête, un nez plat, des cuisses, des jambes et des pieds de chèvre, ce dieu était particulièrement adoré en Arcadie, sur les monts Ménale et Lycée. Ses fêtes, appelées en grec *Lycées*, furent apportées par Evandre en Italie, où elles prirent le nom de *Lupercales*. Pan est le chef des Satyres. Il est l'inventeur de la flûte à sept tuyaux, qu'il appela *syrinx*, en l'honneur d'une nymphe de ce nom, qui fut changée en roseaux au moment où il voulut lui faire violence. — Le Pan des Grecs est le même que celui des Egyptiens. Ces derniers, symbolisant en lui la nature entière (*pan*, tout), le représentant sous la figure d'un bouc, l'emblème de la fécondité, et à leurs yeux le principe de toutes choses.

PAN. En architecture, on nomme *pan coupé* l'encoignure rabattue d'une maison, pour y placer une ou deux bornes et faciliter le tournant des voitures. Les *pans coupés* sont aussi toutes les figures dont les pans sont coupés. — On appelle *pan de bois* un assemblage de charpente qui sert de mur de face à un bâtiment; *pan de comble*, un des côtés de la couverture d'un comble ; le *long pan* est le côté le plus long. — On nomme encore pan, 1° un des côtés, une des faces d'un ouvrage, d'un corps de bâtiment : une *table à pans*; 2° les facettes d'un diamant.

PANACÉE (myth.) (des deux mots grecs *pan*, tout, et *akéisthai*, guérir), déesse qui présidait à la guérison de toutes sortes de maladies. Elle était fille d'Esculape et d'Epione. — De nos jours on appelle *panacée* un remède propre à guérir toute espèce de maladies. Le calomel ou mercure doux, la magnésie ont été préconisés comme des panacées.

PANACHAÏCUM (des deux mots grecs *pan*, tout, et *achaïcon*, achéen), assemblée générale des Etats de l'Achaïe. Elle était composée de députés élus par le suffrage du peuple de chacune des villes de Patræ, Dymes, Tritée, Léontium, Egire, Pellène, Egion, Bura, Céraunia, Olénos et Hélice, et se réunissaient deux fois par an à Egion, dans le bois sacré de Jupiter, appelé Arnarion ou Æbarion. Les députés votaient suivant l'exigence du cas et non d'après les instructions de leurs commettants. La pluralité des voix décidait des affaires ; il fallait l'unanimité pour admettre un nouvel Etat dans la confédération achéenne. Le pouvoir suprême résidait dans le panachaïcum.

PANACHE, ornement que l'on porte ordinairement dans une coiffure, et qui consiste en une touffe droite et quelquefois retombante de plumes, de poils ou de crins. — On a par analogie donné ce nom, en histoire naturelle, à plusieurs animaux et végétaux. Par exemple, on appelle *panaches de mer* les annélides des genres amphytrite et sabelle, parce que les branchies de ces animaux forment à l'entrée de leur tube calcaire un panache paré de plus vives couleurs ; —*panache de Perse*, la fritillaire de Perse, parce que ses fleurs sont verticillées et panachées de diverses couleurs ; —*panache rouge*, les fleurs des érythrines, etc.

PANACHURE, nom donné aux veines ou taches de différentes couleurs qui s'associent à la couleur principale d'une feuille ou d'une fleur. Ainsi, dans l'*amarante tricolore*, le rouge et le jaune s'unissent à la couleur verte des feuilles ; dans une espèce d'*aloès*, les bords des feuilles sont jaunes. La panachure est chez les végétaux un état de maladie qui se perpétue quelquefois de génération en génération ; on en voit des exemples dans plusieurs variétés de buis, de sureau, de rue, de houx, etc.

PANAGE, droit de mener les porcs dans une forêt.

PANAGIA (des deux mots grecs *pan*, tout, et *agia*, sainte), nom que les Grecs donnent à la sainte Vierge, et qui dans leur langue signifie *toute sainte*. Ils ont pour elle la plus grande dévotion et le plus grand respect, et portent avec eux son image.

PANAGIOTI (Nicosias), né dans l'île de Chio ou Scio, commença à se faire connaître en 1667 au siège de Candie, où il était attaché en qualité d'interprète au grand vizir Achmet Koprougli. Il devint ensuite premier interprète du sultan, poste toujours occupé depuis par des Grecs, défendit la foi grecque contre le patriarche Cyrille Lucar, et mourut en 1673. On l'avait surnommé le *Cheval vert*, parce qu'il faisait exception au proverbe grec ainsi conçu : Il est aussi difficile de trouver un cheval vert qu'un homme sage dans l'île de Chio.

PANAIS, genre de la famille des ombellifères, renfermant dix espèces de plantes herbacées, potagères, toutes odorantes et spontanées aux alentours de la Méditerranée, principalement de l'E. de la mer Noire. L'espèce la plus commune, vivant le long des haies et des chemins de toute l'Europe, est le *panais cultivé*, dont la racine fusiforme est très-nourrissante et de digestion facile. Sa saveur douce, sucrée, légèrement aromatique et un peu laiteuse, la fait rechercher également de l'homme et des animaux. Son usage rehausse la bonté du lait, qu'elle rend crémeux et abondant ; additionnée au pot-au-feu, elle lui donne du relief. On retire de cette racine du sucre non cristallisable, et les Allemands en font une pâte molle, très-saine, qu'ils mangent en guise de confiture. Dans le Nord, on cultive le panais en grand pour la nourriture des bestiaux, et le semis s'appelle *pastenade*.

PANAMA (ISTHME DE), isthme situé entre le golfe qui porte son nom et la mer des Antilles, et joignant l'un à l'autre les deux continents qui forment l'Amérique. En son endroit le plus étroit, entre Panama et Porto-Bello, il n'a que 10 lieues de large; aussi a-t-on conçu la pensée de le couper par un canal destiné à réunir les deux mers. Le point culminant de la chaîne de montagnes qui traversent l'isthme est le mont Maria Henriquez, qui s'élève seulement à 98 toises au-dessus du niveau de la mer. Un chemin de fer traverse aujourd'hui l'isthme et met en communication les deux océans.

PANAMÀ (GOLFE DE) ou DE DARIEN, vaste enfoncement formé par l'océan Pacifique sur la côte méridionale de l'isthme de ce nom, en Colombie. Sa profondeur est d'environ 50 lieues.

PANAMA, ville de Colombie, capitale du département de l'Isthme, dans la république de la Nouvelle-Grenade, au fond du golfe de son nom, à 10 lieues de Porto-Bello, et à 4 lieues de l'ancien Panama, que les Anglais détruisirent en 1673. Sa population est de 10,000 habitants. Panama a un évêché, un collège remarquable, une belle cathédrale. Les autres édifices sont en bois. Panama fait encore un commerce assez florissant, bien qu'elle ne soit plus l'entrepôt des trésors du Pérou destinés à l'Espagne. Elle est encore la capitale d'une petite province qui fait partie du département de l'Isthme, et est bornée au N. et au S. par la mer, à l'O. par la province de Veragua, et à l'E. par le département de Cauca. Sa superficie est de 500 lieues carrées, et sa population de 250,000 habitants.

PANARD (Charles-François), célèbre chansonnier vaudevilliste, né à Courville (Eure-et-Loir) en 1691, mort à Paris en 1765 d'une attaque d'apoplexie, a été surnommé par Marmontel *la Fontaine du vaudeville*, à cause de l'insouciance et de la simplicité de son talent. Il se distingua par ses chansons faciles, mais dont les traits ne furent jamais aiguisés contre personne. Ses pièces de théâtre montent à plus de quatre-vingts.

PANARIA, une des îles Lipari, au N. de la Sicile, entre Lipari et Stromboli, avec une plaine bien cultivée, un port et une rade, 3 lieues de circonférence et 400 habitants. Elle produit du blé, du vin, des olives, et renferme le cratère d'un volcan éteint.

PANARINE, nom vulgaire de la plante appelée *paronyque*, parce qu'on lui attribuait autrefois des vertus héroïques pour le traitement du panaris.

PANARIS, inflammation très-douloureuse d'un doigt ou d'une de ses parties, qui affecte de préférence le pouce et l'index. Les causes les plus ordinaires de cette affection sont les piqûres d'aiguilles, d'épingles, de pointes de clou, etc., surtout lorsque ces corps sont rugueux, rouillés ou imprégnés d'une matière âcre quelconque; les contusions, les morsures, quelquefois l'irritation de l'estomac ou l'effet d'une atmosphère humide trop longtemps prolongée. La douleur que cause le panaris est d'autant plus vive qu'il se développe dans le tissu cellulaire, auquel la présence d'un grand nombre de filets nerveux communique une très-vive sensibilité. Elle peut même amener la fièvre, quelquefois même le délire. La gangrène, qui souvent est à craindre, rend les panaris très-dangereux. Les moyens curatifs sont les cataplasmes, les sangsues et même l'incision longitudinale et centrale de toute l'étendue du mal.

PANATAGUE, nom vulgaire de la pariétaire. Voy.

PANATHÉNÉES (des deux mots grecs pan, tout, et Athênaiôi, Athéniens), fêtes en l'honneur de Minerve, où assistaient tous les habitants de l'Attique. Originairement instituées par Erichthonius, puis rétablies par Thésée, elles ne duraient d'abord qu'un jour. Plus tard ce terme fut allongé. On distinguait les grandes et les petites Panathénées. — Les grandes se célébraient tous les cinq ans, le 28 du mois d'hécatombéon (août), et l'emportaient sur les autres par leur magnificence, l'immense concours du peuple, et parce que dans cette fête seule on conduisait en grande pompe un navire orné du voile ou peplum de Minerve. — Les petites se célébraient tous les ans, le 20 du mois de thargélion (avril). Dans l'une et dans l'autre, chaque ville athénienne devait offrir en forme de tribut un bœuf à Minerve, et la chair des victimes servait à régaler les assistants. On proposait à ces fêtes des prix pour trois sortes de combats : le premier était la course équestre au flambeau, le deuxième était gymnique, c'est-à-dire que les athlètes y combattaient nus, et le troisième, institué par Périclès, était destiné à la poésie et à la musique. Tout poëte devait y faire représenter un assemblage de quatre pièces, appelé tétralogie.

PANAY, l'une des îles Philippines, entre l'île de Mindoro au N. et celle de Negros au S. Sa forme est triangulaire, et sa circonférence d'environ 100 lieues. Le pays abonde en bois précieux, en gibier, surtout en cerfs, sangliers et cochons sauvages. Les habitants de cette île sont les plus civilisés de tout l'archipel. Panay est partagé en trois alcadies : Capis, Antique et Ilo-Ilo. Cette dernière ville, réunie à celles de Molo et de Xaro, a 80,000 habitants.

PANCARPE (en grec pan, tout, et carpos, fruit), nom donné par les Romains à des spectacles où des gladiateurs romains combattaient contre toute espèce d'animaux dans le cirque. Ces jeux furent abolis par Justinien. — C'était le nom, à Athènes, d'un sacrifice où l'on offrait toutes sortes de fruits.

PANCHAIE, contrée de l'Arabie Heureuse, renommée pour la myrrhe, l'encens et les parfums qu'elle produisait. Cette contrée, que l'on nomme encore Panchée, est placée par les uns dans la Sabée ; d'autres en font une île sur les côtes de l'Arabie ; au reste ce pays est si peu connu que son existence est quelquefois mise en doute.

PANCKOUCKE (André-Joseph), libraire, né à Lille en 1700, mort en 1753, s'adonna à la culture des lettres et des sciences. On a de lui plusieurs ouvrages, parmi lesquels : le Dictionnaire historique et géographique de la châtellenie de Lisle, un Abrégé chronologique de l'histoire des comtes de Flandre, un Dictionnaire des proverbes français.

PANCKOUCKE (Charles-Henri), fils du précédent, imprimeur-libraire et homme de lettres, né à Lille en 1736 ; vint se fixer à Paris en 1764, et ouvrit sa maison à tous les écrivains les plus distingués. Son esprit naturel, ses ouvrages et ses vastes entreprises typographiques l'ont fait connaître dans toute l'Europe. On peut citer parmi ces dernières l'Encyclopédie méthodique, les Œuvres de Buffon, le Grand Vocabulaire français, le Répertoire universel de jurisprudence, l'Abrégé des voyages de Laharpe, le Moniteur universel qui devint plus tard la feuille du gouvernement. Charles Panckoucke est mort en 1798, laissant un fils à qui l'on doit le Répertoire des classiques latins et la collection des Victoires et Conquêtes.

PANCRACE (des deux mots grecs pan, tout; et cratos, force), exercice violent composé de la lutte et du pugilat, et qui était ainsi nommé parce que les athlètes, au lieu de n'y déployer que la force du poignet ou des membres, y développaient toutes leurs forces à la fois. Le pancrace était l'un des exercices appelés palestriques.

PANCRACE (Saint), martyr à Rome, sous Dioclétien, vers l'an 304, était, à ce que l'on croit, un jeune étranger de quatorze ans venu de Synnades en Phrygie à Rome avec Denis, son tuteur et son oncle paternel, qui l'y avait fait baptiser avec lui. Saint Pancrace eut la tête tranchée sur la voie Aurélienne. L'église joint son culte à celui des saints Nérée et Achillée, le 12 de mai.

PANCRATIER ou PANCRAIS, genre de la famille des narcissées, renfermant plus de trente espèces de plantes herbacées, à racines bulbeuses, à feuilles simples, larges, radicales, engaînantes à leur base, aux fleurs belles, grandes, le plus souvent réunies ensemble en une sorte d'ombelle, sur une spathe commune, et formant, par la couleur blanche de leurs pétales un agréable contraste avec le vert gai du feuillage. Les pancratiers aiment les sables maritimes; dans nos jardins, ils veulent une terre légère, sablonneuse et chaude, qu'il faut arroser souvent. La France n'en possède que deux espèces : le pancratier maritime, haut de huit à quinze pouces et des bords de la Méditerranée, et le pancratier d'Illyrie, haut de dix à quinze pouces, et qui croît sur le bord de la mer en Corse.

PANCRÉAS. On donne ce nom, en anatomie, à un organe qui sécrète un fluide analogue à la salive (le suc pancréatique), et le verse dans l'intestin duodénum pour concourir à la digestion et la faciliter. Cet organe existe chez tous les mammifères, les oiseaux et les reptiles. On le trouve aussi chez quelques poissons. Dans l'homme, c'est une glande de couleur jaune brunâtre et de consistance assez ferme, plus large à droite qu'à gauche, et d'environ cinq à six pouces de long. Elle est située au-dessous de l'estomac et du foie, son extrémité droite, appelée tête du pancréas, est logée dans la concavité de la seconde courbure de l'intestin duodénum. Le conduit qui verse dans l'intestin duodénum, à quatre ou cinq travers de doigt du pylore, le suc pancréatique, est à l'extrémité gauche, appelée queue du pancréas, et s'appelle canal de Wirsung.

PANDA (myth.), déesse en grande vénération chez les Romains, et que l'on invoquait quand on se mettait en chemin, afin qu'il lui plût de le rendre facile. Son nom vient du verbe latin pandere, ouvrir. On la nomme encore Pantica.

PANDA, genre de mammifères de l'ordre des carnassiers, famille des plantigrades, établi pour un animal de l'Inde, encore fort rare et remarquable par l'élégance de ses couleurs, où domine un beau roux varié de blanchâtre et de fauve. Sa queue est annelée. Le panda est de la taille d'un chat d'Angora.

PANDANÉES, petite famille de plantes monocotylédonées, voisine des palmiers et renfermant le seul genre pandanus, vulgairement appelé baquois ou vacoua. Il contient une vingtaine d'espèces, dont les plus connues sont le baquois comestible, arbrisseau de six mètres de haut, dont le bois a une couleur de rouge luisant, et dont les fruits sont mangés par les Madécasses ; et le baquois odorant, apporté de l'Inde en Égypte, et recherché pour ses fleurs odorantes et d'un blanc jaunâtre. De même que celles des autres espèces, ses feuilles, séchées et fendues, sont employées à tresser des nattes grossières ou des sacs solides dans lesquels on emballe les grains, les pains de sucre ou les autres marchandises partant de l'Océanie.

PANDARUS, habile archer, fils de Lycaon, vint au secours de Troie, dans la guerre contre les Grecs. A l'instigation perfide de Minerve, cachée sous les traits de Laodocus, il viola la trêve convenue entre les deux partis, en lançant une flèche qui blessa Ménélas et Diomède. Il fut tué par ce dernier.

PANDATARIA, petite île de la mer Méditerranée, sur la côte de la Campanie, entre les îles Pontia et Pithécuse, en face du promontoire de Circé. Cette île est célèbre par l'exil et la mort de plusieurs dames romaines célèbres : Julie, fille d'Auguste ; Agrippine, femme de Germanicus ; et Octavie, fille de Claude et femme de Néron. L'île de Pandataria est aujourd'hui Vento-Tiene, l'une des îles Ponce, dans le golfe de Gaëte.

PANDECTES (des deux mots grecs pan, tout, et dékeisthaï, recevoir, comprendre), recueil de jurisprudence ainsi appelé parce qu'il contenait toute celle des Romains. Cette compilation, connue encore sous le nom de Digeste, était un recueil de décisions d'anciens jurisconsultes, formé par l'ordre de Justinien par Tribonien et seize autres jurisconsultes, et renfermant l'extrait de plus de 2,000 volumes. Les Pandectes, publiées en 533 pour servir de commentaire au Code de Justinien, sont divisées en cinquante livres, subdivisés en quatre cent vingt-deux titres et 9,123 lois.

PANDÉMONIUM, mot composé par Milton des deux mots grecs pan, tout, et dæmon, démon, pour indiquer le palais de Satan dont il fait la description dans le premier chant de son Paradis perdu. Ce mot a été depuis employé pour indiquer un lieu où règne toute la corruption ou le désordre des puissances infernales.

PANDEMUS (myth.), surnom de l'amour charnel chez les Grecs et les Égyptiens, qui reconnaissaient deux Cupidons, l'un pur et céleste, réservé au petit nombre, l'autre charnel et grossier, commun à tous les peuples (pan, tout, dêmos, peuple).

PANDENOLFE, quatrième prince de Capoue, fils de Landone, successeur de Landolphe II, régna de 879 à 884, et eut pour successeur son frère Landenolfe. Il avait été presque continuellement en guerre, d'abord avec Guaifer, prince de Salerne, ensuite avec la république de Gaëte (882), et enfin contre les Sarrasins, qui commençaient à envahir l'Italie.

PANDICULAIRES, jours auxquels on sacrifiait à tous les dieux en commun. On les nommait aussi communicarii.

PANDICULATION, mouvement des bras en haut, avec renversement de la tête et du tronc en arrière, et extension simultanée des membres pelviens. La pandiculation est le plus souvent accompagnée de bâillements. Elle a lieu, chez l'homme sain, dans les instants qui précèdent et qui suivent le sommeil ; elle forme un des préludes des accès de fièvre ; elle se montre dans les maladies nerveuses.

PANDION Ier, roi d'Athènes, fils d'Erichthonius et de Pasithée, succéda à son père l'an 1437 avant J.-C. et fut père de Progné, de Philomèle, d'Erechthée et de Butès. Il mourut, assure-t-on, dans un règne de quarante ans, du chagrin que lui causa la mort de ses filles.

PANDION II, fils de Cécrops II et de Métiadeca, succéda à son père au trône d'Athènes en 1307 avant J.-C. Chassé par ses États par les Métionides, après vingt-quatre ans de règne, il se réfugia à la cour de Pylas, roi de Mégare, dont il avait épousé la fille, et qui le nomma son successeur. Pandion eut quatre enfants, Egée, Pallas, Nisus et Lycus, qui prirent de lui le nom de *Pandionides*. L'aîné de ces princes, Egée, rentra en possession du royaume de son père et fut le père de Thésée.

PANDOLFE Ier, dit *Tête de fer*, fils et successeur de Landolfe IV, prince de Capoue en 961, devint le plus puissant et le plus indépendant des princes feudataires d'Italie, et fut l'arbitre de toute l'Italie méridionale. Il fut plutôt l'allié que le vassal d'Othon le Grand, et partagea ses Etats, Bénévent, Capoue, Salerne, Spolète et Camerino, entre ses enfants Landolfe VI et Pandolfe II. Othon II détacha de ses Etats, pour les donner à Trasmondo, les duchés de Spolète et de Camerino. Pandolfe Ier mourut en 981.

PANDOLFE II, fils du précédent, ne conserva que peu de temps la principauté de Salerne, et fut chassé bientôt par ses sujets, qui se donnèrent à Mansone, duc d'Amalfi (981).

PANDOLFE III, prince célèbre, fils de Landolfe VII, lui succéda en 1007 dans la principauté de Capoue, dont il fit hommage à l'empereur de Constantinople, pour se soustraire aux attaques des Grecs. Il s'attira ainsi celles des Allemands, et se livra lui-même à l'empereur Henri II, qui le retint prisonnier jusqu'en 1025. Il parvint alors à remonter sur le trône, et mourut en 1050.

PANDOLFE IV, fils et successeur du précédent en 1050, était associé à son père dès 1026. Il s'associa alors son fils Landolfe VIII, et mourut en 1059. Sous son règne, la puissance des principautés de Capoue et de Bénévent était beaucoup diminuée.

PANDORE (myth.) (des deux mots grecs *pan*, tout, et *doron*, présent), nom de la première femme, selon Hésiode. Elle fut formée par Vulcain du limon de la terre, à la prière de Jupiter, qui voulait la donner pour épouse à Prométhée dont il voulait se venger parce qu'il avait dérobé le feu du ciel. Tous les dieux la parèrent à l'envi de tous les dons; ce qui la fit appeler *Pandore*. Jupiter lui donna une boîte mystérieuse, avec ordre de la présenter à Prométhée, qui ne voulut point l'ouvrir. Son frère Epiméthée épousa Pandore et ouvrit la boîte, d'où s'échappèrent aussitôt tous les malheurs qui depuis ce temps désolent la terre. L'espérance seule resta au fond.

PANDOURS, habitants des montagnes voisines du hameau de Pandour, à 10 lieues de Colocza, dans le comitat de Sohl en Hongrie. Les Pandours formaient une milice commandée par un chef de leur choix et organisée depuis 1750 en milice régulière. Ils portaient des manteaux, de longs et larges pantalons, des bonnets fourrés. Leurs armes étaient un long fusil, des pistolets, un sabre hongrois et des couteaux turks.

PANDROSIE (myth.), la troisième des filles de Cécrops. Minerve lui confia un jour à elle et à ses sœurs un dépôt, et elle fut la seule qui demeura fidèle à la déesse. En récompense de sa piété, les Athéniens lui élevèrent après sa mort un temple auprès de celui de Minerve, et instituèrent une fête en son honneur. Elle avait eu, dit-on, de Mercure un fils nommé *Céryx*.

PANDURIFORME ou PANDURÉE, adjectif par lequel on désigne une feuille oblongue, ayant vers le milieu deux sinus latéraux, arrondis, opposés l'un à l'autre, ou bien deux échancrures opposées, dont l'aspect et la disposition rappellent plus ou moins exactement la forme d'un violon. Telles sont les feuilles d'un liseron, de l'oseille élégante et d'une jolie immortelle.

PANÉGYRIARQUES (des trois mots grecs *pan*, tout, *aguris*, assemblée, et *arkomai*, commander), magistrats des villes grecques, qui présidaient aux fêtes solennelles. — C'étaient aussi des assemblées, des fêtes ou des espèces de foires qui se tenaient à Athènes de cinq en cinq ans.

PANÉGYRIQUE (des deux mots grecs *pan*, tout, et *aguris*, assemblée), discours d'apparat, écrit et prononcé en l'honneur d'un personnage illustre. Pline le Jeune, élu consul par Trajan, prononça, à la prière du sénat et au nom de l'empire, le beau discours connu sous le nom de *Panégyrique de Trajan*. — L'Eglise grecque a des livres disposés selon l'ordre des mois et renfermant souvent douze volumes, qui répondent à chaque mois de l'année. On les appelle *Panégyriques*, parce qu'ils contiennent plusieurs discours de ce genre à la louange de Jésus-Christ et des saints.

PANÉGYRISTE, faiseur de panégyriques. — On connaît sous le nom des *Douze Panégyristes* une collection d'auteurs de compliments et d'adresses de félicitations que les grandes villes de l'empire faisaient porter à Rome pour se rendre les empereurs favorables. Le seul mortif qui puisse faire soutenir la lecture de ces morceaux déclamatoires est l'utilité qu'on peut en tirer pour l'histoire de l'époque. Les Douze Panégyristes sont les deux Claudius Mamertinus, Eumenus, Nazarius, Drepanius, Corippus, Ennodius, Ausone et quatre anonymes. Ils sont tous du IVe siècle.

PANÉMORE, machine qui se ment à tout vent, et que l'on a appliquée à l'ascension de l'eau, à la mouture des grains, à la fabrication des huiles, etc.

PANEMUS, mois de l'année macédonienne, le sixième dans la première, deuxième et troisième année de la première octaétéride; le cinquième dans le quatrième et cinquième de la deuxième octaétéride, etc....; de telle sorte que ce mois répondait successivement à chacun des douze mois de l'année athénienne en trente-deux ans (cycle de quatre octaétérides).

PANETIUS, fameux philosophe stoïcien, né à Rhodes en 138 avant J.-C., étudia à Athènes, et transporta la philosophie stoïcienne à Rome, où il compta parmi ses disciples Lelius et Scipion. Il fut intimement lié avec le dernier, qu'il accompagna dans toutes ses expéditions. Panetius retourna ensuite à Athènes, où il mourut, on ne sait à quelle époque précise. Ce philosophe avait composé un traité *des Devoirs de l'homme*, qui passait pour un chef-d'œuvre et dont il ne nous reste rien. Cicéron, qui en fait un grand éloge, en a fait usage dans son *De officiis*.

PANETOLIUM (de *pan*, tout, et de *Ætolia*, Etolie), petite chaîne de montagnes qui traversait l'Etolie tout entière. Elle partait du lac Trichonis, se dirigeait, parallèlement au cours du fleuve Evenus, vers la partie septentrionale de la province, qu'elle coupait en deux moitiés à peu près égales, et allait rejoindre les monts Callidrome sur les confins de l'Epire.

PANETOLIUM, nom de l'assemblée générale des Etoliens. Ces peuples, qui formaient une ligue redoutable, se réunissaient chaque année à Thermus, et y discutaient leurs intérêts.

PANGÉE, primitivement appelé *Caramanius*, fameuse montagne de Macédoine, dans l'Edonide, vers la Thrace. C'est une suite du mont Rhodope, auquel elle se joignait près des sources du Nestus. Elle était habitée par quatre nations différentes. On y trouvait des mines très-abondantes d'or et d'argent. Ce fut sur cette montagne que Lycurgue, roi de Thrace, fut mis en pièces, et qu'Orphée rendit les animaux et les bois sensibles à ses accords. Le mont Pangée est maintenant le mont *Castagnatz*.

PANGOLIN, genre de mammifères de l'ordre des édentés, renfermant des animaux qui vivent dans l'Afrique du sud et dans l'Inde, et qui se reconnaissent au premier coup d'œil, aux écailles imbriquées qui recouvrent leur tête, leur dos et leur queue, comme les tatous, aux boucliers que protègent leur croupe et leurs épaules. Ils ont le corps allongé, les membres courts et armés d'ongles robustes, une tête petite et terminée par un museau long et effilé, la bouche très-étroite, la queue d'une longueur qui égale celle du corps entier dans une espèce, et la dépasse de moitié dans l'autre. Ils sont aussi remarquables par leur manque absolu de dents, la petitesse de leurs oreilles, et l'extensibilité de leur langue, avec laquelle ils s'emparent des insectes qui composent leur nourriture. Ils vivent dans des terriers, et bravent les plus redoutables ennemis en se roulant en boule, position qui relève les pointes de leurs écailles et les rend inabordables.

PANHELLÉNIES, fêtes en l'honneur de Jupiter, instituées par Escus et renouvelées par Adrien. Toute la Grèce (*pan*, *Hellèn*) devait y participer.

PANIC. *Voy.* PANIS.

PANICAUT, genre de la famille des ombellifères, ou, suivant d'autres, des dipsacées, renfermant de grandes plantes herbacées remarquables par la dichotomie constante de leurs rameaux. Les feuilles sont opposées; les fleurs nombreuses, assemblées en tête, sont entremêlées de paillettes épineuses, c'est-à-dire de folioles découpées ou frangées, d'une forme très-agréable, et souvent colorées du plus bel azur, d'un violet améthyste ou d'un vert bronzé; le fruit est ovoïde-oblong, écailleux et couronné par cinq dents épineuses. La France possède six espèces de panicaut. La plus connue est le *panicaut des champs*, appelé encore *chardon roland* ou *roulant* et *chardon à cent têtes*. Cette plante, commune au bord des chemins, jouit de propriétés diurétiques. Elle a une racine pivotante, brune, grosse, très-longue, une tige droite, très-rameuse, haute de huit à douze pouces, des feuilles coriaces d'un vert pâle, des fleurs blanches.

PANICULE. En botanique, c'est le nom d'un assemblage de fleurs dont les pédoncules, partant d'un axe commun, se ramifient diversement, de telle sorte que les inférieurs, plus larges que les supérieurs, se trouvent disposés avec symétrie et présentent à leur sommet une surface unie. La grappe et le faisceau ne sont que des modifications de la panicule.

PANIER (du latin *panarium*, vase à pain), petit meuble d'osier ou de jonc, qui servit d'abord à mettre du pain, et où l'on mit ensuite des objets presque de toute nature. — En architecture, on appelle arcade ou voûte *à anse de panier* celle qui n'est point en plein cintre, ou dont le cintre n'est pas parfait. — Au commencement du XVIIIe siècle, on donna le nom de *panier* à des cerceaux de fer, bois ou baleine, entourés de chiffons et servant à relever les jupons des dames. La mode des paniers, très en vogue sous le règne de Louis XV, disparut avec l'innovation de Mlle Clairon, qui osa la première paraître sur la scène sans *paniers*.

PANIN (Nikita Ivanovitch, comte de), homme d'Etat russe, naquit à Saint-Pétersbourg en 1718 d'une ancienne famille issue des Pagnini de Lucques, devint successivement chambellan et grand écuyer de l'impératrice Elisabeth, remplit diverses missions diplomatiques, devint gouverneur du grand-duc Paul et ministre favori de Catherine II, qu'il avait aidée à monter sur le trône. Il mourut en 1783.

PANIONIES, fêtes solennelles que les Ioniens célébraient en l'honneur de Neptune sur le mont Panionium.

PANIONIUM (des deux mots grecs *pan*, tout, et *Ionia*, Ionie), ville de l'Ionie, au S. d'Ephèse, où se réunissaient tous les ans, pour y faire des sacrifices et délibérer sur les intérêts communs, les députés des douze villes de l'Ionie, Milet, Ephèse, Clazomène, Erythrée, Myonte, Pryène, Colophon, Téos, Chios, Samos, Lébédos et Phocée.

PANIQUE (TERREUR), nom que les Grecs donnaient à toute espèce de crainte qui n'est produite par aucun danger véritable, parce qu'ils croyaient que Pan l'inspirait aux hommes. La plus célèbre de ce genre fut celle qui fit prendre la fuite à Brennus et à son armée marchant au pillage du temple de Delphes.

PANIS, conventionnel, né dans le Périgord, était en 1789 un des membres les moins connus du barreau de la capitale. Devenu le beau-frère du célèbre Santerre, il figura dans tous les troubles du 10 août, et devint un des membres de cette commune illégale qui s'installa de sa propre autorité dans la nuit du 11 au 12. Apologiste des massacres de septembre, il fut élu député à la convention, où il vota la mort du roi sans appel et sans sursis. Membre du comité de sûreté générale, il fut arrêté le 7 prairial et relâché seulement au 4 brumaire. Sorti de France en 1816, il y rentra en 1830 et mourut en 1833.

PANIS ou PANIC, genre de plantes de la famille des graminées, composé d'un très-grand nombre d'espèces, dont six seulement sont indigènes à la France. Les plus communes sont le *panis commun*, vulgairement appelé *millet*, et le *panis d'Italie* ou *millet des oiseaux*, que l'on cultive principalement pour la nourriture des oiseaux. La première présente plusieurs variétés désignées ordinairement par la couleur blanche, jaune ou noire de l'enveloppe qui enserre la graine, quoique la substance de celle-ci soit jaune pour toutes. La noire est plus précoce et plus préférée pour cela même. Destinée pour fourrage, cette plante se fauche dès qu'elle est prête à monter en épi ; réservée pour la nourriture de l'homme, on en obtient un gruau excellent qui donne des soupes très-appétissantes ; on mange aussi sa farine réduite en bouillie. On connaît de la seconde espèce deux variétés : l'une à épis barbus, allongés, aux fleurs d'un blanc jaunâtre variant jusqu'au pourpre et au violet foncé ; l'autre à épis courts, presque ovoïdes et nus.

PANNARTZ (Arnold), imprimeur allemand, sortit de l'atelier de Guttemberg à Mayence, avec Ulric Hanz et Conrad Sweynheim, pour aller établir l'imprimerie en Italie, au commencement du pontificat de Paul II. Etabli d'abord au monastère de Subiaco, il imprima le *Donat* sans date, le *Lactance* de 1465, et la *Cité de Dieu* de 1467. Appelé à Rome par François de Maximis, il publia dans la maison de ce riche seigneur les *Epitres familières* de Cicéron (1467), les *Lettres* de saint Jérôme (1468), et la première édition du *Speculum vitæ humanæ*. Il mourut de la peste en 1476.

PANNE. Ce mot désigne, 1° une étoffe de soie veloutée, qui tient le milieu entre le velours et la pluche, ayant le poil plus long que le premier et moins que le deuxième ; 2° de la graisse de porc que l'on bat et que l'on fond quand on veut faire du saindoux ; 3° une pièce de bois de six ou sept pouces en carré, placée entre deux jambes de force et entre le faite et l'entablement, sur laquelle posent les bouts des chevrons qui ne pourraient pas être assez longs pour aller du haut du toit jusqu'en bas, ou assez forts pour soutenir les lattes et l'ardoise ; 4° *panne de brisis*, celle qui soutient le pied des chevrons à l'endroit où le comble est brisé. — La *panne* est encore la partie du marteau opposée au gros bout.

PANNE (mar.), situation d'un vaisseau dont les voiles sont placées de façon à ce qu'il se maintienne sans marcher. En d'autres termes, c'est le temps d'arrêt produit sur un navire par l'équilibre des forces qui tendent à le faire avancer et de celles qui tendent à le faire reculer. *Mettre en panne*, c'est virer le vaisseau vent devant, et mettre le vent sur toutes les voiles ou sur une partie afin de ne pas tenir ou prendre le vent, ce qui se fait quand on veut arrêter la course du vaisseau. *Etre en panne*, c'est être immobile, ne pas tenir ni prendre le vent.

PANNE (bot.), mot créé par Mirbel pour désigner l'épaisseur de la substance propre de l'enveloppe du fruit ou péricarpe. La *panne externe* forme la boîte du fruit ; la *panne interne*, charnue et pulpeuse, circonscrit la cavité péricarpienne.

PANNEAU, terme d'architecture, l'une des faces d'une pierre taillée. Le *panneau de douelle* fait la curvité du voussoir ; le *panneau de tête* est celui qui est au-devant ; le *panneau de lit*, celui qui est caché dans les joints. — On appelle encore ainsi, 1° un morceau de carton ou de fer-blanc levé ou coupé sur l'épure pour tracer une pierre ; 2° *panneau de fer*, un ornement de fer renfermé dans un châssis pour une rampe, un balcon, etc. ; 3° *panneau de glace*, un placard ou compartiment de glaces ; 4° *panneau de maçonnerie*, la maçonnerie entre les pièces d'un pan de bois ou d'une cloison ; 5° *panneau de menuiserie* ou *de remplage*, des tables d'ais minces, collées ensemble, qui remplissent le bâti d'un lambris ou d'une pièce d'assemblage de menuiserie : le *panneau recouvert* est celui qui excède le bâti et qui est ordinairement moulé d'un quart de rond ; 6° *panneaux*, des planches de bois de différentes grandeur et épaisseur, dont on fait les moindres panneaux de menuiserie ; 7° *panneau de sculpture*, un morceau d'ornement taillé en bas-relief pour enrichir les lambris et placards de menuiserie ; 8° *panneau de vitre*, un compartiment de pièces de verre ; 9° *panneau d'ornements*, une espèce de tableau de fleurs, de fruits, etc., pour enrichir un lambris, un plafond ; 10° *panneau flexible*, celui qui est fait sur du carton, du fer-blanc, etc., pour pouvoir ensuite être appliqué sur une face concave, convexe ou cylindrique, etc.; 11° *panneau*, chez les bourreliers, une pièce de cuir rembourrée de paille ou de bourre qui embrasse le dos des bêtes de somme et sur laquelle sont posés les fûts du bât : c'est encore deux coussinets qu'on met aux côtés d'une selle pour empêcher que le cheval ne se blesse ; 12° une espèce de chevalet dont se servent les chapeliers ; 13° un filet pour prendre les lapins. — *Panneau* est encore synonyme de *valve*, en botanique.

PANNETON. Les serruriers nomment ainsi la partie d'une clef où sont les dents. Leur forme varie beaucoup. Il y en a en *S*, en croix, fendus en roue, etc. Le *panneton d'espagnolette* est une partie saillante sur le corps de l'espagnolette, qui entre dans l'agrafe posée sur le volet droit des croisées quand on ferme. Il sert aussi à fermer le volet gauche, parce qu'en tournant le poignet de l'espagnolette pour la fermer il va se poser sur le volet.

PANNICULE (du latin *panniculus*, lambeau), nom que les anatomistes ont donné à diverses couches des tissus du corps humain. Ils appellent *pannicule graisseux* ou *adipeux* la couche sous-cutanée du tissu cellulaire, et *pannicule charnu* la couche musculeuse située au-dessous de la peau dans diverses régions du corps.

PANNIUS, Romain qui alla s'établir en Egypte, où il fonda une fabrique de papyrus connu sous le nom de *fanniaque*. Ce papyrus était plus solide, plus blanc que les autres, et avait dix pouces de largeur.

PANNOIR, marteau avec lequel on forme la tête des épingles.

PANNONIE, vaste contrée d'Europe, bornée au N. par le Danube, au S. par la Dalmatie et la Savie, à l'E. par les peuples barbares de la Germanie, et à l'O. par le Norique. La Pannonie formait deux provinces du diocèse d'Illyrie. La *première* ou *basse Pannonie*, située à l'O., s'étendait entre l'Arrabona (Raab) et la deuxième Pannonie de l'E. à l'O., et entre le Danube et la Save du N. au S. — La *deuxième* ou *haute Pannonie* occupait le reste des terres entre le Danube et la Drave. La métropole de la Pannonie était *Sirmium* (Sirmich). Les Pannoniens étaient Celtes d'origine. Longtemps indépendants, ils avaient été soumis ensuite par Philippe et Alexandre, rois de Macédoine. Les Romains soumirent la Pannonie sous le règne de Tibère.

PANNUS DE LA CORNÉE, nom donné au gonflement de la conjonctive et de la cornée, membranes de l'œil, produit par les vaisseaux sanguins qui les parcourent.

PANONCEAU, écusson d'armoiries mis sur une affiche ou y donner plus d'autorité, ou sur un poteau pour marque de juridiction. Les panonceaux étaient autrefois très en usage.

PANOPLIE (de *pan*, tout, et *oplon*, arme). C'est le nom que l'on donnait dans le moyen âge à l'armure complète, c'est-à-dire à la réunion du casque, de la cuirasse, des jambarts qui composaient tout l'équipement d'un chevalier.

PANOPOLIS (de *Pan* et de *polis*, ville, c'est-à-dire ville de Pan), aujourd'hui *Akmim*, ville de l'Egypte supérieure, sur la rive droite du Nil, entre Ptolémaïde et Antæopolis, vis-à-vis de Crocodilopolis. Elle avait porté primitivement le nom de *Chemniés*. Pan y était surtout honoré. Le poëte Nonnus y avait reçu le jour.

PANORAMA (de *pan*, tout, et *orama*, spectacle). On appelle ainsi un tableau circulaire, horizontal, présentant la vue en perspective d'une ville ou d'un paysage. L'invention des panoramas est due à M. Breyssig, professeur à Dantzig, à la fin du XVIIIe siècle. Le premier qui fut apporté en France le fut par un Américain, Robert Fulton.

PANORME. Voy. PALERME.

PANORPATES, section de l'ordre des névroptères, famille des planipennes, renfermant des insectes appelés par quelques auteurs *mouches-scorpions*. Ils ont les antennes sétacées et insérées entre les yeux, les palpes filiformes, courts et au nombre de quatre à six, le corps allongé avec la tête verticale, l'abdomen conique ou presque cylindrique. Cette section renferme les genres *panorpe*, *bittaque*, *némoptère* et *boué*.

PANSA (Caïus Vibius), consul l'an 43 avant J.-C., poursuivit avec son collègue Hirtius les meurtriers de César, et fut mortellement blessé à la bataille de Modène, dans la guerre civile entre Octave et Antoine. Il conseilla à Octave de s'unir à son rival pour venger César. Pansa fut avec Hirtius le dernier consul qui jouit des prérogatives de cette dignité. Quelques-uns croient qu'il périt empoisonné par Octave ou par le médecin Glycon, qui mit du poison sur ses blessures.

PANSE, le plus volumineux des quatre estomacs des ruminants. C'est le premier de tous, c'est-à-dire celui où arrivent les herbes aussitôt qu'elles sont mâchées et avalées. Voy. RUMINANTS. — La *panse* d'une cloche est le bord, l'endroit où le battant va frapper.

PANSEMENT, action d'appliquer les appareils destinés, soit à maintenir une plaie en action, comme dans le cas de cautères, soit à favoriser la cicatrisation, en la préservant du contact de l'air et des corps nuisibles. Quatre mots renferment toute la science de cette importante partie de l'art chirurgical et sont devenus des aphorismes : *doucement*, *mollement*, *promptement*, *proprement* ; c'est-à-dire qu'il faut causer le moins de douleur possible, employer le moins souvent les instruments qui font souffrir, faire l'opération dans le plus bref délai afin de ne pas laisser la plaie à nu, et enfin employer les plus grandes précautions de propreté, sans quoi la plaie ne manquerait pas de s'envenimer.

PANTAGUIÈRES, terme de marine, cordes de moyenne grosseur, entrelacées entre les haubans, qu'elles traversent d'un bord à l'autre pour les tenir plus roides et plus fermes, et pour assurer les mâts dans une tempête.

PANTALON, vêtement masculin, différant de la culotte en ce que, au lieu de s'arrêter comme elle au genou, il descend jusqu'à la naissance du pied. L'origine ainsi que le nom de ce vêtement remontent à un personnage de la comédie italienne, qui portait une culotte à laquelle tenaient les bas, innovation modifiée plus tard de manière à produire le pantalon actuel. *Pantalon* jouait les rôles de père, quelquefois amoureux et dupe, quelquefois aussi bon, simple et point du tout ridicule. Son costume était vénitien. Le dernier et le plus célèbre des Pantalons fut l'acteur-auteur Colalto.

PANTELLARIA ou **Pentellaria**, île de la Méditerranée, située entre l'Afrique et la Sicile, à 16 lieues de la première et à 21 de la seconde, dont elle dépend comme annexe de la province de Girgenti. Sa superficie est de 6 lieues carrées, et sa population de 6,000 habitants, Grecs et très-bons nageurs. L'île est montagneuse ; les hauteurs sont garnies de câpriers et d'une espèce de chêne. Les contrées basses sont favorables à la culture du blé, du cotonnier, de plusieurs arbres fruitiers et de l'olivier. L'île de Pantellaria est l'ancienne *Cossyra*.

PANTÈNE (Saint), célèbre docteur chrétien, né en Sicile ou à Athènes, étudia et professa d'abord le stoïcisme sous le règne de Marc-Aurèle ; puis, s'étant converti au christianisme, il devint chef de la fameuse école chrétienne d'Alexandrie, vers 180. Il fut ensuite envoyé chez les Ethiopiens pour les instruire dans la religion chrétienne. A son retour, il continua d'enseigner publiquement sous le règne de Sévère et de Caracalla, et mourut après l'an 211, laissant pour disciples saint Clément d'Alexandrie et plusieurs autres hommes illustres. Saint Pantène avait composé des *Commentaires sur la Bible* qui ne nous sont point parvenus.

PANTENNE (Être en) signifie, en marine, l'état d'un vaisseau désemparé et dégréé de manière qu'on ne peut plus orienter les voiles. A la mort d'un capitaine, on met, en signe de deuil, les vergues de son vaisseau en pantenne.

PANTER, terme de cardier, se dit de l'action d'arrêter les feuillets dans le *panteur* (espèce de métier qui sert à bander les peaux) en les accrochant aux pointes dont il est garni par distance dans toute sa longueur.

PANTHÉE, femme d'Abradate, roi de la Susiane, aussi célèbre par sa beauté que par son amour pour son mari. Cyrus, l'ayant faite prisonnière, refusa de la voir, dans la crainte de ne pouvoir s'empêcher de l'aimer. Panthée, par reconnaissance, attira son mari dans le parti de Cyrus. Elle s'immola sur le corps d'Abradate, qui fut tué à la bataille de Thymbrée en combattant pour Cyrus.

PANTHÉES, statues des anciens, ornées des symboles de plusieurs divinités réunies ensemble.

PANTHÉISME (des deux mots grecs *pan*, tout, et *théos*, Dieu), système philosophique et religieux qui admet que tout ce qui existe n'est autre chose que Dieu, et le confond ainsi avec l'univers. On distingue quatre sortes de panthéismes : le *psychologique*, qui admet que Dieu est pour le monde ce que notre âme est pour notre corps ; le *cosmologique*, qui est propre à l'école éléatique en général et qui proclame l'identité de Dieu et du monde ; l'*ontologique*, dû à Spinosa, et qui ne reconnaît qu'une seule substance éternelle, immuable, dont les manifestations sont tout ce que tombe sous nos sens extérieurs ou intimes ; le *mystique*, qui n'est autre chose que le désir de l'homme de s'unir à Dieu et d'être, pour ainsi dire, absorbé dans son sein.

PANTHÉON (des deux mots grecs *pan*, tout, et *théos*, Dieu), temple en l'honneur de tous les dieux. C'est dans l'histoire des religions polythéistes qu'il faut chercher ce genre d'édifices. Les plus remarquables sont ceux d'Athènes et de Rome. — Le *Panthéon d'Athènes* était un édifice somptueux, entouré de cent vingt colonnes de marbre, et dont la porte principale était ornée de deux chevaux, ouvrage du fameux Praxitèle. Les chrétiens en firent une église. — Le *Panthéon de Rome* fut construit après la bataille d'Actium, dans le Champ de Mars, par Agrippa, gendre d'Auguste, qui le consacra à Jupiter Vindicator et à tous les dieux. C'est un bâtiment circulaire et surmonté d'un dôme percé d'une grande ouverture pour éclairer l'intérieur. Le diamètre du dôme a 137 pieds. Au-devant du temple se trouve un portique soutenu par seize colonnes corinthiennes de granit, hautes chacune de quarante-sept pieds et d'une seule pièce. Restauré par Adrien, le Panthéon de Rome existe encore aujourd'hui dans son entier. On en a fait une église sous le nom de *Sainte-Marie de la Rotonde*.

PANTHÉON DE PARIS, édifice qui fut jusqu'en 1791 une église sous l'invocation de sainte Geneviève, commencée en 1747 sur les dessins de Soufflot et achevée en 1764. Son plan est une croix grecque, formant quatre nefs qui se réunissent à un centre où est un dôme composé de trois coupoles, et dont le diamètre intérieur est de 52 pieds. La façade principale se compose d'un perron élevé sur onze marches, et d'un porche en péristyle imité du Panthéon de Rome, avec vingt-deux colonnes cannelées de l'ordre corinthien. — Destinée par un décret de l'assemblée nationale (1791) à la sépulture des Français illustres par leurs talents, leurs services ou leurs vertus, l'ancienne église Sainte-Geneviève prit le nom de *Panthéon*, avec cette inscription sur la frise de la façade : *Aux grands hommes la patrie reconnaissante*. — Rendue au culte en 1815, cette église est redevenue Panthéon en 1830.

PANTHÈRE (des deux mots grecs *pan*, tout, et *ther*, bête féroce), mammifère de l'ordre des carnassiers, famille des digitigrades, et du genre chat. Cette espèce est répandue dans toute l'Afrique et dans les parties chaudes de l'Asie, ainsi que dans l'archipel Indien. Elle est remarquable par son beau pelage, fauve en dessus, blanc en dessous, et orné sur chaque flanc de six ou sept rangées de taches noires en forme de roses, c'est-à-dire formées par l'assemblage de cinq à six petites taches simples. Ses mœurs se rapprochent beaucoup de celles des chats ; en effet la panthère attaque les petits quadrupèdes, et grimpe sur les arbres pour y poursuivre sa proie ou pour fuir le danger. La panthère a quatre pieds de longueur. L'*once* de Buffon en est une variété. Les anciens l'ont confondue à tort avec le léopard.

PANTICAPÉE, ville du Bosphore Cimmérien, bâtie par les Milésiens, se gouverna d'abord par ses lois, et devint ensuite soumise aux rois du Bosphore, qui en firent leur capitale. Panticapée est aujourd'hui la ville de *Kertch*.

PANTIN, village du département de la Seine, à trois quarts de lieue des barrières de Paris, dans l'arrondissement de Saint-Denis, près de la Villette, du canal de l'Ourcq et de la grande route de Paris à Meaux. Ce village renferme avec la ferme de Rouvray une population de 800 habitants. Pantin est remarquable par ses maisons de campagne et sa proximité du bois de Romainville et des prés Saint-Gervais.

PANTIN, petite poupée de carton, dont on fait mouvoir les membres avec un fil qui met en jeu les articulations. Les pantins apparurent vers le milieu du XVIIIe siècle. Il est probable que le village de Pantin est pour quelque chose dans leur appellation.

PANTINE, certain nombre d'écheveaux de soie, de fil ou de laine, liés ensemble.

PANTOGÈNE, se dit des cristaux dans lesquels chaque arête ou chaque angle solide subit un décroissement.

PANTOGONIE, terme de géométrie, espèce de *trajectoire* qui, pour chaque position de son axe, se coupe toujours elle-même sous un angle rentrant.

PANTOMÈTRE, instrument de géométrie propre à mesurer toutes sortes d'angles, de hauteurs ou de distances.

PANTOMIME (des deux mots grecs *pantos*, génitif de *pas*, tout, et de *mimos*, venu de *mimeisthai*, imiter), nom que les anciens donnaient aux comédiens qui représentaient les pièces du théâtre sans parler, et seulement avec le secours du geste. On ignore à quelle époque il faut rapporter l'origine des pantomimes. Ce fut à Rome surtout, du temps de l'empire, que leur art devint en vogue, et reçut d'habiles, de vastes et de rapides développements. Sous Auguste, les deux pantomimes Bathylle et Pylade, l'un comique, l'autre tragique, établirent chacun une école et se partagèrent le public. Néron lui-même joua un rôle parmi les pantomimes. Bientôt l'enthousiasme qu'ils excitèrent fit, comme les courses du cirque, éclore des factions rivales, et donna lieu aux plus déplorables excès. De nos jours le mot de *pantomime* s'applique aussi aux ballets.

PANTOQUIÈRES. Voy. **PANTACUIÈRES**.

PANTOUFLE, chaussure qui a d'ordinaire le talon éculé, et que l'on ne met que chez soi. En Turquie, la pantoufle joue un très-grand rôle dans les usages nationaux. C'est en lui envoyant sa pantoufle qu'une femme mande son mari ; une femme en visite, pour ne point être surprise par des hommes sans voile, laisse ses pantoufles à la porte. La plus grande injure que l'on puisse faire à un musulman, c'est de le frapper avec une pantoufle.

PANVINI (Onuphre), antiquaire italien, né à Vérone en 1529, entra dans l'ordre des augustins, enseigna la théologie à Florence (1554), fut attaché à la bibliothèque du Vatican sous le pape Marcel II, et mourut en 1568 à Palerme, où il avait accompagné le cardinal Alexandre Farnèse. On a de lui : les *Vies des papes*, une *Chronique ecclésiastique*, un traité sur *les Anciens Noms des Romains*, cinq livres de *Fastes*, utiles pour l'histoire ancienne et celle du moyen âge, et plusieurs autres ouvrages très-curieux.

PANYASIS, ancien poëte grec et habile devin, oncle d'Hérodote, était né à Halicarnasse où il fut mis à mort par ordre de Lygdamus, roi de Carie. Il avait composé un poëme sur les *Douze Travaux d'Hercule*, dont il ne nous est parvenu que quelques fragments sans suite.

PAOLI (Hyacinthe), d'une noble et ancienne famille de Corse, fut chargé du commandement de la Corse avec les Giafferi et Ceccaldi dans l'insurrection de 1734. Après une lutte opiniâtre, mais malheureuse, contre le maréchal de Maillebois, il ne put empêcher la conquête de la Corse, et se retira à Naples, où il mourut en 1755.

PAOLI (Pascal), fils du précédent, né en 1726 à la Stretta, près de Rostino (Corse), était lieutenant au service de Naples lorsque son père l'envoya en 1755 en Corse, où il fut reconnu commandant général, malgré l'opposition de son rival Matta. Vainqueur du parti contraire et de la république génoise, il résista pendant deux ans aux armes de la France (1767-1769). Trahi par la fortune, il se réfugia à Londres, d'où l'assemblée constituante le rappela en 1789. Louis XVI le nomma lieutenant général en Corse. Accusé auprès de la convention, il insurgea la Corse contre la France (1793), et appela les Anglais qui ne se souvinrent plus de lui. Il mourut en 1807 dans un village près de Londres.

PAOLUCCIO (ou **PAUL-LUC ANAFESTE**), premier doge de Venise, fut élu en 697 par Christophe, patriarche de Grado, les évêques ses suffragants, le clergé, les tribuns, les nobles et le peuple de la république de Venise assemblés à Héraclée. Ainsi commença cette magistrature, dont la durée fut de onze cents ans. Paul Luc Anafeste, ou, comme le nomment les Italiens, *Paoluccio* mourut en 729. Marcel Togliano lui succéda.

PAON, genre de l'ordre des gallinacés, renfermant des oiseaux originaires de l'Inde et apportés en Europe par Alexandre. Les paons ont sur la tête une huppe ou aigrette de plumes redressées et élargies au bout ; les plumes qui recouvrent leur queue (les tectrices caudales) sont extrêmement longues chez les mâles et peintes à leur extrémité de taches brillantes en forme d'yeux. Elles peuvent se relever, ainsi que les rectrices qui sont au nombre de dix-huit, pour faire ce qu'on appelle la *roue*. La difformité de leurs pattes et la laideur de leur cri trop aigu déparent seuls la beauté des paons. Encore cet oiseau n'a pas à l'état de domesticité tout l'éclat qui lui est naturel. A l'état sauvage, le bleu dont son cou est orné se prolonge sur le dos et sur les ailes au milieu de mailles d'un vert doré. La femelle, qui n'a pas cette parure brillante, fait chaque année une ponte unique de huit à douze œufs, dont l'incubation dure vingt-sept à trente jours. Les petits s'appellent *paonneaux*. Les plumes dont la queue du paon se compose tombent en tout ou en partie vers la fin de juillet pour repousser au printemps. La durée ordinaire de sa vie n'est que d'environ vingt-cinq ans. Le paon était très-recherché au temps des Romains et au moyen âge pour la bonté de sa chair. Il est aujourd'hui tombé en discrédit sous ce point de vue.

PAON. On nomme vulgairement *paon de jour* un papillon du genre *vanesse*; *paon de nuit*, un du genre *bombyx*; *paon bleu*, un *labre*; *paon de mer*, un *spare* et un *labre*, un *coryphène* et un *chélodon*; *paon marin*, l'*oiseau royal*.—En astronomie, c'est le nom d'une constellation de l'hémisphère austral, invisible dans nos climats.

PAOPHI, second mois de l'année égyptienne, répondant à la dernière moitié d'octobre et à la première de novembre.

PAPAGALLO, nom que l'on donne sur la côte orientale du Mexique à un vent violent qui souffle régulièrement dans la direction du nord-est et dans celle du nord-nord-est pendant la belle saison, depuis le mois d'octobre jusqu'au mois de mai. Le papagallo souffle principalement dans une étendue de 50 lieues environ, c'est-à-dire depuis le cap Blanc, situé à l'entrée du golfe de Micoya, jusqu'à la pointe de Sainte-Catherine.

PAPAS, mot grec qui signifie *père* et qui sert à désigner dans l'Eglise grecque non-seulement les prêtres, mais encore les évêques et même le patriarche. Le premier d'entre eux prend le titre de *protopapas*.

PAPAUTÉ, pouvoir du pape. Voy. ce mot.

PAPAVÉRACÉES, famille de plantes dicotylédonées renfermant des plantes herbacées communes dans l'ancien continent et surtout dans l'Asie ou de petits arbrisseaux à feuilles alternes et découpées, dont toutes les parties contiennent un suc laiteux, jaune ou rouge, susceptible de se condenser par son exposition à l'air, et jouissant de propriétés plus ou moins narcotiques. Leur fruit est une capsule ou boîte sèche, de forme ovale ou allongée, comme celui du pois ou du haricot, et renferment une très-grande quantité de graines. La famille des papavéracées renferme, entre autres genres, le *pavot*, en latin *papaver*, qui lui donné son nom, le *sanguinaire*, la *chélidoine*, etc.

PAPAYE, fruit du *papayer*. C'est une baie très-grande, ovale, ronde ou de forme pyramidale ou anguleuse, aplatie aux deux extrémités, et dont la forme et la grosseur approchent de celles du melon. Ce fruit est bon à manger.

PAPAYER, genre de la famille des cucurbitacées, renfermant des arbres de troisième grandeur ou de simples arbrisseaux remarquables par leur port particulier qui rappelle celui des palmiers, leur feuillage en touffe au sommet du tronc, leurs fleurs unisexuelles le plus habituellement et séparées sur des pieds différents, enfin leurs fruits appelés *papayes*. Les papayers fructifient dans les contrées chaudes.

PAPE (en grec *papas*, père), nom sous lequel on désigna d'abord tous les évêques, et que Grégoire VII restreignit dans un synode tenu en 1076, à l'évêque de Rome, successeur de saint Pierre, vicaire de Jésus-Christ, chef visible de l'Eglise, titre qui lui est donné par tous les conciles et tous les Pères. Comme les autres évêques, les papes furent élus par le peuple et le clergé, jusqu'à ce que les empereurs, s'étant faits chrétiens, s'attribuèrent le droit de confirmer leur choix. Justinien et ses successeurs exigèrent même une somme d'argent pour accorder cette confirmation. Constantin Pogonat délivra l'Eglise de cette servitude en 681. Louis le Débonnaire déclara en 824 que l'élection des papes serait libre à l'avenir. Sous Innocent II, les cardinaux s'arrogèrent le droit de faire seuls cette élection (vers 1143). Le pape Honorius III en 1216, ou plutôt Grégoire X en 1274, ordonna que l'élection se ferait désormais dans un conclave, ce qui se pratique encore de nos jours; et Clément V dans le concile de Vienne (1311) établit les formalités encore existantes, pendant la vacance du saint-siège et dans le conclave. Quatre questions ont longtemps divisé les théologiens : 1° l'infaillibilité du pape, indépendamment du consentement de l'Eglise, est-elle possible? 2° le pape est-il supérieur ou non aux conciles généraux? 3° le pape a-t-il le pouvoir direct ou indirect sur les royaumes temporels? 4° le pape peut-il déposer les rois et délier les sujets du serment de fidélité? Les théologiens ultramontains, c'est-à-dire d'Italie, ont soutenu l'affirmative sur ces quatre questions; ceux de France au contraire se sont prononcés pour la négative. — On compte depuis saint Pierre deux cent quatre-vingt-dix-huit papes, dont trois n'ont pas été consacrés et dont trente-six sont regardés comme de faux papes ou anti-papes. Le pape actuel est Grégoire XVI, successeur de Pie VIII en 1830.

PAPEBROCH (Daniel), savant jésuite, né à Anvers en 1628. Il fut l'un des plus laborieux éditeurs du recueil des *Actes des saints*, qu'il avait entrepris avec Bollandus et Henschenius, devint aveugle à quatre-vingt-deux ans et mourut en 1714. On a encore de lui une brochure qu'il composa pour défendre son livre contre les carmes qui l'avaient attaqué.

PAPEGAI, nom que Buffon donne à certains perroquets de la division des kakatoès parmi les espèces dont la tête est dépourvue de huppe et qui ont le plumage généralement vert.

PAPESSE JEANNE. Voy. JEAN (la).

PAPHLAGONIE, contrée de l'Asie-Mineure, d'abord appelée *Pylémenie* et bornée à l'O. par le fleuve Parthenius qui la séparait de la Bithynie, à l'E. par l'Halys qui la séparait du royaume de Pont, au N. par le Pont-Euxin et au S. par la Galatie. On y comptait sept villes principales : *Gangra*, *Amastra*, *Sora*, *Sinope*, *Ionopolis* et *Pompeiopolis*. Ses habitants avaient la réputation d'être stupides, grossiers, méchants et surtout très-sots. Leur nom chez les Grecs était une injure. La Paphlagonie, soumise par Alexandre, passa après sa mort sous la domination des rois de Pont. Elle eut pourtant dans la suite des rois particuliers: *Morzès* (179 avant J.-C.), *Pylémène Ier* (131 avant J.-C.), *Pylémène II* (mort vers 121). Ce dernier légua son royaume à Mithridate V, roi de Pont, et les Romains s'en emparèrent dans leur guerre contre le fils de ce prince, le grand Mithridate.

PAPELINE, étoffe très-légère dont la chaîne est de soie et la trame de fleuret ou filoselle.

PAPETTO, monnaie d'argent de Rome et des Etats de l'Eglise. C'est un cinquième d'écu. Il vaut 20 bayoques, c'est-à-dire 1 franc 7 centimes 70 centièmes de notre monnaie.

PAPHNUCE (Saint), évêque de la haute Thébaïde, souffrit des persécutions sous Maximin, et assista en 325 au concile de Nicée. On ignore l'époque de sa mort. Durant la persécution de Galère et de Maximin, il avait eu le jarret gauche coupé et l'œil droit arraché.

PAPHOS. Il y avait dans l'île de Chypre deux villes de ce nom. *Paphos l'Ancienne* (aujourd'hui Baffo) était située à 10 stades environ de la côte occidentale. Elle avait un port et un temple consacré à Vénus, qui prenait de là le surnom de *Paphienne*. On croyait que c'était près de là que cette déesse, s'élevant du sein des eaux, s'était pour la première fois montrée à la terre. *Paphos la Nouvelle* était située sur la côte occidentale même, à peu de distance de l'ancienne Paphos. Fondée, dit-on, 1184 ans avant J.-C. par Agapénor, chef athénien, jeté par la tempête sur ce rivage, après la prise de Troie, Paphos rendait à Vénus un culte spécial. On y avait érigé en son honneur cent autels, où brûlait toujours l'encens le plus pur. La vénération qui était attachée au temple s'étendait jusqu'au prêtre. Caton offrit à Ptolémée la grande sacrificature de Paphos, à condition qu'il céderait l'île de Chypre aux Romains. Ce fut à Paphos que saint Paul convertit le proconsul Sergius Paulus et frappa d'aveuglement le juif Elymas.

PAPIA (Lois). Il y en a quatre. La loi Papia *de peregrinis*, décrétée sous les auspices de Papius, tribun du peuple, l'an 66 avant J.-C., avait pour objet d'expulser de Rome tous les étrangers. Elle fut ensuite confirmée et étendue par la loi Junia. — La loi Papia Poppæa *de maritandis ordinibus*, décrétée l'an 9 de J.-C., sous les auspices des tribuns Papius Mutilus et Poppæus Secundus, ne fit que confirmer la loi Julia sur les mariages.—Loi décrétée sous le gouvernement d'Auguste, par laquelle le patron eut des droits au bien de son client lorsque celui-ci laissait une certaine somme d'argent que la loi spécifierait ou avait moins de trois enfants.—Loi qui donna au grand prêtre le pouvoir de choisir vingt jeunes vierges pour le service du culte de Vesta.

PAPIANUS. Voy. PUPIEN.

PAPIAS, évêque d'Hiérapolis en Phrygie, et disciple de saint Jean, propagea le premier l'erreur des millénaires. Il composa un ouvrage en cinq livres, intitulé: *Explication des discours du Seigneur*. Ses fragments qui nous en restent nous donnent une mauvaise idée de son goût.

PAPIER, feuille de pâte séchée sur laquelle on écrit. Les anciens ne connaissaient pas le papier. Il se servirent pour le même usage d'abord de feuilles ou d'écorce d'arbres, puis de tablettes enduites de cire, et enfin de l'écorce d'un roseau appelé *papyrus* (voy.). Au VIIe siècle, l'usage du parchemin remplaça celui du papyrus. La découverte du papier de chiffons date du XIe siècle, et son emploi du XIIIe siècle seulement. Les papeteries ne s'établirent même guère en France que vers 1340. Le papier dont on se sert est composé de chiffons broyés, réduits en bouillie, puis étendus et mis en feuilles, que l'on fait sécher. Ainsi préparé cependant, il ne peut servir qu'à l'impression; pour le rendre propre à l'écriture il faut lui faire subir une opération que l'on appelle le *collage*, et qui consiste à plonger les feuilles dans l'alun et la colle de peau de gants. Dans quelques papeteries, on colle la pâte elle-même dans la cuve qui la contient en y mêlant du savon de résine ou de cire, de l'amidon et de l'alun également. On a inventé en 1798 en Allemagne une machine qui convertit les chiffons en pâte et la pâte en papier continu. Deux minutes suffisent pour rendre le papier parfait lorsqu'il est réduit en pâte, et la fabrication marche si rapidement qu'elle fournit par minute environ vingt-trois pieds carrés de papier. Ce procédé a été introduit en France en 1814.

PAPIER. On nomme vulgairement *papier brouillard* une coquille du genre *cône*; *papier de la Chine*, une autre du genre *olive*; *papier fossile*, plusieurs substances qu'on nomme aussi *cuir* ou *liège fossile*; *papier marbré*, le *cône amiral*; *papier du Nil*, le *souchet papyrus*; *papier roulé*, le mollusque *bulle*.

PAPIER-MONNAIE, papier connu aussi sous le nom d'*assignats*. Créé en 1789, ce papier fut destiné à remplacer la monnaie de métal, et jusqu'à l'époque de sa destruction, il en fut fabriqué et émis pour une valeur de 40 milliards de livres. Les assignats éprouvèrent partout la plus vive opposition. Ils furent annulés par la loi du 19 mai 1797, qui plongea dans la misère 200,000 familles, confiantes dans la garantie des lois.

PAPIER TIMBRÉ ou MARQUÉ, papier marqué d'un timbre, dont on est obligé de se servir pour les écritures judiciaires et pour les actes publics ou privés, dans les cas déterminés par la loi.

PAPIER DE SURETÉ, nom donné au papier qui, accusant des traces d'altération dans l'écriture qu'il peut porter, protége la confiance publique contre les faux. Ce papier, fabriqué par M. Mozart, est composé de telle sorte que les agents employés par les faussaires à la destruction de l'encre, développent sur les points où ils agissent des teintes particulières qui rendent la fraude évidente.

PAPIERS PEINTS, papier fabriqué par grandes bandes, portant différents dessins de diverses couleurs, et servant à tapisser les murs des appartements. On a de nos jours apporté une grande perfection dans la fabrication des papiers peints. Pour les satiner, on y jette de la craie de Briançon en poudre fine et l'on passe dessus une brosse.

PAPIERS RÉACTIFS, nom que l'on donne, en chimie, à des papiers colorés en bleu par la teinture du tournesol, ou en jaune par le curcuma, et qui servent à reconnaître si des liqueurs sont des acides ou des alcalins, c'est-à-dire sont des oxydes. En effet les acides teignent les papiers en rouge, et les oxydes les verdissent et les jaunissent.

PAPILIONACÉE, nom que l'on donne, en botanique, à la corolle des fleurs de certaines plantes appartenant à la famille des légumineuses, quand, des quatre pétales qui la composent, l'inférieur a la forme d'une carène, le supérieur celle d'une voile déployée ou d'un étendard, et les deux latéraux celle des ailes d'un papillon. Les fleurs du dolique, du pois, de la gesse, du lotier, du haricot, sont de cette nature. Tournefort avait réuni en un groupe assez nombreux, sous le nom de *papilionacées*, toutes les plantes de la famille des légumineuses qui présentaient dans leur fleur ces particularités.

PAPILLAIRE (bot.), adjectif qui s'emploie pour désigner tout ce qui est de la nature des papilles, c'est-à-dire tout ce qui porte à sa surface de petits tubercules pointus, en forme de mamelons, ou petits grains saillants, durs et arrondis. Les feuilles de la *phylique réfléchie*, d'un grand nombre de labiées, de l'*aloès verruqueux*, sont papillaires.

PAPILLES. En anatomie, on donne ce nom à de petites saillies qu'on observe à la surface de certaines membranes, telles que la peau et les membranes muqueuses. C'est surtout sur la langue qu'elles sont les plus développées. Parmi les anatomistes, les uns les croient formées uniquement par l'épanouissement des filets nerveux, les autres par celui des nerfs et des vaisseaux tout à la fois.

PAPILLES. En botanique, on donne ce nom à de petites excroissances ou protubérances qui couvrent la surface de certains organes, comme les stigmates, le pollen, etc., en les comparant, quant à la forme, aux papilles de la langue. Elles sont ordinairement d'une nature molle, allongées, coniques, compactes. Les papilles sont probablement les laboratoires où se distillent ces sortes d'huiles essentielles qui donnent à certaines fleurs une odeur si prononcée.

PAPILLON (Philibert), chanoine de la Chapelle-aux-Riches de Dijon, où il naquit en 1666, consacra toute sa vie à des recherches historiques et littéraires. Ce ne fut qu'après sa mort, arrivée en 1738, que parut la *Bibliothèque de Bourgogne*, ouvrage qui prouve sa vaste érudition et son assiduité persévérante au travail.

PAPILLON, genre d'insectes de l'ordre des lépidoptères, de la famille des diurnes et de la tribu des papillonides, ayant pour caractères : les palpes inférieurs très-courts, atteignant à peine le chaperon par leur extrémité supérieure, très-obtus, avec le dernier article presque nul, ou très-peu distinct ; les ailes larges et souvent munies d'une queue. On remarque parmi les nombreux insectes de ce genre qui renferme cent quatre-vingt-quatre espèces, la plupart d'un aspect agréable et parées des plus belles couleurs : le *machaon* ou *grand porte-queue*, le *podalire* ou *flambé*, qui sont très-communs, et l'*alexanor*, qui est beaucoup plus rare.

PAPILLON (mar.), la voile la plus élevée de la tête des mâts d'un grand bâtiment.

PAPILLONACÉE. Voy. PAPILIONACÉE.

PAPILLONIDES, tribu d'insectes de l'ordre des lépidoptères et de la famille des diurnes, renfermant des genres caractérisés par une tête assez grosse ; les yeux saillants et assez grands ; les palpes courts, ne dépassant pas les yeux ; les ailes larges, assez robustes et à nervures saillantes ; l'abdomen libre, de forme oblongue ou allongée. Cette tribu renferme les sept genres *papillon*, *ornithoptère*, *leptocircus*, *thaïs*, *doritis*, *eurichus* et *parnassius*.

PAPILLONS, nom sous lequel on désigne vulgairement tous les insectes de l'ordre des lépidoptères, et spécialement ceux de la famille des diurnes.

PAPILLOTAGE. Ce mot avait autrefois quatre acceptions : la première, qui a vieilli, signifiait la frisure ou l'action de mettre les cheveux en papillotes ; la deuxième désigne un mouvement involontaire des yeux, qui les empêche de se fixer sur les objets ; la troisième n'est que l'expression figurée de la seconde ; elle se dit de l'effet d'un tableau dont les couleurs trop brillantes ou trop vives éblouissent les yeux ; la quatrième désigne, dans une feuille imprimée où le caractère a marqué double, les petites taches noires laissées aux extrémités des pages et des lignes.

PAPILLOTES, paillettes d'or et d'argent dont on relevait les habits en broderie.— Plus tard, ce nom fut donné à de petits morceaux de papier ou d'étoffe dont on enveloppe les cheveux mis en boucles, afin de faire tenir la frisure. Sous le consulat et sous l'empire, au lieu de papier on se servait de feuilles de plomb.

PAPIN (Isaac), théologien, né en 1657 à Blois, était le neveu maternel du ministre Pajon, duquel il emprunta sur la grâce des idées qui différaient de celles des protestants ses coreligionnaires. Poursuivi par leur ressentiment, il abjura le calvinisme entre les mains de Bossuet (1690), et mourut en 1709.

PAPIN (Denis), habile physicien français, le premier qui ait connu l'emploi de la vapeur appliquée au mouvement des machines, né à Blois vers le milieu du XVIIe siècle, appartenait à la religion réformée, comme le théologien Isaac Papin, son cousin germain. L'édit de Nantes le força à s'expatrier. Passé en Angleterre, il y fut bien accueilli de tous les savants. Boyle l'associa à ses expériences sur l'air, et la société royale de Londres le reçut au nombre de ses membres en 1681. Appelé en Allemagne, il remplit la chaire de mathématiques à l'université de Marbourg, et mourut en 1710. Il fut l'inventeur de la machine qui porte les noms de *marmite de Papin* ou *de digesteur*.

PAPINIEN (Æmilius Papinianus), l'un des plus célèbres jurisconsultes de l'antiquité, suivant les uns né à Émèse en Syrie, vivait à la fin du IIe siècle. Il fut avocat du fisc, puis préfet du prétoire sous Septime Sévère, qui conçut pour lui une grande estime et lui recommanda en mourant ses deux fils, Geta et Caracalla, dont il le nomma gouverneur. Caracalla, après avoir assassiné Geta, fit tuer Papinien (212), parce qu'il refusait de faire l'apologie de ce meurtre. Il y a plusieurs lois de Papinien dans le Digeste ; mais la plupart de ses ouvrages sont perdus. Ils consistaient en vingt-sept livres de *Questions*, dix-neuf livres de *Réponses*, deux livres de *Définitions*, deux livres des *Adultères*, un livre touchant les *Lois des édiles*. Le respect pour ses décisions était tel, que Valentinien III ordonna que lorsque les juges se trouveraient partagés, ils suivissent l'avis de Papinien.

PAPION, mammifère de l'ordre des quadrumanes et du genre cynocéphale. Ce singe est plein d'intelligence, très-doux dans son jeune âge ; mais il acquiert en vieillissant une brutalité effrayante. Il a pour caractère distinctif son pelage qui est d'un brun jaunâtre, sa face noire et ses favoris fauves. La longueur de son corps est de deux pieds trois pouces, et celle de sa queue d'un pied huit pouces. Il habite les côtes d'Afrique.

PAPIRE-MASSON (Jean), né à Saint-Germain-Laval (Loire) en 1544, prit l'habit de jésuite et le quitta ensuite après avoir enseigné en France et en Italie. Avocat au parlement de Paris, il devint substitut du procureur général, et mourut en 1611. On lui doit une *Histoire des papes*, une *Vie de Calvin*, une *Description des fleuves de la Gaule*, des *Éloges latins* de hommes illustres, une *Notice des évêchés de France*, une édition des *Œuvres d'Agobard*, et surtout les *Annales* en quatre livres, ouvrage où l'on trouve des choses curieuses et utiles sur l'histoire de France.

PAPIRIA, anciennement *Papisia*, nom commun à deux familles de Rome, l'une patricienne et l'autre plébéienne. — La première, la plus illustre et celle qui se distingua par les plus importants services, se divisait en six branches, distinguées par les surnoms de Crassus, de Mugillanus, de Cursor, de Maso, de Prœtextatus et de Pætus. — La seconde avait plusieurs branches, dont la plus connue est celle des Carbon. Selon Cicéron, Lucius Papirius Crassus, dictateur l'an de Rome 414, est le premier qui changea le nom de Papisius en Papirius.

PAPIRIA. Il y a cinq lois romaines de ce nom. — La loi *Papiria Petilia de nexis ob æs alienum* fut portée l'an 326 avant J.-C. Elle abolit l'esclavage pour dettes, et mit en liberté tous ceux qui se trouvaient dans ce cas et qu'on appelait *nexi ob æs alienum*. — Loi rendue l'an 333 avant J.-C., et qui donna le droit de bourgeoisie romaine aux habitants d'Acerra. — Loi décrétée l'an 133 avant J.-C., sous les auspices de Papirius Carbon. Elle ordonna que le peuple donnerait son suffrage sur des tablettes. — Loi décrétée sous le tribun Quintus Papirius, ordonna qu'aucun citoyen ne pourrait consacrer un édifice, un terrain ou toute autre chose sans la permission préalable de l'assemblée du peuple.— Loi décrétée l'an 191 avant J.-C., pour diminuer le poids et augmenter la valeur de l'as romain.

PAPIRIEN (DROIT), collection de lois romaines, qui contenait les lois faites par les rois de Rome, et fut faite immédiatement après leur expulsion. On l'attribue à Manius Papirius, patricien, roi des sacrifices, au commencement de la république.

PAPIRIUS (Manius). Voy. PAPIRIEN.

PAPIRIUS CARBON. Voy. CARBON.

PAPIRIUS CURSOR (Caïus), ainsi surnommé de sa légèreté à la course, fut successivement maître de la cavalerie (l'an 340 avant J.-C.), consul (333) et dictateur (324). Prêt à livrer bataille aux Samnites, il s'aperçut que son armée le désapprouvait, et retourna à Rome pour consulter les augures, défendant à son maître de la cavalerie, Quintus Fabius Maximus Rullianus, de rien entreprendre pendant son absence. Celui-ci, toutefois, profitant d'un moment favorable, tailla les Samnites en pièces. Papirius, à son retour, voulut lui faire couper la tête ; mais Fabius s'enfuit à Rome, où le peuple, sous la sauvegarde duquel il s'était placé, obtint sa grâce du dictateur. Consul en 320, en 319 et 315 avant J.-C., et dictateur en 809, il vainquit les Sabins, les Prénestins et les Samnites, et mourut très-estimé, mais peu regretté, à cause de sa sévérité excessive.

PAPIRIUS PRÆTEXTATUS, ainsi surnommé à cause d'une belle action qu'il fit étant encore revêtu de la robe prétexte. Son père l'avait conduit au sénat un jour de délibération importante. Sa mère ayant à son retour voulu en savoir l'objet, le jeune enfant lui fit accroire que l'on avait discuté s'il serait plus avantageux de donner deux femmes à un mari que deux maris à une femme. Là-dessus grande rumeur. Le sénat est assiégé par une foule de matrones qui demandent qu'on accorde plutôt deux maris à une femme que deux femmes à un mari. Papirius avoue la supercherie dont il s'est servi; il est loué de sa prudence par le sénat, qui exclut tous les jeunes gens de ses assemblées et conserve l'entrée au seul Papirius. Auguste rétablit l'entrée du sénat pour les jeunes gens.

PAPISME, PAPISTE, termes de dédain par lequel les protestants de l'Eglise anglicane désignent la religion catholique et ceux qui la professent, comme étant soumis à l'autorité du pape.

PAPON (Jean-Pierre), né au Pujet, près de Nice, en 1736, mort en 1803, avait été membre de la congrégation de l'Oratoire et bibliothécaire de Marseille. On lui doit l'*Histoire générale de Provence*, un *Voyage littéraire de Provence*, l'*Histoire du gouvernement français* de 1787 à 1788, etc.

PAPOUAS ou PAPOUS, nom sous lequel on désigne un rameau de race noire qui habite le littoral des îles de Waïhou ou de Pâques, de la Nouvelle-Guinée, que l'on a pour cette raison appelée *Papouasie*, de la Nouvelle-Irlande, de la Nouvelle-Bretagne, de la Louisiane, etc. Cette race est petite; elle a le nez épaté, la bouche grande, les lèvres épaisses, la peau d'un jaune noirâtre, le visage osseux, les traits anguleux, les cheveux crépus et ébouriffés.

PAPOUASIE. Voy. NOUVELLE-GUINÉE.

PAPOUL (Saint), prêtre et martyr, l'un des principaux compagnons de saint Saturnin, fut martyrisé dans le Lauraguais, où s'est formée une petite ville du même nom. Le Martyrologe marque sa fête au 3 de novembre. Ses reliques sont dans la basilique de Saint-Saturnin à Toulouse. On prétend cependant que la fête en restée dans la ville de son nom.

PAPOUL (SAINT—), petite ville du département de l'Aude, dans l'arrondissement et à 2 lieues de Castelnaudary, sur la Lembe. Sa population est de 1,500 habitants. Elle a des manufactures de draps, et commerce en vins, blé, millet, huiles, etc. — Saint-Papoul doit son origine à une abbaye qui sa forma sur le lieu du martyre de saint Papoul, et qui fut érigée en évêché en 1317 par le pape Jean XXII. Cet évêché a été supprimé en 1790.

PAPOUS. Voy. PAPOUAS.

PAPPENHEIM (Godefroi-Henri, comte DE), général allemand, qui joignait à une rare prudence et à une grande valeur un zèle ardent pour la religion catholique, naquit en 1594, et se distingua dans la guerre de trente ans. Il commandait une partie des impériaux à la bataille de Lutzen, où il reçut la blessure dont il mourut en novembre 1632, âgé de trente-huit ans seulement, mais couvert de plus de cent cicatrices.

PAPULES. En botanique, ce sont de petites vésicules ou glandes papillaires contenues dans la matière parenchymateuse des feuilles, et paraissant contenir un liquide, comme dans les *mésembrianthèmes*.

PAPYRACÉ, ce qui est mince et sec comme du papier (en latin, *papyrus*). Certaines coquilles sont dans ce cas.

PAPYRUS, genre de plantes de la famille des cypéracées, renfermant plusieurs espèces, dont la plus célèbre est le *papyrus usuel*, qui donnait le papyrus ou papier des anciens. Cette plante ne croissait originairement qu'en Egypte, et faisait une des principales richesses du pays, parce que de toutes les parties du monde civilisé on venait y acheter du papyrus. Elle croissait comme aujourd'hui dans les marais, au-dessus desquels elle élevait ses hampes simples, très-droites, feuillées seulement à leur base, et recouvertes d'une double pellicule. C'était, au rapport de Théophraste, cette pellicule que l'on enlevait. On l'étendait ensuite sur une table dans toute sa longueur, et on collait dessus en travers d'autres pellicules de la même espèce. Ces membranes ainsi disposées étaient propres à recevoir l'encre. Il y avait plusieurs sortes de papyrus : l'*hiératique* ou *sacré*, ainsi appelé parce qu'on le réservait pour les livres qui traitaient du culte; le *livien*, qui avait douze pouces de largeur, et auquel Livie, femme d'Auguste, avait donné son nom; l'*emporétique*, ou celui du commerce ordinaire, qui n'avait que six pouces de large; le *fanniaque*, qui était de dix pouces (voy. FANNIUS); l'*amphitriatique* et le *saïtique*. On place l'invention du papyrus vers le temps d'Alexandre. Cassius Hemina dit qu'on trouva dans un tombeau sur le Janicule les livres de Numa écrits sur ce papier; ce qui augmenterait son ancienneté de quatre siècles.

PAQUE (du mot hébreu *pasach*, passer, sauter, parce que la Pâque marqua le passage des Hébreux de la servitude à l'indépendance), fête nationale des Hébreux, instituée par Moïse en mémoire de la sortie d'Egypte. Elle commençait le jour de la première pleine lune du mois de nisan (mars ou avril), et durait sept jours entiers. A cette époque chaque famille devait immoler un agneau ou, à défaut d'agneau, un chevreau de l'année, entier, mâle et sans défaut, et le manger debout, en habit de voyageur, avec des pains azymes ou sans levain et des laitues sauvages. Si par hasard il en restait quelque chose le lendemain, il fallait le jeter au feu. En même temps on teignait avec son sang le haut et les jambages de la porte. Toutes ces cérémonies rappelaient les événements qui avaient eu lieu la nuit où les Juifs avaient quitté l'Egypte, leur repas précipité à l'instant du départ, et la précaution qu'ils avaient eue de teindre leurs portes de sang pour écarter l'ange exterminateur des enfants égyptiens. L'obligation de faire la Pâque était universelle, et si sacrée que quiconque y manquait était puni de mort.

PAQUEBOT (de l'anglais *pack* ou *packet*, paquet, et *boat*, bateau, c'est-à-dire bateau-courrier), sorte de petit navire qui fait entre deux ports le service des lettres et des dépêches, et remplit sur mer l'emploi des malles-postes sur terre. Le nom de paquebot s'applique indistinctement à toute espèce de navire, lorsqu'il remplit ces fonctions.

PAQUER, terme de pêche, arranger par couches des harengs ou autres poissons de mer dans les barils, après les avoir salés, et les y presser le plus fortement possible. Cette opération se nomme *paquage*.

PAQUERETTE, genre de la famille des corymbifères ou radiées, renfermant plusieurs espèces, dont la plus connue est la *pâquerette commune* ou *vivace*, vulgairement appelée *petite marguerite*, plante à racines vivaces, fibreuses; à feuilles en rosette sur la terre, entières ou crénelées; à hampe grêle, nue, portant une fleur unique blanche, radiée, à disque jaune. Epanouies après la fonte des neiges, les pâquerettes se succèdent sans interruption les unes aux autres durant huit mois, et forment l'ornement le plus gracieux des prés. Elles s'ouvrent dès que les rayons du soleil les frappent, et se ferment du moment que le ciel se charge de nuages ou que le soleil touche à l'horizon occidental.

PAQUEROLLE, genre de plantes de la famille des corymbifères ou radiées, renfermant plusieurs espèces qui ont tout à fait l'aspect des pâquerettes, et portent comme elles une hampe uniflore, des fleurs à rayons blancs et disque jaune, des feuilles radicales rassemblées en rosettes. Ce qui distingue la pâquerolle de la pâquerette, c'est d'abord le calice simple et ouvert dans la première, tandis qu'il est hémisphérique dans la seconde; puis les fleurs qui s'épanouissent en juin, quand celles de la pâquerette le font avec les premiers jours du printemps; enfin, les semences qui portent une aigrette de huit larges poils ou paillettes, tandis que celles de la pâquerette sont ovales et nues.

PAQUES, fête chrétienne établie en mémoire du repas que fit Jésus-Christ avec ses apôtres pour fêter le jour de sa résurrection. Le jour de Pâques, ainsi appelé parce qu'on le compara dans les premiers temps à la Pâque des Juifs, a été de tout temps fêté pour l'Eglise un jour de jubilation et de ferveur. Aussi l'un de ses commandements porte que tout chrétien doit communier au moins une fois l'an, à Pâques. Le concile de Nicée (325), pour éviter toute contestation sur la date de la célébration de cette fête, décida qu'elle serait invariablement fixée au dimanche d'après la pleine lune qui suit l'équinoxe du printemps (20 ou 21 mars). Il suit de là que la fête de Pâques se trouve toujours tomber entre le 21 mars et le 26 avril. C'est de la fête de Pâques que dépendent pour les catholiques toutes les fêtes mobiles.

PAQUES (ILE DE) ou WAIHOU, île de l'Océanie dans la Polynésie, ainsi appelée parce que le navigateur hollandais Roggeween la découvrit le jour de Pâques de l'an 1772. Elle est de forme triangulaire, et a environ 5 lieues dans la plus grande largeur. Sa population est de 2,000 habitants, dont la taille est gigantesque, et qui vivent, suivant Lapeyrouse, en communauté de biens et de femmes. Ils sont tatoués, et habitent dans des huttes creusées sous terre. L'île de Waihou est semée de monuments singuliers, que certains navigateurs ont pris pour des idoles. La terre de l'île est stérile, et fournit à peine à la nourriture des naturels.

PAQUETTE, nom vulgaire donné à la *grande marguerite* ou *chrysanthème*, à la *pâquerette vivace* et à la *pâquerolle*.

PARA, rivière du Brésil qui se jette dans l'Océan près de l'embouchure du fleuve des Amazones, séparant l'île Juanès ou Marajo du continent.

PARA, province du Brésil, bornée au N. par la Colombie et la Guyane, au S. par le Pérou et la province de Matto-Grosso, à l'O. par le Pérou, et à l'E. par l'Océan Atlantique et les provinces de Maranhem et de Goyaz. Sa superficie est de 37,980 lieues carrées, et sa population de 192,000 âmes environ. L'intérieur n'est qu'une immense forêt habitée par des peuplades indigènes indépendantes, et traversée par l'Amazone et ses affluents le Rio-Negro, la Madeira, le Tucantins, le Xingu, etc. La province de Para se divise en trois provinces : celle de *Para*, celle de *Solimoëns* ou *Rio-Negro* et celle de *Marajo*. — Sa capitale est GRAN-PARA ou BELEM, ville épiscopale de 24,000 âmes, sur la rive droite du Tucantins, dans la baie du Guajara, à 25 lieues de la mer.

PARA, roi d'Arménie, fils d'Arsace ou Arschag III et de Pharandsem, est appelé *Pap* par les historiens arméniens. Théodose l'établit en 370 à la place de son père, retenu prisonnier par le roi de Perse dans la forteresse de l'Oubli. Mais, s'étant révolté, il fut étranglé en 377 par ordre de l'empereur. Il eut pour successeur son fils Varazdat.

PARA, monnaie d'argent de Turquie, qui vaut 4 centimes de notre monnaie; elle vaut 3 aspres. On la nomme aussi *médine*.

PARABASE, sorte de digression fort en usage dans les anciennes comédies grecques; c'était le temps où, les acteurs n'étant plus sur la scène, le chœur s'adressait au peuple pour lui réciter quelque sentence ou pour faire quelque censure.

PARABATES, ceux qui, dans les anciens jeux du cirque, couraient à pied après avoir déjà couru sur un char.

PARABOLAINS, nom donné autrefois à une classe d'hommes employés soit à donner aux malades des soins domestiques, soit à diriger leur traitement spécialement dans le cours des pestes et des épidémies.

PARABOLE (du grec *parabolé*, comparaison, dérivé de *para*, auprès, et de *balló*, jeter, jeter auprès, rapprocher, parce que toute comparaison exige un rapprochement), enseignement donné sous la forme d'une comparaison ou d'un emblème. Les prophètes se sont servis de paraboles pour rendre sensibles aux princes et aux peuples les menaces ou les promesses, comme Nathan à David. Le Nouveau Testament abonde en paraboles, comme celle de l'enfant prodigue, du mauvais riche, etc.

PARABOLE, courbe géométrique qui est une ellipse à un seul foyer et à un seul axe, et que décrivent les projectiles lancés par les bouches à feu. Les propriétés de la parabole sont fondées sur le principe que tous ses points sont également distants du foyer et d'une ligne appelée *directrice*, dont la direction est perpendiculaire à celle du diamètre de la courbe, et qui est aussi éloignée de son sommet que celui-ci l'est du foyer. — Un *miroir parabolique* ayant la propriété de réfléchir en ligne droite tous les rayons d'un corps lumineux placés à son foyer, ou s'en sert pour éclairer les phares.

PARABYSTON, cour de magistrature à Athènes, composée de onze juges qui prenaient connaissance des affaires peu importantes.

PARACARPE (bot.). On appelle ainsi l'ovaire avorté ou l'organe qui en tient lieu dans les fleurs mâles par avortement.

PARACELLAIRE, nom donné autrefois à un officier du pape qui avait soin de distribuer aux pauvres les restes de la table pontificale.

PARACELSE (Auréole-Philippe-Théophraste BOMBAST DE HOHENHEIM), fameux alchimiste, fils du bâtard d'un prince, né à Einsiedeln (Suisse) en 1493. Il reçut une grande éducation, et voyagea dans toute l'Europe pour y découvrir les secrets relatifs à son art. Il s'arrêta en 1527 à Bâle, où sa réputation de médecin le fit nommer à la chaire de médecine. D'un orgueil insupportable, il se désignait lui-même comme le souverain de la médecine, cherchant à renverser la doctrine d'Hippocrate et celle de Galien, et devint chef de la secte chimique qui, transportant dans l'économie animale les opérations de ses fourneaux, ne vit plus dans le corps humain que des soufres, des acides et des alcalis. Il alliait tout ce que l'alchimie a de plus obscur aux connaissances les plus positives en médecine et en chirurgie, sciences auxquelles il a fait faire des progrès incontestables par l'usage des remèdes extraits des minéraux. Paracelse est aussi le héros de la pierre philosophale. Forcé de sortir de Bâle en 1527, il erra de ville en ville, et mourut à l'hôpital de Salzbourg en 1541.

PARACENTÈSE, synonyme de *ponction*, et en général désignation de toute opération par laquelle on fait une ouverture quelconque à une partie quelconque du corps.

PARACENTRIQUE, expression usitée en astronomie pour marquer l'approximation ou l'éloignement d'une planète par rapport au soleil ou au centre de son mouvement. — On appelle *isochrone paracentrique* une courbe telle que, si un corps pesant descend librement le long de cette courbe, il s'approche ou s'éloigne également, en temps égaux, de son centre ou point donné.

PARACHÉLOITIDE (c'est-à-dire pays qui avoisine l'Achéloüs), contrée de la Thessalie, dans la Phthiotide, sur les bords de l'Achéloüs thessalien. — C'était aussi une petite contrée de l'Étolie, ainsi appelée parce qu'elle était baignée par un fleuve appelé aussi Achéloüs.

PARACHRONISME, erreur qu'on commet dans la chronologie ou la supputation des temps en plaçant un événement plus tard qu'il ne doit être placé. Le parachronisme diffère de l'*anachronisme* en ce que ce dernier place l'événement plus tôt qu'il n'est arrivé.

PARACHUTE (du mot grec *para*, contre, et de chute), machine qu'emploient les aéronautes, soit pour ralentir la chute de leur ballon, soit pour descendre en l'abandonnant. L'invention du parachute est attribuée à l'aéronaute Lenormand (1783). D'autres donnent la priorité à Blanchard. Cette machine consiste habituellement en un cercle de bois recouvert de toile ou de taffetas en forme de cône tronqué ou de demi-sphère, sur laquelle s'attachent les ficelles qui soutiennent une nacelle d'osier.

PARACLET (du grec *paraclétos*, consolateur), surnom donné au Saint-Esprit, et qui fut attribué par Abailard à un monastère de femmes qu'il fonda après sa réconciliation avec l'Église.

PARACLET, ancienne abbaye de filles, à 2 lieues de Nogent-sur-Seine (Aube), dans le diocèse de Troyes. D'abord simple oratoire construit par Abailard en 1123, elle devint en 1129 abbaye de femmes, et fut confirmée en cette qualité deux ans après par le pape Innocent II. La première abbesse fut la célèbre Héloïse, dont les cendres furent, selon son vœu, réunies à celles d'Abailard en 1164. Aujourd'hui le Paraclet est un château appartenant au lieutenant général comte Pajol.

PARACLÉTIQUE, livre ecclésiastique des Grecs, ainsi nommé du mot *paraclétos*, parce que la plupart des discours qu'il contient tendent à consoler les pécheurs et à les exhorter à la pénitence.

PARACMASTIQUE, fièvre dont les symptômes décroissent peu à peu.

PARACOROLLE, disque corolliforme que l'on voit au dedans du vrai périgone dans les fleurs des narcisses.

PARADE. Outre son acception ordinaire, qui est l'acte de montrer quelque chose avec ostentation, ce mot a trois autres significations principales : 1º en escrime, l'acte de parer un coup : toutes les parades peuvent être ramenées à quatre, suivant la direction dans laquelle l'arme de l'adversaire doit être repoussée, en haut, en bas, à droite ou à gauche ; 2º en termes du service militaire, la réunion des troupes qui doivent monter la garde du jour et relever celle de la veille ; les troupes défilent devant le corps d'officiers de la garnison, en tête desquels se placent les officiers supérieurs, et, après le défilé, l'officier le plus élevé en grade fait former le cercle, et transmet les ordres relatifs au service, à la police et à la sûreté de la place ; 3º l'espèce d'introduction aux spectacles forains faite par les paillasses sur les tréteaux.

PARADES (Victor-Claude-Antoine-Robert, comte DE), intrigant célèbre, né en 1752 d'un pâtissier de Phalsbourg, se prétendait issu de l'ancienne maison espagnole de Paradès, et se présenta comme tel en 1778 à la cour de France, où il obtint des grades et des pensions. Employé par le ministre Sartines pour reconnaître l'état des ports de l'Angleterre, il fut récompensé à son retour ; mais, soupçonné de trahison, il fut mis à la Bastille en 1780, et n'en sortit qu'au bout de treize mois. Il partit alors pour Saint-Domingue, où il mourut en 1786.

PARADIN (Guillaume), annaliste laborieux, né à Cuiseaux (Saône-et-Loire) en 1499, mort à Beaujeu, doyen du chapitre de cette ville, en 1590. On a de lui l'*Histoire de France depuis le couronnement de François Ier jusqu'à l'année 1550*, faite en latin et mise en français sous le titre d'*Histoire de notre temps*; les *Annales de Bourgogne* de 378 à 1482 ; la *Chronique de Savoie*, etc.

PARADIS (du chaldéen *pardès*, verger, dont les Grecs ont fait *paradeisos*), lieu de délices. Dans l'Ancien Testament, on appelle *paradis terrestre* la demeure du premier homme avant sa faute, et dans le Nouveau le mot *paradis* s'entend du séjour où les âmes des bienheureux jouissent en présence de Dieu de la béatitude éternelle. L'opinion de l'Église catholique est que les portes du paradis sont ouvertes au juste aussitôt après sa mort et sans attendre le jugement dernier, comme l'ont prétendu Luther, Calvin et des schismatiques grecs et arméniens. — Les religions païennes ont aussi leur séjour de délices. Les Grecs le nommaient l'*Élysée*; les mahométans en comptent jusqu'à sept : le premier d'argent, le second d'or, le troisième de pierres précieuses, le quatrième d'émeraude, le cinquième de cristal, le sixième de couleur de feu, et le septième enfin qui est un jardin délicieux, où coulent des rivières de vin, de lait, d'huile et de miel, et où les vrais croyants doivent jouir de la félicité éternelle dans les bras de saintes vierges nommées *houris*. — Par un rapprochement singulier, tiré de la hauteur prodigieuse à laquelle nous supposons se trouver le paradis, on a donné ce nom à la partie la plus élevée des théâtres.

PARADIS TERRESTRE. Voy. ÉDEN.

PARADIS (OISEAU DE) ou PARADISIER, genre d'oiseaux de l'ordre des passereaux, de la famille des conirostres, tribu des omnivores, renfermant des oiseaux célèbres par la magnificence de leur plumage, qui sert de parure pour les dames, et plus encore par les contes que l'on a débités sur leur structure et leurs habitudes naturelles. On prétendait jadis qu'ils n'avaient pas de pattes, qu'ils pondaient et couvaient dans les airs en volant, qu'ils vivaient de rosée, et que, sur le point de mourir, ils prenaient leur essor vers les cieux, leur patrie. Ces fables avaient été forgées pour expliquer l'absence de pattes, conséquence de la mutilation que les naturels de leur pays leur font subir avant de les livrer aux marchands. Ils ressemblent en tout point aux corbeaux par les caractères d'organisation, et ont une partie de leurs habitudes. Mais, par ce quoi ils en diffèrent, c'est par la nature des plumes, surtout celles du front, qui sont comme veloutées et souvent ornées de couleurs métalliques. Les paradisiers vivent à la Nouvelle-Guinée et dans l'Océanie. On en compte huit espèces : l'*oiseau de paradis grand émeraude*, le *petit émeraude*, le *rouge*, le *superbe*, le *magnifique*, le *royal* ou *manucode*, le *sifilé*, qui tire son nom de trois longues plumes qu'il a de chaque côté de la tête, et le *douze-filets*, qui en a six de chaque côté, et qui est l'espèce la plus rare.

PARADIS (POMMIER DE), variété de pommier obtenue par le semis du pommier *douain*, et ainsi nommée à cause de la beauté et de la bonté de ses fruits. Cet arbre atteint à peine quatre pieds de hauteur ; il vient en espalier ou en plein vent, dans une terre légère, féconde en sucs, humide, mais sans excès.

PARADISI (LE COMTE Agostino), littérateur italien, né en 1736 à Vignola près de Reggio, devint en 1771 secrétaire perpétuel de l'académie de Mantoue, et en 1772 professeur d'économie civile à l'université de Modène, et président de la classe des belles-lettres. De retour à Reggio en 1780, il y remplit les fonctions de président des études et de ministre de la justice jusqu'à sa mort arrivée en 1783. On a de lui plusieurs ouvrages en poésie et en prose.

PARADOXE (des deux mots grecs *para*, contre, *doxa*, opinion), proposition contraire aux opinions reçues. L'opinion de Galilée que la terre tourne fut longtemps regardée comme un paradoxe. — On a étendu ce nom à des êtres dont l'organisation bouleverse toutes les règles reçues. Ou prétend que l'ornithorhynque serait un paradoxe vivant, parce qu'il réunit en quelque sorte les traits de l'organisation des oiseaux à ceux de l'organisation des mammifères.

Il a des mamelles et le squelette conformé comme ceux-ci ; l'espèce de cloaque terminant le tube digestif, et d'ailleurs un véritable bec corné, des pattes courtes avec des doigts palmés le rapprochent des premiers.

PARADOXURE (du grec *paradoxos*, adjectif formé de paradoxe et de *oura*, queue), nom donné par Cuvier à un animal de l'ordre des carnassiers, famille des carnivores, et du genre civette, parce que sa queue offre une disposition fort insolite chez les mammifères. En effet, sans être complétement prenante, elle peut se rouler au gré de l'animal en une sorte de spirale. Cet animal se trouve à Pondichéry, où on l'appelle pougouné. Sa longueur est de trois pieds deux pouces, avec la tête qui a sept pouces, et la queue qui est d'un pied sept pouces. Sa couleur est d'un noir jaunâtre.

PARAFE. Voy. PARAPHE.

PARAFFINE, corps solide à la température ordinaire, cristallin, blanc, tendre, doux au toucher, fusible à 43 degrés centigrades trois quarts, bouillant à une température peu élevée, résistant à tous les agents chimiques sans se décomposer, d'où lui vient son nom (*parum affinis*, qui a peu d'affinité), soluble dans les huiles, l'éther et l'alcool. Cette substance, qui paraît formée seulement de carbone et d'hydrogène, a été découverte par Reichenbach de Blansko dans les produits de la distillation sèche des corps organiques. On l'obtient en agitant l'huile de goudron pesante, plusieurs fois distillée, avec de petites proportions d'acide sulfurique concentré. On pourrait employer la paraffine dans l'éclairage.

PARAGE (de *paragium*, mot qui, dans la basse latinité, voulait dire *haute noblesse*). Dans notre ancien droit, on appelait ainsi une espèce de tenure, suivant laquelle l'aîné d'un fief échu à plusieurs cohéritiers rendait au suzerain foi et hommage pour la totalité du fief, tandis que les puînés y tenaient leurs portions divisément ou indivisément, sans en faire hommage ni au suzerain ni à l'aîné, et les garantissait sous son hommage. Cette sorte de parage prenait le titre de *parage légal*, en opposition au *parage conventionnel*, espèce de tenure par laquelle l'un de plusieurs coacquéreurs d'un fief était chargé par les autres de faire foi et hommage pour tous. — En termes de marine, *parage*, qui vient alors du grec *para*, auprès, signifie les environs d'une île, d'une mer, d'une côte, etc.

PARAGLOSSES, appendices membraneux, divergents et garnis de poils qui ont l'apparence d'oreillettes ou de petits pinceaux aplatis, et que certains insectes, surtout les carnassiers, portent à la base de leur langue, un de chaque côté ; ce qui leur a fait donner ce nom, venu des deux mots grecs *para*, auprès, et *glossé*, langue.

PARAGRÊLE, instrument destiné à préserver les champs de la grêle, comme le paratonnerre l'est à protéger les maisons contre la foudre. On a inventé plusieurs sortes de paragrêles. Le plus perfectionné est dû au savant agriculteur italien Crud, propriétaire à Massa-Lombarda, près de Bologne. Il consiste en une perche en bois de douze à treize mètres de haut, qui porte à son extrémité supérieure une pointe métallique aiguë, dépassant de treize à seize centimètres. Cette pointe doit être en laiton, et avoir un peu plus de deux millimètres de diamètre. A sa base se fixe un conducteur, soit en fil de fer, soit en fil de cuivre ou de laiton, ayant un peu moins d'un millimètre de diamètre, et descendant le long de la perche, à laquelle il tient de distance en distance par des anneaux de laiton. Il va se perdre ensuite dans le sol humide pour faciliter la dispersion du fluide électrique. Un paragrêle d'une seize mètres et demi de haut abrite un espace de trente-trois mètres de rayon.

PARAGUAY, grande rivière de l'Amérique méridionale, qui prend sa source dans la province de Matto-Grosso (Brésil), sur le versant méridional des Campos-Parecis, arrose le territoire auquel il donne son nom, passe à l'Assumpcion, et se jette dans le Parana, au-dessus de Corrientes, à 310 lieues de la mer, après avoir reçu l'Agunpehy, le Piquiry, le Pilcomayo, le Rio-Grande ou Vermejo, le Corrientes, l'Yponé et le Tapiraguay. Son cours est de 415 lieues.

PARAGUAY, contrée de l'Amérique méridionale, située entre le Paraguay et le Parana, et bornée au N. et à l'E. par le Brésil, à l'O. et au S. par la confédération de Buenos - Ayres. Sa superficie est de 24,955 lieues carrées, et sa population de 250,000 habitants environ. Sa surface n'offre qu'une plaine unie, entrecoupée de bois, de lagunes et d'un petit nombre d'élévations qui ne détruisent pas sensiblement l'horizontalité du terrain. Cette plaine n'est composée que d'une mince croûte de terre recouvrant la roche massive. Le coton, les pistaches, la canne à sucre, le manioc, le tabac, le blé et l'herbe maté sont des articles importants pour l'agriculture du pays. Les indigènes du Paraguay sont les Guaranis, les Guaycourous, les Payaguas, les Mbayas, les Guanas. — Autrefois pays de mission au pouvoir des jésuites, qui y avaient établi un gouvernement théocratique, composé de 300,000 Indiens néophytes, réunis dans des villages appelés *reduciones*, le Paraguay rentra sous la domination politique de l'Espagne après l'expulsion des jésuites (1767). Il fit d'abord partie de la confédération du Rio-de-la-Plata, et en 1809 les habitants conférèrent le pouvoir consulaire au docteur Francia, qui, trois ans après, se fit nommer dictateur perpétuel, et exerce encore sous ce nom un pouvoir tyrannique et absolu. — Le Paraguay, dont la capitale est l'*Assumpcion*, se divise en vingt cercles, subdivisés en *partidos* ou portions.

PARAHYBA, fleuve de l'Amérique méridionale, dans le Brésil. Il prend sa source dans le pays des Cayriris Velhos, sur le revers de la Serra de Jabateca, dans la province à laquelle il donne son nom, et se jette dans la mer au-dessus de la ville de Parahyba, après un cours de 80 lieues.

PARAHYBA, province du Brésil, tirant son nom du fleuve qui la traverse de l'O. à l'E., et bornée au N. par la province de Rio-Grande do Norte, au S. par celle de Pernambuco, à l'O. par celle de Seara, à l'E. par la mer. Sa superficie est de 1,200 lieues carrées, et sa population de 20,000 habitants. Quoique rafraîchi par les *viraçoes*, vents frais qui viennent de l'Océan, le pays est excessivement chaud ; le bord de la mer est fertile, mais les deux tiers du territoire sont occupés par des *calingas* (bois rabougris) qui n'offrent aucune ressource à l'agriculture. — La capitale de la province est PARAHYBA, que les Hollandais avaient, lorsqu'ils s'en étaient emparés, nommée *Fréderica*, en l'honneur du prince d'Orange, petite ville de 3,000 âmes, à l'embouchure du fleuve qui porte son nom dans l'océan Atlantique.

PARALATES, nom que les Scythes donnaient à leurs rois, qu'ils disaient issus de Jupiter.

PARALE Voy PARALIENNE.

PARALÉ, genre de la famille des diospyrces ou ébénacées, renfermant une espèce unique. C'est un arbre ou un arbuste de trente pieds de hauteur, à rameaux allongés, épars, à écorce revêtue d'un duvet brunâtre, garnis de feuilles alternes, ovales-oblongues, aiguës, très-entières, d'un vert foncé, longues de six pouces et larges de trois, garnies à leur contour de poils nombreux, formant un court fauve et assez court. Les fleurs sont polygames ou monoïques et presque sessiles ; elles sont de grandeur moyenne, d'une odeur agréable, ferrugineux, d'une aisselle des feuilles, et munies à leur base de bractées de couleur fauve. Le fruit est une baie globuleuse, de la grosseur d'une prune environ et dont la pulpe est assez savoureuse. Le paralé se trouve à la Guyane.

PARALIE (des deux mots grecs *para*, auprès, et *als*, mer), nom que les Grecs donnaient à la partie de l'Attique qui borde la mer. Ses habitants s'appelaient *parales*.

PARALIENNE ou PARALE (GALÈRE), vaisseau sacré d'Athènes, qui était l'objet d'une singulière vénération, et n'était employé que pour des affaires d'État ou de religion. Les matelots qui le montaient s'appelaient *paraliens*, et recevaient une paye plus forte que les autres. Son nom lui venait, selon Suidas, d'un héros grec compagnon de Thésée, et appelé *Paralus*. Quelques-uns confondent la galère Paralienne avec la *Théorie*, que l'on nomme encore *Délias* et *Salaminienne*.

PARALIPOMÈNES (du grec *paraleipómena*, participe passé du verbe *paraleipó*, oublier, omettre), nom commun à deux livres de l'Ancien Testament, que quelques-uns attribuent à Esdras. Le premier contient une récapitulation de l'histoire sainte, par les généalogies, depuis le commencement du monde jusqu'à la mort de David ; le second, l'histoire des rois de Juda et d'une partie du règne d'Israël, depuis le commencement du règne de Salomon jusqu'au retour de la captivité. Tous deux renferment des particularités *omises* dans les livres précédents, ce qui leur a fait donner le nom qu'ils portent un peu dans la version des Septante. Le nom hébreu est *Dibréhaiamim*, la parole des jours ou les journaux.

PARALLACTIQUE ou PARALLATIQUE, terme d'astronomie. On appelle *angle parallactique* la *parallaxe* ; *triangle parallactique*, le triangle formé par le rayon de la terre et par deux lignes qui partent des deux extrémités de ce rayon pour aller se réunir au centre d'un astre ; *machine* ou *lunette parallactique*, une machine composée d'un axe dirigé vers le pôle du monde, et d'une lunette qui peut s'incliner sur cet axe et suivre le mouvement diurne des astres.

PARALLAXE (du grec *parallaxis*, changement alternatif, venu de *para* et de *allassō*). En astronomie, on appelle ainsi l'angle compris entre les directions suivant lesquelles un astre serait vu simultanément du centre de la terre et d'un point de sa surface. La parallaxe d'un astre donne facilement sa distance au centre de la terre, et c'est là le moyen qui a été employé pour rapporter celle de toutes les planètes, à l'exception des quatre microscopiques, Junon, Vesta, Cérès et Pallas. Lorsque l'astre observé se trouve situé au zénith de l'observateur, la parallaxe est nulle. Elle est la plus grande possible lorsque l'astre est situé à l'horizon. La parallaxe du soleil est de 8", 6, et pour la lune elle varie de 54 à 62 minutes.

PARALLÈLE (du mot grec *parallélos*, l'un contre l'autre, l'une à égale distance de l'autre), adjectif qui s'emploie, en géométrie, pour qualifier : 1° deux lignes droites qui, situées dans le même plan, sont toujours à égale distance l'une de l'autre et ne pourront se rencontrer quelque prolongées qu'on les suppose ; 2° deux plans qui sont toujours à égale distance l'un de l'autre et ne pourront jamais se rencontrer ; 3° une ligne et un plan satisfaisant aux mêmes conditions. C'est sur les propriétés des parallèles que repose la théorie des figures semblables.

PARALLÈLES. En cosmographie, on appelle ainsi des cercles qui sont parallèles entre eux et perpendiculaires aux méridiens. Le plus grand de tous les parallèles est l'équateur. On les suppose décrits par les étoiles en vertu du mouvement diurne. Or, comme les divers cercles célestes sont rapportés sur la surface de la terre, il y a des cercles parallèles sur le globe, et ce sont ces cercles que portent les cartes géographiques pour servir à déterminer la latitude d'un lieu, comme les méridiens servent à déterminer sa longitude.

PARALLÉLIPIPÈDE, solide dont toutes les faces sont parallèles et dont la base est un parallélogramme. C'est un prisme à six faces (hexaèdre) qui peut être considéré comme engendré par le mouvement de rotation d'un parallélogramme le long d'une ligne droite à laquelle il ne cesse jamais d'être perpendiculaire. Quand toutes les faces du parallélipipède sont des carrés, il prend le nom de *cube*. Le volume d'un parallélipipède s'obtient en multipliant la surface de la base par la hauteur. Les parallélipipèdes de même base sont entre eux comme leurs hauteurs.

PARALLÉLOGRAMME, figure géométrique qui n'est autre qu'un polygone rectiligne de quatre côtés, dont les côtés opposés sont égaux et parallèles. La surface d'un parallélogramme s'obtient en multipliant sa base par sa hauteur. Deux parallélogrammes de même hauteur sont entre eux comme leurs bases et réciproquement. Quand les angles du parallélogramme sont droits, il prend le nom de *rectangle*; quand les côtés sont égaux chacun à chacun et les angles droits, il prend celui de *carré*; quand les côtés sont égaux, sans que les angles le soient, il prend celui de *rhombe* ou *lozange*.

PARALOGISME (de *paralogismos*, mot grec qui signifie contre-raisonnement), raisonnement faux. Il diffère du sophisme en ce que celui-ci est toujours calculé, tandis que le paralogisme au contraire n'est autre chose qu'un détour, un faux pas involontaire fait dans la suite du raisonnement.

PARALYSIE (du grec *paralusis*, relâchement, venu de *para*, contre, et *luô*, relâcher), maladie qui consiste dans la privation de sentiment et de mouvement volontaire d'une ou même de la totalité des parties du corps, et qui est ainsi appelée parce qu'elle a pour cause le relâchement des parties nerveuses contre leur état naturel. La paralysie prend les noms d'*apoplexie* si elle est générale, d'*hémiplégie* si c'est seulement un côté du corps qui se trouve atteint, et de *paraplégie* si c'est la moitié inférieure. Tout ce qui peut exciter les centres nerveux et surtout le cerveau, comme les boissons alcooliques, les passions excessives, les travaux intellectuels trop prolongés, la trop grande abondance de sang, finit par produire la paralysie. On prétend que les hommes y sont plus sujets que les femmes.

PARAMARIBO, la plus grande ville de toute la Guyane, capitale de la Guyane hollandaise, sur la rive gauche du fleuve Surinam, à environ 6 lieues de son embouchure. Ses rues sont larges, alignées et ornées de délicieuses allées de citronniers et d'orangers. Les maisons sont en bois. Sa population est de 20,000 habitants.

PARAMATTA, petite ville de la Nouvelle-Galles du Sud, située dans une sorte de vallon sur les bords de l'Hawkesbury qui unit la mer à l'extrémité du Port-Jackson, c'est-à-dire du port de Sidney, à une lieue et demie de laquelle elle se trouve. Sa population est de 10,000 habitants. Paramatta est remarquable par son pont, son phare élégant, nommé la tour Macquarie, sa grande manufacture de draps, un hôtel du gouverneur, sa foire de bestiaux, son école instituée pour l'éducation et la civilisation des indigènes et par le bel observatoire fondé récemment par le général Brisbane.

PARANA, grande rivière de l'Amérique méridionale, qui se forme dans le Brésil du confluent du Rio-Grande et du Paranahyba, prenant leurs sources l'un dans la province de Minas-Geraës, l'autre dans celle de Goyaz. Le Parana sépare le Brésil du Paraguay, arrose les provinces de Corrientes, de Santa-Fé et d'Entre-Rios, et se réunit à l'Uruguay, environ 15 lieues au-dessus de Buenos-Ayres pour former le Rio de la Plata. Le Parana reçoit à droite l'Yrincuna, le Paraguay, le Salado, à gauche le Mugy, le Tieté, l'Yguazu. Son cours est de 780 lieues.

PARANGON, vieux mot qui a jadis signifié *patron*, *modèle*, et qui désigne aujourd'hui 1º du marbre noir; 2º deux espèces de caractères d'imprimerie : on distingue le *gros* et le *petit* parangon; 3º un diamant ou une perle qui n'offre aucun défaut; 4º dans le commerce de Smyrne, les plus belles étoffes de soie qui y sont apportées de Venise.

PARANYMPHE (des deux mots grecs *para*, auprès, et *numphé*, épouse). Chez les Grecs, c'était une espèce d'officier qui, dans les mariages, présidait à la noce pour en régler les réjouissances et le festin. Il était chargé spécialement de la garde du lit nuptial. Chez les Romains, ce nom était donné à trois jeunes garçons qui conduisaient la nouvelle mariée à la maison de son mari, et dont l'un marchait devant avec une torche de pin à la main, tandis que les deux autres soutenaient la nouvelle mariée. Pour être admis à l'emploi de paranymphe, il fallait avoir encore ses père et mère vivants.

PARAPEGMES, tables de métal sur lesquelles les anciens écrivaient les ordonnances et tout ce qui intéressait le public. Les astrologues nommaient ainsi leurs tables astronomiques.

PARAPET, mot venu de l'italien *parapetto*, pare-poitrine, et désignant, dans le langage des fortifications, l'élévation en terre ou en pierre qui couronne la partie supérieure du rempart. Les bons parapets, faits d'abord pour protéger les canons de la place et mettre à couvert du feu de l'ennemi les troupes qui le défendent, doivent ensuite être à l'épreuve des projectiles lancés d'un distance ordinaire. Ils sont placés vers le côté extérieur du rempart.

PARAPÉTALES, c'est-à-dire qui approche du pétale, mot sous lequel on connaît, en botanique, les divisions de la corolle situées tout à fait intérieurement, comme cela arrive dans un grand nombre de fleurs, où les étamines sont sujettes à se transformer en pétales. Ce sont ces fleurs que les jardiniers appellent pleines ou doubles.

PARAPHE (par corruption de *paragraphé*), suscription, mot grec venu lui-même de *para* et de *graphô*, écrire), marque qui accompagne la signature, dont elle tient souvent lieu et qui consiste en un ou plusieurs traits de plume. Au palais, le paraphe est indispensable pour certaines pièces. Ainsi, pour les pièces arguées de faux, celui qui les dépose au greffe, le magistrat, le greffier y mettent leurs paraphes, afin de constater l'identité de la pièce produite, et cette formalité s'appelle parapher *ne varietur*. Les registres de l'état civil doivent être aussi paraphés et cotés sur chaque feuillet. — Le parapha du grand seigneur, c'est-à-dire du chef de l'empire ottoman, est un chiffre très-compliqué que l'on appelle *toughra*.

PARAPHERNAUX (de *para*, au delà, et *phérné*, dot), nom que l'on donne, en jurisprudence, aux biens qui ne font point partie de la dot d'une femme, soit qu'ils lui arrivent durant le mariage par succession, donation ou autres voies, soit qu'elle ne les ait pas tous compris dans la constitution de sa dot, se réservant pour certains la jouissance et la disposition. Le mari ne peut pas sans le concours ou le consentement de sa femme aliéner ses biens paraphernaux; mais aussi la femme ne peut les aliéner non paraître en justice à raison d'eux, sans avoir préalablement obtenu l'autorisation de son mari, ou à son refus celle de la justice.

PARAPHRASE (du grec *paraphrasis*, fait de *paraphrazein*, interpréter, parler selon le sens), nom que l'on donne à l'explication étendue d'un texte qui a besoin d'être développé ou éclairci. Le livre sur lequel on a fait le plus de paraphrases est l'Écriture sainte. Les plus célèbres sont la *Paraphrase chaldaïque* ou *Targum*, ancienne version de la Bible en langue chaldéenne, celle d'Érasme sur le Nouveau Testament, celles de Massillon sur les Psaumes, etc.

PARAPHYSES, nom que l'on donne, dans la botanique cryptogame, aux tubes membraneux, souvent articulés, qui, dans les mousses, sont entremêlés soit avec les organes mâles, soit avec les organes femelles, et qui, dans les champignons, sont mêlés aux thèques renfermant les graines.

PARAPLUIE, PARASOL, petits pavillons portatifs que l'on porte au-dessus de la tête pour se garantir de la pluie ou du soleil. L'usage des parapluies est très-ancien chez tous les peuples de l'Orient et des Indes, où les rois ne sortent que sous ces sortes de dais, faits ordinairement de plumes d'oiseaux ou de feuilles d'arbre. En France, il ne remonte qu'à l'an 1680. L'industrie a dans ces derniers temps apporté de grands perfectionnements dans la fabrication des parapluies. On en a imaginé à canne et à lunette, et en 1820 on en a pour la première fois fabriqué de mécaniques, qui ont cela de particulier qu'ils garantissent des intempéries de l'air sans avoir pour cela besoin de déranger le parapluie et de le baisser dans des directions souvent opposées.

PARASANGE, mesure itinéraire des Perses, qui, suivant Hérodote et Xénophon, était composée de 30 stades. Elle valait alors 5 kilomètres 5 mètres 12 centimètres 524408 millionièmes. Employée aussi chez les Égyptiens et dans la plus grande partie de l'Asie, elle variait chez les différents peuples et même chez les Perses. Strabon la porte à 40 et même 60 stades; ce qui dans la première hypothèse donnerait 9 kilomètres 673 mètres 50 centimètres 132544 millionièmes, et dans la seconde le double de l'évaluation d'Hérodote.

PARASCÈVE (du verbe grec *parasceuô*, préparer). Les Juifs donnent ce nom au vendredi, parce que, n'étant pas permis de préparer à manger le jour du sabbat, ils étaient obligés de le préparer le jour précédent. Saint Jean dit que le vendredi saint, jour de la passion de Jésus-Christ, était la parascève de la Pâque, parce qu'en effet cette fête devait se célébrer le lendemain.

PARASÉLÈNE (phys.). La lune se lève, comme on le sait, quelquefois après midi, et par conséquent dans les temps où les circonstances sont encore favorables au mirage. Si l'éclat du soleil et la clarté de l'atmosphère permettent alors qu'on aperçoive la lune à son lever, on verra deux images de cet astre. Ce phénomène est connu sous le nom de *parasélène*, qui veut dire *contre-lune*.

PARASITE (des mots grecs *para* et *sitos*, c'est-à-dire préposé aux vivres), nom que l'on donnait dans l'origine à Athènes à certains ministres des autels qui prenaient soin du blé recueilli sur les terres du temple d'un dieu, ou bien offert par les particuliers à la divinité. Les parasites étaient au nombre de dix ou douze, chaque tribu ayant le sien. Cette dignité, d'abord très-considérée, dégénéra dans la suite, et ne fut bientôt plus qu'un terme de dérision donné à ceux qui fréquentaient les repas publics donnés au prytanée, et enfin à ceux qui faisaient métier de vivre aux dépens d'autrui. Leurs fades adulations, la bassesse de leurs sentiments et leur honteuse intempérance ont fourni aux poètes comiques de l'antiquité un type qui s'est conservé.

PARASITES (INSECTES), nom donné aux insectes qui vivent sur le corps d'autres êtres organisés. — Latreille en a formé le troisième ordre de la classe des insectes. Cependant vulgairement on fait des parasites une famille de l'ordre des aptères que Duméril, appelle encore *rhinaptères*, et qu'il compose des genres pou, puce, tique, smaridie, lepte et sarcopte.

PARASITES (PLANTES), nom donné aux plantes qui croissent sur d'autres plantes. — Le gui, le loranthe d'Europe, les espèces du genre clusier, la vanille aromatique, les orobanches sont les plantes parasites qui vivent aux dépens d'autres végétaux et obtiennent d'eux tout élaboré la sève qu'ils n'ont pas la force de puiser au sein de la terre.

PARASTADES, nom donné aux filaments stériles placés dans les passiflores, entre les étamines et les pétales.

PARASTAMINES, PARASTYLES, nom donné aux étamines ou aux pistils avortés.

PARATHÈSE, nom que les Grecs donnent à une oraison que l'évêque récite sur les catéchumènes en étendant les mains sur eux pour leur donner la bénédiction qu'ils reçoivent en courbant la tête.

PARATITLES, terme de jurisprudence qui désigne les abrégés ou sommaires de ce que contient un livre de jurisprudence civile ou canonique, avec une explication précise de tous les titres et les principales décisions, accompagnées de notes.

PARATONNERRE, appareil destiné à soutirer l'électricité des nuages et à la diriger dans le réservoir commun, le sol, sans qu'elle ait eu le temps d'éclater sur les édifices qu'il est ainsi appelé à protéger. Il a été inventé par Francklin. Il consiste en une longue barre métallique sans solution de continuité, dont une partie, la tige, ordinairement terminée en pointe, est placée en faîte de l'édifice et plonge dans l'air atmosphérique, et dont l'autre, le conducteur, descend depuis le pied de la tige jusque dans le sol. Voici l'effet qu'il est destiné à produire : si un nuage orageux passe au-dessus d'un paratonnerre, il décompose par influence son électricité neutre, refoule dans le sol l'électricité de même nom, et attire dans la tige l'électricité de nom contraire. Cette électricité, obéissant à l'attraction du nuage, s'écoule dans l'air, et va à chaque instant neutraliser le fluide électrique qui se trouve accumulé sur le nuage. Le diamètre du paratonnerre, à sa base, doit être de seize à dix-huit millimètres en carré. — Un paratonnerre convenablement établi garantit autour de lui tous les corps dans un rayon double de sa tige.

PARAVENT, meuble destiné à parer du vent et composé de plusieurs châssis mobiles, quoique se tenant les uns les autres et pouvant se plier et se déployer à volonté. Ces châssis sont garnis de toile recouverte de papier, de tapisserie ou d'étoffe. Le poëte Lemierre prétend, dans son poëme des Fastes, que les paravents sont originaires de la Chine.

PARC (accept. div.). En marine, c'est 1o le lieu où sont renfermés les magasins et où l'on construit les vaisseaux de l'État; 2o un lieu formé de planches, entre deux ponts, pour renfermer les bestiaux que les officiers font embarquer pour leurs provisions; il y a aussi dans les vaisseaux des parcs à boulets; 3o dans les marais salants, on appelle parcs ou parquets différents bassins où séparations que l'on fait pour recevoir et faire entrer l'eau de la mer dont se fait le sel; 4o diverses clôtures que l'on fait pour prendre ou conserver le poisson; 5o un endroit où l'on met les huitres pour les faire grossir et verdir.

PARC, vaste étendue de terrain, séparée par des murs ou des palissades, et ordinairement plantée de bois. Les parcs sont annexés aux grandes habitations, aux châteaux, aux demeures royales. Le parc de Fontainebleau et celui de Versailles sont comptés au nombre des plus beaux. — Un parc à moutons est un terrain clôturé dans lequel on retient les moutons pour leur faire passer la nuit dehors et les faire engraisser. Il en est de même du parc aux bœufs.

PARC D'ARTILLERIE, lieu enclos où l'on rassemble tout le matériel d'une armée, les bouches à feu, les fourgons ou caissons chargés de projectiles, les voitures, les chevaux, les équipages de ponts et toutes les munitions de guerre présumées nécessaires.

PARC-AUX-CERFS, vaste enceinte où l'on renfermait, sous Louis XIII, des cerfs destinés aux chasses de ce prince, et qui,
sous Louis XV, devint d'abord la propriété de Mme de Pompadour, puis la retraite des jeunes personnes que le monarque réservait à ses plaisirs, et que son valet de chambre Lebel était chargé de faire enlever dans la capitale et les provinces.

PARCHEMIN. On désigne par ce nom l'enveloppe de la graine du café, qui n'est autre chose que le support de la graine qui se prolonge sur elle de manière à la recouvrir en totalité. — C'est aussi une espèce de pêche.

PARCHEMIN, peau de bête préparée pour écrire ou divers autres usages. Le parchemin fut inventé ou du moins perfectionné sous Eumène, roi de Pergame, parce que Ptolémée, roi d'Egypte, avait défendu l'exportation du papyrus, avec lequel on écrivait auparavant. Son usage se répandit bientôt dans tout le monde. Au moyen âge, c'était presque exclusivement la seule matière sur laquelle on écrivait. Mais il fut souvent assez rare pour qu'on effaçât des parchemins déjà écrits pour y écrire de nouveau. Ces sortes de parchemins, nommés palimpsestes, peuvent permettre de lire l'ancienne écriture sous la nouvelle. L'usage du papier de chiffons a fait tomber le parchemin en discrédit. On ne s'en sert plus que dans la reliure, pour les diplômes, etc.

PARCHIM, petite ville du duché de Mecklembourg-Schwerin, chef-lieu de bailliage dans la principauté de Gustrow, sur l'Elden, à 8 lieues de Schwerin. Sa population est de 4,000 habitants. Elle a des manufactures de draps, des fabriques de chapeaux de paille, et fait un grand commerce de blé, bois et laine.

PARCOURS (DROIT DE), droit qui se confond avec celui de pacage et de vaine pâture.

PARD, nom donné vulgairement à diverses grandes espèces mouchetées du genre chat, telles que la panthère, le jaguar. Celui que les fourreurs appellent particulièrement de ce nom paraît être le serval ou le lynx.

PARDALOTE, genre de la famille des dentirostres, renfermant des oiseaux au bec très court, assez robuste, légèrement comprimé, à arête supérieure aiguë, arquée et échancrée vers la pointe. On ne connaît pas leurs mœurs, mais on les croit insectivores. Ils habitent le nouveau continent. On connaît le pardalote huppé, dont la tête porte une houppe rouge ; le pardalote pointillé, au plumage noir pointillé de blanc.

PARDAVE, monnaie de compte du royaume d'Achem, qui vaut le quart d'un taël.

PARDO (EL) ou EL PARTIDO, château royal d'Espagne, situé dans la Nouvelle-Castille, à 2 lieues de Madrid, et au S.-E. de l'Escurial. Il a de beaux jardins et un parc très riche.

PARDON, action par laquelle on remet à quelqu'un une offense. — On appelait autrefois lettres de pardon celles que le roi accordait pour remettre la peine de certains délits moins graves que ceux pour lesquels les lettres de grâce étaient nécessaires. — Chef les Juifs, on nommait pardon des ennemis ou jombachipour une fête qui se célébrait le 10 du mois de tisri, qui répond à notre mois de septembre. Pendant ce jour-là, toute œuvre cessait comme au sabbat, et l'on jeûnait sans rien manger.

PARDOU (Saint), fils d'un laboureur de Sardèna (Creuse), devint supérieur du monastère de Warast, bâti par le comte de Limoges, Lanthaire, aux sources de la Gartempe. Ses vertus et sa discipline y attirèrent une foule nombreuse, et les siècles suivants virent se fonder autour du monastère une ville qui est encore debout, Guéret. Saint Pardou mourut à l'âge de quatre-vingts ans, en 737. On célèbre sa fête le 6 octobre.

PARÉ (Ambroise), célèbre chirurgien, né à Laval (Mayenne) en 1509, devint d'abord chirurgien du colonel général des gens de pied, René de Montejean. De retour en France, il prit ses degrés au collège de Saint-Edme, et fut ensuite nommé prévôt de la corporation des chirurgiens. En 1552, Henri II le choisit pour son chirurgien, et Paré remplit successivement les mêmes fonctions auprès de François II, de Charles IX et de Henri III. Charles IX, dont il avait sauvé les jours gravement compromis par suite d'une blessure que lui avait faite en le saignant son médecin Portail, le sauva du massacre de la Saint-Barthélemy en le cachant dans sa chambre. Ambroise Paré mourut en 1590. Ses œuvres forment un volume in-folio, divisé en vingt-huit livres.

PAREATIS, mot latin qui signifie obéissez, et que l'on employait dans l'ancienne chancellerie, pour désigner une lettre qui s'obtenait pour faire exécuter un contrat ou un jugement hors du ressort de la justice où il avait été rendu.

PARÈDRES (c'est-à-dire adjoints, assesseurs, de para, auprès, et de edra, siége). On appelait ainsi, chez les anciens, les nouvelles divinités, c'est-à-dire les hommes qui, après leur mort, avaient été mis au rang des dieux. — C'étaient aussi des magistrats athéniens, adjoints aux archontes, et soumis aux mêmes règles qu'eux.

PAREIRA BRAVA, nom donné par les Espagnols à une plante de l'Amérique méridionale, que les Portugais du Brésil nommaient cibo das capras. Linné donna à ce genre de plantes le nom de cissampelos (voy.), qui signifie en grec vigne-lierre.

PAREJA (Juan DE), peintre espagnol, né en 1606 à Séville de parents noirs et esclaves, tomba en la possession du peintre Velasquez, dont il s'appliqua secrètement à dessiner et à copier les tableaux. Il devint bientôt habile dans le portrait et les tableaux de genre. Le roi Philippe IV, visitant un jour les ateliers de Velasquez, y vit un tableau de Pareja, et fit affranchir de l'esclavage un aussi beau talent. Celui-ci n'en demeura pas moins fidèle à son maître, et mourut en 1670. On cite comme son chef-d'œuvre la Vocation de saint Matthieu, au palais d'Aranjuez.

PARELLE. On donne ce nom et celui d'orseille d'Auvergne ou d'orseille de terre à une espèce de lichen qu'on recueille particulièrement en Auvergne pour l'usage de la teinture, et qui se présente sous la forme d'une croûte blanche ou grise. Il s'étend sur les rochers, où il forme peu de saillie, et auxquels il adhère fortement ; mais son abondance en rend la récolte facile. Avant d'être livrée au commerce, la parelle, à l'aide d'une opération facile, est réduite en pains ; elle est connue sous le nom d'orseille de France ou orseille de terre, pour la distinguer de celle que l'on prépare avec le véritable lichen, orseille ou orseille des Canaries.

PAREMENT se dit de certaines choses qui parent, qui ornent. On nomme parement d'autel la couverture qui est au-devant de la table d'un autel, faite d'une étoffe belle ou riche. — On appelle parements des morceaux de drap ou d'étoffe, que les hommes portaient autrefois comme ornements sur les manches de leurs habits, et les femmes sur le devant de leurs robes. C'est aujourd'hui le retroussis du bout des manches d'un habit. Chez les militaires, il est souvent d'une couleur distincte de celle de l'habit. — En architecture, c'est ce qui paraît au dehors d'une pierre ou d'un mur. On nomme parement d'appui les pierres à deux parements qui forment l'appui d'une croisée, particulièrement quand elle est vide dans l'embrasure ; parement de couverture, les plâtres qu'on met contre les gouttières pour soutenir le battellement des fuites d'une couverture ; parement de menuiserie, ce qui paraît extérieurement d'un ouvrage de menuiserie. — Le parement du pavé est l'assiette uniforme du pavé, sans bosses ni flaches. — On nomme encore *parement :* 1° la graisse qui est autour de la panse d'un agneau; 2° une chair rouge qui vient par-dessus la venaison du cerf; 3° des mailles ou couleurs variées, que l'on remarque sous les ailes d'un oiseau de proie; 4° les plus gros morceaux de bois que l'on voit dans les fagots. — *Parement bleu* est synonyme de *verdier,* sorte d'oiseau.

PAREMENT. Les tisserands appellent ainsi une sorte de colle, faite d'eau et de farine, dont ils enduisent les chaînes de leurs toiles lorsqu'elles sont montées sur le métier. Ils appellent cela *parer* ou *coller la chaîne.*

PARENCHYMATEUX, ce qui appartient ou a rapport au *parenchyme.*

PARENCHYME. Ce mot désignait jadis : 1° la masse des viscères, parce qu'on la croyait formée de sang épanché ou coagulé; 2° le contenu dans des mailles d'un tissu celluleux, serré de plusieurs organes, tels que le foie, la rate. Aujourd'hui ce mot signifie un tissu spongieux, quel qu'il soit ; ainsi l'on dit le parenchyme des reins, du foie, etc. C'est le tissu propre aux organes glanduleux du corps des animaux. En botanique, dans les temps modernes, on a appliqué spécialement ce nom à la substance molle, spongieuse, ordinairement colorée en vert, et formée de tissu cellulaire, qui remplit les interstices que parcourent les vaisseaux propres des végétaux; principalement dans les feuilles où cette substance est fort abondante, et forme ainsi une épaisseur remarquable, telle que dans les feuilles des aloès, etc. Toutes les parties herbacées des végétaux, les jeunes tiges, les fruits, le liber annuel, les organes floraux même lui doivent leur consistance plus ou moins épaisse.

PARENT-DUCHATELET (Alexandre-Jean-Baptiste), médecin philanthrope, né à Paris vers 1790, fut reçu docteur en 1814. Membre adjoint du conseil de salubrité en 1825, il composa en cette qualité un grand nombre de *mémoires* et de *rapports* sur les plus importantes questions d'hygiène appliquée aux travaux et aux professions d'utilité publique. Il mourut en 1836. Il était l'un des rédacteurs des *Annales d'hygiène,* et l'un des auteurs du *Dictionnaire de l'industrie manufacturière.*

PARENT-RÉAL (Nicolas-Joseph-Marie), né à Ardres (Pas-de-Calais) en 1768, étudia au collège Sainte-Barbe à Paris, et fut reçu avocat en 1790. Après la suppression des cours souveraines, il exerça sa profession près du tribunal de Saint-Omer, fut ensuite nommé secrétaire en chef du district de Calais, et enfin juge de paix du canton d'Ardres. Sous le directoire, il devint sous-commissaire près de l'administration centrale du Pas-de-Calais. Nommé administrateur du département après le 18 fructidor, il en était président lorsqu'il fut élu député au conseil des cinq-cents. Après le 18 brumaire, il fut nommé membre du tribunat, d'où il sortit en l'an x par voie d'élimination. Il se fit alors reporter au tableau des avocats à la cour royale, et, tout appliqué qu'il fût aux consultations du cabinet, il ne laissa pas que de cultiver les lettres. Il était l'un des collaborateurs de la *Revue encyclopédique.* Il mourut en 1834.

PARENTALIES, fête que les Romains célébraient chaque année au mois de janvier en l'honneur des morts. Les parents et les amis des morts se réunissaient en cette occasion pour offrir des sacrifices et faire des festins, dans lesquels on ne servait presque que des légumes. L'établissement de ces fêtes remonte, selon Ovide, au temps d'Énée, et, selon d'autres, à celui de Numa.

PARENTÉ. On en distingue trois sortes : la *parenté naturelle,* qui est le rapport entre les personnes unies par les liens du sang ; la *parenté légale,* qui est une alliance se contractant par l'adoption, et la *parenté spirituelle,* appelée encore *affinité.* Voy. ce mot. — On doit considérer trois choses dans la parenté; la *souche,*

c'est-à-dire l'auteur commun ; la *ligne,* c'est-à-dire la suite des générations, et le *degré,* c'est-à-dire chacune des générations. — La ligne est *directe* quand elle est la suite des degrés entre des personnes qui descendent l'une de l'autre ; elle est *collatérale* quand elle est la suite des degrés entre des personnes qui ne descendent pas l'une de l'autre, mais qui ont une souche commune. — La ligne directe est *ascendante* lorsqu'elle remonte à la souche, et *descendante* lorsqu'elle descend de l'auteur commun à ceux qui descendent de lui.

PARENTHÈSE, mot grec qui signifie *interposition,* et par lequel on désigne une proposition formant une phrase secondaire insérée dans la phrase principale. C'est une interruption de la pensée. Quelquefois ce mot se prend aussi pour le signe qui se fait ainsi ( ).

PARENTS. On appelle ainsi tous les individus unis entre eux par les liens du sang. Cependant ce mot s'applique spécialement au père et à la mère. Voy. PARENTÉ.

PARESSE, omission du devoir, provenant de la peine ou du dégoût que l'on éprouve à s'en acquitter. Les théologiens comptent la paresse au nombre des sept péchés capitaux. — Les anciens en avaient fait une divinité allégorique, fille du Sommeil et de la Nuit. Elle fut métamorphosée en tortue pour avoir écouté les flatteries de Vulcain. Le limaçon et la tortue lui étaient consacrés.

PARESSEUX. Voy. BRADYPE.

PARÉTACÈNE, petite contrée de la Perside, au N., sur les confins de la Médie. On varie sur sa position précise. Elle était remplie de déserts sablonneux et arides. *Isatiche* et *Aspadane* en étaient les seules villes un peu remarquables. Ses habitants étaient fort adonnés au brigandage.

PARFAICT (François et Claude), tous deux frères, nés à Paris, le premier vers 1698, le second en 1701, et morts, l'un en 1753, l'autre en 1777, ont publié ensemble l'*Histoire générale du Théâtre-Français* en 15 vol. in-12, des *Mémoires pour servir à l'histoire des spectacles de la foire,* un *Dictionnaire des théâtres de Paris,* et quelques autres ouvrages du même genre.

PARFUMS. Le mot parfum (*per fumum,* par le moyen de la fumée) se rapporte à toute substance qui donne lieu à des émanations agréables au sens de l'odorat. L'usage des parfums était connu des anciens. Pline en fait remonter l'invention au règne de Darius. Au temps de Moïse, l'usage des parfums était commun chez les Hébreux, ainsi que la Bible nous l'apprend. Les Egyptiens s'en servaient aussi. Il est inutile d'ajouter que les Romains connaissaient aussi cet usage ; il y avait sous leurs empereurs des parfums qui coûtaient jusqu'à 400 deniers la livre. Les substances suivantes sont les principes des parfums : 1° des résines; 2° des baumes ; 3° des huiles essentielles; 4° des gommes-résines; 5° des produits animaux (musc, ambre gris).

PARGA, ville de l'Albanie, située sur la mer vis-à-vis Corfou, avec un port très-commode, et défendue par une citadelle réputée imprenable. Dans les temps modernes, cette ville devint le refuge des Grecs qui cherchaient à échapper à la tyrannie d'Ali-Pacha. Mais, s'étant donnée aux Anglais, elle fut livrée par eux à ce farouche musulman, qui laissa cependant à la population la liberté d'émigrer et d'aller se fixer dans les Ioniennes (1818).

PARHÉLIE. Les parhélies consistent dans l'apparition simultanée de plusieurs soleils. Ces images, toujours unies entre elles par un grand cercle blanc et horizontal, sont toujours situées à la même hauteur, sur l'horizon, que le soleil lui-même ; de sorte qu'à mesure que le soleil s'élève ou s'abaisse, ce cercle s'élève ou s'abaisse. Les faces de chaque parhélie tournées vers le soleil présentent toujours les couleurs de l'arc-en-ciel, tandis qu'au contraire les faces opposées au soleil, ainsi que les cer-

cles sur lesquels reposent ces diverses images, restent blancs. Ce phénomène est fort rare et difficile à expliquer.

PARIA, tribu de l'Inde, formée originairement de la réunion d'individus chassés des autres castes pour crime envers la religion et les lois, et chargée du mépris et de l'exécration des autres tribus. Elle se subdivise en un grand nombre de petites tribus, parmi lesquelles on doit compter celle des *Vallouvers,* la plus distinguée, celle des *Kouravers* ou marchands de sel, celle des *Kallabantrous* ou voleurs, et plusieurs autres. C'est à la tribu des Parias que l'on rapporte les Bohémiens ou Zingaris. Dans l'Inde entière, les Parias sont asservis aux autres castes et traités avec dureté.

PARIÉTAIRE (bot. phan.). Une trentaine d'espèces herbacées, bien ou mal connues, sont inscrites dans ce genre de la famille des urticées. Nous en possédons plusieurs espèces; la plus commune est la *pariétaire officinale,* que l'on trouve dans les lieux humides et ombragés, voisins des habitations, le long des haies, dans les fentes des vieux murs, sur les décombres. Ses propriétés dans les maladies des voies urinaires l'ont fait admettre dans les jardins comme plante médicinale. — On nomme vulgairement la *pariétaire casse-pierre* et *perce-muraille.*

PARIÉTAL (anat.). On appelle ainsi un os pair situé sur les parties latérales de la tête, et qui concourt à former la boîte osseuse du crâne. Les pariétaux s'articulent entre eux, et chacun d'eux s'articule avec le frontal, le temporal et l'occipital.

PARIMA, lac de l'Amérique méridionale, situé dans la république de Venezuela (Colombie) sur les confins de la Guyane. Il est long de 33 lieues, large de 16 et traversé par l'Orénoque. On le fait aussi la source de la rivière Parima ou Rio-Branco, qui a son embouchure dans l'Amazone, après un cours de 166 lieues.

PARIME, chaîne de montagnes qui donne naissance à l'Orénoque, et forme l'un des systèmes les plus considérables de la partie orientale de l'Amérique méridionale ; elle est surtout remarquable sous le rapport géologique. Sa longueur est d'environ 125 lieues. Cette chaîne est généralement granitique.

PARINI (Joseph), poëte italien, né en 1799 sur les bords du lac de Pusiano dans le Milanais, et mort en 1799, après avoir été précepteur chez les comtes Borromeo et Serbelloni, professeur de belles-lettres à la Canobiana, professeur d'éloquence et de beaux-arts au gymnase de Brera, et, pendant la république cisalpine, chef de la municipalité de Milan. Son ouvrage capital est un poëme intitulé *il Giorno* (la journée) et divisé en quatre parties: *il Mattino, il Mezzogiorno, il Vespro, la Notte.*

PARIS (myth.), célèbre prince troyen, le plus beau des fils d'Hécube et de Priam. Hécube, le portant dans son sein, rêva qu'elle mettait au monde un flambeau qui devait un jour embraser Troie, et l'oracle consulté répondit que cet enfant causerait la ruine de Troie. Exposé sur le mont Ida, Pâris fut recueilli par des bergers, et, parvenu à l'âge d'homme avec force et en courage au milieu d'eux, il reçut le nom d'*Alexandre* (chasseur d'hommes). Il épousa la nymphe OEnone, et fut choisi pour juge du différend survenu entre les trois déesses au sujet de la pomme d'or lancée par la Discorde *à la plus belle.* Vénus, en faveur de laquelle il prononça, lui promit la plus belle femme de l'univers. Reconnu par ses parents, Pâris fut envoyé en Grèce pour y recueillir la succession d'Hésione sa tante, et il y séduisit la femme de Ménélas, Hélène, qu'il emmena en Asie. Cet événement amena la guerre de Troie. Pâris se distingua quelquefois pendant le siège de Troie ; il tua Achille par trahison, et fut lui-même blessé à mort par Philoctète ou Pyrrhus.

PARIS, célèbre pantomime romain, affranchi de Domitia, tante de Néron, et favori de l'empereur. Il accusa Agrippine de conspirer contre l'empereur (55 de J.-C.), et, quoiqu'il eût été convaincu de calomnie, il n'en resta pas moins en faveur. Dans la suite Néron, jaloux de son talent, le fit mourir.

PARIS (LE DIACRE François), né en 1690, était fils d'un conseiller au parlement de Paris, se rendit recommandable par son zèle, sa charité et sa vie pénitente et pleine d'austérités, et mourut exténué par les macérations et le jeûne en 1727. Il est cependant moins connu par les austérités de sa vie que par les prétendus miracles opérés sur son tombeau dans le cimetière de Saint-Médard.

PARIS (Matthieu), historien latin, moine bénédictin du monastère de Saint-Alban en Angleterre. Il fut chargé de la réforme de plusieurs couvents, et s'en acquitta avec le plus grand succès. Mais son premier titre à la célébrité est l'*Histoire d'Angleterre*, grande composition en deux volumes in-folio, divisée en deux parties : la première comprenant les événements depuis l'origine du monde jusqu'au règne de Guillaume le Conquérant ; la deuxième depuis cette dernière époque jusqu'en 1250. Il y travaillait encore quand il mourut (1259). Cet ouvrage porte le titre d'*Historia major*, pour le distinguer d'un abrégé qu'il publia ensuite sous celui d'*Historia minor*.

PARIS-DUVERNEY (Joseph), célèbre financier, né dans le Dauphiné, entra jeune dans la garde royale, et quitta le service pour aider son frère chargé de la direction des vivres de l'armée de Flandre. Il se fit bientôt connaître par sa capacité pour les affaires, et remit au régent des mémoires sur les finances qui fixèrent l'attention de ce prince. Il fut exilé avec son frère pour avoir montré les vices du système de Law ; mais il ne tarda pas à être rappelé pour aider à réparer le mal qu'il avait prédit. Mêlé dans des intrigues de cour, il tomba de nouveau dans la disgrâce ; mais on sentit la nécessité de son rappel en 1730, et dès lors il ne cessa plus d'être consulté pour toutes les grandes opérations de finance. Paris-Duverney mourut en 1770.

PARIS, ancien garde du corps de Louis XVI, indigné de sa condamnation, résolut de le venger sur un de ses juges en assassinant quelqu'un des membres de la convention qui avait voté sa mort. Il chercha vainement l'occasion de tuer le duc d'Orléans, et assassina dans un restaurant du Palais-Royal le conventionnel Lepelletier de Saint-Fargeau. Poursuivi de tous côtés, le garde du corps Paris se brûla la cervelle au moment où il allait être arrêté (janvier 1793).

PARIS (Pierre-Adrien), architecte, naquit à Besançon en 1747. Élève de Trouard, il partit pour Rome à l'âge de vingt ans, en qualité de pensionnaire, et, de retour en France, il enrichit de ses dessins les *Tableaux de la Suisse* par Laborde, et le *Voyage à Naples* par Saint-Non. Il devint en 1778 dessinateur du cabinet du roi, architecte des économats ; peu de temps après, il remplaça Soufflot à l'académie d'architecture. Architecte de l'Opéra en 1783, il fut en 1788 créé chevalier de l'ordre de Saint-Michel. Dans son troisième voyage en Italie, il fut quelque temps chargé par intérim de la place de directeur de l'école de France à Rome. Il mourut en 1819. On a de lui le portail de la cathédrale d'Orléans.

PARIS, capitale du royaume de France et chef-lieu du département de la Seine, sur les deux rives de la Seine. Paris a 7 lieues de tour, et occupe près de 2 lieues carrées de terrain (34,379,016 mètres carrés). Sa population est de 1,000,000 d'hab. Paris est divisé par la Seine en deux parties : la *ville* au N. et au S. le *pays latin* ou *quartier de l'université*, qui comprend aussi le faubourg Saint-Germain, résidence de l'aristocratie. Sous le rapport administratif, il est partagé en douze arrondissements ayant chacun son maire et son juge de paix, et en quarante-huit quartiers, dans chacun desquels se trouve un commissaire de police. Paris est le siège de la monarchie, la résidence ordinaire du chef de l'Etat, des ministres et des chefs des différentes administrations du royaume, des deux chambres, du conseil d'Etat, de la cour de cassation, de la cour des comptes, du conseil supérieur de l'instruction publique, de la banque de France, etc. Il a un archevêché érigé en 1662 avec les évêchés de Blois, Chartres, Meaux, Orléans, Versailles, Arras et Cambrai pour suffragants, une académie dont le grand maître de l'université fait les fonctions de recteur, et une cour d'appel embrassant dans son ressort l'Aube, l'Eure-et-Loir, la Marne, la Seine, la Seine-et-Marne, la Seine-et-Oise et l'Yonne. Il a un tribunal de première instance avec six chambres et un tribunal de commerce ; il est le chef-lieu de la première division militaire, de la première division des ponts et chaussées et du premier arrondissement forestier. Parmi les établissements d'instruction publique, on compte une faculté de droit, une faculté de médecine, des facultés de théologie, des lettres et des sciences ; une école de pharmacie ; cinq collèges (Louis-le-Grand, Henri IV, Bourbon, Saint-Louis et Charlemagne) et quatre de plein exercice (Rollin et Stanislas), le collège de France, l'école spéciale des langues orientales vivantes, l'école polytechnique, les écoles normale, des ponts et chaussées, des mines, vétérinaire, etc., etc., le conservatoire de musique, le conservatoire des arts et métiers, etc. Paris possède l'Institut, une foule de sociétés savantes, le bureau des longitudes, plusieurs bibliothèques, parmi lesquelles la grande *Bibliothèque* (700,000 volumes, 72,000 manuscrits, 3,000 volumes de gravures et une belle collection d'antiques), la *Bibliothèque Mazarine* (150,000 volumes), la *Bibliothèque Sainte-Geneviève* (110,000 volumes), celle de l'Arsenal, etc., etc. ; le musée du Louvre et celui du Luxembourg, le muséum d'histoire naturelle. Paris a de très belles promenades, boulevards extérieurs et intérieurs, Champs-Elysées, jardin des Tuileries, du Luxembourg et des Plantes ; ce dernier renferme tous les animaux et toutes les plantes connues. La Seine est traversée par vingt ponts (entre autres on cite le Pont-Neuf, les ponts d'Austerlitz, de la Concorde, des Arts, d'Iéna, des Invalides), joints entre eux par des quais superbes. Les plus beaux édifices sont les deux palais des Tuileries et du Louvre, celui du Luxembourg où siège la première chambre, le Palais-Bourbon où siège celle des députés, le Palais-Royal, la Bourse, les hôtels des ministères, l'hôtel de ville, l'hôtel des Invalides, avec son dôme magnifique, l'école militaire, l'hôtel des monnaies (lettre A), l'Observatoire, l'arc de triomphe de l'Etoile, les églises de Notre-Dame, de Sainte-Geneviève ou Panthéon, de Saint-Roch, de Saint-Sulpice, de Saint-Etienne du Mont, de Saint-Eustache, de Saint-Gervais, de la Madeleine, etc. Parmi les hôpitaux, on distingue ceux du Val-de-Grâce, de la Maternité, de la Salpêtrière, de la Pitié, de la Charité, l'Hôtel-Dieu. Les principaux théâtres sont l'Opéra, l'Opéra-Comique, les Français, les Italiens, l'Ambigu-Comique, le Gymnase-Dramatique, la Porte Saint-Martin, le Palais-Royal, les Variétés, le Vaudeville, la Gaieté, etc. De nombreuses fontaines, dont quelques-unes magnifiques, répandent dans tous les quartiers de Paris les eaux de la Seine et de l'Ourcq, amenées par un canal de 24 lieues. La rue de Rivoli, prolongée en 1833, est la plus belle de l'Europe. — Cette ville, métropole des sciences et des arts, n'était autrefois qu'une misérable bourgade appelée *Lutèce* et résidence des Parisii. Un peu agrandie vers le IV° ou le IVe siècle, elle devint en 359 la résidence de Julien. Clovis en fit la capitale des Francs en 507. Embellie par Charlemagne, pavée par Philippe Auguste qui l'entoura d'un mur de 7 à 8 pieds d'épaisseur, flanqué de cinq cents tours, sans cesse agrandie et ornée depuis ce temps, elle n'est devenue véritablement magnifique que depuis Louis XIV et la révolution. — Une loi rendue en 1841 a voté la construction de fortifications permanentes autour de Paris. — Il se livra sous ses murs, le 30 mars 1814, une bataille sanglante entre les alliés et les troupes de Napoléon. Malgré la vive résistance de celles-ci, la ville capitula, et les ennemis y entrèrent le lendemain. Les mêmes, à la suite de plusieurs combats dans ses environs, y rentrèrent le 8 juillet 1815. Trois traités célèbres ont été signés à Paris : le premier, du 30 avril 1814, abandonna 53 places fortes au delà des anciennes limites de la France ; le deuxième, du 21 novembre 1815, conclu entre la France, l'Autriche, la Grande-Bretagne, la Prusse et la Russie, resserra encore les limites du territoire français ; le dernier, signé le 30 mai 1856, après une guerre heureuse contre la Russie, faite de concert avec l'Angleterre.

PARISETTE, genre de plantes de la famille des asparaginées. Les parisettes sont des plantes herbacées, grêles, peu élevées, à feuilles verticillées, à tige simple et terminée par une seule fleur. Elles sont peu intéressantes, et jouissent de propriétés très suspectes. On en connaît à peine quatre à cinq espèces, dont une seule croît en France, la *parisette à quatre feuilles*, vulgairement *herbe à Paris*, *raisin de renard*, *étrangle-loup*.

PARISIENNE ou Sédanoise, caractère d'imprimerie qui vient après la nonpareille. Il est très petit, et l'on n'en fait guère usage que dans quelques livres de curiosité.

PARISII ou Parisiens, peuple de la Gaule, habitant les deux rives de la Sequana (Seine), dans la Lyonnaise quatrième. Ce peuple, dont le territoire embrassait à peu près l'Ile-de-France actuelle, avait pour capitale *Lutetia*, située dans une petite île de la Seine, aujourd'hui l'île de la Cité à Paris.

PARISIOLE, genre de plantes de la famille des asparaginées, originaires de l'Amérique. On les cultive dans quelques jardins d'Europe, plutôt comme objets de curiosité que comme végétaux d'ornement ou même d'agrément. Les parisioles se plaisent dans les bois ombragés et dans tous les lieux frais. On en connaît cinq espèces : la *parisiole penchée*, la *parisiole droite*, la *parisiole à baie*, la *parisiole naine*, la *parisiole sessile*.

PARISIS, nom donné à la monnaie qui se battait à Paris, et qui était plus forte que celle qui se battait à Tours.

PARJURE, acte par lequel on affirme avec serment ce que l'on sait être vrai faux. Quelquefois ce mot s'applique encore à l'homme qui s'en rend coupable. Le parjure était chez les Hébreux, et le coupable forcé d'offrir en expiation une brebis ou une chèvre, ou bien à défaut de cela deux tourterelles ou la dixième partie d'un épha de farine. Les Capitulaires de Charlemagne et de Louis le Débonnaire condamnaient le parjure à avoir la main coupée. Aujourd'hui la peine pour le parjure ou faux témoignage en matière criminelle peut s'étendre depuis la simple réclusion jusqu'à la peine de mort. En matière civile, elle ne s'étend qu'à la réclusion.

PARK (Mungo-), célèbre voyageur anglais, né à Fowlshiels (Ecosse) en 1771, étudia la médecine, et, après avoir fait un voyage aux Indes, s'offrit à la société africaine pour aller remplacer en Nigritie le major Houghton. Parti de Portsmouth le 22 mai 1795, il arriva sur la Gambie le 21 juin, il traversa les royaumes de Yani, de Woulli, de Bondou, de Kajaaga, de Kasson, de Binaoum, de Bambara, et atteignit le 21 juillet le Niger, objet de ses recherches. Après un voyage plein de dangers, il retourna le 10 juin 1797 sur les bords de la Gambie, et passa en Angleterre. Il entreprit en 1805 un second voyage, partit de Portsmouth le 30 janvier, arriva à Gorée le 8 mars, et périt en novembre, attaqué par les naturels de Boussa, qui le forcèrent de se jeter dans le Niger, où il se noya avec ses compagnons. On a publié la relation des voyages de Mungo-Park.

PARKER (Matthieu), deuxième archevêque protestant de Cantorbéry, né à Norwich en 1504, devint successivement chapelain d'Anne de Boulen, doyen du collége de Stoke, chapelain de Henri VIII et vice-chancelier de l'université (1547). Persécuté, dépouillé de ses charges et exilé pendant le règne de la reine Marie, il fut rappelé par Élisabeth, qui le créa archevêque de Cantorbéry (1559), et trouva en lui un ministre dévoué à ses projets. Il mourut en 1575, laissant plusieurs ouvrages.

PARKER (Sir Hyde), amiral anglais, se signala particulièrement le 14 février 1797 dans la bataille gagnée par lord Saint-Vincent sur la flotte espagnole; la commune de Londres lui envoya des lettres de bourgeoisie dans une boîte d'or de la valeur de 100 guinées. Mis en jugement en novembre 1801 pour avoir, sans un ordre positif, expédié aux Indes occidentales l'*America* et la *Cléopâtre*, il fut acquitté honorablement par la cour martiale, et mourut en 1802.

PARKIE, genre fort intéressant de la famille des mimosées. Les parkies sont des arbres sans épines, à feuilles composées d'un très-grand nombre de folioles, à fleurs disposées en épis axillaires et pédonculées, les fleurs inférieures ordinairement mâles. Ce genre, qui rappelle la mémoire du célèbre voyageur Mungo-Park, est originaire d'Afrique.

PARKINSONIE, genre de la famille des légumineuses, inutile jusqu'ici à une seule espèce fort intéressante, *parkinsonie épineuse*. En Amérique et particulièrement dans les Antilles, on se sert fréquemment de ce bel arbrisseau pour former des haies, des clôtures, non-seulement très-solides, mais inappréciables surtout par le charmant aspect qu'elles présentent étant couvertes de fleurs en tout temps.

PARLEMENT. On donnait ce nom aux cours souveraines de France avant la révolution, instituées pour rendre la justice en dernier ressort. On a longtemps débattu la question de l'origine des parlements, que certains font remonter jusqu'aux plaids (*placita*) et aux *champs de mai*. Originairement ils n'étaient que des cours de justice; une ordonnance de Paris rendit celui de Paris sédentaire en 1302, et institua ceux de Toulouse et de Rouen. Celui d'Aix fut érigé en 1415; celui de Grenoble en 1431, celui de Bordeaux en 1460, et celui de Dijon (Bourgogne) en 1746. Le nombre des parlements fut porté à treize par l'établissement de ceux de Rennes (Bretagne), de Pau, de Metz, de Besançon, de Douai et de Dombes. Ce dernier, institué à Lyon par François Ier, fut supprimé en 1762 par Louis XV. L'organisation de ces compagnies offrait une image assez fidèle de celle du parlement de Paris. Elles se composaient, comme lui, d'un premier président, d'un procureur général, de présidents à mortier, de conseillers d'honneur, de conseillers chevaliers, de conseillers clercs ou laïques, d'avocats généraux et de substituts, dans un nombre proportionnel à l'importance du ressort. Frappés d'exil sur la fin du règne de Louis XV pour leur opposition persévérante aux volontés du roi, les parlements furent rappelés au début du règne de Louis XVI, et supprimés par un décret de l'assemblée constituante (24 mars 1790). — Le parlement n'était originairement qu'une cour de justice. En 1418 et 1443, il commença à délibérer sur les ordonnances dont les ministres du roi portaient à son enregistrement. Après avoir exercé la censure sur ces ordonnances sous Charles VII, il s'attribua, peu après l'avénement de Louis XI, une sorte de droit de véto, en refusant l'enregistrement et en formant opposition à certaines ordonnances royales.

PARLEMENT, nom collectif que l'on donne aux deux chambres législatives de l'Angleterre, l'une celle des lords ou pairs, l'autre celle des communes, la première composée des membres de la noblesse chez qui la pairie est un héritage, la seconde composée des députés élus par les bourgs et les villes.

PARLEMENTAIRE, qui a rapport au parlement, aux chambres législatives, soit d'Angleterre, soit de France. — Ce nom s'applique aussi à l'envoyé d'un général d'armée auprès du général ennemi, pour lui porter ses propositions relatives à la reddition d'une place ou à une suspension d'armes. La personne d'un parlementaire doit être inviolable et sacrée. Il porte d'ordinaire un drapeau, et est précédé d'un tambour ou d'une trompette.

PARLOIR. On appelle ainsi, dans un établissement interdit au public, le lieu où l'on reçoit les visiteurs. Dans un couvent, le parloir est ordinairement divisé en deux par une grille que l'étranger ne peut franchir.

PARMA, bouclier rond et léger, de trois pieds de diamètre, que portaient les troupes romaines. Il y en avait un moins grand nommé *parmula*. Il servait à la troupe légère et à la cavalerie.

PARME, duché de l'Italie, borné au N. par le Pô qui le sépare du royaume lombardo-vénitien, à l'O. par les États de Sardaigne, à l'E. par le duché de Modène, et au S. par les Apennins qui le séparent du grand-duché de Toscane. Sa superficie est de 200 lieues carrées, et sa population de 457,000 habitants. Traversé par plusieurs chaînons des Apennins, arrosé par le Pô, le Taro, la Lenza, la Trebia, etc., le duché de Parme est un pays délicieux, très-fertile en olives, châtaignes, blé, maïs, vins, fruits, légumes, excellents pâturages. Il se divise en quatre districts : *Parme, Plaisance, Borgo-San-Domino* et *Guastalla*. Sa constitution est celle d'une monarchie absolue. Les affaires sont administrées par un conseil d'État et deux ministres (intérieur et finances). Le Code français y est encore en vigueur. La dette est de 5,000,000; les revenus montent à 3,000,000. — La capitale est PARME, et la ville principale est Plaisance.

PARME, riche et belle ville d'Italie, capitale du duché de ce nom, sur la rivière de Parma, dans une plaine fertile, avec des murailles, des fossés et une citadelle. Sa population est de 34,000 habitants. Parme possède une cathédrale magnifique, d'architecture gothique, avec une coupole peinte par le Corrége, et un baptistère en marbre. On y remarque encore les belles églises de San-Giovanni et de l'Incoronata; le palais ducal, grand, bien bâti et possédant une magnifique collection d'objets d'art et de peinture; le théâtre, l'un des plus grands de l'Europe, puisqu'il peut contenir 12 à 15,000 spectateurs. Le moindre son s'y fait entendre. Parme a une université fondée en 1423, un évêché, une académie des belles-lettres, peinture et sculpture, fondée en 1768, la bibliothèque et l'imprimerie célèbre des frères Bodoni, possédait des caractères pour plus de deux cents langues. C'est de Parme que viennent les fromages renommés appelés *parmesans*. — Le territoire de Parme et de Plaisance fut érigé en duché de 1545 par le pape Paul III en faveur de son fils naturel Pierre-Louis Farnèse, dont la descendance y régna jusqu'en 1731. A la mort du huitième et dernier duc de la maison Farnèse, les Espagnols s'emparèrent du duché pour don Carlos, fils de Philippe V, roi d'Espagne. La paix de Vienne (1738) donna Parme à l'Autriche. Celle d'Aix-la-Chapelle (1748), céda le duché à l'infant don Philippe; à la mort de son fils Ferdinand, Parme est réuni à la France (1802). En 1814, l'archiduchesse Marie-Louise, épouse de Napoléon, reçut le duché de Parme, qui, à sa mort, a passé au duc de Lucques et à ses descendants.

PARMÉLIACÉES, famille renfermant les *lichens* foliacés des auteurs. Les parméliacées vivent sur les rochers, les écorces, les pierres, etc., où elles adhèrent fortement par le moyen de crampons fibrillaires qui pénètrent plus ou moins profondément dans les anfractuosités des corps qui leur servent de support.

PARMÉNIDE, philosophe grec de l'école éléatique, natif d'Élée, florissait vers l'an 435 avant J.-C. Disciple de Xénophane et d'Anaximandre, il exposa son système dans un poème dont il ne nous reste que quelques fragments recueillis par Henri Estienne sous le titre de *Poesis philosophica*. Il admettait deux ordres de connaissances philosophiques, l'un fondé sur la raison, et auquel appartient la vérité, l'autre fondé sur l'opinion. Partant du principe que *rien ne naît de rien*, il en conclut que le monde est un être éternel, immuable et absolument un. Le monde visible est composé de deux éléments, le feu et le froid. La terre est ronde, placée au centre du monde; elle nage dans un fluide plus léger que l'air, et les corps abandonnés à eux-mêmes tombent sur sa surface. Platon a donné le nom de *Parménide* à un dialogue qui contient sa doctrine sur les *idées*.

PARMÉNION, célèbre général macédonien, servit Philippe et Alexandre. Il contribua puissamment au gain des batailles du Granique et d'Issus, et s'empara de Damas et de toute la Syrie, dont il fut nommé gouverneur. Il était d'avis qu'Alexandre ne refusât pas les propositions de Darius, et disait : *J'accepterais si j'étais Alexandre. — Et moi, si j'étais Parménion,* répondit le roi de Macédoine. Après la conquête de Perse, Parménion devint gouverneur de Médie; mais, sa puissance ayant bientôt excité la jalousie, il fut impliqué dans la conjuration de son fils Philotas et poignardé par ses propres officiers, l'an 330 avant J.-C., par l'ordre d'Alexandre. Il était alors âgé de soixante-dix ans.

PARMENTIER (Antoine-Augustin), célèbre agronome, né à Montdidier (Somme) en 1737, se distingua d'abord en qualité de médecin à l'armée de Hanovre. De retour à Paris, il y exerça les fonctions de pharmacien de l'hôtel des Invalides; mais, s'étant livré à l'étude des plantes alimentaires, il abandonna la pharmacie pour s'appliquer à la culture de la pomme de terre, introduite en France par les Anglais, mais dont la propagation était arrêtée par une prévention aveugle. Une expérience en grand, faite dans la plaine des Sablons sur cinquante-quatre arpents de terre qu'il avait obtenus du gouvernement, lui réussit parfaitement, et bientôt la France dut à Parmentier la culture de ce précieux tubercule auquel on donna son nom. La boulangerie, la mouture économique, le maïs, la châtaigne, l'eau, le lait, le vin, le sirop de raisin devinrent tour à tour l'objet des recherches et des écrits de Parmentier. Nommé successivement président du conseil de santé, inspecteur général du service de santé des armées, administrateur des hospices, il mourut en 1813.

PARMENTIÈRE, nom donné à la pomme de terre, dont la culture fut propagée en France par Parmentier.

PARMESAN, qui est de Parme. — Ce terme ne s'applique guère qu'à deux choses de nature bien différente, le fromage de Parme et le peintre célèbre dont le nom de famille est *Mazzuoli*.

PARNASSE, célèbre montagne d'Europe, située à l'O. de l'Hélicon, et traversant la partie méridionale de la Phocide depuis Amphisse jusqu'à Trachine. Elle était consacrée aux Muses, à Apollon et à Bacchus, et c'était de son sein que sortait la fontaine de Castalie. Elle est si élevée qu'on apercevait du sommet les hauteurs de la citadelle de Corinthe, qui en était éloignée de 80 milles. On lui donnait quelquefois le nom de *Biceps*, aux têtes, à cause de ses deux sommets, appelés *Hyampée* et *Tithorée*. C'est sur la première de ses pointes que Delphes était située. — Le nom moderne du Parnasse est *Japora*.

PARNASSIE, genre composé de sept petites plantes vivaces, dicotylédonées, à tiges simples, parfois légèrement rameuses vers le sommet, aux feuilles alternes, aux fleurs assez grandes, blanches, épanouies à la fin de l'été. Nous ne possédons en Europe que la *parnassie des marais*, que l'on trouve dans les prés marécageux et sur les coteaux arides. La famille à laquelle la parnassie appartient n'a pas encore été exactement déterminée.

PARNASSIEN, genre de l'ordre des lépidoptères ou papillons. Les parnassiens ont la massue des antennes droite, les palpes dépassant le front, les ailes à contours arrondis non dentés et presque dénudées d'écailles en dessous. La chenille a le corps garni de petits mamelons un peu velus. La chrysalide se forme une espèce de coque avec des feuilles liées par des fils de soie. Ces lépidoptères se rencontrent principalement dans les contrées montagneuses. Une des espèces les plus répandues est le *parnassien apollon*.

PARNELL (Thomas), poëte anglais, né à Dublin en 1679, entra dans les ordres, obtint plusieurs bénéfices, fut lié avec Pope et d'autres grands littérateurs de l'Angleterre, et mourut à Chester en 1717. Ses principales productions sont : l'*Ermite*, poëme rempli de facilité et d'élégance, que l'on regarde comme son chef-d'œuvre; le *Conte des fées*; l'*Eglogue sur la santé*; une *Vie d'Homère*, que Pope corrigea pour la mettre en tête de sa traduction de l'*Iliade*.

PARNÈS (Mont), montagne de l'Attique septentrionale, qui servait de limite à cette province du côté de la Béotie. Elle était couverte de hauts sapins et de cèdres. On y trouvait, dit-on, une grande quantité d'ours et de sangliers.

PARNY (Evariste-Désiré Desforges, chevalier, puis vicomte DE), poëte érotique, surnommé *le Tibulle français*, né à l'île Bourbon en 1753, fut envoyé en France à neuf ans, et fit ses études au collége de Rennes. Il embrassa la carrière militaire ; un congé lui permit de revenir à l'île Bourbon, où il conçut une passion qui lui a inspiré un grand nombre de vers, et dont la fin malheureuse le força de retourner en France. Ses *Elégies* sont des chefs-d'œuvre de sentiment. On lui doit encore les *Scandinaves*, les *Déguisements de Vénus*, les *Tableaux*, les *Fleurs*, et trois poëmes, dont le plus célèbre est la *Guerre des dieux*. La licence de ces derniers ouvrages l'écarta longtemps de l'Institut. Il y fut reçu en 1803, et mourut en 1814.

PARODIE (du grec *parodia*, composé de *para*, contre, et de *odé*, poëme, chant, c'est-à-dire contre-chant), imitation bouffonne d'un ouvrage sérieux que l'on veut tourner en ridicule. La parodie n'était pas étrangère aux Grecs. Les ouvrages de ce genre s'appelaient chez eux *silles*, et les écrivains qui les composaient *sillographes*. Timon de Phlionte, qui florissait à la fin du IVe et au commencement du IIIe siècle, était un des plus fameux sillographes. — En France, les premières parodies furent jouées au théâtre de la foire; elles étaient principalement dirigées contre la Grand-Opéra. Plus tard, la parodie fut transportée à la Comédie-Italienne, où elle acquit plus d'attrait et de mordant. Presque toutes les grandes tragédies du XVIIIe siècle ont eu leur parodie.

PAROI, mot venu du latin *paries*, muraille, et s'employant aussi en français dans cette acception. — En anatomie, c'est le nom des parties qui forment la limite de certaines cavités, qui les circonscrivent ; comme les *parois* de l'estomac, de la vessie, etc. — En termes d'hydraulique, *paroi* se dit de tous les côtés intérieurs d'un tuyau. — Dans l'exploitation des bois, on appelle *parois* les arbres qui servent de séparation aux différentes coupes. — Les *parois du sabot* désignent l'épaisseur des bords de la corne.

PAROIR. On nomme ainsi : 1° un instrument avec lequel les corroyeurs *parent* (c'est-à-dire *polissent*, *rendent plus éclatantes*) les peaux qu'ils apprêtent ; 2° une espèce de hachette avec laquelle les tonneliers *parent* les douves d'une futaille quand elles sont assemblées ; 3° un instrument avec lequel les maréchaux ferrants *parent* le pied d'un cheval, c'est-à-dire avec lequel ils ôtent la corne du pied d'un cheval pour le ferrer.

PAROISSE, mot venu du grec *paroikia*, signifiant proche demeure, et désignant le territoire sur lequel s'étend la juridiction spirituelle du curé. L'église paroissiale est le lieu où se rassemblent les habitants de ce territoire pour assister au service divin et s'acquitter des autres devoirs de la religion. Il n'y avait d'abord, même dans les grandes villes, qu'un seul endroit où les fidèles s'assemblaient pour les devoirs de la religion. On multiplia dans la suite les lieux consacrés au service divin, et dès le temps du pape saint Corneille on comptait déjà, au rapport de Baronius, quarante-six paroisses à Rome. Il ne peut aujourd'hui y avoir suppression, érection, division de paroisse sans le concours des deux autorités ecclésiastique et séculière.

PAROLE. La parole est l'attribut exclusif de l'homme; c'est le résultat de l'action du tuyau vocal sur la voix produite par la glotte ; c'est la voix articulée. (Voy. VOIX.) La parole a été refusée aux animaux ; si quelques animaux, les perroquets par exemple, apprennent facilement à parler, la parole n'a jamais été pour eux un moyen de perfectionnement; le perroquet n'a jamais appris à ses petits à parler comme lui ; jamais d'ailleurs il n'a su donner un sens aux phrases qu'il prononçait. Quoi qu'il en soit, la voix simple est le résultat de l'action de la glotte ; la voix modulée et le chant sont dus à des mouvements musculaires; la parole résulte uniquement du mouvement des lèvres et de la langue sur la voix à son passage dans la bouche.

PAROLI, terme de jeu, signifiant une opération par laquelle on double son gain. C'était l'inverse de la *martingale*, par laquelle on double sa perte pour rencontrer une chance favorable. — On appelle aussi *paroli* la corne qu'on fait à la carte sur laquelle on joue le double.

PARONYCHIÉES, famille naturelle de plantes, qui a pour type le genre *paronyque*. Les plantes qui composent cette famille sont herbacées ou sous-frutescentes. Les feuilles sont opposées. Les fleurs sont très-petites, ordinairement d'un blanc verdâtre.

PARONYQUE, genre autrefois placé dans les amarantacées, aujourd'hui type d'une famille nouvelle sous le nom de *paronychiées*. On connaît au moins une vingtaine de paronyques, dont aucune n'offre d'intérêt sous le rapport économique ou pharmaceutique.

PAROPAMISE, contrée de l'Asie, située entre la Bactriane au N., l'Arachosie au S., l'Arie à l'E., et l'Inde à l'O. Ce pays était presque toute l'année couvert de neiges ; ce qui obligeait ses habitants (les *Paropamisades*) à se tenir la plus grande partie de l'année renfermés dans des espèces de cabanes. Cette contrée, aujourd'hui le *Kandahar*, tirait son nom du mont Paropamisus (*Hendon-Khos*), situé à l'extrémité orientale du Taurus, et nommé par les Grecs le *Caucase des Indes*.

PAROQUES (du grec *paréchô*, procurer), officiers romains qui avaient soin de faire donner aux magistrats dans leurs voyages tout ce qui leur était nécessaire dans les villes où ils passaient.

PAROS, une des Cyclades, située entre Naxos et Délos à l'E. et Oliaros (*Antiparos*) à l'O. Elle se nomma successivement *Pactia, Minoa, Hiria, Demetrias, Zacynthus, Cabarnis* et *Hyléassa*. Peuplée d'abord par les Phéniciens et ensuite par les Crétois, elle passa plus tard aux Athéniens, et fut réduite en province romaine par Pompée. Paros était riche, puissante et renommée par ses beaux marbres blancs, dont les plus habiles statuaires faisaient toujours usage. Les meilleures carrières étaient celles du mont Marpèse. L'Apollon du Belvédère et la Vénus de Médicis sont sortis du marbre de Paros, ainsi que les tables célèbres que l'on a nommées marbres d'Arundel. — L'île de Paros a 16 lieues de tour et 3,000 habitants. Son chef-lieu est PAROS ou *Parecchia*, sur la côte occidentale, avec 900 habitants. Naussa au N.-E. est le meilleur port; il a été fortifié par les Russes.

PAROTIDE. On donne ce nom à la plus volumineuse des glandes salivaires. Elle est située au-devant de l'oreille et derrière la mâchoire inférieure.

PAROTIDE, nom donné au gonflement aigu, le plus souvent inflammatoire, qui survient, soit dans le parenchyme même de la glande de ce nom, soit dans les parties qui l'enveloppent. On distingue les parotides en *essentielles* et *symptomatiques*. Ces dernières se montrent dans les affections les plus dangereuses; les autres forment une maladie particulière nommée aussi *oreillons*. Les enfants et les jeunes gens y sont plus sujets que les autres. Sa cause occasionnelle est l'impression du froid. Elle règne quelquefois épidémiquement. La durée moyenne des parotides est de dix à quinze jours. Leur terminaison est le plus souvent favorable.

PAROTIDIEN, ce qui a rapport ou appartient à la glande parotide.

PAROXYSME, mot employé dans la science médicale pour désigner le point d'une maladie aiguë où elle ne peut plus s'accroître. Ce mot vient de *para* et de *oxys*, tout à fait aigu.

PAROY (Jean-Philippe-Guy LEGENTIL, marquis DE), né en 1750 d'une famille originaire de Bretagne, embrassa la profession des armes, et parvint au grade de colonel. Ayant alors pris sa retraite, il cultiva la peinture en amateur, et fut admis à l'académie de peinture parmi les académiciens libres. N'ayant point émigré, il courut de grands dangers pendant la terreur, ainsi que son père, député de la noblesse de Paris à l'assemblée constituante. Il parvint à s'échapper en Espagne, d'où il ne revint qu'à l'époque du consulat. Il mourut à Paris en 1824. On lui doit un procédé de stéréotypage, où les matrices, formées par une couche de plâtre appliquée sur des pages en caractères mobiles, reçoivent sans altération la matière fondue. Il est aussi l'inventeur d'un vernis à faïence, mélé de poudre d'or.

PARPAILLOT, nom que l'on donnait, durant les guerres de religion, à ceux qui professaient la religion réformée. Borel dit que c'est parce qu'ils couraient au danger sans crainte, et allaient chercher leur mort comme font les papillons autour de la chandelle.

PARPAING. Les maçons appellent ainsi la pierre de taille qui traverse toute l'épaisseur d'un mur, en sorte qu'elle ait deux parements, l'un en dedans, l'autre en dehors. On dit qu'une pierre fait *parpaing* quand elle fait face des deux côtés. On en voit dans les parapets. Le *parpaing de chiffre* est un mur rampant par le haut, qui porte les marches d'un escalier, et sur lequel on pose la rampe de pierre, de bois ou de fer. Les *parpaings d'appui* sont synonymes de *parements d'appui*.

PARQUES (myth.), divinités des enfers, présidant à la naissance et à l'existence des hommes. Elles étaient filles de l'Erèbe et de la Nuit, ou de Jupiter et de Thémis, ou bien encore de la Nécessité et du Destin. Elles étaient au nombre de trois, Clôto, Lachésis et Atropos. La première, qui était la plus jeune, présidait à la naissance et tenait en main la quenouille ; la seconde tournait le fuseau, et la troisième, qui était l'ainée, coupait le fil. Les Grecs donnaient aux Parques les noms de *Moira, Aïsa, Eimarménè*, qui expriment l'immuabilité de leurs décrets.

PARQUET. Ce mot a plusieurs acceptions. Dans la première, il désigne un assemblage à compartiments de plusieurs pièces de bois minces, arrêtées sur des lambourdes avec clous à tête perdue, et faisant le plancher inférieur d'un appartement. Dans la seconde, il signifie un endroit destiné dans une vaste salle à l'usage particulier d'une certaine classe d'individus, comme l'est le parquet dans les tribunaux; c'est l'espace compris entre le barreau et les siéges des magistrats. Le mot *parquet* se prend même pour le corps des officiers du ministère public, parce qu'ils siégeaient autrefois dans ce lieu aux audiences. — *Parquet* désigne encore la partie d'une salle de spectacle plus basse que le théâtre, et où l'on est assis. — En marine, c'est un petit retranchement fait dans diverses parties d'un navire, pour y placer des boulets, du lest, des grains, etc.

PARR (Catherine), sixième femme de Henri VIII, roi d'Angleterre, avait eu pour premier époux le baron Latimer. Henri VIII l'épousa en 1543 après Catherine Howard, qu'il avait fait décapiter le 12 février 1541. Le zèle de la nouvelle reine pour le luthéranisme l'exposa à de grands dangers que son adresse sut écarter. Trente-quatre jours après la mort de Henri VIII (28 janvier 1547), elle épousa en troisièmes noces l'amiral sir Thomas Seymour, et mourut l'année suivante.

PARRAIN, celui qui, tenant un enfant sur les fonts de baptême, lui sert de père spirituel. C'est pour cela qu'on l'appelait autrefois *pater lustralis*, *lustricus parens*. Dans l'origine, les parrains n'étaient que les témoins du baptême. Cette signification de témoin, le mot de parrain l'a même conservée dans plusieurs locutions qui se rattachent à la chevalerie. On disait les *parrains* du duel pour les témoins. Autrefois le parrain et la marraine contractaient entre eux une alliance spirituelle qui mettait empêchement au mariage. Cette rigueur des lois canoniques est à peu près tombée en désuétude. Autrefois encore la présence du parrain et de la marraine était en outre requise pour la confirmation.

PARRAQUAS, genre d'oiseaux voisins des *pénélopes*, dont ils ne différent que parce qu'il n'ont pas de nu à la gorge et autour des yeux; en outre leur tête est complétement emplumée. Le parraquas est, suivant quelques auteurs, répandu au Brésil, au Paraguay et à la Guyane. Sa voix est rauque, forte, désagréable; sa nourriture consiste en fruits.

PARRHASIE, ville d'Arcadie, située à l'O. de Mégalopolis, et fondée, selon la fable, par Parrhasius, fils de Lycaon ou de Jupiter. Les anciens donnèrent souvent à cause de cette ville le nom de *Parrhasie* à l'Arcadie, de *Parrhasiens* aux Arcadiens, de *Parrhasis* à Arcas et à Callisto, et de *Parrhasiade* à Carmente, mère d'Evandre.

PARRHASIUS, peintre célèbre, natif d'Ephèse, fils et disciple d'Evenor, contemporain et rival de Zeuxis et de Timanthe; ce dernier le vainquit cependant, remporta à Samos le prix de peinture. Il était si vain de son talent qu'il portait un habit de pourpre, une couronne d'or, et se qualifiait roi des peintres. Pline donne l'énumération de ses œuvres dans le XXXVe livre de son *Histoire naturelle*. On cite comme les plus remarquables le tableau allégorique représentant le peuple d'Athènes, celui du rideau fait pour lutter avec les raisins de Zeuxis, et si parfaitement imité que ce célèbre peintre s'y trompa lui-même, et le tableau de *Méléagre et Atalante*, que Tibère acheta 150,000 francs de notre monnaie.

PARRICIDE, crime de celui qui tue son père, et souvent aussi celui qui s'est rendu coupable de ce crime. A Rome, la loi Pompeia *de parricidiis* condamna le coupable à être préalablement fouetté jusqu'au sang, et puis enfermé dans un sac de cuir avec un chien, un singe, un coq et une vipère, et jeté ainsi dans l'eau. Les Egyptiens enfonçaient des roseaux pointus dans toutes les parties du corps d'un parricide, et le jetaient en cet état sur un monceau d'épines où l'on mettait le feu.

Autrefois en France, les parricides étaient condamnés à la question ordinaire et extraordinaire, à avoir le poing droit coupé, à faire amende honorable et à être rompus vifs sur la roue : on brûlait ensuite leurs corps, et on en jetait les cendres au vent. Dans notre législation actuelle, le condamné pour crime de parricide monte à l'échafaud en chemise, nu-pieds et la tête couverte d'un voile noir.

PARROCEL (Joseph), peintre français, né en 1648 à Brignoles (Var), était fils du peintre Barthélemy Parrocel, né à Montbrison, mort à Brignoles en 1660. Il étudia à Rome sous Courtois, et fut de retour en France en 1675, admis à l'académie de peinture sur la présentation d'un tableau représentant une *Sortie de la garnison de Maëstricht repoussée par les Français*. Il mourut en 1704, conseiller de l'académie. — CHARLES PARROCEL, son fils et son élève, né à Paris en 1688, mort en 1752, excella comme son père dans les batailles, et fut choisi pour peindre les *Conquêtes de Louis XV*. — PIERRE et IGNACE, neveux et élèves de Joseph, se distinguèrent comme lui dans la peinture. Ignace mourut à Mons en 1722. Pierre mourut en 1739, âgé de soixante-quatorze ans, laissant un fils JOSEPH-IGNACE, dernier peintre de cette famille, mort vers la fin du règne de Louis XV, membre de l'académie de peinture.

PARS ou FARS, petit-fils de Sem ou de Japhet, dont les Persans croient descendre. C'est de lui que leur pays a pris son nom actuel (*Farsistan* ou pays de *Fars*) par la transmutation du p en f, si commune chez les Orientaux.

PARSEVAL - GRANDMAISON (François-Auguste), poëte français, né à Paris en 1759 d'une famille de finance, traduisit en vers français l'épisode d'Armide de la Jérusalem délivrée, et la fit entrer dans un ouvrage qu'il fit paraître plus tard sous le titre d'*Amours épiques*. Parseval-Grandmaison suivit Bonaparte en Egypte, et fit partie de l'institut du Caire. De retour en France, il fut appelé au conseil des prises; ce qui ne l'empêcha pas de se livrer presque entièrement à la poésie. L'académie française lui ouvrit ses portes en 1804. Il fit paraître en 1825 son poème de *Philippe Auguste*, auquel il travaillait depuis vingt ans, et qui lui valut de Charles X une tabatière ornée de son chiffre en brillants. Sa mort, arrivée en 1834, l'a empêché d'achever plusieurs ouvrages qu'il avait commencés.

PARSIS, peuple formé des restes de l'ancien peuple persan, et dispersé dans l'Asie, principalement en Perse, dans le Kerman et le Mekran et dans la Guzarate. Les Parsis, appelés encore *Gaures* ou *Guèbres*, professent la religion de Zoroastre et adorent le feu. Ils s'occupent pour la plupart de l'agriculture, dont ils font un acte de religion. Ils sont persécutés par les mahométans, et sont au nombre d'environ 100,000.

PARSONS (Robert), jésuite anglais, né en 1547 à Nether-Stowey (Sommersetshire), fut élevé dans la religion catholique par son père, qui périt sur l'échafaud victime de son attachement à sa croyance. Robert Parsons prêta le serment de suprématie pour recevoir le doctorat. Il abjura en 1754, se rendit l'année suivante à Rome pour y entrer chez les jésuites qui l'envoyèrent, cinq ans après, en plusieurs missions avec son confrère le P. Campian. De retour à Rome, il fut nommé recteur du collége anglais, et mourut en 1610. On a de lui une foule d'ouvrages.

PART, PARTAGE. On appelle *part* la portion de quelque chose qui se divise entre plusieurs personnes, et *partage* la division qui se fait de cette chose. On fait le partage d'une succession, d'une communauté, d'une société et en général des choses qui sont indivises entre plusieurs personnes. La disposition générale du Code civil est que nul ne peut être contraint de demeurer dans l'indivision, et que le partage peut être toujours provoqué, nonobstant pro-

hibitions et conventions contraires. Dans le partage des héritages, on établit autant de lots qu'il y a d'héritiers, en mettant entre eux une égalité parfaite; les lots sont ensuite tirés au sort.

PARTANCE (mar.), le moment où l'on part d'un lieu. Il désigne aussi le départ même. On appelle signal ou *coup de partance* ou *de partement* le coup de canon chargé à poudre qu'on tire pour avertir qu'on est sur le point de mettre à la voile. *Être de partance* signifie être en état de partir. — *Le pavillon de partance* ou *bannière* est le pavillon qu'on met à la poupe pour avertir l'équipage qui est à terre qu'il est à venir à bord pour appareiller.

PARTEMENT. Les marins nomment ainsi la direction du cours d'un vaisseau vers l'orient ou l'occident, par rapport au méridien d'où il est parti. C'est encore la différence de longitude entre le méridien sous lequel la dernière observation a été faite, et celui où le vaisseau se trouve actuellement.

PARTERRE. Ce mot a deux acceptions : il signifie 1° la partie d'un jardin spécialement consacrée à la culture des fleurs et des plantes d'agrément; 2° la partie d'une salle de spectacle située au-dessous du niveau de la scène, dont elle est cependant séparée par l'orchestre et circonscrite par le pourtour des loges du rez-de-chaussée. Comme le parterre est ordinairement rempli par une multitude turbulente et difficile, c'est à lui que s'adressent les excuses des acteurs, les suppliques finales des auteurs. 3° Le *parterre d'eau* désigne certains canaux conduits par compartiments et dessinés à peu près comme les parterres ordinaires.

PARTHAMASIRIS, prince de la race des Arsacides, fils de Pacorus II, roi des Parthes, fut placé sur le trône d'Arménie par Chosroès, qui en chassa le roi Exédare, successeur de Tiridate (112). Il fut détrôné et mis à mort par l'ordre de Trajan (114).

PARTHAMASPATE, prince de la race des Arsacides, fut placé sur le trône des Parthes (117) par Trajan qui avait renversé Chosroès, mais fut bientôt chassé par ses sujets à qui ne pouvait plaire un prince élevé sur le trône par les Romains et qui rétablirent Chosroès. Parthamaspate reçut alors d'Adrien le royaume d'Arménie.

PARTHENAY, petite ville de France, autrefois capitale d'un petit pays appelé la Gâtine (Poitou) et aujourd'hui chef-lieu de sous-préfecture du département des Deux-Sèvres, sur le Thouet, à 11 lieues de Niort. Sa population est 4,000 habitants. Elle a un tribunal de première instance, une sous-inspection forestière, un collége communal, un théâtre. Parthenay a des manufactures de gros draps et de serges, des tanneries, des poteries, des chapelleries, et commerce en bestiaux, laines et blé.

PARTHENAY (Jean LARCHEVÊQUE DE), seigneur de Soubise et l'un des plus vaillants capitaines huguenots du XVIe siècle, remplaça le baron des Adrets dans le gouvernement de Lyon, et sut conserver cette ville assiégée par le duc de Nemours, malgré la barbare menace que lui firent les catholiques d'égorger sous ses yeux sa femme et sa fille. Cet intrépide capitaine mourut en 1566 à cinquante-quatre ans. Sa sœur, ANNE DE PARTHENAY, épousa le comte de Marennes, et fut par son esprit et ses talents un des ornements de la cour de Renée de France, fille de Louis XII et duchesse de Ferrare. Elle avait embrassé les opinions de Calvin, et contribua beaucoup à les répandre. — Leur nièce CATHERINE, née en 1632, fut deux fois veuve, d'abord du baron de Pont-Kuellevé, puis de René, vicomte de Rohan et prince de Léon. Elle transmit aux enfants qu'elle eut du dernier la terre de Soubise, et leur inspira en faveur du calvinisme les sentiments dont elle-même était imbue. Elle mourut en 1631.

PARTHÉNIE (de *parthenos*, vierge), surnom que les Grecs donnaient à Minerve, parce qu'ils prétendaient qu'elle avait toujours conservé sa virginité.—Surnom de Junon, pris de ce qu'elle recouvrait tous les ans sa virginité en se baignant dans la fontaine de Canathos.

PARTHÉNIÉES, genre de la famille des synanthérées, renfermant des herbes ou des sous-arbrisseaux d'un aspect blanchâtre et cotonneux, propres au nouveau monde, à feuilles alternes, et dont les fleurs blanches sont disposées en panicules.

PARTHÉNIENS, nom donné aux enfants issus du commerce qu'eurent les femmes spartiates avec les jeunes gens pendant l'absence de dix ans de leurs maris au temps de la guerre de Messénie. Pour empêcher que l'État ne pérît faute de citoyens, les Sparfiates, liés par un serment qui les retenait loin de Sparte, envoyèrent les jeunes gens pour les remplacer. Les parthéniens, c'est-à-dire les enfants nés de ce commerce, furent déclarés illégitimes et inhabiles à hériter. Arrivés à l'âge de trente ans, ils tentèrent de se révolter; mais leur rébellion ayant été prévenue, ils émigrèrent sous la conduite de Phalante, et s'établirent dans la Grande-Grèce, où ils bâtirent Tarente, vers l'an 707 avant J.-C.

PARTHENIUS, écrivain élégiaque de Nicée dans l'Asie Mineure, fut pris par Cinna dans la guerre de Mithridate, et obtint la liberté en considération de ses talents. On dit qu'il fut le maître de Virgile. Il avait composé plusieurs poëmes élégiaques; mais nous n'avons de lui qu'un ouvrage intitulé: *De amatoriis affectionibus*.—Favori de l'empereur Domitien, conspira contre son maître qui l'avait disgracié, et concourut à son assassinat l'an 86 de J.-C. Il contribua puissamment à l'élévation de Nerva, qui fut forcé de le sacrifier aux prétoriens, jaloux de venger la mort de Domitien.

PARTHENIUS, fleuve de Paphlagonie, qu'il séparait de la Bithynie, descendait des montagnes de la Galatie, et se jetait dans le Pont-Euxin, près de Sésame. Il tirait son nom de ce que Diane (*parthénos*, la vierge) se plaisait à chasser sur ses bords.—Montagne d'Arcadie, au N. de Tégée, où l'on trouvait beaucoup de tortues, et où Téléphe avait un temple. C'est sur cette montagne qu'Atalante fut exposée.

PARTHÉNON, célèbre temple d'Athènes consacré à Minerve, était situé sur le lieu le plus élevé du rocher où était la citadelle d'Athènes. Détruit par les Perses, il fut rebâti par Périclès avec la plus grande magnificence. Il avait cent pieds de façade, ce qui lui fit donner le nom d'*Hécatompédon* (*hécaton*, cent, et *pous, podos*, pied). La statue de la déesse était d'or et d'ivoire, dans l'attitude d'une personne debout et comme droite, avec une pique dans sa main, un bouclier à ses pieds, sur son estomac une tête de Méduse, et auprès d'elle une victoire, haute de quatre coudées environ. Cette statue était un des chefs-d'œuvre de Phidias.

PARTHÉNOPE, genre de l'ordre des décapodes, famille des brachyures, tribu des parthénopiens. Le caractère distinctif de ces crustacés réside principalement dans la disposition des antennes externes, dans la forme régulièrement triangulaire de la carapace, et dans l'existence de sept articles distincts dans l'abdomen des deux sexes. Le genre parthénope proprement dit ne renferme aujourd'hui qu'une seule espèce, le *parthénope horrible*, qui se trouve dans l'océan Indien et Atlantique.

PARTHÉNOPE, premier nom de Néapolis ou Naples. Elle fut ainsi appelée parce qu'on la bâtit au lieu même où l'on avait trouvé le cadavre d'une Sirène portant ce nom, qui s'était donné la mort de désespoir de n'avoir pu se faire aimer d'Ulysse.

PARTHÉNOPÉE, fils de Méléagre et d'Atalante ou, selon quelques-uns, de Milanion et d'une autre Atalante, fut l'un des sept chefs qui suivirent Adraste et Polynice au siège de Thèbes. Il y fut tué par Amphidicus, d'autres disent par Périclymène, fils de Neptune.

PARTHÉNOPIENS Voy. PARTHÉNOPE.

PARTHES, peuple d'Asie habitant la Parthie. Naturellement belliqueux, les Parthes avaient la meilleure cavalerie qui fût au monde. Ils combattaient ordinairement en fuyant. Ils se livraient à tous les excès de la débauche et du vin, et leurs lois leur permettaient d'épouser leurs sœurs et même leurs propres mères.—Scythes d'origine, ils furent longtemps obscurs et tour à tour tributaires des Assyriens, des Mèdes, des Perses, d'Alexandre et de ses successeurs. Ils secouèrent le joug d'Antiochus Théos, roi de Syrie, ayant à leur tête Arsace, qui jeta ainsi, vers l'an 250 avant J.-C., les fondements de l'empire des Parthes, et dont les descendants prirent le nom d'Arsacides. Sous ces princes les Parthes formèrent l'empire le plus puissant de l'Asie, ayant conquis tout le pays compris entre le golfe Arabique et la mer Caspienne. Continuellement en guerre avec Rome, sans être jamais soumis, l'empire des Parthes fut, après une existence de près de 560 ans détruit à la mort d'Artaban et soumis au nouveau royaume de Perse, fondé par Artaxerce Ier (229 après J.-C.).

PARTHIE, contrée d'Asie, bornée au N. par l'Hyrcanie, à l'E. par l'Arie, au S. par la Carmanie déserte, et à l'O. par la Médie et la mer Caspienne. Elle renfermait vingt-cinq villes principales, dont la capitale était HÉCATOMPYLOS ou la ville aux cent portes (*hécaton*, cent, et *pylœ*, portes). La Parthie, qu'il ne faut pas confondre avec la Parthiène, répond au *Khoraçan* actuel. C'est un pays stérile, sablonneux et couvert de montagnes.

PARTHIÈNE, contrée de la Parthie, comprise entre l'Hyrcanie et la Murgiane. Dans les premiers temps, le pays des Parthes ne s'étendait pas au delà des limites de la Parthiène.

PARTHIQUE, surnom des empereurs romains qui vainquirent les Parthes. — On nomme encore ainsi les jeux institués en mémoire des victoires sur les Parthes.

PARTI (du latin *partitus*, divisé) se dit, en botanique, des parties qui sont profondément divisées par des incisions aiguës. On dit *biparti*, *triparti*, *quinqueparti*, etc., selon qu'il y a deux, trois, cinq ou un plus grand nombre de divisions.

PARTIAIRE, nom du fermier qui prend une terre à la charge de rendre au propriétaire la moitié ou une partie quelconque des fruits.

PARTIBLE, ce qui est susceptible d'une division spontanée. Les valves de plusieurs capsules sont *bipartibles*, c'est-à-dire susceptibles de se diviser en deux parties.

PARTIBUS (IN), mots latins usités dans la langue française. On appelle *évêque in partibus* celui auquel on a donné un titre d'évêché dans un pays occupé par les infidèles. On sous-entend et on ajoute le mot *infidelium*. *In partibus infidelium* veut dire *dans les pays*, c'est-à-dire *dans les pays des infidèles*. On donne ordinairement ce titre aux évêques suppléants ou sans siége établi, ou qui sont droit à une succession future d'un siége épiscopal.

PARTICIPATIO, noble famille de Venise, qui a donné plusieurs doges à cette république. — ANGE PARTICIPATIO, originaire d'Héraclée, défendit Venise contre les attaques de Pepin, et fut élu doge en 809. — Sous le dogat de son fils JUSTINIEN PARTICIPATIO, les reliques de saint Marc furent apportées à Venise. — ORSO PARTICIPATIO, septième doge de cette famille en 912, prit le nom de Badoario ou Badouer.

PARTICIPE, terme de grammaire. C'est un mot qui doit son nom à ce qu'il tient à la fois du verbe et de l'adjectif, à ce qu'il *participe* la nature de l'un et de l'autre. Quelques grammairiens en font une partie du discours; mais le plus grand nombre le reconnaît en lui qu'un mode du verbe, indiquant la qualité générale ou l'état inhérent à la chose dont le verbe exprime l'existence. Les trois époques de la durée ont donné naissance aux trois participes: présent, passé et futur.

PARTICULE, mot qui est le diminutif de *partie*, et qui littéralement signifie la *petite partie* d'un tout. On ne l'emploie qu'en physique, et alors il est synonyme de *molécule*, et en grammaire. — En grammaire, on appelle *particule* un petit mot destiné à compléter ou à modifier le sens d'un mot. Quand la particule est jointe au mot et fait corps avec lui, elle est dite *inséparable*, comme *dis*, *dé*, *mé*, *re*, qui font corps avec les mots *démunir*, *direction*, *mécompte*, *reprendre*. Quand la particule ne fait pas partie du mot, elle est dite *séparable*. On compte au nombre des particules séparables les adverbes, les conjonctions, les prépositions et les interjections.

PARTICULES. On appelle ainsi les petites parties de l'hostie consacrée. Les Grecs ont une cérémonie qu'ils appellent la *cérémonie des particules*, et qui consiste à offrir, en l'honneur de la sainte Vierge, de saint Jean Baptiste et de plusieurs autres saints, de petites parties d'un pain non consacré.

PARTIE. Outre la signification ordinaire désignant le fragment d'un tout, ce mot a, dans le langage du droit, une acception particulière. Quand il s'agit d'un contrat, on appelle *parties contractantes* les personnes qui passent entre elles devant notaire ou acte sous seing privé un contrat ou une convention. — Quand il s'agit d'un procès, les *parties* sont les personnes qui plaident l'une contre l'autre. — Quand il s'agit de matière criminelle, on appelle *partie civile* l'individu qui poursuit en son nom l'accusé. On lui donne ce nom parce qu'il ne peut demander que des intérêts civils ou des réparations pécuniaires. Le ministère public ou la *partie publique*, comme on le désigne encore, a seul le pouvoir de prendre des conclusions pour la punition du crime. Pour se rendre partie civile, il faut avoir un intérêt personnel à la réparation civile du crime ou du délit, comme lorsqu'on a été volé ou quand on est héritier d'une personne qui a été tuée, etc.

PARTIE, nom donné à la portion de musique appartenant à chacun des instruments ou à chacune des voix qui concourent à former l'ensemble d'un morceau de musique. Une *partie* de cor, de violon, désigne la musique que doit exécuter un cor, un violon dans un orchestre. — Quelquefois les pièces de musique sont coupées en plusieurs morceaux. Ces morceaux se nomment *parties*.

PARTIMENTI, nom italien de certains exercices préparés pour l'étude de l'accompagnement et de l'harmonie, dont on fait usage dans les écoles d'Italie. Ces exercices sont composés de parties de basse, où l'on indique les accords par des chiffres placés au-dessus des notes. L'élève doit jouer sur le piano ces accords avec la main droite, tandis que la gauche exécute la basse.

PARTIRI, expression latine qui signifie *diviser*, et qui, chez les Romains, était consacrée à la fonction de l'augure, assis et revêtu de la robe appelée *toga auguralis* ou *trabea*, il se tournait du côté de l'orient, et désignait avec son bâton augural la partie du ciel appelée *templum*, ce qui s'appelait *tabernaculum capere*.

PARTITION, règle d'après laquelle les accordeurs d'orgue et de piano accordent ces instruments. Chaque accordeur a sa méthode à cet égard.

PARTITION. On appelle ainsi, en musique, l'assemblage de toutes les parties concertantes d'un morceau de musique, notées sur autant de portées distinctes, et disposées les unes au-dessus des autres, chacune avec la clef qui lui convient. Les mesures sont séparées par une grande ligne perpendiculaire qui se prolonge de la portée supérieure à la portée inférieure, de sorte que par ce moyen l'œil peut d'un seul coup saisir l'ensemble des parties et la manière dont elles s'enchaînent. Les compositeurs ne divisent pas tous leurs partitions de la même manière.

La plus habituelle consiste à séparer la partition en trois masses, ayant soin de commencer dans chaque masse par les parties les plus aiguës et de finir par les plus graves. Ces trois masses sont, en haut les instruments à vent ou *harmonie*, au milieu les voix ou le *chant*, et en bas les instruments à cordes appelés généralement le *quatuor*.

PARTOURNEAUX (LE COMTE Louis DE), né en 1776 à Romilly-sur-Seine (Aube), entra comme simple grenadier en 1791 dans les bataillons de volontaires de Paris, et fut fait peu de temps après officier dans le régiment de Hainaut. Blessé au siège de Toulon, il devint adjudant général chef de bataillon, et servit à l'armée d'Italie. Nommé général de brigade en 1799, et de division en 1803, il s'empara de Capoue et fit capituler Naples. Établi gouverneur des Abruzzes, il y maintint la tranquillité publique. Il fit la campagne de Russie en 1812, et, fait prisonnier dans la retraite, il ne rentra en France qu'après la restauration. Au second retour de Louis XVIII, il fut nommé gouverneur de la huitième division, et, vers la fin de 1815, gouverneur de la dixième. Placé en 1820 à la tête de la première division d'infanterie de la garde, il fut envoyé peu de temps après à la chambre des députés par le département du Var. Mis à la retraite en 1830, il mourut en 1835 à Mentone, dans la principauté de Monaco.

PARTUNDA ou PARUNDA (myth.), divinité des Romains, qui présidait au moment de l'accouchement.

PARULIS ou PARULIE, petits abcès qui se forment dans les gencives, et qui semblent dépendre de la carie des dents. On doit arracher la dent malade et inciser les abcès.

PARUTA (Paolo), historien, surnommé par ses contemporains *le Caton de Venise*, naquit dans cette ville en 1540, devint successivement historiographe de la république, sénateur, membre de l'administration générale, gouverneur de Brescia, ambassadeur en diverses cours, procurateur de Saint-Marc, et mourut en 1598. Son ouvrage le plus connu est la *Storia Veneziana* (histoire vénitienne).

PARVIS, espace ménagé dans un édifice et formant le passage de l'intérieur à la voie publique, ne qui semble lui avoir donné son nom (*per viam*). Le parvis est spécialement affecté aux édifices dont la destination est religieuse. C'était le nom que portaient les trois cours attenantes au temple de Jérusalem.

PARYSADE, roi du Bosphore Cimmérien, contemporain de Philippe, d'Alexandre et Lysimaque. Il était fils de Leucon et frère de Spartacus, auquel il succéda, et régna trente-huit ans, de l'an 405 à l'an 367 avant J.-C. Il eut pour successeur son fils Eumelus.

PARYSATIS, fille d'Artaxerce Longuemain, épousa Darius Ochus, son propre frère, et en eut Artaxerce Mnémon et Cyrus le Jeune. Elle favorisa l'ambition de ce dernier, qui se révolta contre son frère et perdit la vie à Cunaxa. Pour sacrifier à son ressentiment tous ceux qui avaient contribué à sa ruine, Parysatis n'épargna rien ; elle empoisonna Statira, femme de son fils, et fit écorcher vif un eunuque de la cour qui, par l'ordre du roi, avait coupé la tête et la main de Cyrus. Artaxerce, révolté de la cruauté, l'exila à Babylone ; mais Parysatis se réconcilia bientôt avec lui, et jouit jusqu'à sa mort du plus grand crédit.

PAS. Ce mot a plusieurs sens. Dans son acception la plus commune, il désigne l'espace parcouru par l'homme dans son mouvement de progression, en portant un pied l'un devant l'autre. On l'a souvent pris pour mesure de longueur. Voy. l'art. suiv.
— En termes de danse, ce mot désigne les divers mouvements du pied et certaines espèces de danse. C'est aussi une composition chorégraphique faite sur un air, comme le *pas de deux*, le *pas de bourrée*.
— En termes d'art militaire, on appelle *pas de camp* celui dont on se sert ordinairement pour mesurer les différents espaces nécessaires pour camper et pour mettre des troupes en bataille. Ce pas est de trois pieds. Il y a le *petit pas*, qui est d'un pied, mesuré d'un talon à l'autre ; le *pas ordinaire*, qui est de deux pieds ; et le *pas redoublé*, qui se fait une fois plus vite que les précédents. (Voy. cet article.) Le *pas de charge* est la marche qu'on fait pour tomber vivement sur l'ennemi.—En termes de manége, c'est l'une des allures naturelles d'un cheval, la moins rapide de toutes. — On nomme *pas d'une vis*, *pas de vis*, l'espace compris entre deux filets d'une vis.
— Les tisserands nomment *pas* le passage du fil dans la lame. *Être hors du pas*, c'est prendre un fil pour un autre, ou s'échapper un sans le prendre. — En horlogerie, on appelle *pas d'une fusée* chaque tour que fait la fusée.

PAS, espace parcouru par l'homme dans son mouvement de progression en portant un pied devant l'autre. On l'a souvent pris pour mesure de longueur. Le PAS ROMAIN (*passus*) valait 5 pieds romains, c'est-à-dire 1 mètre 47 centimètres et une fraction. Il ne faut pas le confondre avec le pas inférieur ou *gradus*, qui ne valait que 2 pieds romains et demi, c'est-à-dire 73 centimètres et une fraction. — Le PAS GREC (*béma*) renfermait 2 pieds grecs et demi, et valait 77 centimètres plus une fraction. — On compte ordinairement le *pas géométrique*, *grand pas* ou *pas allemand*, comme étant de 5 pieds. Le *pas ordinaire* est de 2 pieds et demi.

PAS (géogr.), passage étroit et difficile dans une vallée, dans une montagne. C'est aussi un canal étroit entre deux rivages voisins l'un de l'autre.

PAS (archit.), nom donné à de petites entailles faites sur les plates-formes d'un comble pour recevoir les pieds des chevrons : — On appelle *pas d'une porte* la pierre que l'on met au bas d'une porte, entre les tableaux, et qui diffère du seuil en ce qu'elle avance au delà du nu du mur, en manière de marche.

PAS. En termes de fortification, on appelle *pas de souris* un escalier pratiqué dans la contrescarpe, et qui sert de communication du fossé à la demi-lune.

PAS-D'ANE. Voy. TUSSILAGE.

PAS-D'ANE, instrument avec lequel les maréchaux ouvrent la bouche des chevaux, et la tiennent ouverte pour la considérer intérieurement. On distingue : 1º une sorte de mors de cheval ; 2º une sorte de garde d'épée qui couvre toute la main.

PAS D'ASSE. Les tonneliers appellent ainsi le chanfrein intérieur que l'on voit sur l'épaisseur des douves qui forment un tonneau, dans la partie du jable.

PAS REDOUBLÉ, marche militaire d'un mouvement très-rapide. Dans la musique, ce mot, a par extension servi à désigner les morceaux d'un mouvement rapide, dont la mesure est toujours à $\frac{2}{4}$ ou à $\frac{6}{8}$.

PAS DE CALAIS, bras de mer qui sépare Calais en France de Douvres en Angleterre. Sa largeur est d'environ 7 lieues. Il donne son nom au département qui suit.

PAS-DE-CALAIS, département maritime de la France, nord de la France, du Boulonnais et de la Picardie (Ponthieu et Calaisis), et tirant son nom du bras de mer qui le borne au N.-O. Ses autres limites sont au N.-E. et à l'E. le département du Nord, au S. celui de la Somme, à l'O. la Manche. Sa superficie est de 669,686 hectares, sa population de 690,000 habitants. Il se divise en six arrondissements : Arras (chef-lieu), Boulogne, Béthune, Montreuil, Saint-Pol et Saint-Omer. Il envoyait à la chambre huit députés. C'est un pays de grains, légumes, huile de graines, bière, lin, chanvre, colza. On y trouve des arbres portant des fruits à cidre, et des forêts de charmes, de chênes, de frênes et de bouleaux occupant 46,376 hectares. Le département fournit des chevaux estimés, des ânes, des bêtes à cornes de race médiocre, des bêtes à laine, des mérinos, beaucoup de porcs et de volaille. On y trouve des exploitations de houille et de tourbe en grande abondance, des grès à paver, des pierres calcaires, du marbre, de belles carrières de sable. La pêche et le cabotage font la principale richesse des habitants des rivages ; ceux de l'intérieur exercent leur industrie dans les usines à huile, en fer et en verre, les manufactures de pipes de terre, les raffineries de sel et de sucre, les amidonneries, les genièvreries, les papeteries, le filage et le tissage du coton, la fabrication de draps communs, de lainages, de toiles fines, de batistes, linons et dentelles. Le Pas-de-Calais est compris dans le seizième division militaire, le ressort du diocèse d'Arras et de l'académie et de la cour d'appel de la même ville.

PASARGADE (aujourd'hui *Pasa* ou *Fasa-Kuri*), ville de Perse, située sur les confins de la Carmanie, à 30 lieues S.-E. de Persépolis, fut fondée par Cyrus le Grand, dans le lieu même où il avait vaincu Astyage. C'est dans cette ville que se faisait la cérémonie du couronnement des rois de Perse, et que résidaient les plus illustres familles du royaume. On voyait à Pasargade le tombeau de Cyrus.

PASCAGOULA, rivière des États-Unis, arrosant la Géorgie et la Floride. Formée des deux rivières Leaf et Chickasawhay, elle se jette, après un cours de 100 lieues, dans le golfe du Mexique, à 15 lieues O. de la baie Mobile.

PASCAL (Blaise), l'un des premiers écrivains du siècle de Louis XIV, né à Clermont en 1623, fut amené de bonne heure à Paris par son père qui, pour s'occuper exclusivement de son éducation, se démit de la place de premier président de la cour des aides. Ardent à l'étude des mathématiques, il composa dès l'âge de seize ans un *Traité des sections coniques* ; à dix-huit, il inventa la *machine arithmétique* ; à vingt-trois, il répéta les expériences de Torricelli sur le vide, et quelques années après (1649) il publia à Paris la solution d'un problème que n'avaient pu résoudre les premiers mathématiciens du temps. Sa piété augmentant avec sa science, Pascal se retira à Port-Royal des Champs. C'est qu'il écrivit, au mois de janvier 1656 jusqu'au mois de mars de l'année suivante, ses fameuses *Lettres provinciales*, l'un des chefs-d'œuvre qui ont le plus contribué à fixer notre langue, et que les jésuites eurent le crédit de faire condamner. Pascal mourut à Paris en 1662, succombant à de longues souffrances. On a encore de lui les *Pensées sur la religion*.

PASCATAQUA, rivière des États-Unis, arrosant le New-Hampshire, et se jetant dans le Penobscot.

PASCHAL. Deux papes et un antipape ont porté ce nom. — Le premier, Romain de naissance, succéda en 817 à Étienne V, et mourut en 824 après un pontificat de sept ans trois mois et dix-sept jours, pendant lequel il envoya en France des légats avec des présents pour l'empereur Louis le Débonnaire, qui confirma les donations de Pépin et de Charlemagne, couronna Lothaire empereur, répara ou orna une grande quantité d'églises et de monastères, et établit à Rome une maison de refuge pour les Grecs qu'y faisait affluer la persécution des iconoclastes. — PASCHAL II, Toscan de naissance, s'appelait auparavant *Rainerius*. Il succéda en 1099 au pape Urbain II, eut au sujet des investitures de longs démêlés avec Henri II, roi d'Angleterre, et les empereurs Henri IV et Henri V, fut emprisonné par ce dernier qu'il refusait de couronner, eut ensuite à combattre l'antipape Bourdin et plusieurs rebelles, et mourut en 1118. — PASCHAL III, nom que prit Guy de Crême, antipape sous le pontificat d'Alexandre III.

PASCHASE RADBERT. Voy. RADBERT.

PASIPHAÉ (myth.), célèbre reine de Crête, épouse de Minos II, passait pour la fille du Soleil et de la nymphe Perséis ou crétée, parce qu'elle était, comme Circé, habile dans la connaissance des simples et a composition des poisons. Selon les poètes tragiques et la tradition, Pasiphaé se déshonora par l'amour qu'elle conçut pour un taureau blanc, dont elle eut le Minotaure. Minos avait eu de Pasiphaé quatre fils : Castréus, Deucalion, Glaucus et Androgée, et trois filles : Hécate, Ariane et Phèdre.

PASITÈLE, sculpteur grec, que l'on a confondu avec Praxitèle, vint s'établir à Rome après la guerre macédonique, et fit en ivoire la statue de Jupiter pour le premier temple en marbre élevé à Rome sous Metellus le Macédonique. Pasitèle avait décrit en cinq livres les plus beaux monuments connus de son temps.

PASITIGRIS (aujourd'hui *Karour, Gerak* ou *Tab*), fleuve de la Susiane en Perse, prenait sa source dans les montagnes des Uxiens. Les uns le confondent avec le Choaspe, affluent du Tigre, ou avec l'Hydaspe, qui se réunit aux bouches orientales du même fleuve ; les autres le confondent avec le Mosée, qui se jette dans le golfe Persique à l'E. de l'Euphrate. C'est aussi le nom que prenait le Tigre vers son embouchure.

PASPALE (bot. phan.), genre de la famille des graminées et de la *triandrie digynie*. Ses caractères principaux sont de renfermer des plantes herbacées annuelles ou vivaces, aux chaumes articulés, garnis de feuilles linéaires et de fleurs sessiles disposées en épis simples. Parmi les quatre-vingt-dix espèces de paspale, presque toutes indigènes aux régions intertropicales, quatre habitent dans une grande partie de l'Europe et abondent en France.

PASQUIER (Etienne), célèbre jurisconsulte et écrivain, né à Paris en 1529, étudia d'abord à Toulouse, sous le célèbre Cujas, puis à Bologne sous Marianus Socin. De retour à Paris en 1549, il se fit recevoir avocat, et se livra à la culture des lettres. Il publia après de longs travaux les premiers livres de ses *Recherches sur la France*, un dialogue intitulé le *Pourparler du prince*, et des dissertations *sur l'amour*. Sa plaidoirie contre les jésuites, qui prétendaient à une place dans l'université, le plaça au premier rang des avocats (1564). En 1579, il suivit la commission du parlement à Poitiers ; en 1585, il fut nommé par Henri III avocat général à la chambre des comptes. Député aux états généraux de Blois en 1588, il fait, dans ses *Lettres*, le récit exact et impartial de la mort du duc de Guise, dont il avait été le témoin. Pasquier mourut en 1615; douze ans auparavant, il s'était démis de sa charge en faveur de son fils aîné, Théodore Pasquier.

PASQUIN, torse d'une statue de gladiateur en marbre, trouvée à Rome dans la boutique d'un savetier caustique et rieur, appelé *Pasquino*. Dressée au coin du palais Orsini, à l'endroit même où elle avait été déterrée, cette statue remplaça le savetier; elle devint l'interprète de la causticité romaine, se cachant devant la censure pontificale, et depuis cette époque la statue de Pasquin prête sa poitrine à toutes les plaisanteries mordantes et audacieuses contre les grands et le pouvoir. Voy. aussi MARFORIO.

PASQUOTANK, rivière des Etats-Unis, dans la Caroline du Nord. Elle a sa source au Dismal-Swamp, et son embouchure au détroit d'Albemarle.

PASSAGE, action de passer d'un endroit à un autre, d'un état à un autre. — Lieu par où l'on passe. — Le *droit de passage* ou simplement le *passage* est une redevance que l'on paye pour traverser une rivière, soit dans un bac, soit sur un pont. Tous les ponts ne sont cependant pas sujets à ce tribut. — Le droit de *passage* sur une propriété voisine est une servitude qui ne peut s'acquérir par prescription, mais seulement par titre, quoique cependant elle s'éteigne par le non-usage pendant le laps de trente ans.

PASSAGE (NOTES DE). En musique, ce mot désigne certaines notes qui ne font point partie de l'harmonie et qui ne sont que des points intermédiaires entre les notes essentielles des accords. Elles marchent toujours diatoniquement, ce qui les distingue des *appoggiatures*.

PASSAGE (LE), petite ville d'Espagne, située dans la province de Biscaye, à une lieue de Saint-Sébastien, avec un port sur le golfe de Biscaye. Le port a un bassin de 2 lieues de long sur une de large; il peut contenir 1,000 vaisseaux, et est protégé par un château. La population du Passage est de 2,000 habitants.

PASSAGIENS ou PASSAGIENS (des deux mots grecs *pas* et *agios*, tout saint), hérétiques qui prétendaient qu'il fallait rejeter le mystère de la sainte Trinité, les Pères, l'Eglise romaine, et observer la loi de Moïse à la lettre. Le pape Lucius III les condamna sa constitution de l'an 1184, faite au concile de Vérone.

PASSAH ou PASCHAH, mot venu de l'hébreu *Pasach* et désignant la fête des Juifs connue sous le nom de *Pâque*.

PASSALE, genre de coléoptères pentamères, famille des lamellicornes, tribu des lucanides ; leurs antennes sont arquées, souvent velues, le labre distinct, les mâchoires cornées et fortement dentées, le corselet séparé de l'abdomen par un étranglement notable. On les trouve dans les contrées chaudes des deux continents.

PASSALORYNCHITES (des deux mots grecs *passalos*, clou, fermoir, et de *rin*, nez), hérétiques ainsi appelés parce que, croyant le silence perpétuel nécessaire pour le salut, ils tenaient continuellement le pouce sur la bouche et jusque sur le nez. C'était une secte de montanistes.

PASSAMAQUODDY, baie de l'Amérique septentrionale, longue de 5 lieues et large de 2, située entre l'Etat du Maine (Etats-Unis) et le New-Brunswick (Nouvelle-Bretagne). Elle reçoit une rivière qui porte le même nom.

PASSARO, petite île située à la pointe S.-E. de la Sicile, à 10 lieues de Syracuse. On y a bâti un fort. Cette pointe S.-E. porte le nom de *cap Passaro ;* c'est l'ancien promontoire *Pachynum*.

PASSAROWITZ ou PASSAROWDCHA, petite ville de la Turquie d'Europe, dans la Servie, sur la Morava, près du Danube, à 13 lieues de Belgrade. Elle est célèbre par la paix qui y fut conclue, le 21 juillet 1718, entre l'Autriche et la Porte ottomane, sous la médiation de l'Angleterre et de la Hollande.

PASSAU, belle et ancienne ville d'Allemagne, chef-lieu du cercle du Bas-Danube, dans le royaume de Bavière, au confluent de l'Inn, de l'Ilz et du Danube, à 35 lieues de Munich. Sa population est de 12,000 habitants. La ville est divisée par les rivières en quatre parties : *Passau, Innstadt, Ilxstadt* et le faubourg d'*Angex*, et défendue par trois forts et par les montagnes qui l'environnent. Elle a des manufactures de porcelaine, des papeteries, tanneries et brasseries, des forges de fer et d'acier. — La ville de Passau était autrefois impériale et capitale de l'évêché de même nom, comprenant un territoire de 60,000 habitants, entre la Bavière, la Bohème et la basse Autriche. L'évêque de Passau était prince de l'empire et seigneur temporel. En 1815, la partie de cet évêché située à l'O. de l'Inn fut cédée à la Bavière, et le reste fut donné à l'Autriche.

PASSAWAN-OGLOU (Osman), fameux rebelle turk, né en 1758, était fils de Passawan-Omar-Agha, *ayan* ou notable de Widdin en Bulgarie, auquel le grand vizir fit trancher la tête, parce que ses richesses l'avaient rendu suspect. Arrêté avec son père, mais parvenu à s'échapper, Passawan-Oglou se réfugia dans les montagnes, devint chef de partisans, s'empara de Widdin, et soutint pendant plusieurs années une guerre opiniâtre contre toutes les forces réunies de l'empire. Il ne mit bas les armes, en 1798, qu'après avoir obtenu, avec son pardon, le pachalik de Widdin et les trois queues. Depuis il servit fidèlement la Porte, et conserva une autorité presque absolue jusqu'à sa mort. (1807).

PASSÉ, l'une des trois grandes époques de la durée, exprimant la partie du temps qui est écoulée. — En termes de grammaire, le *passé* se retrouve dans tous les modes du verbe, à l'exception de l'impératif, et désigne une action faite, accomplie. On lui donne encore les noms de *prétérit* et de *parfait*, qui ne sont que sa traduction en latin.

PASSE. En géographie, ce mot se dit d'un passage étroit et difficile. — En botanique, ce nom a été donné à plusieurs animaux ou à des végétaux très-remarquables. Le *passe-fleur* est l'*agrostemme coronaire* et l'*anémone pulsatille*; le *passerage* (voy.), une *outarde* et un *lépidier*; le *passe-velours*, la *célosie* et le *sumac*.

PASSEMENTERIE, art de fabriquer des *passements*, c'est-à-dire diverses sortes d'ornements tissus. Le commerce du passementier embrasse une multitude d'articles. C'est lui qui fabrique et qui vend les galons, les lacets, les cordonnets, les franges, les houppes, les glands, et en général tous les tissus épais et étroits, confectionnés en fil, en coton, en bourre, en laine, en crin, en or, en argent, et servant à garnir les meubles, les rideaux, les voitures, à orner les livrées, les uniformes et les habits de cour.

PASSE-PIED, ancien air de danse à trois temps, qui n'est plus en usage; il était jadis très-employé dans les ballets et les opéras.

PASSE-PORT, acte de l'autorité publique autorisant celui auquel il a été délivré à circuler librement d'un lieu à un autre. Les limites rigoureuses que l'on ne peut, aux termes de la loi, dépasser sans être muni d'un passe-port, sont celles du canton; mais cette prescription est presque tombée en désuétude. Tout passe-port doit être délivré par un officier municipal et contenir les noms des personnes auxquelles il est remis, leur âge, leur profession, leur signalement, le lieu de leur domicile et leur qualité de Français ou d'étranger. Il est assujetti à une rétribution fixe de 2 francs pour l'intérieur, et de 10 francs pour l'étranger.

PASSERAGE, espèce du genre *lépidier*, de la famille des crucifères. Les passerages sont des plantes herbacées ou à peine ligneuses, aux tiges cylindriques, rameuses, à feuilles simples, à fleurs blanchâtres. La *grande passerage* est commune en Europe dans les lieux ombragés, au bord des rivières ; sa tige, haute de deux à trois pieds, porte des feuilles ovales, des fleurs en panicules allongées. Elle a des propriétés âcres et antiscorbutiques. On lui attribuait jadis la faculté de guérir la rage ; de là est venu son nom. — La *petite passerage*, commune sur les bords des chemins, se distingue par ses tiges diffuses, ses feuilles linéaires et sessiles, et ses fleurs qui n'ont que deux étamines. Elle n'a pas d'usages. — Le genre *lépidier* porte dans quelques auteurs le nom de *passerage*.

PASSERAT (Jean), poëte français, né à Troyes en 1534, cultiva la littérature, et obtint une chaire d'humanités au collége du Plessis. Il fut choisi en 1572 pour remplacer Ramus comme professeur d'éloquence au collége de France. Ses leçons, interrompues par les troubles de la Ligue, furent reprises à la rentrée de Henri IV. Passerat mourut en 1604. Il a fait des vers latins et français, et entre autres une partie de ceux que l'on trouve dans la *Satire Ménippée*.

PASSEREAU, PASSERON ou PASSEROUN, noms vulgaires du moineau franc.

PASSEREAUX, l'ordre le plus nombreux de toute la classe des oiseaux. Son caractère semble d'abord purement négatif, et il embrasse tous les oiseaux qui ne sont ni nageurs, ni échassiers, ni grimpeurs, ni rapaces, ni gallinacés Cependant on saisit facilement entre eux une grande ressemblance de structure, et surtout des passages tellement insensibles d'un genre à l'autre, qu'il est difficile d'y établir des divisions. L'ordre des passereaux a été subdivisé par Cuvier en cinq familles : les *dentirostres*, les *fissirostres*, les *conirostres*, les *ténuirostres* et les *syndactyles*.

PASSERIANO, bourg du royaume lombardo-vénitien, dans la délégation et à 4 lieues S.-O. d'Udine. Sa population est de 3,000 âmes. Il a un beau château où fut signé le 17 octobre 1797 le traité entre la France et l'Autriche, connu sous le nom de *paix de Campo-Formio*.

PASSERIES (TRAITÉ DES). On appelait autrefois ainsi une convention de commerce, qui permettait aux Français et aux Espagnols qui habitaient les frontières des deux royaumes du côté des Pyrénées de commercer en temps de guerre par les passages des montagnes.

PASSERINE, genre de la méthode de Vieillot, où quelques *gros-becs* se trouvent confondus avec un assez grand nombre d'espèces du genre bruant. Trente-deux espèces environ composent la division des passerines, et appartiennent pour la plupart à l'Amérique.

PASSERINE, genre de plantes appartenant à la famille des thymélées. Ce sont des arbrisseaux ou même des arbustes à feuilles sessiles, éparses, entières; à fleurs de médiocre grandeur et faiblement colorées. On en connaît au-delà de vingt espèces, dont les plus remarquables sont particulières à l'Afrique méridionale et au cap de Bonne-Espérance.

PASSERONI (Jean-Charles), poëte italien, né en 1713 à Lentosca (comté de Nice), embrassa de bonne heure l'état ecclésiastique, se fixa à Milan, où il devint un des restaurateurs de l'académie des *Trasformati*, et mourut en 1802 membre de l'institut de la république cisalpine. Ses ouvrages sont: *Il Cicerone*, poëme *in ottava rima*, des *Fables d'Esope*, etc.

PASSE-ROSE, espèce de plantes vulgairement appelée *rose trémière* et *outremer*, et placée par les botanistes dans le genre *alcée*, qui n'est lui-même qu'une section du grand genre *althæa* ou *guimauve*. L'alcée passe-rose fait l'ornement de nos jardins pendant toute la belle saison; les tiges croissent rapidement, et atteignent en quelques mois jusqu'à dix pieds de hauteur. Elles sont droites, velues, garnies de larges feuilles lobées. Ses fleurs sont grandes, doubles souvent et varient de couleur; leurs principales nuances sont du blanc au rouge et au jaune, et du rouge au pourpre cramoisi. La *passe-rose* ou *rose trémière de la Chine* est moins haute, à fleurs panachées de blanc et de pourpre ou rouges. Elle est plus recherchée que la précédente. On connaît aussi la *passe-rose ou alcée à feuilles de figuier*, qui vient de Sibérie. — On appelle *passe-rose parisienne* l'*agrostemme des jardins*.

PASSIENUS (Crispus), orateur distingué, épousa en premières noces Domitia, tante de Néron, et ensuite Agrippine, mère de ce prince. Il fut depuis élu deux fois consul; mais, ayant eu l'imprudence de nommer Agrippine héritière de tous ses biens, celle-ci hâta sa mort par le poison. On le croit fils de RUFUS PASSIENUS, général romain, consul l'an 6 avant J.-C., et qui triompha sous Auguste pour avoir subjugué la Numidie.

PASSIF (mot venu du latin *passum*, supin de *pati*, souffrir), adjectif exprimant tout ce qui est le caractère de la *passivité*. — On appelle *passivité* l'état d'une substance subissant une action, une modification quelconque. *Passivité* est l'opposé d'*activité*, comme *passif* l'est d'*actif*. — En grammaire, le mot *passif* s'applique aux verbes. Il désigne une action subie par le sujet ou faite sur lui par quelque chose. C'est dans ce sens qu'on dit la voix *passive*. Dans les langues anciennes cependant, il faut distinguer dans le passif la signification et la forme ; ainsi tel verbe

grec ou latin a la forme passive et la signification active. — En termes de commerce, le *passif* est l'ensemble des valeurs dues par un négociant, une maison de commerce, etc. Il est encore l'opposé d'*actif*.

PASSIFLORE ou GRENADILLE, genre de la famille des passiflorées, appartenant aux contrées chaudes de l'Amérique. On en cultive un très-grand nombre dans les serres chaudes à cause de la beauté et de la singularité de leurs fleurs. Plusieurs auteurs ont cru reconnaître dans les divers organes qui composent cette fleur une sorte de symbole ou d'image des instruments qui servirent à la passion du Christ. La couronne d'épines, les clous, la lance, les cordes, tout y fut reconnu ; de là le nom de *fleur de la passion* ou simplement de *passionnaire*, sous lequel on désigne vulgairement le passiflore.

PASSIFLORÉES, famille de plantes phanérogames, ayant pour type le genre *passiflore*. Les passiflorées sont des plantes herbacées ou sous-frutescentes, à tiges sarmenteuses, munies de vrilles ; feuilles alternes; fleurs souvent très-grandes, solitaires ou réunies parfois plusieurs ensemble ; calice monosépale et corolle à cinq pétales distincts.

PASSION, souffrance corporelle de Notre-Seigneur Jésus-Christ, commencée avec la cène et terminée avec sa mort. Le récit de la passion se trouve dans les quatre évangélistes. La semaine de la Passion est celle qui précède la semaine sainte, et le dimanche qui l'ouvre s'appelle dimanche de la Passion. — Par extension, on a donné ce nom au sermon qu'on prêche le vendredi saint, et qui n'est qu'une paraphrase de ce mystère.

PASSION (CONFRÈRES DE LA), société dramatique qui se forma sous le règne de Charles VI pour composer et représenter des mystères. Autorisée par des lettres de ce monarque en date du 4 décembre 1402, cette confrérie donna naissance aux *clercs de la bazoche* et aux *enfants sans souci*; mais les pièces qu'elle représentait dans l'hôpital de la Trinité et à l'hôtel de Flandre furent bientôt bafouées comme des impiétés ennuyeuses et de mauvais goût. Réfugiés en 1548 sur le terrain de l'hôtel de Bourgogne, où ils s'établirent leur théâtre, les confrères se bornèrent aux pièces profanes; mais, assiégés par les censures ecclésiastiques, les arrêts du parlement et les huées des spectateurs, ils furent abolis juridiquement vers 1629.

PASSION. Dans l'art vétérinaire, on nomme *passion bovine* le claveau. Les médecins nomment *passion cœliaque* le *flux cœliaque*; *passion hystérique*, l'hystérie ; *passion iliaque*, l'iléus.

PASSIONEI (Dominique), savant cardinal, né en 1682 à Fossombrone (duché d'Urbin), fut élevé au collége Clementino, voyagea en France et en Hollande, fut nommé légat au congrès d'Utrecht (1712) et de Bade (1714), nonce en Suisse et archevêque d'Éphèse (1721), nonce à Vienne (1730), reçut le chapeau de cardinal en 1738, succéda à Quirini dans la place de conservateur en chef de la bibliothèque du Vatican en 1755, et mourut en 1761, membre de la plupart des sociétés littéraires d'Italie, et associé étranger de l'académie des inscriptions et belles-lettres de Paris, où Lebeau prononça son *éloge*.

PASSIONNAIRE ou HERBE DE LA PASSION. Voy. PASSIFLORE.

PASSIR, district de l'île de Bornéo, situé à la partie orientale de l'île, avec une capitale de même nom, sur la Passir, à 20 lieues de son embouchure, peuplée d'environ 2,000 habitants. Le district de Passir abonde en riz, poivre, muscade, aloès, casse, benjoin. Les habitants sont perfides et de mauvaise foi.

PASSIVITÉ. Voy. PASSIF.

PASSY-LÈS-PARIS, grand village du département de la Seine, arrondissement de Saint-Denis, canton de Neuilly, dont il est à une lieue, sur une éminence au bas de laquelle passe la Seine, contigu au fau-

bourg de Chaillot, dont il n'est séparé que par le mur d'enceinte de Paris. Sa population, y compris l'ancien château royal de *la Muette*, quelques maisons de la butte de l'*Étoile* et l'ancienne *Faisanderie*, est de 6,000 habitants. Il a des eaux minérales, une filature de coton, une raffinerie de sucre, une manufacture d'apprêt de draps et de teinture. Passy renferme dans ses environs de nombreuses maisons de campagne. — On y trouve plusieurs sources d'eaux minérales, composées de sulfate de chaux, de fer et de magnésie ; d'alun, de sel commun, de carbonate de fer, d'acide carbonique et de matière bitumineuse. Elles sont toniques et astringentes.

PASTEL, genre de la famille des crucifères. Le pastel vient partout, depuis les côtes maritimes jusqu'au pied des montagnes, où il ne craint point les plus fortes gelées. Le *pastel tinctorial* mérite d'être cité à cause de son utilité dans la teinture. C'est par la fermentation que l'on donne à cette plante un principe colorant magnifique, solide pour teindre les étoffes. On dispose le pastel en boules d'un demi-kilogramme, auxquelles on donne une forme allongée, ou bien on le divise par petits carrés, et on le livre au commerce.

PASTEL (PEINTURE AU). On appelle ainsi un genre de dessin exécuté au moyen de crayons en pastel, qui, dans l'emploi qu'en fait l'artiste, remplissent en partie l'office de pinceaux ou d'estompe. Cependant c'est surtout avec le bout des doigts qu'on étend et qu'on manie les teintes. La peinture au pastel a l'agrément de ne pas sécher comme la peinture à l'huile par exemple ; mais les couleurs se détachent facilement du fond de papier, de vélin, de parchemin ou de taffetas sur lequel elles sont étendues. Ce genre de peinture, très en vogue pendant le dernier siècle surtout pour le portrait, est aujourd'hui à peu près abandonné.

PASTENADE. (Voy. PANAIS.) C'est le nom vulgaire de cette plante dans le midi de la France.

PASTENAGUE, nom de certaines raies, qui se distinguent des autres poissons du même genre par leur queue armée d'un aiguillon dentelé en scie de deux côtés et par une tête enveloppée par des pectorales qui forment un disque en général très-obtus. Leur chair est très-bonne.

PASTÈQUE ou MELON D'EAU, espèce du genre *courge*, se distinguant de ses congénères par des feuilles d'une consistance ferme, cassantes, droites, profondément incisées, couvertes d'un duvet très-doux, de fleurs jaunes, petites, peu érasées. Le fruit est orbiculaire ou ovale, lisse, à peau fine, mouchetée de taches de diverses formes ; sa chair est fort juteuse, rougeâtre, rarement jaune ; les semences sont noires ou quelquefois rouges. Ce fruit est très-bon à manger cru ; il se fond dans la bouche en eau sucrée, fort agréable et rafraîchissante. On cultive en abondance la pastèque dans les départements méridionaux.

PASTEUR, celui qui garde les troupeaux, ou dont la principale richesse consiste en troupeaux. C'est en ce dernier sens que l'on dit: les *peuples*, les *rois pasteurs*. — On a transporté dans la religion l'acception du mot *pasteur*, qui signifie alors gardien spirituel d'une réunion d'hommes confiée à ses soins. Les protestants surtout appellent ainsi leurs ministres.

PASTEURS (LES), nom sous lequel on désigne dans l'histoire d'Egypte les Arabes qui y arrivèrent par l'isthme de Suez vers l'an 2100 avant J.-C., et chassèrent devant eux l'ancienne population, qui s'arrêta dans la Thébaïde, et y demeura confinée plus de deux cents ans. Pendant ce temps régnèrent à Memphis les Pharaons ou rois pasteurs. Ce furent eux que visitèrent Abraham et Jacob ; l'un de ces princes, nommé *Apophis*, eut Joseph pour ministre. Cependant les Pharaons pasteurs perdirent une à une leurs conquêtes, et Thoutiosis, III (Mœris) compléta l'œuvre de sur expulsion en s'emparant d'Avaris ou Éluse, leur dernier boulevard (1800 vant J.-C.).

PASTICHE, traduction française de *pasticcio*, mot qui signifie *pâté* dans la langue italienne. Dans la nôtre, il désigne une œuvre d'art qui manque d'originalité, et ni n'est que la pâle copie de celle d'un rand maître — C'est surtout le nom l'un opéra formé de la réunion de morceaux de musique pris dans plusieurs ouvrages dramatiques. Les pasticcii sont ort en usage en Italie.

PASTILLES, substances aromatiques et ucrées, que l'on prépare en faisant cuire u sucre que l'on aromatise à la menthe, la vanille, à la rose ou à d'autres parums, et que l'on fait tomber goutte à ;outte sur un papier où il se refroidit.

PASTILLIERS, nom sous lequel furent lésignés les ministres luthériens de Souabe, arce qu'ils décidèrent, vers le milieu du xvie siècle, que le corps de Jésus-Christ tait dans le pain de l'eucharistie comme a viande dans un pâté.

PASTO, province du département de Cauca, dans la république de la Nouvelle-Grenade, en Colombie. Elle est bornée à N. par la province de Popayan, et au S. par a république de l'Equateur, fertile en froment et arrosée par de belles rivières. — Son chef-lieu est SAN-JUAN DE-PASTO, ville le 7,000 habitants, au pied d'une montagne volcanique, et entourée de gras pâturages.

PASTOPHORES (de *pastos*, voile ou lit nuptial, et *pherô*, je porte), prêtres grecs, ainsi nommés du long manteau dont ils étaient revêtus, ou du lit de Vénus qu'ils portaient dans les cérémonies, ou du voile qui couvrait les statues des dieux, et qu'ils étaient obligés de lever pour les exposer aux regards du peuple. Il y avait aussi chez les Egyptiens un ordre de prêtres qui portaient le nom de *pastophores*.

PASTOPHORION, nom de l'appartement des prêtres juifs, contigu au temple, et d'une tour proche du temple.

PASTORALE (POÉSIE), genre de poésie qui célèbre les douceurs de la vie champêtre. Les idylles, les églogues appartiennent à la poésie pastorale, et sont aujourd'hui tombées en défaveur. — La *pastorale* est une pièce de théâtre où les bergers et les bergères jouent le principal rôle. On connaît le *Mélicerte* de Molière.

PASTORET (Jean), président au parlement de Paris et membre du conseil de régence pendant la minorité de Charles VI, était né vers 1326, et mourut en 1405. Son aïeul, appelé aussi *Jean*, avait été en 1301 l'un des premiers avocats du roi au parlement, et son père *Raoul* avait donné son nom à une rue du Marais où il habitait (rue Pastourel). Jean Pastoret fut un de ceux qui contribuèrent le plus, avec Maillard et Charny, à remettre Paris sous l'obéissance de Charles V, alors régent du royaume (1358). Il porta l'étendard de France aux halles, et précéda le dauphin à sa rentrée dans Paris. M. le marquis de Pastoret, pair de France, chancelier de France avant 1830, appartient à la même famille.

PASTOUREAUX, nom donné à une bande composée en grande partie de bergers et de laboureurs armés, au nombre de 300,000 hommes, qui infestèrent la France dans le xiiie siècle. Cette bande avait pour chef Jacob de Hongrie, apostat de l'ordre de Citeaux. Il prenait le titre de *Maître de Hongrie* ; quand il prêchait, ses partisans armés se tenaient prêts à frapper quiconque eût osé le contredire. Ils en voulaient surtout aux dominicains et aux franciscains, et n'épargnaient ni les cardinaux ni le pape. Leurs enseignes représentaient une croix, un agneau et les visions de Jacob. La reine Blanche de Castille les avait tolérés, espérant les déterminer à se rendre en Palestine pour y délivrer son fils. Après avoir pillé la France du nord jusqu'à la Loire, les pastoureaux furent anéantis par divers corps d'armée, et surtout entre Mortemer et Villeneuve-sur-Cher (1251).

PASTOURELLE, vieux mot synonyme de *bergère*. — Il désigne encore l'office ancien des pasteurs qui se faisait autrefois avec personnages, en plusieurs églises, aux laudes de Noël. Cette sorte de comédies spirituelles et religieuses fut abrogée par la faculté de théologie de Paris ; mais on en retrouve les paroles en beaucoup d'églises où elles servent d'antiennes aux laudes de Noël.

PASTRINGO ou PASTURANO, village des Etats sardes, à une lieue O. de Novi. Le général Schérer, commandant l'armée de la république, y fut battu en 1799 par les Autrichiens.

PASTROVICH, territoire compris entre le Montenegro et la mer Adriatique, à l'extrémité méridionale de la Dalmatie autrichienne. Sa capitale est BUDOA, forte ville maritime, à 11 lieues S.-E. de Raguse. Elle a un évêché.

PATAC, petite monnaie d'Avignon, dont la valeur était à peu près celle du *double*.

PATAGON, monnaie d'Espagne, faite d'argent et frappée au coin du roi d'Espagne. Sa valeur a varié. Elle a eu cours successivement pour 48 sous, pour 58 sous, et enfin pour un écu. — C'est aussi le nom de la *valériane humble*.

PATAGONIE ou TERRE MAGELLANIQUE, vaste contrée de l'Amérique méridionale, située au S. du Chili et de la république de Buenos-Ayres, entre l'océan Atlantique à l'E. et la mer Pacifique à l'O., et au N. du détroit de Magellan. Découverte en 1519 par Magellan, elle a été à diverses époques visitée par le commodore Byron, le capitaine Wallis, Bougainville, et par l'amiral Cordova (1812). Cette contrée, dont la superficie est de 66,000 lieues carrées et la population de 200,000 habitants, est peu connue : les côtes orientales sont nues, arides, sablonneuses et privées d'eau douce ; la partie occidentale est couverte de montagnes. Le pays est froid, sujet à des changements subits de température, et exposé à des vents impétueux. Il n'y a pas de villes. Quelques voyageurs prétendent y avoir vu une race d'hommes d'une taille gigantesque ; il est reconnu aujourd'hui que leurs récits sont fort exagérés. Les Patagons sont à la vérité d'une haute taille, et, comme ils ont le buste très-long par rapport aux cuisses et aux jambes, ils paraissent, lorqu'ils sont à cheval, plus grands que les autres hommes. Ils vivent pour la plupart de la pêche et de leur chasse, qui consiste en vigognes, lamas, etc., n'ont point de demeures fixes, et se couvrent de peaux. On les dit paisibles et hospitaliers ; ils ont jusqu'à ce jour conservé leur indépendance.

PAT, terme de jeu d'échecs. Il se dit des joueurs qui, n'étant point en échec, ne sauraient jouer sans s'y mettre. Quand on est pat, la partie reste indécise ; il faut la recommencer.

PATACHE, petit vaisseau de guerre, destiné à faire les reconnaissances, à porter les ordres, etc. Dans ce dernier cas, c'est la *patache d'avis*. — C'est encore, 1o de petits bâtiments pour la garde des rivières, des passages où l'on lève quelques droits ; 2o certaines voitures ordinaires, dans lesquelles l'on voyage à peu de frais, mais d'une manière fort incommode.

PATAIQUES, divinités dont les Phéniciens mettaient les figures sur la poupe de leurs vaisseaux. Ces dieux ressemblaient à des Pygmées.

PATALÈNE, territoire de l'Inde, entre les deux bras de l'Indus et la mer. Sa capitale était PATALA, située à l'endroit où l'Indus se partage en deux branches pour se jeter à la mer. Elle fut embellie par Alexandre, qui y construisit une citadelle et un port. Aujourd'hui c'est *Tatta*, dans la province de Sind.

PATAQUE, monnaie de Batavia, qui se divise en 6 *mas* ou 24 *caches*. — Monnaie d'argent du Brésil, valant 320 *reis*. — Monnaie de compte de Barbarie. La *pataque chique* vaut 232 aspres, la *pataque d'aspre* 8 témines ; les deux valent à peu près 27 à 28 sous tournois ou un franc 38 centimes de notre monnaie ; la *pataque gourde* est une monnaie réelle, valant 3 pataques chiques. — C'est aussi une monnaie turque d'argent, valant près de 7 francs.

PATAR (en français, *patard*), mot allemand qui désigne une ancienne petite monnaie qui a eu cours en Flandre et dans les Pays-Bas. Ce mot, qui a en allemand la même valeur que le mot *sou*, s'emploie dans le langage familier comme synonyme d'*obole*.

PATARE, grande ville de Lycie, située à l'embouchure du Xanthe. Apollon y avait un temple et un oracle renommés. On croyait que ce dieu résidait six mois de l'année à Patare et six à Delphes. Du temps de Pausanias, on voyait à Patare un casque célèbre fait par Vulcain, et offert à Apollon par Téléphe. Ptolémée Philadelphe embellit cette ville, et voulut lui donner le nom de sa femme Arsinoé ; mais l'ancien prévalut. Cette ville est aujourd'hui *Patera*, et l'on y voit encore un théâtre en marbre assez bien conservé.

PATARINS, hérétiques qui parurent dans le xiie siècle, et qui sont les mêmes que les albigeois et les vaudois. Les uns croient qu'ils ont été ainsi nommés de la ville de Patare en Lycie ; d'autres, d'un hérétique nommé *Paterne*, qui sema ses erreurs en Bosnie ; d'autres, du *Pater noster*, qui était leur unique prière ; d'autres, du mot latin *pati* (souffrir), parce qu'ils se vantaient de souffrir pour la vérité ; d'autres enfin, des anciens paterniens dont ils renouvelaient la principale erreur consistant à dire que le démon avait créé l'homme et tout ce qui est visible.

PATAS, nom d'un singe rentrant dans le sous-genre des guenons semnopithèques, et qui vit au Sénégal et en Abyssinie.

PATATE. Ce mot désigna dans l'origine et exclusivement un *liseron*, dont le nom de pays Batatas devint scientifique. Ayant depuis été improprement étendu à la *pomme de terre*, la plante qui le portait exclusivement d'abord et maintenant désignée sous les noms de *patate douce*, de *patate sucrée* et de *patate de Malaga*.

PATAVIUM, nom ancien de la ville de *Padoue*, patrie de Tite Live.

PATAY, petite ville de France, chef-lieu de canton de l'arrondissement et à 5 lieues N.-O. d'Orléans. Elle a des fabriques de couvertures de laine. Elle est surtout célèbre par la victoire que Jeanne d'Arc y remporta sur les Anglais en 1429, et où elle fit prisonniers Talbot et Scales.

PATE, composition formée d'un mélange de fécule ou farine et d'une substance servant à la détremper. L'eau, le lait, le vin, l'eau-de-vie, les œufs, le miel sont les plus usuelles d'entre les substances qui servent à délayer les pâtes. On fabrique en Italie des pâtes sèches (vermicelle, semoule, macaroni), qui se détrempent ensuite avec du bouillon ou tout autre liquide chaud. Les plus renommées sont celles de Gênes, dont l'excellence vient de ce qu'on emploie uniquement pour les préparer les blés de la Sardaigne. Ces pâtes prennent le nom de *pâtes d'Italie*. — En pharmacie, on appelle *pâtes* divers médicaments d'une saveur douce et sucrée et d'une consistance molle. La gomme arabique dissoute avec plusieurs infusions ou décoctions est la base principale de ces compositions. — Dans les papeteries, on appelle *pâte* le vieux linge détrempé, puis moulu, broyé dans l'eau sous consistance de bouillie, avec lequel on fait le papier.

PATÉ. En termes de fortifications, c'est un ouvrage de forme ronde, attaché au corps d'une place ou d'un ouvrage avancé.

PATELLA ou PATELLANA (de *patere*, s'ouvrir), divinité chez les Romains qui présidait à ce qui devait s'ouvrir ou se découvrir, ou qui était déjà découvert. On l'invoquait lorsque les épis étaient près de s'ouvrir.

PATELLE, genre de mollusques gastéropodes fort intéressant par ses caractères zoologiques et quelques particularités de mœurs. Ces mollusques servent de nourriture presque partout, et partout presque exclusivement à la classe pauvre; car leur chair est coriace et craque sous la dent comme du cartilage.

PATÈNE, sorte de petite plaque ronde de la même matière que le calice, c'est-à-dire en métal, et servant, dans le sacrifice de la messe, à le couvrir et à recevoir les particules de l'hostie. La patène est un vase consacré que l'on donne à baiser au peuple quand il va à l'offrande.

PATENOTRES, mot venu des deux premiers mots du *Pater noster*, et servant primitivement à désigner cette prière. Plus tard il s'est appliqué à toute sorte de prières et d'oraisons. Les historiens du XVIe siècle rapportent que les *patenôtres* du connétable Anne de Montmorency étaient devenues un sujet de terreur pour tout le monde, attendu que, pendant qu'il les récitait, il ne se faisait pas faute de dire : Pendez-moi celui-ci, tuez-moi celui-là ; brûlez cette maison, pillez ce village, etc.
— Le mot *patenôtres* a été souvent appliqué au chapelet et aux grains qui le composent. Il y avait à Paris trois corps de *patenôtriers*, ceux en bois, en verre et en émail.

PATENOTTIER. Voy. STAPHYLIER.

PATENTE, imposition annuelle à laquelle sont assujettis ceux qui exercent un commerce, une profession, un métier ou une industrie, et qui leur assure un titre en vertu duquel ils ne peuvent point être inquiétés. La patente est presque toujours proportionnelle à l'importance du commerce et à la population. Créée en 1791, elle a été régularisée par les lois et ordonnances du 25 mars 1817 et du 15 mai 1818. Un tarif joint à ces lois distribue toutes les professions en deux divisions : la première renferme celles qui sont soumises à un droit fixe dans toute l'étendue de la France (banquiers, 500 francs; — courtiers de navires et de marchandises, entrepreneurs de roulage, de voitures publiques par terre et par eau, 200 francs; — marchands forains avec voitures, 40 francs; — colporteurs avec bêtes de somme, 30 francs; — colporteurs avec balle, 20 francs; — entrepreneurs ou directeurs des spectacles ou autres amusements publics, une représentation complète, établie d'après le nombre des places et le prix de chacune d'elles). La deuxième division renferme toutes les autres professions, qui sont réparties, suivant leur importance présumée, en sept classes, payant chacune un droit fixe et un droit proportionnel.

PATENTES (LETTRES). On appelait ainsi des lettres royales, scellées du grand sceau, et par lesquelles le roi accordait une faveur ou une grâce. La formule qui les caractérisait, *Ut pateant omnibus*, manifestait à tous l'expression de la volonté royale.

PATER ou ORAISON DOMINICALE, prière adressée à Dieu le Père, et enseignée par Jésus-Christ à ses disciples. Depuis l'origine de l'Église, elle a toujours été considérée comme une partie essentielle du culte public; elle se trouve dans toutes les liturgies. Les Constitutions apostoliques, un concile de Girone, le quatrième concile de Tolède, ordonnent de la réciter au moins trois fois le jour.

PATERCULUS (VELLEIUS), historien latin, né à Naples environ 19 ans avant J.-C. Dans sa jeunesse il parcourut l'Orient avec C. Agrippa César, et fut ensuite nommé par Auguste préfet de la cavalerie. Il suivit en cette qualité Tibère dans ses expéditions en Germanie, en Pannonie et en Dalmatie, et fut pendant dix-neuf ans son compagnon d'armes et le témoin de ses exploits. Il retourna à Rome avec Tibère, et fut nommé préteur l'année de la mort d'Auguste. Seize ans après, vers l'an 29 de J.-C., il composa ou acheva l'ouvrage qui l'a fait connaître. Il paraît qu'il fut impliqué dans la disgrâce de Séjan son protecteur, et mis à mort avec lui (31). — L'ouvrage qu'il nous a laissé ne nous est parvenu que très-incomplet. Il est intitulé *Histoire romaine*; mais il paraîtrait plutôt que c'était une histoire universelle dans ses rapports avec celle de Rome. Le commencement et la plus grande partie du premier livre est perdu ; ce qui en reste traite de la Grèce, des royaumes d'Assyrie et de Macédoine; après quoi, il y a une lacune qui s'étend sur les 582 premières années de l'histoire de Rome. Le reste du premier livre et le deuxième que nous avons presque en entier contient l'histoire de Rome de 582 à 783 (30 ans après J.-C.). C'est un résumé concis, clair et coulant, renfermant des portraits tracés de main de maître. On a reproché à Velleius Paterculus les louanges qu'il donne à Tibère et à Séjan.

PATÈRE, vase usité dans les sacrifices, chez les Romains, pour recevoir le sang des victimes ou en faire des libations.

PATERNE (Saint), évêque de Vannes, naquit au diocèse de Vannes vers l'an 490. Il embrassa la vie monastique, et fut choisi pour supérieur des religieux du pays de Galles. La principale église qu'il bâtit dans ce pays fut appelée *Lhan-Padern-Vaur* (l'église du grand Paterne), et devint le siège d'un évêché. Sacré évêque en Palestine par le patriarche de Jérusalem, il monta en 540 sur le siège épiscopal de Vannes, et mourut vers l'an 555 ou 560. On fait sa fête le 16 d'avril dans les églises de Bretagne.

PATERNE (Saint), moine de Saint-Pierre-le-Vif près Sens, né dans le territoire de Coutances en Normandie, fut assassiné par des voleurs qu'il avait voulu convertir, le 12 ou 13 novembre 726. On conservait ses reliques dans le monastère de Saint-Sauveur de Bray-sur-Seine, dont l'église a aussi pris le nom de Saint-Paterne. — Il ne faut pas le confondre avec un PATERNE de Paphlagonie, vivant dans le IVe siècle, et chef de la secte des *paterniens*, qui soutenaient que le démon avait créé la chair et tout ce qui est visible, et qui, condamnant le mariage, se livraient à toutes les voluptés charnelles sans croire qu'ils fissent aucun péché pourvu qu'ils empêchassent la génération.

PATERNITÉ, lien du père vis-à-vis son enfant. La règle qui est la base des dispositions légales sur la paternité, est contenue dans l'article 312 du Code civil : l'enfant conçu pendant le mariage a pour père le mari, traduction rigoureuse et concise de la maxime célèbre du droit romain : *Is pater est quem justæ nuptiæ demonstrant*. La paternité ne peut être désavouée que dans les deux cas où l'on peut prouver : 1o une impuissance accidentelle ; 2o une absence suffisamment prolongée pour empêcher la cohabitation.

PATERNOSTER, nom vulgaire du *canne indica*, dont les grains servent à faire des chapelets, comptes ou rosaires. On donne ce même nom, à Saint-Domingue, à certaines graines employées au même usage.

PATERSON (William), gouverneur de New-Jersey sa patrie, l'un des juges de la cour supérieure des États-Unis, succéda à Livingston, premier gouverneur de New-Jersey, et mourut à Albany en 1806. Son nom est attaché à tous les changements politiques opérés à cette époque dans sa patrie.

PATHÉTIQUE (du mot grec *pathêtikos*, venu de *pathos*, affection), adjectif qui s'emploie pour indiquer ce qui est affectif, ce qui touche et remue les passions. — Quand on considère le pathétique comme un des éléments de l'éloquence, on en fait un substantif. C'est alors l'art d'exciter les passions, soit en communiquant aux âmes les sentiments dont on est soi-même pénétré, soit en faisant naître ces sentiments par un récit, un exposé, une peinture. Dans le premier cas, c'est le *pathétique direct*, dans le second le *pathétique indirect*, suivant le langage de Marmontel.

PATHÉTIQUE (anat.). Le nerf pathétique ou nerf moteur musculaire interne sort de l'encéphale; c'est le quatrième de devant en arrière. Chez l'homme et les mammifères, il s'insère derrière et contre le bord postérieur des lobes optiques, dans l'intervalle de ces lobes au cervelet. Cette disposition est à peu près la même chez les oiseaux, les reptiles et les poissons.

PATHMOS (aujourd'hui *Patmos* ou *Palmosa*), île de la mer Egée, la plus septentrionale des Sporades, située sur la côte de Carie, vis-à-vis de Milet, à 11 lieues du continent. Elle a environ 10 lieues de circonférence, et c'est une des îles où les Romains envoyaient leurs exilés. On croit que c'est là que saint Jean l'Évangéliste fut relégué par Domitien et écrivit son Apocalypse l'an de J.-C. 96. — Le chef-lieu de l'île, appelé SAINT-JEAN, possède environ 1,200 habitants et un petit port. Il est bâti sur une montagne autour du couvent du même nom. Dans l'île de Pathmos, les femmes cultivent et les hommes s'adonnent au cabotage.

PATHOGÉNIE, partie de la médecine qui a pour objet la formation et le développement des maladies.

PATHOGNOMONIQUE (des mots grecs *pathos*, maladie, et de *ginoscô*, connaître), nom donné aux signes caractéristiques des maladies.

PATHOLOGIE (de *pathos*, maladie en général, et *logos*, discours), partie de la science médicale qui a pour objet la nature des maladies. On la divise ordinairement en *pathologie interne* ou médecine proprement dite, et en *pathologie externe* ou chirurgie. Cette division, que les uns reportent au temps des Ptolémées, ne l'est suivant les autres que dans le XIIIe siècle Comme toutes les connaissances que l'on peut acquérir sur une maladie se réduisent à l'étude 1o de ses causes, 2o de ses symptômes et des signes qu'on en peut tirer, 3o des moyens curatifs qu'elle réclame, la pathologie se divise aussi en trois parties : *étiologie* (science des causes), *nosographie* (description des symptômes) et *thérapeutique* (science de la guérison).

PATHOS, mot qui, dans la langue grecque, signifie *affection*, *passion*, et qui, dans la langue française, désigne l'affectation et la recherche des beaux sentiments et du beau langage.

PATI, ville de Sicile, située sur le golfe du même nom, dans le Val di Demons, à 14 lieues de Messine. Sa population est de 5,000 habitants. Son port est défendu par un fort bâti par le comte Roger après la défaite des Sarrasins. Elle a un évêché et une fort belle cathédrale.

PATIENCE (en latin, *rumex*), genre de la famille des polygonées de Jussieu, et des ruminées de quelques auteurs, renfermant des plantes herbacées, à feuilles alternes, aux fleurs petites, verdâtres et peu apparentes. Plus de vingt espèces croissent en France. L'on distingue parmi elles : 1o la *patience commune*, *officinale* ou *parelle*, à racine vivace et pivotante, tige cylindrique, haute de a deux pieds, garnie de feuilles grandes, planes, ovales, entières, d'un vert foncé, ondulées sur leurs bords, portées sur des pétioles, aux fleurs herbacées, verdâtres, petites et nombreuses. On la cultive dans les jardins potagers pour la cuisine. En médecine, sa racine est regardée comme tonique et utile contre les maladies de la peau, du foie et du système lymphatique. 2o La *patience sauvage*, *raiponce* ou *frisée* ou *parelle sauvage*, à la racine d'un rouge brunâtre à l'extérieur, à la tige arrondie, haute de deux à trois pieds, aux feuilles lancéolées et très-ondulées sur les bords ; très-commune dans les bois, les prairies, les fossés humides. Elle a les mêmes propriétés que la précédente. Sa racine est inodore, amère et dépurative. 3o La *patience aquatique* ou *parelle des marais*, qui atteint jusqu'à six pieds de hauteur ; employée contre le scorbut, les obstructions, les affections cutanées, les rhumatismes, la goutte, les maladies chroniques rebelles. 4° La *patience sanguine* ou *rouge, oseille rouge* ou *sang-dragon*, à tige droite, haute d'un à deux pieds, d'un rouge noirâtre, originaire de la Virginie. Sa racine est astringente. 5° La *patience des Alpes, rhapontic* ou *rhubarbe des moines*, dont la racine allongée et grosse, amère et visqueuse, est tonique et purgative. 6° La *patience à écussons, oseille ronde* ou *petite oseille*, qu'on emploie comme l'oseille. 7° La *patience acide*, nom scientifique de *l'oseille*.

PATIENT (Saint), évêque de Lyon, fut élevé sur ce siége vers l'an 467 ou 470, fonda l'église de Saint-Etienne, autrefois cathédrale, assista au concile d'Arles (475), et mourut vers 491. On célèbre sa fête le 11 septembre.

PATIN (Guy), médecin fameux par son esprit satirique et la singularité de ses manières, né en 1601 à Houdan en Beauvoisis, fit ses études aux colléges de Beauvais et de Boncourt (Paris), se livra tout entier à la médecine, et devint professeur au collége de France, après avoir, pour gagner sa vie, commencé par être correcteur d'imprimerie. Il mourut à Paris en 1672. On a de lui divers ouvrages; mais il doit toute sa réputation à son *Recueil de lettres*. — Son second fils, CHARLES PATIN, né en 1633, premier professeur à l'université de Padoue (1677), créé chevalier de Saint-Marc, et mort à Padoue en 1693, président de l'académie des *Ricovrati*, s'est fait un nom par son érudition et sa connaissance de la numismatique. Il avait été forcé de quitter la France, parce qu'on l'accusait d'avoir distribué des exemplaires outrageants pour une grande princesse.

PATIN, sorte de soulier, dont la semelle était fort épaisse, et que les femmes portaient autrefois pour se grandir. — Chaussure dont on se sert pour glisser sur la glace, et qui est formée d'une semelle de bois au milieu de laquelle est fixée dans toute sa longueur une lame d'acier recourbée à la pointe et droite au talon. Cette chaussure se fixe sous chaque pied à l'aide de courroies et de boucles. Les peuples du Nord, Norwégiens, Suédois, Russes, font du patin non-seulement un moyen de divertissement, mais encore un objet d'utilité; ils s'en servent pour voyager sur la glace.

PATIN. Les charpentiers appellent ainsi ce qui repose sur une assise de pierre, ou un mur sur lequel porte une autre pièce debout. — En termes d'architecture hydraulique, les *patins* sont des pièces de bois que l'on couche sur des pieux, dans les fondations où le terrain n'est pas solide, et sur lesquelles on assure des plates-formes pour fonder dans l'eau.

PATINE, belle et brillante couleur de vert-de-gris que prend quelquefois le cuivre et le bronze ancien.

PATISSERIE. Ce mot a deux acceptions. Il désigne 1° l'art du pâtissier; 2° les produits de cet art. L'art du pâtissier consiste à préparer certaines pâtes, assaisonnées de viandes, de sucre, de confitures, etc., et cuites au four. La plus commune de ces productions est le pâté, dont la forme est celle d'une sorte de forteresse plus large que haute, dont les flancs sont de pâte, et dont l'intérieur est rempli de substances convenablement apprêtées. Les pâtés de foie de canard de Toulouse ont une vieille réputation. Autrefois les pâtissiers tenaient cabaret, et il n'était pas décent de les fréquenter. Les rois de France avaient à leur cour, avant la révolution, un officier appelé *pâtissier-bouche*, faisant la pâtisserie pour leur table.

PATIZITHÈS, mage persan qui mit sur le trône son frère Smerdis, en profitant de la ressemblance qu'il avait avec le frère de Cambyse, portant le même nom. La fraude ayant été découverte, les deux mages furent massacrés.

PATKUL (Jean Reynhold DE), gentilhomme livonien, né en 1660 dans une prison de Stockholm, servait en qualité de capitaine dans l'armée suédoise, lorsqu'il fut en 1689 appelé à faire partie d'une députation chargée de défendre les droits de la Livonie devant Charles XI, et dont les démarches restèrent sans fruit. Condamné à la peine de mort pour avoir insulté son lieutenant-colonel et osé peindre avec peu de ménagement dans une lettre l'oppression tyrannique du gouvernement suédois, Patkul parcourut l'Europe, et entra au service de la Saxe en qualité de conseiller intime en 1698. Le czar Pierre Ier l'attacha ensuite à son service, le nomma commissaire général des guerres, ministre plénipotentiaire auprès de l'électeur de Saxe roi de Pologne, puis lieutenant général commandant le corps de troupes russes envoyé au secours de ce prince (1702). Mais, livré par lui à Charles XII, roi de Suède, au mépris du droit des gens, il fut condamné à être roué et écartelé. Il subit ce supplice le 10 octobre 1707, à Casimir, près de Posen en Pologne.

PATNAH, ville de l'Indoustan, capitale de la province de Bahar dans la présidence du Bengale, sur la rive gauche du Gange, à 105 lieues de Calcutta. Cette ville, qui depuis 1763 appartient aux Anglais, est défendue par une forteresse de briques, garnie de tours, avec un mur d'enceinte. Sa population est de 312,000 habitants. Patnah fait un commerce considérable de salpêtre, d'opium, de soie et de coton.

PATOIS. On appelle ainsi les dialectes d'une langue. Ils sont les vestiges, les restes plus ou moins altérés des idiomes primitifs qui ont concouru à sa formation. Les principaux patois de la France sont en première ligne : le *bas breton*, débris du celtique, et le *basque*, qui est une véritable langue; le *patois méridional*, débris de la langue romane et qui a lui-même plusieurs dialectes, dont les principaux sont le *languedocien* et le *provençal*; puis, en seconde ligne, le *picard*, qui n'est que le vieux français du moyen âge, le *bourguignon*, le *limousin* et l'*auvergnat*.

PATOUILLET (Louis), jésuite, né à Dijon en 1699, mort à Avignon vers 1779, a publié plusieurs ouvrages, parmi lesquels l'*Histoire du pélagianisme*. Il fut éditeur de quelques volumes des *Lettres édifiantes*. Voltaire a joint quelquefois le nom du P. Patouillet à ceux de ses confrères sur lesquels il se plaît à déverser le ridicule.

PATRAS ou BALIPATRA, c'est-à-dire l'ancienne *Batra* ou *Patra*, ville de la Grèce, située en amphithéâtre sur le golfe de Lépante, à 5 lieues de cette ville. Sa population, autrefois de 22,000 âmes, n'est guère aujourd'hui que de 10,000. Son air est malsain. Ses environs produisent des fruits, des grenades, des citrons, des oranges d'un goût exquis. Elle fait avec Trieste, Zante et Corfou un commerce de soie, cuirs, miel, cire, vins, fromages et raisins de Corinthe. Patras a un archevêché grec. — Autrefois nommée Aroé, puis *Patræ*, elle fut fondée par Eumelus, agrandie et entourée de murs par Patréus. Elle fut une des villes de la ligue achéenne. Diane y avait un temple, avec une fameuse statue d'or et d'ivoire. — Aujourd'hui Patras est la capitale d'un nome de la Grèce comprenant une partie de l'Achaïe, l'Elide, l'Etolie et l'Acarnanie.

PATRAT (Joseph), acteur et auteur comique, né à Arles vers 1732, mort à Paris en 1801, a composé une foule de pièces de théâtre, dont on porte le nombre à cinquante-sept, et dont les plus remarquables sont : les *Amants Protées, l'Officier de fortune, l'Heureuse Erreur, l'Espiégle, Honneur et Indigence, le Complot inutile* et les *Déguisements amoureux*.

PATRES CONSCRIPTI. Voy. PÈRES CONSCRITS.

PATRES MAJORUM GENTIUM et MINORUM GENTIUM. Voy. PATRICIENNES (Familles).

PATRIARCAT, dignité, siége et juridiction d'un patriarche. — Dans le dernier sens, ce mot correspondait à celui de diocèse, et s'employait pour l'administration religieuse, comme l'autre pour l'administration civile. Il y avait autrefois cinq patriarcats, c'est-à-dire cinq sièges épiscopaux dont les titulaires prenaient le titre de patriarches : Alexandrie, Antioche, Ephèse et Jérusalem. L'évêque de Rome prenait aussi le titre de patriarche. L'institution des patriarcats remonte aux apôtres, suivant Henri de Valois.

PATRIARCHE. Ce mot, qui vient du grec *patriarchés*, chef de famille, se dit principalement : 1° des anciens chefs de famille du peuple hébreu avant Moïse. On en compte quarante-deux, qui sont : avant le déluge, Adam, Caïn, Abel, Seth, Enus, Caïnan, Malaléel, Jared, Enoch, Mathusalem, Lamech, Noé, Sem, Cham et Japhet; après le déluge, Arphaxad, Caïnan, Salé, Héber, Phaleg, Rhagau, Saroch, Nachor, Tharé, Abraham, Isaac, Jacob, ses douze fils, Caath, fils de Lévi, Amram et Moïse. — 2° Des évêques des principaux sièges de l'Eglise d'Orient, ayant droit d'honneur et de juridiction. — 3° Des évêques du rit grec ou copte.

PATRICE (Saint), apôtre de l'Irlande, né en Ecosse l'an 372, entra dans le clergé et fut ordonné évêque à quarante-cinq ans. Il fonda l'église métropolitaine d'Armagh, et introduisit l'usage des lettres en Irlande, où il mourut vers l'an 460. On raconte beaucoup de fables sur le purgatoire de saint Patrice; c'était une caverne d'une ile du lac Derg dans la province d'Ulster, où l'on conjecture que le saint avait l'habitude de se retirer, et où les peines de l'enfer étaient représentées. Cette ile porte encore aujourd'hui le nom de *Saint-Patrick's Purgatory*.

PATRICE, dignité éminente des derniers siècles de l'empire romain, créée par Constantin, qui l'accorda à ceux qui formaient son conseil, ou qui avaient rendu des services importants à l'empire, après en avoir rempli les premières charges. Clovis reçut le titre et les ornements de *patrice* de l'empereur Anastase.

PATRICES. Il y avait huit dieux auxquels les Romains donnaient ce nom : Janus, Saturne, le Génie, Pluton, Bacchus, le Soleil, la Lune et la Terre.

PATRICIENNES (FAMILLES). Elles étaient à Rome au nombre de cinquante-deux, dont quatorze étaient dites *majorum gentium*, des plus grandes maisons, parce qu'elles faisaient remonter leur origine jusqu'aux Troyens et aux Albains, et trente-huit *minorum gentium*, parce que leur noblesse ne datait que des premiers temps de la république. Parmi les premières, on distinguait les familles *Æmilia, Antonia, Fabia, Julia, Junia, Sergia, Servilia, Vitellia*; parmi les secondes étaient les familles *Cassia, Claudia, Cornelia, Furia, Horatia, Hortensia, Lucretia, Manlia, Minucia, Octavia, Papiria, Posthumia, Sempronia, Sulpicia, Virginia*.

PATRICIENS, l'une des classes en lesquelles était divisé le peuple romain, comprenant les anciennes familles formant la noblesse. Cette division était due à Romulus, qui sépara des pauvres ceux qui étaient distingués par leurs richesses, et leur donna le nom de *patres*. Leurs descendants furent appelés patriciens *quasi qui patrem ciere possent*, c'est-à-dire comme pouvant nommer leur père, dit un écrivain latin, et formèrent la noblesse romaine. On distinguait parmi les patriciens deux classes : les *patres majorum gentium*, qui descendaient des deux cents sénateurs formés par Romulus, et les *patres minorum gentium*, qui descendaient des hommes par Tarquin ou après lui. Pendant longtemps les patriciens furent seuls en possession des dignités de la république, formèrent le corps du sénat, et eurent le droit de conserver et de faire porter à leurs funérailles les images de leurs ancêtres. Mais dans la suite les plébéiens se firent admettre aux charges. Voy. PLÉBÉIENS.

PATRICIENS, hérétiques ainsi nommés de *Patrice* ou *Patricius* leur chef, qui vivait vers l'an 195. Il était marcionite et précepteur de Symmaque. L'erreur qu'il défendit avec le plus de chaleur est que, la chair de l'homme ayant été créée par le démon, on devait la haïr et la détruire, et que c'était une bonne œuvre de se tuer soi-même.

PATRIMOINE, ensemble des biens de la famille. Quelquefois on applique ce mot à toute sorte de biens. — Depuis la révolution, on a appelé *biens patrimoniaux* les biens provenant de la famille par hérédité, en opposition aux *biens nationaux*, c'est-à-dire qui ont été, à la suite d'une confiscation, vendus au profit de la nation.

PATRIPASSIENS. Voy. PATROPASSIENS.

PATRIX, général en chef de l'armée patriotique d'Avignon, qui voulait la réunion du comtat Venaissin à la France. Dénoncé à son état-major pour avoir montré trop de modération et de générosité, Patrix fut fusillé à Montreux en 1791. Il eut pour successeur le fameux Jourdan dit *Coupe-tête*.

PATROCLE (myth.), fils de Ménécée, roi des Locriens, tua involontairement dans sa jeunesse Clysonyme, fils d'Amphidame, et, forcé de quitter Opunte sa patrie, se réfugia à la cour de Pélée, roi de Phthie. Ce fut là qu'il contracta avec Achille cette amitié qui les a immortalisés tous deux aussi bien que leur valeur. Patrocle suivit Achille à la guerre de Troie, et imita son exemple lorsqu'il s'enferma dans sa tente et refusa de combattre. Cependant, touché des malheurs des Grecs, et ayant vainement cherché d'attendrir Achille, il obtint la permission de se couvrir de ses armes pour frapper les Troyens d'épouvante. Emporté par l'ardeur du combat, Patrocle s'aventura jusque sous les murailles de Troie, où Hector l'attaqua, le tua avec le secours d'Apollon, et le dépouilla des armes d'Achille. Ce dernier, furieux à la nouvelle du trépas de son ami, courut au combat, et immola Hector aux mânes de Patrocle, auquel il avait déjà élevé un bûcher magnifique, et en l'honneur duquel il avait fait célébrer des jeux funèbres.

PATROCLE, Athénien qui cita Démosthène en justice, et qui, n'ayant pu réunir la cinquième partie des voix, fut condamné à l'amende. — Un des lieutenants de Ptolémée Philadelphe, fut envoyé avec une flotte au secours d'Athènes assiégée par Antigone Gonatas. Il fortifia une petite île de la mer Egée, située dans le golfe Saronique, à l'O. du cap Sunium. Cette île, qui prit le nom d'*île de Patrocle*, porte aujourd'hui celui de *Guidronisa*, *Ebanonisi* ou *île des Anes*.

PATROCLE (Saint), prêtre reclus de Mycant, dans le Berry, où il était né vers l'an 496, bâtit à 2 lieues de son ermitage le monastère de Colombiers, et mourut en 576, le 19 novembre, jour de sa fête.

PATROCLÈS, un des officiers de Seleucus Nicanor, chargé par ce prince du gouvernement de la Babylonie, ne vit une histoire que Strabon juga plus digne de foi que celle qu'écrivirent sur l'Inde les autres historiens grecs, qui n'avaient point ainsi que lui été témoins des faits qu'ils racontent. Il florissait vers l'an 312 avant J.-C. Quelques-uns le confondent avec PATROCLES, père de Nicanor, qui fit la guerre aux Juifs du temps de Judas Machabée.

PATRON. On appelait ainsi, chez les Romains, le protecteur que chaque citoyen pauvre, de l'ordre des plébéiens, choisissait parmi les patriciens. Le protégé prenait le nom de *client*. — De cette signification première sont dérivées pour le mot *patron* plusieurs acceptions particulières. Ainsi *patron* se dit du protecteur vis-à-vis du protégé, du maître à l'égard de l'esclave, du commandant d'un canot ou d'une barque, et, dans l'Église catholique, du saint dont on porte le nom ou sous la protection duquel on s'est placé. Par exemple, saint Denis est le patron de la France, sainte Geneviève de Paris. Saint Éloi est le patron des orfèvres et des forgerons, saint Fiacre des jardiniers, saint Crépin des cordonniers, saint Nicolas des marins, saint Vincent des vignerons; sainte Cécile est la patronne des musiciens, sainte Barbe des artilleurs, etc. — Enfin on a étendu le mot de *patron* au modèle sur lequel on fabrique quelque chose.

PATRONAGE, office de patron. — Dans le moyen âge, on appelait *droit de patronage* le pouvoir de nommer à un bénéfice vacant, parce que le *patron* était celui qui avait fondé ou doté l'église ou le bénéfice. Ce droit conférait les prérogatives de la place d'honneur dans les processions, de l'eau bénite, du pain bénit, de l'encens et de l'offrande avant les autres.

PATRONA-KALIL, Albanais, d'abord soldat de marine sur la deuxième galère turque, appelée *patrona*, d'où il prit son nom, puis janissaire, se mit en 1730 à la tête d'une sédition qui, après avoir demandé les têtes du muphti, du grand vizir et de quelques autres ministres, finit par déposer le sultan Achmet III, et donner l'empire à Mahmoud Ier, neveu de ce prince. Mahmoud fit ensuite, par le conseil de son ancien précepteur, Khodja-Djiaman, massacrer dans la salle du divan Patrona-Kalil et deux de ses complices.

PATRONYMIQUE (NOM), nom commun à tous les descendants d'une race, et tiré de celui qui en est le père. Ainsi les *Héraclides* sont les descendants d'Hercule, les *Æacides* ceux d'Æacus. Le nom patronymique servait aussi à indiquer tous les liens de parenté. Ainsi les *Atrides* sont les fils ou les neveux d'Atrée, les *Danaïdes* sont les filles de Danaüs.

PATROPASSIENS ou PATRIPASSIENS, hérétiques ainsi appelés parce qu'ils croyaient qu'il n'y avait en Dieu qu'une personne, qui a le nom de Père, de Fils et de Saint-Esprit, et qu'ainsi le Père avait souffert aussi bien que le Fils. Leur chef fut Praxéas.

PATRU (Olivier), avocat au parlement de Paris, né à Paris en 1604, suivit la carrière du barreau en même temps qu'il cultivait la littérature. Ses succès comme orateur furent éclatants, mais ne contribuèrent point à sa fortune. Insouciant sur ses affaires personnelles, il était sur le point de se défaire de sa bibliothèque pour arrêter les poursuites des créanciers; mais il trouva dans Boileau un acquéreur généreux qui lui en laissa l'usage. Reçu en 1640 à l'académie française, ce fut lui qui introduisit l'usage des remerciements. Peu de jours avant sa mort, qui arriva en 1681, il obtint du roi, après les sollicitations longtemps infructueuses du duc de Montausier, une gratification de cinq cents écus. Patru a passé pour l'homme de son temps le plus versé dans le mécanisme de sa langue; mais ses ouvrages l'ont rendu moins célèbre que sa liaison avec Racine et Boileau.

PATTE. On nomme *patte à régler*, en musique, un petit instrument de cuivre composé de cinq rainures également espacées, attachées à un manche, au moyen duquel on trace d'un seul coup les 5 lignes qui forment la portée de musique.

PATTE ou PATE. Ce mot, qui signifie proprement les membres locomoteurs des animaux, a été donné par les jardiniers aux racines de quelques plantes, par lesquelles on reproduit ces plantes. Ainsi l'on dit *pattes d'anémones*, mais on dit *griffes de renoncules*. —Ce mot est encore devenu spécifique dans le langage vulgaire. Ainsi on a appelé *patte-d'araignée* la nigelle; *patte-de-lapin*, l'orpin velu et le *trèfle rouge*; *patte-de-lion*, l'alchimille et le *filage*; *patte-de-loup*, le *lycope vulgaire*; *patte-d'oie*, les chénopodes et un *strombe*; *patte-d'ours*, une *acanthe*; *patte velue*, la *calandre*.

PATU (Claude-Pierre), écuyer, avocat au parlement de Paris, né à Paris en 1729, mort en 1758, membre de l'académie des Arcades, s'occupa plus de littérature que de jurisprudence, et fut lié avec Pulissot. On a de lui, en société avec Portelance, une petite comédie en un acte et en vers qui eut un grand succès; elle est intitulée *les Adieux du goût*.

PATULCIUS (myth.), surnom que les Romains donnaient à Janus, soit parce que son temple était ouvert en temps de guerre, soit parce qu'il ouvrait l'année et les saisons, qui commençaient par la célébration de ses fêtes et par le mois de janvier qui lui est consacré.

PATULEIUS, chevalier romain qui légua la moitié de ses biens à Tibère; mais ce prince ayant appris que, par un testament antérieur, il avait disposé de ses biens en faveur de M. Servilius, voulut que le premier testament fût exécuté.

PATURAGE (DROIT DE), faculté de faire paître dans les bois et forêts toute espèce de bestiaux. Ce droit est à peu de chose près le même que ceux de *pacage*, de *parcours* et de *vaine pâture*.

PATURAGES. Sous cette dénomination générale on confond souvent ensemble les lieux où les animaux paissent librement, et la *pâture*, comprenant non-seulement l'herbe, mais encore le fourrage sec, les grains et les racines qu'ils mangent. Les pâturages, qu'on appelle aussi herbages, sont de trois sortes, savoir : 1° les *prairies naturelles* et *artificielles*; 2° les *chaumes*, espaces de peu d'étendue, situés au sommet des hautes montagnes, où l'on conduit durant cinq mois (du 15 mai aux premiers jour d'octobre) les bêtes à grosses cornes; 3° les pacages, situés dans les bois et les forêts où l'herbe est abondante et propre.

PATURE, nourriture que prennent dans les pâturages ou pacages les animaux herbivores. Le droit de *vaine pâture* ne diffère pas sensiblement du droit de pacage.

PATURIN, genre de plantes monocotylédones, de la famille des graminées. Les paturins sont des plantes herbacées, annuelles ou vivaces, à feuilles longues, linéaires, engaînantes à la base, et dont les fleurs vertes forment des sortes de panicules plus ou moins rameuses. Parmi les espèces de paturin, on doit citer le *paturin abyssinien*, dont la graine, dans son pays natal, est employée avantageusement à faire du pain.

PATURON (anat.), partie de la jambe du cheval entre le boulet et la couronne.

PATURON, POTIRON ou POTURON (bot.). On nomme indifféremment ces noms vulgaires à des champignons mangeables qui viennent dans les pâturages, et à de grosses variétés de citrouilles ou de courges.

PAU, jolie ville de France, chef-lieu de préfecture du département des Basses-Pyrénées, à 177 lieues de Paris, sur une éminence baignée par le gave de Pau. Sa population est de 15,000 habitants. Elle a une cour d'appel dont le ressort s'étend aux départements des Landes, des Hautes et Basses-Pyrénées, des tribunaux de première instance, une chambre de manufactures, une académie, un collège—. Elle est le chef-lieu de la vingt-quatrième conservation forestière. On y remarque la bibliothèque, le théâtre, le palais de justice, de superbes promenades et surtout le château où naquit Henri IV. C'est en vue de ce château que s'élève le coteau de Jurançon, où l'on récolte le vin délicat qui porte ce nom. Pau fait le commerce de vin et des toiles qu'elle fabrique, des oies, des jambons de Bayonne, etc.—Cette ville, patrie de Henri IV et du maréchal de Gassion, possédait autrefois un parlement, une chambre des comptes, une cour des aides, un hôtel des monnaies, une sénéchaussée, une intendance et une université.

PAUCIFLORE, nom donné aux plantes dont les fleurs sont peu nombreuses.

PAUCIRADIÉ, qui a peu de rayons (en latin, *radius*), épithète donnée aux ombelles et à certaines fleurs radiées qui sont peu garnies de demi-fleurons.

PAUL (Saint), l'apôtre des Gentils, né à Tarse en Cilicie (2 ans avant J.-C.), s'appelait Saul et était fils d'un Juif de la tribu

e Benjamin, devenu citoyen romain
orsque Auguste accorda ce titre à toute la
ille de Tarse. Elevé dans la secte des pha-
isiens, il fut d'abord un des ennemis les
lus acharnés du christianisme, et contri-
ua au martyre de saint Etienne. Sa con-
ersion miraculeuse est racontée dans les
ctes des apôtres. Devenu l'un des plus
élés propagateurs de la religion chré-
ienne, il la prêcha d'abord à Damas, puis
Tarse, à Antioche et dans toute l'Asie-
lineure. Il convertit dans l'île de Chypre
e proconsul Sergius Paulus dont il prit le
om (45 de J.-C.). Après avoir prêché à
'hessalonique, à Athènes, à Corinthe et
ans toute la Grèce, il vint à Rome, où il fut
e compagnon de saint Pierre et où il com-
attit Simon le Magicien. Enveloppé dans
a proscription des chrétiens par Néron, il
ut la tête tranchée, le 29 juin de l'an 66,
ux *Eaux-Salviennes*, et fut enterré sur le
hemin d'Ostie, où le pape Grégoire le Grand
it construire une église sous son invoca-
ion. Il nous reste de saint Paul quatorze
pîtres renfermant toute la doctrine des
vangiles, auxquels elles sont réunies
omme en formant le complément indis-
oensable.

PAUL (Saint), premier ermite, né dans la
Thébaïde vers 229, se retira dans le désert
lès l'âge de vingt-deux ans, pour se sous-
raire à la persécution excitée contre les
hrétiens par l'empereur Dèce. Une caverne
ui servait d'abri, et il tirait sa subsistance
et son vêtement de quelques palmiers envi-
onnants. Il mourut en 341, âgé de cent
reize ans, après avoir reçu la visite de saint
Antoine. Saint Athanase et saint Jérôme
ont écrit sa *vie*. L'Eglise célèbre sa fête le
15 janvier.

PAUL (SAINT) ou SAN-PAULO, province du
Brésil, au S. de cet empire, bornée au N.
par les provinces de Rio-de-Janeiro, Minas-
Geraës et Goyaz; à l'O. par les provinces de
Goyaz, de Matto-Grosso et le Paraguay;
au S. par l'Uruguay, les provinces de
San-Pedro, de Santa-Catarina, et à l'E.
par Santa-Catarina, l'océan et Rio-de-Janeiro. Cette province occupe un espace
de 135 lieues d'étendue du S. au N. De
l'E. à l'O. sa largeur moyenne est de
100 lieues. C'est une des plus riches; elle
produit toute espèce de fruits et de grains;
ses mines de fer sont très-belles et ses
troupeaux fort estimés. Le chef-lieu est
CIDADE DE SAN-PAULO, bâtie en 1552; sa
population est de 30,000 habitants. C'est
une ville très-agréable et très-jolie. Elle
possède trois hôpitaux, plusieurs couvents,
une salle de spectacle, de belles places, des
fontaines en grand nombre. La province
se divise en trois comarcas, ceux de *San-
Paulo*, d'*Ytu* et de *Paranagua* et *Cory-
tiba*.

PAUL DE FENOUILLÈDE (SAINT-), petite
ville du département des Pyrénées-Orientales, chef-lieu de canton, dans l'arrondissement et à 10 lieues de Perpignan,
entre des montagnes, sur l'Egli Sa population est de 1,500 habitants. Elle est la
capitale de l'ancien pays de Fenouillède,
dans le Languedoc.

PAUL-TROIS-CHATEAUX (SAINT-), petite
ville du département de la Drôme, sur le
penchant d'une colline, à une lieue du
Rhône, dans le canton et à une lieue de
Pierrelatte. Elle fait un grand commerce
d'huile fine, de vin et de soie. Son territoire renferme des pétrifications marines.
Sa population est de 1,200 habitants.—Colonie romaine fondée par Auguste, elle
s'appela d'abord *Sébaste*; puis *Dioclotiana*
et enfin *Augusta Tricastinorum*, et fut
la capitale du Tricastin, ancien pays des
Cavares. Elle avait trois tours pour sa défense et un évêché suffragant d'Arles, et
dont saint Sulpice avait été la premier
évêque. Il a été supprimé en 1790. Saint-
Paul-Trois-Châteaux fut saccagé par les
Allemands au IIIe siècle et ensuite par les
Sarrasins.

PAUL JOYE. Voy. JOVE.

PAUL DE SAMOSATE, évêque de cette
ville, fut élu en 260 patriarche d'Antioche.
Peu de temps après il renouvela les erreurs

de Sabellius, fut excommunié en 270 dans
un concile tenu à Antioche sous la présidence du patriarche de Jérusalem, et dépossédé de sa dignité; mais il se maintint
dans son siège avec l'appui de la fameuse
Zénobie, reine de Palmyre, alors maîtresse
de la Syrie, et ne l'abandonna qu'après la
défaite de sa protectrice. Ses sectateurs
prirent le nom de *paulianistes*; ils avaient
disparu dès le Ive siècle.

PAUL LE SILENCIAIRE, ainsi nommé de
la charge qu'il remplissait dans le palais de
l'empereur Justinien, et surnommé *Cyrus
Florus*, écrivit en vers grecs l'*Histoire et
la description du temple de Sainte-Sophie*, et plusieurs pièces fugitives.

PAUL ÉMILE (Lucius Æmilius Paulus),
fameux général romain, fils de ce Lucius
Æmilius Paulus qui fut tué à la bataille
de Cannes, naquit l'an 228 avant J.-C.
Préteur en Espagne (190 avant J.-C.), puis
consul en l'an 182, il conquit la Ligurie,
obtint les honneurs du triomphe, et se
retira des affaires. Rappelé presque malgré
lui au consulat en 168, il vainquit le roi
de Macéduine à Pydna, se rendit maître en
deux jours du royaume et de son roi Persée, l'emmena à Rome avec tous ses trésors, et reçut pour la seconde fois les honneurs du triomphe, dont la cérémonie dura
trois jours. Paul Emile avait alors soixante
ans; il ne garda de tout ce qu'il avait
pris que la bibliothèque de Persée, fut élevé
à la dignité de censeur, et mourut l'an 158
avant J.-C. Il eut de Papiria, sa première
femme, deux fils, dont l'un fut adopté par
la famille des Fabius Maximus, et l'autre
par le second fils de Scipion l'Africain; ce
fut *Scipion Emilien* ou le *second Africain*. Il en eut aussi deux filles, dont l'une
fut la femme de Caton et l'autre Ælius
Tuberon.

PAUL DE TYR, rhéteur célèbre, contemporain de Philon de Biblos (120 après
J.-C.), fut envoyé par ses concitoyens auprès de l'empereur Adrien pour lui demander que la ville de Tyr fût érigée en
métropole. Adrien, charmé de son éloquence, lui accorda l'objet de sa mission. Paul de Tyr a laissé sur la rhétorique quelques écrits honorablement cités
par Suidas.

PAUL VÉRONÈSE. Voy. CAGLIARI.

PAUL WARNEFRID, diacre d'Aquilée,
fut secrétaire de Didier, dernier roi des
Lombards, après la chute duquel (774) il
se retira au mont Cassin où il se fit moine.
Il y mourut au commencement du IXe siècle. On a de lui une *Histoire des Lombards* en six livres, un abrégé de l'*Histoire des premiers évêques de Metz*, la
Vie de saint Arnoul, évêque de Metz,
celle de saint Benoît, de saint Maur, de
sainte Scholastique et de Grégoire le Grand,
un livre d'homélies, deux sermons sur la
fête de l'Assomption. On lui attribue aussi
l'hymne de saint Jean : *Ut queant laxis*.

PAUL. Quatre patriarches de Constantinople ont porté ce nom. — Le premier fut
élu en 336 par les orthodoxes, et eut pour
rival Macedonius que lui substituèrent les
ariens. Expulsé deux ans après son
siège et rappelé en 338, il fut ensuite déposé par les eusébiens, qui lui substitue-
rent Eusèbe leur chef. Après avoir lutté
pendant longtemps contre Eusèbe et Macedonius, il fut rétabli, puis exilé à Cu-
cuse et étranglé. L'Eglise l'honore comme
un martyr. — PAUL II, patriarche de Constantinople, fut élevé à la dignité en 641
par l'empereur Constant. Dénoncé comme
monothélite au pape Théodose qui l'excommunia et le déposa, il persécuta les
orthodoxes, et fit publier par l'empereur
le fameux édit appelé *Type*, qu'il fit affi-
cher comme formule de foi. Paul ayant
persisté dans son hérésie jusqu'à sa mort
(684), son nom fut rayé des diptyques ecclésiastiques, et sa mémoire condamnée dans
le sixième synode. — PAUL III, patriarche
de Constantinople, fut élevé à ce siège en
686; il était auparavant laïque et secrétaire de l'empereur. Il mourut en 693, et
eut pour successeur Callinique. — PAUL IV,
patriarche de Constantinople, natif de Chy-

pre, succéda en 780 à Nicétas II abdiqua
bientôt en 784.

PAUL. Cinq papes ont porté ce nom. Le
premier succéda en 757 à son frère Etienne III. Il implora le secours de Pepin contre les Grecs et les Lombards, fonda diverses églises, travailla inutilement à la conversion de Constantin Copronyme, et mourut en 767, après avoir gouverné avec
douceur, sagesse et bonté. — PAUL II
(Pierre BARBO), neveu par sa mère du pape
Eugène IV, était né à Venise. Il succéda
en 1464, à l'âge de quarante-huit ans, au
pape Pie II. Son pontificat n'est guère remarquable que par l'excommunication du
roi de Bohême, la guerre contre les Turks,
la réunion des princes d'Italie et la réduction du jubilé à vingt-cinq ans. Paul II
mourut en 1471. — PAUL III (Alexandre
FARNÈSE), pape, natif de Rome, évêque
d'Ostie et doyen du sacré collège, avait
soixante-huit ans quand le vœu unanime
des cardinaux l'appela à remplacer Clément VII dans la chaire de Saint-Pierre
(1534). Il convoqua un concile d'abord à
Mantoue, ensuite à Trente, fit avec l'empereur et les Vénitiens une ligue infructueuse contre les Turks, chercha à réconcilier ensemble Charles-Quint et François Ier, établit l'inquisition, traita avec
rigueur le roi d'Angleterre Henri VIII, et
mourut en 1549. Il avait eu, avant d'entrer dans les ordres, une fille qui épousa
Bosio Sforza, et un fils, Pierre-Louis Farnèse, qu'il fit duc de Parme. — PAUL IV
(Jean-Pierre CARAFFA), pape, natif de Naples, archevêque de Théate (Chieti) et instituteur des théatins conjointement avec
saint Gaétan, succéda en 1555, à l'âge de
quatre-vingts ans, au pape Marcel II. Il
corrigea les abus, lança des anathèmes
contre les hérétiques, confirma l'inquisition, établit les archevêchés de Goa, de
Malines, d'Utrecht et de Cambrai avec divers évêchés, chassa de Rome ses neveux
qu'il avait faits tout-puissants, mais qui
abusèrent de leur pouvoir. Il irrita tellement contre lui le peuple romain par son
excessive sévérité qu'après sa mort arrivée
en 1559, sa statue fut brisée et jetée dans
le Tibre. — PAUL V (Camille BORGHÈSE),
pape, natif de Rome et originaire de
Sienne, obtint la tiare en 1605 après
Léon XI. Une querelle avec la république
de Venise, dont le résultat fut l'expulsion
des jésuites de cet Etat, la réunion des
nestoriens de Chaldée à l'Eglise romaine,
plusieurs disputes relatives à des articles
de foi apaisées plutôt que terminées, furent
les principaux actes de son pontificat. Ce
pape embellit Rome; il acheva le frontispice de Saint-Pierre et le palais de Monte-
Cavallo (Quirinal), et mourut en 1621 à
soixante-neuf ans.

PAUL (Paul DE SAUMUR, connu sous le
nom de *Chevalier*), célèbre marin, fils
d'une lavandière qui faisait le trajet de
Marseille au château d'If, naquit sur un
bateau en 1597. Il servit d'abord comme
mousse sur les galères de Malte, s'y distingua, et remplaça son commandant tué
dans un combat. Le cardinal de Richelieu
le demanda au grand maître, et le fit
capitaine de haut bord. Paul devint successivement chef d'escadre, lieutenant général, vice-amiral des mers du Levant, et
mourut à Toulon en 1667.

PAUL Ier (Pétrovitch), empereur de Russie, né en 1754, était fils de la grande-
duchesse depuis Catherine II et du grand-
duc (Pierre III). Marié en 1774 avec la
fille du landgrave de Hesse-Darmstadt, il
épousa en 1776 la princesse de Wurtemberg, avec laquelle il parcourut l'Europe
sous le nom de *comte du Nord*. Parvenu
au trône en 1796 à la mort de sa mère
Catherine II, il renouvela la face de l'empire avec une imprudente précipitation.
Tout fut bouleversé dans l'administration
et dans l'armée, dont un caprice ridicu-
changea les uniformes et la coiffure
entra d'abord dans la coalition cont
France, dont il se fit ensuite l'allié, e
rant ennemi de l'Angleterre qui con
ses vues sur l'île de Malte dont

déclaré le grand maître. Il porta le despotisme jusqu'à obliger tous ceux qui se trouvaient sur son passage à se prosterner devant lui. Fatigués de ses excès et de sa folie, les nobles se conjurèrent et l'assassinèrent dans la nuit du 11 au 12 mars 1801. Il avait eu de sa seconde femme cinq filles et quatre fils, dont l'aîné lui succéda sous le nom d'Alexandre Ier. Nicolas Ier, l'empereur régnant, était le troisième.

PAUL, en italien *paolo*, monnaie des États de l'Église. C'est le dixième de l'écu. Cette petite monnaie d'argent vaut 10 bayoques ou 54 centimes de France. L'écu de 10 *pauls* vaut 5 francs 38 centimes 50 centièmes. — En Toscane, le *paul* est une monnaie d'argent qui vaut 56 centimes 10 centièmes de France. Il y a des pièces de 2 *pauls* (valant 1 franc 12 centimes 20 centièmes), de 5 *pauls* (2 francs 60 centimes 50 centièmes), de 10 *pauls* (5 francs 61 centimes).

PAUL (Ordre de Saint-) ou Frères de la mort, ordre religieux de la règle de Saint-Paul-l'Ermite, introduit en France dans le XVIIe siècle. Leur nom venait de ce qu'ils portaient une tête de mort pour avoir le souvenir de la mort toujours présent à l'esprit. Cet ordre, dont on ignore le but, l'origine et les règles, fut supprimé vers 1649.

PAULA, famille romaine qui n'était qu'une branche de la famille *Æmilia*. — Julia Cornelia Paula, dame romaine aussi vertueuse que belle, et fille du préfet des gardes prétoriennes, inspira une violente passion à l'empereur Héliogabale, qui l'épousa et la répudia bientôt après.

PAULE, village du royaume de Naples, dans la Calabre, près de la mer, à 6 lieues de Cosenza. Il est la patrie de saint François de Paule, fondateur des minimes.

PAULE (Sainte), dame romaine de la famille des Scipions et des Gracques, née vers 347, embrassa le christianisme et, devenue veuve, se retira au monastère de Bethléem, pour y pratiquer, sous la conduite de saint Jérôme, toutes les austérités d'une vie pénitente. Elle devint abbesse de ce monastère, et y mourut en 407. Dans une lettre à Eutochie, sa troisième fille, saint Jérôme s'étend sur les vertus de la mère; cette pièce est connue sous le nom d'*Épitaphe de sainte Paule*.

PAULETTE (Droit de), droit que tous ceux qui payaient une imposition annuelle d'un soixantième de leurs revenus avaient avant 1789 de transmettre leurs charges à leurs héritiers, lesquels pouvaient les conserver ou les vendre. Ce droit prit ce nom parce qu'il fut établi par une ordonnance de 1604, rendue sur la proposition du secrétaire d'État Charles Paulet.

PAULIANISTES, hérétiques sectateurs de Paul de Samosate, distinguaient deux personnes en Jésus-Christ, le Verbe et le Christ. Celui-ci, selon eux, n'était appelé Dieu qu'improprement, à raison de sa sainteté, de ses vertus et de ses prodiges. Les paulianistes ne subsistèrent pas longtemps après la mort de leur chef.

PAULICIENS, nom d'une secte de manichéens, ainsi appelée parce que son fondateur, Constantin d'Arménie, déclarait suivre uniquement la doctrine de saint Paul. Nés vers l'an 688, les pauliciens furent protégés par l'empereur Nicéphore, et s'accrurent beaucoup sous la conduite des Arméniens Paul et Jean, qui leur donnèrent le nom de *paulijoannistes*.

PAULIN (Saint) (Pontius Meropius Paulinus), un des plus célèbres poètes chrétiens des premiers siècles, né à Bordeaux vers 353, fit ses études sous Ausone, par le crédit duquel il fut, après avoir paru avec éclat au barreau de Rome, promu à la dignité de consul en 378. Son épouse Thérasie ayant pris le voile, il fut ordonné prêtre à Barcelone en 393, et passa à Nole en Italie, dont il fut élu évêque en 410. Il mourut en 431. On lui attribue l'invention des cloches. — Il nous reste de lui trente-deux *poëmes*, où règne une grande facilité, cinquante *lettres*, un *Discours sur l'aumône* et l'*Histoire du martyre de saint Genès d'Arles*.

PAULIN (Saint), patriarche d'Aquilée, né dans le Frioul vers l'an 730, enseignait les lettres, lorsqu'il attira l'attention de Charlemagne, qui lui donna un fief en Lombardie, et peu de temps après (777) le fit monter sur le siége patriarcal. Paulin assista, par les ordres de ce prince, aux divers conciles qui furent tenus sous son règne, et mourut en 804. L'Église célèbre sa fête le 28 janvier. — Saint Paulin, évêque de Trèves en 349, fut exilé par l'empereur Constance, et mourut l'an 359 en Phrygie. Son crime était d'avoir soutenu au concile d'Arles, en 353, les décrets de Nicée et l'innocence de saint Athanase. L'Église célèbre sa fête le 31 août.

PAULINE (Pompeia Paulina), femme de Sénèque, célèbre par son esprit et sa vertu. Son mari ayant été condamné à mort par Néron, elle se fit ouvrir les veines pour ne pas lui survivre; mais Néron, craignant d'augmenter la haine par des crimes inutiles, la fit sauver par les soldats. Pauline vécut encore quelques années.

PAULINUS, général romain qui, le premier, franchit le mont Atlas avec une armée. Il composa l'histoire de son expédition; mais cet ouvrage n'est point parvenu jusqu'à nous. Paulinus signala aussi sa valeur dans la Grande-Bretagne. Il se déclara en faveur d'Othon contre Vitellius.

PAULISTES ou Vicentistas, nom donné aux habitants de la province de San-Paulo au Brésil. Les Paulistes se distinguent par une grande énergie, une activité très-remarquable. Ils sont très-industriels, et ont une réputation méritée de bravoure, de générosité et de franchise. Leur éducation moins imparfaite que dans les autres provinces, un grand développement de l'agriculture, les travaux réguliers des mines, ont dû contribuer à ce changement de caractère. Ce sont les peuples du Brésil qui présentent le plus grand développement moral et le plus remarquable mouvement intellectuel.

PAULLINIÉES, une des sections dont se compose la famille des sapindacées, qui se compose d'arbrisseaux sarmenteux armés de vrilles.

PAULO (Antoine de), grand maître de l'ordre de Malte, né à Toulouse en 1570, succéda en 1623 à Mendez Vasconcellos. Sous ce magistère, les statuts de l'ordre furent réformés, et ses forces augmentées. De Paulo mourut en 1736. Les dernières années de son magistère avaient été remplies par des expéditions glorieuses.

PAULO (Le comte Jules de), dernier descendant du grand maître de ce nom, se montra "l'un des principaux chefs de l'insurrection royale dans le Midi en 1797. Tandis que le général Rougé, son collègue, tenait le centre du département de la Haute-Garonne, le comte de Paulo marchait contre les Pyrénées. Vainqueur près de Muret et de Martres, il fut attaqué près de Montrejeau par les généraux Berthier et Lannes, par l'adjudant général Nicole. 2,000 hommes restèrent sur le champ de bataille. Le comte de Paulo s'enfuit en Espagne, d'où il ne revint qu'après l'amnistie du 18 brumaire. Il mourut en 1804.

PAUME, le creux ou le dedans de la main. — C'est aussi une mesure en usage pour connaître la taille des chevaux. Elle se détermine par la hauteur du poing fermé, qui donne environ 3 pouces.

PAUME, sorte de jeu auquel se livrent deux ou plusieurs individus se renvoyant une balle avec la main ou un gantelet, dans un lieu préparé exprès. Pline nous apprend que la paume était fort en usage chez les Romains, qui avaient emprunté des Grecs quatre sortes différentes de balles : le ballon (*follis*), la balle trigonale (*pila trigonalis*), le *harpastum*, semblable à une pelote, et la balle villageoise (*pila paganica*), gonflée de plumes et moins flexible que le ballon, quoique plus serrée que la balle trigonale. -Ce fut dans un humble jeu de paume de Versailles que se rassembla pour la première fois l'assemblée nationale, et cette installation a gardé le nom de *séance du jeu de paume*

PAUPIÈRES (anat.). Ce sont des espèces de voiles mobiles tendus au-devant du globe de l'œil. Les paupières sont séparées par une fente transversale; à l'intérieur, elles sont tapissées par une membrane lisse qui se réfléchit sur la devant de l'œil, et que l'on nomme *membrane conjonctive*; entre ces deux membranes est placée, pour chaque paupière, une petite lame de substance fibreuse et résistante, que l'on nomme *cartilage tarse*, ainsi que des muscles servant à mouvoir ces organes. La plupart des vertébrés ont trois paupières; cependant l'homme et les singes n'en ont que deux, et quelquefois les reptiles, de même que les poissons, n'en ont point du tout.

PAUSANIAS, célèbre général de Sparte, fils du roi Cléombrote, de la race des Eurysthénides, commanda les troupes en qualité de tuteur de Plistarque, et remporta la célèbre victoire de Platée (479 avant J.-C.). Les succès qu'il obtint contre les Perses dans l'Asie-Mineure enflèrent son orgueil, et il aspira à devenir le tyran de sa patrie avec l'appui du roi de Perse, auquel il fit de coupables propositions. Rappelé à Sparte par les éphores, auxquels il était devenu suspect, il vit ses projets découverts par l'indiscrétion d'un esclave qui leur remit une lettre prouvant sa trahison, et se réfugia dans le temple de Minerve dont on mura les portes, et où il mourut de faim l'an 477 avant J.-C.

PAUSANIAS, roi de Sparte, petit-fils du précédent, succéda à Plistoanax, son père, en 408 avant J.-C., et eut Agis II pour collègue à la royauté. Plusieurs expéditions dont il fut chargé n'ayant pas réussi au gré des Lacédémoniens, il abdiqua la royauté, et se retira à Tégée, où il mourut en 397.

PAUSANIAS, seigneur macédonien de la cour de Philippe, fut cause de la mort d'un favori de ce prince, qui portait aussi le nom de Pausanias. Attale vengea la mort du favori en faisant à Pausanias l'affront le plus sanglant. Celui-ci, n'ayant pu obtenir justice de Philippe, se vengea en l'assassinant pendant les fêtes du mariage de sa fille Cléopâtre. Il essaya vainement de s'échapper, fut pris et tué sur-le-champ. Quelques auteurs prétendent qu'il avait assassiné Philippe à l'instigation d'Olympias, qui du reste lui fit faire des obsèques magnifiques, et le fit inhumer dans le tombeau des rois.

PAUSANIAS, géographe célèbre du IIe siècle après J.-C., né en Phrygie et non à Césarée en Cappadoce, fut disciple d'Hérode Atticus, voyagea en Grèce, en Macédoine, en Asie, en Égypte, etc., et vint ensuite vers l'an 170 s'établir à Rome, où il mourut dans un âge très-avancé. Ce fut là sans doute qu'il écrivit dans le dialecte ionique son *Voyage en Grèce*, ouvrage en dix livres, également précieux pour le géographe, l'historien et l'antiquaire. C'est le guide le plus fidèle de l'antiquité.

PAUSE, cessation d'une action. — En musique, c'est le silence d'une ronde ou, ce qui revient au même, d'une mesure à quatre temps. La demi-pause n'est que le silence d'une blanche ou d'une demi-mesure à quatre temps. La pause et la demi-pause s'expriment par le même signe (—), avec la différence que la première est comme suspendue sous la quatrième ligne de la portée, et la seconde repose sur la troisième ligne.

PAUSIAS, peintre grec, né à Sicyone vers l'an 360 avant J.-C., fut disciple de Pamphile et contemporain d'Apelle. Ce fut lui qui inventa l'art d'appliquer les couleurs sur le bois et sur l'ivoire

PAUSILIPPE (Mont), montagne située entre Naples et Pouzzol, près du petit lac d'Agnano. Elle est percée par une galerie souterraine longue de 2,123 pieds, large de vingt-neuf à trente pieds sur vingt-neuf a soixante de hauteur. Cette galerie, connue sous le nom de grotte de Pausilippe, sert de route. Au-dessus de l'entrée est le tombeau prétendu de Virgile, et les servités ont sur la montagne une église où l'on voit celui du poëte Sannazar.

PAUSON, peintre grec dont Aristote, Plutarque, Elien et Lucien ont parlé avec éloge, florissait vers l'an 420 avant J.-C. La pauvreté dans laquelle il passa sa vie dut nuire au perfectionnement de son talent.

PAUVRES DE LYON, un des noms que prirent les *vaudois*.

PAUVRES DE LA MÈRE DE DIEU DES ÉCOLES PIEUSES, congrégation de clercs réguliers, fondée à Rome en 1617 par Joseph Casalani, natif d'Aragon, et mise au nombre des ordres religieux par Grégoire XV en 1621. Le but de cet institut est l'instruction gratuite des enfants. L'habit de ces clercs est le même que celui des jésuites, à l'exception de la robe qui s'attache par devant avec trois boutons de cuir, et du manteau qui ne descend que jusqu'aux genoux.

PAUVRES VOLONTAIRES, ordre religieux qui naquit en Allemagne vers la fin du XIVe siècle, et fut approuvé vers 1470 sous la règle de Saint-Augustin. Il forma une congrégation de simples laïques, s'occupant à divers métiers, allant servir les malades quand ils étaient appelés, et vivant des aumônes publiques. Leur habit était une robe grise, un scapulaire et un capuce noirs dans la maison.

PAUVRETÉ, état de celui qui est privé des choses nécessaires à la vie. — Le *vœu de pauvreté*, l'un des trois que les religieux prononcent avant d'embrasser la vie monastique, consiste dans l'absence complète de biens dont la jouissance peut être personnelle. — Les anciens avaient fait de la Pauvreté une divinité allégorique, fille du Luxe et de l'Oisiveté ou de la Paresse. On la faisait aussi fille de la Nuit, et on lui donnait pour sœur la Faim. Les Grecs l'appelaient *Penia*.

PAUXI, genre de l'ordre des gallinacés, détaché par Cuvier de celui des alectors. Il possède les principaux caractères de la section générique; mais il s'en distingue par la présence, sur la membrane qui embrasse la base du bec et sur la plus grande partie de la tête, de plumes courtes et serrées comme du velours.

PAVAGE, action de paver. Ouvrage fait avec des pavés, c'est-à-dire avec des matériaux de nature diverse dont on recouvre la surface de certains lieux afin de leur donner plus de solidité. — Les Carthaginois sont, au rapport d'Isidore, les premiers qui employèrent des pierres pour pavés. La première grande route pavée par les Romains le fut sous le consulat d'Appius Claudius. On attribue généralement à Philippe Auguste le pavage de Paris. On distingue plusieurs sortes de pavés; les plus beaux sont les pavés en marbre, ceux en asphalte et ceux en grès.

PAVÉ DES GÉANTS, nom donné à un amas prodigieux de colonnes basaltiques en Irlande, au comté d'Antrim.

PAVÈSE, démembrement du Milanais, faisant aujourd'hui partie des Etats sardes, et ayant pour capitale VOCHERA.

PAVIE, une des délégations du royaume lombardo-vénitien, située entre celles de Lodi, de Milan et le duché de Parme. Sa superficie est de 30 lieues carrées, et sa population de 117,000 habitants. Cette province, arrosée par le Pô, le Tésin et l'Olona, est si fertile qu'elle a été surnommée le *Jardin du Milanais*. Elle a d'excellents pâturages, et produit du riz, du vin, de la soie. Elle a pour capitale PAVIE.

PAVIE, ancienne et célèbre ville, située sur le Tésin, à 7 lieues de Milan. Sa population est de 23,300 habitants. Elle a un évêché et une université célèbre fondée par Charlemagne et reconstituée en 1361, en 1771 et en 1817. Sa bibliothèque est de 50,000 volumes. On remarque a Pavie les tours gothiques de la cathédrale, le pont en marbre, le château, une belle place avec des portiques, et à une demi-lieue la plus belle chartreuse de l'Europe. Fondée, dit-on, par les Léviens et les Mariciens sous le nom de *Ticinum*, Pavie fut ruinée par Odoacre, roi des Hérules, et rebâtie sous le nom de *Papia*, d'où lui est venu celui qu'elle porte. Pavie devint sous Alboin la capitale des rois lombards et resta celle de la Lombardie. Ce fut sous ses murs que se livra le 24 février 1395 la fameuse bataille où François Ier fut fait prisonnier.

PAVIER, genre de la famille des hippocastanées, composé de huit à dix espèces très-belles, aux racines traçantes, aux tiges peu élevées, aux belles feuilles digitées, et aux jolies fleurs irrégulières qui s'épanouissent au printemps. — Les plantes qui composent ce genre sont originaires du continent américain.

PAVILLON. En zoologie, on donne ce nom à une partie extérieure de l'oreille externe chez l'homme et les mammifères. C'est une lame fibro-cartilagineuse, souple et élastique, qui est parfaitement libre dans la plus grande partie de son étendue et qui adhère au bord et conduit auriculaire. — En botanique, ce mot désigne la partie d'une fleur papilionacée nommée aussi *étendard*.

PAVILLON, tente ordinairement terminée en pointe où campe le soldat. — Corps de bâtiment isolé ressemblant assez à une tente de soldat. — Drapeau battant au vent, et surtout étendard d'un vaisseau, s'arborant au mât de l'arrière, quand on veut indiquer la nation auquel appartient le vaisseau. Le pavillon de beaupré annonce la présence du capitaine à bord; un pavillon carré au mât d'artimon annonce celle d'un contre-amiral; quand il est au mât de misaine, il annonce celle d'un vice-amiral. *Baisser pavillon*, c'est se rendre. Les pavillons de signaux sont de caprice et faits d'étamine, à couleurs variées. — Le pavillon est encore à l'extrémité évasée d'un porte-voix et de tout autre instrument à vent.

PAVILLON (Nicolas), né à Paris en 1597, d'une famille de robe, fut d'abord associé aux nobles travaux de saint Vincent de Paule. Ses talents pour la prédication, non moins que son ardente charité, lui valurent en 1639 l'évêché d'Aleth. Il encourut la disgrâce de Louis XIV pour avoir résisté à ce prince dans l'affaire de la régale, et mourut dans son évêché en 1677. — Son neveu, ÉTIENNE PAVILLON, né à Paris en 1632, avocat général au parlement de Metz, se démit de cette charge pour se livrer à la poésie, et mourut dans la retraite en 1705, membre de l'Académie française. Ses *poésies* sont du genre de celles de Voiture.

PAVILLON (Jean-François DU CREYRON DU), célèbre marin, né à Périgueux en 1730, entra en 1745 comme sous-lieutenant dans le régiment de Normandie, et fut, trois ans après, admis au concours dans le corps de la marine. Il y avança rapidement, et s'éleva jusqu'au grade de major général de l'armée navale, sous les ordres du comte d'Orvilliers. Il commanda divers vaisseaux avec distinction, et périt en 1782 à bord du *Triomphant*, de l'escadre du marquis de Vaudreuil. Sa *Tactique navale* est un des meilleurs ouvrages de ce temps.

PAVOIS, bouclier de cinq pieds de long en forme de demi-cylindre. On l'appelait anciennement *scutum*, *thyreus*. On consacrait autrefois l'élection des rois bataves et des rois francs de la première race en les élevant sur les pavois, c'est-à-dire en les faisant porter sur les épaules de quatre soldats supportant chacun un des angles du bouclier. Ce n'est que dans le moyen âge que cette sorte de bouclier a pris le nom de *pavois*, parce qu'elle était, dit-on, particulière aux habitants de Pavie. — On appelle encore pavois les décorations dont un vaisseau s'entoure les jours de fête; les uns sont de simple toile, goudronnée ou non ; les autres de drap bleu, bordé de drap jaune. On les met autour des bastingages pour les cacher, et quelquefois autour des hunes pour cacher les gabiers.

PAVONIE (bot. phan.), genre très-remarquable de la famille des malvacées. Les auteurs ont décrit depuis son établissement un grand nombre d'espèces nouvelles, de sorte qu'on en compte aujourd'hui plus de trente. Ce sont des plantes herbacées, plus ou moins frutescentes, qui croissent toutes dans les contrées équinoxiales, le plus grand nombre dans l'Amérique méridionale.

PAVOT, genre de plantes formant le type de la famille des papavéracées. Il se compose d'environ vingt espèces; ce sont des plantes herbacées, annuelles ou vivaces, remplies le plus souvent d'un suc blanc et laiteux ; leurs fleurs sont en général grandes et terminales, et doublent facilement dans nos jardins. Parmi les principales espèces est le *pavot somnifère*, originaire de l'Orient, d'où l'on retire l'*opium*. On obtient aussi par la pression de ses graines une huile abondante appelée *huile d'œillette*.

PAW (Corneille DE), savant littérateur, né à Amsterdam en 1739, mort en 1799, chanoine de Xanten, est connu par ses *Recherches philosophiques sur les Grecs, sur les Américains, les Egyptiens et les Chinois*. Corneille de Paw était l'oncle du baron de Clootz.

PAWTUCKET, rivière des Etats-Unis de l'Amérique septentrionale, prenant sa source dans le Massachussets, sous le nom de Blackstone, et se jetant dans la baie de Narraganset (Rhode-Island), près d'un village du même nom.

PAXO, une des îles Ioniennes, située à 3 lieues S.-E. de Corfou. Elle a 6 lieues de tour et 6,000 habitants, en y comprenant ceux d'*Antipaxo*, petite île du voisinage. Paxo est montagneuse ; elle produit du vin, des olives et des amandes. Son chef-lieu est *Porto-Gai*. Les anciens la connaissaient, ainsi qu'Antipaxo, sous le nom d'*insulæ Paxæ*.

PAYERNE, jolie petite ville du canton de Vaud en Suisse, sur la Broye, dans une belle campagne, à 10 lieues de Lausanne et 3 de Fribourg.

PAYNE (Thomas), né en 1737 à Thetford (Norfolkshire), en Angleterre. Franklin l'emmena en Amérique, où il embrassa la cause de l'indépendance. Secrétaire du comité des affaires étrangères en 1779, il fut envoyé en France en 1781 pour négocier un emprunt. De retour en Amérique, il s'embarqua pour Londres, où il défendit la révolution française contre les attaques de Burke. Condamné à cause de son ouvrage séditieux : *les Droits de l'homme*, il se réfugia en France, où il fut accueilli avec enthousiasme et élu député à la convention nationale par le département du Pas-de-Calais. Ses opinions modérées déplurent à Robespierre, qui le fit rayer de la liste des conventionnels. Il ne reprit sa place qu'en 1794 ; pendant son emprisonnement, il avait publié le fameux pamphlet irréligieux intitulé : *l'Age de la raison*. De retour aux Etats-Unis en 1802, il y mourut en 1809.

PAYS, mot venu du latin *pagus*, village, et désignant le nom d'une contrée ou même la contrée tout entière. — On appelait autrefois *pays d'états* les provinces de France qui avaient des assemblées d'états ; c'étaient le Languedoc, la Bretagne, la Bourgogne, la Franche-Comté, la Provence, l'Alsace, le Roussillon, la Lorraine, la Flandre et le Hainaut. — *Pays de franc-salé*, les provinces exemptes de gabelle. — *Pays d'obédience*, les provinces non comprises dans le concordat : Bretagne, Provence et Lorraine. — *Pays de droit écrit*, les provinces où le droit romain était en vigueur comme loi ; c'étaient les provinces qui relevaient du parlement de Paris, la Guyenne, la Provence et le Dauphiné. — *Pays coutumiers*, ceux qui étaient régis par des usages particuliers — *Pays de nantissement*, ceux où la coutume voulait que, pour acquérir hypothèque, l'on se fît nantir, c'est-à-dire munir d'un acte délivré par le juge du lieu où l'on voulait acquérir hypothèque. Le créancier nanti était préféré à tout autre.

PAYSAGE, aspect de la campagne et aussi tableau, dessin ou gravure qui le représente. On appelle *paysagiste* le peintre de paysages. Les plus fameux paysagistes appartiennent en grande partie à l'école hollandaise. De ce nombre sont Ruisdael, Carle Dujardin, Berghem, Paul Potter, Van-Velde, etc. Parmi les peintres français, ceux qui ont le mieux traité le paysage sont Claude Lorrain, Nicolas Poussin et Joseph Vernet.

PAYS-BAS, nom donné à la contrée d'Europe qui renferme la Belgique et la Hollande, à cause de sa position peu élevée au-dessus du niveau de la mer. Les Pays-Bas étaient autrefois divisés en dix-huit provinces; neuf d'entre elles, celles de Hollande, de Frise, de Groningue, d'Over-Yssel, de Drenthe, de Gueldre, d'Utrecht, de Brabant septentrional et de Zélande, ayant dans le XVIe siècle secoué le joug de l'Espagne, formèrent une république confédérée, présidée par un stathouder héréditaire de la maison de Nassau et connue sous le nom de *Provinces-Unies*. Les autres, celles de Brabant méridional, de Flandres orientale et occidentale, d'Anvers, de Hainaut, de Limbourg, de Namur, de Luxembourg et de Liége, s'appelaient les *Pays-Bas catholiques*. Une partie appartenait à l'Autriche. Réunis à la France jusqu'en 1814 par les conquêtes de Napoléon, les dix-huit provinces formèrent à cette époque le royaume des *Pays-Bas*, lequel fut donné au prince d'Orange, de la maison de Nassau. En 1830, le soulèvement de la Belgique, qui a appelé au trône le prince Léopold de Saxe-Cobourg, a séparé les deux principales contrées qui composaient ce royaume, et les princes de la maison de Nassau ne règnent plus que sur les dix provinces septentrionales, qui forment le royaume de Hollande.

PAZ (LA), un des six départements qui composent la république de Bolivia ou haut Pérou, dans l'Amérique méridionale. Il est borné au N. et à l'O. par celui de Santa-Cruz de la Sierra, au S. par ceux d'Oruro et de Cochabamba, à l'E. par le bas Pérou. Sa superficie est de 2,320 lieues carrées, et sa population de 98,000 habitants. Ce département est riche en or, et fertile en cannes à sucre, maïs et fruits. —Sa capitale est LA PAZ, ville épiscopale de 20,000 habitants, fondée en 1548 sur une petite rivière qui roule de l'or et va se perdre au lac Titicaca.

PAZZI (LES), famille puissante de Florence, célèbre par la conjuration de 1478, contre les Médicis. Le chef fut FRANCESCO PAZZI, dont Julien de Médicis avait excité le ressentiment en épousant sa maîtresse Camilla Cafarelli, et qui devint d'ailleurs animé d'une haine héréditaire contre les Médicis. Il entraîna dans le complot Jacques Pazzi son oncle, et presque tous les membres de sa famille, l'archevêque de Pise, Francesco Salviati, Montesecco, général du pape Sixte IV. Le projet fut mis à exécution, le 2 mai 1478, dans l'église de Santa-Reparata, pendant la messe. Julien de Médicis périt assassiné; mais son frère Laurent eut le temps de se sauver et d'ameuter le peuple contre les assassins, qui furent pendus aux fenêtres du palais, au nombre de quatre-vingts.

PÉ (SAINT-), petite ville du département des Hautes-Pyrénées, chef-lieu de canton dans l'arrondissement et à 3 lieues d'Argelès, près du gave de Pau. Sa population est de 3,000 habitants. Elle a un petit séminaire et des fabriques de clous, outils aratoires, mouchoirs, toiles, peignes, etc.

PEACE-RIVER, ou UNIGAH, rivière de l'Amérique septentrionale, ayant sa source aux montagnes Rocheuses, près de celle de la Columbia, coule au N.-E., traverse le lac des Bois ou lac des Collines, celui des Esclaves ou Athapeskow, et se jette dans l'océan Glacial sous le nom de Mackenzie.

PÉAGE, droit que l'on perçoit sur le passage des voitures, bestiaux, marchandises, denrées, quelquefois même des hommes sur certains chemins, certaines places, ou sur des ponts ou rivières. Ce droit, qui avant la révolution était un des droits seigneuriaux, fut supprimé par la convention nationale. Napoléon en rétablit une partie sous le nom d'*octroi*, et l'autre sous celui qu'il portait anciennement. Mais ce n'est plus qu'un impôt dont la durée est ordinairement limitée au temps nécessaire pour le recouvrement des sommes employées aux constructions ou aux réparations des passages fréquentés.

PEARCE (Nathaniel), voyageur anglais, né en 1780, à East-Acton, près de Londres, passa la plus grande partie de sa vie en Afrique. Dépouillé en 1814 de la propriété qu'il avait acquise à Callicut, dans le Tigré (Abyssinie), il était sur le point de revenir, lorsqu'il mourut à Alexandrie en Égypte (1820). M. Salt, à qui Pearce légua ses manuscrits, se dispose à les publier. Ils concernent l'Abyssinie en particulier.

PEAU, nom donné à l'enveloppe générale du corps des animaux. Elle est sous la forme d'une membrane dense, serrée, résistante, épaisse, très-flexible et extensible, exposée au contact de l'air et se continuant avec les membranes muqueuses au niveau des yeux, des narines, etc. La surface externe de la peau est surmontée de nombreuses éminences nommées *papilles*, et sillonnée d'une infinité de rides; elle présente aussi des poils en grand nombre, qui varient suivant les régions qu'ils occupent, et une multitude de pores. Sa couleur varie : elle est blanche ou rosée chez les Européens, noire chez les nègres, rouge ou cuivreuse chez les Américains, etc. Elle est plus blanche et plus fine chez les femmes et les enfants que chez les hommes et les adultes; celle des vieillards est sèche et aride. La couleur et les caractères de la peau varient aussi selon l'état de santé ou de maladie. Elle est composée de trois couches distinctes, le *derme* ou *chorion* ; le *corps muqueux réticulaire*, et l'*épiderme* ou *cuticule*. Les fonctions de la peau sont de protéger le corps, de le mettre en rapport avec les objets extérieurs; elle est le siége des sensations du *toucher*. Par ses pores elle exhale une partie des liquides du corps, ou introduit dans l'économie diverses substances étrangères.

PÉAUCIER, ce qui a rapport ou appartient à la peau ; c'est le nom d'un muscle aplati, large et quadrilatère, placé superficiellement sur les parties latérales du cou; il sert à abaisser la commissure des lèvres et à porter en dehors; il contribue aussi à l'abaissement de la mâchoire inférieure.

PÉCARI, genre de mammifères pachydermes, voisins des *cochons*; il comprend de petites espèces n'ayant que trois doigts aux pieds de derrière, et quatre à ceux de devant. Les pécaris sont dépourvus de queue; ils habitent l'Amérique méridionale; leur chair est excellente.

PÉCHANTRÉ (Nicolas de), poëte dramatique, né à Toulouse en 1638, exerça d'abord la profession de médecin, qu'il abandonna pour venir à Paris travailler pour le théâtre. Il avait donné trois tragédies : *Géta*, *Jugurtha* et *la Mort de Néron*, lorsqu'il mourut en 1708. Il avait aussi composé pour le collége d'Harcourt *Joseph vendu par ses frères* et *le Sacrifice d'Abraham*.

PÉCHÉ, transgression de la loi divine. Les théologiens divisent le péché en *originel* et *personnel*; le premier, avec lequel nous naissons et qui est effacé par le baptême; le second, que chacun peut commettre par sa propre volonté. Ce dernier se divise en *péché actuel* et *péché habituel*; le premier est une action ou une omission contraire aux prescriptions de la loi divine; le second est la tache qui est imprimée à l'âme par suite du péché actuel. —Le péché actuel se divise en *mortel* et *véniel*; le premier est celui qui donne la mort à l'âme, en la privant de la grâce sanctifiante; on en distingue sept que l'on appelle encore *capitaux*, parce qu'ils sont la source de tous les autres; ce sont l'*orgueil*, la *colère*, l'*envie*, la *luxure*, la *gourmandise*, l'*avarice* et la *paresse*; le second est une faute moins grave, qui ne prive point de la grâce sanctifiante, mais qui l'affaiblit en nous.

PÊCHE, action de prendre du poisson. L'origine de la pêche remonte à la plus haute antiquité; les anciens l'avaient poussée à un très-haut point de perfection. Les notions les plus intéressantes sur cet art aux temps de l'antiquité nous ont été transmises par Élien et surtout Oppien. —Les plus anciens titres qui fassent mention de la pêche du hareng ne datent que de l'an 709; ceux qui se rapportent à la pêche de la morue remontent à la fin du IXe siècle. Aujourd'hui cette pêche, au banc de Terre-Neuve, emploie annuellement en France 400 navires, montés par 12,000 marins; la pêche de la baleine, connue des anciens, ne prit pas de grands développements que vers le XIIIe siècle. Aujourd'hui la France compte près de 80 navires baleiniers.

PÊCHE, fruit du *pêcher*. C'est un drupe sphérique, marqué sur l'un des côtés d'un sillon profond qui commence à l'attache du pédoncule et se continue jusqu'au point où se trouvait placé le style. A l'intérieur est un noyau assez gros, oblong, à surface rugueuse et profondément incisé en tous les sens; l'amande sert à faire des liqueurs et de l'orgeat. La couleur et la grosseur des pêches varient beaucoup; c'est un des meilleurs fruits d'Europe. On distingue les pêches qui ont la chair fondante, se détachant facilement du noyau, et celles dont la chair adhère au noyau. Ces dernières se nomment *pavies*.

PÊCHER, arbre du genre *amandier*; il est originaire de Perse, mais naturalisé en Europe, où il vient très-bien. Il s'élève peu, et produit des branches assez nombreuses. Il fleurit en mars et en avril; son fruit est connu sous le nom de *pêche*. Ses fleurs sont purgatives; avec les feuilles on fait un sirop indiqué contre la bile et les sérosités; l'eau de noyau de pêches est stomachique, carminative et fort agréable; la gomme des pêchers est astringente et bonne contre la dyssenterie.

PECHMEJA (Jean), littérateur français, né à Villefranche (Aveyron), en 1741, professa l'éloquence au collége de la Flèche et vint ensuite professer à Paris. Il obtint en 1773 un accessit à l'Académie française, par l'*Éloge de Colbert*; mais il doit sa réputation au poëme en prose en douze livres de *Télèphe*, et plus encore à la tendresse qui l'unissait au médecin Dubreuil. Pechmeja mourut en 1785, vingt jours après son ami.

PÉCILE. Voy. POECILE.

PÉCORA ou PÉCORES, cinquième ordre de la classe des mammifères, selon la méthode de Linné.

PÉCOURT, maître de ballets à l'Opéra, mort à Paris en 1729, à l'âge de soixante-dix-huit ans, mit le premier du caractère et de l'expression dans sa danse, et enseigna cet art à la duchesse de Bourgogne.

PECQUET (Jean), célèbre anatomiste, né à Dieppe au commencement du XVIIe siècle, était encore sur les bancs à Montpellier, lorsqu'il découvrit d'abord dans les animaux, et ensuite dans l'homme, le canal thoracique et le réservoir du chyle, qui a conservé le nom de *Pecquet*. Il exerça la médecine dans sa ville natale, puis s'établit à Paris, fut nommé membre de l'académie des sciences en 1666, et mourut en 1674. On lui doit plusieurs mémoires.

PECTINIBRANCHES (moll.). Cuvier donne ce nom au sixième des ordres établis par lui dans la classe des mollusques gastéropodes, et qui comprend les nombreux genres *toupie*, *paludine*, *monodonte*, *phasianelle*, *buccin*, *rocher*, etc.

PECTORAL (anat.) (de *pectus*, poitrine), ce qui concerne la poitrine. On donne ce nom 1° à des muscles qui s'attachent en grande partie sur la région antérieure de la poitrine ; 2° à la cavité thoracique ou pectorale qui renferme les poumons, le cœur ; 3° aux remèdes propres à combattre les maladies des poumons et de la poitrine.

PECTORAL, pièce de broderie que le grand prêtre des Juifs portait sur sa poitrine. — On appelle *croix pectorale* la croix que les évêques portent sur leur poitrine pour marque de leur dignité.

PECTORAUX (POISSONS), synonyme de THORACIQUES. Voy. ce mot.

PÉCULAT. Les Romains appelaient ainsi le crime de celui qui volait les deniers publics. La loi Julia punissait le péculat par la restitution des sommes enlevées, la privation des emplois et l'exil du coupable.

PÉCULE, nom que l'on donnait à Rome aux profits que pouvaient faire les esclaves lorsqu'ils n'étaient point occupés au service de leurs maîtres. Ils pouvaient employer cet argent pour leur propre utilité.

PECUNIA (de *pecus*, bétail), nom donné par les Romains à la monnaie, parce que les premières pièces de monnaie portaient, dit-on, l'empreinte de quelques bêtes domestiques. — Ils en avaient fait une divinité, que saint Augustin prétend être la même que Jupiter.

PÉDAGOGUE (de *pais*, enfant, et *agôgein*, conduire), nom donné, en Grèce et à Rome, à l'esclave chargé de conduire les enfants aux écoles publiques et de les ramener. Dans l'ancien cours d'études, les pédagogues étaient ce que l'on appelle aujourd'hui des principaux de collèges, c'est-à-dire des directeurs de l'instruction. Peu à peu on n'employa plus ce mot que pour désigner un pédant plein d'orgueil et de suffisance.

PÉDAIRES (en latin, *pedarii*). On appelait ainsi, à Rome, les sénateurs qui ne parlaient point ou qui n'avaient pas le droit de parler, comme n'ayant pas passé par les magistratures curules, et se contentaient de voter, en se rangeant du côté de celui dont ils approuvaient l'avis, ce qui s'appelait *pedibus ire in sententiam*. Aussi disait-on qu'un *pédaire* était une tête sans langue.

PÉDALE (mus.), note soutenue à la basse ou à toute autre partie, sur laquelle on fait succéder plusieurs accords, le plus souvent étrangers à cette note, ou qui n'ont pas de rapport direct avec elle. On distingue trois sortes de pédales, la *pédale inférieure*, à la basse ; la *pédale supérieure*, à la plus haute partie, et les *pédales des parties intermédiaires*. Les pédales sont d'un effet noble et majestueux. Leur nom vient de ce que dans l'origine elles n'étaient employées que dans la musique d'église, par les organistes, qui se servaient pour cela du clavier des pédales de l'orgue.

PÉDALE. On appelle ainsi une touche que l'on fait mouvoir avec les pieds, soit pour modifier l'intensité du son, comme dans le piano, soit pour hausser ou baisser le ton, comme dans la harpe, ou enfin pour faire parler les grands tuyaux de l'orgue qui rendent les sons les plus graves de cet instrument.

PÉDALÉES. On nomme ainsi les nervures des feuilles dont le limbe est marqué dès sa base de deux nervures principales très-divergentes, qui portent chacune sur leur côté inférieur des nervures secondaires parallèles entre elles et perpendiculaires sur les principales. Les feuilles qui offrent cette disposition sont appelées *pédalinerves*.

PÉDALINERVES. Les feuilles sont dites *pédalinerves* quand elles ont leurs nervures pédalées, comme par exemple dans l'*hellébore pied-de-griffon*.

PÉDANE. Voy. ONOPORDE.

PEDANIUS SECUNDUS, préfet de Rome l'an de J.-C. 61, fut assassiné dans sa maison par un de ses esclaves à qui il refusait la liberté qu'il lui avait promise depuis longtemps. On eut la cruauté de mettre à exécution, malgré les instances du peuple indigné, la loi qui condamnait à mort, sans distinction d'innocents et de coupables, tous les esclaves qui se trouvaient dans la maison au moment du crime. Les esclaves du mort montaient à plus de quatre cents.

PÉDARÈTE, Spartiate qui, ayant sollicité une place dans le corps de trois cents hommes qui formaient le conseil de la république, et, n'ayant pas pu l'obtenir, se retira en disant qu'il se réjouissait que sa patrie eût trouvé trois cents citoyens plus vertueux que lui.

PÉDASE. On connaissait dans l'antiquité trois villes de ce nom. — L'une, en Messénie, vers l'O., dans le voisinage de Pylos, était célèbre par ses vignobles excellents. — La seconde était située dans la Carie occidentale, près d'Halicarnasse, au S.-O. de Mélase. — La troisième était dans la Troade, au N. et près d'Assos, sur le Satnion.

PÉDÉE (GRAND-), fleuve des Etats-Unis de l'Amérique septentrionale, arrose la Caroline du Sud, est navigable pendant 80 lieues et se jette dans la baie de Winyaw, près de Georges-Town. Il reçoit le Petit-Pédée à 13 lieues de là.

PÉDICELLE. On désigne sous ce nom chacune des ramifications du pédoncule, le pédoncule propre de chaque fleur en particulier, dans un groupe de fleurs, comme dans les ombelles, les panicules. Le nom de pédicelle a été aussi donné au filet qui supporte l'urne des mousses, et qui est généralement connu sous le nom de soie.

PÉDICELLÉS, premier ordre des échinodermes établi par Cuvier, et comprenant les genres *astéries*, *oursin* et *holothurie*.

PÉDICELLULE. Cassini donne ce nom à un filet fibreux, court, grêle, épaissi à la base, qui dans les synanthérées attache chaque ovaire au réceptacle.

PÉDICULAIRE. Ce genre avait donné son nom à une famille de plantes monopétales irrégulières, qui fut nommée depuis rhinanthacées, mais que l'on ne considère plus que comme une simple section de personnées ou scrophularinées. Les pédiculaires croissent pour la plupart dans les hautes montagnes et dans les contrées froides de notre hémisphère ; une seule croît dans les montagnes du Mexique. On en compte environ cinquante espèces.

PÉDICULAIRE (MALADIE). Voy. PHTHIRIASIS.

PÉDICULE (zool., bot.). On se sert de ce mot pour désigner les supports plus ou moins filiformes et allongés des divers organes. En zoologie, il est plus fréquemment employé qu'en botanique, on l'emploie les mots de pédoncule quand il s'agit de support des fleurs ; de pétiole, lorsqu'il est question de celui des feuilles, etc. Le pédicule est aussi le nom de la tige des champignons et de celle des lichens.

PÉDICULES, peuple d'Italie, occupant les villes de Barium, d'Egnatie et de Rudies. Il était, selon Strabon, le même que les Peucétions.

PÉDICURE. On donne ce nom à celui qui s'occupe exclusivement du traitement des cors aux pieds, durillons et autres affections du même genre. Les pédicures, aussi bien que les dentistes, sont en discrédit parmi les médecins, parce que la plupart d'entre eux sont des charlatans qui prennent le public pour dupe.

PÉDIMANES (mamm.). Le pouce séparé et sans ongles aux pieds de derrière seulement a fait donner le nom de pédimanes aux animaux appartenant au genre *sarigue*. Voy. MARSUPIAUX.

PÉDIPALPES, famille d'arachnides de l'ordre des pulmonaires, établie par Latreille, qui lui donne pour caractères : des palpes en forme de bras ou de serres, sans aucun appendice relatif à la génération dans aucun sexe ; une dent mobile sans ouverture propre au passage d'une liqueur vénéneuse ; un abdomen revêtu d'un derme coriace, annelé, sans filière au bout.

PEDIUS (Quintus), petit-fils d'une sœur de Jules César, servit en Espagne sous ce dernier, et proposa après sa mort une loi qui avait pour but de condamner ses assassins à l'exil. Auguste le nomma son collègue au consulat, après la mort d'Hirtius et de Pansa. Il mourut l'an 43 avant J.-C., peu de temps après les proscriptions du second triumvirat. — Son fils, *Pedius Publicola*, fut un jurisconsulte distingué, contemporain d'Horace.

PÉDONCULE. On désigne par ce nom le support de la fleur. Le pédoncule est simple ou composé. Dans le second cas, l'axe principal reçoit le nom de *pédoncule commun*, et chacune des ramifications celui de *pédicelle*. En anatomie, c'est le nom de divers prolongements ou appendices du cerveau.

PÉDONCULÉ, ce qui est porté par un pédoncule.

PÉDONCULÉS. Latreille divise les mollusques brachiopodes en deux ordres, les pédonculés et les sessiles. Les pédonculés, caractérisés par un pédicule supportant les coquilles, sont partagés en deux familles, les *équivalves* et les *inéquivalves*.

PEDRAZA, bourg de la Vieille-Castille, en Espagne, à 8 lieues au N. de Ségovie. Il est remarquable par son vieux château, où furent renfermés les deux fils de François Ier.

PEDRO (SAN-), rivière de la Colombie, dans la province de Venezuela, ayant son embouchure au lac Maracaïbo. — C'est encore le nom d'une rivière du Brésil, qui se jette dans l'océan Atlantique, au fort du même nom. Pour la province brésilienne de ce nom, voy. RIO GRANDE DO SUL.

PEDRO D'ALCANTARA (Don), empereur du Brésil, né en 1798 au palais de Quéluz, était fils de Jean VI, roi de Portugal. Emmené au Brésil en 1807, dont l'émigration de sa famille, il y reçut une éducation brillante et solide. En 1817, il épousa l'archiduchesse d'Autriche Marie-Léopoldine. Il fut en 1820, lorsque Jean VI revint à Lisbonne, laissé au Brésil en qualité de gouverneur. Dans cette qualité, il se fit donner par les Brésiliens la couronne d'empereur et proclama l'indépendance du Brésil. Après la mort de Jean VI (1826), il abdiqua la couronne du Portugal qui lui revenait, en faveur de sa fille Dona Maria da Gloria, alors âgée de sept ans. Forcé en 1827 de nommer son frère don Miguel régent du royaume, il eut la douleur de le voir proclamer roi de Portugal. Les circonstances lui étaient d'ailleurs devenues défavorables au Brésil ; il abdiqua en 1831 en faveur de son fils, né en 1825, et qui lui succéda sous le nom de Pierre II d'Alcantara. Il rassembla en 1832 une flotte à Terceira, l'une des Açores, et vint débarquer en Portugal, d'où il chassa don Miguel. Il garda l'autorité jusqu'à sa mort, arrivée en 1834.

PEDUM, mot que porte, en archéologie, le bâton pastoral, recourbé par le bout. On le voit dans les mains de Pâris, d'Atys, de Pan, de Faune, des Satyres, etc. C'était le caractère distinctif des acteurs comiques, parce que Thalie, la muse de la comédie, était aussi la muse de l'agriculture.

PEEBLES, comté d'Ecosse, borné au N. par le comté de Midlothian, au S. par celui de Dumfries, à l'O. par celui de Lanark, et à l'E. par celui de Berwick. Sa superficie est de 30 lieues carrées, sa population de 15,000 habitants. Le territoire est montagneux et renferme de bons pâturages. — Le chef-lieu, PEEBLES, est situé agréablement sur la Tweed, à 8 lieues d'Edimbourg. Elle a des filatures, des bonneteries, des brasseries, et 3,000 habitants.

PÉGA, mesure de capacité pour les liquides, usitée dans le Languedoc. Il valait à Toulouse 8 uchaux, et il en fallait 100 pour une *pièce de vin*. Il vaut de nos mesures 2 litres 168 millilitres; l'hectolitre, 21 pégas 868 millièmes.

PÉGASE (myth.), cheval ailé, fils de Neptune et de Méduse, ou, suivant Apollodore, né du sang de Méduse lorsque Persée lui coupa la tête. Dans son vol vers le ciel, il s'arrêta sur le mont Hélicon, où il fit son séjour habituel tant qu'il fut sur la terre, et où il fit jaillir d'un coup de pied la fontaine Hippocrène. Apollon s'en servit pour combattre le serpent Python, Bellérophon la Chimère, et Persée le monstre qui devait dévorer Andromède.

PÉGASE, genre de la famille des lophobranches, renferment des poissons remarquables par leur conformation générale, et surtout par la disposition de leurs nageoires pectorales, qui sont assez larges, assez développées pour les soutenir un certain temps dans l'air. On doit citer comme type du genre le *pégase dragon*, qui n'a guère plus de trois pouces de longueur.

PEGMA, immense machine théâtrale, qui servait chez les anciens à changer les décorations. Il paraît que, pour l'ordinaire, elle avait plusieurs étages.

PEGMATITE, roche composée d'orthose lamellaire et de quartz; le mica et la tourmaline s'y trouvent fréquemment; d'autres fois encore on y voit des grenats, des topazes, des cymophanes, etc. On donne le nom de *pegmatite graphique* à celle dans laquelle le quartz est comme fiché dans le feldspath, où il forme des lignes brisées qui simulent les caractères hébraïques. On trouve la pegmatite en filons, en veines, en amas et en petites masses dans les granits, les gneiss et aussi dans les micas-schistes et quelques autres roches anciennes.

PEGNITZ, rivière du royaume de Bavière (Allemagne), prenant sa source au pied d'une montagne du cercle du Haut-Mein, près de Wasserkraut, passe à Nuremberg et se jette dans le Mein, près de Halstadt, après avoir reçu la Rednitz à Fulde. Elle prend alors le nom de Regnitz.

PÉGOMANCIE, divination par l'eau des fontaines. Elle se pratiquait soit en y jetant des pierres dont on observait les mouvements, soit en y plongeant des vases de terre. La plus célèbre des pégomancies est la divination par le sort des dés, qui se faisait à la fontaine d'Appone, près de Padoue.

PÉGOU ou Pégu, ancien royaume de l'Indo-Chine, aujourd'hui province de l'empire Birman, au S. du royaume d'Ava, à l'O. du territoire de Siam, et au S.-E. du royaume d'Aracan. Sa superficie est de 6,000 lieues carrées, et sa population de 1,000,000 d'habitants. C'est un pays généralement plat, arrosé par plusieurs rivières, fertile, mais peu cultivé, produisant une grande quantité de riz. Les forêts, habitées par les Talapoins, qui se pratiquent des huttes au sommet des arbres pour se garantir des tigres qui infestent ces contrées, renferment une grande quantité de bois de tek, dont les naturels font un grand commerce avec les Anglais. Les habitants sont petits, actifs et paisibles; ils adorent le dieu Bouddha et l'appellent Gaudama. — Le port principal du royaume de Pégou est *Rangoun*, et sa capitale Pégou, ville de 10,000 habitants, située sur l'Irraoundry occidental, et qui a longtemps été la capitale d'un royaume dont les Birmans dépendaient, et qui a été détruit en 1757 par Aloupra.

PEHLVI, l'ancien caractère persan. C'est aussi le nom de la langue des anciens Persans.

PEIGNE, machine présentant une série de dents plus ou moins longues et placées en ligne droite. Ce nom s'applique spécialement à un instrument qui sert à démêler les cheveux ou à les retenir, et dont la matière est le buis, la corne, l'écaille, l'ivoire, etc. Les peignes sont confectionnés par les tabletiers. Les tabletiers-peigniers formaient autrefois à Paris une communauté d'arts et métiers qui comptait plus de deux cents maîtres.

PEIGNE, instrument formé de pointes de fer très-acérées, fixées sur une planche de bois rectangulaire. On s'en sert pour apprêter la laine, le chanvre et le lin. — Les tisseurs et tisserands appellent ainsi une espèce de châssis long et étroit divisé en un grand nombre d'ouvertures linéaires, par où ils font passer les fils qui composent la chaîne. — Les tonneliers nomment *peigne d'une futaille* l'extrémité des douves, à former des vis sur le tour en l'air. Celui qui sert à faire les vis intérieures s'appelle *peigne mâle*, et celui qui les fait extérieurement *peigne femelle*.

PEIGNE. Ce genre, adopté par tous les zoologistes, comprend un nombre considérable d'espèces de mollusques bivalves, répandues dans toutes les mers, et qui appartiennent à l'ordre des lamellibranches subostracés. Linné en les distinguait pas de son genre huître. Les *peignes*, appelés aussi *pèlerines* ou *manteaux*, ressemblent aux huîtres par la disposition de leur charnière. Dans quelques espèces il existe un byssus; mais la plupart de ces mollusques ne sont pas adhérents, et peuvent même nager avec assez de vitesse, en fermant subitement leurs valves.

PEINA, petite ville du royaume de Hanovre, avec un château fort, sur la Fuse, dans la principauté d'Hildesheim. Sa population est de 3,000 habitants. Elle fait un commerce de bestiaux et de fil; elle est aussi remarquable par la bataille de 1553, entre le marquis de Brandebourg et l'électeur Maurice de Saxe, qui y fut tué.

PEINE, châtiment d'une infraction à la loi divine ou humaine, et par suite aussi douleur qui résulte du châtiment et qui l'accompagne. — Le code pénal établit en France trois grandes divisions des peines, répondant aux trois degrés principaux de notre organisation judiciaire, savoir : 1° peines en matière criminelle; 2° peines en matière correctionnelle; 3° peines en matière de simple police. — Les premières sont afflictives et infamantes à la fois, comme la mort, les travaux forcés à perpétuité, la déportation, les travaux forcés à temps, la détention et la réclusion; ou simplement infamantes, comme le bannissement et la dégradation civique. Les dernières sont l'emprisonnement et l'amende.

PEINTADE. Voy. PINTADE.

PEINTRE, artiste qui représente, au moyen de diverses couleurs, l'apparence des spectacles de la nature. On compte des peintres d'histoire, de batailles, de paysages, de marines, etc., suivant le genre qu'ils ont adopté. — Parmi les plus fameux peintres grecs, on cite Apelle, Zeuxis, Parrhasius et Polygnote. L'Italie, l'Espagne, la Flandre, la Hollande et la France ont fourni des peintres célèbres, tels que Raphaël, le Dominiquin, Rubens, Van Dyck, Rembrandt, Poussin, le Sueur et une foule d'autres.

PEINTURE, art de représenter, au moyen des couleurs, l'apparence des objets de la nature. L'origine de cet art se perd dans la nuit des temps. Les Grecs de Sicyone l'ont attribué à l'amour. On distingue d'abord la peinture en *peinture monochrome* ou *camaïeu*, c'est-à-dire n'employant qu'une seule couleur, et en *peinture en relief* ou ordinaire. Cette dernière a fourni un grand nombre de genres, tels que l'*encaustique*, la *détrempe*, le *pastel*, la *fresque*, la mosaïque et surtout la *peinture à l'huile*. Celle-ci fut découverte vers 1428, par le peintre flamand Jean Van Eyck. Le premier tableau peint à l'huile en France est le *Jugement dernier*, de Jean Cousin, mort en 1560. — Dans tout le moyen âge, on employa surtout la *peinture sur verre*, à laquelle on doit tous les beaux vitraux de nos cathédrales. Elle fut à ce que l'on croit découverte sous le règne de Charles le Chauve.

PEIPUS, lac de la Russie d'Europe, situé entre les gouvernements de Riga et de Saint-Pétersbourg. Il a 20 lieues de long sur 14 de large, reçoit la Welika, et communique par la Narova avec le golfe de Finlande.

PEIRESC (Nicolas-Claude FABRI DE), conseiller au parlement de Provence, né à Beaugensier en 1580, mort en 1637, étendit ses recherches à tous les genres d'érudition, parcourut un grand nombre de pays pour recueillir des manuscrits dont il se composa une magnifique collection, fut lié avec les plus illustres savants de son siècle, et accorda toute sa vie aux sciences et aux lettres une protection généreuse et une collaboration éclairée. Ce fut entre ses mains que tombèrent d'abord les marbres de Paros, que lui acheta le comte d'Arundel.

PÉKING (c'est-à-dire, en chinois, résidence septentrionale) ou TCHOUN-TIAN-FOU, ville d'Asie, capitale de l'empire chinois et de la province de Pé-tchi-li, située dans une plaine fertile, avec un fossé et une muraille épaisse, flanquée de tours. Elle est la résidence ordinaire des empereurs depuis qu'ils ont quitté Nankin (vers l'an 1403). Elle est divisée en deux parties distinctes, l'une ancienne, habitée par les Tartares, l'autre nouvelle, habitée par les Chinois. Elles ont 6 lieues de circuit, et renferment près de 2,000,000 d'habitants, suivant Macartney. Le nombre est réduit par d'autres jusqu'à 700,000 seulement. Les maisons sont basses et mal bâties, les rues larges, sans pavés; au centre de la ville est le palais de l'empereur, qui est un beau monument de deux lieues de circonférence. Hors de Péking est le palais impérial de Yuen-Mien-Yuen, encore plus magnifique que le premier, et dont les dépendances occupent une surface d'environ 80,000 arpens.

PELAGE. C'est le nom que l'on donne à l'ensemble des poils des mammifères lesquels ont conservé leur apparence ordinaire. La nature et la couleur du pelage fournissent de bons caractères en zoologie. — Cuvier a nommé *pelage* un des groupes établis par lui dans le genre des phoques.

PÉLAGE, hérésiarque du IVe siècle, né dans la Grande-Bretagne. Ayant pris l'habit monastique, il vint à Rome, s'y fit connaître et estimer de plusieurs personnages vénérables, saint Augustin entre autres, et composa quelques ouvrages. Mais, ayant embrassé les erreurs qui couraient en Orient sur la grâce, il devint le chef d'une nouvelle hérésie qui, déférée en 415 au concile de Diospolis, fut condamnée l'année suivante au concile de Carthage, anathématisée en 418, et condamnée définitivement par les conciles d'Antioche (424) et d'Éphèse (431). Cette hérésie conserva cependant de nombreux défenseurs. Des lettres du pape Gélase prouvent qu'à la fin du Ve siècle elle avait encore des partisans en Dalmatie. — Les erreurs du pélagianisme consistaient à soutenir 1° qu'Adam avait été sujet à la mort; 2° que son péché n'avait pu être imputé à ses descendants; 3° que l'observance de la loi de Moïse conduit au ciel comme l'observance des lois évangéliques; 4° qu'il y avait des hommes impeccables avant J.-C.; 5° que les enfants morts sans baptême en jouissent pas moins de la vie éternelle; 6° que l'homme peut par ses propres forces arriver à la perfection.

PÉLAGE. Deux papes romains ont porté ce nom. — Le premier, fils du vice-préfet du prétoire, était apocrisiare de l'Église de Rome, lorsqu'il fut choisi en 555 pour succéder à Vigile. Il fit commencer l'église de Saint-Philippe et Saint-Jacques, achevée sous Jean III son successeur. Pélage I mourut en 559. — PÉLAGE II, pape romain, succéda à Benoît Ier en 578. Il fit de sa demeure un hospice pour de pauvres vieillards, rebâtit le palais de Latran, et travailla, quoique avec peu de succès, à ramener les évêques d'Italie qui faisaient schisme en soutenant les *Trois chapitres*. Il mourut en 590, et eut pour successeur saint Grégoire le Grand.

PÉLAGE, roi des Asturies, issu des anciens rois goths, était fils de Favila, chef des Cantabres. Après la bataille du Guadalete ou de Xérès de la Frontera, qui mit fin en 711 à l'empire des Wisigoths, Pélage se retira en Biscaye dans la grotte de Notre-Dame de Cuvagonda, située dans les flancs du mont Auseva. Du sein de cette retraite, il fit aux Maures une guerre de partisan, et finit par obtenir d'eux moyennant tribut la petite province de Liebana dans les Asturies. Vaincus au pied du mont Auseva en 716 et dans les plaines d'Ollalès en 717, les Maures furent contraints de céder à Pélage la ville d'Oviédo (720). Il mourut en 737 à Canicas, laissant à son fils Favila la couronne qu'il avait fondée.

PÉLAGE (Magloire), homme de couleur, embrassa le parti des planteurs dans les premiers troubles de la Martinique (1794). Parvenu jusqu'au grade de colonel, il eut le commandement de la Grande-Terre, et se dévoua plus d'une fois pour maintenir l'ordre dans l'armée. Forcé par les insurgés de couleur de se mettre à leur tête, il fut commandant supérieur jusqu'à l'arrivée du général Richepanse, et écrasa les restes des insurgés à la redoute de Baimbridge. Il mourut en France ignoré, après avoir fait la campagne de 1813 en Espagne comme colonel.

PÉLAGIE (myth.), surnom de Vénus parce qu'elle était née du sein de la mer. Quelques inscriptions donnent aussi ce surnom à Isis, parce que l'Egypte, dont elle était la déesse principale, ressemble à une grande mer, lors de l'inondation du Nil. Elle avait sous ce nom un temple près de l'Acrocorinthe.

PÉLAGIE (Sainte), née dans le ve siècle, avait été comédienne à Antioche; elle se fit religieuse, se retira sur le mont des Oliviers, et y finit ses jours dans la pénitence.—On cite encore de ce nom une autre sainte, née aussi à Antioche, et qui périt pendant la persécution suscitée en Orient dans le ive siècle.

PÉLAGIENS. Vieillot intitule ainsi une famille de palmipèdes qu'il compose des genres *stercoraire*, *mouette*, *sterne* et *bec-en-ciseaux*.—On a également donné le nom de *pélagiens* à des poissons et à des mollusques marins que l'on ne rencontre qu'en pleine mer, fort loin de la côte.

PÉLAGIENS, partisans de l'hérésie de *Pélage*. Voy.

PÉLAGONIE, canton de la Macédoine, située au N. On l'a quelquefois confondue avec la Péonie.—La *Pélagonie Tripolitaine* était un canton de Thessalie, ainsi nommé de ce qu'il contenait les trois villes de *Pythium*, d'*Azor* et de *Doliche*.

PÉLASGES, un des plus anciens peuples de la Grèce. Il y domina du xxe au xvie siècle avant J.-C. On est très-incertain sur le lieu de l'origine des Pélasges; quelques-uns les font arriver d'Asie par le Caucase, les bords de la mer Noire et la Macédoine. Etablis en Thessalie à une partie de laquelle ils donnèrent leur nom, ils descendirent de là dans le Péloponèse. Les monuments particuliers qui les distinguent, et dont la gigantesque solidité est le principal caractère (*pélasgiques* ou *cyclopéens*), attestent surtout leur séjour en Arcadie et en Epire. Quelques-unes de leurs autres colonies s'établirent dans l'île de Crète, à Lemnos, à Lesbos et sur la côte de l'Hellesponte. L'invasion des Hellènes chassa les Pélasges de presque tous les pays qu'ils occupaient en Grèce, et ceux-ci se réfugièrent en Italie, où ils s'étaient d'abord établis dans la Ligurie, ensuite dans l'Etrurie, le Latium et la Grande-Grèce. Dans la Grèce, leur nom s'effaça peu à peu, et à peine restait-il quelques vestiges de ce peuple au temps de la guerre de Troie. Les Pélasges étaient une race agricole et livrée aux travaux des mines. Leurs villes, bâties sur des hauteurs, s'appelaient *Larissa*. Leurs savants

étaient les *Telchines*, que la fable faisait fils du Soleil et de Minerve.

PÉLASGIE, un des premiers noms que porta la Grèce, parce que les Pélasges se répandirent sur presque tous les points de son territoire. Cependant l'Arcadie et l'Epire recevaient plus particulièrement ce nom.

PÉLASGIOTIDE, contrée de Thessalie, située au midi de ce pays, et bornée au N. par la Perrhébie, au S. par la Phthiotide, à l'E. par la Magnésie et à l'O. par l'Histiæotide. Arrosée par l'Apidanus et le Pénée, elle avait pour capitale Larisse, et tirait son nom de ce qu'elle avait été un foyer pélasgique.

PÉLASGIQUE (Golfe), golfe de Thessalie, formé par une partie de la Magnésie s'avançant vers l'île d'Eubée, et par une partie de la Phthiotide. C'est sur les bords de ce golfe que subsistèrent longtemps les Pélasges. On l'appelle aujourd'hui le golfe de *Volo*.

PELASGUS, nom commun en Grèce à tous les rois d'Argolide avant Danaüs, aux anciens rois de Thessalie et aux chefs de beaucoup de colonies de Pélasges dans les temps héroïques; ce qui ne les empêchait pas de porter un autre nom. — Parmi les plus célèbres, la fable cite PELASGUS, premier roi d'Arcadie, selon elle, fils de la Terre. Il civilisa les Arcadiens, leur apprit à se bâtir des cabanes, à se couvrir de peaux de bêtes et à substituer pour leur nourriture les fruits du hêtre aux racines et aux feuilles des arbres. Il bâtit la ville de Parrhasie, et mourut après un règne de vingt-quatre ans, laissant le trône à son fils Lycaon.

PÉLÉE (myth.), fils d'Eaque et d'Endéis, fille de Chiron, était frère de Télamon, et fut avec lui forcé de quitter sa patrie, pour avoir participé au meurtre de leur frère Phocus. Il se retira à la cour d'Eurytion, roi de Phthie, qui le purifia suivant les cérémonies usitées, et lui donna sa fille Antigone en mariage, avec le tiers de la Phthiotide pour dot. Il en eut une fille nommée Polydore. Ayant eu le malheur involontaire de tuer son beau-père à la chasse du sanglier de Calydon, il fut encore contraint de s'exiler. Il se retira à Iolcos, où il fut purifié par Acaste qui, abusé sur son compte, voulut le faire périr. Mais Pélée, délivré du piége où il était tombé, par l'aide de Jupiter, s'empara d'Iolcos. Après la mort de sa femme Antigone, il épousa la déesse Thétis, dont il eut le célèbre Achille. Ce fut à ses noces que la Discorde jeta la fatale pomme, sujet de la guerre de Troie. Pélée fut la tige des rois d'Epire.

PÈLERINAGE, voyage de dévotion que l'on fait aux lieux saints, aux tombeaux des martyrs, etc. Dès le temps des Juifs, Jérusalem était le but des pèlerins, qui y faisaient un voyage au moins une fois l'an. Les chrétiens commencèrent à s'y rendre pour visiter le tombeau du Sauveur, dès le règne de Constantin. Les pèlerinages devinrent plus fréquents dans les siècles suivants, et devinrent enfin naissance aux croisades. Saint-Jacques de Compostelle en Espagne, Saint-Michel du Mont en France, étaient des lieux de pèlerinage. Les mahométans ont aussi leur pèlerinage de la Mecque. — Les signes distinctifs de l'habit de pèlerin étaient, au moyen âge, le bourdon et l'escarcelle.

PÉLÉTHRONIENS, nom que la fable donne aux Lapithes, soit parce que l'un d'eux s'appelait Pelethronius, soit parce qu'ils habitèrent Pelethronium, ville de Thessalie, au pied du mont Pélion.

PELEW, Péliou, Palaos ou Panlog, groupe d'îles de la mer du Sud, formant la partie occidentale de l'archipel des Carolines, parmi lesquelles il est compris. Ces îles ont été découvertes par les Espagnols. Les plus considérables sont *Babelthouap*, qui a 9 lieues du N. au S., *Corror*, *Ouroukthapel*, *Errokong*, *Ouroulong*, *Pélélilou*, *Angour*, les îles *Reyes* ou *Malelotes*, *Sonsorol* ou *Saint-André*, *Poulo-Anna*, *Mariera*, *Nevil* ou *Lord-North*, *Guédes* ou

Saint-David. Les peuples de ces îles sont bien faits de corps et d'une complexion robuste, ils vont presque entièrement nus; leurs cheveux sont presque crépus; ils ont fort peu de barbe. Les îles Pelew sont très-fertiles. On y trouve l'arbre à pain, la canne à sucre, le bambou, le citronnier, l'oranger, le palmier, le bananier, le curcuma, etc. Les Péliens sont doux, affables, très-industrieux. Ils sont régis par un roi absolu, de qui dépendent des chefs ou rupaks établis dans les diverses îles. — On connaît l'histoire de *Li-Bou*, fils d'Abba-Thoulé, roi de ces îles. Le capitaine Wilson, commandant de l'*Antilope*, qui avait fait naufrage sur les côtes de ces îles, ramena en Europe cet intéressant Pélien (1784), qui y mourut de la petite vérole au bout de quelques années.

PELHAM (Henri), frère cadet du duc de Newcastle, commandait une compagnie de dragons lors de la rébellion d'Ecosse en 1715. Nommé à la chambre des communes en 1718, il entra en 1724 dans le ministère comme secrétaire d'Etat au département de la guerre, devint premier lord de la trésorerie, puis chancelier de la trésorerie, puis chancelier de l'échiquier, et conserva ce poste jusqu'à sa mort (1754). Il diminua le fardeau de la dette publique en réduisant l'intérêt de 4 à 3 pour 100.

PÉLIADES, filles de Pélias.

PÉLIAS (myth.), fils de Neptune et de Tyro, fut exposé ainsi que Nélée son frère jumeau, et nourri par une jument. Après la mort de Créthée, qui avait épousé sa mère Tyro, il s'empara du trône sur Eson, l'héritier légitime, qu'il empoisonna bientôt en lui faisant boire du sang de taureau. Jason, son neveu, dont il avait voulu se débarrasser en l'envoyant à la conquête de la Toison d'or, voulut venger la mort de son père, et la magicienne Médée persuada aux filles de Pélias, pour le rajeunir, de le couper en pièces et de faire bouillir les morceaux avec des herbes magiques. Ainsi périt Pélias, suivant Ovide. D'autres mythologues prétendent qu'il mourut dans un âge très-avancé, léguant à son fils Acaste le fruit de son usurpation.

PÉLICAN, genre d'oiseaux de l'ordre des palmipèdes totipalmes. Les pélicans ont le bec long, droit, large, très-déprimé; la mandibule supérieure aplatie, très-crochue; l'inférieure formée par deux branches osseuses entre lesquelles pend une grande poche de peau nue. Ces singuliers animaux sont habiles nageurs. Ils se nourrissent de poissons, et peuvent en faire une ample provision dans leur poche, qui est si dilatable qu'elle peut contenir quelquefois plus de vingt pintes d'eau. Nous n'en avons qu'une espèce en Europe, le *pélican blanc*. On le trouve en Hongrie, en Russie, et généralement dans les contrées orientales.

PÉLIDNE. Dans la méthode de Cuvier, cette dénomination est employée pour désigner un genre de la famille des échassiers longirostres. Cette division a pour type une espèce européenne que les auteurs ont fait connaître sous les noms différents d'*alouette de mer* ordinaire, de *brunette*, de *cincle*, etc. M. Temminck l'a rapportée parmi les bécasseaux, sous la dénomination de *bécasseau brunette*.

PÉLIGNIENS, petit peuple du Samnium, habitait à l'E. des Marses, au-dessus du Picenum, dans les montagnes, près la mer. Ces peuples s'adonnaient beaucoup à la magie. Leurs villes principales étaient Corfinium et Sulmo.

PÉLION (aujourd'hui *Petra Zagora*), montagne fameuse de Thessalie, dans la Magnésie, vers le S., n'était qu'un prolongement de l'Olympe, et formait un promontoire couvert de sapins, de cèdres et de cyprès. Elle était, selon les poëtes, la demeure des Centaures, et particulièrement de Chiron. C'est des forêts qui la couvraient que l'on tira les arbres dont fut formé le vaisseau *Argo*. Dans la guerre contre les dieux, les géants entassèrent le mont Pélion sur le mont Ossa.

PELISSE, sorte de manteau doublé et garni de fourrures. En Europe, ce vêtement fait partie du costume des hussards; en Orient, il est tellement en usage, qu'il n'est pas de simple artisan, de soldat, de paysan qui ne porte en hiver une pelisse de peau d'agneau, de mouton, de chat ou de tout autre animal. L'hermine, la martre, la zibeline et le petit-gris servent aux fourrures des pelisses de la cour et des riches. Le sultan seul a le privilège de porter la fourrure de renard noir, la plus précieuse de toutes. Parfois il en donne une en présent à quelque grand personnage, et ce présent est considéré comme la plus grande marque d'honneur qu'on puisse faire.

PELLA (aujourd'hui *Palanas*), ville de Macédoine située dans l'Emathie sur le Lydius, entourée d'un lac ou marais très-profond, au milieu duquel s'avançait la citadelle bâtie sur une espèce de terrasse en forme d'île, et réunie à la ville par un pont. Philippe en fit la capitale de ses États préférablement à Edesse, l'ancienne résidence des souverains. Alexandre y naquit; c'est pour cela qu'il a été souvent appelé *Pellæus juvenis*. Les poètes donnent souvent à l'Egypte et à Alexandrie l'épithète de *Pellæa* parce que les Ptolémées qui y régnèrent étaient Macédoniens d'origine.

PELLEGRIN (L'ABBÉ Simon-Joseph), littérateur, né à Marseille en 1663, fut forcé par son père d'entrer dans l'ordre des religieux servites; mais, ennuyé de la vie du cloître, il parvint à se faire employer comme aumônier de vaisseau. Après plusieurs voyages, de retour à Marseille, il remporta en 1704 le prix de poésie à l'Académie française. Ce succès le décida bientôt à se rendre à Paris, où il ouvrit un bureau d'épigrammes, madrigaux, etc. Il travailla pour plusieurs théâtres, et mourut en 1745.

PELLEGRINI, célèbre chanteur, né en Italie vers 1780, entra au Théâtre-Italien de Paris, lorsque ce théâtre était sous la direction de Mme Catalani. Il y fut attaché environs dix ans, en qualité de premier bouffe pour le chant, et se retira en 1826. Il continua néanmoins d'habiter Paris et de professer le chant au conservatoire de musique. Cet artiste distingué est mort en 1832. — Le nom de PELLEGRINI est encore porté par une foule de peintres, et par un poëte de Vérone né en 1718, mort en 1799.

PELLÈNE, ville d'Achaïe, près de la mer, avec un port sur le golfe de Corinthe au N. de Cyllène. Elle fut bâtie par le géant Pallas ou, selon d'autres, par Pellen, Argien, fils de Phorbas, d'où elle prit son nom. La fable rapporte à Pellène la demeure de Protée. — Diane portait quelquefois le surnom de *Pellène* parce qu'elle avait un temple dans cette ville.

PELLETERIES, nom collectif sous lequel on embrasse toutes les fourrures que l'on vend dans le commerce pour la garniture des vêtements d'hiver. En général le poil du dos des animaux à fourrure est celui qui réunit au plus haut point les qualités que l'on recherche dans les pelleteries, c'est-à-dire la longueur du poil, sa douceur, son épaisseur et sa couleur. Les peaux de martres et particulièrement la pointe de la queue de la martre zibeline, partie qui porte le nom spécial de *suble*, les peaux de renard noir et blanc, l'hermine, le loup blanc, le petit-gris (écureuil) sont les plus précieuses de toutes les pelleteries. On a remarqué que les plus chaudes étaient celles du loup et du renard.

PELLETIER (Bertrand), pharmacien et chimiste français, né à Bayonne en 1761, étudia sous Darcet et Payon, fut reçu membre du collége de pharmacie à vingt et un ans, se livra avec succès à des travaux chimiques importants, découvrit plusieurs combinaisons dont il refusa de tirer profit, et devint à vingt-neuf ans membre de l'académie des sciences. Il fit partie de l'Institut dès la création de ce corps sa-vant, professa la chimie à l'école polytechnique, et mourut en 1797, après avoir puissamment contribué aux progrès de la chimie pneumatique. — Son fils, JOSEPH PELLETIER, directeur adjoint et professeur de l'école de pharmacie, a découvert un grand nombre d'alcalis végétaux et surtout la quinine et son sulfate, découverte qui lui a mérité la décoration de la Légion d'honneur et l'un des prix Monthyon.

PELLETIER FOURREUR. *Voy.* PELLETERIES.

PELLEVÉ (Nicolas DE), archevêque de Reims, né au château de Jouy en 1518, obtint le chapeau de cardinal pour avoir parlé au concile de Trente contre les libertés de l'Eglise gallicane qu'il était chargé de défendre. Il fut un des chefs les plus fanatiques et les plus acharnés de la Ligue, et mourut de chagrin en 1594, en apprenant l'entrée de Henri IV dans Paris.

PELLISSON-FONTANIER (Paul), né à Béziers en 1624 d'une famille protestante, depuis longtemps illustrée dans la robe. Il vint se fixer à Paris en 1652, y acheta une charge de secrétaire du roi, devint conseiller d'Etat en 1660 et premier commis de Fouquet, dont il partagea l'amitié et la disgrâce. Enfermé à la Bastille, il y rédigea, pour la défense de son ancien protecteur, trois *mémoires* qui sont des chefs-d'œuvre d'éloquence judiciaire et des monuments de la plus ferme amitié. Après cinq ans de captivité, il en fut tiré par un ordre de Louis XIV, qui admirait sa constance. Il fut nommé historiographe du roi; son crédit augmenta encore quand il eut embrassé la religion catholique. Il fut pourvu de plusieurs bénéfices, et mourut en 1693, membre de l'Académie française.

PELLOUTIER (Simon), historien, né en 1694 à Leipzig d'une famille française que l'édit de Nantes avait forcée de s'expatrier, devint ministre de l'Eglise française, membre et bibliothécaire de l'académie de Berlin, et y mourut en 1757. Sa réputation est fondée sur une *Histoire des Celtes* en deux volumes in-4°.

PELLWORM, petite île d'environ une lieue et demie carrée de superficie, sur la côte occidentale du Sleswig (Danemarck). C'est une partie de la grande île de Nordstrand, qui disparut dans la mer en 1634. Elle a 3,000 habitants.

PÉLOPÉE (antiq.), fille de Thyeste et mère d'Egisthe, qu'elle eut de son propre père, qui lui fit violence dans un bois sans la connaître. Quelque temps après, elle épousa son oncle Atrée, qui fit élever Egisthe avec ses enfants. Thyeste ayant reconnu son fils à une épée que lui avait arrachée sa fille au moment du crime, Pélopée, apprenant son inceste, se perça de cette même épée.

PÉLOPÉE (ins.), genre de l'ordre des hyménoptères, section des porte-aiguillons, famille des fouisseurs, tribu des sphégides, établi par Latreille. Les pélopées sont propres aux pays chauds; leurs mœurs sont très-remarquables. Ces insectes construisent des nids de terre qu'ils placent, comme les hirondelles, dans les angles des murailles, au plafond des chambres et des greniers.

PÉLOPIDAS, fils d'Hippolochus, général thébain, dut la vie dans un combat au dévouement d'Epaminondas, et contracta alors avec lui une amitié qui dura toute leur vie. Banni de Thèbes avec quatre cents citoyens, lorsque les Lacédémoniens se furent emparés de cette ville, il se réfugia à Athènes. Trois ou quatre ans après (379 ou 378 avant J.-C.), il rentra à Thèbes avec ses amis déguisés ainsi que lui, s'empara par ruse de la Cadmée, et chassa les Lacédémoniens. Vainqueur à Platée, à Thespies et à Tégyre, il contribua au gain de la bataille de Leuctres où il commandait le bataillon sacré (370 avant J.-C.). Envoyé l'an 364 avant J.-C. contre Alexandre, tyran de Phères, il tomba entre ses mains, et fut délivré par Epaminondas. Il périt dans un combat contre le tyran de Phères, la même année.

PÉLOPIDES, nom patronymique des descendants de Pélops. Cette famille est célèbre dans la fable pour ses crimes et ses malheurs. — Cicéron donne le nom de *Pélopides* aux mauvais citoyens qui s'arment contre leur patrie.

PÉLOPIES, fêtes que les Eléens célébraient en l'honneur de Pélops. Hercule sacrifia le premier à ce héros, dans une fosse, un bélier noir, comme pour les dieux infernaux. Dans la suite les Eléens offrirent tous les ans à Pélops, dans la même fosse, une victime semblable. Le prêtre qui présidait à cette cérémonie n'avait qu'une portion de la victime; seulement on en donnait une partie à celui qui fournissait le bois.

PÉLOPONÈSE (c'est-à-dire *île de Pélops*), aujourd'hui *Morée*, célèbre péninsule, située dans la partie la plus méridionale de la Grèce, dont elle est séparée par les golfes de Corinthe et de Saronique, et à laquelle elle ne tient que par l'isthme de Corinthe. La superficie du Péloponèse est de 22,000 kilomètres carrés. Il se nomma d'abord *Orgie, Apie, Pélasgie, Argolide*, et reçut le nom de Péloponèse de Pélops, chef d'une colonie phrygienne, qui en devint le principal possesseur. Cette presqu'île porte aujourd'hui celui de *Morée* (du grec *moron*, mûrier), parce que ses côtes, découpées par les golfes profonds, lui donnent l'apparence d'une feuille de mûrier. Elle était divisée en huit provinces: l'Arcadie au centre, puis du S. à l'O. et en faisant le tour de la péninsule, la Laconie, l'Argolide, la Corinthide, la Sicyonie, l'Achaïe, l'Elide et la Messénie.

PÉLOPONÈSE (GUERRE DU). On connait sous ce nom la guerre de vingt-sept ans que se livrèrent Athènes et Sparte, et à laquelle la Grèce entière prit part. Sa véritable cause fut la jalousie de Sparte, qui ne pouvait voir sans envie Athènes maîtresse de la Grèce; le prétexte fut trouvé dans le secours que les Athéniens avaient prêté aux Corcyriotes contre les Corinthiens. Commencée en 431 avant J.-C., elle fut interrompue par un armistice qui devait durer cinq ans, et ne dura que cinq mois (422). C'est là la première époque, dans laquelle la guerre se passa en escarmouches sur les côtes du Péloponèse et de l'Attique. Les principaux faits sont le siége de Platée, la peste d'Athènes, la mort de Périclès et les victoires du Spartiate Brasidas sur l'Athénien Cléon. — Reprise en 421 par les soins d'Alcibiade, la guerre est transportée en Sicile (406). C'est là la seconde époque où va jusqu'en 413, et dans laquelle les Athéniens sont battus. — La troisième époque commence en 413; elle a pour théâtre l'Archipel; les principaux faits sont les victoires d'Alcibiade, suivies de son exil, la victoire des Arginuses, la bataille d'Ægos-Potamos (404) suivie du siége d'Athènes. La ville est prise quatre mois après, et sa puissance maritime anéantie. Les alliés de Sparte dans cette guerre étaient les Mégariens, les Béotiens, les Locriens, les peuples du Péloponèse (les Argiens et les Achéens exceptés), Anactorium, Leucade et Ambracie. Ceux d'Athènes étaient les Platéens, les Messéniens, les Achéens, les Cariens, les Acarnaniens, les Doriens, les Thraces, les Cyclades (Thera, Samos, Eubée et Mélos exceptées), Lesbos, Zacinthe, Chios et Corcyre. — L'historien de la guerre du Péloponèse est Thucydide, dont l'histoire a été continuée par Xénophon.

PÉLOPS (myth.), fils de Tantale, roi de Phrygie ou de Lydie, fut massacré par son père qui, pour éprouver les dieux, leur servit ses membres dans un festin. Cérès mangea une de ses épaules, que les dieux remplacèrent par une d'ivoire lorsqu'ils le rendirent à la vie. Pélops se réfugia alors en Grèce à la cour d'Œnomaüs, roi d'Elide, dont il obtint la main par un artifice la fille Hippodamie. Il soumit par les armes presque tout le Péloponèse, et laissa cinq fils: Pitthée, Trézène, Plisthène, Atrée et Thyeste. On croit que ce fut des os de Pélops que fut formé le Palladium.

PÉLORE (aujourd'hui cap *Passaro*), promontoire de Sicile, situé à la pointe orientale de cette île. On y avait élevé une haute tour qui servait à diriger les vaisseaux. Ce promontoire reçut son nom de Pélore, un des pilotes d'Annibal, que celui-ci jeta à la mer parce qu'il croyait être sûr de sa trahison. Son innocence ayant été reconnue, il lui fit élever un monument sur le promontoire auquel il donna son nom. D'autres prétendent qu'il fut ainsi appelé d'un pilote qui s'y noya.

PÉLORIEN, surnom de Jupiter, ainsi appelé parce que, sous la figure d'un étranger appelé Pelorius, il vint annoncer aux Thessaliens qui lui offraient un sacrifice que le marais Tempé s'était écoulé, et avait laissé à découvert une belle plaine. A cette occasion furent instituées en l'honneur de Jupiter des fêtes appelées *Pélories*, analogues aux Saturnales romaines; car pendant leur célébration les esclaves étaient servis par leurs maîtres.

PELOTON. Indépendamment de l'acception vulgaire de boule de fil, de laine ou de soie roulée sur elle-même, ce mot s'emploie encore dans l'art militaire pour désigner une compagnie considérée sous le point de vue de la tactique. Les pelotons sont les subdivisions d'un bataillon sur le champ de bataille ou en marche; ils sont tous égaux en force, autant que possible; ce qui n'a presque jamais lieu dans la division par compagnies.

PELTA, petit bouclier rond, plus léger et plus maniable que la parme, qui avait trois pieds de diamètre. Le *cétre*, bouclier des Amazones, était un pelta en demi-lune. Le pelta était l'arme défensive des peltastes.

PELTA (en latin *bouclier*), nom que les botanistes ont donné à l'organe des lichens qui renferme les graines. Le pelta est sessile, réniforme, arrondi ou discoïde.

PELTASTES, milice grecque, fut ainsi nommée du bouclier pelta dont ceux qui la composaient étaient armés. Ils portaient aussi un dard. Les peltastes, dans l'infanterie athénienne, tenaient le milieu entre les *oplites* ou soldats pesamment armés, et les *psilites* ou infanterie légère.

PELTÉ, nom donné, en botanique, à tout organe, quand il est inséré à la partie qui le supporte par sa face inférieure et non par un point de sa circonférence.

PELTIGÈRE, genre de la tribu des *peltigères*, laquelle fait partie des vrais lichens. Les espèces de ce genre sont de grands lichens qui viennent sur la terre ou sur les mousses. Leurs lobes sont fort larges et coriaces ; ils sont garnis en dessous de crampons blanchâtres qui les fixent aux corps sur lesquels ils vivent.

PELTOIDES, tribu d'insectes coléoptères, section des pentamères, famille des clavicornes, établie par Latreille, et dont les mœurs sont peu connues.

PELUCHE, espèce d'étoffe à longs poils, imitant le velours d'Utrecht, et peu usitée aujourd'hui sinon comme garniture de chapeau ou comme doublure.

PÉLUSE, aujourd'hui *Tineh*, ville de la basse Egypte, dont elle fut comme le rempart et la clef du côté de la Phénicie. Elle était située sur l'embouchure orientale du Nil (*bouche Pélusiaque*), à environ 20 stades de la mer, et au milieu de marais qui lui avaient fait donner le nom qu'elle porte (*boueuse*, de *pélos*, boue en grec). On l'appelait dans les premiers temps *Avaris*. Aujourd'hui on n'en voit plus que des ruines. Péluse était la patrie de Ptolémée. Les lentilles de son territoire étaient très-estimées.

PÉLUSIAQUE (Branche), nom de la bouche la plus orientale du Nil, sur laquelle était bâtie la ville de Péluse. C'est aujourd'hui le canal *Khalitz-Abou-Menedji*.

PELVIEN, ce qui a rapport au *bassin* (en latin, *pelvis*). On appelle *cavité pelvienne* la cavité du *bassin*; *face pelvienne de l'os iliaque*, celle qui correspond à la cavité pelvienne ; *membres pelviens*, les membres inférieurs ou abdominaux.

PELVIENNE (Aponévrose), expansion aponévrotique plus ou moins épaisse, qui se fixe au détroit supérieur du bassin, en se continuant avec le *fascia iliaca* et l'expansion aponévrotique du muscle petit psoas. L'aponévrose pelvienne, appelée aussi *fascia pelvis*, forme une sorte de cloison résistante qui soutient le péritoine, et qui se trouve percée de plusieurs ouvertures pour le passage de divers organes.

PEMBA, province centrale du royaume du Congo, en Afrique. C'est un pays peu connu, abondant en fruits et en mines de cuivre. — Sa capitale, qui porte le même nom, est la résidence des rois et le lieu de leur sépulture.

PEMBROKE, comté d'Angleterre, dans le pays de Galles, entre la mer d'Irlande, le canal de Bristol et les comtés de Caermarthen et de Cardigan. Sa superficie est de 120 lieues carrées, et sa population de 30,000 habitants. C'est un pays très-fertile, montueux vers le nord, produisant du blé, de l'orge, de l'avoine, du seigle et d'excellents pâturages. Il a des mines de houille et de plomb. — Sa capitale est Pembroke, petite ville de 3,000 habitants, jadis fortifiée et défendue par un château fort que détruisit Cromwell. Elle est la patrie de Henri VIII.

PEMPHIGUS (du grec *pemphyx*, *bulle* ou *vessie*), affection cutanée caractérisée par des vessies jaunâtres, quelquefois assez grandes, formées par l'accumulation d'un liquide séreux sous l'épiderme ; ces vésicules se rompent après quelques jours de durée, laissant à nu le derme rouge qui se couvre d'écailles ou de croûtes. Le pamphigus peut attaquer toutes les parties de la peau. Ses causes sont l'immersion des membres dans des eaux croupies, la morsure de certains insectes et reptiles venimeux, le contact des substances vésicantes, un mauvais régime, la suppression d'évacuations accoutumées, l'impression du froid, etc. La durée moyenne de cette maladie est de sept à dix jours. Elle se termine favorablement.

PÉNAFIEL, ville d'Espagne dans la Vieille-Castille, sur le Duraton, dans la province et à 7 lieues de Valladolid. Sa population est de 4,000 habitants. Elle est remarquable par son palais et son château fortifié.

PÉNATES (myth.), dieux domestiques romains, que l'on confond quelquefois avec les dieux Lares ou les Génies. Les Pénates ne formaient point une classe particulière de divinités. Ils pouvaient appartenir à chacune. C'était quelquefois Jupiter, plus souvent Vesta, ou enfin d'autres dieux que l'on choisissait indifféremment parmi les dieux du ciel, de la terre ou des enfers, pour protéger la demeure où ils étaient honorés. Leur nom vient de ce qu'ils étaient placés dans la partie la plus retirée de la maison (*in penitissimâ ædium parte*). Les statues des Pénates étaient de cire, d'ivoire, de terre ou d'argent. On leur offrait du vin, de l'encens, des fruits, et quelquefois des agneaux, des chèvres ou des brebis; dans les sacrifices publics, c'était une truie. Brutus abolit la coutume barbare de leur sacrifier des victimes humaines.

PENCE, monnaie anglaise qui est la douzième partie du schelling.

PENDAISON, supplice qui produit la mort par une compression opérée autour du cou au moyen d'un lien auquel le corps est suspendu. La pendaison était en usage en France, avant la révolution, pour punir le crime de vol ; elle l'est encore aujourd'hui en Angleterre et en Espagne. Quelques savants prétendent que ce supplice est moins cruel que la guillotine, qui, selon eux, ne serait pas exempte de douleurs. Lorsque la luxation de la deuxième vertèbre cervicale n'a pas eu lieu, il est quelquefois possible de ramener les pendus à la vie et les saignant.

PENDENTIF, nom donné, en architecture, à certaine portion de voûte dont la figure est triangulaire, quelquefois saillante ou presque verticale, tantôt ouverte par le devant comme une trompe. Le pendentif s'appelle encore *panache* ou *fourche*.

PENDEUR ou **Pendoir** (mar.), bout de corde à laquelle tient une poulie pour attacher la manœuvre. Les pendeurs prennent le nom des parties sur lesquelles ils se fixent.

PENDJAB (c'est-à-dire les *cinq rivières*), province de l'Indoustan, ainsi appelée parce qu'elle est arrosée par le Chélum (*Hydaspes*), le Chenab (*Acesines*), la Ravi (*Hydraotes*), le Biap (*Hyphasis*), et le Setledge (*Zardrus*). Cette province, soumise aux Seikhs, s'appelle encore Lahore.

PENDULE (phys.), instrument qui se compose d'un corps pesant (une boule métallique par exemple) suspendu à l'extrémité d'un fil flexible. Ses propriétés principales sont : 1º de marquer la direction verticale ou celle de la pesanteur ; 2º de faire des oscillations planes quand on l'écarte de la verticale, et qu'on l'abandonne à lui-même sans lui donner aucune impulsion. Les lois des oscillations du pendule sont au nombre de trois : 1º elles sont *isochrones*, c'est-à-dire qu'elles se font toutes dans le même temps ; 2º leur durée est indépendante du poids de la boule et de la nature de sa substance ; 3º ces durées sont entre elles comme les racines carrées des longueurs du pendule.

PENDULE, instrument à mesurer le temps, dont la marche est réglée par un pendule. Une pendule se compose d'un système de roues et d'engrenages mus par une force. La force motrice est dans les horloges un poids dont la corde est enroulée sur un tambour plein, et dans les pendules et les montres, un ressort d'acier, ployé en spirale et contenu dans ce même tambour, qui alors est creux et s'appelle *barillet*. Si la force motrice n'était régularisée par rien, le rouage prendrait un mouvement trop accéléré ; pour le ralentir convenablement et dans les proportions nécessaires, on joint au système un pendule dont les mouvements oscillatoires se communiquent à un mécanisme fort délicat appelé *échappement*; celui-ci pénètre par des parties saillantes entre les dents de la dernière roue, qui passent ainsi l'une après l'autre et à des intervalles réglés. — L'application du pendule à l'horlogerie est due à Galilée d'abord, puis à Huyghens.

PÈNE. C'est dans une serrure le morceau de fer que la clef fait aller et venir en tournant sur elle-même et qui ferme la porte. Ce mot vient du latin *penulus*, verrou. On en distingue de diverses formes ; mais le plus souvent il est rectangulaire.

PÉNÉE (aujourd'hui *Kostoum* ou *Salampria*), rivière principale de la Thessalie, prenant sa source au mont Pœus, arrosait la ville de Larisse et la vallée de Tempé, et se jetait dans le golfe Thermaïque, entre l'Olympe et l'Ossa. Ses bords étaient couverts de lauriers, et voici comment la fable expliquait cette circonstance : Daphné, fille du dieu de ce fleuve, poursuivie par Apollon, implora les dieux qui la changèrent en laurier.

PÉNÉLOPE (myth.), fille d'Icare, frère de Tyndare, épousa Ulysse, roi d'Ithaque, en même temps que Ménélas, Hélène. Pendant l'absence de son époux au siége de Troie, elle résista constamment aux sollicitations d'une foule de prétendants qui se disputaient sa main. Pour se délivrer de leurs poursuites, elle promit de faire un choix lorsqu'elle aurait achevé une pièce de toile qu'elle avait commencée ; mais elle défaisait la nuit ce qu'elle avait fait le jour, et gagnait ainsi du temps. Ulysse, de retour enfin après vingt ans, la délivra de ses nombreux amants en les tuant tous. Pénélope est communément regardée comme le plus parfait modèle de la fidélité conjugale ; cependant on a prétendu que tous ses amants partagèrent ses faveurs, et qu'il en naquit le dieu Pan. Avant la guerre de Troie, elle avait eu d'Ulysse un fils nommé Télémaque ; elle en eut après son retour un autre fils nommé Polyporte. Les uns prétendent qu'après la mort d'Ulysse, elle épousa Télégone, le fils qu'il avait eu de Circé; d'autres veulent qu'Ulysse l'ait chassée d'Ithaque, et qu'elle ait été mourir à Mantinée.

PÉNÉLOPE, genre de l'ordre des gallinacés, caractérisé par un bec médiocre, presque droit, plus large que haut à sa base, et courbé vers la pointe. Les pénélopes, que l'on nomme aussi *marails* ou *marayes*, jac, etc., appartiennent exclusivement à l'Amérique méridionale ; ils sont confinés dans les régions intertropicales et tempérées. Comme tous les oiseaux de l'ordre auquel ils appartiennent, ils vivent en petites familles, et ont des habitudes communes à tous les gallinacés.

PÉNESTES, nation assez puissante de l'Illyrie méridionale, sur les frontières de l'Épire, entre les Eordes et les Dassarètes au N., les Paravéens au S. et les Elymiotes à l'E., vers les montagnes Tomare et les sources des fleuves Artane et Genusus.

PÉNICHE, mot venu de l'anglais *pinnace*, qui désigne le second canot d'un vaisseau. Ce mot s'est étendu par analogie à toutes espèces d'embarcations dans un vaisseau armé en guerre. On emploie comme garde-côtes des péniches armées en guerre, c'est-à-dire munies de pierriers et parfois d'un canon en coursive, gréées comme un lougre, et bordant beaucoup d'avirons.

PÉNICILLÉ (du latin *penicillum*, pinceau), nom donné, en botanique, à ce qui est divisé à l'extrémité en manière de pinceau ; ce qui se termine par une touffe de poils ou de crins divergents. Il se dit aussi d'un stigmate formé par des glandes déliées, réunies le long d'un axe commun comme les crins d'un pinceau.—On appelle *pénicilliforme* ce qui est en forme de pinceau.

PÉNIDE, sucre clarifié, cuit avec une décoction d'orge. On l'appelle aussi *sucre d'orge*.

PÉNINSULE, traduction française d'un mot latin qui signifie *presqu'île*. Cependant, dans toute la rigueur du langage géographique, une péninsule est une presqu'île d'une grande étendue et dont l'isthme est toujours fort large. L'Espagne on péninsule ibérique a retenu plus spécialement et par abrégé le nom de *Péninsule*.

PÉNISCOLA, ville très-forte d'Espagne, située dans la province et à 7 lieues de Castellon de la Piana, sur une pointe de terre élevée qui s'avance dans la mer. Sa population est de 3,000 habitants. Elle servit de retraite à l'antipape Benoît XIII.

PÉNITENCE, un des sept sacrements de l'Église catholique, celui par lequel le prêtre remet les péchés à ceux qui les confessent à lui en ont regret. Il consiste dans la contrition, la confession, l'absolution et la satisfaction. L'ordre de la prêtrise donne le pouvoir de conférer le sacrement de pénitence ; mais, pour mettre ce pouvoir en exercice, il faut le permis de l'évêque ; cependant il n'en est pas besoin lorsqu'il y a nécessité, et que ceux qui le reçoivent sont au lit de mort. Indépendamment de ce sens, c'est-à-dire repentir d'avoir péché, le mot *pénitence* s'applique encore aux austérités que le prêtre impose à un pécheur, ou qu'il s'impose lui-même pour l'expiation de ses fautes. Les Juifs faisaient pénitence avec le sac, la cendre et le cilice.

PÉNITENCERIE, tribunal ecclésiastique de la cour de Rome, dans lequel s'examinent et se délivrent les bulles ou grâces et dispenses secrètes qui regardent la conscience, comme les dispenses de vœux de chasteté perpétuelle et de religion, l'absolution des censures, etc. Ce tribunal est composé d'un cardinal grand pénitencier, d'un régent qui fait les fonctions de grand pénitencier, d'un dataire, de trois procureurs ou secrétaires, de deux consulteurs, d'un officier qui signe et scelle les bulles, d'un correcteur qui les révise, et de trois écrivains.

PÉNITENCIEL, livre ecclésiastique, renfermant tout ce qui concerne l'imposition de la pénitence et la réconciliation des pénitents.

PÉNITENCIERS. On appelle ainsi à Rome des prêtres pris dans les divers ordres religieux, et établis pour confesser dans les trois églises patriarcales de Rome : Latran, le Vatican et Sainte-Marie-Majeure. Ils portent tous à la main une verge, marque de l'étendue de leurs pouvoirs, et sont soumis à leur supérieur pour la vie régulière, au grand pénitencier pour leur office. — Le *grand pénitencier* est le cardinal présidant le tribunal de la pénitencerie. Cet office fut introduit l'an 684 par le pape Benoît II.

PÉNITENT, celui qui a recours au sacrement de pénitence.—On appelle *pénitents*, 1° les religieux du tiers ordre de Saint-François, qui diffèrent des autres franciscains par leur costume, qui est le petit capuchon et la haute chaussure ; 2° les membres de certaines confréries de laïques qui s'assemblent en certains temps de l'année pour faire des prières et des processions publiques, où ils marchent nu-pieds et le visage couvert d'un voile. La couleur de leur robe leur a fait donner les noms de *pénitents noirs, blancs, gris, bleus, verts, violets*.

PÉNITENTE, celle qui a recours au sacrement de pénitence. — Les *pénitentes d'Orviète* sont un ordre monastique de filles en Italie, lequel a la même observance et le même habillement que les carmélites déchaussées. Ces religieuses doivent leur établissement à Antoine Simoncelli, gentilhomme d'Orviète, en 1662. On enferme dans ce monastère les filles et les femmes débauchées qui veulent faire pénitence.

PÉNITENTIAIRE (Système), mode particulier d'emprisonnement usité surtout dans les États-Unis, et destiné à exciter dans l'âme du coupable des remords propres à le faire repentir et à la vertu. On distingue deux écoles diverses de systèmes pénitentiaires. L'une, celle de Philadelphie, consiste à isoler les détenus dans les cellules où on les force à un travail journalier et où ils reçoivent les visites d'un aumônier ; l'autre, celle d'Auburn, consiste à isoler les détenus pendant la nuit seulement, et à les faire travailler en commun et en silence pendant le jour.

PENMARK, pointe de terre qui s'avance sur la côte méridionale de la Bretagne, au S. de la baie d'Audierne (Finistère). C'est un pays presque sauvage ; on n'y trouve que le village de Penmark, dont les habitants font la pêche du congre. Dans les environs s'étendent des grottes curieuses, principalement sur la côte de Cruson, où l'on distingue, à Glogef, le fameux abîme nommé l'*Enfer*, dans lequel la mer s'engouffre avec un bruit épouvantable.

PENN (William), père du législateur de Pensylvanie, naquit à Bristol en 1621, et entra de bonne heure au service de la marine. Il était vice-amiral à trente et un ans. Après s'être distingué dans plusieurs campagnes, notamment aux Indes occidentales, il fut nommé en 1660 commissaire de l'amirauté, et commanda, quatre ans après, sous les ordres du duc d'York, une escadre qui détruisit presque entièrement celle des Hollandais. Il se retira pour des motifs de santé à Wanstead, dans le comté d'Essex, et il mourut en 1670.

PENN (William), célèbre quaker, né à Londres en 1644 du vice-amiral William Penn. Son père en mourant lui laissa 1,500 livres sterling de rente et une créance de 16,000 livres sterling (370,000 francs) sur la couronne, pour des dépenses faites par lui dans des expéditions maritimes. Penn se fit céder en 1684 pour cette créance le territoire américain qui a pris de lui le nom de *Pensylvanie*. Il traita avec les sauvages, introduisit des habitants dans cette colonie, et leur fit accepter une constitution en vingt-quatre articles qui a servi de base à celles des États-Unis. Il bâtit Philadelphie, et au bout de deux ans abandonna le gouvernement de la Pensylvanie qu'il reprit en 1696. Il quitta l'Amérique pour toujours en 1701, et mourut en 1718.

PENNANT (Thomas), célèbre naturaliste anglais, né en 1736 à Downing, comté de Flint. Après avoir fait ses études à l'université d'Oxford, il voyagea dans diverses parties de la Grande-Bretagne et de l'Europe, et publia les relations de ces voyages. Il mourut en 1798. On cite parmi ses ouvrages son *Histoire des quadrupèdes*.

PENNATIFIDE. Voy. PINNATIFIDE. Pour les autres mots commençant par *penna*... Voy. *pinna*...

PENNATULE, genre de zoophytes que l'on trouve dans toutes les mers. Ils nagent à la surface de l'eau, et répandent pendant la nuit une lumière phosphorescente du plus bel éclat. On en connaît plusieurs espèces.

PENNE (mar.). C'est le point où le coin d'en haut des voiles latines ou à tiers-point. — *Faire la penne*, dans un navire, c'est joindre la longueur de son antenne à la longueur de son arbre, ce qui fait que la penne de la voile répond au bâton de l'étendard, et forme une élévation où l'on fait monter un mousse quand on veut faire quelque découverte.

PENNÉE, épithète des feuilles qui, comme celles du *poirier*, ont les nervures disposées de chaque côté d'une nervure longitudinale principale. — Ce mot se dit aussi des feuilles dont les folioles sont disposées d'un et de l'autre côté d'un pétiole commun, comme les barbes d'une plume.

PENNES. On appelle ainsi, dans les oiseaux, les grandes plumes des ailes et de la queue. Les premières sont appelées encore pour les distinguer *pennes rémiges* ; ce sont celles qui servent à l'acte du vol et qui font pour ainsi dire l'office de rames ; les secondes s'appellent *pennes rectrices* et servent à diriger le vol. Voy. ces mots.

PENNIFORME, épithète donnée aux muscles dont les fibres charnues sont insérées des deux côtés d'un tendon moyen, comme les barbes d'une plume sur leur tige commune.

PENNING, petite monnaie de compte de Hollande. Elle vaut la sixième partie du sou ou stuyver. On le nomme aussi *denier*.

PENNINES (Alpes), partie de la chaîne des Alpes qui s'étend au midi de la vallée Pennine (le Valais), depuis les Alpes Grecques (mont Blanc) jusqu'aux Alpes Lépontiennes (mont Rosa), dans une longueur de 22 lieues.

PENNON, sorte de petit drapeau féodal, plus long que haut et terminé en queue. C'était le pavillon du simple chevalier, tandis que la bannière était celui du chevalier banneret. Aussi disait-on : *faire de pennon bannière*, pour dire passer du rang de chevalier à celui de banneret. Ce passage s'effectuait par une cérémonie dont la principale circonstance était celle-ci : le héraut d'armes coupait l'extrémité allongée du pennon de manière à l'équarrir en forme de bannière.

PENNY ou DENIER STERLING, monnaie d'argent d'Angleterre, vaut la douzième partie du schelling. — Il y a une monnaie de cuivre appelée *half-penny* ou demi-denier. Le penny vaut à peu près dix centimes.

PENOBSCOT, grande rivière des États-Unis, formée de deux branches à 25 lieues au N. de Bargot (Maine) et se jetant entre les villes de Prospect et de Penobscot dans la baie qui porte son nom. Cette baie a 7 lieues de largeur à son entrée et 12 de profondeur. Elle est semée d'îles et offre plusieurs beaux havres.

PÉNOMBRE (du latin pené, presque, et umbra, ombre), terme d'astronomie. Lumière faible qu'on observe dans les éclipses avant l'obscurcissement total et avant le retour de la lumière totale.

PENON, sorte de girouette composée d'un bâton armé à sa partie supérieure de petites tranches de liége sur la circonférence desquelles sont plantées des plumes qui indiquent la direction du vent.—*Penon* est aussi une espèce de *vergue*.

PENON DE VELEZ, une des villes fortifiées que l'Espagne possède, sous le nom le *présides*, sur la côte septentrionale de l'Afrique, et dans lesquelles elle envoie ses repris de justice. Cette ville, bâtie en 1508, à environ 900 habitants, et est située à 15 lieues de Tétouan et à peu de distance de Velez de Gomera.

PENSACOLA, ville des Etats-Unis, la principale du territoire de Floride, au fond de la baie de ce nom, sur la côte occidentale, à 20 lieues de Mobile et 62 de la Nouvelle-Orléans. Son port est excellent pour de petits vaisseaux ; un fort le protége.—Cette ville, qui appartenait aux Espagnols, leur a été enlevée en 1818 par le général américain Jackson et cédée depuis aux Etats-Unis.

PENSÉE, espèce du genre *violette*, nommée aussi *violette tricolore*. Elle croît spontanément dans les champs. La culture a changé le jaune mêlé de lignes noires sur un fond blanc que ses pétales montrent dans l'état sauvage, en deux couleurs brillantes et opposées, le jaune d'or et le violet velouté. Ses petites tiges triangulaires ont de seize à vingt centimètres de haut ; ses feuilles sont alternes, oblongues et incisées ; ses fleurs sont du plus bel aspect.— La médecine les emploie en décoction contre les maladies de la peau. La racine de cette plante est émétique.

PENSION (du latin *pensum*, venu de *pendere*, payer), somme d'argent donnée à des intervalles fixes et périodiques pour le payement d'une dette contractée de quelque façon que ce soit. Ainsi on donne ce nom à la somme que l'on paye pour la nourriture, le logement et l'instruction d'un enfant placé dans une maison d'éducation ; par extension, on a même appliqué ce nom à l'établissement.—On appelle *pension viagère* celle qu'en vertu d'une clause d'un contrat ou d'une disposition de la loi on reçoit pendant tout le temps de sa vie.
— Les pensions de retraite pour les militaires et les fonctionnaires des diverses administrations rentrent dans cette catégorie. Pour y avoir droit, il faut prouver au moins trente ans de services effectifs. Cette pension est réversible en partie sur la tête de la veuve.—La *pension alimentaire* est celle qu'un individu reçoit pour ses besoins de la personne qui, par un contrat ou d'une autre, l'a mis dans l'impossibilité d'y pourvoir lui-même.

PENSYLVANIE, l'un des Etats-Unis de l'Amérique septentrionale, borné au N. par l'Etat de New-Yorck, au S. par celui de Virginie, le Maryland et le Delaware, à l'O. par l'Ohio, à l'E. par l'Etat de New-Yorck et le New-Jersey. Sa superficie est de 1,664 lieues carrées, et sa population de 2 millions d'habitants. Le territoire, traversé par plusieurs chaînons des monts Alleghanys, et arrosé par le Delaware, la Susquehannah, la Monangahela, le Schuylkill, etc., est fertile et varié ; le climat est serein, mais les maladies épidémiques y sont nombreuses. Les productions du sol (seigle, maïs, lin, chanvre, canne à sucre, érable à sucre) et l'industrie active des manufactures sont les deux richesses de la contrée. — Cet Etat, dont la fertilité fut concédée en 1681 au quaker Guillaume Penn, qui en fit un refuge pour toutes les sectes religieuses, et qui le revendit en 1712 à l'Angleterre pour 280,000 liv. sterling (7,000,000 de francs), s'est affranchi en 1776 de la domination anglaise, et jouit depuis ce temps d'une démocratie tempérée. *Philadelphie*, l'ancienne résidence du congrès américain avant Washington, est la principale ville de l'Etat, dont la capitale est HARRISBURG. La Pensylvanie se divise en cinquante et un comtés.

PENTACONTARQUE (de *pentaconta*, cinquante, et de *archos*, chef), nom donné dans l'antiquité grecque à celui qui, soit dans le civil, soit dans le militaire, soit à l'intérieur, soit chez les peuples étrangers, avait cinquante hommes sous ses ordres.

PENTACORDE (de *penté*, cinq, et *chordé*, corde), espèce de lyre grecque à cinq cordes, intermédiaire entre la lyre primitive, qui n'en avait que trois, et la lyre ordinaire des époques postérieures, qui en eut sept. C'est au siècle de Sapho et d'Alcée qu'il faut placer l'invention et l'usage fréquent du pentacorde.

PENTACOSIARQUE (de *pentacosioi*, cinq cents, et *archos*, chef), officier ou magistrat qui avait cinq cents hommes sous ses ordres.

PENTACOSIENS, nom donné aux prytanes qui, y compris l'épistate ou les proèdres, étaient au nombre de cinq cents.

PENTACOSIOMÉDIMNES (de *pentacosioi*, cinq cents, et *medimna*, médimne), nom donné chez les Athéniens aux citoyens qui possédaient un revenu annuel équivalant à cinq cents médimnes tant en grains qu'en fruits (25,920 litres). Ils formaient la première classe des citoyens d'après une loi de Solon.

PENTADACTYLE, nom donné aux animaux qui ont cinq doigts à chaque pied.

PENTADÉCAGONE, figure géométrique qui a quinze angles et quinze côtés. Elle est peu usitée.

PENTAÈDRE, corps solide à cinq faces.

PENTAÉTÉRIDE (de *penté*, cinq, et *étos*, année), période de cinq ans. Les Grecs désignaient ainsi l'espace de temps qui devait s'écouler entre deux célébrations de jeux Isthmiques. Cet espace était dans l'origine de neuf ans ; ce qui l'avait d'abord fait nommer *ennéaétéride*.

PENTAGONE, figure géométrique à cinq angles et cinq côtés.

PENTAGYNIE (du grec *penté*, cinq, et *gyné*, femelle), nom donné, dans le système botanique de Linné, aux ordres des plantes dont les fleurs sont munies de cinq pistils ou organes femelles.

PENTAMÈRES, section de l'ordre des insectes coléoptères, renfermant ceux dont tous les tarses sont composés de cinq articles distincts.

PENTAMÈTRE (de *penté*, cinq, et *metros*, mesure), vers de cinq pieds en usage chez les Grecs et les Romains qui le joignaient au vers hexamètre héroïque pour former un distique. Ce vers est composé de deux dactyles ou spondées, d'un spondée et de deux anapestes ; ou bien, suivant la manière la plus habituelle de le scander, de deux dactyles où spondées, d'une césure longue, de deux dactyles et d'une seconde césure. On trouve très-rarement des exemples de pentamètres seuls. L'invention de ce vers, fort controversée, est attribuée par certains à Callinoé.

PENTANDRIE, cinquième classe du système sexuel de Linné, renfermant les végétaux dont les fleurs hermaphrodites ont cinq étamines ou organes mâles (en grec *penté*, cinq, *anér*, mâle). Le *liseron*, le *chèvrefeuille* sont compris dans cette classe.

PENTAPÉTALÉ, épithète des corolles divisées en cinq pétales.

PENTAPHYLLE, ce qui a cinq feuilles (en grec, *phyllon*) ou cinq folioles.

PENTAPLE (de *pentaplous*, quintuple), espèce de coupe en usage chez les Grecs, et où l'on mélangeait cinq ingrédients différents, savoir : du vin, du miel, de l'huile, du fromage et de la farine. On la donnait pour prix au vainqueur de la course dans le gymnase.

PENTAPOLE (de *penté*, cinq, et *polis*, ville), nom donné chez les anciens à plusieurs contrées dans lesquelles il y avait cinq villes principales. — C'était le nom d'une province de la Cyrénaïque, renfermant les cinq villes d'Apollonie, de Bérénice, de Ptolémaïs, de Derne et de Cyrène. — Contrée de la Palestine méridionale, dans laquelle se trouvaient les villes de Sodome, Gomorrhe, Adama, Séboïm et Ségor, dont les quatre premières furent dévorées par le feu céleste. — La *Pentapole des Philistins* était la côte S.-O. de la Palestine, s'étendant le long de la Méditerranée depuis le torrent de Séhor jusqu'au fleuve de Gabaa, et comprenant les villes d'Ascalon, de Gaza, d'Azot, de Gad et d'Accaron. — La *Pentapole Dorique* était le canton de la Carie (Asie-Mineure) habité par les Doriens. Elle renfermait encore les îles de Cos et de Rhodes, et formait une confédération de cinq villes (d'abord six ; ce qui lui faisait alors donner le nom d'*Hexapole*), savoir : Cnide, Halicarnasse, Lindes, Jalysus et Camirus.

PENTAPTÈRE, ce qui porte cinq ailes ou côtes saillantes ou tranchantes.

PENTARCHIE, gouvernement de cinq personnes.

PENTASPERME, fruit qui renferme cinq graines.

PENTASTYLE, édifice qui a cinq rangs de colonnes à la face antérieure.

PENTATEUQUE (de *penté*, cinq, et *teuchos*, œuvre, livre), nom donné à l'ensemble des cinq livres bibliques composés par Moïse, et contenant l'histoire du monde, et particulièrement du peuple juif depuis la création jusqu'à la mort de Moïse. Ce sont la Genèse, l'Exode, le Lévitique, les Nombres et le Deutéronome.

PENTATHLE (de *penté*, cinq, et *athlos*, combat), exercice gymnastique des Grecs, composé des cinq jeux ou combats gymniques en usage : la course, la lutte, le pugilat, le disque et le saut. Quelques auteurs, à la place du pugilat, font entrer dans le pentathle le jet du javelot. Cette sorte de combat se décidait, dit-on, en un seul jour, quelquefois en une seule matinée.

PENTÉCONTARQUE, nom donné dans l'armée athénienne au chef de cinquante soldats. Les pentécontarques venaient après les hécatontarques ou centeniers, et avaient après eux les lochagues.

PENTÉCONTÈRES (de *pentéconta*, cinquante, et *éressô*, ramer), vaisseaux à cinquante rangs de rames, construits par les ordres des rois d'Egypte d'abord, puis des empereurs. Ces machines gigantesques pouvaient à peine se mouvoir.

PENTÉCOSTÈRES. On appelait ainsi chez les Spartiates les chefs d'une *pentécostis*, c'est-à-dire d'une division de cinquante soldats. Chaque pentécostère avait sous ses ordres deux énomotarques. Il obéissait à son tour au lochague, chef d'une division de cent hommes.

PENTECOTE (de *pentecosté*, cinquantième), fête des Juifs, instituée cinquante jours après la Pâque, en mémoire de ce que Dieu leur donna sa loi sur le mont Sinaï, cinquante jours après leur sortie d'Egypte. — Fête instituée dans l'Eglise chrétienne en l'honneur de la descente du Saint-Esprit sur les apôtres, le cinquantième jour après la résurrection.

PENTÉLIQUE (aujourd'hui *Pendeli*), montagne de l'Attique, à 3 lieues environ au N.-E. d'Athènes. Elle est célèbre par ses carrières de beau marbre blanc.

PENTELLARIA. Voy. PANTELLARIA.

PENTÉSYRINX (de *penté*, cinq, et *syrinx*, tuyau), machine à cinq trous, avec laquelle on entravait les jambes, les bras et la tête d'un criminel, de manière à lui rendre impossible tout mouvement. Cette machine n'était en usage que dans la Grèce et l'Asie-Mineure.

PENTHÉE (myth.), fils d'Echion et d'Agavé, succéda sur le trône de Thèbes à Cadmus, son grand-père maternel. Il voulut s'opposer au culte de Bacchus, et périt victime de sa témérité. Egarées par Bacchus, sa mère et ses tantes, mêlées aux autres bacchantes, mirent en pièces le malheureux prince qu'elles prenaient pour un jeune lionceau. Euripide a traité ce sujet dans ses *Bacchantes*.

PENTHÉSILÉE (myth.), reine des Amazones, après la mort de sa mère Orithye, alla porter du secours à Priam, vers la fin de la guerre de Troie, et fut tuée par Achille, qui ne put s'empêcher de verser des larmes en voyant sa beauté. Thersite ayant osé se moquer de cette faiblesse, fut aussitôt tué par Achille, et Diomède, pour venger la mort de son parent, enleva le cadavre de l'Amazone, et le précipita dans le Scamandre.

PENTHIÈVRE, fort du Morbihan, situé sur l'isthme qui joint la presqu'île de Quiberon à la terre ferme, à 6 lieues S.-E. de Lorient.

PENTHIÈVRE, ancienne maison de Bretagne, dont le chef fut Eudes, second fils de Geoffroi, duc de Bretagne (1008), et dont les possessions embrassèrent sous le titre de comté de Bretagne ou de Penthièvre les diocèses de Saint-Brieuc et de Tréguier, et une partie de ceux de Dol et d'Aleth (Saint-Malo). Cette maison s'éteignit, et le comté de Penthièvre fut donné par Jean III en 1317 à son frère Gui de Bretagne, dont les petits-fils le perdirent par leur ambition. Ce comté fut érigé en 1565 en duché-pairie en faveur de Sébastien de Luxembourg, vicomte de Martigues, et descendant par les femmes des derniers comtes. En 1623, César de Vendôme en hérita du chef de sa femme, et il passa depuis aux princes de Conti, qui le vendirent au comte de Toulouse dans la postérité duquel il resta jusqu'à la révolution. Ce duché-pairie renfermait les terres de la Roche-Esnard, Lanizu, Jugon, Lamballe, Guingamp et Moncontour, et avait pour chef-lieu LAMBALLE.

PENTHIÈVRE (Louis-Jean-Marie DE BOURBON, duc DE), né à Rambouillet en 1725, était fils unique du comte de Toulouse, l'un des fils légitimés de Louis XIV, et dont la mort, arrivée en 1737, fit passer sur sa tête les dignités de grand amiral et de grand veneur. Il fit ses premières armes aux batailles de Dettingen et de Fontenoi. Devenu, par la mort du duc du Maine et de ses enfants, possesseur d'une fortune immense, il la consacra au soulagement des malheureux. Il protégea les gens de lettres; ce fut pour lui que Florian, son page, composa ses *Fables*. Respecté par la révolution, il vit tomber la tête de la princesse de Lamballe, femme du dernier de ses quatre fils, et ne lui survécut que peu de temps. Il mourut en 1793. De tous ses enfants, le seul qui lui survécut, fut la duchesse d'Orléans, mère de Louis-Philippe Ier, roi des Français.

PENTHILE, fils naturel d'Oreste et d'Erigone, fille d'Egisthe, régna à Argos conjointement avec son frère Tisamène. Ayant été chassé du trône par les Héraclides, il s'empara de l'île de Lesbos à la tête d'une colonie.

PENTLAND (DÉTROIT DE) ou PENTLAND-FAITH. On appelle ainsi le détroit qui sépare les îles Orcades de la Grande-Bretagne. C'est un canal de 8 lieues de long sur 2 et demie à 3 de large.

PENTURE, morceau de fer plat replié en rond par un bout pour recevoir le mamelon d'un gond, et qui, attaché sur le bord d'une porte ou d'un contrevent, sert à les faire mouvoir, les ouvrir et les fermer.

PENULE, manteau romain étroit et court, qui fermait par devant ainsi que la toge, et qui se portait habituellement sur la tunique avec un capuchon dans les voyages ou à l'armée. Il était de différentes couleurs et commun aux hommes et aux femmes. Pour qu'il fût plus chaud, on le faisait souvent d'une étoffe pluchée nommée *gausape*; quelquefois il n'était que de peau; on l'appelait alors *scortea*.

PENZA, gouvernement de la Russie d'Europe, borné au N. par celui de Nijnei-Novgorod, à l'E. par celui de Simbirsk, au S. par celui de Saratov, et à l'O. par celui de Tambov. Sa superficie est de 1,480 lieues carrées, et sa population de 840,000 habitants, presque tous Tartares Mordouans, devenus chrétiens. Le climat du gouvernement est tempéré, et le sol fertile surtout en blé. Les distilleries d'eau-de-vie, les fabriques de draps, de cuirs, de savon, de vitriol, de couperose, les verreries, les haras, l'exploitation des mines de fer et des pierres meulières en forment la richesse. Il se divise en dix districts. — La capitale est PENZA, ville de belle apparence, bâtie sur une hauteur au confluent de la Penza et de la Soura. Elle a 8,000 habitants.

PÉON (myth.), fameux médecin, originaire d'Egypte, passe chez les mythologues pour le médecin des dieux. C'est lui qui guérit Mars blessé par Diomède, et Pluton blessé par Hercule. Quelques-uns l'identifient avec Apollon.

PÉONIDES, famille célèbre d'Athènes, dont l'origine remonte à Péon, fils d'Antiloque, dont les fils furent chassés de Messène par les Héraclides et se réfugièrent à Athènes.

PÉONIE, contrée de la Grèce, qui comprend une portion N.-O. de la Macédoine et une petite portion S.-O. de la Thrace, entre les monts Orbèles au N., les monts Cercine à l'E., et au S. la Pélagonie avec laquelle beaucoup de géographes la confondent.

PÉPARÈTHE (aujourd'hui *Piperi*), petite île de la mer Egée, au N.-E. d'Halonèse, une de celles qui se faisaient suite les unes aux autres à l'entrée du golfe Thermaïque. Elle avait environ 20 milles de circonférence; ses bons vins l'avaient fait surnommer *Evenus* (de *eu*, bien, et *oinos*, vin). Elle fut la patrie de Dioclès, qui écrivit le premier en grec sur l'origine de Rome, environ 215 ans avant J.-C.

PÉPÉRINE, sorte de tuf volcanique, argileux, de couleur grise, composé de cendres volcaniques et de pouzzolane, et parsemé d'amphigène, de mica, de pyroxène, etc., sous forme de grains très-petits. On emploie, à Rome, dans les constructions cette pierre qui est aussi solide que légère. — Le pépérin de Naples est de la *lave*.

PEPIN, semence recouverte d'une enveloppe dure, épaisse et coriace, et qui se trouve au centre de certains fruits, comme les poires, les pommes, le raisin, le melon, les courges, etc. Les arbres qui produisent des fruits à pepins se nomment arbres à pepins.

PEPIN DE LANDEN ou LE VIEUX, maire du palais du royaume d'Austrasie sous le règne de Dagobert et durant la minorité de celui de Sigebert, était l'un des plus puissants propriétaires de l'Austrasie. Il mourut en 639, laissant un fils, Grimoald, victime d'une ambition prématurée, et une fille, Begga, qui épousa Ansegise, deuxième fils d'Arnolphe, évêque de Metz, et en eut Pepin d'Héristal.

PEPIN D'HÉRISTAL ou LE GROS, né à Héristal sur la Meuse, était petit-fils par sa mère de Pepin de Landen. Il gouverna l'Austrasie à titre de duc, après l'assassinat de Dagobert II en 680, et résista avec succès dans une lutte ardente avec le maire de Neustrie, Ebroïn. Après la mort de ce dernier (681), Pepin envahit la Neustrie, et, vainqueur à Testry (687), il transporta la royauté en Austrasie. Après avoir gouverné en véritable souverain sous le règne de trois rois fainéants (Clovis III, Childebert III et Dagobert II), il mourut en 714, laissant les voies préparées pour l'avénement de sa dynastie. De ses trois fils, il ne lui restait que Charles Martel, auquel il préféra pour la mairie son petit-fils Théodoald, bientôt renversé du reste par Charles Martel.

PEPIN LE BREF ou LE PETIT, deuxième fils de Charles Martel, partagea l'héritage paternel avec son frère Carloman en 741, se réservant pour lot la Neustrie, la Bourgogne, l'Aquitaine et la Provence. Mais, après avoir forcé son frère aîné Carloman à embrasser la vie monastique (747) et soumis la révolte de son frère cadet (750), il consulta le pape sur son dessein de s'approprier la couronne, et, la réponse ayant été affirmative, se fit sacrer en 752 par Boniface, archevêque de Mayence. Il avait préalablement confiné Childéric III, dernier roi mérovingien, dans le monastère de Sithieu (Saint-Omer). Sacré une seconde fois par le pape, il vola à son secours contre les Lombards, et les provinces qu'il enleva à ces derniers sont l'origine de la puissance temporelle des papes (756). Les guerres qu'il soutint contre les Saxons et Waïfre, duc d'Aquitaine, illustrèrent le règne de Pepin, qui mourut en 768, laissant à ses deux fils le trône qu'il avait fondé.

PEPIN, second fils de Charlemagne, fut, dès l'âge de cinq ans, nommé roi d'Italie (781). Il commanda dans les armées sous son père, et entreprit lui-même plusieurs expéditions honorables. Il mourut en 810, laissant cinq filles et un fils, l'infortuné Bernard, si cruellement mis à mort par ordre de Louis le Débonnaire. On conserve encore, dans le recueil des lois lombardes, quarante-neuf actes ou constitutions de Pepin, roi d'Italie.

PEPIN Ier, roi d'Aquitaine, second fils de Louis le Débonnaire, se révolta trois fois contre lui, et mourut en 838, laissant deux fils, Pepin II et Charles.

PEPIN II, fils de Pepin Ier, fut proclamé roi d'Aquitaine à Poitiers, tandis que la diète de Worms investissait Charles le Chauve de son royaume. La guerre dura longtemps; mais Pepin eut recours aux Normands, les seconda dans leurs courses sanguinaires, et causa de grands ravages dans l'Aquitaine; mais, livré par ses propres vassaux, il fut enfermé en 852 dans l'abbaye de Saint-Médard à Soissons. Echappé de sa prison en 854, il continua la guerre avec ses auxiliaires païens. Livré à Charles le Chauve et condamné par l'assemblée de Pistes, il fut enfermé dans le monastère de Senlis, où il mourut (864).

PÉPLUM, espèce de surtout à plis, d'un tissu très-léger et très-fin, que les femmes ioniennes mettaient par-dessus leur tunique. Ce vêtement était sans manches et retenu par plusieurs agrafes. Il descendait jusqu'à terre, et pouvait en même temps couvrir la tête. Quelquefois il était attaché avec une ceinture. C'est le vêtement dont on pare les statues des déesses. Les plus fameux dans l'antiquité sont le péplum de Vénus et celui de Minerve.

PEPOLI, illustre famille de Bologne en Italie, inscrite sur le livre d'or de Venise depuis le XVe siècle, et qui dans le XIIIe fut investie de la souveraineté. — ROMEO PEPOLI tenta le premier d'arriver au souverain pouvoir, et se forma un parti appelé de l'*Echiquier*; mais il fut exilé en 1321, et perdit tous ses biens. — Son fils TADDEO fut rappelé à Bologne en 1327 dans la querelle des Guelfes et des Gibelins. Il parvint en 1337 à se faire investir de la souveraineté, qu'il conserva jusqu'à sa mort (1348). — Ses fils GIOVANNI et JACOPO ne purent la conserver; ils vendirent honteusement Bologne en 1350 à l'archevêque de Milan, Visconti. Leurs descendants reparurent à Bologne, mais dans la condition de simples citoyens.

PÉPON, espèce du genre *courge*, distinguée par des fleurs jaunes, à corolle presque infundibuliforme, au fruit recouvert d'une peau jaune pâle, dure, crustacée, sans côtes, souvent couvert de verrucosités, aux graines ovales, de couleur blanche. La pulpe du fruit est solide, jaune, d'une odeur légèrement aromatique, d'une saveur généralement douce, sucrée. Au nombre des variétés de cette espèce, on met le *giraumont* ou *citrouille*, au fruit très-gros, de couleurs différentes, à chair fine, excellent à manger.

PÉPONIDE, fruit charnu, dont les graines sont écartées de l'axe, qui se trouve ainsi presque vide, et dont la circonférence est beaucoup plus dure que le centre; tels sont le *melon*, la *courge*, etc.

PÉPUZIENS, anciens hérétiques qui sont les mêmes que les Phrygiens ou Cataphrygiens. Ils ont été ainsi nommés parce qu'ils disaient que Jésus-Christ était apparu à une de leurs prophétesses dans la ville de Pépuza en Phrygie, qui était leur ville sainte.

PÉQUIGNY ou PICQUIGNY, petite ville de l'ancienne Picardie, chef-lieu de canton du département de la Somme, dans l'arrondissement et à 3 lieues d'Amiens, sur la Somme. Sa population est de 1,500 habitants. Elle est célèbre par l'entrevue qu'y eurent, le 29 août 1475, Édouard IV, roi d'Angleterre, et Louis XI, roi de France, sur un pont fait exprès, et par le traité qu'ils y conclurent. Louis XI, dans ce traité, ne prenait que le titre de prince des Français, laissant à Édouard celui de roi de France. Il payait à ce dernier 75,000 écus pour les frais de son expédition, lui assurant une pension annuelle de pareille somme, à condition qu'il sortirait du royaume et ferait avec lui une ligue offensive et défensive de neuf ans.

PÉRA, faubourg de Constantinople, sur la rive septentrionale du port qui le sépare de la ville, et voisin de celui de Galata. Il est situé sur une colline et habité par des Grecs, des Arméniens, des Turcs et des Occidentaux. Il est la résidence des ambassadeurs étrangers.

PÉRALTA, petite ville d'Espagne, dans la Navarre, sur l'Argo, à 10 lieues de Pampelune. Ses environs produisent d'excellents vins, connus en France sous le nom de *Rancio*.

PÉRAPÉTALE, nom donné aux appendices qui s'élèvent des pétales, de la corolle, comme on le voit dans le *ményanthe*.

PÉRAPHYLLE, nom donné aux bosses, expansions ou appendices de tout genre, qui s'élèvent sur le calice, comme dans la *scutellaire*, ou sur le périgone, comme dans certains varechs.

PÉRAY (Saint-), bourg du Vivarais, chef-lieu de canton du département de l'Ardèche, dans l'arrondissement et à 3 lieues de Tournon, au confluent du Mialant dans le Rhône. Sa population est de 1,800 habitants. Ce bourg, situé en face de Valence, est surtout renommé par la récolte et le commerce qu'il fait d'excellent vin blanc.

PERCALE, toile de coton, au fil rond et au tissu très-ras et très-serré. Elle est de beaucoup supérieure au calicot. On en fait des robes, des chemises, des rideaux, des couvertures, etc. Les premières pièces de percale furent apportées en France des Indes orientales, où la plupart des toiles de coton ont été inventées. Aujourd'hui la France et surtout l'Angleterre fabriquent la percale avec une grande perfection.

PERCALINE, toile de coton, au fil plat et au tissu clair et très-peu serré. Elle imite la mousseline et dure très-peu. Elle est cotonneuse et peluchée, c'est-à-dire le contraire de la percale, et sert surtout pour doublure de robes et autres vêtements et aussi pour couvertures.

PERCE. Les luthiers nomment ainsi un outil dont ils se servent pour perforer leurs instruments. — *Mettre* un liquide *en perce*, c'est faire une ouverture à la pièce qui renferme ce liquide, pour la tirer. — On nomme vulgairement *perce-bois* les *térédiles*; *perce-bosse*, la *lysimaque*; *perce-feuille*, le *buplèvre*; *perce-mousse*, le *polytric commun*; *perce-muraille*, la *pariétaire*; *perce-neige*, la *nivéole* ou *galantine*; *perce-oreille*, le *forficule*; *perce-pierre*, le *crithme* et la *bacille*; *perce-pot*, la *sitelle*; *perce-roche*, la *térébelle*.

PERCEPTION. Ce mot a deux sens : 1° en philosophie, acte par lequel l'âme a connaissance de ce qui se passe soit au dedans, soit au dehors de nous; la perception est *intérieure* dans le premier cas, *extérieure* dans le second ; 2° en économie domestique et sociale, recette, recouvrement d'un revenu soit en argent, soit en nature, d'un impôt. On a même étendu ce mot jusqu'à désigner l'emploi du *percepteur*, l'employé préposé au recouvrement des impositions. Cet employé fait partie de l'administration des contributions directes.

PERCEVAL (Spencer), homme d'État anglais, né à Londres en 1762, était le second fils de John Perceval, baron Lovel et Holland, premier lord de l'amirauté sous le ministère de lord Bute. Après avoir suivi la carrière du barreau, il fut élu en 1797 membre du parlement par le crédit de sa famille, et s'y montra l'élève et l'émule de Pitt. Il devint successivement conseiller de la couronne, solliciteur général, procureur général, et enfin chancelier de l'Échiquier et chef du cabinet en 1807. Ce fut sous son administration qu'eut lieu l'incendie de Copenhague et l'enlèvement de la flotte danoise. Il devint en 1809 premier lord de la trésorerie, et fut tué d'un coup de pistolet, au moment d'entrer au parlement (1812), par un ancien courtier de Liverpool, nommé Bellingham. Sa veuve reçut une pension de 5,000 livres sterling (125,000 francs).

PERCHE, genre de poissons osseux thoraciques, caractérisé par une sorte de crête épineuse fort piquante placée sur le dos. Il renferme un grand nombre d'espèces. La *perche* de nos rivières a une chair blanche, ferme et d'une saveur exquise; elle est très-estimée.

PERCHE, mesure de superficie ancienne ment usitée en France. Elle valait 18, 20 ou 22 pieds de roi selon les différents pays. Il y avait 100 perches carrées à un arpent. La perche de Paris valait 3 toises; celle des eaux et forêts, 22 pieds.

PERCHE, petit pays de France, subdivision de l'ancien Orléanais, entre la Normandie, le Maine, le Dunois et la Beauce. Il forme aujourd'hui le département de l'Orne et une partie du département d'Eure-et-Loir. Sa capitale est ALENÇON. — Dès le temps de Louis le Débonnaire, il existait des comtes du Perche ; mais ce ne fut qu'en 1028 que Warin, second fils de Guillaume Ier, comte d'Alençon, commença la race des seigneurs héréditaires de Domfront, de Nogent et de Mortagne, qui prirent plus tard le titre de comtes du Perche. Leur postérité s'étant éteinte en 1226, le Perche fut réuni à la couronne, et plus tard donné en apanage sous le titre de comté d'Alençon.

PERCNOPTÈRE, genre d'oiseaux voisins des *vautours*, détaché du genre *catharte*. Ces oiseaux ont la tête nue en devant, le cou plumeux et le bec assez grêle, les narines longitudinales; la troisième rémige de leurs ailes est la plus longue. Le *percnoptère d'Égypte*, commun en Égypte, en Afrique, en Turquie, en Espagne, en Suisse, se nourrit de cadavres et d'immondices. La peau nue de la tête est d'un jaune clair. Tout le plumage est blanc, varié de brun et de roussâtre, avec les grandes pennes alaires noires; l'iris et les pieds sont jaunes. Sa longueur totale est de deux pieds un ou deux pouces. Cet oiseau attaque rarement les animaux vivants.

PERCOIDES, quatrième famille de l'ordre des acanthoptérygiens, dans la méthode de Cuvier, ayant pour type la perche commune. Elle se compose de poissons dont le corps est oblong, plus ou moins comprimé, et couvert d'écailles généralement dures, dont la bouche est grande et armée de dents, dont les opercules sont dentelés ou épineux; enfin dont les nageoires sont toujours au nombre de sept ou huit. Les poissons de cette famille sont en général ornés de belles couleurs, et la chair est d'un goût agréable.

PERCUSSION, action de frapper. Le piano est un des instruments à percussion. — La médecine moderne a appliqué la percussion à l'appréciation des maladies, basée sur ce fait que les diverses parties du corps ont, à l'état normal, un son déterminé, dont les variations peuvent indiquer les altérations survenues dans les organes.

PERCY (Henri), comte de Northumberland, se distingua dans les armées anglaises, et gagna sur les Écossais, commandés par le comte de Douglas, la bataille de Haliden-Hill. Il porta ensuite les armes contre l'Angleterre, avec son fils Hotspur, et fut tué en 1403 à la bataille de Shrewsbury. Hotspur perdit la vie dans une autre bataille qu'il livra dans le comté d'Yorck.

PERDICCAS Ier, roi de Macédoine, succéda en 729 avant J.-C. à Thurimas ou à Caranus, ajouta plusieurs provinces à son royaume, et régna quarante ans. Son fils Argée lui succéda.

PERDICCAS II, roi de Macédoine, fils d'Alexandre Ier, auquel il succéda en 457 ou en 436 avant J.-C., secourut les Lacédémoniens dans la guerre du Péloponèse, repoussa le roi des Thraces, et mourut après un long règne en 413. Il eut pour successeur Archélaüs.

PERDICCAS III, roi de Macédoine, fils d'Amyntas II et d'Eurydice, monta sur le trône à la mort de son frère Alexandre II (371); mais il eut à le disputer d'abord contre un prince nommé Pausanias, dont le délivra le général athénien Iphicrate, et ensuite contre son frère naturel Ptolémée Alorites. Pélopidas, pris pour arbitre entre Ptolémée et Perdiccas, décida en faveur de ce prince, qui fut tué l'an 360 dans un combat contre les Illyriens, et eut pour successeur son frère Philippe le Grand.

PERDICCAS, un des plus célèbres généraux d'Alexandre, celui auquel il remit son anneau en mourant, le désignant ainsi pour son successeur. Il fut en effet régent de tout le royaume sous Arrhidée, et, pour se frayer le chemin du trône, il épousa Cléopâtre, sœur d'Alexandre. Ligués contre lui, Antigone, Cratère, Ptolémée et Antipater lui livrèrent bataille en Égypte, près de Memphis, et remportèrent sur lui une victoire décisive, vers l'an 322 avant J.-C. Battu et dénué de ressources, Perdiccas fut assassiné par ses officiers, qui, conduits par Python, s'étaient révoltés contre lui.

PERDREAU, nom donné aux petits de la perdrix, qui n'ont point encore quitté leur mère. — En termes d'artillerie, on nomme *perdreaux* plusieurs grenades qui partent ensemble d'un même mortier avec une bombe.

PERDRIGON, sorte de prune. Il y en a de *blanc* et de *violet*.

PERDRIX, oiseau que certains auteurs mettent au nombre des espèces qui constituent le genre *tétras*, et que d'autres placent en un genre distinct, dans la famille des gallinacés. Les corps des perdrix est gros et ramassé, la tête est petite, le bec est court. Leur plumage est gris, mélangé de taches de diverses couleurs. Mais ce qui les distingue, c'est le caractère de leurs pattes nues et armées, chez les mâles, d'un éperon ou ergot. On distingue deux espèces principales : la *perdrix grise*, qui habite les champs et les plaines, et dont les jambes sont grises. Ces perdrix se réunissent en compagnie et volent avec rapidité. La *perdrix rouge*, aux jambes de cette couleur, est plus grosse et a un plumage plus brillant; elle habite les bois et les montagnes. Ces oiseaux, communs en France, sont très-recherchés. Leur chair est excellente. Les perdrix ne peuvent pas être réduites en domesticité. On connaît les combats que se livrent les mâles à l'époque des amours, et l'intelligente protection des femelles pour leur couvée.

PÈRE, celui qui a engendré un enfant. — Transporté de l'ordre physique dans l'ordre intellectuel, ce mot désigne un être cause d'une génération, d'une production, d'un état. Le *père spirituel* est celui qui convertit à la foi et maintient dans les voies du salut. C'est de là qu'est venu le titre de pères, donné aux membres d'une foule d'ordres religieux, et celui de *très-saint-père* donné au pape.

PERÉCOP, appelée encore *Orjæcov*, *Orkapousi* ou *Orcapi*, ville et forteresse du gouvernement de Tauride, dans la

Russie d'Europe, sur l'isthme qui joint la Crimée à la terre ferme. Les lacs salés du voisinage fournissent une grande quantité de sel, dont on expédie annuellement plus de 20,000 chariots. La population de Pérécop est de 15,000 habitants.

PÉRÉE. On connaissait autrefois ainsi toute la partie de la Palestine qui se trouvait au delà du Jourdain. Cependant on restreint ordinairement ses limites en lui donnant pour bornes au N. le fleuve Hiéromax, au S. le torrent d'Arnon, à l'E. l'Arabie Déserte, et à l'O. le Jourdain et le lac Asphaltite. L'Ecriture appelle ce pays *terre de Galand*, à cause des monts Galaad qui en couvrent une partie, surtout au centre et vers l'orient. — La Pérée se divisait en deux parties : l'une à l'O., qui garde le nom de PÉRÉE PROPRE ; l'autre au N.-E., qui porte le nom de BATANÉE. En outre, le torrent de Jabok divisait la Pérée propre en deux parties : la *haute Pérée* au N., et la *basse Pérée* au S.

PÉRÉFIXE (Hardouin DE BEAUMONT DE), né en 1605 d'un maître d'hôtel du cardinal de Richelieu, fut nommé précepteur de Louis XIV en 1644, évêque de Rodez en 1648, bientôt après confesseur du roi, membre de l'Académie française en 1654, et archevêque de Paris en 1662. Il mourut en 1670, généralement regretté pour sa sagesse et pour ses mœurs. Il avait composé, à l'usage de son royal élève, un livre intitulé *Institutio principis*; mais son principal ouvrage est la *Vie de Henri IV*, traduite dans presque toutes les langues.

PEREGRINUS, surnommé *Prothée*, philosophe cynique, natif de Parium près de Lampsaque, eut une jeunesse criminelle et débordée. Il embrassa le christianisme en Palestine, où il avait cherché un refuge, et parvint même au rang d'évêque ; mais il abandonna bientôt la doctrine de Jésus-Christ pour celle de Diogène. Ses déclamations contre Marc Aurèle le firent chasser de Rome. Retiré en Grèce, il se brûla solennellement aux jeux Olympiques vers l'an 165 de J.-C., par forfanterie et par dépit. Ses compatriotes lui élevèrent une statue après sa mort. Lucien s'est moqué de ce faux sage dans un ouvrage intitulé: *la Mort de Peregrinus*.

PÉRÉIASLAV, ville forte de la Russie d'Europe, dans le gouvernement de Poltava, au confluent du Trubesch et de l'Alta, à 22 lieues de Kiev. Sa population est de 8,000 habitants ; elle fait un grand commerce de blé, bestiaux et liqueurs spiritueuses.

PEREIRA (Don Nunez-Alvarez), fils de D. Alvarez, premier connétable de Portugal, d'une de ces familles nobles qui font remonter leur origine jusqu'au roi D. Ramirez. D'abord écuyer de la reine Eléonore Tellez, il l'abandonna pour se jeter dans le parti du frère naturel de Ferdinand, le grand maître d'Avis, déclaré régent après l'assassinat du comte d'Andeiro, amant de la reine. Nommé conseiller d'Etat, il soumit les révoltés de l'Alemtejo, défit les Castillans à Atoleiros, et mérita par ses services la faveur du roi Jean, qui le nomma connétable et majordome. Il contribua beaucoup au gain de la victoire d'Aljubarota (1385), et se retira, sur la fin de ses jours, dans un couvent où il mourut en 1431.

PEREIRA DE FIGUEREIDO (Don Antonio), célèbre historien portugais, né en 1725, entra en 1744 dans la congrégation de l'Oratoire de Lisbonne, et se fit connaître d'abord par ses études grammaticales, ensuite par ses publications sur la théologie. Joseph Ier le nomma en 1768 député ordinaire du tribunal de censure, et en 1769 premier interprète des langues de la secrétairerie d'Etat des affaires étrangères et de celle de la guerre. Il mourut en 1797.

PÉREMPTION, en langage de jurisprudence, anéantissement, après un certain délai, de procédures non continuées, de jugements par défaut non exécutés, d'inscriptions hypothécaires non renouvelées.

Toute instance est périmée par cessation de poursuites pendant trois ans.

PÉREMPTOIRE, qui tient de la nature de la péremption. — Dans le droit romain, l'*édit péremptoire* était l'assignation définitive à laquelle on était obligé de se rendre, sous peine d'être considéré comme contumace et de perdre sa cause. Elle devait être précédée de trois autres, auxquelles il n'était pas d'obligation d'obéir. — Dans notre Code, on appelle *exception péremptoire* toute exception fondée sur l'irrégularité de la procédure, la nullité d'un exploit et tout moyen opposable au fond même de la demande.

PERENNA. Voy. ANNA PERENNA.

PERENNIS, favori de Commode et préfet du prétoire au commencement du règne de ce prince, fut mis à mort par les ordres de l'empereur pour avoir tenté de le détrôner. Hérodien et Lampride en font un magistrat impartial et sévère, Dion Cassius un ministre oppresseur et cruel.

PÈRES CONSCRITS (*patres conscripti*), nom donné originairement aux sénateurs qui furent inscrits (*conscripti*) dans le corps du sénat par les consuls, après l'expulsion des Tarquins. On les distinguait ainsi des *patres*, c'est-à-dire des anciens sénateurs, dont les pères avaient été nommés par Romulus ; mais cette distinction s'effaça peu à peu, et le nom de *patres conscripti* fut indifféremment donné à tous les sénateurs.

PÈRES DE L'ÉGLISE, nom donné aux docteurs qui ont traité et approfondi les dogmes de la religion chrétienne, et dont les ouvrages ont en cette matière force de loi. On les répartit ordinairement en trois âges ; le premier contient les trois premiers siècles de l'Eglise, le deuxième renferme les trois siècles suivants, et le troisième s'étend depuis le VIe siècle jusqu'au XIIIe, c'est-à-dire à la naissance de la scolastique. Ce dernier âge n'est pas reconnu par les protestants. Saint Justin, saint Irénée, saint Cyprien, saint Clément d'Alexandrie, saint Athanase, saint Basile, saint Grégoire de Nazianze, saint Jérôme, saint Augustin, saint Bernard, Arnobe, Lactance sont les principaux Pères de l'Eglise.

PEREZ (Don Antonio), ministre de Philippe II, roi d'Espagne, devint son rival auprès de la princesse d'Eboli, et fit assassiner un certain Escovedo, qui avait découvert cette intrigue (1578). Philippe II, assuré plus tard de la trahison de son favori, le fit juger et condamner à une forte amende, à deux ans de prison et au bannissement pendant huit années. Les parents d'Escovedo ayant profité de ce moment pour demander justice, Perez accusa le roi, et parvint ainsi à s'échapper d'Espagne (1591). Accueilli en France par Henri IV, et en Angleterre par Elisabeth et Leicester, il finit par se fixer à Paris, où il mourut en 1611. Sa femme, Dona Coëllo, était morte en prison dès 1603, victime du despotisme de Philippe II.

PERFOLIÉ, épithète donnée aux plantes dont les feuilles ont un disque sessile, qui entoure la tige par sa base entière. Dans ce cas, les feuilles prennent elles-mêmes cette épithète. — On appelle *perfoliées* les antennes des insectes dont les articles sont élargis en forme de folioles.

PERFORATIF (du latin *perforare*, percer), espèce de *trépan* dont on se sert pour faire de petites ouvertures aux os. Cet instrument consiste en une lame d'acier poli, lozangique, terminée par une pointe triangulaire, de manière qu'elle pique et coupe en même temps.

PERGAME (de *pergamon*, hauteur), citadelle de Troie, bâtie dans le lieu le plus élevé de la ville, sur les bords du Scamandre. Les poètes donnent ce nom à Troie elle-même.

PERGAME (aujourd'hui *Bergamo*), ville de la Teuthranie, canton de Mysie, vers l'O., au confluent du Caïcus et du Citius, sur une petite montagne. Cette ville, qui devint la capitale d'un royaume florissant, et que Pline regarde comme la plus grande de l'Asie-Mineure, renfermait un grand nombre de monuments remarquables par leur magnificence, entre autres un temple d'Esculape et une bibliothèque de 200,000 volumes, ne le cédant qu'à celle d'Alexandrie, et dont Marc Antoine fit présent à Cléopâtre. Les savants y avaient aussi une sorte de musée, nommé le *Nectphorium*. C'est à Pergame que fut inventé le parchemin (*pergamena charta*), afin de suppléer au papyrus que le roi d'Egypte Ptolémée avait défendu d'exporter hors de ce royaume.

PERGAME (ROYAUME DE), petit empire de l'Asie-Mineure, dont la capitale fut Pergame, et qui, réduit d'abord à la partie méridionale de la Mysie, s'agrandit tellement et s'éleva à un tel degré de puissance, qu'il embrassa presque toute l'Asie-Mineure. Fondé par l'eunuque Philétère, à qui Lysimaque avait confié le gouvernement de Pergame, et qui s'empara de cette ville pour lui-même l'an 283 avant J.-C., il fut un des plus fermes soutiens des Romains en Asie ; mais bientôt de protecteurs de Rome les rois de Pergame devinrent ses protégés, puis ses captifs et ses esclaves. Attale III, étant mort sans enfants l'an 134 avant J.-C., avait institué le peuple romain son héritier. Mais Aristonicus, usurpant le trône, continua la résistance à la conquête romaine ; mais, après une guerre opiniâtre, le général Aquilius se rendit maître de toutes les places en empoisonnant les sources qui leur fournissaient l'eau (126 avant J.-C.).

PERGE (aujourd'hui *Kara-Hissar*), ville de l'Asie-Mineure, dans la Pamphylie, sur le Cestrus, près de sa source et à 60 stades de la mer. Elle était célèbre par son temple de Diane et par la naissance du géomètre Apollonius. Les Actes des apôtres nous apprennent que cette ville reçut les lumières de la foi par le ministère de saint Paul et de saint Barnabé. Elle devint la métropole de la Pamphylie, et ensuite, lorsque cette province eut été divisée, celle de la seconde Pamphylie.

PERGOLA (Ange DE LA), l'un des plus habiles condottieri italiens au XVe siècle, secourut les Pisans contre les Florentins en 1405, à la tête d'une troupe de 600 chevaux. Sa petite armée ayant été défaite et dispersée, il en forma une autre, passa en Lombardie, s'attacha au duc de Milan Philippe-Marie Visconti, et contribua à lui faire recouvrer les Etats de son père. Sa gendarmerie était réputée la meilleure de l'Italie : mais en 1427, se trouvant sous les ordres de Malatesta de Pesaro, il perdit presque tous ses soldats à la bataille de Macalo, et manqua d'être fait prisonnier. Il mourut subitement à Bergame peu après cette grande défaite, et sa mort détermina le duc de Milan à faire la paix avec ses ennemis.

PERGOLÈSE (Jean-Baptiste), célèbre compositeur napolitain, né en 1704 à Casoria, mort en 1737 dans une retraite que lui avait offerte au pied du Vésuve le duc de Mondragone, s'est surtout distingué dans la musique religieuse. Son *Stabat* jouit d'une immense réputation, ainsi que les deux opéras : la *Serva Padrona* (la servante maîtresse), et l'*Olympiade*.

PÉRI. Nom que les Persans donnent à une classe de créatures femelles, intermédiaires entre les anges et l'humanité.

PÉRIANDRE, tyran de Corinthe, succéda, en 628 avant J.-C., à son père Cypselus. Il se rendit odieux par sa cruauté envers les Corinthiens et sa propre famille. Son fils Lycophron, qu'il avait exilé à Corcyre, ayant été mis à mort par les Corcyréens, il voulut le venger et mourut de chagrin à mi-voir puy réussir, à l'âge de quatre-vingts ans, après quarante-quatre ans de règne. Sa mort rendit la liberté à Corinthe. Il a cependant été mis par quelques flatteurs au rang des sept sages de la Grèce ; d'autres écrivains le remplacent par Anacharsis ou Myson. Il en est enfin qui distinguent Périandre le sage de Périandre le tyran.

PÉRIANTHE (du grec *péri*, autour, et *anthos*, fleur). Linné appelait ainsi toute espèce d'enveloppe des parties de la génération dans les plantes. Le *périanthe simple* s'appelait tantôt *calice*, tantôt *corolle*. Ces expressions ne sont plus usitées ; cependant quelques auteurs font le mot *périanthe* synonyme de *périgone*.

PÉRIBÉE (myth.), fille d'Hipponoüs, fut séduite par un prêtre de Mars et envoyée par son père à OEnée, roi de Calydon, qui s'était chargé de la faire mourir ; mais ce prince, qui venait de perdre sa femme Althée et son fils Méléagre, épousa Péribée qu'il rendit mère de Tydée. — Fille d'Alcathoüs, roi de Mégare, que son père voulut faire jeter à la mer pour avoir eu un commerce avec Télamon, fils du roi d'Épire. Au lieu de la tuer, on la vendit à Salamine, où Télamon la reconnut, l'acheta et l'épousa. Il en eut le fameux Ajax, que Péribée fit monter sur le trône de Mégare après la mort de son père.

PÉRICARDE, espèce de sac membraneux qui enveloppe le cœur et les troncs artériels et veineux qui en sortent et s'y rendent. Il est logé dans l'écartement du médiastin, au-dessus de l'aponévrose centrale du diaphragme, à laquelle il est fortement uni. Sa forme est triangulaire, comme celle du cœur sur lequel il est exactement moulé. Le péricarde retient le cœur, et facilite ses mouvements au moyen d'une quantité plus ou moins grande de sérosité qu'il renferme.

PÉRICARDITE, inflammation du péricarde ; la *péricardite aiguë* est produite par les causes des autres phlegmasies, des contusions, des plaies du péricarde, des affections morales vives. Ses principaux symptômes sont une douleur vive dans la région du cœur, des battements très-prononcés dans cette partie ; le désordre des pulsations artérielles, des défaillances, des syncopes, la gêne de la respiration, une toux sèche, une anxiété continuelle. Le plus souvent cette maladie se termine par la mort. La *péricardite chronique* peut succéder à la précédente ou être primitive ; elle présente à peu près les mêmes symptômes. Le dépérissement des malades les accompagne. La terminaison est presque toujours funeste.

PÉRICARPE (du grec *péri*, autour, et *carpos*, fruit, semence). On nomme ainsi l'enveloppe générale des graines, ou plutôt tout ce qui dans un fruit n'est pas graine. Tout péricarpe est composé de trois parties, qui sont en allant de la circonférence au centre : l'*épicarpe*, le *sarcocarpe* et l'*endocarpe*. Les *noix*, les *gousses*, les *coques*, les *capsules*, les *follicules*, etc., sont des *péricarpes*.

PÉRICHÈTE (de *péri*, autour, et *chailé*, soie), espèce d'involucre soyeux ou velouté qui enveloppe la base du pédoncule de certaines fleurs.

PÉRICHONDRE (de *péri*, autour, et *chondros*, cartilage), membrane de nature fibreuse qui revêt les cartilages non articulaires.

PÉRICLÈS, l'un des plus grands hommes d'Athènes, né entre les années 500 et 490 avant J.-C., eut pour père Xanthippe, vainqueur à Mycale, et pour mère Agariste, fille de Clisthène. Élevé par Zénon d'Élée et Anaxagore, Périclès se lança tout entier dans la carrière politique, et devint le chef du parti populaire. L'ostracisme le délivra de Cimon et de ses autres antagonistes. Il régna alors seul à Athènes pendant quinze ans. Il partagea les terres conquises entre les citoyens, accorda des droits de présence à quiconque assistait aux assemblées, multiplia les jeux, les spectacles, les largesses publiques, enrichit Athènes des chefs-d'œuvre de la sculpture, de la peinture, de l'architecture. Il dissipa ainsi le trésor des alliés, c'est-à-dire une valeur de 118,000,000. Il encouragea les lettres et les arts, et mérita ainsi de donner son nom à un siècle que les savants regardent comme un de ceux qui présentent l'esprit humain dans son apogée de grandeur et d'éclat. Craignant de rendre ses comptes, il lança les

Athéniens dans la guerre du Péloponèse ; ce fut le commencement de sa chute ; déposé du commandement, condamné même à une amende, il fut bientôt réintégré, mais peu par de temps. La peste l'enleva l'an 429 avant J.-C. Il ne nous reste aucun monument de son éloquence, qui ne fut pas moins vantée que ses talents politiques.

PÉRICLÈS, fils naturel de Périclès et d'Aspasie. Son père ayant perdu tous ses autres enfants, obtint du peuple la permission de lui laisser son nom et ses biens. Il était un des Athéniens qui commandaient contre Calliocratidas aux Arginuses, et qui furent condamnés à avoir la tête tranchée pour avoir négligé de faire inhumer les morts.

PÉRICLYMÈNE (myth.), le plus jeune des douze fils de Nélée et de Chloris, fit partie de l'expédition des Argonautes. Lorsque Hercule se fut emparé de Pylos, il eut recours, pour lui échapper, à toutes les ressources de l'art que lui avait enseigné Neptune son aïeul, et se changea tour à tour en mouche, en fourmi, en abeille, en serpent, et enfin en aigle. Ce fut sous cette forme qu'Hercule le tua d'un coup de flèche.

PÉRICRANE, nom donné au périoste qui revêt le crâne à l'extérieur.

PÉRICTIONE, mère du philosophe Platon, qu'elle eut d'Ariston. Les Grecs, amis du merveilleux, racontèrent mille fables sur le compte de la mère de Platon. Selon les uns, Apollon, épris de ses charmes, eut avec Périctione un commerce clandestin dont Platon fut le fruit. Selon les autres, un spectre vint pendant la nuit se reposer sur elle, et elle devint enceinte sans cesser d'être vierge.

PÉRIDION, partie des champignons qui contient les bourgeons séminiformes et qui varie beaucoup dans sa forme. On l'appelle *chapeau* dans les agarics, les bolets.

PÉRIDOT, pierre infusible de couleur verte, que l'on trouve sous forme de grains, de masses granulaires et de cristaux prismatiques très-petits ; le péridot est transparent ou demi-transparent, peu dur, et se polit difficilement ; on l'apporte de l'Orient ; il est employé dans la joaillerie. Le *péridot du Brésil* est la *tourmaline verte* ; le *péridot oriental*, un *corindon vert*.

PÉRIÉGÈTE, ministre du temple de Delphes, qui servait à la fois de guide et d'interprète.

PÉRIÉGÈTE (DENYS LE). Voy. DENYS.

PÉRIER (Jacques-Constantin), habile mécanicien, membre de l'académie des sciences, naquit à Paris en 1742. Il avait deux frères qui comme lui s'appliquèrent à la mécanique : le plus jeune mourut à l'âge de vingt-quatre ans ; mais l'autre, Auguste-Charles, ne cessa de le seconder dans ses nombreux travaux. La pompe centrifuge, plus de cent machines à vapeur, des cylindres à papier, des machines à filer le coton, une foule d'autres inventions utiles et un nombre prodigieux d'appareils d'usines sont sortis de leur établissement. Le discrédit des assignats porta un coup funeste à leur fortune. Jacques-Constantin Périer mourut en 1818.

PÉRIER (Casimir), l'un des plus grands hommes d'État modernes, né à Grenoble en 1777, était fils d'un négociant, l'un des fondateurs de la banque de France. Élevé chez les prêtres de l'Oratoire, il embrassa l'état militaire qu'il abandonna pour le commerce. En 1802, il ouvrit à Paris une maison de banque avec Scipion Périer, son frère, et n'entra dans la carrière politique qu'en 1815. Deux ans après, député par le département de la Seine, il siégea sur les bancs de l'opposition, dont il devint un des chefs les plus distingués. En 1830, il fut du nombre des deux cent vingt et un qui déclarèrent à Charles X que le ministère Polignac était incompatible avec la chambre. Appelé à la présidence de la chambre des députés aussitôt après la révolution, il entra en 1831 dans le ministère avec le titre de ministre de l'intérieur et la

présidence du conseil. Il employa toute l'énergie de sa puissante volonté à faire régner l'ordre et la tranquillité dans le nouvel état de choses. Les principaux faits qui signalèrent son administration sont l'abolition de l'hérédité de la pairie, l'érection de la Belgique en royaume indépendant, et l'occupation d'Ancône en Italie. Le choléra enleva Casimir Périer en 1832.

PÉRIGÉE (du grec *péri*, autour, et *gê*, terre), terme d'astronomie, le point de l'orbite du soleil ou de la lune où ces planètes sont le plus près de la terre (dans le système de Ptolémée) ; ou, en général, le point de la plus petite distance d'une planète à la terre. C'est le contraire d'*apogée*.

PÉRIGNON (LE MARQUIS Dominique-Catherine DE), né à Grenade près de Toulouse en 1754, entra sous-lieutenant dans les gardes royaux, et devint aide de camp du comte de Preissac. Député en 1791 à l'assemblée législative, il quitta bientôt ces fonctions pour aller prendre le commandement d'une légion. Nommé général de brigade, puis de division, il succéda en 1794 à Dugommier dans le commandement en chef de l'armée des Pyrénées-Orientales. Les batailles de la Jonquière, de Saint-Sébastien et de la Madeleine, la prise du fort de Figuières et celle de Roses sont ses titres militaires. Il fut ambassadeur à Madrid en 1796 ; de retour en France en 1798, il reçut un commandement à l'armée d'Italie ; l'année suivante, il commanda l'aile gauche à la bataille de Novi, où il fut fait prisonnier. Après le 18 brumaire, il devint sénateur. Créé maréchal de l'empire, il devint en 1806 gouverneur de Parme et de Plaisance. Après la restauration de 1814, il fut nommé commissaire extraordinaire de la première division militaire. Au second retour du roi, il eut le commandement de la première division militaire, et fut nommé pair de France. Il mourut en 1818.

PÉRIGONE. M. de Candolle a donné ce nom à une corolle formée par la réunion du calice et des pétales dans toute leur étendue. Les fleurs des liliacées offrent des périgones au lieu de véritables corolles et de calices.

PÉRIGORD, ancienne province de France, enclavée dans la Guyenne, et bornée au N. par l'Angoumois et une partie de la Marche, à l'E. par le Quercy et le Limousin, au S. par l'Agénois et le Bazadois, à l'O. par le Bordelais et une partie de la Saintonge et de l'Angoumois. Elle a environ 88 lieues de long sur 24 de large. L'Ile la divise en deux parties : le haut et le bas Périgord. Le climat est pur et sain, mais un peu froid ; le pays montagneux ; la terre fertile en grains et en truffes. On y trouve abondamment du gibier, de la volaille, des bestiaux. Les mines de fer occupent quelques forges. — PÉRIGUEUX était l'ancienne capitale du Périgord. Cette province fut confisquée sur les Talleyrand par Charles VI, et réunie à la couronne par Henri IV.

PÉRIGUEUX, ville de France, ancienne capitale du Périgord, aujourd'hui chef-lieu du département de la Dordogne, sur l'Isle, à 121 lieues de Paris. Sa population est de 10,000 habitants. Elle a un évêché suffragant de l'archevêché de Bordeaux, un tribunal de première instance divisé en deux chambres, un tribunal de commerce, un collège communal, une société d'agriculture, un cabinet d'histoire naturelle et de physique, une bibliothèque renfermant 16,000 volumes, un théâtre. Périgueux fait un grand commerce de cochons, châtaignes, fer, eau-de-vie, bois, volaille, bestiaux. Ses pâtés de perdrix et de truffes sont connus de toute la France. Elle est mal bâtie, mais ornée de promenades agréables. C'est du reste une ville de la plus haute antiquité, capitale des Petrocorii ou temps de César, qui l'appelle *Vesunna*. On y voit encore un temple de Vénus, un amphithéâtre et le monument funéraire appelé *tour Vésone*.

PÉRIGYNE (du grec *péri*, autour, et *gyné*, femelle), nom donné, en botanique, à la corolle et aux étamines lorsqu'elles sont implantées autour de l'ovaire. On dit aussi une *insertion périgynique*

PÉRIHÉLIE (astron.), expression qu'emploient les astronomes pour indiquer qu'un corps céleste occupe le point de son orbite qui est le plus rapproché du soleil.

PÉRILAS (myth.), fils d'Icare et de Péribée et frère de Pénélope, se porta accusateur d'Oreste devant l'aréopage. On conjecture que c'est là le sujet d'une pièce de Sophocle dont le nom seul nous est parvenu.

PÉRILLE, artiste athénien qui fabriqua pour Phalaris le fameux taureau d'airain. Il fut le premier sur lequel le tyran exerça ce genre de supplice.

PÉRIMÉ. Voy. PÉREMPTION.

PÉRIMÈLE (myth.), fille d'Hippodamus, s'étant laissée séduire par le fleuve Achéloüs, fut jetée à l'eau par l'ordre de son père; mais, à la prière de son amant, Neptune la métamorphosa en une île, une des cinq Echinades, vis-à-vis l'embouchure de l'Achéloüs.

PÉRIMÈTRE (géom.). Ce mot est employé fréquemment en géométrie pour désigner le contour ou la somme des côtés d'une figure plane ou polygone.

PÉRINGSKIOELD (Jean), savant suédois, né à Strengnass dans la Sudermanie en 1654, mort en 1720 professeur d'antiquités à Upsal, est un de ceux qui ont rendu le plus de services à l'histoire du Nord, surtout par la publication de manuscrits importants. Parmi les éditions on remarque: *Steimskringla, sive Historia regum septentrionalium a Snorrone Sturnolide conscripta, Joannis Messenii Scandia illustrata, sive Chronologia de rebus Sueciæ, Daniæ et Norwegiæ.*

PERINO DEL VAGA. Voy. VAGA.

PÉRINTHE, aujourd'hui *Erekli*, et primitivement *Héracléc* et *Mygdonie*, ville de la Thrace, située au S.-E. sur la Propontide, près de Byzance, à peu de distance à l'E. du fleuve Bythyas. Ce fut dans cette ville que se retira Alcibiade exilé. Périnthe était alliée des Athéniens, et soutint contre Philippe un siège très-long, que Phocion fit lever.

PÉRIODE, mot venu du grec *periodos*, et signifiant contour, circuit. Il s'emploie pour indiquer un espace limité par une sorte de circuit que fait un objet. — En astronomie, c'est le temps qu'une planète met à parcourir son orbite. La *période lunaire* est de 27 jours 7 heures 43 minutes. — En termes de chronologie, c'est un espace de temps déterminé par le retour d'un phénomène qui revient à des époques fixes. Ainsi le cycle de Méton était une période de 19 années, correspondant à 235 lunaisons. — La *période sothiaque* appartenait aux Egyptiens; c'était l'espace de 1,460 années solaires, après lesquelles l'année naturelle se trouvait commencer à peu près le même jour que l'année civile. — La *période dionysienne* ou *victorienne* était un intervalle de 532 années juliennes qui ramenait également les pleines et les nouvelles lunes au même jour de l'année julienne. — Enfin la *période julienne* était un intervalle de 7,980 ans, composé de la multiplication de l'indiction, du nombre d'or et du cycle solaire (15, 19 et 28 ans).

PÉRIODEUTE. On appelait ainsi, dans l'Église grecque, une espèce de doyen rural qui était toujours en chemin pour visiter les fidèles, et les contenir dans le devoir. Aussi Grégoire de Thessalonique les appelle *ambulants*. Balsamon leur donne le nom d'*exarques*.

PÉRIOECIENS ou PÉRIÉCIENS (du grec *péri*, autour, et *oikein*, habiter), nom donné aux peuples qui habitent sous le même parallèle, c'est-à-dire à même distance du pôle et de l'équateur, mais toujours vers le même pôle.

PÉRIOSTE, membrane fibreuse, blanche, résistante, qui recouvre les os de toutes parts, excepté les dents à leur couronne et les endroits des autres os qui sont recouverts de cartilages. Le périoste unit les os aux parties voisines, et sert à leur accroissement. — On a nommé *périostoses* des tumeurs développées sur le périoste ou membrane extérieure des os.

PÉRIPATÉTICIENS, nom donné aux disciples d'Aristote, soit parce qu'ils se réunissaient dans les salles du Lycée (*péripatoi*), soit parce qu'ils recevaient leurs leçons en se promenant (*péripatein*, se promener). Après Aristote, les plus célèbres péripatéticiens furent: Théophraste, Straton, Hiéronyme de Rhodes, Critolaüs, Diodore de Tyr, Demétrius de Phalère. Importé à Rome vers le temps d'Auguste, le péripatétisme fut illustré par Nicolas de Damas, Ammonius d'Alexandrie, Alexandre d'Aphrodise, etc. Négligé dans les premiers siècles du christianisme et remis en honneur vers le ve siècle, il fut la seule doctrine de l'antiquité qui domina le moyen âge.

PÉRIPÉTIE (du grec *péri* et *pipto*, tombe contre, sur). On appelle ainsi dans le poëme épique ou dramatique un événement qui change inopinément la face des choses et qui, en faisant passer le personnage intéressant du malheur à la prospérité, et de la prospérité au malheur, amène le dénouement.

PÉRIPHALLIQUES. Voy. PHALLIQUES.

PÉRIPHAS (myth.), roi d'Athènes, antérieur à Cécrops (vers 1558 avant J.-C.), se fit tellement aimer de ses sujets qu'ils l'adorèrent de son vivant sous le nom de Jupiter Conservateur. Jupiter jaloux allait d'un coup de foudre le précipiter au Tartare; mais, vaincu par les prières d'Apollon, il se contenta de le métamorphoser en aigle; il en fit même son oiseau favori, et voulut qu'il fût gardien et porteur de la foudre.

PÉRIPHÉTÈS (myth.), géant célèbre, fils de Vulcain et d'Anticlée. Armé d'une massue qu'il ne quittait jamais et qui lui fit donner le nom de *Corynétis* (de *coryné*, massue), il s'était cantonné dans une montagne de l'Epidaurie, d'où il attaquait et tuait les passants. Thésée le vainquit et, après lui avoir donné la mort, s'empara de sa massue, qu'il conserva toujours comme un monument de sa victoire.

PÉRIPHRASE, mot venu du grec et signifiant un circuit de paroles que l'on fait pour exprimer ce qu'on ne veut pas dire en termes propres. La périphrase, appelée encore *circonlocution*, est un trope; au lieu de traduire l'idée par le mot technique que le langage lui attribue, elle la présente sous le point de vue descriptif, en ayant recours à une des idées secondaires qu'elle renferme et qui sont propres à donner à l'expression de l'élégance ou de la clarté.

PÉRIPLE (du grec *périplous*), nom que les Grecs donnaient aux voyages de circumnavigation. Nous avons quatre relations de voyages de cette nature. Le plus ancien est celui d'Hannon, navigateur carthaginois, sur les côtes d'Afrique; le second est celui de Scylax, Grec de Carie, sur les côtes de l'Europe et de l'Asie; le troisième et le quatrième sont ceux d'Arrien, historien d'Alexandre, l'un sur les côtes du Pont-Euxin, l'autre sur celles de la mer Rouge.

PÉRIPNEUMONIE, synonyme de *pneumonie*. (Voy.) On en distingue diverses espèces.

PÉRIPTÈRE (des deux mots grecs *péri*, autour, et *pteron*, aile). On donnait autrefois ce nom aux temples dont le pourtour extérieur présente sur toutes ses faces un rang isolé de colonnes d'un ordre arbitraire, n'étant point engagées dans le mur et formant un portique couvert sur tout le tour du temple. Le *diptère* était un péripière à deux rangs de colonnes, et le *monoptère* un péripière rond. Le péripière carré était *hexastyle*, c'est-à-dire à six colonnes de front.

PÉRISADES ou PANYSADES Ier, roi du Bosphore Cimmérien, de la dynastie des Leuconides, monta sur le trône, selon Diodore de Sicile, l'an 349 avant J.-C, et partagea à ce qu'il paraît l'autorité avec ses frères Satyrus et Gorgippus. Il régna trente-huit ans, et laissa trois fils, Satyrus, Eumelus et Prytanis, qui se firent la guerre. Ce prince prend sur quelques monuments les titres de roi des Sindes, des Torètes et des Dandariens; sur d'autres la qualité de roi des Mæotes et des Thates, joignant à ces titres celui d'archonte de Bosporus et de Théodosia. — PÉRISADES II succéda l'an 280 avant J.-C. à son père Spartacus IV, petit-fils de Périsadès Ier. — PÉRISADÈS III, dernier roi du Bosphore Cimmérien de la dynastie des Leuconides, dut cesser de régner vers l'an 118 avant J.-C. Il prit le parti de céder ses États au célèbre Mithridate Eupator, pour se soustraire aux prétentions vexatoires des Scythes dont il était tributaire.

PERISCHOENISMA (de *péri*, autour, et *schœnos*, cordage), petite étendue de terrain au milieu de la place du Pnyx à Athènes, était ainsi nommée parce qu'on l'avait entourée de cordages pour empêcher que la foule n'importunât les juges sur leur tribunal ou les orateurs à la tribune.

PÉRISCIENS (de *péri*, autour, et *skia*, ombre), nom donné aux habitants de la terre dont l'ombre parcourt successivement tous les points de l'horizon en un seul jour.

PÉRISCYCLASISME (de *péri*, autour, et *scylax*, petit chien), sorte de purification usitée chez les Grecs et qui consistait à immoler devant l'autel de Proserpine de petits chiens qu'on avait auparavant portés autour de la personne qu'on voulait purifier.

PÉRISPERME (de *péri*, autour, et *sperma*, semence), terme de botanique. Voy. ENDOSPERME.

PÉRISPORE, synonyme, dans les plantes cryptogames, de *péricarpe* dans les plantes phanérogames.

PÉRISTALTIQUE (de *péri*, autour, et *stellô*, contracter), épithète du mouvement par lequel les intestins se en contractant favorisent l'acte de la digestion.

PÉRISTAPHYLIN, nom donné à deux muscles du palais. L'*interne* ou *supérieur* s'attache en haut à la face inférieure du rocher et au cartilage de la trompe d'Eustache; en bas il se termine dans l'épaisseur du voile du palais qu'il sert à relever; l'*externe* ou *inférieur* s'attache en haut à la trompe d'Eustache et à l'apophyse ptérygoïde, se fixe en bas à la crête de la face inférieure de la portion horizontale de l'os palatin, et se perd dans l'épaisseur du voile du palais. Il sert à tendre ce voile et à s'opposer au passage des aliments dans les fosses nasales lors de la déglutition.

PÉRISTÈRE (myth.), nymphe de la suite de Vénus. L'Amour avait un jour gagé avec Vénus qu'il cueillerait plus de fleurs qu'elle en une heure. La nymphe Péristère se réunit à la déesse pour l'aider, et Cupidon, piqué d'avoir perdu, la changea en colombe.

PÉRISTÈRES. Voy. PIGEON.

PÉRISTOME (du grec *péri*, autour, et *stoma*, bouche), nom donné au contour de l'ouverture de l'urne des mousses. Il peut être *nu*, *cilié*, *denté*, etc.

PÉRISTYLE (de *péri*, autour, et *stylo*, colonne). On nommait autrefois ainsi les temples qui, dans leur pourtour intérieur, étaient environnés d'un rang de colonnes isolées et parallèles aux murs. Le péristyle différe du péripère en ce qu'il a les colonnes intérieures au lieu de les avoir extérieures. La signification de ce mot a été étendu, dans l'architecture moderne, à tout édifice entouré de colonnes, à toute galerie formée de colonnes isolées et construites autour d'une cour ou d'un édifice, enfin à l'ensemble des colonnes qui forment le frontispice d'un monument.

PERITIUS, un des mois de l'année macédonienne, répondant successivement, dans une période de trente-deux ans, à tous les mois de l'année athénienne. Dans la première année de l'octaétéride, il répondait au mois gamélion. Il avait trente jours.

PÉRITOINE, membrane séreuse, mince, translucide, qui revêt d'une part les parois de la cavité abdominale, et se prolonge de l'autre sur la plupart des organes qui y sont contenus, les enveloppe en tout ou en partie, les soutient, forme divers replis, franges, etc. Ses principaux replis sont le mésentère, les mésocolons, le ligament suspenseur du foie, les épiploons, etc.

PÉRITONÉAL, ce qui appartient ou a rapport au *péritoine*. On appelle aussi ce dernier *membrane péritonéale*.

PÉRITONITE, inflammation du péritoine. Elle reconnaît les mêmes causes que les autres phlegmasies. Des contusions, des plaies, des épanchements de bile, d'urine, de sang, de pus, etc., peuvent aussi la produire. Quand la péritonite occupe tout le péritoine, elle est presque constamment mortelle. Elle se montre aussi sous la forme chronique, et se termine presque toujours par la mort.

PERKIN-WARBECK, concurrent de Henri VII à la couronne d'Angleterre, se prétendait le fils d'Edouard IV et fut reconnu en cette qualité par la duchesse de Bourgogne, sœur d'Edouard IV, et par Jacques IV, roi d'Ecosse, qui se l'attacha par un mariage et envahit avec lui le Northumberland (1496). Son entreprise ne réussit point. Deux ans après, il débarqua dans la baie de White-Sand, et, prenant le titre de Richard IV, il s'avança aussitôt sur Badmin. Il échoua encore et se livra volontairement à Henri VII, qui le fit conduire à la Tour de Londres et le fit bientôt comparaître, comme coupable d'une conspiration, devant des commissaires qui le firent attacher au gibet (1499).

PERKINS (Elisha), médecin établi aux Etats-Unis, s'est fait connaître par l'invention d'un moyen thérapeutique, qui consiste à promener sur la partie malade deux aiguilles coniques, qu'il appelait le *tracteur métallique*. L'enthousiasme pour cette méthode, connue sous le nom de *perkinisme*, fut d'abord très-grand ; mais bientôt, Perkins ayant prétendu étendre à toutes les maladies son remède qu'il n'avait dans le principe appliqué qu'à la goutte, aux rhumatismes et aux douleurs, il passa aux yeux de tous pour un charlatan. Il mourut lui-même de la fièvre jaune, dans les dernières années du XVIIIe siècle.

PERLE, concrétion plus ou moins arrondie, d'un blanc argentin, d'une grande dureté, d'un poli brillant. C'est une substance calcaire, liée par un ciment albumino-glutineux, qui se forme dans plusieurs espèces de coquillages et en particulier dans l'*avicule*, mollusque des pays chauds. Les perles constituent une des parures les plus belles et les plus recherchées. L'ancienne médecine les employait jadis en poudre comme astringentes, et les faisait entrer dans plusieurs électuaires précieux. C'est principalement sur la côte occidentale de l'île Ceylan que se fait la pêche des perles, dans le mois d'avril. Elle se fait par le moyen de plongeurs. Cette pêche rapporte des bénéfices considérables.—La perle a été considérée comme le résultat d'une maladie des mollusques qui la produisent.—Depuis longtemps on fabrique des perles artificielles à l'aide d'une substance nommée *essence d'Orient*. Voy. ABLE.—On appelle *semences de perle* les plus petites perles ; *nacre de perle*, la substance intérieure des coquilles à perle.

PERLE. En architecture, c'est une rangée de petits grains ronds taillés dans les moulures.—En imprimerie, c'est le plus petit de tous les caractères. Son corps a quatre points ou deux tiers de ligne pied de roi.— *Orge perlé*. Voy. ORGE.

PERM, gouvernement de la Russie d'Europe, borné au N. par celui de Vologda, au S. par celui d'Orenbourg, à l'O. par celui de Viatka, et à l'E. par la Sibérie. Sa superficie est de 11,500 lieues carrées, et la population de 800,000 habitants, Russes, Permiens, Sirjans, Vougoalitches. Le climat y est rude et très-froid de septembre en avril. On y trouve des mines d'or, de cuivre et de fer, des carrières de marbre, de jaspe et d'autres pierres, et des sources salées dont les produits suffisent presque à l'approvisionnement de l'empire. Ce gouvernement est divisé en deux grandes provinces ; *Perm* et *Ekaterinbourg*, subdivisées en douze cercles.—Sa capitale est PERM, sur la Kama, à 375 lieues de Saint-Pétersbourg. Cette ville, d'une origine récente, compte déjà 4,000 habitants. Elle a une école publique, une administration des mines et deux fonderies de cuivre.

PERMÉABILITÉ, propriété de certains corps en vertu de laquelle ils livrent passage à d'autres corps. Le verre est perméable aux rayons lumineux, le papier à l'eau.

PERMESSE, aujourd'hui *Panitza*, rivière de Béotie, qui prend sa source au S.-O. dans l'Hélicon et se jette dans le lac Copaïs, après avoir traversé le territoire d'Haliarte. Cette rivière était consacrée aux Muses, qui recevaient pour cela le surnom de *Permessides*.

PERMISSION (Bernard BLUET, comte DE), né en 1566, au village d'Arbères, près de Divonne au pays de Gex, se figura qu'il était appelé à jouer un grand rôle, quoiqu'il eût passé sa jeunesse à garder les troupeaux, et s'enfuit de chez ses parents. Il séjourna quelque temps à la cour du duc de Savoie qui s'en amusa, et vint ensuite à celle de Henri IV qui ne voulut pas de lui. On conjecture qu'il mourut de misère à Paris vers 1606.

PERMUTATION, changement. En matière bénéficiale, les permutations, c'est-à-dire les changements d'un bénéfice pour un autre, avec l'autorisation du supérieur, étaient permises à certaines conditions. Leur usage, inconnu dans l'Eglise avant le XIIe siècle, commença à s'introduire après la décrétale *Quæsitum* d'Urbain III, et il était entièrement établi dès le pontificat de Boniface VIII (1294).

PERNAMBUCO. Voy. FERNAMBOUC.

PERNETY (Dom Antoine-Joseph), bénédictin de la congrégation de Saint-Maur, né à Roanne dans le Forez en 1716, quitta son monastère et même son habit, et fut pendant quelque temps conservateur de la bibliothèque de Berlin. De retour à Paris, il refusa de rentrer dans son ordre, obtint ce sujet un arrêt du parlement, et resta dans le monde. Il mourut en 1801. On prétend qu'il forma à Avignon une espèce de secte, dont on ne connaît pas bien les dogmes, et qui comptait en 1787 une centaine d'affiliés. Il s'était beaucoup occupé d'alchimie, et croyait avoir trouvé la pierre philosophale. On a de lui, entre autres ouvrages, un *Dictionnaire portatif de peinture, sculpture et gravure, l'Histoire d'un voyage aux îles Malouines*, etc. Il avait travaillé au huitième volume de la *Gallia christiana*.

PERNICIEUSES (FIÈVRES), nom donné aux fièvres intermittentes et rémittentes dont l'intensité est si grande qu'elles se terminent par la mort au bout de quelques accès. Leurs causes sont les mêmes que celles des autres fièvres.

PERNE, genre de mollusques bivalves. Leurs coquilles sont minces, plates, à valves irrégulières, différant selon les individus.

PER OBITUM. Voy. OBIT, OBITUAIRE, etc.

PÉRO (myth.), fille de Nélée et de Chloris, fut demandée en mariage par tous les princes voisins. Son père ne voulut l'accorder qu'à celui qui lui amènerait les bœufs d'Iphiclus. Le devin Mélampus l'entreprit et réussit. Il fit alors épouser Péro à son frère Bias, en faveur duquel il avait tenté cette entreprise périlleuse.

PEROLLA, Campanien, fils de Pacuvius Calavius, voulut poignarder Annibal. Son père, qu'il prévint de son dessein, le fit par ses larmes et ses supplications renoncer à l'assassinat qu'il méditait.

PÉRON (François), naturaliste et voyageur, né en 1775 à Cérilly (Allier), fut jeté par la révolution dans la carrière militaire. Réformé en 1794, il étudia la médecine. Employé comme zoologiste dans l'expédition aux terres australes commandée par Baudin (1800), ce fut dans ce voyage, terminé en 1804, que Péron fit les belles expériences qui démontrent que les eaux de l'Océan sont d'autant plus froides qu'on descend à une plus grande profondeur. Sa collection d'animaux contenait plus de cent mille échantillons d'animaux, et le nombre des espèces nouvelles s'élève à plus de deux mille cinq cents. Péron mourut en 1810. Son *Voyage de découvertes aux terres australes* 1800-1804 a été achevé par M. de Freycinet.

PÉRONÉ (anat.). La jambe est formée de deux os, le *tibia* et le *péroné*. Ici nous n'avons à parler que du second. Le *péroné* est le plus grêle de tous les os longs ; son extrémité supérieure, ou tête, présente une facette articulaire qui s'adapte sur le *tibia* ; son extrémité inférieure constitue la malléole externe et s'articule avec l'astragale et le tibia. (Voir ces mots.) Chez la plupart des animaux le tibia est distinct ; chez quelques-uns, la grenouille par exemple, ces deux os sont soudés dans toute leur longueur.

PÉRONIER, ce qui a rapport au *péroné*. Le *muscle grand péronier* est placé à la partie externe de la jambe. Il s'attache en haut au côté externe de l'extrémité supérieure du péroné, et se termine en bas à la partie externe de l'extrémité postérieure du premier os du métatarse. Ce muscle étend le pied sur la jambe et celle-ci sur le pied. Le *muscle moyen péronier*, situé au-dessous du précédent, se fixe en haut à la face externe du péroné, et se termine en bas à l'extrémité postérieure du cinquième os du métatarse. Il étend le pied sur la jambe et celle-ci sur le pied. Le *muscle petit péronier*, placé à la partie antérieure, externe et inférieure de la jambe, se fixe en haut au péroné, et se termine en bas à l'extrémité postérieure du cinquième os du métatarse. Il a les mêmes fonctions que les précédents.

PÉRONNE, ancienne ville de France, chef-lieu d'arrondissement du département de la Somme, sur la Somme, à 12 lieues d'Amiens. Sa population est de 3,800 habitants. Elle a un tribunal de première instance et un collège communal. Entourée de bonnes fortifications par Deville, et défendue par des marais, elle est surnommée *la Pucelle*, parce qu'elle n'a jamais été prise. Elle fait un grand commerce de bestiaux, de toiles, linons, batistes, cuirs, etc.—Son château est fameux dans l'histoire. Charles le Simple y mourut en captivité (929), et Louis XI y fut détenu pendant trois jours (1468). Ce fut alors qu'il signa, le 4 octobre, le traité de Péronne, par lequel il cédait au duc de Bourgogne les villes de la Somme, le Ponthieu, le Vimeux, etc., s'engageait à donner en apanage à son frère la Champagne et la Brie, et à suivre le duc au siège de Liège.

PÉROU, vaste contrée de l'Amérique méridionale, bornée au N. par la Colombie, au S. par le Chili et la Plata, à l'O. par l'océan Pacifique, et à l'E. par les pampas et les plaines désertes qui la séparent du Brésil. Sa superficie est de 115,000 lieues carrées, et sa population de 2,080,000 habitants. Cette contrée est traversée du N. au S. par la chaîne des Andes, qui suit une direction parallèle à la mer, et partage le territoire en deux bandes distinctes. La pays compris entre elle et la mer n'est qu'une côte sablonneuse et aride où la pluie est inconnue ; à l'E. s'étendent d'immenses plaines chaudes et humides, arrosées par les nombreuses rivières qui se rendent dans l'Amazone. En montant les Andes, on passe par degrés jusqu'à la région des neiges perpétuelles ; de sorte que l'on trouve au Pérou toutes les températures et par conséquent les productions les plus variées, la vigne, l'olivier, le palmier, le cotonnier, la canne à sucre, etc. C'est là surtout qu'on trouve le quinquina. L'or était autrefois si abondant au Pérou que les Espagnols, à leur arrivée, le trouvèrent en usage dans les plus vils ouvrages. Les Andes recèlent encore d'abondantes mines de ce précieux métal On y trouve en outre de l'argent, du mercure, des émeraudes, etc Le nombre des mines en exploitation en 1792 était pour l'or de 139, pour l'argent de 1,464, pour la cuivre de 8. — Cette contrée formait autrefois un vaste empire dont les princes appelés les *Incas* étaient très-puissants et se disaient les fils du soleil. Pizarre et Almagro en firent la conquête pour le roi d'Espagne en 1557. Au commencement du xixe siècle, le Pérou se divisait en *haut* et *bas Pérou*. Le haut Pérou faisait partie de la vice-royauté de la Plata; le bas Pérou composait celle de Lima. Lors de la révolte des provinces de la Plata en 1810, le haut Pérou suivit le mouvement, et fit d'abord partie des Provinces-Unies de la Plata; mais en 1825 il s'est érigé en république indépendante sous le nom de *Bolivia*. Depuis il a formé la confédération *péru-bolivienne*, avec le bas Pérou, dont une armée chilienne avait proclamé l'indépendance dès 1821. En 1836, ces deux pays se sont séparés et forment deux républiques à part.

PÉROU (Bas-), république de l'Amérique méridionale, bornée au N. par la Colombie, à l'O. par le Grand-Océan, au S. par le Haut-Pérou, à l'E. par le Brésil. Sa superficie est de 78,000 lieues carrées, et sa population de 1,500,000 individus, dont 1,000,000 forme le reste des Péruviens. Elle se divise en sept départements: *Lima, Arequipa, Puno, Cuzco, Junin, Ayacucho, Libertad* (Voy. ces mots). La capitale de toute la république est LIMA. Le gouvernement est unitaire et représentatif. Le pouvoir législatif est confié à un congrès de deux chambres, et le pouvoir exécutif à un président. On évalue les forces de la république à 7,000 hommes , outre les gardes nationales. La marine se compose d'un vaisseau, une frégate et 5 petits bâtiments. Voy. pour l'histoire et les productions de ce pays l'artice PÉROU.

PÉROU (Haut-). Voy. BOLIVIA.

PÉROUSE (en italien, *Perugia*), une des délégations des Etats romains, comprenant l'ancien Pérugin, et bornée au N. par celle d'Urbin, au S. par celle de Viterbe, à l'E. par celle de Spolète, et à l'O. par la Toscane. Sa superficie est de 143 lieues carrées, et sa population de 181,550 habitants. Cette province produit des grains et du vin. On y trouve le lac de ce nom, appelé autrefois *lac de Trasimène*. Il est presque circulaire, et a 5 lieues de diamètre. Il renferme trois îles. — La capitale de la délégation est PÉROUSE.

PÉROUSE, ville d'Italie, capitale de la délégation de ce nom, dans les Etats romains, à 12 lieues de Spolète, sur une haute montagne près du Tibre. Sa population est de 18,000 habitants. Pérouse est défendue par des fortifications et une citadelle; elle a une université, un évêché, une belle cathédrale renfermant de beaux tableaux du Pérugin qu'elle a vu naître. On y voit aussi des restes d'antiquités romaines.

PÉROUSE (LA). Voy. LAPÉROUSE.

PEROXYDE, nom donné par les chimistes aux oxydes qui contiennent la plus grande quantité possible d'oxygène. Il est synonyme *d'oxyde au maximum*. C'est ainsi qu'on dit du *peroxyde de fer*.

PÉROZAMAD, prince arsacide, de la branche Caréniane, échappa au massacre de toute sa famille, et succéda à son père Vehsajdan dans le royauté du pays de Kouschan (la Bactriane) dans le IIIe siècle. Ardeschir, usurpateur du trône de Perse, l'attira à sa cour, et Sapor, son successeur, lui donna le commandement des armées. Envoyé contre le *vezerg khakan* ou grand kan des régions orientales qui séparurent la Perse de la Chine, il fut vainqueur; mais ses succès et ses alliances effarouchèrent le roi de Perse, qui lui déclara la guerre et le fit empoisonner.

PERPENDICULAIRE (géom.). Lorsqu'une ligne droite en rencontre une autre de manière que les angles adjacents qu'elle forme avec elle soient égaux, cette ligne est dite perpendiculaire sur cette autre — De même une surface plane ou plan est perpendiculaire sur un autre lorque l'angle qui mesure leur inclinaison est un angle droit.

PERPENNA VENTO (Marius), Romain du parti de Marius, devint un des lieutenants de Marcus Æmilius Lepidus, auquel il succéda dans le commandement de son armée. Proscrit par Sylla, il passa en Espagne, et fut forcé par ses soldats de réunir ses troupes à celles de Sertorius. Le dépit et la jalousie le portèrent à faire assassiner ce grand homme dans un festin. Devenu alors commandant, il voulut continuer la guerre; mais il donna dans une embuscade, fut fait prisonnier et mis à mort par Pompée (74 ans avant J.-C.).

PERPET (Saint), évêque de Tours, fut élevé sur le siège vers la fin de 460. Il fit bâtir une nouvelle église à Saint-Martin. Il assembla le premier concile de Tours (461), ainsi qu'un autre à Vannes en 465, et mourut en 491. On célèbre sa fête le 30 décembre.

PERPÉTUE (Sainte), martyre, était mariée à Carthage, et nourrissait un enfant à la mamelle lorsqu'elle fut arrêtée en 203. Exposée aux bêtes avec sainte Félicité, elle ne mourut point de ce supplice, et fut achevée par la main d'un gladiateur. On célèbre sa fête le 7 mars.

PERPIGNAN, ville de France, chef-lieu de préfecture du département des Pyrénées-Orientales, située sur le Tet, et défendue par une citadelle qui la domine et par des fortifications redoutables. Sa population est de 18,000 habitants. Elle a un évêché suffragant d'Alby, un grand séminaire, un collège communal, une société d'agriculture, arts et commerce, des écoles de musique, d'architecture et de dessin, un jardin botanique, une bibliothèque, un cabinet de physique et d'histoire naturelle, un théâtre, un musée, une cathédrale remarquable. Elle a un tribunal de commerce et un tribunal de première instance divisé en deux chambres. Son territoire produit les vins de Rivesaltes, Grenache, Malvoisie, Macabéou. Elle a des fabriques de fer, de draps, de dentelles et d'étoffes de soie ; elle commerce en laines, soies, vins, eaux-de-vie, huile, drogueries, miel, etc. — Perpignan ne date que de la fin du xe siècle. Devenue la capitale du Roussillon, elle fut la résidence des comtes. Pierre III y établit en 1349 une université. En 1641, Louis XIV s'empara de tout le Roussillon et de Perpignan, qui depuis ce temps appartient à la France.

PERQUISITION. On appelle ainsi, en droit, l'action de rechercher et de saisir au domicile d'un individu prévenu d'un crime ou d'un délit les objets qui peuvent servir à la manifestation de la vérité. En cas de flagrant délit, le droit de perquisition appartient au procureur du roi et à ses auxiliaires, et dans tous les cas au juge d'instruction, qui peut le déléguer par une ordonnance que l'on nomme *mandat de perquisition*.

PERRACHE (Michel), sculpteur lyonnais, naquit en 1685 et mourut en 1750. Son fils, mort en 1779, fut un sculpteur médiocre qui a attaché son nom au projet d'étendre cette ville au midi, et pour cela de reculer d'une demi-lieue le confluent du Rhône et de la Saône. Le quartier qui s'étend entre ces deux rivières, et dont une grande partie est encore inhabitée, porte le nom de *quartier Perrache*.

PERRAULT (Claude), célèbre architecte, né à Paris en 1613, étudia d'abord la médecine; chargé de traduire Vitruve, il se sentit appelé vers l'architecture. Devenu membre de l'académie des sciences en 1666, il fournit les dessins et les plans de l'Observatoire; enfin il mit l'œuvre qui l'a immortalisé malgré les plaisanteries injustes de Boileau, par l'achèvement du Louvre et la construction de cette belle colonnade que l'on regarde comme un des chefs-d'œuvre de l'architecture française Claude Perrault mourut en 1688.

PERRAULT (Charles), frère du précédent, né en 1628, étudia d'abord pour être avocat, et devint ensuite commis de son frère ainé, Pierre Perrault, qui venait d'acheter la charge de receveur général des finances. Il composa quelques pièces fugitives qui lui valurent les railleries de Boileau. Nommé en 1664 premier commis de la surintendance des bâtiments du roi, Perrault usa noblement de la confiance du ministre pour protéger les arts, les sciences et les lettres. Il fut l'un des membres de l'académie des inscriptions lors de sa fondation. Admis à l'académie française en 1671, il y introduisit plusieurs innovations, et se démit de ses places pour consacrer tous ses loisirs aux études littéraires. Il mourut en 1703. Deux ouvrages ont attaché à son nom une double célébrité, les *Contes des fées* et le *Parallèle des anciens et des modernes*, signal d'une querelle mémorable à laquelle Racine et Boileau prirent part.

PERRÉE (Jean-Baptiste-Emmanuel), né à Saint-Valery-sur-Somme en 1761, était capitaine dans la marine du commerce avec le grade de lieutenant de vaisseau. Après une longue croisière dans laquelle il captura 63 bâtiments, il fut nommé capitaine (1794), alla détruire les établissements anglais de la côte d'Afrique, et revint avec 54 bâtiments richement chargés. Il servit en Egypte sous les ordres de Brueys, tomba entre les mains des Anglais comme il revenait en France (1799), fut échangé presque aussitôt et nommé contre-amiral. Chargé d'aller ravitailler Malte, il rencontra une escadre anglaise, l'attaqua le premier lorsqu'en 1793 il livra dans celle de l'Etat qu'il vit le combat inévitable, et périt dans cette lutte inégale, avant d'avoir vu sa défaite (1800).

PERREGAUX (LE COMTE Alphonse-Claude-Charles-Bernardin), né à Neufchâtel en Suisse, se trouvait à l'époque de la révolution à la tête d'une maison de banque considérable de Paris. Il rendit d'immenses services à l'Etat pendant la révolution, et n'en fut pas moins proscrit. Il ne rentra en France qu'après le 18 brumaire. Lors de la création du sénat conservateur, il en fut nommé un des premiers membres, avec le titre de comte. Il mourut quelques années après. Sa fille a épousé le maréchal Marmont, duc de Raguse.

PERRHÉBIE, contrée de la Thessalie, bornée au N. par la Macédoine, au S. par la Pélasgiotide, à l'O. par l'Histiæotide, à l'E. par la mer, et comprise entre les monts Olympe, Ossa, Cambuniens et Pierus, le Pénée et son affluent le Curalius. Les Perrhèbes étaient des peuples de race pélasgique. Les Lapithes, avant leur défaite par les Centaures, les chassèrent de la Perrhébie et les refoulèrent dans l'Epire. — Canton de l'Epire, situé à l'E. de la Hellopie et séparé de la Thessalie par la chaîne du Pinde. Il fut peuplé par les Perrhèbes, chassés de leur pays par les Lapithes.

PERRONET (Jean-Adolphe), né à Suresne près Paris en 1708, entra dans le corps des constructions. Nommé en 1747 directeur de l'école des ponts et chaussées et premier ingénieur en chef (ce qui équivaut à notre titre moderne de directeur), il obtint le sceau à sa réputation par les travaux qui furent exécutés d'après ses plans. On cite le pont de Neuilly, premier exemple d'un pont horizontal, les ponts de Nemours et de Pont-Sainte-Maxence, le pont Louis XVI à Paris. On doit encore à Perronet le tracé du canal de Bourgogne et une foule d'instruments utiles. Il mourut en 1794 membre de l'académie des sciences, de la société royale de Londres, des académies de Stockholm, de Berlin, etc.

PERROQUET, genre d'oiseaux de la première famille de l'ordre des grimpeurs. Les perroquets se reconnaissent à leur bec gros, dur, arrondi de toutes parts, et garni à sa base d'une cire molle où sont percées les narines; leur langue est épaisse, charnue et arrondie; leurs pieds sont courts et forts. Ils se familiarisent facilement, et quelques espèces imitent fort bien la voix humaine. Le plumage des perroquets varie en couleur; il est remarquable en général par des teintes vives et pures — Ces oiseaux forment une tribu très-nombreuse, et se divisent en *aras, perruches, cacatoës, perroquets proprement dits.*

PERROQUET. En marine, on appelle ainsi le troisième mât en élévation. Il est porté par le mât de hune et supporte le mât de cacatois. Les voiles des perroquets servent dans les beaux temps.

PERROT (Sir John), homme d'État anglais, né en 1527 d'une ancienne famille du comté de Pembroke, jouit de la faveur d'Édouard VI et d'Élisabeth. Après une courte disgrâce qu'il subit sous le règne de la reine Marie, il fut nommé par Élisabeth président de Munster, amiral de la flotte sur la côte d'Irlande, et ensuite lord-député d'Irlande. La trop grande rigueur dont il usa dans ce dernier emploi causa son rappel et son emprisonnement à la Tour. Condamné à mort en 1592, il obtint de la reine un sursis; mais il mourut la même année.

PERRUCHE. Les perroquets à longue queue et à joues emplumées sont connus sous le nom de *perruches*. Les uns ont la queue en flèche, c'est-à-dire une des deux pennes du milieu dépassant de beaucoup les autres; telle est l'espèce la plus anciennement connue en Europe, qui habite les Indes orientales, et qui a été apportée en Grèce par Alexandre le Grand; aussi les ornithologistes ont donné à cet oiseau le nom de *perruche d'Alexandre*. Son plumage est d'un beau vert avec une tache noire sous la gorge et un collier rouge sur la nuque.

PERRUCHE. En marine, on appelle ainsi le troisième perroquet à bord des bâtiments à trois mâts, pour le distinguer du grand et du petit perroquet.

PERRUQUE, chevelure artificielle au moyen de laquelle on cache la véritable ou l'on supplée à son absence. Cette coiffure n'était pas inconnue aux Romains. L'usage s'en est perpétué jusque vers le XIIe siècle. Il n'a été ensuite repris qu'au XVIIe. On croit que les laïques n'ont point porté de perruque en France avant 1629, et les ecclésiastiques avant 1660. Cette coiffure devint énorme sous le règne de Louis XIV. Elle diminua de volume sous les règnes suivants. — Les cheveux qui servent à faire les perruques viennent de l'Auvergne, de la Normandie, de la Bretagne et de la Suisse.

PERRUQUIER, artisan qui fait et vend des perruques, qui s'occupe de tout ce qui regarde barbe et cheveux. La corporation des perruquiers est fort ancienne. Elle fut confirmée en 1634, et le nombre des maîtres fut fixé à deux cents. Le nom de *perruquier* est de nos jours remplacé par celui de *coiffeur*.

PER SALTUM, expression latine qui signifie *par saut*, et qu'on emploie en droit canonique pour désigner l'action de ceux qui sont admis à un ordre supérieur sans avoir reçu l'intermédiaire; par exemple, de celui qui est admis à la prêtrise sans avoir reçu le diaconat.

PERSE ou IRAN, royaume de l'Asie méridionale, borné au N. par le Turkestan, la mer Caspienne et la Russie, à l'O. par la Turquie d'Asie, au S. par le golfe Persique et le détroit d'Ormuz, à l'E. par le Béloutchistan et l'Afghanistan. Sa superficie est de 61,000 lieues carrées, et sa population de 9,000,000 d'habitants, qui sont presque tous mahométans *schiites*, c'est-à-dire de la secte d'Ali. Ce pays occupe un plateau élevé, dont une partie est couverte par des déserts sablonneux imprégnés de sel, mais où l'on trouve aussi des cantons qui produisent en abondance des fruits délicieux. C'est de la Perse que nous sont venus la figue, la pêche, l'abricot, la prune, la mûre, l'amande. La Perse est divisée en douze provinces, subdivisées en beglerbeylicks ou gouvernements : l'*Aderbijan*, capitale Tauris; l'*Arménie persane*, capitale Erivan; le *Farsistan*, capitale Chiraz; le *Ghilan*, capitale Recht; l'*Irak-Adjémi*, capitale Téhéran; le *Kerman*, capitale Kerman; le *Khoraçan*, capitale Tous ou Mecheched; le *Khousistan*, capitale Chouchter; le *Kouhistan*, capitale Cheheristan; le *Kurdestan persan*, capitale Kirmanchah; le *Mazanderan*, capitale Balfrouch; le *Tabaristan*, capitale Demavend. L'ancienne capitale est *Ispahan*, la nouvelle est TÉHÉRAN. Le gouvernement de la Perse est un despotisme militaire; le chef s'appelle *châh*. Son armée s'élève à 250,000 hommes, dont 20,000 armés, équipés et disciplinés à l'européenne. Les revenus de l'État sont de 30,000,000 environ. — La langue persane est dérivée de l'ancienne langue parsi et de l'arabe. On cite, comme un fait important, sa ressemblance avec l'allemand. La littérature persane ne date guère que du règne des Abbassides. On cite les poètes Ferdousi, Ansari, Hafiz, Saadi; les historiens Beidavi, Mirkond, Aboul-Fazl, etc. — La Perse, au dire des écrivains orientaux, comptait déjà, lors de la fondation de Rome, plusieurs dynasties de souverains (les Kaïoumariens, les Pichdadiens). Agraudi des débris de l'empire des Mèdes (559 avant J.-C.), le royaume de Perse s'étendit bientôt sur presque toute l'Asie, et passa en 331 sous le sceptre d'Alexandre. Remplacé de 250 avant J.-C. à 229 après J.-C. par l'empire des Parthes, l'empire perse est relevé par les Sassanides. En 651, il est renversé par les Arabes et devient une province des khalifes. C'est état dure de 651 à 820. A cette époque, il se fractionne en une foule de petites monarchies de 820 à 1150 environ (les Tahérides, 820-872; les Soffarides, 872-902; les Samanides, 874-899; les Bouides, 933-1055; les Ghaznévides, 1000-1183; les Ghaurides, 1152-1208). La Perse passe alors des mains des Seldjoucides à celles des Khowaresmiens, des Mongols et des Turcomans. Ismaël-Sefi foude en 1816 la dynastie des Sofis, détruite en 1722 par les Afghans. De cette époque à l'année 1794, trois dynasties se succédent sur un trône souillé de sang. En 1794, un Kourde, Aga-Mohammed-Khan, fonde une dynastie qui règne encore sur la Perse.

PERSE (Aulus Persius Flaccus), poète satirique latin, né l'an 34 de J.-C. d'une ancienne et illustre famille de chevaliers, les uns disent à Volaterre en Étrurie, les autres à Tigulia dans la Ligurie. Perse fut à l'âge de douze ans envoyé à Rome, confié au grammairien Rhemnius Palémon et au rhéteur Virginius Flaccus. Quatre ans après, il commença à fréquenter les leçons du stoïcien Annæus Cornutus, qui lui enseigna la philosophie de Zénon. Ce fut là l'origine d'une liaison qui dura jusqu'à sa mort arrivée en 62. Il n'avait que vingt-huit ans. Il laissa une fortune considérable et une bibliothèque de 700 volumes. Cornutus, auquel il avait tout légué, ne prit que les livres, et laissa le reste aux sœurs du jeune poète. On a de Perse six *satires* et une *préface* à ces satires. Ce qu'on y remarque surtout, c'est une grande obscurité que l'on a cru même avoir été répandue à dessein pour ne pas effaroucher la susceptibilité ombrageuse de Néron.

PERSÉCUTION, vexation tyrannique. — On connaît sous le nom de *persécutions de l'Église* les violences exercées contre les chrétiens à cause de leur religion. On en compte jusqu'à vingt-six. La première, en Judée; martyrs : saint Étienne, saint Jacques, etc. — La seconde, à Rome, 64-68; martyrs : saint Pierre et saint Paul. — La troisième sous Domitien, 90-96; martyr : saint Jean l'Évangéliste. — La quatrième sous Trajan, 97-116; martyr : saint Ignace. — La cinquième sous Adrien, 118-129; martyrs : sainte Symphorose et ses sept fils. — La sixième sous Antonin, 138-153; martyrs : sainte Félicité et ses fils. — La septième sous Marc Aurèle, 161-174; martyrs : saint Polycarpe, saint Justin, saint Pothin. — La huitième sous Septime Sévère, 199-211; martyrs : saintes Perpétue et Félicité, saint Irénée. — La neuvième sous Maximin, 235-238. — La dixième sous Dèce, 249-251; martyr : saint Fabien. — La onzième sous Gallien, 257-260. — La douzième sous Aurélien, 273-275. — La treizième sous Dioclétien et Maximien, 303-310 et de 312 à 325; martyrs : la légion thébéenne, saints Donatien et Rogatien, etc. — La quatorzième en Perse sous Sapor II, 343 : victimes, suivant les Orientaux, de 160,000 à 200,000; suivant Sozomène, 16,000 connues. — La quinzième sous Julien, 362. — La seizième sous Valens, 366-378. — La dix-septième en Perse sous Yezdegerde Ier et Varanès V, 420-450. — La dix-huitième sous Genseric, roi des Vandales, en Afrique, 433-476. — La dix-neuvième sous Hunnéric, son successeur, 483. — La vingtième sous Gondebaud, successeur d'Hunnéric, 494. — La vingt et unième sous Trasimond, successeur de Gondebaud, 504. — La vingt-deuxième, en Espagne, sous Leuvigilde, 584. — La vingt-troisième, en Perse, sous Chosroès II, 607-627. — La vingt-quatrième sous les empereurs Léon l'Isaurien et Constantin Copronyme, 766-775. — La vingt-cinquième, en Angleterre, sous Henri VIII et Élisabeth. — La vingt-sixième, au Japon, en 1587, 1616 et 1631.

PERSÉE (myth.), l'un des héros de la mythologie grecque, fils de Danaé et de Jupiter, changé en pluie d'or pour tromper la vigilance des gardiens de la fille d'Acrisius. Ce dernier, instruit de la naissance de Persée, l'enferma dans un coffre avec sa mère, et les fit jeter à la mer. Portés dans l'île de Sériphe, ils y furent recueillis par le roi Polydecte. Devenu grand, Persée s'illustra par ses exploits. Vainqueur de Méduse avec le secours du bouclier de Minerve, il se servit de la tête de la Gorgone pour ses autres victoires, profitant de sa vertu pétrifiante. Il épousa Andromède, qu'il avait sauvée d'un monstre marin, et en eut Alcée, Sthenelus, Mestor, Electryon, Persès et Gorgophone. Il vint ensuite à Larisse, où se célébraient des jeux funèbres dans lesquels il tua involontairement son grand-père Acrisius, accomplissant ainsi l'oracle. Il céda ses droits au trône d'Argos à Mégapenthe, fils de Prœtus, en retour du territoire de Tirynthe, où il fixa sa résidence, et il bâtit la ville de Mycènes. On lui attribue un règne de trente-deux ans (1313-1281 avant J.-C.). On lui rendit les honneurs divins, et on le plaça dans le ciel à côté des constellations d'Andromède, de Cassiopée et de Céphée. — Quelques-uns voient dans Persée une représentation du soleil.

PERSÉE, dernier roi de Macédoine, fils naturel de Philippe V, fut élevé dans les camps, et s'acquit la couronne par le meurtre de son frère aîné Demetrius. Monté sur le trône en 179 avant J.-C. L'assassinat d'Eumène, roi de Pergame, alluma la guerre entre lui et les Romains (171 avant J.-C.). Après quelques avantages, il poursuivi par le consul Persius, et défait à Pydna par Paul Émile (168 avant J.-C.). Il se réfugia avec ses enfants et ses trésors dans l'île de Samothrace, où il fut découvert par le préteur Octavius, fait prisonnier et conduit à Paul Émile dont il orna le triomphe. L'année suivante (167 avant J.-C.), il mourut de faim dans sa prison. Le plus jeune de ses fils, Alexandre, exerça à Rome la charge de greffier du sénat.

PERSÉPOLIS, ville célèbre dans l'antiquité, capitale de la Perside et de l'empire des Perses, était située au S.-O. dans une plaine arrosée par l'Araxe. On vantait sa magnificence, ses richesses, ses monuments et surtout le palais où les anciens rois faisaient leur résidence, et où tous les rois de Perse eurent leur tombeau. Elle fut prise par Alexandre, qui, poussé à la vengeance par la courtisane Thaïs, la livra aux flammes. Les voyageurs admirent encore les ruines de cette ville sacrée des Perses, à une grande journée au N. de Schyraz. Elles sont connues sous le nom de *Tchel-Minar*, c'est-à-dire les *quarante colonnes*.

PERSÈQUES (poiss.), section de la famille des percoïdes. (Voy. ce mot.) Elle se subdivise en quatre tribus, dont les caractères se tirent de la forme ou de la position des nageoires.

PERSES, peuple habitant la Perside, et

l'une des nations de l'antiquité les plus remarquables et les plus importantes par leur religion, leurs mœurs, leur histoire. Les historiens grecs prétendent qu'ils furent appelés d'abord *Céphènes*, de Céphée un de leurs rois, et ensuite *Perses*, de Persès, fils de Persée et d'Andromède. Ils s'appelaient eux-mêmes *Artéens* et *Achéménides*. L'Ecriture les désigne sous le nom d'*Elamites*, comme issus d'Elam, fils de Sem. Adorateurs du feu, ils avaient pour religion le sabéisme ou culte des astres. Le Mède Zoroastre vint dans le vi₀ siècle avant J.-C. réformer ce culte en lui imprimant plus de moralité et de spiritualisme, et fut le fondateur de la caste des mages. La religion nouvelle était basée sur l'existence de deux principes : celui du bien, *Ormuzd*, et celui du mal, *Ahrimane*, qui doivent être en lutte pendant 12,000 ans, après lesquels Ormuzd doit triompher pour l'éternité. Les Perses n'avaient ni temples ni simulacres. La polygamie était autorisée chez eux. Dans l'origine, les mœurs étaient graves et austères, la discipline sévère et l'agriculture en honneur. Plus tard le luxe corrompit l'esprit national et en amena la ruine. — L'histoire des Perses avant Cyrus est pleine d'obscurités. Cyrus fut le fondateur d'un premier empire dont les bornes, dépassant celles de la Perside, s'étendirent jusqu'à la mer Egée, l'Indus, la mer Caspienne et l'Egypte, et qui fut renversé par Alexandre l'an 330 avant J.-C. Le second empire des Perses fut élevé sur les ruines de celui des Parthes par Artaxerce, fils de Sassan, l'an 229 après J.-C., et détruit en 651 par les califes arabes. — Le gouvernement des Perses était despotique ; le souverain prenait le titre de *grand roi* et de *roi des rois*. Sa garde était composée de 15,000 hommes de pied et de 10,000 cavaliers choisis, nommés les *immortels*. L'empire était divisé en cent vingt-sept gouvernements ou *satrapies*, régies par autant de satrapes, qui étaient subordonnés à trois ministres suprêmes. Les impositions étaient supportées uniquement par les peuples conquis.

PERSICAIRE, espèce du genre *renouée*. La *grande persicaire* s'élève à six et même huit pieds de hauteur ; ses fleurs, d'un beau rose, forment de longs épis pendants, disposés en une sorte de panicule. On la cultive dans les jardins comme plante d'ornement.

PERSIDE, contrée d'Asie, bornée au N. par la Médie, au S. par le golfe Persique, à l'O. par la Babylonie et la Susiane, et à l'E. par la Carmanie. Cette province, dont les villes principales étaient *Pasagarda* et *Persépolis*, fut le berceau de cette immense et fameuse monarchie qui porta le nom de *Perse*, et dont elle ne fut plus qu'une province. Il est à remarquer cependant que l'on emploie quelquefois pour la Perside le nom de Perse proprement dite.

PERSIL, plante de la famille des ombellifères, comprise par la plupart des naturalistes dans le genre *ache*. C'est une plante bisannuelle, à racine fusiforme, pivotante, grosse et charnue. Sa tige, haute d'un ou deux pieds, est anguleuse, rameuse ; les feuilles sont alternes, composées de folioles ovales, incisées ; celles du haut de la tige sont entières, lancéolées. Ses fleurs sont petites, placées au sommet des tiges ; le fruit est ovoïde ou globuleux. Cette plante est originaire de Sardaigne. Dans les préparations culinaires, elle fait un assaisonnement très-usité, excite l'appétit et favorise la digestion. En médecine, ses racines sont regardées comme diurétiques, et ses graines comme excitantes ; celles-ci contiennent une huile volatile. Le persil répand une odeur aromatique très-agréable. — On nomme vulgairement *persil d'âne* le *cerfeuil* ; *persil de bouc*, la *boucage*; *persil des fous*, la *cicutaire*; *persil de Macédoine*, le *bubon*.

PERSIQUE (GOLFE), enfoncement considérable de la mer des Indes, situé entre la Perse à l'E. et l'Arabie à l'O., se terminant à l'embouchure du Tigre et de l'Euphrate. Sa profondeur est d'environ 250 lieues sur une largeur qui varie de 90 à 22. Les tempêtes sont fréquentes sur le golfe Persique ; il ne serait pas navigable sans la grande quantité de ports qu'on y rencontre. On remarque dans ce golfe le groupe des îles Bahrein.

PERSISTANT, nom donné, en botanique, aux parties d'une plante qui restent fixées sur la plante, aux feuilles qui ne tombent pas en automne, aux stipules qui restent après la chute des fleurs, au calice qui subsiste lorsque la fleur est flétrie, etc.

PERSONNE (du latin *persona*, masque). On appelle ainsi toute substance à laquelle peut-être attribuée une action. Quand on dit qu'il n'y a qu'un seul Dieu en trois personnes, on veut dire qu'il y a en Dieu, qui est un être unique, une seule nature divine, trois principes d'action. — En grammaire, les *personnes* sont, dans le verbe et dans le pronom, les indications relatives à la substance qui fait l'action, lesquelles annoncent si elle est représentée comme faite par le sujet qui parle (première personne), ou faite par le sujet à qui l'on parle (deuxième personne), ou enfin par celui de qui l'on parle (troisième personne).

PERSONNÉE. On désigne sous le nom de personnée la corolle de certaines fleurs irrégulières dont les lèvres sont rapprochées et enclosent plus ou moins l'entrée. Le mot personnée vient du latin *persona* (masque), parce que la disposition des deux lèvres simule la face de certains animaux. La lèvre inférieure est nommée *palais* ; la seconde, lorsqu'elle est comprimée, *casque*.

PERSONNÉES. Ce nom a été donné à une famille de plantes dicotylédones monopétales, dont toutes les fleurs offrent une corolle *personnée* ou en masque. Mais, comme ce caractère n'appartient point exclusivement à cette famille, et qu'elle avait déjà été désignée sous d'autres noms, la majorité des botanistes a adopté le nom de *scrofularinées*.

PERSOON (Chrétien), savant botaniste, né vers 1760 au cap de Bonne-Espérance, fut dès l'âge de douze ans amené en Europe, fit ses études dans les universités de Gœttingue et de Leyde, et fut reçu docteur dans la médecine pour se livrer exclusivement à la botanique. La science lui est redevable de plusieurs travaux intéressants sur les plantes cryptogames. Persoon mourut en 1836 membre des académies de Londres, Philadelphie, Berlin et Gœttingue.

PERSPECTIVE, art de représenter sur une surface plane les objets tels qu'ils paraissent vus à une distance et dans une position donnée. La perspective a deux parties distinctes : la première a pour objet les lignes, c'est la *perspective linéaire*; la seconde a pour objet la modification de la lumière et de l'ombre, en raison de la masse d'air qui se trouve entre le dessinateur et l'objet qu'il représente, c'est la *perspective aérienne*. La première était connue des anciens dès le temps d'Eschyle ; on en trouve des traces dans Vitruve ; mais aucun ouvrage spécial ne nous est parvenu sur ce sujet. La science de la perspective a été de nouveau créée par les modernes. Albert Dürer et Pietro del Borgo sont les premiers qui en aient donné les règles.

PERTH, comté d'Ecosse, borné au N. par les comtés d'Inverness et d'Aberdeen, à l'E. par celui de Forfar, au S.-E. par le Tay et les comtés de Kinross et de Fife, au S. par le Forth et les comtés de Clackmannan et de Stirling, à l'O. par ceux de Dumbarton et d'Argyle. Le territoire est varié et le climat doux. Les monts Grampians qui le traversent forment des vallées profondes et éminemment pittoresques. Le Tay et les lacs sont très-poissonneux. La superficie est de 250 lieues carrées, et la population de 140,000 habitants. — La capitale est PERTH, ancienne résidence des rois d'Ecosse, dans une plaine basse, avec un pont magnifique sur le Tay de 10 lieues de son embouchure. Les gros vaisseaux peuvent, dans les hautes marées, remonter jusque dans son port. Sa population est de 20,000 habitants. Elle a deux banques, un collège et plusieurs sociétés savantes. Elle fait avec la Norwége et les côtes de la Baltique un commerce très-considérable.

PERTHARITE, roi des Lombards, succéda à son père Aribert en 661, conjointement avec son frère Godebert. La division s'étant mise entre eux, Godebert, qui régnait à Pavie, implora le secours de Grimoald, duc de Bénévent. Celui-ci massacra Godebert et vainquit Pertharite. Privé de son royaume, ce prince se réfugia d'abord auprès du chagan ou roi des Avares, et plus tard à la cour de Clotaire III. Il remonta sur le trône en 671, après la mort de Grimoald, et régna paisiblement jusqu'à sa mort (688). Les aventures de ce prince ont fourni à Corneille le sujet d'une tragédie.

PERTHOIS, petit canton de la Champagne, le long de la Marne, entre la Champagne proprement dite et le Barrois. Il forme aujourd'hui une partie des départements de la Marne et de la Haute-Marne. — PRATHES, petit village brûlé par les Huns, était autrefois sa capitale (Haute-Marne).

PERTINAX (Publius Helvius), empereur romain, né l'an 126 à Villa-Martia près d'Alba-Pompeia (Albe en Sardaigne) d'un affranchi commerçant, reçut une éducation distinguée, et embrassa d'abord la profession de rhéteur, qu'il quitta pour celle des armes. Il se signala contre les Germains et les Parthes, et parvint aux premiers grades de l'empire. Marc Aurèle le fit entrer au sénat, et l'éleva au consulat en lui donnant le gouvernement de deux Mésies, puis de la Dacie, de la Syrie, de la Grande-Bretagne, et enfin de l'Afrique. Il avait été désigné pour la seconde fois consul et préfet de Rome, lorsque les prétoriens et le sénat lui donnèrent l'empire après le meurtre de Commode (193). Son règne, qui rappela celui des Antonins, ne dura que quatre-vingt-sept jours. Les prétoriens, qu'il soutenu contre lui en voulant rétablir la discipline militaire, l'assassinèrent le 18 mars. Il avait près de soixante-sept ans.

PERTUIS, petite ville de France, chef-lieu de canton du département de Vaucluse, dans l'arrondissement et à 8 lieues d'Apt. Sa population est de 4,500 habitants. Elle a des distilleries d'eau-de-vie, du commerce en blé, vins, soie et huile. Elle a un tribunal de commerce et un collége communal.

PERTUIS, nom que l'on donne à plusieurs passes de l'Océan sur les côtes occidentales de France. — Le *pertuis d'Antioche* est situé entre l'île de Ré et l'île d'Oleron. — Le *pertuis de Maumusson*, entre l'île d'Oleron et le continent. — Le *pertuis Breton*, entre l'île de Ré et le continent.

PERTUISANE, espèce de hallebarde légère, d'un travail recherché, et dont la longueur n'excédait guère la taille d'un homme. Cette arme était inconnue avant Louis XI. Les soldats de l'infanterie de bataille la portèrent jusqu'en 1670 ; à cette époque elle fut laissée seulement aux soldats invalides, aux gardes de la prévôté, à ceux de la Manche, et aux huissiers des palais royaux. Du reste cette arme est souvent confondue avec la hallebarde.

PERTURBATION, renversement de l'ordre. — En astronomie, on appelle ainsi les dérangements que l'attraction fait éprouver au cours des planètes. Les perturbations de l'orbite d'une planète sont dues à l'attraction des autres planètes, qui, contre-balançant en partie l'action inégalement celle du soleil, amène dans sa marche des variations continuelles. La différence de l'action du soleil et de celle de la planète, cause des perturbations, s'appelle *force perturbatrice*.

PERTURBATRICE (MÉDECINE), méthode de traitement dans laquelle on emploie des moyens très-actifs et très-propres à imprimer à une maladie une marche différente de celle qui lui est naturelle.

PERTUSE, nom donné aux feuilles parsemées de petits points transparents qui la font paraître comme criblée de pores.

PÉRUGIN (Piétro Vanucci, dit le), célèbre peintre italien, né en 1446 à Città della Pieve, à 7 lieues de Pérouse (*Perugia*), où il obtint le droit de bourgeoisie, et dont il a tiré son surnom, mourut dans sa patrie en 1514. Il fut la tige de cette école romaine qui devint bientôt la première de toutes. Il fut le maître de l'illustre Raphaël qui conserva toujours envers lui la plus sincère amitié. C'est à Florence, à Rome et à Pérouse qu'on trouve la plupart de ses productions. On cite surtout ses fresques. Un des caractères de sa peinture est la sécheresse; mais on vante son coloris et la beauté de ses têtes.

PÉRULE, enveloppe extérieure des boutons des plantes. — C'est aussi une petite cavité formée dans les fleurs des orchidées par le prolongement de deux des divisions du calice.

PERUZZI (Balthazar), peintre et architecte italien, né en 1481 à Volterre, s'adonna d'abord à la peinture et s'y distingua; mais sa principale gloire consiste dans ses talents en architecture. On signale surtout parmi ses ouvrages, le palais de la Farnesina et le palais Masimi à Rome. Il venait d'être chargé de l'exécution de la basilique de Saint-Pierre, avec Antoine de San-Gallo, lorsqu'il mourut en 1536. Peruzzi est le créateur de la perspective pratique et de la décoration théâtrale des temps modernes.

PERVENCHE, genre de la famille des apocynées. — Les espèces de pervenche sont peu nombreuses. Celles qui croissent dans l'Inde et à Madagascar sont de petits arbustes droits et roides, à feuilles opposées, entières, vertes et luisantes, tandis que les trois espèces européennes ne sont que des plantes sous-frutescentes et couchées. Les espèces européennes ne le cèdent point, sous le rapport de l'élégance et de la couleur, aux plus belles fleurs exotiques. On les trouve en général dans les lieux montueux et dans les bois. On connaît la passion de J.-J. Rousseau pour cette fleur.

PESANTEUR (phys.). La pesanteur est la force qui fait tomber les corps vers le centre de la terre, dès qu'ils ne sont plus soutenus. Cette force agit sur tous les corps matériels sans exception. Ce n'est qu'une des formes d'une force plus générale dont la découverte est due à Newton. Voy. GRAVITATION UNIVERSELLE. — Considérée comme force, la pesanteur a trois éléments qu'il est essentiel de connaître : 1° son point d'application : la pesanteur est appliquée à tous les éléments matériels d'un corps, et la preuve, c'est qu'un corps solide ne perd nullement de son poids lorsqu'il est réduit en poussière; 2° sa direction : la pesanteur est dirigée suivant la verticale; 3° son intensité : la mesure de la pesanteur est l'espace que parcourt un corps tombant dans le vide dans l'unité de temps.

PESANTEUR SPÉCIFIQUE (phys). Les corps ne pèsent pas tous également sous le même volume; le poids d'un corps sous l'unité de volume prend le nom de densité absolue. Pour apprécier, pour mesurer la densité d'un corps, il faut la comparer à celle d'un autre corps, et le résultat de cette comparaison donnera la densité relative ou *pesanteur spécifique* du premier corps. L'eau sert pour les solides et les liquides, et l'air pour les gaz. Tout le travail se réduit à peser un corps sous un certain volume, et à comparer ce poids au poids d'un volume égal du corps pris pour unité.

PESARO, ville des Etats romains, dans la légation d'Urbin et Pesaro, à l'embouchure de la Foglia dans l'Adriatique, à 7 lieues d'Urbin. Sa population est de 10,000 habitants. Elle a un château fort, une cathédrale magnifique, un théâtre, une académie et des ruines de palais qui attestent l'ancienne splendeur de la cour d'Urbin. Cette ville, l'ancienne *Pisaurus*, devint colonie romaine sous le consulat de Claudius Pulcher (184 avant J.-C.).

PESCENNIUS NIGER (Caïus). Voy. NIGER.

PESCHAWER ou **PESHORE**, ville de l'Afghanistan (Asie), située vers l'E. au confluent de la Kameh et de l'Attok. Sa population est de 80,000 habitants. Elle fait un grand commerce de transit entre la Perse, le Turkestan et l'Indoustan. Elle a un magnifique caravansérail, des palais somptueux et une citadelle. — C'est la capitale d'un des quatre royaumes qui se sont formés des débris de l'empire des Afghans. Il est soumis aux Seikhs qui possèdent le royaume de Lahore.

PESCHERIE (CÔTE DE LA), nom donné à la pointe méridionale de l'Indoustan, du cap Comorin à la pointe Romanaucor, ou à l'embouchure du Cavéry. Le détroit de Manar la sépare de l'île de Ceylan. Elle a 40 lieues de long, et doit son nom à la pêche des perles qu'on y fait en abondance, et dont les Anglais ont seuls le profit. Cette côte, dont la capitale est MADURÉ, appartient au prince de Maduré.

PESCHIERA, petite ville du royaume lombardo-vénitien, dans le gouvernement et à 6 lieues de Vérone, sur le bord méridional du lac de Garde, à l'endroit où le Mincio en sort. C'est une forteresse avec un arsenal et un port. Sa population est de 25,000 habitants. Cette ville a été souvent prise et reprise.

PÈSE-LIQUEURS. Voy. ARÉOMÈTRE.

PESO, monnaie de compte d'Espagne. 10,000 pesos valent 12,000 ducats.

PESON, sorte de balance, appelée aussi *balance romaine* ou simplement *romaine*. Voy. — On appelle *peson à ressort* un peson qui marque la pesanteur au moyen d'un ressort. On le nomme ainsi pour le distinguer du peson ordinaire, que l'on nomme aussi *peson à contre-poids*.

PESSE, genre de plantes de la famille des hydrocharidées. Elles croissent dans les eaux. Leurs tiges cylindriques et simples portent des feuilles linéaires et verticillées, et des fleurs petites et axillaires. — C'est aussi le nom vulgaire du *sapin*.

PESSINONTE, ville considérable de l'antiquité, située dans la Galatie, au N. chez les Tectosages, sur le fleuve Sangarius. Elle était célèbre par le temple et le culte de Cybèle, appelée pour cette raison *déesse de Pessinonte*. C'était là que, selon quelques auteurs, Atys avait été enterré. — Dans les premiers siècles de l'ère chrétienne, cette ville devint la capitale de la *deuxième Galatie*. C'est aujourd'hui *Nalikan*.

PEST ou **PESTH**, comitat de la Hongrie, en deçà du Danube. Sa superficie est de 363 lieues carrées, et sa population de 393,738 habitants en grande partie *Madgyars*. Il est montagneux dans sa partie septentrionale, mais le sol est généralement plat et sablonneux. Sa capitale est PEST.

PEST (en langue slave, *Pessi*), la plus considérable des villes du royaume de Hongrie, capitale du comitat de son nom, dans une plaine sablonneuse, sur la rive gauche du Danube, en face de Bude, avec laquelle elle communique par un pont de bateaux long de six cents toises. Sa population est, y compris 10,000 soldats, de 60,000 habitants répartis dans cinq quartiers : la *Ville*, *Léopoldville*, *Thérésionville*, *Josephville* et *Françoisville*. Quoique Bude passe pour la capitale de la Hongrie, Pest est le siège des autorités administratives. En 1784, la seule université qui se trouvait à Bude fut transférée dans ses murs. C'est une des plus belles et des plus riches du monde. Pest est le centre et l'entrepôt du commerce de toute la Hongrie. Elle est située à 53 lieues de Vienne.

PESTALOZZI (Henri), célèbre instituteur philanthrope, né à Zurich en 1745, mort en 1827 président de la société helvétique d'Oten. Il fonda en 1775, dans sa petite propriété de Neuhof (Argovie), un institut pédagogique pour les enfants pauvres et abandonnés ; mais il y ruina sa fortune. En 1798, avec l'aide du gouvernement helvétique, il le rétablit à Stanz. Cet établissement transféré en 1804 à Munchen-Bouchsée, puis à Yverdun, fut complètement détruit, quelques années après. Parmi les ouvrages de Pestalozzi, on cite le roman moral de *Leinhard et Gertrude*.

PESTE, une des plus terribles maladies, produite, à ce qu'il paraît, par l'absorption d'un miasme délétère qui, pénétrant dans l'économie animale par la triple voie des organes pulmonaires, des organes digestifs et de la peau, détermine une sorte d'empoisonnement miasmatique. Les symptômes ordinaires de la peste sont ceux de la plupart des affections typhoïdes, dont elle paraît être la plus forte expression. Cependant son caractère le plus distinctif est d'ordinaire la présence de charbons et de bubons. La durée de la peste est variable. Ordinairement elle est mortelle dans les trois premiers jours; sinon, elle exige sept jours pour son développement; après ce laps de temps, la maladie offre des chances de guérison. L'autopsie des cadavres démontre en général de graves lésions dans les organes digestifs. — On considère la peste comme pouvant se communiquer par infection miasmatique et non par simple contact, d'où il suit que le remède le plus essentiel contre elle est de se mettre à l'abri hors du foyer de l'infection et dans un lieu aussi aéré que possible, et d'employer les fumigations de chlorures. — L'insalubrité de l'air et la malpropreté des habitants sont les principales causes qui font des contrées de l'Orient un foyer presque permanent d'infection pestilentielle.

PESTE. Les anciens, ne voyant aucun moyen d'arrêter ou de prévenir ce fléau , en avaient fait une divinité, fille de la Nuit et compagne de la Famine. A Rome, on institua des jeux nommés *Taurii*, afin de l'éloigner. La plus terrible peste que mentionne l'histoire ancienne est celle qui enleva Périclès (431 avant J.-C.); dans l'histoire moderne, on cite celle de Florence (XVe siècle) et celle de Marseille (1720).

PESTIQUE (GOLFE), golfe de l'Italie, formé par la mer Tyrrhénienne, sur les côtes de la Lucanie et de la Campanie, s'enfonçant dans les terres depuis le promontoire de Minerve jusqu'à celui de Posidium, et prenait son nom de la ville de Pestum.

PESTUM. Voy. PAESTUM.

PÉTALE (bot.). On donne ce nom à chacune des pièces qui composent une corolle divisée jusqu'à la base. Souvent ces pièces sont soudées par la base et forment un tube plus ou moins allongé; quand la corolle est d'une seule pièce, elle est dite *monopétale*; dans le cas contraire, elle est dite *polypétale*. — On l'appelle quand elle a trois pétales; *tétrapétale* avec quatre; *pentapétale*, avec cinq.

PÉTALISME (de *pétalon*, feuille), sorte de jugement qui consistait à écrire sur une feuille de papier le nom du citoyen qu'on voulait bannir. Cet usage, analogue à l'ostracisme des Athéniens, fut longtemps en vigueur à Syracuse ; mais il devint si funeste que le peuple l'abolit par un décret.

PÉTARD, sorte de petit canon court, en bois, en fer ou en bronze, dont on se servait autrefois pour crever ou renverser la porte d'une ville, d'une enceinte fermée. Cette espèce de boîte avait douze à quinze pouces de longueur et sept à huit d'ouverture. On la remplissait de poudre et de terre bourrées et tamponnées, et on la fermait par un madrier que l'on clouait à la porte, maintenant le pétard horizontal. L'explosion enfonçait la porte. L'invention du pétard remonte au milieu du XVe siècle.

PÉTASE (de *pétannumi*, ouvrir), coiffure à larges bords en usage chez les Grecs et les Romains, mais seulement dans les voyages. On l'appelait encore *pileus thessalius*, quoique par *pileus* on entendît un bonnet sans bords. Suétone rapporte que Caligula permit de porter le pétase au spectacle pour se garantir de la chaleur.— Le pétase ailé est le symbole de Mercure.

PÉTASITE. Voy. TUSSILAGE.

PETAU (LE PÈRE Denis), savant antiquaire, né à Orléans en 1583, obtint à dix-neuf ans la chaire de philosophie de l'université de Bourges, et peu après un canonicat de la cathédrale de sa ville natale. Il entra en 1605 dans l'ordre des jésuites. Après avoir professé en divers lieux, il obtint en 1621 la chaire de théologie positive à Paris, et consacra ses loisirs à l'étude de la chronologie. Il repoussa les offres du roi d'Espagne, fut pape même, et mourut en 1652. Outre des éditions excellentes, on a de lui l'*Uranologie*, la *Doctrine des temps* et plusieurs autres ouvrages. D'après ses calculs, en 1650, le monde avait 5633 ans, dont 3983 avant J.-C.

PÉTAURE, machine au moyen de laquelle les bateleurs anciens, appelés *pétauristes*, faisaient des sauts prodigieux. C'était, selon l'opinion la plus probable, une roue traversée d'un essieu qui lançait en l'air le pétauriste lorsque celui-ci le touchait du pied.

PETCHÉNÉGUES, peuplade de race hunnique, dont on trouve encore les restes dispersés dans le gouvernement russe de l'Ukraine. La ville de Petchénègue, située au S. de Sévernoï-Donetz, en tire son nom. Sa population est de 7,000 habitants.

PE-TCHI-LI (c'est-à-dire *province de la cour septentrionale*), la plus septentrionale des provinces de la Chine, séparée de la Mongolie par la grande muraille, qui la borne au N. Elle est bornée au S. par la province de Chan-Toung, à l'O. par celle de Chen-si, et à l'E. par le golfe de Petchili. Sa superficie est de 6,550 lieues carrées, et sa population de 3,402,000 habitants. Elle se divise en onze départements, vingt-cinq arrondissements et cent vingt-quatre districts. Elle produit des grains et des bestiaux, mais manque de bois. On tire des montagnes du charbon de terre, de l'or et du fer. Le terrain est nitreux et sablonneux, l'air froid et sain. Cette province porte depuis peu le nom de *Tchi-li*, c'est-à-dire *province de la cour*. Sa principale ville est PÉKIN, capitale de tout l'empire; mais la résidence du gouverneur de la province est *Pao-ting-Fou*.

PETCHORA, fleuve de Russie, qui prend sa source aux monts Kammenoï-Poyas, dans le gouvernement de Perm, traverse le gouvernement de Vologda, et se jette dans la mer Glaciale, dans le gouvernement d'Arkhangel, après avoir reçu l'Ousa et la Lima. Son cours, long de 100 lieues, est hérissé de falaises calcaires dans lesquelles sont creusées des cavernes (en russe, *petchora*).

PÉTÉCHIAL, ce qui est semblable aux pétéchies, ou qui en est accompagné. On nomme communément *fièvre pétéchiale* le *typhus d'Europe*.

PÉTÉCHIES, nom donné à de petites taches, ressemblant à celles qui résultent de la morsure des puces, et qui se manifestent spontanément sur la peau dans le cours des maladies aiguës les plus graves. Quelques auteurs ont donné le nom de *pétéchies* à l'exanthème du typhus d'Europe.

PÉTÉE (myth.), fils d'Ornée et petit-fils d'Erechthée, fut père de Ménesthée. Quelques auteurs en font un monstre moitié homme et moitié brute. Diodore explique cette tradition fabuleuse en disant qu'il était né en Egypte, au centre des arts et des lumières, et qu'il vint s'établir au milieu d'un peuple barbare.

PÉTERBOROUGH (Charles MORDAUNT, comte DE), homme politique anglais, célèbre par la tournure originale de son esprit, né en 1662, était fils aîné du vicomte d'Arason et d'Elisabeth Cavrey. Entré dans la carrière politique, il se distingua en Espagne à la tête des secours envoyés à l'archiduc Charles (1705-1706). Il remplit ensuite plusieurs ambassades, et mourut à Lisbonne en 1735. Le comte de Péterborough avait épousé en secondes noces la célèbre cantatrice miss Robinson.

PÉTERHOV, maison de plaisance des empereurs russes, située sur le golfe de Finlande, à 7 lieues au S. de Saint-Pétersbourg. On admire ses jardins et ses belles eaux. Péterhov a été bâti par Pierre Ier.

PÉTERSBOURG (SAINT-), gouvernement de la Russie d'Europe, formé de l'ancienne Ingrie (*Ingonmanland*), et borné au N. par les gouvernements d'Olonetz et de Viborg et le lac Ladoga, à l'O. par le golfe de Finlande, les gouvernements de Revel et de Riga et le lac Peïpus, au S. par le gouvernement de Pskov, et à l'E. par celui de Novgorod. Sa superficie est de 1,616 lieues carrées, et sa population de 843,000 habitants. Il est divisé en sept cercles : *Pétersbourg, Schlusselbourg, Sophie, Jambourg, Oranienbaum, Narva* et *Kronstadt*. — Sa capitale est la capitale de tout l'empire russe. Ce gouvernement est une contrée basse, couverte en partie de bois et en partie de marais, d'un sol ingrat, froid et humide. On n'y trouve que des cultures maraîchers. Les arbustes à baie, les oiseaux sauvages et les poissons y abondent.

PÉTERSBOURG (SAINT-), grande et belle ville, capitale du gouvernement de son nom et de tout l'empire russe, située au fond du golfe de Finlande, sur la Néva, à un quart de lieue de son embouchure. Elle est divisée en deux par la Néva, que l'on traverse sur des ponts de bateaux, et partagée en quatre grands quartiers : l'*île de Saint-Pétersbourg*, le plus mal bâti, renfermant la citadelle, dont la tour à trois cent soixante pieds de haut ; l'*Amirauté*, habité par la cour, la noblesse et le corps diplomatique, et dont les principaux monument sont: l'Amirauté, le palais d'hiver, celui de l'Ermitage, le palais et le jardin d'été, le palais de marbre, celui de Saint-Michel, celui du sénat, l'hôtel du gouvernement, ceux des ministres, les théâtres, etc., la statue équestre de Pierre le Grand, ouvrage du sculpteur français Falconnet; *Vasili-Ostrov* ou île de Basile, habitée par les négociants, et ornée d'un quai magnifique où les vaisseaux chargent et déchargent leurs cargaisons. On y remarque le port des galères, la bourse, la douane, le bâtiment des douze collèges, le collège des cadets, l'observatoire, l'hôtel des mines, l'académie des beaux-arts et celle des sciences; le faubourg de *Moscou*. — Saint-Pétersbourg est une ville bien bâtie, dont les rues sont droites et larges, et dont les maisons n'ont qu'un étage. Elle concentre plus de la moitié du commerce de la Russie; mais c'est aux mains des étrangers qu'est presque tout le commerce extérieur. Elle entretient des relations avec toute l'Europe littéraire et savante ; c'est le siège d'un grand nombre d'établissements scientifiques. On y trouve toutes les jouissances du luxe. Saint-Pétersbourg a une population de 445,000 habitants, dont 55,000 soldats et presque autant d'étrangers. Cette ville est située à 546 lieues de Paris. — Ce n'était d'abord qu'une petite forteresse nommée *Nyenchatz*. Pierre le Grand s'en rendit maître en 1703, et résolut d'abord d'en faire une forteresse contre la Suède. Bientôt il y fonda la nouvelle capitale de son empire, et y transféra en 1721 le siège du gouvernement.

PÉTERWARDEIN (en hongrois, *Petervar*), ville de l'empire d'Autriche, capitale de l'Esclavonie militaire et du district régimentaire qui porte son nom. Elle est située sur le bord du Danube; c'est une place importante, qui se compose de plusieurs parties bien fortifiées et d'ouvrages avancés, et dont la population est de 4,000 habitants. Sa garnison est de 10,000 hommes. — Péterwardein est célèbre par la victoire que le prince Eugène de Savoie remporta le 5 août 1716 sur le grand vizir d'Achmet III, Ali-Pacha.

PÉTHION (Alexandre), né en 1770 au Port-au-Prince, reçut une éducation soignée, et mérita dans les guerres civiles de Saint-Domingue le grade d'adjudant général. Après une lutte acharnée qu'il soutint avec le général Rigaud contre Toussaint Louverture, il se vit forcé de chercher un refuge en France. Il accepta l'emploi de colonel dans l'expédition du général Leclerc ; mais, bientôt indigné de la conduite déloyale des Français, il quitta leurs rangs pour se réunir au général Dessalines. Celui-ci ayant été assassiné, son successeur le nègre Christophe nomma Péthion gouverneur de la partie du sud; mais, lorsqu'il voulut usurper le titre de roi, cette partie de l'île où commandait Péthion élut président son gouverneur, qui résida à Port-au-Prince. La lutte commença alors entre Péthion et Christophe ; ce dernier, vaincu, fut refoulé au nord de l'île, et Péthion fit fleurir le commerce dans la petite république dont il était le fondateur et dont il fut surnommé le *père*. Il se laissa mourir de faim en 1818, après avoir désigné pour son successeur son ami le général Boyer, qui a réuni sous les mêmes lois l'île tout entière.

PETIET (Claude), né en 1749 à Châtillon-sur-Seine, entra de bonne heure dans la gendarmerie de la maison du roi, fut ensuite pourvu d'une charge de commissaire des guerres, puis nommé secrétaire en chef et subdélégué général de l'intendance de Bretagne. Ses administrés l'élurent en 1790 procureur général syndic du département d'Ille-et-Vilaine. Il fut ensuite successivement nommé commissaire ordonnateur, puis commissaire général aux armées du Centre, de Sambre-et-Meuse et de l'Ouest, et enfin député d'Ille-et-Vilaine au conseil des anciens (1795). Il fut presque aussitôt nommé ministre de la guerre. Il devint ensuite député de la Seine au conseil des cinq cents (1799), conseiller d'État (1800), gouverneur de la Lombardie, et intendant général de l'armée rassemblée à Boulogne. Il mourut en 1806. Il venait d'être nommé membre du sénat et grand officier de la Légion d'honneur.

PETIGLIANO, petite ville du grand-duché de Toscane, dans la province de Sienne, près de la Lenta, à 18 lieues de Sienne. Sa population est de 2,000 habitants. Cette ville avait autrefois ses comtes.

PETILIA (Loi), loi romaine décrétée sur la demande de deux tribuns du peuple, nommés l'un et l'autre Quintus Petilius. En vertu de cette loi, qui ordonnait des perquisitions judiciaires sur ce qu'était devenu l'argent ravi à Antiochus pendant la guerre d'Asie, Lucius Cornelius Scipion, frère de l'Africain, fut condamné comme concussionnaire.

PÉTILIE (aujourd'hui Stringali), petite ville du Brutium, vers l'E., à quelque distance du golfe de Crotone, au N. de Néthe. Elle fut bâtie ou plutôt réparée par Philoctète, qui, à son retour de Troie, vint s'établir en Italie, parce que les Mélibéens, ses sujets, s'étaient révoltés contre lui. — Strabon dit que Pétilie était la capitale des Lucaniens, ce qui pouvait être vrai de son temps, par l'effet des variations de limites.

PETILIUS (Lucius), Romain, greffier de la ville l'an 181 avant J.-C., trouva en faisant fouiller dans son champ deux coffres renfermant, l'un le corps de Numa, l'autre ses livres et ses manuscrits. Ces livres furent remis au préteur de la ville, Quintus Petilius Spurinus, qui, après les avoir lus attentivement, déclara qu'ils tendaient à détruire totalement le système religieux alors dominant dans la république, et conseilla de les brûler publiquement. Ce conseil prévalut.

PETILIUS CEREALIS (Quintus), célèbre général romain, servit d'abord dans la Bretagne sous le règne de Néron (61 de J.-C.). Revenu en Italie à la mort de ce prince, il s'attacha à la fortune de Vespasien. Arrêté par les partisans de Vitellius, il trouva moyen de s'enfuir. Après la restauration de Vespasien, il commanda l'armée envoyée contre les Bataves soulevés par Civilis. On tenta vainement d'ébranler sa fidélité.

Vainqueur des Bataves dans une journée décisive (70 de J.-C.), il fut ensuite envoyé en qualité de gouverneur dans la Bretagne, où il déploya les mêmes talents, et où il mourut couvert de gloire et d'honneurs, après avoir étendu au nord les limites de l'empire romain.

PÉTIOLE (bot.). On donne ce nom à l'organe ordinairement mince et filiforme qui supporte la feuille.

PÉTIOLULE (bot.). Dans les feuilles composées, chacune des folioles est supportée quelquefois par un petit corps filiforme qui a reçu le nom de *pétiolule*.

PÉTION DE VILLENEUVE (Jérôme), né à Chartres en 1759, y exerçait la profession d'avocat, lorsqu'il fut nommé député aux états généraux de 1789. Ennemi juré de l'ancien ordre de choses, il fut un des sept députés qui demandèrent la mise en jugement du roi ; après la session, on le porta en triomphe ainsi que Robespierre, et on lui décerna le surnom de *vertueux*. Il succéda à Bailly en novembre 1791 dans la charge de maire de Paris. L'insurrection du 20 juin 1792 fut son ouvrage. Suspendu un moment de ses fonctions, Pétion les recouvra par une insurrection nouvelle de la populace. Député par le département d'Eure-et-Loir à la convention, il présida le premier cette assemblée, dont il avait provoqué la réunion, et dans le procès du roi il vota pour la mort, mais avec l'appel au peuple et le sursis. Les girondins poursuivaient les fauteurs des massacres de septembre. Pétion allégua qu'il n'avait pu les empêcher, et les désavoua ; ce qui lui aliéna le parti de la montagne, qui le fit envelopper dans la proscription du parti de la Gironde. Mis hors la loi, il chercha un refuge dans le Calvados et la Gironde. On trouva son cadavre et celui de Buzot à moitié dévorés par les loups dans les landes de Saint-Émilion (1792).

PETIS DE LA CROIX (François), savant orientaliste français, né en 1622, mort en 1695, après avoir exercé pendant quarante-trois ans la charge de secrétaire-interprète du roi pour les langues turque et arabe. On lui doit plusieurs ouvrages, parmi lesquels une *Histoire de Gengis-Khan*, publiée par son fils FRANÇOIS PÉTIS DE LA CROIX, né à Paris en 1653, mort en 1713, après avoir fait plusieurs voyages en Orient. Il avait obtenu une chaire d'arabe, et succéda à son père dans sa charge. On lui doit la traduction des *Mille et un Jours*, contes persans, l'*Histoire de la sultane de Perse et des vizirs*, contes turks, un *Voyage en Syrie et en Perse* et une *Histoire de Timour-Beg* (Tamerlan), éditée par son fils ALEXANDRE-LOUIS-MARIE PÉTIS DE LA CROIX, né à Paris en 1698, mort en 1751, après avoir été interprète de la marine, interprète des langues orientales à la bibliothèque royale, et avoir occupé pendant six ans la chaire d'arabe au collége de France.

PETIT (Jean), docteur en théologie de la faculté de Paris, mort à Hesdin sa patrie en 1411, s'était dévoué par cupidité au duc de Bourgogne, et tenta de le justifier du meurtre du duc d'Orléans. Il prononça à ce sujet le 8 mars 1408 dans la grand'salle de l'hôtel Saint-Paul une harangue condamnée et brûlée en 1414, et anathématisée par le concile de Constance à cause de la dangereuse maxime qu'elle renfermait : *Il est permis de tuer un tyran*.

PETIT (Pierre), poëte latin, né à Paris en 1617, renonça à la pratique de la médecine pour se charger de l'éducation des fils du premier président de Lamoignon. La réputation que lui firent diverses pièces de poésie lui valut l'admission dans la Pléiade de Paris et la protection du premier président de la chambre des comptes, M. de Nicolaï, dont les libéralités le mirent à même de développer son goût pour les lettres. Il mourut en 1687.

PETIT (Jean-Louis), chirurgien célèbre, né à Paris en 1674, partit pour l'armée en qualité de chirurgien en 1692, et obtint à la paix de 1697 la place de chirurgien aide-major de l'hôpital de Tournay. Fixé trois ans après à Paris, il y ouvrit des cours d'anatomie et de chirurgie qui lui firent une grande et juste réputation. Démonstrateur à l'école de chirurgie, il fut en 1731 nommé directeur de l'académie royale de chirurgie, et mourut en 1750. Il était dès 1705 membre de l'académie des sciences. La société royale de Londres le comptait aussi parmi ses membres. On lui doit plusieurs ouvrages importants, et une foule d'instruments de chirurgie très-utiles.

PETIT (Antoine), célèbre médecin, né à Orléans en 1718, vint à Paris, et suivit les cours de médecine et de chirurgie avec le plus grand succès. Devenu docteur-régent de la faculté de Paris en 1746, Petit exerça comme professeur et comme praticien, la médecine et la chirurgie, et dut à la célébrité qu'il acquit sous ce double rapport son admission en 1760 à l'académie royale des sciences, et en 1768 la chaire d'anatomie au jardin du Roi. Il illustra cette chaire par la profondeur de ses leçons jusqu'en 1776. Retiré alors près Orléans, il mourut dans sa retraite en 1794. Il avait fondé à la faculté de médecine de Paris deux chaires, l'une d'anatomie, pour laquelle il désigna Leclerc, et une de chirurgie, pour laquelle il désigna Corvisart.

PETIT (Alexis-Thérèse), né à Vesoul en 1791, avait à dix ans toute l'instruction nécessaire pour entrer à l'école polytechnique, où il fut admis dès la première promotion. Il fut presque aussitôt nommé répétiteur à cette école, et, professeur au lycée Bourbon. Reçu docteur ès sciences à vingt ans, il devint dans la même année professeur de physique à l'école polytechnique. Il mourut en 1820 dans sa vingt-neuvième année. Ses *Recherches sur la théorie de la chaleur* avec M. Dulong furent couronnées par l'académie des sciences. Il a aussi travaillé avec son beau-frère, M. Arago.

PETIT CHÊNE. Voy. GERMANDRÉE.

PETITE CHÉLIDOINE. Voy. ECLAIRE.

PETIT HOUX. Voy. FRAGON.

PETIT LAIT, liquide faisant partie du lait, que l'on obtient en délayant dans un peu d'eau une certaine quantité de *pressure*, que l'on verse dans le lait. Pour l'obtenir pur, on clarifie le liquide en le faisant bouillir pendant quelques secondes avec un blanc d'œuf bien battu et un atome de vinaigre. On obtient aussi le petit-lait en versant du vinaigre sur le lait qui commence à bouillir. Il est formé d'eau, de sucre de lait, de sels et d'acide tenant du caséum en dissolution. Il est liquide, transparent, d'un jaune verdâtre, d'une saveur douce, et s'aigrit facilement à l'air. On l'emploie en médecine comme rafraîchissant et adoucissant.

PETIT-GRIS, variété de l'écureuil commun, de l'Europe septentrionale. Sa fourrure, très-agréable à l'œil, douce au toucher, est surtout le dessus du corps d'un joli gris très-légèrement nuancé de jaunâtre et d'un blanc pur inférieurement. Les poils de la queue, ainsi que ceux du dos, sont annelés de brun sur un fond gris; les oreilles ont un pinceau de poils. Il a les mêmes formes et les mêmes dimensions que l'écureuil commun. On recherche beaucoup dans le commerce sa fourrure, qui est à la fois chaude et légère. Elle prend elle-même le nom de *petit-gris*. — Buffon a donné ce nom à une espèce particulière d'écureuils, l'*écureuil gris* qui habite les Etats-Unis. — On appelle encore *petit-gris* une sorte de duvet que l'on trouve sous les ailes de l'autruche.

PETITE VÉROLE. Voy. VARIOLE.

PÉTITION D'HÉRÉDITÉ, action judiciaire par laquelle l'héritier légitime ou le légataire universel, dans les cas où la loi le considère comme héritier, demande contre celui qui détient l'héritage le délaissement total ou partiel de la succession. Cette action se prescrit par trente ans.

PÉTITOIRE, action par laquelle le propriétaire d'une chose prétend, en vertu de son droit ignoré, méconnu ou usurpé, ressaisir la possession qui ne doit appartenir qu'à lui. Ce mot se dit en opposition à celui de *possessoire*. L'article 25 du Code de procédure civile dit que le possessoire et le pétitoire ne seront jamais cumulés, c'est-à-dire qu'on ne pourra pas intenter les deux actions simultanément.

PETITOT (Jean), peintre en miniature, né à Genève en 1607, acquit bientôt une si grande réputation que le roi d'Angleterre, Charles Ier, le logea dans son palais, et le fit chevalier. Il vint ensuite à la cour de France dont il fut chassé par la révocation de l'édit de Nantes. Retiré à Vevay, il y mourut d'une attaque d'apoplexie en 1691. Le musée possède plusieurs portraits peints par cet artiste célèbre.

PETITOT (Claude-Bernard), né en 1772 à Dijon où il fit ses études, vint à Paris à l'âge de dix-huit ans, et fut nommé en 1800 chef du bureau de l'instruction publique à la préfecture de la Seine. Il quitta cette place en 1804, et son ami Fontanes lui fit donner en 1809 celle d'inspecteur général de l'université. Il fut en 1815 nommé secrétaire général de la commission d'instruction publique. Appelé en 1821 au conseil royal, il mourut en 1825. Outre les tragédies de *Laurent de Médicis*, *Géta et Caracalla* et la *Conjuration de Pison*, des traductions d'Alfieri et de Cervantes, Petitot a été l'éditeur du *Répertoire du Théâtre-Français* et de la *Collection des mémoires relatifs à l'histoire de France*, continuée par M. de Monmerqué.

PETIT-RADEL (Louis-Charles-François), né à Paris en 1756, embrassa l'état ecclésiastique, et fut reçu docteur en Sorbonne. Il était en 1789 vicaire général et chanoine de Conserans ; ayant refusé de prêter le serment civique, il partit pour l'Italie, où il se livra à de profondes recherches sur les monuments anciens. De retour en France en 1801, il obtint l'année suivante une place au bureau de statistique du ministère de l'intérieur, et fut ensuite attaché comme conservateur à la bibliothèque Mazarine, dont il devint plus tard administrateur en chef. En 1806, il fut admis à l'Institut, et fit partie de la commission chargée de continuer l'*Histoire littéraire de France*, commencée par les bénédictins. Il mourut en 1836. On a de lui plusieurs mémoires dans le recueil de l'académie des inscriptions et belles-lettres, et des travaux précieux sur les monuments cyclopéens.

PÉTONCLE, genre de mollusques formé par Lamarck aux dépens du genre *arche* de Linné. Les *pétoncles* se reconnaissent aisément à leur forme orbiculaire et surtout à la charnière de leur coquille, qui offre un grand nombre de dents sériales, disposées sur une ligne courbe. — On trouve ces mollusques à l'état vivant dans presque toutes les mers, et à l'état fossile dans presque tous les pays.

PETORITUM, espèce de char découvert et à quatre roues à l'usage des femmes ou des personnes d'un rang inférieur à Rome. Ce mot était, selon les uns, grec passé de Marseille à Rome ; mais l'opinion commune le rapporte à la langue gauloise.

PÉTRARQUE (François), un des plus grands poëtes de l'Italie, né en 1304 à Arezzo, lieu d'exil de son père, vieux gibelin de Florence, ami du Dante. Il n'avait que dix ans lorsque son père l'emmena dans le comtat Venaissin. Il étudia à Montpellier et à Bologne. Orphelin à vingt ans, il vint se fixer à Avignon, où il composa ses premiers vers. Ce fut alors (1327) qu'il devint épris de la belle Laure de Noves, épouse de Hugues de Sade. Déjà ses poésies latines lui avaient fait avantageusement connaître. Son amour lui inspira sur les burds de la fontaine de Vaucluse ces *sonnets* et ces *canzoni* qui firent l'admiration de son siècle, et qui sont véritablement son plus beau titre de gloire. Couronné au Capitole, comme le plus grand poëte de son temps, le jour de Pâques de l'année 1341, Pétrarque se vit l'objet de la faveur et de l'estime des souverains. Il conserva son amour pour Laure jusqu'au tombeau, et mourut à Arqua en 1374.

PÉTRÉE, genre de la famille des verbénacées, composé d'un petit nombre d'arbres ou d'arbrisseaux volubiles, à feuilles simples, opposées, très-entières, à fleurs pédicellées, presque opposées, munies de bractées et disposées en épis axillaires ou terminaux. — La *pétrée grimpante*, qui est le type du genre, croît aux Antilles.

PÉTRÉE (Arabie), la plus occidentale et la plus petite des trois Arabies, bornée au N. par la Palestine, au S. par l'Arabie-Heureuse, à l'O. par l'Egypte, et à l'E. par la Syrie. On l'a nommée *Pétrée* du grec *petra*, rocher, à cause des rochers et des montagnes qui la couvent. Elle n'a que quelques cantons fertiles ; tout le reste est couvert de sable. Conquise en partie sous Trajan par Cornelius Palma et ensuite réduite en province romaine, elle reçut plus tard le nom de *Palestine troisième* ou *Palestine salutaire*. — L'ancienne capitale de l'Arabie Pétrée était *Petra*, aujourd'hui c'est *Arak*.

PETREIUS (Marcus), lieutenant du consul Caius Antonius, collègue de Cicéron, commanda l'armée pendant la maladie du consul, et défit Catilina. Il avait déjà exercé pendant dix ans avec éclat les fonctions de tribun et de préteur. Dans la guerre civile entre César et Pompée, il embrassa le parti de ce dernier. — Lucain célèbre son dévouement en Espagne, et rapporte qu'il fut forcé, faute de vivres, de se rendre avec son armée à César qui le mit en liberté. Il combattit à Pharsale et à Thapsa en Afrique, où il avait suivi Caton, et donna la mort suivant Tite Live. D'autres historiens prétendent qu'il fut tué dans un combat singulier avec son ami Juba, roi de Mauritanie (46 avant J.-C.).

PÉTREL, genre d'oiseaux de l'ordre des palmipèdes. Les pétrels ont le bec crochu au bout et les narines réunies en un tube couché sur le dos de la mandibule supérieure. Leurs ailes sont longues, et leurs pieds n'ont, au lieu d'un pouce, qu'un ongle pointu implanté sur le talon. Leur vol rapide, ces oiseaux, qui ne nagent pas d'ailleurs, effleurent les vagues, et courent même sur l'eau. Il paraît que c'est même le caractère particulier de leurs mœurs qu'ils doivent le nom de *pétrel* ou de *petit Pierre*.

PÉTRI (Laurent), l'un des apôtres du protestantisme en Suède, né en 1499 à OErebro, fit ses études à Wittemberg sous Luther, dont il apporta les doctrines dans sa patrie. Il obtint toute la confiance de Gustave Wasa, qui profita de son zèle pour l'établissement de la réforme, et le fit archevêque d'Upsal. Il mourut en 1573. Il avait eu pour compagnon dans la prédication de la réforme son frère Olaus-Phase Petri né en 1497, pasteur de Stockholm en 1539. Son esprit remuant le lança dans la politique. Il se lia avec les ennemis de l'État, et pensa même à avoir la tête tranchée. Il obtint sa grâce à la sollicitation de ses paroissiens, et continua paisiblement ses fonctions jusqu'à sa mort (1552).

PÉTRIFICATION. Ce mot signifie, dans son acception rigoureuse, un corps changé en pierre ou devenu pierre, cette définition sépare facilement les corps pétrifiés des fossiles. Les corps pétrifiés se rencontrent de préférence dans les anciens terrains. Ces corps, après y avoir été empâtés et exactement moulés, ont été dissous et ont laissé entre le moule extérieur et le moule intérieur un espace qui a été remplacé par une matière étrangère et inorganique. — On peut produire des pétrifications calcaires ou artificielles en exposant des corps (coquilles, végétaux et même animaux) à des sources renfermant en dissolution du carbonate de chaux.

PÉTRINAL, sorte d'arme à feu intermédiaire entre le mousquet et le pistolet, et qui fut en usage dans le xvie siècle. On pense que cette arme a donné naissance à l'espingole et au mousqueton, qui sont d'invention moderne.

PÉTROBUSSIENS, sectateurs de Pierre de Bruys, hérétique du Dauphiné, qui descendit vers 1126 dans la Provence et dans le Languedoc, où il enseigna ses erreurs. Il fut combattu par Pierre le Vénérable et saint Bernard, condamné par le second concile de Latran (1139) et brûlé vif par les habitants de Saint-Gilles vers 1147. — Les pétrobussiens soutenaient 1° que le baptême était inutile ; 2° que l'eucharistie n'était rien ; 3° qu'il fallait détruire les églises, briser et brûler les croix ; 4° que les sacrifices, les prières, les aumônes étaient inutiles aux morts.

PETROF (Basile Petrovitch), poëte et philologue russe, né à Moscou en 1736, se destinait aux ordres sacrés lorsqu'en 1763 une ode qu'il composa à l'occasion du couronnement de Catherine II lui valut de la part de cette princesse le titre de son lecteur avec un emploi dans l'administration d'État, et passa le reste de ses jours partagé entre les occupations littéraires et les douceurs de la retraite. Ce fut, dit-on, le chagrin que lui causa la mort de l'impératrice qui le conduisit lui-même au tombeau en 1799. Pétrof s'est placé par ses odes au premier rang des littérateurs de sa nation.

PÉTROJOANNITES, hérétiques ainsi nommés de Pierre-Jean, hérésiarque du Périgord, qui enseigna vers l'an 1197 que Jésus-Christ était encore vivant sur la croix lorsqu'il reçut le coup de lance.

PÉTROLE ou Huile de pierre, nom donné à une substance bitumineuse liquide, onctueuse, d'un brun noirâtre, presque opaque, douée d'une odeur forte, plus légère que l'eau, inflammable et susceptible d'être distillée sans subir d'altération. Elle paraît due à une altération particulière du *naphte*. On en trouve des sources très-nombreuses. On la recueille à la surface de certains lacs. En France, la seule source connue de pétrole existe à Gabian, près de Pézenas (Hérault), ce qui lui a valu le nom vulgaire d'*huile de Gabian*. Elle donne annuellement environ deux cents litres de pétrole. Le pétrole peut remplacer le goudron. La médecine l'a quelquefois employé comme vermifuge, antispasmodique.

PÉTROMYZON. Voy. Lamproie.

PÉTRONE (Titus Petronius), auteur du roman poétique connu sous le nom de *Satyricon*, né aux environs de Marseille, est à ce que l'on croit, le même homme qui fut proconsul en Bithynie sous l'empereur Claude. Il était connu par ses galanteries et son goût pour les beaux-arts. Néron le surnomma *arbiter elegantiæ*, l'arbitre du luxe ; et le surnom d'Arbiter lui est resté. Plus tard, accusé par Tigellin d'avoir trempé dans la conjuration de Pison, il fut arrêté à Cumes et prévint son supplice en se faisant ouvrir les veines. Il expira en s'entretenant avec ses amis de sujets lascifs, tels que ceux dont il faisait le texte habituel de ses compositions. Dans ses derniers moments il envoya à Néron une satire cachetée, dans laquelle il faisait la satire de ce prince sous un nom supposé ; on a cru retrouver cette pièce dans l'épisode du Satyricon intitulé : *le Festin de Trimalcion*. Ses deux autres écrits les plus remarquables sont *la Matrone d'Éphèse* et *la Chute de la république*.—Le Satyricon est une composition pleine de vivacité, mais aussi d'obscénités.

PÉTRONE Maxime. Voy. Maxime.

PÉTRONE (Saint), Évêque de Bologne au ve siècle, mourut sous le règne de Théodose le Jeune et de Valentinien III. On conserve son corps dans l'église de Saint-Étienne de Bologne, et l'on fait sa fête le 4 octobre que l'on croit avoir été le jour de sa mort. On lui attribue deux ouvrages : les *Vies des Pères d'Égypte* et un *Traité de l'élection des évêques*.

PÉTRONILLE (Sainte), vierge romaine, que l'on dit sans preuves être fille de l'apôtre saint Pierre. Tout ce qu'on en sait, c'est qu'on fait sa fête le 31 mai.

PETRONIUS (Caïus), succéda à Cornelius Gallus, premier préfet d'Égypte, l'an 26 avant J.-C., marcha à la tête de 10,000 hommes contre les Éthiopiens qui avaient envahi la Thébaïde, les battit, les poursuivit jusque dans Napata leur capitale, et força la reine Candace à recevoir la loi des Romains.

PETRONIUS TURPILIANUS (Publius), consul sous Néron l'an 61 de J.-C. et ensuite gouverneur de la Grande-Bretagne. Il fut plus tard envoyé contre Vindex par Néron. Galba le fit mourir.

PÉTROSILEX, nom donné, en minéralogie, à des substances en masses compactes, qui ont l'apparence du silex, qui se rencontrent en filons et en roches, ou qui en font partie intégrante, différant en cela des silex qui ne forment que des rognons épars dans les craies ou dans les sables.— On nomme *pétrosiliceux* ce qui est de la nature du pétrosilex.

PÉTROZAVODSK, ville de Russie, capitale du gouvernement d'Olonetz, sur la rive occidentale du lac Onéga, à l'embouchure de la Losich et de la Suja, et à 90 lieues de Saint-Pétersbourg. C'est une ville de 6,500 habitants, avec des usines impériales et une fonderie de canons.

PETRUCCI (Pandolfe), noble siennois, du parti aristocratique et de l'ordre des Neuf, devint à la fin du xve siècle l'arbitre de sa patrie. Il fit assassiner son beau-père Nicolas Borghèse en 1500, et demeura seul à la tête de la république. Il était allié de l'infâme César Borgia, dont il recevait même une solde, mais qui voulut bientôt l'écraser. Exilé de Sienne par son influence en 1503, Petrucci fut, deux mois après, rappelé sur l'intercession du roi de France. Il gouverna dès lors ses concitoyens avec une autorité absolue, qu'il transmit à son fils Borghèse, à sa mort arrivée en 1512.

PETTA, fille de Nannus, roi des Ségobriges, devait, suivant la coutume du pays, se choisir un époux en présentant une aiguière à celui qu'elle préférait. Son choix tomba sur le chef des étrangers qui venaient d'aborder sur le territoire des Ségobriges. Euxène devint ainsi le gendre de Nannus et le fondateur de Marseille. Petta est appelée *Gyptis* par certains auteurs.

PETTENTÉRION ou Pettie, sorte de jeu fort en usage chez les Grecs et ressemblant assez au jeu de trictrac. On jouait sur une table marquée de douze lignes à chacune desquelles on donnait le nom de *case*. On y faisait usage des dés, et ce n'était qu'en conséquence du nombre que le joueur avait amené qu'il pouvait remuer ses pièces.

PETTO (In), mots italiens qui signifient, *dans l'intérieur du cœur, en secret*. Cette locution est principalement en usage à la cour de Rome. Le pape nomme des cardinaux, et il s'en réserve quelquefois *in petto*, c'est-à-dire qu'il se propose de choisir un cardinal dont il ne fait pas connaître le nom.

PETTY (William), mécanicien et économiste anglais, né en 1623 à Rumsey (Hampshire) d'un drapier, fut l'artisan de sa fortune. Il étudia la médecine et remplit, entre autres fonctions, celles de professeur au collège de Gresham à Londres, et de médecin de l'armée d'Irlande. Il sut se concilier tour à tour la faveur de Cromwell et des Stuart, fit partie du parlement sous l'un et l'autre régime, et reçut le titre de comte de Kilmore. Ses travaux sur l'économie politique, la construction navale et les arts mécaniques, le firent recevoir dans la société royale. Il mourut en 1687. Ses descendants se sont distingués sous les noms de Shelburne et de Lansdowne.

PETUM ou Petun, noms de pays sous lesquels la *nicotiane* tabac se répandit en Europe.

PETUNZÉ (minér.). On désigne sous ce

nom, en Chine, de petites masses parallélipipèdes formées avec une espèce de feldspath, et dont on se sert pour la fabrication de la porcelaine. Le petunzé est composé de silice, d'alumine et de chaux ; il constitue le vernis que l'on voit à la surface des vases de porcelaine.

PETUS. Voy PÆTUS.

PEUCÉDANE, genre de la famille des ombellifères. Ce genre se compose d'environ vingt espèces qui croissent comme la plupart des autres ombellifères, dans les climats tempérés de l'hémisphère boréal. On en connaît deux en France qui étaient autrefois employées en médecine, savoir le *peucédane officinal* et le *peucédane silaus*.

PEUCESTE, général d'Alexandre, lui sauva la vie lors du siège de la ville des Oxydraques. Il obtint après sa mort le gouvernement de la Perse, et se rangea d'abord du parti d'Eumène, dont il causa la défaite par sa défection inattendue. Antigone, vainqueur d'Eumène, déposséda aussi Peuceste, et donna son gouvernement à Asclépiodore.

PEUCÉTIE, portion de l'Apulie, bornée à l'E. par l'Iapygie, à l'O. par la Daunie, au N. par le golfe Adriatique, au S. par le fleuve Bardanus. *Barium* en était la capitale. Elle s'appelait ainsi de Peucetius, fils de Lycaon, qui émigra d'Arcadie en Italie avec son frère OEnotrus. Ses autres noms étaient *Messapie* et *Calabrie*.

PEUCINIENS, peuple de la Germanie, appelé aussi *Bastarnes*.

PEUPLIER, genre de la famille des *amentacées*, renfermant plus de vingt espèces croissant dans les lieux humides des contrées tempérées de l'hémisphère boréal. Plusieurs sont indigènes de la France et de l'Europe, où on les cultive soit pour l'ornement des paysages, soit pour les usages de leurs bois. Les peupliers sont de grands arbres dont les jeunes bourgeons floraux sont écailleux, plus précoces que les feuilles, enduits, dans quelques espèces, d'un suc résineux balsamique et très-visqueux ; les feuilles sont triangulaires, cordiformes, et leurs pétioles sont tellement comprimés latéralement ou amincis au sommet, que le moindre mouvement de l'air les met en agitation. Les *peupliers d'Italie* sont de très-grands arbres. On les estime beaucoup.

PEUR, mouvement irrésistible par lequel l'âme fuit l'approche d'un objet qui lui paraît nuisible.—Les anciens avaient fait de la Peur une divinité, fille de Mars et de Vénus, que les médailles représentent avec des cheveux hérissés, un visage étonné, une bouche ouverte un regard qui marque l'épouvante, effet d'un péril imprévu. Les Romains l'honoraient conjointement avec la Pâleur, depuis le vœu fait par Tullus Hostilius dans une bataille contre les Albains. Thésée lui sacrifia afin qu'elle ne saisît pas les troupes, et Alexandre suivit cet exemple avant la bataille d'Arbelles. La Peur avait un temple à Sparte près du palais des éphores.

PEUTINGER (Conrad), secrétaire du sénat d'Augsbourg, où il était né en 1465 et où il mourut en 1547, fut le premier savant de l'Allemagne qui se soit occupé de recueillir des antiquités. L'ouvrage auquel il doit sa célébrité ne lui appartient cependant pas ; c'est une carte connue sous le nom de *Tabula Peutingeriana*, exécutée à Constantinople en 393 ou 435. Ce précieux monument de la géographie ancienne à l'époque de Théodose, découvert à Spire vers la fin du XVe siècle par Conrad Celtes, et légué par lui à Peutinger, n'a pas même été publié par ce dernier ; car la première édition qui en fut faite date de 1598.

PEVENSEY, petite ville du comté de Sussex en Angleterre, sur la Manche, à 5 lieues d'Hastings. Ce fut là que débarqua Guillaume le Conquérant le 26 septembre 1066. Cette ville a 3,000 habitants.

PEYRE (Marie-Joseph), architecte du roi et membre de l'académie d'architecture, né à Paris en 1730, mort en 1785, contrôleur des bâtiments de la couronne. Le monument le plus remarquable qui nous reste de lui est l'Odéon, qu'il construisit de concert avec Wailly. Il a publié ses *OEuvres d'architecture*. — Son frère, ANTOINE-FRANÇOIS PEYRE, né à Paris en 1739, mort en 1823, membre de l'Institut, du conseil des bâtiments civils, de l'administration des hospices, fut aussi un architecte distingué.

PEYRÈRE (Isaac DE LA), né à Bordeaux en 1594 d'une famille calviniste, s'attacha au prince de Condé, et fit paraître pendant son séjour à Bruxelles le système connu sous le nom de *préadamisme*, dans lequel il établissait sur un passage de saint Paul l'existence du genre humain avant Adam. Arrêté et jeté en prison, il n'en sortit qu'à la condition de se rétracter et d'abjurer le calvinisme. Il mourut en 1676, bibliothécaire du prince de Condé.

PEYRON (Jean-François-Pierre), peintre français, né en 1744 à Aix, remporta le grand prix en 1773 par un tableau représentant la *Mort de Sénèque*. Admis à l'académie en 1783, nommé directeur de la manufacture des Gobelins en 1785, il perdit tout à la révolution, et ne fit guère que languir jusqu'à sa mort (1815). Il a été l'un des artistes qui, avec Vien, David, Drouais, etc., ont contribué à la réforme de la peinture française.

PEYRONIE (François GIGOT DE LA), célèbre chirurgien, né à Montpellier en 1678, fut nommé très-jeune encore chirurgien-major de l'Hôtel-Dieu, puis démonstrateur d'anatomie aux écoles de la faculté de médecine de cette ville. Appelé à Paris en 1714, il y obtint peu après la place de chirurgien-major de l'hôpital de la Charité. Ses succès lui valurent la survivance de la charge de premier chirurgien du roi en 1717, des lettres de noblesse en 1721, et le titre d'associé libre de l'académie des sciences en 1732. En 1733, il devint premier médecin du roi par quartier, et premier chirurgien en 1736. Il mourut à Versailles, comblé d'honneurs, en 1747.

PEYROUSE (Philippe PICOT DE LA). Voy. PICOT.

PEYSSONNEL (Charles DE), antiquaire, né à Marseille en 1700, exerça d'abord dans sa ville natale la profession d'avocat, et contribua à y fonder une académie. Secrétaire de l'ambassade de France à Constantinople en 1735, il prit part au congrès de Belgrade, et employa ses loisirs à parcourir les plaines de l'Asie-Mineure et à visiter les restes de Nicomédie et de Nicée. Il passa en 1747 au consulat de Smyrne, où il mourut en 1757. Il était depuis dix ans associé de l'académie des inscriptions et belles-lettres. Il a laissé la *Relation de ses voyages dans le Levant* et plusieurs *mémoires*.

PEZAY (Alexandre - Frédéric - Jacques MASSON, marquis DE), littérateur, né à Versailles en 1741, prit pour modèle Dorat, dont il n'eut pas la facilité, mais dont il évita la manière prétentieuse. Lancé dans la carrière de la politique, il donna des leçons de tactique au dauphin (Louis XVI), contribua à la chute de l'abbé Terray, et indiqua Necker comme l'homme le plus propre à rétablir l'ordre dans les finances. Sa vanité le rendit insupportable. Pour s'en débarrasser, on créa pour lui la charge d'inspecteur général des côtes. Exilé dans sa terre de Pezay près du Blois, pour avoir mortifié un intendant en crédit, il y mourut en 1777.

PÉZÉNAS, petite ville de France, cheflieu de canton du département de l'Hérault, dans l'arrondissement et à 4 lieues de Béziers, dans une situation agréable, au confluent de la Peyne et de l'Hérault. Sa population est de 8,500 habitants. Elle a un tribunal et une bourse de commerce, un collège communal, une belle salle de spectacle et des promenades. Pézénas a des fabriques de verdet (acétate de cuivre), et fait un commerce considérable de vins, eauxde-vie, etc.

PEZIZE (bot. crypt.). Le nom de *pézica*, dont les auteurs modernes ont fait *péziza*, est employé par Pline, pour désigner un champignon sans racine et sans tige, définition qui peut également se rapporter à un grand nombre de champignons. Les pezizes sont de vrais champignons, dont les séminules sont contenues dans des *thèques* ou petits sacs membraneux. On a recommandé l'infusion de la *pezize oreille de Judas* dans le vin blanc contre les maux de gorge et les hydropisies.

PFEFFEL (Christian-Frédéric), jurisconsulte et diplomate, né à Colmar en 1726, mort en 1807, après avoir rempli plusieurs fonctions diplomatiques pour les cours de Saxe, de France et de Deux-Ponts, s'est fait surtout connaître par son *Abrégé chronologique de l'histoire et du droit public d'Allemagne*. — Son frère cadet, THÉOPHILE-CONRAD, né à Colmar en 1736, mort en 1809, a composé un grand nombre de *fables*, de *contes*, d'*épîtres*, de *chansons*, etc.

PFIFFER (Louis DE), colonel suisse, né à Lucerne en 1530, entra jeune au service de la France, et fut employé en Piémont et en Picardie. En 1567, il commandait le corps de 6,000 Suisses qui assura la retraite de Charles IX de Meaux à Paris. Après s'être longtemps signalé sur les champs de bataille, il rentra dans sa patrie, où il acquit tant d'influence dans les assemblées générales des cantons catholiques qu'il fut surnommé *le roi des Suisses*. Il mourut en 1594.

PFINZ, rivière du grand-duché de Bade, qui prend sa source dans le royaume de Wurtemberg, passe à Dourlach, et se jette dans le Rhin. Elle donnait autrefois son nom au cercle de *Murg-et-Pfinz*, chef-lieu Dourlach.

PFORZHEIM, jolie ville du grand-duché de Bade, située dans l'ancien cercle de Murg-et-Pfinz, à 4 lieues de Dourlach, au confluent de la Wurm, du Nagold et de l'Entz. Sa population est de 8,500 habitants. Elle fait un commerce très-actif de bétail et de grains ; c'est l'entrepôt général des vins pour le Wurtemberg. Elle est surtout renommée pour ses fabriques où l'on travaille le fer, l'acier et l'horlogerie.

PHACÉE, fils de Romelias et général de Phaceias, roi d'Israël, conspira contre lui, le tua, et régna en sa place (758 avant J.-C.). Il fut renversé du trône par Osée, fils d'Ela, l'an 738 avant J.-C., après avoir gouverné pendant vingt ans et commis toutes sortes d'impiétés.

PHACEIAS, roi d'Israël, fils et successeur de Manahem (760 avant J.-C.), régna deux ans dans le crime et l'impiété. Il fut tué par son général Phacée.

PHAÉTON (myth.), fils d'Apollon et de Clymène, une des Océanides, fut aimé de Vénus, qui lui confia la garde de ses temples. Enorgueilli de cette confiance, Phaéton ne put souffrir qu'Epaphus, fils d'Io et de Jupiter, contestât son origine céleste. Sa mère l'envoya au Soleil son père, qui, le voyant plongé dans la douleur, jura par le Styx de lui accorder son vœu. Phaéton lui demanda de conduire pendant un jour le char de la Lumière. Forcé d'y consentir, le Soleil donna à son fils des conseils dont il ne sut pas profiter. Les rayons ardents de ce char qu'il ne savait pas diriger brûlèrent la Terre, qui adressa ses plaintes à Jupiter, et celui-ci, foudroyant le téméraire, le précipita dans l'Eridan ; sur les bords duquel ses sœurs inconsolables furent changées en peupliers, et Cycnus, son ami, en cygne.

PHAÉTON (ois.), nom scientifique des oiseaux vulgairement appelés *paille-enqueue*. Les phaétons appartiennent à l'ordre des palmipèdes, famille des *totipalmes*. Ces oiseaux sont faciles à reconnaître aux deux pennes du milieu de la queue, qui sont étroites et aussi longues que tout le corps, et qui de loin ressemblent à une paille ; la grandeur est celle d'un pigeon ; ils sont très-connus des navigateurs, parce que, ne sortant point de la zone torride, ils leur annoncent le voisinage du tropique, circonstance qui leur a valu le nom d'*oiseaux du tropique*.

PHAÉTON. On nomme ainsi 1° une espèce de petite calèche à deux roues, fort légère et découverte ; 2° la constellation du *Cocher*.

PHAGÉDÉNIQUE, nom donné aux ulcères rongeants et aux médicaments propres à consumer les chairs fongueuses.

PHAIE (myth.), laie qui infestait le territoire de Crommyon, dans la Corinthide, et qui fut mère du sanglier de Calydon. Thésée eut la gloire de la tuer. — Selon Plutarque, Phaie était une femme qui se prostituait à tous venants et vivait de meurtres et de brigandages. Thésée la fit mourir.

PHALANGE. On appelait ainsi, chez les Grecs, tout corps d'armée rangé dans un ordre compacto, quelle que fût la profondeur des files. — Plus tard ce nom fut spécialement réservé à une division de l'armée dont le nombre varia beaucoup. Chez les Athéniens, il y avait deux sortes de phalanges : celle des oplites (infanterie pesante), qui avait 4,056 hommes, et celle des peltastes et des psilites (infanterie légère), qui n'en avait que la moitié, 2,048. — La phalange avait pour commandant un *phalangarque*. Elle se divisait en 2 *mérarchies*, en 4 *chiliarchies*, en 8 *pentécosiarchies*, en 16 *xénagies*, en 32 *taxiarchies*, en 64 *tétrarchies*, en 128 *dilochies* et en 256 *lochies*. Deux phalanges formaient une *diphalangarchie*, et deux diphalangarchies formaient la grande phalange ou *tétraphalangarchie*. — De toutes les phalanges, la plus célèbre fut la phalange macédonienne, organisée par Philippe, et forte de 16,000 hommes, rangés sur 16 rangs tellement pressés, que les piques du cinquième dépassaient de trois pieds la première ligne. Quelquefois cependant ils étaient rangés sur 32 rangs. Le front était alors de 50.

PHALANGE. Voy. PHALANSTÈRE.

PHALANGE (anat.). Les doigts sont formés chacun par une série de petits os longs, articulés bout à bout, et auxquels on donne le nom de phalanges. Le pouce n'en a que deux, chacun des autres doigts en compte trois. La première, qui s'articule avec les os du métacarpe, conserve le nom de *phalange*, celle qui suit est nommée *phalangine*, et la troisième *phalangette* ; c'est sur cette dernière que l'ongle repose.

PHALANGER, genre de mammifères de l'ordre des *marsupiaux*. Ils sont essentiellement frugivores ; leurs pouces sont longs et séparés. Les *phalangers* sont des animaux à queue longue et prenante, couverte de poils, qui vivent sur les arbres, où ils cherchent les insectes et les fruits. Quand ils aperçoivent un homme, ils se suspendent par la queue, et l'on parvient, en les regardant fixement, à les faire tomber de lassitude. Les *phalangers volants* composent une autre espèce, caractérisée par une sorte de parachute formé par une extension de la peau des flancs entre les jambes, au moyen de laquelle ils se soutiennent en l'air quelques instants quand ils sautent d'un arbre à un autre.

PHALANGIENS, tribu de l'ordre des arachnides trachéennes. — Aux phalangiens se rapportent les *faucheurs* des murailles, remarquables par la longueur de leurs pattes, qui remuent longtemps encore après qu'on les a séparées du corps.

PHALANSTÈRE, nom que porte, dans le système de Fourier, l'édifice habité par la commune sociétaire, c'est-à-dire la *phalange*. C'est un palais splendide formé de la combinaison unitaire de tous les éléments disjoints de la commune, et réunissant les triples conceptions de l'économie, de l'utilité et de la grandeur. Les ménages y habitent séparés, quoique réunis dans l'ensemble, à peu près comme les chambres d'un hôtel garni.

PHALANTIE, Lacédémonien qui conduisit en Italie, vers l'an 707 avant J.-C., une colonie de jeunes Spartiates, nommés Parthéniens, et fonda Tarente. Chassé par ses compatriotes, il se retira à Brundusium, où il mourut. Ses cendres furent, selon ses ordres, répandues sur la place publique de Tarente, dont elles devaient, suivant l'oracle, assurer la grandeur. En mémoire de ce bienfait, les Parthéniens lui décernèrent les honneurs divins, et placèrent sa statue dans le temple de Delphes.

PHALARIS, tyran d'Agrigente, né d'une famille opulente à Astypalée dans l'île de Crète, ou bien dans l'île de ce nom, l'une des Cyclades. Banni de sa ville natale, il se réfugia en Sicile, où il épousa la femme de Timocrate, tyran d'Agrigente, répudiée par son mari. Excité par elle, il s'empara d'Agrigente par la force, et s'y maintint par la cruauté. Il fit couler le sang des plus illustres citoyens, et se servit pour instrument de supplice d'un taureau d'airain fabriqué par Perilaüs, et dans lequel il faisait périr ses victimes, en les brûlant toutes vives à petit feu. On varie sur le genre de sa mort, arrivée vers l'an 556 avant J.-C. Les uns veulent qu'il ait été lapidé par les Agrigentins ; les autres qu'il ait péri dans son propre taureau. — On a sous son nom un recueil de cent quarante-six *Lettres* à un certain Abaris. Elles respirent l'humanité et la philosophie ; mais, comme elles n'ont aucun caractère d'authenticité, on les regarde comme l'ouvrage de quelque sophiste.

PHALAROPE, genre de l'ordre des *pinnatipèdes*. Ces oiseaux habitent les régions circompolaires. Les *phalaropes* nagent avec beaucoup d'adresse, et se nourrissent de petits mollusques et d'insectes. Au temps des amours, ils quittent les hautes régions des pôles, et se rapprochent des côtes océaniques, où ils établissent leurs nids, dont la structure est assez remarquable.

PHALECUS, général des Phocéens après son oncle Phayllus, vers l'an 352 avant J.-C. Accusé d'avoir pillé le temple de Delphes, il fut dépouillé de ses dignités. Cependant il eut l'art de se faire replacer à la tête des armées cinq ans après. Philippe, père d'Alexandre, le battit dans la guerre sacrée, et le força à se retirer dans le Péloponèse, d'où il passa en Crète, faisant la guerre pour les habitants de la ville de Cnosse. Il périt au siége de Cydonie.

PHALEG, un des patriarches hébreux, fils d'Héber et père de Réhu, naquit l'an 2243 avant J.-C., et vécut deux cent trente-neuf ans.

PHALÈNE, genre d'insectes de l'ordre des lépidoptères, famille des nocturnes, tribu des *phalénites*. Les phalènes proprement dits ont les antennes en fil et la trompe longue et membraneuse. C'est à ce genre qu'il faut rapporter les chenilles dites *arpenteuses*, parce qu'elles marchent en recourbant leur corps en haut, et rapprochant leur queue de leur tête qu'elles portent en avant comme si elles voulaient mesurer.

PHALÉNITES, tribu d'insectes de l'ordre des lépidoptères, famille des nocturnes, établie par Latreille, et ayant pour principaux caractères : un corps grêle, des palpes très-forts, presque cylindriques ou coniques. Leurs chenilles n'ont ordinairement que six pattes, rarement douze ; les anales ne manquent jamais. Les subdivisions sont fondées sur le nombre de pattes. Dans cette tribu se trouvent les *phalènes*.

PHALÈRE, aujourd'hui *Saint-Nicolas*, port de l'Attique, à 25 stades au S.-E. d'Athènes, avec laquelle il communiquait par de longues murailles. Les Athéniens y abritaient leurs vaisseaux avant que Thémistocle leur fit mettre au Pirée. Il n'y pouvait tenir que de petits bâtiments. C'est là que naquit Demetrius dit de Phalère.

PHALEUCE, sorte de vers en usage chez les Grecs et les Romains, et ainsi appelé du poète Phaleucius, selon Terentianus Maurus. Il a cinq pieds, savoir : un spondée, un dactyle et trois trochées. Ce vers, qui convient à l'épigramme, a été employé par Martial, Stace, Prudence, Ausone, et surtout par Catulle. On l'appelle encore *hendécasyllabique* (vers de onze syllabes).

PHALLIQUES, fêtes que l'on célébrait à Athènes en l'honneur de Bacchus, et en Égypte en l'honneur d'Osiris. Elles étaient ainsi nommées de ce qu'on y promenait en grande pompe le phallus. Ces fêtes, rares dans l'origine, devinrent ensuite annuelles, et furent accompagnées des plus infâmes dissolutions.

PHALLOIDÉES. Ce nom désigne un groupe de plantes remarquables, que les uns placent parmi les vrais champignons, tandis que d'autres le rangent à la suite des *lycoperdacées*.

PHALLOPHORES, ministres des fêtes de Bacchus à Athènes à qui, le jour des Phalliques, portaient la phallus dans une procession appelée *phallogogie*. Ils étaient barbouillés de lie, couronnés de lierre, et dansaient en chantant des cantiques analogues à la solennité, et en faisant d'horribles contorsions.

PHALLUS (myth.), un des quatre dieux principaux de l'impudicité et de la débauche chez les anciens. C'était une image des parties sexuelles de l'homme. Regardé comme le symbole de la fertilité, il était souvent confondu avec Osiris, Priape ou Bacchus.

PHALLUS, genre singulier de plantes cryptogames. Leur forme bizarre leur a fait appliquer par les premiers auteurs le nom qu'elles portent encore : ces plantes appartiennent à la section des *phalloïdées* de la tribu des clathracées.

PHALZBOURG, petite et forte ville de France, chef-lieu de canton du département de la Meurthe, dans l'arrondissement et à 4 lieues de Sarrebourg, sur une hauteur. Sa population est de 4,000 habitants. Elle a un collège communal, une inspection forestière, etc. On y trouve des fabriques de liqueurs fines renommées, des filatures de laines, des tanneries.

PHANAGORIE ou **TAMAN**, ville de Russie, située autour d'un lac, sur le détroit d'Jénikalé, à l'embouchure du Kouban dans la mer Noire, dans la partie de la Circassie annexée au gouvernement du Caucase. Sa population est de 7,000 habitants. Phanagorie est la principale place d'entrepôt des marchandises pour la Circassie.

PHANÉROGAMIE. Ce mot, consacré d'abord à la botanique, a été employé par Latreille pour caractériser une des grandes branches des mollusques. Elle contient ceux de ces animaux qui possèdent les deux sexes sur le même individu.

PHANÉROGAMES. On appelle ainsi les végétaux pourvus d'organes sexuels apparents, et qui se reproduisent par suite de la fécondation de leurs ovules.

PHANTASIA, Egyptienne native de Memphis, fille de Nicarque, avait, selon Ptolémée Héphestion, cité par Photius, composé deux poèmes, l'un sur la guerre de Troie, l'autre sur les voyages et les aventures d'Ulysse ; ces livres furent déposés à Memphis, et un scribe, dit-on, accorda à Homère une copie, d'après laquelle il composa l'Iliade et l'Odyssée.

PHAON, jeune Mitylénien d'une rare beauté. La célèbre Sapho l'aima avec passion ; il répondit quelque temps à son amour ; mais, s'étant bientôt refroidi, Sapho fit dans son désespoir le saut de Leucade et y périt. Phaon, en mémoire de cette catastrophe, fit élever un monument sur la montagne voisine. Selon Elien, Phaon fut tué par un mari qui le surprit en adultère.

PHARAMOND, fils de Marcomir, chef d'une des tribus de la confédération franque, et le premier qui conduisit les Saliens de la rive droite du Rhin à la rive gauche. On place son règne entre les années 420 et 427, et on lui donne pour fils Clodion. La loi salique est son ouvrage. — Tous ces détails sur Pharamond ne nous sont transmis par aucune chronique contemporaine. La seule qui en fasse mention est celle de Prosper Tyro ; encore son authenticité est-elle révoquée en doute.

PHARAN, grand désert de l'Arabie Pétrée, au S. de la Palestine, à l'O. et au N. du golfe Élanitique. Le nom de Pharan est quelquefois donné dans la Bible à toute l'Egypte.

PHARANDSEM, reine d'Arménie, femme d'Arsace II, était remarquable par sa beauté. Après la prise de son époux par les Perses, son royaume fut envahi par Sapor. Réfugiée dans la forteresse d'Artogerassa, elle y soutint un long siége contre les Persans et les Arméniens révoltés, et finit par être livrée à Sapor, qui la fit mettre à mort vers l'an 368.

PHARAON, nom commun à un grand nombre de rois d'Egypte, soit qu'en langue égyptienne ce mot voulût dire roi, soit qu'il fût comme César, Ptolémée, etc., le nom d'un chef de dynastie que la plupart des monarques prenaient en montant sur le trône. Les découvertes récentes tendent à prouver que ce nom fut celui de tous les rois d'Egypte.

PHARAON, jeu de cartes en usage dans le XVIIIe siècle et proscrit dans le nôtre, ainsi que tous les autres jeux de hasard. Le banquier y luttait seul contre un nombre indéterminé de joueurs dont chacun mettait son enjeu sur une des cinquante-deux cartes dont se compose un jeu entier. Le banquier avait un jeu pareil; il en tirait deux cartes, l'une pour lui à droite, et l'autre pour les joueurs à gauche. Il gagnait tout l'argent placé sur la carte de droite, et doublait les sommes placées sur celle de gauche.

PHARASMANE. Sept rois d'Ibérie (Géorgie moderne) ont porté ce nom. — Le premier régna sous Tibère et Néron ; il était fils de Mithridate. Il disputa à son frère, nommé aussi Mithridate, la possession de l'Arménie, et fut le père de *Rhadamiste*. —PHARASMANE II commença selon les annales géorgiennes de régner en l'an 72, et mourut à Armazi, sa capitale, en 87. Erovand ou Jarvand, roi d'Arménie, lui avait enlevé une partie de ses Etats. — PHARASMANE III succéda l'an 113 à son père Hamazaspes, et mourut empoisonné vers l'an 122. — PHARASMANE IV, petit-fils du précédent, monta sur le trône en 125, et mourut en 182. On croit qu'il vint à Rome se soumettre à l'empereur Adrien. — PHARASMANE V succéda l'an 405 à son frère Tiridate, chassa les Persans de la Géorgie, et mourut en 408. — PHARASMANE VI succéda l'an 528 à Pacorus. Sous son règne la Géorgie fut ravagée à diverses reprises par les Persans. — PHARASMANE VII, neveu et successeur du précédent, monta sur le trône en 532, et laissa en mourant la couronne à Pacorus II (537).

PHARE, tour surmontée d'un fanal que l'on établit le long des côtes pour avertir les navigateurs du voisinage de la terre ou de la présence de quelques dangers. —Le plus fameux phare de l'antiquité fut celui d'Alexandrie, compté au nombre des merveilles du monde. Construit sous les règnes de Ptolémée Soter et de Ptolémée Philadelphe par l'architecte Sostrate, ce monument était situé dans l'île de Pharos, qui fut jointe au continent l'an 286 avant J.-C. par un môle de sept stades (*Heptastadium*) ; aujourd'hui les sables ont comblé l'espace qui la séparait du continent. La tour du Phare avait coûté 800 talents ; elle était de marbre blanc, et si élevée que du sommet on pouvait découvrir les vaisseaux à 100 milles en mer. Ebranlée plusieurs fois, elle fut renversée par un dernier tremblement de terre en 1303. — Sur nos côtes, les principaux phares sont ceux d'Ouessant, de Chassiron, de Cordouan.— On donne, en géographie, le nom de *phare* au détroit de Messine.

PHARÈS, ville de l'Achaïe, à l'O. sur le fleuve Pirus ou Piérus, à quelques lieues au S. de Patras. Cette ville était célèbre par un oracle de Vesta et de Mercure, dont les statues étaient placées sur la place publique. Celui qui voulait savoir l'avenir faisait d'abord sa prière à Vesta, puis il s'approchait de l'oreille de Mercure, et lui adressait sa question. Il se bouchait ensuite les oreilles pour quitter la place, et ses premières paroles qu'il entendait prononcer aux passants étaient la réponse à sa question.

PHARÈS (de l'hébreu *parasch*, division, rupture), fils de Juda et de Thamar, ainsi nommé à cause de la circonstance de sa naissance. Il fut le père d'Esron et l'un des ancêtres de Jésus-Christ.—*Pharès* est un des trois mots que Balthazar vit écrits sur la muraille pendant le festin dans lequel il profana les vases sacrés. Il signifiait, d'après l'interprétation de Daniel, que le royaume de Babylone allait être *divisé* entre les Mèdes et les Perses.

PHARISIENS (du mot hébreu *parasch*, séparation, division), secte juive, une des plus anciennes et des plus considérables de la Judée. On place son origine vers l'an 180 ou 200 avant J.-C. Elle acquit une haute considération, surtout parmi le peuple ; mais le grand prêtre Hyrcan l'ayant abandonnée pour celle des sadducéens, elle fut persécutée sous son règne, ainsi que sous ceux d'Aristobule et d'Alexandre. Cependant ce dernier rendit aux pharisiens leurs honneurs et leurs biens ; ils ressaisirent alors leur puissance et la conservèrent jusqu'à la ruine de Jérusalem. — Les pharisiens affectaient une grande sévérité de principes, une exactitude minutieuse à payer la dîme et à observer toutes les cérémonies religieuses ; mais ils cachaient sous ce masque des mœurs dissolues. Ils se distinguaient des sadducéens par leur croyance à l'existence des anges et à l'immortalité de l'âme.

PHARMACEUTIQUE (du grec *pharmacon*, remède), tout ce qui a rapport à la pharmacie ; ainsi on dit *préparation pharmaceutique*. — Quelquefois ce mot est pris comme substantif, et sert à désigner cette branche de la médecine qui a pour objet la composition et l'emploi des médicaments.

PHARMACIE (du grec *pharmacon*, remède), science qui a pour objet l'étude et la préparation des remèdes. Avant la révolution, on donnait en France aux pharmaciens le nom d'*apothicaires*. Ils étaient réunis aux droguistes et aux herboristes pour former un corps spécial ayant ses privilèges et ses maîtrises. — Aujourd'hui la pharmacie a pris une extension remarquable, et ne peut plus guère se séparer de la chimie, à laquelle elle emprunte ses préparations les plus efficaces. Pour être reçu pharmacien, il faut, dans quatre épreuves, justifier que l'on a les connaissances nécessaires, et prouver que l'on a huit années d'études dans une pharmacie, ou six années seulement, et dans ce cas une inscription prise dans une des trois écoles existant à Paris, à Strasbourg et à Montpellier. Un élève reçu dans de ces écoles a le droit d'exercer dans toute la France et les colonies, tandis que s'il a été reçu par un jury médical il ne peut exercer que dans le département où il a été reçu.

PHARMACOLOGIE, partie de la médecine qui traite des médicaments et de leur mode d'action.

PHARMACOPE, synonyme de *pharmacien*.

PHARMACOPÉE, ouvrage, traité qui renferme la collection des formules des médicaments, et les procédés à l'aide desquels on peut les exécuter. On donne ordinairement à ce livre le nom de *codex*.

PHARMAQUES (en grec, *pharmaca*), nom que donnaient les Grecs à toute préparation et spécialement à certaines compositions enchantées, soit minérales, soit végétales. Quelques-unes prises comme boisson produisaient l'aveuglement, la folie, l'amour, etc. ; d'autres agissaient par le contact seul ; d'autres enfin agissaient à distance, et répandaient un poison invisible et subtil. On appelait *pharmaca sotéria* ou pharmaques sauveurs ceux qui étaient capables de neutraliser les premiers. On y faisait entrer comme ingrédients principaux le saule, le laurier, le jaspe et un grand nombre d'autres plantes et minéraux cités par Orphée dans son livre *De lapillis*.

PHARNABAZE, satrape persan sous le règne de Darius II et d'Artaxerce, vers l'an 410 avant J.-C. Il commandait en Bithynie et en Phrygie, tandis que le reste de l'Asie-Mineure obéissait à Tissapherne. Il prit successivement le parti des Lacédémoniens contre Athènes et celui d'Athènes contre les Lacédémoniens. Mais il ternit sa renommée par le meurtre d'Alcibiade, qu'il fit assassiner parce qu'il craignait qu'il ne révélât au roi de Perse une conspiration dans laquelle il avait trempé.—C'est aussi le nom de deux rois d'Ibérie, qui régnèrent, le premier vers l'an 280, le deuxième vers l'an 37 avant J.-C.

PHARNACE. Deux rois de Pont ont porté ce nom.— Le premier, grand-père du fameux Mithridate, succéda à son père Mithridate IV ou V, vers l'an 184 avant J.-C., et régna seize ans, laissant le trône à son fils Mithridate V ou VI, surnommé *Evergète*. Il s'était emparé de Sinope, et avait fait la guerre au roi de Pergame.— PHARNACE II, fils du fameux Mithridate, gouvernait le Bosphore Cimmérien pendant le règne de son père. Il se joignit à ses ennemis (63 avant J.-C.), et le sénat romain, pour récompenser sa perfidie, le confirma dans le royaume de son père, dont la renommée l'accusait d'être le meurtrier. Décoré du titre d'ami et allié du peuple romain, il régna paisiblement jusqu'aux guerres civiles entre César et Pompée. Il secoua alors le joug de Rome, s'empara de la Colchide et de la petite Arménie. Il se préparait à envahir la Bithynie, lorsque César, accouru du fond de l'Egypte, le battit près de Zéla. Le vainqueur écrivit au sénat ces trois mots rapides : *Veni, vidi, vici* (je suis venu, j'ai vu, j'ai vaincu). Pharnace fut tué en voulant rentrer dans le Bosphore révolté, l'an 39 avant J.-C.

PHARSALE, ville de Thessalie, au S. de Larisse et à l'E. de l'Epidanus, célèbre par la grande victoire que César remporta sur Pompée dans les plaines circonvoisines, le 12 mai de l'an 48 avant J.-C. Pompée laissa 20,000 morts sur le champ de bataille ; César ne perdit que 1,200 hommes et fit 24,000 prisonniers. — *La Pharsale* est le titre du poëme de Lucain sur la guerre civile entre César et Pompée, dont le dénoûment fut la ruine de la république décidée par la bataille de Pharsale.

PHARYNX, première partie du canal alimentaire, s'étendant, chez les vertébrés, de la base du crâne à l'œsophage, et présentant, en haut, les orifices postérieurs des fosses nasales et de la bouche, et, en bas, l'ouverture supérieure du *larynx*. Le pharynx sert d'origine commune aux voies digestives et respiratoires ; il donne passage à l'air pendant la respiration et aux aliments lors de la déglutition.

PHASAEL, fils aîné d'Antipater et frère d'Hérode le Grand, fut gouverneur de la Judée l'an 47 avant J.-C. Livré par le traitre Barzapharne à Antigone, compétiteur d'Hérode au trône, il se cassa la tête contre une pierre pour éviter les supplices auxquels on le destinait. Hérode fit bâtir en son honneur une des principales tours de Jérusalem et lui donna son nom.—Phasaël laissa un fils qui portait le même nom que lui et qui épousa Salampso, fille d'Hérode le Grand. Il en eut trois fils, Antipater, Hérode et Alexandre, et deux filles Alexandra et Cypros.

PHASCOCHÈRE, genre de mammifères détaché du genre *cochon*, et très voisin des sangliers. Le nom de phascochère qui, suivant l'étymologie, signifie *cochon à verrue*, se rapporte à l'existence d'un gros lobe ou tubercule placé de chaque côté de sa joue. Cet animal habite l'Afrique.

PHASCOLOME. Sous ce nom tiré du grec, et qui signifie *rat* muni d'une poche, Geoffroy Saint-Hilaire a créé un genre de la famille des marsupiaux pour recevoir un animal apporté de la Nouvelle-Hollande par Peron, et qu'il nommait *wombat*.

C'est un animal nocturne, fouisseur, qui vit de substances végétales.

PHASE (aujourd'hui *Fachs* ou *Rion*), rivière de Colchide, sortant du mont Caucase, et se jetant dans le Pont-Euxin. Elle recevait dans son cours l'Hippus et le Cyanée, et arrosait près de son embouchure la ville d'Oëa, qui était le terme de l'expédition des Argonautes. Elle roulait des paillettes d'un or très-pur, étant séparé par la nature même de toutes matières étrangères : *Cursu ipso trituque perpolitum* (Pline, liv. XXXIII, ch. 4). Les campagnes voisines de ses rives étaient remplies d'oiseaux qui ont tiré de lui leur nom (les *faisans*).

PHASE, traduction du mot grec *phasis*, qui veut dire apparition. — On appelle, en astronomie, *phases* de la lune les différentes formes sous lesquelles elle nous apparaît. Lorsque la lune se trouve entre le soleil et la terre, on ne peut pas la voir, parce que l'hémisphère qu'elle tourne vers la terre est tout entier dans l'ombre. C'est la *conjonction* ou *nouvelle lune*. La lune, en s'avançant dans son orbite, montre progressivement la partie éclairée ; on la voit d'abord sous la forme d'un croissant lumineux dont les extrémités sont tournées vers l'E. Le huitième jour, on la voit sous celle d'un demi-cercle, parce que la moitié de la partie éclairée est tournée vers la terre : c'est le *premier quartier*. Le quinzième jour la lune, ayant accompli la moitié de sa révolution, tourne vers la terre sa partie éclairée et paraît toute ronde. C'est l'*opposition* ou *pleine lune*. A mesure que la lune s'éloigne de l'opposition, la partie éclairée diminue progressivement, et le vingt-deuxième jour on n'en voit plus que la moitié; c'est le *dernier quartier*, qui bientôt ne paraît plus que sous la forme d'un croissant et disparaît enfin entièrement au bout de vingt-neuf jours, temps de la révolution lunaire.

PHASÈLE, espèce de vaisseau léger, qui tenait le milieu entre les vaisseaux de charge et les vaisseaux longs. Ils allaient à la rame et à la voile, comme nos *brigantins*. Ils furent ainsi nommés, dit-on, de la ville de Phasélis en Lycie, où ils furent inventés.

PHASÉOLÉES, cinquième tribu du sous-ordre des papilionacées, famille des légumineuses, ainsi nommée du genre *phasoolus* (nom latin du *haricot*) qui en fait partie.

PHATMÉTIQUE (BOUCHE), nom de celle des sept bouches du Nil qui se rend dans la mer au milieu des six autres, auprès de la ville de Tamiathis. C'est la même que le bras Athribitique du Nil, qui perd son nom pour prendre, dans le voisinage de la mer, celui de Phatmétique ou de Phatnitique. Cette bouche aujourd'hui est celle de Damiette.

PHATURITE (NOME), canton de la Thébaïde septentrionale, qui avait pour chef-lieu la ville de *Phaturis*. Quelques géographes le confondent avec le détroit de Memnon.

PHAYLLUS, général grec, frère d'Onomarque, lui succéda dans le commandement des Phocéens, et joua un grand rôle pendant la guerre sacrée. Après quelques revers, il remporta un avantage signalé sur les Béotiens, 352 ans avant J.-C. Il mourut de maladie au milieu des douleurs les plus violentes, et l'on ne manqua pas d'attribuer ses souffrances et sa mort à l'impiété avec laquelle il avait pillé le temple de Delphes. Il eut pour successeur son neveu Phalecus.

PHÉACIE, ancien nom de l'île de Corcyre (Corfou). Elle est fameuse par le séjour qu'y fit Ulysse sous le règne d'Alcinoüs. — Les Phéaciens étaient mous, efféminés et passionnés pour les plaisirs. Les jeux, les danses étaient presque leur unique occupation. Cependant ils avaient la réputation d'être excellents marins.

PHEDIME, fille d'Otane, seigneur persan, découvrit la première l'imposture de Smerdis, qui était monté sur le trône de Perse après la mort de Cambyse. Comme l'usurpateur l'avait épousée, elle s'aperçut dans son lit qu'il n'avait pas d'oreilles.

PHÉDON, philosophe grec, natif d'Elis. Ayant été dans sa jeunesse pris par des pirates, il fut racheté par Socrate, qui crut reconnaître en lui un grand caractère et un génie élevé, et dont il devint le disciple et l'ami. Après la mort de son maître, il retourna dans sa patrie et y fonda l'école d'Elis, appelée aussi *érétriaque*. — En souvenir de ce philosophe, Platon donna le nom de *Phédon* à son dialogue sur l'immortalité de l'âme, renfermant les dernières paroles et la relation des derniers moments de Socrate sur le point de boire la ciguë. Caton relut le Phédon avant de se donner la mort.

PHÈDRE (Myth.), fille de Minos II, et de Pasiphaé, épousa Thésée, et conçut pour Hippolyte, fils de ce prince, une passion criminelle. Hippolyte n'ayant pas voulu y répondre, elle l'accusa auprès de Thésée, qui dans sa fureur livra son malheureux fils au courroux de Neptune. Phèdre, tourmentée par ses remords, se pendit. Les malheurs de cette princesse ont été mis sur la scène par Euripide, Sénèque et Racine.

PHÈDRE (Julius Phœdrus), célèbre fabuliste latin, naquit en Thrace, suivant l'opinion la plus commune, et fut amené à Rome, où il apprit le latin qui lui devint aussi familier que sa langue maternelle. Affranchi d'Auguste, il devint sous Tibère l'objet de la haine de Séjan, à la persécution duquel il réussit cependant à échapper. Phèdre publia sous le règne de Tibère un recueil de cinq livres de fables en vers ïambiques. La pureté, la précision, l'exquise élégance du style, ont rendu cet ouvrage classique. — Le recueil de Phèdre fut longtemps ignoré des savants; ce ne fut que vers la fin du XVIe siècle qu'un bibliothécaire de la ville de Reims, François Pithou, les découvrit.

PHÉGÉE (myth.), roi de Phégée ou Psophis en Arcadie, et grand prêtre de Bacchus, purifia Alcméon du meurtre de sa mère Eriphyle, et lui donna en mariage sa fille Alphésibée. Alcméon l'ayant répudiée, et lui ayant enlevé le collier d'Eriphyle pour en parer sa nouvelle épouse, Phégée lava l'affront de sa fille dans le sang de son gendre ; mais il fut à son tour tué par les enfants que ce prince avait eus de Callirrhoé, sa seconde femme.

PHÉLÉTIENS, soldats de l'armée de David, renommés pour leur vaillance. Ils étaient Philistins d'origine, et avaient selon l'opinion la plus probable habité la ville de Geth.

PHÉLIPPEAUX (A. LE PICARD DE), officier vendéen, né en 1768, entra à l'école militaire de Pont-le-Voy, et passa en 1782 à celle de Paris, où il fut le condisciple et le rival de Bonaparte. Il entra en 1786 en qualité de lieutenant dans le régiment d'artillerie de Besançon. Emigré en 1791, il fit la campagne de 1792 sous les princes. Rentré en France en 1795 pour organiser une insurrection dans les provinces du centre, il leva un corps à la tête duquel il s'empara de Sancerre, et se maintint quelque temps dans le Berri. Arrêté et conduit à Bourges, il trouva le moyen de s'échapper, et vint déguisé à Paris pour exécuter le projet hardi de délivrer l'amiral sir Sidney Smith de la prison du Temple. L'amiral anglais lui fit obtenir le grade de colonel au service de l'Angleterre, et l'emmena dans son expédition dans la Méditerranée. Ce fut lui qui fut chargé de la défense d'Acre, contre laquelle Bonaparte échoua. Il mourut aussitôt après la levée du siège (1799).

PHELLANDRIE, genre de la famille des ombellifères. La *phellandrie aquatique* est principalement remarquable. Cette plante est connue sous les noms vulgaires de *fenouil d'eau, mille-feuille aquatique, ciguë aquatique*, etc. Les feuilles répandent, quand on les froisse entre les doigts, une odeur qui n'est pas désagréable. Cependant c'est une plante dangereuse ou tout au moins suspecte.

PHELLOPLASTIQUE (du grec *phellos*, liége, et *plassô*, former), art qui a pour but de représenter en relief des monuments avec du liége. Les Italiens surtout excellent dans cet art.

PHÉLYPEAUX, famille ancienne de France, qui s'est illustrée dans la robe, et d'où sont sortis les *Maurepas*, les *Pontchartrain*, les *la Vrillière*. Voy. ces mots.
— RAIMOND-BALTHAZAR, marquis DE PHÉLYPEAUX, petit-fils du secrétaire d'Etat Phélypeaux d'Herbault, entra d'abord au service en 1671, et fut successivement colonel et maréchal de camp. Le roi le nomma en 1698 son envoyé extraordinaire auprès de l'électeur palatin et de l'électeur de Cologne, puis en 1700 ambassadeur à la cour de Savoie. Ayant informé Louis XIV des intelligences que Victor-Amédée entretenait avec la cour de Vienne, le roi donna l'ordre de désarmer les troupes piémontaises. Le duc de Savoie fit alors arrêter Phélypeaux, et ne le relâcha que l'année suivante. Il fut en 1709 envoyé au Canada comme gouverneur, et y mourut en 1713 sans postérité.

PHEMIUS, musicien qui charmait les amants de Pénélope par la douceur de ses chants. Il fut épargné par Ulysse. — C'est aussi le nom d'un musicien qui donnait des leçons de poésie et de musique à Smyrne en Ionie. Il épousa Crithéis, qui avait eu déjà Homère d'un commerce illégitime; il adopta le jeune enfant et lui servit de maître.

PHÉNÉE (LAC), aujourd'hui *Fenéo*, lac du Péloponèse dans l'Arcadie, vers le N.-O. près des sources du Ladon. Ses eaux bues pendant la nuit donnaient la mort, et ne faisaient aucun mal pendant le jour. — *Phénée* était aussi le nom d'une ville d'Arcadie, au N., sur l'Olbius.

PHÉNICIE, contrée d'Asie, comprenant la bande étroite de territoire resserrée entre la mer Méditerranée et le mont Liban. Sa limite au N. était le fleuve Eleuthérus, et au S. la Palestine. Ses principales villes étaient *Tyr* et *Sidon*. Selon les Grecs, elle tirait son nom de Phénix, d'Agénor, un de ses rois. La stérilité du sol de la Phénicie força ses habitants à chercher ailleurs un revenu plus profitable. Aussi le commerce et la navigation devinrent leur occupation exclusive. Ils fondèrent des colonies en Afrique, en Sicile, en Espagne, et s'attribuèrent partout le monopole exclusif du commerce. Ils allaient échanger contre les objets de luxe sortis des manufactures de Sidon l'étain des îles Cassitérides et l'or de la Bétique. Leur habileté à teindre la pourpre en fit fait connu de tout le monde. Ce sont les Phéniciens qui ont fait les premiers le tour de l'Afrique. On leur attribue aussi l'invention de l'écriture. — Leur langue et leur alphabet avaient un fonds commun avec la langue hébraïque. — Leur religion avait quelque chose de commun avec celle de l'Egypte. C'étaient Isis et Osiris, sous les noms d'Astarté et de Baal ou Bel, qui étaient les principales divinités. Ils allaient jusqu'à immoler des victimes humaines. — Le gouvernement de la Phénicie fut républicain en grande partie; cependant Tyr eut ses rois, plus tard remplacés par des sortes de consuls nommés *suffètes*. Les Phéniciens subirent le joug des Perses, des Macédoniens et de Rome.

PHÉNICIENNES (LES), tragédie d'Euripide, ainsi nommée d'un chœur de femmes phéniciennes. Le sujet de cette pièce est le même que celui des *Sept Chefs devant Thèbes* d'Eschyle. Euripide l'a bien traité. On y admire surtout la beauté des morceaux lyriques semés entre les dialogues.

PHÉNICOPTÈRE (ois.), dénomination générique formée pour les oiseaux que l'on connaît sous celle, peu scientifique, de *flamant*.

PHÉNIX, oiseau fabuleux, dont les Egyptiens avaient fait une divinité. Ils le présentaient grand et fier comme un aigle, une huppe de pourpre sur la tête, les plumes couleur de pourpre et d'or, et les yeux étincelants comme des étoiles. Il habitait les déserts de l'Arabie, et vivait de cinq à six cents ans. Lorsqu'il voyait sa fin approcher, il se formait un bûcher de bois et de gommes aromatiques sur lequel il se consumait. De la moelle de ses os naissait un ver, d'où bientôt se formait un autre phénix, dont le premier soin était de rendre la sépulture à son père, et de transporter son corps à Héliopolis, la ville du Soleil. — Il est à croire que le phénix n'était originairement qu'un symbole de l'immortalité de l'âme et de la résurrection, inventé par les prêtres égyptiens.

PHÉNIX (myth.), fils d'Agénor et de Téléphassa, appelée encore Epimédusa, Périméduse, Agriope, fut, ainsi que ses frères Cadmus et Cilix, envoyé par son père à la recherche d'Europe; n'ayant pu la découvrir, il s'établit dans la contrée qui prit de lui le nom de Phénicie.

PHÉNIX, fils d'Amyntor, roi d'Argos pélasgique, et de Cléobule, devint le rival de son père, qui s'était épris d'une jeune fille nommée Clytie. Le roi furieux fit crever les yeux à son fils qui, pour ne pas commettre un parricide, s'enfuit dans les Etats de Pélée. Celui-ci lui fit rendre la vue par le centaure Chiron, et le nomma gouverneur d'Achille. Phénix suivit son élève à la guerre de Troie, après la prise de laquelle il accompagna le fils d'Achille, Pyrrhus, et mourut en Thrace. Il fut enterré à Eon ou à Trachinie sur les bords d'une rivière qui prit de lui le nom de Phénix.

PHÉNOMÈNE (du grec phainomenon, participe de phainomai, je me produis), mot désignant tout fait qui se produit, qui apparaît, qui est perceptible à l'aide des sens. Ce mot est opposé à celui de substance, par lequel l'on indique le sujet soit matériel, soit immatériel, mais toujours inabordable aux sens, auquel se rapportent les phénomènes ou autrement dit les qualités. Telle est l'acception du mot phénomène dans la langue scientifique. Le vulgaire l'emploie uniquement pour désigner un événement extraordinaire, inattendu.

PHÉRÉCRATE, poëte comique d'Athènes, contemporain de Platon et d'Aristophane, vivait vers l'an 420 avant J.-C. Suidas, à qui nous devons quelques détails sur ce poète, lui attribue dix-sept comédies; mais Meursius et Fabricius en portent le nombre à vingt-trois, dont il ne nous reste que les titres et quelques fragments assez insignifiants. Le plus remarquable appartient à la pièce de Chiron. — On lui attribue l'invention d'une sorte de vers, appelé de son nom phérécratien, composé d'un spondée et des deux derniers pieds de l'hexamètre.

PHÉRÉCYDE, célèbre philosophe grec, que l'on rattache ordinairement à la secte ionique, naquit à Scyros vers le milieu du vie siècle avant J.-C. Il enseigna le premier l'immortalité de l'âme, que son disciple Pythagore expliqua par la métempsycose. Il avait composé sur la nature des dieux un traité intitulé: Hepta Mychoi (les sept antres); il ne nous est pas parvenu. Il mourut vers l'an 515 avant J.-C. — Il ne faut pas le confondre avec PHÉRÉCYDE de Léros, historien qui vivait, suivant Suidas, vers 480 avant J.-C. Il avait recueilli les Hymnes d'Orphée et composé une histoire des familles d'Athènes, intitulée les Autochthones.

PHÈRES, ville de Thessalie, située à l'E. sur le lac Bebeis, à quelques lieues de la côte, dans la Magnésie. Elle avait pour port Pagase. C'est à Phères que régnait Admète. Cette ville eut plusieurs tyrans assez célèbres dans l'histoire: Jason, Polydore, Alexandre (369 avant J.-C.).

PHÉRÉTIME, femme de Battus, premier roi de Cyrène, remonta sur le trône avec l'aide d'Amasis, roi d'Egypte, et punit les assassins de son fils Arcésilas, roi de Cyrène, en les faisant mettre en croix. On dit qu'en punition de cette cruauté elle fut dévorée vivante par des vers.

PHÉRÉZÉENS, peuple de la Palestine qui n'avait point de demeure fixe. Il habita tour à tour en deçà et au delà du Jourdain. On prétend cependant qu'il s'établit quelque temps au N. de Sichem.

PHÉRON, roi d'Egypte, suivant les historiens grecs, succéda à son père Sésostris. Il devint aveugle, et, ayant obtenu sa guérison par un moyen très-extraordinaire, il consacra dans le temple du Soleil deux obélisques de cent coudées de haut. Pline le nomme Nuncoréus.

PHETRUSIM, cinquième fils de Misraïm, peupla le canton de l'Egypte appelé nome Phaturite.

PHIALITE, nom donné à des corps organisés ou à de simples concrétions qui présentent plus ou moins régulièrement la forme d'une très-petite fiole.

PHIDIAS, célèbre sculpteur athénien, naquit vers l'an 498 ou 497 avant J.-C. Il eut pour maîtres Eladas d'Argos et Hippias; mais bientôt il surpassa ses maîtres et tous ses contemporains, et porta l'art de la statuaire au dernier degré. Chargé par Périclès de faire la statue de Minerve pour le Panthéon, il fit un véritable chef-d'œuvre. N'ayant pu obtenir d'y graver son nom, il sculpta son portrait sur le bouclier de la déesse. Phidias, enveloppé dans la haine que le peuple d'Athènes portait à Périclès, fut accusé de sacrilège, et se retira à Elis, où, pour se venger, il résolut de faire une statue plus belle encore que sa Minerve. Il y réussit, et son Jupiter Olympien passa pour une des merveilles du monde. Phidias mourut peu de temps après, comblé de gloire et de richesses, l'an 432 avant J.-C. Selon quelques historiens, il mourut à Athènes en prison, de maladie ou par le poison.

PHIDIPPIDE, coureur célèbre d'Athènes, qui vint annoncer aux archontes attendant avec inquiétude des nouvelles de l'armée la victoire de Marathon. Il expira en disant ces mots : Chaireté, nikômen; Réjouissez-vous, nous sommes vainqueurs. Ce fut, dit-on, la première fois que le mot chaireté fut employé comme salutation. Lucien, au lieu de Phidippide, l'appelle Philippide.

PHIDITIES (en grec pheiditia, c'est-à-dire repas d'épargne), repas publics d'une frugalité extrême, établis par Lycurgue à Lacédémone. Tous les Spartiates étaient obligés d'y assister ; ils étaient ordinairement quinze à une table. Les sacrifices ou la fatigue de la chasse étaient les seules causes pour lesquelles il fût permis de ne point assister à ces repas; mais alors encore il fallait céder au phiditium une partie des animaux que l'on sacrifiait ou que l'on avait tués à la chasse. Il était non moins sévèrement défendu de dîner somptueusement chez soi, et de se rassasier avant le repas commun.

PHIDON, Argien qui parvint au pouvoir souverain dans sa patrie dans le ixe siècle avant J.-C. et mourut l'an 852. Il fut, dit-on, inventeur de la balance, et fit frapper à Egine la première pièce de monnaie d'argent.

PHIGALÉE (aujourd'hui Davia), ville de l'Arcadie, située dans la partie la plus méridionale sur un rocher, à égale distance des fleuves Néda et Lymax. Elle fut fondée par Phigalus, fils de Lycaon.

PHILA, fille aînée d'Antipater, épousa Cratère, et ensuite Demetrius. Elle s'empoisonna quand le dernier fut chassé de la Macédoine.

PHILADELPHE (de philein, aimer, et adelphos, frère), surnom de Ptolémée II, roi d'Egypte. Ce prince, ainsi surnommé par antiphrase parce qu'il avait fait mourir deux de ses frères, succéda à son père Ptolémée Ier Soter de son vivant même (284 avant J.-C.). Les relations entamées avec Rome, la soumission de la Cyrénaïque revoltée, le traité conclu avec Antiochus Théos, roi de Syrie, par lequel ce prince épousa une fille de Ptolémée Philadelphe, furent les principaux actes de sa politique extérieure. Il fonda Bérénice, fit creuser un canal joignant le Nil à la mer Rouge, enrichit la bibliothèque d'Alexandrie fondée par son père, fit de sa cour l'asile des savants, combla de biens Callimaque, Lycophron, Euclide et Théocrite, et s'occupa en tout de faire fleurir le commerce, les sciences et les arts. Son règne fut l'époque de la plus haute splendeur de l'Egypte. — On croit que ce fut lui qui fit faire la version grecque de la Bible, connue sous le nom de version des Septante. Ptolémée Philadelphe mourut en 246 avant J.-C., à soixante-quatre ans. Son successeur fut Ptolémée III Evergète, son fils aîné.

PHILADELPHE (bot.). Ce genre que Tournefort nommait syringa, nom sous lequel il est encore désigné en français, est le type d'une famille naturelle créée sous la dénomination de philadelphées. — Les philadelphes ou syringas sont des arbrisseaux dont plusieurs sont cultivés dans nos jardins. Leurs fleurs sont blanches, axillaires ou terminales, réunies en panicules, et répandent une odeur très-forte. Une seule espèce croit naturellement en Europe ; toutes les autres viennent d'Amérique.

PHILADELPHÉES, famille de plantes qui se compose du genre philadelphe. Voir ce mot.

PHILADELPHES, nom que M. Bory de Saint-Vincent a proposé pour le second ordre établi dans la première classe du règne psychodiaire. Les philadelphes sont les polypes vivant réunis en masses plus ou moins confuses, où la vie individuelle de chaque individu concourt au mode de vie commun à toute la masse.

PHILADELPHIE, grande et belle ville des Etats-Unis, chef-lieu du comté qui porte son nom dans l'Etat de Pennsylvanie, dont elle était autrefois la capitale. Elle est située à 45 lieues de Washington, sur la rive droite de la Delaware, et à 3 lieues du confluent de la Schuylkill avec cette rivière. Sa population est de 177,000 habitants. On y remarque l'université, l'académie des beaux-arts, le sénat, l'hôtel de ville, les maisons des états et l'hôpital, qui est le plus beau des Etats-Unis. Philadelphie a un port commode, quoique éloigné de la mer de 48 lieues; les vaisseaux de 500 tonneaux peuvent y débarquer ; aussi cette ville est la plus commerçante des Etats-Unis après New-York. — Fondée par Guillaume Penn, elle donna le signal du soulèvement contre la métropole. Ce fut de ses murs que partit la déclaration d'indépendance (4 juillet 1776). Le congrès s'est tenu à Philadelphie jusqu'en 1800 qu'il a été transporté à Washington.

PHILADELPHIE, ancienne ville de Lydie (Asie-Mineure), à l'E. de Sardes, à quelque distance du mont Tmolus, sur une petite rivière qui se perd dans le Cogame. Elle reçut son nom d'Attale Philadelphe, roi de Pergame, qui la bâtit. Aujourd'hui, c'est ALLAH-INJAH, ville de 11,000 habitants.

PHILANTHE, genre d'insectes de l'ordre des hyménoptères, section des porte-aiguillons, famille des fouisseurs, tribu des crabronites. — Les philanthes femelles creusent leur nid dans le sable. Il consiste en un trou dans lequel elles déposent des insectes qu'elles ont piqués avec leur aiguillon, et auxquels il reste encore un souffle de vie. Lorsque le nid est suffisamment garni de proie, la femelle y pond un œuf, et ferme le trou. Elle en fait ainsi autant qu'elle a d'œufs à pondre. On trouve les philanthes dans les lieux secs et sablonneux; ils se tiennent non loin des fleurs, où ils espèrent trouver une proie facile à saisir. Les mâles sont très-ardents en amour.

PHILANTHEURS. Latreille donne ce nom à une famille d'insectes de l'ordre des hyménoptères, formé des genres philanthe et cerceris, et qui fait maintenant partie de la tribu des crabronites.

PHILÆ. Voy. PHILÉ.

PHILARÈTE (en arménien et en arabe, Philardus), né en Arménie dans le xie siècle, était un des principaux officiers de l'empereur grec Romain Diogène. Lors de la révolte de Michel Parapinace, il se rendit indépendant dans les provinces orientales de l'empire, et prit le titre d'empereur. L'empereur Nicéphore Botoniate, avec lequel il fit la paix, lui conféra le duché d'Antioche. Il se soumit alors au sultan Malek-Schah, sur l'appui duquel il compta vainement, quoiqu'il eût embrassé le mahométisme. Philarète mourut en 1086.

PHILASTRE (Saint), évêque de Brescia, dans le IVe siècle, mort avant 397, est auteur d'un *Traité des hérésies* et des *Actes des saints martyrs Faustin et Jovite*. Quelques-uns même ont prétendu qu'il avait composé le symbole, qu'on appelle de saint Athanase.

PHILATÉENS, peuple d'origine et de mœurs grecques, habitant un canton de l'Albanie (Turquie d'Europe) autour de *Philati*, ville de 2,000 habitants, près de la Calamas, à 10 lieues de Janina. Les Philatéens sont au nombre d'environ 10,000; ils cultivent la terre.

PHILÉ, petite île granitique du Nil, dans la haute Egypte, au delà de Syène (Assouan), près et au S. d'Eléphantine et de la petite cataracte. C'était là que se terminait l'Egypte et le lieu de la sépulture d'Osiris. On y voyait deux temples superbes, dont il reste encore des ruines magnifiques. C'est aujourd'hui l'île de *Djezyret-el-Héif*, habitée par des familles de Barabras.

PHILELPHE (François), célèbre philologue, né à Tolentino en 1398, professa l'éloquence à Padoue dès l'âge de dix-huit ans, obtint le droit de cité à Venise, et fut nommé secrétaire de légation à Constantinople. De retour en Italie, il professa successivement à Venise, à Florence, à Sienne, à Bologne, à Milan et à Rome, et mourut en 1481, professeur de langue et de littérature grecque à Florence. Il se croyait l'homme le plus éloquent et le plus érudit qui eût jamais paru. On a de lui une foule d'écrits en vers et en prose et des traductions d'anciens ouvrages grecs. — Son fils MARCO PHILELPHE, né à Constantinople en 1426, mort à Mantoue en 1480, suivit les traces de son père.

PHILÉMON (myth.). Voy. BAUCIS.

PHILÉMON, poète comique grec, contemporain de Ménandre sur lequel il remporta plusieurs fois le prix, était né à Soles en Cilicie, l'an 320 avant J.-C., et mourut à l'âge de quatre-vingt-dix-sept ans, pour avoir trop ri, dit-on, en voyant un âne manger des figues. Des quatre-vingt-dix-sept pièces qu'il avait composées, il ne nous reste que quelques fragments insuffisants pour le juger. Plaute a imité les *Emporos* dans le *Marchand*, et son *Thesauros* dans le *Trinummus*.—Philémon laissa un fils, surnommé *le Jeune*, qui avait composé cinquante-quatre comédies.

PHILÈNES (Les FRÈRES), nom de deux frères carthaginois qui se sacrifièrent au bien de la patrie. Carthage et Cyrène étant convenues de faire partir en même temps deux hommes de chacune des deux villes, et de placer les limites des deux Etats à l'endroit où ils se rencontreraient, les Philènes firent tant de diligence qu'ils arrivèrent aux environs de Cyrène. Les Cyrénéens refusèrent d'admettre la limite, à moins qu'ils ne consentissent à y être enterrés vivants. Ils y consentirent, et les Carthaginois, pour éterniser leur dévouement, firent élever sur leur tombeau deux autels appelés *autels des Philènes*, qui marquèrent la limite du territoire carthaginois du côté de la Cyrénaïque. Ces autels étaient situés à 240 lieues de Carthage et à 90 de Cyrène.

PHILÉTAS, poëte de Cos, vécut à la cour de Ptolémée Soter, et fut l'instituteur de Ptolémée Philadelphe. Il était, au rapport d'Elion, si petit et si maigre, qu'il mettait du plomb dans ses poches afin de n'être pas emporté par le vent. On raconte qu'il mourut des efforts que lui coûta l'invention d'un sophisme. Les anciens faisaient grand cas de ce poëte; il avait composé des élégies et des poésies légères et lyriques, dont il ne nous reste que quelques fragments

PHILÉTÈRE, eunuque paphlagonien, fils de la courtisane Boa, nommé par Lysimaque en 283 avant J.-C., gouverneur de Pergame, s'y rendit indépendant, jeta les fondements du royaume de Pergame. Il ne prit cependant pas le titre de roi; mais, après vingt ans d'un véritable règne, il laissa la couronne à Eumène, son neveu. — On a sous le nom de *philétérien* un pied grec différent du pied ordinaire, soit qu'il l'ait fait adopter à Pergame, soit que les mathématiciens qu'il favorisa aient ainsi voulu éterniser son souvenir. Ce pied est évalué à 1 pied 1 pouce 1 ligne 38 centièmes, ou bien à 35 centimètres 4004 dix-millièmes.

PHILÉTÉRIENNES, nom donné aux mesures qui furent établies en Egypte et en Asie par les successeurs d'Alexandre.

PHILIBERT. Deux ducs de Savoie ont porté ce nom. — PHILIBERT Ier, dit *le Chasseur*, succéda à l'âge de huit ans à son père Amédée IX sous la régence orageuse de sa mère Yolande de France. Il mourut en 1482, à l'âge de dix-huit ans, à force d'exercices violents. — PHILIBERT II, duc de Savoie, dit *le Beau*, succéda à l'âge de dix-sept ans (1497) à son père Philippe II, et mourut en 1504 après avoir pendant un règne de six ans fait le bonheur de la Savoie.

PHILIDES, famille athénienne, dont était tirée une prêtresse qui tenait un rang distingué dans le temple d'Eleusis, et dont le ministère particulier était l'initiation.

PHILIDOR (François-André DANICAN, dit), célèbre compositeur et joueur d'échecs, né à Dreux en 1726, fut élevé aux pages de la musique du roi, et obtint à quinze ans la faveur de faire exécuter ses motets à la chapelle royale. Il voyagea ensuite en Hollande, en Allemagne, en Angleterre, et, après son retour en France, se consacra presque exclusivement à l'opéra-comique, dont il est un des créateurs en France. Philidor mourut en 1795 à Londres où il s'était retiré. On cite comme les meilleures pièces *le Maréchal ferrant, le Diable à quatre, Ernelinde*, grand opéra. Philidor était reconnu pour le premier joueur d'échecs de l'Europe, et il se flatta même pendant quelque temps de faire servir sa supériorité à ce jeu d'instrument à sa fortune. Il publia à Londres par souscription son *Analyse des échecs*.

PHILIPPE. Cinq rois de Macédoine ont porté ce nom. — Le premier succéda l'an 649 avant J.-C. à son père Argée, et mourut après un règne de trente-huit ans. Il eut pour successeur Eropas. — PHILIPPE II, surnommé *le Grand*, fils d'Amyntas, naquit l'an 383 avant J.-C. Après la mort de son frère Perdiccas, Philippe s'échappa de Thèbes où il était retenu en otage depuis neuf ou dix ans, et se fit reconnaître d'abord comme tuteur de son neveu Amyntas, et ensuite comme roi (360 avant J.-C.). Au bout de quelques années, Philippe avait repoussé tous ses ennemis, reculé les bornes de son royaume, créé la phalange macédonienne. Enfin la guerre sacrée lui fournit l'occasion désirée d'intervenir dans les affaires de la Grèce. Il la termina, se fit admettre à la place des Phocéens au conseil des Amphyctions, et s'en fit déclarer le chef (346). La seconde guerre sacrée le mit à même d'exécuter ses projets d'asservissement, contre lesquels Démosthène tonnait depuis si longtemps. Il entra en Phocide, s'empara d'Elatée, et remporte à Chéronée une victoire qui lui rend Thèbes et l'arbitre de la Grèce (337). Il se fait alors déclarer dans l'assemblée des Grecs généralissime contre les Perses. Pendant les préparatifs de la guerre, il célèbre les noces de sa fille Cléopâtre avec Alexandre, roi d'Epire, et tombe sous le poignard de Pausanias (336), à l'âge de quarante-sept ans, après en avoir régné vingt-quatre. Il laissait d'Olympias le célèbre Alexandre, de la danseuse Philinna Arrhidée, qui fut roi après Alexandre. —

PHILIPPE III, fils naturel de Philippe II et de Philinna, danseuse de Larisse. Il est appelé plus communément *Arrhidée*. Voy. — PHILIPPE IV, l'aîné des fils de Cassandre, lui succéda en 298 avant J.-C., et mourut au bout d'un an de maladie. — PHILIPPE V, fils de Demetrius III, monta sur le trône à l'âge de quinze ans, époque à laquelle son cousin Antigone Dozon lui remit le sceptre, dont il n'avait été roi jusque-là que le dépositaire. Son règne fut glorieux et prospère tant qu'il suivit les conseils d'Aratus, chef de la ligue achéenne, avec laquelle il avait fait alliance contre les Etoliens. Mais bientôt, Aratus étant devenu pour lui un censeur incommode, il l'empoisonna. Dès lors commença pour lui une longue suite de revers. Les Romains, contre qui il était en guerre, le vainquirent aux Cynocéphales, et le forcèrent à demander la paix. Des chagrins domestiques, le supplice de son fils Demetrius, qu'il avait sacrifié à la jalousie de son frère Persée, et l'impudence de celui-ci hâtèrent ses jours. Il mourut l'an 179 avant J.-C.

PHILIPPE, un des fils d'Antiochus Grypus, se fit couronner roi d'une partie de la Syrie. Antiochus Denys, son frère, prit la ville de Damas, y forma un Etat, et eut avec lui plusieurs démêlés. Dans la suite, Philippe, à ce que l'on croit, périt dans une action contre Tigrane, roi d'Arménie (l'an 57 avant J.-C.).

PHILIPPE, fils d'Hérode le Grand et de Cléopâtre, était le plus accompli de sa famille. Il obtint de l'empereur Auguste le titre de tétrarque de l'Auranitide et de la Trachonitide. Il jouit d'un règne paisible de trente-sept ans, vers l'an 33 de J.-C. Il avait épousé Salomé, fille d'Hérode Philippe, son frère.

PHILIPPE (Marcus-Julius), surnommé *l'Arabe* parce qu'il naquit à Bosra dans l'Arabie Pétrée, vers l'an 204 de J.-C, était, suivant Aurelius Victor, le fils d'un chef de brigands. Il parvint aux grades militaires les plus distingués, et fut, après la mort de Misithée, nommé par Gordien préfet du prétoire. Il força bientôt ce prince à s'associer à l'empire et le fit assassiner (244). Il acheta la paix de Sapor, roi des Perses, et fit célébrer les jeux séculaires. Philippe ne jouit pas longtemps de son usurpation. Vaincu par Messius Decius qui s'était fait proclamer empereur dans la Pannonie, il fut assassiné à Vérone par ses soldats, l'an 249, avec son jeune fils, qui donnait les plus grandes espérances.

PHILIPPE DE THESSALONIQUE, auteur de la seconde Anthologie. On n'a aucun détail sur sa vie; on ignore même l'époque à laquelle il vivait. L'opinion la plus plausible sous les Antonins. Son recueil se compose des pièces de quatorze poëtes postérieurs à Méléagre, auteur de la première Anthologie.

PHILIPPE (Saint), un des douze apôtres, était natif de Bethsaïde. Se trouva aux noces de Cana, prêcha dans les deux Phrygies, et mourut à Hiéraple, après avoir eu pour disciple saint Polycarpe. Eusèbe dit qu'il était marié et qu'il avait plusieurs filles. L'Eglise grecque célèbre sa fête le 14 novembre, et l'Eglise latine le 1er mai. — Il ne faut pas le confondre avec saint PHILIPPE, un des sept disciples choisis par les apôtres après l'ascension de Jésus-Christ. Il prêcha l'Evangile d'abord à Samarie, puis dans la Phénicie. Il rencontra sur la route de Gaza un eunuque de la reine d'Ethiopie, Candace, et le convertit. Il mourut, à ce que l'on croit, à Césarée, vers l'an 70 de l'ère chrétienne. L'Eglise grecque célèbre sa fête le 11 octobre, et l'Eglise latine le 6 juin.

PHILIPPE DE NÉRI (Saint), fondateur de la congrégation de l'Oratoire, né à Florence en 1515 d'une famille noble, établit en 1550 la confrérie de la sainte Trinité dans l'église de Saint-Sauveur del Campo, pour le soulagement des étrangers sans retraite. L'année suivante, il reçut l'ordre de prêtrise; peu de temps après, il entra dans la communauté des prêtres de Saint-

Jérôme ou de la Charité, parmi lesquels il prit les disciples avec lesquels il fonda en 1558 la congrégation de l'Oratoire. Saint Philippe de Néri mourut en 1595, après avoir abdiqué la charge de supérieur général. Il fut canonisé par Grégoire XV en 1621.

PHILIPPE, empereur d'Allemagne, né en 1178, eut en partage la Souabe et la Toscane à la mort de son père Frédéric Ier. Il se fit décerner, à la mort de Henri VI son frère, la tutelle de Frédéric II son neveu ; mais le pape ayant fait élever à l'empire, Berthold, duc de Zahringen, Philippe acheta les droits de ce dernier pour 11,000 marcs d'argent, et se fit sacrer à Mayence en 1198. L'Allemagne et l'Italie se divisèrent entre lui et son compétiteur Othon de Brunswick. Il finit par en triompher ; mais il périt assassiné à Bamberg en 1208 par Othon de Wittelsbach, qu'il avait refusé pour gendre.

PHILIPPE. Six rois de France ont porté ce nom. — Le premier succéda à son père Henri Ier en 1060, à l'âge de huit ans, sous la tutelle de son oncle Baudouin V, comte de Flandre. A la mort de ce dernier (1067), Philippe, qui prit en main les rênes de l'État, soutint les prétentions à la couronne de Flandre du fils aîné de Baudouin ; battu par Robert le Frison, il fit la paix avec lui et épousa Berthe de Hollande, sa belle-fille. Après en avoir eu Louis VI son successeur, il la répudia pour épouser Bertrade de Montfort, femme du comte d'Anjou. Excommunié par le pape, il commença avec lui une lutte qui dura de 1092 à 1105. Les dernières années du règne de Philippe furent consacrées à guerroyer contre les seigneurs de l'Île-de-France. Ce prince, qui ne prit part ni à la conquête de l'Angleterre par Guillaume son rival, ni à la première croisade, mourut en 1108. — PHILIPPE II, surnommé *Auguste*, fils de Louis VII, né en 1165. Associé au trône par son père à l'âge de quatorze ans, il fut marié à Isabelle de Hainaut, qui lui apporta en dot le comté d'Artois. Il réunit en 1185 le Vermandois à la couronne. Ses démêlés avec Henri II, roi d'Angleterre, furent de courte durée ; il se croisa avec Richard Cœur de lion, son successeur, institua avant son départ la dîme saladine, et contribua beaucoup à la prise de Saint-Jean d'Acre. Mais bientôt il quitta la Palestine, s'allia avec Jean sans Terre, frère de Richard, contre ce dernier. Alors commença une lutte qui ne fut terminée que par la mort de Richard (1199). Jean sans Terre, son successeur, s'étant délivré du jeune Arthur de Bretagne, son neveu et son compétiteur, en l'assassinant, Philippe Auguste le cite devant la cour des pairs, et lui enlève la Normandie, le Maine, la Touraine, l'Anjou et le Poitou. Cependant le roi d'Angleterre et le comte de Flandre soulèvent contre lui l'Europe, et forment cette terrible coalition dissoute par la victoire de Bouvines (1214). La guerre contre les albigeois, à laquelle Philippe Auguste ne prit cependant pas part, occupa les dernières années du règne de ce prince, qui mourut en 1223. Le pavage de Paris, une nouvelle organisation judiciaire, de nouvelles lois, la fondation des archives, la construction d'un grand nombre de monuments, la protection accordée aux lettres furent des œuvres de Philippe Auguste. — PHILIPPE III, surnommé *le Hardi*, né en 1245, fut salué roi de France en Afrique après la mort de son père saint Louis (1270). Après avoir conclu la paix, il rentra en France, où il épousa en 1275 en secondes noces Marie, sœur de Jean, duc de Brabant, et où il fit épouser à son fils aîné Philippe Jeanne, héritière de Navarre. Le massacre des vêpres siciliennes (1282) lui fit prendre les armes contre le roi d'Aragon, qui en avait été l'instigateur ; mais sa campagne ne fut pas heureuse ; l'épidémie atteignit son armée et l'enleva lui-même à Perpignan (1285). C'est à Philippe le Hardi qu'est due l'ordonnance qui fixait à quarante ans la majorité des rois. — PHILIPPE IV, dit *le Bel*, succéda à son père Philippe le Hardi à l'âge de dix-sept ans (1285), et joignit au titre de roi de France celui de roi de Navarre, qu'il tenait de Jeanne, son épouse. Le règne de ce prince avaricieux et fourbe, qui mérita de ses sujets le surnom de *Faux-Monnayeur*, parce qu'il altéra les monnaies, contient trois grands faits : la guerre contre les Flamands, la querelle avec le pape Boniface VIII, et la destruction de l'ordre des templiers. — Continuation et fin de la guerre d'Aragon (1295). — Guerre en Aquitaine avec l'Angleterre. — Premiers démêlés avec le saint-siége, amenés par le tribut que Philippe voulait exiger du clergé. Bulle *Clericis laicos*. — Guerre en Guyenne avec les Anglais, et en Flandre avec Guy de Dampierre, comte de Flandre. Paix avec l'Angleterre. Captivité du comte de Flandre. — Continuation des démêlés avec le saint-siége. Ambassade à Rome de Pierre Flotte. Bulle *Ausculta fili*, brûlée à Paris. Première assemblée des états généraux (1302). — Révolte des Flamands. Défaite et mort du comte d'Artois à Courtray. — Campagne de Flandre. Paix avec les révoltés. — Bulle *Unam sanctam*, condamnée par les états. Le pape fait prisonnier à Anagni. Sa mort (1303). — Reprise de la guerre avec la Flandre. Bataille de Mons-en-Puelle, paix avec les Flamands (1304). — Clément V élu pape, après Benoît XI, par l'influence de Philippe. Translation du saint-siége à Avignon. — Premières poursuites contre les templiers (1307). — Concile de Vienne et abolition de l'ordre (1312). Supplice du grand maître Jacques de Molay, suivi la même année de la mort de Philippe le Bel (1314). — PHILIPPE V, dit *le Long*, deuxième fils de Philippe le Bel, fut proclamé régent à la mort de son frère Louis X (1316), et roi de France quatre mois après celle de l'enfant royal appelé Jean Ier, que la reine venait de mettre au monde. De grandes contestations s'élevèrent avant et après son sacre au sujet de cet intervertissement de la succession qui, fondé sur un principe de la loi salique très-peu explicite à cet égard, exclut les femmes du trône. Trois convocations des états généraux furent suivies d'une persécution ardente contre les pastoureaux, les sorciers, les lépreux et les juifs furent les seuls événements importants de son règne. Il mourut en 1322, ne laissant que des filles, qui ne purent lui succéder, en vertu du principe qui l'avait fait régner. — PHILIPPE VI, dit *de Valois*, parce qu'il était fils de Charles, comte de Valois, frère cadet de Philippe le Bel, fut proclamé régent du royaume à la mort de Charles IV, dernier fils de Philippe le Bel (1328), et ensuite roi, lorsque la reine ne mit au monde qu'une fille. Il commença la branche des Valois, qui finit avec Henri III. Philippe VI, prince d'humeur chevaleresque, secourut le comte de Flandre contre ses sujets qu'il vainquit à la bataille de Cassel. Édouard III, roi d'Angleterre, avait protesté contre l'avènement de Philippe, alléguant les droits qu'il tenait de sa mère Isabelle, fille de Philippe le Bel. Ce ne fut cependant qu'en 1337 qu'il commença la guerre, avec les Flamands pour alliés. La flotte française ayant été battue près de l'Écluse, une trêve d'un an fut conclue. Mais avant son expiration, la guerre recommença en Bretagne, au sujet de la succession à ce duché que se disputaient Jean de Montfort et Charles de Blois, soutenu le premier par Édouard, le second par Philippe. Bientôt Édouard débarque en Normandie. La victoire qu'il remporte à Crécy est suivie de la prise de Calais, et force Philippe à demander la paix. Ce prince mourut en 1350, laissant le trône à son fils Jean le Bon. Il avait fait l'acquisition de Montpellier et du Dauphiné, cédée à la France par le dauphin de Viennois, Humbert, à condition que ce titre serait porté par le fils aîné des rois de France.

PHILIPPE. Cinq rois d'Espagne ont porté ce nom. — PHILIPPE Ier, surnommé *le Beau*, né en 1478, était fils de l'empereur Maximilien et de Marie de Bourgogne. Il épousa en 1496 Jeanne la Folle, héritière de Ferdinand V, roi d'Aragon et d'Isabelle, reine de Castille. De ce mariage naquit le fameux Charles-Quint. Il ne prit les armes et le titre de roi d'Aragon et de Castille qu'à la mort d'Isabelle (1504) ; les états de Valladolid furent les seuls qui lui donnèrent le titre de roi d'Espagne. Trois mois après, Philippe mourut à Burgos des suites de ses débauches (1506). — PHILIPPE II, fils de Charles-Quint et d'Elisabeth de Portugal, né à Valladolid en 1527, fut élevé dans des principes d'intolérance religieuse qui, se combinant avec son inflexibilité, sa dissimulation et sa dureté, en firent un despote énergiquement sanguinaire. Devenu roi en 1554 de Marie de Portugal, il épousa Marie, fille de Henri VIII et reine d'Angleterre ; deux ans après, l'abdication de son père le fit monter sur le trône d'Espagne. La France ayant rompu la trêve de Vaucelles, Philippe II fit envahir la Picardie par une armée de 60,000 hommes. Victorieux à Saint-Quentin, il conclut avec la France le traité de Cateau-Cambrésis, et, devenu veuf une seconde fois, il cimenta le traité par son mariage avec Elisabeth, fille de Henri II (1559), dont les jours furent abrégés, dit-on, par le poison qu'il lui donna. Les historiens ont cru qu'il était jaloux de son fils l'infant don Carlos, lequel fut livré à l'inquisition, et dont la fin fut environnée d'un profond mystère. La conquête du Portugal vint réparer la perte qu'avait fait subir à Philippe II la révolte des Pays-Bas. Défenseur ardent du catholicisme, il équipa pour écraser l'Angleterre cette flotte formidable connue sous le nom d'*invincible Armada*, qui fut dispersée par la tempête. En même temps il se fit le protecteur de la Ligue en France, dont il convoitait la couronne ; mais les succès de Henri IV le forcèrent à signer la paix de Vervins. Il mourut la même année (1598). — PHILIPPE III, fils de Philippe II et d'Anne d'Autriche, sa quatrième femme, né en 1578, succéda à son père en 1598, à l'âge de vingt ans et mourut en 1621 après un règne sans gloire, et dans lequel toute l'autorité fut aux mains du premier ministre, d'abord le duc de Lerme, ensuite le duc d'Uzeda, son fils. Les événements les plus remarquables de ce règne sont l'édit de proscription lancé contre les Mauresques (1609), la trêve de douze ans conclue avec les Provinces-Unies, la conspiration de Bedmar et du duc d'Ossuna contre Venise, et l'édit par lequel on promit des lettres de noblesse et l'exemption des droits de guerre à quiconque s'occuperait d'agriculture. — PHILIPPE IV, fils de Philippe III et de Marguerite d'Autriche, lui succéda en 1621 à l'âge de seize ans. Son règne fut celui du comte-duc d'Olivarès, son favori et son premier ministre, comme le règne de son père avait été celui du duc de Lerme. La guerre, recommencée contre les Hollandais, d'abord quelques succès, et finit par d'irréparables revers (1628). Richelieu forme une ligue contre l'Espagne, à laquelle il enlève l'Artois et la Catalogne. Le Portugal se révolte en 1640, et se rend indépendant. Philippe IV se décide à renvoyer Olivarès, qu'il remplace par D. Louis de Haro. Ce dernier conclut avec Richelieu le célèbre traité connu sous le nom de paix des Pyrénées (1659), qui abandonne à la France le Roussillon, l'Artois et l'Alsace, et conclut un mariage entre Louis XIV et l'infante Marie-Thérèse. Philippe IV meurt en 1665, laissant le trône à son fils Charles II. — PHILIPPE V, deuxième fils de Louis, dauphin de France et de Marie-Anne de Bavière, né à Versailles en 1683, portait le titre de duc d'Anjou, lorsqu'il fut appelé à la couronne d'Espagne par le testament de Charles II (1700). Déclaré roi à Fontainebleau, puis proclamé à Madrid, il prit d'abord pour favoris le cardinal Porto-Carrero, puis la princesse des Ursins et enfin Alberoni. La fameuse coalition connue sous le nom de *grande alliance* se forme contre lui, et amène la guerre de la succession d'Espagne. Cette guerre dure douze ans. L'archiduc Charles, son compétiteur, est d'abord vainqueur et se voit maître de presque toute l'Espagne; mais la victoire de Berwick à Almanza et de Vendôme à Villaviciosa font pencher la balance en faveur de Philippe V, et forcent les alliés à conclure la paix d'Utrecht (1713). Il épouse en 1714 la princesse Elisabeth Farnèse, avec laquelle commence le règne d'Alberoni; que Philippe se voit bientôt forcé de sacrifier aux exigences de la paix européenne. La conclusion de la paix avec l'empire (1725) est le dernier acte important du règne de Philippe V, qui meurt en 1746, laissant le trône à son fils Ferdinand VI.

PHILIPPE. Trois ducs de Bourgogne ont porté ce nom. — Le premier surnommé de Rouvre, du lieu de sa naissance, succéda en 1350 à son aïeul Eudes IV dans le duché de Bourgogne. Devenu majeur en 1360, il mourut l'année suivante, âgé seulement de seize ans. En lui finit la première branche royale qui avait régné en Bourgogne depuis Robert de France. Le duché de Bourgogne fut alors donné par le roi Jean le Bon à son quatrième fils. — PHILIPPE II, dit le Hardi, était le quatrième fils de Jean le Bon, roi de France. Il fut blessé à la bataille de Poitiers, où il combattait à côté de son père, quoiqu'il n'eût que quinze ans. Le duché de Bourgogne, avec le titre de premier pair de France, lui fut donné en 1361 par son père, et confirmé en 1364 par son frère. A ce brillant apanage vinrent se joindre les comtés de Bourgogne et de Flandre, d'Artois, de Réthel et de Nevers en 1384, par la mort du comte de Flandre dont il avait épousé la fille Marguerite. Philippe le Hardi contribua à arrêter les progrès des Anglais en France, et gouverna en partie le royaume sous le règne de son neveu Charles VI. Il prit même les rênes du pouvoir après le voyage de ce prince au Mans et l'explosion de sa démence, et mourut en 1404, laissant le duché de Bourgogne à son fils Jean sans Peur. — PHILIPPE III, dit le Bon, né en 1396 à Dijon, fils de Jean sans Peur et de Marguerite de Bavière, succéda en 1419 à son père assassiné à Montereau. Plein du désir de la vengeance, il conclut avec l'Anglais le traité de Troyes (1421), qui reconnaît Henri V pour successeur de Charles VI au préjudice du dauphin. Ce ne fut qu'en 1431 qu'il se décida à rompre avec l'Angleterre et à traiter avec Charles VII. La paix fut conclue par le traité d'Arras (1435). Il fut dès lors allié fidèle du roi de France. Diverses révoltes des Gantois, la soumission du Luxembourg, et d'infructueuses tentatives pour réconcilier avec Charles VII Louis XI, alors dauphin, qui s'était réfugié en Bourgogne, remplirent les dernières années de Philippe le Bon, qui mourut à Bruges en 1467, laissant la couronne ducale à son fils Charles le Téméraire. Philippe le Bon avait fondé en 1429 l'ordre de la Toison d'or.

PHILIPPE, duc de Savoie, dit sans Terre, était le cinquième fils du duc Louis. Elevé à la cour de France, il fut quelque temps prisonnier de Louis XI, qui finit par se l'attacher. Il fut d'un grand secours à Charles VIII dans son expédition en Italie. Appelé au trône ducal à cinquante-huit ans, après la mort de Charles II son neveu, il ne régna pas deux ans, et mourut en 1497. Il porta le titre de Philippe II, parce que la Savoie avait déjà eu un comte de ce nom, neuvième fils de Thomas Ier.

PHILIPPE (L'INFANT DON), fils du roi d'Espagne Philippe V et d'Elisabeth Farnèse, naquit en 1720, et fut marié à dix-huit ans avec Louise-Elisabeth de France, fille de Louis XV. Après plus de sept ans de machinations et de guerres sanglantes qui soutinrent la France et l'Espagne pour son établissement, il fut, en vertu du traité d'Aix-la-Chapelle (1748), mis en possession du duché de Parme, Plaisance et Guastalla. Il gouverna sagement jusqu'à sa mort arrivée en 1765.

PHILIPPE, monnaie d'argent de Milan, qui vaut 5 francs 95 centimes. — C'est aussi une monnaie de Modène; elle vaut 6 francs 13 centimes. — Les Macédoniens avaient une monnaie de ce nom, laquelle était frappée au coin de Philippe. On en ignore la valeur.

PHILIPPES, aujourd'hui Philippi, ville de la Macédoine, chez les Edones, au N.-E., sur les confins de la Thrace. Elle s'appela primitivement Dalos et Crénides. Elle reçut son nom de Philippe, roi de Macédoine, qui s'en empara et la fortifia. Cette ville était située sur une hauteur qui dominait ces plaines fameuses où Brutus et Cassius furent vaincus par les triumvirs (42 avant J.-C.). Philippes fut une colonie romaine qui reçut l'Evangile de saint Paul.

PHILIPPEVILLE, jolie et forte ville du royaume de Belgique, dans la province de Namur, sur une éminence, entre le Bridon et la Jamagne, à 5 lieues de Rocroi. Ses fortifications ont été élevées par Vauban. — On appelle aussi du même nom une ville d'Algérie, dans la province de Constantine, sur le bord de la mer, avec 5,000 hab.

PHILIPPIDE. Voy. PHILOIPPIDE.

PHILIPPINES, grand archipel de l'Océanie, situé entre la mer de Chine, l'archipel de Holo et le Grand-Océan, et compris dans la Malaisie, dont il occupe la partie septentrionale. Cet archipel contient plus de cent îles. Les principales sont Luçon, Maindanao ou Mindanao, Mindoro, Leyte, Samar, Panay, Bouglas ou Négros et Zebou. La superficie de toutes les îles Philippines peut être évaluée à 13,000 lieues carrées, et sa population à 4,500,000 habitants. La plupart de ces îles sont élevées et montagneuses, bien boisées et abondamment arrosées. On y voit plusieurs volcans en éruption. Le climat est très-agréable. La succession constante des grandes chaleurs et des grandes pluies rend le sol de ces îles extrêmement fertile. La terre produit toute espèce de grains et de fruits, et des arbres dont le bois peut servir à la construction, à la teinture ou à l'ébénisterie. Les îles Philippines possèdent des mines d'or, d'argent, de fer, de cuivre, de plomb, de soufre et de mercure, des carrières de marbre, de talc, de pierre meulière, etc. — Les principaux produits de l'industrie consistent en toiles de coton, de chanvre, de toiles à voiles, de câbles, de chapeaux flexibles et légers, et de jolis cigareros, étuis à cigares que l'on fait avec la plante abaca. Il y a des usines de fer, des moulins à huile de cocos, des manufactures de tabacs et de cigares. La valeur des exportations monte annuellement à 2,030,000 piastres. Les revenus montent à 14,000,000 de francs. — Découvert en 1521 par Magellan, cet archipel fut conquis par les Espagnols de 1566 à 1571. Les Anglais s'en emparèrent en partie en 1762, et furent chassés deux ans après par les indigènes joints aux Espagnols. — Les Philippines sont administrées au nom du roi d'Espagne par un capitaine général, un vice-gouverneur et une cour suprême. — Il y a un archevêque et quatre évêques. Les Espagnols ne possèdent guère que les côtes des îles; l'intérieur est habité par des Indiens sauvages ou à demi civilisés. Cet archipel est divisé en 27 provinces ou alcadies.

PHILIPPIQUE. Voy. BARDANE.

PHILIPPIQUES, nom de quatre harangues célèbres prononcées par Démosthène contre Philippe, roi de Macédoine, lorsqu'il menaçait l'indépendance de la Grèce. Elles sont intitulées, la première la Paix, la deuxième de l'Halonèse ou d'une missive de Philippe, la troisième sur les événements de la Chersonèse, la quatrième sur la déclaration de guerre de Philippe. — Cicéron intitula Philippiques les discours qu'il prononça sur les affaires publiques, et dirigés principalement contre Antoine, à l'imitation de ceux de Démosthène. Ils sont au nombre de quatorze. Les plus remarquables sont le deuxième et le onzième. — On connaît encore sous ce nom les odes satiriques de la Grange-Chancel contre Philippe, duc d'Orléans, régent de France pendant la minorité de Louis XV.

PHILIPPOPOLI, ville ancienne de la Turquie d'Europe, dans la Roumélie, dans une île de la Marizza, à 35 lieues d'Andrinople. Fondée, dit-on, par Philippe, et détruite presque entièrement par le tremblement de terre de 1808, était, avant cette funeste catastrophe, le siège d'un archevêché grec, la résidence d'un sandjiak, et comptait 30,000 habitants.

PHILIPSBOURG ou PHILISBOURG, autrefois Undensheim, petite ville d'Allemagne, au confluent du Necker (grand-duché de Bade). Sa population est de 1,500 habitants. Cette ville, jadis une des plus fortes de l'Allemagne, fut prise, reprise, bloquée, bombardée à diverses époques. Le maréchal de Berwick fut tué sous ses murs en 1734. Ses fortifications ont été rasées par les Français en 1800. Philipsbourg est à 2 lieues de Spire et 24 de Strasbourg.

PHILIPSTHAL ou CREUTZBERG, château d'Allemagne, situé à 15 lieues de Cassel, sur la Werra, dans le duché de Hesse. Il a donné son nom à une branche de cette maison.

PHILISTE, historien et homme d'État, né à Syracuse vers l'an 431 avant J.-C., suivit à Athènes les leçons d'Isocrate, avec Ephore et Théopompe. De retour dans sa patrie, il s'associa aux projets ambitieux de Denys l'Ancien, dont il servit la cause par les armes et par son influence. Il voulut se payer lui-même de ses services en épousant une fille de Leptine, beau-frère de Denys. Celui-ci, irrité de son audace, l'exila à Thurium, où il composa son Histoire de Sicile en douze livres, dont il ne nous reste qu'un fragment conservé par saint Clément d'Alexandrie. Rappelé de l'exil par Denys le Jeune, Philiste eut le commandement de la flotte. Il se donna la mort pour ne pas survivre à la honte d'une défaite (357 avant J.-C.).

PHILISTINS, peuple de la Palestine, dont le territoire changea souvent de limites. Avant l'arrivée des Hébreux dans la terre promise, ils l'occupaient presque tout entière. Chassés ensuite par les Israélites, ils se retirèrent vers le bord de la mer, et occupèrent la bande de territoire qui s'étend de Joppé jusqu'au torrent de Sihor. Ils avaient cinq villes, dont les principales étaient Gaza et Azoth. Les Philistins opprimèrent souvent le peuple juif; David les soumit; dans la suite ils passèrent successivement sous la domination des Perses, d'Alexandre, des Séleucides et des Asmonéens.

PHILLIP (Arthur), né à Londres en 1738 d'un Allemand, entra dans la marine à l'âge de dix-sept ans, et parvint au grade de capitaine de vaisseau. Nommé en 1787 gouverneur de la Nouvelle-Galles méridionale, découverte par Cook, il y arriva en janvier 1788 avec une escadre. Il préféra le port Jackson à Botany-Bay pour l'établissement de la colonie, et jeta les bases de la prospérité à laquelle elle est parvenue de nos jours. A son retour en Europe cinq ans après, il fut élevé au rang de vice-amiral, et mourut à Bath en 1814. C'est à Phillip que la France est redevable des dernières dépêches de la Pérouse.

PHILLIS-WHEATLEY, négresse enlevée en Afrique à l'âge de sept à huit ans, et vendue en 1761 à John Wheatley, riche négociant de Boston. Elle reçut une éducation soignée, et publia en 1772, à dix-neuf ans, un petit volume de poésies anglaises, renfermant trente-«el pièces. Affranchie en 1775, elle épousa deux ans après un homme de couleur, remarquable comme elle par ses connaissances, et qui, sous le nom de Peter, devint un avocat distingué. Elle mourut en 1787.

PHILOCLÈS, poète dramatique d'Athènes, que son style amer avait fait surnommer la Bile. Il était contemporain de Sophocle, et avait remporté le prix dans un concours où le célèbre tragique avait présenté son Œdipe à Colone.

PHILOCTÈTE (myth.), fils de Pœan et compagnon d'Hercule, qui lui laissa en mourait ses flèches, après lui avoir fait jurer de ne jamais découvrir sa tombe où il devait les placer. Les Grecs, auxquels l'oracle avait annoncé qu'ils ne se rendraient pas maîtres de Troie sans les flèches d'Hercule, firent si bien que Philoctète leur indiqua du pied le lieu où elles étaient cachées; mais une de ces flèches étant tombée sur le pied indicateur, il s'y forma un ulcère si pestilentiel que, d'après le conseil d'Ulysse, on abandonna Philoctète dans l'île de Lemnos. Après la mort d'Achille, les Grecs se décidèrent à recourir une seconde fois à Philoctète, qui, vaincu par les prières d'Ulysse et de Pyrrhus, se rendit à Troie, où il fut guéri par Machaon. Après la prise de Troie, Philoctète ne voulut pas retourner dans son pays, et alla fonder Pétilie en Calabre.

PHILODÈME, philosophe grec, natif de Gadara et disciple d'Epicure, vivait à Rome du temps de Cicéron, qui en fait l'éloge dans sa harangue contre Pison. Philodème composa un ouvrage sur la doctrine de son maître, et un *Traité de la musique*, dont on a trouvé quelques fragments parmi les manuscrits d'Herculanum. Burmann a inséré dans son *Anthologie* trente et une épigrammes de lui; on en a trouvé encore d'autres.

PHILOLAÜS, célèbre philosophe pythagoricien, né à Crotone vers l'an 374 avant J.-C., fut d'abord disciple de Pythagore, puis d'Archytas de Tarente, et divulgua la doctrine des pythagoriciens par la publication d'un grand nombre d'ouvrages, dont il nous reste des fragments très-précieux, tout mutilés qu'ils sont. Philolaüs fit faire à l'astronomie de grands progrès. Il établissait que le soleil était au centre de l'univers, que toutes les planètes tournaient autour de lui, et que la terre en particulier, en tournant sur son axe, présentait alternativement toutes ses faces au soleil, et recevait ainsi le jour et la nuit, tandis qu'en se transportant dans l'espace autour du soleil elle déterminait l'année et les saisons.

PHILOLOGIE (des deux mots grecs *philos* et *logos*, ami de la science), partie de l'érudition qui embrasse spécialement la langue et la littérature. Eratosthène, astronome et géographe, chargé de la conservation de la bibliothèque d'Alexandrie, fut le premier qui reçut le nom de philologue (270 à 290 ans avant J.-C.). Terentius Varron est le plus célèbre des philologues latins. Ensevelie avec les autres sciences libérales dans les ténèbres du moyen âge, la philologie ne reparut qu'à la renaissance des lettres (xve et xvie siècles), et depuis ce temps elle s'est enrichie des travaux faits par les savants de toutes les nations, mais surtout de l'Allemagne.

PHILOLOGUS, affranchi de Quintus Cicéron, avait été instruit par le célèbre Cicéron lui-même, frère de son maître, dans les lettres et les sciences. Ce fut cependant lui qui livra cet homme illustre à la mort en découvrant au tribun des soldats qui le cherchait la litière sur laquelle il se portait du côté de la mer. Il fut ensuite remis par Antoine entre les mains de Pomponia, épouse de Quintus Cicéron, qui satisfit sa vengeance en le faisant expirer au milieu des supplices les plus cruels.

PHILOMÈLE (myth.), fille de Pandion, roi d'Athènes, et sœur de Progné, suivit Térée, roi de Thrace, mari de sa sœur, qui l'avait envoyée chercher ne pouvant vivre séparée d'elle. Térée la viola en chemin, l'enferma après lui avoir coupé la langue, et répandit le bruit de sa mort. Philomèle retraça sur une toile toute son histoire, et réussit à la faire parvenir jusqu'à sa sœur, qui accourut pour la délivrer, et la vengea en servant à Térée dans un festin le cadavre de son fils Itys. Ce prince les poursuivait lorsque les dieux le changèrent en épervier ou en huppe, Itys en chardonneret, Progné en hirondelle et Philomèle en rossignol. Anacréon, et après lui Apollodore, assurent que ce fut Philomèle qui fut changée en hirondelle et Progné en rossignol.

PHILOMÈLE, général phocéen, fils de Théotime et frère d'Onomarque, fit révolter ses compatriotes contre le décret qui les condamnait à une amende pour avoir labouré les terres consacrées à Apollon, et donna par là lieu à la guerre sacrée. Il attaque le temple dont il se rend maître après avoir battu les Locriens, et obtient par violence de la pythie un oracle favorable. Attaqué l'année suivante par des forces supérieures, et battu par les Béotiens, pour éviter de tomber vivant entre les mains de ses ennemis, il se précipite du haut d'un rocher l'an 354 avant J.-C.

PHILOMÉTOR (de *philéin*, aimer, et *mêter*, mère), surnom ironique commun à Demetrius III, roi de Syrie, à Attale III, roi de Pergame, et à Ptolémée VI, roi d'Egypte. — PTOLÉMÉE VI PHILOMÉTOR, ainsi appelé par antiphrase à cause de la haine qu'il portait à sa mère Cléopâtre, succéda à l'âge de six ans en 180 avant J.-C. à son père Ptolémée V Epiphane. Pendant sa minorité, le royaume fut gouverné d'abord par Cléopâtre, ensuite (173) par deux eunuques nommés Eulée et Lénée, sous la protection de Rome. Antiochus-Epiphane, son oncle, roi de Syrie, s'empara de l'Egypte et la gouverna en son nom. Mais les Romains le forcèrent à rentrer dans ses Etats. Ptolémétor fut aussi forcé de partager le trône avec son frère Ptolémée-Evergète II ou Physcon, qui garda la Lybie et la Cyrénaïque. Ptolémée Philomètor mourut en 145 avant J.-C.

PHILON LE JUIF, célèbre philosophe juif, né à Alexandrie d'une famille sacerdotale vers l'an 30 avant J.-C. Il fut député dans sa vieillesse par les Juifs d'Alexandrie vers Caligula, pour lui demander la confirmation du droit de bourgeoisie qui leur avait été octroyé par les Ptolémées et par les Césars. Il ne réussit point dans cette mission, au sujet de laquelle il écrivit un traité : *De virtutibus, sive de legatione apud Caïum*. L'époque de sa mort est inconnue. Il avait composé un grand nombre d'ouvrages sur l'Ecriture sainte, la philosophie et la morale ; il ne nous en reste que vingt-huit. — Sa doctrine philosophie fut une sorte de syncrétisme, de néoplatonisme, fondé sur la coïncidence et la conciliation des dogmes de Platon avec l'Ecriture sainte. Selon lui, il y a deux mondes, l'un intelligible et l'autre sensible, et Dieu a formé le dernier d'après un monde idéal, un monde d'idées prototypes, invariables, coéternelles à lui-même ; ensuite il personnifie ces idées sous le nom de *Logos* ou *Verbe*, et reconnaît dans ce Verbe une émanation de Dieu. Philon a été appelé le *Platon juif*.

PHILON DE BYZANCE, écrivain grec, étudia à Alexandrie et dans l'île de Rhodes. Il est l'auteur d'un traité de *Poliorcétique* en cinq livres, dont les trois premiers sont perdus. On lui attribue aussi un opuscule : *De septem orbis spectaculis*, qui ne nous est pas parvenu en entier.

PHILON DE BYBLOS ou HERENNIUS PHILON, naquit, selon Vossius, la dixième année du règne de Tibère. Il traduisit en grec l'*Histoire* de Sanchoniaton. Eusèbe a conservé quelques fragments de la *Préface* et un long fragment de l'*Histoire*, formant le chapitre dixième du livre premier. Quelques écrivains regardent Philon comme l'auteur de l'*Histoire* attribuée à Sanchoniaton. Philon avait encore composé : *De urbibus et claris viris quos unaquæque tulit, lib. XXX*, ouvrage abrégé par Ælius Serenus ou Severus; *De imperio Adriani ; Commentarius de Judæis; De comparandis et diligendis libris, lib. XII.*

PHILOPATOR (de *philéin*, aimer, et *pater*, père) surnom ironique donné à PTOLÉMÉE IV, roi d'Egypte, parce qu'il avait empoisonné son père Ptolémée III Evergète, auquel il succéda l'an 221 avant J.-C. Il fit la guerre à Antiochus le Grand, roi de Syrie, qui fut forcé de lui céder la Célé-Syrie et la Palestine. Ce prince licencieux mourut en 204 avant J.-C., à trente-sept ans. Il avait fait égorger sa mère Bérénice, son frère Magas et sa femme Arsinoé, et abandonné l'Etat à la concubine Agathoclée et à ses ministres Agathocle et Sosibe.

PHILOPOEMEN, célèbre général de la ligue achéenne, naquit à Mégalopolis en Arcadie l'an 253 avant J.-C. Instruit dans les principes de la philosophie et des lettres, Philopœmen s'étaît distingué dans plusieurs combats, lorsque la ligue achéenne l'élut pour son préteur ou chef (208). Vainqueur de Machanidas, tyran de Sparte, à Mantinée, et de Nabis, son successeur, à Gythium, il se rendit par une autre victoire maître de Sparte, qu'il attacha à la ligue achéenne, et dont il démantela les murs et bannit la population, lorsqu'elle abandonna son alliance. Il venait d'être élu préteur pour la huitième fois, lorsqu'il marcha contre les Messéniens que Dinocrate son ennemi venait de détacher de la ligue achéenne. Attiré dans une embuscade, il fut pris et conduit à Messène, où ses ennemis le forcèrent à boire la ciguë (183 avant J.-C.). L'histoire a donné à Philopœmen le surnom de *dernier des Grecs*.

PHILOPSEUDÈS (de *philéin*, aimer, et *pseudos*, mensonge), titre d'un dialogue de Lucien, où l'auteur se moque de la magie et des divinations, qui traite d'impostures.

PHILOSOPHALE (PIERRE), résultat de la prétendue transmutation des métaux en or, qui faisait le fondement et le but de l'alchimie.

PHILOSOPHE, celui qui s'occupe de l'étude de la philosophie. Cette terme remonte, dit-on, à Pythagore. Avant lui, ceux qui se livraient à l'étude de la physique et de la morale, seules sciences alors cultivées, s'appelaient *sages*. Pythagore fut le premier qui prit celui plus modeste de *philosophe*, c'est-à-dire ami de la sagesse. Gorgias de Leontium et Protagoras d'Abdère furent les premiers qui firent payer leurs leçons. Les philosophes passèrent de la Grèce à Rome, où un costume particulier, un manteau long et noir et une barbe pendante, servit à les distinguer. La philosophie, dégénérée sous l'empire, ne fut bientôt plus qu'un état servile, que Lucien accabla de ses railleries.

PHILOSOPHIE (du grec *philos*, ami, et *sophia*, sagesse), étude ou science de la nature et de la morale. De toutes les divisions spéciales de la philosophie, la plus connue est la philosophie élémentaire, qui traite de la nature de l'âme, de ses faits, de ses lois et de ses facultés. Ses subdivisions sont la psychologie, la logique, la morale et la théodicée. — Les différentes manières d'envisager et de résoudre les questions philosophiques ont donné naissance à un grand nombre de sectes. Voici le nom des principales de ces écoles, chez les anciens, depuis les temps les plus reculés jusqu'à la chute de l'empire romain : 1° école ionique, 2° école italique, 3° école éléatique, 4° école socratique, 5° école sophistique, 6° école cyrénaïque, 7° école cynique, 8° école de Mégare, 9° école érétriaque ou d'Elis, 10° école aristotélicienne ou péripatéticienne, 11° école platonicienne ou académique, 12° école stoïcienne, 13° école épicurienne, 14° école sceptique, 15° école éclectique, 16° école juive, 17° école gnostique, 18° école néo-platonicienne, 19° école empirique, 20° école des Pères de l'Eglise.

PHILOSTORGE, historien ecclésiastique, né en Cappadoce vers 364, vint à Constantinople à l'âge de vingt ans pour se perfectionner dans les sciences et les lettres. Il adopta les erreurs d'Arius, s'en constitua le défenseur et composa, pour rendre odieux ses adversaires, l'*Histoire de l'Eglise depuis l'avènement de Constantin jusqu'à la mort d'Honorius en 425*. Nous n'avons de cet ouvrage que l'abrégé qu'en fit Photius.

PHILOSTRATE L'AINÉ (Flavius), fameux sophiste, natif de Lemnos ou d'Athènes, s'établit à Rome sous le règne de Septime Sévère; ce fut lui-même, dit-on, à la prière de l'impératrice Julie qu'il composa la *Vie d'Apollonius de Tyane*. Outre cet ouvrage, nous avons de lui les *Héroïques* ou histoire fabuleuse de vingt et un héros de la guerre de Troie, en forme de dialogue; les *Images* ou description d'une galerie de tableaux de Naples; les *Vies des sophistes*, en deux livres, et un recueil de soixante-treize lettres sur des sujets érotiques. Philostrate l'aîné mourut en 244.

PHILOSTRATE LE JEUNE, neveu du précédent, vécut sous Macrin et Héliogabale, et composa comme son oncle un livre des *Images*, qui renferme, suivant Heyne, moins la description du tableaux déjà exécutés que des modèles proposés à l'émulation des artistes.

PHILOTAS, fils de Parménion, partageait avec lui la faveur d'Alexandre, dont il était un des principaux capitaines. Il fut soupçonné d'avoir été complice de la conjuration de Dymnus contre Alexandre. Mis à la question et vaincu par la douleur, il avoua non-seulement qu'il avait participé au complot, mais encore il dénonça quelques personnes, entre autres son père. Il fut condamné à mort à l'unanimité et lapidé.

PHILOTIS, esclave qui sauva Rome d'une ruine totale. Après la prise de cette ville par les Gaulois, les Fidénates envoyèrent demander aux Romains leurs filles, comme pour les épouser. Le sénat n'ayant pas voulu souscrire à cette condition humiliante, Philotis conseilla d'habiller en filles libres toutes les esclaves déguisées, et offrit de se mettre à leur tête. Cet avis fut suivi. Lorsque Philotis vit les Fidénates ensevelis dans le sommeil et l'ivresse, elle alluma une torche, et à ce signal les Romains fondirent sur l'ennemi, dont ils firent un grand carnage. Pour récompenser le dévouement de Philotis et de ses compagnes, on leur permit de porter les habits des femmes de condition libre.

PHILOXÈNE, poëte grec, dithyrambique, né à Cythère, vécut longtemps à la cour de Denys le tyran, qui le fit jeter dans les prisons de Syracuse, appelées les *Carrières*, pour avoir trouvé mauvais les vers de sa composition. Le lendemain, le tyran le fit sortir de prison pour lui demander son avis sur une autre pièce qu'il avait composée : *Qu'on me ramène aux Carrières*, s'écria Philoxène après l'avoir entendue. Cette saillie désarma Denys. Philoxène quitta sa cour, et mourut à Éphèse vers 380 avant J.-C.

PHILTRE, espèce d'enfoncement ou de gouttière que présente la lèvre supérieure au-dessous de la cloison du nez et qui semble diviser cette lèvre en deux parties.

PHILTRE (du grec *philéein*, aimer), médicament qu'on croyait propre à inspirer l'amour ou toute autre passion. Les anciens connaissaient ces sortes de préparations magiques. Ils y faisaient entrer diverses herbes, le poisson appelé *rémora*, certains os de grenouille, la pierre astroïte et l'hippomane.

PHILYRE (myth.), fille de l'Océan, fut aimée de Saturne, qui, surpris un jour par Rhéa, se changea en un cheval. Philyre, réfugiée dans la Pélasgiotide, y mit au monde le centaure Chiron, dont la vue lui fit tant de douleur qu'elle supplia les dieux de la métamorphoser. Ils exaucèrent sa prière, et elle fut changée en tilleul (en grec, *philyra*).

PHINÉE (myth.), frère de Céphée, allait épouser sa nièce Andromède, lorsque Persée, qui l'avait délivrée du monstre, la réclama sa main. Phinée rassembla alors ses amis, entra dans la salle du festin, et attaqua Persée qui aurait succombé sous le nombre s'il n'eût eu recours à la tête de Méduse, dont la vue pétrifia Phinée et ses compagnons.

PHINÉE (myth.), fils d'Agénor ou de Neptune, était à l'époque du voyage des Argonautes roi de Salmydesse en Thrace, ou roi de Bithynie; il avait répudié sa femme Cléopâtre, fille de Borée, pour épouser Idéa, fille de Dardanus, et enfermer ses fils que leur marâtre avait accusés d'avoir voulu la déshonorer. Il reçut de Borée le même châtiment qu'il avait fait subir à ses enfants; car il leur avait fait crever les yeux. Les Argonautes, reconnaissants de son bon accueil, le délivrèrent des Harpies, qui étaient une autre punition céleste. Hercule, ayant vainement sollicité la liberté des deux jeunes princes, tua Phinée et leur partagea ses États.

PHINÉES ou PHINEAS, troisième grand prêtre des Juifs, succéda à son père Éléazar dans la grande sacrificature, l'an 1425 avant J.-C. Il est principalement connu pour avoir tué Zambri, qui, malgré l'expresse défense de Dieu, s'était laissé séduire par une femme madianite. Phinées eut pour successeur son fils Abiézer ou Abi-Sué. — Il ne faut pas le confondre avec le fils du grand prêtre Héli, et frère d'Ophni.

PHISON, un des quatre fleuves du Paradis terrestre, coulait, suivant la Genèse, autour de la terre d'Hévilat, et renfermait de l'or. On croit que c'est le Phase.

PHLÉBOTOMIE (de *phlebs*, veine, et de *tomnein*, couper), nom scientifique de la saignée. — Les vétérinaires appellent *phlébotome* l'instrument dont ils se servent pour saigner les animaux; c'est une petite lancette poussée par un ressort dans la veine que l'on se propose d'ouvrir.

PHLÉGÉTHON, ou comme les Grecs le disaient quelquefois *Pyriphlégéthon*, un des fleuves des Enfers, roulait des torrents de flammes et entourait le Tartare. On attribuait à ses eaux les qualités les plus nuisibles. Il n'y avait sur ses bords ni arbre ni plante. Après un cours assez long en sens inverse du Cocyte, il allait comme lui se jeter dans l'Achéron.

PHLEGMASIE. Voy. INFLAMMATION.

PHLEGME, nom donné par les anciens chimistes au produit aqueux, inodore, insipide, qu'ils obtenaient en soumettant à l'action de la chaleur des matières végétales humides. — Il était aussi employé comme synonyme d'*eau*, de *pituite* et de *sérosité*. — *Phlegmatique* est synonyme de *pituiteux* et de *lymphatique*. Ce mot s'applique principalement au tempérament.

PHLEGMON (du grec *phlegéin*, brûler), inflammation du tissu cellulaire. Ses causes sont toutes celles qui peuvent produire des inflammations et plus spécialement les coups, les chutes, les piqûres, les corps étrangers de diverse nature introduits dans les organes. Le phlegmon s'annonce par une douleur plus ou moins vive, augmentant par la pression, les mouvements; bientôt la partie malade devient le siège d'une tumeur arrondie, circonscrite, dure, d'une couleur rouge; la douleur augmente, la suppuration se forme, la tumeur s'amollit, devient blanchâtre, se perce et laisse écouler une plus ou moins grande quantité de pus. Quelquefois il se développe des symptômes particuliers, tels que les fièvres, l'anorexie, etc. Le phlegmon est le plus souvent sans gravité.

PHLEGMONEUX, tout ce qui se rapporte au phlegmon.

PHLÉGON, surnommé *Trallien*, parce qu'il était natif de Tralles en Lydie, fut affranchi d'Adrien et vécut jusqu'au règne d'Antonin le Pieux. Il avait composé une *Histoire* ou *Chronique* en seize livres, qui finissait à l'an 141; une *Description de la Sicile*; un *Traité des fêtes romaines* et plusieurs autres ouvrages. Il ne nous reste de lui que le *Traité des prodiges*, celui *des centenaires* et celui *des Olympiades*.

PHLÉGRÉENS (CHAMPS), c'est-à-dire *ardents*, campagnes voisines de Cumes, et dans lesquelles Hercule défit les géants. Elles étaient ainsi nommées parce qu'elles contenaient une grande quantité de soufre, et qu'on en voyait souvent sortir des flammes.

PHLÉGYAS (myth.), fils de Mars et de Chrysé, régna dans un canton de la Béotie, qui prit de lui le nom de Phlégyade. Il fut le père d'Ixion et de la nymphe Coronis, séduite par Apollon. Phlégyas, pour venger l'outrage fait à sa fille, marcha contre Delphos, et réduisit en cendres le temple du dieu, qui le tua à coups de flèches et le précipita dans les enfers, où il fut condamné à demeurer éternellement sous un rocher qui, près de tomber sans cesse, lui inspirait un effroi continuel.

PHLÉGYES ou PULÉGYENS, guerriers qui, sous la conduite de Phlégyas, pillèrent et incendièrent le temple de Delphes. Le petit nombre d'entre eux qui échappa à la vengeance des dieux alla s'établir en Phocide. Selon Strabon, Gyrton en Thessalie était occupée par des Phlégyens.

PHLÉOLE, petit genre de la famille des graminées. Ces plantes se plaisent dans les champs, sur les bords des chemins et au sommet des hautes montagnes; elles abondent surtout au midi. Des douze espèces connues, aucune ne tapisse plus communément nos prairies artificielles, surtout celles qui reposent sur un sol léger et humide, que le *phléole des prés*. Les bestiaux broutent avec plaisir le phléole, qui contribue à donner de la qualité aux fourrages et qui se conserve longtemps sain.

PHLIASIE, petite contrée du Péloponèse, enclavée entre l'Achaïe à l'O., la Sicyonie au N., la Corinthide à l'E., et l'Arcadie au S. Sa capitale était PHLIONTE.

PHLOGISTIQUE ou FEU FIXÉ. On appelait ainsi, dans l'ancienne chimie, le principe inflammatoire que l'on supposait exister dans les corps à l'état de combinaison en quantité d'autant plus grande que leur inflammabilité l'était davantage. D'après cette théorie, due à Stahl, les terres des métaux (oxydes métalliques) étaient inécomposables; en se combinant avec le phlogistique, elles produisaient les métaux. Cette théorie expliquait les différents degrés d'oxydes par la plus ou moins grande abondance de phlogistique. Le gaz oxygène portait le nom d'*air déphlogistiqué*.

PHLOGOSE, nom que quelques auteurs donnent aux phlegmasies extérieures, d'autres à celles qui sont superficielles ou érysipélateuses.

PHLOMIDE, genre de la famille des labiées. Les phlomides sont nombreuses et offrent de fort belles plantes, tantôt à tiges herbacées, tantôt frutescentes, aux feuilles larges, opposées, cotonneuses, dentées en scie aux extrémités; leurs grandes fleurs sont disposées par verticilles à l'angle des feuilles supérieures. Trois espèces croissent en France; les autres sont des pays chauds, et plusieurs sont cultivées comme plantes d'ornement. — La *phlomide lychnite* aux grandes fleurs jaunes est très-commune dans les lieux secs et arides de nos départements du Midi, voisins de la Méditerranée.

PHLOX, genre de la famille des polémoniacées. Ce sont des plantes qui ne craignent ni le froid ni le chaud, qui se plaisent partout, mais qui recherchent de préférence les terrains frais, un peu argileux; elles forment des touffes plus ou moins épaisses, hautes de trente à quarante centimètres, et atteignant souvent deux mètres. Les *phlox* sont cultivés dans les jardins comme plantes d'agrément; ils produisent le meilleur effet dans les jardins, mais n'offrent aucune utilité.

PHLYCTÈNE, tumeur formée par l'accumulation d'un liquide séreux sous l'épiderme. Les phlyctènes sont toujours symptomatiques.

PHOBÉTOR (myth.) (du grec *phobos*, crainte), un des trois enfants du Sommeil, et le plus terrible de ces ministres. Dans les songes, il se métamorphosait en lion, en tigre, en serpent et en tous ceux les monstres sauvages qui inspirent à l'homme le plus de frayeur. On l'appelle aussi *Jalus*.

PHOCACÈS. Les naturalistes modernes donnent le nom de phocacés à la famille très-naturelle des mammifères amphibies du genre *phoque* de Linné. Depuis le travail de Cuvier, l'adoption de cette famille semble indispensable.

PHOCAS (Saint), martyr de Sinope, où il exerçait la profession de jardinier, eut la tête tranchée sous Trajan ou sous Dioclétien. Après la conversion de Constantin, les chrétiens élevèrent en son honneur une basilique où fut déposée une partie de ses dépouilles, et qui devint célèbre dans tout l'Orient. Les Grecs célèbrent sa fête le 23 juillet et les Latins le 14.

PHOCAS, empereur d'Orient, né à Chalcédoine ou en Cappadoce d'une famille obscure, parvint au grade de centurion par la protection de Priscus, un des lieutenants de l'empereur Maurice. Proclamé empereur dans une révolte, il fit son entrée à Constantinople (602), ordonna le meurtre de Maurice, et régna par la terreur, au point que Crispus, son gendre, excita l'exarque d'Afrique, Héraclius, à délivrer l'empire de ce monstre. Après une action sanglante, Phocas, s'étant caché dans la ville, fut découvert, et conduit au vainqueur, qui lui fit trancher la tête (610).

PHOCÉE, ville de la Mysie, au S.-O. dans l'Eolide, près de l'embouchure du Caïque, sur le golfe de Cumes. Cette ville, fondée par des Grecs de la Phocide, avait deux ports : *Naustathmos* et *Lamptéra*. Elle envoya elle-même plusieurs colonies en Espagne (*Rhodes, Emporium, Héméroscopie, Héraclée, Mænau*), en Italie (*Hyélée, Lagarie*), en Corse (*Alalic*), en Gaule (*Monæcie, Nicée, Antipolis, Hiéra, Olbia, Tauroentum, Citharistè, Rhodanusie, Agathé*). La plus célèbre des dernières est Marseille, fondée après la conquête de Cyrus.

PHOCÉNINE, substance découverte par Chevreul, et obtenue en traitant l'huile de marsouin par l'alcool chaud. — La *phocénine* est liquide à la température ordinaire, et est caractérisée par la propriété de donner naissance à un acide volatil, odorant quand on la saponifie et qu'on la traite par l'acide sulfurique, qu'on l'expose à l'action de l'oxygène et qu'on la distille.

PHOCÉNIQUE (ACIDE), acide qui s'obtient par la décomposition du savon d'huile de marsouin au moyen de l'acide tartrique. Cet acide forme des sels qui ont reçu le nom de *phocénates*.

PHOCIDE, contrée de la Grèce propre, bornée au N. par la Thessalie, dont la séparait le mont OEta, et par le pays des Locriens Opuntiens, au S. par le golfe de Corinthe, à l'E. par la Béotie, à l'O. par la Doride, l'Etolie et le pays des Locriens Ozoles. La Phocide était traversée de l'O. à l'E. par le mont Parnasse. Ses villes étaient *Delphes, Crissa*, avec le port Cirrha, *Anticyre*, renommée pour son ellébore, *Elatée*. Elle était arrosée par le Céphise. Les Phocéens ou Phocidiens ne jouèrent jamais dans les affaires de la Grèce qu'un rôle secondaire. Ils furent les seuls qui aidèrent Athènes à la bataille de Marathon. Ils soutinrent pendant dix ans les efforts de presque toute la Grèce dans la guerre sacrée.

PHOCION, illustre général athénien, naquit d'une famille obscure, et parvint rapidement aux plus hauts grades militaires sous les yeux de Chabrias, qui lui dut en partie le succès de la bataille navale de Naxos. Il fut mis bientôt à la tête des affaires, fut appelé quarante-cinq fois à la tête des armées athéniennes, et sut allier la science militaire à celle du gouvernement. Il conseilla aux Athéniens la paix avec la Macédoine, et refusa les présents d'Alexandre. Après sa mort, il voulut, mais en vain, empêcher la rupture de la paix. Antipater, en rendant Athènes au régime aristocratique, mit Phocion à la tête de ce gouvernement; aussi, lorsque Polysperchon eut rétabli la démocratie, Phocion, accusé devant l'assemblée du peuple, fut condamné à boire la ciguë. Il mourut vers l'an 317 avant J.-C., âgé de plus de quatre-vingts ans. On défendit de lui rendre les derniers devoirs; mais plus tard les Athéniens lui élevèrent une statue, et envoyèrent son accusateur au supplice.

PHOCUS (myth.), fils d'Éaque et de la nymphe Psammathé, fut tué par Télamon, son frère, qui jouait au palet avec lui, et Pélée, son autre frère du premier lit. Éaque, informé que les jeunes princes avaient été poussés à ce crime par leur mère jalouse de s'être vue supplantée par Psammathé, les condamna à un exil éternel. — Il ne faut pas le confondre avec le Corinthien Phocus, fils de Neptune ou d'Ornytion, qui conduisit une colonie corinthienne dans le pays qui, de son nom, s'appela Phocide.

PHOCYLIDE, poëte gnomique de la Grèce, né à Milet, était contemporain de Théognis, et florissait vers l'an 540 avant J.-C. Il composa quelques poëmes héroïques et des élégies citées avec éloge. Il nous reste sous son nom un poëme moral de deux cent dix-sept vers, intitulé : *Carmen noutheticon*. Comme aucun auteur ancien n'en a parlé, si ce n'est le scoliaste de Nicandre, on le croit d'un poëte contemporain d'Adrien.

PHOEBÉ (myth.) (du grec *phoibé*, brillante), nom que l'on donnait à Diane dans le ciel, c'est-à-dire considérée comme la Lune.

PHOEBIDAS, général lacédémonien, fut envoyé l'an 382 avant J.-C. par Agésilas et les éphores au secours du roi de Macédoine, pressé par les Thraces. Mais, en route, il s'empara de Thèbes, contre la foi des traités. Les Lacédémoniens le cassèrent, et le condamnèrent à une amende de 1,000 drachmes ; mais ils gardèrent la citadelle de Thèbes, ce qui fit croire que Phœbidas n'avait agi que par des ordres secrets. Renvoyé plus tard en Béotie, ce général défendit Thespies contre les Thébains, et mourut dans une sortie l'an 377 avant J.-C.

PHOEBUS (myth.) (du grec *phoibos*, brillant), surnom poétique d'Apollon, à cause de sa brillante lumière.

PHOLADAIRE, petite famille de mollusques à coquilles bivalves, dépourvues d'un fourreau tubulé, soit très-baillantes antérieurement, soit munies de pièces accessoires étrangères aux valves.

PHOLADE, genre de mollusques de la famille des pholadaires, dont le corps est épais, peu allongé, conique, dont le manteau forme en dessus un lobe qui déborde et dont l'ouverture antérieure laisse passer deux tubes qui sont le plus souvent réunis et entourés d'une peau commune. — Les pholades vivent constamment enfoncées dans les trous qu'elles se creusent, soit dans la pierre, soit dans l'argile ou les vieux bois ; elles ont toujours le pied et la bouche en bas et les tubes en haut. Leurs mouvements consistent à s'élever dans le tube, qui est toujours peu profond. Elles se nourrissent de petits animaux qui sont amenés par l'eau dans les tubes.

PHOLOÉ, montagne de l'Élide, sur les confins de l'Arcadie, se prolongeait depuis la chaine des monts Erymanthe jusqu'à l'Alphée. Elle devait son nom au nombreux du centaure Pholus.

PHOLUS (myth.). Centaure, fils de Silène et de Melia, ou, selon d'autres, d'Ixion et de la Nue, donna l'hospitalité à Hercule. Les autres centaures ayant dans le festin attaqué ce héros, Pholus rendit aux morts du corps de l'un d'eux le blessa mortellement. Hercule lui fit de magnifiques funérailles et l'enterra sur la montagne de Pholoé.

PHONIQUE (du grec *phoné*, voix), science des sons. — On appelle *centre phonique* le lieu où celui qui parle doit se placer dans les échos qui répètent plusieurs syllabes.

PHONOCAMPTIQUE, épithète donnée à tout ce qui réfléchit les sons. — On appelle *centre phonocamptique* le lieu ou l'objet qui renvoie la voix d'un écho.

PHOQUE, genre de mammifères de l'ordre des carnassiers, tribu des amphibies, et formant une petite famille naturelle. Leur corps se termine en pointe comme celui des poissons. Leurs pieds de derrière, étendus dans la direction de l'abdomen, représentent une sorte de nageoire horizontale fendue, au milieu de laquelle est la queue; leurs doigts sont terminés par des ongles pointus et libres. Ces animaux se nourrissent particulièrement de poissons ; ils sont doux, intelligents et s'attachent à l'homme. Les différentes espèces de phoques ont été nommées vulgairement *veau marin*, *lion marin*, *ours marin*, *éléphant marin*. Le *phoque commun* se trouve assez fréquemment sur nos côtes et n'atteint guère que quatre à cinq pieds. — Le *phoque à trompe* atteint jusqu'à vingt-cinq pieds.

PHORANTHE. On désigne sous ce nom et sous celui de *clinanthe* le réceptacle généralement charnu qui porte les fleurs dans les capitules des plantes de la famille des synanthérées.

PHORBAS (myth.), fils d'Argus, régna à Argos 1589 ans avant J.-C. — Son petit-fils, du même nom, délivra les Rhodiens d'un dragon furieux qui avait déjà dévoré plusieurs habitants. Comme il était fort aimé d'Apollon, il fut, après sa mort, placé dans le ciel avec le dragon qu'il avait tué. — Fils de Priam et d'Epithésie, l'ainé et le plus vigoureux des fils de ce prince, fut tué par Ménélas. Le dieu du sommeil prit ses traits pour tromper Palinure. — Berger de Polybe, roi de Corinthe, sauva OEdipe exposé sur le mont Cithéron, et le porta au roi qui l'adopta.

PHORBÉION, espèce de bande de cuir ou d'étoffe dont les joueurs de flûte s'entouraient la tête chez les anciens. Elle était placée devant la bouche du musicien, à l'ouverture de laquelle répondait une fente par où passait l'anche de la flûte.

PHORCYS ou PHORCUS (myth.), un des dieux de la mer, fils de Pontus et de la Terre, épousa sa sœur Céto, et en eut les Grées, les Gorgones, le dragon des Hespérides, Scylla et Thoosa, mère de Polyphème. — Selon Pausanias, il occupait les bords du lac Tritonide, dans la Byzacène; selon Varron, c'était un roi de Corse, défait par Hercule et mis au nombre des dieux marins.

PHORMION, général athénien, fils d'Asopius, succéda à Callias, l'an 432 avant J.-C., au commandement des armées de la république. Trois ans après, il fut mis à la tête d'une flotte de 20 galères, avec laquelle il battit celle des Lacédémoniens, forte de 47 voiles, près du promontoire de Rhium. Dans cette expédition, il avait vendu ses biens pour faire subsister ses troupes. Les Athéniens payèrent ses dettes, et lui offrirent de nouveau le commandement, qu'il refusa. — Disciple de Platon, à qui les Eliens conférèrent le soin de réformer leurs lois.

PHORMION, nom d'une pièce de Térence, à laquelle Apollodore donne aussi le titre de *la Corbeille d'or*. Cette pièce, remarquable par l'élégance du style et la régularité du plan, qualités qui du reste sont propres à Térence, a été imitée par Molière dans ses *Fourberies de Scapin*.

PHORMIUM, genre de la famille des asphodélées. L'espèce principale, le *phormium textile*, est une plante vivace, poussant des touffes larges, comprimées et formant éventail. Quand on fait une ou plusieurs blessures aux feuilles du phormium, il en sort un suc inodore, insipide, transparent, couleur paille, presque semblable à la gomme arabique. Cette plante a été apportée par Banks, naturaliste anglais, de l'Océanie. On retire des feuilles du *phormium tenace*, quand elles sont parfaitement mûres, un fil très-délié qui tient le premier rang entre toutes les fibres végétales employées au tissage ou à faire des cordes.

PHORONÉE (myth.), deuxième roi d'Argos, fils du fleuve Inachus et de Mélisse, et dieu lui-même du fleuve Phoronée, monta sur le trône vers l'an 1807 av. J.-C. Il eut de la nymphe Cerdo ou Laodice Apis et la célèbre Niobée. Phoronée fut le premier qui enseigna à ses sujets les avantages de la vie sociale, et leur donna des lois. Son règne, qui dura près de soixante ans, ne fut troublé que par une guerre contre les Telchines et les Curètes. On lui rendit après en mort les honneurs divins, et on lui érigea à Argos, en qualité de dieu d'un fleuve, un temple qui existait encore au temps d'Antonin. — Io, sœur de Phoronée, porte quelquefois dans les poëtes le nom de *Phoronide*.

PHORONOMIE, nom donné par quelques savants à la science du mouvement des solides et des fluides, qui comprend la *mécanique*, la *statique*, l'*hydraulique*, l'*hydrostatique* et l'*aérométrie*.

PHOSPHATES, sels résultant de la combinaison de l'acide phosphorique avec les bases. On rencontre dans la nature un assez grand nombre de phosphates; tels sont ceux de chaux, de potasse, de soude, d'ammoniaque, de cuivre, etc.; mais tous sont rares, à l'exception de celui de chaux qui forme la base des os de tous les animaux.

PHOSPHITES, sels qui résultent des combinaisons de l'acide phosphoreux avec les bases. — Les phosphites de potasse, de soude, d'ammoniaque sont déliquescents, solubles dans l'eau, insolubles dans l'alcool; les autres phosphites métalliques sont insolubles, ou du moins très-peu solubles.

PHOSPHORE (chim.). C'est en cherchant la pierre philosophale que l'alchimiste Brandt découvrit le phosphore : le procédé qu'il suivit est long et compliqué. Ce fut en 1760 que Gahn, chimiste suédois, découvrit que le phosphore existait dans les os (à l'état de phosphate de chaux). L'extraction, sans être difficile, exige cependant un grand nombre de précautions. — La combustion lente du phosphore le rend lumineux dans l'obscurité : de là l'usage fréquent que l'on fait de cette substance dans les expériences de chimie amusante. — Le phosphore est aussi employé pour la préparation des briquets phosphoriques.

PHOSPHORE (du grec *phos*, lumière, et *pheró*, je porte). C'était, chez les anciens, le surnom de *Lucifer*. C'est aussi le surnom de Diane, prise pour la lune.

PHOSPHORESCENCE (géol. et zool.). Ce nom a été donné à un phénomène remarquable qui a lieu, la nuit, sur l'Océan. Dès que le jour disparaît, une nouvelle lumière paraît jaillir du sein des eaux ; on dirait une vaste nape d'argent électrisée dans l'ombre. On explique différemment ce phénomène ; mais l'opinion la plus généralement reçue est celle qui l'attribue à la phosphorescence propre à certains animaux mollusques qui vivent par milliers suspendus à la surface des eaux.

PHOSPHOREUX (chim.). Les chimistes ont reconnu que l'oxygène pouvait s'unir en cinq proportions avec le phosphore et former un oxyde et quatre acides. Parmi ceux-ci on distingue l'acide phosphoreux, formé de deux atomes de phosphore et de trois atomes d'oxygène.

PHOSPHORIES, fêtes grecques qui se célébraient en l'honneur de Lucifer, appelé aussi *phosphore*.

PHOSPHORIQUE (chim.). Le second acide que forme l'oxygène avec le phosphore est l'acide phosphorique. C'est un corps solide, incolore, inodore, attirant puissamment l'humidité de l'air. Chauffé dans un creuset de platine, cet acide se fond, se vitrifie et enfin se volatilise. Sa pesanteur est inconnue; on sait seulement qu'il est plus lourd que l'eau.

PHOTIN. Voy. POTHIN et PHOTINIENS.

PHOTIN, eunuque, premier ministre de Ptolémée XII. Il donna à ce prince le conseil de faire périr Pompée, qui venait chercher un refuge en Egypte. Dans la suite, Photin ayant suscité des séditions contre César, fut mis à mort par ses ordres. Son portrait orna le triomphe de ce général.

PHOTINIENS, hérétiques ainsi appelés de Photin, leur chef, natif d'Ancyre, et évêque de Sirmium en Pannonie. Cet hérésiarque naquit, avec Paul de Samosate, la divinité de Jésus-Christ, disant qu'il n'avait été Christ que lorsque le Saint-Esprit descendit sur lui le jour de son baptême, et ajouta que Dieu n'était point immense. Il fut condamné par le concile de Milan (347), déposé à Sirmium en 351, et après avoir été exilé et rappelé plusieurs fois, il mourut en Galatie (376).

PHOTIUS, célèbre patriarche de Constantinople, élu en 857 à la place d'Ignace, se rendit odieux par son hypocrisie. Excommunié par le pape Nicolas, il lui rendit son excommunication, et commença ainsi le schisme de l'église grecque. Exilé en 867 par Basile le Macédonique, il rétablit Ignace, il reprit après la mort de ce dernier les fonctions de patriarche. Il en fut une seconde fois privé en 886 par Léon, fils de Basile, et mourut dans un couvent d'Arménie en 891. On a de lui en grec, sous le titre de *Bibliothèque*, un extrait de deux cent quatre-vingts auteurs, presque tous perdus, accompagné de jugements pour la plupart pleins de goût et de discernement. C'est un des monuments les plus précieux de la littérature ancienne. Il a aussi laissé un *Lexique*.

PHOTOGÉNIQUES, nom donné aux images reproduites par le daguerréotype. Le mot vient du grec *photos*, lumière, et *gineō*, produire. En effet la lumière est l'agent qui crée ces images.

PHOTOMÉTRIE, science qui traite de l'intensité de la lumière et des moyens de la déterminer.

PHOTOPHOBIE (des deux mots grecs *phos*, *photos*, lumière, et *phobos* crainte). On appelle ainsi en médecine la difficulté qu'éprouvent certaines personnes de supporter la lumière, et quelquefois même de percevoir le plus faible rayon lumineux. Cette affection est congénitale chez les albinos, accidentelle chez tous les autres, et conséquemment chez eux une maladie, qui prend le nom de *nerveuse* et de *sanguine* ou *inflammatoire*, selon qu'elle est le résultat d'une exaltation des nerfs, ou bien d'une congestion sanguine, d'une inflammation de l'œil.

PHOTOPHYGES ou LUCIFUGES. Daméril désigne ainsi la quinzième famille des insectes coléoptères hétéromères. Il la caractérise par des élytres dures, soudées et la privation des ailes.

PHRA ou PHRÉ (myth.), nom sous lequel les Egyptiens adoraient le soleil, principe fécondateur, avant de lui avoir donné le nom d'Osiris, qui signifie *auteur des temps*. — Dans la suite ce nom entra dans la composition de ceux de leurs rois et de leurs prêtres, représentants sur la terre de cet agent dispensateur de la lumière et de la vie.

PHRAATE. Cinq rois des Parthes ont porté ce nom. Le premier, fils et successeur de Phriapatius ou Arsace III, en 181 avant J.-C. Il vainquit et subjugua les Mardes, et fut vaincu par Antiochus, roi de Syrie. Il mourut jeune encore, l'an 164 avant J.-C., appelant au trône, au préjudice de ses enfants, son frère Mithridate Ier. — PHRAATE II, fils et successeur de Mithridate vers l'an 139 ou 136 avant J.-C. Antiochus, roi de Syrie, ayant envahi son royaume, il appela à son secours les Scythes, auxquels il refusa, après la victoire, le salaire promis, et qui lui déclarèrent la guerre. Vaincu par eux, il fut poursuivi et tué l'an 127 avant J.-C. Il eut pour successeur Artaban II, son oncle. — PHRAATE III, surnommé *Théos* ou dieu, succéda, vers l'an 69 avant J.-C., à son père Sinatrokès. Il entra en Arménie pour mettre sur le trône Tigrane le Jeune, son gendre. Rebuté par une résistance opiniâtre, il leva le siège d'Artaxarte, et revint dans ses Etats où il conclut deux traités de paix, l'un avec le roi d'Arménie, l'autre avec les Romains. Ce prince périt, l'an 54 avant J.-C., assassiné par ses deux fils, Mithridate et Orodès, qui régnèrent successivement après lui. — PHRAATE IV monta sur le trône l'an 37 avant J.-C., en assassinant Orodès son père et ses trente frères. Il fit avec succès la guerre à Antoine, et rétablit Artaxès sur le trône d'Arménie. Détrôné par Tiridate, il le vainquit bientôt et remonta sur le trône en le chassant de ses Etats. Il fit la paix avec les Romains, en rendant les drapeaux enlevés à Crassus et à Antoine, et en donnant en otage quatre de ses fils. Il périt assassiné, l'an 9 ou l'an 4 de J.-C., par Phraatice qu'il avait eu d'une concubine romaine. — PHRAATE V, fils de Phraate IV, avait été envoyé à Rome comme otage, et y resta jusqu'à l'an 3e de J.-C. A cette époque Tibère consentit à le remettre aux ambassadeurs de la nation parthe, qui le réclamaient pour lui donner la couronne qui fut ravie à Artaban III. Phraate mourut de maladie peu de temps après son arrivée en Syrie, et Tibère lui donna pour successeur Tiridate, son neveu.

PHRAATICE, roi des Parthes, fils de Phraate IV, et de Thermussa, concubine italienne que lui avait donné Tibère. Cette femme eut assez d'empire sur Phraate pour le déterminer à laisser la couronne à son fils, au préjudice des fils aînés du roi; puis elle excita son fils à s'emparer du trône, ce qu'il fit en assassinant son père (4 de J.-C.). A ce crime Phraatice joignit l'inceste. Les Parthes indignés se révoltèrent et le massacrèrent sa mère la même année.

PHRADATE, lieutenant de Darius Codoman, commandait les troupes des Perses à la bataille d'Arbèles. Il fut fait prisonnier après la mort de Darius ; mais Alexandre le traita avec la plus grande bonté, et même lui conserva son gouvernement jusqu'à ce que ayant donné lieu de soupçonner qu'il aspirait à la royauté, il fut privé de ses dignités et puni du dernier supplice.

PHRANZA ou PHRANTZÈS (Georges), l'un des écrivains de l'histoire byzantine, né à Constantinople en 1401, devint le chambellan et secrétaire de l'empereur Manuel Paléologue. Il obtint en 1446 le gouvernement de la Morée, et fut ensuite revêtu de la dignité de grand logothète. Il fut témoin de tous les événements du siège de Constantinople par les Turks, et il les décrits avec exactitude et impartialité. Après la prise de Constantinople, Phranza se rendit en Morée. Ayant pris l'habit monastique, il se retira dans un couvent de Corfou sous le nom de Grégoire. C'est là qu'il rédigea l'*Histoire* ou la *Chronique* de Constantinople, de 1259 à 1477, que l'on conjecture avoir été l'année de sa mort.

PHRAORTES, roi des Mèdes, succéda à Déjocès, son père, vers l'an 657 avant J.-C. Il fit la guerre à presque tous les peuples de l'Asie, pour étendre sa domination; mais, après de nombreux succès, il échoua contre les Assyriens, et fut tué dans une bataille livrée non loin de l'Euphrate et du Tigre, vers l'an 635 avant J.-C. Cyaxare, son fils, lui succéda. On croit que Phraortes est le même que l'*Arphaxad* de l'Ecriture.

PHRATRIE, subdivision de la tribu chez les Athéniens. Chaque tribu renfermait trois phratries, qui elles-mêmes étaient composées de trente familles de trente hommes chacune. Solon institua des festins appelés *phratriques* pour entretenir l'union et l'amitié entre les mêmes individus d'une même phratrie. La division des tribus en phratries ne correspondait seulement qu'au culte et au sacerdoce. La même était la division consacrée pour la politique.

PHRÉATTIS, tribunal athénien établi sur le bord de la mer dans le Pirée, et qui était ainsi nommé de ce qu'il se rassemblait dans un endroit creux, le *Phréar*, c'est-à-dire le puits. On jugeait à ce tribunal ceux qui, accusés d'homicide dans leur patrie, avaient pris la fuite, ou ceux qui, après avoir fui pour un meurtre involontaire, s'étaient ensuite rendus coupables d'un homicide avec préméditation. L'accusé, sans pouvoir aborder, plaidait sa cause dans une barque. S'il était déclaré coupable, on l'abandonnait à la merci des vents et des flots.

PHRÉNÉSIE. Voy. FRÉNÉSIE.

PHRÉNIQUE, ce qui a rapport ou appartient au diaphragme (en grec *phrenes*). Voy. ce mot.

PHRÉNOLOGIE (du grec *phren*, esprit, et *logos*, discours). On appelle ainsi le système fondé par le célèbre Gall sur les fonctions du cerveau. Les deux principes fondamentaux de ce système sont : 1° l'organisation est indispensable à la manifestation des facultés de l'âme ; 2° le cerveau est l'organe pour la manifestation des facultés. On déduit de ces principes la liaison nécessaire entre la structure des organes et leurs fonctions, et on en vient à cette sorte d'art appelé la *crânioscopie*, qui consiste à établir telles et telles facultés intellectuelles par la présence de telles et telles bosses sur le crâne des individus. Ce n'est là du reste que la partie appliquée et, pour ainsi dire, empirique du système de Gall qui, dans ses principes intimes et philosophiques, a mérité d'être élevé au rang des sciences naturelles.

PHRIAPATIUS, roi des Parthes, succéda vers l'an 196 avant J.-C. à Artaban Ier, et, après un règne de quinze années, laissa le trône à son fils Phraate Ier (181 avant J.-C.). On l'appelle aussi Arsace IV, parce qu'il est le quatrième roi de la dynastie des Arsacides.

PHRYGANE, genre d'insectes de l'ordre des névroptères, section des filicornes, famille des phryganides. La tête des phryganes est petite ; elle offre deux antennes sétacées, longues, avancées et composées d'un grand nombre d'articulations. Ces animaux se tiennent, pendant le jour, posés sur des joncs ou des feuilles d'arbres ; ce n'est que le soir et la nuit qu'ils volent ; ils sont d'une vivacité extrême dans leurs mouvements ; ils viennent jusque dans les maisons, attirés par la lumière.

PHRYGANIDES, famille d'insectes de l'ordre des névroptères, section des filicornes. Les phryganides sont nombreux en Europe, dans le nord plutôt que dans le midi. Leurs larves étant toutes aquatiques, on les trouve surtout sur les bords des ruisseaux, les lacs, les étangs, les rivières. Ces insectes volent bien et quelquefois en très-grandes masses. Cette famille comprend huit genres, dont le genre *phrygane* est le plus connu. C'est le type de la famille.

PHRYGIE, contrée de l'Asie-Mineure, bornée au N. par la Bithynie, à l'O. par la Lydie, au S. par la Lycie, l'Isaurie et la Pisidie, à l'E. par la Lycaonie et la Galatie. La partie septentrionale portait le nom d'*Épictète* ; la partie méridionale remplie de montagnes, et nommée à cause de cela *Paroréade*.—Quelquefois on donnait à la Phrygie le nom de *grande Phrygie* pour la distinguer de la Troade qui, peuplée par une ancienne colonie de Phrygiens, portait aussi celui de *petite Phrygie*. — Sous le règne de Constantin, on établit dans la Phrygie deux divisions : la *Phrygie salutaire* au N., dont *Synnade* métropole, et la *Phrygie Pacatienne* au S., avec *Laodicée* pour capitale. Plus tard même celle-ci fut subdivisée en première et seconde, dont les métropoles furent *Laodicée* et *Hiérapolis*.

PHRYGIENS, habitants de la Phrygie originaires de la Thrace. Leurs premiers établissements en Asie furent vers le haut du fleuve Sangarius, sur les confins de la Bithynie. C'est là que régnèrent Gordius et son fils Midas. La Phrygie forma quelque temps un état indépendant, dont presque tous les rois portèrent le nom de Midas. Après Midas V, elle fut réunie à la Lydie par Crésus, 560 ans avant J.-C. Depuis, les Phrygiens passèrent successivement sous la domination des Perses, d'Alexandre, des rois de Pergame, et leur pays fut enfin réduit en province romaine. — Les Phrygiens passaient pour être mous et efféminés ; ils étaient bons musiciens ; le mode qui porte leur nom était un mode fier et guerrier, tenant le milieu entre le lydien et le dorien.

PHRYNE, genre d'arachnides de l'ordre des pulmonaires, famille des tarentules. Ces arachnides sont propres aux contrées chaudes de l'Amérique et de l'Asie. Les nègres les craignent beaucoup, mais on ne sait pas positivement si leur morsure est dangereuse. Il paraît que ces animaux fixent leur demeure dans les détritus des vieux troncs d'arbres pourris.

PHRYNÉ, célèbre courtisane athénienne, native de Thespies, vivait vers l'an 335 avant J.-C. Praxitèle fit sa statue, laquelle fut placée dans le temple de Delphes. Phryné amassa de si grandes richesses qu'après le sac de Thèbes par les Macédoniens elle offrit de rebâtir à ses frais la ville entière, pourvu qu'on lui permît de graver sur les murs cette inscription : *Cette ville a été ruinée par Alexandre et rebâtie par Phryné*. On lui refusa sa demande. — Le nom de Phryné fut pris, comme un titre de gloire, par la courtisane Mnésarète, qui allait être condamnée à Athènes pour crime d'impiété, lorsque Hypéride, son défenseur, écartant les voiles qui la couvraient, exposa ainsi devant les juges une beauté qui la fit absoudre.

PHRYNICHUS, poëte tragique athénien, fut disciple de Thespis, et perfectionna l'art dramatique encore dans l'enfance. Ce fut lui qui le premier mit sur la scène des rôles de femme. Il fit adopter le masque par les acteurs. Suidas lui attribue neuf tragédies qui se sont perdues. — Il ne faut pas le confondre avec PHRYNICHUS, poëte comique d'Athènes, vivant vers l'an 434 avant J.-C., et contemporain d'Alcibiade. Aristophane le raille dans ses *Grenouilles*, et Plutarque cite un passage d'une de ses pièces.

PHRYNIS, poëte et musicien de Mitylène dans l'île de Lesbos, né vers l'an 480 avant J.-C., remporta le prix de la cithare aux Panathénées (457 avant J.-C.). Il fut ensuite vaincu par Timothée. Il vécut à la cour d'Hiéron dont Suidas dit qu'il était d'abord d'esclave et le cuisinier. Il ajouta deux cordes à la cithare qui n'en avait que sept.

PHRYXUS (myth.), fils d'Athamas, roi de Thèbes, et de Néphélé, avait été condamné à mourir avec sa sœur Hellé, par la foi d'un oracle soudoyé par Ino, leur marâtre. On allait les immoler, lorsqu'un bélier à toison d'or les enleva, et prit le chemin de la Colchide ; Phryxus aborda seul, sa sœur Hellé s'étant noyée en traversant cette partie de la mer qui de son nom fut appelée *Hellespont*. Arrivé en Colchide, Phryxus sacrifia à Jupiter le bélier protecteur, et suspendit sa toison dans une forêt consacrée à Mars. C'est cette fameuse toison d'or que vinrent enlever les Argonautes, armés pour punir le meurtre de Phryxus, qu'Æétès, roi de Colchide, avait fait assassiner.

PHTHA (myth.), nom que les Egyptiens donnent au dieu représentant le principe igné dans la nature, et divinisé par les Grecs sous le nom d'*Héphaistos*, et par les Latins sous celui de *Vulcain*.

PHTHIE, ancienne ville de la Thessalie, dans la Phthiotide, dont elle était la capitale, à l'O. sur l'Apidane, près de Pharsale, à l'E. du mont Othrys. C'est là que régna Pélée, et que naquit Achille, ce qui le fit nommer par les poëtes *Phthius heros*.

PHTHIOTIDE, contrée de la Thessalie, vers le S.-O., entre l'Apidane, l'Enipée, les montagnes des Malliens et la mer. Sa capitale était *Phthie*. Elle avait reçu son nom de *Phthius*, fils d'Achœus et père d'Hellen.

PHTHISIE (du mot grec, *phthiô*, je sèche, je dépéris), nom donné, en médecine, à tout état de consomption d'un organe. Ainsi il y a des phthisies pulmonaires, laryngées, hépatiques, mésentériques, spléniques, rénales, etc., suivant que la maladie siège dans les poumons, le larynx, le foie, le mésentère, la rate, les reins, etc. Toutefois on conserve particulièrement ce nom à la *phthisie pulmonaire*, c'est-à-dire à toute lésion qui tend à désorganiser ou à ulcérer les poumons.

Elle est caractérisée par la toux, la gêne de la respiration, les crachats muqueux et purulents, la fièvre lente, l'amaigrissement extrême et la faiblesse du corps. On distingue dans cette affection trois périodes : la phthisie occulte ou commençante, la phthisie confirmée et la phthisie invétérée. Le malade s'éteint dans une sorte de sommeil léthargique, et quelquefois meurt subitement, au moment où on s'y attendait le moins, quelquefois même lorsqu'il se flattait d'une guérison prochaine.

PHTHYRIASIS, maladie qui consiste dans la multiplication excessive des poux (en grec *phtheir*) sur le corps humain, malgré les soins de la propreté et dans des conditions où elle n'a pas lieu ordinairement. Cette maladie a plusieurs fois causé la mort.

PHTHYROMIES, tribu d'insectes de l'ordre des *diptères*, famille des pupivores, établie par Latreille, et à laquelle il donne pour principaux caractères : corps toujours privé d'ailes ; tête très-aplatie et sous la forme d'un tubercule capsulaire implanté sur le thorax ; yeux composés de petits grains. Cette tribu ne comprend qu'un seul genre.

PHTHYROPHAGES. Ce nom, qui signifie *mangeurs de poux*, a été donné aux nègres, aux Hottentots, ainsi qu'à divers animaux qui mangent de ces insectes.

PHTORE, PHTOROBORIQUE. Voy. FLUOR, FLUOBORIQUE.

PHUA, fils d'Issachar et chef de la famille des Phuates. C'est aussi le nom d'une de deux sages-femmes juives à qui le Pharaon commanda de tuer les enfants mâles en les recevant, et qui se dispensèrent de lui obéir, en disant que leurs concitoyennes s'accouchaient elles-mêmes. La seconde s'appelait Séphora.

PHUL, roi d'Assyrie, qui vint secourir Manahem, roi d'Israël, dans son royaume, et qui en reçut 1,000 talents d'argent. On le croit père de Sardanapale. — On parle d'un autre *Phul*, prince assyrien que Bélésis et Arbace mirent sur le trône de Ninive après la mort de Sardanapale.

PHURIM ou PUNIM, c'est-à-dire *les sorts*, fête juive instituée à Suze par Mardochée et Esther, en mémoire de ce que les projets d'Aman avaient été déjoués. Cette fête, qui durait deux jours, fut fixée au 14 et au 15 du mois d'Adar, qui répond à février, et consistait en des divertissements ayant beaucoup de rapports avec les Bacchanales des païens. Les Juifs avaient l'usage, dans cette fête, d'élever des gibets et d'y attacher une figure qu'ils brûlaient en souvenir d'Aman ; cette pratique dégénéra dans le moyen âge en insulte aux mystères du christianisme.

PHYCOSTÈME. Un auteur a proposé ce nom, qui signifie *étamine transformée*, pour remplacer celui de disque, par lequel les botanistes désignent communément cet organe, ordinairement de nature glanduleuse, qui existe dans un assez grand nombre de fleurs.

PHYLACÉ, ville de Thessalie située dans la Phthiotide, au S. de Ptélie, et près des bords du golfe Pagasétique. C'était la patrie de Protésilas.

PHYLACTÈRES (d'un mot grec qui signifie *garder*, *préserver*), morceaux de parchemin sur lesquels les Juifs écrivaient des paroles de la loi, et qu'ensuite on roulait et on enveloppait dans une peau de veau noire. On se les attachait au front et au bras, comme un préservatif en cas de danger. Ceux qu'on mettait au front s'appelaient *tefila - schelrosch*, et ceux de la main *tefila-sécl-iad*.

PHYLACUS (myth.), fils de Déion et de Diomédie, épousa Clymène, fille de Minyas, et en eut Iphiclus et Alcimède, mère de Jason. Il était du nombre des Argonautes, et célèbre surtout par la rapidité de sa course. Il donna son nom à la ville de Phylacé en Thessalie, où il régnait.—Fameux héros honoré à Delphes. On dit qu'il était venu sauver cette ville de l'irruption des Perses. Dans la suite, les Grecs prétendirent que lors de l'invasion des Gaulois en Grèce, sous la conduite de Brennus, il apparut dans les airs combattant et encourageant à combattre les barbares.

PHYLARQUE (de *phylê*, tribu, et *archô*, je commande), nom donné, dans les grandes villes de la Grèce, au chef des tribus. Le phylarque présidait aux assemblées de sa tribu, et avait l'intendance du trésor et la direction des affaires. — C'était aussi le nom du chef des troupes auxiliaires fournies par l'empire aux alliés ou par les alliés à l'empire, vers le commencement de l'empire d'Orient.

PHYLE, bourg de l'Attique situé vers l'O. au S. du mont Parnès, appartenait à la tribu Œnéide. Il fut le rendez-vous des amis de Thrasybule lorsqu'ils tramèrent l'expulsion des trente tyrans.

PHYLÉE (myth.), fils d'Augias, roi d'Élide, fut élevé sur le trône après la mort de son père par Hercule, qui voulut ainsi le récompenser d'avoir pris son parti contre Augias. Il fut père de Mégès, un des capitaines grecs.

PHYLIQUE, genre de la famille des rhamnées composé de plantes originaires du cap de Bonne-Espérance. Ce sont de petits arbustes rameux, formant souvent des buissons très-épais, ayant le port des bruyères; des feuilles alternes, assez souvent velues et blanchâtres à leur face inférieure; des fleurs fort petites réunies en capitule. Un assez grand nombre de phyliques sont cultivées dans nos jardins.

PHYLLADE (schiste argileux), roche à base d'apparence simple, principalement composée de divers silicates d'alumine. Le phyllade est généralement tendre; néanmoins il devient dur par son passage aux roches quartzeuses. Il est souvent terne et quelquefois luisant; il est grisâtre, brunâtre, rougeâtre, etc. — On nomme *phyllade paillette* celui qui renferme des paillettes de mica. — Le phyllade est très-abondant dans les terrains inférieurs et dans les terrains triasiques.

PHYLLANTHE, genre de plantes de la famille des euphorbiacées, renfermant des arbres ou des arbrisseaux à feuilles alternes, aux fleurs axillaires, la plupart indigènes de la zône équatoriale. L'espèce la plus connue est le *phyllanthe du Brésil*, appelé encore *conami du Brésil* ou *bois d'enivrer*; c'est un arbrisseau de six à dix pieds de haut, à branches couvertes d'une écorce rude et verdâtre, divisée en rameaux grêles, effilés, aux feuilles d'un vert pâle. On se sert de ses rameaux pour enivrer les poissons.

PHYLLIDIENS, famille de mollusques introduite par Lamarck pour renfermer plusieurs genres, dont le plus important est le genre *phyllidie*, comprenant des mollusques marins, qui ont un pied très-large; ils sont revêtus d'un manteau très-épais, coriace et tuberculeux, qui est parsemé tantôt d'une belle couleur jaune, tantôt d'un beau vert de velours. Ce sont des animaux coriaces, exhalant une très-mauvaise odeur, et paraissant comme morts, tant est grande leur immobilité.

PHYLLIE, genre d'insectes de l'ordre des orthoptères, famille des spectres, tribu des mantides, renfermant des insectes au corps très-aplati, membraneux, large, aux élytres imitant des feuilles, au premier segment du corselet cordiforme. Leur tête est avancée, allongée, arrondie postérieurement; les yeux sont petits, les antennes insérées devant les yeux. Les phyllies habitent les contrées chaudes des Indes orientales.

PHYLLIS (myth.), fille de Lycurgue, roi des Dauliens, ou de Sithon, roi de Thrace, n'avait pas vingt ans lorsqu'elle perdit son père et monta sur le trône. Démophon, fils de Thésée, jeté par la tempête sur les côtes de Thrace, au retour de la guerre de Troie, l'aima et en fut aimé. Ils devaient se marier, après le retour de Démophon d'un voyage qu'il fut forcé de faire à Athènes. Ne le voyant pas revenir à l'époque fixée, Phyllis se pendit, et fut changée en amandier. Le lieu où elle périt fut appelé les *Neuf Chemins*, parce qu'elle était neuf fois retournée au rivage. On y bâtit ensuite la ville d'Amphipolis, qui fut appelée le tombeau de Phyllis.

PHYLLOBRANCHES, famille de mollusques, de l'ordre des nudibranches, correspondant aux glauques de Férussac et aux tétracères de Blainville. Cette famille, établie par Latreille, contient les genres *laniogère*, *glauque*, *éolide* et *tergipède*.

PHYLLODE, nom que le professeur de Candolle a donné au pétiole élargi en forme de feuille, privé du limbe de la feuille.

PHYLLOPODES, septième ordre de la classe des crustacés, établi par Latreille, et divisé en deux classes: les *aspidiphores* et les *ceratophtalmes*. Les phyllopodes sont pourvus d'un grand nombre de pieds; ils sont aux crustacés ce que les myriapodes sont aux arachnides et aux insectes. Ils ont tous deux yeux et des paires de pieds dont le nombre est au moins de onze.

PHYLLORHODOMANCIE (de *phyllon*, feuille, *rhodon*, rose, et *manteia*, divination), espèce de divination en usage surtout chez les amants de l'antiquité qui voulaient connaître les sentiments secrets de leurs maîtresses. Elle consistait à faire éclater entre les doigts les feuilles d'une rose, et le son qu'elles rendaient en se rompant servait de présage.

PHYLLURE, genre de reptiles de l'ordre des sauriens et de la famille des geckotiens, dont les caractères consistent dans la forme des doigts, qui ne sont pas élargis, et dans celle de la queue, qui au contraire s'élargit transversalement autant que le corps, en forme de feuille cordée ou de spatule, pour finir ensuite en pointe légèrement courbée. Ce sont de petits reptiles indigènes de la Nouvelle-Hollande, ayant les yeux fort gros et une figure assez étrange.

PHYLOBASILES, magistrats athéniens, qui avaient sur chaque tribu (*phylê*) la même autorité que l'archonte-roi (*basileus*) sur toute la république. Les phylobasiles étaient toujours choisis parmi les familles les plus distinguées.

PHYMATE, genre d'insectes de l'ordre des hémiptères, section des hétéroptères, famille des géocorises, tribu des membraneuses, renfermant des animaux au corps aplati, membraneux, aux antennes courtes, aux yeux petits, globuleux, aux pattes antérieures ravisseuses, c'est-à-dire ayant en dessous un sillon terminé par une forte dent. Avec ces pattes ces insectes attrapent de petites mouches et d'autres petits insectes, et les sucent. On les trouve dans les bois. Sur sept ou huit espèces, une seule se trouve en France, les autres viennent d'Amérique. La plus remarquable est la *phymate rongée* ou *punaise-scorpion*, au corps brun roussâtre, avec l'abdomen jaune et le dessous blanchâtre.

PHYSALIDE, appelée encore *alkékenge* ou *coqueret*, genre de plantes de la famille des solanées, renfermant environ cent cinquante espèces, qui pour la plupart croissent dans les régions chaudes des deux continents. La plus connue est le *coqueret officinal*, plante qui s'étend beaucoup, mais qui n'atteint jamais plus de trois à cinq décimètres de hauteur. Sa racine, rampante, pousse des tiges herbacées, rameuses, garnies de feuilles pétiolées, ovales, pointues, entières ou légèrement ondées; aux fleurs d'un blanc pâle ou jaunâtres; au fruit offrant l'aspect et la couleur d'une petite cerise. On lui attribuait autrefois des propriétés diurétiques et anodines.

PHYSCION, fameux rocher de Béotie, dans le voisinage de Thèbes. C'est là que le Sphinx faisait sa résidence, et c'est de là qu'il se précipita après qu'OEdipe l'eut deviné.

PHYSCOA (myth.), nymphe de l'Élide, fut aimée de Bacchus, dont elle eut Narcée qui, devenu puissant dans l'Elide, établit le premier des sacrifices à Bacchus, son père. Il institua en l'honneur de sa mère un chœur de musique longtemps appelé le chœur de Physcoa. Cette nymphe donna son nom à une petite ville de l'Arcadie occidentale, sur les frontières de l'Élide.

PHYSCON, c'est-à-dire *ventru*, surnom donné par le peuple à Ptolémée Évergète, roi d'Égypte, à cause de sa grosseur. *Voy.* PTOLÉMÉE.

PHYSCUS, petite rivière d'Assyrie, qui se jetait dans le Tigre, et que les Grecs traversèrent après la bataille de Cunaxa. — C'était aussi le nom 1° d'un petit port de la Carie méridionale, situé vis-à-vis de Rhodes, servant de port à la ville de Mylase; 2° d'une petite ville de la Locride Ozole, vers la mer, ainsi appelée de Physcus, fils d'Étolus et petit-fils d'Amphyction.

PHYSIOGNOMONIE (du grec *physis*, nature, et *gnomon*, loi), science qui a pour but l'étude de l'expression faciale et des diverses habitudes du corps, conduisant à la connaissance du caractère moral des individus. Cette science tout entière, fondée sur l'observation, a eu pour fondateur le célèbre Lavater.

PHYSIOLOGIE (du grec *physis*, nature, et *logos*, discours), science qui a pour objet l'étude des fonctions des êtres organisés. On la divise en physiologie végétale, animale ou comparée et humaine, selon qu'elle s'occupe d'une manière spécialede des végétaux, des animaux ou de l'homme. — Cette dernière se subdivise en plusieurs parties, comme la physiologie des tempéraments, qui fait l'étude comparative des divers appareils de fonctions, et la physiologie des passions, qui traite de l'homme sous le point de vue moral, et non sous le rapport des organes matériels. — Le véritable fondateur de la physiologie est le célèbre Bichat.

PHYSIONOMIE (du grec *physis*, naturel, et *nomos*, loi). On appelle ainsi l'expression des traits du visage, des gestes et des attitudes du corps, qui est l'objet de l'étude de la physiognomonie. L'étude de la physionomie peut donner souvent sur les qualités intellectuelles et morales de précieux indices. Lavater a comparé les diverses physionomies à celles des animaux dont les habitudes sont les mieux connues, et en a tiré des conséquences de similitude peut-être un peu trop conjecturales.

PHYSIQUE (du grec *physis*, nature), science qui a pour objet l'étude des changements passagers que subissent les corps, soit par leur influence réciproque, soit par l'action de certaines causes ou agents. L'étude de chacun de ces agents et de leur influence sur les corps donne lieu à une division de la physique; ce sont: la pesanteur, l'acoustique, le calorique, l'électricité avec les subdivisions de l'électro-magnétisme et du magnétisme, et l'optique. — Née en Égypte, la physique fut cultivée avec succès par les philosophes grecs et ensuite par les mathématiciens d'Alexandrie. Ses progrès, étouffés par la conquête arabe, ne reprirent véritablement une force nouvelle que vers le xive siècle. Dans le xve, Purback, Regiomontanus, Copernic; dans le xvie Tycho-Brahé, Fracastor, Porta, Gilbert, Descartes, Galilée, Képler; dans le xviie Torricelli, Pascal, Mersenne, Otto de Guericke, Kirker, Boyle, Huyghens, Cassini, Mariotte, Newton, furent les restaurateurs et les maîtres de la physique. Dans les siècles suivants, le nombre des savants physiciens est trop nombreux pour qu'on puisse les citer.

PHYTADELGES ou PLANTISUGES. Nom donné par Duméril à une famille d'insectes de l'ordre des hémiptères, correspondant, moins le genre thrips, aux gallinsectes et aux hyménélitres de Latreille.

PHYTALIDES, descendants de Phytale, habitant du bourg des Lacides en Attique, auquel Cérès fit présent du figuier, en retour de l'hospitalité qu'il lui avait donnée. Ce fut par les Phytalides que Thésée se fit purifier, après avoir souillé ses mains du sang des brigands, et entre autres, de Sinnis, son propre parent. Ce prince, pour les récompenser de l'accueil qu'il avait reçu d'eux, leur donna dans la suite l'intendance d'un sacrifice.

PHYTALMIUS (myth.), surnom de Neptune honoré à Trézène. Ce dieu, irrité contre les Trézéniens, inonda leur pays des eaux de la mer et de plantes (*phyton*) marines (*almos*), jusqu'à ce que leurs vœux et leurs sacrifices l'eurent apaisé. — C'est aussi le surnom de Jupiter, comme auteur de toutes les productions de la nature.

PHYTEUME, genre de la famille des campanulacées, plus connu sous le nom vulgaire de *raiponce*.

PHYTIBRANCHES, nom donné par Latreille à une famille de crustacés de l'ordre des isopodes, dont les branchies ou les appendices qui les portent sont semblables à de petits pieds articulés ou à des tiges ramifiées; les uns ont dix pieds, les autres quatorze. De cette famille on a formé les quatre suivantes: les crevettines, les uroptères, les décempèdes et les hétéropes.

PHYTIPHAGES, une des deux grandes divisions des mollusques trachéliphores, dans la classification de Lamarck. Elle renferme ceux qui ne se nourrissent que de matières végétales, tandis que celle des zoophages renferme ceux qui ont l'habitude de se nourrir de la chair des autres mollusques.

PHYTOLOGIE (du grec *phyton*, plante, et *logos*, discours), nom donné à la *botanique* par plusieurs auteurs modernes.

PHYTOPHAGES ou HERBIVORES, nom donné par Duméril à une famille d'insectes de l'ordre des coléoptères, section des tétramérées, correspondant aux cinquième et sixième familles des coléoptères tétramères de Latreille. Ses caractères sont les antennes filiformes, rondes, non portées sur un bec, le corps arrondi.

PHYTON, habitant de Rhegium, célèbre par ses vertus et son courage, ayant été choisi pour général ses compatriotes, défendit onze mois cette ville contre les troupes de Denys le Tyran (387 avant J.-C.). Enfin Rhegium fut prise d'assaut, et Denys, maître de Phyton, lui fit subir le dernier supplice après l'avoir abreuvé d'outrages. Son fils fut précipité dans la mer.

PHYTOZOAIRES, nom donné par M. Bory de Saint-Vincent à la deuxième classe de son quatrième règne organique, connu sous le nom de psychodiaire. Dans cette classe se rangent la plupart des êtres appelés zoophytes, en rejetant dans la troisième classe celle des lithozoaires, ceux dont le support est calcaire et solide. Bory de Saint-Vincent divise cette classe en trois ordres: les *cératophytes*, les *arthrodiées* et les *hétérogènes*.

PHYXIUS (de *pheugô*, fuir), surnom sous lequel on invoquait Jupiter, comme le dieu tutélaire de ceux qui fuyaient et cherchaient un asile pour échapper à quelque malheur. Phryxus, à son arrivée en Colchide, sacrifia à Jupiter Phyxius.

PIADENA (Castaldo, MARQUIS DE), capitaine du XVI siècle, fut chargé par l'archiduc Ferdinand de s'emparer de la Transylvanie. Il y parvint et profita de ses succès pour supplanter le ministre Martinuzzi, que l'archiduc fit assassiner d'après ses conseils perfides. Plus tard, Piadena se vit obligé d'abandonner la Transylvanie aux Turcs.

PIAN (d'un mot indien qui signifie *fraise*). On nomme ainsi une affection caractérisée par des tumeurs cutanées, contagieuses, qui prennent la forme de champignons, de fraises ou de framboise, s'ulcèrent et entraînent le dépérissement du malade. Le pian est fréquent en Guinée et en Amérique, surtout parmi les nègres.

PIANISSIMO, mot italien qui signifie *très-doux*, *très-doucement*. Il est surtout usité en musique, où on l'emploie avec l'abréviation PP.

PIANO, instrument de musique, à cordes et à clavier, qui a succédé au clavecin. Dans le piano, l'exécutant frappe sur des touches extérieures en ivoire et en ébène, dont l'extrémité porte un marteau qui frappe à son tour une corde métallique. On a longtemps attribué l'invention du piano au facteur d'orgues saxon Silbermann (vers 1750); d'autres la font remonter jusqu'au Florentin Cristofori (1718). Les pianos ont été de nos jours perfectionnés par Erard, Pape, Pleyel, Petzold et Roller. — On appelle *piano à queue* celui dans lequel les cordes étendues horizontalement et dans le sens de leur longueur sont enfermées dans une boîte qui forme une sorte de queue; *piano à secrétaire*, celui dans lequel les cordes sont perpendiculaires au clavier; on l'appelle encore *piano droit*; *piano carré*, celui dans lequel les cordes sont horizontales, mais ne se déploient pas comme dans le piano à queue.

PIANO, mot italien qui signifie *doux*, *doucement*, et qui s'emploie en musique avec l'abréviation P.

PIAST, chef de la seconde race des ducs ou rois de Pologne, ainsi nommé, dit la chronique, à cause de sa taille courte et ramassée. Né vers la fin du VIII siècle, il cultivait son patrimoine en Cujavie, lorsqu'après la mort de Popiel, dernier roi Léchite, le choix du peuple l'appela au trône vers l'an 840. Prédestiné à régner, car la tradition rapporte qu'un ange lui avait prédit son avénement, Piast gouverna la Pologne avec sagesse et mourut en 865, laissant la couronne à son fils Ziémowit. La dynastie des Piasts régna en Pologne jusqu'en 1370, époque de l'avénement des Jagellons, en Silésie jusqu'en 1675, et dans le duché de Moravie jusqu'en 1826.

PIASTRE, monnaie d'argent d'origine espagnole et qui maintenant a cours non-seulement en Espagne, mais encore dans presque toute l'Italie. En Espagne elle vaut huit réaux d'argent et reçoit à cause de cela le nom de *peso de ocho*, pièce de huit, ou bien *peso duare*, *peso fuerte*. Sa valeur est de cinq francs quarante-trois centimes. — La *piastre* de Toscane d'argent vaut cinq francs soixante et un centimes. — Les Turcs se servent aussi de la piastre comme monnaie d'argent; elle est de quarante paras ou de cent vingt aspres et vaut deux francs.

PIAT (Saint). Né à Bénévent (Italie), accompagna saint Denis en Gaule, et s'attira un grand nombre de disciples par son éloquence, sa piété et sa charité. Il eut la tête tranchée vers 287, à Seclin près de Tournay. On l'honore comme martyr, principalement à Tournay et à Chartres, le premier d'octobre.

PIAUHI, province du Brésil, bornée au N. par l'Océan, à l'O par les provinces de Maranham et de Goyaz, au S. par celle de Goyaz, à l'E. par celles de Pernambuco et de Seara. Sa superficie est de 1505 lieues carrées et sa population de 300,000 habitants. C'est un pays plat, entrecoupé de collines et dont les plaines sont immenses et souvent privées d'arbres. Durant les pluies, elles sont de riches pâturages; dans la sécheresse, elles n'offrent plus que l'image de l'aridité. Le fleuve principal est le Parnahyba qui reçoit presque tous les courants du pays, le Rio-das-Balsas, le Caninde, etc. — La capitale du Piauhi est *Oeyras*, petite ville de 4,400 habitants, située sur la rive droite d'une petite rivière qui se jette dans le Caninde, à 144 lieues d'Olinda et 72 de San-Luis de Maranham. A été fondée en 1718, sous le nom de *Villa da Mocha*. Le roi don José, en lui accordant le titre de cité, lui imposa celui du comte d'Oeyras, son secrétaire.

PIAVE, fleuve d'Italie qui prend sa source dans le territoire de Feltre, aux frontières de la province de Brixen, et se jette dans le golfe et à 6 lieues au N.-E. de Venise. Son cours est de 80 lieues. La Piave fournit des cailloux de toutes couleurs pour la mosaïque.

PIAZZI (Joseph), célèbre astronome né en 1746 à Ponte, dans la Valteline (royaume lombardo-vénitien), entra dans l'ordre des théatins et professa d'abord la philosophie à Gênes, puis les mathématiques à Malte, et enfin les mathématiques et la philosophie au collège des nobles à Ravenne. Nommé plus tard lecteur de théologie dogmatique à Rome, puis professeur de hautes mathématiques à l'université de Palerme, il y fonda un observatoire que ses découvertes ont rendu célèbre (1791). Ce fut deux ans après qu'il découvrit une huitième planète, *Cérès*. Piazzi mourut en 1826.

PIBLE (A.), nom donné, en marine, aux mâtures sans hune ni mât de perroquet.

PIBRAC (Gui du Faur, SEIGNEUR DE). Voy. FAUR.

PIC, instrument de fer un peu courbé, pointu et coupé, à un long manche de bois; les maçons s'en servent pour démolir les vieux bâtiments. Il est aussi usité par les terrassiers pour ouvrir la terre, et par les carriers pour découvrir les pierres. — C'est encore 1° un petit crochet de fer en usage dans les verreries; 2° une ancienne mesure d'étendue pour les toiles et les étoffes; 3° en termes de marine, la corne d'artimon.

PIC. En géographie on appelle ainsi une montagne élevée, isolée et d'un accès difficile. Le pic adopte en général une forme en pain de sucre qui lui donne un caractère particulier. Les plus plus renommés sont le *Pic de Ténériffe*, qui est à 1,909 toises au-dessus du niveau de la mer, et que, par un temps favorable, on aperçoit de 40 lieues; à son sommet se trouve, selon M. de Humboldt, le cratère d'un immense volcan qui paraît éteint seulement quant à sa partie supérieure; le *Pic Adam*, dans l'île de Ceylan, ainsi nommé parce que ce fut, suivant les traditions du pays, le dernier lieu où Adam plaça le pied avant de monter au ciel. Il est haut de 7,000 pieds, et l'on n'y arrive qu'en grimpant avec des chaînes de fer.

PIC, genre d'oiseaux de l'ordre des grimpeurs, renfermant un nombre considérable d'espèces dont huit appartiennent à l'Europe. On les reconnaît à leur bec long, droit, anguleux et propre à fendre l'écorce des arbres, à leur langue longue, grêle, armée à sa pointe d'épines recourbées en arrière, extrêmement protractile d'ailleurs et constamment imbibée d'une salive gluante à l'aide de laquelle ils s'emparent des larves des insectes, leur principale nourriture; enfin à leur queue, composée de dix grandes pennes roides. Les pics montent perpendiculairement et en décrivant une spirale le long du tronc et des grosses branches des arbres. Leur vol est lourd et saccadé. Ils sont craintifs, rusés et vivent solitaires dans les forêts; la nuit, ils se retirent dans des trous d'arbres. Les espèces les plus connues sont le *pic-vert* et le *pic-noir*.

PIC DE LA MIRANDOLE (Jean), de la famille des Pic auxquels appartenait le duché de la Mirandole en Italie, naquit en 1463 et se distingua dans sa plus tendre enfance par son assiduité à l'étude et sa précoce intelligence. Il étudia ensuite la philosophie et la théologie, parcourant pendant sept ans les plus célèbres universités de l'Italie et de la France. A dix-huit ans il savait, dit-on, vingt-deux langues, dont plusieurs de l'Orient. Il publia à Rome en 1486 un programme de neuf cents propositions *de omni re scibili*, qu'il s'engageait à soutenir contre tous les savants qui se présenteraient pour le combattre. Accusé d'hérésie, Pic se réfugia en France; mais sommé de venir justifier ses propositions, il repassa les Alpes et démontra son orthodoxie en 1494. Pour mieux se consacrer à l'étude il avait cédé tous ses domaines à son neveu (Voy. MIRANDOLE). — Il reste de lui des *Thèses*, trois livres sur *le banquet de Platon*, des *lettres*, un *Traité de la dignité de l'homme*, des *règles de la vie chrétienne*, etc.

PIC-VERT et par corruption PIVERT. Espèce du genre *pic*, la plus répandue de toutes celles qui habitent l'Europe. Cet oiseau a tout le dessus de la tête d'un beau rouge, les côtés de la tête noirâtres, le dessus du cou, le dos et les couvertures supérieures de la queue d'un vert olive, jaune sur le croupion, la gorge d'un blanc jaunâtre, le devant du cou et la poitrine d'un vert pâle. Cet oiseau vit dans les forêts de la France, de l'Allemagne et du reste de l'Europe. Sa ponte est de quatre à six œufs verdâtres, avec de petites taches noires.

PIC, nom que l'on donne à un coup de jeu de piquet, qui consiste à compter soixante, si l'on peut compter trente avant l'adversaire, par les points que l'on fait en jouant. Le *repic* consiste à pouvoir arriver à trente avec ceux du jeu que l'on a dans la main et à compter alors quatre-vingt-dix.

PICA (méd.), perversion du goût qui cause de l'éloignement pour les aliments ordinaires, et donne le désir de manger des substances nuisibles ou inusitées. Ce mot vient du latin *pica* (pie), parce que les plumes blanches et noires de cet oiseau forment un contraste analogue à celui qu'offre l'appétit dépravé comparé à l'appétit naturel.

PICA, espèce du genre *lagomys*. C'est un rongeur long de neuf pouces neuf lignes, qui habite au pied des Alpes Sibériennes. Il est généralement d'un roux jaunâtre, avec quelques poils longs, noirs, d'un fauve pâle en dessus; ses pieds sont bruns en dessus et ses oreilles rondes et noires. Le pica vit tantôt seul, tantôt en petite société, dans des terriers à l'entrée desquels il entasse en septembre l'herbe sèche qui doit le nourrir pendant l'hiver.

PICARD (Jean), savant astronome né à la Flèche en Anjou en 1620, s'appliqua avec ardeur à l'étude des mathématiques. Entré dans les ordres, il devint prieur de Rillé en Anjou, et succéda à Gassendi dans la chaire d'astronomie du collège de France. Membre de l'académie des sciences en 1666, il fut choisi par le roi pour faire des observations astronomiques à l'observatoire d'Uranienbourg en Danemarck. Picard fut le premier qui mesura un degré du méridien terrestre, pour déterminer la méridienne de la France; ce fut aussi sur son conseil que l'on fit venir en France le célèbre Cassini. Picard mourut en 1683.

PICARD (Louis-Benoît), né à Paris en 1769, se lança dans la carrière du théâtre. Sa première pièce, le *Badinage dangereux*, fut représentée au théâtre de Monsieur et suivie de plusieurs autres pièces, parmi lesquelles on remarque l'opéra des *Visitandines* (1792). Picard débuta lui-même comme acteur sur le théâtre Louvois dont il prit la direction, et, la salle de l'Odéon lui ayant été concédée en 1801, il y continua ses triples fonctions d'auteur, d'acteur et de directeur avec le plus beau succès. Il se retira du théâtre en 1807 pour entrer à l'Académie française, et reçut peu de temps après de Napoléon la croix d'honneur et la direction du grand Opéra, à laquelle il renonça en 1816 pour reprendre celle de l'Odéon. Il mourut à Paris en 1828. Le nombre de ses ouvrages dramatiques monte à plus de quatre-vingts, dont soixante-six comédies, sept opéras comiques et huit vaudevilles. Parmi ses comédies on distingue celle de *Médiocre et Rampant*, les *Ricochets*, les *Marionnettes*, *M. Musard*, *la Petite Ville*.

PICARDIE, ancienne province de France, bornée au N. par l'Artois et le Hainaut, à l'O. par la Manche et la Normandie, au S. par l'Ile-de-France, et à l'E. par la Champagne. Sa superficie était d'environ 600 lieues carrées. Elle forme aujourd'hui le département de la Somme et une partie de ceux du Pas-de-Calais, de l'Oise et de l'Aisne. Sa capitale était AMIENS. Elle se divisait en *haute*, *moyenne*, *basse*. — La haute comprenait le Vermandois et la Thiérache; la moyenne l'Amiénois et le Santerre, et la basse le Calaisis, le Boulonnais, le Vimeux et le Ponthieu. — La Picardie formait autrefois avec l'Artois un gouvernement partagé en trois lieutenances générales, dont deux pour la Picardie. Le Boulonnais avait un gouverneur particulier. La réunion des fiefs principaux qui composaient la Picardie eut lieu à diverses époques. Le comté de Boulogne, passé en 1260 dans la maison d'Auvergne, fut réuni à la couronne en 1477; le comté de Guines (Boulonnais) le fut en 1504; celui du Vermandois en 1191 et celui de Ponthieu en 1675.

PICAREL, genre de poissons de l'ordre des acanthoptérygiens et de la famille des ménides, très-voisins des *mendoles*, dont ils se distinguent par leur palais lisse et sans dents. Ils ont du reste comme eux un caractère particulier dans l'extension extrême qu'ils peuvent donner à leur bouche qui peut même prendre la forme d'un tube. Leur forme est presque celle du hareng, et leur corps oblong, comprimé, couvert d'écailles assez grandes, est plus gros vers sa partie moyenne qu'aux extrémités. Leur chair est bonne à manger. La Méditerranée en fournit cinq espèces vivant toutes dans la vase et dans les herbes. Le *picarel ordinaire* est un poisson qui n'a pas tout à fait un pied de long, et dont la couleur est d'un gris argenté, avec des reflets dorés et des taches brunes, nuageuses et irrégulières.

PICCINI (Nicolas), célèbre compositeur, né à Bari dans le royaume de Naples en 1738, fut l'élève de Léo au conservatoire de Sant-Onofrio, et débuta dans la carrière dramatique en 1754 par un opéra buffa, et, deux ans après, par l'opéra séria de *Zénobie*. Appelé en France par la reine Marie-Antoinette (1776), son arrivée en France fut le signal d'une guerre civile musicale, où l'on ne se borna pas toujours aux épigrammes. La querelle des gluckistes et des piccinistes dura jusqu'au départ de Gluck. Il obtint une pension du directoire, et mourut à Passy en 1800. Il a laissé plus de cent cinquante ouvrages dramatiques, dont un seul, l'opéra de *Didon*, son chef-d'œuvre, est resté au théâtre. On cite encore de lui *Roland* et *Iphigénie en Tauride*.

PICCININO (Nicolas), célèbre capitaine italien du xve siècle, né à Pérouse, s'attacha, dès sa jeunesse, à Bracchio di Montone, dont il devint un des meilleurs lieutenants. Il s'engagea ensuite au service des Florentins, mais il le quitta la même année (1425), pour entrer à celui de Philippe-Marie Visconti, duc de Milan, et lui resta dès lors constamment attaché. Général des armées milanaises, il remporta des avantages signalés sur le comte d'Urbin, sur Carmagnola et sur François Sforza. Battu à Anghiari (1440) par les troupes florentines, il s'empara, l'année suivante, du Bressan et du Bergamasque, et mourut en 1444.

PICCOLOMINI, famille illustre d'Italie, originaire de Rome et établie à Sienne. Son élévation principale est le pontificat de Pie II, Æneas-Sylvius Piccolomini. Outre le pape, cette famille a donné deux hommes célèbres, l'un par son audace, l'autre par ses talents militaires, Alphonse et Octave.

PICCOLOMINI (Alphonse), duc de Montemarino, fut le chef d'une bande de soldats mercenaires qui ravagea plusieurs fois les Etats du pape. Excommunié par Grégoire XIII, qui confisqua tous ses biens, il résolut de s'en venger, et, réunissant tous les brigands des Etats pontificaux, il y porta la désolation. Repoussé en Toscane, il recommença ses ravages en 1581, et força le pape à lui rendre ses biens. L'année suivante, il passa au service de France où il resta huit ans. De retour en Italie, il réunit une bande de 500 hommes, avec lesquels il commença à ravager la province de Pistoie en Toscane. Enfin, après une expédition contre Rome, il fut arrêté par les troupes du grand-duc de Toscane et pendu en 1591.

PICCOLOMINI (Octave), duc d'Amalfi, l'un des généraux les plus distingués de l'Autriche dans la guerre de trente ans, né en 1599, fit ses premières armes en Italie. Capitaine dans un régiment de carolerie que le grand-duc de Toscane envoyait à l'empereur, il se distingua par son courage et parvint jusqu'aux grades les plus élevés. Ferdinand lui confia en 1634 le commandement de l'armée impériale. Vainqueur à Norlingen, il fit lever le siège de Saint-Omer au maréchal de Châtillon, et remporta devant Thionville une victoire signalée sur le marquis de Feuquières (1639). La perte de la bataille de Wolfenbuttel (1651) n'affaiblit point sa gloire. Il mourut en 1656, avec la réputation d'un négociateur habile et d'un général actif.

PICENTINS, peuple d'Italie, habitant les côtes de la mer Méditerranée, depuis le Sarnus (*Saro*) au N. jusqu'au Silarus (*Selo*) au S., entre le Samnium à l'O. et la Campanie au midi. Il ne faut pas les confondre avec les habitants du Picénum, dont il n'était qu'une colonie, selon Strabon.

PICÉNUM, contrée maritime de l'Italie, à l'E. de l'Ombrie et du pays des Sabins, s'étendait depuis le fleuve OEsis (*Esino*) au N. jusqu'au Truentus (*Tronto*) qui le séparait au S. du territoire des Prætulii, que quelques-uns renferment dans le Picénum, étendant les limites de ce pays jusqu'aux montagnes qui séparent les Prætulii des Vestini, peuple du Samnium. Les *Piceniens*, habitants du Picénum, étaient Sabins d'origine.

PICHEGRU (Charles), général de la république française, né à Arbois (Jura) en 1761, était déjà dans la carrière militaire lors de la révolution de 1789. Employé en 1792 dans l'état-major de l'armée du Rhin, il s'éleva rapidement aux grades de général de brigade et de général de division. Nommé au commandement en chef de l'armée du Rhin, il passa quelque temps après à celui de l'armée du Nord, défit les alliés à Carsel, à Courtrai, à Menin, à Rousselaër, à Hooglède, et s'empara de toute la Hollande (1795). Appelé au commandement de l'armée du Rhin-et-Moselle, il écouta favorablement les ouvertures que le prince de Condé lui fit, pour le porter à favoriser la rentrée des Bourbons en France. L'Autriche mit obstacle à ces projets. Le directoire, informé des menées de Pichegru, se contenta de le rappeler. Nommé membre du conseil des cinq-cents (1797), il fut élu président dès la première séance. Chef du parti *clichien* ou royaliste, il fut déporté à Sinnamari, d'où il s'échappa. Après avoir erré en Angleterre et dans le reste de l'Europe, il rentra en France en 1804 avec Cadoudal, et vint à Paris où il organisa un complot royaliste contre Bonaparte. Trahi par son hôte et arrêté, il fut, quelques jours après, trouvé mort dans son lit (1804).

PICHINCHA, montagne volcanique de la chaîne des Andes, dans la république de l'Equateur (Colombie), à 20 lieues au N. de Quito. Sa hauteur au-dessus du niveau de la mer est de 4,870 mètres. Il est fameux par les observations astronomiques qu'y firent en 1740 Bouguer et la Condamine.

PICO, l'une des Açores, située à 12 lieues au S.-O. de Tercère et à 3 lieues S.-E. de Fayal. Elle a environ 16 lieues de tour et 10,000 habitants. Fertile, abondante en bestiaux, produisant d'excellent bois d'ébénisterie et fournissant par année près de 5,000 pièces de bon vin, elle tire son nom d'une montagne qui est au milieu de l'île, et qui, par un beau temps, se voit à 25 lieues en mer. La hauteur de cette montagne, connue sous le nom de *pic des Açores*, est de 2,110 mètres au-dessus du niveau de la mer. — La capitale de l'île est LAGENA.

PICOT DE LAPEYROUSE (LE BARON Philippe) naquit à Toulouse en 1744, acheta une charge d'avocat des eaux-et-forêts à la table de marbre, dont il donna sa démission en 1781. Retiré dans les Pyrénées, il y publia plusieurs *Mémoires* sur la contexture des montagnes et des végétaux qu'elles renferment, travaux qui le firent nommer membre correspondant des académies des sciences de Paris, de Stockholm, de Turin et de Toulouse. Devenu président du district de Toulouse pendant la révolution, il fut nommé inspecteur des mines, puis professeur d'histoire naturelle à l'école centrale de Toulouse. Après le 18 brumaire, il fut nommé maire de la ville de Toulouse, qui lui dut la plupart de ses beaux établissements. Elu en 1815 à la chambre des représentants, il mourut en 1818.

PICOTE. Ce mot est le nom vulgaire de la *variole* ou *petite-vérole*, dans quelques départements.

PICOTEUX, terme de pêche, petit bateau, long d'environ quinze pieds, et qui ne peut porter que deux ou trois hommes. C'est aussi le nom d'une sorte de filet.

PICPUS, petit village qui touche au faubourg Saint-Antoine à Paris, et où se trouvait la principale église des religieux du tiers-ordre de Saint-François, qui prirent pour cela le nom de *Picpus*. — Cet ordre avait été fondé en 1221 par saint François d'Assise, sous une règle qui lui était propre, et qui admettait les personnes séculières des deux sexes, sans autre obligation, que celle de pratiquer, sous la direction d'un supérieur, les maximes du christianisme et quelques observances religieuses. Mais bientôt le tiers-ordre ne se composa plus que de religieux professant les trois vœux monastiques. Cet ordre fut restauré en 1597 par le père Vincent Mussart, qui fonda le premier établissement de l'ordre à Franconville (Oise). Le second fut fondé à Picpus en 1601. Réunis en 1603 aux autres frères mineurs, les picpus prirent la robe de drap gris, surmontée d'un large capuchon et ceinte d'un cordon de cuir d'abord, puis de corde ou de crin. Leur chaussure fut la soque de bois, dans laquelle ils étaient nupieds. Les religieux de cet ordre, y comptait en France avant la révolution soixante et un couvents de l'un ou l'autre sexe, étaient encore appelés *pénitents* ou *tiercelins*.

PICQUET (François), missionnaire, né à Lyon en 1626, fut nommé en 1652 consul à Alep. Il rentra en France en 1660, se mit dans les ordres, et fut revêtu de plusieurs dignités ecclésiastiques. Il retourna en Asie en 1679 avec le titre d'évêque *in partibus* de Césaropolis de et vicaire apostolique de l'évêché de Nakschivan en Arménie. Nommé ambassadeur en Perse (1681), puis évêque de Bagdad en 1683, il mourut à Hamadan en 1685.

PICQUIGNY, petite ville du département de la Somme. Voy. PÉQUIGNY.

PICROMEL (des deux mots grecs *picros*, amer, et *meli*, miel), substance visqueuse, d'un jaune clair, analogue par son aspect et sa consistance à la térébenthine, d'une saveur d'abord un peu moins amère que celle de la bile, puis douce. On l'obtient en traitant le fiel de bœuf par l'acétate de plomb, par le vinaigre et par l'hydrogène sulfuré. Le picromel est très-soluble dans l'eau et l'alcool, insoluble dans l'éther, non fermentescible, susceptible de dissoudre la résine biliaire, de précipiter avec les sels de fer, le sous-acétate de plomb, le nitrate de mercure, etc.

PICROTOXINE, substance solide, de couleur blanche, d'un aspect brillant, demi-transparent, d'une saveur excessivement amère, que l'on obtient de l'extrait aqueux des fruits d'un ménisperme, la *coque du Levant*, traité par l'alcool bouillant. Elle paraît devoir être rangée parmi les alcalis végétaux.

PICTAVI ou PICTONS, peuple de la Gaule, occupant la portion septentrionale de l'Aquitaine seconde, c'est-à-dire le Poitou actuel. Les Pictavi étaient bornés au N. par les Namnètes, les Andes et les Turons (Lyonnaise troisième), au S. par les Santons, à l'O. par l'Océan et à l'E. par les Bituriges et les Lémovices (Aquitaine première). Leur capitale était PICTAVI, autrefois *Limonum* et aujourd'hui Poitiers, sur le Clanis (Clain).

PICTES, peuple de la Calédonie (l'Ecosse) septentrionale, ainsi nommés parce qu'ils avaient le corps tailladé de diverses figures et peint de diverses couleurs (*picti* en latin veut dire peints). Ils habitaient sur la côte orientale, et avaient pour bornes à l'O. les mont Grampians. Voy. CALÉDONIE.

PICTET (Marie-Auguste), successeur de Saussure dans la chaire de philosophie de Genève, et président de la société pour l'avancement des arts de cette même ville, où il était né en 1752, fit partie en 1798 de la députation chargée de réunir Genève à la France. Membre, puis secrétaire du tribunat (1802-1803), il fut, lors de sa suppression, nommé l'un des cinq inspecteurs généraux de l'université impériale. Après 1814, il se retira à Genève où il se livra tout entier à l'étude des sciences naturelles, et où il mourut en 1825.

PICTONS. Voy. PICTAVI.

PICTOR, surnom qui veut dire *peintre* et qui fut chez les Romains donné à plusieurs membres de la famille Fabia. *Quintus Fabius Pictor*, le plus ancien historien latin, vivait pendant la seconde guerre punique (vers l'an 218 avant J.-C.). Il fut envoyé après la bataille de Cannes à Delphes, pour consulter l'oracle sur les moyens d'apaiser la colère des dieux. Il ne nous reste rien de ses *Annales* que quelques fragments cités par Tite Live, Aulu-Gelle et Denys d'Halicarnasse.

PICUCULE, genre d'oiseaux de l'ordre des passereaux, et de la famille des ténuirostres, renferment des espèces qui ont le bec médiocre ou long, comprimé par les côtés, droit ou aigu, pointu; une queue à pennes un peu arquées, aiguës et à tige roide, et quatre doigts, trois devant, un derrière, les premiers d'égale longueur et réunis à leur base, le second moins long. Les picucules, encore appelés *grimpereaux*, sont des oiseaux d'Amérique, qui vivent sur les arbres comme les pies.

PICUMNUS (myth.), fils de Jupiter et de la nymphe Garamantide, et frère de Pilumnus. Tous deux régnèrent en Apulie, et après leur mort ils y furent honorés comme des divinités champêtres. On attribuait au premier l'art de moudre le blé, et au second celui de fumer les terres. Aussi Picumnus était particulièrement adoré des meuniers et des boulangers. On les mettait au nombre des divinités protectrices du mariage. Picumnus était particulièrement révéré chez les Etrusques, Pilumnus chez les Latins. Turnus prétendait descendre de dernier. Pilumnus portait encore le nom de *Sterquilinius* (de *stercus*, fumier), parce qu'il avait inventé l'art de fumer les terres.

PICUS (myth.), fils de Saturne, et roi des Aborigènes d'Italie, était un prince accompli. Il épousa Canente ou Vénilie, fille de Janus, et en eut Faunus. Comme il périt à la chasse dans un âge peu avancé, on publia qu'il avait été changé en pic-vert (*picus*), et pour donner quelque vraisemblance à cette fable, on ajouta que c'était Circé qui avait opéré cette métamorphose, pour le punir de son insensibilité. Picus fut, après sa mort, mis au rang des dieux indigètes. Des écrivains distinguent deux Picus rois d'Italie, le premier qui régna trente-sept ans et un autre beaucoup plus ancien qui en avait régné cinquante-sept.

PIE, neuf papes ont porté ce nom. PIE Ier (Saint), pape, successeur d'Hygin, en 142, était natif d'Aquilée. Il mourut en odeur de sainteté, l'an 152. Sa piété lui a valu mérité le surnom de *Pie*, et son zèle à combattre les hérésies de Valentin et de Marcion lui valurent le titre de martyr. Saint Pie se trouve dans le martyrologe au 11 de juillet. — PIE II (Æneas Silvius Piccolomini), né en 1405 à Corfini (Siennois), il changea plus tard le nom en celui de Pienza, était au concile de Bâle (1431) secrétaire du cardinal de Fermo (Dominique Capranica). Employé dans plusieurs ambassades, il reçut du pape Nicolas V les évêchés de Trieste et de Sienne, de Calixte III le chapeau de cardinal (1456), et lui succéda en 1458. Il rétracta ce qu'il avait écrit dans sa jeunesse en faveur des conciles contre lesquels il lança la bulle *Execrabilis*, abrogea la pragmatique sanction, et mourut à Ancône en 1464, au moment où il se préparait à s'embarquer dans une croisade contre les Turks. — PIE III (Francisco *Todeschini*), fils de Nanni Todeschini, et de Lesdamie Piccolomini, sœur de Pie II, fut fait archevêque de Sienne et cardinal par son oncle, qui lui permit de prendre le nom de Piccolomini. Il succéda en 1503 au pape Alexandre VI, et mourut vingt-cinq jours après son élection, le 18 octobre de la même année. — PIE IV (Giovanni-Angelo *Médicis* ou *Medichino*), d'une famille originaire de Milan, où il naquit en 1499, était frère du marquis de Marignan. Il fut protonotaire sous Clément VII, légat de l'armée contre le duc de Parme, sous Jules III. Persécuté par Paul IV, il lui succéda en 1559, poursuivit avec rigueur les Caraffa, neveux de Paul IV, dont le peuple avait eu beaucoup à souffrir, sollicita les princes chrétiens contre les Turks, embellit Rome, et mourut le 9 novembre 1565. Le concile de Trente fut conclu sous son pontificat (1563), par les soins de son neveu, saint Charles Borromée. — PIE V (Michel *Ghisleri*), pape, né à Bosco (Piémont) en 1504, entra à quinze ans dans l'ordre de Saint-Dominique, et devint inquisiteur général et cardinal. Il succéda en 1566 à Pie IV. Il fit de vains efforts pour établir la suprématie de l'Eglise sur les autres puissances, et publia ensuite en cette vue la bulle *In cœnâ Domini*. Il augmenta les attributions de l'inquisition, déploya le plus grand zèle contre les hérétiques, et fit la guerre aux Turks de concert avec Philippe II, roi d'Espagne et les Vénitiens. Il mourut en 1572. Toute sa vie fut remplie d'actes de bienfaisance; mais sa sévérité lui avait fait peu d'amis dans le peuple. Béatifié par Clément X en 1672, il fut canonisé par Clément XI en 1712. Sa fête se célèbre le 5 de mai. — PIE VI (Giovanni-Angelo *Braschi*), pape, né à Césène en 1717, trésorier de la chambre apostolique sous Benoît XIV, cardinal sous Clément XIV, lui succéda en 1775. Il montra beaucoup de zèle pour les progrès des arts et des sciences, continua le musée Clémentin, et fit faire d'immenses travaux pour le dessèchement des marais Pontins. En 1782, il fit le voyage de Vienne pour diriger les réformes que l'empereur Joseph voulait faire dans ses Etats héréditaires, et refusa sa sanction à la constitution civile du clergé de France. L'assassinat de Basseville, ambassadeur du directoire à Rome, fournit l'occasion de l'envahissement du territoire romain par Bonaparte. La paix de Tolentino (1796), achetée par la cession des légations de Bologne et de Ferrare, ne fit que retarder l'orage. La mort du général Duphot fut le prétexte de l'enlèvement du pape (1798), et de sa translation à Valence, où il mourut la même année. — PIE VII (Grégorio-Luigi-Barnabas *Chiaramonti*), pape, né à Césène en 1740, entra dans l'ordre des bénédictins en 1758. Pie VI, son parent, le créa abbé en 1775, puis évêque de Tivoli en 1780, cardinal et évêque d'Imola en 1785. Il lui succéda en 1800, rétablit l'ordre des jésuites, conclut avec Napoléon le fameux concordat de 1801, et vint en 1804 le sacrer empereur à Paris. L'empereur ne pouvant arracher à sa fermeté des concessions incompatibles avec la dignité et le repos de l'Eglise, réunit ses Etats à la France par un décret daté de Vienne (1809). Pie VII répondit par une bulle d'excommunication, et fut enlevé dans la nuit du 6 juillet du palais Quirinal, où il s'était réfugié, pour être transporté à Florence, puis à Alexandrie, à Grenoble, à Avignon et enfin à Savone où il resta jusqu'en 1812. Napoléon ordonna alors sa translation à Fontainebleau. Les événements de 1814 rendirent Pie VII à ses Etats, où il mourut en 1823. — PIE VIII (Francisco-Xaviero *Castiglione*), pape, né à Cingoli (Etats romains) en 1761, fut en 1800 évêque de Montalto par Pie VII, qui le créa cardinal et évêque de Césène en 1806. Transféré à Frascati en 1821, et nommé grand-pénitencier et préfet de la congrégation de l'*Index*, il fut élu pape après Léon XII, le 31 mars 1829, reconnut Louis-Philippe comme roi des Français, et mourut le 30 novembre 1830. Son successeur fut Grégoire XVI, actuellement régnant.

PIE, oiseau de l'ordre des passereaux, de la famille des conirostres et du genre corbeau. Les pies ne diffèrent des corbeaux proprement dits que par une taille généralement plus petite et par leur queue étagée. La pie est connue pour son penchant à voler tous les corps polis et luisants, pour son instinct de prévoyance remarquable qui lui fait entasser en automne des amas de provisions dont elle fait sa nourriture, comme pois, fèves, larves, insectes, souris, mulots, œufs, charognes, etc. La pie est susceptible de retenir et de répéter certains mots. La couleur de ses œufs est d'un vert blanchâtre, moucheté de gris cendré et de brun olivâtre. Cet oiseau est commun dans toutes les plaines de l'Europe.

PIE, nom donné aux chevaux dont le poil est blanc et parsemé de grandes taches de diverses couleurs.

PIE-GRIÈCHE, genre d'oiseaux de l'ordre des passereaux, et de la famille des dentirostres, caractérisé par un bec conique et comprimé, et plus ou moins crochu au bout. Cuvier l'a divisé en dix sous-genres ou sections : les *pies-grièches* proprement dites, les *vangas*, les *langrayens*, les *cassicans*, les *calybés* ou *phonigames*, les *bécardes*, les *choucaris*, les *béthyles*, les *falconelles* et les *pardalotes*. — Les pies-grièches proprement dites ont le bec triangulaire à la base, et comprimé par les côtés. Les espèces en sont très-nombreuses. Cinq habitent l'Europe. Celle qui est le type du sous-genre est la *pie-grièche commune*, de la taille d'une grive, cendrée en dessus, blanche en dessous, avec les ailes et la queue noires. Cet oiseau a le courage et les goûts carnassiers des oiseaux de proie. Sa nourriture, qu'il saisit et emporte avec le bec, consiste ordinairement en insectes; mais il aime de préférence la chair, et les petits oiseaux deviennent souvent sa victime. Les pies-grièches vivent en famille, et prennent beaucoup de soin de leurs petits. Elles volent d'une manière inégale et précipitée en jetant des cris aigus, demeurent d'ordinaire dans les plaines boisées, et nichent dans les arbres ou les buissons. On les dressait autrefois pour la fauconnerie.

PIE DE MER, nom donné à un oiseau du genre *huîtrier*, à cause de son plumage mêlé, comme celui de la pie, de blanc et de noir.

PIE-MÈRE, l'une des trois enveloppes de l'encéphale, c'est-à-dire du cerveau et du cervelet. La pie-mère n'est pas une membrane proprement dite, mais une trame cellulaire et sans consistance, dans laquelle se ramifient et s'entrelacent, dans mille directions différentes, une multitude de vaisseaux sanguins plus ou moins fins et tortueux qui proviennent de l'encéphale ou qui vont se répandre dans l'encéphale. La pie-mère est située au-dessous de l'arachnoïde, qui à son tour est revêtue par la dure-mère; elle manque dans certaines parties.

PIED (du latin, *pes*). On appelle ainsi la partie qui termine inférieurement les membres servant à la marche chez les animaux. Le pied s'articule avec la jambe à angle droit. Il se compose de trois parties principales : le *tarse*, qui s'articule avec la jambe par l'un des sept os qu'il renferme (l'*astragale*), lequel se repose sur le *calcanéum* qui constitue le talon ; le *métatarse*, qui a cinq os, et les *doigts* aussi au nombre de cinq. Les os du tarse et du métatarse forment, du côté interne du pied, une espèce de voûte, destinée à loger et à protéger les nerfs et les vaisseaux qui descendent de la jambe. Les muscles extenseurs du pied, qui forment la saillie du mollet, se fixent au calcanéum par un gros tendon appelé le *tendon d'Achille*. La dénomination de pied a été étendue au ventre sur lequel rampent certains mollusques (*gastéropodes*), ou au prolongement musculeux que plusieurs conchifères font sortir de leurs coquilles pour se déplacer.

PIED-BOT, difformité qui ne permet à l'individu qui en est atteint, lorsqu'il est debout, de ne toucher le sol qu'avec l'extrémité phalangienne, le bord externe ou le bord interne du pied. Suivant que la pointe du pied est déviée en bas, en dedans ou en dehors, le pied-bot reçoit les noms d'*équinus*, de *varus* ou de *valgus*. La cause des pieds-bots est l'inégalité dans les muscles, le relâchement des uns et le raccourcissement des autres, ce qui est ordinairement amené par des convulsions suivies de paralysies partielles. On voit souvent des enfants naître pieds-bots. On a dans ces derniers temps pratiqué heureusement contre cette difformité la section du tendon d'Achille.

PIED-PLAT, difformité consistant dans l'aplatissement de la plante du pied qui, dans l'état ordinaire, offre une surface concave, laquelle résulte de la disposition en voûte des os du tarse et du métatarse. Lorsque cette voûte, qui est destinée à loger et à protéger les nerfs et les vaisseaux du pied, n'existe pas, les nerfs sont comprimés par le poids du corps, et la marche ne peut être continuée longtemps sans douleur, ce qui rend les individus atteints de cette difformité impropres au service militaire.

PIED, mesure de longueur, qui était généralement usitée avant que le nouveau système de poids et mesures ne vînt lui substituer le mètre. Cette mesure a beaucoup varié suivant les pays et les époques. Chez nous, où on l'appelle *pied-de-roi*, parce que ce fut, selon quelques-uns, la longueur du pied de Charlemagne qui servit primitivement à en fixer l'étendue; il vaut 12 pouces ou 144 lignes, ou 324 millimètres 7 dixièmes. Le mètre qui l'a remplacé vaut 3 pieds 0 pouces 11 lignes 296 millièmes. — Les Grecs avaient deux pieds : le premier, le plus ancien, appelé encore *olympique*, valait 11 pouces 4 lignes 65 centièmes ou bien 30 centimètres 8,259 dix-millièmes ; le second, introduit dans l'Asie-Mineure et dans quelques provinces orientales de l'empire romain vers le 111e siècle avant J.-C., et connu sous le nom de *philétérien* (de Philétère, fondateur du royaume de Pergame, l'an 283 avant J.-C.) valait 1 pied 1 pouce 1 ligne 28 centièmes ou 33 centimètres 4,004 dix-millièmes. — Les Romains n'eurent qu'un pied qui valait 10 pouces 11 lignes 3 vingtièmes ou bien 29 centimètres 58,324 cent-millièmes. — Le *pied anglais* vaut 304 millimètres 7 dixièmes ; le *pied espagnol* 282 millimètres 6 ; le *pied du Rhin* ou *prussien* 313 millimètres 9 ; le *pied autrichien* 316 millimètres ; le *pied d'Amsterdam* 283 millimètres ; le *pied suédois* 297 millimètres 1 dixième ; le *pied russe* 354 millimètres 1 dixième ; le *pied chinois* 320 millimètres.

PIED. En poésie métrique, on appelle ainsi les divisions de la cadence d'un vers. Les anciens mesuraient leurs vers par demi-pieds dont chacun ne pouvait avoir plus d'une mesure, c'est-à-dire la longueur de la prononciation d'une syllabe longue ou de deux brèves. Ils comptaient 12 pieds simples, dont 5 seulement pouvaient être employés dans les vers, parce que seuls ils remplissaient les conditions voulues par les règles de l'harmonie. Ce sont le *spondée*, le *dactyle*, l'*anapeste* de deux mesures chacun, le *trochée* ou *chorée*, l'*iambe* et le *tribraque* d'une mesure une. La combinaison de l'iambe, du trochée, du spondée et d'un autre pied simple appelé *pyrique* deux à deux a donné sept autres espèces de pieds. — Dans nos vers français, qui ne sont pas métriques, nous nommons *pied* chaque syllabe d'un vers.

PIED (accept. divers.). On donne quelquefois les noms vulgaires de *pied-d'alouette* à la *dauphinelle*, *pied-de-lièvre* au *trèfle des champs* et à un *plantain*, *pied-de-veau* au *gouet maculé*. On nomme *pied-d'Alexandre*, la *pyrèthre* ; *pied-d'âne*, les *spondyles* ; *pied-de-bœuf*, le *bolet des bœufs* ; *pied-de-bouc*, l'*angélique sauvage*, le *mélampyre*, etc. ; *pied-de-colombe*, le *géranium* ; *pied-de-corneille*, un *plantain* ; *pied-d'oiseau*, un *ornithope*, une *astragale* et *clavaire* ; *pied-de-pélican*, un *strombe* ; *pied-de-poulain*, le *tussilage* ; *pied-de-poule*, la *renoncule rampante*, le *lamier blanc*, le *panic* ; *pied-de-lion*, l'*alchimille*. — On donne le nom de *pieds mâchoires* aux pattes de certains crustacés, lorsqu'elles sont placées tellement en avant qu'elles font partie de la bouche. L'écrevisse est dans ce cas. — On appelle *pied-de-chèvre*, une sorte de pince ou levier, dont une des extrémités a la forme d'un pied de chèvre. — *Pied-de-biche*, les pieds qui supportent les cafetières d'argent ou d'autres ouvrages de cette nature, et qui ont la forme d'un pied de biche. — *Pied-cormier*, en termes d'eaux et forêts, est un arbre laissé pour marque à l'extrémité d'un héritage, d'un arpentage, ou bien encore de longues pièces de bois qui font encoignure des pans de charpente.

PIED (accept. div.). En architecture, on nomme *pied-droit*, la partie du trumeau ou jambage d'une porte ou d'une croisée, qui comprend le bandeau ou chambranle, le tableau, la feuillure, l'embrasure de l'écoinçon ; *pied-de-fontaine*, une espèce de gros balustre ou piédestal rond ou à pans, quelquefois avec des consoles ou des figures, qui sert à porter une coupe, un bassin de fontaine, etc. ; *pied du mur*, la partie inférieure du mur, comprise depuis l'empatement du fondement jusqu'au-dessus, ou à hauteur de retraite ; *pied-de-chèvre*, une espèce de pièce de fer recourbée et refendue par le bout, dont les charpentiers, maçons, tailleurs de pierre et autres artisans se servent pour remuer les bois, pierres, etc. En termes de charpentiers, *pied-de-chèvre* se dit d'une troisième pièce de bois qui sert à en appuyer deux autres qui composent le montant de la machine qu'on appelle *chèvre*, et qui est propre à élever des fardeaux. Les cloutiers appellent *pied-d'étaple*, un instrument de fer pointu par en bas et enfoncé dans le bloc qui leur sert d'établi. Les horlogers et mécaniciens nomment *pied*, une petite cheville cylindrique fixée à une pièce qui doit tenir à vis sur une autre. Les teinturiers nomment ainsi la première couleur qu'on donne à une étoffe avant que de la teindre en une autre couleur.

PIÉDESTAL, base d'un ordre architectural, ou même de tout objet d'art et d'ornement. Considéré comme faisant partie d'un ordre auquel il emprunte son nom, le piédestal se compose d'une partie inférieure ornée de moulures et s'appelant le *socle*, d'un corps massif carré ou rond, reposant sur le socle et nommé *dé*, enfin d'une partie supérieure, enrichie de moulures saillantes et couronnant le dé. Elle s'appelle *corniche*. Le plus souvent on ne donne en hauteur au piédestal que le double de son épaisseur. Le bronze, le marbre, la pierre, le plâtre, le bois, etc., sont employés à la fabrication des piédestaux.

PIÉDOUCHE. On appelle ainsi, en sculpture, un piédestal de très-petite dimension, qui sert ordinairement de support à de petits objets tels que des bustes, des vases que l'on place sur lui. La forme qu'on lui donne est celle d'un grand cavot avec des moulures en haut et en bas. Un petit cartel destiné à recevoir une inscription accompagne toujours une de ses faces.

PIÉMONT, contrée de l'Italie, l'un des six pays qui composent le royaume de Sardaigne. Il est borné au N. et à l'O. par les Alpes, au S. par les Apennins, et à l'E. par le Tésin qui le sépare de la Lombardie, et par le duché de Parme. Sa superficie est de 1,800 lieues carrées, et sa population de 2,271,100 habitants. C'est un pays plat, fertile et agréable, situé au pied des montagnes, ce qui lui a fait donner le nom qu'il porte, et traversé dans toute sa largeur par le Pô, qui y reçoit un grand nombre de rivières très-poissonneuses, la Stura, la Sesia, le Tanaro et la Bormida. Il produit du blé, du riz, du seigle, de l'orge, du maïs, de la soie, du vin, des figues, des olives, des citrons, des limons, des oranges, des grenades, etc. On y trouve des mines d'or, d'argent, de cuivre et de fer, mal exploitées et d'un faible produit. Les forêts abondent en gibier, les bestiaux y sont très-nombreux. — L'histoire du Piémont se confond avec celle de l'Italie jusqu'à la féodalité. Il est possédé alors par les marquis de Suze, d'Ivrée, de Montferrat et de Saluces. Les comtes de Savoie, par leurs alliances avec les héritières de ces maisons, en devinrent maîtres, et, depuis cette époque, le Piémont fit partie du comté de Savoie, devenu en 1684 royaume de Sardaigne. Conquis en 1798 par les Français qui en furent chassés en 1799 par les Autrichiens, et qui y rentrèrent après la bataille de Marengo, réuni en 1801 à l'empire français, dans lequel il formait les départements de la *Doria*, de *Marengo*, de la *Stura*, du *Pô*, de la *Sesia* et du *Tanaro*, il fut rendu aux rois de Sardaigne en 1814, et forme aujourd'hui quatre gouvernements subdivisés en vingt et une provinces : TURIN, capitale de tout le pays et du royaume de Sardaigne, *Coni*, *Alexandrie* et *Novare*.

PIENNES (JEANNE DE HALLUYN, demoiselle DE), fille d'honneur de Catherine de Médicis, inspira une passion violente à François de Montmorency, fils aîné du connétable, que le roi Henri II voulait marier avec Diane, sa fille naturelle, veuve d'Hercule Farnèse, duc de Castro. Le pape Paul IV, qui avait dessein de faire épouser cette princesse à l'un de ses neveux, ne voulut point rompre la promesse de mariage faite par François de Montmorency à Mlle de Piennes; mais Henri II la fit mettre au couvent des Filles-Dieu à Paris (1557), et publia un édit qui déclarait nuls les mariages clandestins.

PIENZA, petite ville de Toscane, à 10 lieues de Sienne. Sa population est de 1,500 âmes. Ce n'était qu'un bourg appelé Corsini ou Corsiniano, lorsque le pape Pie II, qui en était originaire, y érigea un évêché suffragant de Sienne en 1462, et lui imposa son nom.

PIÉRIDES (myth.), filles de Piérus, roi de Macédoine, étaient neuf sœurs excellant dans la musique et la poésie. Fières de leur nombre et de leurs talents, elles osèrent aller défier les Muses jusque sur le Parnasse. Le combat fut accepté, et les nymphes de la contrée prononcèrent en faveur des Muses. Les Piérides, irritées de ce jugement, s'emportèrent en invectives et voulurent même frapper leurs rivales, lorsque Apollon les métamorphosa en pies. Les Muses prirent après leur victoire le surnom de *Piérides*.

PIÉRIDES, tribu d'insectes de l'ordre des lépidoptères (papillons), famille des diurnes, renfermant les genres *piéride*, *leptalis*, *leucophasie*, *pontie*, *euterpe*, *nathalis*, *zégris*, *anthocharis*, *rhodocère*, *idmais*, *thestias*, *eronie*, *iphias*, *callidryas*, *colias* et *térias*, tous formés du grand genre *piéride*, transformé actuellement en tribu. Cette tribu ne diffère des papilionides que par l'absence de toute concavité ou apparence d'échancrure au bord abdominal des ailes inférieures, et la manière dont ces organes reçoivent l'abdomen dans une sorte de gouttière. Les chenilles sont légèrement poilues et atténuées aux deux extrémités. Parmi les piérides, on distingue la *piéride du chou*, celle de la *rave*, celle du *navet*, etc.

PIÉRIE, portion de la Macédoine située au S.-E., le long du golfe Thermaïque, et bornée au N. et à l'O. par le fleuve Haliacmon, au S. par la Thessalie et à l'E. par la mer. La Piérie était traversée par le Piérus, chaîne de montagnes qui, située sur les confins de la Thessalie et de la Macédoine, se prolongeait du N. au S. parallèlement à la mer, et allait se joindre aux monts Cambuniens, Octolophes et Olympi. Elle était consacrée aux Muses, qui, en mémoire de leur ancien séjour dans ces lieux, portaient le nom de *Piérides*.

PIÉRIUS, montagne de Syrie, dans la Séleucide. Elle fait partie des monts Amanus qui séparent la Syrie de la Cilicie, et fut appelée ainsi par les Macédoniens en mémoire du mont Piérus en Macédoine.

PIERRE, nom que les minéralogistes donnent à toutes les substances minérales autres que les sels, les métaux et les bitumes, composées le plus souvent de silice, d'alumine et de chaux, contenant quelquefois de la magnésie, de la potasse, de la lithine, des oxydes de fer ou de chrome, quelquefois aussi des acides des substances combustibles, etc., et se présentant sous la forme de corps durs, sans éclat métallique, plus pesants que l'eau, mais moins pesants que la plupart des métaux.

PIERRE, nom vulgairement donné aux *calculs* qui se forment dans les divers organes du corps humain.

PIERRE D'AIGLE. Voy. AÉTITE.

PIERRE A AIGUISER. C'est un *grès siliceux* à grains fins, qui sert à aiguiser le fer et l'acier.

PIERRE D'AZUR, nom vulgaire du *lapis lazuli* ou *lazulite*.

PIERRE A BATIR. On appelle ainsi toutes les roches calcaires ou autres qui s'emploient dans les constructions.

PIERRE A CAUTÈRE, nom donné à la potasse caustique, que la médecine emploie pour établir des exutoires sur les personnes qui en ont besoin.

PIERRE DE CHARPENTIER, schiste argileux, noir et tendre, dont les menuisiers, les charpentiers et autres artisans se servent pour tracer des lignes.

PIERRE-DE-CHAT, nom vulgaire du *quartz fétide*.

PIERRE A CHAUX, nom vulgaire du *calcaire*.

PIERRE A DÉTACHER, argile marneuse absorbant les corps gras, et dont on se sert pour cette raison pour enlever les taches.

PIERRE DOUCE. Les ouvriers qui polissent les métaux donnent ce nom aux différents grès ou schistes qu'ils emploient.

PIERRE D'ÉMERI. C'est le *corindon ferrifère*.

PIERRE A FAUX, grès houiller, quartz micacé, schistes qui servent à affûter les instruments tranchants.

PIERRE A FILTRER, liais de Paris. On nomme encore ainsi divers grès.

PIERRE DE FOIE, calcaire qui, frappé, répand une odeur d'hydrogène sulfuré.

PIERRE A FUSIL, variété de *silex* connue encore sous le nom de *pyromaque*, et de laquelle on tire du feu par la percussion.

PIERRE-GARIN, nom vulgaire d'une espèce d'oiseau de l'ordre des palmipèdes, de la famille des longipennes et du genre sterne ou hirondelle de mer.

PIERRE HYDROPHANE, silex qui devient transparent lorsqu'il a séjourné quelque temps dans l'eau.

PIERRE DES INCAS ou MIROIR DES INCAS, nom donné à des pyrites taillées en plaques trouvées au Pérou, et à des obsidiennes dont les Péruviens se servaient comme de miroirs.

PIERRE INFERNALE, nom vulgaire que l'on donne au nitrate d'argent employé par la médecine comme caustique, pour brûler certaines excroissances charnues et hâter la cicatrisation des plaies.

PIERRE D'ITALIE, schiste argileux à grains serrés, dont on se sert pour le dessin.

PIERRE DE LIAIS, variété du calcaire grossier des environs de Paris. Son grain est fin et dépourvu de cavité. On le distingue en *liais dur*, *liais férault* et *liais tendre*.

PIERRE LITHOGRAPHIQUE, calcaire compacte du terrain jurassique.

PIERRE LUMACHELLE, marbre composé de la réunion d'un grand nombre de coquilles bivalves ordinairement brisées.

PIERRE MEULIÈRE, nom donné 1° à certains grès, 2° à des porphyres cellulaires, 3° au silex molaire des environs de Paris. Toutes ces pierres sont employées pour meules.

PIERRE NÉPHRÉTIQUE. On a donné ce nom au jade néphrite, parce qu'en Orient on lui attribue la propriété de calmer les coliques néphrétiques.

PIERRE NUMISMALE. On a donné ce nom à certaines coquilles fossiles, à cause de leur peu d'épaisseur et de leur forme arrondie. Le nom scientifique est *nummulites*.

PIERRE OLLAIRE, variété de talc assez tendre pour pouvoir être travaillée au tour comme la terre glaise et pour servir à la fabrication de diverses espèces de poteries. C'est surtout en Angleterre et en Italie qu'elle est employée à cet usage.

PIERRE A PLATRE, nom vulgaire du *gypse*.

PIERRE PHILOSOPHALE, nom sous lequel on connaît le secret de faire de l'or par la transmutation des métaux, secret qui était toute la base de la science alchimique, et dont la découverte a occupé vainement tous les savants du moyen âge. Les uns cherchaient la pierre philosophale dans la rosée longtemps exposée au soleil, les autres dans les métaux et surtout le mercure privés de leur soufre, ou bien encore dans le soufre séparé des métaux.

PIERRE PONCE, roche volcanique appelée aussi *pumile*, et servant à polir l'or, l'argent et les bois.

PIERRE A RASOIRS. On appelle ainsi ces *schistes* jaunes, à grains très-fins, dont les couteliers se servent avec de l'huile pour aiguiser les instruments en acier, et en particulier les rasoirs. Il paraît, d'après le nom de *pierre du Levant* qu'elle porte encore, que cette substance se tirait autrefois exclusivement du Levant; cependant la province de Liége, la Belgique et les environs de Nuremberg en fournissent abondamment de commerce.

PIERRE DE TAILLE, nom attribué à toutes les roches qui peuvent être employées aux constructions.

PIERRE DE TOUCHE, nom que les essayeurs d'or donnent à la roche scientifiquement appelée *phtanite* ou *silex schisteux*, à l'aphanite ou trappoir, et même au jaspe, enfin à toute substance assez dure pour que l'or y laisse une trace lorsqu'on vient à la frotter avec le lingot qu'il faut essayer.

PIERRE TRAVERTINE, travertin calcaire, concrétionné, compacte et cellulaire que les Romains appelaient *tophus*, et dont il existe de vastes carrières au S. de Tivoli. Les principaux monuments de Rome antique et la coupole de Saint-Pierre ont été bâtis avec ce calcaire depuis longtemps recherché pour les constructions, à cause de sa légèreté.

PIERRE (Saint), prince des apôtres, était natif de Bethsaïde, et s'appelait primitivement SIMON. Il demeurait à Capharnaüm, gagnant sa vie au métier de pêcheur avec son frère André, lorsque Jésus-Christ les appela à lui pour le suivre. Simon ayant le premier de tous les disciples cru à la divinité du Messie, Jésus-Christ le choisit dès lors tacitement pour le chef de son Eglise, et lui donna le nom de *Céphas*, qui en syriaque signifie pierre, par allusion au choix qu'il faisait de lui pour fondement de son Eglise future. Pierre suivit le Sauveur au jardin des Oliviers, et coupa, pour le défendre, l'oreille d'un serviteur du grand prêtre, nommé Malchus. Il l'accompagna ensuite chez Caïphe, où il renia son maître par trois fois, comme il lui avait été prédit. Dévoué à la prédication de l'Evangile, il fit une si grande quantité de conversions que le roi Hérode Agrippa le fit jeter en prison. Il en fut délivré par un ange. Après avoir fondé l'église d'Antioche et prêché l'Evangile en Cappadoce, dans le Pont, etc., saint Pierre alla (42 de J.-C.) fonder l'église de Rome, dont il fut le premier évêque. De là il revint à Jérusalem, où il assista au premier concile. De retour à Rome en 65, il y termina sa mort par le martyre (66). Saint Lin lui succéda dans l'épiscopat de Rome. On représente ordinairement saint Pierre avec un coq ou tenant des clefs. Sa fête se célèbre avec celle de saint Paul, le 29 juin.

PIERRE D'ALEXANDRIE (Saint), successeur de Théonas sur le siège d'Alexandrie, eu 300 de J.-C., était regardé comme l'un des prélats les plus illustres de son temps. Il souffrit le martyre. en 311, dans la persécution de Dioclétien et de Maximien. Pendant son épiscopat, il avait composé des *Canons pénitentiaux*, un livre *de la Divinité* et plusieurs homélies. Théodoret nous a, dans le quatrième livre de son histoire, conservé quelques *lettres* de lui.

PIERRE D'ALCANTARA (Saint), fils d'Alonso Garavito, gouverneur de Murcie, de Villela, de Sanabria et d'Alcantara, naquit dans cette ville en 1499, prit en 1515 l'habit de Saint-François, et devint un modèle de pénitence et de mortifications. Provincial de son ordre en 1538 et en 1542, il établit en 1554 la réforme des conventuels ou nouveaux observantins, et mourut en 1562. Il fut béatifié par Grégoire XV en 1622, et canonisé par Clément IX en 1669.

PIERRE CHRYSOLOGUE (Saint), archevêque de Ravenne vers l'an 433, et mort en 452, se distingua par son attachement à la foi orthodoxe. Ses *Discours* ou *Homélies*, au nombre de cent soixante-seize, lui ont valu le surnom de *Chrysologue* (parole dorée). Saint Germain d'Auxerre mourut entre ses bras dans son voyage en Italie.

PIERRE NOLASQUE (Saint). Voy. Nolasque.

PIERRE. Quatre rois d'Aragon ont porté ce nom. Le premier fut proclamé dans le camp devant la ville d'Huesca en 1094, après la mort de Sanche-Ramire, son père. Il s'empara d'Huesca, en 1096, après avoir gagné la bataille d'Alcaraz : ce succès fut suivi de la prise de Barbastro et de plusieurs autres avantages considérables. Pierre Ier mourut en 1104. Son successeur fut Alphonse, son frère, surnommé *le Batailleur*. — Pierre II, fils d'Alphonse Ier, lui succéda en 1196. Il s'unit à Alphonse IX, roi de Castille, pour faire la guerre à la Navarre. Mais le principal fait d'armes de son règne est la bataille de Las Naves de Tolosa (1212), dans laquelle, aidé des rois de Navarre et de Castille, il battit complètement les Maures. Venu au secours de Raymond, comte de Toulouse, dans la guerre des albigeois, il fut défait et tué à la bataille de Muret en 1213. Son fils, encore mineur, D. Jacques Ier, lui succéda. — Pierre III, surnommé *le Grand*, né en 1239, succéda en 1276 à Jacques Ier, son père, et voulut s'emparer du royaume de Sicile, parce qu'il avait épousé Constance, fille de Mainfred, le dernier roi, détrôné par Charles d'Anjou. On le soupçonna d'avoir organisé l'horrible massacre des Vêpres siciliennes. Irrité de ses succès, le pape Martin IV l'excommunia, mit ses Etats en interdit, et donna l'investiture de l'Aragon à Charles de Valois, fils de Philippe le Hardi. Ce prince envahit l'Aragon avec 100,000 hommes; mais ses succès furent éphémères. Pierre III obtint l'absolution des censures qu'il avait encourues, et mourut en 1285, laissant le trône à son fils Alphonse III. — Pierre IV, surnommé *le Cérémonieux*, né en 1319, succéda en 1336 à son père Alphonse IV, et s'unit aux rois de Navarre et de Castille pour combattre les Maures. Les troubles de la Sardaigne et ses démêlés avec le roi de Castille Pierre le Cruel l'occupèrent pendant une grande partie de son règne. Il dépouilla Jacques II, roi de Majorque, et réunit à ses Etats les îles Baléares et le Roussillon (1343). Il introduisit les armées mercenaires en Aragon (1383), et mourut en 1387, laissant le trône à son fils Jean Ier.

PIERRE. Deux ducs de Bretagne ont porté ce nom. Le premier, surnommé *Mauclerc*, était fils de Robert, comte de Dreux, et arrière-petit-fils de Louis le Gros. Son mariage avec Alix de Bretagne, héritière de ce duché (1213), le créa duc de Bretagne. Pierre Mauclerc entra dans la ligue contre Blanche de Castille pendant la minorité de saint Louis, prit la croix en 1240 et suivit saint Louis en Egypte. Il mourut en revenant en France (1250). Son fils Jean Ier lui succéda. — Pierre II, duc de Bretagne, fils de Jean V, succéda en 1450 à François Ier, son frère, et mourut en 1457, laissant le trône à son oncle, Arthur III, comte de Richemont Il n'a rien fait de remarquable.

PIERRE LE CRUEL, roi de Castille, né à Burgos en 1334, succéda en 1350 à son père Alphonse XI. Ses cruautés excitèrent la révolte des grands. Pour se venger, il fit tuer Eléonore de Guzman, que son père avait épousée secrètement et dont il avait eu dix enfants; Frédéric, fils d'Eléonore; don Juan, son cousin; Eléonore, ancienne reine d'Aragon, réfugiée en Castille; ses deux plus jeunes frères, Jean, âgé de dix-huit ans, et Pierre, âgé de quatorze; Blanche de Bourbon, son épouse, qu'il avait abandonnée pour Marie de Padilla, et qui depuis huit ans était prisonnière. Ces crimes amenèrent sa chute. Henri, comte de Traustamare, l'ainé des fils d'Alphonse XI et d'Eléonore de Guzman, secouru par l'armée française aux ordres de du Guesclin, par les rois d'Aragon et de Navarre, fut proclamé roi (1366). Rétabli par le prince Noir en 1367, Pierre le Cruel fut battu par son frère à la bataille de Montiel et tué traîtreusement par lui dans la tente de du Guesclin (1369).

PIERRE DE COURTENAY, empereur de Constantinople, était fils de Pierre de Courtenay, frère de Louis VII et troisième fils de Louis VI. Il accompagna Philippe-Auguste à la croisade de 1190, et se distingua à Bouvines (1214). Il fut appelé au trône de Constantinople à la mort de Henri Ier, son frère de Baudoin (1216). Trahi d'abord par les Vénitiens et ensuite par Théodore Lange, de la famille des Comnène, il fut pris par ce dernier et mis à mort en 1219, après deux ans de captivité.

PIERRE, surnommé *l'Allemand* à cause de sa prédilection pour cette nation, roi de Hongrie, succéda en 1038 à son oncle Etienne Ier. Ses cruautés et ses débauches l'ayant rendu odieux à son peuple, et surtout aux grands qu'il avait dépouillés de leurs emplois pour les donner à des étrangers, il fut forcé de céder le trône à Aba, beau-frère d'Etienne. Il y remonta en 1044 avec le secours de l'empereur Henri III. Mais une nouvelle conspiration dont le chef était André, prince du sang royal de Hongrie, éclata contre lui. Surpris par André, il eut les yeux crevés et fut jeté dans une prison, où il mourut au bout de trois jours, en 1047.

PIERRE. Deux rois de Portugal ont porté ce nom. Le premier, surnommé *le Cruel* et *le Justicier*, né à Coïmbre en 1320, épousa secrètement Inez de Castro, après avoir perdu sa première femme, Constance de Castille. Cette princesse tomba sous les coups d'assassins envoyés par son père Alphonse IV (1355). Don Pedro fit semblant de leur pardonner; mais, ayant succédé à son père en 1357, il les réclama du roi de Castille et les fit cruellement supplicier. Il mérita le nom de *Justicier* par l'inexorable sévérité avec laquelle il réprima la turbulence de la noblesse. Il se fit aimer par sa bienfaisance, diminua les charges publiques, et laissa en mourant (1367) le trône à son fils aîné Ferdinand Ier.
— Pierre II, roi de Portugal, troisième fils de Jean IV, né en 1648, fit déclarer son frère Alphonse incapable de régner, et casser son mariage avec Marie de Savoie. Devenu régent, ce prince, déjà l'amant de sa belle-sœur, se fit autoriser par le pape à l'épouser. Il monta sur le trône à la mort d'Alphonse en 1683, et l'occupa jusqu'en 1706, époque de sa mort. Jean V, son fils, lui succéda.

PIERRE. Trois tzars russes ont porté ce nom. — Pierre Ier Alexiévitch, surnommé *le Grand*, naquit en 1672. Il était fils d'Alexis Michaélovitch, et n'avait que dix ans lorsque les boyards l'appelèrent à remplacer Féodor, son frère ainé, au préjudice d'Ivan, son second frère, faible de corps et d'esprit. Les strélitz, excités par la princesse Sophie, sa sœur, à la révolte, le forcèrent de partager le trône avec Ivan, dont la mort le laissa seul maître de la Russie en 1696. Méditant le projet de civiliser son peuple, Pierre parcourut l'Europe en simple particulier, fut compagnon charpentier à Saardam (Hollande), sous le nom de Peter Michaëlof, attira en Russie tous les arts, et parvint à dissiper les ténèbres qui enveloppaient cette contrée. Elle lui dut une infanterie de 100,000 hommes, une marine de 40 vaisseaux et 400 galères, une police excellente, des collèges, des imprimeries, une bibliothèque royale, des règlements ecclésiastiques et civils aussi sages qu'utiles, la création des ordres de Saint-André, de Saint-Alexandre Nevski, de Sainte-Catherine. A son retour en Russie (1699) commença la guerre avec la Suède, dans laquelle Pierre, vaincu d'abord par Charles XII, finit par le battre complètement à Pultawa (1709); et ensuite la guerre contre les Turcs, terminée heureusement par les négociations de sa seconde femme, la célèbre Catherine. Il fit ensuite un second voyage en Europe (1715), et retourna en Russie en 1717. Une paix conclue avec la Suède (1721) lui céda la Livonie, l'Esthonie, l'Ingermanie, la moitié des provinces de Carélie et de Viborg. Il mourut en 1725. Les services qu'il rendit à sa patrie lui méritèrent le nom de *Grand*; mais sa cruauté est une tache à sa mémoire, et l'histoire lui reproche la mort de son fils Alexis Pétrovitch, qu'il fit condamner à mort par des juges en 1718, pour avoir quitté la Russie sans son ordre. Catherine, sa femme, lui succéda. — Pierre II, empereur de Russie, né en 1714, était fils d'Alexis Pétrovitch et petit-fils de Pierre le Grand. Déclaré grand-duc en 1726, il succéda en 1727 à l'impératrice Catherine, femme de son aïeul, et mourut de la petite vérole en 1738. Le seul événement remarquable de son règne fut la disgrâce du célèbre Menzicoff. Anne Ivanowna lui succéda. — Pierre III, empereur de Russie, né en 1728, était fils de Charles-Frédéric, duc de Holstein - Gottorp, et d'Anne Pétrowna, fille ainée de Pierre le Grand. Déclaré grand-duc en 1742 et désigné par Elisabeth, sa tante, comme son successeur, il refusa la couronne de Suède, épousa en 1745 Catherine, sa cousine, et monta sur le trône en 1762, après la mort d'Elisabeth. Les commencements de son règne furent assez heureux ; mais des réformes prématurées et des desseins d'introduire le protestantisme en Russie lui aliénèrent les cœurs de tous ses sujets qui, soulevés par l'impératrice, le déposèrent le 6 juillet 1762 et proclamèrent cette princesse sous le nom de Catherine II. Pierre III mourut en prison sept jours après.

PIERRE, comte de Savoie, surnommé *le petit Charlemagne* à cause de ses qualités brillantes, de la beauté de son caractère, de sa valeur, était le septième fils du comte Thomas Ier, et n'avait reçu en apanage le comté de Romont. A la mort de son neveu Boniface le Roland (1263), il fut appelé à lui succéder par les états généraux du comté de Savoie par les états généraux. Il reçut de l'empereur Richard le titre de vicaire général de l'empire, avec l'investiture des duchés de Chablais et d'Aoste, et mourut en 1268, laissant le trône à Philippe Ier.

PIERRE. Deux rois de Sicile ont porté ce nom. Le premier il régna de 1282 à 1285. C'est le même que Pierre III, roi d'Aragon. — Pierre II, roi de Sicile, succéda en 1337 à son frère Frédéric Ier. Son règne ne dura que cinq ans, et, pendant ce court espace de temps, il se fit haïr de ses sujets par ses mauvaises qualités. Ses voisins se disposaient à profiter de la révolte qui troublait son royaume, lorsqu'il mourut en 1342, laissant un fils en bas âge, nommé Louis, qui régna sous la tutelle du duc de Randazzo, son oncle.

PIERRE DE MÉDICIS. Deux ducs de Toscane ont porté ce nom. — Le premier succéda en 1464 à son père Cosme de Médicis, et mourut en 1472, laissant ses Etats à ses deux fils, Laurent le Magnifique et Julien.
— PIERRE II DE MÉDICIS. Voy. MÉDICIS.

PIERRE DE BLOIS, ainsi nommé de la ville où il naquit vers le milieu du XIIe siècle, eut pour maître Jean de Salisbury, et fut envoyé en Sicile vers l'an 1167, pour y être précepteur, puis secrétaire du roi Guillaume II. Il refusa l'archevêché de Naples, quitta la Sicile en 1169, et se retira en Angleterre, où la reine Eléonore le prit pour son secrétaire. Archidiacre de Bath, puis évêque de Londres, il mourut vers l'an 1200. Pierre de Blois se distingua dans l'Eglise par sa science et sa vertu. Il nous reste de lui cent quatre-vingt-trois *lettres*, soixante-cinq *discours* et dix-sept *opuscules* sur différents points du dogme catholique. On lui doit aussi la continuation de l'histoire de l'abbaye de Croyland. Il la prit à l'an 1091, où Ingulphe l'avait laissée, et la continua jusqu'en 1118.

PIERRE COMESTOR, c'est-à-dire le *Mangeur*, surnom dont l'origine est inconnue, né à Troyes, chanoine et doyen de la cathédrale de Troyes, puis chancelier de l'Eglise de Paris en 1164, et chargé par elle de l'école de théologie. Il abandonna tous ses bénéfices pour se retirer sur la fin de ses jours dans l'abbaye de Saint-Victor, dont il prit l'habit et où il mourut en 1198, après avoir nommé les pauvres ses héritiers. Pierre Comestor est regardé comme un des plus grands théologiens de son temps. Nous avons de lui une *Histoire scolastique*, résumé, partie historique, partie dogmatique, de l'histoire sainte, depuis la Genèse jusqu'aux Actes des apôtres, cinquante et un *discours*, un *poëme* sur l'immaculée conception de la Vierge.

PIERRE DAMIEN, né à Ravenne au commencement du XIe siècle, après avoir enseigné avec réputation, se retira près d'Eugubbio au monastère de Sainte-Croix d'Avellane, dont il devint prieur, puis abbé. Etienne IX le fit cardinal et évêque d'Ostie en 1057, et l'employa dans les affaires de la cour de Rome. Envoyé dans plusieurs légations, il mourut en 1073 à soixante-six ans. On a de lui huit livres de *lettres*, soixante-quinze *sermons*, soixante *opuscules*, des *prières*, des *hymnes*, des *proses*. On trouve dans ses ouvrages une érudition variée, et ils sont fort utiles pour la connaissance de l'histoire ecclésiastique du XIe siècle.

PIERRE L'ERMITE, chevalier français, né à Amiens en Picardie vers le milieu du XIe siècle, perdit sa femme, et quitta alors la vie des armes pour la vie religieuse. Il entreprit en 1093 le pèlerinage de la Palestine. Touché des maux qu'y souffraient les chrétiens, il retourna en Europe, raconta une vision qu'il avait eue sur le tombeau de Jésus-Christ, et détermina le pape Urbain II à la prédication de la première croisade. Pierre l'Ermite prit lui-même le commandement de la première armée, qui se mit en marche pour l'Orient. Cette armée, qui avait encore pour chef Gautier sans Avoir, fut de 40,000 hommes réduite à 3,000 par les Turks et la maladie. Après la prise de Jérusalem (1099), Pierre l'Ermite retourna en Picardie, et mourut en 1115 dans le monastère de Neumoutier près d'Huy, dont il était le fondateur.

PIERRE LOMBARD. Voy. LOMBARD.

PIERRE DE POITIERS, né à Poitiers sous le règne de Louis VI, fut l'un des plus zélés disciples de Pierre Lombard. Il succéda à Pierre Comestor dans la chaire de théologie de l'université de Paris en 1169, et mourut en 1205, chancelier de l'Eglise de Paris. Nous avons de lui cinq livres des *sentences*, des *sermons*, des *allégories*, etc. — Il ne faut pas le confondre avec PIERRE DE POITIERS, religieux de l'ordre de Cluny, secrétaire de Pierre le Vénérable (1134) et grand prieur de Cluny. Il est auteur de *poésies latines*, de *lettres* et de divers *opuscules* en prose.

PIERRE LE VÉNÉRABLE, natif d'Auvergne, était de la famille des comtes de Montboissier, le septième de huit enfants mâles dont un seul resta laïque. Il se fit religieux à Cluny, devint prieur de Vézelay et ensuite abbé de Cluny en 1121, à l'âge de vingt-huit ans. Il reçut le pape Innocent II (1130), donna un asile à Abailard, combattit les erreurs des pétrobusiens, et mourut en 1156. On a de lui six livres de *lettres*, des *proses*, *vers* et *hymnes*, plusieurs *traités*, des *sermons*, etc.

PIERRE DES VIGNES, né à Capoue vers la fin du XIIe siècle d'une famille pauvre, obtint un grand crédit auprès de l'empereur Frédéric II, qui le nomma son chancelier. Accusé à tort ou à raison d'avoir voulu empoisonner son maître, Pierre des Vignes eut les yeux crevés, et fut enfermé dans une prison où de désespoir il se brisa la tête contre les murs (1246). C'est à ce chancelier que l'on doit la rédaction des lois du royaume de Naples.

PIERRE (SAINT-), île de l'océan Atlantique, située dans les parages de Terre-Neuve près de la petite Miquelon, avec une rade large et commode, et une population de 1,000 habitants. Elle appartient à la France depuis 1816. Elle renferme la ville de SAINT-PIERRE, chef-lieu du gouvernement. Voy. MIQUELON.

PIERRE (SAINT-), petite ville, l'une des deux capitales de la Martinique, dans une anse circulaire sur la côte occidentale de l'île, à 7 lieues de Fort-Royal. Cette ville, la première bâtie de l'île et l'une des plus commerçantes des Antilles, avait 30,000 habitants avant le tremblement de terre qui, en 1839, renversa une partie de ses édifices et diminua sa population.

PIERRE AUX LIENS (SAINT-), célèbre église de Rome, bâtie en 439 par l'impératrice Eudoxie, femme de Valentinien III, pour y garder une des chaînes dont saint Pierre avait été lié dans la prison d'Hérode à Jérusalem, et celle dont il avait été chargé à Rome. Eudoxie institua en même temps une fête qui se célèbre encore le 1er d'août. L'église de Saint-Pierre aux Liens est maintenant un titre de cardinal.

PIERRE-ENCISE, château fort situé sur un rocher qui domine la rive droite de la Saône à Lyon. Il y servait jadis de prison d'Etat. Ce fut là que furent enfermés le malheureux Cinq-Mars et le président Dupaty. Ce château a été démoli en 1793.

PIERRE-PERTUIS, passage qui fait communiquer la vallée de Lonzebos avec celle de Munster, dans le canton de Berne, sur la frontière de la France. Il est taillé dans le roc près de la source de la Birse et du village de Tavanne, à 3 lieues N.-O. de Bienne, formé de la nature et agrandi par l'art, comme l'annonce une inscription romaine.

PIERRERIES. C'est ainsi que l'on appelle les pierres précieuses lorsqu'elles ont été travaillées. Le nom de *pierres précieuses* s'applique à certaines substances minérales, dont l'éclat et la rareté font tout le prix. En première ligne, on range le *diamant*, qui n'est autre que le carbone pur. Puis viennent l'*opale*, pierre transparente et de couleur laiteuse, qui est une espèce de quartz; le *grenat*, pierre rouge très-employée en joaillerie, qui est aussi une espèce de quartz; les plus transparentes s'appellent *escarboucles*. Les plus communes de toutes les pierres précieuses sont pour base le zircone (*hyacinthe*), ou l'alumine (toutes les espèces de corindon, telles que les rubis, topaze, émeraude, saphir, améthyste).

PIERRIER, petite pièce d'artillerie d'une demi-livre de balles, ou d'un boulet d'une livre. On s'en sert principalement sur les vaisseaux. — C'est aussi une espèce de mortier avec lequel on jette des pierres au retranchement ou tout autre ouvrage militaire.

PIERROT, nom vulgaire du *moineau*.

PIERROT, l'un des personnages de la comédie italienne, le *pedrolino* des Italiens. Son costume est une veste à manches longues et larges, boutonnée devant par une rangée de gros boutons, un rabat et un chapeau placé sur l'oreille. Le rôle de Pierrot est celui d'un valet niais, ingénu, amoureux de Colombine.

PIERRURES, nom donné aux parties semblables à de petites pierres, qui forment la fraise placée autour des meules de la tête du cerf, du daim et du chevreuil.

PIERSON (Jean), critique estimable, né dans la Frise en 1731, mort en 1759, avait été recteur du gymnase de Leeuwarden à vingt-quatre ans, et s'était fait connaître par ses *Verisimilium libri II*, ouvrage dans lequel il propose diverses corrections et conjectures pour la restitution du texte des classiques grecs et latins.

PIES, nom d'un ordre de chevaliers institué en 1560 par le pape Pie IV, pour porter le pape lorsqu'il sortait en public. On les appelait encore les *chevaliers dorés*, parce qu'ils portaient l'épée et les éperons dorés.

PIÉTÉ, sentiment religieux qui nous porte à l'accomplissement d'un devoir moral et surtout religieux. — Les anciens avaient personnifié la Piété. On lui avait élevé un temple dans la neuvième et un autre dans la onzième région de Rome. Acilius Glabrion est le premier qui lui ait érigé un temple. Elle se voit souvent sur les médailles sous les traits d'une femme qui sacrifie, tenant d'une main une cassolette fumante, qu'elle élève vers le ciel, et de l'autre une corne d'abondance qu'elle présente à des enfants.

PIÉTERS (Gérard), peintre de l'école hollandaise, né à Amsterdam vers l'an 1580, fut l'élève de Cornelius Cornelissens, voyagea en Italie, et de retour dans sa patrie, y peignit avec succès le portrait en petit des familles, des assemblées ou des conversations. On ignore l'époque de sa mort. Ses élèves furent Pierre Lastman et Govarts.

PIÉTERS (Bonaventure), peintre de l'école flamande, le meilleur de son temps pour les marines, né à Anvers en 1614, mort en 1652, a laissé un grand nombre de tableaux. — Son frère, JEAN PIÉTERS, né à Anvers en 1625, cultiva le même genre de peinture et y réussit aussi bien. — Il ne faut pas les confondre avec le peintre d'histoire PIÉTERS, qui, né à Anvers en 1648, fut l'élève de Pierre Eykens, et passa sa vie en Angleterre à peindre des draperies dans les tableaux des autres.

PIÉTISTES, sectaires appelés aussi *séparalistes*, parce qu'ils sont également séparés de l'Eglise catholique et des deux communions protestantes. Ils s'établirent au commencement du XVIIIe siècle à Bischwiller, près de Strasbourg (Bas-Rhin), où ils ont continué de professer leur croyance, dont le chef est, au dire de tous les historiens, le docteur Spener de Francfort. Les piétistes, quoique reconnaissant la divinité de Jésus-Christ, n'admettent aucune cérémonie religieuse, ni d'autre autorité dans l'interprétation des saintes Ecritures que celle de l'inspiration. Dans leurs réunions, c'est celui qui est inspiré qui parle et instruit ses frères. Egaux entre eux, ils n'ont ni chefs ni prêtres. Le père de famille est le précepteur de ses enfants.

PIETRO DE CORTONE, peintre et sculpteur, l'un des plus célèbres artistes du XVIIe siècle, né à Cortone (Toscane) en 1596, s'appelait *Pierre Berettini*. Elève de Baccio Carpi et d'Andrea Commodi, il acquit bientôt une grande réputation, décora le plafond de la grande salle du palais Barberini et ceux du palais Pitti, fut fait chevalier de l'Eperon d'or par Alexandre VII, et mourut en 1669 à Rome.

PIETTE, espèce du genre harle. C'est un oiseau de la grosseur du canard, habitant les contrées boréales des deux mondes. Il a les parties supérieures du corps mélangées de noir et de blanc, les parties inférieures d'un blanc pur, ainsi que le cou, les scapulaires et les petites couvertures des ailes. Une houppe blanche et flottante orne la tête du mâle, une tache d'un noir verdâtre entoure son œil. La piette niche sur le bord des lacs et des marais.

PIÉZATES, nom sous lequel l'entomologiste Fabricius désigne les insectes que Linné et les autres naturalistes ont appelés hyménoptères.

PIGALLE (Jean-Baptiste), célèbre sculpteur, né à Paris en 1714. Mis dès l'âge de huit ans chez le sculpteur Robert le Lorrain, d'où il passa dans l'atelier de Lemoine et dans celui de Coustou. Après avoir vainement concouru pour le grand prix, il partit presque découragé pour l'Italie, dont il étudia les chefs-d'œuvre pendant plus de trois ans. De retour en France, il fut reçu à l'académie et décoré de l'ordre de Saint-Michel. Il mourut en 1785. Ses meilleurs ouvrages sont un *Mercure*, une *Vénus*, la statue pédestre de *Louis XIV* et le tombeau du *maréchal de Saxe*.

PIGAMON, genre de la famille des renonculacées, tribu des anémonées, renfermant des plantes herbacées vivaces, à feuilles alternes, engaînantes à la base, très-rarement entières, aux fleurs nombreuses, étalées en corymbes ou en larges panicules. On en connaît environ cinquante espèces, parmi lesquelles près de vingt croissent naturellement en France. Les plus connues sont le *pigamon à feuilles d'ancolie*, vulgairement appelé *colombine à plumeau*, aux racines fibreuses, grosses, fasciculées, produisant plusieurs tiges cylindriques, glauques, hautes de deux à cinq pieds, garnies de feuilles d'un vert gai en dessus, aux fleurs rosées ou purpurines. On la cultive dans les jardins. Le *pigamon jaunâtre*, vulgairement appelé *rue des prés*, *fausse rhubarbe*, plante qui croît dans les fossés, les prés et les terrains marécageux, et dont les fleurs sont jaunâtres. On extrait de ses racines un suc assez amer que l'on employait autrefois en guise de rhubarbe. On la regardait aussi comme diurétique, apéritive, etc.

PIGANIOL DE LA FORCE (Jean-Aymar), savant historien et géographe, né d'une famille noble en Auvergne en 1673, mort à Paris en 1753, a laissé plusieurs ouvrages. Les principaux sont une *Description historique et géographique de la France*, une *Description de Paris*, un *Voyage en France*. Piganiol a aussi travaillé avec l'abbé Nadal au journal de Trévoux.

PIGAULT-LEBRUN (Guillaume-Charles-Antoine), romancier et auteur dramatique, né en 1753 à Calais d'une famille de magistrats, mort en 1835. Il s'est surtout adonné au roman bouffon et trivial. Les plus connues de ses productions sont *Monsieur Botte*, *l'Enfant du carnaval*, *les Folies espagnoles*, *les Barons de Felsheim*, dans lesquels il ne respecte ni la religion ni les mœurs. On lui doit aussi une *Histoire de France abrégée, à l'usage des gens du monde*.

PIGEONS, famille d'oiseaux de l'ordre des gallinacés, formant le passage de cet ordre à celui des passereaux, et divisée en trois genres : les *colombes* ou *pigeons proprement dits*, les *colombars* et les *colombigallines*. Voy. COLOMBE, BISET, RAMIER, TOURTERELLE.

PIGEONNEAUX, nom que l'on donne aux jeunes pigeons.

PIGEONNIER, édifice destiné à loger les pigeons. Ce mot, synonyme de *colombier*, avait, sous le régime de la féodalité, une valeur différente. Il était l'apanage du vilain, au lieu que le colombier était celui du noble. Pour avoir le droit de posséder un pigeonnier, il ne fallait avoir que trente-six arpents de terre en pleine culture, tandis qu'il n'y avait que les seigneurs hauts justiciers qui pussent faire construire des colombiers sur leurs domaines. Le pigeonnier n'était qu'une espèce de la terre ronde ou carrée, supportée par des piliers au milieu des basses-cours. Le colombier était une tourelle construite en pierres.

PIGNATELLI, célèbre et ancienne famille de Sicile. On en fait remonter la source à Gisulphe, l'un des seigneurs normands qui aidèrent Roger à la conquête de la Sicile. Le plus connu de ses descendants est FRANCISCO PIGNATELLI, de la branche des princes de Strongoli, né à Naples en 1732, confident de Ferdinand, roi de Naples, gouverneur des Calabres et puis de Naples, capitaine général chargé de toute la police du royaume en 1789, vicaire général du royaume en l'absence du roi, qu'il trahit pour Joseph Bonaparte, et mort en 1812.

PIGNE, fruit du *pin*. C'est un cône ou strobile constitué par l'agrégation des écailles du calice, allongées après la floraison, et devenues dures, ligneuses, serrées, étroitement appliquées les unes contre les autres, et terminées par une partie plus renflée. A la base de chaque écaille se voient deux noix osseuses, renfermant chacune une graine entourée d'une aile membraneuse. Ces graines portent le nom de *pignons*. On les mange après les avoir fait torréfier au four.

PIGNE ou PIGNA, nom donné par les Espagnols à la masse d'argent qu'on retire des minerais au moyen du mercure. On en sépare ensuite le mercure, et l'argent se présente en une masse poreuse, qu'on fait fondre et qu'on réduit en lingots.

PIGNEROL, ville des États sardes, dans le Piémont, à l'entrée de la vallée de Peruzzia, sur le Chiuson, à 9 lieues de Turin. Sa population est de 6,000 âmes. Elle a un évêché, un collège royal, un séminaire, des écoles primaires, une école de droit, un intendant, un juge mage, et fabrique des draps, ratines, étoffes de soie, etc. Fondée au milieu du XIe siècle par Adélaïde, marquise de Suze et femme d'Odon, comte de Savoie, elle fut cédée en sa forteresse en 1632 à la France, qui la fit démanteler en la rendant (1696).

PIGNONS, nom donné aux semences du *pin cultivé*. On les appelle aussi *pignons doux* pour les distinguer des *pignons d'Inde* ou *de Barbarie*, noms vulgaires des fruits du *médicinier*.

PIGNON. C'est, en mécanique, la denture que porte l'arbre des roues, et qui engrène avec les autres roues.

PIGNORATIF, contrat par lequel on vend un héritage à faculté de rachat à perpétuité, et par lequel l'acquéreur loue ce même héritage à son vendeur pour les intérêts du prix de la vente.

PIGNOTTI (Laurent), le plus célèbre des fabulistes italiens, né en 1739 en Toscane, se livra à la médecine et remplit à Florence la chaire de physique que le grand duc venait de fonder pour la jeune noblesse. Nommé ensuite professeur à l'université de Pise, il en devint conseiller en 1802, puis recteur, la première dignité littéraire de la Toscane. Il mourut en 1812. Outre ses *Fables*, on lui doit le poëme de *la Treccia rapita* (la tresse enlevée), et une *Histoire de la Toscane*.

PIGRÈS DE MILET, poète grec d'Halicarnasse, contemporain de Xerxès, et l'un de ceux qui l'accompagnèrent en Asie, était, suivant Hérodote, fils de Seldomus, et, suivant Suidas, fils de Lygdamis et frère d'Artémise. On lui attribue le poëme héroï-comique de la *Batrachomyomachie*, qui porte faussement le nom d'Homère. Aristote se moque de Pigrès pour avoir ridiculement entrepris d'ajouter un vers pentamètre de sa façon à chacun des hexamètres de l'Iliade.

PIGROLIER, l'un des noms vulgaires du *pic-vert* dans les provinces de la France.

PIIS (Pierre-Antoine-Augustin DE), célèbre chansonnier, né à Paris en 1755. Secrétaire interprète du comte d'Artois, il exerça jusqu'à la révolution cet emploi que la restauration lui rendit. Dans l'intervalle, il devint agent de la commune de Chenevière-sur-Marne, commissaire du directoire près du canton de Sucy et ensuite près le premier arrondissement de Paris, membre du bureau central de cette ville, puis après le 18 brumaire secrétaire général de la préfecture de police, place qu'il conserva jusqu'à l'époque de ses derniers jours. De Piis fut l'un des membres les plus féconds du Caveau, et l'un des fondateurs du théâtre du Vaudeville. Il a composé des *chansons* sur toutes les phases de la république, de l'empire et de la restauration.

PIKA. Voy. LAGOMYS.

PIKARSKI (Michel), riche seigneur de Pologne, qui, étant atteint de folie, reçut de son roi Sigismond III des curateurs. Pour s'en venger, il porta au roi un coup de hache d'armes. Arrêté et mis à la torture, il ne répondit que des extravagances. On le tenailla, et après lui avoir coupé toutes les jointures des doigts l'une après l'autre, ainsi que la main droite, il fut écartelé, son corps brûlé, et ses cendres jetées dans la Vistule.

PILA, montagne des Cévennes, sur les confins du Forez et du Lyonnais, entre Argental et Condrieux (Loire). Elle renferme la source du Gier, et ne produit que du seigle et même en petite quantité.

PILASTRE, colonne de forme quadrangulaire, le plus souvent adossée à la façade d'un édifice ou engagée dans un mur à une épaisseur plus ou moins considérable. Les pilastres sont susceptibles des mêmes modifications et des mêmes ornements que les colonnes dont ils sont les équivalents. On trouve dans les monuments antiques religieux peu de pilastres. Ce genre de colonnes était, à ce qu'il paraît, employé seulement dans les constructions profanes.

PILATE (Ponce), gouverneur de la Judée pour les Romains, y remplaça Gratus l'an 26 ou 27 de J.-C., et commit toutes sortes d'injustices durant son administration. Jésus-Christ ayant été amené devant lui, il ne le trouva pas coupable, et cependant il le fit flageller pour accorder quelque chose à la fureur des Juifs. Voyant ensuite qu'on le menaçait de le dénoncer lui-même à César, il le livra la face aux Juifs, après s'être lavé les mains pour décliner la responsabilité de cette mort injuste. Plus tard, Pilate ayant pris l'argent du trésor sacré pour la construction d'un aqueduc, fut obligé d'employer la force pour apaiser une sédition qui s'éleva à cette occasion. Les cruautés qu'il exerça dans Samarie le firent dénoncer à Tibère, qui l'exila à Vienne en Dauphiné, où l'on prétend qu'il se tua lui-même, deux ans après (38).

PILATE (MONT), montagne qui s'élève au S. et près de Lucerne en Suisse. Toujours couverte de nuages comme d'un bonnet, ce qui lui a fait donner son nom (*pileatus* en latin signifie coiffé), très-escarpée, elle a vingt-sept pics principaux et 2,136 mètres de hauteur au-dessus du niveau de la mer. Sa composition est une pierre calcaire mêlée de quartz et d'argile. On y trouve des coquillages et des arêtes de poissons fossiles. Cette montagne renferme un lac très-froid et très-poissonneux.

PILATRE DU ROSIER (Jean-François), physicien, né à Metz en 1756, commença par s'occuper à Paris un cours d'électricité, et par y établir un musée qui avait pour objet d'offrir aux savants des laboratoires propres à essayer leurs découvertes, et d'enseigner aux jeunes chimistes l'usage des machines et leur application. Lors de la découverte des aérostats, il se livra tout entier à cette belle invention, et, après quelques tentatives brillantes, il voulut passer en Angleterre par la voie des airs. Il se rendit à Boulogne-sur-Mer avec Romain, son ami. Tous deux s'élevèrent; mais, le ballon ayant pris feu, ils furent précipités d'une hauteur de deux ou trois cents toises, et périrent, fracassés de leur chute, auprès du village de Vimille (1785).

PILCHARD, espèce de poisson du genre *hareng*. Elle ne diffère guère de la sardine que par sa plus grande taille; on l'appelle encore *célan*.

PILCOMAYO, rivière de l'Amérique méridionale qui prend sa source dans la Cordillère des Andes, sur la frontière du Pérou et du Chili, traverse la république de Buenos-Ayres, et se jette dans le Paraguay vis-à-vis de l'Assomption, après un cours de 500 lieues.

PILE, amas de choses rangées les unes sur les autres. — Massif de maçonnerie soutenant les arches d'un pont. — Un des côtés des pièces de monnaie. C'est un vieux mot gaulois qui signifiait *navire*, parce qu'on marquait autrefois un navire sur la monnaie. Macrobe nous apprend que les enfants jouant à croix-pile disaient : *capita aut navim*, tête ou vaisseau, au lieu de croix ou pile, parce que les as portaient d'un côté un Janus à deux têtes, et de l'autre un navire. C'est du vieux mot pile qu'est venu *pilote*.

PILE GALVANIQUE ou PILE DE VOLTA, appareil qui sert à développer au contact des métaux un courant électrique. La plus simple de toutes les piles est composée de disques de cuivre et de zinc superposés et séparés par une rondelle de drap humide en *couples* de deux disques chaque. On accumule dans le même ordre autant de couples que l'on veut, et l'on a une *pile à colonne* dont les deux extrémités sont d'un côté un disque de zinc qu'on appelle pôle positif, et de l'autre un disque de cuivre que l'on nomme pôle négatif. Si l'on réunit ces deux pôles par un fil conducteur, ce fil sera incessamment traversé par deux courants d'électricité contraires, attendu que la décomposition du fluide par le contact des métaux est permanente. Parmi les piles perfectionnées se trouve la *pile à auges*, formée d'une caisse rectangulaire divisée en compartiments ou auges séparées complétement les unes des autres et remplies d'un liquide conducteur. Dans chaque auge plonge un couple rectangulaire formé d'une plaque de cuivre soudée avec une plaque de zinc ; une traverse longitudinale rassemble tous les couples et les tient suspendus. — Les commotions produites par la pile sont en proportion du nombre des couples de la pile; leur continuité les rend bientôt insupportables. Le courant de cet appareil produit sur les cadavres des contractions musculaires et des mouvements tout à fait extraordinaires. La combustion des fils métalliques, la décomposition de l'eau, des oxydes, des alcalis et des sels sont encore les phénomènes dus à l'action de la pile.

PILENTUM. C'était, chez les Romains, une litière destinée à conduire les dames aux jeux publics et aux cérémonies sacrées. Elle consistait en une voiture commode, suspendue par quatre roues, et peinte ordinairement de diverses couleurs.

PILES (Roger DE), peintre et littérateur, né à Clamecy en 1635, fut chargé de l'éducation du fils du président Amelot, et suivit son élève dans plusieurs ambassades en qualité de secrétaire. Dans ses loisirs il cultivait la peinture. Il mourut à Paris en 1709 conseiller amateur de l'académie de peinture et de sculpture. On lui doit plusieurs ouvrages tous relatifs à la peinture, tels que *les Vies des peintres*, *Dialogue sur le coloris*, etc.

PILET, espèce du genre *canard*. Elle a les parties supérieures et les flancs variés de zigzags noirs et cendrés; de longues taches noires sur les scapulaires ; le sommet de la tête variée de brun et de noirâtre; les joues, la gorge et le haut du cou bruns irisés ; une bande noire bordée de blanc sur la nuque; les parties inférieures et le devant du cou blancs ; les rectrices d'un noir verdâtre ; les bec d'un bleu noirâtre. La longueur de ce canard est de vingt-quatre pouces. La femelle est un peu plus petite. On trouve le pilet dans le nord des deux continents.

PILEUM ou PILEUS, chapeau de laine ou bonnet que les Romains de condition libre portaient aux jeux et aux fêtes. Les esclaves le mettaient quand on les affranchissait. De là le mot de *pileus* a signifié la liberté.

PILEUX, ce qui a rapport aux poils. Bichat donne ce nom au système de l'économie animale formé par les poils, et comprenant tous les poils qui couvrent la surface du corps.

PILIER, sorte de colonne, ronde ou carrée, sans proportion, qui sert à soutenir la voûte d'un édifice. — En anatomie, on a donné ce nom à plusieurs parties. Les *piliers du voile du palais* sont deux replis membraneux et musculeux distingués en *antérieur* et *postérieur*. Le premier s'étend du voile du palais aux côtés de la base de la langue ; le deuxième, de ce voile au côté de la base du pharynx. Les *piliers du diaphragme* sont deux gros faisceaux formés par la réunion des fibres charnues qui naissent du diaphragme. — Les *piliers* sont aussi trois prolongements d'une portion de substance médullaire cérébrale, dont la partie supérieure a la forme d'une voûte.

PILLAGE, dépouillement violent d'une ville, d'une contrée. Le pillage était autorisé par les lois militaires de Rome, lorsqu'on en avait donné le signal, et ce signal consistait dans l'exhibition comme étendard d'une lance rougie de sang. Les 4,000 hommes d'une légion qui avait, à l'attaque de Regium, pillé sans le signal, furent mis à mort. — En Bretagne, on appelait autrefois *droit de pillage* le droit appartenant au fils aîné roturier ou, d'après son refus, au fils venant après lui, de prendre sur le lot de ses puînés la principale maison de ville ou de campagne, en chacune des successions de son père et mère, à la charge d'en faire récompense sur les biens de la même succession.

PILLAU, ville forte de la Prusse orientale, avec un port très-fréquenté sur la Baltique, à l'embouchure de la Pregel et à l'entrée du Frisch-Haff, dans la régence et à 10 lieues de Kœnigsberg. Bien bâtie, à l'extrémité d'une langue de terre, elle est regardée comme la clef maritime de la Prusse. Les vaisseaux s'y allégent pour traverser le Frisch-Haff jusqu'à Kœnigsberg. La population de cette ville est de 3,000 habitants.

PILLE (LE COMTE Louis-Antoine), né à Soissons en 1749, secrétaire de l'intendant de Bourgogne en 1790, organisa les gardes nationales de la Côte-d'Or, et partit en 1791 pour la Belgique à la tête du premier bataillon des volontaires de ce département. Promu successivement aux grades d'adjudant général et de général de brigade, il fut chargé en 1794 du ministère de la guerre sous le titre de commissaire du mouvement des armées, et s'acquitta de ces fonctions avec zèle pendant cinq ans. Admis à la retraite en 1816, il reçut de Louis XVIII le titre de comte, et mourut en 1828.

PILLNITZ, village de Saxe, sur l'Elbe, à 2 lieues de Dresde. Il est remarquable par son château royal, où fut signé le 27 août 1791 la célèbre convention de Pillnitz, par laquelle l'empereur d'Autriche, le roi de Prusse et l'électeur de Saxe réclamèrent la coopération des puissances pour le rétablissement des Bourbons en France.

PILOCIERGE ou CIERGE A BONNET, genre de plantes de la famille des cactées, renfermant une seule espèce remarquable en ce qu'elle se termine par une sorte de gros bonnet de laine d'où sortent les fleurs et les fruits. La tige de ce cactus est de vingt à vingt-cinq pieds de hauteur, et ce bonnet extraordinaire de deux pieds de haut sur huit à dix pouces de large. La fleur est belle, grande et rouge. Le fruit est une baie violette, grosse, de deux pouces de longueur. Le cactus croît au Mexique.

PILON (Germain), sculpteur et architecte, né à Loué (Sarthe), vint à Paris vers 1550 après avoir exécuté dans sa province des ouvrages remarquables. Il y fut l'émule de Jean Goujon, l'ami du Primatice, et mourut dans un âge avancé en 1590. Il a beaucoup contribué à naturaliser en France le goût de l'antique. Le musée du Louvre contient vingt-deux bas-reliefs et douze statues de ce sculpteur. On cite de lui le mausolée de Henri II, celui de Guillaume Langei du Bellay, celui du chancelier de Birague, le groupe des trois Grâces et plusieurs autres beaux morceaux.

PILORI, poteau auquel on exposait autrefois les criminels qui n'étaient pas condamnés à la peine capitale. Le pilori simple était un poteau où le seigneur haut justicier avait fait placer ses armes et un carcan ; le pilori à échelle était une échelle au haut de laquelle il y avait une planche dont le milieu était percé d'une ouverture propre à passer le cou. Les seigneurs hauts justiciers avaient seuls le droit de pilori ; encore il leur était interdit en concurrence avec celui du roi.

PILORI, espèce de mammifère de l'ordre des rongeurs, famille des murins, genre rat. On le connaît encore sous le nom de *rat musqué des Antilles*. Ce rat est de la taille d'un petit chat ; il a le corps noir au-dessus ; le menton, la gorge et tout le dessous de couleur blanche.

PILOSELLE, espèce de plante du genre *épervière*. Elle a une hampe de trois à dix pouces de haut, nue, simple et portant des fleurs jaunes, rouges inférieurement et à écailles intérieures purpurines ; les feuilles sont ovales, oblongues, très-entières, blanches et cotonneuses en dessous, hérissées sur les bords de longs poils épars. Cette plante fleurit en juin, juillet et août ; elle est très-commune aux environs de Paris.

PILOTAGE, terme de marine. On appelait autrefois ainsi la science du pilote ; aujourd'hui on comprend sous ce nom l'ensemble de toutes les connaissances nécessaires pour conduire un vaisseau, c'est-à-dire prendre la hauteur des astres au-dessus de l'horizon, pour en déduire la latitude, les angles horaires, les azimuts, etc., observer la variation, mesurer le sillage du bâtiment, mesurer des angles, dessiner des vues de terre, sonder, etc. La science du pilotage est donc la science de la navigation d'après l'acception moderne du mot.

PILOTE, marin chargé de la conduite d'un navire. On en distingue trois sortes: le pilote *hauturier*, le pilote *côtier* et le pilote *lamaneur*; le premier chargé de la direction de la navigation en haute mer, le second de celle des côtes, le troisième de l'entrée et de la sortie des ports, rades, baies, rivières, etc. Il y avait autrefois sur chaque vaisseau de l'Etat un pilote hauturier, qui ne pouvait jamais devenir officier parce qu'il n'était pas de race noble. Ce grade fut supprimé en 1791, et une partie de ses fonctions furent dévolues au chef de la timonerie ou maître timonier. — Quant aux pilotes côtiers, on est embarqué un à bord de chaque bâtiment de guerre, et, une fois hors des côtes, il est attaché au service de la timonerie. — Pour être pilote lamaneur, il faut avoir vingt-quatre ans, compter six ans de navigation, dont deux campagnes au service de l'Etat, et avoir subi un examen sur la manœuvre et les marées.

PILOTE, genre de poissons de l'ordre des acanthoptérygiens et de la famille des scombéroïdes, renfermant des espèces dont le corps est fusiforme, dont le dos porte des épines brèves, et dont la queue est garnie sur les côtés d'une carène cartilagineuse qui lui donne plus de force et lui sert en même temps de bouclier. L'espèce principale est un poisson long d'un pied, qui suit continuellement les vaisseaux pour attraper les débris, et, comme le requin a aussi la même habitude, les matelots prétendent que le premier sert de guide ou de *pilote* au second, qui, en récompense, lui fait part du butin dont il peut s'emparer. La chair du pilote est agréable.

PILOTIN On appelle ainsi à bord des vaisseaux marchands, les jeunes gens attachés au service de la timonnerie et destinés à devenir officiers de la marine marchande. Les pilotins sont les mêmes que les novices sur les vaisseaux de guerre.

PILPAY. Voy. BIDPAY.

PILSEN, cercle de Bohême, borné au N. par celui d'Elinbogen, au S. par celui de Klattau, à l'E. par celui de Beraun et à l'O. par la Bavière. Sa superficie est de 130 lieues carrées, et sa population de 170,000 habitants. Il renferme d'abondantes mines de fer; celles d'argent sont épuisées. Le sol est très-fertile en lin et en pâturages excellents. On y fait un grand commerce de fromages et de moutons. — La capitale est PILSEN, ville de 7,400 habitants, entre les rivières de Misa et de Radbuse, à 18 lieues de Prague.

PILULE, composition pharmaceutique de forme ronde et d'une pesanteur qui ne dépasse pas 18 grains. Quand ce poids est dépassé, la préparation prend la forme d'une olive et le nom de *bol*. Parmi les pilules les plus efficaces, on doit ranger celles de sulfate de quinine employées avec succès contre la fièvre.

PILUM, espèce de javeline pesante, particulière aux Romains. Ses formes varièrent plusieurs fois. Le fer, toujours triangulaire et ordinairement long de huit ou neuf pouces, et la hampe longue de cinq, furent tantôt plus longs, tantôt plus courts. Le bois, primitivement carré, devint rond à l'extrémité supérieure. Les triaires seuls en faisaient usage, et recevaient pour cela le nom de *pilani*, tandis que les hastaires et les princes qui les précédaient prenaient celui d'*antepilani*. On exerçait principalement les soldats à le lancer avec force et adresse; car c'était une arme très-meurtrière.

PILUMNUS. Voy. PICUMNUS.

PIMÉLÉE, genre de plantes de la famille des thymélées, renfermant une douzaine d'arbustes d'un port élégant, appartenant tous à l'archipel Australien et en particulier à la Nouvelle-Hollande. L'espèce la plus jolie est la pimélée drupacée, d'un mètre à un mètre et demi de haut, garnie dans toute sa hauteur de longues branches chargées de rameaux pendants, très-flexibles, couverts d'une écorce brun-grisâtre; les feuilles, le plus souvent linéaires, quelquefois ovales, lancéolées, opposées entre elles, se montrent d'un beau vert en dessus, d'un vert jaunâtre en dessous ; les fleurs, d'abord d'un rose tendre, puis d'un blanc pur dans certaines parties, s'échappent de l'aisselle des feuilles, sous forme de masses hémisphériques.

PIMÉLIAIRES, tribu d'insectes de l'ordre des coléoptères, section des hétéromères, famille des mélasomes, renfermant des insectes aptères, noirs ou d'un cendré couleur de terre, avec les antennes moniliformes, insérées sous un rebord; des mandibules bifides ou échancrées à leur pointe; les mâchoires armées intérieurement d'une dent cornée et des élytres durs, enveloppant la majeure partie de l'abdomen et ordinairement soudées. Les principaux genres de cette tribu sont les genres *pimélie, sépidie, scaure, eurychore, akis, érodie, diésie, trachyderme*, etc.

PIMENT, genre de plantes de la famille des solanées, renfermant une douzaine d'espèces, les unes annuelles et herbacées, les autres volubiles et à tiges ligneuses, appartenant toutes aux contrées équatoriales des deux hémisphères. Une seule s'est acclimatée en Europe, et se cultive en pleine terre dans nos jardins potagers; c'est le *piment annuel*, auquel on donne les noms vulgaires de *poivre long, de poivre d'Inde* ou *de Guinée, de poivron* et de *corail des jardins*. Sa tige herbacée, haute de trente à soixante centimètres, s'attache au sol par des racines fibreuses, et est garnie de feuilles alternes, entières, lancéolées, d'un vert noirâtre et luisant.

Après les fleurs petites, blanchâtres, portées sur des pédoncules, viennent des fruits tantôt verts ou jaunâtres, tantôt d'un très-beau rouge, ovales, allongés ou globuleux. On les fait confire comme des cornichons. Réduits en poudre, ils sont un violent et dangereux sternutatoire.

PIMENT. On nomme vulgairement *piment aquatique*, la renouée âcre, la *menthe poivrée*, la *persicaire ; piment des abeilles* ou *des mouches*, la mélisse citronnelle ; *piment des marais*, le *galé odorant ; piment Jamaïque*, deux espèces de *myrte*.

PIMOLISÈNE, contrée de l'Asie qui s'étend dans la partie occidentale du Pont et la partie orientale de la Paphlagonie, entre la Saramène et la Domanitide, autour du fleuve Halys. PIMOLIS, aujourd'hui *Osmandgick*, en était la principale ville.

PIMPLA, montagne de la Macédoine méridionale, dans la Piérie, sur les confins de la Thessalie, au voisinage du mont Olympe. Auprès de ce mont était une fontaine qui portait le même nom, et qui, ainsi qu'elle, était consacrée aux Muses. Elles prenaient de là le surnom de *Pimpléides*.

PIMPRENELLE, genre de plantes de la famille des rosacées, section des sanguisorbées, composé d'une huitaine d'espèces herbacées, dont quelques-unes se rangent parmi les sous-arbrisseaux. Leurs tiges sont cylindriques, anguleuses et chargées de rameaux; leurs fleurs sont petites, rougeâtres, et se tiennent rapprochées en tête terminale très-dense et ovale. Parmi les trois qui croissent naturellement en Europe, la principale est la *pimprenelle usuelle*, plante vivace que l'on rencontre dans les prés secs et les bois montueux, et dont on possède deux variétés : la *petite pimprenelle* et la *grande pimprenelle* ; la première est une plante potagère dont les feuilles sont mises dans les salades et les bouillons aux herbes; la seconde forme des prairies très-recherchées des bêtes à laine.

PIMPRENELLE. On nomme vulgairement *pimprenelle* le *samole ; pimprenelle aquatique*, le *mélianthe pyramidal*, que l'on nomme aussi *pimprenelle d'Afrique ; pimprenelle blanche*, le *boucage mineur ; pimprenelle d'Italie*, la *sanguisorbe commune ; pimprenelle de la Nouvelle-Zélande*, l'*ancistre*.

PIN, genre de plantes de la famille des conifères, renfermant des arbres et des arbustes qui se distinguent par une taille élancée et gigantesque, une tige droite, un port roide, des feuilles toujours vertes, linéaires, pointues, persistantes, disposées en spirale autour des rameaux, et par des fruits appelés *strobiles*, très-variés, non-seulement dans leur couleur, grandeur et grosseur, mais encore dans leur forme, tantôt pyramidale (*pin maritime*) ou conique (*pin sauvage*), tantôt presque ronde (*pins weymouth, pinier*, etc.), ou légèrement courbée vers la terre (*pin laricio*). Les espèces de pins les plus répandues sont: 1° le *pin sauvage*, qui monte jusqu'à trente-trois mètres, et qui est remarquable par ses branches verticillées, étendues presque horizontalement, et son écorce épaisse, crevassée, d'un gris jaunâtre ; 2° le *pin d'Ecosse* ou *rouge*, qui diffère du précédent par une écorce d'un rouge brun pâle, un bois d'une teinte rougeâtre assez foncée, et ses strobiles pointus ; 3° le *pin maritime*, qui affecte spécialement la forme pyramidale ; 4° le *pin laricio* ou *de Corse* dont la pyramide, régulièrement étagée et recouverte d'une écorce roussâtre, est garnie de feuilles longues, très-menues, sans odeur sensible ; 5° le *pin pinier*, appelé encore *pin d'Italie, pin pignon*, etc., qui se reconnaît à son tronc droit, haut de seize à vingt mètres et couronné par une large tête, que forment les branches supérieures disposées en parasol ; 6° le *pin weymouth*, qui se reconnaît à son bois blanc. Le bois des pins est excellent pour toutes sortes de constructions.

On retire de l'écorce de plusieurs espèces la *térébenthine*, et tous ses résidus. Les fruits renferment des amandes bonnes à manger. Voy. PIGNONS.

PIN (LE), village du département de l'Orne, situé à 2 lieues de Nonant, dans l'arrondissement et à 2 lieues trois quarts d'Argentan. Sa population est de 300 habitants. Il renferme un haras considérable de chevaux, sous la direction du gouvernement.

PINACLE, comble terminé en pointe que l'on mettait au-dessus des temples antiques pour les distinguer des autres édifices destinés à des usages profanes.

PINARIENS, descendants de Pinarius, et prêtres d'Hercule, ainsi que les *Potitiens*, decendants de Potitius. Pinarius et Potitius étaient deux vieillards thessaliens qui suivirent Evandre en Italie. Leur descendance formait les deux plus illustres familles du pays. On les choisit pour avoir soin du sacrifice que l'on offrait à Hercule matin et soir et du festin dont il était suivi. Les Potitiens, étant arrivés les premiers, reçurent les meilleures parties de la victime, et conservèrent toujours une sorte de préséance sur les Pinariens.

PINASSE, vaisseau, sorte de bâtiment de charge fait à poupe carrée, qui va à voiles et à rames.

PINCE, nom générique de tous les outils formés de deux leviers pour appréhender et serrer un objet. Les arts et métiers, la chirurgie, emploient des pinces de diverse nature. Voy. l'art. suiv. — Dans les crustacés, on appelle *pinces* les premières pattes faisant les fonctions de véritables mains, c'est-à-dire leur servant à saisir et à serrer fortement des objets.

PINCE, gros levier de fer rond, de quatre pieds de long environ et deux pouces de diamètre, coupé d'un côté en biseau et dont on se sert pour séparer deux objets tenant fortement ensemble. Il y a de petites pinces qui servent à divers artisans. Les *pinces pieds de chèvre* sont courbées et refendues par le bout. — Ce mot se dit encore d'une sorte de tenailles ou d'outil composé de deux branches mobiles, unies par un axe, autour duquel elles peuvent se mouvoir librement. — En médecine, on nomme *pinces* ou *pincettes* des instruments dont on se sert dans les pansements, les dissections, les opérations chirurgicales. Les *pinces à anneaux* servent à enlever la charpie, diverses pièces d'appareil; les *pinces à dissection* servent à saisir les parties délicates qu'on veut couper ou disséquer ; les *pinces de Museus* s'emploient pour saisir les amygdales; les *pinces à polypes* servent à l'extraction des polypes. Les *forceps*, les *tire-balles* sont des sortes de pinces.—PINCE désigne encore le devant du fer du cheval, et les deux dents supérieures et inférieures de devant de cet animal.

PINCE, genre d'arachnides, de l'ordre des trachéennes, famille des faux scorpions, renfermant cinq ou six espèces, dont la plus curieuse est la *pince cancroïde*, plus connue sous les noms vulgaires de *faux scorpion d'Europe*, de *scorpion araignée*. Cet animal a le corps ovoïde et déprimé, revêtu d'un derme un peu coriace, presque glabre ou peu velu. Les pinces vivent en général dans les lieux écartés et humides, sous les pierres, dans les vieux livres et les herbiers : elles se nourrissent de petits insectes.

PINCEAU, instrument dont on sert pour étendre les couleurs dans un tableau. Pour laver ou peindre en miniature, on emploie des pinceaux faits de poils très-fins comme ceux du petit-gris ; les peintres à l'huile se servent au contraire de pinceaux faits en poils de porcs ou de blaireau.— En histoire naturelle, les annélides de l'ordre des tubicoles reçoivent le nom vulgaire de *pinceaux de mer* parce que leurs branchies sont réunies en une sorte de bouquet.

PINCHE, espèce de singe, du genre ouistiti, que l'on trouve en Colombie et à la Guyane. Ce singe passe le jour à dormir, et ne retrouve son activité que pendant la nuit.

PINCHESNE (Etienne-Martin), contrôleur de la maison du roi et neveu du poëte Voiture, a laissé deux volumes de *poésies* auxquelles on ne penserait plus sans quelques vers satiriques de Boileau.

PINÇON ou PINSON, genre d'oiseaux de l'ordre des passereaux, famille des conirostres, tribu des moineaux ou fringillés. Les pinsons ont le bec un peu moins arqué que les moineaux proprement dits. Le *pinson ordinaire* est un des oiseaux les plus communs de nos campagnes, dont les mœurs sont à peu près les mêmes que celles du moineau commun, sauf une plus grande vivacité et une gaieté devenue proverbiale. Cet oiseau, répandu généralement dans toute l'Europe, a le front noir, le haut de la tête et la nuque d'un bleu cendré pur, le dos et les scapulaires châtains, avec une légère nuance noirâtre, le croupion vert, toutes les parties inférieures d'une couleur de lie de vin roussâtre plus claire sur le ventre et blanchâtre sur l'abdomen; les ailes et la queue noires avec deux bandes transversales blanches. Cet oiseau s'apprivoise bien, quand on le prend jeune.

PINDARE, célèbre poëte lyrique grec, né à Thèbes vers la LXVe olympiade. Vainqueur de Myrtis et de tous ses rivaux en poésie, Pindare fut cinq fois vaincu par Corinne. Il excita une telle admiration que de son vivant Thèbes lui éleva une statue. On croit qu'il mourut l'an 435 avant J.-C. Sa maison fut respectée dans le pillage de Thèbes par les Spartiates et par Alexandre. Pindare avait composé, au rapport de Suidas, dix-sept tragédies, des épigrammes en vers héroïques, des *éloges*, des *hymnes* en l'honneur des dieux, des *dithyrambes* en l'honneur de Bacchus, des *pœans*, des *lamentations*, des *scolies* ou chansons, des *hyporchèmes* ou chants de danse sacrée, des *enthronismes* pour la cérémonie de l'intronisation dans les mystères d'Eleusis, etc.; nous n'avons de tout cela que quelques fragments. Le seul ouvrage qui soit parvenu jusqu'à nous presque complet, est le recueil des *odes* qu'il composa en l'honneur des athlètes vainqueurs, et qui sont pour cette raison divisées en *olympiques*, *pythiques*, *isthmiques*, et *néméennes*. Elles lui ont mérité le surnom de prince des poètes lyriques.

PINDE, célèbre chaîne de montagnes, qui sépare l'Epire de la Thessalie et qui était consacrée autrefois à Apollon et aux Muses. C'est aujourd'hui la chaîne des *Mezzovo*.

PINÉAL, ce qui ressemble à une pomme de pin. En anatomie, la *glande pinéale* est un petit corps d'une forme conique, d'un rouge pâle, grisâtre, d'une consistance molle, qu'on trouve entre la voûte à trois pillers et les tubercules quadrijumeaux. On ignore les usages de cette glande, que Descartes considérait comme le siège de l'âme.

PINEAU, sorte de raisin dont le grain est petit, un peu écarté et d'un beau noir; il est très-estimé et fournit un bon vin.

PINEL (Philippe), célèbre médecin, né en 1745 à Saint-Paul, près de Lavaur (Tarn), fut reçu docteur à Toulouse en 1764, et se rendit aussitôt à Montpellier pour se perfectionner dans son art. Appelé en 1792 aux fonctions de médecin en chef de Bicêtre, il passa ensuite avec les mêmes fonctions à l'hospice de la Salpêtrière, et l'on peut dire que ce magnifique établissement fut son ouvrage. Son mérite lui valut la croix de la Légion d'honneur et une place dans la première classe de l'Institut. Il mourut en 1826.

PINGOUIN, genre d'oiseaux de l'ordre des palmipèdes, familles des brachyptères, ayant pour caractères le bec comprimé, élevé verticalement, tranchant sur le dos et ordinairement sillonné en travers; il ressemble assez à une lame de couteau; point de pouce et les doigts antérieurs complétement palmés. On a divisé ce genre en deux: les *macareux* et les *pingouins proprement dits*; ces derniers ont le bec plus allongé. On les trouve dans les mers du Nord. Ils nichent par grandes bandes dans les trous des rochers qui bordent la mer et ne pondent qu'un seul œuf qui est oblong et très-grand. Le *pingouin commun* est à peu près de la taille du canard; il se montre quelquefois sur nos côtes en hiver, et peut voler assez rapidement, mais en général sans s'élever beaucoup et en effleurant la surface des eaux. Le *grand pingouin*, qui habite la mer Glaciale, a les ailes impropres au vol.

PINGRÉ (Alexandre-Guy), savant astronome, né à Paris en 1711, entra dans la congrégation des génovéfains à l'âge de seize ans, et commença par professer la théologie. Il s'adonna ensuite à l'étude de l'astronomie. L'observation du passage de Mercure en 1753 lui valut le titre de correspondant de l'académie des sciences de Paris. Il obtint peu de temps après la place de bibliothécaire de Sainte-Geneviève et le titre de chancelier de l'université. Il mourut à Paris en 1796, astronome géographe de la marine et membre de l'Institut. Parmi ses ouvrages, les plus importants sont la traduction du poëme de Manilius sur l'*astronomie*, la *Cométographie* ou traité historique et théorique des comètes et l'*Histoire de l'astronomie au XVIIe siècle*.

PINGRES, nom donné au moyen âge à des arêtes de poisson pointues et à de longues épingles. A cette époque, l'on accusait les Juifs de crucifier la nuit du vendredi saint des enfants chrétiens, et de leur planter dans la chair des pingres. Le sang recueilli avait, dit-on, la propriété de guérir des flux de sang, d'accroître l'amitié entre ceux qui le mêlaient à leur repas. Il tenait lieu de levain dans la fabrication du pain azyme de Pâques.

PINIER, espèce de pin que l'on connaît encore sous les noms de *pin pignon*, *pin cultivé*, *pin bon*, *pin de pierre*, *pin d'Italie*. Elle se reconnaît à son tronc droit, haut de seize à vingt mètres, et couronné par seize large tête qui forment les branches supérieures en s'étalant horizontalement comme un parasol. Son feuillage épais, d'un beau vert, est formé d'aiguilles longues, charnues, disposées en triple spirale autour des rameaux. Il fournit jusque dans sa quinzième et même dans sa vingtième année des strobiles, d'abord presque globuleux, et qui, dans la suite, s'allongent et prennent une couleur roussâtre assez uniforme. Ce sont les amandes qui portent chacune de leurs écailles que l'on appelle *pignons* et que l'on mange dans le midi de l'Europe.

PINKERTON (John), géographe anglais, membre de la société des antiquaires de Londres et de plusieurs autres sociétés savantes, naquit à Edimbourg en 1758 et s'établit à Londres en 1780. Après avoir cultivé la poésie, il s'adonna tout à fait à l'histoire, la géographie et la numismatique, et mourut à Paris en 1826. On doit à Pinkerton une *Histoire d'Ecosse depuis l'avènement des Stuarts*, les *Lettres sur la littérature*, une *Géographie*, une *Collection générale des voyages*, des *Recherches sur l'origine et les progrès des Scythes ou Goths*, etc.

PINNATIFIDE. On appelle ainsi, en botanique, l'organe et particulièrement la feuille qui présente des découpures plus ou moins profondes dans le genre des barbes de plumes.

PINNATIPÈDES, famille établie par Vieillot dans l'ordre des échassiers, et caractérisée par l'existence d'une membrane aux bords des doigts antérieurs.

PINNE, genre de mollusques de la classe des acéphales et de l'ordre des lamellibranches, renfermant des animaux dont le corps est triangulaire, allongé, souvent épais et enveloppé dans un manteau fermé en dessus, ouvert en dessous et surtout en arrière. La coquille est de nature cornée, fibreuse et cassante, elle est toujours allongée, régulière, pointue à la partie antérieure et tronquée à l'extrémité postérieure. Les pinnes sont bonnes à manger; d'ailleurs le byssus, au moyen duquel ces coquilles se fixent aux rochers, est composé de filaments soyeux, très-fins et d'une très-grande souplesse. On s'en sert pour faire des étoffes remarquables par leur souplesse et leur chaleur. La *pinne noble* a quelquefois deux pieds de long et plus. Sa couleur est d'un gris rougeâtre.

PINNE-MARINE ou JAMBONNEAU, espèce de mollusque du genre *pinne* qui doit son nom vulgaire à la forme de sa coquille, laquelle sert d'habitation à un petit crustacé décapode nommé par les anciens Grecs *pinnophylax* ou *pinnothère*, gardien, surveillant de la pinne.

PINNEBERG, bailliage et seigneurie du Danemarck, dans le S.-O. du Holstein. Sa superficie est de 19 lieues carrées, et sa population de 40,000 habitants. — La ville la plus importante est Gluckstadt; mais le chef-lieu est le bourg de *Pinneberg*, situé sur une rivière, à 6 lieues de Hambourg.

PINNÉES ou PENNÉES, nom donné, en botanique, aux feuilles composées, c'est-à-dire ayant un nombre indéterminé de folioles disposées le long d'un pétiole commun, à peu près comme les barbes d'une plume sur leur support. Une feuille pinnée peut être impari-pinnée, pari-pinnée, alterni-pinnée, oppositi-pinnée, abruptipinnée, pinnée-décroissante, etc.

PINNOTHÈRE, genre de crustacés de l'ordre des décapodes, famille des brachyures, tribu des quadrilatères, renfermant de petits crustacés dont la carapace est arrondie et les pattes toutes propres à la marche. Ils sont tous de très-petite taille, et se font remarquer par leurs habitudes. En effet ils passent la plus grande partie de l'année dans la mer, et, pendant l'automne, se retirent dans diverses coquilles bivalves, surtout dans les moules et les pinnes-marines. On attribue à leur présence dans les moules les accidents qui se manifestent quelquefois chez les personnes qui en font usage pour leur nourriture.

PINNULE, mot qui, en botanique, est synonyme de *foliole*. La foliole est une petite feuille; plusieurs folioles portées sur un même pétiole forment une feuille qui prend le nom de pennée ou pinnée ou bien encore de multijuguée.

PINNULE. On appelle ainsi, dans les instruments astronomiques, une sorte d'appareil ordinairement formé de deux plaques de cuivre percées perpendiculairement aux extrémités d'un autre corps et percées de petits trous ou de petites fentes correspondantes pour le passage des rayons lumineux. Les pinnules servent conséquemment à conduire les rayons visuels sur l'observateur. — Dans les sextants et les cercles, ce sont de petites tiges assujetties à vis par le pied, et dont le haut forme une plaque ronde percée d'un trou, où se place l'œil de celui qui observe.

PINSK, ville épiscopale de la Russie d'Europe, entourée de marais considérables et au confluent de la Pina et du Pripet, dans le gouvernement de Minsk, à 33 lieues de Grodno. Sa population est de près de 5,000 âmes. Elle a des tanneries où se fabriquent d'excellents cuirs de Russie.

PINSON, oiseau. Voy. PINÇON.

PINSON le navigateur. Voy. PINZON.

PINTADE ou PEINTADE, genre d'oiseaux de l'ordre des gallinacés, renfermant des espèces qui ont la tête nue et surmontée d'un casque osseux, ou d'une sorte de panache avec des barbillons charnus pendant au bas des joues. Leur queue est courte et pendante, leur dos arrondi, leur taille trapue, et leur tarse n'est un garni d'un éperon. Ces oiseaux sont originaires de l'Afrique, où ils vont par bandes nombreuses cherchant dans les buissons et les tailles les baies, les insectes et les vers dont ils font leur nourriture. L'espèce commune, la *pintade méléagride*, a le plumage ardoisé et couvert de taches rondes et blanches. Connue dans l'antiquité, elle disparut dans le moyen âge et fut apportée de nouveau par les Portugais au xvᵉ siècle. On l'élève en domesticité dans nos basses-cours. C'est un oiseau criard, vif, turbulent et querelleur. Sa chair est agréable et sa fécondité extrême.

PINTADINE, espèce du genre *avicule* ou *aronde*, nommée encore *mère-perle* ou *margaritifère*, parce qu'elle fournit la nacre de perle et les perles dont on fait un si grand commerce. Cette coquille a quelquefois plus d'un pied d'étendue, sa couleur extérieure est, lorsqu'elle est encore jeune, verdâtre; lorsqu'elle est adulte, elle paraît assez lisse à l'extérieur, et l'intérieur est tapissé d'une belle nacre.

PINTO (Fernand-Mendez), célèbre voyageur portugais, né dans les environs de Coïmbre de parents très-obscurs vers 1510, embrassa dès l'âge de treize ans le métier de marin. Pris par les Turcs en 1537, il fut tiré de la servitude par le gouverneur portugais d'Ormuz, et mena une vie fort aventureuse. Il avait été fait treize fois esclave et vendu seize fois, lorsqu'il revint en 1558 en Portugal, où il composa la relation de ses voyages publiée longtemps après sa mort en 1614.

PINTO DE FONSECA (Emmanuel), grand maître de l'ordre de Malte, appartenait à la langue de Portugal. Il succéda en 1741 dans le magistère à Raymond Despuig, et mourut en 1773 à l'âge de quatre-vingt-douze ans. Son règne fut pour Malte une époque de dissolution et de désordres.

PINTO-RIBEIRO (Jean), secrétaire du duc de Bragance, s'est rendu célèbre par le rôle qu'il joua dans la fameuse conspiration à laquelle son maître dut la couronne de Portugal. Ce fut Pinto qui prépara les esprits, aplanit les voies, se fit le chef avoué du mouvement dont le duc de Bragance était lui-même inactive et insouciante, et mérita par ses services la faveur de ce prince. Nommé président de la chambre des comptes et garde des archives royales, il mourut en 1643, laissant plusieurs ouvrages.

PINTURRICCHIO (Bernardino BETTE, dit), peintre de l'école romaine, naquit à Pérouse en 1454, fut l'élève du Pérugin et compagnon des travaux de Raphaël. Il mourut en 1513. Le musée du Louvre renferme deux tableaux de cet artiste : *la Vierge et l'Enfant Jésus et Jésus mis en croix*. Son chef-d'œuvre est une suite de dix tableaux représentant *les Faits mémorables de la vie du pape Pie II*. On les voit à la sacristie de la cathédrale de Sienne.

PINTZGAU, vallée d'environ 84 lieues carrées, entourée de hautes montagnes dans le cercle de Salzbourg (Haute-Autriche), depuis le Tyrol jusqu'à la Carinthie. Elle a 26,000 habitants, occupés la plupart à élever des bestiaux. On y trouve des mines de cuivre et de plomb.

PINZON (Vicente-Yanez), navigateur espagnol, commandait la *Nina* dans la première expédition de Colomb (1492). Parti d'Espagne avec la permission du roi en 1499, il naviguait vers le Sud, et fut le premier Espagnol qui passa la ligne. Il fit ensuite plusieurs autres voyages sur les côtes orientales de l'Amérique du sud, et parvint avec don Juan de Solis jusqu'au 40ᵉ degré de latitude. On ignore l'époque de sa mort.

PIO (Albert), prince de Carpi, fut l'un des rivaux d'Érasme dans les disputes de controverse. S'étant déclaré pour la France dans les guerres d'Italie, il fut dépouillé de sa principauté de Carpi par Charles-Quint, qui la donna au duc de Ferrare. Pio essaya vainement de la recouvrer. Il mourut en 1531.

PIOMBINO, principauté d'Italie, située entre Pise et Sienne, le long de la mer. Sa superficie est de 18 lieues carrées, et sa population de 13,000 habitants. C'est un pays fertile en blé, vin, huile, fruits, etc., renfermant des carrières de beaux marbres, et ayant pour capitale la petite ville de PIOMBINO, située sur la côte de Toscane, avec un port et une citadelle en face de l'île d'Elbe, à 6 lieues de Livourne et 25 de Florence. Sa population est de 4,000 habitants. — La principauté de Piombino appartint d'abord aux Appiano, qui avaient échangé contre elle celle de Pise en 1398. Alexandre Appiano étant mort en 1589, la principauté resta entre les mains des Espagnols. Elle fut adjugée en 1619 à la maison de Mendoza, qui la vendit à celle de Ludovisi, dont héritèrent les Buon-Compagni, ducs de Soria, qui la possédèrent jusqu'en 1801, époque à laquelle la France s'en empara. Napoléon donna ensuite à sa sœur Elisa Bacciochi cette principauté, qui a été restituée en 1814 au prince Ludovisi Buon-Compagni, sous la suzeraineté de la Toscane.

PIOMBO (Fra Sébastien DEL), né à Venise en 1485, devint l'élève du peintre Jean Bellini, et suivit Chigi à Rome, où il s'attacha à Michel Ange, qui l'aida souvent de ses conseils et de ses pinceaux. Il essaya vainement de lutter contre Raphaël, et donna, en concurrence de la Transfiguration, une *Résurrection de Lazare*, dessinée par Michel-Ange. Il mourut en 1547, et fut enterré dans l'église de la Madone del Popolo, dont il avait peint une chapelle.

PIONNIER, homme employé à aplanir les chemins, à creuser des lignes et des tranchées, enfin à faire tous les travaux où il s'agit de remuer les terres.

PIPA, genre de reptiles de l'ordre des batraciens, renfermant des animaux au corps nu, large, aplati, sans écailles ni carapace, aux pattes postérieures de la longueur du corps seulement, aux doigts armés d'ongles et n'ayant pas de queue. La seule espèce que ce genre renferme est de l'Amérique méridionale. Sa tête est large, plate, triangulaire; sa gueule très-fendue; ses yeux petits, écartés. Son corps est long de six à huit pouces, et large de quatre à cinq. Sa couleur est d'un olivâtre sombre, parsemé de très-petits tubercules roussâtres.

PIPAL, nom d'une espèce du genre figuier, appelée encore *figuier des pagodes, arbre de Bouddha, peralu des Banians*. C'est un arbre qui croit dans les terrains sablonneux et pierreux de l'Inde, où il est révéré parce qu'il a, dit-on, servi de théâtre à la naissance et aux transfigurations de la divinité, et où il est défendu de le couper. Il n'est pas une pagode, pas un établissement religieux, qui n'ait son pipal protecteur. Sa cime s'étend horizontalement, et est formée de branches garnies de feuilles portées sur de longs et grêles pédoncules, qui s'agitent en tous sens au moindre vent. Les fruits sont petits, globuleux, de la grosseur d'une noisette environ, rougeâtres quand il sont mûrs. C'est un arbre élevé de dix à quinze mètres. Lorsqu'il a atteint vingt-cinq ans, il s'échappe de ses branches inférieures de nombreux jets qui se dirigent vers le sol, y prennent racine, et forment de nouveaux troncs.

PIPE, petit bassin ou vase communiquant par son extrémité inférieure à un tuyau à travers lequel on aspire la fumée produite par le tabac en feuille, ou toute autre substance que contient le petit bassin. Les pipes les plus recherchées sont celles d'ambre jaune et d'écume de mer, nom improprement donné à une espèce de laie. La porcelaine, les métaux, l'ivoire, la corne, l'écaille, les bois précieux, l'agate, la cornaline, et plus spécialement les terres blanches ou naturellement colorées, sont les matières que l'on emploie le plus dans la fabrication des pipes.

PIPE, sorte de grande futaille pour mettre du vin et autres liqueurs, et qui contient un muid et demi.

PIPEAU, tige creuse dans laquelle on fait une fente servant d'anche à cette sorte d'instrument qui, après avoir servi à la musique champêtre, est maintenant employé à imiter la voix des oiseaux, et à les attirer ainsi dans un piége. Le laurier, ajusté dans un pipeau, permet de contrefaire le cri du vanneau; le poireau, celui du rossignol. Mais le pipeau le plus ordinaire est celui qui imite le cri de la chouette; c'est aussi celui qui fournit la chasse la plus abondante; car les oiseaux accourent de toutes parts à ce cri, poussés par leur antipathie pour la chouette. La chasse aux pipeaux s'appelle *pipée*.

PIPÉE. Voy. PIPEAU.

PIPER (LE COMTE Charles DE), sénateur suédois né vers 1660 dans une condition obscure, parvint aux places et aux honneurs par ses talents et sa souplesse de caractère. Il gagna la confiance entière de Charles XI, et fut élevé par Charles XII au rang de ministre principal. Le comte de Piper accompagna son maître dans toutes ses campagnes. Prisonnier à Pultawa, il fut renfermé dans la forteresse de Schlüsselbourg, où il mourut en 1716.

PIPÉRACÉES, nom que Kunth donne à la famille de plantes appelée par Jussieu *pipéritées*.

PIPÉRIN ou PIPÉRINE, substance insipide, inodore, se présentant sous forme de cristaux prismatiques, transparents, fusible à 100 degrés, insoluble dans l'eau froide et les alcalis, inattaquable par les acides. Elle a été découverte dans le poivre par OErstedt, et passe pour fébrifuge.

PIPÉRINE, roche d'origine volcanique, composée de vake, et renfermant presque toujours des fragments de ponce, de téplurôme, de basalte, de mica, d'aimant, d'amphigène, de feldspath, etc. Sa texture est bréchiforme, celluleuse, graveleuse, arénacée et terreuse; ordinairement elle est friable, tendre et même meuble. La *pipérine rougeâtre* forme la roche tarpéienne à Rome; la *pipérine arénacée* n'est autre que la pouzzolane des Italiens, et le *trass* des Allemands. On l'emploie comme ciment.

PIPÉRITÉES, famille de plantes monocotylédonées à étamines épigynes, herbacées ou ligneuses, et végétant le plus ordinairement sur des troncs d'arbres vivants. Elle a pour type le genre *piper* (poivre).

PIPISTRELLE, espèce de chauve-souris du genre *vespertilio*, que l'on trouve communément en France et dans tout le reste de l'Europe. C'est celle qui s'approche le plus des habitations. Ses couleurs varient du brun au roux, plus ou moins. Elle ressemble assez à la noctule.

PIPIT ou PIPI, genre d'oiseaux de l'ordre des passereaux, de la famille des dentirostres et du groupe des becs-fins, tenant le milieu entre les bergeronnettes et les alouettes. Les espèces les plus connues sont la *farlouse* et le *pipit* proprement dit. Ce dernier est un petit oiseau qui arrive vers la fin de l'été dans nos provinces méridionales, où il est généralement connu sous le nom de *bec-figue*. Le cri ordinaire qu'il fait entendre toutes les fois qu'on le fait envoler des touffes d'herbe, des broussailles ou des buissons où il fait son nid, exprime la première syllabe de son nom. Sa ponte est de cinq ou six œufs d'un blanc rougeâtre, totalement couverts de nombreuses taches d'un rouge foncé.

PIPPI (Giulio). Voy. ROMAIN (Jules).

PIQUE, arme de main à l'usage de l'infanterie, et composée d'une hampe en bois dur et d'un fer aigu. La longueur de cette arme a varié de vingt à quatre pieds dans les différents temps où elle a été employée, et chez les différents peuples. Dans les légions romaines, la pique était l'arme des triaires. Les Flamands et les Picards en firent un grand usage dans le moyen âge; après eux vinrent les Suisses, puis les Espagnols et enfin les Français sous Charles VII. En 1703, la pique n'était plus employée en France.

PIQUE-BOEUF, petit genre d'oiseaux de l'ordre des passereaux et de la famille des conirostres, caractérisé par un bec droit, entier, presque quadrangulaire, un peu comprimé, à pointe renflée dessus et dessous et obtuse; aux narines ovales, couvertes d'une membrane voûtée, située à la base du bec ; à quatre doigts totalement séparés, portant des ongles très-comprimés latéralement, arqués et aigus. Ce genre ne renferme qu'une espèce, que l'on trouve au Sénégal, et qui doit son nom à la singulière habitude qu'elle a d'entamer à coups de bec le cuir du bœuf et des autres ruminants pour en tirer les larves écloses sur leur peau, dont elle fait sa nourriture. Le pique-bœuf est d'un brun roussâtre ou d'un fauve clair.

PIQUE. On nomme vulgairement *piquebois* le *pic noir* ; *pique-brot*, l'*eumolpe de la vigne* ; *pique-mouche*, la *mésange commune* ; *pique-véron*, le *martin pêcheur* ; *piquereau*, le *casse-noix*.

PIQUE. En musique, on appelle *notes piquées* celles qu'on rend d'une manière sèche, détachée et non soutenue. On les marque par des points ronds ou allongés, placés au-dessus des notes. Le *coup d'archet piqué* est celui par lequel on détache les notes avec plus de sécheresse et sans mettre de liaison entre elles.

PIQUET, petit pieu que l'on enfonce en terre. — Dans le dernier siècle, on donnait ce nom à un pieu ferré que l'on plantait à peu de distance d'un arbre ou d'un mur, et qui servait à infliger une punition affectée à la cavalerie. Le coupable avait un bras attaché à l'appui sous une position verticale, et se tenait en équilibre avec le pied opposé reposant sur le piquet. — Ce châtiment, tombé en désuétude, a été imité dans les collèges où l'on condamne souvent un élève en faute à se tenir immobile dans un lieu fixé pendant le temps de la récréation.

PIQUET. On appelait autrefois ainsi l'agglomération momentanée de certains hommes pris dans toutes les compagnies d'un régiment et destinés à faire le pendant de la compagnie de grenadiers. Celle-ci était placée à la droite du corps ; le piquet était à la gauche. En marche, ces deux subdivisions formaient l'avant et l'arrière-garde ; en bataille, elles étaient éparpillées en tirailleurs ou réservées au besoin pour des coups de main. — De nos jours, on appelle *piquet* l'agglomération d'hommes de diverses compagnies destinés à monter une garde accidentelle ou périodique.

PIQUET, jeu de cartes, ainsi appelé d'une de ses principales combinaisons, qui consiste à arriver en jouant au point trente et à compter alors soixante au lieu de trente. Le coup s'appelle le *pic*. On donne le nom de *repic* à celui qui consiste à arriver sans jouer à ce même point trente, et à compter alors quatre-vingt-dix au lieu de trente. Le nombre des points nécessaire pour le gain de la partie est ordinairement de cent. C'est pour cela qu'on dit : *faire un cent de piquet*.

PIQUETTE, boisson acidule que l'on obtient en jetant de l'eau sur le marc de raisin et en laissant fermenter. C'est la boisson du pauvre.

PIQUEUR, nom que l'on donne à un valet à cheval, dont la fonction est de suivre et diriger une meute de chiens.

PIQUIER, soldat armé de la pique. Les rois de France n'eurent des corps de piquiers que depuis l'époque où la gendarmerie perdit de son crédit, c'est-à-dire vers le règne de Louis XI, et ces corps, entremêlés d'arquebusiers ou soldats tirant l'arme à feu appelée arquebuse, finirent vers la fin du XVIIe siècle par disparaître tout à fait devant les progrès des armes à feu.

PIQURE, plaie peu considérable et peu profonde faite par un instrument piquant, tel qu'une aiguille, un clou, une épine, etc. Ce genre de plaie n'est pas toujours exempt de gravité. Les plus faibles piqûres du bout des doigts produisent souvent les panaris, et les aiguillons des insectes déterminent la plupart du temps une enflure plus ou moins considérable et plus ou moins persistante. C'est à tort qu'on range les blessures des serpents dans la classe des piqûres ; les serpents ne piquent pas, ils mordent.

PIRANESI (Jean-Baptiste), graveur à l'eau-forte et au burin, né à Rome en 1707, y établit, pour le commerce des estampes, une maison dont les relations s'étendirent dans toute l'Europe, et mourut en 1778. Son œuvre se compose de seize volumes, dans lesquels il a réuni tout ce que Rome ancienne et moderne offre d'édifices et de ruines remarquables. — Son fils *François*, né à Rome en 1748, continua la profession et le commerce de son père. Nommé consul général de Suède à Naples, il y protégea la fuite de l'ambassadeur baron d'Armsfeldt, proscrit par le roi de Suède, et fut lui-même condamné à être pendu. Retiré à Rome, il n'y fut bientôt plus en sûreté, et vint chercher un asile à Paris, où il fonda une manufacture de vases peints, candélabres, etc., en terre cuite, publia une édition complète de ses *Antiquités romaines*, et mourut en 1810.

PIRATE, marin qui, dans le seul but de s'enrichir et sans être pourvu d'une commission du gouvernement, court les mers, attaquant et pillant les navires de toutes les nations. Le châtiment réservé partout à la piraterie est la peine de mort appliquée presque toujours sans forme de procès et sur l'heure. La ville d'Alger était avant la conquête française un repaire de pirates. Aujourd'hui encore les côtes de l'Albanie et de la Grèce en fournissent qui désolent l'orient de la Méditerranée.

PIRATINIER, genre de plantes habitant les forêts de la Guyane ; ses caractères floraux ne sont pas encore assez connus pour qu'on puisse lui assigner une place dans les nomenclatures scientifiques. Le piratinier monte à seize mètres de haut. Sous son écorce grisâtre et lisse circule un suc laiteux qui s'échappe à la plus légère incision. Son bois est blanc, compacte, très-dur, ayant au centre une tache rouge foncé mouchetée de noir, simulant des caractères, d'où lui vient le nom de *bois de lettres* que lui donnent ordinairement les créoles. Les branches sont couvertes de feuilles alternes, ovales, vertes en dessus, blanchâtres en dessous. Les fleurs sont jaunes.

PIRÉE (aujourd'hui *Porto-Leone*), le principal des trois ports d'Athènes, situé à l'embouchure du Céphise, à 2 lieues S.-O. de la ville, à laquelle il était anciennement joint par deux murailles construites, l'une par Thémistocle, l'autre par Périclès, et démolies toutes deux par Lysandre. Le Pirée se divisait en trois bassins : *Cantharos*, *Aphrodision* et *Zea*, qui pouvaient contenir 400 vaisseaux.

PIRÈNE. Voy. PYRÈNE.

PIRIGARA, genre de plantes de la famille des myrtacées, renfermant huit espèces, dont sept croissent à la Guyane et à l'île de Java. Ce sont des arbres élevés, à feuilles grandes, alternes, dentées ou très-entières, à grappes ; aux fleurs peu nombreuses, blanches, accompagnées de deux bractées et disposées en grappes terminales. Le *pirigara à quatre pétales* s'élève à environ trente pieds sur un tronc mince, revêtu d'une écorce grisâtre, à bois blanc, souple et pliant, malheureusement doué d'une odeur infecte qu'il conserve même longtemps après avoir été coupé et travaillé.

PIRI-PACHA, trésorier de Sélim Ier, sultan des Turks, dans la guerre contre Schah-Ismaël, sophi de Perse en 1514, mérita sa faveur en lui conseillant la bataille de Tchaldiran. Sélim lui confia l'éducation de son fils Soliman II, qui, lors de son avènement au trône, le fit grand vizir. Il prit part à l'expédition de Rhodes, et fit aux assiégés les premières propositions d'une capitulation honorable. Il mourut vers 1524.

PIRITHOUS (myth.), roi des Lapithes en Thessalie, était, selon les uns, fils d'Ixion et de Dia, ou d'Ixion et d'une nue, selon d'autres, de Jupiter et de Dia. Ami et compagnon de Thésée, il concourut à plusieurs entreprises de ce héros, entre autres à celle dont l'objet était d'enlever Proserpine, femme du roi des enfers. Le projet

ayant échoué, Pirithoüs resta prisonnier de Pluton jusqu'à ce qu'Hercule vînt le délivrer. Pirithoüs avait épousé Hippodamie, dont les noces furent ensanglantées par le combat des Centaures et des Lapithes.

PIRNA, ville forte de Misnie (royaume de Saxe), sur l'Elbe, avec un beau château fort entouré de montagnes, servant de prison d'État et appelé le *Sonnestein*, à 4 lieues au S. de Dresde. Sa population est de 4,000 habitants. Elle a des mines de fer et d'étain dans son territoire, des fabriques de coton et de toiles, des tanneries, etc. Pirna est un lieu fatal aux Saxons, qui y furent battus par les Prussiens et les Autrichiens en 1745, bloqués et forcés par la famine à mettre bas les armes, au nombre de 13,000, en 1756.

PIROGUE, barque longue et plate, dont se servent les sauvages d'Afrique, d'Amérique et d'Océanie. Les pirogues sont faites le plus souvent d'un tronc d'arbre et quelquefois d'écorces cousues. Les plus rapides sont celles de la côte de Guinée. Elles servent d'embarcations aux vaisseaux. Les conditions d'admission sont d'atteindre le vaisseau sans le secours des voiles, et d'en faire trois fois le tour.

PIROLL, genre d'oiseaux de l'ordre des passereaux, famille des conirostres, tribu des omnivores, renfermant un petit nombre d'espèces propres aux îles des grands archipels Indien et Océanique, et que l'on a souvent confondues avec les corbeaux. Le type du genre est le *piroll velouté*, appelé pour cette raison par les Anglais *satin-bird* (oiseau-satin). Le mâle a le plumage d'un bleu noir irisé très-brillant, les rémiges et les rectrices d'un noir mat, le bec et les pieds jaunes ; sa taille est de trois pouces. La femelle a les parties supérieures d'un vert olive ; les rémiges et les rectrices d'un brun roux ; le dessous du corps verdâtre, rayé de noirâtre, et la gorge blanchâtre.

PIRON (Alexis), né à Dijon en 1689, était fils d'Aimé Piron, apothicaire et poëte, qui lui fit faire de bonnes études, et le fit recevoir avocat. Entraîné par son goût pour la poésie, Piron renonça au barreau avant d'y avoir débuté, et se fit connaître par quelques écrits licencieux. Arrivé à Paris en 1709, il fit le métier de copiste et de poëte, composa pour l'Opéra-Comique *Arlequin-Deucalion*, pour le Théâtre-Français les *Fils ingrats*, *Gustave Wasa* et la *Métromanie*, chef-d'œuvre d'intrigue, de style, de verve comique et de gaieté. Piron mourut en 1773.

PISAN (Christine de), née à Venise en 1363 de Thomas de Pisan, conseiller de la république et astrologue fameux, n'était âgée que de cinq ans lorsqu'elle suivit son père en France, où il devint membre du conseil de Charles V. Christine épousa à quinze ans un gentilhomme de Picardie, Etienne Castel, qui mourut dix ans après (1389), emporté par une contagion. Christine, restée seule, se consola par la poésie. Charles VI lui accorda une pension en 1411. L'ouvrage en prose qui lui a fait le plus d'honneur est la *Vie de Charles V*. Parmi ses poésies, toutes pleines de tendresse et de naïveté, on distingue ses *ballades*.

PISAN, province du grand-duché de Toscane, en Italie, située le long de la Méditerranée entre les territoires de Florence, de Lucques, de Piombino et de Sienne. Sa superficie est de 186 lieues carrées, et sa population de 346,475 habitants. Son chef-lieu est PISE.

PISANDRE, un des deux généraux qui renversèrent la démocratie à Athènes, et y fondèrent l'olligarchie des cinq cents.

PISANG, nom le plus ancien et le plus répandu de l'arbre qu'on appelle en Europe *bananier*.

PISANI (Nicolas), amiral vénitien du XIVe siècle, devint célèbre dans la troisième des guerres que Venise eut à soutenir contre Gênes (1350 1355). Battu par Paganino Doria à l'entrée du détroit de Constantinople, il se vengea de cet échec sur l'amiral génois Grimaldi, qu'il défit complètement devant la pointe de la Loïera (Sardaigne). Surpris en 1354 près de Modon par Doria, il fut fait prisonnier et conduit avec toute sa flotte à Gênes, où il orna le triomphe du vainqueur. Relâché à la paix, il mourut à Venise dans l'obscurité.

PISANI (Victor), fils ou neveu du précédent, commandait en 1378 la flotte vénitienne dans la quatrième guerre avec Gênes. Vainqueur devant Antium, il chassa les Génois de l'Adriatique, punit les révoltés de Dalmatie, reprit sur les Hongrois Cattaro, Sebenico et Arbo, et fut battu par l'amiral Doria lorsqu'il rentrait à Venise avec les débris de sa flotte (1379). Mis en prison par ordre du sénat, il en fut tiré bientôt, parce que ses soldats refusaient de marcher sans lui contre les Génois. Ceux-ci furent forcés à se rendre avec tous leurs vaisseaux (1380). Pisani mourut la même année à Manfredonia.

PISAURE, nom ancien de *Pesaro*.

PISCADORES, îles situées entre le continent chinois et l'île de Formose. C'est un amas de rochers déserts habités seulement par des chèvres, où les Chinois tiennent cependant une petite garnison.

PISCATAQUA, rivière des Etats-Unis, séparant l'Etat du Maine de celui de New-Hampshire. Elle prend sa source au N.-E. de Wakefield, et se jette dans l'océan Atlantique au-dessous de Portsmouth. Dans la partie inférieure de son cours, qui est de 120 lieues, elle porte les noms de *Salmon-Fall* et de *Newick-Awannok*. Son cours est rapide, et elle ne se gèle jamais. On trouve sur cette rivière le plus beau pont de l'Amérique. Il a deux mille deux cent quatre-vingt-onze pieds de long sur cinquante de large. Il est construit en bois. On y voit une arche de deux cent quarante-quatre pieds d'ouverture.

PISCATORIENS, jeux que les Romains célébraient tous les ans sur les bords du Tibre. Pendant ces fêtes, on sacrifiait à Vulcain les poissons que l'on pêchait dans le fleuve.

PISCINE, petit réservoir où l'on nourrit du poisson. — Dans l'Ecriture sainte, on appelle *piscine probatique* un réservoir d'eau qui était proche du parvis du temple à Jérusalem, et où on lavait les animaux destinés aux sacrifices.

PISE, célèbre ville du Péloponèse, ancienne capitale de l'Elide, fondée, suivant la fable, par Pisus, petit-fils d'Eole. C'est dans le voisinage de cette ville que se célébraient de quatre en quatre ans les jeux Olympiques. On appelait *pisœus annus* l'année où l'on célébrait les jeux Olympiques, et *pisœa oliva* le laurier, prix de la victoire. Les habitants d'Elis, auxquels ceux de Pise disputaient le privilége de présider à la célébration des fêtes, leur déclarèrent la guerre, et détruisirent la ville.

PISE, province de Toscane. Voy PISAN.

PISE, ville d'Italie, chef-lieu de la province du même nom, dans le grand-duché de Toscane, à une lieue de l'embouchure de l'Arno dans la Méditerranée, à 12 lieues de Florence. Cette ville, fameuse autrefois par son commerce, n'a plus que 17,000 habitants au lieu de 150,000 qu'elle possédait au temps de sa prospérité. Elle est le siège d'un archevêché, possède une université célèbre, un jardin botanique, une bibliothèque publique, un observatoire, un cabinet d'histoire naturelle, un musée, de beaux édifices, entre autres la cathédrale, ornée de bas-reliefs et fermée par trois superbes portes de bronze. — La fondation de Pise est attribuée par Virgile à une colonie de Pisæens d'Elide. Elle devint dans le XIIe siècle une république puissante, qui partagea avec Gênes et Venise le commerce et l'empire de la Méditerranée.

PISE, genre de crustacés de l'ordre des décapodes, famille des brachyures Leur corps est triangulaire, couvert de poils ; les yeux sont portés sur des pédoncules très-courts. On les trouve dans les eaux profondes Ils habitent les mers d'Europe. On ne les emploie pas comme aliment. Leur couleur est brunâtre ou rouge jaunâtre. On connaît particulièrement la *pise tétraodon* et la *pise de gibs*.

PISÉ ou PIZAY, terme d'architecture. C'est une construction particulière, faite avec une sorte de terre que l'on rend dure et compacte. Cette construction est très-commune dans le département du Rhône.

PISIDIE, province de l'Asie-Mineure, comprise entre la Pamphylie au S., la Lycie à l'O., la Phrygie au N., et la Cilicie à l'E. Elle renfermait au N. l'Isaurie, et avait dix-huit villes et quarante-trois évêchés du patriarcat de Constantinople. Ses limites furent toujours indécises du côté de la Pamphylie, dont elle était, suivant quelques auteurs, une dépendance.

PISIFORME, ce qui a la forme d'un *pois* (en latin, *pisum*). On appelle *os pisiforme* le quatrième os de la première rangée du carpe. On l'a nommé aussi *os lenticulaire*, *orbiculaire* ou *hors de rang* ; il est arrondi, donne attache au muscle cubital antérieur, au ligament transverse antérieur du carpe, et s'articule en arrière avec l'os pyramidal. — On a nommé *tubercules pisiformes* les tubercules mamillaires du cerveau.

PISISTRATE, fils d'Hippocratès, issu du sang royal de Codrus, roi d'Athènes, et neveu de Solon, se distingua à la conquête de Salamine, et se fit adorer de la multitude par sa libéralité et plus encore par son éloquence et son zèle. Il résolut de profiter de l'absence de Solon pour rétablir la puissance monarchique à Athènes et s'en investir. S'étant mis un jour tout en sang, il se présenta dans la place publique, comme victime, au peuple qui lui donna cinquante gardes. Il en augmenta de lui-même le nombre, et se rendit maître de la citadelle d'Athènes avec les armes à la main l'an 560 avant J.-C. Abandonné bientôt de ses troupes, il fut forcé de se réfugier en Eubée (544 avant J.-C.) ; ce ne fut qu'onze ans après qu'il put s'emparer de Marathon et surprendre Athènes, où il rentra triomphant. Il mourut l'an 527 avant J.-C., laissant deux fils, Hipparque et Hippias, qui lui succédèrent.

PISISTRATIDES, nom des deux fils de Pisistrate, Hipparque et Hippias, qui régnèrent après lui.

PISOLITHES, concrétions calcaires sous la forme d'un *pois*, ce qui leur a valu le nom qu'elles portent (en latin, *pisum* veut dire *pois*, et *lithos*, en grec, signifie *pierre*). Le noyau de ces globules est tantôt un grain de sable, tantôt un corps étranger.

PISON, célèbre branche de la maison Calpurnia, dont on fait venir le nom de *pisum*, pois. Elle produisit un grand nombre d'hommes illustres par leurs talents et leurs dignités.

PISON (Lucius Calpurnius), tribun du peuple l'an 149 avant J.-C., et ensuite deux fois consul (135 et 133 avant J.-C.), mérita par une frugalité et une sévérité de mœurs sans exemple le surnom de *Frugi*. Habile orateur, profond jurisconsulte, vaillant et sage capitaine, il pacifia les troubles de la Sicile, et écrivit des mémoires ou annales de son temps.

PISON (Lucius Calpurnius), beau-père de Jules César, fut accusé de concussion, et n'échappa à la condamnation que par le crédit de son gendre. Consul l'an 58 avant J.-C., il fit exiler Cicéron, qui s'en vengea en le faisant rappeler de la province de Macédoine dont il avait été nommé gouverneur après son consulat. Pison, de retour (56), fit dans le sénat des plaintes contre Cicéron, et s'attira pour réponse le discours que nous avons *contre Pison*. Pison fut cependant porté à la censure (50) ; mais, depuis cette époque, il ne joua plus qu'un rôle presque nul dans l'Etat.

PISON (Lucius Calpurnius), fils du précédent, prit d'abord l'un des plus ardents ennemis d'Octave, dont les faveurs le firent changer de sentiments. Nommé gouverneur de Pamphylie l'an 23 avant J.-C., il s'y comporta sagement, et passa ensuite en Europe pour s'opposer aux Besses, peuple de Thrace, qu'il battit complètement. Tibère, dont il s'était attiré la faveur pour avoir bu avec lui un jour ou une nuit de suite, ou même deux jours de suite, le nomma préfet de Rome. C'est à son fils qu'Horace adressa son *Art poétique*.

PISON (Cneius Calpurnius), fils du précédent, gouverneur de la Syrie sous Tibère dont il était le confident, fit empoisonner Germanicus par ordre de ce prince. Mandé à Rome pour se justifier de ce crime dont l'accusateur et la voix publique et la veuve de Germanicus, et se voyant abandonné de tout le monde, même de l'empereur, il se donna la mort l'an 20 de J.-C. Il avait pour femme Plancine, non moins criminelle que lui.

PISON (Caius Calpurnius), chef de la fameuse conjuration ourdie contre Néron l'an 65 de J.-C. La majeure partie des conjurés le désignaient pour succéder à l'empereur ; quelques-uns cependant lui préféraient Sénèque. Le complot fut découvert la veille même du jour où il devait éclater. Pison, au lieu de s'emparer du trône à force ouverte, comme le voulaient ses amis, s'enferma dans sa maison et se fit ouvrir les veines.

PISON (Caius Calpurnius Licinianus), fils de Marcus Crassus et de Scribonie, fut adopté par l'empereur Galba, auquel il avait plu par son désintéressement et son austérité. Il fut mis à mort par l'ordre d'Othon, après le meurtre de Galba, l'an 69 de J.-C. Il avait été quatre jours césar, et périt à l'âge de trente et un ans.

PISSASPHALTE, substance bitumineuse composée de poix et d'asphalte, et appelée communément *malthe*.

PISSELEU (Anne DE), connue d'abord sous le nom de mademoiselle *d'Heilly*, née vers l'an 1508 d'une ancienne famille de Picardie éteinte en 1628, était fille d'honneur de Louise de Savoie, mère de François Ier, lorsque ce prince en devint éperdument amoureux. Anne de Pisseleu devint alors sa maîtresse, et acquit sur lui un empire qu'elle conserva jusqu'à sa mort. Le roi la maria en 1536 à Jean de Brosses, auquel il donna le comté d'Estampes, qu'il érigea en duché pour donner à sa maîtresse un rang plus élevé à la cour. Ennemie de Diane de Poitiers, favorite de Henri II, elle fut sous le règne de ce prince exilée dans une de ses terres, où elle mourut en 1576. La duchesse d'Estampes avait abusé de la confiance du roi pour livrer à Charles-Quint des secrets importants qui firent battre nos armées.

PISSENLIT, genre de plantes de la famille des synanthérées, section des chicoracées. Le *pissenlit dent-de-lion* est une plante herbacée, à hampe nue, simple, uniflore, aimant les lieux humides, aux feuilles roncinées et aux fleurs composées, à demi-fleurons jaunes. Ses feuilles radicales, ses pousses jeunes et tendres, mangées en salade, surtout le soir, dans les premiers jours du printemps, sont diurétiques, et de là est venu le nom de cette plante. On retire de sa tige fistuleuse un suc laiteux que l'on recommande dans les maladies de peau.

PISSE-SANG, nom vulgaire de la *fumeterre officinale*, parce qu'elle a la propriété, prise en infusion, de colorer en rouge les urines.

PISSEVACHE, fameuse cascade que fait en tombant la rivière de Sallenche, près des villages de Martigny et Saint-Maurice, dans le canton de Valais en Suisse. La hauteur de cette cascade est de 270 pieds.

PISTACHE, fruit du *pistachier commun*. C'est un drupe sec, à peine charnu, ovoïde, d'une couleur roussâtre, ridé extérieurement à chair très-mince. Dans un noyau peu épais, facile à rompre et s'ouvrant en deux valves, est contenue une amande oléagineuse, d'une couleur verte très-jolie. On la sert sur toutes les tables avec les fruits secs. On l'enveloppe de sucre pour dragées de différentes sortes, ou de chocolat sous le nom de diablotins. On la mêle entière, divisée ou pilée, aux crèmes, aux glaces et dans certaines pâtisseries. Ses propriétés médicinales sont celles de l'amande douce.

PISTACHE DE TERRE, nom que l'on donne à l'*arachide*, à cause de quelque ressemblance pour la couleur et la saveur avec la véritable pistache.

PISTACHIER, genre de plantes de la famille des térébinthacées, composé d'arbres de troisième grandeur et d'arbrisseaux résineux, à feuilles alternes, ailées, imparipinnées, portant des fleurs axillaires, dioïques, en grappes rameuses. Trois espèces ont été acclimatées dans le midi de l'Europe; ce sont: 1° le *pistachier commun*, arbre de dix mètres dans les pays chauds, aimant les terrains secs. Sa tige est droite, brune; ses feuilles d'un vert tendre, ses fleurs petites, verdâtres; son fruit est la *pistache*; 2° le *pistachier lentisque*; 3° le *pistachier térébinthe*.

PISTES, palais des rois carlovingiens situé près du Pont-de-l'Arche en Normandie, sur les bords de la Seine. Il est célèbre par plusieurs conciles ou assemblées. La deuxième, tenue en 864, est remarquable par l'édit que les grands promulguèrent de concert avec Charles le Chauve. On y arrêta plusieurs mesures de défense contre les Normands; on y réforma les diverses monnaies qui avaient cours dans le royaume; les hommes libres que la misère avait forcés à se vendre furent rendus à la liberté; on ordonna la démolition de tous les châteaux forts qui avaient été construits sans la permission du prince, et qui sont représentés par le capitulaire comme des retraites de brigands, dans ces temps de rébellion et d'anarchie.

PISTIL, organe femelle des plantes phanérogames, c'est-à-dire dont le mode de reproduction est connu. Le pistil occupe le centre de la fleur; il se compose de trois corps distincts: l'*ovaire* ou étui renfermant les ovules; le *style*, sorte de canal qui joint l'ovaire au stigmate, et le *stigmate*, qui est la partie la plus élevée du pistil et l'organe chargé de recevoir et d'élaborer le pollen. Le pistil repose directement sur le réceptacle.

PISTOIA, ville du grand-duché de Toscane, sur la Stella, dans la province et à 6 lieues de Florence. Sa population est de 10,000 habitants. Les rues sont larges, les places belles, les églises remarquables et les édifices nombreux. Elle a un évêché, une académie, un jardin botanique. Les fabriques de soieries, de cuir, d'étoffes de laine et de quincaillerie, alimentent le commerce de cette ville, qui fut jadis une république détruite avec celle de Pise.

PISTOLE, monnaie d'or frappée en Espagne et dans quelques villes d'Italie, et employée en France comme monnaie de compte. Dans ce sens, elle désigne 10 francs. Ainsi 100 pistoles sont 1,000 francs. — La pistole d'Espagne vaut 20 francs 37 centimes. On l'appelle encore *doblo de oro*. — La pistole de Venise vaut 21 francs 35 centimes.

PISTOLET, arme à feu, présentant en petit ce qu'est l'arquebuse en grand. L'invention de cette arme, qui fut appelée *pistole* dans les premiers temps, remonte au commencement du XVIᵉ siècle. La ville de Pistoia, en Toscane, fut la première où l'on en fit usage, et c'est de là que l'arme a pris son nom, suivant le savant Henri Estienne. Le pistolet a été l'arme des argoulets, des carabins, des reîtres, des chevaucheurs, appelés pour cette raison *pistolétiers*. En 1610 la grosse cavalerie le reçut généralement, et l'a gardée depuis cette époque.

PISTOLET DE VOLTA, appareil dû au physicien Volta (1780). Il est destiné à prouver de l'étincelle électrique à la propriété d'enflammer certains gaz, et on l'appelle ainsi parce que, pour rendre ce phénomène plus sensible, on se sert d'un gaz détonant, un mélange d'hydrogène et d'oxygène par exemple, qui fait partir un bouchon et rend un bruit semblable à celui d'un pistolet. Cet appareil est une pe-

tite boîte en métal avec deux ouvertures, l'une fermée par le bouchon, l'autre remplie d'une matière non conductrice que traverse une tige métallique pénétrant dans l'intérieur et venant se terminer par une boule assez près des parois. C'est entre ces parois et la boule que part l'étincelle, laquelle traverse par ce moyen le mélange détonant.

PISTOLETIERS. Voy. PISTOLET.

PISTON, cylindre de bois ou de métal qui remplit exactement la capacité d'un corps de pompe, dans lequel on le fait monter et descendre alternativement; il sert à élever l'eau ou tout autre fluide, à la comprimer et à la refouler.

PISTOR, c'est-à-dire *boulanger*, surnom donné à Jupiter par les Romains, en mémoire de ce que, lorsque les Gaulois faisaient le siège du Capitole, ce dieu avertit la garnison de jeter du pain dans le camp ennemi pour faire voir qu'elle en avait encore pour longtemps.

PISTORIUS (Jean), né à Nidda en 1546, docteur en médecine, conseiller du margrave de Bade-Dourlach, docteur en théologie, puis conseiller de l'empereur, prévôt de la cathédrale de Breslaw et prélat-domestique de l'abbé de Fulde, quitta la religion protestante pour embrasser la foi catholique, et mourut en 1608. On a de lui plusieurs *traités* de controverse, le *Recueil des écrivains de l'art cabalistique*, celui *des écrivains de la Pologne* et celui *des écrivains de l'Allemagne*.

PISUERGA, rivière d'Espagne, qui prend sa source à Piedras-Luenjas, dans les Asturies, reçoit l'Arlanzon, le Carrion, la Bureja, l'Escueva, et se jette dans le Duero, à quelques lieues au-dessous de Valladolid qu'elle arrose. Son cours est de 52 lieues.

PITANCE, vieux mot désignant les aliments destinés à la nourriture, dans chaque repas. — Autrefois, dans les couvents, la *pitancerie* était un office claustral exercé par un fonctionnaire nommé *pitancier*, qui distribuait aux moines la pitance ou portion monacale.

PITCAIRN (ILE), île de l'Océanie, située dans la Polynésie, au S.-E. de l'archipel Pomotou ou Dangereux. Elle a environ 2 lieues de long, et ne possède ni port ni rivière. Elle est habitée par des familles issues de matelots anglais révoltés du vaisseau anglais le *Bounty* qui s'y fixèrent en 1789, sous la conduite d'un des leurs nommé Adams, avec quelques femmes amenées par eux de Taïti. Depuis quelques années le catholicisme y a été introduit, et l'île est la résidence d'un évêque catholique pour toute la Polynésie.

PITEA, rivière de Suède qui sort du lac Pieskeiaure, et se jette dans le golfe de Bothnie, après un cours de 100 lieues. C'est à son embouchure qu'est située la ville de *Pitea* ou *Piteo*, ancienne capitale d'une province, aujourd'hui chef-lieu du gouvernement de Norr-Botten. Sa population est de 900 habitants. Elle est située à 40 lieues au N. d'Uméo.

PITHÈQUE, nom que les anciens donnaient aux singes et principalement à ceux qui étaient sans queue. On l'applique de nos jours à un grand nombre de ces animaux en faisant entrer ce mot comme racine dans la composition des noms des genres. Les guenons s'appellent *cercopithèques*, à cause de leur longue queue; les sapajous *hélopithèques*, à cause de leur queue avec laquelle ils entourent les branches; les sagouins *géopithèques*, à cause de leurs habitudes terrestres, etc.

PITHIVIERS, petite ville de France, sous-préfecture du département du Loiret, sur un ruisseau, à 9 lieues d'Orléans. Sa population est de 3,500 habitants. Elle a un tribunal de première instance, et commerce en blés, vins, laines, miel, cire, bois, suif, légumes et surtout en safran, gâteaux d'amandes et pâtés d'alouettes fort renommés. Le nom ancien de cette ville est *Pluviers*.

PITHO (myth.), nom que les Grecs don-

naient à une déesse appelée *Suada* par les Romains. C'est la Persuasion. On la regardait comme la fille de Vénus. Elle avait un temple à Egialée et une statue faite de la main de Praxitèle dans le temple de Bacchus, à Mégare.

PITHON, Parthe de naissance, et l'un des principaux officiers d'Alexandre, obtint après sa mort le gouvernement de la Médie, sous les ordres de Perdiccas. Mécontent de ce général, il se révolta contre lui en Egypte, et fut un de ceux qui le tuèrent au passage du Nil (322 avant J.-C.). Nommé, quelque temps après, par Olympias tuteur du jeune roi et généralissime, il se démit en faveur d'Antipater, et retourna en Médie. Antigone le fit mettre à mort l'an 316 avant J.-C.

PITHOU (Pierre), célèbre jurisconsulte, né à Troyes en 1539, vint étudier à Paris sous Turnèbe, puis à Bourges sous le célèbre Cujas. Comme il appartenait à la religion calviniste, il faillit à être enveloppé dans le massacre de la Saint-Barthélemy. Devenu catholique l'année d'après, il fut nommé substitut du procureur général, puis procureur général en 1581 dans la chambre de justice de Guyenne, et mourut en 1596. Son érudition lui a mérité le surnom de *Varron français*. Il a enrichi la république des lettres de quelques auteurs anciens tirés par lui de l'obscurité, comme *Phèdre* et les *Novelles* de Justinien. Il fut un des auteurs de la *Satire Ménippée*. On a encore de lui un excellent *Traité des libertés de l'Eglise gallicane*, une collection des *Capitulaires* de Charlemagne et de Louis le Débonnaire, le *Recueil des historiens* de la deuxième race, des éditions de divers auteurs profanes et ecclésiastiques, des *Commentaires*, etc.

PITHYUSES, nom ancien d'un groupe d'îles de la Méditerranée, dépendant do celui des îles Baléares. Les principales de ces îles, ainsi nommées à cause des pins dont elles étaient couvertes, étaient Ebusa et Colubraria, aujourd'hui *Iviça* et *Formentera*.

PITON. On donne ce nom à une espèce de pic, dont on trouve particulièrement aux Antilles. Ces pics sont en général inaccessibles, entourés de larges précipices, et ne présentent d'autre végétation qu'une mousse épaisse. Les plus renommés dans ces îles sont ceux de la Martinique, qu'on appelle *piton du Carbet*, de la *Soufrière* à la Guadeloupe, etc.

PITPIT, espèce de fauvette. C'est un petit oiseau que l'on trouve en Amérique sous la zone torride, et qui se tient dans les bois sur les grands arbres, vivant en troupes plus ou moins nombreuses. Dans son état parfait, son plumage est noir au front, sur les côtés de la tête, sur le dos, les ailes et la queue. Tout le reste est d'un beau blanc.

PITROU (Robert), né à Mantes en 1684, devint, sans avoir eu d'autre maître que lui, habile géomètre, grand mécanicien, et versé dans toutes les parties de l'architecture civile. En 1716 il commença sous Gabriel le travail du pont de Blois, et imagina dès lors ces cintres de bois, appelés *cintres retroussés*, que l'on a imités depuis. En 1721 il fut fait ingénieur de la généralité de Bourges et en 1731 inspecteur général des ponts et chaussées de France. Il mourut en 1749.

PITT (William), comte DE CHATHAM, fils de Robert Pitt, gentilhomme de Cornouailles, naquit en 1708. Chargé de représenter au parlement en 1735 le bourg d'Old-Sarum, il s'y distingua par son éloquence et son opposition. Nommé en 1746 adjoint-vice-trésorier d'Irlande, trésorier et payeur général de l'armée et conseiller privé, il se démit de toutes ces places en 1755 pour conserver son indépendance. Nommé en 1756 premier secrétaire d'Etat, William Pitt fut éloigné bientôt et rappelé l'année suivante. Dès lors il fut à la tête du cabinet, qu'il dirigea jusqu'en 1761. En 1766 il fut nommé lord garde du sceau privé, créé pair d'Angleterre, vicomte de

Burton-Pynsent et comte de Chatham. Il résigna sa charge en 1768, et mourut en 1778.

PITT (William), célèbre homme d'Etat, troisième fils du précédent, né à Angers pendant un court séjour de son père en France (1759), hérita des talents de son père, de l'ardeur de son patriotisme et de sa haine contre le peuple français. Elevé à Cambridge, il suivit le barreau jusqu'en 1780. Admis alors dans le parlement, il se jeta dans l'opposition contre le ministère North, et fut d'abord l'ami de Fox, dont il se sépara en entrant au ministère (1782) comme chancelier de l'échiquier. Ce ministère ayant été bientôt dissous, Pitt rentra au pouvoir comme premier ministre en 1783. La conclusion d'un traité de commerce avec la France (1786), l'augmentation des conquêtes anglaises dans l'Inde et la guerre à outrance faite par Pitt à la république française furent les principaux actes de son ministère. C'est de cette époque que date la prépondérance maritime de l'Angleterre. Voyant que sa présence au ministère mettait seule obstacle à la paix, il se retira des affaires en mars 1801 pour n'y rentrer qu'en 1803. Pitt mourut en 1805.

PITTACUS, l'un des sept sages de la Grèce, né à Mitylène. Jeune encore, il délivra ses concitoyens de la tyrannie de Méléagre, commanda la guerre contre les Athéniens, et vainquit en combat singulier leur général Phrynon. Les Mityléniens reconnaissants lui donnèrent la souveraineté de leur ville. Après les avoir gouvernés dix ans en philosophe et en père, il se démit du pouvoir. Il consacra ses dernières années à l'étude, et mourut vers l'an 570 avant J.-C. La plus remarquable de ses lois est celle qui punissait doublement les crimes commis dans l'ivresse.

PITTE. On donne communément ce nom aux plantes du genre agave, et particulièrement à l'agave fétide, plante dont la tige, haute de sept à huit mètres, est énorme, très-rameuse, appuyée sur une racine épaisse et tubéreuse. On retire de ses feuilles étroites, longues, assez molles et peu épaisses une filasse propre à faire des cordages.

PITTHÉE (myth.), fils de Pélops et d'Hippodamie, fondateur et roi de Trézène, y ouvrit une école publique où il se distingua par sa sagesse et son savoir. Il donna sa fille Ethra en mariage à Egée, roi d'Athènes, et présida à l'éducation de Thésée, son petit-fils. Il mourut à Trézène et y fut enterré.

PITTORESQUE, adjectif venu de l'italien pittore, peintre, et désignant ce qui peut faire de l'effet en peinture, et ensuite, par analogie, ce qui peut former une peinture à l'esprit. — Depuis les derniers temps, on appelle pittoresques les publications dans lesquelles les pages sont ornées de gravures, ordinairement dans le texte même, afin de présenter à l'œil une peinture des matières expliquées dans le livre.

PITTOSPORÉES, petite famille de plantes dicotylédonées, composée des genres pittospore, billardière, bursaire et senacie, séparés par R. Brown de la famille des rhamnées. — Le genre type ou pittospore se compose d'un petit nombre d'espèces, dont trois se cultivent dans nos jardins. La plus connue est le pittospore à feuilles ondulées, bel arbrisseau dont la tige droite, cylindrique, rameuse, avec une écorce grisâtre assez unie, laquelle suinte un suc blanc, d'une odeur agréable, qui devient concret et se présente sous la forme d'une poussière résineuse, porte des rameaux disposés par étages, garnis de feuilles persistantes, éparses, opposées, ou le plus souvent verticillées à leur sommet. Les fleurs, réunies trois et cinq ensemble, exhalent un parfum semblable à celui du jasmin. Elles sont assez généralement blanches

PITTSBOURG, ville des Etats-Unis dans l'Etat de Pennsylvanie, chef-lieu du comté Alleghany, au confluent des rivières Alleghany et Monongahela, dont la réunion forme l'Ohio, à 122 lieues de Philadelphie. Cette ville, qui dans l'origine n'était qu'un fort appelé Duquesne, et appartenant aux Français, s'est accrue au point qu'elle a aujourd'hui une population de 20,000 habitants. Elle renferme des forges, des verreries, des brasseries, des moulins à farine et autres usines en grand nombre. Son commerce est le plus florissant de tout l'Etat.

PITUITAIRE (de pituita, pituite, mucosité). Les anatomistes nomment fosse pituitaire ou selle turcique un enfoncement qu'on remarque sur la face cérébrale de l'os sphénoïde, et qui loge l'organe appelé glande pituitaire. — La glande ou corps pituitaire est un petit corps arrondi, allongé transversalement qui est logé dans la fosse pituitaire, et dont on ignore la structure intime et les usages; de la partie supérieure sort un prolongement conique, de couleur grisâtre, qu'on nomme tige pituitaire. — La membrane pituitaire, ou simplement la pituitaire, est la membrane muqueuse qui tapisse les fosses nasales. Elle est le siège de l'odorat, et reçoit l'impression des odeurs au moyen des expansions des nerfs olfactifs qui la pénètrent.

PITUITE, nom donné aux liquides aqueux et filants qui sont rejetés, en plus ou moins grande abondance, par l'expuition, l'expectoration, la régurgitation et le vomissement. Ce mot est synonyme de phlegme ou flegme. On appelle pituiteuses les maladies dans lesquelles ces excrétions ont lieu, et pituiteux les individus qui sont sujets à rejeter cette pituite. — Fièvre pituiteuse est synonyme de fièvre muqueuse.

PITYS (myth.), jeune nymphe aimée de Pan et de Borée à la fois. Le premier, irrité de la préférence de Pitys pour son rival, la jeta de rage contre un rocher où elle mourut. Les dieux la changèrent en l'arbre qui porte son nom (le pin) et qui semble pleurer, par la liqueur qu'il laisse échapper lorsqu'il est agité par le vent du nord (Borée).

PIVERT. Voy. PIC-VERT.

PIVOINE, genre de plantes de la famille des renonculacées, renfermant une douzaine d'espèces herbacées, rarement ligneuses, à racines vivaces, fusiformes, tubéreuses, brunes extérieurement et d'un blanc rose à l'intérieur. Introduites dans nos jardins comme plantes d'ornement, elles y produisent un fort bel effet par leurs touffes d'un vert gai, par leurs magnifiques corolles blanches, roses, d'un rouge cramoisi, et par les nombreuses variétés qu'elles ont produites. L'espèce que les anciens nommaient dans leurs hymnes à cause de ses propriétés héroïques est la pivoine commune, naturelle aux prairies et aux bois montueux de l'Europe méridionale.

PIVOT. Dans la mécanique, on appelle ainsi l'extrémité d'un arbre qui s'appuie sur un plan quelconque, en tournant dans une douille ou crapaudine.

PIVOT. En botanique, on se sert de ce mot, emprunté à la mécanique, pour désigner une racine fort grosse qui s'enfonce perpendiculairement dans le sol. Elle est non-seulement le premier organe de la nutrition pour le végétal, mais encore son soutien. Toute plante munie d'une racine de cette sorte, comme la carotte, le salsifis, le radis, etc., est appelée plante pivotante; ce mot est synonyme de fusiforme, qui veut dire en forme de fuseau.

PIVOTANTE. Voy. PIVOT.

PIZARRE (François), célèbre aventurier espagnol, conquérant du Pérou, né à Truxillo en 1475, garda d'abord les pourceaux d'un gentilhomme dont il était le fils naturel et dont il porta le nom. Craignant un jour d'être réprimandé pour avoir égaré un pourceau, il s'enfuit, s'embarqua pour l'Amérique et fit la découverte du Pérou avec Diego Almagro (1526). Nommé gouverneur de ce pays par Charles-Quint, il y revint en 1531 pour finir la conquête. La bataille ou plutôt le massacre de Caxmarca, la prise de l'inca Atabalipa ou Atahualpa et sa mort (1533), assurèrent aux Espagnols l'empire du Pérou. Pizarre jeta en 1535 les fondements de la ville de Lima. Peu de temps après, la discorde se met entre lui et Almagro. Ce dernier est vaincu sous les murs de Cuzco et mis à mort par Pizarre, qui tombe bientôt sous les coups des amis d'Almagro (1541). Charles-Quint l'avait fait marquis de las Charcas.

PIZZICATO, terme de musique emprunté à la langue italienne et servant à indiquer aux instruments à cordes que les notes ne doivent pas être exécutées avec l'archet, mais pincées avec les doigts. L'expression coll' arco, que l'on fait suivre d'ordinaire, indique la reprise avec l'archet.

PIZZIGHITONE, petite place forte de la province de Crémone, dans le royaume lombardo-vénitien, en Italie, au confluent de l'Adda et du Serio, avec un bon château dans lequel fut détenu François Ier en 1525, à 6 lieues de Lodi. Sa population est de 5,000 habitants. Cette ville fut prise par les Français en 1796.

PIZZO, petite ville du royaume de Naples, située dans la Calabre ultérieure, sur le golfe de Sainte-Euphémie, à 2 lieues de Monteleone. Ce fut le lieu où vint débarquer en 1815 le malheureux roi de Naples Joachim Murat. Il fut arrêté par les habitants et fusillé. Cette conduite valut à la ville de Pizzo le surnom de Fidèle et l'exemption à tout jamais des droits d'octroi.

PIXIDE. Voy. PYXIDE.

PIXODARE, troisième fils d'Hécatomne, roi de Carie, détrôna sa sœur Ada, qui régnait à Halicarnasse, entretint des intelligences avec le célèbre Philippe, roi de Macédoine, et fut sur le point de marier sa fille à Arrhidée, fils naturel du roi; mais il lui fit épouser Orontobates, auquel il laissa le trône après un règne de cinq ans.

PLAAT (André Henri-Jean VAN DER), lieutenant général hollandais, commandeur de l'ordre royal et militaire de Guillaume, naquit en 1763 à Grave, et entra dès l'âge de douze ans au service comme cadet d'artillerie. Il passa en 1787 au service de l'impératrice de Russie, où il fut comblé d'honneurs, et rentra en qualité de général-major en Hollande, où il fut nommé en 1813 gouverneur de Breda qu'il sauva contre l'attaque de l'armée française. Il fut successivement nommé lieutenant général, commandant la province du Brabant septentrional, gouverneur d'Anvers et commandant la quatrième division militaire, et mourut en 1819.

PLACAGE, application sur certains ouvrages d'ébénisterie de lames de bois extrêmement minces destinées à décorer le tout. Les bois qu'on y emploie sont des bois précieux, tels que le palissandre, l'acajou, et on les réduit en lames si minces qu'il en faut superposer jusqu'à dix et même vingt pour former l'épaisseur de deux centimètres et demi, c'est-à-dire un pouce.

PLACARD, décoration de porte en bois, en pierre ou en marbre, se composant d'un chambranle couronné d'une frise, d'un cavet et de sa corniche, portée quelquefois sur des consoles. — C'est une autre acception, dans laquelle il désigne un écrit fait à la main ou imprimé qu'on affiche dans les endroits fréquentés, soit pour rendre notoire une vente, une saisie, etc., soit pour répandre impunément les injures ou des exhortations séditieuses.

PLACE, lieu qu'occupe une personne ou une chose, ou bien, selon l'une des acceptions les plus habituelles de ce mot, l'emplacement qu'on laisse vide ou qu'on pratique dans une ville pour l'agrément ou le besoin. Parmi les plus belles places, on remarque la place de la Concorde à Paris, les places Saint-Pierre et Navone à Rome, la place Saint-Marc à Venise.

PLACE D'ARMES. On appelle ainsi, dans les villes de guerre ou de garnison, un emplacement central où les troupes se réunissent les jours de revue ou en cas d'alerte. — En fortification, les places d'armes sont des espaces destinés à recevoir les troupes qui doivent soutenir l'attaque ou la défense des points d'action.

PLACE FORTE, lieu destiné à défendre un territoire contre l'invasion d'un ennemi. On distingue deux sortes de places de ce genre, les *places fortes* proprement dites, et les *citadelles, forts, châteaux* et *postes militaires*. Les premières sont, suivant leur importance, divisées en trois classes ; elles sont aussi, suivant leur position sur la frontière, de première, de deuxième et de troisième ligne.

PLACENCIA, jolie ville d'Espagne, située dans une belle plaine, au milieu des montagnes, sur le Xérès, dans la province et à 16 lieues de Caceres. Sa population est de 4,800 habitants. Elle est le siège d'un évêché, et possède un château et un aqueduc de quatre-vingts arches.

PLACENTA, nom sous lequel les anatomistes désignent une masse molle, spongieuse, vasculaire, qui, d'une part, adhère aux parois de l'utérus, et de l'autre communique avec le fœtus au moyen du cordon ombilical qui sert, pour ainsi dire, d'intermédiaire entre la mère et l'embryon.

PLACENTA, nom donné, en botanique, à la partie interne de l'ovaire, à laquelle chaque ovule est attaché, soit immédiatement, et dans ce cas l'ovule est *sessile*, soit par l'intermédiaire d'un funicule, et dans ce cas l'ovule est *stipité*. Cet organe remplit vis-à-vis de la graine le même rôle que le placenta vis-à-vis de l'embryon des mammifères ; aussi l'appelle-t-on encore *trophosperme*, nom grec qui veut dire nourricier de la graine.

PLACIDE (Saint), fils de Tertulle, sénateur romain, fut dès sa première enfance mis dans le monastère de Subiaco, où il devint disciple de saint Benoît. On dit qu'ayant été envoyé en Sicile pour y bâtir un monastère, il fut massacré par des barbares et des voleurs avec trente-trois de ses religieux, au nombre desquels deux de ses frères, Eutyque et Victorin, et sa sœur Flavie. On les honore comme martyrs le 5 octobre.

PLACIDIE (Gallia-Placidia), fille de Théodose le Grand et sœur d'Arcadius et d'Honorius, résidait à la cour de ce dernier, qui la donna en 414 en mariage à Ataulphe, beau-frère d'Alaric, roi des Visigoths. Ataulphe ayant été tué par un de ses serviteurs à Barcelone, elle retourna près d'Honorius, épousa en secondes noces Constance, associé de son frère à l'empire, et en eut un fils, nommé Valentinien III, à qui elle consacra tous ses instants après la mort de Constance. Placidie mourut à Ravenne en 450.

PLACITUS PAPIRIENSIS (Sextus), écrivain qui vivait dans la première moitié du XIᵉ siècle, et qui ne nous est connu que par l'abrégé donné par Constantin l'Africain d'un de ses ouvrages : *De medicamentis ex animalibus*.

PLADAROSE, nom donné à des tumeurs ou loupes molles qui se développent sur les paupières et ne sont accompagnées ni de rougeur ni de douleur.

PLAFOND, surface inférieure d'un plancher. Il y a des plafonds droits et des plafonds cintrés. Les premiers, qui affectent la forme la plus ordinaire, sont composés d'un lambris de lattes et d'une ou plusieurs couches de plâtre qui le recouvrent. Quand on veut le rehausser de peintures, on divise ordinairement les plafonds en compartiments encadrés par des moulures saillantes. C'est ce qu'on appelle *caissons*, *tympans*, *voussures*. On retrouve fréquemment dans les anciens édifices le plafond de pierre, le plus solide de tous.

PLAGE, pente douce qui forme la séparation de la terre et de la mer. On distingue quatre sortes de plages : les plages de rochers, celles de galets ou cailloux, celles de sable et celles de vase. À la troisième classe appartiennent les côtes de l'Océan dans presque tout le golfe de Gascogne, et notamment dans le département des Landes. On retrouve encore cette espèce de côtes au nord de la France, où les monticules de sable portent le nom de *dunes*.

PLAGIAIRE. On appelait ainsi, chez les Romains, celui qui était condamné au fouet (*ad plagas*) pour avoir vendu comme esclaves des hommes libres. — De nos jours, cette expression s'applique à l'auteur qui s'approprie les pensées d'autrui et s'expose ainsi au *fouet* de l'opinion publique.

PLAGIOSTOME, genre de mollusques de l'ordre des acéphales, et de la famille des ostracés, renfermant des coquilles fossiles rapprochées des peignes et des limes par les conchyliologistes. — En ichthyologie, on donne le nom de *plagiostomes* à une famille de poissons de l'ordre des chondroptérygiens, parce que les poissons qui la composent ont la bouche placée transversalement au-dessus du museau. Cette famille, appelée encore famille des *sélaciens*, renferme les genres *squale* et *raie*.

PLAID, grand manteau de laine à carreaux de diverses couleurs, que les montagnards écossais portent retroussé et noué sur l'épaule gauche.

PLAID, mot qui a vieilli. Il signifiait autrefois, au singulier, les moyens de défense présentés par un avocat, et au pluriel il était devenu synonyme d'audience où l'on plaide. De ces sens, il vient du latin *placitum*, qui sert à désigner les assemblées nationales sous la première et la deuxième race.

PLAIDEUR, celui qui a quelque procès à soutenir devant les tribunaux. Le mot est ordinairement pris en mauvaise part pour désigner ces gens dont l'occupation unique est le procès, et qui, incapables d'écouter la voix de la raison, ne trouvent de jouissance que dans la longue lutte judiciaire qui occupe toute leur vie. Les ridicules des plaideurs et de la chicane ont été peints de main de maître par Racine dans sa comédie des *Plaideurs*, imitée des *Guêpes* d'Aristophane.

PLAIE, solution de continuité produite dans les parties du corps par une cause extérieure. On divise les plaies en trois classes, selon que l'instrument qui les a occasionnées est *tranchant*, *piquant* ou *contondant*. Dans le dernier cas, les plaies sont toujours fort dangereuses, parce qu'elles ont souvent pour conséquence les hémorragies, le tétanos, la gangrène ; ce qui arrive presque toujours dans les plaies produites par une arme à feu et nécessite alors la résection du membre affecté. Les plaies produites par un instrument tranchant sont les moins dangereuses, parce que d'ordinaire la cicatrisation en est facile.

PLAIES D'EGYPTE (Les). On connaît sous ce nom les fléaux dont Dieu, par l'entremise de Moïse, punit l'endurcissement du roi d'Egypte Pharaon. Ce sont, 1° les eaux changées en sang ; 2° les grenouilles ; 3° les petits insectes piquants ; 4° les mouches ; 5° la peste ; 6° les ulcères et pustules ; 7° la grêle ; 8° les ténèbres épaisses ; 9° les sauterelles ; 10° la mort des premiers-nés des hommes et des bêtes.

PLAIN-CHANT, chant ordinaire de l'Eglise. Son invention est attribuée à saint Athanase, qui en introduisit l'usage dans l'église d'Alexandrie. Saint Ambroise, archevêque de Milan, en formula les règles, et inventa quatre tons réguliers, appelés *authentiques*. Le pape Grégoire substitua sa méthode à celle de saint Athanase, et inventa quatre autres tons, appelés *plagaux*. Ce fut Charlemagne qui introduisit en France le chant grégorien. — Le plainchant ne se note que sur quatre lignes, et l'on ne se sert que de deux clefs, celle d'*ut* et celle de *fa*. Il n'y a que deux figures de notes, la *longue* ou carrée, à laquelle on ajoute quelquefois une queue, et la *brève*, faite en forme de losange.

PLAINE, grande étendue de terrain, dont la surface est basse, sensiblement horizontale, unie ou sillonnée d'ondulations peu profondes, mais longues et larges. Les plaines, ainsi que les plateaux, sont rarement parfaitement horizontales ; car ils sont presque tous inclinés vers un ou plusieurs points, sans cela ils se changeraient bientôt en marais fangeux que l'on ne pourrait ni cultiver ni habiter. C'est ce qui rend l'immense plaine de la Mitidja, en Afrique, fort malsaine ; car sa position horizontale force les eaux à y séjourner, et cause les vapeurs insalubres qui s'en exhalent.

PLAISANCE, duché d'Italie uni à celui de Parme. — Sa capitale est PLAISANCE, belle et ancienne ville, située sur la rive droite du Pô, près de son confluent avec la Trébie. Sa population est de 28,000 habitants. Elle est le siège d'un évêché, possède des rues larges et régulières, des maisons en briques, une citadelle, de nombreux palais, belle place, un théâtre, des cathédrales remarquables, des églises ornées de tableaux des grands maîtres, une bibliothèque de 30,000 volumes, une université, une école de dessin et d'architecture, de riches manufactures de futaines, des fabriques de soieries, étoffes de fil et de coton, et des tanneries. Fondée par les Gaulois Cisalpins, elle reçut son nom de la salubrité de l'air et de sa position dans un territoire fertile et agréable.

PLAIT-SEIGNEURIAL, droit seigneurial qui était autrefois dû, dans le Dauphiné, par la mutation du seigneur ou du possesseur de la chose sujette au droit, ou par la mutation de l'un et de l'autre. On distinguait trois sortes de plaits : le *conventionnel*, déclaré par le titre ; l'*accoutumé*, réglé par l'usage, et le *plaît à merci*, à la volonté du seigneur.

PLAN, en géométrie, surface avec laquelle une ligne droite peut coïncider dans toute son étendue, suivant quelque position qu'elle y occupe. Un plan est *vertical* lorsqu'il passe par une ligne de nom ; il est *horizontal* lorsqu'il passe par deux lignes horizontales qui se coupent ; il est *incliné* lorsqu'il occupe une position intermédiaire entre les deux que nous venons de nommer. — En perspective, on appelle *plan* l'enfoncement relatif des différentes figures ou des différents objets d'un tableau. C'est dans ce sens que l'on dit le premier, le second, le troisième, le quatrième plan, pour indiquer quatre degrés d'éloignement.

PLANAIRE, genre de zoophytes de la classe des entozoaires et de l'ordre des parenchymateux, renfermant des animaux qui rampent à terre comme les limaces, avec lesquelles ils ont quelque ressemblance. On les trouve dans les eaux stagnantes comme dans la mer ; ils sont très-voraces, et ne vivent pas dans l'intérieur d'autres animaux. On leur voit des points noirs qui sont probablement des yeux, souvent des tentacules, un système vasculaire très-compliqué, et une cavité digestive ramifiée, qui tantôt s'ouvre aux deux extrémités du corps, tantôt ne présente qu'une seule ouverture située sous le ventre.

PLANASIA (aujourd'hui *Pianosa*), île de la mer Méditerranée, située près de la côte d'Etrurie (Toscane), au S. et très-près d'Ilva (Elbe). Elle devint célèbre par la réclusion et la mort du jeune Posthume Agrippa, qui y fut assassiné par ordre de Tibère.

PLANCHE, fragment d'un arbre, scié en lames de la largeur d'un pied et d'un pouce d'épaisseur. On a donné le nom de *planche* à la tablette sur laquelle les graveurs sur bois travaillaient, et dont on tirait des épreuves sur toile ou sur papier. Plus tard, quand la gravure sur métal remplaça la gravure sur bois (1452), on conserva toujours le nom de *planche* à la tablette de cuivre sur laquelle on gravait les dessins, et dont on tirait les épreuves.

PLANCHER, assemblage horizontal de solives recouvertes de planches, formant la séparation entre les étages d'une maison. Le plus ordinairement les planchers se garnissent d'un massif de mortier ou de plâtre recouvert de briques. Le dessous des planchers se revêt ordinairement en plâtre ; il prend alors le nom de *plafond*.

138

PLANCIADE FULGENCE, auteur chrétien qu'on rapporte au commencement du vie siècle, laissa trois ouvrages : 1° un *Mythologicum* en trois livres; 2° *Vocum antiquarum interpretatio ad Chalcideum*; 3° *De expositione Virgilianæ continentiæ*.

PLANCINE, femme de Pison, fut accusée d'avoir avec lui empoisonné Germanicus. Dès qu'elle vit la condamnation de son mari inévitable, elle fit tous ses efforts pour séparer sa cause de la sienne, et obtint sa grâce par le crédit de l'empereur Tibère ou de sa mère, l'impératrice Livie. Accusée plus tard d'insultes envers la veuve de Germanicus, Agrippine, et privée alors de sa protectrice, elle se tua de sa propre main, l'an 33 de J.-C.

PLANCUS (Lucius Munatius), célèbre orateur romain, né à Tibur (Tivoli), fut dans sa jeunesse disciple de Cicéron, et commanda ensuite une légion dans les Gaules sous César. Il fut plus tard proconsul (45 avant J.-C.), et fonda ou du moins restaura la ville de Lyon. On lui reproche sa versatilité, car il fut tour à tour du parti d'Antoine et d'Octave. Il obtint en 42 avant J.-C. les honneurs du triomphe et le consulat. Ce fut lui qui proposa dans le sénat de donner à Octave le titre d'Auguste. On trouve vingt-cinq lettres de Munatius Plancus au commencement du dixième livre des épitres familières de Cicéron. Horace lui a dédié une de ses odes, la septième du premier livre.

PLANÉTAIRE, ce qui a rapport aux planètes. On appelle ainsi un instrument d'astronomie qui représente les mouvements des planètes. — L'*année planétaire* est la période de temps que les planètes emploient à faire leur révolution autour du soleil ou de la terre. — On appelle *système planétaire* le système ou l'ensemble des planètes qui se meuvent autour du soleil, comme autour d'un centre commun.

PLANÈTE, astre opaque, qui nous paraît brillant parce qu'il réfléchit la lumière du soleil, et qui a deux mouvements, l'un de rotation sur lui-même, l'autre de révolution autour du soleil ; ces deux mouvements s'exécutent d'occident en orient. Les anciens ne connaissaient que six planètes; les modernes en ont découvert cinq autres, qui sont trop petites ou trop éloignées pour qu'on puisse connaître leur rotation. Quatre d'entre elles, Vesta, Junon, Cérès et Pallas, sont trop petites pour qu'on puisse les apercevoir sans le secours d'une lunette; ce qui les a fait appeler *télescopiques*. Les planètes sont ainsi rangées dans l'ordre de leur éloignement du soleil : *Mercure*, *Vénus*, la *Terre*, *Mars*, les quatre *télescopiques*, *Jupiter*, *Saturne* et *Uranus*. L'observation a montré que toutes ces planètes, à l'exception de Mercure et de Vénus, ont une forme semblable à celle de la Terre. Les planètes ne se meuvent pas toutes dans un même plan, leurs orbites sont inclinées les unes par rapport aux autres. Celles qui étaient connues des anciens ne sortent jamais, dans leur révolution, de la zone du zodiaque ; mais les orbites de Junon, Cérès et Pallas, ont plus d'inclinaison. Deux forces règlent tous les mouvements des planètes : l'une, la *force centripète*, appelée encore d'*attraction* ou *de gravitation*, est celle en vertu de laquelle tous les corps célestes s'attirent en raison directe des masses et en raison inverse du carré des distances; l'autre, la *force de projection*, qui tend à faire mouvoir les planètes en ligne droite, et qui, combinée avec la force d'attraction, leur fait décrire des ellipses dont le soleil occupe un des foyers. Le mot *planète* vient du grec, et signifie *corps errant*.

PLANIMÉTRIE, art de mesurer les surfaces planes, c'est-à-dire d'en représenter la figure sur le papier au moyen d'opérations géométriques, et ensuite d'en évaluer la grandeur en unités de mesures déterminées, ramenant la figure à une figure de convention, dont la surface peut être facilement évaluée. Le plus souvent c'est au triangle que l'on ramène la figure que l'on veut mesurer, parce qu'on sait que le triangle est la moitié d'un parallélogramme de même base et de même hauteur, et que, puisque la surface du parallélogramme est égale à sa base multipliée par sa hauteur, celle du triangle sera égale à sa base multipliée par la moitié de sa hauteur.

PLANIPENNES, famille d'insectes de l'ordre des névroptères, section des filicornes, renfermant des insectes qui portent leurs ailes couchées sur le dos horizontalement ou en forme de toit, ce qui leur a fait donner le nom qu'ils portent. Ils ont en outre la bouche toujours formée de parties très-distinctes, les antennes longues ou clavicornes, et l'abdomen généralement dépourvu des longs filets ou appendices que portent les autres névroptères. Cette famille est composée de huit tribus : les *panorpates*, les *fourmilions*, les *hémérobins*, les *psoquilles*, les *termitines*, les *rhaphidiens*, les *semblides* et les *perlides*.

PLANISPHÈRE, projection d'une sphère et particulièrement de la sphère céleste sur un plan. Pour rendre visibles toutes les parties de la terre, on la suppose partagée par le méridien en deux hémisphères que l'on projette l'un à côté de l'autre, comme cela se voit dans les mappemondes. De même, pour la sphère céleste, on en fait la section en deux hémisphères, non, il est vrai, par le plan du méridien, mais par celui de l'équateur, les constellations polaires étant celles que l'on veut représenter avec précision.

PLANORBE, genre de mollusques de l'ordre des gastéropodes pulmonés, famille des lymnéens, renfermant des coquilles très-aplaties, qui laissent voir les tours de la spire en dessous et en dessus. L'animal est remarquable par deux longs tentacules entre lesquels sont placés les yeux, et par une liqueur abondante qu'exhale son manteau, liqueur qu'on prend vulgairement pour son sang, parce qu'elle est de couleur rouge, lorsqu'il est inquiété. On trouve beaucoup de planorbes dans les rivières, les étangs, etc., où ils se nourrissent de matières végétales; leurs coquilles sont en général minces, fragiles et presque complètement diaphanes.

PLANTAGENET, surnom de la maison d'Anjou qu'elle apporta sur le trône d'Angleterre, et qui sert dans l'histoire à la distinguer des autres dynasties. Le premier comte d'Anjou qui porta ce surnom fut Geoffroy V, à cause, dit la *Chronique de Normandie*, de l'habitude qu'il avait de mettre, en guise de panache, une branche de genêt à son chaperon. Geoffroy V fut le père de Henri II, premier roi d'Angleterre de la maison d'Anjou (1154). La race des Plantagenet occupa le trône pendant trois cent trente et un ans (1154-1485), sous quatorze rois. Le dernier fut Richard III, tué à la bataille de Bosworth en 1485.

PLANTAGINÉES, petite famille de plantes dicotylédonées apétales, renfermant seulement deux genres : le *plantain* (en latin, *plantago*), qui en est le type, et la *littorelle*.

PLANTAIN, genre de plantes, type de la famille des plantaginées, renfermant un grand nombre d'espèces herbacées dont les feuilles, le plus souvent radicales, sont étalées en rosette et les fleurs petites, de fort peu d'apparence, réunies en épis très-serrés, au sommet d'un pédoncule plus ou moins long. Le *plantain des Alpes* est avidement recherché par les bestiaux et surtout les moutons; le *plantain des bois* est cultivé en Angleterre pour les chevaux et les mulets; le *plantain maritime* est estimé bon pour les prairies artificielles; on emploie les graines du *plantain des sables* en médecine, comme émollientes, et pour les gommer les mousselines; les racines et les feuilles du *plantain velu* sont recommandées dans les préparations vulnéraires et anti-ophthalmiques: ses graines se donnent aux petits oiseaux, ainsi que celles du *grand plantain*, à la racine fibreuse et vivace, duquel on a reconnu depuis 1820 la propriété fébrifuge que les anciens médecins lui attribuaient. L'eau distillée de plantain est encore aujourd'hui fort vantée pour les yeux.

PLANTAIN AQUATIQUE ou **PLANTAIN D'EAU**, nom vulgaire d'une plante de la famille des alismacées, le *flûteau* ou *alisma*, célèbre par la prétendue propriété de guérir l'hydrophobie, qu'on attribuait à sa racine réduite en poudre et administrée avec du pain et du beurre.

PLANTAIN PULICAIRE, espèce du genre *inule*, bonne à être enterrée en fleur pour améliorer les terrains sablonneux et les rendre propres à la culture. Son odeur chasse, dit-on, les puces. Cette propriété lui est gratuitement attribuée de ce que ses semences ressemblent à une puce par la grosseur et la couleur.

PLANTATION. Ce mot a, dans le langage rural, trois significations différentes : 1° l'art de planter; 2° le lieu où on a planté des arbres; 3° aux Antilles, une exploitation ou propriété rurale. La seconde est la plus usitée. Le département où les plantations sont le mieux entendues est le département du Nord. Dans les sables qui ont du fond et qui conservent un peu d'humidité, l'on met des châtaigniers, des hêtres, des peupliers; dans les sables gras mêlés d'un peu de terre substantielle, le chêne, le charme, le mûrier et le plus grand nombre des plantes ligneuses; dans les sables arides, le genévrier, le pin, le merisier, le bouleau ; dans les terres de bonne qualité, sèches ou n'ayant que quarante centimètres d'épaisseur, l'orme, l'érable, le robinier, le mahaleb et presque tous les arbrisseaux. Un sol marécageux convient aux bois blancs; s'il n'est qu'humide, on y doit placer de préférence le tilleul, le cyprès, le platane, le tulipier. Sur les bords des eaux courantes, on place l'osier, l'aune, l'érable, le thuya.

PLANTE, corps organisé fixé au sol par des racines, naissant d'une semence, se développant dans la terre, et montant à sa surface, au-dessus de laquelle elle s'élève plus ou moins. La plante est pourvue d'organes sexuels visibles ou cachés; elle se reproduit, meurt, et renaît de ses semences. Le nombre des plantes est très-considérable ; celles connues aujourd'hui s'élèvent à 44,000, dont environ 6,000 portant des organes cachés ou *agames*, et 38,000 à organes visibles ou *phanérogames*. Sur ce nombre on en attribue 7,000 à l'Europe, dont 3,643 phanérogames et 490 agames se trouvent en France, 6,000 à l'Asie, 5,000 à l'Océanie, 3,000 à l'Afrique et 17,000 aux Amériques. — On donne aussi le nom de *plante* à la partie inférieure du pied, celle qui porte le corps lorsqu'il est debout.

PLANTEUR. On appelle ainsi, dans les colonies anglaises, le colon cultivateur, c'est-à-dire possédant une *plantation*. Les planteurs anglais ont eu de tout temps une grande réputation de cruauté.

PLANTIGRADES, c'est-à-dire *marchant sur la plante des pieds*, première tribu de la classe des mammifères, de l'ordre des carnassiers et de la famille des carnivores, renfermant les animaux qui, dans la marche, appuient toute l'extrémité du membre sur le sol et n'y posent entièrement. Cette tribu se compose de neuf genres : *ours*, *raton*, *blaireau*, *glouton*, *coati*, *kinkajou*, *mydano*, *arctitis* et *panda*.

PLANTIN (Christophe), célèbre imprimeur, né à Mont-Louis (Indre-et-Loire) en 1514, porta à un haut degré de perfection l'art d'imprimer, qu'il avait appris à Caen, de Robert Macé. Il se retira à Anvers, où il mourut en 1589 avec le titre d'archi-imprimeur du roi d'Espagne, après avoir amassé de grandes richesses. Plantin avait plus de réputation comme imprimeur que comme savant. Selon Balzac, il ignorait la langue latine, quoiqu'il fit semblant de la savoir. Son chef-d'œuvre est la Bible polyglotte, qu'il imprima sur l'exemplaire d'Alcala.

PLANTON, sous-officier ou soldat de ser-

PLA

vice auprès d'un officier supérieur ou d'un officier général pour transmettre ses ordres et pour porter ses dépêches. Les colonels, les majors et les quartiers-maîtres ont des plantons pris dans leurs corps respectifs. Les commandants de place, les membres du corps de l'intendance, les maréchaux de camp commandant une brigade ou un département, les lieutenants généraux commandant les divisions actives et territoriales, ont des plantons de chacun des corps qui sont sous leurs ordres. Dans les troupes à cheval, le planton prend le nom d'*ordonnance*.

PLANTULE. On appelle ainsi, en botanique, l'abrégé de la plante à venir renfermée encore dans la semence. C'est l'embryon à son premier développement. Quand la plantule entre dans la seconde période de la germination, sa partie supérieure prend le nom de *plumule*, et sa partie inférieure le nom de *radicule*.

PLANUDE (Maxime), moine de Constantinople, florissait vers l'an 1327. L'empereur Andronic le Vieux l'envoya à Venise, à la suite d'un ambassadeur. Nous avons de lui un recueil de poésies grecques connues sous le nom d'*Anthologie*, une *Vie d'Ésope* remplie de fables, plusieurs fables sous le nom d'Ésope, et une traduction en vers des *Métamorphoses d'Ovide*.

PLAQUE, mot dérivé du grec *plax*, *placos*, qui veut dire plaine, et signifiant une sorte de tablette de bois ou de métal, à peu près aussi large que longue, ou bien de forme ronde. — En histoire naturelle, on appelle *plaques ventrales* ou *abdominales*, les écailles que portent sous le ventre les reptiles de l'ordre des ophidiens. Ces écailles sont en effet des espèces de plaques épaisses sur lesquelles l'animal appuie dans sa marche rampante.

PLAQUÉ, cuivre recouvert d'une lame d'or ou d'argent plus ou moins épaisse, selon le titre auquel on veut plaquer. Cette industrie, inventée en France vers l'an 1785, a été perfectionnée par les Anglais, qui en ont presque le monopole. Pour plaquer, on enveloppe avec une feuille d'argent ou d'or le cuivre, sur lequel on a préalablement passé une forte dissolution de nitrate d'argent; on fait chauffer le tout jusqu'au rouge brun, et on passe ensuite au laminoir.

PLAQUEMINIER, genre de plantes de la famille des ébénacées, croissant naturellement dans les contrées chaudes et tempérées des deux hémisphères. Parmi les nombreuses espèces que ce genre renferme, deux sont surtout remarquables : le *plaqueminier faux lotus* est un arbre de douze ou quatorze mètres de haut, garni de branches étalées, se divisant en rameaux recouverts d'une écorce jaunâtre, aux feuilles d'un vert luisant, aux fleurs petites, solitaires, auxquelles succèdent des baies charnues, de la grosseur d'une cerise, jaunâtres. Ces fruits acerbes, très-astringents, sont rendus supportables par la cuisson. On les a longtemps confondus avec le lotos. Le bois de cette espèce est dur. Le *plaqueminier ébène* est un très-grand arbre, aux rameaux à écorce grise, garnis de feuilles d'un vert foncé et de fleurs réunies ensemble au nombre de trois à quinze, auxquelles succèdent des baies ovoïdes et brunes, dont la pulpe molle et blanche a, dit-on, l'odeur d'une pomme de reinette. C'est de cet arbre que nous vient le bois d'ébène, dont la belle couleur noire contraste avec l'aubier d'un blanc assez pur qui l'enveloppe. Ce bois est très-dur, prend un superbe poli et est fort recherché pour les ouvrages de marqueterie.

PLAQUEMINIERS, nom donné à une famille de plantes dicotylédonées monopétales, dont le genre type est le *plaqueminier*, et qui, pour cette raison, serait mieux appelée *diospyrées*, du nom latin du genre. Quelques botanistes lui donnent le nom de *guyacanées*, et le plus grand nombre celui d'*ébénacées*, parce qu'une espèce de plaqueminier fournit le bois d'ébène.

PLA

PLASMA. Le minéralogiste allemand Werner a donné ce nom à une variété de calcédoine que les anciens prisaient beaucoup, à en juger par le grand nombre d'objets taillés et formés de cette substance que l'on trouve dans les ruines de Rome antique. Cette pierre est translucide, compacte, d'un vert d'herbe entremêlé de blanc et de jaune brunâtre.

PLASTIQUE, mot venu du grec *plasticos*, dérivé de *plassô*, former, et employé dans deux acceptions. 1° En philosophie, il désigne ce qui a la puissance de former; 2° dans les arts, l'*art plastique*, ou la *plastique*, est une partie de la sculpture qui consiste à modeler toutes sortes de figures en terre, en plâtre, etc.

PLASTRON, pièce de cuir rembourré et matelassé, ou bien partie de la cuirasse couvrant la poitrine et servant à la préserver des coups. C'est par figure que l'on donne ce nom à une homme qui essuie des contrariétés, des railleries, des réprimandes pour le compte d'un autre, lequel est à couvert derrière lui, ou bien encore qui se trouve en butte aux sarcasmes de tout le monde. — On donne aussi le nom de *plastron* au sternum des tortues, qui étant très-développé en longueur et en largeur, forme au-dessous du corps une plaque aplatie ou convexe dans les femelles, et concave dans les mâles. Le plastron s'unit à la carapace ou plaque supérieure par des os intermédiaires, excepté en avant et en arrière, où passent la tête et la queue.

PLAT-ALLEMAND ou SAXON, dialecte de la langue allemande, parlé autrefois dans une grande partie de l'Allemagne, et encore usité aujourd'hui chez le peuple des contrées septentrionales. Ce dialecte est caractérisé par sa douceur; il diffère en cela du dialecte plus rude du haut-allemand, lequel se parle dans le sud de l'Allemagne.

PLATA (RIO DE LA), grand fleuve de l'Amérique méridionale, formé du Parana et de l'Uruguay, et appelé *Rio de la Plata*, c'est-à-dire rivière d'argent, à cause des parures d'or et d'argent des Indiens massacrés par l'équipage de Cabot, lorsque ce navigateur le remonta en 1526. Le Rio de la Plata sépare la république buénos-ayrienne de la république Argentine. Son cours, très-embarrassé par les îlots et les rochers, est de 100 lieues depuis le confluent du Parana et de l'Uruguay. Sa largeur est, à Buenos-Ayres, d'environ douze lieues. Il se jette dans l'océan Atlantique, à 80 lieues environ au-dessous de cette ville, et son embouchure a 60 lieues de large.

PLATA (CONFÉDÉRATION DU RIO DE LA), nom que prit l'ancienne vice-royauté de la Plata, lorsqu'elle s'insurgea contre l'Espagne, sa métropole, en 1810, et se constitua en république fédérative divisée en treize provinces. De ces treize provinces, deux, le Paraguay et la Banda Oriental ou Uruguay, forment maintenant deux États à part; quatre, la Paz, Cochabamba, Potosi et Chuquisaca ou Charcas, se sont séparées en 1826, pour former la république du Haut-Pérou ou Bolivia. Les sept autres constituent la république de Buenos-Ayres.

PLATA (LA). Voy. CHUQUISACA.

PLATANE, genre de plantes de la famille des amentacées, renfermant plusieurs espèces originaires d'Orient, et dont nous avons naturalisé deux en Europe. Le platane est un très-bel arbre, au tronc fort droit, s'élevant très-haut sans donner de branches, et formant à son sommet une cime large, arrondie, qui lui a fait donner son nom dérivé du grec *platus*, étendu. L'écorce lisse et grisâtre qui recouvre le tronc se détache en partie tous les ans par grandes plaques minces, et sert au tannage, quoique inférieure à celle du chêne. Le bois a, moins la densité, la même contexture que celui du hêtre. Son grain fin et serré le rend susceptible d'un beau poli. On fait avec ce bois de la menuiserie et de fort beaux meubles. En Grèce, toutes les avenues des portiques et des écoles de phi-

PLA 1099

losophie étaient plantées de platanes, ainsi que les promenades. Ce n'est qu'en 1750 que les premiers furent apportés en France.

PLATANISTE, plaine ainsi nommée du grand nombre de platanes qui l'ombrageaient, et célèbre par les exercices gymnastiques des jeunes Spartiates. C'était une île formée par l'Eurotas, la rivière de Mégalopolis et un canal de communication. Elle était située près du mont Lycée. On s'y rendait par deux ponts, l'un orné de la statue d'Hercule, la force, l'autre de celle de Lycurgue ou la loi.

PLATAX, genre de poissons de l'ordre des acanthoptérygiens et de la famille des squammipennes, renfermant des espèces voisines de celles du genre chætodon, dont elles ont les habitudes et les mœurs. L'espèce type est le *platax chauve-souris*, qui a le corps très-haut, les ventrales très-allongées, les écailles petites, une couleur verdâtre avec une bande noire transversale sur la base de la nageoire de la queue. Toutes les espèces connues jusqu'à ce jour habitent la mer des Indes.

PLATEAU (du grec *platus*, étendu). On appelle ainsi, en géographie, le sommet étendu et ordinairement plane des montagnes. Il n'est pas de contrée qui n'ait son plateau; en effet, les différentes inégalités dont la terre est revêtue forment autant de terrasses, qui, par une gradation progressive, s'élèvent successivement et en présentant un immense escalier dont la base se trouve au rivage de la mer et le sommet au faîte des continents et des îles. C'est là ce qu'on appelle *plateau*. Tous les plateaux ne sont cependant pas des plaines unies et régulières; les uns renferment des montagnes, des plaines, des vallées; les autres ont une peute inclinée; d'autres conservent dans une grande étendue le même niveau. L'Asie et l'Afrique possèdent les plus vastes plateaux. Le centre de la première est occupé par un grand plateau sablonneux, dont les bords sont l'Himalaya et les monts Altaï.

PLATÉE, ville de Grèce, située dans la partie méridionale de la Béotie, au S. de Thèbes, sur les confins de la Béotie, de la Mégaride et de l'Attique, près du mont Cithéron et des sources de l'Asopus. Elle est surtout célèbre par la victoire que les Grecs y remportèrent l'an 479 avant J.-C. sur les Perses, commandés par Mardonius. Ces derniers, forts de 300,000 hommes, y périrent tous à l'exception de 3,000. Les Grecs, qui ne perdirent pas 200 hommes, s'emparèrent du camp des Perses; Pausanias obtint la dixième partie du butin; le reste fut distribué aux soldats.

PLATÉENS (JEUX), jeux qui se célébraient tous les cinq ans à Platée et qui étaient encore appelés *jeux de la liberté*, c'est-à-dire en grec *Eleuthéries*, à cause de la victoire de Platée. Dans ces jeux on courait tout armé autour de l'autel de Jupiter, et il y avait des prix considérables établis pour cette course. Outre cette fête, on tenait tous les ans à Platée une assemblée générale de la Grèce, où l'on offrait un sacrifice à Jupiter.

PLATIÈRE (Imbert DE LA), plus connu sous le nom de *maréchal de Bourdillon*, d'une ancienne famille du Nivernais, fit ses premières armes en 1544 à la bataille de Cérisoles. Il sauva le tiers de l'armée et deux pièces de canon après la malheureuse défaite de saint Quentin. Il fut envoyé par le roi d'Espagne comme ambassadeur à la diète d'Augsbourg (1559). De retour en France, il servit au siège du Havre (1563) et reçut l'année suivante le bâton de maréchal de France. Il mourut en 1567.

PLATILOBIER, genre de la famille des légumineuses, section des *lotés*, renfermant d'élégants arbustes, originaires des îles de l'Océanie, portant tous de belles fleurs papilionacées très-variées dans leurs nuances, ayant les feuilles opposées, et des gousses fort comprimées et aplaties, ainsi que l'exprime le nom qui leur a été imposé.

PLATINE (Bartholomeo Sacchi, appelé), naquit en 1421 dans un village près de Crémone, Piadena, dont il prit le nom latin de *Platina*. Il suivit d'abord le métier des armes et s'attacha ensuite au cardinal Bessarion, qui obtint pour lui du pape Pie II quelques bénéfices et la charge d'abréviateur apostolique. Paul II supprima cette charge et persécuta Platine, qu'il fit jeter en prison et mettre à la torture. Sixte IV le rétablit dans toutes ses charges, et le nomma bibliothécaire du Vatican. Comblé de faveurs, au milieu des arts, des savants et des lettres, il fut regardé comme le premier littérateur de son siècle, et mourut de la peste en 1481. On a de lui un grand nombre d'ouvrages, dont le principal est l'*Histoire des papes depuis saint Pierre jusqu'à Sixte IV*.

PLATINE, métal d'un gris blanc, très-ductile, inaltérable à l'air, se distinguant aisément de l'argent et de tous les autres métaux par sa pesanteur, qui est vingt et une fois plus considérable que celle de l'eau, et qui surpasse celle de tous les autres minéraux, par son infusibilité à la température la plus élevée que puissent produire nos fourneaux, et par la résistance qu'il oppose à tous les acides à l'exception de l'eau régale. Ces deux dernières propriétés le rendent très-utile à la chimie et aux arts. Après l'avoir fondu par l'addition de quelque substance qui en rende la fusion possible, et dont on puisse le débarrasser ensuite, on l'emploie à la fabrication des pointes de paratonnerres, des lumières de fusil, des creusets pour fondre certains minéraux, des chaudières, des alambics pour chauffer et distiller les acides qui attaquent les autres métaux. On s'en sert aussi pour recouvrir la porcelaine, à laquelle il donne l'apparence de la vaisselle plate. — Le platine fut découvert par Wood en 1741 en Europe; mais les Espagnols le connaissaient depuis longtemps en Amérique, et le regardant comme un alliage d'argent, lui avaient donné pour cette raison le nom de *platine*, diminutif de *plata*, argent. Jusqu'ici ce métal n'a été trouvé qu'en Amérique et dans les monts Ourals et accompagnant toujours les mines d'or; il est sous la forme de petits grains dont la grosseur excède rarement celle d'un pois, mêlé avec le palladium, l'iridium, l'osmium, le rhodium, etc. Son prix est quatre fois plus fort que celui de l'argent. On l'appelle *or blanc* dans le commerce.

PLATOF (Le comte), hetman des Cosaques du Don, né vers 1765 dans la Russie méridionale où sa famille, d'origine grecque, s'était fixée depuis longtemps. Il entra jeune au service, et devint hetman à la suite de plusieurs actions d'éclat. Employé en 1806 et en 1807 comme lieutenant général dans la guerre contre l'armée française, il se distingua de nouveau. Il remporta plusieurs avantages sur les Turks en 1809, et reçut en récompense le grade de général de cavalerie. Il envahit la France à la tête des Cosaques en 1814 et en 1815, et mourut en 1818 comblé d'honneurs et de décorations.

PLATON, célèbre philosophe grec, chef de l'école platonicienne, appelée encore *académie*. Dès l'âge de vingt ans il s'attacha uniquement à Socrate, et profita si bien de ses leçons qu'à vingt-cinq ans il avait la réputation d'un sage consommé. Il visita l'Égypte, la Grande-Grèce, la Sicile, et, de retour à Athènes, y ouvrit une école dans un quartier du faubourg appelé *Académie*. Appelé à Syracuse par le tyran Denys le Jeune, il y fut reçu avec les plus grands honneurs; mais il ne put réussir à le façonner à ses leçons. Platon mourut à Athènes en 348 avant J.-C. La beauté de sa morale lui a fait donner le surnom de *Divin*, et la délicatesse et la pureté de son style lui ont fait donner celui d'*Abeille attique*. Platon est, de tous les philosophes de l'antiquité, celui dont les doctrines se rapprochent le plus des enseignements du christianisme. Tous les ouvrages de Platon sont sous forme de dialogue, à l'exception de douze *lettres* qui ne sont peut-être pas de lui; ils sont au nombre de trente-quatre. Les principaux sont: *de la République*, *des Lois*, *Hippias* ou sur le beau, *Phédon* ou sur l'immortalité de l'âme, *Gorgias* ou sur la rhétorique, *Ménon* ou sur la vertu, *Cratyle*, *Ion*, *Euthydème*, etc., etc.

PLATON, poète comique grec, contemporain d'Aristophane et de Phrynichus, appartient, selon les uns, à l'ancienne comédie, selon les autres, à la moyenne. Il est même surnommé le prince de la moyenne comédie, à cause de l'élégance et de la régularité de ses compositions dramatiques. Il vivait vers 445 avant J.-C. Il ne nous reste de ses pièces que quelques fragments.

PLATONICIENS, philosophes de l'école de Platon. On les nomme aussi *académiciens*. Le platonisme fondé par Platon et enseigné après lui par ses disciples Speusippe, Xénocrate, Polémon, Cratès et Crantor, s'altéra bientôt; Arcésilas et Carnéade le convertirent presque en scepticisme, et fondèrent les écoles nommées *deuxième* ou *moyenne*, et *troisième* ou *nouvelle académie*. Philon de Larisse et Antiochus se rapprochèrent de la pureté du platonisme, et fondèrent une *quatrième* et une *cinquième académie*. Ils firent de nombreux disciples, dont les plus connus sont Maxime de Tyr, Atticus, Calvisius Taurus, Galien, etc. Voy. NÉOPLATONISME. — La doctrine de Platon était complète; elle embrassait toutes les branches de la philosophie. Le grand principe de sa psychologie est celui-ci : les idées sont les types, les formes originaires des choses; elles ne sont point acquises, mais bien innées; elles seules méritent le nom d'êtres. Cette théorie des idées est même le fondement de toute la philosophie platonicienne; quant à la morale de Platon, elle est basée sur la tendance à la perfection, et sa sublimité est peut-être ce qui a fait à ce philosophe le plus de partisans.

PLATONIQUE (Amour), nom sous lequel on connaît l'affection dégagée des sens préconisée par Platon dans ses ouvrages. C'est l'amour spirituel de deux êtres dont chacun aime dans l'autre la pensée éternelle.

PLATRE, nom vulgaire du *gypse* impur, desséché et calciné. Le gypse est un sulfate de chaux qui perd par la calcination l'eau qu'il contient ordinairement, et est transformé en une terre qui, desséchée et mêlée avec un dixième environ de calcaire, constitue une poudre appelée *plâtre*. Cette poudre, se combinant avec l'eau, forme un mortier d'un emploi facile, qui acquiert par le séchage une dureté très-considérable et d'ailleurs une assez grande finesse. Outre l'usage qu'on fait du plâtre dans les bâtisses et dans la fabrication des moules et des figures, on l'emploie encore pour engraisser et amender les terres, et pour former le stuc, mélange de cette substance avec une dissolution de colle forte qui, lorsqu'il est bien sec, est aussi dur que le marbre et comme lui susceptible de poli.

PLATSBERG, mont près de Mayence. Les Prussiens y furent battus par les Français en 1794.

PLATTE, rivière considérable des États-Unis de l'Amérique septentrionale, ayant sa source aux monts Rocheux et se jetant dans le Missouri, à 25 lieues au-dessus de l'embouchure de ce dernier dans le Mississipi. Son cours, très-rapide mais peu profond, est de 660 lieues. La rivière Platte porte en anglais le nom de *Shoal-River*.

PLATYRRHININS, nom qui signifie *nez aplati*, et qui a été donné aux singes du nouveau monde par opposition à celui de *catarrhinins*, qui désigne les singes de l'ancien continent. En effet le caractère principal des singes de l'Amérique, c'est d'avoir les narines non saillantes, séparées par une large cloison et ouvertes sur les côtés. Les genres les plus connus de cette division de l'ordre des quadrumanes sont les sapajous, les alouattes, les sagouins, et les ouistitis.

PLATYSONIES, famille d'insectes de l'ordre des coléoptères, section des tétramères, ainsi appelée à cause d'un de ses caractères : le corps déprimé et parallélipipède. La tête est triangulaire ou cordiforme, de la largeur du corps, avec un rétrécissement postérieur en manière de cou; les mandibules sont saillantes; le labre petit; les palpes courts; le corselet presque carré; les antennes filiformes. Cette famille renferme les genres *parandre*, *hémipèple*, *utéiote*, *dendrophage*, *passandre* et *cucuje*, d'où elle avait d'abord pris le nom de *cucujides*.

PLATZEN, bourg de Prusse, situé dans la régence et à 20 lieues E. de Stettin, et célèbre par la victoire que les Russes y remportèrent sur les Prussiens en 1759.

PLAUEN, ville du royaume de Saxe, capitale du Voigtland, sur l'Elster, à 28 lieues de Dresde. Sa population est de 7,000 habitants. Plauen a des carrières de pierre dans son territoire; environnée de murailles, elle possède des fabriques de mousselines et d'indiennes, avec une filature de coton perfectionnée.

PLAUTE (Marcus Accius Plautus), célèbre poëte comique latin, né à Sarsines, village d'Ombrie vers l'an 227 avant J.-C. Il vint à Rome, où il se distingua bientôt comme poète et comme acteur. Il se livra à des spéculations commerciales qui le ruinèrent. Aulu-Gelle assure qu'il fut réduit à tourner la meule chez un meunier, et que dans cet état pénible il composa des comédies. Quoi qu'il en soit, le reste de sa vie est inconnu; on sait seulement qu'il mourut vers l'an 184 avant J.-C. De trente-neuf comédies que les anciens attribuaient à Plaute, nous en possédons vingt. Celle que l'on s'accorde à regarder comme son chef-d'œuvre est les *Captifs*, pièce de caractère; on estime aussi l'*Epidicus* ou le *Querelleur*. Les *Ménechmes*, l'*Amphitryon* et la *Mostellaria* ou le *Revenant* ont été imités par un grand nombre de modernes. C'est dans l'*Aulularia* ou la *Cassette* que Molière a trouvé le sujet de son avare. Une des pièces les plus curieuses de Plaute est le *Pœnulus* ou le *Jeune Carthaginois*, ouvrage précieux pour la connaissance de la langue punique, dans laquelle il fait souvent parler le héros de sa pièce. Plaute se distingue par la vivacité du dialogue, la complication adroite de l'intrigue, la rapidité de l'action et une bouffonnerie très-agréable.

PLAUTIA TIGULANILLA, première femme de l'empereur Claude, fut répudiée pour avoir eu un commerce illicite avec un affranchi et avoir fait périr l'enfant fruit de cet adultère.

PLAUTIA (Lois). On en compte trois. — La loi *Plautia judiciaria* fut décrétée l'an 89 avant J.-C. sous les auspices du tribun du peuple Sylvanus Plautius. Elle conférait à chaque tribu le droit d'élire dans son sein quinze citoyens pour remplir les fonctions de juges, et s'étendait aux sénateurs le droit de siéger dans les tribunaux, droit qui jusque-là n'avait appartenu aux chevaliers seuls. — La loi *Plautia de vi armatis hominibus* fut décrétée sous le même tribun du peuple en 78 avant J.-C. Elle interdisait l'eau et le feu à ceux qui formaient des complots contre l'État, ou qui s'emparaient de force des biens des citoyens. — La loi *Plautia agraria* est une loi agraire portée, on ne sait trop à quelle époque, par un tribun du peuple.

PLAUTIEN (Fulvius Plautianus), naquit en Afrique d'une famille obscure et pauvre, et fut dans sa jeunesse condamné à l'exil pour sédition par Pertinax, alors proconsul. Plautien s'attacha à Sévère, qui, s'élevant, augmenta la fortune de son favori, et, lorsqu'il fut devenu empereur, l'éleva aux plus grands honneurs. Nommé préfet de Rome en 202, consul et préfet du prétoire, Plautien en vint jusqu'à égaler son maître en pouvoir, et à le surpasser en richesses. Rien n'était à l'abri de ses dilapidations et de sa cruauté. Il maria sa fille Plautille au fils de Sévère, Caracalla qui la détesta bientôt. Plautien conspira alors contre Sévère et son fils ; ce complot ayant été découvert, il fut mis à mort (204).

PLAUTILLE (Fulvia Plautilla), fille de Plautien, épousa en 203 Caracalla, dont elle s'aliéna bientôt le cœur par son caractère violent et emporté. Après la mort de Plautien, elle fut exilée avec son frère Plautius par ordre de Sévère dans les îles Vulcaniennes (Lipari), et mise à mort sept ans après (211) par les ordres de Caracalla, son mari, qui eut la barbarie de faire poignarder avec elle sa petite-fille.

PLAUTIUS (Aulus), gouverneur de la Grande-Bretagne sous Claude, étendit les limites de l'empire, et obtint pour prix de ses victoires les honneurs de l'ovation. C'est la dernière fois que ces honneurs furent accordés à un simple particulier.— Son neveu, *Plautius Lateranus*, était un des amants de l'impératrice Messaline. Il n'obtint la vie qu'en considération des services rendus par son oncle. Exclu du sénat, il y rentra sous Néron, sous le règne duquel il fut consul. Il entra dans la conjuration de Pison, et eut la tête tranchée.

PLÉBÉIENNES (FAMILLES), familles romaines appartenant à l'ordre des plébéiens. On n'en compte guère plus de cent qui s'élevèrent aux grands emplois sous la république. Les plus illustres sont les familles *Aurelia*, *Calpurnia*, *Cecilia*, *Claudia*, *Cornelia*, *Domitia*, *Flavia*, *Fulvia*, *Licinia*, *Livia*, *Marcia*, *Maria*, *Octavia*, *Papiria*, *Plautia*, *Pompeia*, *Porcia*, *Publia*, *Scribonia*, *Sempronia*, *Servilia*, *Sulpicia*, *Tullia*, *Valeria*. —

PLÉBÉIENS, troisième classe du peuple romain, se composant de tous les citoyens libres qui n'appartenaient ni à l'ordre des patriciens ni à celui des chevaliers. Ceux qui vivaient à la campagne composaient la *plebs rustica* ; les autres étaient la *plebs urbana*. Romulus voulut éviter l'animosité inévitable entre les patriciens et les plébéiens, et dans ce but institua le patronage. Longtemps les plébéiens furent exclus des charges. D'abord cette classe eut ses représentants, les tribuns (avant J.-C. 493) ; puis elle obtint que les tribuns militaires avec puissance consulaire seraient indifféremment choisis parmi les plébéiens et les patriciens (445 avant J.-C.) ; enfin les plébéiens furent admis au consulat (avant J.-C. 368), à la dictature, à la censure et à toutes les autres charges. La loi Canuleia, portée l'an 445 avant J.-C., permit les mariages entre plébéiens et patriciens. Pour distinguer les plébéiens parvenus des patriciens, on les désignait sous le nom d'hommes nouveaux (*homines novi*).

PLÉBÉIENS (JEUX), jeux que le peuple romain célébrait durant trois jours, du 15 au 18 novembre, en mémoire de la paix qu'il fit avec les sénateurs, soit après son retour sur le mont Aventin (449 avant J.-C.), soit après la retraite sur le mont Sacré (493 avant J.-C.), soit enfin après l'expulsion des rois (509 avant J.-C.). Adrien institua des jeux plébéiens du cirque l'an 121 de J.-C.

PLÉBISCITE. On appelait ainsi, chez les Romains, une loi décrétée par l'assemblée du peuple ou les comices, en opposition à celle qui n'était promulguée que par le sénat, et qui portait le nom de sénatus-consulte.

PLECTOGNATHES, quatrième ordre de la classe des poissons, composé de tous les poissons dont le squelette est fibreux, c'est-à-dire que les os qui le forment perdent de leur consistance. Le principal caractère distinctif de ces poissons se tire de la nature de l'articulation de la mâchoire supérieure qui s'engrène par suture aux os du crâne, et ne conserve par conséquent aucune mobilité ; de là leur nom de *plectognathes*, qui signifie mâchoires soudées. Cet ordre comprend deux familles : les *gymnodontes* et les *sclérodermes*.

PLECTRUM ou PLECTRE, nom donné chez les anciens à un morceau de bois ou d'i-

voire terminé par un crochet, et dont on se servait pour faire résonner les cordes de la lyre et de la cithare.

PLÉIADES ou VERGILIES (myth.), filles d'Atlas et de Pléione ou d'Ethra, et sœurs des Hyades, étaient au nombre de sept : *Maïa*, *Electre*, *Taygète*, *Astérope*, *Mérope*, *Alcyone* et *Céléno*. Les Pléiades furent métamorphosées en étoiles, parce que leur père avait voulu lire dans les secrets des cieux. Elles forment une constellation qui occupe la tête du Taureau, et qui n'a que six étoiles. Les mythologues racontent à ce sujet que Mérope, l'une d'elles, se cacha de honte d'avoir épousé un mortel, Sisyphe, roi de Corinthe, tandis que ses sœurs avaient été mariées à des dieux. D'autres disent que ce fut Electre, femme de Dardanus, qui disparut aux temps de la guerre de Troie. Le nom de Pléiades vient, suivant les uns, de *pléïas*, multitude ; suivant les autres, de *pléô*, je navigue, parce qu'elles sont visibles au mois de mai, temps propice à la navigation.

PLÉIADES, nom donné par allusion aux sept étoiles de ce nom à la réunion de sept poètes. La plus ancienne est celle d'Alexandrie, composée de Lycophron, de Théocrite, d'Aratus, de Nicandre, d'Apollonius de Rhodes, de Philicus et d'Homère le Jeune. D'autres listes remplacent Nicandre et Philicus par Callimaque et Sosithée. Il est à croire que cette pléiade alexandrine fut double. Ronsard voulut faire revivre cette institution poétique. Il composa sa pléiade de lui-même, de Daurat, du Bellay, Remi Belleau, Jodelle, Raïf et Ponthus de Thiard.

PLEIGE, vieux mot n'ayant dans la langue du droit de la même signification que *caution*.

PLEIN-JEU, sorte de jeu d'orgue composé des jeux de mutation nommés cymbale et fourniture, auxquels on joint les jeux de fond, tels que bourdons, flûtes et prestants. Ce jeu a de la puissance et de la majesté.

PLEISS, rivière d'Allemagne, dans le royaume de Saxe. Elle a sa source près du village de Steinpleiss (cercle d'Erzgebirge), et se jette dans la Saale, entre Halle et Mersebourg, après un cours de 44 lieues.

PLELO (Louis - Robert - Hippolyte DE BRÉHAN, comte DE), colonel d'un régiment de son nom, était ambassadeur de France auprès du roi de Danemarck, lorsque Stanislas Leczinski fut pour la deuxième fois élu roi de Pologne en 1733. Ce prince, attaqué par les Russes dans la ville de Dantzick, fut secouru par le comte de Plelo qui ne craignit pas avec 1,500 hommes seulement d'attaquer 20,000 Russes. Il força trois de leurs retranchements, mais il périt accablé par le nombre en 1734. Le comte de Plelo était né en 1699.

PLÉNIPOTENTIAIRES, ministres temporaires, accrédités auprès d'une cour étrangère avec des pouvoirs ordinairement fort étendus, comme dans le cas d'un congrès. Il y a cependant des plénipotentiaires fixes comme les ambassadeurs, mais ce n'est qu'auprès des puissances de deuxième ou de troisième ordre.

PLÉSIOSAURE, genre de reptiles fossiles, rattaché à l'ordre des sauriens et à la famille des paléosaures. Cet animal, dont on trouve les débris en Angleterre et dans quelques provinces de France, avait au moins vingt-cinq pieds de long, et si sa queue avait eu la forme et la longueur que nous présentent les autres sauriens, il aurait eu le double de ces dimensions. Son corps était ovale, allongé, mou au moins dans ses parties supérieures, pourvu en avant d'un très-long cou, terminé par une petite tête à mâchoires courtes, armées de dents en arrière. Sa queue était petite, et sur les deux côtés étaient deux paires de membres entièrement penniformes et formés de doigts non distincts, sans ongles et entièrement cachés sous la peau.

PLESKOV. Voy. PSKOV.

PLESS, seigneurie de Prusse, située dans la régence d'Oppeln (haute Silésie), et appartenant aux ducs d'Anhalt-Kœthen. Sa superficie est de 50 lieues carrées, et sa population de 60,000 habitants. C'est un pays de mines, avec des verreries, des blanchisseries de cire et de toiles, et arrosé par la Przemska et la Vistule. — La capitale est PLESS ou PSZCZYNA, petite ville sur la Vistule, chef-lieu de cercle, à 14 lieues de Ratibor. Sa population est de 3,000 habitants.

PLESSIS-LES-TOURS (LE), ancien château et résidence royale bâtie par Louis XI, qui s'y enferma sur la fin de ses jours, afin de les mettre en sûreté, et y mourut en 1483. On en voit encore les ruines à peu de distance de Tours (Indre-et-Loire).

PLESSIS-MORNAY. Voy. MORNAY.
PLESSIS-PRASLIN. Voy. CHOISEUL.
PLESSIS-RICHELIEU. Voy. RICHELIEU.

PLÉTHORE, mot grec qui signifie *réplétion*, et servant à désigner en médecine la surabondance de la masse du sang ou de la lymphe, relativement à la capacité de leurs vaisseaux. Lorsque ce mot est employé seul, c'est toujours du sang qu'on veut parler. La pléthore amène chez les uns des congestions cérébrales qui vont quelquefois jusqu'à l'apoplexie ; chez d'autres, ce sont des hémorragies nasales, pulmonaires, hémorroïdales, etc.

PLETTENBERG, petite ville de Prusse, agréablement située dans une vaste plaine entourée de montagnes, et arrosée par l'Ems et la Lenne, dans l'ancien comté de la Marck, aujourd'hui régence d'Arensberg. Elle est à 5 lieues de cette dernière ville. Plettenberg a 1,300 habitants, des forges, des fabriques de gros draps, bas, aciers, instruments aratoires, etc., et un vieux château dont est issue la maison de Plettenberg.

PLEURÉSIE, mot grec qui signifie *maladie du côté*, et qui désigne l'inflammation de la plèvre, c'est-à-dire de la membrane qui recouvre les côtes. De toutes les causes qui peuvent le plus engendrer cette maladie, la plus commune et la plus active est le froid, soit appliqué à la surface du corps actuellement en sueur ou échauffé, soit porté au dedans du corps avec l'air environnant ou des boissons trop fraîches. L'inflammation de la plèvre est excessivement grave.

PLEUREURS, PLEUREUSES. On connaît sous ce nom dans l'antiquité les hommes et les femmes payés pour pleurer aux funérailles. Les Hébreux avaient cet usage, et les Romains le conservèrent. Les pleureuses à gages s'appelaient chez eux *præficæ* ; elles venaient dans la marche funéraire après les enfants du mort. Lorsque la cérémonie était finie, la pleureuse principale congédiait par ces mots, *I licet*, les assistants qui lui répondaient : *Vale, nos ordine quo natura voluerii sequemur*; adieu, nous te suivrons quand le voudra la nature.

PLEURON. Deux villes de l'Étolie méridionale portent ce nom. — *Pleuron l'Ancienne* fut fondée, à l'O. de Calydon et à peu de distance de l'Evenus et de la mer, par Pleuron, fils d'Étolus et père d'Agénor. Cette ville, l'une des plus belles dans les temps héroïques, fut ruinée de bonne heure. — *Pleuron la Nouvelle* fut bâtie au N. de l'ancienne et au N.-O. de Calydon.

PLEURONECTES, septième famille de poissons de l'ordre des malacoptérygiens, renfermant sept genres : les *plies*, les *flétans*, les *turbots*, les *soles*, les *monochires*, les *achires* et les *plagusies*. Ils doivent leur nom à leur habitude de nager sur le côté (en grec, *pleurôn*), et ont un caractère très-remarquable dans la disposition de leur corps qui, au lieu d'être symétrique comme dans les autres vertébrés, offre une disparité évidente entre les deux moitiés latérales. Leurs deux yeux sont placés d'un même côté de la tête, tantôt à gauche, tantôt à droite ; leur bouche est fendue obliquement ; leurs nageoires impaires sont toujours déjetées d'un côté ou d'autre; leurs pectorales, quand elles existent, sout d'inégale longueur et placées l'une en dessus, l'autre en dessous du corps. Leur forme très-aplatie leur a fait donner le nom vulgaire de *poissons plats*.

PLEURS, joli village de Valteline (Suisse), situé autrefois au pied du mont Conto. Sa position riante, son territoire fertile, son commerce et l'industrie de ses habitants y attiraient une foule de riches Milanais qui y possédaient de charmantes maisons de campagne. En 1718, une masse de la montagne s'étant détachée par suite de pluies abondantes, ensevelit ce village et écrasa dans sa chute environ 3,000 individus.

PLEVILLE-LE-PELLEY (Georges-René), né à Granville en 1720, s'embarqua malgré ses parents dès l'âge de douze ans sous le nom de *Duvivier*, qu'il rendit bientôt célèbre. A l'âge de vingt ans, commandant un corsaire, il eut la jambe emportée par un boulet anglais. Capitaine de vaisseau avant la révolution, il fut nommé vice-amiral en 1793. Le directoire lui offrit en 1795 le ministère de la marine qu'il refusa d'abord et qu'il accepta ensuite. Il donna sa démission en 1798, et fut en 1799 nommé membre du sénat conservateur, grand officier de la Légion d'honneur, et mourut en 1805. Son corps fut porté au Panthéon.

PLÈVRE (du grec *pleura*, côté), membrane mince, diaphane, qui revêt intérieurement chaque côté de la poitrine, et se réfléchit de là sur l'un et l'autre poumon. Il y a deux plèvres : une de chaque côté. Chacune représente un sac sans ouverture; leur surface interne est dans un rapport continuel avec elle-même; et par leur enchevêtrement elles forment les médiastins. On a donné le nom de *plèvre costale* à la portion qui tapisse les parois internes de la poitrine, et celui de *plèvre pulmonaire* à la portion qui recouvre et enveloppe les poumons.

PLEXUS. En anatomie, c'est un réseau plus ou moins serré de vaisseaux sanguins ou de filets nerveux. Les plexus présentent des réseaux complexes, à mailles plus ou moins lâches, formant des anastomoses nombreuses et variées, d'où émanent d'autres branches qui vont se rendre aux organes ou à d'autres plexus.

PLEYEL (Ignace), né en Autriche en 1757, reçut des leçons de composition du célèbre Haydn, et le quitta en 1786 pour aller faire un voyage en Italie. Il fut ensuite appelé à la direction de la cathédrale de Strasbourg; ce fut alors qu'il composa ses premiers *quatuor*, qui rendirent son nom célèbre dans toute l'Europe. Pleyel se fit ensuite éditeur de musique, et se livra à la fabrication des pianos.

PLICIPENNES. Voy. PHRYGANIDES.

PLIE, genre de poissons de l'ordre des malacoptérygiens et de la famille des pleuronectes. La plie est un poisson de forme presque carrée, portant les yeux du côté droit de la tête. Son corps est couvert de petites écailles molles à peine visibles. La *plie franche* ou *carrelet* est facile à distinguer aux taches aurore parsemées sur le côté droit de son corps. Elle n'a pas plus de dix pouces ou d'un pied. Sa chair est très-délicate.

PLINE L'ANCIEN (Caius Plinius Secundus), ainsi surnommé pour le distinguer de son neveu, célèbre écrivain latin, natif de Vérone. Il porta les armes avec distinction, fut agrégé du collége des Augures, intendant en Espagne, et enfin commandant de l'armée navale stationnée à Misène. Il périt l'an 79 de J.-C. dans la première éruption du Vésuve, dont il voulut voir de trop près les terribles phénomènes. Pline avait composé de nombreux ouvrages, qui ne sont pas tous parvenus jusqu'à nous. Le seul qui nous reste de lui est l'*Histoire naturelle*, espèce d'encyclopédie dans laquelle il traite non-seulement des sciences naturelles, mais encore de la cosmographie, de la médecine et de l'histoire des arts. C'est un des plus beaux monuments de l'antiquité.

PLINE LE JEUNE (Caius Plinius Secundus), célèbre écrivain latin, né à Côme d'une sœur de Pline l'Ancien, qui l'adopta ensuite pour son fils et l'institua son héritier. Élève du célèbre Quintilien, il débuta à dix-neuf ans dans la carrière du barreau, et fut dès lors regardé comme l'un des plus grands orateurs de son siècle. Trajan l'ayant élevé à la dignité de consul, Pline prononça au nom du sénat le remercîment connu sous le nom de *Panégyrique de Trajan*. Il fut ensuite gouverneur du Pont et de la Bithynie, et mourut l'an 115 de J.-C. dans sa cinquante-deuxième année. Il ne nous reste de ses ouvrages que celui que nous avons déjà cité et dix livres de *lettres*.

PLINLIMMON, chaîne de montagnes dans la principauté de Galles en Angleterre.

PLINTHE (du grec *plinthos*, brique), membre d'architecture carré ou plat que l'on met aux bases des colonnes, ainsi appelé parce qu'il représente une brique sur laquelle reposerait la colonne. On l'appelle encore *socle*, ce qui veut dire semelle, à cause de la fonction qu'elle remplit dans l'architecture. On appelle encore ainsi : 1º des plates-bandes qui règnent dans les ouvrages de maçonnerie et de menuiserie; 2º une machine dont les anciens chirurgiens se servaient pour réduire les luxations et les fractures; 3º une certaine disposition militaire chez les Grecs : c'était un carré dans lequel la troupe présentait de toutes parts un front égal quant au nombre et à l'étendue.

PLINTHINITE (GOLFE), golfe de la basse Egypte, s'étendant à l'O. de Canope à Phiscus, et tirant son nom de la ville de Plinthine, située sur ses bords. C'est aujourd'hui la *Tour des Arabes*.

PLIQUE, maladie que l'on rencontre principalement et presque exclusivement en Pologne, et dans laquelle les cheveux, grossis par un liquide sanguinolent, s'entre-croisent et se réunissent en mèches séparées.

PLISTARQUE, fils de Léonidas Iᵉʳ, roi de Sparte, de la famille des Eurysthénides, succéda à son père, et mourut presque aussitôt en 479 avant J.-C., laissant l'empire à Plistoanax. — C'est encore le nom d'un frère de Cassandre, gouverneur de la citadelle de Chalcis en Eubée (312 ans avant J.-C.), et roi de Cilicie après la mort d'Antigone.

PLISTHÈNE, un des fils de Pélops, père d'Agamemnon et de Ménélas, mourut jeune, et recommanda en mourant ses enfants à son frère Atrée, qui les fit élever comme ses propres fils; c'est de là qu'ils ont pris le nom d'Atrides.

PLISTOANAX, roi de Sparte, de la branche des Eurysthénides, fils du célèbre Pausanias, succéda en 480 avant J.-C. à Plistarque, et commanda les troupes lacédémoniennes pendant la guerre du Péloponèse. Accusé ensuite d'avoir reçu de l'argent pour éviter les ravages du territoire d'Athènes, il fut exilé, mais rappelé au bout de dix-neuf ans par ordre de l'oracle de Delphes. Il mourut en 408 avant J.-C., et eut Pausanias pour successeur.

PLOCAMA, genre de la famille des rubiacées, renfermant une seule espèce des îles Canaries. C'est un arbrisseau à tige cylindrique, à rameaux grêles et nombreux, à feuilles opposées et fleurs solitaires ou ternées, blanchâtres, et situées vers le sommet des rameaux.

PLOCK ou PLORSKO, waivodie du royaume de Pologne, bornée au N. et à l'O. par la Prusse, au S. par la waivodie de Mazovie, et à l'E. par la waivodie d'Augustovo. Sa superficie est de 650 lieues carrées environ, et sa population de 360,000 habitants. Le terrain est sablonneux et fertile. — La capitale est PLOCK, ville de 4,000 habitants, sur la Vistule, à 22 lieues de Varsovie. Elle a un évêché, un collége, une église magnifique, un château fort, etc.

PLOEN, ancienne ville du duché de Holstein (Danemarck), sur le lac de même nom, à 4 lieues de Kiel. Elle a un château et 2,000 habitants. C'est la capitale d'une petite principauté de 40 lieues carrées, autrefois l'apanage d'un prince royal de la maison de Danemarck.

PLOERMEL, petite ville de France, sous-préfecture du département du Morbihan, près du confluent du Duc et de l'Ouste, à 10 lieues de Vannes. Elle a un tribunal de première instance, un collége communal, une société d'agriculture, des fabriques d'étoffes de laine, papiers, cuirs, etc., et 5,000 habitants. Entre cette ville et Josselin se trouve un obélisque en marbre blanc élevé en souvenir du combat des trente (1350).

PLOIÈRE, genre d'insectes de l'ordre des hémiptères, section des hétéroptères, famille des géocorises, tribu des nudicolles, renfermant de petits animaux remarquables par leur forme allongée et la ténuité extrême de leurs pattes et de leurs antennes; ces dernières leur servant à s'appuyer, les ploières semblent montées sur des échasses. Leurs mœurs sont celles des réduves.

PLOMB, métal mou, très-fusible, onze fois plus pesant que l'eau. Les anciens le confondaient avec l'étain, et l'avaient consacré à Saturne; d'où vient qu'encore ordinairement on désigne par l'expression *extrait de saturne* la combinaison du plomb avec le vinaigre (acide acétique), fort usitée en médecine. La médecine emploie encore quelques autres préparations de plomb, la *litharge*, par exemple. Uni à l'oxygène, il constitue, suivant les diverses proportions du gaz, la *céruse*, le *minium*, le *massicot*, toutes substances fort employées dans les arts, mais dont la préparation est fort dangereuse et cause les *coliques de plomb*. Le plomb se trouve rarement pur dans la nature; le plus souvent il est uni au soufre, ce qu'on appelle *galène*. Cette mine se trouve en France, en Allemagne, en Angleterre, en Espagne, etc.

PLOMB, nom vulgaire donné au gaz qui se dégage des fosses d'aisance pendant la vidange. Il est formé le plus souvent d'air atmosphérique et d'hydrosulfate d'ammoniaque; d'autres fois d'environ 94 parties d'azote, 2 d'oxygène et 4 d'acide carbonique ou de carbonate d'ammoniaque. Ces gaz sont délétères et produisent l'asphyxie.

PLOMB. On nomme *plomb blanc* le *carbonate de plomb*; *plomb rouge de Sibérie*, le *chromate de plomb natif*; *plomb spathique*, le *carbonate de plomb*; *plomb sulfuré*, la *galène*.

PLOMB (OFFICIERS DU). On appelle ainsi en cour de Rome les officiers chargés de plomber les bulles, c'est-à-dire d'y attacher une médaille de plomb portant le sceau pontifical. Ce sceau porte d'un côté les images de saint Pierre et de saint Paul, de l'autre l'effigie du pape. Les officiers du plomb sont le président, les collecteurs, les maîtres du gonfanon, le caissier et le *plombateur*. C'est ce dernier qui met les sceaux aux bulles.

PLOMBAGINE. Voy. GRAPHITE.

PLOMBATEUR. Voy. PLOMB, nº 4.

PLOMBIÈRES, petite ville de France, chef-lieu de canton du département des Vosges, dans l'arrondissement et à 3 lieues de Remiremont, sur l'Angronne. Sa population est de 1,500 habitants. Ses fabriques d'acier poli et de fer battu, ainsi que ses papeteries, ont beaucoup de réputation; mais elle est surtout renommée par ses bains d'eaux thermales construits, dit-on, par Jules César. Ces eaux sont employées contre les engorgements des viscères abdominaux et les maladies chroniques de la peau.

PLOMBS DE VENISE. On connaît sous ce nom les prisons situées sous la toiture en plomb du palais ducal de Saint-Marc. Les détenus y souffraient des douleurs cruelles à cause de la chaleur que le soleil, dardant sur les plombs, donnait à leurs cellules.

PLONGEON, genre d'oiseaux de l'ordre

des palmipèdes et de la famille des plongeurs, renfermant trois espèces, beaucoup plus communes dans le Nord que dans les pays tempérés, et voyageant le plus souvent le long de l'eau, sans presque faire usage de leurs ailes, quoiqu'elles aient le vol assez rapide. La nourriture des plongeons consiste en poissons, mollusques, reptiles, insectes aquatiques, et quelquefois en substances végétales. Ils nichent partout où ils se trouvent, et pondent seulement deux œufs. Leurs doigts sont unis par une membrane jusqu'à leurs extrémités, ce qui leur donne pour nager et plonger une grande facilité.

PLONGEUR, homme qui reste assez longtemps dans l'eau sans avoir besoin de remonter à la surface pour respirer. C'est à l'aide de plongeurs que l'on pêche le corail, la perle, l'éponge sur les côtes de la mer des Indes, dans le golfe Persique et dans la Méditerranée.

PLONGEUR (CLOCHE DU), appareil destiné à faciliter le travail sous l'eau. Voy. CLOCHE.

PLONGEURS, famille d'oiseaux de l'ordre des palmipèdes, renfermant ceux qui volent le plus mal ou ne volent pas du tout, et qui ne peuvent pas même marcher, leurs pattes étant implantées tout à fait à l'arrière de leur corps. Leurs ailes sont courtes; c'est ce qui leur a fait donner le nom de *brachyptères*. Celui de plongeur vient de leur facilité à nager et à plonger. Cette famille renferme les genres *manchot*, *pingouin*, *guillemot*, *grèbe* et *plongeon*.

PLOTIN, philosophe célèbre de l'école néoplatonicienne, né vers l'an 205 de J.-C. à Lycopolis dans la Thébaïde. Élève d'Ammonius Saccas, il vint à Rome en 244, et y ouvrit une école d'où sortit Porphyre. Il devint l'oracle de Rome. Vénéré de l'empereur Gallien, il se retira sur la fin de ses jours en Campanie où il mourut en 270. Ses opinions philosophiques ont été recueillies par Porphyre en cinquante-quatre morceaux formant six sections, nommées *Ennéades*, parce que chacune contient neuf chapitres.

PLOTINE (Pompeia Plotina), femme de Trajan, l'avait épousé longtemps avant son élévation à l'empire. Elle l'accompagna en Asie, et rapporta les cendres à Rome où Adrien, qui lui devait sa fortune, lui fit rendre les honneurs dus à une impératrice. A sa mort (vers l'an 122), elle fut mise au rang des divinités, tant elle s'était fait aimer par son humanité et sa bienfaisance.

PLOTIUS GALLUS (Lucius), natif de Lyon, fut le premier qui enseigna la rhétorique à Rome dans la langue latine. Il le fit avec le plus grand succès, et eut un grand nombre d'auditeurs, parmi lesquels Cicéron. — Il ne faut pas le confondre avec LUCIUS PLOTIUS TUCCA, poëte romain, ami d'Horace et de Virgile. Ce dernier le fit son héritier, et Auguste le chargea de revoir l'Énéide.

PLOTSKO. Voy. PLOCK.

PLUCHE (L'ABBÉ Antoine), né à Reims en 1688, mort à Paris en 1761, fut successivement professeur d'humanités et de rhétorique à Reims, puis recteur du collège de Laon. On lui doit plusieurs ouvrages, dont le plus connu est le *Spectacle de la nature*.

PLUCHÉE, genre de plantes de la famille des synanthérées, type d'une petite tribu, celle des *pluchéinées*, renfermant des plantes herbacées, répandues dans les contrées chaudes de l'Amérique et surtout de l'Afrique. La plus remarquable des vingt espèces de ce genre est la *pluchée odorante*, aux fleurs purpurines.

PLUIE. Les nuages sont formés de vapeurs à l'état vésiculaire (on appelle *vésicules* de petits globules d'eau pleins d'air); lorsque par quelque cause l'équilibre se trouve rompu, ces vapeurs se condensent et tombent en gouttes: c'est ce qui constitue la pluie. La pluie tombe en quantité inégale, suivant la configuration et le climat de chaque contrée. Les pays montagneux en reçoivent une plus grande quantité. Aux environs de Lima et sur toute la côte du Pérou, l'on ne connaît pas la pluie, tandis qu'au contraire il pleut beaucoup sur les côtes de la Norwége et de l'Écosse.

PLUMAGE, ensemble des plumes qui couvrent le corps des oiseaux. Le plumage est tantôt uniforme, tantôt uniforme tacheté, avec des taches plus foncées ou plus claires que le fond ; d'autres fois il est varié par plaques ou grandes taches. Les parties supérieures sont d'ordinaire plus colorées que les inférieures. Le climat, l'âge, le sexe et l'époque des amours apportent dans le plumage des variations nombreuses.

PLUMASSIER, fabricant qui prépare, teint, blanchit toute sorte de plumes d'oiseaux, destinées soit à la parure des femmes, soit à l'ornement de certains meubles. Les plumes les plus estimées sont celles d'autruche, de paon, de héron, de coq, d'oie, de vautour, de cygne, etc. Les plumassiers formaient avant la révolution un corps de jurande érigé par Henri IV en 1599.

PLUMB-ISLANDE, île des États-Unis, séparée de l'État de Massachussets par un canal de 4 lieues de long, appelé *Plumb-Island-River*. Cette île s'étend depuis l'embouchure de la Merrimack à Newburyport, jusqu'à Ipswich.

PLUMBAGINÉES, famille de plantes dicotylédones, voisine de celle des primulacées, et ayant pour type le genre dentelaire (en latin, *plumbago*).

PLUMES, organes qui couvrent le corps des oiseaux, et leur constituent un mode particulier de locomotion. Ils se composent de trois parties : le *tube* ou tuyau creux implanté dans la peau, et percé à sa base d'un trou par lequel arrivent les sucs nécessaires au développement de l'organe ; la *tige* ou tube continué, rempli d'une matière spongieuse, et les *barbes*, petites lames élastiques, placées sur deux rangs de chaque côté de la tige, et presque toujours garnies de crochets qui servent à les lier ensemble de manière à ce qu'elles forment un tissu impénétrable à l'air. Les plumes recouvrent toutes les parties du corps des oiseaux, excepté le bec, les doigts et quelquefois les pattes. Celles qui servent particulièrement au vol s'appellent *pennes*. Ce sont les grandes plumes qui, garnissant les ailes (*rémiges*), et la queue (*rectrices*), remplissent les fonctions de rames et de gouvernail. On appelle *tectrices* les plumes qui couvrent les autres à leur base. Les plumes sont produites par une sécrétion analogue à celle des poils dans les mammifères. Leurs couleurs changeantes paraissent dues à l'interposition des rayons lumineux entre leurs diverses couches étagées. — On se sert des plumes les plus fines qu'on appelle *duvet* pour faire des oreillers, des lits, etc., et des grosses plumes pour écrire. L'usage des plumes pour l'écriture a remplacé le roseau au VIIe siècle.

PLUMES DE MER, nom vulgaire des *pennatules*.

PLUMES MÉTALLIQUES, sortes de plumes à écrire formées d'un métal assez dur pour se conserver longtemps sans être taillé, et assez flexible pour se prêter aux liaisons et aux traits. L'invention des plumes métalliques est due à un mécanicien nommé Arnoux. Le métal qu'on y emploie est le platine, le fer, l'acier, l'argent, le laiton, etc.

PLUMIPÈDES, nom sous lequel on désigne des oiseaux qui ont les pattes et quelquefois les pieds couverts de plumes. Vieillot en a fait une famille de l'ordre des gallinacés, renfermant les *tétras*, les *lagopèdes* et les *gangas*.

PLUMITIF. En langage de droit, c'est la feuille d'audience sur laquelle on porte, sitôt qu'ils sont rendus, les minutes des arrêts et des jugements.

PLUMULE, en botanique, partie de l'embryon appelée encore *tigelle*, parce qu'elle est le germe de la tige. La plumule est nue au milieu du corps cotylédonaire dans les dicotylédones. Parfois elle est visible avant la germination ; d'autres fois au contraire elle ne devient apparente que lorsque cet acte a commencé.

PLUNKETT (Olivier), primat d'Irlande, naquit dans ce pays, et fut nommé archevêque d'Armagh en 1669. Accusé d'avoir voulu faire soulever les catholiques contre le roi d'Angleterre, il fut condamné à être pendu, et son corps à être mis en quatre quartiers. Cet arrêt fut exécuté en 1681 ; il avait alors soixante-cinq ans. Son innocence fut reconnue dans la suite, et ses accusateurs punis du dernier supplice.

PLUQUET (L'ABBÉ François-André), né à Bayeux en 1716, quitta un canonicat dans la cathédrale de Bayeux, pour venir professer l'histoire à l'université de Paris. Il mourut dans cette ville en 1790. On a de lui le *Dictionnaire des hérésies*, l'*Examen du fatalisme*, etc.

PLURIEL, nombre qui indique la pluralité, c'est-à-dire plus d'une personne ou d'une chose. En grec, le pluriel indique plus de deux personnes ou de deux choses ; car ce nombre est affecté au duel. Dans les langues où le singulier redouble tient lieu du pluriel, qui manque alors réellement.

PLUS et MOINS, mots que l'on emploie pour indiquer, le premier une idée d'accroissement, le second une idée de diminution. On s'en sert dans le même sens en algèbre. Plus se marque par le signe +, et moins par le signe —. Le dernier affecte les nombres qu'il précède du nom de *négatifs*, le premier de celui de *positifs*. La règle fondamentale de l'algèbre, c'est que *plus multiplié par plus et moins multiplié par moins donnent plus*, tandis que *plus multiplié par moins donne moins*.

PLUSIAQUES, nom donné par M. Brongniart à des dépôts qui se rapportent aux terrains diluviens.

PLUTARQUE, célèbre biographe et moraliste grec, né à Chéronée en Béotie, l'an 50 après J.-C. Après avoir longtemps voyagé, il vint à Rome où il ouvrit une école de philosophie. Après la mort de Trajan qui l'avait nommé consul et gouverneur d'Illyrie, Plutarque se retira dans sa patrie, où il fut élevé aux premières dignités, et où il mourut vers l'an 140. L'ouvrage qui a rendu le nom de Plutarque célèbre est celui qui a pour titre les *Vies parallèles*, renfermant quarante-quatre biographies de personnages illustres grecs et romains, avec leurs actions mises en parallèle. Il est encore l'auteur d'une foule de traités sur la physique, la littérature ou la morale. Les plus connus sont : *du Génie ou démon familier de Socrate*, *Qu'on ne peut vivre content d'après Épicure*, *de l'Origine de l'âme d'après Timée*, *des Contradictions des stoïciens*, etc.

PLUTON (myth.), en grec Adès, dieu des enfers, frère de Jupiter, de Neptune et de Junon, et le troisième des enfants de Saturne. Dans le partage du monde, il obtint les enfers, et, pour se procurer une compagne, se vit forcé d'enlever Proserpine. On le représente assis au milieu des enfers sur un trône d'ébène, tenant à la main un sceptre à deux pointes. On ne lui érigeait ni autels ni temples. On ne lui sacrifiait qu'au milieu des ténèbres et seulement des victimes noires; le cyprès et tous les objets funestes lui étaient consacrés. Il était honoré surtout d'un culte spécial à Nysa où il avait un oracle célèbre, à Crotone et à Syracuse. — Dans le Pluton des anciens, les uns voient le dieu égyptien *Sérapis*; les autres, un prince régnant sur des pays intérieurs à la Grèce où régnait Jupiter, dans l'Espagne, à Gades et à Tartesse ; ceux-là expliquent son royaume souterrain en disant que ce prince exploita les mines dont l'Espagne est semée.

PLUTONIEN. En géologie, on appelle ainsi tout ce qui est formé par la voie ignée ou par le feu.

PLUTUS (myth.), dieu des richesses, fils de Cérès et de Jasion, selon Hésiode On le représente sous la forme d'un vieillard aveugle, boiteux et ailé, tenant une bourse à la main, venant à pas lents, et s'en retournant d'un vol rapide. Il avait aussi des statues d'enfant, l'une dans les bras de la Paix à Athènes, l'autre dans ceux de la Fortune à Thèbes. — PLUTUS est le titre d'une comédie d'Aristophane dans laquelle ce dieu recouvre la vue que Jupiter lui avait enlevée, dit-il, pendant son enfance, parce qu'il faisait mine de ne vouloir accorder ses faveurs qu'aux gens de bien.

PLUVIAL, grande chape que portent les chantres à la messe et à vêpres, et que l'officiant revêt quand il encense et quand il va à la procession. Le pluvial entoure toute la personne et est attaché par devant avec deux agrafes. Son nom vient de ce qu'autrefois on le mettait pour se défendre de la pluie.

PLUVIER, genre d'oiseaux de l'ordre des échassiers, famille des pressirostres. Ces oiseaux n'ont que trois doigts, manquent de pouce, ont le bec long et portant un renflement à son extrémité. Ils se nourrissent d'insectes aquatiques et d'annélides, et vivent en troupes assez nombreuses qui voyagent de compagnie. Les vieux arrivent et partent les premiers; les jeunes plus tard. Le Nord nous renvoie régulièrement tous les ans vers l'automne; ils nous quittent au printemps. Le *pluvier doré* est de la taille d'une forte grive et d'un plumage noirâtre, tacheté de jaune sur le dos et les ailes. Il passe pour un assez bon gibier.

PLUVIOSE, cinquième mois de l'année dans le calendrier républicain. Il commençait le 29 janvier, et finissait le 18 février. Son nom lui venait des pluies, qui sont ordinairement plus fréquentes dans ce mois que dans les autres.

PLYMOUTH, ville d'Angleterre, située dans le Devonshire, au fond d'une baie, entre les embouchures de la Plym et de la Tamar, à 93 lieues de Londres. Plymouth se divise en deux villes: l'ancienne, qui a 70,000 habitants, et la nouvelle (*Plymouth-Dock*), qui en a 33,000. En temps de guerre le port de Plymouth est le point de réunion de la flotte de la Manche. Ce port, l'un des plus beaux de l'univers, se subdivise en trois: *Suttonpool* qui touche à la ville, *Catwater* à l'embouchure de la Plym, et *Hamoaze* à celle de la Tamar. Ce dernier port est un bassin immense, de 2 lieues de long sur une demi-lieue de large, où peuvent mouiller 100 vaisseaux de guerre. Les chantiers de Plymouth sont, avec ceux de Portsmouth, les plus beaux de l'univers.

PLYNTÉRIES, fêtes célébrées à Athènes en l'honneur de Minerve Agraule. On y dépouillait la statue de la déesse et on la lavait. Ce jour était au nombre des jours néfastes; les temples devaient être fermés, et, pour le marquer, on les entourait d'un cordon.

PNEUMA, mot grec qui signifie *souffle*, *air*. Les stoïciens nommaient ainsi un prétendu principe spirituel qu'ils regardaient comme un élément différent de l'eau, de l'air, de la terre et du feu, seuls éléments admis à cette époque. — On appela *pneumatiques* une secte de médecins pneumatiques dont le chef était Athénée et qui faisaient consister la santé et la maladie dans les divers rapports du *pneuma* avec les autres principes élémentaires.

PNEUMATIQUE, adjectif venu du grec *pneuma*, souffle, air, esprit, et désignant ce qui a rapport aux propriétés de l'air et par extension aux autres gaz. La physique et la chimie ont une partie pneumatique, c'est-à-dire qui traite de l'air et des autres gaz.— *Le briquet* et la *machine pneumatique* ont été décrits à leur place.

PNEUMATIQUES. Voy. PNEUMA.

PNEUMATIQUES, secte d'anabaptistes rejetant l'Ancien et le Nouveau Testament, et ainsi appelés parce qu'ils se disaient éclairés du Saint-Esprit (*pneuma* en grec).

PNEUMATOLOGIE, science des esprits. On donne ce nom à des êtres imaginaires, formant la liaison entre les hommes et la divinité. On conçoit que cette science d'après cela n'ait aucune réalité. Ce n'est que l'ensemble des opinions, des traditions populaires. L'Inde est de tous les pays celui où les esprits occupèrent la plus grande place dans les croyances. En Perse, on distinguait les bons et les mauvais esprits, et les croyances se subdivisaient en trois classes : les *amshas pands*, les *izeds* et les *ferouers*. Les Grecs imitèrent cette hiérarchie en créant les *agathodémons* ou bons génies, et les *cacodémons* ou mauvais génies.

PNEUMATOMAQUES, anciens hérétiques, ainsi appelés parce qu'ils niaient la divinité du Saint Esprit (du grec *pneuma*, esprit, et *machomai*, combattre).

PNEUMOBRANCHES, troisième famille de reptiles de l'ordre des batraciens, renfermant les deux genres *protée* et *sirène*, remarquables par la faculté qu'ils ont de vivre alternativement sur la terre et dans l'eau, parce qu'ils sont pourvus de poumons et de branchies.

PNEUMONIE (de *pneumon*, en grec poumon), nom scientifique de la maladie vulgairement appelée *fluxion de poitrine*. C'est l'inflammation du parenchyme ou de la substance même des poumons, qui est presque toujours accompagnée d'un état inflammatoire des bronches et de la plèvre. La pneumonie est une maladie aiguë, dont la marche rapide n'embrasse guère une durée de plus de vingt jours, tandis que, légère ou intense et dans ce cas mortelle, elle peut se terminer en moins de huit jours. On a observé que la pneumonie règne particulièrement à la fin de l'hiver et au printemps, et qu'elle atteint de préférence les adultes à tempérament sanguin.

PNYCÉEN (PEUPLE), sobriquet donné par Aristophane au peuple d'Athènes, parce que, curieux et nouvelliste, il était toujours sur la place publique appelée *Pnyx*.

PNYX, grande place d'Athènes, ayant vue sur la mer. C'était le lieu des assemblées. Au milieu se trouvait une petite étendue de terrain nommée *perischœnema* parce qu'elle était entourée de cordages afin d'empêcher la multitude d'envahir ou le tribunal ou la tribune aux harangues placés dans le Pnyx au centre de l'enceinte.

PO, l'ancien *Eridan*, fleuve d'Italie qui prend sa source près de mont Viso, passe à Turin, à Payie, où il commence à marquer la limite entre le royaume lombardo-vénitien et le Piémont, les duchés de Parme et de Modène et les États pontificaux, coule dans un lit plus élevé que le territoire adjacent, et se jette par quatre bouches dans le golfe de Venise, non loin de Ferrare. Son cours est de 115 lieues. Il a pour affluents la Doria, la Sesia, le Tanaro, le Reno, le Tésin, l'Adda, la Trebia, l'Olona, le Mincio, le Crostolo, etc.

POA. Voy. PATURIN.

POCHADE, terme dont les peintres se servent pour désigner une petite peinture faite rapidement et pas études, quoique cependant avec une teinte chaude qui tient lieu de correction et d'élégance.

POCHE ou POCHETTE, nom donné à un petit violon de poche dont les maîtres de danse se servaient pour donner leurs leçons. La pochette sonne une octave plus haut que le violon.

POCOCKE (Edward), orientaliste anglais, né à Oxford en 1604, lecteur d'arabe en 1636, curé de Childrey, professeur d'hébreu et chanoine de l'église du Christ à Oxford (1648), mort en 1691. Parmi les nombreux ouvrages qu'on lui doit, on remarque les traductions d'Aboul-Faradj d'Eutychius, du commentateur de Maïmonides sur la Misna.— Il ne faut pas le confondre avec son parent RICHARD POCOCKE, voyageur en Orient et surtout en Egypte. Né à Southampton en 1704 et mort en 1762, il fut successivement évêque d'Ossory et de Meath.

POCO, mot italien qui signifie *peu* et que l'on emploie en musique. On dit *poco forte* (un peu fort) ; *poco à poco* (peu à peu).

PODALIRE (myth.), fils d'Esculape et d'Epione, et élève du centaure Chiron, conduisit avec son frère Machaon au siège de Troie trente vaisseaux d'Œchalie, de Trica et d'Ithôme. A son retour, naufragé sur les côtes de Carie, il guérit la fille du roi Syrna que ce prince lui donna en mariage avec la Chersonèse de Carie.

PODALIRE. Voy. PAPILLON.

PODARCÈS, nom que portait Priam avant qu'il fût racheté par sa sœur Hésione. Voy. PRIAM.

PODERIS, robe de lin descendant jusqu'aux pieds. Les prêtres juifs en étaient revêtus dans leur service au temple.

PODESTAT. C'était, dans le moyen âge, un magistrat remplissant dans certaines villes d'Italie la charge d'officier de police et de justice. Ce nom fut transporté plus tard dans quelques villes de Provence, notamment à Arles.

PODIEBRAD (Georges), régent de Bohême pour le jeune roi Ladislas, fils d'Albert d'Autriche, se fit nommer roi en 1458 et couronner en 1461, après avoir gagné une bataille sur les Moraves. Son attachement pour les hussites le fit excommunier par le pape Paul II. Podiebrad essaya vainement de lutter. Le roi de Hongrie, Mathias Corvin, s'empara de son royaume. Ce prince malheureux mourut en 1471.

PODIUM. On appelait ainsi, dans les amphithéâtres anciens, une espèce de balcon s'avançant de quelques pieds au-dessus de l'arène et garni d'un premier rang de sièges. A partir du podium, les *sièges* s'élevaient en gradins jusqu'au sommet de l'édifice, et au-dessous étaient les *caveæ*, chambres peu élevées dans lesquelles on renfermait les gladiateurs et les bêtes féroces.

PODLAQUIE, waivodie du royaume de Pologne, bornée au N. par la Russie et la waivodie de Plock, au S. par celle de Lublin, à l'O. par celle de Mazovie, et à l'E. par le Bug, qui la sépare de la Russie. Sa superficie est de 390 lieues carrées, et sa population de 140,000 habitants. C'est un pays découvert, plein de marécages. La capitale est SIEDLEC.

PODLUZACS, tribu de Croates habitant la partie méridionale de la Moravie, dans l'empire d'Autriche. Ils ont conservé le costume et le langage primitifs.

PODOGYNE, nom que les botanistes donnent au pistil quand il s'amincit à sa base en une espèce de support ou de pied, comme dans les pavots, le câprier, le robinier, etc.

PODOLIE, gouvernement de la Russie d'Europe, borné au N. par la Volhynie, à l'O. par la Gallicie, au S. par la Bessarabie et le gouvernement de Kherson, à l'E. par le gouvernement de Kiev. Sa superficie est de 1,320 lieues carrées, et sa population de 1,180,000 habitants. C'est un pays extrêmement fertile en grains, lin, chanvre, tabac, garni de gras pâturages qui nourrissent de nombreux troupeaux et renfermant de vastes forêts. Sa capitale est KAMINIEC.

PODOPHYLLACÉES ou PODOPHYLLÉES, petite famille de plantes dicotylédones à étamines hypogynes, renfermant des herbes qui aiment les lieux ombragés et humides. Le genre type est le *podophylle*, plante vivace, à tubercules épais, dont les racines fibreuses, charnues, s'étendent et tracent, à feuilles en bouclier, à fleurs solitaires de couleur blanche.

PODOSPERME (du grec *podos*, génitif de *pous*, pied, et *sperma*, semence), nom donné par Richard au filet qui, dans certaines plantes, part du placenta et soutient la graine. On le nomme aussi *cordon ombilical*.

PODURELLES, tribu d'insectes de l'ordre des aptères, famille des thysanoures, ayant pour type le genre *podure*, et renfermant de petits insectes qui n'ont pas plus d'une ligne de longueur, qu'on rencontre tantôt sur les arbres, dans les eaux, tantôt sur le bord des chemins, où ils forment par leur réunion de petits tas semblables à de la poudre à canon. A la moindre appréhension, ils s'élancent vers leur retraite.

POECILE (du grec *poikilos*, varié). On appelait ainsi à Athènes un célèbre portique où l'on avait rassemblé et où l'on conservait avec soin les plus rares chefs-d'œuvre de peinture. Il tirait son nom de la variété des tableaux qu'on y admirait.

POECILIEN, nom sous lequel on désigne, en minéralogie, le terrain qui comprend le grès bigarré.

POECILOPES ou POECILOPODES, première section de l'ordre des entomostracés dans la classe des crustacés. Elle renferme deux ordres : les *xiphosures* et les *siphonostomes*. Leur nom, qui signifie *pieds divers*, indique qu'ils ont deux sortes de pieds, les uns préhenseurs et les autres natatoires et branchiaux.

POELTEN (SAINT-) ou SAINT-HIPPOLYTE, petite ville de l'archiduché d'Autriche, capitale du cercle du Haut-Wienerwald, dans le pays au-dessous de l'Ens, à 12 lieues de Vienne. Elle a un évêché et 5,000 habitants.

POEME, composition en vers, ayant un nœud et un dénoûment. On a longtemps agité la question de savoir si l'on pouvait faire un poëme en prose. Cette question est tout entière dans le sens que l'on attache aux mots. D'après celui que l'on donne généralement au mot poëme, il est manifeste qu'une composition traitée en prose sur le même plan et avec la même richesse de style que dans des vers ne sera cependant que de la prose poétique. On distingue ordinairement huit sortes de poëmes : le *poëme épique* ou *épopée*, le *poëme dramatique* ou *tragédie*, le *poëme comique* ou *comédie*, le *poëme bucolique* ou *églogue*, le *poëme lyrique* ou *ode*, le *poëme satirique* ou *satire*, le *poëme élégiaque* ou *élégie*, et le *poëme didactique*.

POÉSIE, langage écrit ou parlé, assujetti aux lois de la mesure. La mesure est observée de deux manières, soit par un nombre de syllabes égal au nombre des sons qui frappent l'air et dont la prononciation décide elle-même ou la vitesse ou la lenteur; soit par un nombre de temps égaux, résultant de la durée relative et correspondante des sons de l'air et de la langue. Dans le premier cas, on suppose toutes les syllabes susceptibles d'une égale vitesse ou d'une égale lenteur; c'est la *poésie rhythmique*, celle des sauvages, des Orientaux et de tous les peuples de l'Europe moderne. Dans le second cas, on mesure les syllabes avant de les compter, et les temps donnés par leur durée décident de l'espace qu'elles peuvent remplir; c'est la *poésie métrique*, celle des Grecs et des Latins. Pour les différents genres de poésie voy. POEME et PIED.

POÉTIQUE, adjectif servant à désigner tout ce qui concerne la poésie. — On appelle *art poétique*, ou simplement *poétique*, l'ouvrage où l'on trace les règles de la poésie. Les quatre poétiques sont celles d'Aristote, d'Horace, de Vida et de Boileau. A côté de ces ouvrages de premier ordre viennent se placer les productions secondaires de Scaliger, de d'Aubignac, de la Fresnaye, de la Motte, de Gravina, et les commentaires de Castelvetro et de Dacier sur Aristote.

POETUS. Voy. PÆTUS.

POGGIO BRACCIOLINI, communément appelé *le Pogge*, écrivain italien né à Terranova (Toscane) en 1380, étudia dans la ville de Florence le latin sous Jean de Ravenne et le grec sous Emmanuel Chrysoloras. Ecrivain apostolique et secrétaire des papes depuis Boniface IX jusqu'à Calixte III, il découvrit dans les monastères de la Suisse une foule d'auteurs latins, tels que Quintilien, Lucrèce, Manilius, Silius Italicus, Ammien Marcellin, les treize premiers livres de *Valerius Flaccus*, des morceaux de *Cicéron*, etc. Il mourut à Florence en 1459 secrétaire de la république. Le Pogge avait l'esprit satirique, et se fit beaucoup d'ennemis. On a de lui un recueil de contes intitulé *Facéties*, une *Histoire de Florence* et quelques autres ouvrages.

POGGY ou NASSAU, deux îles qui longent la côte occidentale de Sumatra dans la mer des Indes. Couvertes de bois de haute futaie propres à la construction des vaisseaux, elles renferment des rochers et des montagnes escarpées. Le sagou est la principale de leurs productions. Ces îles ont 1,500 habitants, cuivrés et vêtus d'écorce d'arbres. Ils sont répartis dans douze villages.

POGONAT (du grec *pogon*, barbe), surnom qui signifie *barbu* et qui est attribué dans l'histoire byzantine à Constantin VIII.

POIDS. En physique, c'est la mesure de la masse d'un corps, c'est-à-dire de la quantité de matière qu'il renferme sous l'unité de volume. Cette mesure ne pouvant jamais être obtenue d'une manière complète, on ne peut pas connaître le poids *absolu* d'un corps, mais seulement son poids *relatif* à celui d'un autre corps. L'eau est ordinairement le corps auquel on rapporte tous les poids. Le rapport du poids d'un corps au poids d'un même volume d'eau est ce qu'on appelle le poids *spécifique* de ce corps. — Le *gramme* est maintenant, en France, l'unité de poids.

POIDS ATOMIQUE. On appelle ainsi, en physique et en chimie, le poids des atomes d'un corps, c'est-à-dire des particules impénétrables et indivisibles dont il se compose. Ne pouvant avoir le poids absolu d'un atome, on a recherché son poids relatif, ayant pour cela fait usage de quelque propriété qui permette de considérer les corps dans un état identique ou du moins comparable. La densité, la chaleur spécifique et l'isomorphisme (propriété par laquelle les substances qui cristallisent de la même manière peuvent se substituer l'une à l'autre sans changer la forme du produit) sont les données d'après lesquelles on déduit le poids atomique des corps. L'oxygène est ordinairement le corps auquel on rapporte ce poids.

POIGNARD (des mots latins *pugio*, *pugionardus*), arme pointue et tranchante, de moitié plus courte que l'épée. Les soldats romains s'en servirent sous les empereurs; mais c'est surtout pendant le moyen âge que cette arme a été le plus employée. Les chevaliers le portaient à la ceinture, et cette coutume s'est conservée chez les seigneurs jusqu'au règne de Henri IV. A cette époque le poignard disparut. Il n'est plus maintenant en Europe qu'une arme de voyageur et de brigand. — CHEVALIERS DU POIGNARD. Voy. CHEVALIERS, n° 4.

POIGNET, point d'union de la main et de l'avant-bras. Cette région comprend une étendue de deux travers de doigt. Jusqu'à dix-huit ans, elle est remarquable par son volume, et c'est par la résistance parce que les épiphyses inférieures des deux os radius et cubitus ne sont pas encore soudées. On l'appelle encore *carpe*.

POILS (zool.), filaments de texture et de consistance cornée qui se développent dans la peau de certains animaux, la percent et s'élèvent plus ou moins à sa surface. La forme et la consistance des poils sont extrêmement variables; tantôt ils forment un duvet fin et moelleux recouvert par d'autres plus grossiers que l'on appelle *jar*; tantôt ce sont des filaments longs et contournés en spirale, que l'on désigne sous le nom de *laine*. Quelquefois ils sont des *soies* fermes et élastiques, ou des *crins* de structure semblable, mais seulement plus longs; d'autres fois enfin ce sont des *piquants* aigus ressemblant par leur roideur à de véritables épines. L'épaisseur et la longueur des poils croissent ou diminuent en raison de la température.

POILS (bot.), petits filaments minces et déliés servant à garantir les plantes des injures du temps. Quelquefois ils ont à leur base, comme dans l'ortie, une glande qui distille une liqueur brûlante causant aux animaux de vives douleurs. — Une plante dépourvue de poils prend le nom de *glabre*.

POILS A GRATTER. On appelle ainsi les poils courts et rudes du *mucuna pruriens*, parce qu'ils occasionnent de fortes démangeaisons.

POILS-DE-CHAT, un des noms vulgaires du *chamagrostis*, plante qui donne, dans les premiers jours d'automne, un fourrage frais assez abondant.

POILS-DE-LOUP, nom vulgaire donné à quelques graminées dont les feuilles sont dures et sétacées, capillaires et disposées en touffes. Telles sont la *canche blanchâtre*, le *brome des bois*, le *paturin des murailles*, etc.

POILU, adjectif employé, en botanique, pour désigner un végétal ou seulement une de ses parties présentant des poils longs et soyeux. Telle est la plante tout entière de la *jusquiame poilue*, d'une espèce de *lupin*; telles sont les feuilles d'un *muflier*.

POINCILLADE, genre de plantes de la famille des légumineuses, renfermant quatre espèces qui toutes appartiennent aux régions les plus chaudes de l'Inde et du continent américain. La plus remarquable est la *poincillade élégante*, charmant arbrisseau dont le bois jaune, revêtu d'une écorce grisâtre, jouit d'une bonne réputation pour la teinture. — Elle est droite et haute de quatre mètres, est garnie de rameaux légers portant des feuilles d'un vert foncé et des fleurs odorantes, formant un corymbe pyramidal où le rouge s'unit à la couleur jaune. La poincillade porte vulgairement le nom de *fleur de paon* et *de paradis*, d'*œillet d'Espagne*.

POINÇON, instrument de métal, destiné à percer ou à graver. — La vaisselle d'or et d'argent porte la marque de trois poinçons : celui de l'administration, qui est la quittance des droits de contrôle; celui de ville, qui assure le titre de la pièce; et celui de l'orfèvre, qui est particulier à chaque fabricant.

POINSINET DE SIVRY (Antoine-Alexandre-Henri), né à Fontainebleau en 1735, se livra de bonne heure à la littérature, et se consacra surtout à l'opéra-comique. Ses pièces sont peu dignes d'être citées si l'on en excepte *Ermelinde* ou *Sandomir*, tragédie lyrique en cinq actes, et *le Cercle* ou *la Soirée à la mode*, comédie spirituelle en un acte, restée au Théâtre-Français. Poinsinet se noya en 1769 dans les Guadalquivir. Il se distinguait par une extrême crédulité. Ce fut à son sujet qu'on imagina le mot *mystification* pour exprimer l'art de tirer parti d'un homme simple en se jouant de sa crédulité. — Il ne faut pas le confondre avec son cousin Louis POINSINET DE SIVRY, né à Versailles en 1733, mort à Paris en 1804, membre de plusieurs académies et auteur de plusieurs ouvrages, parmi lesquels on distingue la tragédie de *Briséis*, et les traductions d'Aristophane, de Dion, de Moschus, d'Anacréon, de Sapho et de Tyrtée.

POINT, petit rond noir, qui marque la terminaison d'une proposition, d'une phrase. On distingue le point d'exclamation (!), d'interrogation (?); le point et virgule (;), qui indique la fin d'une proposition accessoire incluse dans une proposition générale; les deux points (:), qui marquent une liaison entre la phrase déjà écrite et la phrase suivante. — Dans certaines langues orientales, comme l'hébreu, on nomme *point-voyelles* (voy.) des points ou de très-petits traits qui tiennent place des voyelles. — En musique, le point placé après une note augmente de moitié la valeur de cette note. Quand les points sont placés sur les notes, ils indiquent que les notes doivent être détachées.

POINT DE CÔTÉ, douleur vive et peu étendue, qui se fait sentir dans un des côtés de la poitrine. — C'est aussi le nom vulgaire de la *pleurésie*.

POINT D'HONNEUR, ce qui intéresse, ce qui touche de près l'honneur. Le point d'honneur fut, sous Louis XIV et Louis XV, la passion dominante des gentilshommes. Pour les empêcher de se livrer à des querelles trop fréquentes pour des motifs souvent puérils, on avait, sous ce dernier règne, institué un tribunal composé des maréchaux de France, et destiné à juger si l'offense valait ou non la peine de se battre.

POINT D'ORGUE (mus.), arrêt, repos pendant lequel les exécutants s'arrêtent ou déploient leur habileté dans des traits de fantaisie. On le marque par une ligne courbe, un C renversé, de manière à présenter en haut sa convexité, et un point au milieu ⌢.

POINTAGE. En termes de science nautique, c'est l'opération qui a pour objet de trouver sur la carte marine, au moyen d'un instrument appelé quartier de réduction, le lieu où se trouve un bâtiment; ce qu'on obtient en mesurant la longitude et la latitude. — En termes d'artillerie, le pointage est l'opération qui consiste à diriger vers un point fixé une bouche à feu quelconque. Pour pointer, on dirige la pièce au moyen d'une vis de manière à ce que l'œil du pointeur, les points les plus élevés de la plate-bande de culasse, du bourrelet de la volée et le but que l'on veut atteindre, soient sur une même ligne droite.

POINTE-A-PITRE, ville de la Guadeloupe, située dans la partie de l'île appelée Grande-Terre, dont elle est le cheflieu, à l'embouchure de la rivière Salée. Elle a un port et un mouillage excellents, des quais magnifiques; elle est le centre du commerce avec presque toutes les Antilles, et possède un tribunal de première instance, relevant de la cour royale qui siége à la Basse-Terre. Sa population est de 15,000 habitants.

POINTS-VOYELLES, signes destinés à remplacer, dans l'écriture hébraïque, les voyelles que l'on ne met pas toujours. Ce sont des points, au nombre de quatorze, que l'on place tantôt au-dessus, tantôt au-dessous des consonnes, et dont les rabbins font remonter l'invention jusqu'à Moïse ou Esdras. — La langue arabe se sert aussi des points-voyelles.

POIRE, fruit du poirier. Il a la forme d'une toupie; d'abord d'un vert clair, ensuite jaunâtre, avec de nombreux points grisâtres, il renferme une chair blanche, très-acerbe, brunâtre, à l'époque de la maturité, molle et pleine d'un suc assez délicat. Les poires douces se mangent crues; les âpres ont besoin de la cuisson. On en prépare d'excellentes compotes; on les dessèche au four sous le nom de poires tapées; on en conserve confites dans l'eau-de-vie et le sucre. Il en est enfin qui servent à faire le poiré.

POIRÉ, liqueur retirée des poires que l'on pile, presse et laisse passer à l'état de fermentation pour la boire, ou pour en faire du vinaigre, ou même pour en obtenir de l'alcool. On fait ordinairement le poiré pur, et l'on n'ajoute une petite quantité d'eau qu'autant que l'on veut augmenter le volume de la boisson; on la laisse pure lorsqu'on se propose de la conserver ou de la livrer au commerce. La poire la meilleure pour le poiré est celle de sauge. Tout le nord-ouest de la France fait une grande consommation de poiré.

POIREAU ou PORREAU, plante potagère du genre ail, à feuilles engaînantes et à fleurs rougeâtres. Elle est originaire des contrées méridionales de l'Europe, bisannuelle, et cultivée dans les jardins de temps immémorial pour le service des cuisines, où l'on s'en sert afin de relever les potages et les bouillons, et de donner du goût aux sauces et à certains mets. Les Egyptiens et les Romains en faisaient beaucoup plus de cas que nous.

POIRÉE, nom vulgaire de la belle à cardes.

POIRIER, genre de plantes de la famille des rosacées et de la tribu des pomacées, renfermant des arbres de troisième grandeur. Le poirier est plus vigoureux que le pommier; sa taille est plus grande; sa forme pyramidale, son aspect plus mâle. Ses feuilles sont alternes; ses fleurs de couleur blanche, lavées parfois d'un peu de rose à l'extrémité des pétales, sont portées sur de longs pédoncules; son fruit est la poire. L'espèce type du genre est le poirier commun, qui monte à dix et quatorze mètres. Les autres espèces importantes sont le poirier de sauge, ou sauger, ainsi appelé parce que la forme de ses feuilles rappelle celles de la sauge, le poirier à feuilles de saule, le poirier de Perse, etc. Le bois du poirier est dur, pesant, rougeâtre, d'un grain fin, serré, très-uni à l'état sauvage; il prend bien la teinture noire, et sert à remplacer l'ébène. On le recherche pour une foule d'usages.

POIRIER (Dom Germain), savant et célèbre bénédictin de la congrégation de Saint-Maur, né à Paris en 1724, fut à l'âge de quinze ans à peine admis dans le monastère de Saint-Faron de Meaux, où il fit profession en 1740. Nommé garde des archives de Saint-Denis, puis de Saint-Germain des Prés, associé libre de l'académie des inscriptions et belles-lettres, ensuite placé à la bibliothèque de l'Arsenal, et appelé à l'Institut en 1802, il mourut l'année suivante. Il a concouru à l'Art de vérifier les dates, a publié le onzième volume de la Collection des historiens de la Gaule et de la France, et composé un grand nombre de mémoires historiques.

POIS, genre de la famille des légumineuses, tribu des papilionacées, renfermant des plantes herbacées, à tiges le plus souvent grimpantes. Nous possédons en France quatre espèce de pois : le commun ou cultivé, le gris, le maritime et le pois à bouquets. La première se trouve spontanément dans nos départements méridionaux. De ses racines pivotantes, annuelles et fibreuses, s'élève une tige herbacée, garnie de feuilles alternes et de grandes fleurs blanches, roses, violettes, donnant naissance à une cosse qui renferme le fruit. C'est une graine verte d'abord, jaunissant ensuite, de forme globuleuse, que l'on mange en vert ou en sec, et qui est aussi une excellente nourriture pour les animaux. Les pois aiment une chaleur douce, tempérée, et un sol légèrement humide.

POIS CHICHE. Voy. CHICHE (Pois).

POIS (accept. djv.), nom donné communément à beaucoup de plantes de la famille des légumineuses. — On appelle pois de sept ans, pois d'Angola, du Congo, les fruits du cytise de l'Inde; pois vivaces, grecs, de senteur, à bouquets, au lièvre, les fruits de plusieurs espèces de gesses; pois cochon celui du dolic bulbeux; patate, celui du dolic tubéreux; pois sabre, celui du dolic de forme d'épée, etc.

POIS A CAUTÈRE, corps globuleux que l'on place dans la plaie d'un cautère pour exciter la suppuration et empêcher le rapprochement des lèvres de la plaie. Les pharmaciens qui les préparent choisissent des substances végétales, dures et poreuses, comme des pois secs ou de petites boules de racine d'iris de Florence, et proportionnent leur grosseur à celle de la plaie.

POISON, substance qui, prise intérieurement, ou appliquée à l'extérieur d'un corps vivant, y altère ou détruit complètement la vie. Les poisons peuvent être pris dans les trois règnes de la nature, et conséquemment être minéraux, végétaux ou animaux; ces derniers s'appellent venins ou virus. On a divisé les poisons d'après l'inflammation des parties qu'ils touchent en quatre classes: 1o les irritants, appelés encore corrosifs ou escarotiques, tels que les acides concentrés, les préparations de cuivre, de mercure, d'antimoine, de plomb, de bismuth, d'or, d'argent, d'étain, de zinc et d'arsenic, les cantharides, la sabine, l'anémone, la coloquinte, le ricin, l'euorbe, etc.; 2o les narcotiques ou stupéfiants, qui paralysent les fonctions du système nerveux, tels que l'opium, l'acide hydrocyanique, le laurier-cerise, la douce-amère, la morelle, etc.; 3o les narcotico-âcres, qui réunissent la paralysie à l'irritation, tels que le gaz acide carbonique, la ciguë, la noix vomique, le camphre, les émanations des fleurs, le tabac, les champignons vénéneux, la digitale pourprée, la rue, etc.; 4o les septiques ou putréfiants, tels que les chairs des moules, de la dorade, du scombre, les liquides provenant de la rage ou de pustules malignes, les venins des serpents, araignées, scorpions, abeilles, etc.

POISSARDES. On appelle ainsi les marchandes de poisson, par extension toutes les marchandes de la halle, aux manières hardies et aux expressions grossières. Sous l'ancien régime, les poissardes avaient le privilége d'aller offrir un bouquet au monarque dans la galerie de Versailles. On leur donnait ensuite à dîner au grandcommun, et c'était un des premiers officiers du chef de la maison du roi qui en faisait les honneurs. — Le poëte Vadé introduisit dans la littérature un genre grossier et badin appelé pour cette raison le genre poissard.

POISSON (Denis-Siméon), savant mathématicien, né en 1781 à Pithiviers (Loiret). Il entra à l'école polytechnique en 1798, et devint à la fin de sa deuxième année d'études répétiteur du cours d'analyse à l'école polytechnique. Il en devint professeur titulaire en 1805. Le bureau des longitudes le compta bientôt au nombre de ses membres. En 1811, il fut nommé professeur de mécanique à l'école normale, en 1812 appelé à l'Institut. En 1815, M. Poisson cessa ses fonctions de professeur à l'école polytechnique, pour prendre celles de l'examinateur permanent. Nommé en 1820 membre du conseil royal de l'instruction publique, puis commandeur de la Légion d'honneur, et pair de France en 1837, il est mort en 1840 professeur de mécanique à la faculté des sciences de Paris. On lui doit plusieurs ouvrages, dont les plus importants sont un Traité de mécanique et une Théorie mathématique de la chaleur.

POISSONS, animaux vertébrés aquatiques, à circulation double et à respiration par branchies permanente. Destinés à vivre dans un élément tout différent que celui où se meuvent les autres vertébrés, il fallait aux poissons une organisation appropriée à ce genre de vie. Aussi leur corps, terminé en avant par une tête pointue, et en arrière par une queue large et comprimée, offre aux eaux, quand il se meut, très-petite surface, et rencontre peu de résistance, tandis que leur queue, mue par des muscles vigoureux, lui imprime la direction qui lui convient. Ce mouvement est d'ailleurs aidé par celui des nageoires, qui sont pour les poissons ce que sont les membres pour les animaux. Celles de devant, les pectorales, sont situées auprès des branchies; celles de derrière, les ventrales, sont tantôt situées vers la queue, tantôt près des pectorales, quelquefois même avant celles-ci; quelquefois aussi elles n'existent pas. Dans le premier cas, le poisson est dit abdominal; dans le deuxième, thoracique ou subrachien; dans le troisième, jugulaire, et dans le quatrième apode. Ces caractères sont le fondement de quatre classes de poissons. La classification généralement adoptée pour les poissons est celle de Cuvier. Il les divise en deux séries: les poissons osseux et les poissons cartilagineux ou chondroptérygiens. La première série renferme six ordres: les acanthoptérygiens, divisés en quinze familles; les malacoptérygiens abdominaux, divisés en cinq familles; les malacoptérygiens subrachiens, divisés en trois; les malacoptérygiens apodes, les lophobranches, et les plectognathes divisés en deux familles. La deuxième série renferme deux ordres, les chondroptérygiens à branchies libres et les chondroptérygiens à branchies fixes, divisés en deux familles. Les facultés intellectuelles des poissons sont à peu près nulles; mais en revanche, leur odorat et leurs appétits voraces sont très-développés. Leur vue est au contraire très-bornée; leur fécondité est prodigieuse.

POISSONS FOSSILES, poissons existant

dans les entrailles de la terre à l'état inanimé. On a découvert plus de deux cents genres de poissons fossiles que l'on a répartis en quatre ordres, distingués entre eux par les écailles : ce sont les *placoïdiens*, les *ganoïdiens*, les *cténoïdiens* et les *cycloïdiens*. Les deux premiers ordres semblent apparaître seuls avant le dépôt de la craie ; les deux derniers semblent paraître pour la première fois dans la craie.

POISSONS PLATS. Voy. PLEURONECTES.

POISSONS VOLANTS. Voy. EXOCET.

POISSONS (LES), douzième signe du zodiaque, répondant au mois de février. Les poissons sont au nombre de deux ; l'un est placé le long du côté méridional du carré de Pégase ; l'autre, entre la tête d'Andromède et celle du Bélier. Les mythologues grecs prétendaient que ces poissons étaient les dauphins qui menèrent Amphitrite à Neptune.

POISSY, ancienne petite ville de France, chef-lieu de canton du département de Seine-et-Oise, dans l'arrondissement et à 4 lieues de Versailles, sur la rive gauche de la Seine, à 7 lieues de Paris. Elle a une population de 3,000 habitants, y compris celle des hameaux voisins. Son commerce en blé, poissons, bestiaux, et possède un hospice et une maison de détention du deuxième ordre. Elle est fameuse dans l'histoire par son palais, séjour ordinaire des rois de France avant la construction du château de Saint-Germain, où saint Louis fut baptisé en 1215, et surtout par la célèbre assemblée qui s'y tint en 1561, et dans laquelle le calvinisme fut admis à une libre et solennelle exposition de ses principes, et placé sur le pied d'égalité avec la religion catholique. Cette assemblée est connue sous le nom de *colloque de Poissy*. Voy. COLLOQUE.

POISSY (CAISSE DE), établissement situé à Paris. Il est administré par le préfet de la Seine et régi par un directeur. La caisse de Poissy est chargée, 1º de payer comptant, et marché tenant, aux marchands forains, le prix de tous les bestiaux achetés aux marchés de Poissy, de Sceaux et de la halle aux veaux par les bouchers de Paris ; 2º de faire à ces mêmes bouchers le prêt de ce payement jusqu'à concurrence du crédit ouvert à chacun d'eux par le préfet de police ; 3º de percevoir le droit établi sur les bestiaux destinés pour Paris.

POITIERS, grande ville de France, ancienne capitale du Poitou, sur une colline baignée du Clain, chef-lieu de préfecture du département de la Vienne, à 86 lieues de Paris. Sa population est de 24,000 habitants. Elle a un évêché suffragant de l'archevêché de Bordeaux, des tribunaux de première instance et de commerce, une académie universitaire, un collége royal et un grand séminaire diocésain, une école de droit, une école secondaire de médecine, des écoles gratuites de dessin, d'architecture et de pharmacie, un jardin botanique. On y remarque la cathédrale, bel édifice gothique du XIIIe siècle, l'hippodrome où se tiennent les courses de chevaux, la superbe promenade du parc de Blossac et les antiquités romaines, parmi lesquelles les ruines bien conservées d'un cirque, d'un aqueduc, d'un palais de Gallien. Poitiers est célèbre par deux batailles : la première remportée par Charles Martel sur les Sarrasins, qui y perdirent, dit-on, 300,000 hommes en 732 ; et la deuxième remportée en 1356 par le prince Noir sur Jean le Bon, roi de France, qui y fut fait prisonnier.

POITIERS, famille illustre du Dauphiné, descendait d'un bâtard des comtes de Poitou. Elle hérita en 1115 des comtés de Valentinois et de Diois, et fournit plusieurs hommes illustres, tels que GUILLAUME DE POITIERS, fils d'Aymar IV et de Sibylle de Baux, moine de Cluny, prieur de la Charité-sur-Loire, évêque mort de Langres en 1346, mort en 1374, aussi célèbre par sa galanterie que par ses exploits militaires. — HENRI DE POITIERS, son frère, évêque de Gap en 1354 et de Troyes en 1361, eut la même réputation de galanterie et de bravoure. — CHARLES, leur frère, fut la tige des seigneurs de Saint-Vallier et le bisaïeul de JEAN DE POITIERS, comte de Saint-Vallier, qui fut condamné à avoir la tête tranchée (1523) pour avoir favorisé la fuite du connétable de Bourbon, et qui dut sa grâce aux sollicitations et aux charmes de sa fille Diane, devenue plus tard maîtresse de Henri II. Charles VII avait acheté en 1423 de Louis de Poitiers, comte de Saint-Vallier, tous ses droits aux deux comtés de Valentinois et de Diois, qui furent réunis à la couronne.

POITOU, ancienne province de France, bornée au N. par la Bretagne, l'Anjou et une partie de la Touraine, au S. par l'Angoumois, la Saintonge et l'Aunis, à l'O. par l'Océan et à l'E. par la Touraine, la Marche et le Berry. Le Poitou avait pour capitale POITIERS, et se divisait en *haut* et *bas Poitou*, le premier à l'E., et le second à l'O. — Cette province fut soumise à des comtes particuliers de 748 à 848. A cette époque, ces comtes prirent le titre de ducs d'Aquitaine. Éléonore, héritière du dernier duc, Guillaume X, porta le Poitou d'abord au roi de France Louis VII, ensuite à Henri II, roi d'Angleterre, son second mari. Conquis par Philippe Auguste sur Jean sans Terre, et rendu à l'Angleterre par le traité de Bretigny (1360), le Poitou fut reconquis par Charles V après la bataille de Chizé, et en 1371 resta définitivement à la France. Il forme aujourd'hui les trois départements de la *Vienne*, des *Deux-Sèvres* et de la *Vendée*.

POITRAIL. On donne ce nom à la partie de devant du corps du cheval.

POITRINE, partie supérieure de l'intérieur du tronc des animaux. Elle est séparée de la partie inférieure ou *abdomen* par une cloison musculaire appelée *diaphragme*. C'est une cavité légèrement aplatie antérieurement, formée en avant par le sternum, en arrière par la colonne vertébrale, et sur les flancs par les côtes. Sa forme est celle d'un cône tronqué dont la base est en bas. C'est dans la poitrine que se trouve le cœur à gauche, et des deux côtés les deux poumons. Aussi on appelle *poitrinaire* dans le langage vulgaire celui qui est atteint d'une phthisie pulmonaire.

POIVRE (Pierre), voyageur et naturaliste distingué, né à Lyon en 1715, entra d'abord dans la congrégation des missionnaires étrangers. Il fut jeté en prison en Chine, et eut le bras emporté par un boulet de canon, dans un combat qu'eut à supporter le vaisseau qu'il montait à son retour. Il renonça dès lors à l'état ecclésiastique, et fut employé à la Cochinchine par la compagnie des Indes (1749). Le duc de Choiseul le nomma en 1766 intendant des îles de France et de Bourbon, où il fit naître l'amour de l'agriculture et des arts, et où il naturalisa le giroflier, le muscadier et l'arbre à pain. De retour en France, il mourut à Lyon en 1786.

POIVRE, fruit du *poivrier*. C'est une petite graine, un peu moins grosse qu'un pois ordinaire, légèrement charnue à l'état frais, d'abord verdâtre, puis rouge, et enfin noire, que l'on expose au soleil, aussitôt après la récolte, afin de la noircir davantage, et pour qu'elle se ride. Vingt à trente graines sont réunies sur une même grappe. Ce qu'on appelle *poivre blanc* n'est autre chose que cette même graine qui, ayant séjourné quelque temps dans l'eau, s'y macère et se dépouille alors de la pellicule noire qui l'enveloppe. Le poivre est recherché depuis la plus haute antiquité dans tous les pays pour assaisonner les aliments. On s'en sert en médecine.

POIVRE (accept. div.). On appelle dans le commerce *poivre mignonette* le poivre aromatique blanchi, concassé, recherché surtout pour assaisonner les huîtres ; *poivre grabeau*, le même poivre cassé et ses résidus de qualité inférieure débités par le bas commerce. On donne le nom de *poivre long* au piment annuel, *poivre des murailles* à l'orpin brûlant, *poivre d'eau* à la persicaire, *poivre de Guinée* au cananga aromatique, *poivre de la Jamaïque* à une menthe, etc.

POIVRIER (en latin, *piper*), genre de plantes type de la famille des pipéracées ou pipéritées, renfermant des plantes grimpantes, tantôt herbacées, tantôt ligneuses, dont le fruit nommé poivre est charnu et toujours simple. Les espèces de poivriers sont extrêmement nombreuses ; les contrées orientales de l'Asie et le midi de l'Amérique en produisent plus de cent cinquante, toutes remarquables par leurs fruits et leurs tiges minces et flexibles. Les principales sont le *poivrier commun* ou *aromatique*, qui produit les poivres noir et blanc ; le *poivrier cubèbe*, dont on fait un grand usage en médecine, et le *poivrier bétel*, dont les Malais mâchent continuellement les feuilles.

POIX, nom commun à plusieurs substances résineuses ou bitumineuses. — La *poix minérale* n'est autre que le *pissasphalte* ou *malthe*. — On appelle *poix de Bourgogne* ou *poix blanche* une substance résineuse, demi-fluide, de couleur jaunâtre, de saveur amère et d'une odeur rappelant celle de la térébenthine. On l'obtient en faisant fondre la liqueur qui suinte de l'écorce des pins et en la passant à travers un lit de paille. — La *poix noire* est produite par la combustion de tout ce qui provient soit de la purification de la poix de Bourgogne, soit des éclats de bois provenant des entailles faites aux pins et aux sapins pour en faciliter l'écoulement. Elle est noire, d'une odeur désagréable et forte, et d'une saveur très-amère. La première est usitée par les ciriers ; la seconde est un enduit qui préserve de l'humidité.

POIX, petite ville du département de la Somme, sur la rivière de ce nom, chef-lieu de canton, dans l'arrondissement et à 6 lieues d'Amiens. Sa population est de 1,500 habitants. Cette ville, autrefois duché-pairie du nom de Créqui, fut ensuite une principauté relevant de la maison de Noailles.

POKUCIE, contrée de la Pologne, bornée au N. et l'E. par la Podolie, au S. par la Hongrie et la Transylvanie, à l'O. par la Russie Rouge. Elle appartient aujourd'hui à la Russie, et est enclavée dans le gouvernement de Podolie.

POL DE LÉON (SAINT-), ancienne ville du département du Finistère, chef-lieu de canton dans l'arrondissement et à 3 lieues de Morlaix. C'était autrefois une baronnie et un évêché suffragant de Tours. Elle doit son nom à saint Léon, son premier évêque.

POL-SUR-TERNOISE (SAINT-), ville du département du Pas-de-Calais, autrefois comté, aujourd'hui chef-lieu de sous-préfecture, à 7 lieues d'Arras. Sa population est de 3,500 habitants. Cette ville a un tribunal de première instance, un collége communal, et commerce en huiles et en laines.

POL (COMTES DE SAINT-). Le premier dont l'histoire fasse mention est *Roger*, dont la postérité mâle posséda ce fief jusqu'en 1205. Gaucher, fils de Guy II, seigneur de Châtillon-sur-Marne, et époux de la fille du dernier comte, de Saint-Pol, Hugues IV, commença en 1205 la seconde race de ces comtes. Sa famille posséda le comté jusqu'en 1360 que Mahaut, fille et héritière de Guy V, le porta dans la maison de Luxembourg. Après la mort du fameux connétable de Saint-Pol, l'une de ses petites filles, Marie, porta le comté de Saint-Pol dans la maison de Bourbon-Vendôme, d'où il passa dans celles de Longueville, ensuite de Melun et enfin de Rohan-Soubise.

POL (Waleran DE LUXEMBOURG-LIGNY, comte DE SAINT-), né en 1355, était fils de Guy de Luxembourg, tué en combattant sous les drapeaux des ducs de Bourgogne et d'Angleterre. Pris par les Français, il passa au service de Charles V, et, après diverses vicissitudes, alla prendre possession de Gênes qui s'était donnée à Charles VI, et s'en fit chasser pour ses galanteries. Il obtint le gouvernement de Paris et l'épée de connétable. C'est lui qui forma cette milice connue sous le nom d'*écorcheurs*, avec laquelle il battit les armagnacs. Mais la défaite des Bourguignons et la fuite de leur duc l'ayant forcé de chercher un asile en Brabant, il y mourut en 1447 sans laisser de postérité. Son frère, Jean de Luxembourg, fut l'aïeul du deuxième et célèbre connétable de même nom.

POL (Louis DE LUXEMBOURG, comte DE SAINT-), fils de Pierre de Luxembourg, né vers 1430. Il fut d'abord attaché aux Anglais, mais fit ensuite sa soumission à Charles VII, roi de France. Il devint le compagnon du dauphin, et concourut à la prise des villes de la Normandie sur les Anglais (1449). Il commanda l'avant-garde à la bataille de Montlhéry. Louis XI, pour le détacher du duc de Bourgogne, vers lequel il le voyait sans cesse entraîné, le fit connétable. Saint-Pol enleva les villes de Saint-Quentin et d'Amiens à Charles le Téméraire ; mais, poussé par l'esprit d'intrigue qui le dominait, il chercha à nourrir le feu de la discorde entre les deux princes. Ceux-ci s'étant aperçus qu'il les trahissait l'un et l'autre et étant convenus de se le livrer mutuellement, le connétable proposa à Édouard, roi d'Angleterre, de lui ouvrir les places de la Somme, tout en renouvelant à Louis XI ses offres de service. Fait prisonnier, il fut mis à la Bastille et décapité en place de Grève, 1475.

POLA, ville forte d'Istrie, située dans une baie profonde de la côte orientale de l'Adriatique, dans le cercle de Trieste (Illyrie). Elle est protégée par un château ; sa rade est couverte, et son mouillage excellent. Elle a un évêché suffragant d'Udine et 1,400 habitants. Entre autres antiquités dignes de remarque, on distingue un bel amphithéâtre romain, les ruines d'un temple antique construit en l'honneur d'Auguste, et un arc de triomphe de l'ordre corinthien. C'est à Pola que fut exilé Crispus, fils aîné de Constantin.

POLAILLON (Marie LUMAGUE, veuve de François), résident de France à Raguse, se retira du monde en 1630, et institua les *filles de la Providence*, petite congrégation religieuse dont sortit celle des filles appelées les *Nouvelles Converties*. Marie Polaillon mourut en 1657.

POLAIRE, qui a rapport aux pôles.— L'*étoile polaire* est la dernière étoile de la queue de la petite Ourse. Elle est très près du pôle nord.— Les *cercles polaires* sont des cercles parallèles à l'équateur et distants du pôle de 28 degrés. On dit cercle polaire arctique et cercle polaire antarctique pour désigner le cercle polaire du nord et celui du sud.

POLARISATION. On a donné ce nom, en physique, à l'ensemble des propriétés singulières qu'acquiert la lumière, soit après avoir été réfléchie suivant une certaine obliquité, soit après avoir traversé, dans certaines circonstances, des milieux réfringents. La polarisation a lieu 1° *par réflexion*, lorsque la lumière tombe sur une surface de verre avec laquelle elle forme un angle de 33 degrés 25 minutes ; 2° *par simple réfraction*, lorsqu'elle traverse, toujours sous le même angle, une série de plaques parallèles ; 3° *par double réfraction*, lorsque les faisceaux ordinaires et extraordinaires de la lumière naturelle traversent la section principale d'un cristal ; 4° *par réflexion irrégulière*, lorsqu'on fait tomber une vive lumière sur une surface quelconque. Dans ce cas, ce sont les rayons irrégulièrement réfléchis qui sont seuls polarisés.

POLARITÉ. On donne ce nom, en physique, à la propriété qu'a l'aimant ou l'aiguille aimantée de se diriger, en chaque lieu terrestre, vers un certain point fixe de l'horizon.

POLATOUCHE, genre de mammifères de l'ordre des rongeurs, famille des écureuils ou sciurins, renfermant de petits animaux remarquables en ce qu'ils ont un repli de la peau des flancs étendu entre leurs quatre membres et formant un parachute pour les soutenir dans les sauts qu'ils font sur les arbres. Ce genre compte sept à huit espèces : le *taguan* ou *grand écureuil volant* est de la taille d'un chat ; le mâle est d'un beau marron vif dessus et roux dessous ; la femelle est brune dessus et blanche dessous. Cet animal habite les îles Philippines. Le *polatouche volucelle*, de la taille d'un rat, gris roussâtre dessus, blanc dessous, habite les États-Unis où il vit par troupes sur les arbres, se nourrissant de graines et de bourgeons.

POLDERS, nom que l'on donne, en Flandre et en Hollande, à des terres d'alluvion, formées par les atterrissements produits au bord de la mer ou aux embouchures des grandes rivières, rendues susceptibles de culture et défendues par des digues.

POLE. En géographie, on appelle ainsi les points de la surface terrestre que rencontre la ligne imaginaire (*axe*) autour de laquelle on suppose que la terre tourne. Il y a deux pôles : le pôle nord, boréal ou arctique, et le pôle sud, austral ou antarctique. Si l'on suppose cette ligne prolongée à la voûte céleste, ces deux points où elle la rencontrera seront les deux pôles célestes.

POLE. En physique, on appelle ainsi 1° chacune des deux parties d'un aimant, séparées par une ligne où l'action magnétique est nulle et qu'on appelle *ligne neutre* ; 2° chacun des deux points de la surface de l'aimant les plus éloignées de la ligne neutre et où l'action magnétique est la plus forte ; 3° un point idéal conçu dans l'intérieur de l'aimant, à peu près comme le centre de gravité dans l'intérieur des corps. Ce point est celui auquel est appliquée la résultante de toutes les attractions magnétiques qui s'exercent d'un même côté de la ligne neutre. On l'appelle *pôle mathématique*. On conçoit qu'il y en a deux sur un aimant.

POLE (Reginald DE LA) ou POLUS, proche parent des rois Henri VII et Édouard IV, né en 1499, fut élevé dans l'université d'Oxford et entra dans les ordres. Il parvint aux premières dignités ecclésiastiques. Paul III le fit cardinal en 1536, et lui donna des gardes lorsque le roi Henri VIII, dont ce vertueux prélat refusa de flatter les passions, eut mis sa tête à prix. Après la mort de ce pape, il eut beaucoup de voix pour lui succéder ; de retour en Angleterre à l'avènement au trône de la reine Marie, il fut fait archevêque de Cantorbéry et président du conseil royal. Il mourut en 1552.

POLÉMARQUE, c'est-à-dire *commandant de la guerre*. C'était le nom du général en chef dans les armées béotiennes. A Athènes, c'était le second archonte, plus spécialement chargé de tout ce qui avait rapport à la guerre.

POLÉMIENS, hérétiques qui parurent vers l'an 373 et qui eurent pour chef un certain Polemius, natif des environs de Laodicée et défenseur des erreurs d'Apollinaire. Sa principale erreur était la mixtion qu'il disait avoir été faite du Verbe et de la chair.

POLÉMOCRATIE, princesse de Thrace, qui, après l'assassinat de son mari, craignant pour les jours de son fils, vint se réfugier auprès de Brutus. Celui-ci confia l'enfant aux habitants de Cyzique, et convertit les trésors qu'elle avait apportés en pièces de monnaie dont l'exergue marquait les ides de mars, jour du meurtre de César, et qui portaient d'un côté l'image de Brutus, de l'autre le bonnet de la liberté entre deux poignards.

POLÉMOINE, genre de plantes de la famille des polémoniacées, renfermant une quinzaine de plantes herbacées, vivaces, à feuilles ailées et alternes, à fleurs ordinairement bleues et disposées en corymbe terminal. Une seule croît naturellement en Europe : c'est la *polémoine à fleurs bleues*, plante d'ornement, s'élevant à deux pieds environ, et se multipliant facilement de

graines ou d'éclats du pied. Elle est plus connue sous le nom vulgaire de *valériane grecque*.

POLÉMON, philosophe platonicien, natif d'Athènes, et le plus zélé de tous les disciples de Xénocrate, qui l'avait converti à la sagesse, fut le successeur de son maître dans la direction de l'ancienne académie, et mourut dans un âge fort avancé, l'an 270 avant J.-C.

POLÉMON Ier, fils du rhéteur Zénon, couronné roi de Cilicie et d'une partie du Pont par le triumvir Antoine, le secourut à la bataille d'Actium, après laquelle il se réconcilia avec Octave, qui lui conserva ses possessions. Ce prince devint en 14 de J.-C. roi du Bosphore, après la chute de Scribonius, en épousant la veuve de l'ancien roi Asandre, Polémon fut tué par des barbares auxquels il avait déclaré la guerre dans les Palus-Méotides.

POLÉMON II, fils du précédent, fut reconnu roi du Bosphore et du Pont par Caligula, et obtint de Claude en 41 le royaume de Cilicie en échange du Bosphore. Il épousa peu après Bérénice, fille d'Agrippa, roi des Juifs, et embrassa le judaïsme, auquel il renonça quand sa femme l'eut abandonné. C'est de lui qu'une partie du Pont prit le nom de *Polémoniaque*.

POLÉMON, sophiste du IIe siècle, natif de Laodicée sur le Lycus, s'est fait un nom par son éloquence et sa vanité. Il vint s'établir à Smyrne, où il eut la gloire de réformer les mœurs, et où il acquit d'immenses richesses. Attaqué d'un violent accès de goutte, il se fit enterrer vivant à l'âge de cinquante-six ans.

POLÉMONIACÉES, famille de plantes dicotylédones monopétales, à étamines hypogynes, formant le passage des convolvulacées aux bignoniacées. Les plantes de cette famille, dont le type est le genre *polémoine*, sont des herbes ou même des arbrisseaux, à feuilles simples, alternes, ou plus rarement opposées ; à fleurs axillaires ou terminales, quelquefois disposées en corymbes.

POLÉMONIAQUE (PONT), province du grand royaume du Pont, était bornée à l'O. par le Pont Galatique, à l'E. par le Pont Cappadocien, au N. par le Pont-Euxin, et au S. par la Cappadoce. Il tirait son nom de la ville de *Polémonium* sa capitale, fondée à l'embouchure du fleuve Sidène, dans le Pont-Euxin, par Polémon II.

POLÉMOSCOPE (du grec *polis*, guerre, et *scopein*, regarder), terme d'optique, sorte de lunette ou de télescope qui est recourbée pour voir les objets qui ne sont pas directement opposés à l'œil. On l'appelle ainsi parce qu'elle est principalement en usage à la guerre.

POLENTA, mot italien. C'est une bouillie faite avec de la farine de maïs ou de châtaignes, et dont les Italiens sont très friands.

POLÉSIE, nom sous lequel on désignait autrefois le palatinat de Brzescie en Lithuanie, faisant aujourd'hui partie du gouvernement de Minsk, dans la Russie d'Europe.

POLÉSINE DE ROVIGO. Voy. ROVIGO.

POLIADE (du grec *polis*, ville), surnom que portait chez les Grecs Minerve, considérée comme la protectrice des villes. Elle avait sous ce nom deux temples, l'un à Érythrée en Achaïe, l'autre à Tégée en Arcadie, desservis par un seul prêtre qui n'y entrait qu'une fois par an. Dans le temple de Tégée, on conservait la chevelure de Méduse, que l'on regardait comme le palladium de la ville.

POLICANDRO, petite île de l'Archipel, l'une des Cyclades, à l'E. de Milo et au S. de Paros. Le sol en est hérissé de rochers et peu fertile. Il produit cependant du bon vin et un peu de coton. La population de l'île est de 800 habitants.

POLICASTRO, ville en ruines du royaume de Naples, dans la Principauté Citérieure, à 22 lieues de Salerne, sur le golfe de Policastro. Elle a un évêché suffragant de Salerne. Sa population n'est que de 400 habitants, l'air contagieux qu'on y respire l'ayant presque entièrement dépeuplée.

POLICE (du grec *politeia*, administration d'une ville). On appelle ainsi l'ensemble des règlements établis dans l'intérêt de la sûreté et de la salubrité publique, et on étend ce nom non-seulement à ces règlements, mais encore à la branche de l'administration qui, fondée sur eux, les met à exécution. Les délits contraires à la police sont jugés par des tribunaux de *simple police* et de *police correctionnelle*. — Dans les casernes occupées par les troupes, on appelle *salle de police* la chambre où l'on renferme les sous-officiers et soldats punis pour des fautes légères contre la discipline. Les hommes auxquels cette punition est infligée font en outre deux fois par jour l'exercice pendant deux heures au peloton de punition. — Le *bonnet de police* est la coiffure négligée des soldats, sous-officiers et officiers. Sa forme et sa couleur ont subi de nombreuses variations.

POLICE, mot synonyme, dans la langue du droit, de *contrat d'assurance*.

POLICHINELLE, personnage comique de la comédie italienne, originaire de Naples, où il est appelé *Pulcinello*. En s'établissant en France, Polichinelle y a pris la figure d'un pantin bossu par devant et par derrière, portant un chapeau à claques, ayant les jambes disloquées et un costume bigarré comme Arlequin. Ce qui le caractérise surtout c'est le son de sa voix grêle et criarde, fabriqué à l'aide d'un petit morceau de bois sonore et mince, qu'on place dans la bouche, et qui s'appelle *pratique*.

POLIÉE (en grec *polieus*), surnom qui veut dire protecteur de la ville et qu'on donnait à Jupiter, qui avait un temple dans la citadelle d'Athènes. Lorsqu'on lui sacrifiait, on laissait le bœuf qui devait servir de victime manger de l'orge mêlée avec du froment que l'on avait mis sur l'autel, et, quand le prêtre l'avait immolé d'un coup de hache, tout le monde s'enfuyait avec lui.

POLIER (LE COLONEL Antoine-Louis-Henri DE), né à Lausanne en 1741, entra en 1758 comme cadet au service de la compagnie anglaise, et devint successivement ingénieur, puis inspecteur de la place de Calcutta, ingénieur en chef, major dans l'armée du général Clives. Mécontent de la compagnie, il servit successivement les deux princes indiens, Azef-Oul-Doulah et Chah-Alum. Il rentra ensuite au service de la compagnie, parvint au grade de colonel, retourna en Europe en 1788, et fut assassiné en 1795 par des brigands près d'Avignon. Polier était très-savant dans la langue vulgaire de l'Indoustan. Ses manuscrits, au nombre de quarante-deux, arabes, persans, sanscrits, ont été cédés par son fils à la Bibliothèque royale.

POLIGNAC, illustre famille du Languedoc, qui possèda autrefois le comté de Velay, et qui a donné à la France plusieurs hommes distingués. Elle tire son nom de la petite ville de *Polignac*, près du Puy (Haute-Loire). — MELCHIOR, cardinal DE POLIGNAC, né au Puy-en-Velay en 1661, fut destiné à l'état ecclésiastique dès son enfance. Conclaviste du cardinal de Bouillon en 1684, il fut envoyé en qualité d'ambassadeur en Pologne l'an 1693; il parvint à faire élire roi le prince de Conti, qui perdit sa couronne par ses lenteurs. L'abbé de Polignac, disgracié, se retira dans son abbaye de Bon-Port. Rappelé en 1702, il fut envoyé à Rome en qualité d'auditeur de rote, puis à Gertruidemberg (1702), où il fut plénipotentiaire de la France, ainsi qu'au congrès d'Utrecht (1712). Promu au cardinalat, il fut disgracié sous la régence (1718), et rappelé en 1721. Ambassadeur à Rome (1724-1732), archevêque d'Auch (1726), commandeur de l'ordre du Saint-Esprit, il mourut en 1741. C'était l'un des plus grands politiques de son temps; à cette gloire il joignit celle d'écrivain latin. On a de lui l'*Anti-Lucrèce*, poëme latin en neuf livres, composé pour réfuter celui de Lucrèce, et qu'on regarde comme un chef-d'œuvre.

POLIGNAC (Jules, comte, puis duc DE), de la même famille que le précédent, émigra avec sa femme dès le commencement de la révolution, et devint l'agent des princes près les cours de Vienne et de Saint-Pétersbourg. De retour en France, il fut nommé par le roi membre de la chambre, et mourut en 1817, laissant une fille et trois fils : celui dont le nom a eu le plus de retentissement est le comte JULES-ARMAND-AUGUSTE-MARIE, né en 1780, pair de France, maréchal de camp, inspecteur général des gardes nationales de France, ambassadeur à Vienne, puis à Londres, et enfin président du ministère dont les fautes furent la cause de la chute des Bourbons (1830).

POLIGNAC (Gabrielle-Yolande-Claude-Martine DE POLASTRON, duchesse DE), épousa en 1767 à l'âge de dix-sept ans le comte Jules, depuis duc de Polignac. Elle gagna la confiance de la reine Marie-Antoinette, et profita de son amitié pour attirer les faveurs sur la famille de son mari. Nommée gouvernante des enfants de France, elle émigra au commencement de la révolution, et suivit son mari dans ses diverses missions. Elle mourut en Russie à la fin de 1793.

POLIGNANO, petite ville du royaume de Naples, située sur le golfe Adriatique, à 6 lieues de Bari, dans la terre de Bari. Elle a un évêché et 6,900 habitants. On y remarque la superbe abbaye de San-Vito.

POLIGNY, petite ville de France, chef-lieu de sous-préfecture du département du Jura, sur un ruisseau au pied des montagnes, à 7 lieues de Lons-le-Saulnier. Sa population est de 5,400 habitants. Cette ville a un collége communal; le tribunal de première instance est à Arbois. Les environs fournissent des vins rouges fort estimés, des mines de fer, des carrières de plâtre, de marbre et d'albâtre en exploitation.

POLIORCÈTE (des deux mots grecs *polis*, ville, et *orkéô*, assiéger), surnom qui signifie assiégeur, preneur de villes, et que l'on donne dans l'histoire à Demetrius fils d'Antigone.

POLISTE, genre d'insectes de l'ordre des hyménoptères, section des porte-aiguillons, famille des diploptères, tribu des vespides ou guépiaires, renfermant des insectes qui diffèrent fort peu des guêpes. Une des espèces, la *poliste lécheguana*, habite le Brésil. Le miel qu'elle fabrique est aussi bon que celui de nos abeilles; mais il possède souvent une qualité délétère qui rend insensés et furieux ceux qui en ont mangé.

POLITÈS, l'un des fils de Priam et d'Hécube, tué par Pyrrhus, sous les yeux de son père, le jour même de la ruine de Troie. Son fils portant le même nom que lui suivit Enée en Italie.

POLITIEN (Ange), ainsi appelé parce qu'il naquit à Monte-Pulciano dans la Toscane (en latin, *Mons Politianus*) en 1454. Andronic de Thessalonique fut son maître; Laurent de Médicis le chargea de l'éducation de ses enfants, et Pic de la Mirandole l'associa à ses travaux. Ses talents lui méritèrent la chaire de professeur de langues latine et grecque. On lui envoya des disciples de toutes les parties de l'Europe. Ange Politien mourut jeune en 1494. Parmi ses ouvrages on compte une traduction latine d'*Hérodien* et de plusieurs poëtes et historiens grecs, l'*Histoire latine de la conjuration des Pazzi*, deux livres d'*Epîtres latines*, quelques poèmes *bucoliques*, quelques petits *traités* de philosophie, un livre d'*épigrammes grecques*. Ange Politien fut un de ceux qui contribuèrent le plus à la renaissance des lettres.

POLLEN, en botanique, poussière fécondante contenue dans les cavités de l'anthère, d'où elle s'échappe sous forme de nuages légers de couleur généralement jaune, pour imprimer la vie aux ovules déposés dans l'ovaire. Cette poussière, vue au microscope, est composée de granules ovales, arrondies, triangulaires, séparées les unes des autres, ou bien réunies deux à deux, et quelquefois plusieurs ensemble. Elles ont beaucoup d'analogie avec les animalcules spermatiques.

POLLENTIA, aujourd'hui *Pollenza*, ville de l'ancienne Ligurie orientale (Etats sardes), sur le Tanaro, au S.-O. d'Asti et d'Alba, et à 10 lieues de Turin. Elle était célèbre par la bonté de ses laines noires et brunes (*pullus*), d'où lui vint son nom. Elle le devint encore davantage au vᵉ siècle par la victoire que Stilicon, général des troupes romaines, y remporta sur Alaric, roi des Wisigoths, en 403.

POLLICITATION, en termes de droit, promesse non encore acceptée par celui à qui elle a été faite. Quoique dans le pur droit naturel une promesse faite sans avoir été acceptée ne soit pas obligatoire, le droit civil l'avait rendue obligatoire chez les Romains, dans deux cas, lorsque la promesse avait eu un commencement d'exécution, ou lorsqu'elle était la conséquence d'un service qu'elle ne pouvait faire de moins que reconnaître.

POLLION, surnom d'une branche de la famille Asinia. — CAIUS ASINIUS POLLION, homme d'Etat et homme de lettres, fut l'ami de César, d'Antoine et d'Auguste. Consul en Gaule Cisalpine (40 avant J.-C.), il y fit la connaissance de Virgile, dont il devint le protecteur, et qui lui en fut immortalisé en lui adressant sa quatrième *églogue*. Il vainquit les Parthiniens, peuple de la Dalmatie, et obtint les honneurs du triomphe. Il mourut âgé de quatre-vingts ans, l'an 4 de J.-C. Ce fut lui qui fonda à Rome la première bibliothèque publique. Il composa des tragédies, des écrits philosophiques et l'*Histoire des guerres civiles* en sept livres, depuis le consulat de Metellus jusqu'au passage du Rubicon. Il ne nous reste rien de tous ces ouvrages.

POLLION (Vedius), favori d'Auguste, engraissait des lamproies avec du sang humain. Auguste soupant un jour chez lui, un esclave brisa un vase de cristal. Vedius donna ordre de l'arrêter. L'esclave se jeta aux pieds d'Auguste, le suppliant d'empêcher qu'il ne devînt la proie des poissons. L'empereur, frappé de ce nouveau genre de barbarie, fit délivrer l'esclave, briser les vases de cristal, et combler les réservoirs de Pollion. — Il ne faut pas le confondre avec Asinius Pollion.

POLLUX (myth.), fils de Jupiter et de Léda, et frère de *Castor*. Voy. ce mot.

POLLUX (Julius), rhéteur et sophiste célèbre, natif de Naucratis et contemporain de Marc Aurèle, fut choisi par ce prince pour élever son fils Commode, qui, une fois sur le trône, le nomma à la chaire d'éloquence d'Athènes. Il nous reste de lui un grand ouvrage dédié à Commode, et intitulé *Onomasticon*. C'est une espèce de vocabulaire des mots de la langue grecque, disposés non pas par ordre alphabétique, mais par séries d'idées analogues, et de manière à former un dictionnaire de synonymes.

POLOGNE, grande contrée d'Europe, bornée au N. par la Prusse et la Russie, au S. par l'Autriche et la Turquie, à l'O. par la Prusse, et à l'E. par la Russie. C'est un pays de plaines (en polonais, *polé*), d'où l'on fait venir son nom; couvert de bois, il est arrosé par la Vistule, le Niémen, le Boug, la Warta, la Prosna, la Wilia, le Pripet. Son climat est généralement très-froid, quoique sous une latitude modérée. Il est fertile en grains, bois, houblon, chanvre, lin, guède, tabac, et abonde en pâturages excellents. Ses richesses minérales consistent en fer, galène, zinc, cuivre, argent, et surtout en sel gemme (les mines les plus célèbres sont celles de *Wieliczca* et de *Bochnia*). Les habitants sont catholiques, protestants, juifs ou grecs. Ils se divisent en trois classes : les étrangers, qui composent la classe des marchands, les serfs ou paysans et les nobles. Ces derniers sont possesseurs de vastes domaines, et étalent un luxe fastueux. — Le peuple polonais a le teint clair, les cheveux blonds; il est d'une belle stature et d'une taille moyenne. — Habitée d'abord par divers peuples dont l'origine est inconnue, la Pologne fut peuplée par les Léchites, nation de race slave. Le premier chef de la nation fut Lech Ier (550). Piast fonda en 842 une dynastie qui régna en Pologne jusqu'en 1370. L'introduction du christianisme date de l'an 965. Wladislas Jagellon, duc de Lithuanie, ayant épousé en 1386 Hedwige, dernière descendante des Piasts, fonda la dynastie des Jagellons, éteinte en 1548. A cette époque, la Pologne devint royaume électif. Ses rois, que nommait la noblesse, n'avaient qu'une ombre d'autorité. Il y avait trois ordres dans l'Etat : le roi, le sénat et l'ordre équestre ou des nobles. Le sénat avait le pouvoir exécutif des lois rendues dans les assemblées des trois ordres (diètes). Le dernier roi, Stanislas Poniatowski, régna de 1764 à 1795. Ce fut sous son règne qu'eurent lieu les trois démembrements de la Pologne. Elle se divisait alors en trois grandes parties: la *grande Pologne* comprenant quatorze palatinats, la *petite Pologne* qui en comprenait neuf, et le *grand-duché de Lithuanie* qui en comprenait dix. Sa superficie était de 24,175 lieues carrées, et sa population de 20,220,000 habitants. Les trois partages de 1773, de 1793 et de 1795 répartirent ce pays entre les trois grandes puissances, l'Autriche, la Prusse et la Russie, sans que les derniers efforts de la Pologne pussent obtenir autre chose que des succès passagers et presque aussitôt étouffés. De 1806 à 1812, une partie de la Pologne fut érigée en grand-duché de Varsovie, dont le congrès de Vienne fit un royaume composé de l'ancienne Pologne, moins le duché de Posen, resté à la Prusse, la Gallicie maintenue à l'Autriche, et Cracovie déclarée république sous le protectorat des trois puissances. Ce royaume, qui a 3,787 lieues carrées, et 4,039,617 habitants, est aujourd'hui province russe. Il se divise en huit woivodies: *Cracovie, Kalicz, Lublin, Podlaquie, Plock, Sandomir, Mazovie et Augustowo.*

POLONAISE, nom donné, en musique, à un air à trois temps, d'un mouvement lent, en usage en Pologne, et dont on fait des chansons et des airs de danse. — Dans la musique instrumentale, on nomme ainsi des morceaux à trois temps, d'un mouvement animé.

POLONAISES (Langue et littérature). La langue polonaise est un des nombreux dialectes ou slaves ou esclavons. Malgré l'apparente dureté de ses sons, elle l'emporte sur tous les autres idiomes slavons par l'harmonie et la flexibilité; mais son caractère principal est la concision. La littérature polonaise commence à s'exercer par l'histoire (Chroniques de Martin Gallus, Matthieu Cholewa, Vincent Kadlubek, Martin Polônus, et surtout de Jean Dlugosz). Le premier livre imprimé en langue polonaise fut un code de lois connu sous le nom de *Statuts de Laski* (1506). Le XVIe siècle fut l'âge d'or de la littérature polonaise. Les écrivains les plus célèbres de cette époque sont Nicolas Kopernik, le réformateur de l'astronomie, les historiens Martin Kromer, Mathias Stryikowski, Martin et Joachim Bielski, Stanislas Sarnieki, Stanislas Orzechowski, Fryez-André Modrzewski et Luc Gornicki, l'un des premiers prosateurs polonais; le poëte Jean Kuchanowski, surnommé le *Prince des poëtes polonais*; Mathias Kasimir Sarbiowski, surnommé *l'Horace moderne*; Krasicki, surnommé le *Voltaire de la Pologne*; Naruszewicz, le plus grand des prosateurs polonais; le poëte dramatique Albert Bogulawski, et de nos jours le célèbre Adam Mickiewicz, chef de l'école romantique, sont les illustrations de la Pologne.

POLOTSK, ville de Russie, chef-lieu de cercle dans le gouvernement de Vitebsk, au confluent de la Polotta et de la Dwina, à 110 lieues de Saint-Pétersbourg. Cette ville a 3,500 habitants. Elle a deux citadelles, et est la résidence de l'évêque grec depuis 1793. — Autrefois capitale du palatinat du même nom dans le grand-duché de Lithuanie, elle fut prise en 1563 par les Russes, reprise par les Polonais en 1579, et enfin passa sous la domination russe en 1773 lors du premier partage de la Pologne.

POLTAVA. Voy. Pultava.

POLTROT DE MÉRÉ (Jean), gentilhomme de l'Angoumois, devint un des plus ardents partisans de la religion protestante. Irrité des succès de François, duc de Guise, il se cacha près d'Orléans dans un bois par où le duc devait passer, l'ajusta à six pas de distance d'un coup de pistolet, et lui fit le 19 février 1563 une blessure dont il mourut six jours après, pardonnant à son assassin, qui n'en fut pas moins soumis à la torture, et condamné par le parlement de Paris à être déchiré avec des tenailles ardentes, tiré à quatre chevaux et écartelé.

POLUS, fameux acteur athénien, natif de Sunium et contemporain de Périclès. On dit que quand il jouait l'affluence était si grande, qu'il gagnait un talent par jour. Il mettait tant d'expression dans l'accent de sa voix que, jouant un jour le rôle d'Electre portant l'urne où reposent les cendres d'Oreste, comme cette urne était celle qui renfermait les cendres de son fils mort tout récemment, il arracha les larmes à tous les spectateurs.

POLUS. Voy. Pole.

POLYADELPHIE (des deux mots grecs *polus*, nombreux, et *adelphos*, frère), nom donné par Linné à la dix-huitième classe de son système sexuel, dans laquelle il comprenait les plantes qui ont les étamines soudées par leurs filets en plus de deux faisceaux. Cette classe renfermait quatre ordres : la *polyadelphie décandrie*, renfermant les plantes à dix étamines en plusieurs faisceaux distincts, comme le cacaotier ; la *polyadelphie dodécandrie*, à douze étamines, comme l'abrome ; la *polyadelphie icosandrie*, à vingt étamines, comme le citronnier ; la *polyadelphie polyandrie*, à étamines en nombre indéterminé, comme le mille-pertuis.

POLYANDRIE (des deux mots grecs *polus*, nombreux, et *andros*, génitif d'*anêr*, homme, mâle), nom donné par Linné à la treizième classe de son système sexuel, dans laquelle il comprenait toutes les plantes ayant de vingt à cent étamines à insertion hypogynique. Cette classe était divisée en sept ordres basés sur le nombre de pistils présents : 1° *polyandrie monogynie*, un seul style : *pavot*; 2° *polyandrie digynie*, deux styles : *pivoine*; 3° *polyandrie trigynie*, trois styles : *pied-d'alouette*; 4° *polyandrie tétragynie*, quatre styles : *tetraura*; 5° *polyandrie pentagynie*, cinq styles : *ancolie*; 6° *polyandrie hexagynie*, six styles : *stratiotes*; 7° *polyandrie polygynie*, à pistils en nombre indéterminé : *anémone*, *rose*, etc.

POLYBE (myth.), roi de Corinthe, fils de Mercure et de Chthonophylle, fille de Sicyon, roi de Sicyone, épousa Péribée ou Mérope, dont il n'eut qu'une fille nommée Lysinnasse, qu'il maria à Talaüs, roi des Argiens. Il permit à sa femme d'élever comme son fils le jeune OEdipe, que des bergers avaient trouvé exposé dans les bois. Son successeur fut Adraste, son petit-fils, qui, chassé d'Argos, s'était réfugié à sa cour.

POLYBE, l'un des plus célèbres historiens grecs, né à Mégalopolis (Arcadie) vers l'an 204 avant J.-C., avait pour père Lycortas, qui fut pendant longtemps chef de la ligue achéenne. Elève de Philopœmen, Polybe secourut Persée dans la guerre contre les Romains. Emmené à Rome au nombre des mille Achéens prisonniers, il y devint l'ami de Fabius et de Scipion, qui lui fit rendre la liberté, et qu'il suivit au siège de Carthage et de Numance. Après la mort de Scipion, il se retira à Mégalopolis, où il mourut vers l'an 121 avant J.-C. De tous les ouvrages que Polybe avait composés, il ne nous reste qu'une partie de son *Histoire universelle*, s'étendant depuis le commencement des guerres puniques jusqu'à la fin de celles de Macédoine. Elle était renfermée en quarante livres, dont nous avons les cinq premiers entiers et des fragments assez considérables des douze suivants. Les vingt-trois derniers sont perdus, à l'exception de deux extraits qu'en fit faire Constantin Porphyrogénète: des *Ambassades* et les *Exemples des vertus et des vices*. Malgré ses digressions, Polybe est l'historien le plus profond de l'antiquité.

POLYCARPE (Saint), évêque de Smyrne sa patrie, avait été disciple de saint Jean l'Evangéliste pour son extrême vieillesse. Il alla à Rome vers l'an 158 de J.-C. pour conférer avec le pape Anicet sur le jour de la célébration de la Pâque. De retour dans sa patrie, il fut condamné à être brûlé vif, et périt martyr, le 23 février 166, à l'âge de quatre-vingt-quinze ans. Il ne nous reste de saint Polycarpe qu'une épître aux Philippiens. Saint Pothin et saint Irénée, évêque de Lyon, étaient les disciples de saint Polycarpe.

POLYCARPE, mot grec qui signifie *fruits nombreux*. C'est le nom d'un recueil de canons, de constitutions et d'ordonnances touchant les affaires ecclésiastiques, composé par Grégoire, prêtre espagnol, un peu après le temps d'Yves de Chartres et avant celui de Gratien, c'est-à-dire vers l'an 1120.

POLYCÉPHALE (Nome), c'est-à-dire à *plusieurs têtes*. C'était chez les Grecs un cantique en l'honneur de Minerve, en mémoire de la métamorphose des cheveux de Méduse en serpents. Il était ainsi nommé parce que les sons de la flute imitaient les sifflements de tous les serpents dressant leurs têtes nombreuses. Plutarque prétend que ce nome était consacré à Apollon.

POLYCHROITE, mot grec signifiant *plusieurs couleurs*. C'est le nom donné à la matière colorante du safran, substance que l'on obtient en traitant l'extrait aqueux des stigmates du safran par l'alcool concentré, filtrant la liqueur et évaporant jusqu'à siccité.

POLYCLÈTE, célèbre statuaire de Sicyone, vivait vers l'an 432 avant J.-C. Les connaisseurs lui donnaient la première place dans son art, n'accordant que la seconde au célèbre Phidias. Une de ses statues, représentant le garde d'un roi de Perse, c'est-à-dire un *doryphore*, était appelée la *Règle* à cause de ses admirables proportions. On attribuait cette statue à un *Polyclète* d'Argos.

POLYCRATE, tyran de Samos, s'empara du pouvoir vers l'an 532, et le garda sans partage, après avoir fait mourir ses deux frères Pantagnote et Sylosonte. Il conquit plusieurs îles de la mer Egée et même des villes de la côte d'Asie. Tandis qu'il prétendait à la domination de la mer, il faisait fleurir à sa cour le commerce, les arts et les sciences. Phéréeyde, Anacréon, Théodore embellissaient Samos. Tant de bonheur eut un terme. Oræte, gouverneur de Sardes, l'attira chez lui sous prétexte de lui donner une partie de ses trésors, afin qu'il le soutînt dans une révolte contre le roi de Perse, et le fit ensuite mettre en croix, l'an 521 avant J.-C. Il avait régné onze ans.

POLYDAMAS (myth.), Troyen célèbre, fils de Panthoüs, vint au monde le même jour qu'Hector dont il fut l'ami intime. C'était un homme sage et éloquent, qui donna souvent de bons avis aux Troyens. Il fut tué par Ajax, après un combat sanglant. — Il ne faut pas le confondre avec *Polydamas*, fils d'Anténor et de Théano, sœur d'Hécube, époux de Lycaste, fille naturelle de Priam. Il fut soupçonné d'avoir eu des intelligences avec les Grecs pour la prise de Troie.

POLYDECTE (myth.), fils de Magnès et de Naïs, régna dans l'île de Sériphe, accueillit avec bonté Danaé et son fils Persée, exposés sur la mer par Acrisius. Il voulut ensuite faire violence à Danaé; mais elle se réfugia au pied de l'autel de Minerve, et trouva un protecteur dans la personne de Dictys, frère du roi. Persée, qui était devenu grand, arriva sur ces entrefaites, pétrifia Polydecte avec la tête de Méduse, et éleva Dictys sur le trône de Sériphe.

POLYDECTE, roi de Lacédémone, de la race des Eurysthénides, monta sur le trône après la mort de son père Econmus vers l'an 907 avant J.-C., et mourut au bout d'un règne de neuf ans environ, laissant sa veuve enceinte d'un fils qu'on nomma Charilaüs, et dont son frère, le célèbre Lycurgue, fut le tuteur.

POLYDORE (myth.), fils de Cadmus et d'Harmonia, roi de Thèbes. Il épousa Nyctéis, dont il eut un fils nommé Labdacus, qu'il recommanda en mourant à Nyctéis qui lui succéda.

POLYDORE (myth.), le plus jeune des fils de Priam, qu'il eut, suivant quelques-uns, de Laothoé, fille d'Altès, roi de Pédase, et, suivant le plus grand nombre, d'Hécube. Il était le favori de Priam, et fut tué dans sa jeunesse par Achille. Les poëtes tragiques ont imaginé un autre récit. Polymnestor, roi de Thrace, chez qui Priam l'avait envoyé au commencement de la guerre de Troie, voyant la ville prise, le tuer à coups de flèches le jeune Polydore, afin de s'emparer de ses trésors. Ces flèches furent, selon Virgile, toutes changées en myrtes dont les branches répandaient du sang quand on les arrachait. Selon Euripide, le corps fut jeté à la mer et retrouvé par Hécube, qui se vengea en arrachant les yeux à Polymnestor.

POLYDORE, roi de Sparte, de la race des Eurysthénides, succéda à son père Alcaménès en 876 avant J.-C., et se fit respecter à cause de ses vertus. Il se signala dans la première guerre de Messénie, et fut tué dans une guerre contre les Argiens par un certain Polémarque, l'an 824 avant J.-C. Son fils Eurycrate lui succéda. L'image de ce prince servait de sceau public aux magistrats de Sparte, et sa statue fut placée près du tombeau d'Oreste.

POLYDORE CALDARA, surnommé le Caravage. Voy. ce mot.

POLYDORE VIRGILE, né à Urbin en Italie vers l'an 1470, embrassa l'état ecclésiastique, et professa les belles-lettres à Bologne. Passé en Angleterre avec le cardinal Corneto, légat du saint-siége, il fut nommé archidiacre de Wels par Henri VIII, charmé de son esprit ; mais il quitta bientôt l'Angleterre, et revint mourir en Italie (1555). Il a publié plusieurs écrits en latin. Le principal est une Histoire d'Angleterre qui va jusqu'à la fin du règne de Henri VII.

POLYÈDRE (du grec polus, plusieurs, et édra, siège), terme de géométrie, corps solide à plusieurs faces. Les polyèdres sont réguliers ou irréguliers, c'est-à-dire à parties constituantes exactement égales entre elles ou inégales. — En termes d'optique, on appelle ainsi un verre à facettes, lequel est plan d'un côté et convexe de l'autre, mais dont la convexité est composée de plusieurs plans droits. Ce verre multiplie l'image d'un objet que l'on regarde au travers de son épaisseur. Il sert aussi à rassembler les images de plusieurs objets dispersés ou seulement celles de certaines parties de ces objets pour en former une image unique.

POLYEN, rhéteur macédonien, publia en grec huit livres de Stratagèmes ou Ruses de guerre qu'il dédia aux empereurs Antonin et Verus pendant qu'ils faisaient la guerre aux Parthes. Le sixième et le septième livre sont incomplets. Il avait aussi composé l'histoire de Thèbes et plusieurs autres ouvrages que nous n'avons plus.

POLYEUCTE (Saint), célèbre martyr de Mélitine en Arménie, fut converti au christianisme par Néarque son ami, et souffrit pour la foi sous Valérien en 259. Néarque écrivit l'histoire de son martyre. Le supplice de Polyeucte est le sujet d'une des plus belles tragédies de Corneille.

POLYGALE, genre de plantes, type de la famille des polygalées, renfermant cent soixante-dix espèces. La polygale commune, vulgairement appelée laitier commun et herbe à lait, est une plante à racine vivace, présentant de petites touffes basses, dont les tiges grêles, étalées à leur pied et un peu redressées dans le haut, portent des feuilles d'un vert foncé et des fleurs bleues, rougeâtres, blanches ou violacées, petites et disposées en grappes serrées. On la vante comme sudorifique, tonique et même légèrement émétique. La racine de deux espèces, la polygale de Virginie et la polygale faux buis, ainsi appelée à cause de la ressemblance qu'ont avec celles du buis ses feuilles nombreuses, coriaces, rapprochées, luisantes et d'un beau vert, est efficace, dit-on, contre la morsure des reptiles venimeux, dans les premières atteintes de l'hydrophobie et dans les cas de rhumatismes aigus.

POLYGALÉES, famille de plantes dicotylédones polypétales, à étamines hypogynes, détachée de la famille des personnées, et renfermant une dizaine de genres. Son type est le genre polygale. Les polygalées sont des plantes, tantôt herbacées, tantôt sous-arbrisseaux, tantôt arbustes, aux feuilles très-entières, généralement alternes, quelquefois opposées ou verticillées, aux fleurs le plus ordinairement en épis, quelquefois en panicules solitaires ou axillaires.

POLYGAMIE (des deux mots grecs polus, nombreux, et gamos, mariage), union simultanée d'un homme avec plusieurs femmes. Les lois romaines punissaient la polygamie de la peine d'infamie. Tolérée par les Hébreux et autorisée par l'exemple des patriarches dans l'Ancien Testament, la polygamie a été révoquée par Jésus-Christ, qui a rétabli le mariage dans son premier état. La polygamie était autrefois punie de mort dans quelques parlements de France ; elle n'est punie aujourd'hui que des travaux forcés. La polygamie est universelle dans presque tout l'Orient, dans l'Amérique et dans l'Afrique.

POLYGAMIE (bot.), vingt-troisième classe du système sexuel de Linné, dans laquelle il comprenait les plantes portant des fleurs, tantôt mâles, tantôt femelles ou hermaphrodites, soit sur le même individu, soit sur deux ou même trois pieds séparés. Cette classe se divisait en trois ordres : 1° monœcie à fleurs mâles et à fleurs femelles distinctes, mais sur un seul pied, comme dans l'orlie, le mûrier, le noyer, etc.; 2° diœcie à fleurs mâles et à fleurs femelles séparées, les premières sur un pied, les secondes sur un autre, comme dans le genévrier, le pistachier, le houblon, etc.; 3° triœcie aux trois sortes de fleurs séparées sur trois individus, comme dans le figuier, le caroubier, etc.

POLYGLOTTE (des deux mots grecs polus, nombreux, et glotté, langue), qui est écrit en plusieurs langues. Il y a plusieurs Bibles polyglottes. Les plus connues sont : 1° la Bible de Ximenès en quatre langues, hébreu, chaldéen, grec et latin (1517) ; 2° la Bible d'Augustin Justiniani, en cinq langues, c'est-à-dire les précédentes, plus l'arabe (1518) ; 3° la Bible de Benoît Arias Montanus, copie de celle de Ximenès, augmentée du syriaque (1572); 4° la Bible d'Élie Hutter, en six langues, c'est-à-dire les quatre langues de la Bible de Ximenès, plus l'allemand et la langue vulgaire du pays auquel l'exemplaire était destiné (1599) ; 5° la Bible de M. le Jay, en sept langues : hébreu, chaldéen, samaritain, syriaque, arabe, grec et latin (1643) ; 6° la Bible de Brian Walton (1657).

POLYGNOTE, peintre grec, fils et disciple d'Aglaophon, naquit à Thasos vers l'an 422 avant J.-C., et se rendit célèbre par les peintures dont il orna les portiques d'Athènes. Il eut la générosité de refuser la récompense que voulaient lui accorder les Athéniens. Le conseil des Amphyctions lui décréta alors un remercîment solennel, et ordonna que Polygnote serait logé et défrayé aux dépens des villes où il ferait sa résidence. Il fut le premier peintre qui employa quatre couleurs pour ses tableaux ; avant lui, on n'en employait qu'une.

POLYGONATUM, vulgairement signet, sceau de Salomon, genre de plantes de la famille des asparaginées, renfermant des plantes herbacées, qui se plaisent dans les bois touffus et ombreux des climats froids et tempérés en Europe et en Amérique. Sur huit ou neuf espèces, trois croissent aux environs de Paris. La plus remarquable, qui se trouve dans le bois de Boulogne, est le signet à larges feuilles, plante vivace par ses racines rampantes qui, coupées obliquement, présentent les figures diverses auxquelles elle a dû son nom. Sa tige est simple, garnie de feuilles sessiles ou amplexicaules ; ses fleurs sont axillaires, solitaires, en grappe blanche teinte de vert.

POLYGONE (des deux mots grecs polus, nombreux, et gônia, angles), figure géométrique à plusieurs côtés et à plusieurs angles. Le plus simple des polygones est le triangle, à trois côtés ; puis vient le quadrilatère, à quatre côtés ; le pentagone, à cinq ; l'hexagone, à six, etc. Un polygone inscrit est celui dont tous les côtés sont les cordes d'une circonférence ; un polygone circonscrit au contraire celui dont tous les côtés sont tangents à la circonférence. — Un polygone est régulier lorsque ses côtés et ses angles sont égaux. La somme des angles d'un polygone est égale à autant de fois deux angles droits qu'il y a de côtés, moins deux. — On a, par analogie, donné le nom de polygone à une butte de terre, à plusieurs côtés et à plusieurs angles, qui sert de point de mire aux projectiles des artilleurs dans leurs exercices du tir.

POLYGONÉES, famille de plantes dicotylédones apétales, à étamines hypogynes, renfermant des plantes herbacées, dont les feuilles alternes embrassent la tige par leur base, et dont les fleurs, petites et sans couleurs vives, offrent un ovaire unique surmonté de plusieurs styles, et auquel succède une graine à péricarpe dur et généralement triangulaire. Le nombre des étamines varie de quatre à neuf. Les principaux genres de cette famille sont la renouée (en latin, polygonum), type de la famille, la patience et la rhubarbe.

POLYGONUM. Voy. RENOUÉE.

POLYGRAPHE (des deux mots grecs polus, nombreux, et graphéin, écrire), auteur qui a écrit sur plusieurs matières. Chez les anciens, Aristote, Platon, Xénophon, Plutarque, Lucien, Cicéron, Sénèque, Varron, chez les modernes, Voltaire, sont les polygraphes.

POLYGRAPHIE, art d'écrire de plusieurs manières secrètes qui ne peuvent être déchiffrées que par celui qui en a la clef. Trithème, Porta, Vigenère, le père Nicéron ont écrit sur la polygraphie. Les Grecs avaient une sorte de polygraphie dans la scytale lacédémonienne.

POLYHISTOR, c'est-à-dire qui sait beaucoup, qui raconte beaucoup de choses, nom sous lequel est connu un écrivain polygraphe appelé Solin.

POLYIDE (myth.), devin originaire d'Abes et fils de Ceranus, apprit à Minos II que son fils Glaucus s'était noyé dans un tonneau de miel. Le roi le fit enfermer dans le tombeau de Glaucus, avec ordre de le rendre à la vie. Le hasard lui apprit les propriétés merveilleuses d'une herbe qui avait ce pouvoir, et il ressuscita Glaucus. — C'est aussi le nom d'un poëte grec qui florissait dans la XCVe olympiade (400 ans avant J.-C. environ). Il avait composé beaucoup de vers dithyrambiques et une Iphigénie en Tauride préférée par Aristote à celle d'Euripide. Son talent musical et sa méthode étaient aussi jugés supérieurs à ceux de Timothée.

POLYMNESTE, poëte grec, fils de Mélès, natif de Colophon et antérieur à Terpandre, introduisit à Sparte beaucoup d'innovations musicales, et fut l'inventeur du nome orthien.

POLYMNESTOR (myth.), roi de la Chersonèse de Thrace, époux d'Ilione, fille aînée de Priam, fit tuer à coups de flèches le jeune Polydore (voy.), pour s'emparer de ses trésors, et, après avoir eu les yeux crevés par Hécube, fut relégué par les Grecs dans une île déserte.

POLYMNIE ou **POLYHYMNIE** (myth.), c'est-à-dire *la déesse aux hymnes nombreux*, une des neuf Muses, filles de Jupiter et de Mnémosyne, présidait à la poésie lyrique et au dithyrambe et passait pour avoir inventé l'harmonie. C'est pour cela qu'on la fait aussi muse de la rhétorique. On la représente couronnée de pierreries, vêtue de blanc, ayant un sceptre dans la main gauche, et la droite levée comme pour haranguer.

POLYNÈME, genre de poissons de l'ordre des acanthoptérygiens, de la famille des percoïdes et de la tribu des mulles, renfermant des poissons propres aux mers des pays chauds, et surtout à l'océan Equinoxial. Non-seulement ces poissons se font remarquer par l'éclat des écailles qui revêtent leur corps; mais encore leurs nageoires pectorales ont un certain nombre de leurs rayons libres et terminés en filaments allongés, à peu près comme les plumes qui ornent les oiseaux de paradis. C'est là ce qui leur a fait donner les noms de *polynèmes* (à plusieurs filets) et de *poissons de paradis*. On pêche sur les côtes du Bengale le *polynème mangue*, qui est un des plus beaux et un des meilleurs poissons du pays.

POLYNÉSIE (des deux mots grecs *polus*, nombreux, et *nésos*, île), l'une des quatre grandes divisions de l'Océanie, bornée au N. par la Micronésie et l'océan Boréal, au S. par l'océan Austral, à l'E. par la côte occidentale de l'Amérique, et à l'O. par la Mélanésie et la Malaisie. Sa superficie peut être évaluée à 261,000 lieues carrées, et sa population à 1,500,000 habitants. Cette division de l'Océanie renferme une foule d'archipels, dont les plus considérables sont les Carolines, les Mariannes, les îles Pelew, les îles Mulgraves, les îles Sandwich ou Haouaï, les îles Marquises ou Nouka-Hiva, les îles Fidji ou Viti, les îles des Amis ou Tonga, les îles des Navigateurs, les îles de la Société, l'archipel Pomotou ou Dangereux, les îles Ralick, les îles Radack et la Nouvelle-Zeeland.

POLYNICE, fils d'OEdipe, roi de Thèbes, et de Jocaste, sortit de Thèbes du vivant même de son père, dans la crainte d'encourir sa malédiction. Réfugié à Argos, il y épousa Argie, fille du roi Adraste. Après la mort d'OEdipe, son frère Etéocle s'empara du trône, et refusa de le lui céder au bout d'une année, comme il avait été convenu. Polynice vint avec six autres princes grecs mettre le siége devant Thèbes. Tous périrent à l'exception d'Adraste. Polynice et son frère Etéocle s'entre-tuèrent dans un combat singulier. Polynice laissa un fils, Thersandre, l'un des Epigones.

POLYOMMATE (des deux mots grecs *polus*, nombreux, et *ommata*, yeux), genre de lépidoptères (papillons) de la famille des diurnes et de la tribu des papilionides, comprenant des papillons de petite taille, parés d'assez belles couleurs et qui, sur un fond uniforme, offrent des taches imitant des sortes d'yeux, ce qui leur a fait aussi donner le nom d'*argus*. Leur chenille ressemble presque à un cloporte. Plusieurs espèces portent à l'extrémité de leurs ailes un petit appendice en forme de queue, et sont appelées vulgairement *petits porte-queues*. Les espèces les plus communes sont l'*argus bleu*, le *bronzé*, le *xanthe*, l'*argus du chêne*, l'*argus de la verge d'or*, etc.

POLYPE, tumeur qui se développe surtout dans les membranes muqueuses du corps humain, et qu'on observe le plus fréquemment dans les fosses nasales, le pharynx, etc. Les polypes varient beaucoup pour le volume, le nombre, leur mode d'adhérence. Il y en a de muqueux, de vésiculaires, de spongieux, de durs, de cancéreux. L'exsiccation, la cautérisation, l'excision, l'arrachement, le séton et la ligature sont les procédés que l'on emploie pour guérir les polypes.

POLYPES (des deux mots grecs *polus*, nombreux, et *pous*, pied), quatrième classe de l'embranchement des animaux rayonnés ou zoophytes, renfermant des animaux ainsi nommés à cause des tentacules qui entourent leur bouche, et que les anciens prenaient pour autant de pieds. La forme et le nombre de ces tentacules varient; le corps est toujours cylindrique ou conique, souvent sans autre viscère que sa propre cavité, souvent aussi avec un estomac visible, duquel pendent des intestins ou plutôt des vaisseaux creusés dans la substance du corps. Alors on voit ordinairement aussi des ovaires. Le mode de reproduction des polypes est triple. Elle est *ovipare* lorsqu'ils se propagent par des œufs comme la plupart des animaux, *gemmipare* quand ils poussent de nouveaux individus comme des bourgeons, *scissipare* quand une partie de leur corps, séparée du reste, se développe et devient un animal entier, susceptible à son tour d'en produire une multitude. Un grand nombre de polypes adhèrent les uns aux autres, communiquent ensemble et formant des animaux composés qui se construisent une demeure commune tantôt cornée, tantôt pierreuse, mais toujours solide, à laquelle on donne le nom de *polypier*. Ce sont les amas de polypiers toujours croissants qui, dans les mers chaudes surtout, contribuent à l'augmentation des écueils et à la formation des îles et des continents. On divise la classe des polypes en deux ordres: les *polypes nus* ou *gymnopolypes*, qui vivent sans polypier, et les *polypes à polypier* ou *sympolypes*. Le premier ordre se divise en deux familles: les *actiniens* (genre actinie) et les *hydroïdes* (genre hydre, vorticelle, etc.). Le deuxième ordre se divise en deux familles: les *tubiporés* (genre tubipore, coralline, etc.), et les *corticifères* (genre corail, madrépore, pennatule, éponge, etc.).

POLYPÉTALE, c'est-à-dire *à plusieurs pétales*, nom que l'on donne, en botanique, à la corolle lorsqu'elle est composée de plusieurs pièces. Cependant on se sert particulièrement de ce mot pour indiquer une corolle qui est composée de plus de six ou de moins de douze pièces ou pétales.

POLYPHAGE, c'est-à-dire *qui mange de plusieurs choses*. On a donné ce nom aux individus qui cherchent dans toute espèce de substance les moyens de satisfaire une gloutonnerie insatiable et de remplir la vaste capacité de leur estomac.

POLYPHÈME, le plus célèbre des Cyclopes, fils de Neptune et de Thoosa, habitait la Sicile loin des autres Cyclopes, faisant lui-même paître ses troupeaux dont le lait servait à sa nourriture. Il est connu surtout par deux aventures. La première par son amour pour la nymphe Galatée qui lui préférait le berger Acis, et la vengeance qu'il tira de son rival en l'écrasant contre un rocher; la seconde est l'arrivée d'Ulysse et de ses compagnons dans sa grotte, et l'artifice par lequel ce prince échappa à la mort qui l'attendait, en faisant enivrer Polyphème, en lui perçant pendant son sommeil l'œil unique placé au milieu de son front, et en s'échappant avec ses compagnons sous le ventre des béliers du cyclope. Cette dernière aventure a fourni au poëte Euripide le sujet d'une pièce satirique ou héroï-comique, le *Cyclope*.

POLYPHYLLE, mot qui est, en botanique, synonyme de *polysépale*. Voy.

POLYPHONTE, tyran de Messénie, descendant des Héraclides, fut mis sur le trône par les grands du pays après le meurtre de Cresphonte, qu'il avait assassiné dans une attaque nocturne, et voulut forcer Mérope, veuve de ce prince, à l'épouser. Il la conduisait à l'autel lorsque Téléphonte ou Ægyptus, fils de Mérope, échappé à sa fureur, reparaît et délivre sa mère en tuant Polyphonte. Voy. **MÉROPE**.

POLYPIER. Voy. **POLYPES**.

POLYPODE, genre de plantes cryptogames, de la famille des fougères, type de la tribu des polypodiacées, et renfermant plus de quatre cents espèces, dont trois ou quatre seulement se trouvent en Europe. La plus commune est celle qui recouvre les murs, les vieux arbres et les souches de taillis, et que l'on employait autrefois dans la médecine comme vermifuge.

POLYPODIACÉES, tribu de la famille des fougères, ayant pour type le genre *polypode*, et pour caractères des capsules entourées d'un anneau élastique étroit, terminé inférieurement par un pédicelle plus ou moins long. Ces capsules s'ouvrent irrégulièrement, et renferment des séminules très-fines.

POLYPOETÈS, fils de Pirithoüs et d'Hippodamie, conduisit avec Léontès 40 vaisseaux à Troie, où il se distingua par son courage. Ces vaisseaux venaient de Gyrtone, d'Argissa, d'Orthée, d'Eléone et d'Oloosson.

POLYSÉPALE. On appelle ainsi, en botanique, le périanthe externe (calice) lorsqu'il a plus de cinq pièces ou sépales, comme dans la renoncule, le pavot, etc.

POLYSPERCHON, l'un des généraux d'Alexandre, fut nommé par Antipater mourant (323 ans avant J.-C.) tuteur des rois de Macédoine et régent de l'empire, et entra dès lors en lutte avec Cassandre, dont le parti s'accrut chaque jour. Olympias, qui soutenait Polysperchon, ayant été prise et mise à mort à Pydna, ce général sans ressource s'enfuit chez les Etoliens (316). Il n'en sortit que pour proclamer roi Hercule, fils d'Alexandre et de Barsine. Cassandre l'engage, par la promesse du commandement général du Péloponèse, à faire mourir le jeune prince. Polysperchon y consent (309), et meurt peu après soit dans une bataille soit empoisonné.

POLYTECHNIQUE (du grec *polus*, plusieurs, et *technè*, art), ce qui concerne, embrasse plusieurs arts, plusieurs sciences. Ce mot n'est usité que pour désigner l'institution célèbre sous le nom d'ÉCOLE POLYTECHNIQUE. Cette école fut créée en 1794 sous le nom d'*école centrale des travaux publics*, et par la loi du 1er septembre 1795 sous le nom qu'elle porte; modifiée et réorganisée successivement par diverses lois, elle l'a été définitivement en 1830 et 1832 par des ordonnances qui l'ont placée dans les attributions du ministre de la guerre. Elle est destinée à fournir des sujets aux divers services publics de l'artillerie, du génie, des ponts et chaussées, des constructions maritimes, du corps royal d'état-major, des mines, etc. — On ne peut être admis à cette école que par voie de concours. Des examens ont lieu à cet effet, chaque année, dans les principales villes du royaume et d'après un programme publié à l'époque du 1er avril au plus tard. Pour être admis au concours, il faut être Français, avoir plus de seize ans et moins de vingt ans. Toutefois les militaires y sont reçus jusqu'à l'âge de vingt-cinq ans. La durée du cours complet d'instruction est de deux ans. Les élèves qui ont satisfait aux examens de sortie ont le droit de choisir, suivant le rang qu'ils occupent sur la liste générale de classement, dressée par le jury, et jusqu'à concurrence du nombre d'emplois disponibles, le service public où ils désirent entrer, parmi ceux qui s'alimentent à l'Ecole.

POLYTHALAMES. On désigne ainsi, en histoire naturelle, des coquilles partagées, en tout ou en partie, en loges décroissantes, allant de la base au sommet, et formées par autant de cloisons plus ou moins complètes. Telles sont les spirules, les nautiles, les ammonites, etc.

POLYTHÉISME (des deux mots grecs *polus*, nombreux, et *théos*, dieu), système religieux admettant l'existence de plusieurs dieux. Le polythéisme a été la religion de la Grèce et de l'empire romain avant la venue de Jésus-Christ. Il est même encore suivi par un grand nombre de peuples sauvages de l'Afrique et de l'Asie. On distingue trois principaux systèmes de polythéisme : l'*idolâtrie*, adoration des dieux dans la personne d'idoles, leur représentation plus ou moins grossière ; le *sabéisme*, culte des astres et du feu, et le *fétichisme*, adoration de tout ce qui frappe l'imagination, et à quoi l'on attribue une puissance.

POLYXÈNE, une des plus jeunes filles de Priam et d'Hécube, fut demandée en mariage par Achille, qui, pour l'épouser, se rendit dans un temple d'Apollon, entre Troie et le camp des Grecs. Le traître Pâris, lui ayant décoché une flèche au talon, causa sa mort. Polyxène se retira alors au camp des Grecs, où elle fut reçue avec honneur. Mais elle se déroba bientôt pour aller se percer le sein sur le tombeau de son époux. Une autre tradition, plus connue parce qu'elle a été suivie par les poëtes tragiques, et notamment Euripide dans son *Hécube*, porte qu'elle fut immolée par Pyrrhus sur le tombeau d'Achille.

POLYXO, Argienne, épousa Tlépolème, fils d'Hercule, et le suivit à Rhodes, dont il était roi. Tlépolème mourut au siége de Troie, et, le sort ayant jeté Hélène sur les côtes de Rhodes, Polyxo lui envoya dans le bain deux femmes déguisées en Furies, qui la pendirent à un arbre. — Il ne faut pas la confondre avec Polyxo, prêtresse d'Apollon, dans l'île de Lemnos, et nourrice de la reine Hypsipyle. Ce fut par son conseil que les Lemniennes tuèrent leurs maris.

POMACANTHE, genre de poissons de l'ordre des acanthoptérygiens, famille des squammipennes, remarquable par son préopercule armé d'un fort aiguillon. Les Anglais des Antilles connaissent en général ce poisson sous le nom de *flat-fish* et d'*indianfish* ; nos colons français sous celui de *portugais*. Les Espagnols le nomment *chirivita*. C'est un poisson semblable aux chétodons, du genre desquels il a été détaché.

POMACÉES, tribu de la famille des rosacées ; dont les principaux genres sont le *pommier*, le *poirier*, le *cognassier*, le *sorbier*, l'*alisier*, le *néflier*, et qui diffère des autres rosacées en ce que le fruit, toujours charnu, contient plusieurs graines, et présente à son sommet un *ombilic*, espèce de couronne formée par le calice.

POMACENTRE, genre de poissons de l'ordre des acanthoptérygiens, famille des sciénoïdes, renfermant des poissons qui ont le corps mince, aussi haut que long, les yeux latéraux, les dents rondes, minces et tranchantes, sur une seule rangée, une seule dorsale, et enfin la ligne latérale interrompue vers la fin de celle-ci. L'espèce qui a servi de type est le *pomacentre paon*, ainsi appelé à cause de l'éclat de ses écailles et de leurs reflets étincelants, changeant du brun au violet, avec de petites taches au milieu desquelles on voit un petit nombre d'yeux analogues à ceux de la queue du paon.

POMERIUM, intervalle que les Etrusques laissaient autrefois autour des murs, tant au dedans qu'au dehors des murs de la ville. Plutarque fait venir ce mot, par le retranchement de quelques lettres, de *postmœrium* (placé après les murs). Rome prit aux Etrusques leur pomœrium ; mais chez elle il devint une petite place plantée d'arbres fruitiers, et où, avant la tenue des comices, on venait prendre les auspices.

POMATOME, genre de poissons de l'ordre des acanthoptérygiens, famille des percoïdes, dont le nom signifie *opercule incisé*. Ils ont en effet l'opercule entaillé dans le haut de son bord postérieur. Leurs yeux sont globuleux et d'une grandeur extraordinaire ; leur museau court ; leurs nageoires épaisses et bien développées ; leur corps épais, également couvert de larges et grandes écailles. On n'en connaît qu'une seule espèce, appelée *télescope* à cause de la forme globuleuse de ses yeux. Ce poisson est long d'un pied environ. Il habite à de très-grandes profondeurs.

POMBAL, petite ville de l'Estramadure portugaise, dans le royaume de Portugal, à 8 lieues de Coïmbre. Sa population est de 4,000 habitants. Cette ville, érigée en marquisat par le roi de Portugal Joseph Ier en faveur de son favori, contient le tombeau de ce ministre célèbre dans une de ses églises.

POMBAL (Sébastien-José DE CARVALHO-MELLO, d'abord comte D'OEYRAS, puis marquis DE), né en 1699 au bourg de Soura, d'Emmanuel de Carvalho, fut d'abord secrétaire d'ambassade à Londres (1739), et ensuite ministre délégué à Vienne, où il épousa en secondes noces la comtesse de Dann, nièce du maréchal de ce nom, favorite de Marie-Anne d'Autriche, reine de Portugal. Cette princesse fit la fortune de Carvalho auprès de son fils Joseph Ier, qui le nomma en 1750 secrétaire des affaires étrangères, et qui lui confia bientôt l'administration de tout le royaume. L'expulsion des jésuites, l'encouragement donné aux manufactures, à l'agriculture et au commerce, le rétablissement de l'ancienne discipline militaire, l'institution d'écoles et d'une académie de commerce à Coïmbre, les secours donnés à Lisbonne lors du fameux tremblement de terre, tels furent les principaux actes de sa gestion. Devenu odieux aux grands, il montra la plus grande sévérité dans la punition des auteurs du complot qui menaça les jours de Joseph Ier, et fut lui-même mis en accusation en 1777, à la mort de Joseph Ier. Exilé dans une de ses terres, il y mourut en 1782.

POMÈGUE (LA), petite île de Provence, dans le département des Bouches-du-Rhône, à 2 lieues et dans la baie de Marseille, au S. de l'île Ratonneau. Elle est destinée à la quarantaine des vaisseaux.

POMERANCIO (Christoforo Roncalli, dit LE), peintre de l'école florentine, né au village de Pomerancio en 1552, voyagea en Flandre, en Hollande, en Angleterre et en France, et mourut à Rome en 1626. Il peignit la chapelle Clémentine au Vatican, et s'acquit une place distinguée parmi les peintres des son époque par son coloris lumineux, sa touche légère et son clair-obscur.

POMÉRANIE, province du royaume de Prusse, bornée au N. par la mer Baltique, à l'O. par le grand-duché de Mecklembourg-Schwerin, au S. par la Silésie et l'électorat de Brandebourg, à l'E. par la Prusse occidentale. Sa superficie est d'environ 1,077 lieues carrées, et sa population de 877,556 habitants. L'Oder la divise en deux parties : la *Poméranie ultérieure*, à l'E., capitale *Stettin* ; et la *Poméranie citérieure* ou *suédoise*, à l'O., capitale *Stralsund*. C'est un pays plat, fertile sur les bords de la mer, coupé par plusieurs rivières et lacs, produisant des fruits, du bois, du tabac, du lin, du chanvre. C'est aux environs des côtes que se trouve l'ambre jaune. — La Poméranie fut d'abord habitée par les Vandales ; duché indépendant dans le moyen âge, elle passa en partie sous la domination suédoise en 1648. Le traité de 1815 a assuré à la Prusse ce qui restait à la Suède de la Poméranie. Elle forme aujourd'hui une des provinces prussiennes, subdivisée en trois régences : *Stettin, Stralsund* et *Kœslin*.

POMÉRÉLIE ou PETITE-POMÉRANIE, ancienne province de Prusse, bornée au N. par la mer Baltique, au S. par le grand-duché de Posen et le royaume de Pologne, à l'O. par la Poméranie ultérieure, et à l'E. par la Prusse orientale. Cette province appartenait autrefois à la Pologne ; elle fut distraite en 1773, lors du premier partage de ce royaume, pour passer sous la domination prussienne. Elle forme aujourd'hui, sous le nom de *Prusse occidentale*, une des provinces prussiennes, subdivisée en deux régences : DANTZICK, capitale, et *Marienwerder*.

POMFRET. Voy. PONTEFRACT.

POMMADE, pâte molle et onctueuse employée par les pharmaciens comme médicament externe, par les parfumeurs comme composition destinée à donner de la souplesse à la peau ou du luisant aux cheveux. Le mot pommade vient de ce qu'autrefois on faisait entrer des pommes dans ces sortes de préparations. Les parfumeurs préparent leurs pommades au jasmin, à la vanille, à la violette, à la rose. On vante la pommade de concombres pour conserver ou rétablir la blancheur du teint.

POMME, fruit du pommier. Il est ordinairement sphérique, quelquefois allongé, ou bien déprimé et aplati sur son axe ; sa base est creusée d'une cavité plus ou moins large, dans laquelle s'implante un pédoncule assez court. La saveur de la pomme est acerbe, mais agréable. On peut manger ce fruit cru, cuit, réduit en marmelade ou en gelée, et on en retire par la pressuration et la fermentation, une boisson appelée *cidre*.

POMME (accept. div.), nom donné à une foule de fruits différents de la pomme. On appelle *pomme d'acajou* le fruit de l'acajou ; *pomme d'Adam*, la banane ; *pomme d'Arménie*, l'abricot ; *pomme d'Assyrie*, le citron ; *pomme baume*, une momordique ; *pomme cannelle*, une espèce d'anone ; *pomme de chien*, la mandragore ; *pomme épineuse*, la stramoine commune ; *pomme de Jéricho*, une espèce de morelle ; *pomme de liane*, le fruit des passiflores ; *pomme de mer*, les oursins de nos côtes ; *pomme de merveille*, la momordique balsamine ; *pomme d'or*, les oranges ; *pomme d'amour*, la tomate ; *pomme de paradis*, la banane, etc.

POMME DE TERRE, espèce du genre *solanée* et de la famille des solanées, qui doit son nom aux tubercules plus ou moins gros et arrondis produits par ses racines. Sa tige est creuse, anguleuse, de un à trois pieds de haut ; ses feuilles sont pinnées et décurrentes ; ses fleurs disposées en corymbe. Leur couleur est violette ou blanche, ou bien encore d'un blanc gris entremêlé de rouge. Originaire des contrées intertropicales du continent américain, la pomme de terre s'y trouve spontanée depuis la Caroline jusqu'au Chili. Apportée du Pérou en Galice (1530), elle y est devenue indigène. La France était en 1783 le seul pays qui repoussât la culture de cette précieuse plante. L'agriculteur Parmentier, en faisant évanouir des préjugés ridicules, et en multipliant partout les plantations, dota la France de la pomme de terre qui a gardé son nom. Ce fut la parmentière qui sauva la France des horreurs de la disette en 1793, 1816 et 1817. Aujourd'hui elle a pris rang, non-seulement parmi les aliments les plus nourrissants, mais encore parmi les plantes les plus utiles en tout point. On peut avec la pomme de terre faire de la farine, du pain, de l'eau-de-vie, etc.

POMMEREUL (François-René-Jean, baron DE), né à Fougères en 1745 d'une ancienne et noble famille, entra très-jeune au service. Il était capitaine d'artillerie avant la révolution. Envoyé à Naples, il ne rentra en France qu'après la chute de Robespierre, et acquit bientôt les grades de général de brigade et de général de division. Préfet d'Indre-et-Loire en 1800, du Nord jusqu'en 1810, il fut ensuite appelé au conseil d'Etat, et chargé de la direction générale de l'imprimerie et de la librairie. Après le retour du roi, il fut porté sur la liste des trente-huit que l'ordonnance du 24 juillet 1815 força de s'expatrier. Rentré en France en 1819, il mourut la même année. On lui doit plusieurs ouvrages, parmi lesquels une *Histoire de Corse*.

POMMETTE, partie saillante que présente le visage au-dessous de l'angle externe de l'œil. Elle est formée par un os quadrilatère appelé *os de la pommette* ou *os malaire*, et est d'autant plus visible que la face est plus charnue.

POMMIER, genre de plantes de la famille des rosacées, tribu des pomacées, renfermant une douzaine d'espèces, qui ont donné naissance à près de deux cents variétés. Le pommier est un arbre dont la taille ne dépasse pas huit mètres ; ses racines, qui se tiennent d'habitude près de la superficie du sol, sont sujettes à être mises souvent à découvert et arrachées par le vent ; sa forme, arrondie en demi-sphère, présente des rameaux tendant à s'incliner ; ses feuilles, portées sur un court pétiole, sont étoffées, dentées, tendres et conséquemment exposées à devenir la proie des insectes ; ses fleurs, réunies cinq à huit ensemble en bouquets serrés, sont grandes, et leurs cinq pétales, ovales-arrondis, étalés, sont presque toujours teints en partie d'un rose très-vif. Le fruit est la *pomme*. (Voy.) L'espèce commune de pommier habite et vit sauvage au sein des forêts, où elle fleurit en mai et mûrit ses fruits en automne. La culture et la greffe en ont multiplié excessivement les variétés, différant entre elles par le volume et la saveur. Les principales sont celles qui donnent la *pomme rainette*, la *pomme de calville*, la *pomme d'api*.

POMONA, la plus grande des îles Orcades, située au N. de Hoy et de Sud-Ronaldsha. Sa superficie est d'environ 20 lieues carrées, et sa population de 6,000 habitants. Sa forme est irrégulière et découpée en une foule de baies ; aussi compte-t-elle quatre bons ports, dont un qui peut recevoir des navires de 1,000 tonneaux ; c'est celui de KIRKWALL, la capitale de toutes les Orcades.

POMONE (myth.), déesse qui, chez les anciens, présidait aux fruits. C'était une nymphe aussi remarquable par sa beauté que par son adresse à cultiver les vergers. Tous les dieux champêtres se disputèrent sa conquête. Vertumne seul, déguisé en vieille, parvint à lui plaire et l'épousa. Cette divinité, inconnue aux Grecs, était particulièrement révérée chez les Etrusques, et avait à Rome un temple et des autels desservis par un prêtre nommé *flamine pomonal*. On la représentait avec une serpette à la main et une couronne de fruits sur la tête.

POMPADOUR, village du département de la Corrèze (ancien Limousin), dans le canton et à 3 lieues d'Uzerche. Sa population est de 1,000 habitants. Ce village, autrefois marquisat possédé par une illustre maison, qui remontait au XIIe siècle et qui s'éteignit en 1722, et donné par Louis XV à sa maîtresse favorite, possède maintenant un haras magnifique du gouvernement, riche en chevaux andalous, barbes et autres.

POMPADOUR (Jeanne-Antoinette POISSON, marquise DE), née en 1720 ou en 1722 à Paris de François Poisson, employé dans l'administration des vivres de l'armée. Le fermier général le Normand de Tournehem, qui avait été l'amant de sa mère, la fit élever comme sa fille, et la maria à son neveu le Normand d'Etioles. Louis XV, sur le passage duquel elle avait soin de se rencontrer, en devint bientôt amoureux, et la créa marquise de Pompadour en 1745. Elle jouit dès lors d'un crédit qui se maintint à la même hauteur dix-neuf années pendant lesquelles elle gouverna la France. Elle mourut en 1764.

POMPE (du grec *pompê*, formé de *pépompa*, parfait moyen de *pempo*, conduire), appareil magnifique de conduite, dont les anciens se servaient dans certaines cérémonies, et qui répond à peu près à ce que nous appelons procession. Il y avait trois sortes de pompes, les *pompes religieuses*, les *pompes funèbres* et les *pompes triomphales*. Les Athéniens comptaient cinq pompes religieuses principales ; celle en l'honneur de Jupiter, le 18 de munychion ; celle des Panathénées, le 13 hécatombéon ; les trois pompes des mystères d'Eleusis, l'une la procession vers la mer le 16, la seconde, procession aux flambeaux le 19, la dernière ou pompe d'Iacchus le 20 du mois de boédromion.

POMPE, appareil de physique destiné à conduire et à élever l'eau au-dessus de son niveau. Toute pompe se compose d'un cylindre appelé *corps de pompe*, et d'un *piston*, qui joue à frottement dans le corps de pompe. On distingue trois sortes de pompes : la *pompe aspirante*, la *pompe foulante* et la *pompe aspirante et foulante*. Dans la première, le corps de pompe est élevé sur un tube qui plonge dans le liquide, et le point de réunion de ces deux parties de la pompe est, ainsi que le piston, muni d'une soupape s'ouvrant de bas en haut. — Dans la seconde, le corps de pompe plonge dans le fluide, et le tube, au lieu d'être vertical, est situé latéralement ; son entrée dans le corps de pompe est fermée par une soupape s'ouvrant du dedans du corps de pompe en dehors. Le piston est massif. — Le troisième genre de pompe réunit les deux précédents ; car elle possède le tube vertical et le tube latéral tout à la fois. La machine pneumatique repose sur les propriétés des pompes, et ces propriétés sont fondées sur l'élasticité de l'air, qui diminue en raison inverse de l'augmentation de volume.

POMPEDIUS ou POPEDIUS SILON (Quintus), de la nation des Marses, premier auteur de la coalition des peuples d'Italie contre Rome en 91 avant J.-C., tailla en pièces l'armée de Servilius Cépion, et reprit Bovianum. Mais peu après il perdit une grande bataille où il fut tué, et avec lui périt toute la force de son parti. Il paraît que Pompedius fut le promoteur de l'ambassade envoyée par les Marses à Mithridate pour l'engager à envahir l'Italie.

POMPÉE (Cneius Pompeius Magnus, connu sous le nom de *Grand*), célèbre général romain, né l'an 106 avant J.-C. A l'âge de vingt-trois ans, il leva trois légions qu'il mena à Sylla. Nommé collègue de Metellus dans le gouvernement de la Gaule Cisalpine, il reprit trois ans après la Sicile sur les partisans de Marius, qu'il chassa de l'Afrique en quarante jours. Cette conduite lui mérita le triomphe, qui n'avait jamais été accordé jusque-là à un chevalier (80 avant J.-C.). Vainqueur de Lepidus, partisan de Marius, il courut en Espagne (74 avant J.-C.) avec le titre de proconsul pour combattre Sertorius, et en trois ans l'anéantit son parti. Il contribua ensuite puissamment à la fin de la guerre des esclaves, et reçut une seconde fois les honneurs du triomphe (71). Nommé consul en 70, il rétablit le tribunat, purgea en quarante jours la Méditerranée des pirates qui l'infestaient, et dont il extermina les restes en Sicile (66). Il succéda ensuite à Lucullus dans le commandement de la guerre contre Mithridate, soumit presque toute l'Asie-Mineure, la Judée et une partie de l'Arabie, et revint en 62 jouir une troisième fois des honneurs du triomphe. Ce fut alors qu'il forma avec Crassus et César le premier triumvirat (60 avant J.-C.). L'Afrique et l'Espagne lui étaient échues en partage ; il les faisait administrer par ses lieutenants, et régnait à Rome en maître absolu. César, devenu son rival, avait achevé la conquête des Gaules, et demandait vainement la prorogation de son consulat. Il passe le Rubicon, s'empare de l'Italie tout entière, et poursuit en Grèce Pompée qui fuit devant lui avec le sénat et les consuls. La bataille de Pharsale décida le triomphe de César (48). Pompée cherche un refuge en Egypte, et y trouve la mort à l'âge de cinquante-huit ans.

POMPÉE (Cneius), fils aîné du grand Pompée, passa en Egypte après la mort de son père, et de là en Espagne qui presque tout entière embrassa sa cause. César lui força à accepter le combat à Munda, où il fut vaincu et blessé (45 avant J.-C.). Cneius Pompée, cherchant à fuir, fut tué et sa tête apportée à César.

POMPÉE (Sextus), surnommé *le Jeune*, deuxième fils du grand Pompée, continua la lutte après la bataille de Munda, et battit Carrinas et Pollion, deux lieutenants de César. A la mort de ce dernier (44), il obtint comme indemnité de la perte de ses biens paternels, 700,000,000 de sesterces et le titre de commandant général des mers. Il s'empara de la Sicile l'an 42, et remporta la bataille de Scylla sur Octave, qui traita avec lui et rompit bientôt le traité pour se faire battre à Cumes et à Messine (38). Mais deux ans après son général Agrippa remporta sur Sextus Pompée une victoire décisive entre Myles et Nauloque. Sextus, forcé de fuir en Asie avec 17 vaisseaux, tandis qu'il en avait eu jusqu'à 350, se retira en Arménie et tomba entre les mains des lieutenants d'Antoine, qui le firent mourir (35 avant J.-C.).

POMPEIA, illustre famille plébéienne, qui descendait d'un joueur de flûte. Ses deux principales branches furent celle des Rufus, dont une subdivision porta le nom de *Bithynicus*, à cause d'une victoire remportée sur les Bithyniens, et celle des *Strabons*, dont sortit le rival de César.

POMPEIA, fille de Quintus Pompeius et troisième femme de Jules César, qui l'épousa après la mort de Cornélie. Soupçonnée d'avoir eu un commerce criminel avec Clodius, qui s'était introduit déguisé en joueuse de flûte dans la maison où elle célébrait les mystères de la bonne déesse, elle fut répudiée par César qui la croyait innocente, mais qui dit que la femme de César, non-seulement ne devait pas être coupable, mais encore ne devait pas être soupçonnée.

POMPEIA (Lois). On en connaît neuf principales. — Loi portée par Cneius Pompeius Strabon, père du grand Pompée, et qui conférait le droit de cité aux Italiens et aux Gaulois Cispadans. — Loi décrétée par le grand Pompée, l'an 70 avant J.-C., pour le rétablissement du tribunat aboli par Sylla. — Loi décrétée par le même Pompée, l'an 55 avant J.-C., et qui régla qu'à l'avenir les juges seraient choisis parmi les plus riches citoyens. — Loi portée l'an 55 avant J.-C., par Pompée contre les parricides. — Loi (*de ambitu*) portée sous les auspices de Pompée, en 52 avant J.-C., défendit sous des peines très-sévères la brigue dans les élections et dans les jugements, accorda trois heures à l'audition des témoins, deux heures à l'accusation et trois à la défense. — Loi décrétée, l'an 52 avant J.-C., par laquelle Pompée se fit continuer pour cinq ans dans le gouvernement de l'Espagne. — Loi décrétée, l'an 52 avant J.-C., avait pour objet de défendre de faire l'éloge d'un accusé mis en jugement. — Loi du même, défendant de regarder comme candidat tout citoyen absent, à l'exception de Jules César. — Loi du même (*de vi*), promulguée sur le procès de Milon, et ordonnait des recherches sur le meurtre de Clodius, l'incendie du palais du sénat et l'attaque de la maison de l'interroi Lepidus.

POMPÉIEN (Titus Claudius), chevalier romain, natif d'Antioche, parvint l'an 178 de J.-C. aux honneurs du consulat. Marc Aurèle lui fit épouser sa fille Lucille, veuve de Lucius Verus. Il accompagna Marc Aurèle dans ses expéditions contre les Marcomans, et y déploya de grands talents militaires. Il s'exila sous Commode, revint sous le règne de Pertinax, dont la mort prématurée le fit disparaître de la scène politique.

POMPEII, aujourd'hui *Torre de l'Annunciata*, ville de la Campanie, sur la côte, à 2 lieues au S. du Vésuve, à l'embouchure du Sarno, son un port. Cette ville, bâtie, dit-on, par Hercule, et ainsi nommée parce que ce héros y fit porter le triomphe (*pompa*) des trois têtes de Géryon, fut en 63 de J.-C. à moitié détruite par un tremblement de terre, et seize ans après entièrement engloutie à la suite d'une éruption du Vésuve. On a en 1748 découvert les ruines de Pompeii, et depuis 1812 les déblaiements qu'on a opérés permettent de pénétrer dans l'intérieur, où l'on retrouve les édifices dans un état parfait de conservation. La partie découverte jusqu'à présent se compose d'un amphithéâtre, de deux théâtres, de deux places entourées de portiques, d'un forum, d'une basilique, de thermes et de huit temples.

POMPEIUS STRABON (Cneius), c'est-à-dire *le Louche*, père du grand Pompée, fut un des principaux généraux de l'armée romaine lors de la guerre sociale, 90 ans avant J.-C. Nommé consul l'année suivante, il battit les Marses, soumit les Vestins et les Pélignes, et reçut les honneurs du triomphe ; mais il se déshonora en gardant pour lui le prix de la vente du butin d'Asculum, et par sa connivence perfide avec Marius et Cinna, contre lesquels il avait été envoyé l'an 86 avant J.-C. Dans cette guerre, ses soldats allaient le tuer, quand la fermeté de son fils les désarma. La peste se mit peu de temps après dans son armée, et lui enleva 11,000 hommes ; lui-même périt frappé d'un coup de foudre, l'an 85 avant J.-C. Il était si détesté, qu'après sa mort on traîna son corps dans les rues de Rome, et on le jeta dans le Tibre.

POMPIERS, nom donné à ceux qui sont chargés de diriger les pompes propres à éteindre les incendies.—Les sapeurs pompiers, forment à Paris un bataillon divisé en quatre compagnies, et qui fait partie de l'armée.

POMPIGNAN (Jean-Jacques-Nicolas Lefranc, marquis de), célèbre littérateur, né à Montauban en 1709 d'une famille noble, fut dans les premières années de sa vie avocat général à la cour des aides de Montauban, puis président et ensuite conseiller d'honneur au parlement de Toulouse. Il renonça à la magistrature pour se lancer dans la carrière des lettres, et débuta sur la scène tragique par la pièce de *Didon*, que l'on regarde comme son meilleur ouvrage. Reçu à l'académie française en 1760, il devint le point de mire des attaques de Voltaire et du parti philosophique, et se retira bientôt dans sa terre de Pompignan, où il mourut en 1784. Parmi ses ouvrages, on remarque un recueil d'*odes sacrées*, une *ode* sur la mort de J.-B. Rousseau, quelques *opéras* et des opuscules de peu d'importance.

POMPIGNAN (Jean-Georges Lefranc de), frère du précédent, né à Montauban en 1715, devint à vingt-neuf ans évêque du Puy, et en 1774 archevêque de Vienne. Il se montra antagoniste du parti philosophique, et le combattit dans ses ouvrages et ses mandements. Elu député aux états généraux de 1789 par le Dauphiné, il fut un de ceux qui opérèrent la réunion du clergé et du tiers état, ce qui lui valut l'honneur de présider un des premiers l'assemblée constituante, l'admission au conseil du roi et la possession de la feuille des bénéfices. Il mourut peu de temps après en 1790, après avoir été pendant quarante ans le modèle des vertus évangéliques.

POMPILIA, famille romaine qui prétendait descendre de Numa Pompilius. — C'était aussi le nom de la fille de Numa Pompilius, mère d'Ancus Martius, quatrième roi de Rome. Quelques-uns la donnent pour épouse à Tullus Hostilius.

POMPILIENS, troisième tribu d'insectes de l'ordre des hyménoptères, section des porte-aiguillons, famille des fouisseurs. On reconnaît les insectes de cette tribu à leurs pieds postérieurs au moins deux fois plus longs que la tête et le thorax ; à leur prothorax en forme de carré, soit transversal, soit longitudinal ; à leur abdomen ovoïde sans rétrécissement. Les genres de cette tribu sont les genres *pompile*, type, *céropale*, *apore*, *pepsis*, *salius* et *planiceps*.

POMPILIUS (Numa). Voy. Numa.

POMPON. On donne ce nom à une espèce de rose et à une variété de *camélie du Japon*.

POMPONACE (Pierre), célèbre philosophe de la fin du XVe siècle, né à Mantoue en 1462, était de si petite taille, qu'il ne s'en fallait guère qu'il ne fût un nain. Il enseigna la philosophie à Padoue et en plusieurs autres villes d'Italie avec une réputation extraordinaire. Son livre *De im-*

mortalitate animæ, dans lequel il soutint qu'Aristote ne la croit point, et qu'on ne peut la prouver que par l'Ecriture sainte et l'autorité de l'Eglise, fut vivement attaqué. Ses autres traités émirent des opinions non moins hardies, et lui firent de nombreux adversaires. Il mourut en 1526.

POMPONIA, famille romaine dont le membre le plus célèbre fut Titus Pomponius Atticus, ami de Cicéron. Elle faisait remonter son origine à un des fils de Numa Pompilius.—Sœur du célèbre Atticus, mariée au frère de Cicéron, exerça une vengeance cruelle de la mort de son beau-frère sur l'esclave Philologue qui l'avait livré et qu'elle contraignit à se couper lui-même une partie du corps et à la manger bouillie. — Græcina, Romaine qui, après la mort de Julie, fille de Drusus, porta le deuil de cette princesse pendant les quarante ans qu'elle lui survécut. Elle fut ensuite accusée en 57 après J.-C. de superstition étrangère ; ce qui a fait dire qu'elle était chrétienne.

POMPONIUS (Marcus), père de Numa Pompilius, lui conseilla d'accepter la dignité royale.

POMPONIUS (Sextus), jurisconsulte célèbre, disciple de Papinien, eut beaucoup de part au gouvernement sous le règne d'Alexandre Sévère, et mourut à l'âge de soixante-dix-huit ans. Il avait composé un grand nombre d'ouvrages cités dans le Code et le Digeste, entre autres un *Enchiridion* ou manuel, en un seul livre, dont il reste quelques fragments, et une collection des plus fameux jurisconsultes jusqu'à Didius Julianus.

POMPONIUS LÆTUS (Julius), nommé aussi *Pierre de Calabre*, naquit en 1425 à Amendolara (Calabre). Il était bâtard de la noble maison de Sanseverini. Il vint de bonne heure à Rome, où il vécut en philosophe suspect d'incrédulité, et où il mourut à l'hôpital en 1495. Il était enthousiaste de l'ancienne Rome et du paganisme. On lui doit un *Abrégé de la vie des Césars* depuis la mort des Gordiens jusqu'à Justinien III, des éditions et des commentaires sur les principaux auteurs de l'antiquité.

PONCE (Pierre), substance rejetée des volcans et traversée de bulles de gaz avant sa coagulation complète ; ce qui lui donne l'aspect celluleux. Sa couleur est ordinairement grisâtre : elle est très-fragile, douce au toucher, et raye le verre et l'acier. Elle forme des fragments plus ou moins volumineux, soit isolés, soit réunis en couches brèchiformes. Sa dureté et son grain la font rechercher pour polir les objets ; ce qui s'appelle *poncer*.

PONCE PILATE. Voy. Pilate.

PONCES, nom commun à cinq îles de la Méditerranée, situées sur les côtes du royaume de Naples à l'entrée du golfe de Gaëte. Ce sont d'anciens volcans éteints et maintenant cultivés. La principale, celle de Ponce, fournit beaucoup de sel ; elle a 5 lieues de circonférence, un bourg et un petit fort.

PONCTION, opération chirurgicale, consistant dans une ouverture pratiquée avec un instrument aigu dans une cavité naturelle ou accidentelle du corps humain, où s'est amassé un fluide que l'on veut expulser.

PONCTUATION, division des parties de la phrase écrite, à l'aide de signes. Les anciens Grecs, avant la période alexandrine, n'avaient aucune ponctuation ; les mots s'écrivaient tout d'une traite avec les lettres capitales ou *onciales*. Plus tard, plusieurs grammairiens, parmi lesquels Aristophane de Byzance, inventèrent trois points destinés à éclaircir la lecture. Ce sont le *point* (en grec, *stigmè*), servant à indiquer un sens complet ; la *virgule* ou *comma* (en grec, *hypostigmè*), servant à indiquer un sens incomplet, et le *point en haut* (en grec, *mesê stigmê*), servant à indiquer un sens complet par lui-même, mais suivi d'une explication qui le développe. On introduisit ensuite le *point et virgule*, qui employé par les Grecs comme

point interrogatif, sert dans les autres langues à indiquer un sens presque achevé. Un autre signe introduit plus récemment est le *point d'exclamation*.

PONDÉRATION, harmonie générale des parties qui composent un tout, nécessaire pour produire l'équilibre. Ce mot est employé en politique et dans les arts de la peinture et de la sculpture. Léonard de Vinci a posé quelques règles sur la pondération dans les arts. Ainsi, dans une figure, le pied qui soutient le corps doit être tourné du même côté que la tête ; la tête ne doit jamais dans son mouvement, quoi qu'il soit, dépasser les épaules ; la main droite ne doit pas s'élever plus haut que la tête, et le poignet que l'épaule ; quand un bras est levé, toutes les parties doivent suivre ce mouvement, la cuisse s'allonger, le talon s'élever.

PONDICHÉRY, ville de l'Indoustan, située sur la côte de Coromandel, près de la rivière d'Ariankoupam, avec un bon fort et une rade excellente, à 30 lieues S.-O. de Madras. C'est le chef-lieu des établissements français dans l'Inde. Elle est divisée par un canal en deux quartiers : la *Ville-Blanche*, celle des Européens, et la *Ville-Noire*, celle des Indiens. Elle a des fabriques de toiles peintes, mouchoirs, bassins, orgueils, mousselines, etc., et renferme 25,000 habitants. En 1761 elle en avait 70,000.

PONENT, nom que l'on donne à Rome au cardinal que le pape nomme pour avoir soin de la béatification d'un saint.

PONGO, singe du genre orang-outang, connu aussi sous le nom d'*orang noir* ou *brun* à cause de la couleur de son poil. Son angle facial est de 30 degrés ; ses bras sont excessivement longs ; ses canines sont fortes. Il manque de queue, d'abajoues et de callosités aux fesses. Le nombre de ses dents est de trente-deux. Le pongo se trouve à Bornéo.

PONIATOWSKI, famille princière de Pologne, fondée par Joseph Salinguerra, en 1612, et descendant de l'ancienne famille italienne des Torelli, qui dépouillé de ses biens par Ranuccio I, duc de Parme, s'établir en Pologne où il changea son nom en celui d'Eziolek et où il mourut en 1630. Sa femme Sophie prit le nom de Poniatowski en sa qualité d'héritière du fief de Poniatow. La dignité princière fut conférée en 1764 à cette famille.

PONIATOWSKI (Stanislas-Auguste II), né en 1732, fils aîné de Stanislas, comte de Poniatowski, connu par ses relations avec Charles XII, fut ministre de Pologne à Saint-Pétersbourg et favori de l'impératrice Catherine II, qui le fit élire roi de Pologne en 1764. Sa faiblesse et les dissensions civiles des Polonais amenèrent les partages qui firent passer ce pays aux mains de la Prusse, de l'Autriche et de la Russie. Stanislas couronna une longue série de faiblesses par un acte d'abdication (25 novembre 1795), et se retira à Saint-Pétersbourg, où, pensionné de la Russie, il vécut en simple particulier et mourut en 1798.

PONIATOWSKI (Le prince Joseph), neveu du précédent, né en 1763. Il entra à seize ans au service de l'Autriche, où il devint colonel de dragons et aide de camp de l'empereur. Rentré en Pologne en 1789, il reçut de la république le commandement en chef de l'armée, qu'il déposa lorsque son oncle eut accédé à la confédération de Targowicz. Il voyageait à l'étranger, quand il apprit en 1794 qu'une nouvelle révolution avait éclaté en Pologne. Il y revint et accepta le commandement d'un corps d'armée sous les ordres de Kosciusko. L'issue de la guerre fut malheureuse. Le prince Poniatowski rentra dans la retraite, dont il ne sortit qu'en 1806. Il accepta alors le poste de ministre de la guerre dans le grand-duché de Varsovie, et organisa une armée de douze régiments d'infanterie, seize de cavalerie, et de plusieurs compagnies d'artillerie. Ce fut avec les restes de cette armée qu'il accompagna Napoléon dans la campagne de Russie et dans celle de 1813. Il donna d'éclatantes marques de bravoure, et fut élevé, après la bataille de Leipzig, au rang de maréchal de l'empire. Ce fut en couvrant la retraite de l'armée qu'il se noya dans l'Elster. On l'a surnommé *le Bayard polonais*.

PONS, petite ville du département de la Charente-Inférieure, sur une colline près de la Seugne, avec un vieux château, chef-lieu de canton de l'arrondissement et à 4 lieues de Saintes. Sa population est de 5,000 habitants. On la divise en *haute* (Saint-Vivier) et en *basse* (Aires ou Saint-Martin). Cette ville eut pendant le moyen âge des seigneurs célèbres sous le nom de *sires de Pons*. Elle fut plus tard érigée en principauté, et cette principauté resta jusqu'à la révolution dans la maison de Rochechouart.

PONS DE TOMMIÈRES (SAINT-), petite ville de France, chef-lieu de sous-préfecture du département de l'Hérault, dans un vallon entouré de montagnes, sur le Jaur, à 29 lieues de Montpellier. Sa population est de 5,000 habitants. Cette ville, qui a aujourd'hui un tribunal de première instance et une école secondaire ecclésiastique, était avant 1790 le siège d'un évêché fondé en 1317, et dont l'évêque avait le droit d'administrer la justice ordinaire.

PONSONBY (Georges), homme d'État anglais, né en Irlande en 1755, se consacra au barreau, et devint en 1782 premier avocat au conseil du revenu. Il devint aussi membre de la chambre des communes d'Irlande. Un revirement ministériel lui ayant enlevé sa place en 1783, il reprit ses études du barreau, et se fit la réputation d'un des meilleurs jurisconsultes de l'Irlande. Après la fusion des deux parlements d'Angleterre et d'Irlande, il fut nommé par le comté de Wicklow député à la chambre des communes, où il devint l'un des chefs de l'opposition. Il mourut en 1819.

PONT, grand royaume septentrional de l'Asie-Mineure, ainsi appelé à cause de sa position le long de la mer Noire (*Pontos-Euxenos*), et fut borné au N. par la mer Noire, au S. par la Cappadoce, à l'O. par le fleuve Halys qui le séparait de la Paphlagonie, à l'E. par le fleuve Bathys, qui le séparait de la Colchide. Le Pont fit anciennement partie du royaume des Perses. Dans la suite il devint un royaume particulier fondé sous sa protection, dans le ve siècle avant J.-C., par Artabaze, un des satrapes meurtriers du faux Smerdis. Comme il prétendait descendre d'Achémène, ses successeurs s'appelèrent, comme les rois de Perses, *Achéménides*. Le plus célèbre fut Mithridate VI, qui conquit presque tout le centre de l'Asie-Mineure, et dont le royaume fut soumis par les Romains. Quand toute l'Asie-Mineure fut réduite en province romaine, le royaume de Pont fut divisé en trois parties : le *Pont Galatique* à l'O., le *Pont Polémoniaque* au centre, et le *Pont Cappadocien* à l'E. A une époque très-postérieure, le nom de diocèse de Pont fut donné à une des trois grandes parties de l'empire romain en Asie.

PONT, plancher d'un bâtiment fait en fortes planches de sapin et de chêne. Selon leur grandeur, les bâtiments ont un, deux et même trois ponts, sans comprendre le faux pont et les gaillards.

PONT. Voy. PONTS.

PONT-A-MOUSSON, ville de France, chef-lieu de canton du département de la Meurthe, dans l'arrondissement et à 6 lieues de Nancy, sur la Moselle qui la divise en deux parties, dans un vallon agréable et fertile. Sa population est de 7,000 habitants. Elle a des fabriques de draps communs et de bonneterie, des chapelleries, des tanneries, des filatures de coton et de laine, des imprimeries et librairies. Elle possède un collége communal, un petit séminaire du diocèse de Nancy et une sous-inspection forestière. C'était autrefois un marquisat. Son université fut transférée à Nancy.

PONT-AUDEMER, petite ville de France, chef-lieu de sous-préfecture du département de l'Eure, sur la Rille, avec des murs et des fossés, à 22 lieues d'Evreux. Elle a 5,500 habitants. Elle a des tribunaux de première instance et de commerce, une sous-inspection forestière, une école ecclésiastique du diocèse d'Evreux, une société d'agriculture, un théâtre, un petit port, de belles rues, des fabriques de cuirs, de bonneterie, sangles, cotonnades, fil, velours, papiers, toiles peintes, colle forte, etc.

PONT D'ARC (LE), pont naturel formé sur l'Ardèche d'un seul roc, et appuyé sur deux montagnes. Sa hauteur est de quatre-vingt-dix pieds, et la distance d'une pile à l'autre de cent quatre-vingts. C'est une des curiosités du Vivarais.

PONT-DE-BEAUVOISIN, petite ville du département de l'Isère, chef-lieu de canton de l'arrondissement et à 5 lieues de la Tour-du-Pin, aux confins de la France et de la Savoie, sur le Guyers. Sa population est de 1,500 habitants. Elle a un collége communal.

PONT-DE-L'ARCHE, autrefois *Pistes*, petite ville du département de l'Eure, chef-lieu de canton de l'arrondissement et à 2 lieues de Louviers, près du confluent de l'Andelle et de l'Eure dans la Seine, sur laquelle est un beau pont de vingt-deux arches. Sa population est de 1,500 habitants. Elle a des manufactures de draps et de couvertures de coton, des fabriques de toiles et de siamoises. Ce fut la première ville qui se soumit à Henri IV. C'est le dernier endroit où le flux et le reflux de la mer se font apercevoir par le refoulement de la Seine.

PONT-DE-VAUX, jolie ville du département de l'Ain, chef-lieu de canton de l'arrondissement et à 11 lieues de Bourg, sur la Reyssouse, à une demi-lieue de la Saône. Elle a 3,000 habitants. Cette ville avait autrefois un chapitre, deux couvents, un collége, un hôpital et le titre de duché.

PONT DU GARD. Voy. GARD.

PONT-EUXIN. Voy. EUXIN.

PONT-L'ÉVÊQUE, petite ville du département du Calvados, chef-lieu de sous-préfecture, sur la Touques, à 10 lieues de Caen. Sa population est de 2,800 habitants. Elle a un tribunal de première instance, un collége communal, et des fabriques de draps grossiers, toiles et dentelles. Elle fait un grand commerce de beurre et de fromages fournis par les pâturages excellents que produit la célèbre vallée d'*Auge*.

PONT-LE-VOY, village du département de Loir-et-Cher, dans l'arrondissement et à 6 lieues S.-O. de Blois. Il était autrefois remarquable par son abbaye de bénédictins et son collége royal militaire.

PONT-SAINT-ESPRIT (LE), ville du département du Gard, chef-lieu de canton de l'arrondissement et à 6 lieues d'Uzès, sur la rive droite du Rhône, avec un port et un des plus beaux ponts de l'Europe. Cette construction, qui a huit cents mètres de long et vingt-six arches, et dont l'usage est interdit aux voitures chargées, fut commencée en 1265, et achevée du produit des offrandes que l'on faisait alors à un petit oratoire dédié au Saint-Esprit. Cette ville a un syndicat maritime et une sous-inspection forestière.

PONTANUS (Jean-Isaac), historiographe du roi de Danemarck et de la province de Gueldre, mort à Harderwick en 1640 à soixante-neuf ans, après y avoir enseigné la médecine et les mathématiques. On a de lui l'*Histoire d'Amsterdam*, l'*Histoire du Danemarck*, l'*Histoire de la Gueldre*, les *Origines franques*, la *Vie de Frédéric II, roi de Danemarck*, etc. — Il ne faut pas le confondre avec *Jean-Jovien Pontanus*, né à Cerreto en 1426, précepteur d'Alphonse le Jeune, roi d'Aragon, secrétaire et conseiller d'Etat du royaume de Naples, mort en 1505. On a de lui des *poésies* et l'*Histoire des guerres, de Ferdinand Ier, et de Jean d'Anjou*.

PONTARLIER, ville très-ancienne du département du Doubs, chef-lieu de sous-préfecture, à 12 lieues de Besançon, sur le Doubs, et au pied du mont Jura. C'est un des passages les plus fréquentés pour aller en Suisse. Ouvert par Auguste, il est défendu par le *fort de Joux*, aujourd'hui prison d'Etat. Pontarlier a un tribunal de première instance, un collége communal, une sous-inspection forestière, une direction de douanes, une bibliothèque et 4,300 habitants.

PONTCHARTRAIN (Paul PHELYPEAUX, seigneur DE), quatrième fils de Louis Phelypeaux, seigneur de la Vrillière, à Blois en 1569, entra dans les affaires dès 1588, se perfectionna sous Villeroi, et fut pourvu par Henri IV de la charge de secrétaire des commandements de Marie de Médicis, qui, satisfaite de son zèle, lui procura celle de secrétaire d'Etat (1610). Il mourut dans la guerre de Languedoc en 1621. Sa charge passa à son fils puîné, Raimond Phelypeaux d'Herbaut.

PONTCHARTRAIN (Louis PHELYPEAUX, comte DE), petit-fils du précédent et fils de Louis, mort président de la chambre des comptes en 1685 à soixante-douze ans, naquit en 1643. Conseiller au parlement à l'âge de dix-sept ans, il fut nommé en 1677 premier président au parlement de Bretagne. Il obtint en 1689 la place de contrôleur général des finances; devint ministre et secrétaire d'État en 1690 et chancelier en 1699. Après avoir rendu de longs services à l'Etat, il se retira en 1714 à l'Oratoire, et mourut en 1727.

PONTCHARTRAIN (Jérôme PHELYPEAUX, comte DE), fils de Louis, né en 1674, secrétaire d'état en 1692, conseiller au parlement de Paris en 1693, prévôt des ordres du roi en 1709, mourut en 1717. Il avait administré le département du roi jusqu'en 1690, époque à laquelle il passa au ministère de la marine. Il se démit de sa charge de secrétaire d'Etat en 1715. Voy. VRILLIÈRE (La) et MAUREPAS.

PONTCHATEAU (Sébastien - Joseph DU CAMBOUT, baron DE), né en 1634 d'une ancienne famille, était petit-fils de la tante du cardinal de Richelieu. Destiné à l'état ecclésiastique et à trois abbayes dès sa naissance. Après avoir couru le monde, il se démit de ses bénéfices, disposa de son patrimoine, dont il ne se réserva que 200 écus de rente viagère sur l'hôtel de ville, et entra à Port-Royal, où il remplit pendant six ans (1688-1694) l'office de jardinier. Il mourut en 1699 dans l'exercice d'une austère piété.

PONTE. On appelle ainsi, chez les oiseaux et presque tous les ovipares, l'action d'émettre leurs œufs au sein du monde extérieur. Le nombre des œufs dans l'année est presque toujours le même, à l'exception de certaines espèces, telles que les oiseaux de proie, les pigeons, les plongeons, etc. La perdrix, la caille, les gallinacés, plusieurs mésanges ne font ordinairement qu'une ponte de dix ou vingt œufs. Les autres oiseaux en font deux, trois et même quelquefois quatre par an; mais le nombre des œufs de chacune n'est ordinairement que de six au plus et de quatre au moins.

PONTE (Jacques DE), dit *le Bassan*. Voy. ce mot.

PONTECORVO, petite ville d'Italie appartenant aux Etats de l'Eglise et à la délégation de Frosinone, et enclavée dans la terre de Labour (royaume de Naples), à 20 lieues de Naples. Sa population est de 5,200 habitants. Elle a un évêché. Pontecorvo fut érigé en principauté par Napoléon (1806) en faveur du maréchal Bernadotte, aujourd'hui roi de Suède.

PONTÉDÉRIACÉES, petite famille de plantes monocotylédones, placée entre les asphodélées et les commélinées, et ayant pour type le genre *pontédérie*, renfermant plusieurs espèces dont la plus intéressante est la *pontédérie en cœur* Cette plante, originaire de l'Amérique septentrionale, a été introduite il y a près d'un siècle dans nos jardins. Du sein de plusieurs feuilles radicales, cordiformes, d'un vert foncé et luisant, sort une hampe haute de soixante à quatre-vingts centimètres, au sommet de laquelle se développe un épi composé de soixante fleurs d'un bleu d'azur, qui se succèdent durant une quinzaine de jours.

PONTEFRACT, ville forte d'Angleterre, sur l'Are, dans le comté et à 7 lieues d'Yorck. Sa population est de 4,000 habitants. Elle envoie deux députés au parlement. Son château a été une prison d'Etat autrefois fort célèbre. Le roi Richard II y fut enfermé et y mourut.

PONTENAGE ou PONTAGE, droit que le seigneur d'une rivière percevait à cause du passage sur les bacs et les ponts de son domaine. Ce droit se réglait sur les mêmes principes que le péage.

PONTHIEU, petit pays de la basse Picardie, s'étendant entre la Somme et la Canche, le long de la mer. Sa superficie était d'environ 95 lieues carrées. Ce pays, dont la capitale était *Abbeville*, et qui fait aujourd'hui partie du département de la Somme, fut au moyen âge un comté gouverné par des comtes héréditaires dont la liste commence à Helgaud, descendant de Nithard, petit-fils de Charlemagne (859). En 1100, ce comté entra par mariage dans la maison des comtes d'Alençon de la race de Montgommery. En 1279, l'héritière du Ponthieu le porta dans la maison royale d'Angleterre; mais Charles V s'en saisit et le déclara réuni à la couronne (1369). Il fut néanmoins donné à plusieurs reprises en apanage.

PONTHIEU (Adèle DE), fille de Jean Ier de Montgommery, comte de Fonthieu, et femme du seigneur de Dommart, est l'héroïne d'une aventure merveilleuse, sujet de plusieurs pièces ou romans. Injustement condamnée par son père pour avoir été déshonorée involontairement par des brigands, et jetée à l'eau dans un tonneau, recueillie par un vaisseau flamand, vendue en Asie à un soudan, reconnue longtemps après, elle fut ramenée triomphante à son époux qui pleurait sa mort.

PONTIEN, pape, successeur d'Urbain Ier en 231, fut relégué par l'empereur Alexandre Sévère, sur une fausse accusation, dans l'île de Sardaigne, et martyrisé par les coups de bâton sous lesquels il expira en 35. On lui attribue deux *épîtres* faites près coup.

PONTIFE, homme revêtu d'un caractère sacré et dont le ministère s'étend à toutes les choses de la religion. — *Souverain pontife* est le nom que l'on donne souvent au *pape* dans l'Eglise catholique. — Le grand pontife ou grand prêtre des Juifs prenait le titre de *grand sacrificateur*. — Chez les Romains, le *grand pontife* était le chef suprême de la religion. Membre du collége des pontifes, il était choisi parmi eux dans les comices par tribus. Cette dignité fut instituée par Numa; le premier pontife qui l'obtint fut Tiberius Coruncanus (254 avant J.-C.). Après la mort de Lépide, Auguste prit le grand pontificat, dont s'emparèrent après lui tous les empereurs jusqu'à Gratien. — Le grand pontife était une autorité absolue et indépendante; cependant il ne lui était pas d'abord permis de sortir de l'Italie. Crassus fut le premier qui contrevint à cette loi.

PONTIFES, prêtres de la religion chez les Romains. Ils formaient un collége institué par Numa Pompilius, et qui n'eut d'abord que quatre membres, tous patriciens. Dans la suite, on y introduisit des plébéiens, et Sylla porta le nombre des pontifes à quinze, dont les huit premiers s'appelaient *pontifices majores* et les sept derniers *pontifices minores*. Leur chef était le grand pontife. Les pontifes avaient pas sur tous les magistrats. Leur habillement consistait en une robe blanche bordée de pourpre (*prétexte*). — L'étymologie de leur nom vient, suivant Plutarque, du soin qu'ils avaient confié les premiers ponts de Rome du pont de bois, appelé *pons sublicius*.

PONTIFES ou **FRÈRES DU PONT**, religieux hospitaliers fondés à la fin du XIIe siècle par saint Benezet. Ils furent ainsi nommés parce que le but de leur institution était de prêter main-forte aux voyageurs, de bâtir des ponts pour leur passage, et de les recevoir dans des hôpitaux sur le bord des rivières. C'est aux frères pontifes que l'on doit la construction des ponts d'Avignon, de Pont-Saint-Esprit, de la Guillotière sur le Rhône, de Bonpas sur la Durance.

PONTIFICAL, livre où sont prescrites toutes les fonctions épiscopales. Il est pour le pape et les évêques ce que le rituel est pour les curés. On attribue le *pontifical romain* aux papes Gélase et Grégoire VII.

PONTINS (MARAIS). Voy. MARAIS-PONTINS.

PONTIUS HERENNIUS, fameux général des Samnites, enferma les Romains dans le défilé de Caudinum (les Fourches-Caudines), et ne leur accorda la vie qu'en les faisant passer sous le joug et en leur faisant jurer la paix avec les Samnites. Le sénat cassa l'alliance; Pontius, moins heureux, fut battu, et subit à son tour l'affront qu'il avait fait subir. Vaincu une seconde fois, et fait prisonnier par Fabius Maximus, il orna le triomphe de ce général, et fut ensuite honteusement mis à mort.

PONTIUS COMINIUS, Romain qui, lorsque Camille eut vaincu les Gaulois, s'introduisit dans Rome en descendant le Tibre soutenu sur des écorces de liége, et escalada le Capitole. Il vint apprendre aux assiégés la victoire de Camille, et demanda pour lui la dictature.

PONTIVY, ville de France, chef-lieu de sous-préfecture du département du Morbihan, près de la rive gauche du Blavet, à 10 lieues de Vannes. Cette ville, qui était anciennement la capitale du duché de Rohan-Guémenée, a un tribunal de première instance, une sous-inspection forestière, un collége royal, une société d'agriculture, une bibliothèque, de belles casernes dans son château qui est considérable, et 4,000 habitants. Elle commerce en toiles de Bretagne, grains, bestiaux, beurre et fil.

PONTOISE, ville de France, chef-lieu de sous-préfecture du département de Seine-et-Oise, en amphithéâtre, sur les rivières de Viosne et d'Oise, avec un pont sur celle-ci, à 6 lieues de Versailles et 7 de Paris. Sa population est de 5,300 habitants. Elle a un tribunal de première instance, un collége communal, une société d'agriculture, une fabrique de produits chimiques, d'autres de bijoux d'acier, une fonderie de cuivre, des tanneries, une imprimerie, et fait un grand commerce de grains, farines et veaux renommés. Pontoise était au moyen âge la capitale du Vexin français, et, avant la révolution française, le siége d'une châtellenie, d'un bailliage, d'une élection et de la juridiction d'un grenier à sel. — On y tint les états généraux en 1561, et le parlement de Paris y fut plusieurs fois exilé.

PONTON. En artillerie, on donne ce nom à des bateaux placés sur des rivières à des distances déterminées, et joints ensemble par des madriers et des planches qui composent ainsi un pont pouvant donner passage aux troupes, aux équipages et au matériel de toute espèce d'une armée ou d'une expédition. Les bateaux, quand on ne peut pas les faire arriver par eau, se transportent sur des voitures nommées *haquets*. Avec cinq de ces bateaux, on peut former un pont de trente-six mètres. Le service des pontons se fait par des militaires spéciaux organisés en un bataillon composé de huit compagnies de soixante-douze hommes chacun. Ce bataillon de *pontonniers* a été créé en 1795.

PONTON. En marine, on donne ordinairement ce nom à un grand bâtiment carré, un peu plus long que large, à fond plat, d'une forte construction, et portant au milieu un mât garni de caliornes et aux deux extrémités un cabestan. Les pontons servent dans les ports militaires pour toutes les opérations de l'intérieur. On emploie aussi comme *pontons* de vieux vaisseaux de ligne désarmés et rasés jusqu'au premier pont. Ceux des rades de Portsmouth, de Plymouth et de Chatham en Angleterre ont servi pendant nos guerres avec cette puissance de prisons à 800 ou 900 prisonniers français entassés dans les entre-ponts et traités avec la plus grande dureté. Ces prisons flottantes, qui étaient grillées à tous les sabords, ont englouti un grand nombre d'officiers de terre et de mer.

PONTONNIERS. Voy. PONTON n° 1.

PONTORMO (Giacomo CARRUCCI, dit), d'un village de Toscane où il naquit en 1493, fut un des peintres de l'école florentine, qui démentit par ses derniers ouvrages la bonne opinion que les premiers avaient fait concevoir de son talent. Elève de Léonard de Vinci et d'André del Sarto, il voulut imiter le genre d'Albert Durer et n'y réussit pas. Il travailla douze ans à la chapelle de Saint-Laurent à Florence, et ne produisit qu'une œuvre médiocre. Le chagrin le conduisit au tombeau en 1556.

PONTORSON, petite ville de France, chef-lieu de canton du département de la Manche, dans l'arrondissement et à 5 lieues d'Avranches, sur la rivière de Coësnon, qui formait autrefois la limite de la Normandie et de la Bretagne. Aussi Pontorson fut le boulevard des Normands contre les Bretons. Résidence de Du Guesclin, elle fut plus tard démantelée. Sa population est de 1,500 habitants.

PONTREMOLI, ville forte d'Italie, située sur la Magra, dans une belle vallée au pied de l'Apennin, à 35 lieues de Florence. Elle est la capitale d'un marquisat qui appartient au grand-duc de Toscane. Son territoire, situé au S. du duché de Parme et enclavé dans celui de Gênes, a une superficie d'environ 9 lieues carrées et 8,500 habitants, dont 3,000 pour la ville.

PONTS, ouvrages élevés d'un bord d'une rivière à l'autre pour la traverser. Les matières qu'on y emploie sont la maçonnerie, le bois et le fer. Les Romains furent les premiers qui donnèrent aux ponts en pierres de la solidité et de la grandeur. Rome avait sept ponts. — Parmi les ponts modernes les plus célèbres sont le pont Saint-Esprit, et celui de la Guillotière sur le Rhône, le pont de Bordeaux sur la Garonne, et presque tous ceux de la capitale. Au commencement de ce siècle, on a commencé à introduire des ponts suspendus en fil de fer, composés d'un plancher droit et horizontal, suspendu par des tiges verticales au-dessous de chaînes courbes et flexibles en fer ou en fils de laiton, soutenus par des poteaux ou des massifs en pierre placés sur les deux rives. Le premier qui ait été construit en France est celui de Tournon sur le Rhône (1822).

PONTS (DEUX-). Voy. DEUX-PONTS.

PONTS ET CHAUSSÉES (CORPS DES), corps des ingénieurs spécialement et exclusivement chargés de la direction et de la surveillance de tous les travaux qui se rapportent aux voies de communication. Le corps des ponts-et-chaussées, organisé en 1739 par Trudaine et Perronnet, a été constitué tel qu'il est aujourd'hui par le décret impérial du 7 fructidor an XII (25 août 1804). Chaque département possède actuellement un *ingénieur en chef* de première ou de deuxième classe, ayant sous ses ordres un nombre variable d'*ingénieurs ordinaires*. Ceux-ci ont sous leurs ordres des agents nommés *conducteurs* et *piqueurs* rangés en diverses classes, mais ne pouvant jamais parvenir au grade d'ingénieur, qui ne peut être obtenu que lorsqu'on a passé par l'école polytechnique. Les travaux sont inspectés par les *inspecteurs divisionnaires*, qui parcourent tous les deux ans une des seize circonscriptions dans laquelle la France est divisée pour eux. Un certain nombre de ces inspecteurs joint aux inspecteurs généraux forme le conseil général des ponts et chaussées, présidé par le ministre des travaux publics ou le sous-secrétaire d'Etat.

PONTS-NEUFS. On a nommé jadis ainsi les airs des chansons vulgaires et des vaudevilles. Ce nom leur venait de ce qu'autrefois les marchands de ces chansons se plaçaient sur le Pont-Neuf à Paris

POOL. Voy. POLE.

POPAYAN, province du département de Cauca, dans la république de la Nouvelle-Grenade (ancienne Colombie). Elle est bornée au N. par celle de Choco, à l'E. par la république de Venezuela, au S. par celle de l'Equateur et à l'O. par le Grand-Océan. Sa superficie est de 1,100 lieues carrées, et sa population de 65,000 habitants. — La capitale est POPAYAN, chef-lieu du département de Cauca, fondée par Benalcazar en 1538, dans une plaine rase et traversée par le Rio del Molino, à peu de distance des volcans de Puraca et de Sotara. Sa population est de 25,000 habitants. Elle a un évêché et une université. Elle fait un commerce considérable avec Quito, dont elle est éloignée de 82 lieues et Santa-Fé de Bogota, dont elle est distante de 96 lieues.

POPE (Alexandre), célèbre poëte anglais, né à Londres en 1688, d'une ancienne famille noble et catholique du comté d'Oxford. A douze ans, il composa une *Ode sur la vie champêtre*; à quatorze, il traduisit Stace et Ovide, et à seize il publia ses *Pastorales*, imitées du grec. L'*Essai sur la critique* (1709) le plaça au rang des premiers poëtes de l'Angleterre. Il fit ensuite paraître le *Temple de la renommée*, poëme (1710); la *Boucle de cheveux enlevée*, poëme en cinq chants (1712); l'*Epître d'Héloïse à Abaïlard*, et une traduction en vers de l'*Iliade* et l'*Odyssée*, qui eut un succès immense et mérité. Il répondit aux outrages de ses ennemis par la *Dunciade*, poëme satirique, et l'*Essai sur l'homme*, poëme philosophique qu'il regardait comme son chef-d'œuvre. Pope mourut en 1744.

POPEDIUS Voy. POMPEDIUS.

POPELINIÈRE (LANCELOT DU VOISIN, seigneur DE LA), gentilhomme poitevin qui servit dans les guerres de religion le parti protestant de son épée et de sa plume. Il s'empara en 1574 de Tonnay-Charente en Saintonge, et mourut en 1608. On lui doit plusieurs ouvrages d'histoire, parmi lesquels on distingue : *la Vraie et entière Histoire des derniers troubles advenus tant en France qu'en Flandre, depuis 1562 jusqu'en 1570*, et l'*Histoire de France de 1550 à 1581*.

POPES. Chez les Romains, on appelait ainsi les *victimaires*, c'est-à-dire les serviteurs des prêtres qui, dans les sacrifices, étaient chargés de lier la victime et de l'amener devant l'autel. Ils apprêtaient toutes les choses nécessaires au sacrifice, et achevaient la victime après que le premier coup lui avait été donné par le sacrificateur. La partie de la victime qu'on ne brûlait pas était divisée en deux portions, dont une pour les dieux. Celle-ci était abandonnée aux popes, qui l'emportaient chez eux dans leurs maisons appelées *popinæ*, et, comme ceux qui en voulaient allaient y manger et y boire, les *popinæ* devinrent chez les Romains de véritables cabarets.

POPES. C'est le nom des prêtres dans l'Église russe.

POPHAM (Sir John), jurisconsulte anglais, né en 1531 dans le comté de Sommerset, parvint rapidement à tous les postes honorables que pouvait lui procurer la carrière des lois. Reçu avocat en 1570, il fut nommé solliciteur général en 1579, procureur général en 1581, et trésorier du Middle-Temple en 1592, chef de la justice de la cour du banc du roi et créé chevalier. Il mourut en 1607.

POPHAM (Sir Hoghe-Riggs), né en Irlande en 1762, entra presque au sortir de l'enfance dans la marine royale, et prit part pendant la guerre d'Amérique au grade de lieutenant de vaisseau. Nommé capitaine de vaisseau en 1795, il fut créé par Paul Ier, empereur de Russie, grand commandeur de l'ordre de Malte. Il fut ensuite nommé membre de la chambre des communes, créé baronnet et promu au grade de contre-amiral Il mourut au commencement de ce siècle, avec la réputation de l'un des plus habiles marins de l'Angleterre.

POPIEL, roi de Pologne, de la dynastie des Léchites, succéda vers 815 à Lech ou Leszek II, et mourut cinq ans après. — Son fils POPIEL II, qui lui succéda, est célèbre par la tradition populaire qui rapporte qu'il fut dévoré avec sa femme et ses enfants dans son palais, bâti au milieu du lac de Goplo, en expiation du meurtre de ses oncles (vers 840). Piast fut son successeur.

POPILIUS LÆNAS, nom de plusieurs Romains d'une branche de la maison Popilia, surnommée ainsi parce qu'un de ses membres apaisa une sédition avec le costume sacerdotal (*læna*) qu'il portait en offrant un sacrifice. Les plus célèbres sont : 1° CAÏUS POPILIUS LÆNAS, consul l'an 172 avant J.-C., qui, envoyé deux autres fois par les sénateurs devant Alexandrie pour en faire lever le siège au roi de Syrie Antiochus Epiphane, et voyant les réponses évasives de ce dernier, traça sur le sable, avec sa baguette, un cercle où il l'enferma, et dont il lui défendit de sortir avant d'avoir donné une réponse décisive, hardiesse qui intimida Antiochus et le détermina à l'obéissance. — 2° POPILIUS LÆNAS, tribun militaire qui tua Cicéron et apporta sa tête à Marc Antoine. Les rhéteurs de déclamation, ont gratuitement supposé que ce tribun devait la vie à l'éloquence de sa victime.

POPLICAINS, POBLICAINS OU PUBLICAINS, hérétiques manichéens et albigeois qui parurent en France vers l'an 1195, et furent exterminés dans la croisade de 1212.

POPLITÉ (du mot latin *poples, poplitis*, jarret), nom par lequel on désigne, en anatomie, tout ce qui a rapport au jarret. — Le *muscle poplité* s'étend du condyle externe du fémur à la ligne oblique et au bord interne du tibia. — L'*artère poplitée* est la continuation de l'artère crurale, s'étendant du tiers inférieur de la cuisse au quart supérieur de la jambe; elle prend ce nom après avoir traversé le muscle grand abducteur de la cuisse.

POPPEA SABINA. Deux femmes romaines célèbres ont porté ce nom. La première, fille de Poppeus Sabinus et femme de Scipion, était la plus belle femme de Rome, et se déshonora par un commerce scandaleux avec le pantomime Mnester. Messaline la fit mettre à mort par jalousie. Elle avait épousé en secondes noces Titus Ollius, dont elle eut la deuxième Poppea Sabina, plus connue sous le nom de *Poppée*.

POPPÉE, fille de Titus Ollius et de Poppea Sabina, hérita de la beauté et de l'impudicité de sa mère. Elle épousa d'abord un chevalier romain, Rufus Crispinus, dont elle eut un fils. Othon, alors favori de Néron, qui eut occasion de la voir, en devint amoureux, et, après l'avoir eue longtemps pour maîtresse, répudia Octavie pour l'épouser (62 de J.-C.). Il en eut une fille dont la naissance le transporta de joie et fit donner à la mère le nom d'*Augusta*; elle ne put jouir longtemps; car elle mourut d'un coup de pied dans le ventre que lui donna Néron pendant sa seconde grossesse (65 de J.-C.). On reproche à cette femme criminelle un grand nombre des forfaits dont s'est souillé Néron.

POPPEUS SABINUS, gouverneur de la Mésie, de l'Achaïe et de la Macédoine sous Tibère, l'an 60 de J.-C. 15, remporta plusieurs avantages sur les Thraces montagnards, et obtint les insignes du triomphe. Il mourut six ans après. Il était père de Poppea Sabina, mère de la fameuse Poppée.

POPULATION. Nombre des habitants d'un village, d'une ville, d'un pays. On a donné de la population du globe terrestre des évaluations diverses. Ainsi Malte-Brun la porte à 640,000,000, Balbi à 730,000,000, d'autres à 930,000,000, ainsi répartis entre les cinq parties du monde : Europe, 222; Asie, 534; Afrique, 100; Amérique, 38; Océanie, 30. Les statistiques démontrent clairement l'augmentation de la population de nos jours. D'après des données certaines, en Angleterre, l'accroissement annuel de la population est de 1,88 pour 100; aux Etats-Unis, de 3,50 pour 100; en France, de 4 cinquièmes pour 100.

POPULIFUGIES, fête romaine qui se célébrait le 30 juin, selon les uns, en mémoire de l'expulsion des Tarquins, et, selon d'autres, en l'honneur de la déesse Fugia, qui avait favorisé la déroute des Fidénates lorsqu'ils voulurent s'emparer de Rome. Denys d'Halicarnasse prétend que l'objet de cette fête était la commémoration de la fuite du peuple qu'un violent orage dispersa après que Romulus eut été enlevé.

POPULONIE (myth.) (du mot latin *populari*, ravager), une des divinités champêtres des Romains. On l'implorait pour les dégâts que produisaient la grêle, les inondations, les insectes ou les ravages causés par la guerre. — C'était encore un des surnoms de Junon Lucine.

POPULONIUM, ancienne ville d'Etrurie, située sur la côte, au S. de Vétulonie et en face de l'île d'Ilva (Elbe), au pied d'un promontoire de même nom. Cette ville fut détruite pendant les troubles de Marius et de Sylla. — Le promontoire de Populonium formait une presqu'île s'avançant dans la mer, entre l'embouchure des fleuves Ombrone et Arno.

PORBUS, famille de peintres flamands. — PIERRE PORBUS, né à Gand, vint s'établir à Bruges, où il acquit assez de réputation, et mourut ingénieur en 1583. Le *Portrait de saint Hubert*, à Gand, et celui du *duc d'Alençon*, à Anvers, passent pour ses chefs-d'œuvre. Il eut pour élève son fils FRANÇOIS, né à Bruges en 1540, mort en 1580. Il surpassa son père pour la vérité des formes et du coloris. Son chef-d'œuvre est le *Martyre de saint Georges*. — Son fils, FRANÇOIS PORBUS, dit *le Jeune*, né à Anvers en 1570, fut l'élève de Fréminet, et mourut à Paris en 1622. Le musée du Louvre possède plusieurs tableaux de ce peintre.

PORC, l'un des noms vulgaires du *cochon*.

PORC A MUSC, nom vulgaire du *pécari*.

PORC DE MER, nom vulgaire du *marsouin*.

PORC-ÉPIC, genre de mammifères de l'ordre des rongeurs, renfermant des animaux dont la taille, la forme et les habitudes se rapprochent de celles du lapin. Ils ont le corps couvert de piquants roides et aigus, qui, étant susceptibles d'être redressés, leur servent d'armes défensives contre leurs ennemis. Ces piquants sont larges, clair-semés, creux comme les tuyaux d'une plume, et peu adhérents à la peau qu'ils tombent souvent dans les secousses que l'animal imprime à son corps pour se débarrasser des insectes ou des ordures. Les porcs-épics vivent dans des terriers profonds qu'ils se creusent à l'aide de leurs ongles vigoureux, et dont ils ne sortent que la nuit pour aller à la recherche de leur nourriture, qui consiste principalement en graines, en racines, et quelquefois en œufs et en petits oiseaux. On trouve les porcs-épics dans les contrées méridionales de l'ancien continent. Une seule espèce se trouve en Italie et en Espagne.

PORC-ÉPIC (ORDRE DU) OU DU CAMAIL, ordre de chevalerie institué par Louis, duc d'Orléans, fils de Charles V, à la cérémonie du baptême de son fils Charles, en 1394. Il était composé de vingt-cinq chevaliers, y compris le prince, qui en était le chef. Ces chevaliers portaient un manteau de velours violet, un chaperon et un manteau d'hermine, et pour collier une chaîne d'or de laquelle pendait l'estomac au porc-épic, avec cette devise : *cominus et eminus* (de près et de loin). Cet ordre fut aboli par Louis XII.

PORCELAINE, terre cuite à une température très-élevée et d'une composition particulière, avec laquelle on fabrique des vases et une foule d'ustensiles propres à la vie domestique. Les porcelaines les plus renommées viennent de la Chine et du Japon; cependant les fabriques indigènes, et entre autres la célèbre manufacture de Sèvres, entretenue par le gouvernement, rivalisent avec celles de l'étranger pour la beauté et la solidité. Les terres qu'on emploie à la fabrication de la porcelaine sont le feldspath ou pétunsé et le kaolin, dont on augmente la fusibilité au moyen d'une certaine dose de belle chaux vive. L'émail ou la couverte de la porcelaine est du feldspath broyé finement et mélangé à un lait de chaux. Cet émail exige pour se fondre une température qui est celle du 160e degré du pyromètre de Wedgwood. C'est cette immense chaleur qui élève tant le prix de la porcelaine et occasionne tant de déchets, de rebuts et de choix.

PORCÉLAINE, genre de mollusques de l'ordre des gastéropodes, famille des buccinoïdes, renfermant des coquillages de forme ovale, dont la spire est si petite qu'il est très-difficile de l'apercevoir. Ses bords, roulés en dedans et marqués sur toute leur longueur de rides transversales, rendent l'ouverture extrêmement étroite; mais en même temps celle-ci est très-allongée et règne sur toute l'étendue de la coquille, disposition qui dépend de la forme du pied de l'animal, lequel est fort mince. Les porcelaines, appelées aussi *pucelages*, se tiennent à l'état de repos enfoncées dans le sable, à quelque distance des côtes; elles sont assez communes dans toutes les mers chaudes et tempérées, et sont néanmoins recherchées à cause de leurs belles couleurs ordinairement tigrées. On en compte plus de cent cinquante espèces, dont les unes sont lisses, les autres verruqueuses ou striées.

PORCELETS (Guillaume des), chevalier provençal, d'une des plus nobles familles du midi de la France, seigneur en partie de la ville d'Arles, suivit en 1265 Charles Ier, roi de Naples, à la conquête de la Sicile. Sa haute probité, sa sagesse et la douceur de son gouvernement le firent seul épargner à Palerme pendant l'horrible massacre des Vêpres siciliennes.

PORCELLION, genre de crustacés de l'ordre des hédriophthalmes, famille des isopodes, séparé des cloportes dont il ne diffère que par le nombre des articles des antennes extérieures, qui dans les porcellions est de sept, tandis que dans les vrais cloportes il est de huit. Voy. CLOPORTE.

PORCHAIRE (Saint), abbé de Lérins en 731, était à la tête de cinq cents moines lorsque les Maures ou Sarrasins d'Espagne vinrent fondre sur cette île, au retour du siége d'Arles. Ces barbares massacrèrent tous ces religieux, à l'exception de quatre qu'ils emmenèrent, et qui, s'étant sauvés, revinrent à Lérins, où ils élurent pour abbé un vieillard nommé Eleuthère.

PORCHE, lieu couvert placé au-devant d'un édifice et le plus communément d'une église. Les porches prennent différents noms, suivant le genre d'architecture qui les distingue. On les appelle *cintrés* lorsqu'ils représentent dans leur plan une portion de cercle, *circulaires* lorsque le cercle est complet, *fermés* lorsque les espaces compris entre leurs piliers ou jambages sont garnis de grilles de fer.

PORCHER (Gilles), comte de Richebourg, à la Châtre (Indre) en 1753, était au commencement de la révolution subdélégué et procureur du roi près le tribunal civil du district de sa ville natale. Nommé en 1792 membre de la convention nationale, il vota pour la procès du roi la détention jusqu'à la paix et ensuite l'appel du peuple. Il fut élu membre du conseil des anciens en 1796, nommé administrateur des hospices civils de Paris en 1798, adjoint au sénat conservateur (1799), et créé comte de l'empire et commandant de la Légion d'honneur. Il adhéra à la déchéance de l'empereur, et fut élu membre de la chambre des pairs par Louis XVIII. Il mourut en 1824.

PORCHERON (Dom David-Placide), religieux bénédictin de la congrégation de Saint-Maur, né à Châteauroux (Indre) en 1652, mort à Paris en 1694 dans l'abbaye de Saint-Germain des Prés dont il était le bibliothécaire. Entre autres ouvrages, on a de lui une *traduction* des Instructions de l'empereur Basile le Macédonien à Léon son fils, la *Vie* de ces deux princes, et une édition de l'ouvrage de l'*anonyme de Ravenne* sur la géographie au moyen âge.

PORCIA, nom commun à deux familles plébéiennes de Rome, dont l'une portait le nom de Léca, et l'autre celui de Caton. Cette dernière devint la plus illustre.

PORCIA, fille de Caton d'Utique, épousa en premières noces Bibulus et en secondes Brutus, devant lequel elle ne voulut pas ouvrir une profonde blessure à la cuisse, afin de lui prouver la fermeté qu'elle saurait montrer au milieu des tourments. Après la mort de son époux, ne voulant pas lui survivre, elle avala des charbons ardents, dont elle mourut vers l'an 41 avant J.-C. On a révoqué ce fait en doute, et une lettre de Cicéron à Brutus semblerait prouver que Porcia était morte avant Brutus.

PORCIA (Loi), loi décrétée, selon les uns, par Marcus Porcius Caton le Censeur, selon les autres, sous les auspices du tribun Léca, l'an 188 avant J.-C. Elle portait que nul citoyen romain ne pourrait être condamné à mort, ni battu de verges, mais serait condamné à l'exil.

PORE (du grec *poros*, trajet, passage). On donne ce nom aux intervalles vides que laissent entre eux les molécules ou parties matérielles des corps. Tous les corps sont plus ou moins pourvus de pores. L'expérience ou l'analogie sont là pour le prouver. — Les anatomistes ont appelé de ce nom les orifices par lesquels les divers ordres de vaisseaux s'ouvrent à la surface des membranes et de la peau. On appelle *pores exhalants* ceux par lesquels se terminent les ramuscules des artères et des vaisseaux exhalants et qui versent les fluides exhalés, et *pores absorbants* ceux par lesquels les vaisseaux lymphatiques pompent les liquides qui doivent entrer dans les corps.

PORÉE (Le père Charles), célèbre jésuite, né à Vendes (Calvados) en 1675, entra en 1692 dans l'ordre des jésuites, fut choisi en 1708 pour succéder au père Jouvency dans la chaire de rhétorique du collége Louis-le-Grand, et mourut à Paris en 1741. Il avait formé des élèves dignes de lui. On a du père Porée un *Recueil de harangues*, six *tragédies latines*, cinq *comédies latines*. Sa latinité est, au dire des connaisseurs, moins pure et moins élégante que celle du père Jouvency, mais elle a plus d'esprit, d'élévation, de vivacité et de force.

PORENTRUI, ville de Suisse dans le canton de Bâle, sur la Halle, près du Jura. Sa population est de 3,000 habitants. Petite, mais bien bâtie, elle a des rues larges, de beaux édifices, un aqueduc, un puits et quatre tours attribués aux Romains, plusieurs couvents, une superbe église des jésuites, un collége et une bibliothèque. — Fondée du temps des Romains sous le nom d'*Amagétobrie*, elle fut brûlée et rebâtie plusieurs fois dans le moyen âge. Elle devint la capitale des États de l'évêque de Bâle, et fit ensuite partie de la France jusqu'en 1814, époque à laquelle elle fut rendue à la Suisse. Elle est à 9 lieues de Bâle.

PORLIER (Don Juan-Diaz), surnommé *el Marquesito*, par allusion à sa petite taille et à sa naissance, car il était neveu du marquis de Baxamar, naquit à Carthagène (Amérique) vers 1775. Son oncle, ancien ministre, le fit entrer d'abord dans la marine espagnole, ensuite (1808) dans l'infanterie, où il parvint rapidement au grade de colonel. Il soutint en *guerillero* la guerre de l'indépendance, et acheva de se rendre populaire en épousant la sœur du comte de Toreno, qui lui apporta en dot la marquisate de Matarosa, et fut nommé au grade de maréchal de camp, capitaine général des Asturies. Après le retour de Ferdinand VII (1814), il se souleva en Galice pour la cause de la constitution, fut arrêté, livré à une commission militaire, condamné à mort et exécuté dans les vingt-quatre heures par le supplice de la corde (1815).

PORPHYRE. Ce nom, qui signifie *couleur de pourpre*, était donné par les anciens à une roche d'un rouge foncé, parsemée de taches blanches, et qu'on tirait principalement de la haute Égypte. Les artistes ont considérablement étendu l'acception de ce mot, en l'employant pour désigner toute espèce de pierre dure et polissable, présentant au milieu d'une pâte d'une certaine couleur des cristaux disséminés dont la teinte tranchait nettement sur celle du fond. Mais depuis Werner, la plupart des minéralogistes réservent le nom de *porphyres* aux roches qui présentent des cristaux épars au milieu d'une pâte homogène, composées d'une pâte de feldspath compacte, plus ou moins mélangée, enveloppant des cristaux de feldspath ordinairement blanchâtres. La dureté et la finesse des porphyres, jointes à la beauté de leur poli et à leurs couleurs, en font une des substances les plus estimées.

PORPHYRE, philosophe platonicien, né à Tyr en 233. Son véritable nom était Malchus. Il étudia d'abord l'éloquence à Athènes sous Longin, et alla ensuite à Rome, où il eut Plotin pour maître. Il continua l'école de ce philosophe, et eut un grand nombre de disciples, dont le plus célèbre est Jamblique. Il rédigea la doctrine de son maître, et extorqua sa vie. Il mourut à soixante et onze ans, l'an 304 après J.-C. Le caractère de sa philosophie est, comme celle de Plotin, d'isoler de la manière la plus complète l'âme de tout ce qui appartient aux sens, et de s'élever par l'extase à la communication des êtres d'un ordre supérieur. Porphyre avait fait un grand nombre d'ouvrages, le plus célèbre, que nous n'avons plus, est celui qu'il écrivit contre les chrétiens, et dont l'empereur Théodose fit brûler publiquement un exemplaire l'an 388 de J.-C. On a encore de lui un traité *sur l'Abstinence des viandes*, un traité *sur l'Accentuation*, etc.

PORPHYRION. Voy. POULE SULTANE.

PORPHYRIQUE, épithète qui exprime dans une roche la présence des caractères propres à un porphyre, c'est-à-dire une texture dont le caractère général est de présenter des cristaux disséminés au milieu d'une pâte homogène. Ce mot est à peu près synonyme de *porphyroïde*.

PORPHYRISATION. Voy. PULVÉRISATION.

PORPHYROGÉNÈTE (de deux mots grecs qui signifient *né dans la pourpre*), surnom de Constantin VII, empereur d'Orient. Voy. ce mot.

PORPHYROIDE. Voy. PORPHYRIQUE.

PORPORA (Nicolo), l'un des plus célèbres compositeurs de l'Italie, né à Naples vers la fin du XVIIe siècle, embrassa tous les genres dans son vaste génie. Ses cantates ont servi de modèle à tous les compositeurs qui sont venus après lui: le caractère de ses productions est le grand et le sérieux. Il mourut vers 1750. Parmi ses opéras, les plus célèbres sont: *Ariane et Thésée*, *Syphax*, *Sémiramis reconnue*.

PORPORATI (Charles), célèbre graveur italien, né à Volvère près de Turin en 1741. Il étudia à Paris sous Willes Chevillet et Beauvarlet, et fut reçu membre de l'académie des beaux-arts en 1773. De retour dans sa patrie, il fut nommé membre de l'académie royale des beaux-arts de Turin, et attaché au service du roi comme professeur de gravure. Ses ouvrages répandirent son nom dans toute l'Europe. Il reçut en 1797 la charge de conservateur des estampes et des peintures du cabinet royal, et mourut en 1816. Parmi ses belles gravures, on cite la *Jeune Fille au chien*, *Suzanne*, *la Mort d'Abel*, *Agar*, *Léda au bain*, *la Vierge au lapin*, *Vénus*, *Herminie et les bergers*.

PORREAU Voy. POIREAU.

PORRECTION, du latin *porrigere*, présenter, offrir. On nomme ainsi une cérémonie en usage dans l'Eglise catholique, pratiquée en conférant les ordres mineurs. Les ordres majeurs se confèrent par l'imposition des mains, et les ordres mineurs par la porrection des choses qui en désignent les fonctions.

PORRÉE (Gilbert DE LA), chanoine, puis évêque de Poitiers sa patrie, enseigna la théologie et la philosophie avec une réputation extraordinaire. Il prétendait que l'essence ou la nature de Dieu, sa divinité, sa sagesse, sa bonté, sa grandeur, n'étaient pas Dieu, mais la forme par laquelle il est Dieu, et il en concluait que les propriétés des trois personnes de la sainte Trinité n'étaient pas ces personnes, conséquemment que la nature divine ne s'était pas incarnée. Accusé par ses archidiacres devant le pape Eugène III à l'assemblée de Paris (1147), il fut condamné au concile de Reims tenu l'année suivante, se rétracta et mourut en 1154. Ses disciples prirent le nom de *porrétains*.

PORSENNA ou LARS PORSENA, roi de Clusium en Etrurie, vint assiéger Rome l'an 507 avant J.-C. pour forcer ses habitants à rétablir sur le trône Tarquin le Superbe. Il serait, suivant Tite Live, entré dans Rome si Horatius Coclès n'eût résisté seul aux Etrusques, à la tête d'un pont. L'admiration qu'inspira au roi d'Etrurie le dévouement de Mucius Scévola le détermina à faire la paix avec le peuple romain, qui lui éleva une statue en reconnaissance de la douceur avec laquelle il avait traité ses prisonniers. Polybe et Denys d'Halicarnasse affirment qu'il entra dans Rome et y dicta les lois, sans pouvoir cependant rétablir les Tarquins.

PORT, grande excavation naturelle ou artificielle, qui, recevant les eaux de la mer, offre aux navires une station abritée contre les vents et la tempête. Les plus beaux ports sont, en Angleterre, ceux de Portsmouth, de Plymouth et de Douvres; en France, ceux de Brest, de Toulon, de Cherbourg et de Rochefort. — On appelle *port franc* celui où les marchandises ne payent point de droits tant qu'elles n'entrent pas dans l'intérieur du pays.

PORT. On donne ce nom, dans les monts Pyrénées, aux passages ménagés par la nature entre deux anneaux de la grande chaîne. — Le plus élevé est le port d'Oo, haut de 1,540 toises. Celui de Viella n'est haut que de 1,286.

PORT D'ARMES, action de porter les armes. Nul n'a le droit de chasser s'il n'est muni d'un permis de port d'armes, délivré par le préfet du département, sur le certificat du commissaire de police, d'après l'attestation de deux témoins. Un port d'armes est valable pour un an, et coûte quinze francs. Il doit être présenté à tous les agents de l'autorité publique. En cas de contravention, l'amende varie, et il peut y avoir emprisonnement pour la récidive. La confiscation de l'arme est d'ailleurs de droit.

PORT-GRÈVE. C'était autrefois le principal magistrat d'un port de mer ou d'une ville maritime. Ce mot vient du saxon *port* (port, ville) et *geref* (gouverneur). Avant l'établissement des maires à Londres, le premier magistrat de cette cité se nommait *port-grève*.

PORT-AU-PRINCE ou PORT-HAITIEN, ville de l'île de Saint-Domingue ou d'Haïti, située sur la côte occidentale, au fond d'une grande baie, avec un bon port. Autrefois résidence du gouverneur de la partie française de l'île, elle est aujourd'hui la capitale de la république d'Haïti. Sa population est de 25,000 habitants. Elle en avait autrefois 40,000; mais elle a diminué considérablement par l'effet des maladies qu'entraînent un air malsain et des chaleurs excessives, et par les désastres qu'elle a eus à subir, ayant été détruite en 1770 par un tremblement de terre et brûlée en 1792 par les noirs.

PORT-LOUIS, ville capitale de l'île de France, sur la côte occidentale. Elle est irrégulière, et bâtie en bois; aussi a-t-elle été réduite en cendres en 1817. Ses chantiers et ses magasins de marine sont remarquables. Sa population est de 12,000 habitants.

PORT-LOUIS, petite ville de France, chef-lieu de canton du département du Morbihan, dans l'arrondissement et à une lieue de Lorient, avec un bon port à l'embouchure du Blavet et une citadelle qui défend l'entrée de la baie de Lorient. Sa rade est sujette à de violentes marées qui se jettent dans celle de Pennemané. Port-Louis a une population de 3,000 habitants, tous adonnés à la pêche de la sardine, des anguilles et du congre. Elle doit son nom à Louis XIII, qui la bâtit des débris de Blavet et la fortifia.

PORT-MAHON, ville capitale de l'île Minorque, riche et commerçante. Elle est le point de station des bâtiments qui vont de Toulon à Oran et à Alger. Voy. MAHON.

PORT-ROYAL, ville forte sur la côte méridionale de la Jamaïque et jadis sa capitale, avec un port défendu par un bon château et assez vaste pour contenir 100 vaisseaux. Elle a des chantiers de construction, des hôpitaux et des casernes. Avant le tremblement de terre de 1692, qui l'ensevelit presque tout entière sous les eaux, elle renfermait 2,000 maisons (20,000 habitants à peu près). Ruinée par le feu en 1702 et par un ouragan en 1752, elle n'en a plus que 200 (environ 2 ou 3,000 habitants).

PORT-ROYAL DES CHAMPS (ABBAYE DE), ancienne et célèbre abbaye de religieuses de l'ordre de Cîteaux, située près de Chevreuse, dans la commune de Magny-lès-Hameaux (Seine-et-Oise), à 6 lieues de Paris. Fondée en 1204 par Odon de Sully, évêque de Paris, elle est célèbre par la réforme qu'y introduisit en 1608 son abbesse, Marie-Angélique Arnauld, et par les persécutions que l'on fit subir à ses religieuses, soupçonnées de jansénisme. La communauté avait été transportée à Paris au faubourg Saint-Jacques en 1625, et de puis 1618 Port-Royal des Champs servait de retraite aux neveux de l'abbesse, Lemaistre, Séricourt et Sacy, à son frère Arnauld d'Andilly, à Lancelot, Nicole, Tillemont, qui consacraient leur temps à l'éducation de la jeunesse. L'école de Port-Royal devint célèbre ; Racine en sortit. Le crédit des jésuites la fit fermer en 1656. Alors commencèrent contre les religieuses de Port-Royal de Paris et les solitaires de Port-Royal des Champs ces persécutions religieuses qui furent terminées par un arrêt du conseil d'Etat du 29 octobre 1709, qui ordonna la destruction de l'abbaye de Port-Royal. On en voit encore quelques vestiges.

PORT-VENDRE, petite ville de France située dans le canton d'Argelès (Pyrénées-Orientales), sur la Méditerranée, à 7 lieues de Perpignan et une demi-lieue de Collioure. Son port, d'un accès facile, a été rétabli de 1780 à 1788 et a pris une importance toute nouvelle depuis 1830 à cause de sa proximité de nos possessions d'Afrique. Cette ville, très-commerçante en vins, possède un obélisque en marbre de cent pieds d'élévation au-dessus de la mer. Sa population est de 3,000 habitants.

PORT DE VOIX (en italien, *portamento*). C'est, en musique, l'action de poser la voix soit au-dessus soit au-dessous du son qui doit être attaqué, et en glissant sur les sons intermédiaires jusqu'à ce qu'on arrive à l'intonation voulue.

PORTA (Charles), poète italien, né à Milan en 1776, mort dans cette ville en 1821, se rendit populaire par ses poésies composées en patois milannais. Les Milanais regardent comme les chefs-d'œuvre de leur littérature patriotique les deux petits poëmes intitulés : *Desgrazi de Giovannin Bongée* et *Vision de Prina*. Les satires de Porta furent longtemps le seul organe de l'opposition au gouvernement de Milan.

PORTAGE. On appelle ainsi, en Amérique, un espace de terre peu étendu, compris entre deux cours d'eau navigables, parce que, lorsqu'on voyage dans l'intérieur des terres, on est quelquefois forcé, pour abréger la route, de porter son canot d'une rivière à l'autre.

PORTAIL, entrée principale et monumentale d'un édifice, et principalement d'un édifice consacré au culte. Dans ce dernier cas, le portail se compose ordinairement de colonnes superposées, adossées au mur ou peu saillantes, et disposées sur les côtés des portes qu'elles encadrent sans les masquer. Parmi les plus beaux portails d'architecture gothique, on cite ceux des églises de Reims, de Chartres, de Strasbourg, de Notre-Dame de Paris, de Bourges, etc. ; parmi ceux d'architecture byzantine, les portails de Saint-Marc à Venise, et de la cathédrale de Poitiers; parmi ceux d'architecture moderne, les portails de Saint-Pierre de Rome, de Saint-Sulpice, de Saint-Gervais, du Panthéon et des Invalides.

PORTALÈGRE (l'ancienne *Mediobriga* ou *Portus-Alacris*), ville forte de Portugal, située au pied d'une haute montagne, dans la province d'Alemtejo, à 15 lieues d'Evora. Son territoire est fertile; elle a un siège épiscopal et 6,000 habitants.

PORTALÈGRE ou PORTO-ALEGRE (en portugais, le *port riant*), ville du Brésil, capitale de la province de Rio-Grande do Sul. C'est une jolie ville bâtie en amphithéâtre sur un isthme montueux, au bord oriental du lac de Viamaõ, presque en face de la barre du Rio-Gayba. Elle n'a commencé à acquérir de l'importance qu'en 1763. Depuis 1773, elle est capitale de province. Sa population est de 12,000 habitants. On y voit un musée, un théâtre et plusieurs écoles.

PORTALIS (Jean-Etienne-Marie), né au Beausset (Bouches-du-Rhône) en 1745, était à l'époque de la révolution avocat au parlement d'Aix. Le département de la Seine le nomma en 1795 son député au conseil des anciens, dont il fut nommé en 1796 secrétaire et ensuite président. Inscrit sur la liste de déportation du 18 fructidor an V (4 septembre 1797), il réussit à s'y soustraire, et se réfugia dans le Holstein. Le 18 brumaire le rappela en France, où il arriva en 1800. Il fut dans le même temps nommé commissaire du gouvernement près le conseil des prises et conseiller d'Etat. Il fut l'un des rédacteurs du Code civil. Nommé en 1803 candidat au sénat conservateur, il fut en 1804 appelé au ministère des cultes. Nommé grand officier de la Légion d'honneur en 1805, il mourut en 1807. Il était membre de l'Institut (académie française).

PORTE, ouverture pratiquée de plainpied dans une muraille pour établir communication avec les divers compartiments qui composent un édifice ou bien encore avec le dehors. La forme de la porte varie dans trois modes principaux : le rectangle, la forme la plus ordinaire, le cintre et l'ogive. Les Arabes et les Chinois se servent de la dernière en la garnissant et en la chargeant de denteleures. — Rome avait au temps de Romulus trois ou quatre portes seulement ; ce nombre, au temps de Pline, était monté jusqu'à trente-sept. Les plus connues sont la porte *Carmentale* ou *Scélérate*, par où sortirent les trois cents Fabius pour aller au combat; la porte *Esquiline*, par où l'on conduisit les criminels au supplice ; la porte *Nomentane* ou *Figularis*, qui conduisait au mont Sacré; la porte *Trigéminale*, qui conduisait à Ostie, et la porte *Triomphale*, qui communiquait à la voie Flaminienne au Capitole.

PORTE OTTOMANE, cour du sultan des Turks ou Ottomans. Elle tire son nom de la porte du palais de Bagdad, sur le seuil de laquelle Mostadhem, calife de la race des Abbassides, fit enchâsser un morceau de la fameuse pierre noire de la Kaaba, envoyée, dit-on, par Dieu à Abraham, et devenue noire, de blanche qu'elle était, par les péchés des hommes. La Porte ottomane prend encore le nom de *sublime Porte*.

PORTE (VEINE), tronc de veine assez considérable, qui reçoit le sang de l'estomac, de la rate, du pancréas et des intestins, et le distribue dans le foie.

PORTE (Charles DE LA), duc de la Meilleraye, né en 1602, était arrière-petit-fils d'un pharmacien de Parthenay en Poitou, et petit-fils d'un célèbre avocat de Paris. La faveur du cardinal de Richelieu, son parent, l'éleva jusqu'aux premiers grades militaires. Gouverneur de Nantes en 1632, chevalier des ordres en 1633, grand maître de l'artillerie en 1634, il reçut le bâton de maréchal sur la brèche d'Hesdin (1639). Il s'empara de presque toute la Flandre et du Roussillon, fut fait en 1644 lieutenant général sous le duc d'Orléans, et commanda en 1646 l'armée d'Italie. La terre de la Meilleraye fut en sa faveur érigée en duché-pairie (1663). Ce maréchal, qui passait pour l'homme de son temps le plus entendu en matière de siéges, mourut en 1664. — Son fils, CHARLES DE LA PORTE, DUC DE LA MEILLERAYE, épousa Hortense Mancini, nièce du cardinal Mazarin, et prit le titre de duc de Mazarin.

PORTE-AIGUILLONS, seconde section de l'ordre des hyménoptères, renfermant quatre familles : les *hétérogynes*, les *fouisseurs*, les *diploptères* et les *mellifères*, et se composant d'insectes hyménoptères, dont l'abdomen se termine par un aiguillon acéré et offensif. Les mâles ont leurs antennes de treize articles ; celles des femelles en ont douze. L'abdomen est pédiculé, c'est-à-dire qu'il tient au corselet par un pédicule très-long, et il est composé de sept anneaux chez les mâles et de six chez les femelles.

PORTE-BECS. Voy. RHYNCHOPHORES.

PORTE-CROIX, nom d'un ordre de chevalerie de Hongrie, institué par saint Etienne, premier roi de Hongrie. Il ne subsiste plus. — Voy. CROIX (Porte-).

PORTE-ÉCUELLE (en latin, *lepadogaster*), genre de poissons de l'ordre des malacoptérygiens subbrachiens, et de la famille des discoboles, renfermant des poissons ainsi nommés d'après la disposition de leurs nageoires ventrales, qui forment un disque concave que l'on a comparé à une assiette creuse. De plus leurs pectorales sont réunies de leur côté, à peu près comme les ventrales, de sorte que la partie inférieure de leur corps présente un double disque. Nous avons dans nos mers plusieurs espèces de ce genre. Aucune ne sert de nourriture.

PORTE-GLAIVES, ordre militaire de chevalerie, appelé encore *chevaliers de Livonie*. Il fut fondé en 1204 par Albert de Buxhoff, évêque de Livonie, pour combattre les païens opposés à la parole de l'Evangile et approuvé par le pape Innocent III, suivant la règle des templiers. Les chevaliers portaient une longue robe blanche, avec deux glaives rouges brodés sur la poitrine. Le premier grand maître fut Winno de Rhorbach. Dans l'origine, cet ordre relevait de l'évêque de Riga ou de Livonie ; mais, devenu trop faible pour repousser ses ennemis, le grand maître Wolkin Schenken de Winterstadt le réunit en 1234 avec l'approbation de Grégoire XI à l'ordre teutonique, dont il se reconnut tributaire. Cette union dura jusqu'en 1513, où l'indépendance des chevaliers porte-glaives fut rachetée par le quarante et unième grand maître, Walter de Plestenberg. Le dernier grand maître fut Gothard Kettler, qui, menacé par la Russie, céda la Livonie à la Pologne en 1561. Il devint en 1562 duc de Kourlande et gouverneur polonais de Livonie ; mais son ordre se dispersa.

PORTE-LANTERNE, nom vulgaire de l'insecte appelé *fulgore*.

PORTE-MALHEUR, nom vulgaire de l'insecte appelé *blaps*.

PORTE-MUSC, nom vulgaire d'un mammifère du genre *chevrotain*.

PORTE-QUEUE, nom vulgaire des *polyommates*.

PORTE-SCIES, première famille de la section des térébrans, dans l'ordre des hyménoptères. Les insectes qu'elle renferme se distinguent de tous les autres hyménoptères, en ce qu'ils ont l'abdomen sessile, c'est-à-dire uni au corselet dans toute sa longueur, de sorte qu'il semble en être la continuation, et ne jouir d'aucun mouvement particulier. Cette famille renferme deux tribus : les *tenthrédines* et les *urocérates*.

PORTE-VOIX, instrument d'acoustique destiné à faire entendre au loin les sons. C'est un tuyau conique, largement évasé, par sa partie inférieure, dans lequel on parle en portant la petite extrémité à la bouche. Voici les distances où l'on peut se faire entendre avec des porte-voix de différentes dimensions : 4 pieds à 500 pas géométriques ; 16 pieds deux tiers à 1,600 ; 24 pieds à 2,500. Le porte-voix est d'un grand usage sur les vaisseaux pour le commandement des manœuvres.

PORTÉE. Ce mot a deux significations. En histoire naturelle, il désigne le nombre de petits que les femelles des mammifères portent dans leur sein après chaque fécondation et mettent bas. — En musique, c'est l'assemblage de cinq lignes parallèles sur lesquelles ou entre les intervalles desquelles on place les notes, qui sont les lettres musicales. Souvent, comme ces cinq lignes sont loin de suffire à toutes les notes que l'on peut avoir besoin de placer, on ajoute au-dessus et au-dessous de la portée des lignes supplémentaires appelées *lignes accidentelles* ou *fausses lignes*.

PORTEFEUILLE, enveloppe composée d'ordinaire de deux feuilles de carton, réunies par un de leurs côtés au moyen d'une bande de parchemin, de peau ou d'étoffe appelée *dos*, et garnies en haut et en bas de deux pièces triangulaires en toile ou en soie qui joignent les deux feuilles, et leur permettent de s'écarter sans trop s'ouvrir. Les portefeuilles sont couverts et ornés d'une manière plus ou moins riche. Comme on les emploie à serrer les papiers importants, et que les ministres se rendent au conseil avec ces papiers, le mot de *portefeuille* est devenu équivalent de ministère. Ainsi on dit le *portefeuille* de la guerre, pour dire le ministère de la guerre.

PORTENDICK, baie et canal sur la côte d'Afrique, à 80 lieues au N. de la rivière de Sénégal. Les habitants sont des Maures pêcheurs qui recueillent la gomme dans les bois, et en font commerce au Sénégal. Les Français y ont un établissement.

PORTICI, ville et château royal dans une situation charmante, à 2 lieues de Naples, entre la mer et le mont Vésuve. Ils sont bâtis sur les ruines d'Herculanum, qui se trouve enseveli à quatre-vingts pieds de profondeur. Les belles collections de bronzes, marbres, statues et autres morceaux d'antiquités provenant des fouilles faites à Herculanum et à Pompeii, déposées d'abord dans le château, ont été depuis transportées à Naples. Il y reste encore celle des peintures antiques de l'école d'Athènes. On voit auprès de Portici, sur un rocher, un beau palais bâti par le prince d'Elbeuf, qui l'a cédé au roi de Naples.

PORTIER, celui qui est commis à la garde d'une porte. — Chez les Juifs, les lévites faisaient les fonctions de portiers du temple la nuit et le jour, et avaient la garde des trésors des offrandes. Cette charge était en quelque sorte militaire.

PORTIQUE, galerie couverte et soutenue par des colonnes ou des arcades régnant tout le long d'une façade. — Chez les anciens, les portiques étaient fort en usage. Ils servaient d'abri aux passants, et l'on pouvait s'y promener à couvert. Athènes possédait un grand nombre de portiques, parmi lesquels on distinguait le *Pœcile*, sous lequel se rassemblaient les disciples de Zénon ; ce qui leur fit donner le nom de stoïciens (*stoa* voulant dire portique en grec).

PORTION, fragment d'un tout. — On appelait autrefois, en jurisprudence canonique, *portion congrue* la pension que faisait au desservant d'une cure celui qui en était titulaire et en touchait le revenu. La portion congrue n'était due qu'aux curés dont les revenus fixes et certains allaient au-dessous de 300 livres. Elle consistait en 300 livres si le desservant était perpétuel, ou en 150 seulement s'il était amovible. — On appelait dans les chapitres *portion privilégiée* une certaine portion que les chanoines retiraient de la mense capitulaire.

PORTIUNCULE, petit champ ainsi nommé parce qu'il était une faible portion des héritages appartenants aux bénédictins de Subiaco, près d'Assise en Italie. Du temps de saint François, il y avait une petite église appelée Notre-Dame des Anges ou de la Portiuncule.

PORTLAND, petite île du comté de Dorset en Angleterre, dans la Manche, près de la côte méridionale, et vis-à-vis de Weymouth. Elle a 2 lieues de long sur une de large, et 3,000 habitants. Son sol est léger. On y trouve des carrières de pierres de taille qui fournissent chaque année plus de 120,000 quintaux expédiés pour Londres et les autres villes importantes.

PORTLAND, ville des Etats-Unis de l'Amérique septentrionale, capitale de l'Etat du Maine, à 38 lieues de Boston, avec une rade bonne et sûre dans la baie de Casco. Elle est bien bâtie et défendue par trois forts, et fait un commerce actif. Sa population est de 10,000 habitants.

PORTLAND (PIERRE DE) ou PORTLANDSTONE, roche calcaire, d'une texture souvent crayeuse, mais plus souvent oolithique (c'est-à-dire formée de petits grains ronds que l'on a comparés à de petits œufs de poissons). On la trouve dans l'île de Portland, et elle sert pour les constructions.

PORTLAND (William BENTINCK, comte DE), favori de Guillaume III, roi d'Angleterre, excita par sa faveur la jalousie des Anglais, qui demandèrent vainement sa disgrâce. Il mourut en 1709, à l'âge de soixante-deux ans, après avoir été ambassadeur en France. Il fut le premier comte de Portland. Voy. BENTINCK.

PORTLAND (William-Henri-Cavendish BENTINCK, duc DE), homme d'Etat anglais, né en 1738 à Oxford, fit ses études à l'université de cette ville, voyagea en Europe sous le nom de marquis de Lichfield, et fut à son retour élu membre de la chambre des communes. Il remplaça son père à la chambre des lords (1762), et se réunit au parti de l'opposition. Il fit partie du ministère Rockingham comme grand chambellan de la maison du roi, et lors de sa chute rentra dans les rangs de l'opposition. En 1782, il fut appelé aux fonctions de lord lieutenant d'Irlande. En 1783, il devint premier lord de la trésorerie, et chef apparent du ministère de la coalition qui s'écroula la même année. Chancelier de l'université d'Oxford en 1792, secrétaire d'Etat de l'intérieur et lord lieutenant du comté de Nottingham en 1794, il devint en 1806 une seconde fois premier lord de la trésorerie, donna sa démission en 1809, et mourut la même année de l'opération de la pierre.

PORTO ou OPORTO, riche, belle et considérable ville du Portugal, la plus industrieuse et la plus commerçante après Lisbonne, bâtie en amphithéâtre sur deux montagnes baignées par le Douro, à 70 lieues de Lisbonne. Elle est le chef-lieu de la province d'Entre-Douro-et-Minho. Sa population est de 70,000 habitants. Porto a un port très-fréquenté à l'embouchure du Douro, mais d'un accès difficile à cause des bancs de sable et des pointes de rochers qui sont à son entrée. C'est une place importante et presque imprenable, moins par ses fortifications que par sa situation. Elle est le siége d'un évêché, et renferme plusieurs établissements d'utilité publique, une académie de marine et de commerce, une école de chirurgie, trois écoles militaires

taires, douze couvents d'hommes et cinq de femmes. Elle a un consul français.

PORTO, petite ville d'Italie, dans le Patrimoine de Saint-Pierre (Etats romains), à 4 lieues de Rome, sur la côte, à environ une lieue de l'embouchure du Tibre. Le mauvais air a rendu cette ville presque inhabitée. Sa population est de 1,000 habitants. Elle a cependant un évêché auquel fut annexé au XIIᵉ siècle celui de *Sylva-Candida*, appelé encore *des saintes Rufine et Seconde*, et qui donne aujourd'hui à son possesseur le titre de sousdoyen des cardinaux.

PORTO-BELLO, ville de la Colombie, située dans le département de l'Isthme (Nouvelle-Grenade), sur la côte septentrionale de l'Isthme de Panama, et au penchant d'une colline qui entoure le port, dont la beauté lui a fait donner le nom qu'elle porte. Fondée en 1584, elle avait autrefois une population considérable, que ses chaleurs excessives et son air malsain ont réduite à 8,000 habitants. La Jamaïque a d'ailleurs envahi son commerce. Porto-Bello est à 27 lieues de Panama.

PORTO-FERRAJO, petite ville de l'île d'Elbe dont elle est la capitale, à 2 lieues de Piombino. Elle est ainsi nommée des mines de fer qui sont dans son territoire. Son port est vaste, profond et défendu par deux forts. Elle a une bonne citadelle et 4,000 habitants. Son commerce consiste en sel, marbre, granit et thon.

PORTO-REAL ou PUERTO-REAL, ville d'Espagne, située dans la province de Cadix, sur une baie, près de l'embouchure du Guadalete, à 2 lieues de Cadix. Elle est l'entrepôt de tout le sel fabriqué dans l'île de Léon, et renferme de beaux chantiers et des magasins de marine. Sa population est de 12,000 habitants.

PORTO-RICO, l'une des îles Antilles, appartenant à l'Espagne, située à l'E. de Saint-Domingue, dont elle est éloignée de 25 lieues. Sa superficie est de 426 lieues carrées, et sa population de 130,000 habitants dont 18,000 blancs. Elle est divisée par une chaîne de hautes montagnes couvertes de bois utiles et précieux, et arrosée d'un grand nombre de petites rivières qui donnent au sol une grande fertilité. Elle renfermait autrefois dans sa partie septentrionale de riches mines d'or et d'argent. Découverte par Christophe Colomb en 1493, elle fut en 1509 envahie par les Espagnols, qui y passèrent de Saint-Domingue ; elle comptait à cette époque 600,000 habitants qui furent exterminés par eux. — Sa capitale est SAN-JUAN DE PORTO-RICO, siège d'un évêché et résidence du gouverneur, sur la côte septentrionale.

PORTO-SEGURO, contrée du Brésil, bornée au N. par celle de Bahia, dont la sépare le Rio-Pardo, au S. par le Rio-Doce qui la s'pare d'Espirito-Santo, à l'O. par la province de Minas-Geraes, à l'E. par la mer. Sa superficie est de 2,200 lieues carrées, et sa population de 125,000 habitants. Cette contrée vit se former dans son étendue le premier établissement des Européens au Brésil. Elle est presque entièrement couverte d'immenses forêts. Le sol est en général très-plat, excepté au N. où s'élève la Serra des Aymores. La plupart des villes de cette contrée sont disséminées sur les bords de la mer. Elles sont sans importance ; la capitale est PORTO-SEGURO, petite ville de 2,000 habitants. Cette contrée forme une comarca de la province de Bahia. Quelques géographes en ont fait une province particulière.

PORTRAIT, reproduction des traits du visage et quelquefois de tout le corps entier. Il n'y avait pas chez les anciens de peintres adonnés exclusivement à la peinture du portrait, qui rentrait comme accessoire dans les tableaux de genre et d'histoire. Lala de Cyzique, femme habile en peinture, qui vécut pendant le dernier siècle de la république, fut la première qui se borna à peindre le portrait. Parmi les peintres modernes, ceux qui ont le plus réussi dans le portrait sont Mignard, Rigaud,
Largillière en France, Van-Dyck en Flandre, Holbein en Angleterre.

PORTSMOUTH, ville d'Angleterre, située dans le comté d'Hamps, sur la côte occidentale de l'île de Portsea, qu'un canal sépare de l'Angleterre, et à l'entrée de la fameuse rade de Spithead, à 29 lieues de Londres. Elle se compose de deux villes : *Portsmouth* et *Portsea*, dont la population réunie est de 60,000 habitants. Son port, l'un des meilleurs et le plus profond de la Grande-Bretagne, est défendu par une tour et deux forts. Il renferme de vastes chantiers de construction, un arsenal, des magasins immenses pour la marine royale. Portsmouth a un collège de marine et une école d'architecture navale. Son grand hôpital peut recevoir jusqu'à 3,000 malades et blessés.

PORTSMOUTH, ville des Etats-Unis, capitale de l'Etat de New-Hampshire, à l'embouchure de la Piscataqua, avec un port, l'un des meilleurs de l'Amérique, et dont l'entrée est défendue par cinq forts. Elle a 8,000 habitants, une académie, un athénée, plusieurs banques, des magasins et des chantiers de construction pour les gros vaisseaux. Elle est la résidence d'un vice-consul de France.

PORTUGAL, le plus occidental de tous les royaumes de l'Europe, borné à l'O. et au S. par l'océan Atlantique et de tous les autres côtés par l'Espagne. Sa superficie est de 4,870 lieues carrées, et sa population de 3,700,000 habitants, dont la presque totalité professe la religion catholique. C'est une contrée peu étendue, coupée de belles vallées et de montagnes (*Sierra d'Estrella*, *Sierra de Monchique*) et arrosée par plusieurs fleuves (le *Tage*, le *Douro*, le *Minho*, le *Mondego*, le *Sadao*). Le climat est doux et salubre. Le pays abonde en minéraux. On y trouve de l'or, de l'argent, du fer, du plomb, du cuivre, du marbre, du sel (les mines de sel occupent deux mille huit cent soixante-trois salines). Le sol est fertile, mais mal cultivé ; il produit tous les fruits du Midi, et surtout beaucoup de citrons et d'oranges (les orangers y ont été apportés de la Chine en 1548) ; on y récolte des vins estimés provenant des plants de Bourgogne. On élève en Portugal des vers à soie, des bestiaux et des chevaux petits et maigres, mais pleins d'ardeur. Les manufactures sont peu nombreuses ; le commerce est presque tout entier dans les mains des Anglais. — Le peuple portugais est poli, brave, spirituel, attaché à sa religion et vindicatif. Sa langue, dérivée du latin comme l'espagnol, a beaucoup d'analogie avec ce dernier ; elle a cependant, dit-on, plus d'harmonie, et se prête davantage aux travaux épiques et lyriques. — Le Portugal a deux archevêchés et treize évêchés, deux universités (Coïmbre et Evora), sept ordres de chevalerie, dont le premier est celui du Christ. Ses possessions sont : 1o en Asie, les villes de Diu et de Goa (Indoustan) et Macao (Chine) ; 2o en Afrique, les Açores, les îles de Madère et du Cap-Vert, l'île de Saint-Thomas, la ville de Géba (Sénégambie), l'Angola, le Benguela, une partie du Congo, le Mozambique, et des établissements sur les côtes de Monomotapa et de Zanguebar ; 3o en Océanie, un établissement à Timor, une des Moluques. En Amérique, le Brésil s'est rendu indépendant. — Le gouvernement du Portugal est une monarchie héréditaire, même pour les femmes. Les revenus de l'Etat sont de 100,000,000 de francs, et la dette publique trois fois plus forte. L'armée se compose de 33,000 hommes de toute arme ; sa marine compte 4 vaisseaux de ligne, 11 frégates, 7 corvettes, 6 bricks et 15 bâtiments inférieurs, tous en assez mauvais état. — La capitale du Portugal est LISBONNE. Le royaume de Portugal était une partie de l'ancienne Lusitanie. Conquis par les Maures de 711 à 715, il fut reconquis en partie sur eux par don Henri, prince de la maison ducale de Bourgogne. Son fils Alphonse, surnommé *il Conquistador*, fut proclamé roi en 1139. En 1580, Philippe II, roi d'Espagne, s'empara du Portugal,
qui resta sous le joug des Espagnols jusqu'en 1640. A cette époque les Portugais se révoltèrent et placèrent Jean IV, duc de Bragance, sur le trône que sa descendance occupe encore en la personne de dona Maria da Gloria, née en 1819, montée sur le trône en 1826, chassée en 1828 par son oncle don Miguel, et rétablie en 1833. Les Portugais se sont rendus célèbres dans les XVᵉ et XVIᵉ siècles par leurs expéditions maritimes. On leur doit la découverte de presque toutes les côtes de l'Afrique. Ils arrivèrent aux Indes en 1498 sous la conduite de Vasco de Gama, et se virent bientôt maîtres d'immenses possessions qui leur ont été enlevées par les Hollandais.

PORTUGALÈTE, petite ville d'Espagne, située dans la Biscaye, à l'embouchure de l'Yhaichalval dans l'Atlantique, à 6 lieues de Bilbao. Elle a un petit port et 1,800 habitants. C'est l'ancienne *Flaviobriga*.

PORTUMNE (myth.), dieu marin qui présidait aux ports. C'est le même que *Mélicerte*.

PORTUNIENS, tribu de crustacés, de l'ordre des décapodes, famille des brachyures, renfermant des crustacés essentiellement nageurs et vivant souvent en pleine mer, parce qu'ils ont un certain nombre de leurs pattes terminées en nageoires. Les genres qu'elle comprend sont les genres *carcin*, *podophthalme*, *polybia*, *lupa*, *thalamite*, *platyonyque*, et le genre type *portune* renfermant des crustacés vulgairement appelés *étrilles* et fort bons à manger.

PORUS (myth.), dieu de l'abondance, chez les anciens, était fils de Métis, déesse de la prudence. Selon Platon, Porus, s'étant trouvé à la fête qui suivit la naissance de Vénus, fut surpris par *Penia* ou la Pauvreté, qu'il rendit mère de l'Amour.

PORUS, roi d'une contrée de l'Inde entre l'Acesine et l'Hydaspe, essaya de résister à Alexandre. Vaincu dans deux batailles, il consentit à se rendre au vainqueur, qui lui demanda comment il voulait être traité. *En roi*, répondit Porus. Alexandre, charmé de sa fierté, lui laissa ses Etats, et lui en donna de nouveaux. Porus, pénétré de reconnaissance, l'accompagna dans toutes ses conquêtes, et fut son plus fidèle allié.

POSEGA ou POZEG, comitat de Hongrie, dans l'Esclavonie, entre les comitats de Kreutz et d'Agram et le cordon militaire de Croatie et d'Esclavonie. Sa superficie est de 147 lieues carrées, et sa population de 67,400 habitants. Le sol est varié, boisé et arrosé par la Save, la Pakratz, l'Illova et l'Orliava. Il est fertile en tabac, grains, fruits, châtaignes, et nourrit des bestiaux. — Sa capitale est POSEGA, sur l'Orliava, siège du consistoire épiscopal d'Agram, a un gymnase et 5,000 habitants.

POSÉIDÉON ou POSINÉON, mois de l'année athénienne, consacré à Neptune (en grec, *Poseidôn*). On croit que dans l'origine il était le dernier mois de l'année, et correspondait à la moitié de février et de mars. Après l'invention de l'octaétéride (vers le commencement du Vᵉ siècle), on changea l'ordre des mois, et poséidéon fut transporté à la place de *mémactérion*, c'est-à-dire, il correspondait à peu près au mois d'octobre. Son nombre de jours était de 29. Au bout de deux ou trois ans, on intercalait après poséidéon un mois de 30 jours, appelé poséidéon II, qui ramenait l'ordre interrompu des mois.

POSEN (GRAND-DUCHÉ DE) ou POSNANIE, une des dix provinces du royaume de Prusse, borné au N. par la Poméranie et la Prusse occidentale, à l'O. par la Silésie et le Brandebourg, et à l'E. par la Pologne. Sa superficie est de 1,025 lieues carrées, et sa population de 1,065,000 âmes, dont 48,000 juifs et quelques Allemands. Le reste est polonais et professe la religion catholique. Le sol est assez uni, marécageux dans quelques parties, et arrosé par la Warta, l'Obra, la Netze, la Brahe, etc. Le grand-duché de Posen n'est autre que la portion de la Pologne échue à la Prusse dans le partage de cette malheureuse contrée. Il forme deux régences : celle de *Posen* et de *Bromberg.*

POSEN, régence du grand-duché de ce nom, dont elle occupe la partie méridionale et occidento - méridionale. Elle a 622 lieues carrées de superficie, avec 575,000 habitants, et se divise en seize cercles. — Sa capitale est POSEN, chef-lieu de tout le grand-duché, au confluent de la Proszna et de la Warta, avec un bon château et 25,000 habitants, dont 4,025 juifs. Bien bâtie, malgré les incendies de 1764 et de 1783 qui la détruisirent presque tout entière, elle possède une cathédrale magnifique, un gymnase, un siége épiscopal, un séminaire, un théâtre, et est la résidence des autorités civiles et militaires. Elle commerce en bois, grains, blé, laines, etc., et se trouve à 59 lieues de Berlin et 67 de Varsovie.

POSIDONIES, fêtes grecques célébrées à Athènes en l'honneur de Neptune le 8 du mois de posidéon ou poséidéon. Dans l'île de Ténédos, il y avait hors la ville un bois et un temple remarquable par de vastes salles à manger, qui servaient à la foule de ceux qui venaient célébrer cette fête.

POSIDONIUS, fameux philosophe stoïcien, natif d'Apamée en Syrie et disciple de Panétius. Il passa la plus grande partie de sa vie à Rhodes, où il partageait ses instants entre l'enseignement de la philosophie et les soins du gouvernement. Il vint ensuite à Rome, où il professa avec beaucoup d'éclat, et où il eut Cicéron pour disciple et pour ami. Les sciences mathématiques, la physique et l'astronomie occupèrent ses loisirs. Il mesura la circonférence de la terre, reconnut que la hauteur de l'atmosphère était de quatre cents stades, et soupçonna le premier la cause réelle des marées. Posidonius avait composé plusieurs ouvrages, entre autres des livres *sur la Nature des dieux* et des traités *de la Divination et du Destin.*

POSPOLITE. Dans l'ancien gouvernement polonais, c'était le nom d'un ordre par lequel, dans les besoins pressants de l'État, tous les sujets, nobles et roturiers, en état de porter les armes, étaient obligés de se rendre en un lieu désigné et de servir la république polonaise à leurs dépens pendant l'espace de six semaines. Quelquefois les ecclésiastiques eux-mêmes n'étaient pas exceptés.

POSSELT (Ernest-Louis), célèbre historien et publiciste allemand, né à Bade en 1763, devint professeur de droit et d'éloquence à Carlsruhe, et mérita, peu de temps après, par ses succès le titre de secrétaire privé du margrave. En 1791, il fut nommé bailli de Gernsbach. Il se déclara l'apologiste des idées républicaines, et peignit les progrès de la révolution française dans son *Almanach de l'histoire moderne* (1792-1800). Les *Annales européennes,* ouvrage périodique qu'il commença en 1792, lui firent un nom comme historien et publiciste. Le général Moreau, son ami, ayant été accusé de trahison (1804), Posselt se cacha pour éviter les poursuites qu'il craignait, et, dans un moment de délire, se tua à Heidelberg en s'élançant d'un troisième étage dans la rue.

POSSÉDÉS, nom donné à ceux qu'on suppose en proie aux obsessions du démon. On les appelle aussi *démoniaques.* Voy. POSSESSION nº 5.

POSSESSION, détention d'une chose corporelle. On distingue deux sortes de possession : la *possession civile,* fondée sur un titre légal, et la *possession naturelle,* fondée sur le fait. La possession naturelle peut devenir légale ; car, lorsqu'elle est continue et non interrompue, publique et non équivoque, elle donne lieu à la prescription, par laquelle elle se trouve définitivement constituée.

POSSESSION D'ÉTAT. On appelle ainsi l'ensemble des faits qui établissent des rapports de filiation et de parenté entre une personne et la famille à laquelle elle prétend appartenir. On peut, dans certains cas, à défaut d'acte de naissance, invoquer la possession d'état.

POSSESSION PRÉCAIRE. On appelle ainsi celle qui s'exerce à tout autre titre que celui de propriétaire. Ainsi le fermier, l'usufruitier, le donataire, possèdent à titre précaire.

POSSESSION TRIENNALE, ancienne règle de la chancellerie romaine par laquelle le possesseur d'un bénéfice, qui en aurait joui paisiblement pendant trois ans non interrompus, ne pouvait être inquiété d'aucune façon, ni au possessoire, ni au pétitoire.

POSSESSION. Ce mot se dit, en théologie, de l'état d'un homme tourmenté par le démon qui est entré dans son corps. Dans l'obsession, au contraire, le démon n'agit qu'au dehors.

POSSESSOIRE. En jurisprudence, on nomme ainsi une action personnelle qui a pour objet la possession d'un héritage ou d'un droit réel immobilier, soit qu'on n'en jouisse pas, soit qu'on n'en jouisse pas paisiblement et sans trouble. Dans le premier cas, l'action prend le nom spécial de *réintégrande,* dans le second celui de *complainte.*

POSTDAM ou POTSDAM, régence de Prusse, située dans la province de Brandebourg, au S. de la régence de Stettin et du grand-duché de Mecklembourg-Strélitz. Sa superficie est de 715 lieues carrées, et sa population de 506,000 habitants. Le climat est doux et salubre, le sol très-varié, et le territoire généralement plat. — La capitale est POSTDAM ou POTSDAM, seconde résidence royale, bâtie dans une île formée par le Havel et la Sprée, à 6 lieues de Berlin. Elle a une population de 25,000 habitants dont 5,700 militaires. Extrêmement régulière dans son ensemble, elle est entourée de murs avec neuf portes et sept ponts. Près de cette ville se trouve le château de Sans-Souci, résidence favorite du grand Frédéric.

POSTE. C'est à Cyrus, roi de Perse, qu'on attribue l'invention des postes. L'usage en fut d'abord restreint dans son empire, à la chute duquel il se perdit presque entièrement. On en établit dans la suite chez les Grecs et les Romains de bien inférieures ; mais Tibère les fit renaître avec des formes assez analogues aux nôtres. Charlemagne institua un corps de courriers (*cursores* ou *veredarii*), et, de son règne à celui de Louis XI, les particuliers ne correspondirent entre eux que par l'entremise des messagers que l'université de Paris expédiait, à des époques indéterminées et à son profit, dans les principales villes du royaume. Louis XI organisa les postes en France par l'édit de Douriens (1464). Les courriers qui portaient les ordres royaux portèrent en même temps, de ville en ville, les lettres des particuliers. On put courir avec les chevaux destinés à ces courriers, en payant dix sous par cheval pour une traite de quatre lieues, distance à laquelle étaient établis les relais. Les *maîtres coureurs,* aujourd'hui appelés *maîtres de poste,* reçurent plus tard de nombreux priviléges, que l'assemblée constituante supprima (1790) et remplaça par une indemnité annuelle de 300 francs par cheval, qui ne peut pas dépasser 450 francs, et être au-dessous de 250. Cette indemnité fixe, le produit des estafettes, des chaises de poste, et de la contribution des 25 centimes par poste et par cheval, dont un décret de 1805 frappa, en leur faveur, tout entrepreneur de messageries qui ne se servirait pas des chevaux du relais, forment les revenus des maîtres de poste.

POSTE. On donne ce nom, dans l'art militaire, à un lieu qu'occupe un corps de troupes placé là pour sa défense. Dans une place de guerre, il y a autant de postes que d'établissements militaires, et chaque poste a ses consignes particulières et une consigne générale, comme pour les cas d'incendie, d'alerte, etc. A l'armée, il y a des postes d'observation, d'avant-garde, des postes d'honneur, des postes avancés.

POSTEL (Guillaume), né en 1510 à la Dolerie (Normandie), maître d'école à l'âge de quatorze ans, vint faire ensuite ses études au collège de Sainte-Barbe à Paris, où il acquit en peu de temps une science presque universelle. François Iᵉʳ l'envoya en Orient, d'où il rapporta plusieurs manuscrits précieux. Ce voyage lui mérita la chaire de professeur royal des mathématiques et des langues. La reine de Navarre lui ayant fait perdre ses places, *il se fit* jésuite, fut exclus de l'ordre et jeté en prison (1545), et, après plusieurs aventures, fut rétabli dans la chaire qu'il avait perdue. Il mourut au monastère de Saint-Martin des Champs en 1581. On a de lui une foule d'ouvrages bizarres et instructifs.

POSTHUME (du latin *post humatum patrem*), né après la mort de son père. — L'enfant posthume n'est reconnu légitime par la loi que s'il est né dans l'intervalle des trois cents jours après la mort du père.

POSTHUME (Marcus Cassianius Latinius), le plus illustre des tyrans qui s'emparèrent de diverses provinces de l'empire romain vers la fin du IIIᵉ siècle, avait été sous Valérien nommé gouverneur des Gaules. Mécontent de Gallien, son successeur, il se fit proclamer empereur par ses soldats (257), battit les généraux envoyés contre lui, repoussa les Germains, et se maintint pendant dix ans sur le trône. Après avoir vaincu Cœlius Lollien, il fut tué par ses propres soldats, auxquels il défendait le pillage (269). Il s'était associé Victorin et son propre fils, auquel on attribue dix-neuf *déclamations,* qui ont paru sous le nom de Quintilien.

POSTHUMIUS. Ce nom est celui de plusieurs Romains célèbres, parmi lesquels on remarque : 1º AULUS POSTHUMIUS ALBUS, surnommé *Regillensis* parce que, étant dictateur en 496 avant J.-C., il remporta sur les Latins, près du lac Régille, une grande victoire qui mit fin à la guerre. — 2º SPURIUS POSTHUMIUS ALBINUS, consul l'an 334 avant J.-C., censeur en 333, maître de la cavalerie l'an 327, consul pour la seconde fois l'an 321, se laissa enfermer par les Samnites dans le défilé des Fourches-Caudines, et fit avec eux une paix honteuse, après avoir consenti à passer sous le joug avec son armée. De retour à Rome, il effaça sa honte par la générosité avec laquelle il conseilla au sénat de le livrer aux ennemis pour rompre le traité. Ceux-ci lui rendirent la liberté. — 3º LUCIUS POSTHUMIUS, consul pour la troisième fois l'an 215 avant J.-C., fut tué dans les Gaules, près de Litanie (Bourbonnais), par les Boïens, qui lui coupèrent la tête et firent de son crâne un vase sacré.

POSTPOLITE (en polonais, *rech pospolita*). On nommait ainsi, en Pologne, toute la noblesse ayant droit d'élection et d'émettre le *liberum veto.*

POTALIÉES, famille de plantes dicotylédones, à étamines épigynes, à corolle monopétale, créée par Martins pour un genre placé par Jussieu dans la famille des gentianées. Ce genre renferme deux espèces, dont l'une, la *potalie amère,* est un petit arbuste ligneux de trois pieds environ de hauteur, à feuilles opposées et à fleurs en corymbe. Les tiges transsudent une résine jaunâtre, qui exhale en brûlant une odeur de benjoin.

POTAMON, philosophe célèbre d'Alexandrie, contemporain d'Auguste, passe pour avoir été le premier qui ait donné une forme systématique et régulière à la philosophie *éclectique,* c'est-à-dire à cette philosophie qui choisit (*eclegoui*) les meilleures opinions de chaque secte. Sa métaphysique reposait sur la distinction de quatre principes : la matière, la cause efficiente, la qualité et le lieu. Sa morale, en rapportant les actions à la vertu, n'excluait ni les biens extérieurs ni les jouissances physiques.

POTAMON (Saint), évêque d'Héraclée en Egypte, eut l'œil droit crevé dans la persécution de Maximin Daïa. Il assista au concile de Nicée (325), à celui de Tyr (335), où il défendit saint Athanase, et fut tué à coups de bâton par les ariens en 342. Le martyrologe met sa fête au 18 de mai.

POTAMOT, genre de plantes de la famille des naïadées, composé de nombreuses espèces, toutes munies de racines vivaces, vivant dans les eaux, s'étendant à leur surface, et dont dix-neuf tapissent entièrement le fond de nos étangs, des rivières, des ruisseaux, des fontaines et même des fossés. On connaît surtout le *potamot luisant* ou *épi d'eau*, dont la tige est longue, grêle, aux feuilles d'un vert foncé, luisant et veiné; aux fleurs d'un blanc sale ou verdâtres, disposées en épi cylindrique.

POTASSE (*deutoxyde de potassium*), substance que l'on a longtemps appelée *alcali végétal*, et que la nature ne nous fournit pas à l'état de pureté. La potasse du commerce, désignée sous les noms de *potasse de Russie*, *d'Amérique*, *de Trèves*, *de Dantzick*, *des Vosges*, *de potasse perlasse*, se trouve combinée en grande partie avec l'acide carbonique. Elle est alors solide, d'une couleur blanche, d'une saveur âcre et caustique. Pour l'obtenir, on lessive les cendres des végétaux que l'on brûle dans les foyers, on évapore jusqu'à siccité les eaux de lavage, et on blanchit par la calcination le sel noir obtenu. Cette opération se fait en grand dans tous les pays riches en forêts, comme la Suède, la Russie, la Pologne et l'Amérique du Nord. La potasse a des usages nombreux, soit dans la médecine où elle s'administre comme diurétique, apéritive et fondante, soit dans les laboratoires de chimie, soit enfin dans les arts où on l'emploie pour fabriquer le verre, le savon noir, l'alun, le bleu de Prusse, le salpêtre. C'est avec de la potasse que l'on fabrique les lessives.

POTASSE CAUSTIQUE. On donne ce nom à la potasse traitée par la chaux et fortement desséchée. Elle forme alors la pierre à cautère.

POTASSIUM, métal découvert à la fin de 1807 par le chimiste anglais sir Humphry Davy, en soumettant l'hydrate de potasse à l'action de la pile. Il ne se trouve dans la nature que combiné avec l'oxygène dans certains sels et dans quelques produits volcaniques. Il est solide à la température ordinaire, ressemble à l'argent mat, et a la consistance et la dureté de la cire. Sa pesanteur spécifique est un peu moins grande que celle de l'eau. On le conserve dans l'huile de naphte; car, exposé à l'air, il s'enflamme même à la température ordinaire. Il brûle aussi dans l'eau avec dégagement de lumière.

POTEMKIN (Grégoire Alexandrovitch), né en 1736 dans les environs de Smolensk d'une famille polonaise d'origine, prit une part active à la révolution qui plaça Catherine II sur le trône de Russie. Il n'était alors qu'enseigne de la garde à cheval. Créé bientôt colonel, gentilhomme de la chambre, chambellan, il devint l'amant et le favori de l'impératrice, sur l'esprit de laquelle il obtint un empire absolu. Feld-maréchal, généralissime de toutes les armées russes, grand amiral des flottes de la mer Noire, de la mer d'Azof et de la mer Caspienne, gouverneur de Tauride, décoré de tous les ordres de l'empire, il s'immortalisa en 1787 par la prise d'Oczakow, qui lui valut un présent de 100,000 roubles, le titre d'attaman ou hetman des Cosaques, un bâton de commandement garni de diamants et entouré d'une branche de laurier, et le cordon de Saint-Georges, qu'on ne pouvait obtenir qu'après une victoire. Il mourut d'une indigestion en 1791, au moment où sa fortune commençait à baisser. Il avait pensé à se créer une principauté indépendante.

POTENTILLE, genre de plantes de la famille des rosacées, tribu des dryadées, renfermant des plantes herbacées ou sous-frutescentes, à feuilles composées et à fleurs blanches ou jaunes, rarement rouges. La plupart des espèces croissent dans les pays montagneux de l'hémisphère boréal, et sont communes dans les Pyrénées et les Alpes, où elles fleurissent dès les premiers jours du printemps.

POTENZA, petite ville du royaume de Naples dans la Basilicate, sur la source du Bussento. Elle a 3,000 âmes et un évêché sous la métropole d'Acerenza, dont elle est éloignée de 6 lieues. Potenza fut presque ruinée par un tremblement de terre en 1694.

POTERIE, ensemble des vases ou autres ustensiles fabriqués avec l'argile et autres matières inférieures. La poterie diffère de la *porcelaine* en deux choses, par la finesse et la rareté de la pâte de celle-ci, et par la température excessivement élevée qu'exige sa cuisson. — La vaisselle d'étain prend le nom de *poterie d'étain*. — En architecture, on appelle *poterie* des sortes de pots de terre qu'on emploie quelquefois dans la construction des voûtes et des planchers, environnée de maçonnerie, formant naturellement et sans art une petite arche qui devient comme une voûte de décharge.

POTERNE, fausse porte placée dans un rempart pour donner issue dans les fossés et faciliter les sorties de la place sans être aperçu des assiégeants. Les poternes sont ordinairement placées dans l'angle d'une courtine.

POTHIER (Robert-Joseph), célèbre jurisconsulte, né à Orléans en 1699, conseiller au présidial de cette ville, et ensuite professeur de droit français à l'université, mort en 1772. Il eut la gloire d'exécuter le projet, vainement tenté jusqu'à lui, de présenter dans un ordre naturel et méthodique les maximes et les principes du droit romain, si confusément épars dans les compilations de Justinien. Cet ouvrage, intitulé les *Pandectes de Justinien*, fut publié en 1748. On a encore de lui une vingtaine de traités spéciaux sur les différentes branches du droit; parmi eux, on distingue le *Traité des obligations*, qu'on regarde comme son chef-d'œuvre dans le droit français.

POTHIN, eunuque qui gouverna l'Egypte pendant la minorité du dernier Ptolémée, dont il avait été le maître. Ce fut lui qui conseilla la mort de Pompée. César le fit mourir pour avoir excité des troubles à Alexandrie l'an 47 avant J.-C.

POTHIN (Saint), premier évêque de Lyon, fut envoyé dans les Gaules par saint Polycarpe, son maître. Il était âgé de quatre-vingt-dix ans lors de la persécution de Marc Aurèle (177 après J.-C.). Cruellement maltraité, il fut jeté en prison, et y mourut deux jours après. Saint Irénée fut son successeur.

POTIDÉE, ville de Macédoine, située dans la presqu'île de Pallène, au S.-O. de Chalcis, et au S.-E. de Thessalonique. Fondée par une colonie athénienne, elle fut prise par les Corinthiens (435 avant J.-C.) dans la guerre de Corcyre, et reprise par les Athéniens, qui en chassèrent les habitants. Philippe, roi de Macédoine, s'en étant plus tard emparé dans sa guerre contre Athènes, en chassa de nouveau les habitants, et donna la ville aux Olynthiens afin de se les attacher. Cassandre embellit Potidée, qui pour cette raison fut nommée CASSANDRIE.

POTIER (Nicolas), seigneur de Blancmesnil, d'une noble famille qui remonte au XVe siècle, né à Paris en 1541, était président au parlement de Paris pendant les troubles de la Ligue. Délivré par le duc de Mayenne de la prison où il avait été jeté par la faction des seize, il se rendit vers Henri IV. La reine Marie de Médicis l'honora pendant sa régence du titre de chancelier. Il mourut en 1635. — Son frère puîné, LOUIS POTIER, seigneur de *Gesvres*, secrétaire d'Etat, mort en 1630, laissa postérité.

POTIER (René), fils aîné de Louis Potier, seigneur de Gesvres, capitaine des gardes du corps, gouverneur de Châlons, comte de Tresmes en Valois, se distingua par son zèle patriotique et son courage. La terre de Tresmes fut, en 1648, érigée en duché-pairie sous le nom de Gesvres. — Son frère puîné, BERNARD POTIER, seigneur d'Eblerencourt, fut lieutenant général de la cavalerie légère et mourut en 1662. — Le plus jeune des fils de Louis, ANTOINE POTIER, seigneur de Sceaux, secrétaire d'Etat, habile diplomate, mourut en 1721, sans postérité.

POTIN, mélange de cuivre jaune et de quelques parties de cuivre rouge. C'est un métal factice et cassant, avec lequel on fait le potin des lavures qui donne la fabrication du laiton, en y mêlant d'ailleurs du plomb ou de l'étain. Dans le premier cas, il prend le nom de *potin jaune*; dans le second, celui de *potin gris*.

POTION, médicament liquide formé d'un mélange de sirops, d'eaux distillées, d'infusions, de décoctions, d'éther, de poudres, de sels, d'huiles, de gommes-résines, etc., et destiné à être pris par fractions et non d'une manière continue comme les tisanes.

POTIRON, espèce du genre *courge*. Ses tiges acquièrent une étendue considérable; ses feuilles sont très-amples, en cœur arrondi, molles, couvertes de poils; les fleurs jaunes, très-grandes, placées à l'aisselle des feuilles; les fruits sont d'une grosseur énorme; leur forme est sphérique, aplatie et même enfoncée aux deux pôles; ils sont marqués de côtes profondes et régulières; la peau est fine, la chair ferme, quoique juteuse et fondante; cette espèce est très-estimée. Le *potiron jaune lisse* ou *brodé*, le *vert ardoisé*, le *petit vert*, ses variétés, sont employés à faire des soupes très-agréables et des marmelades.

POTITIENS et POTITIUS. Voy. PINARIENS.

POTNIES, ville de la Béotie, au delà de l'Asope, et à 10 stades de Thèbes. Bacchus y avait un temple, dont les Potniens massacrèrent un jour le prêtre. L'oracle leur ordonna, en expiation, le sacrifice annuel d'un jeune homme; ce qui dura jusqu'à ce que Bacchus substitua à cette victime humaine une chèvre, qui fit donner au sacrifice le nom d'*Ægobole* ou *Ægophage* (de *œgs*, chèvre, et de *ballô*, jeter, ou *phagô*, manger). On adorait, à Potnies, des divinités appelées Potniades, dont les autels étaient dans un bois sacré à Cérès et à Proserpine. Près de la ville se trouvait une fontaine dont l'eau rendait les cavales furieuses.

POTOCKI (LE COMTE Stanislas-Félix), d'une illustre famille de Pologne, reçut du gouvernement russe le titre de palatin, et fut dès lors entièrement dévoué au cabinet de Saint-Pétersbourg. Il fut l'un des auteurs de la célèbre confédération de Targowicz (1792), traité dont le partage de la Pologne fut la suite et pour lequel il reçut l'ordre de Saint-Alexandre-Newski. Catherine II lui donna le grade de lieutenant général. Il mourut en 1805. — Il ne faut pas le confondre avec le comte IGNACE POTOCKI, son cousin, grand maréchal de Lithuanie, né en 1751, patriote exalté, qui fut, malgré la capitulation, traîné en Russie et enfermé dans la forteresse de Schlusselbourg jusqu'à la mort de Catherine II. Il mourut dans ses terres en 1809.

POTOROO, genre de mammifères de l'ordre des marsupiaux et de la famille des macrotarses, renfermant trois espèces. La seule que l'on connaisse bien est un animal de la taille d'un petit lapin et de la couleur d'une souris, que la plupart des voyageurs désignent sous le nom de *kanguroo-rat*, parce qu'on l'a comparé sa forme à celle du kanguroo, et son pelage à celui d'un rat.

POTOSI. Voy. LUIS-POTOSI (SAN-).

POTOWMACK, rivière considérable des Etats-Unis, qui a source aux monts Alleghany, sépare le Maryland de la Virginie, passe à Washington et se jette dans la baie de Chesapeake, après avoir reçu un grand nombre de rivières. Le Potowmack est navigable pour les plus gros bâtiments dans une étendue de 70 lieues.

POTSDAM. Voy. POSTDAM.

POTTER (Paul), célèbre peintre hollandais, fils de Jean Potter, naquit à Enckuysen en 1625, et mourut à Amsterdam en 1654. Il a surtout excellé dans le paysage. On achète à un très-haut prix ses tableaux parce qu'ils sont finis dans leur genre et fort rares. Le musée du Louvre en possède cinq. Potter représentait les animaux avec la plus grande vérité.

POU, genre d'insectes de l'ordre des aptères, famille des parasites, renfermant des insectes qui vivent sur le corps des animaux et de l'homme. Leur corps est plat, presque transparent, et muni de six pattes terminées chacune par un ongle très-fort ou par deux crochets dirigés l'un vers l'autre, de sorte qu'ils s'attachent aux poils et aux cheveux avec une force extraordinaire pour un si petit animal. Leur tête, toute courte qu'elle est, supporte deux antennes mobiles et composées de cinq articles, et présente à sa partie inférieure le suçoir à l'aide duquel ils pompent le sang après avoir percé la peau de l'animal avec un aiguillon corné qu'ils portent sous le ventre. On regarde les poux comme dégoûtants, moins à cause de leur conformation que de la malpropreté qu'ils annoncent dans celui sur lequel on les voit. Les nègres, les Hottentots et divers singes les mangent, et ont été pour cette raison appelés *phthiriophages*. Ces insectes se multiplient avec une prodigieuse rapidité ; on a calculé qu'un seul individu pouvait en deux mois produire dix-huit mille petits. La multiplication d'une espèce qui vit sur le corps de l'homme est si grande quelquefois, qu'elle finit par engendrer une maladie souvent mortelle (la *phthiriase* ou *maladie pédiculaire*).

POU. Ce nom a été donné à beaucoup d'insectes et de crustacés qui vivent en parasites sur des animaux et des plantes ; ainsi on appelle *pou de baleine* les cyames et quelques pycnogonons ; *pou de bois*, les termès et les psoques ; *pou de mer*, les cymothoées et les cyames.

POUCE. En anatomie, c'est le nom du premier doigt de la main de l'homme et du singe. Les animaux inférieurs, les mammifères par exemple, ont une sorte de pouce ; mais, outre que ce doigt est chez eux peu développé, il n'est jamais opposable aux autres doigts, ce qui fait que leur main ne peut être un organe parfait du toucher. Dans l'homme, où il se trouve le plus parfait par sa longueur et sa mobilité, le pouce est formé d'os que l'on appelle phalanges.

POUCE, ancienne mesure qui contenait 12 lignes et qui était la douzième partie du pied. — En hydraulique, on appelle *pouce d'eau* la quantité d'eau qui s'écoule par une ouverture circulaire d'un pouce de diamètre faite à l'un des côtés du réservoir, un pouce au-dessous du niveau de l'eau.

POUCE-PIEDS, nom vulgaire des *anatifes*, parce qu'ils ont une espèce de tube ou de pied qui ressemble à un doigt.

POUD, poids russe qui équivaut à peu près à 40 de nos anciennes livres (20 kilogrammes).

POUDING, mets composé de mie de pain, de moelle de bœuf, de raisin de Corinthe et autres ingrédients. C'est un mets anglais.

POUDINGUE (géol.), roche à base composée de fragments de substances quartzeuses, réunis soit sans ciment visible, soit avec un ciment quartzeux. Elle forme des couches, des amas, des filons, et ordinairement des blocs qui se trouvent pour la plupart dans les terrains neptuniens. Les couleurs des poudingues sont très-variées ; car ces roches sont rougeâtres, grisâtres, brunâtres, blanchâtres, etc. ; quelquefois même elles offrent une teinte unie ; mais elles sont souvent bigarrées.

POUDRE, poussière réduite à une grande finesse. Ce nom se donne à différentes substances solides pulvérisées et à certains mélanges. Ainsi la *poudre de fusion* est un mélange fait avec trois parties, en poids, de nitrate de potasse pulvérisé, une partie de soufre sublimé, et une partie de sciure de bois passée au tamis. Elle sert à faciliter la fonte de certains métaux ou minerais. — La *poudre d'or* des peintres, ou *or en coquilles*, est de l'or en feuilles réduit en poudre, à l'aide du sulfate de potasse, traité par l'eau, déposé, séché et pulvérisé de nouveau. — La *poudre à dorer le cuivre* est un mélange de mercure, d'étain fin, de fleur de soufre et de sel ammoniac pulvérisé. Ce produit, pulvérisé et conservé dans des flacons hermétiquement bouchés, est connu sous le nom d'*or mussif*.

POUDRE, amidon pulvérisé dont on se sert pour blanchir les cheveux. Le premier de nos écrivains qui parle de la poudre est l'Etoile, dans son journal (année 1593). La poudre s'introduisit peu à peu dans les habitudes. Vers la fin du XVIIe siècle, il n'y avait encore que les comédiens de poudrés. Dans le XVIIIe, la mode passa aux hommes et aux femmes. Aujourd'hui, on trouve peu de personnes qui aient conservé cette ancienne coutume.

POUDRE, mélange de salpêtre, de charbon et de soufre, facile à s'enflammer, et destiné à lancer à une certaine distance des projectiles par l'effet de la force expansive du gaz en lequel il se transforme. La quantité des matières composantes varie avec les différentes qualités de poudre. Dans celle de guerre, il y a sur 100 parties 75 de salpêtre, 12,50 de soufre et 12,50 de charbon ; dans celle de chasse, il y a 78 de salpêtre, 10 de soufre et 12 de charbon ; dans celle de mine, il y a 62 de salpêtre, 20 de soufre et 18 de charbon. Trois procédés sont employés dans la fabrication des poudres : le procédé des pilons, celui des meules et celui dit de la poudre ronde. Le premier surtout est très-employé. On mélange et on pile les matières dans un mortier, en les délayant avec de l'eau ; et, après avoir fait sécher les gâteaux qu'on obtient, on les brise et on les tamise dans un tamis dont les trames sont précisément du même diamètre que la poudre que l'on veut avoir. — On donne le nom de *poudre fulminante* à un mélange de trois parties de nitre pulvérisé, d'une partie de potasse caustique, et d'une partie de soufre sublimé. Ce mélange détonne avec violence. C'est cette poudre et non la poudre à tirer qui était connue de Roger Bacon.

POUDRES (CONSPIRATION DES), complot tramé par les catholiques d'Angleterre au commencement du règne de Jacques Ier, et dont le chef était Thomas Percy. On devait faire sauter le roi et les membres du parlement au moyen d'une mine pratiquée sous le lieu de réunion, le 5 novembre 1603, proclamer ensuite la princesse Elisabeth, fille de Jacques Ier, et rétablir la religion catholique. Ce complot fut découvert par un des conjurés, qui, en prévenant lord Montaigu, son bienfaiteur, de ne pas se rendre au parlement, éveilla les soupçons et mit sur la voie de la conspiration. Le plus grand nombre des conjurés fut décapité, et les jésuites furent bannis du royaume.

POUGENS (LE CHEVALIER Marie-Charles-Joseph DE), littérateur savant et spirituel, né à Paris en 1755, fils naturel du dernier prince de Conti. La petite vérole le priva de la vue dès l'âge de vingt-quatre ans, en 1779. Il n'en continua pas moins ses travaux littéraires, dont le plus important est son *Trésor des origines et dictionnaire grammatical de la langue française*, qui n'a pas encore été publié. Reçu membre de l'académie des inscriptions en 1799, il se retira en 1808 dans son château de Vauxbrins près Soissons, et est mort en 1833.

POUILLE, ancienne province du royaume de Naples, bornée au N. et à l'E. par la mer Adriatique, au S. par le golfe de Tarente et à l'O. par les Abruzzes. C'est l'ancienne *Apulie*. Elle comprend aujourd'hui trois provinces : la *Capitanate*, la *terre d'Otrante* et la *terre de Bari*.

POUILLÉ, registre où l'on inscrivait le catalogue des églises et des bénéfices d'une province.

POUILLOT, oiseau de l'ordre des passereaux, famille des dentirostres, tribu des becs-fins, genre des roitelets ou figuiers. Il a le sommet de la tête et les parties supérieures du corps d'un olivâtre clair, les plumes de l'aile et de la queue d'un brun cendré, entouré d'olivâtre. Son chant doux et agréable lui a fait donner le nom de *chantre*. Cet oiseau, de fort petite taille, vit dans les bois et se nourrit de moucherons et d'insectes. Il fait son nid à terre avec beaucoup de soin, et pond six œufs blancs, marqués de taches d'un rouge pourpré.

POULAIN, c'est le jeune cheval. — On donne aussi ce nom à un genre de poissons de l'ordre des acanthoptérygiens et de la famille des scombéroïdes, fort remarquables par leur forme oblongue et comprimée, par la petitesse de leurs écailles minces et lisses et la protactilité de leur bouche, garnie ordinairement de dents fines.

POULAINE, nom donné à de longues pointes qui terminaient les souliers. Elles étaient très en vogue sous Charles VI, qui les proscrivit. Mais la mode en revint et dura jusque bien avant dans le XVe siècle. La poulaine se recourbait en haut, en sorte que le soulier simulait à peu près un ⌐ couché. Les gens de qualité seuls se servaient de cette chaussure.

POULAINE (mar.), assemblage de plusieurs pièces de bois formant une portion de cercle terminée en pointe. Elle fait partie de l'avant des vaisseaux.

POULARDE, poule à laquelle on fait l'extraction des ovaires pour que, ne pondant point, elle engraisse davantage. On vante celles du Mans.

POULE. C'est, à proprement parler, la femelle du *coq* ; mais on a étendu ce nom à beaucoup d'autres oiseaux qui n'appartiennent pas au genre coq, et même à d'autres ordres que celui des gallinacés. La *poule de Barbarie*, *d'Afrique* ou *de Numidie* est la peintade ; la *poule de bois*, *des coudriers* ou *sauvage*, la gélinotte ; la *poule de bruyère* ou *de Limoges*, le tétras ; la *poule d'eau* est la gallinule ; la *poule de neige* est le lagopède ; la *poule-sultane* porte encore le nom de porphyrion. Voy. l'art. suiv.

POULE-SULTANE ou PORPHYRION, espèce d'oiseau du genre talève. Elle a le bec beaucoup plus gros que large, ce qui lui donne une forme conique, des pieds et des doigts forts longs. Elle porte sur le front une plaque cornée très-grande et presque ronde. La *poule-sultane ordinaire*, qui est originaire d'Afrique, et qu'on élève dans les parcs, est de couleur d'un bleu de turquoise très-pur ; sur l'occiput, la nuque, les cuisses et l'abdomen d'un bleu indigo très-foncé ; sur la poitrine, le dos, les ailes et la queue d'un bleu indigo éclatant. Le bec est rouge ainsi que la plaque du front, et les pieds sont de couleur de chair rougeâtre. Les mœurs de cet oiseau sont celles de la poule d'eau ou gallinule.

POULET, nom du jeune coq lorsque le duvet a été remplacé par les plumes. Après cinq ou six semaines, il prend celui de *chapon* ou *poularde*, si on lui enlève la faculté de se reproduire, et celui de *coq* ou de *poule* si on la lui laisse. — On appelait *poulets sacrés*, chez les Romains, ceux que les prêtres élevaient pour en tirer les augures. S'ils refusaient de manger, l'augure était funeste. Dans le cas contraire, il était favorable en proportion de l'avidité avec laquelle ils achevaient leur repas. On connait le mot de Claudius Pulcher, qui, apprenant que les poulets sacrés ne voulaient pas manger, les fit jeter à la mer, en s'écriant : Qu'ils boivent ; impiété à laquelle on attribua tous les malheurs de ce général.

POULIAS, nom donné, dans l'Inde, à une caste ou classe d'hommes méprisée à ce point, que les brames leur contestent le droit de les regarder en face, et qu'il leur est défendu d'entrer dans les maisons ni de converser avec ceux des classes supérieures. Une maison dans laquelle un poulià entrerait serait regardée comme souillée. Il leur est défendu de porter les armes, même dans la plus grande extrémité. Les poulias sont dans l'ordre des castes au-dessous des parias.

POULICHE, nom de la jeune jument.

POULICHIS ou PULCHIS, classe d'hommes qui habite l'Inde et principalement la côte du Malabar. Ils sont au-dessous des parias et des poulias, et les autres castes les regardent comme les derniers des hommes et comme indignes de participer aux avantages de l'humanité. Les Indiens des castes privilégiées ont droit de vie et de mort sur eux. Il leur est défendu, dit-on, de bâtir des maisons, de labourer, de semer et de planter ailleurs que dans les endroits écartés et sauvages.

POULIE, machine simple, consistant en une roue qui tourne autour d'un axe le plus souvent immobile, et autour de laquelle vient s'enrouler une corde dont les deux extrémités reçoivent, l'une la force motrice, l'autre la résistance, c'est-à-dire la masse à mouvoir. Il est des cas où l'axe de rotation est mobile ; dans ce cas, c'est une des extrémités de la corde qui est fixe. Un système de poulies, disposées d'après un arrangement particulier, s'appelle *moufle*.

POULLE (L'ABBÉ Nicolas-Louis), célèbre prédicateur, né à Avignon en 1702, mort dans cette ville en 1781. Il avait été prédicateur du roi et abbé commendataire de Nogent. Parmi ses *sermons* on distingue surtout le Discours sur le ciel, l'Exhortation sur l'aumône et celle en faveur des enfants trouvés.

POULO, mot de la langue malaise qui signifie *île*. — *Poulo-Aï* est une petite île très-fertile en soufre et surtout en muscade (elle produit par an 120 millions de noix), à l'O. de Banda et à 28 lieues de Céram. — *Poulo-Lout* ou *Landa* est une île située entre Bornéo et Célèbes, à l'entrée du détroit de Macassar. — *Poulo-Pinang* est une île du détroit de Malacca, où les missionnaires français ont établi un collége de chinois. — *Poulo-Timor* est une île située sur la côte orientale de Malacca, et fertile en bétel et en plantes rafraîchissantes. Ses habitants sont plus noirs que ceux de Java.

POULPE, genre de mollusques de l'ordre des céphalopodes, renfermant des animaux pourvus de huit grands tentacules à peu près égaux, dont la coquille est réduite à deux grains coniques de substance cornée, placés dans l'épaisseur de leur peau dorsale, et dont le ventre est dépourvu d'ailes latérales. Aussi les poulpes ne peuvent-ils nager que difficilement. C'est pour cela qu'ils se tiennent de préférence près des côtes. La force de leurs bras est telle qu'il n'est presque pas d'animaux qui, enlacés dans les contours de ces organes, puissent leur échapper ; on prétend même qu'ils font périr quelquefois des nageurs. Le nombre immense de ventouses dont ces appendices sont garnis, nombre qui va jusqu'à cent vingt paires, fait qu'il est presque impossible d'échapper à leurs étreintes. Le *poulpe commun* a près de deux pieds de diamètre, et ses bras sont six fois aussi longs que le corps. — Autrefois le nom de *poulpe*, corruption de *polype*, c'est-à-dire à plusieurs pieds, était donné à tous les céphalopodes connus.

POULS, battement des artères, résultat de l'impulsion communiquée au sang par le cœur et des deux phénomènes de la contraction (*systole*) et de la dilatation (*diastole*) des canaux artériels. L'exploration du pouls est d'un usage précieux au médecin pour apprécier l'état de la santé. On pourrait le toucher à la tempe, au cou, au bras ; mais c'est d'ordinaire auprès du poignet. L'artère explorée est l'artère radiale.

POUMON, organe de la respiration, destiné à la purification du sang devenu noir et impur lorsqu'il a fait sa révolution dans tout le corps. Il est double chez tous les mammifères, chez les oiseaux et dans un grand nombre de reptiles. — Chez les hommes, les poumons sont logés dans la poitrine, dont ils occupent toute la cavité. Leur forme est celle d'un cône irrégulier, tronqué à sa base, et leur couleur, d'un rose foncé chez les enfants, grisâtre chez les adultes, se marbre de brun chez les hommes faits et de noir chez les vieillards. La consistance des poumons est à peu près celle d'une éponge. L'intérieur est presque entièrement rempli par les ramifications innombrables de la trachée-artère (*bronches*), qui y amènent l'air nécessaire à la purification du sang. — La phthisie du poumon est ce qu'on appelle vulgairement la maladie de poitrine.

POUNAH, ville de l'Indoustan située à l'E. des montagnes qui bordent la côte de Bidjapour, au confluent de deux rivières, à 32 lieues de Bombay. Elle a 150,000 habitants. C'est l'ancienne capitale de l'empire occidental des Mahrattes et la résidence de leur chef ou *paiswah*. Conquise avec tout cet empire par les Anglais en 1818, elle est aujourd'hui le chef-lieu de la province d'Aureng-Abad. Le chef Mahratte, relégué à Bénarès, reçoit une pension de l'Angleterre.

POUND, mot anglais employé dans cette langue pour désigner la livre sterling. — Le *pound* est employé dans les Etats-Unis de l'Amérique septentrionale.

POUPÉE, petite figure de bois, de carton ou de cire, portant un masque colorié. Ce mot, qui vient de *popea* (basse latinité), dérive, dit-on, de Poppée, femme de Néron, qui la première se servit d'un masque pour conserver son visage. Les poupés étaient fort en vogue chez les Perses et les Romains.

POUQUEVILLE (Charles-Hugues-Laurent), né en 1770 au Merleraut (Orne), s'adonna d'abord à la médecine, et fit partie en 1798 de la commission des sciences et des arts en Egypte. Fait prisonnier au retour et conduit d'abord en Morée, puis à Constantinople, il subit une captivité de près de trois ans. Rendu à sa patrie, il publia en 1805 son *Voyage en Morée, à Constantinople et en Albanie*, qui lui valut la même année d'être envoyé par l'empereur et accrédité en qualité de consul général de Grèce, auprès d'Ali-Pacha. Il y résida jusqu'en 1815. Nommé à cette époque consul à Patras, il occupa ce poste jusqu'en 1817. Il fut alors remplacé par son frère M. Hugues Pouqueville, qui a joué un grand et beau rôle dans l'insurrection de la Grèce. Le chef-d'œuvre de M. Pouqueville est son *Histoire de la régénération de la Grèce*. Il est mort en 1839, membre de plusieurs académies.

POURCEAU, synonyme de cochon. — On a étendu ce nom au hérisson, que l'on appelle *pourceau ferré*, et au marsouin, que l'on appelle *pourceau de mer*.

POURPIER (en latin, *portulaca*), genre de plantes type de la famille des portulacées et composé de plus de quinze espèces qui croissent dans les climats chauds des diverses contrées du globe. Ce sont des plantes herbacées, charnues, couchées à terre où très-basses, aux feuilles épurses, entières, épaisses, aux fleurs s'ouvrant d'ordinaire par l'effet de la lumière solaire de neuf heures à midi. Le *pourpier des cuisines*, que l'on dit originaire des Indes, mais qui est maintenant naturalisé et comme spontané dans les lieux voisins des jardins potagers, est une espèce que l'on mange. Elle a une saveur âcre qui se dissipe par la cuisson. Les propriétés médicinales du pourpier sont fabuleuses.

POURPRE, célèbre couleur rouge, dont la découverte est, dit-on, due à un chien de berger qui, ayant brisé un coquillage, en fit sortir un liquide qui lui teignit la gueule en rouge. C'est à l'Hercule tyrien c'est-à-dire aux Phéniciens, qu'on attribue l'invention de la teinture des étoffes en pourpre. Le roi de Tyr en défendit l'usage à ses sujets, la réservant pour les rois et les princes. Les Romains imitèrent dans la suite cet usage, et réservèrent les robes et les manteaux de pourpre aux triomphateurs et aux personnes revêtues de la dignité impériale. L'expression *prendre la pourpre* devint alors synonyme de *se faire proclamer empereur*, de même que plus tard celle de *revêtu de la pourpre romaine* fut l'équivalente de *cardinal*, parce que ces dignitaires de l'Eglise portaient une robe rouge. Celle de toutes les couleurs de pourpre la plus estimée était un rouge foncé, couleur de sang. Voy. l'article suivant.

POURPRE, genre de mollusques de l'ordre des gastéropodes, famille des pectinibranches, tribu des buccinoïdes échancrées. Les coquilles qu'il renferme ont la columelle aplatie, et possèdent, derrière l'échancrure destinée au siphon respiratoire, un petit canal légèrement courbé et non saillant. L'animal ressemble à celui des buccins, dont ce genre est d'ailleurs très-voisin. Ces mollusques, répandus en grand nombre sur les rivages de la plupart des mers, surtout dans celles du Midi, ont été ainsi nommés parce que c'est principalement parmi eux qu'on trouve les espèces qui fournissaient la pourpre des anciens, liqueur contenue dans un réservoir particulier en forme de vessie, placé dans le voisinage de l'estomac. Les modernes, depuis la découverte de la cochenille, ont totalement négligé la liqueur de pourpre, et ont perdu le secret de la fixer sur les étoffes. Certains naturalistes rattachent la pourpre des anciens à des coquilles du genre *rocher* (murex).

POURPRE. Dans la langue du blason, ce mot désigne la couleur violette.

POURPRE DE CASSIUS ou POURPRE MINÉRAL, belle couleur de pourpre que l'on emploie dans les arts pour peindre la porcelaine, et qu'on obtient en faisant réagir le deutochlorure d'or avec une solution de protochlorure d'étain.

POURPRÉE (FIÈVRE), nom que l'on donne, en médecine, à la fièvre maligne ou adynamique, lorsqu'elle est arrivée à sa période la plus alarmante. Le corps est alors parsemé de petites taches sous-cutanées, de couleur pourpre et analogues aux piqûres des puces.

POURPRETURE ou POURPRISE ou POURPRISURE, terme fort usité dans beaucoup d'actes et d'ouvrages du moyen âge. Il se disait quand on s'emparait injustement de quelque chose qui appartenait au roi, dans ses domaines ou ailleurs, ou au seigneur, ou à un voisin, etc. On le disait encore pour synonyme d'*appartenances*, d'*annexes*, de terres voisines d'une autre terre, y attenant, etc.

POURRETIE, genre de plantes de la famille des malvacées, renfermant un arbre dont le tronc est épais et comme renflé vers son milieu, le bois fongueux, les feuilles cordiformes, les fleurs rouges et groupées en ombelles. Il croît dans les Andes et au Pérou.

POURSUITE. C'est, en jurisprudence, la réclamation active d'un droit. En France, l'exercice des poursuites est confié au ministère public. On distingue les poursuites en *civiles* et en *publiques*. Dans le premier cas, il s'agit d'un intérêt privé réclamant satisfaction ; dans le second, il s'agit d'un délit et d'une réparation pénale.

POURVOI, acte par lequel on attaque devant la cour de cassation, pour violation des formes ou infraction à la loi, les jugements ou arrêts rendus en dernier ressort. — Le *pourvoi en grâce* est l'acte par lequel un condamné fait un appel à la clémence du roi pour obtenir soit la libération, soit la commutation de sa peine.

POUSCHKINE (LE COMTE Alexandre DE), célèbre poëte russe, né en 1799, tué en duel en 1836. Il composa à l'âge de treize ans, lorsqu'il n'était encore qu'élève à Czarkojzélo, son premier poëme, intitulé : *Souvenirs de Czarkoj-zélo*. Indépendamment d'un grand nombre de petits poëmes, il a composé trois grands ouvrages, chefs-d'œuvre de la poésie russe. Ce sont : *Russlan et Ljudmilla* en six chants, le *Prisonnier de la montagne* et la *Source de Baktschiséraï*.

POUSSE. En botanique, on appelle ainsi les jets qu'un végétal ligneux produit dans le cours d'une année. — En zoologie, c'est une difficulté et une irrégularité de respiration auxquelles sont sujets les chevaux et les ânes, et dont les causes les plus ordinaires sont l'épaississement du sang, le relâchement des vésicules du poumon et la présence de tubercules sur ce viscère. La pousse est toujours accompagnée de la contraction violente et involontaire des muscles qui servent à la respiration et du battement des flancs. L'animal affecté de cette maladie s'appelle *poussif*.

POUSSIÈRE FÉCONDANTE. Voy. POLLEN.

POUSSIN. C'est le nom du jeune coq; il sort de l'œuf vers le vingt et unième jour de l'incubation, et n'est encore couvert que de duvet. Lorsqu'il revêt les plumes, on lui donne le nom de *poulet*.

POUSSIN (Nicolas), célèbre peintre de l'école française, né aux Andelys (Eure) en 1594. Il partit de bonne heure pour l'Italie, où il se lia avec le cavalier Marin, et où il acquit une grande réputation. Appelé à Paris par Louis XIII, il reçut le titre de premier peintre, et essuya tant de dégoûts qu'il retourna deux ans après (1642) à Rome, où il n'en conserva pas moins son titre et ses pensions, et où il mourut d'une attaque de paralysie en 1665. Nicolas Poussin a surtout excellé dans la peinture des tableaux avec paysage. Il était de son temps le plus grand peintre de l'Europe. Parmi ses nombreux chefs-d'œuvre, on distingue l'*Enterrement de Phocion*, *Moïse exposé sur le Nil*, la *Cène*, *Camille faisant fouetter un maître d'école par ses propres disciples*, le *Testament d'Eudamidas*, etc.

POUTA-LA, montagne célèbre du Thibet (Asie), sur laquelle est la demeure du dalaïlama, souverain pontife des Mongols et des Kalmoucks. Le *miao* ou temple se fait remarquer par un nombre prodigieux de statues du dieu Fo. Il a 376 pieds de hauteur, et son couronnement est doré à moitié. Cette montagne, visitée par un grand nombre de pèlerins, est située à 2 lieues de Lassa.

POUZZOLANE, espèce de roche, consistant en une lave pyroxénique altérée qui provient de la décomposition des scories. Le type de la pouzzolane est cette matière pulvérulente d'un brun rouge foncé ou d'un gris plus ou moins sombre, que l'on tire des carrières de Pouzzoles près de Naples. Son caractère essentiel et précieux est la propriété dont elle jouit de former avec la chaux et le sable commun des mortiers qui durcissent sous l'eau en très-peu de temps et s'opposent aux infiltrations. On trouve de la pouzzolane dans les volcans éteints de l'Auvergne.

POUZZOLES, l'ancienne *Puteoli*, ville épiscopale du royaume de Naples, dans la terre de Labour, avec un bon port sur le golfe de son nom, à 3 lieues de Naples. Elle a environ 7,000 habitants. Ses ruines attestent son antique splendeur. La cathédrale a été bâtie sur celles d'un temple d'Auguste; on voit encore quatorze gros piliers dans la mer, hauts chacun de 60 pieds, et éloignés les uns des autres de 127 pieds; ce sont les restes du môle de Pouzzoles, vulgairement appelé le *Pont de Caligula*. Les autres débris d'un vaste amphithéâtre et d'un temple de Sérapis, dont les matériaux ont servi à la construc-

tion du château de Caserte. Les fouilles ont fait découvrir de très-beaux marbres, des bains, des mosaïques, des statues, etc. Vis-à-vis sont les ruines de Baïes.

POYAIS, territoire situé dans la république de Guatemala, sur la côte des Mosquitos, entre la rivière Gracias à Dios, la frontière de l'Etat d'Honduras et le golfe de ce nom. C'est la partie la plus saine et la plus fertile de la Mosquitia, qui s'étend depuis l'Océan jusqu'à environ 100 lieues de profondeur dans les terres. Ce pays avait été cédé en 1819 par le cacique des Mosquitos à une espèce d'aventurier qui prit le titre de *cacique des Poyais*, jeta les fondements d'une ville et forma le projet d'y attirer des colons d'Europe. Mais le cacique actuel des Mosquitos ayant refusé de reconnaître la cession, le nouvel Etat n'est pas sorti de l'enfance.

POYAS, chaîne de montagnes qui sépare le gouvernement de Kazan (Russie d'Europe) de la Sibérie et s'étend depuis la rivière de Sina, affluent de la Petchora, jusqu'au golfe de Kara dans la mer Glaciale. Aux sources de l'Ouza, elle se divise en deux branches : l'une, qui a plus de 80 lieues de longueur, se dirige vers le détroit de Vaigatz; l'autre n'a guère que la moitié de cette étendue. Si l'on y ajoute 50 lieues d'étendue entre la rivière de Sina et les sources de l'Ouza, on a pour plus grande longueur de la chaîne, 130 lieues. Les monts Poyas ne sont que la continuation septentrionale des monts Ourals.

PRACHIN, cercle du royaume de Bohême, entre ceux de Beraun, de Tabor, de Budweis, de Klattau et la Bavière. Sa superficie est de 163 lieues carrées, et sa population de 218,085 habitants. Son territoire, arrosé par la Moldau et la Wottawa, est très-montueux aux confins de la Bavière; c'est là que se trouvent les montagnes dont il tire son nom. Il est plus uni dans l'intérieur. — Le chef-lieu est *Pisek*, ville de 3,900 habitants, à 7 lieues de Tabor, sur la Wottawa.

PRADES, petite ville de France, chef-lieu de sous-préfecture du département des Pyrénées-Orientales, dans une plaine agréable sur le Tet, à 10 lieues de Perpignan. Sa population est de 2,500 habitants. Elle a un tribunal de première instance, un collége communal, un petit séminaire du diocèse de Perpignan, et renferme des manufactures de draps fins et ordinaires et des fabriques de bonneterie pour le Levant.

PRADES (L'ABBÉ Jean-Martin DE), né à Castel-Sarrasin (Tarn-et-Garonne), acheva ses études au séminaire de Saint-Sulpice et entra dans les ordres. Il se fit un nom célèbre par la *thèse* qu'il soutint en 1751 et qui fut condamnée par le parlement, la Sorbonne, l'archevêque de Paris et le pape Benoît XIV, à cause des propositions irréligieuses qu'elle renfermait. Protégé par Voltaire, l'abbé de Prades s'enfuit à Berlin, et se fit donner un canonicat à Breslau. Il signa ensuite une rétractation solennelle en 1754, fut rétabli par la Sorbonne dans ses degrés, devint archidiacre d'Oppeln, et mourut en 1782.

PRADO (EL), l'une des plus belles promenades de Madrid, qui s'étend le long du Mançanarès, depuis la Puerta-Florida jusqu'au pont de Ségovie.

PRADON (Jean-Nicolas), poëte français né à Rouen en 1632, mort à Paris en 1698, est célèbre par l'orgueil qui le fit se poser le concurrent de Racine et par l'injustice scandaleuse qui fit préférer momentanément quelques-unes de ses œuvres à celles de ce poëte. Parmi les tragédies de Pradon, celles qui eurent le plus de vogue furent *Phèdre*, composée pour contre-balancer celle de Racine et prônée par l'hôtel de Bouillon, et *Régulus*.

PRADT (L'ABBÉ Dominique DUFOUR DE), né à Allanches (Cantal) en 1759, était à l'époque de la révolution grand-vicaire de Rouen. Il fut nommé député du clergé de Normandie aux états généraux de 1789, et émigra à la fin de la session. Il ne rentra en France que sous le consulat; Bonaparte

le nomma son premier aumônier. Il reçut en 1804 le titre de baron, et une gratification de 40,000 francs, et fut élevé au siége épiscopal de Poitiers. Il fut en 1809 nommé archevêque de Malines et officier de la Légion d'honneur. Employé dans toutes les négociations importantes et difficiles, il fut nommé en 1812 ambassadeur de France à Varsovie. Disgracié à la fin de la campagne de Russie, il se prononça pour les Bourbons en 1814, et rentra peu de temps après dans la vie privée, après avoir abandonné ses droits sur l'archevêché de Malines. On doit à cet écrivain une foule de pamphlets et d'écrits politiques et littéraires, parmi lesquels on remarque son *Histoire de l'ambassade dans le grand-duché de Varsovie*. L'abbé de Pradt est mort il y a peu d'années.

PRÆTEXTATUS. Voy. PAPIRIUS.

PRÆTUTIENS, peuple de l'Ombrie, habitant entre les Vestins et le Picenum. Leurs villes principales étaient *Adria*, sur la mer Adriatique, et *Interamne*. Le fleuve Vomane traversait leur territoire dans toute sa longueur.

PRÆVALITANE, province particulière de la Dalmatie, située à l'extrémité méridionale. Ses villes principales étaient *Scodra* et *Lissus*.

PRAGA, ville de Pologne, dans la waivodie de Mazovie, située sur la Vistule vis-à-vis de Varsovie, dont on la regarde aujourd'hui comme faubourg, et avec laquelle elle communique par un pont de bateaux. Elle est célèbre dans l'histoire par le massacre où périrent 20,000 victimes de tout âge et de tout sexe, après qu'elle eut été prise par le général russe Souwarow en 1794. La population de Praga est de 4,000 habitants.

PRAGMATIQUE SANCTION, mot consacré par l'usage aux ordonnances concernant les grandes affaires de l'Etat de l'Eglise. Il y a dans le droit canonique français deux pragmatiques sanctions célèbres : celle de saint Louis et celle de Charles VII. — La première, rendue en 1268, avant la première croisade de saint Louis, posa les limites de la puissance temporelle et spirituelle, et fonda l'indépendance de l'Eglise de France contre la suprématie de la cour de Rome. Par cet acte divisé en six articles, les églises et les monastères furent confirmés dans la possession antique de leurs libertés, de leurs droits et de leurs privilèges; le crime de simonie fut banni de tout le royaume, et les exactions de la cour de Rome ne furent plus à l'avenir levées que du consentement du roi et de l'Eglise gallicane. — La deuxième, rendue à Bourges en 1438 par Charles VII, est divisée en vingt-trois articles. La pragmatique fut abolie en 1516 et remplacée par le concordat entre Léon X et François Ier à Bologne.

PRAGUE, capitale de la Bohême, située à 59 lieues de Vienne, et divisée en ville vieille (*Altstadt*), ville neuve (*Neustadt*) et petite ville (*Kleinzeite*), les deux premières jointes par un beau pont sur la Moldau; la ville vieille sur une montagne, la nouvelle et la petite dans la plaine. Elle a en outre un quatrième quartier appelé *Hradschin*, trois faubourgs et une citadelle (*Wischerad*). Sa population est de 117,000 habitants, dont 7,800 israélites habitant un quartier séparé de la ville vieille (*Judenstadt*). Elle possède un archevêché, une université fondée en 1348, une bibliothèque de plus de 100,000 volumes, un observatoire, un cabinet d'histoire naturelle et de physique, une école normale, une école polytechnique, des gymnases, plusieurs académies, plusieurs sociétés littéraires et scientifiques. On remarque à Prague des édifices magnifiques, tels que la cathédrale, le château royal, le palais épiscopal, l'hôtel de ville et le théâtre. Les nombreuses manufactures rendent son commerce très-actif. — Prague est célèbre par le siége qu'y soutinrent les Français en 1742, et la retraite mémorable qu'ils exécutèrent sous le commandement du maréchal de Belle-Isle. — Prague est la patrie de Jean Huss et de Jérôme de Prague.

PRAGUERIE, nom qu'on donna, en 1440, à un parti de factieux qui se révoltèrent contre Charles VII, roi de France, excités par le seigneur de la Trémouille. Le dauphin, depuis Louis XI, prit lui-même part à cette révolte. L'armée royale les vainquit, et la praguerie se dissipa au bout de quelques mois.

PRAIRIAL, neuvième mois du calendrier républicain, commençant le 20 mai et finissant le 18 juin. C'était le temps où l'on fauche les prairies.

PRAIRIE, grande étendue de terrain destinée à produire l'herbe nécessaire à la nourriture des animaux. On distingue les prairies en deux classes : les *prairies naturelles*, dont la formation est naturelle, et les *prairies artificielles*, dont la formation est due à la culture. Les premières sont composées de plantes de tout genre, de toutes saisons et de toute durée, dont le nombre peut être évaluée à quarante-deux espèces, dont dix-sept seulement conviennent à la nourriture des animaux. Les secondes sont composées de plantes qui varient suivant la nature des terrains, et dont les plus communes sont le trèfle, la luzerne et le sainfoin. L'invention des prairies artificielles, qui ont presque partout succédé au système vicieux des jachères, est attribuée, par les uns à Camille Tarello, agriculteur lombard du XVIe siècle, et par les autres à l'Anglais Hartlib, qui ne vivait que dans le siècle suivant.

PRANGOSIER, plante de la famille des ombellifères, originaire des environs de Imbal dans l'Inde, et dont on vante les propriétés extraordinaires pour la nourriture des bestiaux. On cherche à l'acclimater en France.

PRASIES, bourg de l'Attique, dans la tribu Pandionide, était situé à l'extrémité N.-E. de la Péninsule qui termine l'Attique du côté de l'Orient, à l'E. de Myrrhinonte et au S. de Brauron. Il était célèbre par un temple d'Apollon, où l'on envoyait les prémices que l'on voulait consacrer au dieu dans l'île de Délos.

PRASLIN, château qui fait partie de la commune de Maincy, canton et arrondissement de Melun (Seine-et-Marne), et qui est un des plus remarquables des environs de Paris par la beauté de son architecture. Ses jardins ont été dessinés par le Nôtre, et son parc a six cents arpents. C'est dans ce château, appelé encore château de *Vaux-le-Praslin*, que le surintendant des finances Fouquet, qui l'avait fait élever, donna à Louis XIV la fête somptueuse à la suite de laquelle il fut exilé. La terre de Praslin avait titre de duché-pairie. Le maréchal de Villars en fit ensuite l'acquisition, et son fils, le duc de Villars, la vendit à M. de Choiseul.

PRAT (Du-). Voy. DUPRAT.

PRATINAS, poëte grec, de Phlionte, contemporain d'Eschyle et de Chérile, composa le premier des pièces de théâtre connues des anciens sous le nom de *satires*. Il avait, dit-on, fait cinquante poëmes dramatiques et trente-deux satires. On trouve quelques fragments de ses ouvrages dans le *Corpus poetarum Græcorum*.

PRATO, ville d'Italie, dans le grand-duché de Toscane, sur le Bisenzio, à 5 lieues de Florence. Sa population est de 12,000 habitants. On y remarque une superbe cathédrale en marbre blanc (l'église *delle Carceri*), ornée par les peintures du Bramante. Le pape Innocent X érigea en 1653 la ville de Prato en évêché, et l'unit ensuite à celui de Pistoie.

PRATS-DE-MOLLO, petite ville très-forte du département des Pyrénées-Orientales, chef-lieu de canton dans l'arrondissement et à 5 lieues de Céret, sur le Tech, au milieu des montagnes, avec un château, le fort de la Garde, dont les fortifications sont l'ouvrage de Vauban. La population de cette petite ville est de 5,000 habitants.

PRATT (Charles), comte de Camden, naquit en 1713 de John Pratt, avocat et pre-

mier juge de la cour du banc du roi. Protégé par sir Henley et lord Chatham, il fut nommé procureur général en 1757. Il devint en 1762 premier juge de la cour des plaids communs, en 1765 pair d'Angleterre et en 1766 lord-chancelier. Après une assez longue interruption, il rentra au ministère en 1782 en qualité de président du conseil. Il mourut en 1794 avec la réputation d'un jurisconsulte profond et d'un ami de l'indépendance.

PRAXAGORAS, historien grec d'Athènes, vivait vers l'an 345 de J.-C. A l'âge de dix-neuf ans, il publia l'histoire des rois d'Athènes, et trois ans plus tard celle de Constantin le Grand. Il a aussi publié une histoire d'Alexandre.

PRAXÈDE (Sainte), vierge et martyre, était native de Rome, fille d'un sénateur nommé Pudentius, et sœur de sainte Potentienne.

PRAXIAS, hérésiarque du IIIe siècle, natif d'Asie, d'où il vint à Rome au temps du pape Eleuthère. Il ne reconnaissait qu'une seule personne dans la Trinité, et disait que c'était le Père qui avait été crucifié. Tertullien, son contemporain, le combattit, et toutes les Eglises d'Afrique l'excommunièrent. Ses disciples s'appelaient *praxéens*.

PRAXILE, femme grecque de Sicyone, s'acquit une grande réputation par ses poésies, et fut mise au rang des neuf poëtes lyriques. On dit qu'elle inventa une espèce de vers qui, de son nom, furent appelés vers praxiléens. Elle vivait vers l'an 492 avant J.-C. On trouve des fragments de ses poésies avec ceux d'Anytus.

PRAXITÈLE, célèbre sculpteur de l'antiquité, natif de la Grande-Grèce, florissait vers l'an 324 avant J.-C. Il porta l'art de la sculpture à sa perfection. Il travaillait principalement sur le marbre de Paros, à cause de son extrême blancheur. Ses plus belles statues étaient les deux Vénus de Cos et de Gnide, l'une voilée, l'autre nue, ainsi appelées parce qu'il fit la première pour les habitants de Cos et la seconde pour les Gnidiens. Il avait fait aussi un beau Cupidon, qui nous est parvenu, et une statue de Vénus, sous les traits de Phryné, que l'on croit être la Vénus découverte à Milo, et qui se trouve au salon du Louvre.

PRAYA, capitale de l'île Saint-Yago, une des îles du Cap-Vert et résidence du gouverneur général de l'Archipel, sur une hauteur entourée de deux rivières, avec un bon port défendu par un fort et une baie préférée par les navigateurs à celle de Saint-Yago. C'est là que se livra un combat fameux entre les Anglais et les Français ; ces derniers étaient commandés par le bailli de Suffren. — C'est aussi le nom de la capitale de Terceira, l'une des Açores.

PRÉBALANCIERS, organes accessoires qui, chez les insectes, complètent l'appareil servant à la fonction du vol. Kirby les a pris pour des élytres, et Latreille les compare à des espèces d'épaulettes. Ce sont deux petites pièces étroites, allongées, arquées, contournées à leur extrémité, que l'on remarque seulement dans les insectes appelés par Latreille *rhipiptères*.

PRÉBENDE, droit que possède un ecclésiastique de percevoir certains revenus dans une église cathédrale ou collégiale. La prébende diffère du canonicat en ce que ce dernier n'est qu'un titre purement spirituel auquel sont attachés le droit de suffrage et les autres droits spirituels, mais qui ne donne le revenu temporel que lorsqu'il est accompagné de la prébende. Les *prébendiers* ou *chanoines prébendés* avaient droit de préséance sur les chanoines honoraires.

PRÉCAIRE, espèce particulière de bénéfices, en usage surtout du VIe au IXe siècle. Ce n'était proprement que la concession gratuite de l'usufruit pour un temps déterminé, cinq ou dix ans. L'Eglise accorda souvent des précaires aux guerriers, en leur imposant pour condition de défendre ses propriétés.

PRÉCEPTION, nom donné, dans l'ancienne histoire de France, à des lettres, à des édits que le roi écrivait pour faire ou laisser faire certaines choses que la loi réprouvait. Le roi, au moyen de préceptions, pouvait permettre les mariages illicites, faire le transport des héritages, etc. Ces préceptions n'étaient pas des lois, mais des ordonnances qui suspendaient les lois déjà faites, et s'opposaient à leur exécution dans certains cas.

PRÉCESSION DES ÉQUINOXES, terme d'astronomie usité pour indiquer le mouvement rétrograde des points équinoxiaux. En effet les équinoxes arrivent tous les ans 20 minutes 25 secondes avant que la terre soit en conjonction avec le soleil et avec la même étoile qu'au même équinoxe de l'année précédente. Cette différence fait que le soleil paraît rétrograder dans les signes du zodiaque d'un degré en 72 ans et d'un signe entier (30 degrés) en 2,156 ans ; de sorte qu'il parcourt ainsi tout le cercle de l'écliptique en 26,000 ans environ. Depuis qu'on a donné des noms aux constellations du zodiaque, le soleil a rétrogradé d'un signe entier ; et, quoiqu'on dise toujours qu'il entre au mois de mars dans le signe du Bélier, il faudrait dire dans le signe des Poissons.

PRÉCHANTRE (en latin, *præcentor*), dignité de certaines églises cathédrales ou collégiales. C'est le premier chantre et le maître du chœur.

PRÊCHE, sermon prononcé dans un temple de l'Eglise protestante. On étend encore ce mot au lieu où s'assemblent les protestants pour l'exercice de leur culte. Le traité de paix d'Amboise (19 mars 1563) assura aux nobles protestants le droit de prêche dans toute l'étendue de leurs seigneuries. Les bourgeois eurent une ville par bailliage.

PRÉCIDANÉES. Les Romains appelaient ainsi, des deux mots *præ*, avant ; et *cadere*, tomber, les premières victimes immolées dans les grandes solennités.

PRÉCIES ou PRÉCLAMATEURS, officiers qui chez les Romains précédaient le flamen diale quand il sortait pour avertir les ouvriers de cesser leur travail, parce que le culte eût été souillé si ce pontife eût vu quelqu'un travaillant.

PRÉCIPITÉ. On appelle ainsi, en chimie, tout dépôt formé subitement ou lentement dans un soluté quelconque par l'addition d'un corps solide, liquide ou gazeux. Ainsi on appelle *précipité blanc* le protochlorure de mercure, parce qu'on l'obtient en précipitant un soluté de protonitrate de mercure par un soluté d'hydrochlorate de soude (sel commun), c'est-à-dire en versant le second dans le premier.

PRÉCIPUT, mot venu des deux mots latins *præ* et *capere*, prélever, et qui signifie en langage de droit l'action de prélever, de lever préalablement une certaine portion sur un total. Par exemple, il peut y avoir *préciput* dans le contrat de mariage et dans des dispositions testamentaires. Le préciput accordé à l'un des héritiers d'un défunt consiste à lui donner la faculté de prélever sur la succession une certaine somme sans préjudice de ses droits au partage du reste.

PRÉCONISATION, déclaration faite à Rome dans le consistoire, par le cardinal patron, de celui que le roi a nommé à quelque prélature, et dont la nomination est soumise à l'agrément du pape. En vertu de cette déclaration solennelle, le pape décerne les bulles d'institution canonique.

PRÉCOPIA, grande ville de la Servie, sur la Morava, à 7 lieues de Nissa. Sa population est de 6,000 habitants. Elle a deux sièges archiépiscopaux, l'un grec, l'autre latin.

PRÉCY (LE COMTE Louis-François PERRIN DE), général royaliste, né en 1742 à Sémur (Côte-d'Or), entra à seize ans dans le régiment de Picardie, dont son oncle était colonel. Dès les premières fonctions du Midi, il se montra l'un des plus ardents défenseurs de la cause monarchique. Au-

10 août, il combattit dans les rangs des Suisses. Les Lyonnais lui ayant en 1792 offert le commandement de l'armée fédérale, il se mit à leur tête, et soutint contre l'armée républicaine le siége mémorable de Lyon. Après deux mois de résistance, il quitta la ville, et essaya à la tête de ses troupes une retraite qui fut malheureuse (1793). Forcé de se cacher jusqu'à la chute de Robespierre, il quitta alors la France, où il ne rentra qu'en 1810. En 1814, il reçut de Louis XVIII le grade de lieutenant général et le cordon rouge. Il mourut en 1820.

PRÉDESTINATIENS, hérétiques qui enseignaient que Dieu, par un décret positif et absolu, prédestinait un certain nombre d'hommes à la damnation éternelle.

PRÉDESTINATION. Dans le langage théologique, c'est un décret de Dieu par lequel il a de toute éternité résolu de donner la gloire à un certain nombre de créatures raisonnables et les moyens pour y parvenir. Il n'y a pas de matière qui ait été autant controversée que la prédestination. Ainsi, d'un côté, les augustiniens et les thomistes tiennent pour la prédestination absolue et antécédente, c'est-à-dire qui n'est pas subordonnée à la prévision des mérites de l'âme prédestinée, mais bien purement gratuite ; de l'autre, les molinistes ou congruistes sont pour la prédestination conditionnelle et conséquente, c'est-à-dire subordonnée à la prévision de Dieu sur le mérite de telle ou telle âme.— Les musulmans croient à la prédestination sans aucune réserve.

PRÉDÉTERMINATION ou PRÉMOTION PHYSIQUE. C'est, suivant la croyance des thomistes, une action de Dieu prévenant la volonté humaine, l'affectant intérieurement et la déterminant infailliblement à agir.

PRÉDICATEUR, celui qui annonce en chaire les vérités de la religion. Jésus-Christ confia le ministère de la prédication à ses apôtres, et ceux-ci le transmirent aux évêques qui dans le principe en furent exclusivement chargés, et, plus tard, délé nèrent ce soin à des hommes instruits et habiles dans l'art de la parole. Le droit d'approuver les prédicateurs n'appartient qu'aux évêques dans leurs diocèses, et ce droit, les curés l'exercent dans leurs paroisses. Cependant, lorsque le curé néglige de prêcher, l'évêque commet des prédicateurs pour remplir ce rôle à leurs frais.

PRÉEMPTION (du latin *præ*, avant, et *emptio*, achat), droit d'acheter le premier. Dans presque tous les royaumes avant 1789, le roi avait droit de préemption. Les marchands étaient obligés de réserver pour la table du souverain certaines denrées, ou du moins ils ne devaient vendre aux particuliers qu'après que les pourvoyeurs du roi en avaient pris leur provision pour la cour.

PRÉFACE. On appelle ainsi une sorte d'avant-propos placé en tête d'un livre, soit pour expliquer le plan et la contexture de l'ouvrage, soit pour prévenir favorablement le lecteur en faveur de l'œuvre.
—C'est encore une partie de la messe que le célébrant chante avant la consécration dont elle est le prélude, et qui commence par les mots : *sursum corda*. Chaque grande fête a d'ordinaire sa préface particulière, chantée sur un ton toujours le même. La préface, qui paraît remonter aux apôtres, portait dans le rit gothique ou gallican le nom d'*immolation*, dans le rit mozarabique celui d'*illation*, dans le rit franc celui de *contestation*.

PRÉFECTURE (hist. anc.). Les Romains appelèrent d'abord ainsi les villes qui, après avoir manqué de fidélité au peuple romain, avaient été de nouveau réduites sous sa puissance, et étaient administrées par des juges envoyés tous les ans de Rome, et appelés *præfecti*. Elles avaient moins de privilèges et d'immunités que les villes municipales. — Plus tard, le nom de *préfectures* fut donné à de grandes subdivisions de l'empire administrées par un préfet du prétoire. Constantin établit quatre préfectures, deux en Occident, celle des Gaules et celle d'Italie, et deux en Orient, celle d'Illyrie et celle d'Orient.

PRÉFECTURE (hist. mod.), circonscription de pays soumis à un préfet, quelquefois lieu de sa résidence et durée de sa charge. — La *sous-préfecture* est par rapport au sous-préfet dans une situation analogue.

PRÉFECTURE (CONSEIL DE). Voy. CONSEIL.

PRÉFÉRICULE, vase en forme d'aiguière, dans lequel on mettait le vin ou autres liqueurs dont on faisait usage dans les sacrifices chez les Romains.

PRÉFET, mot venu du latin *præfectus*, et signifiant simplement préposé. Il s'applique à des charges de diverse nature.

PRÉFET (hist. mod.), magistrat nommé par le chef du gouvernement français pour administer un département, et révocable par lui. Institués par la loi du 17 février 1800, les préfets sont seuls chargés de l'administration départementale ; ils président le conseil de préfecture où ils ont voix prépondérante. Ils doivent faire chaque année une tournée départementale, et en rendre compte au ministre. Ils peuvent suspendre les membres des conseils municipaux.

PRÉFET (Sous-), magistrat nommé par le chef du gouvernement français pour administrer un arrondissement. Institués par la même loi que les préfets, ils sont pour les arrondissements ce que ceux-ci sont pour les départements. Il y en a un par arrondissement, à l'exception du chef-lieu de préfecture.

PRÉFET DE CITÉ, magistrat chargé du gouvernement des villes qui avaient manqué à la fidélité romaine, et qui étaient pour cette raison appelées *préfectures*.

PRÉFET DE POLICE, magistrat institué par un arrêté du 13 août 1800 pour exercer les fonctions de chef de la police de Paris et du département de la Seine, sous l'autorité immédiate du ministre de l'intérieur. Il a sous sa surveillance les prisons, les maisons publiques, la police de la librairie et de l'imprimerie, des spectacles, des bals, etc., des cultes, de la salubrité, de la conservation des monuments et édifices publics, des halles et marchés. C'est, ordinairement un conseiller d'État.

PRÉFET DE ROME, magistrat créé originairement par Romulus dans la personne de Romulius Denter. Sa charge, abolie quand on établit la préture, consistait à remplacer dans la ville les rois d'abord, puis les consuls, quand ils sortaient pour aller se mettre à la tête des armées. — Auguste rétablit le préfet de Rome avec de nouvelles attributions, et revêtit Mécène de cette charge. Le préfet rendait la justice, avait droit de punir sans appel même les citoyens, et réunissait en lui plusieurs des droits du préteur et de l'édile.

PRÉFET DES ALLIÉS. Ce préposé était, dans les troupes auxiliaires de Rome, le tribun des légions romaines.

PRÉFET DES VIVRES (*præfectus annonæ*), magistrat que l'on ne créait à Rome que dans des temps malheureux où l'on était menacé de disette et de famine ; sa fonction était de veiller à ce que les greniers de la ville fussent toujours remplis, et que le peuple eût toujours du pain en abondance et à juste prix.

PRÉFET DES COHORTES NOCTURNES, magistrat commandant chez les Romains les troupes spécialement chargées de veiller à la sûreté publique pendant la nuit, et surtout de prévenir et d'arrêter les incendies.

PRÉFET DES LÉGIONS, officier qui, dans chaque légion, remplissait les fonctions du général en son absence. C'était des préfets des légions que les tribuns militaires et les centurions recevaient l'ordre, soit pour le départ, soit pour les veilles de nuit, soit pour le départ. Ils avaient inspection sur les armes, les habits et la nourriture des troupes d'infanterie et de cavalerie

PRÉFET DU CAMP, officier qui, chez les Romains, commandait les travaux du camp quand le général avait choisi le lieu qui lui convenait. Il avait l'inspection sur les bagages, les tentes des soldats, et en général tout ce qui entrait dans le camp.

PRÉFET DU PALAIS IMPÉRIAL, fonctionnaire chargé de surveiller une partie de l'administration du palais impérial pendant le règne de Napoléon, sous les ordres du grand maréchal. Il y avait trois ou quatre préfets du palais impérial.

PRÉFET DU PRÉTOIRE, commandant des cohortes prétoriennes destinées à veiller à la sûreté du palais ou de la tente du prince. Cette charge, analogue d'abord à celle de capitaine des gardes de l'empereur, fut instituée par Auguste, qui créa deux préfets du prétoire. Tibère réduisit ce nombre à un, et confia cette charge à Séjan. Après la mort de Perennis, préfet du prétoire sous Commode, on rétablit deux préfets, et Constantin en établit quatre. Leur pouvoir qui, sous les successeurs de Néron, s'était étendu despotiquement sur les affaires civiles et militaires, fut restreint par Constantin aux affaires civiles ; mais leur autorité était encore immense ; ils n'avaient au-dessus d'eux que l'empereur.

PRÉFET MARITIME, commandant d'un arrondissement maritime. Il y a en France cinq arrondissements ou préfectures maritimes, dont les chefs-lieux sont Cherbourg, Brest, Lorient, Rochefort et Toulon. Les préfets maritimes sont choisis parmi les contre-amiraux et les vice-amiraux.

PRÉFLEURAISON ou PRÉFLORAISON. C'est en botanique, la manière d'être des différentes parties de la fleur avant son épanouissement. La préfleuraison est dite 1° *valvaire*, quand les parties de la corolle se touchent seulement par les bords, comme les valves d'une capsule (araliacées, clématite) ; 2° *olvolutive*, quand les pétales sont fort nombreux et comme roulés en spirale (apocyn, oxalide, etc.) ; 3° *imbricative*, quand les pétales se recouvrent partiellement les uns les autres, comme les tuiles d'un toit (rose) ; 4° *plicative*, quand la corolle est plissée sur elle-même (liseron) ; 5° *chiffonnée*, quand elle est sans ordre et pliée dans tous les sens (papavéracées) ; 6° *équitative*, quand, dans une corolle irrégulière, quelques divisions plus grandes que les autres viennent les embrasser toutes (labiées, papilionacées). La préfleuraison s'appelle encore *œstivation*.

PRÉFOLIATION. C'est, en botanique, la situation des feuilles enfermées dans les bourgeons. La préfoliation étant presque constamment uniforme dans le même ordre naturel, fournit de curieuses observations. Linné la divise en deux sections, selon qu'elle est plissée ou roulée.

PREGADI, nom donné autrefois au sénat de Venise institué avant la fin du XIIIe siècle. Voy. SÉNAT.

PREGEL, rivière de Prusse, formée par la réunion de la Pissa et de l'Angerapp. Elle se jette dans la Frische-Haff, au-dessous de Kœnigsberg.

PRÉLATION, droit de préférence. — En fait de bail emphytéotique, c'était le droit qu'avait le bailleur d'être préféré à tout autre dans les améliorations de le preneur voulait aliéner. — Le droit de prélation était aussi un droit qu'avait le roi, en plusieurs endroits du royaume, de retirer une terre seigneuriale en remboursant l'acquéreur, pourvu qu'il n'eût pas fait foi et hommage.

PRÊLE (en latin, *equisetum*), genre de plantes cryptogames, constituant à lui seul la famille des équisétacées, renfermant des végétaux demi-aquatiques qui ne se plaisent que sur le bord des eaux ou au milieu des marais, d'où ils élèvent dans les airs une tige fistuleuse et articulée, qui ressemble en petit à celle de certains conifères. Ce sont les seuls cryptogames dans lesquels on trouve quelque chose qui ressemble à une fleur. A l'extrémité de leur tige, on aperçoit un épi composé d'écailles épaisses, à la face inférieure desquelles on trouve les capsules remplies des spores reproducteurs. Le nom de prêle a été formé par corruption de l'italien *asparello* rude ; il a été donné à cette plante à cause des inégalités qui hérissent sa tige, et paraissent être de petits grains de sable que la plante ramasse dans la terre. Les tourneurs et les menuisiers emploient les prèles pour polir leurs ouvrages.

PRÉLEGS, legs qui est laissé à l'un des héritiers, pour être par lui prélevé indépendamment de sa portion héréditaire. Voy. Préciput.

PRÉLUDE (des deux mots latins *præ*, avant, et *ludere*, jouer). Ce mot, autrefois employé en musique pour désigner des introductions, des ouvertures tout entières, ne s'applique plus guère aujourd'hui qu'aux traits de quelques faits avec un instrument ou la voix, par celui qui se prépare à exécuter un morceau, et qui essaye ainsi le ton dans lequel il va se faire entendre. — Du langage musical le mot *prélude* est passé dans la langue usuelle pour désigner une introduction à quelque action.

PRÉMÉDITATION, délibération qui précède un fait et le détermine. Dans notre Code pénal, la préméditation est une circonstance très-aggravante, dont la preuve entraîne une augmentation de peine. Le meurtre avec préméditation est qualifié d'*assassinat*.

PRÉMICES, premiers fruits d'une nature productive. Les Hyperboréens envoyaient à Délos pour y êtres offertes à Apollon, les prémices de leurs moissons. Les Romains offraient les leurs aux dieux lares et aux prêtres; les Israélites offraient à Dieu, au nom de toute la nation, une gerbe d'orge cueillie le soir du 15 de nizan, et battue dans le parvis du temple. Cette offrande précédait la récolte générale de la moisson.

PREMIER, adjectif numéral ordinal, indiquant une prééminence relativement au rang, à l'espace, au temps, à la dignité, etc. — En arithmétique, un *nombre premier*, est celui qui n'a pas d'autres diviseurs exacts que lui-même ou l'unité ; les nombres 2, 3, 5, 7, sont des nombres premiers. Deux nombres sont *premiers entre eux* lorsqu'ils n'ont pas de nombre qui les divise tous deux exactement ; 7 et 11 sont premiers entre eux. — Dans l'Ancien Testament, les *premiers-nés*, c'est-à-dire les premiers rejetons mâles des hommes et des animaux devaient être offerts à Dieu ; mais on pouvait racheter les enfants pour la somme de 5 sicles ou 8 livres 2 sous 1 denier. Ce rachat se faisait trente jours après la naissance.

PRÉMISSES (des deux mots latins *præ*, en avant, et *missæ*, envoyées), terme de logique par lequel on désigne les deux premières propositions d'un syllogisme parce qu'elles sont comme envoyées avant la troisième proposition qui est la *conséquence*. La première de deux prémisses prend le nom de *majeure*, et la seconde celui de *mineure*.

PRÉMONTRÉ, village du département de l'Aisne, situé dans le bois de Voy, à 2 lieues de Coucy. Elle avait autrefois une abbaye, chef de l'ordre de ce nom, fondée en 1120 par saint Norbert.

PRÉMONTRÉ (Ordre de), ordre religieux de chanoines réguliers, fondé par saint Norbert en 1120 sous la règle de Saint-Augustin, et ainsi appelé de l'abbaye chef d'ordre. Les prémontrés étaient vêtus de blanc avec un scapulaire par devant leur soutane. Ils portaient dehors un manteau blanc avec un chapeau blanc. Environ un siècle après sa fondation, cet ordre comptait déjà mille abbayes, trois cents prévôtés divisées en trente-cinq *cyrcaries* ou provinces, et un nombre considérable de prieurés. Ce fut surtout en Allemagne que s'étendirent les prémontrés. Les évêques de Brandebourg, de Havelberg et de Ratzebourg étaient toujours pris dans leur ordre.

PRÉMONTRÉES, religieuses chanoinesses de l'ordre de Prémontré, aussi anciennes que les prémontrés, mais surtout répandues en Allemagne, où quelques-unes de leurs abbesses étaient princesses souveraines.

PRÉNESTE. Voy. Palestrine.

PRÉNOM, nom que l'on met d'ordinaire avant le nom de la famille, au milieu de laquelle il sert à distinguer celui qui le porte. Chez les Romains il n'existait que trente prénoms environ. Le jeune Romain recevait son prénom le neuvième jour de la naissance. Les plus usités étaient *Aulus*, *Caius*, *Cneius*, *Lucius*, *Marcus*, *Publius*, *Quintus* et *Titus*, qui s'écrivaient par l'initiale A, C, Cn, L, M, P, Q, T, et ensuite ceux de *Decimus*, *Servius*, *Sextus*, *Spurius* et *Tiberius*, que l'on écrivait D ou Dec, Serv, Sext, Sp et Tib. Les prénoms n'étaient en usage que chez les hommes ; il était extrêmement rare que les femmes en portassent.

PRENTZLOW, belle ville de Prusse, ci-devant capitale de la Marche-Ukraine, dans le Brandebourg, sur le lac et la rivière d'Ucker (régence de Postdam), à 22 lieues de Berlin. Sa population est de 10,000 habitants. Elle fait un commerce considérable surtout en tabac et en blé.

PRÉOPERCULE, pièce osseuse par le moyen de laquelle l'*opercule*, c'est-à-dire la plaque qui protège les ouïes des poissons, s'articule d'une manière mobile avec le crâne. L'opercule se meut sur le préopercule comme une porte sur son montant.

PRÉPARATION. En musique, on nomme *préparation* d'un accord l'action de faire entendre dans un ou plusieurs des notes qui composent un accord dans l'accord précédent. Soit les deux accords *ré fa si bémol* et *ut mi bémol fa la* ; le deuxième se trouvera préparé, puisque une des notes qui le forment (*fa*) se trouve dans l'accord précédent. La plupart des accords dissonants exigent la préparation de leur dissonance. Voy. Accord.

PRÉRAU, cercle de la Moravie, situé sur la frontière de la Silésie autrichienne. Sa superficie est de 108 lieues carrées, et sa population de 210,000 habitants. C'est un pays en partie aride et montagneux, fertile seulement sur les bords de la Marche et de l'Hanna. — La capitale est Prérau, petite ville de 2,500 habitants, à 5 lieues d'Olmutz.

PRÉSAGE, signe d'après lequel on croit deviner l'avenir. Les païens superstitieux comptaient un grand nombre de présages, parmi lesquels étaient : 1º les paroles fortuites (*omen* pour *orimen*) ; 2º les tressaillements de quelques parties du corps et notamment du cœur, des yeux, des sourcils ; 3º les tintements d'oreilles et les bruits qu'on croyait entendre ; 4º les éternuments ; 5º les chutes imprévues ; 6º la rencontre de certaines personnes ou de certains animaux ; 7º les noms. On remédiait aux mauvais présages de différentes manières. Une des plus ordinaires était de cracher promptement.

PRÉSANCTIFIÉS. On nomme ainsi les hosties consacrées les jours précédents. La messe des présanctifiés est une messe sans consécration, mais dans laquelle on communie avec des hosties consacrées la veille ou quelques jours auparavant. Dans l'église latine, on ne dit plus de messe des présanctifiés que le vendredi saint ; mais, dans l'Église grecque, on en dit encore pendant tout le carême, excepté le samedi et le dimanche.

PRESBOURG, capitale de la basse Hongrie et d'un comitat qui porte son nom, sur la rive gauche du Danube, à 15 lieues de Vienne. Sa population est de 35,000 âmes, dont 8,000 luthériens et 3,000 juifs. Cette ville, résidence ordinaire de l'évêque de Strigonie, possède un collège de nobles, un gymnase, une académie, des fabriques diverses, et commerce en blé et en toiles. Près de la ville, s'élève sur une montagne le château fort. Cette ville a beaucoup souffert des sièges qu'elle a soutenus, ainsi que des incendies. Ce fut dans ses murs que la France et l'Autriche signèrent le traité de paix du 26 décembre 1806. Presbourg est encore le lieu de résidence de la diète et de couronnement des empereurs. — Le comitat de Presbourg, situé en deçà du Danube et au S. de la Moravie, et limitrophe de l'Autriche, a une superficie de 160 lieues carrées et une population de 210,000 habitants. C'est un pays fertile en blé, fruits et excellents vins, traversé dans toute sa longueur par la chaîne des monts Krapacks.

PRESBYTE (du mot grec *presbytès*, vieillard), nom donné à la personne affectée de *presbyopie*, vice qui ne permet pas de distinguer aisément les objets rapprochés, tandis qu'on voit sains peine ceux qui sont loin de nous. On l'appelle ainsi parce qu'on ne trouve ce vice chez les vieillards et rarement avant l'âge de quarante ans. La presbyopie ou presbytie provient de l'aplatissement de la cornée transparente et du cristallin qui atténue la convergence des rayons lumineux, et force l'image à se peindre, quand elle est assez près, au delà de la rétine. Les presbytes ne voient distinctement qu'à trente pouces et même plus. On remédie à la presbyopie par l'usage des verres convexes, qui rendent aux rayons lumineux le degré de convergence nécessaire.

PRESBYTÈRE, lieu où loge le pasteur, le desservant d'une paroisse (en latin *presbyter*, prêtre). — Autrefois, on appelait ainsi la place du prélat à l'église, avec les bancs des prêtres et des autres ministres.

PRESBYTÉRIENS, secte de calvinistes rigides, suivant à la lettre les maximes de Calvin, et ainsi appelés parce qu'ils prétendent que l'Église ne doit pas avoir de dignitaires ecclésiastiques plus élevés que les ministres, les prêtres (*presbyter*). Ils sont en cette qualité les ennemis de l'épiscopat. Les presbytériens eurent pour fondateur en Écosse, où ils se sont maintenus jusqu'à nos jours en grand nombre, le célèbre John Knox, disciple de Calvin.

PRESCIENCE, connaissance certaine et infaillible de l'avenir. On a fait de la prescience divine un argument contre la liberté humaine, en disant qu'il était impossible que l'homme ne fût pas nécessairement forcé de faire ce que Dieu a prévu qu'il ferait, et que conséquemment il n'est pas libre de choisir, il ne possède pas la liberté. On a répondu en disant que les mots de *présent* et d'*avenir* ne sont pas par rapport à Dieu ce que nous les savons être pour nous. Dieu voit mais ne prévoit pas, et cependant le regard dans lequel il embrasse toute la durée est pour nous une sorte de prescience.

PRESCRIPTION ou Usucapion, acquisition d'une propriété par la possession non interrompue de cette propriété pendant un temps déterminé par la loi. La prescription se compte par jours. Tous droits et actions se prescrivent par trente ans, à défaut de terme plus court assigné par la loi. Les arrérages de rentes, les loyers de maisons, les fermages, les intérêts et généralement tout ce qui est payable par an ou à des temps périodiques plus courts, se prescrivent par cinq ans, ainsi que les effets commerciaux.

PRÉSENTATION, action de présenter, d'offrir quelqu'un ou quelque chose. Avant la révolution de 1789, tout gentilhomme aspirait aux honneurs de la présentation à la cour. — On célèbre dans l'Église, sous le nom de *Présentation de la sainte Vierge*, une fête destinée à rappeler le jour où ses parents l'offrirent au Seigneur dans le temple, à l'âge de trois ans. Cette fête, beaucoup moins ancienne chez les Latins que chez les Grecs, qui la célébraient dès 1150, ne fut importée en Occident qu'en 1372. Tombée en désuétude, elle fut rétablie par le pape Sixte-Quint en 1585, et fixée au 21 de novembre.

PRÉSIDENT, celui qui est le chef temporaire ou perpétuel d'un corps, d'une compagnie délibérative. — Le président de la chambre des députés est élu au commencement de chaque session, à la majorité des suffrages. — Celui de la chambre des pairs est nommé par le roi.
— Les présidents des assises sont des magistrats choisis pour diriger les assises, et dont les fonctions ne sont que temporaires. On les prend parmi des conseillers aux cours royales.

PRÉSIDES (en espagnol, *presidios*), forteresses que l'Espagne possède sur les côtes de l'empire de Maroc, et dans lesquelles sont relégués les condamnés. Elles sont au nombre de quatre : *Ceuta*, le chef-lieu du gouvernement *de los Presidios, Penon de Velez de Gomera, Melilla et Alhucemas*.

PRÉSIDIAL, juridiction établie dans les bailliages et sénéchaussées, par l'édit de janvier 1551, pour juger en premier ressort toutes les affaires criminelles, et en dernier ressort les matières civiles, jusqu'à concurrence d'un principal de 250 livres. Les présidiaux étaient composés de neuf magistrats au moins, y compris les lieutenants généraux et particuliers, civil et criminel ; ils devaient être âgés de vingt-cinq ans, licenciés et gradués, et n'étaient admis qu'après avoir subi un examen du chancelier ou du garde des sceaux. Les présidiaux ne furent pas établis d'abord dans toute la France : ceux de Lorraine ne furent institués qu'en 1685, ceux de Bourgogne en 1696 ; les autres, à l'exception de ceux de l'Ile-de-France, de Normandie, de Bretagne, de Languedoc et de Guyenne, furent établis sous Louis XIV et Louis XV.

PRESLES (Raoul de), fils naturel du fondateur du collége de Presles, fut avocat général du parlement de Paris, puis maître des requêtes de l'hôtel du roi Charles V. Il était d'ailleurs historien et poëte de ce prince, qui lui fit traduire en français *la Cité de Dieu*, de saint Augustin, et lui fit payer pour ses honoraires 4,000 livres. Raoul de Presles mourut vers 1382.

PRÉSOMPTION (du latin *præsumere, présumer*). Ce mot a deux significations. La première désigne une opinion exagérée de soi-même ; la seconde signifie une conjecture appuyée sur la vraisemblance qui résulte de certains signes ou de certaines circonstances. Il y a dans ce dernier sens des présomptions légales (en latin *juris et de jure*), qui sont des indices approuvés par la loi, et servant à établir un fait jusqu'à preuve du contraire. Il y a encore des présomptions humaines (en latin, *judicis sive hominis*), qui sont les opinions conçues par un juge sur quelque conjecture.

PRESQU'ILE, étendue de terre entourée d'eau de tous côtés à l'exception d'un seul par lequel elle communique au continent. Les Grecs l'appelaient *chersonèse*, et les Romains *péninsule*. Ce dernier mot est resté dans notre langue, où il désigne une presqu'île d'une étendue considérable. L'Espagne et l'Italie sont quelquefois désignées par les noms de *péninsule Ibérique* et *péninsule Hespérique*. On dit même, en parlant de la première, la Péninsule, sans rien ajouter.

PRESSE. Ce mot signifie, 1° une foule nombreuse, compacte et empressée ; 2° une machine destinée à exercer une pression quelconque, et principalement à imprimer ; 3° l'impression elle-même, et, plus communément encore la faculté de composer, d'imprimer, de publier. C'est dans ce dernier sens qu'on dit : la liberté de la presse. La liberté de la presse n'existait pas avant la révolution de 1789, ou du moins elle était limitée prodigieusement par la censure. La révolution de 1830 s'accomplit parce que des ordonnances voulaient abolir la liberté de la presse proclamée par la charte de Louis XVIII.

PRESSE DES MATELOTS. On appelle ainsi la coutume usitée en Angleterre pour le recrutement des matelots et des soldats de marine quand les enrôlements volontaires ne suffisent pas, et qui consiste en l'enlèvement par force de tous les hommes propres au service des matelots. Cette coutume a été autorisée par un acte du parlement de 1779.

PRESSE HYDRAULIQUE, appareil de physique fondé sur le principe d'égalité de pression dans les liquides. Il est destiné à produire de fortes pressions, et se compose de deux cylindres en fonte, à parois très-épaisses, l'un d'un grand diamètre, l'autre d'un diamètre plus petit. Dans chaque cylindre se meut un piston ; les deux cylindres communiquent par un tuyau de fonte, et sont entièrement remplis d'eau, de façon que les pressions supportées par le petit piston se transmettent à tous les points du grand piston, et, si ce dernier a une surface dix fois plus grande, la pression totale qu'il supportera sera décuplée.

PRESSION, puissance de presser et quantité dont elle s'exerce. — On appelle, en physique, *pression atmosphérique* l'effet de la pesanteur de l'atmosphère sur tous les corps. On a reconnu qu'elle était égale à la pression d'une colonne de mercure de vingt-huit pouces de hauteur, ou d'une colonne d'eau de trente-deux pieds.

PRESSIROSTRES, nom sous lequel Cuvier a établi dans l'ordre des échassiers une famille qui a pour caractères : un bec médiocrement long et assez fort pour percer la terre et y chercher les vers dont ces oiseaux se nourrissent ; des jambes hautes, dont les doigts sont courts ou médiocres, et dont le pouce est nul ou trop petit pour toucher le sol. Les pressirostres courent assez vite, et volent rarement à de très-grandes distances parce que leurs ailes, sans être tout à fait impropres au vol, sont cependant loin d'avoir la longueur nécessaire pour soutenir l'oiseau dans les airs. On divise la famille des pressirostres en six genres : les *vanneaux*, les *pluviers*, les *outardes*, les *huîtriers*, les *courre-vite* et les *cariamas*.

PRESSOIR, machine qui sert à extraire par la pression du raisin, des poires, des pommes, des olives et des plantes oléagineuses les sucs qu'ils contiennent. Les plus employés d'entre les pressoirs sont le *pressoir à étiquet* et le *pressoir à lesson*, qui se compose d'une table inférieure recevant la vendange, d'une table supérieure qui lui est superposée, et d'une vis, engagée par le haut dans un écrou, reposant sur la table supérieure ; la vis est mise en mouvement par un cabestan, et le marc, placé entre les deux tables, est soumis à la pression.

PRESTATION, action de prêter. On l'emploie dans deux sens. — La *prestation du serment* est un acte qui doit précéder toute investiture d'une charge ou d'un emploi public. — Les *prestations en argent* et *en nature* constituent une dette dont le débiteur peut se libérer, soit en payant une certaine redevance, soit en faisant un travail déterminé. La réparation des chemins vicinaux est une circonstance où chaque habitant, chef de famille ou d'établissement est tenu à des prestations soit en argent, soit en nature. Le maximum des dernières a été fixé à trois journées de travail.

PRESTIMONIE. Ce mot se disait, 1° de la desserte d'une chapelle, sans titre ni collation ; 2° d'un revenu affecté par un fondateur à l'entretien d'un prêtre sans être érigé en titre de bénéfices auquel le patron nommait de plein droit ; 3° de certaines portions de revenus tirés de certains bénéfices, et affectés à quelques jeunes clercs pour les aider à faire leurs études ou à servir l'Eglise ; 4° de certains offices perpétuels donnés à des prêtres, et qui n'étaient que des commissions de messes à dire pour les aider à subsister.

PRESTON, belle ville d'Angleterre, située sur la Ribble, dans le comté et à 8 lieues de Lancastre, à 88 lieues de Londres. Elle a population est de 22,000 habitants. Elle a de belles rues, des maisons en briques, des manufactures considérables de mousselines, et envoie deux députés au parlement. Elle est célèbre par la défaite qu'y éprouva, le 13 novembre 1715, l'armée du prétendant appelé encore chevalier de Saint-Georges, fils de Jacques II, commandée par le général Forster ; le général Willis, général du roi Georges, le battit, et le força à se rendre prisonnier. Ce fut la fin de l'insurrection de 1715.

PRESURE, matière que l'on trouve dans le quatrième estomac ou la caillette du veau et des jeunes animaux ruminants, à l'âge où ils sont encore nourris de lait ; elle se compose de sucs gastriques et de lait presque réduit en caséum. La présure récente a une saveur acide ; elle est en grumeaux blanchâtres, qui deviennent ensuite d'un gris plus ou moins foncé. Lavée, salée et séchée à l'air, cette matière prend une consistance et un aspect onguentacé. On se sert de la présure pour faire cailler le lait ; on en met dix-huit à vingt grains par litre de ce liquide.

PRÊT, acte par lequel on cède la jouissance temporaire d'une chose qu'on possède. Quand on n'exige rien en retour, c'est le *prêt gratuit* ; quand on exige une certaine somme d'argent, qui est comme le revenu de la chose productive dont on a cédé la possession, c'est le *prêt à intérêt*. — Dans le langage militaire, on appelle *prêt* la solde fournie aux troupes, parce qu'elle est payée par anticipation. La solde se divise en trois parties : la première, destinée à alimenter la masse dite de linge et de chaussure, reste en réserve dans la caisse du corps ; la deuxième est consacrée aux dépenses de l'ordinaire, et la troisième est remise individuellement à chaque homme sous le nom *de centimes de poche*. Les deux dernières sont distribuées d'avance sous le titre de prêt. Cette distribution se fait tous les cinq jours, les 1er, 6, 11, 16, 21 et 26 de chaque mois.

PRÊTE-NOM, celui qui prête son nom à autrui, en se présentant comme intéressé apparent dans une affaire où il n'agit que pour le compte d'un tiers. Il faut à celui qui se sert d'un prête-nom des contre-lettres qui le rassurent contre l'abus que l'on pourrait faire du mandat qu'il a donné.

PRÉTENDANT, homme qui aspire à la possession d'une chose qu'on lui dispute. Ce mot a surtout été employé pour désigner les princes dépossédés qui ont tenté de remonter sur le trône. Les plus célèbres sont le chevalier de Saint-Georges, fils de Jacques II, roi d'Angleterre ; Charles Edouard, son fils, dont les espérances furent ruinées par la perte de la bataille de Culloden (1746) ; et de nos jours don Miguel, frère de don Pedro, qui a disputé le trône de Portugal à sa nièce dona Maria, et don Carlos, frère de Ferdinand VII, qui a disputé le trône d'Espagne à sa nièce Isabelle II.

PRÉTÉRIT, nom venu du latin *præteritus*, passé, dont il offre la traduction exacte. On distingue dans la grammaire deux sortes de temps passés ou prétérits : le *prétérit défini* et le *prétérit indéfini*, l'*aoriste* des Grecs.

PRÉTÉRITION ou **Prétermission**, figure de rhétorique qui consiste à feindre de passer sous silence des choses sur lesquelles on ne laisse cependant pas d'appuyer. — En jurisprudence, la *prétérition* était, dans les pays de droit écrit, l'omission faite par le testateur dans son testament de ceux à qui il devait tout au moins une part légitimaire.

PRÉTEUR, magistrat des Romains dont la principale fonction était de rendre la justice. Il fut créé en 368 avant J.-C. par les patriciens qui, pour conserver leur pouvoir, décidèrent qu'il ne pourrait être choisi que dans leur sein. Il devait, lorsque les consuls seraient occupés au dehors, rendre la justice dans la ville à leur place. Bientôt le préteur eut dans l'absence des consuls le même pouvoir qu'eux, quoique l'administration de la justice fût toujours leur principale fonction. Le préteur avait comme les consuls la chaire d'ivoire et la robe prétexte qu'il changeait dans les causes capitales pour une robe noire. Son cortége était seulement de six licteurs. L'an de Rome 510, l'abondance des affaires fit nommer un second préteur chargé de rendre la justice dans les affaires des citoyens avec les étrangers, qui fut appelé *prætor minor* ou *peregrinus*, tandis que le premier conserva le nom de *prætor major* ou *urbanus*. Le nombre des préteurs augmenta à proportion des nouvelles conquêtes que fit le peuple romain. On en créa d'abord deux nouveaux pour la Sicile et la Sardaigne (avant J.-C. 228), et ensuite deux autres pour les deux Espagnes (l'an 198 avant J.-C.). Les préteurs, dont le nombre varia beaucoup dans la suite, furent abolis par Justinien.

PRÉTEXTAT (Saint), évêque de Rouen en 544, assista aux conciles de Paris (557), de Tours (567) et de Besançon (585). Ennemi de la reine Frédégonde, il célébra le mariage de son filleul Mérovée, fils de Chilpéric et de la reine Audovère avec Brunehaut, retenue prisonnière à Rouen. Arrêté et conduit à Paris, Prétextat fut condamné par un concile de quarante-cinq évêques, et exilé dans l'île de Guernesey ou de Jersey. Après la mort de Chilpéric (584), il fut rétabli sur son siége, et périt assassiné, dans le chœur de son église, pendant qu'il chantait matines (486). Frédégonde fut soupçonnée de ce crime. Le martyrologe lui donne la qualité de martyr au 14 février ; mais on ne l'honore aujourd'hui que comme confesseur et pontife.

PRÉTEXTE (Robe), robe longue et blanche, dont les bords étaient comme tissus (*texti*) de pourpre. Cette robe, dont l'invention remonte selon Pline à Tullus Hostilius, était la marque distinctive des jeunes gens de qualité qui la prenaient à quinze ans et la quittaient à dix-sept pour prendre la robe virile, appelée encore *pura* et *libera*. Les filles la portaient jusqu'à ce qu'elles fussent mariées. Les principaux ministres de la religion et les magistrats portaient la prétexte comme une des marques de leur dignité.

PRETI. Voy. CALABROIS.

PRÉTOIRE. C'était le nom de la tente du général romain dans les camps. Sous les empereurs, on le donna aussi aux lieux où les préteurs et les gouverneurs de province fixaient leur demeure et rendaient la justice.

PRÉTOIRE (PRÉFET DU). Voy. PRÉFET.

PRÉTORIENS ou GARDE PRÉTORIENNE, soldats qui servaient de garde au général, et qui montaient la garde autour de sa tente. Scipion l'Africain fut le premier qui donna à la garde prétorienne une forme réglée. Octave établit 10,000 prétoriens qu'il divisa en deux cohortes, lorsqu'il se fut proclamé empereur. A la tête de chacune de ces cohortes était un préfet du prétoire. Il régla que les prétoriens auraient après seize ans de service 2,000 drachmes de récompense, et 2,000 autres après vingt ans. Les soldats de la garde prétorienne devinrent bientôt tout-puissants, et, à l'exemple des janissaires chez les Turks, ils firent et défirent les princes à leur gré. Ils allèrent même jusqu'à mettre l'empire à l'encan. Cette milice dangereuse fut cassée par Constantin.

PRÊTRE, mot qui vient du grec *presbyteros*, signifiant proprement *un ancien*, *un vieillard*. Prêtre se disait en grec *hiereus*, et *sacerdos* en latin.

PRÊTRES ÉGYPTIENS. Ils étaient distribués en différentes classes, distinguées par des marques particulières et employées à différents exercices. Ces classes formaient une caste puissante, qui posséda pendant longtemps presque tout le pouvoir. Ils observaient le ciel pendant la nuit, et faisaient des purifications pour le jour. Ils célébraient un office consistant à chanter quelques hymnes le matin, à midi, l'après-midi et le soir. Ils remplissaient les intervalles par l'étude de l'arithmétique, de la géométrie et de la physique expérimentale. Leur vêtement était propre et modeste ; c'était une tunique de lin. Ils se rasaient tout le corps et faisaient trois fois par jour des ablutions d'eau froide.

PRÊTRES GAULOIS. Voy. DRUIDES.

PRÊTRES GRECS. Outre les princes qui, chez les Grecs, faisaient pour la plupart les fonctions de sacrificateurs, et qui pour cela portaient toujours auprès de leur épée un couteau dans un étui, il y avait des prêtres chargés des fonctions ordinaires du sacerdoce ; on les appelait *néocores*. Il y avait même des familles qui en avaient été investies à perpétuité, telles que les Lycomédiens, les Eumolpides, etc. Voy. BAPTES, GALLES, etc.

PRÊTRES INDIENS. Voy. BRAHMES.

PRÊTRES JUIFS. Voy. LÉVITES et SACRIFICATEUR.

PRÊTRES ROMAINS. Ils formaient une caste à part ; on les choisissait entre les citoyens les plus distingués par leurs emplois et leurs dignités. Il faut les distinguer en deux classes : l'une renfermant ceux qui offraient des sacrifices à tous les dieux et n'étaient attachés à aucun en particulier, et l'autre renfermant ceux qui avaient leurs divinités particulières. A celle-ci appartiennent les flamines, les saliens, les pinariens, les potitiens, les galles, les vestales ; à la première appartiennent les pontifes, les augures, les quindécemvirs ou *sacris faciundis*, les auspices, les frères arvales, les curions, les septemvirs ou *epulones*, les féciaux, etc.

PRÊTRE-JEAN ou PRESTE-JEAN, nom absurde que l'on prêtait jadis à l'empereur des Abyssins et à un prince que l'on disait (d'après Marco Polo) régner en Asie, entre la Chine et les royaumes de Sifan et de Thibet. On a publié sur ce prétendu empereur et sur ce titre une foule de traditions fabuleuses et d'opinions bien différentes. Les voyages des savants qui ont parcouru l'Afrique et l'Asie ont prouvé que le prêtre-Jean n'était qu'un nom sans réalité, et que jamais monarque de ce nom n'a existé.

PRÊTRISE, le dernier des trois ordres sacrés ou majeurs dans l'Eglise catholique. Il confère le droit de célébrer la messe et d'accomplir toutes les fonctions du saint ministère.

PRÉTURE, dignité, magistrature du préteur. Chez les Romains, cette charge était annuelle comme le consulat, et on ne pouvait y être élevé avant l'âge de quarante ans.

PREUVE, démonstration directe ou indirecte de la vérité. — En droit civil, les preuves se font par titres ou par témoins ; en droit criminel, elles se font par témoins seulement. La preuve par titres, appelée encore *preuve littérale*, doit résulter d'un acte écrit constatant que tel fait a eu lieu, que telle convention a été arrêtée et conclue. Elle prend le nom d'*authentique* quand l'acte a été dressé par l'officier public.

PRÉVALAIS (LA), ferme du département d'Ile-et-Vilaine, sur la Vilaine, dans le canton et à une lieue de Rennes. Elle doit sa réputation au beurre excellent qu'elle produit.

PRÉVARICATION, action de manquer par mauvaise foi aux obligations de sa charge. — Autrefois on entendait par ce mot l'infraction des officiers de justice à leurs devoirs, c'est-à-dire les délits rangés par la loi moderne dans quatre classes principales, la *forfaiture*, la *concussion*, la *corruption des fonctionnaires publics* et les *abus d'autorité*.

PRÉVENTION, conception avantageuse ou désavantageuse précédant l'examen d'une chose. — En droit, ce mot a plusieurs significations ; la plus habituelle est celle dans laquelle il exprime l'état de celui contre lequel il existe un soupçon ou une accusation de délit ou de crime. — Autrefois, en jurisprudence canonique, on appelait *prévention en cour de Rome* le droit qu'avait le pape de prévenir les collateurs ordinaires en nommant aux bénéfices avant eux.

PREVESA, ville ancienne et épiscopale d'Albanie (Turquie d'Europe), sur une montagne, avec un port à l'entrée du golfe de l'Arta, à 18 lieues de Janina et 39 de Lépante. Sa population est de 8,000 habitants. Elle commerce en huile, laine, fruits. Quatre cents Français y soutinrent le 24 octobre 1798 l'attaque de 11,000 Turks, qui commirent à leur égard des cruautés inouïes. Vis-à-vis de Prevesa se trouve *Prevesa-Vecchia*, qui est la ruine de l'ancienne *Nicopolis*, bâtie par Auguste en mémoire de la bataille d'Actium.

PRÉVILLE (Pierre-Louis DUBUS, dit), célèbre acteur comique, né en 1721 à Paris d'un intendant de la princesse de Bourbon. Elevé pour être procureur, il se jeta dans la carrière dramatique, et prit le nom de Préville. Après s'être formé sur les théâtres de Dijon, de Lyon, de Strasbourg, de Rouen, il vint à Paris, et reçut bientôt le droit de début à la Comédie-Française où il fut le successeur du célèbre Poisson. Il avait alors trente-deux ans. Après trente-cinq de la plus brillante carrière, il prit sa retraite, et ne reparut que deux fois sur le théâtre (1791 et 1794). Il mourut en 1799, membre associé de l'Institut national. Les rôles de Préville étaient les pères nobles.

PRÉVOST (Jean), archiprêtre et curé de Saint-Séverin à Paris, fut le premier curé de Paris qui s'engagea dans le parti de la Ligue. Il prêchait avec tant de force contre Henri III que le prince voulut le faire saisir avec quelques-uns de ses collègues aussi fanatiques et aussi séditieux ; mais ses archers furent battus et mis en fuite par les ligueurs, qui nommèrent cette affaire l'heureuse journée de Saint-Séverin. Jean Prévost fut en 1589 nommé membre du conseil des quarante. Il fut privé de sa chaire en 1593, lors de l'abjuration de Henri IV.

PRÉVOST D'EXILES (Antoine-François), célèbre littérateur française, né à Hesdin (Pas-de-Calais) en 1697, fit ses études chez les jésuites, prit l'habit de cette société, et le quitta quelques mois après pour porter les armes. Il retourna ensuite chez les jésuites, et n'y resta pas longtemps. Il reprit la carrière militaire ; mais un violent chagrin lui fit prendre l'habit des bénédictins de Saint-Maur, qu'une contrariété lui fit quitter. Il passa alors en pays étranger, et n'obtint son retour en France qu'en 1734. Il vécut tranquille sous la protection du prince de Conti, et mourut d'une attaque d'apoplexie en 1763. Ses principaux romans sont : l'*Histoire du chevalier des Grieux et de Manon Lescaut*, les *Mémoires d'un homme de qualité*, l'*Histoire de Cleveland*, le *Doyen de Killerine*.

PRÉVÔT, mot venu par corruption du latin *præpositus*, et signifiant un préposé à un établissement civil, militaire, judiciaire ou religieux. Voy. ci-après PRÉVÔT DE L'ARMÉE, DE LA CONNÉTABLIE, DES MARCHANDS, etc. — Dans quelques chapitres ecclésiastiques, le *prévôt* était le premier dignitaire, administrateur sans contrôle et presque sans responsabilité des biens de la communauté. — Dans les ordres de chevalerie, le *prévôt* était un grand officier portant le cordon et la croix de l'ordre et chargé des cérémonies.

PRÉVÔT DE LA CONNÉTABLIE (GRAND), juge suprême de tous les délits commis par les militaires. Il était en même temps généralissime des armées et plus que ministre. Il dirigeait sans contrôle et sans concurrence toutes les opérations et l'administration générale des armées.

PRÉVÔT DE L'ARMÉE, magistrature supprimée par l'assemblée constituante, et momentanément rétablie sous le gouvernement impérial. Les prévôts étaient autrefois au nombre de quatre ; il avaient la haute police d'un nombre de régiments ou d'une étendue de territoire déterminée, sous les ordres du grand prévôt de la connétablie.

PRÉVOT DE FRANCE (Grand), magistrat institué par Charles VI au commencement du XIVe siècle. Il jugeait en premier ressort toutes les causes civiles des personnes attachées à la cour, et partout où se trouvait la cour, toutes les causes criminelles et de police. Il avait sous ses ordres deux lieutenants généraux criminels, civils et de police, un procureur du roi, un substitut, un greffier, douze procureurs, trois notaires et quatorze huissiers composant la juridiction appelée *prévôté de l'hôtel*. Un corps militaire spécial, la compagnie de la prévôté de l'hôtel, était chargé d'exécuter les ordres de cette juridiction.

PRÉVOT DE L'HOTEL, magistrat établi par Philippe le Long, appelé sous différents princes roi *des ribauds* et *grand prévôt de France*.

PRÉVOT DES MARCHANDS, premier magistrat municipal de Paris dont les fonctions étaient à peu près les mêmes que celles de nos maires. On fixe l'institution de cette magistrature à l'an 1190. Le prévôt des marchands était élu tous les trois ans, le lendemain de l'Assomption, par les vingt-quatre conseillers municipaux, les quarteniers et les représentants des bourgeois de Paris. Les citoyens nés à Paris étaient seuls électeurs et éligibles.

PRÉVOT DES MARÉCHAUX, magistrat établi pour juger les vagabonds et gens sans aveu; les accusés antérieurement condamnés à une peine corporelle, au bannissement ou à l'amende honorable; les gens de guerre; les vols de grand chemin; les séditions, attroupements et assemblées illicites. Les prévôts des maréchaux prenaient le titre d'*écuyers conseillers du roi*; ils siégeaient aux présidiaux après le lieutenant criminel.

PRÉVOT DE PARIS, magistrat d'épée, chef de la juridiction du Châtelet. C'était le premier dignitaire de Paris; il avait son sceau particulier, représentait le roi au Châtelet, était le premier juge ordinaire, civil et politique de Paris, et avait voix délibérative. Chef de la noblesse de toute la prévôté et de la vicomté de Paris, il commandait à l'arrière-ban, sans être, comme les baillis et les sénéchaux, soumis aux gouverneurs. Il portait l'habit court, le manteau, le collet, l'épée et le chapeau orné de plumes, et tenait un bâton de commandement couvert de velours blanc ou de toile d'argent. Il était accompagné par-tout de douze gardes, qu'on appelait *hoquetons* ou *sergents de la douzaine*. Plus tard l'agrandissement de la capitale et de la population nécessitèrent l'adjonction de trois lieutenants généraux, civil, criminel et de police, de deux lieutenants particuliers et d'un lieutenant de robe courte.

PRÉVOTALES (Cours), tribunaux exceptionnels de l'empire et de la restauration. Les premiers, établis en 1810, connaissaient de tous les crimes et délits de contrebande; leur but était d'empêcher l'introduction des marchandises étrangères. Les seconds furent établis pour juger les crimes ou délits politiques, et ne furent abrogés qu'après quelques années d'activité.

PRÉVOTÉ, étendue de la juridiction d'un prévôt. — La prévôté de l'Ile-de-France embrassait douze prévôtés royales : Montlhéry, Montignon, Saint-Germain en Laye, Corbeil, Gournai, Torcy, Brie—Comte-Robert, Poissy, Triel, Levis, Chaillot et le faubourg de Saint-Denis; à sa tête était le *prévôt de l'île*, délégué ou représentant du prévôt des maréchaux de France.

PREXASPE, l'un des principaux courtisans de Cambyse, roi des Perses, tua Smerdis, frère de ce prince, par son ordre. Ayant un jour osé remontrer à ce monarque les dangers de l'ivrognerie, Cambyse fit venir le fils de Prexaspe, et lui perça le cœur d'une flèche, en disant au malheureux père : Ai-je la main sûre. Celui-ci eut la bassesse de répondre qu'Apollon ne serait pas plus adroit. Après la mort de Cambyse, il se jeta du haut d'une tour, après avoir déclaré publiquement le meurtre dont il était l'auteur.

PRIACANTHE, genre de poissons de l'ordre des acanthoptérygiens, famille des percoïdes, tribu des sparoïdes. Ils ont le corps couvert d'écailles rudes jusqu'au bout du museau; la mâchoire inférieure avancée; la bouche obliquement dirigée vers le haut; les dents faisant la carde ou le velours, et sans inégalités. Leur caractère particulier consiste en un préopercule dentelé, et terminé par le bas par une épine elle-même dentelée; c'est ce que veut dire le mot *priacanthe* (prió, scier, et *acantha*, épine).

PRIAM (myth.), dernier roi de Troie, fils de Laomédon et de Strymo ou Placia, fut épargné par Hercule, qui massacra toute sa famille. Racheté par sa sœur Hésione, il changea son nom de Podarcès en celui de Priam (*priamai*, racheter), et succéda à son père sur le trône de Troie. Il rebâtit, fortifia et embellit cette ville. L'enlèvement d'Hélène par un de ses fils, Pâris, amena la fameuse guerre qui dura dix ans, coûta la vie à son aîné, le vaillant Hector, et livra Troie aux Grecs. Il s'était réfugié auprès de l'autel de Jupiter avec ses enfants; mais, voyant son fils Politès massacré par Pyrrhus, il lança contre celui-ci un javelot et périt sous ses coups. Il avait répudié sa femme Arisba pour épouser Hécube, dont il eut dix-neuf enfants. Ses concubines lui en avaient donné trente.

PRIAMIDES, nom patronymique des enfants de Priam. Ils étaient au nombre de cinquante, dont un d'Arisba, première femme de Priam, Esacus; dix-neuf d'Hécube, parmi lesquels Hector, Pâris, Déïphobe, Helenus, Politès, Troïle, Cassandre, Polyxène, Laodice, et trente de ses concubines.

PRIAPE (myth.), dieu qui présidait aux jardins et aux organes de la génération. Il était fils de Vénus et de Bacchus, ou de Mercure, ou enfin d'Adonis. Né avec une honteuse difformité, il fut exposé sur des montagnes, recueilli par des bergers, qui l'élevèrent à Lampsaque, dont il devint le dieu favori; dans la suite il fut chassé de la ville, parce qu'il était devenu la terreur des maris. Mais les habitants, affligés d'une maladie extraordinaire, crurent y voir la punition du mauvais traitement qu'ils lui avaient fait subir, le rappelèrent, et en firent l'objet de leur vénération. Le culte de Priape passa de Lampsaque à Rome; mais, dans cette dernière ville, quoiqu'il servit toujours à désigner les organes générateurs mâles, il n'eut pas l'obscénité qu'il avait en Grèce. On ne l'adora que comme dieu des jardins.

PRIATIQUE (Plaine), plaine de Thrace, située entre le pays des Maronites et le territoire d'Abdère.

PRICE (Richard), théologien et écrivain politique anglais, naquit en 1723 dans le pays de Galles. Il embrassa la carrière ecclésiastique, fut reçu en 1769 docteur en théologie à l'université de Glasgow. Il était déjà depuis 1764 membre de la société royale de Londres, dont il a enrichi les mémoires par des dissertations. Il mourut en 1791. Ce célèbre publiciste avait toujours désapprouvé la guerre que le gouvernement anglais faisait à ses colonies, et professé le plus grand enthousiasme pour la révolution française.

PRIDEAUX (Humphrey), antiquaire anglais, né à l'adstow dans le comté de Cornouailles en 1648, fit ses études à Westminster et ensuite à Oxford. Il entra dans les ordres, fut pourvu de plusieurs bénéfices, et mourut en 1724 doyen de Norwich. On a de lui : l'*Ancien et le Nouveau Testament, accordés avec l'histoire des Juifs*; la *Vie de Mahomet*, et une édition des *Marbres d'Arundel*.

PRIE (N. de Bertelot, marquise de), fille de Bertelot de Pléneuf, ancien commis du ministre de la guerre, épousa en 1713 le marquis de Prie, ambassadeur à Turin, où elle suivit son mari. De retour à Paris, elle devint la maîtresse du duc de Bourbon, alors premier ministre. Elle fut le canal de toutes les grâces et l'instrument de toutes les vengeances. Le cardinal de Fleury, étant arrivé au ministère, l'exila dans sa terre de Courbe-Epine en Normandie. Elle mourut quinze mois après de chagrin en 1727. Elle n'avait que vingt-neuf ans.

PRIEGNITZ (Manche de), province de l'ancien marquisat de Brandebourg, en Prusse, au S. du grand-duché de Mecklembourg. Elle est peu fertile, et abonde en forêts. Sa capitale est Perleberg. Elle forme les deux cercles de *West-Priegnitz* et de *Ost-Priegnitz*, dans la régence de Postdam.

PRIÈNE, ville de l'Asie-Mineure, dans la partie méridionale de l'Ionie, au pied du mont Mycale, et près de l'embouchure du Méandre. C'était la patrie de Bias, un des sept sages de la Grèce, et du sculpteur Archélaüs. Elle s'appelle aujourd'hui *Samsoun*.

PRIÈRE, élévation de l'âme vers Dieu, soit pour l'adorer, soit pour lui demander ce qui est nécessaire à notre gloire et à notre salut. Il paraît que dans les premiers temps de la loi de Moïse aucune prière de vive voix n'accompagnait les sacrifices. A plus forte raison, il n'y avait rien de fixe, soit sur l'heure, soit sur la force des prières particulières. Ce vague cessa du temps d'Esdras, qui ordonna deux prières, l'une le soir et l'autre le matin pour les jours ordinaires, trois pour le jour du sabbat, et qui composa dix-huit bénédictions que tout Israélite devait apprendre et dire chaque jour. — Les païens avaient fait des prières des déesses qu'ils disaient filles de Jupiter; Les Grecs les nommaient *Lités*. Ils se les figuraient boiteuses, tristes, consternées et marchant continuellement après l'Injure ou *Até*, pour guérir les maux qu'elle a faits.

PRIESTLEY (Le docteur Joseph), chimiste et physicien célèbre, né en 1733 dans le Yorkshire en Angleterre, fit ses études à l'académie de Daventry, et devint à vingt-deux ans ministre assistant de la congrégation presbytérienne de Needham-Market, au comté de Suffolk, et ensuite pasteur de celle de Namptwick, dans le comté de Chester. Il dirigeait depuis 1761 une académie de belles-lettres à Yarrington, lorsqu'il l'abandonna en 1768 pour se rendre à l'invitation des dissidents de Leeds. En 1780, il se retira à Birmingham, où il publia la plupart de ses ouvrages, soit scientifiques, soit théologiques. Défenseur de la révolution française, il reçut de la convention nationale le titre de *citoyen français*, et se vit contraint d'aller chercher en Amérique un asile contre le ressentiment de ses compatriotes. Il mourut à Washington en 1804. Priestley a été en guerre avec les plus fameux théologiens des différentes sectes; mais c'est surtout comme savant qu'il s'est acquis une réputation immortelle. Il fut le fondateur de la chimie pneumatique par ses expériences sur ce qu'il appelait l'*air déphlogistiqué*, et que la science moderne appelle oxygène.

PRIEUR, Supérieur d'un couvent de religieux. On distingue deux sortes de prieurs : le *prieur claustral*, qui gouverne les religieux dans les abbayes sous les abbés, et le *prieur conventuel*, qui gouverne le monastère, comme chef et premier supérieur, à la même autorité que l'abbé. Dans les monastères importants par le nombre des religieux ou l'étendue de la juridiction, le prieur avait sous lui un *sous-prieur*.

PRIEUR (accept. divers.). Autrefois ce titre était donné aux présidents de plusieurs tribunaux de commerce et notamment ceux de Toulouse et de Montpellier. — Avant la réunion du Siennois au grand-duché de Toscane, ce pays formait une des républiques italiennes gouvernée par neuf magistrats appelés *prieurs*. — On appelait encore *prieur* un bachelier en li-cence que la Sorbonne choisissait chaque année parmi ses membres, et qui présidait aux assemblées des docteurs et des licenciés qui y demeuraient. On lui portait tous les soirs les clefs de la maison.

PRIEUR (Grand), chevalier de Malte distingué par une dignité de l'ordre appelé *grand-prieuré*. Dans chaque langue il y avait plusieurs grands-prieurés ; dans celle de France on en comptait trois ; savoir, le grand prieur de France, celui d'Aquitaine et celui de Champagne ; dans la langue de Provence, il y avait ceux de Toulouse et de Saint-Gilles. Il y avait aussi les grands prieurs d'Italie, d'Espagne, d'Allemagne, d'Auvergne, etc. Les grands prieurs présidaient aux assemblées provinciales de leur grand prieuré ; ils avaient le droit de conférer tous les cinq ans une commanderie à qui leur plaisait. On l'appelait *commanderie de grâce*.

PRIEURÉ, bénéfice dont était pourvu un prieur. Dans l'origine, les prieurés n'étaient pour la plupart que des fermes dépendant des abbayes, et dans lesquelles l'abbé envoyait, pour les faire valoir, des religieux gouvernés par un *prévôt* ou *prieur*. Au commencement du xiiie siècle, les religieux envoyés dans ces fermes s'accoutumèrent à se regarder comme usufruitiers des biens dont leurs prédécesseurs n'avaient eu que l'administration momentanée. L'abus augmenta de telle sorte qu'au commencement du xive siècle les prieurés furent regardés comme de véritables bénéfices.

PRIMAT, archevêque qui a sur plusieurs archevêchés ou évêchés une supériorité de juridiction. On prétend qu'avant Grégoire VII, qui fut élu pape en 1073, on ne connaissait pas dans les Gaules l'autorité d'aucun primat, et qu'il conféra ce titre à l'archevêque de Lyon sur les quatre provinces Lyonnaises, celles de Lyon, de Tours, de Rouen et de Sens. — Les anciens historiens donnent indistinctement le titre de *primat* et d'*exurgue* aux chefs des diocèses. L'évêque de Carthage prenait le titre de primat d'Afrique. — En Pologne, l'archevêque de Gnesne avait le titre de primat. Il était de droit légat du saint-siège, président du sénat, et gouvernait l'État pendant l'interrègne.

PRIMATES, mot latin qui signifie *premier*, *occupant le premier rang*. C'est le nom d'un groupe de mammifères, établi par Linné et dans lequel il fait entrer l'homme, les singes, les makis, les chauves-souris et même les bradypes et les galéopithèques.

PRIMATICE (François), célèbre peintre italien, né à Bologne en 1490 d'une famille noble. Il fut l'élève d'Innocenzio da Imola et de Bagna Cavallo ou Ramenghi. Les beaux ouvrages de stuc qu'il fit dans le château du T à Mantoue donnèrent une haute idée de ses talents. François Ier l'appela en France en 1540, lui donna l'abbaye de Saint-Martin de Troyes, et le chargea d'achever en Italie cent vingt-cinq bustes ou statues, et d'en faire faire les moules. Ces statues, coulées en bronze, furent placées à Fontainebleau, dont le château fut aussi orné de ses peintures. Nommé intendant des bâtiments de la couronne par Henri II, et commissaire général des bâtiments dans tout le royaume par François II, il mourut comblé d'honneurs en 1570.

PRIME. En termes de liturgie catholique, c'est la première des heures canoniales qui se dit après laudes. L'heure de prime était déjà connue du temps de saint Basile. — *Prime* a encore plusieurs autres significations ; dans la plus ordinaire, il désigne une certaine somme accordée à ti re d'encouragement pour quelque opération de commerce ou d'agriculture.

PRIMEVÈRE, genre de plantes, type de la famille des primulacées, renfermant des plantes herbacées et vivaces, ayant leurs feuilles toutes radicales ; des fleurs portées sur une hampe simple et disposées en ombelle simple. Parmi ces espèces, quelques-unes sont extrêmement communes dans presque toute la France, et leurs fleurs s'épanouissent dès le premier printemps : de là le nom de *primevère* qui leur a été donné. On cultive dans les jardins une espèce originaire des Alpes, l'*oreille-d'ours* ; elle a produit un grand nombre de variétés, dont les plus estimées sont celles dont les fleurs bien veloutées sont, ou d'un bleu pourpre liseré de blanc, ou brun foncé, brun olive, orangé, etc.

PRIMICIER, dignité ecclésiastique. Le primicier était dans les églises cathédrales celui qui avait soin de l'ordre de l'office public et qui présidait au chœur ; il était le premier des chantres, ce qui lui avait fait donner son nom, parce qu'il était marqué le premier sur la tablette enduite de cire qui contenait les noms des chantres, *primus in cerd*.

PRIMIPILES, nom donné, chez les Romains, aux deux centurions qui commandaient les centuries du premier manipule des triaires (*pilani*), par opposition aux commandants des autres centuries, qui portaient les noms de *secundi pili*, *tertii pili*, et ainsi de suite jusqu'à *decimi pili centuriones*. Des deux primipiles, le premier, c'est-à-dire le plus ancien, était le plus considérable des centurions des triaires ; il avait place dans le conseil de guerre après le consul et les premiers officiers, et devenait de droit membre de l'ordre des chevaliers. Il était chargé de l'aigle de la légion, et n'avait au-dessus de lui que les tribuns et les préfets de camp.

PRIMULACÉES, nom donné par le botaniste Ventenat à la famille que Jussieu appelle *lysimachiées*. Le genre primevère (*primula veris*) lui sert de type et lui donne son nom. Elle renferme des plantes herbacées et vivaces ; aux feuilles simples, opposées ou verticillées, plus rarement alternes, quelquefois toutes radicales ; aux fleurs portant une corolle monopétale hypogyne.

PRINCE, mot venu du latin *princeps*, premier, principal, et par lequel on désigne non tous les souverains, ou bien seulement le souverain d'un État appelé *principauté*. Souvent le mot de prince n'est qu'un titre d'honneur, sans autorité, donné soit aux fils des rois, soit à de nobles familles. Aujourd'hui on appelle *prince royal* l'héritier de la couronne. — On connaît dans l'histoire, sous le nom de *prince noir*, Edouard, prince de Galles, fils aîné d'Édouard III, roi d'Angleterre. Ce nom lui vient de la couleur habituelle de son armure.

PRINCE DE LA CAPTIVITÉ, nom donné dans la chronique juive intitulée *Seder-Olam-Zuthe*, à ceux d'entre les Juifs qui, pendant la captivité, gouvernaient le peuple juif. On en compte quarante et un depuis Jechonias, emmené par le roi Nabuchodonosor.

PRINCE DE LA JEUNESSE, nom de celui des chevaliers romains que le censeur nommait le premier dans la revue de cette classe de citoyens. C'était lui qui marchait à la tête de la jeune noblesse dans les fêtes et les jeux publics. On changeait les princes tous les cinq ans, parce que cette place ne pouvait être remplie que par un jeune homme. Sous les empereurs, on donnait aussi le nom de *princes de la jeunesse* aux héritiers de l'empire.

PRINCE DE LA SYNAGOGUE. Dans l'Ancien Testament, c'est le nom d'un de ceux qui président aux assemblées du peuple. Dans le Nouveau, c'est le nom de celui qui préside aux assemblées de religion tenues dans la synagogue.

PRINCE DE LA VILLE, magistrat qui, dans les villes israélites, avait la même autorité que l'intendant du temple dans le temple. Il veillait à la conservation de la paix, de l'ordre et de la police.

PRINCE DES PRÊTRES. Ce mot désignait chez les Juifs, 1° le grand prêtre en exercice, 2° le grand prêtre n'exerçant plus ce ministère, 3° le chef d'une famille sacerdotale.

PRINCE DU SÉNAT, nom de celui des sénateurs que le censeur, après le dénombrement que l'on faisait à chaque lustre, nommait le premier dans le rôle des sénateurs. Cet honneur n'était ordinairement déféré qu'à un consulaire qui avait exercé la censure ou reçu les honneurs du triomphe. Dans l'origine cette qualité était à vie ; dans la suite elle pouvait changer tous les cinq ans.

PRINCES, en latin *principes*, corps de soldats romains, ainsi appelés parce qu'originairement ils marchaient en tête de la ligne de bataille. Dans la suite ils ne furent qu'au deuxième rang, et vinrent après les hastaires. Ils portaient avec eux le nom d'*antepilani*, parce qu'ils précédaient les triaires, armés du *pilum* et nommés *pilani*. C'étaient les princes qui engageaient le combat ; aussi étaient-ils choisis parmi les hommes qui étaient dans la vigueur de l'âge et d'une valeur éprouvée.

PRINCIPAL, ce qui est en première ligne, au premier rang. On dit le *principal* d'une dette pour désigner la somme capitale en opposition aux intérêts. — Le chef d'un collège communal prend le titre de *principal* ; celui d'un collège royal prend celui de *proviseur*.

PRINCIPAUTÉ, petit État qui donne à son propriétaire la qualité de prince. On compte dans l'Europe onze principautés indépendantes et immédiates, dont une en Italie : *Monaco*, et dix en Allemagne : Hohenzollern-Hechingen, Hohenzollern-Sigmaringen, Lichtenstein, Schwarzbourg-Rudolstadt, Schwarzbourg-Sondershausen, Reuss-Aînée, Reuss-Cadette, Waldeck, Lippe-Detmold, Lippe-Schauembourg. — Dans la théologie, les PRINCIPAUTÉS forment le troisième ordre de la hiérarchie céleste.

PRINCIPAUTÉ CITÉRIEURE ou PROVINCE DE SALERNE, province du royaume de Naples, bornée au N. par la Principauté ultérieure, à l'E. par la Basilicate, au N.-O. par la terre de Labour, au S. et à l'O. par la mer Méditerranée. Sa superficie est de 220 lieues carrées, et sa population de 444,400 habitants. En grande partie montagneuse, elle produit du grain, du riz, du vin, de l'huile, du safran, etc., et est arrosée par le Sarno, le Silaro, le Negro, le Calore. — Sa capitale est SALERNE.

PRINCIPAUTÉ ULTÉRIEURE ou MONTE-FUSCO, province du royaume de Naples, bornée au N. par le comté de Molise et la Capitanate, à l'E. par la Basilicate, à l'O. par la terre de Labour et au S. par la Principauté citérieure. Sa superficie est de 160 lieues carrées, et sa population de 337,350 habitants. Le climat est frais et salubre, le sol varié de montagnes et de vallées, et arrosé par le Tamaro, le Calore, le Sabato et l'Ofanto. Elle produit moins de vin et de grains que la Principauté citérieure ; mais elle a des châtaigniers, d'excellents pâturages, des bestiaux, des brebis, de la soie, du marbre. — Sa capitale est AVELLINO.

PRINCIPE, cause, source, origine d'une chose. Les manichéens admettaient deux principes : celui du bien et celui du mal, qui luttaient sans cesse l'un contre l'autre. Les péripatéticiens en admettaient trois : la matière, la forme et la privation. Les épicuriens considéraient les atomes comme les principes de l'univers. — En chimie, le mot *principe* s'applique aux corps simples ou indécomposables par les moyens de la science actuelle. Les *principes immédiats* des végétaux sont le résultat de l'action combinée de la puissance vitale avec celle de l'air et de la lumière, sur les différents fluides introduits dans le système végétal à l'état de solution par les organes de l'absorption et de la nutrition. Ainsi la couleur jaune dans les plantes est l'indice de l'amertume, quelquefois même d'un poison ; la couleur bleue annonce le plus souvent la présence d'un venin, la couleur verte prouve une saveur austère et quelquefois un virus vénéneux ; la couleur blanche dénote un végétal presque toujours sans odeur ni saveur.

PRINCIPIUM, mot latin qui signifie *commencement*. — Chez les Romains c'était le nom de la curie qui dans les comices donnait son suffrage la première. — Le *principium* était aussi un espace libre et vaste, qui se prolongeait sur toute la largeur du camp romain, et le partageait en deux parties égales. C'était là que les généraux haranguaient les soldats, que les tribuns rendaient la justice, que les peines étaient infligées, que les autels et les portraits des empereurs ainsi que les principales enseignes des légions étaient placés. Aussi les soldats regardaient-ils cet endroit comme sacré ; ils y prêtaient serment de fidélité.

PRINGLE (Sir John), célèbre médecin anglais, né dans le comté de Roxburgh en Ecosse en 1707. Élève de Boërhaave, c'est l'un des médecins dont l'Angleterre s'honore le plus. Il exerça la médecine à Edimbourg jusqu'en 1742, époque à laquelle il fut attaché au comte de Stair, alors commandant des forces britanniques. Admis en 1745 à la société royale de Londres, il en devint président en 1772. Dès 1749 il avait été appelé à la place de médecin ordinaire du duc de Cumberland, et en 1763 il fut nommé médecin de la maison de la reine, puis médecin extraordinaire et ordinaire du roi. Créé baronnet en 1766, il mourut en 1782, membre de presque toutes les sociétés savantes européennes.

PRINTEMPS, l'une des quatre saisons, commençant le 21 mars et finissant vers le 22 juin. Sa durée est de 92 jours 21 heures 16 minutes. Il comprend les trois mois de mars, avril et mai. Cette saison était spécialement consacrée aux Muses et aux Grâces chez les anciens. C'était à son commencement qu'à Rome le grand pontife allait prendre le feu nouveau sur l'autel de Vesta. — Le vœu du printemps sacré (ver sacrum), était un vœu par lequel on consacrait aux dieux tout ce qui devait naître depuis le 1er de mars jusqu'au 1er de mai. Festus et Strabon rapportent que des peuples d'Italie qui avaient recours à ce vœu dans les plus grands dangers y comprenaient non-seulement les bestiaux, mais encore les enfants ; alors ils les élevaient jusqu'à l'âge de l'adolescence, et, après les avoir voilés, ils les envoyaient chercher d'autres habitations.

PRIOLO ou PRIOLI ou PRIULI, famille illustre de Venise, qui donna plusieurs doges à cette république. — LAURENTE PRIOLO succéda à Francisco Venier en 1556, et mourut en 1559. — HIERONYMO PRIOLO succéda au précédent en 1559, et mourut en 1567. — ANTONIO PRIOLO succéda à Nicolas Donati en 1618, et mourut en 1623.

PRIOLO ou PRIOLI ou PRIULI (Benjamin), historien français, né en 1602 à Saint-Jean-d'Angely (Charente-Inférieure) d'une illustre famille vénitienne, abjura le calvinisme en 1641, servit le duc de Rohan, puis la mort duquel il fut employé par la cour de France dans plusieurs négociations importantes. Il mourut en 1667. On a de lui une Histoire de France en latin, depuis la mort de Louis XIII jusqu'en 1664.

PRIONE, genre d'insectes de l'ordre des coléoptères, section des tétramères, famille des longicornes, tribu des prionions. Ce sont de grands insectes dont la forme rappelle celle du cerf-volant, à cause de l'étendue de leurs mâchoires qui saillent au delà de la tête, et ressemblent d'autant plus aux mandibules de ce dernier qu'elles sont dentelées à leur bord interne ; mais ils s'en distinguent par la longueur et la ténuité de leurs antennes, leur corselet denté ou épineux sur les côtés, et le nombre des articles des tarses. Les priones sont privés de couleurs brillantes. Ils ne sortent que le soir, et restent tout le reste du temps cachés dans les trous qu'ils ont faits aux arbres, à l'état de larves. On compte environ soixante espèces de ce genre, parmi lesquelles le prione tanneur.

PRIONIENS, tribu d'insectes de l'ordre des coléoptères, section des tétramères, famille des longicornes, ayant pour caractères un labre nul ou très-petit, un corps généralement déprimé, avec les bords latéraux du corselet souvent tranchants, dentés ou épineux ; les mâles d'un grand nombre ont les mandibules fortes et les antennes pectinées. Cette tribu renferme les genres prione, spondyle, anacole, thyrsie, etc.

PRIOR (Matthieu), poëte, courtisan et diplomate anglais, né à Londres en 1664 d'un menuisier, fut envoyé par la protection du comte de Dorset au collége de Saint-John à Cambridge, où il fut fait bachelier en 1686. Le roi le nomma en 1690 secrétaire du comte de Berkeley, plénipotentiaire à la Haye ; il remplit les mêmes fonctions auprès des plénipotentiaires de Ryswick, et succéda en 1711 à lord Bolingbrocke dans l'ambassade de Paris. Rappelé, arrêté et par arrêt du parlement jeté en prison où il resta deux ans, il se lança alors dans la poésie, et mourut en 1731. Il fut enterré à Westminster. Ses odes sont ce qu'il a fait de mieux. Il a encore composé le poëme de Salomon ou la Vanité humaine.

PRISCIEN, grammairien du VIe siècle, né à Césarée, vint enseigner à Constantinople sous Justinien, vers l'an 525. Il composa un ouvrage intitulé De arte grammatica ou Commentariorum grammaticorum libri XIII, ou enfin De octo partibus orationis earumque constructione. On regarde ce traité comme la meilleure grammaire complète que nous ayons de l'antiquité. On a aussi de lui des traités sur les accents, la déclinaison des noms, les figures, etc., un traité De naturalibus quasstionibus ; une traduction en vers de la Description du monde par Denys le Périégète, et deux poëmes, l'un sur les Astres, l'autre sur les Poids et Mesures romaines que l'on attribue à Rhemnius Fannius.

PRISCILLE, prophétesse prétendue qui suivait l'hérésiarque Montanus.

PRISCILLIEN, hérésiarque du IVe siècle, Espagnol de nation. Il soutint les principales erreurs des manichéens et des gnostiques. L'erreur qui lui paraît propre est d'avoir enseigné qu'il est permis de faire de faux serments pour ses intérêts Ayant attiré à son parti beaucoup de peuple et quelques évêques, parmi lesquels Instantius et Salvien qui l'ordonnèrent évêque d'Avila, puis condamné par le concile de Sarragosse en 380 et par celui de Bordeaux en 384, Priscillien fut décapité avec ses partisans. Ses disciples, les priscillianistes, se continuèrent longtemps après sa mort.

PRISCUS, c'est-à-dire ancien, surnom de plusieurs familles romaines, telles que celles des Servilius, des Helvidius, etc. — C'est aussi le nom du frère de l'empereur Philippe, gouverneur de Syrie, puis de Macédonie. Il prit la pourpre en 249, et se mit à la tête d'une armée de Goths ; mais Dèce, après avoir fait périr Philippe, l'assassina bientôt lui-même. — Général sous Maurice, empereur d'Orient, se signala plusieurs fois contre les Arabes. Il épousa la fille de Phocas, mais abandonna bientôt son parti pour celui d'Heraclius, qui l'enferma dans un monastère où il mourut en 613.

PRISE, action de saisir, d'appréhender. Dans les temps de guerre maritime, où le gouvernement commissionne des corsaires, ceux-ci ont droit à leur part de la prise. Autrefois, et même sous l'empire, un conseil des prises décidait si le vaisseau capturé était de bonne prise. Aujourd'hui ses attributions sont dévolues au conseil d'État. — La prise d'habit est la cérémonie dans laquelle s'accomplit la consécration irrévocable à la vie religieuse. — Prise de corps. Voy. CONTRAINTE PAR CORPS. — La prise à partie est, en jurisprudence, une action intentée contre le juge dans le cas où l'un des plaideurs croirait avoir à se plaindre de lui, à l'effet de le forcer à venir lui-même, comme simple partie, rendre compte de sa conduite devant le tribunal.

PRISME, solide terminé de part et d'autre par deux polygones égaux et parallèles, unis par plusieurs faces qui sont des parallélogrammes. De la forme et de la nature de la base dépend la nature et le nom du prisme. Il est triangulaire, rectangulaire, pentagonal, hexagonal, quand sa base est un triangle, un rectangle, un pen-

tagone, un hexagone. La surface d'un prisme est égale au périmètre ou contour de sa base multiplié par sa hauteur, et sa solidité est égale à la surface de sa base multipliée par sa hauteur. — On se sert, en physique, du prisme triangulaire pour décomposer la lumière et séparer les sept couleurs dont se compose un rayon lumineux. Cette expérience est fondée sur l'inégale réfrangibilité de ces couleurs. La matière dont on forme ces prismes est le flint-glass, espèce de verre.

PRISON, lieu où l'on garde ceux qui se sont rendus coupables d'une infraction à la loi civile ou politique. Aux différents genres de peines établies par les lois criminelles répondent différentes classes de prisons. On en compte six : les bagnes ; les maisons de détention ou de force, au nombre de dix-neuf ; les maisons de correction, en très-petit nombre et seulement pour les enfants ; les maisons de justice, placées au chef-lieu judiciaire de chaque département ; les maisons d'arrêt, situées dans chaque arrondissement, et les maisons de police municipale, établies dans chaque justice de paix. Voy. PÉNITENTIAIRE (Système).

PRIVAS, ville de France, chef-lieu de préfecture du département de l'Ardèche, sur un coteau baigné par l'Ouvèze, à quelques lieues du Rhône. Sa population est de 4,500 habitants. Elle a un tribunal de première instance, une société d'agriculture, une bibliothèque. Elle fait un commerce considérable de soie, de cuirs et de marrons ; on trouve des mines de houille à son territoire. Privas est à 158 lieues de Paris.

PRIVATAIRE, dignité ecclésiastique chez les Grecs. On croit que c'était le garde du trésor d'une église.

PRIVATIFS. En grammaire, on appelle ainsi les mots d'une syllabe, quelquefois même d'une simple lettre qui, ajoutés à d'autres mots, leur donnent une signification tout opposée à celle qu'ils avaient auparavant. A, chez les Grecs, était un privatif. Les Latins avaient in, qu'ils ont légué à la langue française, et les Anglais remplacent par un.

PRIVERNUM, ville d'Italie, dans le Latium, sur une montagne, près du fleuve Amasenus, à l'E. d'Antium, chez les Volsques. Elle entra en guerre avec Rome l'an 655 avant J.-C., et fut réduite l'an 326 environ par le consul Caius Plautius. Elle s'appelle aujourd'hui Piperno Vecchio.

PRIVILÉGE, avantage en dehors de la loi commune. — En termes de jurisprudence, c'est un titre à la préférence, un droit que la qualité de la créance donne à un créancier d'être préféré aux autres créanciers. Les priviléges peuvent porter : 1° sur les meubles ; 2° sur les immeubles ; 3° sur les meubles et les immeubles à la fois. Les créanciers qui ont privilége sur un immeuble le suivent en quelques mains qu'il passe.

PROAGONE, (de deux mots grecs pro, avant, et agôn, combat), sorte de préparation ou de noviciat pour la profession d'athlète, consistait à s'enrôler pour dix mois sous un maître de palestre. Il fallait avoir fait son proagone avant d'être admis à combattre. On nommait aussi cette préparation progymnasmata.

PROAO (myth.), divinité des anciens Germains, qui présidait à la justice. Elle était représentée tenant d'une main une pique environnée d'une espèce de banderole, et de l'autre un écu d'armes.

PROBA, femme de l'empereur Probus. — FALTONIA, poétesse chrétienne, native d'Orta dans la campagne de Rome, florissait sous le règne de l'empereur Honorius. On cite de son œuvre des centons de Virgile une Vie de Jésus-Christ, imprimée en 1546 sous ce titre : Probæ Faltoniæ Centones ex Virgilio.

PROBABILISME, doctrine théologique enseignant qu'il est permis de suivre une opinion moins probable et favorisant la liberté, en concurrence d'une autre opinion plus probable et favorisant la loi. Le père Barthélemy Médina, de l'ordre des jésuites, passe pour avoir été l'inventeur ou du moins le propagateur de ce système. Les docteurs qui suivent le probabilisme s'appellent *probabilistes*.

PROBABILITÉ, raison que nous avons de croire à l'apparition passée ou présente d'une chose. — Le *calcul des probabilités*, dont l'origine remonte au milieu du XVIIe siècle, et qui a été de nos jours perfectionné par Laplace et Poisson, est une théorie mathématique par laquelle on soumet aux investigations du calcul la détermination des événements probables de toute nature. Laplace dit que c'est le bon sens réduit au calcul. Le calcul des probabilités se divise en deux parties distinctes : dans la première, on cherche d'après des données connues la probabilité d'un événement simple ou composé ; dans la seconde, on se propose de déterminer celle des événements futurs d'après l'observation faite d'événements de même nature.

PROBATION, année de noviciat qu'on fait faire à un religieux ou à une religieuse pour éprouver sa vocation.

PROBLÈME (du mot grec *probléma*, venu de *pro*, avant, et de *balló*, jeter), question proposée dont on demande la solution. Ce mot s'emploie surtout en géométrie.

PROBOSCIDIENS (du mot grec *proboscis*, trompe), première famille de l'ordre des pachydermes, caractérisée par des formes lourdes et épaisses, des membres courts et sans souplesse, une croupe monstrueuse terminée par une queue petite, une grosse tête et de petits yeux, une mâchoire supérieure armée de deux incisives, qui font hors de la gueule une saillie de plusieurs pieds, et qui refoulent en grossissant les os du nez vers le haut de la tête, enfin un museau prolongé en une trompe d'une longueur démesurée. En revanche, leurs principaux attributs sont une intelligence remarquable, une mémoire tenace et une aptitude étonnante à faire les choses les plus difficiles. Les deux genres de cette famille sont les *éléphants* et les *mastodontes* ou *éléphants fossiles*.

PROBUS (Marcus Aurelius Valerius), empereur romain, né à Sirmium en Pannonie, obtint de Valérien le titre de tribun à l'âge de vingt-deux ans. Il servit avec tant de distinction qu'à la mort de l'empereur Tacite (276) il fut appelé, malgré sa résistance, à l'empire par le vœu unanime de l'armée de Syrie. Il eut un moment un rival dans Florien, frère de Tacite ; mais, ce prince ayant été massacré par ses troupes, Probus fut reconnu par le sénat. Il défit dans plusieurs batailles les barbares qui envahissaient la Gaule, leur tua 400,000 hommes, et les força à demander la paix (277). Il fit ensuite la guerre en Illyrie aux Gètes et aux Sarmates (279), vainquit en 280 les Blemmyes, peuples voisins de l'Égypte, et épouvanta tellement le roi de Perse, que celui-ci lui demanda la paix. Probus retourna à Rome, où son triomphe dura sept jours. Ce prince, laborieux et frugal, introduisit la vigne en Gaule et en Illyrie, fit rebâtir soixante-dix villes, et occupa ses soldats à dessécher les marais de Sirmium. Il fut massacré dans une révolte excitée, dit-on, par Carus, son successeur (282). Il avait alors cinquante ans.

PROCAS, roi d'Albe en Italie, fils et successeur d'Aventinus à la fin du IXe siècle, régna vingt-trois ans, et laissa en mourant deux fils nommés Numitor et Amulius. Voy. ces noms et RHEA SYLVIA.

PROCÉDURE, partie de la science du droit qui établit les règles à observer lorsqu'il s'agit de faire prononcer les tribunaux sur une contestation relative soit à l'état des propriétés et des personnes, soit aux atteintes portées contre la sûreté de ces propriétés et de ces personnes. Dans le premier cas, la procédure est dite *civile* ; dans le second, elle est *criminelle*. Le Code de procédure civile a été rendu exécutoire pour toute la France à partir du 1er janvier 1807 ; celui d'instruction criminelle a été promulgué le 26 décembre 1808, et modifié par les lois du 4 mars 1831 et du 9 septembre 1835.

PROCÉPHALES, famille de mollusques de la classe des ptéropodes, ordre des magaplexigiens, renfermant les genres *atlante*, *clio*, *léodoxe*, *cymbulie* et *hyale*. Cette famille, créée par Latreille, a pour caractères une tête distincte, des branchies faisant partie des nageoires, et une coquille qui n'a qu'une seule ouverture.

PROCÈS, série des actes et formalités qui accompagnent une action judiciaire, et doivent être ordinairement suivis de la décision d'un tribunal. Tout procès intenté commence par une demande, se continue et s'explique par l'instruction, et se termine par un jugement.

PROCÈS-VERBAL, acte par lequel un fait est constaté avec toutes ses circonstances. En matière civile, les procès-verbaux sont destinés à constater d'une manière certaine et authentique les faits qui doivent servir de base aux discussions d'intérêt privé ; ils sont dressés par les notaires, les huissiers, les greffiers, les juges de paix. — En matière de police correctionnelle et criminelle, les procès-verbaux ont pour but d'assurer l'exécution des lois répressives : tels sont ceux dressés par les gendarmes, les gardes champêtres, les préposés des douanes, etc.

PROCESSION, marche solennelle faite, soit dans l'intérieur de l'église, soit en dehors, par le clergé et le peuple, qui récite des prières, et chante les louanges de Dieu. Les processions étaient en usage chez les païens et les Juifs. On croit qu'elles furent introduites dans l'Eglise sous le règne du grand Constantin, et saint Ambroise en fait mention.

PROCESSIONNAIRES, épithète que Réaumur donne aux chenilles des bombyces *processionnea* et *pithyocampa*.

PROCHORE, un des sept premiers diacres, élu peu après l'Ascension. On lui attribue une histoire de saint Jean l'Évangéliste, qui passe pour apocryphe.

PROCIDA, autrefois *Prochyta*, petite île très-fertile, à l'entrée septentrionale du golfe de Naples en Italie, entre celle d'Ischia et le cap Misène. Elle a 3 lieues de circonférence et 12,000 habitants. Elle produit du bon vin, de la soie, des perdrix et des faisans en abondance. Sa capitale est PROCIDA, charmante petite ville sur un pointe haute et escarpée, située au S. du côté de la mer, à 2 lieues de Naples. Elle a 4,000 habitants.

PROCIDA (Jean DE), seigneur de l'île de Procida dans le royaume de Naples, exerça les professions de médecin et de jurisconsulte dans la Sicile, où il acquit beaucoup d'autorité sous le règne de Manfroi. Dépouillé de ses biens et de ses charges par Charles d'Anjou, il entreprit de se venger en faisant révolter la Sicile contre lui et en la réduisant sous la puissance de Pierre, roi d'Aragon. Déguisé en cordelier (1280), il parcourut la Sicile, et se rendit à Constantinople, où il traita avec Michel Paléologue. La conspiration qu'il avait tramée éclata le lendemain de Pâques de l'année 1282. Elle est connue sous le nom de l'*êpres siciliennes*.

PROCIDENCE DE L'IRIS, maladie dans laquelle l'iris sort à travers la cornée transparente, quelle que soit la nature de l'ouverture qui y existe. Cette ouverture peut s'être faite par une blessure de la cornée ou une ulcération perforante. Cette maladie, que l'on appelle encore *hernie* ou *staphylôme de l'iris*, peut faire perdre la vue et aussi déformer l'œil.

PROCLÈS, fils de l'Héraclide Aristodème et d'Argie, et frère jumeau d'Eurysthène, avec lequel il monta sur le trône de Sparte l'an 1104 avant J.-C. Il régna quarante-cinq ans, et eut pour successeur son fils Agis, qui donna son nom à la branche descendant de lui.

PROCLIDES, branche de rois de Sparte, descendant de Proclès. Ils portèrent encore le nom d'*Agides*, d'Agis, fils de Proclès, et partagèrent le trône avec les Eurysthénides.

PROCLUS (Saint), patriarche de Constantinople, disciple de saint Jean Chrysostome, mourut vers 447. Il a laissé des *homélies*, des *épîtres* et d'autres écrits en grec.

PROCLUS, philosophe néoplatonicien du Ve siècle, était né à Constantinople ; mais il fut élevé à Xanthe en Lycie, patrie de ses parents. Il étudia à Alexandrie et à Athènes, où il succéda dans la chaire de philosophie à son maître Syrianus. L'empereur Anastase le combla de présents et de marques d'estime. On dit que, quand Vitalien assiégea Constantinople, Proclus brûla sa flotte avec de grands miroirs d'airain. On ignore l'époque de sa mort. Proclus avait composé un grand nombre d'ouvrages ; nous en possédons encore plusieurs. Ce sont des commentaires sur le *Timée*, le *Parménide* et le *Premier Alcibiade* de Platon, des *Institutions théologiques*, des traités *sur la Providence*, *le Destin*, *la Liberté*, *la Nature du mal*, etc. Il composa des hymnes en l'honneur de toutes les divinités de la Grèce, de Rome, de l'Egypte et de l'Arabie. Le christianisme eut en lui un violent adversaire.

PROCOMBANT. On donne cette épithète, en botanique, aux tiges des plantes, lorsqu'elles s'étendent comme en rampant sur le sol, sans cependant y émettre de racines, avant de se redresser plus ou moins, comme on le voit dans bon nombre d'entre elles : les trèfles, les mésembryanthèmes, etc.

PROCONÈSE, île de la Propontide, au N.-E. de Cyzique (Mysie). Elle avait été appelée *Elaphonèse* ou île des biches et *Neuris*. Elle est célèbre pour le beau marbre blanc qu'on en tirait : ce qui lui a fait donner le nom de Marmara (*marmor*), qu'elle porte maintenant, et qui s'est communiqué à la mer dans laquelle elle est située.

PROCONSUL, magistrat romain chargé de remplacer les consuls dans les provinces. Le proconsul n'était autre que le consul de l'année précédente, qui, après avoir pendant un an rempli les fonctions de consul, continuait à les remplir une seconde année sous les provinces sous le nom de *proconsul*. A son retour à Rome, il se présentait au sénat pour y rendre compte de son administration, et l'on dressait de son rapport un procès-verbal déposé au trésor public. Avant de sortir de Rome, le proconsul montait au Capitole pour y faire des sacrifices et prendre le manteau de guerre appelé *paludamentum*.

PROCONSULAIRE (EMPIRE), nom donné à la puissance dont Auguste revêtit Tibère en l'associant au gouvernement et en lui faisant donner en la charge de censeur un pouvoir égal au sien dans toutes les provinces.

PROCOPE, usurpateur de l'empire romain, était d'une illustre famille de Cilicie et parent de Julien. Après avoir servi l'État sous ce prince et ses successeurs, il se retira chez les barbares de la Chersonèse Taurique, et y resta jusqu'au départ de Valens pour la Syrie. Il se rendit alors à Constantinople, et s'y fit proclamer empereur (365). L'année suivante, la fortune, qui avait paru lui sourire, l'abandonna ; il fut défait dans la Phrygie Salutaire, et, ayant été abandonné par ses soldats, on lui coupa la tête, qu'on envoya à Valentinien dans les Gaules en 366. Il n'avait que trente-deux ans.

PROCOPE, historien grec, natif de Césarée en Palestine, y professa d'abord l'éloquence, et se fixa ensuite à Constantinople, où ses talents lui acquirent l'estime de Bélisaire. Il devint son secrétaire, et le suivit en cette qualité dans l'Afrique, l'Asie et l'Italie. Justinien lui donna le titre d'illustre et la charge de préfet de Constantinople, qui lui fut enlevée plus tard. Procope mourut vers la fin du règne de

Justinien, laissant trois ouvrages : 1° une *Description* en six livres des édifices construits par Justinien ; 2° une *Histoire contemporaine*, embrassant en huit livres la guerre des Perses, celle des Vandales et celle des Goths ; 3° une *Histoire secrète* ou *Anecdotes*, pleine de faits curieux sur la vie intime des empereurs.

PROCOPE (Café), célèbre café de Paris, fondé vers l'an 1689, en face du théâtre de la Comédie-Française, par le Sicilien François Procope. Au XVIII° siècle, ce café était le foyer des discussions littéraires, et surtout de la critique dramatique.

PROCRIS (myth.), fille d'Erechthée, roi d'Athènes, et femme de Céphale. *Voy.* ce mot.

PROCULÉIENS, secte de jurisconsultes romains, ainsi nommés de Sempronius Proculus. Cette secte sortait de l'école stoïcienne, et faisait reposer les règles du droit sur les maximes philosophiques du Portique. La secte opposée à celle des proculéiens fut celle des *sabiniens* et des *cassiens*, de Sabinus et Cassius, disciples de Capiton.

PROCULEIUS (Caïus), chevalier romain, favori d'Auguste, eut la générosité de partager ses biens avec ses frères Muréna et Scipion, qui avaient été dépouillés des leurs pour avoir embrassé le parti du jeune Pompée. Auguste l'envoya auprès de la reine Cléopâtre pour tâcher de l'engager à se rendre au vainqueur ; il ne put la persuader, mais il réussit à la prendre vivante. Il se tua dans une maladie.

PROCULUS, surnom de quelques Romains. — Les plus célèbres sont 1° JULIUS PROCULUS, sénateur, qui après la mort de Romulus déclara que ce prince lui était apparu et lui avait ordonné de dire aux Romains de lui offrir des sacrifices sous le nom de Quirinus ; — 2° SEMPRONIUS ou LICINIUS PROCULUS, jurisconsulte célèbre du 1er siècle, disciple de Labéon et chef de la secte des proculéiens. Il avait écrit des lettres et des notes sur Labéon, citées dans le *Digeste* ; — 3° TITUS ELIUS PROCULUS, général qui, sous le règne de Probus, se fit proclamer empereur à Cologne. Il fut vaincu et pendu. C'était un homme débauché et enrichi par la rapine. Il laissait un fils nommé Herennianus.

PROCURATEURS DE L'EMPEREUR, intendants de l'empereur dans les provinces, sous Auguste et ses premiers successeurs. Comme il y avait deux sortes de provinces, celles du sénat et celles de l'empereur, il y eut aussi deux sortes de procurateurs. Les procurateurs des provinces sénatoriales étaient uniquement employés à régir dans ces provinces les terres que le prince y possédait comme particulier. Ceux des provinces de l'empereur étaient en outre préposés à la levée et l'emploi des deniers publics. Leur autorité contre-balançait celle du propréteur. Il y avait encore une troisième classe de procurateurs, ceux que l'empereur envoyait gouverner les provinces qui n'étaient pas assez considérables pour qu'il y envoyât un lieutenant ou un préteur.

PROCURATEUR DE SAINT-MARC, dignité de l'ancienne république de Venise. Elle était à vie, donnait entrée au sénat et ne le pas au-dessus de toute la noblesse vénitienne. Les procurateurs étaient censés les premiers sénateurs, et en cette qualité ils étaient exempts de toutes les charges publiques, coûteuses, excepté des ambassades extraordinaires et autres commissions importantes. Dès l'an 1000 environ, il y avait à Venise un procurateur de Saint-Marc. Il prenait soin du bâtiment de cette église, en administrait le revenu, en était comme le grand marguillier. Un siècle plus tard on créa un deuxième procurateur, et comme dans la suite les biens de cette église s'accrurent beaucoup, on fit trois procurateurs à chacun desquels on donna deux collègues, ce sorte que vers 1500 leur nombre fut fixé à neuf, divisés en trois procurates ou chambres. Quelquefois cependant on en a compté un plus grand nombre. Les procurateurs étaient bibliothécaires de Saint-Marc, conservaient les archives de la république, avaient l'administration des biens des orphelins, des veuves, etc. Cette fonction était vénale, et se payait 30,000 ducats pour les nobles, et le double pour les individus anoblis. A défaut d'argent, on n'y pouvait prétendre que par des services importants ou un long exercice des premières charges de l'Etat.

PROCURATION, acte qui contient le pouvoir d'agir au nom de la personne qui le délivre.

PROCUREUR, officier établi pour agir en justice au nom des plaideurs. Ces officiers, d'une institution fort ancienne, et qui précède le règne de Philippe VI, ont été supprimés par la loi du 20 mars 1791, et remplacés par des avoués ayant les mêmes fonctions, c'est-à-dire représentant les parties, chargés et responsables de leurs pièces et titres, et mettant l'affaire en état.

PROCUREUR GÉNÉRAL, magistrat supérieur qui exerce les fonctions du ministère public près de la cour de cassation et des cours royales du royaume. Tout procureur général doit avoir trente ans accomplis et prêter serment entre les mains du roi. Sous ses ordres sont les *avocats généraux*, chargés du service des audiences, et des substituts chargés du service du parquet.

PROCUREUR DU ROI, magistrat exerçant les fonctions du ministère public près des tribunaux d'arrondissement, sous la dépendance hiérarchique du procureur général. Il faut, pour être apte à remplir cette fonction, être âgé de vingt-cinq ans accomplis.

PROCUSTE ou PROCRUSTE (myth.), fameux brigand de l'Attique, tué par Thésée sur les bords du Céphise. Il faisait étendre ses hôtes sur un lit de fer, leur coupait l'extrémité des jambes si elles le dépassaient, et faisait allonger avec des cordes ceux qui n'étaient pas assez longs. Quelques-uns lui donnent les noms de *Damasté* ou de *Polypémon*.

PRODICTATEUR, magistrat que l'on créa dans certaines circonstances, à Rome, pour remplacer le dictateur, qui ne pouvait être nommé que par les consuls. Quintus Fabius Maximus fut le premier prodictateur élu ; c'était dans la deuxième guerre punique

PRODICUS, sophiste et rhéteur de Julis dans l'île de Cos ou Céos, et disciple de Protagoras. Il vivait du temps de Socrate. Envoyé en ambassade à Athènes, il y enseigna l'éloquence, et pour disciples Euripide, Socrate, Théramène et Isocrate. Les anciens ont beaucoup parlé de sa harangue à 50 drachmes, ainsi appelée parce qu'il fallait payer cette somme pour en entendre la lecture. Prodicus fut mis à mort par les Athéniens, qui l'accusaient de corrompre la jeunesse, vers 396 avant J.-C. Il était alors fort âgé. Il est surtout célèbre par son ingénieuse fiction de la volupté et de la vertu, imitée par Lucien et par Silius Italicus.

PRODICUS, chef des hérétiques appelés adamites, vivait vers l'an 130. *Voy.* ADAMITES.

PRODROME (Théodore), écrivain grec du XIIe siècle, vivait à Constantinople. Il est surtout connu par un roman intitulé : *Amours de Rhodante et de Dosiclès*, que l'on joint d'ordinaire aux *Amours d'Isménæ et d'Isménias* d'Eustathe.

PRODUCTION. Ce mot a trois significations. 1° Il désigne l'acte de produire, d'obtenir un produit et quelquefois le produit même ; 2° en termes de procédure, c'est la déposition au greffe de l'origine des pièces et titres de chacune des parties, afin que le juge en prenne connaissance ; 3° en anatomie, ce mot est synonyme d'allongement, de prolongement.

PRODUIT, résultat de la production, c'est-à-dire de l'exercice des facultés morales, intellectuelles ou physiques.—Dans la chimie, on comprend sous cette dénomination tous les corps simples et composés que l'on retire des substances végétales et animales soumises, soit à l'action des bases, des acides et des sels, soit à la fermentation, la putréfaction, la distillation, la combustion, la calcination, etc. Le cidre, le vin, l'eau-de-vie, la bière, le goudron, la potasse, la soude sont des produits.— En arithmétique, un *produit* est le résultat de la multiplication de deux nombres, qui prennent à son égard le nom de *facteurs*.

PROÉDRES (de *pro*, en avant, et *edra*, siège), magistrats d'Athènes, ainsi nommés parce qu'ils tenaient la première place dans l'assemblée. Ils étaient au nombre de neuf, et ils étaient tirés au sort par les neuf tribus qui n'exerçaient pas la prytanie. Leurs fonctions étaient de proposer au peuple et d'expliquer dans l'assemblée les affaires sur lesquelles on allait délibérer.

PROETIDES (myth.), filles de Prœtus, roi de l'Argolide. Elles étaient trois et s'appelaient Lysippe, Hipponoé ou Iphinoé et Iphianasse ou Cyrianasse. Ayant négligé le culte de Bacchus, ou, selon d'autres, ayant osé comparer leur beauté à celle de Junon, elles en furent punies par une folie qui leur fit croire qu'elles étaient changées en génisses. Prœtus offrit au devin Melampus les deux tiers de son royaume pour les guérir. Melampus fit cette cure et épousa l'une d'elles.

PROETUS (myth.), roi d'Argos, fils d'Abas et d'Ocalée, était frère jumeau d'Acrisius, avec lequel il se disputait même dans le sein de sa mère. Après la mort de leur père, les deux frères se disputèrent la couronne. Selon les uns Acrisius régna à Argos et Prœtus à Tirynthe ; selon les autres, il fut chassé d'Argos par Acrisius, et se retira en Lycie, à la cour d'Iobate, qui l'épousa Sthénobée appelée encore Antée ou Antiope, qui lui donna trois filles, les Prœtides, et un fils nommé Mégapenthès. De retour en Argolide, il s'empara de Tirynthe et y régna.

PROFESSEUR, celui dont la profession est d'enseigner une science ou un art. François Ier fut le premier qui institua les professeurs royaux, c'est-à-dire les professeurs au collège de France. Les professeurs suivent la gradation de l'enseignement. L'enseignement supérieur a ses professeurs de facultés, nommés, dans les facultés de droit et de médecine, au concours, et dans les facultés des sciences et des lettres, choisis par le ministre sur une double liste d'élection, émanée, l'une des professeurs de la faculté, l'autre du conseil académique.—L'enseignement secondaire a les professeurs des collèges royaux divisés en trois degrés. Premier degré, professeurs de philosophie et de rhétorique ; deuxième degré, professeurs de seconde, de troisième, de mathématiques spéciales, de physique et d'histoire ; troisième degré, professeurs de grammaire, depuis la quatrième jusqu'à la sixième inclusivement. Pour être professeur de faculté, il faut avoir le grade de docteur ; pour être professeur dans un collège royal, il faut avoir le titre d'agrégé.

PROGNÉ ou PROCNÉ (myth.), fille de Pandion, roi d'Athènes, et sœur de Philomèle, épousa Térée, roi de Thrace, dont elle eut Itys. Elle fut métamorphosée en hirondelle. *Voy.* PHILOMÈLE.

PROGRESSION, mot synonyme de *marche*.— En arithmétique, on appelle ainsi une suite de nombres croissants ou décroissants, dont chacun se forme au moyen du précédent par voie d'addition ou de multiplication. Dans le premier cas, la progression est dite *par différence* ou *arithmétique*, comme 3, 6, 9, 12, 15, où la différence est 3 que l'on ajoute à chaque terme pour avoir le terme suivant. Dans le second cas, la progression est dite *par quotient* ou *géométrique*, comme 2, 6, 18, 54, 162, où le quotient est 3, nombre par lequel on multiplie chacun des termes pour avoir le terme suivant.

PROJECTILE, corps pesant, lancé dans

une direction, avec un mouvement et par une force quelconques, et abandonné à lui-même dans cette direction. Les principaux projectiles sont les pierres, les flèches, les boulets, bombes, obus, grenades, balles. Pour vérifier les projectiles, on les passe d'abord aux lunettes de réception, pièces rondes de fer battu, dans l'une desquelles ils doivent passer en tout sens et sans difficulté, et dans la seconde desquelles ils doivent ne passer en aucun sens. Ensuite on ensabote les boulets et les obus, c'est-à-dire on les fixe dans des pièces cylindriques en bois creux, et puis on emplit de poudre un sachet appelé gargousse, posant le sabot sur la poudre, et liant le sachet dans une rainure qui se trouve à deux pouces de sa base.

PROJECTION, en chimie, action de jeter par portions dans un creuset ou un vaisseau placé sur le feu une matière réduite en poudre. On appelle poudre de projection celle avec laquelle les alchimistes prétendent changer les métaux en or. La projection se fait au moment où le métal entre en fusion.

PROJECTION. En géométrie descriptive, on appelle projection d'un point sur un plan le pied de la perpendiculaire abaissée de ce point sur ce plan. La projection d'une ligne sur un plan est le lieu géométrique des pieds des perpendiculaires abaissées de tous les points de cette ligne sur le plan. Le plan sur lequel on projette un point ou une ligne se nomme plan de projection. La projection d'un point sur un plan horizontal se nomme la projection horizontale de ce point, et sa projection sur un plan vertical se nomme projection verticale.

PROLÉGAT. Voy. VICE-LÉGAT.

PROLÉGOMÈNES, mot venu du grec prolégomena, choses dites avant, et signifiant le préambule, l'introduction préliminaire d'un sujet. Les prolégomènes d'une science sont les notions nécessaires pour la comprendre en elle-même, dans l'histoire de ses développements et dans ses rapports avec les autres sciences.

PROLEPSE ou ANTÉOCCUPATION, figure de rhétorique par laquelle on prévient une objection en se hâtant de la réfuter d'avance (de prolepsis, anticipation).

PROLÉTAIRES. C'était, chez les Romains, le nom de ceux qui venant après les trente-cinq classes du peuple romain parce qu'ils possédaient moins de 11,000 as, formaient une espèce de classe particulière de pauvres citoyens, considérés uniquement à proportion du nombre d'enfants (proles) qu'ils donnaient à l'État.

PROLOGUE (d'un mot grec qui signifie avant-propos), préface d'un drame mise en action et débitée par un acteur spécial. L'invention du prologue paraît remonter aux débuts de l'art dramatique. Il était destiné à faire l'exposition du drame, ou bien encore l'éloge et l'apologie de l'auteur. Le théâtre français a eu aussi ses prologues.

PROLONGE, nom que l'on donne en artillerie à des cordages dont on se sert dans les manœuvres des pièces de campagne ou dans les manœuvres de force, lorsqu'il est nécessaire d'équiper la chèvre à haubans. — C'est encore le nom d'un petit chariot servant au transport des munitions ou des agrès à des distances peu considérables.

PROME, ville d'Asie, dans l'empire Birman, sur l'Iraouddy, à 40 lieues de Pégu. Sa population est de 40,000 habitants. Tout à côté sont les ruines de Piayé-Mieu, et parmi elles celles de plusieurs temples de Bouddha. Prome est l'apanage du second fils de l'empereur ; elle fait un grand commerce de bois de tek, de grains, huile, cire, plomb, fer et ivoire.

PROMENADE, espace de terrain affectant une forme variable et le plus souvent planté d'arbres, servant à une ville de lieu de délassement et de réunion. Parmi les plus belles promenades, on cite à Paris les Champs-Élysées, le jardin des Tuileries, la grande avenue de Neuilly, les jardins du Palais-Royal et du Luxembourg ; à Londres, le parc Saint-James, les jardins de Kensington, Regent-Park, Hyde-Park, Green-Park ; à Madrid, le Prado, les jardins de Buen-Retiro; à Vienne, le Prater; à Venise, le Lido.

PROMENOIR, local aéré et couvert, ménagé, tantôt sur le pourtour d'un édifice, tantôt dans l'intérieur, pour y servir de lieu de réunion et de refuge. Les grands portiques de la cour des Invalides, du jardin du Palais-Royal, des rues Castiglione et Rivoli, du théâtre de l'Odéon, la nouvelle Bourse sont des promenoirs.

PROMEROPS, genre d'oiseaux de l'ordre des passereaux et de la famille des ténuirostres, séparé du genre huppe, dont il se distingue par plusieurs caractères : l'absence de la huppe, remplacée par les plumes du front veloutées et dirigées en avant sur les narines comme les oiseaux de paradis ; aussi viennent-ils du même pays, et brillent-ils de même par l'éclat de leur plumage ; ils ont une queue très-longue et une langue fourchue et extensible qui leur permet de vivre du suc des fleurs. Le promerops à parements frisés, le promerops à deux filets, le promerops royal et le promerops promefil sont les espèces les plus remarquables de ce genre qu'on appelle encore épimaque.

PROMESSE, engagement libre et volontaire, verbal ou écrit. — En jurisprudence, la promesse n'a de valeur qu'autant qu'il est possible de prouver l'existence d'une convention. La promesse de donner ou de constituer, lorsqu'elle est faite dans une contrat de mariage, emporte l'idée d'une convention irrévocable.

PROMÉTHÉE (myth.), fils de Japet et de Clymène (d'autres disent Asia ou Thémis), et frère d'Atlas, de Mœnetius et d'Épiméthée, forma un homme du limon de la terre, et composa son cœur des qualités de presque tous les animaux. Par le secours de Minerve, il monta au ciel et déroba le feu divin pour animer son ouvrage. Jupiter, irrité d'ailleurs d'avoir été trompé par lui dans un sacrifice, chargea Vulcain de former une femme nommée Pandore et de l'envoyer avec une boîte pleine de maux à Prométhée, qui, soupçonnant un piége, la fit épouser à son frère Épiméthée. Jupiter, outré de colère, ordonna à Mercure ou à Vulcain de le conduire sur le mont Caucase, et de l'attacher sur un rocher, où un vautour, né de Typhon et d'Echidna, devait lui dévorer le foie pendant trente mille ans. Il y avait trente ans que Prométhée subissait ce supplice, lorsqu'il fut délivré par Hercule. Prométhée fut le père de Deucalion, et révéré comme l'inventeur de tous les arts. On a donné diverses explications du mythe de Prométhée ; selon les interprétations modernes, il est l'image du génie inventeur et persécuté.

PROMÉTHÉE, nom commun à trois tragédies d'Eschyle, dont l'ensemble, embrassant les trois époques principales de la vie de Prométhée, formait une trilogie, et dont les titres étaient : Prométhée ravisseur de la flamme, Prométhée enchaîné et Prométhée délivré. La seconde seule nous reste, et fait vivement regretter la perte des deux autres.

PROMONTOIRE (d'un mot latin qui signifie montagne avancée). Ce mot, le plus souvent synonyme de cap, entraîne cependant l'idée d'une pointe de terre s'avançant dans la mer, et formant la dernière saillie d'une crête montagneuse. Le fameux cap de Misène, le cap de Sunium ou Colonna, le cap du Ténare ou Matapan sont des promontoires.

PROMOTEUR, magistrat qui remplissait autrefois dans des tribunaux ecclésiastiques les fonctions de nos procureurs du roi.

PROMULGATION, acte émané du chef de l'État, par lequel il annonce la publication d'une loi. Le premier article du code civil porte que : « Les lois sont exécutoires dans tout le territoire français en vertu de la promulgation qui en est faite par le roi ; elles seront exécutoires dans chaque partie du royaume, au moment où la promulgation en pourra être connue. La promulgation faite par le roi sera réputée connue dans le département de la résidence royale un jour après celui de la promulgation ; et dans chacun des autres départements, après l'expiration du même délai, augmenté d'autant de jours qu'il y aura de fois dix myriamètres entre la ville où la publication en a été faite et le chef-lieu de chaque département. »

PRONAPIDE, ancien poëte athénien, qui fut, selon quelques auteurs, le maître d'Homère. Ce fut lui qui commença à écrire de gauche à droite, tandis qu'avant lui les Grecs écrivaient comme les Orientaux de droite à gauche. On lui attribue une production en vers intitulée : le Premier du monde.

PRONATION (de pronus, penché en avant), mouvement par lequel l'extrémité inférieure du radius se porte au-devant du cubitus, et la main exécute une sorte de rotation de dehors en dedans. Les muscles qui font exécuter au radius ce mouvement s'appellent pronateurs.

PRONE, espèce de sermon qu'on fait tous les dimanches après l'évangile de la messe dans les églises paroissiales, pour instruire le peuple, l'avertir des fêtes, des jeûnes, des bans ou annonces et des autres choses qui regardent la discipline ecclésiastique. Le mot prône vient du latin præconium, qui signifie proclamation.

PRONOM, mot que l'on met à la place du nom pour éviter la répétition, et pour désigner les personnes dans les occasions où il serait impossible de l'employer. On distingue ordinairement cinq espèces de pronom : personnels, possessifs, démonstratifs, relatifs et indéfinis.

PRONOSTIC, traduction des deux mots pro et gnosticon, prévision de l'avenir. Ce mot s'applique principalement aux prévisions des médecins relativement aux chances de la santé.

PRONUBA (de nubere, se marier), surnom de Junon, parce qu'elle présidait aux mariages. On lui offrait en se mariant une oie crue dont on avait ôté le fiel : symbole de la douceur qui devait régner entre les époux. — C'était aussi le nom que les Romains donnaient aux femmes chargées de conduire la mariée à la maison de son mari et de la mettre au lit. Elles devaient n'avoir été mariées qu'une fois et avoir une grande réputation de chasteté.

PROPAGANDE, association qui a pour but de répandre une opinion, une religion quelconque. — Ce nom est spécialement donné à un collège fondé en 1622 par Grégoire XV sous le titre de Congregatio de propaganda fide, dans le but de travailler à la propagation du catholicisme. Cette congrégation s'assemble toutes les semaines sous la présidence du pape, dans un palais qui a été bâti pour elle. Elle accueille les personnes qui ont embrassé la foi catholique, les prêtres et les évêques bannis de leur pays.

PROPAGULES, nous lequel on désigne des corps pulvérulents qui se trouvent à la surface de plusieurs plantes agames et de quelques lichens. Ils sont, suivant M. Bory de Saint-Vincent, les organes propagateurs dans les conditions les plus simples.

PROPERCE (Sextus Aurelius ou Valerius), célèbre poète élégiaque latin, né vers l'an 52 avant J.-C. dans l'Ombrie. Mévanie, Ilispelle, Amérie, Pérouse et Assise se sont disputé l'honneur de lui avoir donné le jour. Il était fils d'un chevalier romain proscrit par Octave pendant le second triumvirat pour avoir embrassé le parti d'Antoine. Il vint de bonne heure à Rome, où ses succès dans la poésie lui attirèrent les bonnes grâces d'Auguste et l'amitié de Gallus, de Mécène et de Virgile. Il mourut l'an 19 avant J.-C. Il nous reste de Properce quatre livres d'Élégies, pleines de son amour pour sa maîtresse, dont le véritable nom, qui, selon Apulée, est Hostilia, est déguisé sous celui de Cynthia. On vante dans Properce la délicatesse et les charmes du sentiment, joints à la pureté de l'expression ; mais on y regrette la pudeur, la décence et le feu de Tibulle. Il a d'ailleurs trop prodigué l'érudition mythologique et cédé le ton de l'élégie en celui de la didactique.

PROPERTIUS CELER, sénateur romain, qui demanda à Tibère la permission de renoncer à cette dignité que sa pauvreté lui rendait onéreuse. L'empereur, sachant qu'il n'y avait rien que d'honorable dans sa pauvreté, lui fit présent d'un million de sesterces (190,000 francs).

PROPHÈTE (des deux mots grecs *pro,* d'avance, et *phêmi,* parler). On appelait ainsi, chez les Juifs, l'homme inspiré de Dieu qui prédisait l'avenir. Ce peuple a eu un grand nombre de prophètes, qui n'ont pas tous laissé des prophéties écrites. L'Ancien Testament contient les écrits de seize prophètes que l'on divise en grands et petits. Les grands, au nombre de quatre, sont Isaïe, Jérémie, Ezéchiel et Daniel, auquel on joint ordinairement Baruch, son élève. Les douze petits sont Osée, Joël, Amos, Abdias, Michée, Jonas, Nahum, Habacuc, Sophonie, Aggée, Zacharie et Malachie. Saint Clément d'Alexandrie comptait trente-cinq autres prophètes depuis Moïse et cinq avant lui. Saint Epiphane portait ce nombre à soixante-treize. Distingués par un habillement particulier et par leur manière de vivre, les prophètes portaient le sac ou l'habit de deuil, et demeuraient ordinairement sur les montagnes, séparés du monde.

PROPHÉTESSES, saintes femmes qui prédisaient l'avenir chez les Juifs. Saint Clément d'Alexandrie en comptait cinq, savoir: Sara, Rebecca, Marie, sœur de Moïse, Débora et Holda. Saint Épiphane y ajoutait cinq autres, dont trois contemporaines de Jésus-Christ ; c'étaient Anne, mère de Samuel, Judith, Élisabeth, Anne, fille de Phanuel, et la sainte Vierge.

PROPIAC (LE CHEVALIER Gérard DE), né vers 1758 à Dijon, entra fort jeune au service en qualité d'officier. Il émigra, et ne rentra en France qu'après le 18 brumaire. Il mourut en 1824, après avoir fait pendant plus de vingt ans la musique de la plupart des mélodrames joués au théâtre de la Gaieté, et publié un grand nombre de compilations littéraires, telles que le *Plutarque de la jeunesse,* le *Laharpe de la jeunesse,* les *Beautés de la ville de Paris, de l'histoire de France,* etc., les *Merveilles de la nature,* etc.

PROPINE, droit de quinze pour cent qui se paye à Rome dans l'expédition des bulles pour les bénéfices consistoriaux, au profit du cardinal protecteur.

PROPITIATOIRE (en hébreu, *capphoreth*), table d'or posée sur l'arche d'alliance dont elle était le couvercle. A ses deux extrémités étaient deux chérubins tournés l'un vers l'autre. Ils étaient aussi d'or ; leurs ailes étendues recouvraient la circonférence du propitiatoire et remontaient au milieu. C'était de là que Dieu rendait ses oracles d'une manière sensible et par des sons articulés.

PROPOETIDES (myth.), femmes de l'île de Chypre, qui nièrent la divinité de Vénus, et que cette déesse punit en allumant dans leur cœur le feu de l'impudicité. Elles se prostituèrent sur le bord de la mer, et furent, dit-on, les premières qui firent ce honteux trafic. Les poètes prétendent qu'ayant perdu toute honte, elles furent insensiblement changées en rochers.

PROPOLIS, substance résineuse et odorante que les abeilles préparent pour enclore leur demeure. Elle leur sert à enduire tout l'intérieur de la ruche et à en boucher toutes les issues, à l'exception de celles qui sont nécessaires pour l'entrée et la sortie des habitants.

PROPONTIDE, aujourd'hui mer de Marmara, mer ainsi appelée à cause de sa situation en devant *(pro)* du Pont-Euxin, avec lequel elle communiquait par le Bosphore de Thrace. Elle était jointe à la mer Egée par l'Hellespont, et baignait les côtes de la Thrace au S. et de la Mysie au N. Elle a 175 milles de longueur et 62 de largeur.

PROPORTION. En arithmétique, on appelle ainsi l'assemblage de deux rapports égaux. Selon que les rapports expriment une différence ou un quotient, la proportion est dite *par différence* ou *arithmétique* et *par quotient* ou *géométrique*. Ainsi 2 : 5 :: 6 : 9 est une proportion par différence, dans laquelle la différence est 3 ; 2 : 4 :: 6 : 12 est une proportion par quotient, dans laquelle le quotient est 2. On peut encore donner à 2 et à 3 le nom de *raison*.

PROPOSITION. En termes de grammaire, c'est l'énoncé d'un jugement. Toute proposition, même la plus simple, doit renfermer deux idées principales, celle d'une personne ou d'une chose dont on fait l'objet de l'affirmation énoncée ou le *sujet,* et ce qu'on affirme de cette personne ou de cette chose, l'*attribut* ou *prédicat*. Pour unir l'attribut au sujet, il faut ce qu'on appelle une *copule,* et c'est toujours un verbe.

PROPOSITION (PAINS DE). Voy. PAINS DE PROPOSITION.

PROPRÉFET, lieutenant du préfet du prétoire, chez les Romains.

PROPRÉTEUR, magistrat romain chargé du gouvernement d'une province à la place du préteur. Il y avait plusieurs sortes de propréteurs ; mais on peut les réduire à deux : les uns étaient des préteurs qui, l'année précédente, avaient été à la tête de la ville ou des provinces, et dont on prorogeait sous ce titre la magistrature ; les autres, sans avoir jamais exercé la préture, recevaient du sénat ou de l'empereur la dignité de propréteurs. Les propréteurs jouissaient de la même autorité que les proconsuls dont ils remplissaient d'ailleurs les fonctions. Seulement les derniers avaient douze licteurs, et les propréteurs six, et les provinces prétoriennes étaient moins considérables que les provinces proconsulaires.

PROPRIÉTÉ. Ce mot a deux acceptions : 1º il désigne ce qui est inhérent à une chose, lui appartient, la distingue des autres. La propriété de l'aimant est d'attirer le fer. 2º Il désigne le droit de jouir et de disposer à notre gré de ce qui nous appartient par légitime possession. Le droit de propriété consacre un lien intime entre la chose et son possesseur légitime dans la manière la plus absolue, pourvu toutefois qu'il n'en fasse pas un usage prohibé par les lois ou par les règlements. La loi reconnaît sept modes d'acquérir le droit de propriété sur les choses susceptibles d'y donner lieu : 1º l'*occupation* ne s'appliquant qu'aux choses mobilières ; 2º l'*accession* ou *incorporation* ; 3º les *successions*; 4º et 5º les *donations-entre-vifs* et *testamentaires* ; 6º les *obligations* ; 7º la *prescription*. — La *propriété foncière* est celle qui s'applique à un fonds de terre ; quelquefois même on désigne ainsi le fonds lui-même. — La *propriété littéraire,* c'est-à-dire le droit de disposer des œuvres sorties de la plume d'un auteur, est viagère et transmissible à sa veuve, à ses enfants et ayants cause pour un délai de vingt années seulement, à partir de sa mort.

PROPYLÉES (de *pro,* devant, et *pylai,* portes), édifice d'Athènes, faisant partie de la citadelle dont il formait l'entrée principale, entre la grotte de Pan et le temple de la Terre. Les Propylées, bâties sous Périclès, étaient une façade décorée de six colonnes d'ordre ionique et de frontispices magnifiques.

PROQUESTEUR, magistrat intérimaire qui exerçait les fonctions de questeur, quand un questeur venait à mourir dans l'exercice de sa charge, en attendant que la nomination eût été faite à Rome.

PRORATA, mot latin qui vient de *rata* ou *ratio,* et qui veut dire à proportion.

PROROGATION, extension. — La *prorogation de délai* est accordée, en procédure, à raison de la distance ; elle est généralement fixée à un jour pour 3 myriamètres ou 6 lieues. C'est l'augmentation de temps qu'il faut ajouter dans les assignations toutes les fois que la partie citée n'a pas son domicile dans le lieu même de la résidence du juge. — La *prorogation de juridiction* est l'extension volontaire accordée à la juridiction d'un juge par les parties qui pourraient-alors décliner sa compétence. — En procédure, la *prorogation d'enquête* est l'autorisation donnée par le juge de continuer, dans certaines circonstances, l'enquête au delà du terme rigoureusement prescrit par la loi. — En droit civil, la *prorogation de terme* est le délai de grâce accordé par un créancier à son débiteur, qui n'a pas pu se libérer à l'échéance. — Dans le langage constitutionnel, on appelle *prorogation* l'acte par lequel le roi déclare que les travaux des chambres demeureront suspendus pendant un délai déterminé.

PROSCENIUM (en grec, *proscenion*). Les Romains appelaient ainsi la seconde partie de la scène, grand espace libre situé audevant de la scène, et représentant, par le moyen des décorations, une place publique, un palais, un carrefour, un lieu champêtre, etc. Les acteurs venaient y jouer la scène. Le proscenium correspond à notre avant-scène. Les Romains l'appelaient encore *pulpitum*.

PROSCRIPTION (du mot latin *proscribere,* publier par le moyen d'un écriteau), condamnation arbitraire, dont l'exécution est confiée à quiconque veut s'en charger. Il y avait, chez les Romains, deux sortes de proscriptions : celle des biens qui faisaient l'objet de la réquisition des créanciers contre un débiteur qui disparaissait et se tenait caché, pour n'être point traduit en justice. Cette proscription se faisait par un édit du préteur affiché à la porte du débiteur et réitéré jusqu'à quatre fois ; après quoi, si le débiteur ne paraissait pas, ses biens étaient partagés entre ses créanciers ou vendus à leur profit. Pour la proscription des personnes, on affichait dans le forum les noms des proscrits avec promesse de récompense pour quiconque apporterait sa tête. Sylla donna le premier à Rome l'exemple de cette barbare proscription. Les Grecs marquaient le crime pour lequel on était proscrit ; mais, à Rome, on se contentait de proscrire.

PROSE, langage parlé ou écrit, qui n'est astreint ni à un rhythme, ni à une rime. Il ne faut pas croire que la prose soit cependant dépourvue d'harmonie. Elle a la sienne, qui naît de la terminaison des phrases, de la coupure des périodes ; mais elle manque de cette touche hardie et originale qui caractérise les vers, et dont l'absence fait donner le nom de *prosaïques* à ceux qui en sont dépourvus. — Dans la liturgie catholique, on donne le nom de *prose* à un chant composé de vers non rhythmés, mais terminés par une rime obligée, et n'ayant pour toute prosodie qu'un nombre déterminé de syllabes. C'est en quoi il diffère de l'hymne, qui est une véritable pièce de poésie mesurée. Le chant de Pâques : *O filii et filiæ* en est une prose.

PROSECTEUR, celui qui, dans les cours de médecine, est chargé de disposer les pièces anatomiques qui doivent faire le sujet de la leçon du professeur. Les prosecteurs dirigent les élèves dans leurs études de dissection, et répètent devant eux les diverses opérations de la chirurgie et de l'art des accouchements. Leur nomination est faite au concours.

PROSÉLYTE (du grec *prosélytos,* étranger). Les Juifs donnaient ce nom aux païens qui embrassaient le judaïsme, et ils les distinguaient en deux classes : ceux qui ne s'obligeaient qu'à suivre les préceptes imposés aux enfants de Noé, n'acceptaient pas les pratiques de Moïse. Ils les appelait *prosélytes de la porte,* parce qu'ils ne pouvaient pénétrer que dans la cour antérieure du temple, et que leur place était les alentours de la porte extérieure; et ceux qui s'engageaient à suivre à la lettre les prescriptions judaïques. Ceux-là devenaient juifs, et participaient a tous les droits et à toutes les espérances. des fils de Moïse. On les appelait *prosélytes de justice.* — Le mot de prosélyte se dit, par extension, de ceux qu'on détache d'une opinion, d'un parti, d'une religion, pour les attirer dans un autre. De là *prosélytisme,* zèle de faire des prosélytes.

PROSERPINE (myth.) (en grec, *Persephoné*), femme de Pluton et reine des enfers, était fille de Jupiter et de Cérès. Enlevée par son oncle Pluton dans les prairies d'Enna en Sicile, elle fut emmenée aux enfers. Cérès, sa mère, parvint à découvrir le lieu de sa retraite, et obtint qu'elle passerait six mois sur la terre et six mois dans les enfers. Elle ne put obtenir davantage, parce que Proserpine avait goûté des fruits du sombre royaume. On représentait cette déesse à côté de son époux sur un trône d'ébène, et tenant à la main une torche mourante ou bien un pavot, symbole de l'assoupissement, ou un narcisse, fleur qu'elle cueillait lors de son enlèvement. Le culte de cette déesse était universel chez les anciens. Les habitants de Sardes surtout la regardaient comme leur divinité tutélaire. Les Gaulois la proclamèrent leur mère, et lui élevèrent des temples. Enfin les Siciliens lui rendirent un culte solennel.

PROSEUQUE (du grec *proseuché*, prière), lieu de prières chez les Juifs, différant des synagogues en ce que celles-ci n'étaient que dans les villes et des endroits couverts, tandis que les proseuques étaient hors de villes, sur le bord des rivières. Dans les synagogues, les prières se faisaient en commun; dans les proseuques, elles étaient particulières et libres.

PROSODIE (du mot grec *prosodia*, accent), partie de la grammaire qui traite de la prononciation de l'accent dans les syllabes et de leur quantité. Il n'y a guère que les langues grecque et latine dans lesquelles la prosodie soit bien déterminée et bien fixe. Quant à la langue française, c'est, quoi qu'on en dise, de toutes les langues modernes, une de celles qui en ont le plus.

PROSOPOPÉE (des deux mots grecs *prosôpon*, personne, et *poiéô*, faire), figure de rhétorique par laquelle l'orateur fait parler une personne et prête du sentiment à des êtres animés ou inanimés, réels ou imaginaires. On cite parmi les plus belles prosopopées celle de J.-J. Rousseau évoquant l'ombre de Fabricius, dans son discours contre les arts et les sciences, et celle de Lucain, dans son premier livre de la Pharsale, où il fait apparaître à César l'ombre de la patrie éplorée.

PROSPER TYRO, chroniqueur latin dont la patrie est inconnue. On pense qu'il vécut vers l'an 455. On a de lui un poëme et une chronique appelée *Chronicon pithœanum et imperatorium.* C'est la seule qui fasse mention des premiers princes mérovingiens, Pharamond, Clodion et Mérovée; encore en a-t-on contesté l'authenticité.

PROSPER D'AQUITAINE (Saint), ainsi nommé de la province où il naquit, à ce que l'on croit, vers l'an 403. Il fut secrétaire du pape Léon le Grand, et mourut vers l'an 466. Il a laissé quelques poèmes, un entre autres *sur la Grâce* contre les pélagiens et les semipélagiens, et des pensées morales tirées de saint Augustin. Il écrivit aussi une *Chronique* qui n'est qu'un extrait de celle d'Eusèbe et de celle de saint Jérôme

PROSTANTHÈRE, genre de plantes de la famille des labiées, renfermant douze espèces ligneuses, arbrisseaux qui exhalent une odeur forte et qui sont couverts de glandes sessiles. Leurs feuilles sont pour la plupart dentées ou crénelées; leurs fleurs sont en grappes terminales, ou axillaires, ou solitaires. La *prostanthère*

à fleurs velues est cultivée depuis 1810 en Europe.

PROSTHÈSE (du grec *prosthésis*, addition), figure de diction qui consiste à ajouter une lettre au commencement d'un mot sans en changer le sens; c'est par *prosthèse* que l'on dit en français grenouille, qui vient du latin *ranunculus*, en ajoutant un *g*. — En chirurgie, la *prosthèse* est l'addition artificielle d'une partie du corps humain, à la place de celle qui manque: On dit encore *prothèse.*

PROTAGORAS, sophiste célèbre, natif d'Abdère, où il exerça d'abord le métier de crocheteur. Démocrite l'emmena avec lui et le mit au nombre de ses disciples. Il compta à son tour des élèves nombreux dans Athènes, et mit en vogue l'usage de se faire donner une rétribution par ses disciples. Il demandait à chacun cent mines (environ 9,000 francs). Il prétendit dans un de ses ouvrages qu'il n'existait rien; que, quand même il existerait quelque chose, nous ne pourrions pas le savoir; que, quand nous pourrions le savoir, nous ne pourrions pas l'enseigner. Il nia ainsi ou du moins révoqua en doute l'existence des dieux; ce qui fit livrer aux flammes par les magistrats d'Athènes cet ouvrage pernicieux. Protagoras lui-même, exilé d'Athènes, parcourut les îles de la Méditerranée, et vint mourir en Sicile, dans un âge très-avancé, vers l'an 400 avant J.-C.

PROTAIS (Saint), martyr de Milan et compagnon de saint Gervais.

PROTAPOSTOLAIRE. C'était autrefois, dans l'Eglise d'Orient, le chef de ceux qui expliquaient au peuple les ouvrages des apôtres, les livres du Nouveau Testament. C'était aussi le premier de ceux qui disaient l'épître à la messe.

PROTE (du grec *prôtos*, le premier), celui qui dans une imprimerie est chargé de la direction et de la conduite de tous les ouvrages sous la surveillance du maître. Le prote est le premier des ouvriers; c'est lui qui distribue l'ouvrage aux compositeurs, dirige leur travail, lève les difficultés qui s'y trouvent, aide à déchiffrer la lettre et le sens des manuscrits peu lisibles, et distribue la paye aux ouvriers.

PROTÉACÉES, famille de plantes dicotylédones apétales hypogynes, renfermant tantôt des arbres extrêmement élevés et d'un port majestueux, tantôt des arbrisseaux ou des arbustes très-petits. Leurs feuilles sont alternes ou éparses, et leurs fleurs, tantôt axillaires, tantôt terminales, offrent une inflorescence très-variée. Aucune espèce de cette famille ne croît en Europe. Ces plantes abondent au contraire et forment un des caractères particuliers de la végétation au cap de Bonne-Espérance et à la Nouvelle-Hollande. Cette famille renferme vingt-huit genres, parmi lesquels le genre type *protée.*

PROTECTEUR, celui qui prend sous sa protection, qui protège. — En Angleterre, le titre de *lord-protecteur* fut porté par Richard, duc d'Yorck, qui espérait par là arriver à la couronne. — Olivier Cromwell prit le titre de *protecteur* de la république d'Angleterre, et cacha sous ce titre sa domination absolue. Son fils Richard en fut aussi revêtu; mais il abdiqua pour rentrer dans la vie privée. — *Protecteur* était encore le titre que prenaient à Rome les cardinaux, sous la protection desquels étaient certains ordres et même chaque nation.

PROTÉE (myth.), dieu marin, fils de l'Océan et de Téthys, ou, selon d'autres, de Neptune et de Phénice, était le gardien des troupeaux de son père, qui en récompense lui donna la connaissance de l'avenir. Il faisait sa résidence dans la mer Carpathienne ou à Pallène en Macédoine; mais il était d'un accès difficile, et prenait différentes formes afin de se dérober à l'empressement de ceux qui venaient l'interroger. Il fallait, pour vaincre sa persévérance, le serrer d'autant plus étroitement qu'il faisait plus d'efforts pour s'échapper.

— Selon Hérodote, Protée était un roi d'E-

gypte, connu de ses sujets sous le nom de Cétès et renommé pour sa profonde sagesse. Il régnait du temps de la guerre de Troie et reçut à sa cour Hélène et Pâris. Ayant été instruit de l'enlèvement de cette princesse, il la retint pour la rendre à Ménélas.

PROTÉE, genre de reptiles, de l'ordre des batraciens et de la famille des urodèles, selon les uns, des pneumobranches, selon les autres, renfermant des animaux au corps cylindrique, allongé, terminé par une queue en forme de nageoire; ayant quatre pattes d'égale grandeur et sans ongles distincts; portant des branchies et des poumons à l'état adulte et au corps nu. L'organe de la vision est chez eux peu développé et presque entièrement caché par la peau. Aussi redoutent-ils le grand jour. La seule espèce de ce genre qui soit bien connue est l'*anguillard*, reptile long d'un pied environ et gros comme le doigt, qu'on trouve dans la Carniole en Autriche. Il doit son nom à la conformation de son museau, à son corps allongé et sa peau lisse et gluante, qui le font ressembler à l'anguille.

PROTÉE, type de la famille des protéacées. Ce genre renferme des plantes qui sont des arbustes, des arbres ou quelquefois même de petits arbrisseaux sans tige, portant des feuilles alternes et très-entières. Le fruit est une sorte de noix toute couverte de poils. On compte environ une quarantaine d'espèces de protées, toutes originaires des parties australes de l'Afrique et particulièrement du cap de Bonne-Espérance. La plus belle est le *protée élégant*, aux fleurs réunies en grand nombre au sommet des rameaux, et formant une grosse tête ovale-cylindrique, longue de dix centimètres et du plus bel effet. Sur cette masse les couleurs rose, rouge, verte, noire se marient à des barbes longues et soyeuses.

PROTÉLE, genre de mammifères de l'ordre des carnassiers, famille des digitigrades, renfermant un animal de la taille du chacal, ressemblant aux civettes par la forme de la tête et aux hyènes par le mode de coloration de son pelage. Il est nocturne, et ne sort de son terrier que pour aller à la recherche de sa nourriture, qui se compose de jeunes ruminants et principalement de jeunes agneaux.

PROTÉLIES (de *pro*, avant, et *téléin*, achever), sacrifices que l'on offrait à Diane, à Junon, à Vénus et aux Grâces avant la célébration du mariage. Chez les Athéniens, on offrait ce sacrifice à Minerve, et la jeune vierge lui consacrait sa chevelure.

PROTÉSILAS (myth.), fils d'Iphiclus et frère d'Alcimède, mère de Jason, était roi de Phylacé, d'Antron, d'Itone et de Piélie en Thessalie. L'oracle ayant prédit que le premier qui descendrait sur le sol troyen périrait dans la guerre, Protésilas se dévoua, et fut en effet tué par Hector ou par Énée. Sa femme Laodamie, qu'il avait quittée le lendemain de ses noces, se tua de désespoir. Les Grecs élevèrent à Protésilas un tombeau sur l'Hellespont. Les habitants, qui l'appelaient *tour de Protésilas*, étaient persuadés que les ormes qui l'ombrageaient tombaient aussitôt qu'ils avaient atteint la hauteur des murs de Troie, et renaissaient pour subir la même vicissitude.

PROTESTANTS, nom que l'on donne aux luthériens d'Allemagne, parce qu'ils protestèrent contre l'*Intérim* de Charles-Quint. Ce nom a été dans la suite étendu aux calvinistes et aux anglicans. Voy. CALVINISME, LUTHÉRANISME, ANGLICANE (Église), etc.

PROTÊT, terme de banque et de commerce. C'est un acte par lequel le porteur d'une lettre de change ou d'un billet à ordre, fait constater le refus de les accepter ou de les payer, de la part de ceux sur qui la lettre de change a été tirée ou par qui le billet a été souscrit. Les protêts doivent être faits par deux notaires, ou par un notaire et deux témoins, ou enfin par un huissier et deux témoins.

PROTÉVANGÉLION, nom donné à un

livre faussement attribué a saint Jacques, premier évêque de Jérusalem, et où l'on parle de la naissance de la Vierge et de Jésus-Christ.

PROTHÈSE (du grec *prothésis*, addition). Ce mot s'emploie comme synonyme de *prosthèse*. — En chirurgie, on appelle ainsi l'opération qui consiste dans le remplacement, par une préparation artificielle, d'un organe perdu ou enlevé. — En termes de liturgie grecque, l'*autel de prothèse* est un petit autel sur lequel on prépare tout ce qui est nécessaire pour la messe, et d'où on porte le tout en procession et avec respect sur l'autel principal destiné à la célébration.

PROTHORAX, le premier à partir de la tête des trois anneaux qui composent le thorax dans la plupart des insectes, les insectes ailés par exemple. Le prothorax donne toujours attache à la première paire de pattes; mais les ailes ne s'y insèrent jamais.

PROTOCOLE (de *prôtos*, premier, et *côlon*, parchemin), formulaire pour dresser des actes publics. — Dans le langage diplomatique, on appelle ainsi les procès-verbaux des séances diplomatiques auxquels on donne quelquefois la force d'arrêtés. — A Rome, les *protocoles* ou *nomenclateurs* étaient des hommes qui savaient le nom de tous les citoyens et le soufflaient à leurs maîtres, afin qu'en abordant chacun d'eux ils pussent le saluer nominativement.

PROTOGÈNE, célèbre peintre grec, né à Caune dans l'île de Rhodes, florissait vers l'an 328 avant J.-C. Son indigence l'avait réduit à peindre des vaisseaux, lorsque Aristote, son ami, lui proposa de peindre les batailles d'Alexandre. Il refusa ; mais Apelle, son rival, ayant témoigné pour son talent la plus grande admiration, les Rhodiens ouvrirent les yeux sur le mérite de Protogène. Le plus fameux tableau de ce peintre était *Jalysus*, fondateur de Rhodes et petit-fils du Soleil. Demetrius Poliorcète épargna en sa considération tout un quartier de la ville dans le siège de Rhodes.

PROTOGÈNE, favori de Caligula, célèbre par son extravagance et sa cruauté, avait la garde des deux registres de proscription que cet empereur nommait l'un le *poignard* et l'autre l'*épée*. Il fut envoyé au supplice par l'empereur Claude.

PROTOGYNE, roche qui ne diffère du granit que parce que le talc y remplace le mica. Ainsi elle est composée de feldspath, de quartz et de talc. Elle est remarquable par sa solidité et sa grande ténacité. Elle joue un rôle important dans les Alpes, où elle constitue le massif du Mont-Blanc et des montagnes environnantes jusqu'au Mont-Rose.

PROTOMAQUE, un des dix généraux que les Athéniens choisirent pour remplacer Alcibiade, après l'avantage que Lysandre remporta sur son armée pendant son absence. Il fut, après le combat des Arginuses, condamné à mort, et prit la fuite avec Aristogène, pour se dérober au supplice.

PROTONOTAIRE, premier notaire des empereurs romains et des rois de France de la première race, dont les secrétaires prirent sous la seconde le nom de *référendaires*. Quelques auteurs affirment que, dans l'origine, le chancelier portait le titre de *grand référendaire* ou *protonotaire*.

PROTONOTAIRE, officier de la cour de Rome, qui a un degré de prééminence sur les autres notaires apostoliques. Il y a à Rome un collège de douze protonotaires appelés *participants*, parce qu'ils participent aux droits des expéditions de la chancellerie. Ils ont rang de prélat et portent la robe violette. Leurs fonctions consistent à faire les procès-verbaux d'introdisation des papes, et à écrire toutes les délibérations et décisions des consistoires publics.

PROTOSPATHARIUS (Théophile), célèbre anatomiste grec du viie ou, selon d'autres, du xiie siècle, composa, entre autres ouvrages, cinq livres de la structure du corps humain, où il fait entrer un excellent abrégé du traité de Galien sur l'usage des parties.

PROTOSYNCELLE, chef des syncelles, c'est-à-dire de ceux qui logeaient dans le palais du patriarche de Constantinople. Le protosyncelle était le vicaire du patriarche dans la grande église de Constantinople. Cette dignité, une des plus éminentes de l'Eglise d'Orient, fut instituée au commencement du ixe siècle, lorsqu'au lieu d'un seul syncelle les empereurs décrétèrent qu'il y en aurait deux.

PROTOVESTIAIRE, dignitaire de la cour d'Orient, subordonné au curopalate ou chef du palais. Il avait sous ses ordres les *vestiaires*, c'est-à-dire les préposés aux habillements de la famille impériale.

PROTOXYDE (des deux mots grecs *prôtos*, premier, et *oxys*, aigu). On désigne ainsi celui de tous les oxydes formés par la combinaison de l'oxygène avec une substance quelconque qui contient le moins d'oxygène. Les autres prennent, en proportion de la quantité de ce principe constituant, les noms de *deutoxyde*, *tritoxyde*, *péroxyde*.

PROVÉDITEUR, nom de deux magistrats de l'ancienne république de Venise. Le *provéditeur du commun* était assez semblable dans ses fonctions à l'édile des Romains. Le *provéditeur de mer* était un officier dont l'autorité s'étendait sur la flotte entière quand l'amiral était absent. Il était particulièrement chargé du maniement des fonds, de la solde des matelots, et devait rendre ses comptes au sénat à son retour. Sa charge ne durait que deux ans.

PROVENCE, province du midi de la France, bornée N. par le Dauphiné, à l'O. par les Alpes et le Var qui la séparent de la Savoie et du comté de Nice, à l'E. par le Comtat-Venaissin et le Rhône, qui sert de limites entre elle et le Languedoc. Sa superficie est de 900 lieues carrées. Elle se divise en *haute Provence* au N. et *basse Provence* au S. Sa capitale était *Aix*. — Peuplée par des colonies liguriennes et ensuite par la colonie phocéenne de Marseille, elle tira son nom de celui de *Provincia*, que les Romains donnèrent au territoire compris entre le Rhône, les Alpes et la mer, et qui fut leurs premières possessions dans les Gaules. Des Romains la Provence passa successivement aux Visigoths, aux Ostrogoths et aux princes mérovingiens. Elle fut sous la troisième race le partage de comtes, dont les successeurs furent Raymond-Bérenger III, comte de Barcelone, et Alfonse-Jourdain, comte de Toulouse, qui la divisèrent en deux parties : le premier eut le *comté de Provence* ou d'*Arles*, et le second le *marquisat de Provence*, qui comprenait tout le pays situé entre le Rhône, les Alpes, l'Isère et la Durance. Ce dernier fut légué par Jeanne de Toulouse, fille de Raymond VII, à Charles d'Anjou, roi de Naples, qui possédait déjà le comté de Provence du chef de sa femme Béatrix, héritière de Raymond-Bérenger V. A la mort de René, roi de Naples et comte de Provence (1481), Louis XI s'empara de la Provence, qui fut définitivement réunie à la couronne sous son successeur. Elle forme aujourd'hui les trois départements du Var, des Basses-Alpes, des Bouches-du-Rhône et une partie de celui de Vaucluse.

PROVERBES, façon de parler familière et sentencieuse. — On appelle *livre des Proverbes* un des livres de l'Ancien Testament qu'on attribue à Salomon. C'est un recueil de sentences morales et de maximes de conduite pour tous les états de la vie.

PROVIDENCE, action perpétuelle de Dieu sur la création pour la conserver et la diriger à sa fin, selon l'ordre qu'il a établi en la créant. — Les Romains firent de la *Providence* une divinité allégorique dont le culte ne paraît pas avoir été établi avant le temps des empereurs. On la trouve représentée sous les traits d'une femme vénérable tenant de la main une corne d'abondance, ou touchant d'une baguette un globe qu'elle tient à la main, ou qu'on place à ses pieds. Les Romains lui donnaient pour compagnes les déesses *Antevorta* et *Postvorta*.

PROVIDENCE (Filles de la). Voy. Polaillon.

PROVIDENCE, l'une des îles Lucayes ou Bahama, la plus fertile et la seconde en grandeur. Sa longueur est de 14 lieues. Sa population est de 5,000 habitants, dont 1,760 sont blancs. Son chef-lieu est Nassau.

PROVIDENCE, rivière des Etats-Unis, formée dans l'Etat de Rhode-Island par les rivières Wanasquiatucket et Moshasuck, au-dessus de la ville qui porte son nom, où remontent des vaisseaux de 900 tonneaux. Elle se jette dans la baie Providence, branche septentrionale de la baie Narragansett.

PROVIDENCE, ville des Etats-Unis, l'une des deux capitales de l'Etat de Rhode-Island, au confluent du Seekhonk et de la rivière Providence, à 15 lieues de l'embouchure de cette dernière, et à 12 de Newport. Sa population est de 10,175 habitants. Elle a une académie, une université, un collège, les banques d'assurance, des manufactures de coton, de laine, des teintureries, des distilleries, des bijouteries, etc. Elle fait un commerce très-étendu.

PROVINCE, nom que les Romains donnaient aux Etats conquis par leurs armes. Ils en faisaient des gouvernements où ils envoyaient des magistrats pour rendre la justice selon les lois romaines, et pour y commander les troupes qu'ils tenaient sur la frontière. Sous Auguste on distingua deux sortes de provinces : les *proconsulaires* et les *prétoriennes*. Sous le iiie siècle de l'empire, toutes les portions de la monarchie romaine furent nommées *provinces*. Constantin les soumit à une administration uniforme, et les divisa en *préfectures*, *provinces* et *diocèses*. — De nos jours on appelle *province* une division territoriale assez étendue, et supportant des subdivisions. La France était avant la révolution divisée en trente-trois provinces.

PROVINCE ROMAINE (*provincia Romana*), nom que portait la première conquête des Romains en Gaule. Elle fut d'abord restreinte au pays compris entre la Méditerranée, l'Italie et le Rhône. Sa capitale était Aquæ Sextiæ. Les conquêtes du consul Quintus Marcius Rex l'étendirent jusqu'aux Pyrénées. Sa capitale devint alors Narbonne, et elle prit le nom de *Narbonnaise*.

PROVINCES-UNIES, nom que l'on donne quelquefois aux *Pays-Bas*. Voy.

PROVINCES-UNIES DU RIO DE LA PLATA, nom que portait autrefois une république de l'Amérique méridionale, formée des anciennes possessions de l'Espagne, moins la Colombie, le Chili et le Pérou. Cette république fédérative, qui se déclara indépendante en 1810, était bornée au N. par le Pérou et le Brésil, à l'E. par le Brésil et l'océan Atlantique, au S. par la Patagonie et à l'O. par la mer Pacifique et les Andes, qui la séparaient du Chili. Sa superficie était de 213,000 lieues carrées, et sa population de 2,550,000 habitants. Elle était divisée en treize provinces : mais une, le Paraguay, forme aujourd'hui un Etat à part; quatre, la Paz, Cochabamba, Charcas et Potosi, se sont séparées en 1826 pour former la république de Haut-Pérou ou Bolivia; et une sixième, la Banda orientale, forme aujourd'hui la république d'Uruguay. Les sept autres composent la république de Buenos-Ayres, à laquelle on conserve quelquefois le nom que portait la confédération entière.

PROVINCIAL, supérieur d'un ordre religieux dans une province, établi au-dessus des supérieurs particuliers des monastères. L'autorité du provincial est modifiée diversement par les dispositions particulières des statuts et des règlements de chaque ordre.

PROVINS, petite ville de France, chef-lieu de sous-préfecture du département de Seine-et-Marne, sur les petites rivières de Durtein et de Voulzie, à 13 lieues de Melun. Sa population est de 6,000 habitants. Cette ville a un tribunal de première instance, un tribunal de commerce, un collège communal, une bibliothèque et une société d'agriculture. Elle fait un grand commerce de farine. On y trouve des eaux minérales, et on y cultive une espèce de roses employées en médecine, et dont on fait des conserves.

PROVISEUR, chef d'un collège royal, chargé de pourvoir à toutes les nécessités, soit intellectuelles, soit matérielles de la maison. Tous les autres fonctionnaires, le censeur, l'aumônier, l'économe, les professeurs, les maîtres d'études lui sont subordonnés. Il a la haute inspection sur tout ce qui regarde l'administration et l'instruction.

PROVISION, en termes de droit commercial, fonds destiné au remboursement d'une traite, d'un billet, d'une lettre de change, en cas de non-payement par les endosseurs et le tireur.—En termes de jurisprudence, c'est une somme allouée avant jugement définitif, à une partie dont le droit paraît certain, et lorsqu'il n'y a contestation que sur la quotité de la valeur principale demandée.—Un jugement exécutoire par *provision* ou *provisoires* est un jugement rendu pour tous les cas exceptionnels qui exigent célérité.

PROVISION. En matière bénéficiale, c'est le titre qu'accorde le supérieur légitime d'un ecclésiastique, et en vertu duquel il possède un bénéfice. On accordait la provision d'un bénéfice par *résignation*, par *dévolution* et par *prévention*.

PROXAGORAS, médecin célèbre descendant des Asclépiades, était natif de Cos. Il florissait à Alexandrie vers le milieu du III° siècle avant J.-C. On lui attribue de fort belles découvertes en anatomie. C'est lui qui le premier découvrit la différence entre les veines et les artères, et qui regarda le cerveau comme une prolongation de l'épine du dos.

PROXÈNES (de *pro*, devant, et *xénos*, étranger), magistrats inférieurs d'Athènes, chargés de loger les étrangers venus dans la ville pour des affaires politiques. — Magistrats de Sparte, chargés de faire la police des étrangers.

PROYART (L'abbé Liévain-Bonaventure), né à Arras en 1743, fut quelque temps sous-préfet du collège du Puy et devint ensuite préfet du collège Louis-le-Grand à Paris. Il y eut pour écolier le célèbre Robespierre. Il émigra et ne rentra qu'en 1801 dans sa patrie, où il mourut en 1808, membre de plusieurs sociétés littéraires de France et de l'étranger. Parmi ses ouvrages on distingue : l'*Ecolier vertueux*, l'*Histoire de Stanislas Ier roi de Pologne* et l'*Histoire de Maximilien Robespierre*.

PROYER, espèce d'oiseau du genre *bruant*. Les caractères de son plumage sont : les parties supérieures d'un brun cendré, tachetées longitudinalement de noir ; les parties inférieures blanches marquées de traits noirs sur la gorge ; les ailes et la queue d'un cendré obscur, liserées de cendré clair ; le bec et les bleuâtre, les pieds sont bruns. La longueur de ce bruant est de sept pouces six lignes. Les jeunes ont une teinte générale plus rousse et des taches noires plus grandes. Le proyer habite l'Europe ; mais il ne vient chez nous qu'au printemps, et niche dans les blés.

PRUDENCE, vertu qui enseigne les moyens que l'homme doit mettre en œuvre pour ne pas être arrêté dans ses fins. Il va sans dire que l'on n'entend ici parler que de moyens et de fins honnêtes. — Les anciens avaient fait de la prudence une divinité allégorique qu'on représentait avec un miroir entouré d'un serpent et quelquefois une lampe à la main.

PRUDENCE (Aurelius Clementius), poète latin, né à Calagurris (Calahorra) ou à Cœsarnugusta (Sarragosse) en Espagne, florissait vers l'an 392 de J.-C. Il fut successi-

vement avocat, magistrat, homme de guerre, et se distingua dans toutes ces professions. A l'âge de cinquante-sept ans, il se retira du monde pour vivre dans le recueillement et la piété. Ce fut à cette époque qu'il composa ses ouvrages qui lui ont mérité le titre de *Prince des poètes chrétiens*. Les uns sont du genre lyrique, les autres du genre didactique ; parmi ceux-ci, il faut ranger le poème *de la Divinité* ou *Apothéose* dirigé contre les sabelliens, l'*Origine du péché*, la *Psychomachie* ou description des combats que se livrent le devoir et la passion dans le cœur de l'homme, et ses *deux livres contre Symmaque*, lorsque ce sénateur présenta au nom d'un grand nombre de Romains une pétition pour relever l'autel de la Victoire. Ses poésies lyriques forment deux livres composés, l'un de douze hymnes pour des jours de fête, l'autre de quatorze hymnes en l'honneur d'autant de martyrs.

PRUDHOMME (Louis), imprimeur journaliste, né à Lyon en 1752, se fit journaliste à l'époque de la révolution, et publia *les Révolutions de Paris* et divers pamphlets, parmi lesquels les *Litanies du tiers-état*. Emprisonné en 1793 comme royaliste, il ne fut pas longtemps détenu, et reparut en 1797, année dans laquelle il fit paraître l'*Histoire générale des crimes commis pendant la révolution*. Prudhomme est mort il y a peu d'années.

PRUD'HOMMES, c'est-à-dire *hommes prudents*. On connaît sous cette dénomination des hommes d'expérience, auxquels est remise la décision de certaines affaires, dans l'étendue d'une juridiction paternelle et toute de famille. — La loi du 18 mars 1806 créa dans la ville de Lyon un *conseil de prud'hommes*, institué pour terminer par la voie de la conciliation les petits différends qui s'élèvent journellement, soit entre les fabricants et des ouvriers, soit entre des chefs d'atelier et des compagnons ou apprentis, et pour constater les contraventions aux lois et règlements concernant la fabrication. Ce conseil a été composé de neuf membres, dont cinq négociants-fabricants et quatre chefs d'atelier. L'article 34 de la même loi porte qu'il pourra être établi, par un règlement d'administration publique délibéré en conseil d'Etat, un conseil de prud'hommes dans les villes de fabrique.

PRUDHON (Pierre-Paul), peintre distingué, né à Cluny (Saône-et-Loire) en 1760, treizième et dernier fils d'un pauvre maçon. Il étudia chez les moines de Cluny, et dut à la protection de l'évêque de Dijon ses premiers pas dans l'étude de la peinture. Envoyé à Rome pour les états de Bourgogne, il s'attacha surtout à Raphaël, André del Sarto et le Corrège ; ce dernier fut surtout celui dont il reproduisit la manière, ce qui le fit surnommer le *Corrège français*. De retour en France en 1789, il lutta longtemps contre l'indigence. Son beau tableau du *Crime poursuivi par la justice et la vengeance célestes* lui valut la croix de la Légion d'honneur. Il fut reçu en 1816 membre de l'Institut, et mourut en 1823. On cite parmi ses autres tableaux : l'*Enlèvement de Psyché par les Zéphyrs*, *Vénus et Adonis*, *Zéphyr se balançant sur la surface des eaux*.

PRUNE, fruit du *prunier*. C'est un drupe à peau lisse, contenant un noyau osseux, rugueux, comprimé. On en compte un grand nombre de variétés, la plupart violacées, jaunâtres ou verdâtres. Les plus estimées sont, la prune précoce de Tours, le gros damas, le damas rouge qui sont mûres à mi-juillet ; la prune de monsieur, la royale de Tours, mûres à la fin de juillet ; la reine Claude violette, la mirabelle, le drap d'or, mûres à mi-août ; le damas violet, le mangeron, les perdrigons violet et normand, l'impératrice-Blanche, mûres à la fin d'août ; la petite reine Claude, au commencement de septembre ; la Sainte-Catherine, à la mi-septembre, et la kœtschen, à la fin de ce mois.

PRUNEAU nom que l'on donne au fruit

du prunellier, plus communément appelé *prunelle* ; c'est encore celui des prunes cuites au four. Les plus célèbres sont ceux de Tours et d'Agen. Les premiers sont faits avec la prune de Sainte-Catherine et reçoivent *le blanc*, c'est-à-dire ils sont soumis à la vapeur d'eau qui développe sur eux une matière blanche, de nature résineuse. Ceux d'Agen ne subissent pas cette opération et n'en sont que meilleurs.

PRUNELLE. Voy. Pupille.

PRUNELLE, fruit du prunellier, espèce du genre prunier, appelée encore *prunier épineux* ou *sauvage*, et extrêmement commune dans nos haies et dans nos bois. Ses fleurs sont petites, très-nombreuses et blanches, ses rameaux sont terminés en pointe roide et aiguë, et sa prune, du volume d'un gros pois, d'un bleu foncé et d'une âpreté excessive. C'est avec ces fruits non mûrs que l'on prépare un extrait astringent appelé en Allemagne *acacia nostras*.

PRUNIER, genre de plantes de la famille des rosacées, tribu des drupacées, renfermant des arbres ou des arbrisseaux à feuilles alternes pétiolées, simples et munies de deux stipules à leur base. Les fleurs sont blanches ou lavées de rose, s'épanouissant avant les feuilles et portées sur des pédoncules axillaires et uniformes. Le fruit est la *prune* (Voy.). Parmi les espèces les plus remarquables sont le *prunier de Briançon*, le *prunier épineux* ou prunellier et le *prunier cultivé*, arbre de moyenne grandeur, qui paraît originaire de la Syrie, mais qui est naturalisé en Europe depuis un temps immémorial. Une terre franche et légère est celle où il prospère le mieux. L'exposition du levant ou même celle du midi sont celles qui lui sont les plus favorables. Les pruniers se multiplient de deux manières, par les semis ou par le moyen des rejetons qui se développent auprès des vieux pieds. Toutes les variétés se conservent et se propagent par la greffe.

PRUSE. Voy. Brousse.

PRUSIAS. Quatre rois de Bithynie ont porté ce nom. Le premier fut contemporain de Crésus, qui lui enleva ses Etats. Le plus grand nombre des historiens ne le comptent pas au nombre des rois de Bithynie. — Prusias II, fils de Nicomède Ier et d'Etazela, succéda l'an 246 avant J.-C. à son père, au préjudice de son frère aîné Ziélas. Ces deux princes, au moment d'en venir aux mains, partagèrent le royaume par un accommodement. Ce prince est encore rarement compté au nombre des rois de Bithynie. — Prusias III (ou I), roi de Bithynie, fils de Ziélas, lui succéda en 232 avant J.-C. Il réunit toutes les provinces aliénées, battit les Gaulois et s'allia avec Philippe, roi de Macédoine, dont il épousa la fille ou la sœur Apamée. Profitant de l'absence d'Attale, roi de Pergame, qui était allé en Grèce porter secours aux Romains contre la Macédoine, il s'empara de Cius et de Tius. Une blessure qu'il reçut au siège d'Héraclée le força d'interrompre ses conquêtes, et il mourut des suites, quelques années après (192 avant J.-C.). Il avait, sur la fin de son règne, donné asile à Annibal. — Prusias IV (ou II), surnommé *Kunégos*, le Chasseur, roi de Bithynie, succéda vers 192 avant J.-C. à son père Prusias III ou I. Il tourna ses armes contre Eumène, roi de Pergame, et remporta sur lui plusieurs victoires dues à l'habileté d'Annibal qu'il promit cependant de livrer aux Romains. Annibal lui épargna cette lâcheté en se donnant la mort (183). Il fut obligé de rendre tout ce qu'il avait pris à Eumène, et s'humilia jusqu'à la bassesse pour conserver l'amitié des Romains. Il fit même un voyage à Rome. De retour dans ses Etats, il recommença la guerre contre Eumène ; mais les Romains l'ayant forcé de restituer tout ce qu'il avait pris, ses sujets se révoltèrent et proclamèrent son fils Nicomède, qui l'assassina, dit-on, dans un temple de Jupiter où il s'était réfugié en 137 avant J.-C. Ce prince cruel et efféminé avait régné quarante et un ans.

PRUSSE, grand royaume de l'Europe centrale, composé de deux parties situés l'une à l'E., l'autre à l'O., et séparées par d'autres Etats, plus le canton de Neufchâtel. La partie orientale, la plus grande, est bornée au N. par la mer Baltique; à l'E. par la Russie, la Pologne et la république de Cracovie ; au S. par l'Autriche, les duchés de Saxe-Weimar et Gotha, les principautés de Reuss et de Schwarzbourg; à l'O. par le duché de Hesse-Cassel, le Hanovre, le Brunswick et le Mecklembourg. La partie occidentale est bornée au N. par le Hanovre; à l'E. par le Hanovre, le Brunswick, la Hesse-Cassel, la Hesse-Darmstadt, le Nassau, la principauté de Waldeck, la Lippe-Detmold et Schaumbourg; au S. par la Bavière, la Hesse-Hombourg, l'Oldenbourg, les duchés de Cobourg et la France; à l'O. par la Belgique et la Hollande. La superficie réunie est de 7,900 lieues carrées, et la population totale de 12,726,823 habitants. Le terrain est généralement plat, à l'exception de la Silésie, où s'élèvent les mont Sudètes, et de la Saxe, où se projettent le Hartz et la forêt de Thuringe. Le climat est humide, variable, même rude sur la Baltique, froid et âpre dans les montagnes, quelquefois brûlant dans les landes sablonneuses du Brandebourg, très-beau dans les riantes vallées du Rhin, de la Moselle, de la Saar, de la Nahe, etc. Le sol est ingrat, mais bien cultivé. Il recèle des mines d'argent, de cuivre, de fer, de plomb, de cobalt, de calamine, d'arsenic, d'alun, de vitriol, de salpêtre. Quelques cantons du Bas-Rhin produisent des vins estimés. La Prusse offre de nombreux pâturages où l'on élève beaucoup de troupeaux. L'industrie manufacturière y est très-développée, surtout pour la fabrication des toiles, des étoffes de laine et des ouvrages en fer. Le commerce est actif. — Jadis habitée par les Goths, les Estyens et les Vénèdes, la Prusse fut, au XIIIe siècle, envahie par l'ordre teutonique, qui teuta de convertir ses habitants au christianisme. Cet ordre fut souverain de la Prusse jusqu'en 1440. Alors une partie de cette contrée se donna à Casimir, roi de Pologne (*Prusse royale*), et le reste demeura à l'ordre teutonique (*Prusse ducale*). Le grand maître Albert, margrave de Brandebourg, sécularisa cette partie en 1525. Ses descendants ont augmenté leurs Etats de plusieurs pays d'Allemagne. L'un d'eux, Frédéric III, électeur de Brandebourg, prit le titre de roi en 1701. Son successeur, le grand Frédéric, conquit la Silésie. La Prusse s'accrut encore des partages de la Pologne (*Prusse occidentale* et *grand-duché de Posen*). La Prusse se divise en sept divisions militaires, comprenant dix provinces subdivisées en régences : 1º PRUSSE PROPREMENT DITE, comprenant deux provinces : la *Prusse orientale*, avec les deux régences de Kœnigsberg et de Gumbinnen, et la *Prusse occidentale*, avec les deux régences de Dantzick et de Marienwerder; 2º MARCHES ET POMÉRANIE, comprenant deux provinces : le *Brandebourg*, avec les trois régences de Berlin, de Postdam et de Francfort, et la *Poméranie*, avec les trois régences de Stettin, de Stralsund et de Kœslin ; 3º SILÉSIE, comprenant la province de *Silésie*, avec les trois régences de Breslau, de Liégnitz et d'Oppeln ; 4º GRAND-DUCHÉ DE POSEN, comprenant le grand-duché de ce nom, avec les deux régences de Bromberg et de Posen; 5º SAXE, comprenant la province de même nom, avec les trois régences de Magdebourg, Mersebourg et Erfurt; 6º WESTPHALIE, comprenant la province de même nom, avec les trois régences de Munster, Minden et Arensberg ; 7º DUCHÉ DE BAS-RHIN et DUCHÉ DE CLÈVES-ET-BERG, comprenant les deux provinces de ce nom, avec (la première) les trois régences de Trèves, d'Aix-la-Chapelle et de Coblentz ; la seconde, les trois régences de Cologne, de Dusseldorf et de Clèves. — Le gouvernement de la Prusse est monarchique héréditaire, absolue, quoiqu'il promette depuis quinze ans une constitution. Le luthéranisme est la religion dominante. Les revenus publics sont de 188,845,316 francs, et la dette de 705,070,000 francs. L'armée est de 165,000 hommes en temps de paix ; la landwehr peut, en cas de besoin, fournir 360,000 hommes. L'instruction est très-répandue en Prusse. On y compte cinq universités : celles de Breslau, de Berlin, de Kœnigsberg, de Bonn et de Halle. — La capitale de la Prusse est BERLIN.

PRUSSIQUE (ACIDE), acide découvert en 1780 par le chimiste Scheele dans le bleu de Prusse. On l'appelle aujourd'hui *acide hydrocyanique*.

PRUTH, rivière considérable, limite actuelle des possessions russes dans la Moldavie et de la Turquie. Elle prend sa source dans les monts Krapacks en Gallicie, et se jette dans le Danube, au-dessous de Galatz, près de l'endroit où ce fleuve se jette dans la mer Noire. Son cours est de 80 lieues. En 1770, les Turks remportèrent sur ses bords une victoire sur les Russes.

PRUYM, ville de Prusse, dans la régence et à 10 lieues de Trèves, sur la rivière de Prum, qui se jette dans la Moselle, à Wasserbillich. Sa population est de 2,000 habitants. Elle avait autrefois une abbaye où furent enfermés Charles le Chauve et Louis le Débonnaire, dans la révolte des fils de ce prince contre lui.

PRYTANE, un des premiers magistrats dans plusieurs villes grecques, Athènes, Rhodes, Corinthe, etc. — A Athènes, les prytanes étaient au nombre de cinquante, choisis tous les ans dans chaque tribu (on en ajoutait en outre cinq autres pour s'opposer aux premiers en cas de malversation ou de mort), et composant le contingent de cette tribu au sénat des cinq cents. Ils partageaient avec les proèdres et les épistates le soin de conduire et de diriger les assemblées publiques. C'était le sort qui décidait de la tribu qui devait avoir le premier rang, en la personne des sénateurs qui en étaient tirés et que le sort rendait prytanes. Ils étaient aussi chargés de rendre la justice; mais dix seulement jugeaient à la fois et pendant trente jours, de sorte qu'au bout de trente-cinq jours chacun prenait sa fonction. Les prytanes furent institués par Solon.

PRYTANÉE, grande place d'Athènes, vers le centre de la ville, au N. et près de la citadelle. Elle était environnée de bâtiments destinés à différents usages d'utilité publique. C'était là que travaillaient les magistrats appelés prytanes. On y avait établi les greniers publics destinés à subvenir aux besoins des citoyens indigents et honorables. C'était aussi dans le prytanée que se donnaient les repas publics où étaient admis ceux qui, par leurs services, avaient mérité d'être nourris aux frais de l'Etat.

PRYTANIE. On appelait ainsi à Athènes un espace de trente-cinq ou trente-six jours, pendant lesquels les cinquante prytanes d'une tribu gouvernaient et rendaient la justice. Chaque prytanie se divisait en cinq semaines, pendant lesquelles dix sénateurs prytanes étaient chargés du gouvernement, en sorte qu'au bout de la prytanie chaque sénateur avait gouverné pendant sept jours. Lorsqu'on eut ajouté aux dix anciennes tribus deux nouvelles, la Démétriade et l'Antigonide, le nombre des sénateurs fut porté de cinq cents à six cents, et la durée des prytanies réduite à trente jours.

PRYTANITIDES, veuves chargées d'entretenir le feu sacré de Vesta, sur un autel qui lui était consacré au milieu du prytanée.

PRZEMISL, cercle de la Gallicie, situé à l'O. de celui de Lemberg. C'est une vaste contrée couverte de bois et traversée par la San. Sa superficie est de 200 lieues carrées, et sa population de 212,000 habitants; la capitale est *Przemisl*, ville épiscopale, sur une montagne près de la San, à 23 lieues de Léopold. Elle a 7,800 habitants.

PRZEMYSLAS, fils d'un paysan bohémien, dut la royauté à un singulier hasard. Les Bohémiens, livrés à l'anarchie en 632, décidèrent qu'on lâcherait dans une plaine un cheval sans bride ni sans frein, et qu'on reconnaîtrait pour monarque celui près duquel le cheval s'arrêterait. Przemyslas cultivait son champ; l'animal va droit à lui ; il est proclamé, et la terre qu'il labourait est encore, en Bohême, appelée le *champ du roi*. Il épousa la princesse Libussa, destinée à celui qui devait monter sur le trône, rendit de bonnes lois, fortifia la ville de Prague, et mourut en 676, laissant un fils qui lui succéda.

PRZEMYSLAS. Deux rois de Pologne ont porté ce nom. Le premier était un orfèvre qui reçut le titre de roi des Polonais reconnaissants. Les Hongrois avaient fait une irruption dans leur pays (731), les avaient vaincus, et menaçaient de les réduire en servitude. On prétend que Przemyslas disposa des branches d'arbres de manière qu'elles ressemblaient à une armée ; que l'ennemi, attiré par cette ruse, s'engagea dans une forêt où il fut mis en pièces. En reconnaissance de ce service signalé, il fut élevé au trône, et régna jusqu'en 803 sous le nom de *Leszek IV.* — PRZEMYSLAS II (ou Ier) succéda, en 1290, à Wladislas, son compétiteur au trône de Pologne, après la mort de Leszek le Noir ; mais l'année suivante il fut chassé par Wencesias de Bohême. Il remonta sur le trône en 1293 ; il fut assassiné en 1296, à Rogozno. Après sa mort Wladislas IV fut réélu.

PSALMODIE (du grec *psalmos*, psaume, et *ôdé*, chant), chant de récitation des psaumes de l'Eglise. La monotonie de ce chant, quoiqu'elle ne laisse pas d'être majestueuse et grave, a donné lieu à l'expression de *psalmodier*, qu'on emploie pour dire réciter sur un ton traînant et monotone de la prose ou des vers.

PSALTÉRION, nom que les Grecs donnaient, du verbe *psallô*, toucher un instrument, à l'instrument que les Hébreux appelaient *nebel*, et dont ils se servaient pour accompagner leurs chants religieux. Le psaltérion était en bois et à cordes. On le pinçait avec les doigts, et on le touchait avec le *plectrum* (l'archet). — Le psaltérion moderne est en bois et à la figure du triangle. Il est monté de treize cordes de fil de fer ou de laiton, accordées à l'unisson ou à l'octave, et tendues sur deux chevalets, l'un d'un côté, l'autre de l'autre. Elles se touchent avec l'archet.

PSAMMÉNIT, nom que porte, dans les historiens et les listes de Manéthon, un roi d'Egypte que les monuments appellent Psammetichus, et qui est le troisième de ce nom.

PSAMMETICHUS Ier, roi d'Egypte, le quatrième de la vingt-sixième dynastie, était natif de Saïs. D'après Hérodote, il était fils de Nechos ou Nechaô Ier, et l'un des douze seigneurs qui, après la retraite de Sabacon, roi d'Ethiopie, partagèrent entre eux le gouvernement de l'Egypte. Un oracle, qui lui promettait le trône, alarma ses collègues. Vaincu par eux, il prit à sa solde des Grecs Cariens, se rendit maître de toute l'Egypte. En retour de leurs services, il donna des terres aux Grecs qui l'avaient secouru, ouvrit ses portes aux étrangers, et leur céda la ville de Naucratis. Les arts et l'agriculture fleurirent sous son règne, qui fut de cinquante-quatre ans suivant Hérodote et Manéthon (653 à 599). Nechos ou Nechao II, son fils, lui succéda.

PSAMMETICHUS II, le même qu'Hérodote appelle *Psammis*, roi d'Egypte, le sixième de la vingt-sixième dynastie, succéda à son père Nechao II. Les rapports de l'Egypte et de la Grèce devinrent sous son règne encore plus fréquents. Les Elécns envoyèrent des députés en Egypte pour étudier ses institutions publiques et les comparer avec celles de la Grèce. Psammetichus II monta une expédition contre les Ethiopiens. Quoique Hérodote et Jules l'Africain ne donnent à son règne que six ans de durée, tous les textes d'Eusèbe, tirés de Manéthon et confirmés d'ailleurs par les monuments, lui en assignent dix-sept (593 à 576). Son successeur fut son fils, qu'Hérodote nomme Apriès, et que la Bible appelle *Hophra* ou *Chophra*, et les listes de Manéthon *Vaphrès* ou *Vaphris*.

PSAMMETICHUS III, appelé par Hérodote et les autres historiens *Psamménit*, roi d'Egypte, le neuvième de la vingt-sixième dynastie, était fils d'Amasis et d'Onk-Nas, fille de Psammetichus II. Il succéda à son père l'an 525 avant J.-C. Cambyse, roi de Perse, lui déclara la guerre, envahit ses Etats, assiège Péluse dont il s'empare par un stratagème singulier, et surprend Psammenit ou Psammetichus III dans Memphis, où il s'était réfugié. Ce prince, traité d'abord avec douceur et ensuite mis à mort par ordre de Cambyse, n'avait régné que six mois.

PSAMMIS, nom que porte, dans Hérodote, le roi d'Egypte que les monuments appellent *Psammetichus II*.

PSAMMITE. En géologie, on appelle ainsi une roche à base composée de grès et d'argile, et dont la plus grande partie comprend les roches nommées *grès houillers*. Les psammites sont tenaces ou friables, et quelquefois meubles ; leurs couleurs sont rougeâtres, grisâtres, jaunâtres, verdâtres, brunâtres, noirâtres, blanchâtres, etc., unies ou bigarrées. On les emploie comme pierre à bâtir, pierre à paver, pierre à aiguiser, etc.

PSAMMATHÈS, que Diodore de Sicile appelle *Psammetichus*, et dont le nom véritable se trouve dans Manéthon et sur les monuments, roi d'Egypte, le troisième de la vingt-neuvième dynastie, succéda en 379 à Hachor ou Achoris, et mourut après un règne d'un an l'an 378. Il eut pour successeur Muthis, qui ne régna aussi qu'un an et que Diodore de Sicile, passe sous silence, faisant suivre immédiatement son règne de celui de Néphérée ou Naïfroué.

PSARA ou IPSARA, petite île de l'Archipel grec, avec un port et un bourg, où l'on voit encore quelques vestiges de l'ancienne ville de *Psyra*, à 5 lieues de Scio. Cette île, abondante en vins et en fruits, a joué un très-grand rôle dans la guerre des Turks contre les Grecs en 1824, et a été totalement ruinée à cette époque.

PSATYRIENS (du grec *psatyrion*, gâteau), nom donné à quelques hérétiques sortis des ariens, qui avaient pour chef un faiseur de gâteaux appelé Théotiste. Ils se déclarèrent dans le synode d'Antioche, qu'ils tinrent vers l'an 360, et soutiurent que le Fils n'était pas semblable en volonté à son Père, et qu'il avait été fait de rien. Ils ajoutaient que, dans Dieu créer et engendrer étant la même chose, la génération du Verbe était sa création.

PSAUMES (du grec *psalmos*, venu de *psallein*, toucher un instrument en chantant), cantiques sacrés des Hébreux, destinés à être chantés dans le temple, et généralement attribués en entier à David, quoiqu'on doive lui associer d'autres poètes sacrés, Asaph, Idithun, Emar et les enfants de Coré. La collection des psaumes forme un livre appelé en hébreu *Sepher Tehillim* (livre des hymnes), et dont la compilation est attribuée à Esdras. Le nombre des psaumes canoniques, chez les Juifs comme chez les chrétiens, a toujours été de cent cinquante ; la manière de les partager diffère seulement. Les Juifs et les protestants partagent en deux le neuvième et le cent treizième ; mais ils réunissent en un seul le cent quatorzième et le cent quinzième, et en un autre le cent quarante-sixième et le cent quarante-septième. — Le cent dix-neuvième et les quatorze suivants jusqu'au cent trente-quatrième inclusivement sont appelés *graduels* parce que, suivant dom Calmet, leur titre hébreu signifie *cantiques de la montée*, et qu'ils furent composés au retour de la captivité de Babylone, ce qu'il s'explique par la position élevée de Jérusalem et du temple, où les Juifs délivrés arrivèrent péniblement et après avoir longtemps monté cette pente qu'ils avaient descendue si facilement. L'Eglise catholique chante les psaumes dans la plupart de ses offices, et toujours en latin ; l'Eglise protestante, au contraire, les chante dans une traduction française, commencée par Clément Marot et achevée par de Bèze. Quant au mérite littéraire des psaumes, il est incontestable. Grandeur et délicatesse des pensées, magnificence des tableaux, rapidité des mouvements, énergie, hardiesse et précision du style, tout s'y trouve.

PSAUTIER, recueil des psaumes. Les Juifs l'avaient divisé en cinq livres, et plusieurs Pères ont admis cette division. Saint Jérôme n'a pas suivi cet ordre dans l'édition qu'il donna de l'ancienne Vulgate, si ancienne qu'on n'en connaît ni la date ni l'auteur. Adoptée dans les premiers siècles, la version de saint Jérôme a été remplacée depuis le XVIe siècle par l'ancienne, conformément aux ordres de Pie V.

PSCHENT, nom que donnaient les anciens Egyptiens à une espèce de coiffure. C'était une sorte de mitre. Les principales divinités portaient cette coiffure.

PSÉLAPHIENS, tribu d'insectes de l'ordre des coléoptères, section des pentamères, famille des brachélytres, caractérisée par la longueur des palpes maxillaires qui dépasse tantôt celle de la tête, et par les tarses qui n'ont que trois articles. Ce sont des insectes de très-petite taille, que l'on trouve dans les prés, sous les pierres, sous l'écorce des arbres, qui courent avec vivacité, surtout le soir, et qui sont carnassiers. Le genre type est le genre *psélaphe*; les autres sont les genres *metopias*, *chennium*, *ctenisle*, *bryaxis*, *bythin*, *tychus*, *trimium*, *batrisus*, *euplecte*, *clavigère* et *articère*.

PSELLION, espèce de bijou que les femmes grecques portaient au bras ou au cou. C'était un ornement garni de pierres précieuses, placé ou pendaient de petites chaines.

PSELLUS (Michel), dit *l'Aîné*, écrivain byzantin du XIe siècle, natif de l'île d'Andros. On lui attribue un ouvrage sur les *pierres*, et quelques ouvrages donnés généralement à Psellus le Jeune lui appartiennent peut-être réellement. — MICHEL-CONSTANTIN PSELLUS, surnommé *le Jeune*, afin de ne pas le confondre avec le précédent, écrivit dans le même siècle sur les mathématiques, la jurisprudence, la médecine et la philosophie. Les plus remarquables de ses ouvrages sont un *Traité de mathématiques* en quatre livres, et un *Extrait synoptique des lois*, composé en 1070 par ordre de l'empereur Michel Ducas.

PSÉPHITE, roche conglomérée, composée d'une pâte schisteuse, et renfermant des fragments de diverse nature, mais le plus ordinairement schisteux. Elle est souvent friable, quelquefois meuble ou tenace. Sa couleur est communément rougeâtre ou verdâtre et tachetée. Les pséphites forment des couches, des amas et des filons, et accompagnent les poudingues avec lesquels ils se lient intimement, ainsi qu'avec les porphyres rouges.

PSEUDOMORPHOSES (des deux mots grecs *pseudos*, faux, et *morphè*, forme), nom sous lequel le minéralogiste Haüy a désigné les substances minérales que le présentent sous des formes qu'elles ont empruntées à d'autres corps.

PSEUDONYME (des deux mots grecs *pseudos*, faux, et *onuma* pour *onoma*, nom), qui a un nom faux et supposé. Ce mot s'applique également aux auteurs qui prennent, en publiant des ouvrages, un nom autre que le leur, et aux ouvrages de ces auteurs. Cette coutume de déguiser son nom d'auteur sous un nom emprunté remonte à l'invention de l'imprimerie ; mais elle a surtout commencé à prendre racine dans ces derniers temps, où elle a servi à déguiser un grand nombre de personnages littéraires s'essayant dans la carrière. Le dictionnaire de géographie, qui a pendant longtemps été le seul livre de ce genre en France, malgré les erreurs dont il fourmille, porte le nom de *Vosgien*, quoiqu'on sache maintenant qu'il est dû au libraire Ludvocat. L'un des plus féconds romanciers de notre siècle, M. de Balzac, s'est longtemps couvert du pseudonyme d'*Horace de Saint-Aubin*.

PSINACHÈS, roi d'Egypte, le sixième de la vingt et unième dynastie, la troisième des Tanites, succéda à Osochôr, et régna neuf ans, de l'an 1021 à l'an 1013 avant J.-C. Son successeur fut Psusennès II.

PSITTACULE, section du genre perroquet, renfermant toutes les espèces dont la queue est arrondie et la taille petite, comme celle d'un moineau. Le vulgaire les confond sous le nom de *perruches*; tels sont le *psittacule moineau*, le *psittacule inséparable*, le *psittacule à collier*, etc.

PSITTASIN, genre d'oiseaux de l'ordre des passereaux, famille des conirostres, renfermant une seule espèce, le *psittasin olivâtre*, qui a le plumage d'un brun olivâtre, la tête et le cou jaunes, les pennes des ailes et de la queue brunes, bordées d'olivâtre en dehors, le bec et les pieds bruns. La femelle est entièrement d'un brun olivâtre mélangé de gris. Cet oiseau, qu'on trouve dans les îles Haouaï ou Sandwich, ressemble beaucoup au durbec.

PSKOV ou PLESKOV, gouvernement de la Russie d'Europe, borné au N. par celui de Saint-Pétersbourg, à l'E. par ceux de Novgorod et de Tver, au S. par ceux de Smolensk et de Vitebsk, à l'O. par ceux de Vitebsk et de Livonie ou Riga. Sa superficie est de 3,135 lieues carrées, et sa population de 645,000 habitants. C'est un pays sablonneux, plat et argileux, produisant du blé, du lin, du chanvre, fournissant du bois de construction et beaucoup de foin, et coupé par des rivières et des lacs poissonneux. Il a été séparé en 1772 de celui de Novgorod dont il faisait partie, et se divise aujourd'hui en huit cercles. — Sa capitale est Pskov ou Pleskov, sur la Velika, près de son embouchure dans le lac Peipus, à 60 lieues de Saint-Pétersbourg. Sa population est de 8,000 habitants. Elle est le siège d'un archevêché et d'une université fondée en 1783.

PSOAS (du verbe grec *psauô*, j'atteins, je lie), nom des lombes en grec. Dans la langue française, on a donné le nom de *psoas* à des muscles situés sur les parties latérales et en avant du corps des vertèbres lombaires. Il y a les petits et les grands psoas de chaque côté. Les derniers s'attachent au fémur, et servent à fléchir les cuisses au bassin.

PSOPHIS, ville de l'Arcadie occidentale, située sur la rive droite de l'Aroanius, près de l'endroit où il se jette dans l'Erymanthe. Elle se nommait d'abord *Phégée*; mais Echéphron et Promaque, deux fils d'Hercule, lui donnèrent le nom de leur mère Psophis, fille d'Arrhon, descendant de Nyctimus, ou, selon d'autres, de Xanthus, ou enfin d'Eryx, roi de Sicanie.

PSORALIER, genre de la famille des légumineuses, renfermant des plantes herbacées ou frutescentes en majeure partie. Elles habitent de préférence les pays chauds, principalement le cap de Bonne-Espérance ; une seule se trouve au midi de la France et de l'Europe ; plusieurs embellissent les jardins où elles se multiplient de graines et de marcottes, pourvu qu'on les abrite soigneusement contre le froid des hivers. Le type du genre est le *psoralier bitumineux*, sous-arbrisseau rameux, commun sur les coteaux et les terrains arides de nos départements voisins de la Méditerranée, où il montre, durant l'été, ses fleurs d'un bleu violacé et ses feuilles d'un vert noirâtre, et où il exhale l'odeur forte qui lui a valu son nom.

PSUSENNÈS. Deux rois d'Egypte ont porté ce nom. Le premier, deuxième roi de la vingt et unième dynastie, succéda à Smendès ou Osymandias, et régna dix ans, de l'an 1077 à l'an 1037 avant J.-C. Son successeur fut Nephercherès II. — PSUSENNÈS II, roi d'Egypte, le septième et dernier roi de la même dynastie, succéda à Psinachès, et régna 34 ans, de l'an 1013 à l'an 979 avant J.-C. Son successeur fut Sésonchosis, le Sésac de la Bible, fondateur de la vingt-deuxième dynastie, celle des bubastites.

PSYCHAGOGUES (des deux mots grecs *psyché*, âme, et *agôgos*, conducteur, venu d'*agô*), prêtres ou magiciens grecs qui, consacrés au culte des mânes, faisaient profession d'évoquer les ombres des morts. Pour être admis dans ce corps, ils devaient être irréprochables dans leurs mœurs, n'avoir jamais eu de commerce charnel, n'avoir point mangé de choses qui eussent vie, et ne s'être point souillés par l'attouchement d'un corps mort. Ils habitaient dans des souterrains où ils exerçaient leur art nommé *psychomancie* ou divination par les âmes des morts.

PSYCHÉ (myth.) (du grec *psyché*, âme), jeune princesse d'une beauté si grande qu'on la comparait à Vénus, et qu'elle se fit aimer de l'Amour même. Conduite sur un rocher, pour y être, conformément aux ordres de l'oracle, exposée aux fureurs d'un monstre redoutable aux dieux mêmes, elle fut enlevée par Zéphyre, et transportée dans un séjour de délices où elle recevait toutes les nuits la visite de son invisible époux. Poussée par la curiosité, elle se lève une nuit, reconnaît l'Amour, et l'éveille en laissant tomber sur lui une goutte d'huile. Abandonnée par l'Amour, poursuivie par Vénus sa rivale, elle reçoit de cette dernière la mission de lui apporter des enfers une boîte de parfums qu'elle ouvre en chemin, et dont les vapeurs infernales lui auraient causé la mort, si l'Amour ne fût venu à son secours. Jupiter consentit à admettre Psyché dans les cieux, lui donna l'immortalité, et célébra ses noces avec l'Amour. La Volupté naquit de cette union. On représente Psyché avec des ailes de papillon aux épaules, emblème ordinaire de l'âme chez les anciens. — L'idée première du mythe de Psyché est une allégorie sur l'âme humaine. Sa beauté, rivale de celle du corps (Vénus), inspire l'amour le plus vif; mais la curiosité téméraire qui veut sonder des mystères au-dessus de la nature humaine devient fatale à l'âme qui cède à ses inspirations.

PSYCHODIAIRE (Règne), nom donné par M. Bory de Saint-Vincent à un règne d'histoire naturelle intermédiaire entre le règne animal et le végétal, et comprenant les êtres appelés *zoophytes* ou animaux-plantes. Le nom de *psychodiaire*, qui vient des deux mots grecs *psyché*, vie, et *diairéô*, diviser, indique un des principaux caractères de cette classe, laquelle renferme des animaux dans lesquels la vie peut se diviser, puisque, si on les coupe en morceaux, chacun de ces morceaux sera lui-même un être complet, ayant parfaitement vie.

PSYCHOLOGIE (des deux mots grecs *psyché*, âme, et *logos*, discours), partie de la philosophie qui traite des faits de l'âme, de ses facultés et de sa nature. Les autres parties de la philosophie, la logique, la morale et la théodicée ne sont que des développements de la psychologie dont elles mettent en application les facultés, en leur donnant pour but le vrai, le beau ou l'infini, c'est-à-dire Dieu.

PSYCHOTRIE, genre de la famille des rubiacées, renfermant en général des plantes sous-frutescentes ou de petits arbrisseaux, à feuilles opposées, à fleurs disposées en grappes axillaires ou en panicules terminales, croissant en Asie et en Amérique. L'espèce la plus intéressante est l'ipécacuanha.

PSYLLE, genre d'insectes de l'ordre des hémiptères, section des homoptères, famille des hyménélytres, tribu des psyllides, dont il est le type. Les psylles, appelés encore *faux pucerons*, ne diffèrent des vrais pucerons que par leur agilité et leurs antennes terminées en pointe.

PSYLLES, peuples de la Libye, voisins des Nasamons et des Garamantes, au S. de la Grande-Syrte dont ils étaient séparés par un désert. On dit que leur présence détruisait l'effet du poison des serpents les plus redoutables. Ils prétendaient aussi guérir la morsure de ces animaux par la salive ou par le simple attouchement. Pour éprouver la fidélité de leurs femmes, ils exposaient à la morsure de la vipère céraste leurs nouveau-nés qui périssaient, s'ils étaient le fruit de l'adultère, et qui, s'ils étaient légitimes, étaient préservés par la vertu qu'ils avaient reçue avec la vie. Pline dit que les Psylles furent détruits par les Nasamons; cependant leurs descendants subsistent encore en Egypte, où ils exercent le métier de jongleur et de dompteur de serpents.

PTÉLÉE, ville de la Thessalie, près de la mer, sur le promontoire formé par le golfe Pagasétique et le golfe Maliaque, à l'E. de Phylacé et au N.-O. d'Antron.

PTÉRÉLAS (myth.), fils de Taphius et roi de Taphos dans l'Argolide, avait plusieurs fils et une fille, Cometo. Electryon, roi de Mycènes, leur ayant refusé de lui donner sa part de la succession de leur aïeul Nestor, les fils des deux princes se livrèrent un combat où tous périrent. Amphitryon, étant venu assiéger Ptérélas dans Taphos, désespérait de s'en rendre maître, lorsque Cometo, éprise de lui, coupa un cheveu d'or auquel était attachée la destinée de son père, et livra la ville. Elle fut aussitôt mise à mort par ordre d'Amphitryon.

PTÉRIS, genre de plantes cryptogames, de la famille des fougères, renfermant plus de cent cinquante espèces dont la plus grand nombre croît entre les tropiques. Une seule, connue sous le nom vulgaire d'*aigle impériale* parce que sa tige coupée en travers présente des traits qui rappellent la figure d'un aigle à deux têtes, se rencontre dans l'Europe septentrionale. Elle recouvre souvent de grands espaces de terrain; on peut l'utiliser, soit comme engrais, soit comme litière, et son incinération donne une grande quantité de potasse.

PTÉROCARPE, genre de la famille des légumineuses, renfermant vingt-deux espèces d'arbres et d'arbrisseaux exotiques, dont douze croissent dans les diverses parties de l'Amérique du Sud et dix en Afrique et en Asie. Ces plantes ligneuses sont munies d'une écorce contenant un suc propre rougeâtre, qui, sous le nom de *bois de santal*, fournit à la teinture une couleur rouge assez belle, et, sous celui de *bois hérissson*, donne la gomme appelée *kino*. Dans l'Orient, on emploie pour les constructions le *ptérocarpe santal* des montagnes de Ceylan. Son bois compacte, rouge, remarquable par ses fibres tantôt droites et tantôt ondées, et susceptible de recevoir un beau poli, répand une odeur suave.

PTÉROCÈRE, un des sous-genres du grand genre *strombe*.

PTÉRODACTYLE, genre d'animaux fossiles dont les débris trouvés dans le sein de la terre, en Angleterre et en Allemagne, ont fourni à Cuvier les moyens de s'assurer que, s'ils existaient encore, il faudrait les placer dans la classe des reptiles, dans l'ordre des sauriens, dans la famille des iguaniens et dans la tribu des agamiens. Ces animaux avaient en effet les dents égales et pointues comme les agamiens; mais ce qui les distinguait et leur donnait une forme particulière, c'était la conformation de leurs membres. Ceux de devant avaient le deuxième doigt tellement allongé qu'il dépassait du double la longueur du corps entier. On présume qu'il soutenait une membrane analogue à celle des chauves-souris, qui devait lui permettre de voler presque aussi bien que les oiseaux dans la classe desquels cette particularité l'a fait d'abord confondre. Il lui doit d'ailleurs son nom, qui signifie *doigt ailé*. La plus grande espèce ne devait pas avoir moins de cinq pieds d'envergure.

PTÉROPHORES (c'est-à-dire *porte-ailes*, de *ptéron*, aile, et de *phéro*, je porte), nation imaginaire placée par Pline en Scythie dans les monts Riphées, et que cet écrivain prétend avoir reçu ce nom de la grande quantité de flocons de neige, gros comme des plumes, qui tombent dans ce pays. Ovide appelle aussi de ce nom les habitants de Pallène en Chalcidice.

PTÉROPODES (c'est-à-dire *qui ont des ailes pour pieds*, de *ptéron*, aile, et de *podos*, génitif de *pous*, pied), deuxième ordre de la classe des mollusques. Le caractère distinctif de ces animaux qui le composent consiste à avoir, pour appendices locomoteurs, des nageoires placées, comme des ailes, de chaque côté de la bouche. Ces mollusques sont petits et manquent ordinairement de coquille; ou, s'ils en ont, elle est très-frêle et très-délicate. Ils sont abondamment répandus dans les mers du Nord, où ils servent de nourriture aux baleines. Cet ordre renferme les six genres *hyale*, *clio*, *pneumoderme*, *cléodore*, *cymbulie* et *limacine*.

PTOLÉMAÏDE, fille de Ptolémée Soter, roi d'Egypte, et d'Eurydice, fille d'Antipater, fut mariée à Demetrius, et fut mère d'un autre Demetrius qui régna à Cyrène.

PTOLÉMAÏS. On connaît dans l'antiquité quatre villes de ce nom, la première en Afrique, dans la Cyrénaïque, entre Daplundis et Tauchira, c'est aujourd'hui *Tolometa*; la deuxième, surnommée *Hermu* à cause du culte qu'on y rendait à Hermès (Mercure), était son ancien nom Ptolémée Philadelphe, qui la fit bâtir dans la Thébaïde, sur la rive gauche du Nil, au S. de Panopolis. C'était une des plus importantes villes de la haute Egypte, aujourd'hui *Menchié*; la troisième était une ville de la haute Ethiopie, surnommée *Ferarum* ou *Epi-Feras*, à cause du grand nombre d'animaux qui infestaient ses environs. Son nom moderne est *Ras-Ahehas;* la quatrième et la plus célèbre est une ville de Phénicie, bâtie au S. de Tyr à l'embouchure du Belus. Cette ville, d'abord nommé *Acco* ou *Acé*, reçut d'un des Ptolémées le nom de Ptolémaïs; puis elle reçut une colonie romaine, et prit celui de *Colonia Claudia;* aujourd'hui c'est *Saint-Jean d'Acre*.

PTOLÉMAÏTES, secte de gnostiques ainsi nommés de Ptolémée leur chef, philosophe égyptien qui parut vers l'an 147 et qui renouvela l'hérésie de Valentin. Son erreur particulière consistait à croire qu'une partie de l'Ancien Testament était impie parce qu'elle n'était composée que par les Juifs.

PTOLÉMÉE (du grec *ptolémaios*, qui se met pour *polémaios* dans le dialecte macédonien et signifie guerrier), nom commun à un grand nombre de rois et de personnages célèbres de l'antiquité, surtout parmi les rois de Macédoine, et particulier à chacun des princes de la dynastie des Lagides en Egypte. C'est à tort qu'on l'écrit *Ptolomée*.

PTOLÉMÉE Ier, surnommé *Alorites*, c'est-à-dire né à Aloros (Macédoine), roi de Macédoine, fils naturel d'Amyntas II, tua en trahison son frère Alexandre II, l'an 368 avant J.-C., et lui succéda. Perdiccas, un de ses frères, lui disputa la couronne. Pélopidas, à l'arbitrage duquel ils s'en rapportèrent, prononça en faveur de Perdiccas, qui fit mourir son frère après un règne de trois ans (365).

PTOLÉMÉE II, surnommé *Ceraunus*, c'est-à-dire *la foudre*, roi de Macédoine, était fils de Ptolémée Soter, roi d'Egypte, et d'Eurydice, fille d'Antipater. Se voyant exclu du trône par son père, il se retira à la cour de Seleucus, devenu roi de Macédoine, l'assassina et usurpa la couronne. L'an 280 avant J.-C. Il épousa sa propre sœur, Arsinoé, veuve de Lysimaque, le prédécesseur de Seleucus, se défit peu de temps après des enfants qu'elle avait eus de son premier mari, et la relégua elle-même dans la Samothrace. Antiochus, fils de Seleucus, Antigone, fils de Demetrius, et Pyrrhus, roi d'Epire, lui disputaient la couronne. Il vainquit le premier, et gagna les deux autres par de l'argent et des promesses. Peu de temps après, il fut vaincu par les Gaulois qui avaient envahi la Macédoine, fait prisonnier et égorgé par eux, après deux ans de règne (278 avant J.-C.).

PTOLÉMÉE Ier, connu d'abord sous le nom de fils de Lagus, puis sous celui de SOTER (sauveur), pour avoir défendu les Rhodiens assiégés par Demetrius, fut le premier roi d'Egypte de la dynastie des Lagides. Il était fils de Philippe, roi de Macédoine, et d'Arsinoé sa concubine, mariée dès les premiers mois de sa grossesse à Lagus, homme de basse extraction, qui fut depuis admis dans les gardes d'Alexandre. Elevé à la cour sous le nom de fils de Lagus, il devint un des plus habiles généraux d'Alexandre, après la mort duquel (323 avant J.-C.) il reçut en partage le gouvernement de l'Egypte dans laquelle furent cependant reconnus pour rois Arrhidée et ensuite Alexandre le Jeune. Ptolémée fut reconnu roi d'Egypte, l'an 305 avant J.-C., que ses monnaies indiquent cependant comme la vingtième année de son règne. La bataille d'Ipsus en Phrygie remportée sur Antigone (300 avant J.-C.) amena un nouveau partage, dans lequel Ptolémée fut confirmé dans la possession de l'Egypte et de la Cyrénaïque. Ce fut alors qu'il nomma pour successeur son second fils Philadelphe à l'exclusion de Ptolémée Ceraunus l'aîné, et mourut l'an 284 avant J.-C., dans la quatre-vingt-quatrième année de son âge et la trente-neuvième de son règne. Ce prince, ami des lettres, fut le fondateur du Musée d'Alexandrie et de la fameuse bibliothèque qui s'augmenta sous ses successeurs jusqu'au nombre de 700,000 volumes.

PTOLÉMÉE II. Voy. PHILADELPHE.

PTOLÉMÉE III, surnommé *Evergète* (du grec *euergétès*, bienfaiteur), fils aîné de Ptolémée II Philadelphe, lui succéda en 246 avant J.-C. — Il déclara la guerre à Antiochus Théos pour venger la mort de Bérénice sa sœur, épouse de ce prince, mise à mort par Laodice sa première femme, s'empara de la Cilicie, de la Syrie, passa l'Euphrate et étendit ses conquêtes jusqu'au Tigre et en Bactriane. Il eut (vers 241) un démêlé avec les Juifs qui refusaient le tribut auquel ils étaient soumis envers les rois d'Egypte; mais il se termina quand le tribut eut été payé. En 239, Ptolémée fut déclaré chef suprême de la ligue achéenne; il eut ensuite à soutenir une guerre contre Seleucus III, roi de Syrie, que termina un armistice de dix ans (238). Il accueillit à sa cour Cléomène, roi de Sparte, l'aîné de ses sujets, et mourut en 221 avant J.-C. Il avait protégé les sciences et les arts.

PTOLÉMÉE IV. Voy. PHILOPATOR.

PTOLÉMÉE V, surnommé *Epiphane* (en grec, *illustre*), fils et successeur de Ptolémée IV Philopator, lui succéda en 204 avant J.-C., et gouverna sous la tutelle d'Agathocle et de Tleptolème, puis sous celle d'Aristomaque (202). Sous sa minorité, Philippe de Macédoine et Antiochus envahirent la Cœlésyrie (199); mais cette guerre se termina par un traité de paix. Déclaré majeur avant l'âge, Ptolémée se plongea dans les plus grandes débauches, et fit empoisonner Aristomaque. Ses cruautés firent éclater plusieurs insurrections et des conspirations contre ce roi. Enfin ses ministres le firent empoisonner l'an 180 avant J.-C.

PTOLÉMÉE VI. Voy. PHILOMÉTOR.

PTOLÉMÉE VII, surnommé *Evergète II* (en grec, *bienfaiteur*) par antiphrase, *Cakergète* (malfaiteur) ou PHYSCON (ventru), succéda l'an 145 avant J.-C. à son frère Ptolémée VI Philométor, avec lequel il avait d'abord régné quelque temps. Il s'empara du trône au préjudice du fils et de la veuve de son frère. Il fit périr le premier, et épousa sa belle-sœur Cléopâtre. Ses crimes et ses vices soulevèrent tous les esprits. Effrayé du mécontentement général, il s'enfuit en 133 et se sauva en Chypre. Il eut la barbarie d'égorger le fils qu'il avait eu de Cléopâtre, croyant que cette princesse qu'il avait répudiée était l'auteur des révoltes qui éclataient en Egypte, et lui envoya les membres de la victime. Il parvint à remonter sur le trône à l'aide d'une armée étrangère (126), et mourut en 116. On prétend qu'il avait composé un commentaire sur Homère, et une histoire divisée en vingt-quatre livres.

PTOLÉMÉE VIII, surnommé *Soter II* ou *Lathyre* (du grec *lathyros*, pois chiche) à cause d'une excroissance qu'il avait au nez, succéda à son père Ptolémée VII en 116 avant J.-C. Après dix ans de règne, sa propre mère, Cléopâtre, vint à bout de le chasser d'Egypte et de faire couronner Alexandre, un autre de ses fils (107). Lathyre se réfugia dans l'île de Chypre, où il régna plusieurs années; il rassembla une armée, repassa sur le continent, et marcha contre Alexandre Jannée, roi de Judée (102), qui avait aidé sa mère à le détrôner. Il le vainquit dans une grande bataille, et marcha sur l'Egypte où il ne put entrer. Il se retira de nouveau à Chypre, où il resta jusqu'à la fuite d'Alexandre (88), qui mourut la même année. Il rentra alors dans ses Etats, et fut forcé d'assiéger Thèbes, qui refusait de le reconnaître. Il mourut en 81, après avoir reçu une ambassade des Romains. Il eut pour successeur sa fille Cléopâtre, qui épousa Alexandre II. Voy. plus bas.

PTOLÉMÉE IX, surnommé *Alexandre Ier*, fils de Ptolémée Physcon et de Cléopâtre, fut placé sur le trône par les intrigues de sa mère, au préjudice de Ptolémée Soter II ou Lathyre son frère aîné (107 avant J.-C.). Cléopâtre voulut régner, et fut assassinée par son fils. Les Alexandrins, indignés de cet attentat, chassèrent Ptolémée IX (88) et reçurent son frère Lathyre. Alexandre périt peu après en essayant de reconquérir ses Etats.

PTOLÉMÉE X, surnommé *Alexandre II*, fils du précédent, épousa Cléopâtre, fille de Ptolémée Lathyre, et confondit ainsi ses prétentions et ses droits avec ceux de cette princesse (81 avant J.-C.). Après dix-neuf jours de mariage, Alexandre II fit mourir sa nouvelle épouse et régna seul pendant quinze ans. Au bout de ce temps, les Alexandrins se révoltèrent, le chassèrent et mirent à sa place Ptolémée Aulète. Il tenta vainement de remonter sur le trône, et mourut quelque temps après à Tyr. Comme il ne laissait point d'enfant légitime, il fit par son testament le peuple romain son héritier.

PTOLÉMÉE XI, surnommé *Aulète*, c'est-à-dire joueur de flûte, ce qui indique assez le mépris qu'on avait pour lui, était fils naturel de Ptolémée Lathyre ou Soter II. Appelé au trône après l'expulsion de Ptolémée Alexandre II (65 avant J.-C.), il acheta la protection de Jules César 6,000 talents, laissa les Romains s'emparer de l'île de Chypre, et fut déposé en 58 avant J.-C. par les Alexandrins, qui mirent à sa place sa fille Bérénice. Ptolémée Aulète vint (56) implorer le secours de Rome qu'elle lui refusa d'abord, et qui décréta son rétablissement en 54. Replacé sur le trône par Antoine et Gabinius, il fit mourir sa fille, et ne régna plus que trois ans après (51 avant J.-C.). Par son testament, il donnait la couronne à son fils aîné Ptolémée Denys, à la charge par lui épousât sa sœur Cléopâtre. Ces deux enfants étant encore très-jeunes, il les plaça sous la protection du peuple romain, qui leur donna pour tuteur Pompée.

PTOLÉMÉE XII, surnommé *Denys* ou *Bacchus*, fils aîné de Ptolémée Aulète, épousa à l'âge de neuf ans sa sœur la fameuse Cléopâtre, avec laquelle il partagea le trône (51 avant J.-C.). Des discussions qui s'élevèrent entre les deux époux forcèrent Cléopâtre à se retirer en Syrie (49). L'année suivante, Pompée vint après la bataille de Pharsale demander un asile à son jeune pupille, qui le fit assassiner lâchement pour offrir sa tête à César. Cléopâtre vint plaider sa cause devant ce général, qui lui adjugea le trône. Ptolémée furieux souleva le peuple d'Alexandrie contre César, et lui présenta peu de temps après la bataille; dans le tumulte de la déroute, il se noya en voulant traverser le Nil (45 avant J.-C.).

PTOLÉMÉE XIII, surnommé *le Jeune*, second fils de Ptolémée Aulète, fut d'abord établi par César roi de Chypre; mais, après la mort de Ptolémée Denys, César le plaça sur le trône d'Egypte en le mariant à sa sœur Cléopâtre, quoiqu'il n'eût encore que onze ans (47 avant J.-C.). Celle-ci le fit empoisonner l'an 43 pour régner seule.

PTOLÉMÉE Ier, roi de Chypre, fils naturel de Ptolémée Soter II, et frère de Ptolémée Aulète, fut placé sur le trône de Chypre en 65 avant J.-C., et dépouillé de ses Etats par les Romains, qui firent valoir le testament de Ptolémée Alexandre II. Caton, chargé par le sénat de cette affaire, proposa au monarque de renoncer à la couronne et de se contenter de la charge de grand prêtre du temple de Vénus à Paphos, dont les revenus étaient considérables. Ptolémée préféra s'empoisonner. Caton s'empara des trésors immenses de Chypre, et les versa dans le trésor public.

PTOLÉMÉE II, roi de Chypre, le même que *Ptolémée XIII*, roi d'Egypte.

PTOLÉMÉE APION, roi de la Cyrénaïque, était fils naturel de Ptolémée Evergète II père et d'Irlène, sa concubine. Son père en mourant (116 avant J.-C.) démembra la Cyrénaïque en sa faveur. Il mourut la vingtième année de son règne (96). Comme il n'avait pas d'enfants, il institua le peuple romain son héritier; mais Rome n'usa de ses droits que pour donner l'indépendance aux Cyrénaéens.

PTOLÉMÉE, fils du triumvir Antoine et de Cléopâtre, reine d'Egypte, fut proclamé roi de Cilicie, de Syrie et de Phénicie, tandis que son autre frère Ptolémée recevait l'Arménie, et sa sœur Cléopâtre la Cyrénaïque. Tous trois ornèrent le triomphe d'Octave, qui fit ensuite épouser Cléopâtre à Juba, roi de Mauritanie, et confia ses frères à cette princesse et à son époux. L'histoire n'a plus rappelé leurs noms. — PTOLÉMÉE, fils de ce même Juba et de Cléopâtre, succéda à son père dans le royaume de Mauritanie, et fut mis à mort par Caligula.

PTOLÉMÉE MENNUS, roi de la Chalcidie ou de la Chalcidène, petit pays de Syrie, fit alliance avec Alexandre, fils d'Aristobule, prince des Juifs. Celui-ci ayant succombé dans sa lutte contre Scipion, Ptolémée envoya son fils Philippion offrir à Alexandra, sœur d'Alexandre, une retraite dans ses Etats; mais, s'étant aperçu que Philippion était amoureux de la princesse, il le tua de sa propre main, et épousa Alexandra à l'épouser (vers l'an 50 avant J.-C.). Il mourut vers l'an 41, laissant à souveraineté à son fils Lysanias, que Marc Antoine fit mettre à mort (36 avant J.-C.). La Chalcidie fut alors donnée à Cléopâtre.

PTOLÉMÉE (Claude), célèbre astronome et géographe, né à Ptolémaïs (Thébaïde), vécut à Alexandrie vers l'an 130, sous les empereurs Adrien et Antonin. Les principes de son système sont exposés dans la *Grande Composition*, traité en treize livres plein d'érudition et de talent, qui, traduit en arabe, y a pris le nom d'*Al-Mageste* sous lequel on le désigne quelquefois. On doit encore à Ptolémée une *Géographie* en huit livres, ouvrage indispensable pour la connaissance de l'antiquité, quatre livres de *Syntaxe mathématique*, les *Harmoniques* en six livres, les *Cent Propositions astrologiques*, le *Planisphère*, l'*Hypothèse des planètes*, des traités sur l'*Apparition et la Signification des étoiles fixes*, sur l'*Analemme*, sur le *Critérium* et l'*Empire de la raison*, un *Traité d'optique*, le seul de ses écrits dont le texte grec ne nous soit pas parvenu. Il a aussi laissé, sous le titre de *Canon royal*, une table qui comprend : 1° les dix-huit rois de Babylone postérieurs à Nabonassar; 2° la série des rois de Perse jusqu'à Alexandre; 3° Alexandre et ses deux successeurs; 4° la dynastie des Lagides; 5° les empereurs romains depuis Auguste. Ce Canon, dû à la durée des règnes est indiquée avec un soin minutieux, est la base de l'ère de Nabonassar.

PTOLÉMÉE (Système de), système astronomique qui consiste à placer, d'après l'opinion vulgaire, la terre immobile au centre de l'univers, et à faire tourner le soleil et les astres autour d'elle. Ce système, universellement adopté jusqu'au XVIe siècle, époque à laquelle parut celui de Copernic, était surtout remarquable par l'ingénieuse invention des *épicycles* et des *déférents*, cercles par lesquels il expliquait les mouvements rétrogrades des astres. Il traçait autour de la terre une première circonférence, sur laquelle il faisait mouvoir le centre d'une autre circonférence ; celle-ci le centre d'une troisième, et ainsi de suite, jusqu'à une dernière circonférence sur laquelle il plaçait l'astre dont il voulait représenter le mouvement. Cette hypothèse fort compliquée, et d'ailleurs ne satisfaisant pas également bien à toutes les difficultés, a été abandonnée, et depuis Galilée le système de Copernic est le seul adopté.

PU, mesure itinéraire des Chinois, qui vaut 2,400 pas géométriques.

PUANTS ou **WINNEBAGOS**, peuple de l'Amérique septentrionale, habitant sur le bord occidental du lac Michigan, près d'une baie de ce nom, et ainsi appelés à cause de l'odeur fétide qu'exhalent les substances dont ils se barbouillent.

PUBERTÉ, époque de leur durée où les êtres vivants acquièrent la faculté de se reproduire. Son apparition, chez l'homme, varie selon les espèces et même les climats. Elle se manifeste chez les mâles par ce qu'on nomme la mue de la voix, et chez les femelles par l'écoulement du flux sanguin menstruel. L'âge de puberté était fixé chez les Romains à quatorze ans pour les garçons, et à douze pour les filles, et célébré par des festins et des réjouissances. Nos lois l'établissent, par la permission du mariage, à dix-huit ans pour le sexe masculin, et à quinze pour les femmes. Chez les Indiens et les habitants de certaines parties de l'Afrique, que la chaleur du climat rend plus précoces, la puberté a lieu dès l'âge de dix à douze ans.

PUBESCENT (du latin *pubescere*, commencer à avoir du poil), adjectif que les botanistes appliquent aux tiges et aux feuilles qui sont garnies de poils fins, courts et minces, plus ou moins rapprochés, mais distincts.

PUBIS, mot qui désigne, en médecine, la partie moyenne de la région hypogastrique, parce qu'elle se *couvre de poils* à l'époque de la puberté (en latin, *pubere*). On l'appelle aussi *région pubienne*. On a nommé *os pubis* la partie antérieure de l'*os coxal*, parce qu'il correspond à la région pubienne. — *Pubien* désigne tout ce qui a rapport ou appartient au pubis.

PUBLICAINS. On nommait ainsi à Rome et dans tout l'empire les fermiers qui étaient chargés du recouvrement des deniers publics. Comme ils couraient de très grands risques, on ne leur faisait point un crime d'avoir amassé des biens dans leur profession ; mais ils en abusaient quelquefois d'une manière si criminelle que leur nom devint odieux, surtout chez les Juifs. Les publicains étaient ordinairement des chevaliers romains qui, pour cette fonction, formaient entre eux trois sociétés : l'une de ceux qui prenaient la ferme en leur nom (*mancipes* ou *redemptores*) ; l'autre de ceux qui cautionnaient les premiers (*prædes*) ; la troisième des associés (*socii*), qui entraient en société avec les autres et partageaient avec eux les gains et les profits.

PUBLICATION, acte par lequel on rend une chose publique. Lorsque cette chose est une loi, l'acte par lequel on la publie prend le nom de *promulgation*. On se sert encore du terme de *publication* pour désigner les bans du mariage, soit civil, soit religieux. Voy. BANS.

PUBLICOLA (Publius Valerius), célèbre Romain qui partagea avec Junius Brutus la gloire de chasser les Tarquins et de fonder la république romaine (l'an 509 avant J.-C.). Il contribua puissamment à repousser les Etrusques et les Eques, et fut nommé consul avec Spurius Lucretius Tricipitinus, qui le laissa bientôt seul consul, étant mort dans les premiers mois de sa charge. Comme il ne se hâtait pas de le remplacer, et qu'il se faisait bâtir une maison sur le mont Palatin, le peuple murmurait. Valerius se nomma aussitôt pour collègue Horatius Pulvilius, fit abattre sa maison, ôta les haches des faisceaux consulaires, fit baisser les faisceaux devant le peuple dans la première assemblée, et se rendit ainsi l'idole de la multitude, qui le surnomma *Publicola* ou *Poplicola*, c'est-à-dire ami du peuple, et le prorogea dans le consulat les deux années suivantes (508 et 507 avant J.-C.). Nommé consul pour la quatrième fois en 504, il mourut peu de temps après dans l'indigence. L'Etat fit les frais de ses funérailles, et les femmes romaines portèrent son deuil pendant un an.

PUBLILIUS PHILON (Quintus), fut le premier plébéien qui parvint à la dignité de préteur. Il prit la ville de Palépolis, se distingua dans la guerre des Samnites, et fut quatre fois honoré du consulat de l'an 339 à l'an 315 avant J.-C. Il fut nommé dictateur l'an 336 avant J.-C., et porta les trois lois Publilia, la première qui permit aux plébéiens d'aspirer à la censure, la deuxième qui donnait force de loi aux plébiscites, la troisième qui ordonnait qu'un projet de loi serait soumis à l'approbation du sénat avant d'être présenté au peuple.

PUBLIUS, prénom commun à un grand nombre de Romains. On le fait venir de *pubes* à cause de la force corporelle. Ce prénom sert quelquefois à désigner Scipion l'Africain, qui le portait.

PUBLIUS SYRUS, célèbre poëte mimique, natif de Syrie, fut amené à Rome comme esclave, et tomba entre les mains d'un patricien nommé Domitius, qui l'eleva avec beaucoup de soin et l'affranchit fort jeune. Syrus effaça dans la poésie mimique Laberius, chevalier romain, dont les productions en ce genre étaient très estimées. Ses talents lui méritèrent l'estime de Jules César. On a de cet auteur un recueil de *Sentences* en vers iambiques libres, rangés par ordre alphabétique. Publius Syrus vivait vers l'an 44 avant J.-C.

PUCCI (François), d'une famille ancienne et noble de Florence, quitta l'Eglise catholique pour embrasser le calvinisme, et rentra dans la communion catholique à Prague en 1595. Son inconstance l'ayant encore rejeté dans le parti des novateurs, il soutint que Jésus-Christ avait par sa mort satisfait pour tous les hommes, opinion de Rhetorius au IVe siècle et de Zwingle au XVIe. L'évêque de Salzbourg fit arrêter Pucci, et le fit conduire à Rome, où il fut brûlé sur la fin de ce siècle. Il ne faut pas le confondre avec son parent, *Laurent Pucci*, cardinal en 1513, l'un des principaux conseillers de Léon X, après la mort duquel il ne dut de conserver son autorité qu'à Clément VII. Il mourut en 1531 à soixante-treize ans.

PUCCIANISTES, nom donné aux sectateurs de l'hérésiarque François Pucci.

PUCE, genre d'insectes de l'ordre des aptères, famille des siphonaptères. Les espèces qu'il renferme vivent sur le corps d'un grand nombre de quadrupèdes, dont elles sucent le sang pour se nourrir. Ces insectes ont pour bouche un suçoir recouvert de deux écailles à sa base ; les pattes de derrière étant fort longues leur servent à exécuter des bonds extraordinaires. Un de leurs autres caractères, c'est de subir de véritables métamorphoses comme les insectes ailés. Il suffit de douze jours pour qu'ils passent de l'état de larve au sortir de l'œuf à celui d'insecte parfait. Ce dernier a le corps comprimé, arqué à sa partie dorsale, et composé de douze segments cornés, solides, non compris la tête qui est petite, arrondie par devant, tronquée en dessous et plus ou moins garnie de cils roides. On connaît plusieurs espèces de puces : la *puce commune*, bien connue de tout le monde, et la *puce irritante* ou *chique*, répandue dans l'Amérique méridionale, et qui, s'introduisant sous la peau, y dépose ses œufs et détermine alors de graves accidents, quelquefois même la mort, si on n'a le soin de les extraire.

PUCELLE D'ORLÉANS, nom sous lequel on connaît la fameuse *Jeanne d'Arc*.

PUCERON, genre d'insectes de l'ordre des hémiptères, famille des hyménélytres, tribu des aphidiens, dont les tarses ont deux articles et sont terminés par deux crochets, et dont les antennes sont longues et d'une grosseur uniforme dans toute leur étendue. Les espèces qui composent ce genre vivent sur les végétaux, pêchers, résédas, rosiers, choux, géraniums, mésembryanthèmes, de la sève desquels ils se nourrissent, et sur lesquels ils produisent la maladie appelée *miellat*. La manière dont les pucerons se reproduisent est vraiment curieuse. Comme ils font plusieurs pontes par an, tout le temps de l'été, la femelle produit des petits vivants ; mais, à la fin de l'automne, elle ne fait plus que des œufs qu'elle met à l'abri des rigueurs de l'hiver, et qu'elle conserve jusqu'au printemps, époque à laquelle ils éclosent. Leur fécondité est prodigieuse.

PUCKO, ville de l'Ioudoustan, capitale d'un district de ce nom, à l'E. de l'Indus. Le territoire en est montagneux et fertile en grains et fruits ; les habitants sont peu civilisés.

PUDDLAGE, mot anglais usité pour désigner l'opération de l'affinage de la fonte qui s'exécute dans des fourneaux à réverbère nommés *fourneaux à puddler* ou *puddling furnace*.

PUDEUR, sentiment de honte, relative à soi-même et non à la personne des autres. Les Grecs et les Romains en avaient fait une divinité. Elle avait des autels à Sparte et à Athènes. Chez les Romains, elle avait deux temples ; dans le premier, où on l'adorait sous le nom de *Patricia*, il n'y avait que les femmes patriciennes d'admises ; le second, où elle portait celui de *Plebeia*, était réservé aux femmes plébéiennes.

PUEBLA, un des Etats de la république mexicaine, borné au N. par les Etats de Queretaro et de Vera-Cruz et le territoire de Tlascala, au S. par la mer Pacifique, à l'O. par l'Etat de Mexico, et à l'E. par les Etats de Vera-Cruz et d'Oaxaca. Sa superficie est de 2,900 lieues carrées, et sa population de 800,000 habitants. Le territoire est traversé en grande partie par les cordillères d'Anahuac. Le reste est une plaine fertile et extrêmement peuplée, qui abonde en blé, maïs, vignes, fruits, etc. La capitale est PUEBLA DE LOS ANGELOS, ville de 70,000 habitants, située dans la plaine de Cuitlaxcoapan, à 25 lieues de Mexico. Elle fait un commerce considérable.

PUELCHES, tribu d'Indiens habitant la partie méridionale de la confédération du Rio de la Plata et le territoire chilien. Ils appartiennent à la race des Araucans, et sont considérés comme les Araucans de l'est.

PUFFENDORF (Samuel), célèbre historien, né à Flæh en Misnie (Saxe) en 1631, était fils d'un ministre luthérien. Il étudia à Leipzig, et fit de l'histoire et du droit public sa spécialité. Son mérite lui procura en 1658 la place de gouverneur du fils de l'ambassadeur de Suède en Danemarck. Arrêté pendant la guerre qui éclata entre ces deux puissances, il composa en prison ses *Eléments de jurisprudence universelle*. En 1670, le roi de Suède lui donna la chaire de droit naturel à l'université de Lund, le créa son historiographe et l'un de ses conseillers, avec le titre de baron. Il passa de là à Berlin où l'électeur de Brandebourg le fit conseiller d'Etat, et où il mourut en 1694. On lui doit entre autres ouvrages les *Histoires de Suède*, de *Charles-Gustave*, de *Frédéric-Guillaume*, électeur de Brandebourg, l'*Introduction à l'histoire des principaux Etats* de l'Europe, de l'*Etat de l'empire germanique*, le *Traité du droit naturel et des gens*

PUGATCHEFF (Ymilca ou Yehelman), célèbre Cosaque, né à Simonisk sur le Don, servit d'abord la Russie contre la Prusse et la Turquie, puis déserta, et se mit dans la petite Russie et le gouvernement d'Orenbourg à la tête d'une troupe de Cosaques vagabonds, avec laquelle il se déclara en pleine révolte, se prétendant *Pierre III*, le dernier empereur, assassiné dans sa prison. Catherine II mit sa tête à prix, envoya contre lui le général Bibikoff, qui ne put arrêter les conquêtes de Pugatcheff. Ce dernier dut sa perte à sa négligence. Il dédaigna de prendre Moscou qui l'attendaient 100,000 serfs, et fut livré par ses partisans eux-mêmes aux Russes, qui le conduisirent dans une cage de fer à Moscou, où il subit un affreux supplice (1775).

PUGET (Pierre), célèbre sculpteur français, surnommé *le Michel-Ange de la France*, naquit à Marseille en 1623. Son père sculpteur lui-même l'envoya à Rome dès l'âge de quinze ans. Il y cultiva d'abord la peinture; mais bientôt il se livra tout entier à la sculpture. De retour en France (1643), il fut envoyé en mission en Italie par le surintendant Fouquet, dont la disgrâce le retint hors de France jusqu'en 1633. Colbert lui fit alors une pension de 1,200 écus, et le retint à Paris pendant six à sept mois, après lesquels il retourna à Marseille où il mourut en 1694. Les chefs-d'œuvre de Puget sont les groupes de *Milon de Crotone* et d'*Andromède*, qui lui valurent de Louis XIV le surnom d'*Inimitable*.

PUGILAT, sorte de combat à coups de poing que se livraient les athlètes et qui faisait partie de presque tous les jeux publics, quoiqu'il ne fût introduit aux jeux Olympiques que vers la XXIIIe olympiade (688 avant J.-C.). Souvent les antagonistes s'armaient du ceste et se couvraient la tête d'une calotte, appelée *amphotide*, garantissant les tempes et les oreilles. Le combat était alors meurtrier. Les athlètes du pugilat ou *pugiles* étaient nus jusqu'à la ceinture; la victoire était adjugée à celui qui forçait son adversaire à s'avouer vaincu. Ils étaient de tous les athlètes les moins considérés, à cause de la férocité qu'exigeaient leurs exercices.

PUGNANI (Gaëtano), célèbre compositeur et violoniste piémontais, né à Turin en 1728, reçut des leçons de Somis, l'un des élèves les plus distingués de Corelli. Il voyagea en Europe de 1754 à 1770, et retourna alors à Turin, où il devint directeur de l'orchestre du théâtre royal, et où il mourut en 1798. A l'exemple de Corelli à Rome, de Tartini à Padoue, il avait fondé à Turin une école de violon, d'où sont sortis Bruni, Olivieri et le célèbre Viotti.

PUISARD, endroit souterrain et creusé presque en forme de puits, où viennent se réunir et se perdre les eaux d'une maison, d'une rue, d'un quartier, au moyen de conduits en plomb ou en fonte, quelquefois en pierres.

PUISAYE, petit pays de France, subdivision du Gâtinais, et faisant partie des arrondissements de Cosne (Nièvre) et d'Auxerre (Yonne).

PUISAYE (LE COMTE Joseph DE), né à Mortagne (Orne) vers 1754, entra à dix-huit ans comme sous-lieutenant dans le régiment de Conti-Cavalerie, et plus tard acheta une charge dans les Cent-Suisses de la maison du roi. Nommé en 1789 député aux états généraux, il finit par se réunir au tiers état. En 1791, il fut fait maréchal de camp; en 1793, il commanda l'avant-garde de l'armée départementale, que l'Eure souleva contre la convention, et qui fut battue à Pacy. Sa tête ayant été mise à prix, il se retira en Bretagne, y organisa les bandes de chouans, et, revêtu des pleins pouvoirs du comte d'Artois, il arma cette fameuse expédition qui vint échouer à Quiberon. Il donna alors sa démission, et mourut en 1827 à Hammersmith, près de Londres, où il s'était fait naturaliser Anglais.

PUISSANCE. Indépendamment de son sens habituel, qui signifie l'action, la faculté de pouvoir, ce mot s'emploie: 1° en algèbre et en arithmétique, pour désigner le produit d'une ou plusieurs multiplications d'un nombre par lui-même. La première puissance est le carré ou le nombre multiplié une fois par lui-même, la deuxième est le cube ou le nombre multiplié deux fois par lui-même; la troisième est le produit de la multiplication d'un nombre trois fois par lui-même, etc.; 2° en mécanique, pour désigner le produit d'une pression par la vitesse qu'elle imprime, dans le sens où elle agit, aux corps qu'elle déplace. La mesure d'une puissance mécanique est le produit de la masse du corps déplacé par la vitesse avec laquelle il a été déplacé, en se rapportant, pour terme de comparaison, à une masse et une vitesse prises pour unités.

PUITS, excavation artificielle de forme habituellement circulaire pratiquée dans le sol et destinée à réunir les eaux que renferme le sein de la terre, pour les faire servir à l'usage d'une ou de plusieurs habitations. La profondeur du puits varie d'ordinaire en raison de celle de la couche de terre où l'on rencontre la source destinée à l'alimenter. On connaît depuis longtemps l'existence de véritables courants d'eau se mouvant, soit dans les couches sédimentaires perméables, soit dans les fissures d'un terrain imperméable et empêchant ainsi la filtration. Rencontrer ces courants au moyen d'un trou pratiqué à l'aide de la sonde, à une profondeur suffisante, et faire jaillir l'eau dans cette excavation jusqu'à une hauteur qui varie avec le niveau de l'ouverture et celui du point de départ du courant, tel est l'objet des *puits forés*, appelés encore *puits artésiens*, parce qu'ils ont été creusés pour la première fois dans l'Artois. — On appelle *puits de mines* les excavations verticales que l'on pratique pour l'exploitation d'une mine, et qui font communiquer, soit l'extérieur avec la première galerie, soit les galeries entre elles.

PUITS DE JOSEPH (en arabe, *Birr-el-Youssouf*), puits magnifique, que l'on voit encore au Caire, et dont la construction antique a fait croire faussement qu'il était l'ouvrage de Joseph, fils de Jacob, tandis qu'il est dû à un prince arabe nommé *Youssouf*. Ce puits est taillé dans le roc, à une profondeur de 280 pieds, sur une circonférence de 40. On y descend par un escalier circulaire de 300 marches.

PUL, nom donné par les Persans à toute sorte de monnaies de cuivre qui ont cours dans leur empire.

PULAWSKI (Casimir), l'un des chefs de la confédération de Bar en Pologne, dans l'année 1771, se défendit pendant longtemps contre les troupes russes, et accéda au complot dont le but était l'enlèvement du roi Stanislas-Auguste. Ce complot ayant échoué, Pulawski alla servir en Amérique pour les Etats-Unis, et fut tué en 1779 au siège de Savannah.

PULAWY, village de la waivodie de Lublin en Pologne, sur la Vistule, à 11 lieues de Lublin. Il est remarquable par son magnifique château, dont les jardins ont été chantés par Delille.

PULCHÉRIE (Ælia Pulcheria, sainte), fille de l'empereur Arcadius et sœur de Théodose le Jeune, fut créée Augusta en 414 après J.-C., et partagea la puissance impériale avec son frère, à la mort duquel elle fit élire Marcien (450), après l'avoir épousé et lui avoir fait jurer de garder la continence avec elle. Pulchérie régna véritablement sous le nom de Marcien. Ce fut par ses soins que s'assembla en 451 le concile de Chalcédoine. Cette princesse aimait les lettres et les cultivait. Elle mourut en 454, et fut enterrée à Ravenne.

PULCI (Ludovico), poëte italien, né à Florence en 1432 d'une famille noble, vécut sous le règne de Laurent de Médicis d'un canonicat de Florence. Il composa pour la mère de ce prince, Lucretia Tornabuoni, un poëme épique, que quelques critiques ont placé même au-dessus de celui de l'Arioste. Ce poëme est le *Morgante Maggiore*, écrit dans ce style où le Berni excella plus tard, et qui de lui prit le nom de *berniesque*.

PULLAIRES, officiers de rang inférieur, chargés, chez les Romains, de veiller à la subsistance des poulets sacrés (*pulli*). — Les îles *Pullaires* étaient de petites îles du golfe Adriatique, au N. de la côte de l'Istrie, très-près de Pola.

PULMONAIRE, adjectif servant à désigner, en médecine, tout ce qui a rapport au poumon. — L'*artère pulmonaire* est une artère qui porte le sang du cœur dans l'intérieur des poumons, et les *veines pulmonaires* sont celles qui sortent des poumons, au nombre de quatre, pour reporter au cœur le sang purifié par le contact de l'air dans les poumons. Voy. CIRCULATION. — Le *catarrhe pulmonaire* est l'inflammation aiguë ou chronique de la membrane muqueuse des bronches. — La *phthisie pulmonaire* est l'inflammation chronique des poumons, produisant une désorganisation lente et cachée.

PULMONAIRE, genre de la famille des borraginées, renfermant douze espèces de plantes herbacées et rarement sous-frutescentes, parmi lesquelles se distingue surtout la *pulmonaire commune*, que l'on rencontre dans les bois arides et sur les pelouses sèches, et qui doit son nom aux propriétés médicinales attribuées pendant longtemps à son infusion dans les maladies du poumon et de la poitrine. C'est une plante à racines vivaces, fibreuses; à feuilles entières, qui se couvrent ordinairement de taches livides, analogues à celles qui se forment sur le poumon malade; aux fleurs bleues et pourprées, quelquefois blanches, épanouies dès les premiers jours du printemps, et distillant beaucoup de miel, ce qui attire sur elle les abeilles; ses feuilles sont mangées en guise d'épinards en Angleterre, et broutées par les moutons et les chèvres.

PULMONAIRES, premier ordre de la classe des arachnides. Ses caractères sont un véritable poumon, un cœur et des vaisseaux; jamais moins de huit pattes; les yeux lisses et au nombre de six ou huit; les mandibules, terminées tantôt en crochet, tantôt en pince mobile, et servant à l'animal à donner la mort aux insectes dont il se nourrit, ou qu'il fait d'ailleurs d'autant plus sûrement qu'il possède à la base de ses mandibules une glande sécrétant une liqueur empoisonnée et la versant par le moyen d'un conduit, dans le canal dont l'intérieur de ses mâchoires est percé et conséquemment dans la plaie que fait la pince ou le crochet. Cet ordre a été divisé en deux familles : les *aranéides* et les *pédipalpes*.

PULMONÉS. C'est, dans la division de Cuvier, le premier ordre de la classe des mollusques gastéropodes, appelé *pulmobranches* par M. de Blainville, et renfermant les mollusques distincts de tous les autres par leur mode de respiration. L'organe qui sert à cette fonction est une cavité dont l'intérieur est tapissé par les ramifications de l'artère pulmonaire, et communique au dehors par un trou ouvert sous le manteau, que l'animal resserre ou dilate à son gré, de manière à laisser entrer l'air ou à s'opposer à son introduction. Ces mollusques, quoique à respiration aérienne, ne l'ont cependant pas assez énergique pour rendre leur sang chaud; et, comme les reptiles, ils se traînent à terre et tombent pendant l'hiver dans l'engourdissement. La différence du milieu qu'ils habitent les a fait diviser en deux familles : les pulmonés terrestres ou *limacinés* et les pulmonés aquatiques ou *lymnéens*.

PULMONIE, nom sous lequel on désigne, en médecine, la phthisie pulmonaire, de même qu'on appelle *pulmonique* celui qui en est atteint.

PULPE, en botanique, partie molle, charnue, essentiellement formée de tissu cellulaire, qui constitue une grande partie des fruits, des feuilles et des graines, et qui prend différents noms selon les organes qu'elle concourt à former. Ainsi on l'appelle *sarcocarpe* ou *mésocarpe* dans les fruits charnus, *parenchyme* dans les feuilles, *endosperme* dans les graines. La pulpe est formée de beaucoup d'eau, de matières amylacées gommeuse, féculente, extractive, colorante, saline. — Dans la pharmacie, on donne, par analogie, ce nom à des médicaments simples, de consistance molle, formés de la partie charnue des végétaux.

PULPITUM, partie de la scène la plus avancée vers les spectateurs, celle où les acteurs venaient débiter leur rôle. C'est là le nom que lui donnaient les Romains; chez les Grecs, elle prenait indifféremment ceux de *proscénion* ou de *logéion*. De nos jours, nous l'appelons *avant-scène*. Il ne faut pas confondre le pulpitum avec l'orchestre, qui était placé environ cinq pieds au-dessous.

PULSANO (ORDRE DE), ordre religieux établi au XIIe siècle à Pulsano (Pouille), dans le royaume de Naples, par saint Jean de Matera, et qui n'existe plus aujourd'hui.

PULSATILLE, nom d'une espèce d'*anémone*, parce que les aigrettes de ses graines sont agitées et poussées (en latin, *pulsare*) par le vent le plus léger. — C'est aussi le nom vulgaire de la *fleur de Pâques* ou *passe-fleur*.

PULSATION, battement des artères qui constitue le *pouls*. Le nombre de pulsations varie suivant les individus.

PULTAVA ou POLTAVA, gouvernement de la Russie d'Europe, borné au N. par le gouvernement de Tchernigov, au S. par ceux de Kherson et d'Ekaterinoslav, à l'O. par le Dniéper qui le sépare de celui de Kiev, et à l'E. par celui des Slobodes de l'Ukraine. Sa superficie est de 1,586 lieues carrées, et sa population de 1,350,000 habitants. Le sol est uni, arrosé par le Dniéper et ses nombreux affluents, très-fertile et riche en grains, fruits, chanvre, lin, miel, cire, sulf. Il se divise en quinze cercles. — Sa capitale est PULTAVA.

PULTAVA, ville de Russie, capitale du gouvernement de son nom, au confluent de la Poltavka et de la Vorscla, à 218 lieues de Moscou et 342 de Saint-Pétersbourg. Sa population est de 10,000 habitants. Cette ville fait un commerce considérable de bêtes à cornes, de lin, de chanvre, blé, cire. Elle est célèbre par deux batailles, l'une entre Timour-Leng (Tamerlan) et Vitold, duc de Lithuanie (1389); l'autre entre Pierre le Grand, empereur de Russie, et Charles XII, roi de Suède, le 8 juillet 1709. Presque toute l'armée suédoise fut faite prisonnière, et le roi de Suède fut forcé de se réfugier en Turquie. Pierre le Grand fit élever à Pultava un monument destiné à perpétuer le souvenir de cette éclatante victoire.

PULTENEY (SIR William), d'une des plus nobles familles d'Angleterre, naquit en 1682. Membre de la chambre des communes, il débuta, sous le règne de la reine Anne, par une opposition prononcée au ministère. Georges Ier le nomma en 1714 secrétaire de la guerre, puis trésorier de l'épargne. Disgracié en 1731, sa popularité s'en augmenta. Rappelé au conseil privé et créé comte de Bath, il mourut en 1764. Son fils unique étant mort en Portugal, ses biens revinrent à son frère, lieutenant général.

PULTENEY (Richard), célèbre botaniste anglais, né à Loughborough (Leicestershire) en 1730, étudia la botanique à Leicester, et se fit recevoir docteur à Edimbourg en 1764. Il devint peu de temps après médecin du comte de Bath, son parent, après la mort duquel il s'établit à Blandfort (Dorsetshire). Il mourut en 1801.

PULVÉRISATION, opération qui a pour but de réduire en poussière plus ou moins fine (*pulvis*) des corps solides. Les différents modes de pulvérisation employés dans la pharmacie ou dans les arts sont au nombre de huit à neuf: la contusion dans un mortier à l'aide d'un pilon, qui s'emploie pour les substances dures; la trituration, qui consiste à agiter circulairement le pilon dans le mortier, afin d'écraser la substance; la mouture, qui consiste dans le broiement de la substance entre deux corps durs et impénétrables; le frottement, qui consiste à frotter la substance avec la main sur un tamis placé au-dessus de la feuille de papier; ce moyen s'emploie pour les substances très-friables; la pulvérisation par intermèdes, qui consiste à mêler la substance avec une autre qui, après avoir facilité la division, puisse aisément en être séparée; la porphyrisation, qui consiste à broyer la substance avec une molette de porphyre sur une table de même nature; la lévigation, qui consiste à délayer dans l'eau la substance, et à séparer la poudre la plus grossière par dépôt et décantation, faisant ensuite sécher pour avoir la plus fine; la précipitation, moyen chimique dont le but est, en formant par double composition un composé soluble et un autre insoluble, de les séparer par des lavages. On conçoit que, dans tous les cas, la substance à pulvériser doit être d'une siccité parfaite. Quelques-unes ont même besoin d'être calcinées au feu.

PULVINAR (de *pulvinum*, coussin), mot latin qui sert à désigner un grand lit de parade garni d'oreillers et de coussins, sur lesquels on plaçait les statues des dieux dans la cérémonie des lectisternes.

PUNAISE, genre d'insectes de l'ordre des hémiptères, section des hétéroptères, famille des géocorises, renfermant des insectes généralement connus soit par les désagréments qu'ils nous causent en venant nous sucer le sang pendant notre sommeil, soit par l'odeur fétide et nauséabonde qu'ils exhalent, et qu'ils communiquent aux corps sur lesquels ils se sont posés quelque temps. Ils ont le corps de forme tout à fait arrondie, à peine plus long que large et presque plat; le cou court et à peine perceptible; les pattes de longueur moyenne, les deux dernières ayant deux forts crochets; les antennes sétacées, fort grêles, terminées en une soie longue et très-déliée, et le bec court, courbé directement sous la poitrine et composé de trois articles. Les punaises se multiplient avec une effrayante rapidité, à cause du soin que les femelles mettent à cacher leurs œufs; ce qui rend leur expulsion très-difficile. Les moyens dont on a le plus usé pour les détruire sont l'essence de térébenthine, le sublimé corrosif, la vapeur de soufre, la plante appelée passerage.

PUNCH, boisson d'origine anglaise, naturalisée en France depuis le siècle dernier. La manière la plus ordinaire de fabriquer le punch en France est de faire brûler avec du sucre de l'eau-de-vie, du rhum ou du kirschwasser, en y égouttant les tranches d'un citron, et en y mêlant quelquefois du thé. En Angleterre, il entre encore plus délicat; le thé y prédomine.

PUNIQUE, qui a rapport aux Carthaginois. On emploie ce mot dans deux locutions: *foi punique*, synonyme de perfidie, parce que les Romains accusaient les Carthaginois de mauvaise foi, et *guerres puniques*, pour indiquer les guerres qu'ils ont eues avec ce peuple.

PUNIQUES (GUERRES), nom commun à trois guerres célèbres qui ont eu lieu entre les républiques de Rome et de Carthage. La première commença l'an 264 avant J.-C.; elle eut pour prétexte les démêlés d'Hiéron, roi de Syracuse avec les Mamertins qui avaient envahi Messine. Ceux-ci appelèrent à leur secours, les uns les Carthaginois, les autres les Romains; ces derniers, voulant seuls avoir le titre de libérateurs de Messine, chassèrent les Carthaginois. Ce fut là l'origine de la rivalité des deux républiques. La guerre commença bientôt, et fut représentée par Amilcar du côté des Carthaginois, et par Duilius, L. Aquilius et Lutatius chez les Romains. — Bataille navale de Tyndaris (257 avant J.-C.), combats d'Enome (256), de Drépane (243) et d'Egimure (245). Mort de Regulus (251). — Siége de Lilybée (250). — Désastres des flottes romaines près de Méninde et du cap Lilybée (249). — Victoire des îles Egates (242), qui assure l'avantage aux Romains. La Sicile tout entière est réduite en province romaine, à l'exception de Syracuse. — Traité de paix (241), par lequel les Carthaginois doivent payer aux Romains 3,000 talents dans l'espace de dix ans, renvoyer les prisonniers sans rançon, évacuer la Sicile et les îles de la Méditerranée, et ne jamais inquiéter Hiéron, allié de Rome. — IIe GUERRE. Elle fut causée par la prise de Sagonte en Espagne par les Carthaginois, violant ainsi le traité qui leur défendait d'attaquer les alliés de Rome et de franchir l'Ebre (219 avant J.-C.). Les Carthaginois, sous la conduite d'Annibal, passent l'Ebre, les Pyrénées, le Rhône, les Alpes, à travers d'immenses difficultés, et entrent en Italie. — Défaites des Romains près du Tésin, de la Trébie (218); — près du lac Trasimène (217). — Occupation de la Campanie par Annibal; victoire de Cannes sur les Romains (216). — La fortune de Rome se relève. Marcellus bat Annibal à Nole (216 et 215), court en Sicile (214), et s'empare de Syracuse après trois ans de siége. — Succès des Scipions en Espagne et soumission de la Péninsule presque entière (212). — Défaite d'Annibal à Bélule (209) et Séna (207), après de nombreuses vicissitudes. — Mort d'Asdrubal (207). — Scipion transporte la guerre en Afrique (204). Annibal le suit, abandonne l'Italie. — Son retour à Carthage et sa défaite à Zama (202). — Traité de paix par lequel les Carthaginois conservent leurs lois et leur liberté, rendent aux Romains les prisonniers et les transfuges, livrent les vaisseaux, à l'exception de dix à trois rangs de rames, les éléphants, etc. Toute guerre hors de l'Afrique leur est interdite, et dans l'Afrique même ils ne peuvent la faire sans la permission du peuple romain. Ils payent en outre aux Romains 10,000 talents d'argent et la solde aux troupes auxiliaires, et s'engagent à restituer à Massinissa tout ce qu'ils avaient pris sur lui et ses ancêtres. — IIIe GUERRE. Elle fut amenée par la jalousie de Rome, craignant encore la puissance de Carthage. Le sénat ordonne aux Carthaginois de livrer leurs flottes, leurs armes et leurs machines de guerre (149). Ils obéissent. — On exige qu'ils abandonnent Carthage, et forment ailleurs un établissement à 80 stades de la mer. Ils refusent. — Le siége de Carthage. — La troisième année du siége (146) commandé par Scipion Emilien, la ville est prise, pillée, incendiée. — Sénatus-consulte qui défend de la relever jamais. — Réduction de la république en province romaine.

PUNO, l'un des sept départements du bas Pérou, borné au N. par les déserts qui le séparent du Brésil, au S. par le département de l'Arequipa, à l'O. par celui de Cuzco, et à l'E. par la Bolivie. Sa superficie est de 2,500 lieues carrées, et sa population de 58,880 habitants. — Sa capitale est PUNO, ville de 15,000 âmes, située sur le bord du lac Titicaca, à 110 lieues de Lima. Elle possède un assez bon collége.

PUNT (Jean), graveur, peintre et acteur hollandais, né à Amsterdam en 1711, épousa en 1733 Anne-Marie de Bruin, la plus habile actrice du théâtre hollandais, et débuta peu après dans le rôle de *Rhadamiste*. Il partagea dès lors la faveur publique avec son ami Duim, qui excellait dans les rôles graves et sérieux. Devenu veuf en 1744, il quitta la scène pour le burin, où il rentra qu'en 1755, après s'être remarié. Sa seconde femme étant morte en 1771, il épousa un an après la célèbre tragédienne Catherine-Elisabeth Fokke, qu'il eut peine à sauver de l'incendie qui dévora le théâtre d'Amsterdam. Punt mourut en 1779.

PUPA. Voy. CHRYSALIDE.

PUPIA (Loi), loi portée à une époque incertaine par un Pupius, tribun du peuple. Elle statuait que le sénat ne traiterait d'aucune affaire dans tout le mois de janvier, à l'exception des ambassades.

PUPIEN (Maxime). Voy. MAXIME.

PUPILLE, ouverture située au milieu de la membrane de l'iris dans l'œil, et variant à chaque instant dans ses dimensions par l'effet de la contraction et de l'expansion alternative de l'iris. La couleur noire que présente cette ouverture est due à la matière qui teint la rétine, et que l'on aperçoit à travers l'humeur aqueuse et le cristallin, à cause de la transparence de ces milieux. On a observé que certains mammifères avaient, en venant au monde, cette ouverture bouchée par une membrane appelée *pupillaire*, qui ne se brise que quelques jours après la naissance. La pupille est ronde dans l'homme, les singes, les chéiroptères et les rongeurs ; ovale transversalement chez les ruminants, les solipèdes, les baleines, les dauphins, et ovale de haut en bas dans les chats où, quand elle se resserre tout à fait, elle n'apparaît plus que sous la forme d'une étroite fente longitudinale. On l'appelle encore *prunelle*.

PUPILLE. En droit, on appelle ainsi l'enfant en bas âge ou mineur qui, ayant perdu son père et sa mère, ou l'un des deux, est sous la direction et la conduite d'un tuteur. Le mot est de nos jours parfaitement synonyme de *mineur*.

PUPIPARES (du latin *pupa*, nymphe, et *pario*, je produis, j'enfante), famille d'insectes de l'ordre des diptères, renfermant des insectes qui conservent leurs œufs dans leur abdomen jusqu'à ce qu'ils aient été transformés en nymphes, de sorte que ces dernières n'ont au moment de leur naissance qu'à rompre leur peau pour prendre leur essor. On distingue ces diptères à leur tête presque confondue avec le thorax ou du moins très-intimement unie avec lui, à leurs antennes plus courtes que la tête et très-écartées, et enfin à leur trompe petite et composée de deux filets très-rapprochés. Cette famille a été divisée en deux tribus : les *coriaces* (genres hippobosques, strible, ornythomie, etc.) et les *phthyromyes* (genre nyctéribie).

PUPIVORES (du latin *pupus*, petit, et *vorare*, dévorer), famille d'insectes de l'ordre des hyménoptères, section des térébrans. Les pupivores ont l'abdomen bien distinct du corselet, et formé de trois ou quatre anneaux ; le thorax semble formé de quatre segments ; les antennes sont composées de plus ou moins de treize articles chez les mâles, et de plus ou moins de douze chez les femelles; celles-ci portent à l'extrémité de leur corps une tarière qui leur sert à pondre leurs œufs. Les pupivores tirent leur nom de ce que, dans la première période de leur existence, ils se nourrissent presque exclusivement de petits animaux dans lesquels la femelle dépose ses œufs, et qui leur servent d'abri en même temps que de nourriture. On divise les pupivores en six tribus : les *évaniales*, les *ichneumonides*, les *gallicoles*, les *chalcidites*, les *chrysides* et les *oxyures*.

PUPPIUS, poëte tragique latin, contemporain de César. Ses pièces étaient si touchantes, qu'elles faisaient fondre en larmes les spectateurs. Horace en parle dans la première épître du premier livre.

PURAN, POURAN ou POURANI (en indien, *poëme*), ouvrage sacré des Indiens, qui comprend l'histoire sainte et profane des anciens habitants de l'Indoustan et du Malabar. Il est divisé en dix-huit livres. On y trouve les légendes des rois, des héros, des prophètes et des divinités inférieures. On le nomme aussi *Harma-Pourani*, pour le distinguer des autres *pouranis* ou *purans*; car les Indiens donnent ce nom à toutes les poésies sacrées.

PURBECK, presqu'île d'Angleterre, située à l'extrémité S.-E. du comté de Dorset, formée par la mer et la rivière de Frome. Sa superficie est d'environ 12 lieues carrées. Son territoire est très-fertile. — En géologie, on appelle *purbeck-limestone* ou calcaire de Purbeck un ensemble de couches de calcaire alternant avec des marnes plus ou moins schisteuses, dans une épaisseur d'environ 230 pieds, parce que ce calcaire, qui appartient à l'étage inférieur du terrain crétacé, présente sur un grand développement dans cette presqu'île.

PURE (L'Anné Michel DE), écrivain médiocre, né à Lyon d'un prévôt des marchands, mort à Paris en 1680, n'est guère connu que par sa tragédie d'*Ostorius*, dédiée à Mazarin, quelques *traductions*, la *Vie du maréchal de Gassion*, l'*Idée des spectacles anciens et modernes*, et surtout par le ridicule dont Boileau l'a couvert. Ce satirique voulut se venger d'un libelle lancé contre lui par l'abbé de Pure, et, supprimant deux vers qu'il avait faits contre Ménage, dans sa seconde satire, les remplaça par deux autres, où il déversa la risée sur le malheureux abbé.

PURGATIF, nom que l'on donne en médecine à tout agent susceptible de provoquer chez l'homme un certain nombre d'évacuations, dans un temps plus ou moins limité, l'intervalle de six à dix heures par exemple. Les substances purgatives se trouvent dans les trois règnes, et surtout dans le règne végétal. Elles ont en général une odeur fétide et un goût désagréable, amer, nauséeux ; quelques-unes cependant n'ont ni goût ni odeur ; un très-petit nombre offre une saveur douce et secrète assez agréable. C'est principalement dans les familles à sucs amers, âcres ou laiteux, gommo-résineux, que se trouvent les plantes purgatives, telles que le jalap, la scammonée, le séné, la casse, le tamarin, l'euphorbe, le ricin, la rhubarbe, la scille, l'aloès. On distingue les purgatifs en *minoratifs* ou *laxatifs*, qui agissent sans irriter sensiblement les organes intestinaux, en *cathartiques*, qui agissent fortement et en irritant le système intestinal, quoique d'une manière passagère, et en *drastiques*, qui agissent avec le plus haut degré d'intensité.

PURGATION CANONIQUE, cérémonie très-usitée depuis le VIII° jusqu'au XIII° siècle, pour se justifier par serment de quelque action en présence d'un nombre de personnes dignes de foi, qui affirmaient de leur côté qu'elles croyaient le serment véritable. On l'appelait *purgation canonique*, parce qu'elle se faisait suivant le droit canonique, et pour la distinguer de la *purgation*, qui se faisait par le combat judiciaire ou par les épreuves de l'eau et du feu. L'usage le plus fréquent était celui de jurer sur un tombeau, sur des reliques, sur l'autel ou sur les Évangiles.

PURGATOIRE, lieu de souffrance dans lequel les âmes des justes qui n'ont point encore pleinement satisfait pour leurs péchés à la justice divine sur la terre, souffrent une peine d'expiation, jusqu'à ce qu'entièrement purifiées ils passent au rang des bienheureux dans le ciel. Suivant les décisions du concile de Trente, les prières et les bonnes œuvres des vivants peuvent être utiles aux âmes qui souffrent dans le purgatoire, et le saint sacrifice de la messe a la même vertu. Ce dogme est d'ailleurs fondé sur la tradition de tous les peuples. Parmi les Juifs, l'enfant doit pendant un an réciter une certaine prière nommée *kadis* pour l'âme de son père, afin de la tirer du purgatoire. Les musulmans ont un lieu mitoyen entre le paradis et l'enfer, et ils l'appellent *araf*. L'Église a décidé que la durée du purgatoire ne se prolongerait pas au delà du jugement dernier, contrairement à l'opinion d'Origène.

PURIFICATION, action de purifier le corps, soit par mesure de propreté, soit plutôt comme symbole de la pureté d'âme qu'exigent certaines cérémonies dont cet acte et le préliminaire indispensable. — Chez les Hébreux, il y avait autant d'espèces de purifications que d'impuretés, et la plupart consistaient en bains et en offrandes, dans le temple même autant que possible. — Les Grecs et les Romains distinguaient les purifications générales dans lesquelles un prêtre, après avoir trempé une branche de laurier ou de verveine dans l'eau lustrale, en faisait aspersion sur le peuple, tournant trois fois autour de lui, des purifications particulières qui étaient très-communes et consistaient à se laver les mains avant quelque acte de religion avec l'eau des communes! l'acte se faisait en particulier, lustrale s'il se faisait en public. Il y avait quelquefois des ces extraordinaires, comme celui d'une peste, où l'on immolait un homme, véritable bouc émissaire, dont la mort servait de purification à tout un peuple. Le coupable de meurtre, d'adultère, d'inceste, etc., était obligé, pour se purifier, d'avoir recours à des prêtres nommés *pharmaques*, qui faisaient sur lui des aspersions de sang, le frottaient avec une espèce d'oignon, et lui mettaient au cou un collier de figues. — C'est encore dans un but de purification que, dans le rit catholique, le prêtre, après avoir pris le sang de Notre-Seigneur, immédiatement avant l'ablution, verse de vin dans le calice.

PURIFICATION DE LA VIERGE, fête que l'Église célèbre le second jour de février, en mémoire du jour où la Vierge Marie vint offrir l'enfant Jésus dans le temple, suivant la loi de Moïse, quarante jours après sa naissance, et présenter pour sa purification deux tourterelles ou deux pigeons, comme le faisaient les pauvres femmes auxquelles elle voulut ressembler par esprit d'humilité. Les Grecs appellent cette fête *Hypapante* (rencontre), parce que Siméon et Anne vinrent à la rencontre de Jésus pour lui rendre témoignage que Joseph et Marie, et le peuple la nomme *Chandeleur*, à cause des cierges bénits que l'on porte ce jour-là dans l'église.

PURIFICATOIRE, petit linge que le prêtre catholique met sur le calice dans la célébration de la messe, pour l'essuyer et le purifier après l'ablution. Il sert aussi à essuyer ses doigts et sa bouche.

PURIM. Voy. PHURIM.

PURIS, nation indienne du Brésil, appartenant à la race des Tapuyas, et regardée généralement comme la plus barbare de toute la contrée après celle des Botocoudos. On prétend que le nom qu'elle porte signifie littéralement brigands. Ennemis des Botocoudos, des Coroudos et des Goaytakazes, les Puris leur font une guerre à mort ; on les accuse même d'être anthropophages. Le Rio-Doce, les rives septentrionales du Parahyba, San-Fidelis, le territoire arrosé par le Rio-Pomba, dans la province de Minas-Geraës, sont les principaux endroits exposés aux incursions de cette peuplade, qui peut se monter à 4,000 individus.

PURITAINS. On nomme ainsi les calvinistes rigides et en particulier les presbytériens, parce qu'ils se vantent d'être plus purs dans leur doctrine que tous les autres. Les puritains d'Angleterre sont ennemis des épiscopaux, et condamnent la liturgie anglicane comme une invention humaine. Les puritains commencèrent à paraître en Angleterre vers l'an 1565, d'autres disent en 1568 ou 1569.

PURMEREND, petite ville de la Hollande, bâtie en 1405 par Guillaume Eygaut, négociant d'Amsterdam, au centre du Waterland, et à l'extrémité d'un marais desséché, dit *Purmer*, à 5 lieues d'Alkmaër. Elle avait un château démoli en 1741. Sa population est de 3,000 âmes.

PURNEAH, ville de l'Indoustan sur le Seraw, capitale d'un district situé dans la partie N.-O. du Bengale, et appartenant aux Anglais. Le district, dont la population est de 1,500,000 habitants, produit en abondance du sucre et de l'indigo, et fournit d'excellents pâturages et des bois de construction.

PURS, nom que prenaient, pour se faire

une réputation de sainteté et de justice, les gnostiques, les tatianistes, les montanistes et les novatiens. — Dans l'antiquité, on connaît sous le nom de *dieux purs* des divinités qui avaient un temple sur une hauteur à Pallantium (Arcadie), et par lesquelles on avait coutume de jurer dans les plus importantes affaires, mais qui du reste sont inconnues.

PURULENT, ce qui est de la nature du pus. — Plusieurs médecins ont compris sous le nom générique de *purulentes* toutes les maladies dans lesquelles on observe la formation du pus ou d'un liquide puriforme.

PURY (David), né à Neufchâtel en Suisse en 1709, devint orphelin de bonne heure, et, ne trouvant aucun appui dans sa famille, s'en alla chercher fortune ailleurs. Il amassa de grandes richesses en Angleterre et en Portugal, et mourut à Lisbonne en 1786, après avoir légué à sa patrie une somme de 3,000,000. Selon ses intentions, cette somme fut employée à améliorer l'instruction publique, et à construire l'hôtel de ville de Neufchâtel, dans lequel son portrait figure parmi ceux des rois de Prusse protecteurs de la ville. Ses parents n'eurent qu'une très-faible part dans son héritage.

PUS, terme de médecine désignant le produit, le résultat de la suppuration. Il est le plus souvent opaque, inodore, d'un blanc jaunâtre, coagulable par la chaleur, les acides et l'alcool.

PUSTERTHAL, vallée du Tyrol, située près de la Carinthie, et longue de 20 lieues sur une largeur de 7. Son territoire est montueux, abondant en métaux, cristal de roche, sources minérales et thermales. Le Pusterthal est une des vallées du Tyrol où réussissent les céréales. Elle forme le débouché du Tyrol du côté de l'E., et donne son nom à un cercle de 200 lieues carrées de superficie, et de 100,000 habitants, qui est encore appelé cercle de *Bruneck* du nom de son chef-lieu.

PUSTULE, terme générique sous lequel on comprend toutes les petites tumeurs qui se forment sur la peau, et qui en renferment du pus. On nomme spécialement *pustule maligne* une inflammation essentiellement gangréneuse du tissu cellulaire sous-cutané et de la peau, qui est due à une cause externe, comme le contact du sang ou de la peau des animaux morts du *charbon* ou *anthrax*. Ce dernier se distingue de la pustule maligne, en ce qu'il reconnaît toujours une cause interne.

PUTÉAL. Les anciens appelaient ainsi l'autel qu'ils élevaient en plein air en l'honneur de Jupiter Fulgurateur, de Cœlus, du Soleil et de la Lune, dans les endroits où la foudre était tombée.

PUTÉOLES, nom ancien de *Pouzzoles*. Voy.

PUTICULES, lieu voisin de la porte Esquiline à Rome, et où l'on enterrait les citoyens pauvres. Auguste le donna dans la suite à Mécène, qui le convertit en jardin.

PUTIPHAR, un des principaux officiers de Pharaon, général de ses troupes, selon la Vulgate, chef de ses cuisiniers, selon le texte hébreu. Il fut le maître de Joseph que ses frères avaient vendu, et le mit à la tête de sa maison comme intendant; ensuite, sur les fausses accusations de sa femme qui prétendait qu'il avait voulu la séduire, il le fit jeter en prison. — L'Ecriture sainte parle d'un autre Putiphar, prêtre d'Héliopolis et père d'Aseneth, épouse de Joseph; c'est peut-être le même que le précédent.

PUTNAM (Israël), l'un des soutiens de l'indépendance américaine, né à Salem (Massachussetts) vers 1718, s'établit en 1739 à Pomfret dans l'Etat de Connecticut, qui le mit à la tête d'une compagnie dans la guerre avec la France (1755). A la nouvelle de la bataille de Lexington (1775), il leva un régiment pour venir en aide à l'insurrection nationale, est nommé major général de l'armée, gagne la bataille de Bunker's-Hill, commande la réserve à Cambridge, et se distingue dans toute la guerre. Atteint de paralysie, il fut forcé de quitter la carrière militaire, et mourut en 1790 à Brookline (Connecticut), emportant tous les regrets.

PUTOIS, division du grand genre des martres, formant même, suivant certains auteurs, un genre de l'ordre des carnassiers, famille des carnivores digitigrades. Ces animaux tirent leur nom de l'odeur puante qu'ils répandent. Les espèces les plus remarquables du genre sont le *putois*, le *furet*, la *belette*, l'*hermine* ou *roselet*, etc. — Le putois est un animal plus petit que la fouine. Son pelage est un brun noirâtre assez clair, prenant même une teinte fauve sur les flancs, avec le museau, la pointe des oreilles et une partie du front blancs. Cet animal est la terreur des poulaillers et des garennes. Il détruit pendant l'hiver un grand nombre de ruches dont il dévore le miel, et fait la guerre aux rats, aux taupes, aux mulots aussi bien qu'aux perdrix, aux cailles et aux alouettes, dont il mange les œufs et les petits. Sa demeure d'été est dans le creux des arbres, les garennes; celle d'hiver dans les décombres, les greniers, les caves. La femelle met bas cinq à six petits, qui ne tettent que d'été en automne. La fourrure du putois est douce et chaude; on l'emploie dans les pelleteries.

PUTRÉFACTION, décomposition subie, sous l'influence de certaines conditions, par les corps organisés que la vie a abandonnés, et accompagnée de production de substances nouvelles, et particulièrement de gaz remarquables par leur fétidité. Ce sont les gaz hydrogène carboné et quelquefois phosphoré, azote, acide hydrosulfurique, ammoniaque, acide carbonique. Une température moyenne, le contact de l'air et un peu d'humidité favorisent la putréfaction; aussi on parvient à l'empêcher en tenant les substances animales dans le vide ou en les desséchant par des moyens chimiques. On emploie heureusement l'alcool concentré, les acides affaiblis, les solutions d'un très-grand nombre de substances salines, les végétaux aromatiques, etc.

PUTRIDE (Fièvre), fièvre dans laquelle l'haleine et les excrétions du malade répandent une odeur fétide, et dont on attribuait autrefois la cause à la corruption des humeurs. Le nom scientifique de cette maladie est *fièvre adynamique*.

PUY, mot venu par corruption du roman *pech* ou *puech*, signifiant montagne, et employé dans le même sens. — Le GRAND-PUY est le principal pic des monts Dôme et le point central de la chaîne, qui a 8 lieues et qui est composée d'une soixantaine de pics ou puys. Son élévation est de 4,860 pieds au-dessus du niveau de la mer. C'est un rocher volcanique, couvert de verdure, d'une infinité de plantes et de simples renommés pour leur vertu. Il ne faut pas le confondre avec le *Puy-de-Dôme*, qui est voisin et plus bas de 80 pieds.

PUY (LE), petite ville de France, chef-lieu de préfecture de la Haute-Loire, située en amphithéâtre sur le mont Anis, près de la Borne et de la Loire, à 101 lieues de Paris. Elle a un évêché suffragant de Bourges, un grand et un petit séminaires, un collége communal, une bibliothèque, un cabinet d'histoire naturelle, une société d'agriculture, un musée d'antiques, des tribunaux de première instance et de commerce, une chambre consultative des manufactures, etc. Sa population est de 15,000 habitants. On y remarque le rocher de Saint-Michel, où l'on monte par deux cent vingt-deux marches taillées dans le roc, et près de ce rocher un petit temple antique bien conservé, que l'on croit avoir été consacré à Diane; la cathédrale, dans laquelle est une image miraculeuse de la Vierge qui attire un grand concours de fidèles; l'église des Dominicains, où se trouvent de précieuses peintures et le tombeau de Duguesclin. Le Puy fabrique des dentelles, de la blonde, des couvertures, étoffes de laine, toiles, mousselines, épingles, clous et faïence. Elle a des teintureries, des tanneries, des fonderies, des chapelleries, etc. C'était autrefois la capitale du petit pays appelé le *Velay*.

PUY-DE-DOME, haute montagne d'Auvergne, dans la Limagne, à 2 lieues de Clermont. Elle est remarquable par les expériences qu'y fit Pascal sur la pesanteur de l'air, et donne son nom à un département. Son élévation est de 4,880 pieds, c'est-à-dire 80 pieds de moins que le pic voisin, appelé le *Grand-Puy-de-Dôme*.

PUY-DE-DOME, département central de France, formé de l'Auvergne, du Bourbonnais, du Lyonnais et du Forez, et borné à l'O. par les départements de la Corrèze et de la Creuse, à l'E. par celui de la Loire, au S. par ceux du Cantal et de la Haute-Loire, au N. par celui de l'Allier. Sa superficie est de 794,370 hectares, et sa population de 600,000 habitants. Ce département envoyait sept députés à la chambre, et se divise en cinq arrondissements: *Clermont-Ferrand* (chef-lieu), *Ambert*, *Riom*, *Issoire* et *Thiers*. Le sol est très-montagneux et tout volcanique; aussi sa fertilité est extrême. Il produit abondamment des grains de toute espèce, du chanvre de première qualité, des fruits, des vins rouges et blancs assez estimés. Dans les montagnes, on trouve du plomb, de l'antimoine, du basalte, du porphyre, du grès rouge, des marbres jaune pâle et autres, du granit, des pierres meulières, du plâtre, du tripoli, de la houille, du plomb argentifère. Les forêts occupent une étendue de 54,250 hectares. Le commerce consiste en bestiaux et en fromages; la fabrication du papier, de la colle forte, du régule d'antimoine, des étamines, cuirs, camelots, satins turks, dentelles, blondes, etc., jointe à l'exportation des vins, blés, charbon de terre, laines, liqueurs, confitures sèches, huile de noix, chènevis, forme la principale richesse du département. Il est compris dans la dix-neuvième division militaire, le diocèse et le ressort de l'académie de Clermont et de la cour d'appel de Riom.

PUYCERDA, ville forte et considérable d'Espagne, située dans une belle plaine, au pied des Pyrénées, entre les rivières de Carol et de Sègre, à 21 lieues de Perpignan, et 30 de Barcelone, dans la Catalogne. Sa population est de 3,000 habitants. — Autrefois *Augusta*, puis *Podium Ceretanum*, elle a été démantelée en 1678. Son territoire renferme des carrières de marbre et de jaspe.

PUYLAURENS, petite ville du département du Tarn, chef-lieu de canton de l'arrondissement et à 5 lieues de Lavaur, sur une chaîne de collines qui se rattache aux Pyrénées, vers la source du Girou. Sa population est de 1,600 habitants, dont la principale industrie est la fabrication des laines. — Cette ville a joué un assez grand rôle dans les guerres de religion. Fortifiée par les protestants au XVIe siècle, elle fut démantelée en 1629. Les protestants, qui y étaient autrefois au nombre de 6,000, y avaient, avant la révocation de l'édit de Nantes, une académie ou université, où professa le célèbre Bayle.

PUYLAURENS (Antoine DE L'AGE, comte DE), l'un des seigneurs attachés à Gaston, duc d'Orléans, qu'il trahissait, tout des gratifications de la cour et le trahit aussi. Condamné à perdre la tête en 1633, pour avoir favorisé l'évasion du duc d'Orléans en Lorraine, il fit sa paix avec son maître, en épousant mademoiselle de Pontchâteau, cousine germaine du cardinal de Richelieu. Créé duc et pair en 1634, il ne conserva pas longtemps cette brillante position. Arrêté en 1635, il mourut à Vincennes, sans enfants, la même année.

PUYSÉGUR (Jacques DE CHASTENET, vicomte DE), d'une famille noble fort ancienne du comté d'Armagnac, avait pour septième aïeul Bernard de Chastenet, conseiller et chambellan du roi de Navarre en 1365. Il naquit en 1600, fit ses premières armes en 1617 dans le régiment des gardes dont il était enseigne, devint major et ensuite colonel du régiment de Piémont, et obtint enfin le grade de lieutenant général. Il servit pendant quarante-cinq ans, commanda l'armée française en 1648, se trouva à plus de cent vingt siéges et de trente batailles, sans recevoir aucune blessure, et mourut en 1682.

PUYSÉGUR (Jacques-François DE CHASTENET, marquis DE), fils du précédent, né en 1655, marcha sur les traces de son père, et arriva, de grade en grade, jusqu'à celui de lieutenant général (1704). Appelé par Philippe V en Espagne, il contribua puissamment à la consolidation du trône de ce prince. Le ministère fut forcé, par le cri public, à lui donner le bâton de maréchal de France en 1734. Il mourut en 1743, chevalier des ordres du roi. On a de lui un ouvrage sur l'*Art de la guerre*, publié par son fils le lieutenant général JACQUES-MARTIEN DE CHASTENET, marquis DE PUYSÉGUR, né en 1716, mort assassiné en 1782.

PUYSÉGUR (Armand-Marc-Jacques DE CHASTENET, marquis DE), fils de Pierre-Louis, comte de Chastenet, deuxième fils du maréchal, né en 1752, entra en 1768 dans l'artillerie et était, à l'âge de vingt-sept ans, arrivé au grade de colonel. Il servit au siége de Gibraltar et fut, en 1789, nommé commandant de l'école d'artillerie de la Fère et maréchal de camp. Les événements de 1792 le déterminèrent à donner sa démission. Maire de Soissons en 1792, il se retira en 1805 à sa terre de Buzancy, où il se livra tout entier à l'étude et à la propagation du magnétisme animal, dont il était un des principaux partisans. Il mourut en 1825.

PUYVERT (LE MARQUIS Bernard-Emmanuel-Jacques DE), né dans le Midi vers 1770, entra au service à seize ans, devint major en second du régiment de Guyenne à vingt et un ans, émigra en 1790, et devint à Coblentz l'aide de camp du comte d'Artois. Dévoué à la monarchie, il était muni des pleins pouvoirs de Louis XVIII, pour le midi de la France, lorsqu'il fut arrêté à Belleville (1804). A peine sorti de prison (1812), il prit part à la conspiration de Mallet. Arrêté de nouveau, enfermé à Vincennes, et ensuite transféré à Angers, il y resta jusqu'à la restauration, qui l'éleva au grade de maréchal de camp et ensuite de lieutenant général. Il reçut en 1814 le commandement de Vincennes, qu'il ne quitta qu'en 1830. Il mourut en 1832, et fut enterré à Vincennes.

PYANEPSIES (des deux mots grecs *pyana*, fèves, et *epsein*, faire cuire), fêtes que les Athéniens célébraient en l'honneur d'Apollon et de Minerve, et qui furent, dit-on, instituées par Thésée, soit afin de rappeler pendant sa navigation vers la Crète s'il était nourri de toutes sortes de fruits, soit parce que, pour rendre grâces à Apollon et à Minerve de sa victoire sur le Minotaure, il fit un sacrifice de tout ce qui lui restait de fèves et le fit cuire pour le manger avec ses compagnons; ce que les Athéniens imitèrent dans la suite. Quelques auteurs croient qu'on célébrait cette fête en mémoire des Héraclides, que les Athéniens nourrirent de fèves pendant leur séjour en Attique. On avait coutume de porter cette fête une branche de laurier en l'honneur d'Apollon, ou d'olivier en l'honneur de Minerve, entourée de bandelettes de laine et de fruits de toute espèce, pour annoncer que l'abondance allait renaître. Ce rameau s'appelait *iresione* (de *iros*, laine). Les Pyanepsies se célébraient le 7 du mois de pyanepsion.

PYANEPSION, un des mois de l'année athénienne, dans lequel on célébrait les Pyanepsies, et qui répond généralement au mois d'octobre.

PYCNOGONIDES, famille d'arachnides, de l'ordre des trachéennes, renfermant des animaux qui se tiennent sur le bord de la mer, parmi les varechs et les conferves, et qui s'accrochent par les ongles de leurs pieds aux corps qu'ils rencontrent et aux cétacés sur lesquels quelques-uns vivent en parasites. Leurs pieds sont souvent fort longs; les deux premiers portent à leur base deux autres pieds ovifères. Le céphalothorax occupe presque toute la longueur du corps. Le genre type est le genre pycnogonon.

PYDNA, auparavant *Cithron* et aujourd'hui *Chitro*, ville de Macédoine, située dans la Piérie, sur la côte occidentale du golfe Thermaïque, à quelques lieues au S. des embouchures de l'Haliacmon et du Lydius, et près de celle de l'Eson. Cette ville, colonie d'Athènes, fut presque toujours soumise à la métropole. Philippe, roi de Macédoine, s'en étant emparé en 357 avant J.-C., ainsi que de Potidée, fournit à Démosthène l'occasion de sa première Philippique.

PYGARGUE, espèce du genre aigle et de la division des aigles pêcheurs ou haliètes. On lui donne le nom d'*orfraie* lorsqu'il est jeune, et alors il a le bec noir, la queue noirâtre, tachetée de blanchâtre, et le plumage brunâtre, avec une flamme brun foncé sur le milieu de chaque plume; à l'état qui a fait adulte, il prend le nom de *pygargue*; alors il a tout le plumage du corps et des ailes d'un brun sale ou cendré, sans aucune tache, la tête et la partie supérieure du cou d'un cendré brun assez clair, la queue d'un blanc pur et le bec presque blanc. Le pygargue habite de préférence les forêts qui avoisinent la mer ou les lacs du nord du globe; pendant l'hiver, il est très-commun sur les côtes d'Angleterre et de France. Sa nourriture se compose de poissons et aussi de mammifères terrestres, d'oiseaux de mer, etc.

PYGMALION, roi de Tyr, fils de Belus ou de Margenus, commença à régner vers l'an 895 avant J.-C., et se rendit odieux par sa tyrannie et sa cruauté. Pour s'emparer des trésors de Sichée (appelé aussi *Acerbas* ou *Sicharbas*), son beau-frère, l'époux de Didon sa sœur, il l'assassina dans l'enceinte d'un temple; mais Didon s'enfuit avec les trésors de son mari, et alla fonder Carthage l'an 882. Pygmalion fut étranglé par sa femme ou sa concubine Astarté dans la cinquante-sixième année de sa vie et la quarante-septième année de son règne.

PYGMALION (myth.), célèbre sculpteur de l'île de Chypre, qui avait fait vœu de rester dans le célibat, et dont Vénus voulut se venger en lui inspirant une passion violente pour une belle statue d'ivoire, ouvrage de son ciseau. On ajoute qu'à force de prières il obtint de la déesse d'animer l'objet de son amour. Il épousa cette femme qu'il appela Eubuméee ou Galatée, et dont il eut un fils, Paphus, fondateur de la ville de Paphos.

PYGME, petite mesure des Grecs valant un pied olympique plus un huitième, et de nos mesures 34 centimètres 67905 centmillièmes.

PYGMÉES (myth.), nation fabuleuse composée de nains, qui n'avaient qu'une coudée ou qu'un pied de haut, et que les uns disent avoir existé en Thrace, d'autres en Ethiopie ou à l'extrémité de l'Inde, tandis que leur existence est formellement niée par Strabon. Leurs femmes accouchaient à trois ans, et étaient vieilles à huit. Leurs villes et leurs maisons n'étaient bâties que de coques d'œufs; ils coupaient leurs blés avec une cognée, comme les arbres d'une forêt. Montés sur des perdrix ou, selon d'autres, sur des chèvres et des béliers d'une taille proportionnée à la leur, ils combattaient contre les grues, qui tous les ans venaient de la Scythie les attaquer. Après la défaite du géant Antée par Hercule, une de leurs armées vint attaquer ce héros, qui l'enferma dans la peau du lion de Némée et la porta à Eurysthée. Les Pygmées étaient gouvernés par une reine nommée Pygas ou Gérana, qui fut changée en grue (*géranos*) par Junon pour avoir osé comparer sa beauté à celle de cette déesse.

PYLADE, fils de Strophius, roi de Phocide, et d'Anaxibie, sœur d'Agamemnon, fut élevé avec Oreste son cousin, et contracta avec lui dans l'enfance une amitié qui les rendit inséparables. Il suivit son ami en tous lieux, et épousa Electre sa sœur, dont il eut deux fils, Médon et Strophius.

PYLADE, célèbre pantomime, natif de Cilicie, exerçait ses talents à Rome sous le règne d'Auguste. Il y ouvrit une école d'où sortit le célèbre Bathylle, qui devint bientôt son rival. Pylade cependant excellait dans les sujets tragiques. Son insolence le fit bannir de Rome et de l'Italie; mais les murmures du public ne tardèrent pas à obtenir son rappel. On ignore l'époque de sa mort.

PYLAGORES (des deux mots grecs *pylœa*, lieu où s'assemblaient les amphictyons, et de *agoréin*, haranguer), nom d'une classe de députés que les villes grecques envoyaient à l'assemblée des amphictyons, et qui étaient chargés de porter la parole lorsqu'il fallait haranguer. On les choisissait parmi les orateurs. L'autre classe de députés étaient les *hiéromnémons*, qui prenaient soin de tout ce qui regardait la religion (*hiéros*, sacré, et *mnémôn*, qui se souvient, qui a soin de). C'était toujours un hiéromnémon qui présidait le conseil amphictyonique.

PYLÉMÈNES, nom commun aux rois de Paphlagonie, dont la race se perpétua jusqu'aux temps des Romains. Le premier mentionné l'est par Homère, qui le range au nombre des chefs venus au secours de Troie à la tête d'une nation paphlagonienne, les Hénètes, presque entièrement anéantie au passage de Strabon. Il fut tué par Ménélas. L'époque véritablement historique ne compte que deux Pylémènes.

PYLÉMÈNES Ier, roi de Paphlagonie vers l'an 131 avant J.-C., succéda à Morzès. Il aida les Romains dans leur guerre contre Aristonicus, usurpateur du royaume de Pergame.

PYLÉMÈNES II, roi de Paphlagonie, successeur de Pylémènes Ier, dont on le croit le fils, vivait vers l'an 121 avant J.-C. Il légua par testament son royaume à Mithridate V, roi de Pont.

PYLONE (d'un mot grec qui signifie *portail*). On appelle ainsi, dans les monuments égyptiens, la réunion de grandes portes qui se succèdent en avant des vestibules.

PYLORE (des deux mots grecs *pylœ*, portes, et *ouros*, gardien), nom donné, en anatomie, à l'orifice intérieur de l'estomac. C'est une ouverture valvulaire placée entre l'estomac et l'intestin duodénum, et garnie d'un bourrelet circulaire aplati qui sert à l'ouvrir ou à la fermer, et qui s'appelle *valvule pylorique*. L'intérieur de ce bourrelet est traversé par l'anneau fibreux connu sous le nom de *muscle pylorique*, lequel fait mouvoir la valvule.

PYLORIDÉES. Voy. MACTRACÉS.

PYLOS, ville d'Elide, dans la Triphylie, près du mont Scollis, entre les frontières du Pénée et du Scelléis. Il paraît qu'elle était la patrie de Nestor, quoique deux autres villes du même nom, l'une en Elide à l'embouchure du fleuve Alphée, l'autre en Messénie, se disputassent l'honneur de lui avoir donné le jour. Tous les doutes sont levés par Homère, qui appelle Nestor *Gerenios*, soit à cause du village de Gerenos, voisin de cette Pylos, soit à cause de la petite rivière de *Geron*, qui se jetait non loin de là dans l'Alphée.

PYLOS, ville de Messénie, sur la côte occidentale, vis-à-vis de la petite île de Sphactérie. Elle s'appelait aussi *Coryphasion*, du nom du promontoire sur lequel elle était située. Elle fut bâtie par Pylas, chef d'une colonie de Mégariens, qui, en ayant été chassé par Nélée, se retira dans l'Elide, où il fonda l'autre Pylos. — Pylos est aujourd'hui *Zonchio* ou le *Vieux-Navarin*.

PYM (John), né dans le comté de Sommerset en 1584, fut l'un des membres les plus remarquables de la chambre des communes, sous le règne de Charles Ier. Par une fatale coïncidence, il allait s'embarquer avec Cromwell et d'autres mécontents, pour l'Amérique, afin d'y chercher un pays où la liberté civile et religieuse fût plus respectée qu'en Angleterre, lorsqu'un ordre du conseil vint arrêter les émigrations. Nommé membre du long parlement, il joua un rôle actif dans toutes les crises de la révolution, et mourut en 1643, à Derby-House, lieutenant dans l'armée parlementaire. Il fut enterré avec pompe à Westminster.

PYRALE, genre d'insectes de l'ordre des lépidoptères, famille des nocturnes, formant seul une tribu appelée *tordeuses* par Latreille, et *platyomides* par M. Dupouchel. Ces insectes, dont les espèces sont au nombre d'environ trois cents, ont les ailes entières ou sans fissure, en toit plus ou moins écrasé dans l'état de repos; les antennes filiformes et rarement plus longues que le corps; le corselet ovale, lisse et quelquefois crêté à sa base; l'abdomen conico-cylindrique, terminé par une pointe chez les femelles et par une houppe de poils chez les mâles; les palpes de trois articles, les inférieurs seuls visibles et avancés; la trompe membraneuse très-courte et souvent nulle ou invisible; les pattes courtes, surtout les antérieures. Les chenilles des pyrales ont seize pattes d'égale longueur et toutes propres à la marche; le corps ras ou garni de poils courts et isolés. Elles habitent pour la plupart dans les feuilles roulées en cornet, ou plissées sur leurs bords, ou réunies en paquets; quelques-unes seulement vivent dans l'intérieur des tiges et des fruits à pepins et à noyaux, ou bien se nourrissent aux dépens des bourgeons de la vigne.

PYRAME (myth.), jeune Assyrien, amant de Thisbé, qu'il ne voyait qu'en secret, parce que ses parents et ceux de Thisbé étaient ennemis mortels, lui donna un jour un rendez-vous dans une plaine voisine de Babylone, sous un mûrier. Thisbé, arrivée la première au rendez-vous, est épouvantée par une lionne, et, en s'enfuyant, elle laisse tomber son voile que la lionne met en pièces et teint du sang dont sa bouche était ensanglantée. Pyrame arrive, reconnaît le voile, et croyant à la mort de son amante, se perce de son épée; mais Thisbé retourne sur ses pas, et, pour ne pas lui survivre, se perce avec la même épée. Les fruits du mûrier sous lequel se passa cette lugubre scène devinrent noirs de blancs qu'ils avaient été jusqu'alors.

PYRAMIDAL, ce qui a la forme d'une pyramide. On a donné, en anatomie, ce nom à plusieurs parties. On nomme *os pyramidal* ou *cunéiforme* le troisième de la première rangée des os du carpe. Il y a plusieurs muscles de ce nom : le *muscle pyramidal du nez*, mince et triangulaire, se continue supérieurement avec le muscle occipito-frontal, puis descend verticalement au-devant de la racine du nez sur lequel il se termine, en se confondant avec le muscle transversal de ce muscle, ce muscle fronce la peau de la racine du nez et tend celle qui en recouvre le bout; le *muscle pyramidal de la cuisse* est aplati, allongé, triangulaire; placé à la partie postérieure du bassin; il tourne la cuisse en dehors ou le bassin en sens opposé. Le *muscle pyramidal de l'abdomen* est inséré par sa base à la partie supérieure du pubis, et se termine par son sommet à la partie inférieure de la ligne blanche, qu'il sert à tendre. Son existence n'est pas constante. — On nomme *corps pyramidaux* ou *éminences pyramidales* deux petites éminences médullaires placées l'une à côté de l'autre, à la face antérieure de la queue de la moelle allongée, entre les éminences olivaires.

PYRAMIDE, solide formé par plusieurs plans triangulaires qui se réunissent tous à leur sommet, et dont les bases forment un plan polygonal appelé la *base* de la pyramide, tandis que l'ensemble des plans triangulaires s'appelle la *surface convexe* ou *latérale* de la pyramide. La pyramide est *triangulaire, quadrangulaire*, etc., si sa base est un triangle, un quadrilatère, etc.; elle est *régulière* lorsque sa base est un polygone régulier et que la perpendiculaire abaissée du sommet sur le plan de la base passe par le centre de cette base; cette ligne prend le nom d'*axe*. Toute pyramide a pour mesure le tiers du produit de sa base par sa hauteur.

PYRAMIDE. On nomme ainsi, en anatomie : 1º une petite éminence osseuse qui se voit dans la caisse du tympan et qui est creusée d'une cavité dans laquelle on trouve le muscle de l'étrier; 2º les *éminences pyramidales* de la moelle épinière; 3º un petit pivot d'acier, qui s'adapte, au moyen d'une vis, au centre de la couronne du trépan, dont il sert à diriger les mouvements et que l'on doit démonter avec une clef lorsque le trépan a fait sa voie.

PYRAMIDES. On appelle ainsi toutes les constructions qui affectent la forme d'une pyramide, c'est-à-dire dont la base est carrée ou triangulaire, et dont les arêtes partant de la base se réunissent en un sommet commun. — L'Egypte est la terre classique des pyramides. On reconnaît généralement aujourd'hui que ce sont des tombeaux élevés par les rois. Les pyramides sont formées de différentes assises de pierre diminuant successivement de largeur jusqu'au sommet. L'assise inférieure déborde toujours celle qui a été élevée immédiatement au-dessus, et chacun des côtés forme ainsi un immense escalier. La plupart de ces prodigieux édifices ont été renversés; cinquante environ restent encore debout, mais trois surtout captivent l'admiration; elles sont situées non loin de l'ancienne Memphis, à 3 lieues du Caire. La plus grande, bâtie par Chéops, a 448 pieds d'élévation, et la base 728 de largeur; la seconde, bâtie par Chephren, a 605 pieds de large à sa base et 398 pieds de haut; la plus petite, que l'on attribue à Mycerinus, a 280 pieds à sa base, sur une hauteur de 162. La pyramide de Chéops avait coûté, au rapport de Pline et de Diodore de Sicile, vingt ans de travail fait par 360,000 ouvriers qui avaient dépensé en porreaux, ail, oignons et autres légumes, 1,600 talents (près de 7,000,000). — La *pyramide de Cestius*, à Rome, était un des plus curieux monuments de la treizième région. Elevée du temps d'Auguste hors de la ville par les héritiers d'un certain Caïus Cestius, elle avait 110 pieds de hauteur et sa base en avait 90. Construite en briques, elle était revêtue à l'extérieur de blocs de marbre blanc. Sur les quatre angles étaient des colonnes portant des statues. L'enceinte d'Aurélien laissa une partie de ce monument dans les champs et enclava l'autre dans la ville.

PYRAMIDES (BATAILLE DES), célèbre bataille que livra, le 20 juillet 1798, au village d'Embabeh, c'est-à-dire en présence des pyramides du Caire, le général Bonaparte, aux Mamelouks, commandés par Mourad-Bey. Les Mamelouks furent complètement défaits par l'armée française, que son général avait électrisée par cette courte harangue : Soldats, songez que du haut de ces pyramides quarante siècles vous contemplent.

PYRANISTES (myth.) (du grec *pyr*, feu), les quatre espèces d'êtres intermédiaires que les mythologues anciens admettaient entre l'homme et la brute. Ils les peignaient grêles et minces comme les flammes sous la forme desquelles on les voyait apparaître le long des chemins. C'est ce que les modernes ont appelé feux follets, esprits.

PYRÉLAINE, matière huileuse que l'on retire de la distillation des substances organiques avec de l'eau. On lui donne encore le nom d'*huile pyrogénée liquide*. Les huiles pyrogénées sont ordinairement très-fluides, incolores ou légèrement jaunâtres, d'une odeur très-désagréable et persistante, d'une saveur particulière, âcre et brûlante. Toutes sont très-inflammables, très-expansibles; elles se dissolvent dans l'éther, les huiles grasses ou volatiles, l'acide sulfurique concentré, mais non dans l'alcool. L'acide nitrique ou azotique les résinifie; l'ammoniaque les transforme en un liquide émulsif.

PYRÉNACÉES. Voy. GATTILIER.

PYRÈNE (myth.), fille de Bebrycius, roi de l'Espagne méridionale, ayant été outragée par Hercule, mit au monde un serpent et s'enfuit de désespoir dans une forêt où elle devint la proie des bêtes féroces. Hercule, ayant retrouvé son corps, l'ensevelit au milieu des montagnes voisines, qui prirent d'elle le nom de Pyrénées.

PYRÈNE, fontaine célèbre de Corinthe, près la citadelle, était consacrée aux Muses. Le cheval Pégase s'y désaltérait lorsque Bellérophon, s'étant saisi de lui par surprise, le monta pour aller combattre la Chimère. Les uns disent qu'Asope fit présent à Sisyphe de cette fontaine, pour savoir de lui ce qu'était devenue sa fille Egine, enlevée par Jupiter; les autres que la nymphe Pyrène, inconsolable de la mort de son fils Cenchrius, involontairement tué par Diane, versa tant de larmes que les dieux la métamorphosèrent en fontaine.

PYRÉNÉE (myth.), roi de Phocide, donna un jour l'hospitalité dans son palais aux Muses qu'il voulut ensuite outrager. Alors elles prirent des ailes, avec le secours d'Apollon, et s'enfuirent à travers les airs. Pyrénée, monté sur le haut d'une tour, et croyant voler comme elles, se précipita du haut en bas et se tua.

PYRÉNÉES (MONTS), grande chaîne de montagnes qui sépare la France de l'Espagne, et se continue le long de la côte septentrionale de l'Espagne jusqu'à l'extrémité de la Galice. Elle a 375 lieues de longueur. La superficie du terrain qu'elle occupe est évaluée à 5,020 lieues carrées. On divise cette masse en quatre groupes : les *Pyrénées gallibériques*, entre la France et l'Espagne; les *Pyrénées cantabriques*, dans la Biscaye; les *Pyrénées asturiques*, dans les Asturies, et les *Pyrénées callaïques*, en Galice. — Nous ne parlerons que des premières. Leur longueur est de 90 lieues, et leur largeur moyenne de 20. La superficie du terrain qu'elles occupent est évaluée à 1,200 lieues carrées. Les échancrures que présentent leurs sommets et qui servent de passages d'un versant à l'autre, prennent dans la partie orientale le nom de *cols*, dans la partie centrale celui de *ports*. On en compte environ cent. Les Pyrénées abondent en sites pittoresques, en glaciers (les principaux sont ceux de la Maladetta, de Cabridoul, du mont Perdu, du Vignemale et de Néouvieill), en forêts épaisses, en beaux pâturages où paissent 1,000,000 de brebis et 100,000 bestiaux, en vallées fertiles, arrosées par des torrents (*gaves*) et dirigées transversalement, c'est-à-dire contrairement à la direction du faîte. On en compte vingt-neuf grandes sur le versant septentrional, et vingt-huit sur le versant opposé. Les eaux thermales et minérales y attirent chaque année une foule immense de malades et de curieux. Le cuivre, le plomb, le fer, le zinc, le cobalt, joints au marbre, forment les richesses minéralogiques de ces montagnes. Sur le versant français, les sommets les plus élevés sont le mont Perdu, haut de 3,410 mètres; le mont Maudit, de 3,355; le Vignemale, de 3,343; le pic du Midi, 2,940, et le Canigou, 2,780.

PYRÉNÉES (TRAITÉ DES), fameux traité de paix conclu le 7 novembre 1659, entre le roi de France et le roi d'Espagne, par le cardinal Mazarin et par don Louis de Haro, plénipotentiaires de ces grandes puissances, dans l'île des Faisans, sur la rivière de Bidassoa. Ce traité contenait cent vingt-quatre articles, dont le principal était le mariage du roi avec l'infante Marie-Thérèse, qui devait avoir un don de 500,000 écus, sous la condition de la renonciation à la succession d'Espagne; la promesse de Mazarin de ne pas secourir le roi de Portugal, le rétablissement du duc de Lorraine, la renonciation des prétentions du roi d'Espagne à l'Alsace et la cession d'une partie de l'Artois à la France. Le roi de France conserva le Roussillon.

PYRÉNÉES (Basses-), département frontière de la France méridionale, formé du Béarn, de la basse Navarre, des pays de Soule et de Labourd (Gascogne), borné au N. par le département des Landes, à l'O. par l'océan Atlantique, à l'E. par le département des Hautes-Pyrénées, et au S. par l'Espagne. Sa superficie est de 755,950 hectares, et sa population de 445,000 habitants. Il envoyait à la chambre cinq députés, et se divise en cinq arrondissements : *Pau* (chef-lieu), *Orthès, Oleron, Mauléon* et *Bayonne*. Ce département produit du maïs, du millet, des fruits excellents, des vins, dont les plus renommés sont ceux de Jurançon et de Monin, des céréales, mais pas en quantité suffisante pour la consommation, du lin très-doux, dont on fabrique les belles toiles de Béarn. On y trouve des eaux minérales, des mines d'argent, de cuivre, de fer, de houille et de cobalt, des carrières de soufre, marbre de toutes couleurs, granit, albâtre et ardoises; 132,250 hectares de forêts (châtaigniers, chênes, dont une espèce donne la noix de galle); les montagnes fournissent des sapins et des pins d'une hauteur prodigieuse, de petits chevaux dits *navarrins* bons pour la cavalerie légère, du gros et petit gibier, des ours, des isards, grives, des palombes, des ortolans. Ce département a des fabriques de droguets, cadis, capes, couvertures, toiles, mouchoirs, bonneterie, pelleterie, des tanneries et des mégisseries. Il commerce en vins, eaux-de-vie d'Armagnac, chevaux, mulets, jambons de Bayonne, bois, sel, fer, laines, etc. Il est compris dans la vingtième division militaire, le diocèse de Bayonne, et le ressort de l'académie et de la cour d'appel de Pau.

PYRÉNÉES (Hautes-), département frontière de la France méridionale, formé du Bigorre, des Quatre-Vallées, de l'Astarac, du Nébousan et de l'Armagnac (Gascogne), et borné au N. par le département du Gers, à l'E. par celui de la Haute-Garonne, à l'O. par celui des Basses-Pyrénées, au S. par l'Espagne. Sa superficie est de 464,534 hectares, et sa population de 250,000 habitants. Il envoyait à la chambre trois députés, et se divise en trois arrondissements : *Tarbes* (chef-lieu), *Bagnères* et *Argelès*. Ce département renferme 67,534 hectares de forêts (chênes, châtaigniers, hêtres et sapins), des mines de fer, de plomb et de cuivre, du jaspe, des ardoises, des marbres de différentes couleurs et en abondance. Il produit des céréales en quantité insuffisante pour la consommation, du maïs, du millet, du sarrasin, des pommes de terre, des vins excellents, blancs et rouges, des mûriers, des figuiers, etc. On y trouve de bons chevaux, des moutons, des mulets, des ânes d'une belle espèce. Les eaux minérales y abondent; les plus fréquentées sont celles de Bagnères et de Cauterets. Les productions industrielles sont les mêmes que celles du département qui précède. Ce département est compris dans la vingtième division militaire, le diocèse de Tarbes, et le ressort de la cour d'appel et de l'académie de Pau.

PYRÉNÉES-ORIENTALES, département frontière de la France méridionale, tirant son nom de la position qu'il occupe à l'orient de la chaîne des Pyrénées. Il est formé du Roussillon, et de parties du Languedoc et de la Cerdagne, et borné au N. par le département de l'Aude, à l'O. par celui de l'Ariége, à l'E. par la mer Méditerranée, au S. par l'Espagne. Sa superficie est de 411,576 hectares, et sa population de 182,000 habitants. Il envoyait à la chambre trois députés, et se divise en trois arrondissements : *Perpignan* (chef-lieu), *Prades, Céret*. Le sol est fertile en blé, orge, millet, chanvre, légumes; vins abondants et d'une excellente qualité, parmi lesquels on remarque ceux de *Rivesaltes*, de *Collioure*, de *Bagnols* ; des orangers, oliviers, citronniers et melons en pleine terre; des haies formées en grande partie de grenadiers; les collines et les lieux incultes sont couverts de serpolet, lavande, thym, romarin, et le miel que les abeilles vont puiser sur ces plantes est d'une excellente qualité; on l'appelle à tort *miel de Narbonne*, dans le commerce. Ce département renferme de très-riches mines de fer, qui alimentent dix-sept fourneaux à la catalane et fournissent du minerai à plusieurs départements; des marais salants en exploitation, un grand nombre de sources d'eaux thermales et sulfureuses, parmi lesquelles les eaux chaudes (*las caldas*) de la Cerdagne française. L'éducation des vers à soie, la pêche du thon et de la sardine, la fabrication des parfums et des savonnettes, jointes au commerce des mulets et des ânes, fait par l'intermédiaire des *Gitanos*, sont la principale richesse du département. Il est compris dans la vingt et unième division militaire, le diocèse de Perpignan, et le ressort de l'académie et de la cour d'appel de Montpellier.

PYRÈTHRE, nom scientifique d'un genre de plantes de la famille des synanthérées, très-voisin de celui des chrysanthèmes. — Dans les livres de matière médicale, on donne ce nom à une espèce de camomille (*anthemis*), originaire du Levant et cultivée en pleine terre en Espagne et dans le midi de la France. Elle est remarquable par ses fleurs grandes, blanches, avec leurs demi-fleurons pourprés en dessous, et surtout par sa racine longue, vivace, épaisse, inodore, recherchée contre les maux de dents, les fluxions de la bouche, les engorgements des amygdales, et employée en poudre comme sternutatoire.

PYRIFORME, ce qui a la forme, l'apparence d'une *poire* (en latin, *pyrum*).

PYRITE, nom sous lequel on désigne une combinaison naturelle de sulfure et d'un métal quelconque et plus spécialement du fer. On trouve dans la nature deux pyrites de fer : le *persulfure* ou *bisulfure* formant deux variétés, dont l'une jaune porte les noms de *pyrite jaune, martiale, d'or, de fer sulfurique jaune, de fer sulfuré cubique*, et dont l'autre, d'un blanc jaunâtre, s'appelle *pyrite blanche* ou *prismatique*; et le *proto-sulfure*. — On appelait autrefois *pyrite arsenicale* l'arséniure de fer ou mispickel; *pyrite cuivreuse*, le sulfure de cuivre; *pyrite rouge*, le nickel arsenical, etc.

PYRMONT, comté d'Allemagne, situé entre le Hanovre au N. et la régence prussienne de Minden au S. Sa superficie est de 4 lieues carrées, et sa population de 4,500 habitants répandus dans dix villages et la petite ville de Pyrmont, qui en est la capitale. Elle est bâtie dans une vallée près du Weser, à 18 lieues de Hanovre. Elle a 2,000 âmes de population, de belles promenades et des eaux minérales gazeuses et salées, qui sont très-renommées et y attirent chaque année de nombreux malades. Le comté et la ville de Pyrmont appartiennent au prince de Waldeck.

PYROIDES, nom que l'on donne, en géologie, aux terrains formés immédiatement par la voie ignée, comme les terrains volcaniques, granitiques, porphyriques, etc.

PYROLE, genre de plantes de la famille des éricinées, renfermant quinze espèces toutes herbacées, qui habitent le nord de l'Europe, de l'Asie et du continent américain. Elles ont des racines vivaces, des tiges simples couvertes par des feuilles entières, le plus souvent absolument radicales et formant rosette, et se garnissant de fleurs blanches disposées en épis lâches, quelquefois solitaires, mais toujours terminales. Les espèces les plus répandues sont la *pyrole verdure d'hiver*, la *pyrole mineure* et la *pyrole en ombelle*, dont les fleurs ont une teinte rougeâtre.

PYROLIGNEUX (Acide), nom donné à l'acide que l'on obtient en distillant le bois, et qui n'est autre chose que de l'acide acétique, mélangé avec une huile empyreumatique dont ou peut facilement le débarrasser.

PYROLUSITE, nom donné à une des combinaisons du manganèse avec l'oxygène. Ce minéral a une substance ayant un éclat d'acier ou de gris de fer et donnant une poussière noire. Il est composé de 73 à 98 parties de protoxyde de manganèse et d'un peu d'eau, de baryte et de silice. On s'en sert, en chimie, pour se procurer l'oxygène pur, et, dans les arts, pour la fabrication du chlore et de l'eau de javelle, ainsi que pour le blanchiment et la coloration du verre; car, à petite dose, il le blanchit, et à dose plus forte il lui communique une teinte violette ou pourpre.

PYROMANCIE (des deux mots grecs *pyr*, feu, et *mantéia*, divination), divination par le moyen du feu. Il y en avait de différentes sortes. Tantôt on jetait sur le feu de la poix broyée; si elle s'allumait promptement, on en tirait un bon augure. Tantôt on allumait des flambeaux enduits de poix, et l'on examinait la flamme. Si elle était pure, sans fumée et réunie en pointe, l'augure était favorable; si au contraire la fumée était épaisse et sombre, et la flamme se partageait, les conséquences les plus funestes en étaient tirées.

PYROMAQUE, nom d'une espèce de silex, connu vulgairement sous les noms de *pierre à fusil, pierre à briquet, pierre à feu* ou *flint*. Il se brise aisément en fragments à bords tranchants, qui entament facilement l'acier et le font rechercher pour produire des étincelles. Les couleurs les plus communes du silex pyromaque sont le noir grisâtre, le blond et le gris. On le trouve en rognons, quelquefois en blocs ou en bancs, dans les calcaires des groupes crétacique, oolithique et palæothérique; il forme également des cailloux dans les terrains de transport. On prétend qu'il est formé d'une infinité de petits animaux pétrifiés microscopiques.

PYROMÈTRE, instrument propre à faire connaître, approximativement et très vrai, les températures trop élevées pour être indiquées par le thermomètre. On l'emploie dans les fourneaux d'usines. Le plus usité est celui de Wedgwood, fondé sur le retrait qu'éprouve l'argile par l'action de la chaleur. Il se compose de deux barres de cuivre fixées sur une plaque de même métal, et légèrement inclinées l'une à l'autre, afin de former une rainure conique, dont l'un des côtés porte les divisions de l'instrument. Ces divisions sont au nombre de deux cent quarante. Le 0 correspond d'ordinaire à 580° du thermomètre centigrade, et chaque degré du pyromètre en vaut à peu près 72 du thermomètre. C'est dans la rainure que l'on place un petit cylindre d'argile soumis préalablement à une température qui l'a contracté. Plus la contraction a été forte, plus la contraction a été considérable, plus aussi le cylindre s'enfonce dans la rainure.

PYROPE, nom que les anciens donnaient à l'escarboucle, espèce de grenat siliceux.

PYROPHORE, nom donné à toute substance qui brûle avec dégagement de lumière au contact de l'air. Le plus connu est le *pyrophore de Homberg*, corps solide, d'un brun jaunâtre ou noirâtre, d'une saveur analogue à celle des œufs pourris, inaltérable à l'air sec, inflammable à l'air humide. On l'obtient en faisant dessécher dans une cuillère de fer, à l'aide d'une douce chaleur, un mélange de trois parties d'alun à base de potasse et d'une partie de sucre, d'amidon, de farine ou de miel; agitant de temps en temps le mélange et le réduisant en poudre lorsqu'il est parfaitement sec; puis faisant calciner cette poudre que l'on chauffe au rouge pendant vingt ou vingt-cinq minutes. Le pyrophore était autrefois très-employé, avant l'invention des briquets phosphoriques, des allumettes oxygénées et des allumettes physiques d'Allemagne.

PYROPHORES (c'est-à-dire *porte-feu*), hommes qui, dans les armées grecques et persanes, marchaient à la tête de l'armée, tenant dans leurs mains des vases remplis de feu, comme le symbole d'une chose sacrée. Ils étaient si respectés que les ennemis auraient regardé comme un crime de les attaquer.

PYROSIS, maladie qui consiste dans un sentiment d'ardeur à l'estomac, avec éructation d'un liquide âcre, brûlant, qui produit une sensation très-pénible. On l'observe chez les personnes qui usent d'aliments gras, de fritures, de salaisons, de liqueurs alcooliques, etc. Elle est souvent symptomatique d'une lésion organique de l'estomac.

PYROSOME, genre de mollusques de la classe des acéphales et de l'ordre des tuniciers, renfermant des animaux ainsi appelés à cause de l'éclat dont ils brillent et qui semble leur donner des corps de feu (en grec *pyr*, feu, et *sôma*, corps). Cet éclat, qui ne se présente que pendant la nuit et qui teint la surface des eaux des plus belles couleurs de l'arc-en-ciel, est dû au phosphore que les pyrosomes dégagent de la surface de leur corps. Comme ces mollusques, pressés dans les tubes les uns des autres, sont continuellement en agitation, ils produisent des traînées de lumière qui simulent un incendie. Le jour fait disparaître l'illusion; il ne reste plus qu'un petit animal de forme allongée, cylindrique et hérissé de pointes élastiques.

PYROTECHNIE (du grec *pyr*, feu, et *techné*, art), art qui a pour objet le feu, la manière de l'employer, la fabrication des feux d'artifice.

PYROXÈNE, substance minérale très-abondante dans la nature, surtout au sein des terrains plutoniens ou talqueux. Sa densité est de 3,10 à 3,18. Elle raye difficilement le verre; son éclat est vitreux et sa couleur d'un vert tirant plus ou moins sur le noir; elle est à poussière verte ou bien réellement verte et à poussière brune, quelquefois rouge. Le pyroxène a été trouvé, par l'analyse, composé de silice, d'oxyde de fer, de chaux, de magnésie, et d'oxyde de manganèse.

PYRRHA (myth.), fille d'Epiméthée et de Pandore, épousa le fils de son oncle Prométhée, Deucalion, roi de Thessalie, sous le règne duquel arriva le fameux déluge vers l'an 1500 avant J.-C. Pyrrha et son mari, échappés à l'inondation sur le sommet du Parnasse, consultèrent l'oracle de Thémis pour savoir de quelle manière ils repeupleraient la terre, et d'après sa réponse, ils jetèrent par-dessus leurs épaules des pierres qui prirent la forme humaine: celles que jeta Pyrrha devinrent des femmes; celles de Deucalion, des hommes. Pyrrha eut dans la suite de son époux trois enfants : Amphictyon, Hellen et Protogénie. Pindare y ajoute un fils nommé Locrus. Pyrrha donna son nom à un promontoire de la Phthiotide, et à une ville voisine appelée *Pyrrhase*.

PYRRHICHE, dans la prosodie ancienne, un pied composé de deux syllabes brèves. Hesychius fait venir ce mot de la danse pyrrhique, où dominait sa cadence. Le pyrrhiche n'a en tout qu'une mesure; car la mesure est la longueur de la prononciation d'une syllabe longue ou de deux brèves; c'est donc plutôt un demi-pied qu'un pied. La réunion de deux pyrrhiches forme le pied appelé *proceleusmatique*.

PYRRHIQUE (DANSE). Voy. DANSE.

PYRRHON, fameux philosophe grec, né à Elis dans le Péloponèse, vers l'an 384 avant J.-C., abandonna pour la philosophie la profession de peintre, et fut l'élève d'Anaxarque d'Abdère et de Dryson. Il suivit Alexandre en Asie, visita les brachmanes de l'Inde, et fut à son retour dans sa patrie nommé grand prêtre d'Elis et citoyen d'Athènes. On place sa mort vers l'an 304 avant J.-C. C'est à Pyrrhon que l'on doit la doctrine du doute, ce qui l'a fait regarder comme le chef de l'école sceptique; il y a cependant une grande différence entre les sceptiques et les pyrrhoniens : les premiers ne croyaient rien, parce que rien ne peut être certain; les seconds ne croyaient rien, parce que jusqu'à eux rien ne présentait les caractères de la certitude.

PYRRHONIENS, philosophes de la secte dont Pyrrhon fut le chef. Parmi les plus remarquables, on cite Nausiphane de Téos, Timon, ses quatre disciples, Dioscoride, Prayle, Nicoloque et Euphranor, Ptolémée de Cyrène, et surtout Sextus Empiricus qui, dans son livre intitulé les *Hypotyposes pyrrhoniennes*, a exposé la doctrine de Pyrrhon. Cette doctrine consiste en dix considérations tirées de l'instabilité des choses et appelées pour cela *tropes* (variations). On les range sous trois classes, parce que la certitude est relative 1° au sujet, 2° à l'objet, 3° aux rapports du sujet à l'objet.

PYRRHUS (myth.), surnom que reçut à cause de sa chevelure blonde (en grec, *pyrrhé*) NÉOPTOLÈME, fils d'Achille et de Déidamie. Après la mort de son père, Calchas ayant déclaré que Troie ne pouvait être prise sans son secours, Ulysse et Phénix l'amenèrent au camp des Grecs. Pyrrhus entra un des premiers dans le cheval de bois, et contribua puissamment à la prise de la ville. Sa cruauté ternit ses belles qualités. Il égorgea Priam au pied des autels, précipita Astyanax du haut de la porte Scée, et immola Polyxène sur le tombeau d'Achille. De retour en Grèce, d'autres disent en Phthiotide, il épousa Andromaque sa captive, et en eut Molossus. On raconte sa mort de diverses manières. La version la plus généralement adoptée est celle qui le fait tomber sous les coups d'Oreste, poussé à ce crime par Hermione, femme de Pyrrhus et rivale d'Andromaque.

PYRRHUS Ier, roi d'Epire, descendant d'Hercule par Eacidas son père, et d'Achille par Phthia sa mère, fut élevé à la cour de Glaucias, roi d'Illyrie, qui le fit reconnaître pour roi vers l'an 312 avant J.-C., malgré les efforts de Cassandre, roi de Macédoine, meurtrier de son père Eacidas. Agé alors de douze ans, Pyrrhus fut bientôt chassé du son royaume par l'usurpateur Néoptolème, contre lequel il sollicita l'appui de la Macédoine. Ce fut alors qu'il épousa Antigone, fille de Bérénice et de Ptolémée Soter, roi d'Egypte. Vainqueur de Néoptolème, il intervint dans les affaires de Macédoine, dont il voulut partager la royauté avec Lysimaque; mais il en fut chassé sept mois après (289). Appelé en Italie par les Tarentins que menaçait Rome (280), il remporta sur les armées romaines les victoires douteuses d'Héraclée et d'Asculum. Cynéas, son ministre, ne put séduire le sénat; Pyrrhus se hâta alors de porter des secours aux Siciliens contre les Carthaginois. De retour en Italie, il recommença la guerre contre les Romains (275); son armée de 90,000 hommes ayant été battue à Bénévent par le consul Curius Dentatus qui n'en avait que 20,000, il quitta précipitamment l'Italie (274), courut en Macédoine attaquer Antigone Gonatas, qu'il chassa de ses Etats, et périt frappé par une tuile que lui lança une femme dont il avait tué le fils au siège d'Argos (272).

PYRRHUS II, roi d'Epire, petit-fils du précédent, était fils d'Alexandre et d'Olympias, monta fort jeune sur le trône sous la tutelle de sa mère, et fut massacré par les habitants d'Ambracie. Sa fille Laodamie ou Déidamie lui succéda.

PYTHAGORE, philosophe célèbre de la Grèce, fondateur de l'école italique ou pythagoricienne. Il naquit à Samos environ 592 ans avant J.-C. Son père s'appelait Mnésarque, et lui fit apprendre la sculpture, puis le métier d'athlète. Aussi il remporta à dix-huit ans le prix de la lutte aux jeux Olympiques. Eclairé par les leçons de Phérécyde sur l'immortalité de l'âme, il embrassa l'étude de la philosophie, parcourut dans ses voyages l'Egypte, la Chaldée, l'Asie-Mineure, et même, suivant quelques traditions, les Indes, s'inspira à la source des idées orientales, et vint se fixer à quarante ans dans la ville de Crotone en Italie (Grande-Grèce). Il y établit cet institut célèbre qui composa une sorte de corporation sacerdotale et mystique où l'on n'était admis qu'après un noviciat de silence qui durait deux ans pour les hommes graves, et cinq pour les hommes légers, où l'on vivait en commun, se purifiant sans cesse, s'abstenant de viande et de fèves, discutant les questions les plus abstraites de la politique et de la philosophie. On a donné plusieurs versions sur la mort de Pythagore; l'opinion la plus commune est qu'il mourut à Métaponte vers l'an 497 avant J.-C. Les peuples de la Grèce l'honorèrent comme un dieu, et la crédulité populaire lui attribua une foule de prodiges. Nous avons sous le nom de Pythagore un ouvrage en prose intitulé les *Vers dorés*, et qui ne lui appartient pas quoiqu'il renferme une partie de sa doctrine et de ses maximes morales; on l'attribue à Lysis. Les deux dogmes fondamentaux de la doctrine de Pythagore sont les propriétés des nombres et la métempsycose ou transmutation des âmes.

PYTHAGORICIENS, philosophes de la secte de Pythagore. Ils formèrent d'abord une corporation en quelque sorte religieuse, et vécurent ensuite isolés à cause des persécutions dirigées contre eux. Les plus connus sont Ocellus, Timée de Locres, Archytas, Hippase, Philolaüs, Eudoxe, l'auteur des *Vers dorés*, que l'on croit être Lysis et Lysippe. Condamnés au secret par les règles de leur institut, les pythagoriciens nous ont peu fait connaître leur doctrine. En voici les points principaux: les nombres sont le principe des choses; parmi eux la *monade* (l'unité) occupe le premier rang comme génératrice des autres; la *triade*, formée des deux premiers nombres, savoir la *monade*, le parfait, et la *dyade*, l'imparfait, avait ces propriétés mystiques; la *tétrade*, comme premier carré, était aussi un des éléments principaux; mais c'était surtout la *décade*, (nombre 10) qui, comme réunion des quatre premiers, jouait un rôle important: toutes les branches de sciences, toutes les nomenclatures fondamentales en découlaient et y rentraient. Quant au dogme de la métempsycose, il en a été parlé ailleurs.

PYTHÉAS, géographe et navigateur, né à Marseille, vivait au commencement du IVe siècle avant J.-C., et passe pour le plus ancien écrivain qui ait écrit sur les Gaules. Il fit deux grands voyages et les décrivit tous deux. La relation du premier, fait de Gadès (Cadix) à l'île du Thulé (probablement une des îles Schetland), découverte par Pythéas, est consignée dans sa *Description de l'Océan*; celle du second, dans la mer Baltique, dont l'authenticité est mise en doute, était renfermée dans son *Périple* ou *Période*. Il ne reste de ces deux ouvrages que des fragments très-courts dans la *Géographie* de Strabon et dans l'*Histoire naturelle* de Pline. On attribue à Pythéas la distinction des climats par la différence de la longueur des jours et des nuits, la détermination de la liaison du phénomène des marées avec le mouvement de la lune, et enfin celle de la position de l'étoile polaire.

PYTHIADE, espace de quatre ans révolus depuis une célébration des jeux Pythiques jusqu'à l'autre. Les pythiades commencèrent l'an 580 avant J.-C.

PYTHIAS, philosophe pythagoricien, ami de Damon, célèbre par son dévouement pour lui. Il se livra en gage aux gardes de Denys le Tyran, roi de Syracuse, pendant l'absence de Damon, et allait être conduit au supplice, à l'heure fixée, lorsque Damon, de retour, accourut reprendre ses chaînes. Denys, touché, fit grâce à Damon en faveur de Pythias.

PYTHIE, nom que les Grecs donnaient à la prêtresse qui rendait les oracles d'Apollon à Delphes. On la choisissait d'abord parmi les jeunes vierges pauvres et inodestes; mais plus tard on leur substitua des femmes qui avaient passé cinquante ans, et qui seulement prenaient l'habit de jeunes filles. La pythie ne rendait ses oracles que vers le commencement du printemps ; elle jeûnait trois jours, et avant de monter sur le trépied prophétique elle se baignait dans la fontaine de Castalie et mâchait des feuilles de laurier. Dès que la vapeur du trou sur lequel était mis le trépied commençait à l'agiter, elle tremblait de tout son corps; ses cheveux se dressaient, et sa bouche écumante laissait à travers des hurlements échapper les paroles prophétiques que les prêtres arrangeaient à leur gré, pour former un sens le plus souvent ambigu. La pythie descendait alors du trépied pour s'enfermer dans sa cellule où elle se reposait de ses fatigues. Voy. ORACLES.

PYTHIEN (NOME), air de musique qui se jouait pendant les jeux Pythiques par des joueurs de flûte, sans aucun accompagnement de chants. Il avait, selon Strabon, cinq parties, dont chacune faisait allusion au combat d'Apollon contre le serpent Python : 1° l'*anacrousis* ou le prélude ; 2° l'*empeira* ou le premier effort ; 3° le *catakéleusma* ou fort du combat ; 4° les *ïambes* et *dactyles* ou le pæan, chant de joie à l'occasion de la victoire ; 5° les *syringes* ou sifflements du reptile mourant. Pollux en donne une division analogue, quoique différente.

PYTHIQUES (JEUX), jeux célébrés à Delphes en mémoire de la victoire d'Apollon sur le serpent Python, institués par Apollon lui-même selon les uns, par Diomède, Agamemnon, Amphictyon ou le conseil des Amphictyons (l'an 1263 avant J.-C.) selon les autres ; ils furent d'abord célébrés tous les neuf ans, et en dernier lieu tous les quatre ans révolus, c'est-à-dire au commencement de la cinquième année. Quelques-uns croient que dans ces jeux on disputait uniquement le prix de la musique. On y dansait dans le mode ou nome pythien. (Voy.) On croit que les jeux Apollinaires des Romains ne sont qu'une imitation des jeux Pythiques. Pindare a célébré dans des odes spéciales les vainqueurs des jeux Pythiques.

PYTHO (du grec *pythéin*, pourrir), ancien nom de la ville de Delphes, qu'on dérive ou de celui de Pythis, fille de Delphus son fondateur, ou du serpent Python, dont le cadavre fut réduit en pourriture au lieu même où fut Delphes.

PYTHODORIS, reine de Pont, femme de Polémon Ier, gouverna seule pendant la minorité de son fils Polémon II, l'an 17 de notre ère. Elle était veuve d'Archelaüs, dernier roi de Cappadoce.

PYTHON (myth.), dragon ou serpent monstrueux, né, selon Ovide, des eaux du déluge de Deucalion, et suscité par Junon pour persécuter Latone, mère de Diane et d'Apollon. Ce dernier étant devenu grand, perça de traits ce monstre sur le mont Parnasse, son séjour habituel, et revêtit de sa peau le trépied de son temple. Le serpent Python avait cent têtes, dont les bouches vomissaient des flammes et poussaient des hurlements capables d'épouvanter les dieux aussi bien que les hommes. Son corps couvrait plusieurs arpents de terre. On lui donne pour enfants la Gorgone, Géragon, Cerbère, l'hydre de Lerne, le Sphynx et le vautour de Prométhée.

PYTHON, genre de reptiles de l'ordre des ophidiens, renfermant des serpents sans venin, au corps allongé et cylindrique ; à la tête offrant de grandes plaques jusqu'au bout du museau ; aux mâchoires garnies de dents aiguës et recourbées en arrière, mais sans crochets venimeux ; au dos couvert d'écailles nombreuses ; au ventre garni de plaques entières, les plaques sous-caudales étant disposées sur deux rangs ; à la queue longue, conique et sans grelots, portant de chaque côté de l'anus deux éperons crochus qui leur servent, dit-on, de défense. Les pythons habitent l'Inde, où on les appelle *serpents de rocher*. Les espèces les plus connues sont l'*ular-sawa*, qui atteint plus de trente pieds de long, et, se tenant dans l'eau guette les animaux qui viennent se désaltérer; sa force est prodigieuse ; le *python tigre*, long de huit à dix pieds, et le *bora*, long de quatre à cinq.

PYTHONISSE. On donnait ce nom à toutes les femmes qui se mêlaient de prédire l'avenir, comme la pythonisse d'Endor. Voy. ce mot.—C'était aussi celui de la *pythie*.

PYTHONS, nom que les Grecs donnaient aux esprits qui aidaient à prédire l'avenir, et aux personnes qui en étaient possédées.

PYXIDE (du latin *pyxis*, boîte), nom donné en botanique au fruit qui a pour caractères deux valves superposées, et dont la supérieure forme une espèce de couvercle. Dans le langage vulgaire, on l'appelle *capsule en boîte à savonnette*. Ce fruit est celui du genre pourpier et de plusieurs autres.

PYXIDULE (diminutif de *pyxis*, boîte), petite capsule des mousses à laquelle quelques auteurs donnent le nom d'*anthère*.

Q

Q, la dix-septième lettre de l'alphabet français, était connue des Latins. Comme lettre numérale, elle valait à Rome 500, et, surmontée d'un trait, 500,000. Q était jadis la marque de la monnaie frappée à Perpignan. — En médecine, Q est l'abréviation de *quantité*. Q. S. signifie *quantité suffisante*. — Chez les Romains, Q désignait *Quintius*, Quir. *Quirites* ou *Quirinalia*, Q. Q. *quinquennalis*.

QUADES, nation puissante de Germanie, issue des Suèves, dont le territoire occupait la Moravie actuelle. Presque continuellement en révolte, ainsi que les Marcomans leurs voisins, ils envahirent et pillèrent la Pannonie, sous le règne de Gallien.

QUADRA et VANCOUVER, île du grand océan Atlantique, sur la côte N.-O. de l'Amérique septentrionale, entre l'île de la Reine-Charlotte et le détroit de De-Fuca. A l'extrémité méridionale de cette île se trouve la baie de Nootka, très-fréquentée par les Anglais pour le commerce des pelleteries.

QUADRAGÉSIME (d'un mot latin qui signifie *quarantième*). On appelle ainsi le premier dimanche de carême, parce que le carême est un espace de quarante jours.

QUADRANGULAIRE, terme de géométrie qui signifie à quatre angles. Il n'y a rigoureusement de figures quadrangulaires que les polygones à quatre côtés, c'est-à-dire le carré, le parallélogramme, le rhombe ou losange et le trapèze. Une pyramide *quadrangulaire* est celle dont la base est une de ces figures.

QUADRANS ou TERUNCIUS, le quart de l'as, chez les Romains. Considéré comme poids, le *quadrans* valait 3 onces romaines, et 2 onces 5 gros 28 grains de nos jours. Comme monnaie, le *quadrans* valait 2 centimes 5 dixièmes de notre monnaie ou à peu près 5 deniers.

QUADRANTAL. Voy. AMPHORE.

QUADRAT, mot employé autrefois, en astrologie, pour indiquer la position de deux corps célestes éloignés l'un de l'autre d'un quart de cercle, et l'on supposait une maligne influence aux astres disposés ainsi. — C'est aussi un terme d'imprimerie désignant de petits morceaux de fonte, plus bas que les lettres, et de la largeur de trois ou quatre chiffres au moins, qui maintiennent les caractères et ne marquent point sur le papier.

QUADRATRICE, courbe inventée, dit-on, par Dynostrate pour résoudre les problèmes de la trisection de l'angle et de la quadrature du cercle. C'est une courbe mécanique qui se forme par l'intersection des rayons d'un quart de cercle avec une règle qui se meut uniformément et parallèlement à l'un des rayons extrêmes de ce quart de cercle.

QUADRATURE (astr.), mot qui a, en astronomie, la même signification qu'avait autrefois *quadrat* en astrologie. Il se dit spécialement de la lune et du soleil. Les quadratures de la lune sont encore appelées *premier* et *dernier quartier*. Voy. LUNE et PHASES.

QUADRATURE (géom.), réduction d'une figure quelconque en un carré. La quadrature du cercle est regardée comme un problème insoluble. En effet ce problème ne consiste qu'à évaluer la surface du cercle, puisque le carré n'est autre chose que la mesure commune de toute surface. Or on n'a pu trouver qu'approximativement le rapport de la circonférence au diamètre, rapport sans lequel une évaluation précise est impossible, et ce rapport est de 3,1415926.

QUADRASS (c'est-à-dire *carré*), surnom donné chez les Romains à Mercure, soit parce que le nombre quatre lui était consacré, soit parce qu'il était le quatrième jour du mois, soit enfin à cause de la forme carrée de quelques-unes de ses statues.

QUADRIFIDE, nom donné, en botanique, aux parties divisées en quatre portions par des incisions aiguës.

QUADRIGATS, nom donné aux premiers deniers d'argent qui furent fabriqués à Rome 267 ans avant J.-C. Leur nom venait de ce que l'empreinte représentait la Victoire menant un char monté de quatre chevaux, à la différence des *bigats*, qui étaient ceux où le char n'avait que deux chevaux.

QUADRIGES, chars à quatre chevaux, avec lesquels on disputait les prix publics en Grèce et à Rome. Ces chars, dont on attribue l'invention intéressée à Érichtonius, roi d'Athènes, étaient des sortes de coquilles montées sur deux roues avec un timon fort court, attelé de quatre chevaux de front.

QUADRIJUGÉE, nom donné à la feuille composée de quatre paires de folioles opposées.

QUADRIJUMEAUX. On nomme, en anatomie, *tubercules quadrijumeaux* ou *éminences bigéminées* quatre tubercules médullaires placés à la face postérieure de la protubérance cérébrale. Ils sont blancs à l'extérieur, gris à l'intérieur, oblongs, arrondis, rapprochés par paires l'un de l'autre et séparés par deux sillons qui se coupent en croix. — On a nommé *muscles quadrijumeaux* quatre muscles de la région inférieure du corps : le *pyramidal*, les *jumeaux*, le *carré de la cuisse*.

QUADRILATÈRE, terme de géométrie désignant une figure à quatre côtés, et conséquemment à quatre angles. C'est dans ce sens que *quadrilatère* est synonyme de *quadrangulaire*.

QUADRILATÈRES, tribu de crustacés, de l'ordre des décapodes, famille des brachyures. Cette tribu, qui renferme quinze genres, a pour caractères : un thoracide, c'est-à-dire un corps presque carré ou en trapèze, tantôt en forme de cœur, élargi et arrondi aux angles intérieurs, le front avancé et les pieds nus, terminés en nageoires.

QUADRILLE, petite troupe de gens à cheval, superbement montés et habillés, pour exécuter des fêtes galantes, accompagnées de joutes et de prix. Quand il n'y a qu'un quadrille, c'est proprement un *tournois*. Les joutes demandaient deux partis opposés. Les carrousels en devaient avoir au moins quatre, et le quadrille devait être composé au moins de huit ou douze personnes. Les quadrilles se distinguaient par la forme des habits ou par la diversité des couleurs. Le dernier divertissement de ce genre qu'on ait vu en France est celui que donna Louis XIV en 1662, vis-à-vis les Tuileries, dans l'enceinte qui depuis a conservé le nom de *place du Carrousel*. — Ce mot est passé dans la danse pour signifier la réunion de quatre couples dansants, ou même d'un nombre de couples dansants multiple de quatre, comme huit, seize, etc.

QUADRILOBÉ, ce qui est divisé en quatre lobes par des incisions obtuses.

QUADRILOCULAIRE, fruit à quatre loges.

QUADRIPARTI (bot.), ce qui est divisé en quatre par des incisions profondes et aiguës.

QUADRISULCES, nom donné aux mammifères dont les pieds sont terminés par quatre doigts, à sabots, traçant conséquemment quatre sillons. Les cochons, les hippopotames, etc., sont *quadrisulces*, tandis que les ruminants sont *bisulces*, c'est-à-dire à deux doigts.

QUADRIVII, dieux qui, chez les Romains, présidaient aux carrefours.

QUADRUMANE (des deux mots latins *quatuor*, quatre, et *manus*, main), terme de zoologie désignant les animaux de l'ordre des mammifères qui ont le pouce séparé aux pieds de derrière comme à ceux de devant. Les quadrumanes, parmi lesquels on range les singes, les sapajous, les makis ou lémuriens et les ouistitis, sont les animaux les plus rapprochés de l'homme.

QUADRUPÈDES (du latin *quatuor*, quatre, et *pes*, pied), nom général de tous les animaux à quatre pieds. Les anciennes classifications désignaient autrefois par ce nom ceux que les nomenclatures plus exactes ont appelés *mammifères*. Ce terme était impropre : car les lézards, les grenouilles, quadrupèdes de nature, ne l'étaient pas de classification.

QUADRUPLATEURS, délateurs romains pour les crimes d'Etat, avaient le quart des biens des condamnés.

QUADRUPLE, multiplié par quatre. — En musique, on appelle *quadruple croche* une note qui n'a que le quart de la valeur de la croche ou la moitié de celle de la double croche. Le nom de quadruple lui vient de ce que sa queue porte quatre crochets, au lieu que celle de la croche n'en porte qu'un.

QUADRUPLE, monnaie d'or espagnole qui, depuis 1786, vaut 81 francs 51 centimes. — En France, on donnait aussi ce nom à une pièce d'or fabriquée sous Louis XIII, et valant 20 livres. Elle portait d'un côté l'effigie royale, et de l'autre une croix couronnée de 4 couronnes et cantonnée de fleurs de lis.

QUADRUPLE, monnaie espagnole, usitée à la Martinique et à la Guadeloupe. Elle vaut 146 livres 5 sous à la première de ces colonies, et 160 livres à la seconde. (La livre coloniale vaut 60 centimes, et le sou 3 centimes.)

QUÆSTORIUM (FORUM). On appelait autrefois ainsi, à Rome, l'endroit du camp où était la tente du questeur, et où il tenait ses magasins. — Dans la province, c'était le lieu où le questeur tenait les bureaux de son administration.

QUAI, levée revêtue de maçonnerie, ou en pierres de taille, destinée à contenir les eaux d'un fleuve dans leur lit, ou à retenir les terres. Plusieurs grandes villes, telles que Rome et Londres, n'ont pas de quais. Les plus beaux sont ceux de Paris. Le plus ancien, celui des Augustins, date de 1312. Les quais de Paris sont une promenade magnifique.

QUAIAGE, droit qu'on lève sur les marchandises qui se déchargent sur les quais, pour subvenir à leur entretien dans les ports de commerce.

QUAICHE ou KETCH, nom donné à des navires de différentes grandeurs, portant depuis 50 jusqu'à 200 tonneaux. Ils ont un grand mât et un mât d'artimon.

QUAKERS (d'un mot anglais qui signifie *trembleurs*), secte religieuse, ainsi appelée parce que ses membres se glorifiaient des contorsions qu'ils faisaient dans leurs exercices de piété, pour paraître *trembler* en présence de Dieu. Fondée en 1649 par le cordonnier Georges Fox, cette secte passa en 1660 dans les Etats-Unis, où le nombre des quakers s'élève maintenant à 300,000. Le principe de leur doctrine est que tout homme qui recherche l'esprit divin en reçoit immédiatement l'inspiration, dont le germe est du reste dans le cœur humain. En conséquence ils n'ont pas de prêtres à part, et leur culte ne consiste qu'à attendre et à manifester au dehors cette inspiration du Saint-Esprit. La morale et la conduite des quakers est très-austère. Leur costume distinctif consiste, pour les hommes, dans des habits de couleur sombre, sans boutons, et dans un chapeau à large bord, et pour les femmes, dans une mantille noire et des tabliers verts.

QUALIFICATEUR, nom donné, en Espagne et en Italie, à ceux des membres de l'inquisition dont la charge est de déterminer par leur avis la nature, la qualité, le genre et le degré d'un crime quelconque. En Espagne, les qualificateurs étaient des théologiens appartenant d'ordinaire à l'ordre de Saint-Dominique. L'examen des livres mis à l'index était aussi de leur ressort.

QUAMOCLIT. Voy. IPOMÉE.

QUANG-SI ou KOUANG-SI, province de la Chine, bornée à l'E. et au S. par celle de Kouang-Toung, au N. par celles de Koeï-Tchéou et de Hou-Quang, et à l'O. par celle de Yun-Nan et le Tonquin. Sa superficie est de 14,670 lieues carrées, et sa population de 10,000,000 d'habitants. C'est un pays plat et fertile, bien arrosé, dont l'air est tempéré, et la culture soignée au N. et à l'E., et qui produit de la soie, de la cannelle, de la cire blanche. On y trouve les meilleures pierres propres à la composition de l'encre de Chine. Sa capitale est QUEI-LING-FOU ou KOUEI-LING, à 88 lieues de Canton.

QUANG-TOUNG. Voy. CANTON.

QUANTITÉ, tout ce qui est susceptible d'augmentation et de diminution. Il y a deux sortes de quantités : la *quantité abstraite ou chiffrée*, qui est le nombre, et la *quantité concrète*, qui est la grandeur. Cette dernière se subdivise en *quantité successive*, qui est le temps, et en *quantité continue*, qui est l'espace. — On appelle *quantité de mouvement*, en statique, le produit de la masse des corps en mouvement par leur vitesse. — En grammaire et en prosodie, la *quantité* est la durée plus ou moins considérable qu'on emploie à prononcer une lettre, une syllabe. Si l'on reste longtemps, la lettre ou la syllabe est dite *longue de quantité*, *brève* au contraire, si l'on s'y arrête peu dans la prononciation.

QUARANTAINE, mot qui signifie un nombre de quarante ou à peu près, et qui désigne spécialement le délai imposé par précaution sanitaire aux vaisseaux qui viennent de pays infectés de maladies contagieuses ou soupçonnées de l'être. Le délai de la quarantaine, fixé primitivement, comme le mot l'indique, à quarante jours, est bien diminué depuis l'affaiblissement et la rareté des maladies pestilentielles. La quarantaine se fait dans un local appelé *lazaret*. Celle que l'on doit subir en revenant d'Afrique est maintenant de sept jours.

QUARANTE, nombre cardinal, exprimant 40 unités de premier ordre ou 4 du second, c'est-à-dire 4 dizaines. — On appelle les *quarante*, à cause de leur nombre invariable, les membres de l'académie française. — En liturgie, l'oraison de *quarante heures* est une réunion de prières particulières, dont l'origine remonte à l'an 1556, pendant les guerres d'Italie, et qu'on fait devant le saint sacrement exposé dans les calamités publiques ou le jubilé. Dans l'origine elles duraient quarante heures sans interruption, ce qui leur a fait donner leur nom.

QUARANTIE, tribunal de la république vénitienne, composé de quarante membres. Il y avait trois *quaranties*, la quarantie *civile vieille*, tribunal d'appel des sentences rendues par les magistrats de la ville, la *civile nouvelle*, tribunal d'appel de celles rendues par les magistrats *extra muros*, et la quarantie *criminelle*, connaissant de tous les crimes, excepté de celui d'Etat, réservé au conseil des dix.

QUARNERO ou GUARNARO, grand golfe de l'Adriatique sur les côtes d'Illyrie, entre l'Istrie et la Dalmatie. Il est semé d'îles, et forme plusieurs beaux ports et rades.

QUART, quatrième partie d'une unité quelconque. — On appelle *quart de rond*, en architecture, une moulure tracée au compas et qui a quatre-vingt-dix degrés, c'est-à-dire le quart d'un cercle. — *Quart de soupir*, en musique, un temps de silence qui est la quatrième partie d'un soupir et l'équivalent d'une double croche; il y a aussi le *demi-quart* de soupir, qui est le silence d'une triple croche. — *Quart de vent* ou *rumb*, en marine, la trente-deuxième partie de la circonférence, ou le quart de la distance qui est entre deux des huit vents principaux. — *Quart de conversion*, en stratégie militaire, le mouvement par lequel une aile d'une troupe parcourt un quart de cercle, tandis que l'autre aile pivote de manière que le front devienne perpendiculaire à la direction qu'il occupait d'abord.

QUART, en marine, temps durant lequel la moitié de l'équipage est de service, tandis que l'autre moitié se repose. Il y a deux quarts, celui de tribord et celui de bâbord, qui sont ainsi chacun, terme moyen, de douze heures par jour pour les matelots. Les officiers ont aussi leur quart de commandement, dont la durée est proportionnée au nombre des officiers du bord.

QUART-BOUILLON (PAYS DE). On appelait ainsi avant 1790, en France, les pays qui avaient la faculté de s'approvisionner de sel par des sauneries particulières, où l'on faisait bouillir un sable imprégné d'eaux salines, à la charge de verser à leurs frais et gratuitement dans les greniers du roi le quart du produit de leur fabrication. Ce versement en nature avait été dans la suite converti en un droit pécuniaire équivalent. Dans les pays de quart-bouillon était comprise une partie de la basse Normandie.

QUART DE CERCLE, instrument de mathématiques, formé de la quatrième partie du cercle, divisée en degrés, minutes et secondes, munie d'une lunette fixe ou mobile, et servant à prendre les hauteurs, les distances, et à faire un grand nombre d'autres opérations en astronomie et dans d'autres sciences. Le *quart de cercle mural* n'est un quart de cercle solidement soutenu dans le plan du méridien par un axe horizontal introduit dans un mur massif et solide.

QUART D'ÉCU, ancienne monnaie d'argent valant environ 15 ou 16 sous. C'était environ le quart de l'écu d'or, fixé à 60 sous en 1577. Cette monnaie, frappée en France sous Henri III, eut cours jusqu'en 1646.

QUARTANUS ou QUARTARIUS, petite mesure romaine pour les choses liquides et sèches, était la moitié de l'hémine et le quart du setier (sextarius), d'où lui vient son nom Elle valait 13 centilitres et demi de nos mesures.

QUARTATION, opération métallurgique par laquelle on joint avec de l'or assez d'argent pour que, dans la masse totale, il n'y ait qu'un quart d'or contre trois quarts d'argent, parce que, sans cela, l'eau-forte (acide nitrique ou plutôt azotique) n'agirait pas sur l'alliage. Cette opération se nomme aussi *inquart*.

QUARTAUT, nom d'une ancienne mesure qui valait le quart d'un muid.

QUARTE, quatrième partie. — Dans le droit romain, on appelait *quarte falcidie* ou *falcidienne* la part des biens que l'héritier était autorisé à garder, lorsque les legs particuliers absorbaient plus des trois quarts de la succession. Il y avait à son profit un quart mis en réserve, en sorte que les legs devaient être réduits jusqu'à due concurrence. On désignait par *quarte trébellianique* le quart des biens qui devait rester à l'héritier lorsqu'il était chargé de rendre l'hérédité à un autre.

QUARTE, intervalle de musique compris entre quatre notes ; ainsi de *ut* à *fa* il y a une *quarte*, et l'on dit que *ut fa* est une *quarte*. On a regardé longtemps cet intervalle comme dissonant ; plusieurs maîtres ont prétendu qu'étant le renversement de la quinte, intervalle consonnant, la quarte l'est aussi. Dans les accords où l'on emploie la quarte, on doit la préparer pour éviter l'effet dur et désagréable qu'elle produirait si on la faisait entendre sans cette préparation. Cette préparation consiste à faire entendre dans l'accord précédent une des deux notes qui forment la quarte de l'accord suivant ; la quarte est dite alors *préparée*. Elle doit aussi être résolue, c'est-à-dire qu'une des notes qui la forment doit se faire entendre dans l'accord suivant. On distingue la *quarte diminuée*, qui a quatre demi-tons (de *ut* dièse à *fa*) ; la *quarte simple*, cinq demi-tons (*ut* à *fa* naturels) et la *quarte augmentée*, six demi-tons (*ut* à *fa* dièse).

QUARTE (Fièvre), nom donné à une fièvre intermittente dont les accès ont lieu de trois en trois jours. Elle se montre particulièrement en automne. Les fièvres quartes ont une durée plus longue, et sont d'une guérison plus difficile que les autres. — La *fièvre quarte-doublée* est celle qui a, de trois en trois jours, deux accès dans le même jour.

QUARTE. Dans la langue de l'escrime, c'est la manière de porter un coup, en tournant le poignet en dehors. — La quarte est encore une mesure ancienne qui contenait deux pintes. .

QUARTEL, nom donné, au Brésil, à de petits postes militaires établis dans les lieux déserts de l'intérieur et de la côte, pour protéger les voyageurs.

QUARTERON, poids qui est la quatrième partie de la livre, et qui était autrefois très-employé, surtout dans le détail des denrées. — Dans les colonies, on appelle ainsi celui qui provient de l'union d'un blanc et d'une mulâtresse ou d'un mulâtre et d'une blanche.

QUARTIENS ou QUARTUAIRES, ancienne milice de Pologne et de Lithuanie, destinée à la garde des frontières et à empêcher les incursions des Tartares.

QUARTIER. Ce mot a primitivement signifié une partie d'un tout divisé en quatre. Il a ensuite été étendu à une partie d'un tout divisé en un nombre quelconque de parties. — On nomme aussi *quartier* : 1° les parties dans lesquelles une ville est divisée ; 2° l'espace de trois mois, faisant le quart de l'année ; 3° la quatrième partie du cours de la lune, à partir de la nouvelle lune ; le premier et le dernier quartier sont ce qu'on appelle encore *quadratures* ; 4° chaque degré de descendance dans une ligne paternelle ou maternelle ; 5° la quatrième portion d'un écusson écartelé, etc.

QUARTIER, lieu occupé par un corps de troupes, soit en garnison, soit en campagne. Le *quartier général* est le lieu occupé par les officiers généraux et leur état-major. Les généraux grecs et romains l'établissaient au milieu du camp de leurs cohortes ou légions. Les généraux modernes le placent toujours à proximité des camps des cantonnements ou des rassemblements de troupes.

QUARTIER-MAITRE, officier du rang de lieutenant ou de capitaine, qui est chargé du logement, du campement, des subsistances et des distributions, et en outre de la caisse et de la comptabilité. Le quartier-maître trésorier d'un régiment est le secrétaire du conseil d'administration, envers lequel il est responsable des fonds mis à sa disposition par le payeur. Ce grade, créé en 1762, ne réunit qu'en 1776 les fonctions de trésorier à celles qu'il avait déjà.

QUARTIER-MAITRE, officier maritime, faisant partie de l'équipage d'un vaisseau. Il est chargé d'aider dans leurs fonctions le maître et le contre-maître, dirige les matelots dans tout ce qui concerne le service et la manœuvre, fait exécuter les ordres du commandant, et s'occupe plus spécialement du service des pompes.

QUARTIER-MAITRE GÉNÉRAL, fonction temporaire, en usage chez quelques puissances européennes, et qui donne à son titulaire une partie des fonctions que remplit un chef d'état-major général d'armée. C'est lui qui choisit les lieux de campement, le rend propre à cet effet, transmet les ordres de mouvement des troupes, et en dirige l'exécution.

QUARTILE, nom que les astrologues donnaient à la situation de deux planètes éloignées l'une de l'autre du quart de la circonférence.

QUARTINHO ou DEMI-LISBONNINE, de 1,200 reis ; monnaie d'or du Portugal, qui vaut 8 francs 49 centimes.

QUARTINO, monnaie d'or de Rome qui vaut à peu près 1 franc 8 centimes de notre monnaie.

QUARTO-DÉCIMANTS, nom donné anciennement à ceux qui prétendaient qu'on devait célébrer Pâques le quatorzième jour de la lune de mars. Les Asiatiques furent quarto-décimants jusqu'au premier concile général de Nicée, qui fixa invariablement la Pâque au dimanche d'après le 14 de la lune pour tout le monde chrétien.

QUARTUMVIRS, magistrats inférieurs chez les Romains, avaient soin des rues les jours des pompes religieuses. Ils étaient au nombre de quatre, et ne doivent pas être confondus avec les quatuorvirs.

QUARTZ, minéral exclusivement composé de silice, avec quelques traces fort légères d'alumine. Pur, le quartz est blanc, mais le mélange de substances étrangères lui donne des couleurs variées, et produit ainsi presque toutes les pierres précieuses. Le quartz anhydre prend le nom d'*hyalin*, qui, complètement et régulièrement cristallisé, est le *cristal de roche*. Hydraté, c'est l'*opale*. On distingue encore deux autres espèces de quartz : l'*agate* et le *jaspe*. On trouve le quartz dans les terrains primitifs, secondaires et de transition. Dans les Andes du Pérou, il repose sur le porphyre, et atteint l'immense épaisseur de 2,000 mètres.

QUASI-CONTRAT. On appelle ainsi un engagement obligatoire qui n'a pas le caractère du contrat en ce qu'il n'est pas le résultat d'une convention. Les principaux quasi-contrats sont : 1° celui qui résulte de la gestion volontaire d'un bien, et qui entraîne nécessairement la reddition de compte ; 2° celui qui résulte du payement d'une chose et qui entraîne la restitution.

QUASI-DÉLIT, fait illicite qui, sans être punissable, cause à autrui un dommage qui exige une réparation. Chacun étant responsable de ses actes, à moins qu'il ne soit tombé en démence, doit réparer les torts que cause à autrui une faute même involontaire.

QUASIMODO, le dimanche de l'octave de Pâques, ainsi appelé parce que l'introït de la messe commence ce jour-là par les mots : *Quasimodo geniti infantes*. On lui donne encore le nom de dimanche *in albis*, parce que ceux qui avaient été baptisés à Pâques allaient, le jour de l'octave, déposer dans la sacristie leurs vêtements blancs.

QUASS, liqueur fermentée que l'on obtient en versant de l'eau chaude sur de la farine de seigle ou d'orge. C'est la boisson favorite des paysans russes.

QUASSIER, genre de la famille des rutacées, division des simaroubées, renfermant une seule espèce transportée de la Guyane en 1722, et connue sous le nom de *bois de quassi*, qui lui vient, selon Linné, d'un Éthiopien appelé Quassi, lequel fit le premier connaître les propriétés toniques et fébrifuges de la racine, ainsi que l'extrême amertume de son bois. Cette plante est un arbrisseau de deux à trois mètres de hauteur, à l'écorce mince, jaune grisâtre, aux feuilles éparses, aux fleurs disposées en grappes allongées et d'un beau rouge, aux fruits donnant cinq drupes ovales peu charnues.

QUATERNAIRE, qui a rapport à quatre. Le nombre *quaternaire* était révéré des pythagoriciens, parce qu'avec le nombre trois il formait celui de sept, auquel étaient attachées, suivant eux, une infinité de vertus. — Le nombre *quatre* était consacré à Mercure, parce que ce dieu était né le quatrième jour du mois.

QUATERNE, combinaison de quatre numéros pris à la loterie et sortis ensemble de la roue. Le quaterne gagnait soixante-quinze mille fois la mise. Le quaterne déterminé ne se jouait pas. Au jeu de loto, le quaterne est de quatre numéros placés sur la même ligne horizontale et gagnant ensemble.

QUATERNÉ, disposé quatre par quatre, c'est-à-dire paire par paire. On donne ce nom, en botanique, à toutes les parties des plantes qui suivent cette disposition. Les feuilles de la croisette, les pétales de toutes les crucifères, les anthères du lierre terrestre sont *quaternées*.

QUATRAIN, assemblage de quatre vers, renfermant un sens complet aiguisé par une moralité ou une pensée saillante. Les quatrains du sire de Pibrac sur la politesse sont connus de tout le monde.

QUATRE. Voy. QUATERNAIRE.

QUATRE-SEMENCES, nom sous lequel on connaissait autrefois plusieurs sortes de graines, jouissant, à ce que l'on prétendait, de propriétés puissantes contre toutes les maladies. Les quatre-semences se divisaient en *chaudes* et en *froides*, et chacune de ces deux divisions en deux sections, les *mineures* et les *majeures*. Il y avait quatre semences chaudes majeures : l'anis, le carvi, le cumin et le fenouil ; quatre semences chaudes mineures : l'ache, l'ammi commun, la carotte et le persil ; quatre semences froides majeures : le concombre, la courge, la citrouille et le melon ; quatre semences froides mineures : la chicorée sauvage, l'endive, la laitue et le pourpier.

QUATRE-TEMPS, jeûne observé par l'Église au commencement de chaque saison de l'année, les mercredi, vendredi et samedi. Déjà établi du temps de saint Léon, ce jeûne fut ordonné en France par Charlemagne en 769 ; et Grégoire VII, dans le xıe siècle, fixa définitivement les quatre semaines comme elles sont aujourd'hui.

QUATRE-VALLÉES (LES), petit pays de France, faisant partie de l'Armagnac, et ainsi nommé à cause des vallées de Magnoac, d'Aure, de Barousse et de Neste dont il est formé. Il est maintenant enclavé dans le département des Hautes-Pyrénées.

QUATRINO, petite monnaie de cuivre, à Rome. Elle vaut le quart d'une bayoque ou environ 2 centimes.

QUATUOR (mot latin qui signifie *quatre*), morceau de musique vocale ou instrumentale, à quatre parties, pour voix ou pour instruments. Les quatuor pour instruments à cordes sont d'ordinaire écrits pour deux violons, un alto et un violoncelle, et comprennent quatre parties : un premier morceau *allegro* ou *moderato*, un andanté, un menuet ou *scherzo* et un final. Haydn est le premier qui ait organisé le quatuor, et les siens sont des chefs-d'œuvre. Après lui on cite Mozart, Boccherini, Beethoven, et de nos jours Georges Onslow. — En instrumentation, on donne le nom de *quatuor* ou *symphonie* à l'ensemble des instruments à cordes, tandis que celui des instruments à vent s'appelle *harmonie*.

QUATUORVIRS, magistrats romains au nombre de quatre. Ils étaient chargés de la conduite des colonies. Ceux qu'on appelait *quatuorvirs ab œrario* étaient les administrateurs des deniers publics dans les colonies et les villes municipales.

QUATUORVIRS NOCTURNES. Voy. QUESTEURS.

QUÉBEC, grande et belle ville de l'Amérique septentrionale, capitale du Bas-Canada, sur le Saint-Laurent, qui, à son confluent avec le Saint-Charles, y forme un bassin très-étroit, ce qui a fait donner à la ville le nom de Québec (en langue algonquine, *rétrécissement*). Elle a environ 30,000 habitants, dont deux tiers au moins d'origine française, une université catholique, un évêque catholique et un anglican. Elle est le siège de l'intendance, du tribunal souverain et du gouverneur général du Bas-Canada. Ses édifices remarquables sont l'hôpital général, l'Hôtel-Dieu, la cathédrale, l'arsenal, de belles casernes, etc. Divisée en haute et basse, Québec a un port assez vaste pour contenir 100 vaisseaux de ligne et bien fortifié. Elle a été fondée par les Français en 1608.

QUEDLINBOURG, ville de Prusse, dans la régence et à 12 lieues de Magdebourg, partagée par la rivière de Bude en vieille et nouvelle ville. Elle a 11,000 habitants, et a donné le jour au célèbre Klopstock. Elle a une ancienne communauté protestante de femmes. L'abbesse siégeait comme princesse de l'empire parmi les prélats du Rhin.

QUEEN'S-COUNTY (comté de la reine), comté d'Irlande, dans le Leinster, borné au N. par le King's-County, au S. par celui de Kilkenny, à l'O. par celui de Tipperary, et à l'E. par ceux de Kildare et de Carlow. C'est un pays peu fertile, ayant de bons pâturages, mais couvert de bois et marais; sa population est de 90,000 habitants, et sa capitale QUEEN's-TOWN ou *Maryborough*, à 21 lieues de Dublin.

QUELEN (Hyacinthe-Louis DE) né en 1778, mort en 1839 archevêque de Paris et membre de l'Académie française.

QUELUS (Jacques DE LEVIS, comte DE), jeune seigneur d'une figure agréable, devint l'un des mignons de Henri III. S'étant battu en duel le 27 avril 1578 contre d'Entragues, il reçut dix-neuf blessures, et mourut trente-trois jours après, à l'âge de vingt-quatre ans, entre les bras du roi, qui lui fit élever un superbe mausolée en marbre dans l'église Saint-Paul.

QUENOUILLE, petit bâton sur lequel les femmes roulent la laine, la soie, le chanvre ou le lin qu'elles veulent filer. C'était un attribut des Parques et en particulier de Clotho. On représente aussi avec une quenouille Némésis et Hercule filant aux pieds d'Omphale. Dans les cérémonies du mariage à Rome, on portait derrière la nouvelle mariée une quenouille garnie de laine, pour lui rappeler ses occupations futures. — On dit d'un royaume qu'il tombe en *quenouille* lorsque les femmes y succèdent à la couronne. Celui de France n'est point de cette classe.

QUENTIN (Saint), est regardé comme l'apôtre de la ville d'Amiens et d... tout le Vermandois. On croit qu'il souffrit le martyre durant la persécution de Dioclétien, le 31 octobre 287. On fait la fête le jour anniversaire de sa mort.

QUENTIN (SAINT-), ville de France, chef-lieu d'arrondissement du département de l'Aisne, à 10 lieues et demie de Laon et 35 de Paris, sur la rive droite de la Somme et à la tête du canal de son nom. Sa population est de 17,700 habitants. Elle a des tribunaux de première instance et de commerce, un conseil de prud'hommes, une chambre consultative de manufacture, un collège communal, une bibliothèque et un théâtre. Saint-Quentin est renommée pour l'industrie de ses habitants. Les gazes, le linon, les mousselines, batistes, calicots, percales, cotonnades, piqués, châles, le coton, les dentelles d'argent en sont les principaux produits.

QUENTIN (BATAILLE DE SAINT-), gagnée le 10 août 1557, par Philibert, duc de Savoie, général des troupes de Philippe II, roi d'Espagne, sur le connétable de Montmorency, qui la perdit par son imprudence et fut fait prisonnier. En mémoire de cette victoire, Philippe II fit élever près de Madrid le palais de l'Escurial.

QUENTIN (CANAL DE SAINT-), canal qui fait communiquer l'Escaut avec l'Oise, la Seine et la Loire. Il commence à Saint-Quentin, et s'étend d'un côté jusqu'à l'Oise, et de l'autre jusqu'à l'Escaut en traversant deux montagnes sous deux voûtes que l'on va voir à Bellicourt près du Câtelet, et dont l'une a 559 et l'autre 3,993 toises de longueur.

QUERCITRON, espèce du genre *chêne*, originaire de l'Amérique du Nord. Cet arbre arrive à une hauteur de soixante à soixante-dix pieds; il acquiert une grosseur proportionnée à sa taille. Son bois, rougeâtre et poreux, porte une écorce noire, et sa cime est ornée d'un beau feuillage. Le chêne quercitron brave les hivers les plus rigoureux. Ses glands sont arrondis, un peu déprimés et à moitié recouverts par leur cupule. Son écorce fournit une belle couleur de citron foncé.

QUERCY, contrée de France, comprise dans l'ancienne province de Guyenne et formant aujourd'hui le département du Lot et une partie de celui de Tarn-et-Garonne. Ses bornes étaient au N. le Limousin, au S. le haut Languedoc, à l'O. le Périgord et l'Agénois, et à l'E. le Rouergue et l'Auvergne. Divisé en *haut Quercy*, capitale *Cahors*, et *bas Quercy*, capitale *Montauban*, il dut son nom aux Cadurques qui l'habitaient au temps de l'invasion romaine. Charles VI le réunit à la couronne.

QUERETARO, l'un des Etats de la république mexicaine, borné au N. par celui de San-Luis Potosi ou Tamaulipas, au S. par celui de Mexico, à l'O. par ceux de Guanaxato et de Mechoagan, et à l'E. par celui de Puebla et le territoire de Tlascala. Sa superficie est de 1,000 lieues carrées, et sa population de 88,000 habitants. — Sa capitale est QUERETARO, grande et belle ville de 35,000 habitants, entourée de jardins délicieux, à 39 lieues de Mexico. Elle fait un grand commerce de tabac. C'est une des villes les plus manufacturières de l'Amérique.

QUESNAY (François), né en 1694 à Ecqueville (Seine-et-Oise), ne savait pas lire à seize ans. L'instruction qu'il reçut du chirurgien de son village le détermina à embrasser la profession de la chirurgie et de la médecine, qu'il exerça d'abord à Mantes, puis à Paris où il devint chirurgien ordinaire du roi, professeur royal et secrétaire perpétuel de l'académie de chirurgie, et où il mourut en 1774. Outre sa renommée comme praticien habile, il s'est encore acquis un grand nom par ses talents dans l'économie politique dont il a été le réformateur.

QUESNE (Du). Voy. DUQUESNE.

QUESNEL (Pasquier), né en 1634, entra en 1657 dans la congrégation de l'Oratoire, et publia en 1693 son fameux livre intitulé *Réflexions morales sur le Nouveau Testament*, qui fut d'abord adopté par presque tout le clergé de France et qui lui attira la persécution des jésuites. Réfugié à Bruxelles, le père Quesnel eut la gloire de traiter avec la cour de Rome par ambassadeur; mais le pape Clément XI lança en 1713 sa célèbre bulle *Unigenitus*, qui condamnait cent et une propositions de ce livre. Il avait eu cependant l'approbation de Bossuet. Toujours en butte aux persécutions comme chef du parti janséniste, Quesnel fut arrêté à Bruxelles par les jésuites, mais il s'évada et alla mourir à Amsterdam en 1719.

QUESNOY (LE), petite ville de France, chef-lieu de canton du département du Nord, dans l'arrondissement et à 7 lieues d'Avesnes, dans une belle plaine arrosée par la Rhouelle. Elle a aujourd'hui 4,000 habitants et un collège communal. C'est une place forte qui a soutenu plusieurs sièges. Prise en 1712, elle fut la même année reprise par les Français. Prise en 1793 par les Autrichiens, elle fut reprise par les Français en 1794. Le Quesnoy avait autrefois un collège royal, plusieurs couvents, des hôpitaux, des casernes. Elle commerce en bois de chêne, fer, lin, bestiaux, toiles, etc.

QUESTEUR, magistrat romain chargé de l'administration des revenus publics. Selon les uns, cette charge remonte aux premiers siècles de Rome, et les questeurs d'abord nommés par les rois, puis par les consuls, furent, depuis 307 de Rome, élus dans les assemblées du peuple par tribus. Selon les autres, les premiers questeurs furent deux patriciens choisis par le peuple lors de l'expulsion des rois. En 333 de Rome, outre les deux questeurs de la ville, on en nomma deux autres qui accompagnèrent les consuls à la guerre et furent pour cela nommés *peregrini*, tandis que ceux de la ville s'appelaient *urbani*. Vers l'an 439 de Rome, on créa quatre questeurs provinciaux, qui accompagnaient dans les provinces les propréteurs et les proconsuls. Sylla en porta le nombre à vingt, Jules César à quarante, et les empereurs l'augmentèrent d'une manière variable. Voy. QUESTURE.

QUESTEUR DU SACRÉ PALAIS, un des principaux dignitaires de l'empire d'Occident, chargé de souscrire les rescrits impériaux ainsi que les réponses aux requêtes, et de préparer les lois et les constitutions promulguées ensuite par les empereurs. Cet emploi, institué par Constantin, était d'ordinaire confié à un jurisconsulte.

QUESTEURS NOCTURNES, magistrats inférieurs, au nombre de quatre, choisis dans le collège des vigintivirs et chargés de prévenir les incendies et d'arrêter les vagabonds. Leur nombre les a fait appeler aussi *quatuorvirs nocturnes*.

QUESTION, proposition qu'on veut éclaircir. — En style parlementaire, le mot *question préalable* est une expression souvent employée depuis 1789 pour faire écarter une motion regardée comme intempestive ou inconstitutionnelle, en faisant discuter préalablement une autre question. La question préalable a été depuis peu remplacée par la *clôture*, l'*ordre du jour*.

QUESTION, épreuve douloureuse et barbare par laquelle on cherche à arracher la vérité de la bouche d'un criminel. Les Grecs et les Romains n'infligeaient la question qu'aux esclaves. A Athènes, c'était trente jours après la condamnation, et la question n'était point préparatoire. La question était un long et cruel supplice, aboli seulement par la révolution; car Louis XVI n'avait fait qu'abolir la question préparatoire. Les plus douloureuses de toutes les questions étaient celles du *brodequin*, de l'eau chaude que l'on faisait avaler au patient à pleins seaux, du plomb fondu que l'on versait dans les oreilles, les yeux et la bouche, du *chevalet*, etc.

QUESTIONNAIRE, bourreau chargé d'administrer la question, et assisté d'un médecin, qui avertissait le magistrat instruisant le procès si le patient pouvait ou non supporter l'épreuve sans risque de la vie.

QUESTURE, charge du questeur. C'était le premier pas dans la carrière des honneurs. Il fallait avoir vingt-sept ans et avoir fait dix campagnes pour y prétendre. La questure ne donnait pas de licteurs, parce que les questeurs n'avaient pas le droit de faire arrêter les citoyens, et qu'ils pouvaient eux-mêmes être traduits devant le préteur. Sous les empereurs, cette charge, qui rendait le titulaire trésorier de l'Etat à Rome, en province ou à l'armée, fut divisée. On distingua le trésor public (*ærarium*) de celui du prince (*fiscus*), et ces deux trésors furent confiés à des officiers spéciaux.

QUESTURE. Dans la chambre des députés, cette charge donne l'administration intérieure de la chambre. Les questeurs, au nombre de deux, sont élus au scrutin secret et à la majorité absolue.

QUÉTINEAU (Pierre), général républicain, né à Puy-Notre-Dame (Maine-et-Loire) vers 1757, parvint à ce haut grade par ses talents et son courage, comme aussi par la protection de Dumouriez. Il servait dans la Vendée, où il commandait la division de Bressuire, et où les troupes royales le battirent constamment. Il fut même forcé de leur rendre Thouars. Arrêté sous prétexte de trahison et conduit à Paris, il fut condamné à mort par le tribunal révolutionnaire, et exécuté en 1794.

QUEUE, appendice qui termine le corps de certains animaux, et qui n'est autre chose que le prolongement de la colonne vertébrale. Chez la plupart des mammifères, cet organe ne sert que peu aux mouvements; mais, chez les kangaroos, les gerboises, etc., il forme avec les pieds de derrière une espèce de trépied sur lequel l'animal s'élance, et devient ainsi un instrument puissant de locomotion. Il sert à un grand nombre de singes pour se suspendre aux branches; enfin, chez les cétacés, la queue prend un accroissement énorme, et devient l'agent principal de la natation. — En parlant des oiseaux, on appelle *queue* les plumes qui sortent du croupion. — On nomme vulgairement *queue*, dans les plantes, le *pédoncule* et le *pétiole*. — La *queue* d'une comète est la traînée lumineuse qui la suit. — Au billard, c'est un long bâton arrondi, plus petit à une extrémité qu'à l'autre. On s'en sert pour pousser les billes. — *Queue* se dit encore, 1° d'une sorte de futaille ancienne contenant un muid et demi; 2° de la partie la plus large du giron dans une marche tournante d'un escalier à noyau ou à vis; 3° de la partie du violon, de l'alto, du violoncelle et de la contre-basse à laquelle est attachée l'extrémité inférieure des cordes. — On nomme *lettres scellées sur simple queue*, en termes de chancellerie, celles dont le sceau est sur cette partie de parchemin que l'on coupe en forme de queue pour y attacher le sceau ; *lettres scellées sur double queue*, celles dont le sceau est sur une bande de parchemin qui passe au travers des lettres. — Les pachas de Turquie font porter devant eux des étendards composés d'un bâton surmonté d'un croissant, et sur lequel flotte une queue de cheval. Le nombre de queues augmente avec la dignité. Un pacha à trois queues est le plus haut placé dans la hiérarchie militaire. — En botanique , la *queue de cheval* est la *prêle*; la *queue de pourceau* est le *peucédane*.

QUEUE DE LA MOELLE ALLONGÉE. On a nommé ainsi un rétrécissement plus ou moins prononcé que présente le prolongement rachidien de l'encéphale au niveau du grand trou occipital, à l'endroit où il se continue avec la protubérance cérébrale.

QUEUE DE RAT, nom donné 1° à une dartre allongée qui survient aux jambes des chevaux, sur la face postérieure et sur le trajet du tendon ; 2° à des cordages qui sont plus gros par le bout où ils sont attachés, et qui vont toujours en diminuant jusqu'à l'autre bout; 3° à une lime ronde dont les arquebusiers se servent pour agrandir et limer des trous.

QUEUX DE FRANCE (Grand), nom d'un ancien officier de la maison des rois de France. Il commandait tous les officiers de la cuisine et de la bouche. Cet office n'appartenait qu'à des gentilshommes. — Cette expression vient du latin *coquus*, cuisinier, d'où on avait fait *quoeux* dans le moyen âge.

QUEVEDO Y VILLEGAS (Francisco de), célèbre poëte espagnol, que sa brillante universalité a fait surnommer le *Voltaire de l'Espagne*, né en 1570 à Villanueva de l'Infantado. Il devint chevalier de Saint-Jacques. Enveloppé dans la disgrâce du duc d'Ossuna, il fut emprisonné, et ne sortit des cachots en 1612 que pour y être replongé en 1641. Il y resta encore vingt-deux mois ; on reconnut trop tard son innocence. Il mourut de chagrin en 1645. Les plus connus de ses ouvrages sont le *Parnasse espagnol* et la *Vie de l'aventurier don Pablo*, roman très-intéressant.

QUEVEDO (Pierre d'Alcantara de), né en 1736 à Villanova di Frens (Estramadure), devint en peu de temps chanoine de Salamanque, inquisiteur du saint-office et évêque d'Orense (1776). Il administra son diocèse avec autant de sagesse que d'humanité, refusa deux fois l'archevêché de Séville, et reçut en 1816 la barrette de cardinal. Il mourut en 1818, grand-cordon de l'ordre de Charles III.

QUEYRAS, sur la rive droite du Guil, petite ville du département des Hautes-Alpes, dans l'arrondissement et à 8 lieues S.-E. de Briançon. C'est en face de ce bourg, nommé aussi *Ville-Vieille*, que s'élève le château de Queyras, mis au nombre des places de guerre du département. Il est assis sur un rocher aigu et escarpé, fendu par une profonde crevasse où coule le Guil, sur lequel deux ponts hardis ont été jetés.

QUIBERON, ville de France, chef-lieu de canton du département du Morbihan, dans l'arrondissement et à 7 lieues de Lorient, dans une presqu'île assez peuplée, entourée vers la pointe S.-E., de petites îles qui forment une baie profonde, d'un mouillage sûr et l'une des plus vastes de l'Europe, protégée par le fort Penthièvre, construit en 1746, lors de la première descente des Anglais. C'est à Quiberon que débarquèrent en 1795 (le 28 juin) 3,200 émigrés commandés par le comte d'Hervilly. Après dix-neuf jours d'une inconcevable inaction, ils attaquèrent le général Hoche, qui s'était retranché sur la côte et qui les battit complétement. La plupart périrent sur le champ de bataille, et de cette armée qui s'était grossie de plus de 17,000 insurgés 3,500 hommes seulement restèrent sous le commandement du jeune de Sombreuil. Ils se rendirent à discrétion aux républicains, qui les fusillèrent sans pitié à Vannes.

QUICHOA, langue que parlent les Indiens du Pérou.

QUICHOTTE (Don), personnage ridicule, héros du célèbre roman de Cervantes, dans lequel il a voulu tourner en dérision les derniers restes de la chevalerie errante. Le roman de *Don Quichotte de la Manche* est le plus beau monument de la littérature espagnole.

QUIDITÉ, terme employé par les anciens scolastiques pour signifier quelque chose ayant en soi une réalité. Selon les réalistes, les idées générales, n'étant pas de simples conceptions purement subjectives ou intellectuelles, étaient des *quidités*.

QUIEN DE LA NEUFVILLE (Jacques le), né à Paris en 1647 d'une ancienne famille du Boulonnais, s'est fait un nom par son *Histoire générale de Portugal*, ouvrage estimé qui parut en 1700 et lui mérita une place à l'académie des inscriptions (1706), une pension de 1,500 livres du roi de Portugal, ainsi que l'ordre du Christ (1713). Il mourut en 1728 à Lisbonne, où il avait accompagné l'ambassadeur de France.

QUIÉTISTES, nom sous lequel on connut du XVIIe siècle les partisans du prêtre Molinos, parce que le principal point de leur doctrine était que l'on doit s'anéantir soi-même pour s'unir à Dieu, et demeurer dans une parfaite *quiétude*, c'est-à-dire une simple contemplation d'esprit, sans réfléchir et sans se troubler en aucune sorte de ce qui se passe dans le corps. Voy. Molinos et Guyon.

QUIÉTORIUM (du latin *quies*, repos), nom que les Romains donnaient à l'urne où ils renfermaient les cendres des morts.

QUIETUS (Fulvius), second fils de Macrien, partagea l'empire avec lui et son frère Macrien le Jeune, l'an 261 de J.-C. Il resta en Orient tandis que son père et son frère marchèrent vers l'Illyrie. Leur défaite et leur mort le forcèrent à se retirer dans Emèse, où Odénat, prince de Palmyre, vint l'assiéger. Les habitants le sacrifièrent à leur sûreté, et après l'avoir tué jetèrent sa tête dans les fossés en 262. Il avait régné dix-sept mois.

QUILLAGE, droit que les vaisseaux marchands doivent payer dans les ports la première fois qu'ils y entrent.

QUILLE, longue pièce de bois droite, plus haute que large, qui va de la poupe à la proue d'un navire dont elle est la colonne vertébrale. C'est la base sur laquelle on construit toute la carcasse du vaisseau.

QUILLEBOEUF, petite ville de France, chef-lieu de canton du département de l'Eure, dans l'arrondissement et à 8 lieues de Pont-Audemer, sur la Seine, près de son embouchure. C'est vis-à-vis de Quillebœuf que se trouve la barre, composée de sables mouvants qui rendent le passage de la rivière difficile. Le port de Quillebœuf est très-important pour le commerce. Cette petite ville a 3,100 habitants.

QUILLET (Claude), né à Chinon en 1604, y pratiqua la médecine avec réputation. Il fut ensuite secrétaire du maréchal d'Estrées, ambassadeur de France à Rome. Il publia en Hollande, en 1655, sous le pseudonyme de *Calvidius Laelus*, un poëme en vers latins intitulé *Callipédie* ou l'art d'avoir de beaux enfants. Quillet mourut en 1661.

QUILLOTA, province du Chili, bornée au N. par celle de Coquimbo, à l'O. par la mer, au S. par celle de Melipilla, et à l'E. par celle d'Aconcagua. Sa population est de 14,000 habitants. Elle a de riches mines d'or et de cuivre, et produit du chanvre, du vin, du blé, du miel excellent. Sa capitale est Quillota ou Saint-Martin de la Concha, située dans une vallée charmante, sur l'Aconcagua.

QUILOA, royaume de l'Afrique orientale, sur la côte de Zanguebar, entre Mozambique et Mélinde. C'est un pays très-fertile, tributaire des Portugais. — Sa capitale est Quiloa, ville forte et maritime, située au fond d'une vaste baie, au S. du cap Falco. Ancienne capitale de l'Afrique orientale, cette ville, prise en 1529 par les Portugais, dépend maintenant du roi de Mascate. Elle est l'entrepôt d'un grand commerce d'or avec Sofala.

QUILOMBO, nom donné, au Brésil, à la réunion de quelques cabanes de feuillage, construites à la hâte par des nègres fugitifs, pour leur servir d'abri. Le plus célèbre dans l'histoire du Brésil est celui de *Palmarès ;* mais cette dénomination est fausse, car Palmarès, d'abord simple Quilombo, établi en 1650, était, au bout de quelques années (vers la fin du XVIIe siècle), une ville de 20,000 habitants, bien fortifiée. Les noirs y formaient une république régie par des lois très-sévères, sous la direction d'un chef électif nommé *Zombé*, qui conservait son pouvoir pendant toute sa vie. Cet établissement donna de l'inquiétude au gouvernement portugais, qui en ordonna la destruction. Après plusieurs combats, Palmarès fut détruit de fond en comble, et ses habitants réduits en esclavage. On ne trouve plus que des ruines de cette ville, qui était située dans la province actuelle des Alagoas.

QUIMPER-CORENTIN, ainsi surnommée de saint Corentin, son premier évêque, ville de France, ancienne capitale de la basse Bretagne, et aujourd'hui chef-lieu du département du Finistère, au confluent de l'Odet et du Fleyr, rivières pouvant porter des navires de 300 tonneaux, et à 3 lieues et demie de l'Océan. Sa population est de 9,900 habitants. Elle a un évêché suffragant de Tours, érigé dans les premiers siècles de l'ère chrétienne, des tribunaux de première instance et de commerce, un collége communal, un grand et un petit séminaire, une société d'agriculture, une école de navigation, une bibliothèque de 7,000 volumes, un théâtre, etc. Quimper a une fort belle cathédrale gothique et d'autres monuments remarquables. Elle est à 136 lieues de Paris.

QUIMPERLÉ, ville de France, chef-lieu d'arrondissement du département du Finistère, à 11 lieues de Quimper et 3 de la mer, au confluent de l'Isole et de l'Elle. Elle a 6,500 habitants, un tribunal de première instance, un syndicat maritime, une société d'agriculture, un entrepôt des tabacs et des poudres, un collége et un jardin botanique. Quimperlé était autrefois la résidence des princes bretons.

QUIN (James), célèbre acteur anglais, né à Londres en 1693, débuta en 1714 sur le théâtre de Drury-Lane, à Londres, dans *Tamerlan*, et s'attacha en 1717 au théâtre de Rich, dans Lincoln's-Inn-Fields. Il passa en 1739 à Covent-Garden, et de là à Drury-Lane, où il fut successivement possesseur des premiers emplois jusqu'à l'époque où Garrick parut (1741). Il lutta encore pendant longtemps et avec assez de bonheur contre ce rival, et se retira en 1753. Il mourut en 1766.

QUINARIUS, petite monnaie romaine, moitié du denier. On l'appelait encore *victoria*, parce qu'elle portait une effigie de la Victoire. Jusqu'à l'an 34 avant J.-C., le quinarius valut 2 sesterces, c'est-à-dire 40 centimes. Il suivit ensuite les variations du denier.

QUINAULT (Philippe), le créateur de la tragédie lyrique en France, genre dans lequel il n'a point encore été surpassé. Né en 1635, il fit en 1653 sa première comédie, *les Rivales*, et il poursuivit en donnant une foule d'autres pièces qui eurent le même succès et le firent recevoir à l'académie française en 1670. L'année suivante, il acheta une charge d'auditeur des comptes. Depuis cette époque jusqu'en 1686, il ne fit que des opéras dont Lulli composait la musique, et qui lui valurent une pension de 2,000 livres de Louis XIV. Quinault mourut en 1688. La fadeur de presque toutes ses pièces explique le jugement néanmoins injuste de Boileau, qui ne mit souvent le nom de Quinault, dans ses vers, que pour la rime, à la place de celui de Boursault, avec lequel il avait été brouillé, mais qui s'était réconcilié avec lui.

QUINCAILLERIE, infinité de marchandises en fer, en acier, en bronze, etc., servant à divers arts industriels et à l'agriculture. Les couteaux, canifs, ciseaux, les haches, faux, faucilles, pelles, les cadenas, serrures, les limes, etc., sont de la *quincaillerie*. La quincaillerie allemande, autrefois supérieure, et appelée aujourd'hui *de balle*, est la moins chère et la plus commune. La nôtre est la plus estimée après celle de l'Angleterre, dont la meilleure se fabrique à Birmingham. On tire particulièrement la quincaillerie de Saint-Étienne, Thiers, Nevers, Beaumont (Haut-Rhin), Châtillon-sur-Loire, etc.

QUINCONCE (qui est disposé en échiquier), disposition de plants d'arbres à distances égales, et rangés en lignes parallèles, tant en longueur qu'en largeur. Les quinconces étaient connus des Romains. On cite au nombre des beaux quinconces celui des Invalides de Paris et ceux de Bordeaux qui longent la rive droite de la Garonne. — Ce mot est passé aussi dans la langue militaire.

QUINCUNCE, nom donné par les astrologues à la position de deux planètes distantes l'une de l'autre de 150 degrés ou de 5 douzièmes de la circonférence.

QUINCUNX (de *quinque*, cinq, et *uncia*, once), poids des anciens Romains, valait les cinq douzièmes de l'as, c'est-à-dire 5 onces romaines. Le quincunx valait 4 onces 3 gros 46 grains un tiers de nos poids.

QUINDÉCEMVIRS, collége de prêtres romains institués par Tarquin le Superbe pour garder les livres sibyllins, qu'ils avaient seuls le droit de consulter. Le nombre de ces prêtres, qui n'avait d'abord été que de deux, fut porté dans la suite à dix, et enfin à quinze (*quindecim*) par Sylla, d'où leur vint leur nom. Dans les siècles suivants, il monta jusqu'à quarante et même soixante. Ce sacerdoce fut aboli sous le règne de Théodose.

QUINE, combinaison de cinq numéros pris à la loterie et sortis ensemble de la roue de la fortune. Dans le jeu de loto, le quine se dit de cinq numéros gagnant ensemble et rangés sur la même ligne.

QUINÉ, ce qui est disposé cinq par cinq sur un même plan ou point d'insertion. Certaines feuilles sont dans ce cas.

QUINETTE (Nicolas-Marie), baron de Richemont, né à Paris en 1762, fut élu en 1791 député à l'assemblée législative, et en 1792 membre de la convention nationale. Il vota la mort de Louis XVI sans appel et sans sursis. Nommé en 1793 membre du comité de sûreté générale, il fut envoyé avec ses collègues Lamarque, Camus, Bancal et Beurnonville, ministre de la guerre, auprès de Dumouriez, qui les livra à l'Autriche. Quinette subit trente-trois mois de captivité au Spielberg, et ne fut échangé qu'en 1795 contre la duchesse d'Angoulême. Membre du conseil des cinq cents, il en fut élu président (1796). Ministre de l'intérieur en 1799, puis préfet de la Somme et enfin conseiller d'État, il fit partie du gouvernement provisoire établi par les chambres après la dernière abdication de Napoléon. Il mourut en 1821 d'une attaque d'apoplexie à Bruxelles où il s'était retiré.

QUININE, substance alcaline découverte par MM. Pelletier et Caventou dans l'écorce de quinquina, et en laquelle réside toute la vertu fébrifuge de cette écorce. Aussi a-t-on substitué à l'emploi du quinquina comme fébrifuge la quinine qui, à la dose de quelques grains seulement, produit des effets très-efficaces et qui d'ailleurs ne rebute pas le malade. C'est ordinairement à l'état de sulfate qu'on l'emploie.

QUINOA, espèce du genre ansérine ou chénopode, originaire de la Colombie et du Pérou, mais venant très-bien chez nous en pleine terre. Sa tige monte jusqu'à deux mètres de haut. Le quinoa est une plante alimentaire. Ses graines assez grosses sont très-farineuses, et remplacent le riz et les autres céréales. On le sème depuis le commencement de mars jusqu'en avril.

QUINQUAGÉNAIRE, officier romain qui commandait une compagnie de cinquante hommes. C'était aussi un magistrat de police qui avait inspection sur cinquante familles ou maisons. — Dans les monastères, c'était un supérieur qui avait cinquante moines sous sa conduite.

QUINQUAGÉSIME, nom donné au dimanche qui précède immédiatement le mercredi des Cendres, et que l'on appelle vulgairement *dimanche gras*. Il est ainsi nommé parce qu'il arrive environ cinquante jours avant Pâques. — Autrefois on appelait la Pentecôte *Quinquagésime pascale*.

QUINQUATRIES, fêtes romaines célébrées en l'honneur de Minerve le 19 mars, parce qu'on croyait que ce jour était celui de la naissance de la déesse. Fixées d'abord à un jour, elles se prolongèrent plus tard jusqu'au 23. Les écoliers offraient pendant ces jours les sacrifices à la déesse et des présents appelés *minervales* à leurs maîtres. Le dernier jour était consacré à la purification des trompettes qui servaient dans les rites sacrés.

QUINQUENNAL, magistrat romain dans les colonies et les villes municipales. Il était ainsi appelé parce qu'on le nommait chaque cinq ans. Il présidait au cens, et recevait la déclaration que tout citoyen était obligé de faire de ses biens.

QUINQUENNAUX (Jeux), jeux fondés par Auguste, et les mêmes que les jeux Actiaques. — Jeux célébrés tous les cinq ans en mémoire d'Homère par les habitants de Chios. — Jeux fondés à Tyr à l'imitation des jeux Olympiques et se célébrant au commencement de chaque cinquième année. — Jeux institués en l'honneur de Jupiter Capitolin par Domitien pendant son douzième consulat.

QUINQUÉVIRS, nom donné à une réunion de cinq magistrats ou fonctionnaires. On appelait *quinquévirs des mystères et des sacrifices de l'Érèbe* un collége de prêtres destinés à faire des sacrifices pour les morts. — Il y avait encore d'autres quinquévirs, magistrats subalternes, chargés de l'entretien des tours et des murs de la ville, et aussi de veiller à ce que chacun payât ses dettes.

QUINQUINA, écorce de plusieurs arbres de la famille des rubiacées et du genre cinchona, employée comme le fébrifuge le plus puissant, et comptant jusqu'à quarante-huit espèces plus ou moins actives. Celle qui produit les plus grands effets est le *quinquina rouge non verruqueux*. Ce n'est que vers l'an 1648 que l'écorce de quinquina arriva en Europe, importée du Pérou par la comtesse del Chinchon, femme du vice-roi de Lima. Les forêts de Loxa particulièrement et un grand nombre d'autres de l'Amérique méridionale produisent le quinquina en abondance. Aujourd'hui cependant il devient de plus en plus rare, et l'on sera peut-être forcé d'en remplacer l'usage par celui des écorces de peuplier et de saule, qui paraissent jouir des mêmes propriétés.

QUINT, terme de commerce et de finances. La cinquième partie d'un tout divisé en cinq parties égales. On dit plus souvent *cinquième*; mais ce terme est particulièrement en usage pour signifier le droit que le souverain d'Espagne tirait sur tout l'or et l'argent provenant de l'Amérique espagnole. Le quint se levait aussi sur d'autres objets. — C'était aussi le droit qu'on payait en quelques lieux, pour l'acquisition d'un fief, au seigneur dont le fief était mouvant. C'était la cinquième partie du prix de la vente du fief. — On appelait *droit de quint et de requint* le droit de la cinquième partie du prix d'un fief, et de la cinquième partie de cette cinquième partie. — Il est aussi employé comme substantif, et à la place du mot *cinq* ou *cinquième*, pour désigner le rang de certains souverains, comme *Charles-Quint*, *Sixte-Quint*.

QUINTAINE, poteau servant de but dans un exercice chevaleresque appelé de son nom *joutes de la quintaine* ou *courses de bagues*. La quintaine est mentionnée dans la vie de du Guesclin et le roman de Dalopathos.

QUINTAL, ancien poids de 100 livres. Le quintal métrique est un poids de 100 kilogrammes ou 200 livres. Le *quintal portugais* vaut 4 arrobas de 32 livres chacune (la livre vaut 458 grammes 9 dixièmes). Le *quintal espagnol* vaut 100 livres (de 460 grammes), et se divise en 4 arrobas.

QUINTANA, nom donné à celle des portes du camp romain qui était près de la *quæstorium*. On croit qu'elle fut ainsi nommée parce qu'elle servait d'entrée et d'issue à cinq cohortes.

QUINTE (mus.), intervalle consonnant compris entre cinq notes; ainsi, de *ut* à *sol*, il y a une *quinte*. On distingue la *quinte diminuée*, qui a six demi-tons (de *ut* à *sol bémol*); la *quinte parfaite* proprement dite, qui a sept demi-tons (de *ut* naturel à *sol* naturel); la *quinte augmentée*, qui a huit demi-tons (de *ut* à *sol dièse*). La quinte proprement dite est une consonnance parfaite, qui ne peut être altérée sans cesser de l'être. On n'en peut faire plusieurs de suite sans affecter péniblement l'oreille. — On compte plusieurs accords de quinte. L'*accord de quinte diminuée* se compose de tierce mineure et de quinte diminuée (*ut*, *mi bémol* et *sol bémol*). Il se marque par 5 traversé par un petit trait, et se pose sur la deuxième note du mode mineur et la septième du mode majeur. Cet accord est dissonant, et pour cette raison, après l'avoir frappé, on doit faire entendre un accord consonnant. C'est ce qu'on appelle sa *résolution*. Dans cette résolution, la basse descend d'une quinte ou monte d'une quarte, et la quinte diminuée descend d'une seconde. — L'*accord de quinte augmentée* se compose de tierce majeure et de quinte augmentée (*ut, mi naturel et sol dièse*). Il se marque par un 5 précédé d'un dièse ou d'une petite croix ; il se pose sur la note du ton ou la cinquième note du mode majeur ou mineur. On le *prépare* en frappant dans l'accord précédent la note de la basse ou la quinte. La résolution ordinaire se fait en baissant la basse d'une quinte, haussant la quinte et la tierce d'un demi-ton. Reicha compte encore un *accord de quinte augmentée et septième mineure*. Il se compose de la quinte augmentée à laquelle on ajoute la septième mineure (*ut, mi, sol dièse et si bémol*). Quand on emploie cet accord, il faut placer la quinte augmentée au-dessus de la septième mineure pour éviter la tierce diminuée, qui n'est pas usitée en harmonie. Cet accord se pose sur la dominante du ton majeur ou mineur, et fait sa résolution sur l'accord de tonique. Dans cette résolution, la quinte monte d'un demi-ton ; la septième descend d'un demi-ton. Cet accord se chiffre par un 7 avec un 5 précédé d'une croix, d'un dièse ou d'un bécarre (suivant le ton) au-dessous. Ses renversements ne sont pas usités. — On nomme encore *quinte* l'instrument appelé plus souvent *alto*.

QUINTE (accept. div.). Au jeu de piquet, c'est une suite non interrompue de cinq cartes de même couleur. *Quinte*, quatorze et le point constituent ce qu'on appelle le *repic*. — En termes d'escrime, la *quinte* est la cinquième garde que l'on accomplit lorsque l'épée décrit un cercle. — En termes de manège, la *quinte* est le mouvement désordonné que fait le cheval sous le cavalier, et dans lequel il s'arrête tout court. On dit en ce sens un cheval *quinteux*. — Enfin, en médecine, la *quinte* est un accès de toux prolongé et violent, qui prend par redoublement.

QUINTE ou QUINTAINE (FIÈVRE), variété des fièvres intermittentes, dans laquelle les accès se reproduisent de quatre en quatre jours.

QUINTE CURCE (Quintus Curtius Rufus), célèbre historien latin. On ignore l'époque de sa vie ; les uns le font vivre sous Tibère, d'autres sous Constantia ou le premier Théodose ; mais l'opinion la plus commune est celle qui le fait vivre sous Vespasien et Trajan. On ignore également les circonstances de sa vie, et aucun auteur ne fait mention de lui. Il nous reste de Quinte Curce l'*Histoire d'Alexandre le Grand*, roman historique peu digne de foi. Sa diction est pure et élégante ; ses descriptions sont poétiques et agréables, et quelques-unes de ses harangues sont des chefs-d'œuvre. On y remarque l'absence de toute critique et de grandes erreurs de chronologie et de géographie. Mais, si cet ouvrage est peu instructif, il est au moins fort intéressant à lire. De dix livres dont il se composait, les deux premiers, la fin du cinquième et le commencement du sixième sont perdus. Ces lacunes ont été remplies par Freinshemius.

QUINTE-FEUILLE. Voy. POTENTILLE.

QUINTESSENCE (en latin, *cinquième essence*). Anciennement ce mot servait à désigner l'éther, le cinquième des éléments essentiels, et le plus subtil de tous. Aujourd'hui on l'emploie encore pour désigner la partie la plus subtile, la plus pure, extraite de certains corps ou de certains ouvrages.

QUINTETTI, morceaux de musique composés pour cinq voix ou cinq instruments. Les quintetti pour instruments à cordes sont d'ordinaire écrits pour deux violons, deux altos et un violoncelle, ou bien, comme l'ont fait Boccherini et Onslow, pour deux violons, un alto et deux violoncelles. Reicha a composé pour flûte, haut-bois, clarinette, cor et basson, plusieurs quintetti qui jouissent d'une réputation méritée.

QUINTIEN (Saint), né en Afrique, sous la domination des Vandales, vint du temps de Clovis en France, où il fut élu évêque de Rhodez et assista en cette qualité au concile d'Agde en 506. Chassé de Rhodez par les Goths, il se retira dans l'Auvergne, où il devint évêque de Clermont en 514. Il mourut en 527.

QUINTILE, terme d'astrologie, désignant la position de deux planètes éloignées l'une de l'autre de la cinquième partie du zodiaque ou de 72 degrés.

QUINTILIEN (Marcus Fabius Quintilianus), célèbre critique et rhéteur romain, né à Calagurris (Calahorra) en Espagne, l'an 42 de J.-C. Disciple de Domitius Afer, dont il épousa la fille, il fut le premier rhéteur qui tint école publique aux gages de l'État. Il dut cette faveur à Vespasien, et exerça ses fonctions pendant vingt ans, au bout desquels il quitta Rome sous Domitien, qui lui confia l'éducation de ses petits-neveux, destinés à l'empire. C'est dans la retraite qu'il composa son excellent ouvrage intitulé *De institutione oratoriâ* (*des Institutions oratoires*), traité complet de rhétorique en douze livres, renfermant en outre un plan d'études pour un orateur, depuis les premiers éléments de la grammaire, et remarquable par la pureté et l'élégance du style. Le manuscrit en fut trouvé en 1415 dans une tour de l'abbaye de Saint-Gall, par le Florentin Poggio Bracchiolini.

QUINTILIENS, hérétiques montanistes, qui adoptaient les erreurs de Quintille, femme de mauvaises mœurs, qui se prétendant prophétesse, et qui avait été amie de Montan. Ils enseignaient de plus que les autres montanistes qu'il fallait élever les femmes à l'épiscopat et au sacerdoce. Ils parurent vers 189, et furent condamnés en 320 au concile de Laodicée.

QUINTILIS, nom de l'un des membres d'un des trois collèges des Luperques, ainsi nommés de leur premier chef Sextus Quintilius.

QUINTILIS, nom donné par les anciens Romains au mois de juillet parce que, lorsque l'année n'était que de dix mois, il se trouvait le cinquième à partir de mars. Il fut dans la suite nommé *julius* (juillet) en l'honneur de Jules César.

QUINTILLUS (Aurelius Claudius), frère de l'empereur Claude II, fut proclamé à la mort de ce prince empereur par les troupes d'Aquitaine qu'il commandait (270). Mais Aurélien ayant été en même temps proclamé à Sirmium, Quintillus fut abandonné de ses soldats, et se fit rouvrir les veines dans un bain à Aquilée, après un règne de dix-sept jours.

QUINTIN, chef des hérétiques appelés *libertins*, était tailleur d'habits. Il soutenait que Jésus-Christ était Satan, que tout l'Évangile était faux, qu'on ne doit pas punir les méchants, etc. Il fut brûlé à Tournay en 1530 ; mais sa mort augmenta ses disciples, qui se répandirent en France, en Allemagne, en Hollande et dans les pays voisins.

QUINTIN MESSIS. Voy. MESSIS.

QUINTINIE (Jean DE LA), célèbre agronome français, né en 1626 près de Poitiers, mort en 1686 directeur des jardins fruitiers des maisons royales, charge que Louis XIV avait créée en sa faveur. La Quintinie a rendu à l'agriculture de grands services par ses découvertes et ses ouvrages. Il est le premier qui ait trouvé la méthode de bien tailler les arbres fruitiers et de les transplanter.

QUINTIUS CÆSON (Lucius), fils du grand Cincinnatus, se distingua par sa fierté et ses violences dans les troubles qui s'élevèrent entre les patriciens et les plébéiens au sujet de la loi Terentilla. Accusé par Aulus Virginius, il fut condamné à l'exil sur une fausse déposition, et ensuite rappelé.

QUINTIUS CINCINNATUS (Lucius). Voy. CINCINNATUS.

QUINTUPLE, monnaie d'or de Naples, qui vaut 15 ducats ou 64 francs 95 centimes.

QUINTUS, prénom de plusieurs familles romaines et spécialement du frère de Cicéron. Il signifiait *cinquième*.

QUINTUS DE SMYRNE ou CALABER. Voy. CALABER.

QUINZE, nombre cardinal. — Le jeu du *quinze* se joue avec deux jeux de cartes entiers disposés de manière que les piques et les trèfles sont réunis d'un côté, les cœurs et les carreaux de l'autre. Tout l'art consiste à arriver au point de quinze. Au-dessus ou à crève ét on perd sa mise ; à égalité de points, la primauté décide entre les joueurs.

QUINZE-VINGTS, établissement fondé par saint Louis en 1260 pour trois cents ou quinze fois vingt pauvres aveugles. Six cents pensions ont été successivement créées en faveur d'aveugles externes, savoir : cent pensions de 200 francs, deux cents pensions de 150 francs et trois cents pensions de 100 francs. Pour être admis, soit aux places de membres aveugles, soit aux pensions, il faut être dans un état de cécité absolue et d'indigence constatée. Les choix se font parmi les aveugles de tous les départements du royaume.

QUIOSSE, sorte de pierre à aiguiser, avec laquelle on *quiosse*, c'est-à-dire avec laquelle on frotte le cuir pour en faire sortir les ordures.

QUIPOS, nœuds de laine ou de coton, en usage chez les Péruviens et les Chiliens non-seulement pour opérer des calculs arithmétiques, mais pour transmettre au moyen de signes conventionnels les ordres les plus secrets. Les quipos servaient à transmettre même les plus intimes affections, et enfin à étudier les relations de toute nature. Le secrétaire de l'inca péruvien portait le nom de *quipo camayon*.

QUIQUERAN DE BEAUJEU, ancienne maison de Provence, descendant de Rostan de Quiqueran, citoyen d'Arles en 1143. Cette maison, décorée des premières charges à la cour des comtes de Provence, a eu des chambellans et maîtres d'hôtel de nos rois, des chevaliers de l'ordre, des officiers généraux, plusieurs évêques, et parmi eux PIERRE DE QUIQUERAN DE BEAUJEU, évêque de Senez à dix-huit ans en 1545, mort en 1550, des grands prieurs, des grands-croix, des commandeurs et un grand nombre de chevaliers de Malte.

QUIQUERAN DE BEAUJEU (Paul-Antoine DE), chevalier de Malte, fut l'un des plus grands hommes de mer de son temps. Il inspira aux Turks une si grande crainte que, l'ayant fait prisonnier en 1660, ils ne voulurent jamais consentir à l'échanger ou à recevoir de rançon. Après avoir été de captivité, il parvint cependant à s'échapper du château de Sept-Tours, et mourut commandeur de Bordeaux.

QUIQUERAN DE BEAUJEU (Honoré DE), neveu du précédent, né à Arles en 1655, fut l'un des meilleurs prédicateurs de son temps. Entré en 1672 dans la congrégation de l'Oratoire, il devint grand vicaire de Nîmes à l'époque où Fléchier en était évêque. Nommé en 1705 à l'évêché d'Orléans, puis à celui de Castres, il prononça en 1715 l'oraison funèbre de Louis XIV. Il mourut en 1736, membre de l'académie des inscriptions et belles-lettres.

QUIRINAL, petite colline, l'une des sept comprises dans l'enceinte de Rome, ainsi nommée de Quirinus ou Romulus qui y avait eu temple. Elle portait aussi le nom de *Collinus* ou *Agonius*. — La porte *Quirinale* était celle avoisinant le mont Quirinal.

QUIRINAL (FLAMINE), grand pontife de Quirinus ou Romulus. Il devait être pris dans le corps des patriciens. Cette charge fut créée par Numa.

QUIRINALES, fêtes instituées par Numa en l'honneur de Romulus surnommé Quirinus. On les célébrait le 17 du mois de février.

QUIRINI, famille illustre de Venise, qui a fourni une dogaresse à cette république, Élisabeth Quirini, femme du doge Sylvestre Valieri, couronnée *dogaresse* en mars 1694. — On cite encore Ange-Marie Quirini, né en 1680, bénédictin en 1698, qui devint l'un des plus savants antiquaires de son temps. Après plusieurs voyages en Hollande, en Angleterre et en France, il fut nommé à l'archevêché de Corfou. Évêque de Brescia en 1726, cardinal en 1727, bibliothécaire du Vatican, préfet de la congrégation de l'Indice (1743), membre de l'académie des inscriptions de Paris, il mourut en 1755, laissant un grand nombre d'ouvrages précieux.

QUIRINUS, nom sous lequel Romulus fut adoré par les Romains après sa mort. Le nom de Quirinus était le surnom de Mars chez les Latins, qui le représentaient sous la forme d'une pique ou d'une hache, en leur langue *quiris*.

QUIRIS ou Quirita, nom que les femmes mariées donnaient à Junon, lorsqu'elles se mettaient sous sa protection. Selon les uns, ce nom venait de ce qu'une des cérémonies du mariage consistait à piquer la nouvelle mariée avec une pique nommée *quiris*; selon les autres, ce nom lui venait de ce que tous les ans chaque *curie* préparait en son honneur des repas publics.

QUIRITES, surnom que prirent les Romains, après avoir transporté parmi eux les Curites ou habitants de Cures. Ils portaient ce nom à la ville et non à l'armée, où les généraux ne l'employaient que lorsqu'ils voulaient dégrader ou licencier les soldats. Plus d'une fois les empereurs apaisèrent des séditions en donnant aux armées le nom flétrissant de *quirites*, synonyme de notre mot *bourgeois* dans la bouche des militaires.

QUIROS (Fernand de), Portugais de nation, avait déjà parcouru les mers du Nord lorsqu'il partit de Lima en 1605 avec mission de la part de Philippe III, roi d'Espagne, de compléter les découvertes que Philippe II avait fait faire dans la mer Pacifique. Il découvrit les îles qui portent son nom, et la *Terre du Saint-Esprit* ou *Australe*.

QUITO (San-Francisco de), grande et belle ville de l'Amérique méridionale, dans la Colombie, capitale de la république et du département de l'Equateur, bâtie à 55 lieues des côtes du Grand-Océan, dans une plaine vaste, sur le revers du volcan de Pichincha, à 1,450 toises au-dessus du niveau de la mer. Son climat est doux et sain; les campagnes, d'une fertilité singulière, sont souvent ravagées par de violentes pluies d'orage qu'accompagnent d'affreux tremblements de terre. En 1755, le même qui se fit sentir à Lisbonne renversa Quito, et fit périr 40,000 habitants. Quito en a maintenant 70,000, la plupart Indiens. Cette ville est triste; quatre rues sont pavées, les autres sont tortueuses et obscures. On y remarque cependant quelques beaux édifices, des églises fort riches, des manufactures d'étoffes de coton, de lin et de flanelle, une bibliothèque publique, une école normale et une université renommée. Quito a acquis de la célébrité par le séjour qu'y firent en 1736 les académiciens envoyés par l'académie des sciences de Paris pour mesurer un degré du méridien. Quito fait un grand commerce de cotonnades et d'autres produits du pays. Quito était l'ancienne capitale de la seconde monarchie péruvienne.

QUITTANCE, acte constatant la libération du débiteur vis-à-vis du créancier. La quittance peut être faite sous seing privé, ou bien même par-devant notaire. La quittance définitive accordée au comptable de deniers publics, et constatant qu'il est libéré envers le trésor, reçoit le nom de *quitus*. C'est la chambre des comptes qui seule a le droit de rendre les ordonnances de quitus, parce qu'elle est chargée de faire la vérification de toutes les comptabilités.

QUITUS. Voy Quittance.

QUOTIDIEN, ce qui a lieu *tous les jours* (en latin, *quotidiè*). — En médecine, on nomme *fièvre quotidienne* une fièvre intermittente dont les accès se reproduisent chaque jour avec la même durée et la même intensité. — La *fièvre quotidienne-double* est celle dont les accès se reproduisent deux fois chaque jour. Elle est le plus souvent symptomatique.

QUOTIENT, nombre qui exprime combien de fois un nombre appelé *dividende* en contient un autre appelé *diviseur*. Quand le dividende ne contient pas un nombre de fois juste le diviseur, le quotient est dit alors *fractionnaire*. On conçoit que le quotient multiplié par le diviseur devra toujours reproduire le dividende.

QUOTITÉ, fraction quelconque d'un tout. L'*impôt de quotité* est celui par lequel on détermine immédiatement la somme à laquelle chacun des contribuables doit être taxé, c'est-à-dire sa *quote-part*. — On appelle encore *quotité* la réunion des impôts payés par une personne à divers titres, laquelle somme sert aujourd'hui de base à l'exercice des droits électoraux. — En droit, la *quotité disponible* est la part des biens dont chacun peut disposer librement par testament, dans certaines circonstances.

R

RAB

R, la dix-huitième lettre et la quatorzième consonne de notre alphabet. Pris numéralement, R valait à Rome 80; avec un trait au-dessus, il valait 80,000; chez les Grecs, R, avec l'accent dessus, valait 100; avec l'accent dessous, il valait 100,000. — Chez les anciens, R se mettait pour abréviation de *rex* ou *Roma*; *R P* ou *resp.* pour *respublica*; *R*. pour *reipublicæ*; *rep.* pour *republicâ*; *remp.* pour *rempublicam*; *Rc.* pour *rescriptum*; *R. C.* pour *Romana civitas*; *R. S.* pour *responsum*; et *Ruf.* pour *Rufus.* — Les monnaies qui portent la lettre R ont été frappées à Orléans.

RAAB, comitat de Hongrie, entre ceux de Wieselbourg, d'OEdenbourg, d'Eisenbourg, de Westprim, de Presbourg et de Komorn. Sa superficie est de 56 lieues carrées, et sa population de 77,930 habitants. — Sa capitale est Raab ou Javarin, petite ville épiscopale, avec château, située à 14 lieues de Presbourg, au confluent des rivières Rabnitz et Raab (cette dernière prend sa source dans la basse Styrie et se jette dans le Danube). Elle a 13,000 habitants.

RABAN-MAUR (Magnence), né à Fulde en 788, étudia d'abord à Fulde, puis à Tours sous le fameux Alcuin. De retour dans sa patrie, il devint abbé du monastère de Fulde, et réconcilia Louis le Débonnaire avec ses enfants. Il obtint en 847 l'archevêché de Mayence, et mourut en 856. On a de lui un grand nombre d'ouvrages, dont les principaux sont des *Commentaires sur l'Écriture sainte*, un poème en l'honneur de la sainte Croix, des homélies, un martyrologe, plusieurs traités, etc.

RABAUT-SAINT-ÉTIENNE (Jean-Paul), avocat, homme de lettres et ministre protestant, né à Nîmes en 1742, fut député par le tiers état de cette ville à l'assemblée des états généraux qu'il présida en 1790. Nommé par le département de l'Aube à la convention, il vota la détention de Louis XVI et son bannissement lors de la paix, présida la convention en 1793, et combattit constamment la montagne. Nommé membre de la commission des douze pour la recherche des complots dirigés contre la convention par la municipalité de Paris, il fut peu de temps après décrété d'arrestation avec ses collègues, et livré par un ami auquel il avait été demander un asile. Condamné à mort, il fut exécuté le lendemain (4 novembre 1793).

RABBAT, nom vulgaire donné en Afrique au bois des pins et des sapins.

RABBE (Alphonse), né en 1786 à Riez (Basses-Alpes), mort à Paris en 1830, fit ses études à l'école centrale des Quatre-Nations, où il obtint en 1803 le prix d'honneur. Après avoir servi dans l'administration militaire de l'armée d'Espagne, puis dans les rangs des royalistes en 1815, il se fit ensuite recevoir avocat à Aix. En 1820, il fonda à Marseille le journal le *Phocéen*. De retour à Paris en 1822, il concourut au succès de l'*Album*, des *Tablettes universelles*, du *Courrier*, dont il devint rédacteur en chef. Il est auteur de trois *résumés historiques*, l'un d'Espagne, l'autre de Portugal, le troisième de Russie. On lui doit aussi une *Histoire d'Alexandre Ier, empereur de Russie*.

RABBIN (en hébreu, *maître*), docteur juif. Parmi les Juifs du Levant, le titre de rabbin est donné par la voix publique à celui qui est versé dans les sciences de la tradition et de la loi. En Allemagne, c'est le plus ancien rabbin qui concède ce titre. Le grand rabbin ou *cacham rab* est chef des académies, prêche la première place dans les synagogues, et prononce sur toutes sortes de différends. On divise les rabbins en *caraïtes, rabbanistes* ou *talmudistes*, et *cabalistes*, suivant l'objet de leurs études. En France, depuis 1831, les rabbins préposés aux synagogues sont salariés par l'État.

RABBINIQUE (Langue). On appelle ainsi la langue hébraïque moderne, dans laquelle ont écrit les rabbins d'Espagne, de Portugal, d'Italie et d'Allemagne. Parmi les auteurs rabbiniques, les plus distingués sont les grammairiens Aben-Esra, Elias Levita, David Kimchi et le philosophe Maïmonides.

RABBULAS, évêque d'Édesse au ve siècle, fut d'abord attaché au nestorianisme, qu'il abandonna dans la suite. On a de lui une lettre sous le titre de *Variorum patrum Epistolæ ad concilium Ephesium* (Lettres de divers Pères au concile d'Éphèse).

RABELAIS (François), né à Chinon vers 1483, fut successivement cordelier, bénédictin et docteur en médecine. Le cardinal du Bellay l'emmena à Rome, le fit absoudre par le pape de la rupture d ses vœux, et lui fit donner le canonicat de Saint-Maur-les-Fossés avec la cure de Meudon (1545). Rabelais mourut en 1553. Ce fut l'écrivain le plus satirique de son temps. Sous le masque d'une grossière, mais vive et piquante allégorie, il attaqua dans son célèbre ouvrage, la *Vie de Pantagruel et de Gargantua*, les moines et les grands. Le reproche qu'on lui fait des obscénités qui se trouvent dans ses œuvres trouve une réponse dans les mœurs de son siècle.

RABIRIUS (Caïus), chevalier romain, accusé par Labienus, créature de César, d'avoir, trente ans auparavant, tué le tribun Lucius Apuleius Saturninus, fut condamné par les décemvirs. Mais il fit appel au peuple, et fut sauvé par l'éloquence de Cicéron. — Son fils adoptif, Caïus Rabirius Posthumus, ayant prêté de l'argent à Ptolémée Aulète, roi d'Egypte, fut accusé de l'avoir fait dans des vues criminelles, et fut absous, grâce encore à l'éloquence de Cicéron.

RABUTIN. Voy. Bussy.

RACA, mot hébreu signifiant *vain, sans esprit, homme de rien*, était chez les Hébreux la plus grande marque de mépris. On le prononçait, suivant Ligfort, en crachant et en détournant la tête. Jésus-Christ dit, dans l'Evangile, que celui qui adressera ce mot à son frère sera condamné.

RACAHOUT DES ARABES, nom sous lequel on vend un mélange de fécule de pommes de terre, de glands doux et de racine du souchet rond, réduits en poudre et aromatisés avec la vanille. Ce mélange a plus de qualités nutritives que de médicamenteuses.

RACAN (Honorat de Beuil, marquis de), né en 1589 à la Roche-Racan (Touraine), fut élève de Malherbe, et se forma sous lui à la poésie. Il fut l'un des premiers membres de l'académie française, et mourut en 1670. C'est un de nos meilleurs poëtes lyriques et pastoraux. Ses principaux ouvrages sont des *Odes sacrées*, sa *Paraphrase des sept Psaumes*, et surtout ses *Eglogues* ou *Bergeries*, louées par Boileau lui-même.

RACCORDEMENT, terme d'architecture par lequel on désigne la réunion et l'ajustement de deux portions de bâtiments non semblables. C'est une opération fort difficile, et qu'on ne réussit presque jamais complétement.

RACCOURCI. En peinture, c'est l'état d'une figure ou d'une partie de figure qui ne se voit pas dans tout son développement. Dans la peinture des plafonds et des coupoles, les raccourcis sont la principale condition de la composition des sujets qui doivent être vus en dessous. Le tableau qui offre des modèles de raccourcis est *le Jugement dernier* de Michel-Ange.

RACE, mot presque toujours synonyme de *lignée*. La France a eu trois races de rois : les *Mérovingiens*, les *Carlovingiens* et les *Capétiens*. — En histoire naturelle, on appelle *race* une sous-espèce, une variété constante qui se conserve par la génération. Considérant l'homme sous le point de vue de la couleur, on a divisé l'humanité en trois races : la *blanche*, occupant l'Europe principalement ; la *jaune*, répandue en Asie et en Amérique ; et la *noire*, qui se trouve spécialement en Afrique.

RACHAT (Pacte ou Faculté de), convention par laquelle un vendeur se réserve de reprendre la chose vendue, moyennant restitution du prix. La faculté de rachat, appelée encore *faculté* ou *pacte de réméré*, est considérée comme tellement importante, que le vendeur la transmet à ses héritiers, et peut même la céder à un étranger. Faute par le vendeur d'en avoir fait usage avant le délai prescrit, qui ne peut excéder cinq ans, l'acquéreur devient propriétaire irrévocable.

RACHEL, seconde fille de Laban, épousa Jacob l'an 1752 avant J.-C., et demeura stérile pendant six ans. Elle accoucha enfin d'un fils nommé Joseph ; et, seize ans après la naissance de Joseph, elle mourut en mettant au monde son second fils, qu'elle appela Benoni, et auquel Jacob donna le nom de Benjamin.

RACHIS, ou Colonne vertébrale, ou Épine du dos, suite de tige osseuse, placée à la partie postérieure et centrale du tronc, étendue de la tête au sacrum, flexible en tous sens et très-solide, traversée par un canal nommé *vertébral*. La colonne vertébrale est formée par la superposition de vingt-quatre os nommés les *vertèbres*. — On nomme *rachidien* ce qui se rapporte au rachis.

RACHITIS ou Rachitisme, maladie consistant dans le ramollissement spontané des os et leur déformation, et dont un des symptômes les plus habituels est la déviation plus ou moins prononcée de la colonne vertébrale, en grec *rachis* (c'est de là qu'est venu son nom). Le rachitisme, qu'on observe particulièrement dans les lieux froids, humides, exposés à des brouillards fréquents, dans les grandes cités, etc., n'affecte le plus souvent que les enfants de l'âge de six à huit mois jusqu'à celui de deux ou trois ans. Il se montre quelquefois vers l'époque de la deuxième dentition ou de la puberté. Quand il attaque des adultes, c'est toujours après des maladies longues et graves. Un air concentré, le défaut de propreté, des vêtements froids, trop étroits, une nourriture malsaine, un lait de mauvaise qualité, le défaut de mouvement, sont les causes les plus ordinaires de cette maladie. La terminaison du rachitisme est fort variable ; quelquefois les os reprennent leur conformation naturelle ; d'autres fois la maladie s'arrête, et les parties déformées conservent leur disposition vicieuse ; ailleurs la mort termine le rachitisme. Cette affection est quelquefois susceptible de guérison.

RACINE, partie des végétaux au moyen de laquelle ils se fixent au sol et y puisent les éléments nécessaires à leur nutrition et à leur développement. Toutes les racines pivotent, c'est-à-dire s'enfoncent dans le sol perpendiculairement. On les a divisées d'après leur forme en *bulbeuses, tuberculeuses, fibreuses*, et d'après leurs diverses qualités en *annuelles, bisannuelles, vivaces, ligneuses, pivotantes, fusiformes, rameuses*. Voy. ces mots. — Les racines de certains végétaux offrent à l'homme ou aux animaux une nourriture saine et agréable ; d'autres sont utiles pour la teinture, la parfumerie et les arts. — On a appliqué le mot *racine* à tout organe, toute production vivante implantée dans un tissu. C'est dans ce sens qu'on dit les *racines des dents, des cheveux*. — En termes de grammaire, la *racine* est un mot dont un autre est formé, soit dans la même langue, soit dans une autre. — En mathématiques, c'est un nombre qui, multiplié un certain nombre de fois par lui-même, produit un nombre dont il est la *racine*. La racine prend la dénomination de la puissance dont elle est racine, c'est-à-dire, si la puissance est un carré, elle s'appellera *racine carrée* ; si c'est un cube, *racine cubique*.

RACINE. On nomme vulgairement *racine amidonnière* le *gouet pied de veau* ; *racine à odeur de rose*, la rhodiole des montagnes ; *racine de pain*, le manioc ; *racine blanche*, le panais ; *racine d'abondance* ou *de disette*, la betterave ; *racine d'Amérique*, le mabouier ou morisonie ; *racine d'Arménie*, la garance de Smyrnes ; *racine du Brésil*, l'ipecacuana ; *racine de Charcis*, le psoralier ; *racine de Florence*, l'iris de Florence ; *racine d'or*, le pigamon tubéreux ; *racine de safran*, le curcuma rond ; *racine de Saint-Charles*, la racine du *liseron de Mechoacan* et du *liseron de Syrie* ; *racine du Saint-Esprit*, l'angélique ; *racine de Sainte-Hélène*, le souchet d'Amérique ; *l'acore odorant* ; *racine de serpent*, l'ophiorhize et le *polygala* ; *racine de Virginie*, le quamoclit tubéreux ; *racine salutaire*, la gentiane des montagnes et l'anthémis pyrèthre ; *racine vierge*, le tamier et deux bryones.

RACINE (Jean), célèbre poëte tragique, né à la Ferté-Milon en 1639, fit ses études à Port-Royal. Il débuta dans la carrière dramatique par les tragédies des *Frères ennemis* et d'*Alexandre* ; mais celle qui fixa sa réputation fut *Andromaque*, jouée en 1667. Il fit paraître ensuite *Britannicus, Bérénice, Bajazet* (1692), *Mithridate* (1673), *Iphigénie* (1674) et *Phèdre*. Une cabale, à la tête de laquelle se trouvaient plusieurs personnages importants, assura un succès complet à la *Phèdre* de Pradon, tandis que celle de Racine fut accueillie avec indifférence. Ce succès dura peu, et justice fut bientôt rendue à l'illustre poëte. Fatigué des calomnies qui le poursuivaient, Racine quitta le théâtre. Après un silence de douze années, il composa *Esther* pour les pensionnaires de Saint-Cyr (1689), et *Athalie*, son chef-d'œuvre, mal accueillie de son vivant, et dont le succès ne date que de 1716. En 1677, Louis XIV nomma Racine son historiographe. On dit que le chagrin d'avoir déplu au roi en lui adressant un mémoire sur les moyens de remédier aux maux de la France hâta sa mort, arrivée en 1699. Il était membre de l'académie française. On a encore de ce grand poëte l'*Abrégé de l'histoire du Port-Royal*, les *Cantiques spirituels*, la comédie des *Plaideurs* et des *lettres*. Ses tragédies se distinguent par l'élégance, l'harmonie, la pureté du style. Les chœurs d'*Athalie* et d'*Esther* sont de véritables chefs-d'œuvre dans le genre lyrique.

RACINE (Louis), fils du grand poëte de ce nom, né à Paris en 1692. Il étudia d'abord le droit, prit ensuite l'habit ecclésiastique, et se retira quelque temps au sein de la congrégation de l'Oratoire. Le chancelier d'Aguesseau l'attira auprès de lui. En 1719, il reçut la place d'inspecteur général des fermes en Provence. Il mourut en 1763. Il est connu par ses poëmes de la *Grâce* et de la *Religion*. Le style en est pur et correct, mais il y manque de l'imagination et de la vivacité. Racine ne fut jamais de l'académie française. Il a encore laissé une traduction du *Paradis perdu* de Milton, des *odes* et des *Mémoires* sur la vie de son père.

RACK. Voy. Arack.

RACOLEUR, nom que portaient les recruteurs entretenus par les chefs de corps pour enrôler des soldats. Outre un salaire fixe, ils avaient par tête un profit proportionné à la valeur du recrue. Les racoleurs enivraient ceux qu'ils voulaient enrôler, leur faisaient signer un engagement dans l'ivresse, et remplissaient ainsi leur mission frauduleuse.

RADAGAISE, général goth, inonda l'Italie en 405 avec une armée de 400,000 hommes, qui saccagea tout sur son passage. Stilicon, général d'Honorius, l'atteignit devant Florence, lui tua 200,000 hommes, le fit prisonnier et lui fit trancher la tête.

RADCLIFFE (Anne), née à Londres en 1762, morte en 1823, a écrit de nombreux romans. Des récits sombres et tragiques font continuellement les frais de ces ouvrages, dont les plus connus sont : les *Mystères d'Udolphe*, l'*Italien* ou *le Confessionnal des pénitents noirs*, la *Forêt* ou l'*Abbaye de Saint-Clair*, l'*Abbaye de Grasville*, les *Châteaux de Dumblane et d'Athlin*, etc.

RADE, courbure d'un rivage, formant une anfractuosité plus ou moins profonde qui constitue une sorte de port naturel. Une bonne rade doit être à l'abri des vents et des courants. Le port du Havre est précédé d'une rade où les vaisseaux attendent avant de pénétrer dans le port. La plus belle rade connue est celle de Spithead entre Portsmouth et l'île de Wight. Rendez-vous de la flotte anglaise en temps de guerre, elle a environ 8 lieues de long, et peut offrir un abri à 1,000 vaisseaux.

RADEAU, surface flottante, consistant dans des pièces de bois attachées les unes contre les autres. Les radeaux s'emploient d'ordinaire à charrier sur les rivières de grandes masses de bois à brûler et de charpentes. Les faubourgs de Constantinople sont unis à la ville par un pont formé de radeaux ajoutés, et pouvant se disjoindre pour laisser passage aux vaisseaux. C'est sur un radeau que se sauvèrent une partie des naufragés de la Méduse.

RADEGONDE (Sainte), reine de France, née en 519, était fille de Berthaire, roi de Thuringe. Elevée dans le paganisme jusqu'à dix ans, elle fut convertie à la religion chrétienne par Clotaire Ier, qui l'épousa en 538 et lui permit six ans après de se faire religieuse. Elle fixa sa demeure à Poitiers, où elle mourut saintement en 587.

RADELGAIRE, prince de Bénévent, successeur de Radelgise Ier, s'efforça pendant son règne (851 à 854) de réparer les désastres que son père avait attirés sur ses Etats. Son frère Adelgise lui succéda.

RADELGISE Ier, prince de Bénévent, succéda en 839 à Sicard, dont il avait été le trésorier. Siconolfe, frère du dernier prince, et Landolfe, prince de Capoue, s'étant opposés à son élection, il appela les Sarrasins, soutint pendant dix années une guerre désastreuse, et fut forcé d'abandonner la moitié de ses Etats. Réduit aux provinces situées sur l'Adriatique, il mourut en 851, laissant le trône à son fils Radelgaire.

RADELGISE II, prince de Bénévent, fils d'Adelgise, massacré en 879, recouvra en 881 le trône paternel. Chassé par le peuple en 884, il subit un exil de dix-huit ans, fut rétabli en 896, et livré enfin en 900 au prince de Capoue, Atenolfe Ier, qui fut reconnu pour souverain.

RADET (Etienne), général français, né dans la Lorraine en 1762, était colonel de la vingt-quatrième légion de gendarmerie lorsqu'il présenta à Bonaparte, premier consul, sur l'organisation de son arme un mémoire qui fut approuvé et qui attira sur lui la bienveillance impériale. C'est à lui que fut confiée en 1809 la mission d'enlever le pape Pie VII. Revenu à Rome après avoir conduit le pontife jusqu'à Florence, le général Radet reçut de l'empereur le titre de baron. Ayant dans les cent jours pris le parti de Napoléon, qui le nomma inspecteur général de la gendarmerie et grand prévôt de l'armée, il fut arrêté à Vincennes en 1816, conduit à Besançon et condamné à neuf ans de détention par le conseil de guerre de la sixième division militaire. Rendu à la liberté en 1818, il mourut en 1825.

RADIAIRES. Quelques naturalistes ont nommé ainsi une des grandes divisions du règne animal. Dans les animaux qui composent cette division, les organes sont disposés circulairement et comme des rayons (en latin, *radius*) autour d'un centre. On nomme plus communément les radiaires *zoophytes*.

RADIAL, ce qui a rapport au radius. L'*artère radiale* naît de la brachiale, à la partie supérieure et antérieure de l'avant-bras, et vient s'enfoncer dans la paume de la main; les *veines radiales* accompagnent l'artère radiale. Le *nerf radial* naît du plexus brachial, et va se terminer au niveau de l'extrémité supérieure du radius. Le *muscle premier radial externe* ou *grand radial* est placé à la partie externe de l'avant-bras, se fixe en haut à l'humérus, et se termine par un long tendon, à l'aide duquel il s'attache à l'extrémité supérieure du deuxième os du métatarse. Le muscle étend la main sur l'avant-bras et réciproquement. Le *muscle deuxième radial externe* ou *petit radial* est situé au-dessous du précédent, dont il a la forme et les usages. Il se termine par un long tendon inséré à l'extrémité supérieure du troisième os du métacarpe. Le *muscle radial antérieur* est le même que le *muscle grand palmaire*.

RADIALE ou RADICLE (COURONNE), couronne formée d'un cercle entouré de rayons. On la donnait aux princes romains mis au rang des dieux. Aucun empereur ne la prit de son vivant avant Néron.

RADICAL, en botanique, qui tient à la racine. — Les feuilles *radicales*, les pédoncules *radicaux* sont les feuilles, les pédoncules qui naissent de la racine d'une plante. — En chimie, on appelle *radicaux* les substances qui forment des acides en se combinant avec l'oxygène. Le soufre, le phosphore, le bore sont les *radicaux* des acides sulfurique, phosphorique, borique. — En politique, on donne le nom de *radicaux* à ceux qui demandent la réforme gouvernementale et l'extirpation jusqu'à la *racine* de tout abus. — En algèbre, on appelle *signe radical* celui qu'on place devant les quantités dont on veut extraire la racine. On le figure ainsi √. La quantité radicale est celle qui est précédée du signe radical.

RADICELLE, petite racine placée à l'extrémité de la radicule, et sortant tantôt de ses côtés ou de la tigelle, tantôt du sommet de la radicule. Les filaments très-déliés dont elle est formée lui ont fait donner le nom horticole de *chevelu*.

RADICULE, partie de l'embryon végétal constituant le rudiment de la racine, nom qu'elle prend lorsqu'elle s'enfonce dans le sol. La radicule est en général fusiforme.

RADIÉES, nom donné par Tournefort aux plantes de sa quatorzième classe, dont les fleurs sont en partie composées de fleurons formant un disque, et de demi-fleurons couchés à plat, et constituant autour du disque une couronne rayonnante, comme dans le tournesol, les chrysanthèmes, les laiterons, etc. Les radiées ont reçu des botanistes modernes le nom de *synanthérées*.

RADIS, nom vulgaire d'une variété du *raifort cultivé* que l'on trouve dans tous les jardins, et dont on mange les racines longues et rondes, aux couleurs blanche, rouge, violette et rose.

RADIUS. En anatomie, on appelle ainsi l'un des os qui forment l'avant-bras. Le radius est placé en dehors, c'est-à-dire du côté du pouce. Il s'unit à l'humérus par sa partie supérieure, et par l'inférieure aux doigts de la main.

RADJEPOUTES ou RAJAPOUTES, peuple de l'Indoustan, originaires des montagnes de l'Adjémir, du Moultan, etc., et descendant de la caste des Indous guerriers. Ils sont obligés au service militaire sous des radjahs ou possesseurs de fiefs.

RADNOR, comté d'Angleterre, au pays de Galles, borné au N. et à l'O. par celui de Montgommery, au S. par celui de Brecknock, à l'E. par ceux de Shrop et d'Hereford. Sa superficie est de 60 lieues carrées, et sa population de 20,900 habitants. Le territoire, divisé en six *hundreds* ou centuries, est aride et montagneux, mais riche en bestiaux et en brebis. — Son chef-lieu réel est *Presteign*, bourg de 1,200 âmes, et son chef-lieu nominal *New-Radnor*, qui ne l'est que de nom.

RADOUB (mar.). C'est faire des réparations, soit au corps d'un bâtiment, soit aux voiles. Ainsi l'on dit *donner un radoub* aux voiles, au bâtiment, etc.

RADY-BILLAH (Aboul-Abbas-Mohammed-al), onzième khalyfe abbasside de Bagdad, fut tiré de la prison où son oncle Caher-Billah l'avait fait enfermer, pour être mis à sa place, l'an 933 de J.-C. Pressé de toutes parts par les divers usurpateurs qui avaient déjà démembré l'empire, il créa, en faveur de l'un d'eux, le Turk Bakham, la charge d'*émir-al-omrah* (prince des princes), qui fut pour les khalyfes ce qu'étaient les maires du palais pour les rois fainéants. Rady mourut d'hydropisie l'an 940 de J.-C., dans la trentième année de son âge.

RADZIWIL, ancienne famille polonaise, qui tire son nom du bourg de Radziwilmonty en Lithuanie, et son origine de Harimund, grand-duc de Lithuanie. Elevée en 1515 au rang des princes de l'empire, elle possède en Pologne les principautés et les duchés de Slutyk, Olyka, Niswicz, Mir, Dulimky, Kopyl, Birze, Klezk, etc., et se divise en quatre branches, dont les plus connues sont celles de Klezk et de Birze. — A cette famille appartenait BARBE RADZIWIL, que Sigismond-Auguste, roi de Pologne, épousa secrètement d'abord, et fit ensuite reconnaître publiquement; NICOLAS RADZIWIL, palatin de Wilna, grand maréchal et chancelier de Lithuanie, qui en 1567, après avoir commandé trois fois les armées en Livonie, et avoir fini par soumettre cette province à Sigismond-Auguste; et CHARLES RADZIWIL, qui mourut en 1792, après avoir tenté vainement d'empêcher le partage de sa patrie.

RAFALE, terme de marine qui désigne le passage subit d'un vent modéré à un vent violent. Les rafales ont lieu avant, pendant et surtout après les tempêtes, dont elles sont alors comme les derniers efforts.

RAFF (Antoine), célèbre chanteur allemand, élève de Bernacchi, né à Bonn en 1710, mort en 1790 à Munich, où il était premier chanteur de la chambre de l'électeur de Bavière, fut considéré comme le premier ténor de l'Allemagne et de l'Italie.

RAFF. On nomme ainsi les nageoires du poisson appelé *flétan*, et la peau grasse à laquelle elles sont attachées. On les estime beaucoup, et c'est un mets très-délicat; les pêcheurs les salent et les sèchent pour les envoyer au loin. Le meilleur raff vient de Norwége.

RAFFINAGE, opération qui a pour but de séparer d'un corps les substances qui en altèrent la pureté. Ainsi l'on dit le *raffinage* du sucre, etc.

RAFFINÉS. On appelait ainsi les élégants du moyen âge, ou plutôt de la cour des Valois. Les raffinés de cette époque portaient un pourpoint riche, taillade et quelque peu étriqué, un toquet brillant, un manteau court brodé d'or.

RAFFLÉSIE, genre de plantes acotylédonées, dont Brown fait le type de la nouvelle famille des rafflésiacées, et qui est rangé par d'autres dans celle des aristolochiées. On ne connaît que deux espèces: la plus étonnante est la *rafflésie d'ardrold*, plante parasite vivant sur la vigne et la plupart des plantes dicotylédonées. Elle n'a pas de feuilles; sa tige, extrêmement courte, porte une fleur qui, entièrement développée, a un mètre de diamètre et pèse sept kilogrammes et demi; sa corolle, formée de cinq pétales d'un rouge de brique, couverts de protubérances blanches, repose sur un tube large et court qui pourrait contenir douze litres d'eau. Cette fleur répand une odeur cadavéreuse extrêmement désagréable.

RAFLE, nom donné, en botanique, 1° à l'assemblage ramifié des pédoncules d'une grappe de raisin, de groseille, etc.; 2° au support long et grêle le long duquel sont attachées les fleurs d'un épi.

RAGAU, grande plaine d'Asie, située près du Tigre et de l'Euphrate, et célèbre par la victoire que Nabuchodonosor Ier remporta sur Phraortes ou Arphaxad, roi des Mèdes, l'an 635 avant J.-C.

RAGE, maladie caractérisée par l'impossibilité d'avaler surtout les liquides, par des frémissements convulsifs et des convulsions qui reviennent sous forme d'attaques. La *rage communiquée* est produite par la morsure ou la bave d'un animal enragé. On la croit due à l'introduction d'un virus spécial appelé *rabique*. Il s'écoule environ de quinze à quarante jours entre la morsure et l'apparition des symptômes. La durée de la maladie est de trente heures au moins et de trois à sept jours au plus, depuis l'instant où le malade éprouve l'horreur de l'eau, jusqu'à la mort qui en est le terme inévitable. Aucun remède connu n'a pu, jusqu'à ce jour, être employé avec succès contre la rage. Comme moyen préservatif, on admet la destruction de la partie qui a reçu le virus, laquelle prévient constamment le développement de la rage. — La *rage spontanée* attaque spécialement les personnes nerveuses, et survient le plus souvent à la suite d'une violente émotion, telle que la crainte d'avoir été mordu par un chien enragé; les symptômes se montrent peu de temps après que la cause a agi. Cette affection, quoique redoutable, n'entraîne pas toujours la mort. — Les symptômes de la rage (que dans ce cas on nomme *rage symptomatique*) surviennent souvent dans l'hypocondrie, les fièvres nerveuses, l'esquinancie et autres maladies angineuses.

RAGÈS, ville de la Médie méridionale, la première après Ecbatane, dans le voisinage de laquelle elle était située, au milieu de montagnes. Elle porta successivement les noms d'*Europus* et d'*Arsacia*. C'était là qu'habitait Gabelus, qui emprunta six talents à Tobie.

RAGHIB-PACHA (Mohammed), né vers l'an 1702, mérita, par son goût pour le travail, le surnom de *Raghib* (studieux).

Admis dans les bureaux de la Porte ottomane, il remplit successivement divers emplois, fut nommé en 1736 *mektoubjy-effendy* (secrétaire général du grand vizir), et l'année suivante plénipotentiaire au congrès de Niémirov. Cette mission lui valut ensuite la place de *reis-effendi* (secrétaire d'État aux affaires étrangères). Nommé plus tard pacha à trois queues, il gouverna successivement Aïdin, Alep et l'Égypte. En 1757, il fut appelé à la charge de grand vizir, qu'il remplit jusqu'à sa mort (1768). Il fut le fondateur de la bibliothèque de Constantinople, qui porte son nom.

RAGIMBERT, roi des Lombards, fils de Godebert, roi de Pavie. Son père ayant été massacré en 662 par l'usurpateur Grimoald, duc de Bénévent, et son oncle Pertharite étant monté sur le trône, il reçut de lui en fief le duché de Turin; mais en 701 Ragimbert prit les armes contre le crédit-fils de son bienfaiteur, Luitbert, et se fit couronner roi avec son fils Aribert II; mais il mourut la même année.

RAGNAR. Voy. LODBROG.

RAGOT. En termes de vénerie, on donne ce nom à un sanglier de deux ans et demi.

RAGOTZKI et mieux RAKOCZY, célèbre famille princière de Transylvanie, qui régna longtemps sur cette principauté. — SIGISMOND RAGOTZKI abdiqua après deux ans de règne en 1608, en faveur de Gabriel Bathory. — Son fils GEORGES succéda en 1629 à Betlen Gabor, successeur de Bathory, prit parti pour les Suédois dans la guerre de trente ans, et encouragea le protestantisme. — Son petit-fils FRANÇOIS-LÉOPOLD, emprisonné en 1701 par l'empereur Léopold, se fit le chef des mécontents de Hongrie, et fut proclamé en 1704 prince de Transylvanie et protecteur de Hongrie. La Hongrie ayant plus tard fait la paix avec l'Autriche, il se retira en France, puis en Turquie, où il mourut en 1735.

RAGUEL, cousin de Tobie, qui demeurait à Ecbatane en Médie, où il possédait de grands biens. Il reçut chez lui le jeune Tobie, et lui donna en mariage sa fille Sara, dont le démon avait, selon l'Écriture, tué les sept premiers maris.

RAGUSAN, ancienne république aristocratique, d'origine slave, fondée en 656 et placée d'abord sur la protection de la Hongrie (1386 à 1526), puis sous celle de la Turquie dont elle était tributaire. Sa superficie était de 60 lieues carrées, et sa population de 40,000. Elle est depuis 1814 réunie à l'empire d'Autriche, et forme un cercle du gouvernement de Dalmatie.— Sa capitale est RAGUSE.

RAGUSE, ville de la Dalmatie, située sur une presqu'île de l'Adriatique, dans un territoire stérile. Bien fortifiée, elle a un gymnase, un lycée, un archevêché, un palais autrefois résidence du *recteur* ou chef de la république, un consulat français, des fabriques de soieries et d'étoffes de laine, un bon port peu étendu et 7,000 habitants. Le maréchal Marmont reçut de Napoléon en 1809 le titre de duc de Raguse.

RAHAB, courtisane de Jéricho, reçut chez elle et cacha les espions envoyés par Josué pour reconnaître la ville, à la prise de laquelle sa maison fut seule épargnée. Dans la suite elle épousa Salmon, fils de Naasson, prince de la tribu de Juda, dont elle eut Booz, époux de Ruth et aïeul de David.

RAIA, nom donné par les Turks à tout chrétien. Les raïas étaient autrefois soumis aux plus rudes traitements. Leur sort s'améliore à mesure que la civilisation européenne modifie les mœurs et le caractère ottomans.

RAIE, genre de poissons de l'ordre des chondroptérygiens, et de la famille des sélaciens plagiostomes, qui se distingue par un corps large, aplati horizontalement et ayant la forme d'un disque, des nageoires pectorales excessivement larges, amples et charnues, une queue le plus souvent longue et grêle, une bouche large, située en travers sous le museau, et des mâchoires armées de dents toutes menues. Les raies habitent exclusivement la mer; elles se nourrissent de poissons et de crustacés. Le genre des raies renferme sept sous-genres, dont les plus connus sont la *torpille* (voy.); et la *raie proprement dite*, qui porte à la queue deux épines fortes et pointues pour assommer sa proie. Sa chair est bonne et assez délicate. Elle fréquente les mers de l'Europe.

RAIE BOUCLÉE, espèce du genre *raie*, renfermant des poissons distingués par un corps presque carré, très-aplati, hérissé sur ses deux surfaces de tubercules osseux, munis chacun d'un aiguillon recourbé. La tête est déprimée, un peu allongée; les dents sont petites, plates, disposées sur plusieurs rangs; la bouche est grande; les narines sont grandes, ouvertes un peu en avant de la bouche; la queue est déliée, plus longue que le corps, et terminée par une nageoire; les yeux sont saillants. Cette espèce parvient à deux pieds et même au delà. Elle a le dos bleuâtre et semé de taches rondes et blanches; Sa chair est délicate et recherchée. On la trouve dans toutes les mers d'Europe. Ses noms vulgaires sont en France *clavel* ou *clavelade*.

RAIFORT, genre de la famille des crucifères, renfermant huit espèces dont trois sont spécialement connues: le *raifort sauvage*, extrêmement commun dans les champs de blé, d'orge et d'avoine, aux fleurs jaunes, et dont les bestiaux mangent les feuilles; le *raifort noir*, qu'on mange comme condiment au commencement des repas, et qui est regardé comme un excellent digestif, un bon stimulant et un antiscorbutique; le *raifort cultivé*, aux racines annuelles, d'une saveur plus ou moins âcre, dont les variétés ont reçu les noms de *radis* lorsqu'elles sont longues, *raves* lorsqu'elles sont rondes, et conservent le nom de *raiforts* lorsqu'elles sont grosses.

RAIL, mot anglais qui signifie *ornière*, rainure, et qui a été employé dans la technologie des chemins de fer pour désigner la ligne parcourue par la roue de la machine à vapeur. Ce terme est impropre aujourd'hui que les roues des locomotives étant creuses se meuvent sur une voie en saillie et non plus en ornière.

RAIMOND. Voy. RAYMOND.

RAIMONDI (Marc-Antoine), célèbre graveur, né à Bologne, grava d'après Albert Durer des estampes contrefaites, et s'attira la colère de Durer et les réprimandes du gouvernement vénitien. Il grava ensuite d'après Raphael, Baccio Bandinelli et Jules Romain. Réduit presque à la mendicité par la prise de Rome en 1527, il reçut des secours du pape Clément VII, dont il avait encouru la disgrâce pour avoir gravé les figures que Jules Romain fit au livre de l'Arétin, et mourut en 1540.

RAINETTE, genre de batraciens anoures (sans queue), ayant le corps trapu et large, à quatre pattes. Celles de devant ont quatre doigts, celles de derrière cinq doigts. Tous sont terminés par des pelotes visqueuses. Ce genre renferme vingt-sept espèces. La plus connue est la *rainette verte*, longue de douze à dix-huit lignes, commune en France. Les rainettes vivent pendant l'été dans les bois humides, et passent l'hiver au fond des eaux. Elles se nourrissent de vers et de petits insectes. Elles se cramponnent sur tous les corps où elles se posent, même sur le verre et les feuilles agitées par les vents au moyen des pelotes lenticulaires qui présentent leurs doigts, et qui ont la propriété de former le vide sous elles.

RAINFROI ou RAGENFROI, leude français, célèbre dans les troubles qui précipitèrent la chute de la première race, fut maire du palais sous Dagobert III et Chilpéric II, montra de l'activité pour défendre ce dernier prince, mais dut céder aux armes victorieuses de Charles Martel. Retiré à Angers, dont Charles lui assura le comté à titre de donation viagère, il y mourut en 731.

RAINOLFE, premier comte d'Averse, était l'un de ces aventuriers normands qui s'établirent dans la Grande-Grèce. Il obtint des empereurs grecs l'investiture du comté d'Aversa, fut reconnu indépendant, et mourut en 1059, après un règne de quarante ans. Son successeur fut Richard Ier son neveu.

RAINS (Bertrand DE) ou DE RAINS, ermite, né à Rains près Vitry-sur-Marne, s'avisa de se faire passer pour Beaudoin Ier, empereur de Constantinople et comte de Flandre, mis à mort par les Bulgares en 1205. Jeanne, fille aînée de Beaudoin, refusa de le reconnaître, et implora le secours de Louis VIII, roi de France, qui sut découvrir la fausseté des prétentions de Bertrand de Rains. Il avoua son imposture dans les tourments, et fut pendu à Lille en 1225, après avoir été promené dans toutes les villes de Flandre et du Hainaut.

RAIPONCE, espèce de *campanule* que l'on mange en salade.

RAIS, nom donné, dans le blason, à des bâtons pommetés et fleurdelisés, disposés comme les rayons d'une roue; le mot *rais* désigne simplement des rayons lumineux; ainsi l'on dit, par exemple, une *étoile à huit rais*.

RAIS. Voy. RETZ.

RAISIN, fruit de la vigne.

RAISIN. On nomme vulgairement *raisin barbu*, la *cuscute*; *raisin coudre*, le fruit du *coccoloba*; *raisin d'Amérique*, le *phytolacca*; *raisin d'Autriche*, la *vigne laciniée*; *raisin de chêne*, les *galles*; *raisin de chèvre*, le *nerprun*; *raisin de corneille*, les baies de la *camarine*; *raisin de loup*, les baies de la *morelle noire*; *raisin de mer*, l'*éphèdre* élevée et le *fucus flottant*; *raisin d'ours*, les fruits d'un *arbousier*; *raisin de perroquet*, le fruit du *brésillet bâtard*; *raisin de renard*, la *parisette* et les baies de la *vigne de renard*; *raisin noir des bois*, le fruit de l'*airelle*.

RAISINIER ou COCCOLOBA, genre de la famille des polygonées, renfermant de grands arbres et arbrisseaux du continent américain et des Antilles, très-remarquables par l'ampleur de leurs feuilles épaisses, coriaces, d'un vert sombre. Le *coccoloba à grappes* est un arbre qui se plaît sur les bords de la mer; son bois est rougeâtre, ses feuilles très-larges, cordiformes, portées sur des pétioles très-courts; ses rameaux étalés et diffus, couverts d'une écorce cendrée, sont terminés par une longue grappe de trente-deux centimètres environ, composée de fleurs rougeâtres, petites, droites, qui donnent naissance à de petites drupes charnus, arrondis, de la grosseur d'une cerise et d'une couleur purpurine; ces fruits ont une saveur acidule, agréable. Ils sont rafraîchissants. Le bois très-dur, pesant, d'un rouge foncé, presque incorruptible du *coccoloba de la Martinique* est fort recherché pour les constructions.

RAJAH, prince de race indoue et de la caste des Schettris. Dans l'Indoustan, les rajahs, dont le plus fameux était celui de Maïssour ou Mysore, sont tous dépendants de l'Angleterre. Dans les îles orientales, quelques-uns ont encore conservé leur indépendance.

RAJAPOUTES. Voy. RADJEPOUTES.

RAKOCZY. Voy. RAGOTZKI.

RAKONITZ, cercle de Bohême, borné au N. par ceux de Leitmeritz et de Saatz, au S. par celui de Beraun, à l'O. par celui de Pilsen, et à l'E. par le district de Prague. Sa superficie est de 120 lieues carrées, et sa population de 135,250 habitants. C'est un pays couvert de montagnes et de forêts, fertile en blé et en houblon. — Sa capitale est RAKONITZ, ville de 2,000 âmes, sur la Mirza, à 12 lieues de Prague.

RAKOS, grande plaine de la Hongrie, près de Pest, où s'assemblait autrefois la diète extraordinaire.

RÂLE, murmure sourd et étouffé que l'air fait entendre chez les mourants en traversant les crachats que les poumons ne peuvent plus rejeter. Hippocrate l'a comparé au bruit de l'eau bouillante.

RÂLE, genre d'oiseaux de l'ordre des échassiers et de la famille des macrodactyles, voisin des cailles. Ils ont le corps et le bec comprimés, la queue courte, et les doigts allongés et séparés. Ils courent avec rapidité et ne volent guère. Ils vivent isolés dans les joncs, les broussailles, etc. Les deux espèces les plus connues sont le *râle d'eau*, d'un roux brun, avec des nuances blanchâtres et grises et le bec rouge, et le *râle de genêts*, appelé vulgairement *roi des cailles*, parce que son arrivée annonce celle de ces oiseaux. Il est d'un brun fauve, tacheté de noirâtre en dessus et gris roussâtre en dessous. La chair des râles est fort recherchée, surtout en septembre.

RALEIGH, ville des États-Unis d'Amérique, capitale de la Caroline du Nord et siège du gouvernement. Elle a 1,000 habitants, et est située à 83 lieues de Washington. Elle a été fondée en 1791 en l'honneur du voyageur Walter Raleigh.

RALEIGH (SIR Walter), né en 1552 à Budley (Devonshire), sut gagner la faveur de la reine Élisabeth, pour laquelle il fit plusieurs découvertes, et entre autres celle de la Virginie. Il commanda plusieurs expéditions, et introduisit en Angleterre le tabac et le cerisier. A la mort d'Élisabeth, les ennemis, que sa faveur lui avait attirés le firent mettre en jugement sous prétexte de haute trahison. Condamné à mort, il obtint un sursis qui dura treize ans, au bout desquels il fut mis en liberté et chargé d'aller vérifier les mines d'or qu'il prétendait avoir découvertes dans la Guyane. Son dessein fut traversé par les Espagnols, et à la suite d'un combat avec ses troupes la ville de Saint-Thomas fut brûlée. Les Espagnols demandèrent réparation de la violation de leur territoire, et, le lendemain de son arrivée à Londres, Raleigh fut décapité, en vertu du jugement prononcé contre lui quinze ans avant (1618). On a de lui une *Histoire universelle*.

RALINGUE, cordage cousu tout autour des voiles, pour les empêcher de se déchirer et les rendre plus fortes. *Ralinguer*, c'est coudre la ralingue; c'est encore l'action de disposer la voile de manière à ce qu'elle ne reçoive le vent sur aucune face.

RALLENTANDO, mot italien qui signifie *en ralentissant*, et qui indique, en musique, que l'on doit ralentir le mouvement.

RAMA, mot hébreu qui signifie *élevé*, et qui est commun à un grand nombre de villes. Les deux plus connues sont : RAMA, ville de Palestine, située dans la tribu de Benjamin, à une lieue de Jérusalem, et fameuse dans l'Écriture à cause du passage du prophète Jérémie qui commence ainsi : *On a entendu à Rama un cri*. — Et RAMA l'ancienne Arimathie, appelée par les Arabes *Ramli*, c'est-à-dire sable, à cause de sa situation dans un terrain sablonneux. Elle est située à 10 lieues de Jérusalem.

RAMADAN, neuvième mois du calendrier turk, appelé aussi *ramazan*. Les musulmans calculent leur année d'après le cours de la lune. Elle a onze jours de moins que la nôtre, puisque le mois lunaire n'est que de vingt-neuf jours douze heures; de sorte qu'au bout de trente-trois ans le mois de ramadan se trouve avoir parcouru toutes les saisons de l'année. C'est dans ce mois que les Turks gardent l'abstinence la plus sévère depuis le lever jusqu'au coucher du soleil. C'est leur carême. Le 15 de ce mois, le sultan fait distribuer aux grands de sa cour par le second officier des eunuques blancs, appelé *khasi-oda-bachi*, des fioles d'eau bénite pour l'immersion d'un bout du manteau de Mahomet.

RAMAJANA, grande épopée indoue, épisode du *Bhagâvad-Gîta*, et composée en langue sanscrite par le poëte Valmiki. Elle contient le récit des aventures de Rama, une des incarnations de Wishnou.

RAMALIES, fêtes romaines en l'honneur de Bacchus et d'Ariane. On y portait des ceps de vigne chargés de leurs fruits.

RAMBAUD D'ORANGE, troubadour provençal, mort en 1173, a laissé environ trente pièces conservées à la bibliothèque royale, et dont quelques-unes ont été publiées par Raynouard dans le *Choix des poésies des troubadours*. Ce troubadour est l'un des plus anciens dont les ouvrages nous soient parvenus.

RAMBOUILLET, ville de France, chef-lieu d'arrondissement du département de Seine-et-Oise, dans une vallée à 8 lieues de Versailles et 13 de Paris. Sa population est de 3,000 habitants. Elle a un tribunal de première instance, une société d'agriculture, un hospice civil, un bel hôtel de ville, un château royal magnifique, flanqué de tours, où mourut François Ier (1547), et dont le parc de 2,600 arpents est entouré de murs, embelli de pièces d'eau et percé d'allées régulières et à l'anglaise. La forêt qui y tient à 30,000 arpents. Elle était autrefois le rendez-vous général pour la chasse royale. On voit encore à Rambouillet une ferme de l'État où l'on soigne le superbe troupeau de mérinos importé d'Espagne en France en 1786.

RAMBOUILLET (Charles D'ANGENNES, marquis DE), chevalier des ordres du roi, conseiller d'État et maréchal de camp, fut envoyé ambassadeur en Piémont (1627) pour procurer la paix entre le roi d'Espagne et le duc de Savoie. Il mourut à Paris en 1652, laissant de sa femme, Catherine de Vivonne, quatre filles, dont trois furent religieuses, tandis que la quatrième, Julie-Lucie d'Angennes, célèbre par son esprit et sa beauté, morte en 1671 à soixante-quatre ans, épousa le duc de Montausier. Elle fut gouvernante du dauphin, fils de Louis XIV, et dame d'honneur de la reine.

RAMBOUILLET (Catherine DE VIVONNE, marquise DE), épousa en 1600 Charles d'Angennes, marquis de Rambouillet, et fut aussi distinguée par ses vertus que par son esprit. Son hôtel devint une sorte d'académie, rendez-vous de tout ce qui était le plus distingué en condition et en mérite, et tribunal dont la décision avait un grand poids sur la conduite et la réputation des personnes, du grand monde. L'hôtel de Rambouillet soutint la rivalité de Pradon contre Racine.

RAMBURES (David, sire DE), d'une illustre et ancienne maison de Picardie, chambellan du roi et grand maître des arbalétriers de France en 1411, rendit des services signalés aux rois Jean le Bon, Charles V et Charles VI, et fut tué avec trois de ses fils à la bataille d'Azincourt (1415).

RAMEAU (Jean-Philippe), l'un des plus célèbres compositeurs des XVIIe et XVIIIe siècles, qui a fait une grande révolution dans la musique dramatique, et a ouvert la carrière aux compositeurs modernes, en publiant les principes de l'harmonie en 1722. Son système, connu sous le nom de *basse fondamentale*, est abandonné aujourd'hui. Né en 1683 à Dijon, il mourut en 1764, après avoir reçu de Louis XV une pension de 2,000 livres, des lettres de noblesse et le cordon de Saint-Michel. Rameau a composé trente opéras. Le plus beau est celui de *Castor et Pollux*. On cite encore *Dardanus* et *Hippolyte et Aricie*.

RAMEAU, petite branche d'arbre. — Le *dimanche des Rameaux* est celui qui précède la Pâque et le dernier du carême. On l'appelle ainsi parce que les fidèles y portent des palmes ou des rameaux bénits en commémoration de l'entrée triomphale de Jésus-Christ à Jérusalem. Le dimanche des Rameaux auquels on donne encore les noms de *Pâques fleuries*, *dimanche des Palmes*, *dimanche des Baies*, n'est célébré en Occident que depuis le VIIe siècle.

RAMEAU D'OR, branche d'olivier en or, que la sibylle de Cumes fit prendre à Énée pour lui ouvrir la route des enfers, et qu'il attacha à la porte du palais de Pluton pour la faire ouvrir.

RAMÉE (François DE LA), jeune homme ainsi appelé du nom d'un gentilhomme de Poitou qui l'avait fait élever, se donnait en 1596 pour fils de Charles IX et d'Élisabeth d'Autriche, prétendant que Catherine de Médicis l'avait soustrait pour faire régner son fils Henri III. Arrêté à Reims, il fut condamné à être pendu. Son corps fut brûlé en place de Grève, et ses cendres jetées au vent le 8 mars 1596.

RAMÉE (Pierre LA). Voy. RAMUS.

RAMEL (Jean-Pierre), né à Cahors en 1768, embrassa de bonne heure la profession des armes, et fut nommé en 1793 chef de bataillon. Adjudant général en 1768, il fit la campagne du Rhin, et fut appelé au commandement de la garde du corps législatif. Proscrit au 22 fructidor, il fut déporté à Cayenne, d'où il parvint à s'échapper deux mois après. Remis en activité en 1803, il fit les campagnes de l'empire, et fut nommé en 1814 maréchal de camp. Appelé en 1815 par Louis XVIII au commandement de la Haute-Garonne, il fut assassiné à dix heures du soir dans son hôtel, par une troupe de forcenés appartenant à ces compagnies secrètes de volontaires carlistes qui ont acquis en 1815 une si triste célébrité.

RAMESSÈS ou RHAMSÈS, roi d'Égypte qui fit élever à Thèbes un obélisque de 132 pieds de haut, transporté en 334 à Alexandrie par Constantin, puis à Rome par Constance, et érigé sous la place de Saint-Jean-de-Latran par le pape Sixte-Quint. On croit que c'est le même que *Sésostris*.

RAMEURS, tribu d'insectes de l'ordre des hyménoptères, section des hétéroptères, famille des géocorises, renfermant les trois genres *hydrometra*, *gerris* et *velia*, caractérisée par quatre pieds postérieurs, très-écartés entre eux, longs, grêles et propres à marcher ou à ramer sur l'eau, un duvet très-fin et soyeux qui garantit le dessous du corps du contact de l'eau.

RAMEURS, matelots faisant sur un vaisseau le service des rames. — On ne s'accorde pas sur la manière dont ils étaient placés dans les vaisseaux anciens. L'opinion la plus générale est qu'ils étaient les uns au-dessus des autres sur des bancs placés non en ligne perpendiculaire, mais en forme de quinconce. Les rames des rangs inférieurs étaient très-courtes, et à cause croissante proportionnellement à leur élévation. Les trirèmes grecques avaient trois sortes de rameurs : les *thranites*, ceux du haut, les *thalamites*, ceux du bas, et les *zeugites* ceux du milieu.

RAMIER, espèce de pigeon de couleur généralement cendrée, avec une teinte plus ou moins bleuâtre et quelques parties blanches ou brunes. Les ramiers se nourrissent de glands, de faînes, de fraises, de semences, etc. Ils arrivent dans le midi de la France, vers la fin d'octobre, en nombre considérable; aussi leur fait-on une chasse très-active, car ces oiseaux sont un excellent gibier.

RAMILLIES, village de Belgique, situé dans le Brabant méridional, près de la source de la Ghèete, à 4 lieues de Namur. Il est célèbre par la victoire que l'armée anglaise, commandée par le fameux John Churchill, duc de Marlborough, y remporta en 1706 sur le maréchal de Villeroi et le duc de Bavière.

RAMIRE. Deux rois d'Aragon ont porté ce nom. — Le premier succéda en 1034 à son père Sanche III le Grand, roi de Navarre, dans l'Aragon qu'il eut pour héritage. Il attaqua son frère Garcias III, roi de Navarre, et fut vaincu. Il chercha aussi à détrôner son autre frère Ferdinand Ier, roi de Castille; mais il mourut dans une bataille contre lui en 1063. — RAMIRE II, dit *le Moine*, parce qu'un te fit cloître après la mort de son frère Alphonse Ier, pour le placer sur le trône (1134). Il se maria et fiança en 1137 sa fille Pétronille, âgée seulement de deux ans, à Raymond, comte de Barcelone. Il abdiqua la même année, laissant le trône à son gendre.

RAMIRE. Trois rois de Léon ont porté ce nom. — Le premier succéda en 835 à Alphonse II, remporta une grande victoire sur les Arabes entre Logrôno et Clavijo, et associa à la couronne son fils Ordogno Ier. L'hérédité trouva cependant quelques opposants. Ramire mourut en 850. Sous son règne (844), les Normands s'étaient avancés jusqu'à Cordoue. — RAMIRE II, fils d'Ordogno II, succéda en 927 à son frère Alphonse IV qui avait abdiqué, prit Madrid sur les Maures en 932, s'avança jusqu'à Tolède, et rendit pour un temps tributaire le gouverneur de Saragosse. Il défit en 939 près de Simancas, puis à Talavera, l'émir Abdérame, avec l'aide du comte de Castille, Ferdinand Gonzalès. Ramire mourut regretté en 950. Ce fut sous son règne (923) que le comte de Castille ou de Burgos se fit indépendant. — RAMIRE III, petit-fils de Ramire II, succéda en 967, à l'âge de cinq ans, à son père Ordogno IV. Ses cruautés et ses débauches le firent chasser du trône en 980. Deux ans après, il mourut dans une bataille livrée aux Galiciens révoltés.

RAMLER (Charles), célèbre poëte allemand, né à Colberg (Prusse) en 1725, fit ses études à Halle, devint professeur de logique et de belles-lettres au corps royal des cadets, et fut ensuite nommé membre de l'académie des sciences de Berlin, puis directeur du grand théâtre, conjointement avec Engel. Il mourut en 1798. On a surnommé Ramler l'*Horace allemand*. On a de lui un *Choix de fables*, les *Fleurs lyriques*, odes, des cantates, etc.

RAMMOHUN-ROY (LE RAJAH), philosophe indien, descendant d'une famille illustre et antique de brahmines, qui avait abandonné le service des autels. A seize ans, il avait déjà composé un ouvrage sur le *Système d'idolâtrie des Hindous*. A vingt ans, il commença à fréquenter les Européens et à étudier leurs lois et leurs mœurs. Cette étude lui fit donner la préférence à leur philosophie, et il ne cessa dès lors de combattre l'idolâtrie superstitieuse de ses compatriotes, sans cependant attaquer directement le brahmanisme. Il vint en Europe en 1831, et mourut en 1833 à Stappleton-Park près Bristol en Angleterre. Ce savant a publié des ouvrages en sanscrit, arabe, persan, bengali et anglais. Les plus beaux sont la traduction des *Védas* et une *Grammaire de la langue bengali* en anglais.

RAMNES ou RAMNENSES, la première des trois tribus du peuple romain, créées par Romulus. Elle comprenait tous les habitants du mont Palatin. La centurie des premiers chevaliers romains tirée de cette tribu s'appelait aussi Ramnes. Les deux autres tribus se nommaient *Tatienne* et *Lucères*.

RAMOND DE CARBONNIÈRES (LE BARON Louis-François-Elisabeth), membre de l'Institut (académie des sciences), né à Strasbourg en 1753, faisait à l'époque de la révolution partie de la maison militaire du roi. Distingué déjà pour ses connaissances en physique et en géologie, il fut élu en 1791 député de Paris à l'assemblée législative, et s'y montra l'un des plus zélés défenseurs de la monarchie constitutionnelle. Réduit à la fuite après le 10 août, il passa les jours de la terreur dans les Pyrénées, et fut nommé en 1794 professeur d'histoire naturelle à l'école centrale des Hautes-Pyrénées. Député au corps législatif de 1800 à 1806, il obtint ensuite à la restauration fut nommé maître des requêtes en service ordinaire (1815), puis conseiller d'Etat en service extraordinaire (1818), et mourut en 1827. Son meilleur ouvrage est intitulé *Observations faites dans les Pyrénées*.

RAMPONNEAU (Grégoire), célèbre chansonnier du XVIIIe siècle, était cabaretier aux Porcherons, à Paris. Il a été mis sur la scène des Variétés dans un vaudeville intitulé : *le Réveillon de la Courtille*.

RAMSAY, famille illustre d'Ecosse, qui a donné plusieurs hommes célèbres, parmi lesquels CHARLES-LOUIS RAMSAY, auteur d'un ouvrage intitulé *Tachygraphie*, publié en 1681, qui contient l'art d'écrire aussi vite que la parole; et ANDRÉ-MICHEL RAMSAY, chevalier baronnet de l'ordre de Saint-Lazare, docteur de l'université d'Oxford, né à Daire en 1686, converti à la religion catholique par Fénelon en 1709, mort en 1743. On a de lui la *Vie et les ouvrages de Fénelon*, et l'*Histoire du maréchal de Turenne*, dont il avait été le précepteur.

RAMSDEN (Jessé), célèbre ingénieur anglais, né en 1730 à Halifax (Yorkshire), reçu membre de la société royale de Londres en 1786, et mort en 1800, a contribué beaucoup aux progrès de l'astronomie par la perfection des instruments qu'il a fabriqués et qui sont encore recherchés pour leur rigoureuse exactitude. Il a trouvé un moyen d'apprécier la dilatation des corps solides.

RAMSÈS. Voy. RAMESSÉS.

RAMSGATE, ville d'Angleterre, au comté de Kent, située dans l'île de Thanet, à l'embouchure de la Tamise, à 2 lieues de Margate et 12 de Calais. Sa population est de 4,300 habitants. Elle a un port magnifique construit en 1750, et très-fréquenté à cause des bains de mer.

RAMURES. On appelle ainsi les bois ou les têtes des cerfs.

RAMUS ou LA RAMÉE (Pierre), né à Cuthe (Aisne) en 1502, descendant d'une famille noble, mais ruinée; fut père vendait du charbon. Domestique au collège de Navarre, il parvint, à force de patience et de travail, à se faire un nom dans les lettres, et fut le premier qui osa s'élever contre la doctrine d'Aristote. Il le fit d'abord dans ses deux ouvrages publiés en 1543, les *Animadversiones in Dialecticam Aristotelis* et les *Institutiones dialecticæ*. Condamné en 1543 à ne plus enseigner la philosophie, il vit en 1545 cet arrêt révoqué, et fut même nommé professeur d'éloquence et de philosophie au collège de France en 1551. Comme il avait embrassé le calvinisme, il fut enveloppé dans le massacre de la Saint-Barthélemy, au collège de Presle, dont il était principal (1572).

RANATRE, genre de l'ordre des hémiptères, section des hétéroptères, famille des hydrocorises, tribu des népiens, renfermant des insectes au corps linéaire, muni d'une tête petite. Leurs yeux sont globuleux, très-saillants; leurs antennes très-courtes, peu apparentes, cachées sous les yeux. Le corselet est très-allongé; l'abdomen est long et terminé par deux filets sétacés. Les pattes sont très-longues et très-grêles. Les ranâtres ou *scorpions aquatiques* vivent dans les eaux dormantes; elles sont très-voraces. La *ranâtre linéaire* est longue de vingt-sept à vingt-huit lignes; son corps est gris en dessus, jaune en dessous.

RANCAGUA, province du Chili, bornée au N. par celle de Melipilla, à l'E. par les Andes, à l'O. par la mer Pacifique et au S. par la province de Maule. Sa superficie est de 480 lieues carrées, et sa population de 120,000 habitants. Elle abonde en poissons, fruits, mines d'or, cristal de roche, etc. — Sa capitale est RANCAGUA ou SANTA-CRUZ DE TRIANA, sur le Cachajucel, à 21 lieues de Santiago.

RANCE, rivière de Bretagne, qui prend sa source près de Rennes (Ille-et-Vilaine), traverse une partie du département des Côtes-du-Nord, passe à Dinan, et se jette dans la Manche, en formant à son embouchure le port de Saint-Malo. Son cours est d'environ 25 lieues.

RANCÉ (Dom Armand-Jean LE BOUTHILLIER DE), célèbre réformateur de la Trappe, neveu d'un surintendant des finances, passa sa jeunesse dans les plaisirs, quoiqu'il fût chanoine de Notre-Dame de Paris et qu'il possédât plusieurs abbayes. Sa conversion est due à une cause singulière.

Au retour d'un voyage, il monte dans l'appartement de madame de Montbazon, sa maîtresse, dont il ignorait la mort, et trouve dans un plat sa tête qui avait été séparée du tronc parce que le cercueil de plomb s'était trouvé trop petit. Frappé de cette vue, il renonce au monde (1657), et va s'ensevelir à son abbaye de la Trappe, que le roi lui permet de tenir, non plus en commende, mais comme abbé régulier. Il lui fit prendre cette règle austère, dont les principaux points sont le travail, le silence et la pensée de la mort. L'abbé de Rancé mourut en 1700. Il prit part à la querelle des jansénistes.

RANÇON, somme que l'on paye pour tirer des mains de l'ennemi un prisonnier. Dans le moyen âge, le vassal était obligé de payer la rançon de son seigneur. Saint Louis, fait prisonnier en 1250 à la bataille de la Massoure par les Sarrasins, rendit pour sa rançon la ville de Damiette, et paya 400,000 livres pour celle des autres prisonniers.

RANCONNET (Aymar DE), né à Périgueux, devint conseiller au parlement de Bordeaux, puis président de celui de Paris. Il écrivait bien en grec et en latin, et ce fut lui, selon Pithou, qui composa le *Dictionnaire* qui porte le nom de Charles Estienne. Après avoir vu mourir sa fille sur un fumier, exécuter son fils et le tonnerre écraser sa femme, il fut enfermé à la Bastille par ordre du cardinal de Lorraine auquel il avait déplu, et y mourut en 1559, âgé de plus de soixante ans.

RANDOLPH (Thomas), poëte anglais, né en 1605 dans le Northamptonshire, mort à Blatherwicke en 1634, a fait plusieurs pièces de théâtre estimées, entre autres *Amyntas*, *Aristippe*, etc. — Il ne faut pas le confondre avec THOMAS RANDOLPH, gentilhomme du comté de Kent, né en 1522, mort en 1590, après avoir été envoyé par la reine Elisabeth en ambassade en France et en Russie.

RANGONE (Constance DE), Italienne célèbre, d'une ancienne famille de Modène, avait épousé César Fregoso, illustre Génois, qui s'était attaché à la France dans les guerres d'Italie, et que François Ier envoya avec Rinçon à Constantinople pour y renouveler alliance avec la Porte. Charles-Quint ayant en 1541 fait assassiner les ambassadeurs, Constance, pour venger son époux, se mit à la tête de ses troupes, et défit plusieurs fois les Espagnols.

RANGONE (LE MARQUIS Gherardo-Aldobrandino), né à Modène en 1744, mort à Vienne en 1815, possède depuis 1773 la surintendance du collège des nobles et la direction de l'université de Modène. Après la mort du duc François III, il fut appelé au ministère de l'intérieur, et rendit les plus grands services à sa patrie. On a de lui plusieurs écrits.

RANGOUN, ville de l'empire Birman, résidence du vice-roi de la province de Pégu depuis la destruction de Pégu (1757). Fondée en 1753 par Alompra, sur la rive orientale du Rangoun, bras de l'Irraouaddy qui se jette dans le golfe du Bengale, cette ville a 30,000 habitants, avec un bon port, à 12 lieues de la mer, le seul ouvert aux Européens. A une lieue de la ville, on voit le fameux temple de Shou-Dagoun, tout étincelant de dorures.

RANNEQUIN ou RENOUIN, célèbre mécanicien belge, né à Liége en 1645, mort en 1708, s'est immortalisé par la fameuse machine de Marly, qui faisait monter l'eau sur une montagne élevée de 502 pieds au-dessus du niveau de la Seine. Cette machine donnait 5,253 tonneaux d'eau en vingt-quatre heures, et avait coûté plus de 8,000,000. Elle a été remplacée par une machine à vapeur.

RANS. Voy. RAINS.

RANTZAU, comté du royaume de Danemark, occupant la partie S.-O. du duché de Holstein. Sa superficie est de 12 lieues carrées, et sa population de 9,000 habitants. Ce comté, possédé par une des plus anciennes familles du Danemarck, fut vendu par elle à la couronne en 1726.

RANTZAU (Josias, comte de), était à la tête d'un régiment de cavalerie et d'infanterie suédoise, lorsqu'il accompagna en France Oxenstiern, chancelier de Suède. Louis XIII le retint, et le fit maréchal de camp et colonel de deux régiments. Après s'être distingué en plusieurs batailles, il fut fait maréchal de France en 1646, et embrassa la religion catholique. Il mourut en 1650, tellement mutilé par la guerre qu'il ne lui restait plus qu'un œil, un bras, une oreille et une jambe.

RANZ DES VACHES, air patriotique des Suisses, celui que les bouviers jouent en faisant paître leurs troupeaux. Aussitôt que la cornemuse répétait cette mélodie patriotique, les Suisses engagés au service de l'étranger désertaient ou mouraient de langueur. On défendit dès lors de la jouer sous peine de mort.

RAOUL ou Rodolphe, duc de Bourgogne, gendre de Robert, s'empara du trône de France avec le consentement de son beau-frère Hugues en 923. Il mourut en 936, et sa mort fut suivie, jusqu'au retour de Louis d'Outre-mer, d'un interrègne pendant lequel on data ainsi les actes publics: *Depuis la mort de Raoul, Jésus-Christ régnant, et dans l'attente d'un roi.*

RAOUL. Voy. Rollon.

RAOUL DE COUCY. Voy. Coucy.

RAPACES, ordre d'oiseaux carnassiers qui ne vivent que de rapines. Tous ont la vue très-perçante; mais les uns ne peuvent l'exercer qu'au grand jour, et les autres ont besoin du crépuscule; de là la division des rapaces en deux familles, les *diurnes* et les *nocturnes*. Les ailes et les serres sont développées à un grand degré chez eux. En général, les femelles sont plus grandes que les mâles.

RAPHAEL, un des sept anges qui sont toujours en présence de Dieu. Ce fut lui qui, sous la figure d'un jeune Hébreu nommé Azarias, guida Tobie le fils jusqu'à la maison de Gabelus, lui fit retirer du poisson le remède destiné à guérir la cécité de son père, et lui fit épouser Sarah, la fille de Raguel.

RAPHAEL SANZIO, le plus célèbre peintre des temps modernes, celui qui a réuni dans le plus haut degré les parties les plus importantes de l'art. Aussi l'a-t-on surnommé l'*Homère de la peinture*. Né à Urbin le vendredi saint de l'année 1483, il eut pour maître le Pérugin, et fut appelé à Rome par le Bramante, son oncle, architecte de la fameuse basilique de Saint-Pierre, de l'achèvement de laquelle il fut chargé après sa mort. Jules II et Léon X l'employèrent à peindre les fresques du Vatican, et ses peintures sont autant de chefs-d'œuvre. Ce sont l'*Ecole d'Athènes*, *Héliodore chassé du temple*, l'*Incendie du Vatican*, etc. Raphaël mourut en 1520, avant d'avoir achevé son superbe tableau de la *Transfiguration sur le mont Thabor*. On voit à Paris la *Sainte Famille*, qu'il composa pour François Ier.

RAPHAIM, vallée habitée par des géants, et située en Palestine, sur les confins des tribus de Juda et de Benjamin, près de Jérusalem. David y remporta sur les Philistins deux batailles complètes.

RAPHÉ, nom donné par Gaërtner, en botanique, à une petite masse de vaisseaux filiformes et spiraux, placés sur le côté de l'ovule qui va de l'*hile* ou ombilic externe à l'ombilic interne dit *chalaze*. Appelé par d'autres *vasiducte*, le raphé, microscopique dans certaines plantes et très-épais dans d'autres, paraît servir uniquement de communication entre la plante et la base de l'amande. — En anatomie, on a nommé *raphé*: 1º deux lignes saillantes, qui ressemblent à une couture (du grec *raptô*, je couds); 2º deux lignes saillantes longitudinales, parallèles, qui se voient au cerveau.

RAPHIA, forteresse célèbre, située sur la Méditerranée, entre Gaza et Rhinocolura, sur les confins de la Syrie et de l'Egypte. Ptolémée Philopator, roi d'Egypte, y remporta une célèbre victoire sur Antiochus le Grand, roi de Syrie, l'an 217 avant J.-C.

RAPHIDIM, onzième campement des Hébreux dans le désert, et fameux par la victoire que les Israélites, commandés par Josué, y remportèrent sur les Amalécites, et par le miracle qu'y opéra Moïse en faisant sortir de l'eau d'un rocher qu'il frappa de sa baguette.

RAPIDE, nom donné à des sortes de cascades qui se trouvent dans certaines rivières, surtout dans le nouveau monde, et qui en entravent la navigation, sans cependant former de véritables chutes d'eau. Leur formation est due à l'élévation du terrain ou l'affaissement des roches qui diminuent insensiblement les cataractes.

RAPIN (Nicolas), poëte ridicule du XVIe siècle, qui tenta, comme Baïf, de française la rime des vers français et de les construire, comme les Grecs et les Latins, sur la seule mesure des pieds. Il fut l'un des auteurs de la Satire Ménippée. Natif de Fontenay-le-Comte, il fut vice-sénéchal de Poitou, et mourut en 1609 à soixante-quatorze ans.

RAPIN (René), célèbre poëte latin moderne, né à Tours en 1621. Il entra en 1639 dans l'ordre des Jésuites, professa les belles-lettres pendant neuf ans, et mourut en 1687. Ses titres à la postérité sont les *Eglogues sacrées* et son poëme des *Jardins* en quatre chants. Il est regardé comme un chef-d'œuvre de pureté et d'exactitude.

RAPIN-THOYRAS (Paul de), d'une ancienne famille protestante, originaire de Savoie, naquit à Castres en 1661. L'édit de Nantes ayant été révoqué en 1685, il passa à l'étranger, et entra dans une compagnie de cadets français, commandée par son cousin pour le compte de la Hollande. Il suivit en 1688 le prince d'Orange en Angleterre où il prit du service, et fit ensuite l'éducation du duc de Portland. Il mourut à Wesel en 1725, laissant une assez bonne *Histoire d'Angleterre* en dix volumes.

RAPP (Le comte Jean), lieutenant général de cavalerie, né en Alsace (1772), entré au service en 1788, aide de camp de Desaix et après sa mort de Bonaparte, dont il devint un des favoris. Sa belle conduite à Austerlitz lui valut le grade de lieutenant général; mais son plus éclatant titre de gloire est la mémorable défense de Dantzick (1813), dont il était gouverneur. Il se rallia à Napoléon après le retour de l'île d'Elbe, et fut rétabli dans son grade en 1818. Louis XVIII lui donna même la pairie. Il mourut en 1821, laissant des *Mémoires* intéressants.

RAPPAHANOCK, grande rivière des Etats-Unis, dans la Virginie, se jette dans la baie de Chesapeake, à 10 lieues au S. du Potowmack, après un cours de 55 lieues.

RAPPORTEUR, instrument en cuivre ou en corne transparente, formant la demi-circonférence d'un cercle d'environ six pouces de diamètre, divisée en 180 degrés. Il sert à mesurer des angles et à tracer des lignes sur les cartes réduites.

RAPSODES (de *raptéin*, coudre, et *odé*, chant), nom donné chez les Grecs à ceux qui faisaient profession de réciter ou de chanter en public des fragments sans suite et comme *cousus* des grands ouvrages poétiques. Les anciens rhapsodes composaient en l'honneur des dieux des hymnes qu'ils allaient chanter de ville en ville, surtout dans les cérémonies religieuses. Ceux qui croient à l'existence d'Homère en font un rapsode; d'autres pensent avec Wolf que les poëmes attribués à Homère ne sont que des *rapsodies*, c'est-à-dire des fragments faits sans art et ajustés plus tard dans l'ordre où nous les avons. — Les mots *rapsode*, *rapsodie*, sont aujourd'hui pris en mauvaise part, parce que plus tard les rapsodes récitaient les morceaux sans en comprendre le sens.

RAPT, enlèvement criminel d'une jeune fille ou d'une femme, entraînant avec lui l'idée du viol. Telle est l'acception qu'on lui donne de nos jours. — Autrefois le *rapt* s'entendait de l'enlèvement soit volontaire soit forcé. L'un et l'autre étaient presque toujours punis de mort. Dans quelques pays seulement, on ne poursuivait pas le suborneur lorsqu'il épousait la plaignante.

RAQUETTE, nom vulgaire du *cactus opuntia*, qui porte la cochenille.

RAS. On nomme *ras de marée*, en marine, un petit bouillonnement des eaux occasioné par des courants sur une médiocre surface. Quelquefois ils sont assez violents pour mettre des bâtiments en péril. Le *ras* est aussi une plate-forme flottante qui présente une grande surface horizontale, et sur laquelle se placent les ouvriers pour les travaux qu'on fait sur l'eau.

RAS-WELLETA-SELASSE, vice-roi du Tigré (Abyssinie), né vers 1746, mort en 1816, se fit remarquer chez ce peuple barbare par sa sagesse, sa générosité et l'étendue de ses connaissances. En butte aux persécutions du précédent *ras* (prince), alors qu'il portait le titre de *balgudda* (protecteur des caravanes de sel), il forma dans le désert un parti qui renversa le ras et le mit à sa place. Ras-Welleta-Selasse plaça sur le trône de Gondar un roi dont il devint le lieutenant pour la province du Tigré. Il fit en 1807 la guerre aux Gallas, qui laissèrent 4,700 des leurs sur le champ de bataille.

RASCHED-BILLAH (Abou-Djafar-al-Mansour), trentième calife abbasside, fut proclamé à Bagdad en 1135 après Mostarched-Billah, mais, s'étant révolté contre le sultan sedjoucide Mas'oud, son suzerain, il fut déclaré déchu du trône en 1136, et mourut l'année suivante assassiné par ses esclaves, en cherchant à gagner Ispahan.

RASCHID (Al-), c'est-à-dire le *Juste*, surnom du calife abbasside *Haroun* ou *Aaron*. Voy. ce mot.

RASCHID-EDDIN, célèbre historien persan du XIIIe siècle, dont le véritable nom est *Fadhl-Allah ben Emad-Eddin-Aby'lkhaïr ben Aly-Raschid-Eddin*, fut d'abord médecin, et devint ensuite vizir du sultan Ghazen-Kan, à la sollicitation duquel il entreprit le grand ouvrage qui a fait sa réputation: *Djami-al-Tewarikh* (collection des annales). Raschid-Eddin mourut pauvre et dans la disgrâce du souverain.

RASCIENS ou Raïtzen, peuples qui habitent le midi de la Hongrie, où ils se sont établis en 1400. Originaires de Servie et d'Esclavonie, ils vivent pauvrement, professent la religion grecque, et s'occupent de l'agriculture et de la fabrication d'étoffes de laine ou de toiles.

RASENA, nom que se donnaient originairement les Etrusques. Les recherches des savants modernes ont prouvé évidemment que les Rasena étaient le même peuple appelé Rhétiens par les Romains, et, comme les Rhétiens étaient Celtes d'origine, on en a argué de plus que les Etrusques une origine celtique, prouvée du reste par la conformité du langage.

RASÈS ou Rhases. Voy. Rasis.

RASÈS, comté de France situé dans la province de Languedoc, et faisant partie du comté de Carcassonne. La capitale était Limoux (Aude). Le premier comte de Rasès fut Oliba, de la famille de Saint-Guillaume, duc de Toulouse. Ses descendants le possédèrent jusqu'en 934, où il passa aux comtes de Comminges et de Conserans. En 1070, Raymond-Bérenger Ier, comte de Barcelone, en fit l'acquisition; mais en 1083 un puîné de la seconde maison des comtes de Carcassonne rentra en possession du Carcassès et du Rasès. Le dernier possesseur fut Raymond-Roger, qui le céda en 1247 à saint Louis.

RASIS, Rasès ou Rhases (Abou-Bekr-Mohammed, surnommé), de Ray, ville de Perse, sa patrie, qui naquit l'an 860. Ce célèbre médecin arabe, appelé encore *Almanzor* ou *le Grand*, a laissé des écrits tellement estimés, que Louis XI ayant demandé à la faculté de médecine de Paris le manuscrit pour le faire copier, elle ne voulut s'en dessaisir que moyennant caution. Rasis fut tué en 935.

RASK (Erasme - Chrétien), professeur d'histoire et bibliothécaire de l'université de Copenhague, né en 1784 à Brendekilde (île de Fionie), s'appliqua à remonter aux sources les plus anciennes de l'histoire du Nord. Ce fut dans le but de rechercher des témoignages historiques et d'approfondir l'histoire ancienne de l'Europe qu'il fit un voyage en Perse, à Bombay et à Ceylan (1820-22). Ce savant mourut en 1832, laissant une foule d'ouvrages curieux : *Grammaire anglo-saxonne*, *Grammaire sanscrite*, *Grammaire de la langue des Frisons*, *Recherches sur l'origine de la langue islandaise*, etc.

RASORI (Jean), célèbre médecin, né à Parme en 1767, fut reçu en 1786 docteur en médecine à l'université de cette ville, dont il devint recteur en 1796 avec les fonctions de professeur de pathologie à la faculté, et de médecin de l'hôpital. Ce fut vers 1806 que, professeur de clinique à Milan, il fonda sa théorie du *contre-stimulus*, reposant sur l'existence d'un agent capable d'exercer sur les organes, vitaux une action contraire à celle que Brown appelle le *stimulus*. Emprisonné en 1814, comme ayant pris part à une conspiration contre l'Autriche, il ne fut relâché qu'en 1818. Il mourut à Milan en 1837, laissant un grand nombre d'ouvrages précieux.

RASTADT, petite ville du grand-duché de Bade dans le cercle de Murg-et-Pfing, sur la Murg près du Rhin, à 2 lieues de Bade et 8 de Strasbourg. Elle a 4,000 habitants et plusieurs fabriques. Elle est célèbre par son château, où se conclut en 1714 un traité entre la France et l'empire, et où se tint le congrès de 1799, à la suite duquel deux plénipotentiaires français, Roberjot et Bonnier, furent assassinés, au mépris du droit des gens, par les hussards autrichiens appelés *szechlers*; le troisième, Jean Debry, parvint à se sauver.

RASTIGNAC, illustre et ancienne maison de Périgord, qui fait remonter son origine aux sires de Chabanais en Limousin, connus dès la fin du XIe siècle, a donné plusieurs hommes recommandables. — RAYMOND DE CHAPT DE RASTIGNAC, brave guerrier tué en 1596, s'opposa avec vigueur aux entreprises des ligueurs dans l'Auvergne, qu'il fit rentrer sous l'autorité royale. — LOUIS DE CHAPT DE RASTIGNAC, troisième fils de François de Chapt, marquis de Rastignac, né en 1685, évêque de Tulle en 1721, archevêque de Tours en 1723, mort en 1750, présida presque toutes les assemblées du clergé de 1723 à 1748.

RAT, genre de mammifères de l'ordre des rongeurs et de la famille des murins, renfermant des animaux caractérisés par deux dents incisives et tranchantes à chaque mâchoire, quatre doigts aux pattes de devant, et cinq non palmés à celles de derrière, une queue nue, longue et couverte d'écailles épidermiques furfuracées. Ce genre renferme un grand nombre d'espèces, dont la taille varie de trois pouces à un pied. Les rats sont omnivores, très vivants dans les terriers ou les trous. Ils sont très lascifs. Les principales espèces sont le *rat noir*, long de sept pouces et habitant les granges où il vit de grains, la *souris*, le *mulot* et le *surmulot*. — On donne le nom de *rat d'eau* à un animal du genre des campagnols.

RAT. On nomme vulgairement *rat aquatique* ou *rat d'eau* un campagnol; *rat araignée*, la musaraigne; *rat bipède*, la gerboise; *rat des bois*, le mulot et le surmulot; *rat des champs*, le campagnol, le mulot et la murmolte; *rat compagnon*, le campagnol social; *rat coypu* ou *quouya*, le potamys ou myopotamo; *rat domestique*, le surmulot, le rat proprement dit, le mulot, la souris; *rat d'or* ou *rat doré*, le muscardin, espèce de loir; *rat économe*, le campagnol économe; *rat d'Egypte* ou *de Pharaon*, la mangouste d'Égypte; *rat épineux*, l'é-chimys; *rat hamster* ou *rat du blé*, le hamster commun; *rat aux longs pieds*, la gerbille, espèce de gerboise; *rat de Madagascar*, le maki; *rat de montagne*, la marmotte; *rat-sauterelle*, le mulot; *rat social*, le campagnol social; *rat-taupe*, l'oryctère et le spalax; *rat de terre*, un oryctère; *rat terrestre*, le campagnol proprement dit.

RATAFIA, nom donné à une liqueur alcoolique, sucrée, aromatisée avec certains fruits ou ingrédients. On obtient les ratafias en distillant l'esprit-de-vin sur des substances odorantes, ou plus communément en faisant macérer ou infuser ces substances dans l'alcool, soit enfin en mêlant avec l'alcool les sucs de certains fruits. On fait dériver ce mot des deux mots *rhum* et *tafia*, liqueurs avec lesquelles on préparait les premiers ratafias. On connaît un grand nombre de ratafias ; tels sont ceux de cassis, d'anis, d'angélique, de café, de cerises, de coings, de noyaux, etc.

RATBOD (Saint), évêque d'Utrecht en 900, transféra son siège épiscopal à Déventer, où il mourut en 918. Il a fait une chronique, plusieurs *homélies*, hymnes, etc.

RATCHIS, roi des Lombards, fils de Pemmone, duc de Frioul, lui succéda dans le duché en 737, devint roi des Lombards après Luitprand en 744, abdiqua en faveur d'Astolphe son frère en 750, prit l'habit religieux, et alla se renfermer au couvent du Mont-Cassin, où une vigne qu'il cultivait conserva longtemps son nom. Il sortit de son cloître après la mort de son frère, pour aller défendre les États qu'il avait volontairement abandonnés. Mais, à la voix d'Etienne II, il rentra dans le cloître et n'en sortit plus.

RATE (en grec, *splen*), organe spongieux et vasculaire, semblable à un segment d'ellipsoïde, coupé suivant sa longueur, de couleur rouge livide, de consistance mollasse et d'une longueur moyenne de quatre pouces et demi, situé dans l'hypocondre gauche. Son voisinage et ses rapports avec le diaphragme expliquent en partie la douleur qu'on y ressent par suite d'une course forcée. Unique chez l'homme, multiple chez un grand nombre d'animaux, la rate a des fonctions peu connues. Les uns (Malpighi) en font un organe sécréteur auxiliaire du foie, les autres (Ruysch, Chaussier, etc.), un ganglion, d'autres enfin un organe destiné à recevoir l'excédant du sang (Lieutaud, Broussais, Haller, etc.).

RATEL ou MELLIVORE, genre de mammifères de l'ordre des carnassiers, famille des carnivores, tribu des plantigrades, dont on ne connaît qu'une espèce, au corps épais et trapu, de trois pieds de long, avec une queue d'environ un pied, une tête de grosseur moyenne, les oreilles courtes, les poils rudes et longs, gris cendré dessus et noirs en dessous. Le ratel est très-friand de miel et de cire. L'odeur qu'il répand lui a valu le surnom de *blaireau puant*. Il se rapproche du chat par son système dentaire et son appétit carnassier.

RATER (Antoine), architecte lyonnais, né en 1729, mort en 1794 du chagrin de voir sa famille dispersée et tous ses amis fugitifs ou victimes des réactions politiques. Il a contribué, presque uniquement à ses frais, à l'embellissement de sa patrie par la construction du quai Saint-Clair, de plusieurs rues et d'une route de communication avec la Bresse.

RATIBOR, jolie petite ville de Silésie, avec un château fort, sur l'Oder, dans la régence d'Oppeln (Prusse), à 36 lieues de Breslau et 6 de Troppau. Sa population est de 3,500 habitants. Elle a des fabriques de draps, toiles et bas, et des teintureries. Elle fut prise par les Prussiens sur les Suédois en 1745.

RATINAGE, opération qu'on fait subir à certaines étoffes, comme les peluches, et qui consiste à disposer les poils qui couvrent l'étoffe en forme de petits boutons. La machine qui produit le ratinage se nomme *frise*.

RATINES, nom donné à certaines étoffes qui subissent l'opération appelée *ratinage*.

RATIOCINATEURS (du latin *rationes*), esclaves ou affranchis qui dans les grandes maisons de Rome tenaient les comptes de leur patron ou de leur maître.

RATIONAL, un des ornements distinctifs de la grande sacrificature chez les Juifs. C'était une pièce de broderie de dix pouces environ en carré, d'un tissu fort précieux, mis en double. Le grand prêtre la portait sur sa poitrine, chargée de quatre rangs de pierres précieuses, sur chacune desquelles était gravé le nom des douze tribus d'Israël.

RATIONAL, officier de la cour des empereurs romains, qui, au rapport de Lampride, historien d'Alexandre Sévère, était une espèce d'intendant ou de procurateur du palais.

RATIONALISME, système philosophique qui fonde toutes les croyances religieuses sur des principes dus à la seule raison, sans révélation aucune. Le système opposé est le *supernaturalisme*, ou système de la révélation surnaturelle.

RATISBONNE (en allemand, *Regensbourg*), forte, grande et belle ville d'Allemagne, sur le Danube, qui y est traversé par un pont de 1,100 pieds de long, autrefois siége de la diète impériale, et aujourd'hui chef-lieu du cercle de la Regen dans le royaume de Bavière. Sa population est de 25,000 habitants. Elle a, au nombre de ses édifices, un bel hôtel de ville, un palais épiscopal, plusieurs autres palais et un monument élevé en 1817 par le prince-primat Charles de Dalberg au célèbre astronome Képler. On remarque encore à Ratisbonne un chantier de construction, un arsenal, de belles places, des brasseries, des distilleries. Cette ville est à 25 lieues de Munich.

RATISBONNE (ÉVÊCHÉ DE). Il comprenait 13 lieues carrées, et avait une population de 120,000 habitants. L'évêque était prince de l'empire. En 1805, l'évêché fut transformé en une principauté qui fut cédée à l'électeur de Mayence; en 1810, cette principauté fut, avec la ville de Ratisbonne, réunie à la Bavière.

RATITA ou RATITI NUMMI, anciennes monnaies romaines, ainsi appelées parce qu'elles avaient pour empreinte d'un côté un vaisseau (en latin, *ratis*), désignant apparemment l'arrivée de Saturne en Italie, ou bien encore, comme on les frappa du temps de la guerre punique, les premiers essais de la marine romaine.

RATON, genre de mammifères carnassiers plantigrades, voisin des ours, en fermant des animaux plus agiles que les ours, se nourrissant de substances animales et végétales, ayant le corps peu massif, la tête large et terminée par un museau pointu et assez effilé, les oreilles petites; les pattes à cinq doigts terminés par des ongles forts et aigus, la queue longue et poilue. Les deux principales espèces sont le *raton laveur*, long de deux pieds environ, de couleur gris noirâtre, et qui doit son nom à l'habitude qu'il a de laver dans l'eau ses aliments; et le *raton crabier*, un peu plus grand, de couleur gris fauve mêlé de noir. Il doit son nom à sa nourriture, qui se compose de crabes ou d'autres crustacés.

RATONEAU, petit îlot qui se trouve à une lieue de Marseille, à 300 toises du château d'If, et dont le fort défend l'entrée du port.

RATRAMNE, moine de l'abbaye de Corbie, né en Picardie, florissant vers le IXe siècle. Il publia contre Hincmar deux *Livres sur la prédestination*, et a fait plusieurs traités, dont le plus célèbre est le *Traité du corps et du sang de Jésus-Christ*, adressé à Charles le Chauve.

RATTE. On nomme vulgairement *ratte à la courte queue*, le campagnol; *ratte à la grande queue*, le mulot; *ratte rousse*, les souris qui vivent dans les champs de blé.

RATZEBOURG, petite principauté d'Allemagne, appartenant au grand-duc de Mecklembourg-Strélitz, et située entre le territoire de Lubeck, le Danemarck et le Mecklembourg-Schwerin. Arrosé par la Trave, il est assez fertile. Sa superficie est de 18 lieues carrées, et sa population de 11,735 habitants. Sa capitale est RATZE-BOURG, ville de 2,400 habitants, sur un lac, à 4 lieues de Lubeck.

RAUCOURT (Françoise-Marie-Antoinette SAUCEROTTE, connue sous le nom de Mlle), célèbre actrice tragique, née à Nancy en 1750, entra de bonne heure au théâtre, et créa à Rouen, en 1770, le rôle d'Euphénie dans la tragédie de *Gaston et Bayard*, de du Belloy. Elle débuta en 1772 au Théâtre-Français dans le rôle de *Didon*. Elle fut dès lors en possession des premiers rôles tragiques. Expulsée du Théâtre-Français en 1776, elle y rentra en 1779. Incarcérée en 1792 avec plusieurs de ses camarades, elle fut rendue à la liberté le 9 thermidor. Elle mourut à Paris en 1815. Mlle Raucourt se faisait principalement admirer dans les rôles d'*Athalie*, de *Cléopâtre* et d'*Agrippine*.

RAURAQUES, peuple de l'Allemagne, ayant pour bornes au S. les Leuci, les Séquanes à l'O., les Helvétiens au S., et le Rhin à l'E. Leur ville principale était *Augusta Rauracorum*, aujourd'hui Augst sur le Rhin, à 2 lieues de Bâle. Le pays des Rauraques correspond au canton de Bâle à peu près.

RAVAILLAC (François), issu par les femmes de Poltrot de Méré, assassin du duc de Guise, était fils d'un praticien d'Angoulême. Échauffé par les écrits des jésuites et des ligueurs, il résolut d'assassiner Henri IV, dans lequel il ne voyait qu'un hérétique excommunié. Après plusieurs tentatives inutiles, le 14 mai 1610, profitant d'un embarras de charrettes qui arrêtait la voiture du roi dans la rue de la Féronnerie, il lui porta deux coups de couteau dans la poitrine. Ravaillac, aussitôt arrêté, fut condamné à être tenaillé, avec versement d'huile bouillante, à avoir la main droite brûlée par le soufre et à être écartelé. Il subit son supplice le 27 mai 1610, à l'âge de trente-deux ans environ.

RAVANEL, l'un des chefs des camisards, aussi brave que cruel et fanatique. Sachant que sa tête était mise à prix, il se présenta devant le maréchal de Villars, qui lui pardonna et lui fit compter mille écus. S'étant fait peu tard chef d'une conspiration en Languedoc, il fut pris et brûlé vif en 1705.

RAVE, variété du raifort cultivé, affectant une forme ronde. On distingue plusieurs sous-variétés de raves : la *commune* d'un blanc sale, la *hâtive* d'un beau rouge, la *jaune* et la *noirâtre* estimée la meilleure.

RAVE. On nomme vulgairement *rave de genet* l'orobanche; *rave de Saint-Antoine*, la renoncule bulbeuse ; *rave de terre*, les tubercules de *cyclame*; *rave des Juifs* ou *des Parisiens*, le *raifort cultivé; rave du Brésil*, l'igname à bulbe; *rave du cheval*, le *cranson rustique*; *ravenelle* et *ravenaille*, un *raifort* et la girofle des murailles ; *rave sauvage*, un *raifort*, la *raiponce des jardiniers*, le *phyleume* ou *raponcule en épi*.

RAVENNE, délégation des États romains, composée de la partie occidentale de la Romagne et située entre la mer et les délégations de Ferrare, de Bologne et de Forli. Sa superficie est de 80 lieues carrées, et sa population de 123,000 habitants.

RAVENNE (EXARCHAT DE), province de l'Italie ancienne qui tira son nom des conquêtes du général grec Narsès sur les Ostrogoths. Le prophète fut Longin, successeur de Narsès en 567, et pendant toute la durée de l'exarchat les ducs de Rome et de Naples, ainsi que la Dalmatie, furent soumis aux exarques de Ravenne, qui étaient nommés par les empereurs d'Orient. L'exarchat de Ravenne avait primitivement pour bornes au N. la Piave, au S. le Tronto, à l'E. la mer Adriatique, et à l'O. le duché de Toscane et les Apennins. Son étendue était alors d'environ 600 lieues carrées. A la fin du VIIe siècle, sa frontière septentrionale descendait jusqu'au Pô, et de 749 à 752 Astolphe, roi des Lombards, en fit la conquête. Pépin le Bref, vainqueur d'Astolphe, donna en 756 au pape l'exarchat de Ravenne, qui devint le noyau des États de l'Église.

RAVENNE, ancienne ville d'Italie, chef-lieu de la délégation de ce nom dans les États romains, et capitale de l'ancienne Romagne, à l'embouchure du Montone dans l'Adriatique, et à 55 lieues de Rome. Sa population est de 24,000 habitants. Elle a un archevêché, une académie, un collège, de beaux monuments antiques, les mausolées de Théodoric et du Dante.—Célèbre chez les anciens par l'étendue de son port, elle devint sous Honorius la capitale de l'empire d'Occident. Les Hérules, les Ostrogoths et après eux les exarques grecs y firent leur résidence. Elle fut concédée au pape en 756 avec l'exarchat.

RAVENSARA (en latin, *agathophyllum*), genre de la famille des laurinées, renfermant une seule espèce, gros et grand arbre de Madagascar, dont le bois est dur, pesant, sans odeur, blanc et traversé par des veines roussâtres. On appelle dans le commerce l'amande de son fruit *noix de girofle* ou *quatre-épices* parce que, cueillie fraîche, elle est d'une odeur fine très-agréable, d'une saveur piquante très-prononcée, et qu'on l'emploie généralement dans l'Inde pour aromatiser les mets.

RAVENSBERG, ancien comté de Westphalie, dans la régence de Minden (Prusse), a été réuni à ce pays en 1814. Sa population est de 71,500 habitants, et sa superficie de 81 lieues carrées. Il produit du lin et du chanvre en abondance. La ville et le château de Ravensberg sont à 5 lieues de Munster. Le château sert aujourd'hui de prison publique.

RAVET, nom vulgaire que portent dans toutes nos colonies les insectes appelés blattes. Dans toute l'Amérique espagnole, ils portent le nom de *cucaracha*.

RAVRIO (Antoine-André), célèbre ciseleur en bronze et littérateur agréable, né à Paris en 1759, mort en 1814, porta au plus haut point de perfection l'art de fabriquer les bronzes dorés. Il fonda par son testament un prix de 3,000 francs à celui qui trouverait un procédé pour dorer sans recourir à l'emploi funeste du mercure. Ce prix fut gagné par M. d'Arcet.

RAWLEGH. Voy. RALEIGH.

RAY (John), célèbre botaniste et physicien anglais, né dans le comté d'Essex en 1628. Élevé au collége de Cambridge, il entra dans les ordres, et mourut en 1707 après avoir parcouru l'Europe. Il était membre de la société royale de Londres depuis 1667. On a de lui une *Histoire des plantes* en trois volumes in-folio, une *Nouvelle Méthode des plantes*, une *Histoire des insectes*, etc.

RAY-GRASS, mot anglais qui exprime la plante à préférer dans toutes celles à employer dans l'établissement d'une prairie. Aussi le ray-grass ou *bird-grass* est-il tantôt l'*ivraie vivace*, tantôt l'*avoine élevée*.

RAYMOND (Saint) DE PENAFORT, ainsi appelé du lieu de sa naissance, arrivé près de Barcelone en 1175. Dominicain en 1222, chapelain et pénitencier de Grégoire IX, il fut élu général de son ordre en 1238, et se démit de cette dignité deux ans après. Il mourut en 1275, et fut canonisé le 29 avril 1601.

RAYMOND (Saint) NONNAT, né près d'Urgel en Catalogne en 1204, entra dans l'ordre de la Mercy, et se fit esclave pour délivrer d'autres chrétiens. Élu cardinal en 1237, il mourut en 1240. Sa fête se célèbre le 31 août, jour de sa mort.

RAYMOND, comte de Barcelone, épousa en 937 Pétronille, fille de Ramire II, roi d'Aragon, et fut appelé au trône du même

année par l'abdication de son beau-père. Raymond fut la tige des rois d'Aragon de la maison de Barcelone. Il réunit le comté de Barcelone à l'Aragon, conquit en 1143 Lérida, Tortose, et mourut en 1162.

RAYMOND D'AGILES, chanoine du Puy, suivit en 1096, à la première croisade, son évêque le célèbre Achémar de Monteil, et devint pendant l'expédition chapelain de Raymond, comte de Toulouse. Il a écrit une histoire de la croisade, intitulée : *Historia Francorum qui ceperunt Jherusalem*.

RAYMOND DU PUY ou DE PODIO, deuxième grand maître de l'ordre de Saint-Jean de Jérusalem en 1120, lui donna une nouvelle constitution, et le destina à défendre la religion contre les infidèles. Il mourut à quatre-vingts ans en 1160.

RAYMOND DE SAINT-GILLES, comte de Toulouse, partit pour la première croisade, monta le premier à l'assaut de Jérusalem dont il refusa la royauté, s'empara de la ville d'Antioche (1097) où il fonda une principauté, détruite par le sultan Bihar en 1269. On le surnomme quelquefois *Raymond Jourdain*, parce qu'en arrivant en Palestine il se lava dans l'eau du Jourdain.

RAYMOND VII, dit *le Vieux*, comte de Toulouse, né en 1156, fut le protecteur des hérétiques albigeois, dont la plupart étaient ses sujets. Le légat du pape, Pierre de Castelnau, ayant été assassiné en 1207, on attribua ce meurtre à Raymond, que cet envoyé avait excommunié. Une croisade est aussitôt prêchée contre lui et ses hérétiques sujets. Les croisés, conduits par Simon de Montfort, détruisirent les villes du comté de Toulouse, et vainquirent Raymond, qui fut forcé de faire amende honorable, de recevoir la flagellation en public, et de livrer sept places pour gages de sa sincérité. Cette soumission ne désarma point l'ambition de Montfort, qui se fit donner en 1215 l'investiture du comté de Toulouse. Raymond recouvra cependant une partie de ses États, et mourut en 1222.

RAYMOND VIII, comte de Toulouse, fils du précédent, parvint à chasser complétement de ses États Amaury de Montfort, fils du célèbre Simon. Il finit par faire sa paix avec le pape et à lever l'excommunication lancée contre lui en 1226. Il passa sa vie à faire des pèlerinages et à s'opposer aux prétentions des inquisiteurs nouvellement établis dans le Languedoc. Il laissa, à sa mort arrivée en 1249 à l'âge de cinquante-deux ans, pour unique héritière de ses États Jeanne, mariée à Alphonse, comte de Poitiers, frère de saint Louis. Cette princesse étant morte sans enfants, ses États furent réunis à la couronne en 1361.

RAYMOND LULLE. Voy. LULLE.

RAYMOND (Jean-Arnaud), ancien architecte du roi, architecte des maisons impériales de Meudon, Saint-Cloud, Saint-Germain, membre de l'Institut et de la Légion d'honneur, né à Toulouse en 1742, remporta le grand prix en 1767, éleva la place du Peyrou à Montpellier de 1773 à 1779, commença avec Chalgrin la construction de l'arc de l'Étoile, inauguré en 1836, et mourut en 1811.

RAYMOND (Joachim-Marie), issu d'une famille honorable du département du Tarn, passa aux Indes où il arriva en 1775, et où il obtint une compagnie de cavalerie sous les ordres de M. de Lalée, qui faisait une diversion contre les Anglais. Passant ensuite au service d'Hyder-Ali, il parvint jusqu'au grade de général, et commanda en chef les troupes de Tippo-Saëb. En 1790 enfin, il passa au service du *nizam*, prince indou du Dekkan, et mourut en 1799 à quarante-six ans, au moment où il allait mettre à exécution ses grands projets pour assurer la prépondérance française dans l'Inde. Il était à la tête de 28,000 hommes.

RAYNAL (L'ABBÉ Guillaume-Thomas-François), célèbre écrivain philosophe, né à Saint-Geniez (Aveyron) en 1713. Il embrassa l'état ecclésiastique, et parut dans le monde à trente-cinq ans. Il débuta dans la carrière littéraire par plusieurs productions d'un mérite secondaire, parmi lesquelles on distingue l'*Histoire du stathoudérat* et celle *du parlement d'Angleterre*. Mais ce qui fonda sa réputation fut son *Histoire philosophique et politique des établissements et du commerce des Européens dans les deux Indes*, ouvrage qui, plein de haine pour la superstition et la tyrannie et d'indépendance politique et religieuse, fut brûlé par ordre du parlement de Paris en 1781. L'abbé Raynal tenta, pendant la révolution, de ramener par ses écrits le peuple à la vraie liberté, et mourut en 1796.

RAYNOUARD (François-Just-Marie), né en 1761 à Brignolles (Var), avocat à Draguignan, fut nommé suppléant à l'assemblée législative en 1791, et emprisonné en 1793. Sauvé par la réaction thermidorienne, Raynouard se fixa en 1800 à Paris, et s'adonna à la poésie. Sa tragédie des *Templiers*, représentée en 1805, eut trente-cinq représentations consécutives, et lui ouvrit en 1807 les portes de l'académie française, dont il devint secrétaire général en 1817. Appelé deux fois au corps législatif, puis à la chambre des députés, il abandonna les affaires politiques en 1818, et fut reçu, l'année suivante, à l'académie des inscriptions et belles-lettres. Ses autres ouvrages principaux sont l'*Histoire du droit municipal* et surtout les *Poésies des troubadours*. Raynouard mourut en 1836.

RAYON, en géométrie, toute ligne menée du centre à un point quelconque de la circonférence. Comme les rayons partent tous d'un même point pour diverger en tous sens, on a employé ce mot dans une foule de significations basées sur cette observation. — Par rapport à la lumière, à l'électricité, au calorique, on nomme *rayons* les émissions en ligne droite de ces agents.

RAYON. En botanique, on applique ce nom aux portions marginales ou aux fleurons de la circonférence des fleurs corymbifères et aux pédicules d'une ombelle. — Les rayons médullaires sont des lames verticales, de la nature de la moelle, de la circonférence de laquelle elles partent en tous sens dans les troncs des plantes dicotylédones.

RAYON CALORIFIQUE, nom donné aux rayons qui font partie d'un rayon lumineux décomposé par le prisme, et qui sont capables de dilater et d'échauffer les corps. Ils se trouvent au delà de la portion rouge du spectre solaire.

RAYON CHIMIQUE, nom donné aux rayons qui font partie d'un rayon lumineux décomposé par le prisme, et qui sont capables de produire des effets chimiques, comme de colorer en violet du chlorure d'argent. Ils ne produisent pas de chaleur, et se trouvent au delà de la portion violette du spectre solaire.

RAYON LUMINEUX, nom donné aux émanations en ligne droite des corps lumineux. Un rayon lumineux solaire est formé de sept rayons lumineux (voy. PRISME, LUMIÈRE), de rayons calorifiques obscurs, de rayons chimiques. Le prisme est l'instrument à l'aide duquel on décompose les rayons lumineux pour reconnaître leurs éléments.

RAYONNANT, épithète donnée à tout ce qui envoie des rayons, et aux corps qui se meuvent sous forme de rayons. On dit le *calorique rayonnant*.

RAYONNÉ, ce qui est disposé en rayons, en lignes qui partent d'un centre commun et vont en divergeant.—Les *animaux rayonnés* sont les mêmes que les *radiaires* ou *zoophytes*.

RAYONNEMENT. On appelle ainsi, en physique, la propagation de la chaleur au moyen de rayons. Les lois du rayonnement sont celles-ci : 1º un corps chaud rayonne autour de lui dans toutes les directions ; 2º l'air n'est pas indispensable au rayonnement, car le calorique se transmet aussi dans le vide ; 3º la chaleur se transmet en ligne droite quand elle traverse un milieu homogène. La réflexion de la chaleur est une conséquence de sa propagation par voie de rayonnement. On explique la propagation de la chaleur dans les corps solides par un rayonnement intérieur de molécule à molécule. C'est en partie le rayonnement des corps pendant la nuit qui est cause qu'ils se chargent de rosée.

RAZIAS, Juif qui par sa bienfaisance mérita le surnom de *Père du peuple*, et que le roi Nicanor voulut forcer à adorer les idoles. Il se blessa d'abord avec un couteau, et se précipita ensuite par la fenêtre. Il arracha ses entrailles palpitantes, les déchira et les jeta en mourant au peuple.

RAZIS. Voy. RASIS.

RAZZIA, mot d'origine arabe, et qui est employé, depuis très-peu d'années, pour désigner les invasions faites par des soldats sur le territoire étranger ou ennemi, dans le but d'enlever les troupeaux, les grains, etc. Ce mot entraîne toujours avec lui l'idée de pillage.

RÉ, note de musique qui est le second degré de notre échelle musicale, et que les Allemands et les Anglais appellent D. On donne quelquefois ce nom à la troisième corde du violon et à la deuxième de l'alto, du violoncelle et de la contre-basse, parce que, dans l'accord ordinaire, ces cordes sonnent l'octave ou l'unisson du *ré*.

RÉ, île de France, faisant partie du département de la Charente-Inférieure et de l'arrondissement de la Rochelle, dont elle est à 3 lieues. Sa superficie est de 11 lieues carrées, et sa population de 17,000 habitants. Elle est séparée de l'île d'Oleron par le pertuis d'Antioche, et défendue par quatre forts : ceux de Samblanceaux, la Prée, de Mitrey et la citadelle de Saint-Martin. Elle produit du vin, du sel, des figues, des amandes, de l'orge, de l'avoine et de l'eau-de-vie.—Sa capitale est SAINT-MARTIN, petite ville de 2,800 habitants, chef-lieu de canton, qui a un tribunal de commerce.

RÉACTIFS. En chimie, ce sont les substances dont on se sert dans les analyses, et qui opèrent sur les corps avec lesquels on les met en contact un changement qui annonce leur présence et les fait reconnaître. Les réactifs sont indispensables en chimie et en médecine légale. Les principaux sont la teinture d'iode, les sous-carbonates de potasse et d'ammoniaque, l'eau de chaux, l'ammoniaque, les nitrates d'argent et de mercure, les acides sulfurique, nitrique, chlorhydrique, acétique, tartrique, gallique, la soude, l'éther, l'alcool, etc.

RÉACTION, action réciproque de deux corps agissant successivement l'un sur l'autre. Les acides par exemple rougissent la teinture bleue du tournesol, et cette teinture une fois rougie est ramenée au bleu par les oxydes, qui dans ce cas opèrent une réaction. De même les oxydes verdissent cette teinture, qui est ramenée au bleu par les acides. Ceux-ci opèrent alors une réaction.

READING, ville d'Angleterre, située au confluent du Kennet et de la Tamise, à 15 lieues de Londres, et chef-lieu du comté de Berks. Elle a 12,000 habitants. Sa situation est très-favorable à son commerce, qui consiste en farine, bois, tonnellerie, laine, blé et drèche. Elle a des manufactures de gaze, rubans, épingles, toile, etc.

RÉAGGRAVE. On appelle ainsi la dernière des monitions que l'on fait en fulminant l'excommunication. Autrefois c'était le dernier degré d'excommunication. L'excommunication simple ne privait que de la messe, des sacrements et des suffrages de l'Église. Si l'excommunié persévérait, on ajoutait l'*aggrave*, qui le privait du commerce civil des fidèles, et enfin la *réaggrave*, qui interdisait sous peine d'excommunication aux autres fidèles tout commerce avec lui.

RÉAL, monnaie d'argent espagnole. Il y a le *réal de plate* et le *réal de veillon*. Les réaux de plate sont de deux sortes : *réal de 2 o piécette*, qui est le cinquième d'une piastre et vaut 1 franc 8 centimes, et *réal de 1 o* ou *demi-piécette*, qui est la dixième partie d'une piastre, et qui vaut 54 centimes. Le réal de veillon, appelé encore *réallillo*, est la vingtième partie de la piastre, et vaut 27 centimes.

RÉAL (André), né en 1765 à Grenoble, exerçait avant la révolution la profession d'avocat. Président du directoire du district de cette ville, il fut élu en 1792 député à la convention. Lors du procès de Louis XVI, il vota pour l'appel au peuple et le sursis, après avoir voté préalablement contre la compétence de la convention. Membre du conseil des finances, il défendit les girondins, vota la suppression du *maximum* et la levée du séquestre des biens des étrangers. Il fut envoyé en mission à diverses armées, et s'en acquitta avec honneur. Réélu en 1796 par le département de l'Isère, il fit partie du conseil des cinq cents, dont il fut nommé secrétaire. Sorti du conseil par la voie du sort en 1797, André Réal fut nommé presque aussitôt commissaire central de l'Isère, en 1801 juge à la cour d'appel de Grenoble, et en 1812 président de chambre de la même cour. En 1815, il donna sa démission. Compris dans la liste des conventionnels qui devaient sortir de France, Réal réclama et put rester dans sa patrie. Il vécut dès lors dans la retraite, et mourut en 1832.

RÉAL (LE COMTE Pierre-François), né en 1765 dans les Pays-Bas autrichiens, exerçait en 1789 à Paris les fonctions de procureur au Châtelet. Il devint un des orateurs habiles de la société dite *des amis de la constitution*, plus tard appelée *jacobins*. Après la journée du 10 août, Danton, son ami, le fit nommer accusateur public près le tribunal extraordinaire de Paris. Il devint ensuite substitut du procureur de la commune de cette ville, et se montra l'ennemi des députés de la Gironde. Enfermé après la mort de Danton au Luxembourg, il n'en sortit qu'au 9 thermidor. En 1796, il fut nommé historiographe de la république. Il prit une part active à la révolution du 18 brumaire, et fut aussitôt nommé conseiller d'État, attaché à la section de la justice. Il découvrit la conspiration de Cadoudal, et fut nommé commandant de la Légion d'honneur, puis préfet de police en 1818. Au second retour du roi, il fut porté par Fouché sur la liste des trente-huit qui devaient sortir de France. Une ordonnance de 1818 lui permit d'y rentrer. Le comte Réal mourut en 1834.

RÉAL (SAINT-). Voy. SAINT-RÉAL.

RÉALE, la principale des galères du roi. Elle était montée par le général des galères, et portait l'étendard ou la marque du commandement.

RÉALGAR, nom du sulfure d'arsenic.

RÉALISTES, nom donné pendant le moyen âge aux philosophes scolastiques qui soutenaient la réalité des idées universelles. Les réalistes se divisèrent en deux partis : les *thomistes*, partisans de saint Thomas d'Aquin, qui affirmaient que l'universel est réel et inséparable des choses, et les *scottistes*, disciples de Duns Scot, qui séparaient l'universel des êtres.

RÉALLILLO. Voy. RÉAL.

RÉATE, nom ancien de *Rieti*.

RÉAUMUR (René-Antoine FERCHAULT, sieur DE), célèbre naturaliste et physicien, né à la Rochelle en 1683, mort en 1757, membre de l'académie des sciences dès 1708. Il cultiva tous les points de vue de la science, qui lui dut une partie de ses progrès, surtout dans les arts industriels. C'est lui qui trouva le moyen de convertir le fer forgé en acier, et d'adoucir le fer fondu. C'est à ses soins que la France doit ses manufactures de fer-blanc et de porcelaine. Enfin il est l'inventeur du thermomètre qui porte son nom. Son ouvrage le plus connu est l'*Histoire naturelle des insectes.*

REBEC, vieux mot qui signifiait un violon à trois cordes, accordé de quinte en quinte. On menait autrefois les épousées à l'église au son du rebec et du tambourin.

RÉBEC, petit hameau du royaume lombardo-vénitien, près de Milan, où le sire de Bonnivet commandant l'armée française fût repoussé, et le chevalier Bayard tué dans la retraite en 1524.

REBECCA, fille de Bathuel et petite-fille de Nachor, frère d'Abraham, qu'Eliézer, intendant d'Abraham, vint demander en mariage pour Isaac, fils de ce patriarche. Rébecca, l'ayant épousé à l'âge de dix-huit ans, en eut après vingt ans de stérilité Esaü et Jacob. Elle fut enterrée avec Isaac, Abraham et Lia.

REBUFFE (Pierre), savant jurisconsulte, né à Baillargues (Hérault) en 1500, enseigna le droit avec beaucoup de réputation à Montpellier, Toulouse, Cahors, Bourges et enfin à Paris. Il refusa toutes les autres places, entra en 1547 dans l'état ecclésiastique, et mourut en 1557. On a de lui de savants ouvrages.

RECANATI, riche ville d'Italie, située sur une hauteur, un petit port à l'embouchure de la Potenza; dans la délégation de Macerata (Etats romains). Elle est le siége d'un évêché, et a 4,000 habitants.

RECARÈDE Ier, roi des Wisigoths d'Espagne, succéda en 586 à Leuvigilde son père. Il remporta quelques avantages sur Gontran près de Carcassonne, abjura l'arianisme, et fit embrasser la religion catholique à ses sujets. Ce fut le premier roi catholique de l'Espagne. Il mourut en 601, laissant pour successeur son fils Liuba ou Lluva II. — RECARÈDE II succéda à son père Sisebut en 621, et fut, deux mois après, détrôné par Suintila.

RECEL, détention d'un objet enlevé, détourné ou obtenu à l'aide d'un crime ou d'un délit, si le receleur sait la source d'où il provient. Le coupable de recel est puni comme complice.

RECÈLEMENT, action de celui qui s'approprie par fraude et en cachette les objets dépendants d'une succession ou d'une communauté à laquelle il a cependant des droits. L'action prend le nom de *divertissement* quand l'objet a été enlevé ou détourné. La législation ancienne, l'ancienne jurisprudence française, et la plupart du temps le Code actuel, appliquent à l'héritier coupable de cette fraude les peines réservées au voleur ordinaire.

RECENSEMENT, opération administrative qui consiste à dénombrer la population d'un Etat. A Rome, où elle s'appelait le *cens*, on faisait en même temps l'évaluation des fortunes. Le recensement avait lieu au Champ-de-Mars ; le censeur, assisté de ses scribes, citait devant lui chaque citoyen rangé par classe et par centurie.

RÉCEPTACLE. En botanique, on appelle ainsi le point de croissance du bouton, lorsqu'il est en état de dilatation, sur lequel reposent les étamines et les enveloppes de la fleur. Les botanistes actuels l'appellent *torus*.

RECÈS DE L'EMPIRE. On nomme ainsi, en Allemagne, la collection des constitutions impériales.

RECETTE, recouvrement de ce qui est dû, soit en denrées, soit en espèces, à une caisse quelconque. Avant la révolution, la recette des deniers publics était confiée à un petit nombre d'agents supérieurs, dont les uns, appelés *receveurs généraux*, percevaient la taille et la capitation, et dont les autres, nommés *fermiers généraux*, prenaient à bail toutes les autres taxes. Aujourd'hui chaque département a un receveur général au chef-lieu, un receveur particulier dans chaque arrondissement, et des percepteurs dans les diverses localités. Ces employés sont soumis au cautionnement.

RECEVEURS. Voy. RECETTE.

RÉCHABITES, secte juive, ainsi nommée de Réchab, fils de Jonadab, son fondateur.

Les réchabites étaient des Lévites, chantres de la maison de Dieu, auxquels il était prescrit de ne boire jamais de vin, de ne pas bâtir de maisons, de demeurer sous des tentes toute leur vie, de ne semer aucuns grains et de ne point posséder de fonds.

RECHBERG, comté de Wurtemberg, l'un des Etats *médiatisés* de l'Allemagne, c'est-à-dire de ceux qui sont les vassaux d'autres Etats. Il est renfermé dans le cercle de la laxt, et a 38,164 habitants avec 85,000 florins de revenu. Le chef-lieu est le château de RECHBERG ; la ville est celle de *Wittenstein*.

RÉCHITÉ, grand bateau qui fait le commerce dans le canal de Constantinople. Il est long d'environ trente-six pieds, il porte deux mâts. Les deux extrémités de cette embarcation sont terminées en pointe.

RECHTERN-LIMPURG, comté de Wurtemberg, l'un des Etats *médiatisés*. Il est renfermé dans le cercle de la laxt, et possède 6,695 habitants. Sa superficie est de 10 lieues carrées environ ; son revenu est de 15,000 florins. Le chef-lieu est le château de Limpurg, à une lieue de Hall.

RÉCIDIVE, rechute dans une faute. Elle est punie plus sévèrement que la première fois. L'article 56 du Code pénal porte que quiconque, ayant commis un crime, en commettra un second important dégradation civique, sera condamné au carcan ; si le second crime emporte le carcan ou le bannissement, à la peine de réclusion ; si le second crime emporte la peine de réclusion, à celle des travaux forcés à temps ; si le second crime emporte la peine des travaux forcés à temps, celle des travaux forcés à perpétuité ; et si le second crime emporte la peine des travaux forcés à perpétuité, celle de la mort.

RÉCIF, chaîne de rochers à fleur d'eau, et peu éloignés les uns des autres. En quelques lieux, un récif offre un bon mouillage. Les récifs paraissent en général appartenir à une formation postérieure aux îles qu'ils bordent.

RÉCIPIENT, vase destiné à recevoir divers objets. En physique, on appelle *récipient* de la machine pneumatique une cloche de verre posée sur la platine de l'appareil, et dans laquelle on fait le vide au moyen de pompes. — En chimie, le *récipient* est un vase de forme variable, dans lequel on recueille à l'état de condensation les produits vaporeux ou gazeux.

RÉCIT. On donnait autrefois ce nom à tout morceau de musique écrit pour une voix seule.

RÉCITATIF, sorte de langage noté et accompagné par l'orchestre, qui dans les grands opéras français unit entre eux les divers morceaux de chant. Quelquefois le récitatif n'est accompagné que par la basse ou le piano ; ou l'appelle alors *récitatif libre*. Dans le premier cas, il se nomme *récitatif obligé.*

RECLUS, solitaire qui demeurait enfermé ou dans des cellules contiguës aux monastères, ou dans des lieux déserts et éloignés des villes. On ne pouvait se faire reclus sans la permission de l'évêque ou de l'abbé de son monastère. Les laïques avaient ensuite à faire deux ans d'épreuve, et les moines un seul ; après ce temps, on les enfermait pour la vie dans une cellule où il ne pouvait entrer personne, et d'où il ne pouvait sortir, et dont l'évêque scellait la porte avec son sceau.

RÉCLUSION, peine afflictive et infamante, qui consiste dans la détention dans une maison de force, et l'astriction dans l'intérieur de cette maison à des travaux déterminés par des règlements administratifs. La durée de cette peine est de cinq ans au moins et de dix ans au plus. Elle emporte nécessairement la dégradation civique et l'interdiction légale. L'exposition est un accessoire non indispensable de cette peine, qui ne peut être infligée que par les cours d'assises.

RÉCOLLETS, congrégation de religieux réformés de l'ordre de Saint-François,

ainsi appelée parce que ces religieux faisaient profession de mener une vie plus austère et plus recueillie que ceux de la commune observance. Ils portent encore le nom de *frères mineurs de l'étroite observance*, vont déchaussés, et portent le soc ou hautes sandales. Cette congrégation, qui prit naissance en Espagne vers l'an 1484 par les soins de don Juan de la Puebla y Sotomayor, comte de Belalcazar, fut introduite en Italie en 1525, et en France en 1592.

RÉCONCILIATION, raccommodement entre personnes brouillées ensemble. — La *réconciliation* d'une église est une cérémonie ecclésiastique qui se fait quand une église a été polluée ou violée, où qu'elle est devenue ainsi incapable de servir à la célébration de l'office divin. La réconciliation est une fonction épiscopale qui a lieu dans cinq cas, dont les principaux sont l'effusion criminelle du sang, un meurtre, l'inhumation d'un excommunié, d'un hérétique ou d'un infidèle, ou la consécration de l'église par un évêque excommunié ou hérétique.

RECONNAISSANCE. Outre son sens moral qui est le souvenir des bienfaits reçus, ce mot désigne encore l'action d'examiner en détail certains objets pour en constater l'espèce, le nombre ou la qualité. La *reconnaissance militaire* est une opération topographique ayant pour but d'examiner le théâtre d'une guerre et les dispositions de l'ennemi, correspondant à celles du terrain. Ce sont les officiers d'état-major qui sont chargés de cet emploi. — En marine, les *reconnaissances* sont aussi destinées à l'exploration de parages inconnus.

RECONNAISSANCE. En droit, c'est l'acte écrit contenant l'aveu d'un fait passé, ou d'une obligation antérieure. La reconnaissance d'enfant consiste en une déclaration qui doit être inscrite sur les registres de l'état civil, et par laquelle on reconnaît être le père ou la mère d'un enfant naturel.

RECONNAISSANCE. En diplomatie, c'est l'action de reconnaître un gouvernement étranger, et d'autoriser ainsi les relations commerciales et politiques avec lui. Les Etats-Unis et l'Angleterre ont été les premiers Etats à reconnaître l'indépendance des nouvelles républiques de l'Amérique méridionale. Celle de la république du Texas l'a été en 1839 par la France.

RECOUSSE, reprise d'un bâtiment sur un ennemi, par un autre bâtiment de sa nation dans les vingt-quatre heures, à compter de l'instant où il a été amariné. On le rend à l'armateur, qui paye le tiers de sa valeur, comme droit de recousse.

RECRAN, espèce de crique qui peut servir aux petits bâtiments caboteurs et aux bateaux de pêche.

RÉCRÉANCE. On appelait autrefois ainsi un jugement provisoire en matière de bénéfice, qui maintenait ou envoyait dans la jouissance d'un bénéfice en litige, pendant la durée du procès, celui des adversaires dont les droits étaient en apparence les plus fondés. Il fallait au moins cinq juges pour donner une sentence de récréance.

RECTANGLE (de *rectus*, droit, et *angulus*, angle), figure de la classe des parallélogrammes, ayant quatre angles droits. On emploie quelquefois ce mot comme adjectif, le joignant à celui de triangle pour désigner un triangle dont un des angles est droit.

RECTEUR, nom que portait autrefois le chef d'une université. Celui de l'université de Paris était pris du corps de la faculté des arts, et on l'élisait pour trois mois seulement. Il était cependant communément continué pour deux ans. Le recteur portait une ceinture violette, avec un bourdalou d'or au chapeau. Depuis le règne de Philippe-Auguste jusqu'à celui de François Ier, le recteur gouvernait en souverain, avec droit de justice haute et basse, sur le pays latin, qui s'étendait alors sur toute la rive gauche de la Seine, de l'abbaye de Saint-Victor au Pré-aux-Clercs. — Aujourd'hui chacune des vingt-six académies de France est gouvernée par un recteur nommé par le ministre et choisi parmi les officiers de l'université. Il est, pour l'administration temporelle et personnelle, revêtu des attributions du ministre, qu'il exerce en petit. Après la révolution de 1848, on avait institué un recteur par département, mais cette organisation n'a pas duré longtemps.

RECTEUR. Dans quelques provinces de France, et notamment dans la Bretagne, on appelle ainsi le curé d'une paroisse.

RECTIFICATION, opération chimique par laquelle on purifie certains liquides en les distillant seuls, ou après les avoir mêlés avec d'autres corps.

RECTRICES. On donne ce nom, en ornithologie, à celles des plumes des oiseaux qui leur servent comme de gouvernail pour se diriger au milieu des airs. Les *pennes rectrices* sont celles de la queue.

RECTUM, mot latin qui signifie droit, et dont on se sert en médecine pour désigner la troisième et dernière portion du gros intestin. Le rectum occupe la partie postérieure du bassin, et termine les voies digestives, en s'ouvrant à l'extérieur par un orifice appelé *l'anus*. Le rectum reçoit les matières fécales qui s'y accumulent comme dans une sorte de réservoir, avant d'en être chassées par l'acte de la défécation.

RECUL, mouvement qui se fait sentir sur les canons quand ils ont fait feu, et par lequel ils reviennent en arrière. Pour les gros canons, le recul peut aller jusqu'à plusieurs pieds.

RÉCUPÉRATEURS, nom que l'on donnait à Rome aux juges nommés par commission pour connaître des causes dans lesquelles il s'agissait du recouvrement et de la restitution des deniers et des effets des particuliers.

RÉCURRENT. On nomme ainsi, en anatomie, plusieurs branches artérielles ou nerveuses qui semblent remonter vers l'origine du tronc où leur a donné naissance. Ce mot vient du latin *recurrere* (retourner, revenir sur ses pas).

RÉCUSATION, action de décliner la compétence d'un tribunal, d'un juge, d'un juré, d'un expert, etc. Les Codes de procédure civile et d'instruction criminelle déterminent les cas et les modes de récusation des juges de paix, juges, jurés, etc.

REDBESTIE (du latin *redditio bestiæ*), contrat de société de deux ou plusieurs personnes, dont les unes mettent en commun un certain nombre d'animaux et les autres se chargent de les garder et de les nourrir à condition de partager le profit.

RÉDEMPTEUR, nom synonyme de *celui qui rachète*, que l'on donne par excellence à Jésus-Christ. Dans la loi de Moïse, on appelait ainsi (en hébreu, *goël*) celui qui était en droit de racheter l'héritage ou même la personne de son proche parent, sans attendre l'année sabbatique. Le rédempteur du sang (*goël haddam*) était celui qui poursuivait la vengeance du sang de son parent mis à mort, même involontairement.

RÉDEMPTEURS, fermiers de la république romaine.—On donnait aussi ce nom aux entrepreneurs avec lesquels on traitait pour la construction ou la réparation des ouvrages publics.

REDEVANCE, obligation attachée à la possession d'une terre ou d'un autre objet. Les redevances, dont on trouve des exemples nombreux dans le droit féodal, étaient diverses. C'était une rente en argent (*census*) ou en nature. Ailleurs c'était une corvée, un travail, un service (*servitium*).

RÉDHIBITOIRE, terme de jurisprudence par lequel on désigne ce qui peut opérer la *rédhibition*, c'est-à-dire l'action attribuée à l'acheteur d'une chose mobilière défectueuse pour faire casser la vente. Parmi les cas où les vices rédhibitoires, pour la vente d'un cheval par exemple, sont la pousse, la morve, la courbature.

REDHWAN (Fakr-el-Molouk), sultan seldjoucide d'Alep, nommé *Brodoan* par les historiens des croisades, fit périr deux de ses frères en s'emparant du trône en 1094, combattit sans succès les princes Ortokides, fut détesté des musulmans à cause de son avarice, de ses injustices et de son peu de zèle pour l'islamisme, dont il avait fait périr l'un des plus braves défenseurs, l'émir d'Hémèse, et mourut en 1114.

REDICULUS ou RIDICULUS, dieu romain, dont le nom dérive de *redire*, revenir, et auquel les Romains élevèrent une chapelle, à l'endroit où Annibal retourna sur ses pas et s'éloigna de Rome au lieu d'en former le siége.

RÉDIMÉS (PAYS), nom donné avant 1789 aux provinces de France qui avaient acheté et payé l'exemption entière du droit de gabelle. Leur entière libération de cet impôt leur avait coûté 1,750,000 livres sous Henri II ; mais elles n'en furent pas moins assujetties à une partie de cet impôt, au sixième à peu près du cens fixé pour les grandes gabelles. La quantité imposée aux consommateurs était de 830,000 quintaux. Le prix du quintal variait de 10 à 12 francs. Les pays rédimés étaient le Poitou, l'Aunis, la Saintonge, l'Angoumois, le Limousin, le Périgord, le Querci, la Guyenne, les comtés de Foix, Bigorra et une grande partie de l'Auvergne.

REDING (Aloys, baron DE), célèbre landamman et général suisse, né en 1755, fut constamment opposé aux projets de la France sur sa patrie. Il combattit l'invasion française, et remporta plusieurs succès sur ses troupes. Élu en 1802 landamman du canton de Schwytz, il assista en cette qualité à la diète de Francfort en 1809. Il fit alliance avec les souverains conjurés contre la France en 1812 et 1813, et mourut en 1818 avec la réputation d'un patriote plus ardent qu'éclairé.

REDINGOTE, mot venu de l'anglais *riding-coat*, vêtement pour monter à cheval (prononcez *raïding-kôt*), et qui primitivement servait à désigner une espèce de casaque plus ample et plus longue que l'habit ordinaire, et dont on ne se servait que dans les temps de pluie, de gelée ou pour monter à cheval. Aujourd'hui c'est un vêtement qui se porte surtout à la ville, et qui, plus long que l'habit, entoure le corps en couvrant une partie des jambes, tandis que l'habit ne couvre que le buste.

REDNITZ, rivière d'Allemagne, qui prend sa source dans l'évêché d'Aichstædt en Bavière, traverse le territoire de Nuremberg, et se jette dans le Mein à Bamberg. La Rednitz reçoit à Fulde la Peguitz, et prend alors le nom de *Regnitz*.

REDON, ville de France, chef-lieu d'arrondissement du département d'Ille-et-Vilaine, sur la Vilaine, à 16 lieues de Rennes. Sa population est de 4,000 habitants. Elle a un tribunal de première instance, et est l'entrepôt du commerce des vins de Bordeaux, miel, cire, beurre, sel, fromage, et autres denrées pour Rennes. Elle commerce en ardoises.

REDOUBLEMENT. On nomme ainsi, en musique, une note qui, dans un accord, est doublée, répétée, à une ou plusieurs octaves. Ainsi l'accord *ut mi sol ut* n'est autre chose que l'accord *ut mi sol*, dont la fondamentale *ut* a été doublée à l'octave. On redouble souvent la fondamentale, la quinte d'un accord, mais rarement sa tierce, et jamais celles de ses notes qui ont une résolution forcée.

REDOUL ou REDON, noms vulgaires que l'on donne au *sumac*. On appelle encore cet arbre *coriaria* et *fustet*.

REDOUTE, pièce de fortification détachée du corps de la place, avec laquelle elle communique néanmoins. Les redoutes sont de petits forts construits en terre ou en maçonnerie et propres à recevoir de l'artillerie.—A Venise, on appelle *redoute* un lieu public où l'on s'assemble pour jouer à des jeux de hasard et surtout

au pharaon.—C'est encore un lieu où l'on danse.

REDOUTÉ (Pierre-Joseph), célèbre peintre de fleurs, né en Belgique en 1759. Venu en France vers 1784, il fut nommé peintre du cabinet de la reine Marie-Antoinette, puis peintre de fleurs et d'animaux de la nation. Plus tard Joséphine le chargea de dessiner les plantes du jardin de la Malmaison. Il fut depuis 1830 professeur de dessin auprès des princesses Louise et Marie d'Orléans, dessinateur du cabinet de la reine, professeur au jardin des Plantes et maître de dessin au musée d'histoire naturelle. Il est mort en 1840, membre de la Légion d'honneur et de l'ordre de Léopold de Belgique. Il a enrichi de ses magnifiques dessins la *Flora Atlantica* de M. Desfontaines, l'*Astragalogie* de M. de Candolle, l'*Iconographie botanique* de M. Lhéritier, la *Flora borealis Americana*, l'*Histoire du chêne de l'Amérique septentrionale*, les quatre premiers volumes de la nouvelle édition des *Arbres et arbustes* de Duhamel, et ceux de la *Botanique* de J.-J. Rousseau. Il a aussi publié les *Plantes* du jardin de la Malmaison, (deux grands volumes in-folio); la *Flore de Navarre*, l'*Histoire des champignons*, l'*Histoire des plantes grasses*, etc. Ses deux plus célèbres ouvrages sont les *Roses*, renfermant la figure de 228 variétés de ces belles fleurs, et les *Liliacées* de 486 figures.

RED-RIVER, c'est-à-dire *rivière-rouge*), rivière de l'Amérique septentrionale, ainsi appelée parce que ses eaux sont rougeâtres. Elle prend sa source aux monts Rocheux, sépare le territoire d'Arkansas du Texas, et se jette dans le Mississipi, 100 lieues au-dessous de la Nouvelle-Orléans, après un cours de 300 lieues environ.

RÉDUCTION, action de diminuer ou de réduire.—On appelle *réduction des rentes*, leur diminution à un taux plus bas.—*Réduction* en arithmétique, c'est l'opération par laquelle on établit le rapport qu'ont les uns avec les autres, les nombres, les poids, les mesures, les monnaies, etc.—En marine, la *réduction* d'une route est la recherche de la différence en latitude et longitude donnée par une route cinglée.—En chimie, la *réduction* est une opération par laquelle, en enlevant l'oxygène aux oxydes métalliques, on retrouve le métal.—En chirurgie, c'est l'opération par laquelle on met à leur place les parties déplacées.—Les jésuites, qui avaient fondé au XVIIe siècle un État puissant au Paraguay, avaient divisé ce pays en provinces qu'ils nommaient *réductions* (*reducciones*).

RÉDUIT, en termes de fortifications, retranchement consistant en une petite demi-lune ménagée dans une plus grande. Les assiégés s'y renferment quand la grande est enlevée.

RÉDUVIENS, famille d'insectes de l'ordre des hémiptères, créée par M. Brullé et caractérisée par un corps ordinairement allongé, une tête fortement rétrécie vers sa partie postérieure, des antennes grêles et longues de quatre articles, un corselet épineux et dentelé, des pattes longues et minces avec les cuisses quelquefois renflées et armées d'épines. Les réduviens, dont le type est le genre *réduve*, sont des insectes entièrement carnassiers, très-agiles, aux couleurs très-variées, et vivant sur les fleurs.

RÉFAIT, nom donné par les chasseurs au bois des cerfs, des daims ou des chevreuils, lorsqu'il vient de repousser.

RÉFÉRÉ, procédure faite par un juge sur quelque incident d'un procès entamé ou à entamer, lequel incident demande que le procès soit promptement décidé. Les ordonnances de référé sont exécutoires par provision, et l'appel est le seul mode de recours admis contre elles; encore doit-il être interjeté dans la quinzaine.

RÉFÉRENDAIRE (du latin *referre*, rapporter), prélat de la chancellerie romaine nommé par le cardinal patron, avec l'agrément du pape. Les douze plus anciens référendaires portent l'habit violet, et sont appelés *votanti di signatura*, parce qu'ils ont voix délibérative dans les assemblées. Les autres portent l'habit noir, et ont le titre de *proponenti* (rapporteurs), sans voix délibérative. Les référendaires connaissent des causes soit de justice, soit de grâce. — Les *référendaires* sont aussi les magistrats qui composent la *cour des comptes*. — Il y a encore les *référendaires au sceau*, qui sont au nombre de douze, et qui forment auprès du ministre de la justice et des cultes un conseil chargé exclusivement de la poursuite des demandes relatives : 1° aux titres, majorats et dotations; 2° aux remises ou réductions des droits de sceau affectés à l'expédition des lettres de naturalisation, de service à l'étranger, de réintégration dans la qualité de Français, d'addition ou de changement de nom et de dispenses pour mariage. Le versement au trésor de ces divers droits de sceau a également lieu par le ministère des référendaires.

RÉFÉRENDAIRE (Grand). Sous la première race de nos rois, c'était un officier dont la charge équivalait à celle de chancelier et de garde des sceaux. Le rapporteur actuel de la chambre des pairs et celui de la chambre des comptes portent le nom de *grand référendaire*.

RÉFLECTEUR, nom donné à tout corps dont la propriété est de réfléchir les rayons lumineux, calorifiques ou sonores. On nomme plus spécialement ainsi les miroirs métalliques au moyen desquels on concentre sur un point donné la lumière ou la chaleur d'un foyer lumineux ou calorifique. Autrefois ces miroirs étaient sous forme parabolique employés à l'éclairage des phares.

RÉFLEXION (phys.), répulsion d'un rayon, soit lumineux, soit calorifique, soit sonore, produite par la rencontre d'un obstacle. Cette répulsion s'opère d'après une loi générale qui s'applique à la fois à la lumière, à la chaleur et aux mouvements des corps élastiques : 1° le rayon incident et le rayon réfléchi sont toujours dans un même plan perpendiculaire à la surface réfléchissante; 2° l'angle de réflexion est toujours égal à l'angle d'incidence. — La réflexion du son à la rencontre des obstacles qu'il vient frapper peut donner naissance aux résonnances et aux échos. — Les corps qui réfléchissent le plus la chaleur sont ceux qui la gardent le moins dans leur masse et qui sont les plus froids.

REFLUX, mouvement rétrograde de la mer après le *flux*, qui est son mouvement progressif. Voy. Flux.

RÉFORME, rétablissement dans l'ancien ordre, l'ancienne forme, et plutôt dans un ordre meilleur, une forme meilleure. — En parlant d'un ordre religieux, c'est le retour à l'ancienne discipline. D. Rancé reforma les religieux bernardins de la Trappe. Sainte Thérèse réforma les carmélites. — On désigne encore par le mot de *réforme* le changement introduit dans la religion chrétienne par Luther, Calvin et leurs adhérents.

RÉFORME GRÉGORIENNE, nom donné à la réforme que le pape Grégoire XIII apporta au calendrier en 1582, et qui a été généralement adoptée en Europe. L'ère auparavant suivie était l'ère julienne. L'année julienne étant de 365 jours 6 heures, durée trop longue d'environ 11 minutes 15 secondes, l'intercalation d'un jour chaque quatrième année (telle que l'avait réglée Jules César) n'était qu'approximative, et il devait en résulter une anticipation très-lente de l'année solaire sur l'année civile. Les 11 minutes après 131 ans font un jour entier, et il se trouva en 1581 que l'équinoxe du printemps, qui tombait au 21 mars en 325, avait rétrogradé de 10 jours pendant l'espace de 1,255 ans, et arrivait le 11 de ce mois. Pour corriger cette faute grossière, le pape Grégoire XIII prescrivit le retranchement de 10 jours du mois d'octobre de l'année 1582; ce qui fit que l'équinoxe de printemps se trouva le 21 mars. La bulle qui ordonna cette correction est datée du 26 avril 1581. Pour empêcher le même désordre à l'avenir, il promulgua un nouveau mode de compter le temps. Il se réduit à intercaler un bissexte (jour supplémentaire) tous les quatre ans, à le supprimer à la fin de chaque siècle pendant trois siècles consécutifs, pour le rétablir au quatrième. Ainsi 1600 ayant été bissextil, 1700, 1800, 1900 ne peuvent l'être. 2000 le sera. On intercale 97 jours au lieu de 100 sur une durée de 400 ans, parce que, pendant quatre siècles, les 11 minutes équivalent à 3 jours. Ces 97 jours, également répartis, ne laissent plus subsister qu'une différence insensible entre la mesure du temps qu'on obtient et le mouvement solaire. L'année déterminée par la réforme grégorienne prend elle-même le nom de *grégorienne*.

RÉFORME (statist. milit.), licenciement, réduction à un nombre moindre. A l'époque de la première restauration (1814), on mit à la réforme cent quatre-vingt-huit régiments d'infanterie de ligne ou légère et trente-sept régiments de cavalerie, non compris la garde impériale, les régiments étrangers, à l'exception des Suisses, et les troupes auxiliaires. — On appelle *congé de réforme* le congé délivré par le conseil d'administration d'un régiment à un militaire incapable de faire un service actif, sur le certificat des officiers de santé délégués à cet effet. — Le *traitement de réforme* est celui de l'officier sans emploi, qui, n'étant plus susceptible d'être rappelé à l'activité, n'a pas de droits acquis à la pension de retraite. La quotité en est déterminée d'après le *minimum* de la retraite de son grade, à raison d'un trentième pour chaque année de service effectif.

REFOULOIR, bâton garni, à l'une de ses extrémités, d'un gros bouton aplati. Il sert à bourrer les pièces de canon.

RÉFRACTAIRE. En minéralogie, on appelle ainsi toute substance difficilement altérable par la chaleur, et qui, conséquemment demeure infusible à l'action du chalumeau. Les roches réfractaires sont d'un grand secours pour la construction des fourneaux; aussi emploie-t-on pour cela des briques fabriquées au moyen des matières minérales les plus réfractaires, les grès, les argiles ne renfermant point de calcaire, etc.

RÉFRACTAIRE, rebelle aux ordres de la loi. Ce fut dans la révolution le nom que l'on donna indistinctement à tous les prêtres ou fonctionnaires publics qui avaient refusé ou négligé de prêter serment à la constitution civile du clergé, serment exigé seulement de ceux qui voulaient continuer à exercer des fonctions publiques. On les a depuis appelés prêtres *insermentés*. — Ce fut encore le nom des soldats qui ne se rendaient pas sous les drapeaux ou qui désertaient avant d'y être arrivés. Consignés dans des casernes établies dans huit dépôts, ils n'en sortaient que pour les exercices et les travaux auxquels ils étaient assujettis, c'est-à-dire les routes, les calvaires, les réparations des places fortifiées, etc. Les régiments de Walcheren, de Belle-Ile et de l'Ile de Ré furent créés en 1810 de conscrits réfractaires.

RÉFRACTION, déviation des rayons lumineux, causée par leur entrée dans des milieux d'inégale densité. Si le rayon lumineux entre dans un milieu plus dense que celui duquel il sort, de l'air dans l'eau par exemple, il se rapproche en s'écartant de la perpendiculaire au point d'incidence, c'est-à-dire de la *normale*. Si au contraire il passe de l'eau, milieu plus dense que l'air, dans ce dernier, il se rapproche en se brisant de cette perpendiculaire. C'est un phénomène de la réfraction que ce sont dues les illusions auxquelles donnent lieu les objets plongés dans l'eau. On appelle *indice de réfraction* des corps la quantité dont un rayon lumineux dévie en passant de l'air dans leur milieu. On appelle *double réfraction* un phénomène auquel donnent lieu les substances cristallisées, et qui est la production de deux rayons réfractés, de deux images réfractées.

RÉFRANGIBILITÉ, propriété que possède un corps de produire la réfraction. Si l'on sépare au moyen du prisme les sept rayons de couleur différente qui composent le spectre solaire, c'est que ces rayons étant d'une réfrangibilité différente vont au sortir du prisme former leur image à des points différents, et rendent ainsi leur séparation complète et distincte. Les couleurs les plus réfrangibles sont dans l'ordre suivant : le rouge, l'orangé, le jaune, le vert, le bleu, l'indigo, le violet. L'adjectif qui exprime la qualité d'être réfrangible est *réfringent*.

RÉFRIGÉRANT (dérivé de *frigus*, froid), qui rafraîchit ou refroidit. Le mélange de sel et de glace est un des mélanges les plus réfrigérants que l'on connaisse. En chimie, le vaisseau qui porte ce nom est celui dans lequel on met la partie supérieure de l'alambic pour le rafraîchir.

REFUGE, asile où l'on cherche sa sûreté. Moïse, suivant l'ordre de Dieu, avait établi des villes de refuge où se retiraient ceux qui avaient commis un meurtre involontaire, et lesquelles ils ne pouvaient sortir qu'après s'être excusés juridiquement. Il y avait dans la Judée six villes de refuge : Cédés, Hébron, Sichem, Bosor, Gaulon et Ramoth.

REFUGE (Notre-Dame du), congrégation régulière instituée en 1631, par la mère Marie-Elisabeth de la Croix de Jésus, pour les filles voulant faire pénitence de leurs péchés. Cette congrégation, gouvernée en communauté par des supérieures, renferme outre des pénitentes un certain nombre de religieuses.

RÉGALE ou Droits régaliens, droit temporel appartenant au roi. Ce mot a plus spécialement désigné avant la révolution le droit qu'avait le roi de jouir des revenus des évêchés vacants dans ses Etats (*régale temporelle*), et de disposer des bénéfices qui en dépendaient dans cette sorte d'interrègne (*régale spirituelle*). L'origine de ce droit en France est assez incertaine. Les uns prétendent que le pape Adrien Ier, mort en 795, en est l'auteur. D'autres soutiennent qu'il ne remonte qu'à l'an 1122 sous le pontificat de Calixte II. Cependant l'épitaphe d'un des rois de la première race fait mention du droit régalien concédé par lui à l'abbaye de Saint-Vaast.

RÉGATES, courses en bateaux, qui se faisaient jadis sur le grand canal de Venise; le plus adroit à ce jeu remportait un prix.

REGEN, rivière d'Allemagne, qui prend sa source aux monts Bohmerwald sur les frontières de la Bohème, traverse en Bavière le cercle auquel elle donne son nom, et se jette dans le Danube, au-dessous de Ratisbonne, après un cours de 30 lieues.

REGEN (Cercle de la), cercle du royaume de Bavière, borné au N. par celui du Haut-Mein, au S. par celui de l'Isar, à l'O. par ceux de la Rezat et du Haut-Danube, et à l'E. par la Bohème et le cercle du Bas-Danube. Sa superficie est de 344 lieues carrées, et sa population de 357,000 habitants. — Son chef-lieu est *Ratisbonne*.

RÉGENCE, administration temporaire de l'Etat confiée à une personne ou une réunion de personnes, quand le souverain ne peut gouverner lui-même, soit à cause d'absence ou de minorité. Les plus célèbres régences dans l'histoire de France sont celle du dauphin Charles (depuis Charles V) pendant la captivité de son père Jean (1356 à 1364) : elle fut signalée par la révolte de la jacquerie; celle d'Anne de France, comtesse de Beaujeu, pendant la minorité de son frère Charles VIII (1483 à 1487); celles de Catherine de Médicis, pendant la minorité de son deuxième fils Charles IX (1560) et l'absence de son troisième fils Henri III (1574); celle de Marie de Médicis, pendant la minorité de Louis XIII son fils (1610 à 1617); celle d'Anne d'Autriche, pendant la minorité de son fils Louis XIV (1643 à 1651) : cette dernière fut signalée par la guerre de la Fronde et le ministère de Mazarin ; enfin celle du duc d'Orléans, pendant la minorité de Louis XV, fils de son cousin germain (1715 à 1723) : cette régence fut signalée par le système financier de Law, l'alliance anglaise et une effrayante corruption de mœurs.

RÉGENCE, nom donné, en géographie, à chacun des trois États barbaresques, Alger, Tunis et Tripoli. La régence d'Alger, appelée encore Algérie, appartient à la France depuis 1830.

RÉGENT, celui qui est à la tête d'une régence. On connaît plus spécialement sous ce nom Philippe, troisième duc d'Orléans, qui gouverna la France durant la minorité de Louis XV (1715 à 1723). — Nom que l'on donnait encore autrefois à un professeur des lettres ou des sciences dans un collège. Ce nom commence aujourd'hui à vieillir. — Il y a encore des *régents* à la banque de France. Ils composent le conseil général d'administration.

REGGIO, ancienne et belle ville épiscopale d'Italie, dans le Modénais, capitale du duché de Reggio, avec une bonne citadelle, sur le Tessone, à 6 lieues de Modène. Sa population est de 14,000 habitants, et son commerce consiste en blé, vins, fromage, étoffes de draps et de soie. Elle a une superbe cathédrale ornée des tableaux des plus grands maîtres, une bibliothèque, un muséum d'histoire naturelle. — Fondée par les Romains, détruite par les Goths en 409 et rebâtie par Charlemagne, elle vit naître en 474 l'Arioste.

REGGIO, ville d'Italie située dans le royaume de Naples, sur le détroit de Messine, à 80 lieues de Naples et 4 de Messine, et capitale de la Calabre ultérieure première. Sa population est de 16,500 habitants. Elle a un siège archiépiscopal et des manufactures de soie et d'étoffes faites avec le duvet des pinnes marines, et impénétrables au froid. Patrie des papes Agathon, Léon II et Étienne III, elle a été renversée par le tremblement de terre de 1783.

RÉGICIDE, meurtre commis sur la personne d'un roi. On a cru dans le dernier siècle tirer des œuvres de saint Thomas des raisons en faveur du régicide ; mais cette doctrine ne repose que sur de fausses interprétations de ce Père de l'Église. L'attentat sur la personne royale a été, en France jusqu'en 1789, puni par les supplices les plus cruels. Ravaillac et Damiens furent écartelés, et Rodolphe de Wart, un des meurtriers de l'empereur Albert d'Autriche, périt sur la roue.

RÉGIE, administration de biens, à la charge d'en rendre compte. Il se dit principalement de l'administration de ceux à qui est confiée la perception des droits, des impositions. Ainsi on dit *régie des douanes, d'octroi*, etc.

RÉGIFUGES ou RÉCIFUGES, fêtes qui se célébraient à Rome le sixième jour avant les calendes de mars, et dans lesquelles le roi des sacrifices s'enfuyait après avoir accompli son ministère. C'est même ce qui leur a fait donner leur nom suivant Plutarque. Ovide, Festus et Denys pensent qu'elles avaient été instituées pour perpétuer le souvenir de l'expulsion des rois.

RÉGILLE (LAC), petit lac dans le Latium, à l'E. et à environ 20 milles de Rome, déchargeant ses eaux dans l'Anio. C'est sur ses bords que le dictateur Aulus Posthumius Albus remporta l'an 496 avant J.-C. une victoire célèbre sur une armée de 40,000 Étrusques, commandée par les Tarquins. Les Romains n'étaient que 24,000. Les ennemis laissèrent plus de 30,000 hommes sur le champ de bataille, et une vieille tradition rapportait qu'on avait vu combattre à la tête des Romains Castor et Pollux montés sur des chevaux blancs. Posthumius reçut en mémoire de ce fait d'armes le surnom de *Regillensis*.

RÉGILLIEN (Quintus Nonius), Dace d'origine et parent du roi Décebale, servit dans les armées romaines sous Valérien, et s'éleva jusqu'aux premiers emplois militaires. Il commandait en chef dans l'Illyrie, sous Gallien, à la place duquel le peuple mécontent l'élut pour empereur (260). Il se préparait à marcher contre les Sarmates lorsqu'il périt assassiné par ses troupes (262).

RÉGIME, mode d'administration, de gouvernement, de conduite. On dit en ce sens *régime féodal*, *régime représentatif*. En jurisprudence, le *régime communal* est l'espèce de code qui régit la société conjugale quand les époux vivent en communauté. Le *régime dotal*, au contraire, est celui qui la régit lorsque la dot reste la propriété de la femme.

RÉGIME, nom vulgaire donné au spadix des dattiers et des bananiers ou à l'assemblage de leurs fruits.

RÉGIMENT, corps de troupes commandées par un colonel et portant dans l'armée un numéro d'ordre. Les régiments ont été institués par Henri II en 1558. — Le régiment est l'unité militaire dans l'armée française pour l'infanterie et la cavalerie. Deux régiments forment une *brigade* ; aussi, sous la république, le nom de *demi-brigade* avait remplacé celui de régiment. Les régiments de cavalerie se fractionnent en escadrons ; ceux d'infanterie se divisent en bataillons. Un bataillon se compose de huit compagnies, dont deux d'élite (*grenadiers* ou *carabiniers* et *voltigeurs*) et six de *fusiliers* ou *chasseurs*. L'effectif d'une compagnie est fixé à trois officiers, *capitaine, lieutenant* et *sous-lieutenant*, et à cent sous-officiers et soldats. Cet effectif varie suivant les circonstances, et peut être augmenté ou diminué. Chaque compagnie a deux tambours. Les compagnies de voltigeurs ont deux cornets au lieu de tambours. Outre les officiers des compagnies, il y a dans chaque bataillon un *chef de bataillon*, un *adjudant-major* et un *chirurgien aide-major*. L'état-major d'un régiment comprend le *colonel*, le *lieutenant-colonel*, les *chefs de bataillon*, le *major*, les *adjudants-majors*, le *trésorier*, l'*officier d'habillement*, l'*adjoint au trésorier*, le *porte-drapeau*, les *lieutenants du corps royal d'état-major* attachés au régiment, le *chirurgien-major* et les *aides-majors*. Le conseil d'administration se compose du colonel qui est président de droit, du lieutenant-colonel, d'un chef de bataillon, du major, d'un capitaine, du trésorier et de l'officier d'habillement. Il n'y a qu'un drapeau par régiment. Outre les tambours, chaque régiment a un corps de musique. — On admet dans chaque compagnie un enfant de troupe, et dans chaque bataillon quatre vivandières-blanchisseuses. — Tous les régiments ont des écoles régimentaires, et envoient des élèves au gymnase de la division territoriale dans laquelle ils sont en garnison. Un grand nombre possède des bibliothèques appartenant au corps, et qui sont ouvertes aux officiers dans le lieu où réside l'état-major.

RÉGINON, abbé de Pruym, de l'ordre de Saint-Benoît, naquit à Trèves en 915, est auteur d'une *Chronique* divisée en deux livres, commençant à la naissance de Jésus-Christ et finissant en 906. On la trouve dans le recueil des historiens d'Allemagne de Pistorius. Il est aussi l'auteur d'un recueil de canons et de règlements ecclésiastiques, qu'il composa à la persuasion de Ratbod, archevêque de Trèves, près duquel il s'était retiré en abandonnant son abbaye (899).

REGIOMONTANUS. Voy. MULLER.

RÉGIONNAIRE, titre qu'on a donné dans l'Église depuis le Vᵉ siècle à celui qui prenait soin de l'administration dans un certain district. Il y avait des évêques, des diacres, des sous-diacres, des notaires, des défenseurs régionnaires.

RÉGIONS DE ROME. On appelait ainsi les quartiers dans lesquels Rome fut divisée par Auguste. Ils étaient au nombre de quatorze, et tiraient leur nom de la montagne, de la porte ou de l'édifice le plus remarquable qui s'y trouvait. C'étaient les régions *Transtiberine* au delà du Tibre, *Aventine, Célimontane, Esquiline, Palatine*, ainsi nommées des monts Aventin, Célius, Esquilin, Palatin ; la région de la *Porte Capène*, celles du *Grand Cirque*, du *Cirque Flaminien*, de la *Voie Sacrée*, du *Forum*, de la *Piscine publique*, du *Temple de la Paix*, de l'*Alta Semita* embrassant le mont Pincius, et la région *Moneta*, ainsi nommée à cause de l'hôtel des monnaies. L'administration de la police était le seul objet de cette division.

RÉGIS (LE BIENHEUREUX Jean-François), né à Foncouverte (Aude) en 1597, entra à l'âge de vingt ans dans la compagnie de Jésus. Il enseigna les humanités au Puy (1625), et se dévoua au service des pestiférés à Toulouse en 1630. Il se livra ensuite tout entier aux missions dans le Languedoc, et mourut en 1640, après avoir fait des prodiges qui lui valurent la béatification.

REGISTRE, livre public qui sert à garder des faits, des actes ou des mémoires dont on peut avoir besoin dans la suite. Avant la révolution de 1789, les registres de l'état civil, c'est-à-dire ceux sur lesquels sont inscrits les naissances, les décès, les mariages, étaient entre les mains du curé de la paroisse. Aujourd'hui cet ecclésiastique ne tient les registres de baptême, de mariage et de décès qu'en double. Les seuls qui font foi sont ceux de la mairie tenus par l'officier de l'état civil.

REGISTRES. On nomme ainsi, dans l'orgue, des règles de bois que l'exécutant tire ou pousse pour ouvrir ou fermer les jeux de l'orgue. La poignée, par laquelle l'organiste ouvre ou ferme un registre, s'appelle *tirant*. À chaque rangée de tuyaux correspond une règlette de bois, percée de trous. Cette règlette est le registre ; si le registre est poussé, ses trous ne correspondent plus à ceux du sommier dans lesquels les tuyaux sont placés, et dès lors le vent ne peut plus entrer dans les tuyaux ; mais, s'il est tiré, ces trous se correspondent bien, et l'air pénètre dans les tuyaux. L'organiste n'a qu'à poser le doigt sur les touches pour les faire résonner.

REGISTRES PUBLICS (*diurna acta* ou simplement *acta, tabulæ, commentarii*). Ces registres, qui contenaient à Rome tous les actes des assemblées populaires, des cours de justice et du sénat, aussi bien que les naissances, les mariages, les divorces et les décès, étaient conservés dans la basilique du sénat sous la garde de quelques officiers publics. On les communiquait à ceux qui avaient besoin d'y puiser des renseignements.

RÈGLE (du latin *regula*, venu de *regere*, gouverner, régler, c'est-à-dire se porter à gouverner, à établir, à régler). Au propre, c'est tout instrument de bois ou de métal qu'on emploie à diriger la main qui veut tirer une ligne droite ; au figuré, c'est, 1° la ligne de conduite pour l'esprit et le cœur, 2° les principes qui servent à enseigner les sciences. — En arithmétique, la *règle* est l'opération que l'on exécute sur des nombres connus pour trouver des nombres inconnus. Les quatre premières règles sont l'addition, la soustraction, la multiplication et la division. Ce sont aussi les quatre règles fondamentales.

RÈGLE D'OCTAVE ou RÈGLE DE L'OCTAVE, succession naturelle d'accords sur toutes les notes de la gamme, tant en montant qu'en descendant. Ces accords sont simples, sans altération ni retardement. La règle d'octave est le fondement de l'harmonie. En Italie, elle fait la base de l'enseignement musical.

RÈGLE MONASTIQUE, est la charte constitutive d'un ordre religieux. La plupart des anciennes règles monastiques n'étaient que des instructions particulières données par les fondateurs des monastères à leurs disciples, et communiquées avec le temps et par tradition. On croit que ce fut saint Benoît qui arrêta le premier les changements de règle auxquels cette transmission donnait lieu, en donnant une règle particulière, fixe et invariable, qui fut adoptée par tous les monastères de la Gaule méridionale. Une des plus fameuses règles des monastères d'Orient est celle de Saint-Basile.

RÈGLES DE CHANCELLERIE ROMAINE, règlements faits par chaque pape au commencement de son pontificat pour être observés dans la disposition des bénéfices, l'expédition des provisions et le jugement des procès en matière bénéficiale. Ces règles remontent au XIVe siècle. Il y en avait seulement trois qui fussent expressément reçues en France : celle *De infirmis resignantibus* ou *De vigintis diebus*, établissant la vacance du bénéfice lorsque le bénéficier malade a résigné son bénéfice, et est mort ensuite dans les vingt jours ; celle *De publicandis resignationibus* et celle *De verisimili notitiâ obitûs*.

RÉGLISSE (du grec *glyceia*, douce, et *riza*, racine), genre de la famille des légumineuses, renfermant huit espèces de plantes herbacées, à racines rampantes, très-longues, vivaces, aux fleurs violacées ou purpurines, parfois blanches ou jaunes. La réglisse glabre, aux fleurs petites et rouges, est surtout estimée pour ses racines brunâtres à l'extérieur, jaunes à l'intérieur, qui jouissent des propriétés médicamenteuses adoucissantes. L'espèce de pâte sèche que l'on désigne dans le langage vulgaire sous le nom de *jus* ou *suc de réglisse* s'obtient en faisant bouillir la racine dans l'eau, et en évaporant la décoction que l'on roule en bâtons, enveloppés ensuite de feuilles de laurier.

REGMA, quatrième fils de Chus, habita dans l'Arabie Heureuse, vers l'entrée du golfe Persique. Il fut le père des peuples de Regma ou Rééma dont parle Ezéchiel.

RÉGNARD (Jean-François), célèbre auteur comique français, celui qui cède qu'à Molière, naquit en 1656 à Paris. Sa passion pour les voyages lui procura une foule d'aventures. Esclave à Alger, il faillit périr du dernier supplice, et fut enfin délivré par sa famille. Il fit un voyage en Laponie, et ne s'arrêta qu'à la mer Glaciale. Ce fut là qu'il inscrivit avec ses compagnons de voyage le fameux quatrain terminé par ce vers : *Sistimus hic tandem, nobis ubi defuit orbis*. De retour à Paris en 1682, il mourut en 1710, lieutenant des eaux, forêts et chasses de la forêt de Dourdan. *Le Joueur*, comédie, passe pour son chef-d'œuvre. En seconde ligne, on place *le Légataire universel*, *les Ménechmes*, etc.

REGNAULD DE SAINT-JEAN D'ANGELY (Michel-Louis-Étienne, comte), né en 1760 à Saint-Fargeau, était frère cadet de Lepelletier de Saint-Fargeau. Il obtint en 1782 la lieutenance de la prévôté de la marine à Rochefort. La sénéchaussée de Saint-Jean d'Angely l'envoya pour son député aux états généraux de 1789. Il n'échappa aux persécutions de la terreur qu'en se tenant caché. Il s'attacha ensuite à la fortune de Napoléon, qui lui donna les charges de conseiller d'État, président d'une section du conseil, secrétaire d'État de la famille impériale, grand procureur près la haute cour, et comte, faveurs auxquelles Regnauld répondit par une fidélité et un dévouement sans bornes. Exilé en 1815, il se réfugia aux États-Unis qu'il quitta malade pour revenir en Europe, et chercha à se fixer en Belgique ; après avoir été poursuivi d'asile en asile, il fut rappelé, et expira douze heures après son arrivée à Paris en 1819.

RÈGNE. Dans son acception ordinaire, gouvernement d'un roi, d'une reine ou d'un autre prince souverain. — En histoire naturelle, on donne le nom de règne à chacune des grandes divisions des corps de la nature. On comptait autrefois trois règnes : le *règne animal*, renfermant les animaux ; le *règne végétal*, les végétaux ; et le *règne minéral*, les minéraux. Aujourd'hui, considérant l'absence ou la présence dans les corps d'une organisation réelle, on admet deux règnes : le *règne inorganique*, comprenant les minéraux, et le *règne organique*, comprenant les végétaux et les animaux.

RÉGNICOLES. On appelait autrefois ainsi les naturels français nés sujets du roi, ceux qui pouvaient succéder ou posséder des bénéfices en France.

RÉGNIER (Mathurin), poète satirique français, remarquable par le fiel et la vigueur de ses ouvrages, comme aussi par la licence de ses expressions et de ses tableaux, né à Chartres en 1573, mourut à Rouen en 1613, après avoir été chanoine de Chartres et bénéficiaire de Vaux-Cernay. Il nous reste de lui dix-sept *Satires* et d'autres poésies.

RÉGNIER-DESMARETS (François-Séraphin), né à Paris en 1632, s'attacha au comte de Lillebonne, puis au duc de Bournonville, et suivit à Rome (1662) le duc de Créqui en qualité de secrétaire d'ambassade. Il fut nommé membre de l'académie de la Crusca (1667). L'année suivante, il embrassa l'état ecclésiastique et fut nommé prieur de Grammont près Chinon. Il mourut en 1713 pour avoir trop mangé de melon, abbé de Saint-Laon de Thouars, et secrétaire de l'académie française, dont il était membre depuis 1670. Son meilleur ouvrage est une *Grammaire française*.

RÉGNIER (Claude-Antoine), duc de Massa-Carrara, né à Blamont (Lorraine) en 1746, était à l'époque de la révolution un des avocats les plus distingués du parlement de Nancy, dont le bailliage le nomma député aux états généraux. Il joua un rôle assez modéré, échappa aux poursuites des révolutionnaires, et fut élu en 1795 membre du conseil des anciens, dont il devint président en 1798. Il s'attacha à la fortune de Napoléon, qui le fit grand juge, ministre de la justice et de la police (1802). Il céda bientôt le dernier ministère à Fouché, fut créé duc de Massa-Carrara, présida le corps législatif, et fut tellement affecté de la chute de l'empereur qu'il en mourut deux mois après (1814).

RÉGNIER. Voy. LODBROG.

REGRÈS. En matière canonique, révocation de la renonciation faite à un bénéfice. La maladie, la violence, etc., sont des circonstances où le résignant avait droit au regrès.

RÉGULATEUR, nom donné par les mécaniciens à une pièce destinée à modérer le mouvement d'une machine. Le balancier d'une pendule est un régulateur.

RÉGULE. Les anciens chimistes donnaient ce nom à la substance métallique obtenue par la fusion d'une mine, qu'ils considéraient comme un demi-métal.

REGULUS (Marcus Attilius), célèbre général romain, consul en 267 avant J.-C., réduisit les Salentins et leur prit Brindes. Consul une seconde fois l'an 256 avant J.-C., il remporta une victoire considérable sur Hamilcar et Hannon, généraux carthaginois, dans le combat d'Ecnome. Il leur coula 64 galères, et en prit plus de 30. Le vainqueur, ayant après ce succès fait en descente en Afrique, battit trois généraux carthaginois, et se rendit maître de plus de deux cents places. Les Carthaginois demandèrent la paix ; mais le vainqueur la mit à un prix si élevé qu'ils la refusèrent. Xantippe, ayant amené un secours de Sparte, battit Regulus près de Carthage (255), lui tua 30,000 hommes, et le fit lui-même prisonnier avec 15,000 hommes. On l'envoya à Rome pour proposer la paix et l'échange des prisonniers, et ce fut lui qui décida du sénat à ne pas l'accepter. Pour dégager sa parole, il retourna à Carthage, où, après lui avoir coupé les paupières, on l'exposa aux ardeurs du soleil. Enfermé ensuite dans un tonneau garni de pointes de fer, il y trouva la mort la plus cruelle (251 avant J.-C.). Son épouse obtint du sénat le droit d'user de représailles. Polybe ne fait aucune mention du supplice de Regulus, ce qui pourrait le faire révoquer en doute.

RÉGURGITATION. En termes de médecine, c'est l'acte par lequel certaines substances liquides ou gazeuses remontent dans la bouche sans être accompagnées des efforts propres au vomissement.

RÉHABILITATION, réintégration dans un premier état. Aujourd'hui les condamnés aux travaux forcés et à la réclusion peuvent demander leur réhabilitation cinq ans après l'expiration de la peine, et les condamnés à la dégradation civique cinq ans après l'exécution de l'arrêt. Cette réhabilitation est prononcée par le roi dans un conseil privé, sur la demande du condamné apostillée par la cour royale.

REICHA (Antoine-Joseph), célèbre harmoniste, né à Prague en 1770, étudia dans les universités d'Allemagne les plus célèbres, et fut formé à l'art de la composition par Haydn et Mozart. Les publications successives d'un recueil de trente-six *fugues*, de la cantate *Burger's Lenora*, d'un *opera seria*, d'un *oratorio* et d'un *requiem*, établirent sa réputation sur des bases solides. Fixé à Paris en 1808, professeur de contre-point au Conservatoire en 1818, naturalisé en 1829, décoré de la Légion d'honneur en 1831, membre de l'Institut en 1835, il mourut en 1836. Ses *Quintetti* d'instruments à vent, avec son *Traité de mélodie* et le *Traité d'harmonie*, renferment des théories neuves, et ses opéras de *Nathalie* ou *la Chaumière suisse*, et de *Cagliostro*, sont des titres à la gloire.

REICHENAU (en latin, *Augia dives*), petite île, sur le lac de Zell, qui communique à celui de Constance, à 2 lieues O. de cette ville. Elle possédait une célèbre abbaye de bénédictins, fondée en 724 par Pirmenius, évêque de Meaux, et qui a passé longtemps pour réunir les plus savants théologiens et érudits du moyen âge. Charles le Gros y fut inhumé en 888. Incorporée en 1540 à l'évêché de Constance, Reichenau appartient aujourd'hui au duc de Bade. Sa population est de 1,400 habitants.

REICHENBACH, ville de Prusse, située dans la régence de Breslau, sur la rivière qui porte son nom. Elle a 4,000 habitants et des fabriques de toiles, de basins et de futaines. Pillée en 1632 par les Saxons, en 1633 par les Impériaux, en 1642 par les Suédois, elle fut le théâtre des négociations débattues en 1813 entre la Prusse, la Russie et l'Angleterre contre Napoléon et la France.

REICHSTADT, petite ville de Bohême, à 20 lieues de Prague.

REICHSTADT (J.-C.-F.-N., duc de), nom donné en Autriche au fils de Napoléon Ier après l'abdication de son père ; ce jeune prince, qui avait été nommé à sa naissance roi de Rome et qui a porté un moment le titre d'empereur sous le nom de Napoléon II, était né le 20 mars 1811 et mort le 22 juill. 1832 au château de Schœnbrunn. Il avait été élevé sous les yeux de son grand-père l'empereur d'Autriche.

REID (Thomas), célèbre philosophe écossais, né dans le comté de Kincardine en 1711. Il étudia au coll. d'Aberdeen, où il fut même plus tard nommé biblioth. Ensuite profess. de philosop. Il fut appelé en 1762 à la chaire de philosop. à l'univers. de Glascow. Il y mourut en 1796. Son principal ouvrage est intitulé *Recherches sur l'esprit humain*. Il y réfute les principes de Hume et de Berkeley. Ce livre, qui eut la plus grande vogue, n'était que le prélude de deux autres plus considérables : l'*Essai sur les forces intellectuelles de l'homme* et l'*Essai sur les forces actives*, dans lesquels il rapporte les premières à l'entendement et les secondes à la volonté.

REIKIAVIK, ville d'Islande, sit. sur la côte occid., et résid. du gouver. danois et de l'évêque. Sa populat. est de 500 habit. Reikiavik a un observatoire astronomique, une bibliothèque, une société littéraire. On y fabrique des draps et des lainages.

REIMS ou RHEIMS, l'une des plus anciennes et des plus célèbres villes de France, chef-lieu de sous-préfecture du département de la Marne, sur la rive droite de la Vesle, entourée de petites montagnes qui produisent un vin délicieux, à 10 lieues de Châlons-sur-Marne. Sa population est de 32,000 habitants. Elle a des tribunaux de première instance et de commerce, une chambre et une bourse de commerce, une chambre des manufactures, un conseil de prud'hommes, un collège, un archevêché, l'un des plus anciens de la Gaule, un grand et petit séminaire diocésain, une bibliothèque, un théâtre, des fabriques de draps, châles, flanelles, camelots, pain d'épices, etc. — Autrefois *Durocorlorum*, Reims était la capitale des *Remi*. C'est dans sa cathédrale, beau monument gothique du XIIIe siècle, que les rois de France ont tous été sacrés par l'archevêque de Reims, depuis Philippe Auguste jusqu'à Charles X, à l'exception de Henri IV et de Louis XVIII.

REINE, celle qui règne, soit par droit de succession au trône, soit par l'effet de l'alliance conjugale avec un roi. — Les Syriens adoraient la lune sous le nom de *reine du ciel*, et lui dressaient des autels sur les plates-formes des maisons ou aux coins des rues. Ils lui offraient des gâteaux pétris avec de l'huile et du miel, et lui faisaient des libations de vin et autres liqueurs. — En histoire naturelle, on appelle *reines* les femelles des abeilles, c'est-à-dire celles qui, dans la république de ces insectes, sont uniquement occupées à reproduire l'espèce. Chaque ponte d'une reine renferme les trois variétés d'abeilles : les *ouvrières*, qui ne font pas autre chose qu'édifier les rayons de miel ; les mâles, destinés à féconder les femelles, et les femelles ou reines. Une femelle est fécondée quelquefois pour deux ans.

REINE. On nomme vulgairement *reine des prés* la spirée ulmaire ; *reine des bois*, la dianelle à fleurs bleues, le dragonnier à feuilles en glaive et l'aspérule odorante ou *petit muguet*; *reine marguerite*, l'astère ; reine-Claude, une variété de prunes très-estimée ; *reine des carpes*, un grand cyprin carpe ; *reine papillon*, la vanesse paon de jour ; *reine des serpents*, le *boa devin*.

REINE DES SACRIFICES, épouse du roi des sacrifices chez les Romains. Elle offrait quelques sacrifices auxquels son mari n'avait pas le droit d'assister.

REINECK FUCHS (le *renard subtil*), nom allemand d'un poëme célèbre, que Henri d'Alkmaar ou d'Alkmar a donné en bas saxon en 1498. Voy. RENARD (Poëme du).

REINHARD (François-Volkmar), célèbre prédicateur protestant, né vers 1755 dans le duché de Sulzbach, étudia à l'université de Wittemberg, et devint en 1782 professeur de théologie, puis premier prédicateur de la cour de Saxe en 1792, conseiller ecclésiastique et membre du conseil suprême. Il mourut en 1812, laissant plusieurs ouvrages, dont les principaux sont : trente-neuf volumes de *Sermons*, et le *Système de la morale chrétienne*.

REINHARD (LE COMTE Charles-Frédéric), célèbre diplomate, né à Babingen (Wurtemberg) en 1761, vint en France, où ses connaissances en géographie le firent admettre à l'Institut dans sa formation. Entré dans la carrière diplomatique, il devint successivement premier secrétaire d'ambassade à Londres et à Naples, ministre plénipotentiaire près des villes hanséatiques, chef de la troisième division du département des affaires étrangères, ministre à Florence, ministre des relations extérieures, plénipotentiaire en Helvétie, consul général à Milan, plénipotentiaire près du cercle de Basse-Saxe, résident dans les provinces turques, ministre en Wurtemberg, directeur de la chancellerie des affaires étrangères, et ministre près de la diète germanique et enfin à Dresde. Il fut après la révolution de 1830 appelé à la chambre des pairs. Il mourut presque subitement en 1837.

REINHOLD (Charles-Léopold), philosophe allemand, né en 1758 à Vienne, était novice chez les jésuites lors de la suppression de cette société (1773). Il acheva son noviciat chez les barnabites, et professa sous l'habit ecclésiastique la philosophie. Il embrassa en 1783 la religion protestante, se lia avec Wieland dont il devint le gendre, et fut fait professeur de philosophie à Iéna. Il quitta cette chaire en 1794 pour celle de Kiel, où il mourut en 1823. Il avait reçu du gouvernement danois le titre de conseiller d'État et l'ordre de Danebrog. Reinhold était l'admirateur enthousiaste de Kant.

REINS, organes sécréteurs de l'urine. Ceux de l'homme sont les plus compliqués en organisation. Ils présentent deux sortes de glandes, dont la forme est celle d'un haricot et la longueur de quatre pouces, chez un adulte. Ils sont placés dans le ventre, au niveau des deux premières vertèbres lombaires et des deux dernières dorsales, et sont disposés à droite et à gauche de la colonne vertébrale à laquelle ils touchent. Les uretères, sortes de canaux excréteurs, conduisent l'urine des reins dans la vessie. C'est sous le nom de *rognons* que l'art culinaire s'empare des reins des animaux.

REIS, mot emprunté de l'arabe et signifiant *chef*. Il est le titre de plusieurs officiers ou dignitaires de l'empire ottoman. — Le *reis-effendi* est le plus grand chancelier de l'empire ; il est le chef de la corporation des *kodja* ou gens de plume, c'est-à-dire les hommes de lettres. Le REIS est aussi une monnaie de cuivre de Portugal et du Brésil. 100 reis valent un franc. — 1,000 reis valent 6 francs 12 centimes 50.

REISKE (Jean-Jacques), célèbre philologue, né en 1716 à Zœrbig (Saxe), mort en 1774, professeur de langue arabe à l'université de Leipzig et recteur de l'école de Nicolaï. Les éditions qu'il a données de différents auteurs grecs (*Homère*, les *Orateurs grecs*, *Denys d'Halicarnasse* et surtout *Plutarque*) attestent son immense érudition et son excellent esprit de critique.

REITRES (de l'allemand *ritter* ou *reiter*), cavaliers allemands qui combattaient en troupes formées d'aventuriers de tout pays, vendant leurs services comme les troupes des condottieri et les Suisses. Les reîtres figurèrent surtout dans les troubles politiques de la France comme auxiliaires des protestants du XVIe siècle. Ils disparurent avec le XVIIe. Leur arme était le *pistole* d'abord à rouet, puis à pierre, espèce de mousquet.

RELAIS, station de poste où l'on réunit plusieurs chevaux frais destinés à remplacer ceux qui sont fatigués, et que les voyageurs sont pour cela forcés de quitter. — En termes de fortification, le *relais* est un espace de quelques pieds de largeur, qu'on réserve entre le pied du rempart et l'escarpe du fossé pour recevoir les terres qui s'éboulent.

RELAPS, celui qui retombe dans le même crime auquel il avait été pardonné une première fois. Les hérétiques relaps, c'est-à-dire qui, après avoir reçu l'absolution de leurs erreurs, s'y replongent de nouveau, étaient autrefois brûlés vifs. Jeanne d'Arc fut brûlée à Rouen par les Anglais comme relapse.

RELATIF. On nomme ainsi, un ton qui offre à la clef les mêmes signes de tonalité qu'un autre ton. Ainsi *la* est le relatif d'*ut* ; *mi*, celui de *sol*, etc. L'un des tons est un mode majeur, et l'autre un mode mineur.

RELATION, terme de musique. C'est le rapport qui existe entre un son qui vient d'être entendu dans une partie, et un autre son qu'on entend actuellement dans une autre. La relation est bonne lorsque ces deux sons concourent à laisser la sensation d'une consonnance exacte ; elle est *fausse* quand il résulte de leur rapport une consonnance altérée. Ainsi il y a fausse relation si, après avoir entendu un *mi bémol* par exemple dans une partie, l'on entend un *mi naturel* dans une autre partie. Les fausses relations sont proscrites en harmonie.

RELÉGATION, espèce d'exil, tantôt perpétuel, tantôt temporaire, en usage chez les Romains. Il ne privait l'exilé ni de ses droits de citoyen ni de sa fortune. L'exil d'Ovide fut du nombre des relégations.

RELEVAILLES, cérémonie faite à l'église par une femme qui vient d'accoucher, lorsqu'elle y entre pour la première fois. Cette cérémonie, qui n'est point de précepte, mais de conseil et de dévotion seulement, a été introduite dans l'Eglise en imitation de la sainte Vierge, qui alla se purifier et présenter Jésus au temple. Les relevailles consistent dans la récitation d'une antienne et d'un psaume, l'aspersion avec l'eau bénite et le signe de croix fait par le prêtre, qui tient son étole suspendue sur la tête de la femme, laquelle porte un cierge à la main.

RELEVEUR, nom donné à certains muscles qui ont pour action de relever les parties auxquelles ils sont attachés. Tels sont les muscles *releveur de l'aile du nez*, de *l'omoplate*, etc.

RELIEF, saillie plus ou moins considérable d'un dessin, d'une sculpture, d'un ouvrage quelconque. En sculpture, on appelle *bas-relief* celui de tous les reliefs le moins considérable, c'est-à-dire l'ouvrage dans lequel la représentation des objets a moins de saillie. Le *demi-relief* est celui où les objets sortent à moitié du fond sur lequel ils sont placés. — Dans l'ancienne jurisprudence, le *relief* était le droit que payait le vassal à son seigneur lors de certaines mutations.

RELIGIEUSE, nom vulgaire de plusieurs animaux, tels que la *sarcelle*, *l'hirondelle des fenêtres*, la *corneille mantelée*, les *mantes*, etc. — On appelle encore ainsi le champignon *helvelle*.

RELIGIEUX, RELIGIEUSES. On appelle ainsi les personnes de l'un et de l'autre sexe qui se sont consacrées à Dieu dans un ordre approuvé de l'Eglise, par les trois vœux solennels de pauvreté, de chasteté et d'obéissance. Les religieux ont été plus souvent appelés *moines*. — Quant aux religieuses, elles ont de plus l'obligation d'être cloîtrées, et sont gouvernées par des hommes quant au spirituel, par une supérieure quant au temporel.

RELIGION (du mot latin *religare*, relier), lien qui unit l'homme à la Divinité, manifesté au dehors par un culte. L'existence des croyances religieuses chez tous les peuples est un fait maintenant incontesté ; mais elles n'ont point revêtu partout et dans tous les temps un caractère uniforme. A l'état de barbarie, l'esprit grossier de l'homme divinisa les éléments et les forces constitutives de la nature : il adora le tonnerre, le feu, l'eau, la terre. Ce fut là le polythéisme, brut dans son principe, puis épuré par la civilisation grecque et romaine. Enfin le Christ parut et vint apporter à la terre une religion fondée sur l'amour, et dont les principaux dogmes sont l'unité de Dieu en trois personnes, le péché originel, la rédemption, la rémission des péchés, la communion des saints, la résurrection des morts et la vie éternelle. La venue du christianisme fut l'époque de la régénération morale et politique du monde civilisé. Du sein du christianisme sont nées deux principales sectes, la religion grecque et la protestante, qui ont des partisans, l'une depuis le IXe siècle, l'autre depuis le XVIe. Cependant la religion latine ou occidentale a encore conservé son caractère d'universalité qui lui a fait donner le nom de catholique ; car elle compte 139,000,000 de sectateurs, tandis que la religion grecque 55,000,000, et le protestantisme 62,000,000. Quant aux autres religions, elles sont observées, la juive par 4,000,000, le mahométisme par 96,000,000, le brahmanisme par 60,000,000, le bouddhisme par 170,000,000, et les autres religions plus ou moins idolâtres, 147,000,000.

RELIGIONNAIRE, nom que l'on donnait dans le siècle de Louis XIV aux partisans de la religion réformée.

RELIQUAIRE, petit vaisseau portatif

où l'on renfermait les reliques. Le reliquaire diffère de la châsse en ce que celle-ci renferme le corps tout entier du saint, tandis que le premier ne contient que des fragments.

RELIQUES. On appelle ainsi, du latin *reliquiæ*, les restes du corps d'un saint livrés par l'Eglise à la vénération des fidèles. Dans la procession du saint, on porte ordinairement ses reliques; on ne doit en porter aucunes aux processions du saint sacrement. Une des églises de France qui possède le plus de reliques est la basilique de Saint-Saturnin ou Sernin à Toulouse, dont les caveaux souterrains renferment les corps de saint Saturnin, de saint Exupère, de saint Hilaire et d'un grand nombre d'autres saints.

RELIURE, opération qui consiste à rassembler sous une couverture solide les feuilles d'un livre, de manière à éviter les dégradations. Pour cela faire, on commence par battre les différents cahiers qui composent le livre sur un bloc de marbre ou de pierre avec un marteau à tête convexe; puis on les met à la presse, d'où ils sont tirés pour être livrés à la brocheuse, qui les coud au moyen d'un point-arrière. Cela fait, on trempe le dos des feuillets à plusieurs reprises dans la colle, afin qu'ils ne puissent plus bouger, et on les polit avec un frottoir; on soumet ensuite le livre à un second battage, lorsqu'on a ajusté les deux feuilles de carton qui doivent servir de couverture; puis, quand on a appliqué sur le dos une bande de parchemin mouillé ou de toile, on colle sur le carton la basane, le maroquin, le papier qui doivent le recouvrir. Il ne reste plus qu'à couvrir la tranche, que l'on a rognée, d'une couleur quelconque ou d'une dorure.

RÉMANCIPATION, acte par lequel on rompait à Rome les mariages contractés par coemption. Il consistait à déchirer le contrat de mariage en présence de sept témoins et à prendre les clefs à l'épouse.

REMBOURSEMENT, payement fait, soit pour restituer une somme que l'on doit, soit pour indemniser de dépenses ou de pertes. Il y a trois moyens pour arriver à l'extinction des dettes publiques: l'*amortissement*, la *réduction* et le *remboursement*. La question du remboursement des rentes a vivement préoccupé dans ces derniers temps les deux chambres des pairs et des députés. La difficulté porte non pas sur le droit de remboursement, droit imprescriptible, mais sur la chose précise à rembourser ou à racheter. D'ailleurs le remboursement n'est en général proposé que pour amener une autre mesure, la réduction à un moindre intérêt.

REMBRANDT (Paul Gerretz, surnommé), célèbre peintre hollandais, né en 1606 à Van-Ryn, petit village situé sur les bords du Rhin, à quelques lieues de Leyde. Fils d'un meunier, il fut l'élève de Jacques Van-Zaanenburg, puis de Pierre Lasman et de Jacques Pinas, et mourut à Amsterdam, en 1688. Rembrandt s'est fait une grande réputation comme peintre de portraits. Ses tableaux se distinguent par la force du coloris, l'entente parfaite du clair-obscur et le relief des figures. Il n'entendait pas très-bien la perspective, et avait un mauvais choix de costumes. Ses talents furent ternis par l'avarice.

RÉMÉRÉ. Voy. Rachat.

REMI (Saint), archevêque de Reims, né vers l'an 439, fut élevé sur le siége épiscopal de cette ville en 461, et s'y distingua par sa science et sa vertu. Ce fut lui qui baptisa en 496 le roi Clovis avec un grand nombre de Francs. Saint Remi mourut en 533. On lui attribue quelques lettres et un testament.

RÉMIGES (du latin *remigia*, rames). On donne ce nom à celles des plumes des oiseaux qui font l'office de rames dans l'opération du vol. Ce sont les plumes des ailes. Elles sont plus fortes que les autres.

RÉMIPÈDE, genre de crustacés de l'ordre des décapodes, famille des macroures, renfermant deux espèces, dont la plus connue est la *rémipède tortue*, qui ressemble à la tortue par sa carapace ouverte de petites stries transversales, crénelées, courtes et arquées.

REMIREMONT, ville de France, chef-lieu d'arrondissement du département des Vosges, au pied des montagnes, sur la rive gauche de la Moselle. Elle a un tribunal de première instance, une inspection forestière, un collége communal, une société d'agriculture, une bibliothèque et 3,400 habitants. Il y avait autrefois un chapitre de chanoinesses, dont l'abbesse, qui jouissait de 30,000 livres de revenu, était princesse de l'empire. Remiremont commerce en beurre, grains, fromages, liqueurs, etc.

RÉMITTENTE (Fièvre), nom donné aux fièvres dont les symptômes offrent des exacerbations très-marquées, et dont les redoublements commencent par le froid. Ces fièvres, qui sont moins communes que les continues et les intermittentes, peuvent être simples, inflammatoires, bilieuses, muqueuses, nerveuses, adynamiques ou pernicieuses.

RÉMIZ, nom d'une sorte de mésange, qui a le bec plus grêle, plus aigu et plus droit que la mésange ordinaire. On ne compte encore que deux espèces de rémiz, celle du Cap et celle d'Europe. La dernière est un oiseau d'un gris roussâtre sur le dos, avec la gorge blanche, et le sommet de la tête et la nuque d'un cendré pur. Les rémiz sont surtout remarquables par la composition ingénieuse de leur nid et leur extrême méfiance.

REMO (San-), ville du duché de Gênes (Etats sardes), située sur la côte maritime, à 9 lieues de Nice. Sa population est de 7,500 habitants. Elle a un collége, et commerce en oranges, citrons, huiles, etc. Elle fut bombardée par les Anglais en 1744.

REMOND (François), habile ciseleur, fut chargé de la ciselure des bronzes de la colonne de la place Vendôme; il y consacra trois années de travail. Né en 1747, il mourut en 1812.

REMONTE, achat de nouveaux chevaux destinés à renouveler le personnel des montures de la cavalerie et à remplacer celles qui sont usées. Il existe dans l'armée française un corps militaire de remonte générale chargé d'acheter et de dresser les chevaux français propres au service de la cavalerie. La création de ce corps est récente. Elle a pour but d'encourager les cultivateurs à l'amélioration et à la propagation des races. Son effectif, composé de 90 officiers, varie en sous-officiers et soldats selon les besoins du service. Leur costume consiste en un habit bleu, avec collet, parements en pointes et ornements de retroussis (grenades) *garances*; retroussis, brides d'épaulettes, passe-poil du collet et des parements, *bleus*; passe-poil des retroussis et des brides d'épaulettes, *garance*; boutons blancs, ayant en relief un cheval, et pour exergue: remonte générale; pantalon garance; shako en tissu noir, avec ganse et pompon garance; la buffleterie est blanche; les officiers portent l'épaulette d'argent. Il y a en France plusieurs établissements de remonte générale: le dépôt de Caen (avec succursale au Bec, à Saint-Lô et à Alençon), le dépôt de Guingamp (succursale à Morlaix), le dépôt de Saint-Maixent (succursale à Saint-Jean d'Angely et à Fontenay-le-Comte), celui de Guéret avec succursale à Aurillac, celui d'Auch avec succursale à Castres et à Tarbes, le dépôt de Villers.

REMONTRANCE, discours par lequel un supérieur représente à quelqu'un les inconvénients d'une action passée ou présente. — Autrefois on appelait ainsi les notes par lesquelles les parlements ou les autres cours souveraines représentaient au roi les motifs qui les forçaient de s'opposer à l'exécution de ses volontés. Le droit de remontrance faisait toute la force des parlements.

REMONTRANTS, secte de protestants, ainsi appelés des remontrances qu'ils adressèrent en forme de doctrine aux états généraux de Hollande. On les appelait encore *arminiens*, parce qu'ils étaient disciples d'Arminius. Condamnés au synode de Dordrecht (1619), ils ont eu pour adversaires acharnés les *gomaristes* ou contre-remontrants. Les principaux points de leur doctrine roulent sur la grâce qui, suivant eux, n'est que nécessaire pour le bien et non irrésistible, et qui n'empêche pas la possibilité d'une chute à ceux qui l'ont reçue.

RÉMORA, nom latin de l'*échène* ou *échénéide*.

REMORQUER, traîner un bateau, un vaisseau ou tout autre corps flottant au moyen d'une corde attachée à un autre bateau ou vaisseau mu par les rames, la vapeur ou les voiles. Les bateaux remorqueurs sont spécialement choisis dans les ports parmi les bateaux à vapeur. — On a encore par extension donné le nom de *remorqueur* à la machine à vapeur locomotive qui traîne à sa suite les voitures sur les chemins de fer.

REMOUS, sorte de tournant d'eau qui se produit dans le sillage près d'un bâtiment; le choc des eaux qu'il a déplacée en s'avançant sur sa route produit derrière lui une trace très-sensible que l'on nomme *remous*. — On appelle encore ainsi certains tourbillons d'eau que l'on remarque sur des rochers, des bancs, etc., au niveau de la mer, lorsqu'elle n'est pas agitée.

REMPART. Dans le moyen âge, on appelait ainsi une muraille en maçonnerie pleine, servant à entourer et à protéger une ville ou un château. De nos jours, un rempart consiste en une enceinte rasante composée de bastions et de courtines, couronnée d'un parapet, garnie d'artillerie, entourée d'un fossé et percée de portes et de poternes.

REMULUS SYLVIUS, roi d'Albe, successeur d'Agrippa. Il régna neuf ans, deux générations avant Romulus, et fut foudroyé à cause de son impiété. Son successeur fut Aventinus.

RÉMURIES, fêtes romaines, les mêmes que les Lémuries. Elles avaient été instituées par Romulus pour apaiser les mânes de son frère Remus. On les célébrait tous les ans.

REMUS, frère de Romulus, né, suivant la tradition, de Mars et de la vestale Rhéa Sylvia, fut exposé sur le Tibre, sauvé par Faustulus, et élevé par lui comme Romulus. La plupart des auteurs disent qu'il fut tué par Romulus parce qu'il avait sauté par mépris le fossé qui traçait l'enceinte de Rome. La peste ayant éclaté après ce meurtre, Romulus, pour apaiser les mânes de Remus, institua les Rémuries. Quelques-uns disent que Remus passa dans les Gaules, où il fonda Reims.

RÉMUSAT (Claire-Elisabeth-Jeanne Gravier de Vergennes, comtesse de), née du comte de Vergennes, ministre sous Louis XVI, nupit en 1780, et épousa à seize ans le comte de Rémusat, depuis préfet du palais impérial et du département de la Haute-Garonne. Attachée elle-même à l'impératrice Joséphine en qualité de dame du palais, elle continua de faire partie de sa maison après 1809, suivit, depuis la restauration, son mari dans ses diverses préfectures, et mourut à Paris en 1821. Madame la comtesse de Rémusat était une femme d'esprit, qui a laissé plusieurs ouvrages, parmi lesquels on cite en première ligne l'*Essai sur l'éducation des femmes*, publié en 1824 par son fils le comte Charles de Rémusat, ministre de l'intérieur en mars 1840.

RÉMUSAT (Jean-Pierre-Abel de), célèbre orientaliste, né à Paris en 1788, se livra d'abord aux études médicales, et fut reçu en 1813 docteur en médecine. Après le retour des Bourbons, il fut nommé professeur à la chaire de langue chinoise créée pour eux au collége de France. Membre de l'Institut en 1816, conservateur des manuscrits orientaux à la bibliothèque royale en 1824, il mourut en 1832. Parmi ses principaux ouvrages, on remarque : *Éléments de la grammaire chinoise*, *Recherches sur les langues tartares*, *Mélanges asiatiques*.

REMY (SAINT-), petite ville du département des Bouches-du-Rhône, chef-lieu de canton de l'arrondissement et à 4 lieues d'Arles, dans une belle situation. Sa population est de 5,737 habitants. Patrie de Nostradamus et de l'abbé d'Expilly, Saint-Remy, l'ancien *Glanum* des Romains, renferme encore des restes de leur passage, entre autres un arc de triomphe et un superbe mausolée.

RENAISSANCE. On désigne sous ce nom l'époque de résurrection des arts et des lettres que la chute des deux empires d'Occident, de Rome et de Charlemagne, avait comme ensevelis dans le tombeau. Constantinople seule avait recueilli et conservé dans son poste reculé aux limites de l'Europe les restes de cette fortune artistique et littéraire, l'apanage de Rome et d'Alexandrie. La conquête de cette capitale par les musulmans en 1473 dispersa dans l'Occident les arts et les sciences. L'Italie les recueillit en la personne des papes et des Médicis, et devint le foyer d'une révolution qui aux formes antiques de l'architecture, de la peinture, de la mise en chef de l'art, comme aussi de la philosophie, substitua des formes nouvelles introduites en France sous le règne de François Ier.—Le *théâtre de la Renaissance*, fondé il y a peu d'années à Paris, et résidant actuellement à la salle Ventadour, est destiné à jouer toute espèce de pièces, opéras, drames, comédies, vaudevilles, etc.

RÉNAL, ce qui a rapport aux reins.

RENARD, espèce du genre *chien*. Ce quadrupède se distingue des autres espèces du même genre par son museau pointu, sa tête plus large, sa queue longue et très-touffue, et surtout ses prunelles qui de jour sont en fentes verticales. Le renard commun a le pelage fauve, semé de poils blanchâtres et de quelques taches noires, avec la gorge, le devant du cou, le ventre, l'intérieur des cuisses blancs, et le museau roux. Sa longueur est d'environ un pied et demi. Type de la fourberie et de la ruse, le renard fait sa nourriture de poules avec leurs œufs, de perdrix, de lapins, de lièvres, de miel, de raisin et de baies de genévrier. Il exhale une odeur très-forte, et est toujours couvert d'une quantité considérable de puces ; c'est au point que l'on reconnaît son terrier à la présence seule de ces insectes. Sa peau d'hiver fait de bonnes fourrures.

RENARD (ROMAN DU), petit poëme selon quelques auteurs à Hugues de Trymberg, instituteur à l'école de Thürstadt près de Bamberg. Henri d'Alkmaar en a donné le texte bas saxon en 1498. C'est la plus célèbre satire du moyen âge : les acteurs sont des animaux, et le renard en est le héros principal. On trouve ce poëme traduit dans toutes les langues, répandu dans toute l'Europe. Quelques savants veulent que le héros de ce poëme allégorique soit Reinhard, Renard ou Reinier, comte de Hainaut, qui sut se maintenir par la ruse contre Zwentibold, roi de Lorraine.

RENARDS (en américain, *Foxes*), tribu indienne de l'Amérique septentrionale, qui habite trois villages : l'un sur la Tarkney, l'autre sur les bords du Mississipi, au-dessus de la rivière de Rock, et le troisième, à 4 lieues des mines de plomb. Ces Indiens qui sont au nombre de 1,750, dont 400 guerriers, vivent du produit de leurs terres et de la chasse.

RENARDS (ILES AUX) ou LISII, groupe d'îles au nombre de vingt-six, situées au N.-O. de l'Amérique septentrionale, entre la pointe d'Alaska et la presqu'île du Kamtschatka. Elles ont été découvertes en 1759 par les Russes, qui en tirent des pelleteries, et font partie du grand groupe des îles Aléoutiennes.

RENAU D'ELIÇAGARAY (Bernard), né en 1652 dans le Béarn d'une ancienne maison navarraise, s'attacha au comte de Vermandois, amiral de France, et devint l'un des plus célèbres ingénieurs de la marine française. Il porta la théorie de la construction des vaisseaux à un si haut degré de simplicité, qu'à l'âge de vingt ans les enfants des constructeurs en savaient plus que ceux qui avaient une pratique de trente années. Ce fut lui qui, lors du siège d'Alger, imagina les galiotes à bombes. Aussi désintéressé qu'instruit, il mourut en 1719, membre honoraire de l'académie des sciences.

RENAUD, personnage fameux par le rôle qu'il joue dans la chronique poétique du moine Turpin, le roman des *Quatre Fils Aymon*, et le poëme de l'Arioste, *Roland furieux*. Il y est représenté comme l'aîné des quatre fils du comte Aymon de Montauban. Son cheval est le fameux Bayard. La parenté et la lutte de Renaud de Montauban avec Charlemagne semblent en faire la personnification des comtes ou ducs d'Aquitaine se prétendant issus du sang mérovingien, qui ont résistèrent pendant longtemps à l'usurpation carlovingienne.

RENAUDIE (Jean DE BARRI, seigneur DE LA), gentilhomme du Périgord, banni pour faux à Genève, se fit le chef d'une conspiration de protestants contre la maison de Guise. On se proposait d'enlever le roi d'Amboise, où était la cour. La Renaudie ayant eu l'imprudence de s'en ouvrir à un avocat chez qui il logeait, nommé Pierre Avenelles, celui-ci en avertit les Guise, qui prirent leurs mesures. La Renaudie fut tué près d'Amboise, et son corps pendu au gibet (1560).

RENAUDOT (Théophraste), médecin, né à Loudun en 1583, s'établit à Paris en 1628, et fut le premier qui commença, en 1631, à faire imprimer les feuilles publiques, déjà connues à Venise sous le nom de *Gazettes*, parce qu'on les payait une *gazetta* (petite monnaie). Ce fut là l'origine de la *Gazette de France*. Renaudot mourut à Paris en 1653, laissant deux fils, dont l'un, EUSÈBE RENAUDOT, né en 1646, mort en 1720, de l'académie française, de celle des inscriptions et de celle de la Crusca, fut un philologue distingué.

RENAULT (Aimée-Cécile), fille d'un maître papetier de Paris, fut condamnée à mort par le tribunal révolutionnaire, le 17 juin 1794, pour avoir voulu attenter à la vie de Robespierre. Elle n'avait alors que vingt ans.

RENDSBOURG, ville forte du duché de Holstein, sous un château fort et 7,000 habitants. Elle est située à 8 lieues de Sleswig sur l'Eyder, à l'endroit où finit le canal de Kiel, qui a 9 lieues de long, et ouvre une communication sûre entre la mer du Nord et la Baltique. Ce canal, fait sous le règne de Christian VII, a coûté plus de 11,000,000.

RENÉ Ier, comte d'Anjou et de Provence, duc de Lorraine, héritier des droits de la seconde branche de la maison d'Anjou sur le trône des Deux-Siciles, naquit à Angers en 1408. Son mariage avec Isabelle de Lorraine, héritière de Charles II, contracté en 1420, lui donnait des droits sur le duché de Lorraine, dont il fut dépouillé par Antoine, comte de Vaudemont, qui le contraignit de donner sa fille Yolande à son fils Ferry II de Vaudemont. Il tenta aussi vainement de s'emparer de son royaume de Naples. Il se retira alors en Provence, où il cultiva les arts, et où il montra tant d'urbanité que le peuple conserve encore le souvenir du *bon roi René*. Il mourut en 1480, ne laissant pas d'enfants. Tous étaient morts avant lui.

RENÉ II, duc de Lorraine, né en 1451 de Ferry II, comte de Vaudemont, et d'Yolande d'Anjou, fille du bon roi René Ier. Il fut appelé en 1473 à la couronne ducale après Nicolas Ier. Le duc de Bourgogne, Charles le Téméraire, contestant ses droits, envahit la Lorraine. René s'allie avec les Suisses, et revient défendre avec une armée de 20,000 hommes Nancy, assiégée par le duc de Bourgogne, qui fut tué dans un combat (1477). Trois ans après, René fit un traité d'alliance avec les Vénitiens, qui le nommèrent capitaine général de leurs troupes, et inscrivirent son nom sur le livre d'or. A la mort du comte du Maine (1481), il réclama la Provence, et voulut vainement s'en emparer. N'ayant pu obtenir de Charles VIII l'investiture de ce comté, il se retira dans ses États, et mourut en 1508. Il avait eu cinq fils. Les deux aînés étant morts avant lui, Antoine, le troisième, lui succéda. Claude, le cinquième, duc de Guise, fut la tige de la maison de ce nom.

RENÉE DE FRANCE, fille de Louis XII, née à Blois en 1510, épousa en 1528 Hercule d'Est, duc de Ferrare ; à la mort duquel elle revint en France, après avoir embrassé la réforme. Elle montra dans diverses circonstances un grand courage, et sauva un grand nombre de protestants lors du massacre de la Saint-Barthélemy. Elle mourut en 1575.

RENFREW, comté d'Écosse, borné au N. par celui de Dumbarton, au S. par celui d'Ayr, à l'E. par celui de Lanark, et à l'O. par l'embouchure de la Clyde. Sa superficie est de 25 lieues carrées, sa population de 133,443 habitants. C'est un pays assez fertile, qui était la seigneurie des Stuart avant leur élévation au trône. Le prince de Galles à même longtemps porté le titre de baron de Renfrew. Le comté de Renfrew porte encore en gaélique le nom de *Strathgryfe*. La capitale du comté est RENFREW, ville de 3,000 habitants, sur la Clyde, à 4 lieues de Glasgow et 22 d'Édimbourg.

RENI (Guido). Voy. GUIDE.

RÉNIFORME, ce qui a la forme d'un rein. Telle est celle du haricot.

RENNE, espèce du genre *cerf*, caractérisée par des bois sessiles plus ou moins divisés, pourvus d'andouillers aplatis. Les femelles portent un bois plus petit, et ce sont même les seules du genre cerf qui aient un bois. Les rennes sont l'unique ressource des peuples du Nord. On les tient par grands troupeaux que l'on mène paître dans les plaines et sur les montagnes. Leur pelage est très-recherché comme fourrure ; leur lait donne de bons fromages ; leur chair est agréable, et leurs excréments servent à brûler. Le renne est surtout employé comme bête de trait.

RENNEL (James), célèbre géographe anglais, né à Chudleigh (Devonshire) en 1742, mort à Londres en 1830, entra dans la marine comme aspirant ou midshipman. En 1766, il servait comme officier de génie dans l'Inde. Obligé de quitter le service avec le titre de major, il s'adonna surtout à la géographie. Sa carte du banc et du courant de Lagulhas lui valut la place d'ingénieur-géographe général pour le Bengale. Il publia l'atlas de ce pays. Il s'acquit beaucoup de gloire par sa carte de l'Hindoustan et les *Recherches sur l'intérieur de l'Afrique*. On a de lui le système géographique d'Hérodote et plusieurs autres ouvrages.

RENNES, grande ville de France, chef-lieu du département d'Ille-et-Vilaine, sur la Vilaine, qui la partage en deux, à 89 lieues de Paris. Sa population est de 35,552 habitants. Elle a un évêché suffragant de Tours, un grand et petit séminaire diocésain, une cour royale qui a remplacé l'ancien parlement, des tribunaux de première instance et de commerce, une bourse de commerce, une académie, des facultés de droit et de lettres, une école secondaire de médecine, un collège royal, des écoles de mathématiques, de dessin et de chimie, une direction d'artillerie, etc. Elle commerce en grains, bois de construction, lins communs, fils retors, toiles grosses, beurre de la Prévalais. — Appelée du temps des Romains *Condate*, puis *Redones*, Rennes a été la capitale de la Bretagne.

RENNEVILLE (Sophie DE SENNETERRE, Mme DE), née vers 1772, morte à Paris en 1822. Amie de la jeunesse, elle a consacré son talent à son instruction et à son amusement. Parmi ses nombreux ouvrages, on distingue *Charles et Eugénie, Contes à ma petite fille, les Jeunes Personnes,* etc.

RENNIE (John), célèbre ingénieur et mécanicien anglais, né au comté de Lothian (Ecosse) en 1761, étudia à Dumbar et à Edimbourg, et vint ensuite à Londres, où son talent le mit à la tête des ingénieurs les plus instruits de cette ville. On lui doit les deux ponts du Strand ou de Waterloo et de Southwark, les nouveaux chantiers de construction de Chatham, de Portsmouth et de Plymouth, le beau quai de la Tamise, les constructions hydrauliques des arsenaux de Milford et de Sheerness et la jetée de Plymouth, sans compter le grand nombre de docks qu'il a fait construire à Londres et ailleurs. John Rennie mourut en 1822.

RENO, rivière d'Italie, qui prend sa source dans les Apennins, à 4 lieues de Pistoie, traverse la délégation de Bologne, et se jette dans le Pô près de Ferrare, après un cours de 25 lieues. C'est dans une des îles de cette rivière que se forma le triumvirat d'Antoine, d'Octave et de Lépide.

RENOMMÉE (en grec *Phémé*, en latin *Fama*), divinité des anciens, messagère de Jupiter. Virgile feint qu'elle était née de la Terre, qui l'enfanta pour punir les crimes et les infamies des dieux, en vengeance de la mort des géants ses enfants, exterminés par eux. Les poëtes la dépeignent comme une déesse énorme, qui a cent bouches et cent oreilles avec de longues ailes qui en dessous sont garnies d'yeux. Les Athéniens l'honoraient d'un culte; ils lui avaient bâti un temple, ainsi que le célèbre Camille.

RENONCIATION, action de répudier des droits acquis ou éventuels. La renonciation à un héritage est soumise à de nombreuses conditions. Ainsi il ne dépend pas d'un héritier de répudier une succession opulente et de frustrer ses créanciers du gage sur lequel ils ont pu compter. La femme mariée ne peut renoncer à la communauté de biens.

RENONCULACÉES, famille de plantes dicotylédones polypétales, à étamines hypogynes, en général herbacées, à feuilles presque toujours alternes, aux fleurs grandes et brillantes, aux fruits charnus et en forme de baie. Les renonculacées sont plus ou moins âcres et vénéneuses; mais leur principe actif se perd par la dessiccation. On compte plus de cinq cents genres dans cette famille, qui se divise en cinq sections : les *clématidées*, les *anémonées*, les *renoncules*, qui renferment le genre renoncule, type de la famille, les *ellébornées* et les *podophyllées*.

RENONCULE, genre type de la famille des renonculacées, renfermant cent soixante espèces herbacées, vivaces, aux tiges longues, parfois rampantes, aux feuilles alternes, aux fleurs blanches, jaunes ou rouges. L'espèce la plus remarquable est la *renoncule d'Asie* ou *des jardins*, enlevée au sérail de Constantinople et devenue depuis 1662 une branche de commerce très-lucrative pour la Hollande. Elle est l'ornement des jardins par les couleurs panachées de sa corolle, dont les pétales sont larges, épais et arrondis comme ceux de la rose.

RENOU (Antoine), peintre et littérateur, né à Paris en 1731, élève de Pierre et de Vien, peintre du roi Stanislas en 1760, membre de l'académie royale de peinture en 1781, et plus tard son secrétaire perpétuel, mourut en 1806. On lui doit le plafond de la galerie d'Apollon, dont le sujet est l'Aurore. Comme littérateur, il a mis au jour la tragédie de *Térée et Philomèle.*

RENOUÉE (en latin, *polygonum*), genre de plantes, type de la famille des polygonées, renfermant cent vingt-cinq espèces dont plusieurs offrent de grandes ressources à la teinture, comme par exemple la *renouée tinctoriale*, qui produit l'indigo pur en grande quantité. C'est une plante dont la tige, haute de soixante-deux à soixante-dix centimètres, est rameuse, presque droite, et porte des feuilles ovales, vertes, pointues à leur sommet, épaisses, et des

fleurs d'abord roses, puis rouges, disposées en épis effilés presque terminaux. C'est dans les feuilles que réside le principe colorant.

RENTE, revenu annuel. Ce mot se dit plus ordinairement de ce que l'on doit tous les ans pour un fonds aliéné, cédé ou affermé. On appelle *rente viagère* celle qui ne doit être payée que pendant la vie de celui au profit de qui elle est constituée et ne s'éteint que par la mort naturelle du propriétaire. — Dans un sens absolu, on désigne sous le nom de *rente* la rente constituée par l'Etat et annuellement payée par le gouvernement pour les intérêts des emprunts publics. Il y a deux moyens avoués et directs pour arriver à l'extinction de la dette publique : l'amortissement, opération par laquelle le gouvernement rachète de gré à gré les portions de la dette publique à vendre sur le marché des fonds; et le remboursement, qui n'est ordinairement qu'une menace dont le résultat final est la réduction ou la conversion des titres des créanciers de l'Etat en des créances nouvelles rapportant un moindre intérêt.

RENTRÉE. Ce mot, en musique, désigne l'action d'un instrument ou d'une voix qui, après un silence, se fait entendre de nouveau.

RENTY, petite ville du département du Pas-de-Calais, dans le canton et à 3 lieues de Fruges, à 12 d'Arras, sur l'As. Elle est célèbre par la victoire que les Français y remportèrent en 1554 sur les Espagnols. C'était autrefois le premier marquisat de l'Artois.

RENVERSEMENT. Ce mot désigne, en musique, l'état des intervalles et des accords dans lesquels l'ordre des parties est interverti de telle sorte que les notes graves sont transportées aux parties supérieures, et que celles-ci sont placées aux parties graves. Les intervalles renversés changent de nom. La *seconde* devient *septième*; la *tierce, sixte*; la *quarte, quinte*; la *quinte, quarte*; la *sixte, tierce*; la *septième, seconde*; l'*octave, unisson*, et l'*unisson, octave*. Les accords de trois sons ont deux renversements; les accords de quatre sons, trois renversements. Voy. chaque accord.

RÉOLE (LA), ville de France, chef-lieu d'arrondissement du département de la Gironde, sur la Garonne, à 8 lieues de Bordeaux. Sa population est de 5,000 habitants. Elle a un tribunal de première instance, un syndicat maritime, un collège communal, et commerce en blé, vins, eaux-de-vie et épingles. La coutellerie et la tannerie y sont les principales branches d'industrie. Les bestiaux y sont superbes.

RÉPARTITION, action de répartir, c'est-à-dire de diviser, de distribuer. Le Code de commerce règle, en matière de faillite, le mode de répartition de l'actif mobilier du failli entre les divers créanciers.

REPAS. Les Grecs faisaient communément trois repas. Le premier appelé *ariston*, et le second *dorpos*, paraissent n'avoir été que de simples collations. Le troisième, appelé *deipnon*, était le plus considérable; trois parties distinctes le composaient : la première, nommée *prélude (prooimion)*, consistait en œufs, huîtres, herbes amères, et tout ce qui est propre à exciter l'appétit; la seconde était le repas proprement dit, composé de mets solides; la troisième consistait en mets plus friands et plus délicats. Outre le vin, les Grecs buvaient l'*oinomeli* (vin mêlé de miel), l'*oinos crithinos* (espèce de boisson extraite de l'*orge*), l'*hydromel* et le vin de palmier. Dans chaque repas on choisissait un *roi du festin*, qui réglait le nombre de coups que chacun devait boire. Les convives étaient couchés sur des lits autour de la table. — Les Romains avaient le déjeuner du matin (*jentaculum*), le dîner à midi (*prandium*), et le repas principal (*cœna*) à trois heures en été et quatre en hiver. Plus tard on ajouta sur le soir la collation (*comessatio*). Ainsi qu'en Grèce, on prenait chez les Romains le bain avant souper. Ce repas

était divisé en deux parties, le premier et le second service (*mensa prima* et *secunda*). Plus tard on introduisit la *gustatio*, correspondant au *prooimion* des Grecs. Les Romains avaient aussi un roi des festins.

RÉPERCUSSIF, épithète des médicaments qui, appliqués à l'extérieur sur une partie engorgée, font refluer à l'intérieur les fluides qui l'engorgent. Les astringents, la glace, l'eau froide sont les répercussifs. Leur action se nomme *répercussion*.

REPETUNDIS (LOIS DE), lois qui obligeaient les magistrats qui s'étaient enrichis par des moyens illicites dans l'exercice de leur charge à rendre compte de leur conduite. Les principales de ces lois sont les lois Calpurnia, Acilia, Junia, Servilia, Cornelia, Julia.

REPNIN (Nicolas WASSILIEVITCH, prince), né en 1734, était fils du prince Repnin qui, sous Pierre le Grand, commanda un corps d'armée contre Charles XII. Lancé dans la carrière diplomatique, il avait trente ans lorsqu'il fut envoyé à la cour de Pologne pour aider à l'élection de Stanislas-Auguste Poniatowski l'ambassadeur Kayserling, auquel il ne tarda pas à succéder. C'est à lui que la Russie dut de dicter des lois à la Pologne. Il en fut récompensé par le brevet de lieutenant général, l'ordre de Saint-Alexandre et une gratification de 50,000 roubles (200,000 francs). Il signa en 1779 le traité de Teschen, remporta en 1791 sur le grand vizir Youssouf une victoire suivie de la paix de Jassi. Gouverneur général de Livonie, puis de Lithuanie, il reçut en 1796, à l'avénement de Paul Ier, le brevet de feld-maréchal. Il mourut disgracié en 1801.

RÉPONS. En termes de bréviaire, on appelle ainsi des espèces d'antiennes dont les paroles sont ordinairement tirées de l'Ecriture et appliquées à la fête qu'on célèbre. On les a appelées ainsi parce qu'après qu'un choriste les a chantées ou récitées tout le chœur lui répond. Il y a des répons après chaque leçon de matines.

RÉPONSE. On nomme ainsi, en musique, l'imitation d'un sujet de fugue dans laquelle on altère quelque intervalle de ce sujet.

RÉPOSIEN, poète latin, auteur d'un morceau en cent quatre-vingt-deux vers hexamètres sur les amours de Vénus et de Mars. Ce morceau contient des détails agréables et d'heureuses imitations d'Homère et d'Ovide; mais il renferme des incorrections métriques. L'époque où vivait Réposien est totalement inconnue.

REPOUSSOIR, cheville de fer qui sert à en chasser une autre de la place qu'elle occupe. En marine, c'est un marteau à manche de fer, à tête courte, propre à recevoir une percussion, et se terminant, au lieu de panne, par une longue tige comme une cheville.

REPRÉSENTATION, action de représenter. Dans certains Etats, la *représentation nationale* est une assemblée des députés représentant la nation, et concourant à la formation des lois. Le gouvernement dans lequel il y a une représentation nationale s'appelle *représentatif*.

REPRISE, continuation de ce qui a été interrompu. — En matière de succession, on appelle *reprises* les sommes que l'époux survivant ou ses héritiers ont le droit de prendre, avant partage, dans l'actif de la communauté. — La *reprise d'instance* est l'action de reprendre une instance mise hors de droit par un mauvais de procédure. — En musique, on donne ce nom à une partie d'un morceau répétée deux fois. La séparation de la reprise se marque par deux barres perpendiculaires tracées sur la hauteur de la portée et accompagnées latéralement de deux points. Lorsque ces points ne sont marqués que d'un côté, on ne répète que la partie qui suit ou qui précède, selon que c'est le côté droit ou gauche de la barre.

RÉPROBATION, en théologie, résolution prise par Dieu de toute éternité d'exclure de la gloire certains hommes, et de les damner éternellement. On distingue la réprobation *positive* et la réprobation *négative*. La dernière est ainsi appelée parce qu'elle renferme la volonté permissive de tomber dans le péché et de s'écarter ainsi de la gloire. L'Eglise catholique considère comme une hérésie de croire que Dieu, par sa pure volonté et sans avoir égard au mal, a destiné des hommes aux péchés qui les conduisent par un décret positif, immuable, nécessitant, au terme fatal de la réprobation éternelle.

REPRODUCTION, faculté que possèdent les animaux et les végétaux, c'est-à-dire les êtres organisés, de multiplier et de donner naissance à de nouveaux êtres qui reproduisent et remplacent ceux qui périssent. On observe que le nombre des êtres produits surpasse de beaucoup celui des êtres qui périssent. Or, comme le nombre des naissances dans l'espèce humaine surpasse de beaucoup la quantité des subsistances qu'on peut obtenir dans un territoire borné, on conçoit qu'à la fin la moitié des hommes resterait sans moyen de subsister, si d'autres causes ne modifiaient ces résultats. Des statisticiens ont calculé que les subsistances se multiplient dans une progression arithmétique seulement, et la population dans une progression géométrique, c'est-à-dire dans le rapport du carré au cube.

REPS, siége de Transylvanie, entre le comitat de Haut-Weissembourg, le district de Fogaras et les siéges de Schæssbourg, de Grusschenk et d'Udvarheli. Sa superficie est de 30 lieues carrées, et sa population de 26,000 habitants. Ce siége, appelé encore *Kœhalum-Szek*, a un territoire montagneux, mais cultivé. Sa capitale est Reps, petite ville de 2,200 âmes, avec un château fort et des sources d'eau salée, sur le Rossbach et le Schweissbach.

REPTATION. On désigne ainsi le mode de progression, l'allure des serpents; c'est à tort qu'on l'étend aux autres reptiles.

REPTILES (du latin *repere*, ramper), troisième classe des animaux vertébrés. Les reptiles sont des animaux à poumons, à sang rouge et froid, à température variable, à génération ovipare, dépourvus d'un diaphragme, sans poil ni plumes ni mamelles, à respiration aérienne et à circulation incomplète, c'est-à-dire dont tout le sang veineux ne traverse pas l'organe respiratoire, et ne se transforme pas en sang artériel avant que de retourner aux différentes parties du corps. La forme générale de ces animaux varie beaucoup. Ils ont ordinairement la tête petite, le corps allongé et les membres très-courts. Quelquefois ils n'ont qu'une seule paire de pattes, et un assez grand nombre d'entre eux (les serpents) sont complétement privés de membres. En général, les reptiles s'engourdissent pendant l'hiver, et, lors même qu'ils ne sont pas endormis, ils ne prennent pas de nourriture durant la saison froide. Cette classe se compose de quatre grandes divisions naturelles ou ordres: 1° les tortues ou *chéloniens*; 2° les lézards et autres reptiles de ce genre ou *sauriens*; 3° les serpents ou *ophidiens*; 4° les grenouilles et autres reptiles de ce genre ou *batraciens*.

RÉPUBLICAIN, nom vulgaire des oiseaux du genre *tisserin*.

RÉPUBLIQUE, Etat dont la constitution est démocratique, où le peuple se gouverne lui-même, soit immédiatement, soit par ses délégués. On distingue trois espèces de républiques: les *aristocraties*, dans lesquelles le gouvernement est entre les mains de la haute classe des citoyens; les *oligarchies*, dans lesquelles il se trouve entre les mains du petit nombre; et les *démocraties*, dans lesquelles la majorité de la nation prend part au gouvernement. —La *République de Platon* est un ouvrage dans lequel est contenue sa politique. Il y énumère et classe les diverses formes de gouvernement, et en reconnaît cinq, l'aristocratie, la démocratie, l'oligarchie, la timocratie ou gouvernement des ambitieux, et la tyrannie ou monarchie. C'est à la première qu'il donne la préférence. Platon, dans sa république imaginaire, écartant tout ce qui pourrait porter atteinte à la morale, en bannit les arts et la poésie. Homère, dont il couvre le front de lauriers et de fleurs, en est chassé. Plus loin il admet la communauté des femmes.

RÉPUBLIQUE CISPLATINE. Voy. Banda.

RÉPUDIATION, renvoi d'une femme avec laquelle on vivait uni. La loi de Moïse tolérait la répudiation, hors le cas cependant où la femme se trouvait avoir été épousée par celui qui lui avait ôté l'honneur. Jésus-Christ restreignit la répudiation au seul cas d'adultère. L'usage moderne des Juifs, selon Léon de Modène, est qu'une fille, mariée avant l'âge de douze ans et un jour, peut quitter son mari, en déclarant son dégoût en présence de deux témoins, et se remarier à qui il lui plaît.

RÉPULSIF. Voy. Répercussif.

RÉPULSION, effet des forces qui tendent à éloigner deux corps l'un de l'autre. C'est le contraire de l'attraction. Les forces qui produisent cet effet sont dites *répulsives*. On admet leur existence conjointement avec les forces attractives dans les molécules des corps, et l'on explique les trois états, solide, liquide ou gazeux, par la prédominance plus ou moins marquée de l'un ou l'autre des deux systèmes. Il est prouvé que la chaleur augmente la force répulsive.

REQUESENS (Don Louis de Zuniga y), grand commandeur de Castille et l'un des plus braves capitaines espagnols du xvi° siècle. Il suivit don Juan d'Autriche dans son expédition contre les Turks. Gouverneur du Milanais, il passa ensuite au gouvernement des Pays-Bas où son prédécesseur, le duc d'Albe, avait allumé la guerre par son injustice et ses cruautés. Il mourut à Bruxelles en 1576 d'une fièvre violente que lui avait occasionnée l'embarras de sa situation. Il eut don Juan d'Autriche pour successeur.

REQUÊTE, en jurisprudence, demande par écrit présentée suivant des formes établies à une autorité compétente. — On donne aussi ce nom aux mémoires fournis par les avoués des parties dans les causes instruites par écrit, et à l'acte par lequel une partie condamnée par défaut forme opposition motivée au jugement rendu contre elle. — On appelait autrefois *maîtres des requêtes* les magistrats qui rapportaient les causes des parties dans le conseil du roi présidé par le chancelier. Aujourd'hui ce sont les rapporteurs des affaires au conseil d'Etat.

REQUIEM, accusatif d'un mot latin qui signifie repos. Il donne son nom à une prière que l'Eglise fait pour les morts, et dont c'est le premier mot. Le *requiem* est une des parties de la messe des morts mise en musique. On cite surtout le fameux *requiem* de Mozart et ceux de Jomelli, Cherubini, etc.

REQUIN, nom que les anciens voyageurs donnaient à une espèce de poisson du genre squale, parce que sa présence auprès d'un nageur ne laissait aucun espoir, et équivalait pour lui à un *requiem*. Ce squale atteint jusqu'à vingt-cinq ou trente pieds de longueur. Il se distingue par son museau proéminent et déprimé, sa nageoire caudale fourchue, et surtout par ses dents triangulaires, pointues et en général dentelées. Sa couleur est d'un brun grisâtre; il se trouve dans toutes les mers, et fait l'effroi des navigateurs.

RÉQUISITION, demande incidente formée à l'audience, soit par le ministère public, soit par l'avoué ou l'avocat de l'une des deux parties, soit enfin par la partie elle-même, et ayant pour but de requérir l'apport au greffe ou la communication d'une pièce, de requérir acte d'une assertion d'un fait avancé dans les plaidoiries d'un procès, etc. — On appelle encore *réquisition* l'acte de requérir pour le service de l'Etat des subsides en hommes, en argent, en denrées, etc. Lors de la première invasion des armées coalisées, une loi du 24 février 1793 ordonna la levée de 300,000 hommes. Tous les Français de dix-huit à quarante ans, non mariés ou veufs sans enfants, furent mis en état de réquisition permanente jusqu'à concurrence de ce nombre. Les citoyens compris dans ce recrutement extraordinaire prirent le nom de *réquisitionnaires*.

RÉQUISITOIRE, acte écrit contenant une réquisition. On applique spécialement ce mot à la demande faite à une cour ou à un tribunal par le procureur général, le procureur du roi ou le substitut qui remplit ses fonctions.

RESCHT, ville de Perse, capitale du Ghilan, à 2 lieues de la mer Caspienne. Elle a une population de 40,000 habitants. Elle fait un commerce considérable en soie et en drogues. Elle a des fabriques d'étoffes de coton et de soie. Un traité de paix y fut signé en 1732 entre les Russes et les Persans.

RESCISION. En droit, c'est l'annulation d'un acte. Les vices radicaux de l'acte attaqué, tels que la lésion, la violence, le dol, l'erreur, la fraude, doivent être les fondements de l'action en rescision. Les causes de cette espèce sont immédiatement déférées au juge, qui rend un jugement interlocutoire si les faits l'exigent, ou bien immédiat.

RESCRIT (législation), décision en matière de droit, rendue par les empereurs romains ou les papes. Dans les rescrits impériaux, les empereurs n'interprétaient pas simplement les lois; mais ils les appliquaient à des cas particuliers, cumulant ainsi les fonctions de législateurs et de juges. L'usage des rescrits, qui paraît ne dater que du règne d'Adrien, prévalut depuis Alexandre Sévère. Nous possédons plusieurs recueils de rescrits impériaux: le premier, dû à un grammairien grec, nommé Dosithée, contient ceux d'Adrien; le second, dû à Papinien, renferme ceux de Marc Aurèle et de Verus.

RÉSECTION, opération de chirurgie qui consiste à retrancher les extrémités articulaires des os ou une portion de la continuité de ces organes, comme on le pratique pour l'extrémité des fragments de quelques fractures non consolidées.

RÉSÉDA, genre de plantes, type de la famille des résédacées, renferme une vingtaine de plantes herbacées, annuelles ou vivaces, aux feuilles alternes, entières, découpées, aux fleurs irrégulières, généralement jaunes et petites, disposées en épis simples et terminaux. L'espèce la plus répandue est le *réséda odorant*, originaire de la Barbarie et de l'Egypte, dont les fleurs blanchâtres, avec les anthères couleur de brique, exhalent une odeur douce et très-agréable. On la sème en août ou au plus tard en septembre dans un sol léger, bien exposé et riche d'engrais.

RÉSÉDACÉES, petite famille de plantes, détachée par Jules de Tristan de la famille des capparidées, et renfermant le seul genre réséda.

RESENIUS (Pierre), professeur en morale et en jurisprudence à Copenhague, prévôt des marchands de cette ville, conseiller d'Etat, mort en 1688 à quatre-vingt-trois ans, a laissé des ouvrages relatifs à l'histoire et au droit public de l'Allemagne. On lui doit encore un *Dictionnaire islandais*, deux *Edda* islandaises et le *Jus aulicum Norvegiacum*.

RÉSERVE (droit), action de retenir un droit. Le Code civil désigne aussi sous ce nom la portion de biens déclarée indisponible, parce que la loi les réserve à certains héritiers.

RÉSERVE (droit forestier). C'est la portion de bois qu'on laisse croître en futaie, et qu'on ne peut couper qu'après avoir prévenu l'autorité compétente.

RÉSERVE (art militaire), partie de l'armée qui, au commencement de la bataille, est momentanément distraite par le général en chef pour se porter sur tous les points où son action peut devenir nécessaire. On la forme ordinairement d'infanterie et de cavalerie, et on la place en arrière de la ligne de bataille. — On appelle encore communément *réserve* la portion d'une grande armée destinée à suppléer à l'insuffisance des troupes engagées, ou à leur prêter appui. — Enfin on donne encore ce nom à une armée spéciale, distincte de l'armée active par son organisation, et destinée à protéger la France contre l'invasion étrangère.

RÉSERVES APOSTOLIQUES, rescrits ou mandats par lesquels les papes se réservent la nomination et la collation de certains bénéfices vacants, avec défense de procéder à l'élection ou à la collation de ces bénéfices, sous peine de nullité. On ignore le temps précis où elles ont commencé ; et l'on sait que Clément IV (1265) fit le premier une réserve générale et absolue de tous les bénéfices vacants. Les réserves furent abolies en France par le concordat fait entre Léon X et François Ier.

RÉSERVOIR, récipient destiné à tenir en réserve une quantité d'eau ordinairement considérable. Quand il est isolé, il consiste ordinairement en un grand bassin de forte maçonnerie, avec un double mur appelé *mur de douve* et glaisé ou pavé dans le fond. On cite parmi les plus grands réservoirs celui du château de Versailles, qui contient 472 muids d'eau. — On a donné par analogie, dans la science anatomique, le nom de *réservoirs* aux diverses cavités du corps humain où s'amassent les liquides. Le *réservoir de Pecquet* est une dilatation considérable du canal thoracique au-devant de la région lombaire de la colonne vertébrale. C'est le réservoir du chyle ; on l'a ainsi nommé de Pecquet, médecin de Dieppe, qui l'a découvert.

RÉSIDENCE, demeure habituelle d'une personne, à la différence du domicile, qui est sa demeure légale. Un des premiers décrets du concile de Trente sur la discipline ordonne la résidence à tous les ecclésiastiques pourvus d'un bénéfice ayant charge d'âmes.

RÉSIDENT. On donne ce nom à l'envoyé d'un souverain vers un autre pour remplir auprès de lui les fonctions diplomatiques, lorsque l'importance des relations n'exige pas la présence d'un ambassadeur.

RÉSIGNATION, cession d'un bénéfice ecclésiastique. Les formalités qui devaient précéder la résignation, quelle qu'elle fût, étaient de passer une procuration *ad resignandum* devant deux notaires royaux apostoliques du lieu et du diocèse où demeurait le résignant. Quand la résignation n'avait été faite qu'à cause de l'incompatibilité du bénéfice résigné avec un autre que possédait avant le résignant, le résignataire n'avait que six mois pour prendre possession. Dans tous les autres cas, il avait trois ans.

RÉSILIATION, annulation d'un acte. La faculté de faire résilier un bail est accordée au bailleur lorsque le preneur fait servir la chose louée à un usage auquel elle n'était pas destinée, d'où peut lui causer du dommage. La résiliation du marché à forfait a lieu par la seule volonté du maître, à la charge par lui d'indemniser l'entrepreneur de ses dépenses et aussi de tout ce qu'il aurait pu gagner dans l'entreprise.

RÉSINES, substances solides ou liquides, d'une odeur et d'une saveur plus ou moins prononcées, en général demi-transparentes et d'une couleur jaunâtre, non conductrices de l'électricité, et susceptibles d'être à l'état solide électrisées négativement par le frottement, brûlant avec une flamme jaune et une fumée noire. Leur composition est en général très-complexe. Toutes cependant renferment une huile empyreumatique. Elles se trouvent contenues dans les arbrisseaux ou des arbres de différentes hauteurs, et découlent, soit naturellement, soit par des incisions faites sur les arbres qui les contiennent. Il y a un grand nombre d'espèces de résines : la *résine copal*, la *résine courbaril* ou *résine animée occidentale*, la sandaraque, la *lébérenthine*, etc. Dans le langage ordinaire, on donne le nom de *résine* tout simplement au résidu de la distillation de la térébenthine. On a récemment trouvé le moyen de tirer de la résine le gaz hydrogène bi-carboné propre à l'éclairage.

RÉSOLUTION, un des modes de terminaison des phlegmasies ou inflammations, dans lequel la partie enflammée revient peu à peu et sans suppuration à ce qu'elle était avant la maladie. On appelle *résolutifs* les remèdes qui déterminent la résolution des engorgements. — La *résolution des membres* est la paralysie qui frappe les membres dans le cours d'une maladie.

RÉSOLUTION. On nomme ainsi, en musique, la chute d'un intervalle ou d'un accord affecté de dissonance, sur un intervalle ou un accord consonnant. Ce nom vient de ce que ce dernier donne seul une terminaison agréable à l'oreille, et que sans lui l'accord dissonant produirait un effet insupportable.

RÉSOMPTE ou RÉSUMPTE, terme désignant dans l'ancienne école de théologie, l'acte que devait faire le nouveau docteur d'après les règlements, pour avoir suffrage aux assemblées et jouir des droits de docteur. Cet acte se soutenait sur l'Écriture sainte dans la sixième année après le doctorat, avant l'accomplissement de laquelle les nouveaux docteurs n'étaient point admis aux assemblées de la faculté, ni choisis pour présider aux thèses.

RÉSONNANCE, répercussion imparfaite du son par un obstacle. Si le corps réfléchissant les rayons sonores est à moins de 16 mètres 9 centimètres de l'oreille de l'observateur, le son réfléchi se confondra avec le son direct, et, la distinction étant impossible, il n'y aura qu'une *résonnance*, dont l'effet sera de prolonger le son. Si au contraire la distance surpasse 16 mètres 9 centimètres, le son mettant pour aller et venir juste le temps nécessaire pour prononcer la syllabe (un dixième de seconde), car il parcourt 16 mètres 9 centimètres en une demi-seconde, les deux sons seront parfaitement distincts, et c'est alors seulement qu'il y aura écho.

RÉSORPTION, absorption d'un liquide que les vaisseaux exhalants ou autres ont déposé dans une part e.

RESPHA, concubine de Saül. Il en eut deux fils : Armoni et Miphiboseth ; ce dernier fut livré par David aux Gabaonites, qui le firent périr. Respha en eut beaucoup de douleur. Après la mort de Saül, elle fut recherchée en mariage par Abner, qui, improuvé par Isboseth, quitta son parti pour celui de David.

RESPIRATION, fonction propre aux animaux, qui a pour objet de mettre en contact les matériaux du sang avec l'air atmosphérique, et de faire reprendre ainsi ses qualités premières à ce liquide vicié par son action sur les tissus vivants. Chez les insectes, la respiration s'effectue par des canaux particuliers appelés *trachées*; chez la plupart des animaux aquatiques, elle a lieu par des espèces de franges membraneuses nommées *branchies*. Chez tous les mammifères, chez les oiseaux et les reptiles, elle s'effectue dans des poumons, de la même manière à peu près que chez l'homme. Dans l'homme, les organes de la respiration sont : 1o le pharynx ou arrière-bouche, qui reçoit l'air de la bouche ou des fosses nasales, et le transmet au larynx ; 2o le larynx qui le transmet à la trachée-artère, qui, dans son prolongement ; 3o la trachée-artère, qui se divise en deux canaux appelés *bronches*, lesquels se ramifient à l'infini dans les poumons où l'air va purifier le sang. Le mécanisme de la respiration est tout entier dans les mouvements successifs de contraction et de dilatation de la poitrine ou thorax, et par suite des poumons eux-mêmes, lesquels mouvements produisent successivement l'expiration et l'aspiration de l'air atmosphérique.

RESSAC, nom donné, en marine, au retour des lames vers le large ou la haute mer, après avoir frappé contre un rocher ou tout autre corps dur. — C'est aussi le nom des embarcations qu'on amène à Terre-Neuve pour aider à faire la pêche, et que l'on renvoie directement au port d'où elles étaient parties (avant l'hiver). Ces petits bâtiments rapportent les hommes excédant les équipages des grands bâtiments et des huiles, langues de morue, etc.

RESSORT, nom donné à tout corps qui, par l'effet de son élasticité, peut se prêter à des changements de position, et servir par là en qualité de force motrice ou de suspension. C'est un ressort métallique, communément d'acier et plus rarement d'or, qui constitue le principe moteur des montres. Ce sont des ressorts composés de plusieurs lames d'acier superposées qui supportent les voitures suspendues et leur prêtent l'élasticité si nécessaire pour éviter les secousses.

RESSUAGE, opération métallurgique qui a pour but de séparer l'argent qui était uni au cuivre, en faisant fondre l'alliage avec une certaine quantité de plomb.

RESTAURATION, réintégration, réparation, rétablissement. On compte dans l'histoire trois restaurations, c'est-à-dire trois rétablissements de dynasties chassées, dignes d'attention : celle des Stuart en Angleterre (1660) ; elle fut l'ouvrage du général Monck, et ramena sur le trône Charles II, dont le père en avait été violemment expulsé par Cromwell ; celle des Bourbons en France (1814), déterminée par l'invasion des alliés et l'abdication de Napoléon, qui se retira à l'île d'Elbe, et celle de la même dynastie après les cent jours (1815). Cette seconde restauration fut plus longue que la première ; car elle ne fut terminée que par la révolution de 1830. Cette époque fut une véritable renaissance des lettres, qui avaient été bien négligées sous l'empire.

RESTAUT (Pierre), grammairien français, né à Beauvau (Maine-et-Loire) en 1694, avocat aux conseils du roi en 1740, mort en 1764. Il est l'auteur d'une *Grammaire française*, qui fut en usage dans les écoles avant celles de Wailly et de Lhomond, et d'une traduction de la *Monarchie des solipses*, ouvrage dû à un jésuite de Hongrie.

RESTE. On nomme ainsi, en termes de mathématiques, la différence que l'on trouve entre deux grandeurs après avoir ôté la plus petite de la plus grande dans l'opération que l'on nomme *soustraction*. — Dans une *division*, le *reste*, s'il y en a, indique que le dividende ne contenait pas exactement le diviseur.

RESTIACÉES, famille de plantes monocotylédonées presque toutes exotiques, séparée par R. Brown de la famille des joncinées, et renfermant des plantes herbacées, vivaces ou même sous-frutescentes, aux feuilles étroites, engaînantes, fendues à leur base, et placées sur des chaumes entièrement nus, ou simplement couverts d'écailles ou de feuilles rudimentaires. Cette famille se divise en quatre sections : les *restionées*, renfermant douze genres, parmi lesquels le genre *restia*, type de la section et de la famille entière ; les *xyridées*, en renfermant quatre ; les *ériocaulées*, n'ayant qu'un seul genre ; et les *centiolépidées*, qui en ont trois.

RESTIF DE LA BRETONNE (Nicolas-Edme), l'un des écrivains les plus féconds et les plus bizarres du XVIIIe siècle, né en 1734 à Sucy (Yonne), mort en 1804, après avoir mené une vie aventureuse et débauchée et fait le métier de compositeur d'imprimerie. Il imprima lui-même la plupart de ses ouvrages, qu'il ne se donna pas même la peine d'écrire. Il a aussi tenté, mais sans succès, de changer entièrement l'orthographe française, n'écrivant absolument que les sons que les mots présentent à l'oreille. Il a écrit plus de cent cinquante volumes, nouvelles, mémoires, romans. Les deux plus célèbres sont *la Vie de mon père* et *le Paysan perverti*.

RESTITUTION, action de rétablir ou de restituer. En droit, ce mot a deux sens; dans le premier, il signifie la remise volontaire ou forcée de ce qu'on a indûment exigé; dans le second, c'est l'action de se faire relever d'un engagement que l'on n'était pas apte à contracter. La disposition la plus générale du Code sur ce point, c'est celle qui pose en principe que celui qui, sciemment ou par erreur, reçoit ce qui ne lui est pas dû, est tenu de restituer. S'il a reçu sciemment, il est tenu de rendre la chose dans toute son intégrité, plus l'usufruit de la chose pendant tout le temps qu'il l'a illégalement possédée. Quand il a reçu la chose par erreur et qu'il a agi de bonne foi, il n'est tenu de la rendre qu'autant qu'il la possède encore et dans l'état où elle se trouve.

RESTONICA, ruisseau de l'île de Corse, dont les eaux ont la propriété d'empêcher le fer de se rouiller. Il se jette dans le Tavignano, près de Corté.

RESTOUT (Jean), peintre français né à Rouen en 1692, fils d'un peintre et de la sœur du grand Jouvenet, mourut en 1768, directeur de l'académie de peinture. On lui doit le *Triomphe de Bacchus* peint pour le roi de Prusse, *Orphée et Eurydice*, le plafond de la bibliothèque de Sainte-Geneviève.—Son fils JEAN-BERNARD RESTOUT fut membre de l'académie de peinture, et l'un des membres de la municipalité du 10 août 1792, et mourut en 1796. On a de lui : *Anacréon une coupe à la main*, la *Présentation au temple*, etc.

RESTRICTION MENTALE, proposition limitée et restreinte par un sens sous-entendu dans l'intention et dans l'esprit de celui qui l'énonce. L'usage des restrictions mentales est, sauf quelques exceptions, moralement et théologiquement défendu, et ces exceptions sont prises soit dans le tort que ferait la manifestation de la vérité, soit dans la disposition du droit, ou dans l'usage commun, ou dans l'usage particulier.

RESUMPTE, terme de théologie. Voy. RÉSUMPTE.

RESURRECTION, retour d'un mort à la vie. La grande résurrection est celle de Jésus-Christ trois jours après sa mort, le jour de Pâques. C'est en l'honneur de cette résurrection que l'Église célèbre la fête de Pâques. Jésus-Christ opéra dans sa vie trois résurrections, et la plus connue est celle de Lazare.

RÉTABLES, décorations des autels de nos églises catholiques, servant de revêtement aux murs contre lesquels ces autels sont appuyés, et consistant en divers motifs d'architecture religieuse exécutés en marbre, en pierre, en stuc ou en bois. Les maîtres-autels, étant ordinairement isolés, n'ont pas de rétables.

RETARD. En musique, le *retard* d'une note d'un accord résulte de la prolongation d'une autre note qui lui est étrangère.

RÉTENTION. On appelle ainsi, en médecine, l'accumulation morbide des matières liquides ou solides. La *rétention d'urine* est une maladie dans laquelle l'urine, accumulée dans la vessie, ne peut être évacuée ou du moins ne peut être rendue qu'avec beaucoup de difficulté.

RETENUE. Dans la vieille jurisprudence, on appelait ainsi la faculté que quelques coutumes donnaient au seigneur de retenir l'héritage cédé à titre de censive, et qui avait été vendu par le censitaire, en rendant à l'acquéreur le prix de la vente. —Aujourd'hui le mot de *retenue* se dit habituellement de la suppression conventuelle d'une portion d'un traitement ou d'une rente. Le *brevet de retenue* est celui par lequel une charge héréditaire devait passer aux héritiers de celui à qui le roi la conférait, ou qui rendait le successeur du premier titulaire redevable d'une certaine somme aux héritiers de ce dernier.

RÉTHEL, ancienne ville de France, chef-lieu d'arrondissement du département des Ardennes, sur une montagne près de l'Aisne, à 9 lieues de Mézières. Elle a un tribunal de première instance, un collège communal et 5,200 habitants. Son commerce consiste en blé, laines, etc., et son industrie dans la fabrication de cachemires, molletons, draps, toiles, etc.

RÉTHELOIS, pays de la Champagne, faisant aujourd'hui partie du département des Ardennes, avec Réthel pour capitale. Il avait 25 lieues de long et 20 de large, et renfermait le Porcien et la principauté de Sedan. C'était autrefois un gouvernement.

RÉTIAIRES, gladiateurs ainsi appelés parce que leur art consistait à envelopper leurs adversaires (ceux-ci étaient les mirmillons ou Gaulois, parce qu'ils étaient ordinairement de ce pays, portant sur leurs casques la figure d'un poisson) avec un filet (en latin, *rete*) et à les tuer ensuite avec un trident. Le rétiaire poursuivait le mirmillon, en lui criant : *Ce n'est pas à toi, Gaulois, que j'en veux, c'est à ton poisson*.

RÉTICULAIRE ou RÉTIFORME, ce qui ressemble à un réseau, qui a l'apparence d'un filet (en latin, *retis*).

RÉTICULÉ, en botanique, désigne les parties marquées de nervures en réseau.

RÉTIF de la BRETONNE. Voy. RESTIF.

RETIMO, petite ville charmante, sur la côte septentrionale de l'île de Candie, à 16 lieues de Candie. Son port, que les sables ont presque comblé, est défendu par une citadelle. Sa population est de 6,000 habitants. Elle est la résidence d'un pacha.

RÉTINE, membrane molle et blanchâtre formée par l'épanouissement du nerf optique, et tapissant la partie intérieure de l'œil. C'est sur elle que viennent se peindre les images des objets, et sans elle la vision ne saurait avoir lieu. La demi-transparence de la rétine fait qu'on aperçoit à travers elle une autre membrane de couleur noire (la *choroïde*), qui donne à l'ouverture de la pupille l'apparence d'une tache noire plutôt que d'un trou.

RETRAIT (du latin *retrahere*, retirer), réduction ou diminution du volume d'un corps par la dessiccation ou le refroidissement. Dans ce dernier cas sont les ouvrages fondus ; dans le premier sont ceux de terre et d'argile. C'est sur le retrait qu'éprouve l'argile par la dessiccation ou par l'augmentation de température qui en est la cause qu'est fondé le pyromètre de Wedgwood, instrument dont la physique se sert pour mesurer les températures inappréciables au thermomètre vu leur trop grande élévation.

RETRAIT (jurispr. féodale), action par laquelle on retire un héritage aliéné. On distingue le retrait *féodal*, le *lignager*, et le *conventionnel* ou *coutumier*. Le premier était un droit du seigneur, le second le droit qu'avait le plus proche parent de retirer d'un tiers acquéreur le bien de la famille en restituant le prix de l'acquisition ; le troisième s'exerçait en vertu de la faculté conventionnelle de réméré.

RETRAITE, mouvement d'une armée, d'un corps de troupes dans une direction opposée à celle qu'avait précédemment sou front de bataille. La retraite de la grande armée dans la campagne de 1812, après l'incendie de Moscou, est considérée comme une des plus glorieuses, quoiqu'on y perdît beaucoup de soldats, de munitions et de bagages. Chez les anciens, on cite surtout la retraite des dix mille Grecs commandés par Xénophon, à travers les provinces inconnues et hostiles de l'empire des Perses, jusqu'à Salmydesse, ville de Thrace.

RETRAITE, pension que l'État accorde aux fonctionnaires publics, après un temps déterminé de service. Cette limite est fixée dans l'armée et dans un grand nombre d'administrations à trente ans pour le *minimum* de la retraite, et à cinquante pour le *maximum*.

RETRANCHEMENT, ouvrage par lequel on se fortifie contre un mode quelconque d'attaque. Le retranchement entraîne l'idée d'un fossé qui le borde et de la tranchée duquel on a élevé une sorte de barrière sur laquelle on dresse des fascines, des chevaux de frise, etc.

RÉTROACTIF, dont l'action s'exerce sur un fait ou un état antérieur. On dit que la loi n'a pas d'*effet rétroactif*, pour dire qu'elle ne porte en aucune façon sur les actes antérieurs à son existence, et qu'elle n'a pas le pouvoir de les incriminer.

RÉTROCESSION (jurispr. canon.). Toutes les fois qu'un résignataire n'avait pris possession d'un bénéfice, et qu'il en avait même obtenu simplement les provisions, s'il voulait remettre son bénéfice au résignant, il fallait qu'il fît en sa faveur une *rétrocession*, c'est-à-dire une espèce de seconde résignation où étaient exprimés tous les antécédents.

RÉTUS, RÉTUSÉ, ce qui est très-obtus, et plus ou moins déprimé.

RETZ ou RAIS (GILLES DE LAVAL, baron et maréchal DE), né vers 1396 de Guy II de Laval, baron de Retz, et de Marie de Craon, appartenait à l'une des plus illustres familles de la Bretagne. Engagé en 1426 au service du roi de France Charles VII, il reçut en 1429 le bâton de maréchal de France, et contribua puissamment à chasser les Anglais de France. Accusé des plus horribles débauches, il fut condamné à être brûlé vif par le tribunal ecclésiastique de Nantes. Il fut étranglé préalablement (1440).

RETZ (Jean-François-Paul DE GONDY, cardinal DE), fils d'Emmanuel de Gondy, général des galères, naquit à Montmirail en 1614. Destiné par sa famille à l'état ecclésiastique, il fut nommé en 1643 coadjuteur de l'archevêque de Paris, à cause de la conversion qu'il fit d'un protestant. L'un des agents les plus actifs et les plus brouillons de la Fronde, il se réconcilia plusieurs fois avec la cour, et la trahit aussi souvent, bien qu'il lui dût le chapeau de cardinal. Accablé de dettes, il les paya toutes, quoiqu'elles se montassent à 1,110,080 écus ; enfin toute sa vie n'eut d'autre but que de faire parler de lui, et surtout de faire peur au cardinal Mazarin, malgré lequel il se maintint archevêque de Paris, et à la mort duquel (1661) il donna sa démission pour recevoir en échange l'abbaye de Saint-Denis. Il mena alors une vie exemplaire, et mourut en 1679. Il a laissé de curieux *Mémoires*.

REUCHLIN (Jean), né à Pforzheim près Spire en 1455, enseigna le grec à Orléans et à Poitiers, et de retour en Allemagne, il professa successivement en Souabe, à Ingolstadt et à Tubingen. Il mourut dans la communion catholique en 1522. Reuchlin doit être considéré comme l'un des plus ardents propagateurs de l'étude du grec, à cette époque de la renaissance des lettres. On le connaît encore sous les noms de *Fumée* et de *Capnion*, parce que *reuch* en allemand, et *capnion* en grec, signifient fumée. On a de lui un grand nombre d'ouvrages, parmi lesquels on cite son dictionnaire grec, un *Breviloquus*, une grammaire, son livre *De arte cabalistica*, etc.

REUSS, rivière de Suisse qui sort du Saint-Gothard, traverse le lac des Quatre-Cantons ou Waldstætt, passe à Lucerne, et se jette à Bruch dans l'Aar après un cours de 30 lieues. Un peu au-dessous de la vallée d'Urseren, elle est traversée par le pont du Diable, qui n'a qu'une seule arche de soixante-quinze pieds d'ouverture, et cet endroit elle se précipite de 100 pieds de haut.

REUSS, ville d'Espagne, dans la province de Catalogne, à 3 lieues de Tarragone et à 2 de la mer, à laquelle elle communique par un canal qui aboutit à son port situé au milieu du XVIIIe siècle une petite ville, et sa population s'élève aujourd'hui à 25,000 habitants. Elle a des fabriques de tout genre.

REUSS, principauté d'Allemagne, située entre les royaumes de Saxe, de Prusse et de Bavière et les principautés de Saxe. Sa superficie est de 68 lieues carrées, et sa population de 81,500 habitants. Son territoire montagneux et boisé est peu propre à l'agriculture. L'Elster et la Saale l'arrosent. Il renferme des mines de cuivre, de plomb, d'étain, d'argent, d'alun et de vitriol. — L'origine de la maison princière de Reuss remonte aux comtes de Glitzberg, de la maison impériale de Luxembourg (xɪᵉ siècle). Un de leurs descendants, Henri, comte de Plauen, laissa à sa mort (1635) trois fils, qui furent les chefs des branches aînée, moyenne et cadette de la maison de Reuss. La seconde s'éteignit en 1616. Les deux autres subsistent encore. La branche aînée porte aujourd'hui le nom de Reuss-Greitz. Elle a un territoire de 19 lieues carrées, avec 24,000 habitants, un revenu de 362,000 francs, un contingent fédéral de 206 hommes, et Greitz pour capitale. La branche cadette est depuis l'extinction de la branche de Lobenstein-Lobeustein, éteinte en 1805, divisée en deux branches : la première, celle de Reuss-Schleitz, a un territoire de 27 lieues carrées, avec 30,000 habitants, un revenu de 336,000 francs, un contingent fédéral de 280 hommes, et Schleitz pour capitale; la deuxième, celle de Reuss-Lobenstein-Ebersdorf, a un territoire de 22 lieues carrées avec 27,500 habitants, un revenu de 621,000 francs, un contingent fédéral de 260 hommes, et Lobenstein pour capitale. Chacune des deux branches de la maison de Reuss a une voix à l'assemblée générale de la diète; à l'assemblée fédérative, les principautés de Reuss ont une voix collective avec les principautés de Lippe, de Waldeck, de Hohenzollern et de Lichtenstein.

RÊVE, illusion de l'âme pendant le sommeil. Le sommeil n'est pas toujours accompagné du rêve. Il faut, pour que cette sorte d'hallucination se produise, que la mémoire, l'imagination et quelquefois aussi le jugement échappent à la torpeur qui engourdit les autres facultés et les organes de nos sens. Le somnambulisme n'est autre chose que le rêve mis en action, c'est-à-dire servi par les organes de locomotion. Il est très-difficile d'assigner au rêve une cause exacte et déterminante. On peut dire seulement que la prédominance du sang dans telle ou telle partie du corps, le souvenir de ce qui nous a affectés pendant la veille, les fantaisies de notre imagination, sont les sources les plus abondantes du rêve.

RÉVEILLÈRE-LÉPAUX (La). Voy. Laréveillère.

REVEL, ville de l'empire de Russie, capitale du gouvernement d'Esthonie, située dans une petite baie du golfe de Finlande, à 83 lieues de Saint-Pétersbourg. Elle a un port vaste et beau, qui peut contenir une partie de la flotte russe, un château fort bâti sur un rocher, un arsenal, un hôpital de marine, un gymnase, des fabriques de tout genre, et 15,000 habitants. —Fondée par les Danois en 1218, elle fut d'abord ville hanséatique. Les Russes s'en emparèrent en 1710.

REVEL, petite ville du département de la Haute-Garonne, chef-lieu de canton dans l'arrondissement et à 6 lieues de Villefranche, au centre d'une belle plaine et au pied de la montagne Noire. Sa population est de 4,000 habitants. Ses marchés sont les rendez-vous de tout le bassin de la montagne Noire. Elle a une manufacture de bonnets, ouvrages en laine, couvertures, etc., et une verrerie. C'est près de cette ville que se trouve le fameux bassin de Saint-Ferréol, qui, recevant les eaux du bassin supérieur de Lampy, sert de réservoir au canal du Midi. Revel a une école de plein exercice.

RÉVÉLATION, déclaration d'une chose inconnue ou secrète. — Dans le langage du droit, la *révélation* devient synonyme de *dénonciation*, avec cette différence que celui qui révèle a été complice volontaire ou forcé du crime. Sous Tibère et ses successeurs, quiconque n'eût pas révélé à l'instant même tout projet contre la majesté impériale eût été déclaré coupable de lèse-majesté et puni de mort. Le célèbre de Thou fut mis à mort pour n'avoir pas révélé la conspiration de son ami Cinq-Mars, dont il avait eu connaissance.

RÉVÉLATION. En théologie, c'est la connaissance des choses futures ou cachées, que Dieu a donnée à ses prophètes, à ses saints, à son Eglise. La révélation est *directe* ou *transmise*. Ainsi, dans la religion hébraïque, la révélation fut *directe* de Dieu à Moïse, et *transmise* de ce législateur à ses frères. La révélation est indispensable pour expliquer un assez grand nombre de faits qui échappent au domaine de la raison.

REVENDICATION, en jurisprudence, action par laquelle le propriétaire d'une chose la *revendique*, la réclame à celui qui l'en a injustement dépouillé, soit qu'elle se trouve encore entre les mains du spoliateur de mauvaise foi, soit qu'elle ait passé à celles d'un tiers de bonne foi. A l'égard du dépôt, on distingue l'action en revendication de la demande en restitution. Il y a lieu à cette dernière, quand l'action est fondée sur un titre régulièrement formé; il y a lieu à la première, lorsque ce titre ne peut plus être obligatoire par plusieurs raisons. Quant à l'action en revendication de meubles volés ou perdus, elle est limitée par la loi à l'espace de trois ans.

RÉVERBÉRATION, nom particulier donné à la réflexion, quand il s'agit seulement de rayons lumineux ou calorifiques.

RÉVERBÈRE, miroir métallique que l'on ajoute aux lampes dans le dessein d'en augmenter la lumière. On donne ce nom aux lampes mêmes qui en sont munies et dont on se sert pour l'éclairage public. — En chimie, le *feu de réverbère* est le feu dont la flamme coule sur les matières qui brûlent, comme dans un four ou sous un dôme. Les fourneaux où l'on observe cette particularité se nomment *fourneaux à réverbère*.

REVERSI, jeu de cartes d'origine espagnole. On y emploie quarante-huit cartes, c'est-à-dire un jeu entier sans dix, et la règle générale est de ne faire aucune levée, ou de réunir le moins de points possible dans celles que l'on s'est vu forcé de prendre. Ces points se comptent ainsi : l'as 4, le roi 3, la dame 2, le valet 1.

REVILLA-GIGEDO, groupe d'îles, situé dans le Grand-Océan, à 230 lieues environ de la péninsule mexicaine. Les trois plus remarquables sont *Revilla-Gigedo*, longue de 20 lieues sur une largeur de 10, *la Passion* et *Socoro*.

RÉVISEUR, dignité de la cour de Rome. Il y a dans la daterie romaine quatre *réviseurs*, dont l'office est de réviser et de corriger les requêtes, les dispenses matrimoniales, etc.

RÉVISION, action de revoir, d'examiner de nouveau. La révision des procès est soumise à des circonstances indiquées dans le Code d'instruction criminelle (art. 443 et suivants). Elle est presque toujours prononcée par la cour de cassation et jamais par la cour d'assises, hors le cas où les juges étant convaincus que les jurés, tout en observant les formes, se sont trompés au fond, la cour renvoit l'affaire à la session suivante (art. 352). — *Conseil de révision*. Voy. Conseil.

RÉVOCATION, acte par lequel on retire les privilèges concédés à une personne ou à une réunion de personnes. La révocation de l'édit de Nantes (rendu en 1598 par Henri IV en faveur des protestants, auxquels il assurait le libre exercice de leur culte) par Louis XIV en 1685, à l'instigation de ses courtisans et de Mᵐᵉ de Maintenon, fut pour la France une source de calamités. La paix intérieure en souffrit pendant longtemps, et le commerce y perdit toute l'activité d'une industrie forcée de se retirer à l'étranger.

RÉVOLUTION (du latin *revolvere*, rouler en arrière, revenir sur soi). Au propre, il signifie le mouvement régulier d'un corps qui tourne autour d'un point pris pour centre quand le mouvement est circulaire, pour foyer quand il est elliptique. Dans notre système planétaire, les astres exécutent une révolution elliptique autour du soleil. — On comprend, sous la dénomination *révolutions du globe*, tous les changements que la terre a éprouvés pendant son travail de formation. Voy. Terrains, Terre, etc.

RÉVOLUTION (géom.). C'est le mouvement exécuté par une figure autour d'un axe immobile. Ainsi, par exemple, le cône est un solide engendré par la révolution d'un triangle rectangle tournant autour de ses côtés. Une sphère est engendrée par celle d'un demi-cercle tournant sur son diamètre.

RÉVOLUTION, au figuré, grand bouleversement opéré soit dans le monde intellectuel, soit dans le monde moral, soit dans le monde politique. Les plus célèbres révolutions des temps modernes sont, en Angleterre, celle de 1648, qui précipita du trône la dynastie des Stuart et fit tomber la tête de l'infortuné Charles Iᵉʳ, et celle de 1688 qui acheva l'expulsion de cette famille en la personne de Jacques II et la remplaça par la dynastie de Hanovre. En France, la plus terrible est celle de 1789, qui substitua à la monarchie absolue une république démocratique d'abord, puis aristocratique, et enfin le despotisme d'un seul. Cette révolution, accomplie au milieu des flots d'un sang trop souvent innocent, doit être considérée comme un pas fait vers l'amélioration gouvernementale et l'émancipation politique de la presque totalité de la nation. Voy. *Assemblée constituante, législative, convention, directoire*, etc. — Au pouvoir éclos sur les ruines de la vieille monarchie de 89 avait succédé l'unité forte et puissante de l'empire, l'empire, usé par ses victoires dans l'espace de onze ans, avait cédé la place à la restauration de la dynastie des Bourbons. Ceux-ci se crurent assez forts en 1830 pour lancer des ordonnances restrictives de ces droits conquis par la révolution de 89. Après trois jours de combat (27, 28 et 29 juillet), l'insurrection victorieuse appelle au trône la branche d'Orléans. En 1848, nouvelle révolution qui établit la république, et en 1852, rétablissement de l'empire.

REVUE, au sens propre, examen ou inspection des troupes par un chef. — Au sens figuré, recueil périodique de littérature, de science et d'art, dans lequel on fait, pour ainsi dire, l'inspection de tout ce qui peut être la source d'une amélioration en tout genre. Dans les Iles Britanniques, on cite l'*Edimburgh-Review* (revue d'Edimbourg) et la *Quaterly-Review* (revue des quatre mois) à la tête des recueils de ce genre. En France, on travaille depuis 1830 à introduire les revues, et on en compte maintenant trois principales : la *Revue britannique*, fondée par M. Saulnier, la *Revue de Paris*, fondée par M. Véron, et la *Revue des Deux-Mondes*.

RÉVULSIFS. On appelle ainsi, en médecine, les médicaments qui détournent le foyer d'une maladie, en produisant ainsi ce qu'on nomme *révulsion*. La plupart des révulsifs ont pour objet d'amener à l'extérieur une affection concentrée dans l'intérieur. Dans ce cas sont les vésicatoires, les cautères, les sétons, les sinapismes. Ceux qui agissent au contraire à l'intérieur sont l'émétique, les purgatifs et en général toutes les injections irritantes.

REWBELL (Jean), né à Colmar en 1746, était, à l'époque de la révolution de 1789, bâtonnier de l'ordre des avocats au conseil souverain d'Alsace. Député aux états généraux, il s'y montra l'un des premiers fauteurs du républicanisme, et fut élu président de l'assemblée nationale en 1791. Il devint ensuite procureur général syndic du Haut-Rhin, et fut nommé par son département député à la convention nationale (1792). Il en devint président en 1794. Appelé en 1795 au conseil des cinq cents, il fut bientôt nommé l'un des cinq directeurs de la république et même président du directoire exécutif. Remplacé par Sieyès en 1799, il devint membre du conseil des anciens, et rentra dans l'obscurité après le 18 brumaire. Il mourut en 1810. On l'avait accusé de s'être enrichi aux dépens de l'État.

REY (Jean-Baptiste), célèbre musicien, né à Lauzerte (Tarn-et-Garonne) en 1734, enfant de chœur à l'abbaye de Saint-Sernin de Toulouse, devint maître de chapelle à Auch, et ensuite chef d'orchestre du théâtre de Toulouse. Il fut en 1776 nommé chef d'orchestre de l'académie royale de musique, et en 1777 maître de musique de la chambre du roi Louis XVI. Napoléon le nomma chef d'orchestre de sa chapelle. Rey mourut en 1810.

REYNIE (Gabriel DE LA). Voy. NICOLAS.

REYNIER (Jean-Louis EBENEZER, comte), Suisse d'origine, né à Lausanne en 1771, partit comme volontaire, et gagna par ses talents et son courage le grade d'adjudant général (1792). Il fut promu en 1794 à celui de général de brigade, et en 1798 à celui de général de division. Il fit en cette qualité la campagne d'Egypte, et fut arrêté et reconduit en France par ordre du général Menou, son ennemi. Disgracié, il ne rentra en faveur que pour commander une division de l'armée expéditionnaire de Naples (1805). Il occupa la Calabre, et fut nommé par Murat ministre de la guerre. Rappelé par Napoléon, il lui rendit des services importants, et mourut en 1814.

REYNOLDS (Joshua), célèbre peintre anglais, né en 1723 près de Plymouth, mort en 1792, fut l'élève de Hudson et le créateur d'une école originale. Les portraits qu'il fit de tous les hommes en place lui donnèrent la fortune. Créé baronnet et président de l'académie royale des arts, il a laissé des *Discours sur la peinture*, chefs-d'œuvre d'élégance, d'énergie et de critique.

REZAT, cercle du royaume de Bavière, borné au N. par celui du Haut-Mein, à l'E. par celui de la Regen, au S. par celui du Haut-Danube, à l'O. par le Wurtemberg et le cercle du Bas-Mein. Sa superficie est de 567 lieues carrées, et sa population de 565,902 habitants. Il produit du vin, du tabac, du houblon. On y trouve des mines de fer et de houille. — Le chef-lieu du cercle de la Rezat est ANSPACH, et sa ville principale *Nuremberg*. Ce cercle tire son nom de la rivière qui l'arrose, et qui, sous le nom de Redniz, va se jeter dans le Mein.

RHABDOMANCIE (du grec *rhabdos*, baguette, et *manteia*, divination), divination par les baguettes. Elle était en usage chez les Hébreux. En effet on décortiquait dans toute sa longueur et seulement d'un côté une baguette qu'on lançait en l'air. Si elle présentait en tombant la partie décortiquée et qu'on la jetant une seconde fois elle fit le contraire on en tirait un heureux présage. Il ne faut pas confondre cette rhabdomancie avec celle qui fait tourner des baguettes de coudrier dans les mains de certains individus pour découvrir des sources.

RHABDOPHORES (de *rhabdos*, baguette, et *phérô*, porter), officiers établis dans les jeux publics de la Grèce, pour maintenir le bon ordre, et ainsi nommés à cause des baguettes qu'ils portaient. Ils avaient le pouvoir d'arrêter les perturbateurs.

RHADAMANTHE (myth.), fils de Jupiter et d'Europe et frère de Minos, fut obligé à l'âge de trente ans de quitter la Crète à la suite d'une dispute dans laquelle il avait tué un de ses frères. Il alla s'établir avec une colonie, suivant les uns en Lycie, et suivant d'autres dans les Cyclades, où sa justice lui fit une réputation telle qu'il fut après sa mort mis au nombre des juges des enfers. Il s'était sur la fin de ses jours retiré à OEchalie en Béotie, et avait épousé Alcmène, veuve d'Amphitryon.

RHADAMISTE, fils de Pharasmane, roi d'Ibérie, feignant d'être mal avec son père, se retira chez son oncle Mithridate, roi d'Arménie, qui lui donna sa fille Zénobie. S'étant ainsi ménagé des intelligences, il annonça sa réconciliation avec son père, leva une armée, et se défit de Mithridate par trahison. Son forfait fut puni par Artaban, roi des Parthes, qui le vainquit et le força à prendre la fuite, après avoir poignardé Zénobie, pour qu'elle échappât à un vainqueur. Rhadamiste fut ensuite mis à mort comme traître par l'ordre de son père l'an 52 de J.-C. Cette aventure a fourni à Crébillon le sujet d'une de ses tragédies.

RHAMESSÉUM, grand édifice encore subsistant à Thèbes en Égypte, et élevé par Rhamsès III ou Sésostris au grand dieu de Thèbes Amon-Ra. Il était destiné à perpétuer le souvenir de ses victoires, précaution d'ailleurs commune chez les rois égyptiens. Il ne faut pas le confondre avec le Memnonium, monument voisin élevé par Aménophis-Memnon, et dont fait partie la célèbre statue de Memnon.

RHAMNÉES, famille de plantes dicotylédonées polypétales, qui ont son nom du genre type, le *rhamnus*, vulgairement appelé *nerprun*. Cette famille comprend une vingtaine de genres renfermant des plantes ligneuses aux feuilles simples, alternes, quelquefois persistantes, et se métamorphosant en épines, aux fleurs petites, au fruit charnu.

RHAMNONTE (aujourd'hui *Ebreo Castro*), ville de l'Attique, située sur la côte orientale, à 7 lieues N.-E. d'Athènes, et fameuse par son temple dédié à la déesse Némésis, qui prit d'elle le surnom de *Rhamnusie*. La statue de cette déesse avait dix coudées de hauteur, et était faite d'un seul bloc de marbre de Paros, apporté par les Perses en Attique, sous le commandement de Datis, pour y élever un monument en mémoire de la victoire qu'ils espéraient remporter sur les Grecs. Cette statue avait été sculptée par Phidias ou Diodore, son disciple. D'autres l'attribuent à Agoracrite de Paros.

RHAMPSINIT, roi égyptien, le premier de la vingtième dynastie, succéda à Rhamsès IX son père, appelé par Hérodote et Diodore de Sicile Protée-Thouoris. On raconte que ce prince possédait d'immenses richesses, et que les constructeurs de son trésor y ménagèrent un trou, au moyen duquel ils y puisèrent à pleines mains. La variante de Rhampsis, que Diodore donne à son nom, doit faire présumer que son véritable nom était Rhamsès, et qu'il n'est autre que Rhamsès X.

RHAMSES, nom de plusieurs rois d'Égypte. On en compte jusqu'à quinze. — Les trois premiers appartiennent à la dix-huitième dynastie. Le quatrième, le cinquième, le sixième, le septième, le huitième et le neuvième sont de la dix-neuvième. Les six autres sont de la vingtième. — RHAMSÈS Ier succéda à son père Horus Ier et à sa sœur Tmahumot vers l'an 1619 avant J.-C., et mourut vers l'an 1610. — RHAMSÈS II, son petit-fils, succéda à son père Ménephtha l'an 1577 avant J.-C., et mourut en 1571, laissant le trône à son frère RHAMSÈS III, généralement connu sous le nom de *Sésostris*. Ce prince, avec une armée de 700,000 hommes, soumit les Ethiopiens, l'Asie entière, les Cyclades, entra en Europe, et pénétra dans la Thrace, qui fut le terme de son expédition. Il n'avait duré que neuf ans. Les canaux qu'il fit creuser, les temples qu'il fit bâtir, les institutions nouvelles et les bonnes lois dont il dota l'Egypte ont rendu son nom immortel. Les historiens grecs disent qu'il se fit porter sur un char traîné par les rois vaincus. Sésostris mourut l'an 1503 avant J.-C.

RHAPSODES. Voy. RAPSODES.

RHASES. Voy. RASIS.

RHÉA SYLVIA, fille de Numitor, roi d'Albe, fut contrainte par son oncle Amulius de prendre le voile de vestale. Elle devint cependant mère, et mit au monde deux jumeaux, auxquels elle assigna pour père le dieu Mars et qui furent nommés Romulus et Remus. Rhéa Sylvia porte encore le nom d'*Ilia*.

RHÉE (myth.), surnommée aussi *Cybèle*, fille du Ciel et de la Terre et sœur des Titans, épousa son frère Saturne, et en eut Vesta, Cérès, Junon, Pluton, Neptune qui furent dévorés par leur père. Rhée trompa son époux à la naissance de Jupiter, en lui présentant une pierre enveloppée de langes. Elle sauvit Saturne dans son exil en Italie, et s'y fit aimer par sa bonté; aussi l'âge d'or de Saturne s'appelle encore l'âge de Rhée. On croit que c'était Rhée qu'on adorait sous le nom de bonne déesse, de Dindymène, d'Ops, etc.

RHEGIUM, nom ancien de la ville de *Reggio*, qui, fondée par une colonie de Chalcidiens, reçut en 723 avant J.-C. une colonie de Messéniens conduits par Alcidamidas, et servit encore d'asile à ce peuple plus tard. Elle devint l'un des boulevards de l'Italie par sa situation sur le détroit de Sicile en face de Messine. Détruite en 387 avant J.-C. par Denys l'Ancien, et rebâtie par Denys le Jeune, elle devint, lors de l'invasion de Pyrrhus, la proie d'une légion romaine, qui s'en empara par trahison et en fut cruellement punie par le sénat, arrogant contre elle par le sénat.

RHEINGAU, vallée d'Allemagne, de 6 lieues de long sur 4 de large, arrosée par le Rhin, et s'étendant depuis Biberich (Hesse-Darmstadt) jusqu'au-dessous de Rudesheim (Nassau). Cette vallée a 18,000 habitants. On y récolte le meilleur vin du Rhin. Les crus les plus renommés sont ceux de Nierenstein, de Johannisberg, de Kostheim, de Bacharach, de Lorch, de Rudesheim.

RHEINSBERG, petite ville de Prusse, dans la régence de Postdam et à 17 lieues de Berlin. Sa population est de 1,700 habitants. Elle possède un château royal dont les jardins charmants s'étendent le long d'un lac, et qui fut le séjour du grand Frédéric avant son avènement au trône.

RHEINTHAL, vallée de Suisse, sur la rive gauche du Rhin, formant un district du canton des Grisons, avec *Rheineck* pour chef-lieu. Sa superficie est de 5 lieues carrées, et sa population de 22,000 habitants. Elle produit du blé, du vin, du maïs. On y trouve des fabriques de toiles, indiennes, mousselines, et des pâturages abondants.

RHEINWALD, vallée de Suisse, dans le canton des Grisons. Elle a 28 lieues de long. Ses villes principales sont Ilanz, Dissentis, et c'est là que le Rhin prend sa source.

RHEMNIUS FANNIUS PALÉMON (Quintus), célèbre rhéteur romain, né à Vicence dans l'état de domesticité, s'instruisit en conduisant à l'école l'enfant de son maître, et fit assez de progrès pour pouvoir ouvrir une école à Rome, après avoir obtenu sa manumission. Il se distingua autant par ses talents que par la dissolution de mœurs, et poussa à l'excès la vanité et l'arrogance. On a de lui une grammaire citée sous divers titres, tantôt sous celui de *Summa grammaticæ*, tantôt comme *Ars grammatica*, tantôt enfin comme *Ars secunda*, dénomination qui lui vient du moyen âge, où la grammaire de Donat était nommée *Ars prima*.

RHÉNANES (PROVINCES). On appelle ainsi trois provinces d'Allemagne, arrosées par le Rhin et appartenant, l'une à la Prusse, la seconde à la Bavière, la troisième au grand-duché de Hesse-Darmstadt. — La *Prusse rhénane* comprend les provinces de Clèves-et-Berg et du Bas-Rhin, qui, réunies à la Westphalie, forment le grand-duché du Bas-Rhin. — La *Bavière rhénane* a 278 lieues carrées de superficie et 542,900 habitants. Elle se divise en 32 cantons, renfermés dans les quatre districts de *Spire*, de *Deux-Ponts*, de *Landau* et de *Kaiserslautern*. — La *Hesse-rhénane* est une des trois provinces du grand-duché de Hesse-Darmstadt, bornée N. par le duché de Nassau, à l'E. par la province de Starkenbourg, au S. par la Bavière rhénane, et à l'O. par le duché de Hesse-Hombourg. Sa superficie est de 110 lieues carrées environ, et sa population de 186,500 habitants. Elle est divisée en onze cantons, et a pour chef-lieu *Mayence*.

RHESCOUPORIS. Six rois du Bosphore Cimmérien ont porté ce nom. — RHESCOUPORIS Ier, rejeton de l'ancienne dynastie des Leuconiens, monta sur le trône à la mort de Polémon Ier, vers l'an 4 ou 5 avant J.-C., et mourut à une époque qui n'est pas fixée. — RHESCOUPORIS II succéda à son père Sauromates, contemporain de Tibère, sous la tutelle de sa mère Gépépyris. Il fut renversé probablement du trône par Caligula, qui mit à sa place l'an 38 de J.-C. Polémon II. — RHESCOUPORIS III succéda à Cotys II vers l'an 40 de J.-C., et mourut l'an 84. — RHESCOUPORIS IV succéda en 212 à Sauromates III, et mourut en 229. — RHESCOUPORIS V règne de 229 à 268, et RHESCOUPORIS VI au commencement du IVe siècle.

RHESCOUPORIS. Trois rois de Thrace ont porté ce nom. — RHESCOUPORIS Ier possédait toute la région maritime située à l'orient du Strymon jusqu'à la Chersonèse de Thrace. Il prit le parti de Pompée contre César, et celui de Brutus et de Cassius contre les triumvirs, dont son frère Rhascus apaisa le courroux. — RHESCOUPORIS II, fils de Cotys IV, monta sur le trône l'an 16 avant J.-C., sous la tutelle de son oncle Rhæmetalcès, avec un de ses frères dont le nom est inconnu. Il périt avec lui dans une guerre contre les Besses, et eut Rhæmetalcès Ier pour successeur. — RHESCOUPORIS III, frère de Rhæmetalcès Ier, obtint de Tibère la moitié du royaume de son frère à sa mort (10 de J.-C.). Il fit ensuite assassiner Cotys V, fils de ce prince, pour avoir l'autre moitié, fut dépouillé de ses États par Tibère et mis à mort dans sa prison d'Alexandrie en 19.

RHESUS (myth.), roi de Thrace, fils du fleuve Strymon et de Terpsichore ou selon d'autres d'Éionée et d'Euterpe. Il vint au secours de Troie la dernière année du siége. Un ancien oracle avait dit que Troie ne serait jamais prise si les chevaux de Rhesus buvaient l'eau du Xanthe et paissaient l'herbe des champs troyens. Diomède et Ulysse, à la faveur des ténèbres, pénétrèrent dans son camp avant qu'il fût arrivé à Troie, tuèrent Rhesus, et lui enlevèrent ses chevaux.

RHÉTIE, ancienne contrée d'Europe, bornée au N. par le Danube, au S. par la Gaule Cisalpine, à l'E. par le Norique, et à l'O. par l'Helvétie. Cette contrée représente le pays actuel des Grisons et une grande partie du Tyrol. Ses habitants, les *Rhètes*, étaient Celtes d'origine, peu agriculteurs, très-adonnés au brigandage. Ils furent vaincus par Drusus. Parmi eux on distinguait les *Lépontiens*, les *Brixentes*, les *Euganéens*, les *Ambrons*, les *Vindéliciens*, etc. Sous l'administration impériale, la Rhétie fit partie du diocèse d'Italie, et fut divisée en *Rhétie première* ou *inférieure* et *Rhétie deuxième* ou *supérieure*, séparées l'une de l'autre par l'OEnus (*Inn*).

RHÉTIQUES, nom donné à cette portion des Alpes qui, s'étendent des Alpes Carniques aux Alpes Pennines, traversait l'E. à l'O. la Rhétie première.

RHÉTORIENS, disciples de Rhetorius, Égyptien qui vivait vers 350, et qui enseignait que les hommes ne se trompaient jamais, et qu'ils avaient tous raison; qu'aucun d'eux ne serait condamné pour ses sentiments, parce qu'ils avaient tous pensé ce qu'ils devaient penser, et qu'ainsi chaque particulier pouvait se sauver dans sa religion quelle qu'elle fût.

RHÉTORIQUE (du grec *rhétór*, venu de *rhéô*, parler). C'est l'art qui développe le talent naturel de la parole. La rhétorique est donc à l'éloquence ce que la grammaire est au langage, une collection de règles qui, quoique inhabiles à produire le génie, contribuent puissamment à régler et à encourager sa marche. On la définit ordinairement de nos jours l'art de convaincre et de persuader, c'est-à-dire d'agir sur l'entendement et sur la volonté. Dans la conviction, c'est la raison qu'on frappe; dans la persuasion, c'est la sensibilité; l'une ne peut sortir des moyens logiques; l'autre ne s'accommode que des moyens affectifs. Pour bien parler, soit dans un discours, soit dans un écrit, il faut trouver d'abord ce qu'on doit dire, le disposer ensuite convenablement, puis l'orner de tous les agréments du style : de là trois parties dans la rhétorique, l'*invention*, la *disposition* et l'*élocution*. Comme le geste est inséparable de la parole, on y ajoute aussi l'*action*. — L'origine de la rhétorique est, comme on le pense, d'une antiquité difficile à fixer. Son existence, comme art ou objet d'enseignement, remonte aux rhéteurs Tisias et Cora, de l'école desquels sortit le célèbre sophiste Gorgias. Aristote paraît avoir été le premier qui retira la rhétorique des mains des sophistes et la soumit aux règles du raisonnement et du bon sens. On doit encore citer parmi les Grecs Demetrius de Phalère et Denys d'Halicarnasse, et parmi les Romains l'agréable et l'élégant Cicéron et l'instructif et utile Quintilien.

RHEXIÉES (bot.), section introduite dans la famille des mélastomées par de Candolle et ayant pour type le genre *rhexie*, renfermant plusieurs espèces toutes exotiques, généralement herbacées, munies de tiges droites, quadrangulaires, de feuilles opposées, ovales, entièrement chargées de poils courts et soyeux, de fleurs variant du jaune au pourpre, et ordinairement disposées en cime, en corymbe ou en panicule. On cultive en France la *rhexie veloutée*, aux fleurs d'un bleu superbe.

RHIGAS, auteur de la première insurrection qui a préparé la révolution de la guerre de l'indépendance des Grecs, né vers 1753 à Velestini en Thessalie, vint s'établir d'abord à Bucharest, puis à Vienne, et fit entrer même dans la société secrète qu'il fonda le fameux vizir turk Passawan-Oglou. Il se fit connaître de l'Europe par ses écrits, dont les plus célèbres sont les *Chants patriotiques de la Grèce moderne*. Dénoncé comme conspirateur, il fut avec cinq de ses amis livré à la Porte par le gouvernement autrichien et décapité à Belgrade en 1798.

RHIN, grand fleuve d'Europe qui a deux branches : l'une, le *Rhin inférieur*, dont les deux rameaux descendent du mont Crispalt (près le mont Saint-Gothard) et du Lickmanierberg; l'autre, le *Rhin supérieur*, qui sort du mont Adule ou Adoula, et qui se réunit à la première à Reichenau. Le Rhin traverse le canton des Grisons, le lac de Constance, sépare la Suisse de l'Autriche et de l'Allemagne, la France de l'Allemagne, le duché des Deux-Ponts et les grands-duchés de Hesse-Darmstadt et du Bas-Rhin, entre en Hollande à Schenkenschanz, où il se divise en deux bras, le *Wahal*, qui va rejoindre la Meuse et le *Rhin*. De ce dernier se sépare, à Buissen, un bras qui va rejoindre la rivière Yssel à Doesbourg, et se jeter avec celle-ci dans le Zuiderzée. Ce qui reste du Rhin prend le nom de *Lech*, et va se jeter dans la Meuse au-dessus de Crimpen-Op-de-Lech, après avoir donné naissance, à Durstède, à une branche qui traverse Utrecht et s'y divise en deux : l'une, sous le nom de *Vecht*, se jette dans le Zuiderzée, l'autre, conservant le nom de *Rhin*, se perd dans les sables de Katwyck, à 3 lieues au-dessous de Leyde. Le cours du Rhin, majestueux et large, est de 277 lieues. La rapidité des eaux et le grand nombre d'îles rendent la navigation difficile. A Schenkenschanz, sa largeur est de 2,150 pieds. Le Rhin forme dans son cours plusieurs cataractes, dont la plus remarquable est celle de Laufen, à une lieue au-dessous de Schaffouse.

RHIN (BAS-), département frontière de la France, borné au N. par le duché des Deux-Ponts, au S. par le département du Haut-Rhin, à l'O. par ceux de la Meurthe et de la Moselle, et à l'E. par le Rhin, qui le sépare de l'Allemagne. Il est formé d'une partie de l'ancienne Alsace. Sa superficie est de 457,800 hectares, et sa population de 590,000 habitants. Il se divise en quatre arrondissements : *Strasbourg* (chef-lieu), *Saverne*, *Schelestadt* et *Weissembourg*. Il nomme six députés. Le territoire, montueux vers l'ouest, est en général fertile. Les productions consistent en vin, blé, chanvre, pavot, tabac, millet, garance. Les montagnes y renferment plusieurs mines de fer, dont sept en exploitation. On y trouve de nombreuses forges et usines pour le fer, des manufactures d'armes à feu et d'armes blanches dont le damas rivalise avec celui de l'Orient, des fabriques de draps, de siamoises, de calmande, des papeteries, des tanneries, des savonneries, des moulins à chanvre. On y élève beaucoup de porcs, des chevaux et des bêtes à cornes. Il est compris dans la cinquième division militaire, le diocèse, l'académie de Strasbourg et le ressort de la cour d'appel de Colmar.

RHIN (HAUT-), département frontière de la France, formé d'une partie de l'Alsace et du Sundgau, et borné au N. par celui du Bas-Rhin, au S. par la Suisse, à l'E. par le Rhin, et à l'O. par les départements du Doubs, de la Haute-Saône et des Vosges. Sa superficie est de 384,531 hectares, et sa population de 500,000 habitants. Il se divise en trois arrondissements : *Colmar* (chef-lieu), *Belfort* et *Altkirch*. Son revenu territorial est de 20,000,000 de francs. Il nomme cinq députés. La partie méridionale est riche en pâturages et en arbres fruitiers; la partie la plus voisine du mont Terrible produit peu de grains et est presque déserte; le reste fournit du froment, du maïs, de l'orge, du tabac, de l'avoine, du chanvre, du vin, des fruits, des légumes et du bois. On y trouve des mines de fer, de houille, d'argent, de plomb, qui servent à alimenter le commerce de fer, de fonte, etc. Les principales branches de l'industrie sont la fabrique de kirsch-wasser, celle d'horlogerie et celle de toiles peintes. Il est compris dans la cinquième division militaire, le ressort de la cour d'appel de Colmar, le diocèse et l'académie de Strasbourg.

RHIN (CERCLE DU BAS-), un des dix cercles de l'empire germanique, avant l'établissement de la confédération du Rhin en 1806. Il est maintenant réparti entre les duchés de Hesse-Darmstadt et de Nassau, le grand-duché de Bade, la Bavière, la Prusse et le Hanovre.

RHIN (CERCLE DU HAUT-), un des dix cercles de l'empire germanique avant 1806. Il est maintenant réparti entre la Bavière, le duché de Hesse-Darmstadt, etc.

RHIN (Hesse). Voy. RUÉNANES.

RHIN (Bavière). Voy. RÉÉNANES.

RHIN (GRAND-DUCHÉ DU BAS-), grande province de la Prusse, formée des territoires cédés au roi de Prusse par le congrès de Vienne (1815). Elle est bornée au N. par le royaume de Hanovre, à l'E. par les duchés de Nassau, de Hesse-Darmstadt, de Hesse-Cassel, la principauté de Waldeck et le Hanovre, au S. par la France, et à l'O. par les Pays-Bas. Ce grand-duché comprend, dans une superficie de 1,785 lieues carrées, les trois provinces de *Westphalie*, *Clèves-et-Berg* et *Bas-Rhin*. — Cette dernière province, bornée au N. par celle de Clèves, à l'E. par les duchés de Nassau et de Hesse-Darmstadt, au S. par la France, et à l'O. par les Pays-Bas, a une superficie de 637 lieues carrées et une population de 945,000 habitants. Elle forme les trois régences d'*Aix-la-Chapelle*, de *Coblentz* et de *Trèves*.

RHIN (HAUT, MOYEN ET BAS-). Depuis 1832, le grand-duché de Bade est divisé en quatre parties seulement, au lieu de six cercles qu'il avait auparavant. Ces quatre parties sont la province du *Haut-Rhin*, renfermant les cercles de Mein-et-Tauber et de Necker; celle du *Rhin-Moyen*, renfermant ceux de Murg-et-Pfinz et de Kinzig; celle du *Bas-Rhin*, renfermant le cercle de Treisam-et-Wiesen, et enfin la province du *Lac-et-Danube*, répondant à l'ancien cercle de ce nom.

RHIN (Confédération du), association de plusieurs princes d'Allemagne, ou espèce de ligue fédérative formée en 1806, par Napoléon, entre les rois de Bavière, de Wurtemberg, de Saxe, etc. Elle a été remplacée, en 1814, par la confédération germanique, dont l'empereur d'Autriche est le chef.

RHINANTHE, genre de plantes de la famille des personnées, renfermant des végétaux herbacés, à tige droite, à feuilles simples et opposées, à fleurs généralement jaunes, épanouies en juillet et disposées en épis terminaux. Les rhinanthes sont vulgairement connues sous le nom de *crêtes-de-coq*, et se trouvent presque toutes en Europe dans les prairies. Dans certaines localités on en mange les graines, quoique elles soient réputées malfaisantes. Avec les feuilles on teint en jaune la laine alunée et la soie.

RHINGRAVE (de *rhein* et de *graf*, c'est-à-dire *comte du Rhin*), dignité féodale spécialement attribuée aux seigneurs qui avaient le titre de comtes et habitaient les bords du Rhin.

RHINOCÉROS (du grec *rhin*, nez, et de *céras*, corne), genre de mammifères de l'ordre des pachydermes, renfermant des animaux qui sont, après les éléphants, les plus grands connus. Ils ont souvent dix ou douze pieds de long et six ou sept de haut. Leurs jambes sont grosses et courtes; leur peau sèche, rugueuse et presque nue, forme ordinairement en plusieurs endroits de leur corps d'énormes replis; leur tête, de grandeur moyenne, est remarquable par un petit appendice mobile et extensible qui termine la lèvre supérieure, et dont l'animal se sert assez adroitement pour prendre ses aliments, et surtout par une éminence dure qui surmonte les os du nez en forme de corne et semble seulement formée par le rapprochement et l'agglutination d'une grande quantité de poils. La force des rhinocéros est extraordinaire; cependant ils ne sont pas carnassiers, et ne mangent que des herbes, des feuilles et des racines. Ils vivent dans les marais et les déserts de l'Afrique méridionale et des Indes occidentales. On leur fait la chasse pour leur chair qui est agréable, leur peau impénétrable et leur corne qui, dit-on, est un merveilleux contre-poison.

RHINOCOLURE (aujourd'hui *El-Arich*), ville d'Egypte sur les frontières de la Syrie, avec un port sur la Méditerranée. Elle fut fondée par des malfaiteurs qu'Actisanès, conquérant de l'Egypte, envoya en exil après leur avoir fait couper le nez avant de les mettre à mort. C'est de là que la ville a pris son nom (*rhin*, nez, et *colouó*, couper).

RHINOPLASTIE (du grec *rhin*, nez, et de *plassein*, fabriquer), art de refaire le nez à ceux qui l'ont perdu soit par une blessure, soit par une maladie, soit par une opération chirurgicale. C'est aux Indiens qu'on doit rapporter l'origine de cet art. A l'aide d'un morceau de papier, on prend la forme du nez, on en applique ensuite ce patron sur la peau du front que l'on incise en suivant son contour. On détache ainsi un lambeau de peau, qui tient seulement entre les yeux, et que l'on façonne en nez en le cousant avec le tronçon du nez. Les deux peaux, mises en contact, s'uississent en formant une sorte de greffe.

RHIPIPTÈRES, ordre d'insectes créé par Latreille, et offrant les caractères suivants: des deux côtés de l'extrémité inférieure du tronc, près du cou et à la base extérieure des premières pattes, sont insérées deux petits corps mobiles, en forme de petites élytres, rejetés en arrière, étroits, allongés, dilatés en massue, courbés au bout, se terminant à l'origine des ailes et appelés par Latreille *prébalanciers*. Les ailes sont grandes, membraneuses, divisées par des nervures longitudinales, formant des rayons et se pliant dans leur longueur en manière d'éventail. Le tronc a quelque ressemblance avec celui des cicadaires. Ce sont des insectes qui vivent sur d'autres insectes; comme les œstres sur les animaux. L'ordre dont ils se rapprochent le plus est celui des hyménoptères.

RHIZOME, nom que l'on donne, en botanique, à toute tige qui, couchée sous le sol, végète et pousse toujours par en haut, tandis que par en bas elle périt en même temps, et émet des racines sur divers points de sa circonférence. Les fougères et les liliacées frutescentes ont surtout des tiges rhizomes.

RHIZOPHORÉES, petite famille créée par R. Brown entre les cunoniacées et les vochysiées, et renfermant quatre genres dont le plus important est le *rhizophore*, qui se compose de plantes dicotylédonées, indigènes aux lieux inondés et maritimes des régions équatoriales. Ce sont des arbres de troisième grandeur ou des arbrisseaux toujours verts, se multipliant au moyen de longs jets qui, partant de leurs rameaux, pendent jusqu'à terre, s'y fixent par les racines qu'ils projettent alors, et produisent de nouveaux troncs. Les rhizophores forment de nombreuses et épaisses forêts. Les Indiens des Philippines retirent de l'écorce du *rhizophore tayal* une sorte de quinquina.

RHODE-ISLAND, île de l'Amérique septentrionale dans la baie de Narragansel, aux Etats-Unis. Elle a 6 lieues carrées de superficie, et 16,680 habitants. Le climat est si beau, le sol si fertile et la situation si délicieuse qu'on l'a surnommée le *paradis*, l'*Eden d'Amérique*. L'île de Rhode-Island donne son nom à l'un des Etats-Unis, et renferme les trois villes de *New-Port*, de *Middletown* et de *Portsmouth*.

RHODE-ISLAND, l'un des Etats-Unis de l'Amérique septentrionale, formé des îles Rhode-Island, Canonicut, Prudence, Patience, etc., et de la partie continentale qui est bornée au S. par la mer, au N. et à l'E. par le Massachussets, et à l'O. par le Connecticut. Sa superficie est de 176 lieues carrées et demie, et sa population de 97,210 habitants. Le sol est propre aux pâturages; on y trouve des mines de fer et de cuivre, du charbon de terre, des pierres calcaires. L'industrie très-développée dans l'Etat de Rhode-Island. — Il fit partie de l'union un des premiers; il se divise en cinq comtés, à deux capitales: Providence sur le continent, et Newport dans l'île, qui alternent l'une avec l'autre.

RHODES, île de la Méditerranée, située près des côtes de l'Asie-Mineure, dont elle n'est séparée que par un canal de 4 lieues et à l'entrée du golfe de Macri. Sa superficie est de 21 lieues carrées, et sa population de 36,500 habitants, dont 11,000 Grecs et 600 Juifs. Ses productions consistent en vins, figues, fruits. Le climat est délicieux. — Sa capitale est Rhodes. — Anciennement appelée *Ophiusa*, *Stadia*, *Telchinis*, *Trinacrie*, *Corymbio*, *Astérie*, *Ethrée*, *Pœcesse*, *Alhabyrie*, *Macarie*, *Oloeesse*, elle reçut son nom moderne des roses qui y venaient en abondance. Voy. Rhodes et Rhodiens.

RHODES, capitale de l'île de ce nom, située en amphithéâtre sur la côte orientale de l'île, avec une population de 15,000 habitants. Elle est entourée d'un triple rempart et de deux fossés. Le port, défendu par plusieurs châteaux, est actuellement à demi comblé, et n'est guère fréquenté que par des barques. A son entrée, on remarquait autrefois le fameux *colosse* renversé par un tremblement de terre 900 ans après son élévation. Rhodes est le siège d'un pacha turk et d'un archevêque grec. La France et l'Autriche y ont chacune un consul. — Patrie de Cléobule, l'un des sept sages de la Grèce, de l'astronome Hipparque et des poètes Timoléon et Alexandride, Rhodes soutint un fameux siège en 285 avant J.-C. contre Demetrius Poliorcète. Elle ne tomba au pouvoir des Romains que sous Vespasien. Les chevaliers de Saint-Jean de Jérusalem la choisirent pour leur résidence en 1309, et en furent chassés en 1522 par Soliman II, sultan des Turks, qui la possèdent encore.

RHODES, nom de deux districts du canton d'Appenzell en Suisse. — Le premier, Rhodes intérieure (Inner-Rhoden), occupe la partie méridionale, et est en quelque sorte enclavé dans les Alpes. Sa superficie est de 5 lieues carrées, et sa population de 39,400 habitants formant une république protestante dont la capitale est Appenzell, et dont le contingent fédéral de 200 hommes et 1,500 francs. — La deuxième, Rhodes extérieure (Ausser-Rhoden), occupe le N. du canton, pays varié de belles vallées fertiles en grains. Sa superficie est de 14 lieues carrées, et sa population de 13,500 habitants, formant une république catholique dont la capitale est Trogen, et le contingent fédéral de 771 hommes et de 7,120 francs.

RHODEZ, ancienne ville, autrefois capitale du Rouergue et aujourd'hui chef-lieu de préfecture du département de l'Aveyron, sur l'Aveyron, à 168 lieues de Paris. Sa population est de 8,000 habitants. Elle a un évêché suffragant d'Albi, un grand séminaire diocésain, un collège royal, des tribunaux de première instance et de commerce, une chambre de manufactures, une bibliothèque, une société d'agriculture, un cabinet d'histoire naturelle et de physique, un théâtre, une école des sourds et muets, une belle cathédrale d'architecture gothique, des fabriques de laines, de draps, de toiles, de chandelles, de coutellerie, de chapellerie, de chaudronnerie, etc., des tanneries. — Anciennement appelée *Segodunum* et *Ruteni*, et citée par César, cette ville fut prise par les Visigoths et ensuite par les Francs. Elle eut ses comtes particuliers, et fut réunie à la couronne par Henri IV. L'assassinat de Fualdès lui a de nos jours donné une triste célébrité.

RHODIENS, habitants de l'île de Rhodes. Originaires de la Doride, ils en conservèrent le dialecte et les usages. Ils formèrent d'abord trois Etats distincts à Lindos, Camire et Jalyse. Vers l'an 408, ils se réunirent et prirent Rhodes pour capitale. Leur Etat fut premièrement monarchique, et devint ensuite une république assujettie par les Athéniens. Mausole, roi de Carie, les ayant aidés à secouer ce joug, les Rhodiens demeurèrent libres jusqu'à Alexandre. Ils durent toute leur puissance et toutes leurs richesses au commerce et à la marine. Ils excellaient dans la navigation, et leurs lois nautiques ont servi de modèle à celles des Romains.

RHODIUM, l'un des cinquante-quatre corps simples. C'est un métal qui doit son nom à la propriété qu'il possède de former des sels de couleur rose par la combinaison de son tritoxyde avec les acides. Découvert par le chimiste anglais Wollaston (1804) dans un minerai de platine, il n'existe point isolé dans la nature. Réduit à l'état le plus pur, il est d'un blanc grisâtre, solide, cassant, très-dur, infusible, inaltérable même au feu et à l'air, inattaquable par aucun acide, pas même l'eau régale qui dissout l'or. Son poids spécifique varie de 10,65 à 11. Il est sans usages.

RHODODENDRON (de *rhodon*, rose, et de *dendron*, arbre), genre de la famille des éricinées, renfermant des arbres ou des arbrisseaux élégants, qui font l'ornement des jardins par la beauté de leurs corymbes chargés de fleurs souvent très-grandes, d'un aspect fort agréable, variant du blanc, rose au rouge le plus vif. Les feuilles sont alternes, entières, éparses, d'un vert foncé et luisant, qui rend plus saillant le jaunâtre des rameaux droits et cassants. On connaît dix-huit espèces de ce genre, et on les cultive en grande partie. Les plus connues sont le *rhododendron à grandes fleurs*, haut en France d'environ deux mètres, dont les fleurs présentent, quand elles sont encore inflorescentes, un charmant bouton de rose, et, quand elles sont épanouies, de beaux bouquets réunissant plus de trente corolles blanches ou roses, et le *rhododendron du Pont*, l'espèce la plus généralement répandue dans nos jardins, où elle forme des buissons très-touffus, constamment verts, avec des fleurs purpurines. Le miel que les abeilles fabriquent avec le butin de leurs corolles est un poison. Les rhododendrons portent encore le nom vulgaire de *rosages*.

RHODOGUNE, fille de Phraate, roi des Parthes, fut mariée à Demetrius Nicanor, roi de Syrie, que Phraate tenait prisonnier. Cléopâtre, première femme de Demetrius, en conçut une si grande jalousie qu'elle épousa Antiochus, frère de son mari, et que lors du retour de Demetrius elle le fit périr dans des embûches. Des deux fils que Demetrius avait eus d'elle, l'un, Seleucus, fut assassiné par sa mère ; l'autre, Antiochus, la prévint en l'empoisonnant. C'est cette histoire qui a fourni à Corneille le sujet de sa tragédie de *Rhodogune*, où il fait épouser cette princesse par le fils de son premier mari, Antiochus.

RHODONITE, silicate de manganèse. Ce minéral doit son nom à sa couleur rose ou rose violâtre. Il raye le verre, et donne des étincelles par le choc du briquet. Il se présente en masses à texture compacte, ou finement granulaire et même lamellaire. Ce minéral se trouve en Suède, en Russie, en Allemagne, en France. Il prend un beau poli, et se travaille pour faire des bijoux et des objets d'ornement tels que tabatières, coffrets, etc.

RHODOPE, chaîne de montagnes vers le N.-O. de la Thrace. Elle commence près des sources de l'Hèbre (Maritza), s'étend du N.-O. au S.-O. en faisant un angle aigu avec la chaîne de l'Hemus, et se termine au bord de la mer Egée près l'embouchure du même fleuve. Une autre branche s'étend jusqu'au Pont-Euxin. Les monts Rhodope portent aujourd'hui le nom de *despotodag*.

RHODOPE, fameuse courtisane de Thrace, esclave en même temps qu'Esope à la cour d'un roi de Samos. Achetée en Egypte par Charaxès, frère de Sapho, elle reçut de lui la liberté, et en profita pour exercer le métier de courtisane à Naucratis. On rapporte qu'un aigle ayant laissé tomber aux pieds de Psammetichus, roi d'Egypte, une de ses sandales qu'il avait enlevées à la nuit, ce prince, épris de Rhodope, l'épousa. Cette femme avait acquis des richesses si immenses qu'on a prétendu qu'elle avait élevé à ses frais une pyramide d'Egypte.

RHODOS (myth.), nymphe de l'île de Rhodes, fille de Neptune et de Vénus, fut aimée d'Apollon, qui en eut sept fils appelés par Diodore les Héliades. L'aîné de ses fils fut père de Camires, de Lindos et de Ialyse, qui se partagèrent l'île de Rhodes et en bâtirent les villes principales.

RHOEMETALCÈS, roi de Thrace, succéda l'an 7 avant J.-C. à son neveu Rhescouporis II, abandonna le parti d'Antoine pour celui d'Octave, qui lui répondit un jour qu'il vantait ses services à sa table : *J'aime la trahison, et je hais les traîtres*. Il eut pour successeurs Rhescouporis III son frère et Cotys V son fils.—Fils de Rhescouporis III, lui succéda en Thrace sous Tibère, l'an 19 de J.-C., et mourut victime de la jalousie de sa femme en 46. La Thrace fut alors réunie à l'empire.

RHOEN-GEBIRGE, chaîne de montagnes d'Allemagne qui se rattache à l'O. à la chaîne du Vogelsberg, et au S.-O. à celle de Spessart, à l'E. à celle du Fichtel-Gebirge. Le Rhœn-Gebirge commence près de Fladungen (Saxe-Weymar), et se termine un peu plus loin que Schluchtern (Hesse-Darmstadt), après avoir traversé la Hesse-Darmstadt, la Hesse-Electorale, la Bavière et le duché de Saxe-Meiningen.

RHOMBE, nom qu'on donne, en géométrie, à tout parallélogramme dont les quatre côtés sont égaux. Le carré devrait être un rhombe ; mais on ne lui donne ce nom que lorsque l'une de ses diagonales est horizontale ; le rhombe s'appelle encore *losange*.—Le rhombe était, chez les Grecs, un instrument de magie. Il consistait en une espèce de toupie de métal ou de bois qu'on entourait de lanières tressées, à l'aide desquelles on la faisait tourner. Les magiciens prétendaient que le mouvement de cette toupie magique avait la vertu de donner aux hommes les passions et les mouvements qu'ils voulaient leur inspirer.

RHOMBOÈDRE ou RHOMBOÏDE, qui a les côtés en forme de losange ou de rhombe. C'est le nom qu'on donne, en minéralogie, à une sorte de polyèdre composé de six faces offrant la surface du rhombe, égales, et disposées symétriquement autour d'un axe passant par deux angles solides opposés. Les points qui terminent cet axe sont les deux sommets du rhomboèdre.

RHONE, fleuve d'Europe, qui prend sa source dans un glacier du mont Furca ou de la Fourche, à 2 lieues de celle du Rhin, dans le canton de Valais en Suisse, traverse le Valais et le lac de Genève, où il entre à Villeneuve et d'où il sort à Genève, reçoit l'Arve, sert de limite entre la France et la Savoie, se perd dans un gouffre de rochers à 4 lieues et demie au-dessous de Saint-Géniez, ressort peu après, reçoit l'Ain, passe à Lyon où il reçoit la Saône, et de là se dirige perpendiculairement vers la Méditerranée. Il reçoit en chemin l'Isère, la Drôme, l'Ardèche, la Sorgue, la Durance, le Gard, et se divise au-dessous d'Arles en trois branches qui embrassent l'île de la Camargue et se jettent dans la Méditerranée. Le Rhône est le fleuve le plus rapide d'Europe ; sa navigation est très-dangereuse ; on estime la longueur de son cours à 150 lieues. Il est navigable depuis Seyssel (Ain).

RHONE, département de la France orientale, tirant son nom du fleuve qui l'arrose et formé d'une partie de l'ancien Lyonnais. Il est borné au N. par le département de Saône-et-Loire, au S. et à l'O. par celui de la Loire, à l'E. par ceux de l'Ain et de l'Isère. Sa superficie est de 279,922 hectares, et sa population de 575,000 habitants. Il se divise en deux arrondissements : *Lyon* (chef-lieu) et *Villefranche*. Il nomine cinq députés. Son revenu territorial est de 30,000,000 de francs. Le climat est plus froid que chaud, et le pays est mêlé de coteaux et de montagnes. La partie méridionale produit d'excellents vins, connus sous le nom de *Côte-Rôtie* ; la partie septentrionale, ceux du *Beaujolais*. Les montagnes stériles sont peuplées par des tisseranderies et des fabriques de coton. Au N.-E. s'étendent le long de la Saône de belles prairies. Le centre offre d'excellentes terres à froment ; mais la récolte est insuffisante pour parer aux besoins intérieurs. On y trouve des mines de plomb non exploitées, de cuivre très-abondantes et de charbon de terre. L'industrie commerciale consiste principalement dans la fabrication des étoffes de soie et de ruban très-estimées et celle des toiles de chanvre. Le département est compris dans la septième division militaire et le ressort du diocèse, de l'académie et de la cour d'app. de Lyon.

RHONE (BOUCHES DU). Voy. BOUCHES.

RHOUPEN Ier, roi d'Arménie, fondateur de la dynastie des Rhoupéniens en 1080. Ce prince, surnommé *Medz* (le Grand), était parent de Kakig II, dernier roi de la dynastie des Pagratides. Il se maintint indépendant dans les gorges du Taurus, et mourut en 1093, laissant pour successeur son fils Gosdantin ou Constantin Ier.

RHOUPEN II, septième successeur de Rhoupen Ier dans la royauté d'Arménie, était fils d'Etienne, frère de Thoras II et de Meleh (le *Mélier* des croisades). Il succéda à ce dernier en 1174, et se distingua par sa douceur et sa justice. En 1185 le gouvernement à son frère Léon II le Grand, et se retira dans un monastère de Trazarg, où il prit l'habit religieux et mourut peu après.

RHOUPEN, appelé *Rupin* par les historiens des croisades, était fils de Raymond, comte de Tripoli, fils aîné de Bohémond III, prince d'Antioche, et d'Alix, fille de Rhoupen II, roi d'Arménie. Dépouillé de Tripoli et d'Antioche par son oncle Bohémond, il alla chercher du secours en Arménie auprès de son grand-oncle Léon II, qui par- vint en 1216 à lui faire rendre ses Etats. Rhoupen reconnut ces services en cherchant à s'emparer de l'Arménie, surtout après la mort de Léon. Mais vaincu par Constantin, seigneur de Pardserpert, iseu de la famille royale et fils Haython monta sur le trône en 1224, il fut mis à mort avec ses partisans en 1219.

RHOUPÉNIENS, dynastie de rois d'Arménie, fondée par Rhoupen, succéda en 1080 à celle des Pagratides. Elle finit ainsi que le royaume d'Arménie en la personne de Léon VI de la maison de Lusignan, qui fut défait par les Mamelouks d'Egypte, et emmené prisonnier au Caire en 1375. Racheté par les soins de Jean Ier, roi de Castille, ce prince vint mourir à Paris en 1393. La dynastie des Rhoupéniens avait duré deux cent quatre-vingt-quinze ans, sous vingt-quatre princes qui régnèrent seulement sur la Petite Arménie et la Cilicie.

RHUBARBE, genre de la famille des polygonées, renfermant des espèces qui appartiennent aux contrées orientales et septentrionales de l'Asie, à la Chine, à la Tartarie, à la Sibérie, etc. Elles offrent des racines fortes, rameuses, brunes en dehors, d'un beau jaune rouge en dedans, amères et fortement odorantes. De ces racines partent des tiges droites garnies de larges et grandes feuilles palmées, vertes en dessus, blanchâtres et pubescentes en dessous, et portant en panicules terminales des fleurs d'un blanc jaunâtre. Deux espèces sont surtout célèbres par les propriétés purgatives de leurs racines : la *rhubarbe palmée* et la *rhubarbe raponique*, qui nous viennent de la Chine par la Russie, sont quelquefois désignées dans le commerce sous le nom de *rhubarbes de Moscovie*.

RHUIS, presqu'île de Bretagne, qui forme avec celle de Quiberon la baie de Morbihan, dans le département de ce nom. Elle renferme le village de Rhuys, à 4 lieues de Vannes.

RHUM, nom donné par les Anglais à l'eau-de-vie qu'on retire du suc de la canne à sucre par la distillation, et que les colons français appellent aussi *tafia*. Le meilleur rhum vient de la Jamaïque.

RHUMATISME (du grec *rheuma*, venu de *rhéo*, couler), maladie caractérisée par des douleurs continues ou intermittentes, mobiles, et affectant les muscles, les articulations et beaucoup de viscères. Les uns la considèrent comme une phlegmasie, les autres comme une névrose. Elle est quatre-vingt-dix-neuf fois sur cent l'effet d'un refroidissement, et finit presque toujours par dégénérer en affection goutteuse. Les personnes de vingt-cinq à trente-cinq ans y sont plus sujettes que d'autres.

RHUMB, une des trente-deux directions qu'indique le compas de mer, relativement au cours du vent. Les marins ont divisé le cercle en trente-deux parties égales, et chaque division correspondant à un vent particulier s'appelle un rhumb de vent. Les quatre principaux sont le nord, le sud, l'est et l'ouest ; puis entre ceux-ci le nord-ouest, le nord-est, le sud-ouest, le sud-est, et entre chacun de ceux-ci quatre autres divisions.

RHUME (du grec *rheuma*, écoulement), sorte d'indisposition qui est souvent le point de départ de plusieurs maladies graves, et qui est le résultat de l'irritation sécrétoire de la membrane muqueuse qui tapisse soit les fosses nasales (*rhume de cerveau* ou *coryza*), soit les bronches (*rhume de poitrine* ou *catarrhe*).

RHYNCHÉE, genre d'oiseaux de l'ordre des échassiers, famille des longirostres, caractérisé par le renflement du bec vers le bout. Ces oiseaux forment le passage entre les chevaliers et les bécasses, auxquelles ils ressemblent beaucoup. On le trouve en Chine.

RHYNCHOPHORES (du grec *rhynchos*, bec, et de *phéro*, je porte), famille d'insectes de l'ordre des coléoptères, section des tétramères, ainsi appelés parce que leur tête présente à sa partie antérieure un prolongement cornu que l'on a comparé à un bec d'oiseau, et dont l'usage se borne à percer la peau des substances végétales dans l'intérieur desquelles ils vivent et où quelques-unes passent la plus grande partie de leur vie. On a divisé cette famille en plusieurs tribus formées des principaux genres, qui sont les *brentes*, les *bruches* et les *charançons*.

RHYTHME (du grec *rhythmos*), mesure cadencée d'un vers, d'un morceau. Les langues anciennes sont rhythmées parce que les longues et les brèves, parfaitement bien déterminées, amènent de toute nécessité une cadence, une mesure. La langue française ne l'est sensiblement pas. — En musique, le *rhythme* est la symétrie mesurée et cadencée de la phrase musicale.

RHYTON, vase dans lequel les anciens buvaient à table, et que l'on trouve dans les monuments bachiques. C'était une espèce de corne de métal creuse et percée d'un petit trou vers sa partie inférieure. On buvait en tenant la corne élevée au-dessus de la bouche, de cette façon que de nos jours on appelle *la régalade*.

RIARIO (Pierre), neveu du pape Sixte IV, fut nommé successivement cardinal de Saint-Sixte, patriarche de Constantinople, archevêque de Florence et légat du saint-siége dans toute l'Italie. Il acquit d'immenses richesses, se signala par sa magnificence fastueuse, et acheta en 1473 la ville et la principauté d'Imola de Taddeo Manfredi, pour le prix de 40,000 ducats. Il en investit son frère Jérôme, et mourut en 1474. — JÉRÔME RIARIO, commandant de l'armée pontificale et prince d'Imola, se rendit maître en 1480 de la principauté de Forli, et fit la guerre aux barons romains jusqu'à la mort de son oncle Sixte IV, qui le livra sans défense à ses ennemis. Il mourut assassiné en 1488. Il avait épousé Catherine Sforce, fille naturelle du duc de Milan, et en avait eu un fils nommé Octavien, qui dut au courage de sa mère la conservation de sa principauté.

RIAZAN, gouvernement de Russie, borné au N. par celui de Wladimir, au S. et à l'E. par celui de Tambov, à l'O. par ceux de Toula et de Moscou. Sa superficie est de 1,963 lieues carrées, et sa population de 1,308,468 habitants, dont un tiers tartare. Le commerce avec l'Asie est presque entièrement entre les mains de Tartares, tandis que celui des productions du pays (blé, chanvre, bestiaux) est fait par les Russes. Ce gouvernement renferme au N. des forêts qui servent à l'exploitation des mines de fer. Il possède soixante-dix fabriques. — Sa capitale est RIAZAN, ville archiépiscopale de 12,000 habitants, sur l'Oka, à 50 lieues de Moscou et 230 de Saint-Pétersbourg. Elle a été autrefois la résidence d'une dynastie de grands-ducs.

RIBAGORZA, comté de l'Aragon, en Espagne, près de la Catalogne, dont il n'est séparé que par la petite rivière de Noguera. Ce comté, l'un des apanages de l'ancienne maison d'Aragon, avait pour chef-lieu VENASQUE, sur la Cinca-Essera, dans la vallée qui porte son nom.

RIBAUDS, nom donné dans le moyen âge aux enfants perdus, aux aventuriers des armées. Leur intrépidité d'abord prendre ce mot en bonne part. Plus tard, on n'eut plus en vue que leur incondulte, et le mot de *ribauds* devint presque une injure. Il ne s'appliqua plus qu'aux soldats d'une milice exerçant, sous la conduite d'un chef, le *roi des ribauds*, une sorte de police et de juridiction sur les jeux et les filles de joie. Un pareil commerce dut nécessairement avilir cette charge, qui existait encore en Belgique en 1690.

RIBEAUMONT (Eustache DE), chevalier picard, s'acquit une grande réputation dans la tentative malheureuse que fit en 1342 Geoffroy de Charny pour reprendre Calais sur Édouard III, roi d'Angleterre. Il combattit ce prince corps à corps, et le renversa deux fois. Mais, forcé de céder au nombre, il fut fait prisonnier avec quelques autres. Édouard, en lui rendant la liberté, lui fit présent de son chapeau couvert de perles, et le pria de le porter un comme souvenir.

RIBERA-GRANDE, ville de l'île Santiago, la principale des îles du Cap-Vert, avec un port. C'était autrefois la résidence des autorités; mais elle ne renferme plus que 600 habitants environ, depuis que *Puerto-Praya* est devenu le siége du gouvernement.

RIBERA ou RIBEIRA (Joseph). Voy. ESPAGNOLET.

RIBÉRAC, petite ville de France, chef-lieu d'arrondissement du département de la Dordogne, sur la rive gauche de la Dronne, à 7 lieues de Périgueux. Sa population est de 2,985 habitants. Elle a un tribunal de première instance, un tribunal de commerce, une imprimerie, et commerce en grains.

RIBÉSIÉES, famille de plantes appelées aussi *grossulariées*.

RICARD (L'ABBÉ Dominique), né à Toulouse en 1741, entra dans la congrégation des doctrinaires, et y professa avec distinction les belles-lettres. Il s'est fait un nom par sa nouvelle traduction de *Plutarque*, et est mort en 1803.

RICARDOS-CARILLO (LE COMTE don Antonio), général espagnol, né en 1727, servit dans le régiment de Malte appartenant à son père, et conquit par son courage le grade de colonel dès l'âge de seize ans. Ce fut lui qui créa l'école de cavalerie d'Ocana, et cette création lui valut le grade d'inspecteur général de la cavalerie. Ses ennemis, non contents de l'avoir humilié en le faisant assister par pénitence au petit *auto-da-fé* subi par le comte Olavidé en 1778, le firent éloigner de la cour. Nommé commandant général du Guipuzcoa et rappelé en 1793, il fut chargé du commandement de l'armée de Catalogne. Il entra en France, s'empara des forts de Ballegarde, de Villefranche, de Saint-Louis; mais, vaincu à Mont-Libre, il fut forcé de repasser les Pyrénées. Il mourut en 1794 de ses fatigues.

RICCI (Matthieu), fameux jésuite, né à Macerata en 1552, passa aux Indes, acheva sa théologie à Goa en 1578, et y enseigna la rhétorique. Missionnaire en Chine, il y acquit une grande réputation, et fit pour les Chinois une carte géographique de leur pays. Il mourut à Pékin en 1610, laissant de très-curieux *Mémoires*.

RICCI (Joseph), clerc régulier de Somasque, né à Brescia, s'est acquis de la réputation dans le XVIIe siècle comme auteur de deux ouvrages historiques : l'*Histoire de la guerre d'Allemagne depuis 1618 jusqu'en 1648*, et l'*Histoire des guerres d'Italie de 1613 à 1653*, en latin.

RICCI (Laurent), dernier général de l'ordre des jésuites, né à Florence en 1703, succéda dans cette haute dignité au père Centurione en 1758. Son inflexibilité et sa hauteur contribuèrent beaucoup à accélérer la suppression de cette fameuse société. On lui proposant des concessions ; il répondit : *Sint ut sunt, aut non sint* (qu'ils soient comme ils sont, ou qu'ils ne soient pas). Ces mots furent pris à la lettre. En 1773, le pape Clément XIV supprima les jésuites dans toute la chrétienté. Laurent Ricci fut enfermé au château Saint-Ange, où il mourut en 1775.

RICCI (Scipion), neveu du précédent, né à Florence en 1741, devint évêque de Pistoia et Prato en Toscane. Fauteur des réformes ecclésiastiques introduites en Autriche par Joseph II, il s'éleva contre la dévotion au sacré cœur, inconnue à l'Église primitive, s'éleva contre la doctrine qui soumet le pouvoir temporel au spirituel, prêcha l'abolition des confréries, et voulut rendre la discipline ecclésiastique plus régulière. Accusé d'impiété à la cour de Rome, il fut condamné par la bulle *Auctorem fidei*, et jeté dans un cachot où il demeura trois ans. Ce ne fut qu'en 1806 qu'il se décida d'acheter son repos au prix d'une formule d'adhésion à la bulle qui condamnait ses principes. Il mourut en 1810.

RICCOBONI (Antoine-François), célèbre acteur italien, fils de Louis, acteur lui-même, qui avait sous le nom de *Lelio* formé une troupe en 1716 et était mort en 1753, naquit à Mantoue en 1707, vint à Paris en 1716, débuta dans les rôles d'amoureux en 1726 et se retira du théâtre en 1750. Il est auteur d'un grand nombre de pièces françaises, parmi lesquelles on cite *les Coquels*.

RICCOBONI (Marie-Jeanne LABORAS DE MÉZIÈRES, femme), née à Paris en 1714 d'une famille ruinée par le système de Law, débuta en 1734 sur le Théâtre-Italien dans le *Sacrifice de l'amour de* Marivaux. Reçue froidement, elle n'en resta pas moins sur la scène jusqu'en 1761. Elle avait épousé en 1735 Antoine-François Riccoboni, acteur froid comme elle, et comme elle auteur. Elle composa plusieurs romans, qui lui acquirent une réputation méritée. Ce sont les *Lettres de milady Catesby*, *Ernestine*, l'*Histoire du marquis de Cressy*, les *Lettres de miss Fanny Butller*. Mme Riccoboni mourut en 1792.

RICHARD ; nom vulgaire de l'insecte scientifiquement appelé *bupreste*.

RICHARD Ier, surnommé *Cœur de lion*, roi d'Angleterre, succéda en 1189 à son père Henri II. Il était en même temps comte de Poitou et duc de Normandie. Il laissa son royaume en proie aux plus grands désordres pour aller, en 1190, se croiser en terre sainte avec Philippe Auguste. A son passage en Sicile, il y épousa Bérengère de Navarre, et indisposa ainsi ce prince, qui lui avait promis sa sœur. Il fit ensuite la conquête de Chypre, et vint mettre le siége devant Ptolémaïs, qui fut emporté d'assaut. Richard fut bientôt, par la défection de tous les croisés, forcé de quitter la Palestine ; mais, en débarquant sur les côtes de la Dalmatie, il fut fait prisonnier par Léopold, duc d'Autriche, qu'il avait offensé à Ptolémaïs, et qui le livra au lâche et barbare empereur Henri VI. Il fut découvert dans sa prison par son fidèle troubadour Blondel de Nesle, qui lui négocia sa rançon. Il ne fut mis en liberté qu'en 1194, sur l'envoi de cette rançon fixée à 100,000 marcs d'argent. Après avoir triomphé de la faction soulevée par son frère Jean, Richard vint faire la guerre en France contre Philippe Auguste, et mourut d'un coup de flèche, au siége de Chalus, en 1199.

RICHARD II, roi d'Angleterre, fils du fameux prince Noir et de Jeanne de Kent, succéda en 1377, à l'âge de onze ans, à son aïeul Édouard III, et commença une minorité orageuse. Elle fut signalée par la révolte des paysans qui, sous la conduite de Wat-Tylcr, de John Ball et de Jacques Straw, marchèrent contre Londres et la pillèrent. La présence d'esprit du roi et la confiance des insurgés mirent fin à cette guerre (1382). Le duc de Glocester, oncle du roi, se rendit maître de l'autorité en 1388, et fit périr les favoris du roi, qui s'étant, l'année suivante, emparé des rênes de l'État, fit arrêter et mettre à mort Glocester, tandis qu'il exila son cousin Henri, comte de Derby, plus tard duc de Lancastre. Pendant son absence en Irlande, Henri débarqua en Angleterre, fait prisonnier Richard par trahison, obtient de lui un acte d'abdication, et l'enferme au château de Pontefract (1399). Il y fut massacré par huit scélérats contre lesquels il se défendit avec courage (1400).

RICHARD III, roi d'Angleterre, fils de Richard, duc d'Yorck, et frère d'Édouard III, porta, avant de monter sur le trône, la lettre de duc de Glocester, et se fit proclamer roi après avoir fait assassiner ses deux neveux Édouard V et Richard d'Yorck (1483). Le duc de Buckingham échoua dans une révolte contre lui et fut décapité. Henri, duc de Richmond, indignait des Lancastre par sa mère Marguerite de Sommerset, souleva contre lui tout le pays de Galles. Richard fut vaincu et tué à

Bosworth (1485). Il fut le dernier prince de la race des Plantagenet. Henri, son successeur, commença celle des Tudor. L'histoire nous représente Richard comme un monstre familier avec tous les crimes.

RICHARD, comte de Cornouailles et de Poitou, fils du roi Jean sans Terre et d'Isabeau d'Angoulême, né à Winchester en 1209, fit la guerre en France, se croisa en 1240, épousa en 1249 Sanche de Provence, et devint régent d'Angleterre pendant l'absence de son frère Henri III. Proclamé roi des Romains en 1257, il occupa quinze ans le trône impérial, méconnu par plusieurs princes, et mourut en 1272 du chagrin que lui causa la mort de son fils Henri, assassiné par les deux fils de Simon de Montfort. Son second fils Edmond mourut sans postérité.

RICHARD, duc d'Yorck, quatrième fils de Richard, comte de Cambridge, et d'Anne de March, était héritier par son père des droits qu'avait à la couronne d'Angleterre Edmond, duc d'Yorck, quatrième fils d'Edouard III, et par sa mère, de ceux de Lionel, duc de Clarence, deuxième fils du même roi. Le règne de Henri VI, prince de la maison de Lancastre (héritière seulement du troisième fils d'Edouard III), fournit à son ambition un prétexte de soulèvement. Ce fut là le commencement de la guerre des deux roses. Le duc d'Yorck fut tué en 1460, et sa tête plantée sur les murailles d'Yorck avec une couronne de papier. Il laissa de sa femme, Cécile Nevil, trois fils : Edouard, qui fut roi sous le nom d'*Edouard IV*; Georges, duc de Clarence, et Richard, duc de Glocester, depuis Richard III.

RICHARD Ier, dit *sans Peur*, duc de Normandie, succéda en 942, à l'âge de dix ans, à son père Guillaume Longue-Epée. Louis d'Outre-mer, roi de France, tenta de le priver de ses Etats; mais, aidé d'Harold, roi de Danemarck, et de Hugues le Blanc, comte de Paris, il fit son adversaire prisonnier. Il résista aussi à Othon Ier, roi de Germanie, et à Thibault, comte de Blois. Il contribua beaucoup à mettre sur le trône Hugues Capet, dont il avait épousé la sœur Emma. Il mourut en 996.

RICHARD II, dit *le Bon*, fils du précédent, lui succéda en 996, apaisa le soulèvement du peuple, combattit son frère naturel Guillaume, comte de Hiesme, le roi d'Angleterre qui perdit la moitié de son armée, et le comte de Blois, Eudes, avec l'aide de rois de Suède et de Danemarck. Il mourut en 1027.

RICHARD III, fils du précédent, lui succéda en 1027, et mourut un an après, empoisonné, dit-on, par son frère Robert le Diable qui lui succéda.

RICHARD DE SAINT-VICTOR, fameux théologien du XIIe siècle, natif d'Ecosse, vint à Paris, où il se fit chanoine régulier de Saint-Victor. Il en devint prieur, et mourut en 1173 dans une grande réputation de science et de vertu. Il nous reste de lui un grand nombre d'ouvrages.

RICHARD (Louis-Claude-Marie), botaniste, né à Versailles en 1754, était fils du jardinier du roi à Auteuil. Il consacra tous ses instants à la botanique, et fut envoyé à la Guyane française et aux Antilles avec le titre de naturaliste du roi. Il en revint avec des collections extrêmement précieuses. L'école de santé et l'Institut ayant été créés, il fut appelé dans ces deux corps, et mourut en 1821. — Son fils ACHILLE RICHARD, né à Paris en 1794, a publié plusieurs ouvrages classiques sur la botanique.

RICHARDSON (Samuel), célèbre romancier anglais, né en 1689 dans le Derbyshire, exerça toute sa vie la profession d'imprimeur, et mourut d'apoplexie en 1761, membre de la corporation des ciriers et maître de celle des papetiers. Il fut l'inventeur d'un genre de romans moraux qui, suivant l'expression de Johnson, agrandit la science du cœur humain, et apprit aux passions à se mouvoir dans le cercle tracé par la vertu. *Paméla*, *Clarisse Harlowe*, *Grandisson* sont ses chefs-d'œuvre.

RICHE (Claude-Antoine-Gaspard), célèbre médecin naturaliste, né à Chamelet (Rhône) en 1762. Docteur en médecine dès 1787, il fut un des collaborateurs de l'Encyclopédie méthodique, et concourut à la création de la *société philomathique*, dont il fut le premier secrétaire. Il fit partie comme naturaliste de l'expédition d'Entrecasteaux, et mourut en 1797. Il était frère de M. Riche de Prony, mort en 1839, directeur de l'administration des ponts et chaussées.

RICHELET (Pierre-César), célèbre lexicographe, né à Cheminon (Marne) en 1631. Avocat au parlement de Paris, il s'appliqua spécialement à l'étude de la langue française, et, s'il s'acquit beaucoup de réputation par ses ouvrages, il se fit beaucoup d'ennemis par son penchant à la satire. Son *Dictionnaire de la langue française* a été blâmé à cause de l'orthographe qu'il a cherché à y introduire, et où il a supprimé presque toutes les doubles lettres; mais on a surtout réprouvé les méchancetés qu'il a employées pour exemples. Il est aussi l'auteur d'un *Dictionnaire de rimes*. Richelet mourut en 1698.

RICHELIEU, petite ville du département d'Indre-et-Loire, sur l'Amable et la Vide, chef-lieu de canton de l'arrondissement, et à 4 lieues de Chinon. Sa population est de 3,500 habitants. Elle a des fabriques de serges et d'étamines communes. On y récolte du vin blanc dont on fait de l'eau-de-vie. — Bâtie en 1637 par le cardinal de Richelieu, elle a toutes ses rues tirées au cordeau.

RICHELIEU, rivière du bas Canada, appelée aussi *Chambly* et *Sorel*. Elle sort du lac Champlain, et se jette dans le Saint-Laurent.

RICHELIEU (François DU PLESSIS, seigneur DE), né en 1548, mort en 1590, chevalier des ordres du roi et grand prévôt de France, avait épousé Suzanne de la Porte, dont il eut : 1º Henri, tué en duel en 1619, sans laisser d'enfants; 2º Alphonse qui suit; 3º Armand, le célèbre cardinal de Richelieu; 4º Nicole qui épousa Urbain de Maillé, marquis de Brézé, et mourut en 1635; 5º Françoise, morte en 1615. Elle avait épousé en secondes noces René de Vignerod de Pontcourlay, père de Marie-Madeleine de Vignerod, mariée à Antoine de Beauvoir du Roure de Combalet, pour laquelle le cardinal de Richelieu acheta en 1638 la duché-pairie d'Aiguillon, qu'elle légua en mourant (1675) à sa nièce Marie-Thérèse de Vignerod, morte en 1764 sans alliance. René de Vignerod fut le grand-père du célèbre duc de Richelieu, qui hérita de tous les titres de sa famille.

RICHELIEU (Alphonse DU PLESSIS DE), deuxième fils de François, se démit de son évêché de Luçon en faveur de son frère et se fit chartreux. Plus tard, il accepta l'archevêché d'Aix et ensuite celui de Lyon. Il mourut en 1653 à soixante et onze ans, cardinal, grand aumônier de France et proviseur de Sorbonne.

RICHELIEU (Armand-Jean DU PLESSIS, duc et cardinal DE), troisième fils de François du Plessis, seigneur de Richelieu, naquit à Paris en 1585. Evêque de Luçon en 1607, malgré son extrême jeunesse il s'avança à la cour de France par la faveur de la marquise de Guercheville et du maréchal d'Ancre. Marie de Médicis le fit son grand aumônier et secrétaire d'Etat en 1616. Exilé en 1617 et rappelé en 1619, il ménagea un accommodement entre le roi et sa mère, et reçut en récompense le chapeau de cardinal (1622). La protection de la reine mère le fit entrer au conseil en 1624. Dès ce moment son pouvoir n'eut plus de bornes; créé principal ministre d'Etat, chef des conseils, grand maître, chef et surintendant général de la navigation et du commerce, duc et pair de Richelieu (1631), duc de Fronsac, amiral de France, gouverneur de Bretagne, abbé général de Cluny, de Cîteaux, de Prémontré, etc., il remua la France à sa volonté, et ne laissa à Louis XIII que l'ombre de la royauté. Sa politique est renfermée tout entière dans les trois buts suivants : 1º affermissement du pouvoir royal par l'oppression et l'affaiblissement de la noblesse (exécutions de Chalais, des Marillac, de Montmorency, de Cinq-Mars); 2º soumission des protestants (prise de la Rochelle en 1628); 3º abaissement de la maison d'Autriche (coopération active de la France dans la guerre de trente ans, son alliance avec Gustave-Adolphe et les protestants). Richelieu mourut au comble de la gloire et des honneurs en 1642. L'histoire lui reproche son ingratitude envers Marie de Médicis, sa protectrice, qu'il laissa mourir de misère dans l'exil à Cologne, et la condamnation inique d'Urbain Grandier. Il fonda l'académie française.

RICHELIEU (François-Armand de VIGNEROD DU PLESSIS, duc DE), petit-fils de René de Vignerod et de Françoise du Plessis, sœur du célèbre cardinal de Richelieu, héritier des titres des deux familles, naquit à Paris en 1696, et ne fut une grande réputation, moins peut-être par ses exploits guerriers que par ses aventures galantes dont le nombre fut infini. Aimable, et voluptueux, aucune femme ne put lui résister, et il ne contribua pas peu à la dépravation des mœurs sous la régence. Ses hardiesses le firent, dans sa jeunesse, mettre trois fois à la Bastille. Il se montra habile guerrier dans plusieurs circonstances, à la prise de Mahon (1756), dans la guerre de Hanovre (1757), et administrateur inhabile et immoral dans son gouvernement de Guyenne (1758). Maréchal de France dès 1748, il fut nommé en 1781 président du tribunal du point d'honneur, et mourut en 1788, membre de l'académie française.

RICHELIEU (Armand-Emmanuel-Sophie-Septimanie DU PLESSIS, duc DE), petit-fils du maréchal de Richelieu, et fils du duc de Fronsac, né à Paris en 1766, fut d'abord connu sous le nom de comte de Chinon. Envoyé en mission à Vienne en 1790, il accepta le grade de colonel dans l'armée russe. Nommé gouverneur d'Odessa (1803), son administration amena l'abondance et l'industrie dans cette contrée sauvage. Rentré en France en 1814, il fut deux fois président du conseil des ministres (1815 à 1818 et 1820 à 1822), et les services qu'il rendit à la France lui valurent, outre le cordon du Saint-Esprit et la charge de grand veneur, une rente annuelle de 50,000 francs à titre de récompense nationale. Il en fit don à l'hôpital de Bordeaux. Il mourut en 1822, membre de l'académie française et de celle des inscriptions. Ce fut lui qui signa le traité de 1815, onéreux pour la France, mais dont les conditions furent adoucies par ses efforts.

RICHEMOND (Henri TUDOR, comte DE). Voy. HENRI VII, roi d'Angleterre.

RICHEMONT (Arthur DE BRETAGNE, connétable DE), surnommé *le Justicier*, né en 1393, était le second fils de Jean V et frère de Jean VI, ducs de Bretagne. Il contribua beaucoup par sa vaillance à rétablir le trône de Charles VII. Créé connétable de France (1425), il remporta sur les Anglais la victoire de Formigny (1450), et reconquit ainsi la Normandie. Il fit du bien à la France, mais il ne régna pas assez les formes juridiques. Il fit mettre à mort le sire de Giac et le Camus de Beaulieu, favoris de Charles VII, sans aucune forme de procès, parce qu'ils s'étaient rendus coupables de concussion. Il contribua par la sagesse de ses conseils à la réunion de la Bourgogne à la France, et à la création d'une milice permanente. Il succéda en 1457 à son neveu Pierre le Simple, dans le duché de Bretagne; mais il ne régna que quinze mois, et mourut en 1458, laissant le trône ducal à son fils François II.

RICHEPANSE (LE GÉNÉRAL), né en 1760, dans le département de la Moselle, d'un officier du régiment de Conti, entra au service au sortir de l'enfance, et passa par tous les grades, qu'il dut à sa valeur et à son hubileté. Général de division en 1800, il se couvrit de gloire à Hohenlinden. En 1807, Napoléon lui donna le commandement en chef de la Guadeloupe. Il y étouffa l'insurrection des nègres, et y mourut d'une maladie contagieuse peu de temps après.

RICHER (Jean), libraire de Paris, mort vers 1655, fut le premier rédacteur du *Mercure français*, dont la publication commença en 1605, et dont il imprima le premier numéro. Les suivants jusqu'au vingtième sont d'Etienne Richer.

RICHER, membre de l'académie des sciences, est le premier qui ait découvert le renflement de la terre à l'équateur, et son aplatissement aux pôles, pendant son séjour à Cayenne, où il était allé faire des observations astronomiques en 1672.

RICHERAND (LE BARON Anthelme), né à Belley (Aïn) en 1779. Reçu docteur en médecine à l'âge de vingt ans, et bientôt après nommé chirurgien en chef de l'hôpital Saint-Louis de Paris, il publia en 1801 ses *Nouveaux Eléments de physiologie*, traduits dans presque toutes les langues. Nommé professeur à l'école de médecine (1807), membre de la Légion d'honneur, il reçut en 1815 des lettres de noblesse, en 1810 le cordon de Saint-Michel, et en 1822 le titre de chirurgien consultant du roi. Le baron Richerand a été l'un des collaborateurs les plus distingués du *Dictionnaire des sciences médicales*. Il est mort en 1840.

RICHMOND, ville d'Angleterre, dans le comté et à 9 lieues d'Yorck, avec le titre de duché. — Ce duché fut d'abord possédé par Jean Stuart, descendant de la famille royale d'Ecosse, créé en 1422 duc d'Aubigny en France par le roi Charles VII. Son dernier descendant mâle étant mort en 1672, le duché de Richmond passa à Charles, fils naturel de Charles II, roi d'Angleterre, et de Louise de Penacoët de Kerouaile, duchesse de Portsmouth. Il hérita en même temps du duché d'Aubigny.

RICHMOND (Charles LENNOX, duc DE), fils du général Georges-Henri Lennox, et descendant des ducs de Richmond, naquit en 1764, obtint dans l'armée anglaise le grade de lieutenant général, et succéda en 1812 à la pairie de son oncle, le duc de Richmond, ancien ministre, vice-roi d'Irlande. Il devint ensuite gouverneur de Plymouth, lord lieutenant du comté de Sussex, grand sénéchal de Chichester, chevalier de l'ordre de la Jarretière, et fut en 1818 gouverneur général du Canada, il y mourut d'hydrophobie en 1819.

RICHMOND, ville des Etats-Unis, capitale de l'Etat de Virginie et du comté Henricot, sur la rive gauche de la rivière James, à 60 lieues de son embouchure et 50 de Washington. C'est la plus belle et la plus florissante des villes de la république ; elle se compose de deux parties, la ville haute et la ville basse, jointes ensemble par une avenue. A l'extrémité de la ville haute se trouve le Capitole où siègent les tribunaux, le conseil exécutif et l'assemblée générale. Richmond possède des manufactures de tabac ; elle exporte du tabac, des farines, du charbon de terre, etc. Sa population est de 14,500 habitants.

RICHTER (Jean-Paul-Frédéric), célèbre écrivain allemand, né à Wuwriedel (Bavière) vers 1763. On sait peu de chose de sa vie. Satirique profond, poëte énergique, philosophe sage, il a composé des romans terribles, pathétiques ou plaisants, pleins d'une originalité puissante dans les inventions, les pensées et le style. Il est devenu populaire pour les Allemands, qui ne l'appellent que *Jean-Paul*. *Titan*, *Levana* ou *l'Education*, *Vie de Quintus Finlein*, la *Loge invisible*, *Husperus*, sont ses principaux ouvrages.

RICIMER, Souabe de naissance, s'enrôla dans les armées romaines, et parvint aux premières dignités de l'empire sous Honorius et Valentinien. Patrice et général des armées romaines, il acquit une autorité presque sans limites, encore augmentée par sa victoire navale sur Genseric, roi des Vandales (456). Il n'osa jamais revêtir la pourpre, mais il fit et défit les empereurs à son gré. Après avoir détrôné Avitus (456) et fait assassiner Majorien (461), il nomma Libius Sévère, empoisonné en 465. Il fit proclamer Anthemius deux ans d'interrègne, et lui donna sa fille en mariage. Mais bientôt (469) il se révolta, prit Rome, et fit mourir Anthemius (472). Il mourut lui-même trois mois après, venant de donner la couronne à Olybrius. Ricimer n'avait été consul qu'une seule fois, en 459.

RICIN, genre d'insectes, de l'ordre des aptères et de la famille des parasites. Les ricins sont pour les oiseaux ce que les poux sont pour les quadrupèdes, des parasites incommodes et rongeurs. Les ricins sont faciles à distinguer des poux par la forme de leur bouche, qui présente, outre un suçoir, deux mandibules et deux mâchoires. Leur tête est d'ailleurs proportionnellement plus grande et surtout plus large. On compte presque autant d'espèces de ricins que d'oiseaux.

RICIN, genre de plantes de la famille des euphorbiacées, renfermant plusieurs espèces, dont la principale est le *ricin palma-christi*, arbrisseau à tige creuse, originaire de la Barbarie et de l'Amérique, parvenant à sept à huit mètres d'élévation, tandis que dans nos climats ce n'est qu'une plante annuelle, qui n'a jamais plus de cinq à six pieds de hauteur. Elle doit son nom de *palma-christi* à ses feuilles larges. Les graines ressemblent un peu au haricot ; ce sont elles qui fournissent cette huile purgative, tant employée en médecine, douce quand elle est jeune, et âcre en vieillissant.

RICOTTE, ou BROCOTTE, ou BRAOTE, substance que les fromagers obtiennent en mettant sur le feu le petit-lait résultant de la fabrication du fromage et le poussant jusqu'à l'ébullition, puis en y versant du petit-lait froid. Alors on voit nager sur sa surface de petites masses de caséum, que l'on retire avec l'écumoir ; dans l'état frais, ces globules de caséum ou *ricotte* servent à la nourriture des vaches. On en prépare aussi des fromages.

RIDE, espèce de sillon creux, formé par la peau que vis plisse lorsque le tissu cellulaire s'affaisse. Les peines de l'âme, contractant souvent les muscles du visage, favorisent beaucoup les personnes passionnées la formation des rides. De là vient que les personnes sanguines se rident moins promptement que les bilieuses. Les rides affectent plus particulièrement le front, les joues et les mains.

RIDICULUS. Voy. REDICULUS.

RIDING, mot anglais qui signifie une subdivision de comté, et qui est probablement venu du verbe *ride*, chevaucher, parce que c'était là, dans le moyen âge, une des formes de l'investiture. Le comté d'Yorck a gardé cette vieille dénomination ; et les trois subdivisions qui le composent sont *North-Riding* (au N.), le *West-Riding* (à l'O.) et l'*East-Riding* (à l'E.).

RIÉ, petite île du Poitou dans l'Océan, du département de la Vendée, à 6 lieues des Sables-d'Olonne et une lieue de Saint-Gilles-sur-Vic, entre la mer, les petites rivières de Rié et de Vic, et le marais de Périé. Elle renferme deux petits villages, *Notre-Dame de Rié* et *Saint-Hilaire de Rié*.

RIEGO (Don Raphaël DEL) Y NUÑEZ, né à Tuna (Asturies) en 1783. Il était lieutenant-colonel du régiment des Asturies, lors de la révolution qui devait amener le rétablissement de la constitution de 1812 (1820). Son régiment étant un de ceux rassemblés à Cadix pour passer au Mexique, il fait proclamer la constitution le 1er janvier dans le hameau de las Cabezas de Son-Juan. L'Espagne suit son exemple. Riego reçoit les honneurs du triomphe, est promu au grade de maréchal de camp, puis à la capitainerie de l'Aragon, et enfin est nommé en 1822 député aux cortès, dont il obtient la présidence. Lors de l'expédition des Français en 1823, pour rétablir le gouvernement absolu, Riego défendit jusqu'au dernier moment la cause de la constitution. Il fut fait prisonnier par les Français, livré aux autorités espagnoles absolutistes, qui le firent pendre le 7 novembre. L'avénement au trône d'Isabelle II a amené la réhabilitation de l'infortuné Riego, et l'hymne qui porte son nom, et qui fut composé en 1820 lors de la proclamation de la constitution, est devenu le chant populaire des Espagnols.

RIENZI (Nicolas GABRINO, plus connu sous le nom de), né à Rome dans l'obscurité, reçut néanmoins une bonne éducation, et fut envoyé en ambassade vers le pape Clément VI à Avignon, pour l'engager à retourner à Rome. Le pape promit, et ne tint pas. De retour à Rome, Rienzi, qui avait en pour récompense de sa mission l'emploi de notaire de la chambre apostolique, assembla le peuple et s'en fit nommer *tribun* (1346). Il purgea Rome de tous les malfaiteurs, rétablit les formes de l'ancienne république, et étendit à toute l'Italie la ligue du *bon Etat*. Après avoir gouverné Rome sept mois, il fut forcé de la quitter et de fuir. Livré au pape, il fut envoyé à Rome par Innocent VI, qui voulait l'opposer au nouveau tribun Baroncelli, et reçu avec joie par le peuple. Décoré du titre de sénateur, il gouvernait au nom du pape; mais la noblesse jalouse suscita contre lui une révolte dans laquelle il fut massacré (1354).

RIESEN-GEBIRGE. Voy. GÉANTS (Monts des).

RIETI, délégation des Etats pontificaux, bornée au N. par celle de Spolète, à l'O. par celle de Viterbe, au S. et à l'O. par la province de Rome, à l'E. par le royaume de Naples. Sa superficie est de 54 lieues carrées, et sa population de 70,000 habitants. — Le chef-lieu est RIETI, petite ville épiscopale de 7,000 habitants, sur le Velino, à 16 lieues de Rome. Elle a des fabriques peu considérables d'étoffes de laine.

RIEUX, petite ville du département de la Haute-Garonne, chef-lieu de canton, de l'arrondissement et à 6 lieues de Muret. Sa population est de 1,700 habitants. Elle avait avant 1790 un évêché, et l'on voit encore aujourd'hui le clocher de l'ancienne cathédrale, dont l'architecture légère et très-remarquable.

RIEUX, petite ville du département du Morbihan (Bretagne), dans l'arrondissement et à 11 lieues de Vannes, sur la Vilaine. Sa population est de 2,180 habitants. C'était autrefois une seigneurie qui a donné son nom à l'une des plus anciennes et des plus illustres maisons de Bretagne, qui date de la fin du XIIe siècle. Cette maison s'est divisée en trois branches : 1o celle des marquis d'Asserac, du chef de François de Rieux ; 2o celle des seigneurs comtes de Châteauneuf, commencée à Jean IV de Rieux ; 3o celle des comtes de Sourdéac, qui eut pour chef René de Rieux.

RIEUX (Jean II DE), sire de Rieux, Rochefort, Asserac et Châteauneuf, l'un des plus vaillants capitaines de son temps, rendit de grands services à Charles VI, et souscrivit au traité de Guérande (1364). Nommé maréchal de France en 1397, suspendu de ses fonctions en 1411 et rétabli l'année suivante, il se démit de sa charge en faveur de son fils (1417), et mourut la même année à soixante-quinze ans.

RIEUX (Pierre DE), fils du précédent, maréchal de France, fut destitué en 1418. Il se jeta dans le parti du dauphin, défendit Saint-Denis contre les Anglais, leur prit Dieppe, leur fit lever le siège de Harfleur, et fut fait prisonnier par le gouverneur de Compiègne, Guillaume Flavi, vicomte d'Assi, qui le jeta dans une prison, où il mourut en 1439.

RIEUX (Jean IV DE), petit-neveu de Jean II, né en 1447, suivit le duc de Bretagne François II dans la ligue du *Bien public*, fut nommé maréchal de Bretagne

(1470) et lieutenant général des armées du duché (1472), et reçut la tutelle d'Anne de Bretagne, dont il conclut le mariage avec Charles VIII. Créé maréchal de France en 1484 et commandant du Roussillon, il mourut en 1518 à l'âge de soixante et onze ans.

RIEUX (Pierre de), fameux ligueur, d'une autre famille que les précédents, parvint par son courage au commandement du château de Pierrefonds, entre Senlis et Compiègne. Il s'en servit comme d'un repaire pour piller les environs et massacrer les royalistes. Il tenta vainement de s'emparer de la personne de Henri IV par un coup de main. Surpris dans une de ses courses vagabondes, il fut pris dans les environs de Compiègne, et pendu en 1594.

RIEZ, petite ville du département des Basses-Alpes, sur la Colostre, chef-lieu de canton de l'arrondissement et à 10 lieues de Digne, sur l'Auvestre, dans une plaine abondante en bons vins et en excellents fruits. Sa population est de 2,900 habitants. Riez avait avant la révolution un évêché.

RIGA, ville de Russie, capitale du gouvernement de Livonie, près de l'embouchure de la Dwina, dans le golfe qui porte son nom, à 105 lieues de Saint-Pétersbourg et 8 de la mer. Autrefois ville hanséatique, elle a un port très-vaste, défendu par plusieurs forts. On y passe la Dwina sur un pont volant en bois, de 2,600 pieds de long sur 40 de large. Mal bâtie, elle n'a de remarquable que le palais impérial, la cathédrale, la bourse, l'hôtel de ville, l'arsenal, le palais des états. C'est après Saint-Pétersbourg et Odessa la ville la plus florissante de Russie. Son commerce consiste en pelleteries, poix, goudron, blé, seigle, chanvre, toile de lin, bois de constructions, bœufs et chevaux; mais la plus grande partie de ce commerce est entre les mains des Anglais et des Ecossais. Elle a soutenu plusieurs siéges. Sa population est de 50,000 habitants.

RIGAS. Voy. Rhigas.

RIGAUD (Hyacinthe), célèbre peintre de portraits, né à Perpignan en 1663, étudia d'abord sous les yeux de son père, peintre distingué, puis sous ceux de Verdier et de Raue, peintres de Montpellier. Il excella surtout dans le portrait, et peignit celui de presque tous les souverains. Il mourut en 1743, professeur et directeur de l'académie de peinture dont il était membre depuis 1700. Louis XIV l'anoblit, et Louis XV le créa chevalier de Saint-Michel, en lui assurant une pension de 3,000 livres qui se cassette. Les portraits de Bossuet, de Desjardins, de Girardon, et les deux tableaux de la Présentation au temple et du Cardinal de Bouillon ouvrant l'année sainte, sont ce qu'il a fait de mieux.

RIGAUD (Benoît-Joseph), général mulâtre, né à Saint-Domingue, entra au service comme simple soldat, et parvint par son courage au grade de général de brigade. Envoyé à Saint-Domingue, il en chassa les Anglais, et y combattit jusqu'à ce que nos troupes eussent évacué l'île. De retour alors à Paris, il fit en France un séjour de quelques années, et revint mourir à Saint-Domingue en 1811.

RIGAUD (Le baron Antoine), né en 1758, entra au service au commencement de la révolution dont il fit toutes les campagnes, devint colonel du 25e de dragons, fut nommé commandant de la Légion d'honneur après Austerlitz et général de brigade en 1809. En mars 1815, il commandait le département de la Marne lors du débarquement de Napoléon à Cannes. Alors il fit prendre les armes à ses troupes, et, aux cris de vive l'empereur, foula aux pieds en leur présence les décorations du Lys et de Saint-Louis qu'il avait reçues de Louis XVIII. Ces faits motivèrent un an plus tard le jugement du deuxième conseil de la première division, qui condamna le baron Rigaud à mort par contumace. Celui-ci erra de pays en pays, et alla mourir à la Nouvelle-Orléans en 1821.

RIGI, montagne du canton de Schwytz

en Suisse, s'élevant dans un isolement complet entre les lacs de Zug, de Lucerne et de Lowertz. Elle a environ 10 lieues de circuit, et renferme de superbes pâturages qui nourrissent près de trois mille vaches. C'est un lieu de pèlerinage très-fréquenté. L'endroit le plus élevé, sur lequel a été bâtie une auberge, le *Rigi-Kulm*, s'élève à 5,676 pieds au-dessus du niveau de la mer.

RIGNY (Henri, comte de), vice-amiral, né à Toul (Meurthe) en 1782, entra dans la marine en 1798. Enseigne en 1803, il entra en 1804 dans les marins de la garde, fit toutes les campagnes de l'empire, et fut promu au grade de lieutenant de vaisseau à Wagram. Capitaine de frégate en 1811, et de vaisseau en 1816, il commanda pendant huit ans en Grèce, et y gagna les grades de contre-amiral et de vice-amiral. Ce fut lui qui commanda l'escadre française à la bataille de Navarin. Appelé au ministère de la marine en 1831, puis à celui des affaires étrangères à la mort de Casimir Périer, il quitta le ministère en 1835, et mourut la même année.

RIGORD, moine de Saint-Denis au XIIe siècle, natif de Gothie (province du Languedoc), pratiqua d'abord la médecine, et devint ensuite historiographe du roi de France. Il mourut au commencement du XIIIe siècle. Il nous reste de lui une histoire exacte et curieuse du règne de Philippe Auguste, commençant en 1179 et finissant en 1209. Elle est intitulée: *Gesta Philippi Augusti, Francorum regis.*

RILLE, rivière de Normandie qui prend sa source à Saint Vandrille, à 4 lieues de Séez (Orne), reçoit la Carautone et se jette, après un cours de 20 lieues, dans la Seine à la Roque, 2 lieues au-dessous de Quilleboeuf; elle est navigable à 4 lieues de son confluent. La Rille arrose l'Aigle et Pont-Audemer.

RIME, identité de son dans la finale de deux mots placés chacun à la fin d'un vers. Dans la poésie française, ce n'est point assez que la consonnance frappe les oreilles, il faut encore qu'elle soit sensible aux yeux. On appelle *rime masculine* celle des mots dont la finale est une syllabe sonore, et *rime féminine* celle des mots dont la finale est une syllabe muette. Dans la première, il suffit que les syllabes soient consonnantes; dans la seconde, la consonnance doit commencer à la pénultième; ainsi *source* ne rimerait pas avec *force*, mais bien avec *course*. La rime est facile à trouver dans la langue italienne, à cause du grand nombre de consonnances; la variété des désinences la rend plus difficile dans la langue française.

RIMINI, ville des Etats du pape, dans la délégation et à 10 lieues de Forli, à l'embouchure de la Marecchia dans la mer Adriatique. Sa population est de 15,000 habitants. Cette ville, l'ancienne *Ariminium*, était le lieu où aboutissaient la voie Flaminienne et la voie Emilienne. On y voit plusieurs restes d'antiquités, entre autres un arc de triomphe érigé en l'honneur d'Auguste, un beau pont de marbre blanc commencé par cet empereur et fini sous Tibère, et un piédestal qui on croit être la tribune de Jules César. Rimini a un évêque, une bibliothèque publique de 30,000 volumes et un château. C'était autrefois une petite république indépendante. Elle possédait un port commode comblé par le tremblement de terre de 1671.

RINGRAVE. Voy. Rhingrave.

RINTELN, petite et forte ville d'Allemagne, sur le Weser, capitale du comté de Schauembourg, à 5 lieues de Minden. Sa population est de 3,000 habitants. Elle a un château et un gymnase avec bibliothèque et cabinet de physique.

RIOBAMBA, l'une des trois provinces qui composent le département de l'Equateur, dans la Colombie. Elle est bornée au N. par celle de Quito, au S. par le département de l'Assuay, à l'O. par celui de Guayaquil, à l'E. par les déserts de l'Amérique centrale.

Sa superficie est de 2,984 lieues carrées, et sa population de 115,500 habitants. Sa capitale est Riobamba au pied du Chimborazo, à 9 lieues de Quito. Détruite par le tremblement de terre de 1797, elle a été rebâtie et possède aujourd'hui 20,000 habitants.

RIO-DE-LA-PLATA. Voy. Plata et Provinces-Unies.

RIO-GRANDE (c'est-à-dire *rivière grande*). Quatre rivières principales portent ce nom. — Rivière du Zanguebar, en Afrique, plus connue sous le nom de *Quilimancy*. — Rivière de la Sénégambie, en Afrique, appelée encore *Kabou* ou *Coumba*; prend sa source dans les montagnes de Badet près de Labbi, et va se jeter dans l'Océan vis-à-vis de l'archipel de Bissagos, après un cours de 100 lieues. — *do Norte* (c'est-à-dire du nord), rivière du Brésil, dans l'Amérique méridionale, prenant sa source dans la province de Parahiba et se jetant dans l'océan Atlantique, à Natal. Elle donne son nom à une province du Brésil. — *do Sul* (c'est-à-dire du sud), rivière du Brésil, dans l'Amérique méridionale. Elle donne son nom à une province; son cours n'est pas étendu, mais elle a une large embouchure.

RIO-GRANDE-DO-NORTE, province du Brésil, bornée au N. et à l'E. par l'océan Atlantique, à l'O. par la province, de Seara et au S. par celle de Parahiba. Sa superficie est de 7,500 lieues carrées, et sa population de 69,000 habitants. Elle renferme de grandes plaines arides où croissent seulement les cactus. Sa capitale est Natal.

RIO-GRANDE-DO-SUL, province du Brésil, bornée au N. par celle de San-Paulo, à l'E. par celle de Santa-Catarina et la mer, au S. et à l'O. par l'Uruguay. Sa superficie est de 15,000 lieues carrées, et sa population est de 170,000 habitants. Le ciel y est tempéré, le sol si productif qu'on pourrait l'appeler le grenier du Brésil; on en exporte, pour toutes les parties de la côte, du froment, du suif, de la viande séchée et des peaux. Il y a d'excellents chevaux et du gros bétail d'une race extrêmement belle. — L'ancienne capitale étoit *Rio-Grande* ou *San-Pedro*, à l'entrée du lac Patos. Depuis 1768, c'est Portalègre.

RIO-JANEIRO, province du Brésil, bornée au N. par celles de Minas-Geraës et d'Espirito-Santo, à l'O. par celle de San-Paulo, et à l'E. et au S. par la mer. Sa superficie est de 7,000 lieues carrées, et sa population de 591,000 habitants. Son territoire est montagneux, mais fertile et bien arrosé. Il produit en abondance du sucre, du café, du grain, des fruits, du coton, de l'indigo, du tabac, et quinze espèces de bois de teinture. On y trouve des mines d'or qui sont exploitées. Dans le sud, on prépare des farines, des cuirs, des viandes salées. Le climat est agréable. — La capitale est Rio-Janeiro.

RIO-JANEIRO, ville d'Amérique, capitale de la province qui porte son nom et de tout le Brésil, au pied de plusieurs montagnes, au fond de la baie de Rio-Janeiro. La forteresse, bâtie sur une langue de terre, s'appelle *Saint-Sébastien*. Son port, vaste et excellent, est défendu par le fort de Santa-Cruz, deux autres forts et plusieurs batteries. La ville se divise en deux quartiers: l'ancienne et la nouvelle ville. Celle-ci, bâtie à l'O. de la première depuis 1808, en est séparée par une place immense appelée *Campo de Santa-Anna*. L'eau est conduite dans la ville par un superbe aqueduc à double rang d'arches, la *Carioca*. Les plus beaux édifices sont les églises (*Nossa-Senhora da Candelaria* et la cathédrale). Elles abondent ainsi que les couvents. On cite aussi le palais impérial, l'hôtel des monnaies et l'arsenal. Rio-Janeiro possède tous les établissements de bienfaisance et d'instruction que l'on trouve dans les principales capitales de l'Europe. Sa bibliothèque publique a 70,000 volumes. Cette ville, l'entrepôt du commerce brésilien, est le siège d'un consul de France. Elle a un évêque et une population de 140,000 habitants. Elle a été pendant douze ans (de 1808 à 1820) le séjour de la cour de Portugal. Aujourd'hui elle est la résidence de l'empereur et du gouvernement brésilien.

RIO-NEGRO, rivière de l'Amérique méridionale, prenant sa source dans le gouvernement de Boyaca en Colombie. Il reçoit le Rio-Uaupès, le Padaviri, le Branco, et se jette dans le fleuve des Amazones à Barra-do-Rio-Negro (Brésil). Il communique avec l'Orénoque par le moyen de la rivière Cassiquiari. Son cours est d'environ 400 lieues.

RIOJA, province de la confédération buenos-ayrienne, bornée au N. par la Bolivia, à l'O. par le Chili, à l'E. par les provinces de Jujuy, Salta, Tucuman et Catamarca, au S. par celle de San-Juan. Sa superficie est de 600 lieues carrées, et sa population de 60,000 habitants.—La capitale est RIOJA-LA-NUEVA, sur l'Augua, à 265 lieues de Buenos-Ayres. Elle a 3,000 habitants.

RIOM, jolie ville de France, chef-lieu de sous-préfecture du département du Puy-de-Dôme, dans la Limagne, sur une colline près de l'Ambène, à 3 lieues de Clermont. Sa population est de 13,500 habitants. Elle est construite en laves, les rues pavées en basalte. On y remarque la fontaine de *Mozac*, le palais de justice, la promenade du *Pré-Madame*. Elle est le siége d'une cour royale qui embrasse dans son ressort les départements du Puy-de-Dôme, de l'Allier, du Cantal et de la Haute-Loire; elle possède des tribunaux de première instance et de commerce, une maison centrale de détention, un collége communal, une société d'agriculture, un cabinet de physique, un théâtre. Elle fait commerce en grains, vins, huile et toiles communes. On y trouve des fabriques de chandelles, de bougies, de foie d'antimoine, de siamoises, toiles de coton, mouchoirs, basins, d'eaux-de-vie, de pâtés de fruits, des tanneries, des quincailleries, etc.

RIOUFFE (Honoré), homme de lettres avant la révolution, se lia avec le parti de la Gironde, et se vit forcé de se réfugier à Bordeaux après la journée du 31 mai. Arrêté avec l'Espagnol Marchenna et le député Duchâtel, il fut jeté dans les cachots de la Conciergerie; il eut le bonheur d'y être oublié. Après le 9 thermidor, il publia les *Mémoires d'un détenu pour servir à l'histoire de la tyrannie de Robespierre*, ouvrage qui eut un succès prodigieux. Membre du tribunal du 18 brumaire, il devint après la suppression de ce corps préfet de la Côte-d'Or, puis en 1808 préfet de la Meurthe. Il mourut dans ce poste, officier de la Légion d'honneur.

RIOXA, petite province d'Espagne, située sur les frontières de la Biscaye, dans la Vieille-Castille le long de l'Ebre. Elle doit son nom au Rio-Oxa qui la traverse. C'est un pays fort beau, abondant en blé, vin, miel. Le chef-lieu est SAN-DOMINGO DE LA CALZADA.

RIPAILLE, ville de Savoie, dans le Chablais, sur le lac de Genève, à une lieue de Thonon. Elle était remarquable par son beau château et le parc magnifique qui en dépendait, et qui a été détruit en 1794 en même temps que le château précédemment réduit en chartreuse. Ce fut là que se retira Amédée VIII, duc de Savoie, élu pape sous le nom de Félix V, et la vie heureuse qu'il y menait a donné lieu au proverbe : *faire ripaille*.

RIPEN, bailliage du diocèse du Danemarck, dans le Nord-Judland. Il est borné au N. par celui de Viborg, à l'O par la mer du Nord, au S. par le Sleswig, et à l'E. par le petit Belt et le diocèse d'Arhuus. Sa superficie est de 286 lieues carrées, et sa population de 112,000 habitants, marins pour la plupart. Il est fertile en seigle, avoine et orge.—Sa capitale est RIPEN ou RIBE, enclavée dans le Sleswig, à une lieue de l'embouchure de la Nips dans la mer du Nord. Elle a un bon havre, un château, deux colléges, une bibliothèque publique et 2,600 habitants.

RIPHÉES (MONTS), chaîne de montagnes appelées aussi *monts Hyperboréens*, et dans lesquelles les anciens supposaient que les Gorgones faisaient leur résidence. On les représentait couverts de glaces éternelles. Certains auteurs les placent vers le N., ce qui a fait croire qu'ils n'ont existé que dans l'imagination des poëtes ; d'autres y placent les sources du Tanaïs (Don). Dans ce cas, il faudrait les rattacher à la chaîne des monts Valdaï.

RIPOLL, petite ville d'Espagne, dans la province de Catalogne, sur le Ter, à 8 lieues de Puycerda. Sa population est de 3,000 habitants.

RIPPERDA (Jean-Guillaume, baron DE), d'une famille noble de Groningue (Hollande), était colonel au service des états généraux, lorsqu'il fut envoyé ambassadeur en Espagne, où il acquit bientôt un crédit tel qu'il eut le pouvoir de premier ministre, sans en avoir le titre. Disgracié en 1726, il s'échappa de prison en 1728, passa en Portugal, en Hollande, en Angleterre, puis à Maroc, où il se fit circoncire et prit le nom d'Osman. Il tenta d'user de son influence pour établir une nouvelle religion composée du judaïsme, du christianisme et de l'islamisme; mais, obligé de quitter Maroc (1734), il mourut trois ans après à Tétouan, méprisé de tous les sectaires qu'il avait tâché de réunir.

RIPUAIRES ou RIPEWARES, tribu de la confédération franque, la plus puissante après celle des Francs Saliens. Elle fut ainsi appelée parce qu'elle s'établit sur la rive occidentale du Rhin, entre ce fleuve, la Moselle et la Meuse. Les Ripuaires constituèrent le royaume d'Ostrasie ; ils occupaient alors le pays entre le Rhin et la forêt Carbonaria ou des Ardennes. Ce fut Clovis qui, par le meurtre de Sigebert et de Chlodéric, princes ripuaires, les réunit à l'unité franque, qu'il sut faire naître du sein des divisions territoriales. Ce fut sous Théodoric ou Thierry, son successeur, que fut rédigée la loi des Ripuaires (de 511 à 534). Elle contient deux cent soixante-quatorze articles, et offre de grandes ressemblances avec la loi salique. Cependant ce n'est pas uniquement un code pénal ; le droit civil y tient plus de place. L'Eglise y occupe un rang aussi honorable que le roi. Elle est évidemment l'œuvre d'une nation plus civilisée.

RIQUET ou RIQUETTI (suivant son orthographe italienne), famille noble et ancienne originaire d'Italie où elle était appelée *Arrighetti*, modifié plus tard en *Riquetti*. Gérard Arrighetti, noble gibelin, vint s'établir en Provence en 1268. Antoine Riquetti, sixième du nom, mort en 1508, eut sept enfants, dont deux furent la souche de deux branches illustres : HONORÉ, qui était l'aîné, donna naissance à la branche des marquis de Mirabeau, laquelle conserva le nom de Riquetti et demeura en Provence; et RÉOMIEN, le quatrième des enfants, fut la souche des comtes de Caraman qui se fixèrent en Languedoc et prirent le nom français de Riquet. De la première branche est sorti le célèbre Mirabeau, de la seconde l'illustre Riquet.

RIQUET (Pierre-Paul DE), baron de Bonrepos, du Bois-la-Ville, naquit à Béziers en 1604. Il conçut l'utile projet du canal du Languedoc pour la communication des deux mers. Approuvé et fêté par Colbert, Riquet fut autorisé à prendre toutes les terres qu'exigerait la construction du canal, et le roi l'érigea en 1665 en un fief relevant immédiatement de la couronne, concédé à M. de Riquet, pour en jouir lui et ses successeurs à perpétuité incommutablement. Par suite de l'émigration des petits-enfants de Riquet à l'époque de la révolution, le canal du Languedoc cessa d'appartenir en presque totalité à leurs pieux possesseurs. Ils n'ont cent aujourd'hui que la jouissance de dix-neuf quatro-vingt-quatrièmes. Commencée en 1667, cette œuvre gigantesque fut presque achevée au bout de quatorze ans. Riquet, étant mort en 1680, n'eut pas la satisfaction d'en voir la fin, qui n'eut lieu qu'un an après (1681). Le canal avait coûté 17,000,000 de l'époque, c'est-à-dire environ 34,000,000 de la nôtre. Riquet en avait dépensé trois de ses deniers, et il laissa en mourant plus de 2,000,000 de dettes à ses enfants, qui achevèrent son entreprise, et ne commencèrent guère à en retirer quelque avantage qu'en 1724.

RIQUETTI, nom de famille des Mirabeau. Voy. RIQUET n° 1.

RIQUIER (Saint), en latin *Richarius*, abbé de Ponthieu, né vers la fin du VIe siècle dans le village de Centule, à 2 lieues d'Abbeville, parvint à la cour du roi Dagobert Ier, et vint vers 638 jeter les fondements du célèbre monastère qui porte son nom, et qui a donné à la ville de Centule où il fut bâti. Saint Riquier mourut en 645 ou en 674.

RIQUIER (SAINT-), petite ville du département de la Somme, sur le Cardon, dans l'arrondissement et à 2 lieues d'Abbeville, avec une population de 1,360 habitants.Elle s'appelait autrefois *Centula*, et dut sa prospérité à l'abbaye qu'y fonda vers 638 saint Riquier, dont elle prit le nom. Le roi et l'abbé de Saint-Riquier étaient coseigneurs de la ville. Cette abbaye fut l'une des plus riches de l'ordre de Saint-Benoît et de la congrégation de Saint-Maur.

RIS (en latin, *risus*), dieux de la gaieté, dont on plaçait toujours les statues auprès de Vénus avec les Grâces et les Amours. Les Thessaliens célébraient leur fête avec une gaieté analogue à son caractère, et les Lacédémoniens les honoraient comme ceux de tous les dieux qui pouvaient le mieux adoucir les peines de la vie.

RISDALE ou RIXDALE, monnaie usitée dans plusieurs pays étrangers. La *risdale* ou *écu* de convention (depuis 1753), d'argent, vaut en Autriche et en Bohême 5 francs 19 centimes 50 ; la *demi-risdale* ou *florin*, 2 francs 59 centimes 75. — En Danemarck et Holstein, la *risdale d'espèce*, d'argent, ou *double écu de 96 schellings*, vaut 5 francs 66 centimes ; la *risdale courante* ou *pièce de 6 marck danois* vaut 4 francs 96 centimes. A Hambourg, la *risdale de constitution* ou *écu de banque*, d'argent, vaut 5 francs 78 centimes; en Hollande la *risdale* ou *ducat*, d'argent, vaut 5 francs 48 centimes; la *risdale* ou *écu thaler de 24 bons gros*, d'argent, vaut 3 francs 71 centimes 50 ; le *demi* ou 12 *bons gros* vaut 1 franc 85 centimes 61; en Saxe, la *risdale d'espèce* ou *écu de convention*, d'argent, vaut 5 francs 19 centimes 50 ; le *demi* ou *florin de convention* vaut 2 francs 59 centimes 75 ; en Suède, la *risdale d'espèce* de 48 escalins ou schellings, d'argent, vaut 5 francs 78 centimes 73 ; les *deux-tiers de risdale* ou *double pièce de 32 schellings*, 3 francs 83 centimes 82 ; le *tiers* ou 16 *schellings*, 1 franc 91 centimes 91.

RIT et RITE (du latin *ritus*). Il y a cette différence entre ces deux mots que le dernier exprime les *cérémonies* d'une église quelconque, tandis que le premier signifie l'ordre, la manière dont se pratiquent ces cérémonies. Ainsi on dira les *rites* de la religion catholique pour désigner les cérémonies de ce culte, et le *rit* catholique pour indiquer l'ordre prescrit par les règlements pour telle et telle cérémonie de ce culte. Il y a à Rome une congrégation chargée de la conservation et de l'examen des cérémonies, appelée la *congrégation des rites*.

RITCHIE (Joseph), voyageur anglais, né à Otley (Yorckshire), était secrétaire du consul anglais à Paris, lorsqu'il reçut mission d'explorer le centre de l'Afrique. Une mort prématurée l'enleva à la science à Mourzouk en 1819. On a publié la relation de son *Voyage*.

RITOURNELLE (de l'italien *ritornello*, petit retour), nom que l'on donnait autrefois, en musique, à une phrase musicale qui répétait simplement le dernier motif d'un chant, et faisait ainsi un petit retour sur elle-même. — Aujourd'hui on appelle ainsi une sorte de prélude que font les instruments, et qui annonce le début d'un chant vocal, ou qui le termine soit dans ses repos, soit dans sa fin. La ritournelle est ordinairement une phrase musicale prise dans l'air même qu'elle annonce ou qu'elle clôture.

RITTBERG ou RIETBERG, seigneurie de Prusse, dépendant du comté de Kaunitz et faisant partie de la régence de Minden. Elle a environ 12 lieues carrées de superficie et 12,000 habitants. — Le chef-lieu est RITTBERG, ville de 3,000 habitants, sur l'Ems, à 15 lieues de Minden.

RITTERSCHAFTLICH, branche de la maison des rhingraves ou comtes du Rhin, qui possédait plusieurs villages et châteaux à l'E. du Rhin, depuis les possessions du comte d'Isembourg jusqu'au Rheingau.

RITUEL, livre qui contient les cérémonies qu'on doit observer dans l'administration des sacrements et la célébration du service divin. Cependant on donne plus particulièrement le nom de *missel* au livre qui renferme tout ce qui a rapport aux cérémonies de la messe, et celui de *rituel* est conservé seulement aux sacrements, aux bénédictions, aux exorcismes, etc. Chaque diocèse a ordinairement un rituel qui lui est propre; mais tous ont un fond commun avec le diocèse romain.

RITZEBUTTEL, bailliage maritime d'Allemagne, dépendance de la république de Hambourg, entre les bouches du Wéser et de l'Elbe. Sa superficie est de 4 lieues carrées, et sa population de 6,000 habitants. On y trouve le port de Cuxhaven, situé à l'embouchure de l'Elbe, une demi-lieue du bourg de RITZEBUTTEL, chef-lieu du bailliage, avec 1,500 habitants.

RIVAGE. Voy. RIVE.

RIVALZ (Antoine), habile peintre français, né à Toulouse en 1667 de Jean-Pierre Rivalz, peintre et architecte de l'hôtel de ville de Toulouse. Il remporta à Rome le premier prix de peinture de l'académie de Saint-Luc, et mourut en 1735. On voit au musée de Toulouse plusieurs de ses tableaux : la *Fondation d'Ancyre par les Tectosages*, l'*Assemblée des capitouls*, etc. Rivalz avait un pinceau vigoureux et un dessin correct.

RIVAROL (Antoine, comte DE), écrivain spirituel et satirique, descendant d'une noble famille italienne, naquit à Bagnols (Gard) en 1757. On a prétendu que son père était aubergiste, parce qu'il possédait à Bagnols une auberge qu'un autre était chargé de mettre en valeur. Rivarol vint à Paris en 1779, et ne tarda pas à se faire remarquer par un tour d'esprit caustique. Son *Discours sur l'universalité de la langue française*, sa traduction de l'*Enfer* du Dante, et son *Petit Almanach des grands hommes* le mirent à la mode, et lui firent une grande réputation d'esprit. Il émigra en 1792, et mourut à Berlin en 1801.

RIVAROLLES (Joseph-Philippe DE SAINT-MARTIN D'AGLIÉ, marquis DE), leva par commission un régiment de cavalerie de son nom en 1672, et fit avec lui la guerre de Roussillon (1674-75). La chaleur de son courage le fit surnommer le *Débauché de bravoure*. A Puycerda, il perdit une jambe, et au pont de Kell (1677) il perdit la jambe de bois qui remplaçait son membre enlevé. Cette circonstance lui fournit le sujet d'une plaisanterie. Mestre de camp et lieutenant du régiment Royal-Piémont en 1678, brigadier au siége de Luxembourg (1684), maréchal de camp en 1688, grand-croix de l'ordre de Saint-Louis en 1693, il était grand prieur de l'ordre de Saint-Lazare et commandeur de Saint-Maurice de Savoie, lorsqu'il mourut en 1704.

RIVE, nom spécialement employé à désigner les bords d'un fleuve, d'une rivière, d'une forêt ou d'un bois, tandis que *rivage* ne devrait s'employer que pour les bords de la mer. Les rivages peuvent être de différente nature; les uns sont escarpés (*falaises*), les autres plats (*plages*), d'autres sablonneux (*dunes*). C'est par corruption qu'on applique le mot rivage aux fleuves. On appelle, à Paris, *droit de rivage* l'octroi levé sur les bateaux chargés de marchandises et les débarquant sur l'une ou l'autre rive de la Seine.

RIVE-DE-GIER, ville du département de la Loire, chef-lieu de canton de l'arrondissement et à 4 lieues de Saint-Etienne, sur le Gier, à l'endroit où commence le canal qui porte son nom, et qui se termine dans le Rhône à Givors. Sa population est de 8,000 habitants. Elle a de belles houillères qui emploient plus de vingt-six pompes à feu et autant de machines de rotation, et fait un grand commerce de charbon de terre, qu'elle expédie par le canal ou par le chemin de fer qui la traverse et qui joint Saint-Etienne à Lyon.

RIVERAINS, qui habitent les rives d'un fleuve, d'un bois. — Le propriétaire riverain profite des accroissements de terre ou alluvions qui se forment de son côté, sans qu'il puisse y avoir revendication de la part du propriétaire de la rive opposée, qui voit son terrain envahi par l'eau. — On a donné le nom de *riverains* aux oiseaux portés à vivre habituellement sur les bords des rivières, des étangs ou de la mer. Les échassiers et la première section du genre bec-fin sont de cette classe.

RIVET (Dom Antoine), né à Confolens (Charente) en 1683, prit l'habit de bénédictin à Marmoutier en 1705, et fut appelé à Paris en 1717 pour travailler avec quelques autres religieux à l'histoire des hommes illustres de l'ordre de Saint-Benoît. Cette entreprise ayant échoué, il se livra entièrement à la composition de l'*Histoire littéraire de la France*, qui occupa toute sa vie, et dont il finissait le neuvième volume, lorsqu'il mourut en 1749. Il s'était adjoint dans son travail trois de ses confrères et amis, dom Maurice Poncet, dom Joseph Duclou et dom Jean Colomb.

RIVIÈRE, cours d'eau naturel, régulier et constant, ayant un volume assez considérable pour la navigation ou le flottage, sans qu'il soit cependant suffisant pour mériter le nom de *fleuve*. Des géographes établissent que la différence qui existe entre le fleuve et la rivière, c'est que le premier de ces cours d'eau se jette dans la mer, tandis que le second a son embouchure dans un lac ou dans un fleuve. Dans ce cas le Rio de la Plata serait un fleuve, et le Paraguay une rivière. D'autres ne voient la distinction que sous le point de vue du volume des eaux et de la longueur du cours. Le point de réunion de deux cours d'eau s'appelle *confluent*, et celui des eaux qui a son embouchure dans l'autre *affluent*. — On donne, en géographie, le nom de *rivière de Gênes* à la côte de Gênes.

RIVIÈRE (BUREAU DE LA) succéda à la faveur que son frère s'était acquise à la cour de Charles V. Charles VI le choisit pour un de ses trois conseillers les plus intimes. Lors de sa maladie, les oncles du roi renvoyèrent tous les ministres de Charles VI, qu'ils traitaient de *marmousets*, et Bureau de la Rivière fut du nombre. Après être restés deux mois en prison, ils furent déclarés incapables d'exercer aucun emploi. Bureau de la Rivière mourut en 1400, et fut enterré à Saint-Denis, aux pieds de Charles V, qui l'avait ainsi ordonné de son vivant.

RIVIÈRE (PONCET DE), chevalier, de l'illustre maison des vicomtes de Rivière, seigneurs de Labatut, bailli de Mont-Ferrand, maire de Bordeaux, chambellan du roi Louis XI, et commandant des francs archers de sa garde, était grand homme d'Etat et de guerre. Il commandait l'avant-garde à la bataille de Monthléry contre le comte de Charolais (1464).

RIVIÈRE (Henri-François DE LA), fils de Charles-François de la Rivière, gentilhomme ordinaire de la chambre du roi, et contrôleur général de la maison de la reine, naquit à Paris en 1660. Il embrassa la carrière des armes, et assista au siège de Gigeri en 1674, avec le duc de Beaufort, dont il était aide de camp. Il se fit aimer de la fille du comte de Bussy-Rabutin, Françoise-Louise de Rabutin, veuve du marquis de Coligny-Langeac, et l'épousa en 1681 à l'insu du comte, qui, furieux à cette nouvelle, entama un procès à M. de Rivière. Celui-ci ne voulant plus habiter avec lui, se retira à l'Oratoire, où il mourut en 1734. On a de lui des *lettres*.

RIVIÈRE (MERCIER DE LA), économiste distingué, né vers 1720 d'une famille de finance, fut pourvu en 1747 d'une charge de conseiller au parlement de Paris, et fut peu de temps après nommé intendant de la Martinique. A son retour, il devint l'un des plus zélés disciples de Quesnay, traversa la terreur sans accidents, et mourut en 1794. On a de lui plusieurs ouvrages.

RIVIÈRE (Charles-François, marquis, puis duc DE), né en 1765 à la Ferté-sur-Cher (Loir-et-Cher), était avant la révolution officier des gardes françaises. Il émigra avec le prince d'Artois, qui le fit son aide de camp et l'employa à une foule de missions en Vendée. Arrêté en 1804 avec Pichegru, et condamné à mort, il dut la commutation de cette peine en celle de la déportation aux instances de Joséphine. Rentré en France en 1814, il fut nommé maréchal de camp et ambassadeur à Constantinople. Réfugié en Espagne durant les cent jours, il fut à la seconde restauration créé pair et lieutenant général, et chargé du commandement de la Corse, d'où il partit en 1816 pour son ambassade de Constantinople. Rappelé définitivement en 1820, il fut mis à la tête de la compagnie des gardes du corps de Monsieur, devenu plus tard la cinquième des gardes du corps du roi Charles X. Il avait été créé duc et gouverneur du duc de Bordeaux, lorsqu'il mourut en 1828.

RIVOLI, petite ville du royaume lombardo-vénitien, sur l'Adige, à peu de distance du lac de Garda, à 5 lieues de Vérone. Elle est remarquable par la victoire qu'y remporta l'armée française commandée par le général Bonaparte sur les Autrichiens, les 14 et 15 janvier 1797.

RIZ, genre de la famille des graminées, renfermant une seule espèce à plusieurs variétés. C'est une plante annuelle, dont les racines fibreuses, capillaires et touffues pénètrent dans le sol, tandis qu'à sa surface s'élèvent des chaumes droits, hauts d'un mètre, se garnissant de feuilles larges, fermes, très-longues, assez semblables à celles des roseaux. Les fleurs sont disposées en une ample panicule terminale de couleur purpurine, fort longue et fort serrée. Les semences sont des grains blancs, oblongs, de forme et de grosseur différentes. Le riz est pour les Chinois et les Indiens ce que le blé est pour les Européens. Il fait la nourriture ordinaire des habitants de ces contrées, où il est cultivé de temps immémorial. Le Piémont et l'Espagne sont les seuls pays de l'Europe où on le cultive. Les terrains consacrés à sa culture s'appellent *rizières*. La farine du riz sert pour les potages sous le nom de *crème de riz*. Son grain est dans l'Inde employé à la fabrication de la bière et de l'*arack*; avec la paille on fait de jolis chapeaux. La médecine enfin tire du riz les plus grands avantages.

RIZEH ou RIZI, ancienne ville de l'Anatolie, dans le pays de Roum, avec un port fréquenté sur la mer Noire, dans le gouvernement et à 18 lieues de Trébisonde. Sa population est de 5,000 habitants. Elle a des fabriques de toiles, tabac, poudre à canon, des papeteries, des teintureries. Son commerce d'exportation consiste en plomb, cuivre, acier, fer, cire, pelleteries, fruits, et surtout en belles toiles; celui d'importation, en draps, lin et bonneterie d'Égypte.

RIZIÈRE, terrain où l'on cultive le riz. Les rizières sont de grandes plaines basses et inondées. Aussi leur voisinage est-il généralement dangereux pour les exhalaisons malfaisantes qui en émanent et qui occasionnent des fièvres intermittentes et d'autres maladies sérieuses. En Chine, les rizières sont des espèces d'îles flottantes formées avec des nattes de bambous et chargées de terre, de façon que les racines sont toujours en contact avec l'eau courante.

RIZZIO ou RICCIO (David), musicien italien, né à Turin, entra au service du comte de Moretto, ambassadeur en Ecosse. Là il devint musicien de la chapelle de la reine Marie Stuart, et puis son secrétaire intime. Il fut employé dans diverses négociations importantes, et acquit sur l'esprit de la reine une grande influence, qu'on peut expliquer aisément sans lui donner, comme l'ont fait certains historiens, un caractère coupable. Jaloux du favori, Henri Stuart, comte de Darnley, époux de Marie Stuart, le fit assassiner par sept nobles écossais à la tête desquels étaient le comte de Ruthwen et le duc de Rothsay. David Rizzio soupait alors avec la reine et la comtesse d'Argyle. Il fut entraîné et percé de coups, malgré les pleurs et la résistance de la reine (1566). Cette princesse vengea la mort de son favori sur quelques-uns des assassins qu'elle fit exécuter publiquement.

ROANNE, ville de France, chef-lieu de sous-préfecture du département de la Loire, sur la Loire qui est traversée par un beau pont de pierre, à 12 lieues de Montbrison. Sa population est de 9,000 habitants. Elle a un tribunal de première instance, une chambre des manufactures, un collège communal, une société d'agriculture, une bibliothèque, un cabinet de physique et un théâtre. Toutes les routes de l'O. y aboutissent; ce qui la rend l'entrepôt de toutes les marchandises du Languedoc, du Lyonnais, de la Provence et du Levant pour Paris par le canal de Briare.

ROANOKE, rivière des Etats-Unis, dans la Caroline du Nord, formée par la réunion du Dan et du Staunton près de Danbury, passe à Plymouth, et se jette dans le détroit d'Albemarle, après un cours de 120 lieues.

ROB, nom donné, dans la pharmacie, à l'extrait ou à la gelée d'un fruit ou de toute autre substance. On tire des robs des baies de nerprun, de berbéris, de sureau, etc. Autrefois on y mêlait du miel; aujourd'hui on se contente de faire épaissir le suc non fermenté jusqu'à ce qu'il ait lui-même acquis la consistance du miel.

ROB-ROY, c'est-à-dire *Robert le Rouge*, nom sous lequel est connu en Ecosse un héros montagnard populaire, célébré par Walter Scott. Son nom était Robert Mac-Gregor. Son clan ayant été proscrit en 1662, il prenait quelquefois le nom de son protecteur, le duc d'Argyle (Campbell). Cet homme extraordinaire naquit vers l'an 1660. Il était le deuxième fils de Donald Mac-Gregor de Glengyle. S'étant associé avec le duc de Montrose pour le commerce des bestiaux, un différend s'éleva entre eux, et ils se vouèrent une haine irréconciliable. Rob-Roy, ayant en 1715 combattu avec les jacobites, fut déclaré rebelle, mis hors la loi, traqué dans ses montagnes, d'où il s'abattait quelquefois sur la plaine, enlevant tout ce qu'il trouvait et qu'il supposait appartenir à ses ennemis. Rob-Roy mourut paisiblement, sans qu'on eût pu l'arrêter.

ROBE, vêtement qui couvre le corps de la naissance des épaules aux pieds. La robe, qui chez nous n'est portée que par les femmes et les magistrats, appelés pour cette raison *gens de robe*, était le principal habillement des Romains. Cette robe (*toga*) était de laine, ronde, fermée par devant et sans manches. Elle leur enveloppait tout le corps, de manière que le bras droit sortait par en haut, et que le bras gauche leur servait à soulever le bas de la robe, ce qui formait un pli appelé *sinus*. La couleur était ordinairement blanche, mais cependant différente de celle des robes d'apparat que l'on mettait quand on briguait une place, et qui étaient d'un blanc (*candidus*) fait avec de la craie. Les robes de deuil étaient de couleur noire ou gris de fer (*pulla*). A quinze ans, on commençait à porter la *prétexte*, robe aux bords tissus de pourpre; à dix-sept, on prenait la robe *virile*, appelée encore *pura* et *libera*. Les triomphateurs portaient une robe tissue de pourpre d'or, et appelée *picta* ou *palmata*. Enfin la *trabée* était la robe des dieux, des augures et des rois. Les premiers l'avaient de couleur pourpre; les seconds pourpre et écarlate, les derniers pourpre et blanc. Plus tard les chevaliers prirent la trabée pour les revues. Elle était blanche, bordée de pourpre et rayée de larges bandes de cette couleur.

ROBE, nom figuré donné au pelage des mammifères, surtout quand il s'agit de la couleur.

ROBERJOT (Claude), né à Mâcon en 1753, embrassa l'état ecclésiastique, et devint curé de Mâcon. En 1789, il accepta les fonctions de président du département de Saône-et-Loire, et fut nommé en 1792 député suppléant à la convention nationale, où il remplaça Carra en 1793. Membre du conseil des cinq cents, il fut successivement ambassadeur à Hambourg et en Hollande. Il fut envoyé en 1799, avec Bonnier d'Alco et Jean de Bry, comme plénipotentiaire au congrès de Rastadt. Ce fut au sortir de cette ville qu'il fut assassiné par les hussards de Szecklers, avec Bonnier, par un attentat dont l'auteur est demeuré inconnu. Le conseil des cinq cents arrêta que sa place serait occupée par un costume revêtu d'un crêpe noir, et que le président de l'assemblée répondrait à l'appel de son nom : *Vengeance !*

ROBERT LE FORT, duc de France et abbé de Saint-Martin de Tours, était, selon les chroniques de l'Anjou, originaire de la Saxe. Suivant les généalogistes qui voulurent rattacher la race des Capétiens à celle des Carlovingiens, il descendait de Childebrand, fils de Pepin le Gros et frère de Charles Martel. Charles le Chauve lui conféra le comté d'Anjou, pour le défendre contre les ennemis de son pays. Robert combattit les Normands avec la même valeur qu'il avait déployée contre l'armée de Louis le Germanique, lorsque, soutenue par la noblesse de France, elle était venue l'attaquer. Les Normands le surprirent à Brissarthe, village à 5 lieues d'Angers, et le tuèrent (866). Robert le Fort fut le père d'Eudes, duc de France, qui partagea le trône avec Charles le Simple, et de Robert, roi de France, qui fut le père de Hugues le Blanc, comte de Paris, et c'est de ce dernier que naquit Hugues Capet.

ROBERT, duc de France, second fils de Robert le Fort, fut proclamé roi par les grands révoltés contre Charles le Simple en 923. La bataille de Soissons, qui enleva la couronne à ce prince, coûta la vie à Robert. Hugues, son fils, auquel les vassaux offrirent le trône, le refusa et fit élire à sa place Raoul, duc de Bourgogne. Robert laissait un fils, Hugues le Blanc, comte de Paris, père de Hugues Capet, et une fille, Emma, mariée au duc Raoul.

ROBERT, roi de France, fils de Hugues Capet, succéda à son père en 996. Il passait, au jugement de ses contemporains, pour le plus lettré et le plus pieux des rois. Ce prince, couronné dès 988, avait épousé en 995 Berthe, fille de Conrad, roi de Bourgogne transjurane, et veuve du comte de Blois, sa cousine au quatrième degré. Grégoire V déclara ce mariage nul, et excommunia les deux époux (998). Il fut enfin forcé de renvoyer Berthe, et épousa Constance, fille de Guillaume Taillefer, comte de Toulouse, femme impérieuse et vindicative, qui lui fit condamner des manichéens à être brûlés vifs. On lui offrit l'empire et le royaume d'Italie; mais il les refusa. Il fit la guerre à Othe-Guillaume, duc de Bourgogne, pour la possession de ce duché qui fut assurée à son second fils Henri; l'aîné, Hugues, étant mort en 1025, Henri fut désigné pour son successeur. Les deux plus jeunes, Robert et Eudes, se soulevèrent contre l'autorité paternelle, et ravagèrent les domaines royaux. Robert mourut à Melun en 1031, âgé d'environ soixante ans. On lui attribue plusieurs hymnes qu'on chante encore dans les églises, entre autres le *Veni, sancte Spiritus* et le *Constantia martyrum*.

ROBERT ou RUPERT DE BAVIÈRE, dit *le Bref* et *le Débonnaire*, électeur palatin, fils de Robert le Tenace, né en 1352, fut élu empereur d'Allemagne en 1400 après la déposition de Vincesias, roi de Bohême. Il acheva d'établir la souveraineté des seigneurs allemands en leur cédant la haute justice que les empereurs s'étaient réservée, fonda l'université d'Heidelberg, partagea ses Etats héréditaires à ses quatre fils, qui ont donné naissance à plusieurs branches de la maison palatine, et mourut à Oppenheim en 1410.

ROBERT DE COURTENAY, fils de Pierre de Courtenay, empereur latin de Constantinople, lui succéda en 1220. Il se laissa resserrer par Vatace, empereur de Nicée, et réduire au seul territoire de Byzance. Guillaume de Montferrat, chef de la croisade que le pape avait prêchée contre Vatace, étant mort, Robert, abandonné des croisés, fut forcé de conclure une paix humiliante. Il avait épousé la fille d'un chevalier de l'Artois, déjà promise à un chevalier bourguignon. Celui-ci, outré de jalousie, parvint à s'emparer de l'impératrice et de sa mère, noya cette dernière, et fit couper à l'autre le nez et les lèvres. Robert en mourut de chagrin (1228). Ce fut sous le règne de ce prince que naquirent les deux nouveaux empires de Trébisonde et de Thessalonique.

ROBERT BRUCE, roi d'Ecosse, premier du nom. *Voy.* BRUCE.

ROBERT II, roi d'Ecosse, chef de la maison des Stuart, succéda en 1370 à David II, son oncle, fils ainsi que sa mère du célèbre Robert Bruce. Il mourut en 1390, laissant le trône à son fils Robert III.

ROBERT III, roi d'Ecosse, fils de Robert II, lui succéda en 1390. Ce prince faible se retira dans l'île de Bute, laissant la régence du royaume à son frère l'ambitieux duc d'Albany, qui appela les Anglais et fit enfermer Robert, duc de Rothsay, fils aîné du roi et héritier présomptif de la couronne, dans le château de Falkland, où il mourut de faim. Robert III, éprouvé, envoya Jacques, son plus jeune fils, en France; mais, ce prince ayant été fait prisonnier par les Anglais, il en mourut de chagrin en 1406.

ROBERT D'ANJOU, dit *le Sage* et *le Bon*, roi de Naples, succéda en 1309 à Charles II, dit *le Boiteux*, son père, au préjudice de Charobert, fils de son frère aîné. Ce prince, libéral et ami des gens de lettres, cultivait lui-même les sciences avec succès. Boccace prétend que, depuis Salomon, on n'avait pas vu prince aussi savant sur le trône. Il prit le parti des pontifes romains contre l'empereur Henri VII, à la mort duquel Clément V le nomma vicaire de l'empire en Italie jusqu'à l'élection d'un nouvel empereur. Robert mourut en 1343 à l'âge de soixante-quatre ans, laissant pour héritière Jeanne sa petite-fille.

ROBERT Ier, duc de Bourgogne, surnommé *le Vieux* à cause de son long règne, était le troisième fils de Robert, roi de France. Son frère ainé, étant monté sur le trône de France, lui céda en 1032 le duché de Bourgogne. Robert gouverna avec rigueur; il tua de sa propre main Dalmace de Sémur, son beau-père, et mourut en 1075. Il avait quatre fils et deux filles. L'aîné des fils, Hugues, était mort en 1058 ; le second, Henri, était aussi mort avec son père; les deux survivants étaient Robert et Simon. Son successeur fut Hugues, son petit-fils, fils de Henri.

ROBERT II, duc de Bourgogne, fils de Hugues IV et d'Yolande de Dreux, succéda à son père en 1272. Il eut à combattre les prétentions de ses beaux-frères, et fut nommé en 1294 grand chambrier de France et lieutenant du roi dans le Lyonnais. Il mourut en 1305. Il avait eu d'Agnès de France neuf enfants ; 1° Jean, mort en 1298 ; 2° et 3° Hugues et Eudes, ses successeurs dans le duché de Bourgogne ; 4° Louis, prince d'Achaïe et de Morée ; 5° Robert, comte de Tonnerre, mort en 1334 ; 6° Blanche, mariée à Edouard, comte de Savoie ; 7° Marguerite, que son époux Louis le Hutin, roi de France, fit étrangler pour l'avoir déshonoré par ses débauches ; 8° Marie, femme d'Edouard, fils du comte de Bar; 9° Jeanne, femme de Philippe de Valois et reine de France.

ROBERT GUISCARD, chevalier normand, originaire de Coutances et fils de Tancrède de Hauteville, né vers l'an 1015, rejoignit ses frères Guillaume Bras de fer, Drogon et Humphrey en Italie dès qu'il fut en état de porter les armes, et fut proclamé comte de la Pouille après la mort de Humphrey. Il conquit ensuite la Calabre, pacifia ce pays par sa fermeté et sa clémence, chassa les Sarrasins de la Sicile et du reste de l'Italie, et réunit peu à peu sous son autorité toutes les provinces qui forment aujourd'hui le royaume de Naples. Il pénétra en Orient, jeta l'épouvante jusque dans Constantinople, et, après avoir soumis les îles de l'Archipel, il se disposait à marcher sur cette ville lorsqu'il fut enlevé par une maladie épidémique, l'an 1085, dans l'île de Céphalonie. La dynastie de Robert Guiscard régna dans le midi de l'Italie jusqu'à l'extinction de cette race en 1186.

ROBERT Ier, comte d'Averse et prince de Capoue, fils de Jordan Ier et frère de Richard II, lui succéda en 1116, et mourut en 1120. Son fils Richard III ne lui ayant survécu que deux jours, la principauté de Capoue passa à Jordan II, troisième fils de Jordan Ier.

ROBERT II, comte d'Averse et prince de Capoue, succéda en 1127 à son père Jordan II, et tâcha de reconquérir l'indépendance que ses prédécesseurs avaient perdue. Dépossédé par le roi de Sicile et de Naples, Roger II, il implora les secours de plusieurs princes. L'empereur Frédéric Barberousse le rétablit dans ses Etats en 1155. Mais, fait prisonnier par Guillaume Ier, fils de Roger, le malheureux Robert périt misérablement dans les cachots de Palerme l'an 1156, après avoir eu les yeux arrachés.

ROBERT Ier, duc de Normandie, surnommé le Diable ou le Magnifique, fils de Richard II, succéda en 1028 à son frère Richard III, que la rumeur publique l'accusa d'avoir empoisonné. Le pape le condamna à faire en expiation un pèlerinage à Jérusalem. Il mourut à Nicée en Bithynie en 1035. Avant de partir, il avait exigé de ses grands vassaux de reconnaître pour son successeur Guillaume le Bâtard, qu'il avait eu d'une femme de Falaise, Arlette, fille d'un pelletier ou d'un brasseur.

ROBERT II, dit Courte-Cuisse, duc de Normandie, fils aîné de Guillaume le Conquérant, n'eut en partage que la Normandie, tandis que Guillaume le Roux, son frère, eut l'Angleterre. Il contribua beaucoup au succès de la croisade de 1096. A son retour, il tenta vainement de reconquérir l'Angleterre sur son frère Henri Ier, successeur de Guillaume. Livré à ses plaisirs et gouvernant pour ses courtisans, il perdit la Normandie avec la liberté. Il fut fait prisonnier par Henri à la bataille de Tinchebray en 1106, et mourut dans sa prison en 1134. Ce prince, juste et humain, ayant été blessé d'une flèche empoisonnée, ne voulut point consentir à ce qu'on suçât sa plaie. Sa femme Sybille, profitant de son sommeil, perdit la vie en la rendant à son époux.

ROBERT D'ALENÇON, quatrième du nom, dernier héritier mâle des comtes d'Alençon, mourut en 1209. Sa sœur, Elie du Mêle, donna cette principauté à Philippe Auguste. Le comté d'Alençon a été l'apanage d'un prince du sang depuis 1268 jusqu'au XVIIIe siècle. Le premier fut Pierre, fils de saint Louis. Le comté d'Alençon fut donné ensuite à Charles de Valois, frère de Philippe VI, et érigé en duché-pairie pour Jean, son petit-fils, tué en 1415 à Azincourt. Cette branche de la maison de Valois s'étant éteinte dans la personne de Charles IV, arrière-petit-fils de Jean, ce duché fut donné en apanage au cinquième fils de Henri II, plus tard Henri III.

ROBERT D'ARTOIS Ier du nom, fils de Louis VIII et frère de saint Louis, qui érigea en sa faveur l'Artois en comté-pairie en 1237. Le pape Grégoire IX, alors en guerre avec Frédéric II, offrit l'empire à saint Louis pour son frère. Mais le conseil du roi le dissuada d'accepter, et répondit au pape que le comte Robert se tenait assez honoré d'être frère d'un roi qui surpassait en dignité, en forces et en biens tous les autres potentats du monde. Robert suivit son frère en Egypte, et fut tué, en 1250, à la bataille de Massoure, qu'il avait imprudemment fait livrer.

ROBERT D'ARTOIS II du nom, dit le Bon et le Noble, fils du précédent, châtia les rebelles de la Navarre, et fut régent du royaume de Naples pendant la captivité de Charles II. Il défit ensuite successivement les Aragonais, les Anglais et les Flamands. Ces derniers prirent leur revanche à Courtray, où Robert périt percé de trente coups de pique en 1302. Sa fille Mahaud lui succéda.

ROBERT D'ARTOIS III du nom, fils de Philippe d'Artois et petit-fils de Robert II. Son père étant mort avant son aïeul, et l'ordre de succession suivant en Artois la proximité du sang et non la ligne de descendance directe, Mahaud ou Mathilde, fille de Robert II, lui succéda, de préférence à Robert III, son petit-fils. Celle-ci mourut en 1318, et Robert s'empara immédiatement de l'Artois; mais il en fut chassé par Philippe V, roi de France, qui réclamait cette province du droit de sa femme, Jeanne de Bourgogne, fille de Mahaud et d'Othon, duc de Bourgogne. Robert renouvela en 1329 ses réclamations, en les appuyant sur des pièces fausses, pour lesquelles la Divion, sa complice, fut brûlée, et lui-même banni de France par Philippe VI, dont il avait épousé la sœur. Robert suscita des assassins et la magie pour le faire périr, et, réfugié à la cour d'Edouard III, roi d'Angleterre, il l'engagea à se déclarer roi de France. Il fut ainsi la cause des guerres qui désolèrent la France, et auxquelles il prit lui-même part. Robert d'Artois fut blessé mortellement au siège de Vannes en 1342.

ROBERT DE BAVIÈRE. Voy. RUPERT.

ROBERT D'ARBRISSEL. Voy. ARBRISSEL.

ROBERT GROSSE-TÊTE (en latin, Capilo), l'un des savants scolastiques du XIIIe siècle, naquit en Angleterre dans le Suffolkshire de parents pauvres. Il s'acquit une grande réputation par sa piété et sa science, et devint docteur d'Oxford, puis archidiacre de Leicester, et enfin évêque de Lincoln en 1235. Il défendit avec zèle la juridiction des ordinaires contre le pape Innocent IV et contre les moines, et mourut en 1253. On a de lui un grand nombre d'ouvrages remplis d'érudition, et dans plusieurs desquels il reprend avec liberté et même avec amertume les vices et les dérèglements des ecclésiastiques. Il y en a un fort rare intitulé Testamentum XII prophetarum.

ROBERT DE VAUGONDY (Gilles), géographe français, né à Paris en 1688, fut géographe ordinaire du roi Louis XV, et mourut en 1766. On a de lui un Abrégé des différents systèmes du monde, Géographie sacrée, Usage des globes, Observations sur les découvertes de l'amiral de Fuentès, un Atlas portatif et un Grand Atlas en cent huit cartes fort estimé. Son fils, censeur royal, se distingua dans la même science.

ROBERT (Hubert), peintre d'architecture et de paysage, né à Paris en 1733. Il alla étudier à Rome, et, de retour à Paris en 1767, il fut reçu à l'académie de peinture à l'unanimité, et nommé garde des tableaux du roi et dessinateur des jardins royaux. Enfermé à Sainte-Pélagie, il n'en sortit qu'après dix mois de détention, fut nommé en 1800 conservateur du musée du Louvre, et mourut subitement en 1808. Le musée possède plusieurs de ses compositions.

ROBERT (Léopold), peintre célèbre, né en 1794 à la Chaux-de-Fonds (canton de Neufchâtel), en Suisse. Il étudia la gravure sous Girardet et la peinture sous David. Il dut à la bienveillante amitié d'un de ses compatriotes de pouvoir aller étudier à Rome les grands maîtres. Ce fut en Italie qu'il produisit ses premiers ouvrages, l'Improvisateur napolitain et la Madone de l'Arc, et qu'il conçut une passion qui devait le conduire au tombeau. Il se coupa la gorge en 1835, de chagrin de ne pouvoir épouser une femme qu'il aimait. Ses deux derniers tableaux, les Moissonneurs et les Pêcheurs de l'Adriatique, sont regardés comme des chefs-d'œuvre.

ROBERTSON (William), célèbre historien anglais, né en 1721 à Borthwick en Ecosse, fit ses études à l'université d'Edimbourg, où son père remplissait des fonctions ecclésiastiques, et suivit aussi la carrière de l'Eglise. Reçu ministre en 1742, il profita de ses loisirs pour se livrer à l'étude de l'histoire. Son Histoire d'Ecosse (1759) lui valut les grades de chapelain ordinaire du roi pour la religion presbytérienne (1761), principal de l'université d'Edimbourg (1762) et d'historiographe du roi pour l'Ecosse (1764). L'Histoire de Charles-Quint (1769) et l'Histoire d'Amérique (1777) mirent le comble à la réputation de cet écrivain consciencieux et savant, qui mourut en 1793, membre de presque toutes les académies européennes.

ROBERTSON (Etienne-Gaspard), célèbre aéronaute et physicien, né à Liége en 1762, fut nommé professeur de physique du département de l'Ourthe, lorsque la Belgique fut réunie à la France. Il enrichit la physique de plusieurs appareils nouveaux, et fut l'inventeur de la fantasmagorie. Il a exécuté dans les principales villes de l'Europe cinquante-neuf voyages aérostatiques, dans le but d'étudier les phénomènes atmosphériques. Il suivit dans son ambassade de Chine le comte Golownin, afin d'offrir à l'empereur le spectacle d'une ascension aérostatique dans son palais. Robertson mourut aux Batignolles, près de Paris, en 1837.

ROBESPIERRE (François-Maximilien-Joseph-Isidore DE) naquit à Arras en 1759. Son père, avocat au conseil supérieur d'Arras, le laissa orphelin à l'âge de neuf ans. Son oncle, M. de la Roche, chanoine de Paris, lui fit faire ses études au collège de Louis le Grand. Il devint ensuite avocat au conseil d'Artois comme son père. Il obtint un prix à l'académie de Metz, pour un mémoire sur le préjugé qui étend à toute une famille la honte des fautes d'un seul (1784). Elu député à Arras aux états généraux de 1789, il y montra plus d'originalité que de hardiesse, et mérita par son désintéressement le surnom d'Incorruptible. Le peuple de Paris le nomma député à la convention nationale. Il y siégea entre Danton et Marat, et y devint le chef du fameux parti de la montagne. Profitant des circonstances que faisait naître ses amis plus entreprenants que lui, il parvint peu à peu à dominer la convention. La mort du roi, dont il fut l'ennemi le plus implacable, la ruine du parti des girondins rendirent son influence triomphante. Membre du comité de salut public et président de la convention (1793), il fut l'un des organisateurs de ce tribunal révolutionnaire qui envoya à l'échafaud tant de milliers de victimes. Hypocrite raffiné, il avait fait décréter l'existence d'un Etre suprême, et rétablit la religion en son honneur. Enfin ses collègues se liguèrent contre lui, sentant qu'ils étaient perdus s'il continuait de vivre et de régner. Un coup d'audace les sauva, et Robespierre fut dans la journée du 9 thermidor décrété d'accusation. Il se réfugia à l'hôtel de ville, où il se tira un coup de pistolet qui lui fracassa la mâchoire. Le lendemain il subit le dernier supplice (1er septembre 1794).

ROBESPIERRE LE JEUNE (Augustin-Bon-Joseph DE), frère cadet du précédent, prit au collège Louis le Grand la place qu'il laissait vacante. Nommé au commencement de la révolution procureur de la commune d'Arras, il suivit à Paris son aîné, député à l'assemblée constituante. Elu député à la convention nationale par le collége électoral de Paris, il y siégea à côté de son frère, et vota comme lui. Envoyé en mission à plusieurs armées, il revint à Paris peu de temps avant le 9 thermidor. Il ne voulut point que sa cause fût séparée de celle de son aîné. Lorsqu'à la commune son frère se fut tiré un coup de pistolet, il se précipita d'une croisée pour ne pas lui survivre. Il se cassa la cuisse, et fut ainsi porté à l'échafaud.

ROBIGO ou RUBIGO (myth.), déesse qui présidait chez les Romains à la conservation des blés. Elle était en grande vénération chez les laboureurs, qui lui offraient en sacrifice une brebis et un chien, avec du feu et de l'encens, et la priaient de préserver les blés de la rouille (en latin, *rubigo*). On célébrait en son honneur, le 25 avril, des fêtes appelées *Robigalies*, instituées par Numa.

ROBIN, mot qui n'est qu'une abréviation de Robert, et qui est spécialement appliqué à deux héros de croyances superstitieuses, l'un, Robin Hood, en Angleterre, l'autre, Robin des Bois, en Allemagne. — Robin Hood, est un personnage populaire en Angleterre. Les ballades les plus anciennes lui donnent pour aïeux des paysans anglo-saxons. C'était un chef de ces hommes proscrits par la loi (*outlaws*), qui, reniant encore la conquête normande, étaient partout poursuivis, traqués comme des bêtes fauves, et se maintenaient dans les forêts sous une sorte d'organisation militaire qui en faisait d'autres hommes que des brigands. L'imagination populaire prêtait à Robin Hood toutes les vertus et toutes les qualités du moyen âge. La tradition vulgaire est qu'il périt dans un couvent de femmes, où la religieuse qui devait lui tirer du sang pour le soulager, l'ayant reconnu, profita de sa science pour le tuer. Robin Hood vivait au XIIe siècle. — L'Allemagne a sur son ROBIN une autre tradition. Elle en fait le chasseur mystérieux de la forêt, procurant à qui en veut des balles enchantées, moyennant le contrat terrible qui lui assure l'âme de son protégé. Ce héros n'est qu'une des nombreuses personnifications sous lesquelles la croyance superstitieuse du peuple a dépeint le génie du mal, Satan. *Robin des Bois* est le sujet d'un opéra de Weber.

ROBINIER, genre de la famille des légumineuses, renfermant plusieurs espèces originaires du nord de l'Asie et des Etats-Unis d'Amérique. Le *robinier faux acacia*, type du genre, est un bel arbre de quatorze à vingt mètres de haut. Son feuillage élégant et léger, les grappes longues et pendantes de ses fleurs blanches ou roses, qui répandent un parfum agréable, le font rechercher. C'est aussi une plante utile qui donne de jolis meubles avec son bois, des cercles avec ses jeunes branches, des tissus souples et solides avec les fibres de son écorce, une liqueur de table et un sirop avec ses fleurs. Toutes ses parties peuvent servir à la teinture. Le robinier porte la fécondité dans les lieux incultes et les sables mouvants qu'il fixe au moyen de ses racines traçantes. On le cultive en France depuis 1615.

ROBINSON CRUSOÉ, personnage imaginaire, qui est le héros d'un roman de l'Anglais Daniel de Foe, traduit dans toutes les langues et imité par plusieurs auteurs. Les aventures de Robinson Crusoé, jeune homme qui, seul dans une île sauvage, y vit du travail de ses mains, ont cependant quelque fondement. Elles ont été suggérées par celles d'Alexandre Selkirk, matelot écossais du vaisseau *les Cinq-Ports*, qui vécut pendant quatre ans dans l'île de Juan-Fernandez, où il avait été abandonné en 1705 par le capitaine Stralling.

ROBINSON (Anastasie), fille d'un peintre en portraits, cultiva d'abord la peinture, et la quitta ensuite pour la musique. Elle eut pour maîtres Bononcini à Londres et Rameau à Paris, et débuta sur le théâtre de Londres dans l'opéra de *Narcisse* de Scarlatti. Elle se retira de la scène en 1723 pour épouser le comte de Péterborough, qui, dans un âge avancé, s'était épris des charmes de cette virtuose. Il la laissa veuve en 1735. La comtesse ne mourut qu'en 1750. Elle avait fondé une académie de musique dans son hôtel de Parson's Green.

ROBINSON (Marie DARBY, mistriss), femme célèbre non moins par ses mœurs faciles que par ses talents comme comédienne et comme auteur, naquit à Bristol en 1758, et épousa à l'âge de quinze ans M. Robinson, qui n'avait ni rang ni fortune. Elle se fit comédienne pour échapper à la misère. Le prince de Galles (plus tard Georges IV), l'ayant vue dans le rôle de *Perdita* de *Winter's Tale* de Shakespeare, en devint éperdument amoureux. Pendant deux ans, elle captiva l'héritier du trône, qui la combla de riches présents. Ses *poésies* (1788), publiées d'abord sous des noms supposés, furent accueillies avec enthousiasme et lui firent donner le surnom de *Sapho anglaise*. Elle a fait aussi des romans et des pièces de théâtre. Mistriss Robinson mourut en 1800.

ROBOAM, fils et successeur de Salomon, l'an 975 avant J.-C., se vit abandonné de dix tribus qui, n'ayant pu obtenir une diminution d'impôts, reconnurent Jéroboam pour roi; les seules tribus de Juda et de Benjamin lui demeurèrent fidèles. Depuis cette époque la Judée fut partagée en deux : le royaume de Juda, où régnèrent les successeurs de Roboam, et le royaume d'Israël, où régnèrent les successeurs de Jéroboam. En punition des impiétés de Roboam, Dieu suscita Sésac, roi d'Egypte, qui entra dans Jérusalem, la pilla et prit les trésors du temple (971). Roboam régna jusqu'en 958, et eut pour successeur son fils Abia.

ROBRE (et par corruption *rob*), se dit au whist d'une certaine manière de lier les parties. On a fait un *robre* lorsqu'on a gagné deux parties de suite, ou lorsque après avoir réussi dans la première et perdu la seconde, on gagne la troisième.

ROBUSTI (Jacques), célèbre peintre connu sous le nom de *Tintoret*.

ROC, masse pierreuse d'une grande dureté. Le roc diffère de la *roche* en ce que celle-ci est d'une grande étendue, disparaissant quelquefois sous des couches de terre végétale ou sous les eaux de la mer. Le mot *roche* s'emploie d'ailleurs spécialement en minéralogie. Le mot de *rocher* est réservé pour la partie des masses pierreuses qui se fait le plus remarquer par son élévation et sa masse imposante.

ROCAMADOUR, village du département du Lot, dans le canton de Gramat et l'arrondissement de Gourdon, à 6 lieues de cette dernière ville. Population 1,400 habitants. Sa fondation est attribuée à un saint Amadour ou Zachée, serviteur de la Vierge Marie, qui vint chercher dans ce village un asile contre les persécutions qu'il essuyait en Palestine. Il s'appuie sur un rocher élevé, au sommet duquel est l'oratoire, composé de l'église dédiée à la Vierge et de celle dédiée à saint Amadour. Celle-ci est en quelque sorte souterraine, et n'offre de remarquable que les boiseries et la châsse du saint. Cette église a toujours été en grande vénération dans le pays, où il s'assemblèrent les états de la province pour demander au ciel l'extinction des hérésies des albigeois. Elle était autrefois fort riche.

ROCAMBOLE, espèce du genre *ail*, appelée encore ail d'Espagne, et qui croît spontanément dans diverses contrées de l'Europe, surtout en Hongrie et en Suède. On en mange les petites bulbes ou sobóles purpurines et blanchâtres qui couronnent la tige et se voient entremêlées aux fleurs. La rocambole se distingue de l'ail ordinaire par sa saveur douce.

ROCCELLE, genre de plantes cryptogames de la famille des lichens, renfermant la plante vulgairement appelée *orseille*. Voy.

ROCH (Saint) naquit à Montpellier en 1295 d'une famille noble. Orphelin à vingt ans, il alla à Rome en pèlerinage, y guérit un grand nombre de personnes malades de la peste, et s'arrêta à son retour à Plaisance. Frappé lui-même de cette horrible contagion, et contraint de sortir de la ville pour ne pas infecter les autres, il se retira dans une forêt, où le chien d'un gentilhomme voisin, nommé Gothard, venait, dit-on, lui apporter chaque jour son pain. Quelque temps après, il fut guéri et retourna à Montpellier, où il mourut en 1327. Son culte, célèbre par la dévotion des fidèles qui l'invoquent surtout dans les maladies contagieuses, a été fixé au 16 août.

ROCHAMBEAU (Jean-Baptiste-Donatien DE VIMEUR, comte DE), naquit en 1725 à Vendôme, dont son père était gouverneur. Il entra à seize ans en qualité de cornette dans le régiment de cavalerie de Saint-Simon. Capitaine en 1744, aide de camp du duc d'Orléans en 1745, colonel du régiment de la Marche en 1747, brigadier d'infanterie en 1756, maréchal de camp et inspecteur général d'infanterie en 1761, lieutenant général en 1780, avec le cordon rouge, l'inspection de la Bretagne et la Normandie, il fut chargé du commandement de l'armée auxiliaire envoyée dans l'Amérique septentrionale. De retour en France, le roi le nomma chevalier de ses ordres et gouverneur de la Picardie. Appelé en 1790 au commandement de l'armée du Nord, il mérita par ses services le bâton de maréchal de France la même année. Il donna sa démission, par suite des dégoûts dont Dumouriez l'abreuva, après cinquante ans de services, et mourut en 1804.

ROCHAMBEAU (Donatien-Marie-Joseph DE VIMEUR, vicomte DE), fils du précédent, naquit en 1750. Dès l'âge de douze ans, il avait embrassé la carrière de son père. Colonel du régiment Royal-Auvergne en 1779, maréchal de camp en 1791, lieutenant général en 1792, il fut appelé au commandement des îles du Vent. En 1796, il fut nommé gouverneur de Saint-Domingue. Après la mort du général Leclerc, il prit le commandement de la malheureuse armée expéditionnaire qui fut forcée de se rendre aux Anglais en 1803. Remis en liberté seulement en 1811, il fut tué d'un coup de boulet à la bataille de Leipzig en 1813.

ROCHDALE, grande ville d'Angleterre, sur la Dale, dans le comté de Lancastre, à 4 lieues de Manchester. Elle commerce en pierres, ardoises, charbon de terre. Elle a des manufactures de flanelles et autres étoffes, et une population de 10,800 habitants.

ROCHE, nom donné, en minéralogie, à toute substance plus ou moins solide, existant dans l'écorce terrestre en volumes assez considérables. Le mode d'arrangement des parties qui composent une roche s'appelle *texture*. Il y a des roches à texture cristalline, feuilletée, fibreuse, lamellaire, etc. Les roches se trouvent principalement en *bancs*, en *couches* et en *typhons*. Elles sont en couches ou en *strate* lorsque leurs masses, assises à côté les unes des autres, ou les unes sur les autres, sont divisées en parties plus étendues en longueur et en largeur qu'en épaisseur. Elles sont en typhons dans les cas contraires. Les plus abondantes des roches sont le gneiss, le granit, le calcaire, le micaschiste, l'argile, le grès, la grauwacke, etc. Les moins communes sont les gypses, les obsidiennes, les combustibles, etc.

ROCHE TARPÉIENNE ou MONT TARPÉIEN, colline de Rome, faisant partie du mont

Capitolin. Elle a environ 80 pieds de hauteur perpendiculaire, et c'est de là que les Romains précipitaient les criminels condamnés à mort. Son voisinage du Capitole a donné lieu à cette locution : *Il n'y a pas loin du Capitole à la roche Tarpeienne*, pour dire : le triomphe n'est pas loin de la mort. Cette colline reçut son nom de Tarpéia, qui y fut enterrée.

ROCHE (Miss Maria-Regina), célèbre romancière anglaise, dont les écrits ont été traduits en allemand et en français, et qui, avant l'apparition de Walter Scott, tenait le sceptre de la littérature romantique. On cite d'elle les *Enfants de l'abbaye*, le *Vicaire de Lansdowne*, *Clermont*, *Trécothick Bower*, la *Visite nocturne*, le *Fils banni*, etc. Miss Marie-Regina Roche est morte vers 1820.

ROCHE (LA), bourg du royaume des Pays-Bas, sur l'Ourthe, dans la province et à 13 lieues de Liége. Sa population est de 1,560 habitants. Ce bourg est situé dans la forêt des Ardennes, avec un château fort, ouvrage prétendu des Romains. Au VIIe siècle, c'était la maison de chasse de Pepin d'Héristal. Le bourg fut réduit en cendres en 1704.

ROCHE (Sophie GUTTERMANN, femme DE LA), romancière allemande, naquit en Souabe en 1730. Elle épousa le conseiller Frauk, plus connu sous le nom de la Roche. Restée veuve en 1789, elle mena une vie malheureuse jusqu'à sa mort en 1807. Elle fut pleurée par tout ce que l'Allemagne comptait de plus distingué dans les lettres. Mme de la Roche écrivait avec une grande pureté. Ses principaux ouvrages sont : *Mademoiselle de Sternheim*, *Lettres de Rosalie*, *Rosalie et Cleeberg*, *Lettres à Lina*, *Lettres sur Manheim*, *Histoire de miss Lemy*, etc.

ROCHE-BERNARD (LA), petite ville de Bretagne, chef-lieu de canton du département du Morbihan, sur la Vilaine, dans l'arrondissement et à 9 lieues de Vannes, à 4 lieues de l'embouchure de la Vilaine. Sa population est de 6,000 habitants. C'est une ancienne baronnie.

ROCHEBLOND (Charles HOTMAN, dit LA), bourgeois de Paris, fut l'auteur de la faction des *seize*, ainsi nommée parce qu'elle avait distribué à seize de ses membres les seize quartiers de Paris. Cette faction, dont le but était de s'opposer aux mesures de Henri III qui favorisait les huguenots, et d'empêcher que le roi de Navarre (Henri IV) ne parvînt au trône, se réunit à la grande ligue; mais elle avait ses intérêts particuliers, et ne seconda pas toujours les ducs de Guise ou de Mayenne, auxquels elle préférait le roi d'Espagne.

ROCHECARDON, vallon romantique du Lyonnais, s'étendant le long de la Saône, dans le département du Rhône. Ce vallon, jadis séjour de Jean-Jacques Rousseau, possède une belle filature destinée aux fabriques de crêpes, près de la maison qu'il occupait. Rochecardon possède un bois et la fontaine du Roset.

ROCHECHOUART, ville du Limousin, sur la pente d'une montagne baignée par une petite rivière, chef-lieu d'arrondissement du département de la Haute-Vienne, à 9 lieues de Limoges. Sa population est de 1,700 habitants. Elle a un tribunal de première instance et des mines de fer au territoire. La ville de Rochechouart a donné son nom à une maison illustre de France, pour laquelle elle fut érigée en duchépairie.

ROCHECHOUART, l'une des plus nobles et des plus anciennes maisons de France, qui a donné un grand nombre d'hommes illustres à l'Etat. — RENÉ DE ROCHECHOUART, baron de Mortemart et de Montpipeau, seigneur de Vivonne, de Lussac, etc., chevalier des ordres du roi, né en 1526, suivit son père, François de Rochechouart, dès l'âge de quinze ans au siège de Perpignan. Il se trouva en 1552 à la défense de Metz, et mourut en 1587. Il avait épousé en 1570 Jeanne de Saulx, fille de Gaspard, seigneur de Tavannes, dont il eut neuf enfants. L'aî-né, GASPARD DE ROCHECHOUART, marquis de Mortemart, né en 1585, mort en 1643, servit les rois Henri III et Henri IV, et laissa GABRIEL DE ROCHECHOUART, duc de Mortemart, pair de France, premier gentilhomme de la chambre, mort en 1675.

ROCHECHOUART (Louis-Victor DE), duc de Mortemart et de Vivonne, prince de Tonnay-Charente, etc., gouverneur de Champagne et de Brie, général des galères, fils aîné de Gabriel de Rochechouart, servit de maréchal de camp à la prise de Gigeri en Afrique (1664), de Douay (1667) et au siège de Lille. Il devint en 1673 vice-roi de Messine, maréchal de France en 1675, et mourut en 1688. Le duc de Vivonne (c'était le nom sous lequel on le désignait d'habitude) était un des beaux esprits de la cour, ami de Despréaux et versificateur lui-même. Il dut en partie son élévation à Mme de Montespan, sa sœur.

ROCHECHOUART (Françoise — Athénaïs DE), marquise de *Montespan*. Voy. ce mot.

ROCHECHOUART (Marie-Madeleine-Gabrielle DE), l'un des beaux esprits du XVIIe siècle, abbesse de Fontevrault, était fille de Gabriel de Rochechouart, et sœur du duc de Vivonne et de la marquise de Montespan. Sa science, la beauté de son génie, sa vertu, sa piété lui acquirent une grande réputation dans toute la France. Elle mourut en 1704, à cinquante-sept ans.

ROCHECOTTE (Fortuné-Guyon, comte DE), chef de chouans, naquit en 1769 près de Langeais (Indre-et-Loire). Il sortit en 1786 de l'école militaire de Paris pour entrer dans le régiment du roi, et émigra en 1790. Il servit dans le régiment du prince de Condé, et vint en 1796 se mettre à la tête des chouans du Maine. Il y resta jusqu'à la révolution du 18 fructidor, et il alla aussitôt rejoindre Louis XVIII à Blanckembourg. De retour à Paris, et dénoncé comme un des agents royalistes les plus acharnés, il fut arrêté, livré à une commission militaire, et exécuté en 1798.

ROCHEFLAVIN (Bernard DE LA), l'un des plus savants jurisconsultes et des plus grands magistrats de son siècle, naquit en 1552 à Saint-Cernin (Aveyron). Il fut d'abord conseiller au parlement de Toulouse, puis à celui de Paris. Il devint ensuite premier président en la chambre des requêtes au parlement de Toulouse, et fut fait conseiller d'Etat par le roi Henri III. Il mourut en 1627, à soixante-seize ans.

ROCHEFORT, belle et forte ville de France, chef-lieu d'arrondissement du département de la Charente-Inférieure, avec un port vaste, commode et profond sur la Charente, à 4 lieues de son embouchure dans l'Océan. Sa population est de 17,000 habitants. Elle fut fondée en 1664 par Louis XIV, et bâtie à grands frais sur pilotis, conformément au plan de Bordeaux, avec des rues larges et régulières, des remparts plantés d'arbres et une place d'armes ornée d'une belle fontaine. Rochefort est le chef-lieu du quatrième arrondissement maritime. Il a des tribunaux de première instance et de commerce, un collége communal, un théâtre, une école de navigation, une école des sciences et arts, une bibliothèque, un cabinet d'histoire naturelle, un jardin botanique, un arsenal, un bagne de forçats, une fonderie de canons, et un magnifique hôpital pour la marine. Ses chantiers de construction sont très-vastes. Cette ville a des fabriques de vinaigre et des raffineries de sucre. Elle fait commerce en grains, eaux-de-vie, épicerie, sel, etc. Son séjour est malsain à cause des marais qui l'avoisinent. Elle est située à 8 lieues de la Rochelle.

ROCHEFORT, petite ville de France, dans le canton et à une lieue un quart de Dourdan (département de Seine-et-Oise), près des restes d'une ancienne forteresse sur une roche élevée, d'où lui vient le nom de *Rochefort*. Sa population, y compris le hameau de Bourgneuf, une ferme et quelques moulins écartés, est de 700 habitants. Rochefort était autrefois le siège d'un bailliage royal et d'un comté dont les possesseurs se sont rendus fameux dans le moyen âge.

ROCHEFORT (Guy DE MONTLUÉRY, comte DE), fut de la première croisade (1097). Philippe Ier le fit sénéchal, et demanda la main de sa fille aînée pour son fils Louis le Gros. Mais ce prince ayant, sous prétexte de parenté, fait casser ce mariage trois ans après, sans l'avoir consommé, le comte de Rochefort lui déclara la guerre. Il fut vaincu et mourut en 1108.

ROCHEFORT (Hugues DE MONTLUÉRY, comte DE), dit *de Cressi*, du nom d'une petite ville qui lui appartenait, fils du précédent, fut aussi sénéchal. L'histoire ne fait mention que de sa cruauté, de ses injustices et de ses brigandages. Accusé d'avoir étranglé un de ses cousins, il obtint son pardon du roi, et entra dans un monastère de l'ordre de Saint-Benoît.

ROCHEFORT (Guy DE), seigneur de Pleuvant en Bourgogne, chambellan et conseiller de Charles le Téméraire, duc de Bourgogne, passa ensuite au service de Louis XI, en 1497. Il fit créer le grand conseil, et mourut en 1507. Il ne faut pas le confondre avec son frère *Guillaume de Rochefort*, mort en 1492, et chancelier de France avant lui.

ROCHEFORT (Guillaume DE), littérateur distingué, né à Lyon en 1731, était avant vingt ans receveur général des fermes à Cette. Il s'adonna dans ce séjour à la culture des langues anciennes, et renonça même à son emploi en 1762 pour s'en occuper tout entier. Sa traduction en vers de l'*Iliade*, qu'il publia en 1766, lui valut son admission à l'académie des inscriptions et belles-lettres. Il fit aussi paraître celle de l'*Odyssée*. Ces deux ouvrages, joints à sa traduction du théâtre de *Sophocle* avec notes, lui ont acquis un rang distingué parmi les hellénistes. Il est mort en 1789.

ROCHEFOUCAULD (LA), petite ville du département de la Charente, ci-devant duché-pairie, chef-lieu de canton de l'arrondissement et à 5 lieues d'Angoulême, sur la Tardoire. Elle a une bibliothèque, un château remarquable bâti, dit-on, sous François Ier, et 2,600 habitants. C'est la patrie du duc de la Rochefoucauld, auteur des *Maximes*. Elle fait un commerce considérable de bois, de merrain, de lattes, de fil à coudre.

ROCHEFOUCAULD (LA), l'une des plus anciennes et des plus illustres maisons de France, originaire de l'Angoumois et dans laquelle se fondit en 1557 celle des comtes de Roucy. — FRANÇOIS V, mort en 1650, fut le premier duc de la Rochefoucauld. Du frère de son bisaïeul descendait *Antoine de la Rochefoucauld*, général des galères en 1528, mort en 1537, et souche de la branche des marquis de Langeac. Une autre branche, celle des comtes de Randan, finit en la personne de *Jean-Louis de la Rochefoucauld*, tué à Issoire en 1590, et dont la fille *Marie-Catherine*, duchesse de Randan, dame d'honneur d'Anne d'Autriche et gouvernante de Louis XIV, morte en 1677 à quatre-vingt-neuf ans, avait épousé le marquis de Senecey. La fille qu'elle en eut épousa le comte de Fleix. Quant à la branche des ducs de la Rochefoucauld, elle se continue encore. C'est d'elle qu'est sorti l'auteur des *Maximes*.

ROCHEFOUCAULD (François VI DE LA), prince de Marcillac, chevalier des ordres du roi, gouverneur de Poitou, l'un des plus beaux esprits du XVIIe siècle, était fils de François V, premier duc de la Rochefoucauld. Né en 1613, il se trouva jeune encore mêlé aux intrigues qui signalèrent les dernières années de Richelieu. Il joua un très-grand rôle dans les guerres de la Fronde à cause de sa passion pour la duchesse de Longueville. Rentré en grâce auprès du roi après cette guerre, il se mit à écrire les deux livres qu'il nous a laissés : les *Mémoires*, ouvrage intéressant et précieux, et les *Maximes*, recueil de pensées morales, tendant pour la plupart à prouver que le mobile de nos actions est l'amour-propre. Le duc de la Rochefoucauld mourut en 1680. Il a, dit-on, travaillé à *la Princesse de Clèves*, roman de madame de Lafayette, son amie intime vers la fin de ses jours.

ROCHEFOUCAULD-D'ENVILLE (Louis-Antoine, duc DE LA ROCHE-GUYON et DE LA), pair de France, né en 1743, fut élu député aux états généraux de 1789 par la noblesse de Paris. Il fut un des premiers membres qui se réunirent au tiers état, et se prononça fortement pour la cause de la liberté. Membre et président du département de la Seine (1792), il provoqua et signa la fameuse adresse en faveur de la liberté des opinions religieuses. Il périt assassiné à Gisors par des septembriseurs (1792).

ROCHEFOUCAULD-LIANCOURT (François-Alexandre-Frédéric, duc DE LA), pair de France, fils du duc d'Estissac et cousin germain du précédent, naquit à Paris en 1747. Attaché à la personne de Louis XV et à celle de Louis XVI en qualité de grand maître de la garde-robe, il fut en 1789 élu député aux états généraux par la noblesse de Clermont en Beauvoisis. Poursuivi par les terroristes en 92, il passa en Angleterre, puis aux Etats-Unis, et ne rentra en France qu'après le 18 brumaire. Retiré à Liancourt, il y fonda une vaste école et des manufactures qui lui méritèrent de Napoléon la décoration de la Légion d'honneur. C'est du château de Liancourt que se répandirent dans tout le royaume la vaccine et l'enseignement mutuel. Pair de France en 1814, ce vénérable patriarche de la bienfaisance et de l'industrie mourut en 1827.

ROCHEJACQUELIN (Henri, comte DE LA), fils du colonel marquis de la Rochejacquelin, né en 1772 près de Châtillon (Vendée), étudia à l'école militaire de Sorèze, et se retira en Vendée en 1792. Choisi pour chef par les insurgés de Châtillon et de Saint-Aubin de Baubigné, il joignit sa troupe à celles de Lescure, de Bonchamp et de d'Elbée. A la mort de ces généraux, il fut appelé au commandement en chef. Il avait à peine vingt et un ans. Malgré ses talents et sa bravoure, il perdit successivement son armée, et fut tué dans le bourg de Nouaille en 1794. — Son frère puîné Louis, marquis DE LA ROCHEJACQUELIN, voulut, dans les cent jours, l'imiter en soulevant la Vendée. Sa tentative fut infructueuse. Il fut tué au combat des Mathes en 1815. Le roi Louis XVIII, voulant récompenser sa famille, créa pair son fils aîné, âgé seulement de douze ans.

ROCHELLE (LA), belle et forte ville de France, chef-lieu de préfecture du département de la Charente-Inférieure, avec un port sûr et commode sur l'Océan, à 121 lieues de Paris. Sa population est de 15,000 âmes. La Rochelle a un tribunal de première instance et un tribunal de commerce, une bourse de commerce, des sociétés savantes, un collège communal, des écoles de navigation et de médecine, une direction des douanes, un syndicat maritime, une bibliothèque, un cabinet d'histoire naturelle, un jardin botanique, un théâtre, une académie des belles-lettres, sciences et arts, un évêché suffragant de Bordeaux, un grand séminaire diocésain. Ses maisons ont, la plupart, les arcades et des portiques; ses fortifications sont l'ouvrage de Vauban. Elle commerce en vins, eaux-de-vie, sel, papier, serges, toiles, etc. Elle a des raffineries de sucre, des filatures de co on, des tanneries, des faïenceries, etc. Ses exportations et ses importations sont considérables. — La Rochelle était primitivement une petite ville qui appartint aux comtes de Mauléon, puis à Éléonore d'Aquitaine qui lui donna une charte. Livrée aux Anglais en 1360, elle s'en défit douze ans après. A l'époque des guerres de religion, elle devint (1568) le boulevard du protestantisme. Assiégée vainement par le duc d'Anjou (1572), elle ne fut prise qu'en 1628 par le cardinal de Richelieu, qui l'isola de la mer au moyen d'une digue énorme de 747 toises, et dont on voit encore les restes à marée basse. Le siége avait duré quatorze mois dix-huit jours et coûté 40,000,000.

ROCHER. Voy. Roc.

ROCHER (en latin, *murex*), genre de mollusques de l'ordre des gastéropodes, famille des buccinoïdes, tribu des canaliculées, renfermant toutes les coquilles à canal saillant, dont les tours de la spire sont garnies d'espace en espace de tubercules mousses ou d'éminences pointues, particularité qui, jointe à la dureté de la coquille, rend l'animal inattaquable comme le rocher. Ce mollusque fréquente le voisinage des côtes, et se cache au milieu des fucus ou même dans le sable, parce qu'il y trouve en abondance les mollusques littoraux dont il fait sa principale nourriture. Les rochers se rencontrent surtout dans les mers du Midi.

ROCHERS (LES), ancien château, près de Vitré (Ille-et-Vilaine), en Bretagne. Il fut longtemps le séjour de madame de Sévigné.

ROCHES (Marie-Jeanne BONCOURD, femme DES), née à Saint-Malo (Ille-et-Vilaine) en 1774. Orpheline dès l'âge de deux ans, elle passa au couvent les premières années de sa vie, et se maria au bourg de Cancale. Elle se rendit ensuite à Paris avec son mari, et cultiva les lettres avec succès. Elle fut l'amie de mesdames Dufresnoy, Guyot, Joliveau, Merard-Saint-Just et princesse de Salm, et mourut en 1811. Elle a fait des *élégies* et des *nouvelles*.

ROCHESTER (*Rossa*, *Durobrivis*), ancienne ville du comté de Kent, sur la Medway, que l'on passe sur un des plus beaux ponts d'Angleterre, à 12 lieues de Londres. Elle a 21,800 habitants, y compris ceux de Chatam, regardée comme son faubourg. Son château a été construit par Guillaume le Conquérant. Rochester a une magnifique cathédrale, des rues vastes, de beaux hôtels, et envoie deux députés au parlement.

ROCHESTER (John WILMOT, comte DE), né en 1648, fut l'un des plus spirituels satiriques anglais et le compagnon des débauches de Charles II. Il voyagea en Europe, et servit à son retour avec distinction; mais il ruina tellement sa santé par ses désordres qu'il mourut à la fleur de l'âge en 1680. Ses *satires* sont ce qu'il a fait de mieux; mais une excessive licence interdit la lecture de ses poésies.

ROCHET, ornement que portent les évêques ou les abbés, et qui consiste dans un surplis à manches étroites comme celles d'une aube. Les chanoines réguliers de Saint-Augustin portaient aussi le rochet.

ROCHEUX (MONTS). Voy. ROCKY.

ROCHIER, nom vulgaire de l'oiseau appelé émerillon. On le donne cependant spécialement au vieux mâle de cette espèce dans son plumage parfait.

ROCHLITZ, petite et ancienne ville de Saxe, chef-lieu d'un bailliage de la province de Misnie, avec un beau château sur une éminence baignée par la Mulda, à 10 lieues de Leipzig. Sa population est de 2,060 habitants. La Mulda y est traversée par un beau pont de pierre de 208 pieds. La montagne de Rochlitz renferme des carrières de marbre, de belles pierres, de jaspe et de calcédoine.

ROCHON (Alexis-Marie DE), astronome navigateur, né au château de Brest en 1744, était à vingt-quatre ans bibliothécaire de l'académie royale de marine à Brest, et dans la même année correspondant de l'académie royale des sciences. Il reçut en 1766 le titre d'astronome de la marine, fut envoyé en cette qualité dans le Maroc. Chargé en 1768 d'aller reconnaître les écueils et les parages de l'île Bourbon, il s'acquitta de sa mission avec succès. Il fit plusieurs autres voyages, et, de retour à Brest en 1772, il fut nommé garde du cabinet de physique et d'optique du roi. Il obtint en 1787 la place d'astronome opticien de la marine, fut nommé en 1790 membre de la commission des monnaies, et en 1796 directeur de l'observatoire de Brest. En 1802, il se fixa à Paris et obtint un logement au Louvre. Continuellement occupé du progrès des sciences, il mourut en 1817. On a de lui une quantité d'ouvrages curieux sur l'astronomie et les sciences.

ROCHON DE CHABANNES (Marc-Antoine-Jacques), auteur dramatique, né à Paris en 1730, mort en 1800, débuta par deux ou trois opéras comiques assez médiocres, et donna ensuite au Théâtre-Français plusieurs comédies, dont quelques-unes eurent du succès. Il travailla plus tard exclusivement pour le Grand-Opéra. La Harpe l'a jugé sévèrement dans son *Cours de littérature*.

ROCHOW (Frédéric-Everard DE), célèbre philanthrope allemand, né à Berlin en 1734, servit en qualité d'officier de cavalerie dans la guerre de sept ans. Des blessures graves le forcèrent de quitter le service en 1757. Il acquit sans maître une grande connaissance du latin, des langues modernes, de l'économie politique et rurale, établit sur sa terre de Reckan une école élémentaire qui devint le modèle d'une infinité d'autres, et fut le bienfaiteur des habitants des campagnes. Il mourut en 1805, chanoine et dignitaire du grand chapitre de Halberstadt, et laissa par son testament 12,000 francs à ses écoles. On a de lui plusieurs traités élémentaires. L'un d'eux, *l'Ami des enfants*, a été traduit dans toutes les langues de l'Europe.

ROCKINGHAM (Charles-Watson WENTWORTH, marquis DE), homme d'État anglais, né en 1730, succéda à son père, premier marquis de Rockingham, dans ses titres et dignités en 1750. Son influence dans le parti wigh le fit mettre à la tête du ministère en 1765, avec les fonctions de premier lord de la trésorerie. Il quitta le ministère en 1766, et fut en 1782, après la chute de lord North, replacé à la tête de l'administration, avec le même titre. Sa mort, arrivée la même année, amena la dissolution du nouveau ministère. Les whigs le considéraient comme leur chef.

ROCKY-MOUNTAINS ou MONTS ROCHEUX, grande chaîne de montagnes de l'Amérique du Nord, la bordant dans toute sa longueur, du N.-O. au S.-O, le long de la mer Pacifique. Ces montagnes, qui s'élèvent les unes sur les autres, et semblent se perdre dans les nues, ont été franchies en 1810 par les capitaines Clarke et Lewis. Elles se joignent dans le Mexique à la Sierra Verde qui, s'unissant à son tour à la Sierra de la Madre, forme par elle la liaison avec la grande chaîne des Andes. Le pic le plus élevé des monts Rocheux est le *Big-Horn*.

ROCOU, pâte tinctoriale, d'un brun rougeâtre, employée non-seulement par les teinturiers, mais encore par la médecine comme purgatif doux et contre-poison du manioc. On l'obtient des graines du *rocouyer*, arbre de trois à quatre mètres et demi de haut, garni de feuilles cordiformes et de fleurs roses disposées en panicule terminale. Avec son écorce on prépare des toiles et des cordages; son bois est dur, et fournit un bon chauffage. Le rocouyer se trouve dans l'Amérique méridionale et l'Océanie. Il appartient à la famille des liliacées.

ROCOUX, village de la province de Liége (Belgique) où le maréchal de Saxe remporta, le 11 octobre 1746, une victoire signalée sur les ennemis de la France.

ROCROI, petite ville de France, chef-lieu d'arrondissement du département des Ardennes, dans une plaine environnée de forêts, à 2 lieues de la Meuse et 5 de Mézières. Cette ville, qui est fortifiée, a 3,200 habitants, un tribunal de première instance et une inspection forestière. Elle est fameuse par la victoire que le prince de Condé y remporta le 19 mai 1643 sur les troupes espagnoles.

ROD, mesure de superficie anglaise, vaut 17 pieds carrés anglais ou une perche carrée anglaise. 40 rods font un *rood*; 4 roods ont une *acre*. Voy. ce mot et l'article Pied.

RODE (Pierre), célèbre violoniste, né à Bordeaux en 1774, reçut les premières leçons de Viotti, et, après s'être fait entendre dans plusieurs concerts à Paris, visita les capitales de l'Europe. Il obtint les plus brillants succès, et, de retour en France, obtint la place de professeur de violon au conservatoire. Il mourut en 1833. Il a composé des *airs variés*, des *concertos*, des *quatuor*, remarquables par la grâce et l'élégance des phrases musicales.

RODEGAST (myth.), divinité des anciens Germains. Elle portait sur la poitrine une tête de bœuf, sur la tête un aigle, et tenait une pique à la main.

RODERIC ou Rodrigue, dernier roi des Wisigoths d'Espagne, était fils de Théodofred, duc de Cordoue, à qui le roi Witiza fit crever les yeux. Roderic se révolta contre le bourreau de son père, le vainquit, et se fit proclamer roi à sa place (710). Les fils de Witiza, leur oncle Oppas, archevêque de Séville, et le beau-frère de Witiza, le comte Julien, gouverneur de Ceuta, appelèrent les Arabes à leur aide (711). Ceux-ci débarquèrent à Gibraltar, et rencontrèrent l'armée wisigothe, forte de 90,000 hommes et commandée par Roderic sur les bords du fleuve Lete, appelé plus tard par les Arabes *Ouad-al-Lete*, c'est-à-dire le fleuve Lete, et par corruption *Guadalète*). La bataille dura neuf jours, du 17 au 29 juillet 711. Dans le troisième jour, Roderic fut tué par Tarik, le général arabe, qui coupa sa tête, la fit embaumer, et l'envoya à Mousa, le gouverneur d'Afrique, comme un trophée. Les historiens espagnols donnent pour cause la trahison du comte Julien l'outrage fait à sa fille Caba ou Florinde par le roi Roderic, qu'ils font fuir pendant la bataille pour aller cacher sa honte et ses remords dans une retraite obscure où il termina sa vie.

RODEZ. Voy. Rhodez.

RODNEY (Georges Bridge, baron), célèbre amiral anglais, né à Londres en 1717, était lieutenant de vaisseau à vingt-cinq ans, capitaine à trente. Nommé en 1749 commandant en chef de la station de Terre-Neuve, il devint en 1759 contre-amiral, s'empara en 1761 des îles Saint-Pierre, Sainte-Lucie, Saint-Vincent et la Grenade, fut promu en 1770 au grade de vice-amiral des escadres blanche et rouge, et obtint l'année suivante celui d'amiral. Vainqueur des Espagnols en 1780, il leur prit cinq vaisseaux. Il battit, le 9 avril 1782, l'amiral de Grasse, le fit prisonnier avec cinq vaisseaux, et reçut en récompense des deux chambres le titre de baron, de pair, et une pension de 2,000 livres sterling (49,500 francs) réversible à ses héritiers. Cet amiral, qui fit beaucoup de mal à la France et à l'Espagne, mourut en 1792.

RODOALD, roi des Lombards, succéda en 652 à Rotharis son père, et fut tué, après un règne de cinq mois, au commencement de l'année 653 par un Lombard dont il avait outragé la femme.

RODOGUNE. Voy. Rhodogune.

RODOLPHE, duc de Souabe, comte de Rheinfelden, beau-frère de l'empereur Henri IV dont il avait épousé la sœur Mathilde, fut élu en 1077 roi de Germanie à sa place par les rebelles que le pape Grégoire VII avait soulevés contre Henri. Après une fortune longtemps incertaine, il périt en 1080 à la bataille de Wolckshein, laissant seulement une fille qui épousa Berthold, duc de Zahringen.

RODOLPHE Ier ou Raoul Ier, roi de la Bourgogne transjurane, était fils de Conrad II, comte d'Auxerre et duc de la Rhétie. Rodolphe profita des troubles du règne de Charles le Gros pour se rendre indépendant dans ses Etats, et prit le titre de roi en 888, s'étant fait sacrer à Saint-Maurice en Valais. Arnoul, roi de Germanie, reconnut son indépendance. Rodolphe mourut en 912.

RODOLPHE II, fils du précédent, succéda en 912 du consentement des grands du royaume, fut battu en 919, près de Winterthur, par Burchard, duc de Souabe, qui le contraignit d'accepter la paix, envahit en 922 l'Italie où l'appelaient les Lombards mécontents de Bérenger, et se fit couronner roi d'Italie à Pavie par Renobert, archevêque de Milan. Vainqueur à Firenzuola, Bérenger allait reprendre l'avantage lorsqu'il mourut. De retour en Bourgogne, Rodolphe fut rappelé en Italie par une invasion des Hongrois, et en même temps eut à combattre les prétentions d'Ermengarde et de son frère Hugues, comte de Provence, à la couronne d'Italie. Ermengarde, l'ayant fait traîtreusement prisonnier, le força à renoncer à l'Italie; mais, comme les seigneurs lombards l'y rappelèrent en 933, Hugues fut forcé de céder à son rival une partie du comté de Provence. Rodolphe prit depuis ce temps le titre de roi d'Arles et de Bourgogne. Il agrandit encore ses Etats d'un duché sur le Rhin, dont il reçut l'investiture de Henri l'Oiseleur. Déjà il s'était emparé de la ville de Bâle et de son territoire. Ce prince mourut en 937, laissant le trône à son fils Conrad Ier *le Pacifique*.

RODOLPHE III, surnommé *le Pieux* ou *le Fainéant*, succéda en 994 à son père Conrad. Accablé par les révoltes, il céda son royaume à l'empereur Henri II *le Boiteux*; mais, les grands vassaux lui ayant contesté le droit de faire cette cession, il s'ensuivit une guerre de plusieurs années. Ce prince mourut à Lausanne en 1032. Il fut le dernier roi de la Bourgogne transjurane; car l'empereur Conrad *le Salique* s'en empara comme d'un fief de l'empire.

RODOLPHE Ier, comte de Habsbourg ou Hapsbourg, chef de la dynastie qui règne aujourd'hui sur l'Autriche, naquit en 1218. Il était fils d'Albert le Sage, comte de Habsbourg, mort en Palestine en 1240, lui laissant pour héritage son comté, le landgraviat de la haute Alsace, le burgraviat de Rheinsfeld, et quelques domaines dans la Souabe et le Brisgau. Il était en outre avoué (*advocatus*) des cantons de Schwitz, d'Unterwald, d'Uri et de Berne, lorsqu'il fut élu en 1273 roi des Romains. Son élection fut contestée par Ottocare, roi de Bohême, son concurrent à l'empire. Une guerre de trois ans lui assura la soumission de ce prince et la conquête de l'Autriche, de la Styrie et de la Carniole, qui devinrent les possessions héréditaires de sa famille (1276). Ottocare essaya vainement de se révolter; il fut vaincu et tué à Marckhegg ou Marckfeld (1278). Prévoyant trop de dangers à soumettre l'Italie, il abandonna les droits de l'empire sur plusieurs villes moyennant 40,000 ducats pour Florence, 12,000 pour Lucques, 6,000 pour Gênes et Bologne. Des guerres avec les comtes de Savoie et de Bourgogne et la république de Berne furent les derniers événements de sa vie. Il mourut en 1291, à soixante-treize ans, laissant à son fils Albert, plus tard empereur, le duché d'Autriche. Le mariage de sa cinquième fille Judith avec Venceslas, roi de Bohême, et celui d'une autre avec Charles Martel, fils de Marie, sœur du roi de Hongrie, établirent les prétentions de la maison d'Autriche à ces deux couronnes, qu'elle finit par réunir. — Rodolphe II, fils de l'empereur Maximilien II, lui succéda en 1576. Né à Vienne en 1552, il avait été couronné en 1572 roi de Hongrie, et en 1575 roi de Bohême et des Romains. Ce fut un prince faible, qui demeura toute sa vie soumis aux jésuites qui l'avaient élevé et à la cour de Madrid où Philippe II l'avait fait venir jeune. De là son intolérance envers les princes protestants, qui lui refusèrent leur concours, et laissèrent l'archiduc Mathias, son frère, lui enlever la couronne de Hongrie et de Bohême (1608). Rodolphe mourut entouré d'astrologues et d'alchimistes en 1612.

RODOMONT, personnage du poème de l'Arioste *Roland furieux*, qui, roi d'Alger, et l'un des plus vaillants chefs des Sarrasins, se distingue surtout par sa jactance et ses fanfaronnades de bravoure. Ce personnage est devenu le type de tout individu qui étourdit par ses menaces et ses airs provocateurs, le plus souvent preuves irrécusables d'un faux courage.

RODRIGUE (Ile), île de la mer des Indes, située à environ 100 lieues au S. de l'île Maurice. Longue de 10 lieues et large de 5, elle est environnée de récifs et riche en tortues. La France l'a cédée à l'Angleterre en 1814.

RODRIGUE. Voy. Roderic.

RODRIGUE DE BIVAR (Don), surnommé *le Cid*. Voy. ce mot.

ROEBUCK (John), médecin anglais, né à Sheffield (Yorckshire) en 1718, étudia à Edimbourg où à Leyde, où il fut reçu docteur en 1743. Il se fixa en Ecosse, et y forma plusieurs établissements industriels. Sa fortune fut compromise dans l'exploitation des mines de charbon et de sel de Borrowstouness. Aussi il mourut pauvre en 1794. L'Ecosse lui doit une partie de sa prospérité industrielle.

ROECKEL. On appelle ainsi des morceaux de la chair grasse du poisson nommé *flétan*, coupée en long, salée et séchée à l'air. On les estime beaucoup. Les meilleurs roeckels viennent de Samosé en Norwége.

ROEDERER (Le comte Pierre-Louis), né à Metz en 1754, était en 1779 conseiller au parlement de cette ville, qui l'élut député aux états généraux de 1789. Il vota la suppression des ordres monastiques, fut le rédacteur de la loi du timbre et de celle des patentes, et devint après la session de l'assemblée constituante procureur syndic du département de Paris. Ce fut lui qui décida le roi, dans la journée du 10 août, à chercher un asile dans l'assemblée. Accusé d'avoir en cette circonstance trahi le peuple, il fut mis en état d'arrestation par la commune insurgée et forcé de se cacher. Du fond de sa retraite, il rédigeait le *Journal de Paris*, dans lequel il tenta vainement de sauver Louis XVI. Elu en 1796 membre de l'Institut, classe des sciences morales et politiques, il fut aussi nommé professeur d'économie politique aux écoles centrales. Il prit part à la révolution du 18 brumaire, après laquelle il fut nommé conseiller d'Etat, sénateur, commandant de la Légion d'honneur, puis grand officier et comte, pendant son séjour à Naples où le roi Joseph l'avait nommé ministre des finances. En 1810 ministre secrétaire d'Etat du grand-duché de Berg, en 1813 commissaire extraordinaire à Strasbourg, appelé à la chambre des pairs pendant les cent jours et rayé en 1815, il reparut à la chambre des pairs en 1832, et mourut en 1835. Le comte Rœderer a été un des rédacteurs du Code et des sénatus-consultes impériaux.

ROEMER (Olaüs), astronome danois, né à Aarhuus en 1644, vint en France en 1671, fut chargé d'enseigner les mathématiques au dauphin, devint associé de l'académie des sciences, et travailla pendant son séjour à Paris aux observations astronomiques avec Picart et Cassini. De retour en Danemarck en 1681, il devint professeur d'astronomie, mathématicien du roi, directeur des monnaies, puis inspecteur des ports et des arsenaux, conseiller d'Etat en 1707, conseiller de la chancellerie, assesseur au tribunal suprême de la justice, et premier bourgmestre de Copenhague. Il mourut en 1710. Son titre à la célébrité est la découverte importante que lui procura l'observation des éclipses des satellites de Jupiter. Il parvint par cette observation à déterminer le temps que la lumière met pour venir du soleil à nous, et par suite la vitesse de la lumière.

ROER, rivière d'Allemagne qui sort du marais de Veen près de Blanckenheim (duché du Bas-Rhin), passe à Juliers, et se jette dans la Meuse à Ruremonde après un cours de 20 lieues. Elle a sous l'empire donné son nom à un département français.

ROER ou Runa, rivière d'Allemagne qui

prend sa source aux monts Egge-Gebirge près de Brillon (Prusse), passe à Arensberg, reçoit la Mohne et la Linne, et se jette dans le Rhin à Ruhrort, au-dessous de Duisbourg. Son cours et de 28 lieues.

ROGAT, évêque donatiste d'Afrique, vers l'an 372, partageait sur l'inégalité des trois personnes de la sainte Trinité les sentiments de Donat, évêque de Carthage. Il se fit le chef d'une secte moyenne entre les catholiques et les donatistes. Cette secte des rogatistes fut combattue par saint Augustin.

ROGAT. C'est, en termes de jurisprudence ecclésiastique, un acte qu'un juge d'église envoyait à un autre pour faire ajourner à répondre par-devant le diocésain le sujet d'un autre diocèse, etc.

ROGATIEN (Saint), martyr, frère et compagnon de saint Donatien. — Prêtre de Carthage, soutint avec saint Félicissime vers la fin de l'an 250 la persécution de Decius. Saint Cyprien fit de saint Rogatien un de ses vicaires généraux à Carthage pendant son absence. On célèbre la fête de ce saint le 26 octobre.

ROGATIONS. On nomme ainsi le lundi, le mardi et le mercredi qui précèdent la fête de l'Ascension, et que l'Église consacre à des prières publiques et solennelles accompagnées de jeûnes ou d'abstinences, et de processions dans la campagne, pour attirer sur elle la bénédiction du ciel. L'origine des Rogations remonte à saint Mamert, évêque de Vienne, qui les institua en 469, à l'occasion d'un incendie que ses prières firent éteindre. Cette coutume se propagea rapidement dans tout l'Occident. Elle ne fut pas cependant reçue à Rome avant la fin du VIIIe siècle. Les Orientaux ne l'ont pas adoptée.

ROGATOIRE (Commission). En jurisprudence, on appelle ainsi le mandat spécial donné par un tribunal à un tribunal voisin, ou bien à un juge, pour procéder à un examen, une perquisition, une enquête, etc., qui exigerait un déplacement considérable et coûteux, les justiciables, les lieux ou les objets en litige étant trop éloignés du siège du tribunal saisi de l'affaire.

ROGER Ier, surnommé le Grand Comte, conquérant de la Sicile, était le cinquième fils de Tancrède de Hauteville. Il partit pour l'Italie en 1046 avec son frère Robert Guiscard pour aller rejoindre leurs aînés, soumit la Calabre, et sortit de cet état de pauvreté où il était réduit, en ne le forçait à voler des chevaux dans les écuries de son frère. Il entreprit la conquête de la Sicile avec 160 chevaliers en 1061, s'empara de Messine, de Catane et de Palerme (1071), et chassa de la Sicile (1089) les Sarrasins Aglabites qui l'occupaient depuis 827. Roger reçut l'investiture de la Sicile avec le titre de comte, et ne secoua la suzeraineté de son neveu Roger, duc de Pouille et fils de Robert Guiscard qu'en 1085. Il devint alors le chef de sa famille, et réunit Naples à la Sicile. Ce prince mourut en 1101, laissant deux fils encore jeunes, sous la tutelle de la comtesse Adélaïde de Montferrat, sa femme en troisièmes noces. L'aîné, Simon, étant mort vers 1102, eut pour successeur son frère Roger.

ROGER II, comte et ensuite premier roi de Sicile, né en 1093, était fils de Roger Ier et d'Adélaïde de Montferrat. Il succéda en 1102 à son frère Simon sous la tutelle de sa mère, reçut du pape Honorius l'investiture des comtés de la Pouille et de la Calabre (1128), et du pape Anaclet II la couronne royale de Sicile (1130). Réunissant en 1131 le royaume entier des Deux-Siciles par la soumission d'Amalfi et de Naples, il tint en respect la marine grecque, s'empara de presque tout le littoral de l'Afrique, et mourut en 1154. Après avoir perdu successivement quatre de cinq fils issus de son premier mariage, et n'ayant pas d'enfants du second, il épousa en troisièmes noces Béatrix, fille du comte de Rethel, dont il eut Constance, qui, survivant à son frère Guillaume Ier, à son neveu Guillaume II, porta le royaume de Sicile dans la maison de Souabe par son mariage avec l'empereur Henri VI (1185).

ROGER, fils de Robert Guiscard, lui succéda dans le duché de la Pouille de 1085 à 1111. Il eut d'abord des démêlés avec son frère Bohémond; mais le départ de celui-ci pour la Palestine, où il s'empara de la ville d'Antioche, le délivra de toute inquiétude de ce côté. Il n'en fut pas de même de Roger le Grand Comte, son oncle, dont l'influence écrasa la sienne. Roger laissa en 1111 le duché de la Pouille à son fils Guillaume, qui, attaqué en 1121 par le comte de Sicile, son grand-oncle, fut forcé de lui céder ses États, et mourut en 1147.

ROGER-DUCOS (Le comte) se montra le partisan de tous les pouvoirs qui se succédèrent depuis la révolution. Il fut nommé député à la convention nationale, et vota en cette qualité la mort de Louis XVI, devint membre du directoire exécutif, consul provisoire, vota en 1815 la déchéance de Napoléon, et finit par mourir dans l'exil près d'Ulm, en se précipitant de sa voiture au moment où elle versait.

ROGGEWEEN (Jacob), navigateur hollandais, né en 1669 dans la Zélande, devint conseiller de la cour de justice de Batavia, puis fut nommé commandant de trois vaisseaux équipés pour la découverte des terres australes. Il découvrit entre autres l'archipel qui porte son nom, et qui comprend les îles Penryn, Beaumann, etc. (1722). De retour à Batavia, accusé par la compagnie des Indes orientales d'avoir violé ses privilèges, il fut reconduit comme un criminel en Hollande, où la compagnie occidentale prit sa défense et intenta un procès dont l'issue fut favorable à Roggeween. Ce navigateur mourut dans l'obscurité.

ROGNON, nom vulgaire donné aux reins. Voy. ce mot. — En géologie, on appelle ainsi des matières cohérentes que l'on trouve parfois intercalées dans des masses d'autre nature, et qui sont les minéraux ou les roches affectant la forme de l'organe que le vulgaire appelle rognon. Les rognons sont tantôt pleins, tantôt géodiques, c'est-à-dire avec des cavités dans l'intérieur.

ROHAN, chef-lieu de canton du département du Morbihan, sur l'Oust, dans l'arrondissement et à 8 lieues de Ploermel. Population, 600 habitants. Cette petite ville, autrefois fortifiée et aujourd'hui sans importance, était autrefois une vicomté que Henri IV en 1603 érigea en duché-pairie pour Henri de Rohan, un des chefs du parti protestant. Cette famille s'étant éteinte, Louis XIV la fit revivre en 1645 en faveur de Marguerite de Rohan, épouse de Henri de Chabot, qui prit le titre de duc de Rohan.

ROHAN, ancienne et illustre famille de Bretagne, qui a donné à la France plusieurs personnages célèbres. — Pierre de Rohan, seigneur de Gié, connu sous le nom de maréchal de Gié, fut un des seigneurs les plus puissants de la cour de Louis XI, qui le fit maréchal de France en 1475. Il gouverna l'État avec trois autres seigneurs, pendant la maladie de ce prince à Chinon, et commandait l'avant-garde de l'armée à la bataille de Fornoue (1495). Louis XII fut le chef de son conseil, lieutenant général en Bretagne et général des armées en Italie. La reine Anne de Bretagne à laquelle il avait déplu le fit arrêter, et lui enleva toutes ses dignités. Il mourut disgracié en 1513. — Son neveu, René II, vicomte de Rohan, mort en 1585, avait épousé en 1575 Catherine, fille et héritière de Jean de Parthenay, seigneur de Soubise, qui lui donna deux fils: Henri, duc de Rohan, et le duc de Soubise qui suivent, et trois filles: Henriette, morte en 1629 sans avoir été mariée; Catherine, femme du duc des Deux-Ponts, qui répondit à Henri IV, amoureux d'elle: Sire, je suis trop pauvre pour être votre femme, et de trop bonne maison pour être votre maîtresse; et Anne, née en 1584, morte en 1646, qui soutint avec sa mère les privations du siège de la Rochelle.

ROHAN (Henri, duc de), prince de Léon, chef du parti protestant sous Louis XIII, était le fils aîné de René II, vicomte de Rohan. Né à Blein en Bretagne (1579), il fit ses premières armes sous Henri IV, qui l'avait adopté et dont il eût été le successeur sans la naissance de Louis XIII. Henri IV le créa duc et pair en 1603, colonel général des Suisses en 1605, et lui fit la même année épouser Marguerite de Béthune, la fille de Sully. Après la mort de ce prince, il entra en lutte avec la cour, et soutint trois guerres contre Louis XIII. La première fut terminée en 1622 par un traité de paix qui confirmait l'édit de Nantes et qui fut bientôt violé. La deuxième fut terminée en 1626 par une seconde paix. Les hostilités recommencèrent une troisième fois; mais Rohan força la cour à signer, en 1629, le rétablissement de l'édit de Nantes. Il entra ensuite en négociation avec la Porte pour acheter l'île de Chypre. Il devint généralissime des Vénitiens contre les impériaux, puis général des Grisons, et enfin, mécontent de la cour de France, il se retira chez le duc de Saxe-Weimar, au service duquel il se fit tuer en 1638. Il ne laissa qu'une fille, Marguerite, qui épousa Henri de Chabot, et dont la descendance prit le nom de Rohan-Chabot.

ROHAN (Benjamin de), duc de Soubise, frère cadet du précédent, fit ses premières armes sous le prince Maurice de Nassau, et seconda vigoureusement les entreprises de son frère pendant les guerres de religion. Il mourut en Angleterre en 1640 sans laisser de postérité.

ROHAN (Hercule de), prince de Guéméné, duc de Montbazon, né en 1568, épousa en secondes noces en 1628 Marie d'Avaugour de Bretagne, dont il eut trois enfants: François, tige de la maison de Soubise, éteinte en 1787; Marie-Eléonore, abbesse de la Trinité à Caen; et Anne, qui fut la seconde femme de Louis-Charles d'Albert, duc de Luynes. Hercule de Rohan avait eu de sa première femme Marie de Rohan, qui épousa en premières noces Louis-Charles d'Albert, duc de Luynes, et en secondes Claude de Lorraine, duc de Chevreuse. Il mourut en 1654.

ROHAN (Louis, prince de), plus connu sous le nom de chevalier de Rohan, né vers 1635, était fils de Louis de Rohan, duc de Montbazon, prince de Guéméné et neveu d'Hercule. Nommé grand veneur en 1656, à la mort de son père, et plus tard colonel des gardes, il se fit un nom à la cour de Louis XIV par ses aventures galantes et le dérangement de sa fortune. Exilé par Louis XIV, qui le soupçonnait d'entraîner son frère Philippe d'Orléans dans la débauche, il entra dans une conspiration qui avait pour but de livrer aux Espagnols quelques places de la Normandie. Arrêté avec son complice la Truaumont et plusieurs autres, il fut jugé et décapité en 1674.

ROHAN (Charles de), prince de Soubise, descendant de François de Rohan, fils d'Hercule, naquit en 1715. Il embrassa la carrière militaire, et dut plusieurs commandements à la faveur de la marquise de Pompadour. Créé maréchal de camp en 1743, et lieutenant général en 1748, il fut en 1758 promu au grade de maréchal de France. Son incapacité lui fit perdre la bataille de Rossbach. Il continua cependant à commander l'armée sans le titre, et n'en revint qu'en 1759. Il fut depuis ministre d'État, et mourut en 1787.

ROHAN (Emmanuel de), grand maître de l'ordre de Malte, fut élu à l'unanimité le 12 novembre 1775, trois jours après la mort de Ximénès, son prédécesseur. Les réformes tentées dans la discipline, l'encouragement donné à l'instruction publique, l'érection d'un nouveau tribunal sous le nom de *suprême magistrat de judicature*, l'adjonction des chevaliers de Saint-Lazare, la création d'une nouvelle langue de Bavière et d'un grand rieuré de Russie furent les principaux événements du magistère de Rohan. Il mourut en 1797. La haute dignité de grand maître passa après lui au bailli de Hampesch, sous lequel l'île de Malte fut prise par les Français.

ROHAN, (Louis-René-Edouard, prince cardinal DE), arrière-petit-fils de François de Rohan-Soubise, né en 1734. D'abord évêque de Canope *in partibus*, puis coadjuteur de son oncle Louis-Constantin au siége de Strasbourg, et ensuite ambassadeur à Vienne (1772), il ne fut rappelé qu'après la mort de Louis XV. Successivement nommé grand aumônier de France, abbé de Saint-Waast, bénéfice qui rapportait 300,000 francs de rente, proviseur de Sorbonne et administrateur des Quinze-Vingts, il reçut, sur la demande du prince Stanislas Poniatowski, le chapeau de cardinal. Il se fit un nom scandaleusement célèbre par la fameuse affaire du collier qu'il avait acheté pour la reine Marie-Antoinette, à qui cette princesse ne reçut pas, le collier ayant été soustrait par Mme Lamothe, qui rendit le cardinal victime de cette duperie. Après une détention d'un an à la Bastille, il fut renvoyé absous par le parlement et exilé par le roi dans son évêché de Strasbourg (1786). Elu député aux états généraux, il y parut peu et mourut en 1803.

ROHAN-CHABOT (Louis-François-Auguste, duc DE), prince de Léon, né en 1788, devint chambellan de la reine de Naples et puis de l'empereur Napoléon. Sous la restauration, il obtint le grade de colonel. La mort de son père Alexandre-Louis-Auguste de Rohan-Chabot, premier gentilhomme de la chambre (1816), lui légua le titre de duc et pair. Mais la mort de sa femme (Mlle de Sérent) le détermina à se faire prêtre (1822). Nommé peu après grand vicaire de Paris, puis archevêque d'Auch (1828), il fut en 1830 promu au cardinalat. Il mourut du choléra dans son diocèse en 1833.

ROHILCOUND ou KOTTAHER, province de l'Indoustan, située entre le Gange et la Gograh, depuis les bornes du Corah jusqu'aux limites d'Agra et de Delhy. Ce pays, annexé anciennement à celui du nabab d'Oude, est aujourd'hui compris dans la présidence de Calcutta. Sa capitale est BAREILÉ. — Le Rohilcound était habité par les *Rohillas*, peuple paisible, laborieux, fidèle aux empereurs mogols, qui fut dispersé ou massacré en 1775 par les Mahrattes et les Anglais.

ROHWAND, nom donné à une substance minérale appelée encore *wandstein*, *ankérite* et *kalk-haloïde paratome*. Elle est composée des carbonates de chaux et de fer. Sa couleur est le blanc nuancé de gris ou de rougeâtre; son éclat est vitreux et se rapproche du perlé. Sa pesanteur spécifique est de 3,08. Cette substance, que l'on emploie avec succès pour faciliter la fusion des minerais de fer, se trouve en Allemagne.

ROI, chef d'un Etat appelé *royaume*, qu'il gouverne par droit d'élection ou par droit de naissance. — En France, la royauté fut d'abord élective. Sous la première race, les grands du royaume choisissaient le roi parmi les fils du monarque défunt. Cette élection même n'avait pas toujours lieu. Quelquefois les fils du roi se partageaient le royaume; d'autres fois la fils aîné succédait de son propre mouvement à son père. Les grands lui rendaient hommage à l'époque de son sacre. Pendant la deuxième race, les grands élurent quelquefois des étrangers comme roi; on en voit un exemple dans le choix de Raoul et d'Eudes. Dès le commencement de la troisième race, la royauté devint héréditaire de mâle en mâle, et par ordre de primogéniture, en vertu d'une coutume traditionnelle qui excluait les femmes, et qu'on appela *loi salique*. Cette coutume, déjà connue sous les rois de la première race, fut solennellement consacrée par l'avènement de Philippe de Valois au trône. La monarchie fut d'abord, en France, tempérée par les états de la nation; plus tard les usurpations constantes du pouvoir royal sur les libertés publiques en avaient fait presque un gouvernement absolu. Avant 1789, le roi était le régulateur du gouvernement. Il gouvernait par lui-même, à l'aide de conseils, de ministres et d'intendants. Il était le chef de l'armée; la justice était rendue en son nom. Il était majeur à quatorze ans. Les Français lui donnaient le titre de sire et de *majesté*; il recevait des étrangers celui de *roi très-chrétien*, et du pape celui de *fils aîné de l'Eglise*. Tous les rois de la première et de la deuxième race, et les six premiers de la troisième, prenaient le titre de *roi des Français*. Philippe Auguste est, dit-on, le premier qui prit le nom de *roi de France*. Depuis Henri IV, les rois signaient leurs édits par ces mots : *N... par la grâce de Dieu, roi de France et de Navarre*. Le fils aîné du roi portait depuis le xive siècle le titre de *dauphin*; le fils aîné du dauphin celui de *duc de Bourgogne*; le frère aîné du roi celui de *Monsieur*. L'ancien cri de guerre des rois était *Montjoie et saint Denis*. Avant 1789, la France avait eu une succession de soixante-sept rois. Louis XVI, trente-troisième roi de la race capétienne, après avoir échangé son titre de *roi de France* contre celui de *roi des Français*, après de nombreuses vicissitudes, fut condamné à mort par la convention nationale, et exécuté le 21 janvier 1793. La restauration rendit à la France ses rois; la monarchie devint sous Louis XVIII une monarchie constitutionnelle, c'est-à-dire tempérée par une charte. Cette monarchie constitutionnelle avait reçu une nouvelle sanction en France par la révolution de juillet. Le roi (pendant la restauration) il prenait le titre de *roi de France*) prenait depuis 1830 celui de *roi des Français*. Voyez FRANCE (administration).

ROI (ARCHONTE), nom donné, à Athènes, au second des neuf archontes. Cette dignité, l'une des premières de la république, donnait autorité sur tout ce qui avait rapport à la religion et à ses ministres. Il présidait tous les sacrifices, et avait même le droit d'en offrir exclusivement à tout autre. Il connaissait des crimes d'impiété, et poursuivait les coupables devant l'aréopage. Sa femme, qui portait le titre de *reine*, remplissait aussi quelques fonctions sacerdotales.

ROI D'ARMES. On donnait ce nom, au temps de la chevalerie, au chef des hérauts et des poursuivants d'armes.

ROI DU FESTIN (en latin *rex convivii*, *modimperator*, *arbiter bibendi*), nom donné chez les anciens à celui des convives qui dans un repas était chargé de maintenir le bon ordre et de régler le nombre de coups que devaient boire les convives, le nombre de santés qu'ils devaient porter, la grandeur et la succession des coupes. On tirait souvent cette dignité au sort avec des dés (*tali*). Des Juifs qui élisaient un roi du festin et lui donnaient une couronne de fleurs, cet usage passa aux Grecs, à l'exception des Lacédémoniens, et de ceux-ci aux Romains.

ROI DES ROMAINS, dignité qui pendant plusieurs siècles s'est maintenue en Allemagne. Celui qui en était investi, élu par les princes électeurs de l'empire, était en quelque sorte un suppléant à l'empereur, pendant l'absence duquel il exerçait le pouvoir suprême. Le titre de roi des Romains avait d'abord été pris par les empereurs eux-mêmes, qui étaient alors souverains de l'Italie et de Rome. Othon Ier (947) et ses successeurs prirent le titre de rois des Romains jusqu'à ce qu'ils eussent été couronnés empereurs à Rome par le pape. Lorsque l'empire devint héréditaire dans la maison d'Autriche, le fils aîné de l'empereur, son successeur désigné, prit le titre de roi des Romains.

ROI DE ROME. Napoléon, ayant réuni Rome à l'empire qu'il avait fondé, donna à son fils Napoléon II, plus tard duc de Reichstadt, le titre de roi de Rome.

ROI DES SACRIFICES, prêtre institué chez les Romains après l'expulsion des Tarquins pour remplir les fonctions que son nom indique, et qui étaient auparavant réservées aux rois. Soumis d'ailleurs au grand pontife, il était forcé de se démettre de toutes les charges dont il était revêtu avant d'exercer cette nouvelle fonction, tant le nom de roi inspirait encore de crainte aux Romains. Il faut ajouter aussi qu'après s'être acquitté de sa charge dans les assemblées il s'en allait en fugitif. Sa femme s'appelait *reine des sacrifices*. Elle offrait des sacrifices particuliers, auxquels son mari n'avait pas le droit d'assister. Le premier roi des sacrifices fut Manius Papirius.

ROIS (JOUR DES), fête de l'Eglise appelée encore ÉPIPHANIE. Voy. ce mot.

ROIS (LIVRES DES), nom donné à quatre livres de l'Ancien Testament, renfermant l'histoire des rois des Juifs. Le premier embrasse depuis la naissance de Samuel jusqu'à la mort de Saül; le deuxième renferme le règne de David; le troisième va jusqu'à la mort de Josaphat, roi de Juda; le quatrième va jusqu'à l'avénement de Jéchonias au trône de Juda. On présume que l'auteur du premier livre est Samuel lui-même, et celui des trois autres Esdras.

ROITELET, oiseau du grand genre becfin. L'Europe en possède deux espèces : le *roitelet ordinaire*, que le vulgaire confond avec un autre petit oiseau appelé *troglodyte*, et qui n'a que trois pouces six lignes; toutes les parties supérieures de son corps sont d'une couleur olivâtre nuancée de jaunâtre; les plumes des ailes et de la queue sont brunes; et le *roitelet à triple bandeau*, d'une ou douze lignes plus petit, se distinguant d'ailleurs par ses trois bandes jaune, noire et blanche qui environnent le cou. Les mœurs des roitelets rappellent celles des mésanges. Comme elles, ils font leur nourriture d'insectes, qu'ils vont chercher en voltigeant sans cesse de branche en branche. Ils sont communs dans toute l'Europe jusqu'au cercle arctique.

ROKN-ED-DAULAH (Abou-Aly-el-Haçan), deuxième prince de la dynastie des Bowaïdes, fut le premier de la branche qui régna dans Ispahan, que lui céda en 945 son frère Aly-Emad-ed-Dauhah. Il agrandit ses Etats par la conquête de plusieurs villes, soutint une longue guerre contre les Samanides qui régnaient dans le Khoraçan et la Transoxiane, et, son frère étant mort sans enfants en 960, devint régent du royaume de Chyraz et de la Perse méridionale, dont son propre fils Adhad-ed-Daulah était devenu héritier. Il mourut en 988.

ROKN-EDDIN-SOLEIMAN, septième sultan Sedjoucide d'Anatolie, partagea l'empire avec ses frères, après la mort de son père Kilidj-Arslan II, et se réserva seulement quelques parties maritimes, avec le sultan de Sivas. Son frère Cothb-Eddin-Melik-Schah étant mort, il s'empara d'une partie de ses Etats que lui disputait Mas'oud, un autre de ses frères, dépouilla de son royaume son frère aîné Gaïath-Eddin, sultan d'Iconium, traita avec l'empereur grec, auquel il fit ensuite la guerre sous prétexte que ce prince avait voulu le faire assassiner, et mourut en 1222. Les historiens du Bas-Empire le nomment *Racratin*.

ROKN-EDDIN-KHOURSCHAH, huitième et dernier prince de la dynastie des Ismaélites ou Bathemins de Perse, succéda par un parricide en 1275 à son père Ala-Eddin-Mohamed. Houlagou, frère de Mangou, le grand khan des Mongols, lui enleva la moitié de ses Etats, le fit prisonnier, et le fit mettre à mort sur les bords du Djihoun, avec ses femmes, ses enfants et ses parents en 1277.

ROLAND, personnage célèbre dans les romans de chevalerie. La chronique de Turpin le fait fils de Milon, comte d'Angers, et de Berthe, sœur de Charlemagne. Un différend qu'il eut avec son oncle le fit partir pour l'Asie, qui retentit du bruit de ses exploits. C'est là qu'il devint amoureux de la belle Angélique, reine du Cathay, dont la trahison le fit entrer dans une fureur terrible, qui est le sujet du poëme de l'Arioste intitulé : *Roland furieux.* Après avoir recouvré sa raison, il accompagna son oncle en Espagne. Commandant de l'arrière-garde, il fut, au retour de l'armée, attaqué par les Sarrasins et les Basques, excités par le traître Ganelon. Accablé par le nombre, il sonne si fort du cor que les veines de son cou se rompent, et, jugeant ne pas voir sa vaillante épée Durandal tomber entre les mains des ennemis, il la lance à travers les rochers de la vallée de Roncevaux pour la briser; mais elle perce la montagne, et ouvre le passage appelé *Brèche de Roland.* Une ancienne chanson, autrefois en usage dans les armées françaises sous la deuxième et une partie de la troisième race, célébrait les exploits de Roland. Elle est aujourd'hui perdue.

ROLAND, l'un des principaux chefs des camisards, né dans le diocèse d'Alais, servit d'abord quelque temps dans un régiment de dragons; puis, lors de l'insurrection des calvinistes dans les Cévennes, forma une troupe à la tête de laquelle il se signala pendant deux ans. Pour se donner plus de relief, il s'intitula comte et généralissime des protestants de France. Trahi par un de ses officiers, qui le fit surprendre dans un château à 3 lieues de Castelnau, il fut tué d'un coup de feu en cherchant à s'échapper. Son corps fut brûlé sur la place de Nîmes, et ses cendres jetées au vent (1704).

ROLAND DE LA PLATIÈRE (Jean-Marie), né en 1732 à Villefranche (Rhône) d'une famille de robe, était inspecteur général des manufactures à Lyon, lors de la révolution. La municipalité de cette ville, dont il était membre, le nomma député extraordinaire à l'assemblée constituante pour lui faire part de la détresse de l'industrie (1791). Il se lia avec le parti des girondins, et fut appelé au ministère de l'intérieur, où il fit preuve d'une rigidité de principes qui lui fit bientôt avoir sa démission. Rappelé après le 10 août, il s'éleva avec force, dans sa lettre à l'assemblée, contre les massacres de septembre, et réclama la destitution des membres de la commune de Paris, démarche qui lui attira l'inimitié de tous les jacobins. Le 23 janvier 1793, il présenta sa démission. Après la fameuse journée du 31 mai, prévenu qu'il allait être arrêté, Roland s'évada, et resta cinq mois caché à Rouen. La nouvelle de la mort de sa femme le fit sortir de sa retraite, et il se perça d'un fer qu'il portait dans sa canne, à 4 lieues de Rouen (1793).

ROLAND (Manon-Jeanne Philipon, femme), épouse du précédent, naquit à Paris en 1754 d'un graveur en taille-douce, et reçut une éducation soignée. Elle épousa en 1779 Roland de la Platière, et le suivit à Paris, où elle ouvrit un salon de réception des députés les plus marquants de la gauche dans l'assemblée législative. Enthousiaste de la liberté, elle écrivit différents ouvrages politiques, et aida souvent son mari de ses conseils dans sa carrière ministérielle. Ce fut elle qui rédigea la lettre véhémente de Roland à Louis XVI, qui fut cause de la disgrâce de son mari. Ce fut encore elle qui écrivit la fameuse lettre à l'assemblée après les massacres de septembre. Arrêtée le jour même de l'évasion de son mari, conduite à l'Abbaye, puis transférée à Sainte-Pélagie, elle écrivit dans sa captivité ses *Mémoires,* qui offrent un puissant intérêt et jettent un grand jour sur les événements de l'époque. Elle monta sur l'échafaud le 8 novembre 1793.

ROLE (de *rotulus,* rouleau), feuillet de papier ou de parchemin sur les deux pages duquel on écrit des états, des expéditions, etc.—Autrefois on écrivait sur les rôles des actes ou des titres, et alors ils étaient plus volumineux.—En termes de chancellerie, les *rôles* étaient les registres sur lesquels on portait toutes les oppositions faites au sceau des provisions des offices.—Au théâtre, un *rôle* est la partie de l'œuvre dramatique que doit réciter tel ou tel acteur.

ROLLE, division créée par Cuvier dans le genre rollier, et caractérisée par un bec plus court, plus arqué, élargi à la base, au point d'y être moins haut que large. La plus jolie espèce est le *rolle à gorge bleue,* qui habite les Grandes-Indes, et qui a la gorge et le devant du cou de couleur bleue. Le bec est rouge orangé, les ailes vertes, et le reste du corps brunâtre.

ROLLIER, genre de l'ordre des passereaux, divisé par Cuvier en deux sections: les *rolliers* proprement dits et les *rolles.* (Voy.) Les rolliers proprement dits ont le bec droit et partout plus haut que large. Ce sont des oiseaux voisins des pies et des martins-pêcheurs, essentiellement insectivores, très-farouches, sociables seulement avec leurs semblables, ne s'écartant des bois touffus qu'ils habitent que pour manger. Leurs couleurs sont généralement vives. Ils nichent sur les arbres ou dans les trous pratiqués à leurs troncs. Le *rollier commun,* espèce d'Europe, a le dessus de la tête et le haut du cou d'un bleu clair, à reflets verts, le dos fauve, les ailes d'un bleu violet éclatant, avec les parties inférieures d'un bleu d'aigue-marine plus ou moins foncé.

ROLLIN (Charles), né à Paris en 1661, fils d'un coutelier, fit ses études au collége du Plessis, et, après avoir étudié pendant trois ans la théologie en Sorbonne, devint professeur de seconde au même collége où il avait fait ses classes (1683), de rhétorique (1687), puis l'année suivante professeur d'éloquence au collége de France. Recteur de l'université en 1694, continua pendant deux ans, coadjuteur au principal du collége de Beauvais (1699), emploi qu'il résigna forcément en 1712, membre de l'académie des inscriptions et belles-lettres (1701), recteur de l'université une seconde fois en 1720, il mourut en 1741. Ses travaux et son dévouement lui ont fait appeler de nos jours *le saint de l'enseignement.* Les ouvrages qui lui ont assuré sa réputation sont son célèbre *Traité des études,* son *Histoire ancienne* et son *Histoire romaine,* qui a été achevée par Crevier.

ROLLON ou **Rou**, premier duc de Normandie, appelé encore par les chroniqueurs normands *Raoul* ou *Haroul* et *Robert,* et dont le nom scandinave est *Hrolf,* était fils de Rognewald, *earl* ou comte des îles Orcades et de Norwège, d'une des plus nobles familles norwégiennes. Exilé de Norwège pour avoir enfreint les ordres du roi Harald en recourant au vieil usage du *strandhug* (action d'abattre le bétail pour se saisir sur la côte), Hrolf cingla vers les côtes de France, et débarqua avec sa troupe à Rouen, dont les habitants, à ce qu'il paraît, le reconnurent pour leur suzerain (898). Il épousa deux ans après Popa, fille du comte de Bayeux, en eut deux enfants, Guillaume et Adèle, et la répudia ensuite. Pour mettre un terme à ses invasions, Charles le Simple conclut avec lui en 912 le traité de Saint-Clair sur Epte, qui accorda à Rollou la Neustrie (appelée depuis Normandie) et une partie de la Bretagne, avec la main de Gisèle, fille du roi, à condition qu'il embrasserait le christianisme. Il prit après le baptême le nom de son parrain, Robert, duc de France, et dota richement plusieurs monastères, et établit en 914 une cour suprême de justice appelée l'*échiquier.* Les Bretons ayant refusé en 913 de lui rendre hommage, il les réduisit au devoir. Fatigué du pouvoir, il abdiqua en 927 en faveur de son fils Guillaume, et mourut en 932. Son équité était telle que son nom seul prononcé par l'opprimé amenait l'oppresseur devant la justice. C'est de là, sans doute, qu'est venue l'expression *clameur de haro.*

ROMAGNE, contrée d'Italie, dans les États de l'Église, bornée au N. par le Ferrarais, à l'E. par l'Adriatique, au S. par la Toscane et le duché d'Urbin, à l'O. par le Bolonais et la Toscane. Ce pays, appelé encore *Romandiole,* est fertile en bons vins, blé, fruits exquis, olives et pâturages. Il appartint aux Ostrogoths, aux Lombards, aux empereurs, puis aux papes, qui la reçurent de Louis XII, roi de France, et forme aujourd'hui la délégation de *Ravenne,* sa capitale.

ROMAIN (Saint), archevêque de Rouen, issu de la race mérovingienne, fut promu à cette haute dignité en 626. Sa vertu et sa naissance lui attirèrent une grande considération. La tradition rapporte que par le signe de la croix il dompta un dragon terrible qui dévastait les environs de Rouen, et il brûla dans cette ville le secours d'un meurtrier pris par lui dans la prison. C'est de là qu'est venu le privilége de la châsse de saint Romain, qui donna pendant longtemps au chapitre de la cathédrale le pouvoir de délivrer un criminel de la mort tous les ans au jour de l'Ascension, dans lequel se faisait la procession du miracle. Saint Romain mourut le 23 octobre 639. Sa fête se célèbre le jour de sa mort.

ROMAIN (Peuple). Voy. Romains.

ROMAIN (Empire). On entend généralement par ce mot l'ensemble des pays soumis à la domination romaine depuis Auguste jusqu'à Valentinien et Valens. Cet immense empire subit plusieurs divisions. Les principales sont au nombre de trois : sous Auguste, sous Adrien, sous Constantin.— 1° *Sous Auguste.* Ses bornes étaient au N. le Danube, au S. l'Éthiopie et l'Atlas, à l'O. l'Océan, à l'E. l'Euphrate. Il était divisé en vingt-six provinces, dont douze gouvernées par les représentants du sénat et du peuple étaient appelées *sénatoriales* (deux étaient régies par les proconsuls, et prenaient le nom de *proconsulaires;* les dix autres l'étaient par des préteurs, et s'intitulaient *prétoriennes*), et dont quatorze étaient soumises aux empereurs, et prenaient le nom d'*impériales.* — 2° *Sous Adrien.* Son territoire était augmenté au N. de la Grande-Bretagne; des deux Mœsies et de la Dacie, à l'E. de l'Arabie, l'Arménie et la Mésopotamie. Il était partagé en onze grandes parties: l'*Italie,* deux provinces; l'*Afrique,* trois; l'*Hispanie,* trois; les *Gaules,* quatre; la *Bretagne,* trois; l'*Illyrie,* dix-sept; la *Thrace,* six; l'*Egypte,* quatre; l'*Orient,* treize; le *Pont,* huit; et l'*Asie,* onze. — 3° *Sous Constantin.* Le territoire est le même. Il se divise en deux parties indépendantes, l'Occident et l'Orient. Chacune de ces parties se subdivise en deux grands départements: l'Italie et les Gaules en Occident, l'Illyrie et l'Orient propre en Orient. Ces départements sont appelés *préfectures,* parce qu'ils sont soumis chacun à un préfet du prétoire, et subdivisés eux-mêmes en diocèses, ceux-ci en provinces gouvernées soit par des consuls ou des proconsuls, soit par des vicaires. Il y avait dans la préfecture d'Italie trois diocèses: *Rome* en *Italie* avec dix-sept provinces, l'*Afrique* avec cinq provinces, et l'*Illyrie* avec six; dans celle des Gaules, trois diocèses : la *Gaule* avec dix-sept provinces, l'*Espagne* avec sept provinces, et la *Bretagne* avec cinq ; dans celle d'Illyrie, deux diocèses: la *Macédoine* avec six provinces, et la *Dacie* avec cinq; dans celle d'Orient, six diocèses: le *proconsulat d'Asie* avec trois provinces, le *comté d'Orient* avec quinze, l'*Egypte* avec six, le *vicariat d'Asie* avec sept, le *Pont* avec dix, et la *Thrace* avec six.

ROMAIN se dit, en termes d'imprimeur, de certains caractères. Le *gros romain* est entre le petit parangon et le gros texte; le *petit romain* est entre la philosophie et la gaillarde. Dans chaque corps de caractère, on distingue encore le *romain* et l'*italique*. Les traits du romain sont perpendiculaires, et ceux de l'italique sont inclinés. — On appelle *chiffre romain* le chiffre composé de lettres numérales comme C, D, I, L, M, V, X.

ROMAIN, pape, succéda en 897 à Etienne VI, cassa la procédure de son prédécesseur contre le pape Formose, et mourut quatre mois après son élection en février 898. Son successeur fut Théodore II. Romain portait avant son pontificat le nom de *Gallesin*.

ROMAIN I*er*, dit *Lécapène*, empereur d'Orient, né dans l'obscurité en Arménie vers la fin du xe siècle, sauva la vie d'une une bataille à l'empereur Basile, et dut sa fortune à cet événement. Grand amiral sous Constantin Porphyrogénète et tuteur de ce prince, il lui fit épouser sa fille Hélène, et partagea l'empire avec lui (919). Il ne tarda pas à s'emparer de toute l'autorité; mais la douleur qu'il ressentit de la mort de Christophe, son fils aîné, qu'il destinait à l'empire, lui ayant inspiré la résolution de rendre le trône à Porphyrogénète, ses deux autres fils Etienne et Constantin le reléguèrent dans une île de la Propontide, où il mourut en 948. Ses fils, ayant été accusés par leur sœur de vouloir attenter aux jours de son mari, furent renfermés dans un monastère.

ROMAIN II, dit *le Jeune*, empereur d'Orient, petit-fils du précédent et fils de Constantin Porphyrogénète et d'Hélène, fille de Romain Lécapène, succéda en 959, à l'âge de vingt ans, à son père qu'il fit empoisonner. Il chassa du palais sa mère et ses sœurs, qui furent obligées de se prostituer pour vivre. Il gagna plusieurs victoires sur les Sarrasins, en envoyant contre eux Nicéphore Phocas, tandis qu'il se livrait à la mollesse et aux débauches, qui le conduisirent au tombeau en 963. Quelques historiens prétendent qu'il fut empoisonné par sa femme Théophanon, par les conseils de laquelle il avait tué son père.

ROMAIN III, dit *Argyre*, empereur d'Orient, fils de Léon, général des armées impériales, était sénateur lorsque Constantin IX lui fit épouser sa fille Zoé et le nomma son successeur. Empereur en 1028, Romain laissa les Sarrasins s'emparer de la Syrie, et périt en 1034, étranglé dans son bain par sa femme Zoé, qui n'avait pu l'empoisonner, et qui fit monter sur le trône son amant Michel IV *le Paphlagonien*.

ROMAIN IV, dit *Diogène*, empereur d'Orient, fils d'un sénateur, voulut s'emparer de l'empire, et fut condamné à mort par Eudoxie, veuve de Constantin Ducas et tutrice de ses jeunes enfants. Frappée de son air guerrier, cette princesse le sauva, et lui donna l'empire en l'épousant (1068). Il fit une guerre malheureuse aux Turks, et fut fait prisonnier. Son vainqueur, Azan (Alp-Arslan), le renvoya moyennant une rançon de 1,000,000 de pièces d'or et un tribut annuel de 360,000 pièces, que Romain ne lui eût pas caché qu'il l'eût fait périr si les armes lui eussent été favorables. A son retour, obligé de défendre sa couronne contre Michel Ducas, il fut livré par ses soldats au gouverneur d'Arménie, qui lui fit crever les yeux. Il succomba au chagrin et à la douleur en 1071.

ROMAIN (Giulio Pippi, connu sous le nom de *Jules*), peintre célèbre de l'école romaine, né à Rome en 1492, mort à Mantoue en 1546. Il fut un des disciples les plus illustres de Raphaël, qui avait tant d'amitié pour lui qu'il l'institua son héritier avec Jean-François Penni. Il fut employé par le cardinal de Médicis (plus tard Clément VII) et par Frédéric de Gonzague, marquis de Mantoue. Les disciples les plus distingués qui sortirent de son école furent Rinaldi et surtout le Primatice. Ce fut Jules Romain qui fit les dessins du livre de l'Arétin.

ROMAINE, un des noms de la laitue cultivée.

ROMAINE. Voy. BALANCE.

ROMAINS, habitants de Rome et de l'empire romain. Leur histoire embrasse douze cents ans, que l'on divise en trois périodes : les rois, la république et l'empire. — 1º LES ROIS. — Sous la conduite de Romulus, un ramas de brigands, d'esclaves et d'aventuriers fondent Rome l'an 754 avant J.-C. — Création du sénat, division du peuple en trente curies et en trois ordres. Romulus est assassiné (717). Après lui viennent Numa Pompilius (717-675), Tullus Hostilius (673-640), Ancus Martius (640-616), Tarquin l'Ancien (616-578), Servius Tullius (578-534) et Tarquin le Superbe (534-509). L'outrage fait à Lucrèce par Sextus, fils de Tarquin, fournit aux Romains le prétexte d'une révolution qui chasse les rois. — 2º LA RÉPUBLIQUE. — L'Etat est constitué en république (509 avant J.-C.) et gouverné par deux magistrats temporaires et électifs, appelés *consuls*. — Dictateurs (498). — Tribuns du peuple (493). — Décemvirs (451). — Tribuns militaires (445). — Questeurs (410). — Les Gaulois en Italie (395). — Les consuls plébéiens (366). — Guerre des Samnites (349). — Conquête du Latium et de la Campanie (338). — Soumission de l'Etrurie (283). — Guerre contre Pyrrhus (280). — Soumission de l'Italie méridionale (268). — 1re guerre punique, qui dure vingt-trois ans (264). — Conquête de la Sicile (241). — Soumission de la Ligurie (235). — Soumission de la Sardaigne et de la Corse (231), de la Gaule cisalpine (224). — IIe guerre punique, de dix-huit ans (219). — Annibal en Italie (217), à Cannes (216). — IIe guerre de Macédoine (214). — Soumission de l'Espagne (206). — Scipion en Afrique (202). — Guerre de Syrie, qui dure trois ans (192). — IIIe guerre de Macédoine, qui dure trois ans (171). — L'Illyrie, province romaine (167). — IIIe guerre punique (149). — IVe guerre de Macédoine (148). — Conquête de la Grèce, de la Macédoine et de l'Afrique carthaginoise. Destruction de Corinthe et de Carthage (146). — Guerre des esclaves révoltés en Sicile (135). — Pergame, province romaine (133). La même année, meurtre d'un des Gracques. — Conquête de la Gaule narbonnaise (125). — Guerre cimbrique (114), contre Jugurtha, qui dure cinq ans (111). — 1re guerre contre Mithridate, dure quatre ans (88). — Dictature de Sylla (82). — IIe guerre contre Mithridate et conquête de l'Asie-Mineure (81). — Guerre contre Sertorius (80). — La Bithynie liguée à Rome (74). — IIIe guerre contre Mithridate (73). — Guerre contre Spartacus (72). — Conquête de la Crète et de la Cilicie (66), de la Syrie (65), du Pont (62). — Consulat de Cicéron et conjuration de Catilina (62). — Triumvirat de Pompée, Crassus et César (59). — Guerre contre les Parthes (54). — Conquête des Gaules par César (49). — Dictature perpétuelle de César (48). — Mort de Pompée (47). — La Numidie et la Galatie, provinces romaines (45). — Meurtre de César (44). — Triumvirat d'Octave, Antoine et Lépide (43). — Guerre entre Octave et Antoine (34). — Bataille d'Actium (30). — Conquête de l'Egypte (29). — Octave, empereur sous le nom d'Auguste, et fin de la république (29). — Cette période fut celle de la prospérité romaine. On peut l'attribuer à trois causes : la balance du pouvoir entre les patriciens et les plébéiens, les limites temporaires des charges publiques et l'établissement de la légion. La religion fut calquée sur celle des Grecs. Les arts, les lettres et l'éloquence datent des guerres puniques. Leur plus haut point de splendeur fut le siècle d'Auguste. Le luxe et la corruption qui en est la suite, introduits vers le IIe siècle avant J.-C., atteignirent sous les empereurs leur apogée. L'impudicité, la cruauté, l'esprit de concussion et de révolte remplacèrent, à partir du 1er siècle, ce caractère belliqueux qui avait fait la force de Rome, et furent une des causes morales de sa ruine. — 3º L'EMPIRE. — Octave réunit tous les pouvoirs sous le titre d'empereur et le nom d'Auguste l'an 29 avant J.-C., et commence une série de princes, d'abord héréditaires, puis électifs. — La période de l'empire se divise en cinq époques ou siècles. — 1º *Les Césars*. — Auguste (29 avant J.-C. - 14 après J.-C.). Soumission de l'Espagne, conquête de la Pannonie, du Norique, de la Dacie, etc. — Tibère (14-37). Victoires de Germanicus sur les Germains, soumission de la Cappadoce. — Caligula (37-41). — Claude (41-54). Conquête de la Bretagne. — Néron (54-68). — Galba (68-69). — Othon et Vitellius (69). — Vespasien (69-79). Conquête de la Judée. — Titus (79-81). — Domitien (81-96). — 2º *Antonins*. — Nerva (96-98). — Trajan (98-117). — Adrien (117-138). — Antonin (138-161). — Marc Aurèle (161-180). — Commode (180-193). — 3º *L'anarchie militaire*. — Pertinax (193). — Didius Julianus (193-194). — Septime Sévère (194-211). — Caracalla (211-217). — Macrin (217-218). — Héliogabale (218-222). — Alexandre Sévère (222-235). — Maximin (235-236). — Maxime et Balbin (236-237). — Gordien (237-244). — Philippe (244-250). — Dèce (250-252). Célèbre persécution contre les chrétiens. — Gallus (252-253). — Valérien (253-259). Gallien (259-268). Les trente tyrans. — Claude II (268-270). — Aurélien (270-275). — Tacite (275-276). — Florien (276-277). — Probus (277-282). — Carus (282-284). — Carin et Numérien (284). — Dioclétien (284-304) avec Maximien. — Galerius (304-306) avec Constance Chlore. — Constantin (306-323) avec Licinius. — 4º *Le christianisme*. — Constantin règne seul en 325, et transporte le siège de l'empire à Byzance ou Constantinople en 330. — Constantin II, Constance II, Constant (335 - 361). — Julien l'Apostat (361-363). — Jovien (363-364). — Valentinien et Valens (364-367). — Gratien (367-375). — Valentinien II (375-379). — Théodose II (379-395). — Partage de l'empire en deux empires : Occident et Orient. L'Orient est à part. L'Occident doit seul trouver sa place ici. — 5º *Les barbares*. — Honorius (395-424). Valentinien III (424-455). — Avitus (455-457). — Majorien (457-461). — Sévère (461-467). — Anthémius (467-472). — Olybrius (472-473). — Glycerius (473-474). — Julius Nepos (474-475). — Romulus Augustule (475-476). En lui finit l'empire romain d'Occident. Celui d'Orient a perdu déjà le nom de romain, et pris celui de byzantin ou de grec. Ici commence l'histoire de Rome moderne.

ROMAINS (JEUX) ou GRANDS JEUX, les plus célèbres de tous, institués par Tarquin l'Ancien ; ils étaient célébrés à l'honneur de Jupiter, de Junon et de Minerve, et commençaient le 4 septembre. Leur durée, qui n'était que de quatre jours du temps de Cicéron, fut augmentée sous l'empire.

ROMAINS (ROI DES). Voy. ROI.
ROMAINS (ÉTATS). Voy. ÉTATS DE L'ÉGLISE.
ROMAINVILLE, village du département de la Seine, arrondissement de Saint-Denis, canton de Pantin, à une lieue et demie de Paris. Cette petite ville, qui a 1,000 habitants et un beau château, est célèbre à cause du bois qui se trouve dans son voisinage, et qui est le rendez-vous et la promenade favorite des familles parisiennes.

ROMAN. Voy. ROMANE (Langue).
ROMAN, composition en prose, dont le fond principal est une série d'événements d'un ordre imaginaire, ayant à la fois plus d'éclat et de variété qu'ils n'en ont dans le monde réel. L'existence du roman est très-ancienne. Les Grecs d'Alexandrie l'empruntèrent aux peuples orientaux. Les trouvères du moyen âge le firent servir aux récits merveilleux de la vie chevaleresque. Cervantès, dans son *Don Quichotte*, détrôna les vieux romanciers, et ouvrit au roman une route nouvelle à travers la réalité et loin des peintures de la chevalerie, devenues ridicules par leur couleur surannée et pleine d'exagération. Au xviie siècle, le roman était passé de la chevalerie aux mœurs pastorales, et prêtait au même ridicule par un même caractère

d'exagération et d'enflure. Lesage renversa le roman pastoral, et créa celui de mœurs, d'où sont découlés le roman philosophique au dernier siècle et le roman historique au commencement du siècle présent.

ROMANA (Don Pedro Caro y Sureda, marquis de la), célèbre général espagnol, né en 1761 à Palma (île de Majorque), fit ses études au collège de l'Oratoire à Lyon, à l'université de Salamanque et au séminaire des Nobles à Madrid. En 1779, le général D. Ventura Moreno le choisit pour son aide de camp. Capitaine de frégate en 1790, il passa ensuite dans le service de terre, servit sous son oncle D. Ventura Caro, puis sous ceux du comte de la Union, fut élevé au grade de maréchal de camp (1794), envahit la Cerdagne française en 1795, et obtint à cette époque le grade de lieutenant général. En 1800, il fut appelé au commandement général de la Catalogne, puis à faire partie du conseil suprême de la guerre. Ce fut lui qui commanda les 15,000 Espagnols que le roi Charles IV avait donnés à Napoléon en 1807 comme troupes auxiliaires. Lorsqu'on voulut lui faire prêter serment au roi Joseph, le marquis de la Romana trouva le moyen de faire embarquer ses troupes qui étaient dans l'île de Fionie, sur une escadre anglaise, malgré la vigilance du prince Corvo, et vint rejoindre les insurgés espagnols. Nommé par la junte commandant en chef des provinces du Nord, il mourut en 1811 en Portugal, où il avait été renforcer l'armée anglo-portugaise.

ROMANCE, sorte de poésie dont le nom vient probablement du nom de la langue romane dans laquelle elle a pris naissance. Les romances ont été d'abord des chants populaires dans lesquels étaient célébrés les principaux événements de l'histoire nationale. L'Espagne est la terre classique de ce genre de romances. Chez elle, ce sont des chroniques à refrain qui chantent les exploits de Bernard del Carpio, de Fernando Gonzalez et surtout du Cid. — Plus tard la romance est devenue un petit poème divisé en couplets avec refrain pour l'ordinaire, et ayant pour sujet un événement, une histoire, un regret, une plainte.

ROMANCERO, nom que l'on donne, en Espagne, à celui qui chante ou compose des romances, et plus souvent encore à un recueil qui renferme une collection de romances, mais de romances historiques. L'un des plus anciens est le *Cancionero général de romances* (1510), et le plus célèbre par le grand nombre de pièces qu'il renferme est le *Romancero général de don Pedro de Flores*, publié en 1604.

ROMANE (Langue) ou Roman, nom donné à l'idiome qui résulta de l'altération progressive de la langue latine, et qui devint la langue vulgaire au vi^e et au viie siècle. Cette altération, M. Villemain l'explique par l'introduction dans la langue latine de mots celtes et francs avec des désinences latines, et plus tard la suppression de ces désinences, devenues un embarras, parce qu'on ne savait plus les varier. Le roman était universel en Gaule au ixe siècle. Il paraît même qu'on le parlait en Italie et en Espagne, où il était appelé langue *limousine*; mais le commerce des peuples du nord de la Gaule avec les Allemands amena la formation de deux dialectes dans la langue romane : l'un, connu sous le nom de *langue d'oïl* parce qu'on disait ainsi *oui*, fut celui du Nord; l'autre, connu sous le nom de *langue d'oc*, parce que le mot *oui* s'y disait *oc*, resta celui du Midi. Du premier est née la langue française; le second, qui n'était autre que la véritable langue romane, se parle encore dans les contrées méridionales de la France. On fixe d'ordinaire le cours de la Loire comme limite à ces deux idiomes, dont la séparation s'opéra au xie ou xiie siècle.

ROMANÈCHE, village du département de Saône-et-Loire, près de la Maison-Blanche, à 3 lieues de Mâcon. Il est célèbre par ses vins, dont les crus les plus recherchés sont ceux du *Moulin-à-Vent* et des *Thorins*. — Il ne faut pas confondre les vins de Romanèche avec ceux de *la Romanée*, hameau de la commune de Vosne, près de Nuits (Côte-d'Or), qui ont aussi une grande réputation.

ROMANELLI (Jean-François), peintre habile, naquit à Viterbe en 1617, fut l'élève de Pierre de Cortone et du Dominiquin, devint recteur (*principe*) de l'académie de Saint-Luc à Rome, et accompagna en France quelques fiefs dans la Marche trévisane. Louis XIV l'employa et le récompensa généreusement. Romanelli mourut à Viterbe en 1662, au moment où il s'apprêtait à retourner en France. Il était grand dessinateur et bon coloriste.

ROMANIE. Voy. Roumélie.

ROMANO, ville du royaume lombardo-vénitien, à 5 lieues de Bergame, sur une petite rivière, entre l'Oglio et le Serio, avec 4,000 habitants. Elle a été le berceau d'une famille célèbre et puissante qui remonte à Eccelino, auquel l'empereur Conrad II avait donné quelques fiefs dans la Marche trévisane. Les Romano furent les chefs du parti gibelin dans la lutte qu'il soutint avec les Guelfes, et furent exterminés en 1260 par la maison d'Este, qui était à la tête du parti contraire.

ROMANO (Eccelin I, II, III, IV da). Voy. Eccelin.

ROMANO (Albéric I et II da). Le premier, fils d'Eccelino Ier, fut le père d'Eccelino II. — Le deuxième fils d'Eccelino III reçut en partage la ville et le territoire de Trévise, pendant que son frère Eccelino IV régnait sur le reste de la Vénétie (1215). Furieux de ce que les Padouans lui avaient fermé leurs portes, bien qu'il ne vînt que pour les secourir, il se ligua avec son frère, après la mort duquel (1259), il eut à lutter seul contre la ligue formée pour détruire sa famille. Assiégé dans le château de Sanzenone, et obligé de se rendre à discrétion au marquis Azzo d'Este, dont le fils Renaud était son gendre, il fut attaché vivant à la queue d'un cheval fougueux, après avoir vu couper les bras et les jambes à ses enfants que l'on décapita ensuite, et sa femme ainsi que deux de ses filles brûlées vives après avoir été exposées nues aux outrages de la soldatesque. Le corps du malheureux Albéric fut ensuite attaché à une potence, ses membres coupés et partagés entre les villes confédérées, et le reste brûlé à Trévise (1260). Adélaïde, femme de Renaud d'Este, échappa seule à cette horrible boucherie. On se contenta de l'exiler avec son mari.

ROMANOF, famille illustre qui possède le trône de la Russie depuis 1613. Elle doit son origine à Féodor Nikititch Romanof, qui avait épousé Axinia Féodorovna, fille du tzar Féodor Ier, en qui s'était éteinte la ligne masculine de Rurick (1598). Le fils de Féodor Romanof, Michel Féodorovitch, fut élu tzar en 1613 par les Russes, et monta sur ce trône où s'étaient succédé depuis Féodor Ier, Boris Godounoff son beau-frère, Féodor II Borissovitch, fils de Boris, Wassili Schouiski, et le Polonais Ladislas, fils de Sigismond III. En Michel Romanof commença la dynastie régnante. Son père mourut en 1633, patriarche sous le nom de Philarète.

ROMANS, ville de France, chef-lieu de canton de l'arrondissement et à 4 lieues de Valence (Drôme), dans une plaine sur l'Isère. Sa population est de 8,840 habitants. Elle a un tribunal de commerce et une chambre des manufactures. Cette petite ville fait un grand commerce de soieries, de laines, huiles de noix, pelleteries. Elle a des fabriques de draps, crêpes, couvertures, étamines, liqueurs, etc., des filatures de coton, des magnaneries, etc. Son territoire produit d'excellents vins.

ROMANTIQUE, nom que l'on a donné sous la restauration, et que l'on donne encore à un genre nouveau cultivé par des écrivains qui affectent de s'affranchir des règles de composition et de style établies par l'exemple des auteurs classiques.

ROMANZOFF (Pierre Alexandrovitch, comte de), célèbre général russe, né vers 1730, parvint de bonne heure aux premiers grades militaires. Chargé en 1769 du commandement de la deuxième corps d'armée destiné à envahir la Bessarabie, il remplaça bientôt le prince Galitzin dans le commandement en chef. Ismaïloff, Kilia, Ackerman, Bender, Brailow furent emportés. En 1771, il passa et prit Giurgewo. Lorsque les hostilités recommencèrent en 1773, le feld-maréchal comte de Romanzoff bloqua le grand vizir dans le camp de Schoumla, et le força d'accepter la paix aux conditions qu'il lui dicta (1774). L'impératrice Catherine II le récompensa magnifiquement, et le força de prendre le surnom de *Zadonaïskoï* (transdanubien). En 1787, il reçut le commandement de la deuxième armée contre les Turks, mais l'orgueil de Potemkin qui commandait la première le fit se démettre du commandement en 1789. Il mourut en 1796.

ROMARIN, genre de la famille des labiées, renfermant des plantes qui doivent leur nom à la rosée qui les couvre fréquemment sur les plages maritimes, leur habitation favorite. Il n'y a que deux espèces de romarin. Celle qui croît spontanément dans le midi de la France est le *romarin commun* ou *encensier*, ainsi appelé parce que de toutes les parties de la plante s'exhale une odeur d'encens, arbuste d'un mètre à un mètre et demi, aux feuilles linéaires, opposées, d'un vert noir en dessus, blanchâtre en dessous, roulées en leurs bords. Les fleurs sont de petits bouquets d'un bleu pâle réunis au sommet des rameaux. C'est au romarin que l'on attribue la bonté du miel de Narbonne et de Mahon. On retire des feuilles et des fleurs une huile essentielle, de couleur ambrée, dont la médecine et la parfumerie font grand usage.

ROME ANCIENNE, célèbre ville d'Italie, capitale de l'empire romain, située sur le Tibre, à quelque distance de la mer, fut fondée par Romulus l'an 754 avant J.-C. Son enceinte sous Romulus ne comprenait que le mont Palatin. Servius Tullius l'agrandit, et y enferma le mont Capitolin, le mont Aventin, le mont Quirinal, le mont Celius, le mont Viminal et le mont Esquilin. C'est de là que Rome fut appelée la *ville aux sept collines*. L'enceinte de Servius Tullius ne put contenir la population toujours croissante ; ce ne fut cependant que sous Aurélien qu'on la changea et que l'on éleva une muraille nouvelle où l'on comprit le mont Janicule, le mont Pincius, le mont Testaceus, le mont Citorius et le mont Vatican, ce qui porta à douze le nombre des collines enfermées dans Rome. Les environs étaient aussi garnis de faubourgs (*suburbana*). Rome fut partagée par Servius Tullius en quatre quartiers ou tribus: *tribus Suburrana, Collina, Esquilina* et *Palatina*. Auguste la divisa en quatorze régions. (Voy. ce mot.) Au temps de Pline, on entrait dans la ville par trente-sept portes. Les ponts sur le Tibre étaient au nombre de six. Parmi les places, les plus connues étaient le Champ-de-Mars, le Vélabre, lieu de marché, le *Forum Trajani*, remarquable par la colonne Trajane, et surtout le *Forum Romanum*, lieu des assemblées, au centre duquel était le milliaire doré, grande colonne d'où partaient les treize grandes routes ou voies qui conduisaient de Rome dans toute l'Italie. — Brûlée par les Gaulois 390 ans après sa fondation, elle fut rebâtie sans trop de régularité. Néron y mit le feu en 64, et signala sa magnificence dans sa reconstruction. C'est de cette époque que datent la plupart des monuments dont nous admirons aujourd'hui les ruines. Les principaux étaient les temples, au nombre de cinq cents, parmi lesquels on remarque ceux de Jupiter Stator et de Jupiter Tonnant, de la Concorde, de la Paix, du Soleil et de la

Lune, d'Antonin et Faustine, de Pallas, etc.; les amphithéâtres, théâtres et cirques, dont les plus célèbres sont le Colysée ou amphithéâtre Flavien, dû à Vespasien, et pouvant contenir 107,000 spectateurs, dont 87,000 assis, le cirque Flaminien et le grand cirque; les thermes, tels que ceux de Titus, Dioclétien et Caracalla; les arcs de triomphe, au nombre desquels on compte ceux de Sévère, Titus, Constantin, Néron, Drusus; les tombeaux, à la tête desquels il faut placer celui d'Auguste et celui d'Adrien, aujourd'hui château Saint-Ange. Au temps de Pline, la population s'élevait à environ 3,000,000 d'habitants, parmi lesquels on ne comptait pas plus de 300,000 citoyens.

ROME MODERNE, célèbre ville d'Italie, capitale des Etats de l'Eglise, et de tout le monde chrétien, s'étendant sur les deux rives du Tibre, dans l'ancienne ville, dans cette partie de Rome ancienne qui formait le Champ-de-Mars. Rome est à 327 lieues de Paris, 57 de Naples, 69 de Florence et 87 de Venise. Sa population est de 160,000 habitants, au nombre desquels 8,000 juifs vivant dans un quartier particulier. On ne distingue plus aujourd'hui toutes les collines sur lesquelles était assise la ville antique. Les décombres, les ruines et les invasions des barbares ont exhaussé les plaines et comblé les vallées. Parmi les beaux édifices modernes, on remarque le Vatican, palais des papes, célèbre par ses fresques dues à Raphaël, son musée et sa bibliothèque; la basilique de Saint-Pierre, le plus beau temple existant; les églises de Saint-Jean de Latran, Sainte-Marie-Majeure, Saint-Paul, Saint-Laurent, Saint-Charles, Saint-Ignace, Saint-André de la Valle; le palais Monte-Cavalla, résidence des papes pendant l'été, à cause des fièvres qui désolent le quartier du Vatican; ceux des princes Colonna, Doria, Aldobrandi, Farnèse, Chigi, Corsini, Giustiniani, Rospigliosi, etc., tous remarquables par leurs collections artistiques; les villas Medici, où réside l'académie que le gouvernement français entretient à Rome; Mattei, Negrone, Ludovisi, Albani, Borghèse, Pamphili; le Capitole, monument célèbre, reste de la grandeur romaine, remarquable par ses collections de statues et de tableaux. Rome renferme trois cent vingt-huit églises, plusieurs collèges, parmi lesquels la *Sapienza* et le *Collegio Romano*, des sociétés savantes, des académies, entre autres celles des Arcades et des archéologues; des beaux hôpitaux; sept théâtres où l'on joue de Pâques à l'Avent, un mont-de-piété, une banque appelée *banque du Saint-Esprit*, un consulat de France, quelques manufactures, des fabriques de gazes, de rubans, satins, velours, draps inférieurs, basins, faïence, fleurs artificielles, pommades, odeurs, poudre de Chypre, gants, peignes, éventails, cordes d'instruments de musique, chapelets, reliquaires, etc. L'air est malsain et souvent funeste aux étrangers, surtout pendant l'été; le vent du sud ou *sirocco* est fatal aux personnes mêmes les plus robustes. Les environs de Rome renferment des sites admirables. — Capitale de l'empire romain jusqu'à la fondation de Constantinople (330), elle devint à cette époque la résidence des papes, qui la gouvernèrent organisée en sorte de république sous leur protection. L'histoire de Rome, depuis cette époque jusqu'en 1376, est tout entière dans les luttes entre les familles rivales des Colonna et des Orsini, et le règne éphémère de quelques tribuns du peuple, dont le plus célèbre est Rienzi. En 1376, Grégoire XI transporta le siége pontifical d'Avignon à Rome, où il est resté depuis. Prise et saccagée par les impériaux en 1527, elle se releva sous les pontificats de Paul III et de Sixte-Quint. Les Français y entrèrent en 1798, et y établirent une république qui dura dix-huit mois. Un décret du 10 juin 1809 la réunit à l'empire français, en fit le chef-lieu du département du Tibre. La révolution de 1814 la restitua au pape, qui la gouverne en toute souveraineté.

ROME (ÈRE DE), ère qui date de la fondation de Rome, l'an 754 avant J.-C. *Pour réduire les années de Rome à des années avant ou après J.-C.*, si l'an de Rome est plus grand que 753, on en déduit 753; le reste donne l'année *après* J.-C. Soit l'an de Rome 839 : on retranche de 839 le nombre 753, le reste 86 indique que l'an de Rome 839 correspond à l'an 86 après J.-C. — Si l'an de Rome est plus petit que 753, on le diminue d'abord d'une unité, et l'on déduit ce reste de 753; le reste donnera l'année *avant* J.-C. Soit l'an 716 de Rome : on le diminue d'une unité, et l'on retranche le reste 715 de 753; le reste 38 indique que l'an 716 de Rome, correspond à l'an 38 avant J.-C. — *Pour réduire des années avant ou après J.-C. en années de Rome*, si l'année donnée est avant J.-C., ou la déduit de 754, le reste donne l'an de Rome. Soit l'an 49 avant J.-C.: on retranche ce nombre de 754, et le reste 705 indique que cette année 49 correspond à l'an 705 de Rome; si l'année donnée est après J.-C., on y ajoutera 753. Soit l'an 86 de J.-C. : on ajoute à ce nombre 753, et la somme 839 indique que l'an 86 après J.-C. correspond à l'an 839 de Rome.

ROME (COMARCAT DE), nom donné à la délégation des Etats de l'Eglise, qui comprend une partie de la Campagne de Rome et du Patrimoine de Saint-Pierre. Elle est bornée au N. par les délégations de Viterbe et de Rieti, au S. par celle de Frosinone, à l'O. par la Méditerranée, et à l'E. par le royaume de Naples. Sa superficie est de 290 lieues carrées, sa population de 245,000 habitants. Le pays est stérile, et ne produit presque rien dans la partie méridionale; l'air y est d'ailleurs malsain. Dans le N., on trouve du blé, du vin, de l'huile, de l'alun. Outre ROME, capitale de cette province, les villes les plus importantes sont *Ostie, Albano, Velletri, Frascati, Palestrine*.

ROMÉ DE L'ISLE (Jean-Baptiste-Louis), physicien et minéralogiste français, né à Gray en 1736. De retour des Indes en 1764, il ouvrit un cours de minéralogie qui fut fréquenté, et forma un beau cabinet qu'il laissa à la disposition des curieux. Désirant faciliter la réforme projetée dans le système des poids et mesures de France, il entreprit de comparer avec celles de Paris toutes les mesures de surface et de capacité. Il perdit la vue dans ses immenses calculs, et reçut une pension de 400 livres de Louis XVI, instruit de sa position, lui fit sur sa cassette. Romé de l'Isle mourut en 1790, membre des académies de Mayence, de Berlin, de Stockholm.

ROMÉGAS (Mathurin d'AUX DE LESCURE DE), chevalier de Malte, de la famille d'Aux, l'une des branches cadettes de la maison d'Armagnac, entra dans l'ordre en 1547, purgea la Méditerranée des pirates qui l'infestaient, et fut nommé général des galères de la religion. Quelques chevaliers espagnols, ayant conspiré contre le grand maître la Cassière, mirent Romégas à leur tête; le conseil de l'ordre interdit le grand maître, et nomma Romégas lieutenant du magistère. Le pape ayant évoqué cette affaire, Romégas se rendit à Rome, où il mourut dix-neuf jours après son arrivée (1581).

ROMÉLIE. Voy. ROUMÉLIE.

ROMEUF (LE BARON Jean-Louis DE), général de brigade, commandant de la Légion d'honneur et chevalier de Saint-Henri de Saxe, né à la Voulte (Haute-Loire), était en 1789 aide de camp de la Fayette. Il protégea le voyage de la suite du roi lors du retour de Varennes. Nommé en 1791 capitaine de dragons, il s'expatria en 1792, et rentra en France avant le 18 fructidor, qui vint l'atteindre comme émigré. Il rentra dans l'armée comme aide de camp après le 18 brumaire. Chef d'escadron, puis adjudant-commandant, il fit toutes les campagnes d'Allemagne, et fut nommé en 1808 gouverneur général du duché de Varsovie. En 1809, nommé baron de l'empire, général de brigade en 1811, il remplit les fonctions de chef d'état-major de l'armée d'Allemagne, puis du premier corps de la grande armée, et fut tué d'un boulet de canon à la bataille de la Moskowa (1812).

ROMEY (Georges), célèbre peintre anglais, né à Dalton (Lancastrehire) en 1734, étudia sous Steele, devint bientôt à la mode, et partagea la vogue de Gainsborough et Reynolds comme peintre de portraits. Il mourut à Kendal en 1802. Cet artiste, que quelques biographes nomment *Romney*, manquait de naturel dans la couleur. Il a fait aussi des tableaux d'histoire.

ROMILLY (Jean), célèbre horloger genevois, né en 1714, joignait la théorie à la pratique de son art. Il est le premier qui ait fait des montres à secondes mortes. Il donna à Louis XIV une montre qui se remontait tous les ans seulement; c'est la première de ce genre. Il concourut avec son gendre Corencez à l'établissement du *Journal de Paris* (1777), et mourut en 1796. On lui doit tous les articles d'horlogerie insérés dans l'Encyclopédie.

ROMILLY (Sir Samuel), de la même famille que le précédent, naquit à Londres vers 1758, acquit une fortune considérable en exerçant la profession d'avocat, et se rangea du parti des whigs. Nommé en 1806 avocat général (*sollicitor general*), membre des communes et chevalier, il se plaça après la mort de Fox sur les bancs de l'opposition. Il s'y fit constamment remarquer par son attachement aux principes constitutionnels et l'humanité dont il fit preuve en demandant la réforme des lois criminelles d'Angleterre, qu'il disait écrites en lettres de sang, comme celles de Dracon. Mme de Staël l'appelait *l'honneur et la lumière de la jurisprudence anglaise*. Il ne put survivre à la perte de son épouse, et se coupa la gorge d'un coup de rasoir dans un moment de délire (1818). Sa mort plongea l'Angleterre dans le deuil.

ROMME (Gilbert), célèbre républicain, né à Riom en 1750. Elu en 1791 député à l'assemblée législative, puis en 1792 à la convention nationale, il siégea constamment parmi les membres les plus exaltés du parti de la montagne, et vota la mort du roi sans sursis et sans appel. Ce fut lui qui composa avec Fabre d'Eglantine le calendrier républicain. Président de la convention le 21 novembre 1793, il fut l'un des chefs de la fameuse insurrection des faubourgs le 1er prairial an IV (20 mai 1795). Décrété d'accusation avec ses collègues Soubrany, Duquesnois, Duroi, Goujon et Bourbotte, il se poignarda avec eux après avoir entendu sa condamnation. Trois seulement moururent: Duquesnois, Goujon et Romme; les trois autres périrent sur l'échafaud.

ROMNEY. Voy. ROMEY.

ROMNEY (NEW-), ville d'Angleterre, dans le comté de Kent. Elle a 900 habitants, et envoie deux députés au parlement. Son port, jadis très-fréquenté et l'un des *Cinque-Ports*, est aujourd'hui comblé par la mer. Romney est à 12 lieues de Cantorbéry. — Elle donne son nom à une contrée méridionale du Kentshire, longue de 8 lieues, large de 3 et demie, offrant les plus riches pâturages de l'Angleterre, et portant le nom de *Marche de Romney* (Romney-Marsh).

ROMORANTIN, ville de France, chef-lieu d'arrondissement du département de Loir-et-Cher, au confluent du ruisseau de Morantin et de la Saudre, à 12 lieues de Blois. Sa population est de 6,675 habitants. Elle a des tribunaux de première instance et de commerce, une chambre des manufactures, un collége communal, des fabriques de draps et de bonneterie. Cette ville a une foire célèbre dite *la Pélisson*, et qui dure dix jours; elle commence le premier lundi après la Saint-Martin. Ancienne capitale de la Sologne, Romorantin fut la patrie de la reine Claude, femme de François Ier.

ROMUALD (Saint), fondateur de l'ordre des camaldules, et le premier abbé, naquit à Ravenne vers 952 d'une famille ducale. Il embrassa la vie monastique dans le monastère de la Classe, puis se mit sous la direction d'un ermite nommé Marin, près de Venise, et suivit en Catalogne le doge Pierre Urseolo, qui avait pris la résolution de quitter le monde. Il fonda et réforma plusieurs monastères en Italie et en Allemagne; enfin, en 1012, il fonda dans les vallées de l'Apennin en Toscane le célèbre monastère de Camaldoli, berceau de l'ordre qui en a tiré son nom. Saint Romuald mourut à Val-de-Castro en 1027. L'Eglise célèbre sa fête le 7 février.

ROMUALD Ier, duc de Bénévent, succéda en 662 à son père Grimoald, lorsque celui-ci se fut emparé du royaume de Lombardie. Assiégé par les Grecs dans sa capitale en 663, il opposa une vive résistance qui donna le temps à son père de venir à son secours. En 668, il leur enleva les places de Tarente et de Brindes. On croit qu'il mourut en 677. Il eut pour successeur Grimoald II son fils.

ROMUALD II, duc de Bénévent, succéda en 702 à son père Gisolfe Ier, deuxième fils de Romuald Ier, et s'empara en 717 de la ville de Cumes sur Jean, duc de Naples, qui la recouvra avec l'aide du pape Grégoire II. Romuald II mourut, à ce que l'on croit, en 731, et eut pour successeur Gisolfe II.

ROMULUS, fondateur de Rome. Suivant la tradition vulgaire, il était né de Mars et de Rhea Sylvia, prêtresse de Vesta, fille de Numitor, roi d'Albe, du sang d'Énée. Amulius, oncle de Rhea, confia la mission de faire périr Romulus et son frère Rémus à un officier qui les exposa sur le Tibre. Allaités par une louve et élevés parmi des bergers, ils se mirent à la tête de brigands, tuèrent Amulius, rétablirent sur le trône d'où il avait été chassé Numitor, leur grand-père, fondèrent la ville de Rome l'an 754 avant J.-C., et se disputèrent la gloire de lui donner leur nom. Romulus, meurtrier de son frère, qui voulait se soustraire au joug de son autorité, enleva les filles des Sabins pour donner des femmes à ses sujets, et termina heureusement la guerre que ce rapt occasionna, en s'associant à la couronne Tatius, roi des Sabins, qu'il fit assassiner plus tard. Lui-même disparut un jour, et le sénat, qu'il avait institué, fit par la bouche de Proculus Volesus répandre le bruit qu'il avait été enlevé au ciel. On lui rendit les honneurs divins sous le nom de *Quirinus*. Mais ce récit n'empêche pas de croire que les sénateurs l'avaient massacré et avaient emporté sous leurs toges ses membres déchirés (717 avant J.-C.). Plusieurs auteurs, entre autres Gronovius, révoquent en doute l'existence de Romulus, et considèrent son histoire comme une fable inventée par le Grec Dioclès, vu que le nom de Romulus était ignoré même à Rome avant le milieu du Ve siècle.

ROMULUS AUGUSTULE. Voy. AUGUSTULE.

RONCAGLIA, village du grand-duché de Parme en Italie, sur le Pô, à 3 lieues de Plaisance. Il est célèbre par la diète qu'y tint en 1158 l'empereur Frédéric II, et dans laquelle quatre jurisconsultes de l'école de Bologne décidèrent que le pouvoir absolu sur l'Italie appartenait aux successeurs des Césars, et que, comme tel, l'empereur était maître des biens et de la vie de ses sujets.

RONCE, genre de plantes de la famille des rosacées, renfermant des arbrisseaux à rameaux sarmenteux, armés d'aiguillons. L'espèce la plus répandue est la *ronce des haies*, à laquelle on donne encore les noms vulgaires de *ronce sauvage*, *mûrier des buissons*, et qui sert à former les clôtures dans les champs. Ses fruits sont des baies noires, agréables à manger. On connaît encore une autre espèce de ronce, qui croît spontanément sur les Alpes et sur les montagnes du département de la Drôme. Elle porte des baies rouges, jaunâtres ou blanches. C'est la *ronce framboisière* ou *framboisier*.

RONCEVAUX, vallée des Pyrénées, dans la Navarre espagnole, entre Pampelune et Saint-Jean Pied-de-Port. L'arrière-garde de l'armée de Charlemagne, commandée par Rotland, comte des Marches de Bretagne, le Roland des romans, y fut attaquée et détruite en 778 par les Sarrasins et les Basques ou Vascons, commandés par leur duc Loup. Les Basques conservent encore un chant national sur la défaite de Roncevaux, et ils avaient élevé en souvenir de cette victoire une pyramide que les Français abattirent en 1794. La bibliothèque royale renferme un poëme manuscrit sur la bataille de Roncevaux.

RONCINÉE. Voy. RUNCINÉE.

ROND. Les anatomistes nomment ainsi plusieurs muscles ou ligaments dont les fibres sont réunies en un faisceau arrondi. On appelle *petit rond* un muscle étendu de la partie inférieure de l'omoplate à la tubérosité externe de l'humérus; *grand rond*, un muscle étendu de la partie inférieure et du bord axillaire de l'omoplate à la coulisse bicipitale de l'humérus.

RONDA, jolie et forte ville d'Espagne, sur le Guadiosa, dans la province et à 13 lieues de Malaga. Elle est située au sommet d'un rocher, coupé par un ravin au fond duquel la rivière se précipite avec impétuosité; au-dessus de ce ravin sont deux ponts en pierre, d'une seule arche, à la hauteur, l'un de cent vingt et l'autre de deux cent quatre-vingts pieds. Cet affreux précipice se nomme le *Tazo*. Ronda renferme 20,000 habitants. On y voit un beau réservoir des Maures, dans lequel on descend par trois cent soixante-cinq marches. Son territoire produit du blé, du vin, des fruits et des légumes en abondance. Elle est située au pied de la montagne qui porte son nom.

RONDA (SIERRA DE), chaîne de montagnes élevées qui s'étend depuis Loja (province de Grenade), où elle se rattache à la Sierra-Névada, jusqu'à l'extrémité méridionale de l'Espagne, après avoir parcouru une longueur de 34 lieues environ. Elle renferme des mines de plomb, d'étain et de fer, encore vierges.

RONDACHE, bouclier de forme ronde ou arrondie. Il était également porté par la cavalerie et par l'infanterie. Les Grecs en 1150 portaient pour toute arme défensive une rondache. La rondache était surtout l'arme défensive de la chevalerie errante.

RONDE, note de musique de forme circulaire, sans queue. Elle vaut deux blanches, quatre noires, huit croches, seize doubles croches, trente-deux triples croches, soixante-quatre quadruples croches. On l'appelait autrefois *semi-brève*. La ronde est l'unité de la mesure en musique. — La RONDE est un air de danse composé pour être chanté, divisé en couplets, avec un refrain que l'on répète souvent en chœur, et sur lequel les danseurs sautent en cercle en se tenant la main. — C'est, dans l'art militaire, 1° la visite que fait un officier aux postes pour voir si les sentinelles sont éveillées, si tout est en bon ordre; 2° la troupe même qui fait la ronde. La *ronde major* est celle que fait le major, pour savoir si les officiers et les soldats sont à leur poste, visiter l'état des corps de garde et des sentinelles, etc.

RONDEAU, sorte de composition poétique dont on connaît trois espèces: le plus en vogue est celui qui est composé de treize vers sur deux mêmes rimes. Après le cinquième, il doit y avoir un repos, et après le huitième doivent revenir les deux ou trois premiers mots du premier vers, mots obligés de se retrouver encore après le treizième; c'est ce qu'on appelle le refrain. Suivant Boileau, le poète Clément Marot fut le premier qui sut à *des refrains suivis asservir les rondeaux*. Avant lui cependant on cite le poète François Villon, comme après lui Saint-Gelais et Voiture.

RONDEAU (en italien, *rondo*). En musique, c'est une sorte de chant composé ordinairement d'une première, d'une seconde et d'une troisième reprise, dont la première se rejette sur la seconde et la troisième. Gluck fut le premier qui introduisit le rondo en France, dans son opéra d'*Orphée*. Les Italiens en faisaient déjà usage.

RONDELET (Jean), architecte distingué, né à Lyon en 1743, devint l'un des élèves les plus remarquables du célèbre Soufflot. Il continua en 1780 l'église Sainte-Geneviève commencée par son maître, et éleva la double colonnade et la coupole qui couronnent ce monument. Il participa à la direction de tout ce qui s'exécutait en France sous la surveillance de la commission des travaux publics en 1794 et 1795. Il contribua à la formation de l'école polytechnique et particulièrement à l'organisation de toute la partie relative aux travaux civils et aux écoles d'application. Il mourut en 1829, membre de l'Institut et professeur à l'école royale des beaux-arts. Il a fait plusieurs ouvrages et une grande partie des articles d'architecture dans l'Encyclopédie méthodique.

RONDELLE, bouclier, ne diffère peu de la rondache. Il était porté par ceux des francs archers de Charles VII qui portaient une pique pour arme, et les Ecossais s'en servaient encore à la guerre en 1745. Il paraît que, dès le XIIe siècle, on employait le tremble à la fabrication des rondelles.

RONDIER, nom sous lequel on connaît un arbre de la famille des palmiers, qui s'appelle *lontar*, et que l'on confond à tort avec un autre palmier, le *lodoïcée*. Le genre rondier renferme une seule espèce, appartenant à l'île de Ceylan, à celle de Java et à la côte de Coromandel. Cet arbre s'élève à plus de dix mètres; il est couronné à son sommet par un large faisceau de feuilles palmées, les unes droites, les autres horizontales, portées sur des pétioles épineux. On dit qu'il ne fournit de fruits qu'une fois dans sa vie, et que cette production est le signe voisin de sa ruine totale. Les indigènes en retirent une liqueur fermentée, d'un goût agréable, et du sucre inférieur à ceux de la canne à sucre et de la betterave.

RONFLEMENT, bruit qui se produit durant l'inspiration chez certaines personnes dormant la bouche ouverte, et que l'on attribue généralement à la vibration des parties que l'air rencontre en entrant dans la poitrine et en sortant de cette cavité. Ce bruit, qui n'est que désagréable, pourrait être, suivant l'opinion d'un médecin distingué, le signal du danger chez les personnes prédisposées à l'apoplexie, vu qu'il se rattache à l'état du cerveau, et semble entraîner l'idée d'une congestion sanguine dans l'encéphale.

RONGEURS, quatrième ordre de la classe des mammifères, comprenant des petits animaux onguiculés, presque toujours de petite taille, ayant les membres postérieurs plus longs que les antérieurs et remarquables surtout par leur système dentaire. Il ne se compose de molaires et d'incisives (les canines n'existent pas, et leur place est vide). Les molaires varient pour le nombre et la forme; on en compte depuis deux jusqu'à six à chaque mâchoire; mais ce qu'ils ont surtout de remarquable, ce sont les incisives au nombre de deux, grandes, fortes, profondément enfoncées dans les mâchoires, très-arquées et tranchantes. La disposition des dents, jointe à l'étroitesse de la bouche, à la faiblesse des muscles maxillaires et à la conformation des membres de devant dont l'avant-bras ne peut tourner, et dont les doigts ne sont que des ongles courts et obtus, ne leur permet que de ronger. La forme de ces animaux est remarquable. Leur tête oblongue se termine par un museau bombé et arrondi; leurs membres de derrière, étant plus longs que les autres, élèvent toujours leur croupe au-dessus de leurs épaules, surtout à l'état de repos. Leur vie est sédentaire. Leur nourriture se compose en grande partie d'herbes, de fruits, etc. Quelques-uns sont omnivores. Les rongeurs sont, avec les carnassiers, ceux qui fournissent les fourrures. On les divise en deux sections: les *claviculés*, qui ont des clavicules complètes, s'articulant avec l'omoplate et le sternum, ce qui leur permet des mouvements plus variés; les *non-claviculés* ou *acléidiens*, qui n'ont point de clavicule ou l'ont trop court pour servir à écarter l'épaule du sternum.

La première appartiennent les genres *écureuil*, *marmotte*, *loir*, *chinchilla*, *rat*, *gerboise*, *rat-taupe*, *castor*; à la seconde, les *porcs-épics*, les *lièvres* et les *cabiais*.

RONQUILLO (Rodrigue), alcade de Zamora, né vers la fin du XVe siècle, fut envoyé à Ségovie par le cardinal Adrien, régent du royaume, avec des troupes pour étouffer la révolte des Castillans. Secourus par le célèbre Padilla, les Ségoviens culbutèrent Ronquillo, qui fut pour cet échec destitué, puis rétabli par l'empereur Charles-Quint. La perte de la bataille de Villalos ayant entraîné la ruine du parti des *communeros*, Ronquillo fut chargé de juger les chefs de cette insurrection, qui périrent tous dans les supplices. Cette sévérité lui concilia la faveur de Charles-Quint, faveur dont il jouit jusqu'à sa mort (1545).

RONSARD (Pierre DE), célèbre poëte français, né en 1524 au château de la Poissonnière (Loir-et-Cher) d'une famille noble, originaire de Hongrie. Elevé à Paris au collége de Navarre, il devint page du duc d'Orléans, fils de François Ier, puis de Jacques V, roi d'Ecosse, époux de Madeleine de France. De retour d'Ecosse après un séjour de trois ans, il fut employé à diverses négociations, et fut comblé des bienfaits de Henri II, François II, Charles IX et Henri III. Charles IX surtout lui montra une affection toute particulière. Il obtint un prix aux jeux floraux de Toulouse, et, au lieu d'une églantine, reçut une Minerve d'argent massif. Il acquit le surnom de *prince des poëtes de son temps*. Sa connaissance approfondie du grec lui inspira l'idée de réformer par cette langue la langue française, et rendit ses vers souvent inintelligibles. Entré dans l'état ecclésiastique, il cumula plusieurs bénéfices, et mourut dans son prieuré de Saint-Côme les Tours, en 1585, de la goutte, suite de ses nombreuses bonnes fortunes.

RONSIN (Charles-Philippe), né à Soissons en 1750, chercha vainement à se faire un nom dans la littérature. Membre du club des cordeliers, il y attira l'attention de Danton et de Marat, qui le firent nommer commissaire ordonnateur à l'armée des Pays-Bas, puis adjoint au ministre de la guerre Bouchotte, et enfin (1793) général de l'armée révolutionnaire envoyée dans la Vendée pour y étouffer l'insurrection. Il remplit cette mission en dévastateur, et porta ombrage au comité de salut public qui le fit arrêter. Danton et Robespierre le traduisirent devant le tribunal révolutionnaire comme ayant voulu donner un *tyran* à l'État. Ce tyran, c'était Pache, que le parti de Ronsin désignait sous le nom de *grand juge*. Ronsin périt sur l'échafaud en 1794.

ROOKE (SIR Georges), amiral anglais, né dans le comté de Kent en 1650, entra de bonne heure dans la marine, et arriva jusqu'au grade de vice-amiral. Il se couvrit de gloire en diverses circonstances, surtout par la prise de Gibraltar, dont le projet fut conçu et exécuté en une semaine (1704). Il fut nommé membre de la chambre des communes, où il siégea sur les bancs de l'opposition. Il perdit alors ses places au conseil privé et à l'amirauté, et mourut presque pauvre en 1708.

ROQUEFORT, village du département de l'Aveyron, dans l'arrondissement, le canton et à 2 lieues de Saint-Afrique, connu depuis plus de huit siècles par ses fromages. Il ne renferme que 300 habitants, et 400 au plus dans la saison des fromages. On croit que ceux-ci doivent leur qualité supérieure à la température des caves dans lesquelles on les met fermenter. Il en sort annuellement 8 à 900,000 kilogrammes de fromages fabriqués avec le lait de 100,000 brebis qui paissent dans les excellents pâturages du plateau de Larjac.

ROQUELAURE (Antoine, baron DE), seigneur de Gaudoux, était fils puîné de Gérard de Roquelaure, d'une maison noble et ancienne, tirant son nom de la terre de Roquelaure (Gers). Il devint lieutenant des gardes de Henri, roi de Navarre, dont il fut toujours un des serviteurs les plus dévoués, et dont il partagea la fortune. Ce prince étant monté sur le trône le récompensa de ses services en lui donnant la charge de grand maître de la garde-robe et le collier de l'ordre du Saint-Esprit. Il était dans le carrosse du roi lors de son assassinat. Il se retira alors dans son gouvernement de Guyenne, fut créé en 1615 maréchal de France, et mourut en 1625.

ROQUELAURE (Gaston-Jean-Baptiste, duc DE), fils du précédent, né en 1617, se signala par son courage et ses talents militaires, aussi bien que par son esprit. Nommé en 1644 maréchal de camp, il obtint le grade de lieutenant général en 1646, en récompense de sa belle conduite aux siéges de Gravelines, de Bourbourg et de Courtrai. Créé duc et pair en 1652, il fut disgracié pour un moment, prit part à la conquête de la Franche-Comté et de la Hollande, fut appelé en 1676 au gouvernement de Guyenne, et mourut en 1683, grand maître de la garde-robe comme son père. C'est à lui qu'on attribue, sans aucun fondement et sans preuves, un recueil de plaisanteries grossières destinées au peuple, et pleines d'une bouffonnerie plate et indécente. Le duc de Roquelaure était d'une laideur remarquable.

ROQUELAURE (Gaston-Jean-Baptiste-Antoine, duc DE), fils du précédent, né en 1656, servit avec distinction dans toutes les guerres de Louis XIV, pacifia les Cévennes en 1709, reçut en 1724 le bâton de maréchal de France, et mourut en 1738. Sa maison s'éteignit en lui; car il ne laissa que deux filles mariées, l'une au duc de Rohan-Chabot, prince de Léon, l'autre au prince de Pons.

ROQUEMAURE, petite ville du département du Gard, chef-lieu de canton de l'arrondissement et à 7 lieues d'Uzès, bâtie sur des rochers au pied desquels coule le Rhône, à 4 lieues d'Avignon. Sa population est de 4,000 âmes. On croit qu'Annibal y passa le Rhône. Clément V y mourut en 1314. Roquemaure produit des vins, des huiles, de la soie, de l'eau-de-vie. Elle a des moulins à scie.

ROQUER, terme du jeu d'échecs. Pour roquer, il faut approcher la tour auprès du roi et passer le roi par derrière pour le placer à l'autre case joignante. On ne peut roquer qu'une fois, et encore pour roquer faut-il n'avoir point remué le roi ni la tour et ne point passer ou se mettre en échec.

ROQUET, nom donné à une variété de chiens de la famille des *doguins*. Le roquet a la tête ronde, le front bombé, les oreilles petites; ses jambes sont sèches et sa queue retroussée; son pelage est ras; quelques-uns l'ont *arlequiné*, c'est-à-dire mouchetée de noir sur un fond blanc. Le mélange du roquet avec le doguin fournit le *chien d'Artois* ou *chien lillois*.

ROQUETTE. On connaît deux plantes de ce nom : la *roquette des jardins*, espèce du genre *chou*, et la *roquette sauvage*, espèce du genre *sisymbre*. La première est une plante à tige rameuse, aux feuilles longues, vertes; aux fleurs d'un blanc bleuâtre ou d'un jaune pâle, disposées en grappes au sommet de la tige. Elle répand une odeur forte et désagréable, et, malgré sa saveur âcre et piquante, elle est cultivée pour servir dans les cuisines comme assaisonnement, sur les tables comme salade, en médecine comme stimulante et antiscorbutique. — La seconde est une plante à tige droite, branchue, diffuse, un peu étalée, aux feuilles épinées, à racine rampante, aux fleurs jaunes; elle est commune dans les lieux sablonneux, humides, et se mange beaucoup en salade.

ROQUILLE, petite mesure de capacité contenant la moitié d'un demi-setier. C'est aussi une mesure de capacité pour les liquides, usitée à la Martinique; c'est la huitième d'un pot; elle vaut 14 pouces cubes un quart. La roquille vaut deux *mucs*. Cette mesure est aussi en usage à la Guadeloupe.

RORAAS, petite ville de Norwége, dans la province et à 27 lieues de Drontheim, située au sommet d'une montagne élevée, séjour des neiges et des frimas. Elle a 3,000 habitants, la plupart occupés à l'exploitation des mines de cuivre que les environs renferment en abondance.

RORQUAL. On désigne sous ce nom les *baleinoptères*, division du genre *baleine*, qui ont la peau de la gorge et de la poitrine plissée longitudinalement par des rides très profondes; deux espèces de ce sous-genre, la *jubarte des Basques* et le *rorqual de la Méditerranée*, se trouvent dans les mers d'Europe. — On divise les *baleines* en *baleines* proprement dites et en *baleinoptères*. Ces dernières se distinguent des autres par l'existence d'une nageoire dorsale, courte, simple, cartilagineuse, de forme pyramidale; elles atteignent des dimensions extraordinaires, et sont très-recherchées. Parmi les baleinoptères, les unes ont le ventre lisse ou dépourvu de plis (le *gibbar* des Basques); les autres ont la partie inférieure du cou et de l'origine de la poitrine plissée longitudinalement; c'est parmi ces dernières que se trouve le *rorqual*. Ce dernier est caractérisé par sa mâchoire inférieure, arrondie, plus avancée et beaucoup plus large que celle d'en haut, la tête courte à proportion du corps et de la queue. La *jubarte* est caractérisée par sa nuque allongée et arrondie, son museau avancé, large et un peu arrondi, et des tubérosités situées en avant des évents.

ROSA (MONT), la plus haute cime des Alpes après le mont Blanc, située entre le Valais et le Piémont. Elle a 2,425 toises de haut; d'autres lui donnent une hauteur de 2,430 toises, et la placent immédiatement après le mont Ortler, c'est-à-dire au second rang des cimes alpestres, puisque le mont Blanc n'a que 2,426 toises.

ROSA (Salvator), célèbre peintre et poëte italien, né en 1615 à l'Arenella, près de Naples, fut l'élève de Fracanzani et d'Aniello Falcone. Protégé par Lanfranc, il s'acquit en peu de temps une grande réputation et devint riche. Il se livra dans ses compositions à un genre où il n'admettait guère que des scènes de terreur. Ses batailles sont estimées pour la vérité des effets et l'expression passionnée de ses personnages. La plus fameuse est celle que lui commanda le légat apostolique près la cour de France, pour être offerte à Louis XIV, et qui se trouve aujourd'hui au Louvre. Salvator Rosa mourut à Rome en 1673. Ses poésies satiriques lui firent beaucoup d'ennemis. Parmi ses tableaux, on cite l'*Ombre de Samuel évoquée par la pythonisse d'Endor en présence de Saül*, l'*Ombre de Pythagore apparaissant à ses disciples*, et l'*Ombre de Catilina redemandant à ses complices le serment de la conjuration*.

ROSACÉE, en botanique, nom donné à une fleur dont les pétales sont disposés comme ceux de la rose, quelle que soit d'ailleurs sa grandeur. Tournefort appelait *herbes rosacées* les plantes de la sixième classe, et *arbres et arbustes à fleurs rosacées* celles de sa vingt et unième.

ROSACÉES, famille de plantes dicotylédones monosépales à étamines épigynes, au nombre de dix-huit à trente, à corolle étalée, pentapétale, rarement tétrapétale ou nulle, renfermant des plantes herbacées ou ligneuses dont les feuilles simples ou composées sont constamment alternes et garnies de stipules à leur base, et dont le fruit est extrêmement variable. De Candolle partage cette famille en huit tribus : la *rosacées exotiques*, les *drupacées*, les *spiréacées*, les *neuradées*, les *dryadées*, les *sanguisorbées*, les *rosées* et les *pomacées*. La première, appelée encore *chrysobolanées*, a pour type le genre *chrysobolan*; la deuxième, appelée encore *amygdalinées*, a pour type l'*amandier* (amygdalus); la troisième, le genre *spirée*; la quatrième ne renferme que deux genres peu connus; la cinquième a pour type le *frai-*

sier (*fragaria*), et reçoit aussi pour cette raison le nom de *fragariées* ; la sixième a pour type la *sanguisorbe* ; la septième, le *rosier*, et la huitième, le *pommier*.

ROSAGE. Voy. Rhododendron.

ROSAIRE, grand chapelet composé de cent cinquante petits grains et de quinze grains plus gros qui séparent les autres de dizaine en dizaine. On récite un *Pater* sur les gros grains et un *Ave Maria* sur les petits. Au bout du rosaire pend une croix sur laquelle on récite le *Credo*. Le rosaire et la confrérie qui porte son nom ont été établis par saint Dominique dans ses missions d'Espagne. Plusieurs souverains pontifes ont confirmé cette confrérie, et l'ont favorisée d'un grand nombre d'indulgences. Pie V institua la fête du rosaire, et Grégoire XIII la fixa au premier dimanche d'octobre.

ROSAIRE (Collier céleste du Saint-), ordre fondé en 1645 à la demande d'Anne d'Autriche, mère de Louis XIV, et composé de confréries partielles, de cinquante filles nobles chacune, portant un collier composé d'un ruban de soie bleue enrichi de roses blanches, rouges et incarnates, entrelacées des lettres capitales de l'*Ave Maria* et du nom de la reine *Anne*, auquel pendait une croix ayant la forme de celle de Saint-Louis et portant au centre l'effigie de la Vierge.

ROSAIRE (Notre-Dame du), ordre militaire fondé par Frédéric, archevêque de Tolède, peu de temps après la mort de saint Dominique, pour garantir son diocèse des incursions des Maures. Il ne reçut point d'autorisation pontificale, et sa durée fut très-courte.

ROSALBA (Rosa-Alba Carriera, plus connue sous le prénom abrégé de), célèbre Vénitienne, se distingua par ses talents dans la peinture en pastel et dans la miniature. Ses tableaux furent recherchés dans toute l'Europe. Elle mourut aveugle en 1751. Elle réussissait surtout dans le portrait.

ROSALIE, terme de musique, nom d'une phrase répétée plusieurs fois, en montant chaque fois d'un degré. Les bons compositeurs évitent les rosalies.

ROSALIE (Sainte), née à Palerme dans le xe siècle de parents illustres par leur noblesse qui les liait à la famille royale, prit la résolution d'abandonner la cour, et se retira dans une caverne affreuse sur la montagne de Montréal. Elle alla plus tard se renfermer dans une autre non moins affreuse sur le mont Pellegrino, près de Palerme et de la mer. Ce fut là qu'elle mourut. Le lieu est devenu le but de nombreux pèlerinages. L'Église célèbre sa fête le 7 de septembre.

ROSAT (du latin *rosa*, rose), épithète donnée aux préparations pharmaceutiques où il entre des roses, comme l'*onguent rosat*, le *miel rosat*, le *vinaigre rosat*. — On appelle *cérat rosat* ou *onguent rosat* le produit de l'infusion de roses pâles dans l'axonge de porc. Il est adoucissant et résolutif.

ROSBACH, village d'Allemagne, dans l'ancien duché de Saxe, entre Naumbourg et Mersebourg, célèbre par la victoire que les Prussiens y remportèrent, le 5 novembre 1757, sur l'armée française commandée par le prince de Soubise, Charles de Rohan. Cette bataille, où le roi de Prusse Frédéric commandait en personne, fit rompre la capitulation de Closter-Seven.

ROSBIF, mot anglais qui a passé dans notre langue et qui signifie ordinairement *bœuf rôti*. — Les cuisiniers le disent aussi de la partie de derrière d'un mouton, d'un agneau, d'un chevreuil, etc.

ROSCELIN, philosophe scolastique, né à Compiègne dans le xie siècle, fut le chef de l'école nominaliste, en soutenant le premier au sujet des idées générales, des genres et des espèces, qu'elles ne sont rien que des noms et des mots au moyen desquels nous désignons les qualités communes que nous observons entre les divers objets individuels.

ROSCIA (Loi), loi décrétée sous les auspices de Lucius Roscius Othon, tribun du peuple, l'an 69 avant J.-C. Elle ordonna que les citoyens possédant 400 sesterces de revenu, c'est-à-dire les chevaliers, pourraient seuls s'asseoir sur les quatorze premiers gradins du théâtre.

ROSCIUS (Quintus), le plus célèbre comédien de l'ancienne Rome, né à Lanuvium (*Civita-Indovina*) vers 130 avant J.-C. Comme il était louche, il joua d'abord avec un masque, afin de cacher cette difformité ; mais les Romains l'obligèrent de le quitter, parce qu'ils ne voulaient rien perdre de la beauté de sa prononciation. La république lui faisait une pension de 20,000 écus de notre monnaie. Ami de Pison et de Sylla, il l'était aussi de Cicéron, qui parle souvent de lui avec éloge et prit sa défense contre Caius Fannius Chéréa, qui revendiquait la moitié du prix d'un esclave lequel ils avaient possédé en commun. Ce discours nous est parvenu sous le titre de *Pro Quinto Roscio*. Roscius mourut vers l'an 61 avant J.-C.

ROSCIUS AMERINUS (Sextus), riche habitant d'Amérie, fut assassiné sous la dictature de Sylla, et les assassins le firent, par le crédit de Chrysogonus, affranchi du dictateur, mettre sur la liste des proscrits. Ses biens, vendus à l'encan, furent acquis à bas prix par Chrysogonus qui, craignant le courage ou les réclamations de Sextus Roscius, fils de la victime, l'accusa d'avoir assassiné son père. Cicéron, alors inconnu au barreau et à peine âgé de vingt-sept ou vingt-huit ans, fut le seul qui osa se charger de sa cause, et il vint à bout de le faire absoudre par son beau discours *Pro Sexto Roscio Amerino* (81 ans avant J.-C.)

ROSCOE (William), écrivain anglais, né à Liverpool, où il mourut dans un âge très-avancé en 1830, appartenait à l'une des classes inférieures de la société. Procureur, plus tard avocat, puis banquier à Liverpool, il fut nommé par cette ville son représentant à la chambre des communes, où il s'éleva avec force contre la traite des noirs. Il se retira après la mort de Fox, dont il partageait les opinions. A seize ans, il avait publié son premier poëme, intitulé *Mount-Pleasant*. Ses *Vies de Laurent de Médicis et de Léon* X furent le fondement de sa réputation historique.

ROSCOMMON, comté d'Irlande, dans la province de Connaught, borné au N. par les comtés de Sligo et de Leitrim, au S. et à l'O. par le comté de Galloway, à l'O. par celui de Mayo, et à l'E. par ceux de King's-County, West-Meath et Longford. Sa superficie est de 120 lieues carrées et sa population de 86,000 habitants. Le sol est fertile et abondant en pâturages. On y trouve quelques montagnes, avec des mines de fer et de charbon et plusieurs marécages. Ce comté renferme des fabriques de toiles et d'étoffes de laine. — Sa capitale est Roscommon, situé à 27 lieues de Dublin, avec un château. Elle envoie un député au parlement.

ROSCOMMON (Wentworth Dillon, comte de), l'un des plus beaux esprits anglais du xviie siècle, était fils de James Dillon, comte de Roscommon, d'une noble et ancienne maison. Né en 1633, il fit plusieurs voyages dans l'Europe, et fut, au retour de Charles II, bien reçu à la cour. Capitaine des gardes du duc d'Ormond, vice-roi d'Irlande, puis écuyer de la duchesse d'Yorck, il épousa la fille de Richard, comte de Burlington, veuve du colonel Courteney, et mourut en 1684. On a de lui une traduction en vers anglais de l'*Art poétique* d'Horace, un poëme intitulé *Essai sur la manière d'écrire en vers*, et plusieurs autres pièces de poésie.

ROSE, nom que l'on donne, par antonomase, à la fleur de l'arbuste appelé rosier. A l'état naturel, la corolle de la rose n'est que pentapétale, comme celle de toutes les rosacées. Ce n'est que par la culture qu'on obtient cette exubérance de pétales qui fait sa beauté et lui a mérité à si juste titre le nom de *reine des fleurs*. La couleur de la rose est ordinairement vermeille. On trouve cependant des espèces blanches et des variétés violettes produites par la culture. La rose était consacrée à Vénus. Elle a été chantée par les poëtes de tous les temps. Son nom a été donné à une foule d'autres fleurs à cause de leur analogie avec elle.

ROSE, nom donné, en botanique, à une foule de fleurs qui ont quelque analogie avec la rose. Les plus connues sont la *rose changeante*, qui est la ketmie de Chine, la *rose de la Chine* ou ketmie à grandes fleurs, la *rose de Gueldre* ou viorne obier, la *rose de Jéricho* ou jérose, la *rose du Japon* ou hortensia en forme d'obier, la *rose-laurier* ou nérion, la *rose de Sainte-Marie* ou coquelourde caryophyllée, la *rose de Sibérie* ou rhododendron des Tatars, la *rose trémière*, qui est la mauve géante, plante apportée de Damas. On l'appelle encore *rose de Damas* ou *passe-rose*. Une espèce voisine est nommée *rose de mer* ou *d'outre-mer*. La rose d'Inde est un *tagète*; la rose de Noël ou d'hiver, l'*ellébore noir*.

ROSE (accept. div.), grande fenêtre de forme ronde, que l'on voit dans les églises gothiques. — Ouverture ronde qui est au milieu de la table d'un luth, d'une guitare, etc. — Ornement taillé dans les caisses qui sont entre les modillons, sous les plafonds des corniches, et dans les milieux de chaque face de l'abaque des chapiteaux corinthien et composite. Les *roses de compartiment* sont les compartiments renfermés dans une figure circulaire, ce sont aussi certains fleurons qui remplissent les renfoncements des voûtes. — Ferrure, dans les bâtiments, rosette aux gonds du gouvernail. — Forme particulière qu'on donne aux diamants lorsqu'ils ont peu d'épaisseur. La *rose* a une base plane ; elle est facettée en dessus sur toute sa surface, et n'offre point de table comme le brillant, dont elle diffère aussi par l'absence de la culasse. La rose est rarement taillée en rose que les diamants qui ne sauraient être employés autrement.

ROSE ou **Rose des vents**, terme de marine, morceau de carton ou de corne coupé en rond, du diamètre de six à sept pouces, sur lequel sont tracés les trente-deux aires de vent de la boussole par les lignes qui partent du centre.

ROSE BLANCHE et **ROSE ROUGE**, emblèmes des deux maisons d'Yorck et de Lancastre, dans la guerre sanglante qu'elles se livrèrent pour la possession du trône, guerre qui, commencée en 1445, ne fut terminée qu'en 1485 par la bataille de Bosworth, où périt le dernier rejeton mâle de la maison d'Yorck, Richard III, et après laquelle Henri VII, représentant de la maison de Lancastre par sa mère Catherine, femme de Henri V, et sa mère Marguerite, fille du duc de Somerset, réunit les prétentions des deux maisons en épousant Élisabeth d'Yorck, fille d'Édouard IV.

ROSE D'OR, nom donné à une rose de ce métal, enrichie souvent de pierres précieuses, et bénie par le pape le quatrième dimanche du carême, pour en faire présent en certaines circonstances à une église, à un prince, etc. L'histoire fait pour la première fois mention de cet usage dans le xie ou xiie siècle. Dans l'origine, ce fut une simple galanterie ; mais dans la suite les papes la changèrent en acte d'autorité, par lequel, en donnant la rose d'or aux souverains, ils témoignaient les reconnaître pour tels. C'est ainsi qu'Urbain V reconnut en 1368 Jeanne, reine de Sicile, préférablement au roi de Chypre.

ROSE (Roman de la), poëme allégorique du xiiie siècle, écrit en langue française. Commencé par Guillaume de Lorris, il fut achevé par Jean de Meung, dit Clopinel. C'est l'art d'aimer, mis en vers et sous l'allégorie d'une rose qu'un amant veut cueillir.

ROSE (Sainte), ainsi appelée à cause de

la fraîcheur de son teint, naquit en 1586 à Lima (Pérou) d'une famille originaire d'Espagne, et reçut au baptême le nom d'Isabelle. Elle passa à vingt ans, de la maison du trésorier Gonzalvo, où elle servait comme domestique, dans le tiers ordre de Saint-Dominique, et mourut en 1617. Elle fut canonisée en 1671. L'Eglise célèbre sa fête le 30 août.

ROSE (Guillaume), né en 1542 à Chaumont (Haute-Marne) d'une famille noble, entra dans les ordres et devint prédicateur et aumônier de Henri III. Malgré sa conduite déplacée vis-à-vis de ce prince, il fut en 1583 fait grand maître du collège de Navarre, et eu 1584 évêque de Senlis. Il fut le plus fameux ligueur de France, donna dans les plus grands excès, et fit l'apologie du meurtre de Henri III par Jacques Clément. Sa conduite et son opposition à Henri IV furent si scandaleuses, qu'on le força de faire amende honorable à la grand'chambre en 1598. Il mourut en 1602. On lui attribue un libelle frénétique : *De justà reipublicæ christianæ in reges impios auctoritate.*

ROSEAU ; genre de plantes de la famille des graminées, renfermant des plantes herbacées, à fleurs en panicules rameuses, à feuilles longues et assez larges, à chaumes articulés et à racines vivaces. On comprenait autrefois dans ce genre une foule de plantes devenues les types de genres différents, telles que le *roseau à sucre*, aujourd'hui canne à sucre ou cannamelle, le *roseau de l'Inde*, aujourd'hui bambou, le *roseau des sables*, aujourd'hui calamagrostis, le *roseau panaché*, aujourd'hui alpiste, et le *roseau à quenouille*, aujourd'hui donax. — Le genre roseau ne comprend plus qu'une seule espèce, le *roseau à balais* ou *aquatique* ou *des marais*. C'est une plante qui croît en abondance dans les étangs, sur les bords des rivières et les eaux fangeuses. Appuyée sur des racines longues, rampantes, douces, qui passent en médecine pour sudorifiques ou diurétiques, elle fournit des chaumes droits de un à deux mètres et plus de hauteur, avec lesquels on fait des couvertures de maisons. Ils sont garnis de feuilles lancéolées, linéaires, coupantes, que l'on donne en nourriture aux chèvres, aux chevaux et aux vaches quand elles sont jeunes, et que l'on jette sous leurs pieds pour litière quand elles sont vieilles. Le sommet du chaume est terminé par une panicule lâche, plumeuse, ample et touffue, composée de fleurs brunâtres, qui, si on la coupe avant la floraison, sert de petits balais pour les appartements. Quand elle est bien venue, les teinturiers en retirent une bonne couleur verte.

ROSEBECQUE ou ROSEBECK, petite ville de Belgique, dans la province et à 8 lieues de Gand. Sa population est de 4,000 habitants. Elle est remarquable par la victoire que l'armée française, commandée par le roi Charles VI en personne et par le connétable Olivier de Clisson, remporta en novembre 1382 sur les Flamands. Philippe Arteveldt fut trouvé gisant au milieu des siens sur le champ de bataille, et son cadavre fut pendu à un arbre. Cette bataille, qui apaisa pour un moment la révolte de la Flandre contre le comte Louis de Marle, son seigneur, fut la dernière où l'on porta l'oriflamme.

ROSE-CROIX (FRÈRES DE LA), secte d'illuminés qui parut en Allemagne vers 1422, et qui se vantait de posséder le mouvement perpétuel, la transmutation des métaux et la médecine universelle. Une des principales règles de cette confrérie était de tenir, pendant cent ans, leur société secrète. Le nom de leur fondateur est inconnu. Divers auteurs rapportent quelques particularités de sa vie; telles sont les plus qu'invraisemblables : telle est celle qui le fait arriver dans une ville d'Arabie, nommée Damcar, où n'habitaient que des philosophes qui l'attendaient depuis longtemps, quoiqu'ils n'eussent jamais entendu parler de lui. Les rose-croix

ont disparu depuis 1650, et leur nom est devenu synonyme de charlatan.

ROSÉE, vapeur humide et fraîche, qui se dépose sur la terre et les plantes en gouttelettes très-déliées. La théorie de la formation de la rosée est due au docteur Wells. L'air contient sans cesse en suspension dans sa masse des vapeurs, et il ne peut, à une température donnée, en contenir plus qu'une certaine quantité fixe. Si donc la température vient par une cause quelconque à s'abaisser, l'air ne pourra plus contenir de vapeurs à la température précédente, et celles-ci se condenseront sur les corps voisins en quantité suffisante pour rétablir l'équilibre qu'avait rompu cet abaissement de température. Cet abaissement de température a pour cause le refroidissement des corps terrestres, refroidissement qui est dû au rayonnement de ces corps vers les espaces célestes, et qui doit varier avec lui. Plus un corps rayonne, plus il perd de chaleur, plus sa température s'abaisse, ainsi que celle de l'air ambiant, qui dépose sur ce corps l'excédant des vapeurs qu'il peut renfermer à la température primitive, et qu'il est devenu impossible de contenir. On conçoit que les circonstances qui peuvent favoriser la perte de chaleur favorisent aussi la formation de la rosée et *vice versâ.*

ROSÉES, tribu de la famille des rosacées, caractérisée par le tube du calice resserré au sommet ; les ovaires nombreux placés autour du calice, qui devient charnu et les enferme; les styles tantôt libres, tantôt soudés en faisceaux ; les fruits sont de petits akènes osseux ; les feuilles imparipinnées, munies de stipules; les tiges aiguillonnées, frutescentes. Cette tribu renferme le seul genre *rosier.*

ROSELE, nom donné, en botanique, aux feuilles qui sont rapprochées et disposées en rosette ou à peu près, comme les pétales dans une rose double.

ROSELET, mammifère carnassier du genre des martes, division du putois. Il est plus connu sous le nom d'*hermine.*

ROSEMONDE, fille de Cunimond, roi des Gépides, fut forcée d'épouser Alboin, roi des Lombards, qui avait fait périr son père. Il voulut un jour, dans un festin, la faire boire dans le crâne de Cunimond. Rosemonde jura de s'en venger. Elle séduit Helmichilde, écuyer du roi, accorde ses faveurs à Péredée, l'amant d'une de ses femmes, dont elle avait secrètement pris la place, et auquel elle ne laisse que l'alternative de la venger ou de mourir, et lui met le poignard à la main. Après l'assassinat d'Alboin, elle s'enfuit avec Helmichilde, emportant ses trésors. Mais, bientôt dégoûtée de son amant, elle écouta les propositions de Longin, exarque de Ravenne, auprès duquel elle s'était réfugiée, et empoisonna Helmichilde, qui vécut encore assez pour la forcer à s'empoisonner elle-même en 574.

ROSEMONDE, fille de lord Walter Clifford, d'une illustre maison encore subsistante, naquit vers le milieu du XIIe siècle. Elle fut la maîtresse de Henri II, roi d'Angleterre, qui, pour la garantir des ressentiments jaloux de sa femme Eléonore, fit construire, dans le château de Woodstock, une espèce de labyrinthe, au fond duquel Rosemonde vécut longtemps en sûreté, et où elle donna à son royal amant deux fils, Richard Longue-Epée, comte de Salisbury, et Geoffroi, qui dans la suite fut archevêque d'Yorck. Les circonstances de sa mort sont incertaines. On sait seulement qu'elle cessa de vivre en 1173, et l'on présume qu'Eléonore la fit empoisonner, après être parvenue dans son asile, soit en traversant les allées tortueuses du jardin à l'aide d'un peloton de fil, soit en y arrivant par un chemin souterrain qu'elle aurait fait creuser dans une distance de près de 5 milles, du cloître de Godstow jusqu'aux jardins de Woodstock.

ROSEN (Conrad, comte DE) DE BOL-

WEILER, fils d'un gentilhomme livonien, naquit en 1632. Entré au service de France en 1651, il fit avec honneur toutes les guerres de ce temps. Il avait le grade de lieutenant général, lorsqu'il commanda l'armée que Louis XIV envoya en Irlande avec Jacques II. Honoré du titre de maréchal d'Irlande en 1689, il fut fait maréchal de France en 1705, et mourut en 1715.

ROSES, forte ville d'Espagne, dans la Catalogne, avec un port sur un golfe de son nom, à 7 lieues de Girone. Sa population est de 2,600 habitants. — Bâtie par les Rhodiens, ce fut d'eux qu'elle prit son ancien nom *Rhodé*. Elle a été prise plusieurs fois par les Français.

ROSETTE (en égyptien, *Rachid*), ville d'Egypte, capitale de la province de son nom dans la Bahari ou basse Egypte, avec un port sur un des principaux bras du Nil, à 2 lieues de son embouchure, et à 40 lieues du Caire. Sa population est de 40,000 habitants, Coptes ou musulmans. Elle est la résidence de plusieurs consuls étrangers ; car son port est devenu, par l'encombrement de celui d'Alexandrie, le plus important de toute l'Egypte. Elle sert d'entrepôt entre Alexandrie et le Caire. Les Français s'en emparèrent en 1798, et y découvrirent une pierre de ciment granitique, large de deux pieds dix pouces, et haute de trois pieds et demi. Elle était couverte d'une grande inscription hiéroglyphique, avec la traduction en caractères démotiques ou populaires égyptiens et en lettres grecques. Cette pierre, tombée au pouvoir des Anglais en 1801, se trouve aujourd'hui au musée britannique. C'est à l'aide des deux écritures de l'inscription qu'elle porte que Champollion a constitué le moins en partie la science hiéroglyphique.

ROSETTE ou CUIVRE DE ROSETTE, nom que prend le cuivre lorsqu'on l'a débarrassé des matières étrangères qu'il renfermait.

ROSIER, genre de la famille des rosacées, composant à lui seul la tribu des rosées, et renfermant des sous-arbrisseaux indigènes à toutes les contrées du globe. On compte cinquante espèces bien connues de rosiers. Parmi les sauvages, on remarque le *rosier-églantier* et le *rosier blanc*, qui croissent le long des bois, dans toutes les haies. Les espèces jardinières donnent les fleurs doubles, dans les nuances les plus nombreuses, depuis le rouge clair jusqu'au pourpre et au violet le plus foncés. Les plus jolies sont le *rosier à cent feuilles*, originaire de l'Asie; le *rosier bifère*, plus connu sous les noms vulgaires de *rosier des quatre saisons* et *rosier de tous les mois*, et qui cependant ne fleurit que deux fois l'un, en printemps et en automne ; le *rosier toujours fleuri*, que nous avons reçu de la Chine en 1771, et qui porte faussement le nom de *rosier du Bengale* (ses fleurs d'un rouge tendre sont la plupart du temps inodores) ; le *rosier musqué*, ainsi appelé de l'odeur particulière qu'exhalent ses fleurs, et qui fleurit de mai à juillet. — Avec les pétales du rosier blanc et bifère, on prépare une eau distillée, un sirop purgatif et du vinaigre rosat. On obtient une huile essentielle en distillant les fleurs du rosier toujours vert, du rosier bifère ou du rosier à cent feuilles ; le rosier musqué est recherché des parfumeurs. Voy. Rose.

ROSIÈRE, nom que l'on donnait, avant la révolution, à la jeune fille qui méritait le prix de vertu fondé par saint Médard, évêque de Soissons dans le ve siècle, au petit village de Salency, parce que le prix consistait en une couronne de roses. L'institution de Salency eut aussi des imitateurs dans le XVIIIe siècle. On couronnait des rosières à Canon (Orne), à Briquebec et à Saint-Sauveur-le-Vicomte (Manche).

ROSILY-MESROS (LE COMTE François-Etienne DE), vice-amiral, né à Brest en 1748 d'un chef d'escadre, admis à quatorze ans dans le corps des gardes marines, devint en peu de temps enseigne, lieutenant et capitaine de vaisseau. L'héroïque dévouement qui le fit courir au secours de *la Belle-Poule*, attaquée par deux navires anglais, lui vaut la croix de Saint-Louis (1778). Nommé contre-amiral en 1783, vice-amiral en 1786, il avait été fait en 1795 directeur du dépôt général de la marine, poste qu'il garda jusqu'en 1825. Commandant les débris de la flotte combinée française et espagnole détruite à Trafalgar (1805), il soutint pendant trois jours le feu des Anglais (1808). Président du conseil des constructions navales (1813), associé libre de l'académie des sciences (1816), il mourut en 1832, grand-croix des ordres de Saint-Louis et de la Légion d'honneur.

ROSINE, monnaie d'or de Toscane, vaut 21 francs 54 centimes de notre monnaie.
— Il y a aussi des *demi-rosines* qui valent 10 francs 77 centimes.

ROSNY, village du département de Seine-et-Oise, sur la rive gauche de la Seine, dans l'arrondissement, le canton et à une lieue trois quarts de Mantes, à 16 lieues de Paris. Sa population est d'environ 600 habitants, y compris la ferme de Malassis et plusieurs autres habitations isolées. Rosny a un beau château où Sully reçut le jour, et qui appartenait encore en 1830 à la duchesse de Berry. La terre de Rosny, qui récemment a fourni à la fille aînée de la duchesse de Berry le titre de comtesse de Rosny, avait été érigée en duché-pairie en faveur du célèbre Sully.

ROSS, comté d'Écosse, borné au N. par celui de Sutherland, au S. par celui d'Inverness, à l'O. par le canal de Saint-Georges, et à l'E. par le comté de Cromarty et la mer du Nord. Il comprend aussi l'île de Lewis, dont il est séparé par le détroit appelé *grand Minsh*. Sa superficie est de 390 lieues carrées, et sa population de 60,900 habitants. Son territoire est hérissé de montagnes toujours couvertes de neige, entrecoupé de lacs et de vallons, fertile et bien cultivé du côté de la mer du Nord. La forêt d'Alfraig a 8 lieues de long.— Son chef-lieu est TAIN.

ROSSANO, ville d'Italie, dans la Calabre citérieure (royaume de Naples), sur une éminence et à une lieue du golfe de Tarente, et à 12 lieues de Cosenza. Sa population est de 7,000 âmes. Elle a un archevêché. Rossano est capitale d'une principauté dont le titre appartient à la maison Borghèse.

ROSSBACH. Voy. ROSBACH.

ROSSI (Jean-Bernard DE), célèbre orientaliste, né à Castelnuovo (Piémont) en 1742, fit ses études à Turin, entra dans les ordres en 1766, fut nommé en 1769 professeur de langues orientales à l'université de Parme, et demanda sa retraite en 1821. L'archiduchesse Marie-Louise, qui avait acheté 100,000 francs sa bibliothèque orientale, lui remit elle-même l'ordonnance de sa retraite avec les insignes de l'ordre de Constantin. L'abbé Rossi mourut en 1831. Il avait publié quarante-huit ouvrages, et laissa quatre-vingts manuscrits.

ROSSIENS, peuple du moyen âge, Slave d'origine, habitait à peu de distance du Pont-Euxin, vers le nord et dans la partie européenne de l'ancienne Sarmatie. Issus des Roxolani, ils sont aujourd'hui les Russes.

ROSSIGNOL. Voy. ÉTRÉSILLONS.

ROSSIGNOL, oiseau de l'ordre des passereaux dentirostres, genre des becs-fins, section des fauvettes. Il a le plumage brun roussâtre en dessus et gris blanchâtre en dessous. Son bec est droit, grêle partout, un peu comprimé en avant et à bord supérieur un peu courbé vers la pointe. Ce qui le rend surtout célèbre, c'est son chant. Chaque année, vers la fin de mars, il arrive dans nos contrées, et au commencement de mai il s'enfonce dans les bois pour y construire son nid. Pendant tout ce temps, et surtout pendant l'incubation de sa femelle, le mâle chante jour et nuit. Dès que les petits sont éclos, sa voix se perd, et des premiers jours du juin il ne lui reste plus qu'un son rauque et désagréable. La femelle fait trois pontes par an. Vers la fin de septembre, les rossignols gagnent le sud.

ROSSIGNOL DE MURAILLE ou GORGE-NOIRE, oiseau de l'ordre des passereaux dentirostres, genre des becs-fins, section des rubiettes. Il est brun, avec la gorge noire, et ne se rencontre ordinairement que dans les contrées montueuses de l'Europe tempérée. À des mœurs farouches et sauvages, et il vit sur les murailles, les masures, les clochers, dans les trous desquels il place son nid, qui renferme de cinq à huit œufs d'un bleu verdâtre. Son chant est extrêmement doux et mélancolique.

ROSSIGNOL (Jean-Antoine), né à Paris en 1759, était ouvrier orfèvre à l'époque de la révolution. La prise de la Bastille, le club des jacobins, les émeutes furent les théâtres divers où il gagna des premiers grades militaires. Nommé en 1793 lieutenant-colonel de la trente-troisième division de gendarmerie, il fut envoyé en Vendée. Arrêté pour ses concussions et ses atrocités par le général Biron, il triompha de l'accusation, et remplaça ce même Biron dans le commandement de l'armée dite *des côtes de la Rochelle*. Son impéritie et sa férocité le firent dénoncer à la convention par le député Phelipeaux comme le principal auteur de tous les désastres éprouvés en Vendée. Défendu par Carrier et Collot d'Herbois, il fut enveloppé dans la ruine du parti terroriste au 9 thermidor. Gracié par le 4 brumaire, il prit part à la conspiration de Babeuf, et reparut sur la scène politique, comme général, après le 18 fructidor. Proscrit après le 18 brumaire, il parvint à se soustraire à cette nouvelle arrestation. Ce ne fut qu'en 1800, après le complot de la machine infernale, qu'il fut condamné à la déportation. Il mourut en 1803 à Anjouan, l'une des îles Comores, atteint par une maladie pestilentielle.

ROSSLYN (Alexandre WEDDERBURN, comte DE), jurisconsulte écossais, né en 1733, était fils de Pierre Wedderburn, l'un des membres du collège de justice d'Écosse. Reçu avocat en 1752 et membre de ce collége en 1753, il partit la même année pour Londres. Membre du conseil du roi en 1763, il fut élu député au parlement par la ville de Richmond, et siégea d'abord sur les bancs de l'opposition; mais il se tourna cinq ans après du côté de la cour, et fut nommé successivement avocat général (1771), procureur général (1778), premier juge ou président de la cour des plaids communs (1780). Il entra la même année à la chambre des pairs avec le titre de baron Loughborough. Fait grand chancelier en 1793, il occupa ce poste jusqu'en 1802. Créé comte de Rosslyn la même année, il mourut en 1805.

ROSSO (Rosso DEL), ordinairement appelé *Maître-Roux*, peintre célèbre de l'école florentine, né à Florence en 1496, se forma par l'unique force de son génie, en étudiant Michel-Ange et le Parmesan. Appelé en France par François Ier sur le bruit de sa renommée en Italie, il reçut la direction des travaux d'art de Fontainebleau. La grande galerie fut construite sur ses dessins. Le roi lui donna en récompense un canonicat à Notre-Dame. Ces succès firent naître entre lui et le Primatice une haine qui croissait du jour en jour, lorsque Rosso s'empoisonna en 1541, du chagrin qu'il conçut d'avoir été cause des tourments que subit son ami Pellegrino, qu'il avait injustement accusé de vol. Une grande entente du clair-obscur, du grandiose, une imagination fougueuse et une couleur brillante sont les principales qualités du Rosso.

ROSSOLIS, nom vulgaire de la plante que les botanistes appellent *torelle*. — C'est aussi une liqueur composée d'eau-de-vie, de sucre et de quelques parfums.

ROSTISLAF, fils du grand prince Mstislaf, succéda en 1154 à Viatcheslaf en qualité de grand prince de Russie. S'étant approché de Tchernigof avec des forces insuffisantes, il fut forcé d'abandonner Kief, sa capitale, et de se réfugier à Smolensk. Chassé de ses États par Georges Dolgorouky en 1159, il y rentra en 1167, et mourut la même année, laissant trois fils, Sviatoslaf, prince de Novgorod, David, prince de Torjek, et Roman de Smolensk.

ROSTOCK, ancienne et forte ville du duché de Mecklembourg-Schwerin, avec un très-beau pont sur la Warnow, à environ 2 lieues de la Baltique. Elle est divisée en vieille, moyenne et nouvelle ville. Sa population est de 20,000 habitants. Elle a un château, un muséum, une bibliothèque de 30,000 volumes, de belles églises, un collége de justice et une université qui, fondée en 1419, était jadis très-célèbre, et n'est aujourd'hui fréquentée que par les jeunes gens du pays. Rostock fait un grand commerce maritime. — Capitale de la seigneurie qui porte son nom, et qui s'étend le long de la Baltique, dans une superficie de 100 lieues carrées, Rostock fit partie de la ligue hanséatique depuis son origine jusqu'en 1630. Elle jouit encore de grands priviléges, celui de battre monnaie entre autres.

ROSTOPCHINE (LE COMTE FÉDOR), né en 1773 près Tver (Russie), était à l'âge de vingt et un ans lieutenant dans la garde impériale. Gentilhomme de la chambre sous Catherine II, aide de camp général, ministre des affaires étrangères et directeur général des postes sous Paul Ier, il fut disgracié par le prince, puis rappelé par Alexandre. Il était gouverneur de Moscou en 1812, et fit mettre le feu à cette ville lors de l'entrée des Français. Ce fait a été nié plus tard par lui dans une brochure publiée en 1823. Il quitta en 1815 le gouvernement de Moscou, et vint à Paris en 1817. De retour en Russie en 1823, il y est mort.

ROSTOV, ville de Russie, sur le lac Nero, dans le gouvernement et à 15 lieues d'Iaroslav. Sa population est de 8,000 habitants. Elle est le siége d'un archevêché du rit grec, possède plusieurs églises et monastères, et a des manufactures de toiles et des fabriques de produits chimiques.

ROSTRALE (COLONNE), nom donné aux colonnes ornées de poupes et de proues de vaisseaux et de galères, avec ancres et grappins, érigées en mémoire d'une victoire navale.

ROSTRALE (COURONNE), couronne ornée de proues et de poupes de navire, dont on honorait, chez les Romains, soit un capitaine, soit un soldat qui le premier avait accroché un vaisseau ennemi, ou sauté dedans.

ROSTRES (en latin *rostra*, becs ou éperons de navire), nom de la tribune aux harangues chez les Romains. C'était une espèce d'estrade ou de plate-forme située au milieu du *Forum* ou de la place publique de Rome, et dont la base était ornée de becs de navire (*rostra*) enlevés sur les Antiates (338 avant J.-C.) et les Carthaginois. Au-dessus était un siége, du haut duquel les magistrats parlaient au peuple.

ROSWITHE, religieuse du monastère de Gandesheim en Saxe au Xe siècle, née d'une famille noble, savait le grec, le latin, les mathématiques et l'histoire. Elle se rendit célèbre par les pièces latines qu'elle composa en vers et en prose, et qui ont été publiées en 1501 et en 1707 sous le titre suivant : *Œuvres de Roswithe, vierge illustre, Germaine de race, Saxonne de nation, religieuse au monastère de Gandesheim*. Elles renferment six comédies pieuses en prose latine, ou plutôt six dialogues sur des sujets tirés des martyrologes; les pièces en vers sont l'histoire de la Vierge, celles de saint Gondolphe, de saint Pélage, de saint Théophile, de Proterius, de saint Denys et de sainte Agnès, un poëme sur l'Ascension et le panégyrique d'Othon le Grand.

ROTA, petite ville d'Espagne, sur la côte de l'Andalousie, à 5 lieues de Cadix et 3 de Xérès. Sa population est de 6,000 habitants. Elle fait une grande récolte et un commerce considérable des vins qui portent son nom. L'épidémie de 1800 l'a beaucoup fait souffrir.

ROTACÉ, nom donné aux corolles étalées en rond sur un même plan et sans tube.

ROTANG, genre de plantes de la famille des palmiers, appelé aussi *rotain*, renfermant des végétaux arborescents, au stipe droit, dont les nœuds se montrent régulièrement distants les uns des autres. Ils habitent les régions équatoriales. Une seule espèce, le *rotang vrai*, est cultivée depuis 1830 dans nos serres. Les fibres corticales d'une autre espèce servent à fabriquer des cordes et des liens; les fruits du *rotang zalacca*, des forêts de Java, sont alimentaires. Le *rotang dragon* fournit une résine employée en médecine comme astringente, et que l'on fait entrer dans la composition des vernis; les autres espèces produisent de longs jets flexibles, armés à leur extrémité de crochets très-aigus, au moyen desquels ils se fixent aux arbres voisins. Ce sont ces jets qui donnent ces belles cannes que le commerce hollandais a fait adopter partout pour leur élégance et leur solidité, et que l'on appelle *rotains*.

ROTATEUR (de *rota*, roue), nom donné à plusieurs muscles qui ont pour action de faire tourner sur leur axe les parties auxquelles ils s'attachent. Tels sont les muscles obliques de l'œil, les muscles pronateurs et supinateurs.

ROTATION, mouvement d'un corps quelconque tournant autour d'un centre, comme la roue (*rota*) tourne autour de son essieu. Les planètes ont, outre leur mouvement de révolution autour du soleil, un mouvement de rotation autour d'elles-mêmes, ayant dans ce mouvement leur axe pour essieu imaginaire. La Terre met 23 heures 56 minutes à tourner autour d'elle-même, Mars 24 heures 31 minutes, Mercure 24 heures 5 minutes, Vénus 23 heures 21 minutes, Saturne 10 heures 16 minutes, et Jupiter 9 heures 56 minutes. Cérès, Junon, Pallas, Vesta et Uranus sont trop petits ou trop éloignés pour qu'on puisse connaître leur rotation. Les satellites ont aussi un mouvement de rotation qui est égal en durée à celui de leur révolution. La lune tourne sur elle-même en 27 jours 7 heures 3 quarts. Ce temps est égal à celui de sa révolution autour de la Terre.

ROTE, instrument de musique qui s'employait dans le moyen âge et même chez les Gaulois. Il paraît avoir peu différé de la vielle. Les anciens Arvernes, les Auvergnats, ont hérité de ce souvenir de leurs ancêtres.

ROTE, un des plus augustes tribunaux de la cour de Rome. Il est composé de douze prélats nommés *auditeurs de rote*, et dont on doit être Français, un Allemand, deux Espagnols et le reste des Italiens. Chaque auditeur a quatre greffiers ou notaires, et c'est le plus ancien des auditeurs qui préside le tribunal. La chambre de rote connaît par appellation de tous les procès des États de l'Église au-dessus de 500 écus, comme aussi des matières bénéficiales et patrimoniales de tout le monde catholique, qui ne peut se agiter devant ses propres juges. Il donne dans ses jugements autant de sentences ou décisions qu'il y a de points contestés. Chacun des auditeurs de rote peut donner le bonnet de docteur à ceux qu'il en juge capables. Le nom de ce tribunal vient de ce que la salle de l'assemblée est pavée d'une mosaïque ronde en forme de roue (*rota*), ou parce que les membres forment un cercle en jugeant, ou bien de ce qu'il a été établi par le pape Jean XXII, à la place de celui que les Romains avaient sur une terrasse ronde.

ROTENBOURG, ville d'Allemagne, dans le cercle de la Forêt-Noire (Wurtemberg), sur le Necker, à 3 lieues de Tubingen. Elle est le chef-lieu d'un bailliage de 14,000 habitants. Elle a des eaux minérales et 4,800 habitants.

ROTHARIS, duc de Brescia, succéda en 638 à Ariovald, roi des Lombards, en épousant sa veuve Gundeberge, qu'il fit mettre en prison afin de régner seul. Il affermit sa puissance par la mort des mécontents, et tenta ensuite d'enlever quelques villes que l'empereur de Constantinople avait en Italie; mais il fut battu par l'exarque de Ravenne. Il fit cependant la conquête de la Ligurie maritime. La paix étant conclue, il publia le premier à la diète de Pavie (643) un code de lois qui fut révisé et augmenté par Grimoald et Luitprand. Rotharis mourut en 652 à l'âge de quarante-sept ans, laissant le trône à son fils Rodoald.

ROTHELIN (Charles d'ORLÉANS, abbé DE), issu d'une branche bâtarde des ducs de Longueville, était fils de Henri d'Orléans, marquis de Rothelin. Né à Paris en 1691, il embrassa l'état ecclésiastique, s'adonna à l'étude des langues et de la littérature, suivit le cardinal de Polignac en Italie, où il rassembla une bibliothèque nombreuse et une riche collection de médailles antiques, et mourut en 1744, membre de l'académie française et de celle des inscriptions. Ce fut lui qui publia l'*Anti-Lucrèce* du cardinal de Polignac. — Son frère, le marquis DE ROTHELIN, maréchal de camp, mourut en 1764 sans postérité.

ROTHSAY, petit bourg d'Écosse, capitale de l'île de Bute, sur les côtes du comté d'Argyle. Elle était autrefois un duché qui fut donné à *Robert Stuart*, fils aîné de Robert III, roi d'Écosse. Ce prince, héritier présomptif de la couronne, fut enfermé par son oncle, l'ambitieux duc d'Albany, dans le château de Falkland, où il mourut de faim. On peut voir la mort du duc de Rothsay dans le roman de Walter Scott intitulé : *la Jolie Fille de Perth*.

ROTIFÈRES, premier ordre de la classe des animaux microscopiques, renfermant un assez grand nombre d'animaux dont la bouche bien visible est entourée d'un certain nombre d'appendices très-mobiles en forme de roue, appelés cirrhes, et qui, en outre, présentent à la partie postérieure de leur corps une espèce de queue destinée à favoriser leurs mouvements. Leur corps est généralement de forme ovale et de consistance gélatineuse; on y distingue facilement une bouche, un estomac, un intestin et souvent un anus. Leur nourriture se compose d'autres animaux microscopiques qu'ils attirent dans leur bouche par le mouvement rotatoire de leurs cirrhes. Cet ordre renferme deux familles : les *rotifères propres*, qui ont le corps complètement nu, et les *crustodés*, qui l'ont couvert d'une espèce de carapace crustacée.

ROTROU (Jean DE), célèbre poète tragique et comique français, né à Dreux en 1609. Il fut le père de la tragédie en France; il ne lui manqua que la correction du langage et la régularité des plans. L'un des cinq auteurs que le cardinal de Richelieu pensionnait pour composer sous ses ordres, il reçut aussi de Louis XIII une pension de 1,000 livres. Il ne put jamais consentir à se liguer contre *le Cid*, et fut toujours l'admirateur zélé de Corneille. Il acheta sur la fin de ses jours la charge de lieutenant particulier au bailliage de Dreux, et mourut en 1650 dans sa ville natale, qu'il n'avait point voulu quitter, malgré la peste. Rotrou a composé trente-sept pièces de théâtre ; son chef-d'œuvre est la tragédie de *Venceslas*. On cite encore *Antigone*.

ROTSCHILD, célèbre maison de banque européenne, dont le fondateur fut MAYER-ANSELME ROTSCHILD, né à Francfort-sur-le-Mein en 1743. Son activité et son incorruptible probité créèrent son crédit et sa fortune. Il fut l'ami et l'agent du landgrave de Hesse, dont il sauva la fortune, et mourut en 1812, laissant dix enfants, dont cinq qui continuèrent les affaires de leur père : ANSELME à Francfort-sur-le-Mein; SALOMON à Paris; NATHAN à Londres, CHARLES à Francfort et à Naples, et JAMES à Paris. Nathan, mort en 1836 consul général d'Autriche à Londres, a eu pour successeur dans cette place et dans la conduite de sa maison son fils Lionel. Les quatre autres fils sont encore vivants. Seulement ANSELME, fils de Salomon ; lui a succédé dans la conduite de sa maison. L'empereur d'Autriche les a anoblis en 1815. En 1822, il leur a conféré le titre de baron, et en 1815 le roi de Prusse leur a conféré celui de conseillers intimes de commerce.

ROTSCHILD ou ROSCHILD, ancienne ville de Danemarck, dans l'île de Seeland, au fond d'un petit golfe, à 6 lieues de Copenhague. Elle a été autrefois la capitale et la résidence des rois. Aujourd'hui elle renferme un palais royal, une université et une cathédrale dans laquelle sont les tombeaux des premiers monarques. Elle est célèbre par le traité de paix conclu avec la Suède en 1658. Sa population est de 12,000 habitants.

ROTTERDAM, grande et forte ville de Hollande, la plus considérable après Amsterdam, avec un port sur la rive droite de la Meuse, au confluent de la Rotte, à 5 lieues de la Haye et 14 d'Amsterdam. Son port est sûr, commode et profond ; les plus grands bâtiments peuvent arriver jusqu'au milieu de la ville au moyen des canaux dont elle est coupée. Rotterdam a 70,000 habitants. Elle est le chef-lieu d'un département maritime et du collège de l'Amirauté. On y remarque les vastes bâtiments de la compagnie des Indes, entourés d'un simple fossé, avec six entrées du côté de la terre et quatre du côté du fleuve; la bourse; l'hôtel de ville; le théâtre; la statue d'Érasme, qui y est né, sur le grand pont de la Meuse. Rotterdam possède une académie des sciences fondée en 1771 et d'autres sociétés savantes et d'utilité publique. Elle fait un commerce actif, surtout de grains, de grains et eaux-de-vie de grains, beurre, fromage, tabac, genièvre, chanvre, bois de construction, et d'étoffes de tout genre.

ROTTWEIL, petite ville d'Allemagne, ci-devant libre et impériale, dans le cercle de la Forêt-Noire (Wurtemberg), sur le Necker, près de la source du Danube, à 16 lieues de Tubingen. Elle a 3,200 habitants, et commerce en blés et en bétail.

ROTULE. Les anatomistes ont donné ce nom à un os arrondi, situé au-devant du genou dont il complète l'articulation. Convexe en avant et légèrement concave en arrière, cet os glisse sur les condyles de l'os fémur. Son tissu est presque entièrement spongieux et recouvert d'une mince couche de tissu compacte. L'usage de la rotule, qui ne se développe qu'avec l'âge, est de défendre en avant l'articulation du genou. La luxation de la rotule est rare et difficile à guérir.

ROTULE, mesure de pesanteur usitée chez les Juifs, et appelée encore *litre* ou *petite mine*. Elle équivalait à 2 hectogrammes 1 décagramme 3 grammes 8 décigrammes 7 centigrammes 7 milligrammes. Elle est la cent cinquantième partie du talent babylonien, et la cent vingt-cinquième du talent de Moïse.

ROTURE, état opposé à la noblesse, c'est-à-dire des personnes qui ne jouissaient d'aucuns privilèges. La roture a été abolie par la révolution de 1789 en France. Elle existe encore dans toute son intégrité en Russie, où elle est subdivisée en corporations plus ou moins privilégiées. Au premier rang sont les bourgeois des cités; puis viennent les marchands, les artisans et les habitants des faubourgs, enfin les paysans de la couronne, qui forment le lien de cette classe à celle des serfs. L'état actuel de la roture en Russie peut donner une idée de ce qu'elle était partout au moyen âge.

ROU (ROMAN DE), poëme historique contenant la vie et les exploits de Hrolf ou Rollon, premier duc de Normandie, et composé par le trouvère Robert Wace, né à Jersey vers 1180. Ce poëme n'est qu'une chronique rimée, pleine d'intérêt pour tout ce qui regarde l'établissement des Normands en France.

ROUAGE, ensemble des roues qui font aller une machine. Voy. Roue.

ROUARIE (Antoine Tuffin, marquis de la), chef de parti, organisa, d'après le vœu des princes français émigrés, le soulèvement de la Bretagne contre la république. Il ne put parvenir à commencer les hostilités, la mort l'ayant surpris en 1793 pendant l'organisation de son plan, qui fut ensuite déjoué par la saisie de ses papiers. Les débris de ses partisans composèrent le parti des chouans.

ROUAULT (Joachim), seigneur de Boismenard, de Chaillon et de Gamache, l'un des plus grands capitaines du XVe siècle, descendait d'une illustre et ancienne maison de Picardie. Il se signala en divers combats et sièges, surtout à celui de Castillon en Périgord, où il défit le fameux Talbot, qui y fut tué avec son fils en 1456. Il devint ensuite maréchal de France et gouverneur de Paris. Louis XI le fit arrêter en 1475, et le fit condamner à perdre ses biens; mais ce jugement n'eut pas d'exécution. Le maréchal de Gamache mourut en 1478.

ROUBAIX, ville du département du Nord, chef-lieu de canton de l'arrondissement et à 2 lieues et demie de Lille. Sa population est de 12,170 habitants. Cette petite ville, l'une des plus fabriquantes du département, a une chambre des manufactures et un conseil de prud'hommes. Elle fabrique principalement des cotonnades, velours, nankins, prunelles, serges, soieries, lainages, etc.

ROUBAYEH ou Tiers de sequin, pièce d'or de Turquie, qui vaut 2 francs 90 centimes 67.

ROUBB, monnaie d'argent de Turquie, qui vaut 10 paras ou 30 aspres, ou 45 centimes 50 de France.

ROUBBIÉ, monnaie d'or de Turquie, qui a cours pour une piastre, à peu près 3 francs 52 centimes de notre monnaie.

ROUBLE, monnaie réelle et de compte, usitée en Russie. — Comme monnaie réelle, le rouble est une pièce d'argent de 10 grivces ou 100 kopecks. Son poids est de 24 grammes 011; sa valeur, depuis 1763, est de 4 francs. Avant 1763, il valait 4 francs 61 centimes. Les premiers roubles furent frappés en 1654 suivant les uns, ou en 1704 suivant les autres.

ROUBO (André-Jacques), menuisier de Paris, né dans cette ville en 1739, fut chargé par l'académie des sciences du *Traité sur la menuiserie*, l'un des meilleurs de la collection des arts et métiers. La coupole de la halle au blé, détruite par un incendie en 1803, le berceau qui sert de couverture à la halle aux draps et le grand escalier de l'hôtel Marbeuf prouvent qu'il connaissait la pratique aussi bien que la théorie. Il mourut en 1791, se complaisant dans la médiocrité de sa fortune.

ROUCHER (Jean-Antoine), poëte élégiaque, né à Montpellier en 1745, étudia d'abord pour l'état ecclésiastique, et se lança ensuite dans la carrière littéraire. Une cantate qu'il composa pour le mariage du dauphin lui procura la protection de Turgot et la place de receveur des gabelles à Montfort-l'Amaury. Ce fut là qu'il composa son poème intitulé *les Mois*, fondement de sa réputation poétique. Partisan des principes de la révolution, il se sépara des agitateurs, auxquels il devint suspect. Arrêté en 1793 et conduit à Sainte-Pélagie, il fut ensuite transféré à Saint-Lazare, puis à la Conciergerie. Il fut condamné par le tribunal révolutionnaire, et exécuté avec André Chénier et trente-six autres le 8 thermidor an II (26 juillet 1794), veille de la chute de Robespierre.

ROUCY, ville de France, dans le département de l'Aisne, arrondissement de Laon, sur l'Aisne, à 5 lieues de Reims. Sa population est de 1,000 habitants. Cette petite ville était autrefois le chef-lieu d'un comté, l'un des sept comtés-pairies de la Champagne. Il était possédé en 940 par Renaud, comte de Reims. En 1033, ce comté passa par mariage aux seigneurs de Montdidier; puis en 1212 il fut encore porté par les femmes dans une autre maison, celle des sires de Pierrepont, en 1415 dans celle de Saarbruck, et en 1551 dans la maison de la Rochefoucauld, qui le garda jusqu'au XVIIIe siècle.

ROUE, mobile composé d'une circonférence dont les rayons vont aboutir à un centre appelé *moyeu*, qui tourne autour d'un pivot que l'on nomme *essieu*, et communique son mouvement à toute la circonférence. La roue est, pour ainsi dire, l'élément de toutes les machines, et, comme celles-ci sont fort nombreuses, il s'ensuit que l'on connaît une infinité de roues différentes de formes, d'emplois et de noms. Le mouvement des montres ne va que par un système de roues s'engrenant les unes dans les autres. — L'usage des roues est très-ancien. On les employa d'abord à mouvoir des chariots. Elles étaient alors solides, c'est-à-dire que les rayons étaient remplacés par un cercle solide.

ROUE (Supplice de la), supplice cruel qui n'a été aboli qu'en 1789. Il consistait à coucher le criminel sur quatre soliveaux disposés en X, les bras et les pieds assujettis par des cordes, à briser à coups de barre les os des bras en deux endroits, avec ceux des reins, des jambes et des cuisses, et exposer le corps ainsi disloqué sur une roue formant un plan vertical, de manière à ce qu'il fût plié en rond dans le sens de la circonférence. Ce supplice, dont les uns attribuent l'invention à l'empereur Comode (IIe siècle), les autres aux comtes de Flandre (XIIe siècle), d'autres enfin aux ducs d'Autriche (XIVe siècle), ne fut légalement introduit en France qu'en 1534. Appliqué seulement sous l'origine aux coupables de vol de grand chemin ou avec effraction, il fut étendu aux assassins en 1547.

ROUÉ, nom donné à celui qui souffrait le supplice de la roue. — L'acception de ce mot s'étendit sous la régence et le règne de Louis XV à ces débauchés sans pudeur et sans foi, capables pour arriver à leurs fins de tous les crimes, assez effrontés pour tromper les autres, et assez habiles pour ne pas se laisser tromper. Les principaux *roués* de la régence étaient le maréchal de Richelieu, les ducs de Broglie, de Biron, de Brancas, Canillac, Nocé et l'infâme abbé Dubois.

ROUELLE (Guillaume-François), né à Caen en 1703, mort à Paris en 1770 pharmacien, démonstrateur de chimie au jardin des plantes, membre de l'académie des sciences et de plusieurs académies étrangères. Il fut le créateur de la chimie moderne, dont il inspira le goût à une foule d'élèves distingués, par son enthousiasme pour la découverte des secrets de la nature. On a plusieurs *mémoires* du chimiste Rouelle dans le recueil de l'académie des sciences.

ROUEN, une des plus grandes et des plus industrieuses villes de France, chef-lieu du département de la Seine-Inférieure, sur la rive droite de la Seine, à 30 lieues de son embouchure et autant de Paris. La marée permet aux bâtiments marchands de remonter jusqu'à son port. Sa population est de 93,000 habitants. Elle est le siége d'un archevêché qui a pour suffragants les évêchés de Bayeux, d'Evreux, de Seez et de Coutances, d'une faculté de théologie, d'un grand séminaire diocésain, d'une cour d'appel pour les départements de la Seine-Inférieure et de l'Eure, de tribunaux de première instance et de commerce, d'une chambre de commerce, d'un conseil de prud'hommes, d'une chambre d'assurances, d'une académie universitaire, avec collége royal, école secondaire de médecine, écoles de dessin, de peinture et de navigation, nombreuses écoles primaires. Elle a un hôtel des monnaies (lettre B), un comptoir de la banque de France, une bourse, une direction des douanes, une académie des sciences, littérature et arts, un jardin botanique, un cabinet d'histoire naturelle, un musée. Ce qui fait surtout l'importance de Rouen, c'est le grand nombre de manufactures et de fabriques de tissus de coton appelés de son nom *rouenneries*, de bouracan, batiste, basin, toiles, nankins, mouchoirs, serge, velours, mousselinettes, etc. Ses confitures, ses gelées et ses liqueurs sont aussi très-renommées. Elle fait un commerce immense en tout genre avec l'étranger et l'intérieur, et ses magasins sont les entrepôts du cabotage et des colonies. Rouen renferme un grand nombre de beaux édifices : la cathédrale, les églises Saint-Ouen, Saint-Maclou et de la Madeleine, l'Hôtel-Dieu, l'hôtel de ville, ancienne abbaye de Saint-Ouen, le palais de justice, la bibliothèque riche de 28,000 volumes et de 1,100 manuscrits, les casernes. — Autrefois *Rothomagus*, Rouen fut sous les Romains la capitale de la seconde Lyonnaise, et devint en 910 celle des Normands et du duché de Normandie. Prise par les Anglais en 1418 après un siége de six mois, elle fut reprise en 1430 le théâtre du supplice de Jeanne-d'Arc. Cette héroïne y fut brûlée sur la place du Marché-aux-Veaux, au lieu où l'on a élevé une fontaine en son honneur. Dix ans après, Charles VII en chassa les Anglais.

ROUERGUE, ancienne province de France, faisant partie du gouvernement de Guyenne. Bornée au N. par le Quercy et l'Auvergne, au S. par le Languedoc, à l'O. par le Quercy, et à l'E. par les Cévennes et le Gévaudan, elle avait 583 lieues carrées de superficie, et 530,220 habitants. Elle se divisait en comté de Rouergue, chef-lieu *Rhodez*; Haute-Marche, chef-lieu *Milhau*; Basse-Marche, chef-lieu *Villefranche*. Elle forme aujourd'hui le département de l'Aveyron. — Fondé par Charlemagne, le comté de Rouergue fut déclaré héréditaire en 845. Il fut réuni à celui de Toulouse jusqu'à Eudes, qui les sépara pour en faire des apanages particuliers à chacun de ses fils. En 1066, il rentra dans la maison de Toulouse pour en sortir en 1096. En 1302, il entra dans celle d'Armagnac par le mariage de l'héritière avec Bernard VI.

ROUET, machine qui sert à filer. — En parlant de certaines armes à feu usitées jadis, ce mot signifie une petite roue d'acier qui, étant appliquée sur la platine de l'arquebuse, et montée sous une clef, faisait du feu en se débandant sur la pierre. Les arquebuses qui avaient ce mécanisme étaient dites *à rouet*. — On nomme encore ainsi, 1° un cercle de bois qui se met au fond d'un puits, et sur lequel s'élève la maçonnerie; 2° une petite roue attachée sur l'arbre d'un moulin, et garnie de dents qui entrent dans les fuseaux de la lanterne pour faire tourner les meules; 3° une garniture que l'on fait aux serrures pour empêcher qu'on ne les crochète.

ROUGE, l'une des sept couleurs primitives, la dernière dans l'ordre de réfrangibilité, c'est-à-dire celle qui a la réfrangibilité la moins grande. La couleur rouge est la plus vive, et celle qui fatigue le plus l'œil. Pour la reproduire, on se sert de substances naturelles ou artificielles. Les plus usitées sont le *rouge d'Andrinople*, préparation faite avec la garance, le *rocou*, le *rouge de carthame*, l'écarlate, le ponceau, que l'on obtient en précipitant le rouge du carthame tenu en dissolution par la potasse, la *cochenille*, le *bois de Brésil*. Dans la teinture des étoffes, on emploie des mordants destinés à fixer sur elles la couleur rouge. Ce sont le muriate d'étain et l'alun, ou plutôt un acétate d'alumine.

ROUGE (Mer), grand golfe de la mer des Indes, connu des anciens sous le nom de mer *Erythrée* et de *golfe Arabique*, et des Turks sous celui de *mer de Suez* ou *mer de la Mecque*. Il est séparé de la Méditerranée par l'isthme de Suez, et communique avec la mer des Indes par le détroit de Bab-el-Mandeb. Située entre l'Arabie et l'Égypte, la mer Rouge a 80 lieues de large et 538 de long. On y pêche des perles, et la navigation y est orageuse. On ne s'accorde point sur l'origine de son nom, attendu qu'elle ne diffère par sa couleur d'aucune autre mer. Elle est peu profonde, semée d'îlots et de rochers, et sujette à des vents violents.

ROUGE (Fièvre), surnom de la scarlatine.

ROUGE-GORGE, oiseau de l'ordre des passereaux dentirostres, genre des becsfins, section des rubiettes. Il est gris brun en dessus, blanc en dessous, avec la gorge et la poitrine rousses, abonde dans presque toutes nos grandes forêts, et n'émigre que très-tard dans l'année; souvent même il reste dans nos campagnes pendant tout l'hiver, et se rapproche alors des habitations. C'est un des oiseaux les plus familiers et les plus faciles à apprivoiser. Il niche dans les bois près de terre, et pendant toute la durée de l'incubation le mâle égaye la femelle par son ramage doux et modulé.

ROUGE-QUEUE, oiseau de l'ordre des passereaux dentirostres, genre des becsfins, section des rubiettes, dont il est la dernière et la plus rare des espèces européennes. Il a à peu près les habitudes du rossignol de muraille, habite comme lui les endroits rocailleux, aux environs des masures et des vieux châteaux, niche dans un trou de muraille ou d'arbre, et pond jusqu'à six œufs d'un blanc pur et luisant. Il nous quitte en automne pour revenir au printemps. Mis en cage, il conserve sa sauvagerie, même lorsqu'il a été pris dans le nid et élevé en toute liberté.

ROUGEOLE, maladie de la peau très-commune, caractérisée par de petites taches rouges de formes particulières, avec fièvre et symptômes d'irritation des membranes muqueuses des yeux, du nez et des bronches. Elle attaque spécialement les enfants, et se communique par contagion. Sa durée moyenne est de dix à quinze jours et son issue bénigne, si l'on y prend garde. Son traitement consiste en une température modérée, la diète, les boissons adoucissantes.

ROUGET, espèce de poisson de l'ordre des acanthoptérygiens, famille des percoïdes, genre des mulles. Ce poisson habite en grand nombre la Méditerranée, et se montre, mais rarement, jusque dans la Manche. Son corps est d'un rouge vif, qui présente plusieurs changements lorsqu'il meurt. La chair du rouget est délicieuse. Les Romains, qui l'appelaient *mulle*, avaient pour lui une passion telle qu'ils payaient le prix exorbitants ceux qui dépassaient la taille ordinaire. Octavius en acheta un 5,000 sesterces (974 francs); Asinius Celer, un autre 8,000 (1,558 francs).

ROUGET DE L'ISLE (Joseph), homme de lettres, né à Lons-le-Saulnier en 1760. Officier de génie à l'époque de la révolution, il composa pour l'armée du Rhin un chant de guerre qui, popularisé à Paris par Barbaroux et les députés marseillais, prit le nom de *Marseillaise*. Rouget en avait aussi fait la musique. Devenu suspect en 1793, et jeté dans les prisons de la terreur, il fut sauvé par le 9 thermidor. Rentré dans l'armée, il fut mis à la retraite sous l'empire, et mourut en 1836 à Choisy-le-Roi. La révolution de 1830 lui avait donné la croix d'honneur et une pension de 1,200 francs. Il a fait plusieurs pièces de théâtre.

ROUILLE, substance de couleur rouge de sang, plus ou moins foncée, qui couvre promptement le fer lorsqu'il reste exposé à l'air. C'est un peroxide de fer hydraté, dont la formation s'explique tout naturellement par l'altération que fait subir au fer le contact des vapeurs d'eau que l'air renferme en suspension. Cette altération est une oxydation, et le composé, étant saturé d'oxygène, donne le bi-peroxide de fer. Celui d'*hydraté* lui vient de l'eau, *hydôr*, qui est l'un des corps du mélange.

ROUISSAGE, opération par laquelle on laisse macérer dans l'eau, pendant un temps plus ou moins long (de huit jours à un mois), selon la température de la saison, les plantes textiles, telles que le chanvre, le lin, l'ortie, afin de séparer leur écorce filamenteuse de la tige ligneuse qu'elle recouvre. On les maintient sous l'eau après les avoir liées en bottes, et, quand l'opération est terminée, on les fait ensuite sécher au soleil ou à l'ombre, puis on les met en magasin. C'est aux tiges que l'on fait subir le rouissage. Cette opération est préjudiciable à la santé, à cause des émanations délétères qui s'exhalent de la décomposition des végétaux plongés dans l'eau.

ROULADE. On appelle ainsi, en musique, un trait de chant qui fait passer sur une syllabe unique une foule de notes rapides destinées à faire ressortir la flexibilité ou la pureté du gosier du chanteur. En français, il n'y a guère que les lettres *a* et *o* qui puissent supporter la roulade; ce qui la rend forcément plus rare. C'est le contraire en italien.

ROULAGE, mode de transport des marchandises d'une ville dans une autre sur des voitures traînées par des chevaux. Le roulage est une voie lente et désavantageuse pour les routes qu'il dégrade, à cause de la pesanteur des véhicules qu'il emploie. Aussi des règlements d'administration publique, qui fixent la limite du poids que ne peut dépasser la charge d'un chariot à quatre roues, celle d'une charrette et en général celle de toute voiture de roulage, déterminent en même temps la largeur obligée des jantes de ces voitures, et punissent par des amendes les infractions à ces règlements.

ROULEAU, genre de reptiles de l'ordre des ophidiens et de la famille des vrais serpents non vénimeux. Les rouleaux ont un corps allongé, cylindrique, la peau couverte d'écailles semblables entre elles, hexagonales en dessus, la bouche petite, la queue extrêmement courte. Les principales espèces sont le *ruban*, le *rouleau maculé*, le *rouleau de botta*, le *serpent corail*. Elles habitent l'Amérique.

ROULÉE, terme de conchyliologie employé dans deux acceptions différentes, et indiquant dans l'une une coquille morte, c'est-à-dire privée de son animal, qui a perdu par l'action des flots non-seulement ses couleurs, mais encore ses aspérités et son poli; dans l'autre, une coquille *involvée* ou *enroulée*, c'est-à-dire dans laquelle l'enroulement du cône spiral se fait presque horizontalement.

ROULETTE, jeu de hasard inventé sous la lieutenance de police de M. de Sartinès, et supprimé à partir du 1er janvier 1838. Il consistait en un cylindre de deux pieds de diamètre environ, au centre duquel était suspendu un plateau mobile, et dont les bords était garnis de petites cases numérotées. La roulette était située au milieu d'un tapis vert, divisé lui-même en autant de compartiments que les bords du cylindre, sur lesquels les joueurs plaçaient leurs pontes. Le banquier faisait tourner le plateau, et y lançait une petite bille d'ivoire qui allait finalement se loger dans une des cases numérotées dont le numéro était le gagnant. Les combinaisons de ce jeu, compliquées encore par les couleurs rouge et noire de chaque numéro, étaient si infernales qu'il y avait profit clair et net d'un dix-septième à tous les coups, et que le joueur avait dix-huit chances seulement, et le banquier vingt.

ROULEURS. On appelle ainsi tous les insectes qui roulent les feuilles des végétaux pour s'y établir et les ronger à l'abri de leurs ennemis. Les pyralites, quelques cumolpes, teignes, attelabes sont des insectes rouleurs.

ROULIER, voiturier sous la conduite duquel s'opère le roulage. Voy. ce mot.

ROULOUL, genre d'oiseaux de l'ordre des gallinacés, ne renfermant qu'une seule espèce, le *rouloul de Malacca*, fort joli oiseau, d'un vert sombre au dos, au croupion et à la queue, et d'un violet foncé sur la poitrine et le ventre; il a les joues et le cou noirs, et sur la tête une huppe noire et rouge, se dirigeant en arrière. Le rouloul ne diffère du faisan que par l'absence d'ongle au doigt postérieur.

ROUM (Pays de), nom moderne que porte l'ancienne province de Pont. Elle forme aujourd'hui le pachalik de Sivas.

ROUMÉLIE, Romélie ou Roumanie (en turk, *Roum-Ili*, c'est-à-dire *pays des Romains*), province considérable de la Turquie d'Europe, bornée au N. par les monts Balkhans pour la Bulgarie et la Servie, à l'E. par la mer Noire, au S. par la mer de Marmara, l'Archipel et l'Albanie, à l'O. par l'Albanie. Elle comprend l'ancienne Macédoine et l'ancienne Thrace. Sa superficie est de 6,000 lieues carrées, et sa population de 2,900,000 habitants. — Elle fait partie du pachalik de Roum-Ili, qui comprend en outre la Bulgarie, la Servie et l'Albanie. Ce pachalik, dont la capitale est Sophia, a une superficie de 16,660 lieues carrées, et une population de 6,440,000 habitants. Ce pachalik se divise en vingt-deux sandjakats, dont six dans la province de Roumélie.

ROUMOIS, pays de l'ancienne Normandie, compris entre la Seine et la Rille. Elbeuf, Pont-Audemer et Quillebœuf en étaient les villes principales. Le Roumois fait aujourd'hui partie de l'Eure et de la Seine-Inférieure.

ROUPIE, monnaie des Indes orientales, dont la face porte d'ordinaire en langue persane le nom et le titre de *nabab*, avec l'année, la province, le lieu où la pièce a été frappée. Il y a des roupies d'or et d'argent. La roupie du *Mogol*, d'or, vaut 38 francs 72 centimes de notre monnaie; le *demi*, 19 francs 36 centimes; le *quart*, 9 francs 68 centimes. La roupie du *Mogol*, d'argent, vaut 2 francs 42 centimes; la roupie de *Madras*, d'argent, 2 francs 40; la roupie d'*Arcate*, d'argent, 2 francs 36; la roupie de *Pondichéry*, d'argent, 2 francs 42; la roupie du *Bengale*, d'argent, 2 francs 57; la roupie de *Perse*, d'or, vaut 36 francs 75 centimes; le *demi*, 18 francs 57 centimes 50. La *double roupie* de 5 *abassis*, d'argent, de Perse, vaut 4 francs 90 centimes; la roupie de 2 abassis et *demi*, d'argent, vaut 2 francs 45 centimes. La *roupie sicca*, de Pondichéry, vaut 2 francs 527 millièmes.

ROURE (Marie-Anne-Louise de Nompar de Caumont, comtesse du), fille de Jacques de Nompar de Caumont, duc de la Force, était fille d'honneur de la dauphine. Le dauphin Louis, fils de Louis XIV, en devint amoureux; la princesse, croyant prévenir les suites de cette inclination, maria sa jeune fille d'honneur en 1688 avec Louis-Scipion de Grimoard, comte du Roure; l'intrigue n'en devint que plus secrète. Enfin le dauphin et la comtesse du Roure, étant devenus veufs tous les deux en 1690, crurent devoir garder moins de retenue. Le roi exila alors la comtesse du Roure à Montpellier, et refusa de naturaliser la fille qu'elle avait eue du dauphin, et qui épousa Nicolas Ménager, comte de Saint-Jean, ministre plénipotentiaire de France en Angleterre et en Hollande.

ROUSSE (Ile), petite ville située sur la côte septentrionale de la Corse dont elle dépend, dans le canton de Saint-Florent, le long du golfe de ce nom. Elle a un bon port.

ROUSSEAU (Jean-Baptiste), célèbre poète français, fils d'un cordonnier, naquit à Paris en 1669. Il fit ses études dans les collèges les plus fréquentés de Paris, et se livra tout entier à la poésie, dans laquelle il acquit, par une foule de petits ouvrages, une grande réputation, mais aussi beaucoup d'ennemis. On l'accusa, à tort ou à raison, d'être l'auteur de couplets diffamatoires, qu'il attribua lui-même à Saurin. Convaincu de subornation de témoins dans le procès intenté à cette occasion, il fut banni à perpétuité en 1712. Poursuivi par le malheur, il traîna sa vie en Suisse auprès du comte du Luc, l'ambassadeur de France, puis à Vienne auprès du prince Eugène, et enfin à Bruxelles, où il mourut dans la misère et dans de grands sentiments de piété (1741). Il déclara à son lit de mort qu'il était innocent. Rousseau est le premier de nos poëtes lyriques. Ses odes, dont on a quatre livres, sont des modèles en ce genre. Il excelle aussi dans les cantates, genre de poésie dont il est l'inventeur; celle de *Circé* est regardée comme un chef-d'œuvre. Il a fait encore deux livres d'épigrammes, deux livres d'épîtres en vers, deux d'allégories, quatre comédies en vers et deux en prose.

ROUSSEAU (Jean-Jacques), le plus célèbre des écrivains philosophes du XVIII° siècle, fils d'un horloger, naquit à Genève en 1712. Doué d'un génie ardent et d'une sensibilité exquise, il leur dut toute sa supériorité, sa gloire et ses malheurs. Il montra dans le cours de sa carrière le plus ardent amour de l'indépendance et de la vérité, et, s'exagérant les craintes que lui inspiraient le commerce des hommes, il se les figura lignés contre lui, et s'abandonna tout entier à la misanthropie, source à laquelle il a puisé la plupart de ses singulières opinions sur l'homme, la nature et la société. Il quitta son pays en 1729, embrassa le catholicisme à Turin où il avait été envoyé par sa protectrice, madame de Varens, et, après avoir mené une vie fort aventureuse, vint se fixer à Paris en 1743. D'abord commis et copiste de musique, il se fit connaître en 1750 par son discours sur cette question proposée par l'académie de Dijon : *Le rétablissement des arts et des sciences a-t-il contribué à corrompre ou à épurer les mœurs?* et qu'il résolut par la condamnation des arts et des sciences. Le *Devin du village*, opéra dont il fit la musique et les paroles (1752), acheva de lui concilier la faveur publique. Son *Discours sur l'inégalité des conditions* (1775) ne fut pas, comme le premier, couronné par l'académie de Dijon, qui avait mis la question au concours. Il contient en substance les nombreux paradoxes qu'il développa plus tard dans ses autres ouvrages. Ce fut à cette époque qu'il retourna au protestantisme, et se proclama citoyen de Genève. Son *Contrat social* (1758), son célèbre roman de *Julie ou la Nouvelle Héloïse* (1761), chef-d'œuvre de passion, et son *Émile* (1762), sont ses ouvrages les plus importants. La hardiesse des opinions qu'il fit émettre sur la religion dans ce dernier livre à son vicaire savoyard, accordant tout aux œuvres et rien à la foi, souleva contre lui l'esprit religieux. Son livre fut condamné par le parlement de Paris à être brûlé par la main du bourreau, et Rousseau, forcé de quitter son délicieux séjour de l'Ermitage à Montmorency et même la France, chercha en vain un asile à Genève et à Motier-Travers (canton de Neufchâtel). Passé en Angleterre (1766), il obtint en 1767 la permission de revenir en France, où il composa ses *Confessions*, tableau sincère et quelquefois brutal de ses sentiments et de ses défauts, et mourut en 1778 à Ermenonville. Il avait, sur la fin de ses jours, épousé sa gouvernante Thérèse le Vasseur.

ROUSSEL (D. Guillaume), savant bénédictin de la congrégation de Saint-Maur, né à Conches en Normandie, moine en 1680, mort à Argenteuil en 1717 à cinquante-neuf ans, avait tracé le plan de l'*Histoire littéraire de la France*, commencée par D. Rivet, son successeur, et qui s'achève sous les auspices de l'Institut. On a de lui une bonne traduction française des *Lettres* de saint Jérôme.

ROUSSEROLLE, espèce d'oiseau de l'ordre des passereaux dentirostres, du genre des becs-fins, section des fauvettes. Cet oiseau, qui se rapproche du merle par sa taille et la forme du bec, niche parmi les joncs, et reçoit encore le nom de *rossignol de rivière*.

ROUSSETTE, genre de mammifères de l'ordre des carnassiers, famille des chéiroptères, renfermant les plus grandes chauves-souris connues (il en est d'aussi grosses qu'un lapin, et qui ont plus de quatre pieds d'envergure), étrangères à l'Europe, et originaires des contrées les plus méridionales du nouveau continent. Leur caractère distinctif consiste dans la forme de leurs molaires, dont la couronne est plate, et dans la conformation de leur doigt indicateur, qui se compose toujours de trois phalanges et se termine par un ongle, comme le pouce. Les roussettes ont la tête longue, le museau pointu, la langue rude, les narines sans appendice membraneux, les oreilles petites et sans oreillons, la queue presque nulle. Elles manquent de membrane interfémorale, c'est-à-dire que la peau ne s'étend pas chez elles entre les cuisses, comme dans d'autres genres. Leur chair est bonne à manger; mais leur corps exhale une odeur forte et désagréable. Elles se cachent l'été sur les arbres, l'hiver dans les fentes de rochers, et sont susceptibles d'être apprivoisées. On en élève dans les basses-cours.

ROUSSETTE, genre de poissons de l'ordre des chondroptérygiens, famille des sélaciens, tribu des squales. Les espèces qu'il renferme ont le museau court et obtus, les narines percées près de la bouche et contournées par un sillon qui règne jusqu'au bord de la lèvre. Ils ont tous pourvus d'évents et d'une nageoire anale; leurs dorsales sont en arrière, et leur caudale est allongée, non fourchue et tronquée au bout; enfin leurs ouvertures branchiales sont situées en partie sous les pectorales. La peau de ces poissons, qui est hérissée d'une multitude de petits tubercules pierreux, devient très-rude par la dessiccation, et est alors très-employée dans l'industrie pour polir les corps durs, tels que l'ivoire. Nos mers nourrissent deux grandes espèces, la *grande roussette*, appelée vulgairement *chien de mer*, de trois ou quatre pieds de long, et le *rochier*.

ROUSSILLON, ancienne province de France, bornée au N. par le Languedoc, au S. par les Pyrénées, qui la séparaient de la Catalogne, à l'O. par la Cerdagne, à l'E. par la Méditerranée. Sa superficie était de 258 lieues carrées, et sa population de 170,000 habitants. La capitale était PERPIGNAN. Le Roussillon est surtout connu pour ses vins-liqueurs, très-recherchés des gourmets. — Une partie de cette province formait le comté de Roussillon, établi vers 800 et rendu héréditaire au commencement du X° siècle. En 1172, il entra dans la maison d'Aragon. Louis XI profita des embarras de Jean II d'Aragon pour lui acheter, en 1462, au prix de 200,000 écus, les comtés de Roussillon et de Cerdagne; mais ce ne fut que par la paix des Pyrénées, en 1659, que le Roussillon fut définitivement réuni à la couronne. Il forme maintenant le département des Pyrénées-Orientales.

ROUTE, voie qui joint ensemble deux points opposés. Les plus anciennes routes dont parle l'histoire sont celles dont Sémiramis sillonna toute l'étendue de son empire. Suivant Isidore de Séville, les Carthaginois sont les premiers qui aient pavé leurs routes. Les routes modernes sont pour la plupart arrangées suivant le système de Mac-Adam, ingénieur anglais, qui introduisit la coutume de les semer de cailloux concassés. (Voy. VOIES ROMAINES.) On attribue l'origine de nos grandes routes à Philippe Auguste. Depuis ce roi, l'on s'est toujours occupé de l'amélioration et de la construction des routes. Henri IV ordonna, en 1590, que les chemins royaux fussent plantés d'arbres des deux côtés. C'est au ministre Trudaine que l'on doit les bornes placées d'abord de mille toises en mille toises, à partir du parvis Notre-Dame, à Paris, puis enfin de kilomètre en kilomètre. C'est aussi sous son ministère que l'on commença à distinguer les routes d'après leur importance, et qu'on fixa la largeur que chacune devait avoir. Cette largeur est aujourd'hui, suivant les classes, et non compris les fossés et les talus, de 42, de 36, de 30 et de 24 pieds. Aujourd'hui les routes sont classées, d'après leur importance et leur largeur, en *routes royales* (il y en a de trois classes), *routes départementales* et *chemins vicinaux*. Les routes royales sont celles qui, ayant pour but immédiat l'utilité générale du royaume, sont établies et entretenues aux frais de l'État. Les routes départementales, ayant pour but l'utilité des départements, sont établies et entretenues à leurs frais; enfin les chemins vicinaux, destinés à établir des communications entre les communes, sont ouverts et entretenus aux frais des communes. Il est impossible d'évaluer le nombre des routes en France; elles augmentent chaque année en raison des nouveaux travaux qui s'exécutent. En 1830 on portait le développement des routes royales à 32,077,061 mètres, et celui des routes départementales à 28,000,000 de mètres.

ROUTIER, celui qui sait les chemins. Ce substantif s'emploie pour désigner une personne habile et cauteleuse. — Comme adjectif, *routier* se dit en marine d'un tracé à petits points de tout un Océan, sur lequel on indique la route faite d'un midi à l'autre, et les lieux où l'on se trouve chaque jour à midi. Les routiers, appelés plus souvent *cartes routières*, portent en espagnol le nom de *roteiros*. La bibliothèque royale possède une collection précieuse de ces roteiros, lesquels embrassent aussi les voyages sur terre.

ROUTIERS, nom que l'on donna aux bandes de brigands qui désolèrent la France sous le règne de Charles V, et que l'on connaît encore sous celui de *grandes compagnies*. Il paraît cependant que les routiers étaient la cavalerie des grandes compagnies.

ROUTSCHOUK, ville de Turquie, chef-lieu d'un sandjiakat de la Turquie d'Europe, au confluent du Lom et du Danube, en face de Giurgevo. Sa population est de 30,000 habitants turks, grecs, arméniens et juifs, se livrant à un commerce fort étendu. Routschouk a un archevêché grec. Elle est un entrepôt considérable pour le commerce d'Allemagne et surtout celui de Vienne. On y fabrique des étoffes de laine, de coton et de soie. Routschouk a été, durant les guerres de 1809 et 1810, le centre des opérations de l'armée russe contre les Turks. Elle a été démantelée en 1829.

ROUVERAIN (FER), nom donné au fer rempli de gerçures et qui est cassant lorsqu'on le fait rougir au feu, ce qui vient du soufre qu'il contient.

ROUVRE, espèce de *chêne*, la plus répandue dans nos forêts, et celle qui produit le plus grand nombre de variétés. Son bois est extrêmement dur, élastique, presque incorruptible et un des plus pesants. Ses feuilles tombent après l'hiver; elles sont ovales, oblongues, d'un vert foncé, souvent velues, à dentelures aiguës, presque régulièrement opposées. Sa glande, assez gros, courts, solitaires, sont assis sur les branches. Sa croissance est lente, sa vie se prolonge plusieurs siècles, sa tige, rarement droite, atteint d'ordinaire vingt et même trente mètres de haut.

ROUX (MAÎTRE-). Voy. Rosso.

ROUX (Jacques), prêtre de Paris, s'intitula pendant la terreur le prédicateur des *sans-culottes*. Il fut l'un des commissaires chargés de la police du Temple pendant la détention de la famille de Louis XVI, qu'il accabla d'outrages et de dégoûts. Ses crimes le firent enfin accuser devant le tribunal révolutionnaire; mais, avant le jugement, il se frappa de cinq coups de couteau, dont il mourut peu après en 1784.

ROVÈRE, maison illustre d'Italie, qui doit sa célébrité aux papes Sixte IV et Jules II, qui en étaient sortis. Le dernier épouser à son frère la fille du duc d'Urbin, et adopter son neveu François-Marie de la Rovère par le dernier duc d'Urbin, maison de Montefeltro. — FRANÇOIS-MARIE DE LA ROVÈRE, duc d'URBIN, fut un des plus grands capitaines de son temps, et mourut empoisonné en 1538 à quarante-huit ans. Il laissa d'Éléonore-Hippolyte de Gonzague un fils, GUIDOBALDE DE LA ROVÈRE, capitaine des armées de Philippe en Italie, dépouillé de l'État de Camerino, héritage de la maison de Cibo, par Paul III, qui en enrichit ses neveux, et mort en 1574. Son petit-fils, Frédéric-Ubalde de la Rovère, duc d'Urbin, ne laissa qu'une fille, Victoire, mariée à Ferdinand de Médicis, duc de Toscane, et morte en 1694 à soixante-douze ans. Elle ne porta point en dot le duché d'Urbin, qui retourna au saint-siége.

ROVEREDO, ville du Tyrol, chef-lieu du cercle de son nom, au confluent de l'Adige et du Ceno, à 5 lieues de Trente. Sa population est de 20,000 habitants, qui vivent du commerce et de la fabrication de la soie. Elle a une académie, un gymnase, des tanneries, des filatures de soie dont le produit est envoyé à Milan. Près de Roveredo se trouve le plateau de Rivoli, célèbre par la bataille de son nom. On récolte aussi dans le voisinage le vin d'Isera, qui fait la gloire du Tyrol.

ROVIGNO ou Trevigno, petite ville de l'Istrie, dans le royaume d'Illyrie, sur un rocher avec deux bons ports sur le golfe de Venise, à 14 lieues de Capo-d'Istria et 28 de Venise. Sa population est de 10,000 habitants. Elle a des chantiers de construction pour la marine autrichienne, et fait un grand commerce de bois et une grande pêche aux sardines.

ROVIGO, délégation du royaume lombardo-vénitien, dans le gouvernement de Venise, bornée au N. par la délégation de Padoue, au S. par les Etats de l'Eglise, dont le Pô la sépare, à l'E. par le golfe Adriatique, à l'O. par les délégations de Vérone et de Mantoue. Sa superficie est de 50 lieues carrées, et sa population de 186,000 habitants. Son sol, uni, marécageux et coupé par de nombreux canaux, est fertile en riz et renferme d'excellents pâturages. Cette province n'est autre que l'ancienne Polésine de Rovigo, bornée au N. par le Padouan, à l'E. par le Dogado, au S. par le Ferrarais, et à l'O. par le Mantouan et et le Véronèse. — La capitale est Rovigo, petite ville épiscopale, située sur l'Adighetto, à 9 lieues de Padoue et 14 de Venise. Sa population est de 9,445 habitants. Elle commerce en vins, eaux-de-vie, riz et chanvre. Napoléon l'avait érigé en duché en faveur de son ministre Savary.

ROVILLE, village du département de la Meurthe, situé dans le vallon de la Moselle, tout près de Nancy. Il est surtout célèbre par sa ferme-modèle pour l'amélioration de l'agriculture, l'un des plus beaux établissements de France dans ce genre. On y élève des mérinos.

ROWE (Nicolas), célèbre poëte anglais, né à Little-Bedford (Bedfordshire) en 1673 d'une ancienne famille du comté de Devon, étudia les belles-lettres, le droit et l'hébreu, et se livra ensuite tout entier à la poésie. Il devint secrétaire du duc de Queensberry, eut quelques autres emplois politiques sous le règne de Georges Ier, et mourut en 1718. Rowe est surtout connu par ses tragédies de *Jeanne Shore* et de *Tamerlan*. On lui doit encore *la Belle Pénitente* et *l'Ambitieuse Belle-Mère*, comédies, plus une traduction de Lucain, fort estimée en Angleterre. Il fut, comme poëte lauréat, enterré à Westminster.

ROWE (Thomas), savant anglais, de la même famille que le précédent, né à Londres en 1687, mort en 1715, entreprit de compléter la biographie des grands hommes par Plutarque, ne pouvant avant d'avoir pu faire autre chose que les huit vies d'Enée, de Tullus Hostilius, d'Aristomène, de Tarquin l'Ancien, de Junius Brutus, de Gélon, de Cyrus et de Jason. — Sa femme, Elisabeth Singer, née à Ilchester (Sommersetshire) en 1674, morte en 1737, a fait un grand nombre d'ouvrages en prose et en vers, très-estimés des Anglais.

ROXANE, fille d'Oxyarte, prince persan, et l'une des femmes les plus célèbres de l'Asie, devint l'épouse d'Alexandre après la défaite de Darius. Elle en eut (324 avant J.-C.) un fils posthume, que l'on nomma Alexandre le Jeune, et que, suivant Justin, Cassandre fit périr avec elle. Plutarque prétend qu'une femme, jalouse des honneurs que lui rendaient les Macédoniens, la jeta dans un puits (311 avant J.-C.).

ROXBURGH, comté d'Ecosse, borné au N. par le comté de Berwick, à l'O. par ceux de Selkirk et de Dumfries, à l'E. et au S. par l'Angleterre. Sa superficie est de 105 lieues carrées, et sa population de 37,530 habitants. Son territoire, abondant en sites variés et pittoresques, est fertile en blé vers le N. et montueux vers le S., où se trouvent les monts Cheviots. Il est arrosé par la Tweed, la Teviot et la Liddel. Ces deux dernières, dont l'une se rend par la Tweed dans la mer du Nord, et dont l'autre se jette dans le golfe de Solway, le divisent en deux vallées : le *Teviotdale* et le *Lidderdale*. Le comté de Roxburgh tire son nom d'un ancien château situé près de Kelso, au confluent de la Teviot et de la Tweed. — Sa capitale est Jedburg.

ROXELANE, sultane favorite de Soliman II, avait autant d'ambition que d'esprit et de beauté. Elle voulut mettre son fils Sélim II sur le trône au préjudice de Mustapha, né d'une autre femme. Mustapha périt bientôt ainsi que le grand vizir Ibrahim, dont les vertus étaient un obstacle aux desseins ambitieux de Roxelane, victime des calomnies de la sultane. Elle mourut en 1561. Favart a mis sur la scène un épisode de la vie de Roxelane dans ses *Trois Sultanes*, et, comme il la représente dans sa pièce, vive, éveillée comme une Française, et avec un nez retroussé, l'usage est venu d'appeler cette sorte de nez *nez à la Roxelane*. Roxelane porte chez les Turks le nom de *Khourrem-Sultane*.

ROXOLANS, peuple de la Sarmatie européenne, habitant au N. des Jazyges et des Tauroscythes, entre le Borysthène et le Tanaïs, le pays occupé aujourd'hui par les Cosaques. Ils vivaient de pillage, et firent plusieurs incursions sur le territoire romain. La principale, qui fut repoussée comme les autres, eut lieu en Mœsie (69 après J.-C.). Ne pouvant pénétrer sur le territoire romain, les Roxolans remontèrent vers le nord, dans le pays qui, du nom d'une de leurs tribus, les *Rossi* ou Rossiens, prit le nom de Russie.

ROY (Pierre-Charles), poëte français, né en 1683, mort en 1764, est peut-être des lyriques français celui qui ait le plus approché de Quinault; mais ses mœurs basses et sa méchanceté, qui lui valut plusieurs bastonnades, ont empêché ses ouvrages d'obtenir l'estime qui leur était due.

ROYAL (Fort-). Voy. Fort.

ROYAL (Port-). Voy. Port.

ROYALES (Lois) (en latin, *leges regiæ*), lois rendues par les rois de Rome. On croit que, peu de temps après l'expulsion des rois, un certain Papirius en fit la collection, et que plusieurs furent insérées par la suite dans la loi des douze tables. Voy. Papirien (Droit).

ROYAN, ville du département de la Charente-Inférieure, chef-lieu de canton dans l'arrondissement à 6 lieues de Marennes, avec un port à l'embouchure de la Gironde. Sa population est de 3,000 habitants. Royan est surtout connu par ses bains de mers et ses excellentes sardines, dont on fait une pêche abondante.

ROYANNÈS, contrée de l'ancienne province du Dauphiné, comprise aujourd'hui dans les arrondissements de Saint-Marcellin (Isère) et de Valence (Drôme), et dont le chef-lieu était *Pont-en-Royan*, chef-lieu de canton de l'arrondissement de Saint-Marcellin.

ROYAUMONT, ancienne abbaye de l'ordre de Cîteaux, située à une lieue de Luzarches (Seine-et-Oise) dans le département de l'Oise. Fondée en 1227 par saint Louis, elle devint l'un des plus célèbres monastères de sa règle. La Bible qui porte son nom a été traduite à la Bastille en 1666 par Louis-Isaac le Maistre de Sacy.

ROYE (Matthieu de), baron illustre de la famille de Roye, qui, connue dès la fin du XIe siècle, s'est fondue dans la Rochefoucauld après la mort du dernier mâle de cette famille (1551), était en 1347 grand maître des arbalétriers de France. Il servit fidèlement le régent pendant la captivité du roi Jean, qu'il ramena d'Angleterre, et mourut en 1380. — Son fils Guy de Roye, chanoine de Noyon, puis doyen de Saint-Quentin, évêque de Verdun, de Castres et de Dol, puis archevêque de Tours, de Sens et enfin de Reims en 1391, fonda le collége de Reims à Paris en 1399, et mourut en 1409 dans une révolte près de Gênes en se rendant au concile de Pise.

ROZIER (L'Abbé François), célèbre agronome, né à Lyon en 1734, entra dans l'état ecclésiastique et se consacra tout entier à l'agriculture, qui lui doit une partie des progrès qu'elle a faits en France dans les contrées où l'obstination des cultivateurs n'a pas mis obstacle aux essais de l'expérience. Il fit paraître un *Cours général d'agriculture*, ouvrage estimé des savants, plusieurs *mémoires*, un *Manuel du jardinier*, et fut tué en 1793 au siége de Lyon par une bombe qui tomba sur son lit et mit son corps en lambeaux.

ROZIÈRE (Louis-François Carlet), marquis de la), général français, né à Pont-de-l'Arche (Ardennes) en 1733, était fils du commandant de Calais. Entré au service à l'âge de quatorze ans, il fit toutes les campagnes d'Allemagne, prit part à la bataille de Rosbach, et fut nommé lieutenant-colonel du régiment des dragons du roi, et chevalier de Saint-Louis (1761). Fait prisonnier par les Prussiens, il fut ensuite relâché et revint en France, où le gouvernement l'employa à plusieurs missions délicates. Emigré en 1791, il fut nommé maréchal général des logis de l'armée des princes contre la France (1792), et commandeur de Saint-Louis. Il passa ensuite dans l'armée russe en qualité de maréchal de camp, et dans celle de Portugal en qualité de lieutenant général. Il mourut en 1808. On a de lui plusieurs ouvrages, parmi lesquels un *Traité des stratagèmes de guerre*.

RUBAN, tissu de trois ou quatre doigts de large, et d'une longueur indéterminée, fabriqué avec des matières diverses. Les rubans d'or, d'argent, de soie, consacrés à l'ornement des coiffures et des habits de femme, se fabriquent surtout à Paris et à Lyon. Ceux de filoselle, appelés *padous*, du nom de la ville de Padoue, dont l'on prétend qu'ils furent inventés et employés par les tailleurs, les couturières, etc., se font dans les environs de Lyon et de Saint-Etienne. Les rubans de fil unis ou croisés, qu'on nomme *rouleaux*, viennent de la Normandie, de l'Auvergne, de la Hollande et de la Flandre. Les rubans de laine se fabriquent principalement en Picardie ; ils servent aux tapissiers, fripiers, selliers, etc. Enfin ceux de laine et coton, de fil et coton, ou de tout autre mélange grossier, prennent le nom de *galons*.

RUBANIERS. Les fabricants de rubans formaient autrefois une corporation dont les premiers statuts datent de 1403, sous Charles VI. Cette corporation, sous le titre de *tissutiers-rubaniers* ou d'*ouvriers de la petite navette*, pour les distinguer des marchands ouvriers en drap d'argent, d'or et de soie, avait quatre jurés, dont quatre annuels. L'apprentissage durait quatre ans, et le compagnonnage autant. L'ouvrier, après ce temps, était admis à produire un chef-d'œuvre.

RUBELLIUS BLANDUS, chevalier romain, qui fut choisi par Tibère pour second mari de Julie, fille de Drusus, l'an 33 de J.-C. Il en eut *Rubellius Plautus*, que la voix publique désignait pour succéder à Néron, comme descendant d'Auguste au même degré que lui. Gendre de Lucius Antistius Verus, et lié avec Pison Licinianus, il fut relégué en Asie par Néron, qui envoya peu après l'ordre de l'assassiner (62 de J.-C.).

RUBEN, l'aîné des fils de Jacob, né de Lia. Le commerce criminel qu'il eut avec Bala, servante de Rachel, et concubine de Jacob, lui fit perdre le droit d'aînesse, qui fut transféré à Juda. Il avait le dessein de sauver Joseph des mains de ses frères, et de le rendre à Jacob, ce qui fit qu'il leur conseilla de le descendre dans une citerne. Ruben mourut l'an 1626 avant J.-C. — Sa tribu sortit d'Egypte au nombre de 46,500 combattants. Elle vint s'établir à l'orient de la mer Morte et du Jourdain, au S. de la tribu de Gad, entre les torrents de Jabok et d'Arnon. C'était la plus méridionale de toutes. Elle comprenait l'Ammonitide, et était traversée dans presque toute sa longueur par les monts Pisga. Hésebon, Bezer, Aroer et Liviade en étaient les villes principales.

RUBENS (Pierre-Paul), célèbre peintre flamand, né à Cologne en 1577. Il apprit le dessin sous Octavio Van-Veen ou Otto Vænius, passa ensuite en Italie (1600), et y étudia surtout la manière du Titien, de Paul Véronèse et du Tintoret. De retour en Flandre, il y peignit une foule de chefs-d'œuvre, qui lui ont procuré une riche moisson d'honneurs, de gloire et de fortune. Employé en diverses négociations importantes, il cimenta la paix entre l'Angleterre et l'Espagne, dont les souverains le comblèrent de bienfaits. Rubens mourut en 1640. Il fut le chef d'une école qui excelle surtout dans la force et l'abondance de la couleur, ainsi que dans la hardiesse de l'expression. Raphaël avait idéalisé l'harmonie cachée de la nature; Rubens idéalisa son désordre apparent. Le premier fut le peintre de l'ordre, le second du mouvement. Rubens avait une fécondité prodigieuse. Il ne peignit pas moins de treize cents tableaux.

RUBIACÉES, famille de plantes dicotylédonées, monopétales, à étamines épigynes et à anthères libres ou distinctes, renfermant des plantes herbacées, des arbustes et des arbres (surtout dans les genres exotiques qui sont très-nombreux) à feuilles entières, verticillées ou opposées avec stipules; à fleurs axillaires ou terminales; au fruit composé tantôt de deux petites coques accolées, tantôt d'une capsule ou d'une baie. Les principaux genres sont la *garance*, dont le nom latin *rubia* a fourni le nom de la famille; le *caféier*, le *quinquina*, l'*ipécacuana*, le *sidérodendron* ou *bois de fer*, le *caille-lait*, etc.

RUBICON (aujourd'hui *Fiumesino* ou *Rugone*), petite rivière qui a son embouchure dans la mer Adriatique, entre celles de la Marecchia et du Savio. Elle séparait autrefois l'Italie de la Gaule cisalpine, et le sénat romain, pour assurer Rome contre les troupes qu'elle tenait dans la Gaule cisalpine, avait rendu le célèbre sénatus-consulte que l'on voit encore gravé sur le chemin de Rimini à Césène, par lequel on dévouait aux dieux infernaux, et l'on déclarait sacrilége et parricide quiconque, avec une légion ou même une cohorte, passerait le Rubicon. César, en le traversant, s'écria : *Le sort en est jeté*; et se déclara ainsi l'ennemi de la patrie et des lois.

RUBIETTE, nom d'une des sections du grand genre bec-fin, que quelques naturalistes ont érigé en famille, faisant de ses sections autant de genres. Cette section renferme quatre espèces : le *rouge-gorge*, le *gorge-bleue*, le *gorge-noire* ou *rossignol des murailles*, et le *rouge-queue*.

RUBINI (Pierre), médecin, né à Parme en 1760. Professeur de clinique médicale à Parme, il se fit une grande réputation, et mourut dans cette ville en 1819, médecin consultant de l'archiduchesse Marie-Louise, et *archiatre* de Parme. Il appartenait à la plupart des sociétés savantes.

RUBIS, nom sous lequel les lapidaires désignent plusieurs substances rouges et dures, différentes par leur composition chimique. — Le *rubis blanc* est le corindon hyalin incolore; le *rubis vert*, l'émeraude; le *rubis oriental*, un corindon; le *rubis occidental*, le quartz hyalin rose; le *rubis de Bohème*, le grenat pyrope; le *rubis du Brésil*, la topaze rose; le *rubis de Hongrie*, le grenat rouge violet; le *rubis de Sibérie*, la tourmaline rouge cramoisi. — Mais celle de toutes les substances portant ce nom qui le possède à juste titre est la *spinelle*, pierre très-dure, qui attaque tous les minéraux, à l'exception du diamant et du corindon, et qui prend, lorsqu'elle est rose, le nom de *rubis balais*. Cette pierre, excessivement rare, ne se trouve que dans l'Inde, et surtout dans l'île de Ceylan. Son prix est excessif. Dutems l'évalue à 240 francs le carat, indépendamment de l'augmentation que doit faire subir aux gros rubis leur plus grande rareté.

RUBRIQUE (du latin *ruber*, rouge), espèce de terre ou d'encre rouge. Par extension, les imprimeurs donnent ce nom à un titre d'un ouvrage imprimé en rouge, et en général aux lettres rouges contenues dans un livre. Plus tard, ce mot étant devenu synonyme d'un titre quelconque, on s'en est servi pour désigner le lieu d'où vient une nouvelle, indiqué par un titre. Ainsi on dit, telle nouvelle est sous la *rubrique* de Vienne, pour dire, elle est sous le titre *Vienne*, quoiqu'elle ait été fabriquée à Paris.

RUBRIQUES. En liturgie, on appelle ainsi les règles écrites en caractères rouges, qui marquent l'ordre et la manière de célébrer la messe et l'office divin. Ainsi la rubrique pour la célébration du jour de Pâques porte qu'il sera célébré le premier dimanche après la pleine lune qui suit l'équinoxe du printemps. Maintenant les rubriques s'écrivent en noir, comme les autres livres.

RUBRUQUIS (Guillaume), moine de l'ordre des cordeliers, fut envoyé par saint Louis en 1253 vers Sartach, prince mogol, parce qu'on avait cru remarquer dans ce prince des penchants au christianisme. Sa mission fut, comme il le pense, infructueuse sous le rapport religieux, mais précieuse sous celui de la géographie.

RUCHE, habitation préparée pour les abeilles. Le plus ordinairement, elle est faite en paille de seigle, roulée en cylindre, que l'on tord en l'assemblant, sous la forme d'un cône de huit décimètres de haut, avec une base de cinquante-cinq centimètres de large. L'intérieur est enduit d'un mélange de terre et de bouse de vache, corroyés ensemble. Le sommet est garni d'une botte de paille renversée pour forcer l'eau à s'écouler. On fabrique encore les ruches en bois, en osier ou en jonc. La ruche se compose de deux pièces : le corps et le chapeau qui recouvre le tout et s'enlève quand on veut retirer le miel; ce à quoi l'on parvient, soit en chassant les abeilles avec la fumée, soit en remplaçant le chapeau plein des gâteaux de miel par un autre chapeau vide.

RUDIAIRES, nom donné, chez les Romains, aux gladiateurs à qui l'on accordait le droit de ne plus reparaître dans l'arène. Ce nom venait de la baguette de bois (*rudis*) qu'on leur donnait en leur accordant leur congé. Cette faveur, qui ne tombait ordinairement que sur de vieux gladiateurs, était accordée par celui qui donnait les jeux, avec l'agrément du peuple. Les rudiaires suspendaient leurs armes dans le temple d'Hercule.

RUDISTES, famille des coquilles bivalves créée par Lamarck pour les genres *radiolite*, *calcéole*, *cranie*, *sphérulite*, *birostrite* et *discine*, et se rapprochant de celle des *ostracés*.

RUDOLSTADT, ville d'Allemagne, chef-lieu de la principauté de Schwartzbourg-Rudolstadt, sur la Saale, à 10 lieues d'Erfurt et 6 d'Iéna. Sa population est de 4,000 habitants. Elle a un beau château, un collége, et des fabriques de lainages.

RUDUSCULANE (de *rudis*, grossier), porte de Rome, ainsi nommée, soit à cause de sa structure grossière, soit, comme le veut Valère Maxime, parce qu'elle était garnie de bronze.

RUE (Charles DE LA), né à Paris en 1645, entra de bonne heure chez les jésuites, composa en latin sur les conquêtes de Louis XIV un poëme traduit par Corneille, professa la rhétorique à Paris, et se tourna ensuite du côté de la chaire. Envoyé dans les Cévennes, il y convertit quelques calvinistes et mourut, en 1725. On a de lui quatre livres de *poésies latines* très-estimées.

RUE, genre de plantes type de la famille des rutacées, contenant une dizaine d'espèces à tiges herbacées ou ligneuses, aux feuilles composées et alternes, et aux fleurs d'un jaune plus ou moins pâle, disposées en corymbe terminal. L'espèce la plus répandue dans les départements méridionaux est la *rue fétide* ou *commune*, ainsi nommée de l'odeur forte et nauséabonde qui s'échappe de toutes ses parties et de sa saveur âcre, amère et désagréable. On en retire une huile essentielle qui jouit de grandes propriétés médicinales, et à laquelle elle doit son action incontestable sur le système nerveux, l'organe utérin, l'atonie des viscères, etc.

RUEL ou RUEIL, grand village du département de Seine-et-Oise, arrondissement de Versailles, canton de Marly, à 2 lieues et demie de Paris et une demi-lieue de Nanterre, proche la grande route de Paris à Saint-Germain. Sa population, y compris celle du château de la Malmaison, de Buzanval et du Bois-Préaux, est de 3,000 habitants. Ruel a des eaux très-abondantes et de belles casernes à l'instar de celles de Courbevoie. Son château magnifique, avec un parc de 160 arpents, a été bâti par le cardinal de Richelieu, qui y faisait sa résidence. Ce fut là que le maréchal de Marillac fut condamné à mort le 28 mai 1632 par des commissaires vendus au ministre. C'est là que sont enterrés Zaga-Christ, qui se faisait appeler roi d'Ethiopie, le fameux père Joseph, confident de Richelieu, Tascher de la Pagerie, oncle de l'impératrice Joséphine, et la reine Hortense sa fille.

RUELLE, village du département de la Charente, dans l'arrondissement et à 2 lieues d'Angoulême, sur la Touvres. Sa population est de 1,000 habitants. Il a des forges et une belle fonderie royale de canons pour la marine.

RUF (CHANOINES RÉGULIERS DE SAINT-), ordre qui remonte aux premières années du XIe siècle (1038) et qui s'établit jusqu'en Norwège. L'abbaye chef-lieu subsista près d'Avignon jusque vers l'an 1158. Détruite par les albigeois, elle fut alors transférée dans l'île Eparvière, en face de Valence L'ordre des chanoines de Saint-Ruf a donné à l'Eglise trois papes : Conrad, abbé de Saint-Ruf, pape sous le nom d'Anastase IV; Nicolas Breakespeare, abbé de Saint-Ruf, pape sous le nom d'Adrien IV; et Julien de la Rovère, abbé de Saint-Ruf, pape sous le nom de Jules II.

RUFFEC, jolie petite ville de France, sous-préfecture du département de la Charente, sur le ruisseau d'Auche, à 10 lieues d'Angoulême. Cette ville, ci-devant marquisat, a aujourd'hui un tribunal de première instance et 2,400 habitants. Elle commerce en grains, bétail, marrons et fromage.

RUFFINI (Paul), célèbre mathématicien, né en 1765 à Valentano, dans le duché de Castro. Docteur en médecine, il s'appliqua aussi aux mathématiques, et acquit dans l'une et l'autre science une réputation justement fondée. Le duc de Modène le nomma en 1814 professeur de clinique médicale, de médecine théorétique, de mathématiques appliquées et recteur à vie de son université. La société italienne le choisit en même temps pour son président, et la duchesse de Modène pour son médecin ordinaire. Il mourut en 1822. Il a comme mathématicien le mérite d'avoir composé l'ouvrage le plus étendu et peut-être le mieux combiné sur la théorie générale des équations, d'avoir donné des démonstrations rigoureuses de l'impossibilité de résoudre les équations algébriques d'un degré au-dessus du quatrième et la quadrature du cercle, et d'avoir travaillé à la classification des courbes simples de tous les ordres.

RUFFO (Le cardinal Fabrice), né en 1744 à Naples d'une ancienne famille dont le chef porte le titre de duc de Baranello, souleva en 1799 les deux Calabres en faveur de la famille royale expulsée par les troupes françaises, s'empara même de Naples, et rétablit sur le trône le roi Ferdinand et la reine Caroline.

RUFIN, célèbre favori de Théodose, était Gaulois et natif d'Elusa, aujourd'hui *Eause* (Gers), dans la Novempopulanie, vers l'an 340 de J.-C. Malgré sa naissance obscure, il parvint aux premiers emplois de la cour de Constantinople. Théodose le revêtit de la charge de grand maître du palais, l'admit à tous ses conseils, le fit consul avec son fils Arcadius en 392, et lui laissa la toute-puissance. Jaloux du crédit de Stilicon, il tenta, après la mort de Théodose, d'usurper le trône, et, pour y parvenir plus aisément, il appela les Goths dans l'empire. Sa perfidie fut découverte, et l'armée, excitée par un capitaine goth que Stilicon avait gagné, le tua en 397. Son cadavre fut livré aux outrages de la populace. Le poëte Claudien fit contre Rufin après sa mort un poême en deux livres, qui nous est parvenu.

RUFIN, surnommé *Toranus* ou *Tyrannius*, célèbre écrivain ecclésiastique, naquit à Concordia, petite ville d'Italie, vers le milieu du IVᵉ siècle. Retiré dans un monastère à Aquilée, il y contracta une liaison avec saint Jérôme de passage en cette ville, et partit pour l'Orient, où il resta trente ans. Persécuté par les ariens, il fut délivré par sainte Mélanie, bâtit un monastère au mont des Oliviers, et convertit à l'Eglise un grand nombre de pêcheurs. La traduction qu'il fit de divers ouvrages d'Origène et surtout du livre des Principes, occasiona entre lui et saint Jérôme cette rupture qui fit grand bruit dans l'Eglise et affligea tous les grands hommes de ce temps-là. Condamné par le pape Anastase, il alla mourir en Sicile en 410. On a de lui une foule de traductions et d'ouvrages, dont le plus important est la *Traduction et continuation de l'histoire ecclésiastique d'Eusèbe.*

RUFULES ou **RUTULES**, nom donné, sous la république romaine, aux tribuns militaires choisis par le sénat ou les consuls, par opposition à ceux qui étaient nommés par le peuple et que l'on appelait *comitiati.*

RUFUS, mot latin qui signifie *roux*, et qui a servi de surnom à quelques membres de la famille Minutia. Quinte Curce portait le nom de Quintus Curtius Rufus, et le célèbre Rutilius était aussi connu sous ce surnom. — Tacite cite dans ses Annales un *Curtius Rufus*, Romain de basse naissance, qui, se promenant un jour à Adrumette en Afrique, vit apparaître devant lui une femme de taille colossale, qui lui dit : « Je suis l'Afrique, Rufus ; tu viendras gouverner cette province en qualité de proconsul, et tu y mourras. » En effet, de retour à Rome, Rufus obtint successivement questeur, préteur, consul subrogé, commandant de la haute Germanie, et proconsul en Afrique, où la même fantôme vint lui annoncer sa mort prochaine. Il mourut en effet peu de temps après.

RUGEN, île de la mer Baltique, appartenant à la Prusse seulement depuis 1815, et faisant partie de la régence de Stralsund, dans la Poméranie autrefois suédoise. Elle est séparée de la terre par un canal d'une lieue, et fortifiée par la nature et par l'art. Sa superficie est de 57 lieues carrées, et sa population de 33,000 habitants. Rugen abonde en fruits, poisson, blé ; elle fournit des chevaux, des bœufs, des moutons, des oies, etc. Elle forme avec quelques petites îles voisines le cercle de Bergen, divisé en quatre bailliages.—Son chef-lieu est BERGEN.

RUGGIERI (Côme), fameux astrologue florentin, vint en France sous le règne de Catherine de Médicis. Il eut grand crédit à la cour par ses horoscopes et ses intrigues, et y obtint l'abbaye de Saint-Mahé (Bretagne). Accusé en 1574 d'avoir cons-

piré contre Charles IX, il fut condamné aux galères, d'où la reine mère le tira peu de temps après. Il mourut en 1615, et son corps fut traîné à la voirie, parce qu'il avait eu l'impiété de déclarer qu'il mourait en athée.

RUGIENS, peuple de la Germanie, habitait sur les bords du golfe Codanus (mer Baltique), vers l'embouchure du Viadrus (l'Oder), entre les Gothones et les Lemovi, ce que nous appelons aujourd'hui la Poméranie et l'île de Rugen. Leur capitale était RUGIUM, aujourd'hui *Rugenwalde*, sur le Wipper, à 3 lieues de la Baltique. Les Rugiens firent deux établissements principaux, l'un sur les bords du Danube, l'autre en Italie, à Ticinum (*Pavie*).

RUGUEUX, nom donné aux corps qui présentent des rides. Les feuilles rugueuses sont celles dont les nervures, en se ramifiant, forment des rides à la surface, comme celles de la sauge. On appelle *rugosité* l'état de ce qui est rugueux, les rides qu'on voit sur une surface raboteuse.

RUHNKEN (David), savant philologue allemand, né à Stolp dans la Poméranie prussienne en 1723, étudia à Kœnigsberg, à Wurtemberg et à Leyde, où il suivit les leçons du célèbre Tibère Hemsterhuys. Son immense érudition détermina l'université de Leyde à se l'attacher. Nommé d'abord professeur de langue grecque (1757), il obtint en 1768 la chaire de professeur d'histoire et d'éloquence, qu'il conserva jusqu'à sa mort (1798).

RUHR. Voy. ROER.

RUINART (Dom Thierry), savant bénédictin de la congrégation de Saint-Maur, né à Reims en 1657. Moine dès l'âge de quatorze ans, il fut le disciple et l'ami du célèbre Mabillon, et composa avec lui le sixième siècle de *Acta ordinis sancti Benedicti*. Il travailla ensuite en particulier, et mourut dans l'abbaye de Hautvillers en Champagne en 1709. On a de lui les *Acta primorum martyrum sincera*; une édition de la *Persécution des Vandales*, par Victor, évêque de Vite en Afrique ; une édition de *saint Grégoire de Tours*; l'Eglise parisienne vengée, et plusieurs autres ouvrages.

RUISDAAL ou **RUISDAEL** (Jacob), célèbre peintre paysagiste de l'école hollandaise, naquit à Harlem en 1640, et y mourut en 1681. On fait beaucoup de cas de ses tableaux, dont le mérite consiste en une couleur chaude, vive et belle, une expression forte et animée. On cite comme un de ses chefs-d'œuvre le tableau du musée de Paris, intitulé : *le Coup de vent*. — Son frère aîné, SALOMON RUISDAEL, mort en 1670, a fait des marines et des paysages.

RULH (Philippe), conventionnel, fut un de ceux qui souillèrent la révolution française par toute espèce de crimes. Il poursuivit avec rage la condamnation de Louis XVI, et brisa publiquement à Reims la sainte ampoule, dont il envoya les débris à l'assemblée. Mis à la tête de l'insurrection du 20 mai 1795, il se donna lui-même la mort pour ne pas monter sur l'échafaud.

RULHIÈRE (Claude-Carloman de), historien et littérateur distingué, né à Bondi (Seine) en 1735, était fils et petit-fils d'inspecteurs de la maréchaussée de l'Ile-de-France. Il suivit en 1765, à Saint-Pétersbourg, le baron de Breteuil en qualité de secrétaire, et fut témoin de la révolution qui précipita Pierre III du trône et y fit monter Catherine II. Il l'a décrite dans ses *Anecdotes sur la révolution de Russie*. Reçu en 1787 membre de l'académie française, il travaillait à son *Histoire de l'anarchie de Pologne*, pour laquelle il recevait une pension de 6,000 francs, lorsque la mort l'enleva en 1791. Les Anecdotes ne furent publiées qu'en 1797, et l'Histoire de Pologne qu'en 1807 seulement. Ces deux ouvrages lui ont fait une réputation méritée.

RULLUS (Publius Servilius), tribun du peuple l'an 63 avant J.-C., proposa une loi

agraire plus complète que les précédentes. Elle voulait que l'on vendît l'ancien domaine des rois de Macédoine, le territoire de Corinthe, les terres voisines de Carthage en Espagne, l'ancienne Carthage et toutes les conquêtes faites hors de l'Italie depuis le premier consulat de Sylla ; que tous les généraux, excepté Pompée, rapportassent l'argent et le butin fait dans toutes les guerres, et que les sommes immenses recueillies par ces voies servissent à acheter des terres en Italie pour y établir les citoyens pauvres. Un discours éloquent de Cicéron, alors consul, fit rejeter cette loi.

RUM, l'une des îles Westernes ou Occidentales, sur la côte du comté d'Inverness (Ecosse), au S. de celle de Skye. Sa superficie est de 12 lieues carrées, et sa population de 700 habitants. Elle est couverte de montagnes et de bruyères, renferme beaucoup de bêtes fauves, et est arrosée par de petites rivières abondant en saumons.

RUM. Voy. RHUM.

RUMB. Voy. RHUMB.

RUMEX, nom latin du genre de plantes qui renferme la *patience* et l'*oseille*.

RUMFORT (Benjamin THOMPSON), comte DE), né à Concord (New-Hampshire) dans les Etats-Unis. Il prit le parti de la métropole contre les colonies, dans la guerre de l'indépendance américaine. Lord Germaine lui donna une place dans ses bureaux, et en 1780 il fut nommé sous-secrétaire d'Etat. Il était colonel de cavalerie lorsque l'électeur de Bavière l'engagea à son service en 1784. Il introduisit en Bavière une foule de procédés économiques en faveur de la classe indigente, et y détruisit entièrement la mendicité. On lui doit l'invention des soupes économiques et des cheminées qui portent son nom, et qui, tout en accroissant l'intensité de la chaleur, diminuent la consommation du bois. L'électeur de Bavière le décora de tous ses ordres, le nomma lieutenant général, et le créa comte de Rumfort. Il vint ensuite en 1802 en France, où il fut nommé membre de l'Institut, et où il mourut en 1814.

RUMINAL (du latin *ruma*, mamelle), nom donné à un figuier du mont Palatin, sous lequel Romulus et Remus avaient été allaités par une louve et trouvés par le berger Faustulus. Il devint par la suite un objet de vénération.

RUMINANTS, neuvième ordre de la classe des mammifères, ayant pour caractères spéciaux : 1° le défaut d'incisives supérieures, remplacées par un bourrelet dur et calleux ; 2° les pieds n'ont que deux doigts qui semblent ne faire qu'un seul sabot à deux pointes, d'où leur vient le nom de *bisulques, pieds bifurqués, pieds fourchus*; 3° seuls de tous les mammifères, les ruminants ont des cornes ; 4° le plus caractéristique, et celui qui leur a donné le nom qu'ils portent, est leur mode de digestion, appelé *rumination*. En effet ces animaux, après avoir mâché leurs aliments et les avoir avalés dans un compartiment de l'estomac appelé *panse* ou *herbier*, les font, par un mécanisme particulier, remonter dans la bouche à travers le *bonnet*, seconde partie de l'estomac, qui les imbibe, les comprime en petites pelotes, et rend la seconde mastication plus facile. Les aliments remâchés redescendent par l'œsophage et vont droit à une troisième partie de l'estomac, le *feuillet*, ainsi nommé parce que ses parois présentent une série de lames semblables aux feuillets d'un livre ; de là ils se rendent dans la quatrième partie de l'estomac, la *caillette*, qui est le véritable estomac et qui fait les fonctions de l'estomac des autres mammifères. On divise les ruminants en deux sections : les ruminants sans cornes, à laquelle appartiennent les genres *chameau*, *lama* et *chevrotain*, et les ruminants à cornes, renfermant les genres *cerf*, *girafe*, *antilope*, *chèvre*, *brebis* et *bœuf*.

RUMMEL (OUED-), fleuve d'Afrique, dans la régence d'Alger. Il prend sa source dans les montagnes de l'Atlas, arrose Constantine, où il sort d'un canal souterrain en faisant une belle cascade, et se jette dans la mer à 7 lieues au-dessous de cette ville. Ce fleuve porte encore le nom de *Oued-el-Kebir*, le grand fleuve.

RUMPHIUS ou ROMPH (Georges-Everard), né en 1627, était docteur en médecine de l'université de Hanau et de l'académie des curieux de la nature, lorsqu'il passa à Amboine, où il devint consul. Il s'y adonna à la botanique, et parvint à acquérir une habileté telle que, quoiqu'il eût perdu la vue à l'âge de quarante-trois ans, il connaissait au goût et au toucher la nature et la figure de la plante. Il laissa douze livres de plantes du pays, publiés en 1740 par Jean Burman sous le titre d'*Herbarium Amboinense*.

RUNCINÉE, nom donné, en botanique, à la feuille découpée, divisée à droite et à gauche par des découpures latérales, en des lanières aiguës, inclinées, et dont le sommet des incisions est recourbé vers le bas, comme le fer d'une faucille; les feuilles du pissenlit sont toutes runcinées. Il serait plus correct d'orthographier ce mot *roncinée*.

RUNES, caractères d'écriture usités chez les peuples du Nord dans les temps anciens, de même que les hiéroglyphes le furent chez les Égyptiens. On ignore l'origine des runes et l'époque de leur invention. Bredsdorff les regarde comme une imitation de l'écriture méso-gothique. Brynjulfsson prétend que les caractères runiques sont l'écriture de l'ancienne race caucasienne. Schlegel les attribue aux Phéniciens, et d'autres aux Romains. Les uns fixent leur invention aux temps antérieurs, les autres aux temps postérieurs à l'ère chrétienne. Ce qu'il y a de certain, c'est qu'aucune des inscriptions runiques ne remonte guère au delà du XIIᵉ siècle, et que les plus récentes ne dépassent pas 1449. Appelblad a prouvé le peu d'importance des inscriptions runiques, qui abondent en Scandinavie, comme monuments historiques. L'alphabet runique a seize lettres.

RUNIQUES (CARACTÈRES). Voy. RUNES.

RUNIQUES (BATONS) (en suédois, *runstab*), bâtons de saule, dont se servaient les peuples païens du Nord, sur lesquels étaient gravés des caractères mystérieux propres à effectuer des miracles. Les Scandinaves s'en servaient aussi comme de calendrier, et les paysans les plus ignorants en font encore usage.

RUNGPOUR ou RUNGPORE (DISTRICT DE), grande contrée du Bengale, appelée encore *Takhut-Roundy*, et située au S. des montagnes du Boutan. Le terrain, quoique mal cultivé, produit cependant du riz, du sucre, de l'indigo, du chanvre et du tabac. Les habitants sont sujets aux goitres. — La capitale de ce pays est RUNGPOUR, ville bien bâtie, qui fait un grand commerce avec l'Assam, le Boutan et Calcutta, à 45 lieues de Morschoudabad et 80 de Calcutta.

RUPELMONDE, petite ville du royaume de Belgique, située dans la province et à 3 lieues d'Anvers, au confluent de la Rupel (nom que prend la Nèthe après son confluent avec la Dyle) et de l'Escaut. Sa population est de 3,000 habitants. Elle est la patrie du géographe Mercator.

RUPERT (Charles-Louis-Robert DE BAVIÈRE, dit LE PRINCE), comte palatin, troisième fils de Frédéric, prince palatin, roi de Bohême, et d'Elisabeth, fille de Jacques Iᵉʳ, roi d'Angleterre, et sœur de Charles Iᵉʳ, fut l'un des plus grands généraux du XVIIᵉ siècle. Il passa en Angleterre en 1642, et vint offrir ses services à son oncle dans cette malheureuse guerre civile qui le précipita du trône. Les avantages des parlementaires forcèrent le prince Rupert à se retirer en France. Charles II le fit membre de son conseil privé en 1662, le créa duc de Cumberland, et lui donna le commandement de sa flotte contre les Hollandais en 1664. Le prince Rupert fut fait amiral d'Angleterre en 1673, et mourut en 1682. On lui attribue l'invention de la gravure en *mezzo-tinto* et de l'alliage pour la fonte des canons appelé *métal du prince*.

RUPICOLE, nom scientifique du *coq de roche*. Voy.

RUPTILE, du latin *rumpere*, rompre, épithète donnée aux parties des plantes qui s'ouvrent par une rupture spontanée et non par une rupture déterminée.

RUREMONDE, belle ville du royaume de Hollande, dans la province de Limbourg, à 11 lieues de Maëstricht, au confluent de la Roër et de la Meuse. Sa population est de 4,500 habitants. Elle a un collège et des fabriques d'étoffes de laine. C'est une petite place de guerre fortifiée par Othon le Boiteux, duc de Gueldre, et souvent prise et reprise par les Espagnols et les Hollandais.

RURICK, fondateur de la monarchie russe, appartenait à la nation des Variègues, peuples de la Baltique. Appelé avec ses frères Sinéous et Trouvor par les Slaves qui occupaient quelques provinces au sud du golfe de Finlande, il reçoit d'eux le souverain pouvoir (862), et donne au pays le nom de Russie. Rurick régnait à Novgorod, Sinéous à Biélo-Ozero, et Trouvor à Izborsk. Sinéous et Trouvor étant morts deux ans après, Rurick s'empara de leurs États, et fonda ainsi la monarchie russe. Il régna seul à Novgorod pendant quinze ans, et mourut en 879, laissant à son parent Oleg la tutelle de son fils Igor, dans un très bas âge.

RUSMA ou NURET, nom que les Orientaux donnent à un mélange dépilatoire très-usité parmi eux, et formé d'orpiment, de réalgar et de chaux vive. Cette dernière y entre en plus grande proportion que les autres substances.

RUSPONE, pièce d'or de Toscane, qui vaut 3 sequins aux lys, c'est-à-dire 36 francs 4 centimes de notre monnaie.

RUSSEL (William), fils de William Russel, chevalier du Bain et de la Jarretière, lord lieutenant du comté de Midlesex, marquis de Tavistock et duc de Bedford, fut l'un des plus ardents défenseurs de l'opposition sous Charles II. Député au parlement par le comté de Bedford en 1680, il fit tout son possible pour assurer le triomphe du bill d'exclusion porté contre le duc d'York, dont les patriotes redoutaient l'avènement. Impliqué dans le complot de Shaftesbury, il fut accusé de haute trahison et exécuté en 1683. Sa mémoire fut réhabilitée sous Guillaume III.

RUSSEL (Francis), duc de Bedford, descendant du précédent, né en 1765, mort en 1802, fut l'un des membres les plus marquants de l'opposition anglaise pendant la révolution française, dont il était le partisan. Il fonda des fermes expérimentales auxquelles l'Angleterre doit les principaux progrès de son agriculture. Aussi son nom est devenu populaire, et la société d'agriculture de Lough décerne des médailles portant son image aux concurrents qui remportent le prix sur les questions relatives à leur propose.

RUSSIE (EMPIRE DE), le plus vaste de tous les empires connus, s'étendant depuis la mer Baltique à l'O. jusqu'à l'océan Pacifique à l'E., et depuis l'océan Glacial au N. jusqu'à la mer Noire, la Turquie d'Europe, la Turquie d'Asie, la Tartarie indépendante et la Tartarie chinoise au S. Sa superficie est de 956,000 lieues carrées, sa population de 70,000,000 habitants. Il embrasse la huitième partie du globe habitable, et la vingt-septième du globe entier. Il se divise en trois parties : la *Russie d'Europe*, la *Russie d'Asie* et l'*Amérique russe*. — Son étendue favorise singulièrement son commerce. La mer Caspienne lui ouvre le chemin de la Perse et de l'Inde; celle d'Azof et la mer Noire lui facilitent les communications avec la Méditerranée; par la Baltique et la mer Glaciale, il est en rapport avec les nations les plus commerçantes de l'Europe. Une foule de canaux intérieurs facilitent les transports, et de nombreuses caravanes alimentent le commerce avec la Chine. Ses productions et sa température ne sont pas moins variées que ses habitants, que l'on range sous neuf races : les *Slaves*, les *Finnois*, les *Mongols*, les *Tartares*, les *Mandchoux*, les *Samoïèdes*, les *Caucasiens*, les *Teutons* et les *Européens* de diverses nations. Il y a en Russie quatre castes d'individus : la noblesse, le clergé, la roture et les serfs. La noblesse forme une aristocratie puissante, maîtresse du sol, exempte d'impôts et répartie en quatorze classes, dont huit seulement pour la noblesse héréditaire. Le clergé jouit de quelques franchises, mais il est sans influence. La roture constitue la classe des hommes libres, ni prêtres, ni nobles, c'est-à-dire des bourgeois et des marchands; elle est sujette à toutes les charges de l'impôt. Enfin les serfs, qui composent au moins les neuf dixièmes de la population, sont attachés à la glèbe et transmissibles à la volonté du possesseur. On parle dans l'empire russe plus de cent langues, dont trente-sept principales; la russe dérive du slave; son alphabet a trente-six lettres. On compte en Russie sept universités : Saint-Pétersbourg, Kharkof, Kasan, Moscou, Kief, Dorpat et Helsingfors; quatre académies de théologie, trente-sept grands séminaires et dix-huit petits, des gymnases ou collèges dans chaque gouvernement, etc. Tous les cultes y sont tolérés. L'empereur est chef de l'Eglise russe, qui suit le rit grec et qui compte quatre métropoles, dix archevêchés et vingt évêchés. Tout ce qui a rapport à cette religion est confié au saint synode, qui réside dans la capitale, et à un synode subordonné établi à Moscou. — L'agriculture est la principale richesse de la Russie. Le blé est la première richesse végétale du pays. Le bois, les cuirs et les fourrures, joints au produit des mines de Sibérie, sont une source de prospérité pour le pays. L'industrie se borne à la fabrication des toiles, des soieries, des draps et du coton, l'apprêt des cuirs, le raffinage du sucre et la fabrication du verre. — Le gouvernement de la Russie est une monarchie absolue. Le trône est héréditaire; les femmes n'y succèdent qu'à défaut de tout héritier mâle. Le souverain, appelé d'abord grand-duc, puis czar, prend maintenant le titre d'empereur de toutes les Russies. Il dispose, comme il lui plaît, de la vie et des propriétés de ses sujets, exerçant tout à la fois la puissance législative et la puissance exécutive. Le sénat, institué par Alexandre Iᵉʳ, et dont le monarque est le président, veille à l'exécution des lois, et décide en dernière instance dans toutes les causes civiles ou criminelles. Chaque branche de l'administration a un ministre particulier, et le grand chancelier est le premier officier de l'empire. L'administration des provinces ressemble à celle de nos préfectures. Le territoire est divisé en gouvernements, subdivisés en districts et en arrondissements. Les revenus de l'empire russe sont évalués à 354,000,000 de roubles (1,416,000,000 de francs), et sa dette publique à 903,871,673 roubles (3,615,486,692 francs). L'armée de terre monte à 900,000 hommes; celle de mer, à 40,000 hommes. La flotte russe est divisée en trois escadres; celle de la mer Caspienne, celle de la mer Noire et celle de la mer Baltique. On l'estime à 50 vaisseaux de ligne et un nombre égal de bâtiments inférieurs, frégates, bricks, etc. Il y a en Russie cinq ordres de chevalerie : *Saint-André*, fondé par Pierre le Grand; *Saint-Alexandre-Newski*, fondé par Catherine II, *Saint-Georges*, fondé en 1769; *Sainte-Anne*, institué en 1736, et *Saint-Vladimir*. Les armes de Russie sont l'aigle à deux têtes, tenant dans ses serres un sceptre et un globe. — SAINT-PÉTERSBOURG a remplacé *Moscou* comme capitale de la Russie. — Autrefois habitée par les Sarmates ou Slaves, la Russie ne devint nation que vers l'an 862, époque de la venue de Rurick. De cette période jusqu'à nos jours, on compte cinq périodes dans l'histoire russe. 1ʳᵉ, 862 à 1054, période de fondation. La capitale est Novgorod jusqu'en 882 ; puis vient Kief. ııe, 1054 à 1236, période de discordes. Kief est la capitale jusqu'en 1167. ııı e, 1236 à 1462, période d'asservissement sous les Tartares. La capitale est Vladimir jusqu'en 1328. ıve, 1462 à 1613, période d'affranchissement et de despotisme, signalée par le règne du fameux Iwan IV, dit *le Terrible*. La capitale est Moscou depuis 1328 jusqu'en 1703, où elle cède la primauté à Saint-Pétersbourg fondée par Pierre le Grand. La cinquième période, celle de la civilisation, commence en 1613 à Pierre le Grand, et se continue encore. C'est de Pierre le Grand que datent la grandeur de la Russie et sa puissance dans le système de l'équilibre européen. Après lui régnèrent Catherine Ire, sa femme (1725-1727); Pierre II, son petit-fils, mort en 1730; Anne Iwanovna, sa nièce (1730-1740); Ivan VI (1740-1741); Elisabeth, fille de Pierre le Grand (1741-1761); Pierre III, détrôné après six mois de règne par sa femme Catherine II, qui régna de 1762 à 1796. Paul Ier, son fils et son successeur, règne de 1795 à 1801, et meurt étranglé, laissant le trône à son fils Alexandre Ier, mort en 1825. La couronne échut alors au frère d'Alexandre, Nicolas Ier, et à sa mort, à son fils Alexandre 2.

RUSSIE D'EUROPE, vaste contrée bornée au N. par la mer Glaciale, à l'O. par la Suède, la mer Baltique, la Prusse, l'Allemagne et l'Autriche, au S. par la Turquie d'Europe et la mer Noire, à l'E. par l'Oural et les monts Ourals qui la séparent de la Russie d'Asie. Sa superficie est de 236,783 lieues carrées, et sa population de 48,878,360 habitants, et, si l'on y ajoute le royaume de Pologne qui appartient depuis 1814 à l'empereur de Russie, on a une superficie de 243,090 lieues carrées et une population de 60,000,000 habitants. Le sol de la Russie est généralement plat. Les quarante-neuf gouvernements de la Russie sont répartis ainsi : *Provinces baltiques*, cinq ; *Grande-Russie* ou Russie centrale du Nord, dix-neuf; *Petite-Russie* ou Russie centrale du Sud, quatre ; *Russie méridionale*, cinq ; *Russie occidentale* ou provinces enlevées à la Pologne, huit, y compris le cercle de Bialystock ; *Russie occidentale* ou anciens royaumes de Kasan et d'Astrakan, huit.

RUSSIE D'ASIE. Elle comprend trois contrées : la *Sibérie*, les *Provinces caucasiennes* et l'*Arménie russe*. — *Sibérie*. Voy. ce mot. — *Provinces caucasiennes*: elles sont au nombre de six : le gouvernement du Caucase, capitale STAROPOL, la Géorgie, la Circassie, l'Imérétie, la Mingrélie et le Daghestan. L'esprit d'indépendance nationale dispute encore à main armée la pays aux tentatives envahissantes du gouvernement moscovite. — *Arménie russe*. Elle comprend les pays cédés par Éregli-Khan, et ceux renfermés entre le Kur et l'Araxe jusqu'à leur confluent. Ces pays forment trois gouvernements : ceux d'*Érivan*, de *Tiflis* et de *Karabagh*, appelé encore *Choucha*, du nom de sa capitale.

RUSSIE AMÉRICAINE ou AMÉRIQUE RUSSE. Elle est bornée au N. par l'océan Glacial, au S. par le Grand-Océan boréal, à l'E. par la Nouvelle-Bretagne, et à l'O. par le détroit et la mer de Behring. La superficie de la partie connue est de 72,000 lieues carrées, et sa population de 90,000 habitants. L'empereur de Russie en a cédé la souveraineté à une compagnie de marchands. Plusieurs peuplades de l'intérieur conservent encore leur indépendance. Les principales sont les Eskimaux, les Kitègues, etc. Les îles qui dépendent de l'Amérique russe sont : les Aléoutiennes, Clarke, Saint-Matthieu, Saint-Paul, Saint-Georges, Kodiak, chef-lieu ALEXANDRIA-SAINT-PAUL, très-bon port, où la compagnie russe a l'un de ses principaux établissements; l'archipel du Prince de Galles et l'île de Sitka, chef-lieu de la NOUVELLE-ARKHANGEL (1,000 habitants), qui est la résidence du gouverneur russe.

RUSSIE BLANCHE, nom que l'on donnait autrefois à une portion de l'ancien grand-duché de Lithuanie, incorporé à la Grande-Russie en 1654, et renfermant les gouvernements actuels de Smolensk, de Mohilev, de Vitebsk et une partie de celui de Minsk.

RUSSIE ROUGE, nom que portait autrefois une province qui échut à la Pologne en 1376, et qui se composait des palatinats de Chelm, de Lemberg et de Belcz ou Belzko. Aujourd'hui elle est partagée entre la Gallicie (Autriche) et les gouvernements de Volhynie et de Podolie (Russie).

RUSSIE (langue et littérature). La langue russe est une des langues dérivées de la langue primitive que parlaient les peuples slaves. Les Russes n'avaient pas d'alphabet jusqu'en 865, époque à laquelle le philosophe Constantin, connu dans l'état monastique sous le nom de Cyrille, et Methadius son frère, furent envoyés par Michel, empereur d'Orient, pour traduire les livres saints dans la langue slave. Ils inventèrent un alphabet particulier, calqué sur les lettres grecques auxquelles on ajouta onze caractères. Cet alphabet, nommé *cyrillien*, est maintenant en usage, sauf quelques variations, chez les Russes, les Valaches, les Moldaves, les Bulgares et les Serviens. Le russe le plus pur est parlé aux environs de Moscou. Il est riche et d'une grande souplesse, mais la prononciation en est rude et rebutante. — Avant Pierre le Grand, on compte peu d'écrivains russes, à l'exception de *Nestor* l'historien. Kantenir, qui a écrit l'histoire de la Russie, Lomonosoff, poëte tragique, épique et lyrique, et au commencement de ce siècle Karamsin, sont les principaux littérateurs qu'ait produits la Russie.

RUSSNACKS, peuple montagnard et très-ignorant, originaire de la Russie Rouge, et habitant la Hongrie et la Transylvanie.

RUSSO (Vincenzo), né à Palmi près du Vésuve en 1774, était avocat à Naples lors de la révolution de cette ville après l'entrée des Français. Il y prit une grande part, et fut nommé membre du corps législatif. Partisan de la liberté, il la défendit avec courage. Jeté dans les prisons par les ordres du cardinal Ruffo, il devint le consolateur de ses compagnons de captivité. Il mourut sur l'échafaud (1799).

RUSTES, nom donné, dans le blason, à des losanges dont le centre est percé en rond.

RUSTICUS (Lucius Junius) ARULENUS, Romain célèbre par ses talents littéraires et son beau caractère. Tribun du peuple sous Néron l'an 66 de J.-C., il offrit à Thraséa de s'opposer à sa condamnation ; mais il en fut empêché par Thraséa lui-même. Quatre ans après, il fut préteur sous Vitellius. Après la chute de ce prince, il se livra tout entier à l'étude de la philosophie stoïcienne et des lettres, et composa un ouvrage historique sur les empereurs. Domitien, irrité d'y voir flétrir Néron et louer Thraséa et Helvidius Priscus, lui envoya l'ordre de se donner la mort. Rusticus est comblé d'éloges par Tacite et aussi par Pline le Jeune, dont il avait été le maître.

RUSTIQUE. On nomme ainsi : 1° tout ce qui a rapport aux champs, à la campagne (en latin, *rus*); 2° ce qui est inculte et sans art. En termes d'architecture, on appelle *ouvrages rustiques* les ouvrages composés de pierres brutes ou de pierres taillées à l'imitation des pierres brutes ; *ordre rustique*, l'ordre d'architecture le plus simple de tous, le plus dénué d'ornements.— On nomme *maison rustique* l'ensemble de tous les objets indispensables au cultivateur.

RUSTIQUES (DIEUX), divinités qui présidaient à l'agriculture et à la campagne. On les distinguait en grands dieux, qui joignaient à cette fonction d'autres attributs, tels que Jupiter, Bacchus, Minerve, Cérès, la Terre, Flore ; et en petits dieux, qui étaient exclusivement chargés du soin des campagnes, comme Pan, Palès, Pomone, Sylvain, les Faunes, etc.

RUT, expression employée pour désigner l'époque où plusieurs espèces de mammifères font l'amour et accomplissent l'acte de la reproduction.

RUTACÉES, famille de plantes dicotylédonées polypétales, au fruit capsulaire, globuleux ou comprimé, à quatre ou cinq loges. La famille des rutacées renferme des plantes herbacées, des sous-arbrisseaux, quelques arbustes et peu d'arbres. Elles se plaisent entre les tropiques, et passent rarement le 60e degré de latitude. On a divisé cette famille en cinq sections : les *rutées*, type le genre *rue*, qui a donné aussi son nom à la famille ; les *zygophyllées*, type le *zygophyllum* ; les *diosmées*, types le *diosma* et le *dictamne* ; les *simaroubées*, type le *simarouba*, et les *zanthoxylées*, type le *zanthoxylum*.

RUTÉES. Voy. RUTACÉES.

RUTÈLE, genre d'insectes de l'ordre des coléoptères, établi aux dépens du grand genre scarabée, et renfermant un assez grand nombre d'espèces, toutes propres aux contrées chaudes de l'Amérique. Les rutèles ont les mêmes habitudes que les hannetons. Ils ont le corps convexe, de forme plus ou moins carrée, la tête unique dans les deux sexes, les antennes composées de dix articles, le premier velu, plus gros que les autres, les mandibules cornées, très-comprimées, les pattes robustes.

RUTH, femme moabite, épousa Chélion, un des fils de Noémi, qui s'était retirée dans le pays de Moab. Après la mort de son mari, elle voulut suivre sa belle-mère, qui retourna à Bethléem. Sa pauvreté la força d'aller au temps de la moisson glaner dans les champs de Booz, son proche parent, qui, ayant appris sa condition, l'épousa, et en eut Obed, père de David, de qui devait naître un jour le Messie. Cette histoire est racontée dans un livre séparé de la Bible, que l'on place entre les Juges et les Rois.

RUTHÈNES, peuple gaulois qui habitait l'Aquitaine première, et dont le territoire borné au N. par les Arvernes, au S. par les Ruthènes provinciaux et les Volces Arécomiques, à l'O. par les Cadurques, et à l'E par les Gabales, répond au Rouergue de nos jours. — La capitale était SEGODUNUM ou RUTHENI, aujourd'hui Rhodez. — Les *Ruthènes provinciaux* étaient une petite portion de ce peuple, habitant au S. le long du Tarn, entre les Cadurques, les Ruthènes et les Tectosages. ALBICA (Alby) était leur capitale. On les appelait *provinciaux* parce qu'ils formaient une province de l'empire romain, auquel ils étaient restés fidèles lors de la grande révolte des Gaules sous César.

RUTILE, nom donné, en minéralogie, à un oxyde de titane qui se présente dans la nature sous plusieurs formes, mais toujours avec les couleurs rougeâtre, brune ou jaune. Le rutile se trouve dans les granites, les gneiss, et en général dans les terrains antérieurs au terrain carbonifère. Il raye fortement le verre, et est infusible au chalumeau.

RUTILIUS RUFUS (Publius), Romain regardé comme le plus vertueux de son siècle, consul l'an 105 avant J.-C., fut envoyé dans la Gaule cisalpine. Ce fut sous son armée sous Marius, consul l'année suivante, vainquit les Cimbres. Les publicains d'Asie, auxquels il s'était rendu redoutable par son intégrité, l'accusèrent à Rome de concussion, et le firent condamner à l'exil. Fort de son innocence, il se retira à Smyrne, et se consola par l'étude des lettres et de la philosophie. Il professait le stoïcisme, qu'il avait étudié sous Panetius. Il composa, entre autres ouvrages, l'histoire de Rome en grec et des mémoires en latin.

RUTILIUS NUMANTIANUS (Claudius), poëte latin, né dans les Gaules sous le règne d'Honorius. On le croit auteur d'un *Poëme sur l'Etna*. Il écrivit aussi un *Itinéraire* en vers élégiaques, dans lequel il se déchaîne contre les chrétiens et les Juifs, en faveur du paganisme. Rutilius était préfet de Rome en 410, lorsque cette ville fut prise par Alaric.

RUTLAND, le plus petit des comtés de l'Angleterre, borné au N. et à l'E. par celui de Lincoln, au N. et à l'O. par celui de

RUY

Leicoster, au S. et à l'O. par celui de Northampton. Sa superficie est de 18 lieues carrées, et sa population de 30,000 habitants. L'air est sain, le sol très-fertile, le pays abondant en bois, vallées et collines. Le comté tire son nom de la couleur rouge du terroir. Il envoie deux députés au parlement. — Sa capitale est OAKHAM.

RUTULES, ancien peuple du Latium, resserrés entre les Volsques et les Latins, avec lesquels ils finirent par se confondre. Ils s'étendaient le long de la mer Tyrrhénienne (mer Méditerranée), entre le petit fleuve Numicus et la ville d'Antium. ARDÉE était leur capitale. Ils portaient le nom d'Aborigènes, et se prétendaient issus de la contrée même qu'ils habitaient. Les Rutules sont célèbres par la guerre qu'ils soutinrent contre Énée, sous la conduite de Turnus.

RUYSCH (Frédéric), célèbre anatomiste hollandais, né à la Haye en 1638. Appelé à Amsterdam en 1665 pour y être professeur d'anatomie, il s'y acquit une grande réputation, et fit d'importantes découvertes. Il s'est illustré par la perfection des moyens artificiels que l'anatomie emploie pour conserver et découvrir la structure interne des diverses parties du corps humain. Son principal secret consistait en injections fines. Le czar Pierre le Grand fréquentait souvent son cabinet, qu'il finit par acheter. Il fut reçu de l'académie des sciences de Paris en 1727, et mourut en 1731.

RUYTER (Michel-Adrien), célèbre marin hollandais, né à Flessingue en 1607 d'un bourgeois de cette ville, fut successivement matelot, contre-maître, pilote, capitaine de vaisseau, commandeur, contre-amiral, vice-amiral, et enfin en 1666 lieutenant amiral général, ce qui est en Hollande la plus haute dignité de la hiérarchie maritime, celle d'amiral étant attachée au rang de stathouder. Il s'acquit une gloire immortelle devant Salé, combattit plusieurs fois les Anglais, s'empara d'un grand nombre de vaisseaux turks, et secourut en 1659 les Danois contre les Suédois, ce qui le fit anoblir lui et toute sa famille. Il remporta en 1666 une victoire éclatante sur l'amiral Tromp, et continua de marcher de victoire en victoire jusqu'en 1676 qu'il fut mortellement blessé dans un combat livré aux Français devant Agouste en Sicile. Son corps fut porté à Amsterdam, où les états généraux lui firent dresser un superbe monument. Louis XIV lui-même regretta la perte de ce grand homme.

RUZ, vallée de la principauté de Neufchâtel en Suisse, ayant 4 lieues de long sur un quart de lieue de large, et renfermant vingt-quatre villages. Elle est très-peuplée et très-industrielle. On y voit des moulins à scie, des fabriques d'indiennes, de dentelles, de bas, de pendules, etc.

RYE, petite ville du comté de Sussex en Angleterre, près de la Manche. Elle a 3,000 habitants, et envoie deux députés au parlement. Elle commerce en ouvrages de fer, bois, houblon, etc. C'est un des *Cinq-Ports*.

RYER (André DU), sieur de Malesair, né à Marsigny (Saône-et-Loire), fut gentilhomme ordinaire de la chambre de Louis XIV, chevalier du Saint-Sépulcre, consul de France en Egypte. On a de lui une *Grammaire turque*, une traduction française du *Koran*, etc.

RYER (Pierre DU), littérateur distingué, né à Paris en 1605, secrétaire du roi en 1626, puis secrétaire de César, duc de Vendôme, historiographe de France, mourut en 1658, membre de l'académie française. On a de lui des traductions françaises d'un grand nombre d'ouvrages. Il a composé dix-neuf tragédies, parmi lesquelles on cite *Alcyonée*, *Saül* et *Scévole*.

RZE

RYMER (Thomas), né en Angleterre en 1650, mort en 1713, avait en 1692 succédé comme historiographe de la couronne à Schadwel. Il fut chargé par la reine Anne de mettre au jour les traités des rois d'Angleterre avec les autres puissances. Cet immense ouvrage, connu sous le nom d'*Actes de Rymer*, parut en dix-sept volumes in-folio en 1704. Sanderson joignit trois autres volumes à cette collection précieuse, qui a pour titre : *Fœdera, conventiones et cujuscumque generis acta publica, etc., ab anno 1101 ad nostra usque tempora*.

RYPER, monnaie d'or de Hollande, vaut 31 francs 65 centimes de notre monnaie. Le *demi-ryper* vaut 15 francs 82 centimes 50.

RYSWICK, bourg de la Hollande, sur le Rhin, à une lieue de la Haye. Sa population est de 1,700 habitants. Il a un château fort, célèbre par le traité de paix qu'y signèrent le 20 septembre et le 30 octobre 1697 la France, l'Espagne, la Hollande, l'Allemagne et l'Angleterre. Louis XIV restitua toutes ses conquêtes en Hollande, reconnut Guillaume III roi d'Angleterre, évacua Philipsbourg, Brisach, le fort de Kehl, etc., mais garda Strasbourg.

RYTHON. Voy. RHYTHON.

RZEWUSKI (LE COMTE Severin), hetman et général de la couronne de Pologne, fut emmené, jeune encore, en captivité avec son père dans la Russie, où il resta cinq ans. De retour en Pologne, il se montra partisan de la Russie, se déclara contre l'élection des rois, et fut l'un des chefs de la fatale confédération de Targowitz (1791), qui prépara la ruine de la Pologne. Ayant été déclaré rebelle, il retourna en Russie, et ne rentra dans sa patrie qu'à la tête d'une armée russe, qui consomma l'œuvre du démembrement de la Pologne. Rzewuski est mort en 1800.

S

SAA

S, dix-neuvième lettre de notre alphabet, et la quinzième des consonnes. — Considéré comme lettre numérale chez les anciens, S valait sept chez les Romains, surmonté d'un trait $\bar{S}$, 700. En grec S, surmonté d'un accent aigu valait 200; avec l'accent au-dessous, 200,000. — Comme abréviation, S se mettait à Rome à la place de *sanctus* (*saint*) ; Sp. de *Spurius*; Ser. de *Servius* ou *Servilius*; Sext. de *Sextus*; S, J. de *sacrum Jovi* (consacré à Jupiter); S. M. de *sacrum Manibus* (consacré aux mânes) ; S. P. Q. R., *senatus populusque Romanus* (le sénat et le peuple romain) ; S. D., *salutem dicit*, à la tête des lettres (il fait des salutations). — La lettre S était autrefois la marque de la monnaie frappée à Reims. — Dans la musique, S est l'abréviation du mot *solo*. — Dans la passementerie, S est la marque des bobines d'or de Lyon. — Dans les formules de médecine, S. Q., signifie *quantité suffisante.*

SA DE MIRANDA (Francesco) est le premier poëte portugais qui ait eu un nom célèbre. Ses ouvrages sont des satires, des comédies et des pastorales. Il était chevalier de l'ordre du Christ. Né à Coïmbre en 1495, il mourut en 1558.

SAADI ou SADI (Cheikh-Morlih-Eddyn), poète et philosophe persan, né à Chiraz l'an 1175 ou 1197 de J.-C. Après avoir longtemps étudié dans sa patrie, il alla combattre les chrétiens dans l'Asie Mineure. Fait prisonnier par les Francs en Syrie, il fut racheté par un marchand d'Alep qui lui donna sa fille en mariage. Après avoir parcouru diverses contrées, il revint dans sa patrie, et y mourut en 1292 dans un ermitage qu'il s'était fait construire, estimé de toute la Perse pour ses vertus, sa sa-

SAA

gesse et ses talents. On a de lui plusieurs ouvrages en langue persane, d'un style simple, noble, peu ampoulé : ce sont *Gulistan* (le pays des roses), traduit plusieurs fois en français ; le *Bostan* (le pays des fruits), en dix chants, et le *Pend-Nameh* (livre des conseils).

SAALE. Trois rivières de Bavière portent ce nom : la première va de Kœnigshofen au Mayn ; la seconde se jette dans l'Elbe près de Saalborn ; et la troisième a son embouchure dans l'Inn, près de Salsburghof. — Sous l'empire et jusqu'en 1815, un des dix-huit départements de la Westphalie portait ce nom. Il était au N.-E. de la capitale de Leine, et le chef-lieu était HALBERSTADT.

SAALFELD, petite ville de Saxe, dans la Prusse, à 10 lieues S.-E. d'Erfurt. Il y avait un beau château bâti en 1668 et qui était autrefois la résidence du duc de Saxe-Cobourg, à qui cette ville appartenait. On y trouve quelques manufactures. Il y avait anciennement une riche abbaye. Les Français y battirent les Prussiens le 10 octobre 1806 ; le prince Louis de Prusse périt dans cette affaire.

SAATZ, cercle de Bohême compris entre ceux de Rakonitz, Ellnbogen et Leitmeritz. Sa superficie est de 80 lieues carrées, et sa population de 120,000 habitants. On y trouve des mines de fer et d'alun. Le chef-lieu est SAATZ, à 14 lieues de Prague, avec une population de 4,000 âmes.

SAAVEDRA-FAXARDO (Diego DE), savant espagnol, né en 1584 à Algezarès (Murcie), fit ses études à Salamanque, et accompagna à Rome en 1606 le cardinal Gaspard de Borgia, ambassadeur d'Espagne, en qualité de secrétaire. Il fut ensuite chargé

SAB

d'affaires d'Espagne auprès de la cour de Rome. Il se trouva à plusieurs diètes et congrès, et fut nommé en 1643 membre du conseil suprême des Indes, puis plénipotentiaire d'Espagne au congrès de Munster. Nommé, à son retour à Madrid, introducteur des ambassadeurs, il mourut en 1648. Saavedra a laissé plusieurs ouvrages: *Emblèmes* ou *Essais sur un prince politique et chrétien*, la *République des lettres* et la *Couronne gothique*.

SABA, grande ville, ancienne capitale de l'Arabie Heureuse. (Voy. SABÉE.) On la disait bâtie par *Saba*, fils aîné de Chus. — C'était encore le nom 1° d'une ville d'Ethiopie; 2° d'un port d'Ethiopie, dans le pays des Troglodytes, sur le golfe Arabique. C'est aujourd'hui *Assab*. — On ignore dans lequel de ces pays régnait la *reine de Saba* (voy. NICAUSIS), qui vint visiter le roi Salomon pour se convaincre par elle-même de la haute sagesse de ce prince. Elle lui fit de riches présents, et retourna dans ses Etats comblée elle-même de ses dons. — On appelle aujourd'hui SABA, 1° une ville d'Afrique sur la mer Rouge, à l'O. du cap Gardafui, produisant de la myrrhe et autres parfums ; 2° une petite île des Antilles, l'une des Caraïbes, à l'O. de Saint-Christophe, et appartenant aux Hollandais; elle est très-fertile; 3° une ville de Perse près de Sultanieh.

SABACON ou SABACHUS, général ou roi d'Ethiopie, conquit l'Egypte sur Bocchoris (d'autres disent Anasis) vers l'an 740 avant J.-C., et s'en fit déclarer roi. Après un règne assez long, il se retira en Ethiopie, laissant en Egypte son fils Suechus. Plusieurs écrivains ont prétendu que Sabachus est le même que Salomon, dont l'histoire aurait été défigurée par les Egyptiens et par les Grecs. —Un autre roi d'Egypte, fils de Tharaca, a porté ce nom et a régné de 698 à 692 avant J.-C.

SADACTHANI. Ce mot est une corruption de l'hébreu *asablani* ou *azablani*, c'est-à-dire *vous m'avez abandonné*. C'est d'après les Evangiles le cri de Jésus-Christ mourant sur la croix : *Eli*, *Eli sabacthani* (mon Dieu, mon Dieu, vous m'avez abandonné).

SABAOTH ou ZABAOTH, mot hébreu qui signifie *armée*, *combats*, et que l'on retrouve, en plusieurs passages de l'Ecriture sainte, joint ordinairement au mot *Jéhora*. Jéhova sabaoth veut dire le *Seigneur des armées*. —C'était aussi un dieu que les gnostiques adoraient, dit-on, sous la figure d'un âne.

SABAS, hérésiarque du IVe siècle, vivait vers l'an 368 de J.-C., et fut le fondateur de la secte des messaliens.—C'est aussi le nom de deux saints, dont le premier fut mis à mort par ordre d'Athanaric, roi des Goths, en 372; on fait sa fête le 12 avril. Le deuxième fut supérieur des monastères de Palestine. Il mourut en 531. On fait sa fête le 5 décembre.

SABASIES, fêtes grecques en l'honneur de Bacchus, surnommé *Sabasius*. Ce surnom lui venait de ce qu'il était adoré chez les *Sabes*, peuple de Thrace.

SABATEI. Voy. ZABATEI.

SABATIER (L'ABBÉ Antoine), dit SABATIER DE CASTRES, né à Castres en 1742, vint à Paris terminer ses études. Il émigra en 1792, rentra en France en 1795, et mourut en 1801. Il a composé plusieurs ouvrages. Les plus connus sont : *les Trois Siècles de la littérature française* ou *Tableau de l'esprit de nos écrivains depuis François Ier jusqu'à nos jours*, où il juge avec un trop grande partialité et souvent avec mauvaise foi les hommes du plus grand mérite; les *Siècles païens*, dictionnaire de l'antiquité païenne; un *Dictionnaire de littérature*; un *Dictionnaire des passions*, *des vertus et des vices*, etc.

SABATIER (Raphaël Bienvenu), célèbre chirurgien, né à Paris en 1732, devint professeur à la faculté de Paris en 1756, membre de l'académie des sciences en 1773, et successivement chirurgien en chef de l'hôtel des Invalides, professeur à l'école de médecine, membre de l'Institut, et chirurgien consultant de Napoléon. Il mourut en 1811. Il a laissé un *Abrégé d'anatomie du corps*; un *Traité complet de chirurgie* (ces ouvrages sont pseudonymes); un *Traité complet d'anatomie*; *de la Médecine expectative*; *de la Médecine opératoire*; plusieurs *mémoires*, etc.

SABAYE, cordage destiné à amarrer à terre un bateau.

SABBAT ou SABBATH (en hébreu, *repos*), septième jour de la semaine (le *samedi* chez les Juifs), était consacré au repos par le Juifs en l'honneur de ce que Dieu, après avoir créé le monde en six jours, s'étaient reposé le septième. Ce jour-là, les Juifs s'abstiennent de toute espèce de travail. Le sabbath commence dès le vendredi, un peu avant le coucher du soleil. Cette loi, chez les Juifs anciens et modernes, a toujours été exécutée avec la plus grande rigueur.

SABBAT. Ce mot désigne une assemblée nocturne et solennelle qu'une superstition populaire, remontant à une haute antiquité, suppose se tenir à minuit par les sorciers et les sorcières, sous la présidence du diable. Les sorciers se rendent dans le lieu de l'assemblée, qui est ordinairement un lieu désert, les ruines d'une abbaye, etc., à cheval sur des boucs, des ânes, des manches à balai, des pelles à feu, et au moyen de certaines paroles magiques traversent les airs avec la plus grande rapidité. Cette réunion infernale dure jusqu'au lever du soleil.

SABBATAIRES, nom donné aux Juifs parce qu'ils observaient le *sabbat*.

SABBATHÉENS. On a appelé ainsi une secte d'anabaptistes qui observe scrupuleusement le sabbat comme les Juifs. On les nomme aussi *sabbataires*.

SABBATHIUS PROTOSPATHARIUS, célèbre jurisconsulte, fut chargé par Basile le Macédonien de réviser le corps de droit altéré depuis Justinien par des interprétations contradictoires et de nombreuses variantes dont le texte était rempli. Cet ouvrage parut en 886 sous le titre de *Basiliques* ou *Constitutions impériales*.

SABBATINE, nom donné autrefois à une petite thèse que les écoliers en théologie soutenaient le samedi sans solennité, pour s'exercer.—On a nommé *bulle sabbatine* celle qui contient les priviléges du scapulaire accordés à Simon Stock (voy.), et qui promet tous les samedis la délivrance d'une âme du purgatoire.

SABBATIQUE. Les Juifs nommaient *année sabbatique* chaque septième année, parce que cette septième année, ainsi que le septième jour de la semaine nommé *sabbat*, était consacrée au repos. On laissait reposer la terre sans la cultiver. De plus on rendait à cette époque la liberté aux esclaves.—On nommait *rivière sabbatique* une petite rivière de la Palestine septentrionale, dans la tribu de Nephtali. On dit qu'elle coulait pendant six jours de la semaine et se séchait le septième.

SABÉE, SABA ou SARIM, grande contrée de l'Arabie Heureuse, au midi, entre le golfe Arabique et la mer Erythrée. Elle était célèbre par les parfums que l'on y recueillait. Sa capitale était SABA. C'est aujourd'hui l'*Yémen*. —C'était aussi une ville de Palestine, nommée encore *Bersabée*, qui fut successivement partie des tribus de Juda et de Siméon.—Aujourd'hui *Sabée* est une des îles Moluques, qui produit des grains, des fruits en abondance. On y trouve beaucoup de buffles, moutons et volailles.

SABÉENS, peuples de l'Arabie Heureuse, qui habitaient la Sabée. Ils se divisaient en *Sabéens* proprement dits, *Homérites*, *Minées*, *Adramites* et *Panchœi*.— On appelait *Sabéens septentrionaux* plusieurs peuplades éparses dans l'Arabie Déserte. — C'est aussi les sectateurs du *sabéisme*.

SABEISME, nom de la religion qui a pour objet l'adoration des corps célestes, comme le soleil et la lune, et qui rend à ces astres un culte divin. Cette religion paraît être la première qu'aient pratiquée les hommes. Elle était principalement observée en Arabie, en Mésopotamie, en Chaldée, en Assyrie, dans la Perse, l'Inde et l'Asie-Mineure.—On prétend que le sabéisme existe encore, du moins en partie, chez les peuples qui habitent dans le Kourdistan et dans l'Arabie Déserte. Ils mêlent aux pratiques du sabéisme quelques-unes des religions chrétienne, mahométane et juive.

SABELLES, petit peuple de l'Italie centrale, habitaient entre les Marses et les Sabins. On les croit descendus de ces derniers ou des Samnites.

SABELLIENS, hérétiques ainsi nommés de leur chef Sabellius. Ils rejetaient la Trinité et la distinction des trois personnes divines, soutenant que le Père, le Fils et le Saint-Esprit ne sont qu'une même personne sous différents noms, ou des manifestations diverses d'un Dieu unique, mais non point des personnes particulières. D'après eux, la Trinité n'était qu'une triple manifestation d'un seul Dieu. Lorsqu'ils regardaient Dieu comme faisant des décrets solennels et dirigeant le monde, ils l'appelaient le *Père*. Lorsque Dieu descendait sur la terre dans le sein de la Vierge, qu'il souffrait et mourait sur la croix, ils l'appelaient *Fils*. Enfin, lorsqu'ils considéraient Dieu comme éclairant l'âme des pécheurs et donnant la grâce, ils le nommaient *Saint-Esprit*. D'où il s'ensuivrait que le Père et le Saint-Esprit avaient souffert la mort aussi bien que le Fils. Ces hérétiques parurent dans le IIIe siècle, et quoique condamnés par plusieurs conciles, subsistèrent longtemps dans l'Orient.

SABELLIUS, hérésiarque du IIIe siècle, né à Ptolémaïde en Libye, fut le chef de l'hérésie des sabelliens. Il vivait vers 250.

SABELLUS, poëte latin, contemporain de Domitien et de Nerva, composa plusieurs ouvrages d'un style léger et très-libres. Ils ne nous ont pas été conservés.

SABIA, royaume d'Afrique, dans le Monomotapa, au S. de Sofala et à l'E. de Manica. Le roi s'appelle *Sedenda*, et sa capitale s'appelle MANBOUÉ, près de la mer.

SABIN (Saint), évêque d'Assise, ou, selon d'autres, de Spolète, souffrit le martyre avec ses diacres Marcel et Exupérance, sous le règne de Dioclétien. On fait sa fête le 30 décembre.—Le 11 décembre, on honore saint Sabin, évêque de Plaisance, qui vivait en 381.

SABIN (Georges), élève et gendre de Mélanchton, né dans la Marche de Brandebourg en 1508. Il fut professeur de belles-lettres à Francfort-sur-l'Oder, puis recteur de l'académie de Kœnigsberg et conseiller de l'électeur de Brandebourg. Sabin fut anobli par Charles-Quint en 1540, à la diète de Ratisbonne, et mourut en 1560. On a de lui des *élégies*, des *poèmes*, et un ouvrage important, *Res gestæ Cæsarum Germanicorum* (actions des empereurs d'Allemagne.

SABINA (Julia) ou SABINE, Romaine, petite-nièce de Trajan, épousa Adrien. Ce mariage, conclu contre le gré de Trajan, fut malheureux. En effet, quoique cette princesse réunît à la beauté toutes les vertus publiques et privées, et qu'elle eût apporté l'empire en dot à son époux, Adrien la traita avec beaucoup de rigueur. La mésintelligence alla si loin qu'Adrien, se voyant sur le point de succomber à une maladie mortelle, l'empoisonna, ou, selon d'autres, la força à se donner la mort, afin qu'elle ne pût avoir le plaisir de lui survivre (138). Sabina reçut après sa mort les honneurs divins.

SABINE, ancienne province d'Italie, dans l'Etat ecclésiastique. Elle est peu étendue, n'ayant que 9 lieues de long. Elle est très-fertile, surtout en oliviers et en vignes. La ville unique est MAGLIANO.— *Sabine* est un ancien titre d'évêché, qui est un des suffragants de Rome. Il est affecté à un des plus vieux cardinaux. L'évêque de Sabine réside dans le bourg de Magliano. — SAINTE SABINE était une dame de la province d'Ombrie, qui souffrit le martyre à Rome avec sainte Sérapie en 125. On fait sa fête le 9 août. Elle avait à Rome une église qui était spécialement visitée par les fidèles le jour des Cendres.

SABINE ou SAVINIER. On nomme ainsi vulgairement un arbrisseau du genre *génévrier*, qui croît en Tartarie, en Grèce et dans le midi de la France. Ce végétal a une odeur très-forte et une saveur âcre, et contient beaucoup d'huile volatile. Il jouit d'une fâcheuse réputation comme abortif. On le regarde aussi comme vermifuge.

SABINES, nom donné aux femmes du pays des Sabins, qui furent enlevées à leurs pères et à leurs époux par les premiers habitants de Rome. Les Sabines, devenues dans la suite femmes de leurs ravisseurs, se précipitèrent entre les Sabins et les Romains pour les séparer, lorsque la guerre éclata entre les deux peuples. L'alliance et même l'incorporation des deux peuples en un seul furent la suite de leur courageuse intervention.

SABINIANUS, général des armées romaines en Afrique, sous Gordien le Jeune, vers l'an 240 de J.-C., fut proclamé empereur par ses soldats, qui le mirent à mort peu de temps après.

SABINIE, contrée de l'Italie propre, au N. et près de Rome. Elle était très-fertile, et produisait surtout des oliviers et des vins excellents. Elle était située entre l'Apennin, l'Anio, qui la séparait du pays des Latins et des Eques, le Tibre et l'Etrurie. — On y comptait plusieurs grandes villes, entre autres CURES, sa capitale, *Fidènes* et *Spolète*. La Sabinie forme aujourd'hui une partie du duché de Spolète.

SABINIEN ou SAVINIEN, pape, né à Volterre, succéda en 604 à saint Grégoire le Grand. Il avait été envoyé à Constantinople par ce pape, en qualité de nonce, auprès de l'empereur Maurice. On lui a reproché d'avoir cherché à faire brûler les écrits de Grégoire le Grand, et d'avoir condamné la mémoire de ce saint pontife, qui avait été son bienfaiteur. Boniface III lui succéda.

SABINIEN ou **SAVINIEN (Saint)**, premier évêque de Sens et martyr, fut envoyé dans les Gaules avec saint Potentien, dans le IIIe siècle, pour prêcher la foi chrétienne au peuple de Sens. Il souffrit le martyre sous Maximien Hercule avec saints Potentien, Sérotin, Victorin, Altin et Eodald. On les honore le 31 décembre. — Un autre saint SAVINIEN est honoré à Troyes, où il souffrit le martyre en 275, le 29 janvier. Plusieurs savants le confondent avec le précédent.

SABINS, une des plus célèbres nations primitives de l'Italie, qui se disaient *aborigènes*, c'est-à-dire indigènes, et dont on ne connaît pas l'origine. Quelques auteurs les font descendre d'une colonie de Spartiates qui se serait établie en Italie. Les Sabins furent la tige de la plupart des peuples de leur voisinage, tels que les Ombres, les Campaniens, les Sabelles, les Osques, les Samnites, les Herniques, les Eques, les Marses et les Brutiens. À l'époque de la fondation de Rome, les Sabins étaient le plus puissant peuple du voisinage. On sait comment, invités à assister aux jeux que donnaient les Romains, ils virent enlever de leurs bras sans défense leurs femmes et leurs filles. (Voy. SABINES.) La plupart des Sabins vinrent habiter Rome. Le reste de la nation fut entièrement subjugué et incorporé aux Romains en 330 avant J.-C. Les Sabins étaient célèbres par leur courage, l'austérité de leurs mœurs et la simplicité de leur vie.

SABINUS (Aulus), poëte latin, ami d'Ovide, avait composé des *élégies épistolaires* ou *héroïdes*, en réponse à quelques-unes de celles de ce poëte. Il avait encore entrepris un ouvrage didactique, *les Journées*, ouvrage que la mort ne lui permit pas d'achever. Nous n'avons de lui que six héroïdes qu'on lui attribue, et qui se trouvent dans les œuvres d'Ovide: ce sont celles 1° d'Enée à Didon; 2° d'Hippolyte à Phèdre; 3° de Jason à Hypsipyle; 4° de Démophoon à Phyllis; 5° de Pâris à OEnone; 6° d'Ulysse à Pénélope.

SABINUS (Masurius), jurisconsulte célèbre du 1er siècle de J.-C., partisan de Capiton. Ce fut de lui que les disciples de ce dernier furent nommés *sabiniens*. Tous les jurisconsultes jusqu'au règne d'Adrien adoptèrent sa méthode. Il laissa un *Traité de droit civil* et un *Commentaire sur les fastes*.

SABINUS (Flavius), frère de l'empereur Vespasien, fut commandant des armées romaines, pendant trente-cinq ans, sous les règnes de Tibère, de Caligula, de Claude et de Néron, puis gouverneur de Milet et enfin préfet de Rome. Il allait faire signer à son frère son abdication, quand les partisans de Vitellius rompirent les négociations en excitant une émeute dans Rome. Sabinus se réfugia au Capitole; mais, pris par les rebelles, il fut mis à mort l'an 70 de J.-C.

SABINUS (Julius), célèbre Gaulois, né dans le pays des Langones (Langres), servit quelque temps dans les armées romaines. Lors du soulèvement de la Gaule septentrionale, il se fit proclamer césar, se réunit à Civilis et à Classicus contre Vespasien. Il fut vaincu par les Séquaniens. Privé de toutes ressources, il se retira dans une maison de plaisance à laquelle il mit le feu pour faire croire qu'il s'était donné la mort, et se réfugia dans une grotte avec deux esclaves fidèles. Les fréquentes visites de sa femme Eponine (voy.) le firent découvrir et arrêter. Il fut amené devant Vespasien, qui le fit mettre à mort.

SABINUS ou **SABUS**, ancien roi fabuleux d'Italie, qui enseigna, dit-on, à cultiver la vigne. Ce bienfait le fit mettre au rang des dieux, et fit donner son nom au peuple qu'il gouvernait (les Sabins).

SABIONCELLO, presqu'île de Dalmatie, qui a jadis fait partie de la république de Raguse. Elle a 30 lieues de tour, et 10 lieues de long du N.-O. au S.-E. *Stagno* en défend l'entrée du côté du continent. Elle est baignée par le golfe de Narenta, et, séparée par un canal des îles de Cazzola et de Méléda.

SABLE, matière pierreuse divisée en grains très-petits et sans cohérence. Les roches siliceuses, réduites en fragments et triturées par les eaux courantes, forment des masses de grains détachés les uns des autres, et plus ou moins fins. Les gros se nomment *graviers*. Les *sables* sont ceux d'une grande finesse. On trouve les sables sur les bords des rivières, de la mer, et à la surface ou dans l'intérieur de la terre. Les dépôts terrestres de sables paraissent dus au séjour prolongé des eaux sur le sol, à une époque très-éloignée de l'époque actuelle. Les déserts du centre de l'Afrique ne sont que de vastes plaines de sable; on trouve de grands dépôts de sable en France dans la Sologne et dans les Landes. — Le sable n'est pas toujours homogène, c'est-à-dire composé de détritus de roches siliceuses. On le trouve souvent mélangé d'argile, de chaux, de quartz, de grenat et autres substances étrangères. — On appelle *sable vitreux* celui qui contient des petits cristaux transparents. — L'art du verrier fait un grand usage du *sable quartzeux*. (Voy.) Les fondeurs et les mouleurs se servent aussi de sable fin, où l'on jette en moule des monnaies, des médailles. — Enfin l'usage du sable est excessivement commun dans l'art du maçon. Il fait partie du mortier.

SABLE désigne, en blason, la couleur noire. On la représente sur les armoiries par des points en très-grand nombre.

SABLE VERT DU PÉROU, synonyme de chlorure de cuivre vert pulvérulent.

SABLÉ, petite ville du département de la Sarthe, sur la rivière de même nom, dans l'arrondissement et à 7 lieues et demie de la Flèche, chef-lieu de canton avec 4,500 habitants. Ce fut jadis une des plus fortes places du Maine. Elle fut assiégée et prise par Henri IV en 1599. On y voit encore un château assis sur un rocher qui domine la Sarthe. — Sablé a un collège, et est très-commerçante.

SABLES-D'OLONNE (Les), port de mer, sur l'Océan, chef-lieu d'arrondissement du département de la Vendée, à 8 lieues et demie de Bourbon-Vendée. Population, 5,500 habitants. Cette ville, située à l'embouchure de la Vic, est bien bâtie, bien percée et très-propre. Le port, dont l'entrée est défendue par des batteries, peut recevoir des navires de 150 tonneaux. — Cette ville est commerçante, surtout en grains, bestiaux. Elle s'occupe de la pêche de la sardine. Elle fait aussi quelques armements pour la pêche de la morue à Terre-Neuve.

SABLIER, instrument formé de deux ampoulettes de verre, de forme globuleuse, unies entre elles par un col long et étroit. L'instrument est garni d'une monture en bois léger qui le protége, mais qui permet néanmoins de bien l'examiner. Une des ampoulettes est pleine de sable. On calcule le temps au moyen du sablier, en considérant celui que le sable a mis à passer intérieurement d'une ampoulette dans l'autre. Quand il est entièrement passé, on n'a qu'à renverser le sablier. On fait des sabliers d'une heure, d'une demi-heure, de plusieurs heures et même d'une minute, d'une demi-minute et d'un quart de minute. Ceux-ci sont spécialement usités en marine; ce sont des tubes étranglés dans leur milieu. — Les peintres, les sculpteurs et les poëtes représentent le Temps tenant un sablier à la main.

SABLIER, genre de la famille des euphorbiacées, renfermant des arbres de l'Amérique centrale. Le *sablier élastique* ou *arbre du diable* est un arbre de près de trente mètres de haut et d'un beau port; son tronc est droit jusqu'à trente pieds environ; alors il se divise en branches étalées et en rameaux nombreux. Ses feuilles sont grandes, cordiformes à la base, d'un beau vert, portées sur de longs pétioles. Les fleurs peu apparentes donnent naissance à une capsule ligneuse, orbiculée, composée de douze à vingt coques, qui à l'époque de la maturité se séparent et se brisent avec un grand bruit et projettent au loin leurs semences. Les semences sont grandes et très-vénéneuses. — Le tronc et les grosses branches de cet arbre sont estimés pour la charpenterie. Entre le tronc et l'écorce circule un suc laiteux, blanc, très-âcre, qui découle naturellement ou par incision. Il peut frapper de cécité.

SABLIÈRE, nom donné aux carrières de sable qu'on exploite pour en employer le sable à faire du mortier ou dans les verreries et les fabriques de faïence et de porcelaine. On trouve souvent du sable de diverses couleurs; il y en a de la plus grande blancheur, d'autre bleuâtre ou grisâtre, d'autre coloré en rouge par l'oxyde de fer — Les charpentiers nomment ainsi: 1° une pièce de bois posée sur un portail ou sur une assise de pierres dures, pour porter un pan de bois ou une cloison; 2° la pièce qui, à chaque étage d'un pan de bois, en reçoit les poteaux, et porte les solives d'un plancher.

SABLIÈRE (N... HESSELIN DE LA), une des femmes les plus spirituelles et les plus instruites du XVIIe siècle, mais surtout fameuse par son amitié pour l'illustre la Fontaine. Sa maison fut toujours ouverte aux gens de lettres et aux savants. Elle donna asile à la Fontaine, qu'elle posséda pendant vingt années dans son hôtel. Elle l'appelait son *fablier*. Elle mourut en 1693. — Elle avait épousé Antoine de Rambouillet de la Sablière, mort en 1680, connu par des *madrigaux* pleins d'esprit et de délicatesse.

SABLINE, genre de plantes herbacées, famille des caryophyllées, formant ordinairement des gazons et se plaisant sur les murailles, les montagnes, dans les sables, les bois montueux. Leurs tiges rameuses, étalées, hautes de douze à vingt centimètres, ont des feuilles opposées ovales, très-petites; des fleurs blanches ou roses, très-petites; aux feuilles succèdent des capsules ovales, à une seule loge, renfermant des graines nombreuses. Ces plantes sont sans utilité.

SABORD, terme de marine, ouvertures carrées, sortes de fenêtres, pouvant se fermer ou s'ouvrir à volonté au moyen d'une porte tournant sur ses gonds. C'est par là que passent les canons. — On appelle *sabords de retraite* ceux qui sont percés dans la poupe; *sabords de chasse*, ceux placés dans le sens de la longueur du vaisseau; *sabord de belle*, une ouverture que l'on voit dans les vaisseaux marchands, dans la cale, immédiatement au-dessous et quelquefois au-dessus de la préceinte. C'est par là que l'on charge ou que l'on jette le lest; *sabords de charge*, de grandes ouvertures pratiquées dans la cale des bâtiments marchands qui chargent de mâtures et de bois de construction; *sabords faux*, une imitation en peinture, à l'extérieur des bâtiments, des vrais sabords.

SABOT (accept. div.), chaussure de bois, faite d'une seule pièce, et creusée de manière qu'on y puisse mettre le pied. Les paysans s'en servent particulièrement. — On appelle encore ainsi: 1° des ornements de cuivre qui sont au bas des pieds d'un meuble; 2° un jouet d'enfant, une sorte de grosse toupie, qu'on fait pirouetter au moyen d'un fouet, d'une lanière; 3° un outil de bois dont se servent les cordiers pour unir leurs ouvrages; 4° une espèce de navette en usage en passementerie; 5° un morceau de bois carré, d'environ huit pouces de grosseur, dans lequel les maçons emboîtent l'extrémité d'un calibre, et qui sert à le diriger le long de la règle pour pousser des moulures; 6° un morceau de fer creusée pour recevoir le bout d'un pilotis, et qui se termine en pointe pour mieux s'enfoncer dans la terre; 7° des outils à fût pour les moulures, qui diffèrent des autres en ce qu'ils sont plus petits et presque toujours cintrés. Les menuisiers s'en servent pour pousser les moulures dans les parties cintrées.

SABOT DE VÉNUS ou DES VIERGES, nom vulgaire du *cypripède.*

SABOT (en latin, *ungula*), ongle épais qui entoure en entier la dernière phalange des doigts des animaux pachydermes et ruminants.

SABOT, nom donné vulgairement aux mollusques des genres *turbo* et *trochus.*

SABOT. C'était, dans les anciennes harpes, une sorte de crochet qui pressait la corde pour l'élever d'un demi-ton lorsque le pied de l'exécutant s'appuyait sur la pédale qui correspondait à cette corde. Erard a substitué à ce mécanisme une fourchette qui saisit la corde et la raccourcit en tournant sur elle-même.

SABRE, arme, espèce d'épée dont la lame est plus ou moins longue, épaisse et forte, droite ou courbe, plate ou évidée, tranchante d'un côté et quelquefois des deux, en remontant d'un tiers jusqu'à la pointe. — Les anciens ne paraissent pas avoir eu des armes analogues au sabre actuel. Ce ne fut que vers le milieu de l'empire d'Occident qu'on commença à désigner ainsi toutes les épées dont la lame, moins longue, plus légère et plus forte que celle des épées ordinaires, n'avait qu'un seul tranchant et se courbait un peu vers la pointe. L'usage de cette arme passa de l'Orient en Allemagne vers le Vᵉ siècle. Du temps des croisades, il devint presque général dans toute l'Europe. Depuis cette époque, le sabre a éprouvé de nombreuses modifications et des variations assez importantes de forme. — Aujourd'hui les modèles de sabre pour la cavalerie se réduisent à trois. Celui des carabiniers et des cuirassiers est à lame légèrement cambrée, propre à pointer; celui des dragons et des lanciers est à lame cambrée, propre à pointer et à sabrer; celui des chasseurs et des hussards, à lame cambrée et évidée, est propre à sabrer. .

SABRE D'ABORDAGE, sabre usité par les marins dans les abordages.

SABRE-BRIQUET, ancien nom d'un sabre court, à l'usage de l'infanterie et de l'artillerie à pied. Jusqu'au milieu du XVIIIᵉ siècle, l'infanterie française fut armée de l'épée; les grenadiers seuls portaient un sabre, dont la lame avait trente-deux pouces de long. En 1747, le sabre-briquet, substitué à ces deux espèces, devint l'arme de l'artillerie, des sous-officiers d'infanterie et des soldats des compagnies d'élite des troupes à pied. Le dernier sabre-briquet se composait d'une lame à un tranchant, légèrement cambrée, sans gouttière ni pans creux, avec un faux tranchant vers la pointe. La monture était en cuivre coulé, d'une seule pièce, et à poignée en hélice. En 1831, le sabre-poignard a remplacé le sabre-briquet dans l'infanterie, le génie et l'artillerie. Ce dernier est cependant encore l'arme des sapeurs-pompiers, des gardes à pied, des gardes municipaux à pied et de la garde nationale à pied.

SABRE-POIGNARD ou GLAIVE, espèce de *sabre* qui a remplacé en France le sabre-briquet depuis 1831. Il consiste en une lame droite à deux tranchants, à gouttières et à pans creux, avec une monture d'une seule pièce en cuivre; la poignée, ciselée en écailles, a pour garde une croisière.

SABRE. Dans les glaceries, c'est une lame de cuivre, longue de quatre pieds environ, avec un manche de fer qui s'ajuste dans un autre manche de bois. — C'est aussi le nom vulgaire des poissons du genre *gymnètre.*

SABRETACHE ou SADRETASCHE, espèce de gibecière volante que portent les hussards. Elle est attachée au ceinturon du sabre au moyen de trois bélières en buffle, et pend le long de la cuisse gauche. Sa face extérieure est en cuir de vache noir et lisse; l'intérieur est en basane de même couleur.

Elle porte pour ornement à l'extérieur une plaque en cuivre estampé en forme d'écusson, présentant en relief un entourage figurant des feuilles de chêne et de laurier, renfermant le numéro du régiment. La sabretache remplace les poches dont les vêtements des hussards sont privés.

SAC, espèce de poche plus longue que large, faite d'un morceau de cuir, de toile ou d'autre étoffe qu'on a cousu par les côtés et par le bas, de manière qu'il ne reste qu'une ouverture par en haut. — En termes d'art militaire, on appelle *sac à terre* un sac qu'on emplit de terre, et dont les soldats bordent une tranchée ou les parapets des ouvrages; le *sac à laine* ne diffère de celui-ci que parce qu'il est plus grand et rempli de laine. — Le *sac* était autrefois l'habit des pénitents, l'habit de deuil dont on se revêtait à la nouvelle des événements sinistres ou à la mort de ses proches. Dans la joie, on déchirait le sac, et on l'ôtait si on en était alors revêtu. — On appelait *sac béni*, 1° un habit qu'on donnait aux pénitents publics dans la primitive Église; 2° un habit en usage dans l'inquisition, et que mettaient les coupables. C'était une espèce de dalmatique de toile jaune ou grise. — En termes de pêche, le sac est un filet en manche, qui fait le fond de certains filets.

SAC (bot.). De Candolle désigne ainsi la réunion des étamines dont les filets, soudés ensemble, recouvrent l'ovaire, comme on le remarque dans les asclépiadées. On appelle *sac anthérifère* l'enveloppe immédiate du pollen ou poussière fécondante des mousses; *sac de l'embryon*, la membrane la plus intérieure de l'ovule, dans laquelle l'embryon est originairement renfermé. On le nomme aussi *vitellus* ou *quintine.*

SAC (anat.). On appelle *sac lacrymal* une petite poche membraneuse, logée au grand angle de l'orbite de l'œil. Elle se termine en haut en cul-de-sac; en bas, elle se continue avec le canal nasal; en dehors, elle reçoit les ouvertures des conduits lacrymaux. — On nomme *sac herniaire* l'enveloppe que fournissent les membranes séreuses des cavités splanchniques aux viscères qui s'échappent de leur intérieur pour former hernie.

SACANIE, province de Morée, entre le golfe de Lépante, Égine et Napoli. On pense que c'était l'ancienne Laconie.

SACATRA, nom donné à l'homme de couleur qui se rapproche le plus du nègre.

SACCARIENS, portefaix qui seuls, à Rome, avaient le droit de transporter les marchandises du port dans les magasins.

SACCHARIN, ce qui tient de la nature du sucre (en latin, *saccharum*).

SACCHI (Andrea), peintre célèbre, né à Rome en 1599, fut l'élève de l'Albane. Il mourut en 1661. Ses ouvrages se voient à Rome. Ils se distinguent par la correction du dessin, la beauté du coloris, l'expression des figures et leur touche fine.

SACCHINI (Antonio-Maria-Gaspardo), né à Naples en 1735, célèbre compositeur. Il fut l'élève de Durante, et se distingua également par son talent sur le violon. Il acquit une grande célébrité par ses nombreux opéras et la beauté de sa musique religieuse. Il parcourut l'Europe, et vint se fixer à Paris, où il mourut en 1786. Sa musique se distingue par la grâce, la douceur et l'élégance soutenue de la mélodie; l'harmonie est pure, claire et correcte; l'orchestre brillant. Parmi ses opéras, on cite ceux de *la Colonie*, d'*OEdipe à Colone*, d'*Evelina*, de *Chimène*, de *Persée*, d'*Ériphile*, de l'*Avare trompé*, etc.

SACCOMYS, genre de mammifères de l'ordre des rongeurs, de la division des claviculés, renfermant des petits animaux qui habitent l'Amérique méridionale; ils ont des abajoues; les pieds ont cinq doigts, armés d'ongles fouisseurs. Le *saccomys amphophile* est d'un brun fauve clair, présentant une teinte plus foncée sur les

abajoues et les membres; le bout du museau, le dessous du corps et de la queue sont d'un blanc roussâtre.

SACCOPHORES ou PORTE-SACS, hérétiques qui se couvraient d'un sac en signe de pénitence.

SACÉES, fêtes des Babyloniens, instituées en l'honneur de la déesse Anaïtis, et en mémoire d'une victoire remportée sur les Saces. Elles duraient cinq jours, pendant lesquels les esclaves commandaient à leurs maîtres.

SACELLAIRE, officier de l'empire grec chargé du soin du trésor de l'empereur; c'était une sorte d'intendant. — Les papes et les monastères avaient aussi leurs sacellaires. Dans quelques couvents, on les appelait *boursiers.*

SACELLUM, petites chapelles romaines fermées de murailles, mais sans toit; souvent elles étaient construites dans l'intérieur des temples mêmes.

SACER, mot latin qui veut dire *sacré*, et qui s'appliquait à divers noms de lieux, chez les Romains, comme le *mons Sacer* ou *mont Sacré*, etc.

SACERDOTAUX (JEUX), jeux publics donnés au peuple par les prêtres (en latin, *sacerdotes*) dans certaines provinces.

SACES, peuples de la Sarmatie asiatique, confinaient vers l'ouest à la Sogdiane, et du côté du nord touchaient aux déserts de la Scythie. Ils vivaient sous des tentes.

SACHET, petit sac. — On appelait autrefois ainsi les religieux d'un ordre que l'on nommait *ordre de la Pénitence de Jésus-Christ, ordre du Sac*, parce qu'ils portaient des habits faits en forme de sacs. Ils menaient une vie très-austère. On ignore l'époque de leur institution. Ils furent supprimés vers le XIIIᵉ siècle.

SACHETTE, religieuse de l'ordre de la Pénitence ou du Sac. (Voy. SACHET.) Les sachettes avaient autrefois une maison à Paris près de Saint-André des Arcs, dans la rue que l'on appelait *rue des Sachettes.*

SACHS (HANS), célèbre *meistersænger* ou trouvère de l'Allemagne, né à Nuremberg en 1494, fut d'abord cordonnier, puis maître d'école et de chant, et se livra ensuite à la culture de la poésie. Il mourut en 1576. Ses œuvres forment (édition de 1828) six volumes in-8°; elles se distinguent par de la naïveté, de la chaleur, des peintures de mœurs exactes et empreintes d'un mordant satirique. On y trouve deux cent soixante et douze contes, cent seize contes allégoriques, des hymnes, etc.

SACOME, profil de toute moulure d'architecture. Il se dit aussi de la moulure même.

SACOLÈVE, navire du Levant, propre aux Turks et aux Grecs. Il est un peu élevé de l'arrière; il a trois mâts à pible. Le grand mât, placé au centre, est incliné vers l'avant.

SACQUAGE, droit qui se levait autrefois dans quelques communes sur chaque sac porté au marché.

SACQUIER, officier subalterne qui jadis, dans certains ports, faisait charger, décharger et transporter les grains d'un vaisseau.

SACRAMENTAIRE, nom d'un ancien livre d'église, qui contenait toutes les prières et les cérémonies qui se pratiquaient dans la célébration de la messe et l'administration des sacrements. Le pape Gélase Iᵉʳ en fut le premier auteur en 492. Le pape Grégoire le Grand le corrigea et le réforma. Les sacramentaires ont été remplacés par les rituels et les missels; on les appelle *eucologes* dans l'Église grecque.

SACRAMENTAIRES. Ce nom a été d'abord donné aux calvinistes et autres sectes, qui niaient la présence réelle de Jésus-Christ dans l'eucharistie, et qui a été depuis étendu à toutes les sectes qui ont combattu la doctrine de l'Église touchant les sacrements.

SACRARIUM, chapelle qui dans les maisons particulières, chez les anciens, était consacrée à quelque divinité. Le *lararium* était consacré à tous les dieux de la maison. Le sacrarium était aussi un lieu des temples où l'on déposait les choses sacrées.

SACRATA (en latin, *sacrée*), nom donné, chez les Romains, aux lois dont les transgresseurs étaient dévoués aux dieux infernaux (*consecrati*). Les premières lois de ce genre furent portées sur le lieu appelé depuis *mont Sacré*. Les plus célèbres furent : 1° la loi *Sacrata*, portée sur le mont Sacré où s'était retiré le peuple l'an 443 avant J.-C., et qui ordonnait que le peuple nommerait chaque année cinq tribuns pour défendre ses intérêts contre les consuls, que leur personne serait sacrée, et qu'ils seraient choisis parmi le peuple ; 2° la loi *Sacrata* ou *Icilia militaris*, décrétée l'an 341 avant J.-C., sous les auspices de Valerius Corvus, qui défendait de rayer des listes le nom d'un soldat sans son consentement.

SACRE, cérémonie religieuse qui se pratique à l'égard de quelques souverains, et qui répond à celle que dans d'autres pays on nomme *couronnement* ou *inauguration*. Cette cérémonie est très-ancienne ; elle était en usage chez les Hébreux. Sous la loi chrétienne, les princes chrétiens ont imité cet exemple pour marquer que leur puissance vient de Dieu même. Cette cérémonie se fait le plus souvent avec une grande pompe. — En France, on a mis en doute la sacre chez les rois de la première race ; il ne devient authentique que depuis Charlemagne. Le lieu destiné au sacre des rois de France était l'église cathédrale de Reims. Le jour de cette cérémonie, le roi entrait solennellement dans l'église, précédé des princes du sang et des grands dignitaires du royaume. Le prieur de Saint-Remi apportait en pompe la sainte ampoule, qui se conservait dans son monastère ; l'archevêque de Reims s'avançait vers le prince, qui jurait de conserver les libertés de l'Église gallicane. Après plusieurs oraisons, l'archevêque sacrait le roi et lui faisait sept onctions. Depuis la révolution, on ne connaît en France que deux sacres, celui de Napoléon à Notre-Dame de Paris (1804) et celui de Charles X à Reims. — Ce mot désigne encore la cérémonie dans laquelle on sacre un évêque.

SACRE, nom que Buffon donne à un jeune *gerfaut*, le prenant pour une espèce particulière.

SACRÉ, nom donné, en anatomie, à tout ce qui appartient ou a rapport à l'os sacrum. On distingue des *nerfs sacrés*, des *artères sacrées*, etc.

SACRÉ (Mont), petite montagne située à 3 milles de Rome, vers le N.-E., près de la voie Nomentane. Elle est célèbre par les deux retraites qu'y firent les plébéiens, fatigués du despotisme des patriciens. La première eut lieu l'an 493 avant J.-C., et se termina lorsque le sénat eut consenti à l'institution des tribuns du peuple ; la deuxième eut lieu l'an 449 avant J.-C., et amena le renversement des décemvirs. On l'appela *mont Sacré* parce que les transgresseurs des lois qu'on y furent portées furent dévoués (*sacrati*) aux dieux infernaux. Voy. SACRATA.

SACRÉE (GUERRE), nom donné à des guerres entre les puissances de la Grèce, entreprises sous le prétexte de la défense du temple de Delphes. On en compte deux principales. La première eut lieu de 448 à 446 avant J.-C., et la lutte fut entièrement entre Sparte et Athènes ; les Phocéens, qui, en pillant le temple de Delphes, avaient donné lieu à la guerre, n'y jouèrent que le rôle d'auxiliaires. — Défaite des Athéniens à Chéronée (447) par les Thébains, alliés des Spartiates. — Trève de trente ans, qui met fin à la première guerre. — La deuxième fut conduite contre les Phocéens qui avaient labouré les terres consacrées à Apollon (355 avant J.-C.), et qui furent condamnés comme profanateurs par le conseil des amphictyons. — Lutte entre les Phocéens d'un côté et les Thébains et les Locriens de l'autre. — Philippe de Macédoine, comme allié des Thébains, entre en Phocide, et après quelques légers revers s'empare des villes les unes après les autres (548). — Les Phocéens sont forcés de demander la paix.

SACRÉE (ANNÉE). La plupart des villes de l'Orient appelaient ainsi certaines années dans lesquelles on faisait des jeux et des sacrifices ou autres cérémonies religieuses. — Plusieurs peuples orientaux, entre autres les Hébreux, avaient aussi une *année sacrée* ou *religieuse*, indépendante de l'année civile. Voy. ANNÉE.

SACREMENT. Les Romains appelaient ainsi (*sacramentum*) le serment par lequel ils se vouaient à l'état militaire. — Ce mot s'est pris aussi, 1° pour le serment en général ; 2° pour une chose cachée, soit sainte, soit profane, et pour le signe de cette chose ; en ce sens, toute religion a des sacrements, c'est-à-dire des signes sensibles par lesquels les hommes y sont attachés. La circoncision, les purifications, etc., étaient les sacrements de l'ancienne loi. — Dans la nouvelle loi ou la religion chrétienne, un *sacrement* est le signe sensible d'un effet spirituel à l'état militaire que Dieu opère en nous ; c'est l'expression par un signe extérieur de choses qui ne tombent pas sous les sens. Les catholiques ont sept sacrements : le *baptême*, la *confirmation*, l'*eucharistie*, la *pénitence*, l'*extrême-onction*, l'*ordre* et le *mariage*. Outre la grâce sanctifiante que produisent tous les sacrements, trois impriment à l'âme un caractère ineffaçable, et à cause de cela ne peuvent pas être renouvelés : ce sont le baptême, la confirmation et l'ordre. Les prêtres sont les ministres des sacrements ; mais le baptême peut être au besoin appliqué par une personne raisonnable. — On appelle *saint sacrement* ou *le saint sacrement de l'autel* l'eucharistie. — On appelle encore *saint sacrement* l'ostensoir où l'on renferme l'hostie consacrée.

SACRIFICATEUR, ministre préposé pour faire les sacrifices. — Le *grand sacrificateur* était le souverain prêtre chez les Juifs. Son autorité, d'abord purement religieuse, devint civile après le retour de la captivité de Babylone, et son titre équivalut à celui de chef suprême des Juifs. Après la conquête romaine, sa puissance fut subordonnée à celle des gouverneurs de la Palestine, devenue province romaine. Le grand sacrificateur était toujours de la famille d'Aaron ; sa vie devait être irréprehensible ; il n'officiait que le jour du sabbat, le premier jour de chaque mois et pendant les fêtes solennelles.

SACRIFICE, offrande faite à la Divinité d'une chose extérieure ou sensible, pour reconnaître la puissance divine et lui rendre un pieux hommage. Le sacrifice diffère de la simple oblation, en ce que dans le premier il faut qu'il y ait destruction ou changement de la chose offerte, au lieu que dans la deuxième ne change pas de nature et demeure intacte. Les sacrifices sont aussi anciens que le monde ; les Hébreux sacrifiaient à Dieu seul. La loi mosaïque établissait différentes espèces de sacrifices : les uns étaient publics, les autres particuliers ; ils se subdivisaient en holocaustes et en sacrifices proprement dits. Dans l'holocauste, la victime était entièrement détruite par le feu ; dans le simple sacrifice, elle était mangée en partie par les prêtres et par ceux qui l'offraient. Les victimes ordinaires étaient les bœufs, les veaux, les moutons, les agneaux, les boucs, les chevreaux et les béliers. — Chez les païens, on offrait des sacrifices à toutes les divinités. Le plus souvent on immolait l'animal consacré à la divinité qu'on voulait honorer, comme le cheval à Neptune ; mais les victimes ordinaires étaient les bœufs, les taureaux, le mouton, l'agneau, les oiseaux. Quelquefois on brûlait la victime entière, mais le plus souvent on la partageait avec les dieux. — Chez quelques peuples, et notamment chez les Gaulois, les sacrifices humains furent en usage ; on les offrait dans les grandes calamités. — Ce mot est passé dans la religion chrétienne pour désigner la messe, dans laquelle le corps de Jésus-Christ est offert et immolé sur l'autel sous les apparences du pain.

SACRISTAIN, officier ecclésiastique qui a soin de l'église et de la garde des vases et des ornements sacrés. — Le *sacristain du pape*, qui prend le titre de *préfet*, est chargé de la garde des ornements, vases, reliques et autres choses précieuses de la sacristie du pape. Lorsque le pape célèbre la messe, le sacristain fait en sa présence l'essai du pain et du vin. Il est le plus souvent évêque *in partibus*.

SACRISTIE (en latin, *sacrarium*), lieu où l'on conserve les ornements et les vases d'une église, et où les ecclésiastiques vont se revêtir des habits propres à la célébration des offices. — C'était dans plusieurs abbayes un office claustral, qui était un titre de bénéfice auquel étaient attachés certains revenus.

SACRO. Ce mot, en anatomie, se joint à quelques autres pour signifier qu'ils ont un certain rapport avec l'os sacrum. Ainsi l'articulation *sacro-coccygienne* résulte de la jonction du sacrum au coccyx ; *sacro-iliaque* désigne ce qui appartient au sacrum et à l'os iliaque, etc.

SACRUM (méd.), mot latin dérivé de *sacer* (sacré), par lequel on désigne l'os qui forme en arrière du bassin, en faisant suite à la colonne vertébrale qu'il soutient. Il est symétrique et triangulaire. Son nom vient de ce qu'il sert à protéger les organes de la génération, que les anciens regardaient comme sacrés.

SACY (Louis-Isaac LE MAISTRE DE), né à Paris en 1613, fit ses études au collège de Beauvais, et embrassa l'état ecclésiastique. Choisi pour directeur des religieuses de l'abbaye de Port-Royal, il se retira dans ce monastère, auquel il fit donation de tous ses biens. La persécution dirigée contre les jansénistes vint l'atteindre, et il fut conduit à la Bastille en 1666. Rendu à la liberté en 1669, il retourna à Port-Royal, d'où l'autorité l'arracha une deuxième fois, et il mourut en 1684. Il a composé un grand nombre d'ouvrages, parmi lesquels on remarque des poésies agréables, la traduction en vers et en prose du poème de saint Prosper contre les ingrats, le poème de l'Eucharistie, la traduction de l'Imitation de Jésus-Christ, du Nouveau Testament (condamnée par Clément IX) ; la traduction de la Bible est son plus célèbre ouvrage.

SACY (Louis DE), avocat au parlement de Paris, né dans cette ville en 1654, parut au barreau avec éclat, et cultiva les lettres avec succès. Sa traduction des Épîtres de Pline le Jeune le fit recevoir à l'académie française en 1701. Il donna ensuite celle du *Panégyrique de Trajan*, un *Traité de l'amitié*, *de la gloire*, et un recueil de factums et de plaidoyers. Il mourut en 1727.

SACY (Silvestre). Voy. SILVESTRE.

SADAI ou SADDAÏ, un des noms de Dieu chez les Hébreux, que les Septante et saint Jérôme traduisent ordinairement par Tout-Puissant. On y joint quelquefois l'article *el*.

SADI. Voy. SAADI.

SADOC, ou SADOK, ou ZADOC, fils d'Achitob et douzième grand sacrificateur des Juifs, était de la race d'Éléazar. Salomon lui donna la grande sacrificature, dont il dépouilla Abdathar, qui s'était déclaré contre lui en faveur d'Adonias.

SADOC ou ZADOCHIM, chef de la secte des *saducéens*, était disciple d'Antigone Sochœus, et vivait au III° siècle avant J.-C. On n'a aucun détail sur la vie de Sadoc.

SADOLET (Jacques), né à Modène en 1478, était fils de JEAN SADOLET, savant jurisconsulte, professeur en droit à Ferrare, mort en 1512. Jacques Sadolet se distingua comme théologien, orateur, philosophe et poète. Le pape Léon X le choisit pour son secrétaire, et le força ensuite d'accepter l'évêché de Carpentras. Clément VII et Paul III l'appelèrent à Rome, et l'employèrent dans plusieurs négociations importantes. Il fut fait cardinal en

1536. Il fut le principal moteur du traité de paix conclu entre François I*er* et Charles-Quint. Il fut envoyé en qualité de légat en France en 1543, et mourut en 1547. On a de lui, en latin, dix-sept *livres d'épîtres*, diverses *oraisons*, plusieurs *poëmes*, une *Interprétation des Psaumes et des Epîtres de saint Paul*, des *Traités philosophiques*, et des *Traités de théologie*. C'est un des savants qui ont le plus contribué à faire revivre la belle latinité.

SADUCÉENS, disciples ou sectateurs de Sadoc (voy.), formaient une des quatre principales sectes des Juifs. Ils niaient l'immortalité de l'âme, les peines et les récompenses de l'autre vie, l'existence des anges, la résurrection future, le destin et la Providence divine. Fidèles au principe que la justice se rendait dans cette vie, les saducéens observaient les lois avec la plus grande sévérité, et étaient inexorables dans le châtiment des méchants. Ils n'admettaient point de tradition, s'en tenaient au seul texte de l'Ecriture, et soutenaient qu'on ne devait observer que ce qui est écrit. Leurs mœurs étaient très-austères. Ils étaient en petit nombre, mais leur secte renfermait les premiers personnages de la nation. Sous Hircan et Aristobule, qui les favorisèrent, ils eurent toute l'autorité. On prétend que cette secte subsiste encore en divers lieux.

SADYATTIS, roi de Lydie, de la dynastie des Mermnades, succéda à Gygès ou à Ardyse II vers l'an 631 avant J.-C. Pendant son règne eut lieu une guerre contre les Milésiens (de 626 à 620). Il mourut en 619, laissant la couronne à son fils Halyatte II.

SAEMUND SIGFUSSON, un des anciens auteurs irlandais, est regardé comme l'auteur de la première Edda, ou Edda Saemund, vers l'an 1057. Il mit ce livre en ordre d'après les chants des Skaldes.

SAFFET ou SAFAD, ville de Syrie, dans le pachalik et à 45 lieues d'Acre. Ses environs produisent des cotons estimés pour leur blancheur. Cette ville, qui est l'ancienne *Béthulie*, a été réduite en 1759, par un tremblement de terre, à un village peu habité. Elle est connue par la victoire que les Français remportèrent le 12 mars 1799 sur une armée très-considérable de Turks et d'Arabes.

SAFFIÉ, ville de l'empire de Maroc, avec un port sur l'Océan. On la croit fondée par les Carthaginois. Elle est située dans un pays fertile, et entourée de plusieurs hauteurs qui la défendent. Les Portugais, après l'avoir possédée quelque temps, l'abandonnèrent en 1641. Les Français y ont eu plusieurs établissements. On en retire des cuirs, de la cire, de la laine et du miel. La rade de Saffié offre de bons mouillages, mais une barre redoutable défend presque partout l'abord de la côte. Saffié a des marchés très-importants.

SAFRAN, genre de la famille des iridées. Ce sont des plantes bulbeuses, s'élevant à peine à vingt centimètres. Le *safran cultivé* est, dit-on, originaire de l'Asie; mais il croit spontanément sur les Pyrénées. On récolte avec soin ses stigmates (connus dans le commerce sous les noms de *fleurs de safran* et de *safran oriental*), qui sont jaunes et ont une odeur aromatique très-agréable et très-prononcée. Cette odeur est capable de causer de graves affections. On les mêle comme assaisonnement, ou pour donner de la couleur aux mets; la médecine l'emploie à petite dose comme narcotique, contre les convulsions. Mais le safran est particulièrement estimé à cause de la belle couleur jaune que donnent ses stigmates. Les anciens en faisaient un grand usage. On cultive le safran principalement dans le Gâtinais et le comtat Venaissin. Le premier le plus estimé.

SAFRAN. On nomme vulgairement *safran bâtard* le *colchique rose* et le *carthame officinal*, avec lequel on sophistique le véritable safran; *safran des Indes*, le *curcuma*; *safran marron*, la *canne d'Inde*; *safran des prés*, le *colchique d'automne*; *safran de mars apéritif*, le sous-carbonate de fer; *safran de mars astringent*, le peroxyde de fer.

SAFRE, nom donné autrefois à l'oxyde de cobalt, après que la mine a été grillée dans un fourneau à réverbère, pour la dépouiller de l'arsenic qu'elle contenait. — C'est aussi le nom d'une couleur bleue tirée du cobalt, avec laquelle on fait le bleu d'émail ou le bleu d'empois.

SAGA, mot particulier aux anciennes langues du Nord, et adopté universellement aujourd'hui pour désigner les traditions religieuses et historiques des peuples septentrionaux. Les sagas étaient composées par les bardes ou pour les héros qui célébraient leur propre gloire. C'est dans le XIIe et le XIIIe siècle que les sagas furent le plus remarquables. — C'est aussi le nom d'une déesse très-vénérée des peuples du Nord.

SAGAIE, espèce de dard ou de javeline dont se servent les insulaires de l'Océanie.

SAGAMITÉ, espèce de pâte faite avec du blé d'Inde, dont se nourrissent les Canadiens.

SAGAN, ville de Silésie, au confluent de la Queiss et du Boher, à 27 lieues de Breslau. Le roi de Prusse y fut battu par les Russes en 1759. Cette ville est la capitale d'une petite principauté qui a le titre de duché, et qui confine à la basse Lusace. Le duc de Courlande en fit l'acquisition en 1786, et prit le nom de *Courlande-Sagan*.

SAGAPENUM, gomme-résine sous forme de larmes concrétes, ou en masses plus ou moins grandes. Elle vient de l'Orient, et on la présume fournie par la *férule de Perse*. Elle est d'un blanc jaunâtre à l'intérieur, roussâtre à l'extérieur. Son odeur est forte, aromatique et un peu alliacée, sa saveur âcre et amère. Le sagapenum est antispasmodique.

SAGARIDE, hache à deux tranchants dont se servaient les Amazones, les Perses et les Massagètes.

SAGE, celui dont la vie est exempte de vice et est basée tout entière sur la vertu. Les théologiens donnent ordinairement cette épithète à Salomon. On l'appelle proprement *le Sage*. — Les anciens ont donné le nom de *sept sages* à sept Grecs illustres du VIe siècle avant J.-C. C'étaient Solon, Bias, Chilon, Cléobule, Pittacus, Périandre et Thalès. Quelques auteurs mettent, à la place de Périandre, Myson ou Anacharsis le Scythe.

SAGE (Balthasar-Georges), né à Paris en 1740, se livra à l'étude de la chimie et de la minéralogie, et fut reçu à l'académie des sciences à l'âge de vingt-huit ans. Il fut en France le fondateur de la science minéralogique et de l'école royale des mines, dont la direction lui fut confiée en 1783. Il fut nommé ensuite administrateur des monnaies et chevalier de Saint-Michel. Ruiné par la révolution, il vécut dans un état voisin de l'indigence jusqu'à sa mort, arrivée en 1824. Ce célèbre chimiste n'eut d'autre tort que celui de combattre la chimie moderne, et de persévérer dans les principes de la renommée.

SAGE (Bernard-Marie), négociant à l'époque de la révolution, fut député à la convention nationale en 1792 par le département d'Eure-et-Loire. L'un des membres les plus actifs du parti de la Gironde, il fut élu secrétaire au 10 janvier 1793, présenta le 10 mars un projet de décret portant organisation d'un tribunal révolutionnaire, et fut mis hors la loi en juillet 1793. Il échappa à la proscription, et rentra à la convention après le 9 thermidor. Il s'éleva avec violence contre les terroristes, fut élu membre du comité de salut public, et se prononça contre le décret, qui réunissait la Belgique à la France. Élu membre du conseil des cinq cents, il mourut en 1796.

SAGE (Alain-René LE). Voy. LESAGE.

SAGESSE (LIVRE DE LA), ouvrage philosophique de l'Ancien Testament. Les uns l'attribuent à Salomon ; les autres le font écrire, environ un siècle avant J.-C., par Zorobabel ou un certain Philon, surnommé l'Ancien. Cet ouvrage se compose de deux parties distinctes: la première à dix chapitres; c'est un éloge de la sagesse. L'auteur instruit les hommes sur les moyens d'acquérir la sagesse et sur ses avantages; la deuxième partie renferme des réflexions sur les aventures des Israélites dans le désert, sur l'idolâtrie et le polythéisme en général. Les Juifs ne reconnaissent pas ce livre comme canonique.

SAGHALIEN ou SAGAALIEN-OULA (en chinois, la rivière de la montagne noire), fleuve considérable de l'Asie orientale, ainsi nommé à cause des nombreuses forêts qui couvrent les montagnes qui l'entourent. Il prend sa source aux monts Kinhan ou Barkadabahn, et dans cette partie de son cours reçoit le nom de *Onon*, donné par les naturels du pays qu'il arrose. Il se dirige au N.-E., et, après un cours de 700 lieues de long à travers les provinces de l'empire chinois et l'Asie russe, va se jeter dans l'océan Pacifique, en face de l'île de Tchoka. Ce fleuve, qui porte encore les noms d'*Amur* ou *Amour*, *He-Long-Kian*, etc., selon les pays qu'il arrose, sépare la Russie de la Mandchourie, et reçoit plusieurs affluents considérables, tels que l'*Argoum*, le *Tchoukir*, la *Nonni-Oula* et l'*Onsouri*. Il a été découvert par les Russes en 1639.

SAGINE, genre de la famille des caryophyllées, renfermant des plantes indigènes aux champs sablonneux de l'Europe; herbacées, à feuilles simples et opposées, dont les tiges, formant un buisson très-bas, offrent au sommet des rameaux des fleurs très-petites et blanches. Ces plantes, qui n'ont aucune utilité, se trouvent partout dans les lieux légèrement humides, et même dans les rues peu fréquentées. — Ce mot désigne dans le midi de la France le *houque gros millet*.

SAGITTAIRE, constellation qui forme le neuvième signe du zodiaque, et se montre en novembre. On y remarque trente et une étoiles, dont les deux plus brillantes sont de la deuxième grandeur. On représente le Sagittaire sous la forme d'un monstre moitié homme, moitié cheval, tenant un arc et tirant une flèche. Les auteurs prétendent que cette constellation fut consacrée à Hercule; d'autres disent à Chiron; d'autres enfin à Procus, fils de la nourrice des Sagittaire. Ce mot, en latin, signifie purement *archer*. Il vient de *sagitta* (flèche).

SAGITTAIRE, nom vulgaire de la *fléchière*, à cause de la forme de ses feuilles radicales.

SAGITTAIRES, soldats romains armés de flèches (en latin, *sagittæ*). On les nommait aussi *Crétois* ou *Arabes*, parce qu'ordinairement on les tirait de ces nations.

SAGITTAL, se nomme ainsi ce qui ressemble à une flèche (en latin, *sagitta*). Les anatomistes nomment *suture sagittale* une suture qui réunit entre eux les deux os pariétaux, et qui s'étend d'avant en arrière sur la ligne médiane. La *gouttière sagittale* est une gouttière peu profonde qui se voit sur la ligne médiane à la face interne de la voûte du crâne. Elle loge le *sinus sagittal*, nommé aussi *sinus longitudinal supérieur*.

SAGITTARIUS (Gaspard), théologien luthérien, historiographe du duc de Saxe et professeur d'histoire à l'université de Halle, né à Lueebourg en 1643. Il se fit un nom par son érudition dans l'histoire des antiquités. Il mourut en 1694. On a de lui en latin : l'*Histoire de Lubeck*, celle d'*Halberstadt*, celle *du royaume de Thuringe*, les *Origines des ducs de Brunswick*, une *Histoire de saint Norbert*, et une foule d'ouvrages théologiques et de dissertations savantes.

SAGITTÉ, ce qui a la figure d'un fer de flèche, c'est-à-dire en forme d'un triangle à base profondément échancrée par un angle rentrant.

SAGOCHLAMIDE, vêtement qui tenait le milieu entre le sagum et la chlamyde, et que les officiers romains portaient en temps de paix.

SAGOINS ou SAGOUINS, tribu de singes américains, caractérisés par une queue longue et non prenante. Ils ont la tête arrondie; des yeux propres à la vision nocturne; des narines fortement ouvertes et percées sur le côté. Leur face forme un angle de 60 degrés. Ils vivent dans les forêts, au milieu des broussailles ou dans les crevasses des rochers. Cette tribu comprend les genres *callitriche*, *nyctipithèque*, *saki* et *brachyures*. On donne encore aux sagoïns le nom de *géopithèques* (en grec, *singes de terre*).

SAGONE, petite ville de Corse, aujourd'hui ruinée. Elle était située à 5 lieues d'Ajaccio, sur la côte occidentale de l'île. Elle possédait un évêché sous la métropole de Pise. Elle donna son nom à un golfe de Corse où va se jeter le Liamone.

SAGONTE, ville fameuse d'Espagne, dans la Tarraconaise orientale, non loin de l'embouchure de la Turia, environ à un mille de la mer. Sagonte est célèbre à cause de ses fabriques de vases de terre appelés *pocula Saguntina*, et surtout parce qu'elle fut la cause de la deuxième guerre punique. (Voy. ce mot.) À la fin de la première guerre punique, un traité de paix avait fixé à Sagonte, alliée des Romains, la limite des possessions des Carthaginois en Espagne. Annibal, au mépris de ce traité, assiégea Sagonte, et s'en empara après un siége de huit mois. Les habitants, après une résistance héroïque, s'étaient brûlés dans leurs maisons, avec tout s leurs richesses, pour échapper au vainqueur. On croit que Sagonte était où se trouve aujourd'hui *Murviedro*. Dans les champs qui l'avoisinent, l'armée espagnole, commandée par Black, fut vaincue par les Français, commandés par Suchet, qui s'empara, après cette victoire, du fort de Sagonte.

SAGOU, fécule amylacée, que l'on retire de la moelle de plusieurs espèces de palmiers, mais principalement du *sagouier* ou *sagoutier*. Cette substance nous est apportée des îles océaniques, sous forme de petits grains d'un blanc roussâtre. Elle est inodore et d'une saveur fade. On la mange apprêtée de diverses manières, pour faire des potages, etc. La médecine l'emploie comme analeptique, dans les maladies de poitrine, dans les maladies chroniques et les convalescences. Elle est connue en France depuis 1730. — On fait depuis quelques années, en Europe, un *sagou indigène* avec la fécule de pomme de terre. Il a les qualités du sagou exotique.

SAGOUIER ou SAGOUTIER, genre de la famille des palmiers, renfermant des arbres indigènes aux terres intertropicales, habitant les lieux marécageux. Ils s'élèvent à la hauteur de cinq mètres environ. Les feuilles grandes, nombreuses et pendantes servent à couvrir les cabanes. Le fruit est arrondi ou ovoïde, luisant, renfermant une graine ovale, ridée. On obtient, par incision sur le stipe du sagouier, une liqueur alcoolique saine et agréable à boire. Toutes les espèces du genre renferment dans leur tronc une moelle d'où l'on retire le *sagou*. Mais l'espèce qui en fournit le plus est le *sagouier farineux*. Quand l'arbre a atteint sa plus grande croissance (sept ans environ), on abat le stipe, on le partage en tronçons minces; puis on écrase ces tronçons, et on en retire la fécule, on la soumettant à plusieurs lavages à l'eau froide. On remue souvent la pâte, mise au four pour la sécher et la diviser en petits grains ronds. Voy. SAGOU.

SAGRA, petite rivière du Brutium, séparait les Locriens des Crotoniates, et se jetait dans la mer Ionienne, au N. de Locres. Sur ses bords 130,000 Crotoniates furent défaits par 10,000 Locriens.

SAGREDO (Giovanni), noble vénitien, fut élu doge en 1675, mais se démit volontairement, parce que son élection n'avait pas été agréable au peuple. En 1691, il fut provéditeur général dans les mers du Levant. Il devint ensuite ambassadeur dans diverses cours d'Europe, et enfin grand procurateur de Saint-Marc. On ignore l'époque de sa mort. On a de lui un ouvrage estimé: c'est l'histoire de l'empire ottoman, sous le titre de *Memorie istoriche de' monarchi ottomane*. Elle commence en 1300, et se termine à l'an 1644. Elle a été traduite en français en 1724.

SAGRI, ville très-forte de Portugal, dans les Algarves, à 50 lieues de Lisbonne, à une lieue et demie du cap Saint-Vincent. Sa population est de 2,000 âmes. Elle fut fondée près de la mer, au commencement du XVe siècle, par l'infant don Henri, fils de Jean Ier. Elle a un bon port et une forteresse.

SAGRIDES, tribu d'insectes coléoptères, section des tétramères, famille des eupodes. Leur écusson est très-petit, leur abdomen beaucoup plus large que la tête, et le corselet presque carré est un peu plus étroit postérieurement; leurs corps est lisse et d'un vert métallique. Le genre type est le *sagre*, propre à l'Afrique et aux Indes orientales.

SAGUEBUTE, ancien nom français du trombone.

SAGUENAI, rivière de l'Amérique du Nord, dans le bas Canada, fait communiquer le lac Saint-Jean avec le fleuve Saint-Laurent vers son embouchure. Elle donnait son nom à une province du Canada, traversée par les rivières Saint-Laurent et Saguenai. La capitale était QUÉBEC.

SAGUM (en français, *saie*), habillement militaire des Romains. C'était une espèce de manteau carré, court, qui ne dépassait pas les genoux. Il se plaçait par-dessus le reste de l'habillement, et s'attachait avec une agrafe. Les Romains avaient emprunté ce vêtement aux Perses et aux Gaulois. Il était chez eux l'emblème de la guerre, comme la *toge* était celui de la paix.

SAHAR, ville maritime d'Arabie. C'est le port le plus considérable de l'Hadramaout. On y voit beaucoup de vaisseaux qui viennent de l'Iran, de l'Inde, de Madagascar, de Mélinde, etc.

SAHARA (en arabe *Ssahhra*, le désert par excellence), nom donné à un désert immense qui couvre presque toute la partie septentrionale de l'Afrique. Le Sahara est borné au N. par la chaîne de l'Atlas, dont les dernières ramifications viennent s'y perdre, par la chaîne qui couvre les rivages septentrionaux du Nil à l'E., le Takrous et la Sénégambie au midi, l'océan Atlantique à l'O. Sa longueur est de 1,250 lieues environ, sa largeur de 350. Sa surface est plane, et présente rarement quelques petites collines. C'est presque partout une plaine de sables arides, au milieu desquels se trouvent quelques oasis. On ne trouve d'eau que dans les oasis et dans des puits creusés sur les routes; la végétation se borne à quelques palmiers et à des arbustes épineux. Les vents violents du désert entraînent et soulèvent le sable sur leur passage, et engloutissent souvent des tribus entières. — Le Sahara est habité par des tribus nomades appartenant aux races berbère et arabe. Ces peuples sont barbares, et vivent de vol et de pillage. Le Sahara est encore très-peu connu.

SAHARATOGA, petite ville de l'Amérique du Nord, dans l'État de New-York, à 14 lieues d'Albany. Elle est connue par la bataille qui s'y livra le 16 octobre 1777 entre Burgoyne et les Américains. Ces derniers forcèrent le général anglais et ses troupes à mettre bas les armes.

SAHEL, vaste forêt d'arbres à gomme, sur la côte occidentale d'Afrique, à 25 lieues E. de Portendick. Elle appartient aux Maures, qui font le commerce de la gomme avec les colons européens du Sénégal. — C'est aussi le nom d'un massif de coteaux sur lequel est bâtie la ville d'Alger.

SAHIM-GHERAI, kan de Crimée, succéda à Dewlet-Ghéraï (1779) dans le gouvernement de sa patrie. Ce prince, faible et doux, se laissa régir par la Russie et s'abandonna aux plaisirs. Les Tartares s'étant révoltés contre lui, les Russes le rétablirent. Abandonné bientôt par ses alliés et relégué à Kulouga, il se vit forcé de quitter la Crimée, et se réfugia en Moldavie auprès des Turks ses ennemis. Ceux-ci firent étrangler en 1787.

SAID ou HAUTE ÉGYPTE, partie de l'Egypte qui s'étend de la Nubie à Siout. Elle comprend le haut du cours du Nil. C'est la partie de l'Egypte la plus étendue et la moins fertile. Elle se divise en vingt-quatre cantons. Siout, Djirgeh ou Girgé en sont les villes principales.

SAIDE ou SÉID, ville de Syrie, à 15 lieues S.-O. de Damas, ancienne résidence d'un pacha qui a transporté son séjour à Acre. Elle compte 5,000 habitants. Saïde a un bon port et un château fort construit dans la mer, à quatre-vingts pas du continent, auquel il communique par des arches. Saïde est assez commerçante. On en tire de la soie, du coton, du savon, des noix de galle, de la cire, de la gomme, de la casse, du séné, de l'encens, etc. On croit que c'est l'ancienne *Sidon*; d'autres veulent retrouver cette ville dans un petit bourg à une demi-lieue de là, qui porte encore ce nom.

SAIE, vêtement usité par les Persans, les Gaulois et les Romains, en temps de guerre. Voy. SAGUM.

SAIGA, espèce du genre *antilope*. Ses cornes se recourbent en arrière pour se reporter en dehors et ramener ensuite leurs pointes à l'intérieur et peu en avant, ce qui leur donne une forme un peu analogue à celle d'une lyre; elles sont de couleur jaune clair et d'une grande transparence. Le saiga est de la taille d'un daim, fauve sur le dos et les flancs, blanc sous le ventre; ses formes sont peu élégantes; le nez est gros et bombé, les narines larges et proéminentes; leur vue est faible; mais la finesse de leur odorat supplée à ce vice. Les saïgas habitent les déserts sablonneux qui s'étendent depuis le Danube et la Pologne jusqu'aux mers Caspienne et Aral; leur chair est détestable. Ces animaux sont faibles et délicats.

SAIGACKS, peuple tartare habitant entre l'Iénisséi et l'Obi, au N. des monts Altaï, au S. de la ville d'Abakansk, dans le gouvernement de Kolivan. Ces peuples se nourrissent de grains, de racines et de plantes. Ils sont nomades; une partie professe le christianisme.

SAIGNÉE, opération chirurgicale qui consiste à ouvrir les vaisseaux pour en évacuer le sang. Elle est dite *générale* lorsque, par la section des gros vaisseaux, on a pour but de diminuer la masse du sang; pratiquée aux artères, la saignée prend le nom d'*artériotomie*; aux veines, celui de *phlébotomie*; aux vaisseaux capillaires, celui de *saignée locale* ou *capillaire*. L'instrument propre aux saignées est la lancette ou le phlébotome. — La saignée capillaire se pratique sur la peau et l'origine des membranes muqueuses, avec les sangsues, la lancette, les ventouses, etc. — La saignée se fait dans les maladies aiguës. On la fait aussi par précaution, comme certaines personnes pléthoriques la font pratiquer au printemps.

SAIGNEMENT, nom vulgaire de toute espèce d'*hémorragie* ou d'écoulement de sang.

SAINBOIS. Voy. GAROU.

SAINCTES (Claude DE), né dans la Perche, se fit chanoine régulier dans l'abbaye de Saint-Chéron, près Chartres, en 1540. Le cardinal de Lorraine, son protecteur, l'employa au colloque de Poissy en 1561, et le fit envoyer au concile de Trente avec onze autres docteurs. Nommé évêque d'Evreux en 1575, il signala l'année suivante aux états de Blois, et en 1581 au concile de Rouen, dans la Ligue, et fut arrêté dans Louviers par les gens de Henri IV. On prétend que l'on trouva parmi ses papiers un écrit où il cherchait à justifier l'assassinat de Henri III, et où il excitait à commettre le même crime sur le roi de Navarre. Il eût subi le dernier supplice sans l'intercession du cardinal de Bourbon. Condamné à une prison perpétuelle, il mourut au château de Crève-Cœur, près Lisieux, en 1591. On croit qu'il fut empoisonné. Il a laissé des *sermons*, des *écrits* de controverse, un *Traité de l'eucharistie* et les *Liturgies de l'apôtre Jacques, de Basile le Grand*, etc. (en latin).

SAINDOUX. Voy. AXONGE.

SAINFOIN, genre de la famille des légumineuses, qui comprend plus de deux cents espèces qui pour la plupart peuvent servir de nourriture aux bestiaux. Le *sainfoin commun* ou *esparcette*, commun en France, a la racine vivace, pivotante; les feuilles alternes, pennées; les tiges droites, hautes de deux pieds nu plus; les fleurs rougeâtres, en épis, portées par de longs pédoncules. Il donne un excellent fourrage. Le *sainfoin d'Espagne* ou *à bouquets*, originaire d'Espagne, d'Italie et de l'Europe méridionale, est cultivé dans ces pays comme fourrage. On l'a introduit dans les esparcettes de la France méridionale. Le *sainfoin alhagi*, l'*agoul* des Arabes, indigène à l'Asie et à l'Afrique, est un buisson épineux et rabougri, qui exsude, durant les chaleurs de l'été, par ses branches et ses feuilles, un suc blanc concret, d'une saveur sucrée; les Asiatiques estiment beaucoup cette substance, qu'ils font entrer dans leurs aliments. Le *sainfoin oscillant*, originaire des bords du Gange, est remarquable par l'oscillation perpétuelle des deux petites folioles qui, de chaque côté du pétiole, accompagnent la grande foliole impaire, et par la contraction de cette dernière, qui se baisse dès que les rayons solaires ne parviennent plus jusqu'à elle.

SAINT, ce qui est pur et exempt de toute souillure. On l'a appliqué aux hommes dont la vie a été exemplaire, irréprochable, approchant de la perfection divine. Voy. SAINTS. — SAINT désigne encore ce qui est consacré à Dieu ou ce qui s'y met en usage sacré: ainsi l'on dit la *sainte Bible*, les *saints canons*, les *saintes huiles*, la *sainte table*, la *sainte ampoule*, les *saints mystères*, etc.

SAINT. Pour tous les mots commençant ainsi et qui ne se trouveraient pas à leur rang, voy. chaque mot qui se joint à *saint*.

SAINT. Les Juifs nommaient ainsi la partie du temple située entre le vestibule et le sanctuaire où se voyaient le chandelier d'or, l'autel des parfums et celui des pains de proposition. — Ce mot désignait aussi le temple entier.

SAINT DES SAINTS, partie extérieure du temple de Jérusalem, qui était regardée comme plus sacrée que les autres parce que l'arche d'alliance y était déposée. Le grand prêtre pouvait seul y entrer, et encore une fois par an.

SAINT-AMAND (Marc-Antoine DE GÉRARD DT), né à Rouen, poëte qu'on ne connaît guère aujourd'hui que par les satires de Boileau. Il fut reçu à l'académie française. Sa vie se partagea entre les voyages et les plaisirs de tout genre. Ses ouvrages sont pleins de mauvais goût, et renferment des traits bas et rampants, des images vulgaires et repoussantes. On connaît par les plaisanteries de Boileau son *Moïse sauvé*. Sa meilleure pièce est son ode intitulée la *Solitude*. Saint-Amand mourut en 1661. Il avait eu, en 1645, la place de conseiller d'État de la reine de Pologne et de gentilhomme de sa chambre. Son humeur inconstante ne lui permit pas d'occuper longtemps ces fonctions.

SAINT-ANDRÉ (LE BARON Jean-Bon), né à Montauban en 1749, exerçait au commencement de la révolution les fonctions de ministre de la religion réformée. Il fut envoyé par le Lot à la convention nationale (1792). Il s'attacha au parti de la *montagne*, et se distingua par son ardeur républicaine. Il vota la mort du roi sans appel ni sursis (1793). Membre du comité de salut public pour la section de marine, président de la convention le 11 juillet, il fut à la tribune presque tous les rapports relatifs à la marine. Il fut envoyé ensuite comme représentant à plusieurs armées. À Brest, il organisa un tribunal révolutionnaire qui fit périr de nombreuses victimes. Plus tard, il se montra moins favorable aux partisans de la terreur, et s'occupa exclusivement des finances. Il fut compris dans le décret d'arrestation qui fut porté contre les membres du ci-devant comité de salut public. L'amnistie du 4 brumaire (26 octobre 1795) lui rendit la liberté. Envoyé à Alger en qualité de consul, il revint en France après le 18 brumaire, fut chargé d'organiser les quatre nouveaux départements sur la rive gauche du Rhin, et fut nommé préfet de Mayence. Il mourut en 1813.

SAINT-ANGE (L.-A. FARIAU DE), né en 1752, fut professeur d'éloquence et de poésie aux écoles centrales de Paris, et mourut en 1810 ou 1812, trois ans après avoir été reçu membre de la deuxième classe de l'Institut. On a de lui plusieurs *traductions* d'auteurs anciens ou anglais, l'*Ecole des pères*, comédie, des *pièces* de vers insérées dans plusieurs recueils. Mais son plus célèbre ouvrage, c'est sa traduction en vers des *Métamorphoses d'Ovide*, que l'on place après celle des Géorgiques de Delille.

SAINT-AULAIRE (François-Joseph DE BEAUPOIL, marquis DE), né dans le Limousin, porta les armes pendant sa jeunesse. Il les quitta pour se livrer aux plaisirs et aux lettres. La duchesse du Maine l'appela à sa cour, dont il fit les délices pendant quarante ans. Il ne doit sa célébrité littéraire qu'à de jolis impromptus et à des poésies légères, peu nombreuses, mais d'un goût exquis. Reçu à l'académie française en 1706, malgré l'opposition de Boileau, qui lui contestait les titres littéraires, le marquis de Saint-Aulaire mourut en 1743, presque centenaire. Il avait exercé la charge de lieutenant général du roi pour la province du Limousin.

SAINT-CYRAN (L'ABBÉ Jean DE), également connu sous les noms de *Duvergier* et de *Duvergier de Hauranne*, fut un des plus célèbres théologiens de son temps, et le condisciple du fameux Jansenius. Né à Bayonne en 1581, il fut attaché quelque temps comme grand vicaire à l'évêque de Poitiers, qu'il remplaça en 1620 à l'abbaye de Saint-Cyran. Il émit un nouveau système de la grâce, ou plutôt il renouvela celui de Baïus, qu'il s'efforça de faire partager à Jansenius. Après la mort de ce dernier, il vint à Paris, dans le but de répandre sa doctrine. Pour mettre un terme aux querelles théologiques qu'il avait suscitées, Richelieu le fit enfermer au donjon de Vincennes en 1638. Il sortit de prison après la mort de Richelieu, en 1642, et mourut l'année suivante. On a de lui de nombreux écrits théologiques, des *Lettres spirituelles*, etc.

SAINT-EMPIRE ou SAINT-EMPIRE ROMAIN, nom donné quelquefois à l'empire d'Allemagne.

SAINT-ÉVREMOND (Charles MARGUETEL DE SAINT-DENIS, seigneur DE), né près de Coutances en 1613, fut d'abord destiné à la magistrature, qu'il quitta pour les armes. Mis à la Bastille pour quelques plaisanteries dirigées contre Mazarin, il en sortit trois mois après, et se réconcilia avec le ministre, qu'il accompagna en qualité de maréchal de camp, lors de la conclusion de la paix des Pyrénées. Il écrivit sur ce traité, qui avait déplu à beaucoup de gens de guerre, une lettre au maréchal de Créqui, où il tournait le traité en ridicule. Le roi donna qu'on le mît à la Bastille; mais, prévenu à temps, il se retira en Angleterre, où il fut bien accueilli par Charles II et ses successeurs. Il mourut en Angleterre en 1703. Saint-Evremond se fit un nom dans la littérature pour son esprit fin et délicat. Ses œuvres sont pour la plupart d'une grande frivolité. Il prit part, durant la Fronde, à la guerre de pamphlets et de satires qui furent lancés de tous côtés. L'engouement pour ses ouvrages fut tel, que les libraires payaient pour que l'on leur fît du *Saint-Evremond*.

SAINT-GELAIS (MELIN DE), poëte latin et français, né en 1491, fut surnommé l'*Ovide français*. Il embrassa l'état ecclésiastique, devint abbé de Réclus, aumônier et bibliothécaire du roi. Il mourut en 1558. Il réussit dans l'épigramme. Il avait aussi composé des *élégies*, des *épîtres*, des *rondeaux*, des *quatrains*, des *chansons*, des *sonnets*, etc., qu'on ne lit plus depuis longtemps.

SAINT-GEORGES (LE CHEVALIER DE), né à la Guadeloupe, vint très-jeune à Paris, où son père, fermier général, lui fit donner une éducation distinguée. À l'époque de la révolution, il participa à toutes les intrigues politiques, et accompagna le duc d'Orléans à Londres (1791). Pendant la guerre, il revint en France, et leva un escadron de chasseurs à cheval, dont il se fit colonel, et qu'il conduisit à l'armée du Nord. Après la défection de Dumouriez, qu'il dénonça lui-même, il revint à Paris, fut arrêté comme suspect, et mis en liberté le 27 juillet 1794. Il mourut en 1801. Saint-Georges doit toute sa réputation à l'adresse qu'il avait dans l'art de l'escrime et dans tous les exercices du corps.

SAINT-GERMAIN (LE COMTE DE), aventurier qui vint en France sous le règne de Louis XV, et qui s'y fit une grande célébrité. Il prétendait avoir vécu deux mille ans, et disait que ce n'était qu'un à-compte sur un avenir indéfini. Il vécut quelque temps à Paris, dans l'intimité du roi, qui prenait plaisir aux fables qu'il débitait. Saint-Germain parcourut ensuite Venise, Londres, la Hollande et l'Allemagne. Il mourut à Sleswig en 1784. On n'a jamais su son origine, ni le lieu de sa naissance.

SAINT-GERMAIN (Robert, comte DE), né à Lons-le-Saulnier en 1708, entra d'abord chez les jésuites, qu'il quitta pour prendre les armes. Il prit ensuite du service chez l'électeur de Bavière, puis en 1745 en Prusse, et rentra en France, comme maréchal de camp, avec un régiment étranger, à la tête duquel il se distingua. Il alla vers 1760 prendre du service en Danemarck, fut fait feld-maréchal et mis à la tête des affaires militaires. Après la chute de Struensée (1772), il revint en France. Il vivait retiré dans ses terres lorsque Louis XVI, après la mort du maréchal de Muy, le fit ministre de la guerre. Il corrigea plusieurs abus et fit différentes réformes. Il mourut en 1778, laissant des *Mémoires*.

SAINT-HYACINTHE (THEMISEUL DE), dont le véritable nom était *Hyacinthe Cordonnier*, naquit à Orléans en 1684. Il est célèbre par ses querelles avec Voltaire, dont il avait d'abord été l'ami. On lui doit le *Chef-d'œuvre d'un inconnu*, ou le *Commentaire de Mathanasius* sur ce livre, critique ingénieuse du pédantisme des commentateurs, l'*Apothéose du docteur Aristarchus Masso*, plusieurs *romans*. Une opinion ridicule avait voulu donner à Bossuet pour père à Saint-Hyacinthe.

SAINT-JUST. Voy. JUST.

SAINT-LAMBERT (J.-Charles-François DE), né à Nancy en 1717. Entré au service fort jeune, il s'attacha à la cour de Stanislas, roi de Pologne (1748). Ce fut là qu'il connut Voltaire et Mme du Châtelet, avec laquelle il forma une étroite liaison que la mort vint seule interrompre. La révolution renversa les jours de Saint-Lambert, qui mourut en 1805 chez Mme d'Houdetot, dont il fut l'ami pendant cinquante ans. Saint-Lambert eut la réputation d'un poète distingué et d'un littérateur aimable. On a de lui une comédie des *Fêtes de l'amour*, un *Ecrit sur le luxe*, des *Fables orientales*, le *Catéchisme industriel* ou *Principes des mœurs chez toutes les nations*, et le poème longtemps célèbre des *Saisons*. Saint-Lambert était membre de l'académie française.

SAINT-MARTIN (Louis-Claude DE), dit le *Philosophe inconnu*, né à Amboise en 1743, après avoir fait de brillantes études, entra à vingt-deux ans comme lieutenant dans le régiment de Foix. Né avec un esprit contemplatif et porté à la méditation, il se fit initier à une secte de théosophes qui avait pour chef Martinez Pasqualis. Il s'attacha ensuite aux doctrines de Swedenborg. Il vint à Paris vers 1780, abandonna l'état militaire afin de se livrer à ses études mystiques. Il se lia avec le duc d'Orléans et d'autres personnages distingués. Il parcourut ensuite la France, l'Allemagne, l'Angleterre et l'Italie, dans le but de faire des adeptes à sa doctrine. Après 1794, il fut nommé professeur aux écoles normales par le district d'Amboise. Il mourut en 1803. La philosophie de Saint-Martin fut un mysticisme tout spiritualiste; son but est d'expliquer la nature par l'homme, et de ramener la nature et l'homme à leur principe, qui est Dieu. On a de lui un grand nombre d'écrits mystiques où il explique sa doctrine.

SAINT-MESGRIN. Voy. MESGRIN.

SAINT-NON (Jean-Claude RICHARD DE), conseiller clerc au parlement de Paris, né dans cette ville en 1727, mort en 1791, membre de l'ancienne académie de peinture et de sculpture. Cet auteur, connu sous le nom d'*abbé de Saint-Non*, est connu par son *Voyage pittoresque de Naples et de Sicile* (5 vol. in-fol. avec 417 planches). Artiste distingué, il gravait avec beaucoup de facilité; comme littérateur, il a donné au théâtre *Julie* ou *le Bon Père*, en trois actes et en prose.

SAINT-OFFICE, nom donné à la congrégation ou tribunal de l'inquisition établi à Rome.

SAINT-PAVIN (Denis SANGUIN DE), né à Paris, embrassa l'état ecclésiastique, et n'eut d'autre passion que celle des belles-lettres et de la poésie. Ce fut un libertin, qui vécut longtemps dans l'irréligion malgré l'état qu'il avait embrassé. Il se convertit dans sa vieillesse, et mourut chrétiennement en 1670. On a de lui des *sonnets*, des *épîtres*, des *épigrammes*, des *rondeaux*, pleins d'esprit et de gaieté, mais qu'on ne lit plus. Il est plus connu par les satires que Boileau dirigea contre lui.

SAINT-PÈRE, titre que les catholiques donnent au *pape*.

SAINT-PIERRE (Eustache DE), bourgeois de Calais, se distingua lors du siége de cette ville par Édouard III, roi d'Angleterre, en 1347. Ce prince, irrité de la longue résistance des assiégés, ne voulut point leur accorder grâce, à moins qu'on ne lui livrât six des principaux pour en faire ce qu'il lui plairait. Eustache se dévoua le premier, et il s'en trouva cinq autres qui se dévouèrent comme lui. Ils s'en allèrent, la corde au cou et nus en chemise, porter les clefs de la ville à Édouard. Ce prince voulut les faire mourir; les larmes et les supplications de son épouse désarmèrent sa colère, et il leur fit grâce.

SAINT-PIERRE. Voy. BERNARDIN.

SAINT-PIERRE (Charles-Irénée CASTEL, L'ABBÉ DE), né près de Coutances en 1658, embrassa l'état ecclésiastique, fut nommé aumônier de *Madame* et abbé de la Sainte-Trinité de Tiron en 1702. Il avait été reçu en 1695 à l'académie française. Le cardinal de Polignac se fit accompagner de l'abbé de Saint-Pierre à Utrecht, et il assista aux conférences qui y eurent lieu. — Les mœurs de l'abbé de Saint-Pierre étaient simples et pures. Il créa le mot *bienfaisance*. Parmi ses nombreux écrits, on distingue des *Mémoires administratifs sur l'établissement de la taille proportionnelle, Pour les pauvres mendiants*, etc., et son célèbre *Projet de paix universelle*, rempli de brillantes utopies, mais plein de l'amour de ses semblables.

SAINT-PRIX (N.), acteur célèbre, abandonna l'état de sculpteur statuaire pour suivre la carrière du théâtre. Il débuta après la mort de Lekain, qu'il remplaça avec Larive. Les rôles où il se distinguait le plus étaient ceux d'*Abner*, de *Coriolan*, d'*Achille*, de *Caïn* (de la *Mort d'Abel*), de *Philoctète*, de *Joad*, de *Burrhus*, de *Rutile*, du vieil *Horace* et de *Jacques Molay* (des *Templiers*). Il est mort il y a peu d'années.

SAINT-RÉAL (L'ABBÉ César VICHARD DE), né à Chambéry en 1639, vint fort jeune à Paris, où il acheva ses études. Revenu en Savoie, il y connut la duchesse de Mazarin, qu'il suivit à Londres. Il fit partie de cette société spirituelle et lettrée dont elle s'entourait. De retour à Paris, il vécut longtemps d'une pension modique qu'il recevait de la bibliothèque du roi. Ayant fait un autre voyage à Chambéry (1679), il fut nommé historiographe de Savoie et membre de l'académie de Turin. Il mourut en 1692. Saint-Réal, prosateur remarquable, a laissé plusieurs ouvrages, dont le plus fameux est l'*Histoire de la conjuration des Espagnols contre la république de Venise en* 1618 (1674). Il a encore laissé *Don Carlos*, nouvelle historique, les *Mémoires de la duchesse de Mazarin* et une foule d'autres opuscules.

SAINT SACREMENT ou FÊTE-DIEU, fête que célèbre l'Église catholique en mémoire de l'institution du sacrement de l'eucharistie. Cette fête fut établie en 1264 par le pape Urbain IV, qui la fixa au premier jeudi d'après l'octave de la Pentecôte. Elle ne fut définitivement confirmée qu'en 1316 sous Jean XXII. On ne commença à l'observer en France qu'en 1318. Cette fête est particulièrement distinguée par les processions solennelles où l'on porte avec éclat par les uns le corps de Jésus-Christ. On attribue l'institution des processions à Jean XXII.

SAINT-SIÉGE, nom donné au siége, à la résidence du pape, chef de la religion catholique.

SAINT-SIMON (Louis DE ROUVROY, duc de), né à Paris en 1675, embrassa fort jeune l'état militaire, qu'il quitta bientôt pour la diplomatie. La mort de son père le mit en 1693 en possession des titres de duc et pair, et du gouvernement de Blaye. Il vint à la cour de Versailles, et fut peu remarqué de Louis XIV. Après la mort de ce prince, il fut appelé au conseil de la régence par le duc d'Orléans, et refusa la place de gouverneur du jeune roi Louis XV, qui lui était offerte. En 1721, il fut chargé d'aller demander la main d'une infante d'Espagne pour le roi, et de conclure le mariage d'une fille du régent avec le prince des Asturies. Il ne put obtenir ces résultats; mais il reçut à cette occasion la dignité de grand d'Espagne, héréditaire dans sa famille. A la mort du duc d'Orléans, Saint-Simon se retira dans ses terres, où il mourut en 1755. Il est célèbre par ses *Mémoires sur le règne de Louis XIV et la régence.*

SAINT-SIMON (Claude-Henri, comte DE), né à Paris en 1760, était parent du célèbre historien du même nom. Il embrassa au service en 1777, et passa en 1779 aux États-Unis, où il fit cinq campagnes avec distinction sous les ordres de Bouillé et de Washington. De retour en France, il fut nommé colonel. Il voyagea ensuite en Hollande et en Espagne dans le but d'étudier à fond les mœurs et les constitutions des peuples. Il assista à la révolution de 1789, et n'y prit aucune part. Son premier ouvrage date de 1802; il renfermait la plupart des idées nouvelles qu'il développa dans la suite, et l'organisation d'une religion nouvelle. Un accueil très-froid fut fait à cet ouvrage. Voyant ses idées mal comprises, il se laissa aller au désespoir, et voulut se brûler la cervelle (mars 1823); la balle n'atteignit que l'os frontal, et Saint-Simon, qui vit dans cette épreuve le doigt de Dieu, reprit ses travaux avec une nouvelle ardeur. Il mourut en 1825. Il avait tout sacrifié à la mission qu'il s'était donnée d'éclairer le monde. — Parmi ses ouvrages, la plupart inachevés, on remarque l'*Introduction aux travaux scientifiques du XIXᵉ siècle, de la Réorganisation de la société européenne, l'Industrie, le Défenseur des propriétaires des domaines nationaux*, etc.

SAINT-SIMONISME, nom donné à la doctrine de Saint-Simon. Le saint-simonisme ne commença réellement à se répandre qu'après la mort de son célèbre fondateur. Ses disciples exposèrent cette doctrine dans de nombreux écrits, et entre autres dans le journal *le Globe*. Ils transformèrent ensuite l'école de Saint-Simon en *église*, dont M. Enfantin fut déclaré le chef. La donnée politique et sociale peut se résumer ainsi : association universelle. — Tous les privilèges de la naissance sans exception sont abolis. A chacun selon sa capacité; à chaque capacité selon ses œuvres. — Le saint-simonisme proclamait l'abolition de l'héritage et l'affranchissement définitif des femmes. L'école saint-simonienne ne dura pas longtemps. Plusieurs institutions étranges et bizarres, telles que l'*intronisation du culte, la prise d'habit, l'apostolat*, etc., furent mal accueillies. Le gouvernement fit traduire les principaux chefs devant les tribunaux, sous l'accusation de délit contre les bonnes mœurs et la morale publique, et fit fermer leurs salles.

SAINT-SORLIN (Jean DESMARETS DE), l'un des premiers membres de l'académie française, né à Paris en 1595, dut ses succès plus à la protection du cardinal de Richelieu qu'à son mérite. Il a laissé deux pièces de théâtre, *les Visionnaires* et *Mirame*, qui ont été assez de succès et qui sont ses meilleurs écrits, avec ses jolis vers sur une violette qui fut la *Guirlande de Julie*. Il est plus connu par les satires que Boileau a dirigées sur ses ouvrages et surtout sur son poëme de *Clovis*.

SAINTE-BARBE. Voy. BARBE.

SAINTE-CROIX (Guillaume-Emmanuel-Joseph-Guilhem DE CLERMONT-LODÈVE, baron DE), né à Mormoiron près de Carpentras (Vaucluse) en 1746, embrassa la carrière des armes à la suite de ses études. Il quitta au bout de quelques années le service pour se livrer à sa passion pour l'étude des inscriptions et belles-lettres en 1777, et devint ensuite membre de l'Institut impérial. Il est mort en 1809. Sainte-Croix a laissé plusieurs ouvrages distingués : l'*Examen critique des historiens d'Alexandre* (1775), *de l'État et du Sort des colonies des anciens peuples*, une *Histoire des progrès de la puissance navale de l'Angleterre, des Anciens Gouvernements fédératifs et de la législation de Crète*, des *mémoires et des dissertations*, etc.

SAINTE-CROIX. Voy. BRINVILLIERS.

SAINTE FAMILLE se dit des tableaux qui représentent la sainte Vierge, saint Joseph et l'enfant Jésus réunis.

SAINTE-FOIX (François POULLAIN DE), né à Rennes en 1669, embrassa la carrière militaire, et entra dans le régiment des gardes. Il fit plusieurs campagnes, et donna sa démission à la paix pour acheter une charge de maître particulier des eaux et forêts. S'étant encore démis de cet emploi, Sainte-Foix vint à Paris, et se consacra aux travaux littéraires. Trois de ses comédies ont eu du succès, l'*Oracle, le Sylphe* et *les Grâces*. Il se fit un nom par ces ouvrages autant que par la susceptibilité et l'intolérance qu'il apportait dans le commerce du monde, et qui lui valurent de nombreux duels et des aventures plus ou moins bizarres. Il fit paraître en 1758 son plus fameux ouvrage, ses *Essais sur Paris*. On a encore de lui des *Lettres turques*, l'*Histoire de l'ordre du Saint-Esprit*, dont il était historiographe. Il est mort en 1776.

SAINTE-MARTHE, famille recommandable qui, pendant deux siècles, a produit plusieurs hommes distingués, particulièrement dans les lettres. Le premier qui acquit un nom célèbre fut CHARLES, second fils d'un médecin ordinaire de François Iᵉʳ. Il naquit à Fontevrault en 1512, et professa la théologie à Poitiers. Soupçonné de calvinisme, il échappa avec peine au bûcher. Il donna ensuite des leçons d'hébreu, de grec et de français à Lyon, et fut fait lieutenant criminel d'Alençon, place qu'il conserva jusqu'en 1562. Il mourut en 1566. On a de lui plusieurs ouvrages, dont le plus célèbre est l'*Oraison funèbre de Marguerite de Valois*.

SAINTE-MARTHE (Scévole (du latin Scæ-

vola, par lequel il traduisit son prénom, *Gaucher*) DE), neveu du précédent, né à Loudun en 1536, fut distingué comme savant et diplomate. Il défendit avec énergie contre les ligueurs, aux états de Blois (1583), les intérêts de Henri III, qui lui donna de nombreux témoignages d'estime. Henri IV l'employa en plusieurs circonstances, et lui dut en partie la soumission de Poitiers. Il fit partie de l'assemblée des notables à Rouen (1597), et mourut en 1623. Il a laissé des *poésies latines*, des *poésies françaises*, des *œuvres mêlées*, l'*Éloge des Français illustres par leur science*, etc. (en latin), la *Pædotrophie* ou l'Art d'élever les enfants à la mamelle et de les nourrir, etc.

SAINTE-MARTHE (Abel DE), fils aîné du précédent, né à Loudun en 1566, se distingua au barreau, et fut fait par Louis XIII conseiller d'État et garde de la bibliothèque de Fontainebleau. Il mourut à Poitiers en 1652. On a de lui des *plaidoyers*, des *discours*, les *éloges de plusieurs maisons illustres*, des *poésies latines*. — Son fils ABEL, mort en 1706, fut aussi garde de la bibliothèque du roi, et se distingua dans la carrière des lettres. Il publia en 1698 la traduction de la *Pædotrophie*, ouvrage de son grand-père Scévole.

SAINTE-MARTHE (Scévole et Louis DE), frères jumeaux, fils du premier Scévole et frères puinés du premier Abel, nés à Loudun en 1571, furent avocats dès 1599, et furent nommés ensemble historiographes de Louis XIII en 1620. Ces frères jumeaux, célèbres par leur union et leur amitié constante, travaillèrent en commun à plusieurs ouvrages. On a d'eux l'*Histoire généalogique de la maison de France*, la *Gallia christiana* (la Gaule chrétienne), l'*Histoire généalogique de la maison de Beauvau*. Scévole mourut en 1650; Louis qui, après s'être séparé de sa femme, avait embrassé l'état ecclésiastique, mourut en 1656.

SAINTE-MARTHE (Pierre-Scévole DE), fils de Scévole, deuxième du nom, né à Paris en 1618, obtint en 1643 la survivance de la charge d'historiographe du roi. Il travailla, avec NICOLAS-CHARLES, son frère, à l'histoire généalogique de la maison de France, à la *Gallia christiana*. Il s'associa pour ce dernier ouvrage son frère ABEL-LOUIS, né à Paris en 1621, et qui fut général de la congrégation de l'Oratoire. Pierre-Scévole mourut en 1690, Abel-Louis en 1697. On doit à Pierre-Scévole l'*État de l'Europe*, un *Traité historique des armes de France*, l'*Histoire de la maison de la Trémouille*.

SAINTE-MARTHE (Claude DE), petit-fils du deuxième Scévole et fils de FRANÇOIS DE SAINTE-MARTHE, avocat au parlement, lequel était fils de ce Scévole, fut ecclésiastique et directeur des religieuses de Port-Royal, qu'il défendit auprès de l'archevêque de Paris. On a de lui des ouvrages de piété. Il mourut en 1690.

SAINTE-MARTHE (Denis DE), frère du précédent, né à Paris en 1650, fut général des bénédictins de la congrégation de Saint-Maur, dans laquelle il était entré en 1667, et mourut en 1725. On a de lui plusieurs ouvrages de piété et d'histoire. On lui doit un *Traité de la confession auriculaire*, la *Vie de Cassiodore*, l'*Histoire de saint Grégoire le Grand*. Il a aussi donné une nouvelle édition des trois premiers volumes de la *Gallia christiana*, que la mort l'empêcha d'achever.

SAINTE-PALAYE (J.-B. DE LA CURNE DE), né à Auxerre en 1697, devint membre de l'académie des inscriptions et belles-lettres en 1724, et fut chargé par la cour de France de sa correspondance avec le roi de Pologne, Stanislas, alors à Weissembourg (1725). On lui doit de nombreux et curieux travaux sur l'histoire de France, que l'on trouve dans les mémoires de l'académie, et des *Mémoires sur l'ancienne chevalerie*. Il avait formé le projet d'un *Dictionnaire des antiquités françaises*, et d'un *Glossaire de l'ancienne langue française*. Ces ouvrages ne furent pas terminés. Il était membre de l'académie française. Il mourut en 1781.

SAINTES, ville de France, chef-lieu d'arrondissement du département de la Charente-Inférieure, à 18 lieues de la Rochelle, et à 125 de Paris. Population, 12,000 habitants. C'est une des plus anciennes villes de France. Avant l'invasion romaine, elle était la capitale des *Santones*, peuple celte, et s'appelait *Civitas Santonum* ou *Mediolanum*. Les Romains l'embellirent de plusieurs édifices, dont quelques-uns existent encore, et en firent une des villes les plus florissantes de l'Aquitaine. Dans le ve siècle, Saintes fut prise par les Visigoths, et ravagée dans la suite par les barbares et les Normands. Les guerres des Anglais, les guerres civiles et religieuses bouleversèrent souvent la ville, et dégradèrent ses monuments. Au xe siècle, elle devint le siège d'un évêque et la capitale de la Saintonge. Devenue en 1790 chef-lieu du département, elle a cédé ce titre à la Rochelle en 1810. — Saintes est située sur le penchant d'une montagne au pied de laquelle coule la Charente. Elle a une bibliothèque publique de 25,000 volumes, une salle de spectacle, un cabinet d'histoire naturelle et de physique, une société d'agriculture, des tribunaux de première instance et de commerce, un collège, une école modèle, etc. Son industrie s'exerce sur la fabrication des cuirs, des faïences, etc.; son commerce, sur les eaux-de-vie, les bois de construction, les laines, les grains, les bétails. — Parmi ses monuments antiques les mieux conservés, on remarque un superbe *arc de triomphe*, bâti par les Romains en 21 de J.-C., à l'entrée de la ville, et qui par suite des variations du cours de la Charente est situé aujourd'hui sur le pont qui traverse cette rivière; son style est corinthien; il a quinze mètres de longueur, trois d'épaisseur et treize de hauteur. On voit encore aux environs de Saintes les ruines de bains, d'un amphithéâtre, de temples et d'un aqueduc.

SAINTES (LES), petit groupe d'îles situé dans la mer des Antilles, à 3 lieues au S.-E. de la pointe méridionale du Vieux-Fort de la Guadeloupe. Elles se composent de deux petites îles, de deux îlots et de quelques rochers. Les Saintes, découvertes par Colomb en 1493, furent occupées par les Français pour la première fois en 1648, et depuis cette époque ont toujours été sous la protection et la dépendance de la Guadeloupe, dont elles ont partagé les vicissitudes. Les Anglais les ont occupées en 1794 et 1809. La plus grande des deux îles, nommée *Terre d'en haut* ou *du Vent*, est la plus considérable, et renferme tous les établissements; l'autre île, au S.-O. de la première, est la *Terre d'en bas*. Elle n'offre que peu de culture, ainsi que l'îlot du *Grand-Îlet*, situé au S. Le petit îlet, placé au N., et qu'on nomme l'*îlet à Cabris*, forme avec la terre d'en haut une rade vaste et sûre, où les vaisseaux de la marine royale attachés à la station de la Guadeloupe passent le temps de l'hivernage. L'air des Saintes est très-salubre; il y a un hôpital pour les militaires en convalescence.

SAINTETÉ, titre d'honneur et de respect que les catholiques emploient pour désigner le pape.

SAINTONGE, ancienne province de France, située entre l'Aunis et le Poitou au N., le Périgord et l'Angoumois à l'E., la Guyenne au S.-E., et l'Océan à l'O. Elle avait environ 25 lieues de long sur 12 de large. Elle était divisée par la Charente en deux parties, l'une septentrionale, avec Saint-Jean-d'Angely, Tonnai-Charente, Taillebourg; l'autre, méridionale, comprenant Saintes, Marans, Royan, Mortagne. Sa capitale était SAINTES. — Habitée primitivement par les *Santones*, la Saintonge fut comprise par les Romains dans la deuxième Aquitaine, et passa dans la suite successivement sous la domination des Visigoths et sous celle des Francs. Elle continua dans la suite à faire partie du royaume d'Aquitaine, et eut des comtes particuliers sous les rois de la deuxième race. Elle passa ensuite sous la domination de Foulques Néra, père de Geoffroi, comte d'Anjou. Guillaume VII, duc de Guyenne, s'en empara après la mort de ses frères. Éléonore de Guyenne la porta par son mariage à Henri II, roi d'Angleterre. Les Anglais la conservèrent, malgré de nombreuses vicissitudes, jusqu'au règne de Charles V, qui la leur enleva et la réunit à la couronne. La Saintonge fut dans les xvie et xviie siècles en proie aux horreurs des guerres civiles et religieuses. Avant 1789, elle relevait du parlement de Bordeaux, et formait avec l'Angoumois le douzième gouvernement militaire général de France. Elle a formé en 1790 le département de la Charente-Inférieure et une portion de celui de la Charente; quelques lambeaux aussi ont été compris dans la Vendée.

SAINTS, nom commun donné à toutes les créatures que Dieu a admises à la participation de la gloire éternelle, et notamment aux hommes qui, en raison de leur vie sage et pure, ont été canonisés par les souverains pontifes. Les catholiques honorent les saints comme les amis et les serviteurs de Dieu, qu'il a comblés de ses dons et de ses grâces. Le culte qu'on leur rend est un culte religieux fondé sur l'excellence particulière des saints. Le culte des saints est de la plus haute antiquité dans l'Église. Les protestants refusent toute espèce de culte aux saints.

SAIQUE, bâtiment du Levant dont se servent les Turks. Il a deux mâts (grand mât et mât d'artimon) et un beaupré. Il est d'une construction vicieuse.

SAISIE, toute mise de biens ou effets quelconques sous la main de la justice. On désigne encore ainsi, par extension, l'acte qui signifie ou la fait connaître à l'individu qu'elle concerne. C'est l'acte d'un créancier qui, pour la sûreté de sa créance, met sous la main de la justice les biens de son débiteur. C'est aussi un mode d'exécution forcée des jugements. On distingue les *saisies immobilières et mobilières*. Ces dernières sont au nombre de quatre, savoir : la *saisie-arrêt*, la *saisie-exécution*, la *saisie-brandon*, la *saisie des rentes constituées sur particuliers*. — Ce mot désigne encore, en matière de douanes, de contributions indirectes et de police, l'action de s'emparer provisoirement des objets qui peuvent fournir la preuve d'une contravention aux lois, d'un délit, d'un crime.

SAISIE-ARRÊT ou OPPOSITION, acte par lequel un créancier fait *arrêter* entre les mains d'un tiers les sommes ou effets mobiliers appartenant à son débiteur, pour faire ordonner par justice que les sommes ou prix des effets lui seront remis en déduction de sa créance. Cette faculté offerte au créancier a pour but d'arrêter dans les mains des tiers ce qu'ils doivent à son débiteur, afin d'empêcher qu'en payant ce dernier ils ne le frustrent du moyen d'obtenir le remboursement de sa créance. Tout créancier porteur de titres authentiques ou privés peut faire signifier une saisie-arrêt, et les sommes arrêtées entre les mains des dépositaires, à quelque titre que ce soit, doivent être immédiatement versées à la caisse des dépôts et consignations (Code de procéd., 56 et suiv.).

SAISIE-BRANDON, acte par lequel un créancier saisit les *fruits pendants par racine*, c'est-à-dire encore attachés à la terre, appartenant à son débiteur, pour les faire vendre à leur maturité et se faire payer sur le prix. Le mot *brandon* vient de ce qu'autrefois, dans quelques pays, on avait l'usage de placer autour du champ des faisceaux de paille, nommés *brandons*, suspendus à des pieux plantés en terre. On peut saisir-brandonner toutes sortes de fruits, comme blés, foin, raisins, légumes, fruits des arbres, etc., mais seulement dans les six semaines qui précèdent l'époque ordinaire de la maturité. Le garde champêtre doit être établi gardien. La vente doit être faite un jour de dimanche ou de marché (Code de procéd., 626-635).

SAISIE CONSERVATRICE, saisie qu'un créancier fait pratiquer en vertu de l'autorisation du tribunal de commerce, quoique la réclamation qu'il exerce contre son débiteur ne soit point encore sanctionnée par une décision judiciaire. Cette saisie ne peut être suivie d'aucun acte d'exécution ; son seul objet est de mettre sous les mains de la justice les effets du débiteur, et d'empêcher qu'il n'en dispose au préjudice du créancier, pendant la durée du litige.

SAISIE DES RENTES CONSTITUÉES SUR PARTICULIERS, saisie des rentes que possèdent les débiteurs. Elle est nulle quant aux rentes sur l'Etat et les communes, que la loi déclare insaisissables. La saisie d'une rente viagère ou perpétuelle ne peut avoir lieu qu'en vertu d'un titre authentique et exécutoire.

SAISIE-EXÉCUTION, saisie qu'exerce le créancier, porteur d'un titre exécutoire, pour faire vendre les meubles de son débiteur et être payé sur le prix. On la nomme *exécution*, parce qu'on dépouille le débiteur de ses meubles au moyen de la vente qu'on en fait faire ; cette saisie doit être précédée d'un commandement fait un jour au moins avant l'exécution du jugement. Cet acte est fait par un huissier assisté de deux témoins ou *recors*, tenu en outre d'opérer la saisie hors la présence du poursuivant qu'il représente suffisamment. L'huissier qui ne trouve personne au domicile du saisi ne peut s'en ouvrir les portes sans être assisté d'un officier public ; autrement la saisie serait nulle. Il y a des objets qu'on ne peut saisir pour aucune créance, même celle de l'Etat ; tels sont les objets que la loi déclare immeubles par destination, comme les bestiaux attachés à la culture, les ustensiles aratoires, les pailles et engrais, le coucher des époux, de leurs enfants, les habits dont ils sont couverts, etc. (Code de procéd., 583 à 625).

SAISIE-GAGERIE, celle qui a pour but d'empêcher que les meubles et fruits garnissant la maison ou les terrains du propriétaire ne soient déplacés ou enlevés au préjudice des loyers et fermages qui lui sont dus. Cette saisie se fait dans la forme de la saisie-exécution, et, s'il y a des fruits, dans celle de la saisie-brandon.

SAISIE IMMOBILIÈRE, saisie qui est pour les immeubles ce que la saisie-exécution est pour les meubles. Elle a également pour but de mettre les biens du débiteur entre les mains de la justice pour les faire vendre et payer les créanciers sur le prix. Voy. les formalités à suivre, Code de procéd., art. 673 à 748.

SAISIE-REVENDICATION, réclamation d'un effet mobilier qui se trouve dans la main d'un tiers, et sur lequel on prétend avoir un droit de propriété, ou celui d'un gage privilégié (Code de procéd., 826 et suivants).

SAISINE, prise de possession d'une chose ou la possession elle-même. — En marine, ce sont des cordes qui servent à saisir, à tenir une autre corde.

SAIS (aujourd'hui *Sa* ou *Mehai-Kebir*), ancienne ville de l'Egypte inférieure, dans le grand Delta, au N., près du lac de Butus, entre les branches Canopique et Sébennytique du Nil, sur une branche qui en prenait le nom de *Saïtique*. Cette ville était connue par le temple consacré à Minerve, où l'on célébrait les Lampophories en l'honneur de cette déesse. C'est dans ce temple, aux dimensions colossales, qu'on lisait l'inscription fameuse, s'appliquant probablement à Jupiter ou à un dieu inconnu : *Je suis celui qui a été, qui est, qui sera, et personne jusqu'ici n'a percé le voile qui me couvre*. Le tombeau d'Osiris était près de Saïs, qui est aujourd'hui presque toute en ruines. — C'est aussi (*Saïs* ou *Saïtes*) le surnom de Minerve adorée à Saïs.

SAISONS (myth.), divinités qui, chez les anciens, étaient attribuées à chaque saison de l'année. Les Grecs les représentaient en femmes. Sur les anciens monuments, les Saisons sont symbolisées par des enfants ailés qui ont chacun des attributs particuliers, propres à chaque saison. L'Automne, par exemple, a dans ses mains des grappes de raisin ou un panier de fruits sur la tête. L'Eté est couronné d'épis de blé, et tient d'une main un faisceau d'épis, de l'autre une faucille. Le Printemps est couronné de fleurs, et tient par la main un chevreau, ou trait une brebis. L'Hiver, couvert d'épais vêtements, est auprès d'un arbre dépouillé de verdure, et tient d'une main des fruits secs et ridés, de l'autre des oiseaux aquatiques. Les anciens ont encore consacré le printemps à Mercure, l'été à Apollon, l'automne à Bacchus, et l'hiver à Hercule.

SAISONS, nom donné à certaines parties de l'année, au nombre de quatre dans nos climats tempérés, et qui sont distinguées par des caractères particuliers. Si l'axe du globe n'était pas incliné sur le plan de l'écliptique, en tournant autour du soleil, il n'y aurait aucun changement de saison. Les pôles seraient enveloppés constamment d'un faible crépuscule et de glaces qu'aucun été ne viendrait détruire. La zone torride serait embrasée de feux continuels ; les climats tempérés jouiraient d'un printemps perpétuel, mais n'auraient ni chaleur d'été pour mûrir les fruits, ni hiver pour reposer la végétation. C'est au moyen de l'inclinaison du globe de 23 degrés 27 minutes 46 secondes sur son orbite ou plan de l'écliptique que se produit le changement annuel des saisons. La terre, en parcourant son orbite annuel autour du soleil, lui présente, à cause de cette obliquité, tantôt son pôle nord, tantôt son pôle sud, sous cet angle de 23 degrés, etc. Il s'ensuit que le soleil s'élève au tropique du Cancer dans notre été, et s'abaisse jusqu'à celui du Capricorne dans l'hiver, en passant deux fois par an à la ligne équatoriale (20 mars et 22 septembre), où se produit l'égalité des jours et des nuits. En Europe, le *printemps* dure 92 jours 21 heures 74 minutes ; l'*été*, 93 jours 13 heures 58 minutes ; l'*automne*, 89 jours 16 heures 47 minutes ; l'*hiver*, 89 jours 2 heures 2 minutes. Sous l'équateur, il n'y a que deux saisons, l'hiver et l'été, la saison des pluies et la saison sèche ; chacune d'elles se montre deux fois par an. Les deux saisons sèches sont celles pendant lesquelles le soleil monte vers l'un ou l'autre tropique, ou aux solstices de juin et de décembre, parce que le ciel est serein et sans tempêtes. C'est le contraire qui a lieu aux époques des équinoxes. Aux pôles, la saison d'hiver est la plus longue et dure toute l'année, excepté trois mois d'été trop peu près, qui ne font qu'un seul jour, le soleil les éclairant sans discontinuité pendant ce temps, et les laissant pendant l'hiver dans d'épaisses ténèbres. Sous les tropiques, les habitants n'ont que deux saisons, l'été et l'hiver ; l'hiver y est chaud et sec, mais moins que l'été. L'hiver de l'un des tropiques est l'été de l'autre, et réciproquement. — Du reste, les saisons varient suivant les divers points de la terre suivant leur position sur la sphère.

SAITIQUE, branche du Nil, communiquait de la branche Agathodæmon au lac Butique, et passait à Saïs.

SAJOU, mot employé par plusieurs auteurs pour désigner le *sapajou*. Voy.

SAKARAH ou SAKHARA, ville d'Egypte, à l'O. du Nil et au S.-O. du Caire. On y voit de très-anciennes pyramides, placées sur un plateau d'environ cinquante pieds au-dessus de la plaine. La plus considérable de ces pyramides a huit cents pieds d'étendue, mesurée à sa base apparente ; elle est construite de grandes briques. Elle est actuellement très-dégradée.

SAKI, genre de l'ordre des quadrumanes, de la division des singes américains, tribu des sagoins ou géopithèques. Ces animaux ont le crâne arrondi, l'angle facial de 60 degrés, les oreilles à peu près semblables à celles de l'homme, la queue longue, lâche et non prenante, couvert de poils longs et touffus ; les pieds à cinq doigts, terminés par des ongles courts et recourbés. Les sakis vivent dans les forêts de la Guyane et du Brésil, se nourrissant de fruits et d'insectes. Ils sont nocturnes, et portent à cause de cela, le nom vulgaire de *singes de nuit*. On les nomme encore *singes à queue de renard*. On divise les sakis en deux sections : les *sakis* proprement dits, à queue aussi longue que le corps ; et les *brachyures*, à queue courte. Le *saki à ventre roux* est long d'un pied et demi jusqu'à l'origine de la queue ; son museau est court, ses yeux grands ; son pelage, long et fourni, est roux, mêlé de brun. Le ventre est roux. Il habite les forêts de la Guyane française.

SAL (ILHA DO) ou ILE DE SEL, île d'Afrique, la plus orientale des îles du Cap-Vert, ainsi nommée de la grande quantité de sel qu'on y recueille. Cette île est déserte.

SALA ou SALBERG, petite ville de Suède dans la Westmanie, à 25 lieues N.-O. de Stockholm, fondée par Gustave-Adolphe. Il y a une source d'eau minérale, et près de la ville est une grande et abondante mine d'argent.

SALA, rivière d'Allemagne, qui se joint à la Saltz à peu de distance de Saltzbourg. Elle portait le même nom chez les anciens. — Les Romains appelaient encore ainsi le bras du Rhin que les modernes nomment l'*Yssel*.

SALA, prière que les Turks récitent le vendredi à neuf heures du matin.

SALA (Ange) fameux chimiste, né à Vicenze, vers la fin du XVIe siècle, exerça la médecine en Suisse et en Hollande, et fut nommé médecin du duc de Mecklembourg. Il vivait encore en 1639. On a publié ses ouvrages sous le titre d'*Opera medico-chimica quæ exstant omnia*. Il y a eu plusieurs autres médecins célèbres du même nom, entre autres JEAN-DOMINIQUE SALA, né en 1583, mort en 1644 et professeur à l'université de Padoue ; il a laissé plusieurs ouvrages.

SALACER (myth.), dieu romain dont on ignore les fonctions et les attributs. Il avait à Rome un flamine particulier.

SALACIE (du latin *salum*), l'eau salée, la mer, surnom d'Amphitrite, femme de Neptune. Des auteurs en ont fait une divinité particulière, d'autres une Néréide. Suivant quelques-uns, c'est le reflux de la mer personnifié; et *Vénilie*, que l'on joint ordinairement à Salacie, est le flux.

SALADE, sorte de casque léger, sculpté, très-usité jadis. C'était la coiffure du fameux chevalier de la Manche.

SALADE (dérivé du latin *sal*, en français *sel*), sorte de mets composé de certaines herbes et de certains légumes assaisonnés avec du sel, du vinaigre et de l'huile. On fait des salades de laitue, de pourpier, de betteraves, de chicorée, de céleri, etc. On appelle encore ainsi le mélange de plusieurs mets, composé de fruits, de viandes froides, etc., assaisonnés à peu près comme les salades d'herbes et de légumes ; ainsi l'on dit une *salade de câpres, d'anchois, de lapins*, etc. — On a étendu improprement le sens de ce mot jusqu'à désigner des oranges coupées par tranches et infusées dans l'eau-de-vie avec addition de sucre. — Vulgairement on nomme *salade de chanoine* la *valériane mâche* ; *salade de chouette*, une *véronique* ; *salade de grenouille*, la *renoncule d'eau* ; *salade de taupe*, le *pissenlit*.

SALADIN ou SALA-HEDDIN, le héros musulman de la troisième croisade, était fils d'Ayoub et neveu de Chirkou, généralen des armées du calife Noureddin. Il était Kurde d'origine ; dans sa jeunesse, il se consacra aux plaisirs et à la dissipation ; mais après la mort de Chirkou, ayant été désigné son successeur, il réforma son caractère, devint grave et religieux. Il se distingua tellement par son courage, que Noureddin lui conféra la dignité de vizir avec le titre de *prince victorieux*. Après la mort de Noureddin, il s'empara de la souveraineté au préjudice du fils du calife défunt ; conquit l'Egypte, la Syrie, l'Arabie, la Perse et la Mésopotamie, et fonda la dynastie des Ayoubites. Il marcha ensuite vers Jérusalem, qu'il voulait enlever aux chrétiens ; vaincu à Ascalon, il gagna une éclatante victoire à Tibériade, à la suite de laquelle la ville sainte, privée de son roi captif du sultan, ouvrit ses portes à Saladin (2 octobre 1187). Le bruit de ses succès répandit l'épouvante en Europe ; une nouvelle croisade fut résolue, à laquelle prirent part Frédéric Barberousse, Richard Cœur de lion et Philippe Auguste. Les armées chrétiennes, victorieuses dans plusieurs combats, s'emparèrent de Saint-Jean d'Acre ; mais Richard, étant resté seul en Palestine, fut obligé de traiter avec le sultan, qui mourut un an après (1193), admiré des chrétiens et pleuré des infidèles pour sa bravoure et son humanité. Malek-Adhel fut l'héritier de sa puissance.

SALADIN (J.-B. Michel) exerçait avant 1789 la profession d'avocat à Amiens. Il adopta les principes de la révolution. En 1790, juge au tribunal d'Amiens, il fut député à l'assemblée législative. Il n'y montra pas une opinion fixe et arrêtée, et ne fut adopté par aucun parti. Élu membre de la convention nationale, il se fixa parmi les membres du parti de la *montagne*, vota avec eux la mort du roi sans appel et sans sursis, et prit part avec eux à toutes les mesures violentes jusqu'à l'époque du 31 mai 1793. Alors il se sépara du parti des *girondins*, protesta en leur faveur, et fut proscrit lui-même, le 3 octobre suivant, avec soixante-douze de ses collègues. Rentré à la convention, après le 9 thermidor, comme membre du comité de législation, Saladin rendit aux émigrés de nombreux services. Il changea ensuite de principes, et devint l'un des plus violents ennemis du parti républicain. Membre du conseil des cinq cents, il se dévoua à la faction dite de *Clichy*, et parvint à échapper aux recherches de la police lors du décret de déportation dressé le 4 septembre 1797. Rappelé sous le consulat, il exerça à Paris la profession d'homme de loi, et mourut dans les premières années de ce siècle.

SALADINE, nom d'une dîme qui fut imposée en France et en Angleterre en 1188, pour subvenir aux frais de la croisade contre Saladin, soudan d'Egypte. L'ordonnance qui institua cette dîme portait que tous ceux qui ne seraient point de la croisade, même les ecclésiastiques, excepté les chartreux, les bernardins et les religieux de Fontevrault, payeraient une fois la dîme de leur revenu et de la valeur de leurs meubles, sans y comprendre néanmoins les habits, les livres, les armes et les ornements ou vases sacrés.

SALAMANDRE, genre de la classe des reptiles, ordre des batraciens, famille des urodèles. Le corps des salamandres est allongé et terminé par une longue queue; elles ont quatre pattes latérales de même longueur, non palmées en général, et présentant quatre doigts dépourvus d'ongles ; la tête est aplatie ; les mâchoires sont armées de dents nombreuses et petites, de même que le palais qui en supporte deux rangées longitudinales. A l'état adulte, les salamandres ont une respiration pulmonée ; mais les têtards respirent par des branchies en forme de houppes, au nombre de trois, et qui s'oblitèrent entièrement. Les salamandres sont ovovivipares, c'est-à-dire que les œufs éclosent dans l'intérieur des femelles. On distingue les salamandres en *terrestres* ou salamandres proprement dites et en *aquatiques* ou *tritons*. Les salamandres terrestres ont la faculté de faire sortir de la surface de leur corps une humeur blanchâtre, gluante, d'une odeur forte et d'une saveur très-mais nullement venimeuse. Lorsqu'on les jette sur des charbons ardents, cette humeur coule plus abondamment, et les protége quelques instants contre l'ardeur du feu, qui finit bientôt par les détruire. C'est ce qui a donné lieu à la fable que les salamandres pouvaient vivre dans le feu ; comme leur aspect repoussant, leur chair molle et huileuse a fait croire au vulgaire

que c'étaient des êtres malfaisants et dangereux. Ce sont des animaux faibles, craintifs et timides. Elles habitent sur la terre, dans les lieux humides et rocailleux, se nourrissant d'insectes et de petits animaux. On les nomme vulgairement *sourds* et *mourons*. On les croit sourdes et à peu près aveugles. Les salamandres terrestres ont la queue ronde, et n'habitent l'eau qu'à l'état de têtards. La *salamandre commune* a six ou huit pouces au plus; son corps est d'un noir sombre, parsemé de taches arrondies d'un jaune vif, et sur les côtés de tubercules d'où suinte l'humeur visqueuse. On la trouve en France. Les poètes en avaient fait le symbole de la valeur et l'emblème de l'amour ; elle faisait partie des armoiries de François Ier. — Voy. TRITON.

SALAMANDRE. Les anciens cabalistes appelaient ainsi les prétendus esprits du feu auxquels obéissait l'animal merveilleux dont ils portaient le nom. — C'était aussi une espèce d'amiante qui ne brûle pas dans le feu.

SALAMANQUE, province d'Espagne, qui faisait autrefois partie du royaume de Léon. Elle est située entre celles de Toro, Zamora, Madrid et Palencia. Sa superficie est de 1,011 lieues carrées, et sa population de 240,000 habitants. Sa capitale est SALAMANQUE. Elle est fertile et industrieuse.

SALAMANQUE, grande et célèbre ville d'Espagne, chef-lieu de la province de même nom, à 45 lieues N.-O. de Madrid, sur la rivière de Tormes, que traverse un pont de vingt-cinq arches, construit par les Romains. Cette ville est bien bâtie, et renferme des places et des monuments magnifiques. Salamanque est fameuse par son université, fondée à Palencia en 1209, et transférée trente ans après dans cette ville. Elle fut longtemps célèbre au moyen âge. Sa cathédrale est une des plus belles églises d'Espagne. Salamanque a un évêché et 14,000 habitants.

SALAMINE, aujourd'hui *Koluri* ou *Colauri*, île de l'Archipel, située vis-à-vis Eleusis en Attique, dont elle n'est séparée que par un canal d'environ un quart de lieue. Sa superficie est de 4 milles carrés, et sa population de 5,000 habitants. Elle est fertile, et la plupart des productions des autres îles de la Grèce. — Salamine s'appela primitivement *Scyras* et *Cenchria* ou *Cychria*, de Cenchrée, son premier roi, et fut habitée par les Ioniens, puis par les habitants des îles et des contrées voisines. Elle eut longtemps des rois, dont le dernier fut Phyla, qui se fit reconnaître citoyen d'Athènes, et céda cette île à la république (1250 avant J.-C.). Après une longue lutte avec les Mégariens, qui en disputaient la souveraineté, Salamine demeura constamment au pouvoir des Athéniens. — Cette île est célèbre par le règne de Télamon et d'Ajax, par la naissance d'Euripide, et surtout par la grande victoire navale que Thémistocle y remporta sur la flotte de Xerxès, roi des Perses (480 avant J.-C.). Ces derniers avaient 2,000 vaisseaux, et les Grecs 380. — La principale ville de l'île était *Salamine l'Ancienne*, sur la côte occidentale.

SALAMINE (myth.), nymphe, fille du fleuve Asope et de Méthone, inspira de l'amour à Neptune, qui la conduisit dans l'île de la mer Egée qui prit ensuite son nom, et où elle devint mère d'un fils nommé *Cenchrée*, tige des rois de cette île.

SALAMINE, aujourd'hui *Porto - Constanza*, ville de Chypre, sur la côte occidentale, dont la fondation est attribuée à Teucer et à une colonie de Salaminiens, vers l'an 1270 avant J.-C. Ses descendants y régnèrent, dit-on, environ huit cents ans. Salamine fut, dans le IVe siècle, renversée par un tremblement de terre, et rebâtie par l'empereur Constance II. Elle était autrefois un évêché grec. C'est à cause de cette ville que l'île de Chypre portait le surnom de *Salaminienne (Salaminia)*.

SALAMINIENNE, nom de la galère qui transportait les officiers athéniens dans

leurs départements respectifs, et qui ramenait les officiers déposés. Elle tirait son nom de la bataille de Salamine où elle avait figuré, ou selon d'autres de Nausithéus, son premier pilote, natif de Salamine. C'est sur cette galère que Thésée alla dans l'île de Crète en revint victorieux. On la nomma aussi *Déliaque*, parce qu'elle fut destinée à aller porter tous les ans à Délos les offrandes des Athéniens. Athènes conserva cette galère pendant plus de mille ans, depuis Thésée jusqu'au règne de Ptolémée Philadelphe. On avait soin de remettre des planches neuves à la place de celles qui vieillissaient, et c'est en agissant ainsi qu'on parvint à la conserver si longtemps.

SALAMPRIA, rivière de la Turquie d'Europe, qui passe à Larisse et va se jeter dans le golfe de Saloniki.

SALAMPSO, fille d'Hérode le Grand et de Marianne, fut fiancée à Phéroras, et épousa ensuite son cousin germain Phazaël, dont elle eut trois fils, Antipater, Hérode et Alexandre, et deux filles, Alexandra et Cypros.

SALANDRELLA, rivière de l'Italie, qui prend sa source dans le royaume de Naples, et se jette dans le golfe de Tarente, à 9 lieues de Salandra.

SALANGANE, espèce du genre *hirondelle*, nommée aussi *hirondelle de mer*. Elle est très-imparfaitement connue, et les naturalistes ne s'accordent pas dans les descriptions qu'ils en font. Elle est renommée pour ses nids, qui sont en Chine l'objet d'un commerce important. Ces nids sont semblables à des bénitiers, formés d'une matière transparente et analogue à la colle de poisson ; leur substance est jaunâtre. Ils sont formés de lames concentriques ; à l'intérieur, on trouve une couche épaisse de plumes sur lesquelles reposent les petits. On ne s'accorde pas sur la formation de ces nids : les uns disent qu'ils sont composés d'une matière visqueuse provenant de l'estomac même de ces oiseaux ; les autres, de frai de poissons qu'ils ramassent sur la mer, etc. Ces nids se ramollissent comme la colle forte à la chaleur. Ils sont très-fades, et néanmoins très-estimés en Orient, où l'on en mange beaucoup, surtout en Chine. Les salanganes placent leurs nids dans les rochers, au milieu de la mer, et en tapissent des cavernes entières. On trouve ces oiseaux dans les îles Philippines, à Java, Sumatra, etc.

SALANKEMEN, ville d'Esclavonie, sur le Danube à 8 lieues S.-E. de Peterwaradin, 6 N.-O. de Belgrade. C'est près de cette ville que le prince de Bade remporta une victoire célèbre sur les Turks en 1691.

SALAPIE, aujourd'hui *Torre delle Saline*, ville de la Pouille, près de la mer Adriatique. Son nom lui vient sans doute des marais salants qui abondent dans son territoire. Cette ville est célèbre par le séjour qu'y fit Annibal après la bataille de Cannes. Elle fut reprise sur ce général par Marcellus. Il existe encore des ruines de l'ancienne ville.

SALARIA, une des portes de Rome, était tournée du côté des Sabins par une voie qui y aboutissait, et qui se joignait à peu de distance de la ville à la voie Nomentana. La porte Salaria ou *Collina* était entre les portes *Nomentana* et *Pinciana*. On la nommait ainsi parce que c'est par elle qu'on entrait à Rome et qu'on en sortait les marais salants voisins.

SALASSES, peuple de la Gaule transpadane dans une vallée (aujourd'hui *la vallée d'Aost*) comprise entre les Alpes grecques et les Alpes pennines. Les Salasses opposèrent aux Romains la plus vive résistance (144 avant J.-C.), et taillèrent en pièces 10,000 Romains commandés par Appius Claudius. Ils furent peu de temps après complétement subjugués et vendus comme esclaves.

SALAT, rivière de France, prend sa source dans les Pyrénées, au mont de Cuns (Ariège), traverse les départements de l'Ariège et de la Haute-Garonne, et se jette dans la Garonne près de Toulouse. Le Salat roule des paillettes d'or.

SALATHI FLUVIUS, fleuve d'Afrique, était la limite des connaissances géographiques des anciens. Au midi, ce fleuve paraît répondre à l'embouchure d'une rivière nommée par les Portugais *Rio de Ouro* (rivière d'or).

SALATHIEL ou SALATHEUS, fils de Jéchonias et père de Zorobabel, fut, selon certaines traditions, prince et chef titulaire des Juifs pendant la captivité de Babylone (de l'an 588 à 550 avant J.-C.). Il mourut à Babylone.

ALDANHA (BAIE DE), grande baie située sur la côte occidentale d'Afrique, en allant au cap de Bonne-Espérance, entre la baie Sainte-Hélène au N. et la baie de la Table au S. C'est dans cette baie que les Anglais s'emparèrent, sans tirer un seul coup de canon, de toute la flotte hollandaise, le 16 août 1796.

SALÉ, fils d'Arphaxad suivant les uns, fils de Caïnan et petit-fils d'Arphaxad, selon les autres, fut aussi le troisième ou quatrième patriarche après le déluge. Il vivait vers l'an du monde 1693 (2310 avant J.-C.). Il vécut environ quatre cent trente-trois ans. Héber, son fils, fut le quatrième ou cinquième patriarche.

SALÉ, ville ancienne et forte de la côte occidentale d'Afrique, avec un bon port sur l'Océan et plusieurs forts, dans le royaume de Maroc à 35 lieues O. de Fez. La rivière de Rabath ou Guerou la divise en deux villes, dont l'une au N. porte le nom de *Vieux-Salé* ou simplement *Salé*; l'autre, au S., s'appelle *Nouveau-Salé* ou *Rabath*. Cette ville est fameuse par ses pirateries. C'est là que demeuraient autrefois les consuls et les marchands d'Europe qui faisaient le commerce de Maroc et des pays qui en dépendent. Salé a des fabriques d'étoffes de soie, de draps de laine très-fins, et de broderies en soie et en or.

SALEIUS BASSUS, poète latin qui vivait sous le règne de Domitien. Il vécut très-pauvre. Les anciens font beaucoup d'éloges de ce poète, dont il ne nous reste aucun ouvrage. On conjecture cependant qu'il est l'auteur d'un éloge de Pison, vulgairement attribué à Lucain.

SALEM (en hébreu, *paix*, du mot *schalam*), ville de Palestine où régnait Melchisédech. On n'est pas d'accord sur sa position. L'opinion la plus commune la confond avec Jérusalem.

SALENCY, village du département de l'Oise, dans le canton et à une lieue de Noyon. Population, 600 habitants. Ce village doit sa célébrité à la fête de la Rosière, fondée par saint Médard au iv° siècle. Ce pieux évêque institua un prix pour être donné chaque année à la fille la plus vertueuse de Salency, sa patrie. Voy. ROSIÈRE.

SALENTINS, peuple d'Italie, dans l'Iapygie, occupait la partie la plus orientale de cette province, et avait pour bornes, au N. l'Adriatique, au S. le golfe de Tarente, à l'E. la mer Ionienne, à l'O. la Messapie. HYDRONTE (aujourd'hui *Otrante*) était leur ville capitale. — Le promontoire des *Salentins* ou *d'Iapygie* (aujourd'hui *Capo Santa-Maria di Leuca*) était situé à l'extrémité orientale du pays des Salentins, et terminait au N.-E. le golfe de Tarente.

SALEP, substance amylacée et alimentaire que l'on tire des bulbes de plusieurs orchidés. Ces bulbes elles-mêmes portent le nom de salep. On retire ces bulbes d'Orient. Quoique l'Europe en renferme une immense quantité, les essais pour en tirer parti n'ont pas été couronnés de succès. Pour préparer le salep, les Orientaux récoltent les bulbes des orchis, en ôtent l'écorce, et les jettent dans l'eau froide, où ils laissent quelques heures. Ils les font ensuite cuire dans l'eau bouillante, et les enfilent avec du crin ou mieux du coton; ils les font sécher au contact de l'air, ce qui leur fait prendre la consistance et la dureté de la gomme élastique. On peut les conserver indéfiniment, en les préservant de l'humidité. Quand on veut en faire des gelées, on les réduit en poudre en les humectant préalablement d'un peu d'eau; on en fait dissoudre une petite quantité dans l'eau bouillante, qui, aromatisée et sucrée, ne tarde pas, en se refroidissant, à se prendre en gelée demi-transparente. Cette gelée fournit une nourriture saine et légère, qui convient aux malades et aux convalescents. Le salep de Perse est le plus estimé. Les Orientaux lui attribuent des vertus aphrodisiaques que les expériences des physiologistes n'ont pas confirmées.

SALERNE (en italien, *Salerno*), ville d'Italie, dans le royaume de Naples, capitale de la Principauté citérieure, sur un golfe du même nom, à 18 lieues S.-E. de Naples. Population, 10,000 habitants. Salerne a une université et un port sur la Méditerranée. C'est dans la plaine voisine de Salerne que fut gagnée en 1016, par 40 chevaliers normands contre une armée de Sarrasins, une bataille qui sauva la ville du joug de l'islamisme. Cet événement fut l'origine de la fondation du royaume des Deux-Siciles par les Normands. — Mais Salerne est surtout connue par son école de médecine, la plus célèbre du monde au moyen âge, que quelques auteurs font remonter au v° siècle de J.-C.; et qui eut pour premiers professeurs des Arabes et des Sarrasins, distingués dans les sciences médicales. Cette école brilla pendant plusieurs siècles. On a de Jean de Milan (vers 1100) un poème hygiénique, en vers latins, que nous connaissons sous le titre d'*Ecole de Salerne*. Cet ouvrage, plein d'incorrections et de négligences, est très-curieux, en ce qu'il fait connaître l'état de la science médicale au xii° siècle en Orient et en Occident. On en a donné plusieurs traductions. — Les princes héréditaires de Naples portaient autrefois le titre de *prince de Salerne*.

SALERS, chef-lieu de canton de l'arrondissement et à 4 lieues de Mauriac (département du Cantal). Population, 1,350 habitants. C'est une ville ancienne, située au milieu des montagnes. Avant la révolution, Salers était le siège d'un bailliage royal. Aujourd'hui c'est une ville fort triste par son isolement, sa situation qui l'expose à une atmosphère variable, dure, et à des orages violents, et par sa construction antique et irrégulière. Elle fut jadis fortifiée, et soutint plusieurs sièges. On voit encore des débris de ces fortifications. La situation de Salers, sur une haute montagne, dans un pays éminemment pittoresque, au centre de plusieurs vallées, procure au voyageur des points de vue d'une beauté ravissante. — Salers a une école normale primaire, et commerce en toiles, bestiaux, chevaux, fil, fromages. C'est à Salers que se font les meilleurs fromages d'Auvergne.

SALES, ancien château de Suisse, près de Genève, célèbre par la naissance de saint François de Sales.

SALÈTE, nom égyptien de Minerve.

SALÈVE, montagne située en Suisse, près de Genève. Elle a 3,072 pieds de haut.

SALEYER, île de la mer du Sud, au S. des îles Célèbes. Elle a 25 lieues carrées et 60,000 habitants. Elle produit du coton et autres fruits de ces contrées. Elle appartient aux Hollandais.

SALICAIRE, genre de la famille des salicariées ou lythariées, renfermant des plantes élégantes qui prennent place parmi les jardins d'agrément et les articles pharmaceutiques et culinaires. Les espèces de ce genre sont répandues par tout le monde. La *salicaire commune*, vulgairement appelée *lysimachie rouge*, abonde dans les marais, les bois, les lieux humides, sur le bord des étangs, des rivières. C'est une plante aux racines fibreuses et vivaces, aux tiges droites, quadrangulaires, rougeâtres, rameuses et velues, s'élevant à un et même deux mètres. Ces tiges fournissent aux Kamtschadales une substance qui, mise à fermenter avec de l'eau, se convertit en liqueur bonne à boire. Ces tiges portent des feuilles opposées, avec un court duvet, et des fleurs pourpres, disposées en long épi terminal à l'aisselle des feuilles supérieures. Le fanage de cette plante plaît à tous les bestiaux. Ses feuilles sont vulnéraires; on les emploie pour remplacer le thé, ou on les mange cuites en guise d'épinards.

SALICARIÉES ou LYTHRARIÉES, petite famille de plantes herbacées, rarement sous-frutescentes à leur base, et voisine des onagrariées. Les feuilles sont simples, entières, opposées ou alternes; les fleurs axillaires et formant des épis; ces fleurs ont le calice d'une seule pièce, tubulé ou bien en godet; une corolle à trois ou six pétales, insérés à la partie supérieure du calice. Le fruit est une capsule mince renfermant de nombreuses graines. Dans cette famille rentrent la *salicaire*, la *lagerstroemie*, etc.

SALICETTI (Christophe), né au Saliceto, canton de Rostino (Corse), en 1786, exerçait, à l'époque de la révolution, la charge d'avocat au tribunal de la Porta, alors chef-lieu de juridiction. Envoyé aux états généraux de 1789 par ses compatriotes, il embrassa avec ardeur les principes de la révolution. À la fin de la session de l'assemblée constituante, Salicetti devint procureur général de son département; député en 1792 à la convention nationale, il vota la mort du roi. Il fut ensuite envoyé en qualité de représentant du peuple aux armées, et contribua puissamment à la reprise de Toulon. Rappelé à Paris et frappé d'un décret d'accusation, il chercha sa sûreté dans la fuite et dans l'exil. Rendu aux affaires publiques, il fut nommé commissaire à l'armée d'Italie, chargé de l'administration des pays conquis et de l'organisation des nouveaux gouvernements. Il y laissa d'honorables souvenirs. Nommé membre du conseil des cinq cents, il fut, après le 18 brumaire, envoyé en qualité d'ambassadeur à Gênes, et amena la réunion de la Ligurie et de toute la Ligurie à la France. Lorsque Joseph Bonaparte fut nommé roi de Naples, Salicetti le suivit en qualité de ministre de la police, et remplit jusqu'à sa mort, arrivée peu d'années après, ces hautes fonctions, réunissant souvent d'autres portefeuilles, et notamment celui du ministère de la guerre.

SALICINE, substance fébrifuge que l'on retire de l'écorce de plusieurs saules. Elle se présente sous la forme de cristaux blancs, très-ternes et nacrés, ou en aiguilles prismatiques, ou en lames rectangulaires. Sa saveur est amère, son arôme rappelle celui du saule. Elle se fond à 100 degrés, et se prend par le refroidissement en une masse cristalline; à une plus haute température, elle se décompose et donne un acide particulier, de l'huile empyreumatique, etc. Elle se dissout dans l'eau et l'alcool, mais non dans l'éther. La salicine s'obtient en versant du sous-acétate de plomb dans un décocté d'écorce de saule, filtrant la liqueur, précipitant tout le plomb par l'acide sulfurique, filtrant de nouveau ou évaporant, décolorant par le noir animal, filtrant encore et laissant refroidir, pour amener la cristallisation. La salicine se compose de 4 parties de carbone, autant d'hydrogène, et une d'oxygène.

SALICINÉES, petite famille que quelques auteurs ont formée de deux genres, le *peuplier* et le *saule*, détachés de la famille des amentacées. Cette division n'a pas été admise par tous les naturalistes.

SALICOQUES, tribu de crustacés, de l'ordre des décapodes, famille des macroures, caractérisés par un corps d'une consistance moins solide que celle des autres décapodes, quelquefois même assez mou, arqué et comme bossu (ce qui leur a valu encore le nom de *squilles bossues*). Ces crustacés sont assez recherchés, et on en fait une grande consommation; on les sale même quelquefois pour les conserver, les mers de ces pays en nourrissent beaucoup. Dans cette tribu, érigée par quelques naturalistes au rang de famille, sont compris les *palémons*, les *crangons*, les *crevettes*, etc.

SALICOR et **Salicotte**, noms vulgaires que l'on donne aux plantes des genres *salicorne* et *soude*, que l'on brûle pour en retirer la substance appelée *soude*.

SALICORA, île d'Espagne, sur la côte de Galice, dans l'Océan, à l'embouchure de la rivière de Roxo, et à 15 lieues S. de Santiago-da-Compostella. Elle est peu importante.

SALICORNE, genre de la famille des chénopodées, comprenant une vingtaine d'espèces croissant dans tous les lieux maritimes du monde. Ce sont de petites plantes herbacées et sous-frutescentes, d'un aspect très-triste, offrant une masse de tiges épaisses et de rameaux noués, dépourvus de feuilles. Les fleurs sont très-petites et peu visibles, naissant des articulations nombreuses et rapprochées des rameaux. Coupées à la fin de l'été, quand elles sont parvenues à tout leur accroissement, puis desséchées au four ou au soleil, ces plantes donnent, par l'incinération, une grande quantité de soude très-estimée. Les bestiaux recherchent la *salicorne ligneuse* et la *salicorne herbacée*, communes sur nos côtes de l'Océan et de la Méditerranée; on recueille leurs jeunes rameaux pour les faire entrer, sous le nom de *perce-pierre*, comme assaisonnement dans les salades.

SALIENNES, nom donné, à Rome, à des jeunes filles qui assistaient aux sacrifices des saliens et les servaient dans leur ministère. Elles portaient le vêtement nommé *paludamentum*, avec des bonnets élevés comme les saliens, et faisaient comme eux des sacrifices avec les pontifes sur le mont Palatin.

SALIENS (Francs), une des tribus des Francs, habitant sur les bords de la Saale, en Germanie, parut très-tard dans les Gaules. On a si peu de détails sur les Francs Saliens. Pharamond fut, d'après quelques chroniques, le premier chef qui les conduisit de la rive droite du Rhin sur la rive gauche. C'est de cette tribu que sont sortis les rois francs de la race mérovingienne.

SALIENS, prêtres de Mars chez les Romains, institués par Numa Pompilius, au nombre de douze, pour conserver les boucliers *anciles* déposés dans le temple de Mars. Dans les solennités, ils portaient ces boucliers par la ville en dansant et sautant (*salire*), d'où leur est venu le nom de *salii* ; leur chef s'appelait *præsul*. Ce sacerdoce était très-auguste à Rome, et les principaux de la ville regardaient comme un honneur d'être agrégés au cortège des saliens. Le costume des saliens dans leurs fonctions consistait en une tunique de pourpre brodée d'or, une longue robe appelée *trabea*, serrée par une ceinture de cuivre ; une épée avec un baudrier garni d'airain ; ils portaient une pique de la main droite, les boucliers sacrés de la gauche, et sur la tête un bonnet élevé nommé *galerus* ou *pileus*. Ils chantaient dans leurs cérémonies des vers appelés *assamenta*. Leurs processions par la ville se terminaient au temple de Mars par des festins magnifiques, dont la délicatesse et la somptuosité avaient passé en proverbe. — Dans la suite, on augmenta de beaucoup le nombre des saliens, et on leur donna des fonctions particulières ; aussi sont-ils connus sous le nom d'*albani*, d'*antoniani*, de *collini* , de *quirinales* ou d'*agonales*, de *palatini*, etc.

SALIFIABLE (du latin *sal*, sel, et *facere*, faire), épithète donnée, en chimie, aux bases alcalines ou métalliques, parce qu'elles ont la propriété de former des sels en se combinant avec les acides. — On nomme *salification* la formation du sel.

SALIGNAC, petit village du département de la Dordogne, dans l'arrondissement et à 3 lieues de Sarlat, chef-lieu de canton. Il a donné son nom à la maison de Salignac, dont était issu Fénelon, archevêque de Cambrai.

SALIN, ce qui appartient ou a rapport au sel, ce qui est de la nature du sel. Ce mot désigne aussi les corps qui contiennent des sels ; on dit quelquefois *substances salines* au lieu de *sels*.

SALINA ou **Ile des Salines**, une des îles Lipari, d'environ 6 lieues de tour, à 2 lieues N.-O. de Lipari. Les habitants, au nombre d'environ 4,000, commercent en sel et raisins secs.

SALINATOR. Voy. Livius.

SALINES, usines dans lesquelles on fait évaporer les eaux des marais salants, des sources salées ou de la mer, pour obtenir le sel commun.

SALINES (Vallée des), vallon de Palestine, ainsi nommé parce qu'on y trouvait une grande quantité de sel, était situé dans le voisinage de la mer Morte au S. Les Iduméens y furent souvent battus par les Hébreux commandés par Amasias, Abisaï et Joab.

SALINGUERRA, chef de la faction des gibelins en Italie, s'empara de la principauté de Ferrare en 1195. Il devint si puissant qu'il méprisa l'autorité du légat du pape, celle du marquis Azzo d'Est, et qu'il chassa de Ferrare tous ceux qui étaient de leur parti. Le marquis d'Est leva une armée et assiégea Ferrare, mais sans succès. Il parvint cependant à y entrer plus tard, et Salinguerra mourut prisonnier à Rome en 1240.

SALINS, ville de France, sur la rive droite de la Furieuse, chef-lieu de canton du département du Jura, dans l'arrondissement et à 7 lieues N.-E. de Poligny. Population, 7,000 habitants. Cette ville est ancienne, et portait sous les Romains le nom de *Pagus Seutingarum* ou *Salinæ Sequanorum*. Ruinée au ve siècle de J.-C., elle ne reprit de l'importance que depuis Louis le Débonnaire. Louis XI en 1484, et Louis XII en 1506, y assemblèrent des états généraux. Salins, fortifiée au xve siècle, fut prise en 1479 par le sire de Chaumont, en 1668 par le duc de Luxembourg, et en 1674 par le maréchal de la Feuillade. Salins a été presque entièrement détruite en juillet 1825 par un incendie qui dura trois jours ; de nombreuses souscriptions l'ont aidée à se relever de ses ruines. — Salins est située au pied du mont Poupet, dans une gorge de 350 mètres de profondeur, étroite et tortueuse. — Cette ville a une bibliothèque publique de 4,500 volumes, une salle de spectacle, un collège, de belles casernes. Elle commerce en vins, eaux-de-vie, bois de construction ; mais son industrie la plus remarquable consiste dans la fabrication du sel. De belles salines reçoivent les eaux de plusieurs sources abondantes, qui déposent par la dessiccation une énorme quantité de beau sel (140,000 quintaux par an).

SALIQUE (Terre). On nommait ainsi, chez les Francs, les terres qui entouraient la maison (en celtique, *sala*). Ces terres étaient données aux militaires de la nation lors du partage des conquêtes, pour les posséder librement sous la seule obligation du service militaire. Cette dernière charge en fit exclure les filles. Les mâles seuls pouvaient succéder aux terres saliques.

SALIQUE (Loi), nom donné communément à un recueil de lois des anciens Francs, par une desquelles on prétend que les filles des rois de France sont exclues de la couronne. On a donné plusieurs étymologies de ce nom : les uns ont prétendu que la loi salique avait été appelée ainsi parce qu'elle avait été faite sur la petite rivière de *Salia* (la Seille, qui se jette dans la Moselle) ; cette opinion ne s'accorde pas avec la préface de la loi, qui dit qu'elle avait été établie avant le passage du Rhin par les Francs. D'autres, qui l'attribuent à Pharamond, tirent son nom de celui de Salogast, conseiller de ce prince ; mais cette étymologie est fort incertaine. Suivant d'autres, ce nom vient de *Sala* (maison), à cause de la disposition qu'elle contient au sujet de la terre salique. L'opinion la plus vraisemblable dérive ce nom de ce qu'elle était la loi des Francs Saliens, c'est-à-dire de ceux qui habitaient les bords de la Saale en Germanie. — Cette loi fut souvent modifiée par les ordonnances des rois, entre autres par Charlemagne ; c'est plutôt une ordonnance criminelle qu'un corps de lois civiles. Elle contient des règlements contre les crimes, le vol, etc. ; tandis qu'elle ne statue rien sur l'état des personnes. En général on entend par le mot de *salique* une loi qui exclut formellement les filles du trône. A la vérité les femmes ne furent jamais admises à la royauté ; mais c'était d'après un usage passé en force de loi chez les Francs, et dont l'origine se perd dans les ténèbres de l'antiquité. Ce qui a donné lieu à cette opinion est la disposition de la loi salique par laquelle les hommes seuls pouvaient hériter des terres saliques au préjudice des femmes. Cette disposition, a été appliquée pour la première fois d'une manière formelle à la succession à la couronne de France en 1316, après la mort de Louis le Hutin. Depuis, elle a été toujours regardée comme une des lois fondamentales de la monarchie.

SALISATEURS (du latin *salire*, sauter), devins romains qui tiraient des augures des mouvements de leur corps.

SALISBURY, ville épiscopale d'Angleterre, capitale du comté de Wilts, sur la rivière d'Avon, à 30 lieues S.-O. de Londres. Sa population est de 10,000 habitants. C'est une ville ancienne, propre et bien bâtie. Sa cathédrale gothique, achevée en 1358, est un des monuments les plus remarquables de l'Angleterre. Cette ville est très-manufacturière et commerçante. Ses flanelles et ses dentelles sont estimées.

SALISBURY, ou **Salisbéry**, ou **Sarisbéry** (Jean Petit, dit de), né en Angleterre vers l'an 1110, embrassa l'état ecclésiastique, et fut envoyé en mission auprès du pape Eugène III. Rappelé dans son pays, il devint l'ami de Thomas Becket, archevêque de Cantorbéry, et fut blessé en voulant le défendre, lorsque ce prélat fut assassiné en 1170. Venu en France quelques années après cet événement, il fut nommé évêque de Chartres, et mourut en 1182. Ce savant ecclésiastique a laissé plusieurs ouvrages ; entre autres : *Polycraticus, sive De nugis curialium et vestigiis philosophorum*, traduit en français par Mézeray, sous le titre de *Vanités de la cour*. On a encore de lui des lettres, une *Vie de Thomas Becket* et un *Traité de logique et de philosophie*.

SALISUBSULES, nom donné, chez les anciens, à ceux qui chantaient et dansaient au son de la flûte, comme cela se pratiquait dans les sacrifices d'Hercule. On les nommait aussi *salii* et *salilorcs*. — Salisubsulus était un surnom de Mars, pris des danses des Saliens.

SALIVAIRE, ce qui a rapport à la salive. — Les *glandes salivaires* sont les organes sécréteurs de la salive, placés symétriquement, au nombre de trois, de chaque côté de la face, derrière et sous la mâchoire inférieure. Leur forme est très-irrégulière. Leurs conduits excréteurs portent directement la salive dans la bouche. On les distingue en *parotides* , *glandes maxillaires* et *glandes sublinguales*.

SALIVAIRE (Fistule), nom donné aux fistules causées par l'ouverture des conduits excréteurs des glandes salivaires.

SALIVATION, augmentation importante dans la sécrétion de la salive. Elle peut constituer une maladie. Elle est causée par l'usage de substances irritantes, comme le poivre, la moutarde, le gingembre, le mercure. Quelquefois elle est le symptôme d'une autre maladie. D'autres fois elle survient sans cause connue. Le principal symptôme de cette maladie est la présence continuelle dans la bouche d'un liquide incolore et aqueux, souvent très-abondant, quelquefois âcre ou fétide. Il s'y joint souvent de la douleur et du gonflement dans les glandes salivaires, à la membrane qui revêt les gencives, l'intérieur des joues et même la langue. Le dérangement de la digestion, l'affaiblissement du corps et la diminution de l'embonpoint se joignent quelquefois à ces symptômes. Sa durée moyenne est d'une à deux semaines, quelquefois beaucoup plus. Sa terminaison est presque toujours heureuse.

SALIVE, humeur sécrétée par les glandes salivaires, dont les conduits excréteurs la versent dans la bouche. Elle est fluide, inodore, insipide, transparente, visqueuse, mousse par l'agitation et verdit le sirop de violettes. Elle est formée, d'après Berzélius, de 992 parties 9 d'eau, de 2,19 de matière animale particulière soluble dans l'eau, de 1,4 de mucus, de 1,7 d'hydrochlorate de potasse et de soude, de 0,9 de lactate de soude, et de matière animale et de 0,2 de soude. La salive se mêle aux aliments dans la bouche, et leur fait subir une première élaboration qui facilite la digestion.

SALLE (Antoine DE LA), écrivain français du XVe siècle, s'attacha à René d'Anjou, roi de Sicile, dont il devint secrétaire. Il composa vers 1459 un roman intitulé *Histoire du petit Jehan de Saintré et de la dame des Belles-Cousines*, histoire agréablement rajeunie par Tressan. On a encore de lui un *Livre de la noblesse et de l'office des hérauts et rois d'armes*, un livre intitulé *la Salade*, où il fait mention de tous les pays du monde, de la figure de la terre et de la mer.

SALLE (J.-B. DE LA), fils d'un conseiller au présidial de Reims, né en 1651, fut pourvu d'un canonicat à l'âge de dix-sept ans, admis à la prêtrise en 1678 et au grade de docteur en théologie en 1681. Dès 1679, il avait commencé à établir pour les garçons des écoles publiques, où l'on enseignait gratuitement les principes de la religion et des lettres. Il acheta une maison pour les instituteurs, et leur donna de sages règlements. Plusieurs villes voulurent avoir ces nouveaux instituteurs. La Salle établit alors un noviciat d'abord à Reims, de là à Paris, puis à Rouen, dans la maison de Saint-Yon. Il résigna son canonicat en 1683, pour se consacrer tout entier à son œuvre, et distribua en 1684 son patrimoine aux pauvres. Il donna en 1717 sa démission de supérieur de ses disciples, et mourut en 1719, laissant plusieurs ouvrages de piété. Ses disciples, réunis sous le nom de *frères des écoles chrétiennes*, obtinrent des lettres-patentes du roi et un bref du pape Benoît XIII, qui approuva leur institut.

SALLE D'ARMES, lieu où l'on apprend l'art de l'escrime.

SALLE DE POLICE OU DE DISCIPLINE, espèce de prison militaire, lieu de correction pour les fautes légères. C'est une chambre garnie d'un lit de camp. Les détenus y reçoivent la nourriture de l'ordinaire, et en sortent pour faire leur service et aller deux fois par jour à l'exercice. Ils sont de plus astreints à faire les corvées de propreté dans les quartiers. Cette chambre d'arrêt est le premier degré de punition. On n'y entre pas pour moins de vingt-quatre heures et pour plus de quinze jours.

SALLENCHE, bourg de Suisse, près de l'Arve, à 6 lieues de Chamouny. Ce village est fameux par son élévation (1,674 pieds au-dessus du niveau de la mer). Sallenche commerce en bestiaux.

SALLES, nom donné par quelques auteurs aux poches placées de chaque côté de la bouche chez beaucoup de singes. Le mot *abajoue* est plus usité.

SALLES (J.-B.), médecin à Vézelize, fut député du tiers état de Nancy aux états généraux en 1789. Il se montra partisan zélé de la révolution, et s'opposa, en août 1789, à ce qu'on accordât au roi un *veto* absolu. Élu secrétaire en 1791, il défendit l'inviolabilité que l'on voulait enlever au roi. Élu en 1792 membre de la convention nationale, il demanda que l'assemblée rapportât le décret par lequel elle se constituait juge de Louis XVI, ou du moins qu'elle renvoyât la ratification du jugement aux assemblées primaires. Il vota ensuite pour la réclusion et le bannissement à la paix. Le 8 février suivant, il s'opposa à ce que l'on suspendît les poursuites contre les assassins des 2 et 3 septembre, et le 26 il dénonça Marat comme excitant le peuple au meurtre et au pillage. Salles, décrété d'arrestation le 2 juin, échappa aux poursuites faites contre lui, et fut mis hors la loi comme girondin le 28 juillet. Il erra ensuite d'asile en asile, fut enfin arrêté à Bordeaux, et décapité le lendemain 20 juin 1794.

SALLES D'ASILE. Voy. ASILE (à la fin de l'article).

SALLIER (Claude), né en Bourgogne en 1686, embrassa l'état ecclésiastique, et se livra avec ardeur à l'étude des sciences et des lettres. Il connaissait les langues hébraïque, syriaque, grecque, latine, italienne, espagnole et anglaise. Reçu à l'académie des inscriptions et belles-lettres, puis à l'académie française, il fut pourvu en 1719 de la chaire d'hébreu au collège de France. Il enseigna cette langue au duc d'Orléans, fils du régent. En 1726, il fut fait garde de la bibliothèque du roi, et publia dix volumes in-folio du catalogue des livres et des manuscrits grecs, latins, orientaux, etc. L'abbé Sallier mourut en 1761. On a de lui l'*Histoire de saint Louis*, par Joinville, avec un *glossaire*; de nombreuses et savantes dissertations dans les mémoires de l'académie des inscriptions, etc.

SALLO (Denis DE), seigneur de la Coudraye, né à Paris en 1626 d'une famille noble et ancienne du Poitou. Conseiller au parlement de Paris en 1652, il se consacra presque entièrement à l'étude des lettres et des sciences. Il conçut le premier, en 1664, le projet du *Journal des savants*, qu'il fit paraître l'année suivante sous le nom d'*Hédouville*, un de ses domestiques. Ses ennemis firent proscrire au bout de treize mois ce journal, qui censurait avec une sévère impartialité les ouvrages de l'époque. Sallo, obligé d'interrompre son travail, en laissa le soin à l'abbé Gallois, qui se borna à de simples extraits, sans censurer ni les auteurs ni les ouvrages. Ce journal, le premier de tous les journaux littéraires en France, disparut en 1792, dans les orages de la révolution. Sallo mourut en 1669. On a de lui un *Traité des sceaux* et deux traités *des Légats à latere*.

SALLUSTE (*Caïus Crispus Sallustius*), historien romain du siècle d'Auguste, né à Amiterne, dans le pays des Sabins, vers l'an 85 avant J.-C. Venu à Rome dans sa jeunesse, il fut nommé questeur à vingt-sept ans, puis tribun du peuple six ans après, et se signala par son attachement au parti populaire. Milon, l'ayant surpris dans un commerce criminel avec sa femme Fausta, le fit noter d'infamie et chasser du sénat (50 ans avant J.-C.). Il se retira alors dans les Gaules, auprès de César, qui l'accueillit avec bienveillance, et lui fit reprendre sa place dans le sénat. Il le nomma questeur, puis préteur, et enfin gouverneur de Numidie. Dans cette province, Salluste se rendit odieux par ses exactions, et fut accusé de concussion à l'expiration de sa charge. César l'acquitta, mais ne lui confia depuis aucune fonction. Depuis cette époque, Salluste consacra son temps aux jouissances de la fortune et à la littérature. Salluste nous a laissé deux ouvrages très-estimés : l'*Histoire de la conjuration de Catilina*, et celle *des guerres de Jugurtha*, roi de Numidie. Son style est sévère, plein de concision, de force et d'énergie. Ses pensées sont fortes et nobles. Il raconte avec impartialité tous les événements, en étudie les causes et les résultats, et montre partout une grande connaissance des hommes et du siècle, dont il peint de main de maître la dépravation. On lui reproche cependant des expressions usées, l'emploi de fréquents néologismes, des métaphores hardies, des digressions nombreuses. Il avait composé une *Histoire romaine*, dont il ne reste quelques fragments. Deux *Lettres à César* sur le gouvernement, et une violente diatribe contre Cicéron, son ennemi, sont attribuées, mais sans fondement, à Salluste.

SALLUSTE (*Caïus Crispus*), petit-neveu et fils adoptif de l'historien de ce nom, fut l'héritier de son nom et de ses richesses. Il se contenta du titre de chevalier romain, et n'ambitionna aucune dignité, quoiqu'il fût en grande faveur auprès d'Auguste et de Tibère. C'est lui qui fut chargé par Tibère de la commission délicate de le défaire d'Agrippa Posthume, et que Tibère voulait désavouer. Il mourut l'an 19 de J.-C. La délicatesse de son esprit et son goût pour les plaisirs le lièrent avec Horace, qui lui adressa la deuxième ode du deuxième livre.

SALLUSTE (JARDINS DE), nom qu'on donna, à Rome, à une habitation magnifique que Salluste se fit bâtir sur le mont Quirinal, et qu'il entoura de jardins vantés par les anciens comme la plus délicieuse promenade de Rome. La place qu'ils occupaient est encore appelée aujourd'hui *Jardins de Salluste*. Ce fut là que Salluste composa ses ouvrages. Après la mort de cet écrivain, sa maison devint le lieu de plaisance des empereurs, et Vespasien, Nerva, Aurélien y fixèrent leur résidence habituelle.

SALLUSTIUS SECUNDUS PROMOTIUS, capitaine gaulois, favori de Julien, se distingua par sa valeur et sa probité. Julien le fit préfet des Gaules, et le prit pour collègue dans le consulat l'an 363 avant J.-C.

SALLUSTIUS SECUNDUS, favori de Julien, que l'on a confondu avec le précédent, fut élevé à la dignité de préfet d'Orient, et se distingua par la pureté de ses mœurs, sa piété et son zèle pour la discipline. Après la mort de Jovien, il refusa la pourpre impériale qu'on lui offrait, et s'opposa également à la proclamation de son fils.

SALLUSTIUS SECUNDUS, philosophe distingué qui vivait vers l'an 365 avant J.-C., est l'auteur d'un *Traité des dieux et du monde*, en vingt et un chapitres, dans lequel il traite de la nature de la Divinité, de la Providence, de l'immortalité de l'âme, etc.

SALM, célèbre maison princière d'Allemagne. Il existait deux comtés de ce nom avant la révolution française. Le comté d'*Ober-Salm* (haut Salm), avec la petite ville de Salm, entre l'Alsace et la Lorraine, et le comté de *Nieder-Salm* (bas Salm), dans les Ardennes, aux frontières du territoire de Liége, dans le Luxembourg. L'ancienne famille des comtes de Salm, qui en étaient seigneurs, se divisa en 1040 en deux branches : 1° un des fils du comte Théodoric, Henri, eut *Ober-Salm*. Cette maison se divisa encore en deux. La partie d'Ober-Salm qui appartenait à la première fut réunie à la Lorraine par alliance au XVIIe siècle. La branche cadette s'éteignit en 1784, mais ses possessions passèrent à la famille des Wildgraves et Rhingraves. Il s'éleva ainsi une nouvelle maison de Salm. (Voy. plus bas.) 2° L'autre fils de Théodoric, Charles, eut *Nieder-Salm*. En 1629, cette famille se subdivisa en deux branches : l'aînée posséda Salm et Reiferscheid, la cadette Dyk. L'aînée s'est encore subdivisée en trois lignes : 1° la maison princière de *Salm-Reiferscheid-Krautheim*, qui perdit ses possessions à la paix de Lunéville, et reçut en compensation en 1803 des terres en Franconie, élevées au rang de principauté en 1804, sous la souveraineté de Baden et du Wurtemberg. Cette principauté a 6 milles carrés, 14,000 habitants et 160,000 francs de revenus. Elle a en outre des possessions sur la rive gauche de l'Yaxt. Cette maison est catholique, et réside à Gerlachsheim et à Dusseldorf. 2° La maison de *Salm-Reiferscheid-Hainspach*, dont le chef a le titre de comte, est catholique et sans possessions immédiates. 3° La maison de *Salm-Reiferscheid-Raitz*, a la dignité princière en 1790. Elle est catholique, sans propriétés immédiates, et réside près de Raitz. — La branche cadette de *Salm-*

SAL — SAL — SAL 1237

Reiferscheid-Dyk possède depuis 1739 la petite seigneurie de Dyk, près de Dusseldorf, et est maison princière depuis 1816. Elle est catholique, et ses possessions sont sous la souveraineté du Wurtemberg. — La maison actuelle d'Ober-Salm fut fondée en 1465 par Jean V, Wildgrave et Rhingrave, époux de Jeanne, héritière de la branche cadette d'Ober-Salm. Ses descendants formèrent plusieurs branches. Il en existe trois aujourd'hui : 1° la maison princière de *Salm-Salm* perdit ses propriétés à la suite de la révolution française, et reçut comme indemnité, en 1803, une principauté dans l'ancien évêché de Munster, avec 21 milles carrés, 38,000 habitants et 340,000 francs de revenu. Elle est sous la suzeraineté de la Prusse. Cette maison est protestante. 2° La maison princière de *Salm-Kirbourg*, reçut en 1803, comme la précédente, une indemnité dans le pays de Munster. Elle est catholique, et sous la souveraineté de la Prusse. 3° La maison princière de *Salm-Horstmar* reçut en 1803 le bailliage de Horstmar, dans l'évêché de Munster : cette principauté a 12 milles carrés, 50,900 habitants et 400,000 francs de revenu. Les princes observent le protestantisme, et se qualifient princes de *Salm-Hortsmar, Wild* et *Rhingraves.*

SALM-DIK (Constance Théis, princesse de), née à Nantes en 1767, se livra dès sa jeunesse à l'étude des lettres et des arts, et plus particulièrement de la poésie. L'on voit ses premières productions dans l'*Almanach des Grâces* de 1788. Elle épousa en 1789 M. Pipelet, chirurgien. Elle fit jouer en 1794, au théâtre de la rue de Louvois, le drame lyrique de *Sapho*, dont Martini fit la musique. Cette pièce eut le plus grand succès. En 1802, elle épousa en secondes noces le comte de Salm-Dik. Ses ouvrages sont nombreux, et disséminés dans un grand nombre de recueils de l'époque. On cite particulièrement l'*Epitre aux femmes*, l'*Epitre sur l'indépendance des gens de lettres*, l'*Epitre sur la philosophie*, un *Discours sur le bonheur de l'étude*, l'*Eloge de Lalande*, plusieurs *romans*, des *pensées*, et une foule de *poésies fugitives* très-agréables.

SALMACIS (myth.), fontaine de Carie, près d'Halicarnasse. D'après les anciens, elle tirait son nom d'une nymphe appelée *Salmacis*, qui aima avec passion le jeune Hermaphrodite, et qui, le voyant insensible à son amour, pria les dieux de les unir, de manière qu'ils ne fussent jamais séparés. Cette prière fut exaucée, et, selon la fable, la fontaine où se passa cette aventure, conserva la puissance d'opérer ce prodige sur ceux qui s'y baignaient, c'est-à-dire de les rendre mous et efféminés.

SALMANAZAR ou Salmanasar (de l'hébreu *schalam asar*, paix lilée ou enchaînée), roi d'Assyrie, succéda à Téglathphalassar vers l'an 727 avant J.-C. Il subjugua la Samarie, et imposa un tribut à Osée, roi d'Israël (724). Trois ans après, celui-ci s'étant révolté, Salmanazar fit une nouvelle invasion en Palestine, prit Samarie après trois ans de siége, et mit fin au royaume d'Israël, en amenant captif le peuple hébreu et son roi. Le vieux Tobie fut au nombre des prisonniers. Salmanazar mourut laissant le trône à son fils Sennachérib.

SALMIAC, nom donné au sel ammoniac appelé aussi *sel de Tatarie* et par les chimistes *chlor-hydrate d'ammoniaque* et *chlorure d'ammonium*. C'est une substance d'une saveur piquante, formée de 68 parties d'acide chlorhydrique et de 32 d'ammoniaque. On la trouve dans les volcans à la surface des laves et dans les solfatares de l'Asie centrale. On s'en sert pour décaper les métaux et dans quelques préparations chimiques et pharmaceutiques.

SALMON ou Salma, Juif, fils de Naassem, fut l'époux de Raab et le père de Booz, par conséquent un des ancêtres de David.

SALMONÉE (myth.), roi fabuleux d'Elide, frère de Sisyphe, était fils d'Eole et petit-fils d'Hellen. Il eut la témérité de vouloir passer pour dieu. Il fit faire un pont d'airain qui traversait une grande partie de sa capitale, sur lequel on poussait un chariot qui imitait le bruit du tonnerre. De ce lieu il lançait des torches enflammées sur quelques malheureux, qu'il faisait tuer à l'instant même pour inspirer plus de crainte à ses sujets. Jupiter, irrité de son impiété, le précipita dans le Tartare, où il souffre éternellement les plus grands maux.

SALMONÉS, famille de poissons qui tirent leur nom de la ressemblance qu'ils ont avec les *saumons* communs, en latin *salmo*. Leur corps est oblong et couvert d'écailles dures et rudes au toucher, disposées avec régularité ; leur forme est élégante ; mais leur principal caractère réside dans leurs nageoires dorsales, dont la première est garnie de rayons mous et la deuxième adipeuse, ou formée d'une substance graisseuse et sans rayons. Ces poissons sont remarquables par la bonté de leur chair, par leur voracité et par leur vie vagabonde ; à l'époque du frai, ils entreprennent des voyages souvent considérables, pour atteindre les sources des fleuves, près desquelles ils déposent leurs œufs dans des trous creusés exprès; après la ponte, ils reviennent sur leurs pas, dans leur séjour ordinaire. — Cette famille comprend le seul genre *saumon*, divisé en dix-huit sous-genres, parmi lesquels on distingue les *saumons* proprement dits, les *éperlans*, les *ombres*, les *scorpèles*.

SALOMÉ, sœur d'Hérode le Grand, tétrarque de Judée, est célèbre par ses crimes. Elle fit périr par ses calomnies ses deux premiers époux, Joseph et Costobare, ses neveux Alexandre et Aristobule, et Marianne, femme d'Hérode. Comme Salomé ne pouvait épouser Selléus, prince arabe qu'elle aimait, parce qu'Hérode était son ennemi, elle se livra secrètement à lui, et épousa ensuite Alexas. Salomé jouit en paix de ses crimes, et eut toujours un empire absolu sur son frère. Hérode lui laissa une riche succession ; elle mourut l'an 12 de J.-C. — Une fille d'Hérode le Grand et d'Elpide, sa neuvième femme, porta aussi le nom de *Salomé.*

SALOMÉ, surnommée *la Danseuse*, fille d'Hérodiade et d'Iiérode Philippe le tétrarque, obtint d'Hérode Antipas, son beau-père, la tête de saint Jean Baptiste, pour prix d'une danse gracieuse qu'elle exécuta devant ce prince ; il fut si ravi qu'il lui promit de lui accorder tout ce qu'elle demanderait. Salomé, à l'instigation de sa mère, fit cette demande barbare.

SALOMÉ (Marie), femme de Zébédée et mère des saints Jacques le Majeur et Jean l'Evangéliste, était une des saintes femmes qui suivaient ordinairement Jésus-Christ dans ses voyages. Elle accompagna Jésus au Calvaire, et ne l'abandonna pas même à la croix ; elle fut aussi du nombre de celles qui achetèrent des parfums pour l'embaumer, et qui vinrent dans ce dessein au sépulcre, qu'elles trouvèrent vide. On en fait mémoire dans l'Eglise le 22 octobre.

SALOMON, troisième roi des Juifs, était fils de David et de Bethsabée. Sacré successeur de David du vivant même de ce prince (1015 avant J.-C.), il se vit forcé, en montant sur le trône, de sacrifier à la paix de ses Etats Joab, Séméi et son frère Adonias, qui voulait lui enlever la couronne ; il épousa ensuite la fille du roi d'Egypte. Dieu, lui ayant promis de lui accorder tout ce qu'il demanderait, lui fit don de la sagesse, selon ses vœux, et en outre des richesses et de la gloire qu'il n'avait pas demandées. Il donna bientôt une preuve de cette sagesse. Deux femmes demeurant ensemble se disputaient un enfant : Salomon ordonna de partager l'enfant en deux, et d'en donner à chacune une moitié. L'une d'elles s'écria qu'elle aimait mieux qu'on le donnât tout entier à l'autre femme; Salomon lui fit aussitôt donner l'enfant, connaissant par ce mouvement de tendresse qu'elle était la véritable mère. Vers 1012 avant J.-C., Salomon commença la construction d'un temple au vrai Dieu. Il employa 250,000 hommes à cette œuvre, qui surpassa en magnificence les monuments alors existants. Il fit ensuite fortifier Jérusalem et plusieurs villes de ses Etats, et se fit bâtir des palais magnifiques. En même temps il forçait les Amorrhéens et autres peuples voisins de lui payer des tributs, et il étendait ses Etats jusqu'à l'Euphrate. Ses richesses devinrent immenses par son commerce avec les pays éloignés ; tous les trois ans, il partait du port d'Asiongaber une flotte qui allait à Ophir chercher de l'or, de riches étoffes et des oiseaux rares. Son opulence et sa sagesse répandirent tellement son nom, que la reine de Saba vint le voir avec de riches présents (991 ans avant J.-C.) et s'en retourna comblée elle-même de ses dons. — Vers la fin de sa vie, Salomon s'abandonna aux passions et aux vices ; il eut jusqu'à sept cents femmes et trois cents concubines, la plupart étrangères. Pour leur plaire, il abandonna le culte du vrai Dieu et sacrifia avec elles aux idoles. Des théologiens veulent que ces faiblesses n'aient coûté que deux ans ; d'autres, que Salomon soit mort dans l'impénitence finale. Quoi qu'il en soit, il mourut en 975 avant J.-C., et eut pour successeur Roboam. — Salomon avait composé un grand nombre d'ouvrages sur les sciences, la morale et la théologie. Le seul qui soit incontestablement de lui est l'*Ecclesiaste.* On lui attribue, mais avec moins de fondement, les *Proverbes*, le *Cantique des cantiques*, la *Sagesse*, l'*Ecclésiastique* et les *psaumes* LXXI et CXXVI. On a cru aussi qu'il avait laissé des livres de magie, et les Orientaux en ont fait un enchanteur. Son anneau, d'après eux, avait la faculté de rendre invisibles ceux qui le portaient, et son tapis transportait celui qui s'asseyait dessus où bon lui semblait.

SALOMON (Iles), appelées encore *Terres Arsacides, Nouvelle-Géorgie*, archipel de l'Océanie, dans la mer du Sud, occupant la partie N.-E. de la Mélanésie, à l'E. de la Papouasie, fut découvert en 1568 par l'Espagnol Alvarez Mindana de Neyra. Mais ses observations astronomiques furent si inexactes, que ni lui ni aucun navigateur ne purent retrouver ces terres. La position de ces îles a été l'objet des plus longues contestations. Elle paraît aujourd'hui démontrée entre le 5e et 10e degré de latitude S. D'après les notions les plus certaines, cet archipel a 200 lieues d'étendue, du N.-O. au S.-E.; sur une largeur moyenne de 40 lieues, et renferme une dizaine d'îles grandes et peuplées, et un grand nombre d'autres de moindres dimensions. Les principales sont l'île *Isabelle*, l'île *Guadalcanar*, l'île *Christoval*, l'île *Anna*, l'île *Catalina*, l'île *Rennel*, les îles *Shortland, Bouka, Georgia, Marrh, Murray, Bellona, Choiseul, Simbou, Gower, Buena-Vista*, etc. Elles sont très-peu connues, ainsi que leurs productions. Les habitants sont grands et bien faits, noirs ou brun foncé; ils paraissent anthropophages. Après Mindana, les navigateurs qui ont exploré ces terres sont Carteret (1767), Bougainville (1768), Surville (1769) et d'Entrecasteaux (1792).

SALON, chef-lieu de canton du département des Bouches-du-Rhône, sur le canal de Craponne qui communique avec la mer, la Durance et le Rhône, dans l'arrondissement et à 8 lieues et demie d'Aix. Population, 6,400 habitants. Cette ville est ancienne. Elle fut assiégée et prise par le duc de Savoie en 1590, et reprise par les Français en 1595. En 1793, l'armée marseillaise fut battue près de ses murs par les troupes de la convention. — Salon est propre et bien bâti. Il possède un bel hôtel de ville, des promenades agréables. Il fait un grand commerce d'huile d'olive, de fourrages, de fruits, de bêtes à laine et de cadis.— On y voyait avant la révolution le tombeau de Nostradamus.

SALONE ou Salona, ville de Dalmatie, près de Spalatro, à peu de distance de l'Adriatique. Cette ville est célèbre dans l'histoire par le siége qu'elle soutint contre Pollion, lieutenant d'Octave, et par la retraite de Dioclétien, qui, après avoir abdiqué l'empire, vint y cultiver un jardin et y mourir. On voyait encore les ruines de son palais dans le xvie siècle. Salone est de nos jours entièrement détruite. — C'est aussi une petite ville de Grèce, l'ancienne *Amphisa*, dans la Livadie, sur une rivière qui se jette dans le golfe de Salone, à 14 lieues de Lépante. Population, 8,000 habitants. Elle est commerçante et a un évêque grec.

SALONIKI, nom moderne de *Thessalonique*, grande ville de Turquie, dans la Roumélie, chef-lieu d'un sandjiakat de même nom qui occupe la partie méridionale de l'ancienne Macédoine, à 105 lieues de Constantinople. Population, 70,000 habitants. Saloniki est bâtie au fond du golfe qui porte son nom. Elle a un archevêché grec, et est le siége de plusieurs consuls européens, entre autres d'un consul français. Elle est très-commerçante, quoique les maladies y causent de fréquents ravages. Son commerce d'exportation consiste en soie, coton, cire, tabac, ponges, cuir, alun, laines, etc. — On y voit plusieurs belles ruines de constructions antiques, grecques et romaines.

SALONINA (Julia Cornelia), femme de l'empereur Gallien, se fit chérir par des vertus autant que son époux se fit détester à cause de ses vices. Elle cultivait les arts et les lettres, et les encouragea quand elle fut sur le trône. Elle excita son époux à marcher contre les barbares ou les empereurs qui lui disputaient la pourpre. Elle l'accompagnait toujours dans ses expéditions. Enveloppée dans la haine qu'inspirait Gallien, elle périt dans une révolte avec lui, auprès de Milan, en 268 de J.-C.

SALONINUS (P. Licinius Cornelius), fils de Gallien et de Salonina, reçut de Valérien, son grand-père, le titre de césar en même temps que son père (255), et fut peu après envoyé dans les Gaules pour apprendre l'art militaire. L'usurpateur Posthume, après s'être emparé de Cologne, où résidait le jeune prince, le fit mourir à l'âge de dix ans (261).

SALONIUS, évêque de Vienne ou de Genève, vivait dans le ve siècle. Il nous reste de lui deux *Commentaires ou Expositions mystiques des Proverbes et de l'Ecclésiaste*, qui se trouvent dans la bibliothèque des Pères de l'Eglise.

SALPÊTRE. Voy. NITRE.

SALPIENS, nom que M. de Blainville donne à une famille de mollusques de l'ordre des hétérobranches, contenant les deux genres *biphore* (en latin, *salpa*) et *pyrosome*. Les biphores sont des animaux cylindroïdes, transparents, gélatineux, phosphorescents, plus ou moins allongés, remarquables par deux ouvertures qui terminent antérieurement et postérieurement un canal ouvert dans toute la longueur du corps. Ces animaux sont hermaphrodites, et ont la faculté de s'attacher les uns aux autres dans un ordre régulier. Ils n'habitent que la haute mer, et atteignent jusqu'à huit pouces de long.

SALPION, sculpteur athénien auquel on attribue un vase magnifique, qu'on voit dans la grande église de Gaëte, où il sert pour les fonts du baptême. Le beau morceau de sculpture avait été construit, à ce qu'on pense, pour contenir l'eau lustrale dans quelque ancien temple païen. On ignore à quelle époque florissait Salpion.

SALPINGO-MALLEEN (du grec *salpingx*, trombe, et du latin *malleus*, marteau), un des osselets de l'oreille. Des anatomistes ont donné ce nom à un muscle interne du marteau, parce qu'il s'attache à la trompe d'Eustache et à l'osselet de l'oreille que l'on nomme marteau.

SALSBACH, lieu entre Bade et Strasbourg, où fut tué Turenne le 27 juillet 1675. Dans ce lieu même, le cardinal de Rohan éleva un monument au célèbre héros en 1781.

SALSEPAREILLE, nom d'une des espèces du genre *smilax*, originaire de l'Amérique méridionale. — On appelle vulgairement *salsepareille d'Allemagne* la laiche des sables, et *salsepareille grise* la racine de l'*aralie à tige nue*. — Les propriétés de la salsepareille sont dépuratives.

SALSES, nom donné à de petites cavités cratériformes qui rejettent une boue argileuse et des bulles de gaz hydrogène. Le nom vient de ce que c'est près de Salsuolo, dans les environs de Modène, que des cavités semblables ont été d'abord observées. On les a encore nommées *pseudo-volcans* ou *faux volcans* et *volcans d'air et de boue*. L'hydrogène que les salses rejettent peut quelquefois s'enflammer dès qu'on en approche une substance embrasée. On trouve ces petits volcans dans la Sicile, le Modénois, la Chine, les îles océaniques, etc.

SALSES ou SALCÉS, près d'un étang considérable, sur la route de Narbonne à Perpignan, petite commune du département des Pyrénées-Orientales, canton de Rivesaltes. Population, 900 habitants. Son nom lui vient d'une source d'eaux salées, et les anciens l'appelaient *Salsulæ*. Ou y remarque un fort bâti par Charles-Quint. Salses fut prise par le prince de Condé en 1639 sur les Espagnols, qui la reprirent l'année suivante; les Français s'en emparèrent de nouveau en 1642. Salses commerce en excellent vin blanc.

SALSETTE, île de la mer des Indes, sur la côte de l'Aurengabad, dans la présidence et au N. de Bombay, dont elle n'est séparée que par un petit bras de mer. Elle a environ 7 lieues de long sur 6 de large. Elle produit du riz, des fruits, et est très-fertile. Salsette a dans son intérieur des restes d'anciens monuments taillés dans le rocha. Elle a été longtemps disputée entre les Mahrattes et les Anglais. Elle appartient aujourd'hui à ces derniers.

SALSIFIS. Voy. SERSIFIX. — Le *salsifis noir* est la scorsonère.

SALTA, ville de l'Amérique méridionale, autrefois capitale de la province du Tucuman, à 250 lieues N.-E. de Buenos-Ayres. Sa population est de 10,000 habitants. — Cette ville est aujourd'hui chef-lieu de la province buenos-ayrienne de Salta, située à l'E. de la province de Rioja. Elle est très-fertile. Sa superficie est de 250 lieues carrées, et sa population de 20,000 habitants.

SALTARELLE, air de danse italien à trois temps, en rhythme boiteux de notes inégales.

SALTCOATS, ville d'Ecosse, à 10 lieues S.-O. de Glasgow, avec 4,000 âmes. Elle a un port renommé, et commerce en sel et charbon de terre. Ses bains de mer ont de la réputation.

SALTIGRADES, tribu de l'ordre des pulmonaires, de la famille des aranéides fileuses, renfermant des araignées qui ont les pieds propres au saut, et qui marchent par saccades, s'arrêtant tout court après avoir fait quelques pas, et se haussant sur les pieds antérieurs. Elles s'élancent par bonds sur leur proie. Cette tribu renferme les deux genres *érise* et *saltique*.

SALTIQUE, genre de l'ordre des pulmonaires, famille des aranéides, tribu des saltigrades, renfermant des araignées dont les pieds sont robustes, propres au saut et à la course. Ce genre se compose d'un grand nombre d'espèces répandues par tout le monde. On trouve très-communément en France, sur les murs des maisons, la *saltique chevronnée* (*araignée chevronnière* ou *atté paré*), longue de trois lignes et demie, noire, avec l'abdomen ovale, allongé, ayant trois bandes blanches demi-circulaires.

SALTUAIRE, esclave ou affranchi chargé dans les riches maisons de Rome du soin des terres, des bois.

SALTUS, grande mesure agraire des Romains, valait 4 centuries, 800 jugera ou arpents, 48,000 actes, et 23,040,000 pieds romains carrés (environ 3 myriamètres).

SALTZ... Voy. SALZ...

SALUCES (en italien, *Saluzzo*), ville de Piémont, près du Pô et de la Vraita, sur une hauteur, au pied des Alpes, à 10 lieues de Turin et 6 de Pignerol. Population, 12,000 habitants. SALUCES est le chef-lieu de la province du même nom dans le gouvernement de Coni. Cette province comprend quatorze *mandements* et soixante-dix communes. Elle renferme une école de droit, quatre colléges de première classe, huit de deuxième et deux écoles ecclésiastiques. La ville de Saluces a un évêché érigé en 1511, et commerce en grains, vins et soieries. — Saluces s'appelait du temps des Romains *Augusta Vagiennorum*. Elle devint au moyen âge la capitale d'un petit territoire bien connu sous le nom de *marquisat de Saluces* sous la suzeraineté de la Savoie. Ses possesseurs ont joué un grand rôle dans l'histoire de ces contrées. Le septième marquis, Thomas II, vivait au xive siècle. La France s'en empara sous le treizième marquis, Jean-Louis, qui fut relégué au château de Pignerol, et le posséda sous Henri II et Henri III. Henri IV l'échangea contre la Bresse avec Charles-Emmanuel, duc de Savoie, en 1601. Plusieurs des marquis de Saluces se sont distingués. On cite Thomas III, qui composa le roman intitulé : *Voyage du chevalier errant*, mêlé de prose et de vers, ayant pour objet les affaires du temps. Louis Ier, réuni au duc de Milan, humilia Venise et les Florentins. Il fut l'auteur de la route creusée au-dessus du mont Viso, qui réunit la France à la Savoie. Louis II seconda la suzeraineté de la Savoie, et demanda des secours à la France, qui lui envoya 1,600 hommes. Les Français se distinguèrent par le siége qu'ils soutinrent à Saluces (1486). Dépossédé en 1490, ce prince suivit Louis XII de France en Italie, et mourut à Gênes en 1504. Il avait écrit l'*Art de la chevalerie sous Végèce*. Un autre marquis, Michel-Antoine, commandait l'armée française dans le royaume de Naples, et assista aux batailles de Marignan et de Pavie.

SALUM ou BURSALUM, rivière d'Afrique, sur la côte occidentale, entre le Sénégal et la Gambie. L'on croyait autrefois que cette rivière était un moyen de communication avec le Niger par la Gambie. On sait aujourd'hui que la Gambie est entièrement distincte du Niger, et que son cours est opposé à celui de ce fleuve. La rivière de Salum donne son nom à un royaume d'Afrique qui a 50 lieues de long sur 20 de large et une population d'environ 300,000 habitants.

SALUS. Voy. SANTÉ.

SALUT, action de saluer, démonstration extérieure de civilité, d'amitié, de respect, faite aux personnes qu'on rencontre, qu'on aborde ou qui nous visite. Chaque peuple a sa manière de saluer. Le plus bizarre salut est celui des Otaïtiens, qui se cognent leurs nez l'un contre l'autre, en se serrant la main. — L'état militaire a ses divers saluts, comme celui des armes, celui du drapeau, de l'épée, etc. — En marine, il y a quatre manières de saluer, avec le canon, le pavillon, la voile et la voix. Saluer avec le canon, c'est tirer un certain nombre de coups de canon, l'un après l'autre et l'un d'un bord, l'autre de l'autre alternativement, à une seconde d'intervalle. Lorsque le salut a lieu entre égaux, il se rend en nombre pareil; Si celui qui salue est inférieur, le supérieur rend quelques coups de moins. En arrivant sur une rade étrangère, on négocie pour le salut, c'est-à-dire qu'on exige coup pour coup, ou on consent à quelques coups de canon de moins. Les bâtiments de l'Etat qui sont salués par ceux du commerce rendent ordinairement le tiers des coups de canon qu'ils ont reçus. — On salue aussi en poussant à plusieurs reprises le cri de *Vive le roi*. Les autres saluts se font en disposant les voiles ou les pavillons de diverses manières.

SALUT, terme qu'on emploie dans les préambules des lois, des ordonnances, des bulles, des mandements, des lettres patentes. Les rois de France disaient : *A tous ceux qui ces présentes verront, salut*. Aujourd'hui la formule est : *N..., roi des Français, à tous présents et à venir, salut*. Sous la république, les lettres se signaient :

Salut et fraternité. Autrefois les épîtres et les préfaces, dans les cérémonies de la messe, portaient souvent ces mots : *Au lecteur, salut.*

SALUT. En termes de liturgie catholique, c'est le nom commun des prières que l'on chante ordinairement le soir, après complies, dans certaines églises, et qui se terminent par la bénédiction du saint sacrement.

SALUTAIRE, nom donné, dans les dernières divisions de l'empire romain, à certaines portions de provinces trop grandes pour les former en une seule. On ignore l'origine de cette dénomination, qui ne fut employée qu'en Orient et seulement pour cinq provinces : la Macédoine, la Syrie, la Galatie, la Phrygie et la Palestine. — La porte *Salutaire* était, à Rome, vers le N., près du mont Quirinal et du temple de la déesse de la Santé (*Salus*), d'où elle tirait son nom. — On appelait *déesse salutaire* (*diva salutaris*) Isis, et *dieu salutaire* (*deus salutaris*) Pluton.

SALUTATION ANGÉLIQUE, prière que les catholiques adressent à la sainte Vierge, et qui commence par ces mots : *Ave, Maria, gratiâ plena* (je vous salue, Marie, pleine de grâce), etc. Elle est composée des paroles que l'Évangile attribue à l'ange Gabriel lorsqu'il annonça à Marie le mystère de l'incarnation, de celles que proféra Élisabeth lorsqu'elle reçut la visite de Marie, et enfin de celles que l'Église emploie pour implorer son intercession. On récite principalement cette prière à la suite de l'oraison dominicale. Elle a été introduite en France sous Louis VI.

SALUTIGÈRES (Dieux), en latin *salutigeri dii*, dieux subalternes des anciens, qui servaient de messagers et d'interprètes aux dieux supérieurs. — On appelait encore *salutigères* des esclaves dont la fonction était d'aller saluer de la part de leurs maîtres et de faire tous les messages de ce genre.

SALVADIGO, nom donné à des écueils qui se trouvent sur la côte occidentale de l'Anatolie, à l'E. de l'île Stalimène, entre les caps Gumichlu et Patera, qui bordent la presqu'île formant le côté septentrional du golfe de Stan-Co.

SALVADOR. Voy. Bahia.

SALVADOR (San-) ou Banza, grande rivière d'Afrique, capitale du Congo, sur une montagne, à 50 lieues environ de la mer. Sa population est de 40,000 habitants.

SALVADOR (Andréa), poëte dramatique italien du XVIIe siècle, fut un de ceux qui se rapprochèrent le plus des bons modèles. Les principales de ses pièces sont *Medore*, *Flore* et *Sainte Ursule*; cette dernière est celle qui jouit du plus d'estime.

SALVADORE, genre de la famille des chénopodées, renfermant des plantes qui croissent en Asie et en Afrique. L'espèce type est la *salvadore de Perse*, spontanée dans l'Inde, l'Arabie, la haute Égypte, le Sénégal, etc. C'est un arbrisseau garni de feuilles opposées, un peu charnues, dont les rameaux portent à leur extrémité des groupes de fleurs blanches, très-petites, auxquelles succèdent des baies piriformes, jaunes, monospermes. On emploie ses feuilles broyées comme résolutives. L'écorce, fraîchement pelée, est un bon vésicatoire ; les baies se mangent, et le bois sert à faire des brosses. Les Arabes en font le remède le plus sûr pour guérir de la morsure des serpents.

SALVAGES (Les), nom de deux îles d'Afrique, dans l'océan Atlantique, entre les îles Canaries et Madère, dont elles dépendent. Elles sont de nature volcanique, sans végétation et inhabitées.

SALVAN DE SALIEZ (Antoinette de), une des femmes qui se sont fait un nom par leurs talents littéraires, née à Alby en 1638. Veuve d'Antoine de Fontvielle, seigneur de Saliez, viguier d'Alby, elle consacra la liberté que lui donnait le veuvage à l'étude et à l'amitié. Elle forma en 1704 une compagnie littéraire sous le titre de *société des chevaliers et chevalières de la Bonne-Foi.* Elle mourut en 1730, membre de l'académie des *ricovrati* de Padoue. Elle a laissé des *lettres*, des *poésies*, des *Paraphrases sur les Psaumes de la pénitence*, et l'*Histoire de la comtesse d'Isembourg*, traduite en plusieurs langues.

SALVATELLE, veine située sur le dos de la main, près de son bord interne. Elle commence sur la face postérieure des doigts et sur la face dorsale de la main ; puis elle remonte à la partie interne de l'avant-bras, où elle prend le nom de *veine cubitale postérieure.* Son nom vient du latin *salvare* (sauver), parce que les anciens attribuaient à l'ouverture de cette veine une grande efficacité pour la guérison de l'hypocondrie, des affections mélancoliques, etc.

SALVATOR ROSA. Voy. Rosa.

SALVATIONS, terme de jurisprudence, écritures qui se font en justice pour appuyer les contredits. On les appelle ainsi parce que leur objet est de *sauver* (*salvare*, en latin) pour ainsi dire les premières écritures, de soutenir les moyens qu'elles renferment.

SALVE (en latin, *salut*) se dit de plusieurs coups de canon ou de toute autre arme à feu, qui tirent en même temps et successivement, soit en l'honneur de quelqu'un, soit pour la célébration d'une fête, soit enfin pour l'annonce d'une bonne nouvelle.

SALVE REGINA (c'est-à-dire *je vous salue, reine*), premiers mots d'une prière que les catholiques adressent à la Vierge, et par laquelle on a coutume de terminer l'office divin pendant un certain temps de l'année. Dans quelques pays, l'usage existe de chanter *Salve regina* lorsqu'on est sur le point d'exécuter un criminel. On attribue cette prière à Hermannus Contractus ; d'autres lui donnent pour auteur Pierre de Monsoro ou de Monsucio, évêque de Compostelle ; d'après ces derniers, saint Bernard en aurait composé la fin. Elle fut adoptée par les dominicains de Bologne, pour la première fois, vers l'an 1237.

SALVI (Jean-Baptiste), peintre célèbre, né à Sassoferrato en Italie en 1705, mort en 1690. Il se fait remarquer par le clair-obscur de ses tableaux. — Nicolas Salvi, né à Rome en 1699, fut grand mathématicien et habile architecte. Le plus beau de ses ouvrages est la fontaine de Trévi, construite par ordre du pape Clément XII. Cet artiste recommandable mourut en 1753.

SALVIATI, noble et ancienne famille de Florence, alliée à la maison des Médicis, et par elle à plusieurs maisons royales de l'Europe, était, dès l'an 1200, au nombre des premières familles de Toscane. Parmi ceux de cette famille qui se sont le plus distingués, on cite Jacques Salviati, qui, en 1400, acquit le comté de Bagni à sa république et fut nommé *le Grand* ; François Salviati, archevêque de Pise, qui fut pendu en 1478, revêtu de ses habits épiscopaux, aux fenêtres du Palais-Vieux ou de l'hôtel de ville de Florence, pour la part qu'il avait eue à la fameuse conjuration des Pazzi contre les Médicis. — Léonard Salviati, littérateur estimé, né à Florence en 1540, consul de l'académie de cette ville en 1566, et qui a laissé un *Dialogue sur l'amitié*, des *discours*, deux *comédies*, une critique du Tasse intitulée *Infarinato*, des *Avis sur le Décaméron.* — Enfin Bernard Salviati, qui, d'abord chevalier de Malte, devint prieur de Capoue, puis grand prieur de Rome et amiral de son ordre. Il rendit son nom redoutable aux Ottomans, ruina le port de Tripoli, prit la ville de Coron en Morée, parcourut l'Archipel jusqu'au détroit des Dardanelles, incendia l'île de Scio, et fit grand nombre de prisonniers. Salviati embrassa ensuite l'état ecclésiastique, et obtint l'évêché de Saint-Papoul, en France, puis celui de Clermont (1561). La reine Catherine de Médicis, sa parente, le choisit pour son grand aumônier, et lui fit donner le chapeau de cardinal en 1561. Il mourut à Rome en 1568. Son frère Jean fut aussi évêque de Saint-Papoul et cardinal.

SALVIATI (Francisco ou Cecco), peintre dont le vrai nom était Rossi, né à Florence en 1510, s'attacha au cardinal J. Salviati, qui prit le nom de son patron. Il voyagea en Italie et en France. En 1544, il travailla au palais de Fontainebleau ; de retour en Italie, il y mourut en 1563. Ses peintures sont très-estimées ; son dessin est correct, et ses draperies sont légères et bien jetées. On lui reproche des airs de tête maniérés, des coiffures et des attitudes extraordinaires.

SALVIEN, prêtre de Marseille au Ve siècle, se rendit célèbre par ses connaissances et ses vertus. On a prétendu, mais à tort, qu'il avait été évêque. Il mourut vers l'an 485. Il déplora avec une douleur si éloquente les dérèglements de son temps, qu'il fut nommé le *Jérémie du Ve siècle.* Il avait aussi reçu le surnom de *maître des évêques*, sans doute parce qu'il éleva les deux fils d'Eucher, évêque de Marseille, qui furent tous deux évêques par la suite. Salvien a laissé plusieurs ouvrages latins, distingués par l'élégance et la pureté du style, la délicatesse et souvent la mâle éloquence des pensées. On remarque un *Traité de l'avarice*, en quatre livres, des *lettres*, et surtout le *Traité sur le gouvernement ou la providence de Dieu*, où Salvien s'est proposé de laver le christianisme des reproches que lui faisaient les païens, d'être la cause des calamités qui affligeaient l'empire romain à cette époque.

SALVINI (Antoine-Marie), Florentin célèbre, un des écrivains italiens qui ont le plus contribué au rétablissement du bon goût en Italie, et un des académiciens de la Crusca qui ont le plus contribué au perfectionnement du dictionnaire. Il mourut en 1729. Il a traduit en vers italiens l'*Iliade*, l'*Odyssée* d'Homère, *Hésiode*, *Théocrite*, *Anacréon* ; les poëmes d'*Aratus*, de *Musée* ; les *hymnes d'Orphée* ; les *poésies* de *Callimaque*, *Oppien* ; les *vers dorés* de *Pythagore*, *Théognis*, *Phocylide* ; l'*Art poétique d'Horace*, l'*Art poétique de Boileau*, etc. On lui doit encore des *sonnets*, des *discours académiques*, etc. — Son frère Salvino Salvini, mort en 1751, fut chanoine de Florence et archiconsul de l'académie de cette ville. Il a laissé plusieurs ouvrages.

SALVIUS, joueur de flûte, fut proclamé roi de Sicile par les esclaves révoltés, du temps de Marius. Il résista quelque temps aux Romains, qui le vainquirent et le firent mettre à mort (100 ans avant J.-C.). On le nomma aussi *Tryphon.* C'est aussi le nom d'un écrivain du Ve siècle, qui a laissé, sous le titre de *Laterculus*, un dénombrement des fêtes qui se célébraient tous les ans chez les païens et les chrétiens. On le nomme encore *Sylvius* ou *Polemnius.*

SALVOISON ou Salvazon (Jacques de), gentilhomme du Périgord, fit ses études à Toulouse, et embrassa l'état ecclésiastique. Il quitta l'Église pour les armes (vers 1540). Il fut fait prisonnier par les Anglais, dont le roi Édouard le rendit sans rançon. De retour en France, il passa en Piémont pour y servir sous le maréchal de Brissac, et se distingua surtout par son adresse singulière à surprendre les places de guerre. Fait prisonnier près de Milan, il fut relâché peu de temps après. Salvoison était mestre de camp de l'infanterie française en Piémont, et gentilhomme de la chambre du roi, lorsqu'une mort prématurée l'enleva en 1558.

SALYES ou Salluviens, peuples puissants et populeux de la Gaule méridionale, nommés aussi *Gallo-Liguriens*, parce qu'on les disait originaires de Ligurie, et des pays s'étendant dans la Viennaise et la Narbonnaise deuxième, au S., le long du Rhône, depuis l'embouchure de la Durance jusqu'au bord de la mer. Aix (*Aquae Sextiae*) était leur capitale. Les Salyes, par la suite de leurs guerres avec les Phocéens de Marseille, fournirent aux Romains l'occasion d'intervenir dans les affaires des nations transalpines, et de commencer ainsi la conquête des Gaules.

SALZA (Hermann de), un des hommes de guerre les plus renommés de son siècle, fut chef de l'ordre Teutonique de 1210 à 1230. Cet ordre célèbre dut à la valeur de Salza ses premiers accroissements.

SALZA, rivière d'Autriche, qui prend sa source près des frontières du Tyrol, arrose la ville de Salzbourg, et se jette dans l'Inn, au-dessous de Burkausen. Avant 1815, elle donnait son nom (*Salza, Saltz* ou *Salzach*) à un cercle du royaume de Bavière, à l'E. de celui de l'Inn, et borné à l'E. par l'Autriche, au S. par la Carinthie. Son chef-lieu était *Salzbourg*. — Rivière de Prusse, dans la régence d'Erfurt, se jette dans le Helm. — Ville de Prusse, dans la régence et à 4 lieues S. de Magdebourg, près l'Elbe. On y trouve des sources d'eaux salées. — Petite ville de Hanovre, à 3 lieues de Hildesheim.

SALZBOURG (Archevêché de), Etat souverain d'Allemagne, était composé du cercle actuel de ce nom et de plusieurs dépendances. Des géographes évaluent sa superficie à 440 lieues carrées. Sa capitale était Salzbourg. Sous l'empire, il fut donné à la Toscane, puis cédé à l'Autriche.

SALZBOURG, cercle des Etats autrichiens, comprenant une grande partie de l'ancien archevêché de ce nom. Il est borné au N. et à l'O. par la Bavière, au S. par le Tyrol. Sa superficie est de 150 lieues carrées, et sa population de 150,000 habitants. Le sol est montagneux et riche en minéraux. Il ne produit pas assez de blé pour la consommation des habitants. Il commerce en chevaux, bestiaux, objets d'acier et de laiton, sel, lin et chanvre. La capitale est Salzbourg.

SALZBOURG, grande et forte ville d'Allemagne, sur la Salza, chef-lieu du cercle de même nom, à 26 lieues de Munich. Population, 18,000 habitants. C'était autrefois la résidence de l'archevêque, et c'est dans son château fortifié que naquit Charlemagne. On y remarque plusieurs beaux édifices, entre autres la cathédrale et le palais archiépiscopal. Elle a une université fondée en 1826. On y fait un commerce considérable, surtout en sel, fer, cuivre, acier, marbre, meules de moulin, pierres à aiguiser, etc. — On dit cette ville bâtie sur l'emplacement de l'ancienne *Jusava*, détruite en 448 par Attila. Les Français s'en emparèrent à trois reprises différentes, le 15 décembre 1800, à la fin d'octobre 1805, et le 29 avril 1809.

SAMALOUT, petite ville de la haute Egypte; à 6 lieues de Girgeh. Les Français y battirent en 1799 les musulmans commandés par Mourad-Bey.

SAMANDRAKI, nom moderne de l'île de Samothrace, dans l'Archipel, au N. de Lemnos. Elle a 3 lieues de tour et est assez fertile. Elle commerce en miel et maroquins.

SAMANÉENS, secte de philosophes indiens qui faisaient vœu de chasteté et habitaient hors des villes dans des solitudes, où ils se nourrissaient de fruits et de légumes. Ils étaient vénérés à ce point que les rois de l'Inde venaient les consulter sur les affaires de l'Etat.

SAMANIDES, dynastie de califes arabes, descendant d'Assad ben Saman, qui, de conducteur de chameaux, devint chef d'Arabes. Mohammed, calife, donna à son petit-fils Nasser, l'an de l'hégire 261, le gouvernement de la province de Mawaralnaher où Transoxane. Enfin en 279 de l'hégire, Ismaël, frère de Nasser, se rendit le maître absolu de cette province, en conquit d'autres, et forma un puissant empire qui a porté le nom de Samanides.

SAMAR, une des îles Philippines, à 8 lieues S.-E. de Luçon. Elle a environ 50 lieues de long sur 25 de large. Elle est très-fertile en sucre, melons, figues, oranges, et commerce en toiles, étoffes de soie et de coton, ébène, bois de teinture, etc.

SAMARA. Voy. Sambénito.

SAMARIE, nom donné par Gaertner aux capsules coriaces et membraneuses, comprimées, à une ou deux loges, ne s'ouvrant point, munies d'ailes sur les côtés, ou terminées par une languette foliacée. Tels sont les fruits de l'orme, du frêne, de l'érable, etc. Les anciens appelaient ainsi la capsule de l'orme.—On les nomme aussi *ptérides*.

SAMARIE, ville de Palestine, capitale de la Samaritide, bâtie à quelque distance et au N.-O. de Jérusalem, dans une plaine fertile. Elle fut fondée par Amri, roi d'Israël, c'est-à-dire des dix tribus détachées de Juda. Ce roi en fit la capitale de son royaume. Cette ville fut assiégée plusieurs fois et enfin prise par Salmanazar, roi d'Assyrie (vers 724 avant J.-C.). Après avoir été détruite et relevée à plusieurs reprises, elle fut reconstruite par Hérode, qui la nomma *Sébaste* (en grec, *Auguste*). Il ne reste de cette ville que quelques ruines qui portent son nom.

SAMARITIDE ou Samarie, petite contrée de Judée qui ne fut formée que sous les Romains. Elle était bornée à l'N. par la Galilée et la Judée propre, à l'E. par le Jourdain, et à l'O. par la Méditerranée. Elle occupait à peu près le milieu de la Palestine. Sa capitale était Samarie.

SAMARITAINE, nom qu'on donne vulgairement à une des femmes qui furent les premières converties à la doctrine évangélique. Jésus-Christ, retournant en Galilée, passa par Sichar, ville des Samaritains. Il s'arrêta auprès d'un puits où se trouvait cette femme qui puisait de l'eau, et lui demanda à boire. La Samaritaine, étonnée de ce qu'un Juif lui adressât la parole, lui en marqua sa surprise. Jésus-Christ la convertit à lui. On fait sa fête au 20 mars.

SAMARITAINE (La), nom donné à un mécanisme remarquable qui faisait monter les eaux de la Seine pour les répandre dans Paris. Cette machine ingénieuse, et qui avait été construite au XVIᵉ siècle, a été remplacée par un nouveau système.

SAMARITAINS, habitants de la Samarie, furent presque continuellement en guerre avec les rois de Juda. Les deux peuples, quoique ayant la même origine, avaient l'un pour l'autre l'aversion la plus prononcée, et fuyaient tout commerce entre eux. Il existe encore en Asie quelques débris de ce peuple conservant les antiques croyances. — On nomme *Pentateuque samaritain* le recueil des cinq premiers livres de Moïse en caractères samaritains ou anciens caractères hébreux usités avant la captivité de Babylone. Il existe quelques différences entre ce Pentateuque et celui des Juifs, mais elles sont extrêmement peu importantes.

SAMARKAND ou Samarcande, grande et forte ville d'Asie, dans la Boukharie, sur le Sogd, capitale de la province de Sogd, à 60 lieues N.-O. de Boukhara. C'est une ville très-importante par son commerce. Elle a de belles fabriques de papier de soie, et son territoire fournit des fruits exquis. On y voit une académie des sciences, qui est une des plus savantes de tout le pays où s'étend le mahométisme. On y vient étudier de tous côtés. — C'est une ville ancienne, qui porta jadis le nom de *Maracanda*. Détruite par Alexandre, elle se releva avec des accroissements considérables, et devint la capitale de la Sogdiane. On dit qu'elle avait plus de 12 lieues de circuit lorsque Gengis-Khan la prit en 1220. Elle fut cent quarante ans plus tard la résidence du célèbre Tamerlan, qui l'embellit beaucoup et en fit la capitale de son empire. Elle est encore aujourd'hui très-considérable, et renferme 50,000 habitants.

SAMATAN, chef-lieu de canton du département du Gers, à une demi-lieue N.-E. de Lombez. Population, 2,200 habitants. Cette ville, située sur la rive gauche de la Save, était autrefois une place considérable du bas Armagnac. Elle possédait un château fort bâti au sommet d'une montagne. Sa force et son importance attirèrent à cette ville de nombreux désastres. Elle fut souvent assiégée et pillée dans les guerres civiles et les guerres avec les Anglais, et mais depuis elle n'a pu reprendre sa prospérité première.

SAMBALES, petites îles de l'Amérique méridionale, sur la côte N., près de l'isthme de Panama.

SAMBÉTHE, la plus ancienne des sibylles, que Pausanias fait fille de Bérose. On ne sait rien de bien certain sur cette femme. On lui attribue des *livres* ou *versibyllins* où elle prédit la venue du Christ.

SAMBÉNITO, ou Samara, ou Samarietta, espèce de scapulaire ou de dalmatique que les inquisiteurs faisaient porter à ceux qu'ils condamnaient à être brûlés. Sa couleur était grise, et il portait la représentation d'une figure d'homme posé sur des tisons allumés, avec des flammes qui s'élevaient à l'entour, et des démons qui l'environnaient pleins de joie.

SAMBLIQUE, brigand célèbre par les vols qu'il commit dans le temple de Diane à Ephèse, et par les tortures qu'on lui fit souffrir pendant un an entier. — De là, le proverbe : *Souffrir plus que Samblique*.

SAMBOR, cercle de Gallicie, qui compte 250,000 habitants. Sa capitale est Sambor, sur le Dniester, à 15 lieues S.-O. de Lemberg. Sa population est de 7,000 habitants.

SAMBOUANCAN, petite ville dans l'île et à 15 lieues N.-O. de Mindanao (une des Philippines). C'est le seul établissement que les Espagnols aient dans cette île. Elle est à l'O. d'une côte où se trouve une plaine immense, défendue par un fort caché derrière une plantation de cocotiers. Les Espagnols en ont fait un séjour des exilés de Mauille.

SAMBRE, rivière d'Europe qui prend sa source à l'extrémité N. du département de l'Aisne, entre près de Femy dans celui du Nord, passe à Landrecies, Maubeuge, entre en Belgique, à 3 lieues au-dessus de cette dernière ville, et se jette dans la Meuse près de Namur. Cette rivière commence à devenir navigable à Landrecies par le moyen des écluses. A Maubeuge, elle n'a plus besoin d'écluses. Son cours est d'environ 15 lieues. Sous l'empire, elle donna son nom au département de *Sambre-et-Meuse*, dont le chef-lieu était Namur.

SAMBUC (Jean), Hongrois, médecin et littérateur, conseiller et historiographe des empereurs Maximilien II et Rodolphe II, né en 1531, mourut à Vienne en 1384. On a de lui les *Vies des empereurs romains*, une *Histoire de Hongrie depuis Matthias jusqu'à Maximilien II*, des traductions latines d'Hésiode, de Théophylacte, de Platon, de Xénophon, de Thucydide, des commentaires sur divers auteurs grecs et latins.

SAMBUCA, sorte d'instrument de musique usité en Chaldée, et dont parle l'Ecriture. Il n'avait ordinairement que quatre cordes, et le son en était aigu.

SAMBULOS, montagne d'Asie, dans la Mésopotamie, célèbre par un temple dédié à Hercule.

SAMÉAS, prophète qui, lors du siège de Jérusalem par Sésac, avertit Roboam qu'il serait assujetti au roi d'Egypte.

SAMEDI, septième et dernier jour de la semaine. Les païens l'avaient consacré à Saturne, et les Hébreux le nommaient *sabbat* ou jour de repos, parce que Dieu se reposa ce jour-là, après qu'il eut produit tous les ouvrages de la création les six premiers jours. Chez les catholiques, le samedi est consacré à la Vierge. Dans les premiers siècles du christianisme, il était fêté comme le dimanche. — Le *samedi saint* est celui qui précède immédiatement le jour de Pâques. C'est pendant ce jour que l'on fait la bénédiction de l'eau.

SAMGAR, fils d'Anath, qui fut le troisième juge d'Israël, après Aod et avant Barach. Il délivra les Israélites du joug des Philistins. Il était d'une force si extraordinaire qu'un jour, les Philistins ayant voulu lui voler ses bœufs, il en tua six cents avec le soc de sa charrue.

SAMIA, surnom de Junon à cause du culte qu'on lui rendait à Samos.

SAMMONICUS, médecin célèbre, vivait

à Rome. Caracalla le tua dans un festin, afin d'imiter Alexandre tuant Clitus. Il nous reste de cet écrivain un poëme didactique relatif à la médecine.

SAMNITES, appelés encore SAUNITES ou SEBELLES, nation puissante de l'Italie, habitaient le Samnium et quelques contrées voisines. Ils descendaient des Sabins, ce qui leur avait fait donner le nom de *Sabelli*. Les Samnites étaient belliqueux et amis de la liberté. La forme de leur gouvernement était démocratique. Lorsqu'une guerre éclatait, ils élisaient en commun un général. Les Romains ne vinrent à bout de les soumettre qu'après des guerres longues et sanglantes (343 à 272 avant J.-C.). Ils avaient, peu auparavant, fait passer sous le joug l'armée romaine aux *Fourches Caudines*. Les mariages des Samnites étaient remarquables en ce que les filles les plus belles, les plus vertueuses et les plus riches étaient réservées aux citoyens qui avaient rendu le plus de services à la patrie.

SAMNITES, sorte de gladiateurs romains. Ce nom leur venait de leurs armes qui ressemblaient à celles des Samnites, ou plutôt de ce que les habitants de Capoue, qui haïssaient les Samnites, avaient appliqué par mépris le nom de ces peuples à une classe de gladiateurs.

SAMNIUM, contrée de l'Italie ancienne, dont les limites varièrent souvent. Tantôt on l'étend de l'Adriatique au Latium, et du pays des Vestins à l'Apulie; tantôt on resserre son étendue, en le bornant au N. par le pays des Frentani. Les Samnites avaient pour voisins les Pélignes, les Marses, les Campaniens, les Lucaniens et les Apuliens. Le Samnium se subdivisait en plusieurs portions, dont les principales étaient habitées par les Caracènes, les Pentres et les Hirpins. Ce pays répond à peu près à l'*Abruzze ultérieure* et au *comtat de Molise* de nos jours.

SAMOCHONITE (Lac), lac de Palestine, au N. dans la Galilée, entre la demi-tribu orientale de Manassé et la tribu de Nephtali. Ce lac est traversé par le Jourdain. On le nomme aussi *Séméchon* et *Méron*.

SAMOGITIE, ancienne province de Pologne, bornée au N. par la Courlande, à l'E. par la Lithuanie, au S. par la Prusse, à l'O. par la Baltique. Elle avait 70 lieues de long sur 50 de large. C'est un pays entrecoupé de bois et de hautes montagnes. Il abonde en bestiaux. Sa capitale était RIOESAN. Il appartient aujourd'hui à la Russie, et est compris dans les départements de *Vilna* et de *Riœsan*.

SAMOLE. Ce nom, que les anciens druides donnaient à un végétal sacré, le *vélar barbaré*, qu'ils cueillaient en pompe pour le faire entrer dans diverses préparations médicinales, a été attribué par Linné à un genre de la famille des primulacées, vivant dans les lieux aquatiques, aux bords des eaux et dans les marais. Ce genre renferme des plantes herbacées, aux racines fibreuses, bisannuelles, à la tige droite, aux feuilles alternes, et aux fleurs blanches, en grappes ou en corymbes. Le *samole aquatique*, appelé vulgairement *mauvre*, *mouron d'eau* et *pimprenelle aquatique*, passe pour vulnéraire, apéritif et antiscorbutique.

SAMOREUX, terme de marine, bâtiment extrêmement long et plat, qui n'a qu'un mât très-long, tenu par des cordages à l'arrière et sur les côtes. On s'en sert sur le Rhin et les canaux de Hollande.

SAMOS, île de l'Archipel, sur la côte occidentale d'Anatolie, vis-à-vis des ruines d'Éphèse et du promontoire de Mycale (Samsoun), séparée du continent par un canal d'une demi-lieue de largeur appelé le *petit Bogaz*. On lui donne environ 25 lieues de circuit. Sa population est de 50,000 habitants, presque tous Grecs. Cette île est très-fertile, quoique montagneuse. Elle produit des grains, huiles, grenades, soies et vins. — Samos fut jadis la plus puissante des îles Ioniennes. Elle avait d'abord porté les noms de *Parthenias*, *Anthémasie*, *Mélamphylle*, *Cyparisse* et *Dryusie*. Samos était une des îles grecques les plus peuplées. Elle est célèbre dans l'histoire des arts et des sciences, et donna naissance à plusieurs hommes illustres, entre autres à Pythagore. Ses habitants étaient habiles marins. L'on y adorait principalement Mercure et Junon. D'après l'opinion commune, cette déesse était née dans cette île. Samos, après avoir obéi à des rois, adopta le gouvernement républicain. Elle ne fut jamais plus florissante que sous Polycrate, qui s'y rendit absolu (566 avant J.-C.). Elle secourut la Grèce contre les Perses, et fut soumise au pouvoir d'Athènes par Périclès (441 avant J.-C.). Dans la suite, Eumène, roi de Pergame, s'en empara et l'annexa à son royaume. La conquête de cet empire par les Romains la soumit elle-même à leur domination; mais Auguste lui rendit le droit de se gouverner par ses propres lois. Elle en jouit jusqu'à Vespasien, qui la réduisit en province romaine (70). Au moyen âge, elle fut successivement possédée par les Arabes, les Vénitiens, les Génois et les Turks. Elle est actuellement à ces derniers. Sa capitale est CORA, près de laquelle sont les ruines de l'ancienne *Samos*.

SAMOSATE, ville de Syrie, dans la Comagène dont elle était la capitale, au N.-E., sur l'Euphrate. Cette ville, qui fut la patrie du satirique Lucien, porte aujourd'hui le nom de *Sémisal*.

SAMOTHRACE, île de l'Archipel, près des côtes de Roumélie, vis-à-vis de l'embouchure de l'Ebre, dont elle est distante d'environ 12 lieues. Elle s'appela primitivement *Leucanie*, *Leucosie*, *Mélétide*, *Electrie*, *Dardanie* et enfin *Samos*, nom auquel on ajouta celui de *Thrace*, pour la distinguer de l'île de Samos sur les côtes de l'Asie-Mineure. Ses premiers habitants furent les Pélasges et les Thraces. Les Cariens de Samos, chassés de leur pays, vinrent s'y établir. Cette île était fameuse par les superstitions et les doctrines religieuses qui y prirent naissance. Les dieux des habitants étaient les *Cabires*. Ce pays était réputé sacré, et servait d'asile aux fugitifs et aux coupables. Après avoir été soumise à des rois, l'île de Samothrace s'érigea en république, et fut réduite en province romaine sous Vespasien. Elle porte aujourd'hui le nom de *Samandraki*.

SAMOYÈDES ou SAMOÏÈDES, peuple du N.-O. de l'Asie et du N.-E. de l'Europe, au S. de la mer Glaciale. Leur origine, leurs mœurs sont inconnues. On dit qu'ils sont d'une taille au-dessous de la moyenne, mal faits et laids, d'un teint jaunâtre. Ces peuples sont nomades, et mangent la chair des rennes et des poissons. Ils habitent dans des tentes de forme pyramidale recouvertes de peaux de rennes. Ces peuples sont très-peu connus ; habitant des contrées sauvages et incultes, ils sont étrangers aux lettres et aux sciences, et sont peu visités par les voyageurs. Ils se donnent le nom de *Nenelsch* ou *Chosowo* (hommes). Ceux d'Europe furent soumis par les Russes en 1825. Ils n'entretiennent aucune relation avec les autres peuples, et habitent les gouvernements d'Arkhangel et de Vologda, entre le Mesan et le Petchiore. Ils professent en général le christianisme. Les Samoèydes d'Asie, dans la Sibérie, à l'E. de l'Oural, vivent errants et habitent des pays du gouvernement de Tobolsk, à l'embouchure de l'Obi.

SAMPIETRO. Voy. SAN-PIETRO.

SAMPSÉENS, sectaires des premiers siècles de l'Eglise, dont les dogmes étaient un mélange de ceux des chrétiens, des Juifs et des païens.

SAMSOE, île de Danemarck, dans le Cattégat de la mer Baltique, sur la côte E. du Jutland, à environ 7 lieues S.-E. d'Aarhus et 3 lieues N. de l'île de Fionie. On lui donne 3 lieues de long sur une de large. Elle est très-fertile en grains de bonne qualité.

SAMSON, fils de Manué, de la tribu de Dan, naquit vers l'an 1159 avant J.-C., après une longue stérilité de sa mère, et fut consacré à Dieu comme nazaréen, c'est-à-dire qu'il ne devait pas boire de ce qui peut enivrer, et que le rasoir ne passerait point sur sa tête. Quand il eut atteint l'âge de dix-huit ans, il épousa à Thamnata une jeune Philistine. En allant la voir avant son mariage, il tua avec ses seules mains un lion qui venait pour le dévorer. Quelque temps après, repassant par le même lieu, il trouva un essaim d'abeilles dans la gueule du lion ; au milieu des noces, il proposa à trente jeunes gens cette énigme : « La nourriture est sortie de celui qui dévore ; la douceur est sortie du fort, » s'engageant à leur donner trente habits complets s'ils la devinaient, et les obligeant de la même manière par rapport à lui, s'ils ne l'expliquaient pas. Ces jeunes gens s'adressèrent à la nouvelle épouse, qui, après avoir appris de Samson le secret, alla le leur dire. Samson, pour s'acquitter envers eux, alla à Ascalon où il tua trente Philistins, dont il leur donna les habits ; puis il se retira chez son père, laissant sa femme qui fut donnée à l'un de ces jeunes gens. A ce nouvel outrage, Samson jura de s'en venger sur toute la nation des Philistins. Il prit trois cents renards, les lia deux à deux, leur attacha à la queue un flambeau allumé, et les lâcha au milieu des blés des Philistins qui furent incendiés avec les vignes. Les Philistins irrités brûlèrent son beau-père, sa femme et ses parents. Samson cependant tuait tous les ennemis qu'il rencontrait, et se retirait sur le roc appelé *Elam*. Livré par les Juifs aux Philistins qui menaçaient de les exterminer, Samson brise ses liens, saisit une mâchoire d'âne que le hasard lui offre, tue mille de ses ennemis, et met le reste en fuite ; mais il serait mort, si, pour étancher la soif qui le dévorait, Dieu n'eût pas fait jaillir une source d'eau claire d'une dent de la mâchoire. Un autre jour qu'il était à Gaza, ville des Philistins, les habitants l'y enfermèrent ; Samson, pendant la nuit, enleva les portes avec les gonds et les verrous, et les transporta sur une haute montagne. Éperdument épris d'une femme nommée Dalila, il lui révéla le secret de sa force, et cette femme le vendit aux Philistins. Samson, les cheveux coupés, fut employé à tourner la meule d'un moulin ; mais sa force revint avec ses cheveux, et il mourut (1117 avant J.-C.) en renversant deux colonnes qui soutenaient le temple de Dagon, et s'ensevelissant avec trois mille de ses ennemis.

SAMSOUN, ville ancienne de la Turquie d'Asie, dans l'Anatolie, avec un port sur la mer Noire et dans le pachalik de Sivas, à 15 lieues d'Amasie et à l'embouchure de la rivière de Casalmach dans le golfe de Samsoun. Sa population est de 2,000 habitants. Cette ville est commerçante ; c'est l'ancienne *Amisus*.

SAMUEL, onzième et dernier juge des Hébreux, né 1139 ans avant J.-C. d'Elcana et d'Anne, de la tribu de Lévi. Sa mère, qui le mit au monde après une longue stérilité, le consacra à Dieu au service du grand prêtre Héli. A douze ans, il commença à prophétiser et à annoncer à Héli la vengeance que Dieu devait tirer de sa faiblesse envers ses enfants. Vers l'an 1116, établi juge des Israélites, il les délivra du joug des Philistins. Quand il fut vieux, il établit ses fils juges ; mais, les jeunes hommes n'imitant pas son intégrité, les Juifs le prièrent de leur donner un roi. Par la permission de Dieu, il sacra Saül (1095), puis David en la place de ce prince, et mourut à Ramatha, lieu de sa naissance, l'an 1061 avant J.-C. Après sa mort, son ombre, évoquée par la pythonisse d'Endor, apparut aux yeux de Saül, et lui prédit sa mort et celle de ses enfants, dans une bataille qu'il livrerait aux Philistins sur la montagne de Gelboé. On attribue à Samuel le livre des Juges, celui de Ruth et le premier des Rois. Il commence la chaîne des prophètes, qui, à partir de lui, continue sans interruption jusqu'à Zacharie et Malachie.

SANA, grande et belle ville de l'Arabie,

à 200 lieues de la Mecque, à 52 de Moka, dans une situation agréable, au pied d'une montagne sur laquelle sont les ruines d'un château dont les Arabes attribuent la fondation à Sem. Cette ville est la résidence de l'émir de l'Yémen. On y voit de belles mosquées, et c'est le rendez-vous de nombreuses caravanes. Ses environs sont fertiles. — Ville de l'Amérique méridionale, au Pérou, sur l'océan Pacifique, à 40 lieues de Truxillo. Elle était jadis la capitale d'une province du même nom, bornée à l'E. par l'ancienne province de Caxamana et à l'O. par la mer du Sud. Elle est aujourd'hui dans la république du Bas-Pérou, et n'a aucune importance.

SANADON (Noël-Étienne), jésuite, né à Rouen en 1676, professa les humanités à Caen, puis la rhétorique à Paris, et fut chargé de l'éducation du prince de Conti. En 1728, il devint bibliothécaire du collége Louis-le-Grand, et mourut en 1733. On a de lui des *poésies latines*, dont le style est pur, mais qui manquent d'imagination ; des *Prières et instructions chrétiennes* et une *traduction* des œuvres d'Horace, avec des remarques, son meilleur ouvrage. Cette traduction est élégante, mais n'atteint pas l'élévation de son original.

SANATI, c'est-à-dire *guéris*, nom donné par les Romains aux peuples qui, après une courte révolte, se soumettaient aussitôt et recouvraient leurs privilèges.

SAN-BENITO. Voy. SAMBENITO.

SANCERRE (Louis DE CHAMPAGNE, comte DE), seigneur de Charenton, maréchal de France en 1369 et connétable en 1397, était issu d'une famille qui descendait des comtes de Champagne. Il rendit de grands services au roi Charles V, remporta plusieurs avantages sur les Anglais, et contribua beaucoup au succès de la journée de Rosebecque. Il mourut en 1402, et fut enterré à Saint-Denis.

SANCERRE, à une demi-lieue de la Loire, chef-lieu d'arrondissement du département du Cher, à 11 lieues et demie de Bourges. Population, 3,120 habitants. Cette ville est très ancienne. Elle eut, dès le XIIIe siècle, le titre de comté, et passa par mariage de la maison de Champagne dans celle de Clermont. Portée en 1436 dans la maison de Beuil, elle devint en 1614 la propriété de Henri de Bourbon, prince de Condé, dans la maison duquel elle est restée jusqu'en 1782. Cette ville est longtemps une des forteresses principales des calvinistes, qui y soutinrent plusieurs siéges, entre autres celui de 1573, où ils en vinrent à se nourrir de chair humaine. Sancerre fut en 1796 le théâtre d'une insurrection royaliste, promptement réprimée, et que dirigeait Phelypeaux. — Les fortifications de Sancerre sont en ruines. Cette ville est située sur le sommet d'une montagne ; elle est mal bâtie et mal percée, mais elle offre de magnifiques perspectives d'où l'on découvre la belle vallée de la Loire. — Sancerre a un tribunal de première instance, un collége, un hôpital et une société d'agriculture.

SANCHE, SANCHETTE ou SANCIE, fille et héritière de Verémond III, roi de Léon, épousa vers 1037 Ferdinand Ier, roi de Castille, qui réunit ainsi les royaumes de Castille et de Léon.

SANCHE. Quatre rois de Castille ont porté ce nom. — SANCHE Ier succéda en 1028 à Garcias Ier, et mourut en 1035. C'est Sanche III de Navarre. — SANCHE II, dit *le Fort*, succéda au royaume de Castille à son père Ferdinand Ier en 1065. Il détrôna son frère Garcias, roi de Galice, et contraignit son autre frère Alphonse, roi de Léon, à s'enfermer dans un monastère. Il dépouilla une de ses sœurs de la ville de Toro qui lui appartenait, et mourut, tué en trahison (1073) pendant qu'il assiégeait Zamora, qui appartenait à une autre de ses sœurs. — SANCHE III succéda à Alphonse VIII en 1157, fut seulement roi de Castille, pendant que Ferdinand II était de Léon, et mourut en 1158. — SANCHE IV succéda à Alphonse X en 1284, et mourut en 1295, laissant pour successeur Ferdinand IV.

SANCHE-RAMIREZ, roi d'Aragon en Espagne, succéda à Ramire Ier en 1063, et mourut en 1094. Son règne est peu remarquable.

SANCHE. Sept rois de Navarre ont porté ce nom. — SANCHE-GARCIE Ier succéda à Fortunio le Moine en 905, défit en 907 les Maures, et les força de lever le siége de Pampelune. Après diverses guerres heureuses, il se retira dans un monastère, mais sans abandonner le titre de roi. En 921 il se remit à la tête de ses troupes, battit l'armée d'Abdérame, et lui enleva le butin dont elle était chargée. Il mourut en 926. — SANCHE II, *Abarca*, succéda à Garcie Ier en 970, et mourut en 994. — SANCHE III LE GRAND, succéda à Garcie II en 994. Il épousa Nunnie, héritière de Castille et fille de Garcie (1028). Il érigea ce comté en royaume, et mourut en 1035. Garcie III lui succéda au trône de Navarre, Ferdinand Ier à celui de Castille et de Léon. — SANCHE IV succéda à Garcie III en 1054, et mourut en 1076. — SANCHE-RAMIREZ V ou IV, roi d'Aragon depuis 1063, succéda à Sanche IV en 1076, et mourut en 1094. — SANCHE VI, *le Sage*, succéda à Garcie IV en 1150, et mourut en 1194. — SANCHE VII, *le Fort* ou *l'Enfermé*, succéda à Sanche VI en 1194, et mourut en 1234, laissant pour successeur Thibaut Ier.

SANCHE LE GROS, roi de Léon, succéda à Ordogno III en 955, et mourut en 967. Son règne n'offre aucun intérêt.

SANCHEZ (Antonio-Nuñes-Ribeiro), savant médecin, né en Portugal en 1699, étudia à Coïmbre et à Salamanque, où il reçut le grade de docteur en 1724. Il voyagea en Europe, et termina ses études sous le célèbre Boerhaave, à Leyde. La tzarine de Russie, Anne Ivanowna, ayant demandé à Boerhaave trois habiles médecins de son choix, Sanchez fut nommé le premier. Il pratiqua la médecine à Saint-Pétersbourg et à Moscou. Nommé médecin des armées impériales, il fit (de 1735 à 1737) toutes les campagnes contre les Turks, et se distingua en particulier au siége d'Azof. En 1740, désigné médecin de la cour, il sut seul prédire la maladie dont mourut la tzarine, et fut nommé conseiller d'État. La révolution de 1742 le priva de toutes ses places ; il quitta la Russie et revint en France, où il mourut en 1783. Ce savant docteur était membre des académies des sciences de Paris, de Saint-Pétersbourg, de Lisbonne, etc. Son érudition était immense.

SANCHONIATON, historien célèbre, natif de Tyr ou, selon quelques auteurs, de Béryte en Phénicie. Les uns le font vivre du temps de Sémiramis, les autres sous Gédéon, juge d'Israël, ou quelque temps avant la guerre de Troie. A l'aide des documents curieux que l'on conservait dans les archives des villes et des temples, Sanchoniaton composa en phénicien une histoire de sa patrie. Cet ouvrage, qui était en neuf livres et qui traitait à fond de la théologie et des antiquités des Phéniciens, fut traduit en grec par Philon de Byblos, sous Adrien. Il ne nous reste que quelques passages de cette traduction, encore leur authenticité est-elle mise en doute. Sanchoniaton avait composé d'autres ouvrages, tels que l'*Histoire d'Égypte*, un *Traité de Thot* (Mercure), etc. Ils sont également perdus. Cet écrivain était premier hiérophante (grand prêtre) de sa nation.

SANCIO ou SANCHEZ (Rodrigue), né près de Ségovie, en Espagne, en 1404. Reçu docteur en droit, il embrassa ensuite l'état ecclésiastique, et fut élevé par son mérite successivement aux évêchés de Zamora, de Calahorra, d'Oviédo et de Palencia. Il alla à Rome, où il passa la plus grande partie de sa vie, et fut sauf gouverneur du château de Saint-Ange. Il se distingua par ses négociations auprès de plusieurs souverains par divers ouvrages historiques et ascétiques. Les principaux sont : une *Histoire d'Espagne*, en latin, en quatre livres, menant depuis l'origine de cette nation jusqu'à l'année 1469 ; et le *Miroir de la vie humaine*, un des premiers ouvrages imprimés, traduit plusieurs fois en français.

SANCIR, terme de marine, synonyme de *couler bas*. On dit qu'un vaisseau a *sanci sous ses amarres*, lorsqu'il coule tandis qu'il est à l'ancre.

SANCTION se dit de la peine ou de la récompense qu'une loi porte, décerne, pour assurer son exécution. — C'est aussi l'acte par lequel le roi donne à une loi l'approbation sans laquelle elle ne serait pas exécutoire. C'est la confirmation donnée par le roi à un acte émané d'une autre autorité législative, laquelle convertit cet acte en loi et le rend obligatoire. — Ce mot s'applique par extension à la simple approbation qu'on donne à quelque chose ; ainsi l'on dit la *sanction de l'usage*. — *Sanction* se dit encore des constitutions ou ordonnances sur les matières ecclésiastiques. Il ne se dit guère qu'avec le mot *pragmatique*. Voy.

SANCTUAIRE, nom donné, chez les Juifs, à la partie la plus secrète et la plus intime du temple de Jérusalem, dans laquelle était l'arche d'alliance, et où le seul grand prêtre pouvait entrer, et seulement une fois l'an, au jour de l'expiation solennelle. Ce mot se prend quelquefois en Écriture pour le *temple* et la partie la plus sacrée du tabernacle dressé dans le désert. — Chez les chrétiens, on appelle ainsi l'endroit où est posé l'autel, et qui est ordinairement fermé d'une balustrade à jour, au moins par devant. Le sanctuaire se dit aussi pour le chœur entier.

SANCTUARIA, nom donné autrefois aux linges qu'on faisait toucher aux tombeaux des saints, et que l'on plaçait ensuite avec respect comme des reliques dans les églises que l'on dédiait. Au lieu de séparer et de distribuer les ossements des saints, on se contentait de faire toucher des linges à leurs corps ou à leurs tombeaux, ou, s'ils étaient martyrs, de donner un peu de terre ou de poussière teinte de leur sang. L'usage de conserver les ossements des saints comme reliques ne date que du VIe ou du VIIe siècle.

SANCTUS (en latin, *saint*), nom donné à une partie de la messe qui suit immédiatement la préface et qui précède le canon. Il vient de ce que le chant commence par les mots *Sanctus, sanctus, sanctus, Dominus Deus*, etc. (saint, saint, saint, le Seigneur Dieu, etc.). C'est un cantique de louanges et de gloire que le prophète Isaïe (chap. VI, 3) dit que les esprits célestes ne cessent de chanter devant la majesté de Dieu. Le Sanctus paraît avoir été usité dès le IIe ou IIIe siècle. — Les Romains nommaient ainsi des dieux qu'ils voulaient se rendre favorables. — C'était aussi le nom d'un dieu des Sabins (*Sanctus, Sancus, Sangus* ou *Semo*) que les Romains adoptèrent sous le nom de *Fidius*, et dont ils faisaient le père de Sabinus, premier roi fabuleux des Sabins.

SAND (Charles-Louis), né à Wunsiedel (Bavière) en 1795, reçut une excellente éducation, et était étudiant en théologie pour être ministre du saint Évangile lorsqu'il prit les armes pour la cause de l'indépendance nationale. Patriote ardent et enthousiaste, il fit avec bravoure les campagnes de 1813, 1814, 1815. Il se fit estimer par ses mœurs pures et la douceur de son caractère. A la paix, il reprit ses études. Le despotisme qui accablait l'Allemagne, au lieu de la liberté qu'il avait rêvée, exalta son imagination. Il s'allia aux sociétés secrètes des étudiants des universités allemandes. Kotzebue, dévoué au pouvoir et salarié par lui, outrageait chaque jour les droits les plus chers aux citoyens. Son nom célèbre, l'influence qu'il exerçait, les censures violentes qu'il dirigeait contre les universités allemandes, firent une profonde impression sur Sand. De plus en plus dominé par son fanatisme, il partit d'Iéna, en 1819, vêtu de l'ancien costume allemand, et arriva le 23 mars à Manheim, où il assassina Kotzebue. Il se frappa ensuite du poignard qui avait consommé le crime.

Il ne mourut pas de ses blessures, et fut décapité en 1820, après une instruction qui dura une année.

SANDAL. Voy. SANTAL.

SANDALE, sorte de chaussure des anciens, n'était guère autre chose que des semelles qui couvraient la plante des pieds. Elles étaient attachées sur le pied et autour de la jambe par des courroies. Les sandales étaient communes dans la primitive Eglise à tous les ministres de l'autel, et il était enjoint d'avoir des sandales pour célébrer la messe. L'usage s'en perdit, et quelques congrégations monastiques en portèrent seules. — C'est aussi 1º un petit bâtiment du Levant qui sert d'allége aux gros navires; 2º le nom marchand des coquilles des genres *patelle* et *carinaire*.

SANDAPILA, espèce de brancard ou de cercueil dans lequel, chez les Romains, on portait les corps morts des criminels, des esclaves et des personnes libres qui n'avaient pas laissé de quoi se faire porter dans une litière.

SANDARAQUE ou GOMME GENÉVRIER, gomme ou substance résineuse produite par le thuya, et non par le grand genévrier, comme on l'avait d'abord cru. Elle tombe des rameaux et du tronc sous forme de larmes rondes ou allongées, blanchâtres ou d'un jaune pâle; ces larmes sont brillantes et transparentes, se brisent sous la dent; brûlent avec une flamme claire, et exhalent une odeur balsamique agréable. On emploie la sandaraque dans la composition des vernis, et on en passe, quand elle est réduite en poudre, sur le papier gratté, afin de pouvoir y écrire dessus. On retire une espèce de sandaraque du *genévrier de Suède*. Elle est inférieure à celle que nous avons décrite. — On nomme encore ainsi l'*orpiment rouge*.

SANDECK ou SANDECZ, cercle de Gallicie, qui a 130 lieues carrées et 200,000 habitants. La capitale est SANDECK, au pied des monts Krapacks, sur le torrent de Dunaise, à 19 lieues S.-E. de Cracovie et 80 lieues O. de Lemberg. Sa population est de 4,000 âmes. Cette ville et son territoire appartiennent à l'empereur d'Autriche depuis 1773.

SANDERSHAUSEN, village d'Allemagne, dans la Hesse électorale, près de Cassel, sur la Fulde. Il est célèbre par la victoire que les Français remportèrent sur les Hanovriens en 1758.

SANDERSON (Robert), chapelain de Charles Ier, roi d'Angleterre, fut professeur de théologie à Oxford, souffrit pour la cause royale, et fut fait évêque de Lincoln par Charles II, après la restauration. Né en 1587, il mourut en 1662. On a de lui *l'Histoire de Charles Ier*, en anglais, un *Traité de logique*, un *Traité de physique*, de *l'Obligation du serment*, en latin.

SANDERUS, ou SANDERS (Antoine), né en 1586 à Anvers, fut curé dans le diocèse de Gand, puis chanoine d'Ypres et théologal de Térouanne. Il mourut en 1664, laissant de nombreux ouvrages en vers et en prose. Les meilleurs sont la *Flandre illustrée*, la *Chorographie sacrée du Brabant*, la *Bibliothèque des manuscrits belges*, les *Eloges des cardinaux*, des *Dissertations sur la Bible*, un *Traité des écrivains de Flandre*, en latin.

SANDERUS ou SANDERS (Nicolas), né à Charlewood, dans le Surreyshire, en Angleterre, fut nommé professeur de droit canon à l'université d'Oxford. Pour éviter la persécution dirigée contre les catholiques, il se rendit ensuite à Rome, où il se fit prêtre. Nommé professeur de théologie à Louvain, il fut employé par Pie V dans plusieurs affaires importantes. Grégoire XIII l'envoya en qualité de nonce en Espagne, puis en Irlande, pour exciter les catholiques de ce pays contre Elisabeth. Pour éviter de tomber entre les mains des Anglais, il s'engagea dans des forêts, où il périt de faim et de misère en 1580 ou 1583. On a de lui un *Traité de la cène*, un *Traité des images*, sur le *Schisme anglican*, sur *l'Eglise du Christ*, sur *plusieurs Martyres sous Elisabeth*, *Explications de la messe*, etc.

SANDERLING, genre de l'ordre des échassiers et de la famille des longirostres, renfermant des oiseaux au bec médiocre, grêle, droit, mou, flexible, sillonné jusque vers la pointe, qui est déprimée et plus large que dans le milieu; les narines sont latérales; les pieds sont grêles, et offrent seulement trois doigts dirigés en avant. Le *sanderling variable* est, en hiver, grisâtre en dessus, blanc en dessous et au front; son plumage varie dans les autres saisons. Cet oiseau émigre le long des bords de la mer, et recherche les pays froids. On le trouve au printemps et en automne sur les côtes de la Hollande et de l'Angleterre.

SANDHAM, île et fort de Suède, près l'Upland, à 8 lieues de Stockholm. On y visite les vaisseaux.

SANDJIAK, ou SANDGIAC, ou SANDSCHAK. Ce mot turk, qui signifie proprement une *queue de cheval*, désigne, dans l'armée de cette nation, un officier inférieur qui ne peut faire porter devant lui, comme marque d'honneur, qu'une seule queue de cheval, tandis que les pachas en ont deux ou trois. Les sandjiaks sont les gouverneurs des provinces territoriales appelées *sandjiakats*. Plusieurs de ces divisions forment un pachalik.

SANDO, île du Japon, sur la côte N.-O. de l'île du Niphon, à l'entrée d'un golfe. Elle a environ 35 lieues de tour. Il y a du bois en abondance, les pâturages y sont excellents, et les côtes fort poissonneuses. La capitale porte le même nom.

SANDOMIR, waiwodie de Pologne, bornée au N.-E. par celle de Lublin, au S.-O. de celle de Cracovie. Sa population est de 430,000 habitants. Le sol, quoique boisé, est fertile. Le chef-lieu est SANDOMIR, à 45 lieues S.-E. de Varsovie, ville forte, sur une colline, au confluent de la San et de la Vistule. Cette ville a 2,000 habitants. Les Tartares la prirent en 1259, et y commirent de grandes cruautés.

SANDWICH, ville d'Angleterre, au comté de Kent, près de la mer, à 25 lieues de Londres et 5 de Cantorbéry, avec 3,000 habitants. C'était un des cinq ports dont les députés prennent le titre de *barons*. Sous le règne de Marie, l'entrée de son havre fut tellement bouchée par un gros navire qui y coula à fond, que l'on n'a jamais pu depuis y remédier. — Ville d'Ecosse, au comté de Ross, sur le golfe de Murray, à 71 lieues N. d'Edimbourg, remarquable par un ancien obélisque très-riche, dont les faces sont couvertes de divers ornements d'un travail fini.

SANDWICH ou HAOUAÏ, archipel de l'Océanie, dans la mer Pacifique, compris dans la Polynésie (Océanie orientale), et formé de onze îles, dont cinq grandes, trois petites et trois qui ne sont que des écueils. Ces îles sont : *Haouaï* ou *Owhyée*, la plus méridionale et la plus importante, dont la circonférence est de 240 milles et la population de 85,000 habitants. Cette île renferme plusieurs chaînes de hautes montagnes, qui se ramifient dans son intérieur et offrent pour la plupart des volcans. *Mawi* (20,000 âmes), *Tahou-Rawe*, aride et déserte, *Ranaï* (2,000 âmes), *Morokaï* (3,000 âmes), *Oahou*, la plus riche et la plus fertile du groupe. Le port de la ville principale, *Hono-Rourou*, offre le meilleur mouillage. Sa population est de 20,000 âmes, dont 12,000 pour la ville. *Taouaï*, *Mihau*, très-fertiles; *Tahoura* et *Medo-Manou*, écueils déserts. — La superficie totale de ces îles est de 360 milles carrés, et la population de 400,000 habitants de race malaie, bien faits, doux et industrieux. La nature de ces îles est volcanique. Elles renferment un grand nombre de montagnes et de vallées fertiles. L'eau est abondante, et la température très-douce. Ces îles fournissent des ignames, patates, cannes à sucre, arbres à pain, cocotiers, bananiers, etc. Elles sont fréquemment visitées par les vaisseaux du commerce, qui échangent leurs marchandises contre les produits de l'île et de l'eau fraîche. Les habitants sont assez civilisés; ils construisent leurs navires à l'instar des Européens, et ont des fabriques de belles toiles et de cordages estimés. Le gouvernement est une monarchie absolue héréditaire. Chaque île et chaque district a un chef particulier. Le roi Tameamea, mort en 1813, a rendu son règne remarquable par les progrès qu'il a fait faire à la civilisation. Depuis 1820, les missionnaires chrétiens ont prêché leur religion dans ces îles. Il n'y a plus que des missionnaires anglicans. Ils ont acquis une grande puissance, et tiennent sous leur dépendance le roi actuel. Ils ont fondé des écoles, et fait imprimer des livres dans la langue des naturels. Cet archipel paraît être destiné à devenir le siége d'une puissance qui commandera à la plus grande partie de la Polynésie. Il a été découvert en 1778 par Cook, qui y périt dans un engagement avec les habitants de l'île Haouaï.

SANDWICH, une des îles Hébrides, découverte par Cook en 1774. Elle a 22 lieues de circuit. Cette île, l'une des plus belles du groupe, est d'un aspect riant, et offre des plaines et des bosquets de la plus riche verdure. Elle est très-fertile.

SANDY-HOOK, petite île et port de l'Amérique du Nord, dans l'Etat de New-Jersey, à l'entrée de la baie qui conduit à New-Yorck, et à 10 lieues S. de cette ville.

SANDY-RIVER, rivière des Etats-Unis, sépare la Virginie du Kentucky, et se jette dans l'Ohio, près du Scioto.

SANE, autrefois la *Sarine*, rivière de Suisse, dans le canton de Berne, et se jette dans l'Aat, à 3 lieues de Berne. — Elle donne son nom à un bailliage du canton de Berne, formé par une vallée de 10 lieues, et qui renferme un bourg du même nom. On y voit de belles races de bêtes à cornes.

SANG, liquide animal dont la composition varie suivant les diverses classes d'animaux. Le sang humain est formé d'eau, d'albumine, de fibrine, d'un principe colorant et de différents sels. Retiré des veines et abandonné à lui-même, il se coagule, se sépare en deux parties; l'une, rouge, concrète, plus ou moins molle, a reçu le nom de *caillot*; l'autre, liquide, ou le *sérum*, est de couleur jaune verdâtre et de nature albumineuse. Le sang, examiné au microscope, paraît formé de corpuscules solides, en nombre incalculable, qui nagent dans un liquide particulier. Le sang artériel est d'un rouge plus vif, plus vermeil, d'une odeur plus forte que le sang veineux; sa pesanteur spécifique est de 1,049, et sa température moyenne de 40 degrés centigrades. Le sang veineux est d'un rouge brun, d'une odeur faible; sa pesanteur spécifique est de 1,051, et sa température de 38 degrés centigrades. Le sang rouge proprement dit doit cette couleur au contact de l'air atmosphérique dans les poumons; il circule dans les veines pulmonaires, les cavités gauches du cœur et les artères, qui le distribuent aux organes; le sang noir circule dans les veines, dans les cavités droites du cœur et les poumons. — Le sang est le produit de l'élaboration du chyle; il acquiert toutes ses qualités nutritives et vivifiantes dans l'acte de la respiration, pénètre tous les organes à l'aide des vaisseaux artériels, et distribue les principes nutritifs à tous les tissus organiques. Il est la principale source de la nutrition, de la chaleur animale, des sécrétions et des exhalations. — Le *sang de bœuf* sert à faire du boudin, à clarifier les sirops, le sucre, à faire le bleu de Prusse. Le sérum qu'il contient, associé à la chaux vive, offre un mélange utile pour peindre les grands établissements, les ustensiles en bois, etc. — Dans les vertébrés et les annélides, le sang est rouge; il est blanc et transparent dans les insectes, et les crustacés, blanc ou bleuâtre dans les mollusques.

SANG. On a nommé *animaux à sang blanc* les mollusques, insectes, etc., dont le sang est blanc, pour les distinguer des animaux dits *à sang rouge*, qui sont ceux des classes supérieures. Cette locution est peu usitée.

SANG (TRIBUNAL DE), tribunal établi en 1567, dans les Pays-Bas, par le duc d'Albe, pour la condamnation ou justification de ceux qui étaient soupçonnés de s'opposer aux volontés du roi d'Espagne Philippe II. Ce conseil était composé de douze personnes.

SANG DE JÉSUS-CHRIST, ordre militaire institué à Mantoue en 1608, par Vincent IV de Gonzague, en l'honneur des gouttes du sang de Jésus-Christ, que l'on conserve dans la cathédrale de Mantoue. Cet ordre, nommé aussi *ordre du Rédempteur*, se composait de vingt chevaliers, outre la dignité de grand maître, attachée à la personne des ducs. La robe est de soie cramoisie, semée de creusets d'or en broderie. Le collier est composé de plusieurs cartouches d'or, avec la devise : *Domine, probasti me*, ou *Nihil hoc triste recepto*.

SANG-DRAGON, substance solide, d'un rouge brun, composée de tanin et de résine, astringente, peu usitée en médecine de nos jours, et fournie par le *dragonnier*. Elle exsude spontanément par les fissures naturelles du stipe, ou par des incisions pratiquées sur lui en juin. On l'obtient en lames lisses, dures, sèches, allongées ; la meilleure et la plus estimée est en roseaux ; la moins recherchée est celle en grains. On désigne encore sous ce nom la résine rouge que l'on retire du *rotang*; le *sang-dragon oriental* et le *sang-dragon de la Gambie* sont des gommes attribuées à deux *ptérocarpes* de l'Inde. — En termes de botanique, c'est une espèce de *patience* dont les feuilles rendent un suc rouge.

SANG-MÊLÉ, nom donné dans les colonies d'Amérique, et en général dans ce continent, aux produits de l'union d'un blanc et d'une négresse.

SANGAAR, détroit entre l'île Niphon et Iéso. — C'est aussi une ville du Japon à l'extrémité N. de l'île de Niphon.

SANGADIENS ou **SANGARIENS**, peuple de pirates qui infestent les côtes du Mekran (Perse et Caboul) sur l'océan Indien. Ils habitent vers la baie de Cutchoukar.

SANGALLO (Julien), architecte florentin, mort en 1517, bâtit dans sa patrie plusieurs beaux édifices et entre autres le palais appelé *impérial*. On lui doit la coupole de Notre-Dame de Lorette. Il refusa la conduite des travaux de l'église Saint-Pierre. — Un autre architecte de ce nom s'est rendu célèbre : c'est SANGALLO (ANTONIO), né à Florence, et qui exerça d'abord l'état de menuisier. Il fut disciple du Bramante, et fut, après sa mort, architecte de l'église Saint-Pierre et de la fortification de plusieurs places. On lui doit la forteresse de Civita-Castellana et le château Saint-Ange.

SANGARIDE (myth.), nymphe, fille du fleuve Sangarius, fut aimée d'Atys, et lui fit oublier ses engagements avec Cybèle, ce qui causa la mort de son amant. — On raconte autrement cette histoire. Pausanias dit que cette nymphe, ayant vu le premier amandier que la terre ait produit, y cueillit des amandes et les mit dans son sein. Aussitôt les amandes disparurent, et Sangaride se sentit grosse. Elle accoucha d'un fils que l'on exposa dans les bois et qu'on nomma *Atys*.

SANGARIUS, fleuve de l'Asie-Mineure, prenait sa source sur les frontières de la Galatie et de la Phrygie, au pied du mont *Dyndime*, coulait au N., puis à l'O., plus encore au N., et se jetait dans le Pont-Euxin auprès de la ville de *Sangaris*, en Bithynie. — Les anciens donnaient ce nom au dieu du fleuve Sangarius, père de la nymphe Sangaride.

SAN-GENAREZ, groupe de deux petites îles sur les côtes de Sardaigne, vis-à-vis la Corse. L'une s'appelle *Bièze*, l'autre *Pe'agia*. Elles sont sans importance.

SANGHIR, île de l'Océanie, au S. des Philippines, à l'O. de Bornéo et au N. des Moluques. Elle a 15 lieues de long sur 5 de largeur. Sa population est de 12,000 âmes. Sa capitale est TEROUANA. Le sol est très-fertile.

SANGIAC. Voy. SANDJIAK.

SANGLIER, type sauvage de notre *cochon domestique*. Sa tête est plus allongée que celle du cochon ; le cou est fort court ; le chanfrein est plus arqué ; les oreilles sont plus courtes et moins pointues ; les défenses sont plus longues ; le corps est épais et musculeux, garni de poils appelés *soies*, dures et élastiques, de couleur généralement gris noirâtre ; à leur base est une sorte de laine douce et frisée. La queue est droite et courte. Jusqu'à six mois, on nomme cet animal *marcassin*; à six mois, c'est la *bête rousse*; à un an et demi, la *bête de compagnie*; à deux, *ragot*; à trois, *sanglier à son tiers an*; à quatre, *quartenier*, et plus tard, *vieux sanglier*, *solitaire*, *vieil ermite*, *porc entier*. La femelle s'appelle *laie*. Le sanglier a le naturel farouche et brusque. Il peut néanmoins s'apprivoiser. Il vit dans les lieux sombres et humides, se nourrit de racines, de fruits, de grains et quelquefois de petits animaux. Sa force est très-grande, et sa chasse dangereuse. Sa hure est très-estimée.

SANGLOTS, contraction spasmodique et momentanée du diaphragme, accompagnée d'un bruit assez fort, et suivie d'un relâchement dans lequel l'air qui avait pénétré dans la poitrine en est repoussé. Les sanglots ont particulièrement lieu dans les grandes douleurs morales. — Les selliers appellent ainsi une petite courroie qu'on met à la selle d'un cheval ou au bât d'une bête de somme pour y attacher les sangles.

SANGSUE, nom vulgaire donné aux animaux de la classe des *hirudinées*. (Voy. ce mot.) La *sangsue médicinale* a le corps vert foncé, marqué en dessus de six baudes ferrugineuses assez claires, et offrant des petites taches brunes régulièrement disposées ; la *sangsue officinale* est verdâtre ou vert noirâtre, généralement marbrée et jaunâtre ou même verdâtre en dessous. Ce sont les deux espèces les plus employées en médecine. Elles vivent dans les eaux douces, et se nourrissent du sang des animaux, qu'elles sucent après avoir percé leur peau avec trois dents saillantes qui arment leur bouche. On se sert des sangsues pour diminuer la masse du sang et opérer des saignées locales sur un point déterminé de l'économie, ou qui ne présente pas de gros vaisseaux, comme l'anus, la bouche, l'œil, les narines. — On a inventé une *sangsue artificielle*, sorte de ventouse allongée qui imite la succion faite par cet animal. — On nomme *sangsue volante* le *vampire phyllostome*.

SANGUIFICATION. Voy. HÉMATOSE.

SANGUINAIRE, genre de la famille des papavéracées, ainsi nommé de la couleur du suc âcre et narcotique fourni par toutes ses parties. C'est une petite plante d'un aspect agréable, originaire du nord de l'Amérique septentrionale. On la cultive dans nos jardins sous les noms de *beauharnaise* et de *grande célandine*. De sa racine épaisse, traçante, cylindrique, sort une feuille unique, radicale, presque ronde, d'un vert noirâtre en dessus, d'un blanc bleuâtre en dessous, traversée par des nervures très-ramifiées et rouges. Du centre de la feuille s'élève une hampe ou tige nue, grêle et longue, portant une fleur blanche, assez grande, dont les huit pétales très-ouverts laissent voir un grand nombre d'étamines. Le principe actif de cette plante la fait employer en médecine comme émétique. On se sert du suc pour teindre la soie et la mousseline couleur orangée. Cette couleur devient plus brillante avec la dissolution d'étain.

SANGUINARA, rivière d'Italie, dans les États romains, prend sa source près du lac Bracchiano, et se jette dans la mer de Toscane. — On nomme SANGUINAIRES ou SARGUENARES les petites îles sur la côte E. de Sardaigne, près du cap de Cagliari. Elles sont peu importantes. Elles s'appelaient sous les Romains *Cunicularia insulæ*.

SANGUINE ou CRAYON ROUGE, nom sous lequel on désigne le fer oxydé rouge (oligiste) et l'argile ocreuse rouge graphique, minerai d'un rouge brun, d'une texture compacte et solide, uni et tendre à tailler. Les doreurs l'emploient pour brunir. On s'en sert pour faire des crayons rouges, parce qu'il laisse des traces durables de sa couleur sur le papier. On la nomme aussi *ferret d'Espagne*. — Les plus grands maîtres ont fait des dessins à la sanguine. On en a au musée du Louvre de Raphaël, du Corrége, du Dominiquin, etc. Sous le règne de Louis XV, elle fut employée préférablement à tout autre crayon par les peintres et les graveurs. Les artistes les plus remarquables en ce genre sont Bouchardon, Carle Vanloo, Pierre, Boucher, Cochin, Greuse, Gilles Demarteau, etc.

SANGUINOLENT, ce qui est sanglant, ce qui offre une teinte de sang. Tels sont les crachats rejetés dans la pneumonie.

SANGUISORBE, genre de la famille des rosacées, très-voisin des pimprenelles, avec lesquelles on l'a souvent réuni. Ce genre renferme des plantes herbacées, vivaces, à feuilles alternes, ailées avec impaire, à folioles opposées, pétiolées et à fleurs, disposées en capitule sur de longs pédoncules axillaires et terminaux. La *sanguisorbe commune* croît spontanément dans les pâturages de l'Europe ; on la nomme vulgairement *pimprenelle d'Italie*. La *sanguisorbe du Canada* est plus haute que la précédente ; ses fleurs blanches en épis font un bel effet. Ces deux plantes plaisent aux bœufs, aux vaches et aux moutons. Elles servent à la décoction de leurs fleurs, unie à de l'alun, un très-beau gris sur la soie, la laine et le coton.

SANHÉDRIN ou SYNADRIUM, mot dérivé du grec *synedrion*, qui signifie assemblée, tribunal suprême des Juifs, fut d'abord présidé par le grand prêtre, puis par le patriarche. Il était composé de soixante-dix membres qui s'assemblaient d'abord dans le temple, près du tabernacle, ensuite à Jemnia, résidence du patriarche. Ce tribunal jugeait les affaires importantes de la nation, et avait la plus grande autorité, qui s'étendait même sur le roi dans certains cas. Depuis la domination romaine, ce tribunal jugea les affaires civiles et religieuses, et s'occupa de régler le calendrier. Il devint à la fin une savante école, qui fut fermée au IVe siècle. Les cours inférieures s'appelaient *petits sanhédrins* ou *sanhedria*. Napoléon organisa le 30 mai 1806 un sanhédrin composé de rabbins français-italiens, qui ne dura que jusqu'en avril 1807.

SANICLE, genre de la famille des ombellifères, renfermant des plantes vivaces, herbacées, aux feuilles palmées ou digitées, habitant les bois et les lieux ombragés. Les fleurs qui décorent leurs petites touffes sont blanches, disposées en ombelles, et donnent chacune naissance à deux graines ovales, hérissées de pointes nombreuses. La *sanicle commune* ou *toute-saine*, répandue en Europe, a été longtemps regardée comme plante médicinale. On la comprend encore aujourd'hui comme astringente dans les vulnéraires suisses. On nomme vulgairement *sanicle mâle* la *sanicle commune*; *sanicle femelle*, l'*astrance*; *sanicle de montagne*, la *benoîte officinale*; *petite sanicle*, la *moscatelline*.

SANIE, liquide exhalé ordinairement par la surface des ulcères. Il est clair, séreux, et offre quelques-unes des qualités du pus et du sang. On nomme *sanieux* ce qui tient de la sanie ou qui en fournit.

SANNAZAR (Jacques) ou, comme il s'appelait *Actius Sincerus Sannazarus*, poëte latin et italien, né à Naples en 1458, était, dit-on, Ethiopien de naissance, et avait pris le nom d'un savant napolitain qui l'avait affranchi et lui avait donné son nom. Il plut par son esprit et ses talents au roi de Naples, Frédéric, qu'il suivit en France quand il eut été détrôné. De retour en Italie, il partagea son temps entre les plaisirs et les lettres. Il mourut de chagrin, en 1530, de ce que Philippe de Nassau, prince d'Orange, généralissime de l'empereur, avait ruiné sa maison de campagne. Ses poésies se distinguent par l'élégance et la pureté du style ; mais on lui reproche d'avoir trop sacrifié à son goût pour les divinités païennes. On a de lui des *églogues*, des *élégies*, et surtout un poème latin *sur les Couches de la Vierge*. Le nom de Jésus-Christ ne s'y trouve pas une seule fois, et la sainte Vierge y est appelée *Espoir des cieux*. Tout est rempli de Dryades et de Néréides ; les sibylles et Protée s'y trouvent.

SANOK, cercle de Gallicie, vers les monts Krapacks. Il a 200 lieues carrées et 225,000 habitants. Le chef-lieu est SANOK, à 35 lieues S.-E. de Cracovie, sur la rivière de Sar, avec 4,000 habitants.

SANONE, petite île d'Italie, sur la côte des Etats romains, au N.-E. de l'île Ponce. Elle est sans importance.

SAN-PIETRO DI BASTELICA, ainsi surnommé du lieu de sa naissance, fameux capitaine corse au service de France, s'acquit une grande réputation sous les règnes de François Ier, Henri II et Charles IX, par son intrépidité. Il s'avança par degrés, et devint colonel général de l'infanterie corse en France. Il se rendit si redoutable que les Génois, qui l'avaient fait prisonnier, ne le rendirent à la liberté que sur les instances de Henri II. Il conçut dès lors une haine implacable contre les Génois, et leur fit une guerre de partisan avec succès. Privé par la paix de 1559 des secours de la France, il alla à Constantinople en demander au sultan. Sa femme Vanina d'Ornano (voy.), pendant son voyage, résolut de passer à Gênes pour solliciter la grâce de son époux, déclaré rebelle, et dont la tête avait été mise à prix. La fierté du Corse fit une lâcheté de cette pensée que Vanina n'avait pas même exécutée, et il l'étrangla de ses propres mains. Il continua ensuite la guerre contre les Génois, et fut assassiné par trahison en janvier 1566.

SANSAC (Louis REVOT, baron DE), illustre capitaine du XVIe siècle, d'une maison noble de l'Angoumois, fut page du connétable Anne de Montmorency, et fit ses premières armes sous Bonnivet. Il se trouva à la bataille de Pavie, fut fait prisonnier, s'échappa et revint en France, d'où il fut plusieurs fois envoyé en Espagne vers François Ier par la reine mère. Il se couvrit de gloire par la défense de la Mirandole en 1551, et fit lever le siège aux ennemis. Il mourut vers 1570. C'était le plus habile cavalier de son temps, et il avait appris à François Ier à monter à cheval. Il instruisit les fils de ce prince dans cet exercice, et Henri II le nomma plus tard gouverneur de ses enfants. Il avait assisté à onze batailles rangées.

SANSANDING, grande ville de l'Afrique occidentale, sur le Niger, dans le royaume nègre de Bambara, à 7 lieues N.-E. de Légo. Population, 10,000 habitants. Elle est très-commerçante, et est très-fréquentée par les Maures, qui apportent du sel, du corail et de la verroterie en échange de la poudre d'or et de la toile de coton.

SANS-CULOTTES, nom qu'on donna pendant la république française aux républicains les plus ardents et les plus exclusifs. Il devint par la suite propre aux révolutionnaires de la lie du peuple et aux personnes qui les prenaient pour modèles.

SANSCRIT ou SAMSCRIT, mot indien qui signifie *civilisé*, et sert à désigner la langue savante de l'Inde, celle qui forme le fond de la littérature la plus ancienne de ce pays. Le sanscrit est d'une grande richesse, et a de grandes analogies avec les langues persane, germanique, slave, grecque et latine. Il n'est connu que des prê-

tres et des hommes les plus distingués du pays. L'Anglais Jones, Fr. Schlegel, Hamilton, Bopp, Olmar-Frank, A.-G. Schlegel et Burnouf sont les savants qui ont le plus approfondi cette littérature.

SANSEVIÈRE, genre de la famille des liliacées, renfermant des plantes propres à la Guinée et à l'Asie orientale. Ces plantes sont admises dans les jardins d'agrément, où elles se font remarquer par la singularité de leur port, leurs feuilles radicales d'un vert foncé, leur hampe rouge terminée par des épis de fleurs.

SANSON (Nicolas), célèbre géographe, né à Abbeville en 1600. Il quitta le commerce pour les sciences, et vint à Paris en 1627, où il se distingua en qualité d'ingénieur et de mathématicien. Il enseigna la géographie à Louis XIV, qui le fit son ingénieur et son géographe. Sa réputation devint européenne, et tous les étrangers briguaient l'honneur de voir cet illustre savant, le créateur de la géographie comme science. Le roi lui donna le brevet de conseiller d'Etat ; mais Sanson ne voulut jamais prendre ce titre, de peur, disait-il, d'affaiblir l'amour de l'étude dans ses enfants. Il mourut en 1667. On a de lui un grand nombre de cartes, et, en latin, la *Description géographique de la Gaule antique*, celle *de la Grèce antique*, *l'Empire romain*, *Recherches sur l'antiquité d'Abbeville*, etc. — Un autre membre de cette famille, JACQUES SANSON, fut carme déchaussé, et mourut en 1664, auteur d'une *Histoire ecclésiastique d'Abbeville* et d'une *Histoire des comtes de Ponthieu*.

SANSONNET. On donne vulgairement ce nom à l'*étourneau* d'Europe.

SANS-SOUCI (ENFANTS). Voy. ENFANTS.

SANS-SOUCI, château du roi de Prusse, à une lieue N.-N.-O. de Postdam, bâti par Frédéric le Grand et sur le dessin de ce prince, qui y résidait ordinairement. Ce château est d'une élégance remarquable.

SANSOVINO (Giacomo FATTI, dit), sculpteur et architecte célèbre, né à Florence en 1479, se rendit célèbre dans ces deux arts, et exerça ses talents à Rome et à Venise. La monnaie, la bibliothèque de Saint-Marc, le palais Cornaro à Venise, sont des édifices qui lui font beaucoup d'honneur. Il jouissait d'une telle considération que le pape l'exempta d'une taxe, ainsi que le Titien. Il mourut en 1570. — Son fils FRANCISCO, né à Rome en 1521, se livra à la pratique de la poésie, des belles-lettres et de l'histoire, et dirigea une imprimerie à Venise. Il mourut en 1586, laissant divers ouvrages, les *Annales de l'empire ottoman*, *Description de Venise*, *les Principales Familles d'Italie*, la *Description du gouvernement des républiques de Gênes, de Lucques et de Raguse*.

SANS-TERRE, surnom donné à Jean, roi d'Angleterre.

SANTA ou PARILLA, ville de l'Amérique méridionale, à 27 lieues de Truxillo, dans le bas Pérou, sur la rivière de son nom et près de la mer ; sa population est de 3,000 habitants. Elle fait un grand commerce de bêtes à laine, coton, suif, eaux-de-vie ; elle a des raffineries de sucre et des mines de pierre d'aimant.

SANTA-CRUZ. Voy. CRUZ (Santa-).

SANTA-FÉ, ville de l'Amérique septentrionale, capitale du Nouveau-Mexique, à 400 lieues de Mexico, près du Rio-del-Norte. Sa population est de 10,000 habitants. — Petite ville d'Espagne, au royaume de 4 lieues de Grenade. Population, 2,400 habitants. Elle est sur le Xenil, et fut bâtie par Ferdinand le Catholique, pour lui servir de camp lorsqu'il assiégeait Grenade.

SANTA-FÉ DE BOGOTA. Voy. BOGOTA.

SANTAL, ou SANDAL, ou SANTALIN, nom donné, dans le commerce, à trois sortes de bois exotiques, agréablement colorés et jouissant d'un parfum suave. Ils sont produits par des arbres de l'Inde appartenant à la famille des onagariées. Ce bois, si recherché pour la pharmacie et l'ébénisterie, est *blanc* dans l'espèce dite *santal à feuilles de myrte* ou *santalin blanc*, ci-

trin ou d'un jaune fauve assez foncé dans le *santal de Freycinet*. Le *rouge* est produit par une espèce du genre *pterocarpe*. La seconde espèce est peu compacte, peu dure, plus légère que l'eau ; son odeur, forte et aromatique, tient le milieu entre le musc et la rose ; sa saveur est légèrement amère. Ce sandal est susceptible d'un beau poli. Le sandal blanc prend, lorsqu'on le polit, une couleur fauve assez foncée ; il a une odeur de roses et la saveur amère. Le *santal rouge* est fibreux, plus léger que l'eau, se polissant à demi, d'une odeur faible et agréable. En Orient, on brûle le santal comme parfum ; on en fait aussi des cercueils, boîtes, etc. La médecine ne l'emploie plus aujourd'hui.

SANTALINE, matière colorante retirée du bois de sandal en traitant celui-ci à plusieurs reprises par de l'alcool presque bouillant et évaporant jusqu'à siccité. Elle est rouge, solide et en masse, peu soluble dans l'eau, très-soluble dans l'alcool, l'éther, l'acide acétique, etc. Dissoute dans l'alcool et précipitée par plusieurs sels, la santaline donne des laques de belle couleur. Celle que l'on obtient avec le chlorure d'étain est d'un beau pourpre. Sur 51 parties, la santaline a 32 parties de carbone, 16 d'hydrogène et 3 d'oxygène.

SANTAUX, nom collectif des trois espèces de bois de santal.

SANTANDER, petite province d'Espagne, dans la Vieille-Castille, près de celles de Burgos et de Logrono. Sa capitale est SANTANDER, ville maritime, grande et très-commerçante d'Espagne, à 20 lieues de Bilbao. Sa population est de 10,000 âmes. Elle a un évêché, des manufactures d'armes, de cordages, des chantiers de construction, des raffineries et des distilleries.

SANTAREM, ancienne et belle ville du Portugal, dans l'Estramadure, sur une montagne, auprès du Tage, à 15 lieues N.-E. de Lisbonne. Le territoire est très-fertile, et produit du blé, des oliviers et du vin. Don Alphonse-Henriquez prit cette ville sur les Maures en 1447.

SANTÉ, état de celui qui est sain, qui se porte bien, et dans lequel toutes les fonctions s'exercent avec régularité et harmonie. Les anciens en avaient fait une déesse, fille d'Esculape, et la même qu'*Hygie* des Grecs. Les Romains l'appelaient *Salus*. Ils lui avaient donné un collège particulier de prêtres, uniquement consacrés à son culte, et qui, seuls, avaient le privilège de voir la statue de la déesse. On la représentait sous la figure d'une jeune personne assise sur un trône et tenant d'une main une patère et de l'autre un serpent, et couronnée d'herbes médicinales. — La *Santé* est encore un établissement institué dans les ports de mer par l'autorité pour empêcher l'introduction des maladies contagieuses. Elle a des chaloupes nommées *bateaux* ou *canots de santé* pour visiter les bâtiments qui entrent en rade, prendre connaissance de l'état des individus à bord des navires et fixer le nombre de jours de la quarantaine à laquelle il sera soumis. Elle a aussi un local à terre dans lequel se fait la quarantaine.

SANTERRE, petit pays de France, faisait partie de la Picardie. Son étendue était de 80 lieues carrées, et son chef-lieu était *Péronne*. Il est très-fertile en blé. Le Santerre est aujourd'hui compris dans le département de la Somme.

SANTERRE (Claude) était à l'époque de la révolution un riche brasseur du faubourg Saint-Antoine, jouissant dans son quartier d'une grande influence. Il fut cité parmi les vainqueurs de la Bastille. Il avait auparavant été regardé comme un des moteurs de l'émeute qui eut lieu à l'établissement du marchand de papiers peints Réveillon. Devenu commandant du bataillon de la garde nationale du faubourg Saint-Antoine, il prit part à l'émeute du Champ-de-Mars (17 juillet 1791). Il joua un des premiers rôles dans le mouvement du 20 juin 1792, qui n'eut d'autre but que d'intimider la minorité de l'assemblée législative et de livrer Louis XVI et sa famille aux outrages de la populace. On assure aussi qu'il prit une grande part à la journée du 10 août. Nommé à cette époque commandant de la garde nationale, il conduisit Louis XVI et sa famille au Temple, et n'eut aucun égard pour leur situation. Il escorta le roi à la convention nationale le 10 et le 26 décembre, et le 21 janvier 1793 il le conduisit au supplice. On dit que, Louis XVI ayant voulu parler au peuple, Santerre fit couvrir sa voix par un roulement de tambours. Nommé général, il fit adopter ses plans de campagne contre la Vendée, et partit à la tête de 14,000 hommes. Complétement battu, il fut obligé de revenir à Paris. Devenu suspect, il fut arrêté et rendu à la liberté le 9 thermidor. Le reste de sa vie n'offre plus de fait remarquable. Il mourut en 1808 ou 1810.

SANTEUIL (J.-B. DE), né à Paris en 1630, fit ses études au collége des jésuites, et entra à l'âge de vingt ans chez les chanoines réguliers de Saint-Victor. Son nom fut bientôt placé parmi ceux des plus illustres poëtes latins. Il eut une querelle assez vive avec les jésuites à cause de la magnifique épitaphe qu'il fit pour le célèbre Arnauld. Il eut aussi des démêlés littéraires avec Bossuet sur l'emploi des divinités du paganisme et des ornements de la mythologie dans les sujets chrétiens et même dans les sujets profanes traités de façon chrétienne. Son caractère fut plein de pétulance et de singularité; mais la plupart des anecdotes qu'on raconte de lui sont controuvées. Il mourut en 1697. On a de lui un grand nombre de pièces de vers latins, distinguées par l'élégance, l'harmonie, la chaleur et l'énergie du style. Les inscriptions dont il a enrichi plusieurs monuments de Paris sont pleines de délicatesse et d'esprit; mais ses hymnes latins sont ses œuvres les plus remarquables. — Son frère CLAUDE, né en 1629, composa des hymnes latins à l'usage des églises. Il mourut en 1684.

SANTIAGO, province du Chili, dans l'Amérique méridionale. Elle est bornée au S. par la province de Colchagua, à l'O. par la mer. Sa superficie est de 760 lieues carrées, et sa population de 160,000 habitants. Elle est très-fertile et riche en métaux précieux; elle nourrit de nombreux bestiaux. Elle renferme plusieurs districts: *Valparaiso*, *Santa-Cruz*, *Rancagua* ou *Santa-Cruz de Triana*, *San-José de Logrono*, *Tiltil*, *Charabuco*, *Juan-Fernandez* (îles de). La capitale est SANTIAGO, grande et belle ville, considérée comme la capitale du Chili, sur la rive gauche du Rio-Mapocho, assise dans une belle plaine de 25 lieues d'étendue, bornée à l'E. par les Cordillères, et à l'O. par le Rio-Puraduel et la montagne del Pardo. Cette plaine est très-fertile. Les rues de Santiago sont très-belles, ornées de trottoirs. On y remarque le palais du gouvernement, la chambre de justice, la prison, la cathédrale et l'évêché, le consulat où s'assemble le congrès national, une bibliothèque nationale de 120,000 volumes, un institut et plusieurs colléges, l'hôtel de la monnaie et plusieurs couvents. Sa population est de 45,000 âmes.

SANTIAGO, île du Cap-Vert, de 45 lieues de long sur 10 de large, avec 10,000 habitants. Son air est malsain. Elle abonde en pâturages, bestiaux, coton, grains, fruits, etc. La capitale est SANTIAGO ou *Ribera*.

SANTILLANE, ville d'Espagne, dans les Asturies, sur la mer, avec un assez bon port, à 7 lieues de Santander, 80 de Madrid. Ses environs produisent des grains et du lin, et nourrissent de beaux troupeaux. Cette ville est célèbre depuis que Lesage en a fait la patrie de son héros *Gil-Blas*.

SANTIPONTE, ville d'Espagne, à une lieue de Séville. C'est l'ancienne *Italica*. On y voit de beaux restes d'antiquités. Cette ville se glorifie d'avoir donné naissance aux empereurs Trajan, Adrien et Théodose.

SANTOLINE, genre de la famille des synanthérées, section des anthémidées, renfermant plusieurs espèces usitées comme plantes agréables ou utiles. La *santoline d'Egypte* est pour les Arabes un antiophthalmique puissant. La santoline aux feuilles d'anthenis est très-amère et odorante, et peut remplacer la camomille. La *santoline citronnelle* fournit une huile employée comme vermifuge, et se place dans les jardins d'agrément pour bordures, plates-bandes, palissades, où on la tient en buissons touffus. Elle se taille aussi facilement que le buis. Ses feuilles nombreuses sont couvertes d'un duvet blanchâtre et disposées par paquets; ses fleurs, d'un beau jaune, produisent un joli effet. On retire une belle couleur jaune des fleurs de la *santoline du Chili*.

SANTONES ou XANTONES, ancien peuple de la Gaule, dans l'Aquitaine deuxième, à l'O., était borné au N. par les Pictones (le Poitou), au S. par les Bituriges (le Berri), à l'E. par les Lemovices (les Limousins), à l'O. par la mer. Leur pays est aujourd'hui la *Saintonge*. Leur capitale était SANTONES ou *Mediolanum*, aujourd'hui *Saintes*. La ville, qu'ils nommaient *Santonum Portus*, est *la Rochelle*.

SANTORIN, île de l'Archipel, à 26 lieues N. de Candie, à 14 lieues S. de Naxos, et au S. des Cyclades. Elle a environ 6 lieues de tour et 12,000 habitants. Le sol est volcanique, couvert de pierres ponces. Cette île a éprouvé de nombreuses secousses; auprès d'elle, quatre îles se sont élevées du bord de la mer par des éruptions volcaniques sous-marines: l'île *Kammeni* ou *Hiera* (196 avant J.-C.), l'île *Micri-Kammeni* (1473 de J.-C.), *Santorin* (23 mai 1707), à laquelle on a donné le nom de la grande île qu'elle borde. Cette île, la *Thira* des anciens, fut peuplée par une colonie phénicienne. Le Lacédémonien Thiras y transporta une colonie, d'où elle prit son nom. Sortie du sein de la mer, elle fut ensuite engloutie en partie vers l'an 237 avant J.-C., et séparée de *Therasia* (Aspronisi). Santorin est très-fertile, et produit de l'orge, du froment, du vin excellent, des figues, du coton. Le peuple de cette île est soumis spirituellement à deux évêques du rit grec et latin. Il fabrique de belles toiles. La capitale de Santorin est SCARO ou *Pasiro*.

SANTORIUS ou SANCTORIUS, médecin célèbre par ses expériences sur la transpiration insensible. Il était né à Capo-d'Istria en 1561, et professa la médecine à l'université de Padoue. Il mourut en 1636. Depuis cette époque le collége des médecins de Venise fait prononcer tous les ans un discours à sa louange. Il a laissé: *De medicina statica aphorismi*, traduit en français sous le nom de *Médecine statique de Sanctorius*, ou *l'Art de conserver la santé par la transpiration*.

SANTOS, ville du Brésil, dans la province de San-Paulo, fondée en 1546 sur le bord de la mer, à 13 lieues de San-Paulo. Sa situation est basse et humide. Sa population de 6,000 âmes. On y remarque le collége des jésuites, qui a été transformé en hôpital militaire. Le port de Santos est défendu par plusieurs forts, et deux barres y conduisent: l'une, *Barra-Grande*, reçoit les navires de haut bord; l'autre, *Bertioga*, les faibles embarcations. La route qui conduit à San-Paulo est abrupte et dangereuse, et s'élance à travers une haute chaîne de montagnes. Santos fait un assez grand commerce avec l'Europe.

SANT-RYEH, bourg d'Afrique, dans le désert de la Libye, à 18 journées de marche du Caire et 16 d'Alexandrie. C'était autrefois *l'oasis d'Ammon*, si célèbre par le temple et l'oracle de Jupiter.

SANUTI (Marino), Vénitien qui vivait au commencement du XVIe siècle, était fils du sénateur Léonard, mort ambassadeur à Rome en 1474. Sanuti s'acquit à ce point l'estime de ses compatriotes, que le sénat le chargea d'écrire l'histoire de son siècle. Ses ouvrages sont estimés; ce sont l'*Histoire des magistrats vénitiens*, l'*Origine de Venise* et la *vie de tous les doges*, jusqu'en 1473, en vénitien. Ce dernier ouvrage se trouve dans le vingt-deuxième tome de la collection de Muratori.

SANYE, nom vulgairement donné à la *moutarde des champs*.

SAONA, autrefois Savo, rivière d'Italie qui prend sa source près de Tiano, arrose le royaume de Naples et la terre de Labour, et se jette entre Capoue et Gaëte dans le golfe de cette dernière ville.

SAONE (prononcez *sône*), grande rivière de France qui prend sa source à Viomenil, dans les Vosges, arrose une partie de ce département, parcourt ceux de la Haute-Saône, de la Côte-d'Or, de Saône-et-Loire, sépare ceux de l'Ain et du Rhône, et se jette dans le Rhône à Lyon. La longueur de son cours est de 98 lieues, dont 4 flottables à bûches perdues, de Monthureux à Joinville, 27 flottables en trains jusqu'à Gray, et le reste navigable. La Saône a pour affluents la Vigeanne, l'Ognon, la Bèze, l'Ouche, le Doubs, la Seille et la Reizource. Elle passe à Scey, Gray, Pontarlier, Auxonne, Châlons, Tournus, Mâcon et Trévoux. Les transports sont très-importants sur cette rivière, qui par sa position unit le nord et le midi de la France. A mesure qu'elle s'éloigne de sa source, sa largeur augmente et sa pente diminue. L'extrême lenteur de son cours l'avait fait appeler par les Celtes ARAR (dérivé d'*ar*, lent, très-lent). Les Latins lui conservèrent ce nom et celui de *Soccona*.

SAONE (HAUTE-), département français, région de l'E., formé d'une partie de l'ancienne Franche-Comté, et borné au N. par le département des Vosges, à l'E. par celui du Haut-Rhin, au midi par ceux du Doubs et du Jura, à l'O. par ceux de la Côte-d'Or et de la Haute-Marne. Sa superficie est de 55,000 hectares, et sa population de 342,000 habitants. Il tire son nom de sa position sur le cours supérieur de la Saône. Il se divise en trois arrondissements: *Vesoul* (chef-lieu), *Gray* et *Lure*, et envoyait à la chambre quatre députés. Son revenu territorial est de 18,400,000 francs. — Le territoire du département est en général montagneux. On peut le diviser en deux zones distinctes: celle du S.-O. au N.-O., dans les arrondissements de Gray et de Vesoul, et celle du S.-E. (arrondissement de Lure). Dans la première, le sol offre des coteaux couverts de vignes et de bois, de vastes prairies et des champs fertiles; dans la zone septentrionale, le contrée s'élève et devient âpre, aride, mais riche en minéraux précieux, tels que granit, porphyre, fer, schiste, or, argent, cuivre, grès, manganèse, tourbe, marbre, pierres de taille, etc. On compte environ cinquante usines à fer, occupant plus de cinq mille ouvriers, des verreries, des poteries, des tanneries, des teintureries, des faïenceries, des papeteries et des distilleries. Ce département est compris dans la sixième division militaire, le diocèse et l'académie de Besançon, et le ressort de la cour d'appel de la même ville.

SAONE-ET-LOIRE, département français, région de l'E., formé de la partie S.-O. de l'ancienne Bourgogne, et borné au N. par le département de la Côte-d'Or, à l'E. par ceux du Jura et de l'Ain, au S. par ceux de l'Ain, du Rhône et de la Loire, à l'O. par ceux de l'Allier et de la Nièvre. Il tire son nom des deux principales rivières qui le traversent. Sa superficie est de 857,680 hectares, et sa population de 535,000 habitants. Il se divise en cinq arrondissements: *Mâcon* (chef-lieu), *Autun*, *Chalons-sur-Saône*, *Charolles* et *Louhans*, et nommait sept députés. Le revenu territorial est de 25,145,752 francs. Le sol de ce département est très-varié, mais généralement fertile et très-propre à la culture de la vigne. Il produit des grains, des fruits, du chanvre, des vins estimés (982,000 hectolitres), distingués par leur légèreté et leur parfum, et nommés dans le commerce *vins de Mâcon*, parmi lesquels on cite les blancs de Fuissé et de Pouilly, les rouges de Davayé, du Moulin-à-Vent et de Thorins. Châlons est l'entrepôt des marchandises qui s'expédient du

S. au N. de la France, et réciproquement. L'industrie commerciale s'exerce sur la fabrication des armes à feu, de l'horlogerie, des tapis de poil et des couvertures de laine, du papier, des cuirs. Il y a de beaux établissements métallurgiques, parmi lesquels se trouve celui du Creusot. — Ce département se trouve compris dans la dix-huitième division militaire, le diocèse d'Autun et le ressort de la cour d'appel et de l'académie de Dijon.

SAOS-DUCHIN, prince d'Assyrie, qu'on croit être le même que celui qui est nommé Nabuchodonosor Ier dans le livre de Judith. Il succéda à Assaradon (668 avant J.-C.), et eut pour successeur Chinacadon ou Sarac.

SAOUADI, bourg d'Egypte, près la rive orientale du Nil, à 25 lieues S. de Faioum. C'est là que commencent les grottes de la Thébaïde, fameuses par l'austérité des anciens anachorètes. Ces grottes ne sont autre chose que des carrières creusées par les Égyptiens, et garnies d'hiéroglyphes.

SAP, mot par lequel on désigne, dans les chantiers de la marine, le bois de tous les conifères analogues au sapin, tels que les pins, les mélèzes, etc.

SAPAJOU ou *Sajou*, genre de mammifères de l'ordre des quadrumanes, division des singes américains. Les sapajous, connus aussi sous le nom de *capucins*, ont le corps assez mince et de taille au-dessus de la moyenne. La tête est en général de forme ronde, la face large et courte, l'angle facial de 60 degrés. Le museau est court, le front peu prononcé. Il n'y a pas d'abajoue. Les oreilles sont arrondies, les yeux volumineux et rapprochés l'un de l'autre. Les membres sont forts, robustes et allongés, les postérieurs surtout, ce qui permet aux sapajous de sauter avec facilité. Les quatre mains ont cinq doigts ; celles de devant ont un pouce allongé et opposable aux autres doigts. La queue est longue, musculeuse et prenante. Le pelage de ces singes est court, doux, non luisant, de couleur sombre, variant du brun au gris. Les sapajous sont adroits, intelligents, vifs et faciles à élever. Ils vivent sur les arbres, se nourrissent de fruits et d'insectes. Leur voix plaintive et flûtée les a fait nommer *singes pleureurs* ; leur nom de *singes musqués* leur vient de l'odeur de musc qu'ils répandent. On les trouve dans le Brésil et dans la Guyane. Le *sapajou sajou* ou *sajou brun* est l'espèce que l'on voit en Europe, et que les petits montagnards promènent par les rues.

SAPAN, nom vulgaire du *bois de Brésil*.

SAPE, nom donné à l'action de *saper*, de fouir sous les fondements d'un édifice pour le renverser. Il se prend aussi pour désigner les ouvrages au moyen desquels l'assiégeant s'approche de la place qu'il attaque. La sape sert à ouvrir les tranchées, des chemins couverts, les boyaux qui conduisent sur le corps de la place. On distingue la *sape entière*, qui consiste à creuser un trou de trois pieds de profondeur sur trois de largeur ; la *demi-sape*, qui consiste à poser à découvert des gabions sur un alignement, les remplir de terre, et fermer les entre-deux avec des sacs à terre ; la *sape volante*, qui a lieu quand on conduit les travailleurs sur un terrain où on a seulement fait un tracé sans employer de gabions ; la *sape couverte*, qui se fait sous terre ; et la *double sape*, qui s'emploie quand on est obligé de se couvrir des deux côtés. La *tête de sape* est le point le plus avancé du chemin qu'on creuse, et par conséquent le plus exposé.

SAPEUR, nom donné aux soldats du corps du génie qui, sous les ordres des ingénieurs, travaillent aux fortifications. Ce sont des soldats d'élite, dont la paye est plus forte que celle du fantassin. Il y a quatorze compagnie de sapeurs par régiment du génie. — On nomme encore *sapeurs*, dans les régiments, des hommes chargés à l'armée de couper les haies, d'aplanir les fossés, et de frayer aux troupes un chemin à travers les forêts. En garnison, ils font le service d'ordonnance auprès des chefs du corps, et ne sont plus que des hommes de parade, marchant à la tête du régiment. Les sapeurs, qui comptent dans les compagnies de grenadiers, sont choisis parmi les hommes les plus robustes et de la plus haute taille : ils portent un bonnet à poil, des tabliers de peau blanche, et sont armés de la hache et du mousqueton qu'ils ont en bandoulière sur l'épaule gauche. On leur a récemment supprimé leur longue barbe. Les sapeurs ont été institués par le décret du 7 avril 1806. Il y en a quatre par bataillon. Tous ceux du régiment sont commandés par un caporal. — Il y a encore des *sapeurs-pompiers*, chargés d'éteindre les incendies.

SAPHÈNE, du grec *saphès*, manifeste, évident, nom donné à deux veines souscutanées du membre inférieur. La grande *veine saphène*, ou *saphène interne*, naît de la face dorsale des orteils internes, et s'ouvre dans la veine crurale, près de l'arcade inguinale ; la *petite veine saphène*, ou *saphène externe*, naît sur les orteils externes, et va s'ouvrir au jarret de la veine poplitée. C'est à ces deux veines que l'on pratique la saignée du pied.

SAPHI, sorte de charme ou d'amulette en usage chez les nègres mahométans, qui en portent toujours quelqu'un sur eux. Les saphis sont ordinairement des versets du Coran.

SAPHIQUE, sorte de vers grec et latin, de onze syllabes, ainsi nommé de Sapho, qui s'en servit la première. Les cinq pieds de ce vers sont ainsi disposés : le premier est un trochée (une longue et une brève) ; le deuxième, un dactyle (une longue et deux brèves) ; les deux derniers, des trochées. Il doit y avoir une césure après le deuxième pied. Ce vers très-harmonieux a été surtout employé par les poètes lyriques ; on le retrouve souvent dans Horace.

SAPHIR, nom donné à l'alumine cristallisée formant, sous le nom de *corindon*, une espèce minérale ; mais pour mériter cette dénomination, il faut que le corindon soit bleu. Le *corindon bleu* ou *saphir*, ou *saphir d'Orient*, est une pierre précieuse d'une belle couleur bleue veloutée, très-éclatante, rayant fortement le quartz, jouissant de la double réfraction, et composée d'alumine, de silice et d'oxyde de fer. Le prix de cette pierre est très-élevé. On nomme *saphirs mâles* ceux qui présentent la nuance bleu indigo ; *saphirs femelles*, ceux qui sont d'un bleu d'azur Un saphir de 24 grains vaut environ 1,800 francs, s'il est d'une belle nuance. On trouve les saphirs en Asie et en Sibérie, dans les terrains plusiaques. — Les lapidaires nomment *saphir blanc* le *corindon* incolore et limpide ; *saphir d'eau*, la *cordiérite* ; *saphir du Brésil*, une *tourmaline* ; *saphir faux*, une chaux fluatée ou fluorine. On a étendu ainsi ce mot à un grand nombre de substances très-différentes dans leur composition.

SAPHIRA ou Saphire, femme d'Ananie ou Ananias, fut punie de mort avec son mari, pour avoir eu part à son mensonge.

SAPHO, née à Mitylène, dans l'île de Lesbos, vers l'an 600 avant J.-C., est célèbre par son génie poétique, qui lui fit donner le surnom de *dixième muse*, et par ses infortunes. Veuve d'un riche habitant de l'île d'Andros, elle s'abandonna à l'ivresse des plaisirs et à l'enthousiasme poétique. Persécutée par acharnement par la haine de ses compatriotes, raillée à cause de ses mœurs dépravées, elle fut forcée de quitter sa patrie et de fuir en Sicile, parce qu'elle fut accusée d'avoir tramé un complot contre Pittacus, roi de Mitylène. Phaon, jeune Lesbien qu'elle aimait avec passion, l'ayant abandonnée pour une autre, elle se jeta dans les flots à Leucade, quand elle vit qu'elle ne pouvait le ramener à elle. Les Lesbiens, glorieux de l'avoir vue naître parmi eux, élevèrent des temples à sa mémoire, et firent graver son effigie sur leurs monnaies. Sapho avait composé des épigrammes, des élégies et neuf livres d'odes. Il ne nous reste de ces ouvrages que deux fragments assez considérables, une *Hymne à Vénus* et une *Ode à une maîtresse*. C'est elle qui inventa les vers saphiques. Ses vers sont pleins de grâce, d'harmonie et de feu ; mais ils sont extrêmement libres et passionnés. Quelques auteurs font deux Sapho, l'une poëte, l'autre l'amante de Phaon.

SAPIENCE, ancien mot dérivé du latin *sapientia*, et qui signifiait sagesse. Ce mot ne se dit guère que pour désigner le *livre de la Sagesse*, de Salomon. On appelle aussi *pays de sapience* la Normandie. — Les *livres sapientiaux* sont plusieurs livres de l'Écriture sainte, destinés à donner aux hommes des leçons de sagesse et de morale. Ce sont l'*Ecclésiastique*, le *Cantique des cantiques*, les *Proverbes*, l'*Ecclésiaste* et le *livre de la Sagesse*. — Il y a aussi à Rome un collège de la *Sapience*.

SAPIENZA, groupe d'îles sur les côtes de Morée, en Grèce, sont au nombre de cinq, dont deux seulement sont habitées. Elles produisent des oliviers. La mer des environs s'appelle *mer de Sapienza*. Ce nom se donne aussi à un cap de Morée sur la pointe S.-E. Ces îles s'appelaient jadis *Insulæ Sphagiæ*. La plus grande se nommait *Sphacteria*. Elles sont remarquables dans l'histoire par une victoire que les Athéniens remportèrent sur les Spartiates.

SAPIN, genre de la famille des conifères, renfermant de beaux et grands arbres résineux, toujours verts, très-voisins des pins et des mélèzes. Ce sont des arbres très-rustiques, croissant naturellement dans les pays froids et sur les hautes chaînes de montagnes, et se plaisant partout excepté à l'exposition des vents de mer. On les multiplie par voie de graines. Le *sapin élevé*, connu sous les noms vulgaires de *faux sapin*, *pesse*, *pinesse*, *gentil sapin*, monte fort haut et en ligne droite ; le tronc est recouvert d'une écorce mamelonnée, assez mince, tirant sur le brun ; les rameaux de sa base tombent dès l'âge adulte, et il devient nu jusqu'au tiers ou aux deux tiers de son élévation, se terminant par une pyramide de branches ouvertes à angles droits. Les feuilles sont linéaires, quadrangulaires, pointues, d'un vert sombre, disposées en triple spirale autour des rameaux. Les fruits sont des strobiles verdâtres ou roussâtres, allongées et composées de nombreuses écailles imbriquées, sous chacune desquelles se trouvent deux semences ailées. Cet arbre se trouve dans les Alpes et les Pyrénées. Le *sapin argenté*, *sapin commun*, en *peigne* ou à *feuilles d'if*, a le feuillage vert luisant en dessus, blanc ou glauque en dessous ; le *sapin baumier* ou *de Giléad*, de l'Amérique du Nord, fournit la térébenthine, nommée *baume de Giléad* ou *de Canada* ; le *sapin épicéa*, arbre à voûture sombre, à les feuilles serrées et vertes sur les deux faces. — Les sapins sont fort utiles comme fournissant des bois de constructions civiles ou navales, ou de menuiserie et de charpente. Ce bois donne du charbon estimé, et peut servir de bois de chauffage. On retire des sapins, surtout des deux premières espèces, divers produits particuliers, comme la térébenthine de Strasbourg, la colophane, la poix blanche, etc. Avec le liber de ces espèces, mêlé à de la farine de seigle ou de sarrasin, on fait du pain en Suède et en Norwège. L'écorce sert dans la préparation des cuirs.

SAPINDACÉES, famille d'arbres et d'arbrisseaux souvent sarmenteux, grimpants, munis de vrilles, et à feuilles composées de plantes herbacées. Elle est ainsi appelée du genre *savonnier* (en latin, *sapindus*), qui lui sert de type. On l'a divisée en deux sections : les *sapindées*, renfermant le savonnier et dix-sept autres genres, et les *dodonéacées*. Les sapindacées ont du rapport avec les vinifères, les acérinées, les méliacées et les térébinthacées. Elles ont des feuilles alternes, pennées ou trifoliées, rarement simples, des fleurs polygames disposées en grappes. Le fruit est capsulaire ou charnu, ayant une ou plusieurs graines.

SAPINETTE, nom donné à trois espèces du genre *sapin*, venues de l'Amérique du Nord, et cultivées dans nos jardins. La *sapinette noire* monte à douze mètres; ses fruits ou strobiles sont noirâtres, gros, courts, ovales, rétrécis à leur sommet. Le bois est fort, élastique et léger. Cette espèce qui se plaît dans les terres froides, sablonneuses et humides, a été introduite en France en 1779. La *sapinette blanche*, ainsi nommée de la couleur de son écorce, aime les terres sèches. Elle s'élève à seize mètres au moins. Ses rameaux sont toujours horizontaux, disposés par étage, munis de feuilles bleuâtres, et portent des strobiles petits, nombreux, solitaires, aux écailles arrondies, verdâtres ou rouges. Son bois peut remplacer celui du sapin, et sa résine donne une bonne térébenthine. La *sapinette rouge* atteint huit mètres à peine. Ses fruits sont rouges. On recherche son bois pour la construction des bateaux. — On donne encore vulgairement ce nom au *sapin de Norwége* ou *épicéa*, et celui de *sapinette à feuilles d'if* au *sapin du Canada*.

SAPONACÉ, dérivé du latin *sapo*, savon, ce qui contient du savon, ce qui est de la nature du savon. Il est peu usité et remplacé par *savonneux*.

SAPONAIRE, genre de la famille des caryophyllées, renfermant plusieurs espèces, à tiges touffues, portant des feuilles entières et opposées, des fleurs nombreuses, roses, blanches ou jaunes, tantôt solitaires et axillaires, tantôt réunies à l'extrémité des tiges et des rameaux. Le fruit est une capsule allongée, renfermant plusieurs graines. Leur nom vient de ce que la tige et la racine de quelques espèces, écrasées et battues dans l'eau, dégagent une matière mucilagineuse, semblable au savon et qu'on peut employer en guise de savon pour blanchir le linge. La *saponaire commune* habite nos haies, bois et buissons, et le courant des eaux. La *saponaire à cinq angles* est mangée avec plaisir par les bestiaux. La médecine emploie les racines, les tiges, les feuilles et les sommités fleuries de la première espèce. Prises en décoction, elles agissent comme résolutives, apéritives et sudorifiques.

SAPONÉA, médicament pectoral préparé avec de l'infusion de violettes édulcorée et de l'huile d'amandes douces.

SAPONIFICATION, opération qui a pour objet la formation du savon. C'est aussi la formation même du savon. — *Saponifier*, transformer en savon.

SAPOR ou Chapour. Trois rois de Perse de la race des Sassanides ont porté ce nom. — Le premier succéda à son père Artaxerce vers l'an 238 de J.-C. Il fit la guerre avec succès aux Romains dans l'Asie, ravagea la Mésopotamie, la Syrie et la Cilicie. Gordien le Jeune ne lui opposa que de faibles efforts, Philippe l'Arabe acheta la paix à prix d'argent; Valérien, vaincu et fait prisonnier, fut écorché vif après une douloureuse captivité. Odénat s'arma pour venger cette mort, défit les Persans, s'empara du trésor de ce prince, reprit une partie de la Mésopotamie, et s'avança dans le centre de ses Etats. Peu de temps après, Sapor fut assassiné par un satrape (276 de J.-C.). Son fils Hormisdas Iᵉʳ lui succéda. — Sapor II succéda à Hormisdas II, son père, en 310. Il fit la guerre avec succès aux Romains, et conquit les provinces situées à l'O. de l'Euphrate (359 de J.-C.). L'empereur Jovien fit la paix avec lui; mais il recommença bientôt la guerre, s'empara de l'Arménie, et vainquit l'empereur Valens. Son règne fut signalé par une constante persécution des chrétiens. Il mourut en 380, et eut pour successeur son frère Artaxerce. — Sapor III, fils du précédent, succéda à son oncle Artaxerce en 384, et mourut après un règne peu mémorable, en 389.

SAPOTE. Voy. Sapotier.

SAPOTÉES, famille de plantes exotiques, ayant de grands rapports avec les ébénacées. Ce sont des arbrisseaux ou des arbres ligneux, remplis d'un suc lactescent vénéneux, ayant les feuilles alternes, sans stipules, coriaces, très-entières. Les fleurs, portées sur des pédoncules, ont une corolle monopétale hypogyne, divisée en plusieurs lobes; les étamines sont en nombre variable et attachées au tube de la corolle; le fruit est charnu, parfois couvert d'une croûte solide, à plusieurs loges, et renfermant plusieurs graines. Le genre type de la famille est le *sapotier*.

SAPOTIER ou Sapotillier, genre type de la famille des sapotées, renfermant de très-beaux arbres des contrées intertropicales du continent américain, et abondant aux Antilles. Ils montent à une assez grande hauteur. Le *sapotier commun* a des branches et des rameaux qui recèlent sous leur écorce fauve un suc blanc très-visqueux, employé comme fébrifuge, et un bois blanc filandreux, dur, assez liant, dont on se sert dans les travaux de menuiserie et même dans les constructions hydrauliques. Le suc de cet arbre se condense à l'air, et devient une résine qui répand en brûlant une agréable odeur d'encens. Ses feuilles sont larges, épaisses, longues, lisses, d'un vert foncé et luisant en dessus, entières, pointues aux extrémités, très-veinées et disposées par bouquets à la sommité des rameaux. Les fleurs croissent au centre de ces bouquets, et sont peu apparentes. Le fruit ou *sapotille* est une pomme arrondie ou ovale, à peau brune et crevassée, contenant dans huit ou dix loges autant de graines oblongues, luisantes, recouvertes d'une peau noire. A la maturité, ce fruit est d'un brun rougeâtre; sa chair est succulente, fondante et sucrée. Il est très-rafraîchissant et fort sain. On l'estime beaucoup. Les amandes de ses pepins donnent avec l'eau une émulsion qu'on administre contre les rétentions d'urine et les coliques néphrétiques.

SAQUEBUTE. Voy. Saquebute.

SARA, fille de Tharé, épousa à l'âge de vingt ans son cousin Abraham (1966 ans avant J.-C.), et le suivit dans ses divers voyages, pendant lesquels sa beauté l'exposa aux désirs des rois d'Egypte et des Philistins. Mais Dieu la protégea contre tout outrage. Se voyant fort avancée en âge et sans enfants (1911), elle donna à Abraham sa servante Agar, qui, devenue mère d'Ismaël, n'eut plus pour elle que du mépris. Sara la fit chasser ainsi que son fils. Quelque temps après, des anges, déguisés en voyageurs, envers qui elle avait exercé l'hospitalité avec Abraham, lui annoncèrent de la part de Dieu qu'elle aurait un fils. Sara, alors âgée de quatre-vingt-neuf ans, sourit, croyant que c'était pour la railler. Cependant au bout d'un an elle mit au monde un fils qu'elle nomma *Isaac* (en hébreu, *sourire*). Elle mourut trente-sept ans après, et fut enterrée dans la caverne d'Hébron.

SARA, fille unique de Raguël et d'Anne, de la tribu de Nephtali et de la parenté de Tobie. L'Ecriture nous apprend qu'elle eut sept maris, que le démon étouffa tous les sept. Ensuite elle épousa Tobie, à qui elle avait été destinée, et que Dieu préserva de tout danger. Elle le suivit à Ninive, patrie de Tobie, et en eut une nombreuse postérité.

SARABAITES, faux apostoliques qui parurent en Egypte presque immédiatement après la mort des apôtres. Sous prétexte de suivre la vie apostolique, et d'observer fidèlement la loi, ils méprisaient les supérieurs de l'Eglise. Ils étaient vêtus de peaux de bêtes et habitaient les rochers, où ils se livraient à tous les excès de l'intempérance par le moyen de l'argent qu'ils amassaient à la quête. Saint Jérôme appelle encore ainsi des moines vagabonds de son temps.

SARABANDE, air de danse espagnol à trois temps, d'un caractère grave, et qu'on chantait autrefois avec des paroles au lieu de le jouer avec des instruments.

SARABAT, rivière d'Asie, dans l'Anatolie, coule du N.-E. au S.-O., passe à Manachia, et se jette dans le golfe de Smyrne.

SARAC ou Saracus, roi d'Assyrie, nommé aussi *Chinaladan*, succéda à Saos-Duchis l'an 648 avant J.-C. Nabopolassar ou Nabonassar, un de ses généraux, se ligua contre lui avec Astyage, roi des Mèdes, et, après l'avoir vaincu, ils le chassèrent et partagèrent ses Etats.

SARAGOSSE, province d'Espagne formée d'une partie septentrionale de l'ancien Aragon. Elle est très-fertile et industrieuse. Sa capitale porte le même nom.

SARAGOSSE, grande ville d'Espagne, jadis capitale de l'Aragon, et aujourd'hui de la province de *Saragosse*, sur l'Ebre, qu'on y traverse sur un pont de pierre de six cents pieds de longueur, à 62 lieues N.-E. de Madrid. Sa population est de 48,000 habitants. — Cette ville, fondée sous le règne d'Auguste par une colonie romaine, dut à cette circonstance le nom de *Cæsar Augusta* ou *Cæsarea*. Elle est bien bâtie, et possède un archevêché, une université fondée en 1772, une académie des arts, une école de commerce et d'agriculture, une bibliothèque, et des fabriques de soie, draps et cordes. On y voit plusieurs monastères et de belles églises, parmi lesquelles on cite *Nuestra-Senora del Pilar* (Notre-Dame du Pilier), où l'on voit une image miraculeuse de la Vierge, qui attire de nombreux pèlerins. — Pendant la guerre de l'indépendance, Saragosse eut à supporter deux sièges remarquables contre les Français. Le premier eut lieu le 3 août 1808. Le lendemain, les Français, commandés par les généraux Lefebvre et Verdier, entrèrent par la brèche dans la place. Alors chaque maison devint l'objet d'un siège particulier; et pendant dix jours les Français ne purent s'emparer que de quatre maisons. Le 15, Verdier leva le siége. C'était Palafox qui avait dirigé la défense. Au mois de décembre, les Français reparurent commandés par les généraux Moncey et Mortier. Le 9 janvier, le siége commença. Chaque maison devint encore une forteresse et le siége d'une héroïque résistance. Ces siéges successifs durèrent vingt-trois jours, pendant lesquels les Espagnols se signalèrent par leur bravoure. Lannes, chargé du siége, le poussa avec ardeur. Enfin la ville, presque détruite et couverte de ruines, capitula honorablement le 24 février. En soixante jours, 54,000 hommes avaient péri. Ce siége est un des plus remarquables des temps modernes. Palafox encore avait dirigé la défense de ce siége.

SARAIAS, grand sacrificateur des Juifs, successeur d'Azarias, fut pris par Nabuzardan, général de Nabuchodonosor, et amené en captivité à Riblata avec le reste du peuple. Le roi le fit mettre à mort avec soixante-dix des principaux Juifs, l'an 588 avant J.-C. — Fils de Nérie et frère de Baruch, contemporain de Jérémie, dont il fut l'ami et le secrétaire. Il accompagna Sudécus à Babylone lorsqu'il porta le tribut à Nabuchodonosor.

SARASIN ou Sarazin (Jean-François), né en 1604 à Hermanville-sur-Mer, près de Caen, fut secrétaire et favori du prince de Conti, frère du grand Condé, et mourut en 1654 du chagrin d'être tombé dans la disgrâce. Sarasin avait une imagination vive et brillante, et travaillait avec facilité. La souplesse de son talent le faisait également réussir dans tous les genres, dans le sérieux comme dans le badinage, dans l'ode connue dans l'histoire, les écrits d'érudition, les pastorales, l'épigramme. On a de lui un petit volume; il contient des *odes*, des *églogues*, des *sonnets*, des *épigrammes*, des *vaudevilles*, des *chansons*, des *madrigaux*, des *lettres*, etc. Ses ouvrages en prose sont l'*Histoire de la conspiration de Valstein*, livre intéressant mais inachevé, un *Traité du nom et du jeu des échecs*, et une *His-*

toire du siége de Dunkerque par Louis de Bourbon, prince de Condé.

SARASOU, grande rivière de Tartarie, sort des monts d'Algi-Dim, et se jette dans le lac Telegol.

SARATOF, gouvernement de la Russie d'Europe, borné au N. par celui de Simbirsk, au S. par celui du Caucase, au S.-E. par celui d'Astrakan, à l'O. et au S.-O. par les Cosaques du Don, à l'E. par celui d'Oufa. Sa superficie est de 2,000 lieues carrées, et sa population de 900,000 habitants. Il est arrosé par le Volga. La partie O. est fertile; à l'E. s'étendent des landes et des marais salants. La richesse du pays consiste en blé, chanvre, cuirs, soie, huile de chènevis, bétail et poisson. On s'y occcupe beaucoup de l'éducation des bestiaux. Il y a dans ce gouvernement plus de quatre-vingts villages ou colonies d'Allemands, dont la plupart sont luthériens. — La capitale est Saratof, sur le Volga, à 180 lieues S.-E de Moscou. Elle fut construite à peu de distance de l'emplacement actuel, en 1491, par Fédor Ivanovitch. Elle fut incendiée le 13 août 1774. Son commerce est devenu très-important depuis l'établissement des colonies allemandes fondées dans les environs. Sa population est de 40,000 âmes.

SARATOGA. Voy. Saharatoga.

SARAVAN, province d'Asie, dans le Beloutchistan, bornée au N. par l'Afghanistan, à l'E. par l'Inde, au S. par le Djalavan et le Mekran, et à l'O. par un désert. Le sol en est assez fertile. Le chef-lieu est Saravan, à 30 lieues S.-O. de Kelat.

SARCELLE, espèce du genre *canard*, se distinguant des canards proprement dits par leur taille plus petite et leurs narines ovalaires situées près du front et rapprochées. La *sarcelle ordinaire*, connue sous les noms vulgaires de *tiers*, *racanelle* ou *mercanelle*, est longue de douze à quinze pouces. Elle est commune en France, au printemps et en automne, sur les étangs et les marais. Son plumage est maillé de noir sur un fond gris. Elle vit de vers, insectes et mollusques, et voyage en troupes souvent nombreuses. La *sarcelle d'hiver* ou *petite sarcelle* n'a guère une quatorze pouces de long, et reste toute l'année en France. Ces oiseaux sont un gibier très-estimé.

SARCLAGE, action de *sarcler*, c'est-à-dire d'arracher avec la main ou de couper entre deux terres, avec l'instrument appelé *sarcloir*, les mauvaises herbes, comme la nielle, l'ivraie, etc., qui peuvent nuire aux céréales en les étouffant et en enlevant la plus grande partie du suc de la terre. Les sarclages se font ordinairement après les pluies.

SARCLOIR, instrument propre au *sarclage*. Tantôt c'est un instrument en fer, armé d'un long manche, en forme de pioche d'un côté, et garni de l'autre de deux dents plus ou moins longues et écartées; tantôt c'est une sorte de ratissoire.

SARCOCARPE, nom donné par Richard à la chair du fruit ou la partie plus ou moins charnue qui se trouve sous l'enveloppe externe ou épicarpe.

SARCOCOLLE, du grec *sarcos*, génitif de *sarx*, chair, et *colla*, colle, matière résineuse qui n'a été trouvée que dans le *sarcocollier* (*penea sarcocolla*), arbuste du nord de l'Afrique, et que la médecine employait comme astringente, détersive et propre à hâter la cicatrisation des chairs. Elle est sous forme de globules oblongs, de couleur jaune ou d'un bleu rougeâtre et d'une odeur analogue à celle de l'anis. Elle est formée de *sarcocolline*, d'une matière brune rougeâtre, etc.

SARCOCOLLINE, principe immédiat des végétaux, qui fait la majeure partie de la sarcocolle, et que l'on obtient en traitant celle-ci par l'eau ou l'alcool, et en évaporant la dissolution jusqu'à siccité. Il est incristallisable, d'une saveur sucrée puis amère, soluble dans l'eau, l'alcool et l'acide nitrique.

SARCODERME, nom donné par quelques botanistes modernes au parenchyme de la graine.

SARCOLOGIE, du grec *sarcos*, génitif de *sarx*, chair, et de *logos*, traité, discours; partie de l'anatomie qui traite des chairs et des parties molles.

SARCOME, du grec *sarcos*, génitif de *sarx*. Les anciens nommaient ainsi toute espèce d'excroissance ayant la consistance de la chair. On appelait *sarcomateux* ce qui était de la nature, ce qui tenait du sarcome.

SARCOPHAGE, du grec *sarcos*, chair, et *phogéin*, manger, sorte de tombeau, ordinairement en pierre, où l'on mettait les corps que l'on ne voulait pas brûler. Il tirait son nom de ce que la pierre dont on se servait avait une propriété caustique qui lui faisait consumer rapidement les chairs. Cependant on en faisait de toute matière, même de bois. On donne aujourd'hui ce nom au cercueil ou à sa représentation dans quelques cérémonies funèbres. — En médecine, ce mot est synonyme de *caustique* et de *cathérétique*.

SARCORAMPHE, genre d'oiseaux, comprenant les vautours qui ont le bec gros, droit et robuste, les narines allongées, ouvertes et situées vers l'origine de la cire, qui est garnie autour du bec, à sa base, de caroncules charnues, très-épaisses et découpées, surmontant le front et la tête. Ce genre renferme le *condor* (voy.) et le *roi des vautours*, le plus bel oiseau de cette classe, de la taille d'une oie et orné de belles couleurs. Il vit dans l'Amérique méridionale.

SARDAIGNE, royaume de l'Europe méridionale et orientale, qui se compose de plusieurs parties bien distinctes : 1° la Savoie; 2° le Piémont ; 3° le Montferrat ; 4° le duché de Gênes, le comté de Nice et partie du Milanais; 5° enfin l'île de Sardaigne. (Voy. tous ces mots.) La population des diverses parties est de 4,000,000 d'habitants. Le gouvernement est une monarchie héréditaire et absolue. Les revenus sont de 45,000,000 de francs, la dette publique d'environ 130,000,000. L'armée de terre monte à 45,000 hommes; celle de mer consiste en quelques petits bâtiments. La marine marchande est assez considérable. La résidence du roi est Turin.

SARDAIGNE, grande île de la Méditerranée, à 3 lieues S. de la Corse, dont elle est séparée par le détroit de Bonifacio. Elle a 60 lieues de long et 500,000 habitants. Elle offre plusieurs bons ports, comme ceux de Cagliari, Terra-Nova, Portoli, etc. Elle est sillonnée par cinq chaînes de montagnes, dont une paraît communiquer avec la Corse. Le point le plus haut est le Gennargentu, à 1,830 mètres au-dessus du niveau de la mer. Les principaux fleuves sont le Tirso, le Flumedosa, les fleuves d'Oziesi et de Bosa. Elle offre des étangs poissonneux et salins. Le climat est malsain, surtout dans le voisinage des marais. Le sol en général est d'une grande fertilité, et produit grains, olives, arbres fruitiers de tout genre, tabac, dattiers, orangers, myrtes, cotonniers, et des vins excellents. L'agriculture y est négligée. Les races de bestiaux et de chevaux sont très-belles. Le règne minéral est très-riche. On y trouve surtout du plomb, du fer, du granit, des porphyres, schistes, marbres, basaltes, jaspes, nitre, alun, pierres dures, etc.— L'île se divise en deux provinces : le *Cap méridional* ou de *Cagliari* et le *Cap septentrional* ou de *Sassari* ou de *Logudoro*. La capitale est Cagliari, résidence du vice-roi et de l'administration supérieure de l'île. La Sardaigne est peu industrieuse et commerçante. — Cette île tire son nom de *Sardus*. (Voy.) Elle fut appelée par les anciens *Sardinia*, *Sandaliotis* ou *Ichnusa*. Elle fut soumise aux Carthaginois, puis aux Romains (231). Au temps de la décadence de l'empire d'Orient, elle créa un gouvernement composé des juges des quatre provinces de l'île (Cagliari, Torres, Arborea et Gallura), sous la souveraineté des papes, de Gênes et de Pise. Au IVe siècle, elle fut conquise par l'Aragon,

et conserva néanmoins ses juges. Amédée II, duc de Savoie, ayant perdu en 1718 l'île de Sicile dont il était roi, reçut en échange de l'Espagne en 1723 l'île de Sardaigne avec le titre de royaume. Depuis ce temps elle a été unie aux États de Savoie.

SARDAM ou Saardam, village de Hollande, sur le Zuyderzée, à 6 lieues d'Akmaar et 7 d'Amsterdam. Ce village est célèbre par son industrie, ses vastes chantiers de marine. C'est là que Pierre le Grand, empereur de Russie, demeura quelque temps, et apprit la construction des vaisseaux, comme simple charpentier, sous le nom de Michaëloff.

SARDANAPALE ou mieux Sardan-Pul, quarantième et dernier roi d'Assyrie, fils de Phul suivant les uns, d'Okrazarès ou d'Anacyndarax suivant d'autres. Roi vers 763 avant J.-C., il vécut dans le luxe et les plaisirs, au milieu des eunuques et des concubines, et se livrant aux occupations des femmes. Belesis et Arbace s'étant révoltés, il marcha contre eux et les vainquit trois fois. Défait à son tour, il s'enferma à Ninive et, après un siége de deux ans, s'y brûla avec ses femmes et ses trésors, pour ne pas tomber entre les mains des vainqueurs (740 avant J.-C.). Son empire forma ceux de Babylone et de Ninive.

SARDES (*Sardes*), aujourd'hui *Sart*, capitale de la Lydie, vers la jonction de l'Hermus et du Pactole, sur le versant N. du Tmolus. Cette ville était très-florissante. Tibère la rebâtit, et Adrien l'embellit et lui donna le nom de *Néocore*. On y célébrait tous les cinq ans des jeux en l'honneur de Diane. Son territoire était fertile surtout en vins; aussi disait-on que Bacchus y avait été élevé. Prise par Cyrus en 548 avant J.-C., elle fut prise et brûlée par les Athéniens en 504, ce qui donna lieu à la guerre médique. Eumène, roi de Pergame, y remporta en 262 avant J.-C. une victoire mémorable sur Antiochus Soter.

SARDINE, espèce du genre *clupe*, très-voisine des harengs. Elle en diffère par sa taille, qui est de trois à quatre pouces et rarement plus grande. Sa tête est pointue, et la mâchoire inférieure est plus avancée que la supérieure et recourbée vers le haut ; son front est noirâtre, ses yeux gros, ses nageoires petites et grises, ses côtés argentins, et son dos bleuâtre. Les sardines voyagent en troupes nombreuses dans l'Atlantique et la Méditerranée, surtout aux environs de la Sardaigne, d'où elles tirent leur nom. Elles s'approchent des côtes pendant l'automne, à l'époque du frai. C'est alors que s'en fait la pêche. Cette pêche est très-abondante sur les côtes de Bretagne; elle devient une branche de commerce très-abondante. On les mange salées, fraîches ou fumées. Leur chair est délicate et très-estimée.

SARDINIE, ancien nom de la Sardaigne.

SARDOINE, nom donné à une variété d'*agate calcédoine*, dont les anciens faisaient beaucoup de cas pour faire des cachets. Elle est de couleur orangée, plus ou moins altérée par des nuances de jaune, de roussâtre et de brun ; elle est quelquefois à zones concentriques. Son nom vient de ce qu'on l'a trouvée d'abord en Sardaigne.

SARDONES, peuple le plus méridional de Gaule, dans la Narbonnaise première, était borné au N. par les Atacini, au S. par l'Espagne, à l'O. par les Tectosages, et à l'E. par la Méditerranée. Leur territoire répondait à une partie du Roussillon.

SARDONIEN ou Sardonique (Ris), espèce de ris convulsif, causé par une contraction dans les muscles du visage. — En médecine, il signifie l'écartement convulsif des lèvres et des joues, qui précède ou suit le tétanos général. On l'a ainsi nommé parce qu'on l'a vu, dit-on, survenir chez quelques individus après avoir mangé une espèce de renoncule croissant en Sardaigne.

SARDONYX, nom donné par les anciens à une variété de calcédoine propre à être gravée en camées, et qui se composait de deux couches, l'une rougeâtre et l'autre blanche.

SARDUS ou **SARDOPATER**, fils de Maïéris, Libyen, mérita par ses exploits en Egypte et en Libye le surnom d'*Hercule*. Il conduisit en Sardaigne, dit-on, une colonie de Libyens, et lui donna son nom.

SAREPTA (aujourd'hui *Sarfand*), ville de Phénicie, au S.-O. sur la mer, à 5 lieues de Tyr ou Sidon, dont elle dépendait. C'est là que demeurait, dit l'Ecriture, une pauvre veuve qui, pour récompense de sa charité envers le prophète Elie, vit se renouveler chaque jour le peu de farine et d'huile qu'elle possédait pendant la disette qui ravagea le pays. Elle ressuscita son fils.

SAREPTA, ville de Russie, dans le gouvernement de Saratof, entre le Don et le Volga, à 73 lieues O. d'Astrakan. Cette ville est habitée par une colonie d'Allemands ou frères moraves, établis en 1765. Le pays d'alentour est très-fertile.

SARES. Les Egyptiens nommaient ainsi un espace de 3,600 ans.

SARGANS, ville de Suisse, chef-lieu d'un district du canton de Saint-Gall, sur un rocher, près du Rhin, à 5 lieues N.-O. de Coire, à 10 lieues de Saint-Gall. Il y a près de cette ville une belle mine de fer et une fontaine minérale. Elle était autrefois la capitale d'un petit pays sujet des Suisses. Ses vallées sont très-fertiles.

SARGEL, autrefois *Canuccis*, ville maritime d'Afrique, dans la Barbarie, à 10 lieues S.-O. d'Alger, à l'embouchure de la rivière de Safran. André Doria y fut battu par Barberousse.

SARGARAUSÈNE, contrée de Cappadoce, vers le centre, sur les bords de l'Halys. *Césarée* ou *Mazaca* et *Ariarathire* en étaient les villes principales.

SARGIE, genre de l'ordre des diptères, famille des notacanthes, caractérisé par un corps allongé, ordinairement aplati, une tête de longueur moyenne, arrondie en devant et plus large que le corselet, des yeux très-grands dont les ocelles sont distincts; les antennes sont longues, les ailes aussi; l'abdomen est elliptique, déprimé; les pattes sont moyennes. Ces insectes habitent l'Europe, et voltigent au soleil ou sur les feuilles. Leurs couleurs sont brillantes. La *sargie cuivreux*, long de quatre lignes et demie, est vert doré, avec l'abdomen cuivré, postérieurement violet.

SARI, ville de Perse, dans le Mazenderan, sur la côte méridionale de la mer Caspienne, à 40 lieues N.-E. de Téhéran. Elle était autrefois très-considérable, mais les guerres l'ont presque ruinée. Ses environs sont fertiles.

SARIGUE ou **DIDELPHE**, genre de l'ordre des marsupiaux (voy.), renfermant des mammifères de taille moyenne ou petite, habitant les bois, les plaines ou les rochers d'Amérique, surtout du Brésil et de la Guyane. Leur queue prenante leur permet de s'accrocher aux branches des arbres; leurs oreilles sont longues et pointues, la bouche très-fendue, et le museau pointu et à moustache. Ils marchent lentement, mais grimpent avec facilité. Ils se distinguent par leurs dents, au nombre de cinquante, et le pouce de leurs membres postérieurs, qui est toujours long, sans ongle et opposable. Ils vivent d'insectes, d'œufs et de petits animaux. Ils offrent, comme les autres marsupiaux, le phénomène de la double gestation. Dans les espèces à poche, les petits peuvent trouver dans cette poche un abri contre les dangers qui les menacent. Ces animaux n'ont aucune utilité, et sont susceptibles de s'apprivoiser. On en distingue plusieurs espèces.

SARISSA, lance des soldats de la phalange macédonienne, était fort longue.

SARK, petite île de la Manche, appartenant aux Anglais, dépendant de Guernesey. Elle a environ 2 lieues carrées. Le sol produit tout ce qui est nécessaire à la vie de ses 800 habitants. Ceux-ci commercent avec Bristol et quelques autres ports. L'île possède une manufacture de bas, gants, bonnets et camisoles tricotées.

SARLAT, sur la rivière du même nom, chef-lieu d'arrondissement du département de la Dordogne, à 17 lieues et demie S.-E. de Périgueux. Population 6,300 habitants. Cette ville est ancienne et doit son origine à une abbaye de bénédictins fondée sous Charlemagne, et qui fut plus tard érigée en évêché. Elle fut fortifiée, et soutint plusieurs sièges, dont le dernier sous le règne de Louis XIV. — Cette ville possède un tribunal de première instance et de commerce, un collége, un hôpital. Elle commerce en huile de noix, bestiaux, draps et articles de mercerie.

SARMATIE, vaste contrée qu'on divisait en *Sarmatie européenne* et en *Sarmatie asiatique*. La première était bornée au N. par l'Océan, à l'O. par la Germanie et la Vistule, au midi par les Iazyges, et à l'E. par le Tanaïs, et comprenait les pays nommés aujourd'hui Russie, Pologne, Lithuanie et petite Tartarie; la deuxième, bornée par l'Hyrcanie, le Tanaïs et le Pont-Euxin, comprenait les pays modernes de Circassie et de grande Tartarie. Les Sarmates étaient nomades, sauvages, grossiers et belliqueux. Ils se rendirent redoutables sous le règne des derniers empereurs romains, et envahirent l'empire, réunis aux autres barbares. Parmi leurs tribus, on remarque les Roxolans.

SARMATIQUE (MER), nom donné au Pont-Euxin, parce qu'il baigne les côtes de la Sarmatie.

SARMENT, bois que la vigne pousse chaque année.

SARMENTACÉES, nom d'une petite famille de plantes sarmenteuses, appelée plus communément *vénifères*.

SARMENTEUX, nom donné aux plantes ligneuses, telles que la vigne, dont les tiges, les branches et les rameaux sont souples et trop faibles pour se soutenir par eux-mêmes, et s'attachent aux corps voisins en s'accrochant à eux par des vrilles, ou grimpant autour d'eux en spirale. Ce nom vient des *sarments* ou pousses nouvelles que produisent chaque année ces végétaux.

SARNEN, bourg de Suisse, chef-lieu du Haut-Unterwald, à 3 lieues de Stands. Population, 3,000 habitants.

SARNO, petite rivière d'Italie, prend sa source à 8 lieues E. de Naples, et se jette dans le golfe de Salerne, après avoir arrosé la Principauté citérieure. Elle donne son nom à une petite ville située près de sa source et qui a 600 habitants.

SARON, plaine très-fertile et agréable de Judée, s'étendait au N.-O. de ce pays, depuis Joppé et Lydda jusqu'à Césarée. Ce nom était comme passé en proverbe pour exprimer un beau pays. — Roi éthiopien, habile navigateur, a donné naissance au proverbe grec: *Plus habile navigateur que Saron.*

SARONIA, surnom donné à Diane, honorée à Trézène dans un temple élevé par le roi Saron. On célébrait en son honneur, dans cette ville, des fêtes annuelles nommées *Saronies*.

SARONIDES, un des noms que l'on donnait aux druides, parce qu'ils passaient leur vie parmi les chênes les plus vieux (en grec, *sarônes*). Quelques auteurs restreignent ce nom aux *bardes*.

SARONIQUE (GOLFE ou MER), aujourd'hui golfe d'Engia, golfe de la mer Egée, compris entre l'Attique, la Béotie et l'Argolide, et séparant à l'E. le Péloponèse de la Grèce septentrionale. Il tirait son nom de Saron, roi de Trézène, qui s'y noya, ou d'une petite rivière du même nom qui s'y jette.

SAROS, comitat de Hongrie, près des monts Krepacks. Sa superficie est de 120 lieues carrées, et sa population de 155,000 habitants. Il est montagneux, mais fertile, et abonde en eaux minérales. Le chef-lieu est *Zeben*. Il y a aussi un bourg de même nom à peu de lieues de Kaschau et d'Eperies, sur la Tharcza, vers les frontières de Pologne.

SARPÉDON (myth.), fils d'Europe et de Jupiter, et frère de Minos et de Rhada-

mante. Après avoir disputé infructueusement à Minos la couronne de Crète, il mena une colonie dans l'Asie-Mineure, et y forma un petit royaume où il mourut paisiblement. On le confond souvent avec le suivant.

SARPÉDON, fils de Jupiter et de Laodamie, roi de cette partie de la Lycie que le Xanthe arrose, vint au secours de Troie avec de nombreuses troupes, et se distingua par sa valeur. D'après Homère, Patrocle le tua et le dépouilla de ses armes. Apollon, par l'ordre de Jupiter, vint enlever son corps, le lava, le parfuma d'ambroisie, et le donna au Sommeil et à la Mort, qui le transportèrent dans son royaume. Selon l'histoire, Sarpédon mourut et fut enseveli en Lycie.

SARPI (Pierre), plus connu sous le nom de *Fra-Paolo* ou de *Paul de Venise*, né dans cette ville en 1552, entra dans l'ordre des servites en 1565. Il connaissait plusieurs langues, les mathématiques, la théologie, la médecine, les sciences physiques et la jurisprudence. Après avoir reçu plusieurs preuves de l'estime des souverains, il enseigna la philosophie à Venise, fut nommé en 1579 provincial de son ordre, en 1585 procureur général. Dans les démêlés qui s'élevèrent entre le pape Paul V et Venise, il publia un écrit savant, dans lequel il attaquait vigoureusement l'ambition des papes. Nommé en récompense théologien consulteur de la république (1606), il écrivit plusieurs autres livres contre la cour de Rome, pleins de talent et de fermeté. Deux fois on attenta à sa vie. Il récut dès lors dans la retraite, et mourut en 1623. On lui doit une *Histoire du concile de Trente*, des *Considérations sur les censures du pape Paul V contre la république de Venise*, un *Traité de l'interdit*, le *Prince de Fra-Paolo*, ou *Conseils politiques adressés à la noblesse de Venise*, etc.

SARRANCOLIN, petit village de France, département des Hautes-Pyrénées, sur la Neste, à 10 lieues de Tarbes. Il a des fabriques de bas, des papeteries et des verreries. Il est surtout célèbre par ses carrières du beau marbre qui porte son nom. Sa couleur est d'un rouge foncé, avec des veines et des taches blanches et grises.

SARRASINE. Voy. **SARASIN**.

SARRASIN, ou **SARRAZIN**, ou **BLÉ NOIR**, espèce du genre *renouée*, aux racines annuelles, supportant une tige droite, cylindrique, charnue, rameuse, rougeâtre, haute d'un à deux pieds, garnie de feuilles alternes, cordiformes et sagittées; à l'extrémité des rameaux naissent des fleurs rougeâtres, réunies en bouquet, axillaires et épanouies en juillet; les fruits sont des graines triangulaires et noirâtres. Le sarrasin est originaire de l'Asie, a été introduit en Europe au XVe siècle. Il réussit partout, dans les terres sablonneuses et légères, comme dans celles qui sont argileuses et fortes. On le cultive spécialement dans l'Europe septentrionale et moyenne. — Ses grains, dépouillés de leur écorce noire et amère, donnent une farine très-blanche, qui sert à faire un pain grossier, indigeste et d'un goût peu agréable. On l'emploie aussi pour faire de la bouillie et des galettes. Le grain sert encore à la nourriture des volailles et des bestiaux; ceux-ci mangent ses tiges avec plaisir. On cultive aussi le sarrasin comme engrais; pour cela on l'abat à l'époque de la floraison, et on l'enterre par un labour. Il fournit un excellent terreau.

SARRASINE, terme de fortification, espèce de grille ou de treillis à grosses pointes de bois ou de fer, placée entre le pont-levis et la porte d'une ville, et qui s'élève et s'abat au besoin.

SARRASIN (Pierre), né à Dijon, entra au théâtre de la comédie française, et y débuta en 1729 par le rôle d'*OEdipe*, dans la tragédie de ce nom de Corneille. Le succès de son début lui mérita les rôles de rois, après la mort de Baron. Il se retira en 1759, et mourut en 1763. Il rendait bien les sentiments vifs ou pathétiques, et arrachait souvent des larmes aux spectateurs.

SARRASINS ou SARRACÉNES, peuple que l'on croit avoir été dans l'origine une tribu nomade de l'Arabie Déserte, vers la partie occidentale. Ce peuple s'accrut beaucoup sous l'empire, et devint redoutable aux empereurs d'Orient, même avant Mahomet. S'étant joint à plusieurs tribus arabes, il envahit l'Afrique et une partie de l'Europe méridionale. Mahomet le rangea parmi ses prosélytes. Les Sarrasins cessèrent depuis cette époque de former une tribu distincte; leur nom demeure cependant comme une qualification générique, employée par les chrétiens pour désigner tous les musulmans qu'ils avaient à combattre en Palestine, en Espagne, sur les côtes d'Italie, devant Malte, etc.

SARRE ou SAAR, rivière d'Europe qui prend sa source en France, un peu au-dessus de Salins (Vosges), traverse les départements de la Meurthe, du Bas-Rhin, de la Moselle, passe à Sarrebourg, Saar-Union, Sarreguemines, entre dans la Prusse rhénane près de Sarrebruck, et va se jeter dans la Moselle au-dessus de Trèves. Elle est navigable à Sarralbe (département de la Moselle). Son cours est de près de 60 lieues. Elle donnait sous l'empire son nom à un département français dont le chef-lieu était Trèves.

SARREBOURG, chef-lieu d'arrondissement du département de la Meurthe, sur la Sarre, à 16 lieues et demie E. de Nancy. Population, 2,300 habitants. Possédée par les évêques de Metz, puis par les ducs de Lorraine, cette ville fut réunie à la France par le traité de Vincennes (1661). Elle a de l'importance militaire par sa position au principal débouché des montagnes des Vosges. Elle a un tribunal de première instance, une société d'agriculture.

SARREBRUCK, ville du Bas-Rhin (États prussiens), sur la Sarre, à 17 lieues de Trèves, avec 3,000 habitants. Cette ville était autrefois le chef-lieu d'un petit comté appartenant au prince de Nassau-Usingen. Elle fut sous la révolution chef-lieu d'arrondissement du département de la Sarre. En 1815, elle a été donnée à la Prusse. Elle a des manufactures de porcelaine, de bleu de Prusse, d'acier, d'alun, de sel ammoniac, de verres et de poteries. Elle fabrique divers objets en fer.

SARREGUEMINES, chef-lieu d'arrondissement du département de la Moselle, située à la jonction de la Sarre et de la Blise, à 14 lieues et demie de Metz, avec 4,200 habitants. Cette ville, qui a porté le nom de Guémond, se recommande par son activité commerciale. Elle exporte des grains, cartons, venins, tabatières, papiers, cuirs, faïence, etc. Elle possède un collége, un tribunal de première instance et un beau quartier de cavalerie.

SARRELOUIS, ville forte des États prussiens, sur la Sarre, à 9 lieues de Trèves, avec 4,000 habitants. Elle a été régulièrement fortifiée par Vauban, et elle fut rebâtie en 1680, après que le traité de Riswick l'eût cédée à la France. Comprise à la révolution dans le département de la Moselle, elle a été donnée à la Prusse en 1815. Son territoire a des mines de fer et de houille. Elle a des manufactures de cuirs, acier, fil de fer, fer-blanc, armes, limes, etc.

SARRETTE, genre de la famille des cinarocéphales, renfermant des herbes ou des petits arbrisseaux à feuilles alternes et à fleurs souvent disposées en épis terminaux. La sarrette des teinturiers, qui croit dans nos bois humides, sert à la teinture des étoffes de laine en jaune verdâtre. Elle fournit une couleur solide, mais moins brillante que celle de la gaude. Cette plante est usitée en médecine contre les hémorroïdes. — Une autre espèce, la sarrette des champs ou chardon hémorroïdal, est une plante qui croit dans les champs et les vignes, et que l'agriculture doit détruire.

SARRIETTE, genre de la famille des labiées, renfermant plusieurs espèces indigènes à nos départements voisins du bassin de la Méditerranée. La sarriette des jardins, cultivée dans toute la France, forme dans les parterres de petits buissons et des bordures. De sa racine fibreuse, annuelle, sortent des tiges velues, rougeâtres, droites, anguleuses, dont les rameaux nombreux portent des feuilles d'un vert foncé, lancéolées et opposées. Les fleurs sont très-petites et rougeâtres. On emploie les feuilles de cette plante, à cause de leur odeur aromatique, pour relever les mets, corriger leur fadeur. Elles sont excitantes. La médecine les emploie comme stimulant et comme fondantes, appliquées à l'extérieur. — On nomme vulgairement sarriette sauvage le galéopsis ladanum, et sarriette jaune le mélampyre.

SARTCHIK, forteresse de la Russie, à 62 lieues N.-O. d'Astrakan, dans une presqu'île formée par l'Iaïk. Elle est à 5 lieues de Gouriev, dans le gouvernement du Caucase. Elle est très-importante.

SARTÈNE, chef-lieu d'arrondissement du département de la Corse, sur la Tavaria, à 2 lieues environ du golfe de Valinco, à 12 lieues S.-E. d'Ajaccio. Population, 2,800 habitants. Sartène est peu important; il y a un tribunal de première instance.

SARTHE, rivière de France qui prend sa source dans la commune de Saint-Aquilin de Corbion, à 10 lieues d'Alençon (Orne). Cette rivière passe à Alençon, entre à 4 lieues de cette ville dans le département auquel elle donne son nom, passe à Beaumont, au Mans, à Sablé, entre dans la Maine-et-Loire, et se réunit à la Mayenne un peu au-dessus d'Angers, pour se jeter avec elle à peu de distance de cette ville dans la Loire. Son cours est d'environ 255,000 mètres (64 lieues). Elle reçoit la Guerne, la Tanche, l'Hoëne, la Vessonne, la Briante, le Sarthon, l'Huine et le Loir. Elle est flottable au Mans (11,000 mètres), et navigable depuis Arnage, à 3 lieues au-dessus de cette ville.

SARTHE, département français, région N.-O., formé du haut Maine, d'une portion de l'Anjou et du Perche. Il est borné au N. par le département de l'Orne, à l'E. par ceux de l'Orne, d'Eure-et-Loir, et de Loir-et-Cher, au S. par ceux d'Indre-et-Loire et de Maine-et-Loire, à l'O. par celui de la Mayenne. Sa superficie est de 639,553 hectares, et sa population de 473,000 habitants. Il tire son nom d'une rivière qui le traverse du N.-O. au S.-O. Il se divise en quatre arrondissements : le Mans (chef-lieu), la Flèche, Mamers, Saint-Calais, et nomme sept députés. Son revenu territorial est évalué à 19,596,000 francs.
— Le territoire de ce département est très-varié ; le sol est généralement médiocre ; il présente des vallées fertiles et des landes vastes et arides ; on y trouve néanmoins de bonnes terres à blé, de riches pâturages. 10,453 hectares sont occupés par des vignes ; 47,672 par des forêts. Le produit annuel du sol en céréales suffit aux besoins du département ; il est insuffisant en vins ; on y supplée avec le cidre et le poiré. Le département commerce en chevaux, mulets, bêtes à cornes, cire et bougies, volailles (les poulardes du Mans sont très-estimées). — L'industrie commerciale s'exerce sur la fabrication des fers (le département en a plusieurs mines), des papiers, étoffes de laine, cuirs, bougies, toiles, verreries, poteries, savons. On exploite dans le département du grès, du marbre, de l'ardoise, de la pierre à bâtir, de l'argile, du charbon de terre, du kaolin, etc. — Le département est compris dans la quatrième division militaire, le diocèse du Mans, et le ressort de l'académie et de la cour d'appel d'Angers.

SARTI (Joseph), compositeur italien, né à Faenza en 1730, fut maître de chapelle au conservatoire de la Pieta à Venise, puis appelé à Saint-Pétersbourg par Ca- therine II (1785). Il mourut en 1802 dans cette ville. Il se distingua par une mélodie pleine de grâce et de délicatesse, une entente parfaite de la scène lyrique. On cite ses opéras sérieux d'Armida et de Giulio Sabino, et l'opéra bouffon de le Nozze di Dorina.

SARTINES (Antoine-Raymond-J.-Gualbert-Gabriel DE), né à Barcelone en 1729 d'une famille française, passa par les premiers degrés de la hiérarchie du conseil d'État avant d'obtenir, en 1759, la place de lieutenant général de la police. Il y apporta de grandes améliorations et une surveillance rigoureuse, fit construire la halle au blé, commencée par M. de Viarmes, et persécuta les philosophes et leurs écrits. Il est le premier qui ait conçu l'idée d'établir des impôts sur des maisons de jeu et de prostitution, impôts qui servaient à défrayer la police. Sous M. de Sartines, la police prit une grande régularité. En 1774, il succéda à Deboynes dans le ministère de la marine, d'où son incapacité et ses négligences le firent exclure en 1780. Depuis ce temps, il vécut dans la retraite, émigra à la révolution, et mourut en Espagne en 1801. — Son fils a péri sur l'échafaud révolutionnaire en 1794.

SARTO (André DEL), né à Florence en 1488, s'appelait Vanucci, et fut surnommé del Sarto (du tailleur) à cause de la profession qu'exerçait son père. Placé en apprentissage chez un orfèvre, il se livra à l'étude du dessin et des grands maîtres, et parvint à se faire un nom illustre dans la peinture. François Ier l'appela auprès de lui et employa son pinceau. Il mourut en 1530. Il s'est beaucoup rapproché de Raphaël, et excellait comme lui à peindre les vierges et les enfants. On distingue parmi ses tableaux un Christ mort, le Sacrifice d'Abraham, l'Adoration de la Vierge. On voit au musée du Louvre la Charité, l'Annonciation, deux Sainte Famille.

SARUG, un des patriarches, fils de Reü ou Ragaü, fut père de Nachor, et mourut l'an 1955 avant J.-C.

SARUN, district de l'Indoustan, dans la province de Bahar, sur la rive N.-O. du Gange. Sa capitale est Tchoupran.

SARZANE, ancienne et forte ville d'Italie, à l'embouchure de la Magra dans la mer, à 13 lieues N.-O. de Pise. Elle a un château très-fort, bâti sur une hauteur. Les maisons peuvent remonter jusqu'à cette ville, que le grand-duc de Toscane céda aux Génois en échange de Livourne. Elle fait partie aujourd'hui des États sardes.

SARZEAU, dans la presqu'île de Rhuis, chef-lieu de canton du département du Morbihan, dans l'arrondissement et à 6 lieues O. de Vannes. Population, 6,126 habitants. Cette commune, qui se compose d'un grand nombre de villages agglomérés, doit aujourd'hui son importance aux marais salants qui l'avoisinent. On voyait autrefois sur son territoire le château de Succinio, bâti vers 1229 par Jean Leroux, et demeure favorite des ducs de Bretagne. Il n'en reste plus que des ruines encore magnifiques et pittoresques.

SAS, tissu de crin, de soie, de toile, etc., entouré d'un cercle en bois, et qui sert à passer de la farine, du plâtre, des liquides. Ceux dont les trous sont grands se nomment cribles. — En termes d'architecture hydraulique, c'est un bassin ménagé dans la longueur d'un canal pour y retenir les eaux qu'on y verse, suivant le besoin, dans la chambre d'écluse au-dessus de laquelle il est situé.

SAS-DE-GAND, ville forte de Belgique, sur le canal de Gand à l'Escaut, à 4 lieues N. de Gand. Elle est entourée de marais. Les Hollandais la prirent en 1644, et y construisirent un arsenal. Sous l'empire, elle fait partie du département de l'Escaut. Elle commerce en chevaux et en bestiaux.

SASA ou HOAZIN, genre d'oiseaux de la famille des omnivores. Son bec est épais, de longueur médiocre, convexe, comprimé à l'extrémité. Les narines sont recouvertes par une membrane et placées au milieu du bec ; les pieds sont robustes et portent quatre doigts, dont un pouce très-long et trèsarqué. Les ailes sont médiocres et arrondies. Cet oiseau est peu défiant et très-propre à la domesticité. La seule espèce connue a les parties supérieures d'un brun noirâtre, les inférieures d'un roux vineux ; le sommet de la tête est roux. La partie antérieure du cou et de la poitrine est d'un blanc roussâtre ; le bec et les pieds sont bruns. Sa taille est de vingt-trois pouces. Il habite le Mexique.

SASSAFRAS, espèce du genre *laurier*, particulière aux régions septentrionales du continent américain. Elle réussit chez nous, et y atteint de vingt à vingt-cinq pieds. Son tronc est droit, recouvert d'une écorce épaisse, cendrée, porte des branches très-rameuses, des feuilles alternes et pétiolées, variant de forme et de grandeur. Les fleurs sont petites, jaunâtres et disposées en panicules au sommet des rameaux. Le fruit est un drupe ovoïde de la grosseur d'un pois. Le sassafras vient dans le commerce sous forme de morceaux de bois de la grosseur du bras, brunâtres, ferrugineux, très-aromatiques. Ce bois est utilisé dans la teinture, l'économie domestique, et la médecine l'emploie comme sudorifique. — On nomme *sassafras de l'Orénoque* l'*ocotée des canots*, et *sassafras de Cayenne* le *licarda* ou bois de rose de Cayenne.

SASSANIDES, race de rois de Perse, succéda à celle des Arsacides dans la personne de Sassan, vers l'an 200 de J.-C. C'est à cette race qu'appartiennent les Sapor (242-389).

SASSARI, ville de la Sardaigne sur la côte N.-O., sur le Fiominargi, à 40 lieues de Cagliari. La deuxième ville de l'île en dignité, et la première par son heureuse position et la beauté de ses campagnes, elle est la capitale de la province du CAP-SASSARI ou LOGUDORO, occupant la partie septentrionale de l'île, dans une étendue de 540 lieues carrées, avec une population de 260,000 habitants. Sassari a 30,000 habitants, une université et un archevêché. Les Français la prirent et la saccagèrent en 1527. Ses bains sont recherchés.

SASSENAGE, chef-lieu de canton du département de l'Isère, à 2 lieues et demie O. de Grenoble. Population, 1,300 habitants. Ce bourg est dans une belle situation, assis au pied de hauts rochers, au débouché d'un ravin où le Furon forme plusieurs cascades. A peu de distance sont les fameuses grottes de Sassenage. Les *Cuves* sont des entonnoirs très profonds creusés par les eaux dans un roc calcaire ; ces cuves, considérées longtemps comme une des merveilles du Dauphiné, vides toute l'année, se remplissaient d'eau le jour des Rois. On a reconnu que ce phénomène n'était autre qu'une supercherie locale, et depuis lors le miracle a cessé. Sassenage fabrique d'excellents fromages.

SASSOIRE, pièce du train de devant d'un carrosse et qui en soutient la flèche.

SASSOLINE, nom donné à l'acide borique hydraté qu'on trouve en dissolution dans les eaux de certains lacs de Toscane, surtout à Sasso près de Sienne. La sassoline se présente en paillettes blanches ou noires, et brûle avec une flamme verte. On s'en sert pour la fabrication du borax.

SATALIEH, grande et forte ville de la Turquie d'Asie, dans la Caramanie, sur le golfe de son nom, à 60 lieues S. de Kouïeh. Elle a 8,000 habitants, presque tous Grecs. On y voit une superbe mosquée. Son port, situé au fond d'un golfe dangereux de la Méditerranée, fait un grand commerce avec les îles de Chypre et de Rhodes. On en tire des oranges, des citrons, de la laine, du coton, du poil de chèvre, de la gomme adragant, de l'opium, de la cire, etc.

SATAN, mot hébreu qui signifie *adversaire*, *ennemi*, *accusateur*, le prince, le chef des démons. En punition de son orgueil, Dieu le jeta dans les enfers avec les autres anges rebelles et en fit l'esprit du mal. Il s'en sert pour éprouver les bons et châtier les méchants, pour tourmenter, obséder les hommes et leur inspirer de mauvais desseins. Satan a de plus le don des métamorphoses. On le nomme aussi *Lucifer*.

SATANIENS ou SATANITES, hérétiques ainsi nommés du culte qu'ils rendaient à Satan, afin de se le rendre favorable. Ils se vantaient d'être les seuls observateurs de l'Evangile, et vivaient du produit de leur quête. Ils furent condamnés vers 390.

SATÉ ou SETAU, mesure hébraïque, valait plus de 9 pintes anciennes.

SATELLITE, du latin *satelles*, celui qui accompagne un homme pour veiller à sa sûreté ou pour exécuter ses ordres. Chez les empereurs d'Orient, c'était la dignité ou la charge de capitaine des gardes du corps. Ce nom fut donné dans le moyen âge aux vassaux qui tenaient des fiefs qu'on appelait *sergenteries*. Ce terme ne se prend plus qu'en mauvaise part ; on dit les *gardes* d'un roi et les *satellites* d'un tyran. — Les anatomistes nomment ainsi les vessies qui accompagnent les artères.

SATELLITES (astron.), nom donné aux petites planètes ou corps célestes qui font leur révolution autour des planètes principales. On les appelle ainsi parce qu'elles accompagnent toujours leurs planètes et font avec elles leur révolution autour du soleil. La Lune est le satellite de la Terre. Mais on applique spécialement ce nom aux corps qui tournent autour de Jupiter, Uranus et Saturne ; ceux de Jupiter, au nombre de quatre, furent aperçus par Galilée en 1610 et nommés par lui *astres de Médicis* ; ceux de Saturne furent découverts par Huyghens (1655), par Cassini (1679-1684) et par Herschell (1789) : ils sont au nombre de sept ; ceux d'Uranus, découverts par Herschell en 1787, sont au nombre de six.

SATERLAND, espèce de république démocratique en Westphalie, laquelle reconnaissait l'évêque de Munster pour protecteur. C'est aujourd'hui un canton du cercle de Kloppenbourg, dans les Etats prussiens, avec 2,000 habitants. Le terrain est marécageux. Les habitants descendent des Anglo-Saxons, et ont conservé leur langue et leurs mœurs.

SATIN, sorte d'étoffe de soie plate, fine, douce, moelleuse et lustrée. Le premier satin est venu de Chine. On estime celui de Lyon, de Gênes, de Tours, de Bruges. On imprimait autrefois des thèses sur satin. *Satiner*, c'est donner à une étoffe, à un ruban, à du papier, l'œil du satin ; on dit qu'une tulipe *satinée*, quand elle approche par sa blancheur de l'éclat du satin. La *satinade* est une sorte d'étoffe de soie très-mince qui imite le satin.

SATIRE, ouvrage piquant en prose ou en vers, où l'on attaque directement le vice ou quelque ridicule blâmable. Lucilius, Romain, passe pour être l'inventeur de la satire, dont Horace, Perse et Juvénal se servirent dans la suite. Elle n'a rien de commun avec les pièces que les Grecs nommaient *satyres*. (Voy. ce mot.) En France, la satire prit une forme différente dans le XVIe siècle. Depuis cette époque, on compte au nombre des meilleurs poètes satiriques : Mellin de Saint-Gelais, Clément Marot, du Bellay, Régnier, Furetière, Boileau, Palissot, Chénier, Daru, Baour-Lormian, Berchoux, Barthélemy et Méry. La *Satire Ménippée*, faite par J. Passerat, Jacques Gillot, N. Rapin, etc., est la plus célèbre des pièces de ce nom.

SATISFACTION. En termes de théologie, c'est une peine temporelle que les pécheurs pénitents subissent volontairement pour réparer l'injure qu'ils ont faite à Dieu par leurs péchés. Lorsque cette peine est imposée par le confesseur dans le sacrement de la pénitence, elle s'appelle sacramentelle et fait partie de ce sacrement. On appelle *satisfactoire* ce qui est propre à réparer, à expier les fautes commises.

SATNIQUE, nom d'office et de dignité autrefois d'usage en Croatie et en Hongrie. Un satnique était un gouverneur d'une petite contrée qui pouvait fournir cent hommes d'armes. Les *knés* leur succédèrent.

SATRAPES, mot persan qui signifiait d'abord un général d'armée navale. Il fut depuis étendu aux ministres des rois de Perse et aux gouverneurs des provinces de l'empire, qui prenaient d'eux le nom de *satrapies*. Ils avaient une autorité absolue, levaient un nombre de troupes suffisant à la défense du pays, nommaient à tous les emplois civils et militaires, recueillaient les tributs, et les faisaient parvenir au prince. Ils avaient le pouvoir de traiter avec les Etats voisins. Ils étaient indépendants les uns des autres, et quelquefois même se faisaient la guerre entre eux. — Chez les Grecs et les Latins, ce mot signifiait gouverneur ou préfet de province ; il se trouve même dans des chartes anglaises sous le roi Ethelred, où les seigneurs qui signent après les ducs prennent le titre de *satrapes du roi*. Le mot ne s'emploie plus qu'en mauvaise part, pour désigner les fonctionnaires puissants qui oppriment les peuples.

SATURATION, du latin *saturare*, remplir, rassasier, union complète de deux substances sans que l'une domine sur l'autre ; action de mettre dans une liqueur une substance qui s'y dissolve en assez grande quantité pour qu'il ne s'y en dissolve plus rien. Une eau de chaux saturée est l'eau dans laquelle on a mis assez de chaux pour que l'eau n'en puisse pas dissoudre davantage, si on en remettait encore. Saturer un acide avec un alcali, c'est y mettre autant d'alcali que l'acide peut en dissoudre. Alors on dit que l'acide est saturé.

SATURNALES, fêtes romaines en l'honneur de Saturne. On les célébrait tous les ans le 16, le 17 ou 18 décembre. On ignore l'époque de leur institution. On pense qu'elles furent établies en mémoire de la liberté et de l'égalité qui régnaient parmi les hommes du temps de Saturne. Dans l'origine, ces fêtes ne duraient qu'un jour ; Auguste les fit durer trois jours consécutifs ; Caligula y en ajouta un quatrième, qu'il nomma *Juvenalis*. Dans la suite on les mêla aux Sigillaires, ce qui prolongea ces fêtes pendant cinq ou sept jours. La liberté la plus entière régnait dans ces solennités. Pendant qu'elles duraient, on se livrait à toutes sortes de réjouissances. Les tribunaux étaient fermés, les écoles vaquaient, on n'entreprenait aucune guerre, on n'exécutait aucun criminel. Les esclaves prenaient les mêmes habits que leurs maîtres, dînaient à leur table, ou même étaient servis par eux, et pouvaient faire ou dire ce qui leur plaisait. On s'envoyait des présents, et on se donnait de somptueux repas. Mais, comme ces fêtes étaient presque toujours souillées de débauches, leur nom est devenu à peu près synonyme d'*orgies*.

SATURNE (myth.), en grec *Chronos*, en égyptien *Seb*, un des faux dieux, roi de Crète, était fils d'Uranus (le Ciel) et de la Terre. Armé d'une faux, il mutila son père, et rendit la liberté à ses frères, qu'Uranus avait relégués dans les enfers. Il monta ensuite sur le trône, à condition qu'il n'élèverait aucun enfant. Fidèle à sa promesse, il dévorait ses enfants à l'heure même de leur naissance. Cependant Rhéa parvint à sauver Jupiter, Neptune et Pluton, en leur substituant des pierres que Saturne engloutit avec la même voracité. Titan, l'aîné de ses frères, ayant appris l'existence des trois jeunes dieux, que l'on élevait secrètement en Crète, le déposséda, et l'enferma dans une étroite prison. Jupiter, devenu grand, lui rendit le trône ; Mais, Saturne ayant oublié ce bienfait, Jupiter le chassa. Le dieu exilé s'enfuit en Italie, dans le Latium, civilisa ces peuples sauvages, et leur apprit à cultiver la terre. Son règne fut surnommé *l'âge d'or*. — Le culte de Saturne n'était pas aussi solennel que celui de Jupiter. On lui sacrifia des victimes humaines, et cette coutume, qui se perdit en Grèce sous Hercule, se conserva longtemps à Carthage. — On regarde Saturne comme le dieu du temps, et on le représente comme un vieillard courbé sous le poids des ans, tenant une faux d'une main et une clepsydre de l'autre. Les gladiateurs étaient placés sous la protection de Saturne. On célébrait en son honneur les *Saturnales.*

SATURNE. Les anciens alchimistes nommaient ainsi le *plomb.* Le *sel de saturne* est l'*acétate de plomb.*

SATURNE, une des planètes les plus éloignées du soleil. Sa distance moyenne de cet astre est de 329,000,000 de lieues. Saturne tourne autour du soleil en 10,758 jours 270 (plus de 29 ans); son volume est 887,3 celui de la Terre étant pris pour unité. Observée à l'œil nu, cette planète paraît être une étoile nébuleuse. Son mouvement est fort lent. Elle a sept satellites. Le premier satellite, et le plus rapproché, fait sa révolution dans 0 jour 943; le septième, le plus éloigné, dans 79 jours 330. Mais le phénomène le plus remarquable que présente cette planète est le corps singulier qui l'environne, et que l'on appelle *anneau de Saturne.*

SATURNIE, ancien nom de l'Italie, à cause de Saturne qui y avait régné. — C'était aussi 1° le surnom de Junon, fille de ce dieu; 2° une des quatre portes de Rome (*porta Saturnia* ou *Pandana*) du temps de Romulus : elle se conserva longtemps, et fut la principale entrée du Capitole.

SATURNIE, genre de l'ordre des lépidoptères, tribu des bombycites, famille des nocturnes, renfermant plusieurs beaux insectes. La *saturnie du poirier* ou le *grand paon* a une envergure de cinq pouces. C'est le plus grand des papillons d'Europe. Le dessus des ailes est gris, avec l'extrémité d'un brun noirâtre, et terminé par une large bordure qui passe graduellement du blanc sale au brun jaunâtre clair. Vers le milieu de chaque aile, dans un cercle noir, est un œil également noir, ayant l'iris d'un fauve obscur, et embrassé du côté du corps par un arc blanc, lequel est lui-même embrassé par un demi-cercle d'un rouge pourpre. Le corps est brun, avec le devant du corselet d'un blanc roussâtre et les anneaux de l'abdomen d'un gris cendré. On trouve ce papillon en France. Sa chenille est d'abord brun foncé, puis verte, garnie de tubercules surmontés d'un petit bouquet de poils. Elle vit sur les arbres fruitiers.

SATURNIENS, nom donné, chez les anciens, à des vers licencieux, ainsi nommés des Saturnales, où on les chantait. Ils sont plus connus sous celui de vers *fescennins.*

SATURNIENS, nom que les astrologues donnaient aux personnes d'un caractère triste, chagrin, mélancolique, parce qu'on supposait qu'elles subissaient la domination de la planète Saturne, dont les influences étaient réputées malignes, ou qu'elles étaient nées pendant que la planète de ce nom était ascendante.

SATURNIENS ou SATURNILLIENS, hérétiques gnostiques, ainsi nommés de leur chef Saturnin, philosophe, né à Antioche, qui périta vers l'an 115 les erreurs des ménandriens, en donnant un nouvel ordre à son système sur la création du monde. D'après cet hérésiarque, des anges rebelles, créés par Dieu, avaient façonné un corps semblable à l'image sous laquelle Dieu s'était offerte à eux. Plus tard ce corps, animé par l'esprit de Dieu, devint l'homme. Cet homme était l'esclave des anges, livré par eux au crime et plongé dans le malheur. Ces hérétiques, regardant la vie comme un présent funeste, gardaient la plus austère continence.

SATURNIN ou SERNIN (Saint), premier évêque de Toulouse dans le IIIe siècle, fut envoyé de Rome dans les Gaules par le pape Fabien, vers l'an 245. Les idolâtres se saisirent de lui, le chargèrent de coups, et l'attachèrent par les pieds à la queue d'un taureau indompté, qui le traîna dans plusieurs rues, et le fit mourir en 251 ou 257. On fait sa fête le 29 novembre. On lui a érigé à Toulouse une église, monument antique, d'une architecture grave et sombre, distingué surtout par la hardiesse de son clocher élevé, supporté par quatre immenses piliers. C'est une des basiliques du monde chrétien les plus riches en reliques de saints et de martyrs. On les conserve dans les caveaux de l'église, qui, d'après une tradition, a été bâtie sur un lac, sur pilotis.

SATURNINUS (L. Apuleius), célèbre tribun du peuple, qui l'an 100 avant J.-C. se ligua avec Marius contre les patriciens, et excita une sédition dans Rome, intimida le sénat et rendit plusieurs lois populaires connues sous le nom de *Apuleia.* Il exerça une espèce de tyrannie pendant trois ans. Enfin, une opposition violente s'étant manifestée, il s'empara du Capitole pour s'y défendre. Peu de temps après, ayant paru dans l'assemblée du peuple, il fut tué par un esclave sur la place publique, et mis en pièces.

SATURNINUS (Publius Sempronius), Romain d'obscure naissance, s'éleva des derniers grades de la milice à celui de général de l'Egypte. Il se fit aimer par son affabilité et son intégrité, et se fit un nom par ses nombreuses victoires sur les barbares. Proclamé empereur vers la fin de l'an 262, il accepta ce titre, mais se contenta de l'Egypte. Son zèle pour la discipline ayant déplu aux soldats, ils l'assassinèrent en 267.

SATURNINUS (Sextus Julius), fameux général d'Aurélien, cultiva d'abord la littérature, et ensuite embrassa le parti des armes. Il pacifia les Gaules, l'Afrique et l'Egypte. Salué du titre d'empereur par le peuple d'Alexandrie et par l'armée (280), il ne ceignit qu'à regret le diadème. Probus, qui régnait alors, marcha contre lui, et l'assiégea dans Apamée. Saturninus, ne pouvant résister, se donna la mort.

SATURNINUS D'ANTIOCHE, disciple de Ménandre, fut l'auteur de la secte des saturniens.

SATYRE ou SATIRE, poëme dramatique particulier aux Grecs. C'était un composé très-divertissant du comique et du tragique, où l'on voyait d'un côté une aventure remarquable d'un héros, et de l'autre les railleries et les plaisanteries des Satyres; c'est ce qu'on appela *tragédie satirique.* Une pièce d'Euripide qui nous reste, le *Cyclope*, est dans ce genre. Les Romains les imitèrent dans les atellanes.

SATYRE, genre de lépidoptères, famille des diurnes, tribu des satyrides. Il comprend plus de deux cents espèces répandues par tout le globe, surtout dans les lieux secs et arides; ils volent vite et par saccades. Une espèce, le *satyre bryce*, d'une envergure de vingt-huit lignes, est d'un brun presque noir. Elle se trouve en Italie, dans le Piémont et les Cévennes.

SATYRES (myth.), divinités qu'on représentait comme de petits hommes fort velus, avec les cornes, les oreilles, la queue, les cuisses et les jambes de la chèvre : quelquefois ils n'ont que les pieds de chèvre. Ils marchaient à la suite de Bacchus, ayant Silène à leur tête, et se livraient dans les Orgies aux plus grands désordres. On leur prêtait une humeur gaie et bouffonne, et on les faisait fils de Bacchus et de la naïade Nicée.

SATYRIDES, tribu de l'ordre des lépidoptères, famille des diurnes, renfermant des insectes dont les antennes sont terminées par une massue grêle et presque fusiforme. Les chenilles sont atténuées postérieurement, et offrent de chaque côté de l'anus deux petites pointes coniques ; le corps est tantôt lisse, tantôt pubescent ; la tête plus ou moins arrondie. Cette tribu renferme les genres *satyre, arge, érébie, chionobanie.*

SATYRION, genre de la famille des orchidées, voisin des *orchis*, et renfermant des plantes à racines bulbeuses, à tiges anguleuses ou striées, à feuilles entières et alternes, ordinairement lancéolées et un peu épaisses, et aux fleurs disposées en épis. On en compte une vingtaine d'espèces, parmi lesquelles on remarque le *satyrion à odeur de bouc*, qui croît dans nos bois humides et dans les prés ombragés. Cette plante exhale une forte odeur de bouc, et a été jadis employée comme aphrodisiaque. Ses racines contiennent de la fécule très-nourrissante.

SATYRUS et PITHÉE, architectes célèbres qu'Artémise employa à la construction du tombeau de Mausole, vivaient vers l'an 355 avant J.-C.

SATYRUS, excellent acteur comique grec, vivait dans le IVe siècle avant notre ère. C'est lui qui, par son intercession auprès de Philippe, sauva les deux filles d'Apollophane, après le sac d'Olynthe. C'est lui aussi qui rassura Démosthène, sifflé et découragé, en lui apprenant que l'art seul de la déclamation lui manquait, et en le guidant dans cette étude.

SATYRUS, fils de Spartacus II, roi du Bosphore, succéda à son père en 286 avant J.-C.

SATYRUS, philosophe péripatéticien, florissait à Alexandrie, dans le Musée, vers le temps de Ptolémée Philométor. Il écrivit la biographie de plusieurs hommes illustres. Il nous reste celle de Sophocle, qui est très-estimée. Il avait aussi composé des *Caractères* que nous n'avons plus.

SAUCIER, terme de marine, massif de bois creusé, placé sur les ponts pour recevoir le bout de la mèche d'un cabestan qui tourne dedans.

SAUCISSON. Dans l'art militaire, c'est une espèce de fascine qui a de cinq à dix pieds de long, quelquefois même davantage, et qui est reliée de distance en distance avec de bonnes harts. On s'en sert dans la construction de l'épaulement des batteries à un siége, et pour réparer les brèches, etc. En termes d'artillerie, c'est un long sac de toile ou de cuir d'environ un pouce et demi de diamètre, dont on se sert pour porter le feu dans la chambre ou le fourneau d'une mine. Il est pour cet effet rempli de poudre fine. On s'en sert aussi en marine dans les brûlots pour conduire le feu depuis les dalles jusqu'aux artifices.

SAUDRE. On distingue en France deux petites rivières de ce nom. La *grande Saudre* a sa source au département du Cher, arrose le département qui porte ce nom, et se jette dans le Cher, à 5 lieues S.-O. de Romorantin, entre Selle et Saint-Aignan. La *petite Saudre* naît près d'Henrichemont (Cher), et se mêle à la première au-dessus de Salbris.

SAUF-CONDUIT, lettre donnée par une autorité publique, par laquelle on permet à quelqu'un d'aller en quelque endroit, d'y demeurer un certain temps et de s'en retourner sans crainte d'être arrêté. — C'est aussi 1° l'écrit que les créanciers donnent à un débiteur pour la sûreté de sa personne pendant un certain temps; 2° un privilége accordé à un ennemi en temps de guerre, sans qu'il y ait suspension d'armes, par lequel on lui accorde la liberté d'aller et de venir en sûreté.

SAUGE, genre de la famille des labiées, renfermant plusieurs plantes à tiges ligneuses, à feuilles opposées, en général grandes, de forme variable, à fleurs de couleurs assez vives, disposées en épi. Les sauges exhalent une odeur aromatique, le plus souvent agréable, quand on les froisse. Elles sont très-communes en Europe et dans le reste du monde. La *sauge officinale*, haute de quarante centimètres, à des fleurs qui varient du bleu pur au pourpre foncé. On retire des feuilles une huile essentielle qui a pour base le camphre ; une eau distillée et une infusion souvent employée pour exciter les sueurs et ranimer les forces vitales. La *sauge orvale* ou *sclaréa* croît dans les prairies et les lieux incultes, possède des vertus stomachiques et antihystériques, son odeur et sa saveur sont plus fortes que de l'espèce précédente. — La *sauge de Jérusalem* est la *pulmonaire.*

SAUGIES ou SAUGEES, peuplade indienne de l'Amérique septentrionale, qui habite entre le Mississipi et le lac Michigan. Elle est peu considérable.

SAUJON, ville de France, chef-lieu de canton du département de la Charente-Inférieure, dans l'arrondissement et à 5 lieues de Saintes. Population, 2,300 habitants. Ce bourg, situé à 5 lieues et demie de la mer, au point où la Seudre commence à être navigable, est assez commerçant. C'était jadis une ville forte et importante, où le cardinal de Richelieu avait fait bâtir un château. Ce ministre se proposait d'y faire aboutir un canal qui aurait communiqué de la Gironde à la Seudre par le vallon de Méchers, afin d'épargner aux chasse-marées et aux petits navires la sortie, quelquefois très-difficile, de l'embouchure de la Gironde. Sa mort mit obstacle à l'exécution de ce projet.

SAUL, premier nom de saint Paul.

SAUL, premier roi des Juifs, était de la ville de Gabaa, dans la tribu de Benjamin. Il garda d'abord les troupeaux de Cis, son père. Un jour, en cherchant des ânesses égarées, il entra dans la maison de Samuël pour le consulter. Samuël, sollicité par les Juifs de nommer un roi, le sacra roi d'Israël par l'ordre de Dieu (1079 ans avant J.-C.). Les cinq premières années de son règne furent marquées par des actes de piété et d'heureux succès. Ayant appris que Naas, roi des Ammonites, assiégeait la ville de Jabès en Galaad, il marcha contre lui et le vainquit ; il défit les Amalécites, et détruisit leur nation. Ayant malgré l'ordre de Dieu épargné Agag, roi de cette nation, Dieu l'abandonna, et Samuël par son ordre sacra David, alors âgé de seize ans (1074 avant J.-C.). Saül devint sujet à des accès de fureur que le son de la harpe seul pouvait calmer ; David fut choisi pour en jouer en sa présence. Saül lui montra beaucoup d'amitié, mais après la mort de Goliath il en devint jaloux, lui donna contre son gré la main de sa fille Michol, promise au vainqueur de ce géant, et essaya plusieurs fois de le tuer. L'an 1059 avant J.-C., les Philistins vinrent l'attaquer. Il les joignit près de Gelboé. Avant le combat, il consulta la pythonisse d'Endor sur le succès de la bataille qu'il allait livrer. L'ombre de Samuël qu'elle évoqua lui prédit sa défaite. Vaincu par les Philistins, il se tua après avoir vu mourir tous ses fils.

SAULE, genre de la famille des amentacées, section des salicinées, renfermant des végétaux ligneux, qui se plaisent sur les terrains aquatiques et dans les vallées profondes et humides. Leur tronc est presque toujours creux et pourri dans le cœur ; leurs rameaux droits portent des feuilles nombreuses, alternes et lancéolées ; les fleurs sont petites et peu remarquables, dioïques et placées sur des individus différents. Le saule blanc s'élève à trente ou quarante pieds ; son tronc est recouvert d'une écorce grisâtre et ridée ; on le taille pour l'empêcher de s'élever. Son bois est d'une grande utilité pour faire des perches, des treillages, des échalas, etc. Son bois est blanc rougeâtre, d'un grain fin, uni, homogène, se travaillant au tour et très-léger. Son écorce moyenne contient du tanin et une substance fébrifuge nommée salicine. Le saule marceau ou marsault sert aux mêmes usages ; son bois est dur, plein, susceptible d'un beau poli ; ce bois brûle bien, donne un charbon léger. Tous les bestiaux aiment son feuillage vert et sec. — Plusieurs espèces portent le nom d'osier.

SAULE PLEUREUR ou DE BABYLONE ou PARASOL, espèce du genre saule, arbre des sols gras et humides, et destiné à décorer les pièces d'eau des jardins paysagers. Ses branches très-longues et très-déliées s'inclinent vers la terre ; ses feuilles sont d'un vert plus clair que celles des autres espèces. Ce bel arbre, d'un aspect triste et sévère, convient surtout au bord des tombeaux.

SAULIEU, chef-lieu de canton du département de la Côte-d'Or, dans l'arrondissement et à 7 lieues de Sémur. Population, 3,200 habitants. C'est une ville ancienne. Il y avait jadis un collège de druides, et un bois sacré où l'on a récemment découvert les débris d'un temple consacré au Soleil. Saulieu devint une place forte, qui fut souvent ravagée pendant les guerres de religion. En 1519, une peste terrible en détruisit presque toute la population. Tavannes l'enleva aux ligueurs en 1589. — C'est la patrie de Vauban. — Elle commerce en bois, futailles, blé, chanvres, laines estimées, coton filé, draps pour l'habillement des troupes, cuirs, navets estimés, etc.

SAULSAIE, SAULAIE ou SAUSSAIE, lieu planté de saules. C'est ordinairement un pré, auprès duquel passe un ruisseau, un fossé, etc.

SAULT (théol.). Voy. PER SALTUM.

SAUMAISE (Claude DE), savant et laborieux commentateur, né à Sémur en 1588, était fils de BÉNIGNE DE SAUMAISE, savant écrivain, conseiller au parlement de Bourgogne. Claude de Saumaise ne devint pas moins versé dans les lettres que dans l'histoire, la théologie et les sciences. Il fut professeur à Leyde après Scaliger. Richelieu lui offrit une pension de 12,000 livres pour le fixer en France, à la condition d'écrire son histoire ; mais il refusa. Ensuite, pendant un voyage à Paris, le roi le fit conseiller d'État et chevalier de Saint-Michel. Il fit un voyage en Suède, où l'appelait la reine Christine, et mourut en 1653. Son érudition était immense ; dans ses combats littéraires, il était plein d'emportement et d'orgueil. Il avait embrassé la religion protestante. On a de lui un très-grand nombre d'ouvrages, contre la primauté du pape, sur divers ouvrages qu'il a commentés, etc.

SAUMON. Dans son acception la plus étendue, ce mot désigne tous les animaux de la classe des salmones. (Voy.) Les SAUMONS PROPREMENT DITS sont remarquables par leurs longs voyages, leur taille assez grande et la délicatesse de leur chair. Leur première dorsale est située en avant des ventrales. Le corps est oblong et couvert d'écailles. Ils remontent dans les rivières pour frayer, et s'élèvent jusqu'aux plus hautes montagnes. Le saumon commun pèse à peu près vingt livres, et vit en grandes troupes dans les mers tempérées ou froides ; sa chair est rouge, à taches irrégulières brunes, qu'il perd promptement dans l'eau douce, lamelleuse, tendre, épaisse, d'un goût exquis, mais de digestion difficile. Sa pêche est très-importante dans les pays septentrionaux, où en on sale et on en fume beaucoup.

SAUMON, masse de plomb ou d'étain, telle qu'elle est sortie de la fonte.

SAUMONÉ se dit des poissons et particulièrement des truites, quand leur chair est rouge comme celle du saumon.

SAUMUR, chef-lieu d'arrondissement du département de Maine-et-Loire, sur la rive gauche de la Loire, à 11 lieues S.-S.-E. d'Angers. Population, 12,000 habitants. C'est une ville ancienne, jadis murée. Duplessis-Mornay, qui en fut gouverneur sous Henri IV, protégea les calvinistes, qui s'y rassemblèrent en grand nombre et y apportèrent les arts et l'industrie. L'édit de Nantes détruisit tout, et Saumur a perdu depuis toute son importance. Depuis ce temps, l'événement le plus remarquable est la prise de la ville et du château par les Vendéens en 1793. — Saumur est dans une situation charmante ; elle possède deux ponts, dont l'un, bâti sous Louis XIV, à douze arches et deux cent soixante mètres de long, une bibliothèque publique de 6,000 volumes, une école d'équitation, un beau manège, un château fort bâti par Geoffroi Martel dans le XIe siècle et terminé au XIIIe, un tribunal de première instance et de commerce, une école chrétienne, un collège. — Cette ville commerce en grains, vins, chanvre, vinaigre, quincailleries, sucre raffiné, salpêtre, toiles, mouchoirs, etc.

SAUMURE, sorte de substance liquide qui se dépose dans les vaisseaux où l'on a salé le poisson ou la viande, et qui, après la salaison parfaite de ces substances, est imprégnée du sel des parties volatiles et huileuses des chairs qui y ont été macérées. — On nomme encore ainsi l'eau saturée de sel qu'on fait évaporer pour obtenir le sel dans les salines.

SAUNAGE, débit, trafic de sel. On appelle faux-saunage la vente, le débit du sel en fraude.

SAUNDERSON (Nicolas), habile mathématicien, né en Angleterre en 1682, perdit la vue dès son bas âge des suites de la petite vérole. Ce malheur ne l'empêcha pas de faire ses humanités avec succès, et de devenir un des premiers savants de son siècle. Il obtint en 1711 la chaire de mathématiques à l'université de Cambridge, fut nommé membre de la société royale de Londres, et mourut en 1139. Il expliquait avec talent et clarté les œuvres de Newton, et même son traité sur la lumière, les couleurs et la théorie de la vision. Il a laissé des Éléments d'algèbre. On a raconté des choses fort extraordinaires sur la finesse de son tact et de son ouïe.

SAUNERIE, endroit où sont les établissements, bâtiments, sources, puits, fontaines salées, magasins, etc., et tous les instruments propres à la fabrication du sel. On appelle saunier l'ouvrier qui travaille à faire le sel ou celui qui vend ce minéral.

SAUR, nom donné aux harengs qui ont été salés et demi-séchés à la fumée.

SAURE se dit de la couleur jaune tirant sur le brun de certains chevaux. En termes de fauconnerie, ce mot désigne l'oiseau qui porte son premier plumage, qui est roux à sa première année. Sur les galères, il est synonyme de lest.

SAURE, poisson du groupe des salmonés, facile à distinguer à son museau court et à sa gueule fendue jusque fort en arrière des yeux. Les mâchoires garnies d'un grand nombre de dents très-pointues, aucune au vomer, les nageoires dorsales amples, de grandes écailles sur les corps, les joues et les opercules. Ce sont des poissons de mer très-voraces, que l'on trouve dans la Méditerranée. Leurs couleurs sont riches et variées.

SAURIENS, second ordre de reptiles, caractérisé par un corps allongé, couvert d'écailles ou d'une peau fortement chagrinée, le plus souvent à quatre pattes, rarement à deux pattes et quelquefois apode ; les doigts garnis d'ongles crochus ; des paupières mobiles ; un tympan distinct ; des mâchoires armées de dents enchâssées ; l'absence de métamorphoses ; la queue variant de longueur. Des sauriens habitent les eaux, d'autres la terre, d'autres les lieux secs et élevés ; quelques-uns (les dragons) peuvent se maintenir en l'air à l'aide de membranes qui remplacent les ailes. Tous sont pourvus d'une queue plus ou moins longue ; le sens de la vision est le plus développé chez eux ; ils se nourrissent de mammifères, d'oiseaux, de mollusques, d'insectes, et sont très-voraces. Parmi les sauriens, on trouve le lézard, le crocodile, le dragon, le caïman, le basilic, le caméléon, le gecko et le stellion. — Ce nom vient du grec sauros, lézard, parce que cet animal a été pris pour le type de l'ordre. Cuvier le divise en six familles, celles des crocodiliens, des lacertiens, des iguaniens, des geckotiens, des caméléoniens et des scincoïdiens. Les sauriens habitent principalement les pays chauds.

SAURIN (Jacques), né en 1657 à Nîmes, le plus célèbre prédicateur de l'Église française réformée. Forcé par la révocation de l'édit de Nantes de fuir sa patrie, il se retira à Genève, puis à Londres, et enfin à la Haye, où il mourut en 1730. Ses sermons se distinguent par la hauteur, la sublimité des pensées, la noblesse du style, la force du raisonnement. Sa voix était forte et sonore. Il ne se distinguait pas moins par ses talents que par sa tolérance, sa charité et la douceur de son caractère. Il a laissé des *Sermons* (12 vol. in-8o), un recueil de *Discours historiques, théologiques et moraux sur les événements remarquables du Vieux et du Nouveau Testament*, connus sous le nom de *Bible de Saurin*; un *Abrégé de la théologie et de la morale chrétienne*, et des *Lettres sur l'état du christianisme en France*.

SAURIN (Élie), ministre de l'Église wallonne d'Utrecht, né en 1639 à Usseaux, vallée de Pragelas, frontière du Dauphiné, mort en 1703. Il a laissé plusieurs ouvrages pleins d'érudition : un *Examen de la théologie de Juricu*, des *Réflexions sur les droits de la conscience*, un *Traité sur l'amour de Dieu*, un *Traité de l'amour du prochain*.

SAURIN (Joseph), géomètre distingué, de l'académie des sciences de Paris, était fils d'un ministre protestant, et était né à Courtaison, principauté d'Orange. Après avoir lui-même exercé le saint ministère en divers lieux, il revint en France, et se convertit au catholicisme entre les mains de Bossuet (1690). Il se livra tout entier à l'étude des sciences, écrivit dans le *Journal des savants* et les mémoires de l'académie des sciences. Il se répandit en 1709, dans le café où il allait tous les jours, des chansons satiriques qui firent grand scandale. Rousseau, que l'on soupçonna d'en être l'auteur, les a désavouées constamment, même au lit de la mort. Il en accusa Saurin, qui fut justifié par arrêt du parlement (1712), tandis que son accusateur était banni du royaume comme calomniateur et comme ayant suborné des faux témoins dans cette affaire. Du reste, l'auteur véritable de ces couplets est encore inconnu. Il mourut à Paris en 1672.

SAURIN (Bernard-Joseph), avocat au parlement, membre de l'académie française, né à Paris en 1706, mort dans cette ville en 1781, fut lié avec les philosophes du XVIIIe siècle, et cultiva avec succès la littérature. Il y a de l'intérêt, des beaux vers et des scènes attachantes dans ses tragédies de *Spartacus* et de *Blanche et Guiscard*. Sa comédie des *Mœurs du temps* eut du succès, ainsi que *l'Anglomane*. Son drame de *Beverley* a eu beaucoup de vogue. On a encore de lui des *Couplets bachiques* et autres poésies, et le roman de *Mirza et Fatmé*.

SAURINE (J.-Pierre), né à Saint-Pierre d'Eysey (Basses-Pyrénées) en 1733, exerçait comme curé les fonctions ecclésiastiques à l'époque de la convocation des états généraux en 1789. Envoyé à cette assemblée par le clergé du Béarn, il se réunit au tiers état, et fit ainsi partie de l'assemblée constituante. Il s'y montra sage et modéré, mais fortement attaché à la cause populaire. L'un des premiers, il prêta le serment exigé par la nouvelle constitution du clergé. Évêque constitutionnel des Landes en 1790, il fut envoyé par ce département en 1792 à la convention nationale. Dans le procès du roi, il vota la détention jusqu'à la paix. Il montra une énergique opposition au coup d'État du 31 mai 1793, et fut compris dans le nombre des soixante-treize députés proscrits. La révolution du 9 thermidor le sauva. Il passa au conseil des cinq cents, et en sortit en 1797. Passé en 1802 à l'évêché de Strasbourg, il y mourut en 1813, universellement regretté.

SAURURÉES, petite famille de plantes monocotylédonées, voisine des pipéritées et des alismacées. Le type de cette famille est le *saurure*, que d'autres font rentrer dans celle des naïadées. Ce genre a deux seules espèces, qui croissent au continent américain. Il n'a rien d'intéressant.

SAUSSURE (Nicolas DE), agronome distingué, né à Genève en 1709, cultiva les lettres avec succès, et fut membre du conseil des deux cents de sa ville natale. Il mourut en 1790, membre de plusieurs académies. Il a laissé plusieurs mémoires *sur la Meilleure Manière de cultiver les terres, sur la Manière de provigner la vigne sans engrais*, l'*Essai sur les causes de la disette du blé en Europe et sur les moyens de la prévenir*, l'*Essai sur la taille de la vigne et sur la rosée*, etc.

SAUSSURE (Horace-Bénédict DE), savant physicien et grand géologue, né à Genève en 1740, fils du précédent. Il obtint à vingt et un ans la chaire de professeur de physique et de philosophie à Genève, et la remplit avec une grande réputation pendant vingt-cinq ans. Toute sa vie fut consacrée à la carrière de l'enseignement et de l'observation. Il parcourut à différentes époques la France, la Belgique, la Hollande, l'Angleterre et l'Italie. Il avait traversé en 1779 quatorze fois la chaîne entière des Alpes. Tous ces voyages furent couronnés par la fameuse ascension du mont Blanc et par un séjour de près de trois semaines sur le col du Géant, dans le but d'observer et d'étudier les phénomènes météorologiques. M. de Saussure fut membre de la plupart des académies d'Europe, fondateur de la société des sciences et arts de Genève, et membre du conseil des deux cents de cette république. Quand cette ville fut réunie à la France, il fut appelé à l'assemblée nationale, et y siégea pendant quelque temps. Il mourut en 1799. Il a laissé des *Voyages dans les Alpes*, des *Essais sur l'hygrométrie*, etc., et de très-nombreux mémoires sur les ballons, l'électricité, la température des eaux, l'emploi du chalumeau, la décomposition de l'air. Il a imaginé plusieurs instruments de physique, l'hygromètre à cheveux, l'anémomètre, le cyanomètre, etc.

SAUT. En musique, c'est le nom de toute succession de notes qui ne se suivent pas immédiatement dans l'ordre de la gamme ascendante ou descendante. Dans l'art d'écrire, ces successions sont proscrites lorsqu'elles donnent lieu à des intonations difficiles ou à des dissonances irrégulièrement attaquées ou résolues. Le *saut régulier* est celui qui se fait sur un intervalle consonnant; le *saut irrégulier*, celui qui se fait sur un intervalle dissonant.

SAUTE, terme de marine, nom donné à un changement subit de vent qui se fait tout d'un coup de plusieurs points.

SAUTEREAU, lame de bois mince, armée d'un morceau de plume ou de buffle, qui, dans les clavecins, était poussé contre les cordes par la touche; la plume ou le buffle, faisant l'effet d'un ressort, produisait le son de la corde en s'échappant. — C'est aussi une pièce d'artillerie qui n'est pas renforcée par la culasse.

SAUTERELLE. Voy. LOCUSTE.

SAUTERELLE, nom donné par les charpentiers et les tailleurs de pierre à un instrument de bois, composé de deux règles mobiles, assemblées par un bout comme la tête d'un compas, et propres à prendre l'ouverture de toutes sortes d'angles rectilignes.

SAUTEURS, tribu d'insectes de l'ordre des orthoptères, ayant pour principal caractère des pattes postérieures longues et propres au saut. Cette famille est divisée en trois tribus, les *grillons*, les *acrydiens* et les *locustaires*. — Ce mot s'applique encore à plusieurs animaux à cause de leurs allures; tels sont les gerboises et un antilope, un sphénoïque, un gecko, un cyprin, un exocet, etc.

SAUTEUSE, valse d'un mouvement rapide à deux temps.

SAUTOIR se dit de choses mises l'une sur l'autre de manière à ce qu'elles forment une espèce de X ou de croix de Saint-André. En parlant des ordres de chevalerie, on dit qu'un ordre *se porte en sautoir*, c'est-à-dire en forme de collier tombant en pointe sur la poitrine et soutenant la marque de l'ordre. L'ordre de la Toison d'or se porte en sautoir.

SAUVAGEON, nom d'un jeune végétal ligneux venu sans culture, ou provenu de graines d'un arbre fruitier sauvage; c'est sur les sauvageons qu'on fait les greffes, afin d'augmenter la quantité et la qualité de leurs fruits. On appelle encore ainsi le jeune arbre qu'on obtient de la graine d'un arbre franc, c'est-à-dire greffé sur un sujet sauvageon de la même espèce.

SAUVAGES (François BOISSIER DE), célèbre médecin, né à Alais en 1706, devint professeur royal de médecine et de botanique à l'université de Montpellier, membre de la société royale des sciences de cette ville et de plusieurs autres, des académies de Berlin, de Suède, etc. Il mourut en 1767. Il a laissé en latin une *Pathologie*, une *Nosologie méthodique*, traduite en français et estimée, la *Théorie de la fièvre*, les *Éléments de physiologie mécanique*, etc.

SAUVAGÉSIE, genre de la famille des frankéniacées, renfermant de petites plantes ligneuses, à feuilles simples, portées sur de courts pétioles, ou sessiles, munies de stipules; à fleurs roses, blanches ou violacées; au fruit en capsule ovoïde-oblongue, renfermant des graines très-petites. Ces plantes habitent l'Amérique méridionale et l'Océanie. Elles sont employées en médecine comme pectorales à l'intérieur, et à l'extérieur comme antiophthalmiques. On emploie surtout la *sauvagésie brillante*.

SAUVAL (Henri), avocat au parlement de Paris, mort en 1670, consacra une grande partie de sa vie à de savantes et laborieuses recherches sur l'histoire de Paris, l'origine de ses établissements, les mœurs, les usages, les coutumes, son administration, etc. Il écrivit l'*Histoire des antiquités de la ville de Paris*; mais il mourut sans avoir pu l'achever. Rousseau, auditeur des comptes, y mit la dernière main, et rectifia plusieurs parties. Cet ouvrage ne fut publié qu'en 1724, en trois vol. in-fol. A la fin du troisième, on trouve les *Amours des rois de France*. Cet ouvrage renferme des choses intéressantes et précieuses; mais on y trouve de nombreuses erreurs.

SAUVEGARDE, nom donné par Cuvier à la deuxième subdivision du genre *monitor*, renfermant des reptiles distingués par l'absence de crêtes caudales; une queue comprimée et des dents dentelées qui s'émoussent petit à petit et finissent par devenir rondes dans le fond de la bouche. Le *grand sauvegarde d'Amérique* se trouve dans l'Amérique du Sud, où il vit à terre et dans les eaux; il se nourrit de reptiles, d'insectes et d'œufs. Il est généralement d'un fond noir en dessus, orné de lignes transverses de petits points ou de taches jaunes; son ventre est jaune, et sa queue colorée de bandes alternatives de noir et de jaune.

SAUVEMENT. En marine, on dit qu'un vaisseau est arrivé en *bon sauvement*, pour dire qu'il est arrivé en bon état, sans aucun accident.

SAUVER LA DISSONANCE (mus.). C'est la résoudre en la faisant descendre d'un degré sur la note suivante, et la faisant suivre d'un accord convenable.

SAUVETAGE, terme de marine, recouvrement d'effets, de marchandises, action de retirer des flots et de recueillir les débris que renferme un bâtiment fracassé, brisé au point de ne pouvoir être remis à flot, ou échoué sur un rivage.

SAUVEUR, nom que les chrétiens donnent spécialement à Jésus-Christ.

SAUVEUR DE MONTERA (SAINT-), ordre militaire qui fut institué dans le royaume de Valence, en 1317, par Alphonse, roi d'Aragon. On donna à cet ordre les biens des templiers, on en l'unit à celui de Calatrava; cependant il conserva toujours son grand maître particulier. Les chevaliers portaient une croix rouge sur un manteau blanc.

SAUVEUR (SAINT-), petite ville du département des Hautes-Pyrénées, près du gave de Gavarnie, à une demi-lieue de Luz, entre Cauterets et Baréges, qui n'en sont séparées l'une et l'autre que par 2 lieues environ. Elle renferme plusieurs établissements d'eau minérale. Cette eau est sulfureuse et limpide; elle a l'odeur et la saveur de celle de Baréges; sa composition est à peu près la même; seulement les éléments s'y trouvent à de moindres proportions. La température de cette eau varie de 24° à

2º degrés Réaumur. Les bains de Saint-Sauveur sont recommandés dans les affections nerveuses, les toux d'irritation; ils sont utiles aux malades affaiblis par de longues gastrites ou par des fièvres intermittentes, par de longues veilles ou des excès de plaisirs ou d'études.

SAUVEUR (Saint-), petite île de l'Océan, faisant partie du département des Côtes-du-Nord, et située entre Lannion et les Sept-Iles. Elle est sans importance.

SAUVEUR (Saint-) ou Guanahani, île de l'Amérique septentrionale, l'une des Lucayes, la première terre découverte par Christophe Colomb, en 1492, dans le nouveau monde, le jour même où les Espagnols, fatigués de ne rien trouver, avaient résolu de le tuer.

SAUVEUR (Joseph), né à la Flèche en 1653, se consacra à l'étude des mathématiques. Il succéda à Vauban dans la place d'examinateur des ingénieurs, et mourut en 1716. On a de lui un *Traité des fortifications*, des *Méthodes abrégées des grands calculs*, des *Tables pour la dépense des jets d'eau*, le *Rapport des poids et des mesures des différents pays*, une *Géométrie*, etc.

SAUX, fils d'Amurat Ier, sultan des Turks, leva une armée et conspira contre son père, en même temps qu'Andronic, fils de Jean Paléologue, empereur de Constantinople, conspirait contre le sien. Les deux souverains se liguèrent et se promirent de punir leurs fils du même supplice. Saux fut vaincu et les yeux crevés. Il mourut des suites de cette opération. Andronic subit le même supplice, mais vécut encore quelque temps.

SAVACOU, genre de l'ordre des échassiers cultrirostres, renfermant des oiseaux dont le bec est large et très-épaté, et comme formé de deux cuillers appliquées l'une contre l'autre par leur côté concave; les pieds ont quatre longs doigts. La seule espèce connue est le *savacou huppé*. Leur couleur, qui varie, est souvent roussâtre ou grisâtre, avec le dessus de la tête et le derrière du cou noir; la poitrine, le dessous du corps, le front, les joues et le bord de l'aile blancs. Cet oiseau habite la Guyane et le Brésil, sur les bords des fleuves. Il se nourrit de poissons.

SAVAGE (Richard), fils naturel du comte de Rivers et d'Anne, comtesse de Macclesfield, né en 1698, fut confié par sa mère à une pauvre femme qu'elle chargea d'en prendre soin. Cette mère dénaturée, décidée à l'ensevelir dans l'obscurité et l'indigence, le mit en apprentissage chez un cordonnier. Richard, ayant appris par la lecture de plusieurs lettres le secret de sa naissance, renonça à cet état, et ne put réussir à attendrir le cœur de sa mère, qui refusa de le reconnaître. C'est alors qu'il se livra alors à la littérature. Sa pièce *Sir Thomas Overbury* eut du succès. Poussé au désespoir par son indigence, il publia un poëme, intitulé *le Bâtard*, où il dévoilait la cruauté de sa mère, et dont le succès fut immense; mais il ne l'enrichit pas, et Richard continua de mener une vie misérable et vagabonde. Il mourut en prison pour dettes en 1743.

SAVANE, nom donné au Canada aux forêts formées d'arbres résineux, tels que pins et sapins. Dans les colonies françaises, cette acception est étendue à toute espèce de plaines, et même à toute étendue de terrain, boisée ou non, fertile ou aride, grande ou petite. Dans l'Amérique du Sud, on les appelle *pampas*.

SAVANNAH, rivière d'Amérique septentrionale, formée par la réunion des rivières de Tugeloo et Keowice. Elle arrose la Géorgie de la Caroline, et se jette dans l'océan Atlantique après un long cours.

SAVANNAH, ville maritime des Etats-Unis d'Amérique, dans la Géorgie, sur la Savannah. Population, 8,000 habitants. Cette ville est à 48 lieues O. de Charleston. Elle est très-commerçante. Les Français et les Américains y attaquèrent inutilement les lignes des Anglais le 9 octobre 1779.

Ceux-ci furent cependant forcés de l'évacuer quelque temps après. Cette ville fut presque tout entière réduite en cendres en 1797. Elle s'est relevée de ses ruines.

SAVARY (François), seigneur de Brèves, d'une ancienne famille de Touraine, fut ambassadeur de France à Constantinople pendant vingt-deux ans. A son retour (1611), Henri IV l'envoya comme ambassadeur à Rome auprès de Paul V. En 1615, il reçut du roi la mission d'élever son frère le duc d'Anjou, place qu'il perdit en 1618, et mourut en 1627. Il avait acheté une riche collection de caractères orientaux, arabes, turks, persiques, avec lesquels il imprima de beaux ouvrages, une *Grammaire arabe*, un *Psautier arabe*, avec la traduction latine, etc. Ces caractères sont conservés encore à l'imprimerie royale.

SAVARY (Jacques), né en Anjou en 1622, se voua au commerce. Reçu dans le corps des merciers, il fit une fortune très-considérable, et fut appelé en 1670 à travailler à la réforme de l'on méditait, et à la rédaction du Code marchand de 1673. On lui doit aussi *le Parfait Négociant*. Il mourut en 1690. Ses deux fils, Jacques et Philémon, suivirent la même carrière: Le premier fut nommé en 1686 inspecteur général de la douane à Paris, et le deuxième chanoine de Saint-Maur. Ils publièrent ensemble le *Dictionnaire du commerce*. Ils moururent, Jacques en 1716, Philémon en 1727.

SAVARY (Nicolas), né à Vitré (Ille-et-Vilaine), fit ses études avec distinction à Rennes, et partit en 1776 pour l'Egypte, où il séjourna près de trois ans. L'étude de la langue arabe, la recherche des monuments antiques et l'examen des mœurs nationales l'occupèrent entièrement. Il parcourut ensuite les îles de l'Archipel. De retour en France en 1780, il publia le *Coran*, traduit de l'arabe, avec un abrégé de la *Vie de Mahomet*, la *Morale de Mahomet* ou *Recueil des plus purs maximes du Coran*, des *Lettres sur l'Egypte*, et un *Voyage en Grèce*, que la mort l'empêcha d'achever.

SAVARY (Anne-Jean-Marie-René), duc de Rovigo, né en Champagne en 1774, entra de bonne heure au service (1790). Il servit à l'armée du Rhin, et accompagna ensuite Desaix en Egypte, puis en Italie. Il gagna dans ces diverses campagnes le grade de colonel. Napoléon le fit son aide de camp, puis général. Il l'envoya en 1805 auprès de l'empereur de Russie. Après la conclusion de la paix de Tilsitt, il fut envoyé en Russie comme chargé d'affaires de France, puis en Espagne, où il fut quelque temps président de la junte espagnole de Madrid. En 1810, Napoléon, qui l'avait créé duc de Rovigo, le fit ministre de la justice. Il subit une courte détention pendant le complot audacieux du général Mallet. En 1814, il prit partie du conseil de régence. Après l'abdication de l'empereur, il vécut loin des affaires, jusqu'au retour de l'île d'Elbe. Napoléon le nomma pair de France et premier inspecteur de la gendarmerie. Après les cent jours, il accompagna l'empereur sur le Belléropho, mais en fut séparé lors du départ de Sainte-Hélène. Arrêté par les Anglais au mépris du droit des gens, il subit une détention de sept mois à Malte. Parvenu à s'évader, il apprit qu'il avait été condamné à mort par un conseil de guerre de Paris. Il n'en revint pas moins en France, et fut acquitté à l'unanimité en 1819. La révolution de 1830 le tira de sa retraite. Il fut, le 26 décembre 1831, nommé gouverneur de l'Algérie, en remplacement du général Berthezène. Il fut remplacé en 1833, et mourut peu de temps après.

SAVASTOPOL ou Sébastopol, ville de la Russie d'Asie, capitale de la Mingrélie, sur la côte orientale de la mer Noire. Elle est mal bâtie. Près d'elle est un lieu où est l'église cathédrale du patriarche catholique des Mingréliens. Cette ville s'appelle aussi *Isgaour*.

SAVE (*Szava*), rivière d'Allemagne, dans l'empire d'Autriche, prend sa source dans la haute Carniole, aux frontières de la Carinthie, sépare l'Esclavonie de la Turquie, et se jette dans le Danube, entre Semlin et Belgrade. Son cours est de 100 lieues, et elle a pour affluents la Kulpa, l'Unna, le Verbas, la Bosna et la Drina.

SAVENAY, chef-lieu d'arrondissement du département de la Loire-Inférieure, sur le penchant d'un coteau qui domine un des bras de la Loire, à 10 lieues N.-O. de Nantes. Population, 2,000 habitants. C'est à Savenay que succombèrent, après un combat acharné livré en décembre 1793, les débris de l'armée vendéenne, échappés de la bataille de Cholet. On a érigé en 1825, dans le cimetière, un monument en mémoire de cet événement. Savenay a un tribunal de première instance, et commerce en bestiaux et sel.

SAVENDROUG, fort de l'Indoustan, à 26 lieues de Seringapatnam, dans le pays de Mysore. Les Anglais s'en emparèrent, le 21 décembre 1791, sur les troupes de Tippo-Saëb, après onze jours de siége et sans perdre un seul homme.

SAVERDUN, ville de France, chef-lieu de canton du département de l'Ariége, dans l'arrondissement et à 4 lieues N. de Pamiers, sur l'Ariége, avec 3,000 habitants. C'est la patrie de Jacques Fournier, qui devint pape sous le nom de Benoît XII.

SAVERNE ou Zabern, ville de France, chef-lieu d'arrondissement du département du Bas-Rhin, sur la Zorn, à 7 lieues N.-O. de Strasbourg. Population, 5,400 habitants. — Cette ville, qui est ancienne et qui s'appela jadis *Tabernæ*, appartint aux évêques de Metz, puis à ceux de Strasbourg, qui y avaient un beau château, incendié en 1779. Ses fortifications furent détruites en 1696. Le pays est très-agréable et fertile en vins. Saverne a un tribunal de première instance, un collége, des manufactures considérables de draps, bas, bière, tabac, chandelle, des fonderies de fer et de cuivre, des poteries, des tanneries, etc.

SAVERNE (en anglais, *Severn*), rivière d'Angleterre qui prend sa source au mont Plinilimouth, dans le comté de Montgommery, aux frontières de celui de Cardigan, et se jette dans le canal de Saint-Georges. Le principal affluent de la Saverne est l'Avon.

SAVETIERS, nom bizarre que le vulgaire donne aux *épinoches*.

SAVEUR, qualité qui est l'objet du goût, qui se fait sentir par l'organe du goût. La saveur varie suivant les objets; elle est douce, amère, âcre, etc.

SAVIGLIANO, ville forte de Piémont, bien bâtie, sur la Maira, à 12 lieues S. de Turin. C'était jadis la capitale d'une petite province bornée au S. par celle de Coni, à l'O. par celle de Saluces, à l'E. par celle de Chérasco et de Fossano, et au N. par la Carmagnole. Les Français en démolirent les fortifications en 1706. Ils furent repoussés de cette place par les Autrichiens en septembre 1799. Sous l'empire, ce fut un chef-lieu d'arrondissement du département de la Stura. Cette ville est commerçante en draps, soie, grains et bestiaux.

SAVIE, nom donné par les Romains à la portion S. des deux Pannonies, comprise entre la Save et la Drave.

SAVINIEN, Voy. Sabinien.

SAVINIER, un des noms de la *sabine*.

SAVOIE, province des Etats sardes (royaume de Sardaigne), avec le titre de duché, bornée au N. par la Suisse (canton de Genève), à l'E. par le Piémont, à l'O. et au S. par la France. Sa plus grande longueur du S. au N. est de 33 lieues, sa plus grande largeur d'E. à l'O. de 27 lieues. Sa population est de 600,000 habitants. Le sol est coupé de montagnes et de vallées, et l'on y trouve les cimes les plus élevées des Alpes, parmi lesquelles le mont Blanc. Ses rivières (les principales sont la Drance, l'Arve, la Laisse, l'Isère et le Rhône) charrient de l'or, et les montagnes recèlent des mines abondantes de soufre, d'alun, d'argent, de plomb, de cuivre et surtout de fer. On y trouve des sites très-pittoresques et des curiosités naturelles fort nombreuses. Le pays est riche en pâturages qui nourrissent de nombreux troupeaux. Les Savoisiens sont intelligents, hospitaliers et probes. Près de 30,000 quittent annuellement leur pays pour exercer ailleurs différentes industries dont ils rapportent le produit dans leurs familles. On divise la Savoie en huit provinces : la *Savoie propre*, la *Haute-Savoie*, le *Carouge*, le *Chablais*, le *Faucigny*, le *Génevois*, la *Maurienne* et la *Tarantaise*. La capitale est CHAMBÉRY. — On ignore l'origine de la maison royale de Savoie. Le premier comte connu est Humbert aux blanches mains vers 1023, mort en 1050. Un de ses descendants, Amédée VIII, fut créé duc en 1416. Un autre, Victor-Amédée II, fut couronné roi de Sicile en 1713, dépouillé de ce royaume en 1719, et investi de celui de Sardaigne en 1720. Depuis cette époque, la Savoie fait partie des Etats sardes. En 1792 et jusqu'en 1815, elle forma le département français du Mont-Blanc et une partie de celui de Léman.

SAVON, nom donné au produit que l'on obtient en traitant les corps gras (graisses, huiles) par les alcalis caustiques dissous dans l'eau (soude, potasse, ammoniaque). Les savons sont mous ou solides, solubles ou insolubles dans l'eau. Les usages du savon sont généralement connus.

SAVON (ESSENCE DE), savon mis dans un état de division telle qu'il écume promptement dans l'eau.

SAVON DE MONTAGNE, sorte d'argile smectique.

SAVON DE TOILETTE, savon préparé avec de la potasse, du saindoux et une huile aromatique. On en fait aussi à base de soude. Il sert à la toilette.

SAVON DUR, nom donné au savon à base de soude. Il est consistant et moins caustique que celui de potasse.

SAVON DU VERRE ou DES VERRIERS, nom donné au manganèse oxydé qu'on emploie pour décolorer le verre.

SAVON MÉDICINAL, savon obtenu en mêlant à froid et peu à peu dans un vase non métallique deux livres de lessive de soude concentrée à 38 degrés avec quatre livres d'huile d'amandes douces ou d'olives fines. On l'emploie, en médecine, comme excitant du système lymphatique, dans les engorgements de la rate et autres viscères abdominaux, dans le carreau, etc., et comme lithontriptique. On l'administre sous forme de pilules, à la dose de quatre ou six grains par jour. L'eau de savon s'emploie avec succès comme neutralisant dans le cas d'empoisonnement par acides, et comme résolutif dans les contusions.

SAVON MÉTALLIQUE, savon insoluble dans lequel l'alcali est remplacé par un oxyde métallique. On l'obtient en versant de l'eau de savon dans un des sels solubles du métal qui doit faire la base du savon. On a aussi donné ce nom aux emplâtres.

SAVON MOU, nom donné au savon à base de potasse. Il est mou et caustique.

SAVON NOIR, nom donné aux savons de potasse que l'on obtient ordinairement d'huiles de graines de qualité fort inférieure. Ils dégagent une odeur désagréable, et on les colore pour dissimuler la teinte particulière qu'ils présentent.

SAVONAROLA (Jérôme), né à Ferrare en 1452, entra dans l'ordre des dominicains, et fut nommé en 1488 prieur du couvent de Saint-Marc à Florence. Il se distingua par son talent comme prédicateur, et s'éleva avec force contre les Médicis et la cour de Rome, dont il signalait la corruption. Excommunié par le pape Alexandre VI, il n'en continua pas moins ses prédications, et s'arrogea le pouvoir de prophétiser. Les franciscains attaquèrent les doctrines de Savonarola et de ses moines. La lutte devint vive. Enfin un dominicain s'offrit à passer à travers un bûcher, pour prouver la sainteté de Jérôme. Un franciscain proposa la même épreuve, pour montrer le contraire. Au jour fixé (7 avril 1498), l'on se sépara sans oser tenter le jugement de Dieu. Le peuple, irrité en ne voyant plus dans Jérôme qu'un imposteur, pilla le monastère, et Savonarola fut arrêté avec trois de ses moines. Après avoir supporté d'atroces tortures, il fut brûlé vif avec Dominique di Pescia et Sylvestre Maruffi (1498). Après sa mort, le peuple le traita comme un saint, et conserva ses restes avec vénération.

SAVONE, grande et forte ville des Etats sardes, sur la Méditerranée, entre Noli et Gênes, à 8 lieues O. de cette dernière ville, avec 11,000 habitants. Elle a deux châteaux très-bien fortifiés. Son port est presque entièrement bouché. Le roi de Sardaigne la prit en 1746. Elle fut sous l'empire le chef-lieu du département français de Montenotte, et, en 1810 et 1811, le séjour du pape Pie VII. Cette ville a des manufactures de soie, des fabriques de faïence, ancres, savon, cartes, bas, toiles, dentelles, confitures; elle fait un grand commerce. Elle a un évêché. C'est la patrie des papes Sixte IV et Jules II.

SAVONNERIE, lieu où l'on fait du savon. — C'était, avant la révolution, une manufacture royale, à Chaillot, dans Paris, où l'on fabriquait des ouvrages de tapisserie veloutée et des tapis façon de Perse. Elle fut établie en 1604 en faveur de Pierre Dupont, tapissier de Louis XII, et de Simon Lourdet, son élève. Cette manufacture a été transportée aux Gobelins.

SAVONNIER (en latin, *sapindus*), genre de la famille des sapindacées, dont il est le type, propre aux régions équatoriales des deux hémisphères. Il renferme un grand nombre d'espèces, dont les racines et surtout la partie charnue des fruits contiennent une substance mucilagineuse propre à produire sur le linge un effet analogue à celui du savon, lorsqu'elle est manipulée dans l'eau chaude. Quelques-unes donnent des fruits agréables.

SAVONNIERS. Voy. SAPINDACÉES.

SAVONULE, nom sous lequel on désigne des composés d'une huile essentielle avec un alcali ou avec un acide ; ce qui fait distinguer les savonules en *alcalins* et *acides*. Le *savonule à base d'ammoniaque* est composé d'ammoniaque unie à l'huile de succin ; le *savonule de potasse* ou *savon de Starkey* s'obtient en triturant à une chaleur de 30 à 50 degrés de la potasse caustique, triturée dans un mortier de marbre, avec deux ou trois fois son poids d'huile de térébenthine vieille et épaisse. On le regardait autrefois comme fondant et résolutif.

SAVOUREUX, épithète donnée aux corps qui ont de la saveur et particulièrement à ceux qui produisent sur l'organe du goût une sensation très-agréable.

SAWOLAX, province de la Finlande suédoise, dont une partie fut, en 1744, cédée à la Russie, ainsi que NISLOT sa capitale, et qui forme aujourd'hui la partie occidentale du gouvernement de Viborg. C'est un pays plein de bois, de lacs et de marais. Les habitants commercent en suif, beurre, poisson sec, peaux et pelleteries. Le reste de cette province a été cédé à la Russie par le traité de Frédérickstadt en 1809.

SAXATILES (du latin *saxum*, pierre, rocher), épithète attribuée aux plantes qui croissent sur les rochers. On l'étend quelquefois aux animaux ainsi qu'aux poissons qui vivent sous les pierres.

SAXE, grande contrée d'Allemagne, formait autrefois la *Basse-Saxe*, la *Haute-Saxe* et l'*électorat de Saxe*. La première était un cercle borné au N. par la mer Baltique et le duché de Sleswich, à l'O. par la mer d'Allemagne et le cercle de Westphalie, au S. et à l'E. par les cercles du Haut- et de la Haute-Saxe. Ce pays renfermait les duchés de Holstein, de Mecklembourg, etc., et un grand nombre de principautés. Le cercle de la Haute-Saxe était borné au N. par la mer Baltique et la Basse-Saxe, à l'E. par la Prusse, la Silésie et la Pologne, au S. par la Bavière, la Bohême et le cercle de Franconie, à l'O. par les cercles du Haut-Rhin et de la Basse-Saxe. Cette contrée contenait la Poméranie, les Etats de Brandebourg, ceux des différentes branches de la maison de Saxe, etc. L'électorat de Saxe était enclavé dans le cercle de Haute-Saxe, et avait pour capitale WITTEMBERG. — Ce pays, habité par les Saxons, qui furent soumis par Charlemagne, éprouva de nombreuses vicissitudes, et eut pour premier duc Ludolf (845). La Saxe devint électorale vers 1070. La dignité de grand maréchal de l'empire était jointe au titre de duc. En 1806, par la paix de Posen, le cercle de Haute-Saxe et la Saxe électorale formèrent le royaume de Saxe et les divers duchés de la maison de Saxe. — La Saxe forme aujourd'hui le royaume de Saxe, le duché de Saxe, les duchés de Saxe-Altenbourg, de Saxe-Cobourg et Gotha, de Saxe-Meiningen - Hildburghausen et de Saxe-Weimar.

SAXE (ROYAUME DE), royaume d'Allemagne, borné à l'E. et au S.-E. par la Bohême ; à l'E., au N. et au N., par le duché de Saxe prussienne ; à l'O., par la principauté d'Altenbourg ; au S.-O., par Weimar, Reuss et le cercle du Mein. Sa superficie est de 930 lieues carrées. C'est un pays montagneux, où les eaux minérales et les richesses minéralogiques abondent ; le sol est peu productif, mais l'agriculture est très-avancée. On y élève beaucoup de bêtes à laine. La population du royaume est de 1,414,000 habitants d'origine teutonique et wende, presque tous protestants. Les citoyens sont divisés en nobles et bourgeois. L'industrie et le commerce de cette contrée sont très-développés. — Le gouvernement est monarchique, tempéré par la représentation des états. Le territoire est divisé en pays réunis et en pays non réunis. Les premiers ont en général une constitution et une administration communes ; ils se distinguent en *immédiats*, parmi lesquels sont les quatre cercles divisés en bailliages, appelés aussi l'*ancien pays héréditaire*, et en *médiats*, parmi lesquels sont les évêchés de Misnie et de Wurzen, les seigneurs d'états. Les pays non réunis ne se composent que des restes du margraviat de Haute-Lusace, qui conserve son ancienne constitution. — Le royaume de Saxe est une des monarchies nées sous l'empire français. L'électeur de Saxe reçut la dignité royale par le traité de Posen du 11 décembre 1806, et adhéra à la confédération du Rhin. Après la chute de Napoléon, le roi de Saxe perdit quelques parties de ses Etats, qui furent cédées à la Prusse, et adhéra à la confédération germanique. La capitale de ce royaume est DRESDE. Ses revenus sont de 25,000,000 de francs ; sa dette publique de 92,000,000 de francs. L'armée est de 15,000 hommes.

SAXE (DUCHÉ DE), province des Etats prussiens, bornée au N. par le Brandebourg, à l'E. par les principautés d'Anhalt, au S. par la Saxe-Gotha, le Saxe-Cobourg, et la principauté de Schwarzbourg, à l'O. par le Hanovre. Elle est arrosée par l'Elbe. Le sol est fertile, et l'on y trouve beaucoup de mines. Il forme trois régences : celles de *Magdebourg*, *Erfurt* et *Mersebourg*. Il y a 1,220,000 habitants. Le chef-lieu est *Magdebourg*.

SAXE-ALTENBOURG. Voy. ALTENBOURG.

SAXE-COBOURG, SAXE-HILDBURGHAUSEN. Voy. COBOURG, HILDBURGHAUSEN.

SAXE-GOTHA, Etat d'Allemagne. Sa superficie est de 151 lieues carrées, et sa population de 185,682 habitants. Il est aujourd'hui réuni au duché de Saxe-Cobourg, et forme avec lui le duché de *Saxe-Cobourg-Gotha*. Sa capitale était GOTHA.

SAXE-MEININGEN. Voy. MEININGEN.

SAXE-WEIMAR. Voy. WEIMAR.

SAXIFRAGE, vulgairement appelée *casse-pierre* et *perce-pierre*, genre de la famille des saxifragées, renfermant des plantes originaires des hautes montagnes du globe, où elles croissent entre les fentes et les crevasses des rochers, sur les vieilles murailles et au milieu des pierres. Elles sont herbacées, à feuilles entières ou découpées, souvent alternes et rassemblées en rosette à la base ou sur la partie inférieure des tiges ; les fleurs, en grappes ou en panicules, sont belles, et offrent des corolles à cinq pétales étalées, du blanc le plus pur, rose ou rouge pourpre. La *saxifrage granulée*, qui croît naturellement dans les pâturages et les bois de France, offre au pied de sa tige une réunion de petites granulations arrondies, tuberculées, rosées. Les fleurs sont blanches, épanouies en avril et en mai. Cette plante a une saveur âcre, et a été recommandée en médecine comme diurétique et lithontriptique. La première espèce est utile, en ce que ses feuilles peuvent servir pour le pansement des vésicatoires et des cautères.

SAXIFRAGÉES, famille de plantes dicotylédonées, renfermant des herbes annuelles ou vivaces, des sous-arbrisseaux, des arbustes et des arbres de troisième grandeur, qui se trouvent surtout dans les contrées septentrionales du globe. On la divise en trois sections : les *saxifragées vraies*, avec le genre *saxifrage* et autres; les *cunoniacées* et les *hydrangées*.

SAXO GRAMMATICUS, c'est-à-dire *Saxon le Grammairien*, ancien historien danois, né dans l'île de Seeland. Prévôt de Roskild, il fut l'ami et le confident de l'évêque Absalon, qui l'employa dans plusieurs missions diplomatiques. Il mourut en 1204. Son histoire, qui a paru sous le nom de *Historiæ Danicæ*, est la principale source où l'on va puiser d'exactes notions sur l'histoire des Etats du Nord, et surtout du Danemarck, pendant le moyen âge.

SAXONS, peuple de la Germanie septentrionale. On ignore leur origine, mais on croit qu'ils appartenaient originairement aux mêmes races que les Cimbres et les Teutons. C'était un peuple belliqueux, avide de pillage et de pirateries. Il inquiéta beaucoup l'empire romain ; une grande partie passa dans l'île de Bretagne en 449, sous la conduite d'Hengist et de Horsa, et y fonda les sept royaumes anglo-saxons. Leur domination s'y maintint jusqu'en 1066. Les Saxons qui étaient restés dans la Germanie, maîtres d'une vaste contrée, se liguèrent souvent avec les Francs, avec lesquels néanmoins ils eurent de nombreuses guerres. Charlemagne les soumit et les força d'embrasser le christianisme. Les Saxons continuèrent de former une nation puissante, indépendante de fait et conservant leurs premiers privilèges. En 845, Ludolf reçut le titre de duc des Saxons. Leur pays prit plus tard le nom de Saxe, qu'il conserve encore. Les Saxons s'appelaient encore *Ostfaliens*, *Westfaliens* et *Angriens*.

SAY (J.-B.), économiste célèbre, né à Lyon en 1767, fut employé pendant quelque temps par Mirabeau dans la rédaction de son *Courrier de Provence*, puis secrétaire de Clavière, alors ministre des finances. Il se joignit ensuite à Chamfort, Ginguené, puis à Andrieux et Amaury Duval, pour écrire la *Décade philosophique, politique et littéraire*, journal consacré à la propagation des doctrines professées par les patriotes éclairés. Il publia le *Traité d'économie politique*, qui eut un grand succès et fut traduit en plusieurs langues. Appelé au tribunat, il en fut éliminé pour n'avoir pas voulu voter l'empire, et depuis ce temps ne remplit aucune fonction publique. Il était professeur d'économie industrielle au conservatoire des arts et métiers. Il est mort en 1832. On a encore de lui un *Catéchisme d'économie politique*, des *Lettres à Malthus*, un *Cours complet d'économie politique* etc.

SAYANIENS (MONTS), chaîne de montagnes de l'Asie centrale, s'étend de l'Iénisséi au lac Baïkal, et sépare la Tartarie chinoise de la Sibérie ; elle est habitée par une peuplade tartare.

SAYCOCK, île du Japon, au S.-O. de l'île de Niphon et à l'E. de celle du Ximi. Elle est très-considérable. On la divise en neuf provinces.

SAYETTE, étoffe de laine quelquefois mêlée d'un peu de soie, qui se fabrique à Amiens. On appelle *tril de sayette* une sorte de laine peignée et filée dont on se sert dans la fabrique de plusieurs étoffes, dans plusieurs ouvrages de bonneterie, et dont on fait aussi des cordonnets, etc. On appelle *sayetteries* les manufactures de sayette, et *sayetteur* l'ouvrier qui en fabrique.

SBIRE, nom donné, à Rome et dans quelques villes d'Italie, aux soldats chargés d'arrêter les personnes incriminées.

SCABIEUSES, genre de la famille des dipsacées, renfermant des plantes herbacées, habitant les contrées montueuses et boisées de l'Europe, de l'Asie et de l'Afrique. Leurs racines sont le plus souvent vivaces ; leurs tiges, simples ou rameuses, portent des feuilles opposées, simples ou découpées. Les fleurs sont d'un bel aspect, et varient depuis le blanchâtre jusqu'au pourpre. La *scabieuse des champs*, qui vit dans les prairies et les champs, est cultivée dans les Cévennes pour fourrage, et se donne aux vaches, aux moutons, qu'elle engraisse et rafraîchit. La *scabieuse des bois* ou *mors du diable*, que le cultivateur doit extirper à cause du mal qu'elle fait à la terre, est légèrement astringente et amère, et recommandée dans les maladies cutanées. La *scabieuse fleur des veuves*, cultivée dans les jardins, a des fleurs très-belles d'un pourpre foncé. On cultive encore la *scabieuse du Caucase*, aux fleurs bleu clair, et la *scabieuse des Alpes*, d'un jaune pâle.

SCABILLE, instrument de musique des anciens, dont les sons étaient forts et harmonieux. On s'en servait pour animer la pantomimes et les danseurs. On ignore la forme et le genre de cet instrument.

SCÆVA CANINA, nom que les Romains donnaient à la rencontre fortuite ou à l'aboiement d'un chien (*canis*), dont on tirait un présage funeste (*scœva*).

SCALAIRE, genre de mollusques dont la classe n'est pas très-bien déterminée. Ce sont des coquilles univalves, élancées, garnies de côtes ou lames longitudinales nombreuses. La *scalaire précieuse*, qui habite les mers de l'Inde, est conique, blanche ; sa longueur est de trois pouces et demi, et sa largeur de vingt lignes. Elle est fameuse par le prix exorbitant dont la payaient les amateurs. La *scalaire vulgaire* est turriculée, conique, élevée, blanche ou violâtre, ornée de taches pourpres ou violettes. On la trouve dans les mers d'Europe.

SCALARIA, nom donné chez les Romains à de grands escaliers qui séparaient les parvis des amphithéâtres,et par lesquels on passait pour aller s'asseoir sur les gradins.

SCALATA, nom vulgaire donné à la *scalaire précieuse*. On appelle *fausse scalata* la *scalaire commune*.

SCALDE (dérivé du mot islandais *skalld*, qui signifie *poète*, nom que les anciens peuples du Nord donnaient à leurs bardes ou poètes. Ils suivaient les rois dans leurs expéditions guerrières, et chantaient leurs exploits. Les plus fameux sont Bragi le Vieux, Théodolf de Storis, Sighvat Thordarson, Snorri Sturluson et Sturia Thordarson.

SCALÈNE (du grec *skalenos*, boiteux), nom donné par les géomètres à un triangle dont les trois côtés sont inégaux. — En anatomie, ce mot désigne deux muscles. Le *muscle scalène antérieur* est allongé, triangulaire et placé sur les parties latérales et inférieures du cou. Il s'insère en bas à la face supérieure de la première côte, et en haut au tubercule antérieur des apophyses transverses du troisième, quatrième, cinquième et sixième vertèbres cervicales. Ce muscle fléchit le cou et l'entraîne de son côté ; il peut aussi élever la première côte. Le *muscle scalène postérieur* est placé derrière le précédent ; il est allongé, triangulaire, se fixe en bas à la face externe des deux premières côtes, et se termine en haut au sommet des apophyses transverses des six dernières vertèbres du cou. Ce muscle fléchit le cou latéralement, et peut élever les deux premières côtes.

SCALIGER (Jules-César), né en 1484, se prétendait issu des Scala, princes souverains de Vérone. On ignore et sa naissance et les événements de sa vie. On sait qu'il cultiva les lettres, les sciences et la médecine, que François Ier lui donna des lettres de naturalisation en 1528. Il pratiqua la médecine avec succès en Guyenne, et mourut à Agen en 1558. On a de ce savant un traité *De causis linguæ Latinæ*, traité élémentaire sur la langue latine, un *Traité de l'art poétique*, en sept livres et en latin, des notes sur le *Traité des plantes* de Théophraste, des commentaires sur le livre des *Insomnies* d'Hippocrate, des lettres, des poésies latines, etc. Il mourut en 1558.

SCALIGER (Joseph-Jules), fils du précédent, né à Agen en 1540, l'un des plus savants critiques et des plus érudits écrivains de son siècle. Il embrassa le calvinisme en 1562, professa la philosophie à Genève, et vint occuper en 1593 la chaire vacante par la mort de Juste Lipse à l'université de Leyde. Il mourut en 1609. Ce savant était très-versé dans la chronologie, les belles-lettres, les langues anciennes, hébraïque, syriaque, arabe, persane, etc., l'histoire et les antiquités. On peut le regarder comme le fondateur de la chronologie. On lui doit un *Traité sur les trois sectes des Juifs*, la *Chronique d'Eusèbe* avec des notes, des poésies, un traité *De emendatione temporum*, un *Trésor des temps*, etc.

SCALPEL (dérivé du latin *scalpo*, je gratte, j'incise), instrument tranchant, formé d'une lame d'acier trempé très-acérée, de forme et de grandeur variable, fixée solidement dans un manche et dont se servent les anatomistes pour diviser les tissus et isoler les parties que l'on veut disséquer. Le scalpel de Lecat est à lame convexe, dont la moitié du dos est concave vers la pointe : cette lame est montée sur un manche dont l'extrémité est terminée par une sorte de ciseau en acier qui sert à séparer les os pariétaux.

SCAMANDRE (myth.), fils de Corybas, conduisit une colonie de Crétois en Phrygie, et s'établit au pied du mont Ida, où il apporta le culte de Cybèle et les danses des corybantes. Quelque temps après, ayant perdu la raison, il se jeta dans le Xanthe ; ce qui fit donner à ce fleuve le nom de Scamandre. Teucer, son gendre, lui succéda dans la direction de la colonie.

SCAMANDRE ou XANTHE, petite rivière de la Troade, prenait sa source au mont Ida, s'unissait au Simoïs et se jetait avec lui dans la mer au-dessous du cap Sigée. Il avait selon les anciens la vertu de rendre blonds (en grec, *xanthos*) les cheveux des femmes qui s'y baignaient. Le dieu du fleuve avait son culte et ses prêtres particuliers. Les jeunes Troyennes avaient coutume de lui faire hommage de leur virginité en s'y baignant la veille de leurs noces. Le Scamandre est très-marécageux à la fin de son cours ; il ne s'unit plus au Simoïs comme autrefois, il se perd dans des marais, tandis que le Simoïs se jette dans la mer en prenant le nom de Scamandre ; le cours marécageux du véritable Scamandre a conservé le nom de *Paleo-Scamandria*.

SCAMMONÉE, suc gommo-résineux que l'on obtient par l'incision de plusieurs racines, et que la médecine emploie comme un bon purgatif. Le plus estimé provient du liseron scammonée de Syrie, et se recueille particulièrement aux environs d'Alep. On en distingue dans le commerce deux espèces : la *scammonée d'Alep*, légère, friable, cendrée, et la *scammonée de Smyrne*, noire, plus compacte, plus pesante, que l'on croit venir d'une espèce de *périploque*. La *scammonée d'Europe* ou *d'Allemagne* est le suc du liseron des haies ; la *scammonée d'Amérique*, celui du liseron bryone ou méchoacan ; la *scammonée de Montpellier*, celui tiré des racines du cynanque ; la *scammonée jaune* est la *gomme-gutte*.

SCANDALE (PIERRE DE), en latin *Lapis*

scandali ou *vituperii*, pierre élevée dans le grand portail du Capitole de l'ancienne Rome, sur laquelle était gravée la figure d'un lion, et où allaient s'asseoir à nu ceux qui faisaient banqueroute et qui abandonnaient leurs biens à leurs créanciers. Ils étaient obligés de crier à haute voix *Cedo bona*, j'abandonne mes biens. Alors il n'était plus permis de les inquiéter pour leurs dettes : ils étaient déclarés intestables et incapables de témoigner en justice.

SCANDER. C'est, en termes de poésie, mesurer un vers dont les pieds sont composés de syllabes longues et brèves, comme sont les vers latins et grecs, pour juger s'il est selon les règles. — Dans les langues modernes, ce mot se dit pour mesurer les vers par le nombre de leurs syllabes. — C'est aussi chanter, en faisant sentir nettement les temps, les diversités des rhythmes.

SCANDERBERG ou plutôt SCANDERBEG, surnom de Georges Castriot ou Kastriota, né en 1404 ou 1414, était fils de Jean Kastriota, seigneur d'Æmatée, fut dans sa jeunesse livré comme otage, avec trois de ses frères, au sultan Amurat II en 1423. Le sultan le fit circoncire, l'éleva avec soin, et lui donna le commandement d'un sandjiak. Son courage lui mérita le surnom de *Scander* (Alexandre), auquel le sultan ajouta le titre de bey ou de beg (de là son surnom). A la mort de son père (1432), Amurat s'empara de la principauté. Plein du désir de la vengeance, il quitta les Turks, et forma le dessein de rentrer dans l'héritage de ses pères et de secouer le joug ottoman. Il s'empara par ruse de la ville de Croie (Kroja), capitale de l'Albanie, et au bout de trente jours il eut conquis tout le pays. Il se fit alors reconnaître pour souverain (1443). Il fut toujours vainqueur des Turks, battit Amurat en personne, et le força deux fois de lever le siége de Croie. Mahomet II (1451) continua la guerre, mais sans plus de bonheur, et fut forcé lui-même de se retirer de devant Croie. Enfin le sultan demanda la paix et l'obtint (1461). La guerre recommença bientôt, mais Scanderberg mourut en 1466. Après sa mort, l'Albanie fut de nouveau soumise aux Turks après une guerre de douze ans.

SCANDIE ou SCANDINAVIE, nom que donnaient les anciens à cette grande péninsule de l'Europe septentrionale entre la Baltique à l'E., l'Atlantique à l'O., la mer Glaciale au N. et le Sund au S. Elle comprenait la Suède et la Norwége. Avant la réunion de la Norwége à la Suède, on comprenait sous cette dénomination les trois royaumes du Nord (Suède, Norwége et Danemarck); aujourd'hui elle ne s'applique qu'à la Suède et à la Norwége. Les anciens en faisaient une grande île, séparée du continent par de vastes mers, et entourée d'un grand nombre d'îles moins considérables. Trois peuples principaux de race germanique habitaient la Scandinavie, les Normands, les Suions ou Suédois et les Gothous ou Goths; les Danois ne vinrent que tard s'établir dans ce pays. Ces peuples se distinguaient par leur courage et leurs mœurs guerrières. Ils étaient pirates, et ravagèrent souvent les côtes de la France, où les Normands s'établirent. Les Danois soumirent même une partie de l'Angleterre. Le christianisme n'y introduit très-tard chez ces peuples. — La littérature scandinave, qui comprend les monuments de la langue du Danemarck, de la Norwége, de la Suède et de l'Islande, pendant l'époque païenne, est du plus grand intérêt pour l'histoire de ces contrées. Voy. EDDA, RUNES, MYTHOLOGIE DU NORD et les autres articles qui s'y rapportent.

SCANIE (en suédois, *Skone*), ancienne province de Suède dans la Gothie ou Gothland, touchant au N. aux provinces de Bleking, de Smaland et de Halland; à l'E., au S. et à l'O., elle est baignée par la Baltique et le Sund. C'est une des plus belles et des plus fertiles provinces de Suède, dont elle peut passer pour le grenier. L'aspect de cette province est très-agréable et très-riant; c'est celle où l'air est le plus tempéré. — La Scanie eut pendant longtemps des chefs indigènes; au IXe siècle, elle passa sous la domination des Danois. Elle n'a été réunie à la Suède que par la paix de Roeskilde en 1658. Ses habitants ont conservé des mœurs particulières, et leur langue diffère de celle des autres Suédois. — La Scanie forme aujourd'hui deux gouvernements : celui de *Malmo*, avec le chef-lieu de même nom, et celui de *Christianstad*, chef-lieu CHRISTIANSTAD.

SCANSORIPÈDES, nom donné aux oiseaux qui ont des pieds propres à grimper.

SCAPE. On appelle ainsi la tige d'une ancre.

SCAPHÉ, terme d'astronomie, petit gnomon dont le sommet atteint le centre d'un segment sphérique. Un arc de cercle, passant par le pied du style, est divisé en degrés, et l'on y voit l'angle que forme le rayon solaire avec la verticale. Les anciens se servaient de cet instrument.

SCAPHÉPHORES, nom qu'on donnait à Athènes à tous les étrangers mâles qui y résidaient, parce qu'ils étaient obligés, à la fête des Panathénées, de porter en procession de petits bateaux (en grec, *scaphé*).

SCAPHISME, supplice en usage chez les Perses. Le patient était placé à la renverse dans une auge échancrée, de manière à laisser passer la tête, les pieds et les mains, et était recouvert d'une autre auge, également échancrée, qu'on clouait sur la première.

SCAPHITE, genre de mollusques qu'on ne connaît qu'à l'état fossile. Leur coquille est elliptique, naviforme, voisine par la forme des ammonites. Elle a environ un pouce de longueur et cinq ou six lignes d'épaisseur. On la trouve en Angleterre, dans les Alpes, etc.

SCAPHOIDE, ce qui a la forme d'une nacelle. En anatomie, on désigne ainsi plusieurs parties : le *scaphoïde* de la main est le premier et le plus gros des os de la première rangée du carpe. Il est allongé, convexe du côté de l'avant-bras, concave en sens opposé. L'os *scaphoïde* du pied occupe la partie interne du tarse. Il a une forme ovalaire. L'enfoncement scaphoïde est une petite cavité placée à la partie supérieure de l'aile interne de l'apophyse ptérygoïde, et dans laquelle s'attache le muscle pérystaphylin interne. On nomme *fosse scaphoïde* ou *naviculaire* l'enfoncement superficiel qui sépare les deux racines de l'hélix.

SCAPIFORME, nom donné, en botanique, aux tiges qui sont en forme de bois de hallebarde, qui sont dépourvues de feuilles et qui portent des fleurs. On les nomme mieux *hampes*.

SCAPIN (dérivé de l'italien *scappino*, chaussure), l'un des personnages du théâtre italien, qui remplissent le rôle de bouffons. En Italie, il parle les idiomes bergamasque ou lombard. C'est un fourbe, un intrigant, qui par intérêt sert les passions des jeunes libertins. Son costume est la livrée avec le manteau court; il est coiffé d'une toque et armé d'une dague. Ce rôle fut introduit au XVIIe siècle en France par les acteurs italiens. On connaît la pièce de Molière intitulée : *les Fourberies de Scapin*.

SCAPULAIRE, partie du vêtement de certains religieux, qui se met par-dessus la robe, et qui est composé de deux dés de drap qui couvrent le dos et la poitrine, et qui pendent jusqu'aux pieds ou aux genoux. Le scapulaire des carmes est un petit habit de laine, de couleur brune, qui se met sur l'estomac, sur le dos et sur les épaules. — Il consiste aussi en deux petits morceaux de drap de trois ou quatre pouces en carré, qui sont attachés à deux rubans. C'est là ce que portent les confrères de la dévotion du scapulaire, dont on fait la fête le 16 juillet. Les carmes attribuent l'institution à la sainte Vierge, qui dans une apparition le donna au bienheureux Simon Stock, général des carmes, lui promettant sa protection spéciale pour tous ceux qui, le portant, garderaient la virginité, la continence ou la chasteté conjugale suivant leur état, et réciteraient le petit office de Notre-Dame.

SCAPULAIRE (de *scapulum*, épaule, en latin), nom donné, en anatomie, à plusieurs parties qui ont rapport ou appartiennent à l'épaule. Telles sont l'aponévrose, les veines et les artères scapulaires.

SCAPULAIRE. Les médecins nomment ainsi une bande de toile dont ils se servent pour fixer les bandages de corps, et les empêcher de glisser, de descendre sur les hanches. C'est une bande large, fendue dans le milieu pour y passer la tête, et appuyée sur les épaules, dont les deux bouts pendent l'un par devant, l'autre par derrière, et s'attachent sur le bandage qu'ils doivent soutenir.

SCAPULAIRES, nom donné, en ornithologie, aux plumes qui s'attachent au bras, au-dessus de l'aile, et qui se cachent entre le corps et l'aile au repos.

SCAPULUM, mot latin qui signifie *épaule*, et que quelques anatomistes ont fait passer dans la langue française comme synonyme d'omoplate.

SCARABÉE, genre d'insectes de l'ordre des coléoptères, section des pentamères, famille des lamellicornes, tribu des scarabéides. Ces insectes ont le corps ovoïde, convexe, la tête presque trigone, ayant un chaperon simple et muni d'une corne; des antennes courtes, composées de six articles, un écusson distinct, triangulaire, des élytres grandes et recouvrant les ailes de l'abdomen ; les jambes fortes. Les scarabées se trouvent principalement dans les contrées équatoriales des cinq parties du monde. Ils courent sur la terre ou volent d'un endroit à un autre. Ils sont de couleur noire ou brune; en général les mâles portent des cornes sur la tête et des appendices plus ou moins larges et ramifiés sur le corselet, tandis que leurs femelles en sont dépourvues. On connaît le *scarabée hercule*, des Antilles, une des plus grandes espèces connues; le *scarabée ponctué*, long de six lignes, noir, très-ponctué; il habite la France méridionale. — Les Égyptiens, qui croyaient tous les scarabées mâles, les sculptaient au bas des images des héros, pour exprimer la vertu mâle et guerrière exempte de faiblesses.

SCARABÉE. Les anciens et le vulgaire ont donné ce nom à tous les insectes de l'ordre des coléoptères. Ainsi l'on appelle *scarabées aquatiques* les *dytiques* et les *hydrophiles*; *scarabées à ressort*, les *taupins*; *scarabées tortues* ou *hémisphériques*, les *coccinelles*; *scarabées à trompes*, les *rhynchophores*. Le genre *scarabée* proprement dit, de Latreille, correspond aux *géotrupes* de Fabricius.

SCARABÉIDES, tribu de l'ordre des coléoptères, section des pentamères, famille des lamellicornes, renfermant les plus grands insectes de l'ordre. Les mâles présentent le plus souvent sur leur tête et le corselet des cornes de forme variable. En général ces insectes ont des couleurs sombres ; quelques-uns brillent d'un éclat métallique. Ils vivent de substances végétales décomposées, de la substance même des arbres, etc. Les principaux genres sont le *scarabée*, le *géotrupe*, le *bousier*, *oryctes*, *hanneton*, *goliath* et *cétoine*. Latreille divise cette tribu en plusieurs classes : les *coprophages*, les *arénicoles*, les *xylophiles*, les *phyllophages*, les *anthobies* et les *mélitophiles*. Quelques naturalistes en ont fait une famille.

SCARAMOUCHE, nom d'un personnage comique italien, venu originairement d'Espagne, nom est, en italien *Scaramuccio* ou *Scaramugio*, et signifie *escarmouche*. Son caractère était un mélange de fanfaronnerie et de poltronnerie. Son costume était noir de la tête aux pieds. Il avait une toque noire, un manteau noir, et portait un masque rayé au front, aux joues et au menton. Le plus célèbre Scaramouche fut Tiberio Fiunelli, né à Naples en 1608.

SCARBOROUGH, ville d'Angleterre, dans

le comté et à 13 lieues E. d'Yorck, à 75 lieues N. de Londres. Elle est très-forte par sa situation, étant sur un rocher fort élevé et très-escarpé, lequel avance dans la mer, ce qui rend la ville accessible seulement du côté de la terre, à l'O. Il y a un beau château et un port qui passe pour un des meilleurs du royaume. Cette ville a des sources minérales.

SCARDALE, nom d'un pays d'Angleterre, parsemé de rochers, dans le comté de Derby.

SCARE, genre de poissons de l'ordre des acanthoptérygiens, famille des labroïdes de Cuvier, et caractérisés par des mâchoires osseuses, très-dures et très-saillantes, recouvertes par des lèvres charnues et toujours dénuées de dents proprement dites; ces poissons ont une forme oblongue, leur corps est couvert de grandes écailles. Ils se servent de leurs mâchoires pour réduire en pièces les coquilles et l'enveloppe des animaux dont ils se nourrissent. Ils sont parés de belles couleurs. Le *scare de Crète* habite les mers intertropicales, comme les autres espèces de ce genre; sa couleur est très-belle, sa chair est délicate et estimée.

SCARIEUX, nom donné, en botanique, à ce qui est membraneux, sec, sonore sous le tact, mince et translucide. Tels sont les stipules de la renouée des oiseaux, du géranier à feuilles de ciguë, etc.

SCARIFICATEUR, instrument de chirurgie, employé pour faire des scarifications. C'est une petite boîte de cuivre, d'une forme cubique, dans laquelle sont disposées, sur un pivot commun, dix à douze pointes de lancettes. Au moyen d'un ressort, on fait mouvoir toutes ces lames qui sortent par de petites ouvertures que présente l'une des parois de la boîte. L'on fait ainsi à la fois plusieurs scarifications. On s'en sert peu aujourd'hui.

SCARIFICATION (du grec *skaripheuein*, inciser), nom donné, en médecine, à de petites incisions que l'on fait à la peau avec une lancette ou un bistouri, pour opérer un dégorgement local, faire écouler la sérosité qui distend la peau dans l'anasarque, etc. On s'en sert aussi pour tirer du sang au moyen des ventouses. On les nomme alors *ventouses scarifiées*. Les scarifications très-superficielles s'appellent *mouchetures*. — *Scarifier*, c'est faire des scarifications.

SCARIOLE, nom vulgaire de l'*escarole*, espèce de chicorée que l'on mange en salade.

SCARITE, genre de l'ordre des coléoptères, section des pentamères, famille des carnassiers, tribu des carabiques, renfermant des insectes qui ont le corps cylindrique, un peu aplati, assez allongé, la tête assez grande, presque carrée; des antennes composées de onze articles; un écusson petit; des élytres assez allongées, souvent parallèles, s'élargissant un peu postérieurement, recouvrant tout l'abdomen et rarement les ailes; l'abdomen aplati sur les côtés, et les pattes assez fortes. Ces insectes se trouvent dans les contrées chaudes de tous les pays du monde et dans les terrains sablonneux près de la mer. On trouve dans le midi de la France le *scarite pyracmon* et le *scarite lisse*, noirs et longs de plusieurs lignes à un pouce et demi.

SCARLATE, nom vulgaire d'un *philémon* et d'un *tangara*.

SCARLATINE (dans la basse latinité, *scarlata*), nom donné à une maladie dont le phénomène le plus remarquable est la couleur écarlate de toute la peau. Elle paraît due exclusivement à l'action d'un virus particulier, et se transmet par contagion. Elle se montre spécialement en automne dans les parties méridionales de l'Europe, et attaque presque exclusivement les enfants. La même personne n'en est pas ordinairement atteinte deux fois dans sa vie. Le malaise général, des lassitudes, l'abattement, l'altération de la face, les frissons, la fièvre, etc., sont les premiers symptômes; puis viennent l'éruption et le mal de gorge. L'éruption consiste en taches nombreuses qui, d'abord isolées, se réunissent pour couvrir presque entièrement le corps; elle est accompagnée de démangeaisons et de gonflement. Sa durée est de sept à neuf jours. Sa terminaison est ordinairement heureuse. Quelquefois il se développe pendant son cours une inflammation ou toute autre affection qui contribue à la rendre mortelle. On distingue plusieurs variétés de scarlatine.

SCARLATTI (Alexandre), célèbre musicien, né à Naples en 1650, voyagea en Europe, et écrivit en Allemagne des opéras qui eurent beaucoup de succès. Il mourut en 1725. Il possédait au plus haut point la science d'écrire pour les voix, et c'est lui qui jeta les bases des conservatoires de Naples et de Venise. On a de lui vingt opéras, plusieurs oratorios, deux cents messes et des cantates.

SCARLATTI (Dominique), célèbre musicien, fils du précédent, né en 1683, fut le plus habile joueur de harpe de son temps. Il se fixa en Espagne, et mourut à Madrid en 1757. On a de lui trente caprices et six sonates pour le clavecin.

SCARO ou CASIRO, petit bourg, chef-lieu de l'île de Santorin, dans l'Archipel, résidence d'un évêque. Il est situé dans une position pittoresque, au milieu de rochers et de précipices. Il a environ 2,000 âmes.

SCARPA (Antoine), célèbre anatomiste, né dans le Frioul en 1747. Il reçut encore jeune une chaire d'anatomie et d'institutions chirurgicales à l'université de Modène, et la place de premier chirurgien de l'hôpital militaire. Il voyagea ensuite en France et en Angleterre, et obtint en 1783 une chaire d'anatomie, de clinique chirurgicale et d'opérations. Napoléon lui donna le titre de son chirurgien, avec une pension et plusieurs décorations. En 1814, Scarpa eut à Paris la suprême direction des études médicales. Il mourut en 1832. Cet habile anatomiste a laissé plusieurs ouvrages, devenus classiques et traduits en plusieurs langues. On cite surtout ses *Annotations sur les ganglions et les plexus nerveux*, des *Recherches anatomiques sur l'ouïe et l'odorat*, un *Traité pratique des hernies*, des *Opuscules de chirurgie*, et un *Traité des maladies des yeux*.

SCARPANTO, île de l'Archipel, à 9 lieues S.-O. de l'île de Rhodes, à 20 lieues N.-E. de celle de Candie. Elle a environ 6 lieues de long sur 2 à 3 de large. Il y a de hautes montagnes, du bétail, du gibier, des mines de fer, des carrières de marbre, et plusieurs bons ports. La capitale porte le même nom. — Cette île est l'ancienne *Carpathus* ou *Carpathe*.

SCARPE, petite rivière de France, prend sa source à peu de distance d'Aubigny (Pas-de-Calais), passe à Arras, entre ensuite de Douai dans le département du Nord, arrose cette ville, Saint-Amand, et se jette dans l'Escaut près de Mortagne, sur les confins du département et de la Belgique. Elle est navigable au moyen d'écluses depuis Arras.

SCARRON (Paul), né à Paris en 1610 ou 1611, fils d'un conseiller au parlement, prit l'habit ecclésiastique sans s'engager dans les ordres. Il se livra à tous les plaisirs; mais un accident déplorable lui ôta subitement, à l'âge de vingt-sept ans, l'usage de ses membres. Fixé par ses souffrances sur un fauteuil, il conserva toujours un esprit brillant, enjoué et malin, et sa chambre devint un rendez-vous des illustrations de tout genre. Il fut l'inventeur d'un genre de poésie qui a eu beaucoup de succès, le *burlesque*. — En 1652, il épousa Mlle d'Aubigné, depuis célèbre sous le nom de Mme de Maintenon. Il mourut en 1660. Parmi ses ouvrages, on cite l'*Énéide travestie*, *Typhon* ou la *Gigantomachie*; plusieurs comédies, telles que *Dom Japhet d'Arménie*, l'*Héritier ridicule*; mais son plus célèbre ouvrage est le *Roman comique*, en prose. Tous ces écrits se distinguent par des bouffonneries et des saillies continuelles, et respirent l'enjouement et la plus vive gaieté.

SCASON ou Scazon, vers usité dans la poésie latine. Il ne diffère du vers iambe que parce que le cinquième pied est un iambe et le sixième un spondée.

SCATINIA, loi romaine *De pudicitia* (sur la pudeur), décrétée à une époque incertaine, mais avant Cicéron, sous les auspices de Scatinius Aricinus, tribun du peuple. Elle condamnait à une forte amende et même à mort ceux qui se livraient à des passions contre nature. On la nomme aussi *Scantinia*.

SCAURUS, surnom d'une branche des familles Aurelius et Æmilius, dont on ignore l'origine. Cette branche a fourni plusieurs personnages célèbres.

SCAURUS (Marcus Æmilius), consul romain, fut si pauvre dans sa jeunesse, qu'il exerça avec son père le métier de charbonnier, quoique étant issu d'une famille illustre de Rome. Il se consacra dans la suite au barreau, et se fit un grand nom par son éloquence. Nommé successivement édile, préteur, consul (115 ans avant J.-C.), il porta plusieurs lois somptuaires, et régla les suffrages des affranchis dans les assemblées. Nommé chef de l'ambassade que les Romains envoyèrent à Jugurtha, roi de Numides (113 ans avant J.-C.), il fut accusé de s'être laissé corrompre par les trésors de ce prince. Dans un deuxième consulat, il soumit les Liguriens. Pendant sa censure, il fit construire le pont Milvius et paver la voie Émilienne, qui conduisait à Pise. Outre ses compositions oratoires, il avait écrit d'autres ouvrages, entre autres l'*Histoire de sa vie*. Il ne nous en reste rien.

SCAURUS (M. Æmilius), fils du précédent, servit sous Pompée contre Mithridate, et fut ensuite nommé gouverneur de la Judée. Il fit construire, à Rome, pendant son édilité (60 avant J.-C.), un vaste théâtre pouvant contenir 80,000 spectateurs et soutenu par 360 colonnes de trente-huit pieds de haut. Nommé préteur, puis gouverneur de Sardaigne, il fut accusé à son retour de ses exactions. Cicéron le défendit et le fit absoudre. Il avait épousé Mucia, que Pompée avait répudiée.

SCEAU, cachet dont l'empreinte sert à rendre un acte authentique. Leur forme est très-variable. Il y en a d'ovales, de ronds, etc. On y grave ordinairement en creux la figure, les armoiries, la devise d'un roi, d'un prince, d'un État, d'une communauté, d'une administration. On appose les sceaux sur la cire afin d'y laisser leur empreinte, et on les suspend aux lettres ou actes que l'on veut rendre authentiques. Ce mot se dit encore de l'empreinte faite sur la cire par le sceau. — On appelle *officiers de sceau* ceux qui ont quelque fonction relative aux sceaux. — On nomme vulgairement *sceau de Notre-Dame* le laminier commun, et *sceau de Salomon* un muguet.

SCEAUX, petite ville de France, chef-lieu d'arrondissement du département de la Seine, à 2 lieues et demie de Paris. Population, 1,680 habitants. Elle est très-ancienne, et s'appela jadis *Cella*. La terre de Gesvres, acquise en 1597 par la famille de Gesvres, fut érigée en châtellenie en 1612, et douze ans après en baronnie. Colbert l'acheta en 1670, et remplaça l'ancien château par un autre dont les peintures de Le Brun, les dessins de Le Nôtre et les sculptures de Girardon rendirent un des plus beaux des environs de Paris. Cette propriété passa ensuite successivement au duc du Maine, au comte d'Eu, et enfin au duc de Penthièvre, qui en fit le rendez-vous des beaux esprits et des auteurs de son temps. Vendu comme bien national à la révolution, il a été démoli, et il n'existe plus aujourd'hui qu'une partie du parc appelée l'*Orangerie*, où l'on se tient tous les dimanches un bal champêtre très-fréquenté. Sceaux a un grand marché de bestiaux qui alimente la consommation de Paris, et établi par Colbert en 1673.

SCÉE (du grec *skaios*, gauche ou sinistre), porte de la ville de Troie où était le tombeau de Laomédon. On prétend que ce fut par cette porte que le cheval de bois entra dans la ville.

SCÉLÉRATE, nom donné, à Rome, 1° à un champ voisin de la porte Colline, où fut enterrée vive la vestale Minucia, qui avait violé les vœux de chasteté; 2° à une porte de la ville par où sortirent les trois cents Fabius marchant contre les Véiens et qui périrent tous dans un combat; elle s'appelait primitivement porte Carmentale; 3° à une rue par où Tullie fit passer son char sur le corps de son père.—On nomme vulgairement *scélérate* une espèce de renoncule.

SCELLÉ, acte par lequel un magistrat appose le sceau de l'autorité publique sur des objets divers, afin d'éviter toute distraction jusqu'à ce qu'ils aient pu être inventoriés.

SCÈNE, la partie du théâtre où les acteurs représentent les pièces dramatiques. Ce mot vient du grec *skéné* (tente, cabane). Chez les anciens, il avait une acception plus étendue; la scène était la partie du théâtre où jouaient et s'habillaient les acteurs. Elle se divisait en trois parties chez les Grecs et les Romains. La première et la plus considérable s'appelait proprement *scène*. C'était une grande face de bâtiments qui s'étendait d'un côté du théâtre à l'autre, et sur laquelle se plaçaient les décorations. La deuxième partie de la scène, que les Grecs nommaient *proscénion* et *logeion* et les Latins *proscenium* ou *pulpitum* (voy.), était un grand espace libre au-devant de la scène, où les acteurs jouaient la pièce. La troisième partie était un espace ménagé derrière la scène et appelé *postscenium* (en grec, *parascénion*); c'était un lieu où s'habillaient les acteurs, où étaient conservés les décorations, les costumes, les machines, etc.— SCÈNE désigne encore 1° les décorations du théâtre; 2° le lieu où un auteur suppose que l'action qu'il raconte s'est passée; 3° la division du poëme dramatique, déterminée par l'entrée d'un nouvel acteur ou la sortie des acteurs présents; 1° un assemblage d'objets quelconques présentés à la vue, etc.

SCÉNIQUES (du grec *skéné*, tente) se dit de quelques peuples errants qui habitent dans des tentes qu'ils transportent d'un lieu à un autre, comme les Arabes, les Tartares.— On nomme JEUX SCÉNIQUES des jeux institués par les Grecs et qui avaient pour objet le chant, la musique instrumentale et la poésie. On y donnait un prix à celui qui réussissait le mieux. Ils furent introduits à Rome en 363 avant J.-C.

SCÉNOPÉGIES, nom que les Grecs donnaient à la fête des Tabernacles des Juifs.

SCEPTICISME, SCEPTIQUES. Voy. PYRRHONISME, PYRRHONIENS.

SCEPTRE (du grec *skeptron*, bâton), attribut ordinaire de l'autorité suprême des souverains; c'était chez les anciens un simple bâton orné d'argent ou d'or. On appelait *sceptre cyanéen* ou *de Tirésias* le bâton que Minerve donna, d'après la fable, au devin Tirésias, lequel était aveugle, et qui avait la vertu de le rendre clairvoyant.— En astronomie, c'est une constellation septentrionale. Elle est placée entre le Cygne, Céphée, Andromède, Cassiope et Pégase.

SCÉVOLA (du grec *scaios*, gauche, et du latin ancien *vola*, main), surnom de la branche la plus célèbre de la famille Mucius, lui fut donné en mémoire de l'héroïsme avec lequel un de ses membres se brûla la main droite en présence de Porsenna. Voy. MUCIUS SCÉVOLA.

SCÉVOPHYLAX, l'un des grands officiers de l'Eglise de Constantinople, était chargé de donner au patriarche, quand il officiait, les vases, les livres et les habits dont il avait besoin.

SCHABRAQUE, ornement de selle importé par les hussards hongrois en France en 1692. C'est une couverture de peau de mouton qu'on étend sur la selle et qui couvre les fontes des pistolets. Son usage s'est étendu successivement à tous les régiments de cavalerie. Les schabraques sont garnies d'un galon en laine de couleur; la gendarmerie a conservé la schabraque en drap, ornée d'un galon blanc ou jaune. Les officiers de cavalerie l'ont en drap avec le galon d'or ou d'argent, de forme diverse suivant les corps, ornée du chiffre du régiment et d'une grenade, de deux lances, etc., selon l'arme. Les officiers généraux, les officiers d'infanterie ont un droit à des chevaux ont aussi des schabraques plus ou moins riches.

SCHAESBURG, siége ou district de Transylvanie, renfermant 20,000 habitants. Sa capitale porte le même nom, et est située près de Kokel, à 18 lieues de Klausemburg, avec 6,200 âmes.

SCHAFFOUSE (en suisse, *Schaffhausen*), douzième canton de Suisse, presque entièrement enclavé dans le grand-duché de Bade, où le Rhin sépare du canton de Zurich. Il a 28 lieues carrées de superficie, et sa population est de 28,000 habitants, dont 27,800 protestants et 200 catholiques. Sa surface est sillonnée par diverses ramifications du Jura. Il est arrosé par le Rhin, le Vuttach, etc. Le climat est très-doux, et le sol fertile. On y recueille du blé, du trèfle, des fruits, et surtout des cerises et du vin. On y élève du bétail. On y trouve des mines de fer, des carrières de pierre. L'industrie des habitants consiste dans la fabrication des bas, d'indiennes, de soieries, de mouchoirs et d'acier. Leur commerce est en blés, vins, bétail, fer, acier et pierre à bâtir. — Ce canton est divisé en vingt-quatre tribus; un grand conseil de soixante-quatorze membres, dont quarante-huit doivent être citoyens de la capitale, possède le pouvoir souverain sous la présidence d'un bourgmestre. Un autre conseil de vingt-quatre membres, élus parmi ceux du grand conseil, mais dont la moitié doit appartenir à la bourgeoisie de la ville, est investi du pouvoir exécutif, et forme le tribunal suprême. Le canton fournit 466 hommes à l'armée fédérale et 9,320 francs au trésor de la confédération. — Sa capitale est du même nom.

SCHAFFOUSE (en suisse, *Schaffhausen*), ville de Suisse, chef-lieu du canton de même nom, à 19 lieues E. de Bâle, à 10 de Zurich et de Constance, sur la rive droite du Rhin, qu'on y passe sur un pont célèbre. Population, 7,000 âmes.- Elle a trois faubourgs, une citadelle, un collége académique, un gymnase préparatoire, une école industrielle, une de dessin, une bibliothèque, une société biblique, des fabriques d'étoffes de soie et de coton, et des tanneries. — Cette ville fut d'abord un village de pêcheurs; entourée de murs au XIIIe siècle, elle obtint peu après le titre de cité impériale. Tombée en 1330 au pouvoir de la maison d'Autriche, elle obtint son indépendance en 1415, et fut admise en 1501 comme capitale de canton.

SCHAH ou CHAH, titre que les Européens donnent au souverain de la Perse, dont le pouvoir est sans limites.

SCHAH-ÂALEM, empereur mogol, fils aîné de Âalem-Guyo II, né en 1723, fut chargé en 1756, sous le nom d'Ali-Goyer qu'il portait alors, du commandement de Djedjir, en qualité de vice-roi. Couronné roi, il chercha à renverser le visir qui s'était insurgé et avait fait périr son père. Il obtint la protection des Anglais. Ce prince faible ne sut pas faire respecter son autorité, et fut détrôné en 1788. Replacé sur le trône, il fut tantôt gouverné par les Mahrattes, tantôt par les Anglais, et mourut en 1806. Il avait cultivé les lettres. Ce fut le dernier empereur de la dynastie de Tamerlan.

SCHAH-ABBAS. Deux rois de Perse ont porté ce nom. — SCHAH-ABBAS *le Grand*, né en 1551, succéda à Schah-Ismaël, son frère. Il chassa les Uzbeks du Khoraçan, et poussa ses conquêtes dans toute l'Inde. Il eut de fréquentes guerres avec les Turks. Il chercha à étendre le commerce des Persans, et entretint des relations avec plusieurs peuples voisins, entre autres avec les Russes. Il mourut après quarante-cinq ans de règne. — ABBAS II, son arrière-petit-fils, monta sur le trône en 1642, et mourut en 1666 sans avoir rien fait de remarquable.

SCHAKOS, SCHAKO ou SHAKOZ, coiffure militaire d'origine allemande, fut d'abord en usage en France dans les régiments de hussards, et s'introduisit peu après dans les chasseurs. Au commencement de l'empire, tous les corps d'infanterie quittèrent le chapeau pour prendre le schako, qu'ils n'ont plus quitté. Le schako de l'infanterie est rond, élevé et aplati au sommet; celui des chasseurs et des hussards est plus élevé et plus pointu. Les uns et les autres sont ornés de jugulaires, de plaques, de crinières ou de pompons, et de cocardes; les officiers y ajoutent des aigrettes, des panaches, des galons d'or ou d'argent, selon les armes. Celui de l'infanterie est noir; celui des chasseurs et des hussards, garance, excepté dans le quatrième régiment de cette dernière arme où il est bleu céleste.

SCHALL. Voy. CHALE.

SCHALL DE BEEL (J.-Adam), né à Cologne en 1591, se fit jésuite à Rome en 1611, s'appliqua avec succès aux mathématiques, et s'embarqua pour les missions de Chine en 1620. Appelé à la cour de Pékin pour réformer le calendrier chinois, il obtint les bonnes grâces de l'empereur, et fut fait chef des mathématiciens et mandarins. Il profita de son crédit pour les progrès de la religion catholique. Après la mort du roi régnant, il fut emprisonné, et mourut dans les fers en 1666. On a de lui un grand nombre de livres en langue chinoise sur l'astronomie, la géométrie et les mathématiques.

SCHANNAT (J.-Frédéric), né à Luxembourg en 1683, étudia la jurisprudence à Louvain, et fut avocat au conseil de Malines. Il embrassa l'état ecclésiastique, et mourut en 1739. On a de lui l'*Histoire du comte de Mansfeld*, un *Recueil d'anciens documents pour servir à l'histoire du droit public national des Germains*, l'*Histoire de Fulde*, l'*Histoire de Worms*.

SCHARNHORST (Gerhard-David DE), né en 1756 à Hœmelsede (Hanovre) d'une famille de fermiers, servit d'abord comme enseigne dans le régiment du général hanovrien Erstorf. Dans la guerre de 1806, il était deuxième quartier-maître général de l'armée. Il suivit Blucher comme chef d'état-major dans sa retraite sur la Baltique, et fut fait prisonnier; échangé, il alla combattre à Eylau. Nommé major général et président du conseil qui devait réorganiser en Prusse le système militaire, il créa la *landwehr* ou réserve. En 1813, il fut blessé à la bataille de Lutzen, et mourut à Prague peu de temps après. Il a écrit un *Manuel des officiers en campagne*.

SCHAUENBOURG, province ou seigneurie de la Hesse-Cassel, entre le Hanovre et la principauté de Waldeck. Le sol est plat. On y trouve des mines de charbon de terre. Elle a 26,000 habitants.

SCHAUENBOURG (LIPPE-). Voy. LIPPE-SCHAUENBOURG.

SCHEELE (Charles-Guillaume), célèbre chimiste suédois, né à Stralsund en 1742, mourut en 1786, membre de plusieurs académies et sociétés savantes. On lui doit un *Traité de l'air et du feu*, des *mémoires sur diverses substances*; il a découvert plusieurs corps particuliers, entre autres l'acide tungstique.

SCHEELIN. Voy. WOLFRAM ou TUNGSTÈNE.

SCHEELITE, minéral blanc ou jaunâtre, à cassure vitreuse, cristallisant en octaèdres. Moins dur que le verre, il raye le fluorine. Il est formé de 80 pour cent d'acide tungstique, et d'environ 20 de chaux. On le nomme aussi *tungstate de chaux*, *tungstein blanc, wolfram blanc* et *scheelin calcaire*.

SCHEELITINE, substance jaunâtre ou verdâtre, composée de 52 parties d'acide tungstique et de 48 parties d'oxyde de plomb. On la nomme aussi *tungstate de plomb*. Ce minéral est très-rare.

SCHEER, petite ville du Wurtemberg, à 2 lieues E. de Sigmaringen, chef-lieu de la principauté de Friedberg-Scheer. Elle est située sur le Danube, à 12 lieues S.-O. d'Ulm. — C'est aussi (*Scheer-Horn*) un mont de Suisse, dans le canton d'Uri. Il est haut de 10,071 pieds au-dessus du niveau de la mer.

SCHEFFER (Pierre), de Gernzheim en Allemagne, doit être regardé comme un des premiers inventeurs de la typographie avec Guttemberg et Faust. Il mourut à Mayence en 1491. Le premier, il imagina de remplacer les caractères en bois par d'autres en métal et mobiles, jetés dans des moules.

SCHEIDECK, montagne de Suisse, dans le canton de Berne, entre le Hassli et le Grinderwald. Elle est haute de 6,045 pieds au-dessus du niveau de la mer.

SCHEIK. Voy. Cheik.

SCHELESTADT, petite ville de France, chef-lieu d'arrondissement du département du Bas-Rhin, à 9 lieues S.-O. de Strasbourg, sur l'Ill, avec 10,000 habitants. Cette ville est ancienne. Elle fut entourée de murs en 1216. Elle fut prise en 1632 par les Suédois, et remise en 1634 aux Français, qui la rendirent à la paix de Westphalie. Louis XIV la reprit en 1673, et Vauban en fit une place forte. — Schelestadt a un tribunal de première instance et un collége.

SCHELLING, île sur la côte de la Frise en Hollande, au N. du Zuyderzée, entre les îles Ameland et Vlieland. On y trouve des pâturages et des terres très-fertiles. Elle a 2,000 habitants.

SCHELLING, monnaie d'argent usitée dans plusieurs pays d'Europe. Le schelling ancien d'Angleterre vaut 1 franc 23 centimes 60 de France; le nouveau (depuis 1818), 1 franc 16 centimes 4. 6 pence ou un demi-schelling valent 58 centimes 7 dixièmes. En Allemagne, la valeur des schellings varie; il en faut de 31 à 33, selon les pays, pour faire un florin; il en faut 46 pour un thaler. Les Suédois et les Danois ont des schellings. Il en faut 48 chez les premiers et 96 chez les seconds pour faire un thaler.

SCHÉMA ou Schème, terme de géométrie, vieux mot qui signifiait représentation d'un objet, figure ou plan. — En astronomie, il désigne la représentation des planètes, chacune en son lieu pour un instant donné.

SCHÈNE, grande mesure de longueur des Egyptiens dont on ignore la valeur. Il variait d'ailleurs selon les provinces de l'empire.

SCIÉRIF. Voy. Chérif.

SCHERINGHAM, petite ville de l'Indoustan, sur la côte de Coromandel, formée par le fleuve Cavéri. Elle est fertile, mais elle est surtout célèbre par une pagode qu'elle renferme et qui a des dimensions colossales. C'est une espèce de forteresse. Les Français s'en étaient emparés en 1751, et la conservèrent jusqu'en 1793 que les Anglais soumirent toute la côte de Coromandel.

SCHERZANDO, mot italien qui signifie *en badinant*, et qui indique en musique un mode d'exécution légère et badine.

SCHERZO, mot italien qui signifie *badinage*. Ce mot est employé en musique pour désigner les morceaux à trois temps des symphonies, quatuor, etc., qu'on nommait autrefois *menuets*. Leur mouvement est très-rapide.

SCHETLAND. Voy. Shetland.

SCHIITES ou Schiaïs, secte des mahométans de Perse, ennemie de celle des mahométans sunnites ou turks. Ils ont en horreur les premiers successeurs de Mahomet, qu'ils accusent d'avoir usurpé la place d'Ali, neveu et gendre du prophète.

SCHIKARABÉ, ville d'Egypte, sur la rive droite du Nil, à 50 lieues du Caire. Adrien fit bâtir cette ville, et lui donna le nom d'*Antinoé*, en l'honneur d'Antinoüs, son favori. On voit encore les débris d'un théâtre et de belles ruines.

SCHILL (Ferdinand de) naquit en 1773 à Sothaf en Silésie, était sous-lieutenant dans un régiment de hussards en 1806. Il se distingua en 1807, et obtint ensuite l'autorisation de faire une guerre de guérillas en Poméranie. Nommé major de hussards, il crut le moment favorable pour travailler à l'affranchissement général de l'Allemagne. En 1809, il sortit de Berlin avec son régiment, et fit une guerre de partisan à l'armée française. Sa tête fut mise à prix par Jérôme, roi de Westphalie. Bientôt, serré dans Stralsund, il fut tué dans l'action. Le peuple en fit un héros, et refusa longtemps de croire à sa mort.

SCHILLER (J.-Frédéric-Christophe), né à Marbach en Souabe en 1759, est regardé comme le plus grand poëte dramatique de l'Allemagne. Forcé, au sortir de ses études, d'embrasser l'état de médecin, il se livra à son goût exclusif pour les belles-lettres, et fit paraître sa première pièce des *Brigands*. Le duc de Wurtemberg, par un acte arbitraire, lui ayant défendu de se livrer à aucune autre étude qu'à celle de la médecine, il voulut échapper à cette tyrannie, et s'enfuit en Franconie. Ce fut là qu'il écrivit la *Conjuration de Fiesque*; *l'Intrigue de l'Amour* et *Don Carlos*. Il se rendit ensuite à Weimar, et mourut en 1791, après avoir enseigné la philosophie à l'université d'Iéna. On a, encore de lui, *l'Histoire de la guerre de trente ans*, le *Visionnaire*, *l'Histoire de la révolte des Pays-Bas*, un *Recueil des rébellions et des conjurations célèbres*, *Wallenstein*, poëme, et parmi ses pièces on cite *Marie Stuart*, *la Pucelle d'Orléans*, *la Fiancée de Messine*, *Guillaume Tell*, etc.

SCHILLINGSFURST, château de Bavière, dans le cercle de la Rezat, à 4 lieues O. d'Anspach. C'est la résidence du prince de Hohenlohe-Schillingsfurst.

SCHIMMELPENNINCK (Rutger-Jean), né à Deventer en 1761, se livra à l'étude de la jurisprudence, et se fit une grande célébrité comme avocat. Après la révolution de 1795, il fut nommé président de la municipalité d'Amsterdam, et remplit cette place avec zèle et fermeté. Envoyé comme ambassadeur en France en 1798, il assista au congrès d'Amiens comme représentant de la république batave, Ambassadeur à Londres, il fit respecter la neutralité de sa patrie. Rappelé, il fut une deuxième fois envoyé en France; il fut ensuite nommé grand pensionnaire de Hollande (1805), et parvint à rétablir le crédit public et à pacifier la Hollande. Quand Louis Bonaparte fut nommé roi de Hollande, il se retira dans ses terres, et ne se rallia jamais à Napoléon, qui le nomma comte de l'empire, sénateur. Il donna sa démission du sénat. Il mourut en 1825.

SCHISMATIQUES, nom donné, en théologie, à ceux qui se détachent ou se sont détachés d'une communion pour former une autre secte particulière. Ainsi les Grecs sont schismatiques par rapport aux catholiques romains. Les Turks regardent les Persans comme schismatiques et hérétiques.

SCHISME, du grec *schisma*, séparation, division, se dit de la séparation qui a lieu en conséquence de la diversité d'opinions entre individus d'une même croyance ou d'une même religion. Les schismes les plus célèbres sont ceux des protestants, des Grecs et des anglicans. On a nommé *schisme d'Occident* une division qui affligea l'Eglise romaine au xive siècle, lorsqu'il y eut en même temps deux papes sur le saint-siège. Ce schisme dura quarante ans, pendant lesquels Urbain VI, Boniface IX, Innocent VII, Grégoire XII, Alexandre V et Jean XXII se succédèrent sur le trône de Rome, et Clément VII et Benoît XIII à Avignon. Le concile de Constance (1417), qui élut Martin V seul pape, et qui fut universellement reconnu, mit fin à ce schisme.

SCHISTE, du grec *schizo*, je fends, nom donné à une roche feuilletée, d'apparence homogène, terne ou luisante. Les schistes sont tendres, et peuvent aisément se diviser en lames ou en feuilles. Leur aspect est mat, et l'eau ne les rend point pâteux. On distingue le *schiste argileux*, le *schiste régulaire* ou *ardoise*, le *schiste coticule* ou *pierre à rasoir*, etc.

SCHISTEUX, nom donné, en minéralogie, aux roches à texture feuilletée.

SCHIZOPÔDES, nom donné par Latreille à une famille de crustacés, dont les principaux caractères sont d'avoir tous les pieds divisés jusqu'à leur base ou près de leur milieu et deux branches ou appendices grêles, uniquement destinés à la natation.

SCHLAGUE, nom donné à la bastonnade militaire. Ce mot vient de l'allemand *schlaguen*, qui signifie *battre*.

SCHLEGEL (Frédéric de), né à Hanovre en 1772, se distingua comme poëte, philologue, critique et philosophe. Il eut le titre de conseiller de légation à Francfort en 1814. Il est mort en 1829. On a de ce savant un *Traité sur la langue et la sagesse des Indiens*, un *Cours de littérature*, un *Cours d'histoire moderne*, un *Cours de philosophie*. — Son frère Auguste-Guillaume, né à Hanovre en 1767, traducteur de Shakspeare, est un poëte plein de goût et de talent.

SCHLEISHEIM, magnifique château de Bavière, à 4 lieues N. de Munich. C'est un des plus beaux d'Allemagne. On y remarque une belle galerie de tableaux.

SCHLESWIG. Voy. Sleswig.

SCHLUSSELBOURG, autrefois Noteburc, forteresse de Russie, au gouvernement à 8 lieues E. de Pétersbourg, dans une petite île du lac Ladoga, à l'endroit où la Neva en sort. C'est une prison d'État. Le tzar Ivan VI y fut enfermé après son détrônement le 6 décembre 1741, et fut assassiné en 1764 à l'âge de vingt-quatre ans.

SCHMALKALDE. Voy. Smalkalde.

SCHMIDT (Michel-Ignace), historiographe allemand, né dans une petite ville de l'évêché de Wurtzbourg en 1736, prit l'habit d'ecclésiastique séculier, et fut successivement assesseur de la faculté de théologie et professeur de l'histoire de l'empire d'Allemagne. Il mourut en 1794. On a de lui une excellente *Histoire d'Allemagne*, très-estimée.

SCHOENBRUN, village de la basse Autriche, avec un jardin renfermant beaucoup de plantes rares, à une lieue de Vienne. Il a un beau château commencé par l'empereur Joseph Ier, et achevé par l'impératrice reine de Hongrie. Napoléon y séjourna en 1805. Son fils y est mort.

SCHOEPFLIN (J.-Daniel), né en 1694 à Sultzbourg (Bade), fut professeur d'éloquence et d'histoire à l'université de Strasbourg, à l'âge de vingt-six ans. En 1751, il fut nommé historiographe de la cour de France et mourut en 1771. On doit à ce savant plusieurs ouvrages historiques, entre autres un *Historia Zaringo-Badensis*, l'*Alsace diplomatique*, l'*Alsace illustrée*, les *Ecrivains de l'histoire d'Alsace*, des *mémoires*, etc.

SCHOLARITÉ. On appelait autrefois ainsi la faculté qu'avaient autrefois les écoliers des universités d'évoquer leurs causes personnelles devant le conservateur de leurs priviléges. Ils devaient, pour jouir de ce droit, avoir six mois d'études.

SCHOLASTIQUE, du latin *schola*, école, ce qui appartient aux écoles, ce qui concerne les écoles. On appelait *théologie scholastique* celle qui discutait les questions par le secours de la logique et des arguments. On employait souvent le mot *scholastique* seul dans cette acception. — Ce fut aussi un titre d'honneur donné à ceux qui se distinguaient par leur éloquence et leur érudition et dans la suite à ceux qui tenaient les écoles ecclésiastiques.

SCHOLASTIQUE (Sainte), sœur de saint Benoît, née à Nurcia en Italie vers la fin du v⁵ siècle. Elle se consacra à Dieu dès sa première jeunesse, et se retira ensuite dans un monastère peu éloigné de celui où résidait son frère. Elle allait le voir une fois par an, et s'entretenir avec lui de choses spirituelles. Elle mourut vers 543. On fait sa fête le 10 février. C'est la patronne du Mans.

SCHOLIASTES; du grec *scholé*, annotation, nom donné à ceux des Grecs commentateurs dont les annotations et les remarques se trouvent à la suite des auteurs qu'ils ont commentés. Les plus fameux sont Eustathe, Tzetzès et Emmanuel Moschopulos.

SCHOLIE, note critique pour servir à l'intelligence, à l'explication des auteurs classiques. — En géométrie, c'est une remarque qui a rapport à une proposition précédente.

SCHORL, nom allemand employé autrefois pour désigner une foule de substances minérales. On appelait *schorl aigue-marine* l'épidote; *schorl argileux*, une *amphibole*; *schorl commun*, la *tourmaline noire*; *schorl vert* ou *volcanique*, le *pyroxène*, etc.

SCHOMBERG (Henri de), fils de Gaspard de Schomberg, d'une ancienne famille de Misnie établie en France, et qui avait servi en qualité de maréchal de camp général des armées allemandes en France. Il succéda à son père dans son gouvernement de la Marche, et servit en 1617 dans le Piémont, et sous Louis XIII en 1621 et 1622. Il reçut le bâton de maréchal de France en 1625. Il se distingua par la défaite des Anglais au combat de l'Ile de Ré en 1627, et en forçant le pas de Suse en 1629. Il s'empara de Pignerol en 1630. Envoyé en Languedoc contre les rebelles, il gagna en 1632 la victoire où le duc de Montmorency fut fait prisonnier près de Castelnaudary. Cette victoire lui valut le gouvernement de Languedoc. Il mourut en 1633. — Son fils Charles, plus connu sous le nom de duc d'Hallnin, servit en 1633 le gouvernement de Languedoc, et en 1637 le bâton de maréchal de France. Devenu vice-roi de Catalogne, il mourut en 1656.

SCHOMBERG (Frédéric Armand de) porta d'abord les armes sous le prince d'Orange. En 1650, il passa au service de la France, et obtint les gouvernements de Gravelines, de Furnes et autres villes voisines. En 1661, il fut envoyé en Portugal, et contraignit l'Espagne de faire la paix et de reconnaître la maison de Bragance souveraine du Portugal. Il obtint en 1675 le bâton de maréchal de France. En 1676, il passa dans les Pays-Bas, et fit lever les sièges de Maestricht et de Charleroi. La révocation de l'édit de Nantes (1685) l'obligea de quitter la France. Le duc de Brandebourg en fit son ministre d'Etat et le généralissime de ses armées. Il suivit ensuite Guillaume d'Orange en Angleterre, et reçut le commandement de l'Irlande. Il fut tué dans un combat avec les troupes du roi Jacques (1690).

SCHOMBURG ou Schonbourg, comté de la haute Saxe (royaume de Saxe), près du cercle de Leipzig. Il est peu fertile, mais riche en métaux, et renferme des fabriques très-importantes.

SCHONEN. Voy. Scanie.

SCHONEN (Rudolf), d'une ancienne et noble maison suisse, fut sénateur de la république de Zurich en 1374, conseiller en 1379, et adjoint à l'inspection du trésor public. Lorsque les Suisses allèrent combattre le duc Léopold d'Autriche, Zurich resta exposée aux efforts de l'armée du baron Bonstetten, et dans cette crise les habitants nommèrent Schonen dictateur. Son autorité dura jusqu'à la paix (1389). Schwend étant mort, Schonen fut encore une fois chef de la république. Il abdiqua en 1393, et mourut la même année.

SCHOONOVEN, petite ville forte des Pays-Bas, située au confluent du Vlier et du Lech, à 5 lieues S.-E. d'Utrecht. Sa population est de 2,600 habitants. Elle a des forges et des papeteries, et fait un commerce assez important.

SCHOUTEN (Guillaume), célèbre navigateur hollandais, partit en juin 1615, avec Jacques Lemaire, du port du Texel. Ils découvrirent ensemble le passage de Lemaire. Schouten fit de nombreuses découvertes dans la mer du Sud, et mourut à Madagascar en 1625. — On a donné son nom à une île de l'Océanie, située sur la côte N.-E. de la Nouvelle-Guinée, et qui a 20 lieues de long sur 8 de large. Cette île a été découverte par ce navigateur en 1618.

SCHOUWEN, île de la Hollande, faisant partie de la Zélande, entre l'île de Gorée au N., celles de Walcheren et de Nord-Beveland au S., celle de Duiveland à l'E. Elle s'avance dans la mer au S.-E. de la Zélande, vis-à-vis l'embouchure de l'Escaut. Sa capitale est Ziérikzée.

SCHRECKHORN, haute montagne des Alpes, dans le canton de Berne, a 12,560 pieds au-dessus du niveau de la mer.

SCHUMEGH ou Szumegh, comitat de Hongrie, entre le comitat de Segesvar et le lac Balaton. Il a 120 lieues carrées et 170,000 habitants. Son chef-lieu est Kaposvar. Le sol est plat et marécageux.

SCHUMLA, SCHUMNA ou Schiemla, grande ville de Bulgarie, située dans le sandjiak de Silistrie, sur le versant septentrional du Balkan, à 9 jours de marche de Constantinople. Population, 30,000 âmes. Cette ville est une position militaire très-importante. Les Russes ne purent s'en emparer à trois reprises différentes, en 1774, en 1810 et en 1828.

SCHUTT, grande île de Hongrie, dans le comitat de Presbourg, formée par le confluent des rivières Raab et Waag dans le Danube. Elle a 20 lieues de long sur 10 de large, et renferme plusieurs petites villes. Elle a des pâturages.

SCHUYLER, lac des Etats-Unis d'Amérique, dans l'Etat de New-York, à 2 lieues du lac Osrego. Il a 4 lieues de long sur 2 de large. Près de là est la ville de *Schuyler* ou *Utica*, sur la Mohawk, à 30 lieues O. d'Albany.

SCHUYLKILL, rivière des Etats-Unis, qui se jette dans la Delaware. Elle donne son nom à un petit canton dont le chef-lieu est Orwisburg.

SCHWABACH, ville de Bavière, à 4 lieues S.-O. de Nuremberg, ci-devant ville impériale, sur la Rednitz. Population, 7,000 habitants. Cette ville est célèbre par son industrie et son commerce, surtout en fils, aiguilles, indiennes, galons, fil d'or et d'argent, et tapisseries. La plupart de ces manufactures sont dues à des Français établis dans cette ville à l'époque de la révocation de l'édit de Nantes.

SCHWABACH, ville du duché de Nassau, en Allemagne, chef-lieu du comté de Catzenellnbogen, à 6 lieues de Mayence, sur l'Aar. Population, 1,500 habitants On y trouve des eaux minérales.

SCHWARZ, ville du Tyrol, sur l'Inn, à 4 lieues N.-E. d'Innspruck. Population, 8,000 âmes. Il y a des mines d'argent et de cuivre.

SCHWARZ (Berthold), moine franciscain allemand, à qui l'on attribue la découverte de la poudre, naquit au xiiie siècle à Fribourg, district de Brisgau. Fort instruit dans la chimie, il fut mis en prison sous l'accusation de sorcellerie. Il paraît cependant que la poudre était connue avant lui; mais il l'appliqua le premier à la guerre et à la chasse.

SCHWARZBOURG, maison princière souveraine d'Allemagne. Le premier comte connu de ce nom est Sizzo III en 1142. Elle est divisée en deux branches : 1° *Schwarzbourg-Rudolstadt*, bornée à l'E. par la Prusse proprement dite, au S. par la Bavière, à l'O. par la Saxe-Meiningen. Elle a 57 lieues carrées et 62,000 habitants. Les revenus sont de 320,000 florins, et la capitale est Rudolstadt. 2° *Schwarzbourg-Sondershausen*, bornée au N. et à l'E. par la Prusse, au S. par Weimar, à l'O. par la Hanovre. Elle a 49 lieues carrées et 54,000 habitants. Ses revenus sont de 200,000 florins. — Ces principautés ont adhéré à la confédération germanique. A la diète, elles ont la quinzième voix avec les princes d'Oldenbourg et d'Anhalt. La première fournit 529 hommes à l'armée fédérale; la deuxième, 451.

SCHWARZENBERG, famille illustre et princière d'Allemagne, qui possède le comté de Schwarzenberg en Franconie (5 milles carrés et 10,000 habitants), en Souabe les comtés d'Illereichen et de Kellmuntz, la seigneurie de Neuwaldeck, etc., placés sous la suzeraineté de la Bavière, du Wurtemberg et de Bade. Ils comprennent en tout 42 milles carrés et 115,000 habitants. Cette famille a occupé des places importantes à la cour de Vienne et auprès de plusieurs princes de l'empire. Le plus célèbre membre de la famille Schwarzenberg est le prince Charles-Philippe Schwarzenberg, qui suit.

SCHWARZENBERG (Charles - Philippe, prince de), duc de Krumau, né à Vienne en 1771, embrassa, jeune encore, la profession des armes, parvent rapidement aux premiers grades, et fit les campagnes contre la France dès le commencement de la révolution. En 1796, il fut fait colonel, et, après la victoire de Wurtzbourg, major général. En 1799, revêtu du titre de feld-maréchal lieutenant, il servit encore avec distinction contre la France. En 1808, il fut nommé ambassadeur auprès de l'empereur de Russie. Il quitta Saint-Pétersbourg en 1809, et assista à la bataille de Wagram. Nommé général, ce fut à lui qu'après la paix de Vienne on confia les négociations qui précédèrent le mariage de Napoléon et de Marie-Louise. Nommé commandant du corps d'armée autrichien, qui, en vertu du traité du 14 mars 1812, devait seconder l'armée française, il se sépara de la France à la fin de 1812, et envahit cette malheureuse contrée avec les alliés. En 1818, il reçut la présidence du conseil supérieur de la guerre. Il mourut en 1820.

SCHWARZWASSER. Trois rivières d'Allemagne portent ce nom. — La première arrose la Silésie prussienne, et se jette dans le Katzbach; la deuxième arrose la Saxe royale, et se jette dans l'Elbe; enfin la troisième baigne le royaume de Saxe, dans le cercle d'Erzegebirge.

SCHWEINICHEN (Hans de), chevalier silésien, né en 1552 au château de Gradisberg, fut lié d'amitié avec les ducs Henri et Frédéric de Silésie-Liegnitz, parcourut toutes les contrées d'Allemagne, partageant les aventures du premier de ces princes. Il mourut en 1616. Il a laissé un journal exact de ses aventures, qui offre un tableau fidèle des mœurs du siècle. Ce journal ne vas au delà de 1602.

SCHWERIN, capitale du grand-duché de Mecklembourg. Schwerin, sur le lac de même nom (il a 4 lieues de long sur 2 de large), à 14 lieues E. de Hambourg. Sa population est de 12,640 habitants. Cette ville, située dans un lieu très-pittoresque, est bien bâtie et est très-commerçante. On y remarque un gymnase, une école vétérinaire et deux églises. Les Français en prirent possession le 3 novembre 1806.

SCHWITZ ou Schweitz, un des trois premiers cantons suisses qui jetèrent les bases de la liberté helvétique. Il est borné au N. par Zurich et Saint-Gall, au N.-E. et à l'E. par Saint-Gall et Glaris, au S. par Uri, au S.-O. par Unterwald, à l'O. par le canton de Zurich. Sa superficie est de 44 lieues carrées, et sa population de 36,000 habitants, presque tous catholiques. Il est sillonné par de hautes montagnes. On en exporte du bétail, des fromages, du beurre et du bois. Le canton est gouverné par une assemblée générale composée de tous les individus de seize ans et au-dessus. C'est entre leurs mains que réside le pouvoir souverain. Un conseil du pays a l'initiative des projets de loi, et exerce la haute police. Ce canton se divise en six districts, et a pour capitale Schwitz. — Il a donné son nom à toute la confédération (en allemand, *Schweitz*).

SCHWITZ, capitale du même nom, en Suisse, à 27 lieues S. de Berne, avec 3,800 âmes. On y remarque l'église paroissiale, l'hôtel de ville et le collége.

SCIADÉPHORES (du grec *skias*, parasol, et *pheró*, porter), nom donné à des femmes étrangères qui résidaient à Athènes, parce qu'à la fête des Panathénées elles étaient obligées de porter des parasols pour préserver les Athéniennes du soleil ou de la pluie.

SCIADION, espèce de chapeau à grands bords, dont les anciens Grecs faisaient usage.

SCIAGRAPHIE, art de trouver l'heure du jour ou de la nuit par le moyen de l'ombre des corps célestes. — En architecture, c'est la coupe d'un bâtiment ou la représentation de son intérieur. On dit aussi *sciographie*.

SCIAMACHIE, exercice gymnastique des Grecs, consistait à agiter avec violence les bras et les jambes, comme quelqu'un qui se bat avec son ombre.

SCIAMANTIE, divination en usage chez les anciens, consistait à évoquer les ombres des morts pour apprendre les choses futures.

SCIATÈRE, nom donné à une aiguille qui marque par son ombre une certaine ligne, telle que la méridienne par exemple. — On nomme *sciatérique* la gnomonique.

SCIATIQUE, ce qui a rapport à la hanche (en grec, *iskion*). Ce mot est formé par contraction du mot *ischiatique*, dont on se sert quelquefois en anatomie. Ainsi il y a des nerfs sciatiques, une artère sciatique, etc. On appelle *douleur* ou *goutte sciatique* une névralgie, une douleur fort vive qui affecte le grand nerf sciatique et qui se fixe principalement à la hanche, à l'emboîture des cuisses.

SCIE, lame de fer, longue et étroite, qui sert à fendre et diviser en plusieurs pièces différentes matières solides. Celles qui servent à fendre le marbre sont unies; mais celles qui servent pour le bois, etc., présentent une rangée de petites dents triangulaires. On emploie en chirurgie des scies de différentes formes pour scier les os, enlever certaines exostoses. — Dans les insectes, on nomme ainsi un corps de matière dure et solide, avec lequel ils saisissent et broient leurs aliments.

SCIE, genre de poissons de la famille des sélaciens de Cuvier, présentant un corps allongé et aplati, sans écailles, des pectorales larges, et un long museau déprimé en forme de bec, armé de chaque côté de fortes épines osseuses, pointues et tranchantes, implantées comme des dents. Ce bec, qui leur a valu leur nom, est une arme puissante avec laquelle ils affrontent les gros poissons. La scie atteint de douze à quinze pieds, et se trouve dans presque toutes les mers.

SCIÉNOIDES, famille de poissons, renfermant des animaux de taille assez grande, et dont la chair est agréable. Leur tête est bombée; ils ont deux dorsales ou une seule profondément échancrée, une nageoire ovale terminée par des pointes. Leur tête est entièrement écailleuse, et leur museau proéminent. On les divise en *sciènes proprement dites* ou *maigres*, *otolithes*, *ancylodons*, *corbs*, *johnius*, *ombrines*, *tambours* ou *pogonias*, et *léiostomes*.

SCIÉRIES, fêtes grecques que l'on célébrait, surtout en Arcadie, en l'honneur de Bacchus, et dans lesquelles les femmes se flagellaient à l'autel du dieu.

SCIGLIO, nom moderne de l'écueil que les anciens appelaient *Scylla*.

SCILLE, genre de la famille des liliacées, renfermant des plantes communes en Europe. La *scille double-feuille* a un oignon rond, blanc en dedans, brun en dehors. Cet oignon émet deux feuilles d'un beau vert, assez larges, du milieu desquelles s'élance une tige nue, couronnée de six à huit fleurs bleues d'un bel aspect. On cultive cette plante dans les jardins, ainsi que la *scille italique*, la *scille en ombelle*, la *scille vacillante*, la *scille du Pérou*. La médecine emploie les bulbes de la *scille maritime* comme diurétiques, pour favoriser l'expectoration, et quelquefois pour déterminer le vomissement.

SCILLITIQUE, ce qui tient de la nature de la scille ou qui contient quelques-uns de ses principes. Ainsi on dit *vinaigre*, *miel*, *pilules scillitiques*.

SCINCOIDIENS, sixième et dernière famille des sauriens, dans la classification de Cuvier, caractérisée par des pieds courts, une langue non extensible, et des écailles égales et imbriquées, couvrant le corps et la queue. Elle renferme les genres *scinque*, *seps*, *bipède*, *chalcide* et *bimane*.

SCINQUE, genre de reptiles de l'ordre des sauriens, famille des scincoïdiens, ayant le corps fusiforme ou presque cylindrique, couvert d'écailles uniformes, luisantes, imbriquées, une tête petite, et une bouche garnie de petites dents serrées; les pieds sont courts, au nombre de quatre. Le *scinque des pharmaciens*, long de six à huit pouces, est d'une teinte jaunâtre argentée, avec plusieurs bandes transversales noires. On le trouve en Orient. Les anciens le vantaient comme alexipharmaque et aphrodisiaque. Ces propriétés lui sont encore attribuées par les Orientaux.

SCINTILLATION, terme d'astronomie, étincellement, mouvement de lumière qu'on aperçoit dans les étoiles, surtout dans celles de première grandeur, comme si elles lançaient à chaque instant de nouveaux rayons.

SCIO. Voy. CHIOS.

SCIONE, ville de la Macédoine orientale, dans la presqu'île de Pallène, en Chalcidice, avait été bâtie après le siège de Troie par une colonie de Grecs conduite par Protésilas. Dans la guerre du Péloponèse, elle secoua le joug des Athéniens, et fit alliance avec Sparte.

SCIOPPIUS (Gaspard), né à Neumarck dans le haut Palatinat en 1576, devint un des plus savants érudits de son siècle. Il avait un caractère violent et emporté, et accabla les autres littérateurs et savants contemporains de ses satires et de ses invectives. Il eut aussi des démêlés avec les jésuites, et mourut à Padoue en 1649. On a de lui de nombreux ouvrages latins.

SCIOPTIQUE se dit d'une sphère ou d'un globe de bois dans lequel il y a un trou circulaire où est logée une lentille. On s'en sert dans les expériences de la chambre obscure.

SCIOTÉRIQUE, nom donné à un cadran horizontal garni d'un télescope, pour observer le temps vrai tant pendant le jour que pendant la nuit.

SCIOTO, rivière des Etats-Unis de l'Amérique du Nord, se jette dans l'Ohio à Portsmouth. Elle donne son nom à un comté dont le chef-lieu s'appelle aussi Scioto. Cette rivière arrose le territoire de l'Ohio. Son cours est très-doux et non interrompu par des cascades. On trouve sur ses rives des plantations de riz, des sources salées et des mines de charbon de terre.

SCIPION, branche célèbre de la famille romaine des Cornelius. Ce nom vient, selon Macrobe, de ce qu'un membre de cette famille servit de soutien et comme de bâton (en latin, *scipio*) à son père aveugle. Elle a fourni plusieurs hommes célèbres.

SCIPION (P. Cornelius), Romain célèbre, fut maître de la cavalerie sous la dictature de Camille l'an 396 avant J.-C., tribun militaire avec puissance consulaire en 395 et 394 avant J.-C., puis deux fois interroi.

SCIPION (Cneus Cornelius Asina), deuxième fils de Lucius Scipio Barbatus, consul l'an 298 avant J.-C., fut élevé au consulat l'an 260 et l'an 254 avant J.-C. Dans son premier consulat, il fut vaincu sur mer par les Carthaginois, et perdit dix- sept vaisseaux. Dans son deuxième, il prit Panorme et deux cents vaisseaux ennemis; il s'empara aussi d'Alérie, ville de Corse, et défit le général ennemi Hannon.

SCIPION (Publius Cornelius et Cneius Calvus), frères, fils du précédent, furent nommés consuls, le premier en 218 avant J.-C., le deuxième en 222. Publius, envoyé contre Annibal en Espagne, fut vaincu près du Tésin, pénétra en Espagne et soumit tout ce pays jusqu'à l'Ebre. Il obtint le titre de proconsul, et remporta avec son frère Cneius divers avantages sur les ennemis; mais les deux frères, ayant eu l'imprudence de diviser leurs forces, furent vaincus et tués; il n'y eut que vingt-quatre heures entre ces deux désastres (212 avant J.-C.).

SCIPION L'AFRICAIN (Publius Cornelius), fils de Publius Cornelius (voy. l'article précédent) et un des plus grands hommes qui aient porté ce nom. A l'âge de dix-sept ans, il combattit auprès de son père à la bataille du Tésin (218 avant J.-C.), et sauva la vie de son père. Après la déroute de Cannes, il parvint à faire jurer aux Romains qu'ils n'abandonneraient pas la république. Créé édile à l'âge de vingt et un ans, il fut envoyé trois ans après en Espagne comme proconsul, et, après de nombreux succès, parvint à soumettre cette contrée en quatre ans. Il contribua par ses vertus à pacifier l'Espagne, et passa ensuite en Afrique, où il fit de nouveaux alliés au peuple romain, principalement Syphax et Massinissa. L'an 205, nommé consul, il résolut de porter la guerre en Afrique, et termina une campagne heureuse par la bataille de Zama, qui anéantit la puissance de Carthage. Cette ville demanda et obtint la paix aux conditions que Scipion lui dicta. Honoré du triomphe et du surnom d'*Africain*, il fut de nouveau nommé consul (194 avant J.-C.), puis censeur et deux fois prince du sénat. Accusé de péculat; il s'exila volontairement à sa maison de campagne, où il vécut au sein de l'amitié et des lettres jusqu'en 184 avant J.-C., année de sa mort.

SCIPION L'ASIATIQUE (Lucius Cornelius), frère du précédent, le suivit en Espagne et en Afrique. Nommé consul (190 avant J.-C.), il eut la conduite de la guerre contre Antiochus, roi de Syrie, et força ce prince à faire la paix aux conditions que lui dictèrent les Romains. Il obtint en récompense les honneurs du triomphe et le surnom d'*Asiatique*. Accusé de péculat et condamné, grâce à la haine des tribuns, il vit ses biens confisqués, et se consacra depuis à la culture des belles-lettres. On ignore l'année de sa mort.

SCIPION NASICA (Publius Cornelius), fils de Cneius Calvus Scipion et cousin des deux précédents, obtint le consulat (191 avant J.-C.), vainquit les Boïens, et fut honoré du triomphe. Il fut successivement édile, prêteur, prince du sénat. Il fut chargé de recevoir la statue de Cybèle, à Ostie, lorsqu'elle fut apportée en Italie. On ignore la date de sa mort.

SCIPION NASICA (Publius Cornelius), surnommé CORCULUM, fils du précédent, se distingua sous Paul Emile dans la troisième guerre de Macédoine. Nommé consul en 162 avant J.-C., il se démit pour un manque de formalité, et fut réélu sept ans après (155). Il vainquit les Dalmates, et réduisit leur pays en province romaine. Il s'opposa de tout son pouvoir à la destruction de Carthage, ce qui fit remarquer par une grande austérité de mœurs. Il fut censeur l'an 159 avant J.-C., et fit en cette qualité démolir un théâtre que les spectateurs devaient être assis.

SCIPION L'AFRICAIN (Publius Cornelius), second fils de Scipion l'Africain, se rendit célèbre par ses talents et sa valeur militaire. C'est lui qui adopta le jeune Emilien, fils de Paul Emile, qui dans la suite fut surnommé *l'Africain* ou *le Numantin*.

SCIPION NASICA SÉRAPION (Publius Cornelius), consul de Rome l'an 138, fils de Scipion Nasica Corculum, se distingua par sa fermeté. Lors de la proposition de la loi agraire par Tiberius Gracchus (133 avant J.-C.), il se mit à la tête d'une troupe de patriciens, et fit tuer les tribuns séditieux. Le sénat, pour le dérober à la fureur populaire, l'envoya en Asie, où il mourut.

SCIPION (Publius Cornelius Æmilianus), surnommé *le second Africain* ou *le Numantin*, fils de Paul Émile, fut adopté par Scipion, deuxième fils de Scipion l'Africain. Après avoir porté les armes sous son père, il servit en Espagne en qualité de tribun légionnaire. D'Espagne, il passa en Afrique en qualité de tribun pour porter des secours à Massinissa contre Carthage (150 avant J.-C.). Revenu à Rome, il fut créé édile (148 ans avant J.-C.) et enfin consul (151 ans avant J.-C.). Chargé de conduire la dernière guerre punique, il s'empara de Carthage après un siège mémorable (146 avant J.-C.), et reçut à son retour les honneurs du triomphe. En 134 avant J.-C., consul une seconde fois, il fut chargé de faire le siège de Numance, et s'empara de cette ville (133 avant J.-C.). Il allait être nommé dictateur lorsqu'on le trouva assassiné dans son lit (128 avant J.-C.).

SCIPION NASICA (Publius Cornelius), courtisan de Claude et de Néron, n'est connu que par ses lâchetés et ses vices. Il fut le premier époux de la célèbre Poppée.

SCIRES, solennité qui se célébrait à Athènes le douzième jour du mois scirophorion. On portait en pompe, par la ville, des pavillons (en grec, *skiron*) que l'on tenait au-dessus des statues des dieux.

SCIRITES, cohorte lacédémonienne qui se tenait à côté du roi comme corps de réserve. Ce nom dérive sans doute de la *Sciritide*, petite contrée de Laconie dont on ignore la position.

SCIRON. Voy. SCYRON.

SCIROPHORIES. Voy. SCIRES.

SCIROPHORION, mois de l'année athénienne, venait après le thargélion. Il répondait à peu près au mois de juin. Il tirait son nom de la fête des Scires, que l'on célébrait le douzième jour.

SCIRPE, genre de la famille des cypéracées, renfermant des plantes, la plupart vivaces comme en Europe. Le *scirpe des lacs* croît dans les lacs, les étangs, sur le bord des rivières. Sa racine est vivace, rampante et charnue ; elle donne naissance à des chaumes cylindriques, nus, hauts de un à trois mètres, entourés à leur base de feuilles, et offrant à leur sommité de cinq à huit épis roussâtres. Avec les vieux chaumes on tresse des paniers, des nattes, on couvre des chaises. Le *scirpe des bois* et le *scirpe des marais* offrent des feuilles que les bestiaux aiment beaucoup.

SCISSURE, nom donné par les anatomistes à quelques fentes qu'on observe sur les os et quelques autres organes, et qui donnent passage à des vaisseaux ou à des nerfs. Ainsi la *scissure de Sylvius* est un enfoncement qui existe à la base du cerveau, entre le lobe antérieur et le lobe moyen de chaque côté.

SCISTOVE, ville de Bulgarie, assez bien bâtie, située à quelque distance de la rive droite du Danube, à 9 lieues de Nicopoli, avec 21,000 habitants. Il s'y tint en 1790 un congrès pour régler les affaires de l'empereur d'Allemagne avec celles de la Porte ottomane. La paix y fut signée le 4 août 1791, et Léopold II rendit toutes les conquêtes de Joseph II sur les Turks, à l'exception du Vieux-Orsowa.

SCITAMINÉES, famille de plantes, créée par Linné. Elle renfermait les musacées, les amomées, la balisier, la tédoaire, le costus, le curcuma et le maranta.

SCIURINS. Voy. ÉCUREUILS.

SCLÉRANTHE, nom donné par quelques auteurs au fruit composé de la graine soudée avec la base du périgone endurci et persistant. Tel est celui de la belle-de-nuit.

SCLÉRODERMES, petite famille de poissons, de l'ordre des malacoptérygiens, distinguée des plectognates, dont elle a été séparée par Cuvier, par un museau conique ou pyramidal, par une enveloppe extérieure couverte de plaques dures et osseuses qui s'articulent ensemble. Cette enveloppe les protége contre les attaques des autres animaux marins. Ils vivent de vers, d'insectes et de plantes marines.

SCLÉROTIQUE (du grec *skléros*, dur) ou CORNÉE OPAQUE, une des membranes de l'œil, dure, résistante, opaque, d'un blanc nacré, de nature fibreuse. Elle couvre à peu près les quatre cinquièmes postérieurs du globe de l'œil, et présente la forme d'une sphère tronquée en avant ; elle est percée en arrière d'une ouverture arrondie pour le passage du nerf optique, et offre en avant une autre ouverture dans laquelle est placée la cornée transparente.

SCLÉROTIQUES, nom donné autrefois à une classe de médicaments auxquels on attribuait la faculté de déterminer l'induration.

SCOBIFORME, ce qui ressemble à de la sciure de bois (du latin *scobs*). On donne cette épithète à plusieurs graines, et notamment à celles des orchidées.

SCOLARITE, SCOLASTIQUE, SCOLIASTE, SCOLIE. Voy. SCHOLARITE, SCHOLASTIQUE, etc.

SCOLIES, nom donné, chez les anciens, aux chansons dont le mètre était irrégulier, non prescrit. Par la suite, on le restreignit aux chansons populaires ou de table, qui traitaient divers sujets. Il nous en reste quelques-unes de Callistrate.

SCOLIÈTES, tribu de l'ordre des hyménoptères, section des porte-aiguillons, famille des fouisseurs. La *scolie* est le principal genre de cette famille. La *scolie à front jaune* exhale une agréable odeur de rose. Elle est longue d'un pouce à un pouce et demi, toute noire, avec le front jaune. Cet insecte est commun dans le midi de la France.

SCOLOPENDRE, genre de myriapodes de l'ordre des chilopodes, renfermant des animaux au corps allongé et divisé en de nombreux segments. Les pieds sont au nombre de vingt, étant de chaque côté ; les antennes sont longues. Ces animaux courent très-vite, sont carnassiers, fuient la lumière, et se nourrissent de vers de terre et d'insectes vivants. Ceux d'Europe n'ont que deux à trois pouces de long ; ceux de l'Inde atteignent jusqu'à huit ou dix pouces. La *scolopendre mordante* se trouve en France ; elle est de couleur ferrugineuse verdâtre. La morsure de ces animaux est quelquefois dangereuse, mais toutefois sans être mortelle.

SCOLOPENDRE, genre de plantes de la famille des fougères, séparé de celui des asplénions. L'espèce la plus commune, la *scolopendre vulgaire* ou *officinale*, croît dans les lieux humides et ombragés. Son odeur est peu prononcée, sa saveur très-acerbe. Elle entre dans quelques préparations pharmaceutiques, et est un peu astringente.

SCOMBÉROIDES, nom donné par Cuvier à une famille de poissons acanthoptérygiens, dont le genre *scombre* est le type. Leur forme est élégante ; leurs écailles sont ordinairement très-petites ; la peau paraît comme lisse ; ils ont des nageoires verticales écailleuses, des pièces operculaires sans épines ni dentelures. Ces poissons sont marins, et vivent en troupes innombrables. Ils offrent à l'homme une nourriture saine et délicate, et leur pêche devient l'objet d'un commerce avantageux. Parmi les genres de cette famille, on distingue le *scombre*, le *thon*, le *germon*, les *espadons*, les *pilotes*, les *coryphènes*, etc.

SCOMBRE ou MAQUEREAU, genre de la famille des scombéroïdes, renfermant des poissons qui voyagent continuellement d'une mer à l'autre, et dont la chair est compacte et agréable. On les pêche surtout sur les bords de l'Océan et de la Méditerranée. Le *scombre* ou *maquereau commun* est un poisson à corps allongé et fusiforme. Sa couleur est un vert de mer, relevé par des lignes ondulées, noires ; le dessous du corps est d'un blanc d'argent. Ce poisson est très-estimé ; on en mange beaucoup à Paris.

SCONE, petite ville d'Ecosse, au comté et à une lieue au N. de Perth, sur le Tay. Cette ville est célèbre par le couronnement des rois d'Ecosse. Le roi Kennet, ayant défait les Pictes près de cette place, y fit dresser une chaise de marbre enchâssée dans une autre de bois. Tous ses successeurs y ont été couronnés.

SCOPAS, architecte et sculpteur d'Ephèse, fut employé à la construction du tombeau de Mausole, l'une des merveilles du monde. Il avait fait une Vénus que Pline met au-dessus de celle de Praxitèle. Scopas vivait vers l'an 430 avant J.-C. — Etolien qui devint général du Ptolémée Epiphane, roi d'Egypte, fit pour lui la guerre en Syrie avec succès (199 avant J. C.). Ayant conspiré contre le roi, il fut mis à mort trois ans après.

SCOPÉLISME, sorte d'enchantement, qui consistait à jeter des pierres dans le champ de son voisin pour le rendre stérile.

SCOPELO ou SCOPOLI, île de l'Archipel, le *Scopelus* des anciens, à l'entrée occidentale du golfe de Saloniki, à 9 lieues N.-E. de Négrepont, et 28 de Lemnos. Sa longueur est de 4 lieues, et sa largeur de 2. Elle a 12,000 habitants. Le sol est très-fertile, surtout en excellent vin.

SCOPS ou PETIT DUC, oiseau de proie nocturne, que les naturalistes font entrer dans le genre *duc* ou dans le genre *chouette*, et dont d'autres font un genre particulier. Cet oiseau a le corps varié de gris, de brun et de noirâtre sur un fond roux ; l'iris est jaune, et le bec noirâtre. Il se trouve chez nous depuis avril jusqu'en octobre. Il est très-doux, et s'apprivoise aisément.

SCORBUT, maladie dont les symptômes principaux sont l'affaiblissement général, des hémorragies, le gonflement douloureux et la saignée des gencives, des taches livides et pourprées répandues sur le corps. Elle est causée par l'action prolongée du froid humide, et se montre particulièrement en pleine mer. La tristesse, la malpropreté, l'usage des salaisons concourent à son développement. Sa durée est indéterminée, et sa terminaison extrêmement variable.

SCORDATURA, mot italien qui désigne en français l'action de désaccorder les instruments pour produire des effets particuliers. Le célèbre Paganini en faisait souvent usage.

SCORDISQUES, peuple de Pannonie, d'origine gauloise. Il était belliqueux et féroce. Les Scordisques immolaient des victimes humaines, et buvaient dans le crâne de leurs ennemis. Les Romains ne les soumirent qu'après une guerre sanglante.

SCORIE, mot usité pour désigner, 1° les matières comme vitrifiées qui viennent à la surface des métaux que l'on purifie par la fusion ; 2° les substances volcaniques présentant un aspect boursoufflé, et offrant, comme les éponges, des trous de toute dimension.

SCORPÈNE, genre de poissons de la famille des joues-cuirassées, remarquables par leur forme extraordinaire, qui leur a valu les noms de *scorpion*, *crapaud*, *diable de mer*, etc. Ils vivent dans les roches, sur les côtes des mers ; leur chair est délicate. La *grande scorpène rouge* ou *rascasse* atteint quelquefois jusqu'à deux pieds de longueur. Son corps est oblong, son dos légèrement convexe, et son ventre renflé. Sa gueule est armée de dents. La tête est grosse, épineuse et dénuée d'écailles.

SCORPION, genre d'arachnides pulmonaires, famille des pédipalpes, tribu des scorpionides. Ces animaux ont un corps allongé et formé de segments distincts, l'abdomen, intimement uni au tronc dans toute sa largeur, est terminé brusquement par une queue longue, grêle, de six articles, dont le dernier s'effile en une pointe arquée, très-aiguë ; à la base de ce dard sont deux orifices qui laissent couler une liqueur venimeuse sécrétée par un appareil particulier. Ils ont huit pattes. Les scorpions sont vivipares et tellement voraces qu'ils se dévorent entre eux. Ils habitent les pays méridionaux, et atteignent jusqu'à cinq ou six pouces en Afrique et dans l'Inde. Celui d'Europe a un pouce ou deux de long ; il est brun. La piqûre du scorpion d'Europe est rarement dangereuse ; celui d'Espagne, de Barbarie et des grandes espèces peut donner lieu à des accidents très-graves et même à la mort.

SCORPION, nom donné au huitième signe du zodiaque ; il est entre les signes de la Balance et du Sagittaire. Chez les Romains, ce signe était consacré à Mars, et l'on croyait qu'il était funeste d'être né sous son influence. La constellation du Scorpion se compose de cinq étoiles, dont la plus remarquable se nomme *Antarès* ou *le Cœur du Scorpion.*

SCORPIONIDES, tribu de l'ordre des arachnides pulmonaires, distinguée par un corps allongé et terminé brusquement par une queue longue, au bout de laquelle est un dard et un réservoir par où s'échappe une liqueur vénéneuse. Cette tribu se compose du genre *scorpion*. Quelques auteurs y comprennent les genres *buthus* et *androctonus*.

SCORPIONS, machine de guerre des anciens, appelée aussi *manubalista*, avec laquelle on lançait de petits dards qui eux-mêmes s'appelaient *scorpions*.

SCORPIURE, genre de la famille des légumineuses, renfermant des plantes vulgairement appelées *chenillettes*. Leurs fruits sont hérissés, écailleux, et ressemblent à de petites chenilles roulées sur elles-mêmes. Ces plantes herbacées, annuelles, sont quelquefois employées pour les fournitures de salades.

SCORSONÈRE ou SCORZONÈRE, genre de la famille des synanthérées, section des chicoracées. Une espèce, la *scorsonère comestible* ou *d'Espagne*, fournit une racine vulgairement nommée *salsifis noir*, *corsinnaire*, *serfifis d'Espagne*. C'est un mets très-délicat, digestif et apéritif. Les jeunes pousses peuvent se manger en salade. On se sert encore de cette racine en teinture ; sa décoction colore en brun la laine traitée par les sels de bismuth. Ses feuilles sont estimées des bestiaux, et peuvent servir à nourrir les vers à soie.

SCOT (Jean ou DUNS-). Voy. DUNS-SCOT.

SCOT (Reginald), né en Angleterre, dans le canton de Kent, vers le commencement du XVI° siècle, mort en 1599. Ce savant et courageux écrivain a composé un livre intitulé *la Sorcellerie et la Magie dévoilées*. Il s'y applique à prouver la fausseté du pouvoir que l'on attribue aux sorciers, aux diables, aux démons, ainsi que les erreurs de l'alchimie et de l'astrologie. Ce livre fit beaucoup de bruit.

SCOT ÉRIGÈNE (Jean), savant distingué du IX° siècle, passa en France sous le règne de Charles le Chauve, qui lui donna de fréquentes marques d'estime. Ses écrits ne tardèrent pas à soulever contre lui les orthodoxes, et le pape Nicolas Ier parvint à le faire chasser de Paris. Il repassa en Angleterre, et mourut en 877. On a de lui un *Traité sur la prédestination divine.*

SCOTIE, nom ancien de l'Ecosse, appelée encore *Calédonie*. Voy.— En architecture, c'est une moulure ronde et creuse, faite entre les tores de la base d'une colonne. On la nomme encore *trochile*, *membre creux* et *nacelle*.

SCOTISTE. Voy. DUNS-SCOT.

SCOTT (Michel) ou SCHOT, né dans le comté de Fife en Écosse en 1240, séjourna en France, en Allemagne et en Angleterre. Il fut un des régents du royaume d'Ecosse après la mort d'Alexandre II, et mourut en 1290. Il avait la réputation d'un savant distingué, surtout dans les langues, la médecine, les mathématiques et les sciences occultes. On cite de lui la *Physiognomie*, et *sur la Procréation de l'homme*, en latin.

SCOTT (Samuel), peintre célèbre d'Angleterre, né dans les premières années du XVIII° siècle, mort en 1772, s'est fait surtout un nom par ses marines et ses vues du port de Londres.

SCOTT (Sir Walter), le plus célèbre romancier des temps modernes, né à Edimbourg en 1771 ou 1774, fut reçu avocat en 1792 ; mais il abandonna la jurisprudence pour étudier les antiquités écossaises ; il devint bientôt un des antiquaires les plus distingués. Il débuta dans sa carrière littéraire par la publication de plusieurs pièces poétiques : *la Chasse*, les *Bardes écossais*, *Marmion*, *le Lai du dernier ménestrel*, *la Dame du lac*, etc. Son premier roman fut *Wawerley* ou *l'Ecosse il y a cinquante ans*, auquel succédèrent les *Contes de mon hôte*, *Ivanhoé*, la *Fiancée de Lammermoor*, *le Monastère*, *l'Abbé*, *Quentin Durward*, *Péveril du Pic*, *l'Antiquaire*, *la Jolie Fille de Perth*, les *Puritains d'Ecosse*, *Guy Mannering*, *Rob-Roy*, etc. On a encore de lui une *Histoire d'Ecosse* et une *Vie de Napoléon*, pleine de partialité. Cet illustre écrivain est mort en 1832.

SCOTTI (Marcel-Eusèbe), né à Naples en 1742, embrassa l'état ecclésiastique et fut reçu en 1779 membre de l'académie des sciences et belles-lettres de sa patrie. Il se livra avec un succès prodigieux à la prédication. Accusé injustement de répandre dans le peuple des principes dangereux pour la foi, il se fit écrivain, et publia son *Catéchisme nautique*, destiné à l'instruction des gens de mer. En 1789, il fit paraître un livre *de la Monarchie universelle des papes*, où il discutait tout avec une ferme impartialité. Persécuté pour cet écrit, il composa dans la retraite plusieurs ouvrages sur la liturgie, et commenta le livre des *Tableaux de Philostrate*. Nommé en 1799 membre de la commission législative après la révolution de Naples, il donna l'exemple de toutes les vertus. Au retour du roi, il fut, au mépris des traités, jeté en prison et conduit à l'échafaud en janvier 1800.

SCOTTI (Côme-Galéas), célèbre écrivain, né à Mérate dans le Milanais en 1759, s'essaya d'abord dans l'art dramatique, et fit paraître en 1785 la tragédie de *Galéas Sforza*, suivie de plusieurs autres. Nommé professeur de rhétorique à Milan, il y resta jusqu'en 1801 qu'il fut appelé à Crémone pour y occuper la chaire d'éloquence. Retiré sur les bords du Brembo, il y composa des contes très-agréables ; le premier recueil est intitulé *Giornale del Brembo*, et le deuxième *Accademia Borromea*. Il mourut en 1821, professeur d'histoire à Crémone.

SCOTTS (en langue celtique, *vagabonds*) nom donné aux Calédoniens occidentaux, distincts des Pictes (Calédoniens orientaux). Ce sont les highlanders de nos jours. (Voy. CALÉDONIE.) Ils étaient, dit-on, venus d'Irlande, et donnèrent leur nom au pays qu'ils vinrent habiter.

SCRIBANI ou SCRIBANIUS (Charles), jésuite, né à Bruxelles en 1561, mort en 1629, fut professeur, puis recteur du collége de Bruxelles et d'Anvers, et enfin provincial de Flandre. Il connaissait toutes les langues vivantes. Plusieurs souverains, entre autres Henri IV, lui donnèrent des marques de leur estime. On a de lui l'*Histoire des guerres civiles des Pays-Bas*, en latin ; les *Origines des citoyens d'Anvers*, id. ; des *Méditations sacrées*, etc.

SCRIBE (du latin *scribere*, écrire), nom donné chez les Juifs aux secrétaires des rois de Juda, aux commissaires chargés de tenir registre des troupes, et aux docteurs de la loi qui devaient interpréter et commenter l'Ecriture. — Chez les Romains, *scribes*, c'étaient des employés subalternes qui transcrivaient les lois, les édits, les jugements et tous les actes publics. Il y avait des *scribes prétoriens*, *questoriens*, *édiliens*, etc. — Ce mot aujourd'hui désigne un copiste, un homme qui gagne sa vie à écrire, à copier. Il se prend le plus souvent en mauvaise part.

SCRIBONIA, famille romaine plébéienne. Ses branches les plus illustres étaient les *Libo* et les *Curio*. — Femme de Crassus. — Fille de Scribonius, ami de Pompée, fut mariée deux fois, et devint ensuite épouse d'Auguste qui avait répudié Clodia, et qui eut d'elle la célèbre Julie. Dans la suite il la répudia pour épouser Livie.

SCRIBONIUS, auteur latin, a écrit des *Annales* qui nous ont été conservées. Il vivait dans le premier siècle de J.-C. — Un autre écrivain latin, SCRIBONIUS LARGUS DESIGNATIANUS, médecin éclectique, natif de Rome ou de Sicile, suivit Claude en Bretagne (43). Nous avons de lui un traité de médecine en quatorze chapitres, intitulé : *De compositione medicamentorum.*

SCRIPTEUR, officier de la chancellerie romaine, dont l'office est d'écrire les bulles ou brefs du pape. Il y en a cent. On les appelle aussi *écrivains apostoliques.*

SCRIPTUAIRES, nom donné à ceux qui voulaient suivre l'Ecriture toute seule et qui rejetaient toutes les traditions, soit parmi les Juifs, soit parmi les chrétiens. Les calvinistes sont scriptuaires puisqu'ils rejettent la tradition, n'admettant pour règle de foi que l'Ecriture seule.

SCRIVIA, petite rivière du duché de Gênes, baigne Tortona, et se jette dans le Pô, au N. de cette ville.

SCROBE ou SCROBICULE, espèce de fosse chez les anciens, dans laquelle on faisait couler le lait, le vin ou l'huile des libations, ou le sang des victimes dans les sacrifices en l'honneur des divinités infernales.

SCROBICULE (du latin *scrobs*, fosse), nom donné à la fossette du cœur, des joues, du menton, à la dépression que l'on observe sur le devant de la poitrine.

SCROBICULEUX, nom donné aux corps dont la surface est parsemée de petites cavités. Certaines feuilles, certains réceptacles de fleurs sont dans ce cas.

SCROFULAIRE, genre de plantes, type de la famille des scrofulariées. Ces plantes tirent leur nom de la propriété qu'on leur attribuait autrefois de guérir les scrofules. La *scrofulaire des bois* ou *noueuse*, ou *herbe aux écrouelles*, croît dans nos bois ombragés et dans les lieux montueux ; elle s'élève à un mètre, porte des fleurs d'un pourpre noirâtre, et répand une odeur désagréable. On l'appelle aussi *herbe aux écrouelles*. Elle passe pour émolliente, tonique, résolutive. Ses semences sont vermifuges. La *scrofulaire aquatique*, appelée vulgairement *bétoine d'eau*, *grande morelle* et *herbe du siège*, croît dans les marais, et a les mêmes propriétés.

SCROFULARIÉES, famille de plantes dicotylédonées, renfermant des végétaux herbacés, quelquefois des arbustes portant des feuilles opposées ou alternes, des fleurs tantôt axillaires, tantôt disposées en épis ou en grappes terminales. La corolle est monopétale, irrégulière, divisée en quatre ou cinq lobes inégaux. Le fruit est une capsule ou une baie à deux loges, renfermant de nombreuses semences. On divise cette famille en deux sections : les *scrofulariées* proprement dites, et les *rhinanthées*. Les genres les plus remarquables sont le *digitale*, la *linaire*, la *meuflier*, la *scrofulaire*, le *rhinanthe*, et la *véronique*.

SCROFULES. (Voy. ÉCROUELLES.) Ce mot vient du latin *scrofa*, truie, parce que cet animal est, dit-on, sujet à cette affection.

SCRUPULE, petit poids usité chez les anciens Romains. Il avait la valeur de 21 grains environ ou de un gramme 136 milligrammes. Il valait 2 oboles. La livre avait 288 scrupules. — Dans les anciennes mesures françaises, le scrupule était le tiers d'un gros et valait 24 grains. Il était usité surtout en pharmacie. — On appelle *scrupules chaldaïques* la 1080° partie d'une heure dont les Orientaux se servent dans le calcul de leur calendrier. 18 de ces scrupules font une minute ordinaire.

SCRUTIN, manière de recueillir les voix propres aux élections ou à l'établissement des lois d'une manière secrète et sans qu'on sache les noms de ceux qui ont donné leurs suffrages. Le scrutin se fait par des billets pliés ou par de petites boules. Le scrutin ne fut introduit à Rome qu'en 614 de cette république.

SCUBACH. Voy. Usquebach.

SCUDÉRI (Georges de), né au Havre de Grâce en 1601, embrassa d'abord la profession des armes, et obtint le commandement de Notre-Dame de la Garde en Provence. Il eut beaucoup de succès par ses poésies, et fut admis à l'académie française en 1650. Il ternit sa gloire littéraire par ses démêlés avec le grand Corneille et une grande vanité. Il mourut en 1667. Il a laissé seize pièces de théâtre, entre autres *la Mort de César*, *Lygdamon*, *l'Amour tyrannique*; *Alaric* ou *Rome vaincue*, poëme héroïque en dix livres; des épigrammes, des odes, des stances et des poésies diverses.

SCUDÉRI (Madeleine de), sœur du précédent, née au Havre de Grâce en 1607, vint de bonne heure à Paris, et se fit auteur par nécessité. Son esprit la fit admettre dans tous les cercles littéraires de l'époque. Ses romans sont nombreux et eurent un grand succès, quoiqu'ils manquent de naturel et que tous les personnages soient habillés à la française. Ces romans sont *Cyrus*, *Clélie*, *Ibrahim*, *Mathilde d'Aguilar*, *Almahide*, *Célanire*, etc. Elle mourut en 1701.

SCULPTURE, art de tailler la pierre, le marbre, le bois, etc., de manière à faire des représentations et des imitations des divers objets de la nature. On ignore l'époque où cet art a commencé à être exercé. Mais son antiquité est incontestable, puisque l'on trouve des idoles chez les premières nations dont parle l'Ecriture. Les Grecs ont été les plus grands sculpteurs du monde. Praxitèle, Phidias, Lysippe sont les plus fameux chez les anciens; Michel-Ange, Jean Goujon, Jean Cousin, Canova, etc., chez les modernes.

SCUTARI ou Eskiouidar, ville de l'Anatolie, vis-à-vis de Constantinople, dont elle forme en quelque sorte un faubourg. Elle a 30,000 habitants. Elle fait un grand commerce. Cette ville s'appelait anciennement *Chrysopolis*. C'est sur les hauteurs de cette ville que Constantin remporta sur Licinius la bataille qui décida du sort de l'empire romain. — Ville forte d'Albanie, à l'extrémité S.-E. du lac Scutari (il a 7 lieues de long sur 3 de large), jadis chef-lieu d'un sandjiakat comprenant la partie septentrionale de l'Albanie. Cette ville a 12,000 habitants et un évêque catholique. Elle fait un commerce considérable. C'était autrefois la résidence des rois d'Illyrie, et la capitale de leur pays.

SCUTELLAIRE, genre de la famille des labiées, renfermant des plantes que l'on trouve sur les divers points du globe, et connues vulgairement sous le nom de *toque*. La *toque commune* et la *petite toque*, abondantes en France, peuvent être employées à la teinture en noir. On fait encore usage de leurs sommités comme fébrifuges. Les bestiaux les mangent avec plaisir.

SCUTELLE, sorte de cupule ou de conceptacle dans les lichens. C'est d'abord un petit tubercule qui s'élargit et forme un petit disque corné et légèrement bordé.

SCUTELLÈRE, genre de l'ordre des hémiptères hétéroptères, renfermant des insectes remarquables par l'éclat de leurs couleurs et la bizarrerie de leurs formes. Leur taille est assez grande dans quelques espèces. Ils ont la faculté d'exhaler une odeur fétide, qui leur sert à repousser leurs ennemis. Ils sont très-voraces et carnassiers. Leur corps est de forme extrêmement variable. La *scutellère rayée*, longue de quatre lignes, rouge, avec le dessus tenu de noir dans toute sa longueur, se trouve aux environs de Paris et dans le midi de la France.

SCUTIBRANCHES, nom donné par Cuvier au septième ordre de la classe des mollusques gastéropodes, renfermant des animaux voisins des pectinibranches, mais où les sexes sont réunis, de manière toutefois à ce qu'ils se fécondent eux-mêmes. Leurs coquilles couvrent ces animaux comme le ferait un bouclier (en latin, *scutum*). Il renferme les genres *haliotide*, *fissurelle*, etc.

SCUTIFORME (de *scutum*, bouclier, en latin), ce qui ressemble à un bouclier. Quelques anatomistes ont donné ce nom au cartilage thryroïde, parce qu'il a l'apparence d'un véritable bouclier.

SCUTIGÈRE, genre de la classe des myriapodes, ordre des chilopodes, renfermant des animaux au corps allongé, mais point vermiforme ou linéaire, divisé, vu par-dessous, en quinze anneaux portant chacun une paire de pieds allongés, de grandeur inégale, recouvert en dessus par huit plaques ou demi-segments en forme d'écussons. Ces animaux ne se montrent que la nuit, et courent avec rapidité pour chercher les petits insectes dont ils font leur nourriture. Leur piqûre est venimeuse. La *scutigère aranéoïde*, longue d'un pouce et demi, jaunâtre, se trouve en Europa.

SCYLAX, mathématicien et géographe navigateur de Caryandre en Carie, florissait sous le règne de Darius, fils d'Hystape, vers l'an 520 avant J.-C. Ce prince l'envoya pour faire des découvertes dans l'Orient. Il mit trente mois à faire ce voyage, et revint par un port du golfe Arabique. Il visita l'Egypte après son retour. On a sous ce nom un *Périple* ou relation d'une navigation. Mais on pense que cet écrit appartient à un autre Scylax, qui devait vivre vers l'an 415 avant J.-C. Cet ouvrage est un des plus intéressants que nous possédions sur la géographie ancienne.

SCYLITZES (Jean), dit *le Curopalate*, écrivain grec, grand maître de la maison des empereurs de Constantinople, publia vers la fin du xɪe siècle une histoire du Bas-Empire, en grec, depuis l'an 813 jusqu'à l'an 1088. Cette histoire est pleine d'intérêt.

SCYLLA (myth.), fille de Nisus, roi de Mégare, conçut de l'amour pour Minos, qui assiégeait cette ville, et lui promit de lui livrer la place, s'il voulait l'épouser. Minos y consentit. Scylla coupa un cheveu de sur la tête de son père, dont dépendait la destinée de Mégare. Cette ville prise, Minos traita Scylla avec tant de mépris, qu'elle se jeta du haut d'une tour dans la mer. Elle fut changée en alouette.

SCYLLA (myth., géogr.), monstre de la mer de Sicile, était d'abord une belle nymphe dont Glaucus, dieu marin, fut amoureux. Le dieu eut recours à la magicienne Circé, qui, devenue amoureuse de Glaucus, résolut de le détourner de l'amour de Scylla. Elle jeta dans la fontaine où elle se baignait un poison qui changea Scylla en un monstre qui avait six gueules et six têtes; une foule de chiens lui sortaient du corps et poussaient d'affreux hurlements. Epouvantée, elle se jeta dans la mer. Ses aboiements continuels, qui rent l'effroi des navigateurs, semblent prouver que ce qui a donné lieu à cette fable est le bruit que font les vagues en brisant contre les rochers du détroit qui sépare la Sicile de l'Italie. Voy. l'article suivant.

SCYLLA, rocher et écueil fameux, situé sur la côte d'Italie, à l'entrée du détroit de Sicile. Il était situé en face et près d'un autre écueil nommé *Charybde*, ce qui rendait dangereux le passage. Souvent, pour éviter l'un de ces écueils, on se jetait dans l'autre. C'est ce qui a donné lieu au proverbe : *Tomber de Charybde en Scylla*. C'était là que les mythologues mettaient la demeure du monstre Scylla. Cet écueil porte aujourd'hui le nom de *Scylla* ou de *Sciglio*.

SCYLLARE, genre de la famille des macroures, ordre des décapodes, renfermant des crustacés appelés vulgairement *cigales de mer*, assez communs sur nos côtes. On les mange dans nos provinces méridionales. Le *scyllare large* atteint jusqu'à un pied de long.

SCYLLARIDES, tribu de l'ordre des décapodes, famille des macroures, créée pour le genre *scyllare*.

SCYMNUS, poëte didactique grec, natif de Chio, nous a laissé une description de la terre en vers hexamètres. Il vivait vers l'an 80 avant J.-C. Cet ouvrage est peu intéressant.

SCYPHOPHORE, genre de la famille des lichens, renfermant des plantes dont la tige est dilatée en forme d'entonnoir vers son sommet, ce qui les fait ressembler à certains verres à pied. On a recommandé contre la coqueluche le *lichen à boîte*, qui croît partout dans nos bois.

SCYRON (myth.), célèbre brigand qui habitait sur les confins de la Mégaride et de l'Attique. Il volait les passants et les précipitait dans la mer. Thésée le tua. On nommait *Chemin de Scyros* une route qui allait de la Mégaride dans la Corinthie, en longeant les bords de la mer, près des rochers où Scyron avait fait sa demeure.

— SCYROS ou Skirosi, île de l'Archipel, une des Cyclades, à 4 lieues d'Andros et 5 de Délos. Elle est bien cultivée, quoique montueuse. Elle renferme 8,000 habitants catholiques grecs ou romains. La capitale est Scyros ou Skirosi, bâtie autour d'une petite montagne escarpée. Il y a un port capable de recevoir de gros vaisseaux. — Cette île fut habitée originairement par des pirates dolopes, ensuite par les Pélasges et les Cariens; c'est là qu'Achille fut caché par sa mère, et qu'il épousa Déidamie. Thésée y mourut dans l'exil. Cimon, général athénien, en fit la conquête, et rapporta les os de Thésée à Athènes.

SCYTALE, lanière ou bande de cuir ou de parchemin qu'employaient les Lacédémoniens pour transmettre des ordres secrets à leurs généraux et à leurs ambassadeurs. — C'est aussi un genre de reptiles ophidiens de la famille des vrais serpents, tribu des serpents venimeux. Ils ont le corps robuste, allongé, cylindrique; leur queue est courte, épaisse et également cylindrique. La tête et le ventre présentent des écailles carénées; le ventre a des écailles transversales entières; la tête grosse, obtuse, est couverte de petites écailles carénées, ovales; la mâchoire supérieure porte des crochets à venin. Les scytales sont très-venimeux. Leur taille varie d'un à trois pieds. On les trouve dans les pays chauds, surtout en Egypte.

SCYTHES, habitants de la Scythie, descendaient suivant la Bible de Magog, fils de Japhet. Ces peuples étaient guerriers, se nourrissaient du lait de leurs troupeaux, et se couvraient de peaux de bêtes. Les historiens anciens les font sauvages et barbares. Ils avaient des rois, et honoraient Mars d'un culte particulier. Les rois de Perse et Alexandre voulurent en vain les dompter. Dans les premiers siècles de l'ère chrétienne, ils se réunirent aux autres peuplades barbares pour envahir l'empire romain. — C'est des Scythes que sont sortis les Parthes, les Sarmates, les Roxolans, etc.

SCYTHIE, immense contrée septentrionale de l'ancien continent, s'étendait depuis la Germanie à l'O. jusqu'aux bornes du monde connu des anciens à l'E. La *Scythie européenne* ou *petite Scythie* répondait à ce que l'on nomme aujourd'hui la Russie d'Europe ; et la *Scythie d'Asie*, à la Russie d'Asie et à la Tartarie indépendante. Elles étaient habitées par les Scythes.

SDILES. Voy. Délos.

SÉARA, province du Brésil, dans la partie septentrionale, bornée au N. par l'Océan, au S. par la Cordillère d'Ararippe ou des Cayriris qui la sépare de Pernambuco, à l'E. par le Rio-Grande-do-Norte et le Parahyba, à l'O. par le Piauhy. Sa longueur est de 90 lieues sur une largeur égale. Ce pays est très-peu connu, aride, manquant de fleuves navigables, plein de forêts. Cette province a pour capitale Séara ou Ciara ou Fortaleza, à 600 lieues de Rio-Janeiro. Sa population est de 2,000 habitants. Les autres villes importantes sont *Aracatu, Erato*, chef-lieu d'une comarca, *Villa-Viçosa, Sobral, Granja* et *San-Joao do Principe.*

SEB, nom égyptien de Saturne.

SÉBA, Juif qui, après la révolte d'Absalon, souleva une partie du peuple israélite contre David. Joab l'assiégea dans la ville d'Abéla, dont les habitants le mirent à mort afin d'avoir la paix.

SÉBACÉ, du latin *sebum*, ce qui est de la nature du suif. Les anatomistes nomment *glandes sébacées, follicules* ou *cryptes sébacés*, de petites glandes logées dans l'épaisseur de la peau, et qui fournissent une humeur grasse, jaunâtre, onctueuse, destinée à lubréfier la surface du corps. Elles existent dans toute l'étendue de la peau, excepté aux mains et à la plante des pieds. L'humeur onctueuse qu'elles sécrètent se nomme *matière sébacée*.

SÉBACIQUE (Acide), acide que l'on obtient en décomposant les graisses par la chaleur dans les vaisseaux fermés. Il cristallise en petites aiguilles incolores, peu consistantes, inodores, douées d'une saveur acidule légèrement amère, plus pesantes que l'eau. Il fond comme le suif.

SÉBASTE (en grec, *auguste*), nom d'un grand nombre de villes, ainsi appelées en l'honneur des empereurs romains. — C'est le nom moderne de *Samarie*. — C'était aussi une ville de la petite Arménie, à l'O. près de l'Halys, sur les frontières du Pont. C'est aujourd'hui *Sivas*.

SÉBASTIEN (Saint), martyr, surnommé *le Défenseur de l'Eglise romaine*, était né à Narbonne. Il fut capitaine dans une compagnie de la garde prétorienne sous les empereurs Dioclétien et Maximien. Il souffrit le martyre en 288, et fut tué à coups de flèches. On fait sa fête le 20 janvier.

SÉBASTIEN (Don), roi de Portugal, fils posthume de l'infant Jean et de Jeanne, fille de Charles-Quint, naquit en 1554, et monta sur le trône en 1557 après Jean III. Il partagea ses premières années entre les plaisirs de tous les genres. Il fit ensuite avec succès la guerre aux Maures. Mais, ayant voulu marcher au secours de Mulei-Mohammed en guerre avec Moluc, roi de Fez et de Maroc, il fut vaincu, et mourut dans l'action, à l'âge de vingt-cinq ans, après avoir combattu avec le plus grand courage (4 août 1578).

SÉBASTIEN (Saint-), nom actuel de la province de Guipuscoa. La capitale porte le même nom. C'est une ville bien bâtie, à l'embouchure de l'Uruméa dans l'Océan, au pied d'une montagne, à 20 lieues E. de Bilbao. Sa population est de 12,000 habitants. Elle a un port très-commerçant. Ses habitants jouissaient autrefois d'un privilége singulier. Le roi d'Espagne était obligé de se découvrir devant eux quand ils traitaient avec lui. Saint-Sébastien est défendu par une bonne forteresse. Il a été pris plusieurs fois par les Français, en 1793, 1808 et 1823.

SÉBASTIEN (Saint-). Voy. Rio-Janeiro.

SÉBASTIEN (Saint-), capitale de l'île de Gomesa, une des Canaries. Elle a un bon port. — C'est aussi une petite ville de Terceire, l'une des Açores, défendue par plusieurs forts, avec 1,000 hab. — Ile du Mexique, à 20 l. de Chiametlau, avec 3,000 hab. — Ile située sur la pointe O. de Cadix, en Espagne. — Cap de la Californie septentr. sur l'océan Pacifique. — Cap sur la côte or. d'Espagne. — Cap au N. de la baie Palamos: sur la côte N.-O. de Madagascar.

SÉBASTOPOL ou Actian, port franc de la Russie d'Eur., sur la côte occ. de la Crimée, à 10 l. S.-O. de Baktché-Séraï. C'est une des plus belles rades d'Eur. Cette place forte, où la Russie avait accumulé les moyens de menacer Constantinople, a été prise et détruite, en 1855, après un siége d'un an, par les armées réunies de la France, de l'Angleterre, de la Sardaigne et de la Turquie.

SÉBATE, genre de sels composés d'une base et d'acide sébacique.

SÉBENNYTIQUE (Branche), la troisième branche du Nil en partant de l'O., se jetait dans le lac Butus. Elle tirait son nom de la ville de *Sébennyte*, aujourd'hui *Semenhoud*, près de laquelle elle se séparait du Nil.

SÉBESTE, fruit du *sébestier*.

SÉBESTENIERS, petite famille de plantes dicotylédones monopétales, que quelques auteurs ont proposée pour renfermer les genres *sébestier, cabrillet* et plusieurs autres. Cette division n'a pas été généralement adoptée.

SÉBESTIER, genre de la famille des borraginées, offrant des arbres de troisième grandeur, originaires des contrées intertropicales des deux hémisphères, aux feuilles d'un vert sombre, épaisses, coriaces, aux fleurs disposées de diverses manières au sommet des branches ou des tiges ; leurs corolles tubulées sont blanches, roses ou rouges. Le *sébestier domestique* ou *myxa* fournit un bois blanc usité en menuiserie. Les fruits ou sébestes sont pulpeux, alimentaires, adoucissants et légèrement laxatifs. Le *sébestier à feuilles rudes* est un petit arbrisseau dont le fruit pulpeux et sucré est très-agréable à manger. Il a les mêmes propriétés que le précédent. On s'en est servi en médecine pour faire des tisanes pectorales.

SEBOU, rivière d'Afrique, dans le royaume de Maroc, prend sa source dans le mont Atlas, au S.-E. de Fez, et se jette dans l'océan Atlantique à Malimora.

SÉCANTE, terme de géométrie, dérivé du latin *secare*, couper. Dans son acception la plus générale, il désigne une ligne qui en coupe une autre ou qui la divise en deux parties. — On l'a restreint de manière à lui faire presque uniquement signifier une ligne droite tirée du centre d'un cercle, laquelle, coupant la circonférence, est prolongée jusqu'à ce qu'elle se rencontre avec une tangente au même cercle.

SECCHIA, petite rivière d'Italie, prend sa source au mont Carfagnana, baigne Carpi, et se jette dans le Pô, à 4 lieues S.-E. de Mantoue.

SECESPITA (du latin *secare*, couper), long couteau dont se servaient les prêtres païens pour tuer les victimes ou pour en tirer les entrailles.

SÈCHE (en latin, *sepia*), genre de mollusques céphalopodes, au corps ovale allongé, assez déprimé, couvert d'une peau mince et muqueuse; cette peau forme sur le dos un vaste sac sans ouverture extérieure, qui contient une coquille celluleuse, appelée *os de sèche*, et par M. de Blainville *sépiostaire*. Ces animaux ont plusieurs paires d'appendices mous, forts et contractiles, qu'on appelle *bras*, avec lesquels ils saisissent leur proie. Ils sont très-carnassiers. La sèche a la faculté de répandre pour sa défense une liqueur noire qui trouble et colore fortement l'eau. Sa chair est peu agréable et de digestion difficile. On la mange cependant en divers pays. On en retire aussi de l'encre, que l'on nomme dans le commerce *sépia*, et dont les dessinateurs se servent. On trouve les sèches dans toutes les mers.

SÉCHELLES ou Mahé (Iles), archipel de l'océan Indien, au N.-E. de l'extrémité septentrionale de l'île de Madagascar. Ces îles sont au nombre de vingt-trois, la plupart inhabitées. Elles sont couvertes de bois. Trois seulement sont habitées : *Mahé*, la principale (voy.), *Raslin* et la *Digue*. Elles appartiennent aux Anglais.

SECKENDORF (Louis de), né en Franconie en 1626 d'une famille ancienne, devint gentilhomme de la chambre du duc de Gotha, conseiller aulique, premier ministre et directeur en chef de la régence, de la chambre et du consistoire, puis conseiller privé et chancelier de Maurice, duc de Saxe-Zeith, et, après la mort de ce prince, conseiller privé de l'électeur de Brandebourg, et chancelier de l'université de Hall. On a de lui une *Histoire du luthéranisme*, un *Etat des princes d'Allemagne*, une *Description de l'empire germanique*.

SÉCLAVES, une des races qui habitent l'île de Madagascar. Les Séclaves habitent la côte ouest de l'île. Ils ont la peau d'un noir d'ébène, les cheveux crépus et les traits du visage assez semblables à ceux des nègres. Ils sont nomades, braves, guerriers et amis de l'indépendance.

SECOND (Jean). Voy. Second.

SECONDE (mus.), intervalle dissonant de deux notes voisines. Il y a trois sortes de seconde : la *seconde mineure*, qui a un demi-ton (*ut* et *ré* bémol) ; la *seconde majeure*, formée d'un ton (*ut* et *ré* naturel), et la *seconde augmentée* (*ut* et *ré dièse*), composée d'un ton et demi. — En géométrie, c'est la soixantième partie d'une minute. — En termes d'escrime, c'est un coup d'épée qu'on allonge à l'adversaire de dehors et sous les armes. Parer en seconde, c'est détourner du vrai tranchant de son épée celle de l'adversaire par un coup qu'il porte dehors et sous les armes.

SECOUSSE (Denis-François), né à Paris en 1691, quitta le barreau pour se livrer tout entier à l'étude des belles-lettres et de l'histoire de France. L'académie des belles-lettres l'admit dans son sein en 1723, et le chancelier d'Aguesseau le chargea en 1728 de continuer le recueil des ordonnances de nos rois commencé par Laurière. On lui confia en 1746 l'examen des pièces conservées dans les archives des villes des Pays-Bas nouvellement conquises. Il mourut en 1754. On a de lui des *Mémoires sur Charles le Mauvais*, les *Mémoires de Condé*, etc.

SECRÉTAIRE, genre d'oiseaux de proie diurnes, caractérisé par un bec robuste, crochu et très-fendu, des sourcils saillants, et surtout par des jambes démesurément longues et couvertes de plumes. Ils portent à l'occiput une longue huppe roide. Ces oiseaux sont très-beaux, et habitent l'Afrique. Ils vivent de serpents et d'insectes.

SECRÈTE, oraison qu'on dit à la messe après l'offertoire. On la nomme ainsi parce qu'on la dit tout bas.

SÉCRÉTION, fonction par laquelle les glandes prennent, dans le sang, les matériaux d'un liquide de nouvelle formation, tel qu le lait, la bile, l'urine, la salive. Les sécrétions s'exercent aussi chez les végétaux. Les gommes, résines, baumes, etc., sont des sécrétions.

SÉCRÉTIONS MORBIDES, nom donné à toutes les maladies caractérisées par un vice de sécrétion sans lésion sensible dans la texture des organes sécrétoires.

SÉCRÉTOIRE ou Sécréteur, nom donné, en anatomie, aux vaisseaux et aux glandes dans lesquels se font les sécrétions. Ainsi on dit un *organe sécréteur*, en parlant des glandes.

SECTAIRE, nom donné par les catholiques romains à celui qui est d'une secte quelconque condamnée par l'Eglise.

SECTATEUR, celui qui fait profession de suivre l'opinion de quelques philosophes, de quelque docteur, de quelque chef d'une secte religieuse.

SECTE, l'ensemble de ceux qui suivent les opinions ou les maximes de quelque docteur en théologie ou philosophe. C'est en ce sens qu'on a distingué dans l'ancienne Grèce plusieurs sectes de philosophes, comme les platoniciens, les épicuriens, les stoïciens. — En théologie, il y a différents partis opposés qui se donnent réciproquement le nom de *secte*, auquel ils attachent une idée d'erreur.

SECTEUR, terme de géométrie, la partie du cercle comprise entre deux rayons, et l'arc renfermé entre ces rayons. On nomme *secteur sphérique* le solide régulier engendré par le secteur de cercle, tournant autour du rayon, qui le divise en deux parties égales. Le *secteur astronomique* est un instrument qui sert à prendre les différences d'ascension droite et de déclinaison de deux astres qui sont trop grandes pour être observées avec le télescope immobile.

SECTION, portion d'une chose divisée en plusieurs parties. En géométrie, c'est l'endroit où des lignes, où des plans s'entrecoupent. La commune section de deux plans est toujours une ligne droite. On appelle aussi *section* la ligne ou la surface formée par la rencontre de deux lignes ou de deux surfaces, ou d'une ligne et d'une surface, ou d'une surface et d'un solide, etc. Ainsi l'on dit *section conique*, *section cylindrique*, etc.

SÉCULAIRE, ce qui se fait de siècle en siècle, de cent ans en cent ans. On dit *année séculaire* en parlant de l'année qui termine le siècle. Ce mot est spécialement en usage dans les deux acceptions suivantes.

SÉCULAIRE (Poëme), en latin *carmen seculare*, pièce de vers que l'on chantait à Rome dans la cérémonie des jeux séculaires. Les poëmes séculaires étaient chantés par cinquante-quatre jeunes gens partagés en deux chœurs, dont l'un était composé de vingt-sept garçons et l'autre de vingt-sept filles. Le plus célèbre et le plus beau que nous ayons est celui qu'Horace composa pour les jeux séculaires qu'Auguste fit célébrer l'an 17 avant J.-C.

SÉCULAIRES (Jeux), fêtes solennelles que l'on célébrait à Rome avec une grande pompe, à l'époque de la moisson, pendant trois jours et trois nuits consécutives, en mémoire d'une peste que des sacrifices avaient éloignée de la ville (509 avant J.-C.). Quoique dans l'origine il eût été réglé que ces jeux se feraient à la fin de chaque siècle, leur célébration ne fut jamais régulière. On en compte douze jusqu'à leur abolition. Les premiers eurent lieu l'an 509 avant J.-C. ; les derniers, l'an 404 de J.-C., sous Honorius. On chantait pendant ces jeux les poëmes séculaires.

SÉCULARISATION, action par laquelle un religieux, un bénéfice ou un lieu régulier devient séculier. Pour la sécularisation d'un monastère, il fallait le concours de l'autorité du roi et de celle du saint-siége. Quand on sécularisait un monastère, les religieux n'étaient point pour cela dispensés de leurs vœux, et ne pouvaient succéder à leurs parents.

SÉCULARITÉ. Ce mot ne se dit qu'en parlant de la juridiction séculière d'une église pour le temporel qui en dépendait.

SÉCUTEURS, nom donné par les Romains 1° aux mirmillons, gladiateurs qui poursuivaient les rétiaires (voy.) ; 2° aux gladiateurs qui prenaient la place de ceux qui avaient été tués dans le combat et qui combattaient contre les vainqueurs.

SEDAINE (Michel-Jean), né à Paris en 1719, reçut une éducation fort incomplète. La mort de son père le laissa seul soutien de sa famille. Il se fit tailleur de pierres pour vivre, parvint à la maîtrise, et fut nommé secrétaire de l'académie d'architecture. Il se livra dès lors à la culture des lettres, et se fit connaître d'abord par des poésies fugitives. Mais ce qui établit sa réputation, ce fut le *Philosophe sans le savoir* et la *Gageure imprévue*, comédies; *le Roi et le Fermier*, *le Déserteur*, *Félix*, *Richard Cœur de lion*, *le Diable à quatre*, *Blaise le savetier*, *Rose et Colas*, etc., opéras-comiques, dont plusieurs restèrent longtemps au théâtre. Sedaine fut nommé membre de l'académie française en 1786, et mourut en 1797.

SEDAN, ville forte de France, sur la rive droite de la Meuse, chef-lieu de l'arrondissement du département des Ardennes, à 5 lieues S.-E. de Mézières. Population, 15,000 habitants. Cette ville est ancienne. On y remarque un château fort, placé au S.-E. de la ville et où Turenne naquit. Sedan fut la capitale d'une petite principauté souveraine appartenant à la maison de la Tour d'Auvergne Le duc de Bouillon la céda à la France en 1642.—Sedan a un tribunal de première instance et de commerce, un collège, une société d'agriculture, un cours de géométrie et de mécanique, des casernes, un hôpital militaire, un arsenal, etc. Sedan est surtout célèbre par son industrie. Ellefabrique des draps fins estimés, des casimirs et toute sorte de draperies.

SÉDATIF, du latin *sedare*, apaiser, épithète attribuée aux médicaments qui modèrent, qui calment une douleur. Ce mot est synonyme de *calmant*.

SÉDÉCIAS ou MATHANIAS, dernier roi de Juda dans la captivité de Babylone, était fils de Josias et oncle de Jéchonias, auquel il succéda (594 avant J.-C.). Ce fut Nabuchodonosor qui lui donna le trône. Deux ans après, oubliant les bienfaits de ce roi, il s'allia contre lui avec le roi d'Égypte (586). Nabuchodonosor marcha contre lui, conquit la Judée, et après une siége de trois ans s'empara de Jérusalem. Sédécias, fait prisonnier, fut mené devant le vainqueur, qui, après avoir fait périr ses enfants en sa présence, lui fit crever les yeux, le chargea de chaînes et le conduisit à Babylone, où il mourut dans la captivité.

SÉDENTAIRES, nom donné aux araignées qui se forment une toile où elles se tiennent immobiles.

SEDIMAN ou SEDINAM, bourg de la haute Égypte, dans la province de Fayoum, célèbre par la victoire des Français sur les Mamelouks, commandés par Mourad-Bey, après une bataille des plus terribles.

SÉDIMENT, dépôt qui se forme par la précipitation des substances qui sont tenues en dissolution dans un liquide. L'urine fournit dans certaines maladies graves un sédiment.

SEDJARRA, village de Syrie, à une lieue et demie de Cana, où les Français battirent les Arabes le 11 avril 1799.

SEDJEZ, ville maritime d'Arabie, chef-lieu du district montagneux de la province d'Hadramaout. On en retire des parfums et de l'encens.

SEDLITZ, village de Bohême, à 7 lieues O. de Leitmeritz. On y trouve de l'eau minérale froide, composée d'une très-grande quantité de magnésie, d'un peu de sulfate de soude et de sulfate de chaux, d'acide carbonique, de carbonate de chaux, de carbonate de magnésie, et de matière résineuse. On l'emploie comme purgative.

SÉDON, nom vulgaire donné au genre de plantes que les botanistes nomment *orpins*.

SEDULIUS (Caius Cælius ou Cæcilius), prêtre et poëte sacré du ve siècle, est auteur d'un poëme latin en cinq chants, intitulé : *Paschale carmen* ou *Mirabilia divina* (494), en vers hexamètres. On a encore de lui une élégie sur la collation de l'Ancien et du Nouveau Testament, et des hymnes à Jésus-Christ.

SÉÉLAND (*Sjœlland*), la plus grande île du Danemarck, divisée en deux parties par le golfe Isefiord, ayant pour bornes au N. le Cattégat, à l'E. la Baltique, au S. le Sund, à l'O. le grand Belt. Elle a 250 lieues carrées et 300,000 habitants. Le sol est fertile. Elle est industrieuse, et son commerce est florissant. Le chef-lieu est Copenhague. — Petite province du canton de Berne en Suisse. Elle a de bons pâturages.

SEEZ, sur l'Orne, chef-lieu de canton du département de l'Orne, et siége d'un évêché suffragant de l'archevêché de Rouen, à 6 lieues N.-E. d'Alençon. Population, 6,000 habitants. Cette ville est ancienne ; elle a des fabriques de mousselines, de dentelles, basins, etc.

SÉGESTE, grande ville de Sicile, au N., fut bâtie par Enée en l'honneur d'Aceste. Les Carthaginois la détruisirent; mais les Romains la rebâtirent dans la suite. Elle s'appelle aujourd'hui *Calatatinni*.

SÉGÉTIE, divinité champêtre du Latium, que les laboureurs invoquaient pour avoir d'abondantes moissons.

SEGMENT, terme de géométrie, nom donné à la partie d'un cercle compris entre un arc et sa corde, ou bien à la partie d'un cercle comprise entre une ligne droite plus petite que le diamètre, et une partie de la circonférence. — On appelle *segment* d'une sphère la partie de la sphère terminée par une portion de la surface d'un plan qui la coupe par un endroit quelconque hors du centre.

SEGNI, ancienne ville d'Italie, dans les Etats romains, à 12 lieues S.-E. de Rome. Population, 5,000 habitants. On croit que les orgues y furent inventées. Il y a un évêché.

SEGO, grande ville de Nigritie, capitale du royaume de Bambara, sur le Niger, à environ 80 lieues S.-O. de Tombouctou. Elle a 30,000 habitants.

SÉGOR ou BALA, ville de Palestine, vers le S., à l'extrémité S. du lac Asphaltite. Cette ville fut souvent renversée par des tremblements de terre. La Genèse dit que, destinée par Dieu à périr avec Sodome et Gomorrhe, elle fut sauvée par l'intercession de Loth.

SÉGOVIE, province d'Espagne, dans la Vieille-Castille, entre les provinces de Madrid et de Valladolid. Le sol est en partie montagneux, en partie très-fertile. On y trouve du bétail, et on y récolte de la laine et du vin. Il y a des mines abondantes. Sa superficie est de 12 lieues carrées, et sa population de 164,000 habitants. — La capitale est SÉGOVIE, ville forte et très-ancienne, à 14 lieues N. de Madrid. Elle est belle et riche. Il y a un évêché, des fabriques de draps et faïence.

SEGRAIS (J. REGNAULD DE), né en 1624 à Caen, se destina à l'état ecclésiastique. Il entra en 1648 au service de la duchesse de Montpensier en qualité de secrétaire, puis de gentilhomme ordinaire. Eloigné d'auprès d'elle en 1672, il se retira chez Mme de la Fayette. Il mourut en 1701. Segrais cultiva la poésie avec succès, et fut de l'académie française. On lui doit la traduction des Géorgiques et de l'Enéide de Virgile, des poésies diverses, *Alys*, poëme pastoral, les *Nouvelles françaises*. Il a eu part à *la Princesse de Clèves*, à *la Princesse de Montpensier* et à *Zaïde*, de Mme de la Fayette.

SÈGRE, rivière d'Espagne, prend sa source dans les Pyrénées, sur les frontières de France, passe à Puycerda, arrose du N. au S.-O. la Catalogne, et se jette dans l'Ebre à Mequinenza, à 6 lieues S. de Lérida.

SEGRÉ, petite ville de France, sur l'Oudon, chef-lieu d'arrondissement du département de Maine et-Loire, à 10 lieues N.-E. d'Angers. Population, 1,500 habitants. Cette ville, située dans un pays fertile, a un tribunal de première instance.

SEGUE, c'est-à-dire *suivez* (en italien). Ce mot, placé entre deux morceaux de musique, indique que le second doit suivre le premier.

SEGUEDILLE ou SEGUIDILLE, air de danse espagnol à trois temps, d'un mouvement rapide.

SEGUIER, famille originaire du Bourbonnais, et féconde en magistrats célèbres. — Le premier qui se fit un nom fut PIERRE SÉGUIER, seigneur de Soret, né en 1504; il parvint par son éloquence (1550) à la charge d'avocat général de la cour des aides, et en 1554 à celle de président de mortier au parlement de Paris. Il mourut en 1580. Son fils, PIERRE SÉGUIER, fut conseiller au parlement en 1568, maître des requêtes en 1572, lieutenant civil en la prévôté de Paris, puis président à mortier après son père, qui se démit en sa faveur (1578). Il mourut en 1602. Son frère, ANTOINE SÉGUIER, fut conseiller d'Etat en 1586, avocat général au parlement en 1581, président à mortier en 1597, et ambassadeur à Venise l'année suivante. Il mourut en 1624. Son autre frère, JEAN SÉGUIER, fut conseiller au parlement de Paris, maître des requêtes et lieutenant civil. Il mourut en 1620. — PIERRE SÉGUIER, fils de JEAN, né à Paris en 1588, pair de France, fut successivement conseiller au parlement, maître des requêtes et président à mortier. En 1633 il reçut la garde des sceaux des ordres du roi, et fut nommé deux ans après chancelier de France. Il osa résister au parlement, soulevé contre le ministère pendant les troubles des Barricades. Les sceaux lui furent ôtés en 1650 et 1652; mais ils lui furent rendus en 1656, et il les garda jusqu'à sa mort (1672). Il avait les titres de duc de Villemor, comte de Gien, et protecteur de l'académie française. — ANTOINE-LOUIS SÉGUIER, de la même famille, naquit à Paris en 1726. Il succéda à d'Aguesseau dans la charge d'avocat général au parlement de Paris. Il se montra constamment l'ennemi des philosophes, et mourut en 1794, exilé volontairement de sa patrie depuis 1790. Il était membre de l'académie française.

SÉGUR, famille noble et ancienne, originaire de la Guyenne. Elle a fourni plusieurs hommes illustres depuis le XIIIe siècle. Elle a compris plusieurs branches, telles que les Ségur-Bouzely, les Ségur-Poncha, etc.—HENRI-FRANÇOIS, COMTE DE SÉGUR, né en 1689, épousa une fille naturelle du régent, et commanda en 1742 le corps destiné à soutenir l'électeur de Bavière contre la maison d'Autriche. Il eut pour fils PHILIPPE-HENRI, MARQUIS DE SÉGUR, né en 1724. Il se distingua dans la carrière militaire, et fut blessé à Rocoux. Il devint maréchal de camp, puis général. Fait prisonnier à Clostercamp, il fut rendu à la paix et nommé inspecteur général d'infanterie, puis gouverneur de la Franche-Comté. En 1780, il fut appelé au ministère de la guerre. Entre autres améliorations, on lui dut le corps de l'artillerie légère et celui de l'état-major de l'armée. En 1783, il fut fait maréchal de France. Il donna sa démission du ministère peu de temps après. Privé de sa fortune par la révolution, il fut enfermé à la Force, mais sa vie fut respectée. Plus tard Napoléon lui fit une pension. Il mourut à Paris en 1801. — Son fils, le VICOMTE JOSEPH-ALEXANDRE DE SÉGUR, né à Paris en 1756, mort en 1805, a composé des romans, des comédies, des opéras, pleins d'esprit et de gaieté. — Son autre fils, LOUIS-PHILIPPE, COMTE DE SÉGUR, né en 1753, prit le parti des armes, et alla servir la cause de l'indépendance en Amérique. Après son retour en France (1783), il fut envoyé en qualité d'ambassadeur en Russie, et rétablit la bonne intelligence entre ce pays et la France. Rappelé en 1791 et créé maréchal de camp, il fut envoyé pas le roi à Berlin, pour empêcher la guerre d'éclater, et refusa le ministère des affaires étrangères. Il n'émigra point pendant la terreur, et eut le bonheur d'échapper aux proscriptions. Sous le gouvernement consulaire, il devint membre du corps législatif, puis conseiller d'Etat et membre de l'Institut national. Grand maître des cérémonies, puis sénateur (1813), il fut nommé pair de France en 1814, titre que Napoléon lui conserva pendant les cent jours. Destitué en 1815, il fut rétabli en 1818, et conserva sa place à l'académie française. Il avait écrit une Histoire ancienne, l'Histoire de France, la Galerie morale et politique et des Mémoires précieux. Il est mort en 1829.

SÉHON, roi des Amorrhéens, refusa le passage aux Israélites, et, étant venu les attaquer, fut tué après avoir vu son armée en déroute. Les Israélites s'emparèrent d'Hésebon, sa capitale, et conquirent ses Etats depuis le torrent d'Arnon jusqu'à celui de Jabok.

SEIA (myth.), divinité champêtre des anciens, veillait à la conservation des blés encore enfermés dans le sein de la terre.

SEIGLE, genre de la famille des graminées, renfermant des plantes originaires de l'Asie-Mineure. Le seigle commun se distingue par son chaume, qui monte ordinairement d'un mètre et demi à deux, par ses épis aplatis, longs de quatorze à seize centimètres. Ses feuilles sont courtes, étroites, d'un vert pâle. Le seigle croît sur les terres maigres où le froment ne pourrait pas réussir; il craint peu le froid, arrive promptement à la maturité, et donne une farine très-abondante propre à être convertie en pain, et qui a des propriétés rafraîchissantes. Cette farine est très-blanche, mais s'aigrit facilement. On en fait un bon parement pour les tisserands. La paille de seigle est aimée des bestiaux, et sert à faire des paillassons, des chapeaux communs, etc. Le grain fournit aussi un excellent alcool. Avec son gruau on fait une tisane et des bouillies rafraîchissantes. Mêlé au froment, le seigle prend le nom de méteil.

SEIGLE ERGOTÉ. Voy. ERGOT.

SEIGNELAY, chef-lieu de canton du département de l'Yonne, dans l'arrondissement et à 3 lieues d'Auxerre. Population, 1,600 habitants. Cette petite ville était avant la révolution capitale d'une seigneurie renommée, et qui portait le titre de marquisat. Les seigneurs de Seignelay y possédaient un beau château. Cette ville commerce en vins, serges, châtaignes.

SEIGNEUR (en latin Dominus, en hébreu Adonaï, Elohim, Jehovah), nom qu'on donne par excellence à Dieu dans l'Ecriture. — Ce mot a été étendu à toute personne qui a quelque puissance ou quelque supériorité sur d'autres personnes. Le titre de seigneur (en latin, senior) se donnait anciennement aux vieillards chargés du gouvernement. Aujourd'hui il se donne aux princes, aux prélats et aux autres grands d'un Etat. — On appelle grands seigneurs des hommes distingués des autres par leur haute naissance, par des charges éminentes. — Dans le système féodal, le seigneur était celui qui tenait en fief la justice d'un lieu, ou qui possédait quelque héritage, soit en fief, soit en franc-alleu. Le seigneur temporel était celui qui avait la justice temporelle d'un lieu, et le seigneur spirituel un prélat qui avait la puissance publique ecclésiastique dans un certain district.

SEIGNEURIE, puissance, autorité d'un seigneur, ce qui relève de ce seigneur. En parlant de l'ancienne république de Venise, la seigneurie est l'assemblée de ceux qui avaient la principale part au gouvernement. C'est aussi un titre d'honneur.

SEIKS, nation de l'Indoustan qui habite le Cachemire, le Pendjab, une partie du Moultan, et le district S.-O. du Delhy. Ils sont au nombre de 8 à 900,000, et peuvent mettre 100,000 hommes sur pied. Ils forment une confédération militaire très-puissante, qui a fait de grandes conquêtes dans l'Inde dans ces derniers temps. Ils sont soumis à un prince nommé radjah, qui réside à Lahore. Voy.

SEILLE. Trois rivières de France portent ce nom.—La première prend sa source à l'étang de Lindre (Meurthe), et se jette dans la Moselle à Metz. — La deuxième prend sa source aux frontières du département du Pas-de-Calais, et se jette dans l'Escaut près de Valenciennes. — La troisième prend sa source au département du Jura, près de Château-Salins, arrose le département de Saône-et-Loire, et se jette dans la Saône près Tournus.

SEINES, nom donné par les vétérinaires à des fentes qui se forment aux pieds des chevaux au-dessus de la couronne.

SEINE, fleuve de France, prend sa source entre Saint-Seine et Chanceaux (Côte-d'Or), arrose successivement les départements de la Côte-d'Or, de l'Aube, de Seine-et-Marne, de Seine-et-Oise, entre à Villeneuve-Saint-Georges dans celui de la Seine, parcourt celui ceux de Seine-et-Oise, de l'Eure et de la Seine-Inférieure, et se jette dans l'océan Atlantique au Havre. Les villes les plus importantes qu'elle arrose sont Melun, Troyes, Rouen, le Havre et Paris. Ses principaux affluents sont : à droite, l'Aube, la Marne et l'Oise ; à gauche, l'Yonne et l'Eure. Son cours total est de 183 lieues, dont 33 de flottables à bûches perdues depuis Billy (Côte-d'Or), et 139 navigables, à partir de Méry, au-dessus de Troyes. La Seine est très-poissonneuse, et son cours est lent. C'est par cette rivière que Paris reçoit la plus grande partie de ses approvisionnements.

SEINE, département français, le plus petit de tous, tiré de l'ancienne province de l'Ile-de-France, et entouré de tous les côtés par le département de Seine-et-Oise. Il tire son nom de la rivière qui le traverse de l'E. à l'O. Sa superficie est de 47,298 hectares, et sa population (Paris non compris) de 170,000 habitants. Il se divise en trois arrondissements : Paris (chef-lieu), Sceaux et Saint-Denis, et nommait quatorze députés. Le revenu territorial est évalué à 55,000,000 de francs. Il est compris dans la première division militaire, le diocèse de Paris, et le ressort de l'académie et de la cour d'appel de cette ville. — Le sol, quoique peu fertile naturellement, rapporte beaucoup à force d'engrais, et est très-bien cultivé. Il produit annuellement 436,000 hectolitres de céréales, et 153,000 de vins. 2,667 hectares sont occupés par des forêts. On y trouve de nombreuses carrières de gypse et de pierre à bâtir.—Il renferme de nombreuses manufactures; mais l'industrie commerciale est pour ainsi dire concentrée dans la capitale.

SEINE-INFÉRIEURE, département français, région du N., formé d'une partie de la haute Normandie et d'une partie du Perche. Il est borné au N. et à l'O. par la Manche, au S. par les départements de l'Eure et du Calvados, à l'E. par ceux de l'Oise et de la Somme. Il tire son nom de sa position sur le cours inférieur de la Seine, qui s'y jette dans l'Océan. Sa superficie est de 595,440 hectares, et sa population de 760,000 habitants. Il est divisé en cinq arrondissements : Rouen (chef-lieu), Dieppe, le Havre, Neufchâtel, Yvetot, et nommait onze députés. Il est compris dans la quatorzième division militaire, le diocèse de Rouen, et le ressort de l'académie et de la cour d'appel de la même ville.—Le revenu territorial est évalué à 45,000,000 de francs. — Le sol est en général très-fertile. Le produit des céréales est de 3,000,000 d'hectolitres. Les arbres à fruit sont l'objet d'une culture particulière, surtout les poiriers et les pommiers, dont le suc supplée à l'absence de la vigne. Les autres cultures importantes concernent les plantes textiles, oléagineuses, fourragères et tinctoriales. Sur les côtes on recueille beaucoup de varech, et la pêche est très-active. L'industrie commerciale est très-importante et très-variée, et est concentrée spécialement dans la ville de Rouen. On exporte des toiles, des fourrages, du beurre, des confitures, des eaux-de-vie, etc. Du reste, le commerce s'exerce sur toutes les productions du pays, de ses fabriques et de ses pêches.

SEINE-ET-MARNE, département français, région du N., formé de la Champagne propre, de l'Ile-de-France, de la Brie et du Gatinais. Il est borné au N. par les départements de l'Oise et de l'Aisne, à l'E. par ceux de l'Aisne, de la Marne et de l'Aube, au S. par ceux de l'Yonne et du Loiret, à l'O. par celui de Seine-et-Oise. Il prend son nom des deux principales rivières qui le traversent. Sa superficie est de 595,980 hectares, et sa population de 345,000 habitants. Il est divisé en cinq arrondissements : Melun (chef-lieu), Coulommiers, Fontainebleau, Meaux et Provins, et nommait cinq députés. Le revenu territorial est évalué à 25,500,000 francs. Il est compris dans la 1re division militaire, le diocèse de Meaux et le ressort de l'académie et de la cour d'appel de Paris. — Le sol est en général très-fertile et cultivé avec soin. On récolte annuellement 2,900,000 hectolitres de céréales et 600,000 de vins. On y élève beaucoup de bestiaux et surtout des mérinos qui produisent de fort belles laines. On estime le fromage de Brie et de Coulommiers. Le département est plus agricole que manufacturier. Cependant on trouve des papeteries, faïenceries, verreries, etc.

SEINE-ET-OISE, département français, région du N., formé de l'Ile-de-France. Il circonscrit entièrement celui de la Seine, et est borné au N. par le département de l'Oise, à l'E. par celui de Seine-et-Marne, au S. par ceux du Loiret et d'Eure-et-Loir, à l'O. par ceux d'Eure-et-Loir et de l'Eure. Il tire son nom de la Seine qui le traverse, et de l'Oise qui vient s'y jeter dans la Seine.

Sa superficie est de 560,382 hectares, et sa population de 472,000 habitants. Il se divise en six arrondissements : *Versailles* (chef-lieu), *Mantes, Pontoise, Rambouillet, Etampes, Corbeil*, et nommait sept députés. Son revenu territorial est évalué à 80,305,000 francs. Il est compris dans la première division militaire, le diocèse de Versailles et le ressort de l'académie et de la cour d'appel de Paris. — Le sol est très-varié; on y trouve plusieurs étangs et marais; 387,200 hectares sont mis en culture, et produisent annuellement 2,020,000 hectares de céréales. L'agriculture est très-avancée. L'industrie commerciale est très-importante, et s'exerce sur des objets extrêmement variés. Parmi les établissements manufacturiers, on remarque la manufacture de porcelaine et de verreries de Sèvres, la fabrique d'armes de Versailles, etc.

SEINE ou SENNE, sorte de filet qui se traîne sur la grève. Il est très-usité dans le nord-ouest de la France.

SEING, nom donné au nom d'une personne écrit par elle-même au bas d'une lettre, d'un acte, pour les confirmer, les rendre valables. On appelle *seing privé* une signature qui n'a point été faite en présence d'un officier public ; *blanc seing*, un papier ou parchemin signé que l'on donne à quelqu'un pour le remplir à sa volonté ; *seing manuel*, le seing que quelqu'un écrit de sa propre main.

SEÏR, montagnes de Palestine, s'étendaient à l'orient et au midi du lac Asphaltite, non loin du pays des Moabites, dans l'Idumée. C'était aussi : 1° l'ancien nom de l'Idumée avant l'arrivée des Idumées ; 2° une montagne située entre la tribu de Dan et celle de Juda ; 3° un des noms d'Esaü.

SEISACHTHEIA, sacrifice public que faisaient les Athéniens en mémoire d'un article de la loi de Solon, qui avait remis une partie des dettes aux pauvres et empêché les créanciers de se saisir de leurs personnes.

SEISTAN, petite province du Caboulistan, coupée de déserts et de plaines fertiles. La ville principale est ZARANG.

SEIZE, nombre composé d'une dizaine et de six unités. Il se prend aussi substantivement; comme quand on dit *Louis seize*. En matière de généalogie, on dit *faire preuve de seize quartiers de noblesse*, pour dire que l'on a prouvé sa noblesse, tant du côté maternel que du côté paternel, en remontant jusqu'à la quatrième génération.

SEIZE (FACTION DES), nom donné à une faction qui se forma à Paris pendant la Ligue sous le règne de Henri III, ainsi nommée parce que seize de ses principaux membres avaient été nommés chefs des seize sections de Paris. Cette faction s'éteignit à l'avènement de Henri IV au trône.

SÉJAN (Ælius Sejanus), né à Vulsinie en Toscane, s'attacha à Tibère, auquel il plut par la souplesse de son caractère et l'enjouement de son esprit, et acquit toute sa confiance. Devenu chef des cohortes prétoriennes (23 de J.-C.), il se concilia le cœur des soldats et se gagna le sénat. Il se défit par le poison de Drusus, fils de Tibère, et de tous les enfants de ce prince. Pour augmenter sa puissance, il persuada à Tibère d'aller se reposer de ses fatigues à Caprée. Demeuré seul maître des affaires, il exerça des cruautés qui le rendirent odieux. Tibère ayant eu des soupçons de ses projets ambitieux (il voulait parvenir à l'empire), ordonna au sénat de faire son procès. Cet ordre fut exécuté. Séjan fut arrêté et étranglé le même jour, l'an 31 de J.-C. Ses enfants et ses proches parents périrent par le dernier supplice.

SÉJAN (Nicolas), né à Paris en 1745, fut organiste de l'église de Saint-Sulpice, et professeur d'orgue au conservatoire. En 1815, il fut nommé organiste de la chapelle royale, et mourut en 1819. Il fut un des musiciens les plus distingués qui se soient essayés sur l'orgue.

SEL (*sel marin, gros sel, sel de cuisine, sel gemme*). Dans le langage vulgaire, c'est une substance dont on se sert pour assaisonner les mets, soit qu'on l'obtienne de l'évaporation des eaux de la mer, de certains lacs ou des marais salants, de quelques sources salifères, soit qu'on la retire en masses compactes et sous la forme de minéral du sein de la terre. Sa saveur particulière est bien connue. Le sel est soluble dans l'eau, et attire facilement l'humidité. Dans le langage scientifique, cette substance se nomme *hydrochlorate de soude*.

SEL (chim.). On donnait autrefois ce nom à certaines substances acides, mais improprement. On l'a restreint aujourd'hui à un composé d'un ou de deux acides, et d'une ou de plusieurs bases, comme les oxydes métalliques, l'ammoniaque, etc., et les autres substances végétales ou alcalines. Un *sel simple* est formé d'un acide et d'une base (sulfate de soude) ; un *sel double* renferme deux bases (tartrate de potasse et de soude) ; un *sel triple* en contient trois ; les *sels neutres* sont ceux qui ne rougissent point l'infusion de tournesol, et qui ne verdissent pas le sirop de violette; les *sels acides* ou *sur-sels*, ceux qui rougissent l'eau de tournesol, et les *sels avec excès de base* ou *sous-sels*, ceux qui verdissent le sirop de violette et ramènent au bleu l'infusion de tournesol rougie avec un acide.

SEL DE GLAUBER. Voy. SULFATE DE SOUDE.

SEL DE GUINDRE, mélange de 6 gros de sulfate de soude, de 12 grains de nitrate de potasse et d'un demi-grain de tartrate de potasse, antimonié, usité en médecine.

SEL DE NITRE. Voy. NITRATE DE POTASSE.

SEL DE PRUNELLE, nitrate de potasse fondu, mêlé d'un peu de sulfate de potasse.

SEL D'EPSOM, nom du sulfate de magnésie. Voy. EPSOM.

SEL DE SATURNE, acétate de plomb cristallisé.

SEL DE VINAIGRE, sulfate de potasse cristallisé, arrosé de vinaigre.

SEL D'OSEILLE. Voy. OSEILLE, OXALIDE.

SEL ESSENTIEL, nom donné aux sels qui se trouvent tout formés dans les végétaux et dans les animaux.

SEL FIXE ou LIXIVIEL, nom donné au produit salin que l'on obtient en traitant par l'eau les cendres des végétaux, et qui renferme beaucoup de sous-carbonate de potasse ou de soude.

SÉLAGE, plante que les druides cueillaient avec des pratiques superstitieuses. On l'arrachait avec la main droite, et il fallait être vêtu de blanc et nu-pieds. On devait avoir offert préalablement un sacrifice de pain et de vin.

SÉLAGINE, genre de la famille des verbénacées, dont on a fait aussi le type d'une petite famille (des *sélaginées*). Il renferme des plantes spontanées au cap de Bonne-Espérance, dont une espèce la *sélagine en corymbes*, est admise dans nos jardins.

SÉLAM, nom donné, en Turquie, à un bouquet de fleurs disposées en certain ordre, et duquel on se sert dans l'Orient pour faire connaître sa passion à la personne que l'on aime. — En Amérique, c'est le nom des postes disposées le long des côtes pour la sûreté des voyageurs.

SÉLANDE. Voy. ZÉLANDE.

SELECTI, nom latin qui signifie *choisis*, et que les anciens donnaient à huit dieux adjoints au conseil de Jupiter avec les grands dieux où *consentes*. Ces dieux n'étaient connus que des Romains. C'étaient Genius, Janus, Saturne, Bacchus, Pluton, le Soleil, la Lune et Tellus.

SÉLÈNE ou CLÉOPÂTRE, fille de Ptolémée Évergète II ou Physcon et de Cléopâtre Cocca, épousa en premières noces son frère Ptolémée Lathyre (117 avant J.-C.). Sa mère l'obligea ensuite à épouser Antiochus Grypus, roi de Syrie, après la mort duquel elle épousa Antiochus Eusèbe, son neveu. Elle en eut deux fils.

SÉLÉNÉ, nom grec de la lune.

SÉLÈNES, gâteaux larges et cornus, en forme de demi-lune, que les anciens offraient à la lune dans les sacrifices qu'ils célébraient en l'honneur de cette divinité.

SÉLÉNIATE, genre de sels formés d'acide sélénique et d'une base.

SÉLÉNIQUE (ACIDE), acide composé d'oxygène et de sélénium. Il est sous forme de tétraèdres longs, d'une saveur acide brûlante. Il est volatil, déliquescent, soluble dans l'eau et dans l'alcool. Il est le produit de l'art, et s'obtient en traitant le sélénium par l'acide nitrique. Il est sans usages.

SÉLÉNITE, nom donné par quelques savants au gypse ou au sulfate de chaux qui contient de l'eau.

SÉLÉNITEUX, nom donné aux eaux qui contiennent beaucoup de sulfate de chaux, comme les eaux de puits. Ces eaux ne cuisent pas bien les légumes, et ne dissolvent pas bien le savon.

SÉLÉNIUM, métal découvert en 1817 par Berzelius. Il est solide, brillant, de couleur brune, fragile, cassant, sans odeur ni saveur. Sa poudre est d'un rouge foncé. Sa pesanteur est de 4,32. Il est très-volatil. Ce métal est très-rare dans la nature, et ne se trouve qu'uni au soufre.

SÉLÉNIURE, nom donné aux composés de sélénium et d'un autre métal.

SÉLÉNOGRAPHIE, description de la lune.

SÉLEUCIDE, contrée de Syrie, s'étendait le long de la Méditerranée, depuis le golfe d'Issus au N., jusqu'à l'embouchure de l'Oronte au S. On la nommait aussi *Tétrapole*. Ses principales villes étaient Séleucie, Antioche, Laodicée et Apamée.

SÉLEUCIDES, surnom des rois de Syrie, tiré du premier roi de cette contrée, qui s'appelait Seleucus. L'*ère des Séleucides* commence à la prise de Babylone par Seleucus l'an 312 avant J.-C., et finit à la conquête de la Syrie par Pompée (165 avant J.-C.).

SÉLEUCIE, grande ville de Babylonie, au N. sur le Tigre, fondée par Seleucus Nicator, premier roi de Syrie, qui en fit la capitale de son royaume après la destruction de Babylone. On y compta jusqu'à 600,000 habitants. Dès les premiers siècles du christianisme, cette ville fut la métropole du diocèse de Chaldée, et eut des évêques latins. On n'en voit plus que des ruines près de Bagdad.

SÉLEUCIENS, hérétiques chrétiens, sectateurs d'Hermias et de Seleucus, philosophes de Galatie, vers l'an 380. Ils enseignaient que Dieu était la matière éternelle, qu'il avait un corps et qu'il était l'auteur du péché, que Jésus-Christ n'avait pas un corps qu'en apparence, qu'il fallait baptiser les hommes par le feu, et que la béatitude consistait uniquement dans les plaisirs de la chair.

SELEUCUS. Six rois de Syrie ont porté ce nom. — SELEUCUS Ier, surnommé *Nicator* (victorieux), fut l'un des principaux généraux d'Alexandre le Grand. Après la mort du prince (323 avant J.-C.), il reçut la Babylonie en partage, et prit le titre de roi. Il combattit contre Antigone avec Ptolémée, Cassandre et Lysimaque, et le vainquit à Ipsus (301). Devenu maître de la Syrie, il mourut assassiné en 280. Il protégea les arts et les sciences, et fonda dans ses Etats vingt-quatre villes qu'il peupla de colonies grecques. — SELEUCUS II, surnommé *Callinichus*, succéda à son père Antiochus Théos en 247 avant J.-C. Dix ans après, il déclara la guerre à l'Egypte, où il fut vaincu. Fait prisonnier par Arsace, roi des Parthes, il mourut captif en 227 avant J.-C. — SELEUCUS III, surnommé *Ceraunus* (la foudre), succéda au précédent, son père, et fut assassiné en 224 avant J.-C., surnommé *Philopator* ou *Soter*, succéda à son père Antiochus le Grand en 187 avant J.-C., et mourut en 175 avant J.-C. Ce fut lui qui envoya Héliodore piller le temple de Jérusalem. — SELEUCUS V succéda à son père Demetrius Nicanor en 127 avant J.-C., et fut mis à mort un an après par sa mère Cléopâtre. — SELEUCUS VI, fils d'Antiochus Grypus, succéda à son oncle Antiochus Cyzicenus l'an 93 avant J. C. Le fils de ce prince le chassa du trône, et le força de se réfugier en Cilicie, où il mourut la même année.

SELEUCUS ou PHILIPPE, fils d'Antiochus Grypus, roi de Syrie, épousa 56 ans avant J.-C. Bérénice, qui régnait en Egypte pendant l'absence de son père Ptolémée Aulète. Les Egyptiens lui donnèrent la couronne; mais bientôt son avarice et la bassesse de son caractère le rendirent l'objet du mépris universel, et sa femme le fit étrangler l'an 55 avant J.-C.

SELGA ou SELGE, ville de Pisidie, vers le S., au pied du Taurus, sur le Cestros. Cette ville était grande et populeuse; elle se gouvernait elle-même, et formait une république démocratique. Elle ne fut soumise à aucun des grands empires d'Asie; les Romains seuls purent la soumettre.

SÉLIM. Trois sultans turks ont porté ce nom. — SÉLIM Ier, deuxième fils de Bajazet II, força ce prince de lui céder l'empire en 1512, et commença son règne par se défaire de tous ses frères. Il réduisit en son pouvoir l'Egypte entière, et mit fin à la domination des Mamelouks dans cette contrée (1517). Il mourut en 1520. Ce prince, qui ternit les qualités par son caractère cruel et sanguinaire, forma la première bibliothèque qu'il y ait eu en Turquie. — SÉLIM II, fils de Soliman II, lui succéda en 1566. Au mépris des traités, il déclara la guerre aux Vénitiens, et leur enleva Chypre par son général Mustapha; mais la célèbre défaite de Lépante (1571) le força à faire la paix. Sélim mourut dans la débauche en 1574. — SÉLIM III succéda à Abdul-Hamid en 1789. Il était né en 1761. A son avénement au trône, la Turquie était engagée dans une guerre dangereuse contre la Russie et l'Autriche. Après des revers continuels, Sélim obtint la paix, qui fut signée à Jassy en 1791, et par laquelle il perdit le territoire situé entre le Bog et le Dniester, et la place d'Ockzazow. Par le traité de 1794, il accorda aux vaisseaux de guerre russes le libre passage par le détroit des Dardanelles et la libre navigation dans la mer Noire. Lors de l'invasion de l'Egypte par les Français en 1798, Sélim se déclara contre la France; mais ses armes furent presque constamment malheureuses. Le traité d'Amiens rendit l'Egypte aux Turks; mais cette contrée ne leur a jamais été soumise que nominativement. Les insurrections des Serviens, des Wahabis, les succès des pachas de Bassora, Bagdad, etc., qui se rendirent indépendants, affaiblirent l'empire turk. Sélim, forcé par les janissaires de se démettre du pouvoir (1807) en faveur de Mustapha IV, fut étranglé quelques mois après.

SÉLIMA, grand désert d'Afrique, à l'O. du Nil et du grand désert de Nubie, les caravanes le traversent en allant du Soudan ou de la Nigritie au Caire.

SELIN, genre de la famille des ombellifères, renfermant des plantes herbacées, répandues dans les lieux humides et montueux de toute l'Europe, aux racines fusiformes, à la tige droite et verte, laiteuse, aux feuilles ailées, aux fleurs blanches ou jaunes et petites. Le *selin des marais*, appelé vulgairement *encens d'eau, persil et rivache des marais, tisselin*, etc., et le *selin tortueux*, appelé aussi *faux turbith* et *ache sauvage*, jouissent de propriétés purgatives. Les paysans en font souvent usage pour eux-mêmes ou pour leurs bestiaux.

SELINGINSK ou SELINGINSKOI, ville de Russie, dans la Sibérie et le gouvernement d'Irkoutsk, à 300 lieues S.-E. de Tobolsk, sur la rive orientale du Selinga, au S. du lac Baïkal. Elle est sujette aux tremblements de terre. Cette ville, qui fut bâtie en 1666, fut le point de départ des caravanes pour la Chine. Son territoire est fertile en rhubarbe.

SÉLINONTE, ville considérable de Sicile, vers la côte méridionale, fut fondée par une colonie de Mégariens. Elle tirait son nom du persil (en grec, *selinon*), qui y croissait en abondance. Détruite par Annibal, elle fut rebâtie par Hermocrate, beau-frère de Denis le Jeune. Il en reste beaucoup de ruines à *Torre di Polluce*.

SELKIRK, comté d'Ecosse, borné au N. par celui d'Edimbourg, à l'E. par celui de Runburg, au S. par celui de Dumfries, à l'O. par celui de Peebles. Sa superficie est de 72 lieues carrées, et sa population de 22,000 habitants. Il y a des forêts et des pâturages de grande étendue. Il commerce en bestiaux avec l'Angleterre. — Son chef-lieu est SELKIRK, bourg royal, sur la rivière d'Ettrick, à 9 lieues S. d'Edimbourg. Sa population est de 1,500 habitants. Le marquis de Montrose y fut défait par les troupes du parlement sous le règne de Charles Ier.

SELKIRK (Alexandre), né en Ecosse vers l'an 1680, embrassa la profession de matelot, et parvint au grade de maître de vaisseau. Il remplissait cet emploi en 1705 sur le vaisseau commandé par le capitaine Pradling, qui, ayant eu à se plaindre de lui, le fit déposer dans l'île de Juan-Fernandez, en lui laissant ses vêtements, son fusil, de la poudre et des ustensiles de ménage. Selkirk s'y forma une habitation, et y vécut du produit de la pêche ou de la chasse aux chèvres sauvages. En 1709, le capitaine Vood-Rogers le ramena en Angleterre. C'est sur cette aventure que Daniel de Foé a écrit le roman de Robinson Crusoé.

SELLA, petite rivière d'Espagne, coule dans l'Asturie de Santillane, et se jette dans l'océan Atlantique, à Riba.

SELLASIE, ville de Laconie, au pied du mont Olympe, sur le fleuve Gorgyle, est célèbre par la victoire qu'Antigone et les Achéens y remportèrent sur les Spartiates, commandés par Cléomène (222 avant J.-C.).

SELLE, espèce de siége rembourré que l'on met sur le dos des chevaux et autres montures pour la commodité du cavalier. — En métallurgie, c'est le nom qu'on donne à une espèce de matière ou de scorie qui se forme au-dessus de la mine, à mesure qu'elle est en fusion, et qui prend la forme d'une selle de cheval. C'est aussi le nom vulgaire d'un poisson du genre *lutjan*. — On nomme *selle turcique* ou *du turc* l'excavation que présente la face supérieure du sphénoïde, en avant de la lame carrée de cet os, parce qu'elle a quelque analogie avec une selle de cheval.

SELLETTE, petit siége de bois fort bas où les accusés s'asseyaient autrefois. — C'est aussi un morceau de bois carré, long d'un pied et large de quatre doigts, percé presque aux extrémités de deux trous, dans lesquels il y a deux chevilles de bois qui le tiennent attaché directement au-dessus de l'essieu de la charrue. C'est la machine sur laquelle le timon de la charrue est appuyé.

SELLISTERNE, nom donné, chez les anciens, aux festins que l'on donnait aux déesses. Ils étaient ainsi nommés, parce qu'on plaçait leurs statues sur des siéges appelés *sellæ*, pour faire allusion à leur ancienne frugalité.

SELLUM, Israélite qui tua par trahison Zacharie, roi de Samarie, 767 ans avant J.-C., et se mit à sa place. Il fut assassiné au bout d'un mois par Manassem, qui lui succéda. — Fils de Coré, fut épargné dans le désordre, lorsque la terre s'ouvrit pour engloutir son père.

SELTZ, petite ville du duché de Nassau, en Allemagne, à 126 lieues de Paris, 3 de Limbourg et 10 de Mayence. Elle est célèbre par ses eaux minérales acidules froides, contenant une grande quantité d'acide carbonique, de sous-carbonates de magnésie et de soude, et surtout de l'hydrochlorate de soude. On les emploie en médecine comme rafraîchissantes, apéritives, contre la gravelle, les vomissements nerveux, les aigreurs et les tiraillements de l'estomac. Elles sont pétillantes, fument et flattent le palais comme le vin de Champagne mousseux; elles sont très-limpides, d'une saveur piquante, aigrelette et salée, mais sans odeur. — Il y a aussi un autre SELTZ dans le département du Bas-Rhin, en France, à 10 lieues N. de Strasbourg, au confluent de la Salzbach et du Rhin. Il a des sources minérales et salées qu'il ne faut pas confondre avec les précédentes.

SEM (en hébreu, *nom, renommée*), fils aîné de Noé, naquit vers l'an du monde 1558 (avant J.-C. 2442), et vécut environ six cents ans. Noé lui donna sa bénédiction; ce fut dans sa race que se conserva le culte du vrai Dieu, et c'est de lui qu'est sorti le Messie. Il s'établit dans l'Orient avec ses cinq fils : Elam, Assur, Arphaxad, Sur et Aram. On lui a attribué l'invention de la manière de compter les mois et les années, celle de l'astronomie, le psaume cix^e et plusieurs ouvrages qui sont mis au nombre des livres apocryphes. Ses descendants eurent en partage les plus belles provinces de l'Asie.

SÉMACHIDE, tribu d'Athènes. Elle avait pris ce nom de Semachus, dont les filles avaient donné l'hospitalité à Bacchus, ce qui valut à ses descendants le privilége d'être choisis pour prêtres de ce dieu.

SEMAILLES, nom donné à l'action de semer les céréales et les autres végétaux qui intéressent l'agriculture. On fait les semailles de seigle et de froment de bonne heure; celles des avoines, des orges et des menus grains, en février ou en mars au plus tard. Plus les semailles sont régulièrement faites, plus les récoltes sont belles et abondantes. En général, on sème plus tôt les terres légères que les terres fortes. Les terres de première qualité demandent environ 250 livres de froment par arpent, les terres moyennes 255, et les mauvaises 260.

SEMAINE, mode de division du temps qui comprend sept jours. Les Hébreux avaient trois sortes de semaines : 1o des semaines de jours, qui se comptaient d'un sabbat à l'autre, et qui étaient de sept jours; 2o des semaines d'années, qui se comptaient d'une année sabbatique à l'autre, et qui étaient de sept années; 3o des semaines de sept fois sept années de quarante-neuf ans, qui se comptaient d'un jubilé à l'autre. — Nos semaines commencent par le dimanche jusqu'au samedi inclusivement. Leurs noms, excepté celui de dimanche, dérivent des noms des divinités païennes auxquelles ils étaient consacrés chez les anciens. Quelques auteurs commencent la semaine au lundi, pour la finir le dimanche.

SEMAINE SAINTE ou GRANDE SEMAINE, dernière semaine du carême, où l'on célèbre les mystères de la passion et de la mort de Notre-Seigneur Jésus-Christ. Autrefois on ne travaillait point pendant cette semaine; la justice vaquait. Aujourd'hui les fidèles se contentent d'un jeûne plus rigide. Voy. les jours de cette semaine.

SEMAINIER, nom donné à l'ecclésiastique chargé de faire l'office divin pendant la semaine, et qui doit assister à toutes les heures. — Ce mot a été étendu à tous les employés au service pendant huit jours. Au théâtre, c'est le comédien chargé pendant une semaine de tous les détails relatifs à l'exécution du répertoire.

SEMALE ou SEMAQUE, embarcation assez longue, à fond plat, dont se servent les Hollandais pour charger et décharger leurs grands vaisseaux et naviguer dans les canaux et sur les eaux tranquilles.

SEMALÉE (du grec *séma*, signe), surnom de Jupiter, ainsi nommé parce qu'il envoyait aux hommes des signes ou pronostics des événements futurs.

SEMANTRON, instrument de percussion en usage chez les Grecs de l'Archipel pour appeler le peuple à la prière, les Turks leur ayant interdit l'usage des cloches.

SEMAUA, ville de la Turquie d'Asie, à 50 lieues O. de Bassorah. C'était une des plus célèbres écoles des Chaldéens.

SEMBELLÀ, pour *semi-libella*, c'est-à-dire *demi-livre*, petite monnaie d'argent des Romains, était la moitié de l'as.

SÉMEI, fils de Géra et parent de Saül. Lorsque David fut obligé de s'enfuir de Jérusalem lors de la révolte d'Absalon, Séméi se mit à sa poursuite, l'accabla d'injures, et même lui lança des pierres. Dans la suite David lui pardonna; mais en mourant il recommanda à son fils Salomon de ne pas laisser cette offense impunie. Salomon se contenta de lui défendre sous peine de mort de quitter Jérusalem. Séméi ayant enfreint cette défense, Salomon le fit mettre à mort.

SÉMÉIAS, prophète qui défendit de la part de Dieu au roi Roboam de faire la guerre aux dix tribus révoltées. Il lui prédit aussi l'entrée de Sésac, roi d'Egypte, dans Jérusalem. Ce prophète avait écrit l'histoire de Roboam, qui ne nous est pas parvenue. — Faux prophète du temps de Néhémie, qui, s'étant laissé gagner par Sanaballat et les autres ennemis de Néhémie, voulut l'engager à se retirer dans le temple. — SÉMÉIAS DE NÉHÉLAM, faux phophète, vivait à Babylone, et écrivit plusieurs livres contre Jérémie, qui était à Jérusalem. Jérémie l'accabla par une réponse foudroyante.

SÉMÉIOLOGIE ou **SÉMIOTIQUE**, branche de la pathologie qui a pour objet la connaissance des signes des maladies et de toutes les indications qui s'y rapportent.

SÉMÉLÉ (myth.), fille de Cadmus et d'Hermione, fut aimée de Jupiter. La jalouse Junon, pour la perdre, lui persuada, sous les traits de Béroé sa nourrice, d'exiger de son amant qu'il se montrât à elle dans toute sa gloire. Jupiter lui accorda à regret cette demande, et parut devant elle armé des éclairs et de la foudre. Sémélé fut aussitôt consumée par le feu; mais l'enfant qu'elle portait dans son sein fut sauvé, et Jupiter l'emporta dans sa cuisse. Cet enfant fut Bacchus. Sémélé fut, après sa mort, mise au rang des immortelles, sous le nom de *Thioné*. — Quelques auteurs prétendent que Cadmus, s'étant aperçu de la grossesse de Sémélé, la fit enfermer dans un coffre, elle et son enfant, et qu'ensuite ce coffre fut abandonné à la merci des flots jusque chez les Brasiates, dans la Laconie, qui prirent soin de l'éducation du fils de Sémélé.

SEMELLE. En marine, ce mot désigne : 1° l'assemblage de trois planches mises l'une sur l'autre, en forme de semelle, et dont on fait usage pour aller à la bouline ; 2° des pièces de bois qui entourent un bateau. — En termes d'artillerie, c'est une planche de bois fort épaisse que l'on met sur les trois premières entretoises de l'affût et sur laquelle pose le canon. — En termes de charpenterie, c'est le nom d'une pièce de bois qui sert à soutenir des poutres quand le mur n'est pas assez fort. — Les semelles d'une tour sont des pièces de bois d'équarrissage, servant à supporter les jambages d'une tour.

SEMENCE (du latin *semen*). Toute espèce de substance qui se sème par la main de l'homme, grains, graines, noyaux, pepins, etc. Ainsi la semence est synonyme de *graine*. On doit toujours choisir la semence la plus lourde, la plus grosse et la plus mûre. — Les anciens appelaient *semences froides majeures* les graines de concombre commun, de melon, de citrouille et de courge; *semences froides mineures*, les graines de laitue, de pourpier, d'endive et de chicorée sauvage.

SEMEN-CONTRA, nom donné, en pharmacie, aux sommités ramifications supérieures, aux capitules fleuris et aux graines de trois espèces d'*armoises* (l'*armoise-contra*, l'*armoise juive* et l'*armoise santonique*), qui croissent en Perse et en Palestine. On les emploie très-souvent dans la médecine comme puissants vermifuges.

SEMENTINES (du latin *semero*, semer), fêtes des semailles que les laboureurs romains célébraient, quand ils avaient ensemencé leurs terres, pour obtenir d'abondantes récoltes.

SÉMÉRON, montagne de la tribu d'Ephraïm sur laquelle fut bâtie Samarie. Elle est célèbre dans l'histoire par la bataille qui s'y livra entre Jéroboam, roi d'Israël, et Abia, roi de Juda; le premier fut vaincu.

SEMI, mot latin dont la langue française se sert dans la composition d'autres mots. Il signifie *demi, moitié*. Ainsi une *semipreuve*, en jurisprudence, est une preuve imparfaite, qui n'est point décisive. Voy. les mots qui suivent.

SEMI-ARIENS ou **DEMI-ARIENS**. On a donné ce nom à ceux qui n'admettaient point le terme de *consubstantiel* dans le symbole des apôtres, quoiqu'ils reconnussent que le Fils était semblable au Père. On les nomma ainsi parce qu'ils n'avaient adopté qu'une partie des opinions d'Arius.

SEMI-BRÈVE, ancien nom, en musique, de la figure de note qu'on appelle maintenant *ronde*.

SEMI-CUBIQUE (PARABOLE), nom donné, en géométrie, à une courbe du second genre, dans laquelle les cubes des ordonnées sont entre eux comme les carrés des abscisses. On la nomme aussi *seconde parabole cubique*.

SEMI-DOUBLE, nom donné aux fleurs dont les pétales sont multipliés, mais non au point qu'on puisse les appeler *doubles*. — Les catholiques romains nomment *fêtes semi-doubles* les fêtes que l'on célèbre avec moins de solennité que les fêtes doubles, mais avec plus de solennité que les simples. On dit aussi *office semi-double*.

SEMI-FLOSCULEUSES, épithète qui s'applique aux fleurs composées, réunies dans un calice commun, et dans lesquelles le limbe des corollules se prolonge en languette du côté extérieur seulement. Les plantes qui ont de semblables fleurs appartiennent à la famille des corymbifères.

SEMIGALE, ancienne subdivision du duché de Courlande, compris aujourd'hui dans le gouvernement russe de ce nom. Le chef-lieu était MITTAU.

SEMIGERMAINS, nom que les anciens donnaient aux Helvétiens (Suisses) parce qu'ils étaient situés sur les confins de la Germanie.

SEMI-LUNAIRE, terme d'anatomie, ce qui est en demi-lune. L'os *semi-lunaire* est le second os de la rangée supérieure du carpe. Les *fibro-cartilages semi-lunaires* sont au nombre de deux et placés entre les condyles du fémur et les surfaces articulaires du tibia; les *ganglions semi-lunaires* appartiennent au nerf trisplanchnique, et sont placés dans la partie profonde de l'abdomen, au-dessus et en arrière de la capsule surrénale. Les *valvules semi-lunaires* sont les *valvules sigmoïdes*.

SEMI-MINIME, terme de musique ancienne, note qui valait la moitié de la minime. On la nomme aujourd'hui *noire*.

SÉMINAIRE, établissement où l'on élève les jeunes clercs pour les former aux connaissances et aux fonctions qui conviennent à l'état ecclésiastique. C'est ce qu'on nomme *grand séminaire*. — Les *petits séminaires* sont des maisons d'éducation dirigées par des ecclésiastiques, et qui servent à préparer les jeunes clercs à entrer dans les grands séminaires. — On nomme encore *séminaire* une maison de retraite pour des ecclésiastiques âgés ou infirmes. — Les séminaires sont sous la direction d'un *supérieur* ; les évêques en sont pour ainsi dire les recteurs, et ont une autorité immédiate sur eux. Il y a en France un grand séminaire par diocèse; on y enseigne la théologie et la philosophie. — Les réformés ont aussi des séminaires pour l'éducation des personnes qui se consacrent à la profession évangélique.

SÉMINAIRE DES MISSIONS ÉTRANGÈRES. Voy. MISSIONS.

SÉMINAL, du latin *semen*, ce qui a rapport à la semence, à la graine.

SÉMINATION, acte par lequel les graines ou semences des végétaux se dispersent et se reproduisent spontanément. On l'appelle encore *dissémination*.

SÉMINIFÈRE, nom donné à tout corps ou à une partie quelconque d'un végétal qui porte des graines.

SEMI-QUARTILE ou **SEMI-QUADRAT**, nom donné à l'aspect ou situation de deux planètes distantes l'une de l'autre de la quatrième partie, c'est-à-dire de la huitième partie du zodiaque, ou de 45 degrés.

SEMI-PÉLAGIENS, hérétiques du Vᵉ siècle, prétendaient que l'homme pouvait commencer à faire le bien par les seules forces du libre arbitre, et que la grâce ne lui était nécessaire que pour continuer et persévérer. On leur donna ce nom parce qu'ils n'avaient adopté qu'une partie des erreurs des pélagiens.

SEMI-QUINTILE, nom donné à la situation de deux planètes distantes l'une de l'autre de la moitié de la cinquième partie ou de la dixième partie du zodiaque, c'est-à-dire de 36 degrés.

SÉMIRAMIS, célèbre reine d'Assyrie. Les Assyriens, qui ont enveloppé son berceau de fables, la faisaient fille de la sirène Dercéto. Exposée dans un désert dès sa naissance, elle fut nourrie par des colombes (Sémiramis, en syrien, signifie *colombe*) jusqu'à ce qu'un berger, nommé Simmas, la recueillit et l'éleva dans sa famille. Devenue grande, Sémiramis épousa Ménonès, gouverneur de Ninive, et l'accompagna au siége de Bactres. Sa valeur et ses sages conseils contribuèrent à la prise de cette ville. Ninus, touché de sa beauté et de ses brillantes qualités, voulut forcer Ménonès à la répudier. Cet infortuné aima mieux se tuer, et Sémiramis devint l'épouse de Ninus et la reine d'Assyrie. Bientôt il abdiqua en sa faveur. Des historiens ont dit même, peu reconnaissants des bienfaits de Ninus, elle le fit assassiner. Sémiramis embellit Babylone, et en fit la plus belle ville du monde. (Voy. ce mot.) Les murailles gigantesques de cette cité, ses jardins suspendus, le temple de Bélus, des routes percées à grands frais, etc., signalèrent son règne. Elle conduisit elle-même ses armées à la conquête de l'Ethiopie et de l'Inde, et augmenta de beaucoup ses Etats. Au retour de son expédition, elle fut tuée par son fils Ninyas, vers l'an 1970 avant J.-C. Après sa mort, elle fut honorée comme une divinité. — Des mœurs licencieuses terminent son règne. On l'accuse même d'avoir conçu une passion criminelle pour son fils ; mais cette tradition est très-douteuse.

SÉMIRAMIS (MUR DE), mur bâti par l'illustre Sémiramis, et qui servait de rempart à la Mésopotamie du côté du nord. On en voyait encore les restes sous le règne de Julien.

SEMIS ou **SEMISSIS**, moitié de l'as romain, valait 6 onces. Ce nom du reste s'appliquait, à Rome, à la moitié de tout objet divisible.

SEMIS, terme d'agriculture et de jardinage. C'est la mise en terre de graines dont on veut obtenir des productions. Ce mot est surtout usité en parlant des arbres et des arbrisseaux que l'on fait venir par graines.

SEMISAT, petite ville de la Turquie d'Asie, à 25 lieues N. d'Orfa. Elle fut jadis, sous le nom de *Samosate*, la capitale de la Cumagène. C'est la patrie de Lucien et de Paul de Samosate.

SEMI-SEXTILE. On nomme ainsi, en astronomie, la situation de deux planètes distantes l'une de l'autre de la moitié de la sixième partie ou de la douzième partie du zodiaque, c'est-à-dire de 30 degrés.

SÉMITALES, dieux des Romains, présidaient à la garde des chemins (en latin, *semita*).

SÉMITIQUE, nom par lequel on désigne les langues orientales que l'on regarde comme ayant été parlées par les descendants de Sem. Telles sont les langues arabe, phénicienne, syriaque, hébraïque, etc.

SEMI-TON, nom donné quelquefois en musique au demi-ton.

SEMLIR, ville d'Esclavonie, vis-à-vis Belgrade, près du confluent de la Save et du Danube, à 14 lieues S.-E. de Péterwaradein. Elle a 8,000 habitants et un évêché grec. C'est un entrepôt très-important du commerce entre la Turquie et l'Autriche.

SEMNES (du grec *semnoi*, vénérables), secte de philosophes gymnosophistes où les hommes et les femmes étaient admis. Ils s'appliquaient à la recherche de la vérité, et se donnaient la faculté de lire dans l'avenir. Les femmes s'appliquaient à l'astrologie judiciaire.

SEMNOPITHÈQUE, genre de mammifères quadrumanes de la famille des singes de l'ancien continent, renfermant des singes voisins des guenons, et habitant le continent indien. Ils ont les membres longs et très-grêles, ainsi que le corps, les mains de devant étroites et allongées, à pouce très-court, la queue très-longue et musculeuse, le museau court et très-peu saillant; les callosités sont petites, les abajoues nulles ou rudimentaires. Ces animaux se font remarquer par leur intelligence et la douceur de leur caractère. On les apprivoise facilement. On en connaît plusieurs espèces.

SEMNOTHÉES, nom donné aux druides, qui faisaient profession d'honorer la Divinité (*semnoün*, honorer, *théos*, dieu) mieux que le reste des hommes.

SÉMOI, rivière d'Europe, prend sa source en Belgique, dans la province de Luxembourg, près de la ville d'Arlon, et se jette dans la Meuse, 2 lieues au-dessus de Charleville, département des Ardennes.

SEMOIR, instrument d'agriculture destiné à distribuer la semence avec plus de régularité et d'économie qu'il n'est possible de le faire quand on sème à la main.

SEMONCE, nom donné dans certaines sociétés littéraires à des discours critiques sur divers sujets.

SEMONES (par abréviation du latin *semi-homines*, demi-hommes), nom que les anciens donnaient aux dieux inférieurs, tels que les Faunes, les Satyres, Priape, Silène, Pan, etc. Ils tenaient le milieu entre les hommes et les dieux, et c'est ce qui leur avait donné leur nom.

SÉMONVILLE (Charles-Louis-Huguet, comte et marquis DE), né vers le milieu du dernier siècle, fut, encore jeune, conseiller au parlement de Paris. Il fut ensuite ambassadeur à Gênes, puis à Constantinople. La frégate qui le portait dans le Levant le relâcha en Corse, où il fit connaissance avec le capitaine Bonaparte. Revenu en France pendant la terreur, il reçut la mission de négocier le salut de la reine et de son fils avec le cabinet de Vienne. Arrêté au mépris du droit des gens, il fut retenu trois ans en prison, et fut échangé contre la fille de Louis XVI. Ambassadeur en Hollande après le 18 brumaire, il fut ensuite nommé sénateur. Créé pair de France et grand référendaire par Louis XVIII, il fut étranger au mouvement des cent jours, et vécut pendant ce temps dans ses terres. Il reprit ses fonctions au second retour du roi. La révolution de juillet éclata. M. de Sémonville alla trouver le roi à Saint-Cloud, lui montra la gravité de sa situation, et le supplia de toutes manières d'obéir au vœu de la nation. Sa voix fut trop tard écoutée, et, quand l'ordonnance de révocation arriva, la révolution était accomplie. M. de Sémonville est mort en 1839.

SEMOULE, gruau de froment qu'on obtient très-pur en le faisant passer par plusieurs tamis de différentes finesses. C'est avec de la semoule que les vermicelliers fabriquent leurs pâtes. — C'est aussi une espèce de pâte composée, réduite en petits grains, et dont on se sert dans les cuisines.

SEMPACH, lac du canton de Lucerne, en Suisse. Il a 2 lieues de long sur une de large. Sur ce lac est située la ville de *Sempach*, à 3 lieues N.-O. de Lucerne. Elle est célèbre par la bataille qui s'y livra le 9 juillet 1386, et où Léopold, duc d'Autriche, fut vaincu et tué par les Suisses.

SEMPLE, instrument qui fait partie du métier à faire des étoffes de soie, et qui est composé d'un nombre de ficelles proportionné au genre de l'étoffe qu'on veut fabriquer. Ces ficelles tiennent chacune par un bout à un œil de perdrix, et sont attachées par le bas à un long morceau de bois appelé *bâton de semple*.

SEMPRONIA, nom de deux familles romaines, l'une patricienne, l'autre plébéienne. A la première appartenait la branche des *Atratinus*; à la deuxième, appartenaient les *Blæsus*, les *Longus*, les *Tuditanus* et les *Gracques*. — Sœur des Gracques était femme du second Scipion l'Africain, que l'histoire accuse d'avoir fourni à Carbon, à Gracchus et à Flaccus, les moyens de tuer son mari. — C'est aussi un des noms de la célèbre Cornélie, mère des Gracques.

SEMPRONIA (Lois). Il y a plusieurs lois romaines de ce nom. Les plus célèbres sont celles-ci : la loi *Sempronia agraria prima*, décrétée par Tiberius Sempronius Gracchus (132 avant J.-C.), ordonna que tout citoyen qui posséderait une plus grande étendue de terres que ne le permettait cette loi (environ 170 hectares), perdrait l'excédant, qui serait au peuple. Cette loi excita de grands troubles, qui coûtèrent la vie à son auteur. La loi *Sempronia agraria altera*, décrétée par le même, ordonna que l'argent trouvé dans le trésor d'Attale, roi de Pergame, serait distribué aux pauvres citoyens, et que les domaines de ce prince seraient affermés au profit du peuple. La loi *Sempronia de libertate civium*, décrétée par le même l'an 118 avant J.-C., ordonna qu'on ne pourrait condamner un citoyen romain pour crime capital sans le concours du sénat. La loi *Sempronia de provinciis*, décrétée par Caïus Gracchus, régla que le sénat déterminerait, avant la nomination des magistrats, celles des provinces que les consuls tireraient au sort; elle ôta aux tribuns du peuple le droit de s'opposer aux décrets du sénat. La loi *Sempronia judicaria*, décrétée par le même l'an 123 avant J.-C., transporta aux chevaliers le pouvoir judiciaire, qui avait été depuis Romulus une des attributions de l'ordre des sénateurs.

SEMUR EN AUXOIS, ville de France, sur l'Armançon, chef-lieu d'arrondissement du département de la Côte-d'Or, à 18 lieues O.-N.-O. de Dijon. Population, 5,830 habitants. Cette ville fut jadis la capitale de l'Auxois, et pendant quelque temps celle du duché de Bourgogne. C'est la seule ville de cette province qui resta fidèle au parti du roi durant les troubles de la Ligue. Aussi Henri IV y transféra-t-il le parlement de Dijon en 1590, et y convoqua la même année les états de la province. Semur possède une bibliothèque publique de 15,000 volumes, un tribunal de première instance, un collège et des comices agricoles. Semur prépare activement en grains, vins, laines, chanvre, draps et serges.

SÉNACULUM, lieu où le sénat romain tenait ses assemblées. Il y en avait trois à Rome, l'un entre le Capitole et le Forum, un autre à la porte Capène, et le troisième près du temple de Bellone, dans le cirque Flaminien.

SÉNAT, assemblée de plusieurs personnes considérables, dans laquelle réside la principale autorité en certains Etats et principalement dans les républiques. — Le sanhédrin des Juifs était un véritable sénat. — Pendant le moyen âge, plusieurs républiques eurent un sénat, entre autres Venise. Les sénateurs de Venise ou *pregadi* devaient être nobles et avoir vingt-cinq ans. Ils représentaient l'aristocratie. Leur nombre, d'abord de soixante membres, fut porté dans la suite à trois cents. Le sénat déclarait la guerre, traitait de la paix, concluait les alliances, mais ne pouvait introduire aucun changement dans les lois sans la participation du grand conseil. Il nommait les ambassadeurs, et surveillait les diverses administrations. — La république de Raguse, les villes hanséatiques avaient des sénats électifs. — En France, la constitution de l'an VIII institua le *sénat conservateur*, composé de quatre-vingt-huit membres inamovibles et âgés de quarante ans au moins. Le sénat élisait lui-même ses membres, d'après les listes faites par les différents pouvoirs. Napoléon, en devenant empereur, conserva le sénat, qui se trouva alors composé des princes français, des grands dignitaires de l'empire, de quatre-vingts membres nommés sur la présentation de candidats choisis par l'empereur sur les listes dressées par les collèges électoraux des départements, enfin de citoyens élevés par l'empereur à ces hautes fonctions. Le président du sénat était choisi par l'empereur. Il était administré par deux préteurs, un chancelier et un trésorier pris dans son sein. Chaque sénateur avait 36,000 francs d'appointements. (Voy. **SÉNATORERIE**.) Le sénat adhéra à la déchéance de Napoléon en 1814, et la plupart de ses membres passèrent à la chambre des pairs. — En Belgique, le sénat est élu par le peuple, et partage la puissance législative avec la chambre des représentants. — En Russie, le sénat est un des grands corps de l'Etat. Il est présidé par le tzar, qui en nomme les membres. Il veille à l'exécution des lois, promulgue les lois et les édits de l'empereur, etc. — L'ancien sénat de Pologne est célèbre. — On voit encore des sénats à Francfort-sur-le-Mein, en Suède, aux îles Ioniennes, à Cracovie, aux Etats-Unis, à Haïti, au Brésil et dans plusieurs autres républiques américaines.

SÉNAT ROMAIN, conseil perpétuel de la république romaine, fut institué par Romulus. D'abord composé de cent membres, il fut porté dans la suite à trois cents, que l'on nommait *patres* (pères) et *patres conscripti*. (Voy.) Ce nombre varia selon les temps. Auguste le fixa à soixante. Le pouvoir d'élire les sénateurs appartenait d'abord aux rois, puis aux consuls et aux tribuns militaires, plus tard au censeur. Quelquefois ils furent nommés par le peuple. On ne pouvait entrer au sénat que sous la condition de posséder un capital de 800,000 sesterces (porté par Auguste à 1,200,000), et d'avoir exercé une charge dans la république. Le sénateur inscrit le premier sur les tablettes du censeur s'appelait *prince du sénat*, et conservait cette dignité toute sa vie. Tous les cinq ans, le censeur faisait le recensement des sénateurs. Leurs marques distinctives étaient le laticlave, une chaussure noire sur leur laquelle le pied et la moitié de la jambe, un croissant d'argent attaché sur cette chaussure. En outre, ils avaient une place distinguée dans les spectacles, et ils pouvaient se faire défrayer aux dépens du public dans leurs voyages. Tout ce qui avait rapport à la religion, à l'administration de l'Etat, la direction des guerres, les jeux à célébrer, etc., étaient les objets des délibérations du sénat. Ses décrets s'appelaient *senatus-consultes*. Le pouvoir du sénat, d'abord presque nul sous les rois, devint très-étendu sous la république; la nomination des tribuns l'affaiblit un peu, et l'empire l'accabla entièrement. Les sénateurs furent les esclaves des césars, et leur puissance devint tellement nulle et dérisoire, que Justinien abolit ce corps illustre en 568, 1321 ans après son institution.

SÉNATORERIE, résidence seigneuriale d'un sénateur. Sous l'empire français, un sénatus-consulte du 22 nivôse an XI créa trente-cinq sénatoreries, dotées chacune de 25,000 francs de revenu, et qui devaient être possédées chacune à vie par un sénateur, choisi par l'empereur sur une liste de trois candidats présentés par le sénat. Les sénateurs pourvus d'une sénatorerie étaient tenus d'y résider au moins trois mois par année. Ils étaient chargés de missions extraordinaires dans leurs arrondissements, et ils n'en rendaient compte qu'à l'empereur. Cette institution tomba avec l'empire.

SÉNATUS-CONSULTE, nom commun qui s'appliquait à tous les actes faits au nom du sénat. Dans la rédaction d'un décret, on écrivait d'abord le temps et le lieu, ensuite le nom des sénateurs présents, puis la proposition même sous le nom du magistrat qui en était l'auteur. Après ce préambule venait le texte de la loi. Les sénatus-consultes étaient portés au trésor, où ils étaient enregistrés parmis les autres lois. Cette formalité leur donnait force de loi, et jusque-là on n'était pas encore tenu d'y obéir. — L'empire français ressuscita cette expression, qui s'éteignit avec lui.

SENAU, espèce de grand bâtiment à deux mâts. Il est surtout usité pour le commerce. Son port est de 180 à 260 tonneaux.

SENÉ, nom donné, en pharmacie, aux folioles, aux pétioles et aux follicules de plusieurs espèces du genre *casse*, que les médecins emploient comme un excellent purgatif. — On applique vulgairement ce nom à des plantes chez qui les feuilles ont une saveur âcre et dont les semences sont purgatives : le *séné arguel* est un *cynanche*; le *séné bâtard* ou *sauvage*, la *coronille des jardins*; le *séné des prés*, la *gratiole commune*; le *séné d'Europe*, un *baguenaudier*, que l'on nomme aussi *faux séné*; le *séné des Provençaux*, la *globulaire turbith*; le *séné d'Amérique*, la *casse de Maryland*.

SENEBIER (Jean), né à Genève en 1742, devint ministre du saint Evangile en 1765, et en 1769 bibliothécaire de la république de Genève. Il mourut en 1809, membre de diverses sociétés savantes. Il a écrit des ouvrages de philosophie et de physiologie. Il était grand naturaliste. On a de lui l'*Art d'observer*, des *Recherches sur l'influence de la lumière solaire*, l'*Histoire littéraire de Genève*, une *Météorologie pratique*, un *Almanach météorologique* et une *Physiologie végétale*. Ce dernier ouvrage est compris dans l'Encyclopédie méthodique.

SENECA, lac des Etats-Unis d'Amérique, dans l'Etat de New-Yorck, au N. de la ville de Catherines-Town. Il a 11 lieues de long sur environ 2 de large. Il est traversé par la rivière de *Seneca*, qui se jette dans le lac Ontario. Il donne son nom à un comté de 18,000 habitants, et qui est habité en grande partie par une tribu indienne.

SENECA, petite ville de Corse, dans la partie septentrionale de cette île, chef-lieu de canton dans l'arrondissement de Bastia, à 9 lieues de cette ville. On y voit au sommet d'un pic élevé une tour ancienne qui porte le nom de *Tour de Sénèque* (*Torre di Senoca*), parce que ce philosophe, dit-on, y résida pendant son exil.

SENEÇAI ou SENECE (Antoine BAUDERON DE), né à Mâcon en 1643, suivit le barreau, et après diverses vicissitudes acheta en 1673 la charge de premier valet de chambre de la reine Marie-Thérèse, femme de Louis XIV. A la mort de cette princesse (1683), il trouva un asile chez la duchesse d'Angoulême, après la mort de laquelle (1713) il se retira dans sa patrie, où il mourut en 1737. Il cultiva avec succès la littérature. Ses poésies sont piquantes et agréables. On a de lui des *épigrammes*, des *nouvelles* en vers, des *satires*, le conte du *Kaimac*, le poëme des *Travaux d'Apollon*.

SÉNÉCHAL, fonctionnaire royal appelé aussi *grand maître de France*, était dans l'origine préposé à tout ce qui était relatif à la table du roi. Cette charge, qui ne fut d'abord qu'un emploi de la domesticité du prince, devint bientôt la première dignité de l'Etat. Le sénéchal réunit toutes les branches de l'autorité royale, finances, justice, commandement des armées, etc. Cette charge fut longtemps héréditaire dans la famille des comtes d'Anjou. Depuis, elle a été conférée presque toujours au plus proche parent du roi. Le comte de Brézé fut le dernier sénéchal de France sous Louis XII (1490). Les connétables de France héritèrent de cette dignité. — A l'instar des rois, les grands vassaux de la couronne et les seigneurs qui avaient haute, moyenne et basse justice eurent un sénéchal; c'était le principal officier de justice de leur fief. — Il y avait encore des sénéchaux dans les provinces, qui étaient officiers d'épée et avaient le commandement des armes dans leur ressort, la conduite de l'arrière-ban. La justice était rendue en leur nom. Ils avaient le droit de présence dans leurs siège; mais leurs fonctions n'étaient qu'honorifiques, et étaient remplies par leurs lieutenants.

SÉNÉCHAL D'ANGLETERRE (GRAND), le premier officier de la couronne d'Angleterre. Cette dignité fut supprimée par le roi Henri IV. On l'a rétablie depuis, mais non immuablement, et seulement pour des cas extraordinaires.

SÉNÉCHAUSSÉE. Ce mot s'appliquait 1º au ressort de la juridiction du sénéchal; 2º au lieu où siégeaient les juges de cette juridiction. Ces tribunaux étaient à peu près analogues aux bailliages. On en voit une preuve aux états généraux, où les députés étaient élus par bailliages et par sénéchaussées. Ces tribunaux ont été supprimés à la révolution.

SÉNÉCIONÉES, division établie par Cassini dans la famille des synanthérées. Elle comprend le genre séneçon.

SÉNEÇON, genre de la famille des synanthérées, renfermant des plantes extrêmement communes dans les diverses régions du globe, aux tiges rameuses, aux feuilles alternes, aux fleurs radiées, jaunes ou rouges, disposées en corymbes terminaux, aux graines munies d'une longue aigrette. Le *séneçon commun*, qui croît partout, est regardé comme émollient en médecine. On l'emploie dans les lavements adoucissants et dans les cataplasmes. Le *séneçon élégant* ou *d'Afrique* est cultivé dans les jardins à cause de ses fleurs d'un beau rouge à la circonférence, d'un jaune doré dans le centre. On en a obtenu des variétés de plusieurs couleurs. Le *séneçon jacobée* a été recommandé dans les érésipèles et la dyssenterie. On en retire une teinture brun olive fort solide, et ses fleurs donnent un vert foncé très-beau.

SENEFELDER (Aloïs), Allemand, est célèbre par l'invention de la lithographie (1808). Il lui dut la fortune à laquelle il s'éleva par la suite, et mourut en 1834.

SÉNÉGAL ou ZENACA, grand fleuve d'Afrique, prend sa source dans la montagne de Kong, au royaume de Foutah-Djallen. Il coule de l'E. à l'O., et son cours, d'abord embarrassé par de nombreuses cataractes, devient majestueux et tranquille. Il se divise vers la fin de son cours en plusieurs branches qui se rejoignent ensuite et se déchargent dans l'océan Atlantique par une large embouchure. Il a la longueur de son cours et de 450 lieues. Il est sujet à des débordements périodiques comme le Nil. Il serait navigable pour de grands bâtiments si la barre de son embouchure ne leur en interdisait l'entrée. A la partie inférieure de son cours, le Sénégal forme plusieurs îles. La plus importante est l'*île Sénégal* ou *Saint-Louis*. Sous ce nom on comprend aussi souvent la *Sénégambie*.

SÉNÉGALI, nom donné à de petits oiseaux du genre *gros-bec*, habitant les contrées lointaines, mais surtout à une espèce du *Sénégal*, dont le plumage est teint de rouge vineux et de brun verdâtre; son bec est rougeâtre, et son iris d'un brun rougeâtre. Les sénégalis vivent par troupes, et se nourrissent de graines.

SÉNÉGAMBIE ou NIGRITIE OCCIDENTALE, vaste contrée de l'Afrique occidentale, qui s'étend le long de l'Atlantique depuis le cap Blanc jusqu'au fleuve de Nunez, entre le Sénégal et la Gambie. La Sénégambie supérieure, comprise entre le cap Blanc et le fleuve du Sénégal, appartient au désert du Sahara; elle est habitée par des Maures mahométans; la Sénégambie moyenne est située le long du Sénégal, et est habitée par des nègres (les Foullahs, les Walofs, etc.), agriculteurs ou commerçants. On y trouve toutes les productions du Midi, le dattier, le cotonnier, le tabac, le poivre, etc.; des mines d'or, de fer et de sel. Les éléphants, rhinocéros, buffles, chameaux, lions, tigres, etc., s'y voient en abondance. La Sénégambie inférieure comprend la contrée que baigne la Gambie. — Les Français ont dans ce pays plusieurs comptoirs commerciaux. Les principaux chef-lieu de la colonie, *Bakel*, *Makana*, *Galam*, l'*île de Gorée* et *Albréda*. La population de cette partie française est de 15,600 habitants.—Les Portugais possèdent la ville de Cachao, l'île de Bissago et d'autres places qui dépendent du gouverneur du cap Vert. — Les Anglais sont établis sur la côte de la Gomme, à Portendik, aux îles de James, à l'embouchure de la Gambie, de Bulam et de Sainte-Marie. — Le climat de la Sénégambie est chaud en été, malsain dans la saison des pluies. Le sol est fertile et bien cultivé par les Maures. Le commerce consiste spécialement dans la traite de la gomme, celle des peaux de bœuf, d'ivoire, d'or, de bois précieux, etc., qu'on échange contre les outils, les armes et les étoffes des Européens.

SÉNÈQUE LE RHÉTEUR (L. Annæus Seneca), né à Cordoue en Espagne vers l'an 38 avant J.-C., vint à Rome sous le règne d'Auguste, et y enseigna la rhétorique avec distinction. Il est surtout connu par un recueil de déclamations que l'on a faussement attribué à son fils. Ce recueil se compose de deux parties intitulées, l'une *Suasoriarum liber I*, l'autre *Controversiarum libri X*. De ces dix livres de controverses, nous n'avons que les premier, deuxième, septième, neuvième et dixième. Ces ouvrages sont pleins d'enflure et de mauvais goût. Sénèque avait épousé Helvia, illustre dame espagnole, dont il eut trois fils. Sénèque le philosophe et Annæus Méla, père du poëte Lucain, furent les plus célèbres.

SÉNÈQUE LE PHILOSOPHE, fils du précédent, né à Cordoue en Espagne l'an 2 ou 3 de J.-C., vint à Rome avec son père, et se livra d'abord à la carrière du barreau. Ses succès ayant donné de l'ombrage à Caligula, qui voulut même le faire mourir, il y renonça, et se consacra entièrement à l'étude de la philosophie. Ayant obtenu la charge de questeur, il fut, au commencement du règne du Claude, exilé en Corse sur une fausse accusation. Rappelé par Agrippine en 48, il fut élevé à la préture et chargé d'élever son fils Néron qu'elle destinait à l'empire; il lutta longtemps et sans succès contre les mauvaises inclinations de son élève. Néron lui manqua d'abord de la reconnaissance; mais, fatigué de ses remontrances, ce prince le soupçonna d'avoir pris part à la conjuration de Pison, et lui ordonna de se donner la mort. Sénèque se fit ouvrir les veines, et mourut avec courage. On lui reproche d'avoir pris part au meurtre d'Agrippine.—Sénèque fut un des plus illustres écrivains de son temps : on a de lui un *Traité des bienfaits*, trois *Livres sur la colère*, *de la Clémence*, à Néron, *de la Tranquillité d'âme*, *de la Vie heureuse*, *de la Brièveté de la vie*, *de la Constance du sage*, *de la Providence*, *de la Retraite du sage*, cent vingt-quatre *lettres*, des *Consolations* à diverses personnes, sept livres de *Questions naturelles ou physiques*; on lui attribue aussi des *tragédies* et des *épigrammes*. Sa philosophie est pure et noble, et se rapproche du stoïcisme. Son style est brillant, spirituel, souvent éloquent, mais plein d'enflure, d'antithèses, de métaphores, etc. On l'a accusé d'avoir contribué à la décadence de la littérature latine.

SÉNÈQUE LE TRAGIQUE, auteur latin sous le nom duquel nous ont été conservées dix tragédies latines, intitulées : *Médée*, *Hippolyte*, *les Troyennes*, *Agamemnon*, *OEdipe*, *Thyeste*, *Hercule furieux*, *Hercule au mont OEta*, *la Thébaïde*, *Octavie*. On ignore quel est cet auteur. On a attribué ces ouvrages à Sénèque le philosophe. Juste Lipse a pensé que Médée était de cet écrivain, et que les autres appartenaient à un Sénèque qui aurait vécu du temps de Trajan. La plupart des critiques attribuent à Sénèque le philosophe Médée, Hippolyte, Agamemnon et les Troyennes. Les six autres pièces paraissent être dues à plusieurs écrivains, et avoir été annexées au recueil des tragédies de Sénèque par les copistes ; ce qui les a fait attribuer au même auteur.

SÈNES, nom que l'on donnait aux druidesses, et en particulier à de jeunes filles de l'île de Sain (en latin, *Sena*), sur la côte S. de Bretagne, attachées au culte des divinités gauloises, et forcées de garder une perpétuelle virginité. On leur attribuait le pouvoir de prédire l'avenir, de guérir les maladies et d'exciter ou d'apaiser les tempêtes par leurs chants.

SÉNEVÉ. Voy. MOUTARDE.

SENEZ, petite ville de France, chef-lieu de canton du département des Basses-Alpes, dans l'arrondissement et à 7 lieues et demie de Castellane, sur la rive gauche de l'Asse. Population, 990 habitants. C'est une ville fort ancienne. Elle devint en 450 le siége d'un évêché dont le titulaire prenait le titre de seigneur de Senez, et qui a été supprimé à la révolution. Cette petite ville est située sur une colline riante et entourée de monts élevés et arides, où croissent seulement des arbres petits et rabougris.

SÉNIEUR, du latin *senior*, nom qu'on donnait dans plusieurs communautés au plus ancien, au doyen ; c'est ainsi qu'on disait le sénieur de Sorbonne.

SÉNILE, du latin *senex*, vieillard, ce qui tient à la vieillesse ; c'est dans ce sens qu'on dit faiblesse sénile.

SENJIAK SCHERIFI, nom donné chez les Turks à l'étendard de Mahomet, fait d'étoffe verte et couvert de versets du Coran tracés en broderie d'or. On l'appelle aussi plus exactement *sandjak*.

SENLIS, ville de France, sur la Nonette, chef-lieu d'arrondissement du département de l'Oise, à 12 lieues S.-E. de Beauvais. Population, 5,800 habitants. Cette ville est ancienne, et acquit de l'importance sous les Carlovingiens. Elle avait le droit de battre monnaie. On y construisit un château fort, où Pepin, roi d'Aquitaine, fut enfermé en 853. La ville fut érigée en comté, et dépendit du duché de Vermandois. En 1588, Henri III en fit réparer et agrandir les fortifications. Les ligueurs, s'en étant emparés l'année suivante, en furent chassés. Senlis est bâti sur le penchant d'une colline entourée de grandes forêts. On voit des restes de ses anciennes fortifications. Sa cathédrale est belle et remarquable par sa flèche élevée. Cette ville a un théâtre, une bibliothèque publique de 8,200 volumes, un tribunal de première instance.

SENNAÄR, plaine d'Asie, située entre le Tigre et l'Euphrate, un peu au-dessus de la jonction de ces deux fleuves. C'est là que s'établirent les descendants de Noé après le déluge, et qu'ils entreprirent d'élever la tour de Babel. C'est aussi de cette plaine que partirent les hommes pour se répandre sur toute la terre.

SENNAAR, royaume d'Afrique, comprenant la partie méridionale de la Nubie, entre le Kordofan et l'Abyssinie, arrosé par le Nil et le Tacazze. Le sol est plat et stérile en général ; les rives des fleuves forment des plaines fertiles et bien cultivées, qui produisent du riz, du millet, de l'orge, du tabac, du bois d'ébène et de santal, etc. On en retire de l'or, de l'ivoire, des plumes d'autruche et des esclaves. Il y règne une chaleur insupportable, surtout pendant l'été. La population du Sennaar est de 500,000 habitants, nègres mahométans, Schilluks, Arabes, Bédouins et Dahiras, gouvernés par un roi absolu, investi de la suprême autorité, à la condition d'être décapité aussitôt que ses ministres jugent sa mort nécessaire au salut du pays. Depuis 1821, ce roi reconnaît la suzeraineté du sultan des Turks.—La capitale est SENNAAR. Les forces de l'État s'élèvent à près de 40,000 hommes.

SENNAAR, capitale du royaume de ce nom, en Afrique, près de la rive occidentale du Nil. Sa population est de 15,000 ha-

bitants. Cette ville est très-mal bâtie. Le palais du roi est construit en argile. Elle fait un grand commerce avec l'Egypte, l'Abyssinie et la Nigritie.

SENNACHÉRIB, fils de Salmanazar, roi d'Assyrie, succéda à son père vers l'an 714 avant J.-C. Ezéchias, roi de Jérusalem, ayant refusé de payer le tribut auquel il était assujetti, Sennachérib envahit la Judée. Ezéchias lui envoya demander la paix, que Sennachérib promit de lui accorder moyennant 30 talents d'or et 300 d'argent ; mais, après avoir reçu cette somme, le roi n'en continua pas moins les hostilités. Le Seigneur, irrité, envoya dans son camp l'ange exterminateur, qui dans une seule nuit fit périr 185,000 hommes. Sennachérib retourna alors dans ses États, et fut tué à Ninive par deux de ses fils (700). Assarhaddon lui succéda.

SENNE ou SENA, fort Portugais, sur la côte orientale d'Afrique, près le fleuve Cuama, à 75 lieues N.-O. de Sofala.

SENNE, petite rivière de Belgique, qui passe à Bruxelles et se jette dans la Dyle.

SÉNONAIS, petite province de France, ancienne subdivision de la Champagne, située le long de l'Yonne, et dont SENS était la capitale. Elle tirait son nom des *Senones*, qui l'avaient habitée.

SÉNONES, peuple puissant des Gaules, au N.-E. de la Loire, entre les Aureliani, les Carnutes, les Parisii, les Meldi, les Tricasses, les Lingones et les Eduens. Vers l'an 397 avant J.-C., une nombreuse colonie de Sénonais envahit l'Italie sous la conduite de Brennus et pilla Rome ; d'autres s'établirent dans le nord de l'Italie. (Voy. l'art. suivant.) Lorsqu'on forma la quatrième Lyonnaise, les Sénones, comme le plus puissant des peuples de la confédération, lui donnèrent leur nom ; elle s'appela *Senonia*, et comprit les peuples du pays Chartrain (Carnutes), ceux de l'Orléanais (Aureliani), ceux de l'Auxerrois (Antissiodorenses), ceux de l'Ile-de-France (Parisii) et ceux de la rive gauche de la Marne (Meldi). La cité principale de ces peuples était *Agedincum* ou *Senones*, aujourd'hui *Sens*.

SÉNONES, peuple de la Gaule cisalpine, était situé dans le pays borné au N. par l'Adriatique, à l'E. par le Picenum, au S. par l'Ombrie, et à l'O. par la Gaule cisalpine. Il devait son nom aux Gaulois Sénonais, qui s'y établirent sous la conduite de Brennus. Unis à d'autres peuples d'Italie, les Sénones firent la guerre aux Romains, et furent à la fin défaits et soumis par Dolabella. Leurs villes principales étaient *Rimini* et *Pesaro*.

SENONES, petit bourg de France, département des Vosges, chef-lieu de canton de l'arrondissement et à 2 lieues et demie de Saint-Dié. C'était autrefois le chef-lieu de la principauté de Salm, et il y avait une abbaye de bénédictines.

SENS, ville de France, sur l'Yonne, chef-lieu d'arrondissement du département de ce nom, à 14 lieues et demie d'Auxerre. Population, 11,200 habitants. Cette ville est très-ancienne et fut la capitale des *Senones*, peuple gaulois très-puissant. Elle fut prise par César après un long siége, et devint la métropole de la quatrième Lyonnaise ou Sénonaise. Elle devint au IIIe siècle le siége d'un archevêché dont le titulaire prit le nom de *primat des Gaules et de la Germanie*, et qui fut un des plus importants de la France. Cette ville fit partie du royaume de Bourgogne, et eut des comtes particuliers. On y tint plusieurs conciles, dans l'un desquels saint Bernard fit condamner comme hérétique Abailard. Sens embrassa le parti de la Ligue. Henri IV l'assiégea sans succès en 1590, et n'en prit possession qu'en 1594. Placée dans la généralité de Champagne, Sens se trouvait à la révolution capitale du pays nommé *Sénonais*. En 1814, elle fut assiégée et prise par les Wurtembergeois. — Sens possède une belle cathédrale, des ruines de monuments antiques, une bibliothèque publique de 6,000

volumes, un tribunal de première instance et de commerce, et un collége. Son archevêché a pour suffragants les évêchés de Troyes, Nevers et Moulins.

SENS, faculté par laquelle les animaux reçoivent l'impression des qualités d'un corps. Les sens sont au nombre de cinq, la *vue*, l'*ouïe*, l'*odorat*, le *goût* et le *toucher*. Ils se rencontrent avec plus ou moins de perfection chez les animaux des classes supérieures ; ceux des classes inférieures ne les ont pas tous, ou les ont extrêmement bornés.

SENSIBILITÉ, disposition du corps ou de l'esprit à recevoir l'impression des objets. La sensibilité est, en physiologie, la propriété qu'ont toutes les parties vivantes de recevoir des impressions qui déterminent l'exercice des fonctions. On nomme *organique* celle qui reçoit des impressions dont nous n'avons pas conscience : elle préside à toutes les fonctions organiques, et se manifeste chez les végétaux et aux animaux ; et *animale*, celle qui reçoit les impressions dont nous avons conscience. Elle n'existe pas dans les végétaux ; c'est d'elle que dérivent les sensations externes, l'olfaction, la vision, l'audition, la soif, la faim, les douleurs, etc.

SENSIBLE (NOTE), nom donné, en musique, à la septième note d'une gamme, parce qu'elle fait à l'ouïe plus souvent obligée de monter sur la huitième note, qui est l'octave de la tonique, et qu'elle fait pressentir cette note.

SENSITIVE, espèce du genre *mimeuse* (*mimeuse pudique*), qui, plus que les autres, jouit de la propriété de contracter ses feuilles à la simple approche d'un corps étranger. — On nomme aussi *sensitives* plusieurs plantes chez qui on remarque un semblable phénomène d'irritabilité. Tels sont aux oxalide, les rossolis, le carambolier, etc.

SENSORIUM, mot latin par lequel les philosophes désignent le centre commun des sensations, l'âme.

SENTENCES (MAITRE DES), nom donné à Pierre Lombard, célèbre docteur qui a fait un *Livre des sentences*.

SENTIA (myth.), divinité protectrice des enfants chez les Romains. C'était elle qui inspirait aux hommes leurs pensées, leurs sentiments.

SENTIA. Deux lois célèbres de Rome ont porté ce nom : la première fut décrétée par le consul C. Sentius Saturninus, l'an 19 avant J.-C., et ordonna de choisir un certain nombre de personnes pour compléter le nombre des sénateurs. La deuxième, nommée *Ælia Sentia*, portée sous les auspices des consuls C. Sentius Saturninus et Sextus Ælius Catus, l'an 4 de J.-C., interdit le commerce, le mariage et le droit de tester, aux affranchis qui pendant leur esclavage avaient été marqués au front ou avaient été mis aux fers pour divers délits. Elle prescrivit encore que les patrons qui négligeraient de nourrir leurs affranchis tombés dans l'indigence perdraient les droits qu'ils s'étaient réservés sur leurs personnes ou sur leurs héritages. Justinien abrogea cette loi.

SENTINE, la partie la plus basse du navire, dans laquelle s'écoulent toutes les ordures. C'est aussi un bateau dont on se sert sur la Loire pour voiturer le sel.

SENTINELLE, nom donné au soldat armé, placé en quelque poste pour surveiller, découvrir les ennemis, prévenir les surprises et exécuter tout ce qui a été prescrit. On le nomme aussi *factionnaire*. On appelle *sentinelle perdue* un soldat que l'on place dans un poste dangereux.

SENTIS, montagne de Suisse, dans le canton d'Appenzell. Elle est haute de 7,670 pieds.

SÉPALE, nom donné aux découpures ou folioles, ordinairement vertes, qui composent le calice des fleurs. Le calice est *monosépale* quand les découpures sont adhérentes par leur bord, et *polysépale* quand les divisions sont parfaitement distinctes. On se sert aussi parfois du mot *phylle* au lieu de *sépale*, et l'on dit *monophylle* ou *polyphylle* dans le même cas.

SÉPARATION, action de disjoindre, de séparer. En jurisprudence, on nomme *séparation de biens* un régime particulier qui conserve à chacun des époux la propriété et l'administration de ses biens; *séparation de corps*, une autorisation qu'un jugement peut accorder aux époux, pour des causes graves, de prendre des domiciles séparés; *séparation de dettes*, la clause par laquelle les époux déclarent exclure de la communauté les dettes antérieures au mariage; *séparation de patrimoine*, le bénéfice accordé aux héritiers d'une succession pour empêcher la confusion des biens de la succession avec ceux de l'héritier.

SÉPARATISTES. Voy. BROWNISTES.

SÉPARATOIRE, ancien nom d'un vaisseau chimique de forme oblongue, propre à séparer les liqueurs, et d'un instrument de chirurgie servant à séparer le péricrâne.

SÉPHER, montagne où les Israélites firent leur vingtième campement.

SÉPHIROTH, mot hébreu qui signifie *les splendeurs*, et que les cabalistes employaient pour désigner les dix perfections de l'essence divine, dont la connaissance était le plus haut degré de leur théologie contemplative. Ces dix sephiroths étaient : 1º la couronne; 2º la sagesse ; 3º l'intelligence; 4º la force ou la sévérité; 5º la miséricorde ou la magnificence; 6º la beauté; 7º la victoire ou l'éternité; 8º la gloire; 9º le fondement ; 10º la royauté.

SÉPHORA (en hébreu, *belle*), fille de Jéthro, du pays de Madian. Moïse l'épousa et en eut deux fils, Eliézer et Gerson. — Sage-femme d'Egypte, refusa de faire périr les enfants mâles des femmes juives, quoique Pharaon le lui eût ordonné.

SEPIA, mot latin qui désigne le mollusque appelé *sèche*. Dans les arts, on nomme ainsi une couleur faite avec la liqueur noire que l'on retire des mollusques céphalopodes. Elle ressemble à l'encre de Chine, et sert aux mêmes usages.

SEPS, genre de l'ordre des sauriens, famille des scincoïdiens, renfermant des reptiles au corps très-long, cylindrique, serpentiforme et couvert d'écailles arrondies et imbriquées, à tête petite, peu obtuse, recouverte de plaques. Les pieds, au nombre de quatre, sont très-minces et très-courts, terminés par un ou plusieurs doigts. Le *seps tridactyle* ou *cicella* a les pieds terminés par trois doigts très-courts. Sa taille varie de six à quinze pouces ; son corps est long et mince, d'un gris d'acier, avec quatre raies longitudinales brunes. Ce seps est vivipare ; il se nourrit d'insectes et vit dans les endroits garnis d'herbes, près des lieux marécageux. On le trouve en France, dans le Midi et dans l'Italie.

SEPSIS, mot grec qui désigne en médecine la putréfaction.

SEPT, nombre impair qui suit immédiatement six, et qui précède le nombre huit. C'est un des nombres premiers en ce sens qu'il n'est divisible que par lui-même ou par l'unité. — *Sept* se prend quelquefois pour *septième* : ainsi l'on dit *Charles VII.* — Ce nombre est consacré dans les livres saints par un grand nombre de circonstances et d'événements. Dieu se reposa le septième jour de la création ; le sabbat fut fixé au septième jour; on laissait reposer les terres chez les Juifs chaque septième année, etc. — Chez les Grecs, on retrouve les sept sages et les sept merveilles du monde. — Enfin le christianisme a ses sept sacrements, sept péchés capitaux, etc. — Les cabalistes prétendaient que ce nombre avait la vertu d'évoquer les génies planétaires, et de les contraindre à opérer des prodiges.

SEPTANTE, ancien nom du nombre appelé aujourd'hui *soixante-dix*, composé de sept dizaines. — Ce mot est consacré pour désigner les soixante-douze interprètes que Ptolémée Philadelphe employa à traduire en grec les livres sacrés des Juifs, ou du moins le Pentateuque. Cette version grecque est encore en usage dans les Eglises d'Orient, et ce fut la traduction ordinaire et canonique dont se servit l'Eglise dans les premiers siècles. — On nomme *chronologie des Septante* un calcul des années du monde fort différent de celui du texte hébreu et de la Vulgate. Il donne au globe 1466 années de plus que le texte hébreu. — Le *septante* sont encore les semaines de la prophétie de Daniel ; ce sont des semaines d'années, marquant l'avénement du Messie.

SEPT-COMMUNES (LES), nom donné à sept villages situés au N. de l'Italie, sur les montagnes escarpées et stériles qui séparent le Vicentin du Tyrol, dans le royaume lombardo-vénitien. Ces villages sont ceux d'*Asiago*, *Enego*, *Foza*, *Roviana*, *Gello*, *Lusiana* et *Rozzo*. Le chef-lieu est *Asiago*. Les habitants de ces communes ont toujours été dépendants du gouvernement de Venise, dont les Etats s'étendaient jusqu'à leur pays. Chaque année ils choisissent leurs administrateurs dans les assemblées générales. Ils descendent des Cimbres, et parlent une langue particulière. C'est un peuple de bergers ; il fabrique beaucoup de chapeaux de paille.

SEPTEMBRE, neuvième mois de l'année, ainsi nommé parce qu'il était le septième de l'année romaine avant que le commencement de l'année eût été fixé au mois de janvier. Vulcain en était le dieu tutélaire. Le soleil entre dans le signe de la Balance le 22 septembre. — C'est pendant ce mois qu'on ordinairement lieu les vendanges.

SEPTEMBRE(JOURNÉES DE),nom donné aux massacres des prisons qui eurent lieu à Paris en 1792, depuis et y compris le dimanche 2 septembre jusqu'au 7 septembre. Ils durèrent cinq jours et cinq nuits. Pendant ces journées, deux cents hommes au plus en égorgèrent deux mille au moins. Les massacres eurent lieu aux Carmes, à l'Abbaye, à la Force, à la Salpêtrière, à Bicêtre. On ignore quel fut l'instigateur de ces massacres, faits à ce qu'il paraît dans le but d'intimider les ennemis de la république; mais on soupçonne que ce fut Danton, alors ministre de la justice. — Ces massacres se reproduisirent dans plusieurs autres villes de France, mais avec moins de gravité. Les principaux eurent lieu à Lyon, à Meaux, à Reims, à Orléans et à Versailles.

SEPTEMVIRS (en latin, *septemviri epulones*), prêtres romains chargés de préparer et d'ordonner les rites sacrés dans les jeux publics et les solennités religieuses.

SEPTÉNAIRE, ce qui est au nombre de sept. Il signifie aussi un des espaces de la vie de l'homme quand on en divise tout le cours en plusieurs parties, chacune de sept ans, à compter du jour de la naissance. — Dans l'ancienne université, on appelait *septénaires* les maîtres ès arts qui avaient enseigné pendant sept ans continus.

SEPTENNALITÉ, mot nouveau que l'on a employé pour désigner la durée de sept ans de certaines assemblées publiques. Une chambre législative *septennale* est celle qu'on renouvelle tous les sept ans.

SEPTENTRION, synonyme de *nord*. — Il se dit aussi, en astronomie, d'une constellation du nord, qu'on appelle plus communément la *petite Ourse*. — *Septentrional* désigne tout ce qui a rapport au septentrion.

SEPTÉRIES, fêtes que les habitants de Delphes célébraient tous les sept ans en mémoire de la victoire remportée par Apollon sur le serpent Python.

SEPTICIDE, épithète qui s'applique, en botanique, aux péricarpes qui s'ouvrent par des sutures correspondantes aux cloisons.

SEPTIÈME, nombre ordinal qui suit immédiatement le sixième. — En musique, c'est un intervalle dissonant compris entre sept notes (*ut* à *si*). Il y a trois sortes de septième : la *septième diminuée*, composée de neuf demi-tons (*ut dièse* à *si bémol*) ; la *septième mineure*, de dix demi-tons (*ut naturel* à *si bémol*); et la *septième majeure*, de onze demi-tons (*ut naturel* à *si naturel*). La septième renversée produit la seconde. — Reicha compte quatre accords de septième : l'*accord de septième dominante* ou *de première espèce* se compose de tierce majeure, quinte parfaite et septième mineure (*sol si ré fa*). Il se place sur la dominante (la cinquième note) du ton majeur ou mineur, et fait sa résolution sur la quarte supérieure ou la quinte inférieure. La tierce monte d'un degré ; la septième descend d'un degré ; la quinte monte ou descend: Cet accord est très-employé en harmonie. Il sort à terminer une phrase musicale. Il a trois renversements, dont les notes observent dans leur position et leur révolution les mêmes règles que celles de l'accord direct. — L'*accord de septième de deuxième espèce* se compose de tierce mineure, quinte parfaite et septième mineure (*sol*, *si bémol*, *ré*, *fa*) ; il se place sur le second degré d'une gamme majeure, et fait sa résolution sur la quinte inférieure de la quarte supérieure, en observant les lois de l'accord précédent. La septième doit en outre être préparée avant de frapper cet accord. Il a trois renversements. — L'*accord de septième de troisième espèce* se compose de tierce diminuée, quinte diminuée et septième mineure (*sol*, *si bémol*, *ré bémol* et *fa*). Il se place sur le second degré d'une gamme mineure ; il a les mêmes règles que l'accord précédent. — L'*accord de septième de quatrième espèce* (*sol*, *si*, *ré* et *fa dièse*) est composé de tierce majeure, quinte parfaite et septième majeure. Il se place sur la quatrième note d'une gamme majeure et la sixième d'une gamme mineure. Il subit les mêmes règles que les accords précédents. Les accords de septième se chiffrent par un 7 ; le premier renversement, par un 6 avec un 5 au-dessous (le 5 est barré pour l'accord de septième dominante) ; le deuxième renversement, par 4 avec un 3 dessous ou par un 6 barré ; le troisième renversement, par un 4 ou par un 2. — On donne le nom de *septième de sensible* au premier renversement de l'accord de neuvième majeure sans fondamentale (*sol dièse*, *si*, *ré* et *fa dièse*), et *septième diminuée* au premier renversement de l'accord de neuvième mineure sans fondamentale (*sol dièse*, *si*, *ré* et *fa naturel*).

SEPTIFÈRE, terme de botanique, désignant les parties qui portent des cloisons. On appelle *columelles septifères* celles auxquelles les cloisons restent attachées après la chute des valves.

SEPT-ILES. Voy. ILES IONIENNES.

SEPTIME SÉVÈRE.Voy. SÉVÈRE (Septime).

SEPTIMIANE, une des portes de Rome, entre le Tibre et le Janicule.

SEPTIMIUS. Trois poètes latins ont porté ce nom. — AULUS SEPTIMIUS SEVERUS paraît avoir vécu sous Vespasien et ses fils. Il avait écrit des opuscules champêtres. On croit qu'il inventa la mètre falisque. — QUINTUS SEPTIMIUS, né en Afrique, a composé plusieurs ouvrages, entre autres un hymne à la gloire de Janus. Onze vers sont tout ce qui nous reste de lui. — QUINTUS SEPTIMIUS traduisit en latin un ouvrage sur les guerres de Troie, composé par Praxis ou Eupraxidas sous le nom de *Dictys de Crète* ; cette traduction seule nous reste. Il vivait sous Dioclétien et Constantin.

SEPTIMONTIUM (du latin *septem*, sept, et *mons*, montagne), fête romaine célébrée chaque année depuis que les sept collines avaient été enfermées dans la ville. Cette fête avait lieu au mois de décembre par des sacrifices qu'on offrait sur les sept collines.

SEPTIQUE, nom donné aux médicaments qui corrodent et font pourrir les chairs sans beaucoup de douleur.

SEPTUAGÉSIME, nom donné au dimanche qui précède la Sexagésime, et qui arrive trois semaines avant le premier dimanche de carême.

SEPTULE, terme de botanique qui

désigne une proéminence aplatie qui se remarque dans la cavité où sont logées les anthères des fleurs de la famille des orchidées.

SEPTUM, nom latin par lequel les anatomistes désignent certaines cloisons membraneuses ou charnues qui séparent deux cavités.

SEPTUNX, division de l'as, contenait 7 onces romaines.

SEPTUOR, nom donné, en musique, à une composition pour sept voix ou pour sept instruments.

SÉPULTURE, lieu désigné ou consacré pour rendre les derniers devoirs aux morts. Tous les peuples en général ont eu de la vénération pour les corps des morts. — Les Grecs et les Romains brûlaient le corps des morts, et renfermaient les cendres dans des urnes qu'ils plaçaient dans des tombeaux. Les Juifs déposaient le cadavre intact dans des sépulcres, le plus souvent taillés dans le roc. Ces sépulcres étaient encore souvent en pleine terre, mais toujours avec une marque assez sensible pour avertir d'éviter les souillures qu'on pouvait contracter en approchant. — Dès les premiers siècles du christianisme, il n'y avait que les corps des martyrs qui fussent ensevelis dans les églises. Plus tard, on accorda cette distinction aux fidèles d'une piété distinguée, puis à toutes les autres personnes indifféremment. La révolution a fait disparaître cet usage.

SEQUANA, nom latin de la *Seine*.

SÉQUANAISE (GRANDE) (en latin, *maxima Sequanorum*), province de la Gaule romaine, qui fut tantôt annexée aux deux Belgiques et aux deux Germaniques, tantôt aux quatre Lyonnaises. Elle avait pour bornes à l'E. les Éduens, au S. les Allobroges et les Alpes grecques, et à l'O. la Rhétie et la Vindélicie. Deux nations principales l'habitaient, les *Sequani* et les *Helvétiens*. Besançon (Vesuntio) en était la capitale. Elle comprenait une partie de la Suisse et la Franche-Comté.

SÉQUANIENS, peuple puissant des Gaules, habitait sur la côte orientale de la rivière d'Arar (la Saône), qui les séparait des Eduens et des Sénonais. Ils étaient bornés à l'E. par le Jura, au S. par les Allobroges et les Ambarres. Du reste, leur territoire varia souvent en étendue.

SÉQUESTRATION, crime qui consiste à enlever par violence une personne pour la tenir en charte privée. Ce crime est puni de la peine des travaux forcés à temps. Si la séquestration a duré plus d'un mois, la peine est celle des travaux forcés à perpétuité. Elle est au contraire réduite à un emprisonnement de deux à cinq ans, si les coupables, avant d'avoir été poursuivis, rendent la personne qu'ils ont séquestrée dans les dix premiers jours de la séquestration. Toutefois il y a lieu d'appliquer la surveillance de la haute police de cinq à dix ans. Si les personnes séquestrées ont été soumises à des tortures, la peine est le dernier supplice. Ce mot s'emploie aussi dans l'acception de *séquestre*.

SÉQUESTRE, dépôt d'une chose contentieuse entre les mains d'un tiers, qui doit la conserver jusqu'à la décision définitive. Le *séquestre conventionnel* est fait par une ou plusieurs personnes, de leur propre volonté. Le *séquestre judiciaire* est le dépôt ordonné par justice entre les mains d'un tiers d'un objet litigieux. — Ce nom se donne aussi au tiers que l'on établit gardien du dépôt.

SÉQUESTRE, nom donné à la portion d'os privée de vie, qui est rejetée au dehors comme corps étranger dans les nécroses. Quand le séquestre est peu étendu, il prend le nom d'*exfoliation*.

SÉQUESTRES. Les Romains appelaient ainsi des individus chargés, lors des élections, de gagner le suffrage du peuple en déposant chez le votant les sommes promises.

SEQUIN (de l'italien *zecchino*, dérivé de *zecca*, lieu où l'on bat monnaie), monnaie répandue en plusieurs pays, et qui paraît avoir eu cours primitivement à Venise. Les *sequins* de cette ville, d'or, valent 12 francs; le *demi-sequin*, aussi d'or, 6 francs; le *sequin* d'or des Etats romains vaut 11 francs 80 centimes; le *demi*, aussi d'or, 5 francs 90 centimes; le *sequin aux lis* ou un *tiers ruspone*, d'or, de Toscane, vaut 12 francs 2 centimes; le *demi-sequin*, d'or, 6 francs 87 centimes; le *sequin à l'effigie*, d'or, 12 francs 1 centime 33 centièmes; le *sequin* de Parme, d'or, vaut 11 francs 95 centimes; le *sequin* de la Savoie et du Piémont, d'or, vaut 11 francs 94 centimes 50; le *sequin zermahboub* de Turquie, d'or, vaut 8 francs 72 centimes (1774); le *sequin zermahboub* de Sélim III, 7 francs 30 centimes; le *demi* vaut 3 francs 65 centimes; le *tiers*, 2 francs 43 centimes 33; le *quart*, 1 franc 82 centimes 50. Ces subdivisions sont aussi en or.

SÉRAIL. Ce mot, qui en turk (*seraï*) signifie proprement *palais*, hôtel ou même *hôtellerie*, a été improprement étendu à la partie du palais du sultan, à une sorte de prison où l'on tient rassemblées les femmes du sultan, et dont le véritable nom est *harem*.

SERAN, espèce de grandes cardes armées de dents de gros fil de fer dont on se sert pour mettre le chanvre et le lin en état d'être filés. *Serancer* désigne l'action de passer par le seran le chanvre et le lin.

SÉRANCOLIN. Voy. SARANCOLIN.

SÉRAPÉON ou SÉRAPIUM, temple que les Egyptiens avaient élevé en l'honneur de Sérapis, et qui était célèbre à cause de la bibliothèque qu'il renfermait.

SÉRAPHINS ou SÉRAPHIM (de l'hébreu *zaraph*, enflammer, brûler), anges de la première hiérarchie des esprits célestes, qu'Isaïe représente avec six ailes et comme placés au-dessus du trône de l'Eternel.

SÉRAPHINS (ORDRE DES), ordre de chevalerie de Suède, institué en 1334 par le roi Magnus IV, pour conserver le souvenir du fameux siège d'Upsal. Il dédia cet ordre à Jésus-Christ, les chevaliers portaient le nom de Jésus dans un ovale qui pendait au bas d'un collier composé de séraphins et de croix patriarcales alternativement. Cet ordre a été rétabli en 1748. Le cordon est un ruban bleu soutenant une croix romaine en forme d'étoile émaillée de blanc avec les lettres J. H. S.

SÉRAPHIQUE, nom donné, en théologie, à ce qui a du rapport avec les séraphins. C'est dans ce sens qu'on dit un *zèle séraphique*. On a donné ce surnom à saint François d'Assise, d'où les religieux de son ordre l'ont appelé *ordre séraphique*. Dans les écoles, on donne le titre de *docteur séraphique* à saint Bonaventure, à cause de sa ferveur et de sa piété.

SÉRAPIAS. Voy. ÉPIPACTIDE.

SÉRAPION, médecin d'Alexandrie, vivait dans le IIe siècle de l'ère chrétienne. Il soutint dans ses écrits que l'expérience seule devait guider le médecin. Il fut le chef de la secte appelée *empirique*.

SÉRAPION (Saint), évêque de Thmuis en Egypte dans le IVe siècle, fut l'un des plus zélés adversaires des ariens. Il assista au concile de Sardique en 347, et fut exilé par l'empereur Constance avec les autres évêques catholiques. On en fait la fête le 21 mars. Il tient un rang distingué parmi les écrivains ecclésiastiques pour avoir composé un traité sur les titres des Psaumes, des lettres et un traité contre les manichéens, qui est estimé. — Evêque d'Antioche en 190, mort en 211, dont on fait la fête 30 octobre. — Martyr d'Alexandrie en 249, que l'on honore le 14 novembre. — Autre martyr d'Alexandrie sous Maximin Daïa, honoré le 23 mars.

SÉRAPIS (myth.), une des principales divinités des Egyptiens. On en incertain sur cette divinité. Les uns la prennent pour Jupiter ou pour Pluton, d'autres pour Osiris ou le Soleil, d'autres enfin pour un dieu unique qui comprendrait tous les autres. Sérapis était représenté la tête couverte d'une corbeille, et était regardé comme le dieu de la santé. Il avait plusieurs temples célèbres. Son culte fut introduit à Rome par Alexandre Sévère en 146 de J.-C. Ses fêtes, qui se célébrèrent le 6 mai de chaque année, furent accompagnées de tant de licence, que le sénat dut les abolir.

SÉRASQUIER ou SÉRIASQUIER, nom que les Turks donnent à un général d'armée. Quoique revêtu d'un pouvoir étendu, il obéit néanmoins au grand vizir.

SERAWOULLIES, peuples de race nègre, qui habitent le royaume de Galam. Le commerce du pays est entre leurs mains.

SERCHIO (LE), rivière d'Italie, dans le grand-duché de Toscane, qui prend sa source dans les Apennins et se jette dans la mer de Toscane, à 2 lieues N. de Pise.

SERDAM, nom que l'on donnait autrefois, en Turquie, à une sorte de milice composée de janissaires volontaires qui n'étaient assujettis à aucun service, et parmi lesquels se faisaient ordinairement les levées en temps de guerre.

SERDEAU, ancien officier de la maison du roi, qui recevait des mains des gentilshommes servants les plats que l'on desservait de la table du roi. — Ce mot s'employait encore pour désigner le lieu où l'on portait les plats de cette desserte et où mangeaient les gentilshommes servants.

SEREGIPE ou SERGIPE DEL REY, province du Brésil, bornée au N. par le Rio-San-Francisco, qui la sépare des provinces des Alagoas et de Pernambuco, à l'O. par celle de Pernambuco, au S. par celle de Bahia, à l'E. par l'Océan. Sa longueur est de 26 lieues, et sa largeur de 40. Cette province est très-peu connue. La partie orientale est couverte de grandes forêts; le reste est composé de landes stériles, où paissent quelques troupeaux. Ce pays est bas et inégal; l'agriculture est nulle, ainsi que l'industrie. Le principal fleuve de cette province est le Rio-Seregipe ou Sergip, qui lui donne son nom. La capitale est SEREGIPE ou SAN-CHRISTOVAO, petite ville qui fut tracée en 1637 par les Hollandais, et qui est peu considérable. Les autres villes sont *Estancia*, *Lagarto*, *Villa-Nova de San-Francisco* et *Propiha*.

SEREIN, humidité qui se manifeste dans l'atmosphère pendant les soirées d'été, après le coucher du soleil. Cette humidité provient des vapeurs qui, s'étant élevées par l'effet de la chaleur pendant le jour, se condensent par l'effet du refroidissement de l'air, et retombent sur la terre en gouttelettes imperceptibles. Le serein est malsain et nuisible au corps. Son action est très-pénétrante.

SEREINE, synonyme de *quarantaine*, en marine. Ce mot est surtout employé en Provence.

SERENA (LA). Voy. COQUIMBO.

SÉRÉNADE, concert qui se donne la nuit en plein air sous les fenêtres de quelqu'un, et qui est composé de voix ou d'instruments. L'Espagne et l'Italie sont les terres classiques de la sérénade. Dans ces contrées, on chantait ordinairement des barcaroles et des romances, le plus souvent adaptées à la situation. — C'est aussi le nom de certains morceaux de musique, où le compositeur a fait des associations d'instruments peu usitées, et qui diffèrent en quelques points des autres pièces régulières.

SÉRÉNISSIME, titre d'honneur dérivé du mot *sérénité*, qu'on donnait autrefois aux rois mêmes. Ce titre est réservé aux souverains qui ne sont pas rois et aux princes du sang dans quelques monarchies.

SÉRÉNITÉ, titre honorifique qui était autrefois réservé aux rois de France et même aux évêques. On l'a donné particulièrement au doge de Venise et aux électeurs d'Allemagne.

SERENUS. Voy. SAMMONICUS.

SÈRES, peuples de l'Inde au delà du Gange, étaient peu connus des anciens. La soie, qu'ils croyaient être une production du sol, fut apportée du pays des Sères à Rome, et appelée, à cause de cela, *seri-*

cum. Elle fut d'abord extrêmement rare, et ne devint moins chère que lorsqu'on fut mieux fixé sur sa véritable origine. On croit que les *Sères* répondaient aux Siamois ou aux Chinois actuels.

SÉREUX, nom donné, en médecine, à ce qui contient de la sérosité. Le sang est séreux quand il renferme une grande quantité de sérosité. Les *membranes séreuses* sont des membranes qui versent un fluide séreux dans les cavités qu'elles tapissent ; tels sont les plèvres, le péricarde, le péritoine, etc. On nomme *système séreux* ou *lymphatique* l'ensemble de ces membranes. Les *maladies séreuses* sont celles où les exhalations séreuses sont très-abondantes.

SERF (du latin *servus*, esclave), celui dont la personne et les biens appartiennent en propre à un maître ou seigneur. Il paraît que le servage féodal ne fut introduit dans les Gaules qu'après l'invasion franque. Alors les vainqueurs se partagèrent leur conquête, et les biens et les populations furent confondus dans le partage. Le seigneur eut le droit de vendre, d'échanger, de donner ses serfs, et d'en disposer comme de bêtes de somme. Il pouvait les frapper, les tuer même. Aucune loi ne garantissait le serf de cette puissance. Adouci par diverses ordonnances des rois de la deuxième et de la troisième race, le servage n'a totalement disparu en France qu'en 1789. Il se retrouve encore dans toute son intégrité en Russie, en Pologne et dans d'autres Etats septentrionaux.

SERFO, île de l'Archipel, appelée autrefois *Seriphos*, à 20 lieues N,-O. de Naxie ; elle a 4 lieues de long sur une à 2 de large. Elle est couverte de montagnes escarpées et arides, et renferme des mines de fer et d'aimant. Cette île, une des Cyclades, fut un lieu d'exil célèbre sous l'empire romain.

SERFOUETTE, petit outil de fer dont un côté ressemble à un petit hoyau, l'autre formant deux branches pointues comme une fourche. Cet instrument sert aux agriculteurs pour donner de petits labours autour des plantes.

SERGE, sorte d'étoffe de laine croisée. Il y en a de plusieurs espèces. Leur longueur et leur largeur varient extrêmement. On estime surtout celles de Normandie, de Nîmes, de Londres, etc. — On fabrique encore des serges faites de soie.

SERGE ou SERGIUS. Quatre papes ont porté ce nom.—SERGE Ier, né à Palerme, fut fait prêtre en 683, et fut élevé sur le saint-siége en 687, pendant le schisme des antipapes Théodore et Paschal, après la mort de Conon. Il parvint à soumettre ces deux compétiteurs, et mourut en 701. L'Eglise, qui l'a mis au rang des saints, fait sa fête le 9 septembre. Jean VI lui succéda.—SERGE II, Romain, fut élu après Grégoire IV en 844, et mourut en 847. Léon IV lui succéda. — SERGE III, Romain, fut élu par une partie des Romains pour succéder au pape Théodore, mort en 898 ; mais, le parti de Jean IX ayant prévalu, Sergius fut chassé et se tint caché pendant sept ans. Il fut rappelé ensuite, et mis à la place du pape Christophe en 905. Il condamna la mémoire du pape Formose, et réhabilita celle d'Etienne VII. Il mourut en 910. Anastase III lui succéda.—SERGE IV, appelé auparavant *Pierre Buccaporée* ou groin de pourceau, Romain, évêque d'Albano, succéda au pape Jean XVIII en 1009, et mourut en 1012. Benoît VIII lui succéda.

SERGENT, grade militaire créé en 1485. Le sergent fut longtemps un officier qui commandait la compagnie sous les ordres du capitaine. La création d'autres officiers avec les titres nouveaux fit réserve, ce titre à un sous-officier. Le sergent commande au caporal et aux soldats en tout ce qui est relatif au service, à la police et à la discipline. Ces fonctions sont remplies dans l'artillerie, la gendarmerie et la cavalerie par un maréchal des logis. Les signes distinctifs de ce grade consistent en un galon d'or ou d'argent au-dessous de chaque parement de l'uniforme.

SERGENT se disait autrefois d'un bas officier de justice dont les fonctions consistaient à donner des exploits, des assignations, à faire des saisies, et à arrêter ceux contre lesquels avaient été portés des décrets.

SERGENT DE BATAILLE. On nommait autrefois ainsi un officier de l'armée dont la fonction était de ranger les troupes en bataille, sous les ordres du général.

SERGENT-MAJOR, grade militaire créé en 1776. Le sergent-major, aux XVIe et XVIIe siècles, était un officier supérieur dont l'emploi était analogue à celui de major. C'est aujourd'hui le premier sous-officier d'une compagnie. Il est chargé de surveiller la conduite et la capacité des sous-officiers, des soldats et des caporaux de la compagnie, et rend ses comptes au capitaine. Il les commande en tout ce qui concerne le service, la tenue et la discipline, et en est responsable envers les officiers de la compagnie. Il est responsable de l'administration envers le capitaine et surveille le fourrier, chargé, sous sa direction, de faire toutes les écritures. Dans l'artillerie, la gendarmerie et la cavalerie, ces fonctions sont remplies par un maréchal des logis chef. — Les signes distinctifs de ce grade sont un double galon d'or ou d'argent au-dessus de chaque parement.

SERGIA, famille romaine qui prétendait descendre de *Sergeste*, un des compagnons d'Enée. Elle se divise en deux branches principales, les *Fidenas* et les *Silus*.

SERGIPE. Voy. SEREGIPE.

SERGIUS PAULUS, proconsul et gouverneur de l'île de Chypre pour les Romains, fut converti au christianisme par saint Paul, malgré les efforts d'un magicien nommé Elymas qu'il avait auprès de lui. Saint Paul l'ayant, dit-on, frappé d'aveuglement, ce prodige étonna Sergius, qui embrassa la religion de l'apôtre. En mémoire de cet événement, cet apôtre changea son nom de Saul à celui de Paul.

SERGIUS, patriarche de Constantinople (608-639), fut l'auteur ou du moins un des chefs de l'hérésie de monothélites. Il nous reste trois lettres de ce patriarche. On le regarde aussi comme l'auteur du fameux édit d'Heraclius, connu sous le nom d'Ecthèse. — Un autre patriarche de ce nom soutint au XIe siècle le schisme de Photius contre l'Eglise romaine, et mourut en 1019.

SERIE, terme de mathématiques, désignant une sorte de grandeurs qui croissent ou décroissent suivant une certaine loi.

SERIN, section du genre *gros-bec* ou *fringille*, renfermant plusieurs espèces d'oiseaux, dont deux sont particulièrement connues. Le *serin vert de Provence* ou *cini* est susceptible de prendre une belle couleur jaune ; mais ordinairement cette couleur se montre seulement à la tête, à l'occiput, à la gorge et au croupion. Le reste du plumage est verdâtre rayé longitudinalement de brun. La femelle a très-peu de jaune. Ce serin habite la partie méridionale de la France, l'Italie, l'Espagne, etc. Son chant est très-agréable et plein de force. Il vit de graines. L'autre espèce est le *serin des Canaries.*

SERIN DES CANARIES, vulgairement appelé *canari*, espèce du sous-genre *serin*, originaire des îles Canaries, et parfaitement acclimaté en France. Cet oiseau, qui est chez nous tout blanc ou d'une jaune pâle, est de couleur grise assez foncée dans son pays natal. Il doit de changement qu'il subit, ou à la température de notre climat, ou au régime auquel on le soumet. Ses formes sont élégantes. Mais ce qui fait son mérite, c'est le chant si agréable du mâle, sa facilité à retenir les airs qu'on lui apprend. La femelle n'a qu'un petit cri d'appel. On obtient des métis plus ou moins remarquables par l'accouplement de cet oiseau avec les chardonnerets, les linots, les serins communs, etc. L'intérêt pour cet oiseau a été si loin que l'on a même écrit pour lui des traités d'hygiène.

SERINETTE, petit orgue à cylindre, dont on joue par le moyen d'une manivelle, et dont le premier usage était d'instruire les serins.

SÉRINGAPATAM ou SÉRINGAPATNAM, grande ville de l'Indoustan, autrefois résidence du rajah de Mysore. Elle est située dans une île du même nom, formée par le Kavery, fleuve large et rapide. Elle est fortifiée, et compte 32,000 habitants. Les Anglais s'en emparèrent sous les ordres du général Harris, le 4 mai 1799, sur le prince Tippo-Saëb, qui fut trouvé parmi les morts. Depuis cette époque elle appartient aux Anglais.

SÉRINGAPATAM ou SERINGHAM (L'ILE). Voy. SCHERINGHAM.

SERINGAT ou SYRINGA, nom donné vulgairement à des plantes que les botanistes nomment *philadelphe.*

SERINGUE (du grec *syringx*, qui signifie roseau et en général un corps cylindrique creux), espèce de pompe aspirante qui sert à attirer et à repousser l'air ou quelque autre fluide.— En médecine, c'est un instrument dont on se sert pour faire des injections dans les intestins, les plaies, les ulcères, etc. Il se compose d'un cylindre allongé, terminé à la partie inférieure par une pointe effilée et percée dans son intérieur ; dans l'intérieur se meut à frottement un piston qui aspire et repousse successivement le liquide dont on veut se servir.

SERIO, rivière d'Italie, dans le royaume lombardo-vénitien, prend sa source sur les confins de la Valteline, coule au S., baigne Côme, et se jette dans l'Adda, à 4 lieues E. de Lodi. Sous l'empire, elle donna son nom à un département du royaume d'Italie, dont BERGAME était le chef-lieu.

SÉRIPHE, ancien nom de l'île appelée aujourd'hui *Serfo.*

SÉRIQUE, contrée d'Asie, peu connue des anciens. On croit qu'elle comprenait une grande partie de la *Chine*. Les anciens nommaient encore ainsi la soie. Voy. SÈRES.

SERMENT, affirmation ou négation faite au nom d'une chose sacrée, de Dieu par exemple. Le serment était sacré pour les anciens ; on le faisait prêter à tous ceux qui prenaient part aux affaires de l'Etat. Les Romains, en allant se ranger sous les drapeaux, contractaient l'obligation d'accomplir les ordres du général et de ne pas le quitter. En France, les fonctionnaires publics, avant d'entrer en charge, prêtent serment d'être fidèles au roi, aux lois et à la charte constitutionnelle. — En jurisprudence, le serment est une affirmation faite en justice sous l'invocation du nom de Dieu. On nomme *serment décisoire* celui que la partie défère à l'autre ; *serment supplétoire*, celui que défère le juge, d'office, pour compléter la preuve d'un fait. D'après le Code pénal, celui à qui le serment aura été déféré ou référé en matière civile, et qui aura fait un faux serment, sera puni de la dégradation civique. On fait aussi prêter serment aux témoins et aux jurés.

SERMOLOGE, livre contenant des sermons. On appelait anciennement ainsi les livres qui contenaient des discours ou des sermons des papes et des autres personnes considérables. On lisait ces sermons aux fêtes des confesseurs, tous les jours, depuis Noël jusqu'à l'octave de l'Epiphanie, à la Purification, à la Toussaint et en quelques autres fêtes.

SERMON, discours chrétien, prononcé en chaire, dans une église, pour instruire et exhorter les fidèles. Les plus célèbres sont ceux de Massillon, de Bourdaloue, de Fléchier, du père Bridaine, etc.

SERNIN. Voy. SATURNIN.

SÉROSITÉ. Voy. SÉRUM.

SERPE, instrument de fer plat et tranchant, en forme de grand et large couteau dont le bout serait recourbé en croissant. Il a une poignée en bois ou en corne. Les serpes, les jardiniers s'en servent pour émonder les arbres.

SERPENT, instrument à vent, se jouait avec une large embouchure nommée *bocal*.

Il était ordinairement en bois, et ressemblait par sa forme à un gros serpent. On employait autrefois cet instrument dans la musique d'église et la musique militaire. On l'a généralement remplacé aujourd'hui par l'ophicléide.

SERPENT A SONNETTES. Voy. CROTALE.

SERPENT D'AIRAIN, serpent que Moïse fabriqua avec de l'airain dans le désert. Les Israélites étant décimés par des serpents que l'Ecriture nomment *saraph*, Moïse pria Dieu, qui lui ordonna de faire un serpent d'airain, de le placer sur un lieu élevé, assurant que ceux qui avaient été mordus par les serpents seraient guéris en le regardant. L'effet suivit de près la promesse. Dans la suite Ezéchias fit briser ce serpent, qui s'était conservé jusqu'à lui, parce qu'on lui rendait un culte superstitieux.

SERPENTAIRE. On nomme vulgairement ainsi l'*ophioglosse*, un *cactier*, et *serpentaire de Virginie* une *aristoloche*, dont la racine chevelue, odorante, aromatique, est fréquemment employée en médecine, comme tonique et excitante, dans les fièvres adynamiques, typhoïdes, etc.

SERPENTAIRE, constellation de l'hémisphère boréal, qu'on figura par Esculape tenant un serpent. On la nomme aussi *Ophiucus*.

SERPENTAIRE. Voy. SECRÉTAIRE.

SERPENTARA, petites îles sur la côte de Sardaigne. Elle sont sans importance.

SERPENTEAU. On nomme ainsi de petites fusées volantes sans baguettes, qui, au lieu de monter droit, vont obliquement en zigzags et comme serpentant sans s'élever bien haut. — C'est encore : 1° un cordage usité sur les bâtiments de guerre ; 2° un cercle de fer muni de petites grenades chargées de pointes de fer, qu'on jette sur une brèche.

SERPENTIFORME, ce qui a la forme d'un serpent.

SERPENTIN (du latin *serpere*, ramper). En chimie, c'est un instrument composé d'un seau en cuivre étamé, et d'un tuyau le plus souvent en étain, contourné en spirale, fixé dans le seau et communiquant par un bout avec le chapiteau de l'alambic, par l'autre avec un récipient. Il a pour usage de condenser le produit de la distillation. On y parvient en mettant de l'eau froide dans le seau du cuivre. — On nommait autrefois ainsi une pièce de la platine d'un mousquet à laquelle on attachait la mèche. — En histoire naturelle, ce mot est employé quelquefois comme synonyme d'*ophite* ou *porphyre vert antique*.

SERPENTINE. On nomme vulgairement ainsi : 1° une plante de la famille des apocynées, appelée encore *ophioxyle* ou *bois de serpent*, que la médecine a employée comme fébrifuge, sudorifique, etc. ; 2° une pierre fine d'un vert obscur ou plus ou moins foncé et jaunâtre, avec des nuances, des taches et des veines qui lui donnent l'apparence de la peau d'un serpent; c'est une espèce de *talc*.

SERPENTS. Voy. OPHIDIENS.

SERPETTE, petite serpe qui sert à couper les raisins, à tailler la vigne, à émonder les arbres, et à d'autres usages de culture. — C'est aussi un outil de bourreliers qui sert à couper le cuir en tirant.

SERPIGINEUX, nom donné à certains ulcères superficiels qui, à mesure qu'ils se cicatrisent d'un côté, s'étendent de l'autre, et parcourent ainsi une grande étendue de téguments.

SERPOLET, appelé aussi *serpylliaire*, *pillolet* et *thym sauvage*, espèce du genre *thym*, renfermant une plante qui porte des tiges couchées, des fleurs pourpres, et embellit les collines qu'elle décore ; une variété exhale une odeur de citron très-agréable, que l'on conserve difficilement, et que la culture lui fait perdre. Le serpolet est brouté avec plaisir par les bestiaux, et croît dans la France méridionale. Il a les propriétés du thym commun.

SERPULÉES, troisième ordre de la classe des annélides, renfermant des animaux qui habitent le littoral des mers. Ils vivent enfoncés dans le sable, et sont logés dans des tubes ou des fourreaux qu'ils ne quittent jamais. On les divise en trois familles, les *amphitrites*, les *maldanies* et les *téléthuses*.

SERRAN ou PERCHE DE MER, genre de la famille des percoïdes, renfermant des poissons caractérisés par une dorsale unique, des dents crochues. Leur nom vient des dentelures de leur préopercule, que l'on a comparées aux dents d'une scie, en latin *serra*. Leur corps est oblong, écailleux, ainsi que le crâne et la joue. Leur chair est estimée. On trouve dans la Méditerranée le *serran écriture*, le *serran de la Méditerranée*, le *grand serran brun*.

SERRATILE, nom donné au pouls quand les doigts, appliqués sur une certaine étendue de l'artère, sentent les pulsations dans divers points à la fois et ne sont pas frappés dans les intervalles de ces points.

SERRATULE, genre de la famille des synanthérées, section des carduacées, renfermant des plantes vivaces, nommées aussi *sarrettes*, et dont une espèce, la *sarrette des teinturiers*, fournit une belle couleur jaune. Voy. SARRETTE.

SERRE (Jean PUGET DE LA), connu par les critiques de Boileau, médiocre écrivain, né à Toulouse vers 1600, mort en 1665. Ses moins mauvais ouvrages sont le *Secrétaire de la cour*, la tragédie de *Thomas Morus*, en prose, ainsi que celles de *Catherine*, du *Sac de Carthage*, de *Climène*, etc.

SERRE (LE COMTE Hercule DE), né vers le milieu du XVIIIe siècle, émigra à l'époque de la révolution, et servit à l'armée du prince de Condé. Rentré en France pendant le consulat, il fut reçu avocat, et fut nommé en 1811 premier président de la cour impériale de l'Ems supérieur, puis avocat général du Haut-Rhin, et à la première restauration premier président de la même cour. En 1815, il suivit Louis XVIII à Gand, revint avec lui en France, reprit ses fonctions judiciaires, et fut envoyé à la chambre des députés, où il professa des doctrines constitutionnelles. Réélu en 1816, nommé président de la chambre des députés (1816 et 1817), il fut en 1818 nommé ministre de la justice et garde des sceaux, et fut renversé en 1819. Nommé ambassadeur à Naples en 1820, il mourut en 1824.

SERRES, nom donné aux pattes ou griffes des oiseaux de proie, dont ils se servent pour saisir et retenir les animaux dont ils font leur pâture.

SERRES, lieux clos et couverts où l'on renferme les plantes ou arbres qui redoutent le froid ou qui demandent une température constamment élevée. On nomme *serre tempérée* celle qui se chauffe par les rayons solaires seulement, et *serre chaude* celle qui se chauffe par le moyen du soleil et des poêles ou de la vapeur en même temps. Les serres sont ordinairement vitrées d'un ou de plusieurs côtés. La chaleur que réclament les serres chaudes, contenant ordinairement des plantes qui croissent naturellement entre les tropiques, est comprise entre 18 ou 25 degrés au-dessus de zéro du thermomètre centigrade.

SERRES (Jean DE), célèbre calviniste, échappa au massacre de la Saint-Barthélemy, et fut ministre à Nîmes en 1582. Il y fut employé par Henri IV en diverses affaires importantes. Il mourut en 1598. On a de lui plusieurs ouvrages, entre autres un *Inventaire de l'histoire de France*, des *Mémoires de la troisième guerre civile et des derniers troubles de France sous Charles IX*, en quatre livres, un *Recueil des choses mémorables advenues en France depuis Henri II jusqu'à Henri III*, etc.

SERRES (Olivier DE), seigneur du Pradel, frère du précédent, né en 1539 à Villeneuve-de-Berg (Ardèche), mort en 1619, est regardé comme le père de l'agronomie en France. On lui doit l'introduction de la culture du mûrier blanc, et plusieurs ouvrages pleins d'intérêt : un *Traité de la cueillette des vers à soie*, la *Seconde Richesse du mûrier blanc*, un *Théâtre d'agriculture et ménage des champs*. Dans ce dernier livre, il traite des terres, des labours, des engrais et en un mot de tous les objets importants de l'économie rustique.

SERRES (Jean-Joseph), né près de Gap en 1762, fit, comme chirurgien, les campagnes de l'Inde sous M. de Suffren. De retour en France aux approches de la révolution, il devint membre du conseil général des Hautes-Alpes. Il fit comme capitaine la campagne de 1792. Nommé député à la convention nationale, il vota, dans le procès du roi, la détention, le bannissement à la paix, et le sursis à la convention. Il protesta contre le 31 mai. Atteint par un décret d'arrestation, il parvint à s'y soustraire, reparut à la convention après le 9 thermidor, et passa au conseil des cinq cents. Après le 18 brumaire, il obtint une place de conseiller de préfecture. Depuis 1812, il disparut de la scène politique.

SERRES (J.-J.), né à l'île de France en 1755, fut successivement juge de paix et commissaire général de l'assemblée administrative de cette colonie, puis son député à la convention nationale, où il ne prit séance qu'après la mort de Louis XVI. Elu secrétaire en 1795, il devint ensuite membre du conseil des anciens, et fut nommé en 1800 sous-préfet d'Alais, place qu'il conserva jusqu'en 1815. Il est mort depuis quelques années.

SERRETÉ, nom donné, en botanique, aux parties qui sont garnies sur les bords de petites dents manifestement inclinées en avant.

SERRICORNES, famille de l'ordre des coléoptères, section des pentamères, renfermant des insectes dont les antennes sont en général filiformes ou sétacées ; celles des mâles sont ordinairement, soit en panache ou en peigne, soit dentées en scie. On la divise en deux sections : celle des STERNOXES comprend les tribus des *buprestides* et des *élatérides* ; celle des MALACODERMES comprend celles des *cébrionites*, *lampyrides*, *mélyrides*, *clairones*, *lime-bois*, et *pliniores*.

SERRICORNES ou PRIOCÈRES, famille d'insectes coléoptères pentamères, caractérisés par les élytres dures, couvrant tout le ventre, et des antennes en masse feuilletée d'un seul côté en dedans. Cette division, établie par Duméril, comprend les genres *lucane*, *platyère*, *passale* et *synoderme*.

SERRIROSTRES, nom que l'on a attribué aux oiseaux dont le bec est denté.

SERRULÉ, terme de botanique diminutif de *serreté*, et désignant les parties des plantes dont le bord est découpé en dents presque insensibles.

SERRURE, appareil destiné à fermer une porte de telle manière qu'elle ne puisse s'ouvrir qu'à l'aide d'une clef convenable. La serrure la plus simple consiste en une boîte de fer, dans laquelle se meut une forte pièce de ce métal nommée *pêle* ou *pêne*, qui sort en partie de la boîte et elle est contenue quand on tourne la clef qui la fait mouvoir dans un certain sens, et va se loger dans une gâche fixée dans la muraille ou dans l'autre partie de la ferme. En tournant la clef dans l'autre sens, le pêne rentre dans la boîte, et la porte n'est plus fermée. On a imaginé diverses combinaisons pour empêcher d'ouvrir les serrures à l'aide de fausses clefs. — L'art de la serrurerie comprend, outre la confection des serrures, celle des lits en fer, des grilles, balustrades, balcons, rampes d'escalier et autres ouvrages en fer.

SERRURIER, nom vulgaire de la *mésange charbonnière*.

SERSE. Voy. GABARIT.

SERSIFIX, CERSIFI ou SALSIFIS (en latin, *tragopogon*), genre de la famille des synanthérées, section des chicoracées, renfermant des plantes que l'on cultive pour la nourriture de l'homme et des animaux. Le *sersifix commun* ou *salsifis blanc* porte une tige haute de soixante centimètres environ, garnie de feuilles alternes, lancéolées, très-vertes et glabres. Les fleurs sont d'un bleu pourpre. Sa racine fusiforme, souvent fort longue, se mange cuite et assaisonnée de diverses manières. Mais on lui préfère le *salsifis* noir ou *scorsonère*. Les bestiaux aiment beaucoup cette racine, qui est saine et de facile digestion.

SERTIR se dit, en termes de bijoutiers et de metteurs en œuvre, de l'action de rabattre sur les pierres précieuses un rebord qu'on fait à l'extrémité d'une pièce pour les y retenir. Cette action elle-même se nomme *serte*. La *sertissure* est la manière dont une pierre est sertie. On en distingue de plusieurs sortes.

SERTORIUS (Quintus), célèbre général romain, né à Nurcie d'une famille obscure vers l'an 121 avant J.-C., se distingua d'abord dans le barreau, et le quitta ensuite pour suivre la carrière des armes. Il servit sous Marius dans la guerre contre les Cimbres, et fut fait questeur dans la Gaule. Proscrit par Sylla, dont il blâmait la conduite, il se réfugia en Espagne vers l'an 78 avant J.-C., et s'y rendit pour ainsi dire indépendant. Il soumit tout le pays, et y forma comme une nouvelle Rome, en établissant un sénat qu'il présida comme consul, et des écoles publiques. Il persuada au peuple qu'il avait commerce avec les dieux, et qu'ils lui donnaient des avis par l'organe d'une biche blanche qui le suivait partout, même aux combats. Les Romains, alarmés de ses succès, envoyèrent contre lui quatre armées qui furent successivement défaites. Pompée ne fut pas plus heureux. Réuni à Metellus, il le battit cependant à Segontia (Siguenza) et à Italica; mais ces résultats n'auraient pas mis fin à la guerre de quelque temps, si Perpenna, un des officiers de Sertorius, ne l'avait pas assassiné vers l'an 73 avant J.-C.

SERTULARIÉES, famille de polypiers flexibles. Ce sont des polypiers à tige distincte, simple ou rameuse, remplie d'une substance gélatineuse animale, à laquelle aboutit l'extrémité inférieure de chaque polype, contenu dans une cellule dont la situation et la forme varient extrêmement. Cette famille renferme quatorze genres, dont les principaux sont les genres *sertulaire, cymodocée, pasythée, clytie*.

SERTULE (du latin *sertum*, bouquet), nom donné, en botanique, à l'assemblage de plusieurs pédicules uniflores, naissant tous d'un seul point. Les fleurs de la spirée ulmaire, de la primevère oreille d'ours, sont disposées en sertule ou *sertulées*.

SÉRUM ou SÉROSITÉ, nom donné à la partie la plus aqueuse des humeurs animales, exhalée sur les membranes séreuses, et qui fait partie constituante du sang, du lait, etc. *Sérum du lait.* Voy. PETIT-LAIT. — Le sérum du sang est jaune, verdâtre, visqueux, fade, coagulable par le feu, les acides et l'alcool, liquide. Il est formé d'eau, d'albumine, de substances solubles dans l'eau. Le sérum des membranes séreuses (eau des hydropiques) est un liquide transparent, jaunâtre, contenant beaucoup d'albumine, de sous-carbonate de soude, du soufre, des phosphates, etc. Il est coagulable par la chaleur.

SÉRURIER (J.-Matthieu-Philibert, comte), né à Lyon en 1742, entra fort jeune au service, et était vers 1755 enseigne dans le régiment de Beauce. Il fit les campagnes de Portugal de 1762, et de Corse de 1771. Major en 1789, il se prononça pour les principes de la révolution, et fut nommé général de brigade, puis de division (1795). Il se fit remarquer dans la guerre d'Italie, dirigea le blocus de Mantoue, et signa la capitulation qui eut lieu le 2 février 1797. Il fut chargé de porter au directoire exécutif les drapeaux pris sur l'ennemi. Commandant de Venise, et successivement inspecteur général d'infanterie en 1798 et commandant de Lucques, il fut forcé de se rendre à Verderio (1799) au général russe Suwarow. Libre sur parole, il revint à Paris, et aida Napoléon à la journée du 18 brumaire. Nommé membre du sénat, vice-président en 1802, préteur en 1803, gouverneur des Invalides en 1804 et sous l'empire, comte et maréchal de l'empire, et commandant de la garde nationale en 1809, il fut nommé en 1814 pair de France, et conserva le gouvernement des Invalides; il le perdit en 1816, et mourut en 1819.

SERVAGE. Voy. SERF.

SERVAL, espèce du genre *chat*, comprenant un animal long de trois pieds un pouce en comprenant sa queue, et haut d'environ un pied neuf pouces. Sa couleur est fauve, très-claire en dessus, blanche en dessous, avec des petites taches rondes et pleines distribuées irrégulièrement. La queue est annelée dans sa moitié postérieure; son bout est noir. Les peaux du serval sont connues dans le commerce sous le nom de *chat-tigre*. Les servals habitent le Sénégal et le cap de Bonne-Espérance.

SERVAN (Joseph-Michel-Antoine), orateur distingué, né à Romans (Isère) en 1737, acheta, très-jeune encore, la charge d'avocat général au parlement de Grenoble. Il se fit un nom par son éloquence et par l'intégrité de son caractère. Rentré ensuite dans la vie privée, il se dévoua au culte des lettres et des sciences morales et philosophiques. Il mourut en 1807. On a de lui de nombreux ouvrages, parmi lesquels on cite des *Pièces intéressantes pour servir à l'histoire de la révolution de 1789*, des *discours*, etc.

SERVAN (Joseph), frère du précédent, embrassa les principes de la révolution, et fut successivement colonel et maréchal de camp. Nommé en 1792 ministre de la guerre, il le quitta le 3 octobre pour devenir commandant du département des Pyrénées-Orientales. Arrêté pendant la terreur, il ne dut sa liberté et la conservation de ses grades qu'à la révolution du 9 thermidor. En 1799, il fut nommé inspecteur général des troupes stationnées dans le Midi. Sous le gouvernement consulaire, il devint président du comité des revues. Il mourut en 1808, laissant la réputation d'un administrateur habile et irréprochable, et d'un général médiocre.

SERVAN (SAINT-), ville maritime de France, département d'Ille-et-Vilaine, chef-lieu de canton de l'arrondissement et à une demi-lieue de Saint-Malo, à l'embouchure de la Rance dans l'Océan. Cette ville a 9,200 habitants et deux ports, l'un (*Solidor*) destiné à la marine militaire, l'autre (*Saint-Per*) au commerce. On y fait des armements pour la pêche et le cabotage. Cette ville a un collége, un commissariat de marine, un ingénieur maritime et une école d'hydrographie.

SERVANDONI (Jean), célèbre architecte, né à Florence en 1695, se distingua surtout par son goût pour la décoration, les fêtes, etc. En France, il fut nommé architecte, peintre et décorateur du roi, et membre des académies établies pour ces différents arts. Il eut les mêmes titres auprès des rois d'Angleterre, de Portugal, d'Espagne, de Pologne, etc. Il mourut en 1766.

SERVANT. On nommait autrefois *gentilshommes servants* les anciens officiers qui servaient le roi par quartier. Dans l'ordre de Malte, on appelle *frères servants* ceux qui entraient dans l'ordre sans faire preuve de noblesse, par opposition à un rang inférieur aux autres chevaliers. Dans quelques ordres religieux, on appelle ainsi les frères convers qui sont employés aux œuvres serviles du monastère. Dans les temps de la féodalité, on appelait *fief servant* celui qui relevait d'un autre et qu'on nommait *fief dominant*.

SERVET (Michel), médecin et théologien fameux, né à Villa-Nueva (Aragon) en Espagne en 1509, vint étudier à Toulouse, et se fit bientôt un nom par son ouvrage où il attaquait la Trinité. Après avoir pris à Paris le grade de docteur en médecine, il alla s'établir à Vienne en Dauphiné. Alors commença entre lui et Calvin un long commerce épistolaire, qui fit naître la plus grande haine entre eux. Servet ne cessa d'écrire contre l'Eglise romaine, et soutint avec force diverses questions opposées également au protestantisme et au catholicisme. La haine de Calvin parvint à le perdre. Arrêté à Genève comme impie, il eut à subir de longs interrogatoires et des discussions théologiques avec Calvin. Condamné à être brûlé vif, il subit son supplice avec courage. Cette mort est une tache ineffaçable imprimée à la mémoire de Calvin, qui en fut l'instigateur (1553). On a de Servet plusieurs ouvrages.

SERVIE (en turk, *Serf-Vilajeti*), principauté d'Europe, bornée au N. par la Save et le Danube qui la sépare de la Hongrie, à l'E. par la Valachie et la Bulgarie, au S. par l'Albanie et la Roumélie, à l'O. par la Bosnie. Sa superficie est de 1,800 lieues carrées, et sa population de 1,000,000 d'habitants. Le sol est montagneux, mais fertile, quoique peu cultivé. On y trouve d'immenses forêts, des mines de sel et de fer, et de nombreux pâturages qui nourrissent de superbes bestiaux. On y cultive la vigne et les céréales. On y trouve peu de fabriques, à l'exception de quelques filatures de coton. — Cette province portait jadis le nom de *Mœsia*, et était comprise dans l'Illyrie. Elle fut envahie dans le VIIe siècle par les Serviens ou *Serbi*, peuples sarmates qui s'y établirent sous la direction de leurs princes appelés *supans*, et plus tard *despotes*. Ces peuples furent en guerre avec les peuples voisins, et furent soumis par les empereurs d'Orient, tout en conservant leurs princes, dont l'un, Wolkau, prit le titre de roi en 1208, sous la suzeraineté de la Hongrie. Sur la fin du XIVe siècle, ils furent soumis par les Turks, et pour pays devint une province de l'empire. Ils furent tranquilles jusqu'en 1801. Une révolte éclata alors parmi eux, sous la direction de Czerny-Georges, puis de Milosch. Leurs efforts n'ont été en partie couronnés de succès après vingt ans de guerres. Depuis 1826, la Servie est une principauté indépendante et tributaire de la Porte, mais dont le gouvernement est héréditaire. Elle paye un tribut de 2,900,000 piastres turques. Les Serviens professent la religion grecque, se divisent en cultivateurs, bourgeois et clercs. Ils fournissent à la Turquie un contingent de 12,000 hommes. La Servie se divise en treize districts; la capitale est BELGRADE.

SERVIE (NOUVELLE-), nom donné à la partie O. du gouvernement russe d'Ekaterinoslav. — Son nom vient des Serviens qui l'habitent, et qui y ont été transportés en 1754.

SERVIEN (Abel), né à Grenoble en 1593, fut d'abord procureur général au parlement de cette ville, ensuite président d'Etat, puis premier président au parlement de Bordeaux. Le roi l'appela à lui avec les titres de ministre et secrétaire d'Etat. Son mérite le fit nommer ambassadeur extraordinaire avec le maréchal de Thoiras, qui allait négocier la paix en Italie. Il remit sa place entre les mains du roi en 1636. En 1643, il fut envoyé à Munster en qualité de plénipotentiaire, et il conclut la paix avec l'empire à des conditions glorieuses pour la France. En récompense, il fut nommé surintendant des finances. Il mourut en 1659. On a de lui des *lettres*.

SERVIEZ (Jacques ROERGAS, seigneur DE), chevalier de Saint-Lazare, né à Saint-Gervais (Tarn) en 1679, mort à Paris en 1727, est connu par son livre des *Impératrices romaines* ou *Histoire de la vie des intrigues secrètes des femmes des douze Césars*, et les *Hommes illustres du Languedoc*. — Son petit-fils EMMANUEL-GERVAIS SERVIEZ, né à Saint-Gervais en 1755, embrassa la carrière militaire. Nommé en 1792 commandant de Sarrelouis, il fit avec distinction les campagnes de 1792 et 1793, et fut promu au grade de général de brigade. Arrêté pendant la terreur, il fut sauvé par le 9 thermidor, et se signala à l'armée d'Italie. En 1801, il fut nommé préfet des Basses-Pyrénées, et appelé au corps législatif en 1802. Il mourut en 1804, laissant des *Mémoires* intéressants.

SERVILIA, famille romaine de l'ordre des patriciens, avait pour branches principales les *Priscus* et les *Cæpio*. Il y avait aussi une famille de ce nom qui était plébéienne, et dont les principales branches étaient celles de *Casca*, *Rullus* et *Vatia*. — On a encore donné ce nom à plusieurs lois romaines. La plus connue est celle qui fut décrétée en 106 avant J.-C., sous les auspices du consul Servilius Cæpio, et qui obligea les chevaliers à partager les fonctions de juges avec les sénateurs.

SERVILIUS (Publius), surnommé *Priscus*, Romain célèbre, fut consul l'an 493 avant J.-C. Une querelle très-vive, élevée entre les débiteurs et les créanciers, partageait alors la république. Les plébéiens refusaient de s'enrôler; Servilius, qui en était aimé, les y détermina. Il remporta sur les Volsques une grande victoire, et obtint le triomphe, malgré l'opposition du sénat.

SERVILIUS AHALA, Romain, fut général de la cavalerie sous le dictateur Quintus Cincinnatus, et tua de sa propre main Spurius Melius, chevalier qui était accusé d'aspirer à la tyrannie. Il fut exilé, mais rappelé au bout de quelques années et fait consul en 478 avant J.-C.

SERVILIUS ISAURICUS, Romain, fut consul en 78 ans avant J.-C., fit avec succès la guerre aux pirates, et fut envoyé en Asie comme proconsul. Il conquit l'Isaurie sur Mithridate; ce qui lui valut le surnom d'*Isauricus* et les honneurs du triomphe. Son fils, qui porta les mêmes noms que lui, fut consul avec Jules César, en 49 et 41 avant J.-C., l'année de la bataille de Pharsale. Il gouverna l'Asie comme préteur, et remplit avec Cicéron les fonctions d'augure.

SERVITES, ordre de religieux fondé dans le XIIIe siècle par sept marchands de Florence, dont le premier était Monaldi, sous la règle de Saint-Augustin. Leur habit était une robe, un scapulaire et un manteau noirs. Cet ordre ne fut pas établi en France; mais en Italie il eut jusqu'à vingt-sept provinces. On appelle les religieux de cet ordre *servites* ou *serviteurs de la sainte Vierge*, parce qu'ils s'attachent d'une manière spéciale à son service. Il y a aussi des religieuses servites.

SERVITEUR. Ce mot, chez les anciens, était synonyme d'*esclave*, et se prend aussi pour un homme attaché par choix et inclination au service d'un autre. On le remplace généralement par le mot *domestique*. — Le pape prend dans ses actes le titre de *Serviteur des serviteurs de Dieu*.

SERVITUDE, état d'une personne qui est assujettie à certains devoirs ou services envers une autre; c'est aussi une contrainte, un assujettissement. — En jurisprudence, c'est toute charge imposée sur un héritage pour l'usage et l'utilité d'un autre héritage appartenant à un autre propriétaire. La servitude n'établit aucune prééminence d'un héritage sur l'autre; elle dérive ou de la situation naturelle des lieux (*servitudes naturelles*), ou des obligations imposées par la loi (*servitude légale*), ou des conventions entre les propriétaires (*servitudes conventionnelle*). Les premières s'appliquent principalement à trois objets, le libre écoulement des eaux, le droit de bornage et le droit de clôture. Les secondes sont établies par la loi pour l'utilité publique, communale ou privée, et ont pour objet la construction des chemins, leur réparation et celle des autres ouvrages publics ou communaux, le marchepied des rivières navigables, et pour plus les obligations des propriétaires entre eux. Les servitudes conventionnelles sont à la disposition des particuliers, et se divisent en *urbaines* ou *rurales*, selon qu'elles s'appliquent à des bâtiments ou à des fonds de terre. Les servitudes s'éteignent par le bon usage pendant trente ans, et par toutes les causes qui entraînent la résolution des contrats.

SERVIUS TULLIUS, roi de Rome, fils d'une esclave nommée Ocrisia, échue comme prisonnière de guerre à Tanaquil, femme de Tarquin, fut élevé avec soin, se fit distinguer par sa bravoure et son intelligence, et parvint à devenir gendre du roi. Il fut élu roi après la mort de son beau-père, l'an 578 avant J.-C. Il défit les Etruriens et les Véiens, établit le cens, augmenta le nombre des tribus et agrandit Rome. On dit qu'il fit frapper les premières monnaies romaines. La deuxième de ses filles, Tullie, ayant fait périr Aruns son mari, épousa Tarquin le Superbe son beau-frère, qui de son côté avait fait mourir sa femme, sœur de Tullie. Tarquin, pressé de régner, fit assassiner Servius Tullius, et Tullie, en se rendant au palais de son époux, eut la barbarie de faire passer son char sur le cadavre de son père (534 avant J.-C.).

SERVIUS MAURUS HONORATUS ou SERVIUS MARIUS, grammairien latin; vivait au Ve siècle de J.-C. Il a laissé un *Commentaire* sur Virgile, très-estimé; mais malheureusement il ne nous est pas parvenu en entier; une *Interprétation de la deuxième partie de Donat*, et deux traités, l'un *sur le Mode des dernières syllabes*, l'autre *sur les Pieds des vers*, appelé aussi *des Cent Mètres* ou *centimètre*.

SÉSAC (en hébreu, *présent du sac*), roi d'Égypte, auprès duquel se retira Jéroboam fuyant Salomon, qui voulait le faire périr. Dans la suite, il fit la guerre à Roboam, fils de Salomon, s'empara de Jérusalem, et pilla les trésors du temple et ceux du palais du roi.

SÉSAME, genre de la famille des bignoniacées, renfermant des plantes très-utiles, propres à l'Asie méridionale et à l'Italie. Le *sésame d'Orient*, appelé vulgairement *jugeoline*, a une tige haute d'un mètre, droite, herbacée, très-branchue; les feuilles sont vertes, ovales oblongues; les fleurs blanches ou roses, solitaires, de peu de durée; les fruits sont des capsules allongées, renfermant des semences nombreuses, petites, ovoïdes, brunes. Ces graines fournissent de l'huile excellente, aussi bonne que celle d'olive, et qui ne se fige jamais. Elle sert à l'éclairage et dans les préparations alimentaires. Ces graines donnent encore une farine grossière dont on fait des galettes, de la bouillie, etc. On les mange encore grillées comme celles du maïs, ou cuites de même que le riz; elles sont très-saines et fort agréables.

SÉSAME BATARD ou D'ALLEMAGNE, nom vulgaire donné à la *cameline cultivée*, à cause de l'huile obtenue de ses graines, que l'on mange quelquefois comme celles du *sésame d'Orient*.

SÉSAMOIDE. On donne ce nom, en anatomie, à ce qui a de la ressemblance avec la graine de sésame. On appelle *os sésamoïdes* de petits os placés dans l'épaisseur des tendons, aux environs de certaines articulations; leur nombre varie suivant les individus. La rotule est un de ces os.

SESCUNX ou SESCUNCIA, division de l'as romain, valait une once et demie.

SÉSÉLI, genre de la famille des ombellifères, renfermant des plantes herbacées, à tige verte, haute de quatre-vingt-dix centimètres au plus, portant des feuilles alternes, presque filiformes, des fleurs d'abord rougeâtres, puis blanches, et plus tard des fruits petits et ovoïdes. Ces plantes habitent l'Europe méridionale. — On nomme vulgairement *séséli d'Egypte* le *caucalis à grandes fleurs*; *séséli de Crète*, le *tordyle officinal*; *séséli de Montpellier*, une *peucédane*; *séséli d'Ethiopie*, un *buplèvre*. Le séséli des pharmaciens est le *laserpitium siler*, dont la racine et les semences sont aromatiques et stimulantes.

SÉSIA, rivière d'Italie, qui prend sa source dans les Alpes, au S. du Valais, coule du N. au S., et se jetant dans le Pô entre Valence et Casal. Elle sépare la Lombardie du Piémont. Elle donna son nom sous l'empire à un département français formé du Piémont, et dont le chef-lieu était *Verceil*.

SÉSIAIRES, tribu de l'ordre des lépidoptères, famille des crépusculaires, présentant des insectes qui ont des antennes en fuseau, le plus souvent simples et terminées par un petit faisceau soyeux, et des ergots très-forts aux jambes postérieures. Leurs chenilles vivent cachées dans l'intérieur des tiges ou des racines de divers végétaux, qui leur servent de nourriture. Cette tribu renferme deux genres, les *sésies* et les *thyris*.

SÉSIE, genre de l'ordre des lépidoptères crépusculaires, tribu des sésiaires, renfermant des insectes communs en France, ayant les ailes allongées, étroites, transparentes, l'abdomen presque cylindrique, garni à son extrémité d'une brosse plus ou moins épaisse. Ils volent pendant la chaleur du jour, et se nourrissent du suc des fleurs. Les chenilles habitent l'intérieur des tiges ou des racines des végétaux. La *sésie apiforme* a une envergure de seize à dix-neuf lignes, et a la tête jaune, le corselet d'un noir brun, l'abdomen jaune, les ailes transparentes. On la trouve sur les saules et les peupliers.

SÉSOSTRIS, roi d'Egypte, que l'on croit être le même que le Rhamsès III des monuments égyptiens. Fils d'Aménophis d'après Hérodote, il fut élevé avec soin, divisa son royaume en trente-six nomes ou districts, et soumit la Libye, l'Ethiopie, l'Aracie, les îles de la mer Rouge et l'Inde. Il envahit ensuite l'Europe, et subjugua les Thraces. Sésostris, revenu de ses expéditions, fit élever des temples, des obélisques et des monuments pour perpétuer ses victoires. Il protégea les arts et les lettres, et fit divers travaux utiles à la prospérité de son royaume. On dit que, devenu aveugle dans sa vieillesse, il se donna lui-même la mort. On ignore l'époque de son règne, que l'on place généralement entre le XVIIIe et le XVIe siècle avant J.-C. Il eut pour successeur Phéron ou Sésostris II, d'après Hérodote. On pense que les actions que l'on rapporte à ce roi doivent se mettre sur le compte de plusieurs autres dont on ignore les noms, et que les auteurs grecs auront sans doute confondus.

SESQUIALTÈRE, nom donné, en termes de mathématiques, au rapport entre deux lignes ou deux quantités, dans lequel une de ces grandeurs contient l'autre une fois et demie; 6 est à 4 en raison sesquialtère.

SESQUIDOUBLE, terme de géométrie et d'arithmétique, qui désigne le rapport dans lequel la plus grande des deux termes contient le plus petit deux fois et une demi-fois. 15 est à 6 en raison sesquidouble.

SESQUIPES, petite mesure de superficie et de longueur, usitée à Rome. C'était un pied et demi.

SESQUIQUADRAT, position de deux planètes éloignées l'une de l'autre de quatre signes et demi ou 135 degrés.

SESQUITIERCE, rapport dans lequel la plus grande des deux quantités contient l'autre une fois et un tiers. 8 est à 6 dans un rapport sesquitierce.

SESSE, bande de toile dont les Orientaux entourent le bonnet de leur turban.

SESSILE, nom donné, en botanique et en zoologie, aux parties qui ne sont supportées par aucun appendice, et qui sont immédiatement fixées sur la partie qui leur donne naissance. Une fleur sessile est celle qui n'a pas de pédoncule; un stygmate sessile, celui qui est privé de style; une feuille sessile, celle qui est dénuée de pétiole, et une anthère sessile, celle qui n'a pas de filet.

SESSION, temps pendant lequel une assemblée délibérante tient ses séances et ses discussions. Ce mot s'applique aux conseils, parlements, chambres, sénats, en un mot à tout corps délibérant.

SESTERCE, monnaie d'argent romaine dont la valeur varia. Dans l'origine, elle valait 2 as et demi, d'où son nom de *sesquitertius*; et par abréviation celui de *sestercius*; plus tard elle valut 4 as ou un quart de denier. Le sesterce égalait de 18 à 20 centimes de France. Jusqu'à mille, on comptait les sesterces en mettant devant ce mot la somme dont il s'agissait, comme *centum sestertii*. Arrivé à mille, le sesterce prenait le nom de *sestercium* et était une monnaie de compte; *centena sestercia* désignait 100,000 sesterces réelles. Pour désigner les nombres au-dessus de cent mille *(sestercium)*, par exemple un million de sesterces, on écrivait *decies sestercium*, en sous-entendant *centena millia*.

SESTOS, ancienne ville de Thrace, était située vis-à-vis d'Abydos, sur les bords de l'Hellespont. Elle est célèbre dans l'antiquité par les amours de Héro et de Léandre.

SÉTACÉ, du latin *seta* (soie de cochon), se dit en histoire naturelle des parties qui sont allongées et roides, plus grosses à la base qu'au sommet, à la manière des soies de sanglier. Les antennes de certains insectes sont *sétacées*.

SETCHUN ou SE-TCHUEN, province de Chine, dans la partie la plus occidentale, bornée au N. par le Chen-Si, à l'E. par les provinces de Koei-Tchéou et Hou-Kouan, au S. par celle de Yun-Nan, et à l'O. par le Thibet. Le sol est montagneux, fertile dans les plaines. Les montagnes sont habitées par les Tartares Mintseou, non civilisés. On lui donne une surface de 600 lieues carrées et une population de 27,000,000 d'habitants. Sa capitale est TCHING-TCHEOU-FOU.

SÉTEUX, nom donné, en botanique, au réceptacle commun de plusieurs fleurs composées, quand il est garni de paillettes dures, roides et sétacées.

SETH, troisième fils d'Adam et d'Eve, naquit l'an du monde 180 (3874 ans avant J.-C.). Il pratiqua la vertu, et fut le père d'Enos, dont les descendants conservèrent la vraie religion. On le compte comme le second patriarche. Seth mourut âgé de neuf cent douze ans. Josèphe a raconté au sujet de Seth des choses que l'on regarde comme des rêveries. Les Juifs lui attribuaient l'invention des caractères hébraïques, des années, des mois, des semaines, le nom des sept planètes. Plusieurs manuscrits apocryphes et pleins de prophéties portent aussi le nom de Seth.

SÉTHÉENS ou SÉTHIENS, hérétiques qui parurent en Egypte vers l'an 190 et subsistèrent assez longtemps. Ils disaient que Seth était le Christ, et que ce patriarche, après avoir été enlevé du monde, avait reparu de nouveau d'une manière miraculeuse sous le nom de Jésus-Christ. Ils rendaient leur culte à Seth et l'honoraient comme une divinité.

SETHON ou SETHOS, prêtre de Vulcain, successeur d'Anysis au trône d'Egypte. On prétend qu'il fut délivré de l'invasion de l'Assyrien Sennachérib par des rats qui mangèrent de nuit les cordes des arcs de ses soldats.

SETIER, ancienne mesure de grains ou de liqueur, variait suivant les localités. Le setier de blé de Paris était de 12 boisseaux. On appelait *demi-setier* la moitié d'une chopine.

SÉTIF, ville d'Algérie, jadis capitale de la Mauritanie, à 30 lieues S.-O. de Constantine, à 20 lieues S. de Bougie, et à 50 S.-E. d'Alger. Elle a 5,000 habitants, et appartient aux Français.

SETIM, plaine du pays de Moab, en Palestine, où les Hébreux firent leur dernier campement avant de passer le Jourdain. Elle est célèbre par l'union que les Israélites contractèrent avec les filles moabites et leur conversion à l'idolâtrie.

SETINES, nom actuel de la ville d'Athènes.

SETLEDGE, autrefois l'*Hyphasis*, grande rivière de l'Indoustan, prend sa source aux monts Himalaya, traverse les provinces de Lahore et du Moultan, et se jette dans le Tchenab.

SÉTON (du latin *seta*, soie, long poil), nom donné en chirurgie à une longue bandelette de linge fin, effilée sur les bords, que l'on passe à travers la peau et le tissu cellulaire pour faire écouler du pus, ou entre les fragments des os fracturés, etc. Ce mot désigne aussi l'exutoire ou l'écoulement que l'on entretient au moyen de la bandelette. On l'applique ordinairement à la nuque ou dans les parois de la poitrine et de l'abdomen. On panse le séton en attirant chaque jour une portion de la bandelette dans le trajet de la plaie, et en coupant celle qui en sort. On emploie les sétons dans les ophthalmies, les migraines intenses, l'épilepsie, l'inflammation de divers viscères, etc.

SETTIA, ville épiscopale de la côte septentrionale de l'île de Candie, avec un port sur une baie de même nom, à 18 lieues S.-E. de la ville de Candie. Sa population est de 4,000 âmes.

SETTLE (Elkanah), célèbre poëte anglais, né en 1648 dans le comté de Bedford, mort en 1724, vint à Londres, où la cité lui fit une pension et le nomma son poëte. Ses succès balancèrent longtemps ceux de Dryden. Il a composé plusieurs pièces de théâtre, dont les plus connues sont celles de *Cambyse*, *l'Impératrice*.

SETUBAL ou SETUVAL, ville forte de Portugal dans l'Estramadure, à 9 lieues S.-E. de Lisbonne, avec un port, au fond d'une petite baie près de l'embouchure du Caldao, dans une position fort agréable. Elle a 12,000 habitants, et est très-commerçante en sel, huile et vins. Elle a été presque entièrement détruite par un tremblement de terre en 1755.

SEUIL, terme d'architecture, la partie inférieure d'une porte, la pierre ou la pièce de bois qui est entre ses tableaux; elle ne diffère du *pas* qu'en ce qu'elle est arasée d'après le mur. — On appelle *seuil d'écluse* une pièce de bois qui, étant percée de travers entre deux poteaux au fond de l'eau, sert à appuyer par le bas la porte d'une écluse ou d'un pertuis.

SÉVASTOPOL. Voy. SÉBASTOPOL.

SÈVE, liqueur nutritive des végétaux, et dont les fonctions peuvent être assimilées à celles du sang dans les animaux. Sa couleur, sa composition varient avec les végétaux que l'on examine; mais le plus souvent elle est limpide. Les observations des botanistes ont prouvé que la sève éprouvait une sorte de circulation dans les vaisseaux des plantes. La sève de l'érable fournit du sucre, celle des palmiers et du bouleau une sorte de vin et de vinaigre.

SEVER (SAINT-), près de la rive gauche de l'Adour, chef-lieu d'arrondissement du département des Landes, à 5 lieues S. de Mont-de-Marsan. Population, 5,300 habitants. Cette ville doit sa fondation à une célèbre abbaye de Bénédictins fondée au xe siècle sous l'invocation de saint Sever. Au xiie siècle, elle fut entourée de fortifications dont on voit encore les restes. Les Anglais s'en emparèrent en 1295. Charles VII la leur reprit en 1426. Elle eut beaucoup à souffrir pendant les guerres de religion. En 1789, elle était chef-lieu d'un petit pays appelé la Chalosse. — Cette ville est assez bien bâtie; on y trouve un hôpital et un collège. On en exporte des vins et de l'huile.

SEVERA (Julia Aquilia), fille du consul Q. Aquilius Sabinus, fut, dans sa jeunesse, consacrée au culte de Vesta. Héliogabale l'enleva et l'épousa en 219. Il la répudia bientôt, mais la reprit peu de temps après. Elle mourut en 222.

SEVERA (Valeria), première femme de Valentinien Ier et mère de Gratien, se déshonora par son avarice, et mit à prix toutes les dignités. Valentinien la répudia; mais son fils la rappela, et la consulta souvent sur les besoins de l'Etat. On ignore l'époque de sa mort.

SEVERAC-LE-CHATEAU, chef-lieu de canton du département de l'Aveyron, dans l'arrondissement et à 7 lieues et demie de Milhau; population, 3,400 habitants. Cette ville est très-ancienne. Elle était en 884 le chef-lieu d'une viguerie, et devint plus tard celui d'un marquisat. Les sires de Severac ont joué un grand rôle dans les guerres du Rouergue. En 1650, le marquisat de Severac, la vicomté d'Ilauterive et les baronnies de Dolan et de Saint-Chely furent érigés en duché-pairie d'Arpajon. Cette seigneurie s'éteignit en 1679.

SÉVÈRE (SEPTIME), *Lucius Septimius Severus*, empereur romain, naquit à Leptis en Afrique en 145 ou 149 de J.-C., vint jeune à Rome, où il fut fait avocat du fisc, puis sénateur. Malgré la licence de sa jeunesse, il fut successivement questeur, tribun du peuple, préteur, lieutenant du proconsul en Afrique et commandant d'une légion en Espagne. Il commandait les armées de Pannonie lors du meurtre de Pertinax (193). Il se fit couronner empereur, s'associa Albinus, qui avait pris ce titre, et entra dans Rome. Didius Julianus, qui avait acheté l'empire, fut tué par ses soldats; mais il restait un rival à Sévère. Après avoir dissous la garde prétorienne, il marcha contre Pescennius Niger, le vainquit et le fit mettre à mort. Il soumit plusieurs nations de l'Orient, revint ensuite en Italie, poursuivit Albinus, qui s'était rendu indépendant dans les Gaules, et le vainquit en 197. Albinus fut tué dans le combat. Resté seul maître de l'empire, Sévère fit périr tous les partisans d'Albinus, et s'empara de leurs biens. Après une guerre heureuse en Orient et en Egypte (198), il fut rappelé en Occident par la révolte de la Grande-Bretagne; il y rétablit l'ordre, et y fit élever une muraille célèbre pour l'opposer aux incursions des Calédoniens (207). Le chagrin d'avoir vu les jours menacés par son fils Caracalla hâta sa mort, arrivée en 211. Ce prince avait de grands talents et de grandes vertus, qu'il flétrit par son extrême sévérité.

SÉVÈRE (MUR DE), muraille célèbre dans la Grande-Bretagne, s'appelait ainsi du nom de l'empereur Septime Sévère, qui la fit bâtir. Elle s'étendait d'un bout de l'Océan à l'autre. Elle était destinée à mettre les possessions des Romains en Bretagne à l'abri des incursions des Calédoniens (207). Cette muraille était bâtie en pierre, avait douze pieds de haut sur huit d'épaisseur. Elle était appuyée par des forts, des tours placés de distance en distance, et par un fossé qui la suivait dans toute sa longueur.

SÉVÈRE (Alexandre). Voy. ALEXANDRE SÉVÈRE.

SÉVÈRE (Flavius Valerius Severus), né en Illyrie d'une famille obscure. Sans talents et adonné à la débauche, il parvint cependant à plaire à l'empereur Galère; Maximien Hercule, en abdiquant la couronne en 305, le nomma césar à la sollicitation de son collègue. Maxence, ayant pris le titre d'empereur à Rome en 307, Sévère marcha contre lui; mais, ayant été abandonné d'une partie des siens, il fut obligé de se renfermer dans Ravenne; Maximien Hercule, qui avait repris le diadème, vint l'y assiéger. Sévère se rendit à lui, espérant avoir la vie sauve; mais le vainqueur le força à se faire ouvrir les veines. Son fils fut mis à mort par Licinius.

SÉVÈRE (Libius Severus), né en Lucanie d'une famille obscure, fut salué empereur d'Occident dans Ravenne après la mort de Majorien en 461. Sévère laissa le soin des affaires à Ricimer, et se plongea dans les plaisirs de tout genre. Ricimer le fit empoisonner au bout d'un an de règne.

SÉVÈRE CASSIUS, célèbre orateur romain, vivait dans le premier siècle de l'ère chrétienne. Il ne fit usage de son talent que pour accuser les sénateurs en pleine assemblée. Auguste, fatigué de ses délations et de ses calomnies incessantes, le relégua dans l'île de Chypre. De retour après la mort de ce prince, il fut de nouveau exilé par Tibère dans l'île de Sériphe. Il y mourut dans une extrême pauvreté en 24 de J.-C.

SÉVÈRE. Plusieurs écrivains romains ou des premiers siècles de l'ère chrétienne ont porté ce nom. — LUCIUS CORNELIUS SEVERUS se distingua sous le règne d'Auguste. Il ne nous reste rien de ses écrits. — SÉVÈRE D'ALEXANDRIE, sophiste, nous a laissé des *Ethopées*; ce sont des déclamations de peu d'intérêt. Il vivait en 470. — SEVERUS, évêque de Minorque en 423, a écrit une lettre sur les miracles opérés par les reliques de saint Etienne d'Alexandrie. — SEVERUS SANCTUS professa la grammaire et la rhétorique à Bordeaux sous le règne de Théodose le Grand. On a de lui un poëme latin *sur la Mort des bœufs*.

SÉVÉRIENS, hérétiques du second siècle, sectateurs d'un Sévère, qui vivait un peu après Tatien, dont il adopta plusieurs opinions. Ils admettaient deux principes, l'un bon, l'autre mauvais, et disaient que le vin et les femmes étaient des productions du mauvais principe. Les encratistes ou tatianistes s'attachèrent à eux, et prirent le nom de *sévériens*.

SÉVERIN, soixante-treizième pape, Romain de naissance, succéda à Honoré Ier en mai 640. Il se fit estimer par ses vertus, la douceur de son caractère et la pureté de ses mœurs. Il mourut après deux mois de pontificat.

SÉVERIN (Saint), abbé et apôtre de Bavière et d'Autriche, prêcha l'Evangile en ces contrées dans le Ve siècle de J.-C., et mourut en 482. On fait sa fête le 8 janvier. — Evêque de Cologne, vécut dans les IVe et Ve siècles. On fait sa fête le 23 d'octobre. — Evêque de Bordeaux, succéda à saint Amand. On fait se fête le même jour. — SÉVERIN de Château-Landon, en Gâtinais, fut abbé d'Agaune ou de Saint-Maurice en Valais. On dit qu'il guérit le roi Clovis d'une longue et cruelle maladie (504). Il mourut en 507. On fait sa fête le 11 février. — Solitaire et prêtre de Saint-Cloud, dont on fait la fête le 24 novembre.

SÉVÉRINE (Ulpia Severina), fille d'Ulpius Crinitus, capitaine romain, épousa l'empereur Aurélien, qu'elle accompagna dans toutes ses expéditions. Elle s'acquit par ses vertus et ses bienfaits l'estime et l'amour des soldats. Elle survécut à son époux, et n'en eut qu'une fille.

SEVERN. Voy. SAVERNE.

SEVERO-VOSTOKIINOI, cap de Sibérie, est la pointe la plus septentrionale de l'Asie.

SÉVICES désignent, en jurisprudence, les traitements inhumains que l'on fait souffrir à quelqu'un. — SÉVIR, c'est agir avec rigueur contre quelqu'un.

SÉVIGNÉ (Marie DE RABUTIN-CHANTAL, marquise DE), fille de Celse-Bénigne de Rabutin, baron de Chantal, née en Bourgogne en 1626. Privée jeune encore des soins de son père et de sa mère, elle fut élevée par son oncle l'abbé de Coulanges, et reçut une éducation très-distinguée. Elle épousa en 1644 Henri, marquis de Sévigné, qui fut tué en duel en 1651, et en eut un fils et une fille. La tendresse qu'elle portait à ses enfants la fit consacrer à un veuvage continuel. Sa fille ayant été mariée au comte de Grignan, commandant en Provence, qui emmena son épouse (1669), elle se consola de son absence par de fréquentes lettres, qui nous ont été conservées et qui respirent l'amour le plus passionné pour sa fille; le style en est simple, naïf et spirituel. Ces lettres peuvent servir de mémoires pour les mœurs du temps et un grand nombre de faits historiques. Elle se donna tant de soins pendant une longue maladie de sa fille, qu'elle en contracta une affection dont elle mourut en 1696.

SÉVILLE, province d'Espagne, formée de l'ancienne Andalousie. Sa superficie est de 210 lieues carrées, et sa population de 790,300 habitants. Sa capitale est SÉVILLE.

SÉVILLE, grande et belle ville d'Espagne, jadis capitale de l'Andalousie et aujourd'hui de la province de Séville, la première ville après Madrid, assise au milieu d'une plaine arrosée par le Gudalquivir. Sa population, qui s'élevait autrefois au chiffre de 400,000 habitants, n'est plus aujourd'hui que de 96,000 habitants. Elle est à 87 lieues de Madrid. Elle a une université fondée en 1504, qui a une bibliothèque de 20,000 volumes, et renferme de huit à neuf cents étudiants, un tribunal royal suprême, une cathédrale célèbre, d'architecture moresque, la plus grande et une des plus belles d'Espagne; la flèche de sa tour (giralda) a trois cent soixante-quatorze pieds de haut. On remarque encore l'Alcazar, ancienne résidence des rois maures, l'amphithéâtre, destiné aux courses des taureaux, un grand aqueduc maure, une bourse, plusieurs académies et hôpitaux, etc. Séville est entourée d'une muraille flanquée de cent soixante-six tours, et percée de douze portes. Cette ville était autrefois renommée pour ses fabriques de soie; elle occupe encore aujourd'hui sept cents métiers. On y voit des manufactures d'étoffes de laine, de cuirs et de maroquins, une fonderie de canons et une manufacture de tabac fondée en 1757, et qui occupe quinze cents ouvriers. Les Français s'emparèrent de Séville le 1er février 1810.

SEVINUS ou SCEVINUS, Romain qui entra dans la conspiration de Pison en 65 de J.-C. contre Tibère, était chargé de frapper le premier coup. Un de ses esclaves, nommé Milichus, dénonça le complot à l'empereur, qui fit mettre à mort Sevinus. Celui-ci mourut avec courage.

SÉVIRS, nom donné à Rome à des officiers qui commandaient à six décuries de chevaliers. Les *sévirs augustaux* étaient les six plus anciens membres des prêtres que Tibère avait consacrés à Auguste.

SEVRAGE, action de suspendre l'allaitement d'un enfant, de lui ôter l'usage du lait de la mère ou de la nourrice, pour lui donner d'autres aliments. Le temps du sevrage ne saurait être fixé; cependant, d'après la règle commune, on le fait vers l'âge de douze ou quinze mois.

SÈVRE, nom donné à deux rivières de France. L'une, la *Sèvre-Niortaise*, prend sa source dans la partie méridionale du département des Deux-Sèvres, coule de l'E. à l'O., passe à Niort, et se dirige vers la mer, servant en partie de limite aux départements de la Charente-Inférieure et de la Vendée, reçoit la rivière de la Vendée, et va se jeter dans l'Océan, au Perthuis-Breton, un peu au-dessous de Marans. Elle commence à être navigable à Niort. La longueur de son cours navigable est de 150,000 mètres; ce qui porte à 170,000 mètres la longueur totale. La seconde, la *Sèvre-Nantaise*, prend sa source dans la partie N.-O. du département des Deux-Sèvres, entre Parthenay et Bressuire, traverse une partie de la Vendée, baigne pendant une faible étendue de son parcours la lisière de celui de Maine-et-Loire, entre dans celui de la Loire-Inférieure, et se jette dans la Loire en face de Nantes. Elle est navigable depuis qu'elle a reçu à Clisson les eaux de la rivière du Maine, sur une étendue de 24,000 mètres. Son cours total est de 150,000 mètres.

SÈVRES, sur la rive gauche de la Seine, chef-lieu de canton du département de Seine-et-Oise, à 2 lieues et demie N.-E. de Versailles. Population, 4,600 habitants. Cette ville est ancienne. Elle possède un beau pont de pierre, dont les habitants défendirent le passage contre les Prussiens en 1815. L'ennemi éprouva une perte considérable, et pour se venger mit le bourg au pillage pendant trois jours. — Sèvres a acquis une grande célébrité par sa manufacture de porcelaines et de verreries sans égale en Europe. Cette manufacture fut établie d'abord en 1738 au château de Vincennes par les soins du marquis de Fulvy, qui en était gouverneur; en 1750, les fermiers généraux lui achetèrent l'établissement et le transportèrent à Sèvres. En 1759, Louis XV l'acquit pour son compte, et depuis ce temps il a toujours fait partie des domaines de la couronne. Les directeurs sont nommés par le roi. Il y a dans l'établissement trois collections remarquables, composées de porcelaines étrangères et françaises et des modèles des objets confectionnés à Sèvres. — Cette ville a diverses fabriques, parmi lesquelles on remarque des verreries, des tanneries, etc.

SÈVRES (DEUX-), département français, région de l'O., borné au N. par le département de Maine-et-Loire et celui de la Vienne, à l'E. par ce dernier, au S. par ceux de la Charente et de la Charente-Inférieure, à l'O. par ce dernier et celui de la Vendée. Il est formé de parties du Poitou, de l'Aunis, de la Saintonge et des Marches. Il tire son nom de deux rivières qui y ont leur source, et qui toutes deux se nomment *Sèvre*. Sa superficie est de 585,273 hectares, et sa population de 324,000 habitants. Il se divise en quatre arrondissements : *Niort* (chef-lieu), *Bressuire*, *Melle* et *Parthenay*, et nommait quatre députés. Le revenu territorial est de 13,849,000 francs. Il est compris dans la douzième division militaire, le diocèse de Poitiers et le ressort de la cour d'appel et de l'académie de la même ville. — Le sol est en général fertile. Les forêts occupent 39,352 hectares, et les étangs 10,481. L'agriculture est florissante, et la récolte des céréales dépasse les besoins de la consommation. On y élève beaucoup de bestiaux; on y récolte des plantes oléagineuses et textiles. Les confitures d'angélique de Niort sont estimées. L'industrie commerciale est peu avancée, et s'exerce principalement sur les produits animaux du territoire.

SEWAD, district de l'Afghanistan, près l'Indus, habité par une tribu indépendante.

SEXAGÉSIMALES, nom donné aux fractions dont le dénominateur est une puissance de soixante.

SEXAGÉSIME, dimanche qui suit immédiatement celui de la Septuagésime et qui précède de même celui de la Quinquagésime et de quinze jours le premier dimanche de carême.

SEXE, différence physique et constitutive du mâle et de la femelle. Les sexes existent dans les plantes et les animaux. Chez les plantes, ils sont la plupart du temps réunis, et quelquefois séparés sur des individus distincts; chez les animaux, au contraire, ils sont presque toujours séparés, et ce n'est que dans les classes inférieures du règne animal que l'on trouve des individus réunissant les deux sexes, c'est-à-dire *hermaphrodites*. Voy. ce mot, UNISEXUÉES, etc.

SEXTANS, division de l'as romain, valait deux onces.

SEXTANT, instrument d'astronomie, destiné à déterminer sur mer la position du bâtiment, tant en longitude qu'en latitude. C'est un instrument à réflexion, ainsi nommé parce qu'il est formé seulement de la sixième partie du cercle.

SEXTARIUS, setier romain, mesure de capacité qui valait le quarante-huitième de l'amphore (5 décilitres 394 millilitres), quand on l'appliquait aux liquides, et le seizième du modius, quand on l'appliquait aux solides. (Il avait la même valeur relativement à nos mesures.)

SEXTE, la troisième des petites heures canoniales, qui, d'après l'institution, devait se célébrer à la sixième heure du jour, à compter depuis le soleil levé. — C'est aussi le nom du sixième livre des Décrétales, rédigé par ordre de Boniface VIII.

SEXTÉ. On appelait autrefois ainsi un registre qui contenait les noms et les qualités de ceux qui étaient obligés de prendre du sel à un grenier.

SEXTIA, famille romaine appartenant à l'ordre des plébéiens, qui fournit en 366 de Rome le premier plébéien honoré du consulat. — C'est aussi le nom de deux lois romaines, dont la plus importante est la loi *Sextia Licinia, de magistratibus*, décrétée en 386 de Rome (368 avant J.-C.) sous les auspices des tribuns du peuple Licinius et L. Sextius, et qui ordonna qu'à l'avenir un des consuls serait plébéien.

SEXTIÆ AQUÆ, nom latin d'*Aix*. Il signifie *eaux de Sextius*.

SEXTIL se dit, en astronomie, de la position de deux planètes éloignées l'une de l'autre de 60 degrés.

SEXTILIS, nom que les anciens Romains donnèrent au mois d'août parce qu'il était le sixième de l'année avant que Numa la fît commencer au mois de janvier. Plus tard, en l'honneur d'Auguste, on lui donna le nom de cet empereur, dont nous avons fait *août*.

SEXTULE, poids romain qui valait la sixième partie de l'once.

SEXTUMVIRS AUGUSTAUX, prêtres romains attachés au culte d'Auguste déifié. Ils n'étaient que six dans les provinces, et c'est de là qu'ils avaient tiré leur nom; mais ils étaient plus nombreux à Rome.

SEXTUS, mot latin qui signifie *sixième*, et qui était un prénom romain.

SEXTUS EMPIRICUS, philosophe pyrrhonien du IIe siècle de l'ère chrétienne, était médecin de la secte des empiriques. On dit qu'il fut l'un des précepteurs d'Antonin le philosophe. Il nous reste de lui des *Hypotyposes* ou *Institutions pyrrhoniennes*, qui renferment la doctrine des sceptiques, en trois livres, et un traité *contre les Mathématiciens*, en onze livres. On y trouve des choses curieuses et intéressantes. Ces ouvrages sont écrits en grec.

SEYKES. Voy. **Seiks**.

SEYMOUR (Jeanne), dame d'honneur d'Anne de Boulen, épouse de Henri VIII, roi d'Angleterre, remplaça cette malheureuse princesse après sa mort. Elle donna le jour à Edouard VI, et mourut quelques heures après (1537). Ses frères devinrent la tige des ducs de Sommerset et des comtes d'Hertford.

SEYMOUR (Edouard), frère de la reine Jeanne Seymour, duc de Sommerset, fut déclaré tuteur d'Edouard VI et protecteur du royaume. Il abusa de son autorité jusqu'à faire trancher la tête à son frère Thomas en 1548. Accusé lui-même par le comte de Warwick, il fut décapité en 1552.

SEYMOUR (Thomas), frère des précédents, surnommé *lord Dudley*, grand amiral d'Angleterre sous Henri VIII, fut nommé par ce prince un de ses exécuteurs testamentaires et membre du conseil de régence pendant la minorité d'Edouard VI. Ses perfidies et ses intrigues faillirent plusieurs fois compromettre la sûreté du royaume et celle d'Edouard VI, son neveu, qui enfin l'envoya à la Tour de Londres, où il fut décapité en 1548. Il avait eu l'ambition d'épouser Elisabeth, depuis reine d'Angleterre. Déçu dans ses prétentions, il épousa Catherine Parr, veuve de Henri VIII.

SEYMOUR (Lady Arabella), fille de Charles Stuart, comte de Lénox, frère cadet de Henri Darnley, époux de Marie, reine d'Ecosse. Son illustre naissance causa ses malheurs. Plusieurs complots furent formés pour la placer sur le trône d'Angleterre; elle fut emprisonnée sous le règne d'Elisabeth. Au commencement de celui de Jacques, elle épousa secrètement Guillaume Seymour, deuxième fils du comte d'Hertford. Ce mariage ayant été découvert, les deux époux furent enfermés à la Tour de Londres. Lady Arabella y mourut en 1615. Son époux parvint à se sauver. Les malheurs de cette princesse font le sujet d'un drame de M. Eugène Sue, *la Prétendante*, joué au Théâtre-Français en 1841.

SEYSSEL, petite ville de France, chef-lieu de canton du département de l'Ain, dans l'arrondissement et à 6 lieues de Belley, sur le Rhône. Population, 2,500 habitants. C'est près de cette ville que le Rhône commence à être navigable. Seyssel est surtout célèbre par ses mines de bitume, qui fournissent à la capitale la matière de ces beaux trottoirs qu'on y voit depuis quelques années.

SEYSSEL (Claude de), né à Seyssel (Ain), professa le droit à Turin avec une grande réputation, et devint ensuite maître des requêtes et conseiller de Louis XII, roi de France. Evêque de Marseille en 1510 et archevêque de Turin en 1517, il mourut en 1520. On a de lui un grand nombre d'ouvrages estimés : *l'Histoire de Louis XII*, un traité *sur les Fiefs*, d'autres traités *sur la Loi salique des Francs*, *sur la Monarchie de France*, etc.

SÉZANNE, ville de France, chef-lieu de canton du département de la Marne, sur le ruisseau des Auges, dans l'arrondissement et à 9 lieues d'Epernay. Population, 4,500 habitants. Ce fut autrefois une ville importante, qui souffrit beaucoup des guerres civiles et étrangères. Elle a un hospice, une bibliothèque publique, une salle de spectacle; elle est industrieuse, et a des fabriques célèbres de draps, serges, etc. Cette ville a été presque entièrement brûlée en 1632.

SFORCE ou **Sforza** (Attendolo Giacomuzzo, plus connu sous le nom de), tige de la maison célèbre des Sforza, qui a joué un très-grand rôle dans les guerres d'Italie aux XVe et XVIe siècles, naquit en 1369 à Cotignola, village de la Romagne, d'un père cultivateur ou cordonnier. On raconte que, désirant suivre le parti des armes, il s'en remit au sort pour sa résolution. Ayant lancé sa hache dans le tronc d'un arbre, elle y demeura fixée; c'était l'augure attendu; cet acte de vigueur lui valut le nom de *Sforza* (force). Il s'engagea, parvint successivement aux plus hauts grades militaires, et se vit bientôt à la tête d'une troupe assez nombreuse. Il servit alternativement la république de Florence, les papes Jean XXIII et Martin V, la maison d'Est, le roi de Naples, les Milanais et la reine Jeanne II. Créé gonfalonier de l'Eglise et comte de Cotignola, il fut aussi deux fois grand connétable du royaume de Naples. Il mourut en 1424. Il se noya au passage de la rivière Pescara.

SFORCE ou **Sforza** (François-Alexandre), fils naturel du précédent et de Lucia Terzana, né en 1401, succéda aux biens et au commandement de son père. Il servit d'abord la reine Jeanne II et son successeur René d'Anjou (1435). Devenu gendre du pape Martin V, il fut plus tard choisi pour commander les forces du pape, de Venise et de Florence, contre le duc de Milan, Philippe-Marie Visconti, dont il épousa la fille, Blanche-Marie; il eut à résister à la fois à son beau-père, au roi de Naples, à Piccinino, pour le pape Eugène IV, et les battit complétement en 1443. Son beau-père étant mort en 1447, les Milanais l'appelèrent pour être leur général contre les Vénitiens; mais, après plusieurs belles actions en leur faveur, il tourna ses armes contre eux-mêmes, prit Milan, et les força en 1450 à le recevoir pour duc. Louis XI, roi de France, le reconnut. Sforza s'empara de Gênes, écarta les Français de l'Italie, et gouverna avec sagesse. Il mourut en 1466. L'histoire lui reproche sa perfidie et la cruauté dont il usa quelquefois envers ses ennemis.

SFORCE (Galéas-Marie), né en 1444, fils du précédent, servit d'abord Louis XI, roi de France. Il succéda à son père dans le duché de Milan en 1466; mais ses débauches et son extrême férocité le firent assassiner en 1476 dans une église.

SFORCE (Jean-Galéas-Marie), fils du précédent, lui succéda à l'âge de huit ans sous la tutelle de sa mère Bonne de Savoie et de Cecus Simonetta. Mais son oncle Ludovic contraignit la duchesse à s'enfuir, fit mourir Simonetta, et, s'étant emparé du gouvernement, fit donner à son neveu un poison lent, dont il mourut à Pavie en 1494, peu de jours après l'entrée du roi de France Charles VIII dans cette ville (1494).

SFORCE (Ludovic-Marie), oncle du précédent et frère de François, fut surnommé *le More* ou *le Maure* à cause de son teint basané. L'ambition le poussa à faire périr Simonetta, tuteur de son neveu Jean-Galéas, et à chasser la régente Bonne de Savoie pour gouverner sous le nom de son neveu. Irrité par les menaces du roi de Naples, beau-père du duc, il appela en Italie le roi Charles VIII, espérant conserver le Milanais en lui promettant son appui pour la conquête de Naples. Jean-Galéas étant mort empoisonné en 1494, Ludovic se fit reconnaître duc de Milan au préjudice du fils de ce prince. Bientôt, alarmé des progrès des Français, il se ligua contre eux avec les autres puissances d'Italie, et lui força de rentrer en France. Une seconde invasion des Français sous Louis XII le déposséda de ses Etats. Il fut fait prisonnier devant Novare et conduit en France, où il vécut dix ans enfermé dans le château de Loches. Il y mourut en 1510. L'histoire lui reproche ses nombreuses perfidies.

SFORCE (Maximilien), fils du précédent, fut rétabli duc de Milan par l'empereur Maximilien en 1512; mais, s'étant rendu odieux aux Milanais par ses exactions, et ne pouvant s'y soutenir, il vint en France après avoir cédé son duché à François Ier, reçut une pension de 30,000 ducats, et mourut à Paris en juin 1530.

SFORCE (François-Marie), frère du précédent, fut rétabli en 1529 par l'empereur Charles-Quint. Il mourut en 1535, sans laisser de postérité. A sa mort, Charles-Quint s'empara du duché de Milan, lequel passa aux successeurs de cet empereur.

SFORZANDO, mot italien qui signifie *en renforçant*, sert à désigner, en musique, une nuance d'expression dans l'exécution, où l'intensité des sons est augmentée graduellement. On le désigne le plus souvent par l'abréviation *sf*.

SFUMATO, mot italien désignant proprement *enfumé*, et qu'on emploie en peinture pour désigner une manière de peindre très-moelleuse, qui de près laisse une certaine incertitude sur les détails des formes, mais qui, vue à une distance convenable, présente un aspect agréable.

SHADECK. Voy. **Pampelmousse**.

SHADWELL (Thomas), poète dramatique anglais, fut fait poète lauréat et historiographe du roi Guillaume à la place du célèbre Dryden. Il mourut en 1692. On a de lui des *poésies* et des pièces de théâtre, dont les principales sont : *les Amants chagrins*, *les Capricieux*, *les Eaux d'Epsom*, etc.

SHAFTESBURY (Antoine Ashley-Cooper, comte de), né en 1621 dans le Dorsetshire, fut nommé représentant du parlement en 1640. Au commencement de la guerre civile, il embrassa le parti des parlementaires, et le servit de son épée. Il fut nommé en 1651 du comité chargé de la réforme civile, et fut un des premiers à signer la protestation contre l'usurpation de Cromwell. Il devint ensuite un des principaux promoteurs du rétablissement de Charles II. Ce prince le fit membre du conseil privé, comte de Shaftesbury et baron d'Ashley, chancelier et sous-trésorier de l'échiquier, puis enfin grand chancelier de l'Angleterre. Il se démit en 1673, et continua à se distinguer par son éloquence dans le parlement. La chaleur de son opposition lui valut une détention de treize mois. Président du conseil privé du roi en 1681, il fut accusé de haute trahison, mais acquitté. Il se retira alors à Amsterdam, et il mourut en 1683.

SHAFTESBURY (Antoine Ashley-Cooper, comte de), petit-fils du précédent, né en 1671, reçut une éducation très-soignée sous les yeux du célèbre philosophe Locke. Après divers voyages en France et en Italie, il vint siéger à la chambre des communes en 1689, et se montra constamment le défenseur des libertés publiques. Il renonça à la carrière politique en 1698 pour se livrer à des études philosophiques. Appelé à la chambre haute en 1701, il la quitta à l'avénement de la reine Anne, et mourut en 1713. On a de lui plusieurs ouvrages dont les principaux sont les *Mœurs* ou *Caractères*, l'*Essai sur la liberté de l'esprit et de l'humeur*, etc. Sa philosophie fut un optimisme d'après lequel la vertu est le bonheur, le vice est le malheur. D'après lui, si les efforts de l'homme, si beaux qu'ils soient, ne le conduisent pas au bonheur, il sera forcé de se déclarer vicieux en dépit de tout. Le mépris pour le christianisme perce dans tous ses ouvrages.

SHAKO. Voy. Schakos.

SHAKESPEARE (William), le plus grand auteur dramatique anglais, né à Stratford, dans le Warwickshire, en 1564, d'un père marchand de laine, fut forcé pour des espiègleries de jeunesse de se réfugier à Londres, où il ne trouva d'autre ressource que celle de se faire comédien. Ses premiers essais firent peu d'impression. Mais *Roméo et Juliette* (1595) commença sa réputation littéraire. Il quitta le théâtre vers 1610, avec une fortune considérable, et mourut en 1616. Parmi ses pièces qui sont très-nombreuses, on distingue *Othello*, *Hamlet*, *Macbeth*, *Henri VI*, *la Mort de Richard III*, *le Roi Léar*, *la Tempête*, *le Songe d'une nuit d'été* et *le Marchand de Venise*. Il a laissé aussi des *poésies* diverses.

SHALL. Voy. Chale.

SHANNON, rivière considérable d'Irlande, prend sa source au lac d'Aller, dans le comté de Leitrim, coule au S. et au S.-O., et se jette dans l'Océan par une large embouchure. Elle forme divers lacs dans son cours, qui est de 73 lieues.

SHAPINSHA, une des îles Orcades, près du Mainland, a 6 lieues de tour.

SHEFFIELD, grande ville d'Angleterre, dans le comté d'Yorck, à 54 lieues N. de Londres. Population, 35,000 habitants. Elle est célèbre par ses manufactures de fer, d'acier, ses coutelleries, quincailleries et fonderies.

SHEPPY, île d'Angleterre, formée par le confluent de la Medway et de la Tamise. Sa superficie est de 12 lieues, et son chef-lieu est Queensborough.

SHÉRARDIE, genre de la famille des rubiacées, renfermant des plantes herbacées ou légèrement frutescentes, aux feuilles verticillées, linéaires, aux fleurs bleuâtres, disposées en ombelles terminales, au fruit à deux coques, renfermant par seule graine chacune. La *shérardie des champs* abonde dans les lieux incultes ou mal cultivés. Elle est annuelle. Les bestiaux mangent avec plaisir ses tiges hautes de huit à dix centimètres.

SHERIDAN (Richard Brinsley), né à Dublin en 1751, était fils de l'acteur Thomas Shéridan. Son père le fit recevoir avocat; mais il quitta cette profession qu'il n'avait embrassée que par contrainte, et se livra à la composition dramatique. Ses pièces des *Rivaux*, de *l'Ecole de la médisance* et de *la Duègne* établirent sa réputation. Nommé en 1780 membre de la chambre des communes, il se montra un des plus grands orateurs, et s'assit avec Fox sur les bancs de l'opposition. Lorsque cet homme célèbre devint ministre des affaires étrangères, Shéridan fut fait sous-secrétaire d'Etat; il quitta le ministère à l'avènement de Pitt, et y rentra en 1783 en qualité de secrétaire d'Etat de la trésorerie. Il le quitta encore avec ses amis. En 1806, il fut nommé trésorier de la marine, place qu'il perdit peu de temps après. Le jeu et les débauches remplirent ses dernières années, et il mourut dans la misère et le mépris en 1816. Il avait conservé pendant une grande partie de sa vie la direction du théâtre de Drury-Lane.

SHÉRIF. Voy. Chérif.

SHETLAND ou Hitland, groupe d'îles appartenant à l'Ecosse, situées entre ce pays et la Norwége. Ces îles sont au nombre de quatre-vingt-six, dont trente seulement sont habitées et ont une population collective de 29,400 habitants. Le sol est montagneux, marécageux, produit des pâturages dans l'intérieur et des céréales sur les côtes. L'éducation des bestiaux, qui sont très-estimés, la pêche des harengs, constituent les principales richesses des habitants. Ceux-ci professent le protestantisme. On tire de ce groupe des bas, des

poissons, des peaux et du beurre. Il a peu de communication avec l'extérieur à cause de l'impétuosité de la mer, surtout pendant l'hiver. Les îles Shetland envoient plusieurs députés au parlement. La plus grande est *Shetland* ou *Mainland*, dont la capitale, Lerwick, a 15,000 habitants. — Ces îles furent jadis soumises aux Normands; elles appartinrent ensuite successivement à la Norwége, à l'Ecosse, au Danemarck, qui les céda définitivement à l'Ecosse, lors du mariage de Jacques VI avec Anne de Danemarck. Depuis 1742, elles sont la propriété de la famille des Dundas.

SHILLIKHALÉ, c'est-à-dire *petite montagne*, montagne artificielle, que l'on croit être un antique monument d'un peuple sur lequel on n'a aucune tradition. Cette montagne se trouve dans l'Etat d'Ohio, dans l'Amérique septentrionale.

SHIRE, mot synonyme de *comté*, division territoriale, en Angleterre. Pour désigner un comté, on met le nom de ce comté d'abord, puis le mot *shire* à la suite: ainsi *Dorsetshire* signifie le *comté de Dorset*.

SHORE (Jeanne), Anglaise célèbre par sa beauté et ses malheurs, avait épousé un riche orfèvre de Londres. Le roi Edouard IV, épris de ses charmes, l'enleva à son mari et en fit sa maîtresse. Elle fut entièrement étrangère aux intrigues et aux factions qui désolaient l'Angleterre. Après la mort d'Edouard, Jeanne s'attacha au lord Hastings, ministre de ce prince. Richard, duc de Glocester, le fit mettre à mort, et fit faire à Jeanne son procès comme sorcière et adultère. Elle fut condamnée à une pénitence publique et à la perte de tous ses biens. On a dit qu'elle était morte de faim dans un cachot; mais il paraît qu'elle mourut sous le règne de Henri VIII, dans une extrême indigence. Cette destinée malheureuse a inspiré plusieurs ouvrages dramatiques. Celui du poëte anglais Rowe est le plus remarquable.

SHOSHONIS, Indiens de l'Amérique septentrionale, habitaient alternativement les bords de la Columbia et du Missouri.

SHREWSBURY, ville d'Angleterre, chef-lieu du comté de Shrop, sur une colline, dans une presqu'île formée par la Saverne, à 50 lieues N.-O. de Londres. Population, 19,000 habitants. Elle commerce spécialement en flanelles et porcs. Cette ville est ancienne.

SHROP ou Salop, comté d'Angleterre, borné au N. par celui de Chester, à l'E. par celui de Stafford, au S. par ceux de Worcester et d'Hereford, à l'O. par ceux de Montgommery et de Denbigh. Il a 17 lieues de long sur 14 de largeur, et renferme 260,000 habitants. On en retire des grains, du fer, de la chaux, de la pierre et du charbon. La capitale est Shrewsbury.

SI, septième note de la gamme d'*ut*, que les Allemands désignent par la lettre H quand elle est à son état naturel, et par la lettre *b* lorsqu'elle est altérée d'un bémol. La note *si* ne fut introduite que très-tard dans la musique. Auparavant on ne se servait que de six notes, et on remplaçait le *si* au moyen de combinaisons appelées *muances*.

SIALAGOGUE, nom donné aux substances qui provoquent la sécrétion de la salive. On compte le mercure et le pyrèthre au nombre des plus actifs sialagogues.

SIALISME, du grec *sialon*, salive, synonyme de *salivation*.

SIAM, royaume de l'Indo-Chine, au delà du Gange, borné à l'E. par l'Annam et le Laos, au S. par le Malacca et le golfe de Siam, à l'O. par l'empire Birman, au N. par cet empire et la Chine. Sa superficie est de 3,780 milles carrés, et sa population de 2,800,000 habitants. Ce pays est formé d'une grande vallée, très-fertile, encaissée de hautes montagnes, et arrosée par le fleuve Meinam ou Minum, qui la parcourt dans toute sa longueur. Le climat est très-chaud; les productions, très-variées, sont celles du tropique. Les monta-

gnes abondent en minéraux de toute espèce. Les Siamois descendent en partie des Mongols, en partie des Malais; ils professent le bouddhisme, et sont régis par un souverain despote, propriétaire du sol et qui a le monopole du commerce. L'industrie est limitée à la préparation des métaux, à la fabrication des tissus de coton et de soie; l'armée est de 50 à 60,000 hommes. — La capitale est Schudia ou Siam ou Si-Yo-Thi-Ya; elle est fortifiée, et a 100,000 habitants. La résidence royale est *Bankock*, qui en a 90,000. — L'histoire de ce pays n'est connue que depuis 1547. Il fut soumis par les Péguiens, qui le quittèrent en 1590. Il fut subjugué par les Birmans en 1755. En 1769, le Chinois Piatak chassa les Birmans et se fit élire roi. Il eut pour successeur, en 1782, le chef de la dynastie actuelle.

SIAM (Mal de), nom vulgaire de la *fièvre jaune*.

SIAMOISE, nom donné à une étoffe de fil et coton, rayée et à carreaux de plusieurs couleurs, que l'on fabrique en France.

SIARA. Voy. Séara.

SIBA, serviteur de Saül, que David chargea de prendre soin de Miphiboseth, fils de Jonathas. Ce serviteur infidèle accusa son maître auprès de David de s'être flatté que la fuite de ce prince devant Absalon lui procurerait à lui-même les moyens de monter sur le trône de son père. David lui donna les biens qu'il avait accordés à Miphiboseth. Dans la suite ce dernier étant venu se justifier, David lui rendit seulement la moitié de ses biens.

SIBAN ou Sivan, mois hébreu, le troisième de l'année sainte et le neuvième de l'année civile. Il répond en partie aux mois de mai et de juin.

SIBARIS. Voy. Sybaris.

SIBÉRIE, partie de l'empire de Russie, comprenant tout le N. du continent asiatique, et bornée au N. par la mer Glaciale, au S. par des chaînes de montagnes qui la séparent de la Tatarie indépendante, de la Mongolie et de la Mantchourie, à l'O. par les monts Ourals, qui la séparent de la Russie d'Europe, à l'E. par l'océan Oriental. Sa superficie est évaluée à 540,000 lieues carrées, et sa population seulement de 1 à 2,000,000 d'habitants. Les principaux fleuves sont l'Ob, le Iénissé, le Léna, l'Olének, etc. On y trouve plusieurs lacs, dont le plus célèbre est le lac *Baïkal*. Le climat est très-froid, et les hivers durent très-longtemps; on y voit seulement des chaleurs courtes, mais très-fortes, qui accélèrent la végétation. L'agriculture est presque inconnue dans une grande partie de la Sibérie; les céréales ne réussissent qu'à l'O. et au S. Le reste du pays se compose de steppes ou plaines salées, pâturages et forêts abondant en gibier. Les montagnes recèlent des mines très-abondantes de métaux précieux. On retire de la Sibérie des métaux, des peaux et fourrures et du sel. Le commerce se fait avec la Russie, la Chine, le Thibet et la Tatarie. — La population est très-hétérogène, et se compose de Tongouses, Ostiaeks, Mongols, Tartares, Samoïèdes, Kouriles, Kamtschadales, etc., tous différents de mœurs et de langage. — La Sibérie appartient à la Russie depuis la fin du xvii siècle. Elle avait auparavant des souverains particuliers. La Sibérie est divisée en trois gouvernements: ceux d'*Irkoustk*, de *Tobolsk* et de *Tomsk*. La Sibérie est un lieu d'exil pour les Russes. On sait qu'après le désastre de nos armées en 1813 un grand nombre de nos compatriotes y sont morts de misère et d'ennui.

SIBÉRIE (Nouvelle-), nom donné à une grande île de la mer Glaciale, dans la partie septentrionale, à l'embouchure de la Léna. On y trouve un nombre prodigieux d'ossements fossiles.

SIBIR ou Isker, ancienne capitale du royaume tartare de Sibérie, à 8 lieues N. de Tobolsk. On n'en voit plus que des ruines. Cette ville paraît avoir donné son nom au pays tout entier.

SIBYLLES, nom donné à plusieurs femmes que l'on a regardées comme inspirées des dieux, et qui ont paru en diverses parties du monde. Chaque auteur varie sur le nombre et les noms des sibylles; la plus célèbre de toutes est la sibylle de Cumes, en Italie. Apollon, étant devenu amoureux d'elle, lui assura une vie aussi longue qu'elle tenait de grains de sable dans la main. Enée la consulta, et en reçut diverses instructions. On la nomme encore *Manto*, *Hiérophile*, *Démophile*, etc. — Les historiens romains rapportent qu'une sibylle proposa à Tarquin de lui vendre neuf livres de prophéties. Tarquin ayant refusé, elle brûla trois livres, et demanda le même prix des six autres; à un nouveau refus, elle en brûla trois encore, et persista à exiger le même prix des trois qui restaient. Tarquin, frappé de cette bizarrerie, les acheta; alors la sibylle disparut. Ces livres, appelés *livres sibyllins*, furent confiés à un collége spécial de prêtres. On les consultait dans les grandes calamités. Ils furent brûlés dans un incendie du Capitole. D'autres livres nous sont parvenus sous ce nom : ils prédisent la venue de Jésus-Christ, ses souffrances et sa mort; ce qui permet de croire que ce sont des chrétiens qui ont usé d'un pieux subterfuge vers le IIe siècle de l'ère chrétienne.

SIBYLLINS (Livres).Voy. l'article précédent.

SICAIRES, synonyme d'*assassins*. Ce mot paraît dériver des Juifs qui, pendant le siége de Jérusalem, tuaient ceux qui n'étaient pas de leur parti, avec des épées courbes, comme les poignards que les Romains nommaient *sica*.

SICAMBRES, une des nations qui habitaient la Germanie. Ils habitaient d'abord près du Rhin, et s'étendirent ensuite à l'E. jusqu'au Weser, au S. jusqu'à la Lippe. Ces peuples belliqueux résistèrent longtemps aux Romains, en devinrent tellement puissants qu'on désigna souvent sous leur nom tous les habitants de la Germanie septentrionale. Auguste, qui marcha contre eux en personne, ne put les vaincre; mais Drusus les réduisit et les transporta dans les contrées occidentales de la Gaule. Vers la décadence de l'empire, les Sicambres qui étaient restés leur pays se fondirent dans la tribu des Francs.

SICANIE, ancien nom de la Sicile, pris des Sicaniens qui s'y établirent.

SICANIENS, peuples anciens qui d'Espagne, leur patrie, passèrent en Italie, puis dans la Sicile, à laquelle ils donnèrent leur nom. Ils s'établirent dans le voisinage du mont Etna; mais, en ayant été chassés par les Sicules, ils se retirèrent dans les parties occidentales de l'île.

SICARD (Roch-Ambroise Cucurron, abbé), né en 1742 au Fousseret près de Muret, (Haute-Garonne), embrassa l'état ecclésiastique, et se consacra à l'enseignement des sourds-muets, d'abord à Bordeaux, puis à Paris, où il fut le successeur du célèbre abbé de l'Épée (1790). Sous un prétexte sans importance, il fut arrêté au mois d'août 1792 et conduit en prison malgré un décret de l'assemblée législative. Les massacres de septembre eurent lieu peu de jours après, et Sicard ne dut la vie qu'à un heureux événement qui le fit reconnaître par un officier de la garde nationale; il resta néanmoins à l'Abbaye, et allait encore recevoir la mort, lorsque des démarches actives le sauvèrent. Il reprit ses utiles travaux, traversa inaperçu les jours de la terreur, et devint un des professeurs de l'école normale et membre de l'Institut, section de grammaire. Après le 9 thermidor, il fonda, pour défendre la cause des prêtres insermentés, les *Annales religieuses*, *politiques et littéraires*. Le directoire s'en émut et le condamna à la déportation. Il reprit la direction de son établissement après le 18 brumaire, et passa à l'académie française en 1816. Il mourut en 1822. L'abbé Sicard a fait faire un grand pas à l'enseignement des sourds-muets. Il a laissé plusieurs ouvrages qui y sont pour la plupart relatifs.

SICCATIF, terme de peinture, huile grasse qu'on joint à certaines couleurs pour les faire sécher plus facilement.

SICÉLIDES, habitants de la Sicile chez les anciens. On avait aussi donné ce nom aux Muses.

SICHÉE, prêtre de Phénicie, épousa Didon, fille de Belus et sœur du roi Pygmalion. Ce dernier le fit périr pour s'emparer de ses richesses; mais l'ombre de Sichée apparut à Didon pendant son sommeil, lui apprit le meurtre dont son frère s'était rendu coupable, et lui conseilla de fuir de Tyr en emportant ses trésors. Didon suivit ce conseil.

SICHEM, fils d'Hémor et prince des Sichémites, fit violence à Dina, fille de Jacob, et l'obtint en mariage à condition que lui et son peuple se feraient circoncire. Sichem y consentit; mais, profitant de la faiblesse à laquelle cette opération avait réduit les Sichémites, les frères de Dina entrèrent dans la ville, et tuèrent tous les mâles pour venger l'outrage fait à leur sœur.

SICHÉMITES, peuples de Judée, habitaient la ville de *Sichem* ou *Sichar*. Ils furent exterminés par les fils de Jacob. (Voy. l'art. préc.) La ville de Sichem était située dans une vallée fertile, entre le mont Garizim et le mont Hébal. C'est près de là qu'était le puits de Jacob, auprès duquel Jésus-Christ convertit la Samaritaine. On croit que cette ville s'élevait à l'emplacement de *Naplouse*.

SICILE, la plus grande île de la Méditerranée, située à la pointe méridionale de l'Italie, dont elle est séparée par le détroit de Messine. Sa forme est triangulaire, et les sommets de ses angles sont autant de caps; les principaux sont les caps Passero, Pelore, Boéo. Elle a 70 lieues de l'E. à l'O., et 45 du N. au S. La plus grande partie de l'île est couverte de collines et de monticules qui laissent entre eux des vallons resserrés ou des gorges étroites. On admire principalement le mont Etna. Le climat est pur et très-doux ; en été, la chaleur y est quelquefois insupportable, surtout lorsque le siroco souffle. Le sol est de la plus grande fertilité, mais mal cultivé. Les vins, l'huile et les fruits de Sicile sont très-estimés. Les montagnes sont riches en métaux précieux. La population de l'île est de 1,800,000 habitants; ils sont rusés, braves, mais vindicatifs et fainéants. — La Sicile porta chez les anciens les noms de *Trinacria* et de *Sicania*. Elle fut habitée dès une très-haute antiquité par les Sicaniens et les Sicules; les poëtes mettaient les Cyclopes comme aborigènes. La Sicile reçut ensuite des colonies de la Phénicie et de la Grèce, et fut enfin conquise par les Carthaginois, qui la cédèrent aux Romains (242 ans avant J.-C.); ceux-ci la réduisirent en province romaine. Syracuse (voy.), qui resta quelque temps encore aux Carthaginois, leur fut enlevée en 212. La Sicile fut dévastée par les barbares qui ravagèrent le reste de l'Europe, et les Goths la soumirent successivement au IVe siècle. Les Sarrasins, en 827, y installèrent des gouverneurs ou des émirs, qui résidèrent à Palerme jusqu'en 1074, époque où ils furent chassés par les Normands, commandés par les fils de Tancrède de Hauteville. Robert et Roger en furent les premiers rois. Après la mort de Conrad (1254), Charles d'Anjou, frère de saint Louis, roi de France, se fit reconnaître roi de Sicile en 1265. Mais Pierre III, d'Aragon, qui avait des droits sur cette île, fit égorger tous les Français qui s'y trouvaient le jour de Pâques 1282. (Voy. VÊPRES SICILIENNES.) La Sicile demeura sous la domination des rois d'Espagne, comme roi d'Aragon. L'archiduc Charles, depuis empereur sous le nom de Charles VI, s'en empara en 1720, et à la paix d'Utrecht les alliés la donnèrent au duc de Savoie Victor-Amédée. Le traité de Vienne mit l'infant don Carlos (depuis Charles III) en possession des royaumes de Naples et de Sicile. Ce prince étant devenu roi d'Espagne en 1759, la Sicile passa à l'infant don Ferdinand, fils de Charles III. En 1806, c'est dans la Sicile que la famille royale de Naples alla chercher un refuge. — La Sicile fait partie du royaume de Naples, et se divise en sept provinces ou intendances, savoir : *Palerme* (capitale), *Trapani*, *Girgenti*, *Caltanisetta*, *Syracuse*, *Catane* et *Messine*. Autrefois il se divisait en trois cantons : le *val di Mazzara*, à l'O.; le *val di Demona*, au N.-E., et le *val di Noto*, au S.-E.

SICILES (ROYAUME DES DEUX-). Voy. NAPLES (Royaume de).

SICILIENNE, air originaire de Sicile, dont la mesure est à $\frac{6}{8}$, et d'un mouvement modéré. Chaque mesure de cet air commence par trois croches, dont la première est pointée.

SICILIENNES (VÊPRES). Voy. VÊPRES SICILIENNES.

SICILIQUE, poids romain qui valait le quart de l'once.

SICINIUS DENTATUS, tribun militaire, surnommé *l'Achille romain* à cause de son courage, porta les armes pendant quarante ans, combattit à cent vingt et un combats, et gagna une infinité de récompenses glorieuses, telles que quatorze couronnes civiques, trois murales, etc. Il avait reçu quarante-cinq blessures, et se distingua surtout en défendant le Capitole contre les Sabins. Le décemvir Appius Claudius, désirant le perdre, l'envoya à l'armée avec le titre de légat, et le fit assassiner par des soldats (405 avant J.-C.). Il se défendit avec une extrême vaillance, de sorte qu'il tua quinze de ses assassins, et qu'il en blessa trente.

SICINNA ou SICINNIS, danse satyrique usitée chez les anciens, et qui était accompagnée du chant du danseur. Les *sicinnistæ* étaient ceux qui la dansaient.

SICLE (de l'hébreu *sekel*, peser), poids et monnaie des anciens Juifs. Le sicle poids valait 4 drachmes ou 9 grammes 3 décigrammes et demi ; le sicle monnaie valait aussi 4 drachmes ou 2 francs 6 centimes de notre monnaie. Il y avait des sicles d'or et d'argent.

SICULES, peuple originaire de Dalmatie, passa en Italie, et de là dans la Sicanie, dont il chassa les Sicanes dans le XIe siècle avant J.-C., et qui prit de lui le nom de *Sicile*.

SICYON (myth.), petit-fils d'Érechtée, s'établit dans la Sicyonie, et épousa la fille du roi de cette contrée, Laomédon. Il lui succéda vers l'an 1360 avant J.-C. Il laissa le trône à son fils Polydore.

SICYONE, capitale de la Sicyonie, au N., près de la mer et du fleuve Asopus. Elle s'appela d'abord Ægialée, du nom d'un aventurier, qui y fonda un royaume célèbre vers l'an 2089 avant J.-C., et prit le nom de Sicyonie, du roi Sicyon. A la mort du dernier roi, qui se nommait Charidème (1089 avant J.-C.), les Héraclides soumirent la Sicyonie, et en firent une république. Dans le IIIe siècle avant J.-C., Sicyone fit partie de la confédération achéenne, et subit la même destinée. Ses habitants passaient pour efféminés. Cette ville est aujourd'hui *Basilico*.

SICYONIE, petite contrée du Péloponèse, au N., à l'E. de l'Achaïe, était souvent regardée comme une province de cette dernière. Voy. son histoire à l'article SICYONE, qui en était la capitale.

SIDÉRAL, du latin *sidus*, astre, nom donné à tout ce qui concerne les astres, qui s'y rapporte.

SIDÉRATION. Les anciens nommaient ainsi diverses affections qui frappent tout d'un coup, sans cause apparente, et qu'ils attribuaient à l'influence des astres. Telles étaient l'apoplexie, la paralysie, etc.

SIDÉRITIS ou CRAPAUDINE, genre de la famille des labiées, renfermant des plantes herbacées, communes dans les lieux montueux et arides des rivages de la Méditerranée. La *crapaudine de montagne*, aux fleurs jaunes, tachées de pourpre en leurs bords, est cultivée comme plante d'ornement. La *crapaudine des Canaries*, haute d'un mètre, a les tiges et les rameaux cotonneux, chargés de feuilles grandes, cordiformes, et de fleurs blanches. Les sommités fleuries, prises en infusion théiforme, passent pour être toniques et stimulantes.

SIDÉRODENDRON ou SIDÉROXYLON, genre de la famille des rubiacées, renfermant un grand arbre qui habite les lieux montagneux de la Martinique et des îles voisines. Son bois, très-dur, porte le nom de *bois de fer*, et sert à faire des meubles. Il est d'un rouge foncé.

SIDÉROSE, substance appelée encore *fer carbonaté*, *fer spathique*, *mine d'acier*, etc., composée de 20 à 26 parties d'acide arsénique, de 10 à 14 d'acide sulfurique, de 32 à 35 de peroxyde de fer, et de 29 à 30 d'eau. Elle est brune, translucide, d'un éclat résineux, tendre et fragile; on l'appelle aussi *fer oxydée résinite*.

SIDJAN ou AMPHACANTHE, genre de l'ordre des acanthoptérygiens, renfermant des poissons remarquables par leur corps aplati latéralement, couvert de très-petites écailles comme du chagrin, les mâchoires convexes, munies d'une seule rangée de dents plates, courtes et pointues, et surtout par leurs ventrales qui ont deux rayons épineux et une épine forte et acérée, couchée en avant de la dorsale. Ces poissons habitent la mer des Indes et la mer Rouge. On mange plusieurs espèces.

SIDJILMESSE, ville de l'Etat de Maroc, en Afrique, chef-lieu d'une province du même nom, à 50 lieues N.-E. de Tafilet. Elle fait un commerce assez important avec la Nigritie.

SIDNEY (Algernon) fut colonel dans l'armée du parlement opposé à Charles Ier, roi d'Angleterre, et se montra républicain ardent et exalté. Il protesta contre l'usurpation de Cromwell, et fut envoyé en 1659 pour traiter de la paix entre les rois de Suède et de Danemarck. A la restauration, Sidney continua de rester à l'étranger. Il repassa en Angleterre en 1677, et obtint son pardon du roi. En 1683 il fut accusé d'une conspiration contre le roi, condamné à mort et exécuté le 7 décembre. Il avait soixante-six ans. Le roi Guillaume réhabilita sa mémoire. On a de lui un *Traité du gouvernement*.

SIDOINE APOLLINAIRE (C. Sollius Apollinaris Modestus Sidonius), poète chrétien du ve siècle, naquit d'une famille illustre à Lyon vers l'an 430. Il fut successivement préfet de la ville de Rome, patrice et employé dans diverses ambassades. Revenu dans les Gaules, il se fixa en Auvergne, et, quoique laïque, fut élu évêque de Clermont. Il abandonna alors ses biens et ses places à son fils, et se livra avec zèle aux fonctions épiscopales et à la pénitence la plus austère. Il mourut en 488. Il reste de Sidoine Apollinaire une *Collection de lettres* en neuf livres et vingt-quatre poëmes, dont les plus remarquables sont trois panégyriques et quelques épithalames. Son style est surchargé d'antithèses, de métaphores hardies et de jeux de mots qui le rendent obscur et souvent difficile à comprendre. Ses vers ont du feu et de la grâce.

SIDON, ville ancienne et célèbre de Phénicie, était située sur le bord de la mer, à 8 lieues de Tyr. Moïse la fait bâtir par un Sidon, fils aîné de Chanaan, qui lui donna son nom. Sidon fut longtemps puissante et la métropole de la Phénicie. Elle céda le premier rang à Tyr, à laquelle elle se soumit et fut incorporée aux Etats de Cyrus. Après la mort d'Alexandre, elle essuya diverses vicissitudes, et fut enfin soumise aux Romains. Ses habitants étaient célèbres pour leur industrie, leurs connaissances astronomiques et leur commerce. On leur a attribué l'invention de la couleur de pourpre. Sidon est aujourd'hui une petite ville sans importance appelée Séide.

SIDONIDE, contrée de Syrie, se composait du littoral de la Méditerranée, auquel commandait Sidon. Elle s'agrandit par la suite, et prit alors le nom de *Phénicie*.

SIDONIENS. Les Phéniciens portèrent ce nom longtemps avant la fondation de Tyr. Les poëtes l'étendirent aux Carthaginois, dont la ville principale avait été bâtie par des Phéniciens.

SIDRA, vaste golfe de la mer Méditerranée sur les côtes de Barbarie. Il est situé entre Mesurata et Bengazi. Il portait chez les Romains le nom de *Syrte*.

SIÈCLE. On nomme ainsi, en chronologie, un espace de cent années. La distinction des siècles était en usage chez les Romains, qui célébraient au commencement de chacun d'eux des jeux appelés *séculaires*. (Voy.) Les siècles se désignent par l'adjectif numéral placé immédiatement au-dessus du deuxième chiffre de l'année séculaire. Ainsi l'on dira de 1800 à 1900 le XIXe siècle, de 1900 à 2000 le XXe siècle. — SIÈCLE désigne aussi : 1° un espace de temps indéterminé, le temps célèbre par les actions, les ouvrages d'un grand homme, le règne d'un grand prince. Les anciens poëtes divisaient le temps en quatre époques qu'ils nommaient siècles ; c'est ce qu'on appelle aussi *âge d'or*, *d'argent*, *d'airain* et *de fer*. — 2° L'état de la vie mondaine, par opposition à la vie religieuse et chrétienne.

SIÉGE, action d'attaquer une place fortifiée pour s'en rendre maître. Lorsqu'on investit une place en l'empêchant de recevoir des troupes, des vivres et des munitions, pour qu'elle se rende après avoir perdu toutes ses ressources, on dit *bloquer*, *faire un blocus*; le mot *faire le siège* ou *assiéger* s'entend proprement d'attaquer de vive force la place. On se sert de canons et d'artillerie d'un calibre très-élevé pour emporter les places qu'on assiége ; ces munitions prennent le nom d'*artillerie de siège*. Voy. tous les mots qui se rapportent à cet article. — SIÉGE désigne proprement l'endroit où l'on s'assied, quel qu'il soit. On a étendu la signification de ce mot 1° au coussin sur lequel s'assied un cocher; 2° à la partie de la selle sur laquelle repose le cavalier ; 3° à la place où s'assied le juge pour rendre la justice ; 4° à la chambre où l'on rend la justice ; 5° au corps et à la juridiction des juges ; 6° à la ville où réside un tribunal ; 7° au lieu où est établi un gouvernement, une administration, un évêché ; 8° à la capitale d'un Etat. Rome porte le nom de *saint-siége* parce qu'elle sert de résidence au pape.

SIENNE, province du grand-duché de Toscane, dont elle occupe la partie méridionale. Elle est bornée au N. par les provinces de Pise et de Florence, à l'E. par celles de Florence et de Viterbe, au S. par celles de Viterbe et de Civita-Vecchia (Etats romains), à l'O. par la mer Méditerranée. Elle a 22 lieues de long, sur 18 de largeur, et renferme 200,000 habitants. Elle se divise en deux régions à peu près distinctes, l'une montagneuse et fertile, et l'autre marécageuse. La capitale est SIENNE.

SIENNE, grande et célèbre ville d'Italie, dans le duché de Toscane, chef-lieu de la province du même nom, à 12 lieues S. de Florence. Population, 20,000 habitants. C'est une ville très-ancienne, bien située et bien bâtie. Elle renferme de belles églises, une université célèbre, un archevêché et des manufactures très-importantes. Sa cathédrale, dédiée à la Vierge, est un superbe bâtiment gothique, orné de marbre noir et blanc. Le grand portail fut commencé en 1284 et achevé en 1333. Cette ville fut sous l'empire le chef-lieu du département de l'Ombrone.

SIERRA, mot espagnol qui signifie *montagne* ou *chaîne de montagnes*. On a appliqué ce mot, en géographie, à plusieurs chaînes et même à plusieurs lieux. La *Sierra de Canatagua* sépare l'Amérique septentrionale de la méridionale. La *Sierra de las Grullas* est le nom que prennent les Andes, à l'extrémité septentrionale du Mexique.

SIERRA-LEONE, c'est-à-dire *mont aux lions*, nom qu'on donne à la partie de la côte de Guinée septentrionale qui s'étend depuis la colonie américaine de Liberia jusqu'à la Sénégambie, sur une longueur de 165 lieues. La colonie anglaise est formée de la péninsule de Sierra-Leone, des îles de Los et de Banana, à l'embouchure de la rivière Sierra-Leone ou Métomba. Elle a environ 12 à 15,000 habitants, composés de nègres et de blancs. Le climat est insalubre; le sol est des plus fertiles, et donne de grands revenus. On en exporte du café, du riz, de la poudre d'or, de l'argent, des peaux et fourrures, de la gomme, du poivre, des dents d'hippopotame, etc. Le chef-lieu de la colonie est *Freetown*. Elle est administrée par un gouverneur assisté d'un conseil.

SIERRA-MORENA. Voy. MORENA.

SIESTE (de l'espagnol *siesta*), temps qu'on donne au sommeil après midi ou pendant la journée. L'usage de la sieste est particulièrement propre aux pays chauds. Le dîner ayant lieu vers le milieu du jour dans ces pays, le mot *sieste* indique l'action de dormir après midi.

SIEUR, qualification usitée dans les actes publics, les plaidoyers. C'est aussi un titre qui se donne dans les lettres et autres écritures, particulièrement par un supérieur à un inférieur.

SIEYES (LE COMTE Emmanuel-Joseph), né à Fréjus (Var) en 1748, était en 1784 chanoine chancelier de l'église de Chartres et vicaire général du diocèse. Il se fit connaître par quelques brochures, entre autres celle intitulée, *Qu'est-ce que le tiers état ?* Envoyé aux états généraux de 1789 par le tiers état de Paris, il proposa de sommer les deux classes privilégiées de se réunir à la chambre du tiers, et, sur leur refus proposa au tiers de se former en assemblée des représentants de la France, et demanda que cette chambre fût définitivement constituée sous le nom d'*assemblée nationale*. Nommé membre du comité de constitution, il écrivit un projet de déclaration des droits de l'homme et la plupart des rapports du comité. Elu président de l'assemblée en 1790, il refusa l'évêché de Paris, fut nommé membre du directoire de Paris, et chargé spécialement de l'instruction publique. Il fut entièrement étranger aux affaires publiques pendant la durée de l'assemblée législative. Appelé à la convention, il vota la mort du roi sans appel ni sursis, mais ne se rallia pas à la montagne. Après le 31 mai, il se retira de cette assemblée, et n'y reparut qu'après le 9 thermidor. Nommé membre du directoire exécutif en mai 1799, il vit avec regret Bonaparte marcher à la dictature. Il fit néanmoins partie du sénat, qui le nomma son président ; mais il conserva peu de temps ce titre, et vota constamment avec la minorité. Au retour de l'île d'Elbe, Napoléon le nomma pair de France (1815). Au second retour du roi, il alla s'établir dans les Pays-Bas, où il mourut en 1836. Il a écrit un grand nombre de *rapports* et de *brochures*.

SIFANS (PAYS DES), ancien empire puissant, situé près des frontières occidentales de la Chine, entre le Thibet et le Tangout. Il renferme environ 50,000 familles, reconnaissent la souveraineté de la Chine. On divise ces peuples en *Sifans noirs* habitant les bords du Hoang-Ho (fleuve jaune) et *Sifans jaunes* ceux du Yang-Tu-Kiang. Ces derniers sont les plus civilisés. Les Sifans forment une des quatre tribus kalmouckes.

SIFFLANT, nom donné à ce qui produit un sifflement. On appelle, en grammaire, *lettres sifflantes* celles qui font entendre une espèce de sifflement : ce sont les consonnes *C*, *S* et *Z*. — En termes de médecine, ce mot se dit de la respiration, lorsqu'elle fait entendre un bruit particulier analogue à un sifflement.

SIFFLEUR, espèce du genre *canard*, appelée aussi *pénélope* et *vingeon*. Il a le bec court, bleu en dessus, noir en dessous et à la pointe; ses pieds sont plombés et ses ongles noirs. Sa longueur totale est de dix-huit pouces. Le siffleur a les mœurs du canard sauvage, et arrive en France en novembre, pour repartir au mois de mars. Son cri est aigu et comparable à un sifflement. Il niche dans les contrées orientales du nord de l'Europe.

SIFFLEUR. On donne vulgairement ce nom à divers singes du genre *sapajou*, à un *carouge*, un *philédon* et une *moucherolle*.

SIFILET, nom d'un *paradisier*.

SIGALION, du grec *sigé*, silence, dieu du silence chez les anciens, le même qu'Harpocrate chez les Egyptiens.

SIGEAN, petite ville de France, chef-lieu de canton du département de l'Aude, sur la Berre, dans l'arrondissement et à 4 lieues S. de Narbonne. Population, 2,300 habitants. Elle est célèbre par la bataille qui s'y livra en 737 entre Charles Martel et les Sarrasins. Elle a dans ses environs des marais salants.

SIGEBERT, troisième fils de Clotaire Ier, roi des Francs, eut en partage le royaume d'Austrasie en 561. Il épousa Brunehaut, qui d'arienne s'était faite catholique. Les Huns ayant fait une irruption dans ses Etats, il les vainquit et les chassa au delà du Rhin. Il tourna ensuite ses armes contre Chilpéric, roi de Soissons, qui, pendant son absence, lui avait enlevé plusieurs villes. Il reprit ses possessions, se rendit maître de Soissons, et accorda la paix à son frère aux conditions qu'il voulut lui prescrire. Au bout de quelques années, il la rompit à la sollicitation de Brunehaut pour venger la mort de sa sœur Galswinte, femme de Chilpéric. Il fut arrêté au milieu de ses succès par un assassin envoyé de Frédégonde, qui le fit périr en 575.

SIGEBERT, roi d'Austrasie, fils de Dagobert, né vers l'an 630, régna sous la tutelle des maires du palais Pepin et Grimoald. Il fit régner la justice et la religion dans ses Etats, bannit le luxe et le libertinage de la cour. Son fils Dagobert fut l'imitateur de sa piété. Sigebert mourut en 650. L'Eglise, qui l'a mis au rang des saints, fait sa fête le 1er février.

SIGEBERT, roi des Est-Angliens ou de l'Angleterre orientale, perdit son père assez jeune. Sa mère en se remariant, ayant donné la couronne à son nouvel époux, Sigebert se réfugia en France, où il embrassa la religion chrétienne. De retour dans ses Etats, où il parvint à se faire reconnaître roi, il convertit ses sujets à sa religion, et quitta peu de temps après sa couronne pour se renfermer dans un monastère qu'il avait fait bâtir. Ses sujets l'obligèrent à se mettre à leur tête dans un différend avec Penda, roi de Mercie. Il fut tué dans l'action en 644. On fait sa fête le 7 août.

SIGEBERT, moine de l'abbaye de Gemblours, près de Namur, s'acquit une grande réputation aux XIe et XIIe siècles pour ses écrits et l'étendue de son érudition. Il prit parti dans les querelles des empereurs Henri IV et Henri V contre les papes Grégoire VII, Urbain II et Pascal II, et écrivit contre ces pontifes sans ménagement. On a de lui plusieurs ouvrages estimés, une *Chronique* qui commence en 379 ou 381 et qui va jusqu'à l'an 1112, un *Traité des hommes illustres*, divers *traités*, *lettres*, etc.

SIGÉE, promontoire célèbre, dans la Troade, sur la mer Egée, à l'entrée de l'Hellespont. Il était particulièrement fameux par le tombeau d'Achille et par les combats que s'y livrèrent les Grecs et les Troyens.

SIGILLA, nom donné par les anciens à des statues consacrées qu'ils plaçaient dans leurs maisons et qu'ils adoraient.

SIGILLAIRES, fête des anciens Romains, durait quatre jours et suivait immédiatement les Saturnales (22 ou 25 septembre). Son nom dérive des petits présents, tels que cachets (en latin, *sigilla*), etc., qu'on s'envoyait réciproquement.

SIGILLATEURS (du latin *sigillum*, sceau ou cachet), nom donné à des prêtres égyptiens qui marquaient d'un cachet les victimes destinées aux sacrifices, après les avoir examinées en détail. Le cachet s'imprimait sur la terre sigillée qu'on leur appliquait.

SIGISBÉE, mot emprunté de l'italien, et qui désigne l'ami de la maison, celui qui rend des soins assidus à la maîtresse, qui fréquente régulièrement une maison.

SIGISMOND (Saint), roi de Bourgogne, succéda à son père Gondebaud en 516, et se convertit à la religion catholique, qu'il introduisit dans ses Etats. Ayant fait mourir son fils Sigeric, faussement accusé de conspiration par sa belle-mère, il en conçut tant de regrets qu'il se retira dans une abbaye pour faire pénitence ; mais, ses sujets s'étant révoltés contre lui à l'instigation du roi d'Orléans Clodomir, ce dernier lui enleva le trône et lui fit trancher la tête. D'autres disent qu'il le fit jeter dans un puits avec toute sa famille. L'Eglise célèbre sa mémoire le 1er mai.

SIGISMOND, empereur d'Allemagne, fils de Charles IV et frère de l'empereur Venceslas, né en 1366, fut élu roi de Hongrie en 1386. Il fut vaincu par les Valaques à la célèbre bataille de Nicopolis, et rentra avec peine dans l'exercice du pouvoir souverain. Elevé à l'empire après la mort de Robert, comte palatin en 1411, il fit d'importantes améliorations pour rétablir la paix en Allemagne. Pour terminer le grand schisme d'Occident, il convoqua un célèbre concile à Constance (1414), où l'on fit brûler Jean Huss et Jérôme de Prague. Les hussites, pour venger la mort de leurs chefs, se soulevèrent contre l'empereur et remportèrent, sous le commandement de Ziska, plusieurs victoires. Sigismond, devenu maître de la Bohème après la mort de Venceslas (1419), fut obligé de traiter avec eux. Mais, par une infâme trahison, il attira les principaux chefs dans une grange, sous prétexte d'une conférence, et les y fit brûler vifs. La guerre se termina ainsi. Sigismond mourut en 1437, après avoir avoir complétement soumis la Bohème et fait reconnaître pour son successeur son gendre Albert d'Autriche.

SIGISMOND, roi de Bohème. Voy. le précédent.

SIGISMOND, roi de Hongrie. Voy. SIGISMOND, empereur.

SIGISMOND. Trois rois de Pologne ont porté ce nom. — SIGISMOND Ier, surnommé *le Grand*, fils de Casimir IV, fut élu roi en 1507, après la mort d'Alexandre Jagellon, son frère. Il employa les premières années de son règne à corriger les abus qui s'étaient glissés dans le gouvernement. Il repoussa jusqu'aux environs de Moscou les Russes, auxquels il imposa une paix onéreuse (1514). Il battit ensuite les chevaliers teutoniques, soutenus de l'empereur Maximilien, qu'il détacha de leur alliance. Enfin il chassa les Valaques (1531), et assura par ses victoires la paix à la Pologne. Il acquit le surnom de Grand par ses vertus et ses brillantes qualités, et protégea les sciences et les arts. Il mourut en 1548. — SIGISMOND II, dit *Auguste*, fils du précédent, lui succéda en 1548. A peine fut-il sur le trône qu'il publia un mariage secret qu'il avait contracté avec sa maîtresse Barbe Radziwil. Il voulut la diète, qui voulait casser cette union disproportionnée, et, pour se concilier la noblesse, il permit d'envoyer les enfants polonais étudier dans les universités des réformés d'Allemagne. Il conquit la Livonie, soumit les chevaliers porte-glaive, et força les duchés de Courlande et Semigalle à se reconnaître feudataires de la Pologne. Il mourut en 1572. En lui finit la ligne masculine des Jagellons. Il eut pour successeur le duc d'Anjou, depuis Henri III, roi de France. — SIGISMOND III, neveu du précédent, était fils de Jean III, roi de Suède. Il fut élu roi de Pologne en 1587, après la mort d'Etienne Bathori. A la mort de son père, il réunit les couronnes de Pologne et de Suède; mais son attachement à la religion catholique le rendit suspect aux Suédois, luthériens pour la plupart, et qui élurent pour roi Charles, prince de Sudermanie (1604). Dans une guerre contre la Russie en 1611, Sigismond brûla Moscou et eut du succès. Moins heureux contre les Turks et contre Gustave-Adolphe, il mourut en 1632. Ladislas III lui succéda.

SIGISMOND, roi de Suède. Voy. l'article précédent.

SIGLE, nom donné, en diplomatique, à des lettres choisies parmi celles qui composent un mot pour exprimer ce mot entier. Les *sigles simples* sont ceux qui désignent chaque mot par une seule lettre, comme N. P. (*nobilissimus puer*) ; les *sigles composés* ajoutent à la lettre initiale une ou plusieurs lettres qu'ils prennent au commencement, dans le corps ou à la fin d'un mot, comme AM. (*amicus*), COL. (*coloni*), BR. (*bonorum*), DCRM. (*decuriorum*), FS. (*fratres*). L'usage des sigles remonte à une haute antiquité ; il paraît même avoir été connu des Hébreux. Ils rendent les mots, surtout les noms propres, extrêmement difficiles à connaître. Souvent on voit des sigles dans lesquels une même lettre est doublée. Cette circonstance indique que le mot est au pluriel. Si c'est un nom propre, il désigne deux ou plusieurs personnes ; si elle est triplée, quadruplée, etc., il s'agit de trois, de quatre personnes, etc. Ainsi AVGGG. désignent *Augusti tres*.

SIGLI ou SIGNO, cap de l'île de Corse près de Porto-Vecchio, dont elle forme la pointe occidentale.

SIGMA, lettre grecque; c'est notre S. Les anciens nommaient encore ainsi une sorte de table en fer à cheval, autour de laquelle on plaçait un seul lit ou lit continu de même forme.

SIGMARINGEN, petite ville d'Allemagne, à 9 lieues N. de Constance, chef-lieu de la principauté de Hohenzollern — Sigmaringen.

SIGMOIDE, ce qui ressemble au sigma (s) des Grecs. Les anatomistes ont nommé *cavités* ou *fosses sigmoïdes du cubitus* deux échancrures que présente l'extrémité supérieure du cubitus ; *valvules sigmoïdes* ou *semi-lunaires*, trois replis valvulaires qui garnissent l'artère pulmonaire et l'aorte, immédiatement au-dessus de leur ouverture de communication avec les ventricules du cœur. Elles représentent des espèces de soupapes qui s'élèvent pour laisser passer le sang des deux ventricules dans les artères aorte et pulmonaire, et s'abaissent pour s'opposer au reflux de ce liquide dans les cavités du cœur.

SIGNAL, signe arbitraire ou conventionnel dont on se sert pour transmettre des ordres ou des avis à de certaines distances. Les signaux sont indispensables en marine pour les vaisseaux qui naviguent ensemble. C'est par eux que le commandant donne ses ordres, règle la marche et les manœuvres. Les signaux de jour se font avec des pavillons de couleur variée et diversement placés ; ceux de nuit se font avec les fusées, les coups de canon, de fusil, etc.

SIGNALEMENT. On nomme ainsi la description d'une personne, faite par tous les caractères extérieurs, et que l'on donne pour la faire reconnaître. C'est ainsi qu'on donne aux signalements des déserteurs, des accusés. Les passe-ports contiennent le signalement des personnes auxquelles ils sont délivrés.

SIGNATURE, apposition qu'une personne fait de son nom au bas d'un acte quelconque pour en certifier la véracité et en assumer toute la responsabilité. En jurisprudence, la signature forme le complément indispensable d'un écrit, et est nécessaire pour donner à un acte toute sa perfection.

L'usage constant des signatures ne date guère que du XIIe siècle. Auparavant on se servait d'une croix, de symboles arbitraires, de monogrammes, et quelquefois, mais rarement, on écrivait le nom. — On appelle encore ainsi une sorte de rescrit de la cour de Rome, qui porte le seing du pape. On en distingue de deux sortes, la *signature de justice* et la *signature de grâce*. La première a lieu dans les matières contentieuses, la deuxième dans les bénéficiales. Chacune a son préfet. L'assemblée où se discutent ces matières porte aussi le nom de *signature de grâce* ou *de justice*. — En termes d'imprimerie, ce nom se donne à un signe que l'on met au bas des pages sous la dernière ligne pour la facilité de la reliure, et pour faire connaître l'ordre des cahiers et des pages qui les composent.

SIGNE (du latin *signum*), tout ce qui est destiné à représenter une chose, indice, marque d'une chose présente, passée ou à venir. Ce mot désigne encore, 1° des petites taches naturelles ou marques qu'on a sur la peau; 2° tous les indices qui peuvent éclairer un médecin sur la nature d'une maladie : leur étude se nomme *séméiologie* ; on les a divisés en *diagnostiques*, qui montrent l'état actuel du malade, *commémoratifs*, qui font connaître les circonstances passées, et *prognostiques*, qui font prévoir les changements qui peuvent arriver dans le cours de la maladie ; 3° certaines démonstrations extérieures que l'on fait pour donner à connaître ce qu'on pense, ce qu'on veut : le *signe de la croix* est l'action que les catholiques font en portant la main droite au front, puis à l'estomac, à l'épaule gauche, à la droite, en forme de croix ; 4° toute espèce de miracles ; 5° les phénomènes célestes ; 6° les caractères qui représentent des objets : les mathématiques ont des signes spéciaux, tels que les chiffres, les signes *plus* et *moins*, etc. ; la musique a aussi ses signes, qui se composent des notes, clefs, dièses, bémols, etc. ; 7° en astronomie, la douzième partie de l'écliptique ou du grand cercle de la sphère céleste que le soleil semble parcourir chaque année ; c'est aussi le douzième de la zone zodiacale. Ces douze signes sont : le *Verseau*, les *Poissons*, le *Bélier*, le *Taureau*, les *Gémeaux*, l'*Ecrevisse*, le *Lion*, la *Vierge*, la *Balance*, le *Scorpion*, le *Sagittaire* et le *Capricorne*.

SIGNET (prononcez *sinet*), nom donné à plusieurs petits rubans ou filets liés ensemble, qui tiennent à un bouton ou peloton, et qu'on met au haut d'un bréviaire, d'un missel, pour marquer les endroits qu'on veut trouver aisément ; c'est aussi le nom d'un petit ruban que les femmes attachent au haut d'un volume, pour servir à marquer l'endroit où l'on s'est arrêté en lisant.

SIGNIFICATION. Les astrologues nommaient ainsi un des points de l'écliptique dont ils se servaient pour prédire quelque événement.

SIGNIFICATION, sens d'une chose. En jurisprudence, c'est un acte qui a pour but de donner à une partie la connaissance légale d'une pièce, d'un jugement. Les significations ne peuvent être faites que par ceux qui sont revêtus d'un caractère officiel, comme les huissiers. Aucune ne peut être faite depuis le 1er octobre jusqu'au 31 mars, avant six heures du matin et après six heures du soir, et depuis le 1er avril jusqu'au 30 septembre, avant quatre heures du matin et après neuf heures du soir. Elles ne peuvent être faites non plus ni les dimanches, ni les jours de fête légale, si ce n'est en vertu de la permission du juge dans le cas où il le croirait nécessaire. C'est à partir du jour de la signification que se comptent tous les délais de procédure.

SIGONIUS (Charles), célèbre et savant écrivain du XVIe siècle, né à Modène en 1524, enseigna les humanités à Padoue, après avoir professé le grec à Modène, et mourut en 1584. On a de lui plusieurs ouvrages très-estimés et pleins d'érudition : l'*Histoire du règne des Lombards en Italie depuis 679*, un traité *sur la République des Hébreux*, quatre livres *sur la République des Athéniens*, une *Histoire de l'empire d'Occident*, une *Histoire ecclésiastique*.

SIGOVÈSE ou SÉGOVÈSE, prince gaulois, neveu d'Ambigat, roi des Bituriges, sortit de son pays avec Bellovèse, vers l'an 590 avant J.-C., à la tête d'une nombreuse colonie de Gaulois, et vint s'établir dans le nord de l'Italie, qui reçut le nom de Gaule cisalpine.

SIGTUNA, petite et ancienne ville de Suède, sur le lac Mélar, à 5 lieues N. de Stockholm. Elle fut jadis très-considérable, et fut bâtie, dit-on, par un roi fabuleux, Siggon V, pour opposer une barrière aux Finlandais, accoutumés à venir ravager la Suède.

SIGUENZA, ville forte d'Espagne, dans la Vieille-Castille, à 25 lieues N.-E. de Madrid. Elle a un château fort, une université établie en 1470 et un évêché. Elle est située près de la rivière d'Hénarez. Elle a des sources salées dans son voisinage.

SIGURD. Trois rois norwégiens ont porté ce nom. — SIGURD Ier, surnommé *Jorsalafare*, fils de Magnus III, lui succéda en 1103 avec ses frères Olof et Eystein ou Augustin Ier. En 1107, il partit avec 60 vaisseaux et 10,000 aventuriers pour la terre sainte ; il ravagea en 1108 la côte du Portugal, pilla Lisbonne et les îles Baléares ; il débarqua à Joppé, visita Jérusalem, et contribua à la prise de Sidon (1110) ; il fut ensuite auprès d'Alexis Ier Comnène, empereur d'Orient, auquel il fit présent de ses vaisseaux, et revint dans sa patrie en 1111. Par la mort de ses deux frères (1116 et 1126), Sigurd se trouva seul roi de Norwége, et mourut en 1130. Son fils Magnus IV lui succéda. — SIGURD II, surnommé *Slembidiakni* (le diacre transfuge) parce qu'il avait embrassé l'état ecclésiastique, assassina Harald IV Gille, qui avait dépossédé Magnus IV (1135), et monta sur le trône en 1137. Il périt en 1139 dans un combat contre les deux fils d'Harald. — SIGURD III, *Bronch* ou *bouche de travers*, fils de Harald, succéda au précédent avec son frère Inge le Bossu. Il fut assassiné en 1150.

SIKHINO, petite île de l'Archipel, à 2 lieues O. de Nio, à 7 lieues S. de Paros. On n'y trouve point de port. La population est peu nombreuse, malgré la fertilité du sol. On n'y compte pas plus de 600 habitants. Les anciens appelaient cette île *OEnosa* ou *OEnoéo* à cause de la bonté du vin (en grec, *oinos*) que l'on y récoltait.

SILANUS MANLIANUS (Didius), fils de Manlius Torquatus, s'étant rendu coupable de concussion dans le gouvernement de la Macédoine, fut jugé par son père lui-même, qui le condamna et le bannit de sa présence. Il se pendit de désespoir (140 avant J.-C.).

SILANUS (Lucius), Romain d'illustre naissance. Octavie, fille de Claude et de Messaline, lui avait été promise en mariage. Il se tua de désespoir lorsque Néron lui enleva cette princesse et l'épousa lui-même.

SILARO, rivière d'Italie, au royaume de Naples, dans la Principauté citérieure, sort des Apennins et se jette dans le golfe de Salerne. Les anciens, qui la nommaient *Silarus*, lui attribuaient la faculté de pétrifier les objets qu'on y déposait. C'est sur ses bords que fut battu Spartacus l'an 71 avant J.-C.

SILAS ou SILVANUS, un des soixante-douze disciples de Jésus-Christ, fut choisi avec Jude pour porter à Antioche les décrets du concile de Jérusalem sur l'observation des cérémonies légales. Dans la suite il accompagna saint Paul dans ses voyages. On célèbre sa fête le 31 juillet.

SILBERGROS, monnaie de Prusse, vaut le trentième de la rixdale ou thaler, c'est-à-dire environ 15 centimes de notre monnaie.

SILENCE, le calme, l'opposé du bruit, l'état où l'on ne perçoit aucun bruit, aucun son. Les anciens en avaient fait une divinité qu'ils révéraient sous les noms de *Sigalion* ou d'*Harpocrate*. Ils le représentaient sous la forme d'un enfant qui tenait un doigt appuyé sur les lèvres, comme pour recommander de ne faire aucun bruit. — En musique, on appelle *silences* des interruptions dans l'audition des sons, qui sont mesurées comme les sons eux-mêmes. On donne encore aux signes de ces interruptions le nom de *silences*. Les silences correspondent aux différentes valeurs des notes, et marquent leur interruption pendant toute la durée de ces mêmes valeurs : le silence d'une ronde est une *pause*; celui d'une blanche, une demi-pause ; celui d'une noire, un soupir, etc.

SILENCIAIRE. On appelait ainsi, chez les anciens Romains, un esclave préposé pour faire faire silence dans les maisons. Dans l'empire grec, c'était un officier chargé de maintenir l'ordre et la tranquillité. C'était encore un secrétaire du cabinet de l'empereur.

SILÈNE (myth.), fils de Pan et d'une nymphe, ou de Mercure et de la Terre, né à Malée, dans l'île de Lesbos. Il fut chargé de l'éducation de Bacchus, et accompagna ce dieu dans ses voyages. Au retour des Indes, il s'établit en Arcadie, et après sa mort on lui rendit les honneurs divins. On le représente sous la forme d'un vieillard gros et petit, chauve et camus, quelquefois le front orné de cornes, toujours ivre, et tantôt assis sur un âne, tantôt marchant appuyé sur un thyrse. Il porte sur la tête une couronne de lierre, et à la main un verre plein. La fable nous le montre d'un caractère jovial et railleur. Il était le chef des Satyres. Quelques auteurs en ont fait un philosophe qui aurait suivi Bacchus dans ses expéditions, et que les traditions populaires auraient défiguré par la suite.

SILÉNÉ, genre de la famille des caryophyllées, renfermant des plantes habitant les régions septentrionales de l'Asie, de l'Europe et de l'Amérique, ainsi que les rivages de la Méditerranée. Elles sont herbacées, à tiges visqueuses, hautes de vingt à quarante centimètres, aux feuilles opposées, entières et allongées, aux fleurs blanches ou rouges, au fruit capsulaire, ovoïde ou globuleux. Le *siléné gaulois* se trouve dans les champs sablonneux, parmi les céréales ; le *siléné penché*, habitant les prés montagneux, a des fleurs blanches, disposées en panicules. Les chèvres et les moutons mangent cette plante avec plaisir.

SILENÉES, section de la famille des caryophyllées, qui comprend les genres *siléné*, *œillet*, *lychnis*, *cucubale*, etc.

SILENES, nom donné chez les anciens aux enfants de Silène, qui avaient des queues comme les Satyres. On l'étendait quelquefois aux Satyres et aux Faunes.

SILÉSIE, ancien duché d'Allemagne, s'étendait entre le Brandebourg, la Pologne, la Moravie, la Hongrie et la Bohême. Sa longueur est de 130 lieues, sa largeur de 40 environ. — Dans les temps les plus reculés, ce pays fut habité par les Lygiens et les Quades. Ils furent déplacés par les Slaves, qui réunirent cette province à la Pologne. Ils reçurent la religion chrétienne au VIIe siècle. Après la mort de Boleslas III (1138), la Silésie eut des ducs particuliers. En 1327, elle fut réunie au royaume de Bohême. En 1742 et 1745, le roi de Prusse s'en empara, et l'Autriche lui en céda une grande partie, se réservant seulement une portion de la haute Silésie. On divise ce pays en *Silésie prussienne* et *Silésie autrichienne*. Géographiquement, la Silésie se divise en *haute* et *basse*. Cette dernière comprend les principautés de Breslau, de Brieg, de Glogau, de Liegnitz, de Sagan, etc. ; elle forme la Silésie prussienne. La *haute* est formée des principautés d'Oppeln, de Ratibor, de Teschen, de Troppau, de Neisse, etc. La plus grande partie forme la Silésie autrichienne ; le reste est à la Prusse.

SILÉSIE PRUSSIENNE, province des Etats prussiens, bornée à l'E. par celle de Posen, le royaume de Pologne et la république de Cracovie, au S. par la Silésie autrichienne, la Moravie et la Bohême, à l'O. par la Bohême, la Saxe et le Brandebourg, au N. par le Brandebourg et la Pologne. Sa superficie est de 250 lieues carrées ; sa population de 2,513,600 habitants, dont 1,100,000 catholiques, et ses revenus de 32,000,000 de francs. Le sol, très-montagneux à l'O. et au S., est vers l'E. et le N. peu élevé, presque plat, bien cultivé et très-fertile. La Silésie est riche en forêts, et renferme des mines d'un beau revenu. On en retire spécialement des toiles estimées, du houblon, du tabac, du goudron, de la poix et de la térébenthine. L'industrie s'exerce principalement sur la fabrication des toiles et la forge des métaux. — La Silésie est divisée en trois régences, celles de Breslau, Liegnitz et Oppeln. La capitale de la province est BRESLAU.

SILÉSIE AUTRICHIENNE, province des Etats autrichiens, comprise entre la Silésie prussienne, le comté de Glatz, la Moravie, la Hongrie et la Gallicie. Sa superficie est de 82 lieues carrées, et sa population de 427,700 habitants. Le pays est sillonné de montagnes. Le climat est sain, mais un peu rigoureux. La Silésie autrichienne est fertile et manufacturière. On en retire du foin, du lin, des bestiaux, de la laine, des toiles, draps, fromages, chanvre, etc. Elle est divisée depuis 1784 en deux cercles, ceux de *Troppau* et de *Teschen*. Le peuple a une constitution représentative, dont la base a été posée en 1791 par l'empereur Léopold II.

SILEX, mot latin qui signifie *caillou*, et que les naturalistes ont donné aux pierres qui sont entièrement formées de silice et qui font partie du genre *quartz*. Tels sont le quartz agate, le quartz jaspé, le quartz hyalin, la pierre à fusil, les pierres meulières, etc.

SILHOUETTE (Etienne DE), né à Limoges en 1709, acheta une charge de maître des requêtes à Paris, et, après avoir dirigé les affaires du duc d'Orléans, il fut nommé commissaire du roi près la compagnie des Indes, et devint contrôleur général et ministre d'Etat en 1759. Il voulut réparer l'épuisement des finances par des réformes et par l'économie. Loin de lui savoir gré de ses intentions, on le tourna en ridicule. Toutes les modes prirent la tournure de la sécheresse et de la mesquinerie. Les surtouts n'avaient point de plis, les portraits furent des visages tirés de profil avec un crayon noir, d'après l'ombre de la chandelle, sur du papier blanc (c'est ce qu'on nomma depuis *silhouette*). Forcé, malgré ses bonnes intentions, de se démettre après huit mois d'exercice, le contrôleur alla mourir en 1767 dans ses terres.

SILHOUETTE, espèce de dessin représentant un profil tracé autour de l'ombre d'un visage. Voy. son étymologie à l'article précédent.

SILICATES, nom sous lequel les chimistes qui regardent la silice comme un acide désignent les composés qu'elle forme avec les bases salifiables, et en particulier avec les alcalis minéraux.

SILICE, substance que l'on a longtemps regardée comme un corps simple, puis comme l'oxyde d'un métal appelé *silicium*, et que quelques chimistes considèrent aujourd'hui comme un acide. Elle est composée d'oxygène et de silicium. Elle est blanche, rude au toucher, inodore, d'une pesanteur spécifique de 2,66, soluble dans l'eau, mais en très-petite quantité, fusible à un feu très-intense. Elle est très-répandue dans la nature, fait presque la totalité des quartz, des sables, des pierres précieuses, constitue l'agate, le silex, le jaspe, l'opale, etc. Par son mélange avec d'autres substances et différents oxydes métalliques, elle forme les grès plus ou moins durs. On l'emploie dans la fabrication du verre, de la poterie et des mortiers.

SILICERNE, banquet funèbre par lequel les Romains terminaient la cérémonie des funérailles.

SILICIQUE (ACIDE), nom que quelques chimistes donnent à la silice, qu'ils regardent comme un acide.

SILICIUM, métal qui fait partie de la silice uni à l'oxygène. Il est pulvérulent, d'une couleur brune foncée, inaltérable par la chaleur. On l'obtient en décomposant la silice par le potassium à une température très-élevée. Le potassium s'empare de l'oxygène de la silice, et laisse à nu le silicium.

SILICULE, nom donné, en botanique, à une petite silique, très-courte, plus élargie que longue. Elle est coupée intérieurement par une cloison membraneuse qui porte les graines. Ce genre de fruit appartient à une section de la famille des *crucifères*. On nomme *silicules fausses baies* celles qui se montrent sans valves, globuleuses et caduques ; et *silicules fausses drupes*, celles qui sont plus ou moins charnues, ayant les semences revêtues d'une enveloppe osseuse.

SILICULEUX, nom donné, en botanique, aux plantes pourvues de silicules ou de quelque organe qui se rapproche de la forme de ces fruits.

SILIQUE, petit poids des anciens, valait la cent quarante-quatrième partie de l'once.

SILIQUE. Les botanistes appellent ainsi les fruits de certaines plantes. La silique est sèche, beaucoup plus longue que large, assez semblable à une gousse. Elle est partagée intérieurement en deux parties par une cloison qui porte les graines. Elle est marquée de deux sutures longitudinales opposées. La silique est le fruit d'une grande partie des plantes de la famille des crucifères. — On nomme *silique douce* les fruits d'un *caroubier* et de *l'arbre de Judée*.

SILIQUEUX, nom donné, en botanique, au fruit ou à toute autre partie d'un végétal qui rappelle les formes de la silique.

SILISTRIE ou DRISTRA, grande et forte ville de Turquie, dans la Bulgarie, au pied d'une montagne, vers le confluent du Missowo dans le Danube, avec une bonne citadelle, à 80 lieues N. d'Andrinople. Elle a 40,000 habitants. On y remarque une belle mosquée et des bains magnifiques. Elle est le siège d'un archevêché. L'armée russe a assiégé cette ville en 1854 et n'a pas pu s'en emparer.

SILIUS, famille romaine qui fournit plusieurs hommes célèbres, entre autres des consuls dans les derniers temps de la république et sous les premiers empereurs. — Les plus célèbres de cette famille sont les suivants.

SILIUS (Publius), Romain, passait pour l'homme le plus beau de Rome. Pour satisfaire Messaline, femme de l'empereur Claude, qui était éperdument amoureuse de lui, il répudia sa femme Junia Silana. L'impératrice lui prodigua les honneurs et les richesses. Profitant d'un voyage de Claude à Ostie, elle allait l'épouser, lorsque l'empereur rentra à la hâte à Rome. Il fit mettre à mort Messaline. Silius, loin de chercher à se défendre, fit avancer l'instant de sa mort, et la subit avec courage.

SILIUS ITALICUS (Caïus), né à Rome l'an 25 de J.-C., acquit une grande renommée comme orateur et poëte. Il suivit aussi la carrière politique, et obtint le consulat en 68, après avoir suivi toutes les fonctions qui menaient à cette dignité. Vespasien le fit proconsul de l'Asie-Mineure. Parvenu à l'âge de soixante-quinze ans, comblé d'honneurs et de richesses, il se laissa mourir de faim l'an 100 de J.-C. Nous avons de Silius Italicus un poëme épique en dix-sept chants sur la seconde guerre punique. Cette production ressemble à un journal par la faiblesse de la versification et par l'exactitude et l'ordre qu'il a mis dans les faits. Son principal mérite consiste dans la pureté du style, et dans l'imitation qu'il fait presque constamment de celui de Virgile et des autres écrivains du premier ordre.

SILLAGE, terme de marine, indiquant la trace que laisse le vaisseau derrière lui, et qui ressemble à un sillon, d'où lui vient son nom. Ce mot se prend aussi pour le cours et le chemin du vaisseau. Ainsi on dit *bon sillage* lorsque le vaisseau avance beaucoup.

SILLAGO, genre de la famille des percoïdes, renfermant des poissons qui ont la tête allongée et terminée un peu en pointe, une bouche petite, des dents en velours aux mâchoires et au-devant du vomer. On en trouve deux espèces remarquables dans la mer des Indes. Ce sont des poissons très-estimés pour leur bon goût et la légèreté de leur chair.

SILLÉE, prince arabe, fut envoyé à Jérusalem en qualité d'ambassadeur par Oboda, roi d'Arabie, pour traiter d'affaires importantes avec Hérode le Grand, roi des Juifs. Ayant conçu de l'amour pour Salomé, sa sœur, il la demanda en mariage ; Hérode ayant mis pour condition qu'il se ferait juif, Salomé épousa en secret son amant, qui avait refusé d'y souscrire. Revenu en Arabie, Sillée fit mourir Oboda et quelques-uns des grands du royaume pour s'emparer de la couronne. Ses crimes étant parvenus aux oreilles d'Auguste, cet empereur le fit punir du dernier supplice.

SILLERY. Voy. BRULART.

SILLERY (Charles-Alexis BRULART), marquis DE), né à Paris en 1736, était arrière-petit-neveu du chancelier de France sous Henri IV. Entré dès l'âge de quatorze ans dans la marine royale, il se distingua dans plusieurs combats, devint à vingt ans capitaine de vaisseau à vingt ans. Il fit ensuite la guerre dans l'Inde, et se trouva au siège de Pondichéry. Ayant quitté le service de mer pour celui de terre, il fut fait colonel des grenadiers de France, puis maréchal de camp. Envoyé aux états généraux de 1789 par la noblesse de Champagne, il embrassa la cause de la liberté, et devint membre de l'assemblée nationale. Député à la convention, il se distingua par son patriotisme et sa modération ; il vota dans le procès du roi avec la minorité ; arrêté à la suite des événements des 31 mai et 2 juin, par suite de la haine que lui portait Robespierre, il fut condamné à mort, et exécuté avec les girondins dévoués au même sort (1793). — Il avait porté dans sa jeunesse le nom de comte de Genlis ; sa femme a rendu ce nom illustre.

SILLES. Les Grecs nommaient ainsi des espèces de parodies d'ouvrages célèbres. — On appelait *sillographes* les auteurs qui écrivaient des silles.

SILLET, petit morceau d'ivoire ou de bois très-dur, placé à l'extrémité supérieure du manche des instruments à cordes, qui sert de point d'appui aux cordes, et qui les élève de manière qu'elles ne posent pas sur la touche. La harpe a aussi des sillets ; ce sont de petits crans de cuivre.

SILLOMÈTRE, instrument propre à mesurer la vitesse du sillage d'un vaisseau.

SILLON, trace profonde que le soc de la charrue laisse dans la terre. — Par analogie, les anatomistes ont nommé ainsi des rainures que présente la surface de certains os et d'autres organes, les rainures qui logent les artères et plusieurs cavités allongées que l'on remarque dans le foie. — Il se dit encore des rides qui se forment au palais des chevaux.

SILO, fosse en terre, cavité souterraine dans laquelle on dépose des grains pour les conserver. On choisit pour établir les silos un lieu sec, à température constante, et où la pluie ne peut pénétrer. Les silos sont surtout en usage chez les peuples guerriers, qui mettent ainsi leurs richesses à l'abri du pillage. On les retrouve cependant en Hongrie. Les silos conservent très-bien les grains, pourvu qu'on les établisse sous de bonnes conditions.

SILO, ville de Judée, dans la tribu d'Ephraïm, est célèbre par la demeure de l'arche et du tabernacle, qui y furent conservés jusqu'à ce qu'ils fussent pris par les Philistins.

SILOÉ ou **Siloa**, fontaine ou piscine située au pied des murs de Jérusalem ; elle était intermittente.

SILPHION ou **Silphide**, genre de plantes de la famille des corymbifères. On en cultive plusieurs dans les jardins d'agrément, toutes originaires de l'Amérique septentrionale. Le *silphion à grandes feuilles* a des tiges hautes d'un à deux mètres, garnies de grandes feuilles alternes, ovales, dentées en scie et de belles fleurs jaunes. On estime encore le *silphion à feuilles découpées*, qui s'élève à plus de deux mètres.

SILPHIUM, nom que donnaient les anciens à un médicament qu'ils estimaient beaucoup et qui se vendait à des prix exorbitants. On pense que cette substance était l'opium ou l'assa fœtida.

SILURE, genre de la famille des siluroïdes ou oplophores, renfermant des poissons que l'on reconnaît soit à la nudité de leur corps, soit à de grandes plaques osseuses qu'on y remarque. Leur bouche très-fendue est garnie de barbillons ; la tête est large et déprimée. Le plus grand nombre de ces poissons ont le premier rayon des pectorales transformé en une forte épine, arme dangereuse qui peut produire le tétanos. Ces animaux sont néanmoins timides et craintifs, et se nourrissent de substances végétales. Ils sont peu agiles, habitent les eaux douces des pays chauds. Ce genre renferme plusieurs espèces dont on a fait autant de sous-genres. Le *silure* proprement dit ou *salute* est le plus grand de nos poissons d'eau douce. Sa couleur est d'un noir verdâtre. Sa taille atteint quelquefois de quatre à cinq pieds. Il se trouve dans le Rhin, le Danube, le Volga, etc. Sa chair est blanche, fade, facile à digérer.

SILUROIDES, famille de poissons composée en grande partie du genre *silure*.

SILV.... Voy. par **Sylv....** les mots qui ne sont pas ici.

SILVAIN, nom vulgaire de plusieurs papillons des genres *nymphale* et *satyre*.

SILVAIN (myth.). Voy. **Sylvain**.

SILVAIN (Flavius Silvanus), fils de Bonitus, capitaine gaulois, s'éleva par son mérite sous le règne de Constance II au grade de commandant de la cavalerie, puis à celui de général de l'infanterie dans les Gaules. Il combattit avec succès les barbares, et se fit nommer empereur au mois de juillet 355. Mais il fut tué peu de jours après par ses soldats.

SILVÈRE, pape, était sous-diacre de l'Eglise de Rome, lorsqu'il fut élevé sur le trône pontifical, en 536 après Agapet Ier. Il était, dit-on, fils du pape Hormisdas. Le clergé et le peuple n'eurent aucune part à cette élection, qui fut faite par Théodat, roi des Goths. L'impératrice Théodora, femme de Justinien, l'envoya en exil à Patare en Lycie, et fit élire Vigile à sa place. L'empereur Justinien ordonna qu'on le rétablît sur son siége ; mais l'impératrice le fit conduire dans l'île de Palmaria, où, après un an d'exil, et après lui avoir fait subir diverses tortures, on le laissa mourir de faim (538). L'Eglise l'honore comme martyr, le 20 juin, parce qu'il souffrit pour avoir refusé de rétablir Anthème, hérétique, sur le siége de Constantinople, de recevoir les autres hérétiques d'Orient à la communion, et de révoquer le concile de Chalcédoine.

SILVESTRE. Deux papes et un antipape ont porté ce nom.—**Silvestre Ier**, Romain, succéda à Melchiade en 314. Il envoya les légats au concile d'Arles, où furent condamnés les donatistes, et au concile de Nicée en 325. Il mourut en 335, et eut pour successeur Marc. On fait sa fête le 31 décembre.—**Silvestre II**, appelé auparavant *Gerbert*, né en Auvergne d'une famille obscure, devint très-savant en théologie et dans les sciences exactes. Après divers voyages, il fut fait abbé de Bobio, puis précepteur de l'empereur Othon III. Plus tard, quand il fut rentré en France, Hugues Capet le choisit pour précepteur de son fils Robert, et le fit élire archevêque de Reims en 992, après la déposition d'Arnou. Celui-ci ayant été rétabli en 998 par le pape Grégoire V, Gerbert se retira en Italie, et reçut l'archevêché de Ravenne. Il succéda à Grégoire V en 999. Il mourut en 1003. Ses nombreuses connaissances, son érudition, si grande pour son siècle, firent croire à ses contemporains qu'il avait des conférences avec le diable et se livrait à la magie. On a de lui des *lettres* et des *traités*. Jean XVII lui succéda. — **Silvestre III**, antipape, nommé auparavant Jean , évêque de Sabine, fut élu par opposition à Benoît IX en 1044 et chassé peu de mois après.

SILVESTRE (Isaac ou Israël), graveur célèbre, né à Nancy en 1621, s'acquit une grande réputation sous le règne de Louis XIV, qui l'employa à dessiner et graver les maisons royales. Il mourut à Paris en 1671. Son œuvre se compose de plus de sept cents planches, parmi lesquelles on remarque le *Carrousel* de 1662. Sa famille donna dans la suite plusieurs graveurs célèbres. Louis Silvestre, né à Paris en 1677, mort en 1760, fut des premiers dessinateurs de son temps. Le roi de Pologne l'honora de lettres de noblesse, de la qualité de son premier peintre, et de celle de directeur de l'académie de Dresde. Il fut à son retour directeur de l'académie de peinture de France.

SILVESTRE DE SACY (Antoine-Isaac, baron de), célèbre orientaliste, né à Paris en 1758, parvint par un travail opiniâtre à connaître les langues hébraïque, syriaque, chaldéenne, samaritaine, arabe, éthiopienne, turque et persane. Il parlait ou lisait plusieurs langues européennes. Nommé en 1781 conseiller à la cour des monnaies et en 1785 associé à l'académie des inscriptions, il fit partie du comité chargé de publier les *Notices et Extraits des manuscrits de la bibliothèque royale*. Il enrichit ce recueil de traductions et d'analyses savantes sur les ouvrages orientaux. Nommé en 1791 commissaire général des monnaies, il se démit en 1792, et devint membre titulaire de l'académie des inscriptions. Lors de la création de l'école spéciale des langues orientales, il fut nommé professeur d'arabe (1795). En 1803, il fut admis dans la classe d'histoire et de littérature ancienne de l'Institut. En 1806, il fut nommé à la chaire de persan ; appelé en 1808 au corps législatif, il reçut le titre de baron en 1813, et adhéra à la déchéance de Napoléon. Membre de la chambre des députés, il fut ensuite censeur royal, puis en 1815 recteur de l'université de Paris. Nommé en 1823 et 1824 administrateur du collège de France et de l'école spéciale des langues orientales, il fut créé pair de France en 1832 et conservateur des manuscrits orientaux de la bibliothèque royale. En 1833, il fut nommé secrétaire perpétuel de l'académie des inscriptions. Il est mort en 1838. On a de lui une *Grammaire arabe*, une *Chrestomathie arabe*, des *Principes de grammaire générale*, des *traductions* et des *mémoires*.

SILVICULTURE, science qui a rapport à la culture et à l'entretien des bois et des forêts, aux plantations diverses. La silviculture proprement dite embrasse les grands bois et les forêts. L'*arboriculture* est limitée aux pépinières et aux plantations isolées ou de peu d'étendue.

SIMAROUBA, genre de la famille des rutacées, renfermant des arbres très-élevés, garnis de feuilles alternes, pinnées, d'un beau vert luisant, et de fleurs petites, verdâtres ou blanches, dont les pétales sont panachés de rouge vif. On en connaît plusieurs espèces, qui toutes habitent particulièrement les Antilles, le Brésil et la Guyane. Leurs feuilles, leur bois, leurs racines, mais surtout leur écorce, sont très-usitées en médecine. On regarde cette écorce comme astringente et tonique; elle est très-amère. On s'en sert dans une foule de maladies. On nomme *simarouba blanc* ou *faux simarouba* un *malpighier*.

SIMAROUBÉES, petite famille que Richard a voulu séparer de celle des rutacées, et qu'il composait des genres *simarouba*, *quassier* et *simabe*. Cette famille n'a pas été adoptée, on l'a conservée comme simple section dans la famille des rutacées.

SIMARRE, habillement long et traînant dont les femmes se servaient autrefois. Ce mot se dit encore d'une espèce de robe que les prélats, en Espagne, à Rome, etc., mettent quelquefois quand ils sont chez eux.

SIMBIRSK, gouvernement de la Russie d'Europe, s'étendant sur les deux rives du Wolga, et borné au N. par le gouvernement de Casan, à l'E. par celui d'Orenbourg, au S. par ceux de Saratof et de Penza, à l'O. par celui de Nijni-Novgorod. Sa superficie est de 450 lieues carrées, et sa population de 850,000 habitants. Le sol est assez fertile ; on y trouve de nombreux bestiaux. Il se divise en quatorze cercles. La capitale est **Simbirsk**.

SIMBIRSK, capitale du gouvernement de même nom, en Russie, au confluent de la Sviéja et du Wolga, à 158 lieues O. de Moscou. Elle a 11,000 habitants, et est assez commerçante.

SIMBLEAU, terme d'architecture, cordeau qui sert à tracer des arcs de cercle d'une étendue plus grande que les branches des plus grands compas. Les meilleurs simbleaux sont faits avec des chainettes.

SIMÉON, fils de Jacob et de Lia, né l'an du monde 2247. Il se joignit à son frère Lévi pour venger l'outrage que Sichem (voy.) avait fait à sa sœur Dina. Etant allé avec ses autres frères en Egypte pour acheter du blé, il y fut retenu en ôtage par Joseph jusqu'au retour de ses frères. Jacob, au lit de la mort, témoigna son indignation contre la violence qu'il avait exercée avec Lévi contre les Sichémites. Les descendants de Siméon sortirent d'Egypte au nombre de 59,300 combattants, mais il n'en entra que 22,200 dans la terre promise.

SIMÉON (Tribu de), tribu de la Palestine la plus méridionale, était formée de la Daromade, de la Gérartique et d'une partie de l'Idumée, et bornée au N. par la tribu de Juda, au S. par l'Arabie et les Amalécites, à l'O. par les Amalécites, et à l'E. par le lac Asphaltite. La ville principale était Hébron. Elle fut le partage des descendants de Siméon.

SIMÉON, aïeul de Mathatias, père des Machabées, était de la race des prêtres, et descendait du vertueux Phinées.

SIMÉON, homme juste, vivait à Jérusalem dans l'attente du Rédempteur d'Israël. Il se trouva au temple lorsque saint Joseph et Marie y allèrent présenter l'enfant Jésus. Le vieillard, rempli d'une sainte allégresse, le prit dans ses bras, et témoigna à Dieu sa reconnaissance en improvisant le cantique *Nunc dimittis*. Il prédit à la Vierge la douleur qu'elle ressentirait à la vue des tourments de son fils. L'Eglise célèbre sa fête dans les premiers jours de janvier.

SIMÉON, cousin germain de Jésus-Christ, était fils de Cléophas et de Marie, sœur de la Vierge. Il reprocha aux Juifs leur cruauté envers saint Jacques le Mineur, et fut élu évêque de Jérusalem à la place de cet apôtre. Il souffrit le martyre par le supplice de la croix, à l'âge de cent vingt ans, environ l'an 107 de l'ère chrétienne. On fait sa fête le 18 février.

SIMÉON STYLITE (Saint), né au ive siècle sur les confins de la Cilicie et de la Syrie, se retira dans la solitude dans un âge peu avancé, et, après avoir pratiqué des austérités extraordinaires, établit par une singularité frappante sa demeure sur différentes colonnes, ce qui lui fit donner son surnom. Les rois et les évêques venaient le visiter, et du haut de ses colonnes il instruisait le peuple. Il mourut en 461. On fait sa fête le 6 janvier.

SIMÉON. Deux auteurs ont porté ce nom. — L'un, surnommé *le Logothète* ou *le Métaphraste*, né au xe siècle à Constantinople, s'éleva par son mérite aux emplois les plus considérables. Il fut secrétaire des empereurs Léon le Philosophe et Constantin Porphyrogénète, et ministre des affaires étrangères. On a de lui une *Chronique*, qui va de la création du monde à l'an de J.-C. 968. Il a aussi écrit les *Vies des saints* au nombre de cent vingt, remplies de fables, et des *homélies*. — L'autre, surnommé *le Théologien*, écrivit trente-trois discours sur la foi et les vertus chrétiennes, un *Traité sur l'amour divin*, et deux cent vingt-huit traités de morale et de théologie.

SIMFÉROPOL ou AKHMETCHET, petite ville de Russie, chef-lieu du gouvernement de la Tauride, à 55 lieues S.-E. de Kherson. Elle a 16,000 habitants. Cette ville fut jadis plus considérable qu'elle l'est de nos jours. Elle est assez commerçante.

SIMIANE (Pauline DE GRIGNAN, marquise DE), fille de la comtesse de Grignan et petite-fille de Mme de Sévigné, qui parle d'elle dans plusieurs de ses lettres. Elle épousa M. de Simiane, gentilhomme du duc d'Orléans, qui mourut en 1718. Cette dame, distinguée par son esprit, mourut en 1737. On a d'elle une correspondance, écrite avec grâce et facilité. On lui doit aussi la publication de celle de son aïeule; mais on lui reproche d'avoir supprimé un grand nombre de ses lettres.

SIMILAIRE se dit d'un tout qui est de la même nature que chacune de ses parties, ou de parties qui sont chacune de la même nature que leur tout. En arithmétique, on appelle ainsi les nombres proportionnels. Newton nomme ainsi la lumière dont les rayons sont également réfrangibles.

SIMILOR, composition métallique qui ressemble à l'or pour sa couleur jaune, et qui est un mélange de cuivre et de zinc.

SIMMENTHAL, vallée de Berne, arrosée par le Simmen. Elle produit du beurre et des fromages excellents, et a pour capitale WIMMIS.

SIMMIAS, grammairien et poëte grec natif de Rhodes, nous a laissé quelques poésies. Tzetzès rapporte treize vers tirés d'un poëme de Simmias, intitulé *Apollon*. Il nous reste de lui trois pièces intitulées *l'OEuf, les Ailes* et *la Hache*, parce que les vers, dont le nombre de pieds varie beaucoup, représentent à l'œil un œuf, des ailes, une hache.

SIMOIS, fleuve de l'Asie-Mineure, dans la Troade, prenait sa source au mont Ida, arrosait les campagnes de Troie, et se jetait dans le Scamandre. (Voy.) Ce fleuve, qui n'est plus qu'un ruisseau, vit naître Enée sur ses bords.

SIMON, corroyeur athénien, fut disciple de Socrate, et fréquenta la carrière de l'étude et de la sagesse. Il publia trente-trois dialogues, où il exposa la doctrine de son maître. Cet ouvrage ne nous est pas parvenu.

SIMON. Deux grands prêtres juifs ont porté ce nom. — SIMON Ier, surnommé *le Juste*, succéda à son père Onias Ier en 303 avant J.-C., fit réparer le temple, et mourut en 294 avant J.-C. Eléazar son frère lui succéda. — SIMON II, fils d'Onias II et petit-fils du précédent, succéda à son père l'an 222 avant J.-C. C'est sous son pontificat que Ptolémée Philopator, roi d'Égypte, entreprit de pénétrer dans l'intérieur du temple; mais il fut renversé à terre, et renonça à ce projet. Simon mourut en 202 avant J.-C., et eut pour successeur Onias III.

SIMON MACHABÉE, surnommé *Thasi*, était le deuxième fils du grand prêtre Mattathias. Il se fit remarquer par sa sagesse et sa valeur sous le gouvernement de ses frères Judas et Jonathas. Ce dernier ayant été tué par Tryphon, usurpateur du trône de Syrie, le peuple élut Simon pontife, chef et prince, 143 ans avant J.-C. Simon proclama l'indépendance de la Judée, fortifia Jérusalem et les autres places de la Judée. Antiochus Sidétès, roi de Syrie,

ayant envoyé contre lui le général Cendebée, Simon opposa à ce chef ses fils Jean et Hyrcan, qui le battirent complétement. Trois ans après, il fut tué par Ptolémée, son gendre, qui espérait parvenir à la grande sacrificature (138). Son gouvernement fut sage et ferme. Il releva un peu la Judée si abattue par les guerres précédentes.

SIMON. L'Ecriture mentionne plusieurs hommes de ce nom. — SIMON LE CANANÉEN, de Cana en Galilée, fut un des soixante-douze disciples de Jésus-Christ. Il alla prêcher l'Evangile en Perse, et y souffrit le martyre. On fait sa fête le 28 octobre. — SIMON LE CYRÉNÉEN, de Cyrène, aida le Sauveur à porter sa croix sur le Calvaire. Des auteurs ont prétendu qu'il fut depuis évêque de Bostra en Arabie, et qu'il y souffrit le martyre. — SIMON LE LÉPREUX reçut plusieurs fois Jésus-Christ chez lui. Ce fut dans sa maison que la Madeleine alla répandre des parfums sur les pieds de Jésus-Christ.

SIMON D'ALEXANDRIE, homme de condition obscure. Hérode, amoureux de sa fille Marianne, fit démettre de la souveraine sacrificature Jésus, fils de Phabée, et éleva Simon à cette dignité; mais il l'en déposséda quelque temps après, parce qu'il fut accusé d'avoir trempé dans la conjuration de Mariamne.

SIMON, Juif qui se fit reconnaître roi après la mort d'Hérode le Grand. Il saccagea le palais des rois à Jéricho, et ne se signala que par des crimes Le Romain Gratus, envoyé contre lui, le défit, le fit prisonnier et le mit à mort.

SIMON LE MAGICIEN, né à Gitton ou Gétron, dans la Samarie, se convertit au christianisme, et reçut le baptême des mains de Philippe. Peu de temps après, voyant les apôtres opérer des prodiges et parler plusieurs langues sans les avoir apprises, Simon leur offrit de l'argent pour acquérir la même puissance, et c'est de là qu'on a nommé *simoniaques* ceux qui font un trafic des choses sacrées. Pierre indigné le maudit. Pour se venger de cet affront, Simon s'adonna à la magie avec plus d'ardeur qu'auparavant, et enseigna des hérésies qui eurent un grand succès. Selon lui, Dieu subsistait dans une lumière inaccessible. Entre Dieu et l'homme, il plaçait des êtres intermédiaires qu'il nommait *éons*; lui-même en était un. Il se vantait en outre de faire des prodiges surprenants. On dit qu'à Rome, où il était venu, il se vanta de pouvoir monter au ciel; mais il tomba et se rompit les jambes. Il mourut de douleur et de honte l'an 67.

SIMON, noble juif de la ville de Scythopolis, embrassa le parti des Romains sous Titus, et défendit la ville qu'il habitait contre les attaques des Juifs. Il devint enfin suspect aux habitants, qui lui dirent de se retirer avec les Juifs de son parti dans un bois voisin de la ville, dont ils allèrent pendant la nuit les mettre à mort. Simon, poussé par le désespoir, tua son père, sa mère et ses enfants, et se donna un coup d'épée dont il mourut sur l'heure.

SIMON LE NOIR, seigneur juif, fut cause de la ruine de Jérusalem et de sa nation. Pendant le siége de Jérusalem par Titus, les Juifs l'appelèrent pour les délivrer de la tyrannie de Jean de Giscala; mais, loin de les secourir, il partagea avec Jean la souveraine autorité, et fut encore plus cruel que lui. Quand la ville fut prise par les Romains, il se cacha dans des souterrains; mais il fut bientôt surpris, arrêté et conduit à Rome. Il orna le triomphe de Titus, et fut ensuite mis à mort.

SIMON (Philbert), prêtre savoyard et vicaire général de l'évêque de Strasbourg, à Rumilies, fut en 1792 envoyé à la convention nationale par le département du Bas-Rhin. Homme de l'énergie, de l'audace, et se rallia parmi les exaltés. Il contribua à la célèbre journée du 31 mai. La tyrannie de Robespierre lui ayant déplu, il sejeta dans le parti des mécontents. Mis en arrestation, il fut accusé d'avoir voulu mettre le fils de Louis XVI sur le trône, sous

la régence de Danton, et fut mis à mort en 1794.

SIMON, roi de Sicile, fils de Roger et d'Adélaïde de Montferrat, succéda à son père en 1101 sous la régence de sa mère. Il ne vécut pas longtemps, et son frère Roger II lui succéda.

SIMONETTA (Jean), favori et secrétaire du duc François Sforza. Sa fidélité à ce prince lui devint funeste. Ludovic Sforza, ayant usurpé l'autorité, l'envoya en prison à Pavie en 1479. Il revint dans la suite à Milan, et y mourut en 1491. Il est célèbre par son histoire latine *des choses faites par François Sforza*, très-estimée pour sa véracité. Son frère Ciccus ou CECCO SIMONETTA fut tuteur de Jean-Galéas Sforza et secrétaire d'Etat. Ludovic le More, en s'emparant de l'autorité, lui fit trancher la tête à l'âge de soixante-dix ans (1490).

SIMONIAQUE, ce qui se rapporte à la simonie, se dit des personnes et des choses.

SIMONIDE, célèbre poëte de l'antiquité, né à l'île de Cos, florissait dans le ve siècle avant J.-C. On sait peu de chose sur sa vie. Les anciens faisaient grand cas de ses ouvrages, et le mettaient sur le même rang que Pindare. Tous les princes de la Grèce et de la Sicile recherchèrent son amitié. Il composa des épigrammes, des odes, des élégies, des pièces de théâtre et plusieurs poëmes épiques; il ne nous reste que des fragments de ses ouvrages. On dit qu'il ajouta à l'alphabet grec les lettres η, ω, ξ, ψ. Il est aussi regardé comme l'inventeur de la mémoire artificielle. Les anciens racontent qu'ayant lu au milieu d'un repas un poëme à la louange d'un Thessalien nommé *Scopas*, il y fit entrer l'éloge de Castor et Pollux; Scopas ne lui donna que la moitié du prix convenu, en lui disant de réclamer l'autre des deux héros. Sur ces entrefaites, on vint avertir Simonide que deux jeunes gens demandaient à lui parler, il sortit et ne trouva personne; mais dans cet intervalle la maison s'était écroulée et avait écrasé les convives, ce qui fit croire que la protection de Castor et de Pollux l'avait sauvé.

SIMONIE, nom donné au trafic criminel des choses spirituelles, comme les sacrements, les fonctions ecclésiastiques, etc. Le droit canonique prononce trois sortes de peines contre les simoniaques, savoir: l'excommunication majeure et les autres censures, la nullité des actes simoniaques et l'obligation de restituer ce qu'on a reçu. On prétend que le mot *simonie* dérive de Simon le Magicien, qui voulut acheter aux apôtres les dons du Saint-Esprit.

SIMONIENS, disciples de Simon le Magicien.

SIMOS, chef phocéen, un de ceux qui s'établirent à Marseille.

SIMPLE, ce qui n'est point composé. On désigne sous ce nom, en chimie, les corps dans lesquels on ne trouve qu'une matière unique, homogène, et que l'on n'a pu jusqu'ici décomposer. Les corps simples métalliques sont les métaux; les corps simples non métalliques sont l'oxygène, l'hydrogène, le bore, le carbone, le phosphore, le soufre, l'iode, le chlore, le phtore et l'azote. — Le vulgaire nomme *simples* les plantes médicinales. — En termes de liturgie, on appelle *fête simple*, *office simple*, une fête, un office qui se célèbrent avec moins de solennité que la fête ou l'office double ou semi-double ; la *simple vigile* est une vigile sans jeûne. — En botanique, le mot *simple* se dit des parties qui ne sont pas ramifiées ou qui ne sont pas formées de diverses pièces distinctes.

SIMPLICIUS ou SIMPLICE, pape, né à Tibur (Tivoli), fut élu à la place d'Hilaire, en 468. Il se distingua par sa fermeté, combattit les hérétiques macédoniens, et s'opposa aux prétentions de l'empereur Léon, qui voulait élever le patriarche de Constantinople au même rang que l'Eglise, au-dessus de ceux d'Alexandrie et d'Antioche. Il gouverna l'Eglise avec beaucoup de prudence dans des temps très-difficiles, et mourut en 483. On a de lui dix-huit *lettres*. — Félix II lui succéda.

SIMPLICIUS, philosophe du ve siècle, natif de Phrygie. Il était péripatéticien. On ignore les événements de sa vie. On a de lui un Commentaire sur le Manuel d'Epictète, et plusieurs autres sur Aristote. Ces ouvrages sont très-précieux pour expliquer la morale de ces philosophes.

SIMPLON ou SAINT-PLOMB, montagne célèbre des Alpes, qui sépare la Suisse de l'Italie. Elle est fameuse par la magnifique route qui la traverse, et par le passage de l'armée française en 1800. Cette route, pratiquée en 1811 par ordre de Napoléon, coûta six années de travaux. Elle part de Glits, près de la rive gauche du Rhône, traverse le torrent de la Sattina, et, après avoir serpenté sur les flancs escarpés des rochers, arrive au col du Simplon, haut de 2,500 mètres au-dessus du niveau de la mer. Elle se termine à la ville d'Ossola. Sa longueur est de 14 lieues, et sa largeur de huit mètres. Le Simplon (en allemand *Sempelen*, en italien *Sempione*) a donné sous l'empire son nom à un département français, dont le chef-lieu était *Sion*.

SIMPLUDIAIRES, funérailles romaines qui étaient accompagnées de jeux, où ne paraissaient que des danseurs, des sauteurs, des voltigeurs, par opposition aux *indictives*, où paraissaient en outre des baladins qui sautaient ou voltigeaient d'un cheval sur un autre.

SIMPULATRICES, femmes romaines qui étaient chargées de purifier les personnes dont le sommeil était troublé par des songes effrayants et des visions nocturnes.

SIMPULUM ou SIMPUVIUM, vase sacré avec lequel les anciens faisaient des libations. Il était spécialement usité dans les sacrifices. Il servait aussi de mesure.

SIN ou ZIM, grand désert au N.-E. de l'Egypte, que les Hébreux traversèrent, et où ils commencèrent à être nourris par la manne céleste. — C'était aussi un grand désert de l'Arabie Pétrée, près du golfe Arabique. On le nomme encore *Sina*.

SINA ou SINAÏ, montagne du désert de Sin ou Sina, voisine de l'Arabie et de la mer Rouge. Elle est célèbre parce que Dieu y apparut à Moïse au milieu d'une épaisse nuée d'où jaillissaient des éclairs accompagnés d'un bruit effrayant de tonnerres et de trompettes. Dieu y dicta le décalogue à Moïse. Cette montagne a deux têtes, celles de Sina et d'Oreb. Sur la première est une chapelle consacrée à sainte Catherine, et un monastère du même nom. Le Sinaï est aujourd'hui un mont de la chaîne Djebel-Mousah, entre le golfe de Suez et Akkabah, à 35 lieues S. de Jérusalem.

SINAPIS. Ce mot, qui a été longtemps employé vulgairement pour désigner plusieurs plantes aromatiques et âcres, telles que le vélar, la roquette sauvage, etc., est aujourd'hui le nom latin et botanique du genre que l'on appelle en français *moutarde*.

SINAPISME (du latin *sinapis*, moutarde), cataplasme fait avec le levain de farine, la semence de moutarde pulvérisée, le sel commun et le vinaigre scillitique. On le fait souvent avec la semence de moutarde seule et de l'eau. On se sert des sinapismes pour produire la rubéfaction, une excitation générale ou une révulsion. On l'applique en diverses parties du corps, mais surtout à la plante des pieds, aux jambes, etc.

SINCAPOUR, île d'Asie, dans les Indes orientales, située vis-à-vis de la pointe méridionale de la presqu'île de Malacca, sur le détroit de Sincapour, où passent tous les vaisseaux qui font voile vers la Chine. Elle a 3 lieues carrées et 22,000 habitants, dont 8,000 Chinois et 2,800 Indous. Cette île a été cédée en 1818 par les princes indiens à la compagnie anglaise pour une somme annuelle de 4,000 piastres d'Espagne (environ 22,000 francs). L'île Sincapour possède de riches plantations. Le climat est salubre. Elle fait un commerce important. Elle a une ville avec un port du même nom.

SINCIPITAL, ce qui se rapporte au sinciput.

SINCIPUT, mot latin que l'on emploie en français pour désigner le sommet de la tête. Quelques anatomistes l'ont borné à la partie supérieure du crâne, à la région frontale.

SIND, fleuve d'Asie, qui prend sa source dans le Thibet au pied des monts Kaïlasa, sur le revers septentrional de l'Himalaya. Il court d'abord au N., franchit l'Himalaya, parcourt l'empire de Lahore, la province de Sindhi, et il s'en détache deux branches principales à Tatta. La première ou *Kambargandy* rejoint le lit principal à quelque distance au-dessous de Bakkar; la deuxième ou *Farran* traverse le marais de Run, et contribue à former la grande île de Katch. Le Sind se jette dans la mer, au golfe d'Oman. Ses principaux affluents sont le *Kaboul* ou *Kameh* et le *Pandjnad*. Le Sind est sujet à des inondations comme le 'Nil. Il était connu des anciens sous le nom d'*Indus*.

SINDHI, contrée de l'Indoustan, bornée au N. par l'Afghanistan et le Moultan, à l'E. par un désert assez étendu, au S. par la mer et la province de Koutche, à l'O. par le Beloutchistan. Elle s'étend sur les deux rives du Sind ou de l'Indus, qui la fertilise par ses débordements réguliers; elle a environ 150 lieues de long sur 50 à 60 de largeur. Le climat est malsain. Ce pays est très-peu connu, et a été peu exploré. On en retire du sucre, de l'indigo, du bétail. Le Sindhi est très-peuplé, et peut armer 40,000 hommes. Il est soumis nominativement à l'Afghanistan. La capitale est HAÏDERABAD, et la ville principale Amerkoke. Il y a une ville du nom de SINDI, autrefois grande et célèbre par ses écoles; elle a eu jusqu'à 150,000 habitants.

SINDIQUE, pays de la Scythie, s'étendait depuis le Bosphore cimmérien jusqu'au pays des Achéens, sur les bords du Pont-Euxin, vers l'embouchure du Tanaïs. Ce pays était habité par les *Sindes*.

SINDISAGHOR, district de Lahore, environné par le Sind, le Ravi et le Djilem.

SINDJAR, montagnes de la Turquie d'Asie dans le Diarbekr.

SINDON, en grec, toile, linge, drap. On appelle ainsi, en médecine, une petite pièce de toile ou un petit plumasseau de charpie arrondi et aplati, que l'on introduit dans l'ouverture faite au crâne par le trépan. — On nomme quelquefois ainsi le linceul dans lequel Jésus-Christ fut enseveli.

SINÉENS, descendants de Sin, fils de Chanaan, habitaient la partie N. du désert de Sin et au S. de la terre de Chanaan. On sait peu de chose de leur histoire.

SINES, peuples connus des anciens, qui les plaçaient à l'E. du Gange. Leur pays était le plus oriental de ceux qu'ils connaissaient. Ils avaient très-peu de notions sur les Sines. On croit que leur pays répond au royaume de Siam.

SINGE. En marine, on appelle ainsi une machine dont on se sert pour décharger les marchandises qui sont dans les bateaux et en charger les vaisseaux marchands. Elle est composée d'un treuil qui tourne dans deux montants. Les charpentiers se servent aussi d'une pareille machine pour élever des fardeaux. On l'emploie à tirer la fouille des puits, des carrières, etc.

SINGES, première famille des mammifères de l'ordre des quadrumanes, renfermant des animaux qui ont les formes générales du corps voisines de celles de l'homme, un système dentaire de trente-deux ou de trente-six dents, deux mamelles pectorales; les quatre extrémités sont pourvues de mains, dont le pouce est ordinairement séparé et plus ou moins opposable aux autres doigts. Les ongles des doigts sont plats comme ceux de l'homme. La face des singes est peu prolongée en général, et l'angle facial varie entre 30 et 65 degrés; la tête est arrondie; la face est presque toujours nue, et varie pour la coloration de la couleur de chair claire au noir; les yeux sont vifs et très-mobiles; le corps est en général maigre et allongé; le pelage est assez fourni, et sa couleur varie beaucoup; dans plusieurs genres, on trouve aux environs de l'anus de grandes callosités dont la couleur varie. Les membres des singes sont allongés, grêles; la queue des singes varie en longueur, elle est lâche ou prenante; dans ce dernier cas, elle constitue un véritable instrument de tact et de préhension; les mains des singes sont recouvertes d'une peau très-fine, et sont des organes propres à exercer le sens du toucher. On connaît l'intelligence des singes, leur pétulance, leur vivacité. Ils sont très-imitateurs, et quelques-uns sont susceptibles de domesticité. Les singes sont en général herbivores. Cuvier les divise en *singes proprement dits* ou *de l'ancien continent* et en *singes du nouveau continent*.

SINGES. On nomme vulgairement *singes araignées* les atèles; *singes capucins*, les sapajous; *singes cercopithèques*, la guenon et la semnopithèque; *singes cynocéphales* ou *à museau de chien*, les cynocéphales; *singes hurleurs*, les alouates; *singes de nuit*, les sakis; *singes pleureurs*, les sapajous; *singes à queue de renard*, les sakis; *singes siffleurs*, les sapajous; *singes volants*, les galéopithèques; *singes voltigeurs*, les atèles.

SINGLER. C'est, en termes d'architecture, marquer avec le cordeau le centre d'une voûte, les marches, la coquille d'un escalier, les moulures d'une corniche, et toute autre partie qui ne peut être mesurée avec le pied et la toise.

SINGLIOTS, donné aux deux foyers d'une ellipse où l'on attache les bouts d'un cordeau égal au grand axe, pour tracer une courbe par le mouvement continu qu'on appelle *trait du jardinier*.

SINGRAOULA, district de l'Indoustan, dans la province de Gandouanah. Il est montagneux.

SIN-GUAN-FOU ou SI-NGAN-FOU, ville de Chine, une des plus grandes et des plus belles de l'empire, capitale de la province de Chan-Si, sur les frontières de la Kalmouckie, à 200 lieues S.-O. de Pékin. Elle a, dit-on, 5 lieues de tour, et est bâtie en forme d'amphithéâtre. Elle est entourée de fortes murailles. C'est dans le voisinage de cette ville que fut trouvée, en 1625, une fameuse table de marbre, avec des inscriptions en caractères chinois, avec des mots syriaques et une croix. On dit que ces inscriptions représentent les principaux dogmes de la foi chrétienne, ce qui semblerait prouver que cette religion est connue en Chine depuis plusieurs siècles. On rapporte l'érection de cette pierre à l'an 782. Plusieurs savants doutent de la vérité de ces assertions.

SINGULTUEUX, du latin *singultus*, sanglot, nom donné à ce qui est accompagné de sanglots. On donne cette épithète, en médecine, à la respiration qui a lieu dans certaines affections.

SINIGAGLIA, ville forte des Etats romains, à 10 lieues d'Urbin et à 50 N.-E. de Rome. Elle a un port sur la mer Adriatique, et elle est entourée de murs, de bastions, avec un château fort. Elle fut sous l'empire un chef-lieu d'arrondissement du département du Metauro. Elle a 6,000 habitants et un évêché; elle est commerçante.

SINIS ou SINNIS (myth.), brigand fameux, habitait les environs de Corinthe. Il attachait ceux qui tombaient entre ses mains aux extrémités de deux pins qu'il recourbait, puis laissait les pins se redresser et déchirer ses victimes. Thésée lui fit souffrir le même supplice.

SINNAMARY, rivière de la Guyane française, prend sa source dans l'intérieur du pays, et se jette dans l'Océan à 30 lieues N.-O. de Cayenne, après un trajet de 28 lieues environ. Les Français ont sur ses bords plusieurs établissements. La ville de *Sinnamary* est située à l'embouchure de la rivière. C'est un bourg peu important, qui a un tribunal de paix, et qui doit sa célébrité au triste honneur qu'il a eu de

SIN

servir de lieu de déportation pour les proscrits du 18 fructidor (1797). On pêche de grandes tortues du côté de Sinnamary.

SINON, fils de Sisyphe, est connu par ses artifices et ses fourberies. Il suivit les Grecs à Troie. La dixième année du siége, les Grecs feignirent de se retirer, et Sinon se laissa prendre par les Troyens, leur disant qu'il allait chercher un refuge auprès d'eux. Les Troyens le crurent. Il vint tellement à bout de gagner leur confiance, qu'il leur persuada d'introduire dans la ville le cheval que les Grecs avaient laissé sur le rivage, comme une offrande à Minerve. Au milieu de la nuit, il alla ouvrir les flancs du cheval où des Grecs s'étaient renfermés, et leur livra ainsi la ville.

SINOPE, ancienne et célèbre ville maritime d'Anatolie, à 115 lieues E. de Constantinople. Elle a un port de mer assez fréquenté et 10,000 habitants. — Elle fut jadis comprise dans la Paphlagonie, et fut, dit-on, fondée par une colonie de Milésiens. Elle se rendit indépendante jusqu'au règne de Pharnace II, Roi de Pont, qui la soumit. Mithridate le Grand en fit la capitale de son empire. Elle soutint un siége long et pénible contre le romain Lucullus. Elle fit partie du roy. de Bosphore après la mort de Mithridate, et fut sous l'empire une des villes les plus florissantes. Elle est la patrie de Diogène le Cynique. C'est dans le port de Sinope que la flotte turque a été incendiée par la flotte russe le 30 nov. 1853.

SINOPLE. En termes de blason, ce mot désigne la couleur verte. On dit que ce nom vient de la ville de Sinope en Anatolie. En gravure, le sinople se marque par des traits qui vont de l'angle droit du chef de l'écu à l'angle gauche de la base, c'est-à-dire par des traits en bande.

SINTOS, nom donné à la religion la plus anciennement établie au Japon. Cette religion consiste dans l'adoration de certaines divinités et de héros déifiés que l'on nomme *cami* ou *kanni*, c'est-à-dire esprits immortels.

SINUÉ, nom donné, en botanique, aux parties qui portent sur leurs bords des échancrures larges, irrégulières et arrondies en plus ou moins grand nombre. Telles sont les feuilles du chêne commun.

SINUEUX, nom donné, en botanique, aux parties qui présentent sur leurs bords des échancrures profondes, linéaires, en zigzags.

SINUOLÉ, terme de botanique, diminutif de *sinueux*, désignant les parties qui offrent des échancrures légères et peu profondes. Telles sont les feuilles du vélar panicule.

SINUS, mot latin qui signifie une cavité anfractueuse, dont l'intérieur est plus évasé que l'entrée. Les anatomistes appellent : 1° *sinus des os*, des cavités de forme variable, creusées dans plusieurs os de la face et du crâne, et qui communiquent par des ouvertures avec les fosses nasales. On les a aussi nommées *sinus frontaux*, *sphénoïdaux*, *maxillaires*. 2° *Sinus de la dure-mère*, des canaux veineux qui parcourent la membrane dure-mère. C'est là que viennent se décharger toutes les veines du cerveau. On les a divisés en *sinus latéraux* (*droit* et *longitudinal*), *sinus transverse*, *caverneux*, *coronaire*, *occipitaux*, etc. 3° *Sinus vertébraux*, des sinus veineux qui règnent dans toute la longueur du canal vertébral, depuis le trou occipital jusqu'à la fin du sacrum. 4° Une cavité, une espèce de petit sac qui se fait au fond du pus d'une plaie, d'un ulcère, et où le pus s'accumule.

SINUS ou PLI. La toge des Romains n'avait pas de manches et enveloppait tout le corps. Le bras droit sortait par en haut; avec le bras gauche, on soutenait le bord inférieur de la toge. Le pli qui se formait s'appelait *sinus*.

SINUS, terme de mathématiques, ligne droite menée perpendiculairement d'une des extrémités de l'arc au rayon qui passe par l'autre extrémité. On le désigne par l'abréviation *sin*. On appelle *sinus total*

SIP

le sinus d'un arc ou d'un angle de 90 degrés. Le sinus est fort souvent employé dans les calculs mathématiques.

SION, montagne de Jérusalem sur laquelle le temple du Seigneur fut bâti par Salomon, et où David bâtit la cité qui porte son nom. Elle comprenait toute la partie méridionale de la ville. On la prend quelquefois pour cette ville elle-même.

SION, ville de Suisse, sur la Sitten, qui se jette dans le Rhône, capitale du Valais, à 21 lieues E. de Genève. Elle est située dans une belle plaine entre deux montagnes, sur lesquelles il y a deux forts. Cette ville a 3,000 habitants et un évêché dont le titulaire fut jadis prince de l'empire, seigneur de la ville et comte du Valais. Sion fut prise par les Français en 1798, et devint le chef-lieu du département français du Simplon.

SIOULE, rivière de France qui prend sa source aux environs du Mont-d'Or (Puy-de-Dôme), arrose ce département du S. au N., entre près d'Ebreuil dans celui de l'Allier, et se jette dans la rivière de ce nom à 7 lieues au-dessous de Moulins. Elle n'est pas navigable.

SIOUTH ou SIOUT, grande ville d'Egypte, près du Nil, à 73 lieues S. du Caire. C'est la capitale de la province de Saïd. Elle a 25,000 habitants. On y voit peu de ruines de l'ancienne *Lycopolis*. Auprès de Siouth sont des rochers creusés pour d'innombrables tombeaux, formant des espèces de grottes dont les parois sont couvertes d'hiéroglyphes.

SIOUX, peuplade indienne de l'Amérique septentrionale, dans la Louisiane, habite les bords d'une rivière de même nom qui se jette dans le Missouri.

SIPARIUM, sorte de voile ou de grande toile qui se tirait devant la scène chez les anciens, afin de changer de costumes ou de décorations sans être vu des spectateurs.

SIPHANTO, île de l'Archipel, à 14 lieues S. de Serfo. Elle a 5 lieues de long sur 3 de largeur et 4,000 habitants. Le chef-lieu est SIPHANTO ou SERAÏ, sur la côte O. Cette île passait jadis pour la plus riche de l'Archipel, à cause de ses mines d'or et d'argent, dont les habitants payaient la dîme au temple de Delphes. Ces mines n'existent plus ; mais on en trouve encore qui recèlent du plomb, du fer et de l'aimant, et des carrières de beau marbre. Cette île est très-riche et très-fertile. Siphanto est l'ancienne *Syphnos*.

SIPHILIS ou SYPHILIS, synonyme de *mal vénérien*, *mal de Naples* ou *mal français*, affection produite par un virus transmis par communication immédiate ou médiate avec des sujets qui en sont infectés. Elle a des effets très-variés ; les plus ordinaires sont un écoulement muqueux, des ulcères et des excroissances aux organes génitaux, l'inflammation des glandes inguinales, des exostoses, la carie des os. Cette maladie n'est connue en Europe que depuis la fin du XVe siècle ; on pense généralement qu'elle a été importée de l'Amérique. La durée de la siphilis abandonnée à elle-même est illimitée ; elle peut finir par entraîner la mort des malades ; souvent on la guérit, d'autres fois le malade reste toute sa vie dans un état de mauvaise santé.

SIPHON, du grec *siphôn*, tuyau. On nomme ainsi, en physique et en hydraulique, un tube de verre ou de métal recourbé, dont une branche est plus courte que l'autre ; on s'en sert pour transvaser des liquides et diverses expériences hydrostatiques. Pour transvaser un liquide à l'aide du siphon, on le dispose de manière que la convexité de la partie recourbée soit tournée en haut ; on place l'extrémité de la courte branche dans le vase qui contient le liquide, et l'on suce par l'extrémité de la plus longue branche ; le liquide entre dans le tube, et s'écoule sans interruption.

SIPHON. On nomme ainsi, en histoire naturelle, un trou ou tube prolongé qui se continue au travers des cloisons des coquilles chambrées. On voit des siphons dans les nautiles, les ammonites.

SIR 1295

SIPHON. En marine, on donne ce nom à un tourbillon ou nuage creux qui descend sur la mer en forme de colonne. Les vaisseaux courent grand risque quand ils sont entraînés sous un siphon. C'est une *trombe* en petit.

SIPHONIE, genre de la famille des euphorbiacées, renfermant des arbres originaires de la Guyane et du Brésil. Ce sont des arbres de vingt à vingt-cinq mètres de haut ; aux feuilles alternes ternées, portées par de longs pétioles, d'un vert luisant ; aux fleurs petites, peu apparentes ; au fruit capsulaire. De leur tronc il sort naturellement un suc laiteux qui se coagule à l'air ; on croit que cette substance est la *gomme élastique* ou *caoutchouc*.

SIPONCLE, genre de zoophytes de la classe des échinodermes pédicellés, et caractérisés par un corps plus ou moins allongé, cylindrique, nu, terminé en avant par une sorte de col. Ces animaux servent à la nourriture de l'homme, surtout en Chine, où on les regarde comme très-délicats. Le *siponcle nu*, d'Europe, a huit pouces de long, une petite trompe garnie de papilles charnues ; sa couleur est d'un blanc jaunâtre.

SIPYLE, montagne de l'Anatolie, sur la côte occidentale, bornant au S. la grande plaine de Magnésie. — Elle donnait son nom à une ville de la Lydie, au N.-O., près du Méandre, et qui était située sur cette montagne. Elle fut détruite par un tremblement de terre sous le règne de Tibère.

SIRE, titre d'honneur qu'on ne donne en France qu'au roi seul.— Dans le moyen âge on se servait de ce titre dans le même sens que *sieur* et *seigneur*. Il s'appliquait indistinctement aux rois, aux barons, aux gentilshommes et aux simples citoyens. Il n'y avait que certaines familles distinguées qui pussent prendre le titre de *sire* devant le nom de la maison, comme les *sires de Beaujeu*, *de Joinville*, *de Coucy*. Lorsque ce nom est joint au nom de baptême, il signifie très-peu de chose, comme *sire Martin*, etc.

SIRÉ, province d'Abyssinie, faisant partie du Tigré, et s'étendant des murs d'Axoum aux rives du Tacazze. Sa capitale est SIRÉ, à 80 lieues N.-E. de Gondar. Le climat de cette province est très-malsain, mais elle est d'une grande fertilité.

SIRÈNE, genre de reptiles de l'ordre des batraciens ; leur corps est allongé et anguilliforme, terminé par une queue comprimée en nageoire ; leur tête est déprimée ; le museau obtus, les yeux petits, ronds et sans paupières ; il n'y a pas de membres postérieurs, mais les antérieurs sont assez courts, complets et terminés par trois ou quatre doigts ; la mâchoire inférieure est garnie de dents. Mais ce qui rend ces animaux très-remarquables, c'est qu'ils possèdent les deux modes de respirations aérienne et aquatique, c'est-à-dire qu'ils respirent au moyen de poumons et de branchies. On les trouve dans l'Amérique du Nord. La *sirène lacertine* parvient à la longueur de trois pieds. Elle est noirâtre, et se nourrit de petits animaux.

SIRÈNES (myth.), monstres fabuleux des anciens, filles du fleuve Achéloüs et d'une Muse. Elles avaient la tête et le corps de femme jusqu'à la ceinture, et la forme d'oiseau de la ceinture en bas ; ou bien elles avaient tout le corps d'oiseau et la tête de femme. Quelques auteurs ont prétendu que les Sirènes avaient la forme de poisson de la ceinture en bas ; cette opinion, quoiqu'elle soit des plus accréditées, n'est appuyée par le témoignage d'aucun auteur ancien. Les Sirènes, au nombre de trois, habitaient des rochers escarpés entre l'île de Caprée et la côte d'Italie. Elles chantaient avec tant de grâce, que les navigateurs oubliaient leur pays et mouraient dans une sorte d'extase. L'oracle portait que, dès qu'un seul homme passerait sans être arrêté par le charme de leur voix, elles périraient. Ulysse fut insensible à leurs chants, et les Sirènes se jetèrent de dépit dans la mer.

SIRÉNUSES, c'est-à-dire *écueils des Sirènes*. Les anciens nommaient ainsi trois rochers ou écueils situés sur la côte de la Campanie; leur nom venait de ce que les Sirènes, qui y habitaient, se jetèrent dans la mer de dépit d'avoir laissé Ulysse insensible à leurs chants, et furent selon la fable changées en rochers. Par suite des bouleversements du lit de la mer, ces écueils n'existent plus.

SIRERIE, titre ancien que l'on donnait à certaines terres dont le seigneur s'appelait *sire*. C'est ainsi qu'on disait la *sirerie de Pons*.

SIRET (Louis-Pierre), né à Evreux en 1745, est surtout connu par ses *Eléments de la langue anglaise*, qui sont devenus classiques en France et en Angleterre. Il a donné aussi une *Grammaire italienne*. Siret est mort en 1795.

SIRI, nom que les Javanais donnent à la substance que l'on appelle ordinairement *bétel*.

SIRI (Vittorio), Italien, fut historiographe du roi et abbé de Vallemagne. Il vint s'établir à Paris, où il se fit un nom par son *Mercure*, qui contient l'histoire du temps qui s'est écoulé depuis 1635 jusqu'en 1649. Cet ouvrage n'est que la continuation d'un autre, les *Memorie recondite*, en huit volumes in-4°, traduits en français sous le titre de *Mémoires secrets tirés des archives des souverains depuis Henri IV*. L'abbé Siri mourut en 1685. Ses écrits sont précieux par le grand nombre de pièces originales qu'on y trouve.

SIRIASIS ou SIRIASE (du grec *seiroô*, je dessèche), mot qui désigne, en médecine, l'inflammation du cerveau et de ses membranes.

SIRICE, Romain, devint pape après la mort de Damase Ier en 384. Il condamna Jovinien et ses sectateurs, et mourut en 398. On a de lui plusieurs *épîtres* intéressantes. Anastase Ier lui succéda.

SIRINAGOR, province de l'Indoustan septentrional, bornée au S.-O. par les monts Sewalies, à l'E. par les monts Kémaon. Elle renferme d'immenses forêts, et est peu cultivée. Elle est tributaire du Népaul. La capitale est SIRINAGON, à 60 lieues N.-E. de Delhy. Elle était autrefois très-considérable; aujourd'hui elle ne présente plus que des ruines.

SIRIUS, une des étoiles qui forment la constellation du *grand Chien*. Cette étoile est la plus brillante du ciel. Elle portait le même nom chez les anciens. Ils en redoutaient les prétendues influences, et lui offraient des sacrifices pour en détourner les effets sinistres. Les Egyptiens observaient avec le plus grand soin le lever héliaque de Sirius. — Sirius est aussi un des noms du soleil chez les anciens, dérivant du Nil qui s'appelait aussi *Siris*, et qui lui était consacré.

SIRLUND, district du Delhy, province de l'Indoustan. Il est aride et renferme peu d'habitants. La capitale est *Tahnesir*; c'était autrefois *Sirhind*, ville ancienne et célèbre, à 60 lieues N.-O. de Delhy. Elle est aujourd'hui en ruines.

SIRMIEH, ou SIRMICH, ou SZREIM, ancienne ville d'Esclavonie, près de la Save. Cette ville fut jadis considérable, et devint la métropole de toute la Pannonie, sous le nom de *Sirmium*. Elle donna le jour aux empereurs Probus, Valère Maxime et Gratien; ce qui lui valut le titre de ville impériale. Elle est célèbre par les conciles qui s'y tinrent en 349, 351, 357 et 358.

SIROCO (du grec *seiroô*, je dessèche), nom donné sur la Méditerranée au vent qui se montre sud-est sur l'Océan. C'est un vent brûlant et qui fatigue beaucoup.

SIRON ou CIRON, nom vulgaire et général des *acarus*. On applique surtout ainsi les petites espèces qui vivent dans les lieux humides, les livres, etc.

SIROP, liqueur douce et agréable, légèrement onctueuse et limpide, que l'on prépare en faisant dissoudre à une douce chaleur deux parties de sucre dans une partie de liquide quelconque; les sirops sont des conserves liquides d'un suc, d'une infusion, d'une décoction, ou d'une distillation de plantes, par le moyen du sucre. Le *sirop dit simple* est uniquement composé de sucre et d'eau; il est nourrissant et émollient; le *sirop de guimauves* est composé de dix parties de sucre, quatre parties d'eau, et une partie de racines de guimauves; on connaît encore les sirops de roses rouges, de mûres, de coquelicots, de safran, de nerprun, etc. Les sirops sont très-souvent employés en médecine.

SIROP DE VIOLETTE, sirop obtenu en faisant infuser pendant vingt-quatre heures deux livres de pétales frais de violettes dans cinq pintes d'eau bouillante. On filtre ensuite à travers un linge fin, et on y ajoute du sucre en quantité suffisante pour faire passer la liqueur à l'état de sirop; ce sirop a une odeur très-agréable, et s'emploie en médecine comme laxatif. Les chimistes s'en servent journellement pour vérifier la nature des substances qu'ils manipulent. Les acides le font instantanément passer au rouge, et les alcalis au vert. Sa couleur naturelle est un beau bleu.

SIRR-DARIA ou SIHON, l'*Iaxartes* des anciens, grande rivière d'Asie, dans la Tartarie, prend sa source dans les montagnes de Belour, et se jette dans le lac d'Aral, après un cours d'environ 200 lieues. On prétend qu'elle se rendait jadis à la mer Caspienne, mais que les Tartares, pour se délivrer des incursions des pirates de cette mer, détournèrent le cours du Sirr-Daria dans le lac Aral.

SIRTES. Voy. SYRTES.

SIRUPEUX, ce qui a la consistance du sirop, c'est-à-dire ce qui est mou, onctueux, semi-liquide et filant.

SIRVENTE, sorte de poésie ancienne des troubadours et des trouvères, ordinairement satirique, quelquefois consacrée à l'amour ou à la louange, et qui est presque toujours divisée en strophes ou couplets destinés à être chantés. Le *sirvente* était aussi une sorte de poésie lyrique en usage chez les Italiens.

SIS (en hébreu, *fleur, rameau*), colline à l'orient de la tribu de Juda, où les Israélites vainquirent les Ammonites et les Moabites.

SISAMNÈS, juge persan, célèbre par le supplice que lui infligea le roi Cambyse pour punir ses prévarications. Il le fit écorcher vif et fit clouer sa peau sur le fauteuil des juges, afin que la crainte d'un semblable supplice les retînt dans les bornes du devoir.

SISARA, général de l'armée de Jabin, roi d'Asor, fut vaincu par les Israélites sous la conduite de Barac et de Débora. Il se réfugia dans la tente d'Héber le Cinéen; tandis qu'il dormait, Jahel, femme d'Héber, lui enfonça dans la tête un grand clou; il en mourut sur-le-champ vers l'an 1285 avant J.-C.

SISEBUT (Flavius), roi des Goths en Espagne, succéda à Gondemar en 612 et, régna pendant huit ans et demi. Il se distingua par ses faits d'armes et son amour pour les lettres et les sciences. On croit qu'il composa un poëme latin *sur les Eclipses de soleil et de lune*, dont on a un fragment de soixante et un vers. Récarède II lui succéda.

SISENARD ou SISENAND, roi des Goths en Espagne, fils de Suintilla, fut déclaré roi du vivant même de son père, qui fut chassé du trône. Il fut couronné en 631, et mourut en 636, après un règne peu remarquable.

SISENNA (Lucius Cornelius), ancien historien romain, était contemporain de Marius et de Sylla. Il composa une histoire de Rome qui menait depuis la prise de cette ville par les Gaulois jusqu'aux guerres de Sylla. Les anciens l'estimaient beaucoup. Sisenna avait fait en outre des commentaires sur les comédies de Plaute. On n'a plus que des fragments de ses ouvrages que l'on trouve dans d'autres auteurs.

SISENNA, fils d'Archélaüs, prince de Comane, chercha à soumettre la Cappadoce, excita une révolte contre le roi Ariobarzane II et le fit tuer. Ce crime lui fut inutile; Ariobarzane III monta sur le trône (63 avant J.-C.). Après la mort de ce prince, Antoine lui donna la couronne (42). On ignore l'époque de sa mort.

SISIGAMBIS, mère de Darius, roi de Perse, fut faite prisonnière par Alexandre après la bataille d'Issus, avec toute sa famille. Alexandre la traita toujours avec les plus grands égards, et Sisigambis eut pour lui une telle tendresse qu'elle se laissa mourir de faim pour ne pas lui survivre, lorsque cet illustre conquérant fut mort.

SISINNIUS, Syrien de nation, fut nommé pape après la mort de Jean VII en 708, et mourut vingt jours après, sans avoir rien fait de remarquable. Constantin lui succéda.

SISOÉ, tresse de cheveux que les habitants des pays voisins de la Palestine consacraient à Neptune ou à Saturne, Ils tondaient la tête, ne laissant qu'une seule touffe de cheveux. Moïse défendit cette superstition aux Hébreux.

SISON ou AMMI, genre de la famille des ombellifères, renfermant des plantes herbacées, assez voisines des carottes. Les semences de l'*ammi de Candie*, commun dans l'Europe méridionale et l'Orient, sont des graines ovoïdes, marquées de côtes saillantes, âcres et aromatiques; elles sont carminatives, et faisaient partie des quatre semences chaudes mineures des anciens.

SISTERON, ville de France, sur la rive droite de la Durance, chef-lieu d'arrondissement du département des Basses-Alpes, à 10 lieues O. de Digne. Population, 4,600 habitants. Cette ville est très-ancienne, et eut à essuyer les attaques des barbares qui envahirent le reste des Gaules; dans le VIe siècle, on y établit un évêché suffragant d'Aix, et dont le titulaire se nommait prince de Lurs. Sisteron a maintenant un tribunal de première instance, un collége et une société d'agriculture. C'est une ville très-forte et est mise au rang des places de guerre; elle a une bonne citadelle.

SISTRE, instrument de percussion en usage dans l'ancienne Egypte. C'était une lame de métal sonore, taillée en ovale, qui était percée de trous pour y poser des baguettes métalliques, sur lesquelles on frappait pour en tirer des sons. Cet instrument servait à la guerre et dans les cérémonies religieuses d'Isis pour diriger la mesure de la danse et du chant.

SISYPHE (myth.), roi de Corinthe, dont il fut le fondateur, était fils d'Eole et d'Enarète. Il épousa Mérope, fille d'Atlas. Thésée, dont il avait envahi le territoire, le tua de sa propre main. Il s'était signalé par des brigandages et des crimes sans nombre. Après sa mort, il fut condamné à rouler éternellement une grosse pierre ronde du bas d'une montagne en haut, d'où elle retombait à l'instant, parce que les forces manquaient à Sisyphe au moment où il en allait atteindre le sommet. Quelques auteurs lui ont attribué l'institution des jeux isthmiques.

SISYMBRE, genre de la famille des crucifères, renfermant des plantes herbacées annuelles ou vivaces, habitant les deux hémisphères. Elles ont les tiges droites et cylindriques, les feuilles alternes, de forme diverse, les fleurs jaunes ou blanches, disposées en grappes terminales; le fruit est une silique garnie de graines très-petites. Le *cresson de fontaine* appartient à ce genre.

SITANG, rivière de l'Indoustan, prend sa source au S.-E. d'Ava, coule à 5 lieues E. de la rivière de Pégu, avec laquelle on la confond ordinairement, et se jette dans la mer à 18 lieues E. de Rangoun.

SITHONIE, une des trois presqu'îles qui terminaient le Chalcidique vers la mer Egée. Elle était située entre le mont Athos et la presqu'île de Pallène. La *Sithonie* désignait quelquefois la Thrace, et les *Sithoniens* les habitants de cette contrée.

SITICINES. Les anciens appelaient ainsi ceux qui jouaient d'une espèce de flûte appelée *silos* aux funérailles des morts. Ces flûtes étaient plus longues et plus larges que les flûtes communes, et rendaient par conséquent un son plus grave.

SITIFENSIS. Les anciens donnaient ce nom à la plus orientale des trois Mauritanies, à cause de *Silifi* (Setif) sa capitale. Elle était bornée au N. par la mer, au S. par la Numidie.

SITILLA, nom de deux rivières de la Géorgie, dans les Etats-Unis d'Amérique; elles sortent d'un lac situé à l'O. dans le pays des Indiens, et se jettent dans la baie d'Apalache.

SITOCOME, magistrat athénien qui avait l'inspection sur les blés et les greniers publics. Il répondait à l'édile céréal des Romains.

SITONES, nom des *Norwégiens*, chez les Romains.

SITOPHYLAX (du grec *silos*, blé, et *phylax*, gardien), magistrat athénien qui veillait à ce que chaque citoyen n'eût pas plus de blé que la loi ne le permettait.

SITTELLE, genre d'oiseaux placés par Cuvier dans l'ordre des ténuirostres, caractérisés par un bec droit, pointu et recouvert d'une corne très-dure, et par les doigts des pieds qui sont très-longs et armés d'ongles grands et aigus. Ces oiseaux grimpent le long des troncs des arbres et vivent d'insectes, de fruits et de graines. Leur caractère est doux et taciturne. La *sittelle torchepot*, *percepot* ou *picmaçon*, est d'un cendré bleuâtre en dessus; la gorge est blanche; le devant du cou, la poitrine et le ventre, d'un roux jaunâtre; les flancs et les cuisses, d'un roux marron; le bec est bleuâtre. Cet oiseau vit dans les grands bois d'Europe.

SITZIKAMMA, district d'Afrique, au cap de Bonne-Espérance, entre la rivière Camtous et la baie de Plettenbourg.

SIVAGANGA, ville d'Indoustan, chef-lieu d'un petit Etat, dans la province de Karnatic, à 8 lieues N.-E. de Madourah.

SIVAN. Voy. SIBAN.

SIVANO-SAMOUDRA, île d'Indoustan, formée par le Kavery, dans la province de Caimbetour.

SIVAS, pachalik de la Turquie d'Asie, entre ceux d'Erzeroum, de Konieh et de Trébisonde. La superficie est de 350 lieues carrées, et la population de 260,000 habitants. La capitale est SIVAS, autrefois considérable, à 15 lieues de Tokat. C'est la résidence du pacha et d'un archevêque grec. — Ce pachalik occupe la partie N. de l'Anatolie orientale, appelée anciennement le Pont et la Cappadoce septentrionale. On lui donne souvent le nom de *pays de Roum*, parce qu'il fut, avec l'Arménie, le premier lieu dont les mahométans firent la conquête sur les Romains de Constantinople.

SIX, nombre pair composé de cinq unités plus une. Il suit le nombre cinq, et précède le nombre sept; on le marque ainsi, 6. On le prend quelquefois comme adjectif pour sixième (*Charles VI, Urbain VI*). — En termes de musique, on appelle *mesure à six − quatre* ou $\frac{6}{4}$, une mesure composée de six noires ou des valeurs correspondantes : elle se bat à deux temps, dont chacun prend trois noires; *mesure à six-huit* ou $\frac{6}{8}$, une mesure composée de six croches ou des valeurs correspondantes; elle se bat à deux temps, dont chacun prend trois croches, etc.

SIXAIN, petite pièce de poésie composée de six vers. On en distingue de plusieurs sortes. Les sixains sont peu usités de nos jours.

SIXTE du XISTE. Cinq papes ont porté ce nom.— SIXTE Ier (saint), Romain, fut élu en 117 après Alexandre 1er, et mourut en 127. On l'a mis au rang des saints, et on fait sa fête le 6 d'avril. Saint Télesphore lui succéda. — SIXTE II, Athénien, succéda à Etienne Ier en 257, et souffrit le martyre en 259 sous la persécution de Valérien; saint Denis lui succéda. — SIXTE III, Romain, succéda au pape Célestin 1er en 432. Il travailla à éteindre les hérésies de Pélage et de Nestorius, et à la réunion de saint Cyrille, patriarche d'Alexandrie, avec Jean, patriarche d'Antioche. Il mourut en 440. Saint Léon 1er lui succéda. On fait sa fête le 28 de mars. On a huit *lettres* de ce pape. — SIXTE IV, appelé auparavant François d'Albescola de la Rovère, naquit en 1414 à Cella, dans l'Etat de Gênes, il était fils d'un pêcheur ; il entra dans l'ordre des cordeliers, et devint général de cet ordre après avoir professé dans les universités de Bologne, de Pavie, etc. Elu cardinal, il parvint à la papauté après Paul II en 1471. Il commença son pontificat par l'union des princes chrétiens contre les Turks, et fit paraître dans son règne beaucoup de magnificence et de libéralité. Il mourut en 1484. On l'accuse d'avoir montré trop de passion contre la maison de Médicis, et d'être entré dans la conspiration des Pazzi à Florence. Innocent VIII lui succéda. — SIXTE V ou SIXTE-QUINT s'appelait Félix Peretti, et était fils d'un vigneron ; il était né en 1521 dans le village des Grottes, près d'Ancône. Un moine franciscain le recueillit et le mena dans son couvent, où il fit des progrès rapides et surprenants; il entra dans l'ordre, fut fait docteur, et prit le nom de Montalte. Sa réputation de science le fit pourvoir de plusieurs grandes dignités; il fut fait général de son ordre, évêque de Sainte-Agathe et cardinal. Il fut élu pape après la mort de Grégoire XIII en 1585. Ce pontife signala son règne par la rigueur avec laquelle il purgea Rome et l'Italie des brigands qui les infestaient, et par ses magnifiques entreprises. Il consacra à l'embellissement de Rome des sommes immenses; il réforma les mœurs de son clergé et de son peuple, et mourut en 1590. Urbain VII lui succéda.

SIXTE (mus.), intervalle compris entre six notes (de *ut à la*). On en distingue de trois sortes, la *sixte mineure* (de *ut à la bémol*), avec huit demi-tons ; la *sixte majeure* (de *ut à la naturel*), avec neuf demi-tons ; et la *sixte augmentée* (de *ut à la dièse*), avec dix demi-tons. Des auteurs nomment encore *sixte diminuée* (de *ut dièse à la bémol*), avec sept demi-tons. La sixte majeure ou mineure est consonnante. — L'*accord de sixte augmentée* se compose de tierce majeure, quinte parfaite et sixte augmentée (*ut*, *mi*, *sol* et *la* dièse). Il se place sur le sixième degré d'une gamme. Dans sa résolution, la sixte monte d'un degré, la fondamentale descend d'un degré, ainsi que les autres notes de l'accord. Dans cette résolution, il faut disposer les parties de manière à éviter les deux quintes qui se suivent. Il se chiffre par un 6 précédé d'une croix ou bien d'un dièse ou de tout autre accident, selon le mode. — L'*accord de sixte et quarte augmentée* se compose, selon Reicha, de tierce majeure, quarte juste et sixte augmentée. Il subit les mêmes règles que le précédent. On le chiffre par $\frac{6}{4}$ avec une croix devant le 6 ou un accident déterminé par le mode. — On appelle *accord de sixte* le premier renversement des accords parfaits; *accord de sixte et quarte*, le deuxième renversement; *accord de sixte et quinte*, le premier renversement des accords de septième.

SIZERIN, espèce du genre *linotte*, nommée aussi *cabaret* ou *petite linotte*, renfermant un oiseau assez commun en France, et voisin du *tarin*, dont il se distingue par une couleur brune, blanchâtre de noir en dessus, blanchâtre en dessous. Il a la gorge noire, le dessus de la tête, la poitrine et le croupion rouges. Il niche dans le Nord, et est de passage dans notre pays.

SKAGEN, petite ville maritime du Danemarck, près du cap *Skagen*, qui termine la pointe N.-E. du Jutland, vis-à-vis de la 20 lieues O. de Gothebourg, et à 20 lieues côte opposée du détroit et à 20 lieues N.-E. d'Aalborg. Il y a un fanal près du cap.

SKALA, monastère grec, sur le mont Olympe, en Albanie. On y jouit d'une vue magnifique, et l'œil plonge sur la mer et les belles plaines de la Macédoine. Ce monastère est environné de forêts. Les Albaniens font essuyer aux religieux de fréquentes vexations.

SKANDERBORG, petite ville de Danemarck, dans le Jutland, à 5 lieues S.-O. d'Aarhuus. Elle est célèbre parce que les anciens rois y faisaient leur résidence.

SKARA, petite ville épiscopale de Suède, autrefois chef-lieu de la Gothie occidentale, sur la Lidda, à 29 lieues N.-E. de Gothebourg. Elle donne son nom au gouvernement de Skaraborg. Elle est fort ancienne, et a une école vétérinaire. On voit dans les environs une grande quantité de tombes où les anciens Goths déposaient leurs morts.

SKARABORG ou MARIESTAD, gouvernement de Suède, formé de la Westrogothie ou Gothie occidentale, entre les lacs Wenern et Wetter. Sa superficie est de 120 lieues carrées, et sa population de 170,800 habitants. Le sol est peu fertile. Le chef-lieu est MARIESTAD, sur le lac Wenern, avec 6,000 habitants. Cette ville doit sa fondation à Charles IX, et est remarquable par son agréable position.

SKIATHI, l'ancienne *Sciathos*, petite île de l'Archipel. Elle a 12 lieues de tour, et est située sur la côte de l'Anatolie. Elle est assez fertile. La capitale porte le même nom. Elle est située sur la côte N.

SKIOLDUNGS, ancienne dynastie des rois de Danemarck, qui occupa le trône depuis Harald Blaatand, vers le milieu du Xe siècle, jusqu'à la fin du XIVe. On la nomme ainsi, parce qu'une tradition fabuleuse la fait descendre de Skjold, prétendu fils du fameux Odin.

SKODBORG, district de Danemarck, dans le diocèse d'Aalborg. C'est un des plus fertiles et des mieux cultivés.

SKYDSMOE, district de Norwége, dans le diocèse d'Aggershuus.

SKYE, une des îles Hébrides, et une des plus grandes, à 3 lieues de l'Ecosse. Elle a environ 16 lieues de long sur 7 de largeur. Elle est fertile, mais peu cultivée, renferme des montagnes élevées, des marais et des lacs. Ses pâturages sont estimés. La principale richesse des habitants consiste dans l'extraction des minerais du sein de la terre. On y élève aussi beaucoup de bestiaux. Sa capitale est PORTRÉE.

SKYRO, nom moderne de SCYROS, île de l'Archipel, à 10 lieues E. de la côte de Négrepont. Elle a 7 lieues de long sur 3 de largeur. Elle est montagneuse, et renferme des vallées fertiles. La population est de 2,000 habitants. Son chef-lieu est SKYRO, qui a 1,000 habitants, sur la côte N.-E. — On nomme *Skyro-Poulo* une petite île située à l'O. de la précédente.

SLATÉES, nom qu'on donne, en Afrique, aux nègres libres qui font le commerce des esclaves qu'ils amènent de l'intérieur des terres.

SLAVES, du mot *slawa* (gloire), peuples de l'Europe, qui paraissent être venus de l'Inde. On les fait généralement descendre des Sarmates, et on croit qu'ils vivaient en Europe plusieurs siècles avant J.-C. Ils envahirent souvent l'empire romain, et fondèrent de nombreux royaumes. Les Slaves étaient laborieux, agriculteurs et pacifiques. Le christianisme leur vint très-tard. Leur langue a une analogie remarquable avec le sanskrit. Elle est d'une grande richesse. Les peuples slaves comptent encore 50,000,000 d'individus; ce sont les Bohèmes, ainsi que les Moraves, les Polonais, les Russes ou Moscovites, y compris, ou on compte les Sorbes en Saxe, les Slavons, les Croates, les Serviens, les Bosniakes et les Dalmates, les Montenegrins et les Bulgares, etc.

SLAVONIE. Voy. ESCLAVONIE.

SLESWIG, ou SCHLESWIGH, ou SUD-JUT-

SMA

LAND, duché de Danemarck, borné au N. par le Jutland, au S. par le Holstein, à l'E. par la mer Baltique, à l'O. par la mer d'Allemagne, et sa superficie est de 380 lieues carrées, et sa population de 340,500 habitants. Le sol est plat, fertile en pâturages. Les principales ressources des habitants sont la pêche et l'éducation des bestiaux. La religion est le luthéranisme. — Le Sleswig fut habité primitivement par les Saxons. Il était gouverné par des ducs particuliers sous la suzeraineté du Danemarck; il fut plusieurs fois réuni à la couronne. Il fut réuni en 1386 au duché de Holstein, et a formé depuis le duché de Sleswig-Holstein. Il appartient maintenant au Danemarck; mais le roi n'y règne dans ce pays que comme duc de Sleswig et de Holstein. Les habitants ont conservé leur constitution politique et leurs franchises. — La capitale est SLESWIG.

SLESWIG ou SCHLESWICH, ville du Danemarck, capitale du duché de même nom, à l'embouchure de la Slei dans la Baltique, à 24 lieues N. de Hambourg, avec un bon port. Cette ville fut autrefois hanséatique et florissante. Elle est encore très-manufacturière et commerçante, et compte 7,000 habitants.

SLIGO, comté d'Irlande, dans la province de Connaught, borné au N. par la mer (baie de Donegal), à l'E. par les comtés de Leitrim et de Roscommon, à l'O. et au S. par celui de Mayo. Il a 120 lieues carrées et 70,000 habitants. On y trouve des mines assez riches. — La capitale est SLIGO, sur la baie de même nom, à 42 lieues N.-O. de Dublin. Elle a 8,000 habitants, et est assez commerçante.

SLONIN, ville de la Russie d'Europe, dans le gouvernement à 26 lieues E. de Grodno. Elle a 5,000 âmes. C'est là qu'est la source du Niémen.

SLOOP, terme de marine emprunté à l'anglais, et qui sert à désigner les chaloupes, les corvettes et les petits bâtiments qui sont au-dessous de vingt canons.

SLYKENS, village de Belgique, au N. de Bruxelles. Il est célèbre par la magnifique écluse qui joint le canal de Bruges à la mer, et qui en retient les eaux. Ce bel ouvrage fut bien endommagé au mois de mai 1798 par les Anglais.

SMALAND, ancienne province de Suède, dans la Gothie, dont elle formait la partie méridionale, entre la mer Baltique et le Cattégat. Elle est très-montagneuse et pleine de forêts. Le sol est peu cultivé, et l'on y trouve peu de villes. On y voit quelques mines, entre autres une d'or à Edelfors. Le Smaland se divise aujourd'hui en trois gouvernements : ceux de Kronoberg, de Jonkœping et de Calmar. Les Smalandais passent pour être les descendants les moins abâtardis des anciens Goths. Ils ont la réputation d'être les plus grands et les plus robustes de la Suède.

SMALKALDE ou SCHMALKALDE, seigneurie d'Allemagne dans l'ancien pays de Henneberg, de 8 lieues carrées de superficie. Elle appartient aujourd'hui à la province de Fulde dans la Hesse-Cassel. Son chef-lieu porte le même nom, et renferme 5,000 habitants; il est situé à 21 lieues S.-E. de Cassel, et est très-manufacturier. Cette ville est célèbre par la ligue qui y fut conclue au mois de mars 1531 entre neuf princes et comtes protestants et onze villes impériales pour la défense de leur foi et de leur indépendance politique contre l'empereur Charles-Quint et les Etats catholiques. Cette ligue s'appelle ligue de Smalkalde; elle s'éteignit en 1547 par suite de la désunion survenue entre les chefs protestants, et la soumission que Charles-Quint fit de toutes les villes révoltées.

SMALT, verre coloré en bleu, que l'on obtient en fondant avec le cobalt la matière vitrifiable (potasse et sable).

SMALTINE, nom donné au minerai qui sert à la fabrication du smalt, c'est-à-dire au cobalt arsenical, substance qui est composée de 65 à 66 parties d'arsenic, de 28 de cobalt et de 6 de manganèse et

SMI

d'oxyde de fer. Ce métal, dont on tire le cobalt, sert à colorer en bleu les émaux, le verre, la faïence et la porcelaine; il se trouve dans les dépôts anciens, où il accompagne ordinairement le cuivre.

SMARAGDUS, nom latin de l'émeraude.

SMEATON (Jean), célèbre mécanicien et ingénieur anglais, né à Austhorp en 1724. Il fut membre de la société royale de Londres. Il fut chargé de reconstruire le phare d'Eddystone, et de mener les grands travaux du canal destiné à joindre la mer britannique à l'Océan, en Ecosse. Il mourut en 1792. On lui doit plusieurs innovations utiles dans la fabrication de certains instruments de physique, tels que la pompe pneumatique, l'hygromètre, le pyromètre, etc.

SMECTITE. Le vulgaire nomme ainsi diverses terres argileuses, comme la terre à foulon. Les naturalistes anciens appliquaient cette dénomination à la stéatite, à la terre ollaire, à quelques marnes, etc.

SMEERENBURG, colonie russe au Spitzberg, fondée et entretenue par des négociants d'Arkhangel. On en tire de l'huile et des fanons de baleine, des peaux d'ours et de renards blancs, de l'édredon et autres plumes, des défenses de narval, etc.

SMEGME (du grec smegma, savon), terme de médecine, médicament purgatif dont les anciens se servaient pour nettoyer et polir la peau dans les démangeaisons, la gale, etc.

SMERDIS, fils cadet de Cyrus, roi des Perses, fut laissé par Cambyse, son frère, pour administrer le royaume, lorsqu'il alla en Egypte. Mais bientôt ce prince, le soupçonnant de vouloir monter sur le trône, le fit assassiner secrètement.

SMERDIS LE MAGE, mage qui fit, à la faveur de sa ressemblance avec Smerdis, frère de Cambyse, roi des Perses, se fit élire roi après la mort de ce prince; mais ses précautions pour cacher sa fourberie le firent découvrir; une de ses concubines, qui vit ses oreilles coupées, le fit reconnaître pour un mage du nom de Smerdis, qui jadis avait subi ce traitement ignominieux. Les nobles persans formèrent une conjuration contre lui et le mirent à mort. Darius, fils d'Hystaspe, lui succéda.

SMÉRINTHE, genre de lépidoptères, famille des crépusculaires, tribu des sphingides, renfermant des insectes voisins des sphinx, et dont quatre espèces se trouvent en Europe. Le smérinthe demi-paon a de trente-six à quarante lignes d'envergure. Les premières ailes sont d'un gris rougeâtre, les secondes ailes sont d'un rouge carmin plus ou moins nuancé; le milieu est marqué d'un grand œil bleu à prunelle et à iris noirs; l'abdomen est brun grisâtre, les pattes sont brunes, les antennes d'un blanc jaunâtre. On trouve ces insectes sur les arbres fruitiers. On connaît encore le smérinthe du peuplier et celui du tilleul.

SMILACE ou SMILAX, genre de la famille des asparaginées, renfermant des plantes vivaces, sarmenteuses, que l'on trouve dans les contrées méridionales de France, en Afrique, en Asie et en Amérique. Ces plantes ont des racines tubéreuses, lisses, garnies de feuilles oblongues, dentées et de fleurs jaunâtres, en grappes axillaires; le fruit est une baie oblongue contenant d'une à trois graines. Le smilace rude appelé vulgairement salsepareille d'Europe, liseron épineux, gramen de montagne, fournit par sa racine un sudorifique actif; le smilace salsepareille ou salsepareille, qui croît au Pérou, au Mexique et au Brésil, a des propriétés sudorifiques très-marquées, et réussit fort souvent avec succès dans des cas de syphilis rebelles aux préparations mercurielles. Cette propriété lui a été contestée de nos jours.

SMILACÉES ou SMILACINÉES. Quelques botanistes ont formé cette famille de plantes pour le genre smilace et quelques autres voisins; mais la plupart des naturalistes

SMY

ont laissé ces plantes dans la famille des asparaginées.

SMILLE, marteau qui sert à piquer le moellon ou le grès. Cette opération s'appelle aussi smiller.

SMINTHÉE (du grec sminis, génitif sminthos, rat), surnom d'Apollon chez les anciens, lui fut donné par les habitants de la Phrygie, parce qu'il les délivra d'un grand nombre de rats.

SMITH (Adam), le plus célèbre des économistes modernes, né à Kirkaldy, en Ecosse, en 1723. Il ne fut étranger à aucunes connaissances, comme les mathématiques, les sciences naturelles, les langues anciennes et modernes, etc. Il professa successivement dès 1748 la rhétorique et les belles-lettres à Edimbourg, la logique à Glasgow en 1751, et la philosophie morale de 1752 à 1763. Sa Théorie des sentiments moraux eut un grand succès; mais son plus célèbre ouvrage est connu sous le titre de Recherches sur la nature et les causes des richesses des nations, ouvrage devenu classique en Angleterre et en France, et traduit dans plusieurs langues. Smith mourut en 1790.

SMITH. C'est le nom 1° d'une baie, sur la côte N.-O. de l'Amérique septentrionale; 2° d'un cap du détroit d'Hudson.

SMOGLEUR, nom donné à un petit bâtiment du Nord destiné à la contrebande.

SMOLENSK ou SMOLENSKO, gouvernement de la Russie d'Europe, borné au N. par les gouvernements de Pleskov et de Tver, à l'E. par ceux de Moscou et de Kalouga, au S. par ceux de Mohilef et de Novgorod. Sa superficie est de 1,900 lieues carrées, et sa population de 1,200,000 habitants. Le sol est plat, mais fertile, et renferme des lacs nombreux et d'immenses forêts. Les habitants se livrent principalement à l'éducation des bestiaux. Ce gouvernement se divise en treize cercles. Sa capitale porte le même nom. On en tire du bois, des cuirs, du suif et des peaux.

SMOLENSK ou SMOLENSKO, grande et belle ville de Russie, capitale du gouvernement de même nom, sur le Dniéper, à 82 lieues de Moscou. Elle a 12,000 habitants, et est assez commerçante. Elle est entourée de murailles de trente pieds de haut sur quinze d'épaisseur; leur circonférence est de 2 lieues environ. Ces murailles, protégées par un fossé et des tours nombreuses, en font une ville très-forte. Les Français sous la conduite de Napoléon s'en emparèrent après une mêlée sanglante le 17 août 1812. Elle était défendue par le général russe Barklay. Les deux armées y perdirent chacune 4,000 hommes environ. Les Russes en se retirant mirent le feu à la ville. Les Français y trouvèrent près de 200 pièces de canon et 2,000 blessés. Cette ville a été depuis rebâtie avec élégance.

SMOLLETT (Tobie), célèbre écrivain anglais, né à Dalquhurn en Ecosse en 1721, embrassa la profession de médecin, qu'il quitta bientôt pour la carrière des belles-lettres. Ses satires lui firent de nombreux ennemis. Il mourut en 1771. Ses ouvrages sont Roderick Randon, roman de mœurs, un Abrégé de l'histoire des voyages, les romans de Pickle, Ferdinand, comte de Fathom, et de Lancelot Greaves, l'Expédition de sir Humphrey Clunker, un Voyage en France, des poésies, des pièces de théâtre et une Histoire d'Angleterre, commençant à l'expédition de Jules César dans la Grande Bretagne, et se terminant au traité d'Aix la Chapelle, signé en 1748. Elle est peu estimée.

SMYRNE (en turk, Izmir), ancienne et célèbre ville de la Turquie d'Asie, capitale de l'Anatolie, située sur une vaste baie de l'Archipel qui porte son nom, à 90 lieues S.-E. de Constantinople. Sa population est de 150,000 habitants de tout pays et de toute religion. Elle a des évêchés grec, latin et arménien, des consuls de France et des principaux Etats de l'Europe. Cette ville est assez forte, et est défendue par un château. Elle est sujette à de fréquents tremblements de terre et aux maladies pestilentielles. — Smyrne est la première échelle du Levant. Elle est l'entrepôt de tout le commerce du Levant avec les autres parties du monde. On en retire des raisins estimés, des figues, des olives, de l'opium, des perles, des diamants, diverses denrées d'Orient, des étoffes de coton et de soie, des cuirs, des maroquins, des mousselines, etc. Tout le commerce est entre les mains des Juifs et des Européens, qui y abondent. — Smyrne fit jadis partie de la Lydie, et fut, dit-on, bâtie par Tautale ou par les Éphésiens. Détruite par les Lydiens, elle fut rebâtie par Alexandre. Elle fut de bonne heure une des villes les plus commerçantes de la Grèce asiatique. Elle se vantait d'avoir donné naissance à Homère et à Quintus Calaber, dit de Smyrne.

SNAKES, tribu indienne de l'Amérique septentrionale, habitant entre les deux bras du Missouri.

SNORRI ou SNORRO STURLESON, historien islandais, né à Hvamm en 1178. Il se consacra à l'étude dès sa jeunesse, et devint philosophe, légiste et mathématicien. En 1213, il reçut le titre de *lagman* ou sénéchal d'Islande, et peu après celui de *iarl* ou prince. Il fut assassiné en 1241 par ses propres gendres. On a de lui une *Chronique des rois norwégiens*, une *Histoire de la philosophie des Islandais*, connue sous le nom latin d'*Edda Islandica*, un *Traité historico-politique de l'agriculture des Islandais*.

SNOY ou SNOEY (Reinier), historien, né en Hollande en 1477, reçut à Bologne le bonnet de docteur. Il exerça avec succès la médecine, et fut chargé par Charles-Quint de plusieurs missions importantes. Il mourut en 1537. On a de lui, en latin, une *Histoire de Hollande* en treize livres; elle est assez estimée, et s'arrête à l'an 1519.

SNYDERS (François), peintre et graveur, né à Anvers en 1579, mourut dans la même ville en 1657. Il est considéré comme un des premiers peintres de fruits et d'animaux. Sa touche est légère; ses compositions sont riches et variées, et ses couleurs bien entendues. On a de lui des *chasses*, des *paysages*, etc. Rubens l'employa souvent pour peindre le fond de ses tableaux.

SOBIESKI (Jean), né en Pologne en 1629, commença son éducation militaire en France, où il fut mousquetaire dans la maison militaire de Louis XIV. Revenu en Pologne, il offrit ses services à la république, et fut nommé staroste de Javorno. La victoire de Slobodzga sur les Russes le plaça au rang des plus habiles généraux de son époque; il en fut récompensé par la charge de grand maréchal, et épousa en 1665 Marie-Casimire d'Arquien, fille d'un gentilhomme du Berry. Nommé grand hetman de la couronne, il réunit une armée de 20,000 hommes, et sauva la république menacée par les Turks, les Tatars et les Kosaks. Après sa victoire de Kotzim sur les Turks (1673), il fut élu roi en remplacement de Michel Koributh (1674). Il marcha en 1683 au secours de Vienne, assiégée par les Turks, et remporta sur eux une victoire décisive (12 septembre), qui sauva la chrétienté. De retour dans ses Etats, il eut encore quelques guerres à soutenir contre les Turks, et fut toujours vainqueur. Il mourut en 1696. Sobieski joignait aux connaissances militaires celles des belles-lettres. Il parlait plusieurs langues, et était regardé comme un des hommes les plus instruits de son siècle.

SOBLE. Voy. PELLETERIES.

SOBOLE, nom donné, en botanique, à des espèces de bulbilles (petites bulbes) qui remplacent souvent les semences dont elles occupent la place, ou qui naissent sur différentes parties de la plante. Quelques plantes se multiplient au moyen des soboles.

SOBRARVE, petit pays d'Espagne, en Catalogne, situé en grande partie sur la montagne d'Arve. Il portait le titre de royaume. Les Pyrénées le bornent au N. Il contient plusieurs vallées. Le chef-lieu est *Ainsa*.

SOC, instrument de fer qui fait partie de la charrue. Il sert à fendre et à renverser la terre d'un champ qu'on laboure.

SOCHOTH ou SOCOTH, premier campement des Israélites dans le désert près de la mer Rouge.

SOCIALE ou MARSIQUE (GUERRE), nom donné à une guerre célèbre qui commença l'an 91 avant J.-C. Son premier vint de ce que les nations alliées de Rome y prirent part; le deuxième, de ce que les Marses y jouèrent le plus grand rôle. Les Marses, soutenus par les Apuliens, les Lucaniens, les Samoites, les Pélignes, etc., demandèrent au sénat le droit de bourgeoisie. Cette demande fut rejetée. Alors ils formèrent une confédération puissante, et firent de *Corfinium* leur capitale. Souvent vainqueurs, ils furent défaits à Asculum. Cette défaite les ruina. Les Romains, après trois ans de guerre, accordèrent enfin le droit de bourgeoisie à tous les peuples d'Italie, et rétablirent ainsi la paix.

SOCIÉTÉ, assemblage d'hommes unis par la nature ou par les lois; commerce que les hommes réunis ont naturellement les uns avec les autres. Ce mot désigne encore une *compagnie*, la réunion de plusieurs personnes pour quelque intérêt, pour quelque affaire sous certaines conditions. Dans le commerce, une société est la réunion de deux ou plusieurs personnes qui conviennent de mettre quelque chose en commun dans la vue de partager les bénéfices et de contribuer aux pertes qui en pourront résulter. La *société en nom collectif* est celle que contractent deux ou plusieurs personnes sous une raison sociale. La *société en commandite* est celle qui est contractée entre un ou plusieurs associés, responsables et solidaires, et un ou plusieurs associés simples bailleurs de fonds. La *société anonyme* est celle qui n'est qualifiée que par l'objet de son entreprise, et qui ne peut exister qu'en vertu de l'autorisation du gouvernement. La *société en participation* est celle par laquelle plusieurs personnes conviennent de participer à une affaire dans la proportion qui est déterminée par leur convention. — Le mot *société* désigne encore une compagnie de gens qui s'assemblent pour vivre selon les règles d'un institut religieux, ou pour conférer ensemble sur les lettres, les sciences et les arts. Ainsi on dit la *société de Jésus*, la *société royale de Londres*, la *société d'agriculture*, la *société de géographie*, etc.

SOCIÉTÉ (ARCHIPEL DE LA). Voy. TAÏTI.

SOCIN (Lelius), fils de Barthélemy Socin, célèbre jurisconsulte, naquit à Sienne en 1525. Destiné par son père à l'étude du droit, il se livra à celle de la théologie, et se fit une religion toute particulière. (Voy. SOCINIENS.) Ses principes l'obligèrent à quitter l'Italie. Après avoir erré pendant quatre ans en Angleterre, en France, dans les Pays-Bas et en Allemagne, Socin finit par trouver un asile à Zurich. Appelé en Pologne en 1558, il fut comblé de faveurs par le roi Sigismond II, et il alla mourir en 1562 à Zurich. Son érudition était immense. Il a laissé quelques ouvrages de controverse.

SOCIN (Fauste), neveu du précédent, né à Sienne en 1539, adopta les opinions de son oncle, et pour éviter les poursuites de l'inquisition se retira en France. Il revint quelque temps après en Italie, et demeura douze ans à la cour du duc de Florence. Il se retira ensuite en Pologne, où il mourut en 1604. Il consacra sa vie à propager et à défendre les dogmes de son oncle.

SOCINIANISME, doctrine des sociniens.

SOCINIENS, hérétiques, ainsi nommés de leurs premiers chefs Lelius et Fauste Socin. Leurs principales erreurs consistaient à croire que le Père éternel est seul Dieu, que Jésus-Christ est un homme véritable, mais bien supérieur aux autres hommes; qu'étant beaucoup moins que Dieu, il mérite pas notre adoration; que Jésus-Christ a été donné aux hommes non comme médiateur, mais comme maitre et comme modèle seulement. Les sociniens s'accordaient avec les protestants pour nier les sacrements, le péché originel, etc. Ces hérétiques allèrent s'établir principalement en Pologne, d'où ils furent chassés en 1658. Ils se dispersèrent alors en plusieurs contrées, surtout en Hongrie, en Transylvanie et dans les Pays-Bas. On les a encore nommés *unitaires*, *antitrinitaires* ou *frères polonais*.

SOCLE, nom donné, en architecture, à un corps carré plus bas que sa largeur, qui sert à servir de bases des piédestaux, des statues, des vases, etc.

SOCONUSCO, ancienne province maritime du Guatimala, au S. de Chiapa et de Vera-Paz. Elle est très-fertile, et a pour chef-lieu une ville de même nom, à 60 lieues de Guatimala.

SOCORRO, ville de Colombie, chef-lieu d'une contrée située entre celles du Tunja, Pamplona, Casanare. Elle est à 50 lieues N. de Santa-Fé, et a 4,000 habitants.

SOCOTORA, île d'Asie, à l'entrée du détroit de Bab-el-Mandeb, à 60 lieues E. du cap Gardafui. Elle a environ 25 lieues de long sur 10 de large. Le climat est brûlant, le sol très-fertile. Elle fait le commerce en aloès, ambre, dattes, indigo, drogues, etc. La population est de 100,000 habitants. La capitale est TAMARIDA. Les habitants sont mahométans, et reconnaissent un chef particulier.

SOCRATE, philosophe célèbre de l'antiquité, naquit à Athènes l'an 469 avant J.-C. d'un sculpteur et d'une sage-femme. Il suivit d'abord la profession de son père; il se livra ensuite à l'étude de la sagesse, et fut élève d'Archélaüs. Il se distingua aussi dans la carrière militaire. La liberté de ses discours et la sublimité de son génie lui suscitèrent de nombreux ennemis. Sous le gouvernement des trente tyrans, Melitus, Anytus et Lycon l'accusèrent d'impiété et de corrompre la jeunesse. Le conseil des cinq cents le condamna à mort. Ses derniers moments furent admirables; il avala avec fermeté le poison qui lui était destiné, et s'entretint avec ses disciples jusqu'à son dernier soupir (l'an 400 avant J.-C.). Socrate fut le plus vertueux des Grecs; il était simple, généreux, désintéressé, et l'on sait quelle fut sa patience à supporter les violences de sa femme Xantippe. Socrate prétendait avoir un démon ou génie familier qui lui inspirait toutes ses pensées. On croit qu'il désignait ainsi les révélations intérieures et instantanées de sa conscience et de sa raison. — La base de la philosophie de Socrate fut la connaissance de soi-même. Il rejeta les vains raisonnements des philosophes qui l'avaient précédé, et y substitua la méthode d'observation. Il créa pour ainsi dire la science de la morale. Il n'écrivit jamais rien, et n'eut point d'école proprement dite. Antisthène, Platon, Aristippe, etc., furent ses disciples; mais tous suivirent un système opposé au sien.

SOCRATE, général des Achéens, suivit le jeune Cyrus en Perse. Il se distingua par sa valeur. Fait prisonnier à la bataille de Cunaxa, il fut mis à mort par le vainqueur.

SOCRATE CHRESTUS, fils de Nicomède II, roi de Bithynie, détrôna son frère Nicomède III (92 ans avant J.-C.), avec le secours de Mithridate le Grand, roi du Pont. Celui-ci le fit mettre à mort au bout de quelques années pour plaire aux Romains, qui soutenaient Nicomède III.

SOCRATE LE SCOLASTIQUE, écrivain grec du Ve siècle, né à Constantinople en 380, suivit d'abord le barreau, et s'appliqua ensuite à l'étude de l'histoire. Il a composé une *Histoire ecclésiastique*, en sept livres, qui fait suite à celle d'Eusèbe, et va de l'an 306 à l'an 439. On estime cet ouvrage, qui marque beaucoup d'exactitude, de jugement et d'impartialité.

SOCRATITES, nom donné aux gnostiques qui se vantaient de suivre les maximes de sagesse du philosophe Socrate.

SODA. Voy. PYROSIS.

SODALES. Les Romains appelaient ainsi

les prêtres d'un même collège, et particulièrement ceux qui étaient chargés de desservir les autels d'un empereur déifié.

SODIUM, nom donné au métal qui, uni à l'oxygène, constitue la soude. A l'état de pureté, il est d'un blanc d'argent très-éclatant, mou presque comme la cire, opaque, et bon conducteur de l'électricité. Il est plus léger que l'eau, et fond à la température de 90 degrés centigrades. Ce métal n'existe pas dans la nature ; il a la plus grande affinité pour l'oxygène ; on l'obtient en décomposant la soude par le feu à une température très-élevée.

SODOME, ville de Palestine, près du lac Asphaltite, vers le N. Elle est célèbre par le châtiment que Dieu exerça sur ses habitants à cause des désordres auxquels ils se livraient. Elle devint la proie du feu céleste.

SOEMIS ou SŒMIAS (Julia), fille de Julie Mœsa et sœur de Julie Mammée, mère d'Alexandre Sévère, fut mère du célèbre Héliogabale, qu'elle fit passer pour fils de Caracalla, et lui procura ainsi son avénement au trône. Elle présida le sénat de femmes institué par Héliogabale pour décider les modes, et se signala par les débauches les plus scandaleuses. Elle fut mise à mort avec son fils l'an de J.-C. 221.

SŒUR, celle qui est issue des mêmes père et mère, ou de même père ou de même mère qu'une autre personne d'un sexe quelconque. On nomme *sœur germaine* celle qui est issue des mêmes père et mère que son frère ou sa sœur ; *sœur consanguine*, celle qui est issue de même père seulement ; *sœur utérine*, celle qui est issue de même mère, mais non pas de même père ; *sœurs jumelles*, celles qui sont nées ensemble. Dans les premiers âges du monde, le mariage entre frère et sœur était très-commun. La civilisation le fit peu à peu disparaître.—On appelle encore *sœur* : 1° les religieuses ; elles ajoutent à ce mot un nom de saint ou un nom religieux, comme *sœur Thérèse*, etc. ; 2° certaines filles qui, sans être religieuses, vivent en communauté, comme les *sœurs de Charité*.

SOFALA, royaume d'Afrique, sur la côte orientale, au S. du Monomotapa ; entre Mocaranga et Sabia. Il a environ 50 lieues de long sur 80 de profondeur. On en retire de l'or, de l'ébène, de l'ambre et du coton. Il est habité par les Arabes et les Cafres. Les Portugais le possèdent depuis 1586. Plusieurs savants ont pensé que ce pouvait être l'*Ophir* de Salomon. La ville principale est SOFALA, à l'embouchure de la Sofala dans le canal de Mozambique.

SOFFITE, terme d'architecture, qui s'applique à un plafond ou lambris de menuiserie formé de poutres croisées, de corniches volantes, avec des compartiments et des renfoncements enrichis de peinture et de sculpture. On en voit principalement dans les palais.

SOFI. Voy. SOPHI.

SOFTAS, nom donné à Constantinople, à des professeurs des écoles publiques établies dans quelques mosquées.

SOGD, province de la grande Boukharie, arrosée par le *Sogd*, rivière qui coule des monts Balcour au lac d'Aral. Sa capitale est SAMARKAND. Elle est riche et fertile.

SOGDIANE, ancienne contrée d'Asie, bornée au N. par la Sarmatie asiatique, au S. par la Bactriane, à l'E. par les Saces, et à l'O. par la Margiane. La Sogdiane appartenait à la Perse. Sa capitale était MARACANDA. Il paraît hors de doute que la Sogdiane répond au pays de Sogd actuel.

SOGDIEN, second fils d'Artaxerce Longuemain, assassina son frère aîné, Xercès Ier, pour monter sur le trône de Perse (425 ans avant J.-C.). Son règne ne dura que sept mois. Ochus (Darius Nothus), son frère, le fit périr en l'étouffant dans une tour remplie de cendres chaudes.

SOHÈME, frère de Ptolémée, roi d'Iturée, fut élevé à la cour d'Hérode le Grand, roi des Juifs, qui lui donna toute sa confiance. Ce roi, en partant pour aller se réconcilier avec l'empereur Auguste, après la bataille d'Actium, lui donna ordre de tuer sa femme Mariamne, en cas qu'on le fît mourir à Rome. Sohème, touché par la beauté et les vertus de Mariamne, ne put garder son secret, et la reine indignée accabla de reproches Hérode, qui les fit mettre à mort tous les deux.

SOHL, comitat de Hongrie, qui en occupe la partie N.-O., sur les rives de la Gran, au S. des comitats de Honth et de Neograd. Le sol est montagneux, et renferme des pâturages et des mines abondantes. La capitale est NEUSOHL.

SOIE, substance délicate et légère que l'on doit à un insecte lépidoptère, le *bombyx du mûrier*. Ce papillon, originaire de l'Asie et particulièrement de la Chine, fut transporté en Europe sous Justinien. Les chenilles que l'on nomme *vers à soie* se nourrissent des feuilles du mûrier blanc. Parvenues au terme de leur croissance, elles se filent des cocons et s'y enferment. Ces cocons dévidés donnent la soie. Mais il faut faire subir à cette substance un grand nombre de préparations avant de la livrer au commerce. La principale est le décreusage qui l'épure et la blanchit ; car elle est en général jaunâtre. On connaît les usages de la soie pour la fabrication des tissus. Les villes de France où cette industrie est la plus répandue sont Lyon, Nîmes, Tours, Avignon, etc. On nomme *soie crue* celle qu'on tire de la coque sans feu ; *soie bouillie*, celle qu'on a fait bouillir dans de l'eau afin de pouvoir la filer plus facilement ; *soie torse* et *retorse*, celle qui, indépendamment du filage et du dévidage, a de plus passé par le moulin et a été torse ; *soie plate*, celle qui n'est point torse.

SOIE D'ORIENT ou SOIE VÉGÉTALE, nom donné au duvet qui entoure les semences de l'asclépiade de Syrie, avec lequel on fait des étoffes.

SOIE (accept. div.). On nomme ainsi 1° les poils durs et roides qui croissent sur le corps de certains quadrupèdes, comme le *porc* et le *sanglier* ; 2° le poil doux et long des chats, des petits animaux domestiques ; 3° les poils longs que l'on voit sur certaines plantes ; 4° le prolongement d'une nervure dont la base fait partie de la substance de la paillette des graminées ; 5° la partie la plus effilée du suçoir de certains insectes ; 6° la partie du fer d'une épée, d'un couteau qui entre dans le manche.

SOIE MINÉRALE, synonyme d'*amiante*.

SOIF, sensation qui nous donne le désir de boire. La soif est plus difficile à supporter que la faim. Elle est très-douloureuse dans certaines maladies. Quelquefois la soif trop longtemps prolongée a amené la mort.

SOISSONS, ville de France, sur l'Aisne, chef-lieu d'arrondissement du département de ce nom, à 10 lieues S.-O. de Laon. Population, 10,700 habitants. Cette ville est ancienne ; elle fut la dernière place forte que les Romains conservèrent dans les Gaules. Après la victoire de Clovis sur Syagrius en 486, Soissons devint la capitale des Francs, jusqu'à ce que le roi eût transporté le siège du gouvernement à Paris. Après sa mort, un nouveau royaume, dont Soissons fut la capitale, fut créé pour son fils Clotaire. Charles le Simple y fut battu en 923 par Robert, son vassal. En 1311, Soissons s'affranchit et se gouverna en commune. Elle souffrit beaucoup des guerres civiles et religieuses. En 1814, les troupes alliées bombardèrent la ville, et la forcèrent à capituler. — Soissons est mise au rang des places de guerre du département. Elle a une belle cathédrale bâtie au XIe siècle, où l'épin se fit couronner roi de France, un collège, des hôpitaux, un théâtre, une bibliothèque publique de 20,000 volumes, un tribunal de première instance et de commerce, une maison de correction et un séminaire diocésain. Elle est le siège d'un évêché érigé dans le IIIe siècle, et suffragant de l'archevêché de Rheims. — Soissons commerce principalement en haricots très-renommés.

SOISSONS (Thierry DE), ancien chansonnier français, accompagna saint Louis dans la terre sainte, et fut fait prisonnier avec lui à la bataille de la Massoure. Il chanta sa captivité dans plusieurs petits poèmes que nous avons encore.

SOISSONS (Louis DE BOURBON, comte DE), grand maître de France, fils de Charles, comte de Soissons, naquit à Paris en 1604. Il se distingua d'abord contre les réformés en Champagne de 1635 à 1636. Plein de ressentiment contre Richelieu dont il avait à se plaindre, il résolut de s'en défaire ; mais, le coup ayant manqué, il se réfugia à Sedan, traita avec la maison d'Autriche, contre le roi, et défit le maréchal de Châtillon à la bataille de la Marfée. Il y fut tué (1641). Sa famille s'éteignit avec son fils naturel LOUIS-HENRI, mort en 1703.

SOISSONS (Eugène-Maurice DE SAVOIE, comte DE), fils puîné de Thomas de Savoie, prince de Carignan et de Marie de Bourbon, comtesse de Soissons, naquit en 1635. Il quitta l'état ecclésiastique pour celui des armes, et épousa en 1657 Olympe Mancini, nièce du cardinal de Richelieu, dont il eut huit enfants. Il devint successivement colonel général des Suisses et des Grisons, gouverneur de Champagne et de Brie, et lieutenant général des armées du roi. Il se signala dans diverses occasions, et mourut en 1673. Il fut père du fameux prince Eugène.

SOISSONS (Olympe MANCINI, comtesse DE), la deuxième des cinq filles de Mme Mancini, sœur du cardinal de Mazarin, fut amenée en France en 1647. Elle inspira à Louis XIV une passion qui dura longtemps. Elle épousa en 1657 le comte de Soissons, et reçut la charge de surintendante de la maison de la reine. D'un caractère hautain et inquiet, elle ourdit une intrigue pour faire renvoyer Mlle de la Vallière et pour recouvrer son ancienne faveur ; mais elle fut exilée et perdit sa charge. La célèbre empoisonneuse la Voisin déclara qu'elle était venue la consulter pour savoir si elle ne pourrait pas ramener un amant, un grand prince (le roi), qui l'avait quittée. Elle partit aussitôt pour la Flandre, et son procès lui fut fait par contumace. On l'a accusée d'avoir empoisonné son mari (1673) et la reine d'Espagne (1689). Elle vécut fort obscurément en Allemagne, et revint mourir à Bruxelles en 1708.

SOIXANTE, nombre composé de 6 dizaines ou de 59 unités plus une, et qui se marque ainsi, 60.

SOKULKS, Indiens qui habitent l'Amérique du Nord, sur les bords de la Columbia.

SOL (en latin, *solum*) se dit de la terre considérée relativement à sa nature ou à ses qualités productives et agricoles. C'est ainsi qu'on dit un *sol sec*, un *sol gras*. C'est aussi la superficie du terrain, le fonds de la propriété. — Dans une mine, c'est la partie de la roche sur laquelle une mine ou un filon est appuyé. — En architecture, c'est le terrain sur lequel on bâtit.

SOL (mus.), cinquième note de la gamme naturelle d'*ut* majeur. Les Allemands la nomment G.

SOL (VAL DU), petit pays de la vallée du Tyrol, dans le cercle de Trente, renferme deux petits villages où l'on trouve des eaux minérales.

SOLAIRE, ce qui appartient, ce qui a rapport au soleil, ce qui offre des rayons comme le soleil. On appelle *système solaire* l'ordre et la disposition des différents corps célestes qui font leur révolution autour du soleil comme centre de leur mouvement ; *année solaire*, celle qui est réglée par le mouvement de rotation annuelle de la terre autour du soleil ; *fleurs solaires* sont celles qui s'épanouissent ou se forment pendant que le soleil est sur l'horizon. — En anatomie, on appelle *plexus solaire* un assemblage de ganglions et de filaments entrelacés ensemble et qui appartiennent au système du nerf trisplanchnique. Ce réseau, couché sur la colonne vertébrale, l'aorte, les piliers du diaphragme, paraît exclusivement destiné à l'aorte, et il en accompagne les branches en leur fournissant des plexus secondaires. — C'est aussi un bandage que l'on emploie pour la saignée de l'artère temporale.

SOLAMIRE. On nomme ainsi la toile de soie, de crin, ou toute autre étoffe à claire-voie dont on garnit les tamis.

SOLANDER (Daniel), né en Suède, fut élève de Linné, et fut envoyé par lui en Angleterre pour achever ses études. Nommé docteur en médecine, il accompagna le capitaine Cook dans son premier voyage autour du monde, et fit un grand nombre de découvertes précieuses pour les sciences naturelles. Après une absence de trois ans, il revint en 1771, et fut nommé sous-bibliothécaire du musée. Il mourut en 1782, membre de plusieurs sociétés savantes.

SOLANDRE, genre de la famille des solanées, renfermant des plantes très-belles cultivées dans nos jardins d'agrément. Le *solandre herbacé* est annuel. Sa tige, haute d'un mètre, part d'une racine épaisse et porte des feuilles alternes, inégales, profondément situées et duveteuses en dessous. Le *solandre à grandes fleurs* est une plante sarmenteuse et grimpante, garnie de feuilles ovales et luisantes. Les fleurs de cette espèce sont blanches, puis jaunâtres; le calice est tubuleux, et ses corolles, monopétales et en forme d'entonnoir, ont seize centimètres de long sur huit de large. Cette magnifique plante vient des Antilles.

SOLANÉE, nom botanique du genre *morelle*, dont les deux principales espèces sont la *pomme de terre* et la *tomate*.

SOLANÉES, famille de plantes dicotylédonées, renfermant des arbrisseaux, des arbres et des plantes herbacées. On trouve dans cette famille le *tabac*, le *datura*, la *jusquiame*, la *morelle*, le *solandre*, la *belladone*, etc.

SOLDANELLE, genre de la famille des primulacées, renfermant des plantes très-jolies et très-élégantes qui croissent sur les sommets de nos plus hautes montagnes, auprès des neiges et des glaces perpétuelles. Les fleurs sont bleues. On appelle encore ainsi une espèce de liseron qui croît sur le bord de la mer.

SOLDAT, homme de guerre qui est à la solde d'un prince, d'un Etat, pour les défendre et pour protéger les intérêts généraux et particuliers, quand les sociétés ou les individus en appellent à la force contre une agression quelconque. Chez les anciens, les armées furent rarement permanentes. Dans les républiques de Rome et de la Grèce, tout citoyen était soldat. C'était un droit qui n'appartenait qu'au citoyen de condition libre ; ce n'était que dans les cas d'impérieuse nécessité que l'on armait les affranchis et les esclaves; le soldat, rentré dans ses foyers en la paix, redevenait simple bourgeois et citoyen. Sous les empereurs romains, le service militaire devint une profession. Chez les barbares et les Franks, tout homme naissait soldat. Quand la féodalité se fut assise en Europe, les soldats furent ces paysans mal armés et mal vêtus qui étaient momentanément arrachés à leurs familles, à leurs travaux. Les armées ne commencèrent à devenir permanentes qu'après la ruine de la chevalerie. — Aujourd'hui on entend généralement par ce mot un militaire non gradé, à la différence des officiers.

SOLDE, ce qui est alloué aux officiers et aux soldats pour subvenir à leur entretien et aux dépenses qu'exige d'eux le service militaire. Les soldats n'eurent longtemps d'autre solde que le butin qu'ils pouvaient faire. Philippe Auguste est le premier qui paraît avoir essayé l'établissement d'une troupe permanente et d'une solde régulière affectée à son entretien. Diverses ordonnances des rois roulent sur cette matière ; mais la solde ne fut réglée définitivement que sous Charles VII, qui organisa le service militaire. La solde des militaires a souvent varié. Aujourd'hui le soldat français a 42 centimes par jour (pour les grenadiers et voltigeurs) et 37 centimes (pour les compagnies du centre).

SOLE, division du genre *pleuronecte*, renfermant des poissons dont le principal caractère est une bouche contournée et comme monstrueuse du côté opposé aux yeux, et garnie seulement de ce côté-là de fines dents en velours. Leur forme est oblongue, le museau rond et avancé. L'épine dorsale et l'épine anale règnent depuis la bouche jusqu'à la caudale. La *sole commune* ou *perdrix de mer* est un poisson de fort bon goût, dont la chair est délicate et recherchée. Elle se trouve dans presque toutes les mers, et n'atteint jamais une grande taille.

SOLE. On appelle ainsi, en agriculture, une certaine étendue de terre sur laquelle on sème successivement, par années, des blés, puis des menus grains, et qu'on laisse en jachère pendant la troisième année. Ce mode de culture doit être remplacé par l'alternage.

SOLE, le milieu du dessous du pied des quadrupèdes du genre cheval ; c'est une espèce de corne beaucoup plus tendre que celle qui l'environne, qu'on appelle proprement la *corne*, à cause de sa dureté. En termes de vénerie, il se dit du milieu du dessous des pieds des grandes bêtes.

SOLE (mar.), le fond des bâtiments qui n'ont pas de quille. Les charpentiers nomment ainsi toutes les pièces de bois posées à plat, qui servent à faire la base d'une machine.

SOLÉAIRE (du latin *solea*, semelle), nom donné, en anatomie, à un muscle dont la forme est à peu près semblable à celle d'une semelle de soulier. Il est placé à la partie postérieure de la jambe, et s'étend du péroné au calcanéum. Il étend le pied sur la jambe, et celle-ci sur le fémur.

SOLEIL, astre qui éclaire le monde. Le soleil est un corps sphérique et lumineux, dont la nature est encore un problème pour nous ; l'opinion la plus répandue lui donne un noyau solide et obscur, entouré d'une atmosphère lumineuse. C'est par le déchirement de cette atmosphère qu'on explique les taches noires que présente le disque solaire, et qui reviennent sans régularité. Le soleil a un mouvement de rotation sur lui-même, laquelle s'opère en vingt-cinq jours et demi, d'occident à l'orient. Le soleil est éloigné de la terre d'environ 34,000,000 de lieues (de 2,280 toises), distance moyenne; son diamètre n'a pas moins de 320,000 lieues, et sa masse est 354,936 fois plus considérable que celle de la terre. La densité du soleil est à celle de la terre comme 1 est à 2,543. Le soleil donne la vie aux corps, qu'il anime de sa chaleur et de sa lumière bienfaisantes; c'est à lui que nous devons les jours, et sans sa présence la terre serait inhabitable pour tous les êtres organisés. C'est autour de ce globe immense que les planètes décrivent leur orbite, en vertu de sa puissante attraction. Voy. LUMIÈRE, PLANÈTES, CHALEUR, etc.

SOLEIL (myth.). Cet astre a été l'objet des adorations de la plupart des peuples primitifs, et surtout des peuples d'Orient. C'était le *Bel* ou *Baal* des Chaldéens, le *Moloch* des Chananéens, l'*Adonis* des Phéniciens et des Arabes, le *Saturne* des Carthaginois, l'*Osiris* des Egyptiens, le *Mithras* des Perses, le *Dionius* des Indiens, le *Phébus* ou l'*Apollon* des Grecs et des Romains, le *Belphégor* des Moabites. Cicéron comptait cinq soleils : l'un, fils de Jupiter ; le deuxième, d'Hypérion ; le troisième, de Vulcain Opas; le quatrième, d'Acanthe ; le cinquième, d'Eéta et de Circé. Le culte du Soleil fut solennel en Egypte et en Syrie. Moïse défendit ce culte aux Israélites sous peine de mort.

SOLEIL (acc. div.), nom donné par les alchimistes à l'or. — Le vulgaire appelle ainsi la plante que les botanistes désignent sous le nom d'*hélianthe*. — On nomme encore soleil : 1° un cercle d'or ou d'argent garni de rayons, posé sur un pied de même métal et où les prêtres catholiques enferment l'hostie consacrée ; 2° un artifice qui tourne autour d'un axe et jette des feux en forme de rayons.

SOLEN (en grec, *tuyau*, *canal*), nom donné à une boîte ronde et oblongue dans laquelle on enfermait un membre fracturé, afin de maintenir les fragments en contact.

SOLEN, genre de mollusques bivalves, caractérisés par leur coquille, qui forme un véritable canal. Ces animaux vivent enfoncés dans le sable à des profondeurs assez variables. Leurs mouvements se bornent à une ascension ou une descente dans leur trou. Ils sont recherchés pour leur chair, qui est saine et agréable, et peut servir d'amorce à la pêche des merlans et autres poissons. Le *solen pellucide* et le *solen manche de couteau* habitent les côtes de la Normandie.

SOLENNEL, ce qui se fait avec beaucoup d'appareil et de cérémonie. Les *fêtes solennelles*, dans l'Eglise romaine, sont celles qu'on célèbre avec plus de pompe et de cérémonie que les autres, à cause de la grandeur des mystères ou de la dignité des saints en mémoire desquels elles sont instituées. On dit aussi *office solennel*. On distingue les fêtes *solennelles majeures* et *solennelles mineures*.

SOLENOF, lac de Tatarie, entre la mer Caspienne et le lac d'Aral.

SOLES, ville de Chypre, fut jadis capitale de cette île. Elle se nomme aujourd'hui *Solia*. — C'est aussi une ancienne ville maritime de la Cilicie. Pompée lui donna par suite son nom. Les Grecs qui l'habitaient y oublièrent leur langue naturelle ; c'est de là, dit-on, que dérive le mot *solécisme*, par lequel on désigne les fautes de langage.

SOLEURE (en allemand, *Solothurn*), canton suisse, le dixième dans l'ordre de la confédération, borné au S. par celui de Berne, au N. par celui de Bâle, à l'E. par l'Argovie, à l'O. par la France. Sa superficie est de 45 lieues carrées, et sa population de 55,000 habitants, dont 50,000 professent le catholicisme et les autres la religion réformée. Ce canton est montagneux, mais fertile. Ses productions sont celles du reste de la Suisse. La population est agricole et peu industrieuse. Les exportations consistent en bestiaux, fromages, bois, liqueurs et marbre. — Le gouvernement se compose d'un grand conseil et d'un petit conseil. Le premier, de cent un membres, exerce le pouvoir souverain, sanctionne les lois, lève les impôts, nomme les députés à la diète, élit ses propres membres, et choisit dans son sein ceux du petit conseil. Celui-ci est composé de vingt et un membres, et chargé de la proposition des lois et du pouvoir exécutif. Deux *avoyers*, pris dans son sein, président alternativement durant une année l'un et l'autre conseil. Les revenus de l'Etat sont de 200,000 francs. La capitale est SOLEURE.

SOLEURE, ville de Suisse, capitale du canton de même nom, située sur l'Aar, près du Jura. C'est l'ancienne *Solodurum*. Elle est bien bâtie, et renferme une belle église, une maison de ville, un arsenal, un hôpital, une prison, un théâtre, plusieurs couvents et maisons de charité. Elle a 5,000 habitants. — Cette ville a été la résidence des ducs de Bourgogne de la seconde race ; plus tard elle devint cité impériale, et fut admise en 1481 avec son canton à la confédération suisse. L'ambassadeur de France en Suisse résidait autrefois à Soleure. Cette ville fut prise en 1798 (2 mars) par les Français. Elle est assez industrieuse.

SOLEYMAN, né à Alep, animé par les exhortations des prêtres turks, se rendit au Caire, où il assassina le général Kléber. Arrêté à l'instant même, il fut condamné au cruel supplice du pal. Sa mort fut longue et terrible.

SOLFATARE, mot italien qui signifie *soufrière*, et dont les naturalistes se servent pour désigner l'emplacement d'un ancien volcan, d'où s'exhalent encore des vapeurs sulfureuses qui déposent du soufre dans les fissures qui leur donnent passage. La solfatare la plus célèbre est celle de Pouzzoles, près de Naples, qui était exploitée du temps de Pline.

SOLFÉGE, recueil d'exercices, d'études et d'airs disposés le plus ordinairement dans un ordre progressif, et destinés à faire solfier les élèves, c'est-à-dire à chanter en nommant les notes. On donne généralement ce nom aux livres élémentaires qui contiennent les principes de la musique et des leçons propres à solfier.

SOLFIER, chanter des exercices de solfége en nommant les notes.

SOLIDAIRE se dit, en jurisprudence, de ce qui emporte une obligation de payer la totalité d'une dette commune à plusieurs personnes. Une obligation est solidaire quand chacun des obligés peut être contraint pour le tout. Le créancier solidaire est celui qui peut réclamer du débiteur la totalité de la créance, bien qu'en réalité il ne soit créancier que pour partie. Le débiteur solidaire paye ainsi non-seulement pour lui, mais pour autrui, et le créancier solidaire reçoit également et pour lui-même et pour autrui. La qualité de solidaire s'appelle *solidarité*.

SOLIDE, nom donné, en physique, au corps dont les molécules intégrantes sont assez unies par la force de cohésion pour opposer à leur séparation une résistance sensible. Il est l'opposé de *liquide* et de *fluide*. — En termes de mathématiques, c'est l'espèce de corps qui réunit les trois dimensions de largeur, longueur et profondeur ou épaisseur. Le cube, la pyramide, la sphère, le cône, etc., sont des solides. On nomme solidité l'ensemble de ces trois dimensions ou la masse d'un corps.

SOLIDISTES, médecins dont la doctrine est le *solidisme*. Ils accordent aux liquides du corps un rôle passif et secondaire dans les phénomènes de la vie, qui, selon eux, réside essentiellement dans les parties solides. La santé ou la maladie consistent dans une bonne ou mauvaise disposition des solides. Le système nerveux est le lien qui unit tous les organes. Le solidisme compte de nombreux partisans.

SOLIDITÉ. En physique, c'est la propriété en vertu de laquelle les molécules d'un corps solides résistent sensiblement aux puissances qui tendent à les séparer ou à changer leur rapport. Voy. SOLIDE.

SOLIDUS, nom qui désigna à Rome une monnaie quelconque considérée comme entière et non divisée en fractions. — Dans la suite, ce fut une monnaie d'or, frappée pour la première fois en 325 de J.-C., égale à l'*aureus*, qu'elle remplaça depuis dans tout l'empire. — C'est de ce mot que nous avons fait *sol* ou *sou*.

SOLIGNAC (Pierre-Joseph DE LA PIMPIE, chevalier DE), né à Montpellier en 1687, s'attacha au roi Stanislas de Pologne, et le suivit en France lorsqu'il devint duc de Lorraine. Il fut fait secrétaire de cette province, et secrétaire perpétuel de l'académie de Nancy. Il y mourut en 1773. On a de lui une *Histoire de Pologne* assez estimée, l'*Éloge historique du roi Stanislas*, etc.

SOLIMAN. Trois empereurs ou sultans turks ont porté ce nom. — SOLIMAN Ier, fils de Bajazet, lui succéda en 1402, et releva la gloire de l'empire. Vers la fin de son règne, il s'abandonna aux plaisirs, et fut détrôné par son frère Moussah en 1410. Il mourut la même année. — SOLIMAN II, dit *le Magnifique*, succéda à Sélim Ier en 1520. Il commença par rétablir la justice dans ses États. Une révolte l'appela en Égypte, où il détruisit le corps des Mamelouks. Après avoir pacifié ce pays et la Syrie, il fondit sur l'Europe, et s'empara de Belgrade en 1521. Il fit ensuite le fameux siège de Rhodes, qu'il obligea de se rendre après une vive résistance en 1522. Il se tourna du côté de la Hongrie, et y gagna en 1526 la fameuse victoire de Mohatz. Ayant pris Bude en 1529, il alla assiéger Vienne, mais sans succès, et repassa en Orient. Sa guerre avec la Perse fut mêlée de succès et de revers, et son armée fut vaincue devant Malte (1565). Il soumit en 1566 l'île de Chio, et mourut la même année. Son empire s'étendait d'Alger à l'Euphrate, et du fond de la mer Noire à l'extrémité de la Grèce et de l'Épire. Guerrier infatigable, il fut encore législateur et ami de la justice. Il était instruit et protégeait les savants. Sélim II lui succéda. — SOLIMAN III, fils d'Ibrahim, succéda en 1687 à Mahomet IV, et mourut en 1691, sans avoir rien fait de remarquable. Achmet II lui succéda.

SOLIN (Caïus Julius Solinus), grammairien latin, vivait sur la fin du Ier siècle ou au commencement du IIe. On ignore les événements de sa vie. On a sous son nom un ouvrage intitulé *Polyhistor* ou *le Savant*, recueil de diverses notices historiques et géographiques tirées d'auteurs perdus, mais surtout de Pline le Naturaliste. Le style en est dur et sans agrément.

SOLINGEN, ville des États prussiens, à 7 lieues N. de Cologne, sur la Wipper. Sa population est de 4,000 habitants. Elle est célèbre par ses fabriques d'armes de toute espèce, lames d'épée, fleurets, couteaux, ciseaux, et autres articles de quincaillerie recherchés de tout le monde.

SOLINS, nom donné aux intervalles entre les solives, au plâtre qu'on met sur la poutre pour séparer les solives. C'est aussi un enduit de plâtre le long d'un pignon, pour y joindre et retenir les premières tuiles.

SOLIPÈDES, troisième et dernière famille des mammifères de l'ordre des pachydermes, dans la classification de Cuvier. Ils sont caractérisés par leurs quatre pieds, qui ne présentent chacun extérieurement qu'un seul doigt et un seul sabot, et par l'absence de trompe. Les solipèdes comprennent le genre *cheval*.

SOLIS (Antonio DE), poète espagnol, né à Alcala de Hénarès en 1610, étudia le droit à Salamanque, devint secrétaire du comte d'Oropesa, vice-roi de Navarre. Le roi Philippe IV le rappela auprès de lui, et le nomma son secrétaire et historiographe des Indes. Il embrassa l'état ecclésiastique à l'âge de cinquante-sept ans, et mourut en 1686. On a de lui *neuf comédies*, des *poésies*, une *Histoire de la conquête du Mexique*, écrite avec feu et élégance.

SOLISTIMUM, présage que les Romains tiraient de ce que les poulets sacrés laissaient tomber de bec quelques grains en les prenant avec trop d'avidité. Cet augure était regardé comme favorable.

SOLITAIRE, espèce de jeu que l'on joue seul. L'instrument du solitaire est une tablette de bois percée de trente-sept trous, dans lesquels on introduit des fiches d'os ou d'ivoire. On prend à ce jeu comme à celui des dames. Il faut qu'il ne reste en définitive qu'une seule fiche sur la tablette; s'il y en a deux ou trois qui, se trouvant isolées, ne peuvent plus se prendre réciproquement, la partie est perdue.

SOLITAIRE. On a nommé ainsi: 1o le *dronte*; 2o le ver *tænia*; 3o un diamant détaché, monté seul, sans entourage, sans accompagnement d'autres pierres fines; 4o une constellation méridionale composée de 22 étoiles, et située entre la Balance, le Scorpion et l'Hydre; 5o les moines qui vivent éloignés du commerce des hommes, et qu'on appelle encore *ermites* ou *reclus*.

SOLIVE, pièce de bois qui sert à former les planchers. On appelle *solive de brin* celle qui est de toute la longueur d'un arbre équarri; *solive de sciage*, celle qui est débitée dans un gros arbre; *solive passante*, celle qui fait la largeur d'un plancher sous poutre; *solives d'enchevêtrure*, 1o les deux plus fortes solives d'un plancher, qui servent à porter le chevêtre; 2o les plus courtes solives qui sont assemblées dans le chevêtre. — Un *soliveau* est une petite solive.

SOLM ou **SOLMS**, maison d'Allemagne. Ses possessions ont 40,000 habitants; elle tire son nom de la rivière de Solms qui les traverse et se jette dans la Lahn. Elles abondent en bestiaux, bois et métaux. Cette maison est divisée en deux branches: *Solm-Braunfels* et *Solm-Lich*. Elle avait autrefois le titre de comté; mais elle a été élevée à la dignité de prince de l'empire par Charles VII. Les villes principales sont *Braunfels*, *Lich*, résidence des deux souverains, et *Solms*, à 2 lieues N.-O. de Wetzlar.

SOLMISATION, solmiser. Voy. SOLFÉGE et SOLFIER.

SOLO, mot italien qui signifie *seul*, et que les musiciens ont adopté pour désigner un morceau joué par un seul instrument, ou chanté par une seule voix, avec ou sans accompagnement. On en étend la signification à l'artiste qui, dans un orchestre, joue les solo écrits pour son instrument; ainsi on dit *violon solo*, *violoncelle solo*.

SOLO. Voy. SOURAKARTA.

SOLOGNE, petit pays de France, anciennement compris dans l'Orléanais, et formant aujourd'hui la partie méridionale du Loir-et-Cher. *Romorantin* en était le chef-lieu. Ce pays s'appelait sous les Romains *Segalonia* ou *Secalaunia*. Le sol de la Sologne est une couche siliceuse peu épaisse, où le sable est mêlé de gravier et de cailloux, reposant sur une couche d'argile imperméable qui rend la terre humide pendant l'hiver et au printemps, aride et sèche pendant le reste de l'année. Ce sol est par conséquent peu productif. On y voit cependant de belles plantations de pins. On y recueille aussi ses vins. Les chevaux de la Sologne sont de bonne espèce, mais de taille médiocre et de formes peu agréables.

SOLON, le deuxième des sept sages de la Grèce, né à Salamine vers l'an 638 avant J.-C., fut élevé à Athènes, et se livra quelque temps au commerce, qu'il abandonna pour se livrer à l'étude de la philosophie et de la politique. Il parcourut ensuite la plus grande partie de la Grèce, et à son retour fut nommé archonte et souverain législateur d'Athènes, que déchirait la guerre civile. Les Athéniens allèrent jusqu'à lui offrir la royauté, qu'il refusa. Il s'occupa à réformer le gouvernement de l'État. Il remit une partie des dettes, et défendit d'attenter à la liberté des débiteurs insolvables. Il abrogea les lois de Dracon, à l'exception de celles contre les meurtriers, et en publia de nouvelles. Il divisa les Athéniens en quatre tribus; dans les trois premières, il mit les citoyens aisés, et leur donna les charges et les dignités; dans la quatrième, il mit les pauvres, auxquels il accorda le droit d'opiner dans l'assemblée publique. Il augmenta l'autorité et les priviléges de l'aréopage, fixa à quatre cents le nombre des sénateurs, et voulut que toutes les affaires fussent examinées par un tribunal, avant d'être portées devant l'assemblée du peuple, auquel seul appartenait le pouvoir souverain. Il voulut que la mémoire des citoyens morts au service de l'État fût honorée par des oraisons funèbres, et que la république prît soin de leurs parents. Il prononça la peine d'infamie aux dissipateurs, à ceux qui ne voudraient point porter les armes, et à ceux qui refuseraient de nourrir leurs parents. Ces lois furent en vigueur pendant plus de quatre cents ans. — Après avoir obligé les Athéniens à les observer pendant cent ans sans y rien changer, Solon s'éloigna de sa patrie, et dicta de sages, mais inutiles conseils à Cresus, roi de Lydie. Après dix ans d'absence, il revint à Athènes; mais, ne voulant pas être témoin des désordres qui l'affligeaient, il se retira à l'île de Chypre, où il mourut l'an 558 avant J.-C. Nous avons des fragments de ses poésies.

SOLOR, île qui fait partie du groupe de la Sonde, à l'E. de Flores. Elle est montagneuse et stérile, et ne produit guère que des bambous. Les habitants, excellents marins, font le commerce d'huile de baleine, d'ambre gris et de cire. Les Hollandais y possèdent le fort Frédéric-Henrich dans le district de Lawaijang.

SOLSTICE (du latin *solis statio*, arrêt du soleil), nom donné aux points de l'écliptique situés entre les équinoxes, et dans lesquels se trouve le soleil lorsqu'il est le plus éloigné de l'équateur. Ce nom vient de ce que le soleil, étant arrivé à ce point, semble pendant quelques jours être stationnaire et se tenir à la même distance de l'équateur sans s'en éloigner ni s'en rapprocher, du moins sensiblement. On distingue le solstice d'hiver et le solstice d'été. Le premier a lieu quand le soleil est dans le tropique du Capricorne; le second, lorsqu'il entre dans celui du Cancer. — On nomme *solsticial* ce qui se rapporte aux solstices.

SOLUBLE, épithète donnée en chimie aux substances qui peuvent se dissoudre, se fondre aisément et en assez grande quantité dans l'eau, l'alcool, les acides, l'éther, etc. Lorsque ces liquides ne dissolvent qu'une très-petite quantité d'un corps, on regarde ce corps comme insoluble. — En botanique, on appelle ainsi les parties des plantes composées de plusieurs pièces articulées bout à bout et susceptibles de se détacher spontanément.

SOLUTIF, synonyme de *laxatif*.

SOLUTION (du latin *solvere*, délier). On nomme ainsi le dénoûment d'une difficulté, la réponse à un argument. En mathématiques, c'est la réponse faite à un problème donné, à une question scientifique. — En chimie, c'est l'opération par laquelle un corps solide se fond en totalité ou en partie dans un autre qui est liquide. La solution est dite *complète* ou *incomplète*, suivant que le corps est dissous en totalité ou en partie. — En pathologie, c'est le synonyme de *terminaison* d'une maladie. — Les chirurgiens nomment *solution de continuité* toute division de parties auparavant continues; les plaies, les ruptures, les fractures, etc., sont des solutions de continuité. — En jurisprudence, ce mot signifie libération, payement.

SOLUTUM, mot latin qui s'emploie, en chimie, pour désigner le produit d'une solution ou dissolution.

SOLVABILITÉ, état de celui qui est *solvable*, c'est-à-dire qui peut payer, qui peut répondre d'une dette.

SOLWAY, golfe de la mer d'Irlande, entre les comtés de Cumberland et de Dumfries. On appelle *Solway-Moss* un vaste marais adjacent.

SOLYME, nom donné quelquefois par les anciens à Jérusalem.

SOMASQUE ou SOMMASQUE, village d'Italie, dans le royaume lombardo-vénitien, entre Bergame et Milan, et à 3 lieues de la première de ces villes. Il est remarquable par un couvent chef d'ordre, sous la règle de Saint-Augustin. Cette congrégation était composée de clercs réguliers dans l'origine. Ils furent mis au nombre des ordres religieux en 1568.

SOMATOLOGIE (du grec *sóma*, génitif *sómatos*, corps, et *logos*, discours), partie de la médecine qui traite du corps humain.

SOMBRER, terme de marine, se dit d'un vaisseau lorsque, étant sous voiles, il est renversé par un coup de vent qui le fait périr et couler bas. Ce mot vient de l'espagnol *sombrero*, qui signifie chapeau.

SOMBRÈRE, île d'Amérique, une des Antilles, à 18 lieues N.-O. de l'Anguille. Elle est inhabitée. — C'est aussi une île de la mer des Indes, dans l'archipel de Nicobar. Elle forme au N. le canal de Sombrero, et au S. le canal Saint-Georges, qui la sépare de la grande île de Nicobar.

SOMBREUIL, famille dont le nom est célèbre dans les fastes sanglants de la révolution. FRANÇOIS-CHARLES VIROT DE SOMBREUIL, gouverneur des Invalides et maréchal du camp, fut enfermé à l'Abbaye après les événements du 10 août 1792. Il allait être immolé dans la journée du 2 septembre, lorsque sa fille, se jetant au-devant des assassins, saisit son père dans ses bras et implora du peuple, ému de ses larmes, la grâce du vieillard, qu'un si beau dévouement lui fit enfin accorder. Elle eut la douleur de voir arrêter son père quelques mois après et périr sur l'échafaud en juin 1794. Elle-même fut alors incarcérée, délivrée au 9 thermidor, et se réfugia en Prusse. Revenue en France en 1815 avec son mari, le comte de Villelume, elle mourut en 1823. — Ses deux frères ont aussi péri sur l'échafaud révolutionnaire.

SOMERSET. Voy. SOMMERSET.

SOMMATION, action de sommer, acte par lequel on interpelle quelqu'un de dire ou de faire quelque chose. La loi ordonne aux officiers et aux magistrats de ne faire usage de la force armée qu'après trois sommations faites aux citoyens pour les engager à se retirer. On appelle *sommation respectueuse* la sommation qu'un fils ou une fille peuvent faire, à l'âge prescrit par la loi, à leurs père et mère, pour leur demander de consentir à leur mariage.

SOMME, rivière de France, qui prend sa source dans le département de l'Aisne, à Fonsomme, une lieue environ au-dessus de Saint-Quentin, passe à cette ville, entre dans le département auquel elle donne son nom, passe à Péronne, à Amiens, à Abbeville, à Corbie, et se jette dans la Manche un peu au-dessous de Saint-Valery en Caux. Son cours est de 40 lieues, sa largeur moyenne de quinze à vingt mètres, et sa profondeur de un à quatre. La Somme est navigable quelques lieues au-dessus d'Amiens jusqu'à la mer.

SOMME (CANAL DE LA), canal qui a son origine à Saint-Simon (Aisne), dans la partie méridionale du canal de Saint-Quentin et s'étend jusqu'à la mer, à Saint-Valery, en suivant la vallée de la Somme par Ham, Péronne, Amiens et Abbeville; le canal met cette vallée en communauté avec l'Oise au midi et avec l'Escaut au N. Ce canal à 160,000 mètres de développement et vingt-quatre écluses. Commencé en 1770, il a été ouvert à la navigation en 1827. Ce canal, qui traverse tout le département de la Somme, porte aussi les noms de *canal de Picardie* et de *canal du duc d'Angoulême*.

SOMME (VILLES DE LA). On nommait autrefois ainsi les places de Péronne, Corbie, Amiens, Abbeville, etc., situées sur la rivière de Somme, dont elles défendaient le passage. On y comprenait encore quelques petites forteresses peu distantes de son cours, telles que Montdidier, Roye, Doullens, Saint-Riquier. Elles jouent un grand rôle dans l'histoire de France au moyen âge.

SOMME, département français, région du N., formé de l'ancienne province de Picardie, et borné au N. par le Pas-de-Calais, à l'E. par celui du Nord et de l'Aisne, au S. par celui de l'Oise et celui de la Seine-Inférieure, à l'O. par ce dernier et par la mer. Sa superficie est de 604,456 hectares, et sa population de 570,000 habitants. Il tire son nom d'une rivière qui le traverse du S.-E. au N.-O. Il se divise en cinq arrondissements : *Amiens* (chef-lieu), *Abbeville*, *Doullens*, *Montdidier* et *Péronne*, et nommait sept bailliages. Son revenu territorial est de 30,000,000 de francs. Il est compris dans la seizième division militaire, le diocèse et le ressort de l'académie et de la cour d'appel d'Amiens. — Le sol de département est gras et riche, bien cultivé. Il produit des céréales de toute espèce (2,755,000 hectolitres), du cidre, de la bière, des plantes oléagineuses et textiles, mais la vigne n'y vient pas; l'industrie est aussi très-perfectionnée. Abbeville, Amiens, Montdidier font un grand commerce d'étoffes de toutes façons, et surtout de toiles de coton, de velours, satins, mérinos, serges, etc.

SOMME (acc. div.). En termes d'arithmétique, ce mot désigne le résultat de l'opération appelée *addition*, c'est-à-dire de plusieurs grandeurs, nombres ou quantités joints ensemble; la *somme d'une équation* est l'assemblage de tous les termes d'une équation. — Ce mot se dit de quelques ouvrages, de quelques livres, qui traitent en abrégé de toutes les parties d'une science, d'une doctrine; c'est dans ce sens qu'on dit la *Somme de saint Thomas*. — En marine, c'est un banc de gravier, de sable, de vase, qui traverse l'entrée d'une rivière, d'un port.

SOMMEIL, repos des organes des sens et des mouvements volontaires chez les animaux; état de l'animal pendant l'assoupissement de tous ses sens. Le repos est un besoin impérieux pour tous les êtres animés. Quelques animaux sont soumis pendant l'hiver à un sommeil léthargique. (Voy. HIBERNATION.) Certaines maladies graves peuvent amener un sommeil profond qui simule la mort, et qui peut donner lieu à des inhumations précipitées avant la cessation définitive de la vie. Telles sont l'asphyxie, l'apoplexie, etc. Quelques plantes même sont soumises au phénomène du sommeil. Il se caractérise par un changement de position dans leurs parties, changement qui survient du moment que le soleil touche à l'horizon occidental, et qu'elles gardent durant toute la nuit. Le sommeil arrive de jour pour d'autres plantes, comme la *belle-de-nuit*, et commence au lever du soleil pour finir à son coucher.

SOMMEIL (myth.), divinité allégorique des anciens, fils de l'Érèbe et de la Nuit, et père des Songes. Les mythologues plaçaient son palais dans un antre profond et écarté, inaccessible aux rayons du soleil, et dont l'entrée était obstruée par une infinité de pavots et d'autres herbes assoupissantes. On représente le Sommeil couché et endormi sur un lit entouré de rideaux noirs; les Songes voltigent autour de lui, et Morphée, son principal ministre, veille pour prendre garde qu'on ne fasse du bruit.

SOMMELIER et SOMMELIÈRE, celui et celle qui, dans une communauté, dans une maison, ont la charge de surveiller le linge, la vaisselle, le pain, le vin, etc. On appelle *sommellerie* la charge, la fonction de sommelier et le lieu où le sommelier garde les choses qu'il a en sa charge.

SOMMERSET, comté d'Angleterre, borné au N. par celui de Glocester, à l'E. par celui de Wilt, au S. par celui de Devon et le canal de Bristol. Il a 27 lieues de long sur 12 à 16 de largeur. Sa population est de 324,000 habitants. L'air est généralement doux et bienfaisant; le sol varie beaucoup. La partie septentrionale est montagneuse, et possède de riches mines; la partie méridionale est fertile et bien cultivée. On en retire des bestiaux très-estimés, des fromages renommés et des étoffes. Le chef-lieu est BRISTOL.

SOMMET. Ce mot désigne, en général, la partie la plus élevée d'une chose quelconque; en géométrie, c'est le point le plus élevé d'un corps, d'une figure, comme un triangle, une pyramide, etc. Le *sommet d'un angle* est le point où viennent se réunir les deux lignes qui forment cet angle. On dit que *deux angles sont opposés au sommet* quand ils sont formé par le prolongement des côtés de l'autre. Le *sommet d'une figure* est le sommet de l'angle opposé à sa base. On appelle *sommet d'une courbe* l'extrémité de l'axe d'une courbe qui a deux parties égales et semblables, également et semblablement situées à son axe. Dans son acception la plus étendue, c'est le point où une courbe est coupée par son axe ou son diamètre. — En histoire naturelle, ce mot désigne : 1° l'extrémité des étamines, 2° la pointe ou l'extrémité du haut d'une coquille.

SOMMIER. On nomme ainsi une espèce de coffre dont la table supérieure est percée de trous, dans lesquels se fait l'orifice des tuyaux d'un orgue dont le registre est ouvert; c'est là que se rend le vent de soufflets qui fait sonner les tuyaux lorsque l'organiste ouvre leur soupape en pressant avec les doigts les touches qui leur correspondent. Le sommier d'un piano est la pièce de bois solide sur laquelle s'appuie la table à l'endroit où sont placées les chevilles des cordes. — En architecture, on appelle ainsi la première pierre qui pose sur les pieds-droits ou les colonnes, quand on forme un arc, une plate-bande ou quelque couverture carrée. — En termes de charpenterie, c'est une grosse pièce de bois qui porte sur deux pieds-droits de maçonnerie, et sert de linteau à une porte ou à une croisée. — En termes d'imprimerie, ce mot désigne : 1º deux pièces de bois qui servent à soutenir le poids ou l'effort d'une presse ; 2º un morceau de bois à peu près carré, terminé par deux tenons à chaque extrémité.

SOMMISTE, nom qu'on donne, dans la chancellerie romaine, à un officier dont les fonctions sont de faire faire les minutes et de les faire plomber.

SOMMITÉ, nom donné, en botanique, à l'extrémité de la tige fleurie de quelques plantes dont les fleurs sont trop petites pour être conservées isolément. Ainsi l'on dit les sommités d'absinthe, de thym, etc.

SOMNAMBULISME (du latin somnus, sommeil, et ambulare, marcher). C'est proprement l'action de celui qui marche en dormant, ou qui exécute pendant le sommeil une partie des actions qui n'ont ordinairement lieu que dans l'état de veille. Les causes de cette affection rapportée aux névroses sont fort obscures. Une imagination vive paraît y prédisposer. On nomme somnambulisme magnétique ou artificiel l'espèce de sommeil dans lequel se trouvent les personnes soumises à l'action du magnétisme.

SOMNIALIS, épithète donnée par les anciens à Hercule, parce qu'on prétendait qu'il donnait aux hommes des avertissements en songe. Ceux qui consultaient le dieu allaient dormir dans son temple, et s'imaginaient recevoir ainsi ses avis.

SOMNIFÈRE, nom donné aux substances qui provoquent le sommeil. Tel est l'opium.

SOMNOLENCE, état intermédiaire entre le sommeil et la veille.

SOMPTUAIRES, nom donné aux lois, règlements, édits qui ont pour but de restreindre le luxe. Les républiques de l'antiquité nous donnent de nombreux exemples de semblables lois. Elles furent surtout en usage à Sparte et à Rome dans les premiers temps de la république.

SON, nom donné aux mouvements vibratoires et modulés qui ont lieu dans les corps sonores ou élastiques par suite d'un ébranlement qui opère un déplacement moléculaire dans le corps sonore et dans l'air environnant. C'est aussi la sensation qui se produit à l'oreille lorsqu'un corps sonore est mis en vibration. Le son ne se produit que dans le vide ; il se propage par l'air ; les liquides et tous les corps élastiques en général. Il arrive à l'oreille par suite de successions de vibrations concentriques que l'on peut calculer. Le son parcourt un peu plus de mille pieds par seconde ; il commence à être appréciable quand il y a trente-deux vibrations par seconde ; il ne l'est plus quand il y en a huit mille deux cents. Le son est d'autant plus aigu que le nombre des vibrations, dans un temps donné, est plus grand ; il est grave dans le rapport contraire. Le son est susceptible de se réfléchir selon les lois qui régissent la lumière et le calorique. Voy. ces mots, Écho, Vibration, etc.

SONS HARMONIQUES. On nomme ainsi des sons doux et flûtés que l'on tire de certains instruments à cordes, comme le violon, la basse, la guitare, la harpe, etc. Voy. HARMONIQUES.

SON. On appelle ainsi l'écorce des graines céréales lorsqu'elle a été brisée et séparée de la farine. Cent sacs de bon froment, convenablement moulus, doivent rendre soixante-dix sacs de farine pure et trente sacs de son. Le son se donne aux bestiaux et aux volailles. En médecine, on en emploie le décoctum comme émollient.

SONATE (de l'italien suonare, jouer d'un instrument), composition instrumentale, formée de trois ou quatre morceaux de caractères différents. La sonate est faite quelquefois pour un seul instrument et quelquefois pour plusieurs. Ce genre de composition, qui a eu jadis une grande vogue, est maintenant abandonné.

SONATINE, petite sonate, sonate facile.

SONDE, instrument dont on se sert pour sonder, c'est-à-dire pour reconnaître une chose que l'on ne peut examiner autrement. En marine, il consiste en un plomb attaché à une corde dont on se sert pour connaître la profondeur de l'eau et la qualité du fond. Cette ligne est graduée de brasse en brasse par des nœuds. La pesanteur du plomb varie ; dans les sondes à mains ou sondes courantes, il est de sept ou huit livres. — On appelle sonde de pompe la tige en fer graduée de pouce en pouce, plongée verticalement dans la partie la plus basse du navire, et servant à indiquer la quantité d'eau qu'il fait. — La sonde est encore 2º une espèce de tarière qu'on enfonce dans la terre, soit pour reconnaître les différentes couches de terrain, ou la présence et la qualité des mines, soit pour forer un puits artésien ; 2º un instrument de fer dont les commis de barrière se servent pour reconnaître s'il y a de la contrebande, ou la nature des objets qui se trouvent dans les voitures qui entrent ; 3º un instrument qu'on enfonce dans un corps pour en retirer une parcelle et s'assurer de la qualité.

SONDE (chir.), instrument qu'on introduit dans la cavité de certains organes, dans le trajet des plaies, des fistules, etc., pour examiner ces organes, pour guérir. Les sondes varient de forme, de grandeur, suivant les âges, les sexes et les cas particuliers pour lesquels on les emploie. On les fait en métal ou en gomme élastique. La sonde brisée est une grande sonde d'acier, droite et composée de deux parties qui se joignent au moyen d'une vis. La sonde cannelée est une tige d'acier ou d'argent, droite, mousse à l'une de ses extrémités, terminée à l'autre par une plaque fendue et munie dans toute sa longueur d'une cannelure.

SONDE (ÎLES DE LA) ou ÎLES SOUNDA. On comprend sous ce nom les îles de Sumatra, Java, Soumbava, Endé ou Florès et Timor et autres petites îles adjacentes à celles que nous venons de nommer. Quelques géographes y joignent Bornéo ; mais cette réunion n'est pas généralement admise.

SONDE (DÉTROIT DE LA), détroit de l'océan Indien qui sépare Java de Sumatra.

SONDERBOURG, ville de Danemarck, chef-lieu de l'île d'Alsen, sur le penchant d'une colline de la côte S.-O. Son port est profond et sûr. Son commerce est assez important. Cette ville est célèbre par son château royal, où le roi Christian II demeura emprisonné de 1532 à 1549.

SONDERSHAUSEN, ville d'Allemagne, sur la Wipper, capitale de la principauté de Schwarzbourg - Sondershausen, à 12 lieues N. d'Erfurt. Elle a 3,100 habitants et des jardins magnifiques.

SONDRIO, délégation ou province du royaume lombardo-vénitien, dans le gouvernement de Milan. Elle a 220 lieues carrées et 85,000 habitants. Elle occupe la partie septentrionale du royaume, au S. de la Suisse. Sa capitale est SONDRIO, petite ville de 6,000 habitants, située à 20 lieues N. de Milan, sur l'Adda.

SONE, grande rivière de l'Indoustan, arrose les provinces de Gandourama et d'Allhabad, et se jette dans le Gange, à 12 lieues de Patnah, après un cours d'environ 200 lieues.

SONGE, rêve d'une personne qui dort. Les anciens étaient dans l'usage de consulter leurs prêtres sur leurs songes, et d'en tirer des présages. — La fable faisait des Songes les enfants du Sommeil. On les représente placés autour du lit de leur père en nombre considérable.

SONGO, province du Congo, est aride, mais abondante en sel. Sa capitale est SONGO, avec 6,000 habitants.

SONIVIA, bruit léger dont les anciens tiraient des présages.

SONNA, livre de tradition religieuse chez les musulmans. On le nomme aussi Sounna.

SONNER. En termes de musique, on disait autrefois sonner de la trompette. On dit maintenant jouer de cet instrument, comme de tous les autres. — En marine, sonner le quart, c'est mettre une cloche en branle, afin d'avertir la partie de l'équipage qui est couchée de se lever pour venir faire le quart. Sonner pour la pompe, c'est donner un coup de cloche pour avertir les gens du quart de pomper. Sur les bâtiments de guerre, on se sert du tambour plus que de la cloche.

SONNERIE, son de plusieurs cloches réunies. Il se dit par extension 1º de la totalité des cloches d'une église ; 2º de l'assemblage des rouages et des mouvements qui servent à faire sonner une pendule, une montre ; 3º des airs ou des traits destinés à être joués sur la trompette pour indiquer les diverses parties du service de la cavalerie militaire. Il y a vingt-huit sonneries prescrites par l'ordonnance pour le service, entre autres la générale, le réveil, le boute-selle, l'appel, la retraite, la charge.

SONNET, ouvrage de poésie, composé de quatorze vers distribués en deux quatrains et deux tercets, de mesure pareille, les deux quatrains étant sur deux rimes seulement. On regarde Pétrarque comme l'inventeur du sonnet. Sous le règne de François Ier, ce genre de poésie fut en grand honneur, et cette vogue se continua pendant le XVIIe siècle. Plusieurs sonnets agitèrent le monde littéraire. Parmi les écrivains qui se sont distingués dans ce genre, on cite Desbarreaux, Fontenelle, Voiture, Benserade, Malleville, etc. Il est très-peu cultivé de nos jours.

SONNEZ, terme usité au trictrac pour désigner l'action du joueur qui amène deux six.

SONNINI (Charles-Sigisbert DE MANONCOUR), célèbre agronome, né à Lunéville en 1751, aida Buffon dans la composition de quelques ouvrages, et voyagea dans l'Amérique et l'Orient aux frais du gouvernement. De retour en France, il adopta les principes de la révolution, et exerça les fonctions d'administrateur du département de la Meurthe. Incarcéré, puis délivré par le 9 thermidor, il obtint en 1805 la place de directeur du collège de Vienne (Isère), et l'abandonna pour une place de précepteur du fils d'un prince moldave. Il le suivit en Moldavie, et revint en France en 1811. Il mourut l'année suivante. On a de lui un Voyage dans la haute et basse Egypte, une nouvelle édition de l'Histoire naturelle de Buffon, où il a fait entrer près de quatre-vingts volumes de notes et de suppléments, de nombreux mémoires, etc.

SONOMÈTRE, instrument destiné à mesurer l'intensité du son. Ordinairement c'est une table sur laquelle sont tendues des cordes de laiton. On donne à ces cordes une tension dans des proportions que l'on règle au moyen d'un chevalet mobile.

SONORA Y CINALOA, État du Mexique, borné par le golfe de Californie, la Nouvelle-Californie, le Durango et de vastes régions non encore exploitées. Cet État est rempli de montagnes renfermant de riches mines ; il a 135,000 habitants, presque tous Indiens. La capitale est ARISPE, ville de 7,000 habitants.

SONTHONAX (Louis-François), né à Oyonas (Ain), était avocat à l'époque de la révolution en 1789. Il fut successivement envoyé à Saint-Domingue par Louis XVI et par la convention. Il fut accusé d'actes cruels et violents, rappelé en France et emprisonné (1793). Rendu à la liberté par le 9 thermidor, il fut envoyé par le directoire à Saint-Domingue pour la troisième fois. L'assemblée électorale de cette colonie l'élut député au conseil des cinq cents, où il vint siéger à la fin de 1797. Il y fut plusieurs fois en butte à des accusations sur les résultats de son commissariat. Après la révolution du 18 brumaire, il fut inscrit sur la liste de déportation, et, lors de l'explosion de la machine infernale, arrêté et conduit à la Conciergerie. Mis en liberté, il vécut dans l'obscurité, et mourut en 1813.

SOPHÈNE, province de la grande Arménie, avait pour bornes au N. et à l'O. l'Euphrate, au S. la Mésopotamie et le Tigre. ARSAMOSATE en était la principale ville.

SOPHI ou SOFI, nom que les Occidentaux donnaient au roi de Perse, et qu'ils ont remplacé par celui de schah. On le fait dériver de *sophi* ou sages.

SOPHIE (Charlotte-), fille du duc de Brunswick-Lunebourg, née en 1668, épousa en 1684 le prince Frédéric, fils de l'électeur de Brandebourg, et qui prit en 1700, après la mort de son père, le titre de *roi de Prusse*. Cette princesse se distingua par son amour pour les sciences, les lettres et les arts. Elle correspondait avec les savants les plus renommés de son siècle. Elle mourut en 1705.

SOPHIE, ville de la Turquie d'Europe, sur l'Isker, à 100 lieues N.-O. de Constantinople. C'est la capitale de la Bulgarie. Cette ville est bien bâtie, grande et commerçante. Elle a 70,000 habitants, de belles mosquées et des évêques grec et latin.

SOPHISME, du grec *sophizô*, j'use de fourberie, raisonnement subtil et insidieux, spécieux, éblouissant, capable d'induire en erreur, et qui n'a que l'apparence de la vérité.

SOPHISTE, du grec *sophos*, sage. Ce nom fut appliqué chez les Grecs à certains hommes qui faisaient profession d'enseigner la philosophie et la rhétorique. Cette noble profession dégénéra par la suite; les sophistes ouvrirent des écoles et exigèrent un salaire. Bientôt, perdant de vue la recherche de la vérité, ils en vinrent au point de soutenir également le pour et le contre, ce qui a fait donner le nom de *sophismes* aux arguments captieux. Depuis Socrate qui les tourna en ridicule, le nom de sophiste devint injurieux et fut à peu près abandonné. Il désigna sous les empereurs romains une classe de littérateurs qui cultivèrent de préférence la rhétorique et la grammaire. Dans cette classe rentrent Lucien et Dion Chrysostome. — De nos jours un *sophiste* est celui qui se sert d'arguments subtils dans le dessein de tromper.

SOPHISTICATION, opération qui a pour but d'altérer la nature d'une substance, en y ajoutant d'autres substances propres à en augmenter le poids, et qui sont d'un prix bien inférieur à celui de la substance pure. C'est ainsi qu'on sophistique les vins, les drogues.

SOPHOCLE, célèbre poète tragique grec, né à Colone, près d'Athènes, vers l'an 498 avant J.-C. On ignore les premiers événements de sa vie. Il fut élevé à la dignité d'archonte, commanda en cette qualité les armées athéniennes avec Périclès, et signala son courage en plusieurs occasions. A vingt-cinq ans, il se consacra à la poésie dramatique. Il partagea avec Euripide les suffrages des Athéniens. Pendant sa vieillesse, ses fils l'accusèrent devant l'aréopage d'être tombé en démence et d'être incapable de diriger ses affaires. Sophocle se présenta devant ses juges, leur lut sa tragédie d'Œdipe à Colone, leur demandant si l'on pouvait taxer de folie l'auteur de cet ouvrage ; les juges le reconduisirent chez lui en triomphe. Il mourut en 406 avant J.-C. Il avait composé cent vingt-sept tragédies. Il nous en reste sept : *Ajax*, *Œdipe roi*, *Œdipe à Colone*, *Philoctète*, *Electre*, *les Trachiniennes* ou *Hercule mourant*, et *Antigone*. Ces pièces sont regardées comme des chefs-d'œuvre.

SOPHONIE ou SOPHONIAS, le neuvième des douze petits prophètes, du temps de Josias (620 avant J.-C.). Ses prophéties contiennent trois chapitres. Il y exhorte les Juifs à la pénitence, prédit la ruine de Ninive, et, après avoir fait des menaces terribles à Jérusalem, finit par des promesses consolantes sur le retour de la captivité, l'établissement d'une loi nouvelle, etc. Ces prophéties sont écrites d'un style véhément et assez semblable à celui de Jérémie, dont il paraît n'être que l'abréviateur.

SOPHONISBE, princesse carthaginoise d'une grande beauté, fille d'Asdrubal, épousa Syphax, roi de Numidie (204 avant J.-C.). Ce prince ayant été vaincu par Massinissa, autre roi numide et allié des Romains, elle tomba au pouvoir du vainqueur, qui l'épousa. Ce mariage fut rompu par Scipion l'Africain, qui obligea Massinissa de se séparer de cette princesse. Massinissa obéit; mais, voulant lui épargner la honte d'être menée à Rome derrière un char de triomphe, il la conjura de se donner la mort. Sophonisbe s'empoisonna, et rendit avec fermeté le dernier soupir.

SOPHORE, genre de la famille des légumineuses, renfermant des arbres qui s'élèvent à douze ou vingt mètres, et qui croissent en Chine. Ces arbres acquièrent de grandes dimensions; ils sont d'un beau port, à cause de leur feuillage vert foncé et de leurs fleurs blanches ou jaunes et très-nombreuses. Le fruit est une gousse charnue et pendante, renfermant des semences noires et luisantes semblables au haricot. Les bois du *sophore du Japon* est dur, beau, compacte, jaune, uni et propre à l'ébénisterie. Ses corolles donnent une teinture jaune; ses feuilles sont purgatives, et ses racines douces et sucrées s'emploient comme adoucissantes.

SOPHORÉES, section de la famille des légumineuses, renfermant les genres dont les fleurs ont une corolle papilionacée à étamines libres, et dont le fruit est une gousse non articulée.

SOPHRON, écrivain grec natif de Syracuse, s'établit à Athènes (v siècle avant J.-C.). Il composa des mimes que les anciens paraissent avoir beaucoup estimés, surtout Platon. Il ne nous en reste que des fragments sans importance.

SOPHRONE, auteur ecclésiastique, vivait du temps de saint Jérôme. On a de lui un *Panégyrique de Bethléem* et un traité de la destruction de la statue de Sérapis. Il traduisit aussi du grec en latin la Vie de saint Hilarion et divers opuscules de saint Jérôme. — C'est encore le nom d'un patriarche de Jérusalem dans le vu siècle, natif de Damas en Syrie. Il fut un des plus illustres défenseurs de la foi catholique contre les monothélites. Il mourut en 638. On a de lui la *Vie de sainte Marie Egyptienne*, des *Lettres synodiques*, et d'autres ouvrages imprimés dans la Bibliothèque des Pères. On fait sa fête le 11 mars.

SOPHRONISTÉRION, lieu où les Athéniens renfermaient les enfants indociles pour les corriger.

SOPHRONISTES, magistrats athéniens dont les fonctions étaient les mêmes que celles des censeurs à Rome. Ils étaient au nombre de six, et chargés spécialement de veiller aux mœurs de la jeunesse.

SOPOREUX, ce qui cause le *sopor*, c'est-à-dire un sommeil lourd et pesant, dont le réveil est difficile. On nomme *soporeuses* une variété des fièvres pernicieuses, dont un profond sommeil est le principal symptôme. Quelques auteurs ont donné ce nom à une classe d'affections dans laquelle ils font entrer l'apoplexie, la paralysie, etc.

SOPORIFÈRE, ou SOPORIFIQUE, ou SOPORATIF, nom donné aux substances propres à amener le sommeil, l'assoupissement. Tel est l'opium.

SOPRANO, mot italien dont il sert à désigner, en musique, la plus aiguë des quatre parties dans lesquelles on divise ordinairement l'étendue de la voix humaine. Le soprano porte encore en France le nom de

dessus. On distingue le *primo soprano* ou premier dessus, et le *second soprano* ou second dessus. Ce mot fait au pluriel *soprani*. Les voix de soprani sont celles des femmes, des enfants et des castrats.

SOR. On appelle *faucons sors* ceux que l'on prend jeunes et à leur passage. La même dénomination s'applique à d'autres oiseaux de vol dans leur jeunesse.

SORACTE, montagne célèbre de l'ancienne Etrurie, au N. et à peu de distance de Rome, près du Tibre. Cette montagne est fameuse par le culte qu'on y rendait à Apollon. Ce dieu y avait un temple dont les prêtres étaient renommés pour leur science.

SORBE, fruit du sorbier. On l'appelle encore *corme*.

SORBET, sorte de préparation faite de citron, de sucre, etc. C'est aussi 1° le breuvage qu'on fait au moyen de cette préparation battue avec de l'eau ; 2° une liqueur à demi glacée.

SORBIER, genre de la famille des rosacées, renfermant des arbres de troisième grandeur, aux grandes feuilles alternes, ailées ; aux fleurs disposées en corymbes. Le *sorbier domestique* ou *cultivé*, nommé aussi *cormier*, a une écorce grise, rude, crevassée, couvrant un tronc très-rameux. Son bois, très-dur et rougeâtre, le fait rechercher des ébénistes. Les fruits, nommés *sorbes* ou *cormes*, ronds ou pyriformes, gris ou rouges, peuvent se manger, et fournissent une espèce de cidre nommé *cormé*. (Voy.) Le *sorbier des oiseleurs* ou *sauvage*, moins haut que le précédent, a l'écorce brunâtre, les feuilles grandes, ailées, de treize à dix-sept folioles. Les fleurs sont blanches, nombreuses, odorantes ; les fruits d'un rouge éclatant, unis en grappes. Ils sont moins bons que ceux de l'espèce citée plus haut, et se donnent aux bestiaux.

SORBIER. On nomme vulgairement *sorbier des Alpes* l'*alisier blanc*, et *sorbier de Fontainebleau* l'*alizier aux larges feuilles*.

SORBIQUE, acide que l'on retire des fruits du sorbier, et qui ne diffère point de l'acide malique.

SORBON ou SORBONNE (Robert DE), né en 1201 dans un petit village appelé Sorbonne ou Sorbon (Ardennes), embrassa l'état ecclésiastique, et se consacra à la prédication et aux conférences de piété. Sa réputation d'orateur sacré grandit au point que Louis IX voulut l'entendre, et le choisit ensuite pour son chapelain et son confesseur. Nommé en 1251 chanoine de Cambrai, il se rappela les difficultés qu'il avait, à cause de sa pauvreté, à parvenir au grade de docteur en théologie, et s'appliqua à former une société d'ecclésiastiques séculiers qui, vivant en commun et ayant des choses nécessaires à la vie, enseignassent gratuitement. Dans ce but, il fonda en 1253 le collège qui porte son nom. Devenu chanoine de Paris en 1258, il mourut en 1274.

SORBONIQUE, nom donné à un acte de théologie qui se soutenait en Sorbonne depuis six heures du matin jusqu'à six heures du soir pour être reçu docteur en théologie. Il se soutenait sans interruption. La sorbonique avait lieu tous les vendredis et autres jours entre la Saint-Pierre et la Sainte-Catherine.

SORBONISTE. On appelait ainsi un bachelier, un docteur de la maison de Sorbonne.

SORBONNE, fameuse école de théologie de l'université de Paris, fondée par Robert de Sorbon pour faciliter aux pauvres les études et les grades en théologie (1253). La maison compta d'abord seize pauvres clercs ou élèves, dont le nombre fut bientôt porté jusqu'à cent. Ce collège devint un des plus célèbres du monde. La maison de Sorbonne était avant la révolution des quatre parties de la faculté de théologie de Paris. Elle a produit dans un temps un si grand nombre d'habiles théologiens, qu'elle donna son nom à toute la faculté de théologie de Paris, dont tous les docteurs et bacheliers prenaient le titre de docteurs et bacheliers de Sorbonne, quoiqu'ils ne fussent point membres de cette maison. — Il y avait aussi le *collége de Calvi* ou *de la petite Sorbonne*, établi par Robert de Sorbon également, et où l'on enseignait la philosophie et les humanités. — La *Sorbonne* sert aujourd'hui à désigner l'établissement chef-lieu de l'université de France.

SORCIER, nom donné à celui qui on prétend s'être livré au démon et avoir fait un pacte avec lui pour opérer, par son secours, des prodiges et des maléfices. La croyance aux sorciers date de la plus haute antiquité. Pendant le moyen âge, les malheureux qu'on qualifiait de ce nom étaient brûlés vifs ; ce supplice se propagea même jusqu'en 1789. Cette superstition existe encore dans les campagnes ; mais il y a tout lieu de croire que les progrès de l'instruction élémentaire finiront par la dissiper.

SORE, nom donné, en botanique, à la réunion de fructifications dans les fougères. Leur forme et leur disposition varie extrêmement.

SOREDION, nom donné aux bourgeons séminiformes des lichens, qui forment des taches sur leurs expansions et sont entraînées par les pluies ou dispersées par les vents à leur maturité.

SOREL (Agnès). Voy. AGNÈS.

SOREL (Charles), sieur de Souvigny, né à Paris en 1599, fut élevé par Charles Bernard, son oncle, premier historiographe de France, auquel il succéda en cet emploi en 1635. Il mourut en 1674, laissant plusieurs ouvrages estimés, entre autres, l'*Histoire de la monarchie française*, une *Bibliothèque française*, divers *Traités sur les droits et prérogatives du roi de France*, etc.

SORÈZE, ville de France, dans l'arrondissement et à 3 lieues et demie de Castres, département du Tarn, sur le ruisseau de Sor. Population, 3,500 habitants. Cette ville possédait autrefois une riche abbaye de bénédictins de la congrégation de Saint-Maur, fondée dans le IXe siècle, et remplacée quelques années avant la révolution (1766) par un collége devenu célèbre dans tout le midi de la France. Ce collége, qui a possédé des cours de tout genre établis d'après les systèmes les mieux raisonnés d'éducation, est aujourd'hui sans importance. C'est entre Sorèze et Revel (Haute-Garonne) que se trouve le fameux bassin de Saint-Ferréol, dont les eaux alimentent le canal du Midi.

SORGHO, nom vulgaire de la plante appelée *houque* par les botanistes.

SORGUE, petite rivière de France, qui a sa source à la fontaine de Vaucluse, dans le département de ce nom, et se jette dans le Rhône près du village de Sorgues, à 2 lieues N. d'Avignon. Elle est navigable dès sa source. En général dans le pays on appelle *sorgues* les divers petits canaux distribués pour l'arrosement des champs et dans lesquels on fait monter l'eau.

SORIA, province d'Espagne, formée de la Vieille-Castille, entre celles de Ségovie, Burgos, Logrono, Guadalaxara, Cuença et les provinces aragonaises. Elle a 126 lieues carrées et 200,000 habitants. La capitale est SORIA, sur le Douro, près de l'emplacement de l'ancienne Numance, à 45 lieues N.-E. de Madrid. Population, 6,000 habitants. Le sol de cette province est montagneux. Elle renferme des vallées fertiles, qui nourrissent de nombreux bestiaux. Il y a des manufactures assez importantes. Les laines de Soria sont très-renommées.

SORITE, argument des plus captieux et des plus embarrassants, composé de plusieurs propositions tellement enchaînées, qu'après avoir émis au commencement une vérité sensible et incontestable on passe à une conclusion évidemment fausse.

SORLINGUES, îles d'Angleterre, à peu de distance de la côte du comté de Cornouailles dont elles dépendent. Elles sont au nombre d'environ cent quarante-cinq. La plupart sont des rochers et des écueils dangereux. Six sont habitées, et renferment ensemble 2,500 habitants. La principale est *Sainte-Marie*, qui a 3 lieues de circonférence et un bon havre. Ces îles sont peu fertiles.

SORO, rivière de Portugal, prend sa source dans l'Estramadure espagnole, et se jette dans le Tage, près de Salva-Terra.

SORORIAL, nom donné, en jurisprudence, à ce qui concerne une sœur.

SORR, bourg de Bohême, dans le cercle de Kœnigingrætz, célèbre par la victoire que les Prussiens y remportèrent sur les Autrichiens le 30 septembre 1745.

SORRENTE ou SORRENTO, ville du royaume de Naples, à 6 lieues S.-E. de cette ville. Elle a un port sur le golfe de Naples, un archevêché et 4,600 habitants. Cette ville est célèbre pour avoir donné le jour au Tasse.

SORT. Ce mot signifie proprement les chances diverses du hasard, et au figuré le destin, la fatalité qui semble s'attacher à certains hommes, à certaines entreprises. L'usage d'abandonner au pur hasard la décision que l'on doit prendre remonte à une haute antiquité. On le voit dans l'Ancien Testament pour le choix des victimes, le partage de la terre sainte, etc. Les peuples païens nommaient ainsi une espèce de divination, qu'ils faisaient au moyen de dés, sur lesquels étaient gravés des caractères ou des mots dont on allait chercher l'explication dans des tables faites exprès. Les Francs firent usage du sort pour partager le butin, et longtemps les juges ignorants s'en remirent à ce procédé pour vider les contestations. Le tirage au sort est encore en usage pour déterminer les soldats qui doivent faire partie de l'armée, dans les partages de succession, etc. — On nomme encore SORT ou SORTILÈGE, 1° un maléfice qu'on jette sur quelqu'un ou quelque chose ; 2° dans l'ancienne jurisprudence, le fonds, le capital d'une somme qui porte intérêt.

SORTS (FÊTE DES). Voy. PURIM.

SORTS DES SAINTS, espèce de divination autrefois très en usage chez les chrétiens. Elle consistait à ouvrir quelques livres de l'Ecriture sainte et à prendre le premier verset qu'on rencontrait pour un pronostic de ce qui devait arriver. Le concile d'Agde en 506 condamna cette superstition, qui était fort commune en Orient et en Occident.

SORTS VIRGILIENS, sorte de divination usitée jadis. Elle consistait à ouvrir les œuvres de Virgile, et à tirer des présages du premier vers que l'on rencontrait.

SORTIE. On nomme ainsi, dans l'art militaire, l'action par laquelle les assiégés sortent de leurs villes ou de leurs places, pour chasser les assiégeants, détruire leurs ouvrages, enclouer leurs canons, etc.

-SOS, petite ville d'Espagne, en Catalogne, sur les frontières de Navarre, à 20 lieues N.-O. de Saragosse, à 7 lieues N.-E. de Tudela. Population, 2,500 habitants. C'est la patrie du roi Ferdinand, appelé le *Catholique*.

SOSE, espace de soixante ans dans la chronologie des Chaldéens.

SOSIBIUS, grammairien ancien, né en Laconie vers l'an 220 avant J.-C., devint ministre de Ptolémée Philopator, roi d'Egypte. C'est lui qui conseilla à ce prince de faire mourir son frère et sa femme Arsinoé. Il se retira vers la fin de sa vie, et mourut dans une extrême vieillesse. Son fils, nommé aussi SOSIBIUS, fut précepteur du roi Ptolémée Epiphane.

SOSIGÈNE, habile astronome égyptien, natif d'Alexandrie, que César fit venir à Rome pour réformer le calendrier. Il détermina l'étendue de l'année solaire, qu'il trouva être de 365 jours 6 heures. Il fut aussi un philosophe distingué de la secte des péripatéticiens, et commenta plusieurs ouvrages d'Aristote.

SOSIPOLIS (myth.), dieu des Eléens, que l'on adorait sous la figure d'un enfant, et sur lequel on a débité beaucoup de fables. Il avait pour prêtresse une femme qui devait garder une chasteté inviolable. Les Eléens juraient par Sosipolis.

SOSISTRATE, tyran de Syracuse, contemporain d'Agathocle. Ce fut lui qui appela Pyrrhus en Sicile. Il fut détrôné par Hermocrate.

SOSITHÉE, célèbre poète dramatique d'Alexandrie, vivait dans le IIIe siècle avant J.-C. Les anciens, qui en parlent avec éloge, l'avaient placé dans la Pléiade poétique. Il ne nous reste rien de ses ouvrages.

SOSPES, et au féminin SOSPITA, c'est-à-dire *conservateur*, *conservatrice*, nom sous lequel on adorait plusieurs dieux à Rome, entre autres Diane, Minerve, Junon et Jupiter.

SOSTENUTO, terme de musique, emprunté à l'italien et qui sert à désigner un caractère soutenu, un mouvement large.

SOSTHÈNE, chef de la synagogue de Corinthe, et disciple de saint Paul. Les Grecs lui donnent le titre d'apôtre et la qualité de premier évêque de Colophon. Les Latins l'honoraient le 10 juin et le 28 novembre, à cause des persécutions que les Juifs lui avaient fait éprouver. — Général macédonien, s'empara du trône en 280 avant J.-C., vainquit le Gaulois Brennus, et périt dans le combat.

SOSTRATE, célèbre architecte grec, né à Cnide, fut appelé en Egypte par le roi Ptolémée Philadelphe. Ce fut lui qui bâtit le fameux phare d'Alexandrie, regardé comme une des sept merveilles du monde.

SOSVA, rivière de Sibérie qui se jette dans l'Obi, après un cours de 80 lieues, auprès de Bérézof.

SOTADÈS CYNÆDUS, ancien poète grec, né en Thrace, célèbre par la licence de ses poésies érotiques. Il vivait dans le IIIe siècle avant J.-C. Il se fit de nombreux ennemis par ses satires. Ayant injurié Ptolémée Philadelphe, roi d'Egypte, ce prince le fit jeter à la mer. Ses vers avaient cela de particulier, qu'on pouvait les lire de droite à gauche ou de gauche à droite sans en altérer le sens ni la mesure. On appela de son nom les vers obscènes *Sotadea* ou *Sotadica carmina*.

SOTER, mot grec qui signifie *sauveur*. Les anciens appliquaient cette épithète à plusieurs dieux, comme Apollon et Jupiter. — On l'a aussi donnée à un Ptolémée, roi d'Egypte, et à Antiochus, premier roi de Syrie.

SOTER (Saint), pape, succéda à Anicet en 162. Il était né à Fondi, dans la terre de Labour. Il se signala par sa charité envers les pauvres et par son zèle à combattre les hérétiques montanistes. Il mourut en 171. Eleuthère lui succéda. On célèbre sa fête comme martyr le 22 avril. On lui a attribué plusieurs ouvrages qui ne sont pas de lui.

SOTÉRIES, fêtes que les anciens célébraient en action de grâces lorsqu'ils étaient délivrés de quelque danger. Les Sicyoniens avaient institué des Sotéries annuelles en mémoire de la délivrance de leur ville par Aratus.

SOTÉRIQUE, poète et historien, né à Oasis, en Libye, vers la fin du IIIe siècle après J.-C. Les anciens estimaient beaucoup ses ouvrages, parmi lesquels on cite un poème intitulé *l'Alexandriade*, dont le sujet était la prise de Thèbes par Alexandre, une Vie d'Apollonius de Tyanes et un Panégyrique de Dioclétien. Nous n'avons que des fragments de ces ouvrages.

SOTHIS, nom que les Egyptiens donnaient à l'étoile de *Sirius*. On appelait *période caniculaire* ou *sothiaque* une période de 1,460 années solaires, au bout desquelles l'année naturelle se retrouvait commencer à peu près le même jour que l'année civile. Cette période était censée ramener au même jour le lever de Sirius.

SOTIE, nom des anciennes farces que l'on récitait à la naissance de l'art dramatique en France. Le chef des baladins prenait le titre de *prince des sots*.

SOTTO VOCE, mots italiens qu'on emploie en musique pour désigner un mode d'exécution à *demi-voix* ou d *demi-jeu*, c'est-à-dire avec peu d'intensité de son.

SOU ou SOL, monnaie de compte, la vingtième partie de l'ancienne livre, valant 12 deniers. Il se dit aussi de la monnaie de cuivre qui avait cette valeur, et communément de la pièce de cuivre valant 5 centimes. — Le *sou tournois* valait jadis 12 deniers, et le *sou parisis* 15 deniers. — Il y a eu aussi des *sous d'or*, dont le prix a varié suivant les époques. Sous Charlemagne ils valaient 12 deniers. — Le sou usité dans les Antilles françaises ne vaut que 3 centimes.

SOUABE, un des dix cercles qui formaient l'Allemagne avant la dissolution de l'empire. Il comprenait les contrées S.-O. de ce pays, les plus belles et les plus riches de l'empire. Le Danube les arrose du S.-O. au N.-E. Les frontières à l'O. étaient couvertes par la forêt Noire. La Souabe, généralement montagneuse, est située entre la France, l'Helvétie, l'Autriche, la Bavière, la Franconie et les cercles du Rhin. Sa superficie est de 410 lieues carrées, et sa population de 2,500,000 habitants. Elle est principalement fertile en céréales, vins et fruits. La Souabe se divisait en *haute* et *basse*. Elle fut autrefois un duché relevant de l'empire. La maison de Souabe a donné plusieurs rois et empereurs. La Souabe est aujourd'hui répartie entre le Wurtemberg, la Bavière, Bade, les princes de Hohenzollern et Lichtenstein, l'empereur d'Autriche et le grand-duc de Hesse.

SOUABE (GRANDE LIGUE DE), nom donné à l'union de tous les Etats de Souabe, qui se donnèrent en 1488 une constitution, et établirent un pouvoir législatif et exécutif. Elle ne dura que jusqu'en 1512 que l'empereur Maximilien donna des institutions particulières à la Souabe.

SOUABE (MIROIR DE), en allemand *Schwaben-Spiegel*, nom sous lequel on connaît un code du moyen âge, ou plutôt une collection de traités de droit publiée à la fin du XIIIe siècle. Il se divise en deux livres, le droit féodal et le droit des provinces. Ce code fut observé dans plusieurs parties de l'Allemagne, comme l'Autriche, la Bavière, l'Alsace, la Hesse, etc.

SOUBAB, espèce de gouverneur ou de vice-roi dans l'empire du Mogol.

SOUBARBE. On nomme ainsi la partie du mors du cheval où l'on attache la gourmette.

SOUBASSEMENT, terme d'architecture, large retraite ou espèce de piédestal continu qui sert à porter un édifice. C'est ainsi qu'on dit le soubassement d'une colonne.

SOUBERME, nom donné, en marine, aux torrents causés par les pluies et par les neiges fondues, qui ne coulent qu'en été et qui grossissent les rivières.

SOUBISE, petite ville de France, dans le département de la Charente-Inférieure, l'arrondissement et à 3 lieues N.-E. de Marennes, à une lieue de Rochefort, sur une hauteur baignée par la Charente, non loin de son embouchure. C'était autrefois une principauté appartenant à la maison de Rohan.

SOUBISE (Benjamin DE ROHAN, seigneur DE), né vers 1589, était frère du célèbre duc de Rohan, chef des protestants en France sous le règne de Louis XIII. Il servit d'abord en Hollande sous Maurice de Nassau, et en 1621 il fut nommé, par l'assemblée des protestants tenue à la Rochelle, commandant général des provinces d'Anjou, de Bretagne et de Poitou. Forcé de se rendre avec la ville de Saint-Jean d'Angely qu'il défendait, il fut bientôt mis en liberté, et se signala par de beaux faits d'armes. Il se retira en Angleterre en 1629, et y mourut en 1641.

SOUBISE (Charles DE ROHAN, prince DE), duc de Rohan et Ventadour, né en 1715, obtint en 1734 la place de capitaine des gendarmes de la garde, et devint aide de camp du roi dans les campagnes de 1744 et 1748. Maréchal de camp en 1748, il reçut le gouvernement de la Flandre et du Hainaut en 1751. Lors de la guerre de sept ans, il commanda un corps de 24,000 hommes et fut battu à Rossbach. Le roi le fit ministre d'Etat, et lui confia une nouvelle armée (1758). Il soumit le landgraviat de Hesse, et reçut le bâton de maréchal. Il se trouva encore à la campagne de 1761. Louis XVI lui conserva sa place au conseil des ministres. Il mourut en 1787.

SOUBRANY (Pierre-Auguste DE), né à Riom, avait le grade de capitaine dans le régiment Royal-Dragons, à l'époque de la révolution de 1789. Il embrassa avec enthousiasme la cause de la liberté, et fut élu maire de Riom, puis député à la convention nationale. Il prit rang parmi les républicains les plus exaltés, et vota dans le procès du roi avec la majorité. Il fut envoyé plusieurs fois en mission aux armées, et se distingua par son courage. En 1795, une bande de factieux lui décerna le titre de général de l'armée d'insurrection (1er prairial). Il eut l'imprudence de l'accepter. Mis en état d'arrestation avec ses collègues Romme, Duroi, Duquesnoy, Bourbotte et Goujon, il fut condamné à mort, et se frappa d'un coup de couteau qui le blessa dangereusement. Il n'en fut pas moins traîné au supplice et décapité (1797).

SOUBRESAUT, nom donné, en médecine, à un tressaillement involontaire des tendons et des muscles, qui caractérise certaines maladies. Le *soubresaut épigastrique* est un phénomène particulier qui consiste dans des secousses convulsives imprimées à l'estomac, qui ne peut ni admettre de nouvelles substances, ni expulser celles qu'il contient.

SOUBRETTE, nom donné, au théâtre, aux suivantes de comédie. On les fait ordinairement méchantes, bavardes, rusées, sans mœurs et sans décence, aimant à intriguer. Cette dénomination s'applique aussi, familièrement et par mépris, à une femme subalterne et intrigante.

SOUBREVESTE, sorte de justaucorps sans manches, que portaient autrefois les mousquetaires du roi.

SOUCHE. On nomme ainsi le tronc des arbres, ou cette partie du tronc qui reste dans la terre après que l'arbre a été coupé. Quelques botanistes appliquent ce nom aux bourgeons qui sortent des racines des plantes qui perdent leurs tiges en hiver, ans, et qui sont destinés à en produire de nouvelles l'année suivante. D'autres botanistes le donnent aux tiges des palmiers, des fougères, etc., que l'on appelle plus souvent *stipes*. — SOUCHE désigne encore, 1° en généalogie, celui de qui dérive une famille ; 2° en termes d'architecture, un tuyau de cheminée qui paraît au-dessus d'un comble ; 3° en termes de fontainiers, un tuyau qui s'élève au-dessus d'un bassin et d'où sort un jet d'eau.

SOUCHET, section du genre *canard*, renfermant des oiseaux qui se distinguent par un bec long dont la mandibule supérieure, ployée en demi-cylindre, est élargie à son extrémité. Le souchet est un bel oiseau à tête et cou verts, à poitrine blanche, au ventre roux, au dos brun et aux ailes variées de blanc, de cendré, de vert et de brun. Il est triste et sauvage, et vit de vermisseaux qu'il recueille dans la vase, au bord des ruisseaux. Sa chair est délicate, et son plumage recherché. On le trouve en France depuis le mois de novembre jusqu'en avril.

SOUCHET, genre de la famille des cypéracées, renfermant des plantes herbacées, vivaces, aux racines rampantes ou tuberculeuses, aux chaumes hauts, cylindriques ou triangulaires, sans nœuds, souvent nus, plus souvent garnis de feuilles étroites et alternes ; les fleurs, rassemblées au sommet des chaumes, sont de couleur verte ou jaunâtre ; les fruits sont des graines blanchâtres ou noires. On trouve les souchets dans toutes les régions du globe. Le *souchet long* ou *odorant*, habitant nos marais et les lieux humides, a des racines longues, rameuses et rampantes, charnues, d'une saveur aromatique piquante, d'une odeur agréable. La médecine les employait jadis comme toniques et fortifiantes ; les parfumeurs en retirent une poudre odorante qu'ils emploient avec succès dans plusieurs préparations ; le *souchet comestible*, du midi de la France, produit des tubercules farineux, on en retire une très-bonne huile. Le *souchet rond*, du midi de la France, a une racine tubéreuse, d'une saveur âcre et amère, employée en médecine comme stomachique.

SOUCHET. On nomme vulgairement *souchet babylonique* le *galanga* ; *souchet d'Amérique*, un *rotang* ; *souchet des Indes*, un *curcuma*.

SOUCHETS, nom donné par quelques auteurs à la famille des *cypéracées*.

SOUCHIA, étoffe de soie, ou de soie et coton, ou de coton mélangé de fil d'or, rayée de diverses couleurs, qui se fabrique aux Indes orientales, et dont il se fait un grand commerce à Surate.

SOUCI, genre de la famille des synanthérées, renfermant des plantes herbacées, annuelles, qui ont la propriété de s'épanouir quand le soleil brille, de tenir leur disque tourné vers lui, et de se fermer dès son coucher. Leurs tiges sont peu élevées et portent des feuilles entières, le plus souvent très-découpées ; les fleurs sont jaunes, d'une odeur forte ; les semences sont brunes. Le *souci des champs* habite nos campagnes ; il est amer et tonique ; avec les fleurs on colore le beurre et on sophistique le safran. On prépare encore avec elles une teinture et une encre jaune. Le *souci des jardins* a la même propriété, et on le cultive à cause de ses belles fleurs d'un jaune orangé.

SOUCI (ENFANTS SANS). Voy. ENFANTS.

SOUCOR, province septentrionale du Thibet, non explorée dans toute son étendue. Elle est montagneuse et aride, et produit beaucoup de rhubarbe.

SOUDAN, nom donné jadis aux lieutenants des califes dans leurs provinces et dans leurs armées. Dans la suite Saladin, étant parvenu au trône, prit et laissa à ses successeurs le titre de soudan.

SOUDAN, partie centrale de l'Afrique septentrionale. Elle est peu connue, et renferme plusieurs royaumes, entre autres ceux de Tombouctou, Bornou, Cachena, Wangara et Bambarra.

SOUDE, genre de la famille des chénopodées, renfermant des plantes herbacées, ligneuses ou sous-ligneuses, qui croissent sur le rivage des mers, et des cendres desquelles on retire la substance nommée *soude*. Les espèces les plus recherchées sont la *soude vulgaire*, la *soude épineuse* ; la *soude kali*, la *soude frutescente*.

SOUDE ou ALCALI MINÉRAL, nom donné à l'oxyde de sodium, substance solide, blanche, très-caustique, déliquescente dans un air très-chargé d'humidité, mais perdant cette eau hygrométrique dans un air plus sec, ce qui la différencie de la potasse, laquelle ne perd plus l'eau qu'une fois elle a absorbée. Par sa combinaison avec l'acide hydrochlorique, la soude donne le *sel commun*. — On obtient la soude du commerce en traitant par l'eau les cendres de certains végétaux (voy. l'article précédent), et en faisant évaporer la dissolution jusqu'à siccité. La soude sert à la fabrication des savons et des verres. — On appelle *soude aérée* le *sous-carbonate de soude* ; *soude à l'alcool*, la soude pure ; *soude caustique*, la soude privée d'acide carbonique ; *soude effervescente*, le *carbonate de soude*. La *soude à la chaux* est la soude du commerce traitée par la chaux vive, et privée de l'acide carbonique qu'elle renferme.

SOUDURE, opération par laquelle on joint ensemble deux ou plusieurs métaux, à l'aide d'un fondant métallique que le feu puisse faire entrer en fusion plus facilement que les métaux que l'on veut joindre ou coller les uns avec les autres. On nomme encore ainsi le fondant qui sert à cette opération.

SOUFFLAGE. On appelle ainsi l'action et l'art de souffler le verre, c'est-à-dire de façonner quelque ouvrage de cette substance, en soufflant dans un tuyau au bout duquel est la matière que l'on travaille. On appelle *four de soufflage* le four où se fond et se prépare le verre pour faire les glaces soufflées; le four des glaces de grand volume se nomme *four à couler*. — Le *soufflage* est aussi, en termes de marine, un second bordage qu'on met à un vaisseau.

SOUFFLERIE, l'ensemble des soufflets d'un orgue. On donne aussi ce nom au local où est placé l'appareil de la soufflerie, et où se tient le souffleur qui fait mouvoir les soufflets.

SOUFFLET, instrument formé de deux plaques de bois, séparées par une large bordure de cuir, et s'unissant à l'extrémité la moins large, où est un trou dans lequel on fixe un tube métallique. Chaque plaque est terminée par un prolongement qui rend l'instrument plus facile à diriger. La plaque inférieure est percée d'un trou rond ou carré, muni en dedans d'une peau de cuir lâche et aisée, de telle sorte que l'air qui entre par cette ouverture dans le soufflet presse sur la peau qui la garnit, et sort par le haut du soufflet et le tube métallique en formant un jet continu, lorsqu'on referme le soufflet sur lui-même. Tout le monde connaît les usages des soufflets. Le *soufflet à double vent* ou *à double âme* est celui qui pompe le double d'air des autres au moyen d'un mécanisme particulier. — *Soufflet* se dit aussi d'une espèce de petite calèche dont le dessus se replie à volonté.

SOUFFLEUR, employé qui, dans un théâtre, est placé sur le devant de la scène, en face des acteurs, ayant le manuscrit de la pièce qu'on représente, et guide les acteurs et soulage leur mémoire en leur indiquant ce qu'ils ont à dire. — On nomme *souffleur d'orgue* celui qui fait mouvoir les soufflets d'un orgue.

SOUFFLEURS, nom vulgaire donné à certaines espèces de cétacés, à cause des jets d'eau que ces animaux font sortir de leurs évents lorsqu'ils nagent à la surface de la mer.

SOUFFLOT (Jacques-Germain), célèbre architecte, né en 1714 à Irancî, près d'Auxerre, voyagea longtemps en Italie, et s'établit ensuite à Lyon, où il fut chargé de la construction de la bourse et de l'hôpital. Venu à Paris, il devint successivement contrôleur des bâtiments de Marly, des Tuileries, membre des académies de peinture et d'architecture, et intendant des bâtiments du roi. Louis XV lui confia la construction de l'église Sainte-Geneviève, depuis appelée *Panthéon*. Il mourut en 1780. On lui doit encore la salle de spectacle de Lyon.

SOUFFLURE, nom donné, dans les fonderies, à certaines concavités qui se forment dans l'épaisseur d'un métal quand il a été fondu trop chaud. Dans le verre, ce mot désigne certains défauts caractérisés par des concavités répandues sur sa surface.

SOUFRE, corps simple non métallique qui se trouve dans la nature à l'état natif, cristallisé en masse ou en poussière fine, mais qui le plus souvent se rencontre uni à des métaux ou combiné avec l'oxygène. Il est solide, d'un jaune citron, inodore, insipide, dur, très-fragile, d'une cassure luisante. Sa pesanteur spécifique est de 1,99. Il fond à la température de 104 degrés du thermomètre centigrade; exposé alors au contact de l'air, il brûle avec une flamme bleue, et passe à l'état d'acide sulfureux, en répandant une odeur piquante et suffocante. Le soufre, chauffé avec les métaux, produit des sulfures. Sublimé et lavé, il porte le nom de *fleur de soufre*. On se sert du soufre pour la préparation des allumettes, de la poudre à canon, de l'acide sulfurique; la médecine l'emploie comme tonique, purgatif et contre les maladies cutanées.

SOUFRIÈRE, dépôt naturel de soufre près des volcans. Voy. SOLFATARA.

SOUFROIR, nom donné à une petite étuve dans laquelle on blanchit la laine ou la soie au moyen de la vapeur du soufre qui brûle dans une terrine.

SOUGARDE. On appelle ainsi un morceau de fer en forme de demi-cercle, placé au-dessous de la détente d'une arme à feu pour la protéger et empêcher qu'elle ne se débande par accident.

SOUILLARD, en charpenterie, une pièce de bois assemblée sur des pieux, que l'on pose au-devant des glacis qui sont entre les piles des ponts.

SOUILLURE. La loi de Moïse qui régissait les Israélites distinguait plusieurs sortes de *souillures*. Les unes étaient *volontaires*, les autres *involontaires*. Dans les premières se rangeaient l'attouchement des morts, des animaux impurs, etc.; dans les autres, certaines maladies comme la lèpre, ou l'action de toucher par mégarde quelque chose d'impur. La loi expliquait les diverses pratiques propres à laver de ces souillures.

SOUI-MANGA, genre voisin des colibris et des grimpereaux, renfermant des oiseaux caractérisés par un bec long est très-grêle, et par une langue extensible, longue, divisée en deux filets du milieu à la pointe. Leur plumage offre des couleurs riches et éclatantes. Ils ont un ramage gai, beaucoup de vivacité, et vivent du suc des fleurs. Ils sont les représentants du genre colibri en Afrique et en Asie. On en connaît plusieurs espèces. Le *soui-manga élégant*, du cap de Bonne-Espérance, est généralement d'un vert doré par tout le corps, avec une petite tache noire de chaque côté de la tête entre l'œil et le bec.

SOULCIE, espèce du genre *gros-bec*, renfermant un oiseau qui a tout le fond du plumage d'un brun cendré, mêlé de blanchâtre sur les parties inférieures; au-dessus des yeux, une bande d'un blanc roussâtre, accompagnée d'une bande brune plus large; une tache d'un jaune vif sur le devant du cou, et les plumes de la queue tachées de blanc vers leur extrémité. Cet oiseau est un naturel sauvage, et appartient aux contrées chaudes de l'Europe; on le trouve dans le midi de la France, d'où il émigre en septembre pour revenir en avril.

SOULE, ancien pays de France, était compris entre le Béarn et la Navarre. Mauléon en était le chef-lieu. La Soule forme aujourd'hui une partie du département des Basses-Pyrénées.

SOULÈVEMENTS, nom donné, en géologie, à l'action des volcans ou des feux souterrains qui ont soulevé les montagnes, les rochers, exhaussé les plaines, etc.

SOULI, vallée d'Albanie, au S.-O. de Janina, entre Parga et Prévésa. Elle a 12 lieues de long, et a un sol rocailleux et des défilés inaccessibles. Les habitants se sont distingués par leur courage et leur amour de l'indépendance dans la guerre contre les Turks. Ils furent soumis en 1803 par Ali-Pacha. A sa mort, ils reprirent les armes, et, réunis aux Grecs, se signalèrent au siége de Missolonghi.

SOULIER, chaussure qui est ordinairement de cuir, qui couvre tout le pied, et qui s'attache par-dessus. Voy. CORDONNIER.

SOULONS, écriture dont les dimensions sont deux ou trois fois plus grandes que celles de l'écriture ordinaire, et qui chez les Orientaux sert aux inscriptions des légendes, aux titres des livres.

SOULOU ou ILOLO, nom donné à un groupe d'îles de l'océan Indien, situé entre Bornéo et Mindanao. Elles sont au nombre d'environ cent soixante, et d'une grande étendue. On pêche des perles dans leurs parages. La principale du groupe est Soulou, qui a environ 200,000 habitants.

SOUMADRA. Voy. SUMATRA.

SOUNDA. Voy. SONDE.

SOUNDJEI-PESANG, baie de la côte occidentale de l'île Sumatra. — Le *Soundjei-Tenang* est une contrée intérieure de cette même île, environnée de montagnes et de forêts, remplie de vallées très-fertiles et bien peuplées.

SOUNGARES, SOUNGARIE. Voy. DZOUNGARIE.

SOUPAPE. C'est, en mécanique, une espèce de couvercle placé sur une ouverture de telle manière qu'il s'ouvre d'un côté, et que de l'autre, plus il est pressé, plus il bouche exactement l'ouverture. Les soupapes sont destinées à laisser entrer un fluide dans l'intérieur d'un appareil, et à l'empêcher de ressortir. — Les machines à vapeur ont des soupapes destinées à s'ouvrir à une forte pression pour laisser aller une partie de la vapeur, et empêcher de cette manière l'explosion de la machine.

SOUPEAU, morceau de bois qui sert à tenir le soc de la charrue avec l'oreille.

SOUPENTE. En termes de mécanique, on appelle ainsi une pièce de bois qui, retenue à plomb par le haut, est suspendue pour retenir le treuil de la roue d'une machine. C'est aussi le nom, 1° des grosses courroies formées de plusieurs cuirs cousus ensemble, qui tiennent suspendu le corps d'une voiture; 2° d'une espèce de lien en bois, qui retient la hotte ou le faux manteau d'une cheminée de cuisine; 3° d'un petit réduit soutenu en l'air, dans une grande pièce, pour loger des personnes ou pour tout autre usage.

SOUPIR, contraction lente des muscles inspirateurs du corps. Le soupir, qui a lieu dans diverses situations morales, est le plus souvent provoqué par la gêne de la respiration. Dans quelques maladies, il indique du danger. — En musique, le *soupir* est un signe de silence, dont la durée est égale à celle d'une noire. On le marque par un signe assez semblable à un 7 renversé (⸸). — Le *demi-soupir* est le silence d'une croche, et se marque par une espèce de 7. — Le *quart de soupir* est le silence d'une double croche, et se marque par un 7 muni de deux crochets. — Le *demi-quart de soupir* est le silence d'une triple croche, et se marque par un 7 avec trois crochets.

SOUQUER, terme de marine qui désigne l'action de serrer un amarrage.

SOUR, nom moderne de Tyr. — C'est aussi une petite rivière de Belgique, qui se jette dans la Moselle près Trèves.

SOURABAYA, la ville la plus importante de l'île de Java après Batavia. Elle est située à l'embouchure du Kediri ou Sourabaya, et a une rade belle et sûre. Elle possède un arsenal maritime, de beaux chantiers, un hôtel de monnaie et une fonderie de boulets. Cette ville est très-commerçante. On y voit de beaux jardins.

SOURAKARTA, ville de l'île de Java, capitale d'un petit royaume mahométan indépendant. Elle est la résidence du souverain d'environ 100,000 âmes. On y admire un beau palais. Cette ville est commerçante.

SOURBASTIS ou SOURDASSIS. On nomme ainsi les soies de Perse, les plus fines et les meilleurs de celles que fournit le Levant.

SOURCE, nom donné à de petits courants d'eau qui sortent du sein de la terre. Les sources se montrent en plus grand nombre dans les contrées montagneuses et accidentées que sur les autres parties de la surface de la terre. Quelques-unes se distinguent par leur intermittence. Les sources paraissent dues à l'infiltration des eaux pluviales, qui se réunissent dans un réservoir commun. Voy. FONTAINES, BAGUETTE DIVINATOIRE.

SOURCIL, nom donné à deux éminences arquées, convexes en haut, plus ou moins saillantes, placées au-dessus de l'orbite des yeux, depuis les côtés de la racine du nez jusqu'aux tempes. Les sourcils sont recouverts de poils courts et roides, ordinairement de la couleur des cheveux.

SOURCILIER, ce qui a rapport aux sourcils. Le *muscle sourcilier* est placé dans l'épaisseur du sourcil. Il est allongé, mince, il porte le sourcil en dedans, et fronce la peau du front dans le sens vertical. Les *arcades sourcilières* sont deux apophyses peu saillantes, transversalement situées sur la face antérieure du coronal, au-dessus du rebord supérieur des orbites.

SOURD, nom vulgaire de la *salamandre commune*.

SOURDINE, morceau de bois préparé que l'on place sur le chevalet du violon, de la basse, de l'alto, pour amortir les sons et produire certains effets particuliers. Les sourdines du hautbois et de la clarinette sont des pavillons rentrants en dedans, et n'ayant qu'une petite ouverture. La sourdine des cors est un cône de carton, percé d'un trou à sa base, et qu'on place dans le pavillon. — C'est aussi une espèce d'épinette dont les cordes étaient mises en vibration par des sauteraux garnis de drap, et dont le son était sourd et agréable. — Dans les montres à répétition, la sourdine est un ressort qui, étant poussé, retient le marteau, et l'empêche de frapper sur le timbre ou sur la boîte de la montre.

SOURIS, ris léger et de courte durée. Les médecins nomment ainsi un mouvement convulsif du globe de l'œil, qui se meut latéralement dans l'orbite, sans la participation de la volonté.

SOURIS, espèce de genre *rat*, renfermant un petit animal long de trois pouces et demi environ de la tête à l'origine de la queue; le dessus de son pelage et ses flancs sont d'un cendré noirâtre, les parties inférieures d'un cendré plus clair et jaunâtre auprès de l'anus. Plusieurs variétés de souris diffèrent entre elles par la couleur; il n'est pas rare d'en rencontrer de tout à fait blanches avec les yeux roses. — Cette espèce est très-commune dans les maisons, et est omnivore; elle est connue par son agilité et les dégâts qu'elle fait. On la trouve dans presque toutes les parties du monde.

SOURIS. En termes de fortification, on appelle ainsi un appareil destiné à mettre le feu à un fourneau de mine. — Le *pas de souris* est un escalier étroit et roide, pratiqué à la gorge d'un ouvrage avancé, pour établir une communication entre cet ouvrage et le fossé qui se trouve en arrière.

SOURLIER ou Sourlier, faire huit ou neuf tours bien serrés avec du fil ou de la corde sur le bout d'un cordage. On nomme *surliûre* ou *sourliûre* la ligature faite au bout du cordage.

SOUS, fils de Proclès, succéda à son père sur le trône de Sparte (1080 avant J.-C.). Il régna trente-deux ans, et eut pour successeur Eurypon.

SOUSA. Voy. Samos.

SOUS-ARBRISSEAU. Voy. Arbustes.

SOUS-BAIL, bail que le preneur fait à un autre d'une partie de ce qui lui a été donné à ferme.

SOUS-BANDE. C'est, en artillerie, une bande de fer appliquée sur l'extrémité des flasques de l'affût d'un canon ou d'un mortier.

SOUS-BARBE. C'est la partie du cheval qui porte la gourmette. — Les marins nomment ainsi une pièce de bois qui soutient l'étrave d'un vaisseau sur chantier.

SOUS-BERNE. C'est, en marine, un amas d'eau provenant de pluies extraordinaires ou de la fonte des neiges, lequel arrête quelquefois par sa violence, dans les rivières, l'abord des flots de la mer.

SOUS-BORATE, borate avec excès de base.

SOUS-CAP, sous-chef des matelots ou journaliers employés dans les arsenaux maritimes.

SOUS-CARBONATE. Voy. Carbonates.

SOUS-CLAVIER, ce qui est sous la clavicule. Ce mot se donne, en anatomie, à plusieurs parties. Les *artères sous-clavières* sont situées sur les parties supérieures de la poitrine et latérales intérieurement du cou; elles s'étendent jusqu'à la face supérieure de la première côte, dans l'intervalle des muscles scalènes, au delà desquels elles se continuent avec les artères axillaires. Les *veines sous-clavières* succèdent aux veines axillaires, et s'étendent depuis l'extrémité inférieure du muscle scalène antérieur jusqu'à la veine cave supérieure, qu'elles forment par leur réunion. Le *muscle sous-clavier* est placé à la partie supérieure et antérieure de la poitrine; il est destiné à élever la clavicule et à la porter en avant.

SOUS-COMMISSAIRE. Voy. Commissaire de marine.

SOUS-CUTANÉ, nom donné aux parties placées sous la peau (en latin, *cutis*). C'est dans ce sens qu'on dit *veines, artères sous-cutanées*.

SOUS-DIACONAT, le premier des ordres sacrés ou majeurs. On nomme sous-diacre celui qui en est revêtu. Le sous-diaconat précède le diaconat. Ses fonctions peuvent se réduire à six principales : 1º avoir soin des vases sacrés; 2º verser le vin et l'eau à la messe; 3º chanter l'épître aux grand'messes; 4º soutenir le livre de l'Évangile au diacre, et le porter à baiser aux prêtres; 5º porter la croix aux processions; 6º donner à laver au prêtre, servir le diacre en toutes ses fonctions, et recevoir les offrandes du peuple.

SOUS-DOMINANTE, nom donné, en musique, à la quatrième note d'un ton quelconque. Dans le ton d'*ut*, *fa* est la sous-dominante. On la nomme ainsi parce qu'elle précède la dominante. On désigne quelquefois cette note sous le nom de *quatrième degré*.

SOUS-DOUBLE. Les mathématiciens disent qu'une quantité est sous-double ou en raison sous-double d'une autre quantité quand la première est contenue deux fois dans la seconde. Ainsi 2 est sous-double de 6. — On dit *en raison sous-doublée* pour signifier en raison des racines carrées.

SOUS-ÉPINEUX, nom donné, en anatomie, aux parties qui sont placées au-dessous de l'épine de l'omoplate. La *fosse sous-épineuse* est une large excavation que présente la face postérieure de l'omoplate, au-dessous de son épine ; le *muscle sous-épineux* est large, aplati, triangulaire et placé dans la fosse sous-épineuse. Il fait tourner le bras de dedans en dehors, et, lorsqu'il est élevé, il le porte en arrière.

SOUS-FAITE. Les charpentiers nomment ainsi une pièce de bois placée en dessous du faîte, liée par des croix de Saint-André, des entretoises, etc. Elle sert à rendre les assemblages de charpente plus solides.

SOUS-GARDE. C'est, en termes d'arquebusiers, un morceau de fer long d'environ huit pouces, large d'un demi-pouce, qui protège la détente d'un fusil. Voy. Sous-garde.

SOUS-GORGE. Les bourreliers appellent ainsi une partie de la bride d'un cheval qui consiste en une bande de cuir qui passe sous la gorge et qui est terminée par deux boucles, au moyen desquelles on l'attache à deux petites courroies qui tiennent à la têtière. Elle sert à assujettir la bride.

SOUS-HYDROCHLORATE, hydrochlorate avec excès de base.

SOUS-LIEUTENANT. Voy. Lieutenant (Sous-).

SOUS-MAXILLAIRE, nom donné, en anatomie, aux parties qui sont situées au-dessous de la mâchoire. La *glande sous-maxillaire* est une des glandes salivaires. Elle est irrégulièrement ovoïde, et se trouve placée au côté interne de la branche et du corps de l'os maxillaire inférieur. Le *ganglion sous-maxillaire* est un petit ganglion nerveux situé au niveau de la glande précédente.

SOUS-MÉDIANTE, nom donné, en musique, à la seconde note d'un ton quelconque. Dans le ton d'*ut*, la sous-médiante est *ré*.

SOUS-MULTIPLE. Les mathématiciens nomment quantité sous-multiple celle qui est contenue dans une autre un certain nombre de fois. 3 est un sous-multiple de 21. — Une raison sous-multiple est celle qui existe entre la quantité sous-multiple et la quantité qui la contient. La raison de 3 à 21 est une raison sous-multiple.

SOUS-NITRATE, nitrate avec excès de base.

SOUS-NORMALE. C'est, en géométrie, la partie de l'axe d'une courbe comprise entre les deux points où l'ordonnée et la perpendiculaire à la courbe menée du point touchant viennent rencontrer cet axe.

SOUS-OCCIPITAL. C'est, en anatomie, le nom des parties situées au-dessous de l'os occipital.

SOUS-ORBICULAIRE, nom donné aux feuilles qui, étant presque rondes, sont cependant un peu plus larges que hautes.

SOUS-ORBITAIRE, ce qui est placé au-dessous de la cavité orbitaire. Le *canal conduit sous-orbitaire* parcourt obliquement l'épaisseur de la paroi inférieure de l'orbite. L'*artère sous-orbitaire* provient de l'artère maxillaire interne. Les *nerfs sous-orbitaires* sortent du canal sous-orbitaire et s'écartent en rayonnant, pour se diviser en plusieurs filets.

SOUS-PERPENDICULAIRE, partie de l'axe d'une courbe comprise entre l'extrémité de l'ordonnée et le point où la perpendiculaire à la tangente, tirée de l'autre extrémité de l'ordonnée, coupe l'axe de cette courbe.

SOUS-PHOSPHATE, phosphate avec excès de base.

SOUS-PUBIEN, nom donné aux parties situées au-dessous du pubis. Le *trou sous-pubien* ou *obturateur* est une grande ouverture à la partie antérieure de l'os coxal, au-dessous de la branche horizontale du pubis. La *fosse sous-pubienne* est une excavation qui entoure cette ouverture.

SOUS-SCAPULAIRE, nom donné aux parties situées sous l'omoplate (en latin, *scapulum*). La *fosse sous-scapulaire* est une grande excavation que présente la face antérieure de l'omoplate. Le *muscle sous-scapulaire*, situé dans la fosse précédente, est aplati, large et triangulaire. Il se termine à l'humérus.

SOUS-SEL, nom donné aux sels avec excès de base.

SOUS-TANGENTE, terme de géométrie, qui désigne la partie de l'axe d'une courbe comprise entre l'ordonnée et la tangente qui y correspond.

SOUS-TENDANTE, terme de géométrie, ligne droite opposée à un angle et que l'on suppose tirée entre les deux extrémités de l'arc qui mesure cet angle. La sous-tendante de l'angle répond à la corde de l'arc.

SOUSTRACTION, opération d'arithmétique qui a pour but de retrancher un nombre d'un autre nombre plus grand, et de trouver exactement l'excès de celui-ci sur le nombre plus petit. Le résultat de la soustraction se nomme *reste*.

SOUS-TRIPLE. On dit que deux quantités sont en raison *sous-triple* quand l'une est contenue trois fois dans l'autre. 2 est sous-triple de 6 ou en raison sous-triple de 6. — Une *raison sous-triplée* est le rapport des racines cubiques.

SOUS-VENTRIÈRE, courroie attachée par ses deux extrémités aux deux limons d'une charrette et qui passe sous le ventre du cheval limonier.

SOUTANE, habit long et descendant sur les talons, que portent les ecclésiastiques catholiques. La soutane est de couleur noire pour les simples prêtres et leurs inférieurs, violette pour les évêques, rouge pour les cardinaux.

SOUTANELLE, petite soutane, habit court des ecclésiastiques, soutane qui ne va que jusqu'à la jarretière.

SOU-TCHEOU-FOU, grande et belle ville de Chine, située dans la province de Kiang-Nan, à 12 lieues de la mer et 35 lieues E. de Nankin. Elle est très-peuplée et bien bâtie. Elle est sur le grand canal de la Chine. Il y a de nombreuses fabriques de soieries, et fait un commerce considérable. Ses environs sont magnifiques.

SOUTE se dit, en marine, des retranchements pratiqués dans le plus bas étage d'un vaisseau, et qui servent de magasins pour les munitions. Ainsi l'on dit *soute aux poudres*. C'est aussi 1° un petit canot destiné au service d'un vaisseau ; 2° en jurisprudence, la somme qui se doit payer, par l'un des copartageants, pour rendre les lots du partage égaux en valeur.

SOUTERRE, nom donné aux fruits, aux plantes qui tendent à se cacher plus ou moins dans la terre.

SOUTHAMPTON, nom qu'on donne quelquefois au Hampshire ou comté de Hamps, en Angleterre. — C'est aussi une ville de ce comté, située sur une baie, à 5 lieues de Winchester, et 25 lieues S.-O. de Londres. Elle a 12,000 habitants et un port très-profond. Elle a des bains de mer fréquentés, et fait un commerce considérable. Les Français la réduisirent en cendres dans le XIV siècle. Depuis cette époque, elle a perdu beaucoup de son importance.

SOUTHWARK, ville d'Angleterre, dans le comté de Surrey, forme, pour ainsi dire un faubourg de Londres, dont elle est séparée par la Tamise. Un beau pont de pierre les réunit. C'est là que réside l'archevêque de Cantorbéry. Southwark a 75,000 habitants, et renferme de beaux édifices. Elle est industrieuse, et fait un commerce très-important.

SOUVAROF — RYMNIKSKI (Alexandre-Vassiliévitch), né en Finlande en 1729, était issu d'une famille suédoise. Il entra au service en 1742 comme simple soldat, et s'éleva de grade en grade jusqu'à celui de colonel qu'il obtint en 1752, après s'être distingué dans la guerre de sept ans contre les Prussiens. En 1768, il remporta plusieurs avantages sur les Polonais, prit d'assaut Cracovie, et fut nommé major général. En 1773, il servit contre les Turks sous les ordres de Romanzoff, et se signala par plusieurs beaux faits d'armes. En récompense, il fut nommé en 1783 général en chef, et reçut de l'impératrice son portrait enrichi de diamants. Il se distingua ensuite dans la guerre avec les Turks, et les défit en plusieurs rencontres, à Foleschani et sur les bords de la Rimnik. C'est alors qu'il reçut le titre de Rimnikski. Il s'empara de la citadelle d'Ismaël, regardée comme imprenable. A la paix, il fut nommé gouverneur d'Ekaterinoslaf, de la Crimée, et des provinces conquises à l'embouchure du Dniester. Les Polonais s'étant soulevés en 1794, il marcha contre eux, prit Praga, Varsovie, et fut en récompense nommé feld-maréchal. Chargé en 1799 de la conduite de l'armée russe envoyée contre les Français en Italie, il se distingua par la prise de plusieurs villes, et par son habile retraite à travers les montagnes de la Suisse. Rappelé en 1800, il se vit disgracié, et mourut la même année, avec le titre de *prince Italinski*. Il se distinguait par sa bravoure intrépide, qu'il ternit souvent par ses cruautés.

SOUVERAIN, monnaie d'or d'Angleterre. Le *souverain* de 20 *schellings*, depuis 1818, vaut 25 francs 20 centimes un centième de France ; le *demi*-*souverain* vaut 12 francs 60 centimes 40 centièmes. — Le *souverain*, d'or, d'Autriche et de Bohême, vaut 17 francs 58 centimes de notre monnaie.

SOUVIGNY, chef-lieu de canton du département de l'Allier, dans l'arrondissement et à 4 lieues de Moulins. Population, 3,200 habitants. Cette ville est fort ancienne. Charlemagne y fit ses premières armes. Elle fut longtemps la résidence des sires et ducs de Bourbon. Elle fut jadis entourée de murailles dont il reste encore des ruines. Cette ville commerce en vins, fromage, fruits estimés. Elle a une verrerie.

SOUZA (Mme de), née à Falaise (Calvados), fut d'abord connue sous le nom de *Mlle de Filleul*. Elle épousa M. de Flahaut, qui fut condamné à mort en 1792, et en secondes noces M. de Souza, ambassadeur du Portugal à Paris. Elle est morte en 1836. Mme la comtesse de Souza s'est fait un nom parmi les littérateurs de notre époque par ses romans intitulés, *Adèle de Sénanges*, *Charles et Marie*, *Eugène de Rothelin*, *Emile et Alphonse*, *Eugénie et Mathilde* ou *Mémoires de la famille du comte de Revel*.

SOYEUX, ce qui a l'aspect de la soie, ce qui est couvert de poils doux, mous, serrés, couchés et luisants comme de la soie. Ce mot s'emploie principalement en botanique.

SOZOMÈNE (Hermias), surnommé *le Scolastique*, historien ecclésiastique du v° siècle, originaire de Palestine. Il embrassa le christianisme, et vint à Constantinople, où il cultiva les belles-lettres, et où il exerça les fonctions d'avocat. Il mourut en 450. On a de lui en grec une *Histoire ecclésiastique*, divisée en neuf livres, qui comprend tout ce qui s'est passé depuis l'an 324 jusqu'à l'an 415. Son style est pur et correct ; mais son ouvrage manque de sagacité et de jugement. — Prêtre de Pistoia, auteur d'une *Histoire universelle*, qui commence à la création et se termine à l'an 1410. Il mourut vers 1455.

SPA, ville de Belgique, à 9 lieues de Liége, à 10 d'Aix-la-Chapelle, à 75 de Paris. Elle est belle et bien bâtie, et comme enclavée dans la forêt des Ardennes. Elle est célèbre par ses eaux minérales gazeuses, limpides, d'une saveur piquante, aigrelette, contenant beaucoup d'acide carbonique, des carbonates de fer, de chaux et de magnésie, du sous-carbonate de soude et de l'hydrochlorate de soude. Ces eaux sont froides et se prennent en boissons, comme toniques, apéritives, etc., dans les engorgements intérieurs, l'épuisement des forces vives, la pierre et la gravelle. La saison ouvre le 15 mai et finit le 15 octobre. Ces eaux attirent à Spa un très-grand nombre de voyageurs. Les sites des environs sont très-agréables.

SPADASSIN, nom qu'on donnait autrefois aux soldats, et par corruption aux individus qui ne respiraient que duels et combats.

SPADICE ou SPADIX, assemblage de fleurs sur un axe commun, le plus souvent renfermées dans une spathe qui leur sert de voile. On observe des spadices sur les aroïdées, les palmiers, etc. — On nomme *spadicé* le végétal pourvu d'un spadice.

SPAHIS, corps de cavalerie turque institué par Amurat I°". Ils avaient pour armes le sabre, la lance ou le javelot et une large épée attachée à la selle du cheval. Ils faisaient rarement usage des armes à feu. Ce corps, composé sans régularité, n'était pas soumis à une discipline sévère. Les spahis, comme les autres troupes turques, sont aujourd'hui organisés à l'européenne. — La France entretient dans l'Algérie des corps de spahis formés de la cavalerie indigène, armés et équipés selon l'usage de ce pays.

SPALATRO, cercle de Dalmatie, entre ceux de Zara et de Raguse. Il a 200 lieues carrées et 83,000 habitants. La capitale est SPALATO, ancienne ville et place forte, sur l'Adriatique, à 26 lieues S. de Zara, avec un beau port et un archevêché. Elle a 8,000 habitants. On y voit des ruines romaines. Spalatro fait un commerce considérable.

SPALAX ou RAT-TAUPE, genre de rongeurs, de la section des claviculés, renfermant des animaux au corps assez robuste, allongé, aux pattes très-courtes, fortes, propres à fouir la terre, et divisées en cinq doigts terminés par des ongles forts, plats et obtus ; la tête est très-large, aplatie et terminée par un museau cartilagineux très-obtus. Les yeux sont d'une extrême petitesse, ainsi que les oreilles ; la queue est nulle. Les spalax habitent la terre, où ils se creusent des galeries. Ils vivent de racines, et causent de grands dégâts à l'agriculture. Le *spalax zemni*, un peu plus gros que notre rat, habite l'Asie-Mineure, la Russie méridionale.

SPALLANZANI (Lazare), célèbre naturaliste italien, né à Scandiano dans le Modénois en 1729. Il obtint en 1754 la chaire de philosophie à l'université de Reggio. En 1760, il fut appelé aux écoles de Modène. En 1773, il devint professeur d'histoire naturelle à l'université de Pavie, et jeta les fondements du célèbre musée de cette ville. Il voyagea en Europe et en Orient, et mourut en 1799. Ce savant distingué a fait un grand nombre de travaux précieux et de découvertes. Parmi ses ouvrages, on cite ses *Expériences* sur les reproductions des animaux, un *essai* sur les animalcules infusoires, des *Expériences microscopiques* sur plusieurs animaux, un *mémoire* sur la circulation du sang, des *voyages* et des *mémoires* très-nombreux.

SPALME, nom qu'on donnait autrefois au pétrole qu'on faisait entrer dans le goudron dont on enduisait les embarcations.

SPANHEIM (Ezéchiel), fils du théologien Frédéric Spanheim, naquit à Genève en 1629. Sa réputation de savant le fit nommer professeur de belles-lettres dans sa patrie en 1651 et membre du grand conseil en 1652. L'électeur palatin lui confia l'éducation de son fils. En 1665, il entra au service de l'électeur de Brandebourg, qui l'envoya à Paris en qualité d'envoyé extraordinaire. A son retour, il fut nommé ministre d'Etat et baron, et eut ensuite plusieurs ambassades, à Paris, en Hollande, en Angleterre. Il mourut en 1710. Son érudition était vaste et profonde. Son principal ouvrage est en latin : c'est le *Traité sur l'utilité et la supériorité des anciennes médailles* ; on a encore de lui des *traductions* et de savantes dissertations.

SPARADRAP, nom donné, en médecine, à tout emplâtre agglutinatif étendu sur du linge ou du papier. Les plus usités sont 1° la *toile de Gautier*, qui se prépare avec de la toile neuve, l'emplâtre de céruse brûlé et un peu d'iris de Florence ; 2° le *sparadrap à deux faces*, composé de cire jaune, de suif, de térébenthine, d'huile d'olive et de minium en poudre ; 3° la *toile emplastique*, faite avec l'emplâtre diapalme et le suif de mouton ; 4° le *taffetas d'Angleterre*. (Voy.) On se sert de ces emplâtres pour rapprocher les bords d'une plaie.

SPARE. Voy. SPAROÏDES.

SPARGANIER, ou RUBANIER, ou RUBAN D'EAU, genre de la famille des typhinées, renfermant des plantes croissant dans les ruisseaux, les fossés, les lieux inondés de l'Europe et de l'Amérique du Nord. Les racines épaisses et rampantes portent des tiges rondes, rameuses, pleines d'une moelle blanche, assez hautes, garnies de feuilles alternes, étroites, très-longues, rudes ; les fleurs sont blanches, et donnent naissance à des fruits ovoïdes, à deux loges, contenant chacune une graine. Les *sparganiers flottant et dressé*, sont mangés dans leur jeune âge par les bestiaux. Ces deux espèces fixent les sables et la vase, et concourent beaucoup à la formation de la tourbe.

SPARGOUTE ou ESPARGOUTE, noms vulgaires de la *spergule*.

SPAROÏDES, famille de poissons dont les anciens avaient fait le grand genre *spare*, et qui ont pour caractères un corps écailleux, ovale, une seule dorsale, sans écailles et soutenue dans sa partie antérieure par des épines fortes et pointues ; un palais complètement privé de dents. Cuvier, a divisé cette famille en treize genres : les *sargues*, les *puntazzo*, les *daurades*, les *pagres*, les *pagels*, les *dentés*, les *pentapodes*, les *léthrinus*, les *canthères*, les *bogues*, les *oblades*, les *scathares* et les *crénidens*.

SPARSILES, nom qu'on a donné, en astronomie, aux étoiles disséminées dans le ciel et qui ne sont pas comprises dans les constellations.

SPART ou SPARTE, genre de la famille des graminées, renfermant des plantes du midi de la France. Le *sparte tenace* a des tiges roïdes, noueuses, hautes de deux ou trois pieds, garnies de feuilles longues de trente à quarante centimètres ; les fleurs sont jaunâtres et nombreuses ; les fruits sont des graines très-petites. — On emploie les feuilles des spartes, lesquelles sont d'une grande flexibilité et très-tenaces, pour fabriquer des tapis, des nattes, des corbeilles, des paniers et même des cordages.

SPARTACUS, gladiateur célèbre de Thrace, fut d'abord berger dans sa patrie. Il fut vendu comme esclave aux Romains et destiné aux jeux du cirque. Etant parvenu à s'échapper avec deux de ses compagnons d'esclavage, il prit les armes, et rassembla une armée qui s'éleva bientôt à 10,000 hommes (73 avant J.-C.). Il ravagea la Campanie, et vainquit plusieurs généraux romains. Crassus cependant parvint à le battre à la fameuse bataille de Silare (71 avant J.-C.). Spartacus, après avoir fait des prodiges de valeur, périt dans le combat.

SPARTE ou LACÉDÉMONE, ville fameuse du Péloponèse, capitale de la Laconie, était située presque au milieu, mais un peu au S., sur un terrain presque environné par l'Eurotas. On ignore son origine ; des auteurs l'ont attribuée à Lacédémon, roi du pays. Cette ville n'avait guère plus d'une lieue de tour. Elle avait fort peu de monuments d'architecture. Sparte faisait remonter la tige de ses rois à Lelex, dans le XIIIᵉ siècle avant J.-C. Les Héraclides en firent la conquête en 1104 avant J.-C., et elle devint le partage d'une branche de la famille conquérante, qui se subdivisa bientôt en deux autres, les Euristhénides ou Agides et les Proclides ou Eurypontides, qui régnèrent simultanément. Le gouvernement de Sparte était un mélange d'aristocratie, de démocratie, unies à la royauté. Deux rois ou archagètes, égaux en puissance, veillaient à l'exécution des lois, conjointement avec un sénat de vingt-huit membres, choisis parmi les vieillards les plus distingués par leur sagesse ; les lois étaient ensuite ou rejetées dans l'assemblée du peuple. Il en était de même des grandes affaires. Pour contre-balancer l'autorité des rois, il y avait plusieurs éphores choisis parmi le peuple et chargés de surveiller leur conduite. Ces éphores usurpèrent peu à peu tout le pouvoir, et il ne resta au roi que de très-petits priviléges. Les événements les plus remarquables de l'histoire de Sparte sont la guerre avec les Messéniens qu'elle finit par subjuguer, la guerre avec Athènes terminée par la prise de cette ville, la guerre avec les Thébains. En 218 avant J.-C. eut lieu l'abolition du pouvoir monarchique. L'histoire mentionne néanmoins Machanidas et Nabis, qui régnèrent (210-206). En 191, Sparte entra dans la ligue achéenne, et fut réduite avec le reste de la Grèce en province romaine. On ne voit plus que des ruines de Sparte au bourg appelé Paléo-Chori, près de Misitra.

SPARTIATES ou LACÉDÉMONIENS, peuple célèbre du Péloponèse, qui joua un grand rôle dans les dissensions de la Grèce. Il est surtout connu par son courage, son patriotisme et son mépris des richesses et du luxe. Les Spartiates avaient reçu leur code de lois de Lycurgue. (Voy. ce nom.) On leur donnait une éducation mâle et forte. Dès l'enfance, on les habituait à de rudes travaux. Ils considéraient la guerre comme leur état naturel, et abandonnaient aux esclaves les beaux-arts et le commerce ; les monnaies étaient de fer ; les voyages étaient défendus, afin d'empêcher l'importation des usages étrangers ; les repas se prenaient en commun ; et se distinguaient par leur frugalité. Les terres étaient également réparties entre les citoyens. L'éducation était commune, et tournait aux frais de la république. Les Lacédémoniens poussaient le courage jusqu'à la barbarie. Ils mettaient à mort les enfants qui naissaient faibles ou mal conformés, et fouettaient les adolescents dans le temple de Diane, pour les habituer à souffrir avec fermeté. Leur courage se signala en divers combats. Tout le monde connaît la fameuse bataille des Thermopyles.

SPARTIEN (Ælius), historien latin, vivait du temps de Dioclétien. On ignore les événements de sa vie. On trouve dans l'Histoire Auguste les biographies qu'il a écrites sur Adrien, Verus, Didius Julianus, Pescennius Niger, Septime Sévère, Caracalla et Geta. La première est la plus estimée.

SPARTION. Voy. GENÊT. C'est le genêt d'Espagne.

SPASME, mot généralement employé en médecine comme synonyme de convulsion. Quelques auteurs l'ont appliqué aux lésions de la contractilité dans les muscles de la vie organique, comme dans ces phrases : spasmes des intestins, spasmes de la vessie, etc.; et ont réservé le mot convulsion aux muscles soumis à la volonté. On nomme spasmodique ce qui concerne les spasmes, ce qui a de l'analogie avec eux. Les remèdes propres à guérir les spasmes se nomment antispasmodiques.

SPATH, mot allemand que les anciens minéralogistes avaient adopté pour désigner certaines espèces de minéraux à texture lamellaire et cristalline. On ne s'en sert guère aujourd'hui que pour désigner le carbonate de chaux laminaire (spath calcaire) et la fluorine (spath fluor). — On nommait autrefois spath pesant le sulfate de baryte ; spath séléniteux, le gypse ; spath amer, la dolomie ; etc.

SPATHE. C'est, en botanique, une sorte de gaîne membraneuse qui enveloppe et abrite les fleurs chez un grand nombre de plantes. Sa forme varie beaucoup. Elle s'ouvre et se rompt au moment que les fleurs s'épanouissent. On voit des spathes dans l'ail, l'arum ou gouet, le bananier, etc. On nomme spathacé le végétal pourvu d'une spathe ou d'une partie ayant quelque analogie avec ce corps.

SPATHILLE, petite spathe, gaîne partielle de chacune des fleurs qu'enveloppe une spathe ou gaîne générale.

SPATULE (du grec spathé, épée large, glaive), instrument de chirurgie et de pharmacie, long de quatre à cinq pouces, rond par un bout et plat par l'autre, dont on se sert pour remuer certaines préparations pharmaceutiques, pour étendre les électuaires, les emplâtres, les onguents, etc.

SPATULE, genre de la famille des échassiers, renfermant des oiseaux remarquables par leur bec long, arrondi et aplati à leur extrémité, comme l'instrument de pharmacie dont ils portent le nom. Ils ont des jambes très-élevées. Les spatules vivent dans les marais boisés, en troupes ou par couples, et se nourrissent de poissons, mollusques et insectes. La spatule blanche est remarquable par la huppe qu'elle a sur l'occiput. Elle est d'un blanc pur par tout le corps, à l'exception de la poitrine où l'on voit un large plastron d'un jaune roussâtre. Le bec est noir, avec du jaune à la pointe ; les pieds sont noirs, l'iris est rouge. Cette espèce habite l'Europe et surtout la Hollande.

SPATULÉ. Ce mot s'applique, en botanique, aux parties qui ont la forme d'une spatule, c'est-à-dire qui sont obtuses et arrondies à leur sommet, tandis qu'elles se rétrécissent insensiblement vers la base, et sont allongées, de manière à figurer la spatule des pharmaciens.

SPÉCIFIQUE, nom donné, en médecine, aux médicaments qui ont une action déterminée contre une espèce de maladie plutôt que contre toute autre. Le quinquina, par exemple, a une action spécifique contre les fièvres. — On appelle pesanteur ou gravité spécifique ce que pèse un corps pris sous un volume déterminé, par rapport à un autre corps de même pesanteur. Or, lume, pris pour unité de pesanteur. On prend ordinairement l'eau pour l'unité de pesanteur des solides et des liquides, et l'air pour celle des gaz. — On nomme chaleurs spécifiques les quantités de chaleur capables de produire, dans des corps égaux en masse, des élévations égales de température, en prenant un degré du thermomètre pour terme de comparaison.

SPECTRE, fantôme, figure fantastique qui présente les formes d'un mort, et que l'imagination montre à certaines personnes. L'existence des spectres était reconnue des anciens peuples païens. Ils s'imaginaient que, quand le cadavre était déposé dans le tombeau, il en surgissait une ombre, une figure entièrement semblable, et qui se manifestait aux parents, aux amis des morts. Les anciens avaient établi des fêtes pour conjurer les spectres, afin de ne les voir plus et qu'ils ne vinssent pas effrayer les hommes par leur apparition.

SPECTRE SOLAIRE ou COLORÉ, ou simplement SPECTRE, nom donné par les physiciens à l'image oblongue et colorée que l'on voit sur un mur blanchi lorsqu'on a fait tomber un rayon solaire sur l'angle réfringent d'un prisme placé dans une chambre obscure. On y distingue sept couleurs principales placées dans l'ordre suivant : le rouge, l'orangé, le jaune, le vert, le bleu, l'indigo et le violet.

SPÉCULAIRES, du latin speculum, miroir, nom donné par les anciens aux magiciens qui faisaient voir dans un miroir les personnes qu'on désirait connaître.

SPECULUM, mot latin qui signifie miroir, et qu'on a fait passer dans la langue française pour désigner plusieurs instruments de chirurgie destinés à dilater certaines cavités.

SPENCER (Hugues), fils de Hugues Spencer, comte de Winchester, devint en 1320 le favori d'Edouard II, roi d'Angleterre. Il acquit le plus grand empire sur ce prince, et régna véritablement à sa place. Son ambition et son orgueil lui firent de nombreux ennemis parmi la noblesse anglaise. Le roi ayant refusé de l'exiler, les grands firent prononcer par le parlement la sentence de bannissement et la confiscation de ses biens. Edouard, forcé de confirmer cette sentence, rappela peu de temps après Spencer, qui se vengea en faisant trancher la tête aux vingt-deux des plus puissants seigneurs. Edouard ayant été déposé peu de temps après, Spencer fut livré au dernier supplice. On exerça sur son corps des cruautés inouïes (1326).

SPENCER (Edmond), célèbre poète anglais, né à Londres, fut poëte lauréat de la reine Elisabeth et secrétaire de lord Grey, lord-député en Irlande. La reine lui donna une propriété assez étendue dans le comté de Cork, où il s'établit et où il mourut en 1598. Son ouvrage le plus estimé est le Fairy-Queen (la reine des fées).

SPERCHIUS, fleuve de la Thessalie méridionale, prenait sa source au Pinde, coulait de l'O. à l'E., et se jetait dans le golfe Maliaque, près d'Anticyre. Son cours était très-rapide. Il se nomme aujourd'hui Potami-tis-Ellados, c'est-à-dire (en grec moderne) le fleuve de la Grèce.

SPERGULE, genre de la famille des caryophyllées, renfermant des plantes qui croissent naturellement en France dans les champs sablonneux. La spergule commune est une plante herbacée annuelle, à racine grêle et pivotante, portant une tige nouense, divisée dès sa base en rameaux nombreux, étalés, garnis de feuilles linéaires et de fleurs blanches, auxquelles succèdent des graines nombreuses, très-petites, rondes et noires. La spergule fournit un très-bon fourrage que les bestiaux aiment beaucoup. On en retire aussi une farine grise, de saveur amère, donnant par la cuisson un pain noir ; mais elle peut devenir aisément cette saveur et cette couleur.

SPERKISE, nom qui signifie en allemand pyrite en lames (speer, lame, et kies, pyrite), a été donné au fer sulfuré blanc de la pyrite blanche, substance ordinairement d'un jaune plus ou moins clair ou foncé, et qui se décompose facilement à l'air pour se transformer en sulfate de fer.

SPERLINGA, petite ville de Sicile, dans le Val di Mazzara, à 8 lieues de Céfalu. C'est la seule ville de l'île qui s'opposa au massacre des Français lors des Vêpres siciliennes en 1282. Cinq cents Français qui s'y réfugièrent eurent la vie sauve.

SPERMA-CETI. Voy. CÉTINE.

SPERMATIQUE, ce qui a rapport au sperme. Il y a des artères, des veines spermatiques.

SPERME (du mot latin et grec *sperma*, semence), liquide sécrété par les testicules, transmis par le canal déférent dans les vésicules séminales, où il séjourne pendant quelque temps pour sortir à volonté au moyen des canaux éjaculateurs et du canal de l'urètre. Le sperme est blanchâtre, visqueux, et paraît renfermer une quantité prodigieuse d'animalcules microscopiques.

SPESSART, montagne très-boisée de Bavière, dans le cercle du Danube, entre Wibourg et Aschaffemburg. La forêt de Spessart a 8 lieues de long sur environ autant de largeur, et s'étend sur les bords du Mein.

SPEUSIPPE, philosophe athénien, neveu et disciple de Platon, lui succéda l'an 348 avant J.-C. dans la direction de son école. Il déshonora ses talents par son avarice, ses emportements et ses débauches. Il mourut à Athènes vers l'an 338 avant J.-C. Ses ouvrages, que nous n'avons plus, étaient très-estimés des anciens.

SPEY, grande rivière d'Écosse, prend sa source dans le lac de Spey, au comté d'Inverness, et va se jeter dans la mer à Speymouth.

SPEZIALE (N...), fils d'un fermier de Borgetto près de Palerme, embrassa la profession d'avocat, et devint le membre le plus cruel de cette junte d'État, créée à Naples en 1799, afin de poursuivre les partisans des Français et ceux qui, par l'indépendance de leurs opinions, devenaient suspects aux yeux du pouvoir. Il fit périr un très-grand nombre de personnes la plupart innocentes. On accordait vingt-quatre heures aux accusés pour préparer leur défense; on n'admettait point de témoins en leur faveur, et les sentences étaient exécutées dans les vingt-quatre heures. En 1806, Speziale suivit la cour à Palerme, où il mourut en 1813 atteint d'une aliénation mentale.

SPHACHIA ou **SPHAKHIA**, ville de la côte méridionale de l'île de Crète. Elle est habitée par une tribu de Grecs que l'on regarde comme les purs descendants des Crétois. Ils parlent un langage plus correct que les autres habitants.

SPHÉGIDES, tribu de l'ordre des hyménoptères, section des porte-aiguillons, famille des fouisseurs, renfermant des insectes qui vivent dans les lieux chauds et sablonneux ou dans nos maisons. Dans cette tribu rentrent les genres *sphex*, *ammophile*, *pélopée*, etc.

SPHÉNOIDAL, ce qui a rapport ou appartient au sphénoïde. On nomme *cornets sphénoïdaux* ou *de Berlin* deux petits os minces et recourbés sur eux-mêmes, placés entre le sphénoïde et l'ethmoïde; la *fente sphénoïdale* ou *orbitaire supérieure* est une large fente placée entre la grande et la petite aile du sphénoïde; l'*épine sphénoïdale* est une crête saillante qui présente le sphénoïde à sa face inférieure pour s'articuler avec le vomer.

SPHÉNOIDE, os impair du squelette humain, placé sur la ligne moyenne, à la base du crâne, et qui, s'articulant avec tous les autres os de cette cavité, les soutient et fortifie leur union. On le divise en *corps* ou *partie moyenne* et en *ailes* au nombre de quatre, subdivisées en *grandes* et *petites*.

SPHÉNO-MAXILLAIRE, ce qui a rapport aux os sphénoïde et maxillaire. On nomme *fente sphéno-maxillaire* ou *orbitaire inférieure* une fente placée à la partie postérieure de l'angle de réunion des parois interne et inférieure de l'orbite. Elle est formée en haut par le sphénoïde, en bas par l'os maxillaire supérieur et l'os du palais, et en avant par l'os malaire. Elle fait communiquer la cavité orbitaire avec la fosse zygomatique.

SPHÉNO-PALATIN, ce qui a rapport à l'os sphénoïde et à l'os palatin. Le *muscle sphéno-palatin* est le même que le muscle *péristaphylin interne*. Le *trou sphéno-palatin* est une ouverture arrondie, formée par la portion verticale de l'os du palais et du sphénoïde. Il établit une communication entre les fosses nasales et la fosse zygomatique. Il y a aussi des *nerfs*, des *artères* et des *veines* qui portent ce nom.

SPHÉNO-PARIÉTAL, ce qui a rapport au sphénoïde et au pariétal. On appelle *suture sphéno-pariétale* celle qui est formée par l'articulation des grandes ailes du sphénoïde avec l'angle antérieur et inférieur de l'os pariétal.

SPHÉNO-TEMPORAL, ce qui appartient au sphénoïde et au temporal. On donne le nom de *suture sphéno-temporale* à celle qui résulte de l'articulation des grandes ailes du sphénoïde avec la portion écailleuse de l'os temporal.

SPHÈRE (du grec *sphaira*, globe, corps rond), nom donné, en géométrie, à un corps solide dans lequel toutes les lignes menées du centre à la surface sont égales. — En astronomie, c'est l'assemblage des cercles célestes ou leur imitation. Cette dernière se nomme *sphère armillaire*; elle est formée d'une machine ronde et mobile autour d'un axe fixe, et composée de divers cercles qui représentent le cours des astres dans le ciel. La construction des sphères artificielles était connue des anciens; les Égyptiens et les Arabes en ont eu qui, malgré leurs défauts, sont très-recherchées des savants. — On appelle *sphère droite* celle où l'équateur est perpendiculaire à l'horizon; *sphère oblique*, celle qui a lieu pour tous les pays de la terre qui ne sont situés ni sous l'équateur ni sous les pôles; *sphère parallèle*, celle qui a lieu quand l'horizon est parallèle à l'équateur.

SPHÉRICITÉ, qualité de ce qui est sphérique. Ce mot se dit particulièrement en parlant de la terre et des autres planètes.

SPHÉRISTIQUE, partie de la gymnastique des anciens. Elle comprenait tous les genres d'exercices où l'on se servait de la balle (en grec, *sphaira*). On appelait *sphériste* celui qui enseignait cet art, et *sphéristère* le lieu où s'assemblaient les joueurs.

SPHÉROIDE, ce qui approche de la figure d'une sphère. Ainsi on dit un *sphéroïde allongé*, *aplati*, etc.

SPHÉROMIDES, famille de l'ordre des isopodes, section des aquatiques, renfermant des crustacés qui habitent les bords de la mer, sous les pierres, les rochers et les tas de plantes marines. Ils sont de petite taille. Le principal genre est le genre *sphérome*; les sphéromes ont la propriété de se contracter en boule comme certains cloportes. Ils restent réunis en troupes nombreuses, marchent et nagent avec dextérité. Le *sphérome denté* habite les côtes de l'Océan et de la Méditerranée. Il est de couleur cendrée ou blanchâtre, marbrée de rouge et de gris foncé.

SPHÉRULES, nom donné par certains naturalistes aux organes qui contiennent les bourgeons séminiformes chez les hypoxylées. Ils sont de formes très-diverses.

SPHINCTER (du grec *sphingô*, serrer), nom donné à plusieurs muscles annulaires dont l'action est de resserrer ou de fermer certaines cavités naturelles. Ainsi il y a le sphincter des lèvres, de l'anus, de la vessie.

SPHINGIDES, tribu de l'ordre des lépidoptères, famille des crépusculaires, renfermant des insectes aux antennes prismatiques, toujours terminées par une petite houppe, aux ailes longues et étroites, au corselet robuste, à l'abdomen large, plus ou moins allongé, presque cylindrique. Cette tribu renferme les genres *sphinx*, *smérinthe*.

SPHINX, monstre fabuleux que la fable fait naître d'Echidna et de Typhon, et qui avait la tête et le sein d'une femme, le corps d'un chien, les griffes d'un lion, les ailes d'un aigle et une queue armée d'un dard aigu. Le Sphinx habitait dans le voisinage de Thèbes sur un mont élevé. Il proposait des énigmes aux passants et dévorait ceux qui ne pouvaient les deviner. Créon, roi de Thèbes, promit la main de sa fille Jocaste et sa couronne à celui qui ferait cesser ce fléau. Œdipe put seul deviner l'énigme, et le Sphinx, furieux de se voir deviné, se précipita du haut des rochers. — Le Sphinx se voit très-communément dans les monuments égyptiens. On en trouve des statues isolées en très-grand nombre. Elles ont le corps d'un lion et une tête d'homme ou de femme; parfois la tête est soutenue par un buste humain orné de deux seins; le corps est ordinairement couché, et les pattes sont posées à plat. — Le Sphinx était l'emblème de la prudence, de la sagesse et de la force réunies. Des écrivains pensent que c'était l'image de l'état où se trouve le Nil, pendant son inondation périodique, laquelle a lieu lorsque le soleil parcourt les signes de la Vierge et du Lion.

SPHINX, genre de lépidoptères crépusculaires, tribu des sphingides, renfermant des insectes au corps robuste, à la tête allant un peu en pointe, aux ailes triangulaires, à l'abdomen conique. Ces insectes volent avec rapidité sur les fleurs, dont ils sucent le suc pour se nourrir. On ne les voit qu'à la chute du jour. Le *sphinx du troène* a une envergure de quatre pouces. Ses ailes sont parées de couleurs éclatantes. Il vit sur le troène, le lilas, le frêne, etc., et s'en trouve dans nos jardins.

SPHRAGIDE ou **SPHRAGIS**, nom donné par les anciens à la terre sigillée de l'île de Lemnos, sorte de terre bolaire dont on faisait usage comme médicament.

SPHYGMIQUE (du grec *sphygmos*, le pouls), ce qui concerne le pouls. On nomme *art sphygmique* l'art qui a pour but la connaissance du pouls.

SPHYRÈNE, genre de la famille des percoïdes, renfermant des poissons, au corps allongé, au museau pointu, muni d'une gueule large, armée de dents aiguës et tranchantes. Ces poissons sont très-voraces. La *sphyrène de la Méditerranée* ou *spet* est couverte de petites écailles. Ses mâchoires s'allongent en pointe. Sa couleur est argentée sur les flancs et sous la partie inférieure du corps, et plombée ou noirâtre sur le dos. Sa chair est légère, de bon goût et recherchée. On la trouve sur les côtes de la Méditerranée.

SPIC, un des noms vulgaires de la *lavande*.

SPICANARD, nom sous lequel les pharmaciens désignent le nard indien.

SPICILÈGE, nom donné à un recueil, à une collection de pièces, d'actes, etc., d'un genre quelconque.

SPICULATEURS, corps de troupes romaines, faisant partie de la garde de l'empereur. Ils avaient pour arme une espèce de javelot nommé *spiculum*.

SPIGÉLIE, genre de la famille des gentianées, renfermant des plantes herbacées, rarement frutescentes, appartenant à l'Amérique. Ces plantes donnent de belles fleurs d'un rouge vif. La *spigélie du Maryland* est cultivée dans les jardins d'Europe. Cette espèce et plusieurs autres du même genre sont usitées en médecine comme antispasmodiques et vermifuges très-héroïques.

SPILANTHE, genre de la famille des synanthérées, renfermant des plantes herbacées propres aux contrées chaudes de l'Amérique. Le *spilanthe oléracé* ou *cresson de Para* ou *abécédaire* possède de hautes propriétés antiscorbutiques et contre les maux de dents. Sa saveur est âcre et piquante. On le nomme encore *herbe de Malacca* ou *de Ternate*. Le spilanthe fait la base de la teinture dite *paraguay-roux*.

SPINAL, nom donné à ce qui a rapport à l'épine du dos ou colonne vertébrale. ainsi il y a des nerfs spinaux, des artères spinales.

SPINELLE, nom minéralogique de l'alumine magnésiée. Le spinelle comprend les deux espèces de gemmes connues des joailliers sous les noms de *rubis-spinelle* et *rubis-balais*. Le rubis-spinelle est d'un rouge pâle.

SPINESCENT, terme de botanique, lequel s'applique aux parties dont le sommet s'amincit en une pointe grêle, roide et piquante comme une épine.

SPINOLA (Ambroise), célèbre général du XVIIe siècle, de l'illustre famille de Spinola de Gênes, dont les branches se sont répandues en Italie et en Espagne. Né en 1569, il fit ses premières armes en Flandre, et, chargé du commandement d'une armée, s'empara de la ville d'Ostende en 1604. Ses services le firent nommer général des troupes d'Espagne dans les Pays-Bas. Opposé à Maurice de Nassau, il contre-balança sa gloire et ses succès. Il passa en Piémont en 1629, et s'empara de Casal. Il mourut en 1630, du regret de n'avoir pu soumettre la citadelle de cette ville.

SPINOSA ou SPINOZA (Baruch ou Benoît), philosophe célèbre du XVIIe siècle, né à Amsterdam en 1632 d'une famille israélite originaire du Portugal. Il se livra avec ardeur à l'étude de la théologie, et renonça au judaïsme pour professer l'Evangile. Il vécut dans la solitude, et mourut en 1677. Ses mœurs étaient pures ; il était sobre, désintéressé et affable. L'ouvrage de ce philosophe qui a fait le plus de bruit est son *Traité théologico-politique*. Spinosa est le premier qui ait rédigé l'athéisme en système, ou plutôt un panthéisme poussé dans ses dernières limites. Il admet dans la nature une substance unique, Dieu, l'être infini, doué d'une infinité d'attributs, et, entre autres, de l'étendue et de la pensée. Tous les corps qui existent sont des modifications de cette substance en tant qu'étendue, et tous les autres êtres, tels que les âmes des hommes, sont des modes de cette substance en tant que pensée. Ainsi tout ce qui existe est une partie ou modification de Dieu.

SPINOSISME, doctrine du philosophe Spinosa.

SPINTHRIENNES, nom qu'on a donné aux médailles et aux camées qui représentent des sujets obscènes.

SPIRALE (du grec *speira*, tour). C'est en général une ligne courbe qui va toujours en s'éloignant de son centre et en faisant autour de ce centre plusieurs révolutions.

SPIRATION, terme usité par les théologiens pour désigner la manière dont la troisième personne de la sainte Trinité, c'est-à-dire le Saint-Esprit, procède des deux autres personnes, c'est-à-dire du Père et du Fils.

SPIRE (ÉVÊCHÉ DE), ancien évêché d'Allemagne, suffragant de l'archevêché de Mayence, dans le cercle du Haut-Rhin, entre le Palatinat, le pays de Bade, l'Alsace et le comté de Leiningen. C'était une principauté qui renfermait 55,000 habitants. Ce pays est agricole, et n'a pas de manufactures. Une partie de cette principauté fut donnée en 1794 à la France, qui la conserva jusqu'en 1814. Le reste fut cédé en 1802 au grand-duché de Bade, auquel il appartient encore aujourd'hui.

SPIRE, ville d'Allemagne, jadis capitale de l'évêché de ce nom, aujourd'hui chef-lieu du cercle du Rhin, dans la Bavière, située au confluent du Rhin et du Speyerbach. Elle a 4,000 habitants, la plupart luthériens. Elle fut jusqu'en 1688 le siège de la chambre impériale. Elle fut détruite en 1689 par les Français, qui s'en emparèrent de nouveau en 1793. Jusqu'en 1814, elle appartint à la France, et fit partie du département de Mont-Tonnerre. Cette ville est célèbre par la diète que l'empereur Charles-Quint y tint en 1529, et dans laquelle les luthériens protestèrent con-

tre les édits précédents touchant la religion, ils prirent depuis le nom de *protestants*.

SPIRE, nom donné, en géométrie, à la ligne spirale, et plus exactement à un seul de ses tours. En architecture, c'est la base d'une colonne lorsque la figure ou le profil de cette base va en serpentant. En histoire naturelle, ce mot s'applique 1° aux circonvolutions en spirale décrites par une partie quelconque d'un végétal ; 2° à l'ensemble des tours de spirale que présentent certains coquillages univalves.

SPIRÉE, genre de la famille des rosacées, renfermant des plantes qui se trouvent dans les deux hémisphères. Ce sont des arbrisseaux ou des herbes vivaces, à feuilles alternes, aux fleurs blanches ou purpurines, à cinq pétales, aux fruits capsulaires, renfermant plusieurs graines luisantes. La *spirée ulmaire* ou *reine des prés* a une tige élancée, garnie de feuilles d'un vert agréable, et de fleurs blanches odorantes. On la cultive dans les jardins. On la nomme aussi *herbe aux abeilles*. Ses feuilles sont aimées des moutons et des chèvres. On s'en sert aussi pour la teinture en noir. Une autre espèce remarquable de ce genre est la *spirée filipendule*. Voy. ce dernier mot.

SPIRITUALISME, système philosophique qui établit d'autres êtres que les corps matériels, êtres que l'on appelle esprits ; il est opposé au matérialisme. Le spiritualisme fut professé dans l'antiquité par Pythagore ou l'école italique, Socrate et Platon.

SPIRITUEUX, épithète donnée aux liquides alcooliques ou qui contiennent de l'alcool. Le vin, la bière, le cidre, etc., sont des liquides spiritueux.

SPIRITU - SANTO ou mieux ESPIRITO-SANTO, province du Brésil, vers le centre de cet empire, bornée au N. par celle de Bahia, à l'O. par celle de Minas-Geraës, au S. par celle de Rio de Janeiro, à l'E. par la mer. Elle a 38 lieues de long sur presque autant de largeur. Son territoire est très-fertile, et renferme d'immenses forêts. La capitale est VILLA DA VICTORIA, bâtie sur une baie, et qui a 5,000 habitants.

SPITHAME, petite mesure des anciens Grecs, valait 8 pouces 6 lignes et demie ou 23 centimètres 120 millimètres.

SPITHEAD, vaste rade d'Angleterre, entre Portsmouth et l'île de Wight, dans le comté de Hamps. C'est le rendez-vous ordinaire de la flotte royale anglaise en temps de guerre.

SPITZBERG ou GROENLAND ORIENTAL, groupe d'îles de la mer Glaciale, découvert en 1553, par l'Anglais Willonghby, à l'E. du Groenland. Il se compose de trois grandes îles, le *Spitzberg*, l'île *Nord-Est* et l'île *Sud-Est*, et d'une foule de petits îlots. Cette contrée, couverte de rochers aigus, est inhabitable pendant l'hiver, à cause du froid excessif qui y règne. On y trouve des ours, des renues, des baleines et autres grands cétacés. Les Russes y ont quelques établissements pour la pêche. L'intérieur du Spitzberg est encore inconnu.

SPLANCHNIQUE, ce qui concerne les viscères (en grec, *splanchnon*). On nomme *cavités splanchniques* les trois grandes cavités du corps humain, le crâne, la poitrine et l'abdomen. On appelle *nerfs splanchniques* des nerfs qui appartiennent au nerf grand sympathique, et qui sont au nombre de deux de chaque côté. On les distingue en *nerf grand splanchnique* et *nerf petit splanchnique*.

SPLEEN (prononcez spline), mot anglais, dérivé du grec *splên* (rate), et employé en français pour désigner l'hypocondrie, ou un état de consomption engendrée par la mélancolie et caractérisé par la tristesse du malade, le dégoût de la vie, une grande apathie, de l'indifférence pour toute chose. Cette maladie, qui est plus commune en Angleterre que partout ailleurs, entraîne souvent la mort à sa suite. Son nom vient de ce qu'on avait cru que la rate en était le siége spécial.

SPLÉNALGIE, douleur de la rate.

SPLÉNIQUE, ce qui a rapport à la rate (en grec, *splên*). Il y a une *artère*, une *veine*, un *plexus spléniques*.

SPLÉNITE, inflammation de la rate. Elle est souvent mortelle, et a du reste beaucoup d'analogie avec les autres phlegmasies.

SPLÉNIUS, muscle placé à la partie postérieure du cou et supérieure du dos. Il est allongé et aplati. Il étend la tête et l'incline.

SPLÉNOLOGIE, traité sur la rate.

SPODE, ancien nom de l'oxyde de zinc, obtenu par sublimation en calcinant la tutie.

SPOLETTE (*Spoletro*), délégation des Etats romains, entre celles de Viterbe, Riéti, Fermo et Pérouse. Sa superficie est de 120 lieues carrées, et sa population de 80,000 habitants. Elle est fertile, et produit beaucoup de vins. Le chef-lieu est SPOLETTE. Voy.

SPOLETTE (en italien, *Spoletro*), ville d'Italie, chef-lieu de la délégation du même nom, à 28 lieues N.-E. de Rome. Elle a 7,000 habitants et un évêché. On y voit un château fort et de belles ruines de monuments romains. Spolette fut autrefois partie de l'Ombrie. Théodoric, roi des Goths, y fit bâtir un palais qui fut détruit après sa mort, et dont on voit des ruines. Elle fut saccagée par Frédéric Barberousse et fortement endommagée par le tremblement de terre de 1667. Son territoire, nommé *duché de Spolette* ou *Ombrie*, eut dès 572 des ducs particuliers, sous l'autorité des empereurs d'Orient. Charlemagne le donna au pape vers 780, et il lui a toujours resté depuis. Spolette fut sous l'empire le chef-lieu du département français de Trasimène.

SPOLIARIUM, nom donné à un petit cabinet situé près de la chambre des bains à Rome. C'était là qu'on s'habillait et qu'on quittait ses vêtements. On nommait encore ainsi un lieu où l'on traînait les corps des gladiateurs tués en combattant afin de les dépouiller.

SPOLIATION, du latin *spoliare*, dépouiller, action par laquelle on dépossède par force ou par violence. On dit *spolier* et *spoliateur*, dans le sens de dépouiller et de celui qui dépouille.

SPOLIATIVE (SAIGNÉE), nom donné à la saignée pratiquée dans le but spécial de diminuer le volume du sang.

SPONDAIQUE, nom donné, en parlant des poésies latines ou grecques, au vers hexamètre qui, au lieu de finir par un dactyle et un spondée, finit par deux spondées. La règle veut alors que ces deux spondées ne fassent qu'un seul mot, comme *incrementum*.

SPONDALIES, terme de musique des anciens, s'appliquait à des airs composés sur la mesure spondaïque. On s'en servait dans les actes religieux parce qu'ils étaient très-graves.

SPONDAULE, nom donné, chez les anciens, à un joueur de flûte qui, pendant les sacrifices, jouait à l'oreille du prêtre des airs propres à éloigner de lui toute distraction.

SPONDE (Henri DE), né à Mauléon (Basses-Pyrénées) en 1568, fut élevé dans la religion calviniste. Il se rendit habile dans les langues anciennes, la jurisprudence, et devint maître des requêtes du roi de Navarre. Il abjura le calvinisme en 1595, et, quelques années après, il embrassa l'état ecclésiastique. Il fut nommé à l'évêché de Pamiers en 1626. Il donna tous ses soins à la conversion des protestants, et mourut en 1643. Son principal ouvrage est l'*Abrégé des Annales de Baronius*, et la continuation de ces Annales jusqu'en 1640.

SPONDÉE, nom donné dans la poésie grecque et latine à un pied composé de deux syllabes longues, comme *servum*. Ce pied est grave, et convient dans les sujets majestueux ou tristes.

SPONDYLE, genre de mollusques ostracés, à coquille bivalve, voisins des huîtres et des peignes. Ils vivent fixés sur les rochers et les autres corps sous-marins. Leur chair se mange comme celle des huîtres. L'espèce la plus commune est le *spondyle pied-d'âne*, coquille ovale, convexe en dessus, souvent irrégulière en dessous, hérissée d'épines saillantes. Elle parvient à de grandes dimensions, et a des couleurs très-vives. On trouve ce mollusque dans la Méditerranée.

SPONGIAIRES. Voy. ÉPONGES.

SPONGIEUX, ce qui est de la nature d'une éponge, ce qui ressemble à une éponge. Les anatomistes emploient ce nom pour désigner certains tissus. Les botanistes s'en servent également pour les parties des végétaux dont le tissu est lâche, mou, à peu près comme celui d'une éponge.

SPONGILLE ou ÉPHYDATIE, genre de psychodiés dans la classification de M. Bory de Saint-Vincent, renfermant les corps aquatiques vulgairement appelés *éponges d'eau*. L'*éphydatie fluviale* forme sur les pierres, au fond de l'eau courante, des masses encroûtantes, molles, qui se ramifient diversement en jets cylindroïdes. On la trouve partout. Elle est d'un très-beau vert, et répand une odeur de poisson assez intense.

SPONGIOLES, nom donné à l'ensemble des petits filets placés à l'extrémité des racines, et qui servent à puiser dans le sein de la terre les éléments nutritifs nécessaires à la végétation.

SPONHEIM, ancien comté d'Allemagne, était compris dans le palatinat du Rhin, entre la Moselle et le Rhin, et appartenait à l'électeur palatin de Bavière, au margrave de Bade et à d'autres princes allemands. L'empire français l'enclava dans le département de Rhin-et-Moselle. On le divisait en comté antérieur et ultérieur. Le comté de Sponheim appartient aujourd'hui à la Prusse, et fait partie du cercle du Bas-Rhin. Le chef-lieu est SPONHEIM, à 12 lieues de Coblentz.

SPONSALIES, nom que les Romains donnaient aux fiançailles. Elles avaient lieu en présence des amis et de la famille des futurs. C'est alors que se faisaient les accords et les engagements réciproques. L'époux donnait à sa fiancée un anneau pour gage de sa foi.

SPONTANÉ, ce qui a lieu de soi-même, volontairement. En médecine, c'est ce qui a lieu sans cause extérieure manifeste, comme les maladies qui surviennent sans cause apparente. En botanique, on appelle *plantes spontanées* les plantes qui naissent sans le secours de l'art.

SPORADES (du grec *speirô*, disperser, semer), îles célèbres de l'Archipel, ainsi nommées parce qu'elles sont dispersées et comme semées sur la mer. Elles sont situées le long de la côte occidentale de l'Anatolie, à l'E. des Cyclades, entre Samos au N. et Rhodes au S.-E. Les plus remarquables de ces îles sont Stanco, Lero, Calimne, etc. — On nomme quelquefois ainsi les étoiles dispersées dans le ciel sans faire partie des constellations.

SPORADIQUES, nom donné aux maladies qui n'attaquent qu'un seul individu à la fois, ou quelques individus isolément.

SPORANGE, nom donné à la partie externe de l'urne des mousses.

SPORANGIDIE, la paroi interne de l'urne des mousses.

SPORES, SPORIDIES ou SPORULES, nom donné par quelques auteurs aux séminules ou corpuscules reproducteurs des plantes cryptogames.

SPORTULE, petit présent en argent que l'on donnait au peuple chez les Romains. On y joignait quelquefois du pain et du vin. — C'était aussi un panier, une corbeille dans laquelle les pauvres allaient recevoir ce que les riches leur donnaient.

SPOTSWOOD (Jean), né en 1566 à Glasgow, devint archevêque de St-André et conseiller privé d'Écosse. Charles Ier voulut être couronné de sa main en 1633, et le fit son lord chancelier. Il mourut en 1639. On a de lui une *Histoire ecclésiastique d'Écosse*, (en anglais, depuis l'an 202 de J.-C. jusqu'en 1624.

SPRÉE, rivière des États prussiens, prend sa source près de Zittau, arrose la régence de Francfort sur l'Oder, et se jette dans l'Havel, à Spandace, après avoir traversé Berlin. Un canal la joint à l'Oder.

SPRETI (Désiré), historien, né en 1414 d'une ancienne famille de Ravenne. Il s'appliqua à la jurisprudence, et fut envoyé à Rome en 1452, et à Venise en 1461, en qualité d'ambassadeur. On ignore l'époque de sa mort. On a de lui une *Histoire de Ravenne*, écrite en latin en 1450, sous ce titre : *De amplitudine, vastatione et instauratione urbis Ravennæ* libri III.

SPUMEUX, nom donné à ce qui est mêlé d'écume (en latin, *spuma*).

SPURINA (Vestricius), Romain, vivait dans le Ier siècle de l'ère chrétienne. Il se distingua dans la guerre entre Othon et Vitellius. Il mourut sous le règne de Domitien. Il avait composé un recueil de poésies qui ne nous est point parvenu.

SPURIUS, prénom dont on ignore l'origine, et qui était commun à plusieurs Romains. En abréviation, on le marquait ainsi SP.

SQUALE, genre de la famille des sélaciens de Cuvier, ou des plagiostomes pleurotrèmes de Duméril, renfermant des poissons au corps allongé, légèrement comprimé, revêtu d'une peau rugueuse et très-dure, et terminé postérieurement par une queue grosse, charnue et comme fourchue; au museau proéminent; à la bouche située transversalement sous le museau, et garnie de dents fortes, pointues, extrêmement tranchantes. Les squales sont les poissons les plus voraces des mers; ils parviennent à des dimensions considérables. Leur chair est dure et coriace; la peau de quelques espèces sert à polir divers ouvrages, à couvrir des étuis, etc. On les a divisés en plusieurs sous-genres; les principaux sont: la *roussette*, le *requin*, la *milandre*, la *scie*, l'*aiguillat*, le *humantin* et le *marteau*.

SQUAMEUX ou SQUAMMEUX (du latin *squama*, écaille), ce qui a du rapport avec l'écaille. On donne cette épithète aux dartres qui, en se desséchant, donnent lieu à la formation d'écailles qui se détachent de la peau.

SQUAMMIPENNES, famille de l'ordre des acanthoptérygiens, renfermant les poissons qui ont pour caractère d'avoir toutes les nageoires recouvertes d'écailles, qui les rendent très-difficiles à distinguer de la masse du corps, lequel est comprimé, élevé et écailleux. Cette famille a été divisée en seize sections; les *chætodons*, les *chelmons*, les *heniochus*, les *ephippus*, les *drépanes*, les *scatophages*, les *taurichtes*, les *holacanthes*, les *pomacanthes*, les *platax*, les *psettus*, les *pimélepières*, les *diptérodons*, les *castagnions*, les *pempherides* et les *toxotes*.

SQUAMMULES, nom donné, en botanique, aux petites écailles placées à l'orifice de la corolle, comme dans les borraginées.

SQUARREUX, épithète qui s'applique aux organes des plantes lesquels sont composés de folioles ou d'écailles roides, rapprochées.

SQUATINE, nom scientifique de l'*ange de mer*, poisson du genre *squale*.

SQUELETTE, nom donné à l'ensemble des parties dures du corps, c'est-à-dire des os. Le squelette se retrouve chez le plus grand nombre d'animaux. Il sert de soutien aux autres organes. C'est de lui que dépendent les formes générales du corps et celles de ses diverses parties. Chez l'homme, le squelette se divise en *tronc* et en *membres*. — On appelle *squelette artificiel* celui dont les ossements sont attachés avec des fils de laiton, d'archal ou de chanvre. Il y a aussi des squelettes d'ivoire. — La *squelettologie* est le traité des parties solides du corps. Elle comprend l'*ostéologie* et la *syndesmologie*. La *squelettopée* est la partie de l'anatomie pratique qui traite de la préparation des os et de la construction des squelettes.

SQUILLE. Voy. SCILLE.

SQUILLE, genre de crustacés de l'ordre des stomapodes, famille des unipeltés, au corps étroit, allongé, demi-cylindrique, recouvert d'un test assez mince, et composé de douze segments. Les squilles habitent les lieux sablonneux et fangeux sur les bords de la mer. On les mange, et elles sont d'un goût fort agréable. La *squille mante*, longue de sept pouces, habite la mer Méditerranée.

SQUINE, plante du genre *salsepareille*, qui croît en Chine. Ses racines, grosses, noueuses, tuberculeuses, pesantes, ligneuses, ont une saveur terreuse et légèrement astringente. On les emploie en médecine comme sudorifiques.

SQUIRRHE (du grec *skirrhos*, un morceau de marbre), nom donné à des tumeurs dures et indolentes, sans changement de couleur à la peau, et qui sont produites par un commencement de dégénérescence cancéreuse. Le squirrhe est le premier degré du cancer. On nomme *squirrheux* ce qui est de la nature du squirrhe.

STAAL (Mlle DE LAUNAY, baronne DE), née à Paris en 1693, était fille d'un peintre qui la laissa dans la misère dans un âge très-peu avancé. Élevée au prieuré de Saint-Louis de Rouen, elle reçut une éducation brillante. Sortie de ce couvent en 1710, elle fut forcée par l'indigence d'entrer, en qualité de femme de chambre, chez la duchesse du Maine. Une lettre qu'elle écrivit, par ordre de la duchesse, à Fontenelle, et où elle déploya le plus brillant esprit, la fit connaître. Elle gagna la confiance de sa maîtresse, et fut recherchée par tous les beaux esprits de la cour de Sceaux. Après la conspiration de Cellamare, elle fut enfermée à la Bastille, et épousa, à sa sortie, le baron de Staal, officier suisse, qui fut depuis maréchal de camp. Elle mourut en 1750. On a d'elle des *Mémoires*, pleins d'enjouement et de sel, et des *lettres*. Ces ouvrages sont utiles pour l'histoire contemporaine.

STABAT MATER, premiers mots d'une hymne célèbre, qui porte aussi le nom de *Stabat*. Cette hymne, que l'on chante le jeudi de la semaine sainte, le soir, chez les catholiques, rappelle, dans un style simple et naïf, les souffrances de la sainte Vierge pendant le crucifiement de son fils. Elle est pleine de tristesse et de mélancolie. Le Stabat a été mis en musique par les plus célèbres musiciens, Pergolèse, Haydn, Haendel, Rossini, etc. La plus connue de ces compositions est celle du premier. Elle est de la plus grande beauté.

STACCATO. Ce mot est italien et signifie *détaché*. Il indique, en musique, que l'archet doit détacher toutes les notes.

STACE (Cecilius), poëte latin, né dans les Gaules, fut d'abord esclave. Il obtint sa liberté par la suite, et mourut peu de temps après Ennius. Il se fit une grande réputation par ses comédies, qui ne nous sont point parvenues.

STACE, né à Selles en Épire, vint enseigner la rhétorique à Rome vers l'an 65 de J.-C. Il eut au nombre de ses disciples l'empereur Domitien. Il fut père de la célèbre poëte Stace, qui suit.

STACE (Papinius Statius), poëte célèbre latin, fils du précédent, né vers l'an 60 de J.-C. à Naples, vint à Rome avec son père, et s'attira la faveur de Domitien, à qui il prodigue dans ses ouvrages les plus basses flatteries. Stace eut de grands succès poétiques. On allait l'entendre réciter lui-même ses ouvrages. Malgré ces honneurs, Stace vécut pauvre, et mourut fort jeune l'an 96 J.-C. Il avait une grande facilité pour improviser des vers sur toute espèce de sujets. On a de lui des *Sylves*, recueil en cinq livres de ces divers poëmes, composés à la hâte; la *Thébaïde*, poëme de douze chants sur la guerre des Thébains et des Argiens, et les deux premiers chants de l'*Achilléide*, que la mort l'empêcha de terminer. Ces écrits ont du feu, de l'imagination, un style noble et correct. Les seuls défauts qu'on y remarque sont la monotonie, l'enflure et les déclamations.

STACHIDE, genre de la famille des labiées, renfermant des plantes à tiges carrées, aux feuilles opposées, aux fleurs répandant, quand on les froisse, une odeur peu agréable. La *stachide des marais* fournit une fécule amylacée, et ses racines sont aimées des pourceaux. La *stachide des bois* donne une belle couleur jaune, et ses fibres corticales peuvent fournir de bons cordages. Les fleurs de ces deux espèces sont purpurines. On cultive dans les jardins la *stachide laineuse*, les *stachides grecque, épineuse* et *écarlate*.

STADE, nom donné, chez les Grecs, au lieu où l'on faisait les exercices publics de la course. Ces lieux étaient ainsi appelés parce que les espaces que parcouraient les athlètes étaient distingués par des *stades*, sorte de mesure de longueur. (Voy. plus bas.) Les stades étaient entourés de gradins en amphithéâtre sur trois côtés. L'entrée était à l'extrémité privée de gradins ; elle était fermée par une corde ou une barrière en bois. À l'extrémité du stade était un but que devaient atteindre les coureurs à pied. Dans les courses des chars ou à cheval, on devait tourner plusieurs fois autour du but. Les stades étaient le plus souvent découverts.

STADE, mesure itinéraire des anciens Grecs. Sa valeur varia suivant les temps et les lieux. Le *stade olympique*, le huitième du mille romain, valait 94 toises 5 pieds 4 pouces 6 lignes, c'est-à-dire 184 mètres 955 millimètres. 30 stades faisaient une lieue 566 toises de nos mesures, c'est-à-dire 5 kilomètres 547 mètres. On introduisit, vers le IIIe siècle, dans quelques provinces orientales de l'empire romain, un stade basé sur le pied philétérien. Il valait 213 mètres ou 109 toises un pied 9 pouces.

STADE, mot employé, en médecine, comme synonyme de *période* ou de *degré* d'une maladie, et qui désigne aussi chacun des trois temps que présente un accès de fièvre intermittente.

STADE, ville de Hanovre, sur la Schwenge, à 16 lieues N. de Brême. Elle a 6,000 habitants. Cette ville était autrefois hanséatique et comprise dans le duché de Brême. C'était le siége du gouvernement de ce duché, et de la chancellerie de justice de la cour supérieure. De 1586 à 1612, elle fut l'entrepôt de toutes les marchandises allant de l'Angleterre à Hambourg. Le général Tilly la prit pour l'empereur en 1626. Les Suédois la reprirent en 1632, et la conservèrent par le traité de Westphalie. Les Danois s'en emparèrent en 1712 ; trois ans après, elle fut soumise par les troupes électorales de Brunswick. Elle subit le sort de l'électorat de Hanovre, auquel elle avait été réunie, et devint sous l'empire un chef-lieu d'arrondissement du département des Bouches-de-l'Elbe. Cette ville est encore très-commerçante.

STADLEM, ville de la Nubie turque, capitale de la côte d'Abech, sur la mer Rouge. C'est un lieu de passage très-fréquenté par les caravanes qui vont d'Afrique en Arabie.

STAEL-HOLSTEIN (Anne-Louise-Germaine NECKER, baronne DE), née en 1766, était fille de Necker, qui fut depuis ministre de Louis XVI. Elle se fit remarquer, jeune encore, par ses brillantes dispositions et son goût prononcé pour la littérature. Elle épousa en 1786 le baron de Staël, gentilhomme suédois, ambassadeur en France. Son premier ouvrage, ses *Lettres sur J.-J. Rousseau*, commencèrent à la faire connaître. Dévouée à la cause de la liberté, elle arracha en 1792 quelques victimes aux fureurs populaires. Retirée en Suisse, elle s'occupa à sauver les victimes qui fuyaient la France. À l'époque de la mort de Louis XVI, elle écrivit un mémoire plein d'éloquence en faveur de Marie-Antoinette. Après la terreur, elle publia une brochure *sur la paix intérieure*. Cet écrit lui valut quelques années d'exil, pendant lequel elle écrivit son livre *de l'Influence des passions*. Il s'établit entre elle et Bonaparte une inimitié constante, et qui devint plus grande après le 18 brumaire. Elle se jeta dans l'opposition, et fut exilée en 1803. Elle voyagea en Allemagne et en Italie. Vers 1810, elle épousa en deuxièmes noces un jeune officier français, M. de Rocca. Elle ne revint en France qu'en 1815, et mourut en 1817. On a encore d'elle *Corinne* ou *l'Italie*, *Delphine*, *de l'Allemagne*, des *Considérations sur la révolution française*, etc.

STAFFA, petite île d'Écosse, une des Hébrides, à l'O. de celle de Mull, d'environ une demi-lieue de long sur autant de largeur. L'extrémité de cette île porte sur des rangées de colonnes basaltiques naturelles, et présente un spectacle magnifique : c'est la *grotte de Fingal*. Elle a 371 pieds de long. Cette île est très-peu habitée.

STAFFARDA, petite ville du Piémont, à une lieue et demie N.-O. de Saluces, sur le Pô. Elle est fameuse par la victoire que Catinat y remporta sur les alliés et le duc de Savoie en 1690.

STAFFORD, comté d'Angleterre, borné au N. par celui de Chester, à l'E. par celui de Derby, au S. par celui de Warwick, à l'O. par celui de Shrop. Sa superficie est de 130 lieues carrées, et sa population de 300,000 habitants. La partie N. est montagneuse, et offre des carrières de pierre, d'albâtre et de gypse ; la partie S. est riche et fertile en céréales. On y trouve de la houille et du fer. Ce comté a des manufactures renommées de poteries et de porcelaines. — Le chef-lieu est STAFFORD près du lieues N.-O. de Londres. Il a 5,000 habitants.

STAFFORD (N. D'ARUNDEL, comte DE), second fils du comte d'Arundel, grand maréchal héréditaire d'Angleterre, donna toujours des preuves de fidélité à Charles Ier et à Charles II, et ses vertus le firent également estimer des protestants et des catholiques. Un scélérat, nommé Oates, l'accusa en 1678 d'être entré dans une conspiration contre l'État. Malgré l'absence des preuves, Stafford fut condamné à mort et exécuté en 1680.

STAGE (du latin *stagium*, demeure). On nommait autrefois ainsi, dans certaines églises, la résidence que devait faire un chanoine, pendant six mois ou un an, après la prise de possession, pour jouir des honneurs et revenus de son canonicat. — Aujourd'hui ce mot désigne l'espace de temps pendant lequel les licenciés en droit sont obligés de fréquenter le barreau avant d'être admis au tableau des avocats. La durée du stage est fixée à trois ans consécutifs, qui ne peuvent être interrompus pendant plus de trois mois. Les conseils de discipline ont le droit de prolonger la durée du stage, selon les circonstances.

STAGNATION (du latin *stagnare*), nom donné à l'état des eaux qui ne coulent pas, qui s'accumulent en un endroit. En médecine, on nomme ainsi l'accumulation et le ralentissement du cours des liquides dans une partie du corps.

STAGYRE, ville de Macédoine, dans la Chalcidice, au N.-E., sur la côte occidentale, fut fondée l'an 665 avant J.-C. C'est la patrie d'Aristote, qui de là a pris le surnom de *Stagyrite*. — C'est aujourd'hui *Stagira*, petite ville de Roumélie, à 18 lieues S.-E. de Saloniki, sur le golfe de Konieh.

STAHL (Georges-Ernest), né à Anspach en 1660, se livra aux études médicales, et eut en 1694 la chaire de médecine à l'université de Hall. Appelé en Prusse en 1716, il reçut les titres de conseiller de la cour et de médecin du roi. Il mourut à Berlin en 1734. Il a composé de nombreux ouvrages sur la médecine et la chimie. Les principaux sont : des *Expériences et observations chimiques et physiques*, en latin ; des *Dissertations médicales*, la *Vraie Théorie médicale*, les *Fondements de la chimie dogmatique et expérimentale*. Tous ces ouvrages sont en latin. Stahl fut l'auteur de la brillante théorie du phlogistique (voy.), que la chimie moderne a renversée.

STAHLIENS, nom donné aux médecins partisans de la doctrine de Stahl. Ils reconnaissent l'influence constante de l'âme sur le corps à l'état de santé ou de maladie. Selon eux, un médecin ne doit opérer qu'en suivant attentivement les effets de l'âme sur le corps.

STALACTITES et STALAGMITES, nom donné à des concrétions calcaires d'un volume variable, formées par l'action des eaux qui, après avoir suinté à travers le sol, arrivent à une cavité, et y déposent les molécules calcaires qu'elles tiennent en dissolution. Les stalactites sont formées par des dépôts qui s'attachent au plafond de la voûte, et leur accroissement a lieu par les dépôts successifs des sédiments qui continuent à se former. Les eaux qui tombent des stalactites déposent sur le sol une partie du carbonate de chaux qu'elles contenaient, et forment les concrétions appelées *stalagmites*. Quelquefois ces deux genres de concrétions se réunissent et forment des piliers qui grossissent graduellement et finissent par combler les cavités qui les renferment. Les stalactites présentent l'aspect le plus curieux et le plus bizarre, surtout lorsqu'on parcourt les grottes qui les possèdent avec une torche allumée. Le reflet de ces concrétions forme un effet magnifique.

STALAGMITE. Voy. STALACTITE.

STALIMÈNE, nom moderne de LEMNOS. Voy.

STALLE, nom donné, dans les églises, aux sièges de bois qui sont placés autour du chœur, et dont le fond se lève et se baisse à volonté. Dans les églises du moyen âge, les stalles sont quelquefois sculptées avec un soin admirable.

STAMINAL, ce qui a rapport aux étamines. — On nomme *stamineux* le végétal dont les étamines sont fort longues, et *staminifère* la partie de la plante qui porte les étamines.

STAMPALIE, île de l'Archipel, à 9 lieues O. de Stanchio ; elle a 6 lieues de long sur 2 à 4 de largeur. Elle est fertile, mais a peu d'habitants. Ses côtes sont très-sinueuses et très-abondantes en poissons. Cette île porta jadis les noms de *Pyrrha*, *Pilea* et *Théon-Trapeza*.

STANCARI (François), né à Mantoue en 1501, un des théologiens de la confession d'Augsbourg dans le XVIe siècle, et fut un de ceux qui travaillèrent avec le plus de succès à établir dans la Pologne la religion réformée. Appelé à Cracovie pour y enseigner la langue hébraïque, les dogmes qu'il insinua dans ses leçons le firent emprisonner ; il professa la même langue à Kœnigsberg, et passa de là en Pologne, où il mourut en 1574. Il soutint plusieurs hérésies particulières, entre autres que Jésus-Christ n'avait été médiateur qu'en qualité d'homme et non pas en qualité d'homme-Dieu. Ses disciples prirent le nom de stancariens.

STANCE, période de vers arrangés symétriquement, et dont le sens doit finir avec elle. La stance ne peut pas avoir moins de quatre vers ni plus de dix. La mesure des vers qui doivent entrer dans une stance n'est soumise qu'au caprice du poète. On distingue les stances *régulières*, *irrégulières*, *de nombre pair* et *de nombre impair*. — Une stance n'est proprement désignée par ce nom que lorsqu'elle est jointe à d'autres stances. Si elle est seule, elle prend ordinairement un nom particulier. Ainsi il y a le *quatrain*, le *sixain*, le *madrigal*, l'*épitaphe*, etc.

STANCHIO ou STANCHO ou STANCO, île de l'Archipel ; c'est l'ancienne *Cos*. (Voy.) Sa capitale porte aussi le nom de STANCHIO.

STANHOPE (Jacques, comte DE), d'une ancienne famille du comté de Nottingham, né en 1673, visita dans sa jeunesse l'Espagne, la France, l'Italie et l'Allemagne, étudiant la langue, l'histoire et les institutions de ces contrées. Il alla ensuite servir en Flandre en qualité de volontaire, et se distingua au siége de Namur, sous les yeux du roi Guillaume III, qui le fit colonel et peu de temps après lieutenant général. En 1708, il fit la conquête de Port-Mahon et de l'île de Minorque. En 1709, il fut fait commandant en chef des troupes anglaises en Espagne, se distingua à la bataille de Saragosse, et fut fait prisonnier par le duc de Vendôme à Brihuega. Echangé en 1712, il revint en Angleterre, et reçut plusieurs commissions diplomatiques dont il s'acquitta avec succès. Il fut bientôt appelé à la tête du ministère anglais, créé comte et pair. Il conclut en 1718 le traité célèbre de la quadruple alliance entre la France, la Grande-Bretagne, l'empereur et les états généraux. Il mourut en 1721. — Son fils PHILIPPE, comte de Stanhope, mort en 1786, fut un savant mathématicien, et publia une édition des œuvres d'Archimède.

STANHOPE (Charles, comte DE), fils de Philippe, comte de Stanhope et petit-fils du précédent, naquit en 1753 en Angleterre. Il fut élu vers 1780 membre de la chambre des communes, et se distingua parmi les membres de l'opposition. En 1786, il entra dans la chambre haute, et continua son opposition sage et modérée, se ralliant toujours à la cause du peuple. La révolution française trouva dans Stanhope un partisan très-prononcé, et il la défendit constamment à la tribune parlementaire. Stanhope continua de prendre une part active aux débats politiques jusqu'en 1812. Il mourut en 1816.

STANISLAS (Saint), né en 1030 à Scepzanow, dans le diocèse de Cracovie, étudia la jurisprudence et la théologie à Gnezne et à Paris. De retour dans sa patrie en 1059, il distribua ses biens aux pauvres, et fut élu évêque de Cracovie en 1071. Boleslas II, alors roi de Pologne, avait enlevé l'épouse d'un seigneur polonais. Stanislas lui ayant reproché avec sévérité sa conduite désordonnée et l'ayant excommunié, le roi s'emporta jusqu'à s'élancer sur lui et le tuer en 1077. Innocent IV l'a mis au rang des saints, on en fait sa fête le 7 mai.

STANISLAS LECZINSKI, roi de Pologne, né à Lemberg en 1682. Le roi Auguste ayant été déclaré inhabile à porter la couronne, Charles XII, roi de Suède, fit élire à sa place Stanislas Leczinski (12 juillet 1704). Privé bientôt de l'appui de Charles XII, Stanislas se vit obligé de céder à Auguste qui avait pris les armes, et se retira en Alsace. Auguste II étant mort en 1733, Stanislas retourna en Pologne, et se rendit à Dantzick pour se faire des partisans; Cette ville fut prise, et le roi n'échappa à ses ennemis qu'à l'aide de travestissements. Par le traité de 1736, il renonça au trône, conserva le titre de roi, et obtint la jouissance des duchés de Lorraine, qui à son décès devaient revenir à la France. Il fit le bonheur de ses nouveaux Etats, embellit Nancy, fit fleurir les sciences et les arts, et se fit adorer pour sa bienfaisance. Il mourut en 1766. Sa fille Marie Leczinska avait épousé le roi Louis XV. Il a laissé quelques écrits philosophiques et moraux.

STANISLAS - AUGUSTE PONIATOWSKI. Voy. PONIATOWSKI.

STANISLAWOW, cercle de Gallicie, dont la superficie est de 140 lieues carrées et la population de 190,000 habitants. Le chef-lieu est STANISLAWOW, à 33 lieues S.-E. de Lemberg, avec 7,300 habitants. Cette ville a des entrepôts importants, et fait un commerce considérable.

STANOVOI, chaîne de montagnes de Sibérie, s'étendant le long de la mer d'Okhotsk.

STANZ, ville de Suisse, chef-lieu du canton d'Unterwald, près du bord méridional du lac des Quatre-Cantons, à 3 lieues S.-E. de Lucerne. Elle est bien bâtie, et a 4,000 habitants. Les Français la prirent en septembre 1798, après un combat sanglant.

STAPÉDIEN, ce qui se rapporte à l'étrier (en latin, stapes). Les anatomistes appellent ainsi le muscle de l'étrier, l'un des osselets de l'oreille.

STAPÉLIE, genre de la famille des apocynées, renfermant des plantes remarquables par la bizarrerie de leurs parties. La stapélie panachée, originaire du cap de Bonne-Espérance, a des tiges charnues, angulaires, succulentes, divisées en rameaux quadrangulaires, dépourvus de feuilles et chargés de tubérosités courtes, opposées, terminées en pointe très-aiguë. Les fleurs sont grandes, monopétales, divisées en cinq découpures presque ovales et finissant en pointe; au centre est une sorte de disque concave, entourant les organes de la génération. Ces fleurs répandent une odeur fétide et cadavéreuse. Ils sont d'un vert jaunâtre à l'intérieur, verdâtres à l'extérieur, et parsemées de nombreuses taches irrégulières.

STAPHYLIER, genre de la famille des rhamnées, renfermant de petits arbrisseaux cultivés dans les jardins d'agrément. Le staphylier à feuilles ailées, vulgairement appelé nez coupé ou faux pistachier, est commun en France. Il s'élève de trois à cinq mètres, et porte des rameaux nombreux. Il fleurit en avril ou en mai; ces fleurs sont peu apparentes; mais la beauté du feuillage fait de cet arbuste un de ceux qui parent le mieux un jardin. La racine peut servir à teindre en rouge. Les fruits, capsules vertes, renfermant plusieurs semences, fournissent une huile douce, qui peut servir à préparer les aliments.

STAPHYLIN, ce qui se rapporte à la luette, en grec staphyle.

STAPHYLINIDES, tribu de l'ordre des coléoptères, famille des brachélytres, renfermant des insectes qui répandent pour la plupart une odeur désagréable quand on les saisit, et rejettent une liqueur contenue dans deux vésicules placées près de la partie anale. Ces insectes courent avec vitesse, et habitent les endroits les plus sales. Le staphylin est le type et le principal genre de cette tribu.

STAPHYLOME, nom donné à plusieurs affections du globe de l'œil. Le staphylôme de la cornée consiste dans une tumeur de couleur, de forme et de grandeur variables, qui est formée par la membrane cornée transparente. Le staphylôme de la sclérotique consiste en une tumeur inégale, bosselée, noirâtre ou bleue, accompagnée de déformation du globe de l'œil, et qui se trouve enveloppée par la sclérotique. Ces deux maladies ont pour cause des plaies, des coups, des ophthalmies prolongées, etc. Elles sont presque toujours incurables, et nécessitent souvent l'excision ou l'extirpation de l'œil. Le staphylôme de l'iris ou procidence de l'iris consiste en une petite tumeur noire, arrondie, molle, douloureuse, formée par l'iris engagé dans une ouverture accidentelle.

STAPHYSAIGRE, nom particulier d'une espèce de dauphinelle ou pied-d'alouette, originaire des montagnes de la France méridionale, et nommée vulgairement herbe aux poulleux ou mort aux poux. Ses graines très-âcres sont un violent purgatif, et sont souvent appliquées en poudre sur la tête des enfants dont on veut tuer les poux.

STARGARD, ville des Etats prussiens, autrefois capitale de la Poméranie ultérieure, sur l'Ihna, à 9 lieues S.-E. de Stettin. Elle a 9,000 habitants, et a des manufactures d'étoffes et de tabac, des brasseries. Elle était autrefois hanséatique.

STARIE, nom donné autrefois, dans le commerce du Levant, au temps que ceux qui commandaient les escortes des convois hollandais restaient à Smyrne au delà de l'époque fixée par leur commission.

STARKENBURG, principauté de Hesse-Darmstadt. Le chef-lieu porte le même nom. Ce pays est très-fertile en blés, vins et fruits.

STAROSTE, seigneur polonais de qui dépendait une starostie.

STAROSTIE, sorte de fief polonais, cédé par les rois à des gentilshommes pour les aider à soutenir les frais des expéditions militaires. Les rois se réservaient le droit de nommer à ces fiefs, et obligeaient les starostes à payer le quart de leur revenu pour entretenir plusieurs cavaliers. Les starosties étaient avec ou sans juridiction.

STASE (du grec staô, je m'arrête), nom donné, en médecine, au séjour du sang ou des autres liquides animaux dans quelque partie du corps.

STASIMON, air sacré que les anciens Grecs chantaient en chœur après les sacrifices.

STATEN-ISLAND (en anglais, île des Etats) île de l'Amérique du Nord, dans la rade de New-Yorck. Elle a 6 lieues de long sur 3 à 4 de largeur, et contient 4,700 habitants, descendants d'Européens. Cette île forme le comté de Richmond.

STATÈRE, pièce de monnaie d'or des anciens Grecs, nommée aussi chrysos, valait 20 drachmes ou 18 francs 53 centimes de notre monnaie. — Le statère des Juifs et des Egyptiens valait 2 francs 6 centimes de notre monnaie. — C'est aussi un des noms de la balance romaine ou peson.

STATHOUDER, mot emprunté du hollandais, qui signifie amiral et capitaine général. C'est le nom que l'on donnait au chef de l'ancienne république des Provinces-Unies. Le premier stathouder fut Guillaume de Nassau, vers la fin du XVIe siècle. Ces magistrats, d'abord subordonnés aux états, agrandirent les attributions de leur charge aux dépens des droits et de la liberté des Provinces-Unies, et acquirent une grande puissance. Après la mort de Guillaume II, une assemblée nationale, rassemblée à la Haye, abolit le stathoudérat, et rétablit la république sur les bases constitutionnelles (1651). Mais après la mort de Witt, qui gouvernait la république sous le titre de grand pensionnaire (1672), le parti orangiste rétablit le stathoudérat pour Guillaume III, qui depuis fut roi d'Angleterre. A sa mort, il fut une deuxième fois aboli; mais les états le rétablirent encore en 1747, et le déclarèrent héréditaire. Il ne fut définitivement détruit qu'en 1792, lors de l'envahissement de la Hollande par les armées françaises.

STATHOUDÉRAT, dignité du stathouder.

STATHOUDÉRIEN, ce qui concerne la personne ou l'autorité du stathouder. — On nomme stathoudériens les partisans du stathoudérat.

STATICÉ, genre de la famille des plumbaginées, renfermant des plantes herbacées ou sous-frutescentes, au port élégant, garnies de fleurs nombreuses, aux couleurs très-variées. Le staticé gazon, appelé vulgairement petit gazon ou gazon d'Olympe, originaire des lieux arides et sablonneux voisins de la mer, est cultivé dans nos jardins, où il forme de très-beaux tapis de verdure. Du sein de ses feuilles linéaires s'élève une tige sans feuilles, grêle, terminée par des fleurs rouges, blanches ou roses.

STATION (du latin stare, s'arrêter), action de s'arrêter en un lieu. C'est aussi le lieu où l'on s'arrête pour quelque temps. On appelle ainsi les lieux où le peuple d'Israël s'arrêta pendant son voyage de quarante années, depuis la sortie d'Egypte jusqu'à ce qu'il entrât dans la terre promise. L'Ecriture en compte quarante-deux. — Le mot se dit particulièrement en parlant des églises, chapelles, autels, etc., marqués par un supérieur ecclésiastique, et où l'on va faire certaines prières afin de gagner les indulgences qui y sont attachées. On dit faire ses stations, pour dire visiter les églises marquées pour y gagner les indulgences. — STATION désigne encore 1° les endroits où l'on s'arrête dans les églises pendant les processions qu'on y fait; 2° les assemblées où les premiers chrétiens priaient solennellement et offraient à Dieu le saint sacrifice.

STATIONNAIRE se dit d'une planète qui paraît rester immobile au même point du zodiaque. — Dans l'empire romain, on appelait ainsi des soldats distribués en différents lieux pour avertir le chef de ce qui s'y passait. — Les médecins nomment *stationnaires* des fièvres continues qui règnent constamment pendant une ou plusieurs années.— En termes de liturgie, on nomme *stationnaire* le diacre qui était en semaine pour chanter l'épître aux messes que le pape allait dire dans les stations. Il se dit aussi des prédicateurs qui vont prêcher en certains lieux et à certains jours de l'année.

STATIONNALES se dit des églises dans lesquelles on fait des stations pendant le temps du jubilé.

STATIQUE, partie de la mécanique qui a pour objet les lois de l'équilibre des forces.

STATIRA, femme et sœur de Darius Codoman, roi de Perse, tomba avec toute sa famille au pouvoir d'Alexandre, après la bataille d'Issus. Elle était alors enceinte, et ses malheurs lui occasionnèrent une fausse couche, des suites de laquelle elle mourut peu de temps après. Alexandre la pleura, et la fit ensevelir avec magnificence. — Fille de la précédente et de Darius, fut prise par Alexandre avec sa famille, et devint l'épouse du vainqueur, dont elle n'eut pas d'enfants. Après la mort du roi, Roxane la fit mourir.

STATISTIQUE, science qui apprend à connaître un État dans toutes ses parties et dans son ensemble. Ce mot désigne aussi la description de toutes les parties d'un État, et le tableau de leurs rapports. Nous possédons de bonnes statistiques des départements français.

STATIUS, prénom de famille chez les Romains. — LUCIUS MUNCUS STATIUS, général romain, commanda la flotte de Cassius, et vainquit Domitius Calvinus, qui allait secourir Antoine et Octave. Après la mort de Brutus, il prit le parti de Sextus Pompée, qui, sur une fausse accusation, le fit mettre à mort.

STATMEISTER, nom donné jadis, à Strasbourg, à un gentilhomme qui prenait part au gouvernement municipal de cette ville avec les ameisters qui étaient les échevins.

STATO DEGLI PRESIDII, petite république de Toscane. Elle a 15,000 habitants, et son chef-lieu est ORBITELLO.

STATOR (du latin *stare*, s'arrêter), surnom que Romulus, premier roi de Rome, donna à Jupiter, parce qu'il arrêta les Romains qui fuyaient devant les Sabins.

STATUAIRE, nom donné aux sculpteurs qui font des statues. — On dit aussi *la statuaire*, pour désigner l'art de faire des statues. — Le *marbre statuaire* est du marbre propre à faire des statues, qui ne présente aucun défaut, et dont les couleurs sont pures.

STATUE, figure de plein relief, taillée ou fondue, qui représente un homme, une femme ou une divinité. On appelle *statue allégorique* celle qui représente quelque symbole, comme les saisons, les âges, etc.; *statue persique*, celle qui remplace une colonne, et qui est placée sous un entablement; *statue curule*, celle qui représente un homme dans un char; *statue hydraulique*, celle qui orne une fontaine.

STATU QUO, mots latins que l'on emploie en français pour désigner une chose qui reste dans *le même état*. Cette locution est très-usitée dans le langage politique.

STATUTS, nom donné à des règles établies pour la conduite d'une compagnie, d'un corps, etc. — Il désigne aussi les lois faites par le parlement d'Angleterre.

STAUBBACH, célèbre cascade de Suisse, dans le canton de Berne, près de Lauterbrunn. Elle a 100 pieds de hauteur.

STAURACE, fils de Nicéphore Ier, empereur d'Orient, eut tous les vices de son père, et fut associé par lui à l'empire (803). Après la mort de Nicéphore, il voulut prendre possession du trône; mais le peuple l'avait donné à Michel Rhangabe, son beau-frère. Contraint de lui céder le sceptre, il se retira dans un monastère, où il mourut l'année suivante.

STAVEREN, ville de Hollande, sur le Zuiderzée, à 6 lieues N. d'Enckuysen. Cette ville fut jadis la capitale des Frisons. La mer y a fait de grands ravages, et a comblé son port. Elle est très-peu habitée.

STÉARINE, principe immédiat qui fait partie de la graisse, et qui est composé de carbone, d'hydrogène et d'oxygène. Il est incolore, insipide, peu odorant, fusible à 38 degrés du thermomètre centigrade, soluble dans l'alcool bouillant. On l'obtient en traitant par l'alcool bouillant la graisse. La stéarine se précipite par le refroidissement. Elle a été découverte par M. Chevreul.

STÉARIQUE (ACIDE), nom donné par plusieurs chimistes à l'acide margarique.

STÉATITE, substance minérale, silicate de magnésie. Elle est composée de 60 à 62 parties de silice, 26 à 30 de magnésie, 5 à 6 d'eau, et quelques parties de chaux, d'alumine et de fer. Elle est compacte ou finement écailleuse, douce et grasse au toucher, et se laisse rayer très-facilement. La stéatite est employée en poudre pour adoucir le frottement des machines dont les rouages sont en bois. Les bottiers s'en servent pour faire glisser le pied dans les bottes, les tailleurs pour tracer la coupe des habits. On la nomme vulgairement *craie de Briançon*.

STÉATOME, du grec *stéar*, suif, graisse. On donne ce nom, en médecine, à des tumeurs enkystées dans lesquelles est renfermée une matière semblable à de la graisse ou du suif. On nomme *stéatomateux* ce qui est de la nature du stéatome.

STEIBELT (N...), compositeur et pianiste célèbre, né à Berlin en 1756. Il se fit entendre successivement en Angleterre, en France, en Russie, et fit représenter à Paris son opéra de *Roméo et Juliette*. Sa musique de piano a joui d'une grande vogne; elle se distingue par la grâce des mélodies et l'élégance des traits qu'elle renferme.

STEIM-AM-ANGER ou SZOMBATELI, ville épiscopale de Hongrie, capitale du comitat d'Eisenburg, sur la Gunz, à 22 lieues S.-E. de Presbourg. Elle a 2,800 habitants.

STEIN (Henri-Frédéric-Charles, baron DE), né à Nassau en 1757, fut nommé en 1780 conseiller des mines à Wetter, et envoyé en 1784, en qualité de ministre, à Aschaffenbourg. Il fut ensuite successivement directeur de la chambre à Hamm, puis président et enfin premier président de ce cercle. Destitué en 1807, il fut nommé l'année suivante premier ministre de Prusse. Mais bientôt Napoléon l'éloigna de ce pays, et il se retira en Autriche, où il resta jusqu'en 1812. Il organisa en grande partie en 1813 toutes les forces militaires de Prusse, assista au congrès de Vienne, et se retira dans ses terres. En 1827, il devint membre du conseil d'État de Prusse. Il mourut en 1831.

STEINBOCK (Magnus), feld-maréchal de Suède, né à Stockholm en 1664, fit ses premières armes en Hollande, et se signala dans toutes les guerres de Charles XII. Après le départ du roi pour la Turquie, il réprima les troubles et les dissensions qui éclatèrent en Suède, et battit à Gadembusk (1712) les Danois qui avaient envahi la Suède. Forcé de se rendre prisonnier devant Tonningen, il fut enfermé à Frederickshaven, et mourut dans les fers en 1717. On a de lui des *Mémoires*.

STEINKERQUE, village de Belgique, à 3 lieues S.-O. de Halle. Elle est célèbre par la victoire que les Français y remportèrent sur les alliés en 1692.

STÈLE (du grec *stélé*, colonne), nom que donnaient les Grecs aux pierres carrées dans leur base qui conservaient leur grosseur dans toute leur longueur. — C'était aussi un pilier où l'on attachait les criminels qu'on exposait à la vue du public.

STELLA, petite rivière du royaume lombardo-vénitien, arrose la délégation d'Udine, et se jette dans le golfe de Venise.

STELLA (Jacques), peintre célèbre, né à Lyon en 1596 d'une famille de peintres, originaire de Flandre. En 1616, il entreprit un voyage en Italie, visita Florence et Rome. Revenu dans sa patrie, il fut nommé premier peintre du roi et chevalier de l'ordre de Saint-Michel. Il mourut en 1657. On estime beaucoup ses tableaux. On voit au musée du Louvre *Jésus apparaissant à la Madeleine* et *Minerve au milieu des Muses*.

STELLA (Claude DE), seigneur de Saussay, né à Paris en 1597, mort en 1652, fut un poète médiocre que le cardinal Richelieu employa souvent. Il fut membre de l'académie française. On a de lui des *odes*, des *comédies* qu'on ne lit plus.

STELLAIRE, genre de la famille des caryophyllées, renfermant des petites plantes herbacées, à tiges rameuses, aux feuilles étroites et linéaires, aux fleurs blanches, ouvertes en étoile, au fruit capsulaire, ovoïde, renfermant plusieurs graines arrondies. Quelques espèces croissent en France, dans les bois, aux lieux montagneux et sur le bord des eaux stagnantes. On connaît principalement la *stellaire graminée*.

STELLÉ ou STELLIO (myth.), enfant qui, ayant osé se moquer de l'avidité avec laquelle Cérès buvait dans une cabane où elle était entrée pendant son voyage à la recherche de sa fille Proserpine, fut changé par la déesse en lézard.

STELLION, genre de reptiles sauriens, de la famille des iguaniens, section des agamiens, renfermant des animaux au corps épais, couvert d'une peau lâche et garnie d'écailles nombreuses; à la tête allongée, légèrement aplatie en dessus, à la langue charnue, élargie, épaisse, non extensible et seulement échancrée à sa pointe; au cou distinct du corps; aux pieds allongés, à doigts amincis, séparés et onguiculés; à queue cylindrique ou comprimée. Le *stellion du Levant* est très-agile, et a un pied environ de longueur totale. Il est d'un bleu olivâtre; ses pieds, divisés en cinq doigts, sont en dessous de couleur orangée. Cet animal habite le Levant.

STELLIONAT. Dans le droit romain, ce mot désignait toute espèce de fraude et de tromperie qui n'avait pas de dénomination particulière. — En droit français, il y a stellionat (Code civil, art. 2059) lorsqu'on vend ou qu'on hypothèque un immeuble dont on sait n'être pas propriétaire, lorsqu'on présente comme libres des biens hypothéqués, ou que l'on déclare des hypothèques moindres que celles dont ces biens sont chargés. La peine qui peut être appliquée aux stellionataires est la contrainte par corps.

STEMMATES, nom donné aux yeux lisses placés au-dessus de la tête dans certains ordres d'insectes.

STEMNISKI ou STEINISCZA, petite ville de Gallicie, à 40 lieues N.-E. de Cracovie. Elle est célèbre par la victoire que Kosciusko et les Polonais y remportèrent sur les Russes.

STENAY, ville de France, sur la Meuse, chef-lieu de canton du département de ce nom, dans l'arrondissement et à 3 lieues et demie de Montmédy. Population, 3,580 habitants. Cette ville est très-ancienne, et avait des fortifications que Louis XIV fit détruire. C'était une des résidences des rois d'Austrasie. Turenne s'empara de cette ville en 1591. Peu de temps après, elle rentra en la possession des ducs de Lorraine jusqu'à l'époque de sa cession à la France. — Pendant la guerre de 1650, Stenay devint la place forte des princes mécontents, et fut pris par Louis XIV en 1654. Dès 1648, ce roi l'avait donné au grand Condé, dont la famille en a gardé la possession jusqu'en 1791.

STÉNÉLYTRES, famille de l'ordre des coléoptères hétéromères, renfermant des insectes aux antennes filiformes ou saillantes, au corps oblong, carré en dessus, aux pieds allongés. Cette famille, vulgairement appelée des *tribus*, celles des *hélopiens*, des *cistéliens*, des *serropalpides*, des *œdémérites* et des *rhynchostomes*.

STENKILS, dynastie qui régna en Suède de 1060 à 1128. Avec Emund avait fini la maison d'Iwar Widfamme. Les Suédois élurent à sa place Stenkil, qui ne régna pas longtemps. C'est sous cette dynastie que la religion chrétienne fit d'importants progrès dans le Nord.

STÉNOGRAPHIE (du grec *steinô*, réduire, abréger, et *graphô*, écriture), art de se servir de signes abrégés et conventionnels pour écrire aussi vite que la parole. La sténographie est du plus grand secours pour conserver les discours prononcés à la tribune législative et les débats des tribunaux. Cet art ne date guère que de l'époque de notre première révolution.

STENON STURE, noble suédois, fut élu administrateur du royaume après la mort de Charles Bonde (1470). Il remporta une grande victoire sur les Danois, commandés par le roi Christian (14 octobre 1470). Il fonda l'université d'Upsal, et fit briller la paix dans le royaume. Il fut vaincu dans un combat avec les Russes (1495), et se vit forcé de reconnaître pour roi Jean, fils de Christian. Ce prince le nomma grand chambellan; mais, peu de temps après son retour en Danemarck, Stenon fut de nouveau élu administrateur (1501), et ruina le parti danois en Suède. Il mourut empoisonné en 1503. — Svante Sture lui succéda. — STÉNON STURE, fils de Svante Sture, lui succéda en 1512 dans la charge d'administrateur du royaume de Suède. Christian II, roi de Danemarck, vint assiéger Stockholm ; mais Stenon le força à fuir, et le défit complétement. Il fut moins heureux dans une autre affaire. Vaincu et blessé, il mourut des suites de ses blessures en 1520. Après sa mort, Christian II fut déclaré roi de Suède.

STENTOR (myth.), l'un des Grecs qui se rendirent au siége de Troie. Il avait une voix si forte et si éclatante, qu'il faisait autant de bruit que cinquante hommes qui auraient crié tous ensemble. Sa voix servait de trompette à l'armée des Grecs. — C'est de là que nous disons une *voix de Stentor*, pour dire une voix très-forte.

STEPENITZ, petite rivière de Prusse, se jette dans l'Elbe à Wittemberg. — Rivière de Mecklembourg, se jette dans la Trave, près de la mer Baltique.

STÉPHANITES (Jeux). Les anciens appelaient ainsi les jeux dont le prix consistait en une simple couronne (en grec, *stephanos*).

STÉPHANOPHORES, nom donné par les Grecs à des prêtres qui assistaient aux cérémonies publiques avec une couronne sur la tête. C'étaient les pontifes des ordres supérieurs.

STEPHEN. Voy. ÉTIENNE DE BLOIS.

STEPPES, mot slave qui désigne des plaines immenses, d'un aspect uniforme et le plus souvent stériles. On les trouve principalement dans l'Asie septentrionale et en Afrique.

STERCORAIRE, genre d'oiseaux palmipèdes, que l'on rencontre sous les latitudes élevées des deux pôles. Ils s'en écartent en automne et en hiver, époque où l'on en voit quelquefois sur nos côtes maritimes. Ils ont le corps allongé, la queue et les ailes longues, le tête plate, peu élevée, allongée, le bec long, se terminant en crochet très-fort et très-prononcé. Ces oiseaux sont de la taille du canard. Leurs plumes sont estimées; leur chair est sans utilité.

STERCORAIRE (CHAISE) ou STERCORARIA SELLA. Voy. CHAISE STERCORAIRE.

STERCORAIRES, nom donné aux insectes qui vivent dans la fiente des animaux.

STERCULIACÉES, famille de plantes établie par quelques botanistes, et tenant le milieu entre les tiliacées et les malvacées. Elle a pour type la *sterculie*, qui répand une odeur fétide. Cette famille n'a pas été généralement adoptée.

STÈRE (du grec *stereos*, solide), nouvelle mesure destinée pour les bois de chauffage. Elle égale un mètre cube ou 29 pieds cubes 1789 dix-millièmes de pied.

STÉRÉOBATE, nom donné, en architecture, au soubassement, à ce que l'on met au-dessous du piédestal d'une colonne pour la tenir plus élevée.

STÉRÉOGRAPHIE, art de tracer les figures des solides sur un plan. On nomme *stéréographique* ce qui a rapport à cet art. La *projection stéréographique de la sphère* est celle dans laquelle on suppose que l'œil est placé sur la surface de la sphère.

STÉRÉOMÉTRIE, partie de la géométrie qui apprend à mesurer les corps solides.

STÉRÉOTOMIE. On a donné ce nom à la science qui enseigne la coupe des solides.

STÉRÉOTYPIE, art de convertir en formes ou planches solides les pages composées avec des caractères mobiles, suivant les procédés ordinaires. Ces planches se nomment *stéréotypes*. On ignore le nom de l'inventeur de cet art, qui a été perfectionné par MM. Firmin Didot et Herhan. — On dit *stéréotyper* pour faire des stéréotypes. La plupart de nos classiques ont été stéréotypés.

STÉRILE, ce qui ne produit point de fruits, quoique de nature à en porter. Ce mot s'applique aux animaux comme aux végétaux.

STERLET. Voy. ESTURGEON (Petit).

STERLING, valeur monétaire fictive de la Grande-Bretagne. La livre sterling (*pound sterling*) équivaut à 20 schellings, environ 24 francs.

STERNAL, ce qui appartient ou a rapport à l'os sternum.

STERNE (Laurence), né à Clonwel en Irlande en 1713, embrassa l'état ecclésiastique, et fut pourvu de la cure de Stutton. En 1762, il obtint celle de Coxwould, et mourut en 1768. Il est célèbre par son *Voyage sentimental* et la *Vie et les opinions de Tristram Shandy*, qu'il publia sous le nom d'Yorick. Ces ouvrages, écrits avec abandon, esprit et finesse, montrent une grande connaissance du cœur humain, et renferment des traits brillants. Ils ont eu un grand succès.

STERNE ou HIRONDELLE DE MER, genre d'oiseaux aquatiques, qui ont l'aile très-longue, échancrée, et en général la queue fourchue. Ils volent constamment, saisissant leur proie au vol ou en rasant la surface des eaux. Ils arrivent au printemps sur nos côtes maritimes. On les trouve dans les deux continents. On en connaît plusieurs espèces.

STERNO-CLAVICULAIRE, ce qui a rapport au sternum et à la clavicule. L'*articulation sterno-claviculaire* résulte de l'union de l'extrémité interne de la clavicule avec une facette arrondie que présente de chaque côté l'extrémité supérieure du sternum.

STERNO-HYOIDIEN, ce qui se rapporte au sternum et à l'os hyoïde. On nomme *muscle sterno-hyoïdien* un muscle allongé, aplati, situé à la partie antérieure du cou, et qui sert à abaisser l'os hyoïde.

STERNO-MASTOIDIEN, ce qui a rapport au sternum et à l'apophyse mastoïde du temporal. Le muscle ainsi nommé est allongé et aplati, situé à la partie antérieure et latérale du cou. Il porte la tête en avant, l'incline de son côté, et lui fait exécuter un mouvement de rotation qui tourne le visage du côté opposé.

STERNO-THYROIDIEN, ce qui a rapport au sternum et au cartilage thyroïde. Le muscle ainsi nommé est placé à la partie antérieure du cou, et sert à abaisser le cartilage thyroïde.

STERNUM, os impair, symétrique, placé au-devant de la poitrine, aplati, allongé, large en haut, rétréci au milieu, et se terminant en bas par une pointe saillante nommée *appendice xiphoïde*. Cet os s'articule avec les clavicules et les sept côtes supérieures de chaque côté.

STERNUTATOIRE, nom donné aux substances qui provoquent l'éternument.

STERTEUR (du latin *stertor*), ronflement qui accompagne l'entrée et la sortie de l'air dans certaines maladies. On nomme *stortoreux*-ce qui est accompagné de stertor.

STÉSICHORE, poëte lyrique grec, né à Himère en Sicile dans le VIᵉ siècle avant J.-C. On ignore les événements de sa vie. Pausanias raconte qu'ayant perdu la vue en punition des vers satiriques qu'il avait faits contre Hélène, il ne la recouvra qu'après s'être rétracté dans une pièce de vers contraires à la première. De ses poésies, que les anciens estimaient beaucoup, nous n'avons que des fragments sans importance. On lui attribue l'invention de l'épithalame ou chant nuptial.

STÉSICRATE, fameux sculpteur et architecte grec, qui proposa à Alexandre de tailler le mont Athos pour en former la statue de ce prince. Il devait placer une ville dans une des mains du colosse, et, dans l'autre, une coupe immense, où se rendraient les eaux pour les déverser dans la mer. Alexandre rejeta ce projet.

STÉTHOSCOPE, du grec *stêthos*, poitrine, et *skopô*, examiner, instrument destiné à ausculter la poitrine; c'est un cylindre de bois, d'un pied de long sur quinze lignes de diamètre, percé dans son axe d'un canal de trois lignes de diamètre. L'une de ses extrémités offre à volonté la forme d'un entonnoir. C'est celle que l'on place sur la poitrine.

STETTIN, régence de la Poméranie, bornée au N. par la Baltique, à l'E. par le Kœslin, au S. par celle de Francfort-sur-l'Oder, à l'O. par le Stralsund. Sa superficie est de 210 lieues carrées, et sa population de 340,000 habitants. Le chef-lieu est STETTIN.

STETTIN, ville de Prusse, chef-lieu de la régence de même nom, l'est capitale de la Poméranie, sur l'Oder, à 28 lieues N. de Berlin. Cette ville, grande, bien bâtie et bien fortifiée, a 28,600 habitants. Elle a un gymnase, une école des sourds-muets, un observatoire, une école élémentaire de marine, trois hôpitaux, une bourse et un théâtre. Elle possède des manufactures et fabriques de savon, de cuirs, de tabac, de draps, de chapeaux, de bas, de fil, de coton, de cordages, etc. Elle fait un commerce considérable avec tous les Etats de l'Europe. Cette ville, jadis hanséatique, fut donnée à la Suède par le traité de paix de Westphalie. En 1720, elle fut cédée à la Prusse, et fut prise en 1806 par les Français, qui l'occupèrent jusqu'à la fin de 1813. L'impératrice Catherine II naquit dans cette ville.

STEWART (Dugald), célèbre philosophe, né à Édimbourg en 1753, étudia à l'université de cette ville, et se distingua à la fois dans les lettres et dans les sciences. En 1772, il suppléa son père dans la chaire de mathématiques à Édimbourg, et lui succéda à sa mort (1785); mais il échangea bientôt cette chaire pour celle de philosophie. En 1820, il résigna ses fonctions, et mourut en 1828. On a de lui un très-grand nombre d'ouvrages, la *Philosophie de l'esprit humain*, les *Esquisses de philosophie morale*, les *Essais philosophiques*, la *Philosophie des facultés actives et morales de l'homme*, etc. Stewart appartient, comme philosophe, à l'école de Reid, qui fit de la psychologie une science expérimentale.

STEYER, ville de la haute Autriche, chef-lieu du cercle de Traun, au confluent du Steyer et de l'Ens, à 8 lieues S.-E. de Lentz. Elle a 10,000 habitants, et a des fabriques de fer et d'acier. Les Français la prirent en 1800, et un armistice y fut conclu entre l'Autriche et la France.

STHÉNÉLUS, fils de Persée et d'Andromède, fut roi d'Argos et de Mycènes. Il épousa Nicippe, fille de Pélops, et en eut Eurysthée, dont Junon avança la naissance de deux mois, afin de lui donner sur Hercule la supériorité de l'âge. Il chassa Amphitryon de Tirynthe, et fut tué par Hyllus, fils d'Hercule. — Fils de Capanée, fut un des Epigones qui prirent Thèbes après un siége fameux. Il fut un des prétendants d'Hélène, et alla au siége de Troie. Il fut au nombre des Grecs qui entrèrent dans le cheval de bois.

STHÉNIE (du grec *sthenos*, force), état opposé à la *faiblesse* ou *asthénie*. On nomme *sthénique*, en pathologie, ce qui est accompagné d'un excès de force.

STHÉNIENS (Jeux), jeux qui se célébraient à Argos en l'honneur de Jupiter surnommé *Sthénien*, c'est-à-dire le fort, le puissant.

STHÉNIES, fêtes que célébraient les femmes athéniennes, dans lesquelles elles se disaient mutuellement des injures.

STIBADIUM, sorte de lits de table, faits de jonc, dont les anciens faisaient usage l'été à cause de leur fraîcheur et de leur légèreté.

STIBIÉ (de *stibium*, antimoine), épithète donnée aux médicaments qui contiennent de l'antimoine. On nomme *tartre stibié* le tartrate de potasse et d'antimoine.

STICHOMANCIE (du grec *stichos*, vers, et *manteia*, divination), divination par le moyen de vers. On écrivait des vers sur de petits billets; puis on jetait ces billets dans une urne, et celui qui sortait le premier donnait la réponse demandée. Cette divination fut très en vogue.

STICHOMÉTRIE, division d'un ouvrage en versets. Au moyen âge, la manière de suppléer à la ponctuation dans les premiers temps fut d'écrire par versets, et de distinguer ainsi les membres et sous-membres du discours. Chaque verset était renfermé dans une ligne que les Grecs appelaient *stichos*, en sorte qu'en comptant les versets on découvrait combien de lignes il y avait dans un volume. Saint Jérôme introduisit cette stichométrie ou distinction par versets dans l'Ecriture sainte, pour en faciliter la lecture et l'intelligence. Elle a cessé d'être employée dans l'Ancien Testament au commencement du XIIIe siècle, pendant lequel s'établit la division qui subsiste encore aujourd'hui.

STIGMATES (du grec *stizein*, marquer). On appelait autrefois ainsi une marque qu'on imprimait sur l'épaule gauche des soldats qu'on enrôlait. Aujourd'hui l'on nomme ainsi les marques des plaies de Jésus-Christ, que l'on dit avoir été imprimées par faveur du ciel sur le corps de saint François d'Assise.

STIGMATES (hist. nat.). En botanique, on nomme ainsi le sommet du pistil ou organe femelle dans les fleurs. — Pour les entomologistes, ce sont les petites ouvertures placées sur les côtés du corps dans les insectes, et par lesquelles l'air s'introduit dans les trachées.

STIL DE GRAIN, nom que les peintres donnent à une couleur jaune qu'ils emploient souvent. C'est une argile colorée par une décoction de nerprun (graine d'Avignon).

STILAGE ou STÉLAGE, droit que les seigneurs prélevaient sur les grains qui se vendaient dans les marchés dépendants de leurs terres.

STILICON (Flavius Stilico), Vandale et général célèbre du IVe siècle. Il mérita par ses services la main de Sérène, nièce de Théodose le Grand, et fut nommé gouverneur d'Honorius, empereur d'Occident, fils de ce prince (395 de J.-C.). Il fit assassiner Rufin, gouverneur d'Arcadius, frère d'Honorius et empereur d'Orient. Mais il effaça ce crime par de brillantes victoires. Il combattit les Goths avec succès, battit Attila, et le poursuivit jusqu'en Afrique. Plus tard, craignant que la paix ne diminuât son crédit, il rappela lui-même les barbares, et forma le projet de détrôner Honorius pour élever son propre fils Pulcherius à l'empire. Ce projet fut découvert, et Stilicon, après avoir vu ses amis massacrés par les soldats, s'enfuit à Ravenne, où l'empereur lui fit trancher la tête (408). Quelques historiens l'ont cru innocent des crimes qu'on lui a reprochés.

STILLATION, de *stillo*, tomber goutte à goutte, nom donné, en physique, à la filtration de l'eau à travers les terres.

STILLINGE, genre de la famille des euphorbiacées, renfermant des plantes qui contiennent dans toutes leurs parties un suc laiteux, gluant, mais sans âcreté. La *stillinge des bois*, propre aux contrées arides de la Caroline, est employée comme antisyphilitique.

STILPON ou STILLON, philosophe ancien, natif de Mégare, vivait dans le IVe siècle avant J.-C. Il jouissait d'une telle estime que Demetrius Poliorcète, assiégeant Mégare, ordonna que sa maison fût sauvée du pillage. Il fut disciple de Diogène et maître de Zénon, chef des stoïciens.

STIMULANT, épithète des médicaments qui ont la faculté d'exciter l'action organique des divers systèmes de l'économie.

STIMULEUX. Quelques botanistes ont donné ce nom aux parties des plantes couvertes de poils roides, et dont la piqûre est brûlante.

STIMULUS, mot latin qui signifie *aiguillon*, et qui comprend tout ce qui est propre à produire une excitation dans l'économie.

STIPE. C'est, en botanique, la tige de certaines plantes, qui s'élève verticalement comme le tronc et vit très-longtemps. Elle se ramifie rarement, et sa cime est couronnée d'un faisceau de feuilles. On voit des stipes chez les palmiers et plusieurs autres plantes monocotylédonées.

STIPELLE, nom donné par Decandolle aux stipules qui naissent à la base des folioles sur les pétiolules des feuilles composées.

STIPIFORME, ce qui a l'apparence du stipe.

STIPITÉ, nom donné, en botanique, aux parties qui sont rétrécies par la base à la manière d'un pieu.

STIPULACÉE, nom donné aux feuilles pourvues de stipules.

STIPULATION. C'est, en jurisprudence, la forme particulière par laquelle on fait promettre à celui qui s'oblige de donner ou de faire quelque chose. — En termes de botanique, on nomme ainsi tout ce qui concerne les stipules.

STIPULE, ce qui est pourvu de stipules.

STIPULES, petites folioles, appendices membraneux ou foliacés, qui accompagnent souvent les feuilles. Elles se développent à divers endroits des pétioles et affectent diverses formes. On en voit sur les orangers.

STIPULEUX, épithète des végétaux qui ont de grandes et longues stipules.

STIRLING, comté d'Ecosse, borné au N. par ceux de Perth et de Clackmannan, à l'E. par le détroit de Forth et le comté de Linlithgow, au S. par celui de Lanark, à l'O. par celui de Dumbarton. Il a 9 lieues de long sur 3 à 5 de largeur, et 60,000 habitants. Ce comté est montagneux au S., fertile au N. Il abonde en carrières de houille. Le chef-lieu est STIRLING.

STIRLING, chef-lieu du comté du même nom, en Ecosse, à 12 lieues N.-O. d'Edimbourg. Il a 7,200 habitants et des fabriques de tapis, étoffes de coton, etc. Cette ville a un château qui fut souvent la résidence et qui servit de refuge à plusieurs rois d'Ecosse.

STIVES, ville de Livadie, à 12 lieues de Sétines (Athènes). Elle a un évêché grec. Près de cette ville sont les ruines de Thèbes.

STOBÉE (Jean), auteur grec du VIe siècle de l'ère chrétienne, était né à Stobes, ville de Macédoine, sur les confins de la Péonie et de la Pélagonie; on ignore les événements de sa vie. On a de lui, sous le nom d'*Anthologie*, un ouvrage précieux, en quatre livres, lequel contient des extraits d'environ cinq cents écrivains anciens, en prose et en vers, la plupart perdus. Cet ouvrage est divisé en deux parties, intitulées, l'une *Discours*, l'autre *Extraits physiques et moraux*.

STOCK (Simon), Anglais de nation, se retira dès l'âge de douze ans dans une solitude, prit ensuite l'habit des carmes, dont il devint général, et mourut à Bordeaux en 1265. On prétend que, dans une vision, la sainte Vierge lui donna le scapulaire, comme une marque de sa protection spéciale envers tous ceux qui le porteraient.

STOCKACH, bourg de Bade, à 7 lieues N. de Constance. L'archiduc Charles y battit complétement le général Jourdan en 1799; mais les Français s'en emparèrent le 2 mai 1800, après un combat des plus opiniâtres.

STOCKFISCH, nom que les pêcheurs du Nord donnent à la morue desséchée à l'air et étendue avec un bâton. On le dit aussi, par extension, de toute espèce de poisson salé et séché.

STOCKHOLM. Deux gouvernements de Suède portent ce nom; ce sont *Stockholm-Campagne*, formé de parties de la Sudermanie et de l'Upland, avec 105,800 habitants; et *Stockholm-Ville*, formé de l'Upland, avec 81,560 habitants. Ces deux gouvernements ont pour capitale STOCKHOLM, capitale de toute la Suède.

STOCKHOLM, capitale de la Suède, dans l'Upland, à 350 lieues de Paris et de Londres, 120 de Pétersbourg et 280 de Vienne. Elle est bâtie sur les rives septentrionale et méridionale du Malarn, à l'endroit où il se réunit à un golfe de la Baltique. Elle couvre deux péninsules et plusieurs petites îles du Malarn. Cette situation fait de Stockholm une des villes les plus pittoresques d'Europe. On y remarque plusieurs beaux monuments, entre autres le palais, résidence des rois de Suède, commencé par Charles XI et fini par Gustave III, l'opéra, l'hôtel de ville, de belles promenades, une galerie de tableaux, une bibliothèque de 30,000 volumes et 800 manuscrits, l'arsenal. Cette ville a encore une académie des sciences, avec un observatoire, un cabinet d'histoire naturelle, une académie de belles-lettres, d'histoire et d'antiquité, une académie suédoise ou des dix-huit, une académie des sciences militaires, celle d'agriculture, un collége des mines, etc., un institut médico-chirurgical, une école des sourds-muets, et divers autres établissements de bienfaisance et d'utilité publique. Stockholm a un port vaste et sûr; son commerce est très - considérable; elle est l'entrepôt des marchandises de tout le royaume. Stockholm a 77,800 habitants, dont 870 Juifs. — Cette ville fut fondée en 1260 par Birger-Jarl.

STOCKHORN, montagne de Suisse, près de Stock, petite ville du canton de Berne. Elle est élevée de 6,787 pieds au-dessus du niveau de la mer.

STOFFLET (Nicolas), célèbre général vendéen, né à Lunéville en 1752, s'engagea dans les troupes royales, et resta pendant seize ans au service en qualité de simple soldat. Ayant obtenu son congé, il entra chez le comte de Maulevrier d'abord comme domestique, puis comme garde-chasse. Il se réunit à l'armée vendéenne dès sa première formation, et contribua à la prise de Chollet, ce qui lui valut le grade de major général de l'armée catholique (juillet 1793). Il prit le commandement en chef après la mort de Larochejaquelin. En 1795, il fut forcé de conclure un armistice avec le général Hoche; mais bientôt après, ayant voulu reprendre la guerre, il tomba entre les mains des républicains. Il fut fusillé en février 1796, avec plusieurs de ses amis. Il mourut avec courage. Stofflet s'était trouvé à cent cinquante affaires dans l'espace de deux ans.

STOÏCIENS, secte célèbre de philosophes, fut fondée par Zénon. (Voy. ce nom.) On la nomma ainsi du Portique (en grec, *stoa*), où leur maître donnait ses leçons. Les stoïciens regardaient la vertu comme le souverain bien; ils étaient austères et graves. Les Romains adoptèrent de préférence la philosophie. Posidonius, Sénèque, Épictète et Marc Aurèle furent les plus célèbres des stoïciens. — On appelle *stoïcisme* la doctrine des stoïciens; *stoïque*, ce qui tient de l'insensibilité et de la fermeté qu'affectaient ces philosophes; et *stoïsme*, la qualité de ce qui est stoïque, c'est-à-dire austère et sévère.

STOLBERG, petit comté des Etats prussiens. Il a 16 lieues carrées et 14,000 habitants. Le chef-lieu est STOLBERG, petite ville de 3,000 habitants, à 17 lieues S. de Magdebourg. Ce comté a des mines et des carrières exploitées, des papeteries et des usines.

STOLE (en latin, *stola*), tunique longue et à longues manches, qui, chez les Romains, servait de vêtement aux femmes de haute condition.

STOLONIFÈRE, épithète des plantes dont les tiges poussent des drageons (en latin, *stolo*).

STOMACHIQUE ou STOMACAL, ce qui appartient à l'estomac. Il se dit aussi des substances qui conviennent à l'estomac.

STOMAPODES (du grec *stoma*, bouche, et *pous*, génitif *podos*, pied), ordre de crustacés de la division des malacostracés. Ils font le passage des décapodes aux amphipodes. Ils ont les yeux portés sur un pédicule mobile. L'extrémité antérieure de la tête présente une articulation qui sert de support à ces organes, ainsi qu'aux antennes intermédiaires. Ces crustacés sont marins.

STOMATIQUE, nom donné aux médicaments que l'on emploie contre les maladies de la bouche, en grec *stoma*. Tels sont les dentifrices, les masticatoires.

STONE-HAVEN, petite ville de la côte orientale d'Ecosse, capitale du comté de Kincardine, à 6 lieues S.-O. d'Aberdeen. Elle a 2,000 habitants.

STORA-KOPPARSBERG. Voy. KOPPARSBERG (Stora-).

STORAX. Voy. STYRAX.

STORCK (Nicolas), célèbre hérésiarque, né en Saxe, s'attacha d'abord à la doctrine de Luther, qu'il abandonna pour former la secte des anabaptistes (1522). Ses partisans ayant été proscrits, il se retira à Zwickaw en Silésie, et alla ensuite en Souabe et en Franconie, où il souleva les paysans contre leurs seigneurs. Banni de ces pays, il passa en Pologne, puis à Munich, et mourut dans la misère vers 1530.

STORE, espèce de rideaux de toile ordinairement claire et transparente, qui se lève et se baisse par le moyen d'un ressort, et qu'on met devant une fenêtre, une portière de carrosse, etc., pour se garantir du soleil.

STORMARN, ancien district de Holstein, en comprenait la partie méridionale. La capitale était HAMBOURG.

STOURE, rivière d'Angleterre, arrose les comtés de Sommerset et de Dorset, et se jette dans la Manche à Christ-Church. — Autre rivière qui prend sa source dans le comté de Suffolk, et forme la rade d'Herwich. — Autre rivière du comté de Kent, se jette dans la mer du Nord, à Pepperness.

STOURNE. Voy. ÉTOURNEAU.

STRABISME (du grec *strabos*, louche), disposition vicieuse des yeux qui ne sont pas dirigés simultanément vers le même objet. Il y a le strabisme en dedans et en dehors. Cette affection, qui reconnaît des causes extrêmement variées, est le plus souvent sans remède.

STRABO, mot latin et grec qui signifie *louche*, et qui devint prénom romain.

STRABON, célèbre géographe, né à Amasie, en Cappadoce, environ 60 ans avant J.-C. Il embrassa les doctrines stoïciennes. Il parcourut la plus grande partie du monde connu pour s'instruire et recueillir des notions exactes sur les divers pays. Il avait composé plusieurs ouvrages historiques. Nous n'avons plus de lui que sa *Géographie*, en dix-sept livres, pleine d'érudition, et qui renferme des connaissances précises sur l'origine, les mœurs, la religion, les lois et l'histoire des anciens peuples. Il traite dans cet ouvrage de l'u-

tilité de la géographie, de l'Espagne, de la Gaule et des Iles Britanniques, de l'Italie et des îles voisines de la Germanie, de l'Illyrie, de la Tauride, de l'Epire et du pays des Gètes, de la Grèce et ses îles, de l'Asie, de l'Inde, de la Perse, de la Syrie, de l'Arabie, de l'Ethiopie et du reste de l'Afrique.

STOUFFACHER (Werner), Suisse du canton de Schwitz, résolut en 1307 de rendre la liberté à sa patrie opprimée par Gessler, gouverneur pour l'empereur Albert Ier. Il s'associa Walter Furst, Arnold de Melchtal, Guillaume Tell et plusieurs autres Suisses, et souleva ses compatriotes, qui chassèrent les Allemands et firent une ligue, qui fut l'origine de la république helvétique.

STRADA (Famien), jésuite, né à Rome, mort dans cette ville en 1649, professa longtemps les belles-lettres dans sa société. On lui doit l'*Histoire des guerres des Pays-Bas*, en latin, divisée en deux décades. La première s'étend depuis la mort de Charles-Quint jusqu'en 1578 ; la deuxième, depuis 1578 jusqu'en 1590. Le style en est pur, brillant et animé. Cet ouvrage est très-estimé.

STRADA (Jean), peintre flamand, né à Bruges en 1530, voyagea en Italie, et mourut à Florence en 1604. Ses tableaux d'histoire sont fort estimés. On a aussi de lui des chasses très-belles.

STRADELLA (Alexandre), compositeur et chanteur fameux du XVIIe siècle, naquit à Venise vers 1630. Il aima une Vénitienne, issue d'une noble famille, et cet amour fit le malheur de sa vie. Un seigneur, jaloux de la préférence de cette jeune femme pour Stradella, qui l'avait enlevée et conduite à Rome, mit sur leurs traces deux assassins. On dit que ces scélérats, étant entrés dans la basilique de Saint-Jean de Latran au moment où Stradella chantait un oratorio de sa composition, se jetèrent aux pieds du chanteur dont le talent les avait enthousiasmés, et lui conseillèrent de fuir une ville où il n'était pas en sûreté. Peu de temps après, le père de la jeune femme les perça tous les deux de la même épée, à Gênes.

STRADIVARIUS (Antoine), le plus célèbre luthier qui ait existé, naquit à Crémone en 1708, et mourut en 1734. Ses altos, ses violoncelles, ses contre-basses, mais surtout ses violons sont très-recherchés, et font l'admiration des artistes. Cette supériorité n'a été encore atteinte par aucun autre luthier.

STRAFFORD (Thomas WENTWORTH, comte DE), d'une ancienne famille distinguée d'Angleterre, né à Londres en 1593, fut député du comté d'Yorck aux parlements de 1621 et de 1625, et se fit remarquer par la fermeté de sa résistance aux actes arbitraires du duc de Buckingham, ministre de Charles Ier. Il siégea pour la troisième fois au parlement en 1628, fut nommé ministre après la mort de Buckingham, et se dévoua alors tout entier au roi et à sa cause. Il fut fait comte de Strafford, lord lieutenant, vice-roi d'Irlande et président du conseil d'Yorck. Le parti populaire qu'il avait abandonné ne lui pardonna point sa désertion. Il maintint par sa fermeté et la vigueur de son administration le pouvoir dans les faibles mains du roi. Mais Charles Ier fut enfin forcé de convoquer le parlement de 1640. Un des premiers actes de la chambre des communes fut de mettre Strafford en accusation, et de le faire transférer à la Tour de Londres. Il comparut bientôt devant la chambre des lords, qui le condamna à mort. Le roi par faiblesse souscrivit à cette sentence. Strafford subit son supplice avec courage (1641).

STRAGULE, nom donné à l'enveloppe interne des parties de la fructification dans les graminées ; Linné lui a donné la dénomination de *corolle* ou *balle florale*. Lorsque la stragule est composée de deux pièces, on nomme ces pièces *paillettes*.

STRALSUND, régence des Etats prussiens, formée de la Poméranie, bornée au

N. par la mer Baltique, au S.-E. par la régence de Stettin, à l'O. par le Mecklembourg. Sa superficie est de 140 lieues carrées, et sa population de 137,800 habitants. Le sol est très-fertile. La capitale est STRALSUND.

STRALSUND, ville de Prusse, jadis capitale de la Poméranie suédoise, aujourd'hui chef-lieu de la régence de Stralsund. Elle est située sur le détroit qui sépare l'île de Rugen, et dont la partie septentrionale se nomme Gellen. Cette ville de la Baltique fut autrefois hanséatique. Inattaquable du côté de la mer, et en partie entourée de marais, elle était forte et puissante. Son commerce, autrefois très-considérable, a perdu de son importance. Elle a 18,000 habitants.—Le général Vallenstein l'assiégea sans succès en 1628. L'électeur de Brandebourg la prit en 1678. Elle fut prise de nouveau en 1715, et rendue à la Suède en 1720. Elle fut livrée aux Français en 1807. A la paix de Kiel, en 1814, elle fut donnée au Danemarck, et l'année suivante à la Prusse, à laquelle elle appartient aujourd'hui.

STRAMOINE ou STRAMONIUM. Voy. DATURA.

STRANGULATION, synonyme d'étranglement. En médecine, la *strangulation utérine* est le sentiment de suffocation qui a souvent lieu dans les attaques d'hystérie.

STRANGE (Robert), né aux îles Orcades en 1721, fut un des plus habiles graveurs du dernier siècle. Il mourut en 1792, membre de plusieurs académies de peinture. Georges III l'avait créé chevalier en 1787. Il a gravé un très-grand nombre de tableaux. On distingue le portrait de *Charles Ier*, *Cléopâtre*, *Vénus*, *Bélisaire*, la *Madeleine*, etc.

STRANGURIE, difficulté d'évacuer l'urine, dans laquelle le liquide ne sort goutte à goutte, et qui est accompagnée d'ardeur et de douleur.

STRAPASSER se dit, en peinture, d'un dessin ou d'un tableau où règnent la confusion et la négligence, où quelques beautés paraissent çà et là, de façon à laisser voir que le peintre n'est pas sans talent.

STRAPONTIN, siège garni que l'on place sur le devant dans les carrosses coupés et aux portières dans les grands carrosses. En marine, ce mot est synonyme de *hamac*.

STRASBOURG, grande et belle ville de France, chef-lieu du département du Bas-Rhin, sur l'Ill, à une petite distance de la rive gauche du Rhin, à 102 lieues E. de Paris. Population, 60,000 habitants. Cette ville est très-ancienne, et porta jadis le nom d'*Argentoratum*. Elle devint un des grands établissements militaires des Romains dans les Gaules, et elle était fort importante dès le IIe siècle de notre ère. Les barbares s'en emparèrent. Ravagée par Attila, elle fut enlevée aux Allemands par Clovis, vainqueur à Tolbiac. C'est au VIe siècle qu'elle prit le nom de Strasbourg. Après avoir fait partie du royaume d'Austrasie, elle devint le siège d'une république indépendante, jusqu'à sa réunion à la France en 1681. Louis XIV en fit une des places les plus fortes de l'Europe. — Strasbourg possède un tribunal de première instance et de commerce, un évêché érigé dans le IVe siècle et suffragant de l'archevêché de Besançon, une faculté de théologie pour la confession d'Augsbourg, une faculté de droit, une faculté de médecine, une faculté des sciences, une faculté des lettres, un collège royal, une école industrielle, une bibliothèque publique de 55,000 volumes, une école spéciale de pharmacie, une fonderie de canons, un arsenal, un musée, un jardin botanique et un hôtel des monnaies (marque BB). On admire à Strasbourg la magnifique cathédrale, un des plus beaux monuments du style gothique, commencée en 1015 et achevée en 1275. L'on y voit une tour (le Munster), haute de quatre cent trente-sept pieds. — Le commerce de Strasbourg est considérable. Cette ville est l'entrepôt entre la France, la Suisse, l'Allemagne et l'Italie,

Elle commerce en acier, fer-blanc, étoffes, pâtés estimés, grains, vins, liqueurs, etc.

STRASS, substance dont on fait de faux diamants. On s'en sert pour imiter les roses lorsqu'elle est incolore ; mais, lorsqu'on y introduit divers oxydes métalliques, elle peut reproduire le saphir, l'émeraude et les diverses pierres précieuses. Ces fausses gemmes portent aussi le nom de *strass*. Cette industrie, née en Allemagne, ne s'est naturalisée chez nous qu'en 1819. Les substances qui servent à faire le beau strass sont le cristal de roche, le minium, la potasse pure, le borax et l'arsenic ; on imite le saphir en mêlant une certaine quantité de cette substance avec de l'oxyde de cobalt ; l'améthyste en mêlant au strass de l'oxyde de manganèse, de l'oxyde de cobalt et du pourpre de cassius, etc.

STRATÉGIE (du grec *stratos*, armée), science des mouvements d'une armée.

STRATES, mot synonyme de *couches* dans la métallurgie. On dit que les roches forment des couches ou strates lorsque leurs masses, assises les unes sur les autres ou posées les unes à côté des autres, sont divisées en parties beaucoup plus étendues dans le sens de leur longueur et de leur largeur que dans celui de leur épaisseur. Les deux faces d'une couche sont sensiblement parallèles. On dit qu'une couche est subordonnée à un groupe de roches, de couches, de typhons, etc., lorsqu'elle y est intercalée.

STRATHMORE, vallée d'Ecosse, située au S. des monts Grampians.

STRATIFICATION. C'est, en métallurgie, la disposition des masses minérales arrangées par couches ou strates. En général, c'est l'opération par laquelle on dispose par couches ou par lits des corps que l'on veut combiner ensemble. L'on obtient l'acier par stratification, en faisant chauffer des barreaux de fer que l'on a eu soin de séparer par autant de couches de ciment dont le charbon fait la base. — STRATIFIER désigne l'action d'arranger par couches des substances dans un vaisseau.

STRATOGRAPHIE, description d'une armée et de tout ce qui s'y rapporte, des différentes armes, de la manière de camper, etc. On doit à l'écrivain militaire Végèce la stratographie des Romains.

STRATON, roi de Sidon, refusa de rompre son alliance avec Darius, roi des Perses, et fut détrôné par Alexandre le Grand, roi de Macédoine, qui mit à sa place Abdolonyme.

STRATON, philosophe péripatéticien de Lampsaque, fut disciple de Théophraste, auquel il succéda dans la direction de l'école l'an 288 avant J.-C. Son application à l'étude des secrets de la nature lui valut le surnom de *Physicien* (du grec *physis*, nature). Straton fit de Dieu la nature, et pensa que l'âme réside dans le cerveau. Il fut précepteur du roi Ptolémée Philadelphe, qui le combla de bienfaits. Il avait écrit des traités sur la justice, sur le bien, etc., qui ne nous sont pas parvenus.

STRATON, ami intime de Brutus, le meurtrier de César, le suivit à la bataille de Philippes. Brutus, se voyant pressé par Antoine, demanda à Straton de lui donner la mort. Après de longs refus, celui-ci finit par y consentir, et perça Brutus de son épée.

STRATONICE, fille de Demetrius Nicator, roi de Macédoine, épousa Seleucus Nicator, roi de Syrie. Antiochus Soter, que Seleucus avait eu d'une première femme, devint éperdument épris de cette princesse, qui, de son côté, conçut pour lui la plus tendre affection. Antiochus l'épousa du consentement de son père, après que les médecins eurent déclaré que c'était le seul moyen de lui rendre la santé. Ce sujet a fourni à Thomas Corneille une tragédie, et à Méhul un opéra qui passe pour un chef-d'œuvre.

STRATONICE, fille d'un musicien et l'une des maîtresses de Mithridate, roi de Pont. Elle résolut de se venger de l'abandon de ce prince, et livra à Pompée la forteresse de Symphorium. Mithridate se vengea de cette perfidie en faisant mettre à mort sous les yeux de Stratonice le fils qu'il en avait eu (vers l'an 65 avant J.-C.).

STRAUBING, belle et grande ville de Bavière, sur le Danube, à 9 lieues S.-E. de Ratisbonne. Elle a 7,400 habitants, et fait un commerce très-important. Les Autrichiens furent contraints d'en lever le siége en 1642 ; ils la prirent l'année suivante, et la rendirent démantelée en 1745.

STREHLA, bourg de Saxe, sur l'Elbe, à 12 lieues de Dresde. Les Prussiens y furent défaits par les impériaux en 1760.

STRÉLITZ (du russe *strelzi*, chasseurs), corps d'infanterie russe. Cette milice fut instituée au XVIe siècle par Ivan Vassiliévitch. Elle avait de nombreux priviléges, et s'élevait à 40,000 hommes. Les strélitz, qui formaient la garde des tzars, se rendirent souvent aussi redoutables à leurs maîtres que les janissaires aux sultans turks. Pierre Ier les supprima en 1678, les fit décimer, et exila ceux qui restaient. Ceux-ci, s'étant soulevés de nouveau, furent entièrement détruits.

STRÉLITZ. Voy. MECKLEMBOURG-STRÉLITZ.

STRELITZIE, genre de la famille des scitaminées, renfermant des plantes originaires du cap de Bonne-Espérance, aux feuilles radicales, oblongues, coriaces, longues et portées par des très-longs pétioles ; du milieu des feuilles sort une tige nue ou hampe qui porte plusieurs fleurs. Une espèce, la *strélitzie de la reine*, est cultivée dans nos jardins pour la beauté de ses fleurs.

STRENIA (myth.), déesse romaine. Elle présidait aux présents (*strenna*, étrennes) que l'on se faisait réciproquement le premier jour de l'an.

STRENUA (de *strenuus*, vaillant) (myth.), déesse romaine, faisait agir avec vigueur. Elle avait un temple à Rome.

STRETTES, partie d'une fugue où le sujet est traité d'une manière plus serrée qu'au commencement. On se sert encore de ce mot pour indiquer le mouvement accéléré des finales d'opéra.

STRIBORD. Voy. TRIBORD.

STRIE se dit des objets dont la surface porte des stries, des sortes de cannelures. Les botanistes appellent *tige striée* celle qui offre des côtes nombreuses séparées par des sillons. Les médecins nomment *crachats striés* ceux dans lesquels le sang est mêlé par filets avec la matière muqueuse. — Il se dit, en architecture, des colonnes et des pilastres cannelés dans toute leur hauteur. — On donne vulgairement ce nom à plusieurs espèces de poissons, telles qu'un *labre*, un chétodon, etc.

STRIES se dit, en architecture, des cannelures des colonnes. — Ce sont aussi des fils que l'on aperçoit sur le verre. Ce défaut provient de l'inégale densité des parties. — En histoire naturelle, on nomme *stries*, 1° les rayures en relief que l'on voit sur la coquille de certains mollusques. Elles diffèrent des *rides*, qui forment des ondes irrégulières, et des *cannelures*, qui sont plus longues et plus égales. 2° De petits filets saillants et parallèles entre eux, qu'on voit à la surface de presque tous les cristaux. Quand les stries sont fortes, on les nomme *cannelures*.

STRIGILLIFORME, ce qui est en forme de brosses. Les *strigilles* étaient, chez les anciens, des brosses dont on se servait pour racler la peau au sortir du bain.

STRIGONIE. Voy. GRAN.

STRIURES, petites stries.

STRIVALI, nom donné à plusieurs petites îles, situées sur la côte occidentale de Morée, à 10 lieues S. de Zante. Elles sont fertiles, mais peu habitées. Ce sont les *Strophades* des anciens.

STROBILE (du grec *strobilos*, tourbillon, toupie), nom donné par les naturalistes au fruit des conifères, lequel porte encore celui de *cône*. Voy. ce mot.

STROECK ou STROUCK, terme de marine, petit bâtiment à voile et à rames, dont on se sert sur le Volga.

STROMATÉE, genre de poissons apodes, dont le corps est aussi large que long, et aussi aplati que celui des chœtodons. On en distingue plusieurs espèces.

STROMATES (du grec *strômata*, tapisseries). On a employé ce mot dans le sens de mélanges : tels sont les stromates de saint Clément d'Alexandrie, qui, de même qu'une tapisserie se compose de plusieurs sujets divers, renferment des recherches sur différents objets.

STROMBE, genre de mollusques caractérisés par des coquilles univalves, ventrues, terminées à leur base par un canal accompagné d'un sinus distinct, et dont la lèvre droite se dilate ou s'étend, avec l'âge, en un lobe simple ou digité. Les strombes se trouvent dans les mers d'Europe et de l'Inde. On en connaît plusieurs espèces. On appelle *strombites* les strombes fossiles.

STROMBOLI, une des îles Lipari, et la plus septentrionale de toutes, à 6 lieues N.-E. de Lipari. Elle a environ 5 lieues de tour, et a un volcan célèbre. (Voy. LIPARI.) On y cultive la vigne et le cotonnier. Le 8 janvier 1676, il se livra, à la hauteur de cette île, un combat naval entre la flotte française, commandée par Duquesne, et la flotte hollandaise, commandée par Ruyter. Les anciens lui donnaient le nom de *Strongyle*, du grec *strongylos*, rond, à cause de sa forme circulaire.

STROME, nom donné aux expansions des hypoxylées, lesquelles sont épaisses et fongueuses, se développant comme les lichens.

STROMOE, la plus grande des îles Feroë. Elle a 12 lieues de long sur 2 à 5 de largeur. Son chef-lieu est THORHAVEN.

STRONGYLO, petite île de l'Archipel, près d'Antiparos, dont elle est séparée par un canal. Elle offre un bon ancrage aux vaisseaux.

STRONTIANE, oxyde métallique alcalin, découvert à Strontian en Ecosse, et formé d'oxygène et de strontium. Il est solide, grisâtre ou blanc, d'une saveur caustique, et verdit le sirop de violette. Sa pesanteur spécifique est de 4. On ne le trouve jamais pur dans la nature ; il est toujours combiné avec les acides sulfurique, carbonique, le carbonate de chaux, etc. On l'obtient en décomposant le nitrate de strontiane par la chaleur. La strontiane est employée en chimie comme réactif.

STRONTIANITE, nom donné au carbonate de strontiane natif, d'où l'on a retiré d'abord la strontiane.

STRONTIUM, métal qui, uni à l'oxygène, constitue la strontiane. Il est blanc, brillant, solide, plus pesant que l'eau. Ce métal, qui a été découvert par Davy, est sans usages.

STROPHADES, nom que portaient les îles *Strivali* chez les anciens.

STROPHE (du grec *strophé*, retour). Ce mot désignait chez les anciens la partie de l'hymne que le chœur chantait en tournant à droite autour de l'autel, tandis que l'*antistrophe*, autre division de l'hymne, se chantait en allant vers la gauche. — Dans la poésie moderne, strophe ne désigne plus que la suite d'une ode, d'une hymne, suivie d'une autre de plusieurs autres de la même mesure et du même nombre de vers dans la même disposition. La strophe est dans l'ode ce que le couplet est dans la chanson.

STROPHIUS, fils de Crisus et roi de Phocide, épousa une sœur d'Agamemnon, et en eut Pylade, dont l'amitié pour Oreste est célèbre. Après la mort d'Agamemnon, Strophius avait recueilli à sa cour et avait élevé Oreste, fils de ce prince. C'est là que se contracta cette liaison entre Oreste et Pylade.

STROPPUS, sorte de bonnet que les prêtres anciens mettaient sur la tête dans les sacrifices.

STROZZI (Philippe), d'une ancienne et riche maison de Florence, fut un de ceux qui, après la mort du pape Clément VII, entreprirent de chasser de Florence Alexandre de Médicis, et d'y rétablir la liberté. Ils cherchèrent ensuite à assassiner ce duc, et ce dessein fut exécuté. Le duc Cosme, successeur d'Alexandre, poursuivit les conjurés, qui furent faits prisonniers et mis à la torture. Strozzi se tua dans sa prison avec une épée qu'il trouva par hasard (1538). Sa famille passa en France, où elle parvint aux plus hautes dignités.

STROZZI (Pierre), fils du précédent, quitta l'état ecclésiastique pour embrasser la profession des armes. Il servit pour la France en Italie, et contribua beaucoup à faire lever le siége de Turin aux impériaux (1536). Il se trouva à la plupart des batailles de cette époque, et fut honoré du titre de maréchal de France et de lieutenant général de l'armée du pape Paul IV. Il contribua à la prise de Calais en 1558, et fut tué la même année au siége de Thionville. — Son frère LÉON STROZZI, chevalier de l'ordre de Saint-Jean de Jérusalem, connu sous le nom de *prieur de Capoue*, fut un des plus grands hommes de mer de son temps. Il fut général des galères de France et de Malte. Il fut tué en 1554.

STROZZI (Philippe), fils de Pierre Strozzi, né à Venise en 1547, fut élevé en France en qualité d'enfant d'honneur près du dauphin, depuis François II. Il embrassa l'état militaire, et, après s'être distingué aux batailles de Saint-Denis et de Jarnac, il obtint la charge de colonel général de l'infanterie française. Don Antonio, roi de Portugal, ayant obtenu de Henri III, en 1582, une armée navale pour tenter de se remettre en possession des Etats qui lui avaient été enlevés par le roi d'Espagne, Philippe Strozzi fut choisi pour la commander sous ses ordres: Il fut défait dans le combat naval qu'il livra à la flotte ennemie près des Açores, grièvement blessé, et jeté dans la mer, encore vivant, par ordre du marquis de Santa-Cruz, amiral.

STROZZI (Cyriaco), philosophe, né à Florence en 1504, professa le grec et la philosophie avec beaucoup de succès à Florence, à Bologne et à Pise, où il mourut en 1565. Il avait embrassé la doctrine d'Aristote. Il a ajouté un neuvième et un dixième livre, en grec et en latin, aux huit livres qu'Aristote a composés sur la république.

STRUENSÉE (Jean-Frédéric, comte DE), né à Halle en 1737 reçut en 1767 le bonnet de docteur en médecine. En 1768, il fut nommé médecin du roi de Danemarck, Christian VII, qu'il accompagna en cette qualité dans tous ses voyages. Il réussit à réconcilier le prince avec son épouse Mathilde-Caroline d'Angleterre, dont il était devenu le favori. Il fut bientôt nommé premier ministre, et peu de temps après comte. Il s'attira l'inimitié du peuple par ses imprudentes réformes, et celle de la noblesse par son orgueil et son désir constant d'humilier les grands, et de leur leur ôter leurs priviléges. Ses ennemis virent, dans les prérogatives que l'indifférente apathie du roi lui avait laissées, le dessein prémédité d'anéantir l'autorité royale. Ils dévoilèrent publiquement ses fautes, et répandirent les accusations les plus infâmes contre lui et la jeune reine. Le 17 janvier 1772, au milieu d'un bal à Copenhague, sur un ordre que les conjurés arrachèrent au faible roi, Struensée, la reine et tous leurs partisans furent jetés en prison. Struensée fut jugé le 22 avril de la même année par une commission extraordinaire, et fut condamné à être dégradé de ses titres et dignités, à avoir la main droite et la tête coupées, pour être clouées à un poteau, et le corps écartelé et rompu, Il mourut avec fermeté.

STRUEERTAIRES, ceux qui, chez les anciens, étaient chargés de purifier les arbres frappés par la foudre.

STRUVE (Burchard-Gotthlieb), fils du jurisconsulte Georges-Adam Struve, naquit à Weimar en 1671 et se livra à l'étude de l'histoire. En 1697, il fut fait bibliothécaire d'Iéna, puis professeur d'histoire en 1704. En 1712, il devint professeur extraordinaire en droit, conseiller aulique et professeur ordinaire du droit public et féodal. Il mourut en 1738. On a de lui plusieurs ouvrages en latin, entre autres une *Bibliothèque historique*, une *Bibliothèque philosophique*, etc.

STRUYS (Jean), Hollandais, célèbre par ses voyages en Moscovie, en Tartarie, en Perse, aux Indes, etc. Il commença à voyager l'an 1647, et ne revint dans sa patrie qu'en 1673. Les *Relations* des voyages qu'il avait faits furent rédigées après sa mort par Glanius. Elles renferment des choses très-intéressantes.

STRY, cercle de Gallicie, Il a 200 lieues carrées, et 180,000 habitants. Il est arrosé par le Duiester. La capitale est STRY, avec 6,300 habitants, à 14 lieues S.-E. de Lemberg.

STRYCHNÉES ou STRYCHNOÏDES, famille de plantes dicotylédones, laquelle renferme, entre autres, le genre *strychnos* ou *vomiquier*. Elle n'a pas été universellement adoptée.

STRYCHNINE, alcali végétal découvert dans le fruit de plusieurs espèces du genre strychnos ou vomiquier. Il est composé d'hydrogène, d'oxygène et de carbone. Il est solide, inodore, très-amer, inaltérable à l'air, et forme des sels avec les acides. Il est extrêmement vénéneux, et c'est à lui que la noix vomique doit ses propriétés médicinales.

STRYCHNIQUE (ACIDE), acide que l'on trouve dans la noix vomique, combiné avec la strychnine. Il est sans usages, et a reçu encore le nom d'*acide isagurique*.

STRYCHNOS ou VOMIQUIER, genre de la famille des strychnées, renfermant plusieurs espèces. Le *strychnos noix vomique* est un arbre de l'Inde, dont les graines, appelées *noix vomiques*, sont orbiculaires, de couleur grisâtre, recouvertes d'une pellicule composée de plusieurs feuillets, luisante, et comme nacrée. Leur action sur l'homme et les animaux est extrêmement violente. Elles font périr au milieu des plus vives souffrances au bout d'un quart d'heure au plus. On s'en sert en médecine à très-petite dose. Le *strychnos tieuté*, qui croît à Bornéo, est un bel arbre à bois blanc, d'une odeur nauséabonde, et dont les racines donnent un poison violent. Le *strychnos ignatier*, des Philippines, porte des graines de couleur brune pâle, connues sous le nom de *fèves de l'Inde*, *fèves des jésuites* et *graines de Saint-Ignace*. Elles sont amères, et fournissent un poison très-actif. Le *strychnos bois de couleuvre*, de l'Inde, est ainsi nommé de la marbrure de son écorce, qui a pris le nom de *fausse angusture*, et qui est un poison très-violent.

STRYMON, fleuve considérable de Thrace, prenait sa source dans les monts Hemus, coulait du N. au S., séparait la Macédoine de la Thrace, passait à Héraclée, et se jetait dans la mer Egée, au golfe Strymonique. Ce fut sur les bords de ce fleuve qu'Orphée pleura la mort de son épouse Eurydice. Il se nomme aujourd'hui *Stryma*, *Marmari* ou *Rendina*.

STUART, famille célèbre de l'Ecosse, qui a donné à ce pays et à l'Angleterre une longue suite de rois. Elle descendait d'une branche de la famille anglo-normande des Fitz-Alan, qui s'établit en Ecosse, où elle reçut pour un de ses membres la dignité héréditaire de sénéchal ou grand maître du royaume, et prit le nom de *Stewart*, qu'elle changea plus tard en celui de *Stuart*. Après la mort de David II en 1370, le fils de Walter Stuart monta sur le trône, prit le nom de Richard II, et devint la souche de la maison royale des Stuarts. (Voy. Jacques, Robert, Marie Stuart, etc.) Le fils de Marie Stuart, Jacques VI, réunit les royaumes d'Ecosse et d'Angleterre. Il eut pour successeurs Charles Ier, Charles II et Jacques II, qui fut déposé. L'époux de sa fille Marie, Guillaume III d'Orange, reçut la couronne. Avec Anne, qui succéda à Guillaume, la maison de Stuart cessa, en 1714, de régner sur l'Angleterre. Le fils de Jacques II prit le titre de Jacques III. Il est plus connu sous le nom de *Prétendant*. Il ne put reconquérir le sceptre. Son fils aîné Charles-Edouard ne fut pas plus heureux, de même que son frère puîné, Henri-Benoît, qui s'intitulait Henri IX, et qui mourut en 1807.

STUART (Robert), comte de Beaumont-le-Roger, seigneur d'Aubigny, était second fils de Jean Stuart III, comte de Lenox. Il se signala dans les guerres d'Italie, et mérita par sa valeur le bâton de maréchal de France. Il mourut en 1543. Il était plus connu sous le nom de *maréchal d'Aubigny*.

STUART (Gautier), comte d'Athol en Ecosse, fils de Robert II, roi de ce pays, fut convaincu, en 1436 d'avoir formé une conspiration contre le roi Jacques Ier. On lui fit subir pendant trois jours les plus horribles supplices. — Son fils, JEAN STUART, alla servir le dauphin, depuis roi de France sous le nom de Charles VII. Il battit les Anglais à Baugé en 1421, reçut l'épée de connétable, et fut tué devant Verneuil en 1424.

STUART (Gilbert), historien écossais, né à Edimbourg en 1742, mort en 1786, a laissé une *Dissertation sur l'antiquité de la constitution britannique*, le *Tableau des progrès de la société en Europe*, des *Observations sur l'histoire du droit public et constitutionnel de l'Ecosse*, l'*Histoire de la réformation en Ecosse*, l'*Histoire d'Ecosse depuis la réforme jusqu'à la mort de la reine Marie*.

STUART (Jacques), célèbre antiquaire et architecte, né à Londres en 1713, alla avec Revelt visiter Athènes pour en dessiner et en mesurer tous les monuments. Il publia le fruit de ses recherches en trois volumes in-folio, sous le titre d'*Antiquités d'Athènes*. Cet ouvrage est très-recherché. Nommé intendant de l'hôpital de Greenwich, il mourut en 1788.

STUC, composition faite avec du marbre blanc pulvérisé et de la chaux ou de la colle forte. Ce mélange, étant gâché avec une certaine quantité d'eau, forme une espèce de mortier auquel on fait prendre la forme qu'on désire avec une extrême facilité, susceptible du plus beau poli, devenant d'une dureté égale à celle de la pierre, et qui n'est point sujet à se fendiller comme le plâtre. On se sert très-communément du stuc en architecture pour les revêtements, les bas-reliefs, les corniches et d'autres ornements. Il imite parfaitement le marbre, et prend facilement la couleur qu'on veut lui donner.

STUHL-WEISSENBURG, comitat de Hongrie, situé au delà du Danube, dans la partie occidentale de ce pays, entre ceux de Veszprim et de Pesth. A 150 lieues carrées, et 110,000 habitants. Il est plein de lacs et de marais. La capitale porte le même nom. Elle est à 14 lieues S.-O. de Bade, et a 14,000 habitants. Cette ville, qui s'appela jadis *Albe-Royale*, a été le lieu de couronnement et de sépulture des rois de Hongrie.

STUKELEY (Guillaume), médecin et célèbre antiquaire anglais, né en 1687. Il fut un des fondateurs de la société égyptienne de Londres, et mourut en 1765. On a de lui l'*Itinerarium curiosum*, description des antiquités de la Grande-Bretagne, la *Palæographie sacrée*, et la *Palæographie britannique*.

STUPÉFACTIF ou STUPÉFIANT, nom donné aux substances qui produisent la stupeur ou qui diminuent le sentiment et le mouvement.

STUPEUR (du latin *stupere*, être étonné), nom donné, en médecine, à une sorte d'engourdissement des facultés intellectuelles, accompagnée d'une expression d'étonnement ou d'indifférence dans la physionomie. C'est un des principaux symptômes du typhus d'Europe.

STURA, rivière du Piémont, sort de la montagne de l'Argentière, dans les Alpes, et se jette dans le Tanaro, près Cherasco. Elle a donné son nom à un département français sous l'empire. Il était formé du marquisat de Saluces et autres provinces du Piémont, et avait Coni pour chef-lieu.

STUTTGARD, capitale du Wurtemberg et résidence du roi, sur les bords du Nesembach, à peu de distance du Necker, et à 43. lieues O. de Munich. Elle a 45,000 habitants, y compris la garnison, les étrangers et la population de quelques bourgs voisins. Stuttgard est le siége de toutes les administrations supérieures. On y remarque l'ancien et le nouveau château, le palais de la chancellerie, le *gymnase illustre*, avec un observatoire, l'opéra, le cabinet d'histoire naturelle et celui des monnaies, l'hôtel de ville, l'académie militaire, la bibliothèque royale, riche de 200,000 volumes, l'académie des arts, l'école forestière, le jardin botanique, etc. On y trouve des fabriques de soieries, de bas et de cordons, de draps, de cordages, d'instruments de mathématiques, de physique et d'optique, etc. — L'époque de la fondation de cette ville est incertaine. Elle devint vers 1320 la résidence des comtes de Wurtemberg, plus tard élevés à la dignité de ducs, et enfin à celle de rois.

STYLE. C'était, chez les anciens (du grec *stylos*, et du latin *stylus*), un petit poinçon de métal, pointu par un bout, avec une tôte aplatie de l'autre. Avec la pointe, on écrivait sur des tablettes d'une écorce d'arbre très-fine, légèrement enduite de cire. L'extrémité plate servait à effacer les caractères que l'on avait tracés. — Par analogie, ce mot désigne, en parlant des ouvrages d'art ou d'esprit, la manière, le ton qui règnent dans ces ouvrages ou dans quelques-unes de leurs parties. On distingue, en littérature, trois sortes de styles : le *simple*, le *tempéré* et le *sublime*. — En chronologie, on appelle *vieux style* le calendrier de Jules César, et *nouvau style* celui de Grégoire XIII. — En gnomonique, on désigne sous le nom de *style* l'aiguille d'un cadran solaire.

STYLE (bot.), partie du pistil ou organe femelle des plantes, laquelle est un prolongement de l'ovaire et supporte le stigmate. C'est un filament grêle, où sont logés des vaisseaux très-déliés, chargés de recevoir et de diriger les molécules polléniques sur les ovules. Dans certaines plantes, le style manque, et le stigmate repose alors immédiatement sur l'ovaire. Le style peut être unique ou multiple; le plus souvent il disparaît après l'acte de la fécondation. Il varie beaucoup par sa forme, sa longueur et sa consistance.

STYLÉ se dit quelquefois du fruit qui conserve le style persistant.

STYLET, sorte de poignard à lame ordinairement triangulaire, et si menue que la blessure qu'il fait est presque imperceptible. Les chirurgiens nomment ainsi une longue sonde métallique, pleine et flexible, terminée à l'une de ses extrémités par un petit bouton olivaire. On s'en sert pour sonder les plaies, les fistules, passer des sétons, etc.

STYLET DES ANCIENS. Voy. STYLE.

STYLITE, nom donné aux anachorètes qui demeuraient sur des colonnes par esprit de pénitence. L'institut des stylites était honoré dans l'Eglise d'Orient et l'on n'y était admis qu'avec des cérémonies ecclésiastiques. Saint Siméon a été le premier des stylites, et il a eu des successeurs en Syrie jusqu'au XIIe siècle. On en trouve encore quelques traces en Mésopotamie au XVe siècle.

STYLOBATE (du grec *stylos*, colonne, et *baïnô*, marcher, être appuyé), nom donné au piédestal d'une colonne ou au soubassement de l'avant-corps d'un édifice.

STYLO-GLOSSE, ce qui a rapport à l'apophyse styloïde et à la langue. Le *muscle stylo-glosse*, placé à la partie antérieure et supérieure du cou, est allongé, étroit en arrière, beaucoup plus large en avant. Il élève la base de la langue et la porte en arrière.

STYLO-HYOIDIEN, ce qui appartient à l'apophyse styloïde et à l'os hyoïde. Le *muscle stylo-hyoïdien* placé à la partie supérieure, antérieure et latérale du cou, est allongé, mince, étroit, surtout en arrière. Il élève l'os hyoïde et le porte en arrière. Le *ligament stylo-hyoïdien* est un ligament fibreux, aplati, qui va de l'apophyse styloïde à la petite corne de l'os hyoïde.

STYLOIDE, ce qui a de la ressemblance avec un stylet. On a nommé *apophyses styloïdes*, 1° une longue et grêle apophyse que présente l'os temporal, et à laquelle se fixent les muscles *stylo-glosse*, *stylo-pharyngien*, etc. ; 2° deux apophyses grêles et pyramidales que présentent le radius et le cubitus à leurs extrémités inférieures.

STYLO-MASTOIDIEN, ce qui se rapporte aux apophyses styloïde et mastoïde. Le *trou stylo-mastoïdien* est placé à la face inférieure du rocher, termine l'aqueduc de Fallope, et donne passage au nerf facial. L'*artère stylo-mastoïdienne* provient de l'artère auriculaire postérieure ou de l'artère occipitale, s'engage par le trou dont elle porte le nom dans l'aqueduc de Fallope, le parcourt, et répand ses divisions dans la membrane muqueuse du tympan et autres parties, et se termine en s'unissant avec un rameau de l'artère méningée moyenne.

STYLO-MAXILLAIRE, ce qui a rapport à l'apophyse styloïde et à la mâchoire. On appelle *ligament stylo-maxillaire* un cordon ligamenteux, aplati, étendu entre l'apophyse styloïde et l'angle de la mâchoire.

STYLO-PHARYNGIEN, ce qui a rapport à l'apophyse styloïde et au pharynx. Le muscle qui porte ce nom est placé à la partie antérieure et latérale du cou. Il est grêle, allongé, mince en haut, aplati en bas. Il s'attache dans le premier sens à l'apophyse styloïde du temporal, et se termine dans les parois du pharynx, ainsi qu'au bord postérieur du cartilage thyroïde. Ce muscle sert à élever le pharynx et le porter en arrière.

STYLOPS, genre de l'ordre des rhypiptères, renfermant des insectes ayant les antennes partagées en deux branches, dont la supérieure se divise en trois petites artères, les élytres insérées sur les côtés du prothorax, l'écusson avancé, couvrant l'abdomen ; des ailes n'ayant que de faibles nervures longitudinales, se reployant en éventail ; l'abdomen presque cylindrique, rétractile, charnu. Le *stylops des andrènes*, long d'une ligne et demie, très-noir, a des ailes plus longues que le corps. On le trouve en France et en Angleterre. Sa larve vit dans le corps de plusieurs espèces d'andrènes.

STYMPHALE (myth. et géogr.), petit lac d'Arcadie, dans loquel le fleuve du même nom prenait sa source, et sur les bords duquel habitaient des oiseaux de proie que la fable nous dépeint ayant la tête, les ailes et le bec de fer. Ils étaient de grande taille et en quantité innombrable. Leur destruction fut un des douze travaux d'Hercule. On pense que la fable a voulu désigner sous ce mythe des brigands qui habitaient les rives du Stymphale, et qu'Hercule parvint à exterminer.

STYMPHALIDES. Voy. STYMPHALE.

STYPTIQUES (de *styphô*, je resserre), épithète des médicaments qui resserrent. Il est synonyme d'*astringent*.

STYRACÉES, famille de plantes fondée par Claude Richard, et dont le type est l'*aliboufier* (en latin, *styrax*). Elle renferme des arbres ou des arbrisseaux à feuilles alternes, à fleurs axillaires et pédonculées, quelquefois terminales. Cette famille n'est pas généralement adoptée ; on en fait une section des diospyrées ou ébénacées.

STYRAX. On donne ce nom, en botanique, à la plante appelée dans le langage usuel *aliboufier*.—On appelle encore ainsi diverses substances balsamiques de consistance variable et d'une odeur agréable. On nomme *styrax calamite*, *storax sec* ou en larmes, la résine que l'on obtient par incision ou par un écoulement naturel des fentes ouvertes sur l'écorce des aliboufiers, principalement de l'espèce nommée *aliboufier officinal*. Elle est solide, brillante, rougeâtre, en larmes ou en pains ; elle brûle en jetant une flamme très-claire et en répandant une odeur fort agréable. La médecine l'emploie comme stimulant. On s'en sert aussi dans diverses préparations de toilette. — Le *styrax liquide* ou *d'Amérique* est le *liquidambar*.

STYRIE (Steierkmar), province de l'empire d'Autriche, avec titre de duché, bornée au N. par l'archiduché d'Autriche, à l'E. par la Hongrie, au S. par l'Illyrie, à l'O. par le duché de Salzbourg. Sa superficie est de 760 lieues carrées, et sa population de 930,000 habitants, presque tous catholiques. Elle se divise en haute et basse Styrie (*ober* et *unter Steiermark*). Le haut de la province forme les cercles de Iudembourg et de Bruck ; le bas, ceux de *Graetz*, de *Marbourg* et de *Cilly*. Les trois premiers sont habités par des Allemands, les autres par les Wendes. La haute Styrie est montagneuse ; son climat est rigoureux ; la basse est plus plate, et sa température est plus douce. Cette contrée est généralement très-fertile. On en retire des vins, des céréales de toute espèce, du foin, du bois, du houblon, de l'avoine, du trèfle, du pavot, du chanvre. Les montagnes ont des mines d'or, d'argent, de cuivre, de litharge, de fer, d'alun, de vitriol, de cobalt, de houille, de sel. L'agriculture, l'exploitation des mines, le jardinage, l'entretien des bestiaux et la fabrication du sel sont les sources des revenus des habitants.—La capitale est GRAETZ. La Styrie a un gouverneur pour l'administration civile et un commandant général pour le militaire.—La Styrie fit partie sous les Romains de la Pannonie et du Norique ; les diverses nations barbares l'envahirent aux premiers siècles de l'ère chrétienne. Dans la suite les Germains s'y établirent. Charlemagne la soumit, et partagea la Styrie entre plusieurs comtes. Plus tard elle eut des margraves et des ducs. Le dernier de ces ducs, étant mort en 1192, légua ses domaines au duc Léopold d'Autriche, qui les réunit à ses possessions.

STYX (myth.), fille de l'Océan et de Téthys, épousa le géant Pallas, dont elle eut trois filles, la *Valeur*, la *Force* et la *Victoire*. Lorsque Jupiter fut attaqué par des Titans, Styx fut la première qui accourut pour le défendre. Le dieu, par reconnaissance, en fit la déesse du principal fleuve des enfers.

STYX, petite rivière de l'Arcadie septentrionale, prenait sa source dans le voisinage du mont Nonacris, se jetait dans le fleuve Crathis. Ses eaux étaient froides, et donnaient la mort à ceux qui en buvaient ; elles avaient la propriété de dissoudre le fer et le cuivre. Ces propriétés malfaisantes firent dire aux poètes que le Styx était un des fleuves des enfers, et lui parèrent des attributs les plus terribles. Il faisait, d'après eux, neuf fois le tour du Tartare. Les anciens juraient par le nom du Styx, et ce serment était le plus inviolable de tous. Les dieux mêmes, selon la fable, y étaient soumis, et un exil de dix ans punissait la divinité coupable d'avoir enfreint ce serment. — Aujourd'hui le Styx est un petit ruisseau de la Morée qui sort du lac Phénée et coule au N. de Nonacris. On lui attribue des propriétés malfaisantes.

SUADA (myth.) (du latin *suadere*, persuader). Les Romains appelaient ainsi la déesse de la persuasion, que les Grecs nommaient *Pitho*.

SUAGE. On appelle ainsi, en termes de marine, le coût des graisses et du suif dont on enduit de temps à autre un vaisseau. — C'est encore, 1° un outil dont les serruriers se servent pour forger et enlever les barbes des pênes et pour forger les pièces triangulaires en demi-rond ; etc. ; 2° une petite enclume dont les chaudronniers se servent pour faire les bordures; 3° un morceau de bois ou de métal à plusieurs crans que les éperonniers posent sur l'enclume pour travailler quelques pièces.

SUAIRE (du latin *sudarium*) signifie proprement un linge, un mouchoir propre à essuyer la sueur de la tête ou du visage. Il se disait, chez les anciens, d'une espèce de voile dont on couvrait la tête et le visage des morts. On a nommé *saint suaire* les linges qui servirent à la sépulture de Jésus-Christ. Plusieurs villes se flattent d'en posséder des parties.

SUANES, tribu qui habite le Caucase, au N. de la Mingrélie. Elle est composée d'environ 3,000 familles. Les Suanes sont braves et indépendants; mais leur malpropreté est repoussante.

SUARD (Jean-Baptiste-Antoine), né à Besançon en 1732, embrassa la carrière des belles-lettres, et vint à Paris en 1750. Il se lia avec les plus illustres écrivains du XVIIIe siècle, et se fit connaître par la traduction de l'Histoire de Charles Quint par Robertson, qui lui valut un fauteuil à l'académie (1772). Son salon était le rendez-vous de l'élite de la société. Il rédigea plusieurs journaux littéraires. A la révolution, il fut mis en prison pendant la terreur et sauvé par le 9 thermidor. Il recommença la publication de ses journaux, qui le compromirent au point qu'il fut obligé de se sauver en Suisse. Après le 18 brumaire, il entra à l'Institut, section de la langue et de la littérature française, dont il fut nommé secrétaire perpétuel, et mourut en 1817. Ses œuvres sont éparses dans les *Variétés littéraires*, les *Mélanges de littérature* et autres publications de ce genre.

SUBDÉLÉGATION, commission par laquelle un officier supérieur commet un individu pour agir sous ses ordres et en son absence. Il se disait surtout en parlant des magistrats qui agissaient en certains lieux sous les intendants des provinces. On avait étendu le sens de ce mot au district même dans lequel se renfermait l'autorité de ces subdélégués.

SUBDIALES. Les anciens appelaient ainsi les temples entièrement découverts et en plein air. Leur enceinte était le plus souvent environnée de portiques.

SUBER, mot latin qui signifie *liége*, et que quelques auteurs ont transporté dans la langue française.

SUBERATE, genre de sels formés d'acide subérique et d'une base.

SUBÉREUX, ce qui a la nature, la consistance et l'apparence du liége.

SUBÉRINE, nom donné par M. Chevreul au tissu du liége et à celui de plusieurs végétaux qu'il regarde comme un principe immédiat, lequel peut fournir de l'acide subérique quand on le traite par l'acide nitrique.

SUBÉRIQUE (Acide), acide qui est le produit de l'art, et qui s'obtient par l'action de l'acide nitrique sur le liége. Il est blanc, pulvérulent; il a peu de saveur et peu d'action sur le tournesol. Il est fusible comme la graisse et presque entièrement volatil. Il n'a pas d'usages.

SUBÉROSITE. On a donné ce nom à un état particulier de l'écorce qui revêt plusieurs plantes, mais principalement une espèce de *chéne* (*quercus suber*). Voy. LIÉGE.

SUBHASTATION, nom donné quelquefois à la vente publique au plus offrant et dernier enchérisseur.

SUBINTRANTES, nom donné aux fièvres dont les accès se rapprochent au point qu'un accès commence avant la fin du précédent.

SUBLIMATION (du latin *sublimare*, élever), opération chimique par laquelle on volatilise et on condense à la partie supérieure d'un appareil sublimatoire des matières sèches et solides.

SUBLIMATOIRE, vaisseau propre à opérer la sublimation.

SUBLIME (du latin *sublimis*, haut, élevé), ce qu'il y a de plus grand, de plus relevé dans son genre. Il se dit également des choses qui ont rapport à la morale et à l'esprit. Les anatomistes nomment ainsi quelques muscles plus superficiellement situés que leurs congénères que l'on appelle *profonds*. — Pour les médecins, la respiration est *sublime*, lorsqu'elle est accompagnée d'élévation considérable des côtes et d'écartement des ailes du nez au moment de l'inspiration.

SUBLEYRAS (Pierre), peintre et graveur, né à Uzès en 1699, fut élève d'Antoine Rivals. Il vint à Paris en 1724, et reçut en 1728 le premier prix de l'académie de peinture. Envoyé à Rome en qualité de pensionnaire du roi, il reçut les plus grands honneurs du pape et des cardinaux, et fit pour l'église de Saint-Pierre un tableau fort estimé. Il mourut en 1749. La plupart de ses tableaux sont à Toulouse, à Paris, à Rome et à Dresde. On voit au musée du Louvre huit tableaux de ce peintre, entre autres le *Serpent d'airain*, la *Madeleine aux pieds de Jésus-Christ*, *Saint Basile le Grand*, etc.

SUBLIMÉ, épithète donnée au produit de la sublimation. — On nomme ordinairement SUBLIMÉ CORROSIF le *deutochlorure de mercure*. Cette substance est blanche, d'une saveur extrêmement âcre et caustique, d'une pesanteur spécifique de 5,1398. Elle est très-volatile. On l'obtient en chauffant dans un vase sublimatoire un mélange fait avec 4 parties de sel commun, 1 partie de peroxyde de manganèse, et tout le deutosulfate de mercure obtenu en faisant bouillir 5 parties d'acide sulfurique concentré sur 4 parties de mercure. Le sublimé corrosif est employé à très-petite dose en médecine, comme antisyphilitique. A la dose de quelques grains, il donne la mort avec une extrême rapidité et des souffrances horribles. Le meilleur contre-poison est le blanc d'œuf en petite quantité. — On se sert encore de cette substance pour les embaumements. — Le *sublimé doux* est le *calomel* ou *protochlorure de mercure*.

SUBLINGUAL, nom donné à plusieurs parties qui sont situées sous la langue. La *glande sublinguale* est une des glandes salivaires placée dans l'épaisseur de la paroi inférieure de la bouche au-dessous de la partie antérieure de la langue. Elle est oblongue, aplatie.

SUBMENTAL, ce qui est placé sous le menton. L'*artère submentale* est fournie par l'artère faciale près de la base de la mâchoire. La *veine submentale* qui l'accompagne s'ouvre dans la veine labiale.

SUBMERGÉ, synonyme d'*inondé*. Ce mot désigne, en botanique, les plantes aquatiques qui fructifient dans l'état de submersion, et celles qui élèvent leurs sommités à la surface ou au-dessus de l'eau.

SUBMERSIBLE, épithète des plantes aquatiques qui élèvent leurs fleurs au-dessus de l'eau au moment de la fécondation et se replongent ensuite dans ce liquide.

SUBRÉCARGUE, mot emprunté à l'espagnol et qui désignait, dans la compagnie des Indes, les officiers dont les principales fonctions étaient de vendre, dans les comptoirs de la compagnie, les marchandises qu'elle y avait fait porter et d'y acheter celles qui leur étaient désignées.

SURREPTICE, terme de jurisprudence, qui se dit des lettres obtenues par surprise, et par extension de plusieurs choses qui se font furtivement et illicitement.

SUBROGATION, fiction de droit par laquelle une personne est mise à la place d'une autre. On appelle *subrogé tuteur* celui qui est adjoint au tuteur pour surveiller son administration.

SUBSIDE. Ce mot désigne, en général, les taxes et impositions que les peuples payent au roi ou aux chefs du gouvernement, pour subvenir aux besoins de l'Etat. Les subsides se distinguent de l'impôt, en ce que celui-ci est imposé par le gouvernement, tandis que les subsides sont réglés par la nation même, donnés de son propre gré. — SUBSIDE désigne encore un secours d'argent qu'un Etat donne à un autre son allié, en conséquence des traités faits entre eux.

SUBSIDES. On appelait ainsi, chez les Romains, les soldats que fournissaient les alliés, et qui formaient un corps de réserve.

SUBSIDIAIRE, nom donné, en jurisprudence, à ce qui n'a lieu que comme un dernier recours, une dernière ressource. Ainsi l'on appelle *hypothèque subsidiaire* celle que l'on accorde, en certains cas, sur des biens qui naturellement ne devraient pas y être sujets, et au défaut de recours sur d'autres biens; *conclusions subsidiaires*, celles que l'on prend pour le cas où l'on n'obtiendrait pas les premières conclusions; *moyens subsidiaires*, ceux que l'on fait valoir lorsque les premiers qu'on a proposés ne réussissent pas; *raison subsidiaire*, une raison qui vient prouver les faits allégués précédemment. — *Subsidiairement* désigne d'une manière subsidiaire, en second lieu.

SUBSTITUT, celui qui tient la place d'un autre, qui exerce les fonctions d'un autre, en cas d'absence ou d'empêchement légitime. Ce mot s'applique particulièrement à un magistrat chargé de remplacer au parquet le procureur général ou le procureur du roi.

SUBSTITUTION, action de mettre une chose, une personne à la place d'une autre. En jurisprudence, on nomme *substitution de biens* la disposition par laquelle le donateur ou le testateur, après avoir transmis la propriété de ses biens à un tiers, le grève de la charge de les restituer à une autre personne. On nomme *grevé* celui qui reçoit ainsi à charge de conserver et de rendre à sa mort, et *appelé* celui qui doit succéder à l'héritier premier institué. Les substitutions sont prohibées depuis 1792. L'article du Code civil 896 porte que : « Toute disposition par laquelle le donataire, l'héritier institué ou le légataire sera chargé de conserver et de rendre à un tiers sera nulle, même à l'égard du donataire, de l'héritier institué ou du légataire. » — Cependant le Code civil reconnaît des dispositions permises en faveur des petits-enfants du donateur ou testateur, ou des enfants de ses frères et sœurs. Voy. le Code, art. 1048-1074. — La *substitution de mandat* est l'acte par lequel on confie à un autre le mandat qu'on a reçu. — La *substitution d'enfant* est un crime que l'article 345 du Code pénal punit de la réclusion.

SUBSTITUTION, terme d'algèbre. C'est une opération qui consiste à mettre à la place d'une quantité qui est dans une équation quelque autre quantité qui lui est égale, quoique exprimée d'une manière différente. On appelle, dans le calcul intégral, *méthode de substitution*, une méthode qui consiste généralement à substituer dans une opération différentielle proposée, à la place des variables qui y entrent, d'autres variables égales à des fonctions des premières, et telles, qu'après la substitution l'équation proposée devienne d'une certaine forme pour laquelle on ait une manière particulière d'intégrer.

SUBSTRACTION, construction souterraine, construction d'un édifice sous un autre. On emploie particulièrement ce mot, en parlant des édifices antiques, sur les ruines desquels on en a élevé de modernes.

SUBUCULUM, gâteau fait de fleur de froment, d'huile et de miel. Les anciens en faisaient usage dans les sacrifices.

SUBULÉ (du latin *subula*, alène), terme de botanique, ce qui est en forme d'alêne, c'est-à-dire ce qui se rétrécit insensiblement depuis le milieu jusqu'au sommet. C'est l'épithète de certaines feuilles.

SUBULICORNES, première famille d'insectes de l'ordre des névroptères, celle qui comprend les genres qui ont des antennes

SUC

en forme d'alêne, telles que les æshnes, les libellules et les agrions.

SUBURBICAIRES, nom donné à des provinces d'Italie, voisines de Rome, et qui composaient le diocèse de cette ville. On varie sur leur nombre et leur étendue. Quelques auteurs y ont compris la Toscane, le Picenum, l'Ombrie, la Campanie, le Samnium, la Pouille, la Calabre, l'Abruzze, la Lucanie, les îles de Sicile, de Sardaigne et de Corse.

SUC, liquide que l'on obtient en exprimant les viandes, les plantes. Quelques botanistes appellent *suc propre* un liquide ayant une couleur, une saveur et une odeur particulières, variant selon les familles végétales, les genres et même les espèces; ils le différencient de la sève et du cambium. Le suc propre est blanc et laiteux dans le pavot, la laitue, le figuier; rouge dans l'artichaut, le campêche; résineux dans les conifères, les térébinthacées, etc. Le suc propre se trouve dans le tissu cellulaire de la plante, quelquefois dans le bois, rarement dans l'écorce. — On appelle *suc de citron* un liquide composé d'eau, d'acide citrique et d'une matière mucilagineuse. — Les physiologistes donnent le nom de suc à certaines humeurs animales. Le *suc gastrique* est l'humeur qui enduit la surface muqueuse de l'estomac, et qui facilite la digestion; le *suc nourricier* est une humeur qui nourrit toutes les parties du corps, en réparant les pertes que fait l'économie animale par l'exercice même de la vie.

SUCCÉDANÉ, épithète des médicaments qu'on peut substituer à d'autres, parce qu'ils ont la même propriété. La salicine, par exemple, est succédanée du quinquina.

SUCCENTURIAUX (REINS). On a donné ce nom aux *capsules surrénales*; ce sont deux corps glanduleux qui embrassent en manière de casque l'extrémité supérieure des reins. — On a appelé *estomac succenturier* l'intestin *duodenum*.

SUCCESSIFS (DROITS). On appelle ainsi, en jurisprudence, les droits qu'on a à une succession, à une hérédité.

SUCCESSION. En jurisprudence, c'est la transmission à l'héritier de tous les droits actifs et passifs qu'une personne laisse à son décès. Ce mot désigne aussi l'universalité de ces droits eux-mêmes. — On appelle *succession vacante* celle qui est abandonnée par les héritiers. Les successions s'ouvrent par la mort naturelle ou par la mort civile. La loi règle l'ordre de succéder entre les héritiers légitimes : à leur défaut, les biens passent aux enfants naturels, ensuite à l'époux survivant, et s'il n'y en a pas, à l'Etat. Voy. le Code civil, liv. III, tit. I, art. 718-992.

SUCCESSION (GUERRE DE LA), guerre célèbre qui a duré sept ans (1741-1748), et qui eut pour cause la succession à l'empire d'Allemagne. L'empereur Charles VI, dernier prince de la maison impériale d'Autriche, avait publié en 1713, sous le nom de *pragmatique*, un statut par lequel il appelait à sa succession, à défaut d'enfant mâle, sa fille aînée Marie-Thérèse. Ce souverain étant mort en 1740, une foule de princes élevèrent des prétentions sur son héritage, entre autres Charles-Albert, électeur de Bavière, et Auguste III, électeur de Saxe. Dans cette guerre, Marie-Thérèse n'eut pour allié que Georges II, électeur de Hanovre et roi d'Angleterre. La Prusse, la France, l'Espagne, l'Angleterre prirent part à cette guerre. En 1741, l'électeur de Bavière fut proclamé empereur sous le nom de Charles VII. Il mourut en 1745. Après une guerre terrible, transportée tour à tour en Allemagne, en Flandre, en Italie, la paix fut conclue à Aix-la-Chapelle en 1748.

SUCCÉDANÉES, nom que les Romains donnaient aux victimes que l'on immolait lorsque les premières n'avaient pas donné des augures favorables.

SUCCIN, substance solide, insipide, d'une texture compacte, d'une cassure vitreuse, susceptible de recevoir un beau poli, inodore, mais pouvant acquérir une odeur agréable et aromatique par la combustion, le frottement et la trituration. La pesanteur spécifique est de 1,078. Elle s'électrise résineusement par le frottement, et brûle facilement avec flamme et fumée. Le succin, qui porte vulgairement les noms d'*ambre jaune*, *carabé*, *électrum*, varie de couleur; il est jaune, jaune orangé, jaune verdâtre, etc., jaunâtre, rougeâtre, verdâtre, transparent ou opaque; quelquefois il est d'un blanc jaunâtre, d'autres fois nuancé de diverses couleurs. Cette substance est une résine fossile qui paraît avoir coulé d'un végétal inconnu, qui s'est trouvé enfoui dans les derniers dépôts de sédiment, avec une foule d'autres débris organiques. On la trouve dans le sein de la terre, principalement sur le rivage de la mer Baltique. On en fait des colliers, des croix, des chapelets, des bagues, des coffrets, des pipes, etc. On s'en sert pour préparer l'acide succinique, les vernis gras, blancs et transparents. La médecine l'emploie comme antispasmodique et excitante.

SUCCINATE, genre de sels formés d'acide succinique et d'une base. Le *succinate d'ammoniaque*, composé d'acide succinique et d'ammoniaque, peut remplacer l'eau de Luce.

SUCCINIQUE (ACIDE), acide composé d'oxygène, d'hydrogène et de carbone, que l'on trouve dans le succin, et que l'on obtient cristallisé en chauffant celui-ci dans des vaisseaux fermés. Il est incolore, transparent, d'une saveur légèrement acide, peu soluble dans l'eau et inaltérable à l'air. Il n'a point d'usages.

SUCCION, action de sucer, c'est-à-dire d'attirer un liquide dans la bouche en déterminant le vide dans cette cavité à l'aide de l'inspiration.

SUCCOTRIN, variété d'*aloès*. Voy. ce mot.

SUCCULENTES. Quelques auteurs ont donné ce nom à la famille de plantes que d'autres nomment *crassulées* ou *joubarbes*.

SUCCURSALE, nom donné à une église dans laquelle on fait le service paroissial pour la commodité des habitants trop éloignés de la paroisse. Les succursales servent d'aides aux paroisses trop étendues pour le service des ecclésiastiques et les besoins des paroissiens.

SUCEURS, quatrième ordre des insectes. On le nomme aujourd'hui *syphonaptères*.

SUCHET (LE MARÉCHAL), duc D'ALBUFÉRA, né à Lyon en 1770, partit à l'époque de la révolution comme simple volontaire, et passa successivement par tous les grades. Chef de bataillon à l'armée d'Italie, il se distingua à Rivoli, Castiglione, etc. Devenu chef d'état-major, il contribua à la victoire de Marengo. En 1808, il se trouva en Espagne, et fut chargé de commander en Aragon ; il y déploya de grands talents militaires, et cet esprit de justice et de modération qui a rendu son nom cher aux Espagnols. Il fut successivement nommé duc d'Albuféra, général en chef, maréchal, colonel général de la garde et commandant des deux armées d'Aragon et de Catalogne. Il mourut en 1826, laissant des *Mémoires* sur la guerre d'Espagne.

SUCOIR (en latin, *haustellum*), nom donné à la bouche d'un grand nombre d'insectes, et spécialement de ceux qui se nourrissent de sang ou des sucs des végétaux.

SUCRE, principe immédiat des végétaux, composé d'hydrogène, d'oxygène et de carbone, solide ou liquide, d'une saveur douce, soluble dans l'eau et dans l'alcool, susceptible d'éprouver la fermentation alcoolique lorsqu'il est en contact avec des proportions convenables d'eau et de ferment. Le *sucre* proprement dit ou *sucre de canne*, le plus connu de tous, se trouve abondamment dans la *canne*. Convenablement purifié et débarrassé de toute matière étrangère, il est blanc, solide, inodore, très-soluble dans l'eau, d'une saveur douce et agréable. Sa pesanteur spécifique est de 1,0065. On l'emploie comme assaisonnement d'une multitude de mets ; à la préparation des sirops, des conserves, etc., à la conservation des fruits, etc. Le sucre de canne paraît être connu depuis des siècles. Selon quelques historiens, les Chinois donnèrent la canne aux Arabes à la fin du XIIIᵉ siècle ; de là elle passa en Egypte et en Ethiopie, en 1420 en Sicile. Le sucre se fabrique principalement aux Indes et en Amérique par des procédés très-longs et très-compliqués. Voy. CASSONADE, MÉLASSE, etc. — On retire de la betterave, de l'érable (voy. ces mots), de la châtaigne, du navet, de l'oignon et autres végétaux un sucre parfaitement semblable au sucre de canne. — On connaît encore une infinité de substances analogues au sucre, et qui en portent le nom, telles que le sucre de raisin, de miel, d'amidon, de diabète, des champignons, de lait, etc.

SUCRE. On nomme *sucre brut* ou *moscouade* le premier sucre que l'on tire du suc de la canne, et dont tous les autres sont formés par l'épuration ; *sucre passé*, celui qui tient le milieu entre le sucre brut et le sucre terré ; *sucre terré* ou *cassonade blanche*, le sucre que l'on a blanchi par le moyen de la terre dont on couvre le dessus des formes dans lesquelles on le met pour le purifier ; *sucre d'écume*, un sucre tiré des écumes produites précédemment ; *sucre raffiné*, du sucre fait avec le sucre passé qui a reçu un degré de plus de perfection ; *sucre royal*, celui qui se fait avec les plus belles cassonades. Le sucre qui n'est pas en pain s'appelle *cassonade*.

SUCRE CANDI. Voy. CANDI.

SUCRE D'AMIDON, sucre obtenu en faisant bouillir pendant trente-six heures 2 kilogrammes d'amidon purifié, avec 8 kilogrammes d'eau et 20 grammes d'acide sulfurique, traitant la liqueur par la craie, le charbon animal, clarifiant et faisant évaporer. Il est analogue au sucre de raisin, et sert à faire de la bière, à fournir de l'alcool, etc.

SUCRE DE BETTERAVE. Il est le même que celui de canne.

SUCRE DE CHAMPIGNONS, sucre blanc, beaucoup moins doux que celui de canne, facilement cristallisable, moins soluble dans l'eau que le sucre de canne, susceptible de fermenter, que l'on retire en broyant certains champignons, délayant la matière pulpeuse dans l'eau, filtrant, évaporant jusqu'à siccité, traitant à plusieurs reprises par l'alcool, laissant reposer et refroidir.

SUCRE DE DIABÈTE, sucre retiré de l'urine des individus affectés du diabète sucré. Pour l'obtenir, on verse du sous-acétate de plomb liquide dans l'urine, on filtre la liqueur, on enlève l'acétate de plomb à l'aide du gaz hydrogène sulfuré, on filtre de nouveau et on évapore. Il se rapproche beaucoup de celui de raisin.

SUCRE DE LAIT ou SEL DE LAIT, principe immédiat composé d'oxygène, d'hydrogène et de carbone qui se trouve dans le lait. Il est incolore, demi-transparent, dur, inodore, d'une saveur légèrement sucrée, et plus pesant que l'eau. Il est inaltérable à l'air, soluble dans l'eau bouillante, et ne fermente pas lorsqu'on le mêle avec du ferment et de l'eau, ce qui indique que ce n'est pas du sucre. Cependant, lorsqu'on le fait bouillir avec de l'eau aiguisée d'acide sulfurique, on change sa nature, et on le transforme en sucre véritable susceptible de fermenter. Il fait la base du petit-lait ; on l'obtient en faisant évaporer convenablement celui-ci. La médecine s'en sert comme d'un excellent adoucissant.

SUCRE DE MIEL. Il paraît être identiquement de la même nature que le sucre de raisin.

SUCRE DE POMME, substance formée de sucre et de jus de pommes, roulée en bâtons ou disposée en tablettes carrées. On s'en sert contre les rhumes.

SUCRE DE RAISIN ou DE FRUITS. Ce sucre cristallise en petites aiguilles incolores, transparentes ou opaques ; il a une saveur fraîche et moins sucrée que le sucre de canne, et est moins soluble dans l'eau. Pour le faire, on prend du suc de raisin, on le sature avec de la craie en poudre, on le clarifie, on le décolore, on le fait évaporer, et on l'abandonne à lui-même. Au bout de quelques jours, il est en masses cristallines.

SUCRE DE SATURNE, nom donné à l'acétate de plomb cristallisé, à cause de la saveur sucrée de ce sel.

SUCRE D'ORGE, substance formée de sucre et d'eau d'orge, roulée en bâton et usitée pour les rhumes.

SUCRE PÉNIDE, nom donné au sucre qui a été malaxé entre les mains pour en faire perdre la transparence.

SUCRE ROSAT, nom donné au sucre coloré avec de la cochenille et réduit en tablettes.

SUCRE TORS, composition faite de sucre et de jus de réglisse, laquelle est en petits bâtons tortillés, et dont on se sert contre les rhumes.

SUCRE VERMIFUGE, nom donné à un mélange de deutoxyde de fer noir, de mercure et de sucre, qu'on emploie pour détruire les vers qui tourmentent les enfants.

SUCRIER. Voy. GUIT-CUIT.

SUCZAVA, ville forte de Gallicie. C'est l'ancienne résidence des princes moldaves. Elle est située à 25 lieues N.-O. de Jassy.

SUD, le midi, la partie du monde opposée au nord, au septentrion. On nomme *sud-est* le point de l'espace situé entre le sud et l'est; *sud-est-quart-est*, le point entre le sud-est et l'est-sud-est; *sud-est-quart-sud*, celui entre le sud-est et le sud-sud-est; *sud-ouest*, celui entre le sud et l'ouest; *sud-ouest-quart-ouest*, le point entre le sud-ouest et l'ouest-sud-ouest; *sud-ouest-quart-sud*, celui situé entre le sud-ouest et le sud-sud-ouest; *sud-quart-sud-est*, celui entre le sud et le sud-sud-est; *sud-quart-sud-ouest*, celui situé entre le sud et le sud-sud-ouest; *sud-sud-est*, le point entre le sud et le sud-est; *sud-sud-ouest*, le point entre le sud et le sud-ouest.

SUDAMINA, nom latin usité en français pour désigner de petites tumeurs hémisphériques, ordinairement très-nombreuses et formées par une sérosité transparente qui s'est amassée sous l'épiderme. Elles sont peu apparentes à la vue, mais faciles à distinguer par le toucher.

SUDE (LA), port de la côte N.-O. de Candie, près de la Canée sur le golfe de Sude, lequel est formé par le promontoire de Meleck.

SUDERMANIE, ancienne province de Suède, dans la Suède proprement dite, entre la Baltique et les provinces d'Upland et de Westmanie. Elle est riche en mines et en pâturages. Sa capitale était NIKOEPING, ancienne résidence des ducs de Sudermanie. Cette province forme aujourd'hui le gouvernement de Nykœping et une partie de celui de Stockholm-campagne. Le prince royal de Suède porte le titre de duc de Sudermanie.

SUDÈTES, montagnes d'Europe situées entre la Saxe et la Bohème. Cette chaîne se joint aux monts Krapacks. Elle se ramifie en plusieurs autres, telles que les montagnes des Géants, l'Erzgebirge, le Fichtelberg, etc.; elle donne naissance aux rivières d'Elbe, Oder, Neiss, Mein, Raab, Eger, Saal, Moldau, Beraun, etc.

SUDORIFIQUE, épithète donnée aux médicaments qui provoquent la sueur.

SUÈDE, royaume de l'Europe septentrionale, composé de la Suède et de la Norwège. Pour la Norwége, voy. ce mot. La Suède est bornée au N. par la Norwége et la Laponie, à l'E. par le golfe de Bothnie et par l'empire russe, au S. par la Baltique, à l'O. par le Sund, le Cattégat et la Norwége, dont la séparent les monts Dofrines *Dofrou plu Kœlen*. Sa superficie est de 3,868 milles carrés, et sa population de 3,250,000 habitants. La Suède est hérissée de montagnes couvertes de riches forêts; elle a do nombreux et vastes lacs; le climat est très-rigoureux; l'hiver est très-long, et les froids sont vifs, surtout dans le N.; les étés sont courts, souvent très-chauds, et hâtent singulièrement la végétation. Le sol est presque entièrement formé de gneiss et de granit, recouvert d'une couche plus ou moins épaisse de terre végétale. L'agriculture est très-avancée, et, malgré le peu de fertilité du sol, les céréales et les légumes de toute espèce y sont cultivés jusqu'au delà du cercle polaire. La principale richesse des habitants consiste dans les bois, les pelleteries et l'extraction des mines. Ces mines sont extrêmement abondantes et bien exploitées. On en compte près de six cents; ce sont des mines de fer, de cuivre, d'or, d'argent, de cobalt, de plomb, d'alun, de soufre, de vitriol, de zinc, d'étain, d'arsenic; des carrières de marbre, porphyre, etc. L'industrie manufacturière est peu avancée; elle s'exerce sur la fabrication des étoffes, des poteries, des verres, des cuirs, de l'huile, du papier, du tabac, de bougies, d'horlogerie, de savon, etc. — Les Suédois sont robustes et laborieux, probes et braves. Ils professent universellement le luthéranisme, et l'éducation est très-répandue parmi eux. Il y a deux universités; celles d'Upsal et de Lund; un archevêque, celui d'Upsal, et onze évêques, qui sont nommés par le roi. Les revenus de la Suède sont d'environ 20,000,000 de francs; sa dette est nulle. Les armées de terre peuvent, en cas de guerre, s'élever à 160,000 combattants. La flotte se compose de 11 vaisseaux de ligne, de 8 frégates, de 4 corvettes, de 6 bricks et autres petits bâtiments. — La langue suédoise est forte et sonore, et de grandes affinités avec le gothique, dont elle dérive. La littérature d'abord entre les mains des skaldes ou poëtes (voy. ce mot, RUNES, SCANDINAVES, etc.), puis entre celles des théologiens et des historiens. Elle ne prit son essor qu'à l'époque de la réforme. Depuis ce temps, la Suède a produit un très-grand nombre d'écrivains distingués dans tous les genres. — Ce pays se divise en trois régions, qui sont, en allant du S. au N., la GOTHIE, subdivisée autrefois en sept provinces, et aujourd'hui en douze gouvernements ou *lœns*; la SUÈDE PROPREMENT DITE, autrefois divisée en huit provinces, et aujourd'hui en neuf gouvernements; le NORRLAND, comprenant quatre gouvernements (total, vingt-cinq gouvernements). — D'après la constitution de 1809, le royaume de Suède est un gouvernement monarchique héréditaire et représentatif. La diète se compose de quatre états, les nobles, les prêtres, les bourgeois et les paysans. Les états du royaume s'assemblent tous les cinq ans; le roi peut cependant les convoquer en diète extraordinaire. Le siége de la diète est dans la capitale. Les sessions de la diète durent trois mois au plus, mais peuvent être prorogées dans certaines circonstances; le roi nomme le maréchal de la diète; aucune nouvelle imposition, réquisition d'hommes, d'argent ou de denrées ne peut être ordonnée sans la volonté et le consentement libre des états. Le roi doit professer le luthéranisme; ses actions sont exemptes de toute censure. Il est majeur à dix-huit ans; il est assisté d'un conseil d'État de neuf membres et de quatre ministres secrétaires d'État. Il a le commandement des forces de terre et de mer. — La Suède fut comprise jadis dans la Scandinavie. Les premiers habitants étaient de race finnoise ou laponne, et furent soumis par les Goths et les Scythes, qui s'établirent en Suède. Plus tard Odin (voy.) envahit ce pays, et établit son culte, qui se répandit dans toute la Scandinavie. L'origine de la famille royale d'Ynglinga remonte à ce conquérant législateur. L'histoire de cette époque est pleine d'incertitudes et de ténèbres, mais elle eut plusieurs rois, dont le plus fameux fut Regner Lodbrog. L'Evangile fut prêché en 850 par saint Anschaire. Après le règne de plusieurs princes, la famille des Folkunges monta sur le trône (1250). En 1397, la Suède, la Norwége et le Danemarck tombèrent sous le sceptre d'Erik de Poméranie; mais bientôt, lassé de la tyrannie de ce prince, la Suède se souleva, le chassa, et élut pour roi Christophe de Bavière (1442), puis, à sa mort, Charles Bonde (1448), qui avait déjà été administrateur du royaume. La lutte avec le Danemarck s'accrut sous le règne de ce prince, qui fut forcé de fuir en 1457, et Christian de Danemarck fut couronné la même année. Mais la lutte continua entre les deux pays; Charles Bonde fut rappelé, et mourut roi en 1470. Après sa mort Sténon Sture fut proclamé administrateur du royaume. Il fut remplacé dans cette dignité par Svante Sture (1504-12), puis par Sténon Sture le Jeune (1512-20). Le roi de Danemarck, Jean, fit valoir ses prétentions, et parvint même à se faire nommer roi; mais sa puissance fut éphémère. Christian II fut assez heureux pour vaincre Sténon Sture, et se faire enfin reconnaître souverain de Suède (1520). Un jeune seigneur, Gustave Wasa (voy.), leva l'étendard de la révolte, fut proclamé régent en 1521, et roi de Suède en 1523, sous le nom de Gustave Wasa. C'est sous le règne de Gustave que la réforme pénétra en Suède, et que le royaume devint héréditaire. — Il meurt en 1560. — Son fils, Erik XIV, meurt en 1577. — Jean III, frère d'Erik, lui succède et meurt en 1592. — Sigismond, fils de Jean, lui succède et est déposé en 1602. Son frère Charles IX est élu roi, et meurt en 1611. — Gustave II Adolphe. Voy. — Traités de paix avec la Russie, le Danemarck et la Pologne. — Guerre avec l'Allemagne. — Victoires du roi. Sa mort à Lutzen (1632). — Christine, sa fille, lui succède et abdique en 1654; et avec elle finit la dynastie des Wasa. — Charles-Gustave, prince de Deux-Ponts et cousin de Christine, lui succède en 1654. — Guerres avec la Pologne, la Russie et le Danemarck. — Mort du roi en 1660. — Charles XI. — Régence. — Le roi prend les rênes du gouvernement en 1672. — Guerre avec le Danemarck. — Son fils et son successeur est le célèbre Charles XII en 1697. — Ses guerres avec la Russie et la Turquie. — Il meurt en 1718. — Sa sœur Ulrique-Éléonore lui succède, et peu de temps après laisse le trône à son époux Frédéric de Hesse-Cassel, mort en 1751. — Adolphe-Frédéric de Holstein-Gottorp lui est nommé roi, et meurt en 1771. L'autorité royale s'était insensiblement affaiblie. Gustave III la releva et restreignit celle du sénat. Il mourut assassiné en 1792. — Son fils Gustave IV Adolphe lui succède. — Perte de la Poméranie suédoise et de la Finlande. Les états prononcent sa déchéance en 1809, et son exil à perpétuité avec celui de toute sa famille. — Charles XIII, duc de Sudermanie, prend le sceptre, et adopte en 1810 pour prince royal le général français Bernadotte, prince de Ponte-Corvo, qui lui succède en 1818, sous le titre de Charles-Jean XIV. La constitution qui régit la Suède date de l'an 1809, époque de la révolution qui chassa la dynastie des Holstein-Gottorp. — La capitale de la Suède est STOCKHOLM.

SUÈDE PROPREMENT DITE (*Svealand*), une des trois grandes divisions de la Suède, comprise entre la Gothie au S., la Norwège à l'O., la Baltique et le golfe de Bothnie à l'E., et le Norrland au N. Elle comprenait autrefois huit provinces, savoir : la Sudermanie, l'Upland, la Westmanie, la Néricie, la Waermeland, la Dalécarlie, la Gestricie et l'Helsingland. Elle se divise aujourd'hui en neuf gouvernements ou lœns, savoir : Stockholm-ville, Stockholm-campagne, Upsal, Westerasen, Nykœping, Olrebro, Carlstad, Fahlun ou Storakopparberg et Geflerborg.

SUEND-AAGESON, le plus ancien historien du Danemarck, rédigea vers 1187 un précis de l'histoire de ce pays, et fut suivi de près par Saxon le Grammairien.

SUÉNON ou SUEN. Trois rois de ce nom ont régné sur le Danemarck. — SUÉNON Ier, surnommé *Tyfva-Skeg* (barbe fourchue), succéda à son père Harald Blaatand en 985.

Quoique chrétien, il persécuta la religion nouvelle pour plaire à son peuple, et se fit haïr par ses cruautés. Sous son règne, la puissance du Danemarck s'accrut par la conquête de l'Angleterre sur Ethelred III. Il mourut en 1013, laissant deux fils. Harald régna en Danemarck, et Canut Ier en Angleterre. — SUÉNON II ou SUEN ESTRITSON, petit-fils du précédent, succéda à Hardicanut en 1047, et eut à soutenir une guerre de dix-sept années avec Harald Hardrade, roi de Norwége. A la paix, il rétablit la religion chrétienne, fit revivre le commerce, favorisa le clergé. Lorsque Guillaume de Normandie descendit en Angleterre, il conduisit une armée dans ce pays pour s'opposer au conquérant ; mais celui-ci réussit par ses présents à le faire retourner en Danemarck. Il mourut en 1076. Harald III lui succéda après avoir renversé Canut, légitime souverain. — SUÉNON III, que quelques historiens ne comptent pas au nombre des rois, fils d'Erik Emund, et surnommé *Suen Petrus*, disputa en 1147 la couronne de Danemarck à plusieurs compétiteurs, et tomba sous les coups des paysans, à la suite d'une bataille perdue en 1157. Waldemar Ier devint seul roi de Danemarck.

SUÉTONE (Caïus Paulinus), général romain, fut nommé gouverneur de la Numidie l'an 40 de J.-C. Il conquit tout le pays des Numides jusqu'au delà du mont Atlas, et écrivit une relation de cette guerre, qui ne nous est point parvenue. Il fut ensuite pendant vingt ans gouverneur de la Grande-Bretagne, et s'y distingua par sa prudence et son courage. Consul en 66 de J.-C., il devint un des généraux de l'empereur Othon, qu'il abandonna lâchement pour se joindre à Vitellius. On ignore les autres événements de sa vie.

SUÉTONE (Caïus Tranquillus), célèbre historien latin, vivait dans le Ier siècle de J.-C. Il exerça à Rome la profession de rhéteur et de grammairien. Il devint secrétaire d'Adrien ; mais il perdit ses bonnes grâces pour avoir manqué de respect à l'impératrice Sabina. On ignore l'époque de sa mort. Nous avons de lui quelques fragments des *Vies des grammairiens* et *rhéteurs célèbres*, et le recueil des *Vies des douze premiers Césars*. Ces biographies sont plutôt des mémoires que des annales historiques ; l'auteur y néglige la chronologie et les dates ; mais il trace un tableau fidèle du caractère, des mœurs et de la conduite privée des empereurs. Cet ouvrage est plein de renseignements précieux sur les coutumes et les mœurs de toutes les classes de la société romaine. Il est écrit avec sincérité et impartialité. Le style est pur, concis, correct, élégant, sans affectation, rapide, jamais chargé de réflexions, de digressions ou de raisonnements. On lui reproche d'avoir dévoilé avec trop de licence les débauches des empereurs, et de parler avec indifférence des crimes et des vices les plus odieux.

SUETTE, maladie épidémique, d'apparence pestilentielle, qui, pendant l'espace d'environ quarante ans, a ravagé plusieurs contrées d'Europe, et surtout l'Angleterre, où elle s'était déjà montrée dans le xve siècle. On la regardait comme contagieuse. Les principaux symptômes étaient le refroidissement des pieds et des mains, des sueurs abondantes et continues, d'une odeur très-désagréable, et qui ne cessaient qu'avec la maladie ; l'abattement, une agitation presque continuelle, la contraction convulsive des pieds et des mains, la fréquence et l'inégalité du pouls, etc. La durée de cette maladie était fort courte, et elle se terminait ordinairement par la mort.

SUETTE DE PICARDIE, nom donné à une fièvre continue qui a régné quelquefois épidémiquement en Picardie, et dont les principaux symptômes étaient des sueurs abondantes avec éruption miliaire le plus souvent.

SUEUR (du latin *sudor*), humeur aqueuse qui sort par les pores de la peau dans l'acte de la transpiration, et qui se rassemble en gouttelettes sur la surface du corps. La sueur, qui arrive après un exercice violent, l'exposition à une forte chaleur, est caractéristique dans plusieurs maladies, comme la *suette*. La sueur est formée d'acide acétique, d'un peu de matière animale, d'hydrochlorate de soude et d'un peu d'hydrochlorate de potasse, d'un atome de phosphate terreux et d'oxyde de fer. Elle est incolore, d'une odeur plus ou moins forte, d'une saveur salée. Elle rougit le tournesol.

SUEUR (LE). Voy. LESUEUR.

SUÈVES, nom donné, avant l'ère chrétienne, à certains peuples confédérés, qui habitaient une grande partie de la Germanie. Les plus connus d'entre eux étaient les Hermundures, les Lombards, les Angles, les Vandales, les Bourguignons, les Rugiens et les Hérules. Resserrés d'abord entre la Vistule et l'Oder, ils s'étendirent bientôt au delà de l'Elbe. La dénomination de Suèves se restreignit peu à peu, et ne se donna bientôt plus qu'à un seul peuple. Les Suèves envahirent l'empire romain avec les autres barbares, et s'établirent enfin vers les sources du Danube. Le pays qu'ils ont possédé a conservé le nom de Souabe.

SUEZ, petite ville d'Egypte, située sur l'isthme de Suez, qui sépare la Méditerranée de la mer Rouge et qui unit l'Afrique à l'Asie. Cet isthme a environ 20 lieues de long. L'inégalité du niveau des deux mers en rend la jonction presque impossible. — La ville de Suez a 600 habitants, et est située au bord de la mer Rouge sur le golfe qui prend le nom de Suez. C'est un entrepôt considérable du commerce qui se fait entre l'Egypte et l'Arabie.

SUFFECTUS, nom donné au consul qu'on nommait, à Rome, pour remplacer celui qui mourait en charge ou cessait d'exercer ses fonctions avant l'expiration de l'année.

SUFFÈTES, nom que portaient à Carthage les premiers magistrats de la république. On les nomme aussi dans l'histoire *rois, dictateurs* et *consuls* ; ils étaient au nombre de deux, et furent d'abord à vie, plus tard annuels. Ils étaient présidents du sénat, et chargés de l'assembler. Ils proposaient les lois, exposaient les affaires, et recueillaient les suffrages.

SUFFIBULUM, espèce de voile blanc dont les vestales se couvraient la tête dans les sacrifices.

SUFFITION, nom donné par les Romains à une purification que devaient recevoir ceux qui avaient assisté à des funérailles. Le plus souvent, elle consistait en une aspersion d'eau lustrale.

SUFFOCANT, nom donné à une variété du catarrhe pulmonaire accompagné de suffocation.

SUFFOLK, comté d'Angleterre, borné au N. par celui de Norfolck, à l'E. par la mer d'Allemagne, au S. par le comté d'Essex, et à l'O. par celui de Cambridge. Il a 18 lieues de longueur sur 10 de largeur, et 245,000 habitants. Le sol est généralement uni et fertile. L'air est pur et sain, même sur les bords de la mer. On en retire des grains et des bestiaux. Le chef-lieu est IPSWICH.

SUFFRAGANT, titre donné à un évêque ou à son évêché, relativement à l'archevêque métropolitain, dans la province duquel il se trouve. Ce mot vient de ce que les évêques ont droit de suffrage dans le concile provincial, ou de ce que les évêques de province élisaient l'archevêque ou confirmaient son élection.

SUFFRAGE, voix ou avis que l'on donne dans une assemblée où l'on délibère de quelque chose, où l'on élit quelqu'un pour une charge, etc. — Dans l'Eglise catholique, on appelle *suffrages de l'Eglise* les prières que l'Eglise fait pour les fidèles ; *suffrages des saints*, les prières que les saints font à Dieu pour les fidèles ; *menus suffrages des saints*, les antiennes, versets et oraisons qu'on insère dans l'office pour la commémoration des saints ; *suffrages des vivants* et *des morts*, les prières que l'on fait pour les fidèles vivants ou morts, et les bonnes œuvres qu'on leur applique : lorsque l'application en est faite au nom et par les ministres de l'Eglise, on les appelle *suffrages communs* ; mais, si l'application en est faite par les simples fidèles et sans que ce soit au nom de l'Eglise, on les appelle *suffrages privés* ou *particuliers*.

— SUFFREN SAINT-TROPES (Pierre-André DE), plus connu sous le nom de BAILLI DE SUFFREN, célèbre marin, né au château de Saint-Cannat en Provence en 1726. Il entra fort jeune encore dans l'ordre de Malte, et au service de la marine française en 1743. — Pendant la guerre avec l'Angleterre, il se signala par son courage, et fut fait prisonnier à deux reprises (1747 et 1759). Nommé capitaine de frégate en 1767, il fit plusieurs courses contre les barbaresques, et fut fait commandeur de son ordre. En 1772, il fut promu au grade de capitaine de vaisseau, et chargé de commander un vaisseau de l'escadre de l'amiral d'Estaing en 1778. En 1781, il alla conduire des renforts à la colonie hollandaise du cap de Bonne-Espérance, après un combat terrible avec les Anglais. En 1782, il fut nommé commandant de l'escadre française dans les Indes, et bailli de son ordre. Il vainquit l'amiral anglais Hughes à Sadras sur la côte de Coromandel, et assura dans ces parages la prépondérance française. Le nabab Hyder-Ali conclut avec lui un traité d'alliance. Suffren s'empara ensuite de Trinquemali, ville importante de l'île de Ceylan, et se distingua en plusieurs combats où il n'essuya jamais une défaite. La paix ayant été signée en 1783, Suffren revint en France l'année suivante, et fut nommé vice-amiral et chevalier des ordres. Il mourut en 1788.

SUGER, né en 1087 ou 1082, fut placé à l'âge de dix ans à l'abbaye de Saint-Denis, où était élevé Louis, fils de Louis le Gros. Lorsque le prince fut de retour à la cour, il y appela Suger, qui devint son conseiller et son guide, et fut employé en plusieurs affaires importantes. Elu abbé de Saint-Denis en 1122, il réforma son monastère. Louis VII, dit le Jeune, étant près de partir pour la Palestine, le nomma régent du royaume. Il gouverna l'Etat avec zèle, sagesse et la plus stricte économie. Il avait en vain cherché, par des discours et ses supplications, à empêcher le roi d'entreprendre de nouvelles croisades. Au retour du roi, il rentra dans son abbaye, et mourut en 1152. Il était un des hommes les plus instruits de son siècle. On a de lui la *Vie de Louis le Gros* et des *lettres*.

SUGGESTE, nom donné, à Rome, 1o à tout lieu élevé d'où les généraux adressaient la parole aux soldats avant le combat, pour les engager à se signaler par leur valeur ; 2o au lieu où se plaçait l'empereur aux spectacles de l'amphithéâtre. — Mais on appelait plus spécialement ainsi un endroit du Champ-de-Mars, à Rome, assez élevé, où tous les magistrats se rendaient pour haranguer le peuple.

SUGILLATION (d'un mot latin qui signifie *meurtrissure*). On appelle ainsi les taches qui surviennent à la peau, sans cause extérieure, dans quelques maladies.

SUHM (Pierre-Frédéric), né à Copenhague en 1728, se livra à l'étude de la jurisprudence et à celle de l'histoire. Membre de plusieurs sociétés savantes, il est mort en 1798. On doit à cet érudit plusieurs ouvrages estimés, entre autres l'*Histoire complète du Danemarck*, depuis les temps les plus reculés jusqu'en 1400 ; l'*Essai d'une esquisse sur l'histoire de l'origine des peuples en général, comme une introduction à celle des peuples du Nord* ; *De l'origine du plus ancienne des peuples du Nord, sur Odin et la théologie païenne dans le Nord* ; l'*Histoire de l'émigration des peuples du Nord* ; et l'*Histoire critique du Danemarck dans les temps païens*.

SUIDAS, grammairien grec qui vivait

vers le xe siècle. On ignore les événements de sa vie. On a sous son nom un lexique grec historique et géographique, compilé sur un grand nombre d'auteurs, la plupart perdus. Cette compilation, quoique faite sans jugement et sans critique, est du plus grand intérêt. On y trouve l'interprétation des mots, des indications historiques et biographiques, des remarques qui s'étendent jusque sur la Bible. Ce livre est également précieux pour les extraits faits à des écrivains que nous n'avons plus.

SUIE. Les anciens nommaient ainsi des oxydes et des métaux volatilisés dans les cheminées des fourneaux de fusion ou de grillage. Ainsi ils avaient de la *suie mercuriale*, de la *suie de zinc* ou *tutie*, etc. — Aujourd'hui on donne cette dénomination au produit de la condensation des vapeurs dégagées dans la combustion imparfaite des substances organiques végétales ou animales. Le *noir de fumée* n'est autre chose que de la suie.

SUIF. On donne spécialement ce nom à la graisse que l'on retire des bœufs et des moutons, dont on se sert pour faire des chandelles. On appelle *suif de place* le suif que les bouchers vendent en pain ; *suif en branche*, la graisse desséchée et propre à faire du suif ; *suif en jutte* ou *en pain*, du suif qui a été moulé dans une forme en bois ; *petit suif*, la graisse qui se fige sur le bouillon où l'on fait cuire les abatis des animaux. — En termes de vénerie, c'est la graisse des bêtes fauves ; celle du sanglier et du cochon se nomme *sain*. — En termes de marine, on dit *donner du suif* à un bâtiment ou le *suiver*, pour l'enduire d'un mélange de suif et autres matières. — Le *suif minéral* est une variété de talc très-onctueuse.

SUIN, nom donné, dans les verreries, aux sels neutres séparés du verre.

SUINT, nom donné à la matière grasse qui enduit la laine, et qui est composée d'un savon à base de potasse, d'une substance animale particulière, de chaux, de carbonate, d'acétate et d'hydrochlorate de potasse. La première opération qu'on fait subir aux laines a pour but de les débarrasser du suint. Cette substance revêt une odeur désagréable.

SUINTILA ou CHINTILA, roi des Visigoths en Espagne, succéda à Récarède II en 621. Il soumit les Gascons, qui occupaient alors la Navarre et qui s'étaient révoltés contre lui, et devint par ses conquêtes le seul souverain d'Espagne. Pour rendre le trône héréditaire dans sa famille, il voulut s'associer un de ses fils. Les Goths indignés mirent à sa place un autre de ses fils; Il essaya en vain de recouvrer le trône (631). Ce fut Sisenand qui lui fut préféré.

SUISSE ou HELVÉTIE, contrée de l'Europe occidentale, bornée au N. par les Etats de Bade et de Wurtemberg, à l'E. par la Bavière et le Milanais, au S. par la Savoie, à l'O. par le Rhin et les monts Jura, qui la séparent des départements français du Doubs, du Jura, de l'Ain et du Haut-Rhin. Elle a 80 lieues de longueur de l'E. à l'O., et 51 lieues dans sa plus grande largeur. C'est le pays le plus élevé de l'Europe. Il est traversé dans tous les sens par les Alpes et leurs ramifications; aussi est-ce un pays éminemment pittoresque. On voit des villages bâtis à 4,000 et 6,000 pieds au-dessus du niveau de la mer. On y admire des glaciers magnifiques, des sites admirables, et de belles plaines, coupées de lacs et de prairies. Le sol est très-bien cultivé ; néanmoins les produits ne suffisent pas à la consommation. La principale richesse de la Suisse consiste dans ses pâturages, qui nourrissent de nombreux bestiaux dont le lait fournit des fromages renommés, entre autres ceux de Gruyère et de Glaris. On y trouve des mines et des carrières nombreuses ; mais peu sont exploitées. Les forêts présentent d'inépuisables richesses. Le climat est extrêmement variable, selon les lieux. L'industrie suisse est très-avancée : ses principales productions sont des étoffes de soie, des cordons de soie, des ouvrages en paille, des toiles, des dentelles, des montres et autres objets d'horlogerie, des peaux tannées, du papier, etc. Le commerce est important, et se fait principalement avec la France et l'Allemagne. La population est d'environ 2,145,000 habitants, dont 1,409,000 parlent la langue allemande, 462,000 la langue française, 122,000 l'italien, 50,000 l'idiome roman. On compte 1,284,000 protestants, 859,000 catholiques, et 2,500 juifs. — Le berceau de la Suisse est entouré d'épaisses ténèbres. Du temps des Romains, elle était habitée par les Helvétiens, peuple gaulois qui fut soumis par les Romains et compris dans la cinquième Lyonnaise. Les peuples germains les subjuguèrent. Vers le ve siècle de notre ère, les Allemands s'emparèrent de presque toute la Suisse, sauf quelques contrées qui tombèrent au pouvoir des Lombards et des Bourguignons. Plus tard, toute l'Helvétie fit partie du grand empire des Francs. Mais, sous les faibles descendants de Charlemagne, les Allemands la soumirent de nouveau (1032). Les empereurs firent administrer ce pays par les ducs de Zœhringen. Après l'extinction de cette famille (1218), la Suisse se vit partagée en une foule de seigneurs, dont les plus puissants furent ceux de Hapsbourg. Ceux-ci, étant parvenus à l'empire, voulurent réunir à Suisse à leurs domaines. — Union des villes les plus considérables pour la défense commune, — Alliance des trois Waldstettes (1291). — Albert, empereur en 1298, sème la Suisse de garnisons autrichiennes. — Guillaume Tell. — Tyrannie des gouverneurs allemands. — Soulèvement du peuple, qui chasse, le 1er janvier 1308, les baillis et prévôts qu'Albert a établis dans les cantons. — Traité d'union renouvelé la même année entre les trois Waldstettes. — Guerre avec l'Autriche. — Succès des Suisses et bataille de Morgarten, qui assure l'indépendance de la nation. — Etablissement de la confédération helvétique, bornée d'abord aux trois cantons d'Uri, Schwitz, et Unterwald, et qui s'augmente successivement de ceux de Lucerne (1332), Zurich (1351), Glaris et Zug (vers 1352), Berne (1353). — Ce sont les huit cantons primitifs, appelés quelquefois les *huit anciens*. — Nouvelle guerre avec l'Autriche, et succès des Suisses (1385-1389, et 1440-1444). — Vers le milieu du xve siècle, lutte entre Zurich et les autres Etats. — Guerre avec Charles le Téméraire, duc de Bourgogne. — Ses défaites à Morat, Granson et Nancy (1476). — En 1481, réunion de deux autres cantons, Fribourg et Soleure. — Guerre avec l'empereur Maximilien 1er, qui veut incorporer la Suisse à son empire (1498-1499). — Succès des confédérés. — C'est de cette époque que date l'indépendance réelle de la Suisse, et sa séparation définitive de l'Autriche. — Le traité de Westphalie met la Suisse au rang des Etats d'Europe. — En 1501, réunion des cantons de Bâle et de Schaffouse. — En 1513, réunion d'Appenzell. — Ces treize Etats formèrent toute la confédération suisse jusqu'en 1798. Les autres cantons n'étaient considérés que comme alliés. — 1516, traité de paix perpétuelle entre la France et l'Helvétie. — Vers 1530, introduction de la réforme en Suisse. — Lutte entre les protestants et les catholiques, terminée par la paix de 1532. — Soulèvements dans les divers cantons à plusieurs reprises. — Envahissement de la Suisse par les Français, et renversement de la constitution (1798 et 1799). — Nouvelle organisation, qui fait de la Suisse un seul Etat divisé en dix-huit cantons. — Bonaparte lui donne une autre constitution (19 février 1803). — Aux treize cantons cités plus haut, on en ajoute six nouveaux, ceux de Saint-Gall, des Grisons, d'Argovie, de Turgovie, du Tessin et du pays de Vaud. — Nouveaux changements de 1813 à 1815. — Réunion de trois nouveaux cantons, ceux de Valais, de Neufchâtel et de Genève ; ce qui porte le nombre à vingt-deux. — Nouveaux troubles dans les cantons en 1830 et 1831. — Par la constitution de 1815, la Suisse est un Etat fédératif, une confédération de vingt-deux Etats appelés *cantons*. La direction suprême des affaires appartient à la diète (tagsatzung), à laquelle chaque canton envoie son député. Les questions peu importantes sont résolues à la majorité des suffrages ; celles d'une plus haute portée doivent être ratifiées par les cantons, et il faut une majorité des deux tiers des voix pour les rendre exécutoires. A la diète seule appartient le droit de faire la paix ou la guerre, et de contracter des alliances. Elle nomme les légats, les consuls, les chefs d'armée, les intendants militaires et les inspecteurs des douanes. Elle tient ses séances alternativement à Zurich, à Berne et à Lucerne. Ces assemblées se nomment *vororts*, et alternent de deux ans en deux ans. La diète est présidée par l'avoyer, le landamman ou le bourgmestre du canton directeur. Ce canton est gardien du sceau de la république, il règle les actes de la chancellerie. La diète peut être convoquée extraordinairement. — Chaque canton a son administration, sa constitution et sa législation particulière. (Voy. chacun d'eux.) Ils fournissent un certain contingent en troupes et en numéraire à la confédération.

SUISSE, nom donné au domestique auquel est confiée la garde de la porte d'un grand hôtel, d'un château, d'un palais, parce que jadis ce domestique était pris parmi les Suisses. — C'est aussi un domestique qui, dans les églises, ouvre et ferme les portes de la sacristie, et précède le clergé qui processionne, afin d'ouvrir la marche. Il a une hallebarde d'une main et une canne de l'autre. Son costume est très-bizarre.

SUISSES (TROUPES) AU SERVICE DES AUTRES PUISSANCES. La Suisse, qui n'entretient pas de troupes soldées sur le pied de paix, permet aux jeunes gens de servir les puissances étrangères, à la condition de rentrer immédiatement dans leurs cantons respectifs en cas d'invasion. Cet usage est en vigueur depuis le xive siècle environ. Les Suisses ont joué un grand rôle dans les guerres d'Italie, où ils se furent tour à tour à la solde des Français et de leurs ennemis. Le premier pacte entre la France et les Suisses date de 1444. Il fut renouvelé en 1453 et 1553. Depuis cette époque, les rois de France eurent continuellement des Suisses à leur solde. En 1792, les troupes de cette nation en France formaient 14,000 hommes. Elles furent licenciées à la révolution. Le directoire et Bonaparte admirent à leur service des troupes suisses. La restauration les conserva. Elles formaient en juillet 1830, six régiments formant un ensemble de 12,378 hommes. Ils ont été licenciés à la révolution. Les Suisses jouissaient d'une paye plus élevée que les troupes nationales et de nombreuses prérogatives. — L'Espagne et le royaume de Naples ont encore à leur solde des troupes suisses.

SUJET, thème, phrase musicale sur laquelle on écrit une fugue.

SULAMITE, nom mystérieux de l'épouse dans le Cantique de Salomon. On ignore l'origine de ce mot.

SULFATES, sels qui résultent de la combinaison de l'acide sulfurique avec les bases. Vingt-deux sulfates existent dans la nature. Les plus abondants sont ceux de chaux, de baryte, d'alumine et de potasse. Les sulfates employés en médecine, sont les sulfates d'alumine et de potasse (alun), de cuivre (couperose bleue), de fer (couperose verte), qui sont administrés comme astringents, cathérétiques, etc. ; les sulfates de potasse, de soude, de magnésie (sel d'epsom), qui jouissent de propriétés purgatives. On emploie dans les arts le sulfate de soude, dont on extrait la soude artificielle ; le sulfate de chaux (gypse), avec lequel on fait le plâtre ; le sulfate d'alumine et de potasse (alun), qui sert à fixer les couleurs sur les étoffes; le sulfate de fer, qui fait la base des couleurs noires, de l'encre, etc.

SULFITES, genre de sels composés d'acide sulfureux et d'une base. Tous les sulfites sont décomposés par le feu. Exposés à l'air, ils en attirent l'oxygène et se transforment en sulfates. Le sulfite de potasse on sel sulfureux de Stahl sert à blanchir la soie et la laine. Les sulfites sulfurés ou hyposulfites sont un genre de sels formés d'une base et d'acide hyposulfureux, ou d'acide sulfureux et de soufre. Le sulfite sulfuré ou hyposulfite de soude a été employé comme sudorifique dans certains exanthèmes chroniques.

SULFURE, nom donné aux combinaisons du soufre avec les alcalis et les métaux. Les anciens chimistes donnaient le nom de foie aux composés de soufre et d'un alcali minéral.

SULFUREUX (Acide), acide composé de 100 parties de soufre et de 97,63 d'oxygène. Il se trouve rarement dans la nature, et on l'obtient en traitant le mercure par l'acide sulfurique concentré, qui cède une partie de son oxygène au métal, et se transforme en gaz acide sulfureux. Il est gazeux, incolore, doué d'une odeur suffocante, la même que celle du soufre qui brûle; il est impropre à la respiration, et éteint les bougies enflammées. Sa saveur est forte, âcre et caustique. Sa pesanteur spécifique est de 2,234. Dissous dans un quatre - vingt - septième de son volume d'eau, il constitue l'*acide sulfureux liquide*. — L'acide sulfureux est employé pour désinfecter les vêtements, les lettres qui viennent de pays pestiférés, pour blanchir la soie. En médecine, on l'emploie sous forme de fumigations contre certaines maladies cutanées chroniques, les douleurs sciatiques et rhumatismales.

SULFUREUX (Acide hypo-), acide qui paraît faire partie des hyposulfites ou sulfites sulfurés. On ne l'a pas encore isolé.

SULFURIQUE (Acide) ou Huile de vitriol, acide très-répandu dans la nature, surtout à l'état de sulfate, combiné avec la chaux, la potasse, la soude, etc. Il a été découvert dans le xve siècle par l'alchimiste Basile Valentin. Il est liquide, incolore, inodore, d'une consistance oléagineuse, d'une saveur acide extrêmement forte. Il a une pesanteur spécifique de 1,85. Il rougit fortement le tournesol, noircit et réduit en bouillie la plupart des substances végétales et animales. Il entre en ébullition à la température d'environ 300 degrés du thermomètre centigrade. Si on le met avec de l'eau, la température s'élève considérablement, et le volume du mélange diminue très-sensiblement. —L'acide sulfurique sert, dans les arts, pour extraire la soude du sel marin, faire l'alun, gonfler les peaux dans le tannage, etc.; dans les laboratoires de chimie et de pharmacie, pour préparer presque tous les acides, l'éther sulfurique, l'eau de Rabel, le chlore, etc. En médecine, étendu de beaucoup d'eau, il constitue la limonade dite minérale, usitée comme rafraîchissante dans beaucoup d'inflammations; concentré, il peut être employé comme caustique.

SULFURIQUE (Acide hypo-), acide que l'on obtient en faisant arriver du gaz sulfureux sur du peroxyde de manganèse et en décomposant l'hydrosulfate de manganèse qui s'est formé par l'acide sulfurique. Il est liquide, incolore, d'une saveur acide et sans usages.

SULFURIQUE GLACIAL (Acide), nom donné au composé d'acide sulfurique et d'acide sulfureux. Il est d'un jaune brunâtre; son odeur est très-forte. Il n'a point d'usages.

SULLY, chef-lieu de canton du département du Loiret, dans l'arrondissement et à 5 lieues O. de Gien. Population, 2,500 habitants. Cette petite ville, située sur la rive gauche de la Loire, est remarquable par un ancien château des sires de la Trémoille, et qui fut érigé en duché-pairie en faveur de Maximilien de Béthune, duc de Sully. Ce château a été habité par cet habile ministre, par Henri IV et par Voltaire, qui y composa une partie de la Henriade.

SULLY (Maximilien de Béthune, baron de Rosny, duc de), né à Rosni en 1559 d'une famille illustre, était protestant et échappa comme par miracle, dans son enfance, aux massacres de la Saint-Barthélemy. Dès l'âge de seize ans, il s'attacha au service du roi de Navarre, depuis Henri IV, et le suivit dans toutes ses expéditions. Il conçut pour ce prince la plus sincère amitié, et eut le bonheur de la voir partagée. Aussi habile négociateur que vaillant guerrier, il avait été envoyé dès 1583 à la cour de France pour en suivre tous les mouvements. Henri étant devenu roi, il négocia son mariage avec Marie de Médicis en 1599. Mais ce fut surtout dans son ambassade en Angleterre qu'il déploya toute la pénétration de son esprit. En 1594, il fut nommé secrétaire d'Etat, membre du conseil des finances en 1596, surintendant des finances l'année suivante, grand maître de l'artillerie en 1601, gouverneur de la Bastille et surintendant des fortifications en 1602. Il signala son ministère par d'utiles et nombreuses réformes, réprima des abus, et mit de l'ordre dans les finances de l'Etat. Par ses économies, il sut augmenter les ressources du gouvernement, tout en réduisant les taxes du peuple. Peu de temps après la mort du roi, qui l'avait fait gouverneur du Poitou, et duc et pair de Sully, il se retira dans ses terres. Louis XIII lui donna le bâton de maréchal de France. Il mourut en 1641. On a de lui des *Mémoires des sages et royales économies d'Etat, domestiques, politiques et militaires de Henri le Grand*, réimprimés sous le titre de *Mémoires de Maximilien de Béthune, duc de Sully, principal ministre de Henri le Grand*.

SULPICE SÉVÈRE, historien ecclésiastique célèbre, né dans le midi de la Gaule, vers l'an 355, d'une famille riche et distinguée. Il parcourut d'abord avec succès la carrière du barreau. La mort de son épouse qu'il chérissait lui causa tant de regrets, qu'il abandonna le monde et donna tous ses biens à l'Eglise, ne s'en réservant que l'usufruit. Il vécut dans la solitude et l'abstinence, et on le prétend prêtre vers 413. Il mourut vers l'an 420. On a de lui un *Abrégé de l'histoire sainte*, en deux livres, qui va depuis la création du monde jusqu'à l'an 400 de J.-C.; le style en est pur et d'une grande rapidité; une *Vie de saint Martin*, des *dialogues* et des *lettres*.

SULPICE (Saint), surnommé *le Sévère*, évêque de Bourges, dans le vie siècle, se fit estimer pour sa sagesse, sa piété, son zèle et son érudition. Il mourut en 591. On fait sa fête le 29 janvier. — Saint Sulpice, surnommé *le Débonnaire* ou *le Pieux*, fut fait évêque de Bourges en 624, et mourut en 647. Ses mortifications, sa bonté, son zèle, l'ont fait mettre au rang des saints. On l'honore le 17 janvier.

SULPITIA, famille patricienne de Rome, produisit plusieurs personnages célèbres. Elle avait pour principales branches les Camerinus et les Galba.

SULPITIA, Romaine qui florissait sous Dioclétien. Elle écrivit contre cet empereur une satire en vers, parce qu'il avait chassé de Rome les philosophes. Elle composa encore un poëme sur l'amour conjugal. Il n'a d'elle que la satire et quelques fragments sans importance.

SULPITIA. Plusieurs lois romaines ont porté ce nom. La loi *Sulpitia de religione*, décrétée en 304 avant J.-C. sous les auspices des consuls P. Sulpitius Saverrio et Sempronius Sophus, défendit de consacrer un temple ou un autel sans la permission du sénat et de la majorité des tribuns. — La loi *Sulpitia militaris*, décrétée l'an 87 avant J.-C. sous les auspices du tribun P. Sulpitius, donna à Marius la conduite de la guerre contre Mithridate à la place de Sylla. — La loi *Sulpitia de senatu*, décrétée par le même en 86 avant J.-C., défendit aux sénateurs de contracter des dettes s'élevant à plus de 2,000 drachmes. La loi *Sulpitia de civitate*, du même, décrétée la même année, fit incorporer dans les trente-cinq tribus anciennes les citoyens dont on n'avait formé huit nouvelles tribus.

SULPITIUS GALLUS (Caïus), Romain du iie siècle avant J.-C., se livra à l'étude de l'astronomie. Il suivit Paul Emile en Macédoine, en qualité de tribun militaire. Dans cette guerre (170 avant J.-C.), afin de rassurer les soldats, il leur prédit une éclipse de lune, qui devait arriver la veille du jour où ils se proposaient de combattre les Macédoniens. Nommé consul en 166 avant J.-C., il mourut quelques années après.

SULPITIUS RUFUS (Publius), tribun du peuple l'an 88 avant J.-C., fut un des plus fanatiques partisans de Marius. Il fit décréter plusieurs lois qui portent son nom. (Voy. Sulpitia.) Par une de ces lois, il fit donner à Marius le commandement de la guerre contre Mithridate, qui avait déjà été donné à Sylla, et fut ainsi un des auteurs de la rivalité qui éclata entre ces deux grands hommes. Il fut tué pendant la dictature de Sylla.

SULPITIUS RUFUS (Servius), jurisconsulte et orateur romain distingué, contemporain de Cicéron, qui professa toujours pour lui le plus grand attachement. César le nomma proconsul de l'Achaïe; il avait composé des ouvrages qui ne nous sont pas parvenus.

SULTAN, mot arabe qui signifie *homme puissant*. C'est le nom qu'on donne généralement à l'empereur des Turks. On donne à ses femmes le titre de *sultanes*; mais ce mot n'est pas exact. A Constantinople, ce titre est attribué aux filles du sultan. Ce que les Européens appellent *sultane favorite* est la première femme, c'est-à-dire celle qui a donné au sultan son premier-né. Si la mère du sultan vit encore lorsque son fils devient empereur, elle prend le nom de *sultane validé*; elle a une grande influence, et joue un grand rôle dans toutes les affaires. — Les princes de la famille du kan des Tatars se nomment aussi *sultans*.

SULTANE. Voy. Sultan. — On appelle encore ainsi ou Sultanim : 1° un vaisseau de guerre turk de 66 canons, avec un équipage de 800 soldats et de 50 matelots; 2° une monnaie d'or frappée au Caire et à Tunis.

SUMAC, genre de la famille des térébinthacées, renfermant des arbustes, des arbrisseaux et des arbres de troisième grandeur, à feuilles alternes, tantôt simples, tantôt ternées ou ailées, aux fleurs très-petites, disposées en grappes ou en panicules, et donnant naissance à de petites baies au noyau globuleux ou comprimé, renfermant plusieurs graines. Il renferme un très-grand nombre d'espèces. Le *sumac au vernis*, petit arbre du Japon, fournit un suc laiteux dont les Japonais se servent pour vernir leurs ustensiles. Le *sumac vénéneux* de l'Amérique septentrionale renferme un suc âcre et assez corrosif; c'est un poison très-énergique. Le *sumac fustet* ou *bois jaune* ou *arbre à perruque*, de l'Europe méridionale, est un arbrisseau touffu, haut de deux à trois mètres; ses feuilles simples, elliptiques, arrondies, sont recherchées par les teinturiers, ainsi que ses rameaux grêles et tortueux, pour imprimer aux draps une couleur de café; l'on s'en sert aussi pour tanner les maroquins. Son bois est utilisé des menuisiers. (Voy. Fustet.) — Une autre espèce intéressante est le *sumac des corroyeurs* ou *roure* (*redoul* ou *faouvi* ou *vinaigrier*). Cet arbrisseau, propre à l'Europe méridionale, fournit des branches qui, desséchées et réduites en poudre fine, donnent un tan très-usité pour l'apprêt des cuirs et des maroquins.

SUMATRA ou Soumadra, grande île de l'océan Indien, comprise dans l'archipel de la Sonde, au S.-O. de Malakka, à l'O. de Bornéo et au N.-O. de Java, dont la sépare le détroit de la Sonde. Cette grande terre, traversée par l'équateur, s'étend du N.-O. au S.-E., l'espace de 376 lieues ; sa largeur est de 20 à 85 lieues. Elle est traversée par une chaîne de montagnes dans toute sa longueur. On y voit des monts très-élevés et plusieurs volcans. Les tremblements de terre y sont fréquents. Le climat est chaud, mais agréable. On y observe de fréquents orages, mais jamais la neige, la glace et la grêle. Cette île est peu salubre sur la côte occidentale, à cause des marécages qu'elle renferme. Le sol est fertile. On y trouve des plantes utiles et curieuses, telles que le riz, le cocotier, le bambou, le bétel, les arbres à épices, le chanvre, le maïs, le sagou, les orangers, citronniers, l'indigo, la rafflésie et en général toutes les plantes qui exigent une température élevée. On trouve dans les montagnes du granit, du marbre, du pétrole, de l'or, du cuivre, du fer, du soufre, de l'étain, du charbon de terre, du nitre, etc. L'intérieur de cette île est peu connu. — Les indigènes sont de plusieurs races : les principales sont les *Battas* au N.-O., les *Lampoungs* au S., les *Royangs* et les *Achinais*. Les *Malais* occupent les ports et les villes de la côte. On y compte plusieurs royaumes, entre autres celui de *Siak*, le milieu de la côte orientale ; celui d'*Achin*, à l'extrémité septentrionale ; celui de *Palembang*, au S.-E., conquis par les Hollandais. Ces derniers ont un grand nombre d'établissements dans ce pays. Les plus importants sont *Achem*, *Padang*, *Palembang*, *Bencouli*, *Natal* et *Tapanouli*. Leur puissance augmente de jour en jour.

SUMATRIENNES, nom donné collectivement aux petites îles qui environnent Sumatra. Les principales sont *Banca*, *Lingan*, *Nassau*, *Enganno*, etc.

SUMBAVA ou SOUMBAVA, grande île de l'océan Indien, située à l'E. de Java, entre Lomboock et Florès. Elle a 190 milles de longueur sur 140 de largeur. Elle est divisée en plusieurs Etats, dont les principaux sont ceux de *Bima*, *Dompo*, *Sumbava*, *Tomboro*, *Pekat* et *Sangar*. Le premier est le plus puissant. Son sultan est vassal des Hollandais. Cette île est très-peuplée (environ 600,000 habitants). On en retire du riz, des arachides, de la cire, des chevaux, du bois, du tabac, des métaux précieux. — La capitale est SOUMBAVA, sur la côte N.-E., avec un port magnifique. Les familles l'ont rendue presque déserte.

SUMOROKOF (Alexandre), célèbre écrivain russe, né à Moscou en 1727. L'impératrice Elisabeth lui donna sa protection. Catherine II le nomma conseiller d'Etat et membre de l'ordre de Sainte-Anne. Il mourut en 1777. On a de lui les tragédies d'*Hamlet*, d'*Aristona*, de *Sinaf et Trouvor*, *Zemira*, *Dimisa*, *Mieczyslas*, le *Faux Dmitri*, et les comédies du *Juge*, du *Légataire*, du *Tuteur*, de la *Mère rivale de sa fille*, des *Trois Frères rivaux*, etc. On a encore de lui des chansons, des idylles, des fables, des satires, des élégies, des odes, la *Chronique de Moscou*, l'*Histoire de la première insurrection des strélits*, l'*Histoire de la rébellion de Stenko-Razin*.

SUNAMITE, habitante de *Sunam*, ville de Palestine, dans la tribu d'Issachar. La Bible donne ce nom à Abisag, femme de David dans sa vieillesse.

SUND ou OEresund, détroit qui sépare l'île de Seeland (Danemarck) de la Scanie, province de Suède. C'est la route que prennent presque tous les vaisseaux marchands pour se rendre de la mer du Nord dans la Baltique et réciproquement. Il a 9 lieues de longueur sur un largeur qui ne dépasse pas un demi-mille. Le roi de Danemarck prélève un droit sur tous les vaisseaux qui y passent. Ce droit est de un pour cent de la valeur de la cargaison pour les Français et les Anglais. L'entrée de ce détroit n'a été forcée que deux fois : la première par les Hollandais, sous les ordres de l'amiral Opdem ; la seconde fois (1801) par les Anglais, sous les ordres des amiraux Parker et Nelson.

SUNDERLAND, grande ville d'Angleterre, dans le comté de Durham, à l'embouchure de la Wear, à 8 lieues N.-E. de Durham. Elle est bien bâtie et a 40,000 habitants. Elle a un bon et vaste port d'où sortent un grand nombre de vaisseaux chargés de sels, de charbon de terre, de verre et autres marchandises.

SUNDGAU, nom allemand de la haute Alsace, forme une partie du département français du Haut-Rhin.

SUNIUM, promontoire célèbre qui forme l'extrémité méridionale de l'Attique, situé à 50 milles du Pirée. On le nomme aujourd'hui *cap Colonne*.

SUNNITES ou SONNITES, nom donné aux observateurs des traditions orales de Mahomet et de ses trois successeurs, Aboubeckre, Omar et Osman. C'est le titre que prennent les Turks par opposition aux Persans, sectateurs d'Ali, et qu'ils appellent *Chyrtes* ou *Schirtes*.

SUOVETAURILIA (du latin *sus, porc, ovis*, brebis, et *taurus*, taureau), nom que les anciens donnaient au sacrifice d'une truie, d'une brebis et d'un taureau, lequel avait lieu à la fin de chaque lustre. C'était le censeur dont les fonctions allaient cesser qui était chargé du sacrifice.

SUPER, terme de marine qui signifie *se boucher*. — Il désigne encore l'action de tirer en aspirant, en pompant.

SUPÉRATION. C'est, en astronomie, la différence du mouvement d'une planète comparée à une autre ou à elle-même en deux points différents de son orbite.

SUPERCARGUE, agent placé sur un batiment marchand pour faire et suivre toutes les opérations relatives à la vente et à l'achat de marchandises.

SUPÈRE (du latin *superus*, ce qui est en haut). En botanique, on appelle *ovaire supère* celui qui est libre au fond de la fleur ou distinct de toutes ses autres parties ; et *fleur supère*, celle dont l'ovaire infère porte les autres parties.

SUPERFÉTATION, conception d'un nouveau fœtus dans un utérus qui en contient déjà un.

SUPERFICIEL, nom donné au pouls dont les battements se font sentir comme si l'artère était placée immédiatement sous la peau.

SUPÉRIEUR, celui qui a la principale autorité dans une communauté, un couvent, un séminaire, etc. Pour les maisons de géographie ancienne, *supérieur*, en termes synonyme de *haut*, comme *inférieur* est synonyme de *bas*.

SUPÉRIEUR (LAC), grand lac de l'Amérique septentrionale, à l'O. du Canada, au S.-E. du Winnipeg et au N.-O. du lac Huron, avec lequel il communique par le canal Sainte-Marie. Il a 155 lieues de long sur 66 de largeur et 475 lieues de circuit. Sa forme est à peu près triangulaire. Il est très-poissonneux, renferme un grand nombre d'îles, et reçoit plusieurs fleuves, dont quelques-uns considérables.

SUPÉRIEURE (MER) (en latin, *Superum mare*). Les Romains appelaient ainsi la mer Adriatique, parce qu'elle était au delà de l'Italie. Ils donnaient le nom d'*Inférieure* (*Inferum mare*) à la partie de la Méditerranée qui est en deçà de l'Italie, du côté de la Gaule.

SUPÉRIEURS (DIEUX) (en latin, *dii supori*). Les anciens appelaient ainsi les dieux qu'ils plaçaient dans l'Olympe, et auxquels ils attribuaient une puissance supérieure à celle des autres dieux. On leur adressait des sacrifices plus solennels.

SUPERPATIENT. En géométrie, on dit que deux nombres sont superpatients, lorsque l'un d'eux contient l'autre un certain nombre de fois avec un reste, et que ce reste est une de ses aliquotes. On dit aussi *lignes superpatientes*.

SUPERPOSITION. Dans l'acception ordinaire, ce mot désigne l'action de poser un corps sur un autre. En termes de géologie, il désigne l'ordre dans lequel se succèdent les terrains, les formations, les étages, les groupes, les assises, les roches et toutes les parties qui composent l'ensemble de l'écorce terrestre. L'ordre de superposition est constant et n'est jamais interverti, de telle manière que, connaissant un groupe de roches, on peut connaître celui qui le supporte et celui qui le recouvre.

SUPINATEUR (du latin *supinus*, couché à la renverse), nom donné à deux des muscles de l'avant-bras. Le *muscle long* ou *grand supinateur* est placé à la partie antérieure et externe de l'avant-bras. Il produit la supination de l'avant-bras, qu'il peut aussi fléchir sur le bras. Le *muscle court* ou *petit supinateur* est situé à la partie externe et postérieure de l'avant-bras. En se contractant, il porte l'avant-bras dans la supination.

SUPINATION. C'est, en physiologie, le mouvement dans lequel l'avant-bras et la main sont portés en dehors, de manière à ce que la face antérieure de celle-ci devienne supérieure.

SUPPLÉTOIRE, nom donné au serment que défère le juge à l'une ou à l'autre des parties.

SUPPLICE, punition corporelle ordonnée par la justice. Chez les Hébreux, les principaux supplices étaient la strangulation, la croix, la lapidation, le feu, le fouet, la bastonnade jusqu'à la mort (tympanum), la décollation, la scie, la perte des yeux, le chevalet, l'avulsion des cheveux et de la peau de la tête, etc. Les Egyptiens avaient à peu près les mêmes supplices. — Les Perses avaient coutume d'écorcher vifs les coupables ; ils avaient aussi le supplice des cendres, l'avulsion de la peau de la tête. — Les Grecs avaient trois sortes de supplices, la corde, la décollation et le poison. — A Rome, les supplices étaient la décollation, les verges, l'immersion (voy. PARRICIDES), le supplice de la roche Tarpéienne, etc. — On connaît la variété et la cruauté des supplices que l'on créa contre les chrétiens. Sous les deux premières races des rois francs, les peines étaient le gibet, la décollation, la roue, l'écartellement, l'aveuglement, le bûcher, l'immersion et l'estrapade. On vit, dans le courant du moyen âge, les criminels écorchés vifs, les blasphémateurs avoir la langue percée avec un fer rouge, les cages de fer de Louis XI, le pilori et la guillotine, le bûcher, la décollation et la roue. La révolution abolit tous ces genres de supplices, et ne laissa que la décapitation au moyen de la guillotine. Les autres nations n'ont pas suivi l'impulsion de la France ; ainsi, en Prusse, on trouve les supplices du feu, de la roue, de la corde, du glaive, etc.

SUPPOSITION, action de mettre une chose à la place d'une autre. En jurisprudence, c'est une production, une allégation en justice d'une pièce fausse. C'est ainsi qu'on dit la supposition d'un contrat. La supposition de nom consiste dans la simple allégation d'un faux nom pris par un individu. A l'égard des passe-ports, quiconque a pris un nom supposé, ou a concouru comme témoin à faire délivrer le passeport sous un nom supposé, doit être condamné à un emprisonnement de trois mois à un an. La *supposition de personne* consiste à présenter une personne au lieu et à la place d'une autre, comme si elle était cette personne elle-même. Dans le faux par écriture authentique, la supposition de personne est punie par les travaux forcés à temps. La *supposition d'enfant* ou *de part* consiste à présenter un enfant comme étant né de parents dont il n'est pas réellement issu. Toute supposition d'un enfant à une femme qui ne sera pas accouchée est punie de la réclusion.

SUPPOSITION. Dans le système de musique de Rameau, on nommait *accords par supposition* certains accords où l'on faisait provenir de notes ajoutées au-dessus de certaines autres.

SUPPOSITOIRE, nom donné, en médecine, à tout médicament solide, en forme de cône allongé, destiné à être introduit dans le rectum, soit pour favoriser les évacuations intestinales, soit pour agir comme adoucissant.

SUPPRESSION, action de supprimer. En jurisprudence, les *suppressions d'écrits* sont quelquefois ordonnées par justice, et s'appliquent aux publications qui peuvent porter atteinte à la morale publique ou à l'honneur des particuliers ; les *suppressions d'actes* ou de pièces commises par les parties rentrent dans la classe générale des soustractions frauduleuses; le crime de *suppression d'État* consiste dans l'enlèvement, la destruction ou la soustraction des registres qui sont destinés à constater l'état civil des citoyens : la peine est la réclusion ou les travaux forcés à temps ; la *suppression de part* est le crime par lequel on cherche à dissimuler un accouchement, la naissance d'un enfant : elle est punie de la réclusion.

SUPPOT. On appelait ainsi autrefois ceux qui étaient membres de l'université, et qui remplissaient certaines fonctions pour le service de ce corps. — Ce mot se prend aujourd'hui en mauvaise part et dans le sens de fauteur, sectateur fanatique.

SUPPRESSION. En médecine, ce mot désigne la suppression d'une évacuation accoutumée, continuelle ou périodique. On le dit aussi quelquefois en parlant des exanthèmes. On nomme *suppression d'urine* une affection dans laquelle la sécrétion de l'urine est supprimée. Elle est le plus souvent symptomatique.

SUPPURATIF, ce qui facilite la suppuration. Tels sont plusieurs onguents.

SUPPURATION, formation de pus. C'est un mode de terminaison des phlegmasies ou inflammations. Les médecins modernes s'accordent à regarder le pus comme le résultat d'une exhalation morbide qui paraît avoir les mêmes organes que l'exhalation naturelle.

SUPRALAPSAIRES, nom donné à une secte de théologiens protestants, qui, pour combattre le manichéisme, faisait Dieu auteur du péché.

SUR, désert situé à l'O., vers l'extrémité N. du golfe Héroopolite. C'est le premier de ceux que rencontrèrent les Hébreux après le passage de la mer Rouge.

SURA, mot latin qui désignait le mollet, le gras de la jambe. C'est le surnom de Publius Cornelius Lentulus, qui fut consul l'an 70 avant J.-C., et complice de Catilina. — C'était aussi le nom d'une ville de la Babylonie, sur l'Euphrate, entre Babylone et Apamée. Les Juifs y avaient une école célèbre.

SURACHAT, nom donné autrefois aux remises que les particuliers se procuraient d'une partie du bénéfice que faisait le roi sur la fabrication de la monnaie ou sur la quantité de marcs qu'ils se chargeaient de faire venir de l'étranger.

SURAL, ce qui se rapporte au gras de la jambe (*sura*).

SUR-ANDOUILLER. C'est, en vénerie, le nom d'un andouiller plus grand que les autres, et qui se trouve quelquefois à la tête des cerfs.

SURANNATION se disait, dans l'ancienne chancellerie, des lettres (*lettres par surannation*) qu'on obtenait pour rendre de la force et de la validité à celles qui étaient surannées. — SURANNÉ se disait 1° des lettres de chancellerie qui avaient plus d'un an de date ; 2° de certains actes publics, lorsque l'année au delà de laquelle ils ne pouvaient avoir d'effet était expirée ; 3° de concessions qui, faute d'avoir été enregistrées dans le temps prescrit, devenaient nulles.

SUR-ARBITRE, celui qu'on choisit pour décider une affaire quand deux ou plusieurs arbitres sont partagés sur cette affaire.

SURAT (ou SURARD, nom donné à un vinaigre dans lequel on a fait infuser des fleurs de sureau.

SURATE, grande et forte ville de l'Indous-tan, dans la province de Goudjerat, sur le Tapti, à 8 lieues de son embouchure dans le golfe de Cambaye, à 30 lieues S.-E. de cette ville, à 55 lieues N. de Bombay. Elle a 80,000 habitants. C'est une des villes les plus commerçantes de l'Inde. On en exporte du coton, des étoffes d'or et d'argent, de l'indigo, de l'acier. — Cette ville fut, dans l'origine, le centre du commerce britannique aux Indes orientales. Les Français y avaient jadis des comptoirs. Elle appartient aujourd'hui aux Anglais.

SURBAISSEMENT, terme d'architecture désignant la quantité dont une arcade est surbaissée. — Le mot *surbaissé* se dit des arcades et des voûtes qui ne sont pas en plein cintre, mais qui vont en s'abaissant par le milieu. — *Surbaisser*, c'est faire un cintre elliptique dont le grand axe soit horizontal.

SURBANDE, terme d'artillerie, bande de fer qui couvre le morillon d'une pièce ou d'un mortier quand ils sont sur leur affût. — Les chirurgiens appellent ainsi la bande qu'ils mettent sur les compresses.

SURBAU, pièce de bois qui sert à l'encadrement des écoutilles d'un vaisseau.

SURBOUT, terme de charpenterie, grosse pièce de bois tournante sur un pivot, qui reçoit divers assemblages de charpente pour diverses machines.

SURCENS, nom qu'on donnait, en jurisprudence féodale, à la première rente seigneuriale dont un héritage était chargé par-dessus le cens.

SURCILIER. Voy. SOURCILIER.

SURCOMPOSÉ. Les botanistes appellent ainsi une feuille dont le pétiole commun se divise en plusieurs pétioles secondaires divisés ou subdivisés eux-mêmes. — On a nommé *surcomposé chimique* un corps qui résulte de la combinaison des corps que l'on appelle *composés*.

SUR-COSTAL, ce qui est placé au-dessus des côtes. On a donné le nom de *muscles sur-costaux* à douze petits faisceaux charnus, aplatis, triangulaires, à fibres rayonnées qui vont des apophyses transverses de la côte qui est au-dessous. Quelques anatomistes les regardent comme faisant partie des muscles intercostaux externes.

SURDENT, nom donné aux dents de lait qui ne tombent pas à l'époque de la seconde dentition, mais qui se trouvent seulement déviées par les dents qui poussent à côté d'elles. — On étend ce mot aux dents qui viennent hors de rang sur une autre ou entre deux autres dents.

SURDITÉ, perte de la faculté d'entendre. La surdité peut occuper les deux oreilles ou une seule. Celle qui est héréditaire affecte toujours les deux oreilles. Celle qui est innée produit infailliblement le mutisme. — La surdité se montre le plus souvent chez les enfants et les vieillards. Elle peut être le symptôme d'un grand nombre de maladies. — La surdité idiopathique est attribuée à la paralysie du nerf auditif, et est le plus souvent incurable.

SURDOS, bande de cuir qui porte sur le dos d'un cheval de carrosse, et qui sert à soutenir les traits, etc.

SUREAU, genre de la famille des caprifoliacées, renfermant des arbustes et des arbrisseaux, et même des arbres de la troisième grandeur, à feuilles opposées, ailées, dentées en scie ; aux fleurs blanches disposées en corymbes ou en grappes à l'extrémité des rameaux ; le fruit est une baie ohronde, renfermant quelques graines. Le *sureau noir* ou *commun* habite les bois, les haies et les buissons de la France; son écorce est grise ; ses rameaux pleins de moelle ; ses fleurs nombreuses et d'une odeur forte ; les baies sont noires à l'époque de la maturité ; les fleurs sont employées en médecine comme diaphorétiques, émollientes et anodines ; l'écorce moyenne du tronc est diurétique et purgative. Le *sureau à grappes* se distingue du précédent par ses fleurs pendantes et ses baies rouges ; une autre espèce, commune en France, est l'yèble ou hièble.

SURELLE ou SURETTE, nom donné vulgairement à l'*oseille des prés*, à l'*oxalide des bois* et à la *patience aigrelette* (*rumex acetosella*).

SURÉNA, général des armée d'Orode, roi des Parthes. Son nom paraît n'être qu'un titre de dignité. (Voy. l'article suivant.) Il fut chargé de conduire la guerre contre les Romains. Il remporta sur Crassus la victoire décisive de Carrhes, le tua par trahison dans une entrevue, et donna ainsi la paix à sa patrie. Peu de temps après, Orode le fit mettre à mort l'an 52 avant J.-C.

SURÉNA, SURENIM ou SERONIM, titre de dignité chez les anciens Parthes et chez les Philistins, et que saint Jérôme traduit ordinairement par satrape.

SURENCHÈRE, enchère mise sur une enchère précédente. La faculté de surenchérir dans les ventes immobilières se divise en surenchère sur aliénation volontaire et surenchère sur expropriation forcée. La première n'est accordée qu'aux créanciers ayant hypothèque inscrite sur l'immeuble aliéné ; la deuxième est permise à toute personne indistinctement (Code de procédure, articles 2183-2185, 2192, 832-838, 710-712). Dans les ventes des immeubles appartenant à un débiteur failli, tout créancier a le droit de surenchérir. La surenchère ne peut être dans ce cas au-dessous du dixième du prix principal de l'adjudication (Code de commerce, article 565).

SUR-ÉPINEUX ou SUS-ÉPINEUX, ce qui est placé au-dessus de l'épine. On nomme *fosse sus-épineuse* un enfoncement triangulaire qui se trouve placé au-dessus de l'épine de l'omoplate ; *muscle sus-épineux*, un muscle allongé, épais, triangulaire, placé dans la fosse précédente ; se fixe d'un côté aux deux tiers internes de la fosse, et se termine de l'autre à la partie antérieure de la grosse tubérosité de l'humérus. Ce muscle élève le bras ; *ligament sus-épineux dorso-lombaire*, un ligament étendu sur le sommet des apophyses épineuses des vertèbres dorsales et lombaires, depuis la septième du cou jusqu'à la crête moyenne du sacrum ; *ligament sus-épineux cervical*, un ligament qui se fixe à la septième vertèbre cervicale, s'étend sur toutes les apophyses épineuses cervicales, et s'attache supérieurement à la protubérance occipitale externe.

SURÉROGATION. Dans les traités de religion, on appelle ainsi ce qu'on fait bien au delà de ce qu'on est obligé de faire, ce qui n'est pas précisément d'obligation. On appelle *œuvres de surérogation* les bonnes œuvres faites au delà de ce qui est prescrit par la loi.

SURESNES, petite ville de France, département de la Seine, à 2 lieues O. de Paris, près Neuilly. Elle a 1,800 habitants. Elle est connue par ses vignobles, qui produisent un vin détestable.

SURFACE, superficie, l'extérieur, le dehors d'un corps. En géométrie, on appelle ainsi une grandeur qui n'a que deux dimensions, savoir : longueur et largeur sans épaisseur. On appelle *surface rectiligne*, celle qui est comprise entre deux lignes droites, et *surface curviligne* celle qui est comprise entre deux lignes courbes. Une surface plane est la même chose qu'un plan.

SURFAIX, espèce de sangle d'un tissu grossier, composée de plusieurs fils de chanvre, et que l'on met par-dessus la selle plus assurée. Les cordiers fabriquent les surfaix.

SURFEUILLE, petite membrane qui recouvre le bourgeon et qui s'ouvre peu à peu.

SURGE se dit de la laine grasse qui se vend en conservant son suint, sans avoir été lavée ni dégraissée. On dit plus souvent *laine en suint*.

SURGEON, jeune branche qui part de la tige. — On nomme *surgeon d'eau* un petit jet d'eau qui s élance naturellement du sein de la terre.

SURIAN (J.-B.), né à Saint-Chamas en Provence en 1670, fut d'abord prêtre de l'Oratoire, ensuite évêque de Vence, et prêcha deux avents et deux carêmes à la cour. Ses sermons lui valurent la mitre en 1728. Il se signala par son zèle pour le troupeau qui lui avait été confié, et laissa en mourant tous ses biens aux pauvres (1754). Il était membre de l'académie française depuis 1733. D'Alembert lui succéda.

SURICATE ou SURIKATE, genre de mammifères carnassiers digitigrades, très-voisin du genre *mangouste*. On n'en connaît qu'une seule espèce. Le *suricate du Cap*, ou *viverrin* ou *zenick du Cap*, a le corps allongé, long d'un pied environ ; la tête est terminée par un museau pointu et allongé, en forme de boutoir mobile ; les oreilles sont courtes et arrondies ; les pieds à quatre doigts, munis de griffes assez fortes ; la queue est longue et pointue; le pelage est composé de poils roides et annelés de différentes teintes, mais surtout de brun, de blanc, de jaunâtre et de noir ; le dessous du corps et les membres sont jaunâtres ; la queue est noire à son extrémité ; le nez, le tour des yeux et des oreilles, ainsi que le chanfrein, sont bruns ; les ongles noirs. Cet animal habite le cap de Bonne-Espérance.

SURINAM, établissement hollandais dans la Guyane (Amérique méridionale). Cette colonie a 75 lieues de long sur une largeur de 65. Les principaux fleuves qui l'arrosent sont la Marawina, le Corentin et la Surinam, qui lui donne son nom, et dont la source est encore inconnue. Ce pays est extrêmement fertile, surtout sur les bords des rivières qui l'arrosent. On y cultive principalement le sucre et le café, et on en retire, outre ces deux produits, du cacao, de l'indigo, du coton, du bois de fer, du bois de rose, de l'acajou, etc. La population est de 10,000 blancs et 80,000 nègres esclaves. L'intérieur est habité par des peuplades indigènes indépendantes. Le climat est peu sain, à cause des inondations régulières qui fécondent le sol à certaines époques de l'année. La capitale est Paramaribo. — Cette contrée fut colonisée dès 1634 par les Anglais. Les Français s'y établirent en 1640, mais furent chassés par les indigènes en 1667. Les Hollandais s'en emparèrent, et la possession leur en fut assurée en 1674. Elle leur a toujours resté depuis. Les Anglais, qui l'avaient occupée en 1799, la rendirent à la paix d'Amiens en 1802.

SURINTENDANT, celui qui a une surintendance, c'est-à-dire une inspection et direction générale au-dessus des autres. Il se disait principalement autrefois de ceux qui étaient administrateurs en chef. Ainsi il y avait les *surintendants des finances*. Ce grade n'existe plus. — On appelait *surintendante de la maison de la reine* la dame qui avait la première charge de la maison de la reine.

SURIUS (Laurent), né à Lubeck en 1522, se fit religieux dans la chartreuse de Cologne, et y mourut en 1578. On a de lui un assez grand nombre d'ouvrages, entre autres un *Recueil des conciles*, les *Vies des saints*, une histoire de son temps, sous le nom de *Mémoires*, qui commence en 1514. Elle a été continuée par divers auteurs jusqu'en 1673.

SURLIER, terme de marine. C'est amarrer avec du fil fort le bout d'une manœuvre, pour la fortifier et l'empêcher de se déficeler et de se détordre. — La *surliure* est cet amarrage.

SURLONGE, partie du bœuf qui reste quand on a levé l'épaule et la cuisse. C'est là que sont les aloyaux.

SURMOULER. C'est, en termes de sculpteur, faire un moule sur une figure ou un ornement de plâtre coulé.

SURMOUT, nom donné au vin tiré de la cuve sans avoir cuvé ni avoir été pressuré.

SURMULET, espèce du genre *mule*, renfermant un beau poisson qui se distingue du rouget par des raies dorées et longitudinales, lesquelles s'étendent non-seulement sur le corps et sur la queue, mais encore sur la tête, où elles se marient avec le rouge vermillon qui fait le fond de la couleur sur cette partie. La mâchoire inférieure est garnie de petites dents. Ce poisson a de grandes écailles sur toutes les parties du corps. On le trouve dans l'Océan et la Méditerranée. Il a la chair blanche, feuilletée, ferme et agréable au goût. Il parvient jusqu'à trois décimètres de longueur.

SURMULOT, espèce du genre *rat*, renfermant un animal dont le corps est long (avec la tête) de neuf pouces environ. Sa queue a sept pouces et demi. Son pelage, d'un gris brun roussâtre en dessus, est d'une couleur moins foncée sur les flancs et blanchâtre en dessous. Le surmulot est très-abondant dans les fermes, les granges, les voiries, les égouts, les marchés, etc. Il cause beaucoup de dégâts.

SURON, nom donné, dans le commerce, à certains cuirs de bœuf qui recouvrent les ballots de marchandises que l'on exporte de l'Amérique méridionale. Il se prend aussi pour le ballot qu'il recouvre.

SUROS ou Sur-os, nom donné par les vétérinaires à une tumeur osseuse située à la partie interne du canon. On donne celui de *fusée* à la réunion de plusieurs sur-os. Lorsqu'ils avoisinent les tendons ou les articulations, ils font boiter l'animal.

SUR-OXYGÈNE, nom donné aux corps qui contiennent de l'oxygène avec excès. C'est le dernier degré de l'oxygénation. — Quelques nosologistes ont appelé *sur-oxygénèses* les maladies qu'ils attribuaient à une surabondance d'oxygène.

SURPEAU, nom donné quelquefois à l'épiderme.

SURPENTE, grosse et longue corde qui est amarrée au grand mât et à celui de misaine d'un vaisseau. On y attache le palan, pour embarquer ou débarquer les grands fardeaux, comme les canons.

SURPLIS, ornement que les ecclésiastiques portent par-dessus leur soutane, lorsqu'ils assistent au service divin ou qu'ils prêchent. Il est fait de toile ou de mousseline blanche, va jusqu'à mi-jambes, et est accompagné de deux ailes plissées qui pendent plus ou moins bas.

SURPLOMBER. C'est, en stéréotomie, faire pencher une ligne ou une surface à angle aigu avec l'horizon. — Il désigne aussi l'action d'un corps qui n'est pas à plomb.

SUPPOSÉ se dit, en botanique, des graines posées l'une sur autre en série longitudinale.

SURRÉNAL, ce qui est placé au-dessus des reins. On nomme *corps surrénaux* ou *capsules surrénales* deux petits organes qui sont situés au-dessus des reins. (Voy. CAPSULES (anat.).) On a nommé *artères* et *veines surrénales* les artères et veines capsulaires.—M. Chaussier a appelé *grand* et *petit surrénal* les nerfs grand et petit splanchnique, et *ganglion surrénal* le ganglion semi-lunaire.

SURREY, comté d'Angleterre, borné au N. par la Tamise qui le sépare de celui de Middlesex, à l'E. par le comté de Kent, au S. par celui de Sussex, à l'O. par celui de Northampton et celui de Bercks. Il a 12 lieues de long sur 8 de largeur et 150,000 habitants. Le chef-lieu est GUILFORT. C'est un pays agréable et sain. Le sol est très-varié et assez fertile.

SUR-SATURÉ se dit d'un sel neutre dans lequel la base salifiable se trouve avec excès.

SURSÉANCE, délai qu'on accorde à ceux qui sont obligés de payer une dette ou de faire toute autre chose légitime.

SURSIS, synonyme de délai ou de suspension, en jurisprudence.

SURSOLIDE, terme d'arithmétique, se dit quelquefois de la cinquième puissance d'un nombre. 32 est la cinquième puissance où le sursolide de 2. — En géométrie, c'est le nom d'un problème qui ne peut être résolu que par des courbes plus élevées que les sections coniques.

SURTOUT se dit 1° d'une sorte de justaucorps fort large que l'on met *sur tous* les autres habits ; 2° d'une grande pièce de vaisselle de métal précieux, que l'on place comme ornement sur la table dans des repas d'apparat ; 3° d'une espèce de petite charrette à deux roues fort légère, faite en forme de grande manne et qui sert à porter du bagage.—Les fondeurs de cloches appellent *surtout* un moule qui recouvre les autres moules du modèle de la cloche et qui doit soutenir l'action du fer.—Certains anatomistes appellent *surtout ligamenteux de la colonne vertébrale* les ligaments vertébraux antérieur et postérieur.

SURVEILLANCE DE LA POLICE, peine par suite de laquelle un condamné est mis à la disposition de la police. Le renvoi sous la surveillance de la police est une peine commune aux matières criminelles et correctionnelles. Par l'article 44 du Code pénal, l'effet du renvoi sous la surveillance de la haute police est de donner au gouvernement le droit de déterminer certains lieux dans lesquels il est interdit au condamné de paraître après qu'il a subi sa peine. En outre, le condamné doit déclarer, avant sa mise en liberté, le lieu où il veut fixer sa résidence. Il reçoit une feuille de route réglant l'itinéraire dont il ne peut s'écarter, et la durée de son séjour dans chaque lieu de passage ; il est tenu de se présenter dans les vingt-quatre heures de son arrivée devant le maire de la commune ; il ne peut changer de résidence sans avoir indiqué, trois jours à l'avance, à ce fonctionnaire, le lieu où il se propose d'aller habiter, et sans avoir reçu de lui une nouvelle feuille de route.—En cas de désobéissance à ces dispositions, l'individu mis sous la surveillance de la haute police sera condamné par les tribunaux correctionnels à un emprisonnement qui ne pourra excéder cinq ans.

SURVENANCE D'ENFANT. En droit, c'est la naissance d'un enfant légitime après une disposition entre vifs ; elle révoque la disposition (Code civil, articles 953 et 960-966). Les donations faites entre époux pendant le mariage ne sont pas révoquées par la survenance d'enfants (article 1096).

SURVIE. C'est, en jurisprudence, l'état de celui qui survit à un autre. On nomme *gains de survie* ou *gains nuptiaux* des avantages que se font les époux dans leur contrat de mariage, et qui ne doivent être recueillis que par le survivant (Code civil, article 1452).—Si plusieurs personnes respectivement appelées à la succession l'une de l'autre périssent dans un même événement, sans qu'on puisse reconnaître laquelle est décédée la première, la présomption de survie est déterminée par les circonstances du fait, et, à leur défaut, par la force de l'âge ou du sexe (Code civil, articles 720-722).

SURVILLE (Clotilde de). Voy. CLOTILDE.

SUSANNE, fille d'Helcias et femme de Joachim, de la tribu de Juda, célèbre par son amour pour la chasteté. Elle demeurait à Babylone avec son mari. Deux vieillards conçurent pour elle une passion criminelle, et, pour lui la déclarer, choisirent le moment où elle prenait le bain dans son jardin. Ils la menacèrent de la faire condamner comme adultère si elle refusait de les écouter. Susanne ayant jeté un grand cri, les vieillards appelèrent les gens de la maison, et l'accusèrent de l'avoir surprise avec un jeune homme. Susanne fut condamnée à mort, et allait subir son supplice lorsque le jeune Daniel demanda un second examen de cette affaire. Les deux accusateurs, que l'on interrogea séparément, se contredirent dans leurs réponses. L'innocence de Susanne fut reconnue, et ses accusateurs furent punis du même supplice auquel ils l'avaient fait injustement condamner.

SUSARION, un des plus anciens poëtes

dramatiques grecs, né à Icarie, petit bourg d'Attique, vers l'an 580 avant J.-C. Il s'associa une troupe d'acteurs, et représenta ses propres pièces. Il ne nous reste rien de lui, sauf cinq vers. Ses farces grossières firent longtemps les délices des Grecs.

SUSBANDE. C'est, dans un affût de canon ou de mortier, la bande de fer qui passe les tourillons, et qui est ordinairement à charnière.

SUS-CARPIEN, ce qui appartient à la face dorsale du carpe. On a donné le nom d'*artère sus-carpienne* à la branche dorsale du carpe, laquelle est fournie par l'artère radiale.

SUS-DOMINANTE, nom donné quelquefois, en musique, à la note qui est située au-dessus de la dominante, c'est-à-dire à la sixième note d'un mode. Dans le ton d'ut, la sus-dominante est *la*.

SUSE, province du Piémont, dans la division de Turin, au pied des Alpes cottiennes. Elle renferme soixante communes et 85,000 habitants. La capitale est Suse, à 12 lieues S.-O. de Turin, à 3 lieues des frontières de l'O. par l'Océan, sur les confins du Sahara. Il tire son nom de la rivière de Suse, qui coule de l'Atlas à l'Océan. Le sol de ce pays est plat, mais très-fertile en blé, dattes, coton, cannes à sucre, indigo, oliviers, gommiers, etc. Le chef-lieu est Acadia, à 55 lieues S.-O. de Maroc ; suivant d'autres, c'est Tarudan à 40 lieues O. de Maroc. Ce pays est très-peu connu.

SUSE, célèbre et ancienne ville d'Asie, capitale de la Susiane, vers le N. de cette province, près de l'Hydaspe. Elle appartenait aux rois de Perse, qui y renfermaient leurs trésors. Ils y avaient un magnifique palais, où ils résidaient pendant l'hiver. C'est aujourd'hui une petite ville sans importance qui porte le nom de *Chouchten*, et qui est capitale du Khousistan.

SUSIANE, contrée d'Asie, bornée au S. par le golfe Persique, à l'O. par la Babylonie et l'Assyrie, à l'E. par la Perside, avait Suse pour capitale. C'est aujourd'hui le *Sousistan*.

SUS-HYOÏDIEN, ce qui est placé au-dessus de l'os hyoïde. On donne ce nom à plusieurs muscles.

SUSIN. C'est, en marine, un pont brisé ou la partie du tillac d'un vaisseau qui s'étend depuis la dunette jusqu'au grand mât.

SUS-ORBITAIRE, ce qui est placé au-dessus de l'orbite. On nomme *trou sus-orbitaire* ou *orbitaire supérieur* une ouverture placée à la réunion des tiers interne avec les deux tiers externes de l'arcade orbitaire. Quelquefois on trouve à sa place une simple échancrure ; il donne passage à l'*artère sus-orbitaire* ou *sourcilière*, qui naît de l'artère ophthalmique ou de l'artère lacrymale et remonte sur le front en se divisant en deux branches. Ces branches vont se distribuer aux muscles et aux tégumens du front en s'unissant aux artères voisines.

SUSPENSE. On nomme ainsi, en théologie, une censure par laquelle un ecclésiastique est privé de l'exercice du ministère sacré, en tout ou en partie, pour un temps ou pour toujours.

SUSPENSEUR ou SUSPENSOIR, nom donné à diverses parties du corps. Le *ligament suspenseur du foie* est un repli triangulaire que forme le péritoine entre la face inférieure du diaphragme et la face supérieure du foie, et qui se continue avec la grande faux de la veine ombilicale.

SUSPENSION. En musique, on nomme ainsi le retard dans la résolution d'une ou de plusieurs notes d'un accord.

SUSPENSIVE (CONDITION). L'obligation contractée sous une *condition suspensive*, en jurisprudence, est celle qui dépend ou d'un événement futur et incertain ou d'un événement actuellement arrivé, mais encore inconnu des parties.

SUSPICION LÉGITIME, nom donné, en droit, à la réunion de circonstances telles qu'il y a lieu de présumer qu'un tribunal saisi de la connaissance d'une cause pourra se laisser dominer par des préoccupations étrangères.

SUSPIRIEUX, ce qui est accompagné de soupirs. Ainsi l'on dit une *respiration suspirieuse*.

SUS-PUBIEN, ce qui est placé au-dessus du pubis. On a donné ce nom à diverses parties.

SUSQUEHANNAH, grand fleuve des Etats-Unis, sort des lacs Otsego et Otego, traverse la Pennsylvanie et se jette dans la baie de Chesapeak après un cours de 225 lieues.

SUSSEX, comté d'Angleterre, borné au N. par celui de Surrey, à l'E. par celui de Kent, à l'O. par celui de Hampshire et au S. par la Manche. Il a 30 lieues de long sur 8 à 10 de largeur. Sa population est de 210,000 habitants. Ce comté renferme des forêts de chênes considérables, objets d'un grand commerce, et des pâturages excellents. Le chef-lieu est Chichester.

SUS-TONIQUE, nom donné quelquefois, en musique, à la deuxième note d'un mode, comme *ré* dans la gamme d'ut.

SUTHERLAND, comté de l'Ecosse septentrionale, borné au N. par la mer d'Allemagne, à l'E. par le comté de Caithness, au S. par le détroit de Dornoch et le comté de Ross, à l'O. par le détroit de Minch. Sa superficie est de 46 lieues carrées, et sa population de 26,700 habitants. Ce comté est peu fertile, et abonde en landes et montagnes stériles. Son chef-lieu est Dornoch.

SUTTIE, nom donné à la cérémonie par laquelle, lors des funérailles de leurs maris, les veuves indoues se brûlent pour ne pas leur survivre. La civilisation européenne n'a pu encore faire disparaître cette horrible coutume.

SUTURAL, ce qui naît ou dépend d'une suture. Ce mot est usité en botanique. Ainsi l'on dit que les légumineuses, par exemple, ont un style sutural.

SUTURE (du latin *sutura*, couture), nom donné, en anatomie, aux articulations immobiles qui réunissent les os du crâne et de la face. Lorsque les os se touchent par des bords plus ou moins épais, dont les surfaces sont presque planes, on n'offrant que des aspérités superficielles, la suture est appelée *harmonie* ou *suture harmonique*. Lorsque les bords des os sont taillés en biseau, en sens réciproque, de manière que l'un puisse recouvrir l'autre, la suture est dite *imbriquée*, *squameuse*, ou *écailleuse*; enfin, si les bords sont plus ou moins profondément dentelés et si leurs dentelures s'engrènent réciproquement, la suture est dite *dentelée* ou *par engrenure*.—En termes de chirurgie, on nomme *suture* une opération qui consiste à coudre avec du fil ciré et des aiguilles droites ou courbes les lèvres d'une plaie pour en obtenir la réunion ; en botanique, c'est une impression longitudinale plus ou moins marquée, indiquant la soudure de deux parties ; dans les mollusques, c'est le petit espace qui se voit dans certaines coquilles bivalves au-dessus de celui qui sépare les nymphes et qui est formé par le bord interne de cette partie de la circonférence des valves.

SUWAROW. Voy. SOUVAROF.

SUZANNE. Voy. SUSANNE.

SUZANNE (SAINTE-), chef-lieu de canton du département de la Mayenne, dans l'arrondissement et à 9 lieues et demie de Laval. Population, 1,800 habitants. Cette petite ville, située sur l'Erve, a été jadis une place forte, qui a joué un rôle dans l'histoire des guerres de Bretagne et de France, et qui a souvent été prise et reprise. Elle a des papeteries estimées.

SUZE (Henriette DE CHATILLON DE COLIGNI, connue sous le nom de comtesse DE LA), née à Paris en 1618, était petite-fille du fameux amiral de Coligni. Elle épousa le comte de la Suze, et fut si malheureuse dans cette union, qu'elle la fit casser par le parlement. Mme de la Suze brilla par son esprit et ses talents littéraires. Son salon devint le rendez-vous des premiers personnages de l'époque. Elle mourut en 1673. On a d'elle des élégies, des madrigaux, des chansons et des odes qui eurent autrefois beaucoup d'admirateurs.

SUZERAIN se disait, en droit féodal, d'un seigneur qui possédait un fief dont d'autres fiefs relevaient. Porter une affaire devant le *juge suzerain*, c'était la soumettre au juge supérieur, au juge du ressort.

SUZON, petite rivière de France, prend sa source dans le centre du département de la Côte-d'Or, passe à Dijon, et se réunit à la porte de cette ville à l'Ouche, qui se jette dans la Saône.

SVANTE STURE, Suédois, fut proclamé administrateur de Suède en 1504, après la mort de Stenon Sture Ier. Les huit ans de son administration offrent un état de lutte continuelle contre le Danemarck. Le principal résultat de cette lutte fut la reprise du château de Calmar, après un siége de six ans, et la conquête de quelques îles. Il mourut en 1512. Son fils Stenon Sture le Jeune lui succéda.

SVEABORG, fort de la Finlande, à une lieue d'Helsingfors. Il est situé sur plusieurs petits îlots. Ce fort est très-important, et est regardé comme un des chefs-d'œuvre de l'architecture militaire.

SVERRER, un des plus grands hommes que la Norwége ait produits, avait été destiné à l'état ecclésiastique, lorsque sa mère vint lui déclarer en 1176 qu'il était fils du roi Sigurd II. Il se mit à la tête d'un parti considérable, vainquit le roi Magnus VI Erlingson, et prit le titre de roi en 1177. Magnus fut contraint de se retirer en Danemarck, et tenta plusieurs fois de recouvrer ses Etats. Il fut vaincu et tué en 1184. Sverrer déjoua les entreprises de plusieurs ambitieux, et se fit couronner en 1194. Le clergé, toujours hostile à ce roi, obtint contre lui une bulle d'interdiction du pape Innocent III (1198). Mais il eut le courage de la braver, et se maintint sur le trône malgré les prétendants qu'on lui opposa. Il mourut en 1202, laissant le sceptre à son fils Hakan III. Il était brave, actif, humain, équitable et très-instruit.

SVIAJA, rivière de Russie, arrose le gouvernement de Casan, et se jette dans le Volga. Ses rives sont jonchées d'ossements d'animaux et surtout d'éléphants, que les eaux détachent du sein de la terre.

SVIATOPOLK, grand-prince de Russie, se fit élire après la mort de Vladimir son père en 1015, et se maintint quelque temps contre ses frères avec le secours de Boleslas, roi de Pologne. Il fut vaincu en 1019 par son frère Yaroslaf, et alla mourir en Bohême. Il s'était souillé des plus grands crimes, et avait fait périr par trahison plusieurs de ses frères. — Sviatopolk II, fils d'Ysiaslaf, succéda à Vsévolod en 1093, et mourut en 1113. Son règne fut signalé par les invasions des Polovtsi, peuples nomades, et les revers des Russes. Vladimir Monomaque lui succéda.

SVIATOSLAF, grand-prince de Russie, succéda à son père Igor en 945, sous la régence de sa mère Olga. Ayant atteint sa majorité, Sviatoslaf combattit avec succès les peuples de l'Oka, du Don et du Volga, et soumit les Khozars (964-966). Son règne ne fut qu'une suite de guerres contre les Bulgares, les Petchénègues et l'empereur d'Orient Jean Zimiscès. Il mourut dans une bataille contre les Petchénègues en 972. Ses trois fils lui succédèrent, savoir : Yaropolk à Kief, Olèg sur les Drevliens, et Vladimir à Novgorod. — Sviatoslaf Vsévolodvitch succéda à son frère Yaroslaf en 1247, et mourut peu de

1334 SWE

temps après. André Yaroslavitch et Alexandre Newsky régnèrent après lui.

SWAMMERDAM (Jean), célèbre anatomiste, né à Amsterdam en 1637, reçut le bonnet de docteur en 1667, et mourut en 1680. On a de lui un grand nombre d'ouvrages estimés, entre autres, un *Traité de la respiration et de l'usage des poumons*, en latin; une *Histoire générale des insectes*, en allemand, traduite en français.

SWANSEY, ville d'Angleterre, dans le comté de Glamorgan, à l'embouchure de la Tway, à 8 lieues S.-E. de Caermarthen. Cette ville a un bon port et des chantiers de construction pour la marine. Elle fait un commerce considérable, surtout en charbon de terre.

SWEDENBORG (Emmanuel), philosophe mystique du XVIII siècle, né à Stockholm en 1689, étudia d'abord les lettres et les sciences, et fut nommé assesseur au conseil des mines. Il publia en 1734 un ouvrage en latin intitulé: *OEuvres philosophiques et minéralogiques*, puis l'*Economie du règne animal*, le *Règne animal illustré*. Ces vastes travaux lui avaient fait une grande réputation, lorsqu'on le vit tout d'un coup renoncer au monde et abandonner ses fonctions pour remplir, disait-il, une mission divine. Il prétendit avoir des communications avec les êtres spirituels, et en recevoir des révélations sur le culte de Dieu et sur les saintes Ecritures. Il a raconté dans ses écrits ces révélations et ses entretiens avec Dieu, les anges et les âmes des morts (1743). Depuis cette époque, il employa toute sa vie à propager ses idées, et mourut en 1772. Il a écrit un très-grand nombre d'ouvrages, entre autres, *la Vraie Religion chrétienne* ou *Théologie universelle de la nouvelle Eglise*. Voy. l'article suivant.

SWEDENBORGISTES, disciples du philosophe Swedenborg, forment une Eglise à part, qu'ils nomment la *Jérusalem nouvelle*, et sont répandus en Suède, en Allemagne, en Angleterre et aux Etats-Unis. Leur doctrine est mystique et bizarre. Ils distinguent un monde matériel et spirituel : la Trinité divine est tout entière en Jésus-Christ, et il faut distinguer en lui l'humanité, la divinité, et leur union en une seule personne. Les Ecritures présentent trois sens : le sens divin et céleste, le sens spirituel, et le sens naturel ou littéral. Le sens divin n'est connu que de Dieu. Le sens spirituel, après avoir été connu des hommes jusqu'au temps de Job, s'est perdu, et il a été de nouveau révélé à Swedenborg. C'est à l'année 1757 qu'ils fixent cette nouvelle révélation. De ce temps date un second avénement de Jésus-Christ, qui a eu lieu, non en personne, mais dans un sens spirituel. La communication continuelle des hommes avec les esprits est un des principaux points de leur doctrine.

SWEN, prêtre païen, surnommé *le Sacrificateur*, et beau-frère d'Inge, roi de Suède, fut nommé roi à la place de ce prince, et protégea le paganisme. Mais, trois ans après, Inge revint; les chrétiens prirent le dessus, et Swen fut brûlé dans sa demeure (vers 1090).

SWERKER, Suédois, petit-fils de Swen le Sacrificateur, fut élu roi par les Goths orientaux et les Suédois. Il professa le christianisme, et ce fut sous son règne que les couvents furent établis en Suède. Swerker fut un prince faible, et, pendant son administration, les frontières furent continuellement inquiétées, tandis que l'intérieur était en proie aux dissensions. Il fut assassiné en 1155. Erik Bonde régna après lui. — SWERKER II, fils de Charles VII ou Ier, et petit-fils du précédent, fut élu roi en 1195. Il fit assassiner trois fils de Canut, le dernier roi, fils d'Erik Bonde; mais un quatrième, Erik, s'enfuit en Norwége, et revint bientôt après chasser Swerker, qui essaya vainement de reprendre le sceptre, et fut tué dans un combat en 1210. Son fils Jean régna après Erik, fils de Canut, et avec lui s'éteignit en 1222

SYC

la race de Swen le Sacrificateur, comme avec Erik, fils d'Erik, qui lui succéda, finit en 1250 celle des Bonde.

SWEIM, ville d'Afrique, dans le Darfour. C'est un lieu de passage des caravanes pour l'Egypte. Elle est habitée par les Arabes.

SWIETENIE, genre de la famille des méliacées, section des cédrélées, renfermant des arbres élevés croissant aux pays les plus chauds de l'Asie, de l'Afrique et de l'Amérique. L'espèce la plus connue est la *swietenie mahogani*, appelée aussi *bois de cèdre* et *acajou à meubles*, bel arbre qui donne le véritable bois acajou. Ce bois est d'un rouge brun, susceptible d'un beau poli, à le grain très-fin, et ne convient qu'à la fabrication des meubles. L'écorce, grisâtre et parsemée de tubérosités, a une saveur amère, un peu astringente, et jouit de la réputation d'être un très-bon fébrifuge.

SWIFT (Jonathan), surnommé *le Rabelais de l'Angleterre*, né à Dublin en 1667, d'autres disent à Cashel, dans le Tipperaryshire. Il embrassa l'état ecclésiastique, et sur la fin de ses jours le doyenné de Saint-Patrice en Irlande. Il mourut en 1745. Son caractère était un mélange assez bizarre d'inconstance et d'originalité. Ses dernières années se traînèrent dans la mélancolie et le délire. On a de lui *le Conte du tonneau*, satire allégorique; les *Voyages de Gulliver*, ouvrage plein de sel, de causticité, de philosophie mordante et vive; les *Lettres du drapier*, etc.

SWINE, rivière formée par une branche de l'Oder, à son embouchure dans la Baltique, entre les îles Usedom et Wollin.

SY... Voy. Sr... les mots qui ne se trouvent pas ici.

SYAGRIUS (Flavius Afranius), né à Lyon dans le IVe siècle, était préfet du prétoire en 381, comme le prouve le code Théodosien, qui lui fut adressé, et devint ensuite consul. Il protégea le poëte Ausone, son ami, et mourut dans sa patrie. Il avait fait des poésies médiocres.

SYAGRIUS, ancien poëte grec. On ignore l'époque où il vivait et les événements de sa vie. Il écrivit sur la guerre de Troie un poëme qui ne nous est point parvenu.

SYAGRIUS (Flavius), général de l'empire romain, fut vaincu par les Francs vers le milieu du Ve siècle. Il se réfugia chez Alaric, roi des Visigoths; mais Clovis le réclama de ce prince, et le fit mettre à mort.

SYBARIS, grande ville de l'Italie méridionale, aux confins de la Lucanie et du Brutium, sur le golfe de Tarente. On évalue sa circonférence à 6 milles, et ses faubourgs s'étendaient le long du Cratlus, à 7 milles environ. Fondée par des peuples de la Locride ou de l'Orient, agrandie par une colonie d'Achéens, elle s'était élevée à un si haut degré de puissance, qu'elle parvint à dompter plusieurs nations voisines, et qu'elle pouvait mettre sur pied 300,000 soldats. Leurs immenses richesses perdirent les Sybarites; leurs mœurs se corrompirent, et leur mollesse passa en proverbe. Abrutis par le luxe et les voluptés, ils furent facilement domptés par les Crotoniates dans le VIe siècle avant J.-C. Les Athéniens relevèrent Sybaris sous le nom de Thurium, le siècle suivant; enfin les Romains les soumirent, et donnèrent à leur ville le nom de *Copia*; mais son ancien nom a toujours prévalu. C'est aujourd'hui une petite bourgade sans importance, appelée *Torre Brodogneto*.

SYBARITES, habitants de Sybaris. Voy.

SYCOMANCIE, sorte de divination en usage chez les anciens, et qui se pratiquait en écrivant sur des feuilles de figuier (en grec, *syké*) les questions sur lesquelles on voulait être éclairé. L'augure était favorable quand la feuille tardait à se faner, funeste dans le cas contraire.

SYCOMORE, espèce du genre *figuier*, qui acquiert dans l'Egypte une grande élévation et une grosseur considérable. Ses branches sont très-étendues; ses fruits, d'un blanc jaunâtre, d'une saveur douce,

SYL

mais d'un goût peu délicat, petits, naissent sur le tronc ainsi que sur les grosses branches par touffes dépourvues de feuilles. Son bois, que les anciens regardaient comme vénéneux, passait aussi pour incorruptible. La plupart des caisses renfermant les momies égyptiennes sont faites avec ce bois. Les Egyptiens en faisaient encore des statues, des tableaux, etc. — On nomme, en Europe, *sycomore l'érable blanc* ou *de montagne*; *faux sycomore*, l'*érable plane* ou *à feuilles de platane*, et l'*acédarac de l'Inde*, que l'on nomme aussi *sycomore de Provence*.

SYCOPHANTES (du grec *syké*, figue, et *phèmi*, parler). Ce mot signifie proprement *dénonciateur de figues*. Les Athéniens avaient défendu par une loi d'exporter les figues de l'Attique. Une forte récompense étant accordée à ceux qui révélaient les infractions à la loi, on abusa souvent de cette loi pour accuser des innocents; de sorte qu'insensiblement ce mot *sycophantes* devint synonyme de calomniateur, de faux délateur et d'imposteur. C'est en ce sens que les auteurs grecs et latins l'emploient.

SYDENHAM (Thomas), un des plus célèbres médecins anglais, né en 1624 à Windfort-Eagle dans le Dorsetshire, exerça son art à Londres avec le plus grand succès. Il ramena les études médicales dans la voie de l'observation et de l'expérience. On a de lui plusieurs ouvrages, qu'on a réunis sous le titre d'*OEuvres universelles*, en latin.

SYDÉRITE. Voy. Sidérite.

SYDNEY, ville de la Nouvelle-Hollande ou Australie, capitale de la nouvelle Galles, située à 4 lieues N. de Botany-Bay sur la côte E. de l'île, à 5,400 lieues de Londres. Sa population est de 16,000 habitants, dont 2,000 convicts ou déportés et 400 militaires. Le port de Sydney, c'est-à-dire le Port-Jackson est un des plus beaux qui existent, et a environ 7 milles d'étendue. Cette ville est très-bien bâtie; on y voit entre autres édifices le trésor, l'hôtel de ville, le palais du gouverneur, la banque, l'hôtel du commandant, la caserne, le théâtre. Il y a une école de commerce, une société philosophique, des sociétés d'horticulture et d'agriculture, un jardin botanique, plusieurs journaux, des écoles, etc. La population est très-variée.

SYÈNE, célèbre ville d'Egypte, à l'extrémité de cette contrée, dans la Thébaïde méridionale. Les anciens nous apprennent que les corps n'y donnaient point d'ombre à midi, le jour du solstice d'été. On tirait des montagnes voisines un marbre très-dur que l'on nommait *syénite*. Syène est aujourd'hui *Saïd* ou *Assouan*.

SYÉNITE, roche dont on a cru trouver le type aux environs de Syène en Egypte. Elle est composée essentiellement de feldspath lamellaire, de quartz et d'amphibole hornblende, appelée aussi actinote. Elle est très-dure, et prend un beau poli. Elle fait partie des terrains granitiques.

SYLLA (Cornelius), né à Rome en 138 avant J.-C., fit ses premières armes sous Marius, qu'il accompagna en Numidie en qualité de questeur, l'an 107 avant J.-C. Il se distingua par sa valeur, et se fit aimer des soldats. Ce fut entre les mains que Bocchus, roi d'une contrée d'Afrique, livra Jugurtha; ce fut là que commença la haine de Marius et de Sylla. Successivement lieutenant général de Marius et de Catulus, ce dernier se distingua dans la guerre contre les Cimbres et les Teutons (104-96), et fut nommé préteur en 93. Il plaça Ariobarzane sur le trône de Cappadoce que lui disputait Mithridate le Grand, battit les Marses et les alliés (guerre sociale), et soumit presque tout le Samnium. En récompense de ces services, il fut nommé consul en 88 avant J.-C. Il voulait être chargé de la conduite de la guerre contre Mithridate; Marius lui disputa cet honneur, et se fit décerner le commandement en son absence. Telle fut l'origine de la guerre civile. Sylla furieux accourt à Rome, se rend maître de la république, et met à prix la tête de Marius, qui prend la fuite. Délivré de ses ennemis (87), il marche contre Mithridate, et, après avoir pris Athènes et le reste de la Grèce que ce prince occupait, l'attaque dans ses propres Etats, et le force à demander la paix (84); il retourne à Rome, où Marius était rentré en triomphe et l'avait proscrit. Ce général était mort; mais ses partisans étaient tout-puissants à Rome. Il défit l'armée de ses antagonistes dans plusieurs rencontres, fit périr le jeune Marius, et entra triomphant dans Rome (80). Seul maître de cette ville, il fit couler le sang à grands flots, et ternit sa gloire par ses proscriptions; il se fit déclarer dictateur perpétuel, établit de nouvelles lois (voy. CORNELIA), et changea la forme du gouvernement; enfin, las des grandeurs, il abdiqua en 79, et mourut l'année suivante des suites de ses débauches.

SYLPHE, nom que les cabalistes donnaient aux prétendus génies élémentaires de l'air. On distinguait les sylphes mâles et les *sylphides*, du sexe féminin. Les sylphes apparaissaient quelquefois aux hommes sous une forme humaine, d'une élégance et d'une légèreté qui tenaient d'une autre nature. Deux ailes transparentes se fixaient à leurs épaules et les soutenaient dans les airs.

SYLT, île du Danemarck, sur la côte occidentale du duché de Sleswig, vis-à-vis Tunder. Elle est assez grande, mais sablonneuse et peu fertile. Ses habitants vivent de la culture des terres, de l'entretien du bétail, de la fabrication des bas et de la pêche.

SYLVAIN (myth.), dieu des forêts chez les Romains et les peuples de l'Italie; il paraît être le même que le Pan des Grecs. Leurs attributs étaient les mêmes. Ils portaient les mêmes surnoms, et étaient représentés sous les mêmes formes. Sylvain était l'objet d'une grande vénération; chez les Romains, il n'y avait que les hommes qui pussent lui offrir des sacrifices.

SYLVAINS, terme générique qui comprenait chez les païens les Satyres, les Faunes, les Pans, les Egipans et autres divinités agrestes.

SYLVAINS. Quelques naturalistes ont groupé sous cette dénomination certains oiseaux qui vivent dans les bois, contrairement à leurs congénères, qui n'habitent que les champs ou les alentours des rivières. Vieillot en a fait un ordre où il réunit les passereaux proprement dits du système de Cuvier, les grimpeurs et une partie de ses gallinacés (les pigeons).

SYLVANE, substance minérale, appelée *or graphique, or dendritique, tellure graphique, tellure auro-argentifère.* C'est un composé d'environ 60 pour cent de tellure, 30 d'or et 10 d'argent. Il est de couleur gris d'acier clair, et se trouve dans la Transylvanie au milieu des dépôts aurifères.

SYLVATIQUE, nom donné aux plantes qui croissent spontanément dans les forêts.

SYLVES, nom que les anciens Romains donnaient à ce que nous appelons *mélanges*, c'est-à-dire à une collection de poésies diverses, les unes lyriques, les autres élégiaques ou héroïques. On connaît principalement les Sylves de Stace.

SYLVESTRE, ce qui vient sans culture.

SYLVESTRE (LES PAPES). Voy. SILVESTRE.

SYLVIA (RHEA). Voy RHEA.

SYLVIE, fille de Tyrrhenus, dont Ascagne, fils d'Enée, tua par accident dans une chasse un cerf qu'elle avait apprivoisé. Cet accident, de peu d'importance en lui-même, fut néanmoins une des causes de la guerre entre les Latins et les Troyens.

SYLVIE, nom des oiseaux que l'on nomme plus communément *becs-fins.*

SYLVIE, nom vulgaire de l'*anémone des bois*, plante vénéneuse.

SYLVIUS, fils d'Enée et de Lavinie, régna à Albe. Plusieurs rois de cette ville portèrent le même nom.

SYLVIUS (FOSSE DE), nom donné à la petite cavité qu'on remarque entre les deux lames de la cloison transparente.

SYMBACE, gendre de Bardas, empereur d'Orient, conspira contre son beau-père avec Basile le Macédonien (868), qui lui avait fait espérer qu'il serait fait césar dès que l'empereur Michel ne serait plus gouverné par Bardas. Mais, se voyant frustré dans cette espérance, il se ligua avec Georges Pigane, maître de la milice, et se mit à la tête d'une petite armée, avec laquelle il ravagea les environs de Constantinople. Pris par les troupes impériales, il eut les yeux crevés, et mourut peu de temps après.

SYMBLÉPHAROSE. On a ainsi nommé l'adhérence contre nature des paupières et particulièrement de la paupière supérieure au globe de l'œil.

SYMBOLE (du grec *symbolon*, signe, marque), caractère qui sert à représenter une chose, figure ou image qui sert à désigner quelque chose, soit par le moyen de la peinture et de la sculpture, soit par le discours. Les religions polythéistes ont des symboles nombreux. Chez les anciens, ce mot désignait encore 1° les signes par lesquels les dieux faisaient connaître leurs volontés ou annonçaient quelque événement futur; 2° les doctrines secrètes enseignées dans les mystères de la Grèce; 3° des signes mystérieux que recevaient les initiés à ces mystères; 4° toute convention, tout traité où il y avait foi jurée et par conséquent engagement sacré.

SYMBOLE. En termes de religion chrétienne, ce mot désigne 1° les signes extérieurs des sacrements; 2° le formulaire des articles de la foi, que tout chrétien doit savoir et croire. L'Eglise catholique a trois symboles : le premier est celui des apôtres, ainsi nommé parce qu'il renferme la doctrine enseignée par les apôtres, et qu'il a été écrit par eux; il a douze articles. Le second symbole est celui qui fut arrêté au concile de Nicée en 325, et confirmé plus tard à celui de Constantinople en 331. Il est plus long que le premier; c'est ce symbole qu'on dit à la messe. Le troisième est celui qu'on appelle symbole de saint Athanase, non qu'il soit attribué à ce saint, mais parce qu'il renferme la doctrine qu'il défendit contre les ariens.

SYMI, petite île de l'Archipel, sur les côtes d'Anatolie, près du continent, à 2 lieues N. de l'île de Rhodes, et à l'entrée du golfe de son nom. Elle a environ 2 lieues de long; et plusieurs ports excellents. Elle est mal cultivée; les Grecs qui l'habitent se livrent à la pêche des éponges.

SYMMAQUE, écrivain samaritain du II° siècle de notre ère. Il se fit juif, puis chrétien, et tomba ensuite dans les erreurs des ébionites. C'est tout ce qu'on sait de sa vie. Il traduisit l'Ancien Testament en grec. Sa diction est pure et claire, mais sa version est souvent trop libre. Nous n'avons que des fragments de son ouvrage.

SYMMAQUE (Quintus Aurelius Avianus), illustre Romain du IV° siècle de notre ère, proconsul d'Afrique, puis préfet de Rome et consul (391). On ignore l'époque de sa mort. Il était un des plus grands orateurs de son siècle; Symmaque fit éclater beaucoup de zèle pour le rétablissement du paganisme; il trouva un puissant adversaire dans saint Ambroise. Nous avons de lui dix livres de lettres, écrites en latin, qui renferment des notices assez curieuses pour l'histoire du temps.

SYMMAQUE, pape, natif de Sardaigne, était diacre de l'Eglise de Rome, lorsqu'il fut élu pour succéder à Anastase II en 498. Le patrice Festus fit élire en même temps l'archiprêtre Laurent, ce qui causa un schisme dans l'Eglise. Il finit lorsque Théodoric, roi des Goths, eut prononcé en faveur de Symmaque. Il tint plusieurs conciles, excommunia l'empereur Anastase, qui favorisait les hérétiques, et bâtit ou orna plusieurs églises; il mourut en 514. Il introduisit, dit-on, le *Gloria in excelsis* dans la messe. Nous avons de lui douze lettres. Hormisdas lui succéda.

SYMNEL (Lambert), fils d'un boulanger, qu'un moine intrigant et ambitieux, sous le règne de Henri VII, roi d'Angleterre, voulut faire passer pour le comte de Warwick, issu du duc de Clarence et dernier rejeton des Plantagenet. Ce prince était enfermé alors à la Tour de Londres; mais ou fit répandre le bruit de son évasion. Les Irlandais accueillirent cet aventurier, et lui donnèrent le titre d'Edouard VI. Le roi marcha contre les révoltés et les vainquit à Stoke. Symnel tomba au pouvoir du monarque, qui, loin de le faire périr, le relégua dans ses cuisines royales. On ignore l'époque de sa mort.

SYMPATHIE (du grec *syn*, avec, et *patheia*, affection), convenance, conformité d'affection et d'inclination. — En termes de physiologie, c'est le rapport qui existe entre les actions de deux ou plusieurs organes, plus ou moins éloignés. Tel est l'acte par lequel la membrane pituitaire, étant irritée, le diaphragme vient à se contracter pour produire l'éternument. — L'on a appelé *poudre de sympathie* du sulfate de zinc, blanc, effleuri par une longue exposition à l'air et au soleil. On l'employait comme cathérétique; on lui attribuait la faculté de guérir incontinent les plaies, et même de faire reconnaître un meurtrier, en appliquant seulement cette poudre sur une portion des vêtements ensanglantés du blessé, l'assassin fût-il à plusieurs lieues de distance; elle commença à devenir célèbre vers le milieu du XVII° siècle, mais sa renommée ne s'est pas longtemps soutenue. Elle est inusitée de nos jours.

SYMPATHIQUE, ce qui a rapport aux sympathies. On a nommé *encre sympathique* une composition avec laquelle on peut écrire sans que l'écriture paraisse d'abord. — En pathologie, on appelle *sympathiques* une affection, un phénomène qui dérivent d'une sympathie; il y a, par exemple, des céphalalgies (migraines) sympathiques. — Les anatomistes ont donné ce nom à trois nerfs à cause du rôle important qu'on leur faisait jouer dans les sympathies. Le premier *grand sympathique* est plus souvent appelé *trisplanchnique*. (Voy.) Le second, ou *moyen sympathique*, ou *pneumo-gastrique*, ou *nerf vague*, naît derrière les éminences olivaires et très-près du corps restiforme, et va se distribuer aux organes renfermés dans la poitrine et l'abdomen. Le troisième, ou *petit sympathique*, ou *facial*, est la portion dure du nerf de la septième paire, qui se répartit aux régions inférieures de la face, ou des dents et des mâchoires. — POUDRE SYMPATHIQUE. Voy. SYMPATHIE.

SYMPÉTALIQUE, ce qui est uni aux pétales. On donne surtout cette épithète aux étamines qui réunissent les pétales de manière à rendre en apparence monopétale une corolle vraiment polypétale.

SYMPHONIASTE, musicien compositeur de plain-chant.

SYMPHONIE (en grec *syn*, avec, et *phoné*, son, voix). Ce mot, dans l'ancienne musique, signifiait cette union de voix ou de sons qui forment un concert. Dans son acception générale, il désigne une composition pour plusieurs instruments; mais dans l'usage habituel, c'est le nom d'une pièce de musique divisée en trois, quatre ou cinq morceaux, composée pour un orchestre complet. On estime particulièrement les symphonies de Mozart, d'Haydn et surtout celles de Beethoven. — Les Italiens appellent *symphonie* (simphonia) les ouvertures de leurs opéras. — *Symphonie concertante* un morceau concerté pour certains instruments obligés avec accompagnement d'orchestre.

SYMPHYSE (du grec *symphyó*, réunir), nom donné, en anatomie, à l'ensemble des moyens qui servent à retenir les os en rapport dans les articulations. On dit cependant attribué à certaines articulations, comme la symphyse du pubis, la symphyse sacro-iliaque. — On nomme *symphyseotomie* ou *opération de la symphyse* la secton de la symphyse des os du pubis, que l'on pratique dans le but d'agrandir les diamètres du bassin, afin de faciliter l'accouchement dans certains cas.

SYMPHYTOGYNES se dit des fleurs dont l'ovaire adhère au calice en tout ou en partie.

SYMPLOQUE, genre de la famille des styracées, renfermant des plantes ligneuses, arbrisseaux ou arbres de la deuxième et même de la première grandeur, garnis de feuilles alternes, entières, dépourvues de stipules; les fleurs varient du blanc au rose vif, sont solitaires ou réunies en grappes. Ces plantes habitent l'Amérique méridionale. Le *symploque ou arbre à thé de Bogota* est un bel arbrisseau couvert de feuilles odoriférantes d'un beau noir luisant; les fleurs blanches répandent une odeur suave. Les feuilles séchées donnent une infusion d'un vert jaunâtre, d'une odeur aromatique fort agréable. Elle est rafraîchissante, et augmente la transpiration, sans trop affaiblir.

SYMPOSIARQUE, nom que les Grecs donnaient au roi du festin.

SYMPTOMATIQUE, ce qui est le symptome d'une autre affection. Ce mot est opposé à *idiopathique*.

SYMPTOME, tout changement perceptible aux sens, survenu dans un organe ou dans une fonction, et qui se lie à l'existence d'une maladie.

SYNAGOGUE (en grec, assemblée), nom par lequel on désigne communément le lieu où les Juifs s'assemblent pour prier, lire et entendre la lecture des livres saints. Avant J.-C., on les construisait sur des lieux élevés. Elles étaient très-nombreuses; car on en comptait quatre cent soixante à Jérusalem. Chacune d'elles avait un chef nommé *chacam* ou *archisynagogus*. — Dans les synagogues modernes, il y a du côté de l'orient, en mémoire de l'arche d'alliance, une arche ou armoire où l'on renferme les cinq livres de Moïse ou livres de la loi, écrits à la main sur du vélin en manière de rouleau, suivant l'usage antique. — Depuis Jésus-Christ, on dit aussi la *synagogue* par opposition à l'*Eglise*.

SYNALLAGMATIQUE (du grec *synallagma*, échange), ce qui est réciproque. Un contrat est *synallagmatique* ou *bilatéral*, lorsque les contractants s'obligent réciproquement les uns envers les autres. Les actes de cette nature sous signature privée ne sont valables qu'autant qu'ils ont été faits en autant d'originaux qu'il y a de parties ayant un intérêt distinct (Code civil, art. 1102, 1184, 1325).

SYNANTHÉRÉES, famille de plantes à fleurs composées, et chez qui les étamines montrent réunies en un seul corps par les anthères. Elle renferme sept cent dix-neuf genres. On les a divisées dans vingt divisions, savoir : les *lactucées* (laitue), les *carlinées*, les *centaurées* (centaurée), les *carduinées* (chardon), les *échinopsidées*, les *arctothicées*, les *tagetinées*, les *héliantheées* (hélianthe), les *ambrosiées* (ambrosie), les *anthémidées*, les *inulées*, les *astériées*, les *sénécionées*, les *nassauviées*, les *tussilaginées*, les *adénostylées*, les *eupatoriées* et les *vernoniées*.

SYNANTHÉRIQUE se dit, en botanique, des étamines dont les anthères sont réunies entre elles.

SYNARTHROSE, nom donné aux articulations immobiles.

SYNAXAIRE ou SYNAXARIUM, livre ecclésiastique des Grecs, où ils ont recueilli en abrégé la vie de leurs saints, et où ils exposent en peu de mots le sujet de chaque fête. Nicéphore Callixte est regardé comme un des principaux auteurs de ce recueil.

SYNAXE. C'est ainsi qu'on nommait primitivement l'assemblée des fidèles, où l'on faisait l'office divin en commun.

SYNCARPE, nom donné par Richard au fruit du figuier, lequel est composé d'un grand nombre de caryopses réunies dans un involucre charnu et succulent.

SYNCELLE. C'était, dans l'ancienne Église grecque, un ecclésiastique qui demeurait auprès du patriarche, pour être témoin de sa conduite. Les autres prélats avaient aussi des syncelles. Dans la suite cet office devint une dignité, et il y eut des syncelles des églises. Les empereurs donnèrent ce nom comme un titre d'honneur aux prélats qu'ils nommèrent *pontificaux* ou *augustaux*. Les syncelles ont aussi été en usage dans l'Eglise latine.

SYNCELLE (Georges LE), historien byzantin, vivait dans le viiie siècle de notre ère. On ignore les événements de sa vie. On a de lui une chronique intitulée *Choix de chronologie*, laquelle commence à la création du monde et s'arrête au règne de Dioclétien. Cet ouvrage est d'une grande utilité pour la chronologie ancienne.

SYNCELLE (Michel LE), auteur byzantin du ixe siècle de notre ère, écrivit plusieurs ouvrages, entre autres un *Eloge de saint Denis l'Aréopagite*. On lui a attribué aussi un *Traité sur la construction des mots*.

SYNCHONDROSE, union ou articulation de deux os au moyen d'un cartilage. Telles sont les articulations des côtes avec le sternum, au moyen de leurs cartilages de prolongement.

SYNCOPALE (FIÈVRE), variété des fièvres pernicieuses intermittentes, dans laquelle chaque accès est accompagné de syncopes.

SYNCOPE. C'est, en musique, une liaison prolongée sur la même note au temps fort et au temps faible.

SYNCOPES (du grec *syncoptô*, je tombe), perte complète, et ordinairement subite, du sentiment et du mouvement, avec diminution considérable ou suspension entière des battements du cœur et des mouvements respiratoires.

SYNCRANIENNE (MACHOIRE), nom donné par M. Chaussier à la mâchoire supérieure, parce qu'elle tient fortement aux os du crâne au milieu desquels elle semble enclavée.

SYNCRÉTISME, nom donné, en philosophie, à la conciliation, au rapprochement de diverses sectes, de diverses communions. On appelle *syncrétistes* ceux qui cherchent à opérer le syncrétisme.

SYNDACTYLES, division de l'ordre des passereaux, que Cuvier fait entrer les oiseaux de cet ordre, dont le doigt externe, presque aussi long que le doigt du milieu, lui est uni jusqu'à l'avant-dernière articulation. On trouve dans cette division les genres *guépier*, *callao*, *martin-pêcheur*, etc.

SYNDÉRÈSE, nom donné par les théologiens au sentiment de la conscience qui porte à la fuite du mal et à la pratique du bien, ou à la connaissance naturelle des premiers principes de la bonne morale.

SYNDESMOGRAPHIE (du grec *syndesmos*, ligament), description des ligaments, partie de l'anatomie qui en donne la description.

SYNDESMOLOGIE, traité des ligaments.

SYNDESMOSE, articulation de deux ou plusieurs os au moyen de ligaments; articulation ligamenteuse. Ce mot a été aussi employé comme synonyme de *synévrose*.

SYNDICS, nom donné, en jurisprudence, à ceux qui sont délégués pour administrer les affaires d'une faillite ou d'une corporation. — On nomme *syndicat* la charge, la fonction de syndic; il y avait autrefois une *chambre syndicale des libraires*, où il fallait remplir plusieurs formalités avant de publier un ouvrage.

SYNDROME, nom que les empiriques donnaient à la réunion des symptômes qui ont lieu dans les maladies. C'est ainsi qu'ils appellent *syndrome pléthorique* la réunion des symptômes produits par la pléthore.

SYNERGISTES, nom que l'on donna à quelques luthériens du xvie siècle, qui soutenaient que les forces du libre arbitre concouraient avec la grâce pour faire le bien.

SYNESIUS, né à Cyrène, en Libye, vers le milieu du ive siècle, fut disciple de la fameuse Hypatie d'Alexandrie. Il embrassa ensuite le christianisme, et fut fait évêque de Ptolémaïde en 410. Il mourut vers 430. Il a écrit en grec plusieurs traités et des lettres. Son style est pur, élégant et poétique.

SYNÉVROSE, nom donné par les anciens 1° aux parties blanches, telles que les nerfs, les ligaments, etc.; 2° aux articulations maintenues au moyen de ligaments.

SYNÉZIZIS. On appelle ainsi l'occlusion de la pupille. Cette maladie est le plus souvent produite par de violentes ophthalmies, et est ordinairement incurable.

SYNGÉNÉSIE (du grec *syn*, ensemble, et *genesis*, génération), dix-neuvième classe du système sexuel de Linné. Elle renferme les plantes qui ont les étamines réunies par les anthères, de manière à présenter une espèce de tube, à travers lequel passe et s'élève le pistil. On observe ce caractère sur la violette et les synanthérées.

SYNGNATHE (du grec *syn*, ensemble, et *gnathos*, mâchoire), genre de la famille des lophobranches de Cuvier, renfermant des poissons au corps très-long, presque cylindrique, terminé par un museau tubuleux et long, à l'extrémité duquel est la bouche, très-petite, fendue verticalement, dépourvue de dents. Ces poissons sont vulgairement appelés *aiguilles de mer*. Ils se nourrissent de vers et d'œufs de poisson. Le *syngnathe vert* se trouve dans la Méditerranée. Il atteint un pied de longueur et quelques lignes d'épaisseur.

SYNGYZIE, nom donné au point de jonction des deux cotylédons sur la radicule, quand ils sont opposés.

SYNODATIQUE, droit que les curés et les abbés payaient aux évêques dans les synodes où ils étaient obligés de se trouver.

SYNODE, assemblée religieuse. Ce terme se prend quelquefois pour synonyme de *concile*; mais plus souvent et dans son véritable sens, pour la convocation que fait un évêque des ecclésiastiques de son diocèse, pour y faire quelques règlements. — Les réformés appellent ainsi l'assemblée de leurs ministres et de leurs anciens pour l'examen de ce qui concerne la religion.

SYNODIQUE, nom donné aux lettres qui étaient écrites au nom des conciles aux évêques absents. En astronomie, on appelle *mouvement synodique* de la lune le mouvement de cet astre depuis une nouvelle lune jusqu'à l'autre, et *mois synodique* le temps qui s'écoule entre deux lunes consécutives.

SYNOECIES, fêtes que les Athéniens célébraient en l'honneur de Minerve, le 16 juillet (hécatombéon), en mémoire de la réunion des petits bourgs qui firent d'Athènes une seule ville.

SYNOQUE signifie, en médecine, une fièvre continue sans redoublement.

SYNORRHIZES (VÉGÉTAUX), nom donné par Richard aux végétaux, dans lesquels on remarque des embryons dont la radicule se trouve soudée légèrement avec le périsperme. On en voit un exemple dans les conifères. On dit aussi *embryon synorrhizé*.

SYNOSIASTES ou SYNUSIASTES, nom donné aux hérétiques qui n'admettaient qu'une seule nature en Jésus-Christ.

SYNOVIAL, ce qui a rapport à la synovie. — CAPSULES SYNOVIALES. Voy. CAPSULES. — On appelle *glandes synoviales* des espèces de franges qui flottent dans l'intérieur des capsules synoviales et qui paraissent destinées à sécréter la synovie.

SYNOVIE (du grec *syn*, avec, et *ôon*, œuf, parce que la synovie ressemble au blanc d'œuf), humeur exhalée par les membranes synoviales qui entourent les articulations mobiles. Elle est filante, visqueuse, d'une saveur salée, et contient de l'eau, de l'albumine, du mucus, de la soude, de l'hydrochlorate de soude, du phosphate de chaux et des carbonates ou lactates alcalins. La synovie sert à lubrifier les cavités articulaires et à faciliter le mouvement des articulations.

SYNTHÈSE, méthode opposée à l'analyse. En mathématiques, c'est une démonstration de propositions successives par la seule composition de celles qui sont déjà prouvées précédemment. — En chimie, c'est 1° l'opération par laquelle on réunit des corps simples ou composés pour en former d'autres d'une composition plus complexe ; 2° la réunion des éléments d'un corps composé, séparés par l'analyse. — En chirurgie, c'est l'opération par laquelle on réunit les parties divisées et l'on rapproche celles qui sont écartées ou éloignées. On appelle *synthèse de continuité* la réunion des bords d'une plaie, ou le rapprochement des pièces d'un os fracturé ; *synthèse de contiguité*, la réduction des organes déplacés.

SYNTHÉTISME. On donnait autrefois ce nom, en chirurgie, à l'ensemble des opérations et des moyens propres à réduire une fracture et à la maintenir réduite, telles que l'*extension*, les *bandages*, etc.

SYOUAH, ville d'Afrique, à l'O de l'Égypte, dans le désert de Libye. Elle a 6,000 habitants, et est dépendante de la Porte. On y voit de belles antiquités et des ruines considérables. On pense que cette ville est bâtie près de l'endroit où s'élevait jadis le temple de Jupiter Ammon. Elle est au milieu d'une charmante oasis.

SYPHAX, roi des Masséayliens, peuples numides, prit le parti des Romains contre les Carthaginois au commencement de la première guerre punique ; mais, ayant épousé Sophonisbe, fille d'Asdrubal, il devint l'allié de Carthage. Massinissa, autre roi numide, à qui Sophonisbe avait été promise, et allié des Romains, lui déclara la guerre, et le vainquit près de Cirta (203 ans avant J.-C.). Fait prisonnier, il fut livré au général romain Scipion, qui le mena en triomphe à Rome. Accablé par la douleur, Syphax se laissa mourir de faim dans sa prison.

SYPHILIS. Voy. SIBILIS.

SYPHONAPTÈRES, dernier ordre des insectes aptères dans la classification de Latreille. Cet ordre ne renferme que le genre *puce*.

SYPHONOSTOMES, ordre de crustacés établi par Latreille et caractérisé principalement par un suçoir ou siphon plus ou moins apparent. Ils sont de très-petite taille, et vivent sur des poissons et des reptiles aquatiques. Lorsqu'ils se multiplient beaucoup sur ces animaux, ils peuvent les faire périr. Cet ordre renferme deux familles, les *caligites* et les *lernæiformes*.

SYRA ou **SYROS**, île de l'Archipel, une des Cyclades, à 4 lieues S. d'Andros, à 5 lieues O. d'Andros. Elle a 15 lieues de tour. Quoique montagneuse, elle est très-fertile, surtout en vin, orge, figues, coton, huile et froment. Les habitants sont au nombre de 7,000 habitants. La capitale est SYRA sur la côte, siège d'un évêché latin.

SYRACUSE, intendance de Sicile, comprenant en partie le Val di Noto. Sa population est de 150,000 habitants, et sa superficie de 106 lieues carrées. Le chef-lieu est Syracuse.

SYRACUSE (en italien, *Siragosa*), ville ancienne et célèbre de Sicile, dont elle fut jadis capitale, située sur la côte S.-E. de cette île, sur les bords de la mer Méditerranée, à 44 lieues E. de Palerme, et 29 S.-O. de Messine. Sa population est de 15,000 habitants. Elle a un évêché et un port commode. — Syracuse fut fondée 735 ans avant J.-C. par Archias, qui y conduisit une colonie de Corinthiens. Elle fut d'abord république aristocratique. Après de nombreuses discordes civiles, elle donna le sceptre à Gélon (492 avant J.-C.). Ce prince fut le véritable fondateur de la puissance syracusaine. Après la mort de Thrasybule, un de ses successeurs, on rétablit le gouvernement républicain (466). La puissance de Syracuse excita la jalousie des Athéniens, qui envoyèrent contre elle une armée qui l'assiégea, mais sans succès (416). Denys s'empara du trône en 406.; mais le peuple chassa son successeur Denys II, et rétablit la république (345). Les Carthaginois essayèrent à plusieurs reprises de se rendre maîtres de Syracuse ; mais Timoléon les força de renoncer à leurs projets. Après sa mort, de nouveaux troubles agitèrent la ville ; plusieurs tyrans régnèrent tour à tour, parmi lesquels se distingua Agathocle, qui soumit presque toute la Sicile (307). En 278, Syracuse se rendit à Pyrrhus, roi d'Épire ; mais, trois ans après, fatiguée de ses exactions, elle élut roi Hiéron II, qui lui rendit sa première puissance (273-215). Sous son second successeur, Hiéronyme, Syracuse embrassa le parti des Carthaginois dans la guerre contre les Romains. Assiégée par Marcellus, elle fut prise au bout d'un siège de trois ans, en 212 avant J.-C. Sous la domination romaine, elle conserva sa liberté, ses priviléges et ses lois. — Cette ville avait en jusqu'à 300,000 habitants ; elle pouvait, à l'époque de sa puissance, entretenir 100,000 fantassins, 10,000 cavaliers et 400 vaisseaux de guerre. Elle se composait de cinq quartiers : *Ortygia*, île voisine ; *Achradine*, le plus beau quartier, sur le bord de la mer ; *Tycha* ; *Epipolis* et *Neapolis*. Ces quartiers étaient séparément fortifiés et réunis par une épaisse muraille flanquée de tours, longue de 7 lieues et demie.

SYRIAQUE, nom donné à la langue que parlaient les anciens habitants de la Syrie. Elle dérive de la sémitique, et est d'une grande ressource pour l'étude de la langue hébraïque. Elle cessa d'être parlée vers le XVIe siècle.

SYRICE. Voy. SIRICE.

SYRIE (*Syristan* ou *Bar-el-Châm*), grande contrée d'Asie, bornée au N. par l'Asie-Mineure, à l'E. par l'Euphrate et le grand désert, au S. par l'Arabie, et à l'O. par la Méditerranée. C'est une contrée longue, étroite, hérissée de montagnes calcaires. Le Liban la traverse du N. au S. Le climat est varié selon les diverses parties du sol ; sur les côtes, il est humide ; dans l'intérieur, il est agréable et rafraîchi par les montagnes qui s'y trouvent ; au S., il est très-chaud et sec. La Syrie, dont on évalue la superficie à 6,800 lieues carrées, est d'une fertilité extraordinaire, et produit les végétaux et les arbres fruitiers de toute espèce. On y trouve du gibier en grande quantité. La population est de 2,000,000 et demi d'habitants, Grecs, Arabes, Turks, Juifs, Francs, Arméniens, Turcomans, Kurdes, Bédouins, Druses et autres tribus. L'industrie de ce pays est nulle. — La Syrie portait chez les Hébreux le nom d'*Aram*. — Après avoir eu des rois particuliers, la Syrie fut successivement soumise aux Assyriens, aux Chaldéens, aux Perses et à Alexandre. Après la mort d'Alexandre, Seleucus Nicanor fonda, en 312 avant J.-C., le célèbre et vaste royaume de Syrie, formé de la presque totalité des provinces asiatiques de l'empire des Perses. Le dernier souverain, Antiochus X, fut détrôné par Pompée en 63 avant J.-C., et la Syrie devint province romaine. Elle fit ensuite partie de l'empire d'Orient, et comprit cinq provinces ; celles de Phénicie, de Phénicie du Liban, de Syrie, de Syrie Salutaire et de Syrie Euphratésie. Les Sarrasins soumirent la Syrie dans les VIIe et VIIIe siècles de notre ère. Les chrétiens la leur enlevèrent au XIIe siècle ; mais les infidèles la reprirent, et elle demeura au soudan d'Égypte. Les Turks la prirent en 1517, et la réunirent à leur empire. Conquise en 1833 par le vice-roi d'Égypte, elle est revenue aux Turks en 1841. Elle se divise en quatre pachaliks, ceux d'*Alep, Tripoli, Saint-Jean d'Acre* et *Damas*.

SYRIEN, sophiste d'Alexandrie, de l'école néo-platonicienne. Il succéda à Plutarque dans la chaire de philosophie d'Athènes. Nous avons de lui un *Commentaire* sur les livres métaphysiques d'Aristote. Il avait fait d'autres ouvrages, qui ne nous sont pas parvenus. Il vivait dans le Ve siècle de J.-C.

SYRIENNE (LA DÉESSE), principale divinité des Syriens, appelée aussi *Vénus Uranie*. On l'honorait principalement à Hiérapolis ; elle était représentée la tête ceinte de rayons et couronnée de tours. D'une main elle tenait un sceptre, de l'autre une quenouille.

SYRINGE ou SYRINX. Voy. FLUTE DE PAN.

SYRINGOTOME, instrument de chirurgie dont on se servait autrefois dans l'opération de la fistule à l'anus. — On nomme *syringotomie* l'opération de la fistule.

SYRINX (myth.), nymphe d'Arcadie, fille du fleuve Ladon, et l'une des compagnes de Diane, fut aimée de Pan. Ce dieu la poursuivit, et, au moment où il l'atteignait sur les bords du Ladon, elle invoqua le secours des dieux, et fut changée en roseaux. Pour se consoler, Pan coupa quelques-uns de ses roseaux, et en fit la *syrinx* ou flûte de Pan, sur laquelle il chanta ses malheurs.

SYRMÉES, jeux établis à Sparte. Le prix du vainqueur était un ragoût composé de sucre et de miel, appelé *syrme*.

SYRMIE, palatinat d'Esclavonie, entre le Danube et le district de Peterwaradin. Le sol est généralement fertile. Sa population est de 100,000 habitants, et la capitale est VUKOVAR.

SYRO-PHÉNICIE, pays situé entre la Syrie et la Phénicie, au N. de la terre sainte. — Quelques auteurs en font la Phénicie proprement dite, dont SIDON était la capitale.

SYROS. Voy. SYRA.

SYRPHIDES, tribu de la famille des athéricères, ordre des diptères, renfermant des insectes peu intéressants. Le genre type est le *syrphe*. Le *syrphe du groseillier* est long de cinq lignes. Il a le thorax vert, l'abdomen noir, à quatre bandes jaunes. On le trouve communément en France.

SYRTES, nom donné chez les anciens à deux grands bancs de sable et aux deux golfes où ils se trouvent, sur les côtes d'Afrique, dans la Méditerranée. La *grande Syrte*, aujourd'hui *golfe de Sidra*, était située entre Leptis et Cyrène ; la *petite Syrte* ou *golfe de Gabes* était entre les promontoires d'Aspis et de Carthage. A cause des dangers qu'y couraient les navigateurs, on étendit cette désignation à tous les parages dangereux.

SYRTIQUE (RÉGION), espace compris entre les deux Syrtes (voy. l'article précédent) sur la côte N. d'Afrique. Il répond à peu près à l'État actuel de Tripoli.

SYRUS (Publius). Voy. PUBLIUS SYRUS.

SYSIGAMBIS. Voy. SISIGAMBIS.

SYSTALTIQUE (du grec *systellô*, je resserre), épithète qui s'applique, en médecine, au mouvement de toutes les parties qui se dilatent et se contractent alternativement, comme le cœur, les artères, etc.

SYSTÈME. En histoire naturelle, c'est une distribution méthodique artificielle des êtres, propre à faciliter leur étude. — En anatomie, c'est un ensemble d'organes composés des mêmes tissus et destinés à des fonctions analogues. C'est ainsi qu'on dit *système nerveux*, *système musculaire*, etc.

SYSTOLE, contraction du cœur et des artères. Le mouvement opposé se nomme *diastole*.

SYSTYLE, édifice où les colonnes sont éloignées les unes des autres de deux de leur diamètre.

SYZYGIES, nom commun sous lequel on désigne, en astronomie, la conjonction et l'opposition de la lune.

SZABOLCS, comitat de Hongrie, borné au N. par celui de Zemplin, à l'E. par celui de Szathmar, au S. par ceux de Bihar et de Szolnok, à l'O. par ceux de Hèves et de Borchod. Il a 125 lieues carrées et 40,000 habitants. Le chef-lieu est NAGI-KALLO. Il est sablonneux, souvent inondé par la Theiss. Il produit du sel, des grains et du tabac.

SZALAD, comitat de Hongrie, entre la Styrie et les comitats de Schumegh, Eisenbourg et Veszprim. Il a 93 lieues carrées et 125,000 habitants. Le chef-lieu est EGERSZEG. Il est montagneux, et renferme des plaines fertiles.

SZA

SZAMOS, rivière de Transylvanie, prend sa source sur les confins de la Moldavie, arrose la Hongrie, et se jette dans la Theiss.
— C'est aussi une petite rivière qui se jette dans la précédente à Dee.

SZATHMAR, comitat de Hongrie, s'étendant sur les deux rives du Szamos, au N. de la Transylvanie. Il a 96 lieues carrées et 127,000 habitants. Il est peu fertile et sablonneux. — Le chef-lieu est SZATHMAR-NEMETHI, ville épiscopale, avec 10,000 habitants. Elle est très-commerçante, et située à 25 lieues N.-E. de Debreczin.

SZI

SZEGEDIN, ville de Hongrie, au confluent du Marech et de la Theiss, à 30 lieues S.-E. de Bade. C'est le chef-lieu du comitat de Czongrad. Elle fait un grand commerce, et est située dans une plaine fertile.

SZEKLERS. Voy. TRANSYLVANIE.

SZIGETH, chef-lieu du comitat de Marmaros en Hongrie, à 16 lieues N.-E. de Szathmar-Nemethi. Elle a 5,200 habitants, et est assez commerçante.

SZU

SZLUIN, district de Croatie, avec 45,000 habitants. Le chef-lieu porte le même nom, et est à 8 lieues S.-E. de Carlstadt.

SZOLNOK. Deux districts de Transylvanie portent ce nom. L'un, BELSOE-SZOLNOK, a 62,000 habitants, et pour chef-lieu ARMÉNIERSTADT; le deuxième, KOESEP-SZOLNOK, a pour chef-lieu ZILLAH et 28,000 habitants. Ces deux districts sont très-montagneux et néanmoins fertiles. On y trouve des mines et des carrières assez riches.

SZUMEGH. Voy. SCHUMEGH.

T

TAB

T, vingtième lettre de l'alphabet français. Elle est la même dans toutes les langues, excepté dans l'hébreu, qui la prononce *th*. Chez les anciens, T, regardé comme lettre numérale, valait 160, et surmonté d'une ligne horizontale, 160,000. T est encore la marque des pièces de monnaie frappées à Nantes. Cette lettre s'emploie comme signe abréviatif dans les écritures de commerce. Ainsi *trs* signifie *traites*.

T. On appelle ainsi : 1° en mécanique, une vis en forme de T, destinée à tenir la lame avec le manche d'un couteau sans clou ; 2° en médecine, un bandage dont la forme ressemble à celle d'un T. On le construit avec une longue bande qui doit entourer le corps en manière de ceinture, et sur le plein de laquelle on fixe à angle droit le chef d'une autre bande. Quand, au lieu d'une seule bande, on en fixe deux l'une à côté de l'autre sur la première pièce de bandage, on nomme celui-ci *bandage en T double* ou *double T*.

TAAUT (myth.), dieu des Phéniciens, que l'on pense être le même que le *Saturne* des Latins et le *Toth* des Egyptiens.

TABAC, genre de plantes appelé par les botanistes *nicotiane*, et appartenant à la famille des solanées. L'espèce commune est originaire de l'Amérique méridionale. Elle a une tige droite, haute d'un mètre à un mètre et demi, cylindrique, chargée de feuilles très-amples, d'un vert foncé, molles, et de fleurs réunies en bouquet au sommet de la tige, tubulées et assez grandes. Toute la plante a une odeur forte, désagréable, une saveur âcre, brûlante et nauséabonde; on connaît l'usage des feuilles de tabac mises en poudre, fumées en forme de cigares ou hachées pour la mastication. Ces feuilles sont employées en médecine, comme irritantes, purgatives, narcotiques et fébrifuges. La connaissance du tabac date de la découverte du nouveau monde. Son introduction en Europe remonte au milieu du XVIe siècle; le tabac, qui fut adopté avec enthousiasme, eut aussi de nombreux détracteurs. Son usage est devenu presque universel; on le cultive en abondance dans les colonies et même en Europe, où il s'est naturalisé. Huit départements français seuls ont le droit de faire cette culture.

TABAGO, une des Antilles, située entre la Trinité et la Grenade. Sa superficie est de 52 lieues carrées, et sa population de 15,000 habitants. Le chef-lieu est *Scarborough*. Le sol de Tabago est inégal, le climat tempéré. L'île de Tabago produit beaucoup de coton, sassafras, indigo, gomme, copal, gibier, sangliers, etc. Elle fut découverte par Colomb en 1498. Les Hollandais s'en emparèrent en 1632. Les Anglais l'ont prise en 1666 et la possèdent encore.

TABANIENS, famille de l'ordre des diptères, renfermant des insectes qui ont le corps large, la tête déprimée, et qui sont connus par les tourments qu'ils font éprouver aux bœufs et aux chevaux, dont ils percent la peau afin de sucer le sang. Le

TAB

taon est le principal genre de cette famille.

TABARIN, acteur renommé du XVIe siècle, jouait sur les tréteaux de Paris, des parades qui furent nos premières pièces dramatiques. Il était associé à un charlatan nommé Mondor, avec lequel il parcourait la ville et la province, faisant force bouffonneries, disant force quolibets pour faire accueter les drogues de son associé. On a rassemblé ses calembours, coq-à-l'âne, quolibets, etc., en un volume, sous le titre de *Recueil des questions et fantaisies tabariniques*. — Les noms de *Tabarin, Tabarine*, ont été depuis appliqués à tout histrion ou charlatan.

TABASCO, pays du Mexique, borné au N. par la baie Campèche, au S. par le Chiapa. Il est très-fertile. La capitale est TABASCO, avec 6,000 habitants.

TABELLION. Ce mot se disait autrefois d'un notaire, dans une seigneurie ou justice subalterne. Les seigneurs châtelains et hauts justiciers avaient le droit d'établir un tabellion. Dans quelques provinces, les notaires royaux étaient nommés *tabellions royaux*. Les notaires, qui n'étaient d'abord que les clercs des tabellions, furent érigés en titre d'office par édit de 1542, et Henri IV réunit ces bureaux sous le nom commun de *notaires*. — A Rome, les tabellions étaient, selon les uns, des esclaves publics qui recevaient les contrats passés entre particuliers, et qui étaient écrits en simples notes par les clercs des tabellions (ces clercs se nommaient à cause de cela *notarii*); selon les autres, c'étaient des officiers chargés de la garde des actes publics, et exerçant en même temps les fonctions de greffier. Leurs aides étaient des *notaires* chargés de recevoir les conventions des parties, de les écrire en notes abrégées qui servaient aux tabellions à rédiger le contrat au long. — Le *tabellionage* est l'office, la fonction du tabellion. On nommait autrefois *droit de tabellionage* le droit qu'avaient les seigneurs hauts justiciers d'établir un tabellion dans l'étendue de leur justice.

TABERNA-MONTANUS (Jacques-Théodore), né à Bergzabern en Alsace, étudia la médecine, fut reçu docteur à Paris, puis premier médecin de l'électeur palatin. Il se fixa enfin à Heidelberg, où il mourut en 1690. Il publia en allemand un recueil de 3,000 plantes, imprimé à Francfort en 2 vol. in-folio, ainsi qu'un livre sur les bains et les eaux minérales (1584).

TABERNACLE (en latin *tabernaculum*, en grec *scéné*, en hébreu *obel*). Ce mot signifie dans son acception propre une *tente*. Il y avait dans le camp des Israélites, durant leur séjour dans le désert, deux tabernacles ou grandes tentes. Le premier, nommé *tabernacle du conseil* ou *de l'assemblée*, où le peuple se réunissait pour les affaires ordinaires ; le deuxième, appelé *tabernacle du témoignage* ou *du Seigneur*, où seulement *tabernacle*, était le lieu où les Israélites faisaient leurs principaux actes de religion, offraient leurs sacrifices et adoraient le Seigneur. Il se di-

TAB

visait en deux parties, dont la première contenait la table des pains de proposition, le chandelier d'or à sept branches et l'autel des parfums. Cette partie se nommait le *saint*. L'arche d'alliance était renfermée dans la deuxième nommée le *saint des saints* ou *sanctuaire*. Cet espace était séparé du premier par un voile précieux. L'entrée du saint était fermée par un autre voile. Le tabernacle tout entier était entouré de planches de bois de Séthim, appuyées sur une base d'airain et recouvertes de lames d'or. Tout autour du tabernacle et de cette enceinte régnait enfin un grand espace oblong de cent coudées de longueur sur cinquante de largeur, et nommé le *parvis*. Dans ce dernier était l'autel des holocaustes, sur lequel on brûlait la chair des victimes, et un grand bassin plein d'eau, nommé *mer d'airain*, dans lequel se lavaient les prêtres. Le parvis était fermé par des rideaux que soutenaient des colonnes de bois couvertes d'un métal précieux. Tout le tabernacle était recouvert des plus rares étoffes par-dessus lesquelles se trouvaient des peaux de chèvre pour les garantir de la pluie. — Chez les chrétiens, le *tabernacle* est une petite armoire, un petit temple de matière précieuse, renfermant la sainte eucharistie. L'usage des tabernacles est pas très-ancien. On conservait autrefois les hosties consacrées dans les ciboires ou dans des colombes d'or ou d'argent suspendues; cet usage existe encore chez les Grecs et dans plusieurs églises les Latins. — Les Romains nommaient *tabernacle* un lieu élevé que choisissaient les augures pour y faire leurs observations.

TABERNACLES (FÊTE DES), une des trois grandes fêtes des Juifs, dont Dieu leur avait ordonné la célébration en mémoire des quarante ans que leurs pères avaient passés sous des tentes dans le désert. Les Hébreux l'appelaient *Chag-Hassuchoth*, la *fête des Tentes*; elle commençait le quinzième du mois de tisri (30 septembre), après la récolte de tous les fruits. Pendant les huit jours qu'elle durait, les Juifs demeuraient sous des tentes et des berceaux de feuillage, et célébraient avec leurs familles des festins de réjouissance, où ils admettaient les lévites, les étrangers, les veuves et les orphelins. Dans cette fête, entre autres cérémonies, les Juifs criaient Hosanna ! en portant à la main des palmes. Le premier et le dernier jour étaient les plus solennels ; on ne pouvait pas les consacrer au travail. La fête des Tabernacles est nommée *Scénopégie* dans l'Evangile (du grec *scéné*, tente, et *pégunmi*, dresser, construire), c'est-à-dire la fête où l'on dresse des tentes.

TABIDE, terme de médecine, dérivé du mot latin *tabes*, marasme ; nom donné à toute espèce de maladie accompagnée de marasme, à tout ce qui est atteint.

TABIS, étoffe de soie unie et ondée, passée à la calandre sous un cylindre qui imprime sur l'étoffe les inégalités onduleuses gravées sur le cylindre même. C'est ce qu'on appelle improprement *moire*

Tabiser, c'est raser une étoffe à la calandre pour la rendre ondée.

TABLATURE, manière de noter la musique pour certains instruments, tels que le luth, le clavecin, l'orgue, dans les xvi⁰ et xvii⁰ siècles, afin d'en faciliter l'impression, la complication de ce genre de musique offrant de trop grandes difficultés par les caractères ordinaires de musique. Le plus souvent la tablature consistait dans un arrangement de plusieurs lettres ou marques sur des lignes. — On nomme encore *tablature* le tableau de l'étendue des instruments à vent et à trous latéraux et du doigté de ces instruments.

TABLE. Ce mot, dans son acception la plus générale, désigne un meuble ordinairement de bois et plat, de diverses formes, posé sur un ou plusieurs pieds, et qui sert à plusieurs usages. C'est un des meubles les plus anciennement connus ; aujourd'hui l'on se sert d'une infinité de tables, les *tables de nuit*, *tables à thé*, etc. — On nomme figurément ainsi : 1° une lame ou plaque de cuivre, d'airain ou de tout autre métal, un morceau de marbre ou de pierre, plate et unie, sur laquelle on peut écrire, graver, peindre, etc. ; c'est dans ce sens qu'on dit les tables de la loi. 2° *Table rase* ou *table d'attente*, une lame, une plaque qu'on destine pour graver quelque chose. 3° Les lames de tissu compacte qui revêtent à l'extérieur les os du crâne. De ces tables ou lames, l'une est externe ; elle est ordinairement plus épaisse que l'autre, qui est interne. Celle-ci a été nommée *lame vitrée*, à cause de sa fragilité. 4° Une liste alphabétique, contenant les matières ou mots principaux qui sont dans un livre, et qui renvoient aux pages où se trouvent ces matières ou ces mots. On dit la *table des chapitres*, la *table des matières*, etc. 5° Une feuille, une planche sur laquelle les matières dogmatiques, historiques, etc., sont réduites méthodiquement et en raccourci, afin qu'on les puisse voir plus facilement et d'un même coup d'œil. 6° Les pièces plates et rondes lesquelles on joue au jeu de dames. On les nomme plus communément *dames*. Il y a une sorte de jeu qui se joue aussi dans un trictrac, et qu'on nomme *toutes-tables*. 7° Des pierres précieuses taillées de manière que la surface en est plate ; ainsi on dit diamant en table, table de rubis, etc. On appelle *table de bracelet* plusieurs pierres taillées en table, et arrangées pour servir à un bracelet. On nomme *table de signaux* la collection de tous les signaux employés en mer pour les communications. *Table de Pythagore*. Voy. LIVRET. — Les *lois des Douze Tables* étaient à Rome un code de lois publiées par les décemvirs l'an 450 avant J.-C., et qui furent ainsi nommées parce qu'elles étaient gravées sur douze tables de cuivre.

TABLE (LA), montagne d'Afrique, près du cap de Bonne-Espérance. Elle est haute de 3,000 pieds environ.

TABLE DE LOCH. C'est, en marine, une planche longue de deux pieds sur douze à quinze pouces de largeur, peinte en noir, sur laquelle sont tracées des colonnes par des traits blancs, entre lesquels on écrit au crayon l'état de la mer, la force du vent, les nœuds filés, la route, etc. A la fin de chaque quart, on efface ce qui est écrit sur cette table, après l'avoir porté sur le livre de loch ou *casernet*.

TABLE DE MARBRE. Voy. MARBRE.

TABLE DE PEUTINGER, nom donné à un parchemin large d'un pied, et long d'environ vingt-deux pieds, formé de morceaux rapportés. Sur cette table sont gravés en caractères lombards les noms des mers, des îles, des villes, en un mot de toutes les parties du pays soumis aux Romains au commencement du v⁰ siècle, c'est-à-dire tout celui qui s'étend des Colonnes d'Hercule aux autels d'Alexandre. Cette table, dont on ignore l'auteur, et que l'on présume avoir été faite vers la fin du iv⁰ siècle, après avoir été perdue et ignorée pendant douze siècles dans une bibliothèque d'Allemagne, fut retrouvée vers la fin du xv⁰ siècle par un savant, Rotucius Celter, dans un monastère de Spire. Il la donna à son ami Peutinger, dont elle a pris le nom. On en a publié un grand nombre d'éditions.

TABLE D'HARMONIE, partie sonore de la caisse des instruments à clavier et à cordes. La partie sur laquelle on appuie le chevalet des violons, altos, basses, en est la table d'harmonie ou simplement la *table*. *Tabler*, c'est coller la table ou la partie supérieure d'un instrument sur les éclisses. *Détabler*, c'est décoller cette partie.

TABLE RONDE, ordre célèbre de chevalerie aux premiers temps du moyen âge, et fondé, selon des traditions très-incertaines, par Arthur ou Artus, prince si peu connu par des témoignages authentiques, que l'on a regardé son existence comme fabuleuse. Artus, d'après les chroniques, vivait vers l'an 516. L'ordre qu'on suppose avoir été créé par Artus se composait de vingt-quatre chevaliers. Les lois qu'on leur imposait étaient au nombre de douze. Elles ordonnaient 1° de ne jamais déposer les armes ; 2° de chercher les périls et les aventures les plus hasardeuses ; 3° de défendre les faibles et les opprimés ; 4° de ne faire violence à personne ; 5° de ne point se nuire entre eux ; 6° de combattre pour le salut de leurs amis ; 7° d'exposer leur vie pour leur pays ; 8° de ne rien rechercher pour eux-mêmes que l'honneur ; 9° de ne manquer à la foi promise sous aucun prétexte ; 10° de remplir avec soin tous les devoirs de la religion ; 11° d'exercer l'hospitalité envers le premier venu ; 12° de rapporter exactement à ceux qui étaient chargés d'écrire les gestes de l'ordre ce qui leur était arrivé. Le nom de Table ronde vient de l'habitude où étaient les chevaliers de s'asseoir autour d'une table circulaire, afin d'éviter les querelles résultant de la préséance. Ce dernier usage s'était conservé dans les tournois des siècles suivants. Les romans de la Table ronde, c'est-à-dire ceux que l'on a écrits sur les chevaliers qui composaient cet ordre, sont très-nombreux. Les plus connus sont *Lancelot du Lac*, *Tristan*, *Merlin*, *Flore et Blanche-Fleur*, etc.

TABLEAU, ouvrage de peinture sur une table de bois, de cuivre, etc., ou sur de la toile. Ainsi l'on dit un *tableau de Raphaël*, de Delaroche, d'Ingres, etc. — Dans le droit civil, les tableaux sont considérés comme *immeubles* quand ils sont placés à perpétuelle demeure ; comme *meubles*, quand ils font partie d'une collection dans des galeries ou pièces particulières ; et comme *meubles meublants*, quand ils font partie du mobilier d'un appartement. — On nomme *tableaux votifs* des tableaux consacrés dans les temples pour satisfaire à un vœu, par ceux qui viennent d'échapper à un danger quelconque ou qui veulent remercier Dieu d'un bienfait obtenu par son intercession. Le danger auquel on a échappé est peint ordinairement sur ce tableau, qui porte une inscription relative à ce danger et au vœu qu'on a formé. Cet usage est venu des anciens et principalement des Romains.

TABLEAU (mar.), nom donné à la partie de la poupe d'un vaisseau un dessous des contours du couronnement. C'est la face arrière, ornée de sculptures et de peintures, où sont percées les fenêtres. On les ferme le plus souvent aujourd'hui, et on les arme de canons.

TABLEAU MAGIQUE, nom donné en physique, à un carreau de verre monté dans une bordure dont les deux surfaces sont couvertes en partie par une feuille d'étain. On varie extrêmement la construction de cet instrument. Quand il est électrisé, il produit les mêmes effets que la bouteille de Leyde.

TABLES ASTRONOMIQUES, tables qui contiennent les calculs des mouvements, des lieux et des phénomènes des corps célestes. Les plus anciennes sont celles de Ptolémée, qu'on trouve dans son Almageste. Les tables astronomiques sont indispensables pour l'exercice de la navigation. Les meilleures ont été écrites par Delambre, Bürg, Burchardt, Plana, etc.

TABLES DE LA LOI, nom donné aux lois que Dieu donna à Moïse sur le mont Sinaï, et qui étaient gravées sur des tables de pierre. Les tables renfermaient les dix préceptes de la loi. Il y en avait deux. Leur forme n'est pas bien connue. On les représente ordinairement carrées par la partie inférieure, et arrondies par le haut.

TABLES DES SINUS, tables qui contiennent par ordre les longueurs des sinus, tangentes et sécantes de tous les degrés et minutes d'un quart de cercle.

TABLES LOXODROMIQUES, tables où la différence des longitudes et la route que l'on a parcourue sur un vaisseau en suivant un certain rumb sont marquées de 10 en 10 minutes de latitude.

TABLETIER, ouvrier qui fait des échiquiers, des trictracs et des tables ou dames, pour jouer aux échecs, aux dames, au trictrac, etc., des billes pour jouer au billard, et autres ouvrages délicats d'ivoire, d'ébène, de bois précieux, etc., comme boîtes, nécessaires, petites tables, etc.

TABLETTE. Le sens propre de ce mot est une planche placée de manière à ce qu'on mette des objets dessus. On nomme ainsi, en architecture, 1° les pierres ordinairement plates dont on se sert pour terminer les murs d'appui et autres pièces de maçonnerie ; 2° une planche de bois ou une pièce de marbre qui est posée à plat sur le chambranle d'une cheminée ou sur l'appui d'une fenêtre. — Les charpentiers des ports donnent ce nom à un petit bout de planche poli, sur lequel ils tracent les équarrages des pièces à travailler pour un bâtiment en construction.

TABLETTE (pharm.), médicament solide, composé d'une poudre incorporée au sucre et au mucilage, d'une saveur agréable, ayant la forme de petits disques, de losanges, de carrés, de triangles, etc. Les tablettes diffèrent des pastilles en ce que celles-ci exigent de la chaleur pour se préparer, tandis que les tablettes se font sans feu, et en ce que les pastilles sont principalement formées de sucre aromatisé par une huile volatile ou par une eau odoriférante.

TABLETTES, nom donné par les Romains à petites planches de bois enduites d'une couche légère de cire sur laquelle il écrivaient avec le *style*. Ils appelaient *tablettes censoriennes* les registres où les censeurs réglaient le mode de perception des impôts ; *tablettes d'absolution*, des tablettes sur lesquelles les juges écrivaient A, abréviation d'*absolvo*, j'absous ; *tablettes de condamnation*, celles sur lesquelles ils écrivaient C, abréviation de *condemno*, je condamne ; *tablettes législatives*, celles sur lesquelles, dans les élections et les propositions de loi, on écrivait son suffrage. U. R., c'est-à-dire *ut rogas* (comme tu le proposes), désignait l'acceptation ; A, c'est-à-dire *antiquo*, comme qui dirait : je me tiens à l'ancien usage, désignait le rejet.

TABLETTES, feuilles d'ivoire, de parchemin, de papier préparé, etc., qui sont attachées ensemble, et qu'on porte ordinairement dans la poche, pour écrire avec un crayon ou avec une aiguille d'or ou d'argent les choses dont on veut se souvenir.

TABLETTES DE BOUILLON ou BOUILLON SEC, nom donné au bouillon évaporé jusqu'à siccité et mis sous forme de tablettes. Pour le préparer, on prend 4 pieds de veau, 12 livres de chair de bœuf, 10 livres de gigot de mouton, 3 livres de rouelle de veau ; quelquefois on y fait entrer de la volaille. On fait cuire à feu doux. Le bouillon obtenu est refroidi afin d'en séparer la graisse, puis clarifié avec six blancs d'œufs, et évaporé jusqu'à consistance gélatineuse. Ces tablettes, entièrement formées de gélatine et d'osmazôme, peuvent se conserver pendant quatre ou cinq ans en bon état, et sont par conséquent utiles pour les voyages sur mer. Quand on veut en faire du bouillon, on en fait dissoudre environ une demi-once dans un verre d'eau bouillante, dont on entretient la chaleur au moyen de cendres chaudes.

TABLIER, pièce de toile, de serge, de cuir, etc., que les femmes et les artisans mettent devant eux pour conserver leurs habits en travaillant. — *Tablier* se dit encore d'un certain morceau de toile fine que les femmes mettent devant elles pour ornement. On nomme *tablier de timbale* un morceau d'étoffe enrichi de broderie, qui se met autour d'une timbale. — On appelle encore *tablier* 1° chacune des deux parties d'un trictrac : chaque tablier contient six flèches ou cases ; 2° la peau clouée à la table qui enchâsse la pierre ou le marbre des batteurs d'or ; 3° un ornement sculpté sur la face d'un piédestal ; 4° en marine, le doublage en toile à voiles que l'on ajuste au bas des huniers pour les garantir du frottement.

TABLOIN, terme d'artillerie, planche ou madrier dont est faite la plate-forme où l'on place les canons que l'on met en batterie.

TABOR, cercle de Bohême, entre ceux de Czaslau et Budweis. Le sol est fertile. Le cercle de Tabor renferme de nombreuses mines et des fabriques de laine, coton et toiles. Sa superficie est de 118 lieues carrées, et sa population de 170,000 habitants. La capitale est Tabor, avec 4,000 habitants.

TABOU ou TAPOU, nom donné, dans plusieurs îles de l'Océanie, principalement à Tonga et à la Nouvelle-Zeeland, à un état d'interdiction sous lequel l'objet qui en est frappé se trouve, d'après les croyances populaires, sous l'empire immédiat de la Divinité. On ne peut l'enfreindre sans s'exposer aux conséquences les plus funestes, à moins d'en détruire l'action par certaines formalités prescrites. Ainsi le terrain consacré à un dieu ou devenu la sépulture d'un grand chef est tabou, et est défendu de combattre en un lieu sujet au tabou, et ceux qui se permettraient une pareille action seraient eux-mêmes sujets au tabou et soumis à une expiation envers les dieux. Quelques espèces de vivres, comme la chair de la tortue, sont dits tabou, et l'on ne peut en manger qu'après en avoir offert un petit morceau à la divinité. Toute chose peut être tabouée par une prohibition qui porte le nom de *faka egui*, faire noble. Le tabou ne cesse que par une nouvelle cérémonie qui prend le nom de *faka lahi*, et qui rend *gnéfoua*, c'est-à-dire libre, la chose interdite. Quiconque vient à toucher une personne qui lui est supérieure par le rang ou par le degré de parenté devient tabou.

TABOURET, sorte de petit siège à quatre pieds, qui n'a ni bras ni dos. *Avoir le tabouret* était, dans l'ancienne cour de France, un droit qu'avaient certaines personnes de s'asseoir sur un tabouret ou sur un siège pliant en présence de la reine. Le tabouret ne fut pas d'abord accordé qu'aux princesses et aux duchesses. Il fut depuis concédé aux dames qui occupaient le premier rang dans la maison de la reine, et aux maris desquelles leur position donnait droit au fauteuil chez le roi, et notamment à tous les ducs et pairs. Plus tard on l'accorda aux cardinaux (depuis François II), aux ambassadrices, aux duchesses, aux dames dont les maris étaient grands d'Espagne, aux épouses du chancelier de France, du garde des sceaux. — On appelle encore *tabouret* : 1° une espèce de lanterne garnie de fuseaux, à l'usage des machines qui servent à puiser de l'eau dans les carrières ; 2° *tabouret d'équitation*, une espèce de fauteuil ou de siège quelconque, auquel on donne les différents mouvements que l'on fait exécuter à un cheval de manège.

TABOURET. Voy. THLASPI.

TABOURET ÉLECTRIQUE, nom donné, en physique, à une planche carrée dont les côtés sont arrondis, portée par quatre petites colonnes de cristal, pour isoler les personnes et les objets qu'on veut électriser.

TABOURIN, terme de fumistes, machine tournante, en tôle ou en fer-blanc, faite en forme de quart de cercle, qu'on pose au-dessus de la tête d'une cheminée pour l'empêcher de fumer.

TACAMAHACA ou TACAMAQUE, nom de deux espèces de résine, l'une qui découle du calaba, et l'autre du peuplier balsamifère. Toutes les deux sont peu usitées. Elles ont été pourtant recommandées comme vulnéraires, et elles entrent encore dans la préparation de certains emplâtres ou onguents.

TACAMAQUE. Voy. TACAMAHACA.

TACCA (Pietro-Jacopo), célèbre sculpteur italien, né à Carare, et mort à Florence en 1640, était élève de Jean de Boulogne. On lui doit la statue de Jeanne d'Autriche, et celle de Ferdinand III, grand-duc de Toscane, qui se voit à Livourne, les quatre esclaves en bronze qui décorent le port de cette ville, enfin la statue équestre de Philippe IV à Madrid, qui passe pour son chef-d'œuvre. Il a représenté ce roi sur un cheval qui se cabre, en sorte que les deux pieds de derrière de l'animal soutiennent le poids énorme de 18 milliers. Le fils de Tacca, nommé Ferdinand, se distingua aussi dans la sculpture.

TACAZZE, grande rivière d'Abyssinie, prend sa source à 15 lieues S. de Socota, coule du S. au N., et se jette dans le Nil, près d'Ilac.

TACET, mot latin qui veut dire *il se tait*, et qu'on écrit dans la musique pour indiquer le silence d'une partie pendant un morceau entier. Quelquefois on emploie le pluriel *tacent*, ils se taisent, pour indiquer que deux parties gardent le silence.

TACHE, marque, impression étrangère qui gâte, qui salit quelque chose. En termes d'astronomie, on nomme *taches* certains endroits obscurs que l'on remarque sur les surfaces lumineuses du soleil, de la lune et même de quelques planètes. On les a attribuées à l'ombre projetée par les montagnes qui existent dans ces corps célestes.
—En médecine, on nomme *taches* des changements dans la couleur naturelle des téguments, certaines marques naturelles ou accidentelles sur la peau de l'homme, sans gonflement de son tissu.

TACHÉOGRAPHIE ou TACHYGRAPHIE, art d'écrire par abréviation. Voy. STÉNOGRAPHIE.

TACHETÉ, ce qui est marqué de taches en nombre indéterminé. On a donné le nom de *maladie tachetée* à une affection qui consiste en une éruption de taches rouges très-nombreuses, étroites, arrondies, rouges ou noirâtres, qui prenne toute la surface du corps. Ces taches semblent dues à une légère extravasation du sang sous l'épiderme.

TACHOS ou TACHUS, roi d'Égypte, fils de Nectanebus Ier, monta sur le trône du temps d'Artaxercès Ochus, roi des Perses, 363 ans avant J.-C. Il défendit son royaume contre les Perses, qui songeaient à l'attaquer de nouveau, malgré les mauvais succès de leurs premiers efforts. Il obtint des Lacédémoniens un corps de troupes commandé par Agésilas. Celui-ci le trahit et se livra avec son armée à Nectanebus, prétendant au trône. Le roi d'Égypte, ne pouvant faire face à tant d'ennemis, fut obligé de sortir de son royaume, et l'on ignore ce que devint depuis ce malheureux prince.

TACITE (Caïus Cornelius Tacitus), historien latin, naquit au commencement du règne de Néron. Il parut au barreau avec éclat, puis dans les armées. Vespasien et Titus lui accordèrent leur amitié, et l'élevèrent aux honneurs. Exilé par Domitien, il revint à Rome après sa mort, et fut fait consul en 97 de J.-C. Tacite parvint à un âge avancé. On ignore l'époque de sa mort. On a de lui un *Traité des mœurs des Germains*, renfermant d'utiles documents historiques ; la *Vie de Cn. Julius Agricola*, son beau-père, éloge historique, une des plus belles productions de l'antiquité ; un *Dialogue* sur les orateurs et sur les causes de la corruption de l'éloquence. Mais ses deux ouvrages principaux sont : 1° les *Annales*, histoire de l'empire romain, comprenant les règnes de Tibère, Caligula, Claude et Néron. Il nous reste seulement l'histoire du premier et du dernier à peu près entière. Le règne de Caligula est perdu, et nous n'avons que la fin de Claude. 2° Les *Histoires*, menant de Néron à Domitien. De vingt-huit ans que cet ouvrage renfermait (de 69 à 96), il ne nous reste que l'année 69 et une partie de 70. Le style de Tacite est ferme et brillant, sublime sans recherche. Historien et philosophe à la fois, il flétrit le vice, met à nu les infamies des règnes qu'il décrit, honore les vertus, et raconte tous les faits sans flatterie, mais avec une franchise quelquefois sévère et brutale.

TACITE (M. Claudius), empereur romain, élu par le sénat à la place d'Aurélien, en 275, après un interrègne d'environ sept mois. Il se livra entièrement à l'administration de la justice et au gouvernement de l'État. Les mauvaises coutumes furent abolies, et les lieux de prostitution fermés. Tacite ne se réglait que sur les conseils du sénat. Simple dans ses vêtements et dans sa manière de vivre, il se montra libéral et grand dans les dépenses publiques. Il aimait les lettres, et les cultivait lui-même. Le quatrième ou cinquième mois de son avénement au trône impérial, il entreprit de porter la guerre chez les Perses et les Scythes. Il était déjà à Tarse en Cilicie, quand il mourut assassiné, dit-on, par ses soldats.

TACONNET (Toussaint-Gaspard), acteur célèbre, né à Paris en 1730. Fils d'un menuisier, il exerça d'abord l'état de son père. Il devint ensuite machiniste à l'Opéra, et puis souffleur à l'Opéra-Comique. Il composa bientôt après des comédies qui eurent un grand succès et qui furent jouées à ce théâtre. Il le quitta pour une troupe des histrions de la foire, où il fut à la fois acteur et poète. Nicolet ayant fondé un théâtre sur le boulevard du Temple, Taconnet devint l'acteur le plus aimé du public. Il jouait avec un grand naturel tous les rôles d'ivrogne, d'homme du peuple, etc. Il mourut à Paris à l'hôpital de la Charité, en 1774, des suites de ses débauches. Parmi ses pièces, on distingue le *Savetier avocat*, le *Déménagement du peintre*, la *Mort du bœuf gras*, les *Aveux indiscrets*, le *Baiser donné et rendu*, etc. Il avait écrit quatre-vingt-dix pièces, dont cinquante ont été imprimées. On a encore de lui une chanson intitulée *la Bourbonnaise*, et qui a eu une grande vogue.

TACT, modification du *toucher*, en vertu de laquelle une partie quelconque de la peau peut juger des qualités palpables des corps. On nomme *tactile* ce qui est ou peut être l'objet de l'exercice du tact, et *tactilité* la faculté cérébrale destinée à percevoir et à juger les sensations du toucher.

TACTIQUE, art de ranger des troupes, des vaisseaux en bataille, de camper, de faire les évolutions militaires, etc. Ce mot, consacré depuis longtemps à la science de la guerre, soit sur terre, soit sur mer, dérive du grec *taxis*, ordre.

TADORNE, espèce du genre *canard*, qui a le bec très-aplati vers le bout et renflé à la base de la mandibule supérieure, laquelle décrit une ligne concave. Le *tadorne commun* a le duvet aussi fin et aussi doux que celui de l'eider ; il est blanc avec la tête verte, et a une ceinture couleur de tanche autour de la poitrine, et l'aile variée de noir, de blanc, de roux et de vert. Il vient par petites troupes au printemps visiter nos côtes, et repart à l'automne. Sa chair est excellente.

TÆNIOIDES, famille proposée par Cuvier pour recevoir quelques espèces de poissons de l'ordre des acanthoptérygiens, distingués par un corps très-allongé et comprimé latéralement, semblable à un ruban, garni d'une seule nageoire dorsale qui règne tout le long du dos. On l'a divisée en cinq genres : les *trachyptères*, les *gymnètres*, les *scyléphores*, les *cépoles* et les *lopholes*.

TAEL, monnaie de compte de la Chine. Elle vaut environ une once d'argent.

TAFFETAS, étoffe de soie fort mince et tissue comme de la toile. On appelle *taffetas d'Angleterre* ou *agglutinatif* ou *gommé* un sparadrap préparé en appliquant, au moyen d'un pinceau, une couche de colle de poisson dissoute dans la teinture de benjoin à chaud. Lorsque cette couche est sèche, on en applique successivement cinq autres, puis on met deux couches de teinture forte de benjoin unie à de la térébenthine pure, ou bien on se sert de la teinture du baume du Pérou. Puis on roule le taffetas sur lui-même et on le livre au commerce. On s'en sert pour guérir les petites coupures ; en effet il s'applique très-bien sur la peau, et maintient en contact les lèvres de la solution de continuité.

TAFIA, nom américain de l'eau-de-vie obtenue par distillation du sucre de canne. Les Anglais l'appellent *rum* ou *rhum*.

TAFILET, province d'Afrique, dans l'empire de Maroc. Elle est bornée au N.-O. par la province de Fez, à l'E. par les Berbers, au S. par le Sahara. Le sol est sablonneux, le pays fertile, mais peu cultivé, renfermant des mines de plomb et nourrissant des troupeaux nombreux. Cette province renferme des fabriques d'étoffes et tapis. Elle fait un grand commerce en dattes, chameaux, autruches. Sa population est de 600,000 habitants. Le chef-lieu est *Tafilet*, à environ 95 lieues de Maroc, et a 2,500 habitants. Son commerce est très-étendu.

TAFNA, rivière d'Algérie, arrose la province de Tlemecen, et se jette dans la Méditerranée.

TAGE, en espagnol *Tajo*, en portugais *Tejo*, fleuve de la péninsule ibérique, prend sa source dans la Sierra Albarracin, sur les confins de l'Aragon et de la Vieille-Castille, traverse cette dernière province, baigne Tolède, se dirige vers Alcantara dans l'Estramadure espagnole, et pénètre dans le Portugal par l'Estramadure portugaise. Après un cours d'environ 110 lieues, le Tage se jette dans l'Océan, à 10 lieues au-dessous de Lisbonne, dont il baigne les murs, et devant laquelle il forme une baie où mouillent de nombreux vaisseaux. Les principaux affluents sont le Zezere, le Rio de Soro et le Hénarez.

TAGES. On donnait ce nom, dans plusieurs Etats de la Grèce, comme la Thessalie, au commandant militaire et au magistrat suprême.

TAGET, genre de la famille des synanthérées, section des tagétinées, renfermant des plantes annuelles, originaires des contrées équinoxiales du nouveau continent. On les nomme vulgairement *œillets d'Inde*. On les cultive comme plantes d'agrément à cause de la beauté de leurs fleurs. On connaît surtout le *grand taget*, le *taget multiflore*, le *taget étalé* et le *taget à aigrette*.

TAIE. On nomme ainsi 1° le linge qui sert d'enveloppe à un oreiller ; 2° une tache blanche ou pellicule qui se forme sur la cornée transparente de l'œil et fait voir les objets comme au travers d'un nuage.

TAILLADE, nom donné aux coupures en long que l'on fait dans de l'étoffe, dans les habits. Autrefois l'on portait des pourpoints à taillades. Les hauts-de-chausses des Cent-Suisses étaient aussi à taillades.

TAILLANDIER, artisan qui fait toutes sortes d'outils pour les charpentiers, les charrons, les tonneliers, les laboureurs, etc., comme haches, cognées, serpes, etc. On nomme *taillanderie* le métier, l'art du taillandier, ainsi que les ouvrages qu'il fait.

TAILLANDIER (Charles-Louis), né à Arras en 1705, embrassa l'état ecclésiastique, et entra dans la congrégation de Saint-Maur. On lui doit le second volume de l'Histoire ecclésiastique et civile de la Bretagne (1756), une des meilleures qui existent en ce genre. Il fut aussi l'éditeur du dictionnaire bas breton, dont il fit la préface. Il mourut en 1786.

TAILLE. Ce mot a un grand nombre d'acceptions ; la plus ordinaire et la plus générale est celle qui le fait servir à désigner la stature de l'homme ou plutôt sa hauteur. Les extrêmes de la taille humaine sont de quatre pieds (les Esquimaux) à six pieds (les Patagons). La moyenne est de cinq pieds. La taille des géants les plus élevés dont parle l'histoire est d'environ neuf à dix pieds. La taille exigée pour les soldats est de quatre pieds dix pouces. On fait un choix des plus grands pour la cavalerie, l'artillerie et les corps d'élite. — La *taille* est encore : 1° la conformation du corps depuis les épaules jusqu'à la ceinture. 2° La coupe, la manière dont on coupe certaines choses ; la *taille des pierres* est la manière de tailler les pierres pour un bâtiment. 3° L'incision que les graveurs font dans le cuivre ou tout autre métal avec le burin. 4° Un morceau de bois sur lequel les marchands détailleurs marquent par de petites incisions la quantité de marchandises qu'ils vendent à crédit à leurs divers chalands. Chaque taille est composée de deux morceaux de bois blanc et léger, ou même d'un seul, fendu en deux dans toute sa longueur, à la réserve de deux ou trois doigts de l'un des bouts. La plus longue partie reste au marchand et se nomme la *souche* ; l'autre reste à l'acheteur et se nomme l'*échantillon*. 5° La quantité d'espèces qui, suivant l'ordonnance du prince, doivent être faites d'un marc d'or, d'argent ou de cuivre ; ce qui fait proprement le poids de chaque pièce. On dit que des espèces sont de tant à la taille pour dire qu'on en fait tant au marc. Ainsi l'on dit que les louis d'or sont à la taille de vingt-quatre pièces, lorsqu'on fait vingt-quatre louis avec un marc d'or. 6° Le tranchant d'une épée. En ce sens, il n'est guère d'usage que dans cette phrase, *frapper d'estoc et de taille*, c'est-à-dire, de la pointe et du tranchant. 7° En termes de jeu de cartes, chaque fois que le banquier achève de retourner toutes les cartes. — *Basse-taille*, en sculpture. Voy. BAS-RELIEFS.

TAILLE (mus.), nom donné autrefois en France à la voix comprise entre le contralto et la basse. On la nomme aujourd'hui *ténor*. On appelle *haute-taille* une voix qui approche de la haute-contre. La *basse-taille*, qui signifie ténor grave, est simplement ce que l'on nomme avec plus de raison *basse*.

TAILLE ou LITHOTOMIE, opération chirurgicale que l'on pratique pour extraire les calculs renfermés dans la vessie. Cette opération est très-anciennement connue. Elle se pratique en attaquant la vessie, tantôt par le périnée, tantôt par dessus le pubis ; dans le premier cas, l'opération s'appelle *taille périnéale* ou *bas appareil*, dans le second, *taille hypogastrique* ou *haut appareil*.

TAILLE, nom donné autrefois à une espèce d'imposition royale mise par le souverain sur ses sujets, et destinée à ses propres besoins et à ceux de l'Etat. On la divisait en *personnelle* et en *réelle*. La *taille personnelle* était celle qui s'imposait sur chaque personne taillable. La *taille réelle* se levait sur les terres et autres propriétés. La première ne se prélevait que sur les roturiers. Les nobles, les ecclésiastiques, les officiers en étaient exempts ; quelques personnes l'étaient par des privilèges particuliers. La seconde se levait sans distinction autre que celle des biens nobles et des biens roturiers. Les premiers ne payaient point de tailles, de quelque état et conditions que fussent ceux qui les possédaient. A l'égard des biens roturiers, les nobles, les ecclésiastiques, etc., qui les possédaient en, payaient les tailles. On n'exceptait pas même les seigneurs hauts justiciers. Le Languedoc et la Provence étaient deux pays où les tailles étaient réelles. — Le mot *taille* vient de ce que les paysans, ne sachant pas lire, marquaient leurs recettes ou leurs payements sur une *taille* de bois.

TAILLEBOURG, sur la rive droite de la Charente, bourg du département de la Charente-Inférieure, à 3 lieues et demie de Saint-Jean-d'Angely. Population, 540 habitants. Ce bourg, très-ancien, doit son origine à un château fort, construit sur un rocher, et destiné à défendre le passage de la Charente. Il portait dans le XIIᵉ siècle le nom de *Talleburgus*. Taillebourg est célèbre par la victoire que saint Louis y remporta, en 1242, sur les Anglais. On voit encore les restes du vieux pont illustré par cette victoire.

TAILLE-DOUCE se dit d'une gravure faite au burin seul sur une planche en cuivre. On appelle *taille de bois* celle qui est faite sur une planche de bois.

TAILLE-MER. C'est, en marine, la partie de la guibre qui fend l'eau devant le navire.

TAILLE-VENT, voile qui remplace la grande voile dans les lougres, chasse-marées et plusieurs bateaux de pêche, quand le vent souffle bon frais. Elle est de grandeur moyenne, et se place près du grand mât.

TAILLIS, nom donné au bois que l'on met en coupe réglée, ordinairement de neuf en neuf ans.

TAILLOIR, terme d'architecture. C'est la partie supérieure d'un chapiteau.

TAILLON, taxe qui fut établie par Henri II, en 1549, pour fournir à la dépense des vivres et munition de la gendarmerie. Cette imposition a été abolie.

TAIN. On donne ce nom 1° à une feuille d'étain fort mince qu'on applique derrière une glace pour y fixer la représentation des objets ; 2° aux pièces de bois sur lesquelles on pose la quille d'un bâtiment en construction. On dit plus souvent *chantier*.

TAIN, autrefois TEGNA, petite ville du département de la Drôme, sur la rive gauche du Rhône, à 4 lieues et demie de Valence. Population, 2,500 habitants. C'est une ville-jolie, située au bas du coteau de l'Ermitage, ainsi nommé de la demeure qu'un solitaire s'y construisit au XIIᵉ siècle. Ce coteau paraît avoir porté autrefois un temple romain, sur le débris duquel on a élevé une église à Saint-Christophe. Il est couvert de vignobles, dont les vins, nommés *vins de l'Ermitage*, sont de pair avec les premiers crus de Bordeaux et de la Bourgogne. La côte de l'Ermitage, qui s'élève d'environ 160 mètres au-dessus du Rhône, est formée de plusieurs coteaux, nommés *mas*, dans le pays. Elle est exposée au midi, et reçoit le soleil pendant toute la journée. On évalue à 1,200 barriques la récolte annuelle des vins fins rouges et blancs de la côte de l'Ermitage.

TAÏTI ou OTAHITI, nommé aussi archipel GEORGIEN ou DE LA SOCIÉTÉ, archipel de l'Océanie, compris dans la Polynésie. Il se compose des îles *Maïtia*, *Taïti*, *Eïméo*, *Tabou-Emanou*, *Wahine*, *Raïatea*, *Tahaa*, *Bora-Bora*, *Toubaï*, *Maupiti* et *Tatoua-Roa*. La plus grande de ces îles est Taïti ; c'est une terre élevée qui s'abaisse de tous côtés vers la mer, et dont le littoral est seul habité et cultivé. Elle est formée de deux péninsules ; la plus grande est *Taïti* proprement dite, la deuxième, de forme ovale, est désignée sous le nom de *Taïtia-Rabou*. Leur longueur est de 120 lieues, sur une largeur qui varie de 18 à 65 lieues. La population est de 7,000 indigènes. — Le climat de l'Archipel est doux et tempéré, le sol d'une admirable fertilité. La population est de 81,000 habitants, gouvernés par un roi. Les Taïtiens ont le teint de couleur olivâtre tirant sur le cuivre. Les femmes sont bien faites et belles ; les indigènes professent des habits à l'européenne. Ils professent la religion chrétienne. Le commerce de l'archipel de Taïti consiste principalement en perles nacre, huile de coco, que les habitants donnent en échange des marchandises, telles que les tissus de coton, les lainages, la quincaillerie et le fer. Les Anglais, les Américains, les Russes et les Espagnols font quelque trafic avec les Taïtiens. Quiros est le premier découvreur de cet archipel; il y mouilla le 10 février 1606. Taïti est devenu une possession française en 1845.

TALAPOIN, prêtre idolâtre du royaume de Siam et de Pégu. Les talapoins sont des espèces de moines mendiants.

TALARO ou TALARI, monnaie d'argent de Venise, qui n'a guère cours que dans le Levant. Elle vaut environ 5 francs 32 centimes de notre monnaie.

TALASIUS. Voy. THALASIUS.

TALAVERA DE LA REINA, ville d'Espagne, dans la Nouvelle-Castille, à 28 lieues de Madrid. Elle a 8,000 habitants. Cette ville, grande et ancienne, est située sur le Tage. C'est la patrie de l'historien Mariana. Elle commerce en soie, savon et vernis.

TALBOT (Jean), comte de Shewsbury et de Waterford, d'une illustre maison d'Angleterre, originaire de Normandie, vivait au xve siècle. Il fit ses premières armes dans la guerre d'Irlande, dont le roi Henri V le nomma gouverneur. Il se signala ensuite en France. Il reprit la ville d'Alençon en 1428, puis Pontoise et Laval. Il assiégea Orléans, mais Jeanne d'Arc le força de lever le siége. Il fut fait prisonnier à la bataille de Patay. Après sa délivrance, il prit Beaumont-sur-Oise, et fut nommé *maréchal de France* par le roi d'Angleterre (1441). Deux ans plus tard, ce prince l'envoya en ambassade au roi Charles VII, pour traiter de la paix. Il s'acquitta avec beaucoup d'intelligence de cette commission. La Guyenne ayant tenté de se détacher du parti de l'Angleterre, il prit Bordeaux, plusieurs autres villes, et rétablit les affaires des Anglais. Il fut tué au siége de Castillon en 1453.

TALC, substance terreuse, flexible, non élastique, réductible en poussière onctueuse au toucher, facile à racler avec un couteau, et ne rayant aucun minéral. Elle se présente en général sous une forme feuilletée, compacte ou écailleuse; sa couleur est blanche. Le talc se compose de silice, de magnésie, de protoxyde de fer, de quelques traces d'alumine et d'eau. Il existe en grande quantité dans les terrains de micaschiste, dans les couches de calcaire. Il sert à fabriquer les crayons de pastel, et à enlever les taches. On appelle *talc glaphique* une variété de talc qui se trouve dans le commerce sous la forme de petites caricatures chinoises, qui portent le nom de *pagodites*. Le minéral renferme de la potasse et de la chaux. Son aspect est gras. La *craie de Briançon* ou *talc stéatite* et la *serpentine* sont des espèces de talc.

TALCA, capitale de la province de Maule, au Chili, à 50 lieues E. de Santiago. Elle est sur le Rio-Claro, et possède 1,200 habitants. Cauquenes lui dispute le rang de capitale de la province.

TALCAHUANO, ville du Chili, dans la province de Conception. Elle est située sur une presqu'île qui forme l'une des baies les plus sûres et les plus belles du nouveau monde. Elle a 12 milles de longueur sur 9 de largeur. Ce port a acquis déjà une grande importance.

TALED, sorte d'habit que les juifs portent lorsqu'ils récitent leurs prières dans leurs synagogues. Il leur tient lieu de manteau carré qu'ils portaient autrefois, et auquel Moïse avait ordonné d'attacher aux quatre coins des houppes de couleur bleue, et des franges ou un galon tout le long des bords.

TALÉES, pieux aigus que les anciens plantaient en avant des fossés des retranchements, pour les rendre inabordables.

TALENT, en latin *talentum*, en hébreu *chiccar*. Ce mot servait chez les anciens à désigner une espèce de monnaie, ainsi qu'un poids pour les métaux, à peu près comme le *marc* en France avant l'établissement du système décimal. Il y en avait un grand nombre. Le *talent attique* renfermait, comme poids, 60 mines, 6,000 drachmes, et faisait environ 53 de nos livres 7 onces 5 gros (26 kilogrammes 178 grammes). Comme monnaie, il valut 5,560 francs 90 centimes de notre monnaie, depuis les premiers temps historiques jusqu'au xie siècle avant J.-C., et seulement 5,222 francs 41 centimes, depuis cette époque jusqu'à la soumission de la Grèce. Il y avait aussi des talents attiques qui, évalués à 10 talents d'argent, et répondant à 55,609 francs de notre monnaie. Le *talent d'Egine* ou *de Corinthe* valait 100 mines ou 10,000 drachmes. Le *talent euboïque* était à peu près le même que le talent attique. Le *talent babylonien* valait, comme poids, 30 mesures 837 grammes de nos mesures, et comme monnaie 6,416 francs. Les Hébreux en avaient deux: ils valaient 3,000 sicles; ce qui revient, pour celui d'argent, à 4,867 francs, et, pour celui d'or, à 69,831 francs. Il y avait encore une foule d'autres talents sur la valeur desquels on ne peut rien émettre de certain.

TALÈVE. Voy. PORPHYRION.

TALICTRON, THALICTRON ou TALLYRON, nom vulgaire donné à une espèce du genre *sisymbre*. Le *talictron des boutiques* est une petite plante annuelle très-rameuse, aux feuilles sur-composées et finement découpées, aux petites fleurs jaunes. Elle est astringente.

TALIN, genre de la famille des portulacées, renfermant des plantes très-voisines des pourpiers. Elles ont les feuilles grasses, épaisses, alternes, très-entières, un peu âcres. On les admet dans les cuisines comme assaisonnement, et la médecine les recommande contre le scorbut et comme rafraîchissantes. Les talins sont originaires des côtes maritimes d'Amérique.

TALION, peine par laquelle Moïse avait ordonné que celui qui avait offensé son frère souffrît un dommage semblable à celui qu'il avait causé. La loi du talion est celle qui prononce contre un coupable la peine du talion, c'est-à-dire qu'il soit traité comme il a traité son prochain. Cette loi, en vigueur chez les Juifs, était autorisée par les législations grecque et romaine. Dans le droit canonique, au moyen âge, elle ne s'appliquait qu'aux calomniateurs et à ceux qui s'étaient rendus coupables de lèse-majesté. La loi du talion, ordonnée par la loi de Mahomet, est encore en usage chez les musulmans.

TALIPOT. Voy. CORYPHE.

TALISMAN, mot arabe qui signifie *consécration*. Ce nom se donne à toute figure ou image gravée sur une pierre ou sur un métal, à laquelle les peuples sauvages et les personnes superstitieuses attribuent des vertus merveilleuses. On distingue plusieurs espèces de talismans : les astronomiques, qui portent la figure de quelque corps céleste avec des caractères inintelligibles; les magiques, qui ont des formes et des figures extraordinaires avec des mots bizarres et inconnus; les mixtes, qui sont composés de signes et de mots barbares.

TALLE, branche qu'un arbre pousse à son pied, et que l'on coupe du pied si elle est trop forte. On plante souvent les talles. Alors elles doivent avoir au moins un œil et des racines. *Taller* se dit d'un arbre qui pousse des talles.

TALLEVANES, pots de grès de forme allongée dans lesquels on conserve le beurre.

TALLEYRAND (LE PRINCE Charles-Maurice, duc DE TALLEYRAND-PÉRIGORD), né à Paris en 1754 d'une famille illustre du midi de la France, entra au séminaire Saint-Sulpice, fut nommé agent général du clergé, puis évêque d'Autun (1779). Il fut élu député aux états généraux de 1789 par le clergé de son diocèse, et passa à l'assemblée constituante. Il adopta les principes de la révolution, proposa l'abolition des dîmes, et défendit avec ardeur la constitution civile du clergé, fit décréter de quelle manière serait célébrée la fête de la fédération au Champ-de-Mars, et y officia pontificalement sur l'autel de la Patrie, assisté des abbés Louis et Desrenaudes. Il prêta, un des premiers, serment à la nouvelle constitution du clergé, et fut excommunié par le pape Pie VI. Il se démit alors de son évêché, et fut élu membre du directoire du département de Paris. Il fut nommé (juillet 1797) ministre des relations étrangères. Forcé de donner sa démission, il seconda de toutes ses forces l'ambition de Bonaparte, qui fut nommé premier consul. Appelé au ministère des affaires étrangères, il devint l'âme de toutes les négociations, de celles qui s'ensuivirent avec l'Autriche à Lunéville, et qui furent suivies de la paix d'Amiens, de traités avec la Russie et la Turquie. Rendu à la vie séculière par un bref du pape Pie VII, Talleyrand fut nommé par le premier consul, devenu empereur, grand chambellan, prince souverain de Bénévent, et conserva son ministère (1806). Il joua un grand rôle dans les négociations pour la paix avec l'Angleterre et l'Allemagne. Nommé vice-grand électeur (1807), il fut remplacé dans son ministère par M. de Champagny. Talleyrand se livra depuis cette époque aux opérations industrielles. En 1814, il fut nommé président du gouvernement provisoire, et gouverna la France jusqu'à l'arrivée du comte d'Artois. Le 12 mai de la même année, il fut nommé ministre des affaires étrangères, et le 4 juin pair de France. Il fut envoyé à cette époque au congrès de Vienne en qualité de plénipotentiaire français. Pendant les cent jours, il ne voulut accepter aucun emploi. Il rentra à Paris avec Louis XVIII, reprit la direction des affaires étrangères avec le titre de président du conseil, et donna sa démission trois mois après, ne voulant pas attacher son nom au bas d'un traité dont les dispositions lui paraissaient consommer la honte et la ruine de la France. Il fut nommé ensuite grand chambellan, place qu'il occupa pendant la restauration, et se mit à la tête de l'opposition à la chambre des pairs. Talleyrand vit avec satisfaction la révolution de 1830. Il refusa le ministère des affaires étrangères, et accepta l'ambassade de Londres. Il s'y montra, comme par le passé, négociateur et politique habile. C'est à lui qu'on dut le traité de la quadruple alliance. Depuis l'époque de son retour en France, Talleyrand vécut à Paris ou dans ses terres. Accablé par l'âge et les infirmités, il mourut le 18 mai 1837.

TALLIEN (Jean-Lambert), né à Paris en 1769, publia à l'époque de la révolution l'*Ami des citoyens*, et devint secrétaire général de la commune de Paris (1792). Dans les massacres de septembre, il sauva la vie à plusieurs personnes dévouées à la mort. Nommé dans le même mois député à la convention nationale, il parut souvent à la tribune, vota la mort de Louis XVI sans appel ni sursis, et se montra partisan des mesures de rigueur. Revenu à des sentiments plus modérés, il s'indigna de l'esclavage qui pesait sur la France, peignit des plus vives couleurs les atrocités dont il accusa Robespierre d'être le premier auteur, et demanda aux représentants du peuple d'ordonner son arrestation. Elle fut ordonnée, et le lendemain les têtes de Robespierre et de ses complices tombèrent sur l'échafaud (9 thermidor). Elu membre du comité de salut public, puis du conseil des cinq cents, il se montra toujours fidèle à ses nouveaux principes, malgré l'opposition des membres de la convention. Il mourut en 1820, dans un état voisin de l'indigence.

TALLIEN (Madame), née de Cabarus, femme du précédent, célèbre par sa beauté et son éclat sous le directoire; devenue veuve, elle épousa le prince de Chimay et mourut en Belgique au château de Chimay en 1835.

TALMA (François-Joseph), le plus célèbre des acteurs français, né à Paris en 1766. Il montra dès son jeune âge le penchant le plus décidé pour le théâtre, et débuta en 1797 dans le rôle de Saïde avec un grand succès. Il opéra dans les costumes de théâtre une révolution complète. Le premier, il parut sur le théâtre avec une véritable toge romaine. Pendant la révolution, dont il adopta les principes, il fut constamment occupé à défendre ses camarades détenus dans les prisons de Paris. Une affection sincère l'unit à Napoléon, qui honorait son rare talent. Il mourut en 1826. Les rôles où il brillait le plus étaient ceux de *Cinna*, *Manlius*, *Nicomède*, *Oreste* (d'*Iphigénie*), *Sylla*, *Néron* (de *Britannicus*), *Tancrède*, *Orosmane*, *Mahomet*, etc. Il avait publié des *Réflexions* sur son art en 1825.

TALMUD ou Thalmud, nom tiré d'un mot hébreu qui signifie *rituel* ou *cérémonial*, et qui désigne un livre renfermant tout le corps du droit civil et religieux des juifs, les règlements de toutes les cérémonies de leur culte, les préceptes qu'ils doivent suivre et leurs usages particuliers. C'est, d'après eux, le code le plus complet de la doctrine traditionnelle et de leur religion. On distingue deux Talmuds : celui de Jérusalem, qui fut achevé treize siècles après J.-C., et celui de Babylone, achevé dans le vie siècle. Le deuxième est obscur et presque inintelligible ; le premier est le plus usité chez les juifs. Le Talmud se divise en deux parties : la première, qui sert comme de texte, est la *Mischna* ; la deuxième, qui est le commentaire du texte, est la *Gemara*. Les rabbins ne peuvent être admis à professer dans les écoles judaïques sans avoir fait une étude approfondie du Talmud. Ils appellent le Talmud babylonien *Talmud* seulement ; ils ajoutent à l'autre le nom de Jérusalem. — Le Talmud est divisé en six *seder*, ou ordres ; chaque seder, en plusieurs *massechet* ou traités, et chaque massechet en plusieurs *perakim* ou chapitres.

TALMUDIQUE ou Thalmudique, livre, ou point de doctrine relatif au Talmud, problème ou décision qui a pour objet les préceptes de ce livre.

TALMUDISTES ou Thalmudistes, nom donné à ceux qui enseignent les traditions des juifs contenues dans le Talmud, ou qui professent les doctrines de ce livre.

TALON, nom donné à la partie postérieure du pied qui fait une légère saillie au bout de la jambe, et que forme l'os calcanéum. — *Talon* se dit encore 1° du fer dont est garnie la partie d'en bas d'une hallebarde, d'une pique, etc. ; 2° d'une petite éminence qu'on laisse au bas du godet d'une pipe, et qui sert, en la frappant, à détacher ce qui s'est fixé aux parois du godet ; 3° de ce qui reste de cartes, dans les jeux de cartes, après qu'on a donné à chacun des joueurs le nombre qu'il leur en faut ; 4° de l'extrémité du pêne d'une serrure, vers le ressort ; 5° dans les coquilles à deux ouvertures ou côtés, c'est la partie la plus épaisse qui forme un bec très-court au-dessus de la charnière ; 6° en termes d'architecture, c'est une moulure concave par le bas et convexe par le haut : on l'appelle *talon renversé*, lorsque la partie concave est en haut ; 7° les sculpteurs nomment ainsi des ébauchoirs de fer, grands et petits, dont ils se servent pour travailler en marbre et en stuc ; 8° pour les couteliers, c'est la partie de la lame d'un couteau qui est fixée au manche par le clou ; 9° en termes de metteurs en œuvre, c'est la partie inférieure de la bisure d'une boucle d'oreille ; 10° le *talon* d'un fusil est la partie du fusil qui entre dans le bois au-dessus de la poignée, et qui est percée pour donner passage à une des gardes vis de la platine.

TALON (mar.), extrémité arrière de la quille d'un bâtiment. *Talonner* se dit d'un bâtiment qui touche le fond de la mer avec son talon. Le *talonnier* est une pièce de bois qui s'applique sous le milieu d'une varangue qui ne fournit pas de quoi former son talon ou support. La *talonnière* est la partie basse, le bout extrême de la mèche du gouvernail d'un bâtiment.

TALON, famille d'origine irlandaise, établie en France pendant le règne de Charles IX, et qui a fourni plusieurs hommes illustres à la magistrature et aux armées françaises. — Omer Talon, le plus célèbre, naquit en 1595. Il étudia la jurisprudence, et entra en 1613 dans l'ordre des avocats. Il se fit remarquer par l'étendue de ses connaissances et par le charme de sa diction. En 1631, il fut nommé avocat général au parlement de Paris. Dans les guerres de cette époque, il montra constamment une franchise sévère et un dévouement égal à la royauté et aux libertés publiques. Il mourut en 1652, avec la réputation de magistrat intègre et d'orateur éloquent. Il a laissé huit volumes in-12 de *Mémoires* sur les guerres de la Fronde (1630-1652). — Son fils, Denis Talon, né à Paris en 1628, succéda en 1652 à son père dans les fonctions d'avocat général au parlement, et fut nommé conseiller d'Etat. Il fut digne de son père, et se signala par les mêmes vertus et les mêmes talents. Il mourut en 1698. Il avait obtenu en 1693 la charge de président à mortier au parlement de Paris.

TALONNIÈRES, nom donné aux ailes que Mercure avait au talon.

TALUS, pente qu'on donne à certains terrassements, aux élévations de terre, afin qu'elles se soutiennent mieux, etc. On dit le *talus* d'un fossé, d'une terrasse, d'un épaulement. — *Talus* est quelquefois dans les arts synonyme de *biseau*. Ainsi l'on dit couper une planche en *talus*, *taluser*, pour dire qu'on la coupe obliquement en biseau.

TAMANDUA ou Fourmilier a longues oreilles, mammifère du genre *fourmilier*, caractérisé par quatre ongles aux pieds de devant et par une queue prenante. Son pelage varie du gris sale au noir foncé. Son corps est long de deux pieds trois pouces, et sa queue de seize pouces et demi. Cette dernière, presque ronde, est velue à sa base, nue dans sa partie prenante. L'animal s'en sert pour s'accrocher aux branches, au milieu desquelles il grimpe avec facilité. Il se nourrit d'insectes, et vit à la Guyane, au Brésil et au Paraguay. Il exhale une odeur de musc très-prononcée. Ses petits, d'un blanc nuancé de cannelle, se tiennent sur le dos de leur mère, et prennent la livrée de l'espèce qu'à leur deuxième année.

TAMANOIR, espèce du genre *fourmilier*, caractérisé par quatre ongles aux pieds de devant, cinq à ceux de derrière, et par la queue longue, lâche, poilue et non prenante. Le tamanoir est long de trois pieds onze pouces depuis l'extrémité du museau jusqu'à l'origine de la queue. Sa tête est étroite et allongée, sa queue garnie de très-longs poils ; son pelage est brun avec une huppe oblique, noire, bordée de brun sur chaque épaule. Il vit solitaire à la Guyane, au Brésil et au Pérou. Sa démarche est lente, et il ne grimpe jamais sur les arbres. Il vit d'insectes.

TAMARINIER, genre de la famille des légumineuses, renfermant un arbre très-élevé, propre à l'Asie, d'un beau port, au tronc épais, revêtu d'une écorce d'un rouge brun et épaisse. Les feuilles qui garnissent les rameaux sont composées de folioles très-nombreuses, d'un beau vert ; les fleurs sont rouges, odorantes, réunies en grappes au sommet des rameaux ; les fruits sont des gousses d'abord vertes, puis d'un rouge brun, longues, renfermant une pulpe épaisse, molle, gluante, au milieu de laquelle on trouve une ou plusieurs semences brunes, luisantes, comprimées, anguleuses. Ces fruits sont employés en médecine ; leur pulpe est acidule, rafraîchissante et laxative. Elle porte dans le commerce le nom de *tamarin*.

TAMARISQUE ou Tamarisc, genre de la famille des portulacées, renfermant des arbrisseaux garnis de très-petites feuilles alternes, disposées sous forme d'écailles ou bien engainantes, et de fleurs disposées en épis simples ou paniculés. Le *tamarisc commun* ou *de Narbonne* croît

dans les lieux sablonneux de l'Europe méridionale. On l'admet dans les jardins d'ornement. On emploie quelquefois comme astringente et fébrifuge l'écorce de cet arbrisseau. Ses fruits servent à la teinture en noir.

TAMATAVE, ville de Madagascar, chef-lieu du pays des Bénitamines. C'est la ville la plus commerçante de l'île. Sa rade est sûre. Elle fut prise en 1829 par les Français.

TAMATIA, genre d'oiseaux de l'ordre des barbus. Le bec est allongé et comprimé ; l'extrémité de la mandibule supérieure est recourbée en dessous. La tête est grosse, la queue courte, et le bec grand, ensemble qui donne à ses oiseaux un air stupide. Les deux doigts antérieurs sont réunis jusqu'à la dernière phalange. Toutes les espèces vivent en Amérique. Leur naturel est triste et solitaire. Elles se nourrissent d'insectes.

TAMBOUR, de l'espagnol *tambor*, dérivé de l'arabe *al-tambor*, instrument de percussion dont on fait usage particulièrement dans la musique militaire, où on lui donne le nom de *caisse*, pour le distinguer de celui qui en joue et que l'on appelle aussi *tambour*. Il sert à cadencer le pas des troupes à pied. Le tambour est composé d'une caisse ronde en cuivre ou en bois, dont les extrémités sont couvertes d'une peau tendue au moyen de cerceaux et de cordes. On joue du tambour en le battant avec deux baguettes. Cet instrument était en usage chez tous les peuples de l'antiquité, excepté chez les Grecs et les Romains, qui se servaient de timbales et de buccines. Les Français en prirent l'usage en 1347. — On admet aujourd'hui en France deux tambours par compagnie. Ils jouissent d'une paye de 10 centimes par jour. Chaque régiment d'infanterie a une école de tambours dirigée par le tambour-major et les caporaux-tambours. Les élèves sont pris parmi les enfants de troupe, les enrôlés volontaires et les jeunes soldats provenant des appels. Leur uniforme consiste en un habit recouvert sur les coutures des manches de galons de laine de diverses couleurs. Un officier ne marche jamais avec un détachement sans avoir un tambour. Il y a par bataillon un *tambour-maître* ou *caporal-tambour*, chargé de la police, de l'instruction et de la discipline des tambours ; et un *tambour-major* par régiment, qui surveille et commande les tambours et les clairons du régiment, dirige leur instruction. Son habit est richement galonné d'or ou d'argent. Il porte deux épaulettes à graine d'épinards, mélangées d'or et de soie de couleur. Le chapeau est un colback avec un plumet. Le sabre est garni d'ornements ciselés. Il occupe le rang de sergent-major. On choisit ordinairement pour remplir les fonctions de tambour-major un homme d'une stature élevée et d'une taille bien prise.

TAMBOUR (accept. div.). Ce nom désigne encore 1° la cavité qui se trouve entre le conduit auditif externe et l'oreille interne. On la nomme aussi *caisse* et *tympan*. 2° En termes de fortification, un retranchement qui ouvre la porte d'une ville ou l'entrée de l'ouvrage. 3° En hydraulique, un coffre de plomb dont on se sert dans un bassin pour rassembler l'eau qu'on doit distribuer à différents conduits ou à plusieurs jets. C'est aussi un tuyau triangulaire de différente grosseur aux deux bouts, dont on se sert pour joindre un tuyau d'un diamètre assez grand à un d'un diamètre plus petit. 4° En architecture, c'est chacune des assises des pierres cylindriques qui forment le fût d'une colonne. 5° Un retranchement de bois couvert d'un plafond ou un lambris, pratiqué dans le côté d'un porche ou vestibule ou en face de certaines églises, pour empêcher les vents des passants et l'incommodité du vent par le moyen des doubles portes. 6° Chaque pierre pleine ou percée dont le noyau d'un escalier à vis est composé. 7° Une avance de menuiserie où une porte au-devant de l'entrée d'une chambre pour empêcher le vent. 8° En termes d'horlogerie, un cylindre sur lequel est roulée la corde ou la chaîne qui sert à monter une horloge ou une montre. 9° En termes de marine, on appelle ainsi un assemblage de plusieurs planches clouées en forme de coffre carré pour couvrir la tête du gouvernail. C'est aussi un compartiment de planches qui entoure trois faces d'une écoutille, en laissant un passage dans la cale du côté qui se trouve ouvert. 10° En mécanique, c'est une espèce de roue placée autour d'un axe et au sommet de laquelle sont enfoncés deux leviers pour pouvoir plus facilement tourner l'axe et soulever le poids. 11° En termes de broderie, c'est un instrument de forme circulaire, sur lequel est tendue une toile ou étoffe de soie pour y broder. 12° Un tamis de crin ou de soie, dont les confiseurs se servent pour passer le sucre en poudre. 13° Un ustensile de bois ou d'osier, au milieu duquel est tendu un réseau à claire-voie, sous lequel on place un réchaud de charbon allumé, pour chauffer ou sécher du linge. 14° On appelle *couteau à tambour* un couteau à gaîne dont la mitre est ronde.

TAMBOUR DE BASQUE, petit tambour composé d'un cercle de bois de deux à trois pouces de largeur, avec une peau tendue d'un côté du cercle, auquel sont attachés des grelots et des lames de métal. La peau du tambour se frappe avec le dos de la main, et l'on fait résonner les grelots soit en glissant le doigt sur la peau du tambour, soit en agitant celui-ci. On ignore l'origine du nom de cet instrument. Il a été toujours inconnu aux Basques, dont il porte le nom.

TAMBOUR-MAITRE. Voy. TAMBOUR.

TAMBOUR-MAJOR. Voy. TAMBOUR.

TAMBOUR ROULANT. Voy. CAISSE ROULANTE.

TAMBOURIN ou TAMBOUR DE PROVENCE, espèce de tambour d'un diamètre étroit, mais plus long que le tambour ordinaire. On en joue dans la Provence pour marquer le rhythme de la danse. On le bat d'une seule main, et on s'accompagne ordinairement avec une petite flûte pour faire danser les villageois. — Dans les fabriques de soie, le *tambourin* est une machine sur laquelle on porte les chaînes pour les plier. Les joailliers nomment ainsi une perle ronde d'un côté et plate de l'autre, qui ressemble à une timbale.

TAMBOV ou TAMBOF, gouvernement de la Russie d'Europe, bornée au N. par celui de Vladimir, à l'E. par Penza, au S. par Voronèje, à l'O. par Orel et Toula. Sa superficie est de 3,375 lieues carrées, et sa population de 742,500 habitants. Le sol est plat, et d'une grande fertilité. Le gouvernement est tout agricole. Son chef-lieu est TAMBOV, avec 12,000 habitants, ville grande et commerçante. — Le bourg de Litepsk possède des eaux minérales très-fréquentées.

TAMERLAN, nom altéré de *Timour-Beig* ou *Emir-Timour*, surnommé *Lenk* ou *le Boiteux*, fameux conquérant tartare, descendant de Genghis-Khan par les femmes. Il naquit à Kesch (Boukharie) en 1336. Devenu en 1360 chef de la tribu de Berlas, sa première expédition fut dirigée contre Houçain émir de Transoxane, qui voulait s'arroger l'autorité suprême. Il le vainquit en 1370, le mit à mort, maître de l'empire, ceignit le diadème royal, et prit le nom *Saheb-Kheran* (maître du monde) et plus tard celui de sultan. Il choisit Samarkand pour sa capitale. Après avoir conquis toute la Perse, ravagé le Kourdistan, le Louristan et le Khouzistan, pris Bugdad, Bassora, Moussoul, et reçu les soumissions des princes de l'Arménie et de la Mésopotamie, il ravage la Géorgie, pénètre en Russie en 1395, parvient jusqu'aux environs de Moscou, dévaste ce pays et la Pologne, et revient en Perse en saccageant Azof, le Kouban, la Circassie, l'Abasie, Astrakhan, la Géorgie, et entraînant des milliers d'esclaves en fuite immense. Après un an de repos, il fond sur l'Indoustan (1398), soumet et rend tributaires une foule de princes. Une lutte terrible s'engagea en 1400 entre Tamerlan et Bajazet, sultan des Turks. Après une longue guerre, ce dernier fut vaincu et fait prisonnier (1402). Les historiens d'Europe ont dit à tort qu'il avait été enfermé par le vainqueur dans une cage de fer. Bajazet fut, au contraire, traité avec les plus grands égards, et mourut pendant sa captivité. Tamerlan soumit ensuite l'Asie-Mineure. Devenu suzerain des Mamelouks, il replonge la Géorgie dans le sang et le deuil, et impose un tribut à son souverain. En 1404, il forma le dessein de conquérir la Chine, et mourut l'année suivante, avec la réputation universelle d'un chef courageux, et d'un tyran sanguinaire et dévastateur. Il laissa des *Mémoires* écrits en langue mongole.

TAMIER ou TAMINIER, genre de la famille des asparaginées, renfermant des plantes herbacées, à racines grosses, aux tiges grimpantes, annuelles, décorées de feuilles alternes, cordiformes, luisantes et d'un beau vert; aux fleurs petites, au fruit charnu, bacciforme, à trois loges. Les tiges de ces plantes s'élèvent sur les arbres des bois humides, de nos haies ombragées; on les a introduites dans les jardins paysagers pour couvrir les berceaux et les tonnelles. L'espèce la plus connue est le *tamier commun*, vulgairement *racine vierge*, *vigne noire* et *sceau de Notre-Dame*. Sa racine est vivace, fusiforme, grosse, noire en dehors, blanche en dedans. Ses tiges s'entortillent autour des végétaux voisins, et portent des feuilles d'un vert gai, des fleurs jaunâtres et des fruits rouges, recherchés par les oiseaux. La racine, d'une saveur âcre et amère, est employée comme purgative par la médecine. Elle est excellente pour résoudre le sang épanché dans les contusions et les meurtrissures, d'où elle a reçu le nom de *racine des femmes battues*. Les Orientaux mangent ses jeunes pousses en salade. On retire de la racine une fécule alimentaire.

TAMIS, instrument qui sert à passer les matières mises en poudre, quand on veut séparer la partie la plus fine d'avec celle qui est la plus grossière. Les tamis consistent en un cercle tendu d'un treillage en fils de fer, d'un tissu de crin, de fil ou de soie.

TAMISAILLE. C'est, en marine, une pièce de bois circulaire par son plan, placée sous la sainte-barbe d'un vaisseau, au-dessus du deuxième pont, sur laquelle glisse la barre du gouvernail lorsqu'on la fait mouvoir.

TAMISE, en anglais *Thames*, le plus grand fleuve d'Angleterre. Il est formé par la réunion du Thame et de l'Ysis, près de Dorchester, dans le comté d'Oxford. Il se jette dans la mer du Nord, près de Gravesend, à 60 milles au-dessus de Londres. Son cours est de 60 lieues. Les bords de la Tamise sont couverts de villages, de jardins et de délicieuses villas. Londres s'étend sur l'une et l'autre rive du fleuve. Ses principaux quartiers sont réunis par sept grands ponts. La marée monte jusqu'à Kingston, et amène les navires les plus grands jusqu'aux portes de la capitale. L'embouchure de la Tamise, près de la ville de Sheerness, est appelée le *grand nore*. C'est là que se rassemblent les flottes destinées à faire le voyage des Indes. — On a pratiqué à Londres sous la Tamise un passage souterrain, auquel on a donné le nom de *tunnel*. Le plan a été conçu et les travaux en ont été dirigés par un Français, M. Brunel.

TAMPON, sorte de gros bouchon, de forme conique servant à boucher un tuyau, une cruche, un vase, etc. Ordinairement il est en bois de sapin garni d'étoupe, ou en linge, ou en papier. Les Imprimeurs en taille-douce nomment ainsi un rouleau qui sert à appliquer l'encre sur la planche. C'est encore, 1° en hydraulique, une cheville de bois ou un morceau de cuivre aplati, rivé et soudé au bout d'un tuyau, à deux pieds de la souche d'un jet; 2° en termes de marine, des plaques de fer, de cuivre ou de bois, qui servent à remédier aux dommages que causent les coups de canon qu'un vaisseau peut recevoir dans un combat ; 3° en architecture, des chevilles de bois que l'on met dans des trous percés dans un mur de pierre, pour y faire entrer un clou, une pâte, etc; 4° des petites pièces dont les menuisiers remplissent les trous des nœuds de bois, et qui cachent les clous des lambris et des parquets; 5° les cloutiers d'épingles nomment ainsi deux oreilles de fer qui sont scellées dans une pierre, et dans lesquelles tourne le fuseau ou axe de la meule.

TAM-TAM, instrument de musique à percussion, originaire de la Chine et de l'Inde. Il se compose d'un grand plateau de mélange métallique, un peu épais et large. On frappe sur le tam-tam avec un marteau ou une forte baguette garnie d'un tampon de peau. Le son de cet instrument est étrange et très-fort. Les vibrations en sont lentes et continues. Le tam-tam, très-usité dans la musique orientale, n'est en usage en Europe que dans la musique dramatique d'un effet sombre et lugubre, dans les scènes destinées à produire des sensations terribles et funèbres.

TAN, nom donné à l'écorce de chêne concassée et réduite en poudre. On s'en sert pour *tanner*, c'est-à-dire préparer les cuirs de manière à leur ôter leur humidité naturelle, à augmenter la force de leurs fibres et à en rendre le tissu plus compacte. On appelle *tanné* le tan mêlé de chaux, tel qu'on le retire des fosses lorsqu'on les vide, et qui a servi à préparer les cuirs. Le résidu du tan sert à composer des *mottes*, espèce de petits pains ronds et plats qui servent au chauffage des maisons.

TANAGRE, une des principales villes de Béotie, au N.-E., sur l'Asope. Elle est célèbre par une victoire que les Athéniens remportèrent sur les Spartiates.

TANAIS, nom ancien d'un fleuve de la Sarmatie européenne, nommé aujourd'hui *Don*.

TANAISIE, genre de la famille des synanthérées, renfermant des plantes herbacées ou sous-frutescentes, habitant les terrains pierreux et un peu humides de l'Europe tempérée et méridionale. La plus commune est la *tanaisie des champs*, que l'on rencontre en France sur le bord des terrains cultivés, aux lieux montueux et dans les prés humides. Sa racine, ligneuse, allongée, vivace, fournit plusieurs tiges droites, hautes de trente à quarante centimètres. Son feuillage est d'un vert foncé; ses fleurs nombreuses, d'un jaune brillant, disposées en corymbe à l'extrémité des tiges et des rameaux, épanouies en juillet et en août, donnent des graines couronnées par un rebord membraneux. Toutes les parties répandent une odeur pénétrante, regardée comme agréable par des personnes, rebutante par d'autres. La tanaisie est très-puissante contre les vers, les maladies de la peau, les rhumatismes chroniques, etc. On retire dans le Nord une teinture jaune vert de ses feuilles; on les mange aussi comme assaisonnement. On admet la tanaisie dans les jardins d'ornement.

TANAITES ou TANIENS, nom donné aux docteurs juifs qui ont conservé les traditions depuis Esdras jusqu'à Juda, qui les recueillit vers l'an 200 de l'ère chrétienne. On les nomme aussi *misniques* à cause de l'ouvrage de la Misnah qu'on leur attribue.

TANITIQUE (BRANCHE), sixième bras du Nil en partant de l'occident. Il se détachait de la branche Bubastique, et se séparait à peu de distance de la mer en deux branches, dont la principale se rendait dans la Méditerranée et l'autre allait rejoindre la Bubastique.

TANAQUIL ou CÉCILIE, née à Tarquinie en Toscane, épousa Lucumon. Les deux époux, dévorés l'un et l'autre d'ambition, allèrent chercher fortune à Rome. Lucumon y prit le nom de Tarquin. Il gagna l'estime et l'amitié des Romains, s'insinua tellement dans les bonnes grâces du roi, qu'il fut revêtu des plus grands emplois, et qu'il devint roi lui-même. Ce prince ayant été assassiné la trente-huitième année de son règne, Tanaquil, que l'on a accusée d'être le principal auteur de sa mort, fit passer la couronne sur la tête de Servius Tullius, son gendre. Elle l'aida dans l'administration des affaires, et sa mémoire fut en si grande vénération dans Rome pendant plusieurs siècles, qu'on y conservait précieusement tout ce qui lui avait appartenu.

TANARGUE, ramification des Cévennes, située au S. du département de l'Ardèche. On trouve sur ces montagnes les traces de l'action des volcans qui y ont été jadis en activité. Le plateau de la Tanargue n'est haut que de 1,828 mètres.

TANCARVILLE, village du département de la Seine-Inférieure, dans l'arrondissement et à 7 lieues et demie du Havre, sur le bord de la Seine. Il est célèbre par son vieux et pittoresque manoir. Cette ancienne demeure des barons de Tancarville s'élève sur un rocher qui domine la rivière, dont la largeur en cet endroit a plus de 2 lieues. Le château n'offre plus que des ruines. Les sires de Tancarville, chambellans-nés des ducs de Normandie, se rendirent anciennement célèbres par leurs exploits. Sous la régence, la terre de Tancarville devint la propriété du fameux Law.

TANCHE, genre de poissons de la famille des cyprins. Les nageoires dorsales sont courtes et sans aiguillons; les barbillons sont très-petits, les écailles lisses et presque invisibles. Les tanches sont des poissons d'eau douce, dont la chair est très-agréable et estimée.

TANCRÈDE DE HAUTEVILLE, seigneur normand, se voyant chargé d'une nombreuse famille avec peu de biens, envoya plusieurs de ses fils, entre autres Robert Guiscard et Roger, chercher fortune en Italie. Ils s'emparèrent de la Sicile, où leurs descendants régnèrent dans la suite avec gloire.

TANCRÈDE, héros célèbre du XIe siècle, fils de Odo ou Ottobonus et d'Emma, sœur de Robert Guiscard, fils de Tancrède de Hauteville et souverain de Sicile. Tancrède, né en 1078, fut l'ami et le frère d'armes de Boëmond, fils de Robert Guiscard. Tous deux prirent parti en 1095 dans la première croisade. Tancrède abandonna à ses frères ce qui lui revenait de l'héritage paternel, et partit pour rejoindre les croisés. Il réunit l'armée qu'il avait levée à celle que commandait Godefroi de Bouillon. Il se distingua beaucoup au siège de Jérusalem, s'empara de Tarse, Malmystra, Antioche, et Bethléem. Il se signala à la prise de la ville sainte, et prit d'assaut une tour qui porte encore son nom (1099). Tancrède chercha en vain à faire placer Boëmond sur le trône de Jérusalem, et rendit la liberté à ce prince, fait prisonnier par les Turks. Il mourut à l'âge de trente-cinq ans, en Asie, avec la réputation d'un des plus vaillants guerriers de son temps. Son ami, Raoul de Caen, a écrit sa vie dans une histoire intitulée *Gestes de Tancrède*, et le Tasse a chanté, dans son poème de *la Jérusalem délivrée*, ses exploits et ses amours avec Clorinde.

TANDJAOUR, royaume de l'Indoustan, dans la province de Karnatic. Il est soumis à un radjah tributaire des Anglais. Le territoire est d'une grande fertilité. — La capitale est TANDJAOUR, à 75 lieues de Madras. Sa population est de 8,000 habitants. Cette ville renferme une pagode célèbre.

TANGAGE, balancement d'un bâtiment dans le sens de sa longueur, causé par l'agitation de la mer. — *Tanguer* se dit du vaisseau qui éprouve le mouvement du tangage.

TANGARA, genre de passereaux de la famille des dentirostres, caractérisé par un bec court, dur, fort et conique, triangulaire à sa base, échancré vers le bout; des narines latérales, arrondies, ouvertes; des ailes et des pieds médiocres. Ces oiseaux rappellent par leurs habitudes celles des moineaux. Ils vivent de baies, d'insectes et de graines. Leur vol est vif, et leurs mouvements brusques. Ils marchent à terre en sautant. Les tangaras habitent la lisière des forêts, les lieux arides, les broussailles ou le voisinage des habitations rurales. Ils vivent en troupes ou isolés. La plupart sont remarquables par la richesse et la vivacité de leurs couleurs. Ils habitent tous l'Amérique. Le *grand tangara* est d'un brun olivâtre en dessus, rougeâtre en dessous, avec le front, les tempes et les pieds bleus, la gorge et les couvertures inférieures de la queue rouges. Il habite la Guyane et Cayenne.

TANGAS, monnaie de compte à Goa, qui vaut environ 5 francs de notre monnaie.

TANGENTE (du latin *tangens*, ce qui touche), nom donné, en géométrie, à une ligne, surface, plan, etc., qui touche une autre ligne, surface ou plan, etc., en un seul point. La *tangente* d'une ligne droite qui touche un cercle ou une ligne courbe sans les couper, ou qui est tirée sur un cercle perpendiculairement à un de ses rayons. Le point de rencontre se nomme *point de tangence*. On nomme *méthode inverse des tangentes* une méthode de trouver l'équation et la construction de quelque courbe par le moyen de la tangente ou d'une autre ligne dont la détermination dépend d'une tangente donnée. La *méthode des tangentes* est une méthode de déterminer la grandeur et la position de la tangente d'une courbe quelconque algébrique, en supposant qu'on ait l'équation qui exprime la nature de cette courbe.

TANGER ou TANGIS, ville du royaume de Fez, sur le détroit de Gibraltar, avec 10,000 habitants. Cette ville est très-commerçante, et est le siège d'un consulat français.

TANGOUT, empire d'Asie, autrefois très-puissant, et qui comprenait, au N.-O. de la Chine, le Sifans et une partie du Thibet. Il est aujourd'hui réduit aux environs du lac Kokonor. Sa ville principale est SMETCHIOU.

TANNAGE, opération qui a pour objet de *tanner* les peaux ou cuirs (voy. TAN) ou de combiner la gélatine qui en fait partie avec le tanin, de manière à les rendre plus solides, imputrescibles, imperméables à l'eau, sans cependant leur enlever leur flexibilité.

TANIN, substance végétale regardée longtemps comme un principe immédiat, et que l'on considère aujourd'hui comme un composé de différentes matières, et notamment d'acide gallique, de principes colorants, etc. On la trouve dans la noix de galle, le cachou, la gomme kino, le sumac, le thé, la plupart des écorces et fruits. L'écorce de chêne, connue sous le nom de *tan*, en renferme une grande quantité. Le tanin de ces diverses substances n'est pas identique; celui de l'écorce de chêne et de la noix de galle est solide, incristallisable, brun, fragile, d'une saveur astringente, soluble dans l'eau, insoluble dans l'alcool. On obtient cette matière par des procédés divers. L'un de ces procédés consiste à traiter l'infusion du tan par l'eau de chaux, et à laver le précipité avec de l'acide nitrique, qui s'empare de la chaux et laisse le tanin. Les tanneurs le combinent avec la gélatine, et cette combinaison, si utile pour le travail des cuirs, est insoluble dans l'eau et imputrescible.

TANQUE DE MER, sable mêlé de vase qu'on retire de la mer le long des côtes du nord du Morbihan et du Finistère (département français), pour servir d'engrais. En lavant avec un peu d'eau la tanque, on en retire un peu de sel. — On nomme *tanqueurs* les porte-faix qui aident à charger et décharger les vaisseaux sur les ports de mer.

TANREC, genre de mammifères carnassiers, renfermant des animaux de petite taille, voisins des hérissons. Leur corps est bas, trapu, plus allongé que celui des hérissons. La tête est conique et pointue, allongée, et le museau est terminé par une sorte de groin mobile qui dépasse de beaucoup les dents en avant. La gueule est très-fendue; les oreilles sont très-courtes et arrondies; ces animaux marchent sur la plante des pieds; ceux-ci sont terminés par cinq doigts armés d'ongles et propres à fouir la terre. La queue est nulle. Leur pelage est semblable à celui des hérissons. Les tanrecs ne peuvent pas comme ces derniers se rouler en boule. Ils vivent d'insectes dans des terriers qu'ils se creusent au bord des eaux. Tous habitent Madagascar. Le *tanrec soyeux* est de la taille du hérisson et de couleur fauve, semé de taches blanches.

TANSILLO (Louis), né à Nole, vers l'an 1510, s'attacha de bonne heure à la maison de Tolède. Il passa une grande partie de sa vie auprès de D. Pedro de Tolède, marquis de Villafranca, qui fut longtemps vice-roi de Naples. On ignore l'année de sa mort. Tansillo acquit très-jeune la réputation d'excellent poëte. Ses principaux ouvrages sont *il Vendemiatore*, le Vendangeur (1534), contenant cent soixante stances; *le Lagrime di san Pietro*, ou les Larmes de saint Pierre, traduit en français et en espagnol; des comédies, des sonnets, des stances, etc.

TANTALE (myth.), fils de Jupiter, était roi de Phrygie, et selon quelques-uns de Corinthe. Il enleva Ganymède, fils de Tros, roi de Troie, qui lui fit la guerre pendant longtemps. Pour éprouver la puissance des dieux, qui vinrent un jour dans son palais, il leur servit à souper les membres de son fils Pélops. Cérès, seule, pressée par la faim, en mangea une épaule. Jupiter rendit Pélops à la vie, et condamna Tantale à une faim et une soif perpétuelles. Mercure l'enchaîna dans un lac des enfers, dont l'eau se retirait de sa bouche lorsqu'il voulait boire. Il plaça au-dessus de sa tête un arbre chargé de fruits, dont les branches s'écartaient lorsqu'il voulait les saisir avec la main.

TANTALE, nom donné par quelques chimistes au *columbium*, métal peu connu et peu usité.

TANTALE, genre de la famille des échassiers, renfermant des oiseaux d'une grande taille et voisins des ibis. Leur bec est très-long, droit, à bords tranchants, courbé vers le bout et obtus à son extrémité. La mandibule supérieure est voûtée. Les narines sont longitudinales et situées près du front. La tête en partie et le cou sont souvent dénués de plumes et couverts d'une peau rude et verruqueuse. Les jambes sont longues et nues; les doigts antérieurs réunis à leur base par une membrane découpée. Les tantales se plaisent dans les lieux inondés; ils vivent de poissons et de reptiles, et se tiennent sur les arbres les plus élevés. On les trouve en Amérique et en Afrique. Le *tantale ibis* ou d'Afrique a la face rouge, le bec jaune, les pieds rouges, les ailes noires en dessus et tout le reste du plumage d'un blanc roussâtre.

TANTALITE, minéral composé d'acide colombique, désigné autrefois sous le nom d'*oxyde de tantale*, *de fer et de manganèse*. Il est d'un gris brun, et assez dur pour étinceler sous le choc du briquet. On en extrait le columbium.

TANUCCI (Bernardo, marquis DE), né en 1698 en Toscane de parents pauvres, qui l'envoyèrent étudier le droit à l'université de Pise. Ses talents le firent remarquer par le grand-duc Gaston, qui le nomma professeur de jurisprudence à cette université. Don Carlos, infant d'Espagne, étant devenu roi de Naples, il passa successivement de la place de conseiller d'État à celle du surintendant général des postes, et enfin de premier ministre. Don Carlos quitta Naples en 1759 pour aller prendre possession du royaume d'Espagne; mais il mit, avant de partir, Tanucci à la tête de la régence établie pour gouverner celui des Deux-Siciles durant la minorité de Ferdinand IV. Son administration fut sage et glorieuse. Il quitta le ministère en 1777, et mourut en 1783.

TANYSTOMES, famille de l'ordre des diptères, renfermant des insectes dont la trompe est coriace, menue et allongée. Les ailes ont deux cellules sous-marginales; les lèvres terminales sont peu distinctes. La tête de ces insectes est hémisphérique, petite ou globuleuse. Les ailes sont tantôt couchées, tantôt fort écartées. Les caractères sont du reste très-variables selon les genres de cette famille. Les principaux de ces genres sont les *asyles*, les *anthrax* et les *empides*.

TAON, genre de l'ordre des diptères, renfermant des insectes très-communs dans les deux hémisphères. Ces insectes ressemblent à de grosses mouches, et en ont le port. La tête est déprimée; le corps large, peu velu, et tacheté tantôt de blanc et de gris, tantôt de noirâtre sur un fond brun plus ou moins foncé. Les ailes sont étendues horizontalement de chaque côté du corps; l'abdomen est triangulaire et déprimé. Les taons sont très-connus par les tourments qu'ils font éprouver aux bœufs et aux chevaux, dont ils percent la peau afin de sucer leur sang. Le *taon commun* ou *des bœufs* est brun en dessus. L'abdomen est gris roussâtre, les jambes jaunâtres, les yeux verts, les ailes roussâtres.

TAORMINA, autrefois *Taurominium*, ville et port d'Italie, sur la côte E. de Sicile, à 10 lieues de Catane. Sa population est de 4,000 habitants. On y trouve de beaux restes d'antiquités et des marbres très-estimés.

TAPE, nom donné, en marine, 1° à des morceaux de bois de sapin ou de peuplier travaillés en cônes tronqués, pour boucher hermétiquement les écubiers; 2° à des tampons en liège, qui servent à fermer la bouche des canons, pour empêcher l'eau de pénétrer dans leur intérieur. *Taper les canons* d'un bâtiment, c'est en boucher l'entrée avec des tapes. — En termes de brasserie, le mot *tape* est synonyme de *bonde*.

TAPECU, nom donné, 1° en marine, à une petite voile établie sur l'extrémité arrière de certains bâtiments, comme les lougres et les chaloupes; 2° à la chaise de sangle ou ganse double, dans laquelle ils sont assis pour travailler le long du bord des vaisseaux; 3° à une sorte de cabriolet qui n'est point couvert; 4° à une bascule qui s'abaisse par un contre-poids ou par tout autre procédé, et qui ferme l'entrée d'une barrière.

TAPERBORD, sorte de bonnet que portent fréquemment les marins du Nord. Les bords se rabattent autour du cou pour garantir de l'eau, et ils ne craignent pas que les grands vents l'emportent.

TAPETTE, terme de graveurs, morceau de taffetas dans lequel on renferme du coton, et à l'aide duquel, en tapant sur le vernis encore chaud et liquide, on l'étend également sur la surface du cuivre.

TAPIOKA, nom d'origine américaine adopté en Europe pour désigner la fécule retirée de la racine du manioc, *jatrova manihot*. Cette fécule est grenue, blanche, inodore, demi-transparente, d'une saveur qui rappelle celle de la fève de marais, et assez semblable au sagou blanc du commerce. Le tapioka est très-nourrissant. On en fait des potages, des pâtisseries, des gelées très-convenables pour les convalescents et les personnes qui souffrent de la poitrine. On en prépare aussi un chocolat analeptique estimé.

TAPION, nom donné, en marine, à des taches ou marques blanches qui paraissent à une certaine hauteur dans les rochers ou mornes donnant sur la mer, et que les marins prennent souvent pour des voiles.

TAPIR, genre de l'ordre des pachydermes, renfermant des animaux mammifères, qui ont pour caractères un nez prolongé en une trompe mobile, assez courte, et non préhensible comme celle de l'éléphant, des yeux petits et latéraux, des oreilles longues et mobiles, les pieds de devant terminés par quatre doigts armés de petits sabots courts et arrondis, ceux de derrière terminés par trois doigts seulement, la queue courte et peu velue, la peau épaisse, formant peu de plis et couverte de poils soyeux assez rares. Les tapirs sont des animaux herbivores, qui vivent dans les forêts, et surtout dans les lieux humides et marécageux de l'Amérique et de l'Inde. Le *tapir d'Amérique* ou *commun*, nommé aussi *cheval marin*, *vache sauvage*, *ane-vache*, *mulet sauvage*, etc., est long de six pieds depuis le bout de la trompe jusqu'à l'origine de la queue. Sa hauteur est de trois pieds quatre ou dix pouces. Le corps est gros et terminé par une large croupe. La tête est grosse, comprimée sur les côtés. Le tapir est doux et timide, et se laisse aisément apprivoiser. Sa chair est sèche et d'un goût désagréable. Son cuir est très-fort. Sa couleur est brune, quelquefois tachetée.

TAPIRÉ, nom donné aux oiseaux et surtout aux espèces du genre *perroquet*, dont le plumage est parsemé de taches diversement colorées et de teintes variées.

TAPIS (du mot grec *tapès*, désignant un tissu quelconque couvrant une table, une estrade, un parquet), espèce de couverture en laine, en soie ou en toute autre matière, destinée à couvrir une table, une estrade, ou même un plancher. Le plus souvent les tapis sont diversement colorés, et renferment des figures d'animaux, des fleurs et autres objets de fantaisie. Les tapis de Perse ou de Turquie et ceux des Gobelins à Paris sont très-estimés. On nomme *tapis vert*, 1° une grande pièce de gazon pleine et entière, sans découpures, et que l'on trouve dans les grands jardins : on en voit plusieurs très-beaux dans le jardin de Versailles ; 2° la table des joueurs.

TAPISSERIE, ouvrage fait au métier ou à l'aiguille, sur du canevas, avec de la laine, de la soie, de l'or, etc. Les *tapisseries à l'aiguille* s'appellent *tapisseries de point*. Celles *de gros points* ont les points plus écartés, plus grossiers; pour celles *de petits points*, c'est le contraire. La tapisserie est de *haute lice* lorsque, pour la faire, l'ouvrier regarde le tableau placé au-devant de lui, et qu'il imite sur la toile ; elle est du *basse lice* lorsque le tableau est dans le métier. Les tapisseries fameuses de Flandre, de Beauvais, et surtout des Gobelins, sont de haute lice. Les *tapisseries de point de Hongrie* sont à points laineux et à longues aiguilles, formant des pointes de diverses couleurs. L'usage des tapisseries est très-ancien. On en connaît plusieurs historiques, et qui retracent en image et par des inscriptions brodées sur le tissu des faits anciens et d'une importance grande pour l'intelligence de l'histoire.

TAPON, nom donné par les marins aux morceaux de toile propres à raccommoder une voile.

TAPROBANE, nom de l'île de Ceylan chez les anciens.

TAQUET, terme de marine qui s'applique à différentes sortes de crochets auxquels on amarre diverses manœuvres.

TAQUOIR, terme d'imprimerie, morceau de bois tendre, le plus souvent de sapin, très-uni, large de trois à quatre pouces, long de sept à huit, et de huit à dix lignes d'épaisseur, dont on se sert pour *taquer* les formes. *Taquer*, c'est, avant que de serrer entièrement une forme, et après avoir faiblement arrêté les coins, abaisser les lettres hautes ou plus élevées qu'elles ne doivent être, avec le taquoir, sur lequel on frappe légèrement avec le manche d'un marteau en parcourant tout l'espace de la forme.

TARAGONAISE, une des trois provinces de l'Espagne sous la domination romaine, s'étendait des Pyrénées au fleuve Bœtis, et de la Méditerranée à la Lusitanie. Sa capitale était TARAGONE. Elle comprenait les provinces actuelles de Galice, Asturies, Biscaye, Léon, Navarre, Aragon, Catalogne, Castilles et Valence.

TARAGONE, ville maritime d'Espagne, à 18 lieues de Barcelone, avec 12,000 habitants. Cette ville a un archevêché et un port très-commerçant. Taragone est située près de la mer; elle a un port, et est défendue par une enceinte bastionnée. Après la prise de Tortose, pendant la guerre d'Espagne, le général Suchet fut chargé (mars 1811) de faire le siège de Taragone. La garnison ennemie était de 18,000 hommes, protégées par 300 bouches à feu et par le fort Olivo, à 400 toises de la place, garni de 50 bouches à feu, et défendu par 1,200 hommes. L'armée française était forte de 40,000 hommes munis de 66 pièces à feu. Le siège commença le 12 mai. Après des efforts prodigieux, le 28 juin, nos soldats pénétrèrent dans la ville, et demeurèrent vainqueurs. Ils firent en tout 10,000 prisonniers, prirent 20 drapeaux, 327 bouches à feu, 75,000 fusils et un grand nombre de munitions. Les Français y perdirent 4,250 hommes et 181 officiers. Le siège avait duré près de cinquante jours. Le maréchal Suchet fut récompensé par le titre de maréchal de France. La prise de Taragone compléta l'occupation de la Catalogne, et permit à nos soldats de s'avancer dans le royaume de Valence.

TARAN ou TARANNIS, mot celtique qui signifiait *tonnerre*. Les Celtes appelaient ainsi Jupiter.

TARANCHE, grosse cheville de fer qui sert à tourner la vis d'un pressoir par le moyen des leviers.

TARANTAISE, province de la Savoie, entre la Savoie propre et les provinces d'Aoste, Faucigny et Maurienne. C'est une grande vallée presque entièrement stérile, entre des monts très-escarpés. Sa population est de 400,000 habitants, très-industrieux. La capitale est Moutiers.

TARARE, ville manufacturière du département du Rhône, au pied de la montagne de Tarare, dans une vallée étroite, sur la route de Lyon à Paris, chef-lieu de canton, à 6 lieues et demie de Villefranche. Population, 6,840 habitants. La montagne est très-escarpée. La route de Paris y passe. Sa longueur, de la base au sommet, est de près d'une lieue. Le Turdine, petite rivière qui passe à Tarare, y déborde très-souvent. Les fabriques de soieries et de mousseline de cette ville occupent 60,000 ouvriers disséminés dans un rayon de 15 à 30 lieues.

TARARE, machine qui sert à vanner le blé et à nettoyer le grain. Elle approche beaucoup du blutoir par sa forme. — Le *tarare* est une sorte de ventilateur d'un bois léger et mince, renfermé dans une espèce de tambour ouvert des deux bouts. On le meut ou à bras, au moyen d'une manivelle, ou on le place dans un moulin où des machines lui impriment le mouvement. Au-dessus du tarare est une trémie, où l'on verse le grain à vanner et à nettoyer, et sous cette trémie est une petite auge qui reçoit le grain de la trémie, pour le renverser dans le tarare.

TARASCON, chef-lieu de canton du département des Bouches-du-Rhône, à 3 lieues trois quarts d'Arles, sur la rive gauche du Rhône. Population, 10,980 habitants. Située en face de Beaucaire, avec laquelle elle communique par un pont de bateaux, cette ville, grande et très-ancienne, possède un port très-fréquenté. Elle a pour patronne sainte Marthe, et la tradition rapporte que cette sainte, étant venue dans les Gaules, alla à Tarascon que désolait un monstre nommé *Tarasque*, qui se nourrissait de chair humaine. Marthe l'enchaîna et en délivra le pays. Une procession annuelle rappelle le souvenir de cette action, et l'on y promène une statue colossale du Tarasque. — On voit à Tarascon des ruines d'un château qui a servi longtemps de demeure aux comtes de Provence. Tarascon possède un tribunal de première instance et de commerce, un collége. Il fait un commerce étendu de vins, d'étoffes de laine, filoselle et soie, huile, eaux-de-vie, amidon, etc.

TARASCON, sur la rive droite de l'Ariége, chef-lieu de canton du département de l'Ariége, à 4 lieues de Foix. Population, 1,560 habitants. C'était une des quatre pincipales villes de l'ancien comté de Foix. Elle possède une école chrétienne et un beau pont en pierre de trois arches. Dans ses alentours sont des vignobles qui produisent un vin très-estimé, et des carrières de pierre et de marbre gris. Elle commerce en bétail, fromages, laine, cuirs, fer. On y trouve de belles forges et un bureau de douanes.

TARASPIC ou THÉRASPI, nom vulgaire donné aux *ibérides* et au *thlaspi*.

TARAUD, morceau d'acier de forme conique, taillé en vis, et dont on se sert pour faire des écrous. — On appelle *taraud de charron* une espèce de tarière en forme de cône, qui sert à donner de l'entrée à l'essieu dans le moyeu des roues. Ce taraud est accompagné d'un crochet qui aide à faire sortir le copeau. — *Tarauder*, en termes de serrurerie, c'est percer une pièce de bois ou de métal en écrou, de manière qu'elle puisse recevoir une vis. *Tarauder* une vis, c'est faire ces cannelures qui mordent dans le bois ou s'enchâssent dans les écrous et fixent la vis avec solidité.

TARAXACUM, nom donné à plusieurs plantes de la famille des chicoracées.

TARAXIS, du grec *taraxis*, trouble. Ce mot exprime spécialement le trouble de la vue, qui résulte d'un coup, d'une compression sur l'œil, ou de l'action de toute autre cause externe.

TARBÉ (Louis-Hardouin), né à Sens, remplissait dans les bureaux du ministère des finances, au moment de la révolution, les fonctions de premier commis. Louis XVI l'appela au ministère en 1791. Il fut le créateur de la contribution foncière. Il donna sa démission après dix mois d'exercice. Compris dans le décret d'accusation rendu contre les anciens ministres, il fut réduit à se cacher en 1792, et ne fut sauvé que par le 9 thermidor. Il se retira ensuite près de Sens, dans une petite maison de campagne, et s'occupa de la traduction des poëtes latins. Il ne voulut accepter aucune fonction, et mourut en 1806.

TARBES, chef-lieu du département des Hautes-Pyrénées, sur la rive droite de l'Adour, à 204 lieues de Paris. Sa population est de 12,706 habitants. On ignore l'origine de cette ville. Tarbes fut au moyen âge capitale du comté de Bigorre, et souffrit beaucoup de l'invasion des barbares, et plus tard des guerres de religion. — Tarbes est une ville propre et bien bâtie ; elle possède un tribunal de première instance et de commerce, un évêché érigé dans le IVe siècle, suffragant de l'archevêché d'Auch, un séminaire diocésain, un collége, une école de dessin et d'architecture, gratuite, de commerce en bestiaux, toiles, papier, cuir, etc. Elle a des marchés célèbres.

TARDIGRAVES, nom donné par Cuvier à la première tribu de l'ordre des mammifères édentés. Ils sont caractérisés par leur face courte, leurs membres très-grêles, les antérieurs beaucoup plus longs que les postérieurs, et par l'absence des dents incisives. À cette tribu appartiennent les *bradypes*, *mégatérions*, *mégalonyse*. Ces animaux habitent l'Amérique méridionale.

TARE, terme de commerce. Il se dit de tout défaut ou déchet qui se rencontre sur le poids, la quantité ou la qualité des marchandises. *Taré* se dit aussi du rabais ou de la diminution que l'on fait sur la marchandise par rapport au poids des caisses, tonneaux et emballages. On nomme *tare d'espèces* une diminution que l'on supporte dans le compte de l'argent lorsqu'on change un billet ou une monnaie, et qui est le droit du changeur; *tare de caisse*, une perte qui se trouve sur les sacs d'argent, soit à cause des fausses espèces, soit à cause des mécomptes en payant et en recevant. — On nomme *taré* ce qui est vicieux, gâté ou corrompu.

TARENTE (en latin *Tarentum*, en italien *Tarento*), ville du royaume de Naples, à 58 lieues E. de cette capitale. C'est une des plus anciennes cités d'Italie. En 696 avant J.-C., le Lacédémonien Phalante y mena une colonie grecque, et y établit un gouvernement aristocratique. La démocratie y fut rétablie dans la suite. Les Tarentins devinrent très-puissants, et leur population s'éleva à 300,000 âmes. Trente villes étaient sous leur domination. Leur commerce était très-étendu, et leurs richesses immenses. Le luxe effréné et les mœurs dissolues de ses habitants perdirent Tarente. Annibal s'en empara, puis Fabius Maximus, qui la réduisit en colonie romaine. Après la décadence de l'empire d'Occident, les empereurs d'Orient s'en emparèrent et la gardèrent jusqu'à l'arrivée des Sarrasins en Italie. Elle tomba plus tard sous la domination des rois de Naples, qui l'érigèrent en principauté. Tarente forme une île jointe au continent par un pont de sept arches. Elle est le siége d'un archevêché, et renferme 16,000 habitants, presque tous livrés à la pêche. Napoléon l'avait érigée en duché en faveur de Macdonald.

TARENTELLE, air de danse d'un caractère gai, écrit en mesure à deux temps. Cet air est court, mais on le répète plusieurs fois. Il est principalement en usage à Naples.

TARENTISME, maladie qu'on suppose être occasionnée par la piqûre d'une sorte d'araignée nommée *tarentule*, et qui ne peut être guérie, dit-on, que par la pratique de la danse et l'audition de la musique. Cette maladie n'est qu'imaginaire.

TARENTULE, espèce d'araignée très-commune aux environs de Tarente, ville de la Pouille, au royaume de Naples. Elle appartient au genre *lycose*. Sa piqûre passe auprès de beaucoup de personnes pour être très-dangereuse, et amener la maladie nommée *tarentisme*. Les naturalistes modernes affirment que cette piqûre, quoique grave, est rarement dangereuse.

TARET, genre de mollusques de la famille des tubicoles, renfermant des animaux au corps très-allongé, en forme de ver. Leur coquille est épaisse, solide, très-courte ou annulaire, à deux valves égales, équilatérales, terminées par un tube cylindrique. Les tarets vivent enfoncés verticalement, la bouche en bas, l'anus en haut, dans des pièces de bois constamment immergées, dans l'eau salée et quelquefois dans l'eau douce. Ils détruisent de cette manière beaucoup de constructions marines. La Hollande est à chaque instant menacée de voir ses digues minées et rompues par leurs travaux. Les tarets sont recherchés comme un mets délicat sur les côtes de l'Océan.

TARGET (Guy-Jean-Baptiste), né à Paris en 1733, fut reçu avocat au parlement en 1758. Son éloquence, dans un grand nombre de procès illustres où il porta la parole, lui valut une place à l'académie française. Il se déclara partisan de la révolution. Nommé député du tiers état aux États généraux de 1789 par la généralité de Paris, il devint membre du comité de constitution, et travailla à la rédaction de l'acte constitutionnel. Élu président le 16 janvier, il lut le procès-verbal de la clôture de la session de l'assemblée nationale. Louis XVI, lors de son procès, le choisit pour un de ses défenseurs; mais celui-ci refusa cette noble tâche. À mesure que la terreur étendit ses ravages, Target se montra plus docile et plus soumis. Il accepta en 1793 les fonctions de secrétaire du comité révolutionnaire de la section de l'*homme armé*. Il rédigea lui-même les actes et les dénonciations. En 1800, il fut nommé membre du tribunal de cassation, devint membre de l'Institut, et mourut en 1806.

TARGETTE, espèce de petit verrou monté sur une platine avec deux cramponnets. Elle se pose aux guichets et aux croisées à la hauteur de la main et derrière les portes. On appelle *targette à panache* celle dont les bouts de la platine sont découpés.

TARGETTE. En termes de manufacture de laine, ce mot désigne un petit morceau de gros cuir que les ouvriers lainiers s'attachent sur le dos des doigts de la main afin de ne pas s'écorcher en travaillant avec la croix où sont montées les brosses de chardon vif dont ils se servent pour lainer les étoffes.

TARGUM, au pluriel *targumim*, mot hébreu qui signifie *exposition*, ou *application*, et qui désigne les paraphrases chaldaïques des livres de l'Ancien Testament. Les plus connues sont celles d'Onhélos, de Jonathan et de Joseph l'Aveugle.

TARI, vin de palmier et de cocotier que l'on administrait autrefois en médecine comme tonique. Il était nourrissant, et servait à la préparation d'une espèce de sucre que l'on nommait *jagre*.

TARIÈRE, outil de fer dont se servent les charpentiers, les charrons, les menuisiers, etc., pour faire les trous ronds dans une pièce de bois. On appelle encore *tarière* ou *sonde anglaise* un instrument dont on se sert pour connaître la nature des substances renfermées dans le sein de la terre.

TARIÈRE. C'est, en histoire naturelle, un prolongement postérieur et en forme de queue, de l'abdomen des femelles de certains insectes, un aiguillon terminé en pointe fine et ferme, qui sert tantôt à introduire les œufs dans les cavités propres à les recevoir, tantôt à percer les végétaux ou le corps d'autres animaux où les œufs doivent être placés. La tarière diffère de l'aiguillon en ce qu'elle ne sert qu'à percer, sans causer de blessure dangereuse, tandis que l'aiguillon sert à inoculer un venin. — La *tarière* est aussi une espèce de mollusque dont la coquille très-lisse et très-brillante est allongée, mince, étroite, en forme de cône, offrant une ouverture longitudinale, très-étroite et triangulaire. Sa couleur est à l'extérieur fauve ou brune. Elle habite l'océan Indien.

TARIF, mot usité dans le commerce et les finances, et qui désigne un rôle, une table, un catalogue, une évaluation. C'est ainsi qu'on dit un *tarif des douanes*, etc. On fait dériver ce mot de l'arabe *tarif*, qui signifie, dit-on, *série*.

TARIFA, petite ville assez bien fortifiée, dans l'Andalousie (Espagne), sur une baie, à 7 lieues de Gibraltar. Sa population est de 2,000 habitants. Elle est assez commerçante. — C'est aussi le nom d'un cap formant la pointe méridionale de l'Espagne.

TARIN, espèce du genre *chardonneret*, renfermant un oiseau voisin des serins, mais qui s'en distingue par son bec aigu et comme celui des chardonnerets. Le tarin a la tête noire, deux bandes jaunes sur l'œil, la gorge et le ventre jaunes, le dessus du corps olivâtre. Cet oiseau est vif et toujours en mouvement. Il s'apprivoise facilement. Il est originaire de la Russie, et est de passage en France en automne.

TARIQ ou TARIK (ABDALLAH) BEN ZEYAD, chef des Sarrasins, vivait au VIIIe siècle. Mousah, gouverneur d'Afrique, lui confia la conduite de l'armée destinée à conquérir l'Espagne. Tarik, secondé par la trahison du comte Julien qui commandait à Ceuta pour les Visigoths d'Espagne, se rendit maître de cette ville, et débarqua en 711 à Gibraltar. Il s'empara de Tolède, et défit près de Xérès (voy.) l'armée du roi Rodrigue, qui mourut dans le combat. Il soumit ensuite la Bétique, Tolède, la Castille, le Léon, etc. La ville de Gijon fut, au delà des montagnes des Asturies, le terme de ses conquêtes. Il avait soumis les deux tiers de l'Espagne par cette expédition, qui assura les deux tiers de l'Espagne aux Sarrasins, que d'injustes traitements de la part de Mousah, et mourut ignoré vers le commencement du ixᵉ siècle.

TARN, rivière de France qui prend sa source dans les montagnes de la Lozère près de Florac, et entre près de Rosière dans le département de l'Aveyron, passe à Milhau, entre dans le département auquel il donne son nom, passe à Albi, Gaillac, Rabastens; entre dans le département de la Haute-Garonne, arrose Bessières, Villemur. Près de cette dernière ville, il entre dans le département de Tarn-et-Garonne, passe à Saint-Lizier, Montauban, et se jette dans la Garonne après un cours de 70 lieues. Il est navigable depuis Gaillac jusqu'à son embouchure dans la Garonne, et porte des bateaux de 30 à 35 tonneaux. Ses principaux affluents sont le Cernon, la Muse, l'Amalon, la Sorgues, le Gros et l'Agoût. Son cours est très-tortueux, très-rapide et encaissé dans sa plus grande longueur. On admire la cascade qu'il forme au saut de Saho. Le Tarn roule quelques paillettes d'or.

TARN, département français, région S., formé d'une partie du haut Languedoc et de l'Albigeois. Il a pour limites au N. le département de l'Aveyron, à l'E. ceux de l'Aveyron et de l'Hérault, au S. ceux de l'Aude et de la Haute-Garonne, à l'O. ceux de la Haute-Garonne et du Tarn-et-Garonne. Il tire son nom de la principale rivière qui le traverse de l'E. à l'O. dans toute sa longueur. Sa superficie est de 573,386 arpents métriques, et sa population de 363,000 habitants. Il se divise en quatre arrondissements, Albi (chef-lieu), Castres, Lavaur et Gaillac, et nommait cinq députés. Le revenu territorial est de 15,562,000 francs. Le Tarn est un pays essentiellement agricole. Le sol est varié. Le produit annuel consiste en 2,346,000 hectolitres de grains, et 450,000 de vins. Ceux de Gaillac et de Rabastens sont très-estimés. On y cultive les arbres fruitiers avec beaucoup de soin, les céréales de toute espèce, le lin, l'anis, le chanvre, la coriandre, le safran, le pastel ou gaude, le genièvre, etc., dont ilse fait un assez grand commerce. On y trouve des tanneries, des manufactures de draps, laines, coton, draps et étoffes de soie, des verreries, des papeteries, des fabriques d'acier, etc. Ce département a quelques mines de fer, de houille, de cuivre, de plomb, etc., du marbre, du gypse, et de l'argile. — Le Tarn est compris dans la dixième division militaire, le ressort du diocèse d'Albi et de l'académie et de la cour d'appel de Toulouse.

TARN-ET-GARONNE, département français, région S., formé du diocèse de Montauban (ancien Languedoc), d'une partie du Quercy et de portions de l'Agénois, de l'Armagnac, du Rouergue, etc. Il a pour limites au N. le département du Lot, à l'E. ceux du Tarn et de l'Aveyron, au S. celui de la Haute-Garonne, à l'O. ceux du Gers et de Lot-et-Garonne. Il tire son nom de la réunion sur son territoire du Tarn à la Garonne. Sa superficie est de 358,765 hectares, et sa population de 240,000 habitants. Il se divise en trois arrondissements, Montauban (chef-lieu), Castel-Sarrazin, Moissac, et nommait quatre députés. Lorevenu territorial est de 12,444,000 francs. Le Tarn-et-Garonne est un pays fertile et agricole. Il produit annuellement 1,200,000 hectolitres de céréales et 470,000 de vins, en général bons et estimés. On récolte en grande quantité des fruits, du lin, du chanvre, du colza, etc. On y élève beaucoup de bestiaux, et on y engraisse un grand nombre d'animaux domestiques. Le pays est peu manufacturier, on n'y trouve que quelques minoteries, des fabriques d'amidon, d'étoffes ou cadis de Montauban, de soieries, de serges et de toile. Il y a encore des papeteries, des coutelleries et des faïenceries. On trouve des mines de fer, de houille, des marbres, de la pierre à bâtir et de l'argile à potier dans le département. — Le Tarn-et-Garonne est compris dans la dixième division militaire, le

ressort du diocèse de Montauban, et de l'académie et de la cour d'appel de Toulouse.

TARO, monnaie de cuivre de Malte, qui vaut 20 centimes de notre monnaie. — Ce sont aussi des cartes à jouer dont on se sert dans quelques pays comme l'Espagne et l'Allemagne, etc. Elles sont marquées autrement que les autres. Au lieu des trèfles, cœurs, piques et carreaux, elles ont des coupes, des deniers, des épées et des bâtons. L'envers de ces cartes est le plus souvent orné de petits dessins.

TARPEIA, loi romaine décrétée en 484 avant J.-C., et qui donna à tous les magistrats de la république le droit d'infliger des amendes.

TARPÉIA, fille de Tarpeius, gouverneur du Capitole sous Romulus, premier roi de Rome, livra cette citadelle à Tatius, général des Sabins, qui faisait à cette époque la guerre à Rome, à condition que ses soldats lui donneraient leurs bracelets d'or. Mais Tatius, maître déjà du Capitole, et détestant la trahison de Tarpéia, jeta sur sa tête ses bracelets et son bouclier, et, ayant été imité par ses soldats, elle fut accablée sous le poids des boucliers, l'an 746 avant J.-C. Elle fut ensevelie sur ce mont qui de son nom se nomma mont Tarpéien ou roche Tarpéienne. Il fut depuis destiné au supplice de ceux qui étaient coupables de trahison et de faux témoignage. On les précipitait du haut de la roche Tarpéienne. — On appelle jeux tarpéiens des jeux célébrés à Rome en l'honneur de Jupiter, surnommé Tarpéien à cause du temple qu'il avait sur le mont Tarpéien, et qu'on appela depuis le Capitole.

TARPÉIENNE (ROCHE). Voy. TARPEIA.
TARPÉIENS (JEUX). Voy. TARPEIA.

TARQUIN (Lucius Tarquinius Priscus), surnommé l'Ancien, cinquième roi de Rome, né à Tarquinies, ville d'Etrurie, d'une famille originaire de Corinthe, l'an 656 avant J.-C. Il s'appelait d'abord Lucumon, et changea de nom en celui de Tarquin. Il vint à Rome, et se distingua tellement sous le règne d'Ancus Martius, qu'on le jugea digne d'être son successeur (614 avant J.-C.). Il nomma cent nouveaux sénateurs qu'il choisit parmi les familles plébéiennes, et par cette raison ils furent appelés patres minorum gentium, sénateurs du deuxième ordre. Il doubla aussi le nombre des chevaliers, embellit Rome, reconstruisit ses murs, environna la place publique de galeries, l'orna de temples, fit bâtir le grand cirque et construire des égouts qui existent encore aujourd'hui. Il eut plusieurs guerres à soutenir. Il combattit d'abord les Latins, et conquit sur eux plusieurs villes (613-601), et les soumit définitivement en 581. Il vainquit aussi les Sabins (597-585) dans plusieurs combats, et mourut en 577 avant J.-C., assassiné par les deux fils d'Ancus Martius.

TARQUIN (Lucius Tarquinius Superbus), surnommé le Superbe, petit-fils du précédent, épousa Tullie, fille du roi Servius Tullius, après avoir fait périr son frère Aruns, époux de Tullie, et s'être défait de sa première femme. Le sort de régner lui fit ôter la vie à son beau-père, l'an 534 avant J.-C. Il s'empara du trône par violence, et régna en despote. Il opprima les grands par des confiscations et des meurtres, le peuple par des travaux et des guerres. Il éleva le Capitole en l'honneur de Jupiter, et institua les fériés latines pour cimenter l'union des divers peuples d'Italie. Il fit avec succès la guerre aux Volsques, aux Sabins; il domptait les Rutules, lorsque l'outrage fait à Lucrèce par Sextus Tarquin, fils du despote, souleva le peuple et les grands. Ceux-ci, las de sa tyrannie et de son oppression, le chassèrent de Rome avec toute sa famille. Il se retira chez Porsenna, roi des Etrusques, qui tenta en vain de le replacer sur le trône par un pacte avec les Romains. Abandonné de ses alliés, il se retira en Campanie, où il mourut en 494 avant J.-C.

TARRAGONAISE. Voy. TARAGONAISE.

TARSE ou TARSONS, autrefois Tarsus, ville comprise autrefois dans la Cilicie (Asie-Mineure), et aujourd'hui dans la Caramanie. On y voit encore les ruines de l'ancienne ville, qui était une des plus grandes de l'Asie. Sa population est de 30,000 habitants. Elle a un port commerçant, et est la patrie de saint Paul.

TARSE (du grec tarsos, claie ou grillage). On appelle ainsi, en anatomie, la partie postérieure du pied, parce que les os qui la forment sont enclavés les uns dans les autres. Le tarse est formé par sept os, disposés sur deux rangées par une ligne articulaire transversale. La première rangée ou rangée jambière résulte de l'astragale et du calcanéum; la deuxième rangée ou région métatarsienne est formée du scaphoïde, du cuboïde et des trois os cunéiformes. On nomme cartilages tarses ou fibro-cartilages tarses deux petites lames cartilagineuses, placées dans l'épaisseur du bord libre de chaque paupière. Le supérieur est plus grand et plus large que l'inférieur. — On nomme tarsien tout ce qui a rapport au tarse. — Chez les oiseaux, le tarse est le troisième article des pieds, immédiatement après la jambe, et terminé par des doigts. Il est maigre, arrondi, couvert d'écailles et quelquefois de plumes. — Chez les insectes, on nomme tarse l'extrémité terminale des pattes, qui répond au pied des autres animaux. Il est divisé en plusieurs articles, et terminé par un ou plusieurs ongles, des crochets, des pinces ou des brosses pour la préhension, la marche sur les corps polis ou sur l'eau.

TARSIER, genre de l'ordre des quadrumanes, famille des lémuriens, renfermant des animaux mammifères, qui tirent leur nom de l'extrême allongement du tarse de leurs membres postérieurs. Le tarsier a trente-quatre dents, six incisives, quatre canines, vingt-quatre molaires. La tête est ronde, presque sphéroïdale et terminée par un museau très-court; les yeux sont grands; les oreilles grandes, arrondies, presque nues et membraneuses; les jambes sont très-grandes, la queue est très-longue, le pelage composé de poils longs et doux. Cet animal est nocturne, et vit d'insectes. Il habite Madagascar. Le tarsier aux mains rousses est long de six pouces et demi. Sa tête est arrondie, son museau court, ses yeux très-rapprochés, ses oreilles semblables à celles des rats. Sa couleur est d'un fauve plus ou moins foncé. La tête est cendrée, les mains rousses.

TARTAN, sorte d'étoffe dont s'habillent les habitants du nord de l'Ecosse et des îles Hébrides. Elle est de laine, à grands carreaux rouges, verts, bruns, nuancés de bleu.

TARTANE, petit bâtiment de la Méditerranée, portant un grand mât, un tapecu et un beaupré.

TARTARE (myth.), nom poétique de l'enfer des anciens. Quelques auteurs disent que c'était le plus profond des séjours infernaux, destiné aux seuls rois de la terre et du ciel et aux géants. Ce lieu était ténébreux, et ses supplices étaient éternels. On s'est servi souvent du mot Tartare pour désigner un barbare.

TARTARES et TARTARIE. Voy. TATARS et TATARIE.

TARTAS, sur la Midouze, chef-lieu de canton du département des Landes, à 5 lieues de Saint-Sever. Population, 2,560 habitants. Cette ville était habitée, du temps de César, par la cité gauloise des Tarusates. Au moyen âge, c'était le siège d'une vicomté et, dans le xvᵉ siècle, une des places fortes les plus importantes de la Gascogne. Tartas fut, dans les xvlᵉ et xvIIᵉ siècles, une des principales forces des calvinistes. C'est une ville bien bâtie, et qui commerce en seigle, vin, froment, eau-de-vie, planches, bois, goudron et résine.

TARTE, pièce de pâtisserie faite avec de la crème ou avec des confitures, et qui n'est pas couverte par-dessus. On nomme *tartelettes* des petites tartes.

TARTINI (Joseph), célèbre musicien, né en 1692 à Pirano (Istrie), devint très-fort sur le violon et dans la connaissance de l'harmonie. Il mourut en 1770, maître de musique de Saint-Antoine de Padoue. On a de lui des *sonates* pour le violon, une *Méthode* de cet instrument, un *Traité des agréments du chant*, une *Dissertation sur les principes de l'harmonie*. Dans cet ouvrage, il fait dériver le principe de l'harmonie du troisième son produit par la résonnance de deux autres. Comme Rameau, il prit son point de départ dans le principe de la résonnance des corps sonores.

TARTRATES, sels résultant de la combinaison de l'acide tartrique avec les bases. Le *tartrate simple de potasse* est solide, blanc, inodore, de saveur amère, soluble dans l'eau. La médecine l'emploie comme purgatif. On le nomme aussi *sel végétal*. Le *bi-tartrate de potasse* constitue la plus grande partie du tartre, dépôt formé sur les parois des barriques de vin. Pour l'obtenir pur, on pulvérise le tartre, et on le fait bouillir dans de l'eau. On passe la liqueur, on la laisse déposer, on la dissout de nouveau dans de l'eau bouillante, on la mêle à de la terre argileuse et sablonneuse. Le résidu est la *crème de tartre*. Le *tartrate de potasse et de soude*, ou *sel de seignette*, est blanc, solide, amer, purgatif, soluble dans l'eau, etc. On le prépare en saturant l'excès d'acide du bi-tartrate de potasse par le carbonate de soude, filtrant la liqueur et faisant évaporer. Le *tartrate de potasse et de fer* s'obtient en faisant bouillir dans de l'eau un mélange de limaille de fer et de crème de tartre, filtrant la liqueur et évaporant. Il est en aiguilles verdâtres, inodores; il jouit de propriétés toniques, astringentes, etc. *Tartrate de potasse et d'antimoine*. Voy. Émétique.

TARTRE, nom sous lequel on désigne le dépôt que produisent les vins qui vieillissent, et qui s'attache aux parois des tonneaux ou des bouteilles dans lesquels ils sont renfermés. Il est rouge ou blanc, selon la couleur du vin dont il provient. Il est formé de tartrate de potasse, de chaux, de silice, d'alumine, d'oxyde de fer et de manganèse, et d'une matière colorante. Le tartre est inusité dans les arts. On n'emploie guère que les *tartrates* et la *crème de tartre*.

TARTRE. On nomme vulgairement *tartre ammoniacal* le *tartrate d'ammoniaque*; *tartre brut*, le *tartre*; *tartre chalybé*, le *tartrate de potasse et de fer*; *tartre crayeux*, le *sous-carbonate de potasse*; *tartre des dents*, le dépôt qui se dépose autour des dents mal entretenues ou gâtées; *tartre stibié*, l'*émétique*; *tartre martial soluble*, un sel obtenu en faisant évaporer quatre parties de tartrate de potasse et de fer, mêlé à l'alcool, et une partie de tartrate de potasse desséché et dissous dans l'eau : on l'administre en médecine, en boisson, ou sous forme de bol : il est tonique et astringent; *tartre méphitique*, le *sous-carbonate de potasse*; *tartre de potasse, tartre de soude*, le *tartrate de potasse et de soude*; *tartre soluble*, le *tartrate de potasse*; *tartre tartarisé*, le même; *tartre vitriolé*, le *sulfate de potasse*; *tartre folié*, le *sel de tartre* combiné avec le vinaigre.

TARTRIQUE ou TARTARIQUE (ACIDE), acide composé de carbone, d'oxygène et d'hydrogène, qui ne se trouve dans la nature que combiné avec la potasse ou la chaux. Sa saveur est très-forte. Il rougit l'infusum de tournesol. Chauffé, il se décompose et fournit de l'acide *pyro-tartrique*. Il est inaltérable à l'air, et très-soluble dans l'eau. On l'obtient en traitant la crème de tartre par le carbonate de chaux; il se forme du tartrate de chaux, que l'on décompose par l'acide sulfurique étendu d'eau, qui donne du sulfate de chaux et de l'acide tartarique soluble. Cet acide,

dissous dans une grande quantité d'eau, peut très-bien remplacer la limonade.

TARTUFE, nom inventé par Molière et adopté dans la langue française pour signifier les hypocrites, les fripons, qui se cachent sous le manteau de la religion pour commettre leurs mauvaises actions. *Tartufe* est un personnage d'une pièce de Molière, qui porte le même titre. Sa dévotion simulée, son air de bonté et de franchise, l'ont fait admettre auprès d'un riche rentier; mais, au fond, ce n'est qu'un hypocrite qui profite de sa position dans la maison du rentier pour extorquer de l'argent et séduire la femme du fils de son hôte; celui-ci parvient à surprendre Tartufe aux pieds de sa belle-fille. Tout se découvre, et le faux dévot est conduit en prison. La pièce de *Tartufe* se joue encore sur nos théâtres avec un grand succès.

TARVOS TRIGARANUS, taureau d'airain, une des divinités des Gaulois.

TASMAN (Abel), navigateur hollandais, partit en 1642 de l'île de France, envoyé par le général Van-Diémen. Il dirigea d'abord sa course au S., jusqu'à la hauteur des îles Saint-Paul et Amsterdam; de là se dirigeant au S.-E., il fit le tour de la pointe méridionale de la Tasmanie ou terre de Van-Diémen (24 novembre 1642). Il découvrit l'année suivante l'île d'Eoa, au S. de l'archipel Tonga, et l'île de Tonga-Tabou, qu'il nomma Amsterdam, puis Namouka, qu'il nomma Rotterdam, et Pylstart, la Nouvelle-Zeeland et les îles Vulcain, Jama et Moa, dans la Papouasie. Son voyage répandit beaucoup de jour sur la géographie et la navigation de ces contrées lointaines. On ignore les événements postérieurs de la vie de Tasman.

TASMANIE. Voy. DIÉMEN (Terre de Van-).

TASSO, île de l'Archipel, à 3 lieues de la côte de la Romélie. Sa forme est presque circulaire. Sa superficie est de 45 lieues carrées. Elle est traversée par des chaînes de montagnes boisées. Le sol est très-fertile. On y trouve des carrières de beau marbre blanc. Le chef-lieu de l'île est Tasso, avec un petit port et 4,000 habitants.

TASSO (Torquato), que nous nommons LE TASSE, célèbre poëte italien, né à Sorrento, près de Naples, en 1544. Son père, BERNARDO, s'était fait connaître par ses ouvrages poétiques et surtout par son poème d'*Amadis* (1560). Le jeune Torquato montra dès sa plus tendre enfance une intelligence merveilleuse. À l'âge de dix-sept ans, il écrivit le poëme de *Rinaldo* (*Renaud*), qui lui donna la réputation d'un grand poëte et le fit connaître de toute l'Italie. Il alla se mettre en 1565 sous la protection d'Alphonse II, duc de Ferrare. Il y devint amoureux de la sœur du duc, de la belle Léonore qu'il chanta dans ses vers. Pour le punir de cette passion, Alphonse fit enfermer le Tasse à diverses reprises dans une prison, où le malheureux poëte devint presque fou de souffrance et de détresse. En 1586, les instances de Vincent de Gonzague, prince de Mantoue, le rendirent à la liberté. Le pape Clément VIII l'appela à Rome, lui prodigua les plus grands honneurs, et résolut de lui donner la couronne de laurier et les solennités du triomphe dont aucun poëte depuis Pétrarque n'avait été honoré. La cérémonie fut fixée au mois d'avril 1595, mais il mourut la veille même du jour fixé pour son couronnement. Ce grand poëte a laissé plusieurs poëmes : la *Jérusalem conquise*; la *Jérusalem délivrée*, histoire de la prise de Jérusalem par les croisés; *Aminte*, pastorale dramatique; la tragédie de *Torismond*; *les Sept Journées de la création du monde*, et un grand nombre d'*idylles, chansons, pièces légères*, etc.

TASSONI (Alessandro), né à Modène en 1565. Le cardinal Ascanio Colonna se l'attacha en qualité de secrétaire en 1600, et l'amena en 1602 en Espagne. Le duc François Ier, de Modène, l'appela auprès de lui

en 1632, et le mit au nombre de ses conseillers et de ses gentilshommes. Il conserva ce poste jusqu'à sa mort arrivée en 1635. On a de lui quelques ouvrages : un poëme héroï-comique sur la guerre entre les Modénois et les Bolonais, au sujet d'un seau de bois qui avait été enlevé à ces derniers par les gens de Modène. De là le titre du poëme, *le Seau enlevé* (*la secchia rapita*). Cet ouvrage, écrit sur un sujet imaginaire, est un mélange des styles comique, héroïque et satirique. On a encore de lui des *Observations sur Pétrarque* et une *Histoire ecclésiastique*.

TASTO SOLO, mots italiens qui signifient *à touche seule*, et qu'on écrit dans les parties d'orgue et de piano, pour désigner que l'artiste ne doit pas accompagner la basse par les accords de la main droite.

TATARES, TARTARES ou TARTARS, nom qu'on a appliqué vaguement à toutes les peuplades de l'Asie moyenne depuis la mer Caspienne jusqu'aux côtes orientales. Le berceau de cette race est dans la Tatarie indépendante. Elle se dispersa ensuite dans l'Europe orientale, à l'ouest et au nord de l'Asie. Avant le XIIe siècle, les Tatares étaient peu connus dans l'histoire. A cette époque Gengis-Kan, à la tête des Mongols, les soumit, les incorpora à ses armées, dont ils formèrent la plus grande partie. Au XIIIe siècle, ils envahirent la Russie et restèrent possesseurs de l'empire de Kaptchak. Sous le XIVe siècle, ils furent soumis par Tamerlan. Après la chute de son empire, les Tatares restèrent épars sur le territoire conquis, et firent en 1481 la fin soumis par la Russie. Ils sont très-répandus dans les provinces asiatiques de ce vaste empire; mais ils habitent spécialement la Tatarie indépendante. Voy. les articles suivants.

TATARES RUSSES, nom donné aux Tartares disséminés dans les diverses provinces de la Russie. On distingue leurs peuplades par des noms particuliers : les *Tatares d'Astrakhan* sont fixés dans cette ville et les environs et sur les bords de la mer Caspienne. Les *Tatares Barabinsses* forment une peuplade de race turque, habitent les steppes de Barama ou Baraba et formant sept tribus. Ils vivent du produit de leurs troupeaux, professent l'islamisme, et payent un tribut à la Russie. Les *Tatares Bellyres* habitent la Russie asiatique, gouvernement de Tomsk. Les *Tatares de Crimée* habitent cette péninsule. Ils sont d'une forte complexion, grands, professent le mahométisme. Ils sont très-hospitaliers, et vivent du produit de leurs troupeaux. Les *Tatares Ilchikinskoï* dans la Russie asiatique, gouvernement de Perm, sont exempts de tout impôt et servent sans solde. Les *Tatares de Kassimov* habitent cette ville et ses environs. Ils sont industrieux et commerçants. Les *Tatares Katschins* habitent le gouvernement d'Iénisséï. Leurs occupations sont la chasse et le soin des troupeaux. Ils payent à la Russie un tribut de fourrages. Les *Tatares de Kazan* habitent le gouvernement de ce nom en Russie, sont pacifiques et doux. Les *Tatares Koundors* errent depuis les bords de l'Akhtouba jusqu'à la mer Caspienne, et ne payent aucune redevance à la Russie à cause de leur pauvreté. Les *Tatares Mestchériaks* habitent les gouvernements d'Orenbourg et de Perm, sont doux, éclairés, et professent l'islamisme. Les *Tatares Nogaïs* (voy. ce mot) habitent le sud de la Russie. Les *Tatares de l'Obi* vivent en Asie sur les bords de l'Obi, sont partagés en seize tribus qui s'adonnent à la pêche et à la chasse. Ils sont chrétiens ou mahométans, et payent à la Russie un tribut en pelleteries. Les *Tatares d'Oufa* sont fixés dans les gouvernements d'Orenbourg et d'Ekaterinoslav. Presque tous sont cultivateurs. Les *Tatares Sagaïtzj* habitent l'Iénissé, sont nomades, grands et forts. Ils vivent du produit des troupeaux. Les *Tatares Zaiansk* habitent le même gouvernement. Ils sont nomades, et leur richesse consiste en chevaux et bétail. Les *Tatares de Tschary* habitent le gouvernement de Tomsk. Ils sont tous agriculteurs et mahométans. Les *Tatares de Verkneï-Tomsk* habitent les bords de la Toma. Ils sont nomades, pauvres et sauvages. Enfin il y a les *Tatares de Sibérie et de Tobolsk*, qui habitent les gouvernements de ce nom. *Tatares Bachkirs*. Voy. ce mot.

TATARIE ou TARTARIE, nom général et vague sous lequel on comprenait autrefois la plus grande partie de l'Asie septentrionale et centrale. Mais cette acception est fausse et rejetable, car il est beaucoup de points où la race tatare n'a jamais pénétré; on la divise : 1º en *Tatarie russe* ou *Astrakhan*; *Khasan* et *Sibérie*; 2º *Tatarie chinoise*, comprenant la *Mongolie*, la *Mandchourie*, la *Kalmoukie* et la *petite Boukharie*; 3º la *Tatarie indépendante*, la seule qui ait conservé le nom de Tatarie.

TATARIE INDÉPENDANTE, contrée de l'Asie occidentale, bornée au N. par la Sibérie, à l'E. par l'empire chinois, au S. par la Perse et l'Afghanistan, à l'O. par la mer Caspienne. Les monts Ourals, Naourzim, Kachgar-Davan, Hindou-Khouch et le Balkan dessinent ses limites. La superficie de la Tatarie est d'environ 60,000 lieues carrées, et sa population de 3,800,000 habitants. Le climat est bon, doux et salubre, la chaleur tempérée, les hivers froids. Le sol est couvert d'immenses steppes et de déserts. Quelques cantons sont très-fertiles, ainsi que le bord des rivières. Le commerce se fait avec la Russie, la Perse, l'Indoustan et la Chine; il consiste en fourrures, grains et fruits. La Tatarie se divise en *Mavaren-nahar*, *Kharism* et le pays des *Kirghiz*. Le premier est subdivisé en *Boukharie*, *Kholkhan* et *Badakhokhan*. Le Kharism contient le Khiva et la Turcomanie. Pour les *Kirghiz*, voy. ce mot.

TATE-VIN. Voy. ALCOOMÈTRE.

TATIANITES, hérétiques ainsi nommés de leur chef *Tatien*, qui embrassa la religion chrétienne à Rome, et eut pour maître saint Justin. — Vers l'an 172, il se fit chef d'une secte d'hérétiques. Il admettait deux différents dieux, condamnait le mariage, et disait que la chair de Jésus-Christ n'avait été qu'apparente. Tatien avait composé plusieurs écrits. Il ne nous reste de lui qu'une concorde évangélique, intitulée *Diatesseron*. Son hérésie eut une courte existence.

TATIENS, nom sous lequel Romulus donna à une des tribus du peuple romain en l'honneur de Tatius. (Voy.) Les Tatiens habitaient les monts Capitolin et Quirinal.

TATIUS (Titus), roi de Cures, ville des Sabins, fit la guerre à Romulus, roi de Rome, pour venger l'enlèvement des Sabines. Il entra dans cette ville par la perfidie de Tarpeïa, et pénétra jusqu'au Forum, où les Sabins et les Romains se livrèrent un combat terrible. Les Sabines, se jetant au milieu des combattants, firent cesser le carnage par leurs cris et leurs prières. La paix fut conclue, en 750 avant J.-C., à condition que Tatius partagerait le trône de Rome avec Romulus. Mais celui-ci, jaloux de ce partage, et ne voulant seul régner, le fit assassiner six ans après. Sa fille Tatia épousa Numa Pompilius.

TATOU ou DASYPE, genre de mammifères de la famille des édentés, renfermant des animaux remarquables par l'espèce de cuirasse, composée de compartiments semblables à de petits pavés, qui recouvre leur tête, leur corps et souvent leur queue. Les tatous sont épais de corps, et ont les jambes très-basses. Leur tête est petite et terminée par un museau pointu. Les yeux sont petits et placés latéralement; les oreilles sont grandes, en cornet, pointues et mobiles; la bouche est petite. Les doigts des pieds sont épais et propres à fouir la terre. La queue est longue et conique, les tatous vivent en petites troupes dans les plaines et les bois de l'Amérique méridionale. Presque tous nocturnes ou se creusent des terriers. Ils se nourrissent de substances végétales, d'insectes, de mollusques, de cadavres d'animaux. La longueur de leur corps varie d'un pied à un pied et demi.

TATOUAGE, action de *tatouer*, c'est-à-dire d'imprimer des dessins de diverses couleurs sur son corps. Cet usage est très-répandu chez toutes les nations sauvages, et surtout chez les peuples de l'Océanie. Chaque insulaire a son *moko* ou dessin, qui lui sert comme d'armoiries et qui rappelle son mérite individuel. On tatoue en enfonçant une pointe aiguë dans la chair vive et en y versant une substance colorée. Le dessin qui en résulte est inaltérable. Le tatouage est usité aussi en Europe et dans beaucoup d'autres pays parmi les classes ouvrières principalement. En Europe, pour tatouer, on dessine sur la peau en la piquant avec une aiguille jusqu'au vif. La partie dessinée est couverte de poudre à canon très-fine. On y met le feu et l'explosion fait pénétrer dans la peau des particules de poudre qui y gravent le dessin de telle sorte qu'aucun ingrédient ne pourrait plus l'effacer. Le dessin paraît de couleur bleue. En mélangeant avec la poudre des substances colorées très-fines, on a des dessins jaunes, rouges, noirs, etc.

TAUBOUR. C'est, en marine, le nom de la partie de l'aviron qui s'étend du support à la poignée.

TAUD ou TAUDE, tente de nuit, peinte en encre rouge ou jaune, pour que la pluie ne pénètre pas sur les hommes qu'elle couvre, dans les embarcations et entre les deux passavants des bâtiments, où on en établit quelquefois. La taude est aussi une toile qui sert, dans les navires et les ports du commerce, à couvrir les marchandises. — *Tauder*, c'est couvrir, abriter avec une taude, la tendre sur une embarcation sans pont.

TAUPE, genre de mammifères de l'ordre des carnassiers insectivores, renfermant animaux de petite taille, dont le corps trapu et comme cylindrique est couvert d'un poil court, fin, doux au toucher, épais, soyeux. La tête est allongée et terminée en pointe par une espèce de boutoir soutenu intérieurement par un os particulier qui lui donne beaucoup de force. Les yeux sont infiniment petits, et l'on a cru longtemps que la taupe était absolument dépourvue de cet organe. Les taupes sont propres à l'Europe, à l'Asie et à l'Afrique. Elles se creusent des galeries où elles vivent isolément. Elles se nourrissent habituellement d'insectes, de petits animaux, et quelquefois de racines de végétaux. Les seuls dommages qu'elles causent aux agriculteurs, c'est de bouleverser le sol, et de détruire ainsi les plantes qui se trouvent placées au-dessus. La *taupe commune*, longue de cinq pouces, sans comprendre la queue qui a un pouce et demi, le pelage doux, luisant et d'un noir cendré.

TAUPE. On nomme vulgairement *taupe du Cap* la *chrysochlore*; *taupe au museau étoilé*, le *condylure*; *taupe-grillon*, la *courtilière*; *taupe de mer*, l'*aphrodite*. Enfin on a étendu le nom de *taupe* au *spalax*.

TAUPE, terme de chirurgie, tumeur molle, irrégulière, sinueuse, contenant une matière blanche, épaisse comme de la bouillie, qui quelquefois carie les os du crâne, et produit des sillons sur le cuir chevelu, comme la taupe sous la terre.

TAUPIN, genre de l'ordre des coléoptères serricornes, renfermant des insectes nommés vulgairement *scarabées à ressort*. Leur corps est ovale ou elliptique, déprimé et défendu par des téguments solides. Ces insectes, pour se rétablir dans leur position naturelle lorsqu'ils ont été couchés sur le dos, emploient un moyen singulier. Ils contractent leurs pattes, et, les serrant contre le dessous du corps, baissent inférieurement la tête et le corselet, et rapprochant ensuite cette partie de l'arrière-poitrine, ils sautent en l'air en s'élevant perpendiculairement et retombant sur leurs pattes. On trouve les taupins sur les fleurs, les plantes et à terre, en Europe. Quelques espèces, propres à l'Amérique, sont phosphorescentes, et se nomment vulgairement *mouches à feu*. Le *taupin ferrugineux* a le corps noir et pointillé, avec le corselet et les élytres d'un rouge fauve. Cette espèce habite la France.

TAUPINIÈRE, nom donné aux petites élévations de terre qu'amoncelle la taupe en fouillant le sol pour creuser ses terriers.

TAUPINS. Charles VII, roi de France, ayant résolu d'avoir continuellement une troupe d'infanterie sur pied, demanda (1448) à chaque paroisse du royaume un homme en état de faire le service, et il promit des priviléges à ces soldats, les exemptant de presque tout subside, ce qui les fit appeler *francs taupins*. Ce nom leur venait de leur habileté à creuser des mines et des tranchées. De la création des taupins date en France l'établissement d'une milice régulière.

TAURÉADOR. Voy. TORÉADOR.

TAUREAU, nom donné au mâle de la vache, que l'on nomme *taurillon* quand il est jeune, et *bœuf* lorsqu'il a subi l'opération de la castration. Le taureau est dans toute la vigueur de l'âge entre trois et quatre ans. A neuf ans, il convient de le mettre à l'engrais. Cet animal est celui qui supporte le plus impatiemment le joug, et qui est le moins docile à la voix de l'homme. En Espagne et dans les départements français voisins de cette contrée, l'on s'exerce souvent aux combats de taureaux. Les combattants se nomment *toréadors*.

TAUREAU (astron.), nom donné à la deuxième constellation du zodiaque. Sur son cou sont placées les *Pléiades*, et sur son front les *Hyades*, groupe d'étoiles que nous avons décrit. L'écliptique passe entre les cornes du Taureau. Le soleil est dans le signe du Taureau vers le 20 avril, et en sort vers le 19 mai.

TAUREAU. C'est, en termes de marine, un navire de charge, très-enflé de l'avant, en usage dans la Manche. Il a deux mâts; celui de l'avant est le plus grand. Cette embarcation porte deux voiles carrées.

TAURIDE, gouvernement de la Russie d'Europe, comprenant, outre la Crimée (ancienne *Chersonèse taurique*), le pays des Cosaques de la mer Noire ou *Tchernomorskie*, et l'espace compris entre le Dniéper et la mer d'Azof. Sa superficie est de 4,938 lieues carrées, et sa population de 4 à 500,000 habitants. Le gouvernement est fertile dans certaines parties, stérile et couvert d'immenses steppes dans d'autres. On y rencontre un nombre prodigieux de monuments antiques. La capitale de la Tauride est SIMPHEROPOL ou AKHMETCHEE, ancienne résidence des kans tartares. Voy. pour la suite des détails l'article CRIMÉE.

TAURILIENS, nom donné à des jeux institués par Tarquin le Superbe, roi de Rome, en l'honneur des dieux infernaux. On leur sacrifiait un taureau.

TAURIS ou TÉBRIS, ville de Perse, chef-lieu de la province d'Aderbaïdjan, à 105 lieues de Téhéran. Elle est située à l'extrémité d'une vaste plaine très-fertile, au pied de la montagne de Schend, et est protégée par des murailles très-élevées et par des tours. On y remarque de beaux bazars et caravansérails, le palais du gouverneur, de belles caseries, des manufactures de coton et de soie. Son commerce est très-important et très-étendu. Tauris est une ville très-ancienne, qui a été à diverses reprises capitale des Mongols et de la Perse. Sa population était alors de 4 à 500,000 habitants. Les guerres et les tremblements de terre l'ont réduite à 30,000. Tauris passe pour la deuxième ville de l'empire de Perse.

TAUROBOLE, dérivé de deux mots grecs qui signifiaient *sacrifice d'un taureau*. Le taurobole était chez les Romains un sacrifice expiatoire, destiné à laver les criminels de leurs fautes. On égorgeait un taureau sur une grande pierre un peu creusée et percée de plusieurs trous ; sous cette pierre était une fosse, dans laquelle l'expié se plaçait et recevait sur son corps et sur son visage le sang de l'animal immolé.

TAUROCOLLE, sorte de colle forte faite avec les tendons, les cartilages, les rognures de peau et les pieds de bœuf. Elle sert aux menuisiers, aux chapeliers, aux cordonniers, etc.

TAURUS, grande chaîne de montagnes de la Turquie d'Asie. Elle prend naissance en Arménie, sur la rive droite de l'Euphrate, dans la partie orientale du pachalik de Marach, sépare celui d'Itchil de la Caramanie, et se dirige au N.-O., vers les sources du Nabis, dans l'Anatolie. Elle s'y partage en deux branches, dont l'une court au S.-O. avec les noms *Jouclou-Dagh*, *Baïkus-Dagh*, *Baba-Dagh*, *Ac-Deveren*, et se termine au cap d'Arbora ; tandis que l'autre, qui comprend les montagnes de *Calderdagh*, de l'*Olympe*, de *Mourad-Dagh* et de *Maltepeh*, aboutit au canal de Constantinople. Le véritable Taurus est compris entre l'Euphrate et la source du Nabis, dans un espace de 100 milles. A l'E., on le nomme *Kurin*, au centre *Balaklar*, à l'O., *Bougali-Dagh* et *Pultau-Dagh*. Le Taurus est réuni au Liban par l'*Alma-Dagh*. L'*Anti-Taurus*, qui prend naissance au pied du Taurus proprement dit, va rejoindre l'Elbours et le Caucase. Ces montagnes sont couvertes de neiges perpétuelles. Leurs flancs sont recouverts par de belles forêts.

TAUTOCHRONE, dérivé de deux mots grecs qui signifient *en même temps*; terme de mécanique, désignant l'égalité de temps pendant lequel se produisent plusieurs effets. Les vibrations d'un pendule sont tautochrones. On appelle *courbe tautochrone*, en mécanique, une courbe dont la propriété est telle, que si on laisse tomber un corps pesant le long de la concavité de cette courbe, il arrivera toujours dans le même temps au point le plus bas, de quelque point qu'il commence à partir. — On nomme *tautochronisme* l'égalité de temps pendant lequel se font deux ou plusieurs choses.

TAUTOGRAMME, dérivé de deux mots grecs qui signifient *la même lettre*. Ce nom s'applique à une sorte de poëme usité dans le moyen âge, et où l'on affecte de n'employer que des mots qui commencent tous par la même lettre.

TAUZIN, espèce du genre chêne, habitant les landes qui s'étendent depuis l'embouchure de la Garonne jusqu'au pied des Pyrénées. Ses glands sont petits et nombreux. Ses feuilles sont profondément divisées, hérissées en dessus, et fortement velues en dessous. Son bois est flexible ; dans sa jeunesse, on l'emploie à faire des cercles.

TAVANNES ou TAVANES (Gaspard DE SAULX DE), né en 1509, fut élevé à la cour de France en qualité de page du roi, et fait prisonnier à la bataille de Pavie avec François Ier. Il fut envoyé à la Rochelle en 1542, et ramena à son devoir cette ville, qui s'était révoltée. Le duc d'Orléans étant mort, le roi donna à Tavanes la moitié de la compagnie de ce prince, et le fit son chambellan. Henri II le nomma en 1552 maréchal de camp. Il se montra digne de ce grade dans les guerres entre la France et l'Allemagne. Sous les règnes de François II et de Charles IX, Tavanes apaisa les troubles de la Bourgogne et du Dauphiné. Il fut ensuite chef du conseil du duc d'Anjou, et fut nommé maréchal de France en 1570. Il mourut en 1578. Son fils, GUILLAUME, fut lieutenant du roi en Bourgogne, et mourut en 1633. On a des mémoires sous le nom de Gaspard et de Guillaume de Tavanes, rédigés par JEAN DE TAVANES, frère du deuxième, et mort en 1630 avec le brevet de maréchal de France. Ces mémoires sont peu intéressants.

TAVÈLE ou TAVELLE, sorte de passement étroit. Il se dit aussi, dans les fabriques d'étoffes, d'une petite tringle de bois très plate, qui sert comme de battant pour frapper la trame dans le petit métier.

TAVELER. C'est, en terme de fourreurs, moucheter l'hermine avec de petits morceaux de peau d'agneau de Lombardie, dont la laine est luisante et très-noire, ou avec des bouts de la queue d'hermine même qui sont noirs. *Taveler* est devenu synonyme de *moucheter*. On dit un *léopard tavelé*. On appelle *chandelle tavelée* celle qui est tavelée, parce qu'on y a employé le suif trop chaud. — *Tavelure* est synonyme de *bigarrure*.

TAVERNIER (Jean-Baptiste), un des plus grands voyageurs du XVIIe siècle, né à Paris en 1605. Il contracta une si forte inclination pour les voyages, qu'à vingt-deux ans il avait déjà parcouru la France, l'Angleterre, les Pays-Bas, l'Allemagne, la Pologne, la Suisse, la Hongrie et l'Italie. La curiosité l'entraîna à voyager au delà de l'Europe. Pendant plus de quarante ans, il fit six voyages en Turquie, en Perse et aux Indes, en faisant un grand commerce de pierreries, ce qui lui procura une fortune considérable. Il voulut faire un septième voyage pour visiter la Russie, malgré son extrême vieillesse, et mourut à Moscou en 1689. Louis XIV lui donna des lettres de noblesse ; il a laissé six volumes de *Voyages*, renfermant des choses d'un grand intérêt, et qui ont été rédigés par Samuel Chappuzeau et la Chapelle.

TAVIRA, capitale de la province des Algarves, dans le Portugal, à l'embouchure de la Segua et à 48 lieues de Lisbonne. Sa population est de 5,000 habitants. Tavira fait un grand commerce de fruits.

TAXATION, nom donné autrefois à certains droits attribués à quelques officiers qui avaient le maniement des deniers du roi.

TAXIARQUE, dérivé des mots grecs *taxis* et *arché*, qui signifient *commandement d'une troupe* ; c'était chez les Athéniens un officier qui commandait une taxis ou hécatonarchie.

TAXICORNES, famille d'insectes coléoptères hétéromères. Leurs mâchoires sont dépourvues au côté interne d'onglet corné ; les antennes ou filets de la tête sont courtes, plus ou moins perfoliées ou grenues, et se terminent en massue. Les pieds ne sont propres qu'à la course. La plupart de ces insectes vivent sous les écorces des arbres ou dans les champignons. A la famille des taxicornes appartiennent les genres *phalérie*, *tétratome*, *trachyscèle*, etc.

TAXIDERMIE (dérivé des mots grecs *taxis* et *derma*, préparation de la peau), art qui a pour but de préparer les espèces animales de manière à en conserver tous les caractères génériques et spécifiques, et à les soustraire le plus qu'il est possible à l'influence des divers agents de destruction. En général, pour faire cette opération, on commence par vider le corps de l'animal qu'on y soumet. On induit la peau d'une substance destinée à éloigner les insectes des collections d'histoire naturelle et à rendre la peau inaltérable. Pour donner à la peau ainsi préparée la forme de l'animal vivant, il faut établir un squelette artificiel en bois, en fer, en fil de laiton, revêtir ce squelette d'une musculature artificielle de coton, de filasse, etc., et adapter à cet animal factice la peau préparée. Du reste les préparations varient suivant le genre de l'animal qu'on soumet à la taxidermie.

TAXILE, roi de l'Inde, etc., voisin de Porus, fut vaincu et traité honorablement par Alexandre.

TAXIS, nom donné, en chirurgie, à la compression qu'on exerce avec la main sur les hernies, pour en obtenir la réduction. Cette opération est en général très-facile dans les hernies peu volumineuses, libres d'adhérences. Elle est très-difficile, souvent même impossible, dans les hernies adhérentes ou étranglées.

TAXIS. Voy. HÉCATONARCHIE.

TAY, rivière d'Ecosse, qui a sa source dans le comté de Perth, et forme un petit golfe à son embouchure dans la mer du Nord. Elle divise l'Ecosse en deux parties, l'*Ecosse septentrionale* et l'*Ecosse méridionale*. Elle est navigable durant 6 lieues de son cours. *Tay* est aussi le nom d'un lac du comté de Perth, qui a 7 lieues de longueur sur une demi-lieue de large.

TAYGÈTE, montagne de Laconie, au S. de Sparte, à l'O. de l'Eurotas. C'était là que les Lacédémoniens exposaient les enfants qui naissaient trop faibles ou infirmes.

TCHE-KIANG, province de Chine, entourée par le Kiang-Nan, le Kiang-Si, l'Océan et le Fo-Kien. Sa superficie est de 4,285 lieues carrées, et sa population de 21,000,000 d'habitants. Cette province est riche et fertile. On y cultive beaucoup de mûriers, et on y fait un immense commerce de soie. La capitale est *Hang-Tchéou-Fou*.

TCHÉRÉMISSES, peuples de la Russie, d'origine finnoise, et qui habitent les bords de la rivière Kama. Les Tchérémisses se livrent à l'agriculture et aux arts.

TCHERKESSES, peuples de Circassie. Les Tcherkesses sont grands et bien faits ; ils professent le mahométisme, et vivent sous une espèce de gouvernement féodal.

TCHERNIGOF ou CZRNIKOV, gouvernement de la Russie d'Europe, à l'O. de celui de Koursk. Sa superficie est de 1,980 lieues carrées, et sa population de 160,000 habitants. Le sol est très-fertile. La capitale est TCHERNIGOF, avec 18,000 habitants.

TCHICKIRNÉ, nom donné à une gabare portant 200 tonneaux, dont les Turks se servent pour charger du bois sur la mer Noire et celle de Marmara, pour l'arsenal de Constantinople. Elle n'a qu'un seul mât au centre et un beaupré.

TCHITTIGONG, pays montagneux de l'Indoustan, au S.-E. du Bengale. Il est borné au N. par le Tipperah, à l'E. par l'empire Birman. La capitale est ISLAMABAD. Ce pays fait un grand commerce en ivoire, sel, bois et métaux.

TCHOUDES, nom donné aux *Finnois*, peuple de race caucasienne, répandu dans l'empire russe. Il se divise en Livoniens, Esthoniens, Finlandais, etc.

TCHOUKTCHIS, peuple de la Russie, qui habite le nord-est de la Sibérie, au nord des Koriaks. Ils sont au nombre d'environ mille familles, et vivent de pêche et de chasse.

TCHOUVACHES, peuple de la Russie d'Europe, de race finnoise, et qui habite entre la Soura et le Volga. Les Tchouvaches diffèrent essentiellement des autres peuplades de l'empire par le langage, les mœurs et les vêtements. Ils se livrent à l'agriculture et aux arts.

TEBET. Voy. THIBET.

TECH, rivière de France qui prend sa source dans les montagnes des Pyrénées-Orientales, et se jette dans la Méditerranée, près d'Elne. Son cours est de 68,100 mètres.

TECH, TECK ou THEKKA, genre de la famille des verbénacées, renfermant des arbres très-élevés qui habitent les forêts de l'Inde. Leur tronc droit et fort gros offre un bois solide, dur et serré, quoique léger, à l'abri des attaques de tout insecte à cause du suc vénéneux qui circule dans ses diverses parties. Malgré le danger que courent les charpentiers en préparant ce bois, il est employé aux Indes pour les constructions navales et pour la bâtisse des habitations. Dans le commerce, on désigne cet arbre par les noms de *bois puant* et de *chêne de l'Inde*. Ses trois variétés connues sont le *djati*, aux feuilles très-larges ; le *sung-gu*, qui ne peut être employé que quand il compte un siècle d'existence, et le *sœn-goe*, dont on mange le fruit.

TECHNOLOGIE, dérivé des mots grecs *techné*, art, et *logos*, discours (discours sur les arts). La technologie est la science des arts industriels, de tout ce que l'homme exécute à l'aide de ses mains ou des instruments et des machines qu'il a inventées. On a des *Dictionnaires technologiques*, ou recueil et explication par ordre alphabétique de tout ce qui est utile aux arts industriels.

TÉCOME, genre de la famille des bignoniacées, renfermant des plantes propres à l'Amérique et à la Nouvelle-Hollande. Ce sont des arbrisseaux garnis de feuilles opposées, portant des fleurs jaunes ou rouges. La *técome* vulgaire, ou *jasmin de Virginie*, est cultivée dans nos jardins d'agrément à cause de son feuillage d'un beau vert, de ses fleurs écarlates et de ses tiges grimpantes. Ses feuilles et ses branches teignent la laine alunée en jaune citron.

TECTOSAGES, ancienne nation de la Gaule narbonnaise, faisant partie des Volces, et bornée par les Ausci et les Lactorates à l'O., par les Cadurces et les Ruteni au N., par les Arécomiques et la Méditerranée à l'E., au S. par les Sardones. Les Tectosages se divisaient en *Tolosates*, au N.-O. (principale ville, *Tolosa*, Toulouse), et en *Atacini*, au S.-E. (principales villes, *Carcaso* et *NarboMartius*, Carcassonne et Narbonne). Leur nom leur venait du costume militaire nommé *sagum*. Les Tectosages se rendirent célèbres par des expéditions lointaines. Une de leurs colonies passa en Asie, conquit la Phrygie, la Paphlagonie, la Galatie, la Cappadoce, et construisit la ville d'*Ancyre*, qui devint sa capitale. Une autre colonie pénétra en Germanie, et fonda de grands établissements dans la forêt Hercynienne.

TECTRICES ou COUVERTURES (du mot latin *tegere*, recouvrir), nom donné, en histoire naturelle, aux plumes qui couvrent de très-près les ailes des oiseaux dessus et dessous, protégeant l'insertion des grandes plumes, qui s'implantent sur le bras et l'avant-bras. Les *petites tectrices* garnissent le haut de l'aile; viennent ensuite les *moyennes tectrices*, au-dessous desquelles sont les *grandes tectrices*. On appelle aussi *tectrices* les plumes molles qui couvrent la base de la queue dessus et dessous.

TE DEUM, nom donné à un cantique à l'usage de l'Eglise catholique, qui commence par ces mots: *Te Deum laudamus*, et que l'on dit ordinairement à la fin des matines, les jours qui ne sont point simples féries, ni dimanches du carême et d'avent. On chante aussi le *Te Deum* extraordinairement et avec cérémonie pour rendre publiquement grâces à Dieu d'une victoire ou de quelque autre événement heureux. On attribue le Te Deum à saint Augustin et à saint Ambroise.

TÉGÉE, petite ville d'Arcadie. Pan fut surnommé *Tégéen* du culte qu'on lui rendait dans cette ville.

TÉGUMENT (du latin *tegere*, couvrir), nom donné à la membrane extérieure qui recouvre le corps de l'homme et des animaux. Ce nom se donne encore 1° à toute chose destinée à en recouvrir une autre; 2° en botanique à l'enveloppe immédiate de l'amande d'une graine. Les téguments floraux sont le calice, la corolle et le périgone.

TEHAMAH, partie méridionale du royaume d'Yémen (Arabie). Le sol en est sablonneux et peu fertile. *Aden* et *Moka* en sont les villes principales.

TÉHÉRAN ou TEHRAN, capitale de la Perse, située à l'extrémité d'une plaine stérile, sablonneuse et insalubre. Au N. et à l'E., elle est bornée par les monts Elbours et Dernavend; à l'O., par une autre plaine plus fertile et mieux cultivée. Téhéran a la forme d'un carré long, et est entourée de fortes murailles, flanquées de tours. On y entre par quatre portes. Cette ville possède de beaux jardins, des bazars, des mosquées superbes, des palais magnifiques. Sa population est de 60,000 habitants. Le commerce et l'industrie de Téhéran sont peu étendus. Cette ville eut longtemps peu d'importance. Depuis le commencement du XVIII° siècle, elle est devenue la capitale du royaume.

TEIGNE, affection propre au cuir chevelu, consistant en écailles ou croûtes, dont la réunion forme un couvercle épais et dégoûtant, qui occupe une partie ou la totalité de la tête. La teigne n'est pas toujours cependant bornée à cette région. Cette maladie est quelquefois héréditaire et propre à l'enfance; elle est plus commune parmi les pauvres que dans la classe aisée; la malpropreté habituelle, l'usage d'aliments grossiers et indigestes ont une grande influence sur son développement. On ignore si elle est contagieuse. On en distingue diverses espèces. Les teignes peuvent disparaître par l'effet des remèdes ou spontanément vers la puberté ou avant cette époque. Elles peuvent aussi entraîner le dépérissement et la mort; dans tous les cas, leur durée est longue, et souvent elles se reproduisent plusieurs fois.

TEIGNE, genre de lépidoptères, de la tribu des tinéites (voy.), renfermant des insectes ayant la tête large et velue, le corselet ovale, l'abdomen cylindrique, terminé par un bouquet de poil dans les mâles, et en pointe dans les femelles. Les ailes sont longues et étroites. La *teigne des pelleteries* est d'un gris plombé. Sa chenille dévore les pelleteries; elle se plaît dans les endroits sombres. La *teigne des tapisseries* dépose ses œufs dans les étoffes de laine. La chenille se nourrit de cette substance.

TEIGNE DES CHEVAUX, nom donné à une ulcération fétide qui a son siége à la fourchette du pied des animaux dont le tissu est comme vermoulu. Elle cause de très-vives démangeaisons, et répand une odeur de fromage pourri.

TEINTE, terme de peinture, nuance de couleurs, mélange de plusieurs couleurs pour en composer une qui imite celle de l'objet qu'on veut peindre. On appelle *demi-teintes* un ménagement de lumière par rapport au clair-obscur, ou un ton moyen entre la lumière et l'ombre.

TEINTURE, liqueur propre à *teindre*, c'est-à-dire à faire prendre à une étoffe ou à un corps quelconque une couleur différente de celle qu'ils avaient, en les plongeant dans cette liqueur, dont ils s'imbibent. La *teinture* est aussi l'art de teindre les tissus ou les fils propres à les former. On nomme *teinturier* celui qui exerce l'art de teindre. Quand on veut teindre un tissu, on enlève d'abord les couleurs primitives, et on le blanchit, puis on lui donne la teinte voulue. Les couleurs minérales s'appliquent par des réactions chimiques, et sont plus solides quoique moins brillantes que les autres. Les couleurs solubles dans l'eau ne peuvent se fixer sur les tissus que par le moyen d'agents particuliers que l'on nomme *mordans*. Telles sont les couleurs rouges qui proviennent des bois de campêche, de la garance, etc., les couleurs jaunes fournies par la gaude, la quercitron. D'autres, comme l'indigo, demandent à être dissous dans des véhicules convenables qu'ils abandonnent pour se combiner avec les tissus.

TEINTURE (pharm.), nom donné à la dissolution d'une substance simple ou composée, plus ou moins colorée, dans une menstrue quelconque. De là les noms de *teinture alcoolique, éthérée*, etc., suivant que la dissolution s'est opérée dans l'alcool, dans l'éther, etc.

TEINTURE ALCOOLIQUE ou SPIRITUEUSE, alcool plus ou moins aqueux, tenant en dissolution les aromes huileux, volatils, les substances résineuses, mucilagineuses, salines, etc., qui se trouvent dans les matières que l'on fait infuser dans l'alcool. Ces teintures sont décomposées par l'eau qui les blanchit, en précipitant la partie résineuse. On doit toujours les préparer dans des vaisseaux clos. Plusieurs d'entre elles sont simples, d'autres sont composées; ces dernières sont souvent désignées sous le nom d'*élixir*. Aujourd'hui on substitue au nom de *teinture* celui d'*alcoolat* ou d'*alcool*. Ainsi on dit *alcoolat* ou *alcool de safran, de cannelle*, etc. Les propriétés médicinales des teintures alcooliques sont

à la fois celles de l'alcool et des matières qui y sont dissoutes.

TEINTURE AQUEUSE, nom donné à la teinture faite avec de l'eau. Ainsi on dit teinture aqueuse de tournesol ou teinture de tournesol.

TEINTURE DE MARS TARTARISÉE, tartrate de potasse et de fer en dissolution concentrée et mêlé avec une certaine quantité d'alcool. Il est tonique et apéritif.

TEINTURE DE MARS DE LUDOVIC, tartrate de potasse et de fer dissous dans l'alcool. Pour l'obtenir, on évapore jusqu'à consistance de miel une dissolution aqueuse de parties égales de sulfate de fer blanc desséché et de crème de tartre. On fait digérer le produit dans l'alcool. On renouvelle ce traitement jusqu'à ce que le liquide soit incolore. L'alcool dissout le tartrate de potasse et de fer, formé aux dépens d'une portion de sulfate de fer; la partie de ce dernier qui n'a pas été décomposée, reste au fond du vase sans se dissoudre. Cette teinture jouit des propriétés médicinales du tartrate de potasse et de fer.

TEINTURE D'OR. Voy. OR POTABLE.

TEISS. Voy. THEISS.

TEISSON ou TAISSON, nom donné au *blaireau* dans le midi de la France.

TÉKÉLI (Emeric), né à l'époque où les Hongrois luttèrent avec les empereurs d'Allemagne pour obtenir la liberté, au commencement du XVII° siècle. Il n'avait que quinze ans lorsque son père, un des chefs de l'insurrection hongroise, vint à mourir. Le jeune comte Emeric continua la guerre. Assiégé dans Licorfa, il fut forcé de capituler après un siége héroïque, et s'enfuit d'abord en Pologne, puis en Transylvanie. Devenu premier ministre d'Abassy, il se mit ensuite à la tête de l'armée opposée aux impériaux. Tékéli attaqua près de Szathmar le comte de Leslé, et remporta une victoire complète. La Turquie se prononça en faveur des insurgés, et Tékéli reçut du sultan la couronne de Hongrie. Battu par le duc de Lorraine, il fut contraint de se retirer en Moravie. Nommé prince de Transylvanie, il remporta une sanglante victoire sur les impériaux, commandés par le général Heister. Vers 1692, il fut nommé hospodar de Moldavie. Après le traité de Carlowitz, qui mit fin à la guerre, il se retira à Nicomédie, et mourut bientôt après.

TEKUPHES, terme fort commun dans les calendriers et les tables des fêtes des juifs. Il se prend pour l'entrée du soleil dans les quatre points cardinaux du zodiaque, c'est-à-dire les deux équinoxes et les deux solstices, ou pour l'espace de trois mois entre un équinoxe et un solstice, ou un solstice et un équinoxe, c'est-à-dire ce mot se prend pour le premier jour du printemps, de l'été, de l'automne et de l'hiver, ou chacune des quatre saisons de l'année. Les juifs ne sont pas d'accord sur la manière de compter les tekuphes.

TÉLAMON (myth.), fils d'Eaque, fut père du fameux Ajax, il fit à Hercule dans sa guerre avec Laomédon, roi de Troie, et reçut en récompense du héros Hésione, fille de Laomédon. Il fit aussi partie de l'expédition des Argonautes.

TELCHINES (myth.), nom donné par les anciens aux magiciens et aux enchanteurs à qui on attribuait l'invention de plusieurs arts. On les mit au rang des dieux après leur mort. On croit que c'est d'eux qu'Apollon a reçu le surnom de *Telchinius*.

TÉLÉARQUE, magistrat thébain chargé de faire nettoyer les rues, enlever les fumiers, entretenir les égouts.

TÉLÈCLES, roi de Lacédémone, de la famille des Agides, succéda à Archelaüs l'an 853 avant J.-C., et eut pour successeur Alcamène à sa mort (813).

TÉLÉGONE (myth.), fils d'Ulysse et de Circé. L'oracle ayant prédit qu'Ulysse périrait de la main de son fils, il céda son trône à Télémaque et se retira dans un dé sert. Télégone, devenu grand, obtint de Circé la permission d'aller voir son père. Comme il débarquait à Ithaque, Ulysse, le prenant pour un ennemi qui voulait surprendre l'île, ramassa quelques soldats, à la tête desquels il se mit pour s'opposer à la descente de Télégone. On en vint aux mains, et Ulysse fut tué par son propre fils, lequel, ayant connu son crime, quitta l'île d'Ithaque et vint en Italie, où il bâtit la ville de Tusculum.

TÉLÉGRAPHE, dérivé des mots grecs *télé* et *grapheïn*, écrire au loin. Nom donné à un instrument destiné à transmettre des ordres ou des nouvelles importantes d'un lieu à un autre au moyen de signes particuliers qui ont une valeur littérale. Les frères Chappe découvrirent le télégraphe en 1793. Aujourd'hui la France en possède un très-grand nombre.—On a cherché à construire des télégraphes électriques, c'est-à-dire qui agissent sous l'influence d'une pile de Volta. Mais jusqu'à présent les essais ont été infructueux.

TÉLÉGRAPHE MARIN, instrument destiné à transmettre les signaux sur mer. Il se compose d'une longue poulie, hissée au bout de la corne d'artimon, et divisée en douze compartiments. Sur le pont, près du couronnement, est une caisse de deux pieds et demi de longueur ; elle renferme une barre d'où partent douze compartiments correspondants aux douze supérieurs, dans lesquels passent douze drisses pour les douze signes, pavillons, guidons ou flammes employés à ces signaux télégraphiques. Les marins ont un *dictionnaire* qui explique tous ces signaux.

TÉLÉMAQUE (myth.), fils d'Ulysse, roi d'Ithaque, et de Pénélope, était encore au berceau, lorsque son père partit pour le siége de Troie. Dès qu'il eut atteint l'âge de quinze ans, il voulut aller à la recherche de son père, et parcourut les mers, accompagné de Minerve, sous la figure de Mentor, son gouverneur. Pendant ce voyage, il essuya beaucoup de dangers, et retrouva enfin Ulysse, lorsqu'il revint à Ithaque. Après qu'Ulysse se fut démis de la couronne, Télémaque épousa Circé et en eut un fils, nommé *Latinus*. L'on a de Fénelon un ouvrage plein d'intérêt, intitulé *les Aventures de Télémaque*, et composé pour l'éducation du dauphin. Cet ouvrage, qui a été traduit dans la plupart des langues étrangères, est le récit des événements qui signalèrent le voyage de Télémaque.

TÉLÈPHE (myth.), fils d'Hercule et d'Augé. Teuthras, roi de Mysie, l'adopta pour son fils. Lorsqu'il fut en âge de porter les armes, il entreprit de s'opposer aux Grecs qui allaient assiéger Troie ; mais Achille le blessa, et Télèphe ne put être guéri qu'après avoir fait alliance avec ce prince et avoir mis sur la plaie un onguent fait de la rouille de la lance avec laquelle il avait été blessé.

TÉLÈPHE. Ce nom que les anciens botanistes donnaient à l'*orpin*, désigne aujourd'hui un genre de la famille des portulacées, renfermant des plantes propres aux lieux secs et pierreux du midi de la France. Ces plantes sont herbacées, sans agrément ni utilité. Le *téléphe rampant*, petite plante aux tiges étalées sur le sol, d'un vert foncé, chargées de feuilles ovales arrondies, porte des petites fleurs blanches à l'extrémité des tiges.

TÉLÉPHORE, genre d'insectes coléoptères pentamères, de la famille des serricornes. Leur corps est déprimé, mou, ailé dans les deux sexes ; leur tête est découverte ; les antennes sont filiformes et simples ; les yeux ronds et très-saillants. Ces insectes, voisins des lampyres ou vers luisants, ne possèdent pas la propriété phosphorescente de ces derniers. On les trouve communément sur les feuilles et les fleurs. Le *téléphore livide* a la tête ornée d'un point noir, le corselet d'un jaune roussâtre, sans taches, les ailes d'un jaune d'ocre, et le bout des cuisses noir.

TÉLESCOPE, instrument d'optique dont l'effet est de rapprocher et de rendre distincte l'image des objets très-éloignés. L'invention du télescope remonte au xvie siècle. On ignore le nom de l'inventeur, et on en attribue la découverte au hasard chez un lunettier de Middelbourg. Les premiers télescopes n'avaient pas dix-huit pouces de longueur. Galilée en fit de plus longs pour les astronomes. Aujourd'hui on en fait qui ont plusieurs pieds de longueur. Le *télescope de Newton* se compose d'un réflecteur concave placé au fond d'une caisse et d'un petit miroir plan, disposé entre le miroir concave et son foyer principal. Le miroir plan est incliné de 45 degrés sur l'axe de la caisse. L'image se produit sans couleurs et sous un fort grossissement. On la regarde au moyen d'une loupe placée dans un tube latéral. Le *télescope d'Herschell* n'est autre chose qu'un grand miroir concave ; les objets très-éloignés, les corps célestes, vont se peindre dans une position renversée au foyer principal du miroir, et leurs images s'y regardent au moyen d'une loupe douée d'un fort grossissement. Le télescope qu'Herschell a employé dans ses observations astronomiques avait 40 pieds de distance focale, et près de 24 pieds carrés de surface. Le *télescope de Grégori* est formé d'un miroir concave percé à son milieu d'une ouverture et d'un petit miroir concave, placé au delà du foyer principal et vis-à-vis du premier. Les objets très-éloignés donnent d'abord une image renversée au foyer du miroir ; cette image se réfléchit ensuite sur le petit miroir, et va se peindre près de l'ouverture du réflecteur. On la regarde au moyen d'un oculaire destiné à l'amplifier. Elle est directe et sans couleurs. — On a fait aussi des *télescopes terrestres* destinés à regarder les objets qui se trouvent sur la surface de la terre. Réduits à de petites dimensions, ils constituent les *lunettes d'approche* et les *lorgnettes*.

TÉLESPHORE (Saint), pape et martyr, succéda à Sixte Ier en 127. Il était Grec de nation. On ignore les faits de son pontificat. Il gouverna l'Eglise dix ans neuf mois, et remporta la couronne du martyre en 138. Il eut saint Hygin pour successeur. On fait sa fête le 5 janvier.

TELL (Guillaume), l'un des principaux acteurs de la révolution suisse en 1307. Tell était né à Burghau, canton d'Uri, et exerçait l'état de cultivateur à Burgeln près d'Altorf. Le bailli Gessler, gouverneur de la Suisse pour l'empereur Albert, faisait sa résidence à Altorf, et se signalait par ses cruautés. Une association secrète fut formée pour rendre la liberté à la Suisse. Gessler, mettant le comble à sa tyrannie, et, voulant s'assurer de ceux sur la fidélité desquels il pouvait compter, fit placer au haut d'un mât un chapeau, symbole de la domination autrichienne, qu'il ordonna aux Suisses de saluer. Tell se refusa à cet acte de soumission, et, pour le punir, le tyran le condamna à abattre d'un coup de flèche une pomme placée sur la tête de son fils. Guillaume Tell eut l'adresse d'atteindre la pomme sans blesser son fils. Gessler le fit arrêter et jeter dans une barque qui devait le transporter tous deux de l'autre côté du lac de Waldstætter. Une tempête horrible s'éleva pendant la traversée, et Gessler, qui connaissait Tell pour être un habile rameur, lui fait ôter ses fers. Tell, malgré l'orage, parvient à amener la barque vers un rocher qui porte encore le nom de *plateau de Tell*. Là il s'élance à terre, et, repoussant la barque du pied, il espère voir périr dans les flots l'oppresseur des Suisses ; mais Gessler échappe au danger et gagne le rivage. En suivant le chemin de Kussnacht, il rencontre Tell, qui lui décoche une flèche et le tue. Cette mort fut le signal du soulèvement général de la Suisse. Tell mourut en 1354. On construisit sur le sol qu'occupait sa maison une petite chapelle qui existe encore.

TELLIER (Michel LE), fils d'un conseiller à la cour des aides, naquit à Paris en 1603. Il fut d'abord conseiller au grand conseil, puis (1631) procureur du roi au Châtelet de Paris, et maître des requêtes. Nommé intendant de Piémont en 1640, il gagna les bonnes grâces de Mazarin, qui le fit nommer secrétaire d'Etat de la guerre. Dans les troubles de la France, il fut toujours attaché au parti de Mazarin. Il fut chargé de toutes les négociations que la cour eut à suivre avec les princes, et notamment avec Gaston d'Orléans et le prince de Condé. Ce fut par son entremise que fut conclu le traité de Ruel. Après avoir été ministre de la régente Anne d'Autriche, il continua de servir Louis XIV dans la même qualité. Il travailla avec Colbert à la perte du surintendant Fouquet, et fit accorder la survivance de sa charge de secrétaire d'Etat à son fils le marquis de Louvois. En 1677, il fut nommé chancelier et garde des sceaux. Il montra dans cette charge un zèle vigilant et actif, et fut un des principaux moteurs de la révocation de l'édit de Nantes. Il mourut en 1685. Bossuet prononça son oraison funèbre.

TELLIER (Michel LE), né près de Vire en Normandie en 1643, entra dans la société des jésuites en 1661, professa avec succès les humanités et la philosophie. Il fut envoyé au collège de Louis-le-Grand à Paris. Il publia divers écrits contre le jansénisme. Le père la Chaise étant mort en 1709, le père le Tellier lui succéda dans sa charge de confesseur de Louis XIV. Il s'empara entièrement de la conscience de son royal pénitent, qui ne fit rien depuis sans le consulter. Il abusa de son pouvoir en faisant détruire Port-Royal, asile de tant d'hommes célèbres. Le père le Tellier, à la mort du roi, fit tous ses efforts pour faire donner la régence au duc de Maine ; mais, le duc d'Orléans ayant obtenu cette fonction, le jésuite fut exilé à Amiens, puis à la Flèche, où il mourut en 1719. Il était de l'académie française.

TELLINE, genre de mollusques acéphales (sans tête apparente), renfermant des animaux très-comprimés à manteau ouvert dans une grande partie de son étendue, et pourvu sur les bords d'un rang de cirrhes ou filaments. De l'extrémité postérieure sortent deux tubes très-distincts et assez longs. La coquille est de forme un peu variable, en général mince, très-comprimée. Les tellines sont de belles coquilles ornées de brillantes couleurs rouges ou pourpres ordinairement, et très-recherchées des amateurs. Les tellines sont propres à toutes les mers, et vivent enfoncées dans le sable à une petite profondeur.

TELLURE, substance métallique découverte en 1797 par Klaproth. Le tellure est solide, d'un blanc bleuâtre ou d'un gris d'acier, lamelleux à sa surface, facile à pulvériser, fragile, très-cassant, très-éclatant, assez fusible et volatil. Sa pesanteur spécifique est de 6,115. Il est susceptible de se combiner avec l'hydrogène, et de former un gaz connu sous le nom d'*hydrogène telluré* et d'*acide hydro-tellurique*. Le tellure n'a pas d'usages. On le trouve près de Zalathna en Transylvanie, en Hongrie, en Norwège et dans l'Oural, combiné avec d'autres métaux, tels que le plomb, l'argent, l'or, le fer, le bismuth, etc. Il est très-rare.

TELLUS. Voy. TERRE (myth.).

TEMÈS, rivière de Hongrie qui prend sa source dans les montagnes de la Valachie, arrose le comté de Temesvar, et se jette dans le Danube, à Patschova.

TÉMÉNOS (en grec, *champ, lieu sacré*), nom donné aux portions de terre et de bois consacrées à une divinité. Elles étaient situées dans le voisinage des temples, et servaient à l'entretien des prêtres.

TEMENTHÈS, un des douze rois qui gouvernèrent ensemble l'Egypte après Sabacon, fut chassé avec les autres par Psammeticus, qui devint seul roi.

TEMESVAR ou TEMESCHVAR, comitat de Hongrie au delà de la Teiss. Il est borné au N. par les comitats de Czanad et Arad, à l'E. et au S. par ceux de Krassova et de Banal-Granze. Sa superficie est de 220 lieues carrées, et sa population de 230,000 habitants. Ce pays est très-fertile, et produit d'excellents pâturages.

TEMESVAR ou TEMESCHVAR, ville libre royale de Hongrie, très-forte, chef-lieu du comitat de Temesvar. Elle est située dans une grande plaine marécageuse sur le canal de Bega. Un évêque grec, suffragant de Carlowitz, et une cour de justice pour les trois comitats du banat y résident, ainsi qu'un évêque catholique et le commandant général du banat. Elle est régulièrement bâtie, et compte quatre faubourgs. On y remarque la cathédrale gothique, une église grecque, les hôtels de ville et du comitat, les couvents des franciscains et des frères de la Merci, etc. Sa population est de 13,000 habitants. Le commerce s'exerce sur les draps, les papiers, l'huile, les étoffes de soie et de laine, dont elle renferme de nombreuses fabriques. La forteresse de Temesvar est une des principales de la Hongrie.

TÉMOIN, celui qui rend *témoignage* de quelqu'un ou de quelque chose. Le *témoignage* est, en termes de droit, la déclaration que fait une personne en justice d'une chose qui est en sa connaissance. On distingue deux espèces de témoins : les *témoins instrumentaires*, qui assistent un officier de l'état civil dans l'exercice de ses fonctions pour donner plus d'authenticité encore à l'acte qu'il est chargé de recevoir. Les témoins produits aux actes de l'état civil doivent être du sexe masculin, âgés de vingt et un ans au moins, parents ou autres, et ils sont choisis par les personnes intéressées. Les actes notariés sont reçus par deux notaires ou par un notaire assisté de deux témoins, citoyens français, sachant signer et domiciliés dans l'arrondissement communal où l'acte est passé. Les témoins appelés pour être présents aux testaments doivent être majeurs, mâles, sujets du roi et jouissant des droits civils. Les *témoins judiciaires* sont ceux qui portent témoignage d'un fait en justice, et racontent devant le juge comment les choses se sont passées, au civil comme au criminel.

TÉMOINS (FAUX). Les lois des anciens condamnaient les faux témoins à la peine du talion, c'est-à-dire à celle qu'eût encouru l'accusé s'il eût été déclaré coupable. Au moyen âge, ils étaient presque toujours mis à mort. D'après nos lois actuelles, quiconque est coupable de faux témoignage en matière criminelle contre l'accusé, ou en sa faveur, est puni de la peine des travaux forcés à temps. Si néanmoins l'accusé a été condamné à une peine plus forte que celle des travaux forcés à temps, le faux témoin qui a déposé contre lui subira la même peine. En matière correctionnelle, le faux témoin est puni de la réclusion. En matière de police, il est puni de la dégradation civique et de la peine d'emprisonnement pour un au moins et cinq ans au plus. En matière civile, la peine est la réclusion. Le coupable de subornation de témoins est passible des mêmes peines que le faux témoin.

TÉMOINS SYNODAUX, nom donné à des espèces de censeurs ecclésiastiques, que les conciles nommaient autrefois pour découvrir les abus et généralement tous les crimes et désordres auxquels on devait remédier dans ces mêmes assemblées. L'usage des témoins synodaux a duré autant que les conciles généraux et provinciaux.

TEMPÉ, vallée célèbre de la Grèce, dans la Thessalie, au N.-E. de ce pays, entre les monts Olympe et Ossa. Le fleuve Pénée la traversait non loin de son embouchure. De toutes les parties de la Grèce, c'était celle qui était la plus belle, qui avait le plus pur climat et les plus beaux sites. La Tempé était la plus belle et la plus charmante vallée de l'univers. Les dieux et les déesses allaient s'y promener. Il y avait dans la Béotie une autre vallée du même nom, qu'on avait surnommée *Cycneia*, à cause des cygnes qui couvraient les rives des fleuves qui arrosaient la vallée.

TEMPÉRAMENT, nom donné aux différences remarquables qui existent entre les hommes, par suite de la variété des rapports et proportions entre les parties qui constituent le corps, et compatibles avec la conservation de la vie et le maintien de la santé. C'est dans ce sens qu'on dit *tempérament sanguin, nerveux*, etc., selon qu'il y a dans l'économie prédominance du système sanguin, nerveux, etc., sur les autres. On distingue les tempéraments *lymphatique, sanguin, nerveux, cellulaire, adipeux* ou *graisseux, scléreux*, caractérisé par le développement considérable du tissu osseux ou une haute stature, *musculaire, famélique* ou *gastronomique, gastropathique* ou *mélancolique*, et *érolique*.

TEMPÉRAMENT. Ce mot désigne, en musique, l'égalisation approximative des demi-tons chromatiques de l'échelle musicale, que les accordeurs de piano et d'orgue obtiennent en altérant un peu la justesse absolue de tous les intervalles.

TEMPÉRATURE, degré appréciable de chaleur qui règne dans un lieu ou dans un corps. On dit que la température d'un corps est plus élevée que celle d'un autre, lorsqu'il produit sur nous une plus vive sensation de chaleur. Le plus ordinairement, on entend par *température* la disposition de l'air chaud ou froid.

TEMPES, nom donné à la dépression que présente la tête sur ses parties latérales, entre le front et l'œil qui sont en avant, et l'oreille qui est en arrière. Les tempes sont distinguées en *droite* et *gauche*, correspondant à la fosse temporale de chaque côté. Ce mot dérive du latin *tempus*, temps, parce que c'est en ce lieu que les cheveux commencent à blanchir et à indiquer ainsi une des périodes de la vie.

TEMPESTA (Antonio), peintre et graveur italien, né à Florence en 1555, et mort en 1630. Il fut l'élève de Stradan, et excella comme lui à peindre les animaux. Son dessin est un peu lourd, mais ses compositions prouvent la beauté et la facilité de son génie. On a de lui beaucoup de *batailles* et de *chasses*. — On l'a souvent confondu avec PIERRE MOLYN, surnommé TEMPESTE, né à Harlem en 1643, et qui excella dans les tableaux de chasses aux sangliers.

TEMPLE, édifice consacré par les hommes pour y rendre hommage au dieu qu'ils adorent. Suivant la tradition la plus générale, les premiers temples furent construits par les Égyptiens. Les temples les plus fameux de l'antiquité étaient ceux de Vulcain à Memphis, de Delphes, d'Éphèse, celui de Minerve à Athènes, et celui de Jupiter Capitolin à Rome. L'enceinte des temples était chez les anciens un asile inviolable. Le temple le plus célèbre fut celui de Jérusalem, bâti par Salomon, et dont le plan avait été conçu par David. Il surpassait en magnificence tout ce que l'on peut concevoir de plus beau. Ce temple, détruit par Nabuchodonosor l'an 3416 du monde, reste enseveli sous ses décombres jusqu'en 3468, et ne fut rétabli qu'en 3489 par Esdras. Hérode le rebâtit en 3840, mais avec moins de splendeur que le premier. — Chez les protestants, le mot *temple* désigne le lieu où ils s'assemblent pour l'exercice de leur religion. A Rome, les augures nommaient *temples* les points du ciel qu'ils signalaient pour le vol des oiseaux.

TEMPLE. Les charrons nomment ainsi un morceau de bois de trois pieds de longueur, plus plat que rond, dont on se sert pour marquer, quand les rais sont placés dans le moyeu, la distance à laquelle il faut fermer les mortaises dans la jante. — Le *temple* ou *tompla* est, chez les tisserands, un instrument destiné à tenir l'étoffe ferme et tendue quand elle est sur le métier. Il est formé de deux barres de bois attachées l'une à l'autre par une ficelle, et dont les extrémités sont garnies de petites pointes de fer. On accroche les deux bouts du temple aux deux lisières de l'étoffe, auprès de l'endroit que l'ouvrier travaille. Le temple est garni dans le milieu de petits crans pour pouvoir en éloigner ou écarter les deux barres, selon la largeur de la toile. Il y a en outre un anneau de cuir mobile, nommé *miret*, qui embrasse les deux barres à la fois et les empêche de s'écarter.

TEMPLE, nom du quatorzième quartier de l'ancien Paris, ainsi nommé d'un édifice célèbre. Cet édifice et ses dépendances formaient une espèce de fief haut justicier. Ce fief s'étendait depuis la porte du Temple jusqu'à la rue Barbette. Le trésor des rois de la troisième race était déposé au Temple. Cet édifice appartint d'abord aux *templiers* ou *chevaliers du Temple*, d'où lui vint son nom. Lorsque les chevaliers de Saint-Jean de Jérusalem furent mis en possession des biens des templiers, il devint la résidence du grand prieur de France. Il occupait un emplacement ceint de murailles et fortifié par de nombreuses tours. Louis XVI et sa famille y furent enfermés après la journée du 10 août. L'ancien enclos du Temple était un lieu de franchise et d'asile. — Cet édifice, depuis la révolution, a été converti en prison, et enfin démoli et remplacé par une double galerie ouverte, construite en bois; c'était le marché des brocanteurs et des marchands de vieux meubles et de vieilles hardes. Un hôtel y fut construit sous l'empire, pour le ministère des cultes. Cette destination a été changée en 1814. L'hôtel a été converti en couvent, sous la direction de la princesse de Bourbon, ancienne abbesse de Miremont.

TEMPLE (William), né à Londres en 1628. Charles II, devenu roi, l'employa dans plusieurs affaires importantes. Il conclut en 1662 la triple alliance entre l'Angleterre, la Hollande et la Suède, qu'il parvint à liguer contre la France. Temple, qui regardait cette ligue comme le salut de l'Europe, passa ensuite en Allemagne, pour inviter l'empereur et les princes à y accéder; mais sa cour le rappela, et son ouvrage fut si peu respecté, que Charles II se ligua avec Louis XIV, pour écraser les Provinces-Unies. Il se trouva en 1668 aux conférences d'Aix-la-Chapelle, et à celles d'ambassadeur extraordinaire, et à celles de Nimègue en 1678. Revenu en Angleterre, il fut disgracié et mourut dans la retraite en 1698. On a de lui des *Mémoires* depuis 1672 jusqu'en 1692, des *Remarques sur l'état des Provinces-Unies*, une *Introduction à l'histoire d'Angleterre* et des *OEuvres mêlées*. Son fils, JOHN TEMPLE, fut nommé par le roi Guillaume secrétaire du département de la guerre, et se noya en 1689, après avoir rempli pendant huit jours ses fonctions.

TEMPLIERS ou CHEVALIERS DU TEMPLE, ordre religieux et militaire fondé vers l'an 1118 à Jérusalem. Hugues de Paganis, Geoffroi de Saint-Aldemar et sept autres chevaliers dont on ignore les noms se consacrèrent au service de Dieu, et firent vœu perpétuel de chasteté, d'obéissance et de pauvreté entre les mains du patriarche de Jérusalem. Ils s'engagèrent de plus à garder la Palestine des incursions des infidèles, et à secourir les pèlerins. Leur règle leur fut donnée par saint Bernard. Les plus grands priviléges leur furent accordés; ils ne pouvaient être jugés que par le pape, ni payer aucun tribut. Ils portaient un habit blanc et une croix rouge sur leur manteau. L'ordre du Temple acquit d'immenses richesses, et se répandit dans toute l'Europe. Il possédait plus de neuf mille manoirs dans la chrétienté. Ces richesses et l'orgueil des chevaliers les perdirent. Philippe le Bel, roi de France, redoutant leur puissance, résolut de détruire les templiers. Le 13 octobre 1307, la plupart des templiers de France furent arrêtés. On les accusa de renier la religion du Christ, d'adorer des idoles, et surtout de cracher sur la croix. Le procès commença en 1310; cinquante-quatre furent condamnés à mort et brûlés en 1310 à la porte Saint-Antoine à Paris. Les autres subirent le même supplice en 1311. Le pape Clément V prononçait l'a nnée suivante la suppression de l'ordre entier dans le concile de Vienne. La réaction contre les templiers fut universelle ; on les enferma dans des couvents, en Angleterre et dans plusieurs autres pays. Dans d'autres, ils furent absous de leurs accusations. Leur suppression n'en fut pas moins faite, comme étant un ordre inutile et dangereux. Leurs immenses trésors furent donnés à l'ordre de Saint-Jean de Jérusalem, à celui de Calatrava et à celui du Christ. Le roi Philippe le Bel s'empara d'une grande partie. — On a tenté de nos jours de renouveler l'ordre des templiers, dont on avait fait une espèce de franc-maçonnerie ; mais cette entreprise n'a eu aucun succès.

TEMPORAL. On nomme ainsi, en anatomie, tout ce qui a rapport aux tempes. L'*os temporal* occupe les parties latérales et inférieures du crâne, dont il fait partie, et renferme dans son intérieur les organes spéciaux de l'audition. La *fosse temporale* est une excavation qu'on observe de chaque côté de la tête au niveau de l'os temporal ; elle est remplie par le muscle temporal, destiné à élever la mâchoire supérieure, et à élever les dents les unes contre les autres. Il y a encore des artères et des nerfs temporaux.

TEMPS (myth.). Voy. SATURNE.

TEMPS ou TEMS, durée qui s'écoule depuis un terme jusqu'à un autre. La science qui mesure et distingue les temps se nomme chronologie. Le temps se règle sur les mouvements des astres. Celui qui est indiqué par le mouvement du soleil se nomme *apparent* et *vrai* ; celui qui s'écoule uniformément est nommé par les astronomes *temps égal* ou *moyen*. C'est un temps moyen qu'ils rapportent aux mouvements célestes. Le temps moyen est la durée divisée en parties égales appelées heures, dont vingt-quatre font un jour. — Les *Quatre-Temps* sont les trois jours de jeûne ordonnés par l'Eglise en chacune des quatre saisons de l'année.

TEMPS (mus.), durée d'une certaine portion de la mesure musicale, parties égales d'une mesure. On dit qu'une mesure est à deux temps si elle se divise en deux parties égales, ainsi de suite. — Le mot *temps* est encore synonyme de *mouvement*. Les *temps faibles* sont les temps pairs d'une mesure. Dans celles à deux et trois temps, le deuxième est le temps faible ; dans celles à quatre temps, le deuxième et le quatrième sont faibles. Les *temps forts* sont les temps impairs de chaque mesure. Dans celle à deux temps, c'est le premier qui est fort ; dans celles à trois et quatre temps, ce sont le premier et le troisième. C'est sur les temps forts que se placent les syllabes longues et accentuées.

TENACE, ce qui est adhérent, ce qui se fixe à certains objets. Les tiges de certaines plantes sont dans ce cas. On appelle *ténacité* une propriété en vertu de laquelle certains corps soutiennent une force, un tiraillement considérable sans se rompre. On dit souvent la ténacité des métaux.

TENAILLE, instrument de fer composé de deux pièces attachées l'une à l'autre par une goupille autour de laquelle elles s'ouvrent et se resserrent pour tenir ou pour arracher quelque chose. On nomme *mors de la tenaille*, les deux demi-cercles qui sont à un bout, parce qu'en se rencontrant, quand on les ferme, ils mordent, pour ainsi dire, toutes les choses qui se trouvent entre eux deux. — En termes de glacerie, les *tenailles* sont un cadre de fer avec lequel on embrasse les cuvettes qui tiennent le verre en fusion pour le verser sur la table de cuivre.

TENAILLE INCISIVE, nom donné par les chirurgiens à un instrument dont on se sert pour couper les esquilles, pour enlever certaines tumeurs. C'est une sorte de pince dont les mors ont beaucoup de force, et sont tranchants dans l'endroit où ils se touchent.

TENAILLE. En termes de fortification, c'est un ouvrage extérieur composé de deux faces qui forment un angle rentrant, et deux longs côtés parallèles ou à peu près. On appelle *tenailles de la place* le front de la place compris entre les points de deux bastions voisins, et *tenaille du fossé* un ouvrage bas que l'on fait devant une courtine au milieu du fossé. — Le *tenaillon* est un ouvrage construit vis-à-vis l'une des faces de la demi-lune. Il y en a ordinairement deux, que l'on nomme aussi *lunettes*.

TENAILLER, tourmenter un criminel avec des tenailles ardentes. Ce supplice n'était guère usité que pour les criminels de lèse-majesté au premier chef.

TENANCIER, nom donné, dans l'ancienne jurisprudence, à celui qui *tenait*, possédait des terres dépendantes d'un fief, auquel il était dû des cens ou autres droits.

TENANT, terme d'ancienne chevalerie. On appelait *tenants* ceux qui ouvraient le carrousel et qui faisaient les premiers défis par les cartels que publiaient les hérauts. Ils composaient la première quadrille. Les autres chevaliers se nommaient *assaillants*. — Les *tenants* et *aboutissants* sont, en termes de droit, les confins d'un héritage.

TÉNARE, célèbre promontoire qui forme la dernière montagne de la chaîne O. du Taygète, au S.-O. de la Laconie. Au pied de ce promontoire était une caverne d'où sortaient d'épaisses vapeurs. Les poètes en firent une des entrées des enfers. Ils leurs donnaient quelquefois le nom de *Ténare*.

TEN-BOKTOUE ou TOM-BOKTOU, pays d'Afrique, dans la Nigritie, sur les deux rives du fleuve Niger. Ce royaume est fertile et bien arrosé. La population se compose de nègres divisés en trois races, les *Kohhlans*, les *Touariks* et les *Fellans*. Ces nègres vivent dans de petites villes entourées de clôtures de bambou. Ils ont pour chef un roi nommé *schegar* ou sultan. Ils professent l'idolâtrie. — Ce royaume fait un grand commerce en dents d'éléphant, poudre d'or, plumes d'autruche, gomme et esclaves. Ce pays a été peu connu jusqu'au XIXe siècle. L'expédition qui a jeté le plus de jour sur le Ten-Boktou est celle d'un Français, René Caillé, né en Poitou. Il arriva dans ce pays en 1828, y resta plusieurs mois, et publia le journal de son voyage en 1830.

TEN-BOKTOU ou TOM-BOCTOU, capitale du royaume de ce nom. Cette ville, entourée de collines de toutes parts, excepté du côté S., est défendue par de forts remparts de pierre. Sa population est, suivant les uns, de 200,000 âmes ; selon M. Caillé, de 12,000 seulement ; Le palais du roi et quelques maisons sont seuls construits en pierre. Les habitants sont doux et hospitaliers. La chair des éléphants forme leur principale nourriture.

TENCIN (Pierre GUÉRIN DE), né à Grenoble en 1679 d'une famille originaire de Romans en Dauphiné, devint prieur de Sorbonne, docteur et grand vicaire de Sens. Il accompagna en 1721 le cardinal de Bissy à Rome en qualité de conclaviste, et, après l'élection d'Innocent XIII, il fut chargé d'affaires de France à Rome, où il jouit d'un grand crédit. Il réussit à faire donner le chapeau de cardinal à l'abbé Dubois. Le duc de Bourbon fit obtenir à Tencin l'archevêché d'Embrun (1724). En 1739, il fut promu au cardinalat, et fut nommé en 1740 à l'archevêché de Lyon. Le cardinal de Fleury l'attira à la cour, et lui fit donner la place de ministre d'Etat (1742), qu'il quitta en 1751. Il se retira dans son diocèse, où il mourut en 1758.

TENCIN (Claudine-Alexandrine GUÉRIN DE), sœur du précédent, née à Grenoble en 1681, se rendit célèbre par ses aventures galantes et son esprit. Destinée par ses parents à la vie religieuse, elle entra dans le couvent de Montfleury, près de Grenoble. Dégoûtée du cloître, elle vint à Paris, et obtint sa sécularisation. Elle eut de nombreux amants, entre autres Destou- ches, dont elle eut un fils naturel, qui fut le fameux d'Alembert. Elle se vit impliquée dans la mort du conseiller la Fresnaye, qui se tua chez elle. On la transféra au Châtelet, puis à la Bastille (1726). Enfin elle fut acquittée et rendue à la liberté. Son salon devint le lieu de réunion des savants et des gens de lettres. Elle mourut en 1749. On a d'elle plusieurs romans, le *Siège de Calais*, les *Mémoires de Comminges*, les *Malheurs de l'amour*, et les *Anecdotes d'Edouard II*.

TENDE, petite ville du Piémont, à 10 lieues de Nice, célèbre par le défilé ou col de Tende auquel elle donne son nom, et qui traverse les montagnes du Piémont.

TENDELET, morceau d'étoffe tendue à la poupe d'une galère, pour mettre à l'abri du soleil ou de la pluie.

TENDINEUX, nom donné, en anatomie, à tout ce qui a rapport aux tendons.

TENDON, nom donné à des cordes fibreuses plus ou moins longues, rondes ou aplaties, d'une couleur blanche perlée, composées de fibres parallèles très-serrées. Les tendons tiennent aux os par une de leurs extrémités, et par l'autre ils reçoivent les insertions des fibres charnues. On regarde les tendons comme des cordes propres à transmettre le mouvement des muscles.

TENDU, épithète que l'on donne au pouls dur et résistant, opposé au pouls souple.

TÉNÈBRES, obscurité profonde. On nomme ainsi, dans l'Eglise catholique, l'office de matines et laudes des trois derniers jours de la semaine sainte, parce qu'on éteint à la fin de cet office toutes les lumières de l'église.

TÉNÉBRION, genre de l'ordre des coléoptères mélasomes, renfermant des insectes au corps allongé, étroit, presque de la même largeur partout ; aux antennes ou filets de la tête grossissant insensiblement vers le bout ou presque filiformes. Le *ténébrion de la farine* est un insecte nocturne qui se trouve dans les lieux peu fréquentés de nos habitations, dans les boulangeries, les moulins à farine, sur les vieux murs. Son corps est long de six à sept lignes, d'un brun noir en dessus, marron et luisant en dessous, avec le corselet large et carré. La larve est longue d'un pouce, jaune, lisse et luisante.

TÉNÉBRIONITES, tribu de la famille des mélasomes, de l'ordre des coléoptères, renfermant des insectes munis d'ailes, au corps oblong, déprimé, au corselet presque carré et de la largeur de l'abdomen. Le genre *ténébrion* est de cette tribu.

TÉNÉDOS ou BOGDJA, île de la Turquie d'Asie, dans l'Archipel, sur les côtes de l'Anatolie, et faisant partie du sandjakiat de Biga. Sa superficie est de 14 lieues carrées. Elle est célèbre par sa fertilité, et produit du coton, du blé et d'excellents vins. Cette île fit partie, chez les anciens, du groupe des Cyclades, et les Grecs s'y cachèrent pour surprendre la ville de Troie. De bonne heure elle passa sous la domination de la Turquie, à qui elle appartient depuis 1658 définitivement. La ville de *Ténédos* ou *Bogdja*, capitale de l'île, est située sur la côte orientale, dans un vallon, sur le penchant de deux collines. Elle est défendue par deux petits forts, et possède un port excellent. La population est de 6,000 âmes. Le commerce se fait avec la Turquie et les îles voisines.

TÉNÉRIFFE ou TÉNÉRIFA, la plus grande des îles Canaries, à 11 lieues N.-O. de celle de Palma. Elle a 24 lieues de longueur sur 7 de largeur, 65 lieues de circonférence, et 130 lieues carrées de superficie. Sa population est de 73,250 habitants. Cette île, d'origine volcanique, est couverte de hautes montagnes, dont la plus élevée est le fameux pic de Ténériffe, haut de 11,424 pieds, qu'on aperçoit de 40 lieues au large et qui possède des volcans en activité. L'île de Ténériffe jouit d'un climat sain et agréable ; le sol est très-fertile. — L'île appartient depuis le

XVIe siècle aux Espagnols, qui en détruisirent presque tous les indigènes. Elle est divisée en trois districts: *Laguna*, *Orotava*, et *Guarachico*. Son chef-lieu, autrefois Laguna, est aujourd'hui SANTA-CRUZ.

TÉNESME, envie continuelle, douloureuse et presque inutile d'aller à la selle, accompagnée de tension au fondement.

TÉNETTES, nom donné à un instrument de chirurgie. Ce sont des pinces avec lesquelles on fait l'extraction des calculs renfermés dans la vessie. Les ténettes ont leurs branches entre-croisées. Elles portent à leur extrémité deux cuillers oblongues dont la concavité est garnie de pointes pour empêcher la pierre de glisser; elles se terminent à l'autre extrémité par deux anneaux dans lesquels on passe les doigts. Il y a des ténettes de diverses formes et grandeurs.

TÉNIA (du grec *tenia*, bandelette ou ruban), genre de vers intestinaux, renfermant des animaux au corps mou, allongé, déprimé, composé d'un grand nombre d'articulations bien distinctes, avec une tête distincte. Les ténias vivent dans les intestins de l'homme et de presque tous les animaux. Le *ténia de l'homme* ou *ver solitaire* varie en longueur de quatre à dix pieds, et souvent beaucoup plus, sur trois à quatre lignes de diamètre. Il a la tête petite, non distincte, armée de crochets. Les principaux symptômes de la présence des ténias sont les étourdissements, les vertiges, la pâleur du visage, la mollesse des chairs, les yeux cernés, la démangeaison du nez et des paupières, une faim qui se renouvelle sans cesse, un malaise général, etc. Un grand nombre d'individus qui étaient affectés du ténia ont vécu très-longtemps et dans un état de santé parfaite. Quelquefois et à la longue, le ténia peut amener la fièvre lente, le marasme et la dyssenterie. Son nom vulgaire de *ver solitaire* dérive de la croyance où l'on a été longtemps qu'il n'y avait jamais qu'un seul individu à la fois dans le canal intestinal. C'est une erreur; car on en rencontre souvent deux, trois et un plus grand nombre.

TÉNIERS LE VIEUX (David), peintre, né à Anvers en 1582, eut pour maître le célèbre Rubens. Il s'occupa de représenter la nature flamande dans toute sa naïveté. Tous ses tableaux sont peu remarquables sous le rapport de la composition et du coloris. Leur vérité fait leur plus grand mérite. Ce sont des réunions de buveurs et de fumeurs, des charlatans, des fêtes de village, des intérieurs de ménage rustiques, etc. Il mourut en 1649.

TÉNIERS LE JEUNE (David), peintre célèbre, fils et élève du précédent, né à Anvers en 1610. L'archiduc Léopold le combla de bienfaits, et le fit gentilhomme de sa chambre. Le roi d'Espagne et le prince d'Orange l'honorèrent de la plus généreuse protection. Téniers mourut en 1694. Il a fait un nombre prodigieux de tableaux. Une grande vérité d'observation, une touche fine et spirituelle caractérisent son talent. On lui reproche d'avoir affecté une couleur grisâtre dans presque tous ses tableaux, et de choisir des sujets puisés dans la nature commune. Ses sujets sont des scènes réjouissantes, quelquefois obscènes et sales. Il a représenté des buveurs, des chimistes, des noces, des fêtes de village, des corps de garde, etc.

TENNESSÉE, rivière des Etats-Unis, formée de deux autres, l'Holston et le Broad, à 12 lieues de Knoxville, coule à l'O., et se jette dans l'Ohio, à 20 lieues de l'embouchure de ce fleuve dans le Mississipi. Son cours est d'environ 500 lieues.

TENNESSÉE, un des Etats-Unis, borné au N. par le Kentucky, à l'E. par la Virginie et la Caroline septentrionale, au S. par la Géorgie et l'Alabama, à l'O. par le fleuve Mississipi. Le chef-lieu est MURFREESBOROUGH. Sa superficie est de 7,000 lieues carrées environ, et sa population de 450,000 habitants. Il est traversé du S. au N. par les monts Cumberland. Le sol est très-varié, en général fertile, principalement en céréales, tabac, coton et bois de construction. On y trouve des mines de fer et cuivre, du salpêtre et des pâturages qui nourrissent d'excellents bestiaux. Le Tennessée se divise en trente-huit comtés.

TENON, terme commun à la charpenterie, à la menuiserie et à plusieurs autres arts, qui désigne le bout d'une pièce de bois qui entre dans une mortaise. Le *tenon* est aussi une petite cheville de fer destinée à assujettir le canon d'une arme sur son bois.

TÉNOR, terme de musique emprunté à l'italien *tenore*, et qui désigne l'espèce de voix d'homme qu'on désignait autrefois sous le nom de *taille*. Le ténor a la même étendue que le soprano ou dessus, voix ordinaire des femmes et des enfants; mais il est à une octave plus bas. La hautecontre est une voix de ténor qui possède à l'aigu une ou plusieurs notes de plus qu'on ténor ordinaire. On se sert le plus souvent de la clef d'*ut* quatrième ligne et de la clef de *sol* pour écrire les parties de ténor.

TENTACULES, nom donné aux appendices mobiles non articulés, et de conformation très-diverse dont beaucoup d'animaux, entre autres les mollusques (limaces, limaçons, etc.) et les poissons, comme la baudroie, sont pourvus. Les tentacules sont placées au sommet de la tête de ces animaux, et servent d'organes du tact le plus souvent. On les nomme vulgairement *cornes*.

TENTE, espèce de pavillon fait ordinairement de grosse toile, et que l'on dresse en pleine campagne ou sur les navires pour se mettre à l'abri du soleil et des injures du temps. En marine, les tentes sont de grosses couvertures que l'on tend à neuf ou dix pieds au-dessus des ponts supérieurs des navires. Les embarcations plus légères ont une toile de peu de volume, tendue à quatre pieds au-dessus des bancs. On la nomme *tente de nage*. Les armées ont le plus souvent des tentes pour séjourner dans les camps, à la guerre. Cet usage est ancien. Il se retrouve chez les peuples de l'antiquité, et en général chez tous les peuples nomades.

TENTE, nom donné, en chirurgie, à de petits rouleaux de charpie un peu durs, de forme cylindrique ou pyramidale, et liés au milieu par un fil, afin qu'ils ne se dérangent pas et soient, plus facilement retirés des parties dans lesquelles on les introduit. On fait les tentes avec la charpie, de l'éponge préparée ou de la racine de gentiane. On s'en sert pour dilater une ouverture ou un canal pour prévenir leur rétrécissement.

TENSON, nom donné, dans le moyen âge, à une querelle galante entre deux poëtes.

TENTHRÈDE, genre de l'ordre des hyménoptères, renfermant des insectes dont les antennes sont filiformes et de neuf articles. Le corps est allongé dans plusieurs espèces, court et épais dans d'autres. La *tenthrède guêpe* est longue de six lignes, noire, avec la bouche, la poitrine, le premier segment de l'abdomen, et les autres à partir du quatrième, jaunes. Les antennes sont noires. Elle est très-commune aux environs de Paris. Les tenthrèdes sont le type de la tribu des tenthrédines.

TÉNUIROSTRES, famille de l'ordre des passereaux, renfermant les oiseaux à bec long, étroit, sans échancrure et souvent flexible. — C'est aussi une famille d'échassiers, renfermant des oiseaux à bec mou, grêle, obtus, cylindrique ou arrondi.

TENURE, terme usité, en droit féodal, pour désigner la mouvance, la dépendance, l'étendue d'un fief.

TENTYRIS. Voy. DENDERAH.

TÉOS, ville et port d'Ionie, sur la côte S. dans la presqu'île de Clazomène. Cette ville était l'une des douze cités confédérées de l'Asie-Mineure. C'est la patrie d'Anacréon. On la nomme aujourd'hui Bodroun.

TÉPHRITE, genre de l'ordre des diptères, renfermant des insectes, des petites mouches dont les ailes sont généralement latérales, et qu'elles remuent continuellement dans le repos. Le corps est terminé dans les femelles par un tuyau écailleux qui leur sert à introduire leurs œufs dans diverses substances. Le *téphrite du chardon* est d'un noir luisant, avec l'écusson et les pattes jaunes. La femelle dépose ses œufs dans les tiges du chardon. Le *téphrite cornu* attaque les scabieuses. Il est gris, long de trois lignes. Le *téphrite de la bardane* est d'un vert jaunâtre, garni de poils gris, et habite les fleurs de la bardane.

TÉRATOSCOPIE, divination usitée par les anciens, et qui consistait à tirer des présages de certains phénomènes que l'on supposait réellement existants, comme des pluies de sang, etc.

TERBURG (Gérard), né à Zwol (Pays-Bas) en 1608, peintre célèbre de l'école flamande. L'ambassadeur d'Espagne l'attira à cette cour. Terburg y peignit le portrait du roi, qui le créa chevalier et lui assigna une pension considérable. Il se fit connaître ensuite en Angleterre, en France, et mourut en 1681. Ses tableaux se distinguent par leur naturel et leur vérité. Sa touche est très-fine, les clairs-obscurs bien rendus; les couleurs sont bonnes et transparentes. Il excellait surtout à peindre les étoffes et particulièrement le satin. Les sujets de ses tableaux sont des concerts bourgeois, des repas de famille, des visites d'amis, des conversations, etc. Le plus connus sont le *Congrès de Munster*, un *Militaire offrant de l'argent à une femme*, la *Leçon de musique*, l'*Instruction paternelle*, la *Visite du médecin*, etc.

TERCEIRA ou TERCÈRE, île d'Afrique, la principale des Açores. Elle a 20 lieues de tour, et est environnée de bois et de rochers. L'intérieur est très-fertile. La population est de 50,000 habitants. L'île fait un grand commerce en grains, pastel et bois. La capitale est ANGRA.

TERCET, espèce de couplet composé de trois vers.

TÉRÉBENTHINE, suc propre, résineux et de consistance mielleuse ou à demi fluide, qui découle du tronc de plusieurs arbres de la famille des térébinthacées et de celle des conifères. — Il est visqueux, luisant, plus ou moins transparent, inflammable, d'une saveur chaude et piquante, d'une odeur forte, entièrement composé de résine et d'huile essentielle, et soluble dans l'alcool. Le procédé pour l'obtenir consiste à pratiquer des incisions aux arbres et à laisser couler les résines, que l'on recueille dans des vases. La *térébenthine commune* ou *de Bordeaux* découle du pin maritime abondant aux environs de Bordeaux et de Bayonne. On exploite l'arbre à l'âge de quarante ans environ, depuis le mois de février jusqu'au mois d'octobre. Le suc qu'on en retire est très-chargé d'impuretés. On le fait fondre pour le purifier et lui donner plus de fluidité. On se sert pour cela d'un filtre de paille. Quand la saison est chaude, on le met dans des caisses percées de petits trous, par lesquels la térébenthine, liquéfiée par les rayons du soleil, tombe dans des vases placés dessous; cette dernière, se nomme *térébenthine vierge*. — La térébenthine fournit aux arts divers produits utiles: l'*essence de térébenthine* que l'on obtient par distillation, le *galipot*, la *colophane*, la *résine jaune* ou *poix-résine*, la *poix noire*, le *goudron*, etc. On en connaît plusieurs espèces.

TÉRÉBENTHINE DU BRÉSIL ou DE COPAHU, résine liquide, d'un blanc jaunâtre d'une odeur forte et désagréable, qui découle du copaïfère officinal. Sa saveur est très-amère et nauséeuse. On l'emploie dans les maladies des voies urinaires. Elle a une action purgative très-marquée.

TÉRÉBENTHINE DU CANADA, résine incolore, transparente, demi-liquide, limpide, d'une odeur très-agréable. Elle partage les propriétés de la térébenthine de copahu.

TÉRÉBENTHINE DE CARPATHIE ou DES

CARPATHES, térébenthine fournie par les *pins sylvestre* et *cembra*.

TÉRÉBENTHINE DE CHIO, DE SCIO ou DE CHYPRE, résine qui découle du térébinthe. Elle est très-épaisse, glutineuse, de couleur blanc verdâtre, d'une consistance dure, d'une odeur agréable, analogue à celle du fenouil, d'une saveur parfumée, peu forte. Elle entre dans la composition de la thériaque, et est administrée contre les catarrhes chroniques et les maladies des voies urinaires.

TÉRÉBENTHINE DE HONGRIE. Voy. GALIPOT.

TÉRÉBENTHINE DE JUDÉE, DU GRAND CAIRE ou D'ÉGYPTE, résine fournie par l'*amyris*. Elle est liquide, un peu opaque et blanchâtre ; son odeur est forte et aromatique, sa saveur amère et âcre, sa couleur verte ou jaune. Elle a les propriétés générales des térébenthines, mais est très-recherchée à cause de sa rareté. On la nomme aussi *baume de la Mecque*, *baume de Constantinople*, *de Giléad*, *opobalsamum vrai*, etc.

TÉRÉBENTHINE DE STRASBOURG ou DE BRIANÇON, résine produite par les grands sapins de la Bourgogne, de l'Alsace, des Vosges, de l'Allemagne et du Nord. Elle est claire, incolore, très-liquide, possède les propriétés de la térébenthine de Venise, et a une odeur agréable de citron, qui la fait appeler souvent *térébenthine au citron*.

TÉRÉBENTHINE DE VENISE ou DE MÉLÈZE, résine très-estimée, qui découle du tronc du mélèze. Elle a moins de consistance que la térébenthine de Chio ; son odeur est aromatique, plus pénétrante et plus agréable, sa transparence plus grande. Solidifiée par l'action du feu, elle prend le nom de *térébenthine cuite*. Elle est d'un usage fréquent en pharmacie, et forme la base du baume de Fioravanti, du digestif simple, des baumes de Geneviève, d'Arcæus. Elle entre aussi dans les pilules de Stahl, dans le baume de Lucatel, l'emplâtre à vésicatoires, etc. A haute dose, elle est purgative et convient dans les catarrhes chroniques et les maladies des voies urinaires. Elle fut jadis pour Venise un grand objet de commerce.

TÉRÉBENTHINE EN PATE, DU PIN, DU SOLEIL, DE TYR. Voy. GALIPOT.

TÉRÉBINTHACÉES, famille de plantes dicotylédones, renfermant des arbres et des arbrisseaux en général exotiques, contenant un suc laiteux et caustique ou balsamique résineux, ayant des feuilles alternes, simples ou ternées ; des fleurs de peu d'apparence, disposées en grappes, vertes, blanches, jaunes ou rouges ; un fruit capsulaire sec ou mou, à une ou plusieurs loges. Elle renferme plusieurs végétaux utiles, comme le *pistachier*, l'*anacarde*, les *balsamiers*, le *lentisque*, les *sumacs*, etc. Cette famille se divise en cinq sections, les *anacardiées*, les *burséracées*, les *amyridées*, les *connaracées* et les *spondiacées*.

TÉRÉBINTHE, espèce du genre *pistachier*, arbre résineux qui fournit la térébenthine de Scio, et qui croît dans le midi de l'Europe.

TÉRÉBRANS, grande section de l'ordre des hyménoptères, renfermant ceux de ces insectes dont les femelles sont pourvues d'une tarière, espèce d'aiguillon qui leur sert à percer les substances étrangères pour y déposer leurs œufs. Cette section est divisée en deux familles, les *pupivores* et les *porte-scies*.

TÉRÉBRATION, art de tirer le suc des arbres en les perçant. La térébration est proprement l'action de percer le tronc d'un arbre avec une tarière, lorsque la sève, au printemps, commence à monter. Les Anglais ont réduit la térébration en méthode dans la science de la culture des jardins.

TÉRÉBRATULE, genre de mollusques brachiopodes, renfermant des animaux ovales ou oblongs, épais, ayant les bords du manteau très-minces, et garnis sur le bord de cils peu nombreux et très-courts. Leur coquille est inéquivalve, la plus grande valve ayant un crochet avancé, souvent courbé ou tronqué, percé à son sommet d'un trou arrondi, et donnant passage à un pédicule propre à fixer la coquille aux corps marins. La *térébratule vitrée* est une coquille oblonde, renflée, lisse, mince, demi-transparente et toute blanche. Elle se trouve dans la Méditerranée et l'océan Indien.

TÉRÉE (myth.), roi de Thrace, fils de Mars, épousa Progné, fille de Pandion, roi d'Athènes ; il est célèbre pour les cruautés qu'il fit endurer à sa belle-sœur Philomèle. Voy. ce mot et PROGNÉ.

TÉRENCE (Publius Terentius Afer), né à Carthage vers l'an 192 avant J.-C., fut enlevé par des pirates numides, qui le vendirent à Terentius, sénateur romain, qui le fit élever avec soin, l'affranchit très-jeune, et lui donna le nom de Térence. Poursuivi par des calomnies malveillantes, il s'enfuit de Rome, et on ne le revit plus depuis. Il mourut, dit-on, vers 159 avant J.-C., à Leucade, ville d'Arcadie, ou dans un naufrage. Térence composa un grand nombre de pièces de théâtre. Six nous restent. Ce sont l'*Adrienne*, l'*Hécyre* ou la *Belle-Mère*, l'*Héautontimorumenos*, *Phormion*, l'*Eunuque* et les *Adelphes*. On y admire la pureté du goût, la délicatesse du langage, la décence des dialogues, la simplicité des sujets, la sagesse et la douceur de la morale et des sentiments, mais surtout l'habileté de l'auteur à peindre les caractères des personnages.

TÉRENTE, endroit du Champ-de-Mars à Rome, où était un autel dédié aux dieux infernaux. On appelait *Térentins* des jeux en l'honneur des divinités de l'enfer, et qui se célébraient en cet endroit tous les cent ans.

TERENTIA, famille plébéienne de Rome. Une de ses branches porta le nom de Varron. — Loi décrétée en 462 avant J.-C., et qui fixa les limites du pouvoir consulaire. — Autre loi décrétée en 72 avant J.-C. ; elle fixa le prix du blé, et détermina la quantité de céréales à fournir gratis aux citoyens. — Femme de Cicéron, qui la répudia pour crime d'adultère. Elle épousa Salluste l'historien, puis Messala Corvinus. Elle mourut très-âgée.

TÉRENTIEN (Terentianus Maurus), né en Mauritanie, vivait sur la fin du 1er siècle. On a de lui un poëme sur les lettres de l'alphabet, les syllabes, les pieds et les mètres.

TERENTIUS SCAURUS (Caïus), grammairien célèbre du 1er siècle. Nous avons de lui quelques fragments tirés de sa grammaire et de son commentaire sur l'Art poétique d'Horace.

TÉRET, nom donné par quelques botanistes aux parties solides, rondes, sans angles. On appelle *térétiuscule*, ce qui est presque téret, presque rond.

TERGÉMINÉE, nom que l'on donne, en botanique, aux feuilles dont le pétiole (filet qui porte la feuille) se divise en deux parties, et porte deux folioles sur chaque extrémité, et deux folioles à l'endroit de la bifurcation.

TERME, mot qui désigne une borne, une limite, et qui s'applique à tout ce qui est susceptible d'être mesuré. En géométrie, les termes d'un rapport, d'une proportion, d'une progression, sont les quantités, comparées entre elles, dont ces choses se composent. Les *termes* d'un polynôme, en algèbre, sont les quantités séparées par différents signes, qui établissent leur mode de rapport entre elles. En logique, les *termes* sont les diverses propositions principales qui entrent comme élément dans le syllogisme et les autres formes de discours. Dans le droit civil, le *terme* est la limitation d'un acte, de l'obligation pour faire une chose, et le temps préfix de payement.

TERME (DIEU), divinité qui présidait aux limites des champs. On la représenta d'abord sous la forme d'une tuile, d'une pierre carrée ou d'un pieu fiché en terre. Dans la suite on éleva la pierre, et on lui donna une tête humaine, mais sans bras et sans pieds. On appelait aussi *termes* les bornes qui servent à indiquer les limites d'un terrain. Les *termes milliaires* servaient à marquer les stades ou les distances des chemins.

TERME. En architecture, ce mot désigne des statues d'homme ou de femme, sans bras, dont la partie inférieure se termine en gaîne, et que l'on place dans les jardins d'ornement, au coin des allées et des palissades. On appelle *terme angélique*, une figure d'ange à demi-corps, dont la partie inférieure est en gaîne ; *terme double*, un terme composé de deux demi-corps ou de demi-bustes, adossés, qui sortent de la même gaîne ; *terme en buste*, un terme sans bras, et qui n'a que la partie supérieure de l'estomac ; *terme en console*, un terme dont la gaîne finit en enroulement, et dont le corps est avancé pour porter quelque chose ; *terme marin*, un terme qui se termine en queue de poisson ; *terme rustique*, un terme dont la gaîne, ornée de bossages ou de glaçons, porte la figure de quelque divinité champêtre.

TERMES (mar.), pièces de sculpture qui forment les côtes du couronnement d'un grand bâtiment. C'étaient autrefois deux statues d'hommes ou de femmes, dont la partie inférieure se terminait en gaîne ou en queue de poisson tortillée. On les nomme aussi *amortissement*.

TERMÈS ou TERMITES, genre de névroptères planipennes, renfermant des insectes vivant en sociétés innombrables, composées de mâles, de femelles, de travailleurs à l'état de larve et de soldats dépourvus d'ailes et chargés de la défense de l'habitation. Ces insectes sont très-petits, et habitent les Indes. Ils percent et dévorent les bâtiments en bois, les meubles, les étoffes et les marchandises. Les métaux et les pierres peuvent seuls les arrêter. Les uns bâtissent leurs nids sur les branches des arbres, les autres à la terre. Les nids des *termès belliqueux* ont la forme d'un pain de sucre. Leur hauteur est de dix à douze pieds au-dessus de la surface de la terre. Ils sont assez forts pour résister aux attaques de l'homme et des animaux. On connaît encore les *termès voyageurs*, *fatal*, *atroce* et *mordant*, etc. On trouve dans le midi de l'Europe le *termès lucifuge*, d'un noir brillant, et qui infecte les magasins du Levant.

TERMINAIRE, nom donné autrefois aux religieux des ordres mendiants qui allaient prêcher dans les lieux du district de leur couvent.

TERMINAL, nom donné aux parties des plantes ou des fleurs qui occupent le sommet d'un organe.

TERMINALES, fêtes célébrées à Rome en l'honneur du dieu Terme. Elles avaient lieu non-seulement dans le temple de ce dieu, mais encore sur les bornes des champs, que l'on parait de guirlandes, de fleurs, et sur les grands chemins. On y offrait au dieu des fruits, des gâteaux, du lait et du vin. On ne pouvait lui rien sacrifier qui eût reçu la vie. Les fêtes étaient toujours accompagnées de danses et de festins.

TERMINALIER. Voy. BADAMIER.

TERMINISTES, nom donné à des sectaires protestants, parce qu'ils enseignent qu'il y a un certain terme marqué de Dieu pour plusieurs hommes, en dedans ou hors de l'Eglise, après lequel il ne veut plus leur salut ; en sorte que toutes les grâces qu'il leur offre depuis ce terme écoulé, il ne les leur offre nullement dans l'intention qu'ils se convertissent.

TERNAIRE, ce qui est composé de trois unités. La *mesure ternaire* est, en musique, celle qui est divisée en trois temps. Le *rhythme ternaire* est celui dans lequel la mesure est ternaire.

TERNATE, île de l'Océanie, faisant partie de l'archipel des Moluques. C'est la plus occidentale. Elle a ⅔ lieues de tour, et jouit d'une grande fertilité. Elle est gouvernée par un sultan tributaire des Hollandais. La capitale est Ternate, ville de 6,000 âmes, bâtie en amphithéâtre sur le bord de la mer. Un résident hollandais habite Ternate. Cet établissement est important, parce qu'il maintient aux Hollandais le commerce exclusif des épiceries, et forme un point militaire propre à la défense de leurs possessions dans la Malaisie. Ternate est remarquable par son pic volcanique, haut de 600 pieds.

TERNE, nom donné à ce qui n'a que peu de point d'éclat, qui a perdu son lustre, son poli. Dans la peinture, ce mot désigne un coloris pâle et sans éclat. Dans la loterie, on l'applique à la réunion de trois nombres pris ensemble et qui sortent en même temps de la roue de fortune. Il gagnait cinq mille cinq cents fois la mise. Le terne sec se remarque aussi jouer l'extrait ni l'ambe. Terne se dit encore, au jeu de loto, de trois numéros gagnants sur la même ligne horizontale; et, au jeu de dés, quand un coup amène deux trois.

TERNÉ, terme de botanique désignant les parties des plantes réunies au nombre de trois sur un support commun, ou fixées trois à trois au même point ou sur le même plan d'un axe ou réceptacle commun. Les feuilles du trèfle sont ternées.

TERNSTROÉMIACÉES, famille de plantes appartenant aux régions tropicales des deux hémisphères. Elle renferme les genres thé, camélia, ventenatia, etc. Le type de la famille est le genre ternstroémie, grand arbre propre aux deux hémisphères. L'écorce en est cendrée; les feuilles alternes, épaisses, coriaces et d'un vert foncé; les fleurs blanches, campanulées, solitaires; le fruit est une baie sèche, coriace, à deux loges, renfermant huit semences rouges. En France, on cultive ces plantes en serre chaude.

TERPANDRE, Voy. THERPANDRE.

TERPSICHORE (myth.), une des neuf Muses, présidait aux danses et à la poésie lyrique. On la représentait sous la figure d'une jeune fille couronnée de guirlandes, tenant une harpe et ayant des instruments de musique autour d'elle. Les modernes lui font tenir à la main un tambour de basque.

TERRACINE ou TERRACINA, autrefois Anxur ou Trachine, ville ancienne d'Italie. Elle est située dans les Etats de l'Eglise, au S. des marais Pontins, à 20 lieues de Rome environ. Sa population est de 9,000 habitants. Cette ville est assez commerçante.

TERRAGE, droit qu'avaient certains seigneurs de prendre en nature une certaine partie des fruits provenus sur les terres qui étaient sous leur dépendance. On nommait terrageau ou terrageur un seigneur qui avait droit de terrage. Terrager, c'était lever ce droit.

TERRAIN, espace de terre. Le mot se dit aussi de la terre par rapport aux qualités particulières qu'elle peut avoir. En géologie, on nomme terrains les gîtes généraux des substances minérales, c'est-à-dire les grandes masses minérales qu'on retrouve dans les différentes parties de la surface du globe, avec des caractères déterminés de composition et de gisement. L'écorce de la terre se divise en plusieurs terrains. Voici leur classement le plus généralement adopté : terrain récent ou moderne, qui se forme encore; terrain diluvien, formé par le charriement des matières minérales par les eaux diluviennes; terrain tertiaire ; terrain secondaire ou à couches; terrain primaire, primitif ou à filons; terrain plutonique ou d'origine ignée. Ce dernier est le plus ancien. On divise les terrains en plusieurs groupes appelés formations.

TERRAY (L'ABBÉ Joseph-Marie), né à Boen (Forez) en 1715, dut son éducation et son avancement à un oncle, premier médecin de la duchesse d'Orléans. Reçu conseiller clerc au parlement en 1736, il se fit distinguer par sa capacité pour les affaires. En 1755, il fut nommé rapporteur de la cour, et joua un rôle important dans le procès des jésuites, contre lesquels il donna ses conclusions (1762). Il eut en récompense l'abbaye de Molesme (1764). Il devint successivement chef du conseil du prince de Condé, et contrôleur général des finances en 1769, ministre d'Etat et intendant des bâtiments (1774). Il répara l'embarras financier du royaume, mais s'attira la haine des Parisiens par son impopularité. Au commencement du règne de Louis XVI, il rédigea l'édit de la remise du droit de joyeux avènement que ce roi fit à ses peuples. En 1774 il donna sa démission, et mourut en 1778 dans ses terres.

TERRE ou TELLUS (myth.), la plus ancienne divinité après le chaos, épousa le Ciel ou Uranus, dont elle eut plusieurs enfants, entre autres l'Océan, les Cyclopes, les Titans, Hypérion ; Iapet, Thémis, Téthys, Saturne et Phébé. Les anciens l'appelaient encore Cybèle, Rhéa, Vesta, Cérés, la Bonne Déesse. On la représentait avec plusieurs mamelles, le front couronné de tours, un sceptre d'une main, une clef de l'autre, un livre à ses pieds.

TERRE, nom de la planète sur laquelle nous vivons. La terre forme une masse tout à fait isolée dans l'espace, et qui tourne sur elle-même d'un mouvement régulier, autour d'un axe idéal, en vingt-quatre heures, en complétant chaque jour une révolution. Pendant ce temps elle se meut encore dans l'espace en décrivant, chaque année, autour du soleil, une ellipse qui est son orbite. Ce mouvement de translation produit l'alternative des saisons. La terre occupe la troisième place à partir du soleil, dont elle est éloignée de 34,856,000 lieues environ. Une enveloppe gazeuse ou atmosphère enveloppe la terre d'une couche de quinze à vingt lieues d'épaisseur. La terre se compose d'un noyau solide, nommé proprement la terre, sur lequel s'étend une couche liquide que l'on désigne par le nom d'eau. Les eaux couvrent les trois quarts de la surface du globe. La terre est ronde, aplatie aux pôles. Son rayon à l'équateur est de 6,376,851 mètres; le rayon au pôle, de 6,355,943 mètres ; la surface de la terre, de 5,098,857 myriamètres carrés, et son volume de 1,082,634,000 myriamètres cubes. — L'étude de la formation de la terre a occupé les savants de tous les âges. La solution de cette grande question n'est encore qu'hypothétique. La Bible montre que la terre fut créée en six jours. Presque tous les théologiens et les savants conçoivent ces jours comme désignant six époques distinctes. L'étude des terrains dont se compose le globe donne une grande autorité à cette assertion. Il y a trois systèmes sur la formation de la terre : les hydrogéens font jouer le plus grand rôle à l'eau, les pyrogéens supposant que la terre avait été originairement en combustion et semblable au soleil ; que, cette combustion ayant cessé, le globe s'est peu à peu refroidi. D'autres prétendent que le globe s'est formé des fragments du soleil, qui ont été détachés de cet astre par le choc d'une grande comète, et que ces fragments ayant été lancés à des distances différentes, il en résulte les positions et les distances respectives des diverses planètes au soleil. Parmi les pyrogéens, on distingue Zoroastre, Descartes, Buffon, Leibnitz, etc. Les atmogéens, à la tête desquels sont Laplace et Herschell, pensent qu'en vertu d'une chaleur excessive l'atmosphère du soleil s'est étendue au delà des orbes de toutes les planètes, et qu'elle s'est resserrée successivement jusqu'à ses limites actuelles. Les planètes auraient été formées aux limites successives de cette atmosphère, par la condensation des gaz qu'elle aurait abandonnés dans le plan de son équateur, et se refroidissant et se condensant à la surface de l'astre. Ces gaz refroidis auraient formé des petits globes qui se seraient attirés et unis les uns aux autres. Les satellites auraient été de même manière formés par l'atmosphère planétaire. Ce système est celui qui est le plus admis parmi les savants. L'âge de la terre doit être immense et incalculable, si l'on jette les yeux sur le temps que la géologie nous apprend avoir dû s'écouler avant que la surface de la terre pût arriver à son état actuel.

TERRE. La terre, regardée autrefois comme un des quatre éléments, est un composé sec, inodore, insipide, en général insoluble dans l'eau. La composition des terres varie beaucoup. Les unes, comme l'alumine, la silice, la zircone, etc., sont formées d'oxygène et d'un métal ; les autres renferment deux, trois ou un plus grand nombre de substances. On désigne communément, sous le nom de terre, un grand nombre de substances minérales très-variées dans leur composition et leur caractère. Ainsi on nomme terre animale, le sous-phosphate de chaux; terre calcaire, la chaux et le sous-carbonate de chaux; terre d'alun, l'alumine; terre foliée barytique, l'acétate de baryte; terre foliée calcaire, l'acétate de chaux; terre foliée cristallisée ou minérale, l'acétate de soude; terre foliée mercurielle, l'acétate de mercure; terre foliée du tartre, l'acétate de potasse; terre magnésienne, la magnésie et son sous-carbonate; terre muriatique de Kirwan, le sous-carbonate de magnésie ; terre pesante, le baryte ; terre pesante aérée, le sous-carbonate de baryte; terre pesante salée, le muriate de baryte; terre siliceuse, la silice.

TERRE (agricult.). L'étude et la connaissance des terres que l'homme est appelé à exploiter est la partie la plus importante de l'agriculture. On connaît quatre terres : la terre sableuse ou silice, la terre argileuse ou alumine, la terre crayeuse ou calcaire et la terre végétale ou humus. Toute terre sableuse ou la silice pure est infertile. La terre argileuse ou l'alumine se montre de couleur blanche, douce au toucher. Elle se laisse pénétrer par l'eau, avec laquelle elle forme une pâte molle. En se desséchant, elle durcit, fait retraite, se gerce et se crevasse. Les terres argileuses pures sont mauvaises pour l'agriculture. La terre crayeuse ou calcaire, base des marnes, des plâtres, etc., est la plus mauvaise des terres dans son état d'homogénéité. L'eau qui la mouille ne fait que la traverser, l'humidité la rend pesante, et sa couleur blanche repousse les rayons solaires. Cependant c'est un amendement précieux pour les terres fatiguées, quand on l'unit à une matière végétale, fibreuse et humide. L'humus, terreau, terre franche ou végétale est formée par les débris animaux et végétaux décomposés et mêlés à diverses substances huileuses et salines. L'humus constitue la couche la plus extérieure du globe. Sa couleur est noirâtre. Il est léger, spongieux, absorbe le calorique et l'humidité, mais conserve peu cette dernière. La nourriture abondante que les semences puisent en son sein les porte à croître rapidement. Ainsi l'alumine, la silice et le calcaire purs sont infertiles et ne peuvent pas fournir une bonne végétation, tandis que l'humus doué de principes excitants possède l'excès contraire. Ce n'est qu'en combinant et mélangeant ces diverses qualités de terres qu'on peut obtenir la meilleure terre labourable. Ce sont leurs diverses proportions qui font la variété des terres, déterminent l'objet des cultures et l'effet des récoltes. Un sol riche est celui dans lequel, sur dix parties, il y en a deux de silice, six d'alumine, une d'humus et une de calcaire.

TERRE ABSORBANTE, nom donné autrefois à certaines terres par la propriété d'absorber les sucs acides qui se développent fréquemment dans l'estomac. Telles sont la magnésie et le phosphate de chaux.

TERRE A FOULON ou SMECTIQUE, nom

donné à différentes espèces d'argiles douces au toucher. Ses couleurs les plus habituelles sont le vert d'olive, le gris, le verdâtre, le bleuâtre, et quelquefois le jaune et le rougeâtre. Elle est grasse au toucher, et se laisse polir avec l'ongle. Elle est fusible, se délaye dans l'eau avec une grande facilité, mais sans former une pâte très-ductile. C'est à cette propriété qu'est dû son emploi dans le dégraissage des étoffes de laine. On s'en sert pour enlever à ces étoffes l'huile dont on s'est servi pour carder et filer la laine. La meilleure argile à foulon se trouve en Angleterre. En France, on en exploite des gisements dans la vallée de la Chiers, à Lisieux, à Saint-Maurvieux, etc.

TERRE A FOUR, argile plastique mêlée de sable, qui est susceptible de se cuire sans se fendre, et que l'on emploie de préférence pour la confection des fours.

TERRE ALUMINEUSE, variété du *lignite terreux*. Ce mot s'applique également aux terres dont on extrait l'*alun*.

TERRE ANGLAISE, espèce d'argile plastique avec laquelle on fait les faïences à couvertes transparentes.

TERRE A PISÉ, terre forte mélangée de pierres et de cailloux de grosseur moyenne, dont on se sert pour faire le pisé, sorte de bâtisse économique en usage dans plusieurs parties de la France.

TERRE A PORCELAINE, nom vulgaire du *kaolin* ou *feldspath* décomposé.

TERRE ARGILEUSE, terre qui contient une assez grande quantité d'argile.

TERRE A SUCRE, argile dont on se sert dans les raffineries pour purifier le sucre.

TERRE BLEUE, nom vulgaire du fer phosphate pulvérulent.

TERRE BRUNE DE COLOGNE, espèce de lignite terreux que l'on vend à Cologne, et qui sert à falsifier les tabacs à priser. On l'emploie aussi dans la peinture à fresque, et on la brûle pour le chauffage.

TERRE CALAMINAIRE, nom donné au zinc oxydé calaminé.

TERRE COMESTIBLE. Les peuples sauvages de diverses contrées du globe mangent avec plaisir, au rapport de certains voyageurs, plusieurs espèces de terre. Le plus souvent ils les font cuire à moitié. Ces terres contiennent toujours une grande quantité d'argile, et elles agissent plutôt comme lest que comme nourriture, dans l'estomac de ces peuples.

TERRE D'ALMAGRA, terre rouge dont on se sert dans la peinture à fresque, et qui ressemble assez à la sanguine.

TERRE D'ARMÉNIE, espèce d'ocre rouge dont se servent les peintres à fresque.

TERRE DÉCOLORANTE, nom vulgaire du *lignite* d'Auvergne, qui a la propriété de décolorer beaucoup de liquides et entré autres le vinaigre rouge.

TERRE DE FEU. Voy. FEU.

TERRE DE LEMNOS, argile blanche ou rouge dont on se sert en Egypte comme un astringent, mais qui est inusitée en Europe. — On a encore nommé ainsi une matière solide, rougeâtre, astringente, préparée avec la pulpe du fruit du baobab.

TERRE DE PIPE, variété de terre glaise ou argile plastique d'un gris foncé, qui devient blanche dans la cuisson, et avec laquelle on fait non-seulement des pipes, mais des plats, des assiettes, etc.

TERRE DE SIENNE, espèce d'*ocre* d'un beau jaune, que l'on tire des environs de Sienne en Italie.

TERRE D'OMBRE, terre d'un beau brun foncé, dont on se sert en peinture. Elle vient, dit-on, de l'Ombrie, pays des Etats de l'Eglise ; mais il en existe dans d'autres parties de l'Italie. Elle doit sa couleur à un oxyde de fer qu'elle renferme en abondance.

TERRE FERME, nom donné par les marins aux grandes terres, par opposition aux Iles. La Nouvelle-Guinée l'Angleterre sont des terres fermes, des grandes terres, par rapport aux Iles qui les entourent. — On a longtemps nommé *Terre-Ferme* une division de l'Amérique méridionale, restreinte plus tard aux provinces Veragua, Panama et Darien. Aujourd'hui elle n'est pas usitée.

TERRE GLAISE ou ARGILE PLASTIQUE, nom donné aux argiles ou terres à potier qui, douces au toucher, faisant pâte tenace avec de l'eau, sont en outre infusibles à un feu très-élevé. Leur couleur ordinaire est le blanc grisâtre ou le brun noirâtre. Elles se délayent facilement dans l'eau. Au feu elles acquièrent une grande dureté sans se fendre, et deviennent plus ou moins blanches. Quelques-unes rougissent à une chaleur plus forte. L'argile plastique de Montereau, en France, est la meilleure pour la fabrication des faïences dites terres de pipe ou terre anglaise. On nomme aussi cette faïence, on mélange à l'argile plastique de la silice très-divisée, qu'on obtient en calcinant et broyant des silex de la craie. Après avoir cuit les pièces préparées avec cette pâte, on doit les recouvrir, comme la porcelaine, d'un enduit vitreux nommé couverte. Il se compose de silice, d'oxyde de plomb et d'un alcali. Les argiles blanches deviennent rouges par l'action du feu ; les grises ou brunes conservent la couleur blanche. — On nomme aussi cette terre *argile réfractaire*.

TERRE-NEUVE, grande île de l'Amérique septentrionale, sur la côte O. du Labrador, à l'entrée du golfe Saint-Laurent. Elle a environ 180 lieues de longueur sur 100 de largeur moyenne. Le climat est froid, le sol aride, l'intérieur peu connu et presque désert ; les côtes escarpées, garnies de baies nombreuses, sûres et vastes. Cette île est très-importante par le grand banc de Terre-Neuve, situé près de ses côtes, qui a 200 lieues de long sur 70 de large, et où on se livre à une pêche de la morue très-productive. La Terre-Neuve a été découverte par Jacques Cartier, voyageur du XVIᵉ siècle. La France a eu longtemps des établissements fixes à Terre-Neuve, à la baie de Plaisance, et dans d'autres parties de l'E. et du N. En 1713, par le traité d'Utrecht, elle a été obligée de céder à l'Angleterre la possession entière de Terre-Neuve, en se réservant seulement le droit de pêche sur le grand banc qui en dépend, et, pour les sécheries et les établissements temporaires des pêcheries, l'usage d'une certaine étendue de côtes. Le traité de Versailles de 1783 a fixé l'étendue de ces côtes à la partie située, en remontant par le N., depuis le cap Saint-Jean jusqu'au cap de Raye. La France ne peut exercer son droit de pêche dans le golfe Saint-Laurent qu'à 3 lieues des côtes appartenant à l'Angleterre, et en dehors de ce golfe qu'à 15 lieues de l'Ile Royale, et qu'à 30 lieues de l'Acadie. Les bâtiments français rapportent annuellement de Terre-Neuve 16,000,000 de kilogrammes de morues. — Le chef-lieu des établissements anglais est SAINT-JEAN, qui renferme 10,000 habitants.

TERRE-NEUVIERS, nom donné aux navires et aux hommes qui sont employés, à la côte ou sur le banc de Terre-Neuve, à faire la pêche de la morue.

TERRE-NOIX, espèce du genre *bunion*, plante de la famille des ombellifères. Le terre-noix ou *jarnotte* a reçu son nom du bulbe arrondi, gros comme une noisette le plus ordinairement et quelquefois comme une noix. Il est charnu, noirâtre au dehors, blanc en dedans et d'un goût agréable. Les bestiaux, et surtout les moutons, le mangent avec avidité. Frais et cuit au four ou sous la cendre, il peut servir à la nourriture de l'homme. Sec, on le reduit en farine qui donne une bouillie excellente. On peut mêler cette farine à celle qui fait la base du pain. Cet usage est déjà fort ancien dans les départements des Ardennes et de la Marne.

TERRE-PLEIN, terme de fortification. C'est la partie supérieure du rempart où se trouve le canon et où se placent les assiégés pour défendre la place.

TERRE SAINTE, nom poétique donné à la Judée ou Palestine.

TERRE SIGILLÉE, terre de Lemnos, disposée en grosses pastilles en Egypte, et sur laquelle on grave le sceau (en latin, *sigillum*) du sultan.

TERRE TUFIÈRE ou TUFACÉE, espèce de *tuf* friable en usage dans beaucoup de forges.

TERRE VÉGÉTALE, nom donné aux qualités de terres propres à la nutrition des végétaux et surtout à la couche superficielle des terrains. En général les meilleures terres végétales sont formées d'un mélange de sable, d'argile, de calcaire et d'un peu de terreau. De tous les dépôts superficiels naturellement stériles, le sable est celui qu'on peut le plus aisément rendre fertile. — On nomme aussi *terre végétale* l'*humus* ou *terreau*.

TERRE VERTE DE VÉRONE ou BALDACÉE, *feldspath* décomposé, employé dans la peinture à fresque, et que l'on trouve en Italie.

TERRES AUSTRALES. Voy. AUSTRALIE.

TERREAU. Voy. TERRE (agricult.).

TERRETTE ou LIERRE TERRESTRE. Voy. GLECOME.

TERREUR, nom que l'on a donné au temps que dura, pendant la révolution française, la domination de Robespierre et de ses partisans.

TERRIER, nom donné aux retraites souterraines que se creusent un grand nombre de mammifères, tels que les *lapins*, les *blaireaux*, les *taupes*, etc. Le *chien basset* porte souvent le nom de *chien terrier*, parce que les chasseurs l'emploient à la chasse des animaux qui se construisent des terriers. — On appelait autrefois *papier terrier* le recueil de foi et hommages, dénombrements et reconnaissances passées à une seigneurie par les vassaux. — Les *lettres de terrier* étaient des lettres qu'on obtenait à la chancellerie, à l'effet de contraindre tous les vassaux et sujets à représenter leurs titres et passer une nouvelle reconnaissance.

TERRIR se dit des tortues qui sortent de la mer et viennent sur la rivage pour y déposer les œufs. — En termes de marine, ce mot se dit de l'équipage d'un vaisseau qui prend terre après un long voyage.

TERTULLIEN (Quintus Septimius Florens Tertullianus), docteur de l'Eglise, né à Carthage vers l'an 160 de J.-C. Il se livra à l'étude de l'éloquence et des belles-lettres, et abjura la religion païenne pour embrasser le christianisme. Il se consacra au culte des autels et reçut la prêtrise. Il défendit avec beaucoup de zèle l'Eglise catholique contre les persécutions des païens. Il adopta ensuite l'hérésie des montanistes qu'il quitta bientôt pour former une secte, appelée de son nom les *tertullianistes*, mais qui eut une courte durée. Il mourut en 245. Il a laissé plusieurs ouvrages. Son style est précis, rapide, énergique. Ses écrits les plus connus sont : l'*Apologétique*, défense des chrétiens, admirable chef-d'œuvre d'éloquence, qu'il présenta au sénat et à Plautien-lui-même ; *deux Livres aux gentils* ; des Traités *sur le témoignage de l'âme, sur les spectacles, contre l'idolâtrie, sur la pénitence, sur la prière, sur la patience* ; le *Traité des prescriptions*, au sujet des controverses religieuses, etc.

TERUEL, province d'Espagne formée d'une partie de l'Aragon. Elle a 215,000 habitants. La capitale est TERUEL, petite ville épiscopale, au confluent du Guadalaviar et de l'Alhambra, à 36 lieues S. de Saragosse. Elle a près de 8,000 habitants, et est remarquable par son industrie.

TERZETTO, nom italien des *trios* ou morceaux à trois parties.

TESCHEN, cercle de la Moravie ou Silésie autrichienne, borné au N.-O. et au N. par la Prusse, à l'E. par la Gallicie, au S. par la Hongrie, et à l'O. par le cercle de Prerau. Sa superficie est de 125 lieues carrées, et sa population de 173,800 habitants. Sa surface est montagneuse au S., mais plate et marécageuse au N. L'agriculture y est peu répandue. Les habitants se livrent à l'éducation du bétail et à la fabrication de draps et de mouchoirs. Le chef-lieu est Teschen.

TESCHEN ou Tissin, chef-lieu du cercle de ce nom, en Moravie, sur le fleuve Olsa, avec une population de 5,400 habitants. Elle est la résidence du vicaire général du diocèse de Breslau et d'un surintendant luthérien. Elle possède un gymnase catholique et protestant, un musée, une bibliothèque, des cabinets de minéralogie et de physique, une école supérieure catholique, une salle de spectacle, des tanneries, des fabriques de draps fins, de casimirs, de toiles, de liqueurs, d'armes et surtout de mousquets qui prennent le nom de *teschmen* ou *teschinsks*. Elle commerce en cuir, laine, draps, vin, miel, cire, armes, etc. A Teschen fut signé entre l'Autriche et la Prusse (1779) le traité qui mit fin à la guerre de la succession de Bavière.

TÉSIN ou Tessin (en latin, *il Ticino*), le *Ticinus* des anciens, rivière d'Europe qui prend sa source au mont Saint-Gothard en Suisse, traverse le canton auquel elle donne son nom et le lac Majeur, forme la limite des Etats sardes et du royaume lombardo-vénitien, et se jette dans le Pô à une lieue un quart S.-E. de Pavie, après un cours d'environ 40 lieues. Elle est navigable depuis sa sortie du lac Majeur. Cette rivière est célèbre dans l'histoire à cause de la bataille que se livrèrent sur ses bords les Carthaginois et les Romains, l'an 217 avant J.-C. Les premiers, commandés par Annibal, y défirent les Romains commandés par C. Scipion.

TÉSIN ou Tessin, un des cantons suisses, le dix-huitième dans l'ordre de la confédération, borné au N. par les cantons d'Uri et les Grisons, à l'E. par les Grisons et le royaume lombardo-vénitien, au S. et au S.-O. par ce royaume et celui des Etats sardes. Sa longueur est de 24 lieues, sa largeur de 14 lieues et demie. Sa superficie est de 176 lieues carrées, et sa population de 104,000 habitants, Italiens ou Allemands, qui professent la religion catholique. Le sol est très-montueux, traversé par la chaîne des Alpes et arrosé par le Tésin; il est très-fertile. Les habitants émigrent en grande partie chaque année, et vont chercher de l'ouvrage dans d'autres pays, laissant aux femmes le soin de cultiver la terre. — Le Tessin est divisé en huit districts et trente-huit cercles. Le chef-lieu est Lugano. Le gouvernement est démocratique. Un conseil d'Etat, composé de onze membres tirés du grand conseil, a l'initiative de lois, des impôts, etc., et est chargé du pouvoir administratif. Deux landammans, nommés pour deux ans, président alternativement le conseil d'Etat. Le grand conseil, composé de 76 députés, élus pour six ans, nomme aux principales fonctions. Il y a dans chaque commune une municipalité, dans chaque cercle une justice de paix, dans chaque district un tribunal de première instance, et pour tout le canton un tribunal d'appel. Il fournit à l'armée fédérale 1,804 hommes, et aux dépenses de la république 18,040 francs.

TESQUA, lieux destinés chez les anciens à prendre les augures. C'étaient aussi des lieux consacrés à une divinité.

TESSERA, nom donné, dans les temps antiques, à une marque ordinairement de métal, que rompaient en deux ceux qui se liaient par l'hospitalité. Chacun des deux hôtes en gardait une moitié, à l'aide de laquelle il se faisait reconnaître. — C'était aussi une marque avec laquelle les officiers se faisaient reconnaître des sentinelles, ou la tablette sur laquelle était écrit le mot d'ordre. Enfin on nommait ainsi le mot d'ordre lui-même.

TESSÉRAIRE, officier de l'armée romaine, qui prenait du tribun le mot d'ordre et le donnait au centurion.

TEST, nom donné, en chimie, à une coupelle employée pour griller les mines dans les essais des minéraux.

TEST, enveloppe solide et calcaire, dure, plus ou moins pierreuse, protégeant le corps mou d'un très-grand nombre d'animaux invertébrés, comme les mollusques à coquille et les crustacés. C'est par une extension abusive du sens de ce mot que quelques naturalistes l'ont appliqué à la carapace des tortues, aux cuirasses des poissons, aux boucliers de la peau des tatous, des crocodiles et des pangolins. Il y a des naturalistes qui restreignent le sens du mot *test* à la coquille des mollusques.— En botanique, on nomme *test* la tunique extérieure de la semence.

TEST, mot anglais qui signifie *épreuve*. Le serment du test, dans son origine, était un acte par lequel on niait la transsubstantiation, et l'on renonçait au culte de la Vierge et des saints. On n'était obligé de prêter ce serment que lorsqu'on voulait remplir une charge publique, mais sous Charles II, en 1674, les communes voulurent que ce serment fût prêté par tous les sujets. L'origine du test remonte au règne de Henri VIII, qui proscrivit la religion catholique dans ses Etats.

TESTACÉS, nom donné, en histoire naturelle, aux animaux dont le corps est couvert d'une enveloppe nommée *test*.

TESTAMENT, acte par lequel une personne nommée *testateur* dispose, pour le temps où il n'existera plus, de tout ou partie de ses biens, et qu'il peut révoquer. On nomme *testament authentique* ou *solennel* celui qui est fait devant notaire; *testament olographe*, celui qui est écrit en entier de la main du testateur, daté et signé par lui; *testament mystique* ou *secret*, celui que le testateur remet cacheté au notaire. Le *testament olographe* n'est pas valide s'il n'est écrit en entier, daté et signé de la main du testateur. Il n'est assujetti à aucune autre forme.

TESTAMENT POLITIQUE, écrit politique attribué à certains hommes d'Etat, concernant les vues, les projets, les motifs qui ont dirigé ou qu'on suppose avoir dirigé leur conduite.

TESTAMENT (théol.) se prend dans l'Ecriture pour alliance. On appelle *Ancien Testament* les livres saints qui ont précédé la naissance de Jésus-Christ, et *Nouveau Testament* les livres saints postérieurs à la naissance de Jésus-Christ. L'ensemble de ces livres constitue la *Bible*. On nomme *Testament des douze patriarches* ou *des douze fils de Jacob*, un ouvrage dont l'original grec se trouve dans plusieurs bibliothèques, et est même assez commun dans le Levant. On en ignore l'auteur. Dans ce livre, on passe successivement en revue chacun des enfants de Jacob, comme étant près de mourir. L'auteur leur fait prononcer des prophéties, des bénédictions sur leurs enfants, des conseils et des préceptes pour le règlement de leur vie.

TESTAMENTAIRE (Exécuteur), celui qui est chargé par le testateur de veiller à l'exécution de ses dernières volontés.

TESTATEUR, celui de qui émane le testament.

TESTICULES, organes glanduleux ovoïdes contenus, chez l'homme le plus grand nombre des mammifères, dans une poche cutanée, et destinés à sécréter le sperme. Ils sont formés par une membrane fibreuse ou albuginée, et par une substance grise et mollasse, composée d'une multitude de canaux flexueux et entrelacés, qui sont les conduits *séminifères*. La membrane albuginée est forte, résistante, d'un blanc opaque. Le testicule droit est un peu plus élevé que le gauche. Ils sont l'un et l'autre soutenus par un cordon vasculaire et nerveux, nommé le cordon spermatique, et côtoyés en haut par un corps nommé *épididyme*. Les conduits séminifères se réunissent pour donner naissance au canal *déférent*.

TESTON, ancienne monnaie d'argent, qui eut jadis cours en France. On en ignore la valeur.

TÊT, rivière de France, qui prend sa source dans les Pyrénées (Pyrénées-Orien-

tales), passe à Perpignan, et se jette dans la Méditerranée, après un cours de 104,320 mètres.

TÉTANOCÈRE, genre de l'ordre des diptères, renfermant des insectes à face inclinée, au front saillant, aux antennes ou filets de la tête dirigées en avant, de la longueur de la tête. Ce sont de jolis insectes au corps fauve, aux antennes souvent empanachées, aux ailes ornées d'un réseau sombre mais élégant. Ils vivent au milieu des plantes, dans les lieux humides. Le *tétanocère front fauve* est long de trois à quatre lignes. Sa face est blanche, son front fauve; l'abdomen et les pieds sont ferrugineux. On le trouve aux environs de Paris.

TÉTANOS (du grec *teinô*, je tends), maladie caractérisée par la convulsion permanente de tous les muscles ou seulement de quelques-uns, sans alternative de relâchement. Le *tétanos traumatique* est celui qui succède à une blessure, à l'introduction d'un corps étranger dans les parties sensibles, telles que le pied ou la main, aux plaies avec déchirement, aux morsures, aux brûlures, aux opérations chirurgicales. Le *tétanos spontané* est celui qui se manifeste sous l'influence obscure de causes prédisposantes ou occasionnelles, telles qu'un froid excessif ou l'élévation considérable de la température, des émotions vives et des agitations violentes du système nerveux. Le *tétanos traumatique* survient de cinq à six jours, de deux à trois semaines, même après la blessure. Les symptômes principaux sont la roideur convulsive et l'immobilité des parties malades. Le tétanos est *général* ou proprement dit quand la roideur s'étend à tout le corps; *imparfait*, quand elle est bornée à plusieurs parties seulement. La durée du tétanos peut être courte lorsqu'il se termine par la mort. Celle-ci a souvent lieu dans les premiers jours ou en quelques heures. Quand la terminaison est heureuse, la durée est de vingt à quarante jours. La roideur cesse progressivement dans les diverses parties.

TÉTARD. La plupart des batraciens, tels que les crapauds, les grenouilles, les rainettes, les salamandres, etc., naissent avec des formes différentes de celles de leurs parents, et subissent plusieurs métamorphoses avant de parvenir à leur état parfait. On a en général donné le nom de *tétard* et quelquefois celui de *larve* aux jeunes batraciens, depuis le moment où ils sortent de l'œuf jusqu'à celui où ils arrivent à l'état adulte.

TÊTE, partie de l'animal qui forme l'extrémité supérieure du corps, comprenant le crâne et la face, et dont les diverses cavités renferment l'encéphale et les principaux organes des sens. Elle tient ou reste du corps par le cou. La forme de la tête, chez l'homme, ressemble à une sphère aplatie supérieurement, inférieurement et par les côtés. Mais cette forme varie avec l'âge, selon les individus, et avec les différentes races dont se compose l'espèce humaine. Cela dépend en général du développement différent des diverses parties du cerveau, puisque c'est lui qui donne la forme au crâne. Les têtes des animaux, selon leurs différentes formes, peuvent nous faire connaître leur instinct, leurs penchants et leur degré d'intelligence. Les animaux carnassiers ont la tête très-large sur les côtés; tels sont le renard, le loup, l'aigle, le hibou, etc. Les herbivores ou frugivores, au contraire, l'ont rétrécie, comme le mouton, l'âne, le cheval, l'oie, etc. Les animaux les plus intelligents et les plus dociles ont la tête bombée à la région du front.

TÊTE-CHÈVRE. Voy. Engoulevent.

TÉTRACORDE, suite de quatre sons, par laquelle les Grecs divisaient l'étendue générale de leur échelle musicale. Par exemple, *ut*, *ré*, *mi*, *fa* composaient un *tétracorde*.

TÉTHYS (myth.), déesse de la mer, fille du Ciel et de la Terre, et femme de l'Océan.

Elle fut mère d'un grand nombre de nymphes, appelées Océanitides ou *Océanies*, du nom de leur père. On la représente ordinairement sur un char en forme de coquille, traîné par des dauphins.

TÉTRA, mot grec, contraction de *tettara* ou *tessara*, quatre, et qui entre dans la composition de plusieurs mots français.

TÉTRADACTYLES (des mots grecs *tettara*, quatre, et *dactylos*, doigt), nom d'une tribu de l'ordre des échassiers, qui renferme tous les oiseaux de cet ordre qui ont trois doigts devant et un derrière. Tels sont les genres *flammant*, *vaginale* et *giarole*.

TÉTRADRACHME, poids et monnaie de 4 drachmes, usités chez les anciens Grecs.

TÉTRADYNAMIE (des mots grecs *tettara*, quatre, et *dunamis*, puissance), quinzième tribu du système sexuel de Linné, en botanique. La tétradynamie renferme les plantes bisexuées, dont la corolle est pourvue de quatre grandes étamines (organes mâles), et deux plus courtes opposées. Les quatre grandes se montrent réunies par paires, et séparées par les deux plus courtes. La famille des *crucifères* compose à elle seule la tétradynamie. On dit que les étamines sont *tétradynames* quand elles offrent leurs filets dans la position que nous venons d'indiquer.

TÉTRAÈDRE (de *tettara*, quatre, et *édra*, siège, base), nom donné, en géométrie, aux corps réguliers dont la surface est formée de quatre triangles égaux et équilatéraux.

TÉTRAÉTÉRIDE, terme de chronologie, cycle ou période de quatre ans, en usage chez les anciens Athéniens.

TÉTRAGNATHE, genre de la famille des aranéides orbitèles, renfermant des araignées ayant un corps étroit et allongé; ces pattes très-allongées, très-fines, dirigées en avant et en arrière longitudinalement. La première paire est la plus longue, la deuxième ensuite, la troisième est la plus courte. Ces araignées sont sédentaires, forment une toile à réseaux réguliers, composés d'une spirale croisée par des rayons droits qui partent d'un centre où elles se tiennent immobiles. L'espèce la plus connue en Europe est la *tétragnathe étendue*. Le corps est roussâtre, avec l'abdomen d'un vert jaunâtre doré. Cette araignée forme sur les buissons, les plantes et surtout près des ruisseaux et des mares, une toile verticale à réseau régulier.

TÉTRAGONE (du grec *tettara*, quatre, et *gonia*, angle), nom donné, en géométrie, à tout ce qui a quatre angles et quatre côtés égaux. Il est synonyme de *quadrangulaire*. En astronomie, *tétragone* est un aspect de deux planètes par rapport à la terre, dans lequel ces deux planètes sont distantes l'une de l'autre de la quatrième partie d'un cercle ou 90 degrés.

TÉTRAGONIE, genre de la famille des ficoïdes, renfermant des végétaux herbacés, à feuilles alternes, planes, charnues; à fleurs jaunes; à fruit coriace quadrangulaire, rempli d'une noix osseuse. La *tétragonie cornue* ou *cresson de la mer du Sud*, originaire du cap de Bonne-Espérance et de la Nouvelle-Zélande, comme ses congénères, fut introduite en France en 1810. Elle jouit de propriétés antiscorbutiques.

TÉTRAGYNE (de *tettara*, quatre, et *guné*, épouse), nom donné aux fleurs des plantes qui ont quatre pistils (organes femelles). Linné s'en est servi pour constituer un ordre particulier (*tétragynie*) dans chacune des treize premières classes du système sexuel, surtout dans la troisième ordre de la septième, et dans le quatrième des classes quatre, cinq, huit, neuf et treize, chez qui la corolle présente un pistil à quatre ovaires, quatre styles ou quatre stygmates.

TÉTRALOGIE (des mots grecs *tettara*, quatre, et *logos*, discours), nom donné,

chez les Grecs, à quatre pièces dramatiques d'un même auteur, dont les trois premières étaient des tragédies, la quatrième satirique ou bouffonne, et qui avaient pour but de remporter la victoire dans les combats littéraires.

TÉTRAMÈRES ou TÉTRAMÉRÉS, section de l'ordre des coléoptères, qui comprend ceux de ces insectes qui ont quatre articles à tous les tarses.

TÉTRAMÈTRE, nom donné, chez les anciens, à un vers composé de quatre pieds.

TÉTRANDIE, quatrième classe du système sexuel de Linné, en botanique, renfermant les plantes dont les fleurs bisexuées (renfermant les deux sexes) ont quatre étamines ou organes mâles, libres, distinctes, égales en hauteur. La tétrandie se divise en quatre ordres : la *tétrandie monogynie* (à quatre étamines, un pistil ou organe femelle), exemple : les *scabieuses*, le *caille-lait*, la *garance*; la *tétrandie digynie* (quatre étamines, deux pistils), exemple : la *cuscute*; la *tétrandie trigynie* (quatre étamines, trois pistils), exemple : la *boscie*; la *tétrandie tétragynie* (quatre étamines, quatre pistils), exemple : le *houx*. Ce mot dérive du grec *tettara*, quatre, et *aneres*, maris.

TÉTRAPÉTALEE, nom donné, en botanique, aux fleurs qui ont quatre pétales.

TÉTRAPHYLLE (bot.), nom donné aux feuilles qui se composent de quatre petites feuilles ou folioles.

TÉTRAPLES. C'est ainsi qu'Origène nomma son édition de la Bible, dans laquelle il mit en quatre colonnes rangées vis-à-vis l'une de l'autre les quatre versions des Septante, d'Aquila, de Symmague et de Théodotion. Ce terme signifie en grec *quadruple* ou composé de quatre parties.

TÉTRAPOLE. Les anciens nommaient ainsi certains cantons qui renfermaient quatre villes (en grec, *tettaron*, quatre, et *polis*, ville). On donnait aussi ce nom à Antioche, capitale de la Syrie, parce qu'elle avait quatre quartiers.

TÉTRAPTÈRE, nom donné, en histoire naturelle, aux insectes qui ont quatre ailes.

TETRARHYNQUE, genre de vers intestinaux, ayant un corps aplati, non articulé, la tête garnie de quatre trompes rétractiles, garnies de crochets. Ces vers se rencontrent rarement dans les voies digestives; c'est au milieu des viscères qu'ils habitent. Leurs mouvements sont très-vifs. On les trouve dans les poissons et les mollusques. Le *tétrarhynque appendiculé* est long de trois à douze lignes, transparent, pourvu d'un appendice en arrière. Cette espèce, de couleur blanche ou orangée, se trouve dans le foie et les muscles du *saumon*.

TÉTRARQUE (du grec *tettara*, quatre, et *arché*, gouvernement), nom donné par les anciens aux princes du deuxième ordre subordonnés à une puissance supérieure, et qui gouvernaient la quatrième partie d'un État en pleine souveraineté. Par extension, on nomma *tétrarque* celui qui possédait une moitié ou un tiers d'État. Leur gouvernement se nommait *tétrarchie*.

TÉTRAS ou TÉTRAO, groupe de l'ordre des gallinacés, renfermant ceux de ces oiseaux qui ont un bec fort, court, voûté, des narines couvertes à moitié par une membrane voûtée, et des sourcils nus, garnis de papilles rouges. Les jambes sont sans éperons et couvertes de plumes jusqu'aux doigts. On trouve dans ce genre les *coqs de bruyère*, et la *gélinotte*. Voy.

TÉTRAS, groupe de l'ordre des gallinacés, dans lequel Linné confondait la *perdrix*, les *cailles*, les *lagopèdes*, les *francolins*, les *tétras* proprement dits, etc. Il leur donnait pour caractères une bande nue et le plus souvent mamelonnée, qui tient la place du sourcil. Cette division n'a pas été adoptée; on a fait des genres distincts des genres que nous avons cités, et l'on a fait du genre *tétras* un genre unique. Voy. ce mot.

TETRICUS (Caïus Pesuvius), célèbre Gaulois, né d'une famille de sénateurs, fut nommé président de l'Aquitaine sous Valérien et Gallien. Indigné des débauches de Gallien, il se fit déférer l'empire (267). La Gaule entière le reconnut. Il associa son fils à la puissance impériale. Il régna d'abord paisiblement; mais, se voyant sans cesse en butte à des séditions et les conjurations de la part de ses troupes rebelles, il écrivit à l'empereur Aurélien pour le prier de venir à son secours. Aurélien s'avança; les deux armées se rencontrèrent dans les plaines de Châlons. Dès le commencement de la bataille, Tetricus et son fils passèrent du côté d'Aurélien, et leur armée fut taillée en pièces (274 de J.-C.). Par cet événement, la Gaule, l'Angleterre et l'Espagne revinrent à l'empire romain. Aurélien abusa de son succès en faisant paraître à son triomphe les deux Tetricus. Mais dans la suite il répara cette injure en leur rendant la dignité de sénateur, et au père le gouvernement de la Lucanie. On ignore l'année de sa mort.

TÉTROBOLE, poids et monnaie grecque de 4 oboles.

TÉTRODON, genre de la famille des gymnodontes, renfermant des poissons qui jouissent de la faculté de se gonfler comme un ballon en introduisant une énorme quantité d'air dans leur estomac, qui occupe toute la largeur de l'abdomen. Ainsi remplis, ils flottent renversés, le dos tourné en bas. Ces poissons se nourrissent de crustacés et de mollusques. Leur chair est muqueuse et peu recherchée. Leur peau est armée d'aiguillons mobiles. Toutes les espèces de tétrodon habitent des mers étrangères à nos parages.

TETTIGONES, genre de l'ordre des hémiptères, renfermant des insectes qui sont les *cigales* de la France méridionale. La *tettigone verte* est longue de quatre lignes et demie; le corps est d'un jaune assez vif; le corselet est vert; l'écusson jaune; les couvertures des ailes sont vertes en dessous, noires en dessus; les ailes grisâtres, transparentes; le dessous du corps et des pattes jaunes. Cet insecte est très-commun dans le midi de la France.

TÊTU, espèce de marteau à large tête dont les maçons se servent pour démolir les anciens ouvrages de maçonnerie.

TEUCER, fils de Télamon, roi de Salamine, et frère d'Ajax, accompagna ce héros au siège de Troie. A son retour, il fut chassé par son père pour n'avoir point vengé la mort d'Ajax, dont Ulysse était cause. Il passa ensuite dans l'île de Cypre, où il bâtit une ville du nom de Salamine.

TEUCER (myth.), fils de Scamandre, Crétois, régna dans la Troade sous Dardanus, son gendre, vers l'an 528 avant J.-C. Il fut l'aïeul de Tros, et c'est de lui que Troie prit quelquefois le nom de *Teucrie*, et les Troyens celui de *Teucriens*.

TEUGUE ou TUGUE, espèce de gaillard que l'on fait à l'arrière d'un vaisseau, pour le garantir de l'injure du temps.

TEUTATÉS, TEUT ou THOT (myth.), dieu suprême des Gaulois, que ces peuples regardaient comme le créateur de tout ce qui existe. Teut était aussi le dieu de la guerre, des éclairs et du tonnerre; on l'appelait alors Taranis. Le culte de ce dieu avait commencé en Égypte, où il avait régné sous le nom d'*Athotès* ou *Thot*. Après sa mort, les Égyptiens le révérèrent comme un dieu, et lui donnèrent le chien pour symbole. Ils le représentaient aussi sous la figure d'un homme avec une tête de chien.

TEUTONIQUE, ce qui concerne les Teutons, et par extension les Allemands, leurs descendants.

TEUTONIQUE (ORDRE) OU DES CHEVALIERS ALLEMANDS, ordre célèbre, établi en 1190 par le duc Frédéric de Souabe, à l'époque du siège d'Accon, pendant une croisade en terre sainte. Il fut fondé dans le but de

THA

défendre la religion chrétienne contre les infidèles, et de soigner les malades dans la terre sainte. L'ordre fut aussi nommé ordre allemand, parce qu'on n'y admettait que des Allemands, qui d'ailleurs étaient tenus de faire preuve d'une bonne noblesse. Ils reçurent une règle semblable à celle des templiers, et les priviléges dont jouissaient ces chevaliers. L'habit de l'ordre consistait en un vêtement noir et un manteau blanc, sur lequel on portait une croix noire à bords d'argent. L'ordre Teutonique acquit de grandes richesses; vers 1226, les Polonais l'appelèrent à leur secours contre les Prussiens, qui furent forcés de reconnaître sa souveraineté. En 1309, le grand maître vint s'établir à Marienbourg, en Prusse. Au XVe siècle, sa domination s'étendait depuis l'Oder jusqu'au golfe de Finlande, sur la Prusse, la Livonie, la Courlande, la Sémigalie. Le despotisme des chevaliers teutoniques leur fit perdre la Prusse dans le XVIe siècle. Depuis ce temps le grand maître résida à Mergentheim, en Souabe, et fut considéré comme prince de l'empire. Ses possessions, divisées en bailliages et commanderies, comprenaient 60 lieues carrées avec 88,000 habitants, et étaient situées en divers Etats. Par la paix de Presbourg (1805), l'empereur d'Autriche fut investi de la dignité, des droits et des revenus de l'ordre; mais Napoléon le supprima entièrement en 1809, et donna ses biens aux princes dans les Etats desquels ils étaient situés. Neanmoins l'archiduc Antoine d'Autriche prend encore le titre de grand maître de l'ordre Teutonique dans l'empire d'Autriche.

TEUTONS, peuples de la Germanie septentrionale qui habitaient vers la mer Baltique. Ils étaient voisins des Cimbres, auxquels ils se réunirent pour aller porter la terreur dans le midi de l'Europe. Ils furent arrêtés par Marius, général romain, qui les tailla en pièces à la fameuse bataille d'*Aquæ-Sextiæ* ou *Aix*, l'an 101 avant notre ère.

TEVERONE, rivière d'Italie qui prend sa source dans les confins des Abruzzes, passe à Tivoli où elle forme de belles cascades. Elle se jette dans le Tibre au-dessus de Rome. Le Teverone portait autrefois le nom d'*Anio*.

TEXAS, contrée de l'Amérique septentrionale, faisant autrefois partie de l'Etat de Cohahuila, dans la république mexicaine, et constituant aujourd'hui une petite république distincte du Mexique, et qui a fini par s'annexer à la grande confédération des Etats-Unis. Sa superficie est d'environ 24,000 lieues carrées, et sa population de 12,000 habitants. Elle est bornée au N. et à E. par les Etats-Unis, à l'O. par le Nouveau-Mexique et l'Etat de Cohahuila, au S. par celui de Tamaulipas et le golfe du Mexique. Sa capitale est HOUSTON. C'est dans la république du Texas que fut fondée en 1815 la colonie de Français, connue sous le nom de *Champ d'Asile*.

THABOR, montagne de la Galilée (Judée). Les uns la placent sur les frontières de la tribu de Zabulon; les autres sur celles de la tribu d'Issachar. Le mont Thabor, autrefois couvert d'arbres et de verdure, à à son sommet une plaine assez vaste, où il exista jadis une ville, puis un monastère. Il est entièrement désert aujourd'hui. Débora et Baruc assemblèrent leur armée sur le Thabor, et livrèrent la bataille au pied de cette montagne à Sisara, général de Jabin, roi d'Assor. On croit généralement que le Thabor este le lieu de la transfiguration de Jésus-Christ. Il n'y a rien de certain sur cette opinion.

THADÉE, frère de saint Thomas, apôtre, l'un des soixante-douze disciples. Peu de temps après l'ascension de Jésus-Christ, saint Thomas l'envoya de Jérusalem à Edesse vers le roi Abgare, qu'il guérit d'une maladie très-grave, et où il fit de nombreux miracles. On ignore ce qu'il devint par la suite. Les Latins l'honorent le 11 mai, et les Grecs le 21 août. — On donne quelque-fois le surnom de *Thadée* à saint Jude l'apôtre.

THAIS, célèbre courtisane grecque, corrompit la jeunesse d'Athènes. Après la prise de cette ville par Alexandre, elle suivit ce prince dans ses conquêtes en Asie, et le porta à détruire la ville de Persépolis. Après la mort du héros, elle épousa Ptolémée, roi d'Egypte, qu'elle rendit père de nombreux enfants.

THAIS ou THAÏSE (Sainte), vivait en Egypte vers le milieu du IVe siècle. Elle fut élevée dans la religion chrétienne, qu'elle abandonna pour se livrer publiquement à la prostitution et aux débauches. Convertie par saint Paphnuce, célèbre anachorète de la Thébaïde, elle jeta au feu tout ce qu'elle avait amassé par ses fautes, et se renferma dans une cellule où elle passa trois ans ne vivant que de pain et d'eau. Elle ne vécut que quinze jours après sa sortie de la cellule. On fait sa fête le 8 octobre.

THALAMITES, nom donné par les anciens aux rameurs qui se plaçaient à la partie inférieure du vaisseau, voisine de la proue.

THALAMUS, lieu où les nerfs prennent leur origine. — On nommait *thalamè*, chez les anciens, le lieu des temples où se rendaient les oracles.

THALASSIUS ou THALASSUS, dieu des noces chez les anciens, le même qu'Hymen. Quelques-uns croient que ce n'était qu'un cri de joie qu'on répétait souvent dans les mariages.

THALER, monnaie usitée dans plusieurs parties de l'Allemagne et dans d'autres contrées. Le *thaler* ou rixdale d'argent en Prusse vaut 3 francs 7 centimes. Le demi-thaler vaut 2 francs 26 centimes. Le *thaler* de Saxe est une monnaie imaginaire, et qui n'a qu'une valeur fictive dans le commerce. Celui de vingt-quatre gros vaut 3 francs 89 centimes 68 centièmes. Le *thaler* de Suède, de 48 schillings, vaut 5 francs 75 centimes 73 centièmes. Le *thaler* de Danemarck, de 96 schillings, vaut 11 francs 51 centimes 46 centièmes. Un *thaler* de banque de Hambourg est une monnaie imaginaire qui équivaut à un thaler et demi de Prusse.

THALÈS, le premier des sept sages de la Grèce, né à Milet vers l'an 640 avant J.-C. Il voyagea en Crète et en Egypte pour s'instruire, et fonda la secte de philosophie appelée *école ionique*. Il établissait dans sa doctrine que l'eau est le premier principe des choses. Il envisageait le monde comme un être vivant, sorti d'un état de germe imparfait, lequel germe n'était que l'eau. Il ne reconnaissait pas par conséquent un dieu ou être créateur. Il croyait que la matière a la propriété de s'arranger elle-même, est dans un mouvement perpétuel, que les seules formes sont fugitives et non réelles. Il croyait à l'immortalité de l'âme. Thalès était aussi grand mathématicien. Il découvrit plusieurs propriétés du cercle et des triangles sphériques, expliqua le premier les éclipses de lune et de soleil, et apprit à mesurer les monuments par l'ombre qu'ils projettent à midi. On n'a aucun écrit de Thalès.

THALESTRIS, reine des Amazones, vint trouver Alexandre en Asie pour lui rendre hommage, et dans le but d'avoir des enfants d'un grand homme. Plusieurs historiens révoquent en doute ce fait.

THALIE (myth.), l'une des neuf Muses, présidait à la comédie et à la poésie lyrique. On la représente sous la figure d'une jeune fille, couronnée de lierre, tenant un masque à la main et chaussée avec des brodequins. — C'était aussi le nom d'une des trois Grâces et d'une Néréide.

THALLE ou THALLUS, nom donné dans les lichens aux expansions lépreuses ou farineuses, foliacées ou dendroïdes, sur lesquelles naissent les graines que l'on nomme *apothécies* ou *carpomorphes*.

THALLITE, variété d'épidote. Elle est verte, brunâtre ou rougeâtre, et cristallise en octaèdres. On la trouve à l'état bacillaire, fibreux, granulaire ou compacte. Elle se compose de 37 à 41 parties de silice, de 27 à 29 d'alumine, de 14 à 16 de chaux et de 10 à 17 de protoxyde de fer.

THALLUS, bâton environné de feuillage. Dans les processions des anciens, l'on portait des thallus à la main. C'est de là que vient le mot de *thallophores*, pour désigner les vieillards et les enfants qui portaient des thallus aux fêtes de Minerve.

THALWEG (de l'allemand *thal*, vallée, et *weg*, chemin) se dit des bords d'un fleuve, parce que son lit est creusé dans des vallons. C'est aux ingénieurs-géographes, aux officiers du génie, qu'il appartient, dans les expéditions militaires, de reconnaître le thalweg d'un courant d'eau pour aviser aux moyens de le franchir.

THAMAR, Cananéenne, épousa Her, fils aîné du patriarche Juda, puis après sa mort Onan, frère d'Her. Ces deux israélites moururent subitement. Juda, craignant le même sort pour Sella, son troisième fils, ne voulut point qu'il épousât la veuve de ses deux frères, quoiqu'il l'eût promis. Thamar alors usa de stratagème pour surprendre Sella, sous le costume d'une courtisane, et eut commerce avec lui. Elle devint enceinte, et ayant présenté à Juda les bracelets que lui avait donnés son fils en retour de sa complaisance, elle épousa Sella. Elle mit au monde deux jumeaux, Pharès et Zara (vers l'an 1664 avant J.-C.).

THAMAS-KOULI-KHAN, roi de Perse, appelé aussi *Schah-Nadir*, né dans la province de Khorasan, servit d'abord pour le gouverneur de cette province. Le schah Thamas le fit lieutenant général, puis général en chef (1729). Il remporta une grande victoire sur Aschruff, compétiteur au trône de Perse, et reçut en récompense le titre de *Thamas-Kouli-Khan* (le seigneur esclave de Thamas). Poussé par l'ambition, il détrôna le schah et se mit à sa place (1736). Il soumit la presque totalité de l'Indoustan et se fit proclamer souverain des Indes. Ses déprédations et ses cruautés souillèrent ses victoires. Il fut assassiné en 1747.

THAMUS ou THAMMUS, mois des juifs qui répondait à la lune de juin, et qui était le quatrième de l'année ecclésiastique et le dixième de l'année civile. Il n'a que vingt-neuf jours. Le 17 de ce mois, les juifs célèbrent un jeûne en mémoire de l'adoration du veau d'or et du châtiment qui le suivit.

THARÉ, fils de Nachor, naquit l'an du monde 1878. Il fut père d'Abraham à l'âge de soixante-quinze ans. Il sortit d'Ur en Chaldée l'an 2082, et mourut à Haran de Mésopotamie la même année.

THARGÉLION, onzième mois de l'année grecque. On y célébrait des fêtes nommées *Thargélies*, en l'honneur d'Apollon et de Diane, à qui l'on offrait les prémices des fruits de la terre.

THARSIS ou TARSIS, contrée lointaine où les flottes israélites allaient faire le commerce sous le règne de Salomon. On conjecture que c'était Carthage.

THASO, île de l'Archipel dans la Méditerranée et le golfe de Contessa. Sa superficie est de 15 lieues carrées environ. La population est de 6,000 habitants. On y trouve des vins excellents, du bois de construction et des marbres magnifiques. Le chef-lieu est *Thaso*, avec un bon port et 3,000 habitants. Cette ville est assez commerçante.

THAU, étang salé de France, dans le département de l'Hérault, sur la côte de la Méditerranée, entre Béziers et Montpellier. Le canal du Languedoc a son embouchure dans la mer par l'étang de Thau.

THAUMATURGE, de *thaumatos*, merveille, et *ergon*, ouvrage. Ce mot, dérivé du grec, sert à désigner, dans l'Eglise catholique, les saints qui se sont rendus célèbres par leurs miracles. C'est dans ce sens qu'on dit saint Grégoire Thaumaturge.

THÉ, genre de la famille des ternstrœmiacées ou des hespéridées, renfermant des arbrisseaux qui, dans l'état naturel, s'élèvent à une hauteur de vingt-cinq à trente pieds, mais qui, dans l'état de culture, en dépassent rarement cinq ou six. Ses rameaux sont brunâtres, garnis de feuilles ovales, lancéolées, dentées sur leurs bords, de fleurs blanches d'une odeur agréable, et de fruits en forme de capsules arrondies ou formées de deux ou trois globes adhérents, à trois loges. Le thé est originaire de la Chine. — Dès que les feuilles ont été récoltées et triées, des ouvriers les plongent dans l'eau bouillante, les y laissent une demi-minute, les retirent ensuite, les font égoutter et les jettent sur des plaques de fer chauffées. On les étend ensuite sur des nattes, où on les roule avec la paume de la main jusqu'à leur complet refroidissement. On ne les renferme dans des caisses que lorsqu'elles sont bien sèches. Les Chinois aromatisent le thé avec d'autres plantes odoriférantes, telles que les fleurs du camélia. Il y a deux espèces de thés : le *thé noir*, dont la couleur est brune, est doux et donne une infusion de couleur foncée. Le *thé vert* est vert ou grisâtre, âcre et aromatique; l'infusion est de couleur de citron. Le thé vert a une qualité enivrante qu'il manifeste sur les nerfs quand on le prend trop fort ou en trop grande quantité. Parmi les thés verts, on distingue le *thé hyswen*, une des espèces les plus répandues; le *thé perlé*, d'une odeur plus agréable et de couleur plus brune; le *thé poudre à canon*, choisi parmi les feuilles les plus petites des deux espèces précédentes; il est très-petit, grenu; cette espèce est agréable, recherchée et d'un prix élevé; le *thé tchoulan*, presque entièrement semblable au thé hyswen, mais plus agréable, et rare dans le commerce. Parmi les thés noirs, on distingue le *thé soutchong*, noirâtre, d'une odeur et d'une saveur plus faibles que les thés verts ; le *thé péko* diffère peu du précédent, mais il est plus délicat et plus odorant; le *thé bou*, très-répandu dans le commerce. En Chine, le thé est la boisson ordinaire du peuple. Son usage est très-répandu en Europe depuis 1763. En médecine, on donne le thé en infusion, comme jouissant de propriétés excitantes et antispasmodiques, et comme favorisant les digestions, les sueurs, etc.

THÉ, nom donné, par analogie, à un grand nombre de plantes étrangères en général à nos climats, dont les feuilles offrent la consistance et la forme du thé, et qui sont employées en boisson par plusieurs peuples. Ainsi on nomme *thé d'Amérique* ou de *la Martinique*, la *capraire*; *thé du Chili*, le *psoralier*; *thé d'Europe*, la *véronique*; *thé de France*, la *sauge*, la *véronique* et la *mélisse officinales*; *thé du Labrador*, le *lédon*; *thé du Mexique*, la *capraire biflore* et l'*ansérine*; *thé des Norwégiens*, la *ronce du Nord*; *thé de Simon Paoli*, le *galé*; *thé de Suisse*, le *Falltrank*; *thé du Paraguay*, le *psoralier*, l'*érytroxyle* et une espèce de *houx*, nommée aussi *maté*, dont les sauvages boivent l'infusion avec plaisir.

THÉATINS, ordre religieux institué en 1524 par saint Gaétan de Thienne; Pierre Carafa, évêque de Théato, depuis pape sous le nom de Paul IV, et plusieurs autres personnages considérables. Clément VII approuva cet institut en 1529, sous le nom de clercs réguliers. Leur nom leur fut donné à cause de Théato, dont l'évêque fut un de leurs fondateurs. Les théatins portaient une soutane noire, un manteau noir et des bas blancs. Ils s'étaient imposé la tâche d'édifier et de réformer le clergé, d'instruire la jeunesse, d'assister les malades, de combattre les hérétiques. En France, ils n'avaient qu'une seule maison, à Paris. Leur ordre a été supprimé et leur couvent détruit en 1790. Il occupait une partie du quai Voltaire. Les théatins ont produit plusieurs hommes distingués par leur science et leurs vertus.

THÉATINES, religieuses ainsi nommées parce qu'elles ont les théatins pour supérieurs et directeurs. Elles reconnaissent pour fondatrice Ursule Bonincasa, morte en 1618. Les *théatines de la Conception*, établies en Italie, sont habillées comme les théatins, et font les vœux simples. Les *théatines de l'ermitage* sont habillées de blanc avec un scapulaire bleu, vivent dans une grande retraite, et ne sont établies qu'à Naples.

THÉATRE, du grec *théaomai*, regarder, nom donné par les anciens à un édifice où on s'assemblait pour voir des représentations scéniques, pour discuter les intérêts de l'Etat, et même traiter des doctrines philosophiques. Les premiers théâtres furent fondés en Grèce vers l'an 540 avant J.-C. La plupart des théâtres anciens étaient à ciel ouvert, garantis par une toile du soleil et de la pluie. La toile, au lieu de se lever comme chez nous, s'abaissait quand la représentation commençait, se levait à la fin. Chez les modernes, les premiers théâtres fixes furent construits au XVIe siècle par des architectes italiens. Un théâtre exige à présent une vaste salle pour les spectateurs, une scène pour les acteurs, un orchestre pour les musiciens, un foyer ou promenoir, de vastes escaliers et vestibules. On voit de beaux théâtres à Paris, Bordeaux, Naples, Milan et Venise.

THÉATRE-FRANÇAIS. On appelle ainsi un théâtre particulièrement affecté à la représentation des pièces des auteurs classiques français, des tragédies et des comédies en général. — L'origine du Théâtre-Français remonte à Louis XIV. La troupe de comédiens dont Molière était le chef en a formé le premier noyau. On appelle les acteurs du Théâtre-Français les *comédiens ordinaires du roi*. L'organisation de ce théâtre est différente des autres, en ce que les acteurs qui le composent sont associés entre eux. Ils reçoivent une subvention de l'Etat, et sont surveillés par un commissaire du roi. Le Théâtre-Français est maintenant situé dans la rue Richelieu et dans une des dépendances du Palais-Royal.

THÉBAÏDE, nom donné à la haute Egypte à cause de Thèbes, sa capitale.

THÈBES, appelée aussi *Diospolis* ou *Hékatompylos*, ville d'Egypte, jadis capitale de la Thébaïde. Elle était très-ancienne, avait cent portes (*hécaton*, cent, et *pylé*, porte), et un temple magnifique, haut de quatre-vingt-dix pieds, dont les murs étaient incrustés de pierres précieuses. Thèbes fut longtemps la résidence des rois. Détruite par Cambyse, roi des Perses, elle se releva de ses cendres, redevint puissante, et fut détruite de nouveau par les Romains, l'an 32 avant J.-C. On voit encore, au lieu où fut Thèbes, de magnifiques ruines, des monuments colossaux, couverts d'hiéroglyphes, et les tombeaux des rois.

THÈBES, aujourd'hui *Istava*, ville de la Grèce, sur le fleuve Ismenus. Jadis capitale de la Béotie, cette ville fut la patrie de Pindare, Epaminondas, Pélopidas, Hésiode et Corinne. Elle fut fondée par Cadmus, à la tête d'une colonie phénicienne, 1500 ans avant J.-C. Trois dynasties occupèrent le trône : 1o les Cadméens, descendants de Cadmus; 2o après eux, les deux fils d'Antiope, Amphion et Zethus, et les Béotiens. On connaît les malheurs d'Oedipe et de sa famille, malheurs qui causèrent la fameuse guerre de Thèbes ou des sept chefs, ainsi nommée parce que le total de ce nombre des généraux qui avaient embrassé la querelle de Polynice disputant la couronne à son frère Etéocle. (Voy. ces noms.) Les fils de ces princes, qui avaient tous péri dans la guerre, vinrent sous le nom d'*Epigones*, assiéger Thèbes une seconde fois. Ils la détruisirent entièrement (1215 avant J.-C.). Relevée de ses ruines, Thèbes adopta le gouvernement démocratique (1126). Elle joua un grand rôle dans les guerres médiques et du Péloponèse; secoua en 378 le joug de Sparte, qui l'avait soumise quelques années auparavant, et lui fit sous Epaminondas une guerre funeste pour Sparte. La paix fut conclue en 363. Philippe, roi de Macédoine, s'en empara en 354. A sa mort, les Thébains chassèrent la garnison ennemie et se crurent libres un moment; mais Alexandre le Grand reparut en Grèce, s'empara de Thèbes (335), la détruisit de fond en comble; ne respectant que la maison de Pindare, et réduisit les habitants en esclavage. Rétablie par Cassandre, elle n'a eu depuis aucune importance. C'est aujourd'hui une petite ville qui possède 2,000 habitants, et est le siège d'un évêque grec.

THEBET, TEBET ou TEBVET, quatrième mois de l'année civile des Hébreux, et le dixième de leur année ecclésiastique, répondait à la lune de décembre. Il n'a que 29 jours. Les juifs jeûnent, dit-on, le 10e, le 11e, le 12e jour de ce mois, à cause de la traduction qui fut faite de la loi de l'hébreu en grec.

THEBNI, Israélite, se fit proclamer roi en 933 avant J.-C., et régna conjointement avec Amri. Il mourut au bout de quatre ans.

THÉIAS, roi des Goths en Italie, monta sur le trône en 552 et régna trois ans. Il fut vaincu par Narsès, et mourut dans le combat.

THÈCLE. (Sainte), vierge et première martyre de la religion chrétienne, fut convertie à la foi par saint Paul, à Icone, ville de l'Asie-Mineure, vers l'an 45. Son amour pour la virginité lui fit renoncer à l'alliance avec un jeune homme auquel elle était fiancée. Celui-ci, de dépit, la livra aux juges du pays, qui la condamnèrent aux bêtes et au feu, comme chrétienne. Les Grecs font sa fête le 24 septembre, et les Latins le 23.

THÉGLATPHALASAR, roi d'Assyrie, fils et successeur de Sardanapale, commença à régner à Ninive l'an du monde 3257. Il est ordinairement nommé dans l'histoire Ninus le Jeune. Ce fut lui qui rétablit le royaume d'Assyrie et qui le posséda après le démembrement qu'en avaient fait Bélésis et Arbacès. — Un autre THÉGLATPHALASAR, roi d'Assyrie, fut appelé au secours d'Achaz, roi de Juda, contre Razin, roi de Syrie. N'étant pas satisfait des présents d'Achaz, il entra dans la Judée et ravagea tout le pays. Il commit les mêmes excès dans la Samarie. Il amena une partie des tribus en Assyrie et dans diverses provinces de son royaume. Il mourut l'an du monde 3276. Il eut pour successeur Salmanazar.

THÉIFORME, épithète donnée aux infusions que l'on prépare comme le thé.

THÉISME, du grec *théos*, Dieu, opinion des philosophes qui admettent l'existence d'un Dieu. On nomme *théistes* les philosophes qui croient à l'existence d'un seul Dieu.

THEISS ou TISZA, autrefois le *Tibisque*, grande rivière de Hongrie qui prend naissance dans les monts Krapacks (comitat de Marmaros), coule à l'O., puis au S., partage la Hongrie en cercles en deçà et en delà de la Theiss, et se jette dans le Danube auprès de Salankemen. Son cours est de 165 lieues.

THÉLIGONE, genre de la famille des chénopodées. Le *théligone cynocrambe* habite les crevasses des rochers de la Méditerranée. Sa tige herbacée, succulente, se ramifie et s'étale en divers sens. Ses feuilles sont ovales et charnues; ses fleurs offrent les sexes séparés, mais sur la même plante. Les fruits sont globuleux, secs, couverts d'une poussière blanche semblable à l'amiante, que le microscope nous montre comme des cristaux d'oxalate calcaire.

THELPHUSE ou THELPNEOSE, genre de l'ordre des décapodes brachyures, renfermant des crustacés qui font leur séjour habituel dans les rivières. Leur carapace est plus large que longue, rétrécie en arrière et légèrement bombée en dessus. Les pattes antérieures sont toujours beaucoup plus longues que celles de la deuxième paire. Les pattes suivantes sont toutes cannelées en dessus, et leur tarse est quadrilatère et armé d'épines cornées très-fortes. L'abdomen se compose de sept articles. Le thelphuse est commun dans toutes les rivières. A Rome, on le mange dans tous les temps de l'année. On le sert sur la table des papes et des cardinaux. Le *thelphuse fluviatile* est long de deux pouces et demi. On le trouve dans le midi de l'Italie, en Grèce, en Egypte, en Syrie, sous les pierres et dans les ruisseaux.

THÈME, de *tithêmi*, poser, établir. Sujet, matière, proposition que l'on entreprend de prouver ou d'éclaircir. En musique, le *thème* est le sujet que le compositeur entreprend de traiter dans un ouvrage. La première phrase d'un air en est le thème. Dans les variations, le thème est l'air que l'on doit reproduire sous diverses formes. Le thème d'une fugue s'appelle *sujet*.

THÉMIS (myth.), fille du Ciel et de la Terre, était sœur de Saturne et tante de Jupiter. C'est la déesse de la justice. Elle habita longtemps la Thessalie, où elle régna en faisant fleurir la paix et l'équité à l'aide des lois qu'elle avait écrites elle-même. Elle faisait sa demeure sur le Parnasse, où depuis on lui érigea un temple où elle rendait des oracles très-obscurs. Thémis fut la première qui apprit aux mortels la divination. Elle eut de Jupiter trois sœurs, Eunomie, Dicé et Irène (l'équité, la justice et la paix), puis les Parques, les Heures et les Saisons. Thémis passe pour avoir donné aux hommes les premières leçons d'astronomie et d'astrologie. On la représente tenant une balance d'une main et un glaive de l'autre, avec un bandeau sur les yeux.

THÉMISTIUS, célèbre philosophe et rhéteur du ive siècle, né en Paphlagonie. Constance l'éleva à la dignité de sénateur. Julien le fit préfet de Constantinople en 362, et eut avec lui un commerce de lettres. Théodose lui confia l'éducation de son fils Arcadius. Il enseignait à la fois la philosophie et l'éloquence. Sa doctrine était un mélange de celles de Pythagore, de Platon et d'Aristote; mais cette dernière y dominait. Il eut de nombreux disciples, entre autres Libanius et saint Augustin. Nous avons de lui trente-trois *Discours* et des *Commentaires sur Aristote*. Ce dernier ouvrage ne nous est pas parvenu en entier.

THÉMISTOCLE, célèbre général athénien, fils de Néoclès, né vers l'an 527 avant J.-C., chercha à donner à Athènes l'empire de la mer. Il fit armer 100 vaisseaux. Xerxès ayant déclaré la guerre à la Grèce, Thémistocle fut nommé général en chef de l'armée athénienne. La bataille d'Artémise fut livrée et les Perses vaincus. Cependant les ennemis avançaient vers Athènes. Cette ville, abandonnée par ses alliés, ne pouvait opérer aucune résistance. Thémistocle persuada à l'oracle d'ordonner aux Athéniens de se réfugier sur leurs vaisseaux et d'abandonner leur ville. Ceux-ci obéirent. Les femmes, les enfants et les vieillards furent envoyés à Trézène. Les hommes en état de porter les armes montèrent sur leurs vaisseaux et se retirèrent à Salamine, où ils furent vainqueurs. Après la fuite de Xerxès, Thémistocle retourna repeupler Athènes, libre et sauvée. Il fortifia cette ville, fit construire le port du Pyrée. Ses services furent récompensés par l'envie et la jalousie de ses compatriotes qui l'exilèrent. Il se réfugia auprès du roi de Perse, Artaxerxès, son plus cruel ennemi, qui avait mis sa tête à prix. Le roi, frappé de cette noble confiance, lui accorda son amitié, le combla de richesses et d'honneur. Dans la suite, ce roi ayant voulu lui donner le commandement d'une armée contre la Grèce, Thémistocle ne voulant ni déplaire à son bienfaiteur, ni porter les armes contre sa patrie, s'empoisonna l'an 464 avant J.-C.

THÉMISTOCLE, écrivain grec sous le nom duquel nous avons un recueil de lettres. Quelques critiques les ont attribuées au célèbre Thémistocle.

THÉNAR, du grec *thénar*, qui signifie la paume de la main ou la plante du pied. On appelle *éminence thénar* la saillie que forment à la partie antérieure et externe de la main les muscles abducteur, opposant et fléchisseur du pouce; *muscle thénar*, la masse charnue que forment les muscles abducteur, opposant et le fléchisseur du pouce. Au pied, c'est l'abducteur et le fléchisseur du pouce.

THENSES. Les Romains appelaient ainsi des espèces de châsses ornées avec magnificence, dans lesquelles on portait les statues des dieux.

THÉOCRATIE (des mots grecs *théos*, Dieu, et *cratéô*, gouverner, commander), gouvernement où les chefs de la nation sont regardés comme exécutant les volontés de Dieu, dans lequel une nation est soumise immédiatement à Dieu, qui exerce sa souveraineté sur elle, et lui fait connaître ses ordres par l'organe des ministres à qui il lui plaît de se manifester. L'ancien gouvernement des Juifs était théocratique. Cette théocratie dura jusqu'à Saül; alors l'Etat devint monarchique. L'Egypte fut, jusqu'à une certaine époque, gouvernée par les prêtres au nom de leurs dieux. Le Pérou l'a été par les Incas, que l'on regardait comme fils du Soleil. C'est encore une théocratie qui régit le Thibet au nom du lama.

THÉOCRITE, célèbre poète grec, né à Syracuse. Il quitta cette ville pour se rendre à la cour d'Egypte, où régnait Ptolémée Philadelphe. Il y florissait environ deux siècles et demi avant notre ère. C'est principalement dans le genre champêtre ou bucolique qu'il s'est distingué. Ses poésies ont un grand charme de naïveté et d'élégance dans le style. On a de lui trente idylles. Les plus estimées sont *le Cyclope*, *l'Amour malheureux*, *Hylas*, *les Syracusains*, *les Grâces*, *les Deux Pêcheurs*. On a encore de Théocrite quelques épigrammes.

THÉODAT, roi des Goths en Italie, était fils d'Amalaberge, sœur du roi Théodoric. La reine Amalasonte, ayant perdu son fils Amalric, mit sur le trône son neveu Théodat, et l'épousa peu de temps après. L'ingrat Théodat chassa sa bienfaitrice du palais de Ravenne, sous prétexte d'adultère, et la fit étrangler dans un bain. L'empereur Justinien, indigné de l'ingratitude de Théodat, lui déclara la guerre, et lui enleva la Dalmatie et la Sicile. Ses soldats, voyant les progrès de Justinien, élurent pour roi Vitigès (536). Celui-ci s'empara de Théodat, et le fit mettre à mort.

THÉODEBALDE, roi d'Austrasie, monta sur le trône en 548, après la mort de Théodebert Ier. Justinien voulut l'engager à prendre les armes contre les Goths; mais Théodebalde mourut peu de temps après, âgé de vingt ans, sans laisser de postérité.

THÉODEBERT. Deux rois d'Austrasie ont porté ce nom. — Théodebert Ier, roi de Metz, succéda à son père Thierry en 534, et fut placé sur le trône par ses oncles, malgré l'opposition de ses oncles. Il les aida cependant dans leur deuxième expédition contre la Bourgogne, et prit part au partage qu'ils firent de ce royaume. Il se joignit à Childebert, en 537, contre Clotaire son oncle; mais cette guerre n'eut pas de suite. Il secourut ensuite (538) Vitigès, roi des Ostrogoths, et mourut en 547, comme il se préparait à faire la guerre à Justinien. — Théodebert II monta sur le trône en 596, après la mort de son père Childebert, dont il partagea les Etats avec son frère Thierry, roi d'Orléans. Il régna d'abord sous la tutelle de Brunehaut, son aïeule; mais les grands d'Austrasie, lassés de la domination de cette princesse, engagèrent son petit-fils à l'exiler en 599. Théodebert, joignant ses forces à celles de son frère, défit successivement Clotaire et les Gascons. Brunehaut, irritée contre lui, excita Thierry à lui faire la guerre. Ce prince le battit deux fois, et le fit prisonnier. Brunehaut le fit mourir (612).

THÉODECTE, poète et orateur grec, né en Pamphylie, fut disciple d'Aristote et d'Isocrate. Il avait composé cinquante tragédies et des préceptes sur l'art oratoire. Ces ouvrages ne nous sont pas parvenus.

THÉODORA. Plusieurs impératrices ont porté ce nom. — Théodora (Flavia Maximiana) était fille d'un noble Syrien et d'Eutropie, deuxième femme de Maximilien Hercule. Cet empereur, ayant fait césar Constance Chlore l'an 292, lui fit épouser Théodora, dont il eut plusieurs enfants. — Théodora, femme de l'empereur Justinien Ier, était fille d'un homme chargé de nourrir les bêtes pour les spectacles. Théodora s'abandonna d'abord à la prostitution. Justinien en étant devenu amoureux, en fit sa maîtresse, et l'épousa ensuite. Elle mourut vers l'an 565. — Théodora Despoina, née dans la Paphlagonie, reçut de la nature une beauté parfaite et un génie supérieur. Elle épousa l'empereur Théophile. Devenue veuve en 842, elle prit les rênes de l'empire pendant la minorité de son fils Michel, et gouverna pendant quinze ans avec sagesse. Elle rétablit le culte des images, conclut la paix avec les Bulgares, fit observer les lois. Son fils la fit enfermer en 859 dans le monastère de Gastrie, où elle acheva ses jours. Les Grecs l'ont mise au rang des saintes, et font sa fête le 11 février. — Théodora, troisième fille de Constantin XI, fut chassée de la cour par son beau-frère Romain Argyre. Elle fut enfermée dans un couvent jusqu'à la fin du règne de Michel Calafate (1042). Elle fut alors proclamée impératrice avec sa sœur Zoé, qui épousa Constantin Monomaque. Après la mort de ce prince en 1054, Théodora gouverna en grande reine, fit fleurir le commerce et les arts. Elle mourut en 867.

THÉODORE. Deux papes ont porté ce nom. Le premier succéda à Jean IV en 642. Il condamna les monothélites, et travailla avec zèle au bien de l'Eglise jusqu'à sa mort, arrivée en 649. Martin Ier lui succéda. — Théodore II succéda à Romain en 898, et ne gouverna que vingt jours, pendant lesquels il se fit remarquer par ses vertus. Il eut Jean IX pour successeur.

THÉODORE D'AMASÉE (Saint), né en Arménie, fut enrôlé comme soldat dans une compagnie de la province du Pont. Il demeurait à Amasée, lorsqu'on y publia en 306 un édit nouveau pour continuer la persécution excitée contre l'Eglise par les empereurs Dioclétien et Maximien. Il confessa généreusement la foi de Jésus-Christ, et fut brûlé par ordre des tyrans. Les Grecs font sa fête le 17 février, et les Latins le 9 décembre.

THÉODORE STUDITE (Saint), ainsi nommé du monastère de Stude à Constantinople, naquit dans cette ville en 759, et fut élevé dans le couvent de Saccadion, dont il devint directeur. L'empereur Constantin, ayant répudié l'impératrice Marie, pour épouser Théodora, saint Théodore l'excommunia, ce qui le fit exiler à Thessalonique (797). Rappelé par l'impératrice Irène, exilé une deuxième fois par Nicéphore, il fut rappelé par Michel (811). Il mourut en 826. On fait sa fête le 12 novembre. On a de lui des *discours*, des *traités*, des *lettres* théologiques, des panégyriques et des hymnes.

THÉODORE (Sainte), impératrice de l'Orient, naquit en Paphlagonie vers le commencement du ixe siècle, et fut élevée dans la piété dès sa plus tendre enfance. Elle fut mariée à l'empereur Théophile. Après sa mort, déclarée impératrice, elle rappela d'exil tous les prêtres qui avaient été bannis au sujet des images, et détrôna l'hérésie des iconoclastes. Son fils Michel III, voulant secouer son autorité, la chassa du palais, et la relégua avec ses cinq filles dans un monastère. Elle ne pensa plus dès lors qu'à se sanctifier dans la retraite, et mourut en 867. On fait sa mémoire le 11 février.

THÉODORE L'ATHÉE, philosophe de l'école cyrénaïque, naquit à Cyrène dans le ive siècle avant J.-C. Il nia l'existence de Dieu et celle de l'amitié; il disait que la prudence et la justice ne sont désirables que parce qu'elles procurent la volupté.

THE THE THE 1365

Banni de Cyrène, il se retira à Athènes. On ignore l'époque de sa mort.

THÉODORE, diacre de Constantinople, nous a laissé un poëme grec en cinq chants, intitulé *la Prise de Crète*, sur la conquête de cette île, qui fut enlevée aux Arabes par Nicéphore Phocas en 961.

THÉODORE DE MOPSUESTE, père de l'Eglise, né à Antioche, fut évêque de Mopsueste en Cilicie, vers 395, et mourut en 429. De tous ses ouvrages nous n'avons que sa *Confession de foi* et sa *Liturgie*.

THÉODORE L'ANAGNOSTE, écrivain grec, fut lecteur de l'Eglise de Constantinople, et fit, vers le milieu du vi^e siècle, un abrégé des Histoires ecclésiastiques de Théodoret, Socrate et Sozomène.

THÉODORE PRISCIANUS, médecin grec du ive siècle, composa quelques ouvrages qu'il traduisit ensuite en latin. Ce sont : *Discours sur le traitement de toutes les maladies; Oxyoris* ou *des Maladies aiguës et chroniques; Gynæcie* ou *Traité des maladies des femmes; Traité sur la physique, science des expériences*. Ces ouvrages nous sont parvenus.

THÉODORE PRODROMUS, surnommé *Cyrus*, moine du vie siècle, nous a laissé en grec la *Galéomyomachie*, poëme sur la guerre des rats et des chats, et les *Amours de Rhodantes et Dosiclès*.

THÉODORET, né en 387 à Antioche. Orphelin dès son jeune âge, il distribua aux pauvres la fortune que lui avaient laissée ses parents, et se retira dans un monastère, où il fut élevé au sacerdoce, puis à l'évêché de Cyr (423). Il travailla avec beaucoup de zèle et de succès à la conversion des hérétiques de son diocèse. Il mourut en 458. On a de Théodoret plusieurs écrits théologiques, entre autres une *Histoire ecclésiastique*, qui commence en 324 et finit en 429; des *Commentaires* sur les huit premiers livres de la Bible et sur les Psaumes, sur Jérémie, Daniel, les Epîtres de saint Paul; *l'Histoire religieuse* ou *monastique*, renfermant les vies de trente solitaires; plusieurs *traités*, *sermons*, *discours*, cent quarante-sept *lettres*, etc.

THÉODORIC. Deux rois des Goths ont porté ce nom.—THÉODORIC, premier roi des Goths en Italie, fils naturel de Théodomir, deuxième roi des Ostrogoths, fut donné en otage en 461 par Vélamir, frère et prédécesseur de Théodomir, à l'empereur Léon Ier. Il rendit de grands services à l'empereur Zénon, qui le nomma consul en 484 et l'envoya en Italie contre Odoacre, qu'il battit plusieurs fois, et avec lequel il fit la paix en 492. Ayant fait mourir ce prince, il se déclara maître de toute l'Italie. Pour s'affermir dans ses nouveaux Etats, il épousa en 509 une sœur de Clovis, roi de France, et fit la paix avec l'empereur Anastase et les Vandales d'Afrique. Théodoric régna en grand prince, embellit Rome, Ravenne et Pavie, fit fleurir le commerce, protégea les arts et les lettres, et fit un code de lois. Sa domination s'étendait sur l'Italie, la Sicile, la Dalmatie, le Norique, la Rhétie, la Poméranie, la Provence, le Languedoc et l'Espagne. Il mourut en 526. — THÉODORIC II, deuxième fils du précédent, et frère de Thorismond, lui succéda en 528 après l'avoir précipité du trône, et fut assassiné trois ans après par Euric, son second frère, qui l'avait secondé dans le crime auquel il devait la couronne.

THÉODOSE. Trois empereurs d'Orient ont porté ce nom. — THÉODOSE Ier, surnommé *le Grand* (*Flavius Theodosius*), né en Espagne en 346, était fils du comte Théodose, général de Valentinien, et décapité en 367 par ordre de Valens. L'empereur Gratien, qui connaissait son mérite, l'attira à la cour, et l'associa à l'empire en 379. Sa fermeté et sa vigilance remirent l'ordre dans les affaires, et rendirent à l'empire un grand éclat. Les barbares lui firent leurs soumissions. Un compétiteur à l'empire, Maxime, avait surgi en Bretagne. Théodose le vainquit, et le laissa mettre à mort par ses troupes (388). Théodose se

vit alors maître de l'empire. Son repos ne fut troublé que par la révolte d'Eugène, vaincu et tué en 395. Ce prince régna avec gloire jusqu'à sa mort, arrivée en 395. —THÉODOSE II, *le Jeune*, fils d'Arcadius, né en 401, lui succéda en 408 sous la tutelle de Pulchérie, sa sœur. Ce prince fut toujours faible, et ne fit rien de grand. Il mourut en 450. Il avait publié en 438 le code dit *Théodosien*, recueil de lois choisies entre celles que les empereurs avaient faites. — THÉODOSE III, *l'Adramitain*, était receveur des impôts dans la Natolie, lorsque l'armée d'Anastase II, s'étant révoltée, le proclama empereur en 716. Mais, n'ayant ni assez de fermeté ni assez de génie pour tenir le sceptre impérial, il le céda à Léon l'Isaurien (717), et alla finir ses jours dans un monastère d'Ephèse.

THÉODOSE LE PETIT, écrivain grec, nous a laissé un ouvrage intitulé *Extrait des ambassades*. On le trouve dans la collection des auteurs byzantins.

THÉODOSE (TABLE DE). Voy. TABLE DE PEUTINGER.

THÉODOSIE (Sainte), vierge et martyre à Césarée en Palestine, était née à Tyr en Phénicie. Elle n'avait encore que dix-huit ans lorsque, se trouvant à Césarée en 308, et visitant les prisonniers chrétiens, les soldats l'arrêtèrent et la menèrent au gouverneur Urbain, qui ordonna qu'on l'étendît sur le chevalet, qu'on l'appliquât à la torture la plus cruelle, et qu'on lui déchirât les côtés et le sein avec les ciseaux et les crochets de fer. Il la fit ensuite jeter dans la mer, où elle consomma son martyre. On fait sa fête le 2 avril.

THÉODOTE, précepteur de Ptolémée Denys, roi d'Egypte, devint son ministre, et lui conseilla de faire assassiner Pompée. Il porta la tête de Pompée à César; celui-ci fut tellement indigné de cette action, que Théodote se vit forcé de prendre la fuite pour éviter sa colère. Dans la suite, il fut mis à mort par César.

THÉODOTION, auteur d'une traduction grecque de l'Ancien Testament, né à Ephèse le IIe siècle. Elle est assez exacte. Il était de la secte des ébionites.

THÉODULPHE, évêque d'Orléans, dans le ixe siècle. Il avait d'abord été engagé dans le mariage. Etant veuf, Charlemagne l'amena en France vers l'an 781. Etant entré dans le clergé, l'empereur lui fit donner l'évêché d'Orléans et l'abbaye de Fleuri. Il se signala par la pratique des vertus. Bernard, roi d'Italie, s'étant révolté contre l'empereur Louis le Débonnaire, Théodulphe fut accusé faussement d'avoir pris part à la conspiration. Il fut déposé et relégué dans un monastère, où il mourut en 821. On a de lui des *Capitulaires* ou instructions adressées aux prêtres de son diocèse, un *Traité* du baptême, un *Traité* du Saint-Esprit, des poésies, des ouvrages théologiques.

THÉOGONIE (des mots grecs *théos*, Dieu, et *gonéo*, enfanter), branche de la théologie païenne qui enseignait la génération des dieux. Il se dit en général de toute doctrine concernant la naissance et la filiation des dieux. On attribue l'origine de la théogonie à Homère et Hésiode.

THÉOLOGAL, nom donné aux chanoines institués dans le chapitre d'une église cathédrale ou collégiale, pour enseigner la théologie et pour prêcher en certaines occasions.

THÉOLOGIE (des mots grecs *théos*, Dieu, et *logos*, discours), science qui donne la connaissance de Dieu et des choses divines. La *théologie naturelle* ou *métaphysique* est la connaissance que nous avons de Dieu par ses effets et par les seules lumières de la raison. La *théologie surnaturelle* est cette même connaissance obtenue par la révélation. La *théologie spéculative* se borne à la seule considération des choses divines, telles que les attributs de Dieu, les mystères de la Trinité et de l'incarnation. La *théologie pratique* ou *morale* traite des choses qui appartiennent au règlement des

mœurs, comme les lois, les péchés, les sacrements. La *théologie polémique* traite des choses disputées ou controversées. La *théologie positive* est celle qui prouve les vérités de la religion par les textes de l'Ecriture, la tradition, les conciles, les écrits des papes, etc., sans s'asservir aux règles de la dialectique et de l'argumentation. La *théologie scolastique* est celle qui prouve les vérités de la religion par les mêmes preuves, mais d'un style plus subtil et sujet aux règles de la dialectique et de l'argumentation. La *théologie mystique* est celle qui traite et explique les matières de la vie contemplative et spirituelle, son objet, son sujet, ses principes, ses effets, etc.

THÉON (Ælius), rhéteur d'Alexandrie, vivait sous Marc Aurèle. Nous avons de lui un ouvrage intitulé *Progymnastique*, où il explique les principes d'Hermogène et autres philosophes. Le style est pur et élégant. On estime beaucoup cet ouvrage.

THÉON D'ALEXANDRIE fut célèbre par ses connaissances en philosophie et en mathématiques. Nous avons de lui un *Commentaire sur Aratus*. Il fut père de la célèbre Hypatie.

THÉONIS, poëte gnomique, né en Achaïe, vivait dans le vi^e siècle avant J.-C. On ignore les événements de sa vie. Nous avons de lui des pensées détachées en un fragment de poëme, renfermant douze cent huit stances. Quelques critiques les lui contestent.

THÉOPHANE (Saint), *le Confesseur*, né à Constantinople en 748. Il embrassa avec sa femme la vie monastique, se livrant aux plus rudes travaux de la pénitence, aux jeûnes, aux veilles et à la prière. Il fit partie du concile de Nicée, et y combattit avec force pour la défense des saintes images contre les iconoclastes. Il mourut en 818. On a fait sa fête le 12 mars. On a de lui une *Chronique* universelle qui s'étend de Dioclétien (284) à Léon l'Arménien (813), renfermant des tables chronologiques.

THEOPHILANTHROPES (des mots grecs *théos*, Dieu, *philos*, ami, et *anthropos*, homme, c'est-à-dire adorateurs de Dieu et amis des hommes, secte religieuse qui s'établit en France en 1796, fit de nombreux prosélytes, et obtint plusieurs églises. Elle fut supprimée en 1801. Le chef en était Larevellière-Lepaux, célèbre conventionnel. Son but était de faire renaître dans les esprits l'idée de Dieu et de l'immortalité de l'âme, sans rien soumettre à cet égard à des discussions; de professer publiquement les principes de la morale la plus simple; les cérémonies se bornaient à des discours et des chants religieux.

THÉOPHILE (Saint), évêque d'Antioche, fut d'abord engagé dans les erreurs du paganisme, qu'il abandonna pour se faire chrétien. Il mérita d'être nommé évêque en 168. Il se signala contre les hérétiques, et mourut après avoir saintement gouverné son Eglise, vers l'an 182. On a de lui trois livres sur les principes de la religion, l'absurdité du paganisme, l'ignorance des philosophes, sur l'histoire de la création du monde, des hérétiques, etc. On fait sa fête le 13 octobre. — On fait le 5 mars la fête de saint THÉOPHILE, évêque de Césarée en Palestine. — Un autre THÉOPHILE, patriarche d'Alexandrie (385), mort en 412, est mis au nombre des théologiens catholiques. Il a laissé un cycle pascal, des lettres et des discours.

THÉOPHILE PROTOSPATHARIUS, moine et médecin du viie siècle. On lui doit plusieurs ouvrages de médecine. Les principaux sont un *Commentaire sur les Aphorismes d'Hippocrate* et un *Traité de la constitution du corps humain*.

THÉOPHILE, empereur d'Orient, succéda à Michel le Bègue (829), qui l'avait auparavant associé à l'empire. Il commença son règne par le châtiment des assassins de Léon l'Arménien, persécuta continuellement les catholiques et les adorateurs des images. Ayant voulu repousser les Sarrasins, il fut presque toujours vaincu, et en mourut de douleur en 842. Son fils Michel lui succéda sous la tutelle de Théodora Despoïna.

THÉOPHRASTE, philosophe et savant grec, né à Érésé, ville de Lesbos, l'an 371 avant J.-C. Il suivit successivement les écoles de Platon et d'Aristote, dont il se fit aimer et estimer par ses vertus et ses talents. Aristote, obligé de sortir d'Athènes, où il était accusé d'impiété, donna la direction de son école à Théophraste, et lui confia ses écrits. C'est par lui que nous sont parvenus les ouvrages d'Aristote. Le nom de Théophraste devint si célèbre, qu'il compta jusqu'à deux mille élèves. Il mourut dans un âge très-avancé. Théophraste possédait de profondes connaissances en histoire naturelle. Il a laissé une *Histoire des plantes*, un *Traité des pierres*, un *Traité des causes de la végétation*. Son plus fameux ouvrage est son livre des *Caractères*, où la Bruyère a puisé l'idée des siens, et dont ce moraliste a donné une traduction à la suite de son propre ouvrage.

THÉOPHYLACTE SIMOCATTA, écrivain grec du VIIe siècle, a laissé une Histoire divisée en huit livres, qui va de 582 à 602. Le style est élégant, mais quelquefois trop recherché.

THÉOPHYLACTE, Grec, fut d'abord professeur de rhétorique à Constantinople et ensuite archevêque de Bulgarie. Nous avons de lui plusieurs ouvrages de théologie, dont un commentaire sur la Bible et un traité sur l'éducation des princes, intitulé *Institution royale*. Il mourut en 1110.

THÉOPOMPE, roi de Sparte, de la famille de Proclides, succéda à son père Nicandre en 773 avant J.-C. Il institua les éphores, et fit la guerre aux Messéniens. Il mourut en 753. Zeuxidame lui succéda.

THÉOPOMPE, né à Chio, fut un orateur et historien célèbre. Les anciens estimaient beaucoup ses ouvrages, entre autres une *Vie de Philippe*, roi de Macédoine, et une *Continuation de l'Histoire d'Hérodote*.

THÉOPSIE, nom que les anciens donnaient à une prétendue apparition des dieux le jour où l'on célébrait quelque fête en leur honneur.

THÉORBE, instrument à cordes, assez semblable au luth et inventé au commencement du XVIe siècle par un Italien nommé Bardella. Le théorbe est plus grand que le luth et a deux têtes, l'une pour les cordes qui se doigtent sur le manche, l'autre pour les grosses cordes qui servent pour les basses et qui se pincent à vide.

THÉORE (du grec *theoréô*, regarder), nom donné, chez les Athéniens, à un député envoyé aux fêtes qui se célébraient en diverses villes, telles que Delphes, Olympie, etc., et qui célébrait des sacrifices solennels pour le bonheur d'Athènes et la prospérité de la république.

THÉORÈME, terme de mathématiques, désignant une vérité qui doit être rendue évidente au moyen d'une démonstration.

THÉORIE, députation solennelle que les Athéniens envoyaient tous les ans à Delphes, Délos, etc. La durée du voyage était de trente jours, pendant lesquels on ne pouvait exécuter aucun condamné.

THÉOSOPHES (des mots grecs *théos*, Dieu, et *sophos*, savant), secte de philosophes qui regardaient en pitié la raison humaine, et n'y avaient aucune confiance. Ils se prétendaient éclairés par un principe intime, surnaturel et divin, qui brillait en eux et s'y éteignait par intervalles, qui les élevait aux connaissances les plus sublimes lorsqu'il agissait, ou qui les laissait tomber dans un état d'ignorance et d'imbécillité quand il cessait d'agir.

THÉOT ou THÉOS (Catherine), née aux environs d'Avranches (Normandie) en 1725. Elle demeura quelque temps chez un conseiller au parlement de Paris en qualité de femme de charge. Catherine alors alla se loger dans le faubourg Saint-Marceau. Là, elle tint des espèces de clubs, où, se disant honorée de visions et de révélations célestes, elle se prétendait destinée par Dieu à régénérer le genre humain. Arrêtée et renfermée aux Madelonnettes, elle ne sortit de prison qu'en 1789. Elle forma avec le chartreux dom Gerle un club qui eut de nombreux affiliés. La prophétesse annonçait le retour prochain de l'âge d'or, l'apparition d'une Jérusalem nouvelle et d'un nouveau Messie. Elle se faisait appeler la *mère de Dieu*. Il paraît que Robespierre n'était pas étranger à ces menées; car il était nominativement désigné comme le Messie. Quoi qu'il en soit, sur un rapport de Vadier, la convention décréta l'arrestation de Catherine et de ses adeptes. Elle mourut en prison après cinq semaines de détention.

THÉPHRINE, minéral tenace et rude au toucher. C'est une roche d'apparence homogène, composée d'albite. Elle est fusible en émail blanc, pointillé de noir ou de verdâtre. Son aspect est terne. On trouve la théphrine dans les terrains volcaniques. Elle est employée à faire des meubles, aux constructions et au carrelage.

THÉRA. Voy. SANTORIN.

THÉRAMÈNE, philosophe et général athénien, contemporain d'Alcibiade, fut un des trente tyrans de sa patrie. Critias, un autre tyran, le fit mettre à mort en 404 avant J.-C.

THÉRAPEUTE (du grec *thérapeuô*, servir), nom donné, par les anciens Grecs, à ceux qui s'appliquaient à la vie contemplative, soit à cause du soin qu'ils prenaient de leur salut, soit parce qu'ils servaient Dieu d'une manière particulière. On ignore si les thérapeutes étaient juifs ou chrétiens. Mais l'on penche en général en faveur des premiers.

THÉRAPEUTIQUE (du grec *thérapeuô*, je remédie), partie de la médecine qui a pour objet le traitement des maladies.

THÉRÈSE (Sainte), née à Avila dans le royaume de la Vieille-Castille (Espagne) en 1515. Elle se retira dans le monastère des carmélites d'Avila, et en prit l'habit (1538). Elle forma le dessein de réformer cet ordre, et, après avoir essuyé une infinité de traverses, elle vit le premier monastère de la réforme fondé dans Avila en 1562. Elle entreprit aussi de réformer les carmes. Elle vit bientôt quatorze monastères d'hommes et seize de filles qui avaient embrassé la réforme. Thérèse porta l'amour de Dieu au plus haut degré de sensibilité dont soit susceptible le cœur humain. Elle en a fourni des preuves dans ses *lettres*, sa *vie*, le *Chemin de la perfection* et le *Château de l'âme*. Elle vit son institut s'étendre au Mexique, en France, en Italie, aux Pays-Bas. Elle mourut en 1582. L'Espagne l'a adoptée pour patronne. On fait sa fête le 15 octobre.

THÉRIAQUE (des mots grecs *thêr*, bête féroce ou venimeuse, et *akéomai*, guérir), remède propre à la guérison des morsures des animaux venimeux. On nomme plus souvent ainsi la *thériaque d'Andromaque*, électuaire composé, dit-on, par un médecin, Andromaque de Crète, ou par Mithridate, roi de Pont. Il renferme une foule de substances. Les voici : des trochisques de scille, de vipères, poivre long, opium, agaric blanc, iris de Florence, cannelle fine, scordium, roses rouges sèches, semences de navet sauvage, suc de réglisse purifié, baume de la Mecque, racines de potentille, de gingembre, feuilles de dictame, sommités de marrube, nard indien, jonc odorant, safran, poivre noir, écorce de citron, racines de gentiane, d'acorus, de valériane, sommités d'hypéricum de Chio, sommités de mille-pertuis, d'anome, semence d'anis, de fenouil, de séséli, gomme arabique, terre de Lemnos, miel de Narbonne, vin d'Espagne, racine de petite aristoloche, bitume de Judée, encens en larmes, et une foule d'autres substances semblables. Ce médicament est souvent employé, et sert comme calmant.

THÉRIDION, genre de l'ordre des pulmonaires, renfermant des araignées ayant huit yeux presque égaux entre eux, une lèvre courte de figure variable, des mâchoires inclinées sur la lèvre, allongées et étroites, des pattes fines et allongées. Le *théridion bienfaisant* est long de deux lignes, d'un brun fauve. L'abdomen est ovale et globuleux. Cette espèce est très-commune dans les jardins. Elle fait une petite toile irrégulière, qui, quoique très-fine, suffit pour préserver les raisins de la morsure des autres insectes.

THERMAIQUE (GOLFE), golfe de Macédoine, formé par la mer Égée, entre la Piérie et la presqu'île de Chalcidice.

THERMAL (du grec *thermos*, chaud), épithète donnée particulièrement aux eaux minérales chaudes.

THERMES, nom donné chez les anciens à des bâtiments destinés pour les bains publics, et qui plus tard devinrent de vastes palais. On voit encore à Rome les thermes de Titus, de Caracalla et de Dioclétien. A Paris, les ruines des thermes bâtis par l'empereur Julien subsistent encore. Ce palais a été la résidence de plusieurs empereurs romains et de deux reines de France. Au XVIe siècle, ses débris servirent d'asile au libertinage. Il existe encore une salle de cet édifice. Elle est située rue de la Harpe.

THERMIDOR, onzième mois du calendrier de la république française. Il commençait le 19 juillet et finissait le 17 août. C'est le 9 thermidor de l'an II (28 juillet 1794) que tomba le pouvoir de Robespierre et de ses partisans. Cette chute fut l'ouvrage d'une faction qui redoutait ce pouvoir. Sur la proposition de Louchet, après une séance orageuse, la convention décréta l'arrestation de Robespierre et de son frère, de Saint-Just, de Couthon et de Lebas, et leur mise hors la loi. Ils furent emprisonnés à l'hôtel de ville. Lebas, à qui des amis avaient fait passer deux pistolets, en présenta un à Robespierre. Lui-même s'en réserva un et se tua. Robespierre jeune se jeta par la fenêtre et se tua. Couthon et Saint-Just attendirent leur sort. Le 10 thermidor, ils furent tous condamnés à mort et exécutés. La réaction du 9 thermidor mit un terme à cette sanglante époque de notre histoire, nommée la terreur, et sauva un grand nombre de victimes que le parti déchu destinait à l'échafaud.

THERMODON, petite rivière du Pont, se jetait dans le Pont-Euxin. C'est sur ses bords qu'habitaient les Amazones. C'est aujourd'hui le *Thermeh*.

THERMOMÈTRE A AIR OU DIFFÉRENTIEL DE LESLIE, instrument qui consiste en un tube deux fois recourbé, de manière à présenter une surface horizontale d'où s'élève de chaque côté un tube terminé par une boule. Les deux tubes verticaux ont la même hauteur, les deux boules la même capacité. Cet appareil contient de l'acide sulfurique concentré et coloré dans sa branche horizontale. Le reste est occupé par de l'air qui se dilate à mesure qu'il s'échauffe et refoule le liquide du côté de l'une des boules. Lorsque les boules renferment la même quantité d'air et qu'elles sont également chauffées, les colonnes liquides se trouvent à un même niveau où l'on marque 0 degré. Pour obtenir un deuxième point fixe, on enveloppe l'une des boules d'un manchon rempli d'eau à une température connue, 8 degrés par exemple, et l'autre d'un manchon plein de neige fondante. L'air de la boule échauffée se dilate et force le liquide à s'élever vers l'autre boule. On marque 8 degrés au point où il s'arrête; on divise en huit parties égales la distance de 0 à 8; on prolonge les divisions au-dessous et au-dessus des deux points fixes. Cet instrument sert à accuser les différences de température auxquelles sont soumises les deux boules, il est d'une extrême sensibilité. 10 degrés de cet instrument correspondent à un degré centigrade.

THERMOMÈTRE A ALCOOL, instrument d'un fréquent usage dans les observations météorologiques, et dans les recherches physiques pour mesurer les températures inférieures à la congélation du mercure. On peut le construire et le graduer comme le thermomètre à mercure. On a coutume de colorer l'alcool avec de l'orseille afin de le rendre plus distinct à l'œil.

THERMOMÈTRE A GAZ, instrument où l'on se sert de la dilatation des fluides élastiques pour apprécier de très-petites variations de température. Le thermomètre à gaz le plus simple consiste en un tube capillaire très-long, ouvert à l'une de ses extrémités, et terminé à l'autre par une boule. On introduit dans le tube un index liquide (le plus souvent c'est de l'acide sulfurique coloré avec de l'indigo), de un ou deux centimètres, en chauffant un peu la boule avec la main et en plongeant ensuite l'extrémité ouverte dans le liquide. L'air de la boule est séparé par cet index de l'air extérieur, et peut indiquer par ses variations de volume les variations dans la température. Cet instrument, que l'on gradue avec un thermomètre étalon, n'est usité que dans les recherches physiques. Ses indications variant avec la pression atmosphérique, il faut rapporter toutes les observations à la pression marquée par le baromètre à l'époque de la graduation.

THERMOMÈTRE A MAXIMA ET A MINIMA, instrument qui se compose d'un tube en verre recourbé, terminé par deux réservoirs situés à la partie supérieure. La partie inférieure du tube jusqu'à sa moitié environ est remplie de mercure ; un des réservoirs et le tube qui le porte A sont pleins d'alcool. Ce liquide s'élève en outre dans l'autre tube B, depuis le sommet de la colonne de mercure jusqu'à la moitié du réservoir supérieur. Deux petits cylindres de fer C et D sont placés dans l'alcool, et s'y soutiennent à la hauteur où ils ont été portés par le mercure. Lorsqu'on veut se servir de ce thermomètre, on fait descendre les index sur le mercure au moyen d'un aimant, et on l'abandonne à lui-même dans le lieu dont on cherche la température. Celle-ci augmente-t-elle ? la colonne d'alcool du tube A se dilate et force le mercure à monter dans le tube B. L'index C du tube A reste ainsi dans l'alcool à sa position primitive, et l'index D du tube B est élevé par le mercure à une hauteur dépendante du degré de température. La température diminue-t-elle ? l'index D reste au point où la température l'a élevé, et indique par là le maximum de la température auquel a été soumis l'instrument. L'index C indiquerait au contraire le minimum de température. Ce thermomètre se gradue à l'aide d'un thermomètre étalon. On connaît beaucoup d'autres thermomètres à maxima et à minima.

THERMOMÈTRE A REGISTRE, nom donné à un instrument qui n'est autre chose qu'un thermomètre ordinaire, et qui est susceptible de noter ou d'enregistrer successivement ses propres indications en l'absence de l'observateur.

THERMOMÈTRE CENTIGRADE OU DE CELSIUS, nom donné au thermomètre construit de la manière que nous avons décrite à l'article THERMOMÈTRE, et divisé en 100 degrés, dans l'espace compris entre deux points fixes, l'un à 0 ou au point de la glace fondante, l'autre à 100, au point de l'eau bouillante. Ce thermomètre peut être à mercure ou à alcool indifféremment. C'est le plus employé de tous, surtout en France et dans le nord de l'Europe. Il fut inventé par Celsius, savant suédois, en 1742.

THERMOMÈTRE DE FARENHEIT, thermomètre inventé par Gabriel Farenheit, physicien allemand du XVIII° siècle. Ce savant fut le premier qui se servit de mercure à la place de l'alcool, de l'eau et de l'huile, employés jusqu'alors. Dans cet instrument on marque 32 degrés au point de la glace fondante, 212 au point de l'eau bouillante, et on divise l'intervalle compris entre ces deux points en 180 parties ou degrés. Ce thermomètre est en usage en Angleterre, en Hollande et aux Etats-Unis d'Amérique.

THERMOMÈTRE DE LISLE, thermomètre à mercure inventé par de Lisle de Saint-Pétersbourg. Il a son zéro au point de l'ébullition de l'eau. La graduation continue de haut en bas jusqu'à 150 degrés. Il est usité en Russie.

THERMOMÈTRE DE RÉAUMUR, thermomètre inventé par Réaumur en 1730, et perfectionné par Deluc. Il est le même que le précédent, excepté qu'au lieu de marquer 100 au point de l'ébullition, ce thermomètre marque 80, et l'espace entre le 0 et ce point est divisé en 80 parties égales ou degrés. Ce thermomètre était le seul en usage avant la révolution en France. Il est encore en usage en Espagne, en Portugal et en Italie.

THERMOMÈTRE MÉTALLIQUE OU DE BRÉGUET, thermomètre inventé par Bréguet. Cet instrument est fondé sur l'inégale dilatation des métaux. Il se compose d'une hélice fixée à son extrémité supérieure, et munie à son autre extrémité d'une aiguille très-déliée dont la pointe parcourt un cadran divisé. L'hélice est formée de trois lames métalliques larges d'un à deux millimètres, invariablement fixées entre elles. Ces lames sont d'argent, d'or et de platine ; l'or occupe le milieu. Les variations de température produisent d'inégales dilatations dans les lames métalliques, font tordre ou détordre l'hélice, et amènent par suite l'aiguille sur différents points du cadran. Ce cadran est divisé proportionnellement au nombre des degrés du thermomètre à mercure. L'extrême sensibilité de cet instrument le rend précieux dans les recherches scientifiques.

THERMOMÈTRES (des mots grecs *thermos*, chaud, et *métron*, mesure), nom générique des instruments propres à faire connaître, à mesurer les quantités de chaleur renfermées dans les différents corps de la nature, et à en comparer les effets. Leur usage est fondé sur la dilatation qu'éprouvent les corps par l'influence du calorique. Pour faire un thermomètre, on choisit un tube capillaire d'un diamètre égal dans tous ses points. On souffle une boule à une extrémité, ou on y soude un cylindre. On introduit le liquide qui doit servir à mesurer l'intensité du calorique, et qui est ordinairement le mercure, par le même procédé que pour le baromètre. On tâche de ne pas laisser la moindre bulle d'air dans le tube, on en ferme l'extrémité ouverte en approchant sur elle une flamme ardente. Pour graduer le thermomètre, on doit obtenir deux points invariables. Les deux points généralement adoptés par les physiciens sont donnés par la fusion de la glace et par l'ébullition de l'eau. Pour les obtenir, on plonge successivement l'instrument dans de la glace fondante et dans de l'eau en ébullition. La colonne mercurielle descend ou s'élève dans le tube en un point fixe. On marque 0 au premier, et 100 au deuxième. L'intervalle qui les sépare est divisé en cent parties égales, et les divisions sont prolongées au-dessous et au-dessus de 100. Chaque partie est un *degré* de thermomètre. Les degrés au-dessous de zéro se désignent en faisant précéder le degré du signe —, qui en mathématiques signifie *moins*. Ainsi — 15° ou degrés désigne quinze degrés au-dessous de zéro. Les indications supérieures se marquent par le signe +, qui signifie *plus*, ou le plus souvent n'ont aucun signe. Ainsi l'on dit indifféremment + 15° ou quinze degrés au-dessus de zéro. Tous les thermomètres ne sont pas semblablement gradués. On en connaît un grand nombre d'espèces. (Voy. les articles précédents.) On ignore quel est l'inventeur du thermomètre. On penche généralement pour l'Italien Santorius et l'Allemand Drebbel, physiciens distingués du XVII° siècle.

THERMOPYLES, défilé de la Locride (Grèce), sur les frontières de la Thessalie, à l'O., formé d'un côté par le sommet du mont OEta, et de l'autre par le rivage malliaque. C'est là que, l'an 480 avant J.-C., 300 Spartiates commandés par leur roi Léonidas se dévouèrent à une mort certaine pour arrêter quelque temps l'armée innombrable des Perses qui allaient fondre sur la Grèce. Les 300 héros avaient résisté deux jours entiers, et peut-être leur résistance tenace aurait ébranlé le courage des Perses, les aurait fait renoncer à leur entreprise, si un traître n'avait enseigné aux ennemis un sentier secret pour tourner la montagne. Les Spartiates, surpris de tous côtés, se défendirent avec courage, mais finirent par être écrasés. Un seul se sauva et revint à Lacédémone, où il fut couvert d'infamie et méprisé comme un lâche jusqu'à ce qu'il eût réparé cette lâcheté par une mort glorieuse. On grava sur le mont OEta cette inscription : *Passant, va dire à Lacédémone que nous sommes morts pour la défense de ses lois.* Les Thermopyles furent le siége de l'assemblée des amphictyons. Leur nom vient des sources d'eaux chaudes qu'il y a aux environs (en grec *thermos*, chaud ; *pylé*, porte, défilé).

THERMOSCOPE, instrument de physique assez semblable au thermomètre, mais qui est destiné à mesurer les températures les moins élevées. Le *thermoscope de Rumford* diffère peu du thermomètre différentiel, et on l'a nommé aussi *thermoscope*. Il est formé comme lui d'un tube horizontal et de deux tubes verticaux terminés par des boules. Le tube horizontal y est plus long, les autres plus petits. On introduit dans l'instrument un index d'alcool coloré, de deux ou trois centimètres. Le zéro des divisions occupe le milieu du tube horizontal, et les divisions se marquent de chaque côté de ce zéro.

THERMUTHIS, nom donné à la fille de Pharaon, roi d'Egypte, laquelle tira Moïse des eaux et l'adopta pour son fils.

THÉROIGNE DE MÉRICOURT, née vers 1760 dans le duché de Luxembourg, vint à Paris au commencement de la révolution française. Là elle se lia avec les principaux révolutionnaires, et eut pour amants Barnave, Mirabeau, Pétion, Camille Desmoulins, Danton, etc. Elle prit une part active à toutes les horribles journées de la révolution, haranguant le peuple et souvent même trempant ses mains dans le sang des victimes. Elle établit en 1791 une espèce de club dans sa maison. Là se réunissaient les principaux conventionnels. Quelque temps après, son exaltation naturelle dégénéra en aliénation mentale. Elle fut enfermée à la Salpêtrière, où elle mourut en 1817.

THERPANDRE, poëte et musicien grec de l'île de Lesbos, florissait vers l'an 650 avant J.-C. Il fut le premier qui remporta le prix de musique aux jeux Carniens, institués à Lacédémone. Il sut aussi calmer une sédition dans cette ville par ses chants mélodieux, accompagnés du son de sa lyre. Therpandre remporta plusieurs fois le prix de musique aux jeux Pythiques. Ses poésies ne sont pas venues jusqu'à nous.

THERSITE (myth.), le plus difforme de tous les Grecs qui allèrent au siége de Troie. Il maniait avec succès le sarcasme et l'ironie. Il osa dire des injures à Achille, et fut tué par ce héros d'un coup de poing.

THÉSÉE (myth.), héros célèbre des mythes grecs, fils d'Égée, roi d'Athènes, et d'Ethra. Il tua les brigands qui désolaient l'Attique, et le taureau de Marathon. Tous les ans, sept jeunes garçons et sept jeunes filles devaient être envoyés à Minos, roi de Crète, pour servir de proie au Minotaure. Thésée, étant tombé au sort, arriva dans l'île de Crète, tua le Minotaure, et sortit heureusement du Labyrinthe, à l'aide du fil que lui avait donné Ariadne, fille de Minos, dont il avait su se faire aimer. Il en fit cette princesse, qu'il relégua ensuite dans l'île de Naxos. Maître du trône (voy. ÉGÉE), Thésée réforma le gouvernement et institua plusieurs fêtes religieuses, entre autres les jeux Isthmiques. Il réunit les douze villes de l'Attique, et y jeta les fondements d'une république (vers 1236 avant J.-C.). Avec son ami Pirithoüs, roi des Lapithes, il fit la guerre aux Centaures, et assista à la conquête de la toison d'or et à la chasse du sanglier de Calydon. Il fit la guerre aux Amazones, et enleva leur reine, Antiope, dont il eut un fils, Hippolyte. Il voulut enlever Proserpine, femme de Pluton, roi des enfers; mais il fut vaincu et retenu captif jusqu'à ce qu'Hercule fût venu le délivrer. Il épousa ensuite Phèdre, dont on connait la malheureuse histoire, et qui fut cause de la mort du jeune Hippolyte. Pendant sa captivité, Mnesthée s'était emparé du trône. Forcé de fuir, il se retira chez Lycomède, roi de Scyros, qui le fit mourir. Dans la suite, on célébra des fêtes en l'honneur de Thésée, qui fut mis au rang des demi-dieux.

THESMOPHORIES (des mots grecs *thesmos*, loi, et *phéró* porter), fêtes que l'on célébrait chez les anciens Grecs en l'honneur de Cérès surnommée Thesmophore ou Législatrice. Elles n'étaient célébrées que par les femmes.

THESMOTHÈTE (des mots grecs *thesmos*, loi, et *tithèmi*, établir). C'étaient, chez les Grecs, des magistrats qui étaient chargés de la garde des lois. Ils étaient à Athènes au nombre de six, et on les élisait tous les ans. A Athènes, ce nom était affecté aux six derniers archontes.

THESPIES, ville méridionale de Béotie, près de l'Hélicon, était particulièrement consacrée aux Muses, qui prennent de là le surnom de *Thespiades*.

THESPIS, né en Grèce dans un village près d'Athènes, vivait du temps de Socrate, dans le vie siècle avant J.-C. On le regarde comme l'inventeur de la tragédie. Thespis parcourait les villages sur un tombereau où il représentait ses pièces. Les acteurs, pour tout costume, barbouillaient de lie leur visage.

THESPROTIE, contrée de l'Epire occidentale, située à l'O. d'Ambracie et le long de la mer. Elle était arrosée par l'Achéron et le Cocyte, et Buthrote en était la ville principale.

THESSALIE, ancienne contrée de la Grèce. Elle forme aujourd'hui la TRICALA, province ou sandjiakat de la Turquie, bornée à l'O. par l'Albanie, à l'E. par le golfe de Salonique, le canal de Trikéri et l'Archipel, au N. par la Romélie, au S. par la Livadie. Elle est entourée de hautes montagnes, dont les plus remarquables sont le Pinde, Zagora (l'ancien *Pélion*), Kissabo (Ossa) et l'Olympe; les principales rivières sont l'Aspropotamos (ancien Achéloüs) et le Salamapria (le Pénée). C'est sur les bords du Pénée que se trouve la délicieuse vallée de Tempé, tant vantée par les anciens. Le climat de la Thessalie est doux, le sol fertile. On retire de ce pays beaucoup de soie et d'huile. L'industrie s'exerce principalement sur le filage du coton. La Thessalie compte 400,000 habitants. La capitale, autrefois Larisse, est aujourd'hui TRICALA. La Thessalie se divise en vingt et un districts ou cantons. Jadis elle se divisait en plusieurs parties nommées *Estiotide*, *Phthiotide*, *Pélasgiotide*, *Magnésie* et *Thessaliotide*.

THESSALIOTIDE, une des quatre grandes divisions de la Thessalie, s'étendait sur les rives du Sperchius jusqu'au mont OEta.

THESSALONIQUE ou THERMA, ville de l'empire turk dans le sandjiakat de même nom. Elle faisait jadis partie de la Macédoine. Elle est située à l'extrémité du golfe de Therma, au pied du mont Kurlinh. Ses environs sont très-marécageux. Thessalonique est entourée de hauts remparts, et renferme 70,000 habitants, dont 10,000 Grecs et 23,000 Juifs. On y trouve plusieurs marchés, des bains, des églises et couvents grecs, une église catholique, une école supérieure juive, de belles mosquées, une citadelle et un port très-sûr sur le golfe de Therma, où 300 vaisseaux peuvent mouiller. Le commerce consiste en tapis, draps, maroquin, tissus de soie et de coton, blé, tabac, bois de construction. Cette ville est l'entrepôt principal de tous les articles du commerce de l'Allemagne et de la Turquie d'Europe.

THESTIUS, roi de Thespies, fut père de cinquante filles appelées *Thestiades*, qu'Hercule rendit mères dans une seule nuit.

THÈTES (du grec *thétis*, ouvriers), nom de la dernière classe des citoyens d'Athènes, qui se composait d'artisans.

THETIS (myth.); fille de Nérée et de Doris, petite-fille de Téthys, femme de l'Océan, épousa Pélée, roi de Thessalie. Leurs noces furent très-brillantes. Tous les dieux y furent invités, excepté la Discorde. Cette déesse s'en vengea en jetant sur la table une pomme d'or avec cette inscription : *à la plus belle*. Junon, Vénus et Pallas se la disputèrent, et cette querelle fut cause de la guerre de Troie. (Voy. TROIE, PARIS, etc.) Thétis eut plusieurs enfants. Le seul qui subsista fut le grand Achille. Elle lui fit faire par Vulcain des armes invincibles, et le garantit souvent de la mort pendant le siège de Troie.

THEUDIS fut nommé roi des Visigoths d'Espagne après Amàlaric, pour qui il était d'abord gouverneur de cette contrée (531). Il établit sa résidence au delà des Pyrénées; ce qui donna à Childebert, roi de Paris, et à Clotaire, roi de Soissons, la facilité de s'emparer d'une partie de ce que les Visigoths possédaient dans les Gaules. Theudis gouverna ensuite en paix. Il mourut assassiné par un de ses sujets.

THEUDISÈLE, fils d'une sœur de Totila, roi d'Italie, succéda à Theudis, rois des Visigoths d'Espagne (547). Ce prince faible et débauché fut assassiné par les seigneurs de sa cour, qui avaient à se plaindre de nombreux outrages (549).

THÉURGIE, espèce de magie usitée chez les anciens, et dans laquelle on avait recours aux dieux et aux génies bienfaisants pour produire des effets surnaturels.

THIBAUT ou THIBAULT IV, comte de Champagne et de Brie, et roi de Navarre, fils de Thibaut III. Né en 1201, il succéda à Sanche le Fort, son oncle maternel, en 1234, sous la tutelle de sa mère Blanche de Navarre. Quelques années après, il s'embarqua pour la terre sainte. De retour dans ses Etats, il cultiva les belles-lettres et la poésie, et répandit ses bienfaits sur les troubadours et les artistes. Il a fait lui-même un grand nombre de chansons que l'on conserve à la bibliothèque du roi à Paris; la musique de plusieurs de ces chansons a été composée par lui-même. Thibaut est encore célèbre par son amour pour Blanche de Castille, mère de Louis IX, qu'il chanta dans ses vers, ce qu'il aida dans ses luttes pénibles avec les vassaux de la couronne.

THIBET ou TIBET, appelé par les naturels *Pue* ou *Puckackim*, et par les Chinois *Si-Dzang*, grand pays de l'Asie, qui s'étend depuis les sources de l'Indus jusqu'aux frontières de la Chine, et depuis l'Indoustan jusqu'au désert de Cobi. Le climat est froid et rigoureux, le sol montagneux et peu fertile. On y voit de nombreux troupeaux de bêtes à cornes, d'yaks, de chèvres et de brebis. Les toisons de ces animaux produisent une laine très-estimée, dont on fait ces magnifiques étoffes et ces châles qui sont si répandus dans le commerce sous le nom de *cachemires*. Le Thibet renferme de nombreuses mines. Les habitants, au nombre d'environ 6,000,000, sont doux, paisibles, robustes, de mœurs simples, mais superstitieux et possédant plusieurs femmes. Ils sont encore peu civilisés, et ne peuvent tirer de leur pays que du bien faibles ressources pour leur existence. Ils professent une religion dont le chef est le grand *lama*, c'est un mélange de rites chrétiens, bouddhistes et chamanistes. Le Thibet appartient à la Chine, qui l'a soumis en 1720. Cet empire y a un ministre qui réside à LAMA, capitale du Thibet, et résidence du dalaï-lama.

THIERRACHE, subdivision de l'ancienne province de Picardie. Le chef-lieu était la petite ville de Guise. La Thierrache forme une partie du département de l'Aisne.

THIERRY ou THÉODORIC (*Théod-vik*, en langue franque). Quatre rois francs ont porté ce nom. — THIERRY Ier ou *l'Ancien*, roi d'Austrasie, était le fils aîné de Clovis Ier. Il était né d'une concubine avant le mariage de ce prince avec Clotilde. Après la mort de Clovis, Thierry eut en partage, outre les provinces au delà du Rhin, Metz et les villes situées entre le Rhin et la Meuse, puis Reims, Châlons-sur-Marne, Troyes, Clermont, Rhodez, Cahors, Albi et Usez. Il se ligua en 528 avec son frère Clutaire Ier, roi de Soissons, contre Hermanfroi, roi des Thuringiens, qu'ils dépouillèrent de ses Etats, et qu'ils firent précipiter du haut des remparts de Tolbiac (530). Ainsi se forma le royaume d'Austrasie, qui comprit la plus grande partie de la Germanie. Thierry ne prit aucune part aux querelles de ses frères. En 532, il s'empara de l'Auvergne, et recouvra en 533 le Rouergue, le Gévaudan, le Vélay et l'Albigeois que les Visigoths avaient envahis. Il mourut l'année suivante, laissant à ses fils le plus puissant royaume des Gaules. — THIERRY II, deuxième fils de Childebert, roi d'Austrasie, succéda en 596 à son père dans les royaumes de Bourgogne et d'Orléans. Il était né en 587. Il gouverna sous la tutelle de Warnachaire et de Berthoalde. Thierry se plongea dans la mollesse et la débauche. Son frère Théodebert II, roi d'Austrasie, ayant ôté le gouvernement du royaume à Brunehaut, leur aïeule, cette princesse, irritée, se réfugia à Orléans vers Thierry, à qui elle persuada de prendre les armes contre son frère. Thierry, vainqueur à Toul et à Tolbiac (612), fit prisonnier Théodebert, et le fit mettre à mort avec ses enfants; lui-même mourut l'année suivante. Ses enfants furent écartés du trône par Clotaire II. — THIERRY III, troisième fils de Clovis II, succéda en 670 à son frère Clotaire III sur le trône de Neustrie et de Bourgogne par les soins d'Ebroïn, maire du palais. Les leudes bourguignons, qui n'avaient pas été consultés, se révoltèrent et enfermèrent Thierry dans le monastère de Saint-Denis. Rappelé au trône par une nouvelle révolution (673), il reprit le sceptre, et se laissa gouverner par Ebroïn. Pepin, maire d'Austrasie, lui déclara la guerre, le vainquit à Testri (Picardie) en 687, et s'imposa pour ministre au faible Thierry III, qui mourut en 691 — THIERRY IV, dit *de Chelles*, fils de Dagobert III, fut en 720 tiré du monastère de Chelles pour être placé sur le trône par Charles Martel, dans le royaume de Neustrie. Il ne porta que le titre de roi, et son ministre eut seul l'autorité souveraine. Il mourut en 737.

THIERS, chef-lieu d'arrondissement du département du Puy-de-Dôme, sur la Durolle, à 15 lieues de Clermont. Population, 9,836 habitants. Thiers fut d'abord un château considérable, qui portait le nom de *Castrum Tripernum*. Thierry Ier, roi d'Austrasie, incendia ce château. Il fut rétabli en 580, devint un des plus grands fiefs de la province, et donna son nom à une des branches de la maison d'Auvergne. Thiers possède un tribunal de première instance et de commerce, un collége et des coutelleries, fabriques de quincailleries, papeteries, tanneries, fabriques de cierges et chandelles.

THIONVILLE, ville forte de France, chef-lieu d'arrondissement du département de la Moselle, à 6 lieues de Metz. Population, 5,860 habitants. Cette ville, située sur la Moselle, est très-ancienne. Plusieurs rois de France, entre autres Charlemagne, y fixèrent leur séjour pendant quelque temps. Les Français la prirent sur les Espagnols en 1558. Elle fut rendue à ces derniers par le traité de Cateau-Cambrésis. Reprise par le prince de Condé en 1643, Thionville resta définitivement à la France par le traité des Pyrénées. La ville est entourée de belles fortifications; elle possède de belles casernes, une direction des douanes, un tribunal de première instance et un collége. Le général commandant le département reside à Thionville. Cette ville est célèbre dans l'histoire moderne par le siège qu'elle soutint en 1792 contre les Prussiens, qui ne purent s'en rendre maîtres.

THIZY, sur une montagne, chef-lieu de canton du département du Rhône, à 7 lieues trois quarts de Villefranche. Population, 1,580 habitants. C'est une des plus anciennes villes du département. Thizy renferme des fabriques de toiles en fil et coton et linge de table. Les environs renferment une carrière de marbre noir qui se trouve par tables et non par blocs.

THLASPI, genre de la famille des crucifères, type d'une section dite des thlaspidées. Il est composé de plantes herbacées annuelles, rarement vivaces, que l'on rencontre au milieu des champs sablonneux en grande abondance. Tous les bestiaux les mangent avec plaisir, particulièrement les moutons. Les thlaspis sont usités dans la médecine et l'économie domestique. L'infusion des feuilles est astringente ; plusieurs espèces se mangent en salade.

THLIPSIS, nom donné, en médecine, au resserrement des vaisseaux par une cause externe.

THOAS, roi de la Chersonèse taurique, porta une loi par laquelle tous les étrangers qui aborderaient dans cette île devaient être sacrifiés à Diane. Il voulut faire périr Oreste et Pylade, qui furent sauvés par Iphigénie.

THOLA, dixième juge d'Israël, succéda à Abimélech, et mourut après avoir jugé Israël pendant vingt-trois ans. Son gouvernement n'offrit rien de remarquable.

THOLUS, terme de charpentier, pièce de bois dans laquelle s'assemblent toutes les courbes d'une voûte de charpente. — On nommait ainsi à Athènes un édifice où l'on gardait les registres publics et où mangeaient les juges. Chez les Latins, c'était la voûte des temples où l'on suspendait les offrandes.

THOMAS (Saint), surnommé *Didyme* (en grec, jumeau), un des douze apôtres de Jésus-Christ, était Galiléen. Il commença à suivre Jésus-Christ l'an 31 de l'ère vulgaire, la deuxième année de la prédication de l'Homme-Dieu. Le Sauveur après sa résurrection s'étant montré à ses disciples, Thomas ne se trouva pas avec eux lorsqu'il vint, et ne voulut rien croire de cette apparition : *Si je ne vois dans ses mains*, dit-il, *les marques des clous, si je ne mets ma main dans son côté et mon doigt dans le trou de ses clous, je ne le croirai point*, Jésus confondit son incrédulité en lui accordant ce qu'il demandait. Thomas alla prêcher l'Evangile dans le pays des Parthes, des Perses et des Mèdes, et même jusque dans les Indes, d'après certaines traditions. On croit qu'il souffrit le martyre dans ce dernier pays. On fait sa fête le 21 décembre et le 3 juillet.

THOMAS (Antoine-Léonard), né à Clermont-Ferrand en 1732. Il fut d'abord professeur de troisième au collége de Beauvais, et s'adonna à l'étude des belles-lettres. L'académie française l'admit au nombre de ses membres. Il mourut en 1785. On a de lui plusieurs ouvrages distingués, entre autres les *Eloges* du maréchal de Saxe, de d'Aguesseau, de Duguay-Trouin, de Sully, de Marc Aurèle ; un *Essai sur les éloges*, un *Essai sur les femmes*, une *Ode sur le temps*. On a encore de lui la *Pétréide* ou poëme sur Pierre, tzar de Russie.

THOMAS (Saint-), une des Antilles, située entre Porto-Rico, Tortole et Saint-Jean. Elle a 12 lieues carrées de superficie et environ 8,000 habitants. Cette île, qui appartient au Danemark, possède une bonne rade, propre à donner asile à 150 voiles. Elle commerce en sucre, coton et autres productions coloniales. La capitale est Saint-Thomas, ville de 5,000 habitants, dont 726 blancs.

THOMAS D'AQUIN (Saint), né en 1227 d'une famille illustre à Aquin, ville du royaume de Naples. Il entra à Naples dans le monastère des dominicains (1243). Thomas se distingua bientôt par ses prédications et ses ouvrages théologiques. Ce fut à lui que fut confié, en 1256, le soin de défendre devant le pape Alexandre IV les ordres mendiants, attaqués par Guillaume de Saint-Amour. De retour à Paris, il y reçut le grade de docteur. Saint Louis l'honora de sa confiance, et se servit souvent de ses sages conseils. Le pape Urbain IV l'ayant appelé à Rome, il professa successivement la théologie à Rome et dans d'autres villes. Il refusa plusieurs dignités ecclésiastiques, et mourut en 1274. Il a été canonisé par Jean XXII. Saint Thomas a été surnommé *le Docteur angélique* ou *l'Ange de l'école*, et est regardé comme un des plus habiles théologiens et docteurs de l'Eglise. Ses principaux ouvrages sont des *Commentaires sur les ouvrages d'Aristote ;* la *Somme de théologie ;* la *Somme de la foi catholique contre les gentils ;* une foule de *traités*, de *commentaires* et *d'opuscules*.

THOMAS DE CANTORBÉRY et THOMAS A KEMPIS. Voy. BECKET et KEMPIS.

THOMASSIN (Philippe), graveur célèbre, né à Troyes (Aube). Il voyagea en Italie, et s'établit à Rome. Il donna, en 1600 des *portraits* (au nombre de 100) des souverains et des capitaines les plus distingués des xve et xvie siècles. Cet ouvrage renferme des sommaires latins sur la vie des hommes célèbres, dont il contient les portraits. Thomassin s'exerça principalement sur les sujets de dévotion d'après Raphaël et autres peintres célèbres. On estime surtout de lui une *Sainte Famille*, la *Naissance du Sauveur*, la *Purification*, etc. Il fut le maître de Callot, et mourut vers 1620.

THOMÉ (San-), île d'Afrique, dans le golfe de Guinée. Cette île est de forme presque ronde, et a 30 lieues carrées de superficie. La capitale est PAVOACAN. Le territoire de San-Thomé est fertile et abondant en vignes, canneliers et cannes à sucre. La chaleur est excessive, l'air malsain. San-Thomé a été découvert par les Portugais en 1498.

THOMISTES, nom donné aux théologiens qui soutiennent la doctrine de saint Thomas d'Aquin sur la prédestination et la grâce. Ce docteur prétendait que la prédestination des saints est gratuite et sans aucune prévision de leurs mérites de la part de Dieu. Quoiqu'il aime tous les hommes et qu'il veuille les sauver tous, il ne les aime pas et ne veut pas les sauver tous également. Il aime spécialement ceux à qui il veut procurer le salut et la gloire éternelle ; il les choisit par préférence aux autres, leur accorde tous les secours qui les font vivre et persévérer dans la justice, sans autre raison que sa volonté même. La grâce actuelle et efficace détermine par sa propre vertu notre volonté au bien, et fait que nous consentons, que nous voulons, que nous agissons. La liberté de l'homme consiste essentiellement dans le pouvoir de choisir une chose ou une autre, d'agir ou de ne pas agir. L'accord de cette liberté avec la grâce consiste en ce qu'il est toujours au pouvoir du libre arbitre de résister et de refuser son consentement à cette grâce, quoique efficace par elle-même.

THOMPSON (Jacques), poëte anglais, né en 1700 à Ednam, fut destiné par ses parents à l'état ecclésiastique. Mais sa vocation l'entraîna vers la poésie. Lord Talbot, chancelier d'Angleterre, admirateur de son génie, fut toujours son protecteur et son ami, et lui confia l'éducation de son fils. La mort ayant ravi ce protecteur à Thompson, il fut réduit à vivre des fruits de son talent. Il travailla pour le théâtre jusqu'à sa mort arrivée en 1742. Ses ouvrages sont *les Quatre Saisons*, le poëme *de la Liberté*, des *tragédies*.

THOMYRIS ou TAMYRIS, reine des Massagètes, marcha contre Cyrus et le vainquit. Hérodote dit qu'elle lui fit couper la tête et la plongea dans un vase de sang, en disant : Rassasie-toi de ce sang dont tu fus toujours altéré.

THON, espèce du genre *scombre*, renfermant des poissons très-estimés et qui vivent dans toutes les mers. Le *thon commun* a le corps aplati, plus gros au milieu qu'aux extrémités, une tête petite se terminant en pointe émoussée, une bouche large et garnie de dents pointues, des yeux grands, les écailles faciles à détacher et très-petites en général. Toute la partie supérieure du corps est d'un noir bleuâtre, les côtés de la tête blanchâtres, le ventre grisâtre semé de taches blanches. Le thon atteint quinze ou dix-huit pieds de long (le plus souvent c'est deux ou trois pieds), pèse jusqu'à 1,000 livres et souvent davantage. Il se nourrit de poissons, principalement de maquereaux et de harengs. Sa chair est blanche et savoureuse, fraîche ou salée. La pêche du thon, qui date de la plus haute antiquité, est aujourd'hui concentrée dans l'intérieur de la Méditerranée. Elle se fait généralement de deux manières, à la *thonaire* et à *madrague*. Ce sont des parcs ou enceintes de filets diversement disposés. La pêche se fait pendant les mois de juin et mai. On sale les thons comme la morue. Pour les mariner, on les retire de la saumure où on les laisse séjourner quelque temps ; on les coupe par tranches, et on les met dans des barils ou des vases de terre qu'on achève de remplir d'huile. On retire des thons par la pression une huile employée par les corroyeurs.

THOR, dieu célèbre des anciens Scandinaves, était une des trois grandes divinités de ce peuple. On le nommait aussi *Har* (le sublime). On l'adorait comme le dieu du tonnerre. On le supposait monté sur un char traîné par des boucs et tenant dans la main un marteau, symbole de l'éclair. Le taureau, symbole de la force, lui était consacré. Il était le dieu de la guerre et des combats.

THORACIQUE, nom donné en anatomie à tout ce qui a rapport ou appartient au thorax. On appelle 1° *membres thoraciques* les membres supérieurs, parce qu'ils sont articulés avec les parties latérales et supérieures de la poitrine ; 2° *régions thoraciques*, les diverses régions que présente la poitrine ; *viscères thoraciques*, les organes renfermés dans la poitrine.

THORAX, synonyme de *poitrine* dans les mammifères. Chez les insectes les articulés, c'est la région qui vient immédiatement après la tête. On nomme *céphalo-thorax* la partie antérieure du corps. Chez les autres animaux, c'est la partie antérieure du corps séparée de la tête par un prolongement nommé *cou*.

THORN, ville de Pologne sur la Vistule, à environ 40 lieues de Varsovie. Population, 16,830 habitants. Thorn, jadis ville hanséatique, fut prise par Charles XII, roi de Suède en 1703. Elle appartint au roi de Prusse depuis 1793. Par le traité de 1807, il la céda au grand-duché de Varsovie. Le congrès de Vienne de 1814-1815 l'a déclarée ville libre. C'est la patrie de Copernik.

THOTH (myth.), divinité égyptienne, était regardée comme le régulateur du cours des astres, l'inventeur des lettres alphabétiques et des sciences. On le représente comme un vieillard, avec un manteau et un bâton, ayant à ses côtés un ibis. Sa tête est ornée de fleurs et d'un diadème. Il avait beaucoup de traits de ressemblance avec le Mercure des Romains.

THOU (Jacques-Auguste de), d'une famille illustre, originaire de Champagne et connue dans la magistrature et le clergé. Un de ses ancêtres, NICOLAS DE THOU, conseiller clerc au parlement et évêque de Chartres, sacra le roi Henri IV en 1594, et mourut en 1598. CHRISTOPHE DE THOU, frère de Nicolas, fut premier président au parlement de Paris, chancelier des ducs d'Anjou et d'Alençon, servit Henri II, Charles IX et Henri III avec un zèle actif dans les cours des troubles de la France. Il mourut en 1582. Son fils JACQUES-AUGUSTE, né à Paris en 1553, embrassa la magistrature et fut reçu conseiller au parlement, puis président à mortier. En 1586, après la journée des Barricades, il quitta Paris pour suivre le roi Henri III, qui lui confia diverses missions en Angleterre et en Italie. A l'avénement de Henri IV, de Thou embrassa avec zèle la cause de ce monarque, par lequel il fut employé à diverses négociations importantes. A la mort d'Amyot, il fut nommé grand maître de la bibliothèque du roi. Pendant la régence de Marie de Médicis, il fut directeur général des finances. Il fut député à plusieurs conférences, commis avec le cardinal du Perron pour réformer l'université de Paris et travailler à la construction du collège royal. De Thou mourut en 1617. Il a écrit en latin une *Histoire* de son temps, en cent trente-huit livres, embrassant soixante ans, depuis 1545 jusqu'à 1607. Son style est serré, noble et élégant. Cet ouvrage est rempli de recherches importantes et minutieuses.

THOU (François-Auguste DE), fils aîné du précédent, né en 1607. Très-jeune encore fut nommé grand maître de la bibliothèque du roi. Il sollicita une intendance d'armée; le refus du cardinal de Richelieu le jeta dans le parti de l'opposition. Alors il chercha à s'élever par l'intrigue, prit l'épée, s'attacha à la cour sans emploi. Il devint l'ami et le confident de Cinq-Mars, grand écuyer de Louis XIII. Cinq-Mars conspira contre le grand ministre, et entraîna de Thou dans le complot. Celui-ci fut condamné à mort avec son ami, et eut la tête tranchée le 12 septembre 1642.

THOUARS, sur la rive droite du Thouet, chef-lieu de canton du département des Deux-Sèvres, à 7 lieues de Bressuire. Population, 2,800 habitants. Cette ville est très-ancienne. C'était un duché-pairie érigé en 1563, et qui appartenait à la famille de la Trémouille. Les anciens seigneurs y avaient fait bâtir un château au même lieu où l'on voit celui d'aujourd'hui. Celui-ci est placé sur un rocher élevé. Thouars a eu beaucoup à souffrir pendant les guerres de la Vendée. Elle possède un collège communal et deux hôpitaux. Le commerce se fait en chevaux, bestiaux, grains, vins et eaux-de-vie.

THOUIN (André), né en 1747, était fils du jardinier en chef du jardin des Plantes à Paris. Il fut nommé à cette place à l'âge de dix-sept ans. Il seconda puissamment Buffon dans ses travaux scientifiques. Ses travaux lui firent obtenir une place à la société royale d'agriculture de Paris, et à l'académie royale des sciences. On lui doit les documents les plus précieux sur les moyens d'acclimater les plantes étrangères. Il faisait ses expériences dans les serres du jardin du Roi, et enrichissait de plantes utiles la France et l'étranger. Thouin fut nommé vers 1795 à la chaire de culture. Il vécut tranquille pendant la révolution, et mourut en 1824. Il avait écrit dans l'Encyclopédie méthodique tout ce qui concerne le jardinage. On lui doit aussi d'excellents mémoires sur l'agriculture.

THOURET (Jacques-Guillaume), né à Pont-l'Évêque (Calvados) en 1746, se consacra à l'étude de la jurisprudence, et fut reçu avocat (1770) à Rouen. Elu en 1787 procureur-syndic de l'assemblée provinciale de la généralité de Rouen, il fut envoyé par le tiers état de cette ville aux états généraux de 1789. Nommé membre du comité de constitution, il présenta le plan d'une nouvelle division de la France (en quatre-vingts départements), et d'un nouveau système administratif. L'assemblée adopta le plan du comité. Thouret fut porté à la présidence le 12 novembre. Il provoqua la suppression des ordres religieux. Chargé de la nouvelle organisation judiciaire, c'est à lui qu'on doit l'institution des juges de paix, la suppression des parlements, la création de tribunaux par districts et d'un tribunal d'appel par département, et l'institution du jury en matière criminelle seulement. Thouret fut chargé de la révision de l'acte constitutionnel, et en fut nommé rapporteur. L'assemblée lui décerna la présidence pour la quatrième fois comme un hommage à ses talents et à son infatigable activité. Il fit la clôture de ses séances le 30 septembre. Devenu président du tribunal de cassation, il consacra ses loisirs à l'éducation de son fils, pour qui il composa des grammaires grecque, latine et française, des traités et des tableaux d'histoire. Arrêté comme suspect, il fut jeté en prison (1793), mis en accusation et condamné à mort sur de vains et faux prétextes. Il subit son supplice avec courage en 1794.

THOURET (Michel-Augustin), frère du précédent, né à Pont-l'Évêque en 1749, embrassa la carrière médicale, et fut un des premiers membres de la société royale de médecine instituée en 1776. Il fut un des savants qui furent chargés de l'exhumation et de l'assainissement du cimetière des Innocents. En 1795, il fut nommé directeur de l'école de médecine de Paris, et administrateur des hôpitaux de cette ville et du mont-de-piété. Il fut un des fondateurs du comité central de vaccine, et contribua beaucoup à répandre en France cette utile découverte. Devenu membre du tribunat en 1802, il vota contre l'établissement de la Légion d'honneur, passa ensuite au corps législatif, et fut nommé en 1809 conseiller de l'université impériale. Il mourut en 1810. On a de lui un grand nombre de *mémoires* sur la médecine.

THRACE, nom donné autrefois au pays situé en Europe, au N. de la Macédoine. C'était une contrée très-froide et montagneuse. Plus tard, on appliqua ce nom aux districts de la Macédoine qui touchaient à la mer Noire à l'E., à la mer Egée et à la Propontide, et se prolongeaient jusqu'à la Mœsie et à l'Ilœmus au N. La Thrace était montagneuse, fertile en pâturages, et renfermait de belles mines. Ses chevaux étaient très-estimés. Ses principales villes étaient *Abdère*, *Sestos* et *Byzance* ou *Constantinople*. Ce pays, compris aujourd'hui dans l'empire turk, porte le nom de Roumélie ou Romanie.

THRAN, nom vulgaire donné, dans le nord de l'Europe, à l'huile de poisson et de baleine. Celle qui découle par la pression de la graisse et du foie de ces animaux s'appelle *thran clair*; celle qui est l'effet de leur ébullition, *thran brun*.

THRANITES, nom donné aux rameurs placés dans la partie du vaisseau la plus élevée, auprès de la poupe.

THRASÉAS (Pœtus), sénateur romain, professa le stoïcisme. Il s'absenta du sénat depuis le jour où l'on rendit grâces à Néron du meurtre de sa mère, et refusa d'assister à l'apothéose de Poppée. Ce tyran le frappa d'une sentence de mort. Il se fit ouvrir les veines, et mourut avec courage en 66 de J.-C.

THRASYBULE ou TRASYBULE, célèbre Athénien, indigné de la cruauté des trente tyrans établis dans sa patrie par les Lacédémoniens, se réfugia à Thèbes avec plusieurs autres proscrits, afin de s'y soustraire. Il résolut de délivrer Athènes, leva quelques troupes, entra dans la ville, et chassa les tyrans, qui furent tous égorgés. Il prit plusieurs villes aux Lacédémoniens, qui firent la paix. Il ne voulut pas pour récompense que la simple couronne d'olivier, qu'on décernait aux braves, et mourut assassiné par les Spartiates.

THRASYMÈNE, lac de la Toscane méridionale, dans le voisinage de Pérouse, est célèbre par la victoire qu'Annibal y remporta sur le Romain Flaminius l'an 217 avant J.-C. Les Romains perdirent 30,000 hommes, tués ou faits prisonniers.

THUCYDIDE, célèbre historien grec, né dans l'Attique vers l'an 471 avant J.-C. Il entra dans les armées d'Athènes, et eut même le commandement d'une flotte pour sauver Amphipolis, assiégée par les Lacédémoniens Brasidas. Son insuccès lui valut de l'exil. Il resta vingt années hors de sa patrie, et mourut en 422 avant J.-C. Il avait passé le temps de l'exil à écrire une histoire de la *Guerre du Péloponèse*, dont il avait été le témoin. Le premier livre contient une revue des antiquités nationales de la Grèce; le deuxième explique les causes de la guerre et ses trois premières années (431 à 428 avant J.-C.); les livres trois et quatre contiennent les six années suivantes, jusqu'en 422, et le traité qui suspendit les hostilités; les cinquième, sixième, septième livres, contiennent la suite de la guerre jusqu'en 410. Le huitième livre n'est qu'esquissé; la mort empêcha Thucydide de l'achever. Il a été continué par Théopompe et Xénophon. Le style de cet ouvrage est concis, serré, plein de feu et de nerf. Les discours et les harangues qu'il renferme y jettent une agréable variété.

THULÉ, nom donné par les anciens à un pays qu'ils regardaient comme la limite du globe du côté du nord. Ils n'en avaient qu'une idée confuse, et ignoraient si c'était une île ou un continent. On pense que c'est l'*Islande* des modernes. — On a donné encore le nom de *Thulé* à une île de l'Océanie, la plus orientale des îles Sandwich, et la plus australe des terres connues jusqu'en 1818. Elle fut découverte par Cook en 1778, et offre peu d'intérêt.

THUNBERG (Charles-Pierre), célèbre botaniste suédois, fut élève de Linnée; il fut chargé par les magistrats hollandais d'aller recueillir les plantes du Japon, peu connues à cette époque (1775). Il se rendit à Ceylan en 1776, et y herborisa avec beaucoup de fruit. A son retour en Europe, il eut la place de professeur de botanique à l'université d'Upsal. Il mourut à la fin du XVIIIe siècle. On a de lui une *Flore du Japon* (1784), où il décrit près de trois cents espèces de plantes entièrement nouvelles.

THURAIRE, flûte dont les anciens jouaient pendant que l'on posait l'encens sur les autels, et en attendant qu'on immolât la victime.

THURGOVIE ou THURGAU, un des cantons suisses, borné au N. par celui de Zurich et le grand-duché de Bade, au N.-E. par le lac de Constance, au S. et au S.-E. par le canton d'Appenzell, à l'O. par celui de Zurich. Sa superficie est de 46 lieues carrées, et sa population de 89,845 habitants, dont 72,190 protestants, et 17,655 catholiques. Le sol est montueux, très-fertile; le climat doux et sain. Le gouvernement est aristo-démocratique. Le pouvoir administratif s'exerce au moyen d'un grand conseil composé de cent membres, dont neuf forment le petit conseil, entre les mains duquel est le pouvoir exécutif. Ces deux conseils sont présidés tour à tour, durant une année, par des landammans. Il y a dans chaque district un tribunal de première instance, dont les arrêts sont portés à un tribunal d'appel qui juge en dernier ressort. Le contingent du canton à l'armée fédérale est de 1,520 hommes, et sa quote-part aux frais de l'administration de guerre et autres, de 32,400 thalers. La capitale est FRAUENFELD.

THURINGE, contrée de la haute Saxe (Allemagne), comprise entre la Werra, la Saale, le Harz et le Thuringer-Wald. La Thuringe fut habitée jadis par les Kattes, les Hermundures et les Thoringes ou Thuringiens. Elle forma un royaume compris entre le Danube, le Rhin, la Bohême et la Saxe. Le dernier roi fut Hermannfried, que Théodoric, roi des Francs, vainquit et précipita du haut des remparts de Zulpich (531). Les Francs, ayant soumis la Thuringe, se firent gouverner des *gau*, des *centgraves*, et enfin par des ducs, dont Rodulphe fut le premier (VIIIe siècle). Plus tard la Thuringe eut des margraves et des landgraves (XIIe siècle). A la paix de Paris (1814), une grande partie de la Thuringe fut réunie à la Prusse. Ce pays est entièrement couvert de montagnes et de forêts; le sol est très-fertile. On y trouve des mines. L'industrie s'exerce à la fabrication des oeruses, porcelaines, faïence, armes blanches, fusils, etc. On y voit beaucoup de forges. La capitale est ERFURTH. La Thuringe est partagée entre la Prusse, les duchés de Weimar et de Cobourg, et la principauté de Schwarzbourg.

THURINGERTHOR ou **Porte de Thuringe**, défilé sur la rive gauche de l'Unstrut, près du couvent de Marienthal.

THURINGERWALD ou **Forêt de Thuringe**, chaîne de montagnes boisées qui couvre le centre de l'Allemagne et les duchés de Saxe. Elle commence aux sources de la Werra, se dirige au N.-O., et se termine près d'Eisenach.

THUROCZ, comitat de Hongrie, entre ceux de Trencsen et Zoliom. Sa superficie est de 18 lieues carrées, et sa population de 40,000 habitants. Le chef-lieu est Saint-Martin. Ce pays est fertile et produit d'excellents fourrages.

THUYA ou **Thuia**, genre de la famille des conifères, voisin des genévriers et des cyprès. Ces arbres sont appelés vulgairement *arbres de vie*, parce qu'ils sont toujours verts. Le *thuya occidental*, originaire du Canada, fournit une tige haute de trente à soixante-dix pieds; ses rameaux, d'abord jaunes et écartés, brunissent et se gercent avec le temps, se rapprochent du tronc, et forment une pyramide d'un vert foncé. Le feuillage est odorant, en forme d'écailles. La résine jaune qui découle de cet arbre a beaucoup de rapport avec celle du copal. Le thuya est admis dans les bosquets d'hiver, où il produit un très-bel effet. Le bois est excellent pour les constructions. Les jeunes branches teignent en jaune et en brun. Le *thuya articulé* fournit la résine *sandaraque*.

THYESTE (myth.), fils de Pélops et d'Hippodamie, et frère d'Atrée, portait une haine si violente à celui-ci, que, ne pouvant lui nuire autrement, il commit un inceste avec sa femme. Atrée, pour s'en venger, tua l'enfant qui était né de ce crime, et en servit les membres à Thyeste, dans un festin auquel il le convia. Thyeste, par un deuxième inceste involontaire, eut un fils de sa propre fille Pélopée. Voy. Égisthe.

THYM, genre de la famille des labiées, renfermant de très-petites plantes, formant de jolies touffes toujours vertes, aux racines vivaces et rampantes, donnant naissance à des tiges grêles, divisées en rameaux nombreux, couvertes de feuilles simples, lancéolées, opposées. Les fleurs sont réunies en groupes terminaux ou placées à l'aisselle des feuilles. Ces fleurs sont violacées ou légèrement empourprées. Le thym répand une odeur aromatique et très-agréable. Dans les jardins on le plante en bordures. Il est très-commun dans les collines exposées au soleil. Ses fleurs, distillées dans l'eau-de-vie, donnent une liqueur préférable à l'eau de lavande. Le thym entre comme assaisonnement dans les cuisines de nos provinces méridionales. Les animaux herbivores le recherchent et le mangent avec plaisir. Les deux espèces les plus répandues sont le *thym commun* ou *farigoule*, aux fleurs blanchâtres ou purpurines, et le *thym serpolet*. Voy. — *Thym blanc*. Voy. Germandrée.

THYMÉLÉES, famille de plantes dicotylédonées, renfermant des arbustes élégants ou des plantes herbacées, portant des feuilles simples, alternes et entières ou opposées; des fleurs d'un aspect agréable, blanches, jaunes, vertes ou roses, se montrant à l'aisselle des feuilles ou au sommet des rameaux. Le fruit est charnu ou sec, mince, et renferme une graine renversée et pendante. Cette famille renferme les genres *daphné* (*lauréole* ou *garou*), le *passerine*, le *lagetto*, etc.

THYMUS, organe dont les usages sont inconnus, et qui se trouve situé dans l'écartement supérieur du médiastin antérieur. C'est un corps glanduleux, oblong, mollasse, de couleur très-variable. Chez le fœtus, il s'étend depuis le corps thyroïde jusqu'au diaphragme. Il diminue progressivement avec l'âge, de sorte que, dans les adultes et les vieillards, on le découvre avec peine. Le thymus est enveloppé par une capsule celluleuse très-mince, qui envoie des prolongements dans son intérieur,

et le divise en lobules de volume inégal remplis d'un liquide laiteux.

THYRÉOPHORE, genre de l'ordre des diptères, famille des muscides, renfermant des insectes au corps allongé, à tête épaisse, ovalaire, convexe; aux antennes ou filets de la tête rapprochées, très-courtes, insérées sur la saillie du front; à l'abdomen allongé, étroit, déprimé; aux pieds velus; aux ailes longues. Le *thyréophore cynophile* se fait remarquer par sa tête grande, convexe, d'un rouge vif, et phosphorescente dans les ténèbres. La couleur du corps est bleue. Cet insecte, long de trois lignes, recherche les ténèbres, et vit sur les cadavres des chiens, des chevaux et des bœufs.

THYRO-ARYTÉNOÏDIEN, ce qui a rapport aux cartilages thyroïde et aryténoïde. On appelle ligaments *thyro-aryténoïdiens* deux ligaments larges d'environ deux lignes, formés de fibres élastiques et parallèles, et qui sont renfermés dans un repli de la membrane muqueuse du larynx. Ils forment ce qu'on appelle les *cordes vocales*. Les muscles *thyro-aryténoïdiens* sont très-minces, aplatis transversalement, allongés; ils naissent de la face postérieure du cartilage thyroïde, et se fixent à la partie externe de la base du cartilage aryténoïde.

THYRO-HYOÏDIEN ou **Hyo-thyroïdien**, ce qui a rapport au cartilage thyroïde et à l'os hyoïde. Le muscle *thyro-hyoïdien* est placé à la partie antérieure et supérieure du cou. Il est aplati, allongé, quadrilatère, se fixe d'une part à la ligne oblique de la face antérieure du cartilage thyroïde, et de l'autre au bord inférieur du corps de l'os hyoïde. La membrane *thyro-hyoïdienne* est une membrane fibreuse, fort large, jaunâtre, plus épaisse au milieu qu'à ses extrémités, qui se fixe en haut à l'os hyoïde et en bas au bord supérieur du cartilage thyroïde.

THYROÏDE, des mots grecs *thuréos*, bouclier, et *eidos*, forme, c'est-à-dire ce qui offre la forme d'un bouclier. Le *cartilage thyroïde* ou *scutiforme* est le plus grand des cartilages du larynx, à la partie antérieure duquel il est placé. Ses deux bords postérieurs se terminent en haut de chaque côté par un prolongement qu'on nomme la *grande corne du cartilage thyroïde*, et en bas par une éminence moins saillante, et qu'on nomme la *petite corne*. — La *glande* ou *corps thyroïde* est un organe dont les usages sont inconnus, et qui couvre la partie antérieure et inférieure du larynx, ainsi que les premiers de la trachée-artère. Il est composé de deux lobes aplatis, réunis par un prolongement nommé *isthme*. La glande thyroïde est molle, spongieuse, peu consistante, d'un rouge foncé, brunâtre, formée de plusieurs lobules et granulations, qui renferment un liquide jaunâtre ou lactescent. On appelle *thyroïdien* ce qui a rapport à la glande et au cartilage thyroïde.

THYRSE, nom donné par les anciens à un javelot enveloppé de lierre, que portaient les bacchantes dans les fêtes de Bacchus, et que les poëtes donnent pour sceptre à ce dieu.

THYRSE. En botanique, on nomme ainsi une grappe de fleurs qui affecte une forme à peu près conique ou pyramidale, parce que les pédicules (tiges qui portent les fleurs) du milieu sont plus longs que ceux de la base et du sommet. Le *lilas*, le *marronnier*, etc., en offrent des exemples.

THYSANOURES, second ordre de la classe des insectes, suivant la méthode de Latreille. Il est peu nombreux en espèces, et se compose d'insectes ne subissant point de métamorphoses, dépourvus d'ailes, et distingués par les organes particuliers de mouvement qu'ils portent à l'extrémité de l'abdomen, et qui leur permettent d'exécuter des sauts plus ou moins considérables. Ces insectes sont très-agiles. On a divisé cet ordre en deux familles, les *podurelles* et les *lépismènes*.

TIARE, nom donné, chez les anciens, à un bonnet phrygien qui se terminait en pointe recourbée, et que les prêtres de Cybèle mettaient dans les cérémonies. Les rois de Perse avaient aussi des tiares dont la pointe était droite et relevée. — La tiare du grand prêtre juif était de lin, et enrichie d'une autre couronne de couleur d'azur, avec une autre couronne au-dessus qui était d'or, et où étaient gravées les quatre voyelles qui forment les lettres sacrées. — On appelle aujourd'hui de ce nom la triple couronne des papes. L'ancienne tiare était un bonnet rond, élevé, ayant au bas une couronne. Boniface VIII y en ajouta une deuxième, et Benoît XII une troisième. La tiare et les clefs sont la marque de la dignité papale.

TIBÈRE (Claudius Tiberius Nero), empereur romain, né 34 ans avant J.-C., était fils de Tiberius Nero, grand pontife, et de Livie, qui depuis épousa l'empereur Auguste. Auguste, qui l'aimait comme son fils, lui donna le commandement des Gaules. Ses triomphes furent récompensés par sa promotion au consulat. Il épousa Julie, fille d'Auguste, qui l'adopta pour son fils et le fit son unique héritier. Le sénat lui décerna l'empire (an 14 de J.-C.). Son caractère vindicatif et cruel se développa dès qu'il eut la puissance souveraine. Sur quelques soupçons, il fit mourir sa femme Julie, Agrippa et Drusus, ses frères. Son neveu Germanicus fut empoisonné par ordre du tyran, jaloux de ses succès militaires. Son ministre Séjan fut l'instigateur de toutes ces cruautés. Craignant pour sa sûreté s'il restait à Rome, où ses crimes lui avaient fait de nombreux ennemis, Tibère se retira à l'île de Caprée, où il se livra aux plus infâmes débauches, sans faire attention aux ravages que les Daces, les Sarmates et les Germains faisaient dans les provinces de l'empire. Il fit même périr son propre favori Séjan, dont il commençait à se méfier. Parvenu à la vingt-troisième année de son règne, Tibère désigna Caïus Caligula pour son successeur, et mourut à Misène en 37 de J.-C.

TIBÈRE CONSTANTIN, né en Thrace d'une famille obscure, d'abord maître d'écriture, puis soldat, et parvint par son mérite aux premiers grades militaires. L'empereur Justin, dont il commandait la garde, le choisit pour son collègue, et le créa César en 574. Devenu seul maître de l'empire par la mort de Justin en 578, il diminua les impôts, paya les dettes de tous les débiteurs de l'empire. Il chassa les Perses de ses frontières, et mourut en 582. Il laissa le trône à un jeune homme nommé Maurice, qui n'avait d'autre titre à cette dignité que ses talents et ses vertus.

TIBÉRIADE, ville de la Palestine, située sur le bord de la mer de Galilée ou *lac de Tibériade*, à 10 lieues de Nazareth. Elle fut bâtie par Hérode le Tétrarque, surnommée Antipas, en l'honneur de l'empereur Tibère, l'an 19 de J.-C. Cette ville, autrefois grande et belle, et qui a été le siège d'un évêché, est aujourd'hui presque entièrement ruinée et déserte.

TIBIA, nom donné, en anatomie, au plus volumineux des os de la jambe. Cet os est long, irrégulier, prismatique et triangulaire placé en dedans et en avant du péroné. Le tibia s'articule avec le fémur, le péroné et l'astragale. Son extrémité supérieure ou fémorale est grosse, arrondie, et porte sur les côtés deux éminences appelées *tubérosités du tibia*. L'extrémité inférieure ou tarsienne présente en bas une surface articulaire, laquelle se joint à l'astragale; en dedans une éminence triangulaire, en dehors une surface triangulaire qui s'articule avec le péroné. Le nom de *tibia* vient d'un mot latin qui signifie *flûte*, parce que, chez les anciens, ce sont des os dont on faisait pour faire des flûtes. — On nomme *tibial* ce qui a rapport au tibia ou à la jambe.

TIBRE ou **Tevere**, rivière d'Italie, qui prend sa source dans les Apennins, passe à Rome, et se jette dans la mer de Toscane, près d'Ostie. Le Tibre s'appelait jadis *Tibris* ou *Tiberinus*.

TIBULLE (Aulus Albius Tibullus), chevalier romain, né l'an 43 avant J.-C., suivit Messala Corvinus dans les Gaules; il prit part aux guerres de l'Aquitaine et de l'île de Corcyre; mais les fatigues de la guerre n'étant point compatibles avec la faiblesse de son tempérament, il revint à Rome, devint l'ami d'Ovide et d'Horace, et vécut dans la mollesse et les plaisirs. Il mourut l'an 17 de J.-C. Poëte aimable et facile, Tibulle a laissé quatre livres d'*élégies*, remarquables par l'élégance et la pureté du style.
- TIBUR. Voy. TIVOLI.

TIC, nom donné vulgairement à la contraction de certains muscles, de ceux du visage particulièrement. Quelques auteurs désignent cette affection sous le nom de *tic convulsif*, pour le distinguer du *tic douloureux* ou névralgie faciale. Les chevaux ont des *tics* ; ce sont de mauvaises habitudes. On a étendu ce dernier sens aux hommes dans la langue vulgaire.

TICAL, titre de l'or et de l'argent au Bengale et dans d'autres pays de l'Inde. Le tical de l'or se divise à Pondichéry en 10 *loques*, et la *loque* en 128 parties. Le *tical* de l'argent se divise en 10 *toques*, et la *toque* en 100 parties. — On nomme encore ainsi, à Siam, une monnaie d'or qui vaut 10 ticals d'argent ou 47 francs 41 centimes de notre monnaie.

TICHODROME, genre distrait de celui des grimpereaux, et caractérisé par un bec très-long, faiblement arqué, grêle, cylindrique, triangulaire et déprimé à sa base; une queue arrondie et à baguettes faibles. Le *tichodrome échelette* ou *grimpereau de muraille* a le sommet de la tête d'un cendré foncé, le dos, la nuque et les scapulaires d'un cendré clair; la gorge et le devant du cou d'un noir profond; les parties inférieures d'un cendré noirâtre; la couverture des ailes d'un rouge vif, la queue noire, terminée de blanc et de cendré. Cet oiseau est insectivore, et habite les contrées de l'Europe méridionale.

TIDOR, une des îles Moluques, à l'E. de Gilolo, au S. de Ternate. Elle a 7 lieues de tour, et compte 8,000 habitants. L'air est plus sain qu'à Ternate, le sol fertile, surtout en épiceries; les Hollandais y ont plusieurs forts. Tidor est gouvernée par un roi qui règne sur plusieurs petites îles voisines. Le chef-lieu est sur la côte orientale, et porte le même nom.

TIEDEMANN, professeur de philosophie à l'université de Marbourg, mort dans cette ville en 1803, laissant un *Essai sur l'origine des langues*, un *Système de la philosophie stoïcienne*, l'*Esprit de la philosophie spéculative*. Les systèmes philosophiques et leur histoire furent le principal objet des études de Tiedemann. Il possédait parfaitement les langues anciennes et plusieurs langues modernes.

TIEPOLO (Bajamonte), noble vénitien. Ayant formé le dessein d'usurper le pouvoir souverain, il s'unit en 1310 à un grand nombre de mécontents, et conspira la mort du doge et des sénateurs. Mais les rebelles furent défaits et mis en fuite. Tiepolo se retira avec ses compagnons à Trévise; mais il en fut chassé en 1315, et mourut en Dalmatie; c'est à la suite de cette conjuration que la république de Venise établit le célèbre conseil des dix.

TIERÇAIRE, religieux ou religieuse qui est d'un tiers ordre.

TIERCE (mus.), intervalle compris entre trois notes. *Ut mi, ré fa, si ré* sont des tierces. On compte quatre espèces de tierces : la *tierce diminuée*, renfermant deux demi-tons (de *ut dièze à mi bémol*); la *tierce mineure*, renfermant trois demi-tons (de *ut naturel à mi bémol*); la *tierce majeure*, qui a quatre demi-tons (de *ut à mi naturels*); la *tierce augmentée*, qui a cinq demi-tons (de *ut naturel à mi dièze*). La première et la quatrième espèce ne sont guère usitées que dans la mélodie, et sont dissonantes. La deuxième et troisième espèces sont des consonnances imparfaites. La tierce majeure détermine les tons majeurs; la troisième mineure, les tons mineurs. — On nomme *tierce de Picardie* la tierce majeure qui termine souvent des morceaux de musique en mode mineur. Cet effet se reproduit souvent dans l'ancienne musique. — La *tierce* est encore un jeu d'orgue qui sonne la tierce au-dessus du prestant.

TIERCE (méd.), nom donné à une des formes du type intermittent et à la fièvre qui présente ce type. Ce type est caractérisé par des accès semblables qui se correspondent de deux en deux jours. La fièvre tierce se montre dans toutes les saisons. Aucun âge, aucun tempérament n'en est à l'abri. L'invasion des accès a lieu communément après midi; un frisson assez fort en marque le premier degré et est suivi d'une chaleur intense. La *fièvre tierce doublée* est celle qui a de deux en deux jours deux accès le même jour.

TIERCÉ (sens divers). Au jeu de piquet, ce mot se dit de trois cartes de même couleur qui se suivent. L'as, le *roi* et la *dame de pique* par exemple, forment une tierce majeure; le *roi*, la *dame*, le *valet*, forment une tierce au roi; la *dame*, le *valet*, le *dix*, une tierce à la dame, etc. Les tierces qui partent du *dix*, du *neuf*, se nomment *tierces basses*. — En termes d'escrime, c'est la position du poignet tourné en dedans, dans une situation horizontale et au-dessus du bras de l'adversaire, en laissant son épée à droite. On dit *dégager, parer, porter une tierce, se fendre en tierce*. — Dans la liturgie catholique, c'est la deuxième des heures canoniales, laquelle se chantait, dans l'origine, à la troisième heure du jour. — En imprimerie, c'est la dernière épreuve que l'on corrige. — En mathématiques et en astronomie, c'est la soixantième partie d'une *seconde*, qui est elle-même la soixantième partie d'une *minute*. — *Tiercer*, dans l'art militaire, c'est placer les compagnies à leur rang dans les divers bataillons et escadrons. Dans plusieurs arts, c'est hausser d'un tiers, porter au tiers quelque chose. En agriculture, c'est donner un troisième labour à la terre.

TIERCE OPPOSITION. C'est, en jurisprudence, le droit accordé à une partie de former opposition à un jugement qui porte atteinte à ses droits, et lors duquel ni cette partie ni ceux qu'elle représente n'ont été appelés.

TIERCELET, nom donné au mâle des oiseaux de proie, parce que ces mâles sont d'environ un tiers moins grands et moins forts que les femelles.

TIERCERON, nom donné, en architecture, dans les voûtes gothiques, à des arcs qui naissent des angles et vont se joindre aux liernes.

TIERCIÈRE, espèce de filet en manche, dont les mailles ont à peu près six lignes d'ouverture en carré.

TIERÇON, ancienne mesure de liquides, qui contient le tiers d'une mesure entière. C'est aussi le nom d'une petite caisse de bois de sapin dans laquelle on envoie le savon en pains. — Les *tierçons* sont encore de petites barriques cerclées en fer.

TIERS, une des parties d'un tout qui est divisé en trois parties égales. Le *tiers consolidé* est le capital des rentes sur l'État, qui a été réduit au tiers. En architecture, on nomme *tiers-point* le point de section qui est au sommet d'un triangle équilatéral. En termes de coupe de pierre, c'est la courbure des voûtes gothiques qui sont composées de deux arcs de cercle. En termes de marine, le *tiers-point* est une voile latine triangulaire. En termes de jurisprudence, on nomme *tiers* quiconque n'est point partie dans un acte. Le *tiers arbitre* est une personne qui est appelée à vider le partage déclaré par des arbitres. On dit aussi *sur-arbitre*. On appelle *tiers opposant* celui qui, n'ayant point été partie dans une contestation jugée, prétend que la sentence ou l'arrêt lui porte préjudice, et s'oppose à l'exécution; *tiers saisi*, celui entre les mains duquel on a fait une saisie, une opposition; *tiers détenteur*, celui qui est actuellement possesseur d'un bien sur lequel une personne, autre que celle dont il le tient, a une hypothèque à exercer, un droit à réclamer. — Le *tiers et danger* est un certain droit domanial qui se levait sur le prix de la vente des bois dans certaines provinces. — Les horlogers nomment *tiers-point* une lime formée de trois angles, et les mécaniciens, ce qui donne le branle à plusieurs machines. — *Tiers-poteau* est, en termes de charpentiers, une pièce de bois de sciage dont on se sert pour les cloisons légères.

TIERS ÉTAT, nom donné autrefois à cette partie de la nation française qui n'était comprise ni dans le clergé ni dans la noblesse.

TIERS ORDRE. On nomme ainsi, dans les monastères, le troisième ordre sous une même règle et même forme de vie, à proportion des deux autres institués auparavant. Les tiers ordres ne sont point originairement des ordres religieux, mais des associations de personnes séculières et mêmes mariées, qui se conforment autant qu'elles le peuvent aux règles d'un ordre religieux qui les conduit. Il y en a cependant qui sont engagées par des vœux solennels.

TIFLIS ou TÉFLIS, capitale de la Géorgie (Russie méridionale), située sur le Kour. Population, 33,000 habitants. Cette ville est la résidence d'un archevêque arménien, d'un patriarche et du gouverneur des provinces du Caucase. On y voit quinze églises grecques, vingt arméniennes, deux catholiques et deux mosquées, un collége, une école d'état-major, deux imprimeries, un jardin botanique. L'industrie s'exerce sur la fabrication des ustensiles de cuivre, de poterie, d'orfèvrerie, d'armes blanches, de bonnets, des cuirs, etc. Tiflis est destinée par sa position à devenir l'entrepôt du commerce entre l'Asie et l'Europe.

TIGE, partie du végétal qui s'implante sur la racine et s'élève hors de la terre, le plus souvent en ligne droite, pour servir de support aux feuilles, aux organes de la fructification, etc. On distingue cinq espèces de tiges : la tige proprement dite, le tronc, la souche ou rhizome, le chaume et le stipe. (Voy. ce mot.) — La tige proprement dite est herbacée ou semi-ligneuse. La première meurt complètement chaque année ou chaque deuxième année; le plus souvent elle est solitaire; rarement elle se montre multiple. La tige semi-ligneuse forme le passage naturel entre la tige herbacée et celle qui constitue les sous-arbrisseaux. La *hampe* est une variété de la tige herbacée. — En agriculture, on appelle *haute tige* un arbre fruitier tenu en espalier, dont la tige est très-élevée, et *demi-tige* celui dont la tige est basse.

TIGELLE. C'est, en botanique, le rudiment de la tige que l'on voit dans la graine, entre le collet ou plan de séparation de la tige et de la radicule et les points d'insertion des cotylédons.

TIGELLIN (Sofonius), favori de Néron, fut préfet des cohortes prétoriennes, et acquit une triste célébrité par sa perfidie et ses intrigues. Il fut mis à mort par ordre de Galba.

TIGRANE. Deux rois d'Arménie ont porté ce nom. — TIGRANE Ier, roi en 95 avant J.-C., devint maître de la Syrie et de la Cappadoce. Il épousa Cléopâtre, fille de Mithridate, et déclara la guerre aux Romains par le conseil de son beau-père. Vaincu par les Romains, il signa avec Pompée une paix par laquelle il céda la petite Arménie, la Cappadoce et la Syrie, et reçut garnison dans sa capitale (63). TIGRANE, son second fils, se révolta contre lui; il eut recours aux Romains, qui lui donnèrent la Sophène; mais ils l'en privèrent au bout de quelques années. Tigrane le père mourut l'an 60 avant J.-C. — Roi d'Arménie, contemporain de Tibère, fut mis à mort.

TIGRE, mammifère du genre *chat*, de même taille que le lion, mais plus mince, plus bas sur jambes, à tête plus petite et arrondie, à queue très-longue. Sa peau est jaune fauve en dessus, blanche en dessous, avec des bandes irrégulières et transversales, noires. Le poil est ras ; la queue est couverte d'anneaux alternativement noirs et jaunes ; le bout est noir. Cet animal habite l'Asie méridionale, les Indes orientales, la presqu'île du Gange, le Tonquin, le royaume de Siam, la Cochinchine, les îles de la Sonde et de Sumatra. Sa force prodigieuse, jointe à sa férocité, en font la terreur des pays qu'il habite. Le tigre, quoique regardé comme le plus cruel des quadrupèdes, est susceptible d'être apprivoisé ; il devient familier avec ceux qui le nourrissent. La chasse des tigres est très-dangereuse. Leur peau est très-estimée, et fournit une très-belle fourrure.

TIGRE, fleuve de la Turquie d'Asie, qui prend sa source sur le versant méridional du Taurus. Il coule au S.-E. parallèlement à l'Euphrate ; puis, entrant dans le pachalik de Bagdad, il arrose le Kurdistan, l'Irak-Arabi, le sandjiakat de Mossoul, et se joint près de Korna à l'Euphrate. Leurs eaux, réunies sous le nom de *Chat-el-Arab*, se jettent dans le golfe de Surse. Son cours est d'environ 60 lieues. Les Turks le nomment *Didjèle*. Ses eaux sont très-rapides, et il porte bateau au-dessus de Bagdad.

TIGRE, constellation de la partie septentrionale du ciel, qui est placée en partie dans la voie lactée au-dessous de la Lyre et du Cygne, et au-dessus de l'Aigle et du Dauphin.

TIGRIDIE, genre de la famille des liliacées, renfermant des plantes très-belles originaires du Mexique, et introduites en Europe en 1785. Elles sont très-recherchées des amateurs. La hampe ou tige nue, verte, haute de quarante centimètres, se termine par une spathe verte, qui, en s'ouvrant, livre passage à des fleurs grandes, belles et écarlates, qui s'épanouissent vers les huit heures du matin, et se flétrissent à quatre heures du soir. Elles se composent d'un tube cylindrique auquel adhèrent six pétales inégaux. Les trois extérieurs, très-grands et ovales, sont empourprés, mouchetés de taches rondes, brunes ou rouges ; les trois inférieurs sont plissés, très-petits et colorés de la même manière.

TILIACÉES, famille naturelle, renfermant des arbres, des arbrisseaux et quelques plantes herbacées, aux feuilles alternes et simples, aux fleurs bisexuées, portées en grand nombre sur des petites tiges, aux fruits en forme de capsule à plusieurs loges. Le *tilleul* et la *cocrète* font partie de cette famille.

TILLAC, nom donné dans les bâtiments au pont, au plancher découvert, qui en fait l'étage supérieur. On l'emploie plus souvent sur les navires de commerce que sur les vaisseaux et frégates.

TILLANDSIE ou CARAGATE, genre de la famille des broméliacées, renfermant des plantes semblables aux agaves ou aux ananas, et qui habitent l'Amérique. La *tillandsic usnéoïde* a sa tige nue et filiforme. Elle vit à l'état herbacé sur le tronc des arbres. Sa tige fournit une espèce de crin végétal dont on fait des cordes, et qui sert à bourrer des matelas et des meubles. La *tillandsie recourbée* du Pérou est broyée et réduite en une pâte employée avec succès pour combattre les hémorroïdes. La *tillandsie utriculée* fournit dans ses feuilles une espèce de réservoir où s'amasse l'eau de la rosée et des pluies, qui donne dans les déserts une boisson fraîche et exquise à l'homme et aux animaux. Ces plantes sont cultivées en Europe.

TILLE, nom donné 1° à la peau lisse et déliée qui se trouve entre l'écorce et le bois de tilleul, et qui peut servir à fabriquer d'excellentes cordes ; 2° à l'écorce du chanvre ; 3° à un outil qui a d'un côté un marteau et de l'autre une hache ; 4° en marine, à une portion du tillac ; 5° à une sorte de cabane que l'on trouve sur le pont de quelques grands bateaux de pêche, et qui peut loger plusieurs hommes. — *Tiller*, c'est planchéier une tille, la couvrir de planches. En termes de corderie, c'est débarrasser les brins de chanvre de leur tille.

TILLEUL, genre de la famille des tiliacées, renfermant des arbres de deuxième grandeur, munis de feuilles alternes, simples, en forme de cœur, et de fleurs blanches ou jaunâtres disposées en grappes pendantes à l'extrémité d'un pédoncule allongé. Le fruit est une capsule globuleuse, à cinq loges. Les tilleuls sont propres à l'Europe et à l'Amérique. Leur bois sert aux menuisiers, aux carrossiers, aux tourneurs et aux statuaires. Réduit en charbon, il remplace le fusain pour esquisser les dessins, et est employé à fabriquer la poudre à tirer, et à adoucir la pâte des métaux. Les fleurs répandent une odeur agréable. La médecine les emploie en infusion dans les maladies nerveuses, et pour ranimer les forces vitales. On connaît plusieurs espèces : le *tilleul des bois*, le *tilleul des jardins* ou *de Hollande* sont propres à l'Europe ; le *tilleul argenté*, très-répandu en France, se distingue par ses feuilles vertes en dessus, blanches et cotonneuses en dessous. Il est originaire d'Amérique.

TILLI ou TILLY (J. TZERCLAES, comte DE), d'une illustre maison de Bruxelles, quitta l'habit de jésuite pour prendre les armes. Après avoir signalé son courage contre les Turks, il reçut le commandement des troupes de Bavière sous le duc Maximilien, défit Mansfeld, un des chefs des rebelles, et le contraignit d'abandonner le haut Palatinat en 1622. Il défit le duc d'Halberstadt à Stavelo, prit Minden, et obligea le landgrave de Hesse d'être fidèle à l'empire. En 1626, il défit l'armée de Danemarck, et alla à Lubeck en 1629, en qualité de plénipotentiaire, pour la conclusion de la paix avec le Danemarck ; il reçut, en remplacement de Walstein, le commandement général des armées de l'empire (1630). Il prit plusieurs villes, et ne put être arrêté dans ses succès que par Gustave-Adolphe, roi de Suède. Il fut blessé mortellement en 1632. Il passait pour un des premiers capitaines de son siècle.

TILSITT, ville de la Prusse orientale, sur le Niémen. Population, 9,000 habitants. Elle est célèbre par un traité qui y fut signé, le 7 juillet 1807, entre Napoléon, Alexandre, empereur de Russie, et Frédéric-Guillaume, roi de Prusse. Le cercle de Cotbus dans le Brandebourg fut détaché du royaume de Prusse pour être donné au roi de Saxe, qui reçut en même temps tout ce que la Prusse avait enlevé à la Pologne. Les ducs de Saxe-Cobourg, d'Oldenbourg et de Mecklembourg-Schwerin, furent remis en possession de leurs Etats, sous la condition de souffrir une garnison française dans leurs ports. Le roi Joseph de Naples, Jérôme de Westphalie, Louis de Hollande, frère de Napoléon, et la confédération du Rhin furent reconnus par le tzar de Russie. L'empire turk fut déclaré indépendant. Ce traité, si glorieux pour la France, fut ratifié par toute l'Europe.

TIMAGÈNE, écrivain grec du 1er siècle avant J.-C., né à Alexandrie, fut conduit comme esclave à Rome en 54 avant J.-C., et reçut bientôt la liberté en considération de ses talents. Il donna des leçons de rhétorique ; il écrivit l'histoire d'Auguste et celle d'Alexandre et de ses successeurs, que nous n'avons plus.

TIMANTHE, célèbre peintre grec, florissait du temps de Philippe, roi de Macédoine. On sait que, dans un tableau représentant le sacrifice d'Iphigénie, Timanthe, ne sachant comment peindre la douleur de son malheureux père, le peignit le front voilé. Il vainquit le fameux Parrhasius lui-même.

TIMBALES, instrument de percussion formé de deux bassins semi-sphériques en cuivre, recouverts d'une peau qui se tend par un cercle en fer et des vis. C'est par ces dernières que se change l'intonation des timbales, au moyen d'une tension plus ou moins forte des peaux. Les timbales se jouent avec des baguettes recouvertes en peau. Elles sont accordées de manière à sonner la première et la cinquième note du ton des morceaux où on les emploie. — Cet instrument a été importé en Europe par les Sarrasins et les Maures. Les premières timbales parurent en France en 1457 sous le règne de Charles VII. Leur usage fut consacré à la cavalerie. On les plaçait sur le cou du cheval. Plus tard on le restreignit aux seules compagnies du roi. Elles furent supprimées sous le règne de Louis XIV. Cependant plusieurs régiments de cavalerie légère s'en servirent sous l'empire et la restauration. De nos jours on n'emploie les timbales que dans la cavalerie de la garde russe et des princes souverains d'Allemagne. — Elles sont devenues indispensables dans les orchestres.

TIMBRE (mus.), sorte de cloche fixée solidement, de manière à être immobile, et qui est frappée par un marteau. — Le *timbre* est encore 1° la qualité sonore d'un instrument ou d'une voix ; 2° le son d'une cloche, d'une lame métallique, etc., dont l'intonation peut être appréciée ; 3° la double corde à boyau placée contre la peau inférieure du tambour, qui vibre avec elle et le fait mieux résonner.

TIMBRE (terme de prat.), contribution établie sur tous les papiers destinés aux actes et aux écritures qui peuvent être produits en justice et y faire foi. On distingue le *timbre de dimension*, dont le prix est en raison de la grandeur des papiers employés, et le *timbre proportionnel*, dont le prix est calculé d'après les sommes et valeurs auxquelles il est destiné. La marque du premier est gravée pour être appliquée en noir ; celle du timbre proportionnel est frappée à sec. Chaque timbre porte son prix. Il y a encore le *timbre extraordinaire*, qui s'applique sur les papiers présentés par les particuliers eux-mêmes aux préposés chargés de la perception, ou sur les timbres importés des colonies et de l'étranger. L'impôt du timbre donne au trésor public près de 35,000,000 de francs annuellement. La perception est confiée aux agents de l'administration de l'enregistrement et des domaines. — La contrefaçon des timbres est punie par la réclusion ou par les travaux forcés et la dégradation civique.

TIMBRE, marque particulière que chaque bureau de poste imprime sur les lettres qu'il fait partir, pour indiquer le lieu et le jour du départ, et sur celles qu'il reçoit, pour constater le jour de l'arrivée. — Dans les armoiries, c'est le casque qui est au-dessus de l'écu.

TIMÉE, né à Locres en Italie, fut élève de Pythagore, et embrassa en partie la doctrine de son maître. Il supposa avec lui une matière susceptible de prendre toute espèce de formes, une force motrice qui en agitait les parties, et une intelligence qui dirigeait cette force motrice. Cette force était le feu. L'intelligence qui la dirigeait avait produit un monde régulier et harmonieux, d'après une image qui la déterminait dans le choix des directions qu'elle donnait à la force motrice, et des formes qu'elle donnait à la matière. L'âme humaine était divisée en deux parties : la première était la force motrice et le principe des passions ; la deuxième était purement intelligente, et entretenait l'harmonie dans tout le corps. Timée ne croyait point à la punition des âmes ou à leur récompense après la mort. On ignore l'époque où il mourut. Nous avons de lui un petit traité *de la Nature et de l'Ame du monde*.

TIMÉE, sophiste qui vivait dans le IVe siècle. Nous avons de lui un *Lexique des mots de Platon*, en latin.

TIMOCRÉON, ancien et célèbre poëte comique, né à Rhodes dans le ve siècle avant J.-C., remporta le prix aux jeux Olympiques. On n'a que des fragments de ses poésies.

TIMOLAÜS, un des fils de la célèbre Zénobie. On le compte au nombre des trente tyrans qui usurpèrent la poupre dans le iiie siècle.

TIMOLÉON, célèbre général grec, né à Corinthe vers l'an 410 avant J.-C. d'une des premières familles de la république. Timophane, son frère, s'étant emparé de l'autorité souveraine, et gouvernait Corinthe en tyran. Timoléon, poussé par l'amour de son pays et de la liberté, lui reprocha longtemps ses actions, ses attentats, et, voyant que ses supplications n'avaient aucun résultat, il le fit assassiner tout en déplorant son malheur. Les remords de son crime, les plaintes de sa mère et de ses concitoyens, le portèrent à s'exiler de sa patrie. Peu de temps après, à la tête d'une armée corinthienne, il arriva à Syracuse, et agit avec tant de sagesse et de courage, que Denys le Jeune fut forcé de s'enfuir et d'aller chercher un asile à Corinthe. Les Carthaginois, ayant attaqué Timoléon, furent vaincus et mis en pièces par cet habile général. Il leur accorda la paix, à condition qu'il ne posséderaient rien au delà d'Agrigente. Timoléon passa le reste de ses jours auprès des Syracusains, honoré et estimé par ce peuple auquel il avait rendu la liberté.

TIMON, longue pièce de bois mobile, de frêne ou d'orme, qui fait partie du train d'un carrosse où l'on attelle les chevaux, et qui sert à les séparer et à reculer. — Le *timon* d'une charrue est cette longue pièce de bois, à la partie inférieure de laquelle sont attachés le manche et le soc de la charrue. Le *timon* ou *limon* d'une charrette se dit des pièces de bois entre lesquelles on met le cheval qui tire la charrette.

TIMON. En marine, c'est un ancien nom qui désignait la barre du gouvernail. La *timonerie* est le lieu situé près du mât d'artimon, où se trouve la roue du gouvernail, où sont placés les boites qui renferment les compas de route et les horloges, etc. Le chef de ce détail est le *maître de timonerie*, chargé de tout ce qui a rapport aux signaux, sondes, loch, etc.

TIMON LE MISANTHROPE, né à Colyte, bourgade de l'Attique, vers l'an 420 avant J.-C. Il n'est célèbre que pour sa haine pour les hommes, qu'il fuyait avec horreur. On ignore l'époque de sa mort. Depuis, le nom de Timon est devenu synonyme de *misanthrope*.

TIMON LE SILLOGRAPHE, philosophe sceptique et poëte dramatique, fut disciple de Pyrrhon. Il avait composé des silles ou parodies d'ouvrages célèbres, dont il ne nous reste que des fragments. Il vivait dans les ive et iiie siècles avant J.-C.

TIMONIER, terme de marine désignant l'homme qui tient la barre du gouvernail pour conduire et gouverner un vaisseau sous les ordres du pilote. Autrefois les timoniers étaient une classe d'hommes désignés sur les rôles d'équipages des bâtiments du roi pour le service de la timonerie. Ils dépendaient du maître pilote, qui surveillait la route donnée et faisait gouverner par des hommes expérimentés, particulièrement propres au service de la roue du gouvernail. La place du timonier est à la roue ou au bout de la barre du gouvernail et à deux pieds environ en arrière de l'habitacle, qui renferme le compas de route qu'il a toujours sous les yeux.

TIMOPHANE, Corinthien, frère de Timoléon s'empara de l'autorité souveraine. Timoléon, ne pouvant supporter l'asservissement de sa patrie, lui adressa tour à tour des prières et des remontrances; mais, les voyant inutiles, il le fit assassiner.

TIMOR, une des îles Moluques (Océanie), située vers la partie la plus méridionale de la Malaisie, à distances presque égales des îles de la Sonde, de l'Australie, de Bornéo et de la Papouasie. Sa superficie est d'environ 1,625 lieues carrées. Le sol est très fertile, et produit du bois de charpente, de sandal, de l'indigo, des légumes, des arbres précieux, du café, du tabac, du sucre, du coton, etc. On y trouve des mines d'or et de cuivre. Cette île est partagée en soixante-trois royaumes, presque tous vassaux des Portugais ou des Hollandais, qui ont des forts sur les côtes. Les habitants des rivages sont civilisés; quelques peuplades de l'intérieur sont anthropophages. Les principales villes sont *Koupang*, *Dieli*, *Babao*, *Olinama*. La première appartient aux Portugais, et compte 2,000 habitants. Elle a un fort franc et un fort nommé *Concordia*. Ces villes sont assez commerçantes.

TIMOTHÉE, capitaine athénien, fils de Conon, marcha sur les traces de son père. Son éloquence égalait son courage. Après avoir ravagé les côtes de la Laconie, il s'empara de l'île de Corcyre, et remporta sur les Lacédémoniens une célèbre bataille navale l'an 376 avant J.-C. Il prit ensuite l'otidée, délivra Cyzique, et commanda la flotte des Athéniens avec Iphicrate et Charès. Ayant été condamné à une amende qu'il ne put payer, il se retira à Chalcide, où il mourut.

TIMOTHÉE, disciple de saint Paul, était de Lystres, ville de la Lycaonie. Paul le convertit à la religion de Jésus, Timothée travailla avec ardeur à la propagation de l'Evangile, et fut le premier évêque d'Ephèse. Il accompagna saint Paul en Macédoine, à Athènes, à Thessalonique, à Corinthe. Il fut lapidé par les païens l'an 97. On fait sa fête le 22 et le 24 janvier.

TIMOTHÉE, poëte et musicien grec, né à Milet 400 ans avant J.-C., excella surtout dans la poésie lyrique et dithyrambique. Il ajouta la dixième et la onzième corde à la cithare. Il mourut très-âgé.

TIMOTHÉE, patriarche d'Alexandrie l'an 480, mort en 500. On a de lui une épître dite *canonique*.

TIN, morceau de bois, sorte de billot que les charpentiers de marine employent comme support, garniture ou soutien, pour maintenir une pièce de bois pendant qu'on la travaille. Les tins sont de grandeur très-variable. On nomme *tinter* l'opération de placer des piles de bois, appelées tins, transversalement sur une cale de construction, et sur lesquels on établit la quille d'un bâtiment. C'est aussi employer des tins pour appuyer, étayer, assujettir les futailles, ballots, les masses en construction, etc.

TINE, petit vaisseau en forme de cuve, dont on se sert en plusieurs lieux pour porter la vendange de la vigne au pressoir.

TINÉITES, tribu de l'ordre des lépidoptères, renfermant des insectes dont le corps a une forme presque linéaire. Les chenilles sont rases, munies de seize pattes en général, cachées sous une toile soyeuse ou dans l'intérieur des parties de végétaux dont elles se nourrissent; mais se fabriquant le plus souvent avec les matières qu'elles rongent des fourreaux de soie qui leur servent de domicile. Quoique très-petits, les tinéites sont des insectes très-jolis, parés de couleurs très-brillantes. Malheureusement ils nous sont très-pernicieux. Ils dévorent les étoffes de laine, les fourrures, les crins, les collections d'histoire naturelle; des espèces habitent les ruches d'abeilles, et s'y nourrissent du miel; d'autres recherchent le blé, les végétaux. Le type de la tribu est la *teigne*.

TINET, machine dont se servent les bouchers pour suspendre, par les jambes de derrière, les bœufs qu'ils ont assommés, soufflés et écorchés. — Chez les marchands de vin, le *tinet* est un gros bâton dont on se sert pour porter les tines et pour descendre du vin à la cave sans le troubler.

TINETTE, vaisseau de forme à peu près conique, le bas étant plus étroit que le haut, fait de douves reliées de cerceaux, ayant du côté le plus large deux espèces d'oreilles, chacune percée d'un trou pour y passer un bâton, afin d'en arrêter le couvercle. Les tinettes servent à mettre diverses sortes de marchandises et particulièrement les beurres.

TINGIS, genre de l'ordre des hémiptères. La plupart de ces insectes vivent sur les plantes, en piquent les feuilles, et y produisent quelquefois de fausses gales. Ce sont de très-petits insectes, qui offrent pour la plupart des couleurs variées. Le *tingis du poirier* est long d'une ligne. Son corps est noir, son corselet blanchâtre; les ailes blanchâtres, marquées de brun; l'abdomen noir; les pattes blanchâtres.

TINGITANIE, la plus occidentale des trois grandes divisions de la Mauritanie sous la domination romaine, bornée au N. par la Méditerranée, à l'O. par l'océan Atlantique, à l'E. par la Mauritanie Césarienne, au S. par les monts Atlas et des déserts inconnus. TINGIS, aujourd'hui *Tanger*, en était la capitale.

TINTEMENT, résonnance et vibration prolongée d'une cloche. En pathologie, on désigne par ce mot l'espèce particulière du bruit, analogue à celui d'une cloche qui tinte, qui se fait entendre aux oreilles de l'homme malade, sans cause externe qui le produise.

TINTO, rivière d'Espagne, qui prend sa source dans la Sierra-Morena et se jette dans le Guadalquivir, près de Moguer. Son cours est de 15 lieues. Ses eaux sont froides et pétrifiantes.

TINTORET (Jacopo Robusti, dit le), peintre célèbre, né à Venise en 1512. Son nom lui venait de la profession de son père qui était teinturier (en italien, *tintoretto*). Elève du Titien, il acquit bientôt une grande réputation, et fut chargé de repeindre le palais des doges de Venise. On a de lui un très-grand nombre de tableaux et de portraits, entre autres : *Saint Marc délivrant un esclave*, *Sainte Thérèse*, le *Jugement universel*, le portrait de Henri III, roi de France. Il mourut en 1594.

TINTOUIN, perversion de l'ouïe, dans laquelle on croit entendre des sons qui ne sont pas réellement produits, et spécialement le bruit des vents, le murmure de l'eau, une sorte de chuchotement, le roulement des voitures dans le lointain, etc. Cette affection se rapporte souvent à l'hallucination.

TIPPERAH, district du Bengale, sur le bord E. du Brahmapoutre. Sa population est d'environ 750,000 habitants Indous et Anglais. On en retire du coton, du riz, du bétel, du sel et des étoffes grossières.

TIPPERARY, comté d'Irlande, dans le Munster, entre les comtés de Kilkenny, de Waterford, Corck, King's-County, et Queen-County. Sa superficie est de 339 lieues carrées, et sa population de 347,000 habitants. Le chef-lieu est Clonmell. Ce pays est fertile, et produit des pâturages et des bestiaux estimés.

TIPPOO-SAIB, sultan de Mysore, succéda à son père Hayder-Ali-Khan en 1782. Soutenu par les Français, auxquels il avait demandé du secours, il battit les Anglais, qui furent forcés de lui rendre les provinces conquises par eux sur son père. Huit années de paix succédèrent à cette guerre glorieuse. Après ce terme, Tippoo-Saïb résolut d'attaquer de nouveau les possessions anglaises. Réduit à ses seules forces, il éprouva des pertes multipliées. Une deuxième paix mit fin aux hostilités en 1792. Attaqué de nouveau par les Anglais en 1799, il demanda en vain des secours à Bonaparte. Cette nouvelle guerre fut terminée par la conquête du royaume de Mysore et par la mort de Tippoo-Saïb, tué sur les remparts de sa capitale en la défendant avec courage.

TIPULAIRES, tribu de l'ordre des diptères, renfermant des insectes distingués par une trompe de longueur variable, par un suçoir très-court. Le corps est étroit et allongé, les pattes longues e grêles, la tête ronde, les ailes longues et étroites, l'abdomen allongé, cylindrique. Les tipulaires se trouvent sur les plantes, dans les prairies, les jardins. On les voit s'élever dans les airs et former de petites nuées qui s'agitent en tous sens, en faisant entendre un bourdonnement aigu. C'est surtout en automne que ces insectes sont communs. Leurs larves sont en forme de petits vers allongés. Le type de la tribu est le genre *tipule*.

TIQUE, nom donné vulgairement à certaines arachnides très-petites, qui s'attachent au corps des animaux et en sucent le sang. Tels sont les *ixodes*. — Latreille a donné ce nom à une tribu de la famille des holètres, renfermant des arachnides qui ont huit pieds propres à la marche ou à la natation, et un suçoir formé de trois lames. Ces arachnides sont parasites.

TIRAILLEURS, nom donné aux soldats qui dans les actions se dispersent sur différents points en avant d'une colonne, commencent l'attaque, que les corps continuent. Les tirailleurs se replient sur les flancs des colonnes, quand l'affaire s'échauffe. Leur institution remonte aux guerres de la république.

TIRAILLEURS, corps de troupes institué en France en 1840. Son nom indique son but. Les tirailleurs, armés de carabines d'un nouveau modèle et d'une portée remarquable, s'éparpillent dans tous les sens pour inquiéter l'ennemi, et se rassemblent ensuite au son du clairon. L'uniforme du tirailleur consiste en un shako noir et peu élevé, une giberne noire adaptée à une ceinture de même couleur, un sac noir, une polonaise vert foncé avec passepoils jaunes. La carabine est courte, le sabre, qui devient une baïonnette formidable dans un besoin pressant, est long et effilé. Tes tirailleurs portent la barbe pointue et les moustaches longues. Ils forment dix divisions.

TIRANA, chanson espagnole à trois temps, d'un mouvement modéré et d'un rhythme syncopé.

TIRANT, cordon servant à ouvrir ou à fermer une bourse. On donne encore ce nom 1o à des morceaux de cuir placés des deux côtés du soulier, qui servent, à l'aide de boucles, de cordons ou d'agrafes, à s'attacher sur le cou-de-pied, de manière que le pied soit ferme et le talon bien emboîté; 2o à une pièce de bois qui tient en état les deux jambes de force du comble d'une maison; 3o à une barre de fer attachée à une poutre, et dont l'extrémité porte un œil qui reçoit une ancre pour prévenir l'écartement du mur; 4o à deux rubans de fil qu'on attache en dedans de la tige des bottes, et dont on se sert pour se botter aisément; 5o à une pièce de bois mince, à laquelle sont attachées les cordes du violon, de la basse, etc.

TIRANT D'EAU. C'est le nombre de pieds dont un vaisseau s'enfonce dans l'eau, mesurés depuis le bas de la quille jusqu'à sa flottaison. Il est marqué par des chiffres romains faits avec des lames de plomb. Un vaisseau *tire* selon qu'il s'enfonce.

TIRASSE, sorte de filet dont on se sert pour prendre les cailles, perdrix, alouettes, etc. — C'est un clavier de pédale d'orgue qui n'a point de sommier particulier, et qui ne parle qu'en accrochant les notes de la basse du clavier à la main.

TIRA-TUTTO, registre destiné à ouvrir tous les jeux de l'orgue à la fois.

TIRE-ARRACHE, nom vulgaire de la *fauvette rousserole*.

TIRE-A-BARRE, outil des tonneliers qui sert à placer la barre qui soutient le fond des futailles.

TIRE-BALLE, instrument dont on se sert en chirurgie pour extraire les balles dans certains cas de plaies d'armes à feu. La plupart de ces instruments sont de longues pinces à branches entre-croisées, dont les mors se terminent par de petites cuillers. D'autres sont des espèces de curettes dans lesquelles on peut fixer la balle au moyen d'une tige d'acier qui glisse dans une cannelure pratiquée sur le manche de l'instrument. — Le *tire-balle* ou *tire-bourre* est un instrument assez semblable au tire-bouchon, et qui se termine par un double crochet. On s'en sert pour décharger les fusils.

TIRE-BORD, instrument en bois employé, dans les chantiers de construction de la marine, pour faire venir à sa place le bordage d'un bâtiment qui s'en est écarté. Il est à vis et à écrou, et agit avec beaucoup de force.

TIRE-BOUCHON, sorte de vis métallique qui tient à un anneau ou à un cylindre de bois ou de métal, destiné à ôter les bouchons des bouteilles. Il y en a qui se composent d'une tige métallique, laquelle se divise à sa partie supérieure en trois branches terminées chacune par un crochet.

TIRE-FILET, outil dont les couteliers se servent pour former des filets sur les métaux. Les menuisiers nomment ainsi des espèces de rabots dont le fer est très-petit et effilé. Il leur sert à faire des filets.

TIRE-FOND, anneau de fer qui se termine par une vis, et qui sert aux tonneliers pour élever la dernière douve d'un tonneau, afin de la faire entrer dans la rainure. — Les chirurgiens nomment ainsi un instrument dont on se sert pour enlever la pièce d'un os scié par le trépan, lorsqu'elle ne tient plus guère.

TIRE-LIGNE, petit instrument d'argent, d'acier ou de cuivre, terminé par une pincette de fer en forme de lame, qui se resserre plus ou moins au moyen d'une vis, et qui donne le moyen de tirer des lignes plus ou moins grosses.

TIRELIRE, petit vaisseau de terre ou d'autre matière, fait en forme de boîte ou de petit tronc, ayant une fente en haut, par où l'on met des pièces de monnaie pour faire un petit amas d'argent.

TIRE-LISSES ou CONTRE-LAMES, tringles de bois dans les métiers à gaze, qui servent à faire baisser les lisses qui ont été levées.

TIRELLES, nom donné, dans les fabriques de soieries, à de petites cordes employées au montage des chaînes.

TIRE-PIED, courroie ou lanière de cuir dont les cordonniers, savetiers, selliers et autres ouvriers qui travaillent en cuir, se servent pour affermir leur ouvrage sur un de leurs genoux.

TIRE-PLANCHE, nom donné par les imprimeurs au titre d'un livre, lorsqu'il est gravé en taille-douce avec des ornements qui ont rapport avec l'ouvrage.

TIRE-POINT, ceinture intérieure d'un bâtiment.

TIRÉSIAS, célèbre devin grec, né à Thèbes, vivait avant le siége de Troie. Jupiter et Junon, disputant un jour sur les avantages de l'homme et de la femme, pirent Tirésias pour juge; celui-ci décida en faveur des hommes. Jupiter, par reconnaissance, lui donna la faculté de connaître l'avenir. Ayant un jour regardé Minerve pendant qu'elle faisait sa toilette, il devint aveugle sur-le-champ. On le regarde comme l'inventeur des auspices ou prédictions d'après le vol des oiseaux.

TIRETTE, morceau de cuir qui sert au cordonnier à remettre l'escarpin sur la forme, quand il a été retourné. Chez les distillateurs, c'est une plaque de fer mobile destinée à boucher le tuyau de la cheminée d'un fourneau.

TIREUR. Dans les fabriques d'étoffes de soie façonnées ou brochées, c'est l'ouvrier qui tire les fils qui servent à faire la figure ou le brocher des étoffes. On dit *tireuse* quand c'est une femme. Dans les fonderies de dragées au moule pour les armes à feu, le *tireur* est l'ouvrier qui tire de la chaudière le plomb fondu et qui le verse dans des moules pour en former des dragées ou des balles pour les armes à feu. — On appelle *tireur* d'or et d'argent un artisan qui tire l'or et l'argent, qui le fait passer de force à travers les trous des filières. Celles-ci vont toujours en diminuant de grosseur; ce qui le réduit par ce moyen en filets très-ténus et déliés que l'on nomme *fils d'or* ou *d'argent*, ou *or* et *argent trait*.

TIRE-VEILLES, cordes de filin blanc, quelquefois garnies de drap, pour soutenir ceux qui montent à bord d'un vaisseau par l'escalier ou qui en descendent.

TIRIDATE. Trois rois des Parthes ont porté ce nom. — TIRIDATE Ier, successeur d'Arsace Ier en 243 avant J.-C., prit la Médie à Antiochus, roi de Syrie, mais la lui rendit peu de temps après. Il mourut en 216 avant J.-C. — TIRIDATE II succéda à Phraate IV, fut déposé bientôt après, et se réfugia en Espagne vers l'an 25 avant J.-C. — TIRIDATE ARSACIDE fut opposé par plusieurs grands du pays au roi Artaban III; mais il fut obligé de renoncer à ses prétentions. Plusieurs auteurs ne comptent pas ces deux Tiridate au nombre des rois des Parthes.

TIRIDATE, roi d'Arménie du temps de Néron, fit la guerre aux Romains, et eut quelques succès. Dans la suite il fit la paix avec Rome, et consentit à venir à Rome recevoir son diadème des mains mêmes de Néron.

TIROIR, espèce de petite caisse qui est emboîtée dans une armoire, dans un comptoir, dans une table, et qui se tire par le moyen d'un bouton ou de quelque autre chose semblable. On appelle *pièces à tiroir* les pièces de théâtre dont les scènes sont détachées les unes des autres et n'ont aucune relation entre elles. — En termes de manufacture, c'est un cylindre ou rouleau de bois garni de dents fines et petites, qui fait partie de la machine à friser les étoffes.

TIRON (Tullius Tiro), affranchi de Cicéron, sut acquérir son amitié par ses talents et ses excellentes qualités. Il inventa chez les latins la sténographie ou art d'écrire en abrégé; il se servait de caractères ou signes nommés *notæ*, par le moyen desquels on écrivait aussi vite qu'on parlait. Ceux qui écrivaient de cette manière s'appelaient *notarii*, d'où nous est venu le nom de *notaires*. Chaque signe exprimait ordinairement un mot entier. Les notes tironiennes furent employées dans les actes de France et enseignées dans nos écoles; on s'en servit pour transcrire les manuscrits, les chartes, privilèges et arrêts judiciaires. Leur usage cessa en France au IXe siècle. L'institution du gouvernement représentatif a donné lieu à une invention de ce genre, la *sténographie*, que l'on a étendue aux compositions musicales.

TIRONES, nom donné à Rome aux jeunes gens qui, parvenus à l'âge de dix-sept ans, prenaient la robe virile, appelée *pura* et *libera*. L'action de prendre cette robe se nommait *tirocinium*. — On appelait encore ainsi des soldats apprentis.

TIRTOIR, outil dont les tonneliers se servent pour faire entrer à force les derniers cerceaux des futailles. C'est une espèce de levier, garni d'un crochet, avec lequel on saisit les cerceaux.

TISAMÈNE, fils d'Oreste et d'Hermione, devint roi d'Argos et de Sparte. Les Héraclides le détrônèrent et le chassèrent dans l'Achaïe, où il régna. Il fut tué dans un combat par les Ioniens.

TISANE (du latin *ptisana*, du grec *plissané*, mots qui signifient *orge*), nom donné particulièrement à la décoction aqueuse d'orge plus ou moins réduite par l'évaporation. Aujourd'hui on appelle ainsi les médicaments liquides aqueux, contenant peu de substances médicamenteuses, dont on fait des infusions, et que l'on administre par verres dans la plupart des maladies.

TISART, nom donné, dans les manufactures de glaces, à l'ouverture du four à couler par laquelle on entretient le feu. L'ouvrier chargé de ce soin se nomme *tiseur*.

TISIPHONE (myth.), de deux mots grecs qui signifient *vengeresse de l'homicide*, une des trois Furies, était chargée d'ouvrir les portes du Tartare. Elle avait une voix terrible et retentissante, qui glaçait d'effroi les criminels et les scélérats.

TISRI ou TIZRI, premier mois hébreu de l'année civile, et le septième de l'année ecclésiastique ou sacrée. Les Hébreux le nomment *rosèh-hascana*, c'est-à-dire le commencement de l'année. Il répond à la lune de septembre. On célébrait au premier jour de ce mois la fête des Trompettes. Voy.

TISSAGE, action de faire la toile ou d'autres étoffes, en croisant ou entrelaçant les fils dont elles doivent être composées. On tisse de la toile, du drap, du lin, de la laine, du coton, de la soie. On nomme *tisserand* l'ouvrier qui fait de la toile. Ceux qui font des étoffes de laine et des draps se nomment *tisserands-drapants;* ceux qui font des futaines se nomment *tisserands-futaniers,* et ceux qui font des basins, *tisserands en basins.*

TISSAPHERNE, un des satrapes de Perse sous le règne d'Artaxerxès Memnon, commandant l'armée de ce prince quand Cyrus, frère du roi, lui livra bataille à Cunaxa. Il fut vainqueur, et le jeune Cyrus mourut dans le combat. Le roi lui donna en récompense le gouvernement de tous les pays dont Cyrus était auparavant gouverneur et sa fille en mariage. Sa faveur dura peu. Tissapherne ayant été battu par Agésilas, général lacédémonien, dans la guerre d'Asie, fut disgracié et mis à mort par ordre d'Artaxerxès.

TISSERIN, genre d'oiseaux caractérisés par un bec robuste, dur, fort, long, conique, un peu droit, aigu ; par des narines situées près de la surface du bec et à sa base, ovoïdes et ouvertes. Les tisserins doivent leur nom à l'art avec lequel ils tissent leur nid. Ces nids sont de forme pyramidale, ou en alambic, ou roulés en spirale allongée. Les matériaux sont des joncs, de la paille, des feuilles, de la laine, des brins d'herbe. Ces oiseaux se réunissent en troupes nombreuses. Ils se nourissent de céréales et de bourgeons. Le plus grand nombre des espèces habite l'Afrique et les Indes orientales. Le *tisserin capmore* du Sénégal a le corps jaune orangé, avec les ailes noires, ainsi que la tête et la gorge.

TISSU, nom donné dans les manufactures à toutes sortes d'étoffes, rubans et autres ouvrages semblables, faits de fils entrelacés sur le métier avec la navette, dont les uns étendus en longueur se nomment la *chaine,* et les autres en travers forment la *trame.*

TISSUS, nom donné, en histoire naturelle, à toutes les parties des corps organisés végétaux et animaux qui présentent un arrangement des molécules ou d'éléments anatomiques, auquel on donne le nom de *texture* ou de *structure intime.* Dans l'anatomie de l'homme et des animaux, ce sont les diverses parties qui par leur assemblage forment nos organes. On admet plusieurs classifications des tissus. Voici l'une de celles qui sont adoptées par le plus grand nombre de naturalistes : 1º le système *cellulaire* ou *lamineux;* 2º le système *adipeux* ou *graisseux*; 3º le système *vasculaire,* qui comprend les artères, les veines, les vaisseaux lymphatiques ; 4º le système *nerveux* ; 5º le système *osseux* ; 6º le système *fibreux* ; 7º le système *cartilagineux* ; 8º le système *musculaire* ; 9º le système *érectile* ; 10º le système *muqueux* ; 11º le système *séreux* et *synovial* ; 12º le système *corné* ou *épidermique* (des ongles ou de la peau) ; 13º le système *parenchymateux* ou *glandulaire.* Ces tissus se composent de fibres diversement combinées et dont la nature varie.

TISSUTIER, ouvrier qui fait toutes sortes de tissus, de rubans, de gauses, etc.

TITANE, métal découvert par Klaproth, en 1794, dans le schorl rouge de Hongrie. Le titane se trouve dans la nature à l'état d'oxyde, état dans lequel il constitue les deux espèces minérales appelées *anatase* et *rutile.* Pour obtenir le titane pur, on fait une pâte de 100 parties d'oxyde, de 50 de borax calciné, et de 50 de charbon noir de l'huile. On soumet cette pâte à un feu de forge de 160 degrés du pyromètre de Wedgwood, et l'on obtient une masse brune, agglutinée et brillante à sa surface. Réduit à l'état le plus pur, il est rouge jaunâtre. C'est un des métaux les plus infusibles. Il se ternit à l'air, et s'oxyde à l'aide de la chaleur. Le peroxyde de titane ou *acide titanique* sert à faire les belles couleurs de jaune paille dont on se sert dans la peinture sur porcelaine.

TITANS (myth.), fils du Ciel et de la Terre (d'Uranus et de Vesta). C'étaient des géants d'une taille monstrueuse et d'une grande force. Les plus célèbres sont Briarée, qui avait cent bras, et Encelade. Ils escaladèrent le ciel en entassant montagnes sur montagnes, et voulurent détrôner Jupiter; les dieux s'enfuirent à leur approche, Bacchus seul résista avec Jupiter. Ce dernier les écrasa de son tonnerre, et les précipita dans le Tartare. La fable dit que les autres dieux allèrent chercher un asile en Egypte, et revêtirent la forme de divers animaux ou plantes. Ce fut la cause de la vénération des Egyptiens pour un grand nombre des animaux et des plantes de leur pays.

TITE, disciple de saint Paul, était païen. Il fut converti à l'Evangile par le saint apôtre, qui le mena avec lui à Jérusalem. Il fut envoyé depuis à Corinthe, pour calmer les dissensions qui agitaient cette Eglise. Il fut établi évêque de Crète vers l'an 63 de J.-C., et y mourut saintement dans un âge avancé. Les Grecs font sa fête le 25 août, et les Latins le 4 janvier.

TITE LIVE (Titus Livius), célèbre historien latin, né à Padoue dans le 1er siècle avant J.-C. Il passa la plus grande partie de sa vie dans la retraite et le travail. Il fut appelé à Rome et à la cour par Auguste. Après la mort de ce protecteur, il revint à Padoue, où il mourut l'an de Rome 771 (l'an 17 de J.-C.). On a de lui une *Histoire romaine,* qui commence à la fondation de Rome, et qui finissait à la mort de Drusus sous Tibère. Cet ouvrage renfermait cent quarante-cinq livres. Il ne nous en reste que trente-cinq. Le style de Tite Live est élégant, simple et harmonieux. Sa narration et surtout les descriptions sont riches, variées, vives et abondantes. Le seul reproche qu'on peut lui faire, c'est de raconter une foule de prodiges des plus étranges et des plus invraisemblables, et de mêler aux faits réels un très-grand nombre de fables.

TITHYMALE, nom vulgaire donné aux plantes du genre *euphorbe.* — TITHYMALOIDES. Voy. EUPHORBIACÉES.

TITIA. Plusieurs lois romaines ont porté ce nom. — La loi *Titia de magistratibus,* portée par le tribun C. Titius, l'an 265 avant J.-C., ordonna que l'on nommerait un nombre double de questeurs, et que l'on tirerait au sort les provinces où ces magistrats devaient exercer les fonctions de leur charge. — Une autre loi *Titia,* décrétée par le tribun P. Titius en 43 avant J.-C., ordonna que Lépide, Antoine et Octave seraient préposés au gouvernement de la république sous le nom de triumvirs.

TITICACA, lac du nord Pérou, dans le département de la Paz. Il a 80 lieues de tour.

TITIEN (L. Salvius Otho Titianus), frère de l'empereur Othon, fut consul en 52, sous Claude, et en 69 sous le règne du frère. Il fut une des causes de la ruine du parti d'Othon; Vitellius l'épargna et lui laissa la vie.

TITIEN (Attilius Titianus), noble romain, prit la pourpre impériale sous le règne d'Antonin, et fut mis à mort par ordre du sénat l'an 156 de J.-C.

TITIEN (TITIANO VECELLI), vulgairement appelé LE), peintre célèbre, né à Cadore, dans le Frioul, en 1477. Le pape Paul III, le duc et la duchesse d'Urbin, Soliman II, sultan des Turks, l'empereur Charles-Quint et François Ier lui confièrent le soin de les peindre. Charles le créa chevalier et comte palatin, le combla de biens et d'honneurs. Il mourut en 1576. Ses plus beaux ouvrages sont *Danaé, Vénus couchée, le Martyre de saint Pierre, le Couronnement d'épines, les Pèlerins d'Emmaüs, Diane au bain, l'Education de l'Amour, la Maîtresse favorite* du Titien, *Persée et Andromède, Tarquin et Lucrèce, Saint Jérôme à genoux dans une grotte, Saint Catherine* ou *la Vierge au lapin, le Concile de Trente, Jupiter Satyre, Vénus Anadyomène.* Titien est le peintre le plus célèbre qu'on connaisse dans l'art du clair-obscur.

TITIENS, collége de prêtres institué à Rome pour conserver dans cette ville les cérémonies sacrées des Sabins.

TITON ou TITHON (myth.), fils de Laomédon, roi de Phrygie, fut ravi par l'Aurore, éprise de sa beauté, et qui l'épousa. Cette déesse obtint l'immortalité pour son époux; mais celui-ci, fatigué d'une longue vieillesse, désira se dépouiller de son immortalité importune, et fut changé par les dieux en cigale.

TITON DU TILLET (Evrard), né à Paris en 1677. Destiné à l'état militaire, il eut dès l'âge de quinze ans le commandement d'une compagnie de cent fusiliers, puis devint capitaine de dragons. Ayant été réformé, il acheta une charge de maître d'hôtel de la dauphine, mère de Louis XV. Rendu à la vie privée par la mort de cette princesse, il voyagea en Italie, et étudia les chefs-d'œuvre de peinture et de sculpture que l'on admire dans ce pays. A son retour, il fut nommé commissaire provincial des guerres. Il mourut en 1762. Titon du Tillet s'étudiait constamment montré le protecteur des artistes et des hommes de lettres.

TITRE, qualification honorable, nom de dignité, de distinction, de prééminence. On a donné au pape le titre de *sainteté;* aux empereurs et aux rois, celui de *majesté* ; aux princes des maisons souveraines, ceux d'*altesse royale, impériale* ou *sérénissime* ; aux cardinaux, celui d'*éminence* et d'*altesse éminentissime* ; aux ministres et aux ambassadeurs, celui d'*excellence;* aux archevêques et aux évêques, celui de *grandeur* ; aux moines, celui de *révérend.* — En jurisprudence, un *titre* est tout acte justificatif d'un droit. On appelle *titre nouvel* un acte nouveau qu'un créancier a le droit d'exiger de son débiteur lorsque le titre originaire remonte à vingt-huit ans.

TITRE. Les monnayeurs nomment ainsi ce que les monnaies renferment en or ou en argent pur. Ce titre est de 0,9 dixièmes, parce que sur une partie des monnaies contiennent 9 dixièmes d'or ou d'argent sur 1 dixième d'alliage. La loi reconnaît deux titres pour les ouvrages d'or et trois pour ceux d'argent. Le premier est de 0,950 millièmes; le deuxième, 0,800 ; le troisième, 0,920 ; le quatrième, 0,840 , le cinquième, 0,750.

TITULUS, mot latin qui signifie *titre,* et qui désignait à Rome l'écriteau qu'on pendait au cou des esclaves que l'on mettait en vente, et où l'on énumérait leurs bonnes et mauvaises qualités. — C'était aussi l'étiquette placée sur les amphores et qui indiquait l'âge et la qualité du vin.

TITUS VESPASIANUS, fils de Vespasien, empereur romain, né l'an 40 de J.-C. Il servit avec distinction dans les armées de son père, qui l'envoya continuer le siège de Jérusalem, dont il n'avait pu se rendre maître. Le siége fut long et terrible. Enfin Titus s'empara de la ville sainte. Titus fut nommé successeur de Vespasien l'an 79 de J.-C. Son règne fit le bonheur des Romains. Il répara les anciens édifices, en construisit de nouveaux. Il se fit aimer du peuple par sa bonté et sa popularité. S'étant souvenu un jour qu'il ne s'était rencontré aucune occasion pour lui d'obliger quelqu'un dans la journée, il dit ce beau mot si connu : *Mes amis, j'ai perdu ma journée.* Il mourut l'an 81 de J.-C.

TITYE (myth.), géant célèbre, fils de Jupiter et de la nymphe Elara, naquit dans une caverne où sa mère s'était réfugiée pour éviter le courroux de Junon. Aussi passa-t-il pour le fils de la Terre. Apollon et Dinne le tuèrent à coups de flèches pour le punir d'avoir voulu faire violence à leur mère Latone. Il fut attaché dans les enfers, où un vautour rongeait sans relâche ses entrailles renaissantes. Ce géant de son corps étendu couvrait neuf arpents de terre.

TITYRES (myth.), sorte de Satyres qui avaient la figure humaine et une partie du corps couverte de peaux de bêtes.

TIVOLI, ville d'Italie, qui porta jadis le nom de *Tibur*, et qui est comprise aujourd'hui dans les Etats de l'Eglise, à peu de distance de Rome. Sa population est de 15,000 habitants. Tivoli renfermait autrefois les maisons de campagne d'Horace et de Mécène. Zénobie, reine de Palmyre, s'y retira après sa défaite par Aurélien. L'Anio, qui passe à Tivoli, y formait jadis de belles cascatelles qui n'existent plus.

TLASCALA, contrée du Mexique, entre Vera-Cruz, Oaxaca, Mexico et l'océan Pacifique. Ce pays est montueux et d'une grande fertilité. Il formait jadis le centre d'une grande république. Aujourd'hui il est compris dans plusieurs Etats du Mexique.

TMOLUS, montagne de Lydie, dans le centre de cette province, produisait du safran et des vignes. On la nomme aujourd'hui *Bouzdag* ou *Tomolitzi*. Elle tirait son nom de *Tmolus*, roi de Lydie, fils de Sypile et mari d'Omphale, lequel, étant pris pour arbitre par Midas dans la querelle d'Apollon et de Pan, décida en faveur du premier.

TOALDO (Giuseppo), célèbre astronome italien, né en 1719 à Pianezze, petit hameau situé non loin de Vicence. Il prit le degré de docteur en théologie à Padoue, et fut chargé de l'enseignement des belles-lettres. Nommé archiprêtre de Montegalda, il ne cessa de donner à l'étude des sciences exactes le temps qu'il pouvait dérober à ses devoirs. Appelé en 1762, par le sénat de Venise, à occuper les chaires d'astronomie, de géographie et de météorologie à l'université de Padoue, il mourut en 1798. Dans un ouvrage intitulé *Saggio meteorologico*, il décrivit les conjectures qu'on pouvait tirer pour calculer avec probabilité les accidents futurs de l'atmosphère. Ayant remarqué qu'au bout de dix-huit ans les phénomènes météorologiques recommencent et se succèdent à peu près dans le même ordre, il dressa les tables de trois de ces périodes qu'il nomma *Saros* ou *Cycles toaldines*. On a encore de lui une *Méthode pour déterminer les longitudes*, des *Traités* de gnomonique et de trigonométrie, et un grand nombre d'écrits scientifiques.

TOBIE, Juif, habitant à Cadès, ville de la tribu de Nephtali. Quoique vivant au milieu de l'idolâtrie, il avait toujours conservé, même pendant la captivité des Juifs, le culte du vrai Dieu. Salmanazar, roi des Assyriens, touché de sa piété, lui accorda la permission d'aller où il voudrait, et lui rendit la liberté. Il honorait de la sépulture ses frères morts. Un jour qu'il se reposait de ses travaux, il tomba d'un nid d'hirondelle de la fiente chaude qui le rendit aveugle. Se croyant près de mourir, il envoya son fils Tobie le jeune auprès de Gabelus, un de ses parents, qui habitait à Ragès, ville de Médie, et qui lui devait 10 talents. Dieu envoya l'ange Raphaël, qui, sous la figure d'un jeune homme, s'offrit d'être le compagnon de voyage de Tobie. Celui-ci arriva, conduit par le céleste guide, au lieu de sa destination, et reçut de Gabelus les 10 talents dus à son père. Il s'arrêta quelque temps chez Raguel, son parent, dont il épousa la fille Sara. De retour auprès de son père, il lui rendit la vue au moyen du fiel d'un poisson que son compagnon de voyage lui avait conseillé de prendre dans le Tigre. Cette heureuse famille vécut heureuse pendant de longues années. Le père mourut à quatre-vingt-dix-huit ans. Tobie le jeune mourut l'an 3380 avant J.-C. L'Ancien Testament renferme un livre sur Tobie, contenant l'histoire des deux personnages dont nous avons parlé. Les Juifs ne le reconnaissent pas comme canonique.

TOBOL, rivière de Sibérie, prend sa source dans les monts Ourals, et se jette dans l'Irtich, près de Tobolsk. Son cours est d'environ 180 lieues.

TOBOLSK, gouvernement de Russie, compris dans la Sibérie occidentale, entre les gouvernements d'Irkoutsk, Kirghiz, Kolivan, Oural, la mer Glaciale. Il a 20,000 lieues carrées et 650,000 habitants, Russes, Tatars, Samoïèdes, Cosaques. Le sol est très-uni. Au S, et à l'O., on trouve des montagnes riches en mines et des grandes forêts. Les hivers sont longs; l'été dure deux à trois mois et est très-chaud. La capitale est Tobolsk.

TOBOLSK, capitale de toute la Sibérie et chef-lieu du gouvernement de Tobolsk, au confluent du Tobol et de l'Irtisch, à 750 lieues E. de Moscou. Elle a 7,000 habitants, et est fort fortifiée. Elle fait un grand commerce avec les Russes, les Kalmoucks, les Tatars et les Chinois; il consiste en cuirs, toiles, pelleteries, étoffes, métaux, etc.

TOBOSO, bourg d'Espagne, dans la Manche. Il est célèbre par le roman de *Don Quichotte*, où l'héroïne est la belle *Dulcinée du Toboso*. Cette ville a 4,000 habitants, et a de belles fabriques de poteries. Elle est assez commerçante.

TOC, sorte de jeu de trictrac que l'on joue avec quinze dames de chaque couleur.

TOCANE, nom donné au vin nouveau de Champagne, et particulièrement à celui d'Aï.

TOCCATE, pièce de musique composée pour le clavecin ou le piano. Ce nom vient de l'italien *toccare* (toucher). La toccate diffère de la sonate en ce qu'elle n'est souvent composée que d'un seul morceau.

TOEPLITZ ou **Tœplitz**, bourg de Bohême, à 6 lieues N.-E. de Leutméritz. Sa population est de 2,500 habitants. Tœplitz renferme de vastes casernes et des hôpitaux d'une grande beauté. Il est situé dans une plaine riante et fertile, sous un climat délicieux. Il est renommé pour ses sources d'eaux thermales, qui y sont nombreuses. Elles sont à la fois ferrugineuses-acidules, alcalines-gazeuses et salines-purgatives, transparentes, verdâtres, inodores, un peu salées. Ces eaux sont très-abondantes. Elles sont recherchées comme purgatives, toniques, contre les maux d'yeux, etc.

TOGE, vêtement des Romains, se mettait par-dessus la tunique. C'était une robe de laine fort ample et longue, ouverte par devant comme un grand manteau. Jusqu'à Auguste, on la laissait tomber jusque sur les pieds; mais depuis cet empereur on la relevait de manière qu'elle tombait un peu au-dessous du genou; elle s'attachait sur l'épaule gauche, on la repliait et la retroussait de façon à laisser toujours le bras droit libre. La toge était un habit de paix et de ville. La toge blanche, unie et sans ornements, était celle qu'on donnait aux jeunes gens qui avaient atteint dix-sept ans (*toga pura, libera et recta*). C'était aussi celle du plus grand nombre des citoyens. Les consuls, les préteurs, les triomphateurs avaient une toge rayée de différentes couleurs, et tissue d'une broderie en or, appelée *toga picta* ou *palmata*. Dans le deuil et les calamités publiques, les Romains quittaient la toge blanche pour revêtir celle de couleur noirâtre ou de gris foncé, appelée *toga pulla*.

TOILE, tissu fait ordinairement de fil de lin, de chanvre ou de coton. On nomme *toile écrue* celle qui n'a pas encore été à la lessive. L'art de tisser des toiles est très-ancien. On l'a porté de nos jours, en France, à une grande hauteur, et ses produits peuvent lutter avec ceux de l'Angleterre, de la Belgique et de la Hollande. On fait aujourd'hui des toiles avec du crin, de l'amiante, des fils métalliques, des fils d'araignée, des produits végétaux, tels que de la bourre d'asclépiade, et l'écorce de saule et de peuplier. En termes de fabrique de toiles, on nomme *toile de compte*, pour des toiles fines en général, le nombre de cent fils détermine pour chaque compte, sur la largeur de quinze-seizièmes. Ainsi l'on dit une *toile de compte en vingt*, pour dire une toile qui contient en chaîne deux mille fils. On nomme *toile cirée* un tissu enduit d'une composition vernie, lisse et luisante, qui le rend impénétrable à l'eau; *toile de mai*, celle qu'on enduit d'un mélange agglutinatif dans lequel il entre du beurre et de l'alcool; *toile peinte*, celle qui a été peinte de diverses couleurs; on en retire beaucoup de l'Inde; *toile imprimée* : 1° une toile peinte par impression, 2° une toile préparée pour recevoir les couleurs du peintre; *toile d'or* ou *d'argent*, des tissus légers faits de la trame est d'or ou d'argent, et la chaîne de soie. — Les *toiles à voile* pour les vaisseaux sont de fortes toiles en fils de chanvre; elles servent à faire des voiles, et sont de différentes grosseurs. On les nomme *toile à six fils*, *à quatre fils*, *mélie double*, *mélie simple*, *toile de doubluge*, *toile à prélat*, etc. Pour rendre les toiles incombustibles, on les plonge dans un bain de phosphate d'ammoniaque.

TOILE, nom donné, dans les blondes et les dentelles brodées, à une fleur de forme quelconque, entièrement remplie, formant un tissu sans jour.

TOISE, mesure de différentes grandeurs, selon les lieux où elle est en usage, et qui, en France, a été remplacée par le mètre. L'ancienne toise de Paris était de 6 pieds de roi. Le pied valait 12 pouces, le pouce 12 lignes. La toise vaut 1 mètre 949 millimètres. La toise carrée, 3 mètres carrés 7986. La toise cube, 7 mètres cubes 4037. On appelle *toisé*, 1° le mesurage à la toise, 2° la science ou l'art de mesurer les surfaces et les solides, et de réduire la mesure en calcul.

TOISON, nom donné à la laine des moutons et des brebis. Les tanneurs disent *plier une peau en toison*, pour faire entendre qu'il la plient d'abord en deux sur sa longueur, de façon que chaque extrémité soit exactement appliquée sur la pareille; ils forment ensuite tous les autres plis l'un sur l'autre, en commençant par les jambages, plient ensuite la pointe du ventre vers le dos, puis tête sur queue, queue sur tête, et enfin doublent enfin le tout, en formant un carré d'un ou deux pieds.

TOISON D'OR (myth.), toison du bélier sur lequel Phryxus et Hellé, fuyant le courroux d'une marâtre cruelle, montèrent pour traverser le bras de mer qui sépare l'Europe de l'Asie. Pendant le voyage, Hellé se laissa tomber dans la mer à laquelle elle laissa son nom (*l'Hellespont*). Phryxus, arrivé sur le rivage, se rendit dans les Etats d'Eétès, roi de Colchide, pour lui demander l'hospitalité. Il sacrifia le bélier à Jupiter, en suspendit la toison dorée aux branches d'un hêtre; un dragon veillait nuit et jour au pied de l'arbre, avec des taureaux au pied d'airain. Eétès ayant fait mourir Phryxus, tous les princes de la Grèce s'armèrent pour sa perte et la conquête de la toison d'or. (Voy. Argonautes et Jason.) On explique cette fable en disant qu'Eétès était le chef de pirates riches et courageux, et que les Grecs s'armèrent pour délivrer le monde de leurs ravages.

TOISON D'OR, ordre célèbre institué par Philippe le Bon, duc de Bourgogne, à Bruges, en 1429, à l'occasion de son mariage avec Isabelle de Portugal. L'ordre, d'abord composé de vingt-quatre chevaliers, fut porté plus tard à trente et un. Le duc se constitua avec ses successeurs chef et grand maître de l'ordre. Marie de Bourgogne le transmit à la maison d'Autriche, par son mariage avec l'archiduc Maximilien, et leur fils Charles-Quint fixa en 1516 le nombre des chevaliers à cinquante et un. Ce nombre s'est accru depuis. La grande maîtrise est, depuis Charles-Quint, attachée à la couronne d'Espagne. Dans l'origine, les chevaliers portaient un manteau écarlate fourré d'hermine. Le collier, émaillé d'or, était composé de double fusils enlacés, de pierres et de cailloux étincelants, de flammes de feu, et au bout duquel pendait sur la poitrine un mouton d'or. Ces fusils, réunis de deux en deux, figuraient des doubles B (Bourgogne) entremêlés de cailloux avec la devise : *Ante ferit quam flamma micet* (Il frappe avant que la flamme ne brille). Ces costumes furent remplacés par Charles-Quint par une soutane de toile d'argent sous un manteau de velours cramoisi et un chaperon de velours violet, et, dessous le grand collier de l'ordre. Le cordon ordinaire était un ruban rouge avec la toison d'or. Les chevaliers faisaient serment de travailler à la défense et à la propagation de la religion catholique, de soutenir la dignité et la splendeur de l'ordre, et d'être fidèles au roi leur grand maître.

TOLAND (Jean), hérétique célèbre, né en Irlande en 1670, fut élevé dans la religion catholique, qu'il abandonna pour le protestantisme. Il fit ses études à Glascow et à Edimbourg. Il publia divers ouvrages, où toutes les religions étaient outragées, et où l'athéisme se montrait souvent à découvert. Toland mourut en 1722. Ses principaux ouvrages sont : *la Religion chrétienne sans mystères*, brûlé par ordre du parlement; la *Vie de Milton; Amyntor*, défense de l'ouvrage précédent; l'*Art de gouverner par des factions*; l'*Angleterre libre; Nazarenus* ou le *Christianisme judaïque, païen et mahométan.*

TOKAI, ville de la haute Hongrie, dans le comitat de Zemplin, à 36 lieues de Bade, au confluent de la Teiss et de la Bodrog. Cette ville et ses environs produisent le vin célèbre de *Tokai*, que l'on a mis au premier rang de tous les vins connus.

TOLBIAC, aujourd'hui ZOLPICH ou ZUTCH, petite ville de Prusse, dans le grand-duché du Bas-Rhin, près de Cologne. Elle est célèbre par la bataille que Clovis, roi des Francs, livra auprès de ses murs aux Allemands l'an 581. Ces derniers furent vaincus. L'on rapporte que pendant l'action Clovis, voyant faiblir le courage de ses soldats, et sur le point de perdre la bataille, fit à Dieu la promesse solennelle de se faire chrétien s'il remportait la victoire. Cet élan religieux ranima les Francs, qui mirent les ennemis en déroute.

TOLE, fer mince ou en feuille en usage dans plusieurs arts.

TOLÈDE, province d'Espagne, bornée au N. par les provinces de Madrid et de Guadalaxara, à l'E. par celle de Cuença, à l'O. par l'Estramadure, et au S. par la Manche, dont la séparent les monts de Tolède. Sa superficie est de 786 lieues carrées, et sa population de 380,000 habitants.

TOLÈDE, surnommée l'*Impériale*, belle et grande ville d'Espagne, capitale de la province de ce nom, dans la Castille Nouvelle, à 15 lieues environ de Madrid. Cette ville, située sur le Tage, porta sous les Romains le nom de *Toletum*. Elle fut ensuite successivement capitale du royaume des Visigoths et de celui des Maures, jusqu'à sa réunion à la monarchie espagnole. Sa population est de 35,000 habitants. Elle possède de beaux hôpitaux, une magnifique cathédrale, dédiée à la sainte Vierge, et est le siége d'un archevêché, le plus considérable d'Espagne, fondé par saint Eugène, disciple de saint Pierre, au 1er siècle de J.-C., et dont le titulaire se qualifie primat des Espagnes et grand chancelier de Castille. Tolède possède encore plusieurs anciens édifices construits par les Goths ou les Maures. Son université, fondée en 1475, a été supprimée en 1805. On y trouve de nombreuses fabriques d'étoffes de soie, draps, lames d'épées estimées, étoffes en or et en argent, etc.

TOLET, cheville de bois ou de fer qui sert à retenir l'aviron fixé sur le bord des chaloupes et des canots.

TOLETIÈRE, élévation ou excédant en bois, percé d'un trou pour y placer l'aviron sur son tolet ou entre ses tolets.

TOLNA, comitat de Hongrie, au delà du Danube, et au S. du comitat Stuhl-Veissembourg. Sa superficie est de 150 lieues carrées, et sa population de 190,000 habitants. Le chef-lieu est SIMONTHURN.

TOLOSA, ville d'Espagne, à environ 20 lieues de Bilbao. Elle a 4,200 habitants. C'est une ville très-ancienne, qui possède de belles fabriques de lames d'épée et d'ouvrages en fer.

TOMAN, somme de compte en usage en Perse. Le toman vaut 46 francs de notre monnaie.

TOMATE, espèce de *morelle*, plante de la famille des solanées, nommée vulgairement *pomme d'or*, *pomme d'amour* ou *pomme du Pérou*, parce qu'elle est originaire de cette contrée. De ses racines fusiformes naissent des tiges hautes de un à deux mètres, velues, charnues, un peu couchées, garnies de feuilles d'un vert très-foncé. Aux fleurs succèdent des fruits rouges, gros, comprimés au sommet, sillonnés sur les côtés. Ces fruits sont remplis d'un suc agréable au goût et légèrement acide. On exprime ce jus pour en faire des potages et des sauces. Les Italiens mangent ces fruits crus et en salade. On les confit aussi dans le vinaigre. La tomate est cultivée dans les régions méridionales de l'Europe. C'est une plante alimentaire et d'ornement.

TOMBAC, alliage métallique dont la couleur est jaune, approchant de celle de l'or, et dont le cuivre fait la base. On appelle *tombac blanc* une composition métallique blanche qui ressemble assez à l'argent. C'est du cuivre blanchi par l'arsenic.

TOMBEREAU, sorte de charrette dont le fond et les deux côtés sont faits de grosses planches enfermées par des gisants, et qui sert à transporter des choses liquides ou faciles à verser, comme la boue; les ordures, le sable, la terre, etc.

TOMBOUCTOU. Voy. TEN-BOKTOU.

TOMENTEUX, nom donné aux parties des plantes, lesquelles sont recouvertes d'un duvet serré, serré et grossier, offrant une certaine ressemblance avec un tissu de drap ou de velours. Le *bouillon blanc* est *tomenteux*.

TOMENTUM, nom latin passé dans la langue française pour désigner le tissu velouté et serré qui recouvre certaines parties de plusieurs végétaux.

TOMIES, sacrifices que les anciens offraient lors de la ratification solennelle d'un traité, d'une ligue.

TOMIQUE, genre de la famille des xylophages, renfermant des insectes dont le corps est cylindrique, la tête globuleuse, enfoncée dans le corselet, les antennes en filets de la tête courtes et terminées en massue. Les larves de ces insectes font de grands dégâts dans nos forêts, en perçant en tous sens les arbres qu'elles habitent. Ce sont surtout les arbres résineux qu'elles attaquent. La *tomique typographe*, longue de trois lignes, d'un brun noirâtre, avec des poils jaunâtres, est très-commune en France.

TOMSK, gouvernement de Russie, faisant partie de la Sibérie, et borné au N. par la mer Glaciale, à l'E. par l'Irkoutsk, au S. par les monts Altaï, à l'O. par le Tobolsk. Sa superficie est de 80,000 lieues carrées, et sa population de 120,000 habitants. Ce gouvernement renferme de vastes plaines couvertes de marais. On y trouve de belles mines de fer, de cuivre et de plomb. TOMSK, capitale du gouvernement, est bâtie sur le Tom, affluent de l'Ob. Elle est très-bien située pour le commerce, qui y est assez actif.

TON. En musique, ce mot a plusieurs acceptions. Dans la première, c'est la distance qui se trouve entre deux notes voisines dans la gamme, comme de *ut* à *ré*. Le ton se divise en deux *demi-tons*. Dans les gammes majeures, il y a cinq *tons* et deux *demi-tons*. Les cinq tons sont du 1er au 2e degré, du 2e au 3e, du 4e au 5e, du 5e au 6e, du 6e au 7e ; les demi-tons sont du 3e au 4e degré, et du 7e au 8e. Dans sa deuxième acception, ce mot désigne la constitution d'une gamme avec les signes qui la caractérisent, c'est-à-dire l'absence ou la présence des dièses et des bémols. Ainsi l'on dit qu'un morceau de musique est dans le ton d'*ut* ou de *mi*, selon qu'il est écrit dans les conditions des gammes d'ut ou de mi. (Voy. MAJEUR, MINEUR et MODE.) Dans une troisième acception, le mot *ton* indique le degré d'élévation ou d'abaissement d'un instrument ou d'une voix. On appelle encore *ton* une note qui indique dans quel mode un morceau doit être chanté ou joué. C'est ainsi qu'on dit *donner le ton*. — Les *tons* du plainchant sont au nombre de huit. Quatre ont la dominante (cinquième note de la gamme musicale) à la quinte supérieure de la tonique (première note de la gamme). Ce sont les 1er, 3e, 5e et 7e tons, nommés particulièrement *authentiques*; Quatre ont la dominante à la quarte supérieure de la tonique, et sont appelés *plagaux*; ce sont les 2e, 4e, 6e et 8e tons.

TON, nom donné dans le cor et la trompette à des tubes que l'on ajoute à ces instruments, et dont le développement plus ou moins grand hausse ou baisse le ton général, de manière à fournir des gammes en ut, ré, mi, etc.

TON (sens div.). En peinture, on nomme ainsi la nature des teintes, leurs différents degrés de force ou d'éclat. En médecine, c'est l'état de tension ou de fermeté naturelle à chaque organe. En marine, c'est la partie du mât comprise entre les barres de hune et le chouquet, et où s'assemblent par en haut le bout du tenon du mât inférieur avec le mât supérieur, et par en bas le pied du mât supérieur avec le tenon du mât inférieur, par le moyen d'une cheville de fer appelée *clef.*

TONAL (mus.), ce qui est conforme au *ton*. On nomme *fugue tonale* une fugue qui fait entendre dans le sujet et la réponse des notes principales du ton, c'est-à-dire la tonique (première note) et la dominante (cinquième note).

TONALITÉ. C'est, en musique, la propriété constitutive des tons et des modes, qui, dans la musique moderne, résulte, quant au ton, du rapport de la note sensible (septième note du ton) avec le quatrième degré et, quant au mode, de la tierce majeure ou mineure et la sixte majeure ou mineure de la tonique.

TONDIN. C'est, en architecture, une petite baguette placée au bas des colonnes. Les plombiers et les facteurs d'orgues nomment ainsi de gros cylindres de bois dont ils se servent pour former et arrondir leurs tuyaux.

TONDU, dit LEBRUN (Pierre-Henri-Marie), fut destiné d'abord à l'état ecclésiastique, qu'il abandonna pour se faire soldat. Il passa ensuite dans le Pays-Bas et se fit journaliste. Dumouriez le fit employer dans les bureaux du ministère des affaires étrangères. Ses talents et les principes qu'il montra dans cette place le firent porter au ministère après la journée du 10 août 1792. Il lut à la convention plusieurs rapports sur la situation de l'Europe. Son activité ne le mit pas à couvert des recherches du tribunal révolutionnaire. Mis en accusation, il fut condamné à mort et exécuté la même année 1792, comme étant contre-révolutionnaire.

TONE (Théobald WOLFE), célèbre patriote irlandais, né à Dublin en 1763. Ayant remarqué que ce qui maintenait le pouvoir politique de l'Angleterre en Irlande était la division qui existait entre les catholiques et les protestants, il se proposa d'effectuer l'union entre ces deux partis pour établir en Irlande un gouvernement national. Les brochures qu'il produisit à ce sujet firent une grande sensation, et les catholiques le nommèrent secrétaire de leur comité central quoiqu'il fût anglican. Il réussit enfin à consolider l'union entre les catholiques et les dissidents d'Irlande, et établit la société des Irlandais-Unis. Proscrit par l'Angleterre, il vint en France, où il prit du service et parvint au grade d'adjudant général. Dans un combat naval avec les Anglais, il fut pris par ces derniers. On instruisit son procès. Condamné à mort, il fut exécuté en 1798.

TONGA ou ARCHIPEL DES AMIS, archipel de la Polynésie, dans le Grand-Océan, entre les îles de la Société et les Nouvelles-Hébrides. Il comprend près de cent îles ou îlots. Les plus considérables sont *Vavaou, Tonga-Tabou, Eoa-Lefouga, Namouka, Tofoua* et *Lalé*. Leur superficie peut être évaluée à 80 lieues carrées, et leur population à 50,000 individus. Cet archipel est divisé en trois groupes : au S. les îles *Tonga* proprement dites, au centre les îles Hapaï, au N. les îles Hafoulou-Hou. Ces îles sont fertiles et pittoresques. Le climat est très-variable. Les habitants sont grands, beaux, cuivrés, industrieux. La religion est le polythéisme. Ils croient à l'immortalité de l'âme. Le gouvernement est monarchique. Il y a un *hou*, roi héréditaire qui a un pouvoir assez étendu sur les autres chefs. Il y a en outre le *touï-tonga* ou grand prêtre représentant la Divinité sur la terre, et qui jouissait d'un immense pouvoir avant l'introduction du christianisme dans ces îles. Les habitants sont divisés en plusieurs castes distinctes. L'Archipel Tonga a été découvert par Tasman, célèbre navigateur hollandais, le 19 janvier 1643. Cook visita ces îles en 1777, et les nomma *îles des Amis*. L'Espagnol Maurelle les revit en 1781 ; Laperouse en 1787. Depuis, un grand nombre de voyageurs ont exploré ces parages. Le christianisme y a été introduit depuis plusieurs années par les missionnaires anglicans.

TONGA-TABOU, la plus grande et la principale des îles de l'archipel Tonga: Sa superficie est d'environ 30 lieues carrées, et sa population de 18,000 habitants. C'est une terre fertile, peu élevée, couverte d'une riche végétation. Elle est entourée d'îlots et de récifs. Les productions sont celles de tout l'archipel, ainsi que le climat. Les îles voisines étaient jadis soumises au roi de Tonga. Elles ont maintenant chacune un roi particulier.

TONGOUSES, une des trois grandes races indigènes de l'Asie septentrionale. Ils ont la même origine que les Mandchous. Leur taille est médiocre, bien proportionnée, avec une barbe peu épaisse et des cheveux noirs. Ils sont nomades et au nombre d'environ 30,000. Ils peuplent les déserts de la Sibérie, et se divisent en trois tribus : la première habite entre l'Iénisséi, la mer d'Okhotsk et la Daourie; la deuxième, entre le Léna et l'Iénisséi ; la troisième est celle des Lamoutes. Leur religion est le chamanisme ; leur langue tient du mongol et du mandchou.

TONGOUSKA. Deux rivières de Russie portent ce nom. La basse *Tongouska*, prend sa source à l'E. de Kirensk, arrose la Sibérie et se jette dans l'Iénisséi après un cours de 310 lieues. La *Tongouska* moyenne ou *Ponkamenaïa - Tongouska* prend sa source près de la basse Tongouska, et se jette dans l'Iénisséi après un cours de 300 lieues.

TONGRES, peuple de la deuxième Germanie, habitait le territoire qui s'étendait au milieu de cette contrée. C'était le pays que comprennent aujourd'hui le Brabant et le Liégeois. La capitale de ce peuple était TONGRES ou ATUATUCA.

TONIQUE, nom donné à la première note de la gamme du ton dans lequel est composé un morceau de musique.

TONIQUE. En médecine, on donne ce nom aux remèdes qui ont la faculté d'exciter lentement l'action organique des divers systèmes de l'économie animale.

TONLIEU, droit seigneurial qui se payait pour les places où l'on étalait dans un marché.

TONNAGE, capacité d'un bâtiment, nombre de tonneaux (de 2,000 livres chacun) qu'il peut porter. C'est aussi le droit exigé des bâtiments de commerce à raison de tant le tonneau.

TONNANT, épithète que les anciens donnaient souvent à Jupiter, comme lançant le tonnerre. Ce dieu avait un temple à Rome sous ce nom.

TONNAY-CHARENTE, sur la rive droite de la Charente, chef-lieu de canton du département de la Charente-Inférieure, à 2 lieues de Rochefort. Population, 3,206 habitants. Ce fut longtemps une seigneurie appartenant à la maison de Mortemart. Ses seigneurs prenaient le nom de *princes de Tonnay-Charente*. Cette ville a un port commode et très-fréquenté. Son commerce d'entrepôt est actif. Les bateaux qui descendent la rivière s'arrêtent à Tonnay, et les bâtiments de 100 tonneaux remontent jusque-là. Cette ville possède un syndicat maritime, et commerce en eaux-de-vie, vins, grains et sels.

TONNE, grande futaille de bois de forme longue et ronde, ayant deux fonds, et qui est relié avec des cerceaux. La tonne est renflée au milieu, et va en diminuant par les bouts. On s'en sert pour mettre diverses marchandises pour les pouvoir voiturer plus facilement. — C'est encore 1° une mesure de liquides usitée par les Anglais, qui vaut 419 de nos litres ; 2° une embarcation sans mât, en usage dans les Indes orientales : elle ressemble un peu aux grands batelets de la Seine, mais ses côtés sont plus droits; 3° les Hollandais et plusieurs autres peuples nomment *tonne d'or* une somme de 100,000 florins.

TONNEAU se dit en général de toutes sortes de vaisseaux ou futailles de bois, ronds, à deux fonds et reliés de cercles, servant à mettre des marchandises, comme vins, eaux-de-vie, huile, miel, pruneaux, etc. Il se dit aussi de la marchandise renfermée dans un tonneau. — Le *tonneau* est encore une certaine mesure qui contient 2, 3 ou 4 muids de vin, de cidre, etc., plus ou moins grands, suivant la différence des lieux. — En termes de commerce de mer, le *tonneau* de poids est estimé peser 2,000 livres. On dit un vaisseau de 800 tonneaux pour dire un vaisseau qui porte 800 tonneaux de 2,000 livres chacun ; c'est-à-dire 1,600,000 livres ; les tonneaux d'arrimage se comptent par 42 pieds cubes. Mais en tenant compte des vides, etc., qu'on est forcé de laisser, chaque tonneau doit contenir dans un bâtiment une mesure de 42 pieds cubes.

TONNEINS, petite ville du département du Lot-et-Garonne, sur la rive droite de la Garonne, chef-lieu de canton, à 4 lieues de Marmande. Population, 6,494 habitants. Cette ville est une des mieux situées, et la plus riche du département. Elle doit sa prospérité à son port sur la Garonne, à son commerce considérable de cordages, de chanvre, de prunes sèches et à sa belle manufacture de tabacs. Tonneins fut érigé en 1738 en duché-pairie en faveur de Jacques de Quelen, gouverneur des enfants de France. On voit encore les ruines de son château.

TONNELAGE. On nomme marchandises de *tonnélage* les marchandises liquides qui se mettent dans des futailles, ou les marchandises sèches qu'on encaisse dans des douves, comme les sucres, drogues, etc.

TONNELIER, artisan qui fabrique et vend des tonneaux, c'est-à-dire toutes sortes de vaisseaux de bois, reliés de cerceaux avec de l'osier, et propres à contenir des marchandises. Tels sont les cuviers, muids, tonneaux, futailles, barils, etc. On nomme *tonnellerie* un grand magasin où l'on fabrique les vaisseaux propres à renfermer les liquides qu'on embarque et distribue aux bâtiments.

TONNERRE, sur la rive gauche de l'Armançon, chef-lieu d'arrondissement du département de l'Yonne, à 9 lieues d'Auxerre. Population, 4,260 habitants. Dans l'origine, Tonnerre n'était qu'un château fort, qui faisait partie de la Bourgogne. Une petite ville se forma autour, et appartint au Sénonais avec titre de comté. Elle fut possédée par les comtes d'Auxerre et de Nevers, par les maisons de Bourgogne, de Châlons et autres, et passa enfin à la maison de Louvois. L'antique palais des comtes de Tonnerre a été transformé en un hôpital. On y admire les ruines de l'ancienne abbaye, fondée en 980. Tonnerre possède un tribunal de première instance, un collége, une société d'agriculture. Ses environs renferment de belles carrières, et produisent des vins estimés.

TONNERRE. (Voy. FOUDRE.) Les mécaniciens nomment ainsi l'extrémité inférieure du canon d'un fusil ou d'un pistolet, synonyme de l'*âme* d'un canon ou de la *chambre* d'un mortier. C'est dans cette partie de ces armes que l'on met la poudre.

TONOTECHNIE, art de noter sur des cylindres les morceaux de musique qui forment le répertoire des orgues de Barbarie, ou des tabatières, pendules et tableaux à musique. On se sert de pointes en cuivre de différentes grandeurs, placées de telle sorte que lorsqu'une de ces pointes est placée par le mouvement du cylindre devant un tuyau d'orgues ou de tout autre instrument semblable, elle enlève la soupape, et, laissant de cette manière l'air s'échapper, donne naissance au son.

TONQUIN, TON-KIN, TONGKING ou ANNAM SEPTENTRIONAL, grand royaume d'Asie, dans l'Indo-Chine, borné par la Chine, par le golfe de Tonquin, par la Cochinchine et le royaume de Laos. Sa population est de 18,000,000 d'habitants, et sa superficie d'environ 9,775 lieues carrées. Le climat du Tonquin est sain et tempéré ; le sol est fertile, et produit beaucoup de riz, poivrier, cotonniers, thé, safran, indigo, bétel, arbres à vernis, cannes à sucre, vignes, etc. On y trouve beaucoup de tigres, ours, cerfs, buffles, chevaux, chèvres et éléphants. Le règne minéral y offre de l'or, de l'argent, du plomb et du fer. La principale branche du commerce extérieur est fournie par la soie. Les habitants ont le teint olivâtre, laissent croître leurs ongles et leurs cheveux. Ils sont robustes, adroits et francs. Leur religion est un mélange de croyances chinoises et hindoues. Le gouvernement est monarchique. Le royaume est divisé en onze provinces. La capitale est KECHO ou BAC-KINH.

TONSILLAIRE, du latin *tonsillæ* (amygdales), nom donné, en anatomie, à ce qui a rapport aux amygdales. L'*artère tonsillaire* naît de l'artère labiale ou maxillaire externe, et va se distribuer à la langue et aux amygdales.

TONSURE CLÉRICALE, cérémonie de l'Eglise catholique romaine, par laquelle l'évêque, en coupant à un homme une partie de ses cheveux, en forme de couronne, avec quelques prières, le fait entrer dans l'état ecclésiastique, et le rend capable des bénéfices, des saints ordres et des autres priviléges des clercs. La tonsure est instituée par l'Eglise. L'usage en était sure est une préparation aux ordres. On ne peut exercer aucun ministère ecclésiastique, ni posséder aucun bénéfice, sans l'avoir reçue.

TONTINE, association pour l'établissement d'un capital converti en rentes viagères. Il augmente progressivement dans la proportion du décès des associés. C'est une sorte de rente viagère avec droit d'accroissement pour les survivants. Ainsi, par exemple, cent vingt personnes ont placé en commun chacune 10,000 francs en rentes sur l'Etat, avec cette condition que les survivants s'en partageront les revenus, et que le capital sera acquis au dernier survivant. La première tontine fut fondée sous le ministère du cardinal Mazarin, et reçut son nom de son inventeur, *Laurent Tonti*.

TONTISSE, sorte de tapisserie exécutée avec des tontures de draps.

TONTURE se dit du poil que l'on tond sur les draps, des branches et des feuilles que l'on coupe, que l'on taille aux palissades, aux bordures de buis, etc. — En termes de marine, la *tonture* est la courbure que l'on donne aux préceintes qui forment les côtés d'un vaisseau. *Tonturer*, c'est donner à un bâtiment une tonture agréable.

TOPARCHIE (du grec *topos*, lieu, et *arché*, commandement), nom donné par les anciens au gouvernement d'un lieu ou d'un canton.

TOPAZE (*silice fluatée alumineuse, aigue-marine orientale, chrysolithe de Saxe, phengite, pyrophysalite* et *rubis du Brésil*), substance minérale vitreuse, cristallisée. Sa dureté est assez grande pour rayer le quartz. Elle est infusible au chalumeau, attaquable seulement par la potasse caustique. Elle se compose de 34 parties de silice, 57 à 58 d'alumine, et de 7 à 8 d'acide fluorique. Ses couleurs sont les différentes nuances du jaune et de plus le rosâtre, le bleu et le blanc. On emploie souvent les topazes dans la bijouterie. Les seules qui soient estimées sont d'un beau jaune pur, d'un jaune orangé, d'un rouge hyacinthe ou rosâtre. L'on nomme *topazes brûlées* les topazes jaunes qui ont pris, par l'action du feu, une teinte rosâtre. La *topaze orientale* est le *corindon télésie*. — La topaze était la deuxième pierre du premier rang sur le rational du grand prêtre des Juifs. On y gravait le nom de la tribu de Siméon.

TOPHACÉ, du latin *tophus*, tuf pierreux. On appelle *concrétions tophacées* des amas de matières dures et comme pierreuses, qui se forment dans l'intérieur de nos organes ou à la surface des articulations affectés par la goutte. Quelquefois on dit *tophus* au lieu de concrétions tophacées.

TOPIAIRES, esclaves romains chargés, sous le règne des empereurs, d'embellir des lieux de plaisance en y plantant des arbres et des fleurs.

TOPINAMBOUR (*taratoux, artichaut du Canada* ou *poire à terre*), noms vulgaires sous lesquels on connaît en Europe l'*hélianthe tuberculeux*, espèce du genre *hélianthe*, de la famille des corymbifères. Elle est originaire du Brésil et du Canada, et est parfaitement acclimatée dans les jardins d'Europe. Outre ses racines propres qui sont rampantes et s'étendent beaucoup, cette plante a la propriété de donner des tiges souterraines, se terminant par des renflements charnus, hérissés d'écailles, oblongs, féculents, doux et bons à manger ; ils sont rougeâtres en dehors, blancs en dedans. La tige est droite, cylindrique, couverte de poils, haute de neuf à onze pieds, garnie de feuilles opposées, ovales, aiguës et velues, d'un vert foncé; les fleurs simulent un disque radionale, large de 40 à 60 millimètres. Les jeunes tiges, les feuilles et les fruits du topinambour sont très-aimées des bestiaux.

TOPINAMBOUX. Voy. **TUPINAMBAS**.

TOPIQUE (du grec *topos* lieu), nom donné, en médecine, aux médicaments que l'on applique à l'extérieur, comme les cataplasmes, les emplâtres, etc. — En termes à sur les lieux communs. On a des *Topiques* de Cicéron et d'Aristote.

TOPOGRAPHIE (du grec *topos*, lieu, et *graphô*, je décris), description exacte et détaillée d'un lieu, d'un canton particulier. C'est aussi l'art de décrire un lieu et d'en lever le plan. Il y a dans le cadastre des employés chargés de la confection des cartes topographiques. Il y a aussi dans le génie militaire un corps d'officiers auquel appartient cet emploi, et que l'on nomme *ingénieurs-géographes* ou *topographes*.

TOQUE, sorte de chapeau rond , à petits bords, couvert de satin, de velours, de drap, etc., plat par-dessus et plissé tout autour. Les juges, les avocats, les professeurs des collèges, etc., portent des toques pour coiffure dans leur grand costume. — En botanique, *toque* est synonyme de *scutellaire*.

TORCHE, flambeau grossier fait de cire, de bois résineux ou de quelque autre matière gommeuse ou inflammable. On nomme vulgairement *torche-pot* ou *torche-pertuis* la *sitelle d'Europe*, oiseau de nos contrées.

TORCHÈRE, espèce de grand guéridon dont le pied qui est triangulaire et la tige enrichie de sculpture soutiennent un plateau pour porter de la lumière.

TORCHIS, terme de maçonnerie, espèce de mortier fait de terre grasse détrempée et mêlée avec de la paille coupée, pour garnir les panneaux des cloisons et les planchers des granges et des métairies.

TORCOL, genre de l'ordre des grimpeurs, renfermant des oiseaux que caractérisent un bec court, droit, conique, effilé vers la pointe, une langue extensible, une queue molle et faible, des pieds forts et propres à se cramponner sur le tronc des arbres où ils cherchent leur nourriture. Le *torcol d'Europe* a toutes les parties supérieures de son corps d'un cendré roux, tacheté de brun et de noir. La gorge et le devant du cou sont roussâtres avec de petites raies transversales et le reste des parties inférieures d'un blanc roussâtre, parsemées de taches brunes. Cet oiseau a l'habitude singulière de tourner la tête de manière à avoir le cou comme tordu, lorsque quelque chose l'affecte. Il est sujet à des attaques d'épilepsie très-singulières, où il tord son cou de la même manière, dans des convulsions qui paraissent le faire beaucoup souffrir. Le torcol d'Europe vit solitaire dans nos contrées septentrionales. Il se nourrit d'insectes. Son chant est un sifflement aigu et monotone.

TORDEUSES, tribu de la famille des lépidoptères nocturnes, renfermant des insectes de petite taille, agréablement colorés, ayant des antennes ou filets de la tête simples, une trompe distincte, le thorax uni, les ailes en toit écrasé ou presque horizontales, les supérieures ayant le bord extérieur arqué à sa base et rétréci ensuite, ce qui donne à ces insectes la forme d'un ovale tronqué. Cette tribu renferme les genres *pyrale*, *xylopode*, *procérate*, etc. Le premier est le seul bien nettement distingué des autres.

TORDYLE, genre de la famille des ombellifères renfermant des herbes annuelles , aux feuilles ailées et alternes , aux fleurs blanches, disposées en ombelles, aux fruits orbiculaires, comprimés ou ovales, entourés d'un anneau marginal ou d'un rebord blanc, épais, calleux et crénelé. Le *tordyle géant* qui croît dans l'Europe méridionale et la Syrie, monte de deux à quatre pieds de haut ; il porte des fleurs blanches, teintes de rouge. Le *tordyle officinal* abonde dans les champs des départements de la France méridionale ; il offre dans ses jeunes feuilles un aliment aux Turcs. En médecine, on regarde sa racine et ses graines comme carminatives et diurétiques.

TORE (du latin *torus*, corde), terme d'architecture, désignant une grosse moulure ronde, décorant les bases des colonnes. On appelle *tore corrompu* un tore dont le *tore inférieur*, le plus gros tore d'une base attique ou corinthienne, et *tore supéricur*, le plus petit. — On a appelé *tore*, en botanique, le réceptacle cylindrique de certains fruits, comme dans les *magnolias*.

TORÉADOR, nom donné, en Espagne, à ceux qui prennent part aux combats de taureaux. Ces combats remontent à une très-haute antiquité. C'est le spectacle favori des Espagnols. Xarama, en Castille, et Outrera, en Andalousie, fournissent les meilleurs taureaux. Ces animaux, abandonnés à eux-mêmes dans les contrées, y vivent presque à l'état sauvage. Le spectacle s'ouvre par l'arrivée de plusieurs *picadores*, montés sur des chevaux de peu de valeur et qui ont les yeux bandés ; ces picadores portent des pantalons de peau de chamois, doublés de tôle, un gilet de drap, d'or ou d'argent, une veste en soie, ornée de tresses, de paillettes et de franges ; leur tête est couverte d'un vaste chapeau blanc, de forme ronde, entouré d'un ruban très-long. Ils tiennent à la main une *garocha*, perche longue de dix-huit pieds, terminée par une petite pointe tranchante ; ils entrent dans l'arène séparée de l'espace réservé aux spectateurs par une barrière ou *baranda* haute de cinq pieds. Avec les picadores entrent les *chulos*, vêtus du costume de Figaro, ornés de rubans. Ils tiennent à la main une écharpe de soie de la couleur la plus éclatante. On lâche un taureau, que les picadores et les chulos excitent et combattent à l'envi. Quand l'animal est au comble de la fureur, survient un *matador*, qui doit mettre fin à la lutte ; si le matador succombe, un autre vient le remplacer. Dix ou douze taureaux et une vingtaine de chevaux doivent succomber dans une belle représentation.

TORELLI (Guido), premier seigneur de Ferrara, surnommé à cause de sa valeur *Salinguerra Ier*, né vers la fin du xie siècle, était fils de Frédéric de Saxe. Il prit dès 1118 la souveraineté de Ferrare, où son père, qui l'avait gouvernée dès 1082, par concession de la comtesse Mathilde, s'était acquis une grande puissance. Il embellit, fortifia Ferrare, et mourut vers 1149.

TORELLI ou **TORELLO II**, fils du précédent, lui succéda dans la souveraineté de Ferrare en 1149. Il devint chef du parti des Gibelins. En 1174, il fit épouser à son fils Arriviero Marchesella, nièce de Guillaume Audelard, chef du parti des Guelfes. Le rapt de cette jeune fille par les seigneurs d'Est, jaloux de la puissance des Torelli, amena une guerre civile qui couvrit de sang l'Italie. Torello mourut en 1197.

TORELLI SALINGUERRA III, fils du précédent, né vers 1160, lui succéda en 1197. Il résolut d'anéantir les princes d'Est et le parti des Guelfes. Tour à tour vainqueur et vaincu, il fut obligé d'aller en Sicile demander des secours à l'empereur Henri VI, qui les lui accorda. Rentré dans Ferrare en 1199, il devint podestat de Vérone en 1200, de Modène en 1205, et aida le duc Ezzelin IV dans les guerres contre les Guelfes et Azzon VI, marquis d'Est. Ces troubles durèrent jusqu'à l'arrivée en Italie de l'empereur Othon IV, qui les fit cesser par sa médiation puissante. Othon créa Torelli prince de l'empire, et l'investit de fiefs nombreux. La guerre recommença entre le marquis d'Est et Salinguerra. Celui-ci fut vainqueur d'abord. Il fut enlevé ensuite par trahison par ses ennemis, qui le menèrent à Venise, où il mourut en 1244.

TORELLI (Giacomo), quatrième seigneur de Ferrare, fils du précédent, lui succéda en 1244. L'incapacité de Giacomo fit qu'à la prise de Ferrare le marquis d'Est, né le croyant pas assez dangereux, lui permit de se retirer où il voudrait, et il choisit la cour d'Ezzelin. Il ne lui suffit pas de porter le nom ; l'empereur Frédéric II l'avait investi en 1245 des États de son père. Il mourut en 1250.

TORELLI SALINGUERRA III, surnommé *Giustinelli*, cinquième seigneur de Ferrare, hérita du courage et des talents de son grand-père. Créé en 1301 chef de la ligue formée par les villes de Bologne, Ferrare et Imola, il s'opposa à Faenza. Vers l'an 1306, il s'allia avec François d'Est contre son frère Azzon VIII, et, profitant de la mort de ce dernier, il ranima son parti dans Ferrare, et s'en fit proclamer souverain par le peuple. Une ligue puissante des souverains italiens le chassa de cette ville en 1309. Malgré tous ses efforts, il ne put y rentrer, et mourut en 1321. Il laissa deux fils : 1o JACQUES, qui se retira à Forli, et fut la souche de la branche des Torelli établie dans cette ville, éteinte en 1795 en la personne du marquis SYLVIO TORELLI, protonotaire apostolique ; 2o BOLACINO, aïeul de Guido Ier, comte de Guastalla.

TORELLI (Guido), fils de Torello Torelli, fils de Bolacino, qui lui-même était né de Salinguerra III, dernier souverain de Ferrare de la famille des Torelli. Guido prit part aux principales guerres de son époque, et mourut vers 1370. — Guido II, dit *le Grand*, était fils de Marsilio, fils lui-même de Guido Ier. Jean-Marie Visconti, duc de Milan, à qui il avait rendu de grands services, l'investit des fiefs de Guastalla et de Montechiarugolo (1406). Il prit part aux guerres de son temps, entre autres à celles de Visconti contre les marquis d'Est. Il s'empara de Parme en 1421, puis de Gênes, et fut nommé par Visconti commandant de ses troupes de terre et de mer. Il replaça en 1424 Jeanne, reine de Naples, sur le trône dont elle avait été dépossédée. Cette princesse l'investit de plusieurs fiefs avec le titre de premier baron du duché de 'a Pouille et de la principauté de Capoue. Le duc de Milan érigea ses biens en comté pour lui et ses descendants (1428), et lui donna en 1431 le marquisat de Casei Corale et Settimo. Il l'envoya en 1432 gouverner en son nom la Valteline, le Bressan, le Bergamasque, et le créa en 1441 patrice de Milan, Parme et Pavie. Guy mourut en 1449, considéré comme un des plus grands hommes de son temps. — CHRISTOPHE TORELLI, deuxième comte de Guastalla, fils du précédent, lui succéda en 1449. Il partagea en 1456 ses Etats avec son frère, Pierre-Guido. Ce dernier conserva Guastalla ; Christophe eut Montechiarugolo. Ils moururent tous deux en 1460. — ACHILLE TORELLI, cinquième comte de Guastalla, fils de François-Marie, quatrième comte, et petit-fils de Pierre-Guido, fut reconnu comte en 1494, et entra dans la ligue formée par Louis le More, duc de Milan, avec le pape, l'empereur et le roi d'Espagne, pour chasser de l'Italie Charles VIII, roi de France. Il aida dans la suite de tous ses moyens Louis XII et François Ier dans leurs guerres pour la conquête du Milanais. Il mourut en 1522. — FRANÇOIS Ier TORELLI, quatrième comte de Montechiarugolo, fils de Marsiglio II, succéda en 1508 à son frère Christophe, dépouillé de ses Etats par les Français. Il aida François Ier, roi de France, dans ses guerres en Italie, et combattit avec lui à la bataille de Marignan. Il mourut en 1518. — TORELLI POMPONIO, sixième comte de Montechiarugolo, petit-fils du précédent, né en 1539, succéda en 1545 à son frère Paolo. Il cultiva les lettres et la poésie avec beaucoup de succès, et fut membre de plusieurs académies d'Italie. Il mourut en 1608. On a de lui les *Rime amorose*, des *tragédies*, entre autres *Tancrède, Galatée, Mérope, Polydore, la Victoire*. — TORELLI PIO, son fils, lui succéda en 1608. La tyrannie de Rannuce Ier Farnèse avait suscité contre son gouvernement un grand nombre d'ennemis parmi les grandes familles d'Italie. Pour se venger, il fit arrêter plusieurs de ses ennemis, parmi lesquels fut Pio Torelli. Ce malheureux prince fut décapité en 1612. Ses domaines furent confisqués et réunis au domaine ducal, où ils restèrent depuis. C'est ainsi que finit cette antique et célèbre maison. Les descendants passèrent en Pologne, où ils prirent le nom de *Ciolek*, et en Suède, où l'un d'eux, STANISLAS TORELLI, servit sous Charles XII avec distinction, et mourut en 1762.

TORIE ou TORY, nom qu'on donna d'abord aux partisans de Charles II en Angleterre, et qu'on a appliqué depuis au parti de l'aristocratie anglaise. Il est opposé à *whig*, qui se donne aux partisans de la démocratie modérée.

TORMENTILLE, genre de la famille des rosacées, renfermant des plantes herbacées, à feuilles découpées, en forme de digitations, à racine vivace, épaisse, noueuse, noire et rampante, aux tiges droites et grêles, velues et hautes de vingt à soixante-dix centimètres, aux fleurs élégantes. Deux espèces habitent la France : l'une, la *tormentille élevée*, vit dans les bois et pâturages secs ; la *tormentille rampante* habite les prairies humides et les lieux ombragés. Les racines rouges de ces plantes sont aromatiques, astringentes, recherchées en médecine, et avidement mangées par les cochons. Les feuilles conviennent aux vaches, aux chèvres et aux bêtes à laine.

TORMES, rivière d'Espagne qui prend sa source dans les montagnes d'Avila et se jette dans le Douro, sur les frontières du Portugal.

TORNA, comitat de Hongrie, entre ceux de Gomor et de Zips. Sa superficie est de 29 lieues carrées, et sa population de 110,000 habitants. Le sol est montagneux, produit des pâturages estimés. On y trouve de belles mines. Le chef-lieu est TORNA, avec 8,000 âmes.

TORNADOS, nom d'un vent violent qui règne aux mois de juillet, août et septembre , sur les côtes depuis le Sénégal jusque vers la ligne. Lorsqu'il doit souffler, il s'annonce par un grain nuageux du S.-E., à 25 ou 30 degrés au-dessus de l'horizon.

TORNÉO ou TORNEA, ville de Finlande, à 135 lieues N. d'Abo, sur le golfe de Bothnie. On y voit une pyramide élevée en souvenir des observations astronomiques faites par Maupertuis et les savants français en 1736. — La rivière de même nom prend sa source au lac Kipis, et se jette dans le golfe de Bothnie, après un cours de 82 lieues. Elle sépare la Suède de la Russie.

TORON, partie de la composition d'un cordage. Chaque toron est formé d'une plus ou moins grande quantité de fils de caret tortillés, disposée en un long faisceau ; plusieurs torons forment un cordage. Les torons pour les différents cordages sont désignés par le nombre des fils de caret.

TORPÉDO, machine contenant une pièce d'artifice. C'est un vase de cuivre mince, hermétiquement clos, contenant cent quatre-vingts livres de poudre, qui prend feu intérieurement par le jeu d'un ressort dont on détermine le temps de la détente. Les torpédos, passés sous la carène des bâtiments, sont destinés à la faire sauter ou le détruire.

TORPILLE ou TORPÉDO, genre de poissons cartilagineux, caractérisés par leur corps qui est aplati horizontalement, presque circulaire, complètement lisse, et dont le bord inférieur est formé par deux productions du museau qui atteignent les pectorales très-amples et charnues. Les yeux sont situés à la face dorsale ; la bouche est garnie de dents petites et aiguës; la queue est courte, grosse. L'espace situé entre les nageoires pectorales, la tête et les branchies (organes respiratoires), est rempli de chaque côté par un appareil singulier formé de petits tubes membraneux serrés les uns contre les autres, subdivisés par des cloisons horizontales en petites cellules remplies de mucosité et auxquels par une grande quantité de nerfs. Ces poissons ont la puissance remarquable d'imprimer une commotion soudaine et paralysante au corps qui s'approchent d'eux ou qui les touchent. Cette commotion est due au fluide électrique que ces poissons ont la faculté d'accumuler dans cet organe singulier dont nous avons parlé. Les torpilles donnent la mort aux poissons et aux animaux qui composent leur nourriture. La *torpille vulgaire*, nommée aussi *trémoise* ou *dormilleuse*, habite la Méditerranée. Elle a environ trois pieds de long.

TORONTAL, comitat de Hongrie au delà de la Teiss, entre les comitats de Czanad, Czongrad et Bacs. Il est arrosé par le Béga. Ce pays est composé de parties marécageuses et fertiles. Sa superficie est de 35 lieues carrées, et sa population de 90,000 habitants. La capitale est BECSKEREK.

TORQUATUS, surnom de la famille Maulia, fut porté par plusieurs personnages célèbres.

TORQUEMADA (Juan DE) est à Valladolid en 1388, entra dans un couvent de dominicains en 1403, et, après s'être distingué dans les universités d'Espagne, fut fait naître du sacré palais par le pape Eugène IV en 1431. Il se distingua au concile de Bâle par son ardeur à défendre les dogmes catholiques et l'autorité du pape. Il fut chargé de diverses légations en Allemagne, en France, en Angleterre, et rendit des services importants à l'Eglise catholique. Il fut fait cardinal en 1439, et mourut en 1468. On a de lui un *Commentaire* latin sur le décret de Gratien, un *Traité* de l'autorité du pape, des *sermons*, plusieurs *traités* théologiques.

TORRE DEL GRECO (en italien, *la tour du Grec*), ville du royaume de Naples, au pied du Vésuve, à 2 lieues S.-E. de Naples. Population, 4,000 habitants. Les éruptions de 1794 et 1805 l'ont en partie détruite.

TORRÉFACTION (du latin *torreo*), opération par laquelle on chauffe des matières solides, végétales et minérales, pour en extraire des principes volatils, pour les oxyder ou donner naissance à un produit nouveau. La torréfaction des mines est plus connue sous le nom de *grillage*.

TORRÈS (Louis DA MOTTA TEO V), né à Lisbonne en 1769, entra dans le corps de la marine, devint successivement lieutenant en 1788, capitaine-lieutenant en 1791, et servit dans presque toutes les guerres de cette époque. Capitaine de frégate en 1793, puis chef de division, il fut employé à la défense du port de la capitale. Il servit ensuite au Brésil, fut nommé contre-amiral en 1812 et capitaine général du royaume d'Angola, en Afrique, en 1815. Vice-amiral en 1818, il retourna à Rio de Janeiro (Brésil), et y fut nommé en 1820 conseiller de guerre dans le conseil supérieur et militaire. Il mourut en 1823.

TORRÈS, détroit célèbre de l'Océanie, qui sépare la Papouasie ou Nouvelle-Guinée de l'Australie ou Nouvelle-Hollande. Il a environ 34 lieues de largeur. Une multitude d'îlots et de récifs en rendent la navigation si difficile et si dangereuse, que plusieurs navigateurs n'ont pas osé le franchir. Ces îlots sont peuplés par des sauvages noirs et féroces de la race des Papouas. Le plus important est *Méra* ou *Murray*.

TORRICELLI (Evangelista), né en 1608 à Romigliana dans la Romagne (Italie), montra de bonne heure un grand génie pour les mathématiques. Il fut l'ami de Galilée, à qui il succéda dans l'emploi de mathématicien du grand-duc de Toscane Ferdinand II. Il est l'inventeur du baromètre, instrument si utile dans la physique et l'astronomie. Il publia plusieurs ouvrages de géométrie et de mécanique, entre autres des *Leçons académiques*, en italien, et des *OEuvres géométriques*, en latin. Il mourut en 1647.

TORRIDE (du latin *torridus*, brûlant), nom donné à une zone, c'est-à-dire à une portion de la terre ou du globe terrestre, située sous la ligne équatoriale, entre les deux tropiques, et dont les habitants ont le soleil à plomb sur leurs têtes deux fois l'année.

TORS, nom donné à ce qui est tordu. C'est dans ce sens qu'on dit de la soie *torse*, du fil *tors*. En marine, le *tors* est la plus ou moins grande torsion d'un cordage. En botanique, il se dit des parties des plantes dont les bords sont contournés obliquement autour de leur axe. En termes d'architecture, on appelle *colonne torse* une colonne dont le fût est contourné en vis ou à moitié creux et à moitié rebondi, suivant une ligne qui rampe le long de la colonne en forme d'hélice. On appelle *colonne torse cannelée* celle dont les cannelures suivent le contour de son fût, en ligne spirale, dans toute sa longueur ; *colonne torse rudentée*, celle dont le fût est couvert de rudentes, en manière de câbles menus et gros, tournant en vis ; *colonne torse ornée*, celle qui, étant cannelée par le tiers en bas, a sur le reste de son fût des branchages et autres ornements ; *colonne torse évidée*, celle qui est faite de deux ou trois tiges grêles, tortillées ensemble, de manière qu'elles laissent un vide au milieu.

TORSE, nom donné, dans les beaux-arts et surtout dans la sculpture, 1° à cette partie du corps qu'on appelle encore le *tronc* ; 2° à des statues antiques mutilées, dont les membres et la tête sont brisés. Tel est le *torse du Belvédère*.

TORTELLE. Voy. VÉLAR.

TORTICOLIS, variété du rhumatisme qui a son siège dans les muscles du cou, et met obstacle aux mouvements de la tête. Cette affection est ordinairement fort courte, et se dissipe d'elle-même dans l'espace de quelques jours.

TORTILE, nom donné aux plantes dont les parties se tordent spontanément en sens divers.

TORTOLA, la principale des îles Vierges, aux Antilles. Elle a 4 lieues de longueur sur 2 à 3 lieues de largeur. Elle est d'une grande fertilité.

TORTONE, ville épiscopale du Piémont, sur la Scrivia, chef-lieu d'une province du même nom, formée d'une partie de l'ancien Milanais. Cette ville, située au milieu d'un territoire d'une grande fertilité, à peu de distance d'Alexandrie, renferme 8,000 habitants. Elle commerce en blé, vins, soieries.

TORTOSE, ville épiscopale d'Espagne, sur la rive gauche de l'Ebre, à 20 lieues de Tarragone. C'est une ville très-forte et qui compte 11,000 habitants. Elle a une université et un collège. Elle renferme des fabriques de soieries, porcelaine fine, huile estimée. Dans ses environs, l'on trouve des carrières d'un beau marbre dit *de l'ordre du Tortose*.

TORTUE, genre de reptiles de l'ordre des *chéloniens*, renfermant ceux de ces animaux qui habitent la terre. Ils sont caractérisés par la carapace, sous laquelle peuvent se retirer la tête, les pattes et la queue; elle est en général très-bombée, et quelquefois plus haute que large. Le disque de cette carapace a treize plaques cornées ; les pièces du pourtour varient de vingt-trois à vingt-cinq ; celles du sternum sont au nombre de onze ou douze. La tête est courte, épaisse, recouverte en dessus de plaques cornées; les yeux sont placés de côté et à fleur de tête; les mâchoires sont recouvertes d'étuis cornés très-solides, tranchants ou denticulés. Les pattes, courtes et informes, ont des doigts peu distincts, réunis en un moignon arrondi et calleux, munis d'ongles tranchants. Les pattes de devant ont cinq doigts; celles de derrière, quatre. Une seule espèce a quatre doigts devant et derrière. La queue est armée d'écailles tuberculeuses. Les mâles sont en général plus petits que les femelles. Celles-ci déposent leurs œufs arrondis ou cylindriques dans des trous exposés aux rayons du soleil. Ces animaux vivent dans les bois, et s'engourdissent pendant l'hiver. Ils se nourrissent presque exclusivement de matières animales, de mollusques, d'insectes, etc., sont très-sobres et vivent très-longtemps. On les trouve sur toutes les parties du globe. La *tortue grecque*, qui habite la Grèce, l'Italie, le midi de la France, est longue de huit à dix pouces. Les plaques de la carapace sont tachetées de noir et de jaune vert. La tortue grecque se nourrit de racines, d'herbes, de limaces. On en nourrit quelquefois dans nos jardins. Leur chair est bonne à manger, et sert à faire des bouillons analeptiques, employés contre le scorbut et la phthisie pulmonaire. Le *tortue éléphantine*, longue de plus de trois pieds, a la carapace d'un brun noirâtre, et habite les îles du canal Mozambique. — On donne vulgairement le nom de *tortue* à tous les reptiles semblables par les formes générales aux animaux que nous venons de décrire. Les naturalistes aujourd'hui ont fait de ces animaux un ordre de reptiles, celui des *chéloniens*.

TORTUE. Les anciens nommaient ainsi l'action par laquelle les soldats se serraient les uns contre les autres et élevaient leurs boucliers de manière à en faire une espèce de toit très-solide sur lequel les traits des ennemis glissaient sans leur faire mal. Les Romains étaient surtout habiles dans ce genre de mouvements militaires.

TORTUE (LA), une des Antilles, à 2 lieues de Saint-Domingue. Cette île est d'un accès très-difficile. Le sol est fertile, mais peu arrosé, et productif en tabac, résine, aloès, indigo, sandal, etc. Le port principal et la capitale est Cayona.

TORTUE, île du Grand-Océan, entre les îles des Amis et les îles Fidji.

TORTUGA-SALADA, île, une des Antilles, sur la côte de la Colombie, à l'E. de la Marguerite. Elle a 9 lieues de tour, et est inhabitée.

TORTURE, nom donné aux tourments que l'on faisait subir avant et après sa condamnation à un accusé, pour le forcer à avouer son crime et ses complices. Pour donner la torture, on brûlait les extrémités des membres avec des torches ardentes, on chaussait les pieds dans des brodequins de fer très-serrés, on versait une grande quantité d'eau dans la bouche du patient, etc. La torture ne devait jamais aller jusqu'à l'effusion du sang. Elle fut abolie à l'unanimité par l'assemblée constituante.

TORULEUX, nom donné, en botanique, aux parties des plantes oblongues, solides, alternativement renflées d'espace en espace par de petites bosses ou élévations extérieures, et de plus contractées ou resserrées sans articulations. Tels sont les fruits des *doliques, arachides, érythrine, moutarde, chélidoine*, etc.

TOSA, rivière d'Italie, prend sa source au mont de la Fourche, en Suisse, et se jette dans le lac Majeur.

TOSCAN (ORDRE), terme d'architecture. L'ordre toscan est le plus simple et le plus solide des cinq ordres d'architecture. Le chapiteau est sans ornement, et le fût est uni. On nomme *architecture toscane* celle qui est essentiellement composée d'arcades et de bossages. Des peuples de la Lydie, étant venus habiter la Toscane, y bâtirent ainsi leurs premiers temples. C'est de là qu'est venu son nom d'ordre toscan. On le nomme aussi *ordre rustique*.

TOSCANE, grand-duché des bords de la Méditerranée et de l'Italie centrale. Sa superficie est de 396 lieues carrées, avec une population de 1,300,000 habitants, dont 10,000 juifs. Le climat de la Toscane est délicieux, l'hiver est très-doux; l'air est d'une grande salubrité, excepté dans les *maremmes*, plaines basses, marécageuses et presque désertes. Les Apennins traversent en plusieurs sens la Toscane, ainsi qu'un grand nombre de canaux et de rivières, dont les principales sont le Tibre, l'Arno, l'Ombrono et la Serchia. Les productions du règne minéral consistent en cuivre, marbre, albâtre, plomb, mercure, fer, granit, chaux, plâtre, grès et tuf. Le sol est d'une grande fertilité, et produit des blés et des vins excellents. On y élève de bons chevaux et des bestiaux de toute espèce. On se livre avec succès à l'éducation des vers à soie. L'industrie et le commerce s'exercent sur les soieries, les papeteries, les velours, les fleurs artificielles et les chapeaux de paille. Les habitants de la Toscane sont d'une taille avantageuse et pleins de douceur, de politesse, de franchise. Les femmes y sont très-belles. C'est en Toscane que la langue italienne est parlée avec le plus de pureté.—La Toscane porta chez les Romains le nom d'*Etruria* (voy.), *Tyrrhénia et Tuscia*. Après la chute de l'empire d'Occident (476), cette contrée fut occupée d'abord par les Ostrogoths, puis par les Grecs, enfin par les Lombards. Charlemagne la réunit à l'empire des Francs. Après la mort de Charlemagne, la Toscane appartint à des petits souverains, comtes ou gouverneurs, qui surent rendre leur dignité héréditaire. En 1160, la Toscane fut vendue par les guelfes à l'empereur Frédéric Ier. Au moyen âge, les villes de la Toscane, Florence, Sienne, etc., cherchèrent à se rendre indépendantes, et s'allièrent contre l'empire, auquel Pise et plusieurs autres cités restèrent fidèles (1167). La Toscane fut dévastée pendant les guerres des guelfes et des gibelins, qui durèrent trois siècles. A Florence, en 1250, le peuple s'érigea en république réglée par un *capitano* du peuple et un conseil des anciens. Mais en 1262 une lutte s'engagea entre la noblesse et le peuple au sujet de l'égalité des droits réciproques. Elle dura jusqu'en 1348. époque où la no-

blesse fut exclue de toute participation au gouvernement de la ville. Les Médicis, citoyens illustres, devenus puissants par leur immense commerce, établirent leur domination sur Florence. Elle dura depuis 1374 jusqu'en 1737. Durant cette période, Florence avait soumis Pise (1509) et Sienne (1557). Le règne des Médicis donna naissance à une foule d'hommes distingués dans les sciences et les beaux-arts. Tels furent le Dante, Galilée, Giotto, Léonard de Vinci, Machiavel, Michel-Ange, Pétrarque, etc. La Toscane, érigée en grand-duché en 1569, passa en 1737, à la mort de Jean-Gaston de Médicis, qui ne laissa pas d'enfants, au duc François de Lorraine, puis à la maison d'Autriche, quand ce prince devint empereur. La Toscane fut gouvernée par un archiduc jusqu'à ce que Napoléon, après s'en être emparé, l'érigea en royaume, sous le nom de royaume d'Etrurie, en 1801, en faveur du fils du duc de Parme, mort en 1803. La veuve de ce prince le céda à la France en 1807. Il fut réuni à l'empire français l'année suivante. En 1814, l'archiduc Ferdinand III rentra en possession de la Toscane, qui fut érigée en grand-duché. On y joignit la principauté de Piombino, l'île d'Elbe et ses dépendances. Le gouvernement est monarchique absolu. Le pays n'a ni constitution ni privilèges. La religion de l'Etat est le catholicisme. Les revenus sont d'environ 5,800,000 florins. La Toscane se divise en trois provinces, *Florence, Pise* et *Sienne*. FLORENCE est capitale de tout le duché.

TOSS, bourg du canton de Zurich, célèbre par la bataille qui s'y livra entre le duc Albert d'Autriche et les Zuricois en 1392.

TOSTE ou TOTE, nom donné aux bancs posés en travers des chaloupes et des canots, et où s'asseyent les rameurs.

TOTILA, roi des Ostrogoths d'Italie, surnommé *Baduella*, était duc de Frioul en 541. Il succéda à Eraric sur le trône des Goths. Les défaites de ce peuple sous les règnes précédents l'avaient beaucoup affaibli et renfermé entre les Alpes et le Pô. Totila parvint, avec une armée de 5,000 Goths, à battre les Grecs près de Faenza. Il s'empara de Bénévent, Cumes, Naples, Spolète, Pérouse, Plaisance et Rome, soumit toute la basse Italie, la Corse, la Sardaigne et la Sicile. Ces conquêtes ne furent marquées que par des actes de clémence et de bonté. Justinien envoya contre Totila Narsès, général habile, qui vint livrer bataille à Totila près de Tagrina, dans les Apennins. Les Ostrogoths furent vaincus; Totila mourut de ses blessures quelques jours après le combat (552), et sa mort mit fin à la domination des Ostrogoths en Italie.

TOUAGE, terme de marine, travail des matelots pour *touer*, changer de place un bâtiment, le faire entrer dans un port ou monter dans une rivière. C'est aussi le changement de place qu'on fait faire à un vaisseau, quand on veut l'approcher ou reculer de quelque lieu, au moyen de cordes fixées au vaisseau, et que l'on tire du rivage avec un cabestan; le vaisseau prend la direction que l'on veut lui donner. On dit un *bâtiment s'est toué pour entrer ou sortir d'un port*, *d'une rivière*, etc. Souvent les matelots tirent à force de rames un vaisseau qu'on a attaché à une chaloupe. D'autres fois on se sert d'ancres mouillées ou amarrées à terre.

TOUARICKS, tribu nègre répandue dans les pays S.-E. de la Barbarie, à l'E. du Soudan, dans les oasis du Sahara. Ces nègres sont Berbères d'origine, et professent le mahométisme. Ils vivent de brigandages.

TOUCAN, genre de l'ordre des grimpeurs, renfermant des oiseaux caractérisés par un énorme bec, presque aussi long et aussi gros que le corps, dentelé sur le bord des mandibules, très-léger et celluleux intérieurement, arqué vers le bout. Les toucans vont par petites troupes ; leur vol est lourd et pénible. Ils sont défiants et dans une agitation continuelle.

Ils vivent de fruits, d'insectes, d'œufs et de petits oiseaux. Leur plumage est noir ou vert, avec des couleurs vives, rouges, blanches ou jaunes sur la gorge, la poitrine et le croupion. Les toucans habitent l'Amérique méridionale. On employait jadis les plumes et les peaux de ces oiseaux pour des broderies et des espèces de tapis.

TOUCHAU, nom donné, en docimastique, à des aiguilles d'essai qui servent à faire connaître exactement les différents degrés d'alliage ou de pureté de l'or et de l'argent ou du cuivre. Ce sont des petites lames faites des mêmes métaux.

TOUCHE, terme de luthier. La *touche* des instruments à archet est la partie supérieure de leur manche recouverte en ébène, et sur laquelle les doigts appuient sur les cordes pour varier leurs intonations. Les *touches* du clavier du piano ou de l'orgue sont les leviers sur lesquels les doigts agissent pour faire parler les notes. Ordinairement les touches destinées aux notes de la gamme naturelle d'*ut* sont blanches; celles destinées aux notes diésées ou bémolisées sont noires. Dans la guitare, les *touches* sont les filets d'ivoire ou de métal qui traversent le manche, et qui marquent les positions où il faut mettre les doigts pour former les intonations.

TOUCHE, épreuve que l'on fait de l'or ou de l'argent par le moyen de la *pierre de touche*. C'est ainsi qu'on nomme une pierre noire, fort dure, dont on se sert pour essayer la pureté de l'or ou de l'argent. — En termes de marine, *toucher* c'est heurter la terre, faute d'eau ou de fond. *Toucher* à une côte, à un port, c'est aborder à une côte, à un port, et y mouiller.

TOUE, petite embarcation plate en usage sur la Loire, et qui sert à aller et venir à terre des bâtiments attachés au port.

TOUÉE. C'est, en marine, une longueur de 120 brasses (600 pieds ou environ 200 mètres). La grande touée, dans les vaisseaux et frégates, est une réunion de trois câbles de même grosseur, fixés sur la plus grosse ancre. Les bâtiments au-dessous ont des touées de deux câbles. Entrer à la *touée* dans un port se dit d'un vaisseau que l'on tire avec une touée.

TOUG ou TOUC, espèce d'étendard, demi-pique au bout de laquelle on attache une ou plusieurs queues de cheval avec un bouton à côté, et qu'on porte devant les vizirs, les bachas et les gouverneurs de province en Turquie.

TOUL, chef-lieu d'arrondissement du département de la Meurthe, sur la Moselle, à 6 lieues de Nancy. Population, 7,500 habitants. Cette ville, une des plus anciennes de France, était jadis capitale des *Leuci*, qui furent soumis par César. Les Francs la possédèrent ensuite jusqu'au temps où Charles le Chauve la donna à Henri l'Oiseleur. En 1552, elle fut définitivement réunie à la France. La cathédrale de Toul est d'une belle architecture gothique. Toul renferme encore un tribunal de première instance, un collège, une école normale primaire, une société d'agriculture. C'est une place de guerre de troisième classe. Toul commerce en vins, eaux-de-vie, grains, toiles et faïences estimées.

TOULA, gouvernement de la Russie d'Europe, borné par ceux de Moscou, Riasan, Orel et Kalouga. Sa superficie est de 1,550 lieues carrées, et sa population de 1,038,500 d'habitants. Ce gouvernement est un des plus fertiles de la Russie. C'est un pays de plaines, arrosé par un grand nombre de cours d'eau, entre autres l'Oka et le Don. On y trouve de riches mines de fer. Toula est un gouvernement entièrement agricole, bien cultivé; on y récolte beaucoup de blé, légumes, lin et tabac. La capitale est TOULA, ville industrieuse et manufacturière, située sur l'Oupa, petit fleuve affluent de l'Oka, et qui compte plus de 30,000 âmes. On estime beaucoup ses manufactures d'armes, ses fabriques de coutellerie, quincaillerie, cuirs, tissus et chapellerie.

TOULINE, nom donné à une corde qui sert à traîner un bâtiment par un ou plusieurs bateaux à rames où elle est attachée.

TOULON, port sur la Méditerranée, chef-lieu d'arrondissement du département du Var, à 20 lieues de Draguignan, 215 de Paris et environ 200 d'Alger, placée entre l'Italie et l'Espagne, voisine de la Corse. Population, 28,419 habitants. Cette ville est très-ancienne. Son histoire certaine ne date que du xe siècle. En 1793, Toulon, que les habitants, fatigués des violences révolutionnaires, avaient livré aux Anglais, fut assiégé et repris par l'armée française. Bonaparte fit ses premières armes à ce siège. Cette ville est très-bien fortifiée. Son port est une des plus belles et des plus sûres rades du monde. Le port se divise en deux parties, le port marchand et le port militaire. On remarque en outre à Toulon l'arsenal, plusieurs hôpitaux, l'hôtel de ville, un musée militaire, un beau parc d'artillerie, une bibliothèque publique de 8,600 volumes, un théâtre, un jardin botanique, etc. Toulon renferme en outre une direction des douanes, une préfecture maritime (cinquième arrondissement) et un tribunal maritime, un tribunal de première instance et de commerce, un collège, une société des sciences, belles-lettres et arts, un cours de géométrie et de mécanique, un observatoire et un bagne affectés aux condamnés à dix ans et au-dessous de travaux forcés. Il contient environ quatre mille forçats. Toulon fut ville épiscopale depuis le ve siècle de J.-C. jusqu'à la révolution; l'évêché a été supprimé à cette époque. Le commerce de Toulon est très-étendu; il a lieu avec l'Afrique, l'Italie, la Corse et l'Orient, principalement en grains, fruits secs, huile, olives, amandes, figues, oranges, vins, eaux-de-vie, toiles, cordages, cuirs, etc. Cette ville, une des plus importantes de la France, est devenue, depuis la conquête d'Alger, le point central de nos communications avec l'Afrique.

TOULONGEON (LE VICOMTE François-Emmanuel DE), né à Champlite (Haute-Saône), embrassa la carrière des armes, et se fit connaître bientôt par son mérite comme écrivain. L'académie de Besançon le nomma un de ses membres. Toulongeon était avant la révolution colonel de son régiment. Il adopta les principes de la révolution, donna la liberté à ses vassaux, et écrivit ses *Principes naturels et constitutifs des assemblées nationales*. Député aux états-généraux de 1789 par la noblesse de la Franche-Comté, il se fit remarquer dans l'assemblée constituante par la noblesse de ses sentiments et son patriotisme. Il demanda que Louis XVI fût traité avec le respect et les honneurs que méritait son caractère, et rédigea le décret portant qu'aucun membre de l'assemblée ne pourrait accepter d'emploi à la cour. Il fut nommé en 1796 membre de l'Institut et du corps législatif, puis commandant de la Légion d'honneur. Il mourut en 1812. On a de lui une *Histoire de France* depuis 1787 jusqu'à l'époque du consulat, plusieurs *mémoires*, des traductions d'ouvrages étrangers, etc.

TOULOUSE, grande ville de France, sur la rive droite de la Garonne, chef-lieu du département de la Haute-Garonne. Population, 90,000 habitants. Toulouse, autrefois *Tolosa*, est une ville très-ancienne. Elle fut longtemps la capitale des Volces Tectosages. Les Romains soumirent Toulouse, et la placèrent au rang des villes libres alliées de la république. Les Visigoths, qui en avaient fait la capitale de leur empire, en furent chassés par Clovis. Elle fut érigée alors en capitale de l'Aquitaine, et eut des comtes, qui se rendirent souverains indépendants et héréditaires. Les guerres des albigeois ensanglantèrent le pays dans les xiie et xiiie siècles. Elles ne cessèrent qu'en 1229. Le comté de Toulouse revint à la couronne en 1271. Depuis cette époque, comme sous les comtes, Toulouse fut régie par un parlement et par des magistrats de son choix, qui se qua

lifièrent d'abord *capitulaires*, et plus tard *capitouls*, et qui durèrent jusqu'en 1789. Une bataille sanglante fut livrée sur les collines qui entourent Toulouse le 10 avril 1814. Le maréchal Soult, attaqué par des forces quadruples, ne céda la victoire à l'armée anglo-hispano-portugaise, qu'en lui mettant hors de combat presque autant de soldats qu'il en avait à lui opposer. Toulouse possède un évêché érigé dans le mesiècle, devenu archevêché dans le xvie, et d'où ressortissent les évêchés de Montauban, Pamiers et Carcassonne, un séminaire diocésain, une école secondaire ecclésiastique, un musée, une faculté de droit, des facultés des sciences, des lettres, de théologie, une école secondaire de médecine, un collège royal de deuxième classe, une école normale primaire, une académie des jeux floraux, une académie des sciences, inscriptions et belles-lettres, une société de médecine, un jardin des plantes, une société d'agriculture, une école des beaux-arts, une fonderie de canons, deux théâtres, et deux bibliothèques de 25,000 volumes chacune.

TOUPIE, jouet de bois connu des anciens, qui est fait en forme de poire, et qu'on enveloppe d'une corde tournée en spirale, par le moyen de laquelle, lorsqu'on l'en dégage en le jetant, il tourne sur une pointe de fer dont il est armé au bout. — On donne vulgairement le nom de *toupie* aux coquilles du genre *troque*.

TOUQUE, rivière de France, prend sa source dans le département de l'Orne, passe à Lisieux, Pont-l'Évêque, et se jette dans la Seine. — A son embouchure est le petit bourg de *Touques*, chef-lieu de canton du département du Calvados, à 3 lieues N. de Pont-l'Évêque. Population, 1,200 habitants. Cette ville a un petit port.

TOUR, terme d'architecture, corps de bâtiment fort élevé, de figure ronde, carrée ou à pans, qui flanque les murs de l'enceinte d'une ville ou d'un château. On appelle *tour de dôme* un mur circulaire ou à pans, qui porte la coupe d'un dôme, qui est percé de vitraux et orné en dedans et en dehors; *tour d'église*, un gros bâtiment presque toujours carré et qui fait partie du portail d'une église : il est accompagné d'un autre bâtiment pareil construit vis-à-vis du premier, et ces deux tours sont ou couvertes en terrasse, ou terminées par des aiguilles ou flèches; *tour chaperonnée*, celle qui a un petit comble apparent. En termes de fortifications, on appelle *tour* un bâtiment fort élevé et de plusieurs étages, rond, carré ou polygone. On se servait autrefois, dans les sièges, de tours de bois pour porter des soldats en sûreté devant les places qu'on voulait assiéger. Ces tours se plaçaient quelquefois sur le dos des éléphants. Les chaudronniers appellent *tour* une machine qui sert à donner aux chaudrons et aux poêlons leur dernière façon; les lapidaires, une machine à laquelle sont attachés certains outils que l'on fait tourner au moyen d'une roue; les potiers de terre, une roue avec laquelle ils forment les ouvrages de poterie; les ciriers, un cylindre tournant sur un arbre tournant sur deux pieds, et qui sert à dévider la bougie filée en sortant de la filière. La *tour mobile* est un assemblage de charpente à plusieurs étages, dont on se sert pour élever des fardeaux ou travailler à des lieux élevés. *Tour* se dit encore 1o d'une machine dont les *tourneurs* se servent pour façonner en rond le bois, l'ivoire, la corne et même les métaux; 2o d'une armoire tournante et ronde, qui est posée dans l'épaisseur du mur, qui sert, dans les monastères de religieuses et dans les hôpitaux, à faire passer ce qu'on reçoit du dehors ou ce qu'on y envoie; 3o d'une pièce du jeu des échecs, placée de chaque côté et à l'extrémité de l'échiquier. Elle marche toujours en carré.

TOUR D'ESPAGNE, sorte de dévidoir formé de douze pièces de bois verticales de trente pouces de haut sur quatre de largeur et deux d'épaisseur, fixées chacune dans un fort billot de bois et nommées *pel-*

les. L'écheveau est placé sur toutes les deux, et on les écarte suffisamment pour qu'il soit bien tendu. Près d'une des pelles et sur le même billot est fixé un montant de quatre pieds de long, au haut duquel est pratiquée une fourchette qui reçoit à charnière une règle de bois nommée *cicogne*, et qui a quatre pieds trois pouces de long. L'autre bras de ce levier a six pouces de long, et est chargé à son extrémité d'un poids suffisant pour tenir toujours élevée l'autre extrémité du levier, à laquelle est fixé un crochet en verre sur lequel passe le fil que l'on veut dévider.

TOUR DU PIN (LA), sur la rive gauche de la Bourbre, chef-lieu d'arrondissement du département de l'Isère, à 16 lieues et demie de Grenoble. Population, 2,400 habitants. C'est une ville sans importance. Elle fut autrefois une place forte qui commandait la route de Lyon à Chambéry par le chemin des Echelles.

TOURAINE, ancienne province de France, bornée au N. par l'Orléanais, à l'E. par le Berry, au midi par le Poitou, à l'O. par l'Anjou et le Maine. La Touraine était divisée par la Loire en haute et basse Touraine; sa longueur était de 25 lieues, sa largeur de 22. La Touraine fut primitivement habitée par les *Turones*, peuples guerriers qui entrèrent dans la ligue formée par les Gaulois pour repousser l'invasion romaine. Sous Honorius, cette province fut comprise dans la troisième Lyonnaise. De la domination des Romains, elle passa sous celle des Visigoths en 475, puis des Francs en 507, et fut gouvernée longtemps par des comtes, d'abord nommés à vie, mais qui dans la suite se rendirent héréditaires. Geoffroi, comte d'Anjou, s'en empara en 1044, et la transmit à ses descendants, comtes d'Anjou et rois d'Angleterre; mais Philippe Auguste en prit possession en 1202, comme des autres fiefs confisqués sur Jean sans Terre. Jean Ier érigea la Touraine en duché-pairie, en 1356, en faveur de Philippe, son fils, depuis duc de Bourgogne; elle servit depuis d'apanage à plusieurs fils de France, et même à des reines. Elle fut réunie à la couronne à la mort de François, duc d'Alençon, frère de Henri III. La Touraine formait, avant 1789, un gouvernement et une généralité. Cette dernière embrassait, outre cette province, l'Anjou, le Maine et le bas Poitou. Sa capitale était Tours.

TOURBE, matière noirâtre, spongieuse, composée de parties de végétaux altérés et souvent pénétrés de limon. On appelle *tourbière* les gisements de tourbe. La tourbe forme souvent de très-grands amas et de couches épaisses. Elle se montre de préférence dans les lieux marécageux. Dans une couche de tourbe, on distingue la tourbe superficielle, lâche et composée de végétaux entrelacés, à peine décomposés. Elle porte le nom de *bousin* ou *tourbe fibreuse* ; à mesure que l'on s'enfonce dans la tourbe, elle devient plus compacte et plus noire, composée de débris moins apparents; on l'appelle *tourbe limoneuse*. La tourbe desséchée sert principalement de combustible. Elle répand une fumée abondante et une odeur assez désagréable. Elle s'allume avec un peu de difficulté; mais, une fois allumée, elle brûle bien et répand une grande chaleur. Pour enlever à la tourbe son odeur désagréable, on la réduit en charbon. La cendre de tourbe des marais est un engrais très-fertile pour les terrains.

TOURBILLON, mouvement circulaire et violent que prennent l'eau ou le vent quand ils sont très-agités. En philosophie, on nomme ainsi un système inventé par Descartes, dans lequel on suppose un grand nombre de particules très-petites de matière ou de couches sphériques, qui se meuvent autour du même axe ou d'un centre commun. C'est le grand principe dont les cartésiens se servent pour expliquer la plupart des mouvements et des autres phénomènes des corps célestes, et le mécanisme de l'univers.

TOURET, rouet, moulinet ou dévidoir, d'environ trente pouces de longueur, sur lequel les cordiers roulent le fil de caret à mesure qu'il est fabriqué. Ces tourets ont leur axe en fer, qui porte à leur extrémité deux bouts de planches croisées, servant à retenir le fil sur le touret, jusqu'à ce qu'il soit plein. Les rayons forment le cylindre à jour sur lequel le fil se dévide à mesure qu'il est filé. — On donne encore ce nom 1° à un clou tourné en rond, qui a une grosse tête arrêtée dans la partie du bas de la branche de la bride du cheval de selle; 2° à une petite roue qui, dans les machines à tourner, reçoit son mouvement d'une plus grande; 3° à une roue de fer que les lapidaires emploient pour graver des pierres et des médailles. On la fait tourner avec le pied. Cette roue fait mouvoir les outils qui y sont fixés et auxquels on présente la pièce que l'on veut graver.

TOURIE, nom donné autrefois à des bouteilles en grès où l'on mettait de l'eau-forte, et qui en contenaient de huit à seize pintes. Il y avait des *doubles touries*.

TOURIÈRE, nom donné, dans les monastères de filles, à une domestique de dehors qui a soin de faire passer au tour toutes les choses qu'on y apporte.

TOURILLON. On appelle ainsi, en artillerie, les parties rondes et saillantes qui sont placées vers le milieu du canon, de chaque côté. Ce sont deux espèces de bras qui servent à le soutenir sur son affût, dans le sens de sa longueur, et sur lesquels il peut se balancer et se tenir à peu près en équilibre. Le mortier a aussi ses tourillons, par lesquels il est attaché et soutenu sur son affût. Les *tourillons* sont aussi de grosses chevilles ou boutons de fer qui servent d'essieu ou de pivot, sur lequel tournent les flèches des bascules d'un pont-levis et autres pièces de bois dans les machines.

TOURLOUROU, nom vulgaire donné, aux Antilles, à un crustacé appartenant au genre *gécarcin*.

TOURMALINE (*schorl électrique, aimant de Ceylan, aphrisite, apyrisite, sibérite,* etc.), noms donnés à plusieurs minéraux dont les caractères communs sont de cristalliser en prismes hexagones non symétriques, d'être difficilement fusibles au chalumeau en émaux blancs ou noirs. L'électricité causée par la chaleur est beaucoup plus marquée dans la tourmaline que dans toute autre substance. Sa pesanteur spécifique est de 3 à 3,42. Elle raye le quartz, mais elle est rayée par la topaze; Elle se compose de silice, d'alumine et de quantités variables de lithine, d'oxyde de fer, de magnésie et d'acide borique. La tourmaline varie de couleur.

TOURMENTE, vent qui souffle avec la plus grande force.

TOURMENTIN, voile nommée *trinquette* dans les petits bâtiments. Le nom de tourmentin lui vient de ce que, dans les grands bâtiments, on ne s'en sert que pendant une tourmente. Il se place sur le mât de misaine, lorsque le temps oblige à avoir celle-ci serrée. Il est d'une grosse et forte toile.

TOURNAI ou TOURNAY, ville épiscopale de la Belgique, dans le Hainaut, sur le fleuve de l'Escaut, à 6 lieues de Lille, avec une population de 25,000 habitants. On admire l'abbaye et la cathédrale de Tournai. On y trouve de belles manufactures de porcelaine et de vases de grès, des fabriques de bronze, des filatures de coton, des filories, etc. L'évêché de Tournai a été fondé en 268. Le premier titulaire fut saint Platon.

TOURNAIRE, nom donné au collateur de la cour de Rome qui devait conférer les bénéfices et y présenter.

TOURNASIN, outil de fer aminci et recourbé par chaque bout, lequel sert à tourner et à travailler la terre des vases de faïence et de porcelaine. En termes de fabriques de porcelaine, on nomme *tournasine* une certaine quantité de pâte appliquée sur la tête du tour de la porce-

laine. *Tournaser*, c'est réparer avec le tournasin les inégalités du vase.

TOURNÉE, nom donné 1° à une pioche dont le fer est plat à une des extrémités et pointu à l'autre. On s'en sert pour arracher les arbres. Cet outil de jardinage réunit la pioche et la hache; 2° à une enceinte de filets montés sur des pieux qui ont la forme d'un fer à cheval, dont l'ouverture est à la côte et le côté convexe à la mer, le tout sur un terrain de pente, afin que, la marée venant à se retirer précipitamment, le poisson qui monte à la côte y puisse plus aisément être arrêté par les pêcheurs.

TOURNEFIL, instrument d'acier en forme de parallélogramme carré, qui sert à donner le fil aux outils.

TOURNEFORT (Joseph PITTON DE), né à Aix en Provence en 1656, se livra avec ardeur à l'étude de la botanique et des sciences naturelles. Appelé à Paris en 1683, il obtint la place de professeur de botanique au jardin des Plantes. L'académie des sciences l'admit dans son sein en 1692. Il fut chargé en 1700 de visiter les royaumes du Levant. Il mourut en 1708. On a de lui des *Eléments de botanique*, un *Voyage du Levant*, une *Histoire des plantes des environs de Paris*, un *Traité des matières médicales*. Il est auteur d'un système nouveau de botanique qui a eu un grand succès, mais qui est aujourd'hui à peu près abandonné. C'est par la forme de la feuille et du fruit qu'il a coordonné les plantes. Il les réduit à quatorze classes, comprenant six cent soixante-genres et treize cent quarante-six plantes.

TOURNEGANTS ou RETOURNOIR ou BATONS A GANT, terme de gantiers. Ce sont deux bâtons polis, ronds et longs de deux pieds, plus gros par le milieu que par les bouts et faits en forme de fuseaux. L'un se nomme le *mâle* et l'autre la *femelle*. On insinue ces bâtons dans les doigts des gants pour les pouvoir retourner aisément sans les salir et les chiffonner. On s'en sert aussi pour les élargir et leur donner une meilleure forme. Cette opération se nomme *bâtonner un gant*.

TOURNELLE, nom donné autrefois à une petite tour. On se sert encore de ce mot en parlant de certains vieux bâtiments et de quelques lieux, comme le palais, les rues, le quai des *Tournelles* à Paris. — On appelait encore *tournelle* une chambre du parlement composée de certain nombre de juges qu'on prenait tour à tour dans le grand chambre et les chambres des enquêtes pour juger les matières criminelles.

TOURNEMINE (René-Joseph DE), né en 1661, à Rennes, d'une des plus anciennes maisons de Bretagne, entra dans la compagnie des jésuites en 1695. Il professa la philosophie deux ans et la théologie six ans à Rouen. Il travailla ensuite longtemps au *Journal de Trévoux*, et fut bibliothécaire des jésuites de Paris. Il mourut en 1739. Son érudition était très-grande; il connaissait l'Ecriture sainte, la théologie, l'histoire sacrée et profane, et cultivait l'éloquence, les belles-lettres et la poésie. On a de lui un grand nombre de dissertations et d'autres écrits.

TOURNE-PIERRE, genre de l'ordre des échassiers longirostres, caractérisé par un bec médiocre, dur à la pointe, fort, droit, en cône allongé, légèrement courbé en haut; par des pieds médiocres et nus, ayant trois doigts devant et un derrière; par des ongles courbés et pointus. Le *tourne-pierre à collier* a le front, l'espace entre l'œil et le bec, un large collier sur la nuque, une partie du dos, une bande longitudinale et une autre transversale sur l'aile, les couvertures supérieures de la queue, le milieu de la poitrine, ainsi que les autres parties inférieures, d'un blanc pur; le sommet de la tête d'un blanc roussâtre rayé de noir; le haut du dos d'un roux marron parsemé de taches noires, et le reste brun. La tourne-pierre habite les rivages des deux mondes. Chez nous, il n'est que de passage.

TOURNESOL, nom vulgaire de *l'hélianthe à grandes fleurs*, appelé encore *soleil*. Cette plante est annuelle ; sa tige monte à plusieurs mètres. Elle est cylindrique, épaisse, droite, remplie de moelle, rude au toucher, garnie de rameaux seulement à son sommet. Les feuilles sont en forme de cœur renversé, pointues au sommet, rudes, d'un vert foncé, amples, hérissées de poils et portées par de longs pédoncules. Chaque rameau se couronne d'une fleur ayant de trente à quarante centimètres de circonférence. Cette fleur donne naissance à une infinité de graines elliptiques, le plus souvent noires, renfermant une amande d'un goût agréable. On cultive cette plante comme plante d'agrément et pour son utilité. Les fleurs donnent un beau jaune fauve, solide à la teinture. Les graines peuvent servir à la nourriture de l'homme et des bestiaux. On en retire une huile douce, agréable au goût, et bonne à brûler.

TOURNESOL, nom donné dans les arts à une substance colorante bleue, retirée du végétal appelé *croton teignant*. On s'en sert pour tracer des dessins sur la toile ou sur la soie qu'on veut broder ; pour teindre ce gros papier d'un bleu foncé dont on enveloppe les pains de sucre. Les chimistes emploient souvent cette substance, parce qu'elle a la propriété de rougir sur-le-champ dès qu'on la mêle avec une substance acide quelconque, et qu'elle en décèle ainsi la présence.

TOURNETTE, nom donné 1° à un petit plateau fixé sur un pied et servant à porter les vases que l'on veut peindre ou façonner ; 2° à de petites roues servant de dévidoir dans les filatures ; 3° à une cage tournante où l'on met les écureuils.

TOURNEVENT, couverture mobile placée au-dessus d'une tête de cheminée pour la garantir du fumée.

TOURNEVIRE, cordage de grosseur médiocre dont on fait usage sur les vaisseaux dans certains cas, comme pour élever les ancres pesantes. Les tournevires ont dans leur longueur de nombreux bracelets en petit cordage.

TOURNIOLE, nom vulgaire d'une espèce de panaris dont le siège est entre l'épiderme et la peau. C'est la variété la plus fréquente de la maladie.

TOURNIQUET (méd.), instrument de chirurgie propre à arrêter le cours du sang dans les membres, en exerçant une forte compression sur leur artère principale. Cet instrument, inventé en 1674, consiste spécialement en deux pelotes réunies par une courroie et qui peuvent être éloignées ou rapprochées au moyen d'une vis de rappel ; de sorte qu'on peut comprimer à volonté l'artère sur laquelle l'une d'elles est appliquée. L'une des pelotes est, en effet, placée sur le trajet du vaisseau, et l'autre sur un point diamétralement opposé. On se sert du tourniquet pour suspendre momentanément la circulation dans les membres pendant les grandes opérations, pour arrêter les hémorrhagies artérielles dans les blessures, etc.

TOURNIQUET (acc. div.), nom donné 1° à une espèce de dévidoir avec lequel les épingliers dressent le fil de laiton ; 2° à un petit morceau de bois de forme carrée, qui sert à accorder les tuyaux d'orgue ; 3° à un petit morceau de bois attaché au bord d'un châssis, et qui sert à soutenir le châssis quand il est levé ; 4° à un morceau de fer plat, dont l'un des bouts a un piton rivé où l'on met le crochet d'une tringle de fer, et l'autre a un trou où entre le bout de la flèche de la colonne d'un lit ; 5° à une machine de bois, ronde ou carrée, autour de laquelle sont marqués symétriquement divers nombres ou chiffres. Il y a aussi au milieu un piton de fer auquel une aiguille qu'on fait tourner et qui, selon l'endroit du tourniquet où elle s'arrête, donne le résultat du jeu nommé *jeu du tourniquet* ; 6° à une poutre, garnie de pointes de fer, que l'on place dans une ouverture, une brèche, à l'entrée d'un camp pour disputer le passage à l'ennemi ; 7° à un rouleau de bois porté par un axe sur lequel il peut se tourner ; son usage est de garantir du frottement tous les objets qui se trouvent dans la direction d'un cordage, tels que pompes, mâts, etc. ; le frottement du cordage porte alors entièrement sur le rouleau ; 8° à des insectes du genre *gyrin*.

TOURNIQUET A GAZ, instrument de physique, analogue aux tourniquets hydraulique et électrique, et qui sert à démontrer la réaction causée par l'écoulement des gaz. Il consiste en un instrument semblable au tourniquet hydraulique. Le tube vertical est plus étroit de diamètre. A son milieu se trouve une vis qui peut ôter toute communication entre la partie supérieure et la partie inférieure du tube. Il peut se disposer dans le robinet d'une vessie. Le mouvement de rotation se produit des qu'on tourne la vis et que l'air est chassé de la vessie. C'est cette réaction qui produit les mouvements de rotation de plusieurs pièces d'artifice tournantes.

TOURNIQUET ÉLECTRIQUE. L'écoulement de l'électricité donne lieu à une réaction singulière. Le tourniquet électrique, qui en offre une preuve, consiste en un système de tiges métalliques partant d'un centre commun, recourbées dans le même sens à leurs extrémités, et terminées par des pointes très-fines. On le pose par son centre sur un axe métallique, que l'on porte verticalement sur le conducteur de la machine électrique. Lorsqu'on communique de l'électricité à la machine, le tourniquet prend un mouvement plus ou moins rapide autour de son centre, et il ne s'arrête que lorsque la machine a perdu toute son électricité.

TOURNIQUET HYDRAULIQUE, instrument de physique qui consiste en un tube de verre suspendu par un fil, et terminé à sa partie inférieure par une douille de cuivre. De cette douille partent deux tubes de verre dont les extrémités se recourbées horizontalement en sens contraire. Si on remplit l'instrument de liquide, il restera en repos tant que les orifices placés aux deux extrémités des tubes seront fermés ; mais, une fois que les orifices seront ouverts, le liquide jaillira et le tourniquet prendra un mouvement de rotation en sens contraire de l'écoulement.

TOURNIS, maladie propre aux moutons, causée par la présence dans leur cerveau d'une espèce de vers nommés *hydatides*. Ces animaux marchent alors la tête baissée, tournant sur eux-mêmes, et meurent dans un état voisin du délire.

TOURNISSE. C'est ainsi que les charpentiers appellent des poteaux qui servent de remplissage dans les jouées de lucarnes, dans les cloisons où il y a des croix de Saint-André, des décharges, etc.

TOURNOI, nom donné jadis à des jeux militaires, où les chevaliers se livraient plusieurs combats conformément à certaines règles établies pour l'usage. Les tournois différaient des joutes, en ce qu'à ces dernières on combattait seul à seul, et qu'aux tournois on se battait par escadrons. Les armes dont on faisait usage étaient ordinairement des bâtons ou des cannes, des lances sans fer ou à fer rabattu, des épées sans tranchant nommées *gracieuses* ou *courtoises*. Cependant on se servait quelquefois de lances à fer émoulu, de haches et de toutes les armes de bataille. Celles-ci s'appelaient *armes à outrance*. Les tournois, fruits de la chevalerie, disparurent avec elle. On n'en voit plus dans l'histoire depuis 1560.

TOURNOIS, nom que l'on donnait autrefois à la monnaie qui se battait à Tours. L'hôtel de Tours, supprimé en 1772, était le plus ancien de France après Paris. Sa marque était un E. Le *livre tournois* était petite et bordée de fleurs de lis ; il y avait des *livres tournois*, des *sous tournois*, des *petits tournois*, des *doubles tournois*, que l'on distinguait en *tournois blancs* ou d'argent, et en *tournois noirs* ou billons.

Ces monnaies étaient d'un cinquième plus faibles que celles que l'on battait à Paris et qu'on nommait *parisis*. Avant l'établissement du nouveau système monétaire, le *tournois* n'était plus depuis longtemps qu'une désignation de monnaie de compte. 80 francs valent 81 livres tournois.

TOURNON, port sur la rive droite du Rhône, chef-lieu d'arrondissement du département de l'Ardèche, à 14 lieues de Privas. Population 3,980 habitants. La fondation de cette ville remonte à une époque très-reculée. Ce fut longtemps une place forte défendue par un vaste château qui a servi de résidence aux comtes de Tournon. La ville et le territoire de Tournon ont appartenu successivement à la maison de Tournon qui s'éteignit en 1644, aux Montmorency, aux Ventadour et aux Rohan-Soubise. Tournon possède un port commode et bien entretenu, un tribunal de première instance, un collège royal de troisième classe, une société d'agriculture. Cette ville fait un grand commerce en soie, bois de charpente et vins des environs.

TOURNON (François DE), d'une famille illustre, entra dans l'ordre de Saint-Antoine, et fut nommé successivement archevêque d'Embrun (1517), de Bourges (1523), d'Auch en 1537 et de Lyon en 1559. Clément VII l'honora de la pourpre en 1530. Le roi François Ier, qui connaissait son habileté pour les affaires, en fit un de ses principaux conseillers. Il l'envoya aussi en ambassade en Italie, en Angleterre et en Espagne. Le cardinal fonda un collège à Tournon (Ardèche), ville qui appartenait à sa famille. Il mourut en 1562.

TOURNUS, sur la rive droite de la Saône, chef-lieu de canton du département de Saône-et-Loire, à 6 lieues de Mâcon. Population, 5,500 habitants. On remarque les ruines d'une antique et magnifique abbaye, qui appartenait jadis aux bénédictins. Les abbés possédaient un très-grand revenu, et jouissaient de privilèges considérables. Ils avaient le droit de porter les ornements pontificaux, d'administrer la justice dans la ville et ses dépendances. Tournus possède un tribunal de commerce, une maison de correction, un collège et des comices agricoles.

TOURRETTE (Marc-Antoine-Louis CLARET DE LA), né à Lyon en 1729, remplit d'abord dans sa patrie une charge de magistrature, qu'il quitta pour se livrer à son goût pour l'histoire naturelle. Il parcourut la France, l'Italie, la Sicile, en recueillant les plantes curieuses de ces pays. Il mourut en 1793. Ses principaux ouvrages sont des *Démonstrations élémentaires de botanique*, un *Voyage au mont Pila*, la *Chloris* ou *Flore de Lyon*, plusieurs *mémoires* et écrits scientifiques.

TOURS, ville de France, sur la Loire, chef-lieu du département d'Indre-et-Loire, à 60 lieues et demie de Paris. Population 30,000 habitants. Au temps de l'invasion romaine, Tours était une ville importante, capitale des *Turones*. César lui donna le nom de *Cæsarodunum*. Sous Honorius, elle devint la capitale de la troisième Lyonnaise. Les Visigoths s'en emparèrent ensuite, et la conservèrent jusqu'au temps où Clovis les en chassa. Les rois d'Austrasie et de Neustrie la gouvernèrent ensuite. Thibaut, comte de Blois, en ayant pris possession en 941, la transmit à ses successeurs. Tombée au pouvoir des Anglais en 1159, Tours y resta jusqu'en 1204, époque où la Touraine fut réunie à la couronne de France. Tours fut donné en apanage avec titre de duché-pairie à plusieurs princes. Son dernier seigneur fut François d'Alençon, fils de Henri II (1576). En 1470, 1484 et en 1806, les états généraux de France y furent convoqués, et le parlement y fut transféré lorsque la Ligue usurpa la souveraineté de Paris. — Tours possède un musée départemental, un hôtel de ville, un tribunal de première instance et de commerce, une bibliothèque publique de 30,000 volumes, des cabinets scientifiques, un jardin botanique, un collège royal de troisième classe, plusieurs sociétés savantes. Tours est encore le siège d'un archevêché érigé dans le III siècle, et qui a pour suffragants les évêchés du Mans, d'Angers, Rennes, Nantes, Quimper, Vannes et Saint-Brieux ; un séminaire diocésain et une école secondaire ecclésiastique. Son commerce est très-florissant. C'est encore près de Tours que Charles Martel vainquit en 732 les Sarrasins dans une bataille importante.

TOURS MOBILES, machines de guerre en usage chez les anciens. Ces machines étaient faites d'un assemblage de poutres et de forts madriers. Elles ressemblaient assez à une maison et étaient très-hautes. On les appuyait sur plusieurs roues, par le moyen desquelles on les transportait partout où l'on voulait. On remplissait ces tours de soldats qui s'élançaient sur les remparts des villes assiégées.

TOURTE, pièce de pâtisserie qu'on fait cuire dans un vase de métal destiné à cet usage, et dans l'intérieur de laquelle on met des fruits, des confitures, etc. — En termes de verrerie, c'est une pièce d'argile qu'on introduit sous le fond des pots pour les élever, lorsque, les sièges étant usés, on juge les creusets trop bas pour recueillir la matière fondue avec facilité.

TOURTEAU, nom donné 1° à une masse pâteuse que l'on retire, dans les drogueries et les fabriques de dragées, du résidu de certains grains, fruits ou matière dont on a exprimé les sucs ; 2° à de la vieille corde ou de la vieille mèche que l'on trempe dans la poix ou le goudron, et dont les artificiers se servent pour éclairer leurs travaux ; 3° en termes de blason, à des figures en forme de disque.

TOURTERELLE, nom donné à plusieurs espèces du genre *pigeon*. Leurs mœurs, leur naturel, leur instinct sont les mêmes que ceux du pigeon. Les tourterelles se distinguent de ces derniers par leur taille ordinairement plus petite, plus fine et plus délicate, par leur tête petite, leur plumage presque toujours couleur café tendre. Le chant de la tourterelle est un roucoulement triste et plaintif. Cet oiseau habite dans les parties sombres et retirées des bois. Il est long de huit à onze pouces. Sa chair est très-bonne.

TOUR-TERRIÈRE, nom donné, en mécanique, à de gros rouleaux de bois qui servent dans les ateliers à transporter des fardeaux.

TOURVILLE (Annie-Hilarion DE COTENTIN), né au château de Tourville, près de Coutances (Manche), en 1642. Il entra très-jeune encore dans l'ordre de Malte et dans la marine, où il donna des preuves d'une grande intrépidité. Le roi lui attacha en 1666 à la marine royale en lui donnant le titre de capitaine de vaisseau. Il se signala en cette qualité dans l'expédition de Candie, et surtout dans les guerres avec les Provinces-Unies (1671). Nommé chef d'escadre, il força les ennemis à accepter les propositions de la paix de Nimègue (1678). En 1682, nommé lieutenant général des armées navales, il bombarda Alger, Tripoli, et força les corsaires de ces pays à payer les frais de l'armement, à rendre les esclaves français. Nommé vice-amiral en 1698, il remporta une victoire signalée sur les Anglais et les Hollandais. Les ennemis perdirent 15 gros vaisseaux. Ayant reçu (1692, 29 mai) l'ordre de combattre l'armée ennemie, quand même elle serait supérieure en force à la sienne, il fut vaincu, et perdit 14 gros vaisseaux, après avoir résisté tout un jour contre 90 vaisseaux ennemis. Il n'en avait que 44. Cette défaite fut regardée par Louis XIV comme une victoire. Il nomma Tourville maréchal de France (1693). L'année suivante, il vainquit l'amiral Rook sur les côtes de Cadix ; 27 bâtiments furent brûlés. Tourville commanda ensuite les places maritimes de l'Aunis. Il mourut en 1701.

TOUSSAINT, fête que l'Église catholique romaine célèbre en l'honneur de tous les saints, le 1er novembre. Cette fête a été instituée par le pape Boniface IV. Les Grecs la célèbrent le dimanche après la Pentecôte.

TOUTE-BONNE, nom vulgaire donné à deux espèces de *sauge* (l'*orvale* et la *sauge des prés*), et à l'*ansérine sagittée*.

TOUTE-ÉPICE, nom vulgaire du *piment de la Jamaïque* et de la *nielle de Crète*.

TOUTENAGUE, alliage métallique qui nous vient des Indes et de la Chine. Il est de couleur blanche assez semblable à l'argent. Les Siamois le préparent en faisant fondre ensemble du minerai d'étain avec la calamine, ce qui produit un métal blanc susceptible d'un beau poli.

TOUVRE, petite rivière de France, qui prend sa source près de la Rochefoucauld (Charente). Dès son origine, cette rivière porte bateau et présente une largeur d'environ 80 mètres sur une profondeur d'un à 2 mètres. Les eaux de la Touvre ne gèlent jamais ; elles sont chaudes en hiver, fraîches en été ; elles charrient des matières calcaires en dissolution, et couvrent en peu de temps d'incrustations solides les corps qui y restent plongés. Son cours est de 12,000 mètres. La Touvre fait mouvoir de nombreux moulins, et pourrait être facilement rendue navigable.

TOUX, phénomène qui consiste en des expirations courtes, violentes et fréquentes, dans lesquelles l'air produit, en traversant le larynx, un bruit particulier. Un des caractères qui accompagnent constamment la toux, est une occlusion momentanée ou rétrécissement considérable de la glotte. Ce rétrécissement concourt à la production du son. De plus, il rend momentanément la sortie de l'air qui s'échappe ensuite avec une plus grande rapidité et entraîne plus facilement au dehors, en leur communiquant l'impulsion qu'il a reçue, les mucosités amassées dans les diverses parties des voies qu'il parcourt. On distingue la toux en *sèche* ou *humide*, selon qu'elle est ou non accompagnée de crachats ; en *idiopathique* ou *symptomatique*, selon qu'elle existe seule ou qu'elle est liée à une autre maladie des organes respiratoires. La toux idiopathique ou nerveuse attaque spécialement les personnes irritables. Elle est sèche, elle se produit souvent par quintes. On la traite par les remèdes qui conviennent aux maladies nerveuses. — *Toux convulsive* ou *férine*. Voy. COQUELUCHE.

TOXICODENDRON. Voy. SUMAC.

TOXICOLOGIE, science qui traite des *toxiques* ou poisons.

TOXIQUE (des mots grec et latin *toxicum* et *toxicon*, qui signifient *venin*), épithète donnée aux substances capables d'agir comme poison ou comme venin.

TRABAN (d'un mot allemand qui signifie *garde*), nom donné, dans les régiments suisses, à des soldats armés d'une grande hallebarde, et dont la fonction est d'accompagner le capitaine dans toutes les actions de la guerre et de veiller à sa défense.

TRABE, nom donné au bâton qui supporte une enseigne militaire, une bannière.

TRABÉA (Quintus), poète comique de l'ancienne Rome, florissait du temps d'Attilius Regulus. Il ne nous reste de cet écrivain que quelques fragments insérés dans le *Corpus poetarum* de Maittaire.

TRABÉE, robe de cérémonie usitée à Rome. Les triomphateurs en portaient qui étaient ornées de palmes d'or ; les prêtres en avaient une de pourpre ; les cavaliers, une d'un fond blanc et rayée de bandes de pourpre tissues dans l'étoffe. La trabée paraît n'avoir différé de la toge que par la finesse de l'étoffe, et parce qu'elle était un peu plus courte.

TRACANIER, opération de fileurs d'or, laquelle consiste à dévider les fils et la soie. Le dévidoir dont on se sert se nomme *tracanoir*.

TRAÇANT, se dit des racines des plantes qui s'étendent horizontalement à la surface de la terre à peu de profondeur.

TRACHÉE-ARTÈRE (des mots grecs *trachos*, âpre, et *artéria*, artère, conduit aérien), tuyau cylindroïde, composé de seize à vingt anneaux cartilagineux placés les uns au-dessus des autres, unis par une membrane fibreuse et tapissée intérieurement par une membrane muqueuse, pourvue de nombreux follicules. Ce conduit est situé sur la ligne médiane, au devant de la colonne vertébrale, depuis la partie inférieure du larynx jusqu'au vaisseau de la troisième vertèbre dorsale. Là il se divise en deux branches qui s'écartent l'une de l'autre pour pénétrer dans le poumon sous le nom de *bronches*. La trachée-artère est destinée à conduire l'air dans les poumons pendant l'acte de la respiration. Le nom de *trachée-artère* lui vient de ce que ce conduit est rude et raboteux. On nomme *trachéal* ce qui a rapport à la trachée.

TRACHÉENNES, nom donné au deuxième ordre de la classe des arachnides, renfermant ceux de ces animaux qui ont pour organes respiratoires des trachées. Il a été partagé en trois familles : les *faux scorpions*, les *pycnogonides*, et les *holètres*.

TRACHÉES, nom donné aux organes respiratoires des insectes. Ce sont des tubes aérifères, dont les orifices, appelés *stigmates*, sont ordinairement disposés par paires sur les parties latérales et supérieures de chaque anneau ou segment du corps de l'animal, et ressemblent à une petite boutonnière, ou présentent quelquefois deux petites portes qui s'ouvrent et se ferment à volonté. Les trachées se divisent à l'intérieur du corps en une multitude de canaux, sur le trajet desquels sont de loin en loin des renflements ou espèces de vésicules molles qui remplissent les fonctions de réservoirs à air.

TRACHÉES ou VAISSEAUX AÉRIENS, cylindres à parois éminciés, argentines, transparentes, qui, chez les végétaux, vont en diminuant jusqu'à leurs extrémités, étant pourvues d'une fibre spirale, engendrée dans leur intérieur, et, dont les bords, un peu plus épais, se touchent de manière à ne laisser entre eux aucun espace libre, sans cependant adhérer les uns aux autres. Les trachées se voient très-facilement autour de la moelle des dicotylédonées et dans les parois du canal qui l'environne ; chez les monocotylédonées, c'est au centre des faisceaux nerveux, dans les nervures des feuilles, les corolles des fleurs, etc. Elles sont presque invisibles dans les conifères et les plantes aquatiques ; elles manquent tout à fait dans les plantes acotylédonées. Les trachées servent à faciliter les mouvements de la sève et à lui fournir l'air ou les éléments de l'air nécessaire à son action nutritive.

TRACHÉLIDES, famille de l'ordre des coléoptères, renfermant des insectes dont la tête, triangulaire ou en forme de cœur, est portée sur un pédicule, ou rétrécie brusquement et en forme de cou postérieurement ; la tête ne peut rentrer dans le corselet. Le corps est mou ou peu solide, avec des couvertures des ailes flexibles et très-courtes. Cette famille comprend les tribus *lagriaires*, *pyrochroïdes*, *mordellones*, *anthicides*, *horiales* et *cantharidides*.

TRACHINIE, petite contrée de la Thessalie, au S.-E., aux environs du golfe Maliaque, près des Thermopyles. Sa ville principale était TRACHINE, près d'Œta.

TRACHONITIDE, contrée d'Asie, qui s'étendait du N. au S., et touchait d'un côté à la Cœlésyrie et de l'autre à l'Arabie. Elle était habitée par les *Trachonites*, nation syrienne.

TRACHYTE, roche agrégée d'apparence homogène, composée de très-petits cristaux de ryacolithe, et renfermant des particules de mica, amphibole, quartz, pyroxène ou de l'épidote, des grenats, etc. Le trachyte est fusible au chalumeau, rude au toucher. Son aspect est terne ou vitreux, la texture compacte, grenue, quelquefois bulleuse.

Le trachyte forme des amas, des filons et des couches. Il est une des roches les plus abondantes des terrains pyroïdes, et fournit de bons matériaux de construction.

TRACHYTIQUE (Terrain), nom donné par quelques auteurs à un terrain d'origine ignée, caractérisé par l'éclat vitreux d'une partie des roches qui le composent et par sa tendance à former des montagnes coniques qui atteignent souvent une hauteur considérable. Tel est le Chimborazo. Les roches qui composent ce terrain sont des trachytes, domites, ponces, argilophyres, etc.

TRACTOIRE ou Tratrice. C'est, en géométrie, une courbe dont la tangente (ligne perpendiculaire à une courbe et qui ne la touche qu'en un seul point) est égale à une ligne constante. On la nomme *tractoire* (du latin *tractio*, action de tirer), parce qu'on peut l'imaginer comme formée par l'extrémité d'un fil que l'on tire par son autre extrémité le long d'une ligne droite.

TRADITEUR, nom donné dans, les premiers siècles de l'Eglise, aux chrétiens qui, pour éviter les tourments et la mort, livraient les saints livres de l'Ecriture aux persécuteurs. Le concile d'Arles de 314 condamna les traditeurs.

TRADITION, du latin *tradere*, livrer. C'est, en droit, l'action de livrer une chose. Par extension, ce mot désigne la voie par laquelle les faits et les doctrines se transmettent d'âge en âge, et des faits et des doctrines transmis par cette voie. Dans la religion chrétienne, c'est un témoignage qui répond de la vérité ou de la réalité de certaines choses. On appelle *tradition orale*, un témoignage rendu de vive voix sur quelque chose, et qui a été communiqué d'homme à homme, d'âge en âge; *tradition écrite*, un témoignage que les livres rendent sur quelque point; *tradition doctrinale*, celle qui dépose en faveur d'une vérité qui fait partie des dogmes que Jésus-Christ a annoncés aux hommes; *tradition de discipline*, celle qui fait voir que telle ou telle chose a été pratiquée dans tels ou tels temps; *tradition de la foi*, la doctrine qui nous a été transmise de vive voix sur quelques articles de foi; *tradition des mœurs*, la doctrine qui nous a été transmise de vive voix sur certaines pratiques salutaires et propres au règlement des mœurs, telles que les observances des fêtes, les jeûnes, les abstinences, etc.; *tradition des rits*, la doctrine transmise de vive voix sur certaines cérémonies, telles que la messe et les sacrements; *tradition divine*, est la parole de Dieu non écrite, mais émanée de la bouche même de Jésus-Christ, ou révélée aux apôtres par le Saint-Esprit, et communiquée par les apôtres aux premiers fidèles qui l'ont transmise à leurs successeurs, dont nous l'avons reçue successivement. La *tradition apostolique* consiste dans certaines pratiques établies par les apôtres, telles que le jeûne du carême, l'observation du dimanche; la *tradition ecclésiastique* consiste dans certains usages pieux, introduits d'abord par les peuples ou les pasteurs et approuvés ensuite par l'Eglise; telle est l'observation des jeûnes des Quatre-Temps, celle de plusieurs fêtes.

TRAFALGAR, cap d'Espagne, près de Cadix, à l'entrée du détroit de Gibraltar, vis-à-vis du cap Spartel, sur la côte d'Afrique. Trafalgar est célèbre par la bataille navale qui y fut livrée le 21 octobre 1805 entre la flotte de la Grande-Bretagne et les flottes combinées de France et d'Espagne. La victoire resta aux Anglais, qui y perdirent leur célèbre amiral Nelson.

TRAGACANTHE, mot dérivé du grec, qui indique une plante *épineuse* (*acanthé*), recherchée par les *boucs* (*tragos*), ou croissant aux lieux arides fréquentés par ces animaux. Tel est l'*astragale*, qui fournit la gomme *adragant*.

TRAGÉDIE, du grec *tragos*, bouc, et *ôdé*, chant. Ce mot dérive de ce que dans l'origine les poëtes recevaient pour prix de leurs travaux un bouc. On nomme *tragé-* *die* une pièce de théâtre représentant une action importante et héroïque de personnages illustres, qui est propre à exciter la terreur ou la pitié, et qui se termine ordinairement par un événement funeste. Nos plus grands *tragiques* ou auteurs de tragédies sont Corneille, Racine et Voltaire. Nos plus grands *tragédiens* ou acteurs tragiques sont Lekain et Talma.

TRAGICOMÉDIE, pièce de théâtre dans laquelle on représente une action sérieuse entre des personnages considérables, pièce mêlée d'incidents et de personnages appartenant à la comédie et dont le dénoûment n'est point tragique.

TRAGOPOGON, nom latin de la *scorsonère* et du *sersifix* ou *salsifis*.

TRAGUS (du grec *tragos*, bouc), nom donné par les anatomistes à un petit mamelon aplati, triangulaire, placé au-devant de l'orifice du conduit auriculaire qu'il semble cacher. Cette éminence se couvre de poils chez les vieillards, d'où lui vient le nom de *tragus*. On nomme *tragien*, ce qui appartient au tragus.

TRAHISON, genre de perfidie qui consiste en général dans l'intelligence ou la coopération coupable d'un individu avec les ennemis de l'Etat. De tout temps et chez tous les peuples, les traîtres ont été livrés sans pitié à toute la rigueur des lois. Aujourd'hui encore la peine la plus fréquemment appliquée au crime de trahison est la peine de mort. On nomme *haute trahison* tout attentat contre la personne du prince ou de la sûreté de l'Etat. La chambre des pairs connaît des crimes de haute trahison. La première convocation de cette chambre comme cour de justice, celle du 11 novembre 1815, eut pour objet la mise en jugement du maréchal Ney.

TRAILLE, nom donné sur les grandes rivières à des bateaux qui servent à passer d'un bord à l'autre, et qu'on appelle *ponts volants*. — On nomme *traillet*, dans les pêcheries, un petit châssis en bois ou de liège sur lequel les pêcheurs ramassent et tournent les lignes. — *Trailler*, c'est, en termes de pêche, donner de temps en temps une secousse à la ligne en la tirant vivement d'une brasse.

TRAIMOIS ou Trémoir, mélange de froment, de seigle, d'avoine, de pois, de vesce, etc., qui se sème pour être coupé au printemps, et donné de suite aux bestiaux.

TRAIN MILITAIRE, nom donné à tout le matériel des armées, comprenant les canons, mortiers, munitions, équipages, etc. Avant la révolution française, les voitures de l'artillerie et celles des équipages n'étaient conduites que par des charretiers aux gages des entrepreneurs. Napoléon asservit les conducteurs des canons et des équipages au service militaire sous le nom de *soldats du train*. Aujourd'hui on compte six escadrons du train des parcs d'artillerie; ils ont le même costume que les autres artilleurs. Les soldats du train des équipages sont chargés de la conduite des caissons de vivres ou d'ambulance. Leur habit est gris de fer ainsi que le revers; le collet, les parements, retroussis, contre-épaulettes, gris de fer. Le tout est passe-poilé et orné de retroussis (étoile) en garance. Les boutons sont blancs à numéro, les pantalons garance, les shakos en tissu de coton noir, la ganse en tresse garance; la buffleterie est blanche. Les officiers portent l'épaulette d'argent. Le corps du train des équipages militaires porte pour chef supérieur un colonel, chargé aussi de la direction des établissements. Il se compose de quatorze compagnies du train et de trois compagnies d'ouvriers, présentant un effectif de 3,279 hommes. — Le *génie* a aussi une compagnie du train, qui se compose de 127 hommes en temps de guerre et de 46 en temps de paix.

TRAIN (accept. div.), nom donné 1° à l'allure des chevaux ou autres bêtes de somme; 2° en termes de charrons, à toutes les pièces mobiles qui composent la ma- chine mobile d'un chariot et qui supportent ces sortes de voitures; 3° en imprimerie, à la partie de la presse sur laquelle on pose la forme et qui avance sous la platine et s'en retire au moyen d'une manivelle; 4° à un assemblage de pièces de bois de chauffage, de charpente, etc., que l'on lie ensemble en forme de radeaux, et que l'on fait flotter sur l'eau pour l'amener dans quelque ville; 5° en un assemblage de plusieurs bateaux attachés l'un derrière l'autre pour les remonter tous à la fois; 6° en horlogerie, au nombre des vibrations que produit un mouvement en une heure ou autre temps déterminé; 7° à la partie de devant du cheval, c'est-à-dire aux épaules et aux jambes de devant.

TRAINE, nom donné, en marine, à une corde où les soldats suspendent du linge sale pour qu'il soit lavé par l'eau de la mer. Un objet quelconque qui, jeté à la mer, suit un bâtiment sur lequel il est attaché au moyen de cordages est dit être *à la traîne*.

TRAINEAU, sorte de voiture sans roue, que l'on *traîne*. Le transport effectué sur ces voitures se nomme *traînage*. Il ne peut avoir lieu que sur des surfaces unies et glissantes comme la glace et la neige. Les peuples du Nord, les Lapons, les Kamtchadales ne se servent que de traîneaux pour leurs voyages, pour transporter leurs provisions et leurs marchandises. Les rennes ou des chiens de haute taille forment leur attelage. — On se sert dans les villes de traîneaux pour faire des promenades sur la glace, et pour transporter des marchandises qui pèsent peu.

TRAIT (du latin *trahere*, tirer), nom générique de toute arme qui se lance avec la main, ou se tire avec un arc ou un arbalète. C'est aussi 1° une longe de corde ou de cuir avec laquelle les chevaux tirent les carrosses, les charrettes. Les traits des chevaux de carosse sont de cuir; ceux de charrette sont de cordes. Le *cheval de trait* est celui qui sert au tirage. 2° Aux cordages qui servent au charroi et transport des pièces et des munitions. 3° A plusieurs bateaux vides, attachés et accouplés ensemble, qui remontent une rivière pour chercher de nouvelles marchandises aux lieux d'où ils sont partis. 4° Aux métaux qui ont été tirés et passés par une filière et réduits en fil mince et allongé. 5° En architecture, à une ligne qui forme quelque figure. Le *trait biais* est une ligne inclinée sur une autre, en diagonale dans une figure; le *trait corrompu* est fait à la main, c'est-à-dire sans instruments, ne forme aucune courbe déterminée ou régulière; le *trait barré* est une ligne qui, en coupant une autre ligne à angles droits, rend les angles d'équerre. 6° Aux traits à la coupe des pierres qui sont taillées hors de leurs angles pour faire des ouvrages biaisés. 7° A la figure d'un bâtiment projeté, tracé sur le papier, dans laquelle, avec l'échelle et le compas, on décrit les différentes pièces d'un appartement, avec les proportions que toutes les parties doivent avoir. 8° Aux lignes fines et déliées que décrit le pinceau, la plume ou le crayon. 9° A cette quantité de laine qu'après le peignage on trouve fixée au peigne. 10° A une machine en forme de treuil ou de tour, établie sur le chef d'une carrière, pour enlever les eaux et les terres.

TRAIT, nom donné, en musique, 1° à certaines suites de notes rapides qu'on exécute sur les instruments ou avec la voix; 2° à des phrases mélodiques ou à des successions brillantes d'harmonie.

TRAIT. En termes de liturgie catholique, le mot *trait* désigne ce verset qui est chanté après l'épître en certaines fêtes et qui n'est suivi d'aucun répons. C'était autrefois un psaume entier, ainsi nommé parce qu'il était récité par le lecteur ou chantre *tractim*, c'est-à-dire (en latin) de suite et sans interruption, sans qu'on le coupât entre les versets, ni qu'on lui répondît, ni qu'on répétât rien après lui, à la différence du *répons* ou graduel, qui se chantait avec reprise et refrain, avec répétition de la part du chœur.

TRAITE (comm.), transport de certaines marchandises, comme blés, vins, etc., d'une province à une autre ou d'un Etat à un autre. C'est encore 1° le trafic que font des bâtiments de commerce sur les côtes d'Afrique, en échangeant leurs marchandises contre des esclaves, des dents d'éléphant ou ivoire appelé *morfil*, de la gomme, de la poudre d'or, etc. : on dit qu'un bâtiment *va en traite*, qu'il *est en traite*, qu'il *fait la traite*; 2° les lettres de change que les banquiers tirent sur leurs correspondants; 3° tout ce qui s'ajoute au prix naturel des métaux qu'on emploie à la fabrication des monnaies, pour les remèdes de poids et de loi.

TRAITEUR, terme de commerce, nom donné, à la Louisiane, aux habitants français qui vont faire la traite avec les sauvages et leur porter jusque dans leurs habitations des marchandises qu'ils échangent contre des pelleteries.

TRAITOIR, terme de tonnelier, instrument qui sert à tirer et allonger les cerceaux quand on relie un tonneau. Le traitoir est formé d'un crochet en fer et d'un manche en bois.

TRAJAN (Marcus Ulpius Trajanus Crinitus), empereur romain, né près de Séville, en Espagne, l'an 52 de J.-C. Ses qualités, ses services militaires et ses talents engagèrent Nerva à l'adopter. Cet empereur étant mort en 98, Trajan fut unanimement proclamé sa place par les armées; il dit son entrée à Rome à pied, et chercha par toutes ses actions à se concilier l'amour du peuple. Il abolit tous les crimes de lèse-majesté. En 102, il alla combattre Décébale, roi des Daces, qui fut vaincu et se tua de désespoir (103). Trajan soumit ensuite l'Asyrie, porta la guerre aux Parthes, s'empara de plusieurs villes, et obligea le roi de ce pays, Chosroès, à s'exiler de ses Etats l'an 115 de J.-C. Il soumit les contrées environnantes, et poussa ses conquêtes jusqu'aux Indes. Il eut ensuite à combattre les Juifs de la Cyrénaïque, qui exerçaient les plus atroces barbaries sur les Grecs et les Romains. Trajan, usé par les fatigues, mourut à *Selinunte*, appelée depuis *Trajanopolis*, l'an 117 de J.-C. Adrien lui succéda.

TRAJECTOIRE, nom donné, en géométrie, aux courbes qui coupent perpendiculairement ou sous un angle donné une suite de courbes du même genre qui ont une origine commune ou qui soient situées parallèlement. — En mécanique, le mot *trajectoire* désigne la courbe que décrit un corps pesant, jeté suivant une direction donnée et avec une vitesse donnée. Les bombes, les boulets décrivent des *trajectoires*. On nomme encore ainsi l'orbite d'une planète, c'est-à-dire la courbe qu'elle décrit dans les cieux.

TRALATITIA (ACTA), sorte d'édits du préteur. On les distinguait des actes nouveaux (*acta nova*) en ce que pour les premiers le préteur se bornait à copier ceux des préteurs qui l'avaient précédé, tandis que pour les seconds il les faisait lui-même.

TRAMAIL ou TRÉMAIL, filet qui sert à prendre les oiseaux la nuit dans les champs. C'est aussi un filet propre à prendre les petits poissons dans les rivières.

TRAME, terme de manufacture, nom donné aux fils que les tisseurs ou tisserands font passer transversalement avec une espèce d'outil nommé *navette*, entre les fils de la chaîne, pour former sur le métier des étoffes, des toiles, des rubans, etc. On nomme *trameur* l'ouvrier qui dispose les fils des trames pour fabriquer les étoffes.

TRAMONTANA, nom italien de l'étoile polaire, laquelle sert à guider les vaisseaux sur les mers. C'est de là qu'est venue la locution *perdre la tramontane*, en parlant d'un homme qui se trouble, qui ne sait plus ce qu'il fait ou ce qu'il dit. — C'est aussi le nom d'un vent qui souffle du côté du nord.

TRANCHÉE. Ce mot désigne, en général, une ouverture que l'on fait en terre, en long et carrément, pour divers usages, comme pour poser les fondations d'un mur, pour poser et réparer les conduits pour l'écoulement des eaux. En termes d'architecture, on appelle *tranchée de mur* une ouverture longue et placée dans un mur pour y recevoir et sceller une solive ou un poteau de cloison, ou une tringle qui sert à porter de la tapisserie. On appelle encore *tranchée de mur* une entaille dans une suite de pierres au dehors d'un mur pour y encastrer l'extrémité d'une poutre et la recouvrir de plâtre. On en fait encore pour retenir les tuyaux de cheminée qu'on adosse contre un mur. — En termes de jardinage, la tranchée est une longue ouverture de terre où sont plantés des arbres, de la charmille, ou pour faire un fossé, une rigole. En vénerie, on appelle *tranchée* une longue ouverture que l'on creuse pour déterrer les renards et les blaireaux.

TRANCHÉE, nom donné, dans l'art militaire, aux fossés qu'on creuse pour se mettre à couvert du feu en approchant d'une place qu'on assiége, et dont les terres jetées du côté de la place forment un parapet. L'opération d'ouvrir la tranchée se fait ordinairement de nuit. Des détachements armés, munis d'outils, et portant des fascines, s'approchent du corps de la place sous la conduite des officiers du génie, qui font d'avance le tracé de la tranchée. Cette opération a pour but de s'approcher du corps de la place, de la battre de près, d'éteindre ses feux, de démolir ses murailles et de la forcer à capituler. Dans les terrains rocailleux ou marécageux, on pratique les tranchées en amoncelant des pierres, des fascines, des sacs remplis de terre. On élève ainsi un épaulement, qui facilite les approches de la place.

TRANCHÉES, nom donné, en médecine, à des coliques très-aiguës, qui accompagnent quelques inflammations et névroses abdominales. On appelle *tranchées utérines* des douleurs qui succèdent à l'accouchement.

TRANCHEFILE, terme de relieurs, petit rouleau de papier ou de parchemin qui est recouvert de soie ou de fil, et qui se met aux deux extrémités du dos d'un livre, pour tenir les cahiers ensemble et servir d'ornement. — Les cordonniers appellent *tranchefile* un gros fil qu'ils cousent en forme de bordure en dedans et le long des quartiers et des oreilles des souliers, lorsque le cuir n'est pas fort et qu'il peut se déchirer facilement. — C'est aussi une petite chaîne de métal, fort déliée, qui se place autour du mors du cheval.

TRANCHET, outil à l'usage des cordonniers, des bourreliers, etc. C'est une espèce de long couteau de fer, fort plat et acéré, qui sert à couper le gros cuir. — Les serruriers nomment ainsi un outil dont ils se servent pour couper les petites pièces de fer à chaud. Les plombiers et autres ouvriers ont des outils semblables.

TRANCHOIR. C'est, en architecture, une table carrée, qui fait le couronnement du chapiteau des colonnes.

TRANQUEBAR, ville de l'Indoustan, sur la côte de Coromandel, à l'embouchure du Caveri. Tranquebar possède 20,000 habitants. Elle appartient aux Danois, qui y font un grand commerce de mousselines, indiennes et autres étoffes de l'Inde.

TRANS, préposition empruntée au latin, et qui entre dans la composition de plusieurs mots français pour ajouter à leur signification naturelle celle de *au delà*, *à travers*, etc.

TRANSACTION, contrat par lequel des parties terminent une contestation née, ou préviennent une contestation à naître. Ce contrat doit être rédigé par écrit.

TRANSCENDANT (du latin *trans ascendere*, monter par delà). On nomme *géométrie transcendante* la partie de cette science qui examine les propriétés des courbes de tous les ordres, pour découvrir ces propriétés, des calculs différentiel et intégral. On appelle *équa-*

tions transcendantes celles qui ne renferment point, comme les équations algébriques, des quantités finies, mais des différentielles de quantités finies. Une *courbe transcendante* est celle qu'on ne saurait déterminer par une équation algébrique, mais seulement par une équation transcendante.

TRANSCRIPTION, action de *transcrire* ou d'écrire une chose une seconde fois. En jurisprudence, c'est la publicité donnée à un acte translatif de la propriété d'un immeuble par son insertion littérale sur le registre du conservateur des hypothèques.

TRANSFIGURATION. Ce mot, qui désigne le changement instantané d'une figure en une autre, sert à indiquer pour les chrétiens l'aspect glorieux sous lequel le Christ apparut sur une montagne à trois de ses disciples, Pierre, Jacques et Jean. Jésus étant monté sur une haute montagne où il avait conduit ses trois disciples pour prier le Seigneur, son visage devint tout à coup resplendissant, et ses vêtements d'une blancheur éblouissante. Moïse et Elie apparurent à ses côtés, et s'entretinrent avec lui. Ils étaient plongés tous trois dans une nuée lumineuse, d'où sortit une voix qui fit entendre ces mots : *Voilà mon fils bien-aimé en qui j'ai mis toutes mes complaisances, écoutez-le*. Les trois disciples, frappés d'étonnement, étaient tombés la face contre terre. Jésus les releva, les rassura, et leur défendit de publier ce miracle avant sa résurrection. L'Eglise catholique célèbre une fête en mémoire de ce glorieux événement. On ignore sur quelle montagne il eut lieu; la tradition veut que ce soit sur le mont Thabor.

TRANSFILAGE. C'est, en marine, l'action de *transfiler* ou de faire passer plusieurs tours d'un petit cordage dans des trous, pour tendre deux objets, ou pour les lier ensemble.

TRANSFORMATION, changement d'une forme en une autre. En termes de géométrie, c'est le changement ou la réduction d'une figure ou d'un corps en un autre de même superficie ou de même volume, mais d'une forme différente. On appelle *transformation des axes* l'opération par laquelle on change la position des axes d'une courbe. — En algèbre, on nomme *transformation des équations*, la méthode par laquelle on change une équation en une autre qui la représente. On nomme, en médecine, *transformation de tissu* le changement qui s'opère dans un organe dont le tissu devient semblable à celui d'un autre.

TRANSFUSION, action de *transfuser*, opération de chirurgie par laquelle autrefois on faisait passer le sang du corps d'un animal dans celui d'un autre, comme moyen thérapeutique. Cette opération, découverte dans le XVIIe siècle, où sortit une idée très-dangereuse et absolument proscrite de nos jours.

TRANSITION. En musique, c'est le passage inattendu d'un ton à un autre. La *transition enharmonique* est celle dans laquelle une ou plusieurs notes, après avoir été entendues comme appartenant à un ton, changent tout à coup de nature et se transforment en notes d'un autre ton.

TRANSPIRATION, exhalation qui se fait habituellement à la surface extérieure de la peau externe, et qui prend le nom de *sueur* lorsqu'elle est considérable. On distingue la transpiration en *cutanée* et *pulmonaire*. La première est celle que nous venons de décrire; la deuxième est celle qui a lieu à la surface de la membrane muqueuse qui tapisse les bronches.

TRANSPORT. En jurisprudence, on nomme *transport des créances* la cession que fait un créancier à un tiers de ses droits sur son débiteur. — En médecine, c'est une affection du cerveau qui survient dans certaines maladies, et qui est caractérisée par une violente douleur de tête, par le délire ou l'assoupissement.

TRANSPOSITION se dit, en musique, de l'action d'exécuter ou de noter un morceau dans un autre ton que celui où il a été écrit. Cette opération offre quelques difficultés, et exige de l'habitude pour être bien faite.

TRANSSUBSTANTIATION, nom donné dans l'Eglise catholique au changement de toute la substance du pain et du vin au corps et au sang de Jésus-Christ, en vertu des paroles sacramentelles que prononce le prêtre.

TRANSTAMARE (Henri DE), fils naturel d'Alphonse XI, roi de Castille, et d'Eléonore de Guzman, sa maîtresse, né à Séville en 1333, se distingua dès sa jeunesse par son courage et ses talents militaires. Après la mort de son père arrivée en 1350, Pierre le Cruel, son frère, monta sur le trône, et s'aliéna tous les cœurs par son naturel féroce. Henri fit de nombreuses tentatives pour s'emparer du trône. Il parvint enfin à intéresser à sa cause le roi de France, qui envoya pour le seconder une puissante armée que commandait le connétable du Guesclin. Des victoires successives amenèrent les Français devant Montiel (1368) où s'était réfugié Pierre. Celui-ci étant venu dans la tente du prétendant pour traiter de la paix fut assassiné par lui (1369). Henri monta sur le trône sous le nom de Henri II, et régna dix ans. Il mourut en 1379; regretté de tous ses sujets.

TRANSTIBÉRINE, nom donné à une région de Rome située du côté du Tibre, où se trouvait le Vatican.

TRANSYLVANIE (en hongrois, Siebenburgen, les sept montagnes, ou Erdely), principauté d'Europe, bornée par la Hongrie, le Bannat, la Valaquie, la Moldavie et la Buchovine. Sa superficie est de 3,018 lieues carrées, et sa population de 1,980,435 habitants. Ce pays est entouré et entrecoupé par de hautes chaînes de montagnes, ramifications des monts Krapacks. L'air est sain, le climat souvent très-froid en hiver et brûlant en été. Le sol est fertile, mais mal cultivé. La Transylvanie est très-riche en productions minérales. L'on y élève des bestiaux très-estimés. Le commerce est d'une grande importance. Il se fait avec la Valaquie et la Turquie principalement. Les trois religions dominantes dans le pays sont les religions catholique, grecque et luthérienne. La Transylvanie se divise en trois parties d'après les trois populations distinctes qui la peuplent : la partie des Hongrois, à l'O., qui comprend la moitié du pays de la population, se subdivise en deux districts et quatre palatinats ; celle des Szeklers, à l'E., est divisée en cinq districts judiciaires (sièges ou szelz); celle des Saxons, au N. et au S., est divisée en deux districts et neuf sièges. Ces trois races forment la plus grande partie de la population. On y voit encore des Valaques, des Grecs, des Polonais, des Rusniakes, des Serviens, des Moraves et des Juifs. — La Transylvanie comprenait sous les Romains une partie de la Dacie. Etienne Ier, roi de Hongrie, s'en empara en 1004, et en confia l'administration à des gouverneurs ou palatins. Elle fut déclarée en 1535 principalement indépendante, et ses princes se rendirent redoutables à l'Autriche. L'empereur Léopold Ier soumit définitivement la Transylvanie (1669), qui conserva néanmoins ses souverains particuliers. Ceux-ci s'étant éteints en la personne de Michaël Apafé II, la Transylvanie fut réunie à la Hongrie, et en 1765 Marie-Thérèse l'érigea en grand-duché. Chaque nation concourt à former les états, sans lesquels rien ne se décide dans cette province.

TRAPÈZE. C'est, en géométrie, une figure à quatre côtés, dont deux seulement sont parallèles.

TRAPÈZE, nom donné, en anatomie, à un os et à un muscle qui ont à peu près la forme d'un trapèze. L'os trapèze est le premier os de la deuxième rangée du carpe ; le muscle trapèze est placé à la partie postérieure du cou et de l'épaule, et à la partie supérieure du dos. Ce muscle élève l'épaule, la porte en arrière ou l'abaisse ; il redresse aussi la tête et l'incline de son côté.

TRAPÉZOÏDE, nom donné en général, en géométrie, aux figures à quatre côtés, dont deux seulement sont parallèles. En anatomie, l'os trapézoïde est le deuxième os de la deuxième rangée du carpe ; il est plus petit que le trapèze, en dedans duquel il se trouve placé.

TRAPP ou TRAPPITE, nom suédois qui signifie escalier, et que les savants emploient pour désigner une roche agrégée, d'apparence homogène, qui est un mélange de pyroxène et d'eurite. Elle tire son nom de ce que ses massifs affectent la forme d'un escalier extérieurement. La couleur du trapp est le vert foncé, le noir verdâtre ou bleuâtre.

TRAPPE, espèce de porte posée horizontalement sur une ouverture à rez-de-chaussée ou au niveau d'un plancher. C'est aussi une espèce de porte, de fenêtre qui se hausse et qui se baisse dans une coulisse.

TRAPPE, ordre religieux d'une grande sévérité, fondé en 1140 par Rotrou, comte du Perche. La première abbaye fut bâtie sur les confins de la Normandie, à 4 lieues de Mortagne (Orne). La fréquentation du monde avait relâché la ferveur des religieux. En 1662, l'abbé Jean le Bouthillier de Rancé y fit rétablir les anciennes coutumes, et y introduisit une règle plus sévère. Cette abbaye dépendait de l'ordre de Cîteaux. Elle fut supprimée en 1790, et ses vastes bâtiments furent détruits. Les moines se réfugièrent en Suisse, puis en Angleterre, et revinrent en France en 1814. Ils rachetèrent leur abbaye, et s'y établirent en 1815. En 1824, ils l'abandonnèrent pour aller chercher un asile à la Meilleraye (Loire-Inférieure). En 1822, il existait seize couvents de trappistes en France. Ce nombre a été beaucoup réduit en 1830, et l'abbaye de la Meilleraye n'existe plus. Les trappistes sont couverts de trois robes de laine ; ils n'ont point de chemise ; ils ont la tête rasée, et conservent seulement une couronne de cheveux. Tout ce qui se fait dans l'abbaye est fait pour eux ; il n'y a, et de tous les états, mais il n'y a que les frères convers qui travaillent ; ceux-ci sont habillés en brun ; les autres, qu'on appelle religieux de chœur, sont en blanc. Leur règle est très-sévère : ils couchent sur une planche, avec une couverture de laine ; ils ne boivent jamais de vin, ne mangent ni beurre, ni poisson, ni laitage ; leur nourriture consiste dans du riz cuit à l'eau, des patates bouillies et du pain. La prière, le travail et un silence absolu sont les premières lois de l'ordre. Dans le cimetière, une fosse est toujours creusée d'avance, attendant celui qui doit mourir.

TRAQUE, nom donné dans les ports à l'ensemble de trois avirons. — C'est aussi l'action de traquer, c'est-à-dire de faire une enceinte dans un bois, à la chasse, de manière qu'en la resserrant toujours, on oblige le gibier d'entrer dans les filets ou à recevoir les coups des chasseurs.

TRAQUENARD, allure du cheval qui ne tient ni du pas ni du trot, et qui approche de l'amble. — C'est aussi un piège que l'on tend aux bêtes qui répandent une mauvaise odeur.

TRAQUET, terme de meuniers, morceau de bois attaché à une corde, lequel passe au travers de la trémie, et dont le mouvement fait tomber le blé sous la meule du moulin.

TRAQUET, genre de la famille des becs-fins, renfermant des oiseaux au bec droit, grêle, aux narines latérales, ovoïdes, à moitié fermées par une membrane ; les pieds ont les tarses allongés. Les traquets vivent dans les lieux découverts, dans les landes stériles ou sur les rochers, presque jamais dans les bois. Ils sont d'une vivacité et d'une défiance extrêmes. Ils se nourrissent d'insectes et de baies, nichent dans les tas de pierre, à terre et dans les crevasses des rochers. Le traquet moteux ou cul-blanc a les parties supérieures d'un gris cendré, le front, la gorge et une bande au-dessus des yeux blancs ; les ailes noires ; la queue noire à son extrémité, blanche dans le reste de sa longueur ; le devant du cou roussâtre, et toutes les parties inférieures blanches. Les moteux volent de tertre en tertre, de motte en motte, en s'agitant continuellement, en et remuant sans cesse la queue. Leur vol est droit, brusque, bas et court.

TRASIMÈNE. Voy. THRASYMÈNE.

TRASS, variété de la roche nommée pépérine. On l'emploie pour la fabrication de mortiers remarquables par leur solidité. Elle est également recherchée pour les constructions hydrauliques.

TRAUMATIQUE (du grec trauma, plaie ou blessure), terme de médecine, ce qui a rapport ou appartient aux plaies. C'est dans ce sens qu'on dit fièvre traumatique, tétanos traumatique, etc. On appelle maladies traumatiques ou vulnéraires les maladies qui dépendent des lésions physiques. Telles sont les plaies, les fractures, les contusions, etc.

TRAUN, rivière d'Autriche qui prend sa source dans la Styrie, traverse les lacs d'Halstadt et Traun, et va se jeter dans le Danube. Il donne son nom à un cercle de la haute Autriche ou Traunviertel, qui s'étend sur ses bords. Il renferme de nombreuses mines de sel, et possède 170,000 habitants.

TRAVADE, désignation d'une grande variété dans le vent, soufflant avec violence de tous les points de l'horizon en moins d'une heure. Des éclairs, une pluie abondante accompagnent ces sortes d'ouragans passagers qu'on éprouve plus généralement sur les côtes de Guinée.

TRAVAGLIA, vallée du royaume lombard-vénitien, entre les lacs Majeur et Lugano. Elle est traversée par la Margorabbia.

TRAVANCOR, pays de l'Indoustan, sur la côte de Malabar, terminé au S. par le cap Comorin. Sa superficie est d'environ 980 lieues carrées. On en retire beaucoup de coton et de denrées de toute espèce, comme sucre, poivre, etc.

TRAVAUX FORCÉS, peine afflictive et infamante par suite de laquelle le condamné doit être employé aux travaux les plus pénibles. Les hommes condamnés aux travaux forcés traînent à leurs pieds un boulet, ou sont attachés deux à deux avec une chaîne, lorsque la nature du travail auquel ils sont employés le permet. Les femmes et les filles condamnées aux travaux forcés n'y sont employées que dans l'intérieur d'une maison de force. Les travaux forcés sont à perpétuité ou à temps. La condamnation aux travaux forcés à perpétuité emporte mort civile. Celle aux travaux forcés à temps est prononcée pour cinq ans au moins et vingt ans au plus.

TRAVE, rivière d'Allemagne, prend sa source dans le Holstein, passe à Lubeck, et se jette dans la mer Baltique à Travemunde.

TRAVÉE, rang de solives posées entre deux poutres dans un plancher. On appelle travée de balustres un rang de balustres de bois, de fer ou de pierre, entre deux piédestaux ; travée de comble, la distance d'une ferme à une autre sur deux ou plusieurs pannes ; travée de grille de fer, un rang de barreaux de fer retenus par ses traverses entre deux pilastres ou montants à jour ; travée de pierre de pierre ; travée d'impression, la quantité de deux cent seize pieds ou six toises superficielles d'impression de couleur à l'huile ou à détrempe, à laquelle on réduit les planchers plafonnés, les lambris, les placards et autres ouvrages de différentes grandeurs imprimés dans les bâtiments pour en faire le toisé. — En architecture hydraulique, on appelle travée de pont la partie du plancher d'un pont de bois contenue entre deux files de pieux. — En marine, on nomme travée l'emplacement formé dans le fond d'un port ou d'une anse par des pieux enfoncés dans le sol, entre lesquels est établi un fond de lambourdes sur qui on retient submergées des pièces de mâture, au moyen de clefs placées transversalement en dessus. Ces sortes de parquet ont plus de cinquante pieds en longueur sur huit ou neuf de largeur.

TRAVERSAGE, façon que l'on donne à un drap en le tondant à l'envers.

TRAVERSAIRE ou TRAVERSIER. C'est, en astronomie, une espèce de pinnule mobile qui court le long de la flèche de l'arbalète, ainsi nommée parce qu'elle se met de travers et en croix sur cette flèche. On la nomme plus communément *curseur* ou *marteau*.

TRAVERSE. C'est, en architecture, une pièce de bois ou de fer qui sert à en affermir d'autres; On appelle *traverses de support*, dans la construction d'un carrosse, la bande de bois plate qui se pose avec des chevilles sur le derrière des fourchettes; et *traverses de devant*, le morceau de bois qui s'attache des deux bouts sur les deux brancards. En termes de fortification, on nomme *traverse* une espèce d'épaulement qu'on élève entre des ouvrages, surtout dans les chemins couverts, pour qu'ils ne soient pas enfilés par les boulets de l'ennemi. Les soldats se mettent à l'abri derrière les traverses. En marine, c'est un banc de sable, de vase ou de gravier qui barre en travers l'entrée d'un havre ou d'un port, sur lequel il n'y a pas autant d'eau qu'en dehors et en dedans.

TRAVERSÉE, passage au travers des mers, navigation d'un lieu à un autre. En marine, *traverser*, c'est présenter le côté. On dit *traverser* l'ancre, pour mettre l'ancre le long du côté du vaisseau, pour la remettre à sa place. *Traverser* la lame, c'est aller debout à la lame.

TRAVERSIER, petit bâtiment qui n'a qu'un mât, qui porte ordinairement trois voiles. On s'en sert pour la pêche et pour faire de petites traversées. Toute embarcation traversant journellement une baie, une rade, un bras de mer, etc., peut, ainsi que le vent, être désignée sous le nom de bâtiment traversier. — En marine, on nomme *traversier de chaloupe* une pièce de bois qui lie les deux côtés d'une chaloupe pour l'avant. On donne aussi ce nom à deux pièces de bois qui traversent une chaloupe de l'avant et de l'arrière, et où sont passées les herses qui servent à l'embarquer. On appelle *traversier de port*, le vent qui vient en ligne directe dans un port, et qui en empêche la sortie. Les tisserands appellent *traversiers* des bâtons qui soutiennent plusieurs cordes, et qui opèrent la communication des manches avec les lames.

TRAVERSIN. On nomme ainsi 1° un grand oreiller ou long sac de coutil rempli de plume, lequel occupe toute la largeur du lit, et sur laquelle on pose la tête; 2° une verge de fer poli avec une aiguille au milieu et deux trous à chaque extrémité, auxquels sont attachés et suspendus les bassins de la balance: on l'appelle aussi *fléau*; 3° une broche de bois de neuf à dix pouces de long, pointue par les deux bouts, dont les bouchers se servent pour traverser le ventre des moutons, c'est-à-dire pour le tenir entr'ouvert jusqu'à ce qu'ils le dépècent; 4° une pièce de bois coupée de longueur, que les tonneliers emploient à former les fonds des futailles; 5° en marine, les pièces de bois posées en travers d'une charpente de bâtiment.

TRAVERTIN, nom donné à une variété du *tuf*, qui est presque compacte, quoique tubuleux. Les monuments de Rome sont construits avec cette variété de tuf. Le travertin, dont on trouve de belles carrières en Italie, est d'un blanc jaunâtre et d'une grande dureté.

TRAZ-OS-MONTES, province du Portugal, bornée au N. par la Galice, à l'E. par le Léon, au S. par le Beira, à l'O. par l'Entre-Minho-e-Douro. Sa capitale est MIRANDA. Sa superficie est de 784 lieues carrées, et sa population de 539,000 habitants. Le sol de cette province est très-

montagneux. Elle renferme de belles vallées fertiles en blé, vins, fruits.

TREBATIUS TESTA (Caïus), savant jurisconsulte, fut exilé par Jules César pour avoir pris le parti de Pompée; mais Cicéron, son ami, obtint son rappel. César, connaissant son mérite, le prit en affection, et en fit son principal conseiller. Trebatius l'accompagna dans quelques-unes de ses expéditions. Auguste eut beaucoup d'estime pour ce jurisconsulte, et ce fut par son conseil qu'il introduisit l'usage des codicilles. On ignore l'époque de sa mort.

TRÉBELLIANIQUE ou TRÉBELLIENNE. On appelle *quart trébellianique* le quart que l'héritier institué avait droit de retenir sur la succession grevée de fidéicommis en remettant l'hérédité.

TRÉBELLIEN (Caïus Annius Trebellianus); fameux pirate, se fit donner la couronne impériale dans l'Isaurie l'an 264. Il conserva le souverain pouvoir jusqu'au temps de Gallien, empereur romain, qui envoya contre lui le général Causisolée avec son armée. Ce général, ayant eu l'adresse d'attirer Trébellien hors des montagnes de l'Isaurie, lui livra une bataille sanglante. Ce dernier fut vaincu et tué, après avoir régné environ un an.

TREBELLIUS POLLIO, historien latin, florissait vers l'an 298 de J.-C. Il avait composé la vie des empereurs; mais le commencement est perdu, et il ne nous reste que la fin du règne de Valérien, la vie des deux Galliens et des trente tyrans, c'est-à-dire des usurpateurs de l'empire, depuis Philippe jusqu'à Quintille, frère et successeur de Claude II. On trouve ces fragments dans les *Historiæ Augustæ scriptores*.

TREBIA, rivière d'Italie, qui prend sa source dans les Apennins, et se jette dans le Pô, près de Plaisance. Elle est célèbre par la victoire qu'Annibal remporta près de ses bords sur les Romains l'an 217 avant J.-C., et par celle que Macdonald, commandant l'armée française, gagna sur l'armée autrichienne, commandée par Souvarof, en 1799.

TRÉBISONDE (en turk, *Tarabosan*), pachalik de la Turquie d'Asie, en Arménie, borné à l'E. par la Russie d'Asie, les pachaliks d'Erzeroum, de Sivas, et au N. par la mer Noire. Le pays est très-montagneux. Le climat est très-variable. Le sol abonde en forêts immenses et en pâturages fertiles. Il produit beaucoup de figuiers, grenadiers, orangers, vignes, cerisiers et poiriers, qui donnent des fruits très-estimés. Les habitants élèvent beaucoup de bestiaux et d'abeilles. Les montagnes renferment des mines et de belles carrières. Les produits de l'industrie consistent en toiles, cuirs, linges, tapis, et les exportations en vins, goudron et bois de construction. Le chef-lieu du pachalik, nommé aussi TRÉBISONDE, est bâti sur la mer Noire, au revers d'une colline, et possède 15,000 habitants, Grecs, Turks, Arméniens, Circassiens, Juifs, Géorgiens et Tatars. Sous les Romains, cette ville porta le nom de *Trapezus*, et fut capitale de la province appelée *Pontus Cappadocius*. Elle possède de belles mosquées, et est le siège d'un gouverneur turk, de consuls anglais et français. Le commerce de Trébisonde se fait en toiles, cotonnades, chanvre, cuivre, argent, lin, tabac et citrons.

TRÉBISONDE, embarcation turque, qui navigue de Constantinople sur les côtes de la mer Noire. Cette embarcation est ronde de l'arrière, pointue de l'avant, porte un long mât aux deux tiers de l'avant et une voile carrée.

TREBONIA. Deux lois romaines ont porté ce nom. La loi *Trebonia de tribunis*, fut décrétée par L. Trebonius l'an 449 avant J.-C., et enleva aux tribuns élus dans l'assemblée du peuple le droit de nommer ceux de leurs collègues qui restaient à élire quand l'on n'avait pu les nommer tous les dix dans l'assemblée, et régla que tous seraient nommés par le peuple. — La loi

Trebonia, décrétée en 56 avant J.-C., sous les auspices du tribun C. Trébonius Asper, continua César pour cinq ans dans le gouvernement des Gaules.

TREBONIUS (Caïus Asper); tribun romain, l'an 56 avant J.-C., fit passer la deuxième loi Trebonia, suivit César dans les Gaules, et se trouva avec Marc Antoine au siége d'Alésie. En 46 avant J.-C., il fut nommé gouverneur de l'Espagne par César, et chassé de cette province par les généraux de Pompée. En 45, César, ayant abdiqué le consulat, fit nommer Trebonius à sa place; celui-ci n'en entra pas moins dans la conspiration contre César. Après la mort du dictateur, le sénat l'envoya comme gouverneur en Asie. Il fut assassiné en 43.

TRÉBUCHET, petite balance très-fine et très-juste que le plus petit poids fait pencher plus d'un côté que de l'autre. Les trébuchets servent particulièrement à peser les monnaies d'or et d'argent, les diamants et autres choses précieuses. — C'est aussi le nom d'un piége pour les oiseaux, fait en forme de cage, dont la partie supérieure est arrêtée si délicatement, que, pour peu qu'on y touche, le ressort se lâche et la ferme, en sorte qu'un oiseau qui le fait lâcher en entrant dans cette cage, pour y prendre du grain qu'on y a mis, se trouve pris et ne peut plus en sortir.

TRECHEDIPNA, espèce d'habit que portaient les parasites anciens; c'était pour ainsi dire la livrée du maître de la maison.

TRECUSSIS, monnaie de cuivre des Romains, valait 3 as.

TRÉFILERIE, machine qui sert à tirer le laiton d'une filière. Il se dit aussi de l'atelier où l'on tire le fer forgé par la filière, pour le réduire en fil de différentes grosseurs.

TRÈFLE, genre de la famille des légumineuses, renfermant des plantes herbacées, aux feuilles alternes et formées de trois folioles, aux fleurs disposées en tête ou en épis très-serrés, variant de couleur depuis le blanc jusqu'au jaune et au pourpre le plus vif. Les trèfles abondent dans l'Europe tempérée. On en connaît plus de cent vingt espèces, entre autres: le *trèfle rampant*, qui sert à former les gazons toujours verts et qui a les fleurs blanches; le *trèfle rouge*, admis dans les jardins à cause de la belle couleur rouge de ses corolles, disposées en épis gros et allongés; le *trèfle fraisier*, dont la fleur est rouge pâle, et dont le calice renflé présente l'aspect d'une fraise; le *trèfle blanc*, très-commun dans les prairies; le *trèfle des prés*, qui est le plus généralement cultivé; le *trèfle incarnat* ou *Farouch*, aux fleurs terminales, rouges et allongées: cette espèce est très-précoce et annuelle. Le trèfle fournit un excellent fourrage, aimé de tous les bestiaux, qui le mangent vert ou sec. On le sème en mars. Une prairie semée en trèfle est en plein rapport à sa deuxième année, et permet d'y faire de deux à cinq coupes par an. La graine, noire et luisante, fournit une belle couleur jaune, employée dans les manufactures à divers usages. On nomme également *trèfle bitumineux* le *psoralier*; *trèfle de castor*, *trèfle d'eau* ou *de marais*, le *ményanthe*.

TRÈFLE, une des quatre couleurs des cartes, ainsi nommée parce que les cartes qui sont de cette couleur sont marquées d'une figure de feuilles de trèfle. — En termes de sculpture et d'architecture, c'est un ornement imité de la feuille de trèfle. On appelle *trèfle de moderne*, dans les anciens monuments, des petites roses à jour, faites de pierres dures, avec nervures, et formées par trois portions de cercle ou par trois petits arcs en tiers-point.

TRÉFLÉ, nom donné, en botanique, aux feuilles composées de trois folioles disposées comme celles du trèfle.

TRÉFLIER, titre que prenaient autrefois les maîtres chaînetiers de Paris à cause des agrafes en trèfle d'où pendaient les chaînes en argent auxquelles les femmes du peuple attachaient leurs ciseaux.

TRÉFONDS, nom donné jadis à la propriété des mines qui peuvent exister sous un terrain. — On appelait autrefois *tréfoncier* un seigneur qui possédait des bois sujets à certains droits.

TRÉGUIER, port de mer formé par l'embouchure de deux rivières, le Guindy et le Jaudy, chef-lieu de canton du département des Côtes-du-Nord, à 2 lieues de l'Océan, à 5 de Lanuion. Population, 3,478 habitants. Tréguier a été bâti dans le IXᵉ siècle. Il doit son origine à un monastère fondé dans le VIᵉ siècle. Cette ville possède une belle halle et une église gothique, curieuse par son architecture, par son clocher découpé à jour et par les sculptures qui la décorent.

TREILHARD (LE COMTE Jean-Baptiste), né à Brives (Corrèze), embrassa la profession d'avocat, et fut envoyé aux états-généraux par le tiers-état de Brives (1789). Il se montra partisan de la révolution, fit adopter tous les décrets relatifs au clergé et à la nouvelle constitution, la suppression des ordres religieux et l'aliénation des biens ecclésiastiques. Elu en 1792 membre de la convention nationale, il en fut élu président, vota la mort de Louis XVI avec sursis à l'exécution de la sentence. Elu en 1793 membre du comité de salut public, il demeura constamment étranger aux actes de la faction qui couvrit la France de deuil. Il fit décréter (1794) l'échange des représentants français prisonniers en Autriche avec la fille de Louis XVI. Ayant passé en 1795 au conseil des cinq cents, il en fut nommé plusieurs fois président. En 1798, il fut élu membre du tribunal de cassation, puis ministre plénipotentiaire à Lille, ambassadeur à Naples et enfin ministre plénipotentiaire au congrès de Rastadt. En 1799, il fut nommé président du tribunal d'appel de Paris, conseiller d'Etat, et prit une part très-active à la discussion du Code civil, du Code criminel, des Codes de procédure et de commerce, dont il rédigea plusieurs titres importants. Il mourut en 1810.

TREILLIS, nom que l'on donne à certaines espèces de toiles de chanvre, écrues, très-grosses et très-fortes, et dont on fait des sacs, des guêtres, des culottes et autres hardes semblables pour les paysans, valets et manouvriers. — On donne aussi ce nom à une toile peinte ordinairement au four, gommée, calandrée, satinée ou lustrée. — Les peintres nomment *treillis* un châssis divisé en plusieurs compartiments ou carreaux, et qui sert à copier des tableaux que l'on veut porter à des dimensions plus grandes ou plus petites. Les serruriers appellent *treillis* un châssis de verges de fer arrangées en losanges.

TREISAM, cercle du grand-duché de Bade, entre ceux de Kinzig et du Lac, le Rhin et les cantons de Schaffouse et de Bâle. Sa population est de 245,000 habitants, et sa superficie de 112 lieues carrées. Sa capitale est FREIBOURG.

TRELINGAGE, terme de marine, cordage terminé par plusieurs branches. On appelle *trelingage de haubans* plusieurs tours de corde qui sont aux grands haubans, sous les hunes, afin de les mieux unir et de leur donner plus de force.

TREMBLADE (LA), bourg de la Charente-Inférieure, sur la Saudre, près de la mer, chef-lieu de canton, à peu de distance de Marennes. Sa population est de 2,400 habitants. La Tremblade possède un bon port, qui peut recevoir des vaisseaux de 300 tonneaux. Elle commerce en vins, eaux-de-vie, sel, vinaigre et verres à bouteille.

TREMBLE, nom de deux espèces de peuplier, ainsi nommées à cause de l'agitation que leurs feuilles éprouvent au moindre souffle du vent par suite de la ténuité et de la longueur des pétioles qui les portent. L'écorce de ces deux arbres est un excellent fébrifuge.

TREMBLEMENT DE TERRE, nom donné aux secousses violentes et brusques qu'éprouve dans certains lieux, à certaines époques, la couche superficielle de la terre. Ces commotions sont souvent assez fortes pour déplacer des masses énormes, former des exhaussements, creuser des abîmes, renverser des édifices et des villes entières. Le tremblement de terre ne dure que quelques secondes. On l'attribue aux feux souterrains que renferme le globe terrestre, et dont les gaz, en voulant briser l'enveloppe qui les retient captifs, ébranlent tout ce qu'ils rencontrent. Le plus fameux tremblement de terre est celui qui détruisit presque entièrement Lisbonne en 1755, et qui se fit ressentir sur toute la surface du globe.

TRÉMECEN ou TLÉMECEN, ville d'Afrique, à 12 lieues de la mer, ancienne capitale de la Mauritanie Césarienne sous les Romains, et d'une régence soumise au dey d'Alger. Sa population est de 8,000 habitants. C'est une ville considérable, entourée de murailles flanquées de tours. Les Français s'en sont emparés dans ces dernières années, et y tiennent garnison.

TREMELLE, genre de champignons gélatineux, homogènes, de forme variée, à la surface tantôt lisse, tantôt recouverte d'une poussière fournie par les sporules ou graines. Leur couleur est jaune ou orangée le plus souvent. La plupart des tremelles croissent sur le tronc ou les branches des arbres morts. On connaît la *trémelle mésentérique*, d'un jaune orangé, gélatineux, membraneuse et très-plissée ; la *trémelle sarcoïde*, gélatineuse, mollasse, de couleur violette, rouge, verdâtre, brune ou même noire.

TRÉMIE, nom donné par les marchands de blé et d'avoine à un vaisseau pyramidal, dont le dessus est de cuir et le dessous un treillis de fil de laiton, en sorte que les grains se criblent en passant dans la trémie pour tomber dans un cuvier qui est au bas. — Les meuniers appellent ainsi une grande cage de bois carrée, fort large par le haut et fort étroite par le bas, faite en forme de pyramide renversée, et qui sert, au moulin, pour faire écouler peu à peu le blé sur les meules pour le réduire en farine. — La *trémie* est aussi une espèce de maugeoire destinée à la volaille et aux pigeons. Les *bandes de trémie* sont des bandes de fer qui servent à soutenir les âtres et les languettes de cheminée.

TRÉMIÈRE. Voy. PASSE-ROSE.

TREMISSIS, pièce d'or qui valait le sixième de l'aureus.

TRÉMOILLE ou TRÉMOUILLE (LA), famille illustre et ancienne de France, qui tire son nom d'une terre du Poitou d'où elle était originaire. — Louis, sire de la Trémoille, prince de Talmont, vicomte de Thouars, né en 1460, acquit par ses talents et son courage le titre de général de l'armée du roi Charles VIII, contre François II, duc de Bretagne. Il remporta sur les ennemis une victoire signalée à Saint-Aubin du Cormier (1488). Il y fit prisonnier le duc d'Orléans, depuis Louis XII, et le prince d'Orange. Il contribua beaucoup à la réunion de la Bretagne à la France, en faisant conclure le mariage de la duchesse Anne avec Charles VIII. Ses services furent récompensés par le titre de premier chambellan du roi et la lieutenance du Poitou, de l'Anjou, de l'Angoumois, de l'Aunis et des Marches de Bretagne. Nommé sous Louis XII commandant de l'armée d'Italie, il conquit la Lombardie, et fut nommé gouverneur de Bourgogne, amiral de Guyenne (1502), puis de Bretagne. Vaincu par les Suisses à Novare (1513), il les vainquit à son tour à Marignan (1515), et fut tué à la bataille de Pavie (1525).

TRÉMOILLE ou TRÉMOUILLE (Charlotte-Catherine DE), fille de Louis III, seigneur de la Trémouille, née en 1568. Le prince de Condé, chef du parti protestant, épris de sa beauté, l'épousa en 1586. Ce prince étant mort empoisonné en 1588, les soupçons se portèrent sur Charlotte et plusieurs de ses domestiques. Plusieurs de ces derniers furent mis à mort. La princesse, après avoir été détenue en prison sept ans et avoir toujours protesté de son innocence, fut mise en liberté par ordre de Henri IV en 1596, et mourut en 1629.

TRÉMOISE. Voy. TORPILLE.

TRÉMOLANDO (mus.), mot italien qui indique la nécessité de mouvoir rapidement l'archet sur une même note.

TRÉMOLITHE ou GRAMMATITE, noms donnés à l'*amiante* ou *asbeste* flexible et soyeux, substance minérale, blanche ou verdâtre et peu colorée, cristallisant en prismes obliques rhomboïdaux. Sa dureté est à peine assez grande pour rayer le verre. Elle est fusible au chalumeau, et se laisse attaquer difficilement par les acides. Elle se compose de silice, de magnésie, de chaux et de parties d'oxyde de fer, de manganèse, d'acide fluorique, d'alumine et d'eau.

TRÉMOLO, mot italien qui signifie *tremblement*, et qui désigne un mouvement rapide et continu sur une seule note.

TREMPE, action de *tremper* le fer ou l'acier, c'est-à-dire de plonger ces métaux tout rouges dans un bain d'eau froide. La trempe leur donne plus de force et plus d'élasticité.

TRÉMUE, entourage en planches de trente à trente-six pouces de hauteur, que l'on place autour des écoutilles des bâtiments qui font la pêche dans des parages où ils éprouvent de grosses mers, pour empêcher l'eau de pénétrer dans l'intérieur.

TRENCK (Frédéric, baron DE), né à Kœnigsberg (Prusse) en 1726. Admis à l'âge de seize ans à la cour de Frédéric en qualité de cadet dans le régiment de ses gardes, il parvint bientôt à une grande faveur, et le roi le l'attacha en qualité d'aide de camp. Une intrigue amoureuse avec une dame du plus haut rang irrita le roi ; comme on n'osait révéler cette faute, Trenck fut accusé d'entretenir une correspondance criminelle avec son frère qui servait dans l'armée autrichienne. Il fut arrêté et conduit à la citadelle de Glatz. Après plusieurs tentatives vaines, il parvint à s'échapper. Arrêté de nouveau, il fut enfermé dans un cachot de Magdebourg. En 1774, le roi lui rendit la liberté. Trenck se rendit en France en 1790. Partisan de la révolution, il offrit de former un corps des Prussiens qui se trouvaient en France pour l'adjoindre à l'armée française. Cette proposition l'ayant fait regarder comme un espion envoyé par la Prusse, il fut condamné à mort et exécuté (1794). On a publié des *mémoires* sur sa vie.

TRENT, grande rivière d'Angleterre, traverse les comtés de Derby et de Stafford, et se jette dans l'Humber, après avoir divisé l'Angleterre en méridionale et septentrionale.

TRENTE, nombre composé de trois dizaines. Il se marque ainsi, 30. Pour le combat dit des Trente, voy. COMBAT.

TRENTE, autrefois *Tridentum*, ville du Tyrol, au pied des Alpes, sur la rive gauche de l'Adige, avec une population de 10,000 habitants. Cette ville est célèbre par le concile œcuménique qui y commença le 13 décembre de l'an 1545, sous le pape Jules III et Paul IV ; il fut continué sous les papes Paul III. Il finit sous le pontificat de ce dernier, en 1563. On y exposa et on y expliqua la croyance de l'Église catholique. Les motifs principaux qui engagèrent à assembler ce concile furent la condamnation des erreurs de Luther, de Calvin, de Zuingle, et la réforme des mœurs et de la discipline. Le concile fini, les pères y souscrivirent au nombre de deux cent cinquante-cinq.

TRENTE ANS (GUERRE DE), nom donné à une guerre célèbre qui dura trente années presque consécutives (1618-1648). Cette guerre, indéterminée dans sa marche et dans son objet, eut pour principales causes les querelles religieuses entre les catholiques et les protestants. On la divise en quatre périodes : la *période palatine* (1619-1623). Les Bohémes, privés du droit de bâtir des églises et de fonder des écoles, se soulèvent, refusent de reconnaître l'empereur Ferdinand II pour successeur de Matthias. Ferdinand est appuyé par le duc de Bavière, la ligue catholique et les Espagnols. Frédéric V, électeur palatin, que les Bohêmes ont nommé à la place de Ferdinand, est chassé du Palatinat, l'union protestante est dissoute, et la dignité électorale conférée au duc de Bavière. — *Période danoise* (1625-1629). Les Etats de la basse Saxe, craignant que les ecclésiastiques ne recouvrent leurs biens, implorent l'appui des princes du Nord, professant la même religion qu'eux. Christian X, roi de Danemarck, accourt le premier, et s'avance dans l'Allemagne. Waldstein, général de l'empereur, s'empare de la Poméranie et le force à demander la paix (1629). Les protestants se voient obligés de rendre aux ecclésiastiques les biens sécularisés depuis 1555. — *Période suédoise* (1630-1635). Gustave-Adolphe, roi de Suède, fond sur l'empire, défait Tilly et le duc de Lorraine, envahit l'Alsace, soumet les électoraux de Trèves, de Mayence et du Rhin, etc. Rappel de Waldstein. Bataille de Lutzen et mort du roi de Suède. Les Suédois, conduit par Oxenstiern, s'étendent néanmoins sur les bords du Rhin. — *Période française* (1635-1648). Les Français et les Suédois continuent la guerre, à laquelle prennent part Piccolomini et Merci du côté des impériaux, Condé, Turenne du côté des Français, et les Suédois Banier et Torstenson. L'empereur Ferdinand III est forcé de signer le traité de Westphalie, qui met fin à la guerre.

TRENTE-UN ou TRENTE ET QUARANTE, jeu de cartes. Il se joue avec six jeux de cartes entiers mêlés ensemble et présentant en tout trois cent douze cartes. Sur le tapis sont deux cartons, l'un noir, l'autre rouge; car ce jeu n'offre que deux chances, la *rouge* ou la *noire*. Les joueurs placent sur l'un des cartons une somme dont le minimum ou le maximum sont déterminés. Le banquier, c'est-à-dire celui qui tient le jeu, joue d'abord pour la noire. Tenant les six jeux de la main gauche, il découvre avec la main droite un certain nombre de cartes, qu'il pose l'une après l'autre au milieu de la table, jusqu'à ce qu'elles aient dépassé le nombre trente; sans jamais aller au delà de quarante. L'as compte pour un point, les figures pour dix, et les autres cartes pour les points qui y sont marqués. La même opération a lieu ensuite pour la *rouge*. Le point le plus favorable est trente et un, et ensuite celui qui s'en approche davantage. En cas d'égalité de points, le coup est nul et doit être recommencé.

TRENTON, capitale du New-Jersey, un des Etats unis d'Amérique, sur le Delaware, à environ 10 lieues de Philadelphie. Sa population est de 7,000 habitants.

TRÉOU, voile carrée qui, dans le Levant, remplace les voiles latines à bord des bâtiments qui éprouvent de gros temps.

TRÉPAN (du grec *trupanon, tarière*), instrument de chirurgie en forme de vilebrequin, avec lequel on perce les os, et spécialement ceux du crâne, pour donner issue aux épanchements de sang ou de pus à l'intérieur du crâne, pour relever, extraire certaines pièces d'os enfoncées dans les fractures de cette cavité. Cet instrument se compose d'un arbre comme le vilebrequin, terminé par une palette à l'une de ses extrémités, et à l'autre par une mortaise à charnière qui peut recevoir successivement différentes pièces, telles que les tiges du *trépan perforatif* et *exfoliatif*, des *couronnes de trépan*. Voy. ces mots.

TRÉPANATION, action de *trépaner*, c'est-à-dire de percer les os, surtout ceux du crâne, à l'aide de l'instrument nommé *trépan*. (Voy.) Pour trépaner, on découvre, à l'aide d'une incision en T ou cruciale, les os du crâne, on relève les lambeaux qu'on fait tenir à des aides, on enlève le périoste, on pratique ensuite avec le trépan perforatif une petite ouverture qui doit recevoir la pyramide de la couronne que l'on applique ensuite. Lorsque la couronne a tracé sa voie, on enlève la portion d'os scié avec un élévatoire, espèce de levier en acier. Avec un couteau lenticulaire, on abat les inégalités que présente l'ouverture faite au crâne, et on donne issue aux liquides épanchés. La plaie est ensuite pansée avec soin.

TRÉPHINE, sorte de *trépan* usité en Angleterre. Il se compose d'un manche articulé par sa partie moyenne avec la tige d'acier qui supporte la couronne. On le fait agir comme une sorte de vrille.

TRÉPIED, ustensile de cuisine qui a trois pieds et qui sert à divers usages, comme à soutenir sur le feu un poêlon, un chaudron, etc. — Autrefois on appelait *trépied sacré*, *prophétique*, *de Delphes*, *d'Apollon*, une espèce de siège à trois pieds sur lequel la prêtresse de Delphes s'asseyait pour rendre ses oracles.

TRÉPOINTE, nom donné par les bourreliers, selliers, coffretiers, etc., à un cuir mince qu'ils mettent entre deux autres cuirs plus épais qu'ils veulent coudre. Les cordonniers appellent *trépointe de devant* la bande de cuir que l'on coud avec la première semelle de l'empeigne, et *trépointe de derrière* une bande de cuir plus mince que celle de devant, qui se coud avec le quartier du soulier et le talon de la deuxième semelle.

TRÉPORT (mar.), longue pièce de bois assemblée avec le bout supérieur de l'étambord, et qui forme la hauteur de la poupe.

TRÉPORT, port de mer sur la Manche, à 7 lieues de Dieppe (Seine-Inférieure). Population, 2,267 habitants. Située à l'embouchure de la Bresle, cette ville peut être regardée comme le port d'Eu, qui n'en est éloignée que de trois quarts de lieue. Sa rade est très-bonne, mais ne peut recevoir que de petits bâtiments. Il s'y fait un assez grand commerce d'entrepôt.

TRÉSAILLE, terme de charronnage, pièce de bois longue de quatre pieds et demi, plate, carrée, qui est assujettie sur les brancards d'un tombereau, et au milieu de laquelle est un anneau de fer où tient la chaîne qui attache le tombereau et le maintient en état.

TRE-SETTE ou TROIS-SEPT, jeu de cartes, jadis en grande vogue, abandonné de nos jours. Ce jeu a lieu entre quatre joueurs associés deux à deux. Les partenaires sont en face l'un de l'autre. On se sert d'un jeu entier réduit à quarante cartes par l'exclusion des huit, des neufs et des dix. Leur supériorité relative est : le trois, le deux, l'as, le roi, la dame, le valet, le sept, le six, le cinq et le quatre. Le trois est la carte la plus forte, le quatre la plus faible. Les quarante cartes sont partagées entre les quatre joueurs, qui en prennent chacun dix. Dès que la première carte est jouée, on compte, comme au piquet, les points d'annonce. La réunion du trois, du deux et de l'as d'une même couleur s'appelle *napolitaine*, et vaut trois points; si la napolitaine est suivie immédiatement de plusieurs cartes dans l'ordre donné plus haut, roi, dame, valet, sept, etc., on compte un point pour chacune des cartes qui font la séquence. Trois trois, trois deux, trois as font marquer trois points; trois sept en donnent quatre; trois rois, dames, valets, six ou cinq ne valent qu'un seul point. La partie se gagne par le nombre vingt et un, résultant de la combinaison des points d'annonce et des points de jeu.

TRÉSILLON, terme de charpentiers, morceaux de bois que l'on met entre des ais nouvellement sciés pour les tenir en état et les faire sécher plus aisément. — En termes de marine, c'est un petit levier qui sert à serrer et unir deux cordages l'un contre l'autre. — Cette opération s'appelle *trésillonner*.

TRÉSOR PUBLIC, nom donné aux lieux où l'on renferme les sommes provenant des impôts et autres revenus de l'Etat. Les Athéniens renfermaient leurs revenus dans la citadelle, sous la garde de trois magistrats nommés *tamiai*, et dans les temples des dieux. A Rome, le trésor public, appelé aussi *ærarium*, était sous la garde de deux questeurs. — Aujourd'hui le trésor public est déposé dans les établissements du ministre des finances.

TRESSAN (Louis-Elisabeth DE LAVERGNE, comte DE), né au Mans en 1705 d'une famille originaire du Languedoc. Destiné à la carrière des armes, il se distingua à Fontenoy, et fut nommé maréchal de camp. Appelé en Lorraine en 1750 par le roi Stanislas, pour remplir les fonctions de grand maréchal de son palais, il fit les charmes de cette cour par les agréments de son esprit. Il mourut en 1782. Il était membre de l'académie française et de l'académie des sciences de Paris. On a de lui la traduction de *Roland furieux* de l'Ariosto, l'*Histoire du chevalier du Soleil*, *Roland l'amoureux*, *Amadis de Gaule*, des *Mémoires*, des *OEuvres diverses*, un *Corps d'extraits de romans de chevalerie*, en 4 vol. in-12, etc.

TREUIL, machine formée d'un arbre ou essieu auquel on attache des leviers, et qui sert à élever des fardeaux.

TRÈVE, convention par laquelle deux partis ennemis s'engagent à suspendre pour quelque temps les actes d'hostilité, sans que pour cela la guerre soit terminée. On appelle *trêve marchande* une trêve durant laquelle le commerce est permis entre deux Etats qui sont en guerre; *trêve pêcherie*, une convention entre deux nations en état de guerre et de ne pas considérer ennemis les navires qui font la pêche.

TRÊVE DE DIEU. Voy. PAIX DE DIEU.

TRÈVES, régence des Etats prussiens qui fait partie du grand-duché du Bas-Rhin, comprenant l'ancien électorat de Trèves et quelques territoires environnants. Elle est située entre les régences d'Aix-la-Chapelle et Coblentz, la France, les Pays-Bas, Cobourg et Oldenbourg: Sa superficie est d'environ 212 lieues carrées, et sa population de 315,000 habitants; sa surface est montueuse et couverte de forêts. Elle renferme de belles mines de fer, cuivre, plomb, houille, etc., et produit des pâturages estimés.

TRÈVES (en allemand, *Trier*), chef-lieu de la régence prussienne du même nom. Population, 16,000 habitants. Cette ville du temps de César était déjà très-importante et le chef-lieu des *Treviri*, peuple des Gaules. Sous les empereurs, elle prit le nom d'*Augusta Trevirorum*; elle devint la capitale de la Belgique, et Constantin lui donna le titre de métropole des Gaules. Plusieurs empereurs y ont résidé, ainsi que quelques rois des Francs. Trèves était autrefois chef-lieu de l'électorat de même nom; mais, à la paix de Lunéville, elle fut réunie à la France avec une grande partie de la rive gauche du Rhin. Depuis la paix de Paris, elle appartient à la Prusse. Trèves possède un évêché, plusieurs belles églises, une magnifique cathédrale, et commerce en bois, vins, draps, étoffes de laine, coton, toiles, indiennes et lin.

TRÉVIRE (mar.), cordage plié en deux, dont le double est retenu au haut d'un plan incliné sur lequel on veut faire rouler un corps cylindrique quelconque, pour le monter ou le descendre sur un quai, dans un navire, etc. Le fardeau étant placé sur le double de ce cordage, on prend les deux bouts de la trévire par-dessus; l'ayant ainsi enveloppé, il glisse sur le plan incliné qu'on lui a préparé, au moyen des hommes qui sont rangés sur les deux bouts, un peu écartés les uns des autres, et qui font rouler ce corps pour le monter ou le descendre.

TREVISE, province orientale du royaume lombardo-vénitien (Italie). Dans sa partie septentrionale, elle est couverte par une chaîne de montagnes que franchit la Piave; le reste offre que d'immenses plaines. On s'y livre avec succès à l'éducation des bestiaux, des abeilles et des vers à soie, et l'on y récolte beaucoup de céréales, de riz, de vin et de noisettes. L'industrie manufacturière consiste dans l'exploitation des mines de cuivre, dans la fabrication du fer et de l'acier, des soieries, du papier, des tissus de laine, etc. Sa population est de 260,000 âmes. La province est divisée en six districts.

TRÉVISE, ville forte d'Italie, capitale de la province du même nom (royaume lombardo-vénitien), sur la rivière du Sile. Population, 12,000 habitants. Cette ville est très-ancienne, et porta sous les Romains le nom de *Tarvisium*. En 1388, elle tomba au pouvoir de la république de Venise, dont elle a toujours partagé le sort. Les Français s'en emparèrent en 1797. — Trévise est le siége d'un évêché suffragant du patriarcat de Venise. Elle est défendue par de fortes murailles percées de trois portes et entourées de fossés profonds. Elle possède plusieurs églises et hôpitaux et un beau théâtre. — Le maréchal Mortier reçut de Napoléon le titre de duc de Trévise.

TRÉVOUX, sur le penchant d'une colline, sur la rive gauche de la Saône, chef-lieu d'arrondissement du département de l'Ain, à 12 lieues de Bourg. Population, 2,776 habitants. Cette ville, très-ancienne, s'appelait sous les Romains *Trivortium*. C'est sous ses murs que l'empereur Sévère battit son compétiteur Albinus (198). Elle devint la capitale de la principauté de Dombes. Dans le xvie siècle, cette ville était entourée de murs et défendue par de nombreuses tours. C'est de son imprimerie que sortit en 1704 la première édition du Dictionnaire universel, connu sous le nom de *Dictionnaire de Trévoux*. En 1701 parut le Journal de Trévoux, qui s'imprima pendant trente ans dans cette ville sous la direction des jésuites; depuis on en continua l'impression à Paris. Trévoux possède un tribunal de première instance et de commerce.

TRIADE HARMONIQUE, terme de musique. Dans le calcul, c'est la proportion harmonique. Dans la pratique, c'est l'accord parfait majeur qui résulte de cette même proportion, et qui est composé d'un son fondamental, de sa tierce majeure et de sa quinte.

TRIADELPHES, nom donné, en botanique, aux étamines ou organes mâles des fleurs dont les filets sont réunis en trois groupes distincts, chargés chacun de plusieurs anthères (capsules contenant la poudre fécondante). On observe de semblables étamines dans le *mille-pertuis aux feuilles de serpolet*.

TRIADIQUE se disait, dans l'Eglise grecque, de certains hymnes, dont chaque strophe finissait par la louange de la sainte Trinité et de la sainte Vierge.

TRIAIRES ou TERTIAIRES, une des subdivisions de la légion romaine. Les triaires ne furent institués que très-tard. Après le siège de Véies, on forma une ligue spéciale de vétérans, qui devinrent la troupe principale et appuyèrent les autres lignes. On ignore quelles étaient les armes dont se servaient les triaires. Ils furent supprimés sous le consulat de Marius.

TRIAL (Jean-Claude), directeur de l'Opéra à Paris, né à Avignon en 1734, mort en 1771; a fait la musique de *Sylvie*, de *Théonis*, de *la Chercheuse d'esprit*, etc. — A. TRIAL, fils du précédent, fut un acteur distingué du théâtre italien, et devint membre du comité révolutionnaire de la section Lepelletier pendant le règne de la terreur. Il mourut en 1795. — Sa femme, madame Trial, fut une célèbre actrice du théâtre italien, qu'elle quitta en 1786.

TRIANDRIE (bot.), troisième classe du système sexuel de Linné, laquelle renferme les plantes dont les fleurs ont trois étamines ou organes mâles, libres et distinctes. Elle comprend plusieurs familles nombreuses, comme les graminées, les cypéracées et les iridées. — Ce nom vient des mots grecs *treis*, trois, et *anér*, homme, mâle.

TRIANGLE, terme de géométrie, figure ou polygone compris entre trois lignes ou côtés, et qui par conséquent a trois angles. Les *triangles* sont *curvilignes*, c'est-à-dire formés par les lignes courbes, ou *rectilignes*, c'est-à-dire formés par des lignes droites. Le *triangle sphérique* est formé par trois arcs de cercle de la sphère. Les trois angles d'un triangle valent deux angles droits. La surface s'obtient en multipliant la base par la moitié de la hauteur, et celle de tous les autres polygones s'évalue par leur réduction en triangles. L'étude des triangles constitue la *trigonométrie*. — On appelle *triangles égaux* des triangles dont les trois côtés et les trois angles sont égaux chacun à chacun; *triangles semblables*, deux triangles, lorsque les angles de l'un sont égaux aux angles de l'autre, chacun à chacun. — Les anciens comparaient Dieu au triangle équilatéral, les génies au triangle isocèle, et l'homme au triangle scalène. Les chrétiens représentaient la sainte Trinité par un triangle auquel ils adjoignirent ensuite des lignes figurant diversement une croix.

TRIANGLE, instrument de percussion formé d'une tringle de fer pliée en forme de triangle, sur laquelle on frappe avec une verge courte de même métal, et dont le son a quelque rapport avec celui d'une sonnette. Cet instrument est usité dans la musique militaire et dans la musique instrumentale.

TRIANGLE (sens divers). Les menuisiers nomment ainsi une sorte d'équerre dont une des branches est beaucoup plus mince que l'autre, de manière que la plus épaisse s'appuie contre la pièce de bois sur laquelle on veut tracer un trait ou carré d'équerre. On appelle *triangle à onglet*, un triangle taillé de manière que les lignes qu'on trace avec cet instrument sont inclinées de 45 degrés. Il sert à tracer les pièces qui doivent former des cadres. — En termes de fortifications, on appelle *triangle* un ouvrage dont les trois angles sont formés par des bastions coupés ou des demi-bastions. — En termes de marine, c'est une sorte d'échafaud, de forme triangulaire, construit avec des bouts de planches, pour porter les hommes qui ont à travailler en différentes parties d'un bâtiment et autour des mâts. — *Triangle médullaire*, en médecine, est synonyme de *voûte à trois piliers*.

TRIANGULAIRES, nom d'une section de crustacés décapodes brachyures, qui comprend les genres *parthénope*, *maïa*, etc.

TRIANON (GRAND-), palais royal situé à Versailles (Seine-et-Oise), à l'extrémité d'un des bras du grand canal, dans un emplacement qu'occupait jadis un village qui, au xvie siècle, portait le nom de *Triarnum*, d'où est venu le nom moderne. Lorsque Louis XIV eut construit Versailles, il acheta cette terre, et le village fut remplacé par un château de fantaisie. L'édifice est de style italien, et n'a qu'un rez-de-chaussée ; il fut construit par Mansard dans le genre le plus gracieux et le plus élégant. Il consiste en un corps de logis principal avec deux ailes en retour, formant pavillons, et réunies par un beau péristyle orné de colonnes ioniques. Toute cette architecture est de marbre de Languedoc. Les pièces renferment des tableaux de nos plus grands maîtres et de beaux meubles. Les jardins, qui avaient été plantés par le Nôtre, furent distribués de nouveau en 1776. Ils renferment de belles statues.

TRIANON (PETIT-), palais de Versailles, à l'extrémité d'un des bras du canal, et voisin du Grand-Trianon. Le principal bâtiment consiste en un corps de logis ou pavillon carré, qui a vingt mètres sur chaque côté ; il est composé d'un rez-de-chaussée et d'un premier étagé. Les jardins sont très-bien disposés. On y remarque le salon de musique, jolie rotonde, des berceaux et des péristyles de feuillage, et surtout la salle de spectacle ; le jardin anglais, planté en 1776, offre le temple de l'Amour, petit édifice d'ordre corinthien, le belvédère, de forme octogone, le rocher artificiel, des cavités dequel sort un ruisseau qui se jette dans un petit lac.

TRIAS, TRIASIQUE, groupe de terrains principalement composés de grès, de marnes, de calcaire et de diverses roches quartzeuses et schisteuses. On y trouve aussi du sel marin, du gypse, de la dolomie, du lignite, etc. Les roches qui appartiennent au groupe triasique sont des basaltes, trapps, porphyres, granites, amphibolites, etc.

TRIBONIEN, né à Side en Pamphylie. Sa vaste érudition et ses grandes connaissances en droit lui valurent la faveur de l'empereur Justinien qui l'éleva à la dignité de consul. Il fut disgracié en 532, à cause de ses vices, et mourut en 545. Il avait rédigé et refondu, par ordre de l'empereur, toutes les constitutions impériales depuis Adrien ; il en avait fait un ouvrage avec le titre de *Code de Justinien* ou *Code des constitutions*. Il fit aussi avec seize collaborateurs le grand ouvrage des *Pandectes* ou *Digeste*. Ce traité, qui est divisé en 50 livres, 422 titres et 9,123 lois, présente sous forme d'analyse les opinions des anciens jurisconsultes sur les principales questions de droit.

TRIBORD, c'est le nom, en marine, du côté droit d'un bâtiment, en regardant de l'arrière à l'avant. Les marins disent le plus souvent *tribord* pour la droite.

TRIBOULET, fou de Louis XII et de François Ier, était né à Blois. Il est célèbre par ses bons mots. Un jour il dit que si Charles-Quint passait en France pour se rendre dans les Pays-Bas, en se fiant à un ennemi qu'il avait si mal traité, il lui donnerait son bonnet. François Ier ayant demandé alors ce qu'il ferait si l'empereur passait comme s'il était dans ses propres Etats, Triboulet répondit : Sire, en ce cas-là, je lui reprends mon bonnet et vous en fais présent. Triboulet existait encore en 1525.

TRIBU, nom donné, chez les anciens, à certaines divisions qui réunies formaient l'ensemble d'un peuple. Le peuple de la ville d'Athènes et de Rome était divisé en tribus. Il y en avait dix à Athènes et trois d'abord à Rome, d'où le mot *tribus*, puis quatre, trente et jusqu'à trente-cinq. Les douze tribus d'Israël comprenaient tous les Juifs sortis des douze patriarches. — On désigne encore par le mot *tribu*, une peuplade, un petit peuple relativement à une grande nation dont il fait partie. Une *tribu* de sauvages, de Tatars, etc.

TRIBUN (en latin *tribunus*), mot désignant dans l'ancienne Rome, un magistrat civil ou militaire qui avait une inspection ou administration quelconque. On nommait *tribun des célères*, le commandant de la troupe de cent jeunes gens ou célères, que Romulus prit dans chaque tribu pour former sa garde à cheval : c'était la première magistrature après le roi ; *tribuns de la marine*, des intendants des côtes et de la navigation des rivières, etc. Lorsque Rienzi s'empara du gouvernement de Rome au xive siècle, il prit le nom de *tribun*.

TRIBUNS DE LÉGION. Il y avait dans chaque légion romaine six tribuns militaires, commandant sous les consuls et chacun à son tour, ordinairement pendant un mois. Dans les combats, les tribuns avaient chacun la conduite de dix centuries (environ 1,000 hommes). Nommés d'abord par les consuls jusqu'à l'an 345 de Rome, que le peuple s'attribua leur nomination. En l'an 444 il en créa seize.

TRIBUNS DU PEUPLE, magistrats romains créés l'an de Rome 260 (492 avant J.-C.). Les plébéiens, lassés de la tyrannie des patriciens, se retirèrent sur le mont Sacré, à peu de distance de Rome, et refusèrent de rentrer dans cette ville s'il ne leur était permis d'élire parmi eux des tribuns qui les protégeassent. On en nomma cinq. Les tribuns n'eussent aucune insigne : assis à la porte du sénat, ils en écoutaient les délibérations sans y prendre part ; mais avec ce seul mot *veto* (je m'oppose) ils arrêtaient tout. Dans la suite leur pouvoir prit un plus grand accroissement, et le tribunat devint, pour les plébéiens, le premier échelon vers les plus hautes dignités de la république. Auguste se fit attribuer par un décret du sénat la puissance tribunitienne pour la vie, que conservèrent ses successeurs. L'on ne perdit pas cependant l'usage d'élire des tribuns, quoiqu'ils ne retinssent qu'une ombre de leur ancienne puissance. Après Constantin, il n'y eut plus à Rome et à Constantinople qu'un officier préposé aux divertissements du peuple et qui portait le titre de *tribun des plaisirs.*

TRIBUNS DU TRÉSOR, officiers romains chargés de la garde des fonds publics, soit dans Rome, soit à l'armée, pour les remettre aux questeurs selon les besoins. On les choisissait parmi les plus riches plébéiens, et ils avaient rang après les chevaliers romains.

TRIBUNS FRANÇAIS. En vertu de la constitution de l'an VIII (1799), le tribunat fut créé et devint une des deux branches du pouvoir législatif. Il était composé de cent membres élus par le sénat, âgés de vingt-cinq ans au moins, qui devaient être renouvelés tous les ans et indéfiniment rééligibles, tant qu'ils étaient sur la liste nationale. Ils jouissaient du traitement de 18 francs par jour. Leurs attributions consistaient à voter ou à rejeter, après discussion, les projets de loi que le corps législatif avait votés. Les tribuns, réduits au nombre de cinquante par Bonaparte devenu consul à vie, furent supprimés en 1807. Le tribunat résidait au Palais-Royal.

TRIBUNS MILITAIRES, magistrats romains qui commandaient les armées. Les tribuns militaires furent institués l'an de Rome 510 (445 ans avant J.-C.). Presque tous étaient nommés parmi les plébéiens. Leur nombre varia de trois à huit.

TRIBUNAL, réunion de juges appartenant à la même juridiction; lieu où ils se réunissent. — Suivant la nature des matières qu'ils ont à juger, on reconnaît en France des *tribunaux de simple police,* des *tribunaux correctionnels,* des *tribunaux criminels,* des *tribunaux de commerce,* des *tribunaux civils* et des *tribunaux administratifs.* Il existe en France, sauf quelques exceptions déterminées par la loi, deux degrés de juridiction, *premier ressort* et *appel.* Un tribunal suprême est en outre chargé de casser les arrêts et jugements en dernier ressort, pour violation ou fausse application des lois et pour excès de pouvoir. La justice est rendue par des tribunaux de diverses sortes : *ordinaires et permanents, ordinaires et temporaires, extraordinaires* ou *exceptionnels.* Les tribunaux ordinaires et permanents sont les tribunaux de simple police, les justices de paix, les tribunaux de première instance, civils et correctionnels, les cours royales et la cour de cassation. Les tribunaux ordinaires et temporaires sont les cours d'assises. Les tribunaux extraordinaires ou exceptionnels sont la cour des pairs, les conseils de guerre de terre ou de mer, les tribunaux maritimes, la chambre des pairs et la chambre des députés pour la répression des délits commis contre elles, les tribunaux de commerce, les conseils de discipline de la garde nationale, le conseil de l'université; les chambres de discipline des notaires, les conseils de discipline des avocats, les chambres d'avoués et les conseils de prud'hommes.

TRIBUNAUX CORRECTIONNELS. Voy. TRIBUNAUX DE PREMIÈRE INSTANCE.

TRIBUNAUX DE COMMERCE, tribunaux qui connaissent de toutes les contestations relatives aux engagements et transactions entre les négociants, les marchands et les banquiers; des faillites et des contestations qui s'élèvent entre toutes personnes relativement aux actes de commerce. Les juges et les présidents des tribunaux de commerce sont élus parmi les commerçants ou anciens commerçants, dans une assemblée de commerçants notables et principalement des chefs de maisons les plus anciennes et les plus recommandables. Le président et les juges ne peuvent rester plus de deux ans en place, ni être réélus qu'après un an d'intervalle. Les fonctions de ces magistrats sont gratuites et honorifiques. Un décret de 1809 a déterminé les villes qui doivent posséder des tribunaux de commerce. Dans les arrondissements où il n'y a pas de tribunal de commerce, le tribunal civil connaît des affaires qui auraient été réservées à sa compétence. Il y a près de chaque tribunal un greffier et des huissiers nommés par le roi, et à Paris seulement des gardes du commerce pour l'exécution des jugements emportant prise de corps. Le ministère des avoués est interdit dans les tribunaux de commerce. Ces tribunaux jugent en dernier ressort toutes les demandes dont le principal n'excède pas la valeur de 1,000 francs. Ils ne connaissent pas de l'exécution de leurs jugements.

TRIBUNAUX DE POLICE, tribunaux qui s'occupent de contraventions de peu d'importance. Il y a dans chaque commune un tribunal de police. Dans les communes qui ne sont pas chef-lieu de canton, le tribunal est tenu par le maire; dans les communes qui sont chef-lieu de canton, il est tenu par le juge de paix. Ce tribunal n'est régulièrement constitué que lorsque, indépendamment du magistrat qui le tient, l'officier du ministère public et le greffier sont présents. Les fonctions du ministère public sont remplies par le commissaire de police du lieu où siège le tribunal, et en cas d'empêchement par le maire ou par un adjoint. Les tribunaux de police tenus par le juge de paix connaissent exclusivement des contraventions commises dans l'étendue de la commune, chef-lieu du canton, et dans certains cas des contraventions dans les autres communes du canton, etc.

TRIBUNAUX DE PREMIÈRE INSTANCE, juridiction établie dans chaque arrondissement communal pour toutes les affaires civiles et correctionnelles qui ne sont pas spécialement attribuées aux autres tribunaux. Dans leurs attributions civiles, ils connaissent des affaires de commerce quand il n'y a pas de tribunal de commerce dans l'arrondissement, de toutes les difficultés d'exécution des jugements rendus par les juges de paix, par des arbitres et les tribunaux de commerce, ainsi que de celles des condamnations civiles prononcées par les tribunaux correctionnels. Ils jugent en premier et dernier ressort toutes les affaires mobilières et personnelles jusqu'à 1,000 francs de principal; toutes les affaires réelles dont l'objet principal est 50 francs de revenu, toutes les affaires où les parties ont consenti à être jugées sans appel, toutes les actions civiles relatives aux contributions indirectes, enfin les fautes de discipline des officiers ministériels. — Outre ces attributions civiles, les tribunaux de première instance ont des attributions correctionnelles. Ils connaissent, sous le titre de *tribunaux correctionnels,* des appels des jugements rendus par le tribunal de police de leur ressort; des délits forestiers poursuivis à la requête de l'administration, et de tous les délits dont la peine excède cinq jours d'emprisonnement et 15 francs d'amende. — Les tribunaux de première instance forment une, deux ou trois chambres, selon le nombre de juges dont ils sont composés (celui de Paris seul a sept chambres); une de ces chambres connaît principalement des affaires de police correctionnelle. Les fonctions du ministère public sont exercées dans chaque tribunal par un magistrat qui a le titre de procureur du roi, et par des substituts du procureur du roi. Chaque tribunal est assisté d'un greffier et de commis greffiers.

TRIBUNE AUX HARANGUES. Voy. ROSTRES.

TRIBUNITIENNE (PUISSANCE), nom donné à la puissance des tribuns du peuple.

TRICALA. Voy. THESSALIE.

TRICBALAC, instrument formé d'une planchette et de deux marteaux de bois suspendus à deux montants, et avec lesquels on frappe la planchette en mesure. Les Napolitains ont affecté cet instrument à leur polichinelle.

TRICEPS, mot latin qui signifie *à trois têtes,* et qui désigne en médecine des muscles qui présentent trois faisceaux charnus à l'une de leurs extrémités. Tels sont le *triceps brachial,* qui étend l'avant-bras sur le bras et réciproquement; le *triceps crural,* qui étend la jambe sur la cuisse et réciproquement.

TRICHIASIS (du grec *thrix,* cheveu, poil), nom donné à trois maladies différentes : 1° à une affection des reins, dans laquelle les urines contiennent des filaments ténus qui ressemblent à des poils ou de véritables poils; 2° à un gonflement douloureux des mamelles qui survient chez les femmes nouvellement accouchées, lorsque l'excrétion du lait se fait difficilement : on nomme vulgairement cette maladie *le poil;* 3° à une maladie de l'œil, laquelle consiste dans le renversement des cils qui bordent les paupières, vers le globe de l'œil. Cette affection dépend tantôt du renversement en dedans des paupières, tantôt d'une direction vicieuse des cils. Cette maladie est très-douloureuse.

TRICHOCÉPHALE (du grec *thrix,* cheveu, et *képhalé,* tête), genre de vers intestinaux que l'on rencontre fréquemment dans le corps de l'homme, et surtout à la suite des fièvres muqueuses qui se sont prolongées. Le corps de ces animaux est long d'un à deux pouces, allongé, cylindrique, de la grosseur d'une épingle, atténué fortement en avant, et terminé par une bouche ordinaire à peine visible. Les mâles ont une partie du corps renflée et contournée en spirale, tandis que chez les femelles le corps est tout droit. Le trichocéphale ne donne lieu à aucun accident grave lorsqu'il vit dans nos organes.

TRICHOMATIQUE, ce qui est de la nature de la *plique.*

TRICHORIA (du grec *treis,* trois, et *choros,* chœur), célèbre danse lacédémonienne attribuée à Tyrtée, et ainsi nommée parce qu'elle était exécutée par trois chœurs. Celui des vieillards chantait ces vers :

Nous avons été jadis
Jeunes, vaillants et hardis.

Les hommes faits continuaient :

Nous le sommes maintenant
A l'épreuve, à tout venant.

Les enfants ajoutaient :

Et nous un jour le serons,
Qui vous tous surpasserons.

TRICLASITE ou FABLUNITE TENDRE, substance minérale, brunâtre ou d'un brun jaunâtre, cristallisant en prismes rhomboïdaux. Sa pesanteur spécifique est de 2,62. Sa dureté est très-grande, et elle est difficilement fusible. La triclasite se compose de silice, d'alumine, d'eau, de magnésie, d'oxyde de fer et de manganèse. On la trouve en Suède.

TRICLINE ou TRICLINIUM (du grec *treis,* trois, et *kliné,* lit), salle à manger des Romains, ainsi nommée parce que le plus souvent on n'y dressait que trois lits, ou parce que chaque lit servait pour trois convives.

TRICOISES, tenailles dont se servent les menuisiers pour arracher les clous, les chevilles. Les maréchaux en ont de semblables pour déferrer les chevaux.

TRICOT, nom donné, en bonneterie, aux marchandises qui se fabriquent ou se brochent avec des aiguilles, comme bas, bonnets, camisoles, gants, chaussons, gilets, etc.

TRICTRAC, jeu connu de la plus haute antiquité. Il se joue sur un tablier qui consiste en deux vastes compartiments carrés, séparés par une cloison moins haute que les bords. De chaque côté des bords sont douze petits trous garnis d'ivoire pour marquer le gain de douze points successifs. Vingt-quatre flèches de deux couleurs sont incrustées sur le fond noir du tablier, et opposées pointe à pointe. Chaque joueur a douze dames d'ivoire de couleur différente. Elles sont placées à sa gauche. De plus les joueurs ont deux dés. Quand des amenés 5 et 6 par exemple, on a la faculté de placer deux dames sur les flèches correspondant aux numéros 5 et 6, ou d'abattre une seule dame sur le numéro 11, ou enfin d'avancer dans la même progression une ou deux dames déjà casées. Selon les rencontres, les joueurs perdent ou gagnent plusieurs points, dont douze font gagner une partie ou un *trou*; et les douze *trous*, le tout ou le jeu.

TRICUSPIDE (du latin *tris* pour *tres*, trois, et *cuspis*, pointe), qui a trois pointes. On nomme, en médecine, *valvules tricuspides* ou *triglochines* trois replis valvulaires triangulaires que forme la membrane interne des cavités droites du cœur autour de l'orifice de communication de l'oreillette avec le ventricule. Le sommet allongé et pointu de ces valvules se continue avec les fibres qui portent des colonnes charnues au cœur. Les valvules tricuspides s'abaissent pour laisser passer le sang de l'oreillette dans le ventricule; elles s'élèvent au contraire pendant la contraction de celui-ci pour s'opposer au reflux du liquide dans l'oreillette.

TRIDACNE, genre de mollusques acéphales, qui vivent fixés aux rochers qui bordent les rivages des mers intertropicales. Ils atteignent une taille très-grande, et pèsent jusqu'à 4 ou 500 livres. La couleur des coquilles est blanche ou jaunâtre. La *tridacne bénitier* a sa coquille oblongue, munie de deux valves (parties) égales, très-bombées, à crochets saillants et cordiformes, portant cinq côtes rayonnantes, profondément séparées, et ayant sur les bords des dentelures pointues. La grandeur et la beauté des tridacnes les fait admettre dans les églises catholiques, où elles servent de bénitiers.

TRIDACTYLE (du grec *treis* et *dactylos*, qui a *trois doigts*), nom donné, en histoire naturelle, 1° aux oiseaux qui n'ont que trois doigts à chaque pied; 2° à un genre d'orthoptères, renfermant des insectes de taille petite, qui se creusent des petites retraites dans le sable, sur le bord des rivières et des lacs. On les voit à certaines époques voler en grande quantité. Ces animaux se nourrissent de végétaux et de petits insectes infusoires. Ils se trouvent dans le midi de l'Europe et l'Afrique. Le *tridactyle varié* est long de trois lignes, noir bronzé, avec des taches blanches sur les ailes et les pattes, et l'abdomen jaune en dessous.

TRIDENT, fourche à trois pointes, que les poètes et les peintres donnent pour sceptre à Neptune, dieu de la mer chez les anciens. Les pêcheurs appellent ainsi une sorte de fourche à plusieurs dents, avec laquelle ils prennent du poisson, en le piquant dans l'eau. — En géométrie on a donné quelquefois ce nom à la *parabole*.

TRIDENTÉ, nom donné aux parties des plantes qui présentent trois dents ou pointes.

TRIÈDRE (du grec *treis*, trois, et *édra*, face), se dit, en géométrie, d'une pyramide terminée par trois faces ou côtés, ou d'un angle formé par la réunion de trois plans.

TRIENS, division de l'as, valait 4 onces.

TRIÉRARQUE (en grec *triérarchos*). Les Grecs nommaient ainsi certains officiers chargés du soin de la marine, d'entretenir les vaisseaux, les marins de l'État, etc. Il entrait dans ce nom dans la suite aux riches citoyens d'Athènes qui étaient obligés par la loi d'armer une galère (*triera*) et de l'équiper à leurs frais.

TRIESTE, gouvernement du royaume d'Illyrie, dont il forme les parties méridionale et occidentale (empire d'Autriche). Il est borné par le royaume lombardo-vénitien, le gouvernement de Laybach, la Croatie et la mer Adriatique. Ce gouvernement est divisé en deux cercles, ceux de Goritz et d'Istrie. Sa population est de 300,000 âmes. On y récolte de bons vins, fruits et pâturages. On y trouve de l'excellent sel et du beau bétail. La capitale est Trieste.

TRIESTE, autrefois *Tergeste*, ville d'Illyrie, capitale du gouvernement de Trieste, située sur le penchant d'une montagne, aux bords du golfe de Trieste, sur l'Adriatique. Population, 53,234 habitants. Cette ville est défendue par un château fort. Elle possède de belles églises, une synagogue, plusieurs couvents, un bel hôtel de ville, une bibliothèque publique, un théâtre, plusieurs établissements de bienfaisance et un évêché. C'est la première ville commerçante de l'empire autrichien. C'est son seul port d'importation et d'exportation. Elle entretient un commerce très-actif avec le Levant, les îles Ioniennes et le royaume des Deux-Siciles. Son port est vaste et sûr, défendu par le môle Sainte-Thérèse. Trieste possède en outre des fabriques de farine, de céruse, de cuivre, de chandelles. Ses environs produisent des vins blancs estimés.

TRIÉTÉRIDE (du grec *treis*, trois, et *étos*, année), nom donné par les anciens chronologistes à un espace ou révolution de trois années. On nommait *triétérique* ce qui arrivait tous les trois ans. C'était particulièrement le nom des fêtes de Bacchus que les Béotiens célébraient tous les trois ans.

TRIFIDE, nom donné, en botanique, aux parties qui sont fendues en trois à peu près jusqu'à la moitié.

TRIGASTRIQUE (du grec *treis*, trois, et *gastér*, ventre), nom donné aux parties qui présentent trois ventres ou faisceaux charnus. On a donné ce nom aux muscles qui ont trois faisceaux charnus.

TRIGEMINA, porte de Rome, ainsi nommée parce que ce fut par elle que sortirent les trois Horaces lorsqu'ils allèrent combattre les trois Curiaces.

TRIGLE, genre de poissons de l'ordre des acanthoptérygiens. L'espèce la plus commune dans nos marchés et sur les côtes de l'Océan est le *rouget commun*, long d'un pied. Sa tête est d'un rouge plus ou moins vif, répandu sur tout le corps et sur les nageoires; le corps est couvert de petites écailles ovales. Le museau est allongé. La chair en est estimée à cause de sa fermeté et de son bon goût. Ce poisson est nommé vulgairement *grondin*, *gronau* ou *gurnard*.

TRIGLYPHE (du grec *treis*, trois, et *glyphé*, gravure), terme d'architecture, qui désigne une espèce de bossage par intervalles égaux qui, dans la frise dorique, a des gravures entières en angles, appelées *glyphes* ou *canaux*, et séparées par trois côtés d'avec les deux demi-canaux des côtés.

TRIGONE (du grec *trigônon*, triangle), épithète due aux parties des organes qui ont trois angles. — En anatomie, on nomme *trigone vésical* une surface triangulaire que présente la partie inférieure de la vessie; *trigone cérébral*, la voûte à trois piliers. — En géométrie, le *trigone* est un instrument dont on se sert pour tracer les arcs de lignes sur les cadrans. — En astrologie, c'est l'aspect de trois planètes lorsqu'elles sont éloignées les unes des autres de 120 degrés du zodiaque, ce qui forme un triangle. — Chez les anciens, le *trigone* était un tribunal athénien où l'on jugeait les affaires civiles. — C'était aussi un instrument triangulaire des Grecs, qui a passé jusqu'à nous sous le nom de *harpe*.

TRIGONELLE, genre de la famille des légumineuses, nommé aussi *fenugrec*.

TRIGONOMÉTRIE (du grec *trigônon*, triangle, et *métron*, mesure), science qui fait partie de la géométrie, et qui a pour objet la résolution des triangles, c'est-à-dire l'acte de déterminer tous les éléments dont se compose un triangle (ou ses trois angles et ses trois côtés), par la connaissance d'une partie seulement de ceux-ci. Les triangles étant *curvilignes* ou *rectilignes*, c'est-à-dire formés par des lignes courbes ou droites, on distingue la trigonométrie en *rectiligne* et *sphérique*.

TRIGUÈRE, genre de la famille des solanées, renfermant des plantes herbacées. Une espèce originaire de l'Andalousie est cultivée dans les provinces méridionales, répand autour d'elle une odeur de musc fort douce, de laquelle on retire une huile essentielle très-agréable. Les fleurs sont d'un pourpre violet, pendantes, disposées en un tube noirâtre à son orifice.

TRIGYNE (du grec *treis*, trois, et *gyné*, femme ou femelle), nom donné, en botanique, aux plantes dont les fleurs, comme celles de la *dauphinelle élevée*, ont trois pistils ou organes femelles. — Linné a nommé *trigynie* le troisième ordre des premières classes de son système sexuel, dans lesquelles les fleurs ont trois pistils, à l'exception de la première et de la septième de ces classes.

TRIJUGÉE, nom donné, en botanique, aux feuilles qui ont trois paires de folioles.

TRIJUMEAU ou TRIFACIAL, noms donnés, en anatomie, à des nerfs qui naissent des parties latérales antérieures et inférieures des pédoncules du cerveau, près de la protubérance annulaire. Le nerf trijumeau forme un gros cordon aplati, composé d'un grand nombre de filets distincts et parallèles, au nombre de quatre-vingt-dix ou cent. Ils passent au-dessus du bord supérieur du rocher, pénètrent dans la fosse temporale interne, forment en s'entre-croisant un renflement grisâtre, et donnent naissance par son bord antérieur aux nerfs *ophthalmique* et *maxillaire*.

TRILLE, effet de musique qui consiste dans le frappement rapide de deux notes voisines dans la gamme, et où l'on revient très-vite de l'une à l'autre. On le nomme improprement *cadence*.

TRILOBÉ, nom donné, en botanique, aux parties divisées en trois *lobes*.

TRILOBITES ou ENTOMOLITES, ordre de crustacés, renfermant des animaux très-singuliers, que l'on n'a encore trouvés qu'à l'état fossile, et qui se reconnaissent à leur corps divisé en trois parties ou lobes plus ou moins distincts, par deux sillons longitudinaux, et composé d'un certain nombre d'anneaux; les trilobites étaient des animaux marins. On retrouve leurs débris en grande quantité dans le sein de la terre.

TRILOCULAIRE (bot.), nom donné aux parties divisées en trois loges.

TRILOGIE (du grec *treis*, trois, et *logos*, discours), nom donné par les anciens Grecs à l'ensemble de trois pièces de théâtre que les poëtes dramatiques devaient présenter lorsqu'ils voulaient disputer le prix de la tragédie. Les trois pièces réunies formaient ensemble un grand drame, dans lequel trois actions différentes, faites par les mêmes personnages, présentaient un tout régulier. Telle est la belle trilogie d'Eschyle que les temps nous ont conservée, et qui se compose de trois pièces, *Agamemnon*, les *Choëphores* et les *Euménides*. Les dialogues de Platon ont été aussi divisés en *trilogies*.

TRIMÈRES (du grec *treis*, trois, et *méron*, parties), quatrième section de l'ordre des coléoptères, renfermant des insectes qui n'ont que trois articles à tous les tarses.

TRIMOURTI, nom donné à la Trinité indienne. Voy. BRAHMA.

TRIN ou TRINE, terme d'astrologie. On dit le *trine aspect de deux planètes*, pour indiquer leur éloignement l'une de l'autre du tiers du zodiaque. On appelle *trine opposition*, en astronomie, l'un des aspects des planètes dans lequel deux planètes sont distantes l'une de l'autre de la troisième partie du zodiaque, ou de quatre signes, qui valent 120 degrés.

TRINACRIA, nom ancien de la Sicile, à cause des trois promontoires (*acra*) qui la terminent.

TRINGA. Voy. BÉCASSEAUX.

TRINGLE, verge de fer menue, longue et ronde, qu'on passe dans les deux anneaux d'un rideau. C'est aussi une baguette équarrie, longue, plate et étroite, qui sert à plusieurs usages dans la menuiserie. Les bouchers, les chandeliers, les merciers, etc., appellent *tringle* une pièce de bois longue et étroite, garnie de clous, de crochets ou de chevilles, auxquels ils suspendent leurs marchandises. — Les nattiers nomment ainsi une pièce de bois hérissée de clous à crochet, pour y attacher les cordons qui doivent former la natte. — En architecture, la *tringle* est un petit membre qui est au-dessous de la plate-bande de l'ordre dorique, qui répond à chaque triglyphe et d'où pendent les gouttes.

TRINITAIRES, ordre de religieux, fondé sous les auspices de la sainte Trinité, l'an 1198, par saint Jean de Matha et saint Félix de Valois, pour racheter les esclaves chrétiens chez les infidèles. Les trinitaires étaient habillés de blanc et portaient devant l'estomac une croix rouge ou bleue. Ils suivaient la règle de Saint-Augustin et étaient chanoines réguliers. Il y avait aussi des religieuses trinitaires qui furent établies en Espagne par saint Jean de Matha lui-même. — On a nommé encore *trinitaires* les disciples de Michel Servet, hérétique qui expliquait le mystère de la sainte Trinité d'une façon qui détruisait la divinité du Fils et du Saint-Esprit.

TRINITÉ, dogme fondamental de la religion chrétienne. C'est le mystère d'un seul Dieu en trois personnes, *Père*, *Fils* et *Saint-Esprit*, personnes divines réellement distinctes dans une même essence, nature et substance. Il y a donc un Dieu en trois personnes, c'est-à-dire qu'il n'y a qu'une seule nature divine et qu'il y a trois personnes dans cette nature divine, en sorte que l'unité de la nature n'empêche pas la pluralité des personnes. — L'Église catholique célèbre, le premier dimanche après la Pentecôte, une fête solennelle à l'honneur de la sainte Trinité. L'origine de cette fête remonte au XIVᵉ siècle.

TRINITÉ (ILE DE LA); la plus importante, la plus riche et la plus méridionale des petites Antilles, découverte par Christophe Colomb en 1498. Les Espagnols s'y établirent en 1532. Ils en furent dépossédés en 1595 par les Anglais, mais ils y rentrèrent peu de temps après. Les Français s'en emparèrent en 1696, puis l'abandonnèrent. En 1797, elle fut prise par les Anglais, auxquels l'Espagne la céda définitivement en 1810. La Trinité est située dans l'Atlantique, à l'extrémité N.-E. de l'Amérique méridionale, à 7 lieues de l'île de Tabago et 4 de Caracas, à l'entrée du golfe de Paria, en face des embouchures de l'Orénoque. La superficie de cette île (laquelle est divisée en quatre parties, appelées *bandes de l'ouest, du sud, de l'est et du nord*) est d'environ 800 lieues carrées. Le climat est malsain, les pluies abondantes, le sol est très-fertile. Cette île est très-importante comme point militaire. Sous le rapport du commerce, elle est très-bien située pour servir de dépôt aux marchandises européennes, qui de là se répandent aisément dans l'intérieur du continent. — La population est d'environ 51,600 habitants, dont 24,000 esclaves. Les indigènes sont doux, timides, indolents, et professent la religion catholique. Cette île, dont le chef-lieu est *Port-d'Espagne*, se divise en trente-six districts.

TRINQUET, nom du mât de misaine dans les bâtiments latins. — On nomme *trinquetin* une petite voile latine que les bâtiments du Levant envergument sur le trinquet dans les mauvais temps.

TRINQUETTE, voile nommée *tourmentin* sur les grands bâtiments. C'est un petit foc qui se hisse le long de l'étai du mât d'un sloop, cùtre ou autre petit bâtiment. C'est aussi le nom qu'on donne à la voile de misaine (triangulaire) d'un bâtiment latin.

TRIO, morceau de musique vocale ou instrumentale, à trois parties. Le trio instrumental est difficile à traiter pour produire de l'effet. Le trio vocal est presque toujours accompagné. — On appelle encore *trio* la deuxième partie d'un *menuet* ou d'un *scherzo* de symphonie, après laquelle on reprend toujours le morceau principal.

TRIOBOLE (du grec *treis*, trois, et *obolon*, obole), nom donné par les anciens à un poids ou à une monnaie de 3 oboles.

TRIODION, livre ecclésiastique à l'usage de l'Église grecque. Il contient l'office qu'on chante depuis le dimanche de la Septuagésime jusqu'au samedi saint. On lui a donné ce nom, parce que la plupart des hymnes ou cantiques qu'il renferme ne sont composés que de trois odes ou strophes (*treis, odon*). Cette sorte d'hymne s'appelle aussi *triodion*.

TRIOÉCIE (botan.) (du grec *treis*, trois, et *oikia*, maison), nom du troisième ordre de la vingt-quatrième classe du système sexuel de Linné. Cet ordre comprend les plantes qui, sur trois individus de la même espèce, portent sur l'un des fleurs hermaphrodites, sur le deuxième des fleurs mâles, et sur le troisième des fleurs femelles.

TRIOLET. En terme de poésie, ce mot désigne une petite pièce de huit vers, dont le premier se répète après le troisième, et le premier et le deuxième après le sixième ; en sorte que dans ces vers il y en a trois, le premier, le quatrième et le septième, qui ne sont qu'un seul et même vers. — En musique, on nomme *triolet* un groupe de trois notes qui n'ont toutes ensemble que la valeur d'un temps.

TRIOMPHE, cérémonie pompeuse et honneurs extraordinaires accordés par le sénat de Rome et quelquefois par le peuple, pour récompenser un général qui, par ses actions et ses victoires, avait bien mérité de la patrie. Le général pour recevait les honneurs du triomphe faisait son entrée solennelle dans Rome, monté sur un char, suivi de ses troupes. Ses prisonniers et les dépouilles enlevées sur l'ennemi étaient exposés aux yeux du public. On nommait *colonne triomphale* une colonne élevée en l'honneur d'un héros, et dont les joints étaient cachés par autant de couronnes qu'il avait fait d'expéditions militaires ; *porte triomphale*, la porte par laquelle les triomphateurs faisaient leur entrée dans la ville ; *jeux triomphaux*, ceux qu'on célébrait à l'occasion de quelque triomphe. Souvent l'on élevait un *arc de triomphe* en l'honneur du héros. Celui-ci, arrivé dans Rome, allait au Capitole, où il offrait un sacrifice à Jupiter pour le remercier de sa protection. — On nomme *triomphe*, à certains jeux de cartes, la couleur de la carte qu'on retourne après qu'on a donné aux joueurs le nombre de cartes qu'il faut, ou la couleur que celui qui fait jouer a nommée et qui emporte toutes les autres. — Les catholiques nomment *église triomphante* la réunion des bienheureux qui sont dans le ciel.

TRIONYX, genre de reptiles de l'ordre des chéloniens, division des émydes ou tortues d'eau douce. Ces tortues se distinguent par une carapace très-déprimée, composée de pièces osseuses dont les bords ne se confondent point entre eux, et qui sont fortement granulés. Cette carapace est revêtue d'une peau simplement coriace, qui leur a fait donner le nom de *tortues molles*, et qui se prolonge un peu au delà du corps de l'animal. Leurs membres se retirent qu'en partie sous la carapace ; les pieds sont élargis, les doigts dirigés en avant, munis de larges membranes natatoires ; les trois antérieurs seuls sont munis d'ongles. La queue est courte et obtuse. Le *trionyx du Nil* est long de soixante-dix centimètres ; la carapace est d'un vert olive foncé en dessus, ponctué de jaune, blanc jaunâtre, rosé ou bleuâtre en certains points du plastron. Les trionyx habitent les fleuves de l'Inde, de l'Afrique et de l'Amérique. On en trouve de nombreux débris fossiles.

TRIPHANE, SPODUMÈNE OU ZÉOLITHE DE SUÈDE, substance minérale verdâtre ou grisâtre, d'un éclat gras et nacré. Elle ne cristallise pas. Sa pesanteur spécifique est 3,19. Elle est rayée par l'acier. Soumise à l'action du chalumeau, elle se fond en verre incolore. Cette substance, qui se compose de silice, d'alumine, de lithine avec des traces d'oxyde de fer et d'oxyde de manganèse, se trouve en Suède, en Écosse, en Irlande, au Tyrol et en Amérique.

TRIPHYLIE, portion S. de l'Élide. C'est aussi l'un des noms d'*Elis*.

TRIPHYLLE (du grec *treis*, trois, et *phullon*, feuille), épithète donnée aux feuilles des plantes qui ont trois folioles ou trois divisions foliacées.

TRIPLINERVÉE, nom donné, en botanique, aux feuilles qui ont cinq nervures, dont deux naissent de la base de la nervure moyenne, et deux au-dessus de ce point.

TRIPLITE OU MANGANÈSE PHOSPHATÉE FERRIFÈRE, substance minérale brune ou noirâtre, incristallisable. Sa pesanteur spécifique est de 3,43 à 3,9. Sa dureté est faible. Elle est composée d'acide phosphorique, de protoxyde de fer, de protoxyde de manganèse et de phosphate de chaux. On trouve la triplite aux environs de Limoges dans le granite.

TRIPODIPHORIQUE, nom d'un hymne chanté par les jeunes filles pendant qu'on portait un trépied, dans une fête d'Apollon.

TRIPOLI, le plus oriental des États barbaresques (Afrique), borné à l'E. par l'Égypte, au S. par le Sahara, au N. par la Méditerranée, à l'O. par le territoire de Tunis. Ce pays est sillonné par de nombreuses chaînes de montagnes, qui sont des ramifications de l'Atlas. Dans la partie orientale s'étendent d'immenses plaines désertes. Le climat est salubre ; le sol est très-fertile dans plusieurs parties. L'industrie et le commerce s'exercent sur la fabrication des tapis, et des burnous principalement. — L'État de Tripoli, qui compte 2,000,000 d'habitants, se compose du *Fezzan*, du *Barcah* et du *Tripoli* proprement dit. Successivement au pouvoir des Carthaginois, des Romains, des Sarrasins et des Turks, cet État est aujourd'hui soumis à un pacha qui prend le titre de *sujet de la Porte*, et qui exerce un despotisme absolu. Des beys gouvernent les diverses provinces.

TRIPOLI, ville d'Afrique, capitale d'un des États barbaresques qui porte le même nom, bâtie sur un cap, au bord de la Méditerranée. Population, 15,000 habitants. Cette ville, entourée de trois côtés par la mer, et défendue par des murs très-forts, garnis de bastions. Elle possède un bon port assez bien abrité Tripoli, l'*OEa*, ou *Æa* des anciens, possède encore de magnifiques ruines des monuments élevés par les Romains. Ses mosquées et ses bazars sont d'une grande beauté. Le commerce est considérable, et se fait en dattes, laines, safran, garance, etc. Les principales nations d'Europe ont un consul à Tripoli.

TRIPOLI, pachalik de la Turquie d'Asie, en Syrie, borné par ceux d'Alep, de Damas et d'Acre, comprenant une partie de l'ancienne Phénicie, entre le Liban et la Méditerranée. La population est de 315,000 habitants. Le sol est fertile, et produit du blé, du maïs, du tabac, du coton, des fruits estimés, tels que grenades, figues, amandes, citrons, etc. On y récolte d'excellents vins. La capitale est TRIPOLI.

TRIPOLI, ville d'Asie, capitale du pachalik de même nom, située au pied du Liban. Population, 16,000 habitants. La ville est bien bâtie, mais peu salubre. Il n'y a pas de port, et la rade est peu sûre. Tripoli fait un grand commerce en coton, soie, fruits, etc.

TRIPOLI, substance minérale d'aspect terreux, âpre au toucher, et presque entièrement composée de silice. Sa texture est fine, lâche, poreuse. Elle se réduit facilement en poussière très-dure. Le tripoli ne fait point pâte avec l'eau, et ne se délaye pas dans ce liquide. Il est infusible au chalumeau. Sa couleur varie entre le gris clair, le rougeâtre, le rosâtre, le jaune, le jaune rougeâtre et le cendré. Les tripolis sont presque toujours friables ou plutôt pulvérulents. Le *tripoli de Venise* est le plus estimé ; il vient de l'île de Corfou. Il est schisteux, d'un rouge jaunâtre et poreux. Le tripoli est très-usité dans les arts. On s'en sert, réduit en poudre, pour polir le verre, les pierres dures, les métaux, surtout le cuivre et ses alliages. Il s'emploie à l'eau avec du bois ou de l'étain. Quelquefois on le mélange avec du soufre ou du rouge d'Angleterre.

TRIPOLITAINE, province d'Afrique qui s'étendait de la Byzacène à la Cyrénaïque, entre les deux Syrtes, à l'E. et à l'O. Lepris était sa ville principale.

TRIPOLITZA, ville de Grèce en Morée, au pied du mont Roïno. Population, 2,000 habitants. Cette ville, sous la domination turque, était le chef-lieu de la Morée et le siége d'un pacha. Elle fut presque entièrement détruite en 1825 par les Turks. Elle est environnée de murailles flanquées de bastions, et défendue par un petit fort. Dans les environs de cette ville, située à 38 lieues d'Athènes, s'élevaient jadis les villes de *Mantinée*, *Tégée* et *Pallentium*.

TRIPTÈRE (du grec *treis*, trois, et de *ptéron*, aile). Ce mot, synonyme de *triailé* et de *trigone*, s'applique, en botanique, aux fruits qui sont munis de trois angles, amincis en lame ou bien en aile.

TRIPTÉRYGIEN (du grec *treis*, trois, et *ptéryx*, aile ou nageoire) se dit des poissons qui ont trois nageoires.

TRIPTOLÈME (myth.), fils de Celeus, roi d'Eleusis, ville de l'Attique, au N.-O. d'Athènes. Cérès, reconnaissante des bons offices de Celeus, qui l'avait accueillie dans son palais pendant qu'elle était à la recherche de sa fille Proserpine, donna de son lait à Triptolème, qu'elle voulut rendre immortel en détruisant tout ce qu'il y avait d'humain en cet enfant par les mystères du feu. Mais sa mère Métanire, effrayée de voir son fils dans les flammes, l'en retira avec précipitation. Cette imprudence empêcha l'effet de la volonté de la bonne déesse, qui, par dédommagement, lui apprit l'art de cultiver la terre. Triptolème l'enseigna le premier dans la Grèce, et, devenu roi, donna aux Athéniens des lois qui se réduisaient au culte des dieux, à l'amour des parents et à l'abstinence de la chair.

TRIPUDIUM. C'était, chez les Romains, l'auspice qui se prenait par le moyen des poulets qu'on tenait dans une espèce de cage.

TRIQUE-BALLE, terme d'artillerie, machine propre à transporter les pièces de canon.

TRIQUE-MADAME, nom vulgaire sous lequel Tournefort désignait le *sédon* et la *joubarbe*.

TRIQUÈTRE, ce qui a trois faces et trois angles.— En numismatique, ce mot désigne la réunion de trois cuisses avec leurs jambes et leurs pieds, que l'on trouve souvent sur les médailles antiques. La triquètre était le symbole particulier de la Sicile à cause de sa ressemblance avec les trois promontoires de cette île.

TRIRÈGNE. Voy. TIARE.

TRIRÈME, galère, vaisseau des Romains, qui avait de chaque côté trois hommes pour chaque rame, quelque nombre de rames qu'il eût d'ailleurs.

TRISAGION, hymne chrétienne ainsi nommée parce que le mot *saint (agios)* y est répété trois fois (*treis*) en ces termes: *Agios ó Théos, agios ischyros, agios athanatos, eleison imas*, mots grecs qui signifient, *saint Dieu, saint fort, saint immortel, ayez pitié de nous*.

TRISECTION, terme de géométrie, action de diviser une chose en trois parties égales. Il se dit principalement de la division d'un angle en trois angles égaux.

TRISMÉGISTE (du grec *treis*, trois fois, et *megistos*, très-grand, *trois fois très-grand*), surnom de Mercure chez les Grecs.— C'est aussi le nom d'un caractère d'imprimerie, qui est entre le gros et le petit canon.

TRISMUS, sorte de *tétanos* partiel, borné aux muscles élévateurs de la mâchoire et des lèvres.

TRISOLYMPIONIQUE, nom que les anciens donnaient aux athlètes trois fois vainqueurs aux jeux Olympiques.

TRISPERME (bot.), ce qui renferme trois graines.

TRISPLANCHNIQUE (du grec *treis*, trois, et de *splanchnos*, viscère, c'est-à-dire *qui se rapporte à trois ordres de viscères*). On nomme ainsi un *nerf* (appelé aussi *grand sympathique* ou *intercostal*) qui distribue des branches aux organes des trois grandes cavités splanchniques du corps, le crâne, la poitrine et l'abdomen. Ce nerf est formé par une série de ganglions nerveux, communiquant les uns avec les autres au moyen de nombreux filets, et d'où partent les filets qui vont se rendre dans les viscères. La série de ganglions et de filets nerveux qui constituent ce système est étendue depuis le canal carotidien jusqu'à la fin du sacrum, et couchée sur la partie latérale et antérieure de la colonne vertébrale.

TRISSINO (Giovanni-Giorgio), poëte italien. Né à Vicence en 1478 d'une famille illustre, il joignit à l'étude des lettres celle des arts, notamment de l'architecture, et celle des sciences mathématiques et physiques. Le Trissino n'était pas moins habile négociateur que grand poëte. Léon X et Clément VII l'employèrent dans plusieurs affaires importantes. Il fut envoyé souvent en ambassade vers les empereurs Maximilien, Charles-Quint et Ferdinand, son frère, qui lui donnèrent le titre de comte. Il mourut en 1550. Ce poëte mit le premier en usage les *versi sciolti* ou vers libres, c'est-à-dire affranchis du joug de la rime. On a de lui une tragédie, *Sophonisbe*, un poëme, *l'Italia liberata da Gotti*.

TRISTAN (Louis), prévôt des maréchaux, ou, selon d'autres, grand prévôt de l'hôtel sous Louis XI, fut l'instrument des vengeances et des cruautés de ce monarque. Les chroniqueurs racontent que, lorsqu'on lui ordonnait de faire périr quelqu'un, il le faisait avec tant de précipitation, que souvent il faisait mourir l'innocent au lieu du coupable. Il fut fait chevalier en 1451. On ignore l'époque de sa mort. La famille de Tristan, surnommé *l'Ermite*, subsistait encore en 1667.

TRISULE ou SEL TRIPLE, nom donné autrefois, en chimie, aux sels composés d'un acide et d'une base. On les appelle aujourd'hui *sels doubles*.

TRITÉITES, hérétiques qui repoussent la Trinité, et qui admettent trois substances divines et trois dieux.

TRITERNÉ, c'est-à-dire *trois fois terné*, nom donné, en botanique, aux feuilles composées dont le pétiole (petite tige qui porte la feuille) commun se divise trois fois en trois parties.

TRITHÈME (Jean), né à Tritenheim près de Trèves en 1462, se fit bénédictin dans le monastère de Spanheim (diocèse de Mayence), et en devint abbé en 1483. Il le gouverna jusqu'en 1506, qu'il s'en démit pour être abbé de Saint-Jacques de Wurtzbourg, où il mourut en 1516. Trithème composa un grand nombre d'ouvrages d'histoire, de morale et de philosophie. Les plus connus sont un *Catalogue des écrivains ecclésiastiques*, un autre *des hommes illustres d'Allemagne*, et un troisième de ceux *de l'ordre de Saint-Benoît*; six *Livres de polygraphie*, un *Traité de sténographie*, ou *l'art d'écrire par le moyen des chiffres*; l'*Histoire des premiers rois de France depuis Marcomir jusqu'à Pépin*, et un *Traité de l'origine des Français*, ouvrages pleins de fables; des *chroniques* et des ouvrages ecclésiastiques.

TRITON (myth.), dieu marin, fils de Neptune et d'Amphitrite. Ce Dieu, avec la figure et le torse de l'homme, avait le reste du corps terminé en queue de poisson. Il précédait le char de son père, et se portait dans un vaste coquille dans un char traîné par des chevaux marins. Il servait de trompette à Neptune, et le son de sa conque était si fort, qu'il résonnait aux deux extrémités du monde. Ses enfants, que la fable lui donna en très-grand nombre, avaient les mêmes fonctions que lui. Quelquefois ils avaient pour office de dégager les vaisseaux des sables et des rochers où ils couraient le risque de se briser. Les poëtes et les peintres représentent les Tritons avec une figure jouflue, rouge, au nez retroussé, à l'air grotesque et sauvage, avec une longue chevelure verdâtre et de longues oreilles, et leur corps terminé en queue de poisson.

TRITON, nom donné, en musique, à la quarte augmentée (*fa et si naturel*), composée de trois tons, et à l'accord dans lequel cet intervalle entre comme élément.

TRITON, genre de mollusques gastéropodes. Ces coquillages habitent toutes les mers. Le *triton varié* ou *trompette marine* est une coquille allongée, conique, à sphère fort longue, pointue au sommet, formée de huit à dix tours un peu convexes, dont les premiers sont finement granuleux, et les suivants cerclés ou sillonnés en travers. L'ouverture est ovale et denticulée. L'extérieur est d'un brun foncé ou blanc jaunâtre semé de taches; l'intérieur est blanc. Cette espèce, dont on se sert encore aujourd'hui dans quelques pays comme de trompette, atteint jusqu'à deux pieds de long.

TRITON, genre de reptiles, renfermant les *salamandres* terrestres, et se distinguant principalement des salamandres proprement dites par leur queue, qui est comprimée et transformée en nageoire caudale. Ces lézards presque toute leur vie dans l'eau. Le *triton marbré* est long de huit à neuf pouces; la peau est chagrinée vert pâle avec de grandes taches brunes en dessus; le dessous est d'un brun pointillé de blanc. Il a une bande rouge le long du dos. On le trouve dans le midi de la France. Le *triton crêté* a une peau chagrinée et une crête grande et dentelée (les mâles seulement). Cette espèce est commune aux environs de Paris. Elle a de trois à six pouces.

TRITONIEN ou MARIN, nom donné, en géologie, aux terrains qui ont été formés dans la mer des mers anciennes et modernes. Plusieurs géologues ont appliqué cette dénomination aux terrains marins tertiaires.

TRITOXYDE, nom donné, en chimie, au troisième oxyde d'un métal.

TRITTYDE, subdivision du peuple italien, comprenait le tiers de la tribu, c'est-à-dire trente familles. On la nommait encore *phratrie*.

TRITURATION, opération qui a pour objet de réduire les corps en poudre.

TRIUMVIR, nom donné à Rome, dans les premiers temps de la république, à un magistrat chargé avec trois collègues de quelque administration publique. Dans la suite on nomma *triumvirat* l'association illégale et illégitime de trois citoyens puissants qui s'unissaient pour envahir toute l'autorité, et les triumvirs furent trois magistrats souverains de la république romaine. Il y a eu deux fameux triumvirats: celui de César, de Pompée et de Crassus, l'an 60 avant J.-C., et celui d'Octave Auguste, de Marc Antoine et de Lépide, qui se forma après l'assassinat de César.

TRIUMVIRS CAPITAUX, nom donné, chez les Romains, à trois officiers chargés de veiller à la garde des prisonniers et de présider aux exécutions. Ils furent institués en 289 avant J.-C.

TRIUMVIRS MONÉTAIRES, magistrats Romains chargés de présider à la fabrication des monnaies et subordonnés aux triumvirs nummulaires.

TRIUMVIRS NUMMULAIRES, magistrats Romains chargés d'examiner les monnaies pour en faire l'essai. On les appelait aussi *pecuniæ speculatores* (inspecteurs de la monnaie).

TRIVIUS, surnom de Mercure, chez les anciens, parce qu'il présidait aux chemins et aux carrefours (en latin, *trivia*).

TRIVALVE, nom donné, en botanique, aux parties qui ont trois valves.

TRIVISANO (Paolo), célèbre voyageur du XVe siècle, né à Padoue, parcourut les contrées les plus lointaines de l'Asie et de l'Afrique. De retour dans sa patrie, il y occupa plusieurs emplois considérables. On ignore l'époque de sa mort. On a de lui un ouvrage de géographie et d'histoire en latin, avec ce titre, de *l'Origine du Nil, du pays et des mœurs des Éthiopiens*.

TRIVULCE (Jean-Jacques), marquis de Vigevano, d'une ancienne famille de Milan, en Italie, embrassa la carrière militaire. Il entra au service de Ferdinand Ier d'Aragon, roi de Naples, et passa depuis à celui de Charles VIII, roi de France, lorsque ce prince entreprit la conquête du Milanais. Ce fut lui qui livra Capoue en 1495, et qui eut le commandement de l'avant-garde de l'armée, avec le maréchal de Gié, à la bataille de Fornoue. Nommé lieutenant général de l'armée française en Lombardie, il prit Alexandrie de la Paille, et défit les troupes de Louis Sforza, duc de Milan. Il suivit Louis XII à la conquête du Milanais (1499), et se signala par sa bravoure. Le roi l'établit gouverneur de ce pays en 1500, et l'honora du bâton de maréchal de France. Trivulce combattit avec gloire à la bataille d'Agnadel, mais par une négligence impardonnable il fut cause de la perte de celle de Novare. Il aida beaucoup François Ier dans la guerre d'Italie (1515), et combattit au combat de Marignan. Il mourut en 1518.

TROADE ou DARDANIE, petite contrée de l'Asie-Mineure, dont Troie était la capitale. On la prend tantôt pour la Mysie tout entière, qui formait le royaume de Priam, tantôt pour une partie de la côte occidentale de cette province, partie comprise entre la mer Égée, le fleuve Rhodius, le mont Ida et le golfe d'Adramytte.

TROCART. Voy. TROIS-QUARTS.

TROCHANTER ou TROKANTER (du grec *trochaô*, je tourne), nom donné à deux apophyses qui servent de points d'attache à des muscles rotateurs de la cuisse, et qui sont placées à l'extrémité supérieure du fémur. De ces éminences, l'une est appelée le *grand trochanter*, c'est la plus volumineuse : elle a une forme quadrilatère ; l'autre, moins volumineuse et moins élevée que la précédente, est nommée le *petit trochanter*. On nomme aussi la première *trochanter*, et la deuxième *trochantin*. On nomme *trochantérien* ou *trochantinien* ce qui appartient ou a rapport au grand ou au petit trochanter.

TROCHÉE, nom donné, en termes de poésie grecque et latine, à un pied composé de deux syllabes, une longue et une brève. Il tire son nom du grec *trochos*, roue, parce qu'il semble courir et imprimer au chant un mouvement rapide. On nomme *trochaïques* les vers qui se composent de trochées.

TROCHET, terme de jardinage qui se dit des fleurs et des fruits qui viennent et qui croissent ensemble et comme par bouquets.
—En termes de tonneliers, c'est une espèce de gros billot semblable au moyeu d'une roue et porté sur trois pieds. Il sert pour dégrossir les douves.

TROCHILE, ornement d'architecture qui a la forme d'un rond creux.

TROCHIN, nom donné à la plus petite des tubérosités que présente l'extrémité supérieure de l'humérus, parce qu'elle donne attache à l'un des muscles rotateurs (en grec, *trochos*, roue) du bras (le muscle sous-scapulaire).

TROCHISQUES (du grec *trochistoi*, petites roues), nom donné, en pharmacie, à des médicaments solides ayant la forme d'un grain d'avoine, d'un pain rond, d'un cône, d'un cube ou d'une pyramide, composés d'une ou de plusieurs poudres sèches, réunies au moyen d'un mucilage de farine, de mie de pain ou de sucs de plantes, plutôt qu'avec des miels, des sirops ou des corps gras. On nomme *trochisque alhandal*, un trochisque purgatif préparé avec la poudre de coloquinte et le mucilage de gomme adragant. Les *trochisques escarrotiques* sont des médicaments composés de sublimé corrosif, d'amidon en poudre et de mucilage de gomme adragant. On les applique sur les chancres, les excroissances des scrofuleux, etc. Les *trochiques de minium* sont des trochiques escarrotiques, composés de minium, de sublimé corrosif, de mie de pain tendre et d'eau de roses.

TROCHITER, nom donné, en anatomie, à la plus grosse des deux tubérosités que présente l'extrémité supérieure de l'humérus, parce qu'elle donne insertion à plusieurs des muscles rotateurs du bras. On nomme *trochitérien* ce qui appartient ou a rapport au trochiter.

TROCHLÉE ou TROKLÉE (du grec *trochlia*, poulie), nom donné à l'éminence articulaire que présente en dedans l'extrémité inférieure de l'humérus, parce qu'elle forme une sorte de poulie sur laquelle roule l'os cubitus dans les mouvements d'extension et de flexion de l'avant-bras. On nomme *trochléateur* un muscle de l'œil (le *muscle oblique supérieur*), parce qu'il se réfléchit sur une espèce de poulie cartilagineuse.

TROCHOIDE, articulation dans laquelle un os tourne sur un autre, comme une roue (en grec, *trochos*) sur son essieu. — En géométrie, ce mot est synonyme de *cycloïde*. C'est aussi une courbe dont les ordonnées sont égales aux arcs correspondants d'un cercle. On l'appelle encore *compagne de la cycloïde*, *courbe des arcs*, *courbe des sinus*.

TROCHOIDES, famille de l'ordre des pectinibranches, renfermant des mollusques reconnaissables à la coquille en spirale, à ouverture entière, sans échancrure ni canal pour un siphon du manteau, l'animal n'en ayant point. Elles ont toujours un opercule ou quelque organe qui le remplace.

TROËNE, genre de la famille des jasminées, renfermant des arbrisseaux d'un aspect agréable, communs dans les haies, dans les bois de l'Europe, de l'Asie, de l'Afrique et de l'Amérique. Leur port est assez semblable à celui de jasmin ; leurs feuilles sont d'un vert gai, luisantes, les fleurs blanches, réunies en bouquets touffus ; les fruits sont des baies noires propres à la teinture. Le *troëne commun* s'élève à dix ou douze pieds. Ses fleurs ont une odeur repoussante ; ses feuilles séchées servent à tanner les cuirs, en Sibérie ; fraîches, on les donne aux moutons et aux vaches. Les baies sont employées à teindre les vins. On les recherche pour en retirer les couleurs pourpre et violette, et pour amener à un beau vert les étoffes plongées dans la teinture jaune. Le bois des troënes est dur, bon pour le tour et le chauffage.

TROGLODYTES (en grec, *ceux qui habitent des trous* ou *cavernes*). Les anciens nommaient ainsi des peuples fabuleux de l'Abyssinie qui, selon leurs récits, étaient d'une légèreté et d'une vitesse surprenante à la course, se nourrissaient de serpents, de lézards et d'autres reptiles semblables, n'avaient aucun langage pour communiquer entre eux, rendaient des cris ou des sifflements semblables à ceux des chauves-souris, et vivaient dans des cavernes. L'on ne croit plus aujourd'hui à l'existence de ces peuples, et quelques savants ont pensé que cette race d'hommes n'avait été qu'une espèce de singes du genre *cynocéphale*.

TROGLODYTE, espèce du genre des becsfins, créée pour des oiseaux qui se plaisent dans les petites cavernes, dans les trous de muraille, en général dans les endroits obscurs. L'Europe en possède une espèce, que le vulgaire confond ordinairement avec le roitelet : c'est le *troglodyte ordinaire*, qu'on nomme aussi *roibedelet*, *bérichon*, *ratillon*, *petit-rat*, *fourre-buisson* et *vacco-petona*. Les parties supérieures sont d'un brun terne, marqué sur le haut du dos de raies transversales ; les ailes et la queue sont rayées de noir et marquées de taches noires et roussâtres. La gorge et la poitrine sont d'un blanc bleuâtre ; les parties postérieures sont brunes, marquées de taches blanches et de raies noires. Le troglodyte est un oiseau vif, d'un naturel gai, d'un grande pétulance ; il se nourrit d'insectes. Son chant est un sifflement aigu, mais doux et agréable. Cet oiseau très-petit habite toute l'Europe jusqu'au cercle arctique.

TROGLODYTE. Voy. CHIMPANZÉ.

TROGOSSITE, genre de l'ordre des coléoptères tétramères, famille des xylophages, renfermant des insectes ayant le corps étroit, allongé et déprimé, la tête terminée par des antennes en filets de longueur moyenne, finissant en une masse comprimée. Le *trogossite caraboïde* est long de quatre lignes, au corps déprimé, ponctué, d'un bron noirâtre. Cette espèce, qui habite la France méridionale, se trouve dans les vieux bois. Sa larve nommée vulgairement *cadelle*, est blanche, hérissée de poils, armée de six pattes et longue d'environ huit lignes. Cette larve attaque le froment renfermé dans les greniers, et cause des dommages assez considérables.

TROGUE, terme de manufacture désignant la chaîne préparée par les ourdisseurs pour la fabrique des draps mélangés. Chaque trogue contient en longueur de quoi ourdir deux pièces de drap.

TROGUE-POMPÉE, historien romain, né chez les Vocontii, peuples de la Gaule narbonnaise, florissait vers l'an 41 avant J.-C. On ignore l'époque de sa mort et les événements de sa vie. Il avait composé une histoire universelle en quarante-quatre livres, qu'il avait intitulée, *Histoires philippiques et Origine de tout le monde*, parce que la principale partie de l'ouvrage était consacrée à l'histoire de Philippe, d'Alexandre et de leurs successeurs, tandis que celle des autres peuples n'y était traitée qu'accessoirement. L'ouvrage finissait au siècle d'Auguste. Un auteur anonyme nous a conservé, sous le titre de *Prologue*, les arguments et les titres des quarante-quatre livres de cet ouvrage. Nous en avons aussi un abrégé écrit par Justin.

TROIE ou ILION, ville célèbre de la Phrygie, dans la Troade, était située entre deux fleuves, le Simoïs et le Scamandre, non loin de la mer, au pied du mont Ida. La fable raconte que le nom de *Troie* vient de *Tros*, roi de cette ville et fils d'Erichtonius. L'enlèvement de la belle Hélène, épouse de Ménélas, par Pâris, fils de Priam, roi de Troie, amena les Grecs devant cette cité. Le siège dura dix ans, et se termina par la ruine de Troie et la mort ou l'esclavage des habitants. Homère a chanté cette guerre dans son *Iliade*. Les savants fixent la destruction de Troie à l'an 1184 avant J.-C. Il existe encore quelques ruines au lieu où s'élevait jadis cette ville célèbre.

TROIS, nombre qui est composé de deux unités plus une. Il suit le nombre 2, précède le 4, et se marque ainsi, 3. Chez les anciens ce nombre était mystérieux. On le retrouve du reste dans la plupart des religions. Dans l'antiquité, il y avait les trois Parques, les trois grands dieux (Jupiter, Neptune et Pluton), les trois Grâces, les trois Gorgones, les trois Furies. Le dogme de la trinité se retrouve jusque dans l'Inde.

TROIS. En musique, on connaît plusieurs mesures qui se divisent en trois parties. La *mesure à trois temps*, qui se marque ainsi 3, exige une noire pour chaque temps, c'est-à-dire une blanche pointée pour la mesure entière ou les valeurs correspondantes. La mesure à trois-quatre ($\frac{3}{4}$) est la même que la précédente ; seulement elle indique un mouvement plus animé ; la mesure à trois-deux ou $\frac{3}{2}$ exige une blanche pour chaque temps, ou une ronde pointée pour toute la mesure. Elle est usitée dans la musique d'église. La mesure à trois-huit ou $\frac{3}{8}$, exige une croche pour chaque temps, et une noire pointée pour toute la mesure ou les valeurs correspondantes. Elle est très-usitée dans les ballets. C'est ordinairement la mesure de la valse.

TROIS-QUARTS ou TROCART, instrument dont on se sert pour faire des ponctions lorsqu'on veut donner issue à quelque liquide. C'est une sorte de poinçon d'acier terminé par une pointe triangulaire et renfermé dans une canule d'argent, laquelle se termine par un bec de cuiller à l'une de ses extrémités. Il y a plusieurs sortes de trois-quarts, entre autres le *trois-quarts à paracentèse*, le *trois-quarts à hydrocèle*, le *trois-quarts de Junckers* pour la ponction de la vessie par le périnée, le *trois-quarts de Flurant* pour la ponction de la vessie par le rectum, le *trois-quarts courbe du frère Côme* pour la ponction de la vessie par dessus le pubis, et le *trois-quarts de Nuck* pour la ponction de l'œil.

TROLLIER ou TROLLE, genre de la famille des renonculacées, renfermant des plantes herbacées de nos plaines montagneuses. Le *trollier boule d'or* habite particulièrement les prairies des Vosges, des Alpes, des Cévennes et des Pyrénées, d'où on l'a transporté dans nos jardins. Cette plante, qui se plaît sur une terre ombragée et humide, se fait remarquer par son port élégant, son feuillage découpé et d'un fort beau vert, ainsi que par ses grandes fleurs d'un beau jaune d'or.

TROMBA, nom italien de la *trompette*.

TROMBE, météore aqueux ou aérien, en forme de colonne verticale ou inclinée, atteignant par son extrémité inférieure la surface de la terre ou de la mer, et par le haut un sombre nuage, ou se perdant dans les airs. Cette colonne se meut avec vitesse, tournant sur elle-même avec une grande rapidité, capable d'engloutir les vaisseaux, de déraciner les arbres, de renverser les édifices, d'entraîner les terres, les rochers, en versant sur son passage d'immenses torrents d'eau. Ce météore est presque toujours accompagné d'autres phénomènes, tels que le tonnerre, les éclairs, la grêle, etc. Il manifeste toujours sa formation par l'agitation de la mer et par les vapeurs nombreuses qui s'en élèvent, ou par l'enlèvement des corps légers sur la terre. Un bruit plus ou moins violent accompagne les trombes. Ces météores ont le plus souvent peu de durée. On tire un coup de canon sur mer pour les crever. — On attribue leur formation à une suite de phénomènes électriques.

TROMBIDION, genre de l'ordre des arachnides, renfermant des petites araignées au corps presque carré, ordinairement rouge, déprimé, inou, divisé en deux parties, dont la première ou l'antérieure est petite et porte des yeux, la bouche et la première paire de pattes. Les yeux sont au nombre de deux, écartés et portés sur des pédicules. Les trombidions vivent dans les campagnes, sur les plantes, les arbres, sous les pierres. On les trouve communément en Europe. Le *trombidion du phalangium* est grand comme un grain de moutarde. Il habite le corps de divers petits animaux.

TROMBLON, espèce de grosse espingole ou mousquet, montée sur une espèce de fourchette. C'est une nouvelle arme des bâtiments de guerre, portant une balle d'une livre.

TROMBONE, instrument de cuivre du genre de la trompette, mais beaucoup plus grand, et dont on modifie les intonations en allongeant ou raccourcissant son tube au moyen d'une pompe à coulisse. Il y a trois espèces de trombones : le plus petit, le *trombone ténor*, rend les sons les plus aigus; le moyen, le *trombone alto*, rend les notes du médium; et enfin le plus grand, le *trombone basse*, sonne les notes les plus graves.

TROMP (Martin HARPERTZ), amiral hollandais, né à la Brille en 1597, s'éleva par son mérite à ce grade éminent. Il s'embarqua pour les Indes, fut pris successivement par des pirates anglais et barbaresques, et apprit sous eux le métier de marin. Il signala surtout son courage à la journée de Gibraltar en 1607. Élevé à la dignité d'amiral de Hollande, il défit la flotte d'Espagne en 1639. Il gagna trente-deux autres batailles navales, et fut tué dans un combat contre les Anglais (1653). — Son fils, CORNEILLE, cumte DE TROMP, né à Rotterdam en 1629, embrassa la carrière maritime, et se signala contre les corsaires de Barbarie en 1650, contre les Anglais en 1653 et en 1665. Après la mort de Ruyter (1676), Tromp lui succéda dans la charge de lieutenant amiral général des Provinces-Unies, et mourut en 1691.

TROMPE, instrument de cuivre du genre du cor, dont on se sert à la chasse. Le son en est dur et rauque. Ce fut d'abord une simple corne de bœuf, à laquelle on substitua plus tard une matière plus sonore, en conservant à l'instrument sa forme primitive; après plusieurs modifications et perfectionnements successifs, il est parvenu, sous le nom de *cor* ou *trompe de chasse*, au point satisfaisant où nous le voyons aujourd'hui.

TROMPE. On nomme ainsi, en histoire naturelle, 1° l'organe de la préhension, du toucher et de l'odorat, chez l'éléphant; c'est un tuyau membraneux, à deux cloisons, terminé par un petit crochet; ce tuyau est long, extensible, et se raccourcit à volonté. Il est situé au-dessus de la bouche. C'est avec la trompe que l'animal prend sa nourriture pour la porter dans sa bouche. Cet organe lui sert souvent pour se défendre contre ses ennemis. Il a une grande force, et peut élever de très-grands fardeaux. 2° La partie de la bouche des insectes que l'on nomme aussi *siphon* ou *langue*. C'est une espèce de canal acéré, avec lequel ils sucent les sucs propres à leur nourriture.

TROMPE, nom donné, en anatomie, à quelques parties qui sont creuses et ont la forme d'une trompe. On nomme *trompe* ou *conduit d'Eustache* un conduit en partie osseux, en partie cartilagineux et membraneux, qui s'étend depuis la caisse du tympan jusqu'à la partie supérieure du pharynx. Ce conduit est oblique en avant, en dedans et en bas. Il a deux pouces de longueur. Les *trompes de Fallope* ou *trompes utérines* sont deux conduits flottants dans l'abdomen, qui s'étendent des angles supérieurs de l'utérus jusque sur les côtés du détroit supérieur du bassin, et ont de quatre à cinq pouces de longueur. Dans leur partie interne, elles sont droites et fort étroites. Elles s'élargissent ensuite, deviennent flexueuses, et se terminent par une extrémité libre, évasée, flottante, découpée, que l'on appelle le *morceau frangé* ou le *pavillon de la trompe*. Les trompes sont destinées, à conduire l'œuf fécondé de l'ovaire jusque dans la cavité de l'utérus. Elles établissent une communication entre la cavité du péritoine et celle de la matrice.

TROMPE (accept. div.). En architecture, c'est une espèce de voûte en saillie qui semble se soutenir en l'air. On appelle *trompe dans l'angle* une trompe qui est dans le coin d'un angle rentrant; *trompe de Montpillier*, une espèce de trompe dans l'angle qui est en tour ronde et qui a la largeur de son cintre montée deux fois ; *trompe en niche*, une trompe concave en forme de coquille, et qui n'est pas réglée par son profil; *trompe en tour ronde*, une trompe dont le plan, sur une ligne droite, s'étend vers le devant, et qui est faite en forme d'éventail; *trompe réglée*, une trompe qui est dressée par son profil; *trompe ondée*, celle dont le plan est en onde par sa fermeture; *trompe sur le coin*, une trompe qui porte l'encoignure d'un bâtiment, pour faire un pan coupé au rez-de-chaussée. — On appelle encore *trompe* une machine destinée à alimenter de l'air le feu d'un fourneau, au moyen de l'eau qui dirige dans cette machine un courant d'air très-rapide. La trompe fait la fonction d'un soufflet. — En pyrotechnie, la *trompe* est un assemblage de plusieurs pots à feu, les uns au-dessus des autres, et qui partent successivement, de manière que le premier communique le feu au second, et ainsi de suite. — *Trompe* est encore, en marine, le nom d'une espèce de ventilateur.

TROMPETTE, instrument de cuivre connu depuis la plus haute antiquité, affecté principalement à la cavalerie, où il s'est conservé jusqu'à nos jours. On nomme encore *trompette* le cavalier qui sonne de cet instrument. Il y a quatre trompettes par escadron, un brigadier-trompette, et un trompette-major par régiment. Aux avant-postes, un parlementaire en marche jamais sans être accompagné d'un trompette ou d'un tambour. Un officier supérieur de service se fait ordinairement suivre d'un trompette qui lui sert d'ordonnance. — La trompette a été introduite dans les orchestres. Ainsi que le cor, elle peut changer de ton au moyen de tubes supplémentaires appelés *tons* ; mais chaque ton ne fournit qu'un certain nombre de notes; les autres ne se trouvent pas dans l'instrument. Pour obvier à cet inconvénient, M. Haliday a imaginé d'adapter des clefs à la trompette, et a obtenu un instrument nouveau nommé *bugle-horn*. On a encore essayé de faire une *trompette à coulisse*, dans le genre du trombone, une *trompette à piston*, laquelle permet de faire toutes les notes de la gamme en sons ouverts.

TROMPETTE, jeu d'orgue de la classe des jeux d'anches. Les tuyaux sont en étain et d'une forme conique ; le son qu'ils rendent a de la force et du mordant.

TROMPETTE. On nomme ainsi vulgairement 1° une coquillage du genre *buccin*, 2° une variété de courge dont les fruits sont très-allongés, 3° un poisson du genre *fistulaire*, 4° le poisson *syngnate*, 5° un *centrisque*, 6° l'oiseau *agami*, 7° *trompette d'Aru*, une coquillage du genre *rocher*, 8° *trompette de Méduse* le *narcisse sauvage*, 9° *trompette du jugement* une *stramoine*.

TROMPETTE MARINE, instrument de musique qui a de très-grandes dimensions. Il est fort allongé, et son dos est arrondi en poire. Cet instrument est monté d'une seule corde très-grosse qu'on joue avec un archet, en appuyant dessus le pouce de la main gauche.

TROMPETTES (FÊTE DES), fête que les anciens Israélites célébraient le premier jour du tizri, septième mois de l'année sainte et le premier de l'année civile, répondant à la lune de septembre. On annonçait le commencement de l'année au son des trompettes. Ce jour était tellement solennel, qu'on s'y abstenait de toute œuvre servile. On y offrait, au nom de toute la nation, un veau, deux béliers et sept agneaux en holocauste, ainsi que du pain et du vin. L'on pense que cette fête fut établie en mémoire de la création du monde, qu'on dit être arrivée en automne. Aujourd'hui cette fête dure deux jours, qui sont entièrement solennels. Les huit jours qui la précèdent sont consacrés à la pénitence. Le jour solennel arrivé, les Juifs se souhaitent réciproquement une bonne année, et se rendent à la synagogue. On y lit les chapitres du Pentateuque relatifs à cette fête. Ensuite on sonne trois fois de la trompette. Après quelques prières, on se retire pour passer le reste du jour dans des exercices de piété.

TRONC, la partie solide d'un arbre, qui s'élève hors de terre et qui est ordinairement nue depuis le sol jusqu'à une certaine hauteur. Sa forme est à peu près conique; il s'élève verticalement de douze à quatre-vingts mètres; son sommet s'arrondit en une cime plus ou moins régulière, plus ou moins étendue, en se divisant en un nombre de branches et de rameaux, ou bien il monte en longue pyramide, comme les pins, les peupliers. Examiné de dehors en dedans, on remarque sur le tronc la cuticule, l'enveloppe herbacée et les couches corticales, puis le liber, le cambium, l'aubier, le bois, les couches ligneuses et la moelle.

TRONC, nom donné par les anatomistes, à la partie principale du corps sur laquelle les membres sont articulés. Le tronc humain est divisé en trois parties, savoir : une partie supérieure ou *tête*, une partie moyenne ou *thorax*, et une partie inférieure ou *bassin*. Ces trois régions du corps présentent les trois grandes cavités, le crâne, la poitrine et l'abdomen. Elles sont réunies par une tige commune, qui est la *colonne vertébrale*, et sont articulées, la moyenne avec les membres thoraciques, l'inférieure avec les membres abdominaux. — On appelle *tronc* d'une artère, d'une veine, d'un nerf, leur partie la plus considérable, qui n'a pas encore fourni de branches.

TRONCHET (François-Denis), né à Paris en 1726, embrassa la carrière du barreau et s'y fit une grande réputation. Il adopta avec sagesse les principes de la révolution, et fut député en 1789 aux états généraux, puis à l'assemblée nationale. Il ne se fit remarquer que par la part active qu'il prit au travail des comités. A la fin de la session de l'assemblée, il reprit l'exercice de sa profession. Louis XVI, mis en jugement par la convention nationale, choisit Tronchet pour un de ses défenseurs ; mais les discours admirables qu'il prononça à cette occasion n'eurent aucun résultat. Il fut assez heureux pour échapper au régime de la terreur, pendant laquelle il fut souvent proscrit. Le département de Seine-et-Oise le nomma membre du conseil des anciens en 1799. Nommé ensuite président au tribunal de cassation, il rédigea une partie du Code civil. Appelé au sénat, il mourut en 1806.

TRONÇON se dit, en termes d'hydraulique, d'un tuyau de grès ou de métal, qui a plusieurs pieds de long, que l'on encastre avec un autre de même longueur, et que l'on joint par des nœuds de filasse et de mastic. — En architecture, ce sont des morceaux de marbre, de pierre ou de bronze, d'égale hauteur et qui, superposés les uns aux autres, forment une colonne. Cette colonne prend alors le nom de *colonne par tronçons*.

TRONÇON DU COUDRAY (Guillaume-Alexandre), né à Reims en 1753, embrassa la carrière du barreau. Il était avocat au parlement de Paris à l'époque de la révolution, et n'occupa aucune fonction publique. En octobre 1793, Marie-Antoinette, accusée devant le tribunal révolutionnaire, choisit Tronçon pour son défenseur, avec Chauveau la Garde. Ils remplirent avec talent et courage leur dangereuse mission ; mais ils ne purent arracher la malheureuse princesse au sort que ses persécuteurs lui préparaient. Nommé député au conseil des anciens en 1796 par le département de Seine-et-Oise, il y acquit bientôt une grande influence. Compris dans la proscription du 18 fructidor (4 septembre 1797), il fut déporté à Cayenne, où il mourut en 1798.

TRONES. On appelle ainsi, en termes de théologie catholique, un ordre de la hiérarchie des anges.

TRONQUÉ. En termes de géométrie, on appelle *pyramide* ou *cône tronqué* une pyramide ou un cône dont on a retranché la partie supérieure par un plan soit parallèle à la base, soit incliné d'une manière quelconque.

TROPAIRE, verset qui se chante dans les églises grecques à la fin de l'office, et qui, pour l'ordinaire, est à l'honneur du saint dont on fait la fête ce jour-là.

TROPE (du grec *trépo*, tourner), nom donné, en rhétorique, à certaines figures de mots par lesquelles on fait prendre à un mot une signification qui n'est pas précisément la sienne propre. Leur nom vient de ce qu'elles *tournent* ou changent le sens naturel d'un mot en un autre sens. Ainsi, quand on dit une *flotte de cent voiles*, pour dire une *flotte de cent vaisseaux*, on fait un trope.

TROPEZ (Saint-), port de mer sur la Méditerranée, chef-lieu de canton du département du Var, à 12 lieues et demie de Draguignan. Population, 3,842 habitants. Saint-Tropez doit son origine à un prieuré du même nom, qui dépendait de l'abbaye de Saint-Victor de Marseille. Il est placé au bord d'une petite baie abondante en poissons et en coraux. Son port est très-fréquenté surtout par les bateaux pêcheurs ; il est défendu par une citadelle et protégé par plusieurs ouvrages. Saint-Tropez possède un tribunal de commerce, une école d'hydrographie et une trésorerie des invalides.

TROPHÉES, signes d'une victoire, d'un exploit. Les trophées sont et ont été toujours en usage, même chez les peuples étrangers à toute civilisation. Ils se composent ordinairement des dépouilles des ennemis vaincus ou d'un faisceau d'armes. Chez les anciens, les trophées étaient consacrés à Jupiter et aux divinités protectrices des guerriers. Il n'était pas permis de les renverser.

TROPHIME, disciple de saint Paul, était païen et natif d'Éphèse. Paul l'ayant converti, Trophime s'attacha à lui, et ne le quitta plus. Quelques chroniques disent que saint Paul, passant par les Gaules, laissa Trophime à Arles en qualité d'évêque. Les Grecs en font mémoire le 14 avril, et prétendent qu'il eut la tête tranchée avec saint Paul par ordre de Néron. Les habitants d'Arles en font la fête le 29 décembre.

TROPHONIUS, fils d'Erginus, roi des Orchoméniens, bâtit, avec son frère Agamide, le temple d'Apollon à Delphes. On lui rendit les honneurs divins après sa mort. Il est célèbre par un autre situé dans la Béotie, au voisinage de Lébadée, qui était le siège d'un oracle fameux dans la Béotie, qui se rendait avec plus de cérémonie que celui d'aucun dieu, et qui subsista même longtemps après que ceux de la Grèce eurent cessé.

TROPHOSPERME, synonyme des mots *placenta* et *placentaire*, employés par quelques botanistes pour désigner l'attache des graines dans un fruit mûr.

TROPIQUE, nom donné par les astronomes à deux petits cercles de la sphère, parallèles à l'équateur, et passant par les points solsticiaux, c'est-à-dire par des points éloignés de l'équateur de 23 degrés 28 minutes 30 secondes. Les tropiques sont distants l'un de l'autre de 46 degrés 57 minutes. On appelle *tropique du Cancer* celui qui passe par le premier point de la constellation du Cancer, dans l'hémisphère septentrional, et *tropique du Capricorne*, celui qui passe par le premier point de la constellation du Capricorne, dans l'hémisphère méridional. Leur nom vient du grec *trépo*, tourner, parce que le soleil, après avoir atteint le tropique, semble retourner sur ses pas. — On appelle *régions tropicales* ou *intertropicales* celles placées entre les tropiques sur le globe terrestre. L'*année tropique* est celle qui s'écoule entre le moment d'un équinoxe et celui où le soleil revient au même équinoxe. — On connaît les cérémonies du baptême grotesque que les marins font endurer à ceux qui passent pour la première fois sous le *bonhomme Tropique*.

TROPISTES, nom donné aux hérétiques qui prennent figurément les paroles de l'eucharistie, qui veulent qu'il y ait un *trope* ou une figure dans ces paroles.

TROPPAU, principauté appartenant depuis 1614 à la maison de Lichtenstein. Elle est située d'un côté dans la Silésie autrichienne, de l'autre, dans celle de Prusse (régence d'Oppeln). La partie prussienne a 27 lieues carrées de superficie et 54,000 habitants. La partie autrichienne, de la précédente par l'Oppa, renferme 76,000 habitants. Le chef-lieu est Troppau, sur l'Oppa, avec 11,800 habitants. Cette ville renferme de belles fabriques de draps, armes, savon, et fait un commerce assez considérable. C'est là que se tint, d'octobre à décembre 1820, un congrès célèbre de rois, provoqué par les révolutions qui agitaient l'Espagne, le Portugal et le royaume de Naples. Il établit l'intervention armée dans ces pays des autres puissances de l'Europe.

TROQUE, genre de mollusques gastéropodes, de l'ordre des pectinibranches. Leurs coquilles sont coniques, tantôt minces et tranchantes, tantôt fort épaisses et nacrées à l'intérieur, à spire élevée, à contour plus ou moins anguleux. Les troques habitent les rivages de presque toutes les mers. Le *troque ziziphin* est une coquille conique, assez allongée, aiguë au sommet, brune ou fauve, ornée de taches diverses.

TROS (myth.), fils d'Erichtonius et petit-fils de Dardanus, épousa la nymphe Callirohé, fille du Scamandre, dont il eut Ilus, Ganymède et Assaracus. Il donna son nom à la ville de Troie, qu'on appelait auparavant *Dardanie*.

TROT, allure du cheval et des autres mammifères, qu'ils forment en élevant deux jambes en l'air et en posant les deux autres à terre dans le même temps, de telle sorte qu'ils lèvent alternativement la jambe de derrière d'un côté, et même temps la jambe de devant de l'autre côté, en laissant l'autre jambe de devant et l'autre jambe de derrière à terre, jusqu'à ce qu'ils y aient posé les deux premières. Un cheval a le *trot franc*, *court* ou *égal*, quand il lève peu les pieds de derrière.

TROU, toute ouverture de forme à peu près circulaire, naturelle ou artificielle. Dans le jeu de trictrac, on nomme *trou* le gain de douze points que le gagnant marque par une fiche qu'il met dans un trou. Il en faut douze pour gagner une partie.— Dans l'art militaire on nomme *trous de loup*, des excavations de trois à quatre pieds carrés qu'on fait sur trois rangs autour d'une redoute, pour en rendre les approches plus difficiles à l'infanterie et tout à fait impraticables à la cavalerie. — En marine, les *trous du chat* sont des ouvertures qui se trouvent des deux côtés intérieurs des hunes de mâts d'un grand bâtiment, et par lesquelles passent les hommes qui montent au haut du mât.

TROUBADOUR, nom donné aux anciens poètes provençaux, et par extension, à tous ceux du midi de la France. Ces poètes parcouraient les manoirs féodaux en chantant les louanges des grands hommes morts ou vivants, leurs amours, leurs malheurs, ou d'antiques chroniques. Ce fut vers le XIIe siècle qu'ils quittèrent les provinces méridionales pour se répandre dans les cours de l'Europe, dont ils faisaient les délices. Ils s'accompagnaient le plus souvent avec la harpe. Les plus célèbres troubadours sont Arnaud Daniel (XIIe siècle), Anselme Faydit, Hugues Brun, Pierre Roger, Raymond Bérenger, comte de Provence, Guillaume IX, comte de Poitou, Thibaut, comte de Champagne, Pierre de Pibrac, etc. Leurs chants se nommaient *sirventes*, *chansons*, *sonnets* et *tensons*. Les troubadours s'éteignirent avec le XIVe siècle.

TROUBLE. En jurisprudence, ce mot se dit de l'interruption qui est faite à quelqu'un dans sa possession. On appelle *trouble de fait* celui qui se commet par quelque action qui nuit au possesseur, comme quand un autre vient prendre possession du même héritage, qu'il le fait labourer ou ensemencer, qu'il en fait récolter les fruits ou lorsqu'il empêche le possesseur de le faire ; on appelle *trouble de droit*, celui qui, sans faire obstacle à la possession de fait, empêche néanmoins qu'elle ne soit utile pour la prescription, comme quand on fait signifier quelque acte au possesseur pour interrompre sa possession.

TROUBLE ou TROULE, filet en poche monté sur un cercle ou un ovale, traversé par une perche qui en forme le manche, pour aller pêcher le long des rivages en l'enfonçant dans l'eau. — Un *troubleau* est une petite trouble.

TROU-MADAME, espèce de jeu où l'on joue avec de petites boules, ordinairement d'ivoire, qu'on tâche de pousser dans des ouvertures en forme d'arcades marquées de différents chiffres.

TROUPIALE, genre de l'ordre des sylvains, renfermant des oiseaux distingués par un bec gros, conique, très-pointu, un peu comprimé, à base s'avançant dans les plumes du front; par des narines basales percées longitudinalement; par des pieds médiocres ayant les doigts à peu près égaux. Les troupiales vivent en troupes nombreuses dans l'Amérique. Ils se nourrissent d'insectes, de graines et de baies. Ce sont en général des oiseaux vifs, défiants, d'un vol léger et facile. Leur chant est une sorte de sifflement. Plusieurs sont susceptibles d'éducation, et ont la faculté d'imiter la voix articulée. Le *troupiale pourpré* ou *commandeur* a le plumage d'un beau noir luisant, avec les couvertures des ailes d'un rouge vif, bordées d'une teinte un peu cramoisie. La queue est arrondie à son extrémité. Le commandeur occasionne de grands dégâts dans les champs de maïs et de blé. Le beau plumage rouge du commandeur fut jadis très-recherché pour les parures, pour les garnitures.

TROUSSE, faisceau de plusieurs choses liées ensemble. On nomme encore ainsi 1º une espèce de carquois où les arbalétriers et les archers mettaient leurs flèches; 2º une espèce d'étui de cuir ou d'étoffe, à plusieurs compartiments, dans lesquels on place une infinité d'objets : ainsi l'on dit une *trousse* de barbier, de chirurgien, etc.; 3º des cordages de moyenne grosseur dont on se sert pour lever de petites pièces de bois et autres médiocres fardeaux.

TROUSSEQUIN, partie postérieure d'une selle, formée d'un morceau de bois taillé en cintre qui s'élève sur l'arçon de derrière de la selle, comme sur les arçons de devant.

TROUVÈRES ou TROUVEURS, nom donné aux poëtes du moyen âge qui habitaient les contrées septentrionales de la France, et qui parlaient la langue d'oïl. Leurs poésies et leurs chants sont moins beaux et moins riches que ceux des troubadours des provinces méridionales.

TROX, genre de l'ordre des coléoptères, famille des lamellicornes, renfermant des insectes de moyenne taille, propres à la plupart des contrées chaudes du globe. Ils ont le corps très-raboteux ou tuberculeux en dessus, la tête inclinée, le corselet court, transverse; l'abdomen grand, bombé, avec des élytres ou couvertures d'ailes très-dures. Quand on saisit un trox, il produit une démangeaison pénible. Cet insecte vit dans le sable et se nourrit de racines des végétaux. Le *trox sabuleux* est long de quatre lignes et noir.

TROY (François DE), peintre célèbre, né à Toulouse en 1645, fut élève de son père. Reçu à l'académie de Paris en 1674, il en devint successivement professeur et directeur. Il mourut en 1730. Son dessin était correct. Il était grand coloriste, et finissait ses ouvrages avec beaucoup de soin. Il s'appliqua surtout au portrait, dans lequel il avait un grand talent. On a de lui plusieurs tableaux très-recherchés.

TROYES, sur la rive gauche de la Seine, chef-lieu du département de l'Aube, à 39 lieues 3 quarts de Paris. Population, 25,000 habitants. Cette ville, que les anciens auteurs nomment *civitas Tricassinorum*, *Tricassis*, *Trecæ*, *Augusto-Bona*, *Augusta Trecarum*, fut jadis capitale des Tricasses, ancien peuple des Gaules. Les Romains la comprirent dans la Celtique, puis dans la cinquième Lyonnaise. Elle fut prise et brûlée par les Normands en 889. Rebâtie peu de temps après, elle devint la capitale de la Champagne. En 1787, cette ville fut le lieu d'exil du parlement de Paris. En 1814, Napoléon y transporta trois fois son quartier général. Troyes possède plusieurs belles églises, entre autres la cathédrale, dédiée à saint Pierre, un bel hôpital, une bibliothèque publique riche de 60,000 volumes, un tribunal de première instance et de commerce, un séminaire diocésain, une école secondaire ecclésiastique, un collège, une société d'agriculture et plusieurs autres sociétés savantes. — Troyes est une ville très-manufacturière. C'est à Troyes que se confectionne le *blanc d'Espagne*, obtenu avec la craie de plusieurs parties de la Champagne.

TRUAND, vieux mot inusité de nos jours, et qui signifiait *vagabond*, *gueux*, *vaurien* ou *mendiant*. *Truanderie*, *truander*, désignait la profession de vagabond ou de mendiant.

TRUELLE, petit instrument de fer ou de cuivre, qui est plat, à peu près de forme triangulaire, à manche de bois, et dont les maçons se servent pour placer et déposer convenablement le plâtre ou le mortier dans la construction d'un bâtiment. — On appelle *truelle brettée* ou *brettelée* celle qui a des dents. — La *truellette* est une petite truelle dont se servent les plafonneurs.

TRUFFE, genre de la division des cryptogames, renfermant des végétaux très-remarquables, qui, sans tiges, sans racines, sans radicelles, croissent seuls et isolés au sein de la terre, en absorbant les sucs nutritifs. Leur forme est arrondie plus ou moins régulièrement; leur surface est lisse ou tuberculeuse; la couleur d'un brun noirâtre à l'extérieur, brune, grise ou blanche à l'intérieur. Leur tissu est formé de filaments articulés, entre lesquels se trouvent des vésicules sphériques, dans l'intérieur desquelles sont placés les corps reproducteurs, petites sphères brunes, appelées *truffinelles*. La truffe végète à la profondeur de cinq à six pouces environ dans les terrains légers et sablonneux du sud-ouest de la France, du Piémont, etc. On ignore son mode de végétation et de reproduction. Ce sont des chiens qu'on dresse à sa recherche, ainsi que les cochons et les sangliers, qui en sont très-friands. On les mange cuites sous la cendre ou dans l'eau et le vin. On les conserve aussi fort apprêtées dans l'huile, qu'elles imprègnent de leur odeur. On en farcit des volailles, des foies d'oies, des pâtés, des viandes de charcuterie, et on les fait entrer dans une foule de ragoûts. On leur attribue des vertus aphrodisiaques.

TRUFFIÈRE, endroit de la terre dans lequel on trouve des truffes.

TRUFFINELLE. Voy. TRUFFE.

TRUIE, la femelle du *verrat*. Les anciens immolaient la truie à Cérès, parce qu'elle détruit les fruits et les autres productions de la terre. On en sacrifiait aussi à Junon, honorée comme protectrice de la terre.

TRUITE, espèce de poissons comprise par les naturalistes dans le genre saumon proprement dit. On en connaît plusieurs espèces, qui toutes sont très-estimées. — La *truite saumonée* habite préférablement les eaux vives et aime les fonds de sable. Vers le milieu du printemps, elle abandonne la mer pour remonter dans les rivières et les lacs, où elle dépose ses œufs. Elle a une petite tête; la bouche est garnie d'écailles pointues et recourbées; les yeux sont petits ainsi que les écailles. Elle est marquée de taches brunes. Sa chair est tendre, facile à digérer et d'un goût exquis. On la trouve dans un très-grand nombre de contrées.

TRUMBUS, petite tumeur dure, violacée, arrondie, formée par un épanchement de sang au voisinage d'une veine sur laquelle on a pratiqué la saignée. Des compresses trempées dans de l'eau salée, de l'alcool camphré et une légère compression suffisent pour dissiper cette affection.

TRUMEAU, le jarret d'un bœuf, la partie située au-dessus de la jointure du genou. — Ce mot désigne encore 1º l'espace d'un mur entre deux fenêtres; 2º une glace qui se met entre deux fenêtres.

TRUSION, nom donné au mouvement du sang qui porte ce fluide du cœur aux autres parties du corps par les artères.

TRUSQUIN, instrument dont se servent les charpentiers, les menuisiers, etc., pour marquer la largeur des tenons et l'épaisseur des mortaises qu'ils veulent faire pour assembler des pièces de bois.

TRUXILLO, ville d'Espagne, dans l'Estramadure, près de la rivière d'Almonte, à 47 lieues S.-O. de Madrid. Cette ville, qui a 4,000 habitants, est la patrie de Pizarre. — C'est aussi 1º une ville épiscopale du haut Pérou, bâtie par Pizarre en 1553, et qui a 15,000 habitants; elle est dans le département de Libertad, et a un mauvais port; 2º une province de Colombie dans le département de Zulia. Elle a pour capitale une ville de même nom.

TRYPHIODORE, poëte grec, florissait sous l'empereur Anastase. Les événements de sa vie sont inconnus. Nous avons de lui un *poëme* sur la destruction de Troie, en vingt-quatre livres. — Dans cet ouvrage il observa de ne point mettre d'A dans le premier livre, de B dans le deuxième, retranchant ainsi une lettre à chaque livre. Cette gêne rend sa poésie dure et souvent obscure.

TRYPHON ou DIODOTE, né à Apamée, fut général des troupes d'Alexandre Balès, roi de Syrie. Après la mort de ce prince, il plaça sur le trône son fils Antiochus, après avoir vaincu Demetrius, son compétiteur (144 avant J.-C.). Ayant conçu le projet de s'emparer de la couronne, il ne songea qu'à se défaire d'Antiochus, et, craignant que Jonathas Machabée, roi des Juifs, ne mit obstacle à ses desseins, il s'empara de ce prince et de ses deux fils par trahison, et les fit mettre à mort. Après avoir assassiné Antiochus, il se fit déclarer roi de la Syrie, qu'il désola par ses cruautés. Ses sujets et les soldats, lassés de sa tyrannie, l'abandonnèrent bientôt après. Vaincu par le légitime héritier du trône, il fut pris et mis à mort (138 avant J.-C.).

TSAR, TZAR, titre que prend l'empereur de Russie. Ce mot dérive du grec *César* ou *Késar*. L'impératrice a la qualification de *tsarine*.

TSCHERNOVITZ, cercle de Gallicie, formé de l'ancienne Bukovine, située entre le Prouth et le Dniester. Sa superficie est de 112 lieues carrées, et sa population de 223,000 habitants. Ce pays est très-montagneux et riche en mines. La capitale est TSCHERNOVITZ, sur le Prouth, à 40 lieues de Lemberg. Population, 3,500 habitants.

TUBAL-CAIN, fils de Lamech et de Sella. L'Ecriture dit qu'il inventa l'art de forger et de battre le fer, et de faire toutes sortes d'ouvrages d'airain. On pense que c'est le *Vulcain* des profanes.

TUBE, toute espèce de petit tuyau, canal, conduit, cylindre creux en dedans, fait d'une matière quelconque, qui est destiné à donner passage aux fluides ou aux liquides. On s'en sert très-souvent en physique, en astronomie, etc. En chimie, on distingue les *tubes droits*, les *tubes en S*, les *tubes recourbés*, les *tubes de Welcher*. Les *tubes de sûreté* sont destinés à éviter l'absorption qui est le résultat de la raréfaction de l'air par la chaleur. — On nomme *tube capillaire* un tube dont la cavité est assez étroite pour être comparée à un cheveu (en latin, *capillus*). On appelle *tube acoustique* une espèce de porte-voix. Les *tubes communiquants* sont deux tubes verticaux ou obliques qui communiquent par un tube horizontal. Leur diamètre est égal. Lorsqu'un liquide est en équilibre dans deux tubes communiquants, les niveaux sont situés à la même hauteur dans les deux tubes. — On appelle *tube électrique* un tube de verre qui, étant électrisé par frottement, est en état de communiquer de l'électricité à d'autres corps.

TUBE, nom donné, en botanique, à la partie cylindrique, étroite, plus ou moins longue et creuse des enveloppes florales qui adhèrent inférieurement au calice (exemple : *jasmin*).

TUBERCULE, petite tumeur, bosse,

nœud. En médecine, on a longtemps compris sous ce nom toute espèce de tumeur dure. Aujourd'hui on l'a réservé à une dégénérescence du tissu des organes qui est remplacé par une substance blanche, jaune ou grisâtre, opaque, friable, susceptible de se ramollir, de se convertir en liquide puriforme, et à laquelle on a donné le nom de *matière tuberculeuse*. Cette dégénérescence peut se montrer dans presque tous les tissus, et particulièrement dans les glandes lymphatiques, les poumons, le foie, le cerveau, les membranes muqueuses, les muscles, les os eux-mêmes. Cette lésion organique est très-fréquente, surtout dans les endroits bas, humides, mal aérés, mal éclairés. Elle est souvent héréditaire, affecte de préférence les sujets d'un tempérament lymphatique, d'une constitution molle et faible. La marche est toujours lente. La destruction de la partie affectée, et presque toujours la mort du malade, sont les conséquences de cette lésion. On distingue les *tubercules des glandes lymphatiques* ou *scrofules*, les *tubercules pulmonaires* ou *phthisie pulmonaire*.

TUBERCULE, nom donné, en botanique, aux espèces de bulbes ou excroissances arrondies, épaisses, qu'on observe sur les racines rampantes de certaines plantes, comme la *patate*, le *topinambour*, etc.

TUBÉREUSE, genre de la famille des asphodélées, renfermant de très-jolies plantes, originaires du Mexique, introduites en France au XVIe siècle. Cette plante s'élève à plus d'un mètre. Elle est garnie dans sa longueur et à sa base de feuilles lancéolées, d'un vert gai, et terminée par une foule de fleurs blanches, douées d'une odeur suave, mais si forte qu'elle peut, renfermée dans les appartements, causer l'asphyxie.

TUBÉREUSE. On nomme ainsi les racines charnues et renflées dans plusieurs de leurs parties par des tubercules. Telles sont celles du topinambour, de la pomme de terre.

TUBÉRON. Plusieurs illustres Romains ont porté ce nom. — Q. ÆLIUS PÆTUS TUBÉRON, gendre de Paul Emile et consul en 167 avant J.-C., se distingua par sa frugalité. — Q. ÆLIUS TUBÉRON, neveu du deuxième Scipion l'Africain, fut nommé juge dans une affaire de cet illustre Romain et le condamna. Il se signala aussi par son zèle contre Caïus Gracchus, et professa le stoïcisme. — ÆLIUS TUBÉRON, condisciple et ami de Cicéron, le suivit en Asie en qualité de lieutenant, et embrassa ensuite le parti de Pompée. César lui pardonna et le reçut au nombre de ses amis. — Son fils Q. ÆLIUS TUBÉRON chercha à plaire à César en faisant persécuter ses anciens amis, et s'opposa au rappel de Ligarius, un des plus ardents partisans de Pompée. Cicéron plaida contre lui dans cette circonstance et l'emporta.

TUBÉROSITÉ, nom donné, 1o en anatomie, à des éminences plus ou moins volumineuses dont la surface est inégale et rugueuse, et qui donnent ordinairement attache à des muscles ou à des ligaments ; 2o en botanique, à des tumeurs ou éminences le plus souvent contre nature que présentent quelquefois les végétaux.

TUBICOLES, ordre d'animaux annélides caractérisés par des branchies (ou organes respiratoires) en forme de panaches ou d'arbuscules, attachées à la tête ou sur la partie antérieure du corps. Ce groupe comprend les *serpules*, les *sabelles*, les *térébelles*, les *amphitrites*, les *hermelles* et les *siphonostomes*.

TUBILUSTRE ou TUBILUSTRIES, fêtes romaines dans lesquelles on purifiait les trompettes militaires. Elles avaient lieu au mois d'avril. On sacrifiait un agneau à l'entrée du temple de Saturne.

TUBINGEN, ville du royaume de Wurtemberg, à 2 lieues de Stuttgard. Population, 8,000 habitants. Elle a une université, plusieurs églises protestantes et catholiques. On cultive beaucoup de vignes et de céréales dans les environs. Cette ville, qui possède de belles manufactures de laine, est entourée d'importantes fortifications. Elle eut jadis des comtes palatins. Le comte Ulrich de Wurtemberg l'acheta en 1342.

TUBIPORE, genre de polypiers. Ce sont des animaux simples, cylindriques, composés de deux parties, l'abdomen et la tête, laquelle est terminée par une couronne de tentacules entiers. Ces polypes sont renfermés dans une enveloppe membraneuse, doublant un tube calcaire cylindrique, vertical, qui se divise en un grand nombre de tuyaux articulés formant une masse plus ou moins considérable. Le *tulipore musique* est remarquable par les belles couleurs de ses animaux, qui sont d'un beau vert, contenus dans des tubes d'un beau rouge. On la trouve dans les mers de l'Inde et dans la Méditerranée.

TUBITÈLES, section du genre *araignée*, renfermant ceux de ces insectes qui ont des filières cylindriques, rapprochées en un faisceau dirigé en arrière, les pieds robustes, l'abdomen de grandeur moyenne. Les tubitèles filent des toiles blanches d'un tissu serré, qu'elles placent dans des fentes, des trous de mur, sous les pierres, entre les branches et les feuilles des végétaux et même dans l'eau.

TUBULAIRE, genre de polypiers flexibles, simples ou rameux, gris, tubuleux, d'une substance presque cornée, transparente, ayant les extrémités des tiges et des rameaux habitées par un polype à bouche munie de deux rangs de tentacules ou filets, nus, non rétractiles. On les trouve dans la Méditerranée.

TUBULAIRE ou TUBULEUX, terme de botanique, désignant que la partie d'un végétal à laquelle on l'applique est disposée en tube, ou bien composée ou remplie de tubes.

TUBULÉ, nom donné, en chimie, à ce qui présente une ou plusieurs tubulures. — En termes d'archéologie, on appelle *draperie tubulée* une draperie qui, dans les statues antiques, tombe par plis arrondis, en forme de tubes ou tuyaux.

TUBULURE, terme de chimie, nom donné à une ouverture des flacons, des ballons et de quelques autres instruments, dans laquelle on met ordinairement un bouchon percé d'un trou par lequel passe un tube.

TUCUMAN, ville d'Amérique, chef-lieu de la province de même nom, avec 12,000 habitants. C'est là que fut tenu en 1816 le congrès général qui proclama l'indépendance des Provinces-Unies du Rio de la Plata. Tucuman est le siège titulaire d'un évêché dont le possesseur réside à Salta.

TUCUMAN, province de la république des Provinces-Unies de la Plata, bornée au N. par le Charcas et le Chaco, à l'E. par le Chaco et le Rio de la Plata, au S. par les Chiquitos, les Pampas, à l'O. par Santiago. Le climat est chaud et le territoire sablonneux, fertile cependant en grains, fruits, vin, pâturages estimés. On y trouve de belles forêts, de l'excellent miel, des mines très-belles. On en retire du coton, du bois, des mulets, des chevaux, etc. Le chef-lieu est TUCUMAN.

TUDESQUE, synonyme de *germanique* ; mais ce mot ne s'emploie guère qu'en parlant de la langue des anciens Allemands ou Germains.

TUDOR, illustre famille d'Angleterre, alliée à la famille royale, et qui a donné son nom à une dynastie de la Grande-Bretagne, dont le premier prince fut Henri VII (1485). C'est avec Élisabeth (1558) que s'éteignirent les Tudor. Les princes de cette dynastie furent Henri VII, Henri VIII, Édouard VI, Jeanne Gray, Marie Tudor et Élisabeth.

TUF, roche calcaire, dont la texture est très-variée et la couleur ordinairement jaunâtre. Elle donne quelquefois des matériaux de construction, qui sont d'autant plus recherchés qu'ils réunissent à la solidité une légèreté et une grande aptitude à prendre le mortier. On rencontre souvent des corps organisés au centre des masses de tuf, tels que des feuilles, des coquilles. On appelle *tufs calcaires* ceux que nous venons de décrire, et *tufs volcaniques* ceux qui sont dus à l'action des volcans. Vulgairement on appelle *tuf* une sorte de terre blanchâtre et sèche, qui tient beaucoup de la nature de la pierre, et qu'on trouve quelquefois au-dessous de bonnes terres.

TUFFACÉ, terrain de formation moderne, que l'on distingue en *terrestre* et *marin*, selon qu'il se trouve dans l'intérieur des terres ou sur les bords des mers. Les tufs forment la majeure partie du terrain tuffacé.

TUFFEAU, calcaire plus ou moins friable, d'une texture grenue, jaunâtre ou jaune verdâtre. On le trouve dans le terrain de craie. Il sert pour l'amendement des terres et pour la bâtisse.

TUILE, sorte de terre glaise pétrie et moulée dans une juste épaisseur, séchée et cuite dans un four comme la brique, et destinée à couvrir les maisons. On appelle *tuiles plates* ou *à crochet* celles dont on se sert ordinairement pour couvrir les maisons ; *tuiles, faîtières* ou *courbes* celles qui sont larges, en forme circulaire et destinées à couvrir les faîtages des maisons ; *tuiles cornières* ou *gironnées*, celles qui se mettent sur les angles, arêtes ou encoignures des toits ; *tuiles de gouttières*, des tuiles creuses qui se mettent dans les gouttières ou descentes des toits, etc. — En termes de draperie, *tuile* se dit d'une petite planche recouverte d'un mastic que les tondeurs emploient à donner aux draps la dernière façon.

TUILERIES, château royal de Paris, ainsi nommé parce qu'il s'élève sur un emplacement occupé autrefois par des fabriques de tuiles. Catherine de Médicis le fit commencer. Il se compose du gros pavillon du milieu, dit *pavillon de l'Horloge*, de deux ailes latérales, et aux extrémités des *pavillons Marsan* et *de Flore*. Cet édifice est grand et majestueux dans son ensemble : une galerie placée sur le bord de l'eau va joindre le Louvre, et renferme le musée de peinture. La galerie qui lui fait face a été commencée en 1808, et doit se prolonger jusqu'au Louvre. Le beau jardin des Tuileries, planté en 1665, a 500 toises de long sur une largeur de 168 toises, et renferme de très-belles statues.

TULIPE, genre de la famille des liliacées, originaire de la Syrie, renfermant des plantes qui naissent d'un bulbe solide, blanc, recouvert d'une tunique brune ou marron. Leurs tiges nues sont munies de deux à quatre feuilles lancéolées, embrassant la tige, pliées en gouttière, d'un vert glauque, et portent une ou deux fleurs inodores, grandes, en forme de cloche, dont la corolle à six pétales est panache de couleurs très-variées et souvent très-belles. Les tulipes ont donné lieu à plus de six cents variétés très-belles ; il y a des *tulipes doubles panachées*, des *tulipes doubles jaunes*, etc. L'on connaît la *tulipomanie*, cette passion effrénée des Hollandais pour les tulipes. Dans l'Orient, surtout en Perse, les tulipes sont pour ainsi dire un objet de culte, et on y célèbre tous les ans, à l'époque de la floraison, la fête des Tulipes.

TULIPE DU CAP. Voy. HÆMANTHE.

TULIPIER, genre de la famille des magnoliacées, renfermant des arbres de première grandeur, d'un très-bel aspect, originaires de l'Amérique septentrionale. Le tronc est droit, garni d'une écorce lisse et purpurine dans sa jeunesse, crevassée et grise dans sa vieillesse. De nombreux rameaux portent des feuilles alternes, suspendues à de longues tiges ou pétioles ; les fleurs sont de larges tulipes de couleur jaune tendre à six pétales, mêlés de vert, et portent à la base une tache transversale, couleur aurore ; le fruit est un cône allongé et écailleux. Le bois du tulipier est d'un blanc jaunâtre, à larges veines, odorant et propre aux constructions. Le tulipier a été introduit en France en 1732.

TULLE, étoffe très-légère et à jour, assez semblable en apparence aux blondes et aux dentelles, mais qui se fabrique sur un métier à bas. C'est en Angleterre qu'ont été établies les premières fabriques de tulle. Les principales fabriques françaises sont à Lyon, Tarare, Nîmes, Paris et Calais. On a prétendu que cette espèce de dentelle a été inventée à Tulle (département de la Corrèze) et que cette ville est encore le lieu central de cette fabrication; mais ce fait est faux Il n'y existe, non plus que dans tout le département, aucune fabrique de tulle, et il n'y en a existé aucune de temps immémorial.

TULLE, chef-lieu du département de la Corrèze, au confluent de la Corrèze et de la Solane, à 120 lieues de Paris. Population, 8,980 habitants. Tulle s'est formé autour d'un monastère de bénédictins, fondé au VIIe siècle, et que Jean XXII érigea en évêché en 1318; l'évêque était seigneur de la ville, avec le titre de vicomte. Cette ville devint ensuite la capitale du bas Limousin. Tulle n'a légué aucun souvenir à l'histoire. Cette ville a un bel hôpital, une caserne de gendarmerie, une prison départementale, un collége, un séminaire, une salle de spectacle, une bibliothèque riche de 2,000 volumes, un tribunal de première instance et de commerce, un évêché suffragant de l'archevêché de Bourges, et une société d'agriculture. Tulle possède encore une belle manufacture d'armes, où le travail, au compte d'un entrepreneur, se fait sous la direction des officiers de l'artillerie. Elle peut fabriquer de 30 à 36,000 fusils annuellement, et elle occupe, tant à Tulle, Souillac et Laguène qu'à Meymac et Treignac, environ mille ouvriers.

TULLIA DE AMBITU, loi romaine portée par Cicéron, pendant son consulat, l'an 63 avant J.-C., défendit les brigues avec sévérité.

TULLIE, fille de Servius Tullius, sixième roi des Romains, fut mariée à Tarquin le Superbe, après avoir donné la mort à son premier époux. Tarquin ayant voulu monter sur le trône de Servius Tullius, elle consentit au meurtre de son père (533 avant J.-C.). Dès qu'elle eut appris que le crime avait été consommé, elle accourut au sénat, et fut la première qui salua son mari du titre de roi. Après cet acte, retournant à son palais, lorsqu'elle fut arrivée au lieu où Servius Tullius avait été assassiné, elle fit passer son char par-dessus le corps sanglant de son père. Depuis cette horrible action, la rue porta le nom de *Scélérate*. Cette fille dénaturée fut chassée avec son mari, auprès duquel elle finit sa vie.

TULLIE, fille de Cicéron et de Terentia. Son père l'éleva avec beaucoup de soin. Elle fut mariée trois fois, d'abord à Caïus Pison, homme d'un grand mérite, puis à Furius Crassipes et enfin à Publius Cornelius Dolabella. Elle mourut en 44 avant J.-C. Cicéron, inconsolable de sa perte, fit éclater une douleur bien vive à sa mort, et écrivit à cette occasion son traité *De consolatione*.

TULLIUS CIMBER, Romain, fut préteur en Bithynie, et embrassa le parti de Pompée. Il rentra plus tard en grâce auprès de César, et fut néanmoins un de ses meurtriers.

TULLUS, prénom romain fort commun, se marquait par l'abréviation *Tul* ou *T.*

TULLUS HOSTILIUS, troisième roi des Romains, succéda à Numa Pompilius l'an 671 avant J.-C. Ce prince guerrier fut le premier qui fit marcher devant lui des gardes qui portaient des faisceaux de verges, et tâcha d'inspirer à ses peuples du respect pour la majesté royale. Il fit avec succès aux Albains une guerre qui se termina par le combat des Horaces et des Curiaces; la ville fut prise et rasée, les habitants furent transportés à Rome. Il porta ensuite la guerre chez les Latins, dont il fut vainqueur. Il périt avec toute sa famille l'an 640 avant J.-C. Les historiens ont rejeté le soupçon de sa mort sur Ancus Martius, petit-fils de Numa, qui espérait par ce moyen monter facilement sur le trône.

TUMBEZ, port du Pérou, par lequel Almagro et Pizarre firent leur première descente dans ce pays.

TUMÉFACTION, augmentation dans le volume d'une partie.

TUMEUR, nom donné, en médecine, à des éminences ou saillies plus ou moins considérables, développées par une cause morbifique dans une partie quelconque du corps. On les distingue 1º en celles qui sont formées par des corps étrangers; 2º en celles qui sont formées par le déplacement des parties du corps, comme les tumeurs qu'on observe dans les *luxations*, les *hernies*; 3º enfin les tumeurs humorales qui sont formées par le sang ou par des fluides émanés du sang. Tels sont l'*érysipèle*, le *furoncle*, la *pustule*, les *fongus*, les *anévrismes*, les *varices*, les *squirrhes*, les *cancers*, les *loupes*, etc. — *Tumeur fongueuse*. Voy. FUNGUS. — *Tumeur enkystée*. Voy. KYSTES.

TUMEUR BLANCHE, hydropisie des articulations, désignée par l'engorgement lymphatique de ces parties. On l'observe le plus souvent au genou, à la hanche, au pied, au coude. Elle est très-fréquente chez les enfants scrofuleux et les personnes lymphatiques.

TUMEUR VARIQUEUSE, nom donné à de petites tumeurs aplaties, circonscrites, molles, compressibles, de couleur violette ou bleuâtre, qui se développent sur les diverses parties de la peau ou à l'origine des membranes muqueuses, et sont formées par la dilatation du tissu capillaire.

TUNGSTATES, nom donné aux sels formés d'une base et d'acide tungstique.

TUNGSTÈNE ou SCHEELIUM, corps simple métallique, friable, solide, d'un blanc grisâtre, très-brillant, très-dur, inattaquable par la lime, fragile. Sa pesanteur spécifique est de 17,6. Il a été découvert en 1781 par d'Elhuyart, et n'a point d'usages.

TUNGSTIQUE (ACIDE) ou OXYDE JAUNE DE TUNGSTÈNE, substance jaune pulvérulente ou en petites masses friables. Sa pesanteur spécifique est de 6. Elle est solide, insipide, inodore, inattaquable par les acides, insoluble dans l'eau, soluble dans les alcalis caustiques, sans action sur la teinture de tournesol, formant des sels solubles avec la potasse, la soude et l'ammoniaque. Elle se compose d'environ 20 parties d'oxygène et de 80 de tungstène. On la trouve dans la mine de Wolfram.

TUNIQUE, espèce de petite robe que portaient les anciens. Elle était très-courte, et se plaçait sous la toge. — En botanique, c'est une membrane qui enveloppe certaines parties d'un végétal. — En anatomie, on donne ce nom aux diverses membranes qui enveloppent les organes. Telles sont les tuniques ou membranes de l'œil, les tuniques de l'estomac, de la vessie, du foie, etc.

TUNIS, royaume de Barbarie (Afrique). Il touche à l'E. et au N. à la Méditerranée, à l'O. à l'Algérie, au S.-O. au royaume de Tripoli, et au S. au Sahara. Ce pays, montagneux au N. et au S., est traversé dans une grande partie de sa superficie. — Le climat est assez salubre, quoique très-chaud. Les plaines nourrissent de beaux et nombreux troupeaux. Les montagnes renferment des mines d'argent, de plomb, de cuivre et de mercure. Le commerce est très-actif, et s'exerce par le moyen des caravanes avec la Nigritie, l'Egypte et l'empire de Maroc. Les habitants sont indolents, ignorants, avares, jaloux, crédules et superstitieux. Les juifs, les Maures et les étrangers font presque seuls tout le commerce. Les femmes, condamnées à une servitude perpétuelle, toujours bannies de la société, sortent rarement, et ne paraissent jamais en public sans être voilées. — La superficie du royaume est de 6,945 lieues carrées, et sa population de 2,000,000 d'habitants, dont 140,000 juifs, et les autres Arabes, Turks et Maures. — Le chef de l'Etat prend le titre de *bey*, et est soumis nominativement au sultan des Turks. A son avénement, il reçoit du sultan le caftan et le titre de pacha à trois queues. — Les revenus de l'Etat sont de 25,000,000 de francs environ. La marine est de 100 bâtiments, et les troupes de terre de 25,000 soldats. La capitale est TUNIS.

TUNIS ou TUNES, capitale du royaume de ce nom, située sur le penchant d'une colline, près du lac de Tunis, qui communique avec la Méditerranée. Défendue par la grande forteresse de *la Goulette* et par un mur d'enceinte, cette ville possède 140,000 habitants, dont 32,000 juifs. Les rues sont sales; les maisons, construites en briques, s'élèvent en amphithéâtre, n'ont qu'un étage, et se terminent par une terrasse. L'intérieur est très-riche. Tunis possède un grand nombre de mosquées, de bains publics, de bazars, des fabriques de toile, étoffes de soie et de laine, tapis, etc. Le commerce est très-actif. Il y a plusieurs consuls européens. Tunis est à 5 lieues de l'emplacement de l'ancienne Carthage, et c'est au siège de cette ville que mourut saint Louis, roi de France. — Louis-Philippe Ier, roi des Français, a fait élever en 1841 un monument sur le lieu même de cet événement, pour en perpétuer la mémoire.

TUNNEL, passage souterrain construit sous la Tamise, à Londres. Ce passage offre deux colonnes parallèles communiquant entre eux par de nombreux portiques. Il est dû à un ingénieur français, M. Brunet, qui a su vaincre toutes les difficultés d'une si grande entreprise. Au moment où nous écrivons ces lignes le tunnel est sur le point d'être terminé.

TUNNELAND, mesure de superficie de Suède, qui vaut 7,814 mètres 200 millimètres carrés.

TUPAIA ou CLADOBATE, genre de mammifères de l'ordre des carnassiers, famille des insectivores. Ils ont un corps allongé, cylindrique, la tête pointue, les yeux très-grands, les oreilles peu élevées et fort larges, le museau allongé et terminé par un mufle, sur les côtés duquel s'ouvrent les narines; la bouche est grande, la langue douce, les moustaches courtes; les membres ont cinq doigts armés d'ongles aigus; la queue est longue, velue, le pelage doux et épais. Ces animaux montent avec agilité sur les arbres, et habitent les îles de l'Océanie.

TUPINAMBAS, peuplade sauvage qui habitait le Brésil, dans la Reconcave (intérieur de la baie de San-Salvador) et les environs. Les Tupinambas étaient forts et vigoureux, de taille moyenne. Ils paraissent avoir joué un grand rôle dans l'histoire du Brésil, avant l'arrivée des Européens. Ils étaient anthropophages. Ce peuple a entièrement disparu de la terre qu'il habitait.

TURBAN, coiffure des Turks et de plusieurs autres peuples orientaux, faite d'une longue pièce de toile ou de taffetas qui est entrelacée autour d'un bonnet. Il n'est permis de porter le turban vert qu'à ceux qui sont issus de la race de Mahomet.

TURBÉ, espèce de chapelle sépulcrale chez les Turks, que chaque sultan fait construire pour lui et pour ses enfants à côté de quelque mosquée impériale.

TURBINÉ (du latin *turbo*, toupie), nom donné aux corps qui ont la forme d'un cône renversé. Les racines de certains navets, plusieurs coquilles sont *turbinées*.

TURBITH, nom de la racine du *liseron turbith*, qui croît à Ceylan, et qui est purgative. On l'employait autrefois comme le *jalap*. — *Turbith blanc de Montpellier*. Voy. GLOBULAIRE. — *Turbith végétal*. Voy. LISERON. — *Turbith noir*. Voy. EUPHORBE.

TURBITH MINÉRAL (*sous-deutoxyde de mercure*). Il est solide, jaune, insoluble dans l'eau, décomposable par la chaleur en gaz oxygène, en gaz acide sulfureux et en mercure. On l'obtient en traitant par l'eau chaude le sous-sulfate acide blanc de mercure. Il était autrefois employé comme fondant, émétique, antisyphilitique; on en fait rarement usage aujourd'hui.

TURBITH NITREUX (*sous-deuto-nitrate de mercure*), substance solide, jaune, insoluble dans l'eau. Chauffé, il se décompose et fournit des vapeurs orangées d'acide nitreux, de gaz oxygène et de mercure. On l'obtient en traitant par l'eau bouillante le deuto-nitrate acide de mercure solide.

TURBO, genre de mollusques gastéropodes. Les turbos sont des animaux marins qui vivent sur les rivages, au milieu des rochers battus par les flots. Le *turbo marbré* est une coquille subglobuleuse, très-ventrue, à spire conique et courbée, se terminant en pointe aiguë au sommet. L'ouverture est très-grande, arrondie, d'une belle nacre argentée à l'intérieur, et vert brunâtre à l'extérieur, orné de huit à dix zones transverses et de taches blanches et brunes. Quand on enlève la partie extérieure de cette coquille, on la trouve formée d'une nacre blanche avec des reflets brillants. On la connaît dans cet état sous le nom de *veuve perlée* ou *turbo mordoré*.

TURBOT, espèce du genre *pleuronecte*, renfermant des poissons qui ont le corps comprimé, haut verticalement, en forme de losange, non symétrique et très-mince. Le turbot atteint souvent de grandes dimensions. Il fréquente l'Océan, la Baltique et la Méditerranée. Sa chair, très-estimée, est blanche, grasse, feuilletée et délicate. — L'on connaît l'histoire du fameux turbot sur lequel la discussion fut ouverte dans le sénat de Rome, par ordre de l'empereur Domitien, pour savoir comment on devait préparer ce turbot. Le sénat décida qu'il fallait le mettre à la sauce piquante.

TURCIE, levée ou chaussée de pierre en forme de digue, pour empêcher l'inondation des rivières.

TURCOMANS ou **TROUCHMÈNES**, peuple nomade de l'Asie, habitant les contrées comprises entre le littoral S.-E. de la mer Caspienne et la vallée de Boukhara. Il y en a aussi en Perse et dans la Turquie d'Asie. Les Turcomans se nourrissent de viande et de lait aigri ; leurs vêtements sont d'étoffe cramoisie galonnés, leurs bonnets ronds et garnis de peau d'agneaux noirs. Ils se rasent la tête. Ces peuples ne vivent que de brigandages. Ils pillent les caravanes et les villages. Leurs richesses consistent en bêtes à cornes, chameaux, moutons, et surtout en chevaux ; leurs armes sont l'arc, le sabre et le pistolet. Ils font un commerce assez important avec la Russie. Ils professent la religion mahométane, et parlent la langue turque. Ces peuples sont indépendants ; ceux mêmes qui reconnaissent la suzeraineté de la Russie ne lui payent aucun tribut.

TURCS, TURKS ou **OSMANLIS**, nom donné aux habitants de la *Turquie* ou *empire ottoman*. Les historiens nationaux font dériver leur nom de *Turc*, qu'on dit avoir été fils aîné de Japhet. Le germe de la population ottomane est un mélange de Tatars et de Slaves.

TURENNE (Henri DE LA TOUR-D'AUVERGNE, vicomte DE), deuxième fils de Henri de la Tour-d'Auvergne, duc de Bouillon, né à Sédan en 1611, embrassa la carrière militaire. Il fit ses premières armes, comme volontaire, sous les ordres de Maurice d'Orange, et fut fait capitaine en 1626. En 1634, il passa au service de France, et parvint au grade de lieutenant général. Envoyé en Italie en 1639, il fit lever le siège de Casal, et fut blessé à celui de Turin (1640). En 1643, il assiégea et prit Trino, ce qui lui valut le bâton de maréchal de France. Nommé commandant de l'armée d'Allemagne en 1644, il rétablit l'électeur de Trèves dans ses possessions, et chassa entièrement l'électeur de Bavière de ses Etats en 1648. La guerre civile ayant éclaté, en France à cette époque, le duc de Bouillon entraîna Turenne dans le parti du parlement contre la cour. Mais, las de combattre contre son roi (1651), il devint général de l'armée royale, vainquit l'armée des princes rebelles commandée par Condé, et le força à repasser la Seine et à s'éloigner. Il poursuivit les Espagnols en Flandre, leur prit diverses places, et se rendit maître de tout le pays situé entre la Lys et l'Escaut. La paix des Pyrénées mit fin à la guerre, qui recommença en 1667 et se termina par la paix d'Aix-la-Chapelle. Louis XIV, ayant déclaré la guerre à la Hollande (1672), confia à Turenne le commandement de ses armées. En 1674, il commanda l'armée d'Allemagne, et fut chargé de défendre le Rhin et de couvrir l'Alsace. Il battit les impériaux réunis à Entzheim, à Mulhausen, à Turkheim, et les força de repasser le Rhin en 1675. Les ennemis lui opposèrent un rival digne de lui, Montecuculli. Les deux généraux étaient près d'en venir aux mains auprès du village de Sulzbach, lorsque Turenne, en allant reconnaître l'emplacement d'une batterie, fut tué d'un coup de canon le 27 juillet 1675.

TURGESCENCE, nom donné particulièrement à l'action des liquides qui s'enflent ou s'élèvent par l'action de la chaleur ou par toute autre cause. On appelait autrefois turgescence de la bile l'afflux de ce liquide dans l'estomac et son expulsion par en haut.

TURGOT (Anne-Robert-Jacques), né à Paris en 1727, fut destiné à l'état ecclésiastique. Il se livra avec tant d'ardeur et tant de succès à l'étude de la théologie, qu'il fut élu en 1749 prieur de la Sorbonne. Ayant renoncé à la carrière ecclésiastique, il entra au parlement, où il devint conseiller. Il concourut à la rédaction de l'Encyclopédie de Diderot et d'Alembert, et fournit entre autres les articles *existence*, *étymologie* et *expansibilité*. Nommé maître des requêtes au conseil d'Etat, Turgot étudia avec ardeur l'économie politique, et reçut le grade d'intendant du Limousin en 1761. Il rendit la vie et la richesse à ce pays, fit ouvrir de nombreuses routes, convertit la corvée du peuple en argent, et fonda les premiers ateliers de charité qu'on ait vus en France. Louis XVI récompensa ses services en le nommant ministre de la marine, puis contrôleur général des finances. Turgot fit diminuer les droits d'entrée sur les denrées de première nécessité. Ces innovations firent des ennemis à Turgot, qui fut forcé de donner sa démission. Il se retira des lors, où il mourut en 1781. On a de lui des *OEuvres diverses*.

TURIN, en italien *Torino*, ville de l'Italie septentrionale, capitale des Etats sardes, résidence du roi et des administrations principales, au confluent du Pô et de la Doria-Riparia, au pied des montagnes du Piémont, dans une plaine très-fertile. Population, 116,270 habitants. Turin est l'ancienne *Augusta Taurinorum*, capitale d'un peuple belliqueux nommé *Taurini*. Saccagée par Annibal, elle fut rebâtie sous Jules César 60 ans avant J.-C., vers le vie siècle. Elle passa de la domination des Romains sous celle des Lombards. Alors elle devint la capitale d'un duché, dont les titulaires furent remplacés plus tard par des comtes et des marquis. Après diverses vicissitudes, Turin tomba au pouvoir des ducs de Savoie. François Ier la prit sur Charles-Quint en 1536. Les Français s'en emparèrent en 1798, y rentrèrent en 1800, et la conservèrent jusqu'en 1814. Alors elle a été de nouveau occupée par ses légitimes souverains. — Turin possède de somptueux palais, un beau théâtre, une université, un cabinet d'histoire naturelle et de physique, une bibliothèque, un musée d'antiquités, un observatoire, une académie royale des sciences, une académie de musique, une autre de peinture et de sculpture, des écoles des arts, de droit, de médecine, de chirurgie, un jardin botanique, deux collèges, une société royale d'agriculture, une académie militaire pour l'éducation des jeunes gens nobles, deux collèges, une école vétérinaire, plusieurs musées, de beaux hôpitaux et un archevêché dont la juridiction s'étend sur tout le Piémont.

TURION, nom donné autrefois aux jeunes pousses ou bourgeons des arbres. Aujourd'hui il désigne la protubérance qui s'élève chaque printemps du collet des racines herbacées vivaces. Les apocynées, les solanées fournissent des exemples de ces sortes de boutons souterrains. Ce que l'on mange dans l'asperge est un *turion*.

TURKESTAN, pays de la grande Tatarie, borné au N. par la rivière Jamba et les monts des Aigles, à l'E. par la Kalmouckie, au S. par le Khovarem et la grande Bouckarie, à l'O. par la mer Caspienne. Sa superficie est d'environ 318 lieues carrées. Il est habité par des Tartares pillards et qui vivent du produit de leurs brigandages.

TURLU ou TURLUT ou TURLUTOILE, noms vulgaires du *courlis cendré*, de la *farlouse* et d'une espèce d'*alouette*.

TURLUPIN, nom sous lequel on connaît Henri Legrand, acteur célèbre du xvie siècle. Legrand se distinguait principalement dans les rôles plaisants et facétieux. Il mourut vers 1634. De son nom est dérivé le mot vulgaire de *turlupinade* et celui de *turlupiner*.

TURMA. C'était, chez les Romains, un corps de cavalerie répondant à peu près à notre escadron. Il se divisait en trois décuries.

TURNÈBE (Adrien), né à Andeli près de Rouen en 1512, étudia avec talent les belles-lettres, la jurisprudence et plusieurs langues anciennes et modernes, et devint professeur royal de langue grecque à Paris. Il eut pendant quelque temps la direction de l'imprimerie royale, surtout pour les ouvrages grecs. Il mourut en 1565. On a de ce savant des *notes* sur Cicéron, Varron, Thucydide, Platon ; des écrits contre Pierre Ramus ; des traductions d'Aristote, de Théophraste, Plutarque et Platon ; des poésies latines et grecques, et des traités particuliers.

TURNUS (myth.), roi de Rutules, fils de Daunus, devait épouser Lavinie, fille du roi Latinus, et lui était déjà fiancé. Latinus, sur la foi d'un oracle, offrit à Enée, nouvellement arrivé en Italie, la main de sa fille. Turnus, irrité de cette préférence, déclara la guerre aux Troyens. Il consentit enfin à un combat singulier avec Enée, et convint que Lavinie serait le prix de la victoire. Turnus fut vaincu et tué dans ce combat. La lutte de ces deux chefs forme le sujet des sept derniers livres de l'Enéide.

TUROCZI ou TUROTZI ou THUROCS (Jean), Hongrois, florissait vers l'an 1490. On ignore les événements de sa vie. Ce savant a laissé une *Histoire* des rois de Hongrie, depuis Attila jusqu'au couronnement de Mathias Corvin, en latin (1464). Cet ouvrage renferme un grand nombre de faits curieux.

TURPIN, TULPIN ou TILPIN, moine de Saint-Denis, fut fait archevêque de Reims vers l'an 754, et mourut en 794 ou 800. On lui a attribué le livre intitulé *Histoire de la vie de Charlemagne et de Roland son neveu*, écrit en latin, et semé d'un grand nombre de fables. C'est de cet écrit qu'on a tiré tous les contes qu'on a faits sur Roland et sur Charlemagne. La plupart des savants s'accordent à dire que cette histoire fabuleuse a été composée par un moine ignorant du xie siècle, qui a pris le nom de Jean Turpin.

TURQUETTE. Voy. HERNIAIRE.

TURQUIE (article complémentaire de l'article EMPIRE OTTOMAN), Etat qui s'étend sur l'Europe et l'Asie, entre l'Adriatique et le Danube au N.-O., jusqu'au golfe Persique au S.-E., entre la mer Noire au N. et la Méditerranée au S. Il est divisé en deux grandes parties : la *Turquie d'Europe* et la *Turquie d'Asie*. La capitale est CONSTANTINOPLE (en turk, *Istamboul*). Le souverain (*padischah*) a le titre de sultan ou de grand seigneur, a une autorité absolue et réunit les pouvoirs spirituel et temporel. Avant la promulgation du hatti-schérif de Gulhané (3 novembre 1839), il pouvait disposer à son gré des biens et de la vie de ses sujets. Ce hatti-schérif a établi 1o des garanties quant à la vie, l'honneur et la fortune de ses sujets ; 2° un mode régulier d'asseoir et de prélever les impôts ; 3° un mode régulier pour la levée des soldats et la durée du service. Le grand vizir ou premier ministre commande les armées et préside le *divan* ou conseil d'Etat. Les provinces de l'empire ottoman sont des *pachaliks*, gouvernés par des *pachas* de plusieurs classes (la classe est indiquée par le nombre de queues de cheval que porte leur étendard), et divisés en *sandjiakats*, gouvernés par des *sandjiaks*. La religion dominante en Turquie est le mahométisme, dont les dogmes sont renfermés dans le Koran. L'interprétation en est confiée aux *ulémas* ou lettrés, sous la présidence du *muphti*, qui représente le sultan dans tout ce qui a rapport à l'exercice de la puissance spirituelle. Les mœurs des Turks sont les mêmes que celles des autres Orientaux ; ils sont fatalistes, très-sobres, amis du repos et de l'oisiveté. Les réformes introduites par le sultan Mahmoud II ont répandu quelque peu d'instruction dans ce peuple, dont l'ignorance était auparavant un des traits caractéristiques. La langue turque est l'ancienne langue parlée à l'occident du plateau central de l'Asie. Elle se divise en quatre dialectes : l'*oïgour*, langue de la Tatarie chinoise, le *dschagatéen* ou *boukharien*, langue de la Tartarie indépendante, le turk de Kasan et d'Astrakhan, et celui de Constantinople. Ce dernier est altéré par le contact avec les langues arabe et persane. — Les revenus de l'empire ottoman sont d'environ 250,000,000 de francs. Sa marine, qui comptait en 1806 20 vaisseaux de ligne, 15 frégates et 32 bâtiments d'une moindre dimension, a été presque anéantie à Navarin. Elle se compose aujourd'hui d'une trentaine de bâtiments, vaisseaux et frégates. Ses forces militaires consistent en 167,500 hommes d'infanterie et artillerie, et 52,500 de cavalerie. Sa dette publique est de 200,000,000. — Originaire de la Turcomanie ou du Turkestan, la tribu de Turks, qui a produit le peuple ottoman, émigra vers l'an 1220 sous la conduite de Soleïman-Chah. Ertogrul, son fils, vint offrir son aide au sultan des Sedjoucides, qui lui accorda un fief qui embrassait l'ancienne Phrygie Epictète. Osman ou Othman, son fils, qui a donné son nom au peuple ottoman, fut le premier qui se proclama indépendant. Il envahit les possessions grecques de l'Asie-Mineure, et en 1326 s'empara de Broussa, dont il fit sa capitale. A sa mort (1326), Orkhan, son fils, lui succéda et fut le deuxième sultan ottoman. Il conquit Nicée, Nicomédie et Gallipoli, institua les janissaires et les spahis, et mourut en 1358. — Amurat Ier, son fils, conquiert Andrinople, subjugue la Servie et meurt à Kassova (1389). Bajazet Ier s'empare de la Caramanie et de l'ancienne Paphlagonie, achève la conquête de la Bulgarie, gagne la bataille de Nicopolis, et, fait prisonnier par Tamerlan à Angora, meurt dans les fers en 1403. — Ses quatre fils règnent : Soliman à Andrinople, Isa à Broussa, Mousa à Kutaïeh, puis en Europe, après la mort de Soliman, et Mahomet Ier à Amasia. — Seul maître de l'empire ottoman (1413), ce dernier rétablit l'ordre et mourut en 1421. — Amurat II, son fils, règne de 1421 à 1451, sauf quelques années d'une abdication deux fois répétée. — Victoire de Warna. — Scanderbeg en Albanie. — Mahomet II, son fils, surnommé *le Grand*, règne de 1451 à 1481. — Prise de Constantinople (1453). — Siège de Rhodes et de Belgrade. — Conquête de la Morée et de Trébisonde, de la Servie et de la Bosnie. — Guerre avec Venise. — Bajazet II, son fils, règne de 1481 à 1512. — Guerre avec les Mamelouks et les Vénitiens. — Déposition du sultan par son fils Sélim, qui l'empoisonne. — Sélim Ier règne de 1512 à 1521. — Conquête de la Syrie, de la Mésopotamie et de l'Egypte. — Soliman Ier, *le Grand*, règne de 1521 à 1566. Conquête de Belgrade et de Rhodes. — Bataille de Mohacz. — Siège de Vienne. — Guerre contre Venise.

— Conquête des îles de l'Archipel. — Guerres avec la Hongrie. — Sélim II, son fils, règne de 1566 à 1574. Conquête de Chypre. — Bataille navale de Lépante. — Amurat III, fils de Sélim II, règne de 1574 à 1595. Guerre avec les Perses. — Mahomet III, fils d'Amurat, règne de 1595 à 1603. — Ahmed ou Achmet Ier, fils de Mahomet III, règne de 1603 à 1617. — Mustapha Ier, fils de Mahomet III, règne trois mois (1617). — Osman II, fils d'Ahmed Ier, règne de 1617 à 1622. — Mustapha rétabli de 1622 à 1623. — Amurat IV, fils d'Ahmed Ier, règne de 1623 à 1639. Conquête de Bagdad et d'Erivan. — Ibrahim Ier, frère d'Amurat IV, règne de 1639 à 1648. — Mahomet IV, fils d'Ibrahim, règne de 1648 à 1687. Conquête de Candie. — Soliman II, fils d'Ibrahim, règne de 1687 à 1691. — Ahmed II, fils d'Ibrahim, règne de 1691 à 1695. — Mustapha II, fils de Mahomet IV, règne de 1695 à 1703. — Conquête de Chio ; paix de Carlowitz. — Ahmed III, fils de Mahomet IV, règne de 1703 à 1730. Paix de Passarowitz. — Guerre avec la Perse. — Mahmoud Ier, fils aîné de Mustapha IV, règne de 1730 à 1754. Paix de Belgrade. — Osman III, frère du précédent, règne de 1754 à 1757. — Mustapha III, fils d'Ahmed III, règne de 1757 à 1774. Décadence de la Turquie. — Guerre avec la Russie. — Abdul-Hamid, frère de Mustapha III, règne de 1774 à 1789. Paix de Kutchuk-Kaïnardj. — Cession de la Crimée à la Russie (1784). — Sélim III, fils de Mustapha III, règne de 1789 à 1807. Guerre avec l'Autriche et la Russie. — Paix d'Iassi (1791). — Mustapha IV, fils d'Abdul-Hamid, règne de 1807 à 1808. — Mahmoud II, frère de Mustapha IV, règne de 1808 à 1839. Insurrection de la Grèce ; destruction des janissaires ; bataille de Navarin ; traité d'Andrinople avec les Russes ; perte d'Alger ; révolte du vice-roi d'Egypte ; bataille de Nézib. — Le sultan Mahmoud est le grand réformateur de la Turquie. — Abdul-Medjid, son fils, est le sultan régnant. — Guerre avec le vice-roi d'Egypte ; traité de Londres (juillet 1840), entre la Turquie, l'Angleterre, la Russie, la Prusse et l'Autriche. — Bombardement de Beyrouth par les Anglais. — Déclaration de guerre à la Russie en 1853. — Traité d'alliance avec la France et l'Angleterre ; débarquement en Crimée, prise de Sébastopol.

TURQUIE D'EUROPE, grande contrée, bornée au N. par l'Autriche et la Russie, à l'E. par la mer Noire, la mer de Marmara et le détroit des Dardanelles, qui la sépare de la Turquie d'Asie ; au S. par l'Archipel et la Grèce ; à l'O. par l'Adriatique, la Dalmatie et la Méditerranée. Sa superficie est de 20,000 lieues carrées, et sa population de 7,100,000 habitants. Elle comprend trois parties : les provinces immédiates, qui sont la *Romélie*, la *Bulgarie*, la *Bosnie* et l'*Albanie*, formant vingt-six pachaliks ; les provinces médiates (elles se gouvernent elles-mêmes, et ne font que payer un tribut à la Porte, dont elles se reconnaissent vassales), qui sont la *Servie*, la *Valachie* et la *Moldavie* ; les États, qui sont *Lemnos*, *Samodraki* et *Candie*.

TURQUIE D'ASIE, grande contrée, bornée au N. par la mer Noire et la Russie, à l'E. par la Perse, au S. par le golfe Persique, l'Arabie et la Méditerranée, et à l'O. par l'Archipel, les Dardanelles, la mer de Marmara et le canal de Constantinople. Sa superficie est de 66,500 lieues carrées, et sa population de 12,500,000 habitants. Elle comprend les pachaliks d'Anatolie, de Caramanie, de Sivas, de Trébisonde, de Selefkeh, d'Adana, d'Erzeroum, de Marasch, de Diarbekr et de Bagdad. Ceux d'Alep, de Tripoli, de Saint-Jean d'Acre et de Damas, qui composent la Syrie, quoique récemment enlevés au vice-roi d'Egypte, qui s'en était emparé, ne font que nominativement partie intégrante de l'empire ottoman.

TURQUOISE, AGAPHITE, ZOHNITNE ou CALAITE, noms sous lesquels on a désigné des substances minérales de matière différente. On appelle *turquoise pierreuse*, orientale ou de *vieille roche*, le cuivre hydraté silicifère. Cette substance est d'un bleu clair ou verdâtre. Elle se compose d'acide phosphorique, d'alumine et de chaux, ainsi que d'un peu de cuivre et de fer ; sa pesanteur spécifique est de 2,86 à 3,60 ; sa dureté est moindre que celle du quartz, mais assez grande pour rayer le verre. Elle est susceptible d'un beau poli et inattaquable par les acides. On l'emploie très-souvent dans la bijouterie. On la trouve dans la Turquie et la Perse. La *turquoise osseuse, occidentale* ou *de nouvelle roche* n'est autre chose que de l'ivoire fossile, coloré en bleu par des oxydes métalliques. — La turquoise faisait partie du rational du grand prêtre des Juifs.

TURREAU - LINIÈRES, était, à l'époque de la révolution, avocat dans le département de l'Yonne, dont il devint administrateur en 1790. Les électeurs de ce département le nommèrent, en 1791, député suppléant à l'assemblée législative, puis à la convention nationale. Il vota la mort de Louis XVI sans appel ni sursis ; il se mit au nombre des montagnards les plus prononcés ; appuya fortement le coup d'Etat de mai et juin 1793 contre le parti de la Gironde, et ne démentit pas la violence de ses opinions dans la mission qu'il remplit à l'armée de l'Ouest. Turreau fit décréter, en 1794, l'arrestation de Fouquier-Tinville et sa traduction au tribunal révolutionnaire. Il fut nommé peu après commissaire près l'armée d'Italie, puis commissaire à l'effet de ramener ou conduire sous les drapeaux les conscrits du département de la Seine. Il mourut peu de temps après avoir rempli cette mission.

TUSCULANES, nom donné par Cicéron à des dialogues philosophiques en cinq livres dont il est auteur. Le premier traite du mépris de la mort ; le second, du courage à supporter la douleur ; le troisième, des moyens d'adoucir les maux ; le quatrième, des passions ; le cinquième, du bonheur que procure la vertu.

TUSCULANUM, maison de campagne de Cicéron, était situé près de la ville de *Tusculum* (aujourd'hui *Frascati*), dans une campagne délicieuse. C'est là qu'il composa ses Tusculanes.

TUSSILAGE, vulgairement *pas d'âne* ou *herbe aux teigneux*, genre de la famille des symanthérées, renfermant des plantes très-communes en Europe sur les terrains humides et argileux, au bord des ruisseaux, des fontaines et des rivières. Le *tussilage farfara* a de longues racines traçantes d'où sort une tige cotonneuse, couverte de feuilles collées en forme d'écailles membraneuses, d'autres feuilles plus grandes, larges, radicales, lisses, et d'un vert sombre, chargées d'un duvet blanchâtre en dessous, munies aux bords de petites dents rougeâtres, ne paraissant qu'après la floraison. La fleur est jaune. Son infusion est utile dans la toux et dans les maladies de poitrine. L'infusion des feuilles et des racines est bonne pour la guérison des écrouelles. La racine du *tussilage pétasite*, amère, âcre, odorante, est apéritive, diurétique et usitée contre la teigne.

TUTAMINAUX, nom donné aux organes qui sont les dépendances de l'œil, et qui occupent le contour de cette cavité. Ils sont composés des sourcils, des paupières, des cils, des glandes de Meibomius.

TUTÉLAIRES, les anciens appelaient ainsi de grandes divinités regardées comme protégeant un peuple, une ville. Minerve était la divinité tutélaire d'Athènes, Junon d'Argos, Jupiter de Rome, Vénus de Cythère, etc.

TUTÉLINE (myth.), divinité romaine, veillait à la conservation des fruits de la terre.

TUTELLE, charge imposée à un individu, par la loi ou la volonté d'une personne ayant droit, de prendre soin gratuitement de la personne d'un mineur ou d'un incapable, d'administrer ses biens et de le représenter dans tous les actes civils. Le Code, qui fixe à vingt et un ans la majorité, distingue quatre états où l'homme a besoin de tutelle : 1° l'état de *minorité* ; 2° l'*émancipation* ; le mineur émancipé, libre de sa personne, et ayant l'administration de ses biens, ne peut, pour le surplus, agir sans l'assistance d'un curateur, sans l'autorisation d'un conseil de famille ou même du juge ; 3° l'*interdiction* ; l'interdit majeur doit être pourvu d'un tuteur ; 4° l'état reconnu de *prodigue* ; le prodigue ne peut faire ou consentir, sans l'assistance d'un conseil judiciaire, aucun des actes qui compromettraient sa famille. Le Code distingue trois sortes de tutelles. Tantôt la loi désigne directement la personne sur laquelle tombe l'obligation d'accepter la tutelle ; c'est ce qu'on appelle *tutelle légitime, légale* ou *naturelle*. Elle appartient de plein droit au père, à la mère, aux ascendants, et dans certains cas aux hospices. Tantôt la loi permet au dernier vivant des père et mère de désigner le tuteur de leurs enfants, c'est la *tutelle testamentaire* ; tantôt enfin, à défaut des deux tutelles, elle désigne ceux qui doivent nommer un tuteur au mineur qui en est dépourvu ; c'est la *tutelle dative*.

TUTELLE OFFICIEUSE, nom donné à un contrat de bienfaisance, par lequel une personne âgée de plus de cinquante ans, sans enfants ni descendants légitimes, s'oblige à élever gratuitement un mineur âgé d'au moins quinze ans, à administrer sa personne et ses biens, et à le mettre en état de gagner sa vie.

TUTELLE (CONSEIL DE). Le père mourant peut nommer à la mère survivante et tutrice un conseil spécial, sans l'avis duquel elle ne peut faire aucun acte relatif à la tutelle. Cette nomination du conseil ne peut se faire que par acte de dernière volonté, ou par une déclaration faite ou devant le juge de paix assisté de son greffier, ou devant notaire.

TUTIE ou CADMIE DE FOURNEAU, nom donné à l'oxyde de zinc qui s'attache aux cheminées des fourneaux sous forme d'incrustations grises, lorsqu'on fait fondre les mines de zinc. Elle sert à préparer certains collyres résolutifs.

TUTTI, mot italien qui signifie *tous*, et qui désigne, en musique, qu'un morceau doit être exécuté par tous les instrumentistes ou les chanteurs à la fois.

TUTULUS, sorte de bonnet de laine que portaient les pontifes romains. Il était de forme conique.

TUYAU, canal ou conduit destiné à l'écoulement des fluides. On nomme *tuyaux capillaires*, ceux qui sont d'un très-petit diamètre. Le *tuyau* est encore l'ouverture de la cheminée depuis le manteau jusqu'en haut. On nomme *tuyau dévoyé*, celui qui est détourné de la direction verticale. — Les *tuyaux d'orgues* sont des tubes de bois, d'étain ou d'un mélange métallique appelé *étoffe*, qui rendent des sons lorsque le vent des soufflets y est introduit.

TVER, gouvernement de Russie, borné par ceux de Novgorod, Iaroslav, Moscou et Pskov. Sa superficie est de 3,368 lieues carrées, et sa population de 1,259,650 habitants. La culture des terres y est assez soignée et assez productive, quoique faite sur un sol généralement ingrat ou peu fertile. Mais la principale industrie des habitants se lie à la navigation intérieure, dont cette province est le centre. L'exploitation et le transport des bois, la construction et la conduite des barques, occupent presque tous les bras. La capitale du gouvernement est TVER, sur le Volga, placée sur la route de Pétersbourg à Moscou. Sa population est de 20,000 âmes. Son commerce est très-actif.

TWED, rivière d'Ecosse, qui a sa source dans le comté de Peebles, coule au N.-O., sépare l'Ecosse de l'Angleterre, et se jette dans la mer du Nord à Berwick.

TYANE, ville d'Asie-Mineure, située auprès du mont Taurus. Elle est célèbre pour avoir donné naissance au fameux Apollonius, connu sous le nom d'Apollonius de Tyane.

TYCHES (myth.), dieu des Egyptiens, prenait soin d'un homme à l'instant de sa naissance, et ne le quittait qu'à sa mort.

TYCHO-BRAHÉ, célèbre astronome, né à Knadtorp, dans la Scanie (Suède). Il acquit de si grandes connaissances et une telle célébrité que le roi Frédéric II lui donna l'île de Hveen, près de Copenhague, laquelle a 2 lieues de circonférence, et y fit bâtir un observatoire. Chargé d'enseigner l'astronomie à Copenhague, puis appelé en Bohême par l'empereur Rodolphe II, il mourut à Prague en 1601. Dans son système astronomique, il supposait la terre immobile au centre de l'univers. Autour d'elle se mouvaient le soleil, la lune et les étoiles fixes, tandis que Mercure, Vénus, Mars, Jupiter et Saturne, tournaient autour du soleil. Tycho-Brahé découvrit le premier l'une des plus importantes inégalités de la lune, nommée *variation* et l'*équation annuelle*. On a de lui plusieurs ouvrages scientifiques.

TYDÉE, fils d'OEnée, roi d'Etolie, fut envoyé par Polynice, auprès d'Etéocle, roi de Thèbes, pour le sommer de lui rendre son royaume ; mais, en ayant été mal reçu, il le défia plusieurs fois au combat, et eut toujours l'avantage. Etéocle, indigné de se voir toujours vaincu, lui tendit plusieurs pièges, dont il eut l'art de se tirer. Quelque temps après Tydée fut tué au siége de Thèbes. Diomède fut le fils de Tydée, et reçut à cause de cela le surnom de *Tydides*.

TYMPAN. On nomme, en médecine, *cavité du tympan* ou *caisse du tambour* une cavité qui constitue l'oreille moyenne. Voy. CAISSE DU TYMPAN. — On nomme *tympanique* tout ce qui a rapport au tympan.

TYMPAN. En termes d'imprimerie, on nomme ainsi une espèce de châssis composé de quatre barres de bois ou de fer, sur lesquelles est collée une feuille de parchemin ou de papier fort. On étend sur le tympan les feuilles à imprimer. — On appelle aussi *tympan*, en termes d'architecture, l'espace du fronton qui est compris entre les trois corniches qui l'environnent. — Le *tympan d'arcade* est une table triangulaire placée dans les encoignures d'une arcade. — En hydraulique, le *tympan* est une machine en forme de roue qui sert à élever l'eau ; en menuiserie, c'est un panneau renfermé entre des moulures ; en mécanique et en horlogerie, c'est un pignon enté sur son arbre, et qui engrène dans les dents d'une roue.

TYMPANITE, gonflement du ventre produit par l'accumulation des gaz dans le canal digestif ou dans le péritoine. Dans le premier cas, on nomme cette affection *tympanite intestinale* ; dans la deuxième, *tympanite péritonéale*. Les bœufs et les autres animaux domestiques sont affectés de cette maladie lorsqu'ils mangent certaines plantes fraîches, comme le *trèfle*. Elle est souvent mortelle.

TYMPANON, instrument de musique des anciens Hébreux, qui le nommaient *toph*. On pense que ces noms désignaient toutes sortes de tambours. Les Hébreux ne s'en servaient que dans les réjouissances. — Aujourd'hui on nomme ainsi un instrument à cordes ayant la forme d'un trapèze : il est monté de cordes d'acier qu'on frappe avec de petites baguettes recourbées vers le bout.

TYMPANUM, supplice usité chez les Grecs, consistait à battre le coupable à coups de massue appelée *tympanum*.

TYNDARE (myth.), roi d'OEbalie, et mari de Léda. Jupiter ayant séduit Léda sous la forme d'un cygne, cette princesse mit au monde deux œufs, de l'un desquels sortirent Hélène et Clytemnestre, et de l'autre Castor et Pollux. La fable prétend que les deux premiers étaient fils de Tyndare et les derniers de Jupiter.

TYNDARIDES, nom patronymique de Castor et Pollux, de Clytemnestre et d'Hélène, regardés comme fils de Tyndare.

TYPE (du grec *typos*, modèle), figure originale, signe ou marque de quelque chose. — En médecine, on nomme ainsi l'ordre suivant lequel se montrent et se succèdent les symptômes d'une maladie ; il est *continu*, *intermittent* ou *rémittent*. — En astronomie, ce mot signifie description graphique. *Type* se dit encore de l'emblème, du symbole empreint sur le champ d'une médaille. — Les théologiens nomment *type* un symbole, une figure, un signe d'une chose à venir. Ainsi le sacrifice d'Abraham était le type de celui de Jésus-Christ sur la croix. La manne, l'agneau pascal étaient les types de la divine eucharistie. Les types de l'Ancien Testament étaient des signes établis par Dieu pour être les figures des choses à venir. — On a encore nommé *type* un édit de l'empereur Constant pour concilier les catholiques et les hérétiques monothélites. C'était une sorte de formulaire de foi sur lequel on devait régler sa conduite. Comme cet édit confondait la vérité et l'erreur, ni les catholiques, ni les monothélites n'y déférèrent. Le pape Martin Ier le condamna en 649.

TYPHACÉES ou TYPHINÉES, famille de plantes aquatiques monocotylédonées, renfermant le genre *massette* (en latin, *typha*) et un second genre, le *rubanier*. Ces plantes ont les tiges droites ou flexueuses, spongieuses, munies de feuilles engaînantes et très-longues. Les fleurs sont disposées en chatons allongés.

TYPHÉE (myth.). Voy. TYPHON.

TYPHOIDE (FIÈVRE), nom donné au *typhus d'Europe*.

TYPHOMANIE (de *typhos*, stupeur), délire avec stupeur. C'est l'espèce de délire propre au typhus d'Europe.

TYPHON, nom donné, en géologie, à de grandes masses minérales non stratifiées, comme celles que présentent les granits, les porphyres.

TYPHON, nom donné, sur les mers de la Chine, d'un vent impétueux qui souffle de différents points de l'horizon, et change à chaque instant de direction.

TYPHON (myth.), géant, était fils du Tartare et de la Terre, ou, selon d'autres, de Junon seule. Cette déesse, indignée de ce que Jupiter avait mis au monde Minerve par sa seule puissance, frappa la terre de sa main, et reçut dans son sein les vapeurs qui en sortirent. Ce fut de ces vapeurs que naquit Typhon. Sa taille était prodigieuse. Ce monstre se présenta avec les autres géants pour combattre et détrôner les dieux. Il leur causa une telle frayeur, qu'ils furent contraints de s'enfuir en Egypte, où ils prirent diverses formes. Jupiter le foudroya et le précipita sous l'Etna. C'est aux efforts impuissants de Typhon pour s'affranchir de ce poids énorme que la fable attribue les éruptions du mont Etna.

TYPHON (myth.), dieu égyptien. Il était frère d'Osiris, époux de Nephthys. Orus, fils d'Osiris, le mit à mort. Les Egyptiens le regardaient comme le mauvais principe. Ils le représentaient sous la figure du crocodile ou du loup. Ils croyaient qu'il régnait sur la terre pendant la nuit et l'hiver.

TYPHUS (du grec *typhos*, stupeur), nom générique donné à toutes les maladies pestilentielles, et plus spécialement à la peste de notre continent. On en distingue trois genres bien tranchés : le *typhus d'Europe* (nommé aussi *fièvre des hôpitaux, des camps, des prisons, fièvre pétéchiale*, etc.) ; le *typhus d'Orient* ou la *peste* ; le *typhus d'Amérique* ou la *fièvre jaune*. — Le typhus d'Europe se développe toutes les fois qu'un grand nombre d'individus sont réunis dans un espace étroit. La privation des aliments, les fatigues excessives, la malpropreté, la respiration des miasmes putrides, et les affections morales tristes concourent à le produire. Une fois développé, il se transmet par voie de contagion. Le typhus se présente sous deux formes distinctes, selon qu'il est dû à la contagion ou qu'il se développe primitivement. Dans le premier cas (*typhus communiqué*), le caractère propre de la maladie est la stupeur. Le corps est immobile, les traits et les yeux sans expression ; le malade est étranger à ce qui l'entoure. La durée de cette maladie est de douze à quinze jours. Elle est souvent mortelle. Le *typhus spontané* ou *originaire*, plus redoutable, dure de vingt-cinq à trente jours. La stupeur ne s'aperçoit que dans la deuxième semaine de la maladie ; des taches rosées paraissent quelques jours auparavant. Cette affection est presque toujours mortelle.

TYPHUS D'AMÉRIQUE ou FIÈVRE JAUNE, maladie épidémique, propre aux climats chauds et aux lieux peu élevés, principalement sur les bords de la mer, des grands lacs et des fleuves. Elle attaque les étrangers préférablement aux indigènes, les blancs plutôt que les noirs, les habitants des pays septentrionaux plutôt que ceux du midi. La teinte jaune de la peau et le vomissement de matières noires sont les principaux symptômes du typhus d'Amérique. La marche de cette maladie est très-rapide. Elle fait ordinairement périr en trois à sept jours, quelquefois dès le deuxième ou le premier même.

TYPOGRAPHIE, art de reproduire un écrit à une infinité d'exemplaires au moyen de signes diversement combinés, qui reproduisent leurs formes sur un corps destiné à cet usage. L'invention de la *typographie* ou *imprimerie* est due à Laurent Coster, de Harlem, qui se servit de caractères d'abord en bois, puis de plomb, et ensuite d'étain. Un de ses ouvriers, Faust, alla habiter successivement Amsterdam, Cologne, Mayence et Paris (1462), et publia plusieurs ouvrages, avec Pierre Schœffer et Jean Gensfleich, surnommé Guttemberg. Ces trois hommes s'attribuèrent l'invention de l'imprimerie. Cet art se répandit dans tout le monde avec une grande rapidité. Dès 1500, la France avait des imprimeries à Paris, Lyon (1473), Angers (1477), Toulouse (1479), à Vienne, à Troyes, et dans un grand nombre d'autres villes. La censure préalable sur les livres fut établie vers 1525. Défense fut faite de publier aucun ouvrage de théologie sans la permission du parlement et de la faculté de théologie (1527). Pareille défense fut faite en 1535 sur les livres de médecine, qui devaient être examinés par trois docteurs. — Les plus fameux typographes sont les Estienne, les Manuce, les Barbou, les Didot.

TYR ou SOUR, ville de la Turquie d'Asie, en Syrie. Cette cité, jadis grande et belle, était une des plus commerçantes de l'antiquité. Elle régna longtemps sur les mers, et eut des rois très-puissants. Prise par Alexandre le Grand, roi de Macédoine, après un long siége, elle fut presque entièrement détruite. Les Romains l'érigèrent en colonie. Elle embrassa avec ardeur le christianisme, et devint le premier siége d'un archevêché. Les Maures s'en emparèrent en 1289, et la détruisirent de fond en comble. La ville moderne, située sur une petite presqu'île et entourée d'une ancienne muraille en ruine, n'occupe qu'une faible partie de l'ancienne Tyr, et offre l'aspect d'un village. Ses habitants sont des Grecs catholiques, des Arabes et des Maronites. Le port est peu étendu, et peut abriter les vaisseaux de grandeur moyenne. On en exporte des fruits et du tabac.

TYRAN (en grec, *tyrannos*). Ce mot, qui désigne aujourd'hui un souverain despote qui abuse de son autorité et ne connaît d'autres lois que ses volontés, se prenait chez les anciens en bonne part, et il n'y avait point de différence chez eux entre la signification de *tyran* et celle de *roi*. Les Grecs et les Romains nommaient *tyrannie* le dessein de renverser le pouvoir fondé par les lois et surtout la démocratie.

TYRANNION, grammairien célèbre, né dans le royaume de Pont, fut disciple de Denys de Thrace, et étudia les belles-lettres à Rhodes. Pris par Lucullus, général romain, dans la guerre avec Mithridate, il fut conduit à Rome et devint l'ami de Cicéron. Il amassa une grande bibliothèque, composée de plus de 30,000 volumes. Il avait composé des ouvrages qui sont perdus.

TYRANS (LES TRENTE), nom imposé par l'histoire à trente magistrats que le Lacédémonien Lysandre, après s'être emparé d'Athènes, institua pour présider au gouvernement de cette ville. Ils gouvernèrent avec despotisme, et firent périr un grand nombre de citoyens. Thrasybule, illustre Athénien, qu'ils avaient banni, rentra à Athènes, s'empara de la citadelle, et anéantit leur gouvernement l'année même de son institution. — C'est encore le nom donné à plusieurs gouverneurs ou généraux qui prirent la pourpre sous Gallien, empereur romain. C'est Trébellius Pollion qui est l'auteur de cette dénomination. Voici, d'après lui, ces tyrans : Cyriade, les deux Posthumius, Lollien, les deux Victorin, Marius, Ingenuus Régillien, Auréole, les deux Macrien, Quietus, Odénat, Hérode, Méonius, Balista, les deux Valens, Pison, Emilien, Saturnin, les deux Tetricus, Trébellien, Hérennien, Timolaüs, Celsus, Titus, Censorinus, Zénobie et Victoire.

TYROL, province de l'empire d'Autriche, borné par l'Autriche, l'Illyrie, la Bavière, le royaume lombardo-vénitien, la Suisse et le lac de Constance. Sa superficie est de 648 lieues carrées, et sa population de 762,500 habitants. La plus grande partie de sa surface est occupée par des chaînes de montagnes, ramifications des Alpes. Le sol est peu cultivé. On y élève beaucoup de bestiaux et de vers à soie. Les montagnes recèlent de nombreuses mines. L'industrie s'exerce dans la fabrication des soieries, chapeaux de paille, cuirs, toiles, tapis, dentelles, mousseline, cotonnades, draps, quincaillerie, etc. Le commerce est actif. — Le Tyrol, y compris le Vorarlberg, se divise en sept cercles. Le gouvernement réside à Inspruck. Les états du pays se divisent en quatre classes, le clergé, la noblesse, la bourgeoisie et les paysans. Il n'y existe ni conscription ni douanes. Le Vorarlberg a ses priviléges et ses états particuliers. Les revenus sont de deux à trois millions de florins annuellement. — La religion dominante dans le Tyrol est le catholicisme. — Ce pays, primitivement habité par des tribus celtiques ou gauloises, entre autres par les Rhétiens, fut soumis par les Romains sous le règne d'Auguste, après de longs combats. Il fut ravagé successivement par les Marcomans, les Germains, les Goths et les Huns. Après la chute de l'empire d'Occident, il tomba au pouvoir des Goths, puis des Lombards et des Bavarois, enfin des Francs, qui le divisèrent en cantons ou *gau*, et le firent gouverner par des comtes. A la fin de la dynastie carlovingienne, les ducs de Bavière s'en emparèrent et firent des comtes du Tyrol leurs vassaux. L'empereur Frédéric Ier le donna en fief à Berthold, qui en fut le premier prince et prit le titre de duc. La dernière descendante de Berthold, Marguerite Maulstasche, vendit le Tyrol aux ducs d'Autriche (1359). Réuni à la Bavière en 1805, il fut rendu à l'Autriche en 1814.

TYROLIENNES, mélodies originaires du Tyrol. Leur mouvement est modéré, et leur mesure à trois temps. L'on connaît la belle tyrolienne de l'opéra de *Guillaume Tell*, de Rossini.

TYRONE, comté d'Irlande, entre ceux de Londonderry, Loug-Neagh et Monaghan, dans la province d'Ulster. Sa superficie est d'environ 72 lieues ; sa population de 31,000 habitants. Le chef-lieu est OMAGH.

TYRRHÈNE (MER DE), nom donné par les anciens à cette partie de la Méditerranée qui baigne les côtes de la Tyrrhénie ou Étrurie. On la nomme aussi *mer Inférieure* parce qu'elle semblait être au-dessous de la mer Adriatique.

TYRTÉE, poète grec, né à Athènes, florissait entre les années 684 et 666 avant J.-C. Il était boiteux, louche et contrefait. Dans la guerre de Messénie, les Spartiates, sur l'ordre de l'oracle de Delphes, allèrent demander un général aux Athéniens. Ceux-ci leur envoyèrent Tyrtée. Il fut battu dans trois rencontres successives avec les ennemis. Il ranima par ses vers le courage des soldats. Ceux-ci attaquèrent les Messéniens avec fureur, et une éclatante victoire délivra Sparte d'un redoutable ennemi. Les Lacédémoniens, reconnaissants, accordèrent à Tyrtée le droit de bourgeoisie. Il nous reste quelques-unes de ses poésies.

TZETZÈS (Jean), poète grec, mort vers la fin du XIIe siècle, était très-instruit sur les belles-lettres, la philosophie, la géométrie et la langue hébraïque. Il a laissé des *Allégories* sur Homère, des *Histoires mêlées*, des *épigrammes* et autres *poésies*, des ouvrages de grammaire et de critique, des *Scholies* sur Hésiode et des *Commentaires*. Son frère ISAAC, qui vivait en 1170, cultiva la même carrière avec succès. Il a laissé des *Commentaires* sur Lycophron.

U

UBA

U, vingt et unième lettre de l'alphabet français. Chez les anciens et chez presque tous les peuples modernes, l'U a le son d'*ou* ; sa prononciation, telle que nous l'avons conservée, nous vient, dit-on, des Gaulois. Jusque dans la première partie du siècle dernier, l'on confondait dans l'écriture l'U avec le V. Cet abus de deux lettres si différentes est généralement abandonné aujourd'hui.

UBALDE (Saint), évêque de Gubbio en Ombrie, naquit vers l'an 1084 ou 1086 d'une famille noble. Ses vertus le firent

UBI

appeler à l'évêché de Pérouse, qu'il refusa (1126), puis à celui de Gubbio (1129). Il s'acquitta avec un grand zèle de toutes les fonctions du ministère épiscopal, donnant à son troupeau de rares exemples d'humilité, de modestie, de pénitence et de charité. Il réconcilia Gubbio avec l'empereur Frédéric Barberousse, irrité contre cette ville, et mourut en 1160. On fait sa fête le 16 mai.

UBIQUISTE, nom donné autrefois à un docteur en théologie de l'université de Paris, qui n'était attaché à aucune maison

UBI

particulière, qui n'était ni de Sorbonne, ni de Navarre. Les ubiquistes s'appelaient simplement docteurs en théologie, au lieu que les autres ajoutaient de la maison de Sorbonne ou de Navarre.

UBIQUISTES ou UBIQUITAIRES, nom donné aux luthériens qui, pour défendre la présence réelle de Jésus-Christ dans l'eucharistie, sans admettre la transsubstantiation, disent que le corps de Jésus est partout (*ubique*) aussi bien que sa divinité. Les ubiquistes ne subsistent plus qu'en peu d'endroits de l'Allemagne, et ne sont pas

ULC

d'accord entre eux; les uns croient que Jésus-Christ est partout depuis le jour de l'incarnation, et d'autres depuis l'ascension seulement.

UDALRIC ou ULRIC (Saint), évêque d'Augsbourg en Allemagne, né en 893, embrassa de bonne heure la vie religieuse dans l'abbaye de Saint-Gall. Il fut fait ensuite camérier et chanoine d'Augsbourg, puis évêque de cette ville en 924. Ses vertus et les austérités de sa vie méritèrent que le pape Jean XV le mît au rang des saints. Il mourut en 973. On fait sa fête le 4 juillet.

UDINE, ville d'Italie, capitale de la *délégation d'Udine* ou *Frioul vénitien* (une des divisions du royaume lombardo-vénitien), dont la superficie est de 361 lieues carrées, et la population de 381,000 habitants. Cette ville, la *Vedinum* des anciens, est bâtie dans une plaine entourée de murs, sur la petite rivière de la Roja, et défendue par un château qui la domine. Udine est située à 33 lieues de Venise. Sa population est de 20,000 habitants. C'est une cité très-industrieuse, et où il se fait un commerce très-actif. Elle est le siège d'un archevêché érigé en 1751, et possède un grand nombre de couvents, églises et hôpitaux. Elle commerce en soieries, draps, cuirs, peaux, vins et bois.

UDOMÈTRE (du grec *udôr*, eau, et *metron*, mesure), instrument météorologique nommé encore *pluviomètre*, et qui est destiné à mesurer la quantité d'eau pluviale qui tombe pendant une année. On le place le plus souvent dans les observatoires. Il est fait en forme d'entonnoir allongé, au fond duquel va se rendre l'eau que l'on mesure ensuite avec facilité.

UGHELLI (Ferdinandi), savant italien, né à Florence en 1595, entra dans l'ordre de Cîteaux, et devint ensuite abbé des Trois-Fontaines à Rome, procureur de l'ordre de Cîteaux et consulteur de la compagnie de l'index. Il ne voulut accepter aucun des évêchés qui lui furent offerts, et mourut à Rome en 1670. On a de lui en latin l'*Italie sacrée*, catalogue des évêques de l'Italie et des îles voisines (9 vol. in-folio). Ughelli a fait des *additions* aux Vies des papes de Ciaconius, et les *éloges* des cardinaux tirés de l'ordre de Cîteaux.

UGOCS, comitat de Hongrie, sur le Theiss, à l'O. du comitat de Marmaros. Sa superficie est de 37 lieues carrées, et sa population de 28,000 habitants. Ce pays est coupé de monts arides, couverts de forêts. Il renferme d'excellents pâturages. La capitale est NAGY-SZELLES.

UGOLIN DE LA GHERARDESCA (LE COMTE), seigneur italien, renommé pour sa bravoure. Appelé à diriger le parti des gibelins et à devenir le premier magistrat de la république de Pise, il voulut régner sur ses concitoyens et fonder une principauté nouvelle; mais ses intrigues furent déjouées par le gouvernement; il fut arrêté (1288) et renfermé avec trois de ses fils et un de ses petits-fils dans une tour voisine de la ville. On jeta la clef de cette tour dans l'Arno, et on laissa mourir de faim ces cinq infortunés. Depuis cette action barbare, on a nommé cette tour la *tour de la Faim*. On trouve une admirable description de ce supplice dans le poème de l'*Enfer*, du Dante.

UHLANS. Voy. HULANS.

UKASE, nom qui désigne en Russie toute ordonnance, tout édit émané de l'empereur. On nomme *prikas* les ordres de jour qu'écrit ce souverain ou un général pendant la guerre.

UKRAINE, ancienne dénomination de la partie S.-O. de la Russie d'Europe. Elle est arrosée par le Dnieper et le Dniester, et forme les gouvernements de Kiev, Podolie, Poltava et Kurkhov.

ULCÉRATION, ulcère superficiel, formation d'un ulcère.

ULCÈRE, nom donné, en chirurgie, à des solutions de continuité, déterminées et entretenues par une cause interne ou un vice local, avec perte de substance et suppura-

ULM

tion. Les ulcères peuvent attaquer tous les organes. On les distingue en ulcères *internes* et *externes*; cependant ils se développent le plus souvent sur la peau et les membranes muqueuses. Plusieurs médecins les ont divisés en ulcères *atoniques*, *scorbutiques*, *scrofuleux*, *syphilitiques*, *dartreux*, *carcinomateux*, *teigneux* et *psoriques*. — On nomme *ulcéreux* ce qui est ulcéré, ce qui présente l'aspect d'un ulcère.

ULÉABORG, ancienne division de la Finlande septentrionale, sur le golfe de Bothnie. Elle est stérile et couverte de marais et de forêts. Elle est comprise presque entièrement aujourd'hui dans le gouvernement de la Finlande.

ULÉIOTES, genre de la famille des coléoptères, renfermant des insectes qui se trouvent sous les écorces des arbres morts dans nos forêts. Les uléiotes sont longs de trois lignes. Le corps est brun ou noirâtre; les antennes ou filets de la tête sont plus longues que le corps, d'un brun noirâtre. On les trouve en France.

ULÉMA, nom donné chez les Turks aux docteurs de la loi, ainsi qu'au corps dont ils font partie. Les ulémas expliquent le Coran, président aux exercices de la religion, surveillent l'éducation des princes et rendent la justice. On les élève dans des écoles destinées à cet usage.

ULFELD ou ULEFELD (CORNIFIX ou CORFITS, comte D'), était le dixième fils d'un grand chancelier du Danemarck, et descendait d'une des premières maisons du royaume. Il était né en 1604. Christiern IV le nomma grand maître de sa maison, vice-roi de Norwége, et lui fit épouser sa fille naturelle; mais Frédéric III, successeur de Christiern, craignant son ambition, lui fit essuyer de nombreux ennuis. Le comte sortit secrètement de Danemarck, et se retira en Suède, où la reine Christine le reçut très-bien et l'employa dans plusieurs négociations importantes. Après la mort de cette princesse, il revint à Copenhague, et fut relégué par ordre du roi dans l'île de Bernholm. Accusé peu de temps après d'être le principal auteur d'une conspiration qui devait faire passer la couronne sur la tête de l'électeur de Brandebourg, il fut condamné à mort et écartelé en effigie. Ayant eu le bonheur de s'enfuir assez tôt pour éviter le supplice auquel il était condamné, il se retira à Bâle, où il mourut en 1664.

ULIGINAIRE, épithète donnée aux plantes qui croissent dans les lieux uligineux. On appelle *uligineux* les terrains extrêmement humides.

ULLOA Y PEREIRA (Luis DE), poète espagnol, né à Toro dans le royaume de Léon, acquit une grande réputation sous le règne de Philippe IV par ses *sonnets* et ses autres poésies. La protection du duc d'Olivarès lui fit accorder le gouvernement de Léon, dont il se démit quelque temps avant sa mort, arrivée en 1660. Le meilleur de ses ouvrages est celui de *Rachel* ou les *Amours d'Alphonse VIII*.

ULLOA (Don Antonio), mathématicien espagnol, né à Séville en 1716. Il se distingua dès son jeune âge dans la marine royale, où il obtint par la suite le grade de lieutenant général. Il accompagna les mathématiciens français envoyés au Pérou pour déterminer la figure de la terre. Il revint à Madrid en 1748 et y mourut en 1795. On a de lui un *Voyage à l'Amérique méridionale*, des *Nouvelles américaines*, plusieurs ouvrages de physique, d'astronomie et de géographie, tous en espagnol.

ULLOA (SAINT-JEAN D'), petite île près de la Vera-Cruz (voy.), dans le golfe du Mexique. Les Espagnols ont bâti sur cette île, à l'époque de leur plus grande puissance dans le Mexique, une forteresse qui passait pour imprenable. Une escadre française, commandée par l'amiral Baudin, s'est emparée de ce fort en 1838, après quelques heures de bombardement.

ULM, ville forte de Souabe, jadis libre et impériale, et faisant partie, depuis 1814, des États du roi de Wurtemberg. Elle est

ULT

située sur la rive gauche du Danube, aux confluents de la Lauter et de l'Iller, à 40 lieues de Munich et 35 de Vienne. Population, 15,000 habitants. Son territoire a 18 lieues de long sur 11 de largeur, et renferme 20,000 habitants. Ulm est une ville commerçante et industrieuse. Elle possède de belles manufactures de toiles, futaines, des fonderies de fer, etc. La belle cathédrale d'Ulm fut fondée en 1377. Les Français, sous la conduite de Napoléon, s'emparèrent d'Ulm, après un siège de peu de durée, en octobre 1805. La prise de cette ville ouvrit l'Autriche aux armées françaises.

ULMAIRE, nom vulgaire de la *spirée des prés*.

ULMINE (*ulmus*), principe immédiat des végétaux, que l'on a découvert dans l'écorce de l'orme. Il est soluble, insipide, d'un noir brillant, très-soluble dans l'eau, insoluble dans l'alcool et dans l'éther. Il est en général assez analogue à l'acide gallique.

ULPHILAS, GULPHILAS ou WULPHILAS, évêque des Goths qui habitaient dans la Mœsie, florissait vers l'an 370 sous l'empire de Valens. Il traduisit en langue gothe la sainte Écriture pour leur instruction, et mourut en 378. On a attribué faussement à ce prélat l'honneur d'avoir inventé les lettres gothiques. Ce qui reste de la traduction d'Ulphilas nous est parvenu en deux manuscrits, dont l'un, appelé *Codex argenteus*, est à Upsal, en Suède, et l'autre, nommé *Codex Carolinus*, est à Wolfenbuttel, en Allemagne.

ULPIA, famille romaine qui a donné trois empereurs, savoir: Trajan en 98, et les deux Gordiens en 237.

ULPIEN (DOMITIUS ULPIANUS), célèbre jurisconsulte romain, fut tuteur et depuis secrétaire et ministre de l'empereur Alexandre Sévère, s'éleva jusqu'à la dignité de préfet du prétoire, qui était le plus considérable de l'empire. Il persécuta avec violence les chrétiens, et fut massacré par les soldats de la garde prétorienne en 226. Il nous reste de lui vingt-neuf titres de fragments recueillis par Anien, qui se trouvent dans quelques éditions du droit civil; ils sont utiles pour connaître les mœurs des Romains.

ULRIQUE-ÉLÉONORE, fille de Frédéric III, roi de Danemarck, épousa Charles XI, roi de Suède, en 1680, et fut mère de Charles XII. Cette princesse vertueuse mourut en 1693 d'une maladie causée par les chagrins que lui donnait son époux.

ULRIQUE-ÉLÉONORE, deuxième fille de Charles XI, roi de Suède, et sœur de Charles XII, née en 1688, gouverna la Suède pendant l'absence de son frère, avec une grande sagesse. Après la mort de Charles, elle fut proclamée reine par les suffrages unanimes de la nation (1719) et des états. Elle fut couronnée le 17 mars 1720, et peu de temps après elle céda le gouvernement à son époux, Frédéric, prince de Hesse-Cassel, qui monta sur le trône du consentement des états. Le pouvoir arbitraire fut aboli, l'autorité du trône fut tempérée par celle des états et du sénat, et le peuple fut rétabli dans ses anciens droits, que Charles XII avait tous violés. Ulrique mourut en 1741.

ULSTER, province d'Irlande, au N. Son territoire est fertile en grains et pâturages. L'Ulster renferme de grands lacs, d'épaisses forêts et des rivières très-poissonneuses. Il se divise en neuf comtés, qui sont ceux d'*Antrim*, *Armagh*, *Cavan*, *Donegal*, *Down*, *Fermanagh*, *Londonderry*, *Monaghan* et *Tyrone*.

ULTIMATUM (du latin *ultimus*, dernier), mot qui désigne, dans les relations diplomatiques, les dernières conditions d'un traité, ou une résolution définitive et irrévocable à laquelle s'arrête un cabinet au sujet d'une chose en litige entre deux États.

ULTRAMONTAIN (du latin *ultra*, au delà, *montes*, les monts), ce qui se trouve *au delà des monts.* Il signifie spécialement, en France, tout ce qui habite ou se trouve au delà des Alpes, en Italie. Les *maximes ultramontaines*, les *principes ultramontains*, sont les maximes, les principes de la cour de Rome.

ULTRA PETITA, mots latins qui signifient *au delà de ce qui a été demandé*, et que l'on emploie, en jurisprudence, pour désigner ce qui a été accordé par le juge sans avoir été demandé par la partie.

ULVACÉES ou ULVAIRES, famille de l'ordre des floridées, renfermant des plantes cryptogames (à mode de reproduction inconnu) et aquatiques, gélatino-membraneuses, devenant minces et transparentes avec l'âge, dépourvues de nervures. Les ulvaires ont une consistance herbacée et le plus ordinairement une couleur verte ou rougeâtre. Elles comprennent les genres *ulve*, *anadyomène*, etc. Toutes les espèces habitent les mers ou les eaux douces.

ULVE, genre de plantes cryptogames, de la famille des ulvacées. Elles habitent les eaux salées ou douces, les lieux humides, etc. Plusieurs sont alimentaires. Parmi les ulves marines, on distingue surtout la *laitue de mer*, très-abondante sur les rivages de l'Océan, et que l'on mange après l'avoir dessalée. Parmi les ulves d'eau douce, on remarque le *boyau-de-chat*, qui flotte dans les ruisseaux tranquilles, et que la médecine employait autrefois.

ULYSSE (myth.), roi de l'île d'Ithaque, dans la mer Égée, était fils de Laërte et d'Anticlée. Il contrefit l'insensé pour ne point aller au siége de Troie; mais Palamède mit, pour l'éprouver, son fils Télémaque, encore enfant, devant le soc d'une charrue qu'il faisait tirer par des bœufs. Ulysse, de peur de blesser son fils, leva la charrue. Cette attention découvrit sa feinte, et il fut contraint de partir. Il rendit de grands services aux Grecs par ses artifices et sa prudence. Il alla chercher Achille chez Lycomède, et l'amena au siége de Troie. Ulysse enleva le Palladium, et contribua par son courage à la prise de la ville. En retournant à Ithaque, il lutta pendant dix ans contre les tempêtes. Ayant fait naufrage, il aborda dans l'île de Circé, où cette enchanteresse eut de lui un fils appelé Télégone. Étant sorti de cette île, il fit de nouveau naufrage, et fut jeté dans celle de Calypso, qui le retint aussi près d'elle. Son vaisseau se brisa auprès de l'île des Cyclopes, où le géant Polyphème dévora plusieurs de ses compagnons. Ulysse évita par son adresse l'enchantement des Sirènes. Un dernier naufrage détruisit son vaisseau, et il se sauva seul à Ithaque sur ses débris. Il parvint à éloigner les prétendants de Pénélope, son épouse, qui le croyait mort, et à se faire reconnaître par sa famille. Quelque temps après, il se démit de ses États entre les mains de Télémaque, parce qu'il avait appris de l'oracle qu'il mourrait de la main de son fils. Il fut en effet tué par Télégone, qui ne le connaissait pas. Voy. ce mot. — Nous avons d'Homère un poëme intitulé l'*Odyssée* (du grec *Odysseus*, *Ulysse*), en vingt-quatre chants, lequel raconte les aventures d'Ulysse.

UMBILIC, terme de botanique, désignant une cavité entourée des restes du calice, qu'on trouve dans la plupart des fruits dont le germe était placé sous la corolle, comme les poires, les grenades.

UMÉO, ville de Suède, chef-lieu du gouvernement de la Bothnie occidentale ou Westerbotten. Elle a été fondée en 1620 par Gustave-Adolphe. Sa population est de 1,400 habitants. Cette ville a une école et une société d'agriculture.

UMÉO ou UMEA, rivière de Suède qui prend sa source dans la chaîne Thulienne, et se jette dans le golfe de Bothnie après un cours de 80 lieues environ.

UNAU, espèce du genre *bradype* ou *paresseux*, renfermant des mammifères qui marchent avec une grande peine, mais qui grimpent avec facilité. L'unau se tient dans les forêts du Brésil et de la Guyane;

sa nourriture consiste en feuilles qu'il prend sur les arbres. Le *kouri* ou *petit unau*, long d'un pied seulement, est considéré comme une variété de cette espèce. On le trouve à la Guyane.

UNCIFORME (du latin *uncus*, crochet), ce qui a la forme d'un crochet. — On appelle *unciforme* ou *crochu* le quatrième os de la deuxième rangée du carpe.

UNDÀ-MARIS, mots latins qui signifient *l'onde de la mer*, et qui désignent un registre d'orgue de huit pieds, accordé un peu plus haut que les autres jeux, et formant à cause de cela une sorte de battement avec eux, qui a quelque analogie avec le mouvement des flots.

UNDÉCAGONE. Voy. ENDÉCAGONE.

UNDÉCEMVIRS, magistrats athéniens, au nombre de onze, étaient chargés de conduire les coupables à la mort.

UNGHWAR, comitat de Hongrie, en deçà de la Theiss, entre la Pologne et le comitat de Zemplin. Le chef-lieu est UNGHVAR. Sa superficie est de 34 lieues carrées, et sa population de 20,000 habitants. Ce pays est fertile surtout en pâturages, et produit beaucoup de blés.

UNGUÉAL ou UNCUINAL (du latin *unguis*, ongle), ce qui a rapport ou appartient aux ongles. On appelle *phalanges unguéales* les dernières phalanges des doigts parce qu'elles supportent les ongles.

UNGUIS ou LACRYMAL, petit os quadrilatère, fort mince, demi-transparent, qui est placé à la partie antérieure et interne de l'orbite de l'œil. L'os unguis concourt à la formation de la gouttière lacrymale et du canal nasal. On a encore nommé *unguis* l'éminence médullaire appelée plus souvent *ergot ou éperon.*

UNICORNE, noms vulgaires de la *licorne*, d'une espèce de *rhinocéros* qui a une seule corne sur le front, d'un *chétodon* et d'un *narval*.

UNIFLORE, nom donné aux tiges, rameaux et autres parties des plantes ne portant ou ne produisant qu'une seule fleur. Telles sont la hampe de la *tulipe*, la tige de la *ficaire*, etc.

UNIFOLIÉ, nom donné aux tiges munies d'une seule feuille. On appelle *unifoliolée* la feuille qui porte une foliole.

UNIFORME, adjectif qui est passé comme substantif dans la langue militaire, où il désigne l'habillement fixé par les règlements administratifs pour les officiers et les soldats de chaque régiment. On pense que les premières ordonnances sur les uniformes datent du règne de Louis XIII, en France. Dans les régiments, tout est taillé sur le même patron et confectionné de la même manière. Les inspecteurs généraux veillent à ce que les corps ne s'écartent pas de l'uniforme établi.

UNIGENITUS, bulle ou constitution du pape Clément XI, donnée en septembre 1713, et qui condamne les propositions hérétiques tirées du livre de Pasquier Quesnel. Elle agita beaucoup la France. On nomme cette bulle *Unigenitus*, parce qu'elle commence par les mots *Unigenitus Dei Filius*.

UNILABIÉ, nom donné, en botanique, aux parties qui se prolongent d'un seul côté en une seule lèvre. La corolle de l'acanthe est *unilabiée*.

UNILATÉRAL. On nomme ainsi, en botanique, ce qui est placé d'un seul côté. En jurisprudence, on appelle *unilatéral* le contrat dans lequel une ou plusieurs personnes sont obligées envers une ou plusieurs autres, sans qu'il y ait d'engagement de la part de ces derniers.

UNILOBÉ, épithète des plantes dont l'embryon n'a qu'un lobe.

UNILOCULAIRE, nom donné, en botanique, aux parties qui n'ont qu'une seule loge.

UNION. Ce mot dans le sens propre indique la jonction de deux ou de plusieurs choses ensemble. On nomme *contrat d'union* celui qui est formé entre diverses personnes qui ont des droits à faire valoir

en commun, et qui se réunissent pour les exercer ensemble, en nommant des procurateurs généraux désignés ordinairement sous le nom de syndics.

UNION CHRÉTIENNE, communauté de veuves et de filles fondée par M. Vachet, prêtre du Dauphiné, en 1661. Ces filles font deux années de noviciat, au bout desquelles elles font des vœux de chasteté, de pauvreté et d'obéissance. Leur habillement est noir; elles portent une croix d'argent sur la poitrine. Les filles de l'Union chrétienne sont instituées pour travailler à la conversion des femmes hérétiques, pour élever des jeunes filles dans la piété, et leur apprendre à lire, écrire et travailler.

UNION HYPOSTATIQUE, nom donné par les théologiens chrétiens à l'union du Verbe divin avec la nature humaine dans une seule personne.

UNIONISTES, nom donné aux sabelliens, hérétiques qui ne reconnaissent qu'une personne et une substance en Dieu.

UNIPELTÉS, famille de crustacés de l'ordre des stomapodes, comprenant les genres *squille*, *érychthe*, etc.

UNIPÉTALE se dit, en botanique, d'une corolle qui n'a qu'un seul pétale, mais dont la position latérale, relativement aux organes sexuels, indique cependant qu'elle appartient à une famille dont les fleurs ont des corolles à plusieurs pétales. L'*amorphe fruticosa* présente dans ses fleurs un semblable phénomène.

UNISEXÉ ou UNISEXUÉ, nom donné aux plantes qui n'ont les organes que d'un seul sexe. Tels sont le *chanvre*, le *palmier*, le *pin*, le *mûrier*, le *bouleau*, etc.

UNISSANT. On nomme *unissants* ou *incarnatifs* les bandages employés pour la réunion des plaies. Le bandage unissant des plaies en travers se construit avec deux compresses que l'on couche longitudinalement et que l'on fixe, l'une au-dessus, l'autre au-dessous de la plaie. Ces compresses portent à leurs extrémités correspondantes, l'une des lanières, l'autre des boutonnières qui reçoivent les lanières et arrêtent ainsi le bandage. Le bandage unissant des plaies en long se fait avec une bande longue de huit mètres quarante centimètres à neuf mètres soixante centimètres, large de quatre travers de doigt; on partage l'extrémité de cette bande en plusieurs lanières; un nombre égal de boutonnières est pratiqué à une distance suffisante, pour que la portion intermédiaire de la bande puisse entourer les deux tiers postérieurs de la circonférence du membre. Les compresses graduées étant appliquées, on passe les lanières dans les fentes pour les tirer en sens opposé; on assujettit le tout en couvrant la plaie de circulaires.

UNISSON, terme de musique, harmonie, union de deux sons dont l'intonation est absolument la même, qui sont au même degré, dont l'un n'est ni plus grave ni plus aigu que l'autre. On plaçait autrefois l'unisson parmi les intervalles; c'était une erreur, car il n'y a aucune distance entre deux sons semblables.

UNISSONI, et en abrégé UNIS., mots italiens qui, étant écrits dans une partition à la partie vide du second violon, de la deuxième flûte, du deuxième hautbois, etc., indiquent que ces parties doivent jouer à l'unisson avec la première partie de l'instrument de leur espèce.

UNITAIRES, nom donné à plusieurs sectes hérétiques qui ne reconnaissent en Dieu qu'une seule personne. Il existe environ 60,000 unitaires aux États-Unis. Ces sectaires, dont la répugnance est extrême à répandre le sang humain, rangent les doctrines chrétiennes sous les lois de la raison et de l'intelligence.

UNIVALVES, nom donné aux mollusques dont les coquilles n'ont qu'une seule pièce, enroulée ou non. — Les botanistes nomment encore ainsi 1° les péricarpes qui s'ouvrent d'un seul côté; 2° une fa mille de crustacés lophyropodes, renfermant le genre *cyclope.*

UNIVERSITÉ. On nomme ainsi un corps de professeurs établi pour une autorité publique, pour enseigner les langues, les belles-lettres et les sciences. Il y avait le plus souvent quatre facultés dans une université, celles de théologie, de droit, de médecine et des arts. On comptait en France dix-sept universités. La plus ancienne est celle de Paris. Plusieurs auteurs en attribuent l'établissement à Charlemagne, qui mourut en 814. Mais il est plus probable qu'elle ne prit naissance que sous le roi Louis le Jeune, mort en 1180, et qu'elle ne commença à faire un corps régulier que sous Philippe Auguste, mort en 1223. Elle se divisait en quatre nations, celles de France, Picardie, Normandie et Angleterre, et se composait du recteur, des syndics chargés de veiller à la conservation de ses priviléges, des doyens, docteurs, licenciés et bacheliers de chaque faculté, des procureurs de chaque nation, ainsi que leurs docteurs, doyens, censeurs et syndics; des principaux des colléges, maîtres ès arts, régents et de tous les écoliers. L'université jouit de grands priviléges sous les anciens rois. Philippe Auguste mit les écoliers dans le ressort de la justice ecclésiastique. Il ordonna que le prévôt de Paris et ses officiers ne pourraient mettre la main sur un écolier pour aucune action, à moins qu'elle ne méritât l'emprisonnement. Cette dernière peine était réservée à celui qui aurait frappé un écolier, et leur demeure fut déclarée inviolable. L'université de Paris était exempte des tailles, aides, subsides, impositions et levées de deniers, logements de gens de guerre et autres choses semblables. Ces priviléges et le désir de les conserver ou même de les accroître donnèrent souvent lieu à des dissensions et des luttes très-graves. Après de longues traverses, surtout pendant la révolution, un décret du 17 mars 1808 a fondé *l'université de France*, chargée exclusivement de l'enseignement public. Il ne peut être formé hors de l'université, et sans l'autorisation de son chef, d'autres écoles que les écoles privées d'instruction primaire. Le ministre de l'instruction publique est *grand maître de l'université.* Il y a auprès de lui un *conseil supér. de l'instruction publique.* Pour l'administration de l'instruction, la France est divisée en académies dont le ressort comprend un certain nombre de départements. Voy. ACADÉMIE, COLLÉGE, ENSEIGNEMENT, etc.

UNTERWALD, UNDERWALD ou UNTERWALDEN, canton suisse, situé au centre de ce pays, entre le lac de Lucerne et les cantons d'Uri, de Lucerne et de Berne. Sa superficie est de 44 lieues carrées, et sa population de 25,000 habitants. Depuis 1150, ce canton se divise en deux parties, séparées l'une de l'autre par la forêt de Kernwald et par la chaîne des *Alpes fleuries.* La partie la plus élevée, au S., se nomme *Obwald* ou *Haut-Unterwald*; la plus septentrionale porte le nom de *Nidwald* ou *Bas-Unterwald.* L'agriculture est très-négligée dans ce canton; on y recueille peu de grains. L'éducation des bestiaux est presque la seule industrie du pays. Le Nidwald tire un grand parti de ses fruits et du produit de ses forêts. Le catholicisme est la religion du pays. Dans ces deux parties, le pouvoir souverain réside dans la *landegemeinde*, assemblée générale de tous les citoyens, qui se réunit chaque année sous la présidence du landamman ou chef de l'Etat. Dans l'Obwald, il y a un seul conseil qui exerce le pouvoir souverain exécutif et administratif; dans le Nidwald, l'autorité est exercée par quatre assemblées et sept conseils. Ce canton est avec ceux de Schwitz et d'Uri le berceau de la liberté helvétique. Le chef-lieu du Haut-Unterwald est SARNEN, avec 3,500 âmes; le chef-lieu du Bas-Unterwald est STANZ, avec 5,000 habitants.

UPAS. Voy. ANTIARE.

UPLAND, ancienne province de Suède, bornée par la mer Baltique, la Westmanie, la Gestricie. Sa superficie est de 504 lieues carrées. On y trouve des forêts immenses, des mines de fer, de plomb, d'argent et des eaux minérales. La capitale était UPSAL ou UPSALA. L'Upland forme une partie du gouvernement de Stockholm-campagne, et ceux de Stockholm-ville et d'Upsal.

UPSALA ou UPSAL, gouvernement de Suède, formé d'une partie de la province d'Upland, dans la Suède proprement dite. Il est situé à l'O. du gouvernement de Stockholm. Sa superficie est de 208 lieues carrées, et sa population de 82,987 habitants. Ce gouvernement est assez fertile. La capitale est UPSALA ou UPSAL.

UPSALA ou UPSAL, chef-lieu du gouvernement de même nom en Suède, situé dans une plaine fertile, à 15 lieues de Stockholm et à une lieue du lac de Melaren, sur la petite rivière du Tyris. C'était autrefois la capitale de la Suède. Elle ne compte pas aujourd'hui plus de 4,500 habitants. Son université, la plus célèbre de l'Europe septentrionale, fondée en 1476, est fréquentée par neuf ou quatorze cents élèves. Sa bibliothèque est très-riche, et se compose de 80,000 volumes et d'un grand nombre de manuscrits précieux. Upsal possède encore un amphithéâtre d'anatomie, un observatoire, un laboratoire de chimie et de physique, un musée d'histoire naturelle, un cabinet de minéralogie, un jardin botanique, un consistoire académique, une magnifique église cathédrale couverte en lames de cuivre. Commencée en 1258, elle ne fut terminée qu'en 1435. C'est dans la nef que les souverains suédois recevaient la couronne. Upsal est le siége d'un archevêché luthérien, qui est le premier du royaume. C'est près d'Upsal qu'est la célèbre *Morastena* ou *pierre de Mora*, sur laquelle les anciens rois de Suède étaient couronnés. Le dernier souverain qui ait été couronné sur cette pierre le fut en 1521.

UR, ville de Chaldée, patrie de Tharé et d'Abraham. Dieu fit sortir Abraham de la ville d'Ur, pour le conduire dans la terre de Chanaan, qu'il voulait donner en héritage à lui et à ses descendants (l'an du monde 2082).

URANE, métal découvert en 1789 par Klaproth dans un minéral appelé *pechblende*, où il n'existe à l'état d'oxyde. Il est solide, d'un blanc foncé, très-brillant, fragile à entamer par le couteau et par la lime, très-difficile à fondre. Sa pesanteur spécifique est de 8,7. Ce corps n'existe dans la nature qu'à l'état de combinaison. L'uranite est *l'urane oxydé.*

URANIA, genre de la famille des musacées, renfermant des plantes originaires des contrées équinoxiales. L'*urania superba* est une plante très-belle des lieux marécageux, s'élevant à la hauteur des palmiers, portant, comme eux, des impressions circulaires, sur une tige droite, filamenteuse, couronnée par des feuilles d'un beau vert oblongues, disposées en éventail, longues de deux à quatre mètres, larges d'environ un mètre. Ces feuilles offrent un réservoir toujours rempli d'une eau très-fraîche; ce qui a mérité à la plante le surnom *d'arbre des voyageurs.* Les fleurs ont un calice très-long, à quatre divisions, blanches; elles sont réunies en grappes nombreuses. Les fruits renferment des semences ovales, noirâtres, qui fournissent une huile excellente. On les mange aussi réduites en farine et cuites avec du lait.

URANIE (myth.), surnom de Vénus céleste, qui présidait aux plaisirs innocents de l'esprit.

URANIENBORG, observatoire astronomique de Danemarck, construit dans l'île de Hveen par Tycho-Brahé.

URANOGRAPHIE (du grec *ouranos*, ciel, et *graphè*, description), science qui a pour objet d'étude, la description des phénomènes célestes.

URANUS (myth.). Voy. CIEL.

URANUS ou HERSCHELL, planète découverte par l'astronome Herschell en 1781. C'est la planète la plus éloignée du soleil que nous connaissions. Sa distance est de 19,183, celle de la terre étant 1, et la durée de sa révolution sidérale de 30,688 jours. Son diamètre de 4,26, celui de la terre étant 1; son volume de 77,5, et sa masse, relativement au soleil, de $\frac{1}{17918}$. Uranus a six satellites d'après Herschell; mais on n'a pu constater l'existence que de deux de ces satellites.

URATE, genre de sels formés par l'acide urique et une base. On connaît *l'urate de soude* et *l'urate d'ammoniaque.*

URBAIN. Huit papes ont porté ce nom. — SAINT URBAIN Ier, Romain, succéda à Calixte Ier en 222, et mourut en 230. Plusieurs écrivains l'ont fait martyr sur la foi de ses actes. Mais ces actes sont regardés comme supposés. On fait sa fête le 25 mai. — URBAIN II, Français, appelé auparavant *Odon* ou *Eudes*, était religieux de Cluny. Il fut fait cardinal et évêque d'Ostie par Grégoire VII, et élevé sur le saint-siége après la mort de Victor III en 1088. L'Église était alors affligée par le schisme de l'antipape Guibert. Urbain gouverna avec une grande sagesse pendant ces temps de trouble; et, les schismatiques l'ayant contraint de sortir de Rome, il se retira en France, et vint tenir le concile de Clermont en 1095, où furent décidées les croisades. Il retourna en Italie, et mourut en 1099. Il avait excommunié Philippe Auguste, roi de France, qui venait de répudier Berthe pour épouser Bertrade. On a de ce pontife plusieurs lettres. Paschal II lui succéda. — URBAIN III, Milanais, se nommait auparavant *Lambert Crivelli.* Luce III le fit cardinal et archevêque de Milan. Il succéda à ce pape en 1185. Il eut de grands démêlés avec l'empereur Frédéric Barberousse touchant les terres laissées à l'Eglise de Rome par la princesse Mathilde. Ayant appris la funeste nouvelle de la prise de Jérusalem par Saladin, il en mourut de douleur à Ferrare en 1187. — URBAIN IV, nommé auparavant *Jacques Pantaléon*, était Français, fils d'un cordonnier de Troyes, et devint successivement par son mérite et ses talents chanoine et archidiacre de la cathédrale de Laon, évêque de Verdun, patriarche de Jérusalem, et enfin pape sous le nom *d'Urbain IV* en 1261. Il publia une croisade contre Mainfroi, usurpateur du royaume de Sicile, appela en Italie Charles d'Anjou, frère de Louis IX, roi de France, institua la fête du saint sacrement, et mourut en 1264. Clément IV lui succéda. On a de lui des *épîtres.* — URBAIN V, nommé auparavant *Guillaume de Grisac*, était Français, né à Mende, et fils du baron Guillaume de Grimoard. Il se fit bénédictin, devint docteur en droit civil et en droit canon, qu'il enseigna à Montpellier et à Avignon, devint abbé de Saint-Germain d'Auxerre, puis de Saint-Victor de Marseille, et ensuite pape, après Innocent VI, en 1362. Il réforma divers abus, protégea les savants, soutint avec zèle les droits ecclésiastiques et mourut à Avignon en 1370. Grégoire XI lui succéda. — URBAIN VI, Napolitain, nommé auparavant *Barthélemi Prignani*, était archevêque de Bari, lorsqu'il fut élu pape en 1378 après Grégoire XI. Sa sévérité ayant indisposé contre lui les cardinaux, ils élurent Robert de Genève, qui prit le nom de *Clément VII*, ce qui fut le commencement d'un long schisme. Urbain VI institua la fête de la Visitation, et mourut en 1389. Il eut pour successeur Boniface IX. — URBAIN VII, Romain, appelé auparavant Jean-Baptiste Castagne, fut fait cardinal par Grégoire XIII, et succéda à Sixte V en 1590. Il ne gouverna que treize jours, et eut pour successeur Grégoire XIV. — URBAIN VIII, Florentin, s'appelait auparavant *Maffeo Barberini.* Il avait été trois fois nonce auprès de Henri IV, roi de France. Il succéda en 1623 à Grégoire XV, réunit au domaine de l'Eglise le duché d'Urbin, favorisa les sciences et les arts, condamna le livre de Jansenius, qui livra la France à de si grands désordres, et mourut en 1644. On a de lui divers ouvrages en vers et en prose, des hymnes latines, des épigrammes, des paraphrases sur les Psaumes, etc. Innocent X lui succéda.

URBANISTES, nom donné aux religieuses de Sainte-Claire, qui ont été mitigées par le pape Urbain IV, et qui suivent les règlements que le pontife leur a donnés.

URBIN, délégation des Etats romains, qui formait jadis le duché d'Urbin. Le pape Urbain VIII le réunit aux Etats de l'Eglise. Cette délégation a 150 lieues carrées de superficie, et une population de 167,289 habitants. Ce pays est très-fertile. La capitale est URBIN.

URBIN, ville ancienne d'Italie, jadis capitale du duché d'Urbin, aujourd'hui chef-lieu de la délégation de ce nom dans les Etats romains. Elle est située à 50 lieues de Rome. La population est de 9,000 âmes. Le palais des ducs subsiste encore. Urbin possède une université et un collége. Cette ville est la patrie du célèbre Raphaël, de Baroche, de Virgile, etc. Elle est le siége d'un archevêché.

URCÆUS (Antoine), surnommé *Codrus*, né en 1446 près de Reggio, enseigna les belles-lettres à Forli avec beaucoup de succès. De là il passa à Bologne, où il fut professeur des langues grecque et latine, et de rhétorique. Il mourut en 1500. On a de lui des *harangues*, des *satires*, des *épigrammes* et des *églogues*, en latin.

URCÉOLÉ, nom donné, en botanique, aux parties qui sont renflées en forme de petite outre, et rétrécies vers l'origine. Telle est la corolle de la *scrofulaire*.

URÉDINÉES, groupe de l'ordre des cryptogames, renfermant des petites plantes parasites, développées le plus souvent dans le tissu même ou à la surface des végétaux morts ou vivants. — Le principal genre de ce groupe est le genre *urédo*, renfermant des espèces très-simples et très-nombreuses, qui naissent dans le tissu même des plantes, et qui s'échappent ensuite en dehors. On en trouve très-communément sur les feuilles, les tiges, les fleurs des plantes potagères, de presque tous les végétaux herbacés, de quelques arbres et arbrisseaux, comme les peupliers, les saules, les rosiers, mais surtout les céréales.—La *rouille* ou *urédo rouille* attaque les feuilles, les tiges et les graines des graminées, sous forme de poussière blanche ou jaune, et formant des taches oblongues. Cette maladie rend les fourrages nuisibles aux bestiaux. L'*urédo charbon* ou *nielle* est sous forme de poussière noire, et nuit beaucoup aux céréales, bien qu'il ne gâte pas les farines. L'*urédo carié* est sous forme de poussière brune ou noirâtre, fétide ; il ne rend pas les farines malfaisantes, mais il nuit aux céréales.

URÉE, principe immédiat des animaux, composé d'oxygène, d'hydrogène, de carbone et d'azote, qui n'a été trouvé jusqu'à présent que dans l'urine. Il est sous forme de lames nacrées, incolores, brillantes, allongées, transparentes, d'une odeur analogue à celle de l'urine, d'une saveur fraîche et piquante. L'urée est très-soluble dans l'eau et l'alcool. On l'obtient en traitant l'urine, évaporée jusqu'à consistance sirupeuse, par son volume d'acide nitrique. On dissout dans l'eau les cristaux résultant de ce mélange, et on les met en contact avec du sous-carbonate de potasse, qui s'empare de l'acide nitrique, et met l'urée à nu. On le fait évaporer et décolorer, et on l'obtient à l'état solide. L'urée n'a point d'usages.

URETÈRE, long canal membraneux, cylindroïde, destiné à porter l'urine du rein dans la vessie. Il commence dans le bassinet du rein, avec laquelle il se continue par une portion évasée, appelée *infundibulum*, descend obliquement en dedans jusqu'à la vessie, traverse obliquement l'épaisseur des parois de cet organe, vient s'ouvrir dans sa cavité. L'uretère est formé d'une membrane extérieure, blanche, opaque, et d'une membrane interne, muqueuse, très-mince, demi-transparente.

On distingue l'uretère *droit* et *gauche*, qui partent des reins *droit* et *gauche*.

URÈTHRE ou URÈTRE, canal excréteur de l'urine. Il sert de plus, chez les mâles, à l'excrétion du sperme. Le canal de l'urètre, chez l'homme, a de neuf à douze pouces de longueur. Il s'étend depuis le col de la vessie jusqu'à l'extrémité de la verge, où se trouve son orifice extérieur.

URFÉ (Honoré D'), comte de Châteauneuf, né à Marseille en 1567 d'une illustre maison du Forez, originaire de Souabe. Il fut destiné par sa famille à l'ordre de Malte ; mais, ne pouvant supporter les rigueurs du célibat, ni vaincre la passion qu'il nourrissait depuis son enfance pour Diane de Châteaumorant, il revint dans sa famille, et trouva, à son retour, sa maîtresse mariée à son frère aîné. Au bout de vingt-deux ans, ce mariage ayant été rompu, Honoré d'Urfé épousa Diane (1596). Mais, bientôt dégoûté d'elle, il s'en sépara, et se retira dans le Piémont. Il mourut en 1625. Il avait composé dans sa retraite l'*Astrée*, pastorale en quatre volumes in-8°, qui fit les délices de l'Europe pendant plus d'un demi-siècle. On prétend que le fond de l'intrigue repose sur l'histoire de Diane de Châteaumorant et les galanteries de Henri IV. Ce roman pastoral, presque ignoré de nos jours, donna naissance à ceux de Scudéry, des Calprenède, etc.

URI, canton de la Suisse, borné par ceux de Schwitz, des Grisons, Glaris, Tésin, Unterwald, Berne, Valais et le lac de Lucerne. C'est une grande vallée, arrosée par la Reuss, et entourée par les Alpes de trois côtés. Ce canton, un des plus petits, et le sixième dans l'ordre de la confédération, a une superficie de 59 lieues et demie carrées, et une population de 14,560 habitants. Leur principale industrie consiste dans l'éducation des troupeaux, la fabrication de fromages estimés. — Les habitants professent la religion catholique, et parlent allemand. Le canton d'Uri se divise en deux districts : *Uri* et *Urseren*. Le gouvernement est démocratique. Une assemblée générale ou *landsgemeinde* exerce le pouvoir suprême. Le *landrath* simple ou conseil est investi du pouvoir exécutif et de la direction des affaires. Ce pays est l'un des trois qui se réunirent les premiers pour la liberté de la Suisse. Il a vu naître Guillaume Tell. Le chef-lieu est ALTORF.

URIE, époux de Bethsabée. Cette femme, ayant inspiré de l'amour au roi David, l'admit dans sa couche, et devint enceinte. David, pour cacher sa faute à Urie, l'envoya au siége de Reblath, que faisait l'armée des Israélites, en donnant des ordres secrets à Joab, général de cette armée, de le placer dans l'endroit le plus périlleux, et de l'y abandonner pour y périr. Cet ordre fut fidèlement exécuté, et Urie mourut accablé par les ennemis (l'an du monde 2969). — URIE est encore le nom d'un prophète qui annonçait, dans le même temps que Jérémie, les malheurs de Jérusalem. Le roi Joachim le fit mourir l'an du monde 3395.

URIEL, nom d'un ange dont parle la Bible. Les juifs et la plupart des chrétiens croient que c'est un ange de lumière. Les liturgies orientales en font souvent mention, et on le voit dans quelques anciennes litanies.

URIM et THUMMIM, mots hébreux qui signifient les *lumières* et la *perfection* ou la *doctrine* et la *vérité*, ou bien encore la *déclaration de la vérité*. Les commentateurs ont cherché à expliquer le véritable sens de ces paroles. L'historien des Juifs, Josèphe, prétend que c'était un éclat extraordinaire qu'on apercevait sur le rational du grand prêtre, lorsque Dieu voulait assurer du succès des événements sur lesquels on le consultait, et qui ne paraissait pas lorsque Dieu désapprouvait ce dont il était question. Ce dont on convient est qu'on n'employait cette consultation que dans des affaires très-graves; que le grand prêtre, revêtu du rational, était le seul ministre de cette cérémonie ;

qu'elle ne se faisait que pour le roi, le général de l'armée d'Israël, et pour l'intérêt de la religion ou de l'Etat.

URINE (du grec *ouron*), liquide sécrété du sang artériel par les reins, conduit par les conduits nommés *uretères* dans la vessie, et jeté au dehors par le canal de l'urètre. L'urine a pour fonction de débarrasser les animaux des matières qui peuvent leur être nuisibles. Sa composition varie suivant les animaux, et suivant leur état de santé ou de maladie. Ce liquide est transparent, d'un jaune clair ou foncé, d'une saveur salée ou peu âcre, d'une odeur particulière, qui devient ammoniacale quand il se putréfie. Il rougit l'eau de tournesol, est plus pesant que l'eau, et est précipité par un grand nombre de substances. Purifiée, l'urine sert dans les arts pour dégraisser les laines, dissoudre l'indigo, préparer le sel ammoniac, etc. — L'urine est d'un jaune orangé dans la jaunisse, très-albumineuse dans l'hydropisie, chargée de phosphate de chaux dans le rachitisme, presque incolore et très-peu chargée chez les hystériques, sucrée chez les diabétiques. — On nomme *urine cuite* celle qui présente une couleur jaune foncé ; *urine crue*, celle qui est très-claire ; *urine de la boisson*, celle qu'on rend peu de temps après avoir bu, et qui est peu chargée ; *urine de la digestion*, celle qui n'est rendue que sept ou huit heures après le repas et le sommeil, très-colorée et chargée ; *urine jumenteuse*, une urine ammoniacale troublée par une substance granuleuse.

URIQUE (ACIDE), acide composé d'oxygène, d'hydrogène, de carbone et d'azote, que l'on trouve dans l'urine, les calculs urinaires et les excréments d'oiseaux. Il est blanc, insipide, inodore, dur, sous forme de paillettes, plus pesant que l'eau, inaltérable à l'air, soluble dans onze cent cinquante fois son poids d'eau bouillante, beaucoup moins soluble dans l'eau froide, se combinant avec les bases solubles pour former des *urates*. On l'obtient en traitant par la potasse le dépôt rougeâtre qui se forme dans l'urine qui vient de se refroidir, et en décomposant l'urate produit par l'acide hydrochlorique. Aussitôt l'acide urique se précipite sous forme de poudre blanche. Il n'a pas d'usages.

URNE, vase antique qui servait à divers usages, comme à mettre les cendres des morts, les liqueurs, les fruits, etc. Les urnes étaient le plus souvent d'or, de marbre, de porphyre, de terre cuite, d'albâtre, etc. Les urnes à conserver les liqueurs étaient distinguées en grandes et en petites ; ces dernières contenaient 18 ou 20 pintes de nos mesures ; les autres contenaient environ 120 amphores. — Aujourd'hui on nomme urne : 1° des vases de porcelaine, de faïence, de pierre, de bois, de métal, de forme à peu près ronde, dont on décore les édifices, les cheminées, les jardins ; 2° les vases sur lesquels sont appuyés les fleuves que les peintres, les sculpteurs représentent sous une figure humaine.

URNE, organe de la fructification des mousses, consistant en une capsule garnie des séminules reproductives.

URODYNIE (du grec *ouron*, urine, et *odyné*, douleur), douleur qui a lieu dans certaines affections, lors de l'excrétion de l'urine.

URQUIJO (LE CHEVALIER DON Mariano-Luis D'), ministre d'État espagnol, né dans la Vieille-Castille, suivit la carrière diplomatique, d'abord sous les ministres Florida-Blanca, d'Aranda et d'Alcudia, et ensuite sous M. de Saavedra, qu'il remplaça en 1798. Urquijo réussit après de nombreux efforts à faire supprimer le tribunal de l'inquisition, et à répartir ses immenses possessions entre les établissements publics et de bienfaisance. Cet acte lui valut la haine du clergé espagnol, qui le fit disgracier, enfermer deux ans in prison, et enfin exiler. Peu de temps après, Charles IV le rappela au ministère. Joseph Bonaparte, devenu roi d'Espagne, le nomma ministre secrétaire d'Etat. Il mérita dans ces divers emplois l'estime générale, et, lorsque le roi Joseph fut forcé de quitter l'Espagne en 1814, il suivit ce prince, et se réfugia en 1814 en France, où il mourut en 1817.

URRACA ou URRAQUE, fille et héritière d'Alphonse VI, roi de Léon et de Castille, épousa d'abord Raymond de Bourgogne, qui la laissa veuve en 1100. Elle se remaria six ans après avec don Alphonse, roi d'Aragon et de Navarre ; et par cette union les couronnes de Léon, de Castille et de Tolède furent placées sur la tête du même souverain. Urraca, aussi voluptueuse que belle, se livra à ses penchants déréglés. Son époux la fit mettre en prison ; mais elle parvint à s'enfuir, et demanda à être séparée de don Alphonse. Le mariage fut déclaré nul, et la Castille fut séparée des Etats de ce prince. Les Castillans donnèrent leur trône en 1122 à Alphonse-Raymond de Bourgogne, fils d'Urraca et de son premier époux. Cette princesse ayant continué de se livrer à l'impétuosité de ses désirs, son propre fils fut obligé de l'assiéger dans son château de Léon, et ne lui donna la liberté qu'après l'avoir fait renoncer à la couronne de Castille. Elle mourut peu de temps après en 1125.

URSICIN ou URSIN, évêque, fut élu après Libère en 366 par une faction, pendant que Damase, élu par la plus grande partie du clergé et du peuple, montait sur le siège apostolique. Les deux partis en vinrent aux mains, et il y eut un grand nombre de chrétiens tués dans l'Eglise de Rome pour cette querelle. Ursicin fut exilé à Cologne par ordre de l'empereur Gratien ; mais, étant revenu en Italie en 381, il y excita de nouveaux troubles. Enfin l'empereur l'exila pour toujours, et rendit Damase paisible possesseur du saint-siége.

URSINS (Jean JUVÉNAL DES). Voy. JOUVENEL.

URSINS (Anne-Marie DE LA TRÉMOUILLE, épouse de FLAVIO DES), fille de Louis de la Trémouille, épousa en 1659 Blaise de Talleyrand, prince de Chalais. Veuve en 1668, elle épousa en 1675 le duc Flavio des Ursins, qui mourut lui-même peu après. Elle fut nommée camerera mayor de Louise-Marie de Savoie, reine d'Espagne et première femme de Philippe V. Elle prit un grand empire sur l'esprit du roi et de la reine, et fut pendant longtemps la souveraine de l'Espagne. Louis XIV, craignant qu'elle n'engageât par ses intrigues Philippe, son petit-fils, dans de fausses démarches, la fit renvoyer en 1704. L'année suivante, la reine la fit rappeler. La princesse des Ursins eut plus de pouvoir que jamais. Elle présidait à toutes les délibérations ; les ambassadeurs traitaient avec elle ; les ministres lui rendaient compte de leurs desseins, ainsi que les généraux d'armée. La reine étant morte en 1714, Mme des Ursins fit épouser au roi Elisabeth de Farnèse, duchesse de Parme, qui commença son règne en exilant la princesse. Ce fut là son troisième et dernier exil. Elle erra dans plusieurs pays d'Europe pour chercher un asile, et alla mourir à Rome en 1722, auprès du prétendant au trône d'Angleterre, James Stuart.

URSULE (Sainte), fille d'un prince de la Grande-Bretagne. Elle souffrit le martyre pour la religion chrétienne, et fut mise à mort par les Huns, auprès de Cologne, sur le Rhin, avec plusieurs autres vierges, vers l'an 384. Les auteurs sont peu d'accord sur le nombre de ces vierges. Plusieurs disent que les compagnes de sainte Ursule étaient au nombre de onze mille. D'autres prétendent qu'elles n'étaient que onze en tout ; et ils se fondent sur les anciens titres, dans lesquels on lit en chiffres romains, en parlant de ces saintes, XI. M. V., ce qu'ils expliquent par *onze martyres vierges*, au lieu de *onze mille vierges*. D'autres enfin croient que sainte Ursule n'avait qu'une seule compagne nommée *Undecimilla*, leur associant d'autres vierges sans en préciser le nombre. Quoi qu'il en soit, le culte de sainte Ursule est très-répandu dans l'Occident, où l'on fait sa fête le 21 octobre.

URSULINES, ordre religieux de filles qui suivent la règle de Saint-Augustin sous la conduite des évêques, et qui sont instituées pour instruire et élever les jeunes filles. Cet ordre fut fondé en 1537 en Italie par la bienheureuse Angèle de Brescia, et confirmé par le pape Paul III en 1544. D'abord les ursulines furent libres de tous vœux. Elles commencèrent à se réunir en commun vers 1596. Grégoire XIII les érigea en ordre religieux, et les soumit à la clôture. La première société d'ursulines françaises fut fondée en 1594 à Aix en Provence. Malgré les bulles de Grégoire XIII, plusieurs communautés persistèrent à suivre la règle donnée par leur fondatrice.

URTICAIRE, éruption cutanée semblable à celle que produit le contact de l'ortie (en latin, *urtica*). L'*urticaire accidentelle* est presque toujours due à l'introduction dans l'estomac de quelques substances particulières, telles que divers poissons de mer, coquillages, moules, huîtres, crabes, écrevisses, etc., lesquelles, sans êtres nuisibles en elles-mêmes, le deviennent en raison d'une disposition particulière des individus. L'éruption, signe caractéristique de l'affection, consiste en des plaques saillantes, dures, arrondies, de largeur variable, de couleur rose ou pâle, causant de la démangeaison et de la chaleur. Ces plaques sont disséminées par tout le corps. L'urticaire accidentelle diminue par degrés, et cesse ordinairement au bout de dix-huit à vingt-quatre heures. L'*urticaire spontanée* est produite par des causes toujours obscures. Elle est plus commune dans l'enfance et la jeunesse que dans la vieillesse. Elle est caractérisée par une éruption de plaques nombreuses, comme l'urticaire accidentelle. Cette affection peut durer de sept à huit jours, de deux à trois semaines et même de trois à six mois, parcourant successivement les diverses parties du corps. Elle est souvent très-rebelle, et ne cède qu'au temps.

URTICATION, sorte de flagellation faite avec des orties, dans l'intention de déterminer une vive excitation à la peau.

URTICÉES, grande famille de plantes dicotylédonées, composée de végétaux herbacés, d'arbrisseaux et d'arbres fort élevés, quelquefois lactescents, aux feuilles alternes, aux fleurs unisexuées, solitaires, globuleuses, ou bien groupées en épis simples ou rameux. Les étamines ou organes mâles sont au nombre de quatre ou cinq. Le fruit est une baie charnue renfermant une semence. L'*ortie*, le *houblon*, la *pariétaire*, le *mûrier*, le *poivrier*, l'*arbre à pain*, le *chanvre*, la *broussonetie* et le *figuier* font partie de cette famille.

URUGUAY, grand fleuve de l'Amérique méridionale, qui prend sa source dans les montagnes de Santa-Catarina, au Brésil (province de Sau-Paulo), se dirige vers le Parana, et coule parallèlement à ce fleuve, jusqu'au Rio de la Plata, dans lequel ils versent tous deux leurs ondes. Le cours de l'Uruguay est d'environ 292 lieues. Il a un volume d'eau considérable, et n'est toutefois navigable que pendant 60 lieues.

URUGUAY, république de l'Amérique méridionale. Ce pays forma jadis la province de *Montévidéo*, et fit partie ensuite de la vice-royauté espagnole, sous le titre de *Banda orientale*. Envahi par les Portugais, il fut dans la suite annexé à l'empire du Brésil sous le nom de *province cisalpine*. Objet, dans ces derniers temps, d'une guerre entre Buenos-Ayres et le Brésil, ce pays a été constitué en république en 1814. Il confine au N. et à l'E. avec l'empire brésilien ; le fleuve Uruguay le sépare à l'O. des provinces d'Entre-Rios et de Corrientes, qui font partie de la confédération buenos-ayrienne ; au S., il est baigné par l'océan Atlantique et le Rio de la Plata. Ce pays a 140 lieues de longueur sur 80 de largeur. Sa population est de 50,000 habitants. Le climat est tempéré, l'air doux et salutaire, le pays d'une grande fertilité et coupé de nombreuses rivières. La préparation des cuirs, la salaison des viandes, les fontes de suif, les peaux de daim et de chinchilla constituent l'industrie et la richesse de cette province. Le chef-lieu et la principale ville de la république est MONTÉVIDÉO, bâti sur la rive gauche de Rio de la Plata. Son port est très-sûr. La population est de 10,000 habitants. Les campagnes, grandes et vastes solitudes, sont en grande partie peuplées par des Indiens Charruas. Les neuf provinces qui composent l'Uruguay sont : *Colonia*, *Maldonaldo*, *Florida*, *Canelones*, *San-José*, *Soriano*, *Paisandu*, *Duragno* et *Cerro-Largo*.

URUS. Voy. AUROCHS.

US, fils d'Aram et petit-fils de Sem. On croit qu'il fonda la ville de Damas. On le nomme encore *Hus* ou *Huz*.

US, terme de droit qui se joint presque toujours à *coutumes*, de cette manière : *us et coutumes*, et signifie les règles, la pratique qu'on est habitué à suivre en quelques pays, en quelques lieux, touchant certaines matières.

USAGE, terme de jurisprudence, droit de se servir des biens d'autrui sans en percevoir les fruits et sans toucher à leur substance. Il diffère de l'usufruit en ce que celui qui n'a que l'usage d'une chose peut se servir seulement de cette chose pour son utilité, sans pouvoir ni la louer, ni la céder gratuitement à un autre ; même pour son simple usage, ni vendre les fruits superflus, au lieu que l'usufruitier peut vendre ces derniers et céder gratuitement ou louer à un autre l'usage de la chose dont il a l'usufruit.

USAGER, celui qui a *droit d'usage* dans certains bois ou dans certains pacages. On appelle *francs usagers* ceux qui ne payent rien ou presque rien ; *gros usagers*, ceux qui ont droit de prendre dans la forêt d'autrui un certain nombre d'arpents de bois, dont ils s'approprient les fruits ; *menus usagers*, ceux qui n'ont que pour leurs besoins personnels les droits de pâturage et la liberté de prendre le bois mort et épars, tombé ou arraché.

USANCE, délai consacré par la loi pour le payement des lettres de change. L'usance est de trente jours, qui courent le lendemain de la date de la lettre de change.

USINE, fabrique, manufacture dans laquelle on emploie des machines pour alléger les ouvriers et diminuer la main-d'œuvre. Tels sont les moulins, les forges, les verreries, etc.

USNÉE, genre de plantes cryptogames, de la famille des lichens. Ces plantes croissent sur le tronc des vieux arbres, dans les grandes forêts, et pendent en masses filamenteuses plus ou moins touffues. Une espèce de ce genre croît sur les os qui ont été longtemps exposés à l'air. On attribuait autrefois de grandes vertus médicinales à l'usnée du crâne humain.

USQUEBAGH, sorte de liqueur dont le safran est la base.

USSEL, chef-lieu d'arrondissement du département de la Corrèze, entre deux rivières, la Diége et la Sarzoune, à 15 lieues de Tulle. Population, 3,980 habitants. Cette ville, autrefois entourée de murailles, était le chef-lieu du siége ducal de Ventadour. Elle a soutenu plusieurs siéges, et a beaucoup souffert dans les XIIIe, XIVe et XVe siècles, lors des guerres contre les Anglais. La peste y a fait souvent des ravages. Ussel possède un tribunal de première instance et un collége. Elle commerce en chanvre, laine, cire et cuirs.

USSERIUS ou USHER (Jacques), un des plus grands hommes du XVIIe siècle, né à Dublin en 1580 d'une famille noble et ancienne, étudia dans l'université de cette ville, et y fit de grands progrès dans les langues, la poésie, l'histoire, les mathématiques et la théologie. Il embrassa l'état ecclésiastique, et fut nommé successivement évêque de Meath en 1620, puis archevêque d'Armagh en 1626. Il mourut en 1655. On a de ce savant un grand nombre d'ouvrages, entre autres les *Annales de l'Ancien et du Nouveau Testament*, les *Antiquités des églises britanniques*, une édition des *Epîtres de saint Ignace, de saint Barnabé et de saint Polycarpe*, avec des notes très-savantes, la *Chronologie sacrée*. Tous ces ouvrages sont en latin.

USTÉRIE, genre de la famille des personnées, renfermant de fort jolies plantes d'ornement, importées du Mexique en France au XIXᵉ siècle. L'*ustérie grimpante* a des rameaux et des tiges grêles, d'un vert brun, s'enroulant les uns dans les autres et formant ainsi un buisson épais. Les feuilles sont pointues, échancrées en cœur à la base, lisses, d'un vert gai. Les fleurs, qui naissent en mai, juillet et août, se succèdent sans interruption jusqu'à la fin de l'été. Elles sont d'un pourpre violacé, grandes et tubulées, rappelant par leur forme celle des digitales. Les fruits sont des capsules arrondies, vertes et renfermant plusieurs semences.

USTION, du verbe latin *uro*, je brûle. Les chirurgiens désignent par ce mot l'action 1º de brûler, d'appliquer le cautère ; 2º la brûlure et l'effet de la cautérisation même.

USTRINE, nom donné par les Romains à l'endroit où, dans les funérailles, ils brûlaient le corps sur un bûcher.

USUARD, moine de Saint-Germain des Prés, au IXᵉ siècle, est auteur d'un célèbre *Martyrologe* qui porte son nom, et qu'il dédia au roi Charles le Chauve. Pour composer ce martyrologe, Usuard fit usage de ceux de saint Jérôme, de Bède, de Florus et de plusieurs autres. Cet ouvrage est très-célèbre, et on en a donné de nombreuses éditions ; mais on ignore les particularités de la vie de son auteur.

USUCAPION. Voy. Prescription.

USUFRUIT, droit de jouir des choses dont un autre a la propriété comme le propriétaire lui-même, mais à la charge d'en conserver la substance. L'usufruit est établi par la loi ou par la volonté de l'homme. Dans le premier cas, il est *légal*; dans l'autre, *conventionnel*. Il peut être établi sur toute espèce de biens, meubles ou immeubles, même sur des choses fongibles et des rentes viagères. Il peut l'être par testament, ou faire l'objet, soit d'une convention, soit d'une donation entre-vifs. L'usufruitier est obligé de rendre les choses dans l'état où il les a reçues. L'usufruit s'éteint 1º par la mort naturelle ou civile de l'usufruitier ; 2º par l'expiration du temps pour lequel il a été accordé, ou par l'événement de la condition résolutoire ; 3º par la consolidation, c'est-à-dire par la réunion en la même personne des droits de propriétaire et d'usufruitier ; 4º par le non-usage du droit pendant trente ans ; 5º par la perte totale de la chose sur laquelle l'usufruit est établi ; 6º par la renonciation de l'usufruitier ; 7º par la résolution du droit de celui qui l'avait constitué ; 8º par l'abus de jouissance.

USURE. On nommait ainsi autrefois l'intérêt des capitaux prêtés. Dans notre législation actuelle, il désigne le profit illégal que fait le prêteur lorsqu'il exige de l'emprunteur un intérêt de son argent plus fort que celui qui est autorisé par la loi. Lorsqu'il est prouvé que le prêt est fait à un taux excédant cinq pour cent en matière civile, et six pour cent en matière commerciale, le prêteur est condamné à restituer cet excédant, et peut même être renvoyé, s'il y a lieu, devant le tribunal correctionnel pour y être jugé. Tout individu qui est prévenu de se livrer à l'usure doit être traduit devant le tribunal correctionnel et condamné à une amende qui ne peut excéder la moitié des capitaux qu'il a prêtés à usure. S'il y a eu escroquerie de la part du prêteur, il doit être en outre condamné à un emprisonnement qui ne peut excéder deux ans.

UT (mus.), première note de la gamme de ce nom, et l'une des syllabes qui servent à la solmisation. On la remplace souvent par *do*. Les Allemands la nomment et l'écrivent C.

UTÉRIN, nom donné, en médecine, à ce qui appartient ou a rapport à la matrice ou utérus. — On nomme encore *utérins, utérines*, les frères et sœurs nés de même mère, mais non pas de même père.

UTÉRUS, mot latin qui signifie *matrice*, et qui est souvent employé en français.

UTINET, petit maillet de bois dont le manche est long et fort mince. Les tonneliers s'en servent pour arranger et unir les fonds des futailles.— On appelle encore ainsi un petit escabeau sur lequel les faiseuses de dentelles mettent le métier sur lequel elles travaillent.

UTIQUE, ville d'Afrique, sur la Méditerranée, fondée par les Tyriens 287 ans avant Carthage. Elle avait un port commode. Après la ruine de Carthage, Utique devint la capitale de l'Afrique. C'est là que Caton, dit *d'Utique*, se donna la mort.

UTRECHT, province de Hollande, entre le Zuyderzée, la Gueldre et la Hollande proprement dite. Sa superficie est de 127,617 hectares, et sa population de 152,395 habitants. Le sol est plat et sablonneux. Il renferme néanmoins d'excellents pâturages, et produit du blé, du lin, de la garance et du tabac. La capitale est Utrecht.

UTRECHT, ville de Hollande, chef-lieu de la province du même nom, sur un bras du Rhin, à peu de distance d'Amsterdam. Population, 36,000 habitants. Cette ville est très-ancienne. Elle possède de nombreux établissements scientifiques, un évêché, une université fondée en 1630. Son commerce est très-étendu.— Utrecht est célèbre dans l'histoire par l'*union* qui y fut conclue en 1579 par le prince Guillaume d'Orange. Par cet acte les provinces de Gueldre, de Zutphen, de Hollande, Zélande, Frise, Utrecht et des Ommelandres, formèrent une alliance ou plutôt un seul Etat fédératif. A Utrecht fut encore tenu le congrès de 1712.

UTRICULAIRE. On nomme ainsi, en botanique, 1º la substance médullaire des plantes qui se montre formée d'utricules ou glandules ; 2º un genre de la famille des personnées, renfermant des plantes aquatiques, que l'on voit au-dessus des eaux des marais profonds et des étangs. Les rameaux sont chargés de petites utricules transparentes qui les soutiennent sur l'eau. Les fleurs jaunes ou bleues sont disposées en rosette. Les canards et les oies mangent ces plantes avec avidité.

UTRICULES, petits corps, posés les uns sur les autres, élastiques, semblables à des espèces de vessies, qui composent la moelle intérieure et l'écorce des tiges, la pulpe des fruits, le parenchyme des feuilles et des fleurs, en un mot toutes les parties molles des plantes. Les utricules consistent en des membranes très-déliées, pleines d'un fluide coloré.

UVÉE (du latin *uva*, grain de raisin), nom donné par quelques auteurs 1º à la membrane *choroïde* ; 2º à la face postérieure de l'iris, ainsi nommée parce qu'elle a quelque ressemblance à un grain de raisin noir, à cause du vernis noir et épais qui l'enduit.

UVETTE, nom vulgaire de l'*éphèdre*.

UVULAIRE (du latin *uvula*, luette), qui appartient ou a rapport à la luette. On nomme *glandes uvulaires* des follicules peu prononcés qui appartiennent à la membrane muqueuse qui recouvre la luette.

UZERCHE, sur la Vézère, chef-lieu de canton du département de la Corrèze, à 6 lieues trois quarts de Tulle. Population, 3,214 habitants. Cette ville avait été fortifiée par Pepin dans ses guerres contre Vaifre, duc de Limoges. Elle soutint plusieurs sièges, entre autres contre les protestants, qui la prirent en 1569 et l'abandonnèrent peu de temps après. Uzerche a possédé pendant plusieurs années l'évêché érigé à Limoges, et a été le siège d'une sénéchaussée qui s'étendait sur environ cent cinquante communes. Cette ville est placée sur un rocher très-élevé, où ses maisons sont bâties en amphithéâtre. Elle possède un collège.

UZÈS, chef-lieu d'arrondissement du département du Gard, à 6 lieues de Nîmes. Population, 6,362 habitants. Cette ville est fort ancienne. Elle était jadis le siège d'un évêché, qui existait dès 506. D'abord sous la domination des Visigoths ou des Francs, Uzès eut ensuite des vicomtes, des comtes, des ducs ; ses habitants jouissaient de nombreux privilèges. Ils embrassèrent presque tous le calvinisme au XVIᵉ siècle, et l'évêché fut supprimé. Louis XIII s'en empara et en fit raser les fortifications. On voit encore le château qu'habitaient les ducs d'Uzès. Cette ville possède un tribunal de première instance, un collège, une société d'agriculture, etc. Les environs d'Uzès fournissent des céréales très-estimées ; cette ville commerce en blé, froment, châtaignes, fruits, soie, cartons, soieries, draps, laines, cuirs et peaux.

V

VAA

V, vingt-deuxième lettre de l'alphabet français, qu'on appelait autrefois *U consonne*. Chez les Romains, considérée comme lettre numérale, elle représentait le nombre *cinq* ; surmontée d'une ligne horizontale, elle signifiait 5,000. VI désigne 6, VII 7, VIII 8, IV 4. — Le V est encore la marque de la monnaie frappée à Troyes.

VAAST ou Waast (Saint), né dans les environs de Laon dans le Vᵉ siècle, embrassa l'état ecclésiastique et fut chargé d'instruire Clovis dans la foi catholique.

VAA

Après l'accomplissement de cette mission, saint Remi l'ordonna évêque d'Arras, et l'envoya prêcher l'Evangile parmi les peuples de ces contrées, qui étaient idolâtres. Il gouverna l'Eglise d'Arras pendant quarante ans, et mourut en 539. On fait sa fête le 6 février.

VAAST ou Waast (Abbaye de Saint-). Elle fut fondée au VIIᵉ siècle. Elle était située dans la ville d'Arras, et faisait partie de l'ordre de Saint-Benoît. C'était le monastère le plus riche et le plus puissant des

VAC

Pays-Bas. Il jouissait de nombreux privilèges. L'église de cette abbaye est une des plus belles de France.

VACATION. Ce mot a deux acceptions en jurisprudence. Dans la première, il désigne le temps employé par un officier public à une opération. Dans la deuxième, il indique que la suspension des audiences de justice. La *chambre des vacations* est un tribunal temporaire institué pour prononcer, pendant les vacances, sur les affaires qui exigent une prompte décision.

VACCIN, espèce de virus ou matière purulente qui se forme primitivement sur le pis de la vache, et qui produit une maladie particulière nommée *vaccine*.

VACCINATION, inoculation de la vaccine. On se sert ordinairement pour cette opération d'une lancette que l'on introduit dans l'épiderme des individus, et sur laquelle est placé le virus. C'est ordinairement aux bras qu'on produit la vaccination. On la répète dans trois ou quatre points différents à la distance d'un pouce environ.

VACCINE (du latin *vacca*, vache), maladie propre à la vache, et qui, transmise par le moyen de l'inoculation à l'homme, le préserve de la contagion de la variole. Elle est caractérisée par une éruption de pustules, qui se développe de préférence sur le pis de la vache. Cette maladie offre de grandes ressemblances avec la variole ou petite vérole de l'homme. Celle-ci est toujours très-grave, tandis que la vaccine est inoffensive. On doit la découverte de la vaccine à Jenner, médecin anglais, vers la fin du siècle dernier. Le pus contenu dans les pustules de la vache, déposé sur la peau d'un individu qui n'a pas eu la variole, donne lieu aux phénomènes suivants. A l'instant où la piqûre est faite, il se forme autour d'elle un cercle rouge de six à douze lignes de diamètre, qui fait bientôt place à une tuméfaction. Celle-ci cause une certaine démangeaison, et s'agrandit jusqu'au dixième jour. La dessication commence à cette époque; la croûte brunit et tombe du vingt-quatrième au vingt-septième jour, en laissant une petite cicatrice. Un léger mouvement fébrile accompagne les premiers jours de l'inoculation. Une affection semblable se développe chez les individus auxquels on inocule le virus recueilli sur l'homme, du septième au dixième jour. C'est généralement sur l'homme que l'on prend aujourd'hui le virus de la vaccine. Le vaccin conserve ses propriétés antivarioliques lorsqu'on a soin de le mettre à l'abri de l'air. Souvent les individus vaccinés ont ce qu'on appelle la *fausse vaccine*, qui n'est point préservative de la variole. Elle se reconnaît en ce qu'elle se développe plus tôt et avec une plus grande rapidité que la véritable vaccine. Elle suppure plus vite, et la dessication a lieu au bout de sept à huit jours au plus.

VACHE, la femelle du taureau. La vache jouit d'un culte particulier chez les Indiens. Ces peuples pensent que les âmes des sages vont habiter les corps de ces animaux. Ils les laissent errer en liberté, et ils regarderaient comme un crime de les mettre à mort. La vache vit plus de vingt ans. Jeune et vierge, on la nomme *génisse*. Elle est nubile à dix-huit mois. Mais, pour en obtenir du bon lait ou de bon produit, il faut qu'elle ait deux ou trois ans. A neuf ans, il convient de la mettre à l'engrais. La vache porte neuf mois. La chair des vaches qui ont resté quelque temps à l'engrais devient aussi bonne que celle des bœufs. — Le *lait de vache* est celui qui se rapproche le plus du lait de la femme, dont il a les propriétés nutritives. Il est liquide, opaque, blanc, plus pesant que l'eau, d'une saveur douce. Abandonné à lui-même, il fournit la *crème*, qui vient à la surface, le caséum qui est au fond et le petit-lait. Le lait de vache est employé pour préparer la crème, le beurre, le fromage, le petit-lait, le sucre de lait. Mêlé avec du sucre et des amandes, il constitue la frangipane. Il est utile dans certains cas d'empoisonnements.

VACHE, nom substantif que l'on donne à la peau de vache corroyée et propre à faire des harnais, des bottes, des souliers, etc. On appelle *vache en suif* ou à *grain* un cuir de vache dont on se sert pour faire les harnais de chevaux les plus beaux et les plus apparents : il sert aussi à garnir les caisses de carrosses; *vaches d'Angleterre*, des cuirs fabriqués à la façon d'Angleterre avec des peaux de vache ou de bœuf de première qualité; *vaches grises* ou *grasses*, une sorte de cuir inférieur à la vache d'Angleterre, et dont on fait des malles, des soufflets, des cuirs de pompe et autres ouvrages qui n'ont besoin que de force et de souplesse. On appelle encore *vache* 1° un panier revêtu de cuir qu'on met sur l'impériale des carrosses; 2° en termes de salines, des piles coniques de sel.

VACQUERIE (Jean DE LA), né au commencement du XVe siècle, entra dans la magistrature, et devint conseiller pensionnaire de la ville d'Arras. Lorsque Louis XI s'empara de cette ville, ce prince, surpris du courage avec lequel il s'opposa à ses prétentions, le manda à Paris, le nomma conseiller au parlement (1479) et premier président de cette assemblée en 1481. Le roi ayant ordonné aux ministres du parlement, sous peine de la vie, l'enregistrement de divers édits financiers onéreux pour le peuple, la Vacquerie vint, à la tête du corps qu'il commandait, trouver Louis XI, et lui dit : *Sire, nous venons remettre nos charges entre vos mains, et souffrir tout ce qu'il vous plaira plutôt que d'offenser nos consciences en vérifiant les édits que vous nous avez envoyés*. Le roi, admirant l'intrépidité de ce magistrat, révoqua ses édits en présence même des membres du parlement. Il mourut en 1497, laissant des *Lettres sur toutes sortes de sujets*.

VACUNA (myth.), divinité romaine, présidait au repos. On célébrait en son honneur les *Vacunales*, vers le mois de décembre.

VADE, terme de jeu, somme avec laquelle un des joueurs ouvre le jeu.

VADÉ (Jean-Joseph), poëte et chansonnier, né à Ham (Picardie) en 1720, mena une jeunesse très-déréglée. Il se livra au genre de poésie burlesque et légère; il imitait surtout avec une grande vérité le genre *poissard*, ce qui le fit nommer le *Téniers de la poésie*. Vadé mourut en 1757. On a de lui des opéras-comiques, des parodies, des chansons, des bouquets, les *Lettres de la Grenouillère*, le poëme de *la Pipe cassée*, les *Compliments des clôtures des foires de Saint-Germain et de Saint-Laurent*, les *Poésies posthumes*, contenant des *contes*, des *fables*, des *épîtres*, des *couplets*, etc.

VA-ET-VIENT, petite machine adaptée au dévidoir qui sert au tirage et dévidage des soies. Il se dirige la soie de manière qu'elle s'étend également sur toute la bobine. — C'est aussi, en termes de marine, un cordage allongé sur l'eau et retenu à ses deux extrémités, au moyen duquel on peut faire aller et venir une embarcation. A l'aide de ces cordages, un homme peut aller d'un navire à un autre.

VAGABONDS ou GENS SANS AVEU, nom donné aux individus qui n'ont ni domicile certain, ni moyens de subsistance, et qui n'exercent habituellement ni métier ni profession. Toutes les législations ont puni sévèrement le vagabondage. La loi nouvelle le considère comme un délit : les individus déclarés vagabonds par jugement sont punis de trois à six mois d'emprisonnement, et mis sous la surveillance de la haute police pendant cinq à douze ans. S'ils ont moins de seize ans, ils sont mis sous la surveillance de la haute police jusqu'à vingt ans, à moins qu'avant ce temps ils n'aient contracté un engagement militaire. Ils peuvent, s'ils sont étrangers, être conduits par les ordres du gouvernement hors du territoire du royaume.

VAGANTS, nom que les marins donnent aux voleurs ou vagabonds qui, dans les coups de vent du large, parcourent les côtes de leurs environs, pour piller, enlever ce que la mer y jette.

VAGINANT (du latin *vagina*, fourreau), nom donné, en botanique, aux parties qui forment une gaîne, qui enveloppent en forme de gaîne.

VAGISTAS, vitres d'une fenêtre ou d'une porte que l'on peut ouvrir, sans ouvrir la porte ou la fenêtre, afin de donner de l'air à une chambre. C'est aussi une espèce de jalousie qu'on met aux portières des voitures.

VAGUE, nom donné à l'onde agitée par la tempête. Les marins emploient rarement ce mot, qui a cependant la même signification que *lame*. Mais il s'applique aux rivières, aux lacs, comme à la mer; tandis que les lames viennent toujours d'une mer plus ou moins agitée, qui se brise sur les objets qu'elle rencontre, soit rochers ou bâtiments.

VAGUEMESTRE (de l'allemand *wagen meister*, maître du chariot ou chef des équipages). Il y a dans chaque division militaire un sous-officier chargé de réunir toutes les voitures et de les faire marcher en ordre; il a une escorte qui l'accompagne. A l'état-major de chaque corps d'armée, il y a un vaguemestre général, qui est un officier; il commande tous les vaguemestres des divisions. Chaque régiment a aussi son vaguemestre particulier; outre la surveillance des équipages, il a la charge d'aller dans les bureaux de poste chercher les lettres adressées aux officiers et soldats de son régiment. On lui doit une rétribution de 5 centimes par lettre. Il retire aussi les articles d'argent, sur lesquels il prélève un pour cent. Le conseil d'administration lui délivre une patente, dont il doit justifier près des directeurs des postes.

VAGUES ou BRASSOIRS, espèce de longs rabots de bois, terminés par trois fourchons, qui sont traversés horizontalement par trois ou quatre chevilles. Les brasseurs s'en servent pour remuer la bière dans les cuves ou dans les chaudières.

VAIGRAGE, assemblage de toutes les planches qui bordent intérieurement un bâtiment, qui recouvrent ses membres. Ces planches se nomme *vaigres*. *Vaigrer*, c'est placer les couples qui revêtent un bâtiment.

VAINE PATURE, droit de mener paître les bestiaux dans les lieux où il est d'usage de ne pas faire de récolte.

VAIR, nom donné autrefois à une fourrure blanche et grise, telle que celle de l'écureuil. Il ne s'emploie aujourd'hui pour désigner, en termes de blason, un métal formé de plusieurs pièces égales, qui sont ordinairement d'argent et d'azur, rangées alternativement et disposées de telle sorte, que la pointe des pièces d'azur est opposée à la pointe des pièces d'argent et la base à la base.

VAIRON, épithète qui s'applique aux hommes et aux animaux dont les yeux sont de différentes couleurs, ou dont l'iris est entouré d'un cercle blanchâtre.

VAISSEAU, nom donné en général à tout ustensile ou vase propre à contenir des liquides et quelquefois des solides. Ainsi on nomme *vaisseaux* les vases qui servent dans les opérations chimiques, telles que les matras, cornues ou ballons. On appelle *vaisseaux de rencontre* ou *circulatoires* un appareil composé de deux matras, dont l'un renferme la matière sur laquelle on veut opérer, et auquel l'autre sert de bouchon.

VAISSEAU. En histoire naturelle, on désigne généralement sous ce nom tous les conduits ou canaux qui entrent dans la composition d'un être organisé, et qui servent à contenir et à transmettre un liquide quelconque. Les anatomistes ont plus particulièrement appelé ainsi les *artères*, les *veines* et les *vaisseaux lymphatiques*, et ils ont nommé *conduits* les vaisseaux qui renferment et qui transmettent le produit des sécrétions, ou bien des canaux qui ne donnent passage à aucun liquide. Les *vaisseaux* des plantes sont les conduits qui servent à leur nutrition. On appelle *vaisseaux capillaires* les vaisseaux les plus petits et les plus déliés.

VAISSEAU. Ce nom exprime généralement un bâtiment flottant, construit pour parcourir avec sûreté la surface des mers. Mais on le donne plus particulièrement aux bâtiments de guerre qui montent deux ou trois batteries couvertes, et jusqu'à quatre sur le pont supérieur. Les deux ou trois premières sont en canons du calibre de 30, la plus élevée en caronades. Ces bâtiments ont au moins 80 canons. On distingue les *vaisseaux de premier rang*, qui portent 120 canons; les *vaisseaux de deuxième rang*, qui portent 100 canons; les *vaisseaux de troisième rang*, qui portent 90 canons, et les *vaisseaux de quatrième rang*, portant 80 canons. Les vaisseaux du premier rang sont à trois ponts et quatre batteries; ceux du deuxième rang ont deux ponts et trois batteries; ceux du troisième et du quatrième rang ont aussi deux ponts et trois batteries. L'on désignait autrefois les vaisseaux de guerre par le nom de *vaisseaux de ligne*, parce qu'ils pouvaient se battre en armée, en ligne. Mais cette dénomination serait vicieuse, puisqu'on pourrait, de nos jours, l'appliquer à tous nos vaisseaux : la valeur de la coque d'un vaisseau du premier rang, doublé en cuivre, s'élève à 1,000,000 de francs, et tout armé, pour six mois, à 2,000,000 au moins. — Pour les vaisseaux des anciens, voy. au mot NAVIRE.

VAISSELLE, terme collectif désignant les vaisseaux destinés au service de la table, comme pots, plats, assiettes, salières, en métal ou en poterie. On appelle *vaisselle montée* celle qui est composée de plusieurs pièces jointes ensemble avec de la soudure; *vaisselle plate*, celle où il n'y a pas de soudure. On ne le dit que de la vaisselle d'or et d'argent.

VAISSETTE (Dom Joseph de), né à Gaillac (Tarn) en 1685, exerça pendant quelque temps la charge de procureur du roi du pays albigeois, et fut reçu docteur en théologie et docteur en droit civil et canonique. Dégoûté du monde, il embrassa la vie monastique, dans le couvent des bénédictins de la Daurade, à Toulouse. Son mérite le fit appeler à Paris en 1713 par ses supérieurs, et il devint en peu de temps l'un des membres les plus savants de la congrégation de Saint-Maur. En 1715 il fut chargé, avec dom Claude de Vic, d'écrire l'histoire de la province du Languedoc. Le premier volume parut en 1730, le cinquième et dernier en 1745. Cet ouvrage, impartial et bien écrit, est considéré comme une des meilleures histoires de nos provinces. Vaissette en donna en 1749 un abrégé de six volumes. On a encore de lui une *Géographie historique, ecclésiastique et civile*, et une *Dissertation sur l'origine des Français*. Il mourut en 1750 ou 1756.

VAKE ou WAKE, roche homogène, tendre, se fondant facilement au chalumeau en un émail noir, ne happant pas à la langue, d'une pesanteur spécifique de 2,53 à 2,89, et jouissant de la propriété de faire mouvoir l'aiguille aimantée. Ses couleurs varient. Elle offre diverses teintes de vert, de brun et de rougeâtre. On la trouve dans les roches de basalte.

VAL, nom donné autrefois à une vallée ou espace de terre contenu entre deux coteaux. Il n'est plus en usage que dans les noms propres. Le *Val-des-Choux*, monastère du diocèse de Langres, était situé à 4 lieues de Châtillon-sur-Seine, dans une affreuse solitude. Il fut fondé par Eudes, duc de Bourgogne, au XIIe siècle. Les religieux étaient habillés de blanc et suivaient les usages de Cîteaux. — Le *Val-des-Ecoliers* était une abbaye de chanoines réguliers de l'ordre de Saint-Augustin, près de Chaumont. Elle fut fondée au commencement du XIIIe siècle par quatre docteurs de l'université de Paris. Le grand nombre d'écoliers qui se joignirent à eux lui fit donner le nom qu'elle portait. — Le *Val-de-Grâce*, hôpital de Paris, construit en 1645, fut d'abord une abbaye de religieuses. L'église, une des plus belles de Paris, est couverte d'un dôme très-élevé, dont la coupole, peinte par Mignard, est le plus grand morceau à fresque qui existe en Europe. Cet hôpital est consacré aux militaires.

VALACHIE ou VALAQUIE, province de la Turquie d'Europe, située entre le Danube, la Moldavie et la Transylvanie. Sa superficie est de 4,725 lieues carrées, et sa population de 950,000 habitants. La capitale est BUCHAREST. La Valachie faisait, sous les Romains, partie de la Dacie. Elle fut régie aux XIIe et XIIIe siècles par des princes dépendants de Byzance, qui devinrent en 1421 tributaires des Turks. Ceux-ci y laissèrent les princes qui gouvernaient cette province; mais, quelque temps après, ils confièrent l'administration de la Valachie à un hospodar que la Porte devait nommer. Ce magistrat exerçait un despotisme absolu. La Russie, après avoir fait avec succès la guerre de la Turquie (1828), changea l'administration de ce pays. Les principautés de Kaïnardji, Jassy, Bucharest et Andrinople furent placées sous sa protection. Toutes les cités voisines de ces principautés sur la rive gauche du Danube leur furent données. Le séjour du pays est interdit aux Turks; les commerçants de cette nation peuvent seuls y trafiquer. La Valachie paye un tribut à la Porte, et chaque hospodar lui donne à son avénement un tribut de 300,000 thalers. — La Valachie est un pays très-fertile, mais mal cultivé. On y exploite des mines de soufre, salpêtre et sel. — Les habitants professent la religion grecque, et parlent la langue *roumouni*, mélange de slave et de latin. Ils sont d'un caractère sauvage, portés aux plaisirs et à l'indolence.

VALADY (Godefroy IZARN DE), né à Villefranche (Aveyron) en 1767 d'une famille noble et ancienne. Nommé officier aux gardes françaises, il en exerçait les fonctions lorsque ce régiment fut commandé pour la répression des mouvements séditieux qui éclatèrent en 1788. Dans cette circonstance, Valady donna sa démission. En 1789, il fit prêter à ses anciens camarades le serment de défendre la cause du peuple. Lorsque la révolution éclata, il devint un des aides de camp de Lafayette. Nommé membre de la convention nationale, il s'y fit remarquer par l'adoption des principes les plus modérés. Il refusa de voter la mort de Louis XVI, et se prononça pour l'exil ou la détention de ce monarque jusqu'à la paix, en demandant la mise en liberté de sa famille. Proscrit par la convention à cause de ce vote (mai 1793), il fut arrêté, condamné à mort et fusillé, à l'âge de vingt-six ans, à Périgueux.

VALAIS, grande vallée de la Suisse, qui s'ouvre au fond du lac de Genève, au milieu de deux chaînes de montagnes très-élevées qui prennent naissance dans les Alpes, et entre lesquelles coule le Rhône. Cette vallée offre dans toutes ses parties un tableau pittoresque et majestueux. On y admire plusieurs hautes montagnes, entre autres le grand Saint-Bernard, le Simplon, la Furca, la Jung-Frau, etc. Le Valais forme un canton de la confédération suisse, borné par ceux de Berne, Vaud, Uri, le lac de Genève et les provinces sardes. Sa superficie est de 285 lieues carrées, et sa population de 78,000 habitants. Le climat est très-varié, ainsi que le sol. Les céréales et les fruits sont la plus importante produit du sol. On y élève beaucoup de bestiaux. Les montagnes recèlent dans leur sein des mines nombreuses et des sources d'eaux minérales. Les Valaisans sont peu industrieux, et vivent avec une grande simplicité. Les bestiaux font leur plus grande richesse; ils commercent aussi en fromages et en fer. Ils professent la religion catholique. Le canton est divisé en treize dizains. Le pouvoir est confié à une diète, composée de quatre députés de chaque dizain, élus pour deux ans, et qui se réunissent deux fois par an. Un conseil d'État présente les projets de loi, et la diète exerce le pouvoir législatif. Le chef-lieu du Valais est SION.

VALAZÉ (Charles-Edouard DUFRICHE), né à Alençon (Orne) en 1751, entra au service militaire dans sa jeunesse, et suivit ensuite la carrière du barreau, dans laquelle il se distingua. En 1789, ses concitoyens l'élurent maire d'Essay, petite ville près d'Alençon, puis député à la convention nationale. Il y forma une étroite liaison avec les girondins. Valazé prit un grand ascendant dans ce parti. Il se prononça pour l'appel au peuple dans le procès de Louis XVI. Le 2 juin 1793, son arrestation fut décrétée avec celle des principaux girondins. Lorsque la sentence qui les condamnait à mort eut été prononcée, Valazé échappa au supplice en se plongeant un stylet dans le cœur.

VALCKENAER (Gaspard-Louis), célèbre helléniste hollandais, né en 1736, devint professeur à l'université de Franeker en Frise, et succéda ensuite, dans celle de Leyde, à Hermsthuis, dont il avait été le disciple. Il mourut à Leyde en 1805. On a de lui un grand nombre d'éditions d'auteurs anciens, avec des commentaires très-savants. Son fils JEAN VALCKENAER, successivement professeur de jurisprudence à l'académie de Franeker et à celle d'Utrecht, fut nommé ambassadeur en Espagne en 1796. Lorsque Napoléon eut décidé l'incorporation de la Hollande à l'empire français (1810), Valckenaer fut envoyé à Paris pour empêcher cette réunion; mais ses soins furent sans résultat.

VALENÇAY, sur la rivière de Nahon, chef-lieu de canton du département de l'Indre, à 9 lieues de Châteauroux. Population, 3,500 habitants. Cette ville est remarquable que par le superbe château que la famille d'Etampes y fit construire. Ce château, admirable par son architecture, son parc, ses jardins, ses belles eaux, devint en 1808 le séjour de Ferdinand VII et des infants d'Espagne, qui y demeurèrent jusqu'en 1814. Il appartint ensuite à M. de Talleyrand. — Le château a été bâti sur les dessins de Philibert Delorme.

VALENCE, ancien royaume qui forme une des provinces de l'Espagne moderne. Elle s'étend le long de la Méditerranée, et est bornée par cette mer et par les provinces d'Aragon, de Catalogne, de Murcie et de Cuença. Sa superficie est de 643 lieues carrées, et sa population de 830,000 habitants. Le sol, généralement uni, est arrosé par le Guadalaviar, la Segura et le Xucar. Le climat est doux et chaud, mais agréable et sain. Cette province est très-fertile et bien cultivée. C'est une des plus riches de l'Espagne. La vigne, la canne à sucre, l'olivier, le mûrier, le grenadier, le dattier, le caroubier, les céréales y donnent d'importants produits. L'exportation à l'étranger est très-considérable. L'industrie manufacturière est languissante. — La capitale est VALENCE. Cette province se divise en quatre autres, qui sont celles de *Castellon de la Plana*, *Valence*, *Santo-Felice* ou *Jativa*, et *Alicante*.

VALENCE, capitale de l'ancien royaume et de la province actuelle de ce nom en Espagne, grande et belle ville, située sur le Guadalaviar, à une très-petite distance de la mer, où est son port, et où conduisent de magnifiques avenues. Sa population est de 92,000 habitants. Valence est entourée de remparts. Elle possède de beaux édifices, de nombreux couvents, des églises très-belles, de vieux palais, un archevêché érigé en 1492 (c'était auparavant un évêché dont le premier titulaire, Justinianus, vivait en 546), une université qui jouissait autrefois de grands priviléges, et plusieurs bibliothèques publiques. Les manufactures de soieries sont considérables. Elles occupent plus de 28,000 ouvriers, et les produits en sont de la plus grande beauté. — Valence portait, sous les Romains, le nom de *Valentia Edetanorum*. Après avoir été soumise aux Visigoths, elle fut conquise par les Sarrasins, qui l'érigèrent en royaume (738). Don Rodrigue, surnommé *le Cid*, s'en empara. Après sa mort, les Sarrasins la reprirent et la conservèrent jusqu'en 1238, époque à laquelle Jacques, roi d'Aragon, la soumit à son autorité. Philippe V réunit ce royaume à celui de Castille, pour en être à l'avenir une province.

VALENCE, lac du Venezuela, dans l'Amérique, à 6 lieues de la mer. Sa longueur est de 14 lieues, et sa largeur de 4

VALENCE, sur la rive gauche du Rhône, chef-lieu du département de la Drôme, à 140 lieues de Paris. Population, 10,496 habitants. Valence, l'ancienne *Julia Valentia*, était, avant l'invasion romaine, la capitale des *Segaloni*, peuple gaulois, allié des Voconces et des Allobroges. Sous Vespasien, cette ville devint colonie romaine, et fit partie de la première Viennoise. Soumise par les Bourguignons, Valence tomba ensuite sous la domination des rois francs, et fit successivement partie des royaumes de Bourgogne et d'Arles. Lors du démembrement de cette monarchie, les comtes de Provence, puis les comtes de Toulouse devinrent maîtres de Valence. Elle était considérée comme la capitale du Valentinois, et ne reconnaissait d'autre souverain que l'empereur. Elle fut pendant quelque temps gouvernée par ses évêques, qui prenaient le titre de seigneurs de Valence. En 1449, l'évêque en fit hommage à Louis XI encore dauphin. — Huit conciles ont été tenus à Valence. Le dernier date de 1248. Le pape Pie VI y mourut en 1799. Valence est entourée de fortifications. Elle possède un beau pont en fil de fer, bâti en 1828; une bibliothèque publique, riche de 15,000 volumes; une salle de spectacle; un tribunal de première instance; un évêché, érigé dans le IVe siècle, suffragant de l'archevêché d'Avignon; une école secondaire ecclésiastique; un collège; une société d'agriculture, commerce et arts. Son commerce consiste en vins fins, eaux-de-vie, truffes, fruits, huiles, toiles imprimées, cuirs, bas et gants.

VALENCIENNES, ville forte de France, au confluent de l'Escaut et de la Rhonelle, chef-lieu d'arrondissement du département du Nord, à 12 lieues trois quarts de Lille. Population, 18,953 habitants. Cette ville est très-ancienne. Sous les rois de la deuxième race, elle fut érigée en comté. En 1051, Richilde la porta dans la maison des comtes du Hainaut par son mariage avec Baudouin de Mons. Cette ville passa depuis successivement dans la maison d'Avesnes, dans celles de Bavière, de Bourgogne et d'Autriche, par le mariage de Marie de Bourgogne avec l'archiduc Maximilien, qui fut depuis empereur. Marie mourut en 1482, laissant ses biens à Philippe son fils, père de Charles-Quint. Valenciennes appartint alors à l'Espagne. Attaquée infructueusement par Turenne en 1656, elle fut prise en 1677 par Louis XIV, et réunie à la France par le traité de Nimègue. Le duc d'Yorck s'en empara en 1693, après quarante-trois jours de bombardement et une défense héroïque. Les Français la reprirent l'année suivante. — Valenciennes possède un bel hôpital général, une salle de spectacle, un hôtel de ville, une bibliothèque publique, riche de 18,000 volumes, un musée, un cabinet d'histoire naturelle, une direction d'artillerie, un tribunal de première instance et de commerce, un collège, et une société des sciences, arts et industrie. Valenciennes est renommée par ses dentelles. Le commerce se fait en toiles, charbon de terre, bois, sucreries, etc.

VALENCIENNES (Pierre-Henri), né à Toulouse en 1750, célèbre peintre de paysages. Il eut pour maître Doyen à Paris, voyagea ensuite en Italie pour perfectionner son talent, et mourut en 1819. On a de lui plusieurs beaux tableaux. Celui qui représente *Cicéron découvrant le tombeau d'Archimède* est placé au musée du Louvre, à Paris. Il avait écrit un *Traité de perspective et de l'art du paysage*.

VALENS (Valerius), Romain, était proconsul d'Achaïe lorsque les armées d'Orient se soulevèrent contre Gallien, et élurent Macrin empereur. Celui-ci, craignant que Valens ne prît les armes contre lui, le poursuivit avec une petite armée. Valens, pour lui échapper, se fit déclarer empereur par ses soldats, qui l'assassinèrent peu de jours après (l'an 261 de J.-C.). — Un autre Romain de ce nom, AURELIUS VALERIUS VALENS, fut d'abord officier dans les troupes de l'empereur Licinius, qui le prit pour collègue l'an 314 de J.-C. Lorsque Licinius eut conclu la paix avec Constantin, Valens rentra dans la vie privée. Mais son ancien collègue, méfiant et jaloux, l'assassina de sa propre main peu de temps après.

VALENS (Flavius), empereur romain, né près de Cibalis, en Pannonie, l'an 328 de J.-C., était fils de Gratien. Il fut associé à l'empire l'an 364 par son frère Valentinien Ier, qui lui donna le gouvernement de l'Orient en 365. Il repoussa avec succès les efforts des nations barbares, et vainquit Procope, qui s'était fait couronner empereur, et à qui il fit trancher la tête. Valens, ayant adopté l'hérésie des ariens, persécuta cruellement les catholiques, et exila les évêques orthodoxes. La guerre ayant éclaté entre l'empire et les Goths, Valens eut d'abord de grands succès; défait par eux à Adrianopolis, il fut forcé de chercher un refuge dans une cabane de paysan, où les barbares mirent le feu. Il mourut dans les flammes (378).

VALENTIN, pape, Romain de naissance, succéda à Eugène II en 827, ne gouverna que quarante jours. Il mourut le 10 octobre de la même année. Grégoire IV lui succéda. — L'Église célèbre le 14 février la fête de saint VALENTIN, prêtre romain et martyr, qui fut décapité pour la foi de Jésus-Christ l'an 306.

VALENTIN, hérésiarque, né au commencement du IIe siècle en Egypte, étudia à Alexandrie, et s'y rendit fort habile dans les sciences et les lettres grecques. Il embrassa la vie ecclésiastique, et brigua l'épiscopat; mais, s'étant vu préférer un rival, il en conçut tant de dépit qu'il résolut dès lors de se séparer de l'Église, et enseigna un système bizarre, assemblage d'idées chrétiennes, orientales et philosophiques. D'Egypte, il passa en Italie, et vint à Rome vers l'an 140. Il fut excommunié en 143. Sa secte s'étendit en Orient et en Occident avec une grande rapidité. Il mourut en 161. Ses sectaires furent nommés *valentiniens*.

VALENTIN (Moïse LE), né à Coulommiers en Brie en 1600, fut élève de Vouet, et voyagea en Italie pour perfectionner son talent. S'attacha surtout à représenter des concerts, des sorciers, des soldats, des bohémiens et des tabagies. On voit encore de lui des tableaux d'histoire et de dévotion. Le Valentin peignit pour l'église de Saint-Pierre, à Rome, le *Martyre des saints Processe et Martinien*. Il mourut en 1632. Il se distingue par une touche légère, un coloris vigoureux et les figures bien disposées.

VALENTINE, vierge et martyre en Palestine, fut brûlée vive avec sainte Thée par l'ordre de Firmilien, gouverneur de Palestine, l'an 308. Les Grecs font sa fête le 18 juillet, et les Latins le 25 du même mois.

VALENTINE VISCONTI ou DE MILAN, fille de Galéas Visconti, duc de Milan, née en 1370, épousa en 1389 le duc Louis d'Orléans, frère cadet du roi de France Charles VI. Valentine se distingua à cette cour autant par son esprit que par sa beauté. Sa douceur, ses soins assidus soulagèrent les maux du roi, qui, dans ses accès de folie, ne se laissait gouverner que par elle. Le peuple attribua cette influence à la magie, et prétendit que se servait de sortilèges pour dominer le roi et pour faire passer le gouvernement dans les mains du duc d'Orléans, son époux. Elle fut obligée de quitter la cour pour quelque temps; mais elle reparut bientôt. Son époux ayant été assassiné en 1407, elle demanda inutilement justice du meurtrier, et se retira à Blois avec ses enfants. Elle ne survécut pas longtemps à son époux, et mourut en 1408. Les droits héréditaires de Valentine sur le Milanais servirent de prétexte aux guerres d'Italie, entreprises par Louis XII et François Ier.

VALENTINIEN Ier, empereur romain, né à Cibalis, en Pannonie, d'une famille distinguée. Valentinien embrassa la carrière militaire, et devint commandant de la deuxième légion de la garde impériale. Après la mort de Jovien, il fut élu empereur par les soldats (364 après J.-C.). Il associa son frère à l'empire, et lui donna en partage l'Orient. Il repoussa les Germains qui ravageaient les Gaules, pacifia l'Afrique révoltée, dompta les Saxons qui s'étaient avancés jusque sur les bords du Rhin, et établit dans tout l'empire de nombreuses écoles, régna sans faste, et diminua les impôts; mais il ternit ses belles qualités par une grande sévérité et par des emportements de colère pendant lesquels il devenait cruel jusqu'à la férocité. Valentinien mourut en 375.

VALENTINIEN II, second fils du précédent, né en 371, fut à la mort de son père, proclamé empereur par l'armée de Pannonie. Son frère aîné, Gratien, qui avait déjà pris possession de l'empire, lui céda tous ses droits en 385. Valentinien étant trop jeune pour gouverner lui-même, sa mère Justine fut déclarée régente. Dépouillé de ses Etats, en 387, par le tyran Maxime, il eut recours à Théodose, qui défit Maxime, lui fit couper la tête en 388, rétablit Valentinien, et entra dans Rome en triomphe. L'empereur, ayant commencé de régner par lui-même, se distingua par ses vertus, et fit jouir l'empire de la paix, de la justice et de l'abondance. Il avait terminé une expédition heureuse contre les Francs par un traité avec leurs chefs Marcomir et Suénon (389), lorsqu'il fut assassiné par un Franc, nommé Arbogaste, à qui il avait donné le commandement de l'armée, et qui le tenait en quelque sorte sous sa dépendance. Voulant s'affranchir de ce joug, Valentinien lui avait enlevé tous ses emplois. La mort de ce prince fut la suite de la vengeance du barbare (392).

VALENTINIEN III (Flavius Placidus Valentinianus), né à Ravenne en 419, était fils de Constance et de Placidie, fille de Théodose le Grand. Honorius, son oncle, étant mort sans enfants en 423, Valentinien III fut reconnu empereur d'Occident sous la régence de Placidie, sa mère. La sagesse de cette princesse ne put empêcher la perte de l'Afrique, que le comte Boniface livra en 428 aux Vandales, qui y fondèrent un État très-puissant. Le général Aëtius conserva par sa valeur les autres provinces de l'empire contre les barbares, et délivra la Gaule des incursions des Goths par une grande bataille qu'il remporta sur les barbares, commandés par Attila, dans les plaines de Châlons. Valentinien, jaloux de ses succès, immola ce général à la haine de tous les Romains. Ayant violé la femme du sénateur Petronius Maximus, celui-ci s'en vengea en le faisant assassiner (455).

VALENTINIENS, hérétiques ainsi nommés de leur chef Valentin (IIe siècle de J.-C.). D'après cet hérésiarque, tous les êtres forment deux grandes sphères. L'une est le monde visible, l'autre le monde invisible. Dans ce dernier, il distingue un espace immense, qui est Dieu non encore révélé; c'est ce qu'il nomme *plérôma* ou *plénitude*; du sein de la plérôma émanent trente couples d'êtres invisibles, éternels, non engendrés, qu'il nomme *éons* ou *œons*; ils sont mâles et femelles, combinés deux à deux, et se sont engendrés graduellement les uns les autres. Les deux plus anciens sont *Bythos* (c'est-à-dire *profondeur*) et *Ennoia* (en grec, *pensée*). De l'hymen de ces deux éons sont nés l'*Esprit* et la *Vérité*, qui ont engendré à leur tour par leur commerce le *Verbe* ou *Logos* et la *Vie*, d'où enfin sont nés l'*Homme spirituel* et l'*Église*. Les autres ne sont que des attributs de Dieu et de l'homme personnifiés. En tête des êtres qui ne sont plus contenus dans la plérôma est la *Passion* ou *Acamoth*, qui est d'une triple nature, spirituelle, animale et matérielle. L'homme participe à cette nature. Il doit chercher à se dépouiller de la partie matérielle et animale, pour ne conserver que

VAL

la partie spirituelle ; mais, pour réussir, il a besoin d'un médiateur. Ce médiateur est Jésus-Christ, composé de deux natures, spirituelle et animale. Dans l'homme, cette dernière partie est la seule qui doive être rachetée. La partie spirituelle est tellement incorruptible, qu'elle reste pure et intacte au milieu des plus grands excès. Les valentiniens rejetaient le baptême, la résurrection des corps et une foule d'autres doctrines chrétiennes. Ils ne subsistèrent pas longtemps.

VALENTINOIS, pays de France qui forme aujourd'hui une partie du département de la Drôme (Dauphiné). Le Valentinois portait les titres de comté et de duché. Le comté s'étendait le long du Rhône, depuis l'Isère jusqu'à la Drôme, et le duché depuis la Drôme jusqu'au comtat Venaissin. Le Valentinois eut des souverains indépendants depuis 950 que Gontard, de la maison des comtes de Poitiers, s'en rendit maître, jusqu'en 1419, que Louis de Poitiers l'abandonna au dauphin qui fut depuis Charles VII ; mais, celui-ci n'ayant pas rempli ses promesses, le duc de Savoie, qui lui était subrogé dans la donation, s'empara du Valentinois. En 1446, il le céda à Louis XI, qui le réunit au Dauphiné et par suite à la France. Louis XII l'érigea en duché-pairie en faveur de César Borgia, fils du pape Alexandre VI. François Ier le donna à Diane de Poitiers. En 1642, Louis XIII en fit don au prince de Monaco. Depuis cette époque, l'aîné des fils du prince de Monaco prend le titre de duc de Valentinois. La ville de Valence ne fit partie du Valentinois, dont elle fut regardée comme la capitale, qu'après la réunion de cette province au Dauphiné en 1446.

VALÈRE MAXIME, historien latin, vivait sous Tibère vers l'an 30 de J.-C. Après avoir fait quelques campagnes en Asie, il revint à Rome et y vécut paisiblement, se livrant entièrement à l'étude. On a de cet écrivain un ouvrage composé de neuf livres et qui traite de la religion, des religions étrangères, des auspices, des présages, des songes, des visions, des cérémonies et des devoirs du mariage, des devoirs et des usages des magistrats, des spectacles, des institutions militaires, du genre de vie que menaient les Romains, des institutions étrangères, de la discipline militaire, de la bravoure, de la patience, des hommes illustres, de la modération, de la chasteté, de l'amitié, de l'amour de la patrie et des autres vertus, etc. Cet ouvrage, quoique écrit d'un style dur et peu correct, offre néanmoins un grand intérêt.

VALERIA (Galeria), fille de Dioclétien et de Prisca, épousa en 292 Galère Maximien, nommé César et adopté par Dioclétien. Après la mort de Galère Maximien, elle se retira avec sa mère à la cour de Maximin Daza, neveu de Dioclétien. Ce prince, ayant voulu l'épouser, l'exila sur son refus dans les déserts de la Syrie, où elle souffrit avec Prisca les plus grandes privations. Maximien étant mort en 313, elles crurent pouvoir demander un adoucissement à leurs maux à Licinius, élevé à l'empire par Galère ; mais leur espérance fut trompée. Elles furent arrêtées à Thessalonique en 314, et Licinius leur fit trancher la tête en 315.

VALÉRIANE, genre de la famille des dipsacées, renfermant des herbes vivaces, ayant les feuilles opposées, entières ou diversement découpées, et les fleurs disposées en panicule ou en grappe terminale. Les bestiaux mangent avec plaisir ces plantes, qui sont usitées dans l'économie domestique et en médecine. La *valériane officinale*, qui habite nos bois humides, a ses racines amères, d'une odeur aromatique et pénétrante. C'est un puissant antispasmodique. La *valériane phu* ou *grando valériane*, qui croît sur les Alpes, possède les mêmes propriétés, mais bien moins actives. Le *nard celtique* ou *valériane celtique*, des montagnes de la Suisse, et de l'Autriche et du Dauphiné, produit des racines odorantes, que l'on emploie comme cosmétique en Orient. L'on cultive sous le nom de *doucette* la *valériane mâche*. (Voy. MACHE.) Plusieurs naturalistes ont créé pour cette dernière plante et quelques espèces voisines le genre *valérianelle*, qui n'a pas été généralement adopté.

VALÉRIANELLE. Voy. MACHE et VALÉRIANE.

VALÉRIEN (Saint), évêque d'Aquilée sous les empereurs Valentinien Ier, Gratien et Théodose, fit refleurir la piété et la foi dans son Eglise, qui avait été infectée de l'hérésie arienne sous Fortunatien, son prédécesseur. Il présida au concile d'Aquilée en 381, et mourut vers 389. On fait sa fête le 27 novembre. — L'Eglise honore le 15 décembre un autre VALÉRIEN comme défenseur de la foi contre les Vandales, qui le chassèrent d'Habe, ville d'Afrique, dont il était évêque, parce qu'il n'avait pas voulu livrer aux barbares les objets consacrés au culte divin.

VALÉRIEN (Publius Licinius Valerianus), empereur romain, né à Rome en 190 de J.-C., descendait d'une famille illustre. Le sénat, connaissant l'intégrité de ses mœurs, lui conféra la dignité de censeur. Après la mort de Gallus, l'armée le proclama empereur (253). Il seconda son fils Gallien à l'empire. Sous son règne éclata une violente persécution contre les chrétiens. Valérien, à l'aide de ses généraux, vainquit les Scythes et les Illyriens, qui saccageaient les frontières de l'empire. Il alla conduire lui-même une armée contre Sapor, roi des Perses. Vaincu et fait prisonnier en 260, Valérien subit les plus vils traitements. Il mourut en captivité en 263. Sapor le fit écorcher, et suspendit dans un temple sa peau garnie de paille.

VALERIUS FLACCUS (Caïus Setinus Balbus), poëte latin, né à Setia, ville du Latium, florissait sous les règnes de Vespasien, Titus et Domitien. Valerius fut quindécemvir, chargé de la garde des livres sybillins et de la célébration des jeux séculaires. Il fut honoré de la préture l'an 88 de J.-C. On ignore l'époque de sa mort. Nous avons de lui un poëme héroïque sur l'expédition des Argonautes ou *Argonautique*. La mort empêcha l'auteur de terminer cet ouvrage. Nous n'en avons que les huit premiers livres.

VALERIUS. Voy. PUBLICOLA.

VALERY-EN-CAUX (SAINT-), port de mer sur la Manche, chef-lieu de canton du département de la Seine - Inférieure, à 7 lieues et demie d'Yvetot. Population, 5,752 habitants. Cette ville doit son origine à une abbaye bâtie au VIIIe siècle. Le port en est petit, mais sûr. Il n'est propre qu'à la pêche. Saint-Valery est le chef-lieu d'un arrondissement électoral qui envoie un député à la chambre.

VALERY-SUR-SOMME (SAINT-), ville de France dans le département de la Somme, port de mer sur l'Océan, sur la rive gauche et près de l'embouchure de la Somme dans la Manche, à 5 lieues d'Abbeville. Population, 3,565 habitants. Saint-Valery était la capitale du *Vimeux*. La ville doit son nom et son origine à une abbaye de bénédictins, fondée par saint Valery en 614. Elle avait le titre de marquisat. Son port est très-ancien. Guillaume le Conquérant y embarqua l'expédition à la tête de laquelle il envahit l'Angleterre en 1066. Sa flotte, formée de 1,000 voiles, portait 100,000 hommes. Ce port est encore très-bon. La ville est petite. Elle possède de beaux magasins d'entrepôt, un tribunal de commerce. Elle commerce en toiles à voiles, sel, eaux-de-vie, vins, etc.

VALÉSIENS, hérétiques, disciples de Valerius, philosophe arabe, qui vivait vers l'an 250. Ces hérétiques enseignaient que l'homme ne pouvait être sauvé s'il n'était eunuque, et que cet acte ne devait pas exclure des dignités ecclésiastiques. Les valésiens interdisaient à leurs disciples l'usage de la viande, et les forçaient à se faire eunuques. Ils imposaient même cette mutilation aux étrangers, croyant, de cette manière, leur procurer le salut éternel. Condamnée par le concile de Nicée, l'hérésie des valésiens disparut entièrement.

VALET, domestique, serviteur. Ce mot a une foule d'autres acceptions. Dans les jeux de cartes, on nomme ainsi une carte qui vient ordinairement après le roi et la reine. Il y a le *valet de carreau*, nommé *Hector* ; le *valet de cœur*, nommé *la Hire* ; le *valet de pique*, nommé *Ogier* ; le *valet de trèfle* ou *Lancelot*. — On appelle encore *valet* 1o un instrument de fer qui sert à tenir ferme le bois sur l'établi du menuisier ; 2o un cylindre de bois solide, chargé de poudre et percé en plusieurs endroits, où les artificiers attachent des pétards ; 3o *valet à patin*, une pincette dont on se servait autrefois pour faire la ligature des vaisseaux après l'amputation d'un membre ; 4o en termes d'horlogerie, une petite pièce d'acier qui, dans la quadrature d'une montre ou pendule à répétition, contient dans une situation fixe l'étoile, et par conséquent le limaçon des heures ; 5o en marine, un peloton fait de fil bien serré dont on se sert pour bourrer la poudre, quand on charge les canons.

VALETTE (Jean-Louis DE LA). Voy. ÉPERNON.

VALETTE (Jean DE LA), fils du précédent, lui succéda dans l'emploi de gouverneur de la Guyenne. Il réussit à chasser les Espagnols de cette province. Après la levée du siège de Fontarabie (1639), il fut rendu responsable de cette action, et reçut l'ordre de venir rendre compte de sa conduite ; mais il se retira en Angleterre. On lui fit son procès, et le roi présida lui-même au jugement. La Valette fut condamné à mort et exécuté en effigie. Cette sentence fut cassée dès le commencement du règne de Louis XIV. Il mourut en 1661, ne laissant aucun héritier mâle. — Son frère, LOUIS DE NOGARET DE LA VALETTE, fut abbé de Saint-Victor à Marseille, archevêque de Toulouse et cardinal (1621). Richelieu lui donna le gouvernement de l'Anjou et de Metz, l'envoya commander les armées en Allemagne avec le duc de Weimar, puis en Franche-Comté, ensuite en Picardie et en Italie, où il mourut en 1639.

VALETTE-PARISOT (Jean DE LA), grand maître de Malte, après Claude de la Sangle, en 1557 ou 1559, donna si vivement la chasse aux corsaires turcs, qu'en moins de cinq ans il leur prit plus de cinquante vaisseaux. Soliman II, irrité de ses succès, entreprit de se rendre maître de Malte, et y envoya une armée forte de 80,000 hommes commandés par Piale et Mustapha-Pacha, qui en formèrent le siège en mai 1565. Les attaques des Turcs, poussées pendant quatre mois avec un grand acharnement, échouèrent contre l'intrépidité de la Valette et de ses chevaliers. L'armée de Soliman, après une perte de 20,000 hommes, fut contrainte à une honteuse retraite. Les Turcs avaient tiré sur la cité de Malte, pendant le siège, plus de 70,000 coups de canon ; aussi fut-elle entièrement ruinée. En 1566, la Valette fit commencer la construction d'une ville nouvelle, à laquelle il donna son nom, et qui est regardée comme l'une des plus fortes places de l'Europe. Il y employa 8,000 ouvriers par jour jusqu'à sa mort arrivée en 1568. Pour faire face aux dépenses, il avait fait frapper des pièces de monnaie en cuivre avec une valeur nominale. Dans la suite, il en rendit la valeur réelle en or et en argent.

VALGUS, mot latin qui désigne en médecine une personne dont les jambes sont courbées en dehors.

VALLADOLID, province d'Espagne, formée de l'ancien royaume de Léon et bornée par les provinces de Léon, Palencia, Zamora, Salamanque, Avila, Burgos et Ségovie. La population est de 200,000 habitants. C'est un pays riche et formé de plaines et de plateaux fertiles, quoique mal cultivés. On y trouve des pâturages étendus qui nourrissent de nombreux troupeaux. La capitale est VALLADOLID, à 40 lieues de Madrid, au confluent de l'Esgueva et de la Pisuerga, sur la grande route de France à Madrid, par Burgos. Sa population est de 35,000 habitants. Cette ville renferme de beaux édifices, de nombreux couvents, un évêché et une université. Elle fut la patrie et la résidence du roi Philippe II. — Une ville de ce nom est située dans le Mexique, près d'un lac, à environ 50 lieues de Mexico. Sa population est de 18,000 habitants. Cette ville, ancienne capitale de l'intendance de Mechoacan, est riche et bien bâtie.

VALLAGE, petit district de l'ancienne province de Champagne. Bar-sur-Aube en était la capitale.

VALLAIRE. On nommait *couronne vallaire*, chez les Romains, celle que l'on décernait au guerrier qui le premier avait franchi les retranchements (en latin *vallum*) de l'ennemi.

VALLÉE, nom donné aux plaines bornées par des collines et des montagnes. Ce sont les plus souvent des dépressions plus longues que larges. Un *vallon* est une petite vallée, un petit espace de terre entre deux coteaux. Les poètes nomment le *sacré vallon* le vallon qui est situé entre les deux sommets du Parnasse. — À Paris, on nomme *la Vallée* un marché situé dans le faubourg Saint-Germain, destiné à la vente de la volaille et du gibier.

VALLIER (SAINT-), chef-lieu de canton du département de la Drôme, à 8 lieues de Valence et au confluent de la Galaure et du Rhône, au milieu de coteaux chargés de vignes et de vergers. Aux environs on admire les ruines d'un ancien château. Cette ville renferme des papeteries et des faïenceries ; elle fait un grand commerce de vins. Sa population est de 2,709 habitants.

VALLISNERIE, genre de la famille des hydrocharidées, renfermant des plantes aquatiques qui habitent le fond des rivières et des étangs de l'Europe, de l'Amérique et de l'Océanie. Ces plantes sont remarquables parce qu'au printemps et au moment de la fécondation les fleurs mâles se détachent, viennent flotter à la surface de l'eau et verser le pollen sur les fleurs femelles qui, sans se détacher, s'élèvent aussi à cette époque au-dessus de l'eau. Après l'acte de la fécondation, les fleurs femelles redescendent au fond des eaux pour mûrir le fruit qui doit propager l'espèce.

VALMIKI, célèbre poëte indien. On ignore les événements de sa vie et même le siècle où il vu naître et mourir. Il était, à ce que l'on croit, prêtre du dieu Brahmâ. On a de lui le *Râmâyana* ou Histoire du demi-dieu Râmâ, poëme écrit en langue sanscrite et qui renferme vingt-quatre mille distiques, c'est-à-dire quarante-huit mille vers, divisés en sept livres et subdivisés en un grand nombre de chapitres. La bibliothèque royale, à Paris, possède trois copies de cet ouvrage.

VALMONT DE BOMARE (Jacques-Christophe), célèbre naturaliste, né à Rouen en 1731. Venu à Paris en 1750, et ayant obtenu du duc d'Argenson, ministre de la guerre, la commission de voyager aux frais du gouvernement, il pénétra dans la Laponie, fit la description exacte des volcans de l'Islande, rassembla un grand nombre de matériaux précieux et revint à Paris en 1756. Il y ouvrit un cours sur les différentes branches d'histoire naturelle ; ce cours, qu'il renouvela jusqu'en 1788, fait époque dans les annales de l'histoire naturelle. Après la révolution, il obtint la place de professeur à l'école centrale de la rue Saint-Antoine, puis fut nommé membre de l'Institut et censeur au lycée Charlemagne. Il mourut en 1807. On a de ce savant plusieurs ouvrages, entre autres un *Dictionnaire raisonné d'histoire naturelle*, un *Traité de minéralogie* et plusieurs *mémoires*.

VALMY, petit village du département de la Marne, à 2 lieues et dans l'arrondissement de Sainte-Menéhould. Les Français, commandés par le général Kollermann, y remportèrent, en septembre 1792,

une grande victoire sur l'armée des alliés. Cette victoire valut à Kellermann le titre de *duc de Valmy*, titre qui est devenu héréditaire dans sa famille.

VALOGNES, sur la petite rivière du Merderet, chef-lieu d'arrondissement du département de la Manche, à 15 lieues de Saint-Lô. Population, 7,840 habitants. Près du site qu'occupe Valognes était une ville romaine (*Alauna*) dont les débris existent encore. Duguesclin, en 1364, s'en empara après un long siége, sur Charles le Mauvais, allié aux Anglais contre la France. Pendant les guerres civiles et religieuses, les troupes royales et les huguenots la prirent tour à tour. Le château a été détruit en 1689. Valognes possède une bibliothèque publique riche de 15,000 volumes, un tribunal de première instance et un collège. Elle fait un grand commerce de toiles, beurre salé, volailles, œufs, et renferme des manufactures de porcelaine.

VALOIS, petit pays qui faisait autrefois partie de l'Ile-de-France. Il était borné par le Soissonnais, la Brie, la Champagne et le Beauvoisis, et avait d'abord titre de comté. Crépy était sa capitale. Le Valois fut réuni à la couronne par Philippe Auguste, et donné en apanage par Philippe le Hardi en 1284 à Charles, son fils cadet. Charles VI l'érigea en duché, en 1402, en faveur de Louis d'Orléans, son frère. Il fut déclaré patrie par Louis XIV en faveur de Philippe de France, duc d'Orléans, son frère. Il appartint à la famille d'Orléans jusqu'en 1789. — Le Valois était célèbre par la fertilité de son sol. Le blé qu'il produit, ce que l'on nomme encore *blé de Valois*, est d'une qualité supérieure, et constitue le principal commerce du pays.

VALOIS, nom d'une des dynasties qui ont occupé le trône de France. Le comté de Valois avait été donné en apanage par Philippe le Hardi, en 1284, à son fils puîné, Charles. Le fils de Charles de Valois, Philippe de Valois, monta sur le trône en 1328, faute d'héritiers mâles du roi défunt. Ce prince fut la tige des différentes branches des Valois qui occupèrent le trône jusqu'en 1589, époque de la mort de Henri III.

VALOIS (Charles DE FRANCE, comte DE), deuxième fils de Philippe le Hardi, roi de France, naquit en 1270. Il reçut en apanage les comtés de Valois, d'Alençon, de Perche, d'Anjou et du Maine. Le pape Martin IV lui donna l'investiture du royaume d'Aragon, au préjudice de Jacques II, qu'il avait excommunié. Mais il n'eut que le titre de roi. Il fit avec succès la guerre aux Anglais dans la Guyenne en 1295, et en Flandre en 1299. Il aida le pape et le roi de Sicile, qui avaient demandé son secours, et prit le titre d'empereur de Constantinople, du chef de sa deuxième épouse, Catherine de Courtenai. Le pape lui conféra le titre de vicaire de l'Eglise et de défenseur du saint-siége. Charles fit une nouvelle campagne contre les Anglais en Guyenne, et parvint à pacifier tout le pays situé entre la Durdogne et la Garonne. Jaloux du pouvoir et de l'influence d'Enguerrand de Marigny, surintendant des finances, il ne négligea rien pour le perdre, et fut un des principaux moteurs de la condamnation de ce ministre. Charles mourut en 1325. Son fils Philippe monta sur le trône en 1328, et fut chef de la dynastie des *Valois*.

VALOIS (Henri DE), historiographe de France, né à Paris en 1603 d'une famille noble, originaire de Normandie. Il fut envoyé en 1622 à Bourges pour y étudier le droit civil, et fut reçu avocat au parlement de Paris ; mais il renonça bientôt au barreau pour se consacrer entièrement à l'étude des belles-lettres et de l'histoire. En 1660, Valois fut nommé historiographe du roi. Il mourut en 1676. Ses principaux ouvrages sont une *édition* de l'*Histoire ecclésiastique* d'Eusèbe, avec une bonne traduction latine et des notes savantes ; l'*Histoire de Socrate et de Sozomène*, traduite en latin ; l'*Histoire de Théodoret* et celle d'*Evagre le Scolastique* ; une édition d'*Ammien Marcellin*, avec des notes.

VALOIS (Adrien DE), frère du précédent, suivit la même carrière. Moins érudit que lui dans la langue grecque, il écrivait avec une égale facilité en latin. Ses travaux sont d'un grand intérêt pour l'étude de l'histoire de France. Le roi le nomma son historiographe en 1664. Il mourut en 1692. Ses principaux ouvrages sont une *Histoire de France*, en latin (avec le titre de *Gesta Francorum*, actions des Français), en trois volumes in-folio (1658), œuvre très-estimée, qui contient les faits survenus depuis l'arrivée des Francs dans les Gaules jusqu'à la déposition de Childéric II ; une *Notice des Gaules*, en latin ; une édition d'*Ammien Marcellin* ; une édition de deux anciens poëmes, qui sont le *Panégyrique de Bérenger*, roi d'Italie, et la *Satire* d'Adalberon, évêque de Laon, sur les vices des religieux et des courtisans de cette époque.

VAL-OMBROSA ou VALLOMBREUSE, vallée des Apennins, à 6 lieues environ de Florence en Italie. Elle est célèbre par un monastère de bénédictins, fondé par saint Jean Gualbert au XIe siècle.

VALORI, famille patricienne de Florence. — NICOLAS VALORI, un des plus anciens membres connus, occupa dans l'État plusieurs emplois considérables. Il mourut en 1527. On a de lui la *Vie de Laurent de Médicis*. — FRANÇOIS VALORI, né à Florence en 1448, obtint divers emplois importants, fut ambassadeur et gonfalonier. Il fut tué dans une émeute populaire en 1493. — BACCIO VALORI, né en 1535, embrassa la partie de la jurisprudence. En 1580, il fut sénateur du duc François Ier, puis conseiller intime de Ferdinand Ier. Valori protégea les arts et les sciences. Il mourut en 1606. Cette famille s'éteignit en 1687.

VALORSINE, vallée de Suisse, dans le canton de Genève, entre la vallée de Chamouni et le bas Valais. Elle a environ 3 lieues de long.

VALPARAISO, petite ville du Chili avec un port très-fréquenté et une bonne forteresse sur le bord de l'Océan. Sa population est de 12,000 habitants. Cette ville est très-commerçante et très-industrieuse.

VALSE ou WALSE (en allemand, *walz*), air de danse à trois temps (*trois-quatre* ou *trois-huit*). La valse, considérée comme danse, consiste à tourner deux à deux autour d'une salle en pirouettant. Le mouvement de cette danse est le plus souvent très-rapide. La valse est originaire de l'Allemagne.

VALTELINE ou VALTELLINA (en allemand, *Weltlein*), province du royaume lombardo-vénitien, en Italie, entre les Alpes et le lac Como. Sa superficie est de 224 lieues carrées, et sa population de 87,000 habitants. Elle porte aussi le nom de *Sondrio*. Des sept districts qui la composent, cinq seulement forment la Valteline proprement dite, grande vallée longue de plus de 25 lieues, entourée de hautes montagnes, sur lesquelles on élève d'excellents bestiaux, et arrosée par l'Adda. Le pays est fertile, et produit du miel, du bois, du vin ; on y trouve des carrières de marbre. Le commerce industriel s'exerce sur la fabrication de la soie et des quincailleries. — La capitale de la Valteline est SONDRIO, avec 3,000 habitants. Cette province est divisée en *Chiavenna*, *Valtellina* et *Bormio*. La première est située à l'O., et les deux autres au N.-O. Ces trois contrées firent, au moyen âge, partie de la Lombardie. Elles tombèrent au pouvoir des ducs de Milan, qui les cédèrent aux Grisons en 1512. En 1797, Bonaparte les réunit à la république cisalpine. Comprises, après 1804, dans le royaume d'Italie, sous le nom de *département de l'Adda*, elles font partie depuis 1814 du royaume lombardo-vénitien.

VALUE. En jurisprudence, ce mot désigne l'augmentation ou la diminution de valeur qu'a acquise une chose de quelque manière que ce puisse être. On dit *plus value*, *moins value*.

VALVE, du latin *valva*, battant de porte ou de fenêtre. Ce mot, employé d'abord par les naturalistes pour désigner les deux pièces de certaines coquilles jouant l'une sur l'autre à l'aide d'un ligament qui les unit, a été appliqué par extension à toute pièce plus ou moins solide, formant ou faisant partie du corps protecteur des mollusques, nommé vulgairement *coquille*. Les coquilles qui n'ont qu'une seule pièce se nomment *univalves*, celles qui en ont deux *bivalves*, et celles qui en ont un plus grand nombre, *plurivalves* ou *multivalves*. — En botanique, on nomme *valves* les pièces qui composent un fruit sec et qui s'ouvrent spontanément. Dans les gousses, les valves sont toujours au nombre de deux. Ces pièces, d'abord jointes, s'écartent ensuite les unes des autres, et livrent passage aux semences qu'elles protégeaient. — On nomme *valvaire* un fruit pourvu de valves, *invalvé* celui qui en est privé.

VALVULE, diminutif de *valve*. Les anatomistes ont donné ce nom à diverses membranes ou replis membraneux qu'on rencontre dans les conduits ou réservoirs du corps, et qui favorisent le cours des liquides et les empêchent de refluer. On nomme *valvules mitrales* celles qui garnissent l'ouverture de communication de l'oreillette gauche du cœur avec le ventricule correspondant; *valvules tricuspides* ou *triglochines*, celles formées par la membrane interne des cavités droites du cœur autour de l'orifice de communication de l'oreillette avec le ventricule; *valvule du pylore*, un bourrelet circulaire, aplati, fibro-muqueux, qui ferme entièrement l'estomac pendant que les substances alimentaires sont soumises à l'action de cet organe; *valvules sigmoïdes*, celles qui garnissent l'artère pulmonaire et l'aorte immédiatement au-dessous de leur ouverture de communication avec les ventricules du cœur; *valvules conniventes*, des rides transversales qui font saillie dans l'intestin grêle; *valvule de Bauhin*, une valvule située transversalement à l'endroit où l'iléon s'ouvre dans le cæcum; *valvule d'Eustache* ou *d'Eustachi*, un repli membraneux semi-lunaire, qui se trouve dans l'oreillette droite du cœur, et garnit l'orifice de la veine cave inférieure; les *valvules des veines* sont celles formées par la membrane interne des veines, plus nombreuses dans celles des membres inférieurs que dans celles de la tête, et qui ont pour usage d'empêcher le sang veineux de refluer et de faciliter la circulation.

VALVULE DE VIEUSSENS, nom donné à une lame médullaire grisâtre, pulpeuse, qui se porte des tubercules quadrijumeaux inférieurs vers le cervelet, et forme la voûte du quatrième ventricule.

VAMPIRE. Dans tout ce nom à des revenants, à des morts que l'on dit sortir la nuit des cimetières pour venir sucer le sang des vivants, à la gorge et au ventre; après quoi, ils vont se remettre dans leurs fosses, en laissant sur leur passage des traces de sang. Pour détruire les vampires, il faut enfoncer un pieu dans l'estomac du cadavre, lui trancher la tête, la jeter aux flammes ou le brûler, et rejeter les cendres dans la fosse. Les vivants sur lesquels le vampire exerce son odieux privilège maigrissent, pâlissent et meurent de consomption. La nuit même qui suit son décès, la victime à qui s'est communiqué le vampirisme par contact va se nourrir à son tour du sang des hommes. C'est ordinairement le sang des parents et des amis que recherchent les vampires. La croyance aux vampires est particulièrement répandue en Pologne, en Hongrie, en Silésie, en Autriche, en Moravie, en Angleterre et en Lorraine. — En histoire naturelle, on nomme vulgairement *vampire* le *vespertilion*, parce qu'il suce le sang des animaux pour se nourrir.

VAN, pachalik de l'Arménie turque, borné par l'Erivan, l'Aderbaïdjan, le Diarbékir et le Chehrezour. Sa superficie est de 800 lieues carrées, et sa population de 1,200,000 habitants. Ce pays est très-fertile, et produit des céréales, dattiers, oliviers, palmiers, figuiers, vignobles estimés, etc. — La capitale est VAN, sur un lac considérable du même nom, qui a 70 lieues de circonférence. Sa population est de 50,000 habitants. Cette ville, bâtie par la célèbre Sémiramis, est forte et bien construite.

VAN, instrument d'osier à deux anses, courbé en rond par derrière où il est un peu relevé, et dont le creux diminue insensiblement jusque sur le devant. On s'en sert pour *vanner* les grains, c'est-à-dire pour les débarrasser des débris de paille, de la poussière et de la balle qui s'y trouvent mêlés après qu'ils ont été battus.

VANCOUVER (Georges), navigateur anglais, né en 1750, accompagna Cook dans son deuxième voyage autour du monde. En 1784, il fut employé dans la station de la Jamaïque avec le grade de lieutenant de vaisseau. En 1790, il fut choisi pour diriger un nouveau voyage en Amérique, dans le but de chercher un passage entre l'océan Atlantique et le Grand-Océan. Nommé capitaine de vaisseau, il prit le commandement de la corvette *la Découverte*, et partit de Falmouth en juillet 1791. Il visita le cap de Bonne-Espérance, les côtes de la Nouvelle-Hollande, la Nouvelle-Zélande, les îles Sandwich, et parcourut les côtes de l'Amérique pour y déterminer la position des pays avec la plus grande précision. Il revint en Angleterre en septembre 1794, et mourut en 1798. On a de lui un *Voyage de découverte dans l'océan Pacifique du nord*.

VANDALES ou WANDALES, peuples anciens, habitaient le long de la côte septentrionale de la Germanie, entre l'embouchure de la Vistule et l'Elbe. Ils vinrent des bords de la mer Baltique, et s'avancèrent successivement dans la Pannonie, dans les Gaules, dans l'Espagne et en Afrique. Ce fut dans le Ve siècle que les Vandales envahirent les Gaules, détruisant tout sur leur passage. Vers 409, ils franchirent les Pyrénées, accompagnés des Alains et des Suèves, s'établirent en Espagne, où ils se livrèrent à l'agriculture. Ceux qui ne se fixèrent pas dans ce pays passèrent en Afrique et s'emparèrent de Carthage, où ils fondèrent un royaume puissant. Un de leurs rois, Genséric, mena une armée nombreuse en Italie, s'empara de Rome et soumit tout le midi et les côtes de ce pays. Le dernier successeur de Genséric fut Gélamir ou Gelimarus. En 534, Bélisaire s'empara de Carthage, et envoya ce roi captif à Constantinople. Avec ce prince finit la domination des Vandales. — Le souvenir des déprédations de ces peuples a fait devenir leur nom proverbial pour désigner les ennemis des beaux-arts et ceux qui renversent les monuments.

VANDALES (VILLES). On a nommé ainsi six bourgs de la Lusace, habités par des descendants des Vandales, conservant à peu près leur langue et leurs mœurs. Ces bourgs sont *Beskow, Dreiocke, Muska, Strkow, Westchow* et *Willichenow*.

VANDER MAESEN (Edme-Martin, comte), né à Versailles en 1767, entra en 1782 au régiment de Touraine, et fut nommé lieutenant en 1792, puis chef du onzième bataillon du Jura en 1793. Plusieurs affaires contre les Prussiens lui valurent le grade de chef de brigade. Il prit part à toutes les batailles qui eurent lieu en Allemagne. Nommé général de brigade, il fit partie de l'armée du Rhin, et fut fait prisonnier près de Manheim, après un combat très-vif et très-acharné. Rendu à la liberté en 1801, il fut nommé lieutenant du général Decaen, capitaine général des colonies orientales, et se rendit à Pondichéry (1803), où il reçut le grade de général de division. Il se distingua dans plusieurs combats contre les Anglais (1810). De retour en France, il fut envoyé en Espagne, et y reçut le commandement d'une division destinée pour Burgos, sous les ordres du général Caffarelli, puis celui de la province de Burgos. Il sut, par la sagesse de son administration, concilier les intérêts des habitants avec ceux de la France. Il se distingua dans une foule d'affaires importantes, entre autres au siège de Saint-Sébastien et au passage de la Bidassoa. C'est à ce dernier combat qu'il mourut frappé d'une balle (septembre 1813).

VANDRILLE (Saint), né à Verdun, était fils du duc Walchise. Après avoir vécu longtemps dans le monde, il se retira dans un monastère, où il mourut en 689. On fait sa fête le 22 juillet. Il avait fondé l'abbaye de *Saint-Vandrille*, nommée d'abord *Fontanelle*, de l'ordre de Saint-Benoît, au pays de Caux en Normandie (648). Il en fut le premier abbé. Ce monastère, dont les rois Clovis II et Clotaire III, la reine Clotilde furent les bienfaiteurs, devint en si peu de temps si florissant et si nombreux que, du vivant même du fondateur, il y avait jusqu'à quatre cents religieux. L'abbé était seigneur de Caudebec. Le monastère de Saint-Vandrille possédait une école qui a produit plusieurs hommes illustres.

VAN-DICK (Antoine), peintre célèbre, né à Anvers en 1599, était fils d'un peintre sur verre. Il étudia son art à l'école de Rubens. Son talent lui fit bientôt une grande réputation. Il voyagea en France, puis en Angleterre, où le roi Charles Ier le retint longtemps. Ce prince le fit chevalier du Bain, et lui donna une pension très-considérable. Il mourut en 1641. On a de lui un grand nombre de tableaux, entre autres les *portraits* de Moncade, gouverneur des Pays-Bas, du cardinal Bentivoglio, etc. Le tableau du *Christ entre les larrons*, etc. son coloris a beaucoup de vérité. Il porta à un très-haut degré de perfection les portraits historiques, et mérita d'être appelé *le roi du portrait*.

VANE (Sir Henry, chevalier), né en Angleterre en 1612, alla en 1633 dans la Nouvelle-Angleterre, dont il fut élu gouverneur. Revenu dans sa patrie, il fut nommé trésorier de la marine. Ayant eu à se plaindre de la cour, il se jeta dans le parti de l'opposition. Lorsque la guerre civile éclata entre Charles Ier et le parlement, il se déclara pour ce dernier. Il fut l'un des députés chargés de soulever l'Écosse et un des promoteurs du covenant. Mais il ne voulut prendre aucune part au procès du roi. Lors de l'établissement de la république, il fut appelé au conseil d'État, et y siégea jusqu'en 1653, sans vouloir reconnaître Cromwell. A la restauration, il fut arrêté, condamné à mort et exécuté (1662). Il a laissé de nombreux *écrits* de politique et de controverse.

VAN-HUYSUM (Jean), peintre célèbre, né à Amsterdam en 1682, mort en 1749. Van-Huysum est le peintre qui a le mieux réussi à représenter les fleurs et les fruits. Son pinceau rendait avec la plus grande vérité le velouté des fruits, l'éclat des fleurs, le transparent de la rosée, le mouvement des insectes, etc. Le musée du Louvre à Paris possède plusieurs beaux tableaux de cet artiste.

VANIÈRE (Jacques), écrivain latin, né à Caux, dans le diocèse de Béziers, en 1664, entra dans la congrégation des jésuites, qui le destinèrent à professer les humanités. Son poème du *Prædium rusticum*, en seize livres, lui fit une grande réputation. Dans ce poème Vanière décrivit les occupations de la campagne, les vignes, les vergers, les étangs, etc., en y joignant des épisodes nombreux et pleins de goût. Il mourut en 1739. Outre le *Prædium rusticum*, on a encore de lui des *églogues, épîtres, épigrammes, hymnes*, etc., et un *Dictionnaire poétique* en latin.

VANILLIER, genre de la famille des orchidées, renfermant des arbrisseaux sarmenteux et grimpeurs, originaires des Antilles et de l'Amérique tropicale. Les tiges sont vertes et noueuses; les feuilles épaisses, coriaces, ondulées sur les bords; les fleurs disposées en épis vers le sommet des tiges, grandes, odorantes, blanches, jaunes ou purpurines. Le fruit est une silique ou gousse étroite, longue de douze à trente-cinq centimètres, cassante, ridée, à surface d'un roux brun, parsemée de points brillants, renfermant des semences très-petites, noires, rondes et luisantes. Leur saveur est piquante et aromatique, leur odeur suave et rappelant celle de l'héliotrope du Pérou. Ces fruits se nomment *vanille*. On en connaît plusieurs espèces; la meilleure a les siliques longues, déliées, de couleur rouge brun à l'extérieur, à pulpe intérieure noire, à semences répandant une odeur balsamique très-prononcée. En médecine, la vanille est regardée comme un stomachique, un stimulant et un tonique. Elle communique un parfum suave aux crèmes, au chocolat et à un grand nombre de préparations semblables où on l'emploie.

VANINI (Lucilio), né à Taurosano, dans le royaume de Naples, en 1585. Il était fils de J.-B. Vanini, intendant de François de Castro, duc de Taurosano, vice-roi de Naples. Il s'appliqua de bonne heure à l'étude de la philosophie, de la médecine, de l'astronomie, de la théologie, et se fit recevoir docteur en droit civil et en droit canon. Ordonné prêtre, il n'en étudia pas moins les ouvrages d'Aristote, d'Averroès, Cardan et Pomponace. Il puisa dans cette lecture les idées d'athéisme et d'irréligion qu'il enseigna ensuite dans tous ses écrits. Il parcourut l'Allemagne, les Pays-Bas, la Hollande et la France, en y répandant ses doctrines impies. En 1615 parut à Lyon son *Amphithéâtre de l'éternelle Providence*; en 1616, il publia un livre *sur les Secrets admirables de la nature, souveraine et déesse des mortels*. Dans ces deux ouvrages, il cherchait à prouver qu'il n'existe pas de Dieu, et que la nature est la seule productrice de tout ce qui existe. Forcé de quitter Paris où il s'était retiré, il vint à Toulouse en 1617. Le parlement de cette ville le fit arrêter et, après un long procès, le condamna à avoir la langue coupée, à être pendu et brûlé, comme hérétique et athée. Cet arrêt fut exécuté le 19 février 1619, sur la place de Saint-Etienne à Toulouse.

VANLOO, famille noble, originaire de l'Ecluse en Flandre, et qui a fourni des peintres d'un grand mérite. Un des plus anciens, JEAN VANLOO, fut père de JACQUES VANLOO, bon peintre de portraits, qui s'établit à Paris et fut reçu à l'académie de peinture en 1663. Son fils LOUIS fut aussi un peintre habile, membre de l'académie de peinture de Paris. Il mourut en 1728, laissant deux fils, JEAN-BAPTISTE et CARLE VANLOO, les plus célèbres de tous.

VANLOO (Jean-Baptiste), né à Aix en 1684, fut élève de son père Louis Vanloo et de Benedetto Lutti. Il vint à Paris en 1712, et fut nommé membre de l'académie de peinture. Il mourut en 1745. Cet artiste se distinguait par son pinceau moelleux, une touche savante et hardie, un beau coloris. Il peignit les *portraits* de Louis XV, du roi Stanislas et de son épouse, du prince et de la princesse de Galles. On a encore de lui *Diane et Endymion, Henri III recevant los chevaliers de l'ordre du Saint-Esprit* et *Saint Pierre délivré de prison*. Ses deux fils se distinguèrent aussi dans la peinture, et furent, l'un, LOUIS-MICHEL, premier peintre du roi d'Espagne; l'autre, CHARLES-AMÉDÉE-PHILIPPE, peintre du roi de Prusse.

VANLOO (Charles-André, dit CARLE), frère et élève du précédent, né à Nice en 1705, étudia en Italie sous Legros et Benedetto Lutti. Venu à Paris, il acquit une grande réputation, fut reçu en 1724 à l'académie de peinture. Il devint peintre du roi, gouverneur des élèves protégés par le prince, professeur de l'académie et chevalier de l'ordre de Saint-Michel en 1751. Il était chargé de travailler aux peintures de la coupole des Invalides lorsqu'il mourut en 1765. Ses tableaux sont remarquables par l'exactitude du dessin, la fraîcheur et le brillant du coloris. Ses principaux ouvrages sont *Saint Pierre guérissant un boiteux*, le *Lavement des pieds*, les *Habitants de Sodome frappés d'aveuglement*, un *Saint François* et une *Sainte Marthe*. *Thésée vainqueur du taureau de Marathon*, le plafond de l'église Saint-Isidore à Rome, les trumeaux du cabinet du roi de Sardaigne, dans lesquels il peignit onze sujets tirés de la Jérusalem délivrée, *Marsyas écorché par l'ordre d'Apollon*, les *Grâces enchaînées par l'Amour*, etc.

VANNE, nom donné à de grosses pièces de bois de chêne que l'on hausse ou que l'on baisse dans des coulisses pour lâcher ou retenir les eaux d'une écluse, d'un étang, d'un canal.

VANNEAU, genre de l'ordre des échassiers et de la famille des pressirostres, renfermant des oiseaux voyageurs, caractérisés par un bec court, grêle, droit, comprimé, renflé à son extrémité; des jambes grêles, des pieds ayant trois doigts devant et un pouce qui touche à peine la terre. Les vanneaux vivent par troupes dans les prairies humides et sur le bord des rivières. Le *vanneau huppé* est de la taille d'un pigeon, remarquable par son plumage et par la huppe qui part de l'occiput et retombe sur le dos en se relevant vers son extrémité. Cette huppe, la tête et le devant du cou jusqu'à la poitrine, sont d'un noir brillant à reflets; les parties supérieures sont d'un vert foncé à reflets éclatants; les côtés du cou, le ventre, l'abdomen et la base de la queue d'un blanc pur. Les vanneaux arrivent en France dès la fin de février ou au commencement des mars. Leurs mœurs sont très-farouches. Leur vol est vigoureux, haut et de longue haleine. Ce sont des oiseaux très-gais, sans cesse en mouvement, folâtres et très-lestes. Ils partent vers la fin d'octobre. Leur chair est très-recherchée.

VANNES, ville de France, et port de mer, à 3 lieues de l'Océan, avec lequel elle communique par le golfe du Morbihan, à 128 lieues de Paris, chef-lieu du département du Morbihan. Population, 12,000 habitants. Cette ville, très-ancienne, paraît être l'ancienne *Dariorigum*, capitale des Vénètes. Pendant soixante et onze ans, elle fut le siége d'un parlement créé par le duc François II. Les états de Bretagne s'y assemblèrent en 1532, et y signèrent l'acte qui réunissait cette province à la France. Le parlement de Rennes s'y transporta en 1675, et y resta quatorze ans. — Vannes fut autrefois plus importante que de nos jours. Ses fortifications, qui en faisaient une ville presque imprenable, existent encore en grande partie. Vannes possède un petit port de 8 à 900 mètres de long, sur 40 ou 50 mètres de large, garni de beaux quais, mais ne pouvant recevoir que des bâtiments d'un faible tonnage. L'entrée en est obstruée par des vases. Vannes possède encore une école d'hydrographie et de navigation, un collége communal, des hôpitaux, plusieurs écoles primaires, un séminaire, des casernes, une salle de spectacle qui a jadis servi aux audiences des états et du parlement, une bibliothèque riche de 8,000 volumes, un tribunal de première instance et de commerce, un évêché érigé dans le IVe siècle, et suffragant de l'archevêché de Tours, une société d'agriculture et une société philharmonique.

VANNIER, ouvrier qui fabrique des vans, des corbeilles, des paniers, des hottes et en général tous les ouvrages qui se font avec des brins d'osier ou des branches de certains arbres qu'on entrelace de manière à pouvoir contenir divers objets. L'art de faire ces ouvrages se nomme *vannerie*. Les vanniers formaient autrefois une corporation qui avait ses priviléges et ses statuts.

VANNIUS ou VANNI (François), peintre célèbre, né à Sienne en 1563, mort en 1609. Ses talents lui méritèrent le cordon de l'ordre du Christ; que lui décerna le pape Clément VIII. Ce peintre se distingue par un coloris ferme et vigoureux, une touche gracieuse et de belles compositions. On a de lui beaucoup de tableaux.

VANNUCHI. Voy. SANTO (André del).

VAN-SWIETEN (Gérard), né à Leyde en 1700, fit ses études dans cette ville, et étudia la médecine sous la direction du célèbre Boerhaave. Il en devint l'élève le plus distingué. Reçu docteur en médecine, il se rendit à Vienne, où Marie-Thérèse l'avait appelé (1745). Cette princesse le nomma premier médecin, directeur général de l'université impériale, conseiller et baron de l'empire. Il professa avec succès la médecine jusqu'en 1758. C'est à lui que Vienne dut l'établissement des amphithéâtres publics de chimie et d'anatomie, la fondation d'un jardin des plantes et la création des cours de clinique. Nommé censeur des ouvrages licencieux, il mourut en 1772. Ce savant nous a laissé en latin une *Dissertation sur l'organisation et les fonctions du système artériel*, des *Commentaires sur les Aphorismes de Boerhaave*, une *Description des maladies des armées et leur mode de traitement*.

VAPEUR. Les liquides en général, abandonnés à eux-mêmes dans le vide, dans l'air ou dans tout autre gaz, diminuent peu à peu de volume et se convertissent en un corps gazeux. Ce corps gazeux prend le nom particulier de *vapeur*, et le changement d'état celui de *vaporisation* ou *volatilisation*. Les vapeurs sont à chaque température susceptibles d'un maximum de tension qu'il est impossible de leur faire dépasser. Elles sont dites *saturées*. La vapeur, à raison de sa force élastique, est employée comme un puissant moteur dans une foule d'arts industriels. On l'a appliquée aussi à la navigation et au transport sur les chemins de fer. Voy. MACHINES A VAPEUR. — On attribue généralement l'invention des machines à vapeur à l'Anglais Watt.

VAPEURS, nom vulgaire donné à l'hystérie et à l'hypocondrie, à raison de la sensation de vapeurs qui, chez beaucoup de malades, semblent s'élever du ventre ou de quelque autre partie vers la tête ou le cou. — On appelle *bains de vapeur* une distillation dans laquelle le vaisseau où sont renfermées les matières à distiller est échauffé par les vapeurs de l'eau bouillante.

VAR, rivière de France, le *Varus* des anciens, prend sa source dans les Alpes, au mont Camelione dans le comté de Nice. Elle arrose le département auquel elle donne son nom, et se jette dans la Méditerranée entre Nice et Antibes. Son cours total est de 110,000 mètres. Sa pente est rapide; elle cause de grands ravages par ses débordements et ses inondations fréquentes. Elle est navigable dans l'espace de 12 lieues depuis Glandève. Le Var, sous les Romains, servait de limite entre la France et l'Italie; aujourd'hui, il sépare la France du Piémont.

VAR, département frontière et maritime de la France, région S.-E., formé d'une partie de la basse Provence et de quelques portions du territoire d'Avignon et du comtat Venaissin. Il est borné par les départements des Basses-Alpes et des Bouches-du-Rhône, par le comté de Nice et la Méditerranée. Il tire son nom d'une rivière qui sépare la France du Piémont. Sa superficie est de 729,627 hectares. Sa population est de 320,000 habitants. Le département nomme six députés. Il est divisé en quatre arrondissements, *Draguignan* (chef-lieu), *Brignolles, Grasse* et *Toulon*. Le revenu territorial est de 22,000,000 de francs. Le Var est traversé du N. et au N.-E. par plusieurs chaînes de montagnes qui se rattachent aux Alpes. Le sol est fertile; cependant la récolte ne suffit pas aux besoins de la population (550,000 hectolitres par an); mais les produits des vignobles (1,250,000 hectolitres), des oliviers (190,000 hectolitres d'huile) et des arbres fruitiers de toute espèce sont très-considérables. On s'y occupe beaucoup de l'éducation des abeilles et des vers à soie. Ceux-ci donnent annuellement 250,000 kilogrammes de cocons. L'industrie manufacturière s'exerce sur la fabrication de la soie, des essences de savon, du papier et des cuirs. Le commerce est alimenté par les produits du sol et par ceux de la pêche. Les montagnes recèlent des mines qui sont pour la plupart exploitées. Le Var est compris dans la huitième division militaire, le diocèse de Fréjus et le ressort de la cour royale et de l'académie d'Aix.

VARAIGNÉ, nom donné, dans les marais salants, à l'ouverture par laquelle on introduit l'eau de la mer dans le premier réservoir, appelé jas.

VARANGUES, nom donné, en marine, à des chevrons de bois entés et rangés de distance en distance, à angles droits et de travers, pour former le fond d'un vaisseau. La *maîtresse varangue* est celle qui se pose sur le maître bau. On nomme *varangues acculées* les varangues rondes en dedans qui se posent vers les extrémités de la quille; *varangues plates* ou *varangues de fond*, celles qui sont placées vers le milieu de la quille et qui ont moins de rondeur que les varangues acculées. Un bâtiment *à plates varangues* est celui dont les varangues sont droites ou peu courbées.

VARCHI (Benedetto), écrivain italien, né en 1503 à Fiescoli, fut un des principaux membres de la société des inflammati à Padoue, où il professa la morale. Le duc Côme de Médicis l'appela auprès de lui, et lui confia la rédaction de l'*Histoire des événements les plus remarquables arrivés de son temps, principalement en Italie et à Florence*. Il mourut en 1566. Ses poésies sont très-estimées, quoique souvent très-licencieuses.

VARDARI, l'*Axius* des anciens, rivière de Macédoine, dans la Grèce, descend des montagnes de la Bulgarie, et se jette dans le golfe de Saloniki.

VARDES (François-René DU BEC, marquis DE), courtisan célèbre, était fils du marquis de Vardes, gouverneur de la Capelle, et de Jacqueline de Bueil, comtesse de Moret, maîtresse de Henri IV. Admis de bonne heure à la cour de Louis XIV, il fut le confident des amours de ce prince avec Mlle de la Vallière. Il en fut récompensé par le gouvernement d'Aigues-Mortes, que le roi lui confia. En 1662, de concert avec le comte de Guiche et la comtesse de Soissons, il écrivit à la reine régnante, au nom de la reine d'Espagne sa mère, une lettre supposée, où il lui dévoilait les galanteries du roi son époux. Il fit tomber les soupçons sur le duc et la duchesse de Navailles. La perfidie fut dévoilée, et Vardes condamné à l'exil. Rappelé en 1682, il mourut en 1688.

VARE, mesure de superficie en usage en Portugal. Elle vaut 5 palmes, qui sont 3 pieds un tiers. — C'est aussi une mesure de superficie espagnole, qui vaut 847 millimètres 8 dixièmes.

VARECH ou VAREC, noms vulgaires par lesquels les habitants des rives de l'Océan désignent les plantes marines, et principalement les fucacées que la mer jette sur le rivage. Ces plantes servent à fumer les terres ou à donner de la soude. — Sur les côtes de la Manche, il existait jadis un droit, dit *de varech*, sur tout ce que la mer portait sur la terre.

VARENNE, fond plat et marécageux entre des coteaux, terrain considérable qui ne se fauche ni ne se cultive. On appelait autrefois ainsi une certaine étendue de pays que le roi se réservait pour la chasse.

VARENNE DE FENILLE (P.-G.), né en Bresse, s'occupa pendant toute sa vie de recherches sur l'agriculture, et en publia le résultat dans plusieurs ouvrages. Malgré ses vertus et ses talents, il fut traduit devant le tribunal révolutionnaire de Lyon, qui le condamna à mort comme fédéraliste. Il subit le supplice avec courage (1794). On lui doit des *Observations* sur les causes de la mortalité du poisson dans les grandes rivières, des *Réflexions* sur le cadastre, et des *Mémoires* sur l'aménagement des forêts, l'administration forestière, la description des bois indigènes et étrangers, etc.

VARENNES, chef-lieu de canton du département de la Meuse, à 7 lieues de Verdun. Population, 2,400 habitants. C'est une petite ville industrieuse et qui possède des papeteries, tanneries et brasseries. C'est à Varennes que fut arrêté Louis XVI et la famille royale en voulant quitter la France et chercher un refuge à l'étranger, le 22 juin 1791.

VAREUSE, espèce de chemisette en toile à voiles ou en grosse cotonnade de couleur, que portent les matelots dans les pays chauds. La vareuse a la forme d'une chemise ordinaire par le haut; mais elle ne descend pas plus bas que les reins, entrant seulement sous la ceinture de la culotte, ou plus souvent par-dessus, et la couvrant.

VARGAS (François), jurisconsulte espagnol, posséda plusieurs charges importantes sous les règnes de Charles-Quint et de Philippe II. Envoyé à Bologne en 1548, il protesta au nom de l'empereur contre la translation du concile de Trente en cette ville. Deux ans après, il assista à ce concile en qualité d'ambassadeur de Charles-Quint. Après avoir été nommé conseiller d'État, il se retira au monastère de Cissos près de Tolède. Il y mourut en 1560. On a de lui un *Traité* (en langue latine) *de la juridiction du pape et des évêques*, des *Lettres* et des *Mémoires* concernant l'histoire du concile de Trente.

VARIATION. En astronomie, on appelle ainsi la troisième inégalité du mouvement de la lune, celle par laquelle le vrai lieu de ce corps, excepté dans les quadratures, diffère de celui qu'on a trouvé par les deux premières équations. En marine, ce mot est synonyme de *déclinaison*, en parlant de la déviation de l'aiguille aimantée dans sa direction vers le nord, c'est-à-dire de la quantité de degrés dont le méridien d'une boussole s'écarte vers le nord-est ou le nord-ouest du méridien du globe. Les marins la désignent par abréviation W, NE ou NO.

VARIATIONS. En musique, on nomme ainsi diverses manières de jouer et de chanter un même air, appelé *thème*, en y ajoutant des broderies pour l'orner, en ayant soin qu'on reconnaisse toujours le thème.

VARICE (en latin, *varix*), nom donné à des tumeurs formées par le gonflement des veines, et dues à la gêne que le sang veineux éprouve à circuler. Elles sont très-fréquentes dans les veines superficielles des membres inférieurs, chez les personnes qui se tiennent habituellement debout, au froid et à l'humidité. Les veines variqueuses se dilatent, forment des flexuosités plus ou moins nombreuses. Ces flexuosités, en se confondant, forment des tumeurs molles, inégales, mamelonnées, d'une couleur violacée, disparaissant en tout ou en partie par la compression. Quelquefois ces tumeurs s'enflamment, rougissent, se percent, et donnent lieu à une hémorragie d'un sang noir et épais. Souvent les varices guérissent spontanément; d'autres fois elles constituent des ulcères. Le traitement le plus simple consiste à exercer sur les veines variqueuses une compression uniforme et constante, au moyen d'un bandage approprié.

VARICELLE ou PETITE VÉROLE VOLANTE, maladie caractérisée par une éruption de petites pustules disséminées par toute la surface du corps, et qui offrent quelque analogie avec celles de la variole. Cette affection règne quelquefois épidémiquement, et attaque surtout les enfants. Ses causes ne sont pas connues. Elle débute par un mouvement fébrile; l'éruption se présente tantôt sous la forme de petits boutons pointus, remplis d'un liquide d'abord clair, puis trouble, qui se dessèchent et tombent dans l'espace de trois à quatre jours; tantôt sous celle de pustules plus larges, qui ne se dessèchent qu'au bout de six à sept jours. Ces boutons et ces pustules ne laissent après la guérison aucun signe de leur existence. Cette maladie n'offre aucun danger.

VARICES. En histoire naturelle, on nomme ainsi les bourrelets longitudinaux qui se voient sur certaines espèces de coquilles.

VARIÉTÉ, nom donné, en histoire naturelle, à une modification de l'espèce due à l'influence du sol, du climat, de la nourriture, etc. Cette modification accidentelle peut durer longtemps et devenir héréditaire. L'homme a su augmenter dans les plantes le nombre des variétés à l'infini. C'est ainsi qu'on voit les jacinthes, tulipes, œillets, roses, etc., en présenter une immense quantité.

VARIÉTÉS (THÉÂTRE DES), théâtre fondé à Paris en 1779. Il existait d'abord sur l'emplacement où l'on voit aujourd'hui le Théâtre-Français, dans le Palais-Royal. Il avait été fondé par un certain Delomel, qui y représenta d'abord des marionnettes, puis y fit jouer des petits enfants, que l'on nomma *les Beaujolais*. En 1785, Mlle Montansier, qui avait succédé à Delomel, donna à ce théâtre le nom de *théâtre des Variétés*, parce qu'on y jouait la comédie, la tragédie et l'opéra-comique. En 1798, il s'établit dans la salle dite *du Palais-Royal*. En 1807, sur les réclamations du Théâtre-Français, le théâtre des Variétés alla s'établir sur le boulevard des Italiens, où il est placé encore aujourd'hui. On n'y joue plus que des vaudevilles et des petites comédies.

VARIGNON (Pierre), né en 1654 à Caen, embrassa l'état ecclésiastique. Il se livra avec ardeur à l'étude des mathématiques. Ses talents lui méritèrent une place à l'académie des sciences de Paris et de Berlin, et le grade de professeur au collége Mazarin. Il mourut en 1722. On a de ce savant un ouvrage intitulé : *Plan d'une nouvelle mécanique*, un livre sur une *nouvelle mécanique*, des *Nouvelles Conjectures sur la pesanteur*, et des *Eléments de mathématiques*.

VARILLAS (Antoine), né à Guéret en 1624, se livra à l'étude de l'histoire. Gaston de France, duc d'Orléans, lui donna le titre de son historiographe et la charge d'adjoint à la bibliothèque royale (1655). Cette dernière place lui ayant été retirée par Colbert, il alla séjourner dans une communauté religieuse, où il écrivit tous ses ouvrages, et où il mourut en 1696. On a de cet écrivain une *Histoire de France* en quinze volumes in-4°, menant de la naissance de Louis XI, en 1423, à la mort de Henri III en 1589, et comprenant de plus la *Minorité de saint Louis*, qui forme un volume; une *Histoire des révolutions arrivées en Europe en matière de religion*, de 1374 à 1590, ou *Histoire des hérésies*; la *Politique de Ferdinand le Catholique*; la *Politique de la maison d'Autriche*; l'*Histoire de Guillaume de Croy*; et les *Anecdotes de Florence* ou *Histoire secrète de la maison de Médicis*. Ces ouvrages sont pleins d'inexactitudes dans les faits, les noms et les dates.

VARIOLE ou PETITE VÉROLE, maladie produite par un virus particulier, et caractérisée par une éruption générale de pustules, déprimées à leur centre, remplies d'un liquide d'abord transparent, puis trouble et purulent, qui se dessèchent dans l'espace de quatorze à quinze jours, en laissant dans l'endroit qu'elles occupaient un enfoncement plus ou moins durable. Elle ne se développe jamais chez les individus qui n'ont aucune espèce de rapport avec des personnes ou des choses infectées par le virus variolique, lequel existe dans les pus des pustules. On distingue la *variole discrète* et la *variole confluente*. Dans la première variété, les pustules sont éloignées les unes des autres, rouges, arrondies, offrant à leur sommet une vésicule remplie d'un liquide incolore ou jaunâtre, entourées à leur base d'un cercle large et rouge ; ces pustules laissent suinter une partie de la matière qu'elles contiennent ; cette matière se durcit, et forme une croûte jaune et rugueuse qui brunit et finit par se détacher. La chute des croûtes a lieu vers le vingtième jour. Dans la *variole confluente*, les pustules se touchent dans beaucoup d'endroits du corps, et spécialement à la face. Leur éruption, qui, dans la première variété, avait lieu du cinquième au sixième jour, a lieu dans celle-ci dès le deuxième ou le troisième jour. Les pustules sont plus petites, plus nombreuses, moins élevées, sans cercle rougeâtre à la base, aplaties au sommet. La dessication a lieu du vingtième au vingt-cinquième jour, souvent même plus tard. La fièvre accompagne tout le cours de la variole confluente, tandis qu'elle ne fait que se montrer pendant celui de la variole discrète. La mort emporte le huitième ou le dixième des individus affectés de la variole, et le tiers ou la moitié de ceux chez lesquels elle est confluente. Elle a lieu ordinairement du onzième au dix-septième jour. La variole laisse toujours des traces plus ou moins longues de son passage, tels que des taies sur les yeux, l'ulcération des paupières, la déformation des traits du visage. Le prognostic est d'autant plus grave que le nombre des pustules est plus considérable, surtout à la face. Le seul traitement préservatif de la variole est la *vaccine*.

VARIQUEUX, nom donné, en médecine, à ce qui est affecté de varices, à ce qui leur appartient ou en dépend. Ainsi on dit une *veine variqueuse*, pour désigner une veine qui est le siége de varices ; *ulcère variqueux*, un ulcère entretenu par des varices.

VARIUS (Lucius), poëte latin, contemporain et ami de Virgile et d'Horace, partagea avec ces deux écrivains l'estime de Mécène et d'Auguste. Il fut l'un des littérateurs que Virgile chargea de revoir et de corriger l'Énéide, sans y rien ajouter, et c'est à lui et à son collaborateur Tucca, que nous devons la conservation de ce chef-d'œuvre. On ignore l'époque de sa mort. Varius écrivit des tragédies très-estimées des anciens, mais dont nous n'avons que quelques fragments, entre autres celle de *Thyeste*.

VARLET, nom donné, au moyen âge, à un page, à un jeune gentilhomme attaché à la personne d'un grand seigneur ou d'un chevalier. Le poste était très-honorable et très-recherché.

VARLOPE, sorte de grand rabot dont les menuisiers se servent pour unir et polir le bois. On distingue la *grande* et la *petite varlope*. Il y aussi la *demi-varlope*, dont le fer est un peu arrondi, pour dégrossir l'ouvrage, et la *varlope onglée* ou à onglet.

VARRE, instrument qui sert à prendre la tortue de mer lorsqu'elle vient sur l'eau. La varre est composée de deux pièces, d'une hampe ou tige de bois longue de sept pieds, sur un pouce de diamètre, et d'une pièce en fer carrée de quatre pouces, ayant une pointe dentelée. *Varrer* les tortues, c'est les harponner. Le *varreur* est le matelot qui lance la varre.

VARRON (C. Marcus Terentius), consul romain, était fils d'un boucher, et avait exercé lui-même cette profession. Mais, plein d'ambition et du désir d'arriver aux honneurs, il s'attacha au barreau, et parvint successivement, en flattant les grands et le peuple, à la questure, à l'édilité, à la préture et enfin au consulat (216 ans avant J.-C.). Le peuple lui donna Paul Émile pour collègue. Les deux consuls marchèrent au-devant des Carthaginois, qui menaçaient Rome. Varron, trop confiant dans le courage des soldats, et contre l'avis de son collègue, attaqua l'ennemi près de Cannes. Mais son armée fut mise en déroute, et 50,000 Romains, entre autres Paul Émile, y trouvèrent la mort. Lorsque Varron retourna à Rome, le sénat alla au-devant lui, et, loin de lui demander compte de sa défaite, lui rendit des actions de grâce de ce qu'il n'avait pas désespéré du salut de la république. On ignore les autres événements de sa vie et l'époque de sa mort.

VARRON (Marcus Terentius), né à Rome l'an 116 ou 118 avant J.-C., fut tribun du peuple et lieutenant de Pompée dans la guerre que ce général entreprit contre les pirates. Il s'attacha à sa fortune, et lorsque cette fortune eut trahi son ami, proscrit lui-même par César, il ne revint à Rome que vers la fin de ses jours. Il ne s'occupa que de la pratique des belles-lettres, et fut chargé par Auguste d'arranger une bibliothèque publique. Il mourut vers l'an 29 avant J.-C. Varron était lié de la plus vive amitié avec Atticus et Cicéron, qui lui ont dédié plusieurs ouvrages. Il avait lui-même composé quatre cent quatre-vingt-dix écrits sur divers sujets, entre autres les *Antiquités romaines*, qui ne nous sont point parvenues. Il nous reste de lui un traité sur l'agriculture, intitulé *De re rustica*. Il nous reste six livres (du quatrième au neuvième) de son *Traité sur la langue latine*, lequel en avait vingt-quatre. Ce dernier ouvrage offre un grand intérêt pour l'étude du latin.

VARRON (P. Terentius Attacinus), poëte latin, né dans la Gaule narbonnaise, fut contemporain de Cicéron. Il avait traduit en latin le poëme des *Argonautes* d'Apollonius de Rhodes, l'*Aratea* et la *Chorographia* d'Eratosthène. Ce poëte a laissé quelques ouvrages dont il ne nous reste que peu de fragments.

VARSOVIE ou Wansovie (en allemand, *Warschau*; en polonais, *Warszawa*), capitale de la Pologne, chef-lieu de la vayvodie de Varsovie, située sur une élévation à gauche de la Vistule. Elle fut fondée en 1178 par Kasimir II *le Juste*, et devint la résidence des ducs de Mazovie, puis le séjour de plaisance des rois de Pologne (1525). En 1569, elle fut choisie pour être le lieu des séances de la grande diète de Pologne, et plus tard celui de la nomination des rois électifs. Sous Sigismond III, de la race des Wasa, Varsovie fut définitivement appelée à être la résidence royale. — Varsovie se compose de deux villes, la *Ville-Vieille* et la *Ville-Nouvelle*. Sa population est de 150,000 habitants. Elle est divisée en huit arrondissements ou cercles. Cette ville possède de nombreux et superbes édifices. Parmi ses cent douze palais, on distingue le château royal, placé sur une hauteur, au bord de la Vistule, fondé par Sigismond, et achevé par Stanislas-Auguste Poniatowski. De ses trente-six églises, la plus belle est la cathédrale, consacrée à saint Jean. On distingue encore l'hôtel de la monnaie, l'arsenal, plusieurs hôpitaux, une bibliothèque publique riche de 25,000 volumes, un lycée, une école polytechnique, un institut des sourds-muets, un collége de dominicains, un séminaire, un jardin botanique, une banque créée en 1828, plusieurs théâtres, des fabriques et des manufactures nombreuses. Avant 1832, époque de la réunion de la Pologne à la Russie, Varsovie possédait une université supprimée par l'empereur Nicolas. Varsovie est le siége d'un archevêque catholique. Cette ville est entourée de fortes murailles. Elle est jointe par un pont de bateaux long de deux cent soixante-trois toises au faubourg de Praga, qui fut jadis une place très-importante. — Varsovie fut prise en 1656 par Charles-Gustave de Suède, après une bataille gagnée sous ses murs. Charles XII s'en empara sans résistance en 1708. Kosciusko la défendit contre les Prussiens en 1794, et les força de lever le siége; mais Souvarof s'en empara de nouveau la même année. En 1795 elle fut donnée à la Prusse, et resta chef-lieu d'une province jusqu'en 1806, époque à laquelle Napoléon créa le grand-duché de Varsovie, dont elle fut la capitale. Chef-lieu du royaume de Pologne depuis 1815, elle fut prise par les Russes en 1831, lors de la révolution de ce pays, après une longue résistance. Nicolas a fait bâtir une citadelle, pour se rendre plus facilement maître de la ville en cas d'une nouvelle insurrection.

VARTIAS, nom donné aux prêtres indiens qui ont embrassé la vie cénobitique.

VARUS (Quintilius), proconsul romain, d'une famille illustre, fut d'abord consul avec Tibère, qui n'était alors qu'un simple particulier, puis gouverneur de la Syrie, et enfin de la Germanie (an 9 de J.-C.). Il irrita les populations gauloises par ses exactions, et en voulant exercer envers elles le rôle d'un magistrat et d'un légiste sévère. Arminius, chef des Chérusques, saisit cette occasion de rendre la liberté à sa patrie. Il entraîna les légions romaines dans les forêts de la Germanie, et les défit complétement l'an 9 de J.-C. Varus, blessé, ne voulut pas survivre à sa défaite, et se perça de son épée. Auguste fut accablé à la nouvelle de ce malheur. Dans les transports de sa douleur, il criait en se frappant la tête : *Varus, rends-moi mes légions*.

VARUS (Alfenus) fut d'abord cordonnier à Crémone. Dégoûté de son métier, il alla à Rome, et étudia la jurisprudence sous Servius Severus. Il y fit de si grands progrès qu'il mérita d'être élevé aux premières dignités de la république. C'était un ami de Virgile, qui l'a célébré dans sa neuvième églogue.

VASARI (Giorgio), peintre célèbre, né à Arezzo en 1512, fut l'élève de Michel-Ange et d'André del Sarto. Conduit à Rome par le cardinal Hippolyte de Médicis, son protecteur, il étudia sous Raphaël, et mourut à Florence en 1574. Cet artiste est moins connu par ses tableaux que par les *Vies des meilleurs peintres, sculpteurs et architectes italiens* (1568), en trois volumes in-4o. Cet ouvrage, écrit en langue italienne, offre de nombreuses méprises.

VASCONCELLOS (Miguel), Portugais, devint secrétaire d'État auprès de la vice-reine de Portugal, Marguerite de Savoie, duchesse de Mantoue. Ce fut un ministre absolu et indépendant. Il recevait directement les ordres du comte-duc d'Olivarès, premier ministre de Philippe IV, roi d'Espagne, dont il était une créature. La conspiration des principaux seigneurs du Portugal pour mettre le duc de Bragance sur le trône termina son règne et son existence (1er décembre 1640). Les conjurés, s'étant emparés du palais, entrèrent dans la chambre de Vasconcellos, qu'ils mirent à mort.

VASCULAIRE ou Vasculeux, nom donné, en anatomie, à ce qui a rapport ou appartient aux vaisseaux. Plusieurs médecins donnent à l'ensemble des vaisseaux sanguins le nom de *système vasculaire*, et distinguent 1o un *système artériel* ou *vasculaire à sang rouge*; 2o un *système veineux* ou *vasculaire à sang noir*.

VASE, sorte d'ustensile destiné à contenir des liquides ou divers autres objets. Les premiers vases dont l'homme se soit servi paraissent être les cornes d'animaux et certains fruits, comme les gourdes et les cocos. Les vases de terre cuite et de métal sont venus plus tard, ainsi que les outres de cuir. Les principaux étaient l'*amphore*, le *rython* et la *patère*. Les temps nous ont conservé des vases dus à l'antiquité grecque et romaine. Ils sont d'une grande beauté. — On nomme *vases sacrés*, en termes de religion chrétienne, les vaisseaux destinés à la célébration des saints mystères. Les vases sacrés et les ornements ne peuvent être employés dans l'église s'ils n'ont été consacrés ou bénits par un évêque ou par un autre prêtre qui en a le droit. — En architecture, le *vase* d'un chapiteau est la masse, l'ensemble de ce chapiteau.

VASILI-POTAMO, nom moderne de l'*Eurotas*, rivière de Morée, qui passe à Mistra et se jette dans le golfe de Colokithia.

VASSAL, nom donné autrefois à celui qui relevait d'un seigneur. Les seigneurs avaient deux sortes de droits sur leurs vassaux. Les uns consistaient dans le serment de foi et hommage, les autres dans certaines redevances établies par les lois et les coutumes de chaque pays. L'origine du vasselage se lie à celle de la féodalité; les seigneurs ou grands vassaux de la couronne devaient au roi le serment de foi et hommage, et celui de l'aider dans ses guerres.

VAS

A leur tour, devenus puissants, ils voulurent avoir des vassaux, malheureux tributaires qui leur payaient les plus grandes contributions, et sur qui ils exerçaient les droits les plus odieux. Le vasselage, humilié par Louis XI et Richelieu, ne fut entièrement anéanti qu'en 1790 par un décret de la convention nationale.

VASSILI ou BASILE. Cinq souverains de Russie ont porté ce nom. — VASSILI Ier, grand-prince de Russie, succéda à son frère Yaroslaf en 1272. Son règne fut court et sans événement important. Il mourut en 1276. — VASSILI II, *Dmitriévitch*, succéda en 1389 à son père Dmitri Donskoï. Sous son règne, Tamerlan traversa le Volga, pénétra dans la Russie, détruisit Azof, et s'empara de la Circassie et de la Géorgie. En 1409, une nouvelle invasion des Tatars eut lieu sous la conduite d'Edigée, général de Tamerlan. Edigée assiégea vainement Moscou, et se retira moyennant un tribut qu'on lui paya. Vassili mourut en 1425.—VASSILI IV, *Vassiliévitch*, fils du précédent, né en 1415, succéda à son père en 1425. Son oncle Youry lui disputa le trône et le chassa de Moscou. Après la mort d'Youry, il rentra dans ses Etats, et eut à soutenir l'invasion de Makhmet, kan des Tatars et souverain de Kazan. Vaincu et fait prisonnier, il rentra peu de temps après (1447) dans Moscou; une conspiration s'ourdit contre lui; il fut arrêté et conduit à Ouglitch, où on lui creva les yeux; mais cette cruauté indigna ses sujets, qui chassèrent les conspirateurs et rappelèrent Vassili. Ce prince régna depuis avec sagesse, et s'efforça de centraliser le pouvoir royal en Russie. Il mourut en 1462. Ivan III, son fils, lui succéda. — VASSILI IV, *Ivanovitch*, succéda à son père Ivan III en 1505. Il était né en 1478. Il marcha sur Pskof ou Pleskow, ville indépendante dont il renversa les institutions, et qu'il réunit à l'empire. La guerre ayant éclaté avec la Pologne (1514), Vassili s'empara de Smolensk; mais son armée fut entièrement défaite par les Polonais dans les plaines d'Orscha. En 1521, les Tatars de Kazan et de la Tauride arrivèrent sous les murs de Moscou, après avoir tout dévasté sur leur passage; Vassili, pour éloigner ces ennemis redoutables, signa un traité ignominieux. Il mourut en 1533. — VASSILI V, *Schouiski*, d'une ancienne famille qui descendait de Vladimir le Grand et des princes de Susdal. Pendant la minorité d'Ivan IV, il avait gouverné avec Jean Schouiski avec une grande habileté. Féodor II avait été renversé par un aventurier nommé *Otrépief*, qui se faisait passer pour Dmitri, fils d'Ivan IV. Vassili, indigné de voir le trône au pouvoir d'un imposteur, souleva le peuple, qui mit à mort Otrépief et proclama tzar Vassili Schouiski (1606). Le nouveau tzar eut à combattre successivement trois imposteurs, qui se faisaient passer pour Dmitri et lui disputaient le trône. Fort de l'alliance de la Suède, il remporta plusieurs victoires contre ses ennemis. Sigismond, roi de Pologne, profitant de ces circonstances, déclara la guerre à la Russie, et après plusieurs victoires fit prisonnier Vassili (1609), qui mourut dans l'exil en 1612.

VASSY, sur la Blaise, chef-lieu d'arrondissement du département de la Haute-Marne, à 11 lieues de Chaumont. Population, 2,885 habitants. Cette ville est fort ancienne, et fut brûlée en 211 par l'empereur Caracalla. Dans le VIIe siècle, elle faisait partie du domaine royal. En 1562, elle devint le théâtre d'un événement célèbre, qui fut le premier signal des guerres civiles et religieuses des XVIe et XVIIe siècles. Le duc François de Guise passant par Vassy pour se rendre dans sa principauté de Joinville, ses gens prirent querelle avec les calvinistes, assemblés au prêche dans une grange voisine de l'église où le duc entendait la messe; en un vint aux mains; le duc accourut pour apaiser le tumulte, et fut blessé d'un coup de pierre au visage (c'est ce qui lui fit donner le surnom de *Balafré*). Les calvinistes eurent 60 morts et 200 blessés. — Vassy, devenue le centre

VAU

du parti protestant, fut plusieurs fois dévastée par les guerres civiles. C'est une ville propre et bien bâtie, qui possède de belles fontaines, un tribunal de première instance et un collége.

VASTHI, femme d'Assuérus, roi de Perse, que l'on regarde comme Darius, fils d'Hystaspes. Elle fut répudiée par ce prince parce qu'elle avait refusé de paraître dans un grand festin qu'il avait donné au peuple et aux grands. Assuérus, irrité, la répudia pour épouser Esther. Les historiens ne sont pas d'accord sur le véritable nom de Vasthi. Quelques-uns veulent que ce soit la même qu'Atossa, fille de Cyrus, qui épousa Cambyse et plus tard Darius.

VATICAN, une des collines sur lesquelles Rome est construite, fut longtemps située hors de l'enceinte de cette ville. Le Vatican était voisin du mont Janicule, et s'élevait sur la rive septentrionale du Tibre. Cette colline fut ainsi appelée à cause des oracles (*vaticinia*) qu'on y rendait. Elle forme aujourd'hui l'un des plus beaux quartiers de Rome. C'est là que l'on admire l'église de Saint-Pierre, le palais et la bibliothèque du Vatican. L'étendue du palais est immense; on y compte onze mille chambres et plus de trente cours. On distingue dans cet édifice, qu'ont embelli Bramante, Michel-Ange, Raphaël et Bernini, la *chapelle Sixtine* établie par Sixte IV, la *chapelle Pauline* fondée par Paul III; la galerie des tableaux, celle des statues; plusieurs musées, entre autres le musée Pio-Clémentin, et la belle bibliothèque dite *du Vatican*, enrichie de belles peintures et renfermant un grand nombre de livres intéressants.

VATTEL ou WATTEL (EMER DE), né en 1714 à Couret, dans la principauté de Neufchâtel, fit ses études à Berlin, et étudia avec ardeur la philosophie. J.-P. Crouzas de Lausanne ayant défendu la doctrine de Descartes dans ses ouvrages, il publia en 1741 son *Traité de l'esprit humain*, Wattel écrivit à ce sujet sa *Défense du système philosophique contre les objections et imputations de M. de Crouzas*, où il défendit la doctrine de Leibnitz et de Wolf. On a encore de lui des *Mélanges de littérature*, des *Pièces diverses de morale et d'amusement*, des *Questions de droit naturel*, et le *Droit des gens ou Principes de la loi naturelle*. Il fut nommé conseiller privé de l'électeur de Saxe, et mourut en 1767.

VAUBAN (Sébastien LEPRESTRE DE), célèbre ingénieur français, né à Saint-Léger de Foucheret, dans le département de la Nièvre en 1633, entra à dix-sept ans dans le régiment de Condé, dont il suivit la fortune. Il se fit bientôt connaître comme ingénieur, contribua aux siéges de Stenai, Clermont, Landrecies, Condé, Valenciennes, Montmédi, Ypres, Gravelines et Oudenarde. Il dirigea celui de la forteresse de Luxembourg en 1783. Pendant la paix, il se livra à des travaux d'intérieur. Nommé maréchal de France en 1703, commissaire général des fortifications et gouverneur de la citadelle de Lille, il mourut en 1717. Vauban avait fait travailler à trois cents places anciennes, et en avait fait trente-trois neuves. Il avait conduit cinquante-trois siéges, et s'était trouvé à plus de cent quarante actions. On a de lui plusieurs écrits, entre autres un *Traité de l'attaque et de la défense des places*, un ouvrage *sur la Dîme royale*, les *Oisivetés* ou Mélanges littéraires.

VAUCANSON (Jacques DE), mécanicien célèbre, né à Grenoble en 1709, se fit connaître par son *flûteur automate*, qui introduisait dans une flûte un souffle que le mouvement des doigts modifiait avec justesse. Il exécutait dix airs avec précision (1738). Vaucanson imagina encore un automate qui jouait à la fois du tambour et du galoubet; deux canards qui nageaient, prenaient leur nourriture, l'avalaient et la digéraient. On admire aussi l'aspic automate qu'il fit pour la représentation de *Cléopâtre*, tragédie de Marmontel. Cet aspic sifflait en s'élançant vers le sein de

VAU 1423

l'actrice chargée du rôle de Cléopâtre. Nommé inspecteur des manufactures de soie, il inventa plusieurs machines intéressantes, et entre autres la *chaîne sans fin* des moulins à organsiner. Il mourut en 1782. Il était membre de l'académie des sciences.

VAUCLUSE (FONTAINE DE), source très-belle et célèbre, située en France dans le département auquel elle donne son nom. Elle est située au fond d'une caverne profonde, environnée de rochers dont l'aspect est à la fois effrayant et admirable. L'eau est limpide; mais, à force de profondeur, elle paraît noire. A la fonte des neiges ou après de longues pluies, elle déborde de son lit, et forme sur les rochers de magnifiques cascades. Dans son état ordinaire, la fontaine de Vaucluse jaillit par un grand nombre de sources, et forme la rivière de la Sorgues, qui alimente plusieurs usines, et ne sèche jamais. Cette fontaine est surtout célèbre par les vers de Pétrarque, qui l'a chanté dans ses poésies, et qui habita longtemps sur ses bords.

VAUCLUSE, département français, région S.-E., formé du comtat Venaissin, du territoire d'Avignon, de la principauté d'Orange et d'une petite portion de la Provence. Il est borné par les départements de la Drôme, des Basses-Alpes, des Bouches-du-Rhône et du Gard. Il tire son nom de la célèbre fontaine de Vaucluse. Sa superficie est d'environ 337,584 hectares et sa population de 265,000 habitants. Il se divise en quatre arrondissements communaux : Avignon (chef-lieu), *Apt*, *Carpentras*, *Orange*, et nommait quatre députés. Il est placé dans la huitième division militaire, le diocèse d'Avignon, est compris dans le ressort de la cour royale et de l'académie de Nîmes. Le revenu territorial est évalué à 13,614,000 francs. — Le département est couvert à l'E. par de hautes montagnes, ramifications de la chaîne des Alpes. Le sol est en général très-fertile, surtout dans les vallées. Le produit du sol consiste en céréales (1,320,000 hectolitres), 660,000 de vins estimés, légumes et fruits de toute espèce, mûriers, oliviers, safran, garance, trèfle, luzerne, etc. On y élève beaucoup de vers à soie, qui fournissent annuellement 1,740,000 kilogrammes de cocons; des abeilles, qui donnent un miel excellent. On en exporte des fruits, des céréales, du vin, du miel, de la cire, de l'huile, du safran, de la garance, des essences. L'industrie manufacturière s'exerce principalement sur la fonderie de fer, des canons en cuivre, la fabrication des étoffes de laine, lin, soie.

VAUCOULEURS, sur la rive gauche de la Meuse, chef-lieu de canton du département de la Meuse, à 5 lieues et dans l'arrondissement de Commercy. Population, 2,500 habitants. Cette ville est très-ancienne. C'était autrefois une souveraineté appartenant aux sires de Joinville. Dans le Xe siècle, le roi Robert et l'empereur Henri II y eurent une conférence pour terminer une contestation relative aux limites de leurs Etats. En 1355, Philippe de Valois acheta le château et la ville de Vaucouleurs au sire de Joinville; Charles V les réunit à la couronne. C'est à Vaucouleurs que Jeanne d'Arc se présenta à Robert de Baudricourt, et s'offrit à aller chasser les Anglais qui assiégeaient Orléans.

VAUCOUR, espèce de table soutenue sur deux piliers et placée devant la roue dont les potiers de terre se servent pour tourner leur ouvrage. C'est sur le vaucour qu'on prépare la terre glaise.

VAUD ou WAADLAND, canton suisse, situé sur les frontières de la France, entre les cantons de Berne, Valais, Fribourg et les lacs de Genève et de Lucerne. A l'O., il s'étend sur les pentes du Jura; à l'E., sur les Hautes-Alpes. Le pays est très pittoresque, et coupé de belles vallées et de plaines fertiles. Le climat est doux et tempéré, le sol fertile. Il produit des grains, des vins excellents, des fruits estimés On y élève beaucoup de bestiaux. Les habitants sont plus adonnés à l'agriculture et au soin des troupeaux qu'à l'industrie. Ils commercent en vins, céréales, fromages, cuirs, tabac, bétail et chevaux. La superficie du canton est de 130 lieues carrées; sa population de 180,000 habitants, parlant presque tous français et pratiquant la religion catholique, excepté 3,000 qui sont réformés. Le canton se divise en dix-neuf districts. Un grand conseil, composé de cent quatre-vingts membres, exerce le pouvoir souverain; un conseil d'Etat de treize membres a l'initiative des projets de loi, et est chargé du pouvoir suprême administratif et exécutif. Chaque localité est administrée par un conseil communal. Un conseil académique, siégeant à Lausanne, chef-lieu de tout le canton, dirige l'instruction publique, qui est très-soignée, et qui se donne à plus de six cents écoles publiques.

VAUDEMONT, à l'extrémité méridionale d'une montagne escarpée, village du département de la Meurthe, dans l'arrondissement de Nancy. Population, 660 habitants. Ce village eut jadis titre de comté. On y voit encore des ruines des édifices construits par les Romains en ce lieu, et la *tour des Sarrasins*, bâtie par Brunehaut, et dont les ruines ont quinze à seize pieds d'épaisseur.

VAUDEVILLE, nom donné autrefois à des chansons satiriques et mordantes, composées sur des individus ou sur des événements, et rimées sur un air vulgaire et connu. Ces chansons furent inventées par un ouvrier foulon nommé Basselin, du *Val-de-Vire*, en Normandie. On les appela elles-mêmes *Vaux-de-Vire*, d'où est venue la dénomination actuelle. Aujourd'hui on nomme *vaudevilles* les pièces de théâtre dans lesquelles on fait entrer des couplets sur les airs connus. Les premiers ouvrages de ce genre furent composés pour les spectacles forains au commencement du XVIIIe siècle. On les représenta ensuite à la comédie italienne, sous le nom d'*opéras-comiques*. Piis et Barré fondèrent, en 1792, un théâtre sous le nom de *Vaudeville*, rue de Chartres, à Paris, destiné uniquement à la représentation de ces pièces, qui dès lors prirent le nom du théâtre où on les jouait. Autrefois les pièces étaient précédées d'un couplet, et terminées par des chansons ou *vaudeville final*. Mais cet usage est tombé en désuétude. Le Vaudeville est situé aujourd'hui sur la place de la Bourse. Le local qu'il occupait primitivement a été incendié il y a peu d'années.

VAUDOIS, hérétiques qui commencèrent à paraître en France en 1160 et 1180. Ils eurent pour chef un riche marchand de Lyon, nommé Pierre Valdo, né à Vaux en Dauphiné. On nomme ses disciples *pauvres de Lyon*, *chaisnards*, *joséphiles*, *barbes*, *sabathaies* ou *insabatés*. Sa doctrine fut condamnée par le concile de Latran en 1179. Ces sectaires n'existent plus que dans les trois vallées du Piémont, où ils forment une population d'environ 20,000 âmes, possédant treize églises. Les vaudois croient qu'il est permis à tout laïque de prêcher l'Evangile, de consacrer l'eucharistie et d'absoudre des péchés; que le baptême n'est qu'une cérémonie extérieure, ainsi que la confirmation; que le culte des saints est idolâtrique. Ces sectaires repoussent la confession auriculaire, les indulgences, le purgatoire, le jeûne, l'abstinence, l'état monacal, les exorcismes, l'extrême-onction, toute formule de prières autre que le *Pater*. Ils croient que l'on ne doit aucune obéissance ni au pape ni aux évêques; que ceux-ci n'ont aucune dignité ni puissance au-dessus des prêtres, etc.

VAUGELAS (Claude Favre de), né à Chambéry en 1585 d'une famille française. Il s'attacha à Gaston d'Orléans, qui le nomma gentilhomme ordinaire de sa maison, puis son chambellan. Il fut nommé membre de l'académie française, et mourut en 1650. On a de lui des *Remarques sur la langue française*, des *poésies* et une traduction de l'*Histoire* d'Alexandre le Grand par Quinte-Curce.

VAUGIRARD, gros bourg du département de la Seine, contigu aux murs de Paris, chef-lieu de canton, à une lieue trois quarts N. de Sceaux. Population, 7,812 habitants. Au XIIIe siècle, ce village quitta le nom de *Vauboitron* pour prendre celui de *Vaugirard*, en l'honneur de Girard de Moret, abbé de Saint-Germain des Prés, qui l'agrandit considérablement. Vaugirard, qui est un lieu de plaisance pour les ouvriers de Paris, possède des fabriques de sel ammoniac, d'acide sulfurique, de fil et de coton à coudre, des manufactures de boutons et de colle forte.

VAUTOUR, genre d'oiseaux de proie diurnes, caractérisés par des yeux à fleur de tête, par des tarses ou jambes couverts de petites écailles, par un bec allongé, recourbé seulement au bout et très-fort, par une partie plus ou moins considérable de la tête ou même du cou dénudée de plumes. Leur corps est massif, robuste; leur vol est lourd. Les vautours sont des oiseaux lâches, infects, voraces, qui se nourrissent principalement de charognes et de proie morte. Les vautours habitent les plaines voisines des grandes chaînes de montagnes. L'espèce la plus connue est le *vautour griffon* ou *fauve*. La tête et le cou sont garnis d'un duvet blanc, très-court; la partie inférieure du cou est entourée de plusieurs rangs de plumes effilées d'un blanc roussâtre. Le milieu de la poitrine est garni d'un duvet blanc. Tout le corps et les ailes sont d'un brun fauve; la queue est noirâtre. Le *vautour brun* ou *grand vautour* a la peau du cou nue, de couleur bleuâtre, le plumage brun foncé.

VAUVENARGUES (Luc de Clapiers de), né à Aix en 1715, entra au service militaire, quitta l'armée en 1742 avec le grade de capitaine, et se livra à la culture des belles-lettres. Il mourut en 1747. Philosophe et moraliste éloquent, il a laissé plusieurs ouvrages distingués, entre autres l'*Introduction à la connaissance de l'esprit humain*, *suivie de réflexions et de maximes* (1746), des *Réflexions philosophiques et littéraires*, des *Caractères*, des *Discours sur la gloire et sur les plaisirs*, un *Traité sur le libre arbitre* et un grand nombre de *lettres*.

VAUVILLIERS (Jean-François), né en 1736, était fils de Jean Vauvilliers, professeur d'éloquence à l'université de Paris et de langue grecque au collége royal. Jean-François fut nommé professeur suppléant de son père dans une extrême jeunesse. En 1767, il obtint la place de professeur adjoint de grec au collége de France. Pendant la révolution, la ville de Paris le nomma lieutenant du maire, et le chargea de son approvisionnement. Forcé après plusieurs années de donner sa démission, il fut arrêté et traduit devant plusieurs tribunaux, où il fut acquitté. Nommé membre du conseil des cinq cents, il fut proscrit au 18 fructidor, et retiré à Saint-Pétersbourg, où l'attirait l'empereur Paul Ier. Il mourut en 1800. On a de lui un *Essai sur Pindare*, des *Lettres sur Horace*, un *Examen historique du gouvernement de Sparte*, la continuation de l'*Abrégé de l'histoire universelle*.

VAUX, chaîne de collines, en Suisse, le long du lac de Genève, entre Lausanne et Vevai. On y cultive de beaux vignobles qui produisent un vin excellent.

VAUXHALL, village d'Angleterre, dans le comté de Surrey, à peu de distance de Londres. On y admire un beau palais royal, avec un jardin magnifique.

VAYVODE ou Woiwoda, nom donné, dans l'ancien royaume de Pologne, aux gouverneurs des provinces ou *vayvodies*. Ils administraient pour le compte du gouvernement, rendaient la justice, veillaient à la police, et formaient aux diètes la première classe de la noblesse. On donnait encore le nom de *vayvodes* aux princes de Valaquie et de Moldavie. Cette qualification a été plus tard remplacée par celle d'*hospodar*. On appelle encore *vayvodes* les fermiers des contributions dans les districts turks.

VEAU, le produit de l'accouplement de la vache et du taureau. On nomme encore ainsi 1° les parties de cet animal mises en vente ou préparées pour les usages culinaires; 2° *veau de lait*, celui qui tette encore sa mère; 3° *eau de veau*, de l'eau dans laquelle on a fait bouillir sans sel un morceau de veau; 4° *veaux de rivière*, des veaux qu'on engraisse d'une façon particulière aux environs de Rouen; 5° *veau*, le cuir de cet animal; 6° *veau marin*, le *phoque*; 7° *veau d'or*, une statuette d'or représentant un veau, que les Israélites adorèrent au pied du mont Sinaï en l'absence de Moïse.

VECCUS (Jean), écrivain grec, vivait dans le XIIIe siècle. Il embrassa l'état ecclésiastique. L'empereur lui donna les fonctions de *cartophylax* ou garde du trésor des chartes de Sainte-Sophie, et grand chancelier de cette église. Il assista en 1274 au concile de Lyon, dont l'objet était la réunion des Eglises grecque et latine. L'année suivante, il fut nommé patriarche de Constantinople. Son zèle pour la religion catholique romaine lui attira la haine des schismatiques, qui le forcèrent à abdiquer et à se retirer dans un monastère. Il mourut en 1298 dans l'exil où l'avait envoyé l'empereur Andronic. On a de lui plusieurs *écrits* théologiques et religieux.

VECELLI. Voy. Titien.

VECTEUR. Les astronomes appellent *rayon vecteur* une ligne qu'on suppose tirée d'une planète qui se meut autour d'un centre ou du foyer d'une ellipse, à ce centre ou à ce foyer.

VÉDAS ou Védam, livres sacrés des Indous.

VEDETTE, nom donné aux sentinelles à cheval fournies par les postes de cavalerie. Il leur est défendu de mettre pied à terre : elles doivent avoir leur carabine ou leur sabre à la main. Si elles sont attaquées, elles se retirent après avoir fait feu pour avertir leur poste. On ne doit de vedettes d'honneur qu'aux souverains et aux princes du sang qui commandent en chef ou sont vice-rois. —En marine, c'est 1° une petite voile ou foc que gréent les grands bâtiments en dehors de tous les autres; 2° un petit bâtiment de guerre placé momentanément en observation, en découverte de l'ennemi.

VEGA (Lopez de), poète espagnol, appelé aussi *Lope-Felix de Vega Carpio*, né à Madrid en 1562 d'une famille noble et ancienne. Ses talents lui méritèrent plusieurs places et distinctions importantes. Il fut secrétaire de l'évêque d'Avila, puis du comte de Lemos, du duc d'Albe, etc. Après la mort de sa deuxième femme, il embrassa l'état ecclésiastique, et entra comme prêtre dans l'ordre de Malte. Il mourut en 1635. Lopez avait composé un très-grand nombre de *comédies*. On a porté ce nombre à deux mille deux cents. On a encore de lui le poëme de *Jérusalem conquise*, des *nouvelles*, le *Laurier d'Apollon*, etc.

VEGA (Garcilaso de la). Voy. Garcilaso.

VÉGÈCE (Flavius Vegetius Renatus), écrivain militaire, vivait vers l'an 390 de l'ère chrétienne, du temps de l'empereur Valentinien II. On a de cet auteur les *Institutions militaires*, ouvrage d'une latinité pure et agréable, qui traite avec méthode et exactitude de ce qui concernait la milice romaine. — Un auteur du même nom nous a laissé l'*Art vétérinaire* ou *Traité des maladies des animaux*, en latin pur et correct.

VÉGÉTAL, nom donné, en botanique, à tout ce qui a rapport aux plantes, ce qui concerne les plantes. Les végétaux sont des êtres organisés, vivants, mais dépourvus de la faculté de sentir et de celle de se mouvoir, qui s'accroissent, se reproduisent et perpétuent leur espèce ; qui se nourrissent des substances qu'ils puisent dans le sol, et de celles qu'ils reçoivent de l'atmosphère. Le nombre des végétaux est immense. On les distingue en *herbes* et en *arbres, arbrisseaux* ou *arbustes*. Les botanistes les ont classés, d'après leurs caractères généraux ou particuliers, en *ordres*, embrassant plusieurs *familles*; celles-ci comprennent divers *genres*. Ces derniers enfin se composent de plusieurs *espèces* et *variétés*. (Voy. BOTANIQUE.) Le végétal offre en général une *racine*, qui le fixe au sol ; une *tige, hampe, tronc* ou *stipe*, qui, tenant à la racine, traverse la terre pour s'élever perpendiculairement. La tige se divise en *rameaux*, et se couvre de *bourgeons*, de *feuilles*, de *fleurs* et de *fruits* successivement.

VÉGÉTATION, nom donné, en botanique, à l'ensemble et au développement successif des parties constituantes des végétaux. — On a étendu ce mot, en médecine, aux excroissances qui s'élèvent et semblent végéter à la surface des ulcères, etc.

VÉGÉTO-MINÉRALE (EAU), sous-acétate de plomb mêlé avec de l'eau.

VEGLIA, une des îles Illyriennes, dans la mer Adriatique, près des côtes d'Illyrie. Le sol en est montueux, mais renferme cependant des vallées fertiles. Sa population est de 10,000 habitants. Le chef-lieu est VEGLIA, avec 2,000 habitants et un évêché.

VÉHICULE (du latin *veho*, je porte), nom donné à tout ce qui sert à porter ou à conduire. On dit particulièrement que l'air est le *véhicule* du son, et que les artères sont le *véhicule* du sang. Les pharmaciens désignent sous ce nom les liquides susceptibles de dissoudre un ou plusieurs corps ; ainsi l'eau, l'alcool et l'éther sont des véhicules.

VEILLE, état du corps dans lequel les sens sont en action. C'est aussi la privation ou absence du sommeil dans les temps destiné à dormir. — Les Romains divisaient la nuit en quatre parties, qu'ils nommaient *vigiliæ*, c'est-à-dire *veilles*. Les premières veilles duraient depuis six heures du soir jusqu'à neuf ; les deuxièmes, depuis neuf jusqu'à minuit ; les troisièmes, depuis minuit jusqu'à trois heures du matin ; les quatrièmes, depuis trois heures jusqu'à six. — Les catholiques appellent *veille* la nuit qui précède quelque fête importante.

VEINE, nom donné aux vaisseaux qui rapportent au cœur le sang qui a été distribué aux organes par les artères. Leur ensemble constitue le *système veineux* ou *vasculaire à sang noir*. Ce système est divisé en deux ordres : l'un, beaucoup plus étendu que l'autre, commence dans tous les organes par des radicules très-déliés, et aboutit au cœur par les veines caves ; l'autre, borné à la cavité abdominale, commence de même par un grand nombre de branches, et se termine dans le foie par un seul tronc qui se subdivise dans son épaisseur ; c'est le *système abdominal* ou de la *veine porte*. Les veines sont cylindriques, munies de parois épaisses, d'un blanc grisâtre.

VEINE. On nomme ainsi, 1° en géologie, des traînées longues et étroites d'une substance différente de celle au milieu de laquelle elle se trouve ; 2° les endroits d'une mine où se trouve le métal, le minéral ; 3° des raies ou ondes de différentes couleurs qu'on aperçoit sur le bois, les pierres ; 4° *veines d'eau*, des filets d'eau qui coulent sous terre, et qui viennent d'une petite source. — *Veine de Médine*. Voy. DRACONNEAU.

VEINE CAVE, nom donné aux deux principales veines du corps humain. L'une est la *veine cave supérieure, descendante* ou *thoracique*, formée par la réunion des deux veines sous-clavières, qui rapportent au cœur tout le sang de la tête, des membres supérieurs et de la poitrine. Elle commence au niveau du cartilage de la première côte, puis descend à gauche et en avant jusqu'à la base du péricarde, dans lequel elle s'introduit, pour venir s'ouvrir dans l'oreillette droite du cœur, derrière son appendice libre. La deuxième, appelée *veine cave inférieure, ascendante* ou *abdominale*, s'étend depuis l'articulation des quatrième et cinquième vertèbres lombaires jusqu'à l'oreillette droite du cœur, dans la partie inférieure et postérieure de laquelle elle s'ouvre. Elle monte à droite et un peu en arrière de l'aorte abdominale, traverse le bord postérieur du foie, et perce le diaphragme pour pénétrer dans l'oreillette droite.

VÉLAN, sommet du Saint-Bernard, en Suisse ; il est élevé de 11,000 pieds au-dessus du niveau de la mer.

VÉLAR, genre de la famille des crucifères, renfermant des plantes antiscorbutiques et vermifuges. Plusieurs espèces se mangent en salade. Tels sont le *vélar printanier*, vulgairement appelé *roquette de vignes* et *cressonnelle des jardins*, le *vélar des charpentiers* et le *vélar alliaire*. Le *vélar tortelle* ou *officinal* possède la propriété de guérir les toux invétérées, d'éclaircir la voix, et sert à la préparation d'un sirop employé comme pectoral et légèrement tonique. Cette plante, que l'on nomme vulgairement *herbe aux chantres*, fournit avec ses feuilles une bonne couleur jaune aux teinturiers. Les vélars montent à soixante-dix centimètres de haut, et forment de jolis buissons couronnés par des bouquets de fleurs jaunes ou blanches, semblables à celles de la girofiée.

VÉLASQUEZ (DON Diego-Rodriguez DE SYLVA), un des plus grands peintres de l'école espagnole, naquit à Séville en 1594. Disciple d'Herrera et de Pacheco, il obtint les titres de premier peintre du roi Philippe IV, d'huissier de la chambre et de fourrier du palais. Il fut ensuite chargé de l'établissement d'une école des beaux-arts à Madrid, et fut nommé maréchal des logis du palais. Il mourut en 1660. On possède de ce peintre plusieurs beaux tableaux à la galerie du Louvre, à Paris. Parmi ces ouvrages on distingue le portrait de l'infante dona Marguerite, fille de Philippe IV, et le portrait de Vélasquez peint par lui-même.

VELAY, ancien pays de France, borné par le Forez, le Vivarais, le Gévaudan et la haute Auvergne. Le Velay était habité du temps de César par les *Vellavi, Vellæi* ou *Velauni*. Les Romains comprirent cette province dans la première Aquitaine. Le Velay fut subjugué en 472 par les Visigoths, et en 507 par les Francs. En 562, il fut incorporé au royaume d'Austrasie. En 613, il fut compris dans la monarchie française, et soumis depuis successivement aux comtes de Toulouse et aux comtes d'Auvergne. En 1229, Raymond de Toulouse ayant cédé une partie de ses Etats au roi de France, le Velay passa sous le gouvernement du sénéchal royal de Beaucaire et de Nîmes. Dans le XVIe siècle, la province fut dévastée par les guerres de religion. Avant 1789, elle faisait partie du Languedoc, et était administrée par des états particuliers, qui s'assemblaient annuellement pour déterminer les impôts et délibérer sur tous les objets d'utilité générale. Leurs décisions étaient soumises aux états généraux de la province. L'évêque du Puy était le président-né des états, qui se composaient de trente votants, savoir : neuf pour l'Eglise, dix-huit pour la noblesse et trois pour le tiers-état. Le Velay est compris aujourd'hui dans le département de la Haute-Loire.

VELDE (VAN DEN), famille d'origine flamande qui a produit un grand nombre de peintres distingués, qui vécurent dans le XVIIe siècle. — ISAIAH VAN DEN VELDE, né en 1597 à Leyde, acquit une grande réputation par ses *tableaux de batailles* et ses *attaques de voleurs*. Son fils JONAM, né en 1598, excella dans la peinture des paysages, et fut principalement connu comme graveur. WILHELM, frère d'Isaïah et de Joham, surnommé *le Vieux*, naquit à Leyde au commencement du XVIIe siècle, et mourut à Londres en 1693. Il excellait à représenter des vues et des combats de mer. Son fils WILHELM, surnommé *le Jeune*, né à Amsterdam en 1633, peignit comme lui les batailles et les scènes de mer. Il fut regardé par ses contemporains comme le plus habile peintre de marine, et mourut en 1707.

VELDE (Adrien VAN DEN), peintre célèbre, né à Harlem en 1659, fut élève de Wynants. Il excella à peindre les animaux et les paysages. Il se fit aussi connaître comme peintre d'histoire. Les tableaux de cet artiste sont d'un beau fini. Van den Velde mourut en 1672.

VELDE (Charles-François VAN DEN), né à Breslau en 1779, fut destiné par sa famille à la magistrature, et remplit en Silésie des fonctions publiques qui ne l'empêchèrent pas de se livrer à ses goûts littéraires. Il écrivit d'abord des nouvelles dans les journaux, et plusieurs pièces de théâtre, entre autres, *l'Armée destructrice* et *le Théâtre des amateurs*. Il composa ensuite des romans tirés de l'histoire, et mourut en 1824. Ses œuvres forment quatorze volumes in-8°. Les principaux de ses romans sont : *Naddock le Noir* ou *le Brigand des Pyrénées*, *Walaska* ou *les Amazones de Bohême*, *les Anabaptistes*, *les Patriciens*, *Arwed-Gyllenstierna*, traduits en français par M. Loève-Veimars.

VÉLELLE, genre de zoophytes acalèphes, renfermant des animaux caractérisés par un corps gélatineux, plus ou moins ovalaire, convexe et bombé en dessus, un peu concave en dessous, ayant dans le centre de sa partie supérieure une pièce cartilagineuse, résistante, élevée et tranchante. La bouche est entourée de filets nombreux. Les vélelles habitent les mers. Ce sont des animaux phosphorescents qui causent des démangeaisons quand on les touche. Les matelots les font frire et les mangent. On les trouve dans la Méditerranée et les mers des pays chauds.

VELETTE ou VOILETTE, nom, dans le Levant, d'une petite voile latine qu'on grée sur la vergue du grand mât dans les mauvais temps.

VÉLIN, sorte de parchemin fabriqué avec la peau des veaux qui ne sont pas âgés de plus de six semaines. Il est plus blanc, plus fin, plus uni que le parchemin ordinaire. Le vélin, sur lequel on peut écrire avec facilité, est fréquemment employé par les dessinateurs et par les peintres. On appelle *papier vélin* un papier d'une grande beauté, imitant la blancheur et l'uni du vélin.

VÉLIQUE. Le *point vélique* d'un bâtiment est pris à l'intersection de la résultante de la résistance de l'eau lui oppose avec la résultante de l'effort du vent sur les voiles. Autrement, c'est le point d'intersection de la résistance que l'eau oppose à la carène d'un bâtiment et d'une ligne verticale menée par son centre de gravité. Il est la limite de l'effort du vent sur les voiles.

VÉLITES, nom donné par les Romains aux troupes légères. Les vélites étaient armés d'un bouclier rond et petit et de sept javelots de quatre pieds de longueur, garnis d'un fer long et aigu. Ils montaient en croupe derrière les cavaliers. Au signal donné, lorsqu'ils étaient arrivés en face de l'ennemi, ils sautaient à terre et s'élançaient sur la cavalerie ennemie, en lançant leurs traits avec force et adresse : c'étaient des espèces de tirailleurs. Ils engageaient le combat et se retiraient derrière le front de bataille, quand il était devenu plus animé. Dans les camps, on leur confiait la garde des postes et des retranchements. — Sous Napoléon, on créa des vélites de la garde impériale.

VELLÉDA ou VÉLÉDA, célèbre prophétesse des Germains, adorée après sa mort comme une divinité, vivait vers le Ier et le IIe siècle après J.-C. Lorsque Claudius Civilis souleva la Gaule contre les Romains, Velléda prit une grande part au mouvement, et prédit la ruine de Rome. Plus tard, lorsque Vespasien et ses généraux eurent fait trembler les Gaules, Velléda usa de son immense crédit pour pacifier cette grande nation. Devenue, dans de nouvelles guerres, prisonnière des Romains, elle fut conduite à Rome et mourut en esclavage. Velléda a fourni le sujet d'un bel épisode à M. de Châteaubriand dans les *Martyrs*, un de ses écrits.

VELLEIUS PATERCULUS. Voy. PATERCULUS.

VELLETRI, ville d'Italie, ancienne capitale des Volsques, à 5 lieues de la mer, à 10 de Rome. Elle a de beaux palais, et ses places sont ornées de belles fontaines. Sa population est de 6,000 habitants.

VELLY (Paul-François), né en 1709 à Truguy, près de Reims. Élevé par les jésuites, il appartint d'abord à leur société, qu'il quitta en 1740. Appelé comme précepteur dans le collège de Louis-le-Grand à Paris, il se fit connaître dans le monde littéraire par la traduction d'une satire anglaise, intitulée le *Procès sans fin* ou l'*Histoire de John Bull*. Il conçut ensuite le projet d'une grande *Histoire de France* (1755). Il en publia sept volumes, et la plus grande partie du huitième. Il était arrivé au règne de Charles IV de Valois, lorsqu'il mourut frappé peu ou coup de sang (1759). Le style de son ouvrage est élégant et rapide; mais il a sacrifié trop souvent la vérité historique à la force et à la variété des tableaux.

VÉLOCIFÈRE ou GANGA NAMAQUOIS, espèce du genre *ganga*, renfermant des oiseaux qui habitent au milieu des déserts de l'Afrique et se tiennent aux environs des sources. Le vélocifère se nourrit de graines et d'insectes. Il a la tête et le cou roux, traversés par des bandes noires, ainsi que le ventre et les ailes. Sa chair est excellente.

VELOURS, étoffe de soie, de coton ou même de coton mêlé à du fil de lin, velue et lustrée d'un côté quelquefois. L'Inde nous a fourni les premiers velours de soie connus. Les premières fabriques d'Europe furent établies en Italie, surtout à Gênes. Aujourd'hui la France, l'Allemagne, la Hollande possèdent des belles et nombreuses manufactures de velours. Le velours est uni ou orné de plusieurs manières. On nomme *velours ras* une espèce de velours qui a point de poil. — Cette étoffe est très-solide, mais se fane promptement, surtout celle qui est confectionnée avec du coton.

VELTE, ancienne mesure de capacité pour les liquides. Elle contenait 7 litres et demi de nos nouvelles mesures. — On désigne encore par le mot *velte* un instrument servant à *velter* ou jauger les tonneaux. Celui qui est chargé de cette opération se nomme *velteur*, et l'opération elle-même prend le nom de *veltage*.

VELTURE (mar.), sorte de petite hure qu'on fait, avant de prendre la mer, sur le haut des mâts et les pieds des mâts supérieurs, en les enveloppant tous les deux par plusieurs tours. Les veltures sont défaites au retour du bâtiment.

VENAISON, chair de bête fauve ou rousse, comme cerf, sanglier, etc. Ce mot désigne aussi l'odeur qu'exhalent certains gibiers.

VENCE, chef-lieu de canton du département du Var, dans l'arrondissement et à 5 lieues de Grasse. Population, 3,812 habitants. Vence était autrefois une ville épiscopale. Son évêché, fondé vers 374, était le plus pauvre de France. Il fut supprimé à l'époque de la révolution.

VENCE (Henri-François DE), prêtre, docteur de Sorbonne, prévôt de l'église primatiale de Nancy, conseiller d'État de Léopold, duc de Lorraine, et précepteur de ses enfants, se rendit célèbre par ses *Analyses et dissertations sur l'Ancien Testament* (6 vol.), et par son *Analyse* ou *Explication des Psaumes*. Ces dissertations sont savantes et écrites avec pureté.

On les a insérées avec celles de dom Calmet dans une édition de la Bible, en latin et en français (Avignon, 1767-1773, 16 vol. in-4°); ce qui a donné lieu de désigner cette Bible sous le nom de *Bible de l'abbé de Vence* ou *d'Avignon*. Ce savant commentateur mourut en 1749.

VENCESLAS ou WENCESLAS. Cinq ducs ou rois de Bohême ont porté ce nom. — VENCESLAS Ier, duc de Bohême, né en 907, était fils du duc Vratislas. En 925, Venceslas monta sur le trône, et fit cesser les persécutions contre les chrétiens. En 935, l'empereur Henri Ier lui conféra le titre de roi, et l'autorisa à porter un aigle dans ses armes.—VENCESLAS II ou III, selon quelques auteurs, fils de Przémyslas, lui succéda en 1230. Il était né en 1205. Ce prince eut à lutter contre la révolte de son fils Przémyslas et l'invasion des Tatars, qui, vaincus et mis en déroute, quittèrent la Pologne et se jetèrent sur la Hongrie. Il mourut en 1253. — VENCESLAS III ou IV, surnommé *le Bon* ou *le Vieux*, né vers l'an 1270, succéda à son père en 1278. Son tuteur Othon, marquis de Brandebourg, le fit enfermer dans la citadelle de Prague. Rendu à la liberté en 1288, il parvint par ses intrigues à déposséder Przémyslas Ier, roi de Pologne, et à se faire élire en sa place en 1291. Il eut à combattre son rival et Wladislas le Bref, compétiteur au trône de Pologne, et à conquérir peu à peu son royaume. Abandonné par ses sujets, il fut obligé de laisser le trône à Przémyslas (1295). Après la mort de ce roi et la dépossession de Wladislas le Bref, qui lui avait succédé, il fut appelé de nouveau par les états au trône de Pologne (1300), et épousa Rixa, fille de Przémyslas. Il rétablit l'ordre, fit fleurir la justice, et retourna en Bohême, laissant l'administration civile à trois gouverneurs. Wladislas, ayant su mettre dans ses intérêts le pape et l'empereur, réunit sous les drapeaux les Polonais irrités d'être gouvernés par un prince étranger. Venceslas, ne pouvant arrêter la marche de son ennemi, mourut en 1305. — VENCESLAS IV ou V, surnommé *le Jeune*, fut élu à l'âge de douze ans roi de Hongrie, sous le nom de *Ladislas*. Mais, sa conduite ayant révolté les grands et le peuple, il fut forcé d'abdiquer et de s'enfuir. Il succéda à son père en 1305, et prit le titre de roi de Pologne, que Wladislas ne lui laissa pas conserver. Il chercha en vain à conquérir ce royaume, et fut assassiné en 1306, à Olmutz, par ordre de l'empereur Albert. — VENCESLAS V ou VI, surnommé *le Fainéant* ou *l'Ivrogne*, était fils de l'empereur Charles IV, roi de Bohême, son père le fit proclamer roi des Romains. Charles IV étant mort en 1378, Venceslas fut appelé à lui succéder au trône de Bohême et à l'empire d'Allemagne. Ses vexations et ses cruautés irritèrent les noblesse et les magistrats de Prague, qui conspirèrent contre lui en 1394 et le jetèrent dans un cachot où il resta quatre mois. Parvenu à s'échapper, il fut arrêté de nouveau et transféré à Vienne, d'où il s'enfuit de nouveau. Ayant repris les rênes du gouvernement à Prague, où il s'était fait des partisans, il fut dépossédé de l'empire, et se retira dans ses États de Bohême, où il mourut en 1419.

VENCESLAS DE POLOGNE. Voy. VENCESLAS III.

VENCESLAS, empereur. Voy. VENCESLAS V de Bohême.

VENDÉE, rivière de France, formée par la réunion de plusieurs ruisseaux dans la partie occidentale du département des Deux-Sèvres, qui arrose le S.-E. du département auquel elle donne son nom, et se jette dans la Sèvre-Niortaise, près de Marans, après un cours d'environ 15 lieues, dont 6 navigables à partir de Fontenay-le-Comte.

VENDÉE, département français maritime, région de l'O., formé du bas Poitou et des Marches de Bretagne. Il est borné par les départements de la Loire-Inférieure, de Maine-et-Loire, des Deux-Sèvres, de la Charente-Inférieure, et par

l'Océan. L'*île Dieu*, l'*île de Noirmoutiers* et l'*île Bouin* en font partie. Le département tire son nom d'une rivière qui le traverse et qui s'y jette dans la Sèvre-Niortaise. Sa superficie est de 675,458 arpents métriques, et sa population de 284,000 habitants. Il se divise en trois arrondissements communaux: *Bourbon-Vendée* (chef-lieu), *Fontenay* et *les Sables-d'Olonne*. Il nomme cinq députés. Il est placé dans la douzième division militaire, fait partie du diocèse de Luçon et est compris dans le ressort de la cour d'appel de Poitiers, sous le rapport judiciaire, et de l'académie de la même ville, sous le rapport universitaire. Le revenu territorial est évalué à 15,807,000 francs. — Le département se divise en trois parties distinctes; le *Marais*, le *Bocage* et la *Plaine*; noms caractéristiques empruntés à la nature du pays et aux divers accidents physiques du terrain. Le marais s'étend principalement le long des côtes, et comprend les marais salants, les étangs, les marais inondés une partie de l'année, et ceux qui sont rendus à l'agriculture. Le Bocage occupe le centre et le haut pays en s'éloignant de la mer et de la Loire; la plaine borde en grande partie le cours inférieur de cette rivière. La plaine est une contrée découverte, assez fertile. Le Bocage, ainsi nommé des bois qui le couvrent, forme plus de la moitié du département. L'agriculture est très-soignée. Le produit annuel du sol est de 1,770,000 hectolitres en céréales, 525,000 de vins. On y élève et on y engraisse beaucoup de bestiaux. L'industrie commerciale s'exerce sur la fabrication du sucre de betteraves, du papier, du cuir, des chapeaux, de la bière, des étoffes et des toiles communes, sur l'extraction du sel.

VENDÉE ou VENDÉE MILITAIRE: On comprend sous ce nom les départements de la Vendée, des Deux-Sèvres, de Loire-Inférieure et de Maine-et-Loire, qui ont été plusieurs fois le théâtre des guerres civiles, à l'époque de la révolution, pendant les années 1793, 1794, 1795. Ces guerres se renouvelèrent en 1815 d'abord, puis en 1830, 1831 et 1832. Voy. CROUANS, HOCHE, CHARETTE, QUIBERON, et tous les autres mots qui ont rapport aux guerres de la Vendée.

VENDÉMIAIRE, nom du premier mois de l'année française en France pendant la révolution. Il commençait le 22 septembre et finissait le 21 octobre. Il était ainsi appelé parce qu'il correspondait à la saison des vendanges (en latin, *vindemia*). — On donne le nom de *Journée du 13 vendémiaire* (5 octobre 1795) à une journée de la révolution signalée par la victoire que remporta dans les murs de Paris l'armée de la convention, commandée par le général Bonaparte, sur les gardes nationaux de Paris, conduits par le général Danican.

VENDETTA, mot italien qui désigne l'action de s'armer contre un ennemi. En Corse. Ce mot est particulièrement en usage en Corse. Un Corse qui a une injure à venger est en *vendetta*; il prévient son ennemi qu'à compter de tel jour il cherchera l'occasion de le tuer. De ce moment, les deux champions se tiennent sur leurs gardes; mais avec assez de prudence pour ne pas s'attirer le châtiment des lois. La guerre se fait avec la plus grande loyauté, et rarement on emploie la ruse pour triompher. Le Corse en vendetta n'est mu que par une seule considération, celle de punir l'injure qu'il a reçue. Autrefois il laissait croître sa barbe jusqu'à ce qu'il eût immolé son ennemi.

VENDOME, sur le Loir, chef-lieu d'arrondissement du département de Loir-et-Cher, à 8 lieues de Blois. Population, 7,880 habitants. L'ancien parlement de Paris s'y assembla deux fois: en 1227, pendant la minorité de saint Louis, en 1458, sous Charles VII, à l'effet de juger Jean II, duc d'Alençon, qu'on accusait d'avoir voulu livrer la France aux Anglais. Ce fut à Vendôme que s'établit la haute cour nationale, instituée en 1795 pour le jugement des accusés compromis dans le complot de Babeuf. Vendôme possède une bibliothèque publique riche de 5,000 volumes, un tribunal de première instance et un collége. Cette ville commerce en fruits et légumes verts, vins, eaux-de-vie, vinaigres, toiles, cotonnades, etc. — Vendôme était jadis le chef-lieu du *Vendomois*. Henri IV, qui s'empara de Vendôme en 1589, la donna en apanage à son fils naturel, César de Vendôme, né de Gabrielle d'Estrées.

VENDOME (César, de), fils de Henri IV, roi de France, et de Gabrielle d'Estrées, mort en 1665, fut gouverneur de Bretagne, chef et surintendant de la navigation. Henri lui donna en apanage le duché de Vendôme. Il épousa la fille de Philippe-Emmanuel de Lorraine, duc de Mercœur, dont il eut trois enfants, Isabelle, mariée à Charles-Amédée, duc de Nemours, mort en 1664 ; Louis, mort en 1669, et François, duc de Beaufort.

VENDOME (Louis-Joseph, duc de), arrière-petit-fils de Henri IV, était fils de Louis, duc de Vendôme, et de Laure Mancini, nièce du cardinal Mazarin. Né en 1654, il embrassa la carrière militaire, passa par tous les grades, fut nommé officier général à l'ouverture de la campagne de 1688, et en 1694 général des galères. L'année suivante, il reçut le commandement de l'armée de Catalogne en Espagne, et la vice-royauté de cette province pour la défendre contre les impériaux. Il vainquit les ennemis, et prit Barcelone en 1697. Cette conquête amena la paix entre l'empereur et le roi d'Espagne Philippe V. Envoyé en Italie en 1702 pour arrêter les succès du prince Eugène, il vainquit les impériaux à Santa-Vittoria et à Luzzara, les chassa de Seraglio, fit lever le siège de Mantoue, s'empara d'Ast, Verceil, battit le prince Eugène à Cassano (1705) et le comte de Reventlau à Calcinato (1706). Philippe V, roi d'Espagne, demanda au roi de France un général habile, et lui désigna Vendôme. Louis XIV accéda à son désir. Vendôme fit tout changer de face à son arrivée. L'enthousiasme rentra dans le cœur des Espagnols ; le général ramena le roi à Madrid, obligea les ennemis à passer en Portugal, défit l'Anglais Stanhope, et à Villaviciosa Stahremberg (1710). Cette victoire affermit Philippe sur le trône d'Espagne. Vendôme, créé grand d'Espagne et premier prince du sang, mourut près de Valence en 1712. Ce grand général, habile et intrépide dans le combat, se distinguait dans la vie privée par sa bienfaisance, sa simplicité, sa générosité et son désintéressement.

VENDOME (Philippe de), frère du précédent, grand prieur de France, né à Paris en 1655, embrassa la carrière militaire. Il suivit Louis XIV en 1672 à la conquête de la Hollande, fut nommé lieutenant général en 1693, et reçut le commandement de la Provence en 1695. Il suivit son frère en Espagne, et se distingua par une grande intrépidité. Revenu en France, il s'y livra à des travaux littéraires. Les Turks ayant menacé Malte en 1715, il marcha au secours de cette île, et fut nommé généralissime de ses troupes. Le siège de Malte n'ayant pas eu lieu, il revint en France, se démit du grand prieuré, et mourut en 1727. En lui finit la postérité des ducs de Vendôme, descendants de Henri IV.

VENDOMOIS, ancienne principauté de France, formait, dès le temps de Charles le Chauve, un pays qu'on appelait *Vindocensis* ou *Vinducinensis ager*. Ce pays eut, dès le Xᵉ siècle, des comtes héréditaires, dont le premier fut Bouchard. En 1362, Catherine, héritière unique de cette maison, porta le comté en mariage à Jean de Bourbon. En 1514, ce comté fut érigé en duché-pairie par François Iᵉʳ en faveur de Charles de Bourbon, aïeul de Henri IV. Ce prince, étant devenu roi, réunit le Vendomois à la couronne ; puis en 1598 il le donna en apanage à César, son fils naturel. Louis-Joseph, petit-fils de César, mourut sans enfants en 1712, et son duché fut définitivement réuni à la couronne.

VENDOTENA, petite île de la Méditerranée, à 8 lieues des côtes de Naples. Cette île, dont l'ancien nom était *Pandataria*, servit de lieu d'exil pendant la durée de l'empire romain à plusieurs personnes illustres, entre autres à Julie, Agrippine et Octavie. Le sol en est peu fertile. Les habitants sont au nombre de 2,000.

VENDREDI, cinquième jour de la semaine à partir du lundi, consacré par les anciens à Vénus, et qu'ils nommaient *Veneris dies*. L'Eglise fait du vendredi la sixième férie de la semaine. Les chrétiens consacrent ce jour à la pénitence et au jeûne en mémoire de la passion de Jésus-Christ. Le jeûne et l'abstinence de la viande est ordonné. — On nomme *vendredi saint* ou *grand vendredi* celui de la semaine sainte, consacré à la mémoire de la passion et de la mort de Jésus-Christ sur la croix. On le nommait autrefois *vendredi oré* ou *aoré*.

VENERICARDE, genre de mollusques, caractérisé par des coquilles arrondies ou ovales, ayant un crochet assez grand et des côtes rayonnantes du sommet à la base. La *vénéricarde sillonnée* est une coquille suborbiculaire, inéquilatérale, le côté antérieur un peu plus grand que le postérieur, pourvu de larges côtes convexes striées en travers. Sa couleur est blanche, marquée de roux et de brun. Elle vit dans la Méditerranée, sur les côtes de France et d'Italie.

VENERIE (du latin *venor*, chasser), l'art de chasser avec les chiens courants. Ce mot désigne aussi 1ᵒ l'art de la vénerie et particulièrement le corps des officiers qui servaient chez les rois à la vénerie ; 2ᵒ le lieu destiné au logement des officiers et de tout l'équipage de la vénerie.

VENEUR ou CHASSEUR AU POIL. On nommait ainsi ceux qui chassaient au cerf, au daim, au chevreuil, au sanglier et au loup. Le *grand veneur* était un des principaux officiers de la couronne de France. Il avait l'intendance et la direction de la vénerie royale. Cette charge a longtemps appartenu aux Guise, puis successivement aux ducs de Rohan et de la Rochefoucauld. Supprimée à l'époque de la révolution, elle fut rétablie par Napoléon, Louis XVIII et Charles X, et abolie de nouveau en 1830.

VENEZUELA, république de l'Amérique méridionale, formée de l'ancienne capitainerie générale de Caracas ou de Venezuela, et comprenant la partie N.-E. de la Colombie. Elle est bornée par la Guyane anglaise, le Brésil, la Nouvelle-Grenade, la mer des Antilles et l'océan Atlantique. Sa superficie est de 50,000 lieues carrées, et sa population d'environ 1,000,000 d'habitants, Indiens, mulâtres, métis, nègres et blancs de diverses nations. En général les climats est chaud et malsain, les tremblements de terre fréquents ; le sol est coupé par de nombreuses rivières, entre autres par l'Orénoque. La chaîne des Andes traverse une grande partie de sa superficie. On y trouve d'immenses plaines ou *llanos*. Les productions sont les céréales, le manioc, la canne à sucre, le cacao, l'indigo, le coton, le tabac, le café, le bananier, le cotonnier, etc. On y trouve la belle mine d'or de San-Felipe de Burla et celle de cuivre d'Aroa. La république de Venezuela, y compris la Guyane espagnole, est divisée en neuf provinces : *Guyane, Cumana, Barcelona, Margarita, Caracas* ou *Venezuela, Varinas, Coro, Truxillo* et *Maracaïbo*. La capitale est CARACAS. Après avoir fait partie de la Colombie et avoir formé un capitainerie espagnole, le Venezuela se déclara libre et indépendant dans le congrès du 5 juillet 1811, et se constitua république. Les trois principaux auteurs de cet acte furent Simon Bolivar, né à Caracas en 1783, de San-Iago Marino, et Paëz. Après une guerre longue et pénible, la victoire resta aux indépendants (7 août 1819). L'*Equateur*, la Nouvelle-Grenade et le *Venezuela* formèrent la république de Colombie.

VENIAT, terme de chancellerie qui désigne l'ordre donné par le juge supérieur à un juge inférieur de venir se présenter en personne pour rendre compte de sa conduite. Ce mot est latin et signifie *qu'il vienne*.

VÉNIEL, nom donné, en théologie chrétienne, aux péchés légers et qui ne font point perdre la grâce, par opposition aux péchés mortels.

VENIMEUX, épithète donnée aux animaux qui ont un réservoir à venin, comme la vipère, le scorpion, etc., et à ceux dont les liquides ont été tellement pervertis par des maladies antécédentes, que leur contact détermine des affections graves, comme la pustule maligne, la rage, etc.

VENIN, liquide sécrété par certains animaux dans l'état de santé, déposé dans un réservoir particulier et leur servant de moyens d'attaque et de défense. Il diffère du *virus* en ce que ce dernier est le produit d'une sécrétion morbide, et que les individus qui l'ont reçu le produisent à leur tour et peuvent le transmettre à d'autres. Il en est tout autrement des venins.

VENISE, grande et belle ville d'Italie, à l'extrémité septentrionale de l'Adriatique près de l'embouchure de l'Adige et du Pô, séparée de la terre ferme par 2 lieues de lagunes. Construite sur plus de soixante petits îlots (d'autres disent soixante-douze ou même cent trente-huit), cette ville est entrecoupée de canaux sans nombre ; l'usage des gondoles y remplace celui des voitures. La population est de 100,000 habitants. Venise renferme d'admirables constructions, entre autres l'église de Saint-Marc (voy.), située sur la place de ce nom. Le palais du doge servait de résidence à ce souverain et de lieu de réunion aux conseils. Tous les bureaux de l'administration y trouvaient place ; les moins importants occupaient l'étage inférieur ; les autres s'élevaient par degrés dans l'ordre des dignités et du pouvoir. On n'y voit plus la fameuse *gueule de lion* où se déposaient les dénonciations. Dans les greniers du palais ducal étaient des réduits où étaient enfermés les criminels d'Etat. On les appelait *les Plombs* (voy.) ; d'autres prisons, appelées *les Puits*, séparées du palais par le pont des Soupirs, étaient de sombres cachots souterrains. On voit encore à Venise un bel arsenal, une bibliothèque précieuse, un théâtre, plusieurs établissements scientifiques, une banque, plus de trois cents ponts, presque tous en marbre. Le carnaval de Venise est célèbre ; il dure depuis Noël jusqu'au jour des Cendres. — Venise a un port de mer. Cette cité, aujourd'hui peu industrieuse, commerce en bijouteries, velours, soieries, glaces, damas, télescopes, porcelaine, masques, thériaque, liqueurs et de son arsenal.

VENISE (hist.). Cette ville fut fondée l'an 452 de J.-C. Les habitants du littoral de Padoue, fuyant Attila, allèrent chercher un asile dans la petite ville de Rialto, située au centre des lagunes, et les îlots environnants. Chacun eut d'abord son administration particulière, et fut gouverné par des tribuns. Tous tenaient en commun, à certaines époques, une assemblée générale. En 697, ils se donnèrent un chef sous le titre de *duc* ou *doge*. Le doge reçut le pouvoir de convoquer l'assemblée générale, de nommer les tribuns et de confirmer les prélats. Paul-Luc Anafeste fut le premier promu à cette dignité. Le doge, placé d'abord à Grado, fut transporté à Malamocco sous le quatrième doge, puis à Rialto en 809. Depuis cette époque, Rialto devint la capitale de l'Etat. On réunit par des ponts les îlots qui l'entouraient, et on lui donna le nom de *Venetia* ou *Venezia* (en français, *Venise* ; en allemand, *Venedig*). Telle fut l'origine de Venise. En 1032, on limita l'autorité absolue du doge, en lui adjoignant deux conseillers, puis dix notables à son choix, ou *conseil des pregadi*, dans les affaires importantes. En 1170, on créa un conseil de quatre cent quatre-vingts citoyens, qui se renouvelait chaque année. Ce *grand conseil* exerça conjointement avec le doge l'autorité souveraine, et seul, les pouvoirs que les lois n'attribuaient pas au doge. Plusieurs années après, on confia la juridiction criminelle à un tribunal composé de juges sortant du grand conseil, et nommé *quarantie*. Venise grandit et devint puissante. Elle chercha surtout sa puisance dans la marine et le commerce maritime. Chaque année, le doge, monté sur le *Bucentaure*, allait jeter un anneau d'or dans la mer, pour apprendre au monde que, de même que l'épouse est soumise au mari, la mer était soumise au doge de Venise. Cette ville prit part aux guerres des croisades. Son armée alla en 1204 conquérir Constantinople. Baudouin, à cette époque, reçut le titre d'empereur d'Orient; mais Venise se réserva la plus grande partie de Constantinople, avec la suzeraineté du Péloponèse, de l'île de Candie et des îles de l'Archipel. En 1229, le conseil des pregadi fut composé de soixante membres nommés par le grand conseil, et devint partie indispensable de la constitution. On créa en même temps cinq *correcteurs du serment*, chargés de recevoir le serment du doge, et trois *inquisiteurs du doge défunt*, qui devaient faire le procès du doge après son décès. L'aristocratie se formait peu à peu en renversant l'antique démocratie. La CITADINANCE ou classe plébéienne ne fut plus représentée que par un grand chancelier qu'elle nommait elle-même. Une conspiration se forma, dirigée par Boëmond Tiepolo, dans le but de tuer le doge Gradenigo, de dissoudre le grand conseil usurpateur du pouvoir, et de le remplacer par une élection annuelle. Les deux partis se livrèrent en juin 1310, sur la place Saint-Marc, une bataille sanglante où la cause plébéienne succomba. L'aristocratie triomphante créa le redoutable tribunal *des dix*, revêtu d'un pouvoir dictatorial, avec le droit de poursuivre et punir les délits au moyen d'une procédure secrète et inquisitoriale. Ce conseil, privé de toute responsabilité, put disposer selon sa volonté des finances, des armées de la république et de la vie des citoyens. Nommé d'abord pour deux mois, puis pour cinq ans, il devint ensuite permanent. Le grand conseil ne fut plus qu'une pairie héréditaire dans les grandes familles usurpatrices. Il fut décrété que quiconque réunirait les conditions requises pourrait à vingt-cinq ans se faire inscrire dans un livre nommé *livre d'or*, et entrer sans élection dans le grand conseil. Or ce livre était déposé entre les mains de la quarantie, dont les membres étaient pris dans le sein du grand conseil. En 1554, le conseil des dix choisit trois de ses membres pour exercer, sous le titre d'inquisiteurs d'État, la surveillance et la justice répressives, jusqu'alors attribuées au doge. Sa juridiction s'étendit sur tous les individus, même du conseil des dix. Il pouvait infliger la mort. Un suppléant fut créé dans le cas où deux des inquisiteurs auraient voulu juger leur troisième collègue. La république grandit en puissance pendant les XIVe et XVe siècles. En 1343, elle put commercer dans les ports de Syrie et d'Égypte; en 1388, elle réunit Trévise à son territoire à ses États. En 1420, elle s'empara du Frioul, puis des villes de Vicence, Vérone, Padoue, Brescia, Bergame, Rovigo, Otrante, Gallipoli, etc. (1496). L'île de Chypre lui était soumise. Cette puissance, si grande et si forte, déclina insensiblement après la découverte du cap de Bonne-Espérance et de l'Amérique. Elle perdit ses îles de l'Archipel, Chypre, la Morée, et ses États furent démembrés. Napoléon, maître de l'Italie et de Venise, renversa la constitution de cette république. Le livre d'or fut brûlé, et l'égalité des citoyens fut proclamée.—Sous les doges, la république se divisait en treize provinces: *Dogat*, *Padouan*, *Vicentin*, *Véronèse*, *Bressan*, *Bergamasque*, *Crémasque*, *Polésine de Rovigo*, *Marche trévisane*, *Bellunèse*, *Cadorin*, *Frioul* et *Istrie*. — Aujourd'hui son territoire constitue un des deux gouvernements qui forment le royaume lombardo-vénitien soumis à l'Autriche. Ce gouvernement en comprend la partie orientale, et est situé entre celui de Milan, l'Illyrie, les États romains et l'Adriatique. Sa superficie est de 835 lieues carrées, et sa population de 1,930,000 habitants. Ce pays est fertile, et produit en abondance des céréales et des fruits. Les pâturages nourrissent d'excellents bestiaux. Le gouvernement de Venise se divise en huit délégations: *Venise*, *Padoue*, *Polésine*, *Vérone*, *Vicence*, *Trévise*, *Bellune* et *Udine*.

VENIUS (OTTO). Voy. OTTO.

VENT, nom donné à un mouvement plus ou moins rapide d'une masse d'air qui se transporte d'un lieu dans un autre, suivant une direction déterminée. Les physiciens s'accordent à regarder l'attraction du soleil et de la lune comme la cause de certains vents; il en est d'autres qui paraissent dus à la dilatation qu'éprouve l'air par la chaleur. On spécifie les vents en indiquant le point de l'horizon d'où ils soufflent. On a établi trente-trois directions particulières dans l'aire ou rose des vents. Les quatre principales sont: l'est, le nord, l'ouest et le sud. Les autres sont comprises entre ces quatre principales. Les *vents réguliers* soufflent particulièrement sur la mer, et se distinguent par l'ordre qu'ils présentent dans leur durée, leur direction et leur retour. On les subdivise en *vents généraux* ou *constants* et en *vents périodiques* ou *réglés*. Les *vents généraux* sont ceux qui soufflent toujours du même côté dans une certaine étendue de pays; tels sont les vents *alizés*. Les vents *périodiques* ou *réglés* sont subdivisés en *vents des saisons*, *vents anniversaires* et *vents journaliers*. Les vents des saisons ou *moussons* soufflent du sud-est depuis le mois d'octobre jusqu'au mois de mai, et du nord-ouest, depuis le mois de mai jusqu'au mois d'octobre. Les vents anniversaires ou *étésiens* reviennent régulièrement à une époque déterminée de l'année. Ces vents rafraîchissent et purifient l'atmosphère des contrées où ils règnent. Les *vents journaliers* soufflent à certaines heures du jour et de la nuit, dans les contrées maritimes. On appelle *brises* ou *vents de terre* ceux qui paraissent la nuit; *brises* ou *vents de mer* ceux qui soufflent pendant le jour. Ces vents diminuent la chaleur atmosphérique. Les *vents irréguliers* ou *variables* soufflent, tantôt d'un côté, tantôt de l'autre, et ne sont soumis à aucune loi. Les vents du nord ou des montagnes neigeuses sont froids; le contraire a lieu pour ceux du midi. Les vents exercent une grande influence sur l'économie animale par les modifications qu'ils impriment à l'atmosphère. — En marine, on désigne les vents par leur direction et les parties du vaisseau qu'ils frappent directement; ainsi l'on dit *vent arrière*, *vent en poupe*; *vent d'amont* est celui qui vient de terre, etc.

VENT (géogr.). On nomme *Iles du Vent* les Antilles orientales ou petites Antilles, à cause de leur position transversale, qui les expose à toute l'influence des vents alizés; et *Iles sous le Vent*, les Antilles septentrionales et méridionales.

VENTS (myth.), divinités poétiques, enfants du Ciel et de la Terre, ou, selon d'autres, d'Astrée et d'Héribée. Les quatre principaux étaient *Borée* (vent du nord), *Eurus* (de l'est), *Notus* (du sud) et *Zephyrus* ou *Favonius* (de l'ouest). Éole était leur roi, et les tenait enchaînés dans des cavernes.

VENTE, convention par laquelle une personne s'oblige à livrer une chose, et l'autre à en payer la valeur. Cette convention se forme par le seul consentement des parties, et peut être faite par acte authentique ou sous seing privé. La promesse de vente vaut vente, lorsqu'il y a consentement réciproque des deux parties sur la chose et sur le prix. On appelle *vente à fonds perdu* la vente dont le prix consiste en une rente viagère, c'est-à-dire devant s'éteindre à la mort du vendeur. On nomme *vente judiciaire* celle qui est faite en justice, suivant certaines formes déterminées par les lois. Les *ventes forcées* ont lieu par suite de saisies immobilières et d'expropriation forcée. Les *ventes volontaires* ont lieu quand il s'agit de biens appartenant à des incapables, à des absents, à des condamnés par contumace, etc.

VENTE, nom donné aux assemblées secrètes et politiques des *carbonari*.

VENTILATEUR (du latin *ventilo*, faire du vent), nom donné aux instruments propres à renouveler l'air dans les endroits où il peut acquérir des qualités nuisibles par un trop long séjour, comme dans les hôpitaux, les salles de spectacle, les vaisseaux, les prisons, et en général dans tous les endroits où il s'assemble beaucoup de monde.

VENTILATION. Ce mot a deux sens. Dans le premier, il désigne l'action du ventilateur; dans le deuxième, c'est, en jurisprudence, l'estimation particulière que l'on fait de la partie d'un tout, eu égard au prix fixé pour le tout.

VENTOSE, sixième mois du calendrier de la république française. Il avait trente et un jours, commençait le 19 février et finissait le 20 mars. Ce nom lui avait été donné à cause des vents qui soufflent à cette époque. Dans l'année sextile, il commençait le 20 février et finissait le 20 mars.

VENTOUSE, nom donné, en chirurgie, à un petit vase de verre ou de métal dont l'entrée est plus étroite que le fond; qui est arrondi, et que l'on emploie pour faire le vide sur un endroit déterminé de la peau, afin de remplir diverses indications thérapeutiques. Avant d'appliquer la ventouse, on allume une petite bougie ou bien un peu d'étoupe, un peu de coton que l'on fixe sur une carte placée sur la peau; on recouvre aussitôt ce petit appareil avec la ventouse. L'air qu'elle contient se raréfie, se dilate, et la ventouse adhère fortement à la peau, qui rougit et se gonfle par l'afflux des liquides. Pour lever la ventouse, on déprime avec le bout du doigt la peau qui entoure son bord en dehors; l'air extérieur se précipite par le petit jour que l'on fait sous l'instrument qui se détache aussitôt. On emploie en Allemagne des ventouses dont le fond est percé, et dans lesquelles on fait le vide au moyen de la bouche ou d'une pompe aspirante qu'on y adapte. Lorsque les ventouses déterminent seulement la rougeur et le gonflement à la peau, on les dit *ventouses sèches*. On les emploie pour exciter la peau, la suppuration dans les abcès, etc. Quand on pose les ventouses dans un endroit de la peau sur lequel on a fait des scarifications, elles sont alors dites *scarifiées*. On les applique pour évacuer du sang et opérer une saignée locale.

VENTOUSE. On nomme ainsi 1° des ouvertures qu'on fait quelquefois dans les murailles d'un grand bâtiment ou dans les ponts, pour faire passer l'air dans l'intérieur au moyen d'un tuyau; 2° des ouvertures pratiquées dans un conduit pour donner passage à l'air par le moyen d'un tuyau; 3° des organes musculeux de succion, placés sur différentes parties du corps de certains animaux aquatiques, particulièrement sur les bras des sèches, et qui ont la forme de disques creux. Ces ventouses servent à ces animaux pour saisir leur proie ou se fixer aux rochers.

VENTRE. Les anatomistes nommaient *ventre*, autrefois, diverses cavités où sont contenus certains viscères importants. Ils divisaient le corps en trois ventres: la cavité formée par le crâne se nommait *ventre supérieur*; celle formée par la poitrine, *ventre moyen*; enfin l'abdomen formait le *ventre inférieur* ou *bas-ventre*.

Aujourd'hui l'on ne donne plus ce nom qu'à cette dernière cavité; encore l'appelle-t-on plus souvent *abdomen*. Voy. l'article suivant. — Les tourneurs appellent *ventre à planer* une palette de bois de chêne que l'ouvrier applique sur son estomac quand il veut planer une pièce de bois. En musique, c'est le point central de la vibration d'une corde sonore.

VENTRE ou ABDOMEN ou BAS-VENTRE, la plus grande des trois cavités splanchniques, qui renferme les principaux viscères du corps. Il est borné en haut par le diaphragme, en bas par le bassin, en arrière par les vertèbres lombaires, sur les côtés et en avant par plusieurs muscles larges et aplatis, dont les fibres se croisent dans diverses directions. Il a une forme oblongue, convexe en avant et surtout en bas, concave en arrière et sur les côté. On divise l'abdomen en plusieurs régions. Dans les mammifères, l'abdomen offre en général la même disposition que dans l'homme. Dans les poissons il se prolonge souvent fort en arrière du bassin, et est séparé du cœur par une membrane assez épaisse. Du reste cet organe varie selon les diverses classes d'animaux. On nomme *abdomen* dans les insectes, la dernière portion du tronc.

VENTRICULE, diminutif de *ventre*, petit ventre. On a appelé ainsi l'*estomac* et diverses cavités du corps humain, telles que les *ventricules* du larynx, du cœur et du cerveau. On a nommé *cinquième ventricule du cerveau* la petite cavité séreuse qui se trouve entre les deux lames de la cloison transparente.

VENTRIÈRE, sangle, longe de cuir qu'on passe sous le ventre d'un cheval de carrosse pour arrêter les harnais auxquels elle est fixée de chaque côté, et empêcher qu'ils ne se renversent.

VENTRILOQUE. Voy. ENGASTRIMYTHE.

VENTURON, espèce du genre *fringille* et du groupe des serins. Cet oiseau, qu'on appelle *fringille citrinelle*, *venturon de Provence* et *serin d'Italie*, a le front, le sommet de la tête, la gorge, le devant du cou, la poitrine et le milieu du ventre d'un vert jaunâtre ; l'occiput, la nuque, les côtés du cou et les flancs cendrés ; le dos et les ailes d'un vert jaunâtre foncé, nuancé de grisâtre ; le croupion jaune verdâtre, et les grandes plumes de la queue et des ailes noires. On rencontre cet oiseau en Italie, en Grèce, en Turquie et le midi de la France. Le chant du mâle est agréable et varié.

VÉNULE, petite veine.

VÉNUS (myth.) ou CYPRIS, fille du Ciel et de la Terre, déesse de l'amour et des voluptés. Des mythologistes veulent qu'elle soit fille de Jupiter et de Dioné; d'autres, qu'elle ait été produite par l'écume de la mer (on la nommait alors *Aphrodite* ou *Anadyomène*); d'autres enfin, par le sang qui découla d'une plaie que Saturne fit à son père Cœlus. Aussitôt après sa naissance, les Heures l'emportèrent dans le ciel, où tous les dieux la trouvèrent si belle, qu'ils voulurent l'épouser et la nommèrent déesse de l'amour. Vulcain l'épousa ; mais, ne pouvant supporter la laideur de son mari, Vénus lui fut souvent infidèle. Mars la rendit mère de Cupidon. Elle aima ensuite Adonis (voy.) et Anchise, prince troyen, dont elle eut le fameux Enée. Elle fut encore la mère du Ris, du Désir, de la Persuasion, de Priape, d'Hermaphrodite, etc. Vénus avait une ceinture qui inspirait la tendresse d'une telle sorte, que Junon la lui emprunta pour se faire aimer de Jupiter. Elle présidait à tous les plaisirs, et ses fêtes étaient souillées par les plus honteuses débauches. Ses temples les plus célèbres étaient ceux de Cythère, Amathonte, Lesbos, Paphos et Gnide, où, dit-on, elle avait séjourné longtemps. Les colombes et les passereaux lui étaient consacrés. On la représentait nue, tenant par la main Cupidon, et montée sur un char traîné par des colombes ou des passereaux ou des cygnes. On connaît les magnifiques statues de Vénus qu'on a nommées *Vénus d'Arles* et *Vénus de Médicis*.

VÉNUS, une des trois planètes inférieures, fait sa révolution autour du soleil en 224 jours 701 millièmes de jour. Vénus a ses phases comme la lune, et brille d'une grande clarté. Lorsqu'elle apparaît avant le lever du soleil on la nomme *Lucifer*; lorsqu'elle paraît le soir au coucher du soleil, on l'appelle *Vesper* ou *étoile du berger*.

VÉNUS. Les alchimistes appelaient ainsi le *cuivre*. On nommait *vitriol de Vénus*, le *sulfate de cuivre*, et *cristaux de Vénus l'acétate de cuivre*.

VÉNUS, genre de mollusques acéphales. La coquille qui les recouvre est solide, assez épaisse, régulière, équivalve. Les vénus habitent le bord de la mer à une petite profondeur, dans toutes les parties du monde. On les mange dans certains ports de mer. Une espèce, nommée *clovisse*, ou *vénus croisée* est de forme ovale, transverse, arrondie aux deux extrémités. Sa surface extérieure est sillonnée par des stries longitudinales et transverses. Cette coquille est blanche ou jaune à l'intérieur, blanc cendré, roux ferrugineux ou brun foncé à l'extérieur.

VÊPRE, vieux mot inusité, dérivé du latin, *Vesper* ou *Hesperus*, l'étoile de Vénus, et signifiant le soir, la fin du jour, le crépuscule qui dure depuis le coucher du soleil jusqu'à ce qu'il soit tout à fait nuit. On nomme les *vêpres* ou *vespres*, chez les catholiques romains, cette partie des heures de l'office divin qu'on disait autrefois le soir, et que l'on dit maintenant à deux ou trois heures après midi. Elles ont été instituées pour honorer la mémoire de la sépulture de Jésus-Christ ou de sa descente de croix.

VÊPRES SICILIENNES, nom donné au massacre que les Italiens firent de tous les Français résidant en Sicile, en 1282, le jour de Pâques, au premier coup de la cloche de vêpres.

VER. On donnait autrefois ce nom à tous les êtres organisés, longs et mous, plus ou moins semblables aux lombrics ou vers de terre, et on en avait étendu la signification jusqu'à désigner les larves d'insectes. Linné donna le nom de *vers* à tous les animaux qui présentent cette forme, en exceptant toutefois les larves d'insectes. Lamarck donna ensuite à cette classe le caractère de n'avoir pas de vertèbres, de présenter un corps allongé, mou, contractile, articulé, ne pouvant subir aucune transformation et privé de pattes articulées. On les désigne sous le nom d'*annélides*. — On nomme *ver à soie* le *bombyx* ; *ver de Guinée*, le *dragonneau* ; *ver luisant*, le *lampyre*, insecte phosphorescent dans l'obscurité ; *vers intestinaux* ou *entozoaires*, ceux qui habitent dans le corps des animaux ; *ver palmiste*, la larve de la *calandre du palmier* ; *ver de terre*, le *lombric*; *ver solitaire*, le *lœnia*.

VERA-CRUZ (LA), ville du Mexique, avec un bon port, sur le golfe du Mexique, près de la citadelle de Saint-Jean d'Ulloa, bâtie aux lieux mêmes où Fernand Cortez aborda pour la première fois au Mexique. Son commerce, les richesses et son luxe la rendirent célèbre au temps de la domination espagnole. Elle devint le centre de communication entre Séville et Mexico, c'est-à-dire entre l'Europe et le Mexique. Sa puissance et sa splendeur ont disparu peu à peu ; mais elle est toujours importante et reste la clef du Mexique. La ville est bien fortifiée et défendue par la citadelle d'Ulloa (voy.), qui la domine complètement. Cette citadelle, élevée par les Espagnols, fut longtemps regardée comme imprenable. Les Français se sont emparés d'Ulloa, en novembre 1838, avec une flotte sous les ordres de l'amiral Baudin. Ils entrèrent peu de jours après dans Vera-Cruz, dans le but d'enlever le général mexicain, Santa-Anna, toujours hostile à la France. Un combat peu important s'y livra, et au rembarquement des soldats, nos canons foudroyèrent la caserne et la cité. Cette ville semée de débris, est aujourd'hui presque détruite et déserte.

VERAGUA, province du Mexique, bornée par la mer du Nord, le Grand-Océan, Panama et Costa-Rica. Sa superficie est de 687 lieues carrées, et sa population de 150,000 habitants. Ce pays est fertile et montagneux. On y trouve des mines d'or. Il fut découvert par Colomb, en 1502. La capitale est VERAGUA, avec 8,000 habitants.

VERA-PAZ, province du Mexique, bornée par l'Yucatan, l'Honduras, le Guatimala, le Soconusco et la Chiapa. Sa superficie est de 730 lieues carrées, et sa population de 172,000 habitants. Ce pays renferme d'épaisses forêts et des chaînes de hautes montagnes. On en retire des résines, baumes et gommes. La capitale est COBAN.

VÉRATRE ou VÉRAIRE, genre de la famille des joncinées, renfermant des végétaux herbacés, à feuilles entières, alternes, s'engaînant à leur base, et terminés par une panicule de fleurs aux couleurs variées. Ces plantes habitent les deux hémisphères et sont usitées en médecine. L'espèce la plus connue, le *vératre officinal* ou blanc, *tue-chien* ou *ellébore blanc*, plante vivace des vallées alpines, a des racines qui sont un excellent émétique, et qui sont employées à l'intérieur et à l'extérieur, pour détruire les poux et autres animaux parasites. C'est un purgatif très-violent. Le *vératre subadille*, qui croît au Mexique et aux Antilles, offre les mêmes propriétés, et à un degré très-supérieur. Pris à haute dose, il constitue un poison des plus violents.

VÉRATRINE, substance végétale, retirée de la racine de l'*ellébore blanc* ou *vératre officinal*, du *colchique* et du *vératre subadille* ou *cévadille*. Elle est formée d'oxygène, d'hydrogène et de carbone. Elle est solide, blanche, pulvérulente, inodore, d'une saveur très-âcre, décomposable par le feu, très-peu soluble dans l'eau, soluble dans l'alcool. Cette dissolution alcoolique ramène au bleu le papier de tournesol rougi par un acide. La vératrine est très-vénéneuse ; c'est à elle qu'il faut attribuer les propriétés énergiques des plantes qui en contiennent.

VERBASCUM, nom botanique de la *molène* ou *bouillon blanc*.

VERBE, terme de théologie chrétienne consacré pour désigner le Fils unique du Père éternel, la deuxième personne de la sainte Trinité.

VERBÉNACÉES, famille des plantes dicotylédonées, nommée aussi *gattiliers* ou *pyrénacées*. Elle se compose de végétaux herbacés, d'arbrisseaux et d'arbres de troisième grandeur, à feuilles simples, opposées, entières et dentées ; les fleurs sont disposées en épis simples ; les graines sont nues ou renfermées dans un péricarpe en baie quelquefois capsulaire. Les verbénacées renferment plusieurs genres intéressants, entre autres la *verveine*, la *volkameria*.

VERBÉRATION (du latin *verberare*, frapper), nom donné par les physiciens au battement ou vibration de l'air qui produit le son.

VERBERIE, sur la rive gauche de l'Oise, chef-lieu de canton du département de l'Oise, à 4 lieues de Senlis. Population, 1,665 habitants. Cette ville, nommée d'abord *Verubria*, fut autrefois plus grande et plus importante qu'elle l'est aujourd'hui. Elle possédait un port et un palais des rois francs de la première et de la deuxième race. Charlemagne embellit ce palais, qui fut pillé par les Normands ; et détruit par les Navarrais et les Anglais dans le XIVe siècle. Charles V. fit relever les ruines des palais ; mais les guerres du XVe et du XVIe siècles dévastèrent cet édifice dont il reste à peine quelques débris. Verberie a des eaux minérales et des fabriques de couperose.

VERBOUISSET, nom vulgaire du *fragon*.

VERCEIL, ville du Piémont, au confluent de la Sesia et de la Cerva, à 18 lieues de Turin et 14 de Milan. Population, 15,870 habitants. Cette ville est grande, forte et ancienne. Elle s'est gouvernée jadis en république; mais, après avoir été sous la domination des ducs de Milan, elle a passé sous celle des ducs de Savoie. Verceil possède un évêché fondé vers l'an 340, une maison de ville, un beau palais qu'habite le gouverneur, et de très-beaux hôpitaux. Elle commerce en riz, soie, blé, vins, objets d'ébénisterie, et de la poudre pour la toilette.

VERCINGETORIX, célèbre général gaulois, fut d'abord proclamé roi des Arverniens, ensuite généralissime de la ligue formée contre César dans les Gaules, l'an 53 avant J.-C. Son activité, sa valeur et sa prudence le rendirent digne du commandement; mais il s'écarta du plan suivi jusqu'alors, qui consistait à harceler l'armée romaine plutôt que de la combattre; il perdit une bataille, et s'étant enfermé dans la ville d'Alesia, il fut obligé par la disette de se rendre à discrétion avec ses soldats. Vercingetorix fut conduit à Rome, où, après avoir orné le triomphe du vainqueur, il fut jeté dans un cachot et mis à mort l'an 47 avant J.-C. Plusieurs historiens ont pensé que le nom de Vercingetorix n'était qu'un titre de commandement.

VERCOQUIN, nom donné à une espèce de frénésie attribuée à la présence d'un ver dans le cerveau.

VERDET, synonyme de *vert-de-gris*. On nomme *verdet cristallisé* l'acétate de cuivre christallisée.

VERDICT (du latin *vere dictum*, ce qui est dit en vérité), déclaration qui est la simple expression de la vérité. En jurisprudence, ce mot désigne la déclaration du jury, c'est-à-dire la réponse qu'il fait aux questions qui lui sont soumises lorsqu'il est interrogé sur la culpabilité des prévenus. Le verdict ne peut être soumis à aucun contrôle, à moins qu'il n'ait pas été rendu dans la forme légale, ou que les juges ne soient unanimement convaincus que les jurés se sont trompés dans l'appréciation qu'ils ont faite de la culpabilité des prévenus. Le verdict prononcé, il ne reste plus aux juges qu'à faire l'application de la loi au fait, tel que l'a qualifié le jury.

VERDIER, officier qui était établi pour commander aux gardes d'une forêt éloignée des maîtrises. On nommait *verderie* l'étendue de bois soumise à la juridiction d'un verdier, et cette juridiction elle-même.

VERDILLON, espèce de levier dont on se sert pour détacher les blocs d'ardoise. C'est aussi le nom du châssis des tapissiers hautelicíers, auquel ils attachent les fils de leur chaîne.

VERDUN, sur la Meuse, chef-lieu d'arrondissement du département de la Meuse, à 11 lieues trois quarts de Bar-le-Duc. Population, 10,238 habitants. Cette ville se nommait *Verodunum* ou *Viridunum*, à l'époque où les Romains firent la conquête de la Gaule. Restée sous la domination romaine jusqu'au vi^e siècle, Verdun passa ensuite sous celle des rois de France et d'Austrasie, fut plus tard comprise dans le royaume de Lothaire ou l'ancienne Lorraine, puis conquise par l'empereur Othon, et jouit des privilèges de ville libre et impériale jusqu'en 1552. Les habitants réclamèrent alors la protection de Henri II, roi de France. Elle fut cédée à ce royaume en 1648 par le traité de Munster. — Les fortifications de Verdun sont du chevalier de Ville. Le maréchal de Vauban y fit faire d'importantes améliorations. Prise en 1792 par les Prussiens, cette ville fut, après la bataille de Valmy, reprise par les troupes françaises. La place renferme de belles casernes, une citadelle commencée en 1624, un quartier de cavalerie, des magasins militaires, une bibliothèque publique, riche de 14,000 volumes, un tribunal de première instance et de commerce, un évêché érigé dans le xie siècle, dépendant de l'archevêché de Besançon, un séminaire diocésain, une école secondaire ecclésiastique, un collège, un musée et une société philomathique.

VERELIUS (Olaüs), historien suédois mort vers 1680. Ce savant s'occupa de chercher et d'étudier les inscriptions et les caractères runiques des anciens Scandinaves. On a de lui plusieurs ouvrages pleins d'intérêt: la *Runographie de l'ancienne Scandinavie*, en latin; l'*Histoire de Gothricus et de Rolfon, rois de Westrogothie*, en langue gothique, avec une traduction suédoise et des notes en latin, où est expliqué ce qui concerne la religion des anciens peuples du Nord; une *Histoire d'Hervara*, en langue gothique, avec une traduction latine et des notes.

VERETILLE. Voy. PENNATULE.

VERGE (accept. div.), du latin *verga*, sorte de petite baguette longue et flexible. Les anciens mettaient des verges à la main de ceux qu'ils supposaient opérer des prodiges. On nomme *verge de Moïse* le bâton dont Dieu ordonna à Moïse de prendre avec lui pour opérer les miracles qu'il devait faire devant Pharaon et son peuple. On nomme *verge d'Aaron* le bâton dont se servait ordinairement le grand prêtre des Hébreux. Dieu ordonna à Moïse de recevoir une verge de chaque tribu d'Israël, et d'y joindre celle d'Aaron. Il promit de confirmer le sacerdoce à Aaron et à sa postérité, en faisant porter à la verge de celui-ci des fleurs et des fruits. *Verge* désigne encore: 1° un grand morceau de côte de baleine ou de bois noir, garni d'argent par les deux bouts, et que le bedeau porte à la main dans une église; 2° une baguette ordinairement d'ivoire, que portaient les huissiers et les sergents; 3° une mesure de superficie et une mesure pour les étoffes. C'est aussi une mesure anglaise qui contient 2 pieds 9 pouces 2 lignes et demie de France; 4° plusieurs brins de bouleau, genêt, osier, etc., avec lesquels on fouettait les criminels; 5° des aiguilles ou broches en usage dans la fabrication du velours; 6° en termes d'horlogerie, la partie du pendule appliquée à l'horloge, et qui s'étend depuis les ressorts ou le point de suspension, jusqu'au bas de la lentille qu'elle soutient par le moyen d'un écrou; 7° deux baguettes de bois que les tisserands font passer entre les fils de la chaîne, de manière que le fil qui passe sur la première passe sous la deuxième, et ainsi de suite; 8° en termes de tourneurs, une pièce du tour dont on se sert pour tourner en l'air ou en figures irrégulières; 9° une baguette à laquelle on attache une fusée volante; 10° le fléau de plusieurs balances; 11° en marine, la pièce droite, la principale partie de l'ancre, qui fait sa longueur: la longueur des verges des ancres de 4,000 livres pesant est de 13 pieds 7 pouces; 12° *verge de girouette*, la tige de fer qui soutient la girouette sur le haut des mâts; 13° la tige qui tient au piston d'une pompe.

VERGE D'OR, genre de la famille des corymbifères, renfermant des plantes répandues dans les diverses parties du globe. La *solidage verge d'or*, très-commune dans nos bois, est recherchée des bestiaux, et fait partie des vulnéraires suisses. Ses feuilles sont elliptiques, dentées et velues. Ses feuilles et ses fleurs jaunes sont utilisées par les teinturiers. La *verge d'or du Canada*, cultivée dans les jardins, fournit une bonne teinture jaune, ses feuilles et ses fleurs étant macérées avec l'alun et la potasse. On cultive encore la *verge d'or immortelle*, la *verge d'or odorante* et la *verge d'or élevée*.

VERGENNES (Charles GRAVIER, comte DE), né à Dijon d'une famille ancienne et noble de Bourgogne, vint de bonne heure à Paris et entra dans la carrière diplomatique. Son esprit actif et conciliant l'ayant fait connaître à la cour, il fut en 1750 nommé ministre près l'électeur de Trêves, et en 1754 ministre plénipotentiaire à Constantinople, puis ambassadeur. Il sut maintenir la neutralité de la Porte pendant sept ans, dans les guerres de cette époque. Néanmoins le sultan déclara la guerre à la Russie en 1768, et Vergennes fut rappelé. Revenu à Paris, il fut envoyé en 1771 ambassadeur en Suède. Dès que Louis XVI fut parvenu au trône, il nomma M. de Vergennes au ministère des affaires étrangères. Sous son ministère, la France reprit dans les pays étrangers une grande considération. Il aida la révolution des États-Unis d'Amérique contre l'Angleterre, et reconnut leur indépendance. L'Europe lui dut la paix de Teschen (1779), et l'accommodement des différends survenus entre l'empereur et la Hollande. Il mourut en 1787, avec la réputation d'un ministre habile et d'un homme vertueux.

VERGER, lieu clos planté d'arbres fruitiers en plein vent.

VERGEROLLE ou VERGERETTE. Voy. ERIGERON.

VERGETURES, nom donné aux impressions linéaires, rougeâtres, semblables à celles que produiraient des coups de verges, impressions que présente la peau dans quelques maladies.

VERGEURE ou VERJURE, terme de papetiers qui s'applique aux fils de laiton appliqués sur la forme. Il signifie aussi les raies que font ces fils et qui sont marquées sur la feuille de papier.

VERGLAS. Lorsqu'il pleut un peu quand la température du sol est au-dessous de zéro, la pluie se congèle à la surface des corps et y produit un enduit de glace uni et transparente, que l'on nomme *verglas*. Pour qu'il se produise, il faut que la pluie ne soit pas suffisante pour mouiller les corps. Le verglas rend la marche glissante et très-difficile.

VERGNIAUD (Pierre-Victorin), né à Limoges en 1758 ou 1759, vint à Bordeaux exercer la profession d'avocat. Il embrassa avec enthousiasme les principes de la révolution, et fut nommé en 1790 membre de l'administration départementale de la Gironde. L'année suivante, il fut élu député de ce département à l'assemblée législative. Son éloquence et son patriotisme le firent bientôt distinguer parmi les girondins, dont il fut un des plus illustres chefs. Il présidait l'assemblée législative lorsque Louis XVI vint (10 août) se réfugier avec sa famille dans le sein de cette assemblée. Il l'accueillit avec dignité, proposa la convocation d'une convention nationale, la destitution des ministres et la suspension du roi, qui fut conduit au Temple. Vergniaud, qui voulait avec les autres girondins que la révolution restât pure de sang, s'éleva avec force contre les massacres de septembre, les crimes et les excès des députés de la montagne, contre la loi de la déportation générale des prêtres et l'érection du tribunal révolutionnaire. Comme tous les girondins, il vota la mort de Louis XVI, mais en même temps l'appel au peuple. Ce fut lui qui, comme président, lut la sentence au monarque. Il le fit avec l'accent d'une profonde douleur. Lorsque les girondins furent arrêtés sur les réclamations de Robespierre, Vergniaud prononça pour sa défense et celle de ses amis d'éloquents discours. Condamné à mort avec les autres girondins, il entendit l'arrêt avec courage, et fut décapité le 31 octobre 1793. Vergniaud fut le premier orateur de l'assemblée législative et de la convention.

VERGUES, grandes pièces de bois longues, arrondies, placées horizontalement sur leurs mâts respectifs, plus ou moins au-dessus du niveau de la mer. Elles servent à porter les voiles, à les déployer et à les étendre, de manière à rendre l'impulsion du vent favorable à la marche du navire. Les vergues sont en bois de sapin, d'un seul morceau ou d'assemblage. On les distingue par le nom des voiles qu'elles portent. Deux vaisseaux sont *vergue à vergue* lorsqu'ils sont à côté l'un de l'autre, de manière que les extrémités de leurs vergues se correspondent et sont très-près.

VERGY (Gabrielle DE). Une tradition populaire désigne sous ce nom, mais à tort, la châtelaine de Fayel, dont la mort tragique est si connue. Raoul de Coucy, blessé à mort au siége de Saint-Jean d'Acre en 1191, chargea son écuyer, avant de mourir, de porter son cœur en France, à la dame de ses pensées, la châtelaine de Fayel. Mais l'époux de Gabrielle surprit le message, et fit manger à sa femme le cœur de son amant. Accablée de douleur, la châtelaine se laissa mourir de faim. Les nombreuses recherches historiques faites à ce sujet ont prouvé que Gabrielle n'était pas de la maison de Vergy, près de Nuits (Côte-d'Or), mais bien de celle de Vergies, près de Saint-Quentin, en Vermandois.

VÉRICLE, nom donné à des pierreries fausses, imitées avec du verre ou du cristal.

VÉRIN, machine à vis qu'on fait tourner verticalement avec deux barres qui la traversent en croix. On s'en sert communément en marine. Le vérin se compose de deux fortes pièces de bois posées horizontalement, et de deux grosses vis qui font élever un pointal enté sur le milieu de la pièce de dessus.

VÉRINE, lampe de verre qu'on allume au-dessus du compas de route sur les navires pour éclairer le timonier la nuit.

VÉRINE (Ælia Verina), sœur de Basilisque et épouse de l'empereur Léon. Après la mort de son époux, elle se livra aux débauches les plus effrénées. Ayant fait élire en 474 Zénon, son gendre, empereur, elle conspira ensuite contre lui, pour mettre le patrice Léon, son amant, à sa place. Elle ne put réussir. Zénon, à la vérité, perdit l'empire; mais Basilisque, frère de Vérine, fut élu, et fit donner la mort à Léon. Cette princesse se vengea de la mort de son amant, en montant elle-même sur le trône, et en exilant Basilisque. Mais Zénon, ayant repris le pouvoir, la relégua dans le fond de la Thrace, où elle mourut en 485.

VERJAGE, terme de manufactures, défaut dans les étoffes unies de soie, de laine ou de fil, provenant de ce qu'une chaîne ou la trame n'est pas d'une égale grosseur; ce qui fait des inégalités en forme de vergé.

VERJUS, nom d'une variété de raisin qui est très-acide, et qui ne mûrit jamais parfaitement. On nomme encore verjus le raisin ordinaire lorsqu'il n'est pas encore mûr. Le suc du verjus, nommé lui-même verjus, est usité en médecine et dans les préparations culinaires comme astringent. Ce jus n'est pas propre à faire du vin, mais on en fait un sirop agréable.

VERLE, espèce d'instrument qui sert à jauger les tonneaux, les futailles remplies de liqueurs, ou propres à les contenir.

VERMANDOIS, ancien pays de France, aujourd'hui compris dans le département de l'Aisne. Il fut habité sous les Romains par les Viromandui, peuple gaulois, dont Samarobrive (Saint-Quentin) était la capitale. Les Francs s'en emparèrent en 486, et y établirent des comtes souverains. Philippe Auguste réunit ce pays à la couronne en 1185.

VERMEIL, vernis composé de gomme et de cinabre mêlés et broyés dans l'essence de térébenthine. Les doreurs, qui veulent donner une apparence et un éclat métallique à leurs ouvrages les couvrent d'une couche de ce vernis, qu'on étend avec soin et régularité sur leur surface. On nomme vermeil doré, et quelquefois seulement vermeil, les ouvrages d'orfévrerie en argent qui ont été dorés au feu avec de l'or amalgamé.

VERMEILLE. On nomme ainsi, en bijouterie, l'hyacinthe, lorsque sa couleur, naturellement jaune orangé, se trouve mêlée d'une teinte rouge. La vermeille orientale est un corindon de couleur rouge écarlate; la vermeille commune ou occidentale est un grenat de couleur rouge orangé.

VERMICELLE, espèce de pâte dont on fait des potages. Il est sous forme de fils longs et déliés, arrondis en boucles ou en anneaux. Son nom vient de l'italien vermicelli, petits vers. Pour faire le vermicelle, on pétrit la farine de gruau avec de l'eau chaude et très-pure; quand elle est ainsi préparée, on la rassemble, on la couvre d'un double linge, et on la foule aux pieds pendant quelques moments. Après cette opération, on écrase durant deux heures la pâte sous un énorme couteau de bois appelé bric. Pour lui faire prendre la forme voulue, on la met dans une cloche en métal au fond de laquelle est placée une espèce de crible percé de petits trous de la grosseur qu'on veut donner au vermicelle. On entoure la cloche d'un réchaud afin de liquéfier la pâte, et, au moyen d'une presse verticale, on la pousse et on la fait sortir en filets, qui sont aussitôt refroidis et séchés par un ventilateur. Quand ils sont parvenus à la longueur d'un pied, on les casse et on les arrondit en anneaux. Le vermicelle peut alors être livré au commerce.

VERMICULAIRE ou VERMIFORME, ce qui a de la ressemblance ou quelque rapport avec les vers. On appelle pouls vermiculaire celui qui, avec le caractère du pouls ondulant, est petit et faible. Les éminences vermiformes sont deux saillies médullaires qu'on observe à la surface du cervelet. La vermiculaire brûlante est le nom vulgaire de l'orpin. On nomme pouls vermiculant celui dont les battements ressemblent au mouvement ondoyant des vers qui rampent.

VERMICULITE, nom donné à une espèce de talc remarquable parce que, chauffée à la flamme d'une bougie, elle fait sortir un grand nombre de petits prismes déliés, cylindroïdes, qui s'allongent en se contournant comme des vers.

VERMIFUGE, nom donné aux remèdes propres à chasser les vers intestinaux du corps humain ou à les faire mourir. Dans la première classe, on range les vomitifs, les purgatifs, comme le tartrate de potasse et d'antimoine, le kermès minéral, le jalap, la gomme-gutte, l'huile de ricin, la rhubarbe et le séné. Dans la deuxième classe, on range la mousse de Corse, l'oignon, l'ail, l'assa-fœtida, le camphre, la térébenthine, l'éther sulfurique, etc. Vermifuge est synonyme d'anthelminthique.

VERMILLON ou CINABRE, sulfure de mercure, substance minérale composée de 0,863 parties de mercure et de 0,137 de soufre, se volatilisant par la chaleur, sans résidu, et en répandant une odeur sulfurique, attaquable seulement par l'eau régale, facile à réduire en poussière. Sa pesanteur spécifique est de 8,09. Sa couleur est rouge ou brune, et celle de la poussière d'un beau rouge. Le vermillon se trouve à l'état naturel dans le sein de la terre. On peut aussi le faire artificiellement en amalgamant le soufre pur et le mercure. On extrait le vermillon pour en retirer le mercure. On le réduit aussi en poudre très-fine nommée minium, dont se servent les peintres. Les dames en usent pour donner à leur teint une fraîcheur apparente; mais ce minéral le jaunit et le gâte à la longue. — Le vermillon de Provence est le kermès minéral.

VERMONT, un des États unis d'Amérique, dans la partie septentrionale, sur les frontières du bas Canada, entre le lac Champlain à l'O. et le Connecticut, qui le sépare de l'État du même nom. Sa superficie est de 1,387 lieues carrées, et sa population de 300,000 habitants. C'est un pays montueux, pittoresque, bien arrosé, traversé par les montagnes Vertes. Les forêts sont nombreuses, abondantes en gibier. Les lacs et les rivières sont très-poissonneux. On y trouve des mines de fer, plomb, cuivre, des carrières de marbre. Le sol produit des céréales, du chanvre, des pommes de terre, des légumes, d'immenses pâturages qui nourrissent de beaux bestiaux. Le commerce se fait en grains, fer, potasse, bestiaux, beurre, fromages, chanvre, bois et pelleteries. L'industrie s'exerce sur l'exploitation des mines et des carrières, la fabrication des liqueurs, bière et le raffinage du sucre. Le Vermont s'est constitué en État en 1777. Sa capitale est Montpellier, à 225 lieues de Washington, avec 2,000 habitants.

VERNATION, nom donné par les botanistes à la disposition des feuilles dans le bourgeon au moment qui précède leur premier développement. On nomme vernal tout ce qui appartient au printemps. Ces deux mots dérivent du mot latin ver, qui signifie printemps.

VERNET, famille française qui a produit plusieurs peintres distingués. — CLAUDE-JOSEPH VERNET, fils d'Antoine Vernet, peintre lui-même, naquit à Avignon en 1714. Il fut élève de son père et de Bernardin Fergioni. Le hasard, qui le décida à aller en Italie par mer, détermina sa direction de son talent. Il devint le premier peintre de marine de son époque. Louis XV le chargea de représenter tous les ports de France. Il s'acquitta avec le plus grand succès de cette tâche difficile. Nommé membre de l'académie de peinture en 1752, puis conseiller en 1766, il mourut en 1789. — Son fils ANTOINE-CHARLES-HORACE VERNET, plus connu sous le nom de CARLE VERNET, né à Bordeaux en 1758, fut élève de son père. Il se consacra à la peinture de l'histoire, et en 1787 fut reçu à l'académie de peinture de Paris. Il est mort en 1836. Parmi ses nombreux ouvrages, on distingue le Triomphe de Paul Emile, la Mort d'Hippolyte, une Course en char, la Bataille de Rivoli, la Bataille de Marengo, celle d'Austerlitz, le Départ des maréchaux, l'Entrée dans Milan, la Bataille de Wagram, des tableaux de chasse et de fantaisie, des portraits, etc.— HORACE VERNET, fils du précédent, né à Paris en 1789, membre de l'académie de peinture, est considéré comme un des plus grands peintres du XIXe siècle. On lui doit un grand nombre de tableaux, entre autres la Bataille de Tolosa, celles de Jemmapes, de Fontenoy, de Montmirail, de Hanau; le Massacre des mamelucks au Caire; Molière consultant sa servante; Mazeppa; Léon X dans la basilique de Saint-Pierre; la Bataille de Valmy; le plafond du musée égyptien, à Paris; de nombreux tableaux de genre; une Promenade du pape; une Rencontre de Michel-Ange avec Raphaël sur les marches du Vatican; Abraham renvoyant Agar; Eliezer et Rebecca; Judith et Holopherne, etc.

VERNEUIL, sur l'Avre, chef-lieu de canton du département de l'Eure, à 12 lieues et demie d'Evreux. Population, 4,478 habitants. Cette ville est ancienne. Elle fut fortifiée par Henri Ier, roi d'Angleterre. Philippe Auguste l'assiégea en 1193. En 1356, elle fut pillée par les Anglais et les Navarrais. Sous ses murs, en 1424, le duc de Bedford battit complétement Charles VII. Les Anglais gardèrent la place jusqu'en 1449. En 1590, Henri IV l'enleva aux ligueurs, qui ne tardèrent pas à la reprendre. Enfin elle se rendit au roi en 1594. Il lui reste encore quelques débris de ses fortifications. Verneuil possède une bibliothèque publique de 3,000 volumes, de belles promenades, des tanneries, des fabriques d'étoffes diverses, des manufactures où le cuivre est laminé. Il est le chef-lieu d'un arrondissement électoral de l'Eure.

VERNEUIL (Catherine-Henriette DE BALZAC D'ENTRAGUES, marquise DE), fille de François d'Entragues, gouverneur d'Orléans, et de Marie Touchet, qui avait été maîtresse de Charles IX. Après la mort de la duchesse de Beaufort, Henri IV en devint éperdument amoureux. Elle irrita sa passion par des refus, et exigea de lui une promesse de mariage; mais Sully, à qui Henri IV la montra, la prit et la déchira. Le roi, pourtant par son amour, en fit une autre promesse de mariage, et d'acheter sa maîtresse le marquisat de Verneuil. Cependant il épousa Marie de Médicis. La marquise en fut si irritée que par le conseil du duc d'Angoulême, son frère utérin, et du comte d'Entragues, son père, elle se ligua avec le roi d'Espagne pour détrôner Henri IV et faire proclamer roi le fils qu'elle avait eu de lui. Ce complot fut découvert. La marquise de Verneuil fut condamnée à être conduite à l'abbaye de Beaumont-les-Tours pour y passer le reste de ses jours. Le comte d'Entragues et le duc d'Angoulême devaient avoir la tête tranchée; mais le roi changea cette peine en une prison perpétuelle. Elle rentra en grâce auprès de Henri IV, et mourut en 1633. Son fils fut dans la suite duc de Verneuil, et mourut sans enfants en 1682.

VERNIER, nom donné, en astronomie, au petit arc de cercle divisé qui sert à déterminer le point du limbe d'un instrument à réflexion auquel correspond son zéro.

VERNIS, matière liquide, épaisse et visqueuse, résultant de la solution de certaines substances résineuses dans l'alcool, les huiles essentielles. On s'en sert souvent dans les arts pour donner du lustre aux ouvrages ou pour les défendre contre l'action de l'atmosphère, de la poussière et de tout ce qui peut les altérer. Un vernis doit résister à l'eau, ne pas s'écailler et ne pas nuire aux couleurs sur lesquelles on l'étend. — On nomme *arbre au vernis* ou *vernis de Canada* le sumac et le *badamier*; *vernis de la Chine*, l'*augia*, très-bel arbre, à feuilles ternées, grandes, luisantes, entières et portées par de longs pétioles ou tiges; le fruit est d'un goût exquis; cet arbre fournit un vernis excellent, noir ou jaune, mais d'une odeur très-fétide. On l'obtient par voie d'incision. Il croît dans la mer du Sud et en Chine. Le *vernis du Japon* est l'*ailanthe glanduleux*.

VERNON, sur la rive gauche de la Seine, chef-lieu de canton du département de l'Eure, à 7 lieues et demie d'Évreux. Population, 5,200 habitants. Vernon est une ville très-ancienne, qui jadis se nommait *Vernonium Castrum*. Située sur la frontière de la France et de la Normandie, elle fut au moyen âge exposée à tous les désastres des guerres qui désolèrent presque incessamment le pays à cette époque. Après avoir appartenu successivement aux rois d'Angleterre, au comte d'Anjou, à Louis VIII, Vernon échut au duc. de Normandie, puis fut cédé à Louis, fils de Philippe Auguste. Ce prince fut battu près de cette ville par Richard Cœur de lion en 1198. Sous Philippe de Valois, les Anglais prirent Vernon et le livrèrent aux flammes. Ses fortifications ne sont plus que des ruines. Vernon possède une belle église gothique, un collége fondé par Henri IV en 1573, un beau pont long de vingt-deux arches, des fabriques de toiles, des tanneries et une salle de spectacle. C'est à Vernon que sont établis le parc principal du train des équipages militaires, les ateliers de construction et les magasins où sont réunis les approvisionnements en fers, bois, cuirs et autres objets nécessaires aux constructions et réparations du matériel.

VÉROLE (Petite). Voy. Variole.

VÉRONE, province du royaume lombardo-vénitien, en Italie. Elle est située à l'O. de Venise, et bornée par le Tyrol, les provinces de Padoue, de Vicence, de Mantoue, la Polésine et le lac de Garda; le sol, montagneux dans le N., marécageux au midi, est très-stérile au centre et au S.-O. Il produit des céréales, du vin, du riz, du lin, du chanvre, des oliviers; les prairies nourrissent de nombreux bestiaux, les montagnes possèdent des mines de cuivre, houille, des carrières de marbre, albâtre, pierre à fusil; l'industrie s'exerce sur la filature de la soie, la fabrication des toiles et des cotonnades. La province se divise en treize districts: Zevio, *Villa-Franca*, *Vérone*, *San-Pietro*, *Incariano*, *Sanguinetto*, *Legnago*, *Isola della Scala*, *Illasi*, *Cologna*, *Caprino*, *Bonifacio*, *Bardolino* et *Badia-Calavena*. Sa population est de 320,000 habitants, et sa capitale Vérone.

VÉRONE, grande ville d'Italie, sur l'Adige, à 22 lieues de Venise. Population,

55,000 habitants. Cette ville est très-ancienne. Elle fut fondée dans le XIVe siècle avant J.-C. Occupée successivement par les Vénètes et les Étrusques, elle fut soumise aux Romains deux siècles avant J.-C. Constantin s'en empara en 312. Les Goths, commandés par Alaric, y furent défaits en 402 par Stilicon, général d'Honorius. Sur la puissance des Hérules et d'Odoacre renversée par Théodoric en 489, s'éleva la domination des Ostrogoths, dont la capitale fut Vérone et qui dura jusqu'en 555. Devenue capitale du royaume des Lombards, Vérone tomba en 774 au pouvoir de Charlemagne. Cédée en 952 par Bérenger II à l'empereur Othon Ier, elle s'érigea plus tard en république indépendante. Visconti, duc de Milan, s'en empara en 1383. En 1405 elle se livra à la république de Venise, et resta sous sa domination jusqu'à sa chute, en 1797. Par le traité de Campo-Formio, elle appartint à l'Autriche, et fut comprise dans le royaume d'Italie en 1805. Mais après la paix de Paris, elle fit partie du royaume lombardo-vénitien. Vérone est le siége d'un évêché suffragant du patriarcat de Venise; c'est une ville très-forte: elle possède une belle cathédrale, gothique, plusieurs palais, une école d'anatomie et de théologie, un jardin botanique, un lycée impérial, une bibliothèque, une académie d'agriculture, arts et commerce, de beaux théâtres. Le principal commerce consiste en riz et en soie ; il y a aussi des manufactures de laine, de toiles et de draps.

VÉRONE (Congrès de), congrès célèbre qui se tint dans cette ville du mois d'octobre au mois de décembre 1822. Il fut déterminé par les événements de l'Espagne. Des conférences préparatoires avaient déjà eu lieu à Vienne, au mois de septembre, entre les ministres des cinq grandes puissances. Les membres du congrès étaient MM. le vicomte de Châteaubriand, le duc de Wellington, le duc de Montmorency; le prince de Metternich, le comte Bernstorf, Pozzo-di-Borgo, le prince Hardenberg et le baron de Rothschild. Le prince de Metternich en fut président. Le congrès autorisa la France à entrer à main armée en Espagne pour y rétablir l'ancien régime; lord Strangford, ambassadeur d'Angleterre à Constantinople, à demander au sultan l'exécution du traité de Bucharest de 1812; et l'évacuation du Piémont par les troupes autrichiennes. M. de Châteaubriand a écrit l'histoire du congrès de Vérone.

VÉRONÈSE (Paul). Voy. Cagliari.

VÉRONIQUE, nom donné ordinairement à Bérénice, femme juive qui, selon une tradition ancienne, jeta un mouchoir sur le visage de Jésus-Christ montant au Calvaire, pour essuyer le sang et la sueur dont il était couvert. L'impression des traits du Sauveur resta, dit-on, empreinte sur ce mouchoir que l'on appela *vera iconica*, c'est-à-dire véritable image. Cette tradition est regardée comme fabuleuse. Ce n'est que dans le XIe siècle qu'on a commencé à parler du suaire sur lequel l'on suppose que la face de Jésus-Christ était imprimée, et d'une femme qui lui présenta ce suaire. L'origine de cette tradition est celle-ci : on avait l'usage, aux premiers siècles de l'Église, de représenter des images où se voyait seulement la tête du Sauveur, c'est-à-dire sa face avec les cheveux. Ces images étaient suspendues pour l'ordinaire dans les temples. Les peintres de la représentation de cette sorte, les faisant tenir quelquefois par un ange et le plus souvent par une femme. Cette figure ne fut regardée dans les commencements que comme un support du suaire. On en fit ensuite une sainte femme de Jérusalem qu'on nomma Bérénice ou Véronique, et cette erreur devint générale. Le culte religieux de la Véronique prise pour l'image de Jésus-Christ était célébré le 23 décembre et le mardi de la Quinquagésime. La fête de sainte Véronique ne se trouve dans aucun martyrologe. Quelques auteurs modernes l'ont placée au 4 février.

VÉRONIQUE, genre de la famille des scrofulariées, renfermant des plantes herbacées, répandues dans les parties élevées, les bois, les champs arides et cultivés, et les marais des deux hémisphères. La *véronique officinale* ou *mâle*, nommée aussi *thé d'Europe*, est vivace, commune dans les pâturages sablonneux, formant de jolis gazons. On a conseillé son infusion légèrement amère dans les maladies de poitrine, la toux, la phthisie, l'asthme, les obstructions, les fièvres, la jaunisse; mais elle est presque inusitée. Dans le Nord, cette infusion remplace celle du thé. La *véronique aquatique* ou *beccabunga* croît dans les fontaines et les eaux courantes. On mange ses jeunes pousses en salade ou cuites avec l'oseille ou le pourpier. C'est une jolie plante aux tiges rampantes et charnues, aux feuilles d'un beau vert luisant, aux fleurs bleues, disposées en grappes. On cultive encore la *véronique femelle* ou *petit chêne*, aux fleurs bleues rayées de rouge; la *teucriète*, la *véronique couchée*, la *véronique à feuilles de basilic*, la *véronique en épi*, etc., qui ont les mêmes propriétés que la véronique officinale.

VERRAT, nom d'un cochon domestique mâle.

VERRE, substance solide, fragile, d'une cassure brillante et plus ou moins transparente. On l'obtient en exposant un mélange de silice et de différentes matières à l'action d'un feu violent et suffisamment entretenu. Plusieurs oxydes et sels métalliques peuvent être transformés en verre. Le verre à glaces, à vitres et à bouteille est principalement formé de silice, de sels de soude et de potasse, et de chaux quelquefois. Pour les verres blancs, il faut éviter toutes les matières qui renferment des oxydes colorés. Les verres de couleur doivent leurs teintes à des oxydes métalliques, quelquefois au carbone, qui produit une teinte bleue lorsqu'il est en grande quantité. On se sert le plus souvent pour le bleu de l'oxyde de cobalt, pour le vert de l'oxyde de chrome ou de cuivre; les violets, les rouges sont produits par les oxydes de manganèse, de fer, d'or. Les verres opalins, demi-transparents, résultent d'un mélange d'oxyde d'étain, d'oxyde d'arsenic ou de phosphate de chaux. C'est avec ces verres colorés qu'on imite les pierres précieuses. On connaît encore le *crown-glass*, verre à base de potasse et de chaux; le *flint-glass*, à base de potasse et de plomb; les *verres à pivettes* sont des verres communs colorés par le fer, et servent à faire des fioles et des objets de bas prix. On appelle encore *verres* les carreaux ou vitres de verre plat et mince que l'on met aux fenêtres, croisées, portes vitrées, et *verres de Bohême* de grands carreaux dont on garnit les croisées des appartements. On les nomme ainsi parce qu'on les a fabriqués pour la première fois en Bohême. On appelle *verre à diabète*, en physique, un verre percé à son fond, et dont la tige forme un canal dans lequel on ajuste un siphon à jambes inégales, de manière que l'eau que l'on verse dans le verre ne coule par la longue jambe du siphon que lorsqu'elle couvre la crosse que forme le siphon ; *verre à facettes*, un verre plan d'un côté et composé de l'autre de plusieurs surfaces planes, inclinées les unes aux autres. Ce verre fait voir l'image d'un objet qu'on regarde au travers, autant de fois qu'il y a de surfaces planes sur son côté taillé à facettes. Ces premières années du XIXe siècle ont vu naître une industrie nouvelle : à l'aide de fils de verre, flexibles et de la plus grande ténuité, on obtient des tissus et des aigrettes dont rien n'égale la beauté des couleurs et des nuances. —Il est constant que le verre était connu dès la plus haute antiquité. Il en est parlé dans les livres de Moïse et de Job, dans les écrits d'Aristote, de Lucrèce et de Pline. L'on croit que les Égyptiens furent le premier peuple qui travailla le verre. D'Égypte, cet art passa en Grèce, puis en Italie, d'où il se répandit en Europe. Ce n'est qu'aux premiers siècles de l'ère chrétienne que l'on se servit du verre pour la clôture des fenêtres. La basilique de Sainte-Sophie, à Constantinople, bâtie vers 627, paraît être un des premiers édifices religieux où l'on ait assemblé un grand nombre de fragments de verre de diverses couleurs. Vers le xiie siècle, on commença à représenter avec ces verres différents sujets. L'on y peignit diverses légendes. Jusqu'au xve siècle, cet art fut dans toute sa splendeur. Les cathédrales de Chartres, de Notre-Dame de Paris, etc., présentent des vitraux magnifiques. La décadence de cet art commença dans le xviie siècle. Les travaux des savants et des artistes modernes semblent devoir donner une nouvelle vie à la peinture sur verre.

VERRE D'ANTIMOINE, nom donné à un composé de protoxyde et de sulfure d'antimoine, d'alumine, de silice, et de fer oxydé, que l'on obtient en faisant fondre dans un creuset d'argile du sulfure d'antimoine grillé. Il est transparent, couleur d'hyacinthe, et sert particulièrement à la préparation du tartrate de potasse.

VERRÈS (Caïus Licinius), Romain célèbre, descendant d'une famille patricienne, fut d'abord questeur du consul Papirius Carbo (670 de Rome), puis lieutenant et questeur de Cn. Dolabella en Asie; Il devint préteur de Rome en 680 et gouverneur de Sicile l'année suivante. Il devint odieux aux Siciliens par ses violences, ses injustices et ses concussions, qui lui firent acquérir une immense fortune. Accusé par les Siciliens l'an 82 avant J.-C., il se vit attaqué par Cicéron, qui prononça contre lui sept harangues nommées *Verrines*, que l'antiquité nous a transmises, et qui sont un modèle d'éloquence. Verrès s'exila lui-même sans attendre sa condamnation, et conserva d'immenses richesses, quoiqu'il eût été obligé de payer une forte amende, et qu'il eût fait de magnifiques présents pour intéresser les Romains à sa cause. Revenu à Rome après la mort de César, il fut proscrit par Marc Antoine et mis à mort.

VERRIÈRE, terme de jardinage, petite serre construite de planches et couverte par-dessus et par devant de châssis de verre qui se ferment régulièrement. Elle garantit les jeunes plantes des froids du printemps.

VERRINES, nom sous lequel on désigne les sept discours que Cicéron prononça dans l'affaire de Verrès, l'an 70 avant J.-C. Ces discours se font remarquer par l'énergie du style et l'éloquence la plus noble.

VERRIUS FLACCUS, grammairien célèbre, ouvrit une école à Rome, et reçut le soin de l'éducation des petits-fils d'Auguste. Il nous reste de ses ouvrages, qui étaient assez nombreux, un abrégé de son *Traité sur la signification des mots*. On doit cet abrégé à Servius Pompeius Rufus.

VERROCHIO (André), peintre italien, mort en 1488, était très-habile dans plusieurs autres arts, comme l'orfèvrerie, la musique, la sculpture et la gravure. Ses sculptures sont surtout très-estimées. On admire deux têtes en bronze d'Alexandre et de Darius, une danse d'enfants autour d'un vase d'argent, les tombeaux de plusieurs ducs de Médicis. Dans ses tableaux, le coloris est dur et peu agréable, mais le dessin est très-correct. Ce peintre fut le maître de Léonard de Vinci.

VERROU, pièce de fer plate ou ronde, au milieu de laquelle tient un bouton ou une queue recourbée. On applique le verrou à une porte afin de pouvoir la fermer; il va et vient entre deux crampons.

VERRUCARIÉES, groupe de l'ordre des lichens, renfermant des plantes qui habitent sur les écorces, les pierres et la surface nue du sol. Elles sont de couleur noirâtre, et ne présentent aucun intérêt.

VERRUE, nom donné aux petites tumeurs dures, mamelonnées, qui se forment à la surface de la peau et spécialement aux mains et au visage. Elles paraissent dues à l'épaississement de l'épiderme. Elles peuvent se détacher spontanément, ou par l'application prolongée de topiques émollients. Dans certains cas, il faut recourir aux caustiques.

VERS, discours ou portion de discours dont toutes les syllabes sont réglées, soit pour la quantité qui les rend longues ou brèves, soit pour le nombre qui fait qu'il y en a plus ou moins. Quelquefois les syllabes sont réglées pour l'une et pour l'autre. Les vers anciens étaient composés d'un certain nombre de syllabes longues et brèves (voy. SPONDÉE, DACTYLES, TROCHÉES, etc.), nommées pieds. Les principaux étaient les vers hexamètre, pentamètre, iambique, spondaïque, saphique, etc. — En France, les vers sont composés d'un certain nombre de syllabes; les dernières syllabes des vers sont disposées de manière à rimer ensemble, le plus souvent deux à deux. Voy. RIME. — Les vers non rimés s'appellent *vers blancs*.

VERS DORÉS, nom donné à des vers grecs d'une haute antiquité, où se trouve exposée la doctrine de Pythagore. On les attribue à Lysis ou à Empédocle.

VERS, classe d'animaux invertébrés, au corps allongé, privé de membres articulés, munis de vaisseaux, de nerfs et de branchies pour l'organe de la respiration. Parmi les vers rentrent les *annélides*, les *lombrics*, les *néréides*, les *serpules*, les *vers intestinaux* ou *entozoaires*. — Les anciens avaient étendu ce mot aux larves de certains insectes qui se trouvent souvent dépourvues de pattes. Le langage vulgaire a conservé cette dénomination vicieuse.

VERS INTESTINAUX. Voy. ENTOZOAIRES.

VERSAILLES, ville de France, chef-lieu du département de Seine-et-Oise, résidence principale des rois de France pendant plus d'un siècle, à 5 lieues un quart de Paris. Population, 28,500 habitants. On ignore l'origine de Versailles. En 1661, Louis XIV choisit Versailles pour en faire sa résidence habituelle, et entreprit, pour agrandir le château construit par son père, des travaux qui furent poussés avec activité, malgré les obstacles de tout genre qu'ils offraient. Les deux architectes du château avaient été Leveau et Mansard. Le Nostre distribua et embellit les jardins et le parc aux alentours du château. Plus tard, l'érection de la machine de Marly fit arriver l'eau de la Seine à Versailles. Louis XIV et y mourut; Louis XV et Louis XVI y habitèrent. C'est là qu'eut lieu la réunion des deux assemblées des notables, et des états généraux de 1789; et la mémorable séance du jeu de paume. — Versailles a un tribunal de première instance et de commerce, a reçu le siége érigé dans le xixe siècle et suffragant de Paris, un collége, une école normale primaire, des sociétés savantes, un musée magnifique. Le fameux musée que l'on voit dans les salles du château, les parcs qui entourent cet édifice, les admirables ornements qui décorent les jardins, attirent à Versailles un grand concours de voyageurs. On y remarque aussi les pièces d'eau, parmi lesquelles on distingue le bassin de Neptune.

VERSATILE, nom donné, en botanique, aux anthères qui, fixées au sommet du filet par le milieu du dos, sont susceptibles de balancement.

VERSE. En géométrie, on appelle *sinus verse d'un arc* un segment du diamètre d'un cercle, compris entre l'extrémité inférieure d'un sinus droit et l'extrémité inférieure de l'arc. Le sinus verse d'un angle est l'excès du rayon ou sinus total sur le cosinus.

VERSEAU, onzième signe du zodiaque, tire son nom de la saison des pluies, qui ont lieu lorsque le soleil l'atteint, au mois de janvier. Cette constellation a quarante-deux étoiles.

VERSET, partie d'un chapitre contenant quelques lignes qui forment le plus souvent une proposition entière, mais non complet. Les anciens, au lieu des points, se servaient de la division par versets pour distinguer le nombre de lignes de leurs ouvrages. Ainsi, en comptant le nombre des versets (en grec, *stichos*), on connaissait le nombre de lignes que renfermait un ouvrage. La division des livres de l'Ecriture sainte par versets remonte à saint Jérôme; celle que nous suivons maintenant est due à Robert Estienne. — En termes de liturgie catholique, le verset se dit de quelques paroles tirées ordinairement de l'Ecriture sainte, et suivies quelquefois d'un répons qu'on dit ou qu'on chante. Dans les livres d'église, le verset se marque par le signe ỹ.

VERSION (du latin *vertere*, retourner), interprétation, traduction littérale d'une langue dans une autre. Les principales versions grecques de la Bible sont celles des Septante, de Symmaque, d'Aquila et de Théodotion. La plus fameuse version latine est celle de saint Jérôme, en usage dans l'Eglise.

VERSO désigne, en imprimerie, la deuxième page d'un feuillet. Il est opposé à *recto*.

VERT ou VERD, nom donné à l'un des sept rayons colorés dont se compose un rayon lumineux. Il occupe le quatrième rang dans le spectre solaire, à partir du rayon rouge. Cette couleur est extrêmement répandue dans la nature; on la voit dans les feuilles, les herbes, les malachites, certaines émeraudes. — En agriculture, *vert* se dit des plantes qu'on fait manger vertes aux bestiaux. — On nomme *vert antique* un marbre où la serpentine entre pour beaucoup, un porphyre de Morée; *vert d'azur* ou *do montagne*, le cuivre carboné impur.

VERT (CAP), cap d'Afrique, dans la Sénégambie, aussi remarquable par sa forme que par sa position, étant en toute saison verdoyant, à cause de la végétation du sol qui le couvre, et formant le point le plus occidental de tout le continent africain. Vis-à-vis du cap, et à environ 100 lieues de la côte, dans l'océan Atlantique, se trouve un groupe d'îles que l'on appelle îles du Cap-Vert (ilhas do Cabo-Verde). Elles sont au nombre de dix principales, savoir: *San-Thiago* ou *Santiago*, qui est la plus grande, *San-Antao*, *Figo*, *San-Nicolao*, *Boa-Vista*, *Maio*, *San-Vicente* (Saint-Vincent), *Sal* (ilha do Sal), *Santa-Luzia* (Sainte-Lucie) et *Brava*. Ces îles sont montagneuses et volcaniques. Les côtes sont arides; mais l'intérieur des terres est très-fertile, et produit toutes les plantes des tropiques. La population est de 60,000 individus. On en retire des fruits, de l'indigo, du coton, du riz, du sucre, des vins, des bestiaux, du sel et du bois à bâtir. Les bâtiments y trouvent de bons mouillages. — Le climat de ces îles est très-chaud. Elles appartiennent aux Portugais. Le gouverneur réside à *Villa-da-Praya*, dans l'île Santiago. Ce bourg a 1,200 habitants. L'évêque réside à *Ribera-Grande*, petite bourgade de 200 habitants.

VERT (Dom Claude de), né à Paris en 1645, entra dans l'ordre des religieux de Cluny en 1661. En 1695, il fut pourvu du prieuré de Saint-Pierre d'Abbeville, et mourut en 1708. On a de lui le nouveau bréviaire de Cluny, une *Explication* des cérémonies de l'Eglise, en quatre volumes in-8°. Cet ouvrage est estimé.

VERT-DE-GRIS ou VERDET, nom donné à deux composés différents: l'un est du sous-carbonate de cuivre vert, et s'appelle *vert-de-gris naturel*; l'autre est le *vert-de-gris artificiel*, et est composé de deuto-acétate de cuivre, de deutoxyde de cuivre hydraté et de cuivre métallique. Il est solide, d'une couleur vert bleuâtre, sans odeur et d'une saveur forte et brûlante. On l'obtient en mettant couche par couche du marc de raisin et des lames de cuivre. On l'emploie dans la teinture de l'huile, dans la teinture, pour la composition de l'emplâtre divin, etc. Il est très-vénéneux.

VERTÉBRAL, ce qui a rapport ou qui appartient aux vertèbres. On nomme *colonne vertébrale* l'épine du dos ou *rachis*. (Voy. ce mot.) Le *canal vertébral* ou *rachidien* règne dans toute la longueur de l'épine, se continuant en haut avec le crâne, en bas avec le canal sacré ; il loge la moelle épinière, et est tapissé par un prolongement des méninges. — Le *ligament vertébral antérieur* règne le long de la colonne vertébrale, et occupe sa partie antérieure depuis l'axis jusqu'à la partie supérieure du sacrum. Le *ligament vertébral postérieur* existe derrière le corps des vertèbres. Les *nerfs vertébraux* naissent de la moelle vertébrale, et sont au nombre de trente paires, savoir : sept pour la région cervicale, douze pour la dorsale, cinq pour la lombaire, et six pour la sacrée. Enfin l'*artère vertébrale* est une branche de la sous-clavière, et est spécialement destinée au cerveau, ou cervelet, à la protubérance cérébrale et à la moelle de l'épine.

VERTÈBRES, nom donné aux os qui par leur réunion forment la colonne vertébrale. Ce sont des courts, épais, anguleux, au nombre de vingt-quatre, placés les uns au-dessus des autres. On les distingue en *vertèbres cervicales* ou du cou, au nombre de sept ; en *vertèbres dorsales* ou du dos, au nombre de douze, et en *vertèbres lombaires* ou des lombes, au nombre de cinq. La première vertèbre cervicale a reçu le nom d'*atlas*, la deuxième celui d'*axis*, et la septième a été appelée *proéminente*.

VERTÉBRÉS, nom donné aux animaux chez lesquels on remarque des vertèbres. On les appelle aussi *ostéozoaires*. Ces animaux forment le type le plus élevé du règne animal. Il y a cinq classes d'animaux vertébrés admises aujourd'hui. Ce sont les *mammifères*, les *oiseaux*, les *reptiles*, les *poissons* et les *amphibiens* (grenouilles, salamandres, etc.)

VERTÉBRO-ILIAQUE, ce qui a rapport aux vertèbres et à l'os iliaque. L'articulation ainsi nommée a lieu entre la dernière vertèbre lombaire et l'os iliaque, au moyen d'un fort ligament nommé *ilio-lombaire*.

VERTEMOUTE, droit seigneurial qui consistait dans l'obligation où se trouvaient les vassaux de payer une partie des grains qu'ils recueillaient sur les terres dépendantes du fief sur lequel ils ne résidaient pas. Ce droit égalait ce qu'ils auraient payé pour la mouture de leurs grains au moulin banal du seigneur du fief, s'ils y avaient résidé. Ce droit était connu en Provence et en Normandie. Il était rarement exercé, et le seigneur devait avoir des titres très-précis.

VERTEX, mot latin qu'on a transporté dans la langue française comme synonyme de *sinciput*, pour désigner le *sommet* ou la partie la plus élevée de la tête.

VERTICAL, ce qui est perpendiculaire à l'horizon. Ainsi l'on dit *ligne verticale*, *cadran vertical*, *plan vertical*. — On nomme *point vertical* le zénith ; *cercles verticaux* ou *verticaux*, de grands cercles de la sphère, qui, passant par le zénith et le nadir, tombent perpendiculairement sur l'horizon, le coupent en deux points diamétralement opposés, et sont eux-mêmes coupés par l'horizon en deux parties égales.

VERTICILLE, assemblage de rameaux, de feuilles ou de fleurs, placés autour d'une tige ou de ses rameaux, comme sur un axe commun. Cette disposition rappelle celle des rayons de la roue, qui s'attachent au moyeu. On nomme *verticillées* les plantes ou parties des plantes qui présentent une disposition en verticille.

VERTICITÉ, propriété en vertu de laquelle un corps tend plutôt vers un côté que vers un autre. Ainsi on dit la *verticité* de l'aiguille aimantée, qui se dirige toujours du nord au sud.

VERTIGE, état qui accompagne certaines maladies, et dans lequel il semble que tous les objets tournent, ou que l'on est soi-même entraîné dans un mouvement de rotation. Les vertiges indiquent généralement du danger.

VERTIQUEUX, ce qui va en tournant, en spirale.

VERTOT D'AUBOEUF (René-Aubert DE), historien, né en Normandie en 1655, embrassa l'état ecclésiastique, et devint membre de l'académie des belles-lettres en 1705. Il fut nommé successivement secrétaire des langues chez le duc d'Orléans, et historiographe de l'ordre de Malte. Il mourut en 1735. On a de lui plusieurs ouvrages. Les principaux sont l'*Histoire des révolutions romaines*, celle des *révolutions de Suède* et l'*Histoire des révolutions de Portugal*. Le style de ces ouvrages est attachant, mais la critique en est faible.

VERTU (myth.), divinité allégorique des anciens, était fille de la Vérité. Chaque vertu formait une déesse particulière, et avait ses attributs propres. La Justice tenait des balances ; la Clémence, un rameau d'olivier, etc.

VERTUGADIN, nom donné autrefois à un bourrelet large et assez gros, que les dames portaient au-dessous de leur corps de robe.

VERTUMNE (myth.), dieu des jardins, chez les Romains, présidait à l'automne, et pouvait changer de forme à son gré. Il épousa la nymphe Pomone. Ce dieu des jardins et des vergers était représenté sous la figure d'un jeune homme couronné de fleurs, tenant des fruits de la main gauche, et de la droite une coupe d'abondance.

VERTUS. Les théologiens distinguent trois sortes de vertus : 1º les vertus *intellectuelles* sont celles qui perfectionnent le jugement pour la connaissance du vrai : on en compte cinq, l'intelligence, la sagesse, la science, la prudence et l'art ; 2º les vertus *morales* ou *cardinales* perfectionnent la volonté pour lui faire faire le bien : on en distingue quatre principales, la prudence, la force, la tempérance et la justice ; 3º les vertus *théologales* sont celles qui ont Dieu pour objet immédiat, en tant qu'il est connu par la révélation : il y en a trois, la foi, l'espérance et la charité. — On appelle encore ainsi le cinquième chœur des anges, qui est entre les dominations et les puissances, auxquels on attribue la force de faire des miracles et de fortifier les anges inférieurs dans l'exercice de leurs fonctions.

VERTUS, chef-lieu de canton du département de la Marne, à 7 lieues de Châlons. Population, 2,600 habitants. Cette ville est ancienne, et était, au IXe siècle, le chef-lieu d'un pays qui forma l'ancien comté de Vertus. Elle appartenait alors à l'Église de Reims ; elle passa successivement aux comtes de Champagne, aux Visconti, aux ducs d'Orléans, etc. — Cette ville domine un pays couvert d'excellents vignobles.

VERUS (L. Ælius), père de l'empereur Verus, fut adopté et nommé césar par Adrien, l'an 136 de J.-C., et mourut quelques mois après.

VERUS (L. Ælius Aurelius Cejonus Commodus), empereur romain, fils du précédent, fut adopté par Marc Aurèle, dont il épousa la fille Lucilien, et devint son collègue à l'empire en 161. Il se plongea dans les plus honteuses débauches, et mourut à l'âge de trente-sept ans, après huit ans de règne.

VERVEINE, genre de la famille des verbénacées, renfermant des plantes herbacées et sous-frutescentes. La *verveine commune* se trouve abondamment autour des villages, le long des chemins, etc. C'était une plante sacrée des Gaulois, et elle était réputée pour ses vertus médicinales, qui lui sont contestées aujourd'hui. On la brûle lentement pour en retirer de la potasse. — La *verveine odorante* fournit des tiges hautes d'un mètre environ, garnies de rameaux grêles, diffus, jaunes, de feuilles vertes et de fleurs petites, blanches ou violettes, exhalant une odeur très-agréable de citron. Cette plante, originaire du Chili, est cultivée dans nos jardins, et ses feuilles odorantes peuvent remplacer celles du thé.

VERVINS, ville de France, sur le ruisseau du Vilpion, chef-lieu d'arrondissement du département de l'Aisne, à 10 lieues N.-N.-E. de Laon. Population, 2,800 habitants. C'est une ville fort ancienne, qui fut plusieurs fois prise et reprise par les armagnacs. Elle fut brûlée en 1552 par les Autrichiens, et en 1557 par les Espagnols. Vervins possède un tribunal de première instance et de commerce, un collége, un hôpital fondé en 1570. Cette ville fait un commerce considérable en toiles, papiers, verres. Elle est célèbre par le traité de paix qui y fut conclu en 1598 entre Henri IV, roi de France, et Philippe II, roi d'Espagne.

VÉSALE (André), célèbre médecin et anatomiste, né à Bruxelles en 1514, enseigna successivement l'anatomie à Paris, Louvain, Pise, Bologne et Padoue. Charles-Quint et Philippe II, roi d'Espagne, lui donnèrent le titre de leur médecin. Il mourut en 1564. On peut le regarder comme un des créateurs de la science anatomique. Son principal ouvrage est un traité *De fabrica corporis humani*.

VÉSANIE, nom donné, en médecine, à une lésion des facultés intellectuelles et affectives, sans coma et sans mouvement fébrile. Quelques médecins ont réuni sous ce nom diverses affections qui se rapportent à l'aliénation mentale. Ils y ont compris l'hypocondrie, la mélancolie, la manie, la démence, l'idiotisme, le somnambulisme et l'hydrophobie.

VESCE, genre de la famille des légumineuses, renfermant des plantes annuelles, cultivées comme fourrage. La *vesce commune* donne des graines que les animaux domestiques, surtout les oiseaux, mangent avec plaisir, quand elles sont unies à d'autres graines, telles que l'avoine, les lentilles, l'orge, etc. Cette plante est un fourrage que les animaux aiment beaucoup, sèche ou en vert.

VESERIS, lieu de la Campanie, voisin du Vésuve, célèbre par la victoire que les Romains y remportèrent sur les Latins, et dans laquelle Decius Mus se dévoua pour le salut de ses compatriotes.

VÉSICAL, ce qui a rapport ou appartient à la vessie. On appelle *trigone vésical* un espace triangulaire, lisse, placé en dedans de la vessie, au milieu de son bas-fond. Les deux angles postérieurs de ce triangle répondent à l'embouchure des urètères, et l'antérieur est l'origine de l'urètre. On nomme *catarrhe vésical* la *cystite*. Il y a aussi des artères vésicales.

VÉSICATION, action d'un topique vésicant.

VÉSICATOIRE, nom générique qui s'applique à tous les médicaments qui, étant placés à l'extérieur du corps, irritent la peau, déterminent à sa surface une sécrétion séreuse, soulèvent l'épiderme et produisent une ampoule. Tels sont les cantharides, la moutarde, le garou, l'euphorbe, etc. Les vésicatoires s'appliquent sous forme d'emplâtres, de cataplasmes, de taffetas, etc. L'*onguent emplâtre vésicatoire* du codex se prépare avec 7 onces et demie de poix blanche, 2 onces et demie de térébenthine, 5 onces et demie de cire jaune, et 4 onces de cantharides en poudre fine. On prépare les *cataplasmes vésicatoires* en saupoudrant avec de la poudre de cantharides un cataplasme de farine de graine de lin. — On appelle aussi *vésicatoire* la plaie produite par ces diverses préparations.

VÉSICATOIRE ANGLAIS, sorte de vésicatoire obtenu en mélangeant ensemble des parties égales d'emplâtre de cire, d'axonge de porc et de poudre de cantharides. Celui d'Édimbourg s'obtient avec parties égales d'axonge de porc, de cire jaune, de résine, de cantharides en poudre.

VÉSICULAIRE, ce qui est en forme de vésicule. On nomme ainsi les feuilles qui sont parsemées de points transparents vésiculaires.

VÉSICULE, petite vessie. On appelle *vésicule du fiel* ou *biliaire* un réservoir membraneux, situé dans un enfoncement superficiel de la face inférieure du lobe droit du foie. Cette vésicule renferme la bile. — *Vésicules séminales*, deux petites poches membraneuses placées au-dessous de la vessie, au-dessus du rectum, irrégulièrement conoïdes, d'une teinte grisâtre. Elles servent de réservoir au sperme. L'extrémité antérieure ou col est étroite, allongée, et se continue avec le conduit excréteur qui va se joindre au canal déférent et forme avec lui le canal éjaculateur. — On nomme *vésicule aérienne* ou *hydrostatique* un sac membraneux rempli d'air, qui se trouve placé au-dessus de la colonne vertébrale chez la plupart des poissons, et qui est destinée à les rendre plus ou moins légers, selon qu'ils veulent monter ou descendre dans l'eau.

VÉSIGON. C'est, en termes de médecine vétérinaire, une tumeur molle qui se forme au jarret du cheval.

VESLE, rivière de France, département de la Marne, prend sa source entre Châlons et Sainte-Menehould, passe à Reims et à Fismes, et va se jeter dans l'Aisne, département du même nom, près de Soissons.

VESONTIO, nom latin de Besançon.

VESOU, nom donné au suc de la canne à sucre que l'on a fait bouillir avec un peu de chaux, et dout on a enlevé l'albumine coagulée au moyen de la chaleur. Il sert à la préparation du sucre.

VESOUL, ville de France, sur le Durgeon, chef-lieu du département de la Haute-Saône, à 88 lieues E.-S.-E. de Paris. Population, 8,000 habitants. Cette petite ville est ancienne. Dès le XIe siècle, elle eut des vicomtes héréditaires qui prenaient le titre de *proconsuls de Vesoul*. Elle essuya de nombreuses calamités pendant les guerres du moyen âge. Elle a bien perdu de son importance. On y trouve un hospice civil et militaire, des casernes de cavalerie, une salle de spectacle, une église paroissiale, un hôtel de ville, un palais de justice, un tribunal de première instance, une école secondaire ecclésiastique, un collège, une société d'agriculture, des sciences et du commerce, une bibliothèque publique, riche de 21,000 volumes, etc.

VESPASIEN (Titus Flavius Sabinus Vespasianus), empereur romain, né l'an 8 de J.-C. dans le pays des Sabins, était fils de Flavius Sabinus, personnage obscur. Il vint à Rome, où ses talents lui procurèrent l'édilité, puis le consulat l'an 52 de J.-C. Néron le chargea en 64 de la guerre contre les Juifs. Vespasien soumit presque toute la Palestine. Il faisait le siège de Jérusalem lorsque Néron périt (68). Il se fit proclamer empereur par ses légions (69), et fit bientôt son entrée à Rome. Il réforma la discipline militaire, embellit Rome et les autres villes d'Italie. Il se signala par de grandes vertus. On lui reproche cependant son avarice et le supplice de Sabinus. Sous son règne eut lieu la révolte de Civilis, et la prise de Jérusalem par son fils Titus. Il mourut en 71, et eut pour successeur Titus.

VESPER, nom que les Latins donnaient à l'étoile du soir, c'est-à-dire à la planète de Vénus, lorsqu'elle paraissait après le coucher du soleil. Ils la nommaient *Lucifer* lorsqu'elle paraissait le matin.

VESPÉRAL, livre d'église chez les catholiques, contient tous les offices qui se récitent à vêpres.

VESPÉRIE, nom donné à une thèse qu'on soutenait dans les collèges les après-dîners, entre les écoliers, sans cérémonie. C'était aussi le dernier acte que faisait dans les universités un bachelier la veille du jour qu'il devait prendre le bonnet de docteur, et où deux docteurs disputaient contre lui.

VESPERTILION, deuxième famille des carnassiers chéiroptères, renfermant les chauves-souris insectivores. Ce sont des animaux en général de petite taille. Les yeux sont très-petits; les sens du toucher et de l'ouïe sont très-développés. Quelques espèces présentent sur le nez une membrane en forme de feuilles. Les membres de devant sont très-développés, et toutes leurs parties sont réunies par une membrane qui en fait de véritables ailes. Les membres de derrière, aussi transformés en ailes, sont bien moins développés. Les doigts des mains sont allongés, le pouce est séparé, non opposable, et armé d'un ongle crochu. Les doigts des pieds sont au nombre de cinq. Les vespertilions sont nocturnes ou crépusculaires. Ils sont presque tous insectivores.

VESPILLONES, esclaves ou hommes du bas peuple qui donnaient, à Rome, la sépulture aux esclaves et aux pauvres.

VESSE-LOUP. Voy. LYCOPERDON.

VESSIE, réservoir musculo-membraneux, conoïde, logé dans l'excavation du bassin, entre le pubis et le rectum chez l'homme, entre cet os et le vagin dans la femme, destiné à recevoir et à contenir pendant un certain temps l'urine qui doit être ensuite rejetée au dehors. On appelle *col de la vessie* l'orifice de l'urètre, lequel est arrondi et présente en bas un tubercule plus ou moins saillant qu'on nomme *luette vésicale*.

VESSIE AÉRIENNE ou NATATOIRE. C'est la même chose que *vésicule aérienne*. Voy. VÉSICULE, à la fin.

VESSOR ou VEXORIS, le premier roi d'Égypte qui fit une expédition contre les Scythes. Il fut vaincu et obligé de regagner ses États. On ignore son rang dans la suite des rois et l'époque où il vivait.

VEST et DEVEST. On nommait *vest* ou *saisine*, dans l'ancienne jurisprudence féodale, un acte solennel fait par le seigneur foncier ou sa justice, par la tradition d'un petit bâton qu'il donnait en présence de témoins à l'acquéreur d'un héritage tenu en roture; par cet acte, cet acquéreur acquérait droit de propriété et de possession sur l'héritage par lui acquis. Le *devest* ou *désaisine* était la permission que le propriétaire d'un héritage donnait, en présence du seigneur ou du juge foncier, à l'acquéreur dudit héritage, d'entrer en la possession de cet héritage, dont il déclarait se démettre en rompant un petit bâton en présence de témoins. Pour comprendre ces termes, il faut savoir que, dans quelques-unes de nos coutumes, celui qui voulait transporter à un tiers un héritage tenu en censive était tenu de s'en dévêtir et démettre, entre les mains du seigneur, au profit de l'acquéreur, qui était obligé d'aller au seigneur pour en recevoir de lui la possession.

VESTA (myth.), déesse du feu, était fille de Rhéa et de Saturne. On la confond souvent avec Cérès, Cybèle, Rhéa et même la Terre. Énée apporta le premier son culte en Italie, et Numa lui bâtit un temple où des prêtresses, nommées *vestales*, entretenaient sans cesse le feu sacré. L'entrée en était interdite aux hommes pendant la nuit. Ce n'était pas seulement dans les temples que l'on conservait le feu sacré de Vesta, mais encore à la porte de chaque maison particulière, d'où vient le nom de *vestibule*. Lorsque le feu sacré s'éteignait, les Romains se croyaient menacés des plus grands malheurs. — Vesta est aussi le nom de la femme d'Uranus, mère de Saturne, souvent prise pour la Terre par les poëtes.

VESTA, planète découverte par Olbers de Brême en 1807. Sa distance moyenne au soleil est de 2,373, celle de la terre étant prise pour 1. La durée de sa révolution est de 1,335 jours 205.

VESTALES, prêtresses de Vesta. On ignore l'époque de leur institution. La mère de Romulus était vestale. Numa régla le service de ces prêtresses d'une manière fixe et spéciale. C'est ce qui l'a fait passer pour le fondateur de cet ordre. Il leur confia la garde du feu sacré et du palladium; une des vestales était obligée de veiller auprès du feu sacré et de l'entretenir. S'il venait à s'éteindre, elle était punie du fouet. Le nombre des vestales était fixé à six depuis Tarquin l'Ancien. Après l'expulsion des rois, ce fut le grand pontife qui nomma les vestales. Elles faisaient vœu de garder la chasteté pendant le temps de leur ministère; ce dernier durait trente ans. On les prenait de six à dix ans, et elles subissaient dix ans de noviciat. Après les trente ans, elles pouvaient quitter l'ordre et se marier. La plus âgée de toutes avait le titre de *maxima*, très-grande, et de nombreuses prérogatives. — Les vestales avaient droit de tester du vivant de leur père, et de disposer de leurs biens de leur propre mouvement; elles ne prêtaient pas serment en justice. Dans les spectacles, elles avaient des places réservées; elles avaient droit de faire grâce au criminel qu'elles rencontraient par hasard marchant au supplice, etc. — Les vestales convaincues d'avoir violé leur vœu de chasteté étaient enterrées vives. On n'en compta que vingt jusqu'au règne de Théodose, qui abolit cet ordre l'an 389 de J.-C.

VESTALIES, fêtes qu'on célébrait à Rome, le 9 de juin, en l'honneur de Vesta. Les boulangers en étaient les principaux acteurs.

VESTERAS. Voy. WESTERAS.

VESTIAIRE, nom donné au lieu où l'on change de vêtements, où l'on dépose ses vêtements. — Il se dit surtout en parlant des établissements religieux. — Ce mot désignait aussi la dépense nécessaire à l'habillement des religieux.

VESTIBULAIRE (anat.), ce qui a rapport ou appartient au vestibule. — On appelle *rampe vestibulaire du limaçon* la rampe externe du limaçon, parce qu'elle s'ouvre dans le vestibule; *ouverture* ou *fenêtre vestibulaire du tympan*, la *fenêtre ovale* de l'oreille.

VESTIBULE, pièce par laquelle on entre dans un grand bâtiment, la pièce du bâtiment qui s'offre la première à ceux qui entrent, et qui sert de passage pour aller aux autres pièces. Voy. VESTA (myth.).

VESTIBULE. Les anatomistes nomment ainsi une cavité très-irrégulière de l'oreille interne ou du labyrinthe; elle est placée en dedans du tympan, en dehors du conduit auditif externe, en avant des canaux demi-circulaires, en arrière du limaçon. Cette cavité offre plusieurs ouvertures; entre autres, de petits pertuis qui donnent passage à des vaisseaux et à des filets du nerf auditif. Le vestibule est tapissé par une membrane particulière, et renferme plusieurs divisions du nerf auditif.

VESTIGE, nom donné par les anatomistes à une espèce de fracture des os plats, consistant dans une simple incision qui laisse la marque de l'instrument sous l'a faite.

VESTINS, peuples d'Italie, dans le Samnium septentrional, vers la mer Adriatique, avaient pour ville principale AMITERNE.

VESTMANIE. Voy. WESTMANIE.

VESTRIS, famille originaire de Florence, venue à Paris vers 1740, et qui s'est rendue célèbre dans les fastes de la tragédie, et surtout dans ceux de la danse. — Le plus fameux de ceux qui ont porté ce nom est GAËTAN-APOLLINE-BALTHAZAR VESTRIS, né en 1729. Élève du danseur Dupré, il ne tarda pas à le surpasser, et débuta à l'académie royale de musique en 1748. Admis en 1749, reçu danseur seul en 1751, compositeur maître de ballets en 1776, il conserva son titre de premier danseur jusqu'à sa retraite en 1781. Il est resté inimitable. Vestris est mort en 1808. — Son fils VESTRIS II (Marie-Auguste Vestris-Allard), né en 1760 à Paris, débuta en 1772, et se retira en 1818, et a reparu quelquefois sur la scène, notamment en 1836. — Mme VESTRIS (Marie-Rose Gourgault), sœur de l'acteur Dugazon, naquit à La Rochelle en 1746, et épousa Angiolo Vestris, frère de Vestris Ier. Elle débuta au Théâtre-Français en 1769, et interpréta les grands rôles avec Mlle Sainval. Elle eut de longs démêlés avec cette actrice, et se retira en 1803. Elle mourut l'année suivante.

VÉSUVE, mont volcanique situé dans la

royaume de Naples, dans les districts de Naples et de Castellamare, à 3 lieues environ de la première de ces villes. Son sommet atteint jusqu'à 3,240 pieds au-dessus du niveau de la mer. A l'O., sa base s'avance jusqu'au golfe de Naples. La partie supérieure du mont Vésuve est déchirée et semée de nombreux fragments; la partie moyenne est parsemée de laves, et la partie inférieure est couverte d'arbres fruitiers, de champs fertiles, de villages et de vignes qui produisent le célèbre *lacryma-christi*. Le Vésuve a 8 lieues de tour à sa base. Vers le N. est le mont Somma, qui en est détaché par une espèce d'échancrure, qu'on suppose avoir été l'ancien cratère. Le cratère actuel a environ 350 pieds de profondeur, et son bord a près d'une demi-lieue de développement. Les plus fameuses éruptions de ce volcan sont: celle de l'an 79 de J.-C., qui engloutit Pompéi et Herculanum; celles de 1631, 1766, 1779, 1794, 1819, 1822, 1833 et 1834.

VESZPRIM, comitat de Hongrie, situé entre ceux de Szalad, Schumegh, Komorn, Raab et Stuhl-Weissemburg. Il a 96 lieues carrées et 150,000 habitants. Son chef-lieu est VESZPRIM, ville épiscopale, à 20 lieues S. de Presbourg, avec 4,500 habitants.

VÉTÉRAN se disait, dans l'ancienne magistrature, des fonctionnaires âgés qui, après un temps donné de service, continuaient à jouir, en vertu de lettres du roi, d'une partie des prérogatives de leur charge, quoiqu'ils ne l'exerçassent plus. Il se disait de même, dans certaines académies, des membres qui jouissaient encore des honneurs de leur titre ou place d'académicien, après y avoir renoncé. — Dans les collèges, on appelle ainsi les élèves qui doublent leur classe, c'est-à-dire qui font la même classe deux années de suite.

VÉTÉRANS. Les Romains appelaient ainsi les soldats qui avaient fait un certain nombre de campagnes; ce nombre était de dix pour les cavaliers, et de vingt pour les fantassins. Une des récompenses les plus ordinaires réservées aux vétérans étaient quelques arpents de terre dans les colonies étrangères. Les vétérans qui reprenaient du service étaient nommés *evocati*. — Maintenant on nomme ainsi 1° les soldats les plus âgés; 2° les soldats qui, en considération de leurs années de service, ont été admis dans des compagnies sédentaires appelées *compagnies de vétérans*. Il y a en France six compagnies de sous-officiers vétérans, et seize compagnies de fusiliers vétérans. Ces compagnies forment un corps de réserve.

VÉTÉRAVIE, ancienne contrée d'Allemagne, située entre Francfort et Hungen.

VÉTÉRINAIRE (Art), art qui a pour but la connaissance de la structure et des maladies des bestiaux, et particulièrement des animaux domestiques, tels que les bœufs, les chevaux, les brebis, etc. Cet art est de la plus haute importance pour l'agriculteur, qui lui doit la conservation et l'amélioration de ses bestiaux. Trois écoles existent en France pour son enseignement: Alfort, Lyon et Toulouse.

VETIUS (Théodore), né à Hooru en Hollande, professa la médecine dans cette ville, et y mourut en 1630. On a de lui, en hollandais, une *Chronique* estimée de sa ville natale. Elle a eu plusieurs éditions.

VÉTIVER ou VÉTIVAN. Voy. ANDROPOGON.

VETO, mot latin qui signifie *je m'oppose, je défends*. A Rome, c'était la formule qu'employait le tribun du peuple, et par laquelle il déclarait s'opposer aux décrets du sénat. Le mot de veto s'était conservé dans les diètes de Pologne. Voy. LIBERUM VETO. — En France, le veto n'a été connu que dans les premières années de la révolution française. On distingua alors deux sortes de veto: le *veto absolu* attribuait au pouvoir royal le droit de frapper d'une nullité absolue une loi proposée par le pouvoir législatif; par le *veto suspensif*, le décret auquel le roi avait refusé son consentement devenait loi de l'Etat, s'il était successivement représenté par les deux législatures qui avaient suivi celle qui l'avait décrétée. Après de longs et violents débats, l'assemblée nationale décréta le véto suspensif. Louis XVI opposa son veto sur trois décrets importants, savoir: contre les émigrés, contre les prêtres non assermentés, et celui de la formation d'un camp de 20,000 hommes sous Paris. L'émeute du 20 juin et celle du 10 août furent en partie causées par l'application du veto à ces décrets.

VÉTRANION, général de l'armée romaine sous Constance, né en Mœsie, avait vieilli dans le métier des armes. Il fut revêtu par son armée de la pourpre impériale, à Sirmich, dans la Pannonie, en 350. Constance, ayant eu une entrevue avec lui dans la Dacie, le détermina à abandonner ses prétentions. Il abdiqua après six mois de règne, et se retira à Pruse, où il mourut au bout de quelques années. Ses mœurs étaient très-austères.

VÉTRONIUS TURINIUS, courtisan de l'empereur Alexandre Sévère, devint son favori, et abusa tellement de la faveur de ce prince, que ce dernier, ayant enfin été éclairé sur ses extorsions et sur ses criminelles actions, le fit mourir l'an 210. Il fut brûlé vif.

VETURIA, famille patricienne de Rome. Ses branches les plus illustres furent celles des Geminus Cicurinus, Crassus Cicurinus, Calvinus et Philo.

VÉTURIE, illustre Romaine, mère de Coriolan, fut envoyée vers son fils, qui assiégeait Rome, pour le supplier de ne point faire la guerre à sa patrie. Elle y alla avec Volumnie, sa belle-fille, et le fils de Coriolan. Ses larmes firent ce que n'avaient pu les supplications des vestales et des sénateurs. Coriolan cessa à l'instant ses hostilités sur le territoire romain.

VEUVE, celle dont le mari est mort. Chez les Hébreux, pour conserver les biens dans la même famille et perpétuer le nom d'un homme dans Israël, la veuve qui n'avait point eu d'enfants de son mari devait épouser le frère de son époux, et, à son défaut, le plus proche parent. La loi défendait au grand prêtre d'épouser une femme veuve ou répudiée. — A Rome, les premiers temps du christianisme, il y avait des veuves qui exerçaient certains emplois sous les ordres de l'évêque, tant par rapport à la visite des femmes malades, que dans l'administration du baptême, le soin des pauvres et la pratique des œuvres de charité, l'instruction et la surveillance des vierges chrétiennes. Le *vouval* était une distinction conférée par l'évêque avec assez de solennité. — Dans l'état actuel de nos lois, la femme devenue veuve ne peut contracter mariage qu'après dix mois révolus depuis la dissolution du mariage précédent.

VEUVE, petit groupe d'oiseaux, faisant partie du genre *gros-bec*, se distinguant des linottes par le prolongement de quelques-unes des pennes de la queue dans les mâles, et par leur bec plus renflé à sa base. Leur taille varie de quatre à douze pouces. Ces oiseaux viennent de l'Afrique, de l'Asie et de l'Océanie. Leur chant est agréable. La *veuve à collier d'or* se distingue par un collier jaune foncé, qui tranche sur la couleur noire du plumage; le *dominicain* est d'un noir brillant, à l'exception de la gorge et des parties inférieures, lesquelles sont blanches; la *veuve en feu* est noire, avec une plaque d'un rouge vif sur la poitrine; la *veuve à quatre brins* a les rectrices intermédiaires presque dénuées de plumes, excessivement allongées.

VEUVE se dit, chez les fleuristes, d'une tulipe panachée de blanc et de violet. — Les amateurs donnent ce nom à plusieurs coquilles de couleur noirâtre, plus ou moins tachée de blanc. — La *veuve* est aussi le nom 1° de la *scabieuse*; 2° des coquilles du genre *sabot*; la *veuve coquette* est une espèce de *chélodon*; la *veuve en deuil* est une espèce du genre *sagouin*.

VEXILLA, mot latin qui est le premier d'une hymne qui se chante dans les églises catholiques pendant les offices du carême. Elle représente les mystères de la passion de Jésus-Christ.

VEXILLAIRES, nom donné, en marine, aux signaux d'enseigne ou de pavillon. — A Rome, c'étaient des sous-officiers chargés de porter les enseignes (*vexilla*). Ils étaient deux dans chaque corps; mais un seul faisait le service.

VEXIN, ancien pays de France, était divisé en *Vexin français* et *Vexin normand*. Le premier faisait partie de l'Ile-de-France, et forme aujourd'hui des parties du département de l'Oise et de celui de Seine-et-Oise; le second faisait partie de la province de Normandie, et appartient au département de l'Eure. PONTOISE était la capitale du Vexin français, et GISORS du Vexin normand. — Ce pays avait le titre de comté. Fondé peu après 750, il devint héréditaire vers 938, et fut réuni à la couronne en 1082. Après avoir été donné en apanage à plusieurs personnages distingués, il fut définitivement réuni à la couronne en 1128. — La rivière d'Epte séparait les deux Vexins. Le Vexin normand avait été ainsi nommé parce qu'il avait été démembré du Vexin français par Henri Ier en faveur des Normands.

VEXORIS. Voy. VESSON.

VEZ, petit village de France, département de l'Oise, arrondissement de Senlis, canton de Crépy. Il a un grand château où résidait le gouverneur du Valois sous les deux premières races: Quoiqu'il n'y eût eu jamais de ville à Vez, c'était néanmoins la capitale du Valois, dont le titre a passé à Crépy sous les premiers rois de la troisième race.

VÉZELAI, petite ville du département de l'Yonne, chef-lieu de canton de l'arrondissement et à 3 lieues O. d'Avallon, à 9 lieues d'Auxerre, près de la rivière de Cure. Elle est célèbre par le concile qui s'y tint en 1146, et où saint Bernard prêcha une seconde croisade. Les calvinistes la prirent en 1571. Cette ville a des eaux minérales. Sa population est de 1,400 habitants.

VEZÈRE, rivière de France, prend sa source dans les montagnes de la Corrèze et de la Creuse, près du lieu appelé Chamberek. Elle passe au-dessous d'Uzerche, reçoit la Corrèze, et va se jeter dans la Dordogne à Limeuil. Elle est navigable depuis Terrasson.

VEZOUZE, petite rivière de France du département de la Meurthe, se jette dans la rivière de ce nom près de Lunéville.

VIABILITÉ, possibilité de vivre, qualité de ce qui peut vivre. On donne l'épithète de *viable* au fœtus dont les organes, bien conformés, sont assez développés pour lui permettre de parcourir une carrière plus ou moins longue. Un fœtus est d'autant plus viable qu'il est plus âgé.

VIAGER, ce qui est à vie, ce dont on doit jouir la vie durant. On appelle *rente viagère* celle qui est constituée sur la tête d'une ou plusieurs personnes moyennant aliénation d'un capital à fonds perdu; celle qu'une personne a le droit de percevoir pendant sa vie, mais qui doit s'éteindre à sa mort. Le contrat à rente viagère est un simple contrat de prêt. C'est le prêteur qui dispense l'emprunteur de l'obligation de rendre la somme capitale qui lui est livrée, sous la condition de payer, pendant un temps indéterminé, un plus fort intérêt que celui auquel il aurait eu légitimement droit pendant la durée du prêt. La rente viagère ne s'éteint pas par la mort civile du propriétaire; le payement doit en être continué pendant sa vie naturelle.

VIALES (du latin *via*, chemin), dieux romains qu'on invoquait quand on se mettait en route, ils présidaient aux chemins.

VIA-MALA, défilé célèbre, long d'environ 2 lieues, conduit de Tousis à la vallée de Schams, dans les Alpes (canton des Grisons). Ce chemin est large de 3 à 4 pieds, et suit à peu près le cours du Rhin. Il fut percé en 1470. La chute et la fonte des neiges le rendent très-dangereux eu hiver et au printemps; ce qui lui a valu le nom qu'il porte (en latin, *mauvaise route*).

VIANA, ville et principauté d'Espagne, dans la province et à 13 lieues de Pampelune. Sa population est de 4,000 habitants. Cette ville est commerçante et industrieuse.

VIATEUR (en latin, *viator*, c'est-à-dire *voyageur*). C'était, chez les anciens Romains, un messager que le sénat envoyait à la campagne pour avertir les sénateurs des jours où ils devaient s'assembler extraordinairement. — C'était aussi un officier qui marchait devant le tribun du peuple pour lui ouvrir un passage.

VIATIQUE (du latin *via*, chemin). Ce mot signifie, dans le sens le plus ordinaire, tout ce qui est nécessaire pour un voyage. Chez les anciens, il désignait (*viaticum*) 1° une espèce d'indemnité de route accordée aux officiers romains qu'on envoyait dans les provinces; 2° la pièce de monnaie qu'on mettait dans la bouche des morts pour payer le prix de leur traversée aux enfers dans la barque de Caron. — Les catholiques nomment ainsi la communion que l'on donne aux mourants prêts à passer de la vie de ce monde dans l'autre vie. On l'appelle viatique parce qu'elle fortifie les mourants et leur donne la force nécessaire pour ce dernier voyage. On étendait autrefois la signification de ce mot à tout sacrement administré à l'article de la mort.

VIATKA, gouvernement de la Russie d'Europe, borné par ceux de Vologda, Perm, Kazan et Kostroma. Sa superficie est de 3,700 lieues carrées, et sa population de 1,300,000 habitants. Le sol est montagneux, peu fertile. Sa seule richesse est entretenue par les produits de ses mines, de ses forêts, et par une grande abondance de bétail. Le commerce s'exerce sur le bois, le fer, le gibier, le miel et la cire. Le chef-lieu est VIATKA, au confluent de deux petites rivières, la Viatka et la Klinovitza, à 170 lieues de Moscou. Population, 10,000 habitants. Cette ville a peu de fabriques; cependant elle entretient un commerce de transit assez actif avec les gouvernements du Nord.

VIBICES, mot latin francisé par plusieurs auteurs, et qui désigne les diverses espèces de taches qui surviennent à la peau dans le cours des maladies.

VIBILIE (myth.), déesse des voyageurs, qui l'invoquaient particulièrement quand ils s'étaient égarés de leur chemin.

VIBORD, nom de la muraille d'un bâtiment qui s'élève au-dessus du pont supérieur ou des gaillards.

VIBORG, ville de Danemarck, capitale du Jutland, et chef-lieu du diocèse de Viborg, entre ceux d'Aarhus et d'Aalborg. Sa superficie est de 45 lieues carrées, et sa population de 42,000 habitants. Viborg est à environ 40 lieues de Copenhague, et renferme 2,400 habitants. Elle possède de belles manufactures d'étoffes de laine.

VIBOURG, gouvernement de la Russie d'Europe, formé d'une partie de la Finlande, à l'O. et au N. du lac de Ladoga. Sa superficie est de 1,300 lieues carrées, et sa population de 886,000 habitants. La capitale est VIBOURG, à 30 lieues de Pétersbourg. Population, 9,000 habitants. Ce département est peu fertile. Il commerce en fer et bois de construction.

VIBRANT, nom donné au pouls qui est à la fois grand, dur, tendu, prompt et fréquent.

VIBRATILE, douleur qui accompagne certaines névralgies, et dans lesquelles il semble aux malades que leurs nerfs vibrent à la manière des cordes tendues.

VIBRATION, ébranlement, mouvement des diverses parties d'un corps sonore, qui, se propageant dans l'air, procure à l'oreille la sensation du son. La cause des vibrations réside uniquement dans l'élasticité des corps. L'acuité des sons augmente en raison du plus grand nombre de vibrations que peuvent faire les corps sonores.

VIBRION, genre de zoophytes infusoires renfermant des animaux tellement petits, que leur existence ne se découvre qu'au moyen du microscope. Leur corps est élastique, cylindrique, dépourvu de pieds. On trouve les vibrions dans toutes les parties du monde. Ils abondent dans les eaux, dans le vinaigre et plusieurs substances animales ou végétales. Ces animaux, après avoir été entièrement desséchés et avoir passé hors de l'eau un temps assez considérable, ont la faculté, étant remouillés, de recouvrer l'existence.

VIBYUS ou VIBIUS SEQUESTER, auteur latin, vivait dans le 1er siècle de J.-C. Il nous a laissé un *Dictionnaire géographique*, où il parle des fleuves, eaux, montagnes, forêts, peuples, fontaines, etc. Cet ouvrage fut imprimé avec celui de Pomponius Mela.

VIC (Dom Claude DE), né à Sorèze, petite ville du Languedoc, en 1670, entra en 1687 dans la congrégation des bénédictins de Saint-Maur, en l'abbaye de Notre-Dame de la Daurade, de Toulouse. Après avoir professé la rhétorique au collège de Saint-Séver, eu 1701, il fut choisi pour accompagner à Rome le procureur général de la congrégation, qu'il remplaça dans la suite. De retour en France en 1715, il fut chargé, avec Dom Vaissette, du soin d'écrire l'histoire du Languedoc. Les deux premiers volumes de cet ouvrage avaient paru, lorsqu'il mourut en 1734. — Un de ses ancêtres, le chanoine DE VIC, nous a laissé une *Chronique des évêques de Carcassonne*, écrite en latin.

VIC, sur la Seille, chef-lieu de canton du département de la Meurthe, à une lieue et demie de Château-Salins. Population, 3,400 habitants. Cette ville était autrefois le siège de la juridiction temporelle des évêques de Metz. Louis XIII et le duc de Lorraine y conclurent un traité de paix. Vic possède une mine de sel très-riche, un tribunal de première instance. Il commerce en vins, grains, sel et bonneteries.

VICAIRE, celui qui est chargé sous un supérieur pour tenir sa place et faire ses fonctions en son absence et sous son autorité. Dès l'origine du christianisme, il n'y eut que de simples prêtres. Plus tard, lorsque les progrès de cette religion eurent augmenté le nombre des fidèles, ces prêtres s'en adjoignirent d'autres qui furent nommés *vicaires*. Les catholiques distinguent le *grand vicaire* ou *vicaire général*, qui représente l'évêque dans l'administration ecclésiastique; les *vicaires simples* ou *amovibles*, prêtres que les curés s'associent pour les aider dans leur ministère; *vicaires apostoliques*, les évêques que le pape envoie dans les Églises et les provinces éloignées pour la religion. Le pape est lui-même appelé vicaire de Jésus-Christ. On nommait au trefois *vicaires perpétuels* les prêtres qui desservaient les cures dépendantes d'un chapitre, d'une abbaye ou d'un prieuré. — Dans le moyen âge, on appelait *vicaire* celui qui s'offrait à subir pour un autre les épreuves judiciaires.

VICAIRE. C'était, à Rome, un lieutenant que l'empereur envoyait dans les provinces non régies par un gouverneur; ils exerçaient leur autorité au nom des préfets du prétoire, dont ils tenaient la place, et elle cessait lorsqu'ils se trouvaient en présence de ce chef.

VICARIAT, la fonction d'un vicaire. On appelait autrefois *lettres de vicariat* celles qu'un évêque ou un autre prélat donnait à un ecclésiastique, pour faire le procès, conjointement avec un juge royal, à un autre ecclésiastique qui avait commis un délit.

VIC-DESSOS, chef-lieu de canton du département de l'Ariége, à 8 lieues de Foix.

Population, 1,500 habitants. Vic-Dessos est situé sur la rive gauche du gave ou ruisseau qui porte son nom, au centre d'une plaine entourée de hautes montagnes. Ce bourg est fort propre et bien bâti. De belles mines de fer alimentent son industrie et occupent sa population. Elles se trouvent à 4,000 pieds d'élévation, sur une montagne escarpée, et sont au nombre de deux. Chaque mine est exploitée par deux cents mineurs, sous l'inspection de quatre *jurats* ou commissaires salariés par le gouvernement, possesseur de ces mines. On extrait annuellement de ces mines 300,000 quintaux de minerai, qui sont fondus à Vic-Dessos et dans les autres forges des environs.

VICE-AMIRAL, titre des officiers généraux de la marine, qui a remplacé celui de lieutenant général des armées navales. Celui qui commande une armée a le titre temporaire d'amiral. Le vaisseau qu'il monte porte pour marque distinctive le pavillon carré au grand mât; si le vice-amiral est en second dans l'armée, on, s'il ne commande qu'une escadre, son pavillon est hissé au mât de misaine. Les vice-amiraux commandent en chef les armées navales. Ils remplissent les fonctions de gouverneurs des colonies, inspecteurs généraux, préfets maritimes, membres du conseil d'amirauté, etc.

VICE-BAILLI, nom donné autrefois à un magistrat qui faisait les fonctions de prévôt des maréchaux, et qui prenait connaissance des causes criminelles contre les voleurs, les faux-monnayeurs et les vagabonds.

VICE-CHANCELIER, officier qui fait la fonction de chancelier en l'absence de ce magistrat. C'est aussi le titre que prend un officier de la maison du pape, quoiqu'il soit véritablement chancelier.

VICE-CONSUL, celui qui fait les fonctions du consul dans les villes ou ports où il n'est pas établi.

VICE-GÉRENT, nom donné autrefois à un juge ecclésiastique qui faisait les fonctions de l'official en son absence.

VICE-GRADO, petite ville de Hongrie, sur le Danube, à 4 lieues N. de Bude. Il y a un ancien château qui fut jadis la résidence des rois de Hongrie. Les Turks prirent cette place en 1605, et la gardèrent jusqu'en 1684, que le duc de Lorraine la leur enleva.

VICE-LÉGAT ou PRO-LÉGAT, prélat établi par le pape pour exercer les fonctions du légat en son absence. Depuis 1542 jusqu'à la réunion de cette ville à la couronne de France, les papes envoyèrent à Avignon des vice-légats, qui étaient constitués vicaires généraux du saint-siége pour le spirituel et le temporel. Leurs pouvoirs s'étendaient sur le comtat Venaissin, sur la principauté d'Orange, sur le Dauphiné et les comtés de Nice et de Provence.

VICE-ROI, gouverneur d'un Etat qui a ou qui a eu le titre de royaume. On le disait aussi de quelques provinces qui n'avaient pas eu le titre de royaume. Le Mexique, le Pérou, la Catalogne, étaient gouvernés par des vice-rois.

VICE-SÉNÉCHAL. C'était le nom d'un magistrat qui exerçait dans certaines provinces les fonctions du vice-bailli dans les autres.

VICENCE (en italien, *Vicenza*), province du royaume lombardo-vénitien, nommée aussi *Vicentin*, et bornée par les provinces de Belluno, Trévise, Padoue, Vérone et le Tyrol. Le sol en est plat, excepté au N. et à l'O., qu'il est sillonné par les ramifications des Alpes. Le pays est fertile, et produit en abondance des vins, du maïs, du blé, du lin, du chanvre des mûriers. Ses pâturages nourrissent d'excellents troupeaux. On y prépare beaucoup de soie. Le commerce s'exerce sur les vins, la soie et les produits minéraux. La superficie du Vicentin est de 184 lieues carrées, et sa population de 300,000 habitants. Il se divise en treize districts : Vicence, Valdagno, Tieno, Schio, Marostica, Malo, Lonigo, Citadella, Camisano, Bassano, Barbarano, Asiago et Arzignano. La capitale est VICENCE.

VICENCE (*Vicenza*), ville d'Italie, située sur le Bacchiglione, chef-lieu de la province de Vicence, dans le royaume lombardo-vénitien. Population, 32,000 habitants. Cette ville renferme de beaux monuments, un hôtel de ville, un lycée, un jardin botanique, une bibliothèque publique, le théâtre olympique, où s'assemble l'académie des gens de lettres, nommés *gli olimpici* (les olympiques), etc. On y compte de nombreuses manufactures de soie, de laine et de toiles. Le commerce y est actif. Vicence est le siége d'un évêché suffragant du patriarcat de Venise, et érigé en 48. Cette ville fut fondée vers l'an 150 avant J.-C. Détruite par les Goths, puis par les Huns, elle fut prise par l'empereur Frédéric II, qui la livra aux flammes. Au commencement du XVe siècle, elle passa sous la domination de Venise. Les Français s'en emparèrent en 1796 et en 1800. Napoléon donna au général Caulaincourt le titre de duc de Vicence. Cette ville a donné naissance à l'architecte Palladio et au poëte Trissino.

VICENTIN. Voy. VICENCE, n° 1.

VICES (myth.). Les anciens les avaient déifiés et personnifiés. On les représente sous la forme des Harpyes.

VICHY, petite ville du département de l'Allier, célèbre par ses eaux minérales, à 6 lieues de la Palisse, 15 lieues de Moulins, 32 de Lyon et 87 de Paris. Population, 985 habitants. Cette ville ancienne, connue des anciens sous le nom d'*Aquæ Calidæ* (*eaux chaudes*), est agréablement située sur la rive droite de l'Allier, dans une vallée riante et fertile. On y compte plusieurs sources: celles *de la Grande-Grille*, dont la température est de 32 à 34 degrés Réaumur, *de la source Lucas* (28 degrés), *du Puits-Chomel* (32 degrés), *du Grand-Bassin des bains* (35 degrés), *du Petit-Boulet* ou *fontaine des Acacias* (24 degrés), *du Gros-Boulet* ou *fontaine de l'Hôpital* (28 degrés), la *fontaine des Célestins* ou *du Rocher* (17 à 18 degrés). Les eaux de Vichy sont claires, limpides, inodores, et n'ont qu'une saveur de lessive très-légère. La source des Célestins est un peu aigrelette. On les emploie à l'intérieur et à l'extérieur comme apéritives, fondantes et diurétiques, dans le traitement des coliques hépatiques, des engorgements du foie, de la rate, des maladies de l'estomac, de l'hypocondrie, des affections hémorroïdales et de la gravelle. La saison des eaux de Vichy ouvre le 15 mai et ferme le 15 septembre. Darcet a extrait de l'eau de Vichy son bicarbonate de soude, qui lui donne ses facultés pharmaceutiques, et il en a composé les *pastilles de Vichy* ou *de Darcet*, qui jouissent des mêmes propriétés. L'eau minérale artificielle que les Anglais nomment *soda-water* est analogue aux eaux de Vichy.

VICO (J.-B.), célèbre philosophe, né à Naples en 1668, se livra avec ardeur à l'étude des sciences et des belles-lettres. Professeur de rhétorique à l'université de Naples, il mourut en 1744. On a de lui des *oraisons funèbres*, des *discours*. Son grand ouvrage est celui de la *Science nouvelle* (*Scienza nuova*), œuvre philosophique où règnent les sentiments les plus nobles, les plus élevés. On a une traduction française de cet ouvrage, due à M. Michelet, et publiée en 1827.

VICOMTE, nom donné, aux premiers siècles du moyen âge, aux lieutenants des comtes. Ils administraient les villes et les provinces en place de ces derniers, et prononçaient la justice en premier ressort. Lorsque les comtes rendirent leurs propriétés héréditaires, les vicomtes les imitèrent, tout en continuant de relever des comtes. La propriété féodale des vicomtes se nommait *la vicomté*.

VICQ-D'AZYR (Félix), médecin célèbre, né à Valognes en 1748, cultiva à la fois la médecine, l'histoire naturelle, l'anatomie et la littérature. Admis dans le sein de l'académie des sciences et de l'académie française, il fut nommé secrétaire perpétuel de la société royale de médecine. Il y prononça les éloges de Hailer, Linné, Scheele, Portal, Buffon, Franklin, etc., éloges qui l'ont placé au premier rang des écrivains français. Ses travaux et l'impression douloureuse que firent sur lui les scènes sanglantes de la révolution abrégèrent sa vie. Il mourut en 1794. Il avait été médecin de Marie-Antoinette. Outre ses éloges, on a encore de lui plusieurs *Mémoires* sur l'anatomie des oiseaux, des *Observations anatomiques*, et des *mémoires* divers.

VICTIMAIRES, ministres inférieurs des sacrifices. C'étaient ceux qui liaient les victimes, préparaient tout ce qui était nécessaire au sacrifice. Ils frappaient les victimes, après avoir demandé la permission au grand prêtre, en disant *ago-ne?* frapperai-je? Ils ouvraient le corps des victimes. Les victimaires avaient la tête couronnée de laurier.

VICTIMES ou HOSTIES, nom donné, chez les anciens, aux animaux qu'on égorgeait en l'honneur des dieux. Ils étaient choisis relativement à la divinité à laquelle on les offrait. (Voy. chaque nom de dieux ou de déesses de l'antiquité.) Quand la victime était égorgée, on la brûlait quelquefois tout entière, et c'est ce qu'on nommait *holocauste*; mais le plus souvent les sacrificateurs en réservaient la plus grande partie pour eux et les assistants. On nommait *hécatombe* le sacrifice de cent victimes de même espèce. Ordinairement on ornait avec soin la tête des victimes avec des fleurs et des bandelettes de diverses couleurs.

VICTOIRE (myth.) ou Nicé, divinité allégorique des anciens, sœur de la Force et de la Valeur, fille de la déesse. Styx et du géant Pallas. On la représentait sous la forme d'un jeune fille avec des ailes, tenant d'une main une couronne de laurier et d'olivier, et de l'autre une branche de palmier. Les Athéniens ne donnaient point d'ailes à leur déesse Victoire, comme pour l'empêcher de s'éloigner d'eux. Les fêtes qu'on célébrait en son honneur se nommaient *Niceleria*.

VICTOIRE (LA), abbaye de chanoines réguliers de l'ordre de Saint-Augustin, en France, au diocèse et près de Senlis. Elle fut fondée par Philippe Auguste, roi de France, en mémoire de la victoire qu'il avait remportée à la bataille de Bouvines sur l'empereur Othon IV et ses alliés (1222). Louis XI agrandit cette abbaye, et lui fit des dons considérables. Ce fut aussi dans cette abbaye que le prince et Édouard IV, roi d'Angleterre, conclurent un traité de paix qu'on nomma la paix heureuse, et qui éloigna pour longtemps les Anglais de la France.

VICTOIRES (CAP DES), pointe du N. de l'entrée N.-O. du détroit de Magellan.

VICTOR. Trois papes ont porté ce nom. — VICTOR Ier (Saint), Africain de nation, succéda à saint Eleuthère en 185. Il condamna les théodotions, les valentiniens et autres hérétiques. La contestation touchant le jour où l'on devait célébrer la Pâque se renouvela sous son pontificat. Il mourut en 197. Saint Zéphyrin lui succéda. On fait sa fête le 28 juillet. — VICTOR II, nommé auparavant *Gebehard*, occupait l'évêché d'Eichstaedt à la mort du pape Léon IX; il lui succéda en 1055. Il eut pour légat dans les Gaules le fameux Hildebrand. Il mourut en 1057, et eut pour successeur Étienne IX ou X. — VICTOR III, nommé auparavant *Didier*, succéda à Grégoire VII en 1086. Son élection fut traversée par l'antipape Guibert. Il montra une grande fermeté à soutenir les droits du saint-siége, et mourut en 1087. Urbain II lui succéda.

VICTOR (Aurelius). Voy. AURELIUS VICTOR.

VICTOR (Publius), géographe romain du IVe siècle. Nous avons de lui un ouvrage qui traite des *régions* de la ville de Rome.

VICTOR (Claudius Marius), né en Provence, enseigna la rhétorique à Marseille, et mourut en 450. Nous avons de lui un commentaire sur la Genèse, divisé en trois livres, dont le premier commence à la création, et le troisième finit à la mort d'Abraham. On a aussi de Victor une épître sur les mœurs perverses de son siècle.

VICTOR (Saint), issu d'une des plus illustres familles de Marseille, servait avec distinction dans les armées romaines, lorsque, ayant fait profession du christianisme, il fut arrêté. Après avoir enduré les plus affreuses tortures, il eut la tête tranchée en 303. On fait sa fête le 21 juillet. L'abbaye de Saint-Victor de Paris, établie sous son invocation, prétendait avoir le pied de ce martyr.

VICTOR (SAINT) DE PARIS, célèbre abbaye de l'ordre de Saint-Augustin, située dans un faubourg de cette ville, auquel elle avait donné son nom. On en attribue la fondation à Louis VI. Les victorins étaient des chanoines réguliers. Leur ordre se répandit dans toutes les provinces du monde chrétien. Ils avaient quarante abbayes en France. Ils ont produit un très-grand nombre d'hommes illustres; entre autres Pierre Lombard, Santeuil, Leonius, etc.

VICTOR (PERRIN), duc DE BELLUNE, né à la Marche en Lorraine en 1766, entra fort jeune au service de l'artillerie. Il prit part aux guerres d'Italie, et parvint au grade de général de division. Commandant, en 1807, du premier corps de la grande armée à la bataille de Friedland, il reçut sur le champ de bataille le bâton de maréchal. Après la bataille de Tilsitt, il fut fait gouverneur de Berlin, et vint en 1808 en Espagne, où il obtint de nombreux succès. Il prit ensuite part aux batailles de la Bérézina, de Leipsig, de Hanau, etc., et se distingua en défendant contre les alliés le sol de la patrie. Après la restauration, il reçut du roi le gouvernement de la deuxième division militaire, et le suivit en Belgique pendant les cent jours. Nommé président de la commission chargée d'examiner la conduite des officiers pendant cette époque, puis pair de France, major général de la garde royale, il représenta l'armée française au mariage du duc de Berry, et reçut en 1821 le ministère de la guerre. En 1823, il quitta le ministère avec le titre de membre du conseil privé. Il est mort il y a quelques années.

VICTOR. Voy. VICTORIN, n° 1.

VICTOR-AMÉDÉE. Voy. AMÉDÉE.

VICTORIAT, petite pièce de monnaie des anciens Romains, portait l'effigie de la Victoire et valait 2 sesterces, environ 40 centimes de notre monnaie.

VICTORIN ou Vicron, savant mathématicien, originaire d'Aquitaine, florissait à Bordeaux au IIe siècle. Il inventa, vers l'an 457 ou 463 de J.-C., un *canon* ou *cycle pascal*, appelé aussi *période victorienne*, renfermant des tables pour quatre cent trente années. Ce canon fut adopté par le concile d'Orléans de 541. Il fut continué par la suite.

VICTORIN (Marcus Piauvonius Victorinus), deuxième fils de Victorine et frère de Posthume, tyran des Gaules, fut associé par celui-ci à l'empire en 265. Il fit périr deux ans après Lollien, assassin de son frère. Lui-même fut poignardé en 268 par ordre d'un greffier nommé Atticius, dont il avait déshonoré l'épouse. — Son fils VICTORIN LE JEUNE, qu'il avait déclaré empereur en 267, fut assassiné peu de temps après lui en 268.

VICTORIN (Fabius Marius Victorinus), ancien rhéteur du IVe siècle de notre ère, a laissé un traité sur l'orthographe et les mètres divisé en quatre livres.

VICTORIN (Maximus Victorinus), auteur latin, nous a laissé trois ouvrages, intitulés: *sur la Grammaire, sur l'Orthographe, sur les Mètres*. Ils nous sont parvenus en entier. Quelques critiques le confondent avec le précédent.

VICTORINE ou VICTOIRE (Aurelia Victorina), Romaine célèbre par son courage et ses talents militaires, fut mère de Posthume, qui sous le règne de Gallien se fit reconnaître empereur dans les Gaules, et conserva sa puissance pendant sept années (260-267). Après avoir vu périr ses deux fils, Posthume et Victorin, et son petit-fils Victorin le Jeune, elle fit donner la pourpre impériale à Marius, puis à Tetricus. Elle mourut empoisonnée l'année suivante (269), et on soupçonna Tetricus de ce crime.

VICTORINS. Voy. VICTOR, n° 6.

VIDA (Marc-Jérôme), poète latin moderne, né à Crémone en 1470, entra dans la congrégation des chanoines réguliers de Saint-Marc à Mantoue, puis dans celle de Latran à Rome. Il mourut évêque d'Albe en 1566. Ses différentes productions se recommandent par la pureté et l'élégance du style, la fraîcheur de l'imagination, la finesse des pensées. On remarque entre autres un poème sur les échecs (*Scacchia ludus*), l'Art poétique (*Poeticorum libri tres*), les Vers à soie (*Bombicum libri II*), des hymnes sacrées, et un poème sur la religion chrétienne (*Christiados libri VI*).

VIDAL. Plusieurs troubadours ont porté ce nom. — PIERRE VIDAL, fils d'un pelletier de Toulouse, mourut en 1829. — RAYMOND VIDAL, son fils, fut aussi un troubadour distingué. — ARNAUD VIDAL, né à Castelnaudary, fut le premier qui remporta le prix aux jeux floraux de Toulouse en 1324.

VIDAME, titre qui s'appliquait jadis à l'officier chargé d'exercer la justice temporelle des évêques. Il était à l'égard des évêques ce que le vicomte était à l'égard du comte. Les vidames, lors de l'hérédité des bénéfices, changèrent leurs offices en fiefs relevant de l'évêque. Tous les vidames (sauf celui d'Eneval, en Normandie, qui relevait du roi) relevaient des évêques, et prenaient leur nom de celui de l'évêché dont ils dépendaient. Les abbayes avaient aussi leurs vidames, qu'on appelait encore avoués et défenseurs de l'Église.

VIDANGES, action de vider. C'est aussi 1° l'état d'un vase fermé dans lequel est une liqueur, mais qui n'est pas plein de cette liqueur; 2° la liqueur qu'on ôte d'un lieu qu'on vide ou qu'on nettoie; 3° les matières fécales que l'on retire des fosses d'aisances; 4° en médecine, les évacuations qui surviennent aux femmes après leur accouchement.

VIDE, ce qui n'est rempli que d'air et, par extension, ce qui est privé de toute matière, même d'air. Le vide absolu est impraticable. On se sert de la machine pneumatique pour produire le vide autant que possible. On nomme *pouls vide*, en médecine, le pouls dont la faiblesse est extrême; *vide de Boyle*, le vide qu'on fait lorsqu'à l'aide de la machine pneumatique on pompe l'air d'un vase quelconque. On lui a donné ce nom à cause du perfectionnement apporté par Boyle dans la confection de cette machine. — En termes d'architecture, *vide* se dit d'une ouverture ou d'une baie dans un mur. — En musique, on appelle *corde à vide* la corde dont on tire un son, sans y appliquer les doigts.

VIDIAN ou VIDIEN. On a donné ce nom (conduits *vidiens* ou *ptérygoïdes*) à deux petits canaux qui sont creusés à la base de l'apophyse ptérygoïde ou sphénoïde. Ils ont été découverts par Vidus-Vidius.

VIDIMER. C'est, en jurisprudence, collationner une copie à un titre original et certifier qu'elle lui est conforme.

VIDIMUS, mot latin qui signifie *nous avons vu*, et dont on se sert, en jurisprudence, pour dire qu'un acte a été collationné sur l'original.

VIDOURLE, petite rivière de France, en Languedoc, passe à Sommières et à Lunel, entre dans l'étang de Thau, près d'Aigues-Mortes. Elle sépare le département de l'Hérault de celui du Gard.

VIDUS-VIDIUS, né à Florence, vint enseigner la médecine au collège royal de Paris sous le règne de François Iᵉʳ. Ce prince le fit son médecin. Après sa mort, Vidus alla à Pise, et mourut en 1567. Ses ouvrages renferment des choses très-intéressantes sur l'anatomie, la chirurgie, etc.

VIDUUS (myth.), divinité romaine. On lui donnait la mission de séparer l'âme du corps.

VIE, espace de temps depuis la naissance jusqu'à la mort, pendant lequel les êtres peuvent exercer les fonctions de leurs organes. La vie n'est propre qu'aux animaux. On l'a étendu aussi à la durée de l'existence des végétaux. — En termes de jurisprudence, on distingue la *vie naturelle*, qui est le cours de la vie selon la nature, et la *vie civile*, qui est l'état que le citoyen tient dans l'ordre politique. — *Vie* désigne aussi l'histoire, le récit des choses remarquables de la vie d'un homme. C'est dans ce sens qu'on dit les Vies des hommes illustres de Plutarque.

VIEILLESSE, dernier âge de la vie, commence à soixante ans, selon la plupart des physiologistes, et est caractérisé par la diminution progressive des facultés physiques et morales de l'individu parvenu à cette époque. — Les Grecs l'avaient divinisée, et en avaient fait une déesse, fille de l'Érèbe et de la Nuit. On la représente sous la figure d'une femme décrépite, tenant de la main une coupe et s'appuyant de l'autre sur un bâton.

VIEILLEVILLE (François DE SCEPEAUX, seigneur DE), d'une ancienne famille d'Anjou, fit ses premières armes en Italie, où il se distingua par sa valeur. Il obtint en 1553 le gouvernement des Trois-Évêchés, Metz, Toul et Verdun. Il reçut le bâton de maréchal de France en 1562. Henri II l'envoya en ambassade en Angleterre, en Allemagne et en Suisse. Il mourut en 1571.

VIELLE, instrument de musique monté de cordes qui sont mises en vibration au moyen d'une roue enduite de colophane. Cette roue correspond à une manivelle placée extérieurement, et à l'aide de laquelle on peut lui imprimer des mouvements plus ou moins rapides. Les intonations se font au moyen des touches d'un clavier qui prennent les cordes. Quelquefois la vielle porte une corde appelée *bourdon*, et qui accompagne uniformément tous les airs qu'on joue. — La vielle remonte à une haute antiquité. Elle fut très en vogue dans le moyen âge et jusque vers le milieu du siècle dernier. Elle est maintenant un des moyens par lesquels les Savoyards cherchent à exciter la commisération publique.

VIEN (Joseph-Marie), peintre d'histoire, né à Montpellier en 1716, remporta en 1743 le grand prix de peinture à l'académie. En 1775, il fut nommé directeur de l'école de France à Rome, et devint en 1789 premier peintre du roi. La révolution lui fit perdre ces places. Il fut nommé membre de l'Institut dès sa formation, et membre du sénat conservateur, dont il devint le doyen d'âge. Créé comte de l'empire, il mourut en 1807. On lui doit d'avoir rappelé dans la peinture le goût de l'antique, et d'avoir donné une nouvelle impulsion à l'école française. Il a été le maître de David et Monsiau. Son plus célèbre tableau est *l'Ermile endormi*.

VIENNE, rivière de France qui prend sa source dans le département de la Corrèze, au plateau de Millevaches, entre dans le département de la Haute-Vienne, passe à Eymoutiers, Saint-Léonard, Limoges, Saint-Junien, en coulant de l'E. à l'O., entre dans le département de la Charente, remonte au N., passe à Confolens, etc., continuant toujours de gagner au N., entre dans le département de la Vienne, près d'Availles, passe à Châtellerault, entre près d'Ormes dans le département d'Indre-et-Loire, et, en décrivant un crochet vers le N.-O., va se jeter dans la Loire à Candes, après avoir arrosé Chinon. La Vienne reçoit dans son cours la Creuse et le Clain. Elle est flottable de Tarnac à Limoges, et commence à être navigable à Châtellerault. La ligne de flottage est de 77,400 mètres; la ligne de navigation, de 89,559 mètres.

VIENNE, département français, tiré du Poitou et du Loudunois, du Mirebalais et des Marches de l'Anjou, borné au N. par les départements d'Indre-et-Loire et de Maine-et-Loire, à l'E. par ceux de l'Indre et de la Haute-Vienne, au S. par celui de la Charente, à l'O. par celui des Deux-Sèvres. Il tire son nom d'une rivière qui le traverse du S. au N. Sa superficie est de 691,082 hectares, et sa population de 310,000 habitants. Il se divise en cinq arrondissements : *Poitiers* (chef-lieu), *Châtellerault, Civray, Loudun* et *Montmorillon*, et nommait cinq députés. Il est compris dans la quatrième division militaire, le diocèse de Poitiers, et le ressort de l'académie et de la cour d'appel de cette ville. Le sol est généralement peu fertile, plus riche au N. que dans les autres parties. On y trouve d'excellents pâturages. Le produit annuel du sol est d'environ 1,000,000 d'hectolitres en céréales et parmentières, 700,000 en vins. Le commerce s'exerce principalement sur les produits du sol et de l'agriculture. Le miel, la cire, les châtaignes, la graine de luzerne, de trèfle et de sainfoin, les fruits et les truffes en sont les articles les plus importants. Les établissements industriels sont peu nombreux. Ceux qui s'occupent de l'exploitation, de la préparation et de la fabrication des métaux occupent le premier rang. Le revenu territorial est de 12,000,000 de francs.

VIENNE (HAUTE-), département français, région de l'O., tiré principalement du haut Limousin, auquel on a joint une partie de la basse Marche et quelques portions du haut Poitou. Il est borné au N. par les départements de l'Indre et de la Vienne, à l'E. par celui de la Creuse, au S. par ceux de la Corrèze et de la Dordogne, à l'O. par ceux de la Charente et de la Vienne. Il tire son nom de sa position sur le cours supérieur de la Vienne, qui le traverse dans sa largeur. Sa superficie est de 572,952 hectares, et sa population de 320,000 habitants. Il se divise en quatre arrondissements : *Limoges* (chef-lieu), *Bellac, Rochechouart, Saint-Yrieix,* et nommait cinq députés. Il est compris dans la quinzième division militaire, le diocèse de Limoges, et le ressort de la cour d'appel et de l'académie de la même ville. — Ce département est extrêmement varié et montagneux. Sur sa superficie, on compte 140,000 hectares en landes et en friches, dont une moitié est de temps en temps mise en culture. L'agriculture est arriérée. On récolte peu de froment; mais la pomme de terre, la châtaigne, le seigle et le sarrasin y suppléent, et suffisent à la consommation du pays. On y récolte 50,000 hectolitres de vins très-médiocres. On élève beaucoup de bestiaux, des chevaux de haute taille, des mulets estimés, des abeilles. Le revenu territorial est de 8 à 9,000,000 de francs. — L'industrie manufacturière s'exerce sur la fabrication de la porcelaine, du papier, des cuirs, la filature de la laine et du coton, la préparation des eaux-de-vie et liqueurs. On y trouve aussi des forges, des fabriques d'acier cémenté et de cuivre laminé, de coutellerie, de clouterie, des blanchisseries de cire, etc.

VIENNE, chef-lieu d'arrondissement du département de l'Isère, sur la rive de Veau, à peu de distance du Rhône, à 20 lieues O.-N.-O. de Grenoble. Population, 16,500 habitants. C'est une ville très-ancienne, fondée et habitée par les Allobroges; elle devint le chef-lieu d'une des plus grandes provinces romaines, la Viennoise. Au vᵉ siècle, elle fut la capitale du premier royaume des Bourguignons; elle tomba au pouvoir des Francs en 534, et fut gouvernée par ses évêques, puis par des comtes particuliers. Elle devint par la suite la capitale du deuxième royaume de Bourgogne. Après diverses révolutions, elle suivit le sort de cette province, et fut avec lui réunie à la couronne. Il s'y tint en 1311 un concile qui fut décrété l'abolition de l'ordre des templiers. Vienne possède des monuments antiques ; parmi les modernes, on remarque le pont suspendu sur le Rhône, l'hôtel de ville, la cathédrale dédiée à saint Maurice, belle église gothique. Vienne a encore un quartier de cavalerie, un collége, deux hôpitaux, une halle aux grains, une bibliothèque riche de 14,000 volumes, un tribunal de première instance et de commerce. Elle est privée aujourd'hui de ses archevêques qui prenaient anciennement le titre de *primats des Gaules.*

VIENNE, ville célèbre d'Europe, capitale de l'Autriche proprement dite et de toute la monarchie autrichienne, sur le Danube, à 185 lieues de Rome, 306 de Paris, 300 de Londres, 420 de Madrid, 280 de Constantinople, 310 de Saint-Pétersbourg, 250 de Stockholm, et 200 de Copenhague. Sa population est de 385,800 habitants (y compris les étrangers et la garnison). Cette population est extrêmement variée. — On voit à Vienne l'église cathédrale de Saint-Etienne, celle des Capucins, où sont les tombeaux des empereurs, plusieurs beaux palais, une université fondée en 1365, rétablie en 1756, une infinité d'écoles de tous genres, un musée, une école polytechnique, un archevêché. Vienne est très-bien fortifiée. Elle fait un commerce considérable. Son industrie s'exerce spécialement sur les cotonnades, les soieries, les voitures, les pianos, les glaces et les porcelaines, la bijouterie, la quincaillerie, etc. La bibliothèque impériale compte 300,000 volumes et 13,000 manuscrits. Cette ville est très-ancienne. En 781, Charlemagne y établit des margraves. Elle devint ensuite capitale du duché d'Autriche. Depuis Maximilien Ier, elle devint la résidence des empereurs. Les Turks l'assiégèrent en 1529 et en 1683 : la première fois ils furent vaincus par le prince palatin, et la deuxième par le roi de Pologne et le duc de Lorraine. Les Français s'en emparèrent en 1805 et en 1809. — C'est enfin là que s'est tenu le fameux congrès de Vienne.

VIENNE (CONGRÈS DE), nom donné à une assemblée politique célèbre. Ce congrès s'ouvrit le 1er novembre 1814, et dura jusqu'au 10 juin 1815. On y vit siéger en personne les empereurs d'Autriche et de Russie, les rois de Prusse, de Danemarck, de Bavière et de Wurtemberg ; le prince de Metternich, pour l'Autriche ; le comte Nesselrode, pour la Russie ; lord Castlereagh, le duc de Wellington, pour la Grande-Bretagne ; le prince de Talleyrand, pour la France ; et les mandataires des autres puissances d'Europe. — L'acte du congrès se composa de cent vingt et un articles. C'est le congrès de Vienne qui a établi les divers Etats de l'Europe tels qu'ils le sont aujourd'hui.

VIENNE (Jean DE), d'une ancienne maison de Bourgogne, devint amiral de France. Il descendit en Angleterre en 1377, saccagea plusieurs villes, et se joignit à la flotte écossaise, avec laquelle il entra dans la mer d'Irlande, et brûla la ville de Penreth. S'étant brouillé avec la cour d'Ecosse, il revint en France, et fut du nombre des seigneurs français qui allèrent au secours du roi de Hongrie. Il commanda l'avant-garde à la bataille de Nicopolis, et y périt les armes à la main en 1396.

VIENNOIS. Voy. DAUPHINÉ.

VIENNOISE, une des divisions principales de la Gaule narbonnaise, ainsi nommée de Vienne, sa capitale. Elle était située entre la Lyonnaise première et la grande Séquanaise au N., la Méditerranée au S., les Alpes grecques et maritimes et la Narbonnaise deuxième à l'E., la Narbonnaise première et l'Aquitaine à l'O.

VIERGE, fille qui a vécu dans une continence parfaite. Ce mot n'est presque plus employé en ce sens que dans les ouvrages de dévotion et de religion. Le bréviaire catholique a un office particulier pour les vierges. *Sainte Vierge, Vierge Marie* est le nom qu'on donne par excellence à Marie, mère du Sauveur. — Au figuré, on appelle *métaux vierges* ceux qui se trouvent purs et sans mélange dans le sein de la terre ; c'est ainsi qu'on dit *argent vierge, mercure vierge,* etc. ; *cire vierge,* la cire préparée, ordinairement mise en pain, et qui n'a encore été employée à aucun usage ; *huile vierge,* la première huile qui sort des olives sans qu'on les ait encore pressées ; *parchemin vierge,* un parchemin fait de la peau des agneaux ou des chevreaux mort-nés ; *vigne vierge,* un arbrisseau sarmenteux et grimpant qui a des feuilles semblables à celles de la vigne, et qui porte des fleurs d'un blanc sale, auxquelles succèdent des baies d'un vert noirâtre.

VIERGE (LA), sixième signe du zodiaque, dans lequel le soleil entre vers le 23 d'août. Ce signe comprend une étoile de la première grandeur, qu'on appelle l'Epi de la Vierge. La Vierge, appelée aussi Cérès, Thémis, etc., préside aux moissons ; ce que les anciens ont voulu exprimer en lui mettant un épi dans la main.

VIERGES (LES), îles d'Amérique septentrionale, entre l'île de Porto-Rico et les Antilles. Elles forment un groupe d'une soixantaine de petites îles et rochers, la plupart n'offrant qu'un sol montueux, sec et aride. Les *Vierges anglaises,* c'est-à-dire appartenant aux Anglais, sont *Tortola,* la plus importante et la plus peuplée ; *Virgin-Gorda, Anégada,* etc.

VIERGES (CAP DES), nom donné à la pointe orientale de l'extrémité de l'Amérique méridionale, et à l'entrée septentrionale du détroit de Magellan.

VIERLAND, nom donné à quatre îles de l'Elbe, près de Hambourg. Elles appartiennent à cette ville et à Lubeck, et ont 6,700 habitants.

VIÈTE (François), maître des requêtes de l'hôtel de la reine Marguerite, né à Fontenai (Vendée) en 1540, s'est fait un nom par ses travaux dans les mathématiques. Il est le premier qui se servit dans les opérations d'algèbre des lettres de l'alphabet pour désigner les quantités connues. Il mourut en 1603. Il a fait un grand nombre de découvertes importantes.

VIEUX DE LA MONTAGNE (LE), nom impropre qu'on a donné au roi de cette branche d'Ismaéliens ou Assassins qui vinrent s'établir en Syrie au milieu des rochers et des montagnes. Cette peuplade fut détruite en 1272 par Bibars, soudan d'Egypte. Le souverain avait un pouvoir sans bornes sur ses sujets, et se faisait redouter de tous les autres rois. Les Orientaux le nommaient *scheikh-al-gebal* ; ce que les Latins ont traduit par *senex montis* ou vieux de la montagne.

VIF-ARGENT, nom vulgaire du mercure.

VIGAN (LE), sur l'Arre, chef-lieu d'arrondissement du département du Gard, à 19 lieues O.-N.-O. de Nîmes. Population, 5,500 habitants. Cette ville a un tribunal de première instance, un collége, une société d'agriculture. Elle s'honore d'avoir vu naître dans ses murs le célèbre d'Assas.

VIEUX OING, graisse de porc qui n'est pas fondue. On s'en sert pour graisser les essieux de voitures.

VIGEZZA, vallée des Etats sardes, entre Locarno et le Domo-d'Ossola.

VIGIE, terme de marine. On appelle ainsi 1° les écueils à fleur d'eau d'une petite étendue, placés en mer à certaine distance des côtes ; 2° les matelots que l'on fait monter au haut des mâts pendant le jour pour découvrir et observer à une grande distance. A la nuit tombante, les vigies descendent de leur poste, et se placent sur l'avant du bâtiment, vers les bossoirs, pour continuer leur inspection.

VIGILANCE, né à Calagurris dans les Gaules, près de Comminges en Gascogne, fut d'abord l'ami de saint Paulin et de saint Jérôme ; mais ses hérésies le brouillèrent avec ce dernier. Vigilance soutint que l'on ne devait pas honorer les sépulcres des martyrs ; il combattit les veilles et le célibat. Saint Jérôme écrivit plusieurs traités contre lui.

VIGILE, pape, Romain de nation, se fit élire par le crédit de l'impératrice Théodora et de Bélisaire, du vivant même du pape Sylvère, qui fut envoyé en exil et qui mourut en 538. Alors seulement il devint pape légitime. Pour plaire à Justinien et aux Occidentaux, il approuva et condamna successivement les hérétiques acéphales. Il mourut en 555. Saint Pélage lui succéda.

VIGILE, terme de bréviaire qui signifie la veille d'une grande fête où quelquefois il y a jeûne. Ce mot vient du latin *vigiliæ,* parce qu'autrefois les chrétiens passaient une partie de la nuit en prières dans l'église la veille des grandes fêtes ; cela s'observe encore parmi les Grecs.

VIGILE DE TAPSE, évêque de cette ville dans la province de Byzacène en Afrique, vivait dans le VIe siècle. On a de lui un traité en cinq livres contre Eutychès, un traité en forme de conférence sous le nom de saint Athanase contre Sabellius, Photin et Arius, douze livres sur la Trinité, le symbole qui porte le nom de saint Athanase, etc.

VIGINTIVIRS, nom donné, à Rome, à des magistrats, au nombre de vingt. Ils étaient chargés de la monnaie, du soin des prisons, de l'entretien des rues, de l'exécution des criminels, etc.

VIGNE, arbrisseau sarmenteux de la famille des vinifères, renfermant une espèce très-intéressante, la *vigne vinifère.* On ignore le pays de la vigne ; mais la plupart des géologues la font venir de Perse. L'histoire sainte nous représente Noé comme l'inventeur de l'art de faire le vin, invention que les païens attribuaient à Bacchus. Quoi qu'il en soit, la vigne fut cultivée en Europe et en Asie dès la plus haute antiquité. On sait que l'on retire de la vigne une boisson appelée *vin.* On distingue une quantité considérable de variétés de vignes ; les plus communes sont le muscat, le raisin d'Alep, le corinthe, le chasselas, le cornichon, le teinturier, le morillon et le pineau.

VIGNE. On nomme vulgairement *vigne blanche* la clématite et la bryone ; *vigne du Nord,* le houblon ; *vigne noire sauvage,* le tamier ; *vigne de Salomon,* la clématite ; *vigne sauvage,* le pareira brava ; *vigne vierge,* la douce-amère ; *cissus* ou *achit,* aussi appelé *ampélopsis à cinq feuilles.*

VIGNE (André DE LA), auteur français du XVe siècle, servit sous Charles VIII, et devint secrétaire de la reine Anne de Bretagne. On lui doit une *Histoire de Charles VIII,* et le *Vergier d'honneur,* histoire de la célèbre entreprise sur Naples par Charles VIII.

VIGNE DE MARTHE, île de l'Amérique septentrionale sur la côte et dans l'Etat de Massachussette, à l'O. de l'île de Nantucket. Elle a 8 lieues de longueur sur 2 à 4 de largeur. Elle forme le comté du Duc, et compte 3,200 habitants blancs, 4,500 Indiens et mulâtres, vivant de l'agriculture et de la pêche.

VIGNEMALE, pic des Pyrénées, haut de 3,356 mètres. C'est un des plus élevés.

VIGNEROD. Voy. WIGNEROD.

VIGNES. Voy. VINIFÈRES.

VIGNES (Pierre DES), né à Capoue d'une famille très-obscure, fit d'excellentes études, devint habile en jurisprudence. Ses talents l'ayant fait connaître de l'empereur Frédéric II, il devint successivement protonotaire, conseiller et chancelier. Il servit avec zèle ce prince dans les différends qu'il eut avec les papes, et jouit longtemps d'une faveur distinguée. Quelques ennemis l'accusèrent d'avoir voulu faire empoisonner l'empereur; celui-ci, trop crédule, lui fit crever les yeux, et le fit mettre en prison. Des Vignes, ne pouvant supporter son malheur, se brisa la tête contre une colonne. D'autres historiens prétendent qu'une intrigue de cour fut la cause de sa disgrâce, et porta Frédéric II à cette cruauté.

VIGNETTES, petites estampes que l'on met pour ornement en tête du volume, au commencement d'un chapitre d'un ouvrage d'imprimerie. Ce nom vient de ce qu'on y gravait autrefois des pampres de vignes et de raisins.

VIGNIER (Nicolas), né en 1530 à Bar-sur-Seine, mort en 1595, s'acquit une grande réputation dans la pratique de la médecine. Il s'appliqua aussi à l'histoire, et devint historiographe de France. Parmi ses ouvrages, on distingue le *Traité de l'origine et demeure des anciens Français*, une *Chronique* latine des événements de Bourgogne, s'étendant du ve au xve siècle; la *Préséance entre la France et l'Espagne*; les *Fastes* des anciens Hébreux, Grecs et Romains; la *Bibliothèque historiale*. — JÉRÔME VIGNIER, né à Blois en 1606, religieux de l'Oratoire, mort en 1661, a donné la *Véritable Origine* de la maison de Lorraine, d'Alsace et d'Autriche, l'*Origine* des rois de Bourgogne, la *Généalogie* des comtes de Champagne, etc.

VIGNOLE (Jacques BAROZZIO, surnommé), architecte célèbre, né en 1507 à Vignola dans le Modenois, se livra d'abord à l'art de peindre. François Ier l'appela auprès de lui vers 1540, et il partagea les travaux du Primatice, son ami. Il alla ensuite à Bologne, et déploya ses talents dans la façade de la Bourse et celle du portail de l'église de Saint-Pétrone. Il parcourut toute l'Italie, construisant de nombreux édifices. Jules III en fit son architecte ordinaire. Après la mort de Michel-Ange, il dirigea les travaux de l'église Saint-Pierre à Rome. Il donna les dessins du célèbre palais de l'Escurial, en Espagne, et mourut en 1573. Il a laissé un ouvrage classique, l'*Architettura sopra i cinque ordini*, traduit dans toutes les langues.

VIGNOLES (Etienne). Voy. LAHIRE.

VIGNOLES (Alphonse DE), né au château d'Aubais en Languedoc en 1649, porta d'abord les armes, puis se consacra au ministère évangélique. La révocation de l'édit de Nantes le força à se réfugier dans le Brandebourg en 1685. Il devint membre de l'académie des sciences de Berlin à sa fondation; il en fut nommé directeur en 1727. Il mourut en 1744. Le plus connu de ses ouvrages est la *Chronologie de l'histoire sainte et des histoires étrangères qui la concernent, depuis la sortie d'Égypte jusqu'à la captivité de Babylone*.

VIGO, ville d'Espagne, en Galice, sur l'Océan, à 10 lieues S. de Saint-Jacques de Compostelle. Elle est sur une baie, avec un très-bon port. Ce fut dans ces parages que la flotte combinée d'Angleterre et de Hollande battit le comte de Château-Renaud, et coula à fond la flotte des galions en 1702. En 1719, les mêmes ennemis se rendirent maîtres de la ville. Les Anglais ravagèrent le port en 1800.

VIGOGNE, quadrupède ruminant, du genre lama, habitant les croupes des plus hautes Cordillères. Sa toison est de la plus grande finesse; sa taille est celle d'une chèvre; son cou est long; sa physionomie très-vive. Il court avec une surprenante légèreté. La vigogne est un animal très-doux. Les Patagons la chassent pour se nourrir de sa chair et se couvrir de sa peau.

VIGOTE, planche percée de plusieurs trous, représentant le diamètre ou la grandeur du calibre des pièces d'artillerie, et dont on se sert pour assortir les boulets à ces différents calibres.

VIGOUREUX (LA), femme qui faisait partie de la société de devins et d'empoisonneurs qui jeta l'effroi dans les familles les plus distinguées de la cour de Louis XIV. Voy. VOISIN (LA).

VIGUERIE, charge de viguier; territoire qui dépendait de la juridiction d'un viguier.

VIGUIER, juge qui, dans certaines provinces du midi de la France, comme en Languedoc et en Provence, faisait les mêmes fonctions que les prévôts royaux dans les autres provinces.

VILAIN, nom donné, dans la langue du droit féodal, à un paysan, à un roturier, à un homme de rien.

VILAINE, rivière de France, prend sa source sur les confins du département de la Mayenne, entre bientôt dans celui d'Ille-et-Vilaine, en allant de l'E. à l'O., passe près de Vitré et à Rennes. Là elle se détourne et coule du N. au S., passe à Redon, entre dans le département du Morbihan, et se jette dans l'océan Atlantique à quelque distance de la Roche-Bernard. La Vilaine, au moyen de plusieurs écluses, est navigable depuis Cesson jusqu'à Redon, et, depuis cette ville jusqu'à la mer, elle est navigable naturellement. La marée remonte jusqu'à Redon, et y amène des bâtiments de 130 à 140 tonneaux. La longueur totale de la navigation de la Vilaine est de 140,000 mètres. L'Ille, le Meu, le Cher, le Don, l'Oust et l'Isac sont les principaux affluents de cette rivière.

VILEBREQUIN, outil qui sert à trouer, à percer du bois, de la pierre, etc., au moyen d'un petit fer nommé **mèche**, qui a un taillant, et qu'on fait entrer en le tournant.

VILLA, nom donné, en Italie, aux maisons de plaisance. Ce mot a été adopté en français.

VILLA-BELLA, capitale de la province de Matto-Grosso, au Brésil. La population est de 6,000 âmes. Cette ville est importante pour l'or qu'on recueille sur son territoire. Depuis quelques années, elle a pris le titre de *cidade de Matto-Grosso*.

VILLA-BOA. Voy. GOYAZ.

VILLACH, cercle d'Illyrie, dans le gouvernement de Laybach. Il est arrosé par la Drave, et a 110,000 habitants. Il est montagneux, peu fertile, a d'abondantes mines. — Le chef-lieu est VILLACH, à 19 lieues N.-O. de Laybach, sur la Drave. Population, 3,000 habitants. Le commerce de cette ville est très-important.

VILLA DO PRINCIPE, ville du Brésil, dans la province de Minas-Geraës, chef-lieu de la comarque de Serro-do-Frio, est remarquable par sa population de 6,000 habitants et ses riches lavages d'or.

VILLAHORTA, capitale de l'île Faïal, une des Açores. Elle a un bon port.

VILLANELLE, sorte de poésie pastorale, composée de couplets dont les refrains reviennent à de très-courts intervalles. — C'est aussi un air à voix seule ou à plusieurs parties, originaire du royaume de Naples. Il y en a qui sont destinées à être chantées, et d'autres composées pour la danse.

VILLANI (Giovanni), célèbre historien de Florence, mort en 1348. Son histoire se distingue autant par la force de la conception que par la pureté et l'élégance du style. — Son frère, MATTEO VILLANI, continua son histoire, et la termina en l'année 1363. — Le fils de Matteo, PHILIPPO VILLANI, ajouta quarante-deux chapitres à cette histoire. Nous avons aussi de lui les *Vies des hommes illustres de Florence*.

VILLARET (Guillaume DE), Français, devint grand maître de l'ordre des hospitaliers de Saint-Jean de Jérusalem, après Odon de Pins, en 1300. Il se préparait à s'emparer de l'île de Rhodes, occupée alors par des Grecs révoltés et des pirates musulmans, lorsque la mort vint mettre fin à ses projets (1307), pour lesquels il s'était assuré l'approbation de la France et du pape.

VILLARET (Foulques DE), frère du précédent, lui succéda dans le magistère de Saint-Jean de Jérusalem en 1307. Il continua ses projets, rassembla une flotte, et s'empara, le 15 août 1313, de la ville de Rhodes, et successivement de toute l'île, avec les îles plus petites qui en dépendent. Aussitôt le sultan Osman vint assiéger Rhodes avec une armée formidable; les chevaliers le repoussèrent. Le couvent de l'ordre fut transporté dans la nouvelle conquête, malgré les services que Foulques avait rendus. Il fut accusé de négliger les intérêts publics pour ne songer qu'aux siens propres. Forcé de se démettre en 1319, il se retira en Languedoc, où il mourut en 1327.

VILLARET (Claude), né à Paris vers 1715, fut successivement auteur de comédies, de romans médiocres, comédien, premier commis de la chambre des comptes et secrétaire des ducs et pairs. Il mourut en 1766. On lui doit la continuation, de l'*Histoire de France* de l'abbé Velly; il en a fait neuf volumes (du huitième au dix-neuvième). Cette continuation s'arrête à la moitié du règne de Louis XI. On lui reproche un ton déclamatoire et dissertateur; mais sa narration a de la verve, son style est élégant et vigoureux.

VILLARET DE JOYEUSE (LE COMTE Louis-Thomas), célèbre marin, né à Auch en 1750, devint aide de camp du bailli de Suffren, et se distingua dans les guerres de l'Inde. A son retour en France, il fut nommé successivement lieutenant de vaisseau, major de la marine à Lorient, et capitaine de vaisseau. Elevé au grade de contre-amiral, il reçut en 1793 le commandement en chef de l'armée navale de l'Océan. Il donna sa démission en 1795, et fut envoyé au conseil des cinq cents; il se montra constamment opposé au gouvernement directorial, et, au 18 fructidor, fut condamné à la déportation et exilé à l'île d'Oleron. Rappelé par Bonaparte et créé vice-amiral, il fut nommé en 1802 capitaine général des îles de la Martinique et de Sainte-Lucie, qu'il gouverna pendant sept ans. En 1809, après une vigoureuse résistance, il fut obligé de les rendre aux Anglais. Napoléon le nomma gouverneur général de Venise et commandant de la douzième division militaire. Il mourut en 1812.

VILLARICA ou CIDADE DO OURO-PRETO, ville du Brésil, capitale de la province de Minas-Geraës, située sur le penchant d'une montagne. Sa population est de 8,000 habitants. Elle est à 30 lieues de Rio-de-Janeiro. On y remarque quatre ponts de pierre, deux églises, le palais du gouverneur, l'hôtel de ville, le trésor, le théâtre, deux hospices, etc.

VILLARS (André DE BRANCAS, seigneur DE), d'une ancienne famille originaire de Normandie, embrassa le parti de la Ligue, et soutint le siége de Rouen contre Henri IV en 1592; mais, après l'abjuration de ce prince en 1594, il lui remit la ville, et reçut en récompense la charge d'amiral. Ayant été battu et fait prisonnier à la bataille de Dourlens en 1595, par les Espagnols, il fut massacré sans pitié.

VILLARS (Louis-Hector, marquis, puis duc DE), célèbre général français, né à Moulins (Allier) en 1653, porta les armes bien jeune, et se signala par la plus remarquable intrépidité. Nommé maréchal de camp en 1690, il remporta en 1702 la victoire de Friedlingen sur le prince de Bade, et l'année suivante celle d'Hochstædt. Nommé maréchal de France, il fut chargé de la pacification du Languedoc (1704), et y parvint. Rappelé en Allemagne, il arrête Marlborough victorieux, bat les Impériaux à Stolhoffen (1707); puis il passe en Dauphiné, et par ses habiles manœuvres fait échouer tous les plans du prince Eugène. En 1709, il retourne en Flandre et livre la malheureuse bataille de Malplaquet (voy.), où il est vaincu et blessé; mais il s'en venge par la victoire de Denain, et ses succès, tout en sauvant la patrie, amènent le traité de paix de 1714, à Rastadt. Nommé président du conseil de la guerre, et admis au conseil de régence après la mort de Louis XIV, il fut tout à la

181

fois duc et pair, gouverneur de Provence, grand d'Espagne, membre de l'académie française. La guerre se ralluma en 1733, et il partit pour l'Italie avec le titre de général des camps et armées du roi. De retour en France, il mourut en 1784. On a des *Mémoires* sous son nom.

VILLAVICIOSA, ville d'Espagne, dans la Nouvelle-Castille, sur l'Hénarès, à 8 lieues N.-E. de Guadalaxara. Elle est célèbre par la bataille qui s'y livra en 1710 entre le duc de Vendôme et les impériaux. — Ville de Portugal, dans l'Alentejo, à 33 lieues E. de Lisbonne. Elle a un vieux château et un palais où les ducs de Bragance faisaient leur résidence, et où les rois de Portugal passaient encore quelquefois une partie de l'année. Elle soutint en 1667 un siége contre les Espagnols, à la suite duquel se livra la bataille de *Montès-Claros*, dans les environs, qui mit la couronne de Portugal sur la tête du duc de Bragance.

VILLE (Jérôme-François, marquis DE), Piémontais, servit sous le duc de Savoie. Il avait le grade de lieutenant général au service de France sous le prince Thomas, lorsqu'il fut recherché par la république de Venise pour aller commander dans Candie en 1665. Il soutint avec courage les efforts des Turcs, et revint en Savoie en 1678. On a de lui des *Mémoires* intéressants sur le siége de Candie.

VILLE (L'ABBÉ DE LA), entra dans la société des jésuites, puis l'abandonna. Il accompagna Fénelon en Hollande, et fut employé dans plusieurs négociations importantes. Appelé à l'emploi de premier commis des affaires étrangères, puis à celui de directeur, nommé évêque de Tricomi *in partibus*, il mourut en 1774. Il était membre de l'académie française.

VILLEFORT, sur la Devèze, chef-lieu de canton du département de la Lozère, à 11 lieues en quart E. de Mende. Population, 1,800 habitants. Pendant la révolution, cette ville fut le chef-lieu d'un district et le siège d'un tribunal ; son importance actuelle est due à l'exploitation de ses mines de plomb argentifère et cuivre. Son commerce est considérable, à cause de sa position sur les limites du département et sur les confins de l'Ardèche et du Gard ; elle est un lieu de transit des vins, soie, sels, houilles, blés, châtaignes, que les habitants de ces deux départements échangent avec ceux de la Loire, de la Haute-Loire, du Puy-de-Dôme, etc.

VILLEFRANCHE, sur la rive droite de l'Aveyron, chef-lieu d'arrondissement du département de ce nom, à 11 lieues S. de Rhodez. Population, 10,000 habitants. Elle fut fondée en 1252, et disputa longtemps à Rhodez le titre de capitale du Rouergue. Elle fut fortifiée au moyen âge, et eut beaucoup à souffrir pendant les guerres de religion. Elle fut le siège d'un présidial, et posséda pendant le XVIe siècle un hôtel des monnaies. Ce fut de 1779 à 1789 le siège de l'administration provinciale de la haute Guyenne. — On remarque à Villefranche sa belle cathédrale gothique ; elle a un cabinet de physique, une bibliothèque de 6,000 volumes, un tribunal de première instance, un collége et une société d'agriculture.

VILLEFRANCHE, chef-lieu d'arrondissement du département du Rhône, située dans une plaine, sur le Morgon, à une lieue environ de la Saône et 7 lieues et demie N.-O. de Lyon. Population, 7,300 habitants. Cette ville, fondée dans le XIe siècle, fut jadis la capitale du Beaujolais. Elle fut très-fortifiée. Villefranche a un tribunal de première instance et de commerce, un collége, une école normale primaire, une société royale d'agriculture. Elle avait avant la révolution une académie de belles-lettres. Villefranche fait un commerce considérable.

VILLEFRANCHE DE LAURAGUAIS, chef-lieu d'arrondissement du département de la Haute-Garonne, située près du canal du Midi, à 9 lieues S.-E. de Toulouse. Population, 2,800 habitants. Cette ville a un tribunal de première instance, une école modèle, une société d'agriculture. Elle est industrieuse.

VILLEFRANCHE, ville très-forte du département des Pyrénées-Orientales, sur la rive droite de la Tet, dans l'arrondissement et à une lieue de Prades. Elle est située dans une gorge étroite, entre deux hautes montagnes.

VILLEFRANCHE, ville des Etats sardes, avec un fort château et un grand port sur la Méditerranée, à une lieue S.-E. de Nice. Population, 6,000 habitants. Cette ville fait un commerce considérable en soie, vins, fruits, blés, huile, etc.

VILLEGAS (DON ESTEVAN-MANUEL), poëte espagnol, né en 1595, mort en 1669. On a de lui les *Erotiques*, réimprimées plusieurs fois.

VILLEGAS. Voy. QUEVEDO.

VILLEHARDOUIN (Geoffroy DE), chevalier, maréchal de Champagne, né en 1167 près d'Arcis-sur-Aube, fit partie de la quatrième croisade. Il assista à la prise de Constantinople, et fut nommé maréchal de Roumanie par Baudouin. Il continua à servir dans la terre sainte, et mourut en 1213. Sa famille jouit longtemps de grands honneurs dans l'empire grec. Nous avons de lui l'*Histoire de la conquête de Constantinople*, qui comprend tous les faits survenus de 1198 à 1207.

VILLENA (Henri, marquis DE), grand maître de l'ordre de Calatrava, né vers l'an 1380, mort en 1434, est mis au premier rang parmi les écrivains espagnols du XVe siècle. On a la *Gaie Science* ou *Victoire des troubadours*, les *Travaux d'Hercule*, des *Commentaires sur l'Eneide*, des *poésies*, etc.

VILLENEUVE-D'AGEN ou SUR-LOT, chef-lieu d'arrondissement du département de Lot-et-Garonne, sur le Lot, à 6 lieues et demie N.-N.-E. d'Agen. Population, 11,000 habitants. Cette ville conserve une partie de ses anciennes fortifications. Elle a un tribunal de première instance, un collége, une société d'agriculture et un dépôt royal, où se trouvent trente et un étalons. On y remarque son pont sur le Lot, dont l'arche principale a cinquante-cinq pieds de hauteur, cent sept pieds huit pouces d'ouverture, et seulement quatre pieds six pouces d'épaisseur.

VILLENEUVE-DE-BERG, chef-lieu de canton du département de l'Ardèche, dans l'arrondissement et à 6 lieues et demie S. de Privas. Population, 3,000 habitants. Fondée en 1284, elle fut à sa fondation ville royale et indépendante des états de sa province ; en 1646, Louis XIV y établit une cour présidiale. Elle devint plus tard le siège d'une maîtrise des eaux et forêts, et en 1780 son bailliage fut érigé en sénéchaussée. Cette ville est aujourd'hui sans importance.

VILLENEUVE-LE-ROI, chef-lieu de canton du département de l'Yonne, près de cette rivière, dans l'arrondissement et à 4 lieues et demie de Joigny. Population, 5,600 habitants. Cette ville fut autrefois très-forte. Les rois de France habitèrent fréquemment son château dans le XIIIe siècle. Philippe Auguste y assembla le parlement en 1904. On y remarque l'*église Notre-Dame*, beau monument d'architecture grecque et gothique.

VILLENEUVE-LÈS-AVIGNON, sur la rive droite du Rhône, chef-lieu de canton du département du Gard, dans l'arrondissement et à 8 lieues d'Uzès. Population, 7,300 habitants. Villeneuve est située vis-à-vis Avignon, dont le Rhône la sépare. Les deux villes communiquaient autrefois par le célèbre pont d'Avignon, dont il ne reste plus que quatre arches, de vingt-deux qu'il en avait. Villeneuve possède une chartreuse célèbre, une bibliothèque publique de 7,500 volumes.

VILLENEUVE (HUON DE), troubadour célèbre du règne de Philippe Auguste. Il a écrit plusieurs romans qui ont fait les délices de nos ancêtres. Ce sont *Renaud de Montauban*, *Guiot de Nanteuil*, *Aïe d'Avignon*.

VILLENEUVE (Hélion DE), grand maître de l'ordre de Saint-Jean de Jérusalem, qui résidait alors à Rhodes, fut élu en 1319. Il assembla un chapitre général à Montpellier, et ce fut dans cette assemblée qu'on divisa le corps de l'ordre en différentes langues ou nations, et que l'on attacha à chaque langue des dignités particulières et les commanderies de chaque nation. Il fortifia Rhodes, et fit différents règlements pour la réforme de l'ordre. On connaît sa sévérité à l'égard de Dieudonné de Gozon, qui avait combattu sans sa permission. Il mourut en 1346.

VILLENEUVE (N....) était officier de marine lorsque la révolution éclata. Il servit dans la plupart de nos campagnes maritimes ; il fut promu en 1804 au grade de vice-amiral, et fut chargé l'année suivante du commandement de l'escadre de Toulon. Commandant des forces françaises et espagnoles réunies dans la baie de Cadix, il résolut d'attaquer les Anglais près du cap Trafalgar ; vaincu et fait prisonnier, il se donna la mort pour ne pas survivre à sa défaite (1806).

VILLEROI, château du département de Seine-et-Oise, à 8 lieues de Paris et 2 de Corbeil. C'était avant la révolution le siége d'un duché-pairie érigé en 1661.

VILLERS-COTERETS, chef-lieu de canton du département de l'Aisne, dans l'arrondissement et à 7 lieues et demie de Soissons. Population, 3,200 habitants. Cette ville fut d'abord un château royal, qui fut détruit par les Anglais et reconstruit par François Ier. Une petite ville se forma autour ; elle est située au milieu de la forêt de Retz. Son château est devenu le dépôt de mendicité du département de la Seine.

VILLERS-EN-CAUCHIES, village du département du Nord, à 3 lieues de Cambray, célèbre par le combat qui s'y livra, le 24 avril 1794, entre les Français et les Anglais.

VILLETTE (LA), bourg du département de la Seine, au N. et sous les murs de Paris, à une lieue de Saint-Denis. Population, 2,500 habitants. La Villette a des entrepôts considérables de vins, eaux-de-vie, etc.

VILLETTE (Charles, marquis DE), né à Paris, épousa la nièce de Voltaire, et fut un de ses plus zélés admirateurs. Nommé membre de la convention nationale, il mourut le 10 juillet 1793. On a de lui des *poésies*, des *lettres*, etc.

VILLIA, loi romaine décrétée sous les auspices du tribun du peuple L. Villius, l'an 187 avant J.-C. Elle ordonna que l'on ne pourrait parvenir à la questure avant vingt-cinq ans, à l'édilité et au tribunat avant vingt-sept ou vingt-huit, à la préture avant trente, et au consulat avant quarante-trois.

VILLIERS DE L'ISLE-ADAM (Jean DE), d'une des plus anciennes et des plus illustres familles de France, s'engagea dans la faction du duc de Bourgogne, qui le fit maréchal de France. Devenu suspect à Henri V, roi d'Angleterre, il fut enfermé à la Bastille, dont il ne sortit qu'en 1422. Il rejoignit alors les drapeaux du duc de Bourgogne, sous lesquels il combattit jusqu'au traité d'Arras (1435). Le roi Charles VII le confirma dans son grade de maréchal, et le nomma gouverneur de Pontoise. Il fut tué à Bruges dans une sédition populaire en 1437.

VILLIERS DE L'ISLE-ADAM (Philippe DE), de la même famille que le précédent, né en 1464, fut élu en 1521 quarante-troisième grand maître de l'ordre de Saint-Jean de Jérusalem. Instruit des préparatifs que le sultan Soliman faisait contre Rhodes, il s'y rendit à la hâte, et travailla à mettre cette place en état de défense. En 1522, Soliman vint assiéger la ville à la tête de 200,000 hommes. Le grand maître, avec 600 chevaliers et 4 à 5,000 soldats, soutint un siége de cinq mois ; enfin, après la plus héroïque résistance, il se rendit aux conditions les plus honorables. Après avoir erré avec ses chevaliers pendant huit ans, il reçut de Charles-Quint Malte et les îles voisines. Il mourut en 1534.

VILLIERS (Jacques-François DE), né à Saint-Maixent en Poitou, embrassa la profession de la médecine en 1757, et devint médecin des armées du roi et médecin de l'école royale vétérinaire. On lui doit un grand nombre d'articles de chimie pour les volumes 5, 6 et 7 de l'*Encyclopédie*. Il a aussi donné la collection des fourneaux, vaisseaux et instruments. Il est mort vers la fin du xviiie siècle.

VILLINGEN, chef-lieu du cercle du Danube (Bade), à 28 lieues S. de Carlsruhe. Cette ville a 3,800 habitants. On y trouve de nombreuses sources d'eaux thermales.

VILLON, un des plus anciens poëtes français, né à Paris, mena une vie fort déréglée. Il fut condamné à être pendu pour vol; cette peine ayant été commuée en bannissement, il se retira en Bretagne. De nouveaux larcins le remirent entre les mains de la justice. On ignore l'époque et la manière de sa mort. Ses vers sont badins, vifs, originaux; on estime surtout les *Repues franches*.

VILNA, gouvernement de la Russie d'Europe, dans l'ancienne Lithuanie. Il est borné au N. par la Courlande et le gouvernement de Vitepsk, à l'E. par celui de Smolensk, au S. par celui de Grodno. Il a 1,800 lieues carrées et 1,450,000 habitants. Il est divisé en douze districts: *Chavli*, *Kovno*, *Ochmiana*, *Ponéviéej*, *Rossienna*, *Sventriany*, *Telch*, *Vidzy*, *Volkmir* et *Vilna*. Ce fut une des provinces qui échurent à la Russie lors du partage de la Pologne en 1793. — C'est un pays en général plat, marécageux, parsemé de lacs; le sol est très-fertile, et forme la richesse des habitants. La capitale est VILNA.

VILNA, ville de Russie, chef-lieu du gouvernement de même nom. Cette ville, fondée en 1305, fut jadis capitale du grand-duché de Lithuanie. Située au confluent de la Vilïia et de la Vilika, à 180 lieues O. de Moscou, 72 lieues E. de Kœnigsberg, elle a 25,000 habitants, plusieurs églises catholiques, grecques, luthériennes, calvinistes, et une mosquée pour les Tatars. C'est le siége d'un évêque catholique et d'un évêque grec. Elle avait une université qui a été récemment supprimée. Vilna fait un commerce considérable.

VIMAIRE se dit des dégâts causés dans les forêts par les ouragans.

VIMINAL, une des sept collines sur lesquelles Rome était bâtie, était située dans la partie orientale de la ville, entre le Quirinal et l'Esquilin. Elle reçut son nom, dit-on, des osiers (en latin, *vimina*) qui y croissaient en abondance. Jupiter y avait un temple; d'où lui venait le surnom de *Viminal*.

VIN, nom donné spécialement au produit de la fermentation du moût de raisin. Les *vins rouges* sont formés principalement d'eau, d'alcool, d'un peu de mucilage et de matière végéto-animale, d'un atome de tanin, d'un principe colorant bleu, passant au rouge par son union avec les acides, d'acide acétique, de tartrate acide de potasse, et d'autres sels en proportion variable. Les *vins blancs* sont préparés avec les raisins blancs, ou bien avec le moût des raisins noirs, privés de l'enveloppe de leurs grains. Leur composition diffère de peu des précédents. Les *vins mousseux* doivent cette propriété au gaz acide carbonique qu'ils tiennent en dissolution. Les *vins sucrés* sont obtenus avec des raisins dont le moût contient une forte proportion de sucre. Les *vins cuits* s'obtiennent en faisant évaporer jusqu'à consistance sirupeuse une portion du moût de raisin et en la mêlant avec l'autre portion de moût qui n'a pas encore fermenté. On connaît l'usage des vins dans l'économie domestique. Les médecins les regardent comme toniques et excitants.

VIN. On a étendu ce nom à une infinité de boissons et de préparations médicinales qui n'ont souvent aucun rapport avec le vin ordinaire. Ainsi l'on dit du *vin de groseille*. Les médecins nomment *vin antiscorbutique* un liquide préparé avec du vin blanc, les racines de raifort sauvage et de bardane, les feuilles récentes de cochléaria, de cresson, de fumeterre, les graines de moutarde, l'hydrochlorate d'ammoniaque, etc. Il est tonique et dépuratif. — Le *vin médicinal* est du vin tenant en dissolution un ou plusieurs médicaments. — Le *vin de quinquina* s'obtient en faisant macérer du quinquina dans du vin rouge. Il est fébrifuge et stomachique. — Le *vin scillitique* s'obtient en faisant macérer à froid des squammes de scille dans du vin blanc d'Espagne. Il est diurétique.

VINAIGRE, liquide obtenu par la fermentation acide du vin. Le *vinaigre rouge* provient du vin rouge. Ses principaux éléments sont l'eau et l'acide acétique. Lorsqu'on le chauffe dans des vaisseaux clos, on obtient le *vinaigre distillé*, toujours incolore. Le *vinaigre blanc* se prépare avec le vin blanc ou avec le vin rouge que l'on a laissé aigrir sur le marc des raisins blancs. — On connaît les usages de ce liquide. En médecine, on l'emploie comme rafraîchissant et tonique, quand il est étendu de beaucoup d'eau.

VINAIGRE DE BOIS, acide acétique obtenu par la distillation du bois.

VINAIGRE DE CIDRE, vinaigre obtenu avec le cidre, différant peu de celui du vin.

VINAIGRE DES QUATRE VOLEURS, liquide obtenu par macération avec les sommités sèches de grande et de petite absinthe, de romarin, de sauge, de menthe et de rue, les fleurs de lavande sèches, l'ail, la racine d'*acorus verus*, la cannelle fine, la noix muscade, le vinaigre rouge et le camphre dissous par l'alcool. Il est antiseptique et désinfectant.

VINAIGRE MÉDICINAL, vinaigre que l'on a fait macérer sur une ou plusieurs substances médicamenteuses.

VINAIGRE RADICAL, nom donné à l'acide acétique concentré, obtenu par la décomposition de l'acétate de cuivre cristallisé.

VINAIGRE ROSAT, vinaigre obtenu par la macération avec les roses rouges, mondées de leurs calices et bien sèches, le vinaigre blanc et l'alcool. Il est astringent.

VINAIGRE SCILLITIQUE, liquide obtenu en faisant macérer les squammes de scille sèches dans le vinaigre blanc de bonne qualité. On l'emploie comme apéritif dans l'hydropisie passive.

VINALIES, fêtes que les Romains célébraient deux fois l'année, l'une au mois d'avril en l'honneur de Vénus, et l'autre au mois d'août en l'honneur de Jupiter.

VINASSES, liquides obtenus des vins qui ont servi à la distillation, dans le but de se procurer de l'alcool. Ils exhalent en général une odeur désagréable.

VINCENNES, bourg du département de la Seine, chef-lieu de canton, à une lieue E. de Paris, à 3 lieues un quart de Sceaux. Population, 2,884 habitants. Il est remarquable par son bois magnifique, qui paraît exister depuis le ve siècle. Saint Louis rendait la justice sous un chêne de ce bois. Il est entouré de murailles. Philippe de Valois y jeta en 1339 les fondements du château actuel, qui fut terminé sous Charles V. Louis XI transforma ce séjour royal en prison d'État, et cette destination lui est restée jusqu'en 1784. Le grand Condé, Diderot, Mirabeau y furent renfermés; Napoléon l'érigea de nouveau en prison d'État. C'est dans les fossés du château que le duc d'Enghien fut fusillé et inhumé en 1804. En 1813, le château devint forteresse. Le général Daumesnil la conserva sur les alliés. Le château de Vincennes sert aujourd'hui de dépôt d'artillerie. Ses fortifications sont considérables.

VINCENT DE SARAGOSSE (Saint), diacre et martyr, né à Saragosse, fut arrêté en 303 par ordre de Dacien, gouverneur de la province de Tarragone, avec l'évêque Valère. Ce dernier fut exilé, et les plus cruels tourments furent réservés au diacre Vincent, qui les souffrit avec fermeté et sans se plaindre. On fait sa fête le 22 janvier.

VINCENT DE LÉRINS (Saint), Gaulois de naissance, porta les armes dans sa jeunesse, et se retira ensuite dans un monastère de Lérins. Fait prêtre, il mourut sous le règne des empereurs Théodose et Valentinien III. On fait sa fête le 24 mai. Il composa en 434 un petit ouvrage contre les hérésies, intitulé *Commonitorium peregrini* (avertissement du pèlerin). Cet ouvrage est estimé.

VINCENT FERRIER (Saint), né à Valence en 1357, entra dans l'ordre des dominicains en 1374. Après avoir enseigné la philosophie dans son couvent, il se livra avec ardeur à la prédication, et parcourut l'Espagne, la France, l'Italie, l'Allemagne, la Grande-Bretagne, faisant un grand nombre de conversions. Il mourut en 1419. On fait sa fête le 5 avril. Il a laissé quelques ouvrages.

VINCENT DE PAULE (Saint), né à Pouy (Landes), fit des études soignées, et fut reçu prêtre en 1600. Étant allé à Marseille pour recueillir une succession, il fut pris par des pirates et conduit à Tunis, où il fut fait esclave. Il parvint à se sauver, et revint en France en 1607. Nommé en 1610 aumônier de Marguerite de Valois, il se chargea de l'éducation des fils du comte de Gondy. Il conçut l'idée des missions religieuses, et les mit à exécution avec tant d'éclat, que Louis XIII le fit aumônier général des galères. Il visita souvent les galériens, leur prodiguant des consolations et les secours de la religion. On dit même qu'il prit la place d'un forçat dont le désespoir l'avait vivement ému. On lui doit la fondation des hôpitaux de Bicêtre, de la Salpêtrière, de la Pitié, celui de Marseille pour les forçats, et celui des Enfants-Trouvés. Il institua en 1625 la congrégation de la mission. Appelé au conseil des affaires ecclésiastiques, il mourut en 1660. On fait sa fête le 9 juillet.

VINCENT (François-André), peintre d'histoire, né à Paris en 1746, mourut en 1816. On a de lui plusieurs tableaux estimés; entre autres *le Président Molé saisi par des factieux*.

VINCENT (François-Nicolas), né à Paris, était clerc d'avocat à l'époque de la révolution, dont il embrassa avec ardeur les principes. En 1792, il fut nommé chef des bureaux du ministère de la guerre, puis secrétaire général du même département. Il devint un des chefs les plus marquants des cordeliers. Arrêté en 1793 comme auteur des déroutes des républicains en Vendée, il recouvra la liberté en 1794, grâce à l'ascendant de Danton. S'étant rallié à la faction des hébertistes, il succomba avec elle. Arrêté avec ses complices, il fut conduit devant le tribunal révolutionnaire et condamné à mort en 1794, à l'âge de vingt-sept ans.

VINCENT (ILE DE SAINT-), une des petites Antilles, à 10 lieues au S. de Sainte-Lucie, à l'O. de la Barbade, découverte par Colomb. Elle a 8 lieues de long sur 5 à 7 de largeur. Le sol est montueux, mais d'une grande fertilité. On en retire de la canne à sucre, du café, du tabac, du coton, du cacao, de l'indigo, etc. La population est d'environ 30,000 individus, dont 25,000 esclaves. Sa capitale est KINGSTON, au fond d'une baie de la côte S.-O., avec 8,000 habitants. — Saint-Vincent fut occupée par les Français, puis livrée par eux aux Anglais en 1783. On trouve dans cette île des habitants de race caraïbe.

VINCENT (SAINT-), une des îles du Cap-Vert. Elle a 4 à 5 lieues de superficie. Elle est inhabitée, et l'on pêche sur ses côtes des tortues.

VINCENT (CAP SAINT-), cap qui forme la pointe S.-O. du Portugal.

VINCI (Léonard DE); peintre célèbre, né au château de Vinci, près de Florence, en 1452, fut aussi distingué dans son art que dans les sciences exactes. Louis Sforza, duc de Milan, l'appela dans cette ville en 1493, et lui donna le titre de directeur de l'académie d'architecture qu'il venait d'établir. Venu en France, il mourut entre les bras de François I*er* en 1519. Il était mécanicien, architecte, peintre, mathématicien, etc. Son plus célèbre tableau est la *Cène de Jésus-Christ*. Il a laissé un *Traité de la peinture* et d'autres ouvrages sur cet art.

VINDAS. C'est, en mécanique, un tour ou treuil dont l'axe est perpendiculaire à l'horizon. Sur le vindas s'enveloppe un câble; on le fait tourner avec des leviers que des hommes poussent, et il sert à tirer de gros fardeaux.

VINDÉLICIE, contrée de l'ancienne Europe, dans la Germanie, bornée au N. par le Danube, au S. par la Rhétie. On appelait *Vindéliciens* les peuples qui l'habitaient. AUGSBOURG (*Augusta-Vindelicorum*) était leur capitale. La Vindélicie forme aujourd'hui une partie de la Souabe et de la Bavière.

VINDEX (Julius), procurateur de la Gaule transalpine, se révolta contre Néron l'an 67 de J.-C. Vaincu par les généraux de cet empereur, il se tua l'an 68 de J.-C.

VINETIER. Voy. ÉPINE-VINETTE.

VINGT, nombre qui suit 19 et précède 21. Il se compose de 2 dizaines, et se marque ainsi 20.—Pour les QUINZE-VINGTS, voy. ce mot.

VINIFÈRES, famille de plantes, appelée aussi *ampélidées* et *vitisées*. Elle renferme des arbrisseaux sarmenteux et volubiles, à feuilles alternes, souvent découpées, aux fleurs petites, verdâtres, peu visibles et formant des grappes assez longues. La *vigne* et le *cissus* sont les principaux genres.

VINIUS (Titus), ami de Galba, fut fait consul en 69 de J.-C., puis commandant des gardes prétoriennes et premier ministre de l'empereur. Il commit de nombreuses déprédations. Othon le fit mettre à mort.

VIOLACÉ (méd.), épithète donnée à la couleur qui tire sur le violet. Cette nuance existe dans certaines maladies, comme les affections de cœur.

VIOLACÉES ou **VIOLÉES**, famille naturelle renfermant des plantes herbacées ou des sous-arbrisseaux à feuilles généralement alternes, simples ou lobées; aux fleurs à cinq pétales, le plus souvent inégaux, pédonculées. Le type de cette famille est le genre *violette*.

VIOLAT, mot usité dans ces deux phrases: *sirop violat*, qui désigne le sirop fait avec des violettes, et *miel violat*, le miel où l'on a fait infuser des violettes.

VIOLE, famille d'instruments de musique à cordes et à archet, autrefois fort en usage. Elle était divisée en plusieurs espèces qu'on appelait *par-dessus* ou *dessus de viole*, *viole* proprement dite, *viole bâtarde*, *basse de viole* et *violones*. La basse de viole, appelée par les Italiens *viola da gamba*, était montée de six ou sept cordes, accordées ordinairement en accord parfait. Elle jouait avec les violones (remplacées aujourd'hui par les contre-basses) la basse des compositions dont le dessus de viole et les violes jouaient les parties supérieures. — On nomme aujourd'hui *viole* l'instrument appelé aussi *quinte* et *alto*.

VIOLE D'AMOUR, instrument à archet, monté de sept cordes accordées en accord parfait de *ré* majeur. Il y a en outre sous la touche et sous le chevalet cinq à six cordes de métal qui vibrent lorsqu'on joue à vide les autres cordes. Les sons de cet instrument sont très-doux, et ont quelque rapport avec ceux de l'harmonica. Cet instrument est très-peu en usage.

VIOLET, nom donné à l'un des sept rayons colorés dont se compose un rayon lumineux. Il occupe une des extrémités du spectre solaire.

VIOLETTE, genre de la famille des violacées, renfermant des plantes propres aux climats tempérés et septentrionaux de l'un et l'autre hémisphère. La *violette à bouquets* ou *odorante* est vivace; ses touffes sont assez grandes, ses fleurs répandent le plus doux parfum; la culture est parvenue à les doubler; la *violette de Parme* est une variété d'un bleu clair. La violette est le symbole de l'innocence, de la modestie et de la pudeur. Sous la restauration, les partisans de l'empereur déchu en avaient fait un signe de ralliement. La médecine emploie ses fleurs comme pectorales et adoucissantes. Les racines sont émétiques.

VIOLETTE (SIROP DE), sirop préparé avec du sucre blanc et une infusion de fleurs de violettes mondées et récentes. La médecine l'emploie comme adoucissant. Les chimistes s'en servent pour déceler la présence des alcalis, lesquels ont la propriété de le verdir.

VIOLIER. Voy. GIROFLÉE.

VIOLON, instrument de musique à cordes et à archet. Le violon a quatre cordes accordées de quinte en quinte (*mi, la, ré, sol*). Elles sont en boyau. Le *sol* est filé en laiton. L'étendue d'un violon est de six octaves environ. Cet instrument est le fondement des orchestres. On écrit la musique destinée au violon sur la clef de sol. Les plus fameux violonistes sont Corelli, Tartini, Pugnani, Viotti, Rode, Kreutzer, Baillot, de Bériot, Paganini, Haumann, etc.

VIOLONCELLE, instrument à cordes et à archet, qui sert de basse au violon. Il est monté de quatre cordes, accordées *la, ré, sol, ut*. Il joue ordinairement sur la clef de *fa*. C'est un des instruments les plus beaux et les plus utiles de l'orchestre. On le nomme vulgairement *basse*. Batta et Franchomme sont les plus fameux violoncellistes de notre époque.

VIOLONE, instrument de grande dimension, qui servait autrefois de contre-basse aux différentes espèces de violes.

VIORNE, genre de la famille des caprifoliacées, renfermant des arbrisseaux à feuilles opposées, pétiolées, aux fleurs variant du blanc au rose, d'un aspect agréable. La *viorne obier* ou *boule de neige* a des fleurs blanches roulées comme des pelotes, et pendantes au sommet des rameaux; les fruits sont de petites baies rouges. On cultive encore la *viorne laurier-tin* et la *viorne commune*.

VIOT (Marie-Anne-Henriette PAYAN DE L'ESTANG), née à Dresde en 1746, cultiva les belles-lettres avec succès, et mourut vers 1800. Elle a composé un grand nombre d'ouvrages poétiques, des odes, des romances.

VIOTTI, célèbre violoniste, né en 1755 à Fontaneto, près de Turin, fut l'élève de Pugnani. Venu à Paris, il eut la direction du Théâtre-Italien, où il fit de mauvaises affaires. En 1819, il obtint celle de l'Opéra, et mourut en 1824. Ses concerts lui ont fait une grande réputation. Il a porté l'école du violon au plus haut degré de perfection. Ses œuvres comme compositeur renferment vingt-neuf concertos pour violon, trente-six duos, vingt-trois trios, dix-sept quatuor, etc.

VIPÈRE, genre de reptiles ophidiens de la tribu des serpents venimeux. La *vipère commune* est longue d'un pied et demi à deux pieds; son corps est cylindrique, écailleux, gros d'un pouce environ; sa couleur générale est brune et roussâtre, quelquefois d'un gris cendré, avec une ligne noire sur le dos, et des taches noires sur les flancs; le dessous du corps est d'une teinte gris d'ardoise; certains individus sont presque noirs; la tête est un peu allongée, déprimée, presque triangulaire, plus large que le corps, couverte de petites écailles; la langue est fourchue, molle, extensible; les dents sont aiguës; les crochets à venin sont recourbés en arrière, placés au-devant de la mâchoire supérieure. La vipère habite l'Europe méridionale et tempérée, et vit de petits animaux. Elle cause souvent des accidents très-graves à la suite de ses morsures. On faisait jadis entrer cet animal dans la thériaque et autres préparations.

VIPÉRINE, genre de la famille des borraginées, renfermant des plantes herbacées ou frutescentes, à feuilles alternes, rudes au toucher, et aux fleurs disposées en épis. Cette plante est adoucissante.

VIPSANIE AGRIPPINE, fille de M. Vipsanius Agrippa, épousa Tibère, dont elle eut Drusus, et, après avoir été répudiée par ce prince, Asinius Gallus. On ignore l'époque de sa mort.

VIRBIUS (c'est-à-dire, en latin, *celui qui est né deux fois*), nom que prit Hippolyte, selon la fable, lorsque Esculape l'eut rappelé à la vie.

VIRE, rivière de France, prend sa source dans la chaîne Armorique, sur les confins du département du Calvados, traverse la partie S.-O. de ce département, passe à Vire, entre près de Pont-Fancy dans celui de la Manche, et, allant du S. au N., passe à Saint-Lô et se jette dans la Manche. La Vire est navigable 11,000 mètres en aval de Saint-Lô. Le total de la navigation est de 18,000 mètres. Ses principaux affluents sont l'*Aure* et la *Douve*.

VIRE, chef-lieu d'arrondissement du département du Calvados, situé sur la rivière du même nom, à 16 lieues et demie S.-O. de Caen. Population, 8,600 habitants. Cette ville fut autrefois importante, et fut assiégée par les Bretons, les Français et les Anglais successivement. Vire possède un tribunal de première instance et de commerce, un collège, une bibliothèque de 6,000 volumes, des hospices, un conseil de prud'hommes, une chambre de manufactures. C'est une ville fort industrieuse; elle a des fabriques de toiles, draps, serges et papiers.

VIRELAI, petit poëme français autrefois en usage. Le virelai tournait sur deux rimes seulement, dont la première devait dominer dans toute la pièce; l'autre ne revenait que de temps en temps. Le premier ou même les deux premiers vers du virelai se répétaient en forme de refrain. Ce poëme n'est plus usité.

VIREMENT se dit, en marine, d'un vaisseau qui tourne sur lui-même. On dit *virement d'eau* pour le retour de marée. En termes de banque et de commerce, l'expression *virement de parties* signifie le transport d'une dette active de certaine valeur fait à un créancier à qui l'on doit une somme de pareille valeur.

VIRER, terme de marine, synonyme de *tourner*. *Virer au cabestan*, c'est tourner un vaisseau qui est amuré d'un bord au plus près, de telle manière qu'il puisse être amuré de l'autre. C'est aussi faire tourner les barres du cabestan. — *Virer de bord*, c'est changer de route en mettant au vent un côté du vaisseau pour l'autre; *virer vent arrière*, c'est tourner un vaisseau en lui faisant prendre vent arrière; le contraire est *virer vent devant*.

VIREUX, épithète des substances malfaisantes et nauséabondes.

VIREVEAU, terme de marine, machine pour lever l'ancre ou des fardeaux. C'est aussi un morceau de bois pour s'aider à tourner de grosses cordes.

VIRGAIRE, chantre de l'Eglise romaine.

VIRGILE (Publius Virgilius Maro), surnommé *le Prince des poëtes latins*, naquit à Andès près de Mantoue, l'an 70 avant J.-C., d'une famille obscure et pauvre. Il publia d'abord ses *Bucoliques*, églogues pastorales, qui rendirent son nom célèbre. Auguste fut au nombre de ses admirateurs. Il écrivit ensuite les *Géorgiques*, en quatre chants, poëme sur les travaux de l'agriculture; et l'*Enéide*, qu'il mit onze ans à composer. La mort l'empêcha d'y mettre la dernière main (l'an 19 avant J.-C.). Il avait ordonné, en mourant, de brûler son poëme; mais cet ordre ne fut pas exécuté. La traduction la plus estimée de Virgile est celle de l'abbé Delille.

VIRGINIA, famille patricienne de Rome. Sa principale branche fut celle des Tricostus.

VIRGINIE, fille du centurion Virginius. Le décemvir Appius Claudius en devint éperdument amoureux, et ordonna qu'elle fût remise à une de ses créatures, Marcus Claudius, avec lequel il s'entendait. Virginius, averti de cet attentat, accourut à Rome, et, pour sauver l'honneur de sa fille, lui plongea un poignard dans le sein (449 avant J.-C.).

VIRGINIE, un des Etats unis de l'Amérique du Nord, borné au N. par le Maryland et la Pennsylvanie, à l'E. par l'Océan, au S. par la Caroline, à l'O. par le Kentucky. Il est traversé par les Apalaches, qui le divisent en *haut* et *bas*. Le climat est varié ; les hivers sont rigoureux. Le sol est fertile et produit des grains, du tabac, des arbres de toute espèce. La population de la Virginie est de 1,000,000 et demi d'habitants. Sa superficie est de 8,700 lieues carrées. On retire de la Virginie des bois, des grains, de l'or, du fer et du plomb. Cet Etat est l'un des treize Etats primitifs. Il se divise en cent dix comtés. — Son gouvernement se compose d'un sénat et d'une chambre de représentants. La capitale est RICHMOND.

VIRGINIUS (Lucius), centurion romain, était à l'armée lorsque, ayant appris les tentatives criminelles du décemvir Appius Claudius contre sa fille Virginie, il revint à Rome en toute hâte, et poignarda sa fille, ne voyant pas d'autre moyen de l'arracher au déshonneur. Il repartit aussitôt pour le camp, y raconta son crime, souleva les soldats, et les conduisit à Rome, où le peuple se joignit à lui, et abolit les décemvirs (449 ans avant J.-C.). Virginius fut dans la suite tribun du peuple.

VIRGINIUS (Titus), célèbre général romain, se signala en Germanie et contre Vindex, qu'il défit. Les soldats lui offrirent deux fois la pourpre, qu'il eut le courage de refuser. Il mourut en 97 de J.-C.

VIRGO MAXIMA (c'est-à-dire *la très-grande vierge*), la plus âgée et la supérieure des vestales romaines. Toutes les autres étaient tenues de lui obéir.

VIRGULE, petit signe ainsi formé (,), dont on se sert dans la ponctuation d'un discours, pour séparer les mots ou les membres d'une période.

VIRIATE, chef lusitanien, fut d'abord berger, chef de bandits, puis soldat. Il se mit à la tête d'une armée nombreuse pour délivrer sa patrie du joug des Romains (148 avant J.-C.), battit Vetilius, Plautius, Claudius Unimanus. Les Romains alarmés envoyèrent contre lui Q. Fabius Maximus, qui laissa écouler l'année de son consulat sans obtenir de grands avantages. Son successeur, Q. Fabius Servilianus, fut vaincu, et le sénat se vit forcé de faire la paix avec Viriate, qui fut reconnu l'allié et l'ami du peuple romain (141). On ignore les bornes des nouveaux domaines de ce chef ; mais il paraît qu'ils étaient assez étendus. Les Romains rompirent bientôt leur traité (140). Q. Servilius Cæpion fut chargé de la guerre; mais, désespérant de le vaincre, il le fit assassiner par ses esclaves. Viriate se distinguait par son intégrité, sa simplicité et son amour de la justice.

VIRILITÉ, âge qui succède à l'adolescence, et dans lequel le corps a atteint toute sa perfection. Il est synonyme d'*âge adulte*.

VIRIPLACA (myth.), déesse romaine qui présidait au raccommodement des époux brouillés avec leurs femmes. Elle avait un temple sur le mont Palatin.

VIROLE, petit cercle de fer ou de tout autre métal qu'on met au bout d'une canne ou de tout autre objet pour le retenir, lui donner de la force.

VIRTUOSE, nom donné aux personnes qui ont des talents pour les beaux-arts.

VIRULENT, épithète qui s'applique aux maladies dues à un virus qui est constamment reproduit pendant leur cours.

VIRUS, mot latin qui signifie *poison*, et qu'on emploie, en médecine, pour désigner l'agent de la contagion. Il paraît être le résultat d'une sécrétion morbide accidentelle. Toutes les maladies contagieuses sont dues à la communication d'un virus d'une personne malade à une personne saine.

VIS, cylindre de bois ou de métal, cannelé en ligne spirale (cette spirale se nomme le *filet* de la vis), et destiné à tourner dans un cylindre concave, nommé *écrou* ou *vis concave*, sur la face antérieure duquel on a pratiqué une cavité en spirale, correspondant exactement au filet de la vis, et dans laquelle le filet se meut en faisant continuellement tourner la vis dans le même sens. — On nomme *vis sans fin* une vis dont les pas engrènent dans une roue dentée, et qui est tellement fixée entre deux points qu'elle ne peut avancer ni reculer comme les vis ordinaires, en tournant sur son axe ; *vis d'Archimède*, une vis qui consiste en un tube ou canal creux qui tourne autour d'un cylindre de la même manière que le cordon spiral dans la vis ordinaire ; un orifice du canal plonge dans un liquide ; quand on fait tourner la vis, le liquide s'élève par le tube, et se décharge par l'orifice supérieur ; cette vis sert à élever les eaux ; *vis micrométrique*, un appareil destiné à mesurer de très-petits espaces ; *vis ailée*, une vis qui a une platine pour la tourner avec les doigts ; *vis de rappel*, une vis fixée par les deux extrémités, laquelle tourne sur son pivot et son embase avec une noix qui monte et qui descend.

VISA (mot latin qui signifie *choses vues*), formule qui se met sur un acte, et qui doit être signée par celui-là même dont la signature rend l'acte authentique, en sorte qu'il ne serait pas en forme si ce visa n'y était point. — En matière bénéficiale, on appelait ainsi un acte par lequel un évêque conférait un bénéfice à charge d'âmes à celui qui lui était présenté par le patron du bénéfice.

VISCÉRAL, ce qui a rapport ou appartient aux viscères. — On nomme *cavité viscérale* la cavité qui contient les viscères.

VISCÈRES, nom sous lequel on comprend les divers organes d'une texture plus ou moins compliquée, qui sont renfermés dans les grandes cavités du corps, et qui concourent essentiellement à l'entretien de la vie. L'estomac, le cœur, les poumons, le foie, la rate, les intestins, etc., sont des viscères.

VISCONTI, famille italienne célèbre par le rôle politique qu'elle a joué à Milan. Le premier personnage illustre de cette famille est MATFÉO Ier VISCONTI, qui reçut en 1312 le titre de gouverneur impérial de Milan, qu'il échangea bientôt contre celui de seigneur de Milan. Il eut pour successeur en 1322 son fils GALÉAS VISCONTI, puis son petit-fils AZZO VISCONTI, mort en 1329. LUCHINO lui succéda, agrandit les possessions de la famille, et laissa le titre de seigneur à son frère GIOVANNI VISCONTI, archevêque de Milan, qui soumit Gênes et protégea les arts et les sciences. Après sa mort (1354), ses trois neveux, MATFÉO II, BARNABA et GALÉAS II, lui succédèrent en commun. Matféo et Galéas étant morts, JEAN-GALÉAS, fils du deuxième, enferma son oncle Barnaba dans un château, et régna seul. Elevé à la dignité ducale en 1375, il soumit Pise, Sienne, Pérouse, Padoue et Bologne. Il mourut en 1404, laissant trois fils, GIAMERIA, GABRIEL, et PHILIPPE-MARIE, qui, par leur mésintelligence, se virent enlever la plupart des villes conquises. Giameria ayant été assassiné en 1412, et Gabriel étant mort, Philippe-Marie régna seul, et mourut en 1447. Son gendre François Sforza lui succéda. — Jean-Galéas avait eu de son mariage avec Isabelle de France une fille unique, Valentine, mariée à Louis, duc d'Orléans, qui devait succéder au duché de Milan après l'extinction de la famille masculine des Visconti. En 1447, le duc d'Orléans réclama le Milanais, comme l'héritage de sa mère. Telle fut la source des guerres des Français en Italie.

VISCONTI (Ennio-Quirino), célèbre archéologue, né à Rome en 1751, devint sous-bibliothécaire du Vatican. En 1787, il était conservateur du musée Capitolin. Lorsque les Français, commandés par Berthier, arrivèrent à Rome, Visconti fut nommé ministre de l'intérieur par le gouvernement provisoire. En 1798, il devint l'un des consuls. Attaché de sort des républicains, il quitta Rome en 1799, et vint en France. Nommé professeur d'archéologie et conservateur du musée des antiques et des tableaux du Louvre, il devint membre de l'Institut en 1804. Il mourut en 1812. On a de lui l'*Iconographie grecque* et l'*Iconographie romaine*.

VISDELOU (Claude DE), né en Bretagne en 1656, entra dans l'ordre des jésuites, et fut envoyé à la Chine en 1685 avec plusieurs autres missionnaires. Il acquit de grandes connaissances sur la langue et la littérature chinoises. Il fut fait vicaire apostolique en 1708. Il mourut dans l'Inde en 1737. On a de lui des manuscrits, l'*Histoire de la Chine*, une *Vie de Confucius*, etc.

VISÉ (Jean DONNEAU, sieur DE), poëte français, né à Paris en 1640, mourut en 1710. Il a écrit de 1672 à l'année de sa mort un ouvrage périodique sous le titre de *Mercure galant* (488 volumes), plusieurs comédies, des *Mémoires* sur le règne de Louis XIV, depuis 1688 jusqu'en 1688.

VISHNOU, un des grands dieux de la première classe dans la théologie des bramines indiens. Il vient immédiatement après Brama et avant Buddiren.

VISIÈRE. On appelait autrefois ainsi la pièce du casque qui se haussait et qui se baissait, et à travers laquelle le chevalier voyait et respirait. *Rompre en visière* se disait quand un chevalier rompait sa lance dans la visière de celui contre qui il courait. — *Visière* se dit encore d'une rainure ou d'un petit bouton de métal qui se met au bout du canon d'un fusil pour conduire l'œil.

VISIGOTHS. Voy. WISIGOTHS.

VISION, action de voir, sensation spéciale produite sur l'œil par suite de l'impression des rayons lumineux.—En théologie, ce mot désigne 1° les diverses manières dont Dieu s'est manifesté aux patriarches, aux prophètes et aux saints; 2° les prophéties écrites. La *vision béatifique* est l'action par laquelle les bienheureux voient Dieu dans le ciel.

VISIR. Voy. VIZIR.

VISITANDINES, ordre de religieuses fondé par saint François de Sales et la baronne de Chantal, à Annecy, en 1520, dans le but de consoler et de soulager les pauvres malades. Les institutions de l'ordre les dispensaient des jeûnes rigoureux et des offices nocturnes. Cet ordre se répandit dans toute la France. Il a peu à peu fini par s'éteindre. Le costume de ces religieuses était un habit noir, un voile d'étamine sans bordure, un bandeau noir au front, une barbette de toile au lieu de guimpe, et une croix d'argent sur la poitrine. — On connaît l'opéra de Picard, intitulé *les Visitandines*.

VISITATION, fête catholique instituée en mémoire de la visite que la sainte Vierge rendit à sainte Elisabeth. Cette dernière, en voyant Marie, lui dit : « Vous êtes bénie entre toutes les femmes, et le fruit de vos entrailles est béni. » Ce fut alors que Marie prononça ce sublime cantique que nous appelons le *Magnificat*. Cette fête a été instituée par saint Bonaventure en 1263, et sanctionnée par Urbain VI et Bonifice IX. On la célèbre le 2 juillet.

VISITATION (ORDRE DE LA). Voy. VISITANDINES.

VISNAGE, espèce du genre *ammi*. Les Espagnols et les Orientaux se nettoient les dents avec les rayons détachés des ombelles de cette plante.

VISORIUM, terme d'imprimerie. C'est une petite planche de bois, large de trois doigts, longue environ d'un pied, et terminée à l'extrémité inférieure par une espèce de talon au bout duquel est une fiche de fer pointue qui lui sert de pied ou de point d'appui, destinée à entrer dans différents trous faits sur le rebord de la casse, où il se place à la volonté du compositeur. Le visorium sert à porter la copie.

VISTULE (en allemand, *Weichsel*; en polonais, *Visla*), fleuve considérable d'Europe, prend sa source dans les monts Krapacks, sur les limites de la Moravie et de la Gallicie. Il arrose la frontière de la Silésie prussienne et de l'empire autrichien, sépare ensuite la Gallicie de la république de Cracovie et de la Pologne, entre dans cette dernière près de Sandomir, et en sort pour parcourir le grand-duché de Posen et la Prusse occidentale. Au-dessous de Marienwerder, à Montau, il se divise en deux bras : l'oriental, nommé *Nogal*, se rend dans le Frische-Haff, en baignant Marienbourg; l'occidental continue à porter le nom de Vistule; celui-ci se subdivise encore en deux branches, dont l'orientale entre aussi dans le Frische-Haff, tandis que l'occidentale, passant par Dantzick, se jette dans la Baltique. La Vistule arrose Cracovie, Varsovie, Sandomir, Plock, etc. Ses principaux affluents sont le *Biala*, le *Dunajec*, la *Visloka*, le *San*, le *Bug*, le *Wieprz*, la *Pilica*, la *Bzura*, la *Narew*, la *Drewenz*, la *Nida*. Elle est navigable dans presque tout son cours.

VISUEL, ce qui appartient à la vue. On nomme *rayon visuel* une ligne de lumière que l'on suppose venir d'un objet jusqu'à l'œil. En perspective, on appelle *point visuel* un point sur la ligne horizontale et dans lequel les rayons-visuels s'unissent.

VITAL, ce qui appartient ou a rapport à la vie. On dit *principe vital, fonctions vitales*, etc. On appelle *fonctions* ou *actions vitales* les opérations par lesquelles les parties vitales produisent la vie ; *esprits vitaux*, les parties les plus fines et les plus volatiles du sang.

VITALIEN, pape, né à Segni en Campanie, succéda à Eugène Ier en 657. Il tint plusieurs conciles, envoya des missionnaires en Angleterre, et s'employa à procurer le bien de l'Eglise. Il mourut en 672. On a de lui quelques épîtres. On lui attribue l'introduction des orgues dans les églises. Adéodat ou Dieudonné lui succéda.

VITALIEN, Scythe de nation et petit-fils du général Aspar, eut le rang de maître de la milice sous l'empereur Anastase. Son extrême ambition lui nuisit dans l'esprit de l'empereur Justin, qui le fit mettre à mort en 520.

VITALITÉ, disposition en vertu de laquelle les corps organisés sont susceptibles, dans l'état de vie, d'opérer, par un principe qui leur est propre, les actions qui constituent la vie.

VITCHOURA, vêtement garni de fourrures, que l'on met par-dessus ses habits pour se garantir du froid extérieur, et que l'on quitte dans l'appartement.

VITEBSK, gouvernement de la Russie d'Europe, dans la partie occidentale, borné au S. par celui de Vilna. Sa superficie est de 13,090 milles carrés, et sa population de 950,000 habitants. Le chef-lieu est VITEBSK, ville de médiocre étendue et commerçante, avec un gymnase renommé. Elle est à 115 lieues S. de Saint-Pétersbourg, sur les rivières de Dwina et de Widsbu, et appartient à la Russie depuis 1773. Elle était auparavant capitale d'un palatinat de Lithuanie.

VITELLIA, ancienne famille de Rome, était patricienne et une des quatre qu'on appelait *majorum gentium*. Un de ses membres devint empereur.

VITELLINE, membrane qui enveloppe immédiatement le jaune d'œuf.

VITELLIUS (Lucius) NEPOS, père de l'empereur Vitellius, reçut le gouvernement de la Syrie, et s'en acquitta avec énergie et désintéressement. Il força les Parthes à demander la paix, et fut nommé trois fois consul, ensuite censeur avec Claude. Il ternit ses brillantes qualités par ses adulations pour l'impératrice Messaline. Il mourut vers l'an 49, et le sénat lui fit ériger une statue.

VITELLIUS (Aulus), empereur romain, fils du précédent, passa sa jeunesse dans l'île de Caprée. On dit que les infâmes complaisances qu'il eut pour Claude lui valurent son avancement rapide. Il plut à Caligula par la qualité de bon cocher, et à Néron par l'empressement qu'il mit à chanter sur le théâtre pour lui plaire. Il commandait en Germanie lorsque Othon fut proclamé empereur l'an 69. Vitellius se fit nommer césar par ses troupes, et marcha contre son rival. Vaincu dans trois batailles, il défit complétement Othon dans une quatrième affaire, et fit son entrée triomphale à Rome. Il se fit bientôt remarquer par son énorme gloutonnerie et sa gourmandise. Ces vices honteux et ses cruautés soulevèrent le peuple et les légions contre lui ; il fut mis à mort, et Vespasien lui succéda (69 de J.-C.) après un règne de quelques mois.

VITELLIENNES, tablettes où les anciens écrivaient des bons mots, des pensées ingénieuses et galantes.

VITELLUS, mot latin que quelques auteurs ont transporté dans le français. Il signifie *jaune d'œuf*.

VITERBE, délégation des Etats romains, comprenant l'ancien Patrimoine de Saint-Pierre. Sa superficie est de 112 lieues carrées, et sa population de 150,000 habitants.—La capitale est VITERBE, ville épiscopale, assez bien bâtie, au pied d'une montagne, et environnée de jardins et de maisons de campagne appartenant à des familles distinguées de Rome, qui viennent y passer une partie de la belle saison. La cathédrale et le palais du gouvernement sont ses principaux édifices. Viterbe possède aux environs des bains minéraux assez fréquentés. On estime sa population à environ 14,000 âmes. Viterbe est à 15 lieues N.-O. de Rome. Elle fut fondée dans le VIIIe siècle par Didier, dernier roi des Lombards. Les Français la saccagèrent en 1798, et en firent un chef-lieu d'arrondissement du département français de Rome. Viterbe commerce en fer, soufre, etc.

VITERIC, roi des Visigoths, se plaça sur le trône après la mort de Luiva, qu'il assassina vers l'an 603. Il fit la guerre aux gouverneurs des empereurs d'Orient, pour leur enlever ce qu'ils possédaient encore en Espagne. Il fut assassiné en 610.

VITESSE. En termes de physique, c'est l'espace qu'un corps en mouvement peut parcourir dans un temps donné.

VITET (Louis), né à Lyon, docteur en médecine, fut élu maire de Lyon pendant le cours de la révolution, et président de son département. Envoyé à la convention en 1792, il vota la détention de Louis XVI et l'expulsion des Bourbons. Devenu membre du conseil des cinq cents, il y dénonça avec énergie le parti de la réaction, qui avait ensanglanté sa ville natale. Elu secrétaire en 1799, il mourut en 1809.

VITIS (en latin, *vigne*), bâton fait de sarment de vigne, qui était la marque distinctive des centurions à Rome. Plus tard, on y substitua une baguette de bois quelconque, souvent enrichie d'ornements. Les centurions s'en servaient pour châtier les soldats.

VITIZA, roi des Visigoths d'Espagne, régna cinq ans avec son père Egica, et seul neuf autres années (701-710). Son caractère était emporté et féroce. Il fut le dernier roi goth en Espagne. Son empire fut détruit par les Sarrasins d'Afrique.

VITRAGE, nom donné à l'ensemble des vitres d'un bâtiment, d'un édifice, et à un certain châssis de verre qui sert de cloison, de séparation dans une chambre.

VITRAUX, les grandes vitres des églises. Dans celles du moyen âge, ils sont revêtus de peintures souvent admirables.

VITRÉ, sur la Vilaine, chef-lieu d'arrondissement du département d'Ille-et-Vilaine, à 10 lieues E. de Rennes. Population, 9,600 habitants. Cette ville est ceinte de remparts gothiques, flanqués de tours rondes. Elle a un tribunal de première instance, une école secondaire ecclésiastique, un collège. Vitré est commerçant et industrieux.

VITRÉ, ce qui a l'apparence du verre (en latin, *vitrum*). Les anatomistes appellent *corps vitré* une masse molle, transparente, qui occupe les trois quarts postérieurs de la cavité du globe de l'œil. Il a une figure sphérique, offre en avant une excavation dans laquelle le cristallin se trouve logé. Le corps vitré est composé de deux parties, la *membrane hyaloïde* et l'*humeur vitrée*. Celle-ci a l'apparence d'une solution de gomme dans l'eau.

VITRI-LE-FRANÇAIS, sur la Marne, chef-lieu d'arrondissement du département de ce nom, à 8 lieues S.-E. de Châlons. Population, 7,600 habitants. Cette ville doit sa fondation à François Ier en 1545. Elle fut prise en 1814 par les alliés. Elle a une belle église, une halle remarquable, une salle de spectacle, un tribunal de première instance, un collège, une école de géométrie pratique et de dessin. Elle est très-industrieuse.

VITRIFIABLE ou VITRESCIBLE, ce qui est susceptible d'être changé en verre.

VITRIFICATION, opération qui consiste à transformer en verre les substances qui en sont susceptibles. — On appelle encore ainsi la fusion des matières qui, après le refroidissement, offrent l'éclat, la transparence et la dureté du verre.

VITRIOL, nom sous lequel les anciens chimistes désignaient les sels composés d'acide sulfurique et d'une base, c'est-à-dire les *sulfates*. Ainsi le *vitriol vert, vitriol de mars, vitriol de fer*, était le proto-sulfate de fer ; le sulfate de cuivre se nommait *vitriol bleu* ; le sulfate de zinc, *vitriol blanc, vitriol de Goslard*, etc. — L'*huile de vitriol* ou *acide vitriolique* est l'*acide sulfurique*.

VITRIOLIQUE, épithète donnée anciennement à tout ce qui tenait du vitriol. L'acide sulfurique obtenu par la décomposition du vitriol vert (*proto-sulfate de fer*) portait le nom d'*acide vitriolique*.

VITRUVE (Marcus Vitruvius Pollio), célèbre architecte romain, né à Formies, vivait dans le Ier siècle de l'ère chrétienne. On ignore les événements de sa vie. Auguste le fit inspecteur des machines de guerre et des bâtiments publics. Nous avons de Vitruve un *Traité d'architecture*, dédié à Auguste et composé de dix livres. Cet ouvrage, plein d'érudition et de connaissances, a été traduit en plusieurs langues, et est consulté par tous les architectes.

VITRY. Voy. VITRI.

VITTORIA, province d'Espagne formée de l'ancienne province d'Alava, une des subdivisions vascongades. Le chef-lieu est VITTORIA, jadis capitale d'Alava, sur la Zadorra, avec 12,500 habitants. Elle fait un commerce considérable en vins et en fer. Les Français la prirent en 1795 et en 1808. Le 21 juin 1813, le duc de Wellington battit près de cette ville les Français commandés par le roi Joseph et par le maréchal Jourdan. 151 canons, 400 voitures et la caisse de l'armée tombèrent entre les mains des Anglais. Cette victoire acheva de délivrer la Péninsule du joug de Napoléon.

VITULA (myth.), divinité romaine, présidait à la joie et aux festins. On appelait *vitulation* un sacrifice que l'on offrait à cette déesse en réjouissance de quelque heureux succès.

VIVACE, épithète qui s'applique aux

plantes qui vivent au moins trois ans. — En musique, *vivace* (dans ce sens il est italien) signifie vivement. Placé au commencement d'un morceau de musique, il indique un mouvement rapide.

VIVANDIÈRE, femme autorisée à suivre un corps de troupes, et qui vend des vivres et des boissons. Voy. CANTINIÈRE.

VIVARAIS, province de France, bornée au N. par le Lyonnais, au midi par le diocèse d'Uzès, à l'E. par le Rhône, qui la séparait du Dauphiné, à l'O. par le Velai et le Gévaudan. Sa capitale était VIVIERS. — Ce pays fut primitivement possédé par les Helviens, et fit partie de la Gaule narbonnaise, puis de la Viennoise. Le Vivarais fut compris vers le ve siècle dans le premier royaume de Bourgogne; plus tard, cette province fut en partie annexée à la Provence, et enfin en 924 elle passa dans le domaine des comtes de Toulouse. Elle fut réunie à la couronne en 1308, et devint une dépendance du Languedoc, dont elle subit la destinée. Chaque année, elle envoyait aux états du Languedoc l'évêque de Viviers, un baron, le syndic du Vivarais et un député de la même contrée. Le Vivarais forme aujourd'hui le département de l'Ardèche et une partie de celui de la Haute-Loire.

VIVIANI (Vincent), né à Florence en 1622, fut élève de Galilée, et reçut en 1666 le titre de premier mathématicien du grand-duc de Toscane. Il mourut en 1703, membre de l'académie des sciences. On a de lui un traité intitulé *Divination sur Aristée*, une *Divination géométrique*, un *Traité des proportions*, etc.

VIVIEN (Joseph), peintre, né à Lyon en 1657, fut élève de Lebrun, devint membre de l'académie et premier peintre des électeurs de Cologne et de Bavière. Il mourut en 1735. On a de lui de nombreux *portraits* assez estimés.

VIVIER, bassin entouré de murs en terre ou en maçonnerie, ordinairement traversé et rempli par de l'eau courante, et destiné à conserver du poisson d'eau douce. Des grilles en bois ou en fer laissent un passage ouvert à l'eau, tandis qu'elles empêchent le poisson de s'échapper. Quelquefois les viviers sont simplement de grands bassins d'eaux dormantes. — En termes de marine, on nomme *vivier* un bateau pêcheur qui a un retranchement au milieu, dans lequel l'eau entre par des trous qui sont aux côtés; il sert à contenir le poisson qu'on vient de pêcher.

VIVIERS, chef-lieu de canton du département de l'Ardèche, dans l'arrondissement et à 9 lieues de Privas. Population, 3,200 habitants. Cette ville, située sur la rive droite du Rhône, devint vers 430 la capitale de l'Helvie, qui ne tarda pas à prendre le nom de Vivarais. Viviers est le siège d'un évêché érigé dans le m^e siècle à *Alba Helvorum*, ancienne capitale du Vivarais, et transporté à Viviers dans le ve, et suffragant de l'archevêché d'Avignon. Ses évêques avaient jadis le titre de barons et de nombreux priviléges. Viviers possède encore un séminaire diocésain, et fait un commerce assez important de soie et de vins.

VIVIPARES, nom donné aux animaux qui mettent bas leurs petits vivants, par opposition à ceux qui les pondent dans des œufs. — Il se dit aussi des plantes qui, au lieu de fleurs, produisent de petits rejetons feuillés.

VIVONNE. Voy. RAMBOUILLET.

VIZAPOUR. Voy. BIDJAPOUR.

VIZILLE, ville de France, chef-lieu de canton du département de l'Isère, près de la rive droite de la Romanche, dans l'arrondissement et à 4 lieues de Grenoble. Population, 3,200 habitants. Elle a un château célèbre construit par le connétable de Lesdiguières, et qui a servi de lieu de réunion aux états du Dauphiné en 1788. Incendié en 1825, il a été rebâti. Vizille fait un commerce important de toiles peintes, calicots, papiers, etc.

VIZIR, VISIR ou VÉZIR, mot arabe qui signifie proprement *portefaix*, et par métaphore un ministre qui porte le poids du gouvernement. Cette dignité date de 750, sous les califes Abbassides. Chez les Ottomans, elle ne remonte qu'à 1328. Le grand vizir (*vézir-azem*) réunit tous les pouvoirs et toutes les prérogatives; il gouverne au nom du sultan; mais une grande responsabilité pèse sur sa tête. Le titre de vizir est aussi conféré aux pachas à trois queues, et à quelques grands, membres du divan; mais celui d'azem (grand) est uniquement réservé à leur chef.

VLADIMIR, gouvernement de la Russie d'Europe, borné au N. par celui d'Iaroslav, à l'E. par celui de Nijnéi-Novgorod, au S. par celui de Riæzan, à l'O. par ceux de Moscou, Tver et Novgorod. Sa superficie est de 2,574 lieues carrées, et sa population de 1,340,000 habitants. Ce pays est uni, boisé, marécageux à l'O., fertile à l'E., mais ne produit pas assez pour sa consommation. Il commerce en abeilles, bois et fruits. Le chef-lieu est VLADIMIR.

VLADIMIR, ville de Russie, chef-lieu du gouvernement de même nom. Cette ville est ancienne, et a joué un grand rôle dans l'histoire de la Russie. Sa population est de 6,000 habitants. Elle a un évêché, un séminaire ecclésiastique, un gymnase, est importante pour ses nombreuses fabriques de coton, de toiles, d'étoffes de soie, etc. Vladimir fut jadis la résidence des grands-ducs de Russie.

VLADIMIR. Deux souverains russes ont porté ce nom. — VLADIMIR Ier, surnommé *le Grand*, était fils du grand-prince Sviatoslaf, et frère d'Oleg. Lorsque celui-ci eut été mis à mort par un autre de ses frères, Yaropolk, Vladimir se réfugia chez les Variègues ou Normands. Il leva une armée de ces intrépides guerriers, marcha sur la Russie, et s'empara de Kiov, qui était la capitale de l'empire, et devint seul roi par la mort de son frère (980). Vladimir, païen avec son peuple, avait plusieurs femmes et huit cents concubines. Ce luxe efféminé ne lui fit pas négliger la guerre et les soins de l'administration. Il étendit ses conquêtes jusque vers la mer Baltique. Il embrassa la religion grecque, et la répandit dans son empire. Il épousa la princesse Anne, sœur de l'empereur d'Orient. Vladimir fonda des écoles, des églises, partagea son empire en gouvernements, et mourut en 1015. Sviatopolk régna après lui. — VLADIMIR II MONOMAQUE, né en 1053, fils de Sviwolod, fut élu grand-prince en 1113, après la mort de Sviatopolk. Le premier, il prit le titre de tzar. Son règne fut brillant, et il se signala par ses vertus comme par ses exploits militaires. Il mourut en 1125. Son fils Mstislaf lui succéda.

VLADIMIR (ORDRE DE), ordre de chevalerie fondé par l'impératrice Catherine II, le 22 septembre 1782, en l'honneur de Vladimir le Grand. Il est aussi divisé en quatre classes.

VLADISLAS. Voy. WLADISLAS.

VLIÉLAND, île de la Hollande, à l'entrée du Zuyderzée.

VOCAL, ce qui a rapport à la voix. La *musique vocale* est celle qui est écrite pour les voix. On appelle *cordes vocales*, en anatomie, les ligaments inférieurs de la glotte que constituent les ligaments thyro-aryténoïdiens, revêtus de la membrane muqueuse. On les voit au milieu, à droite et à gauche du larynx. Voy. THYRO-ARYTÉNOÏDIENS.

VOCALISER. C'est, en musique, exercer la voix à exécuter avec aisance les difficultés de l'art du chant. La *vocalisation* est l'art de diriger la voix dans le mécanisme du chant, au moyen d'exercices exécutés sur une voyelle. Ces exercices eux-mêmes s'appellent *vocalises*.

VOCATION. C'est, dans le sens mystique, ce mouvement, cette voix intérieure par laquelle Dieu nous invite d'une manière toute spéciale à la pratique de son culte. La vocation d'Abraham, qui fait époque dans la chronologie, fut le choix que Dieu fit de ce patriarche pour être le père des croyants. — *Vocation* se dit aussi de l'ordre extérieur de l'Eglise romaine, par lequel les évêques appellent à l'exercice des fonctions ecclésiastiques ceux qu'ils en jugent dignes.

VOCAUX, nom donné, dans les communautés ecclésiastiques, à ceux qui ont droit de donner leur voix dans quelque élection.

VOCONCES, peuples de l'ancienne Gaule, dans la Viennoise, entre la Narbonnaise, deuxième à l'E., les Allobroges au N. Les Romains leur laissèrent le privilége de se gouverner par leurs propres lois.

VOCONIA, loi romaine portée par le tribun Q. Voconius Saxa, l'an 170 avant J.-C., à l'instigation de Caton le Censeur. Elle défendit de nommer légataire universelle une femme, et même de lui laisser un legs plus considérable qu'à l'héritier principal. Cette loi fut abrogée par Auguste.

VODANIUM, nom donné à un métal récemment découvert dans une sorte de pyrite de Hougrie. Il est d'un jaune de bronze pâle, très-dur, malléable, très-attirable à l'aimant, d'une pesanteur spécifique de 11,470. Il est inusité.

VŒU, résolution que l'on forme d'accomplir une chose qu'on présume être agréable à Dieu. L'usage des vœux remonte à la plus haute antiquité. — Les vœux de religion, institués par saint Basile vers le milieu du ive siècle, étaient ordinairement au nombre de trois: vœux de chasteté, de pauvreté et d'obéissance. Le *vœu simple* était celui qu'on ne faisait pas en face de l'Eglise avec les formalités voulues par les canons. Le contraire s'appelait *vœu solennel*. — Vœux, au pluriel et par extension, désignait la cérémonie de la profession solennelle de l'état de religieux.

VŒU DU PAON ou DU FAISAN, vœu célèbre parmi les anciens chevaliers. C'était en mangeant un morceau de la chair de ces oiseaux que l'on contractait avec soi-même et vis-à-vis des autres l'engagement qui constituait le vœu. On portait le paon ou le faisan sur un plat, et on le présentait à chaque chevalier, qui faisait son vœu sur l'oiseau, lequel était ensuite partagé.

VOGEL (Christophe), compositeur célèbre, né à Nuremberg en 1756, vint à Paris en 1776, et mourut dans les premières années de ce siècle. Il a laissé plusieurs opéras, entre autres *la Toison d'or* et *Démophoon*. L'ouverture de ce dernier passe pour un chef-d'œuvre.

VOGLER (Georges-Josué), né en 1749 à Wurtzbourg, se distingua de bonne heure sur l'orgue et le piano. Il obtint en 1775 la direction de la chapelle de l'électeur de Manheim, où il fonda un conservatoire. Il se livra ensuite à de nombreux voyages, et mourut en 1814. Il a publié plusieurs ouvrages sur la musique, et est des élèves distingués, entre autres Weber et Meyerbeer.

VOIE, chemin, route par où l'on va d'un lieu à un autre. Il ne se dit guère en ce sens que pour les routes des Romains. Voy. l'article suivant. — En termes de chasse, c'est la route par laquelle la bête a passé. — En jurisprudence, on appelle *voies de droit* le recours à la justice; *voies de fait*, les actes de violence exercés sur la personne. — En termes d'anatomie, on nomme *voies digestives* ou *premières voies* la série des organes creux de la digestion, qui se compose de la bouche, de l'œsophage, l'estomac, les intestins grêles, les gros intestins; *secondes voies*, l'ensemble des vaisseaux lymphatiques et même les vaisseaux sanguins; *voies urinaires*, la série des canaux qui opèrent l'excrétion de l'urine. On dit dans le même sens *voies lacrymales*, *biliaires*, etc.

VOIE LACTÉE. Voy. LACTÉE.

VOIES ROMAINES, nom atribué aux grandes routes que les Romains avaient construites, et qui menaient jusqu'aux extrémités de l'Italie. On en retrouve de longs fragments. Ils en avaient également construit dans le reste de leurs possessions. Elles étaient toutes d'une beauté et d'une solidité remarquables. Dans quelques-unes, il y avait jusqu'à quatre couches de pierres très-dures et maçonnées avec du sable les unes au-dessus des autres. Outre les colonnes milliaires, qui marquaient les distances, on y trouvait de dix en dix pas d'autres pierres pour s'asseoir ou monter commodément à cheval. Chaque voie tirait son nom de celui qui l'avait fait construire. La plus fameuse de toutes était la *voie Appienne*.

VOIGTLAND, cercle du royaume de Saxe, comprenant en partie l'ancien Voigtland, actuellement réparti entre les pays limitrophes. La partie saxonne a 60 lieues carrées et 90,000 habitants. Il commerce en bois, goudron, chanvre, fer, cuivre, alun. Le chef-lieu est PLAUEN.

VOILE, pièce d'étoffe destinée à dérober quelque chose à la vue. Ainsi les Juifs cachaient la vue de l'arche aux profanes, dans le tabernacle, au moyen d'un voile précieux. — L'usage du voile pour cacher les traits des femmes remonte à la plus haute antiquité. Homère nous décrit le voile de Minerve et celui de Pénélope. — Le voile est principalement en usage chez les religieuses, d'où est venue l'expression *prendre le voile*, pour embrasser la vie monastique. Le *voile de profession* est celui que l'on donne aux religieuses quand elles prononcent leurs vœux. Le *voile de consécration* est celui que donnait l'évêque aux vierges avec certaines cérémonies ; le *voile d'ordination* était celui des diaconesses ; le *voile de prélature* ou de *supériorité* était celui qu'on donnait aux abbesses quand on les bénissait ; le *voile de continence et d'observance* est celui des veuves et femmes mariées qui s'engagent à la profession religieuse ; le *voile de probation* est celui que l'on donne aux novices à leur première réception, et qui est ordinairement blanc.

VOILE DU PALAIS, cloison mobile, molle, large, attachée à l'extrémité postérieure de la voûte palatine, et séparant la bouche du pharynx. Sa forme est à peu près quadrilatère ; sa *face antérieure* correspond à la bouche, la *postérieure* au pharynx ; son *bord supérieur* est fixé à la voûte du palais, et l'*inférieur* est libre, flottant, et offre à sa partie moyenne un appendice appelé *luette*. Les bords latéraux du voile se tiennent en bas par deux replis, écartés l'un de l'autre par un espace triangulaire, qu'on appelle les *piliers*, et dont l'un se porte sur la base de la langue et l'autre sur les parois du pharynx.

VOILES. En marine, on donne ce nom à de larges pièces de forte toile, destinées à transmettre l'effort du vent aux vaisseaux au moyen des mâts qui font l'office de leviers. Chaque voile emprunte le nom du mât où elle est appareillée. On nomme *voile latine* celle qui est triangulaire ; *voile carrée*, celle qui a cette forme ; *voiles basses* ou *basses voiles*, la grande voile et la voile de misaine ; *voiles de l'arrière*, les voiles d'artimon ou de grand mât ; *voiles de l'avant*, les voiles des mâts de beaupré et de misaine ; *voiles d'étai*, des voiles triangulaires qu'on met sans vergues aux étais. Au figuré, voile signifie *vaisseau*. — *Faire voile* se dit pour *naviguer*.

VOILIER, nom qu'on donne à un vaisseau qui porte bien ou mal la voile. Il est *bon* ou *mauvais voilier*. — On nomme *voilière* la courbe que forme une voile enflée par le vent.

VOILURE se dit de tout l'appareil, de tout l'assortiment des voiles d'un vaisseau. C'est aussi une manière de porter les voiles pour prendre le vent.

VOIRIE, la charge de voyer. Ce mot s'emploie aussi 1° pour la police des rues et chemins. On distingue la *grande voirie*, qui a pour objet les grandes routes et les rues des villes, et la *petite voirie*, qui a pour objet les chemins vicinaux. La voirie constitue une administration qui a l'autorité légale de faire des règlements pour l'alignement des rues, le pavage et la propreté de la voie publique, etc. 2° Pour certaines places où se fait le dépôt des immondices enlevées dans les rues ou dans les maisons.

VOIRON, chef-lieu de canton du département de l'Isère, à 5 lieues et dans l'arrondissement de Grenoble. Population, 7,200 habitants. Cette ville, située sur la Morge, a des fabriques considérables de toiles de chanvre, dites de Voiron, des manufactures d'armes blanches, des papeteries et des distilleries. Voiron est le siège d'un collège électoral du département.

VOISENON (Claude-Henri DE FUSÉE, abbé DE), né près de Melun en 1708, mort en 1775, avait le titre de ministre plénipotentiaire de l'évêque de Spire, et fut membre de l'académie française. Son esprit délicat et facile en avait fait l'ornement des meilleures sociétés de la capitale. On a de lui plusieurs comédies (*les Mariages assortis*, *la Coquette fixée*), des *contes* et un grand nombre de poésies fugitives.

VOISIN (Catherine DES HAYES, veuve du sieur de Mont-Voisin, et plus connue sous le nom de LA), s'unit vers l'an 1677 avec la Vigoureux, un ecclésiastique nommé Lesage, et d'autres scélérats, pour trafiquer des poisons les plus subtils. Ils cachaient ce commerce par des prédictions et des prétendues sortilèges. Plusieurs morts subites ayant fait soupçonner des crimes secrets, on établit une chambre ardente en 1680. Le procès qui fut fait à ces scélérats fit faire des recherches contre plusieurs grands seigneurs. Voy. SOISSONS (La comtesse de). — La Voisin fut brûlée avec ses complices en juillet 1680.

VOITURE (Vincent), écrivain célèbre du XVIIᵉ siècle, né à Amiens en 1598, mort à Paris, où son esprit le fit admettre à l'hôtel de Rambouillet, dont il devint une des illustrations. Gaston d'Orléans le fit introducteur des ambassadeurs et maître des cérémonies. Il le chargea d'une négociation en Espagne auprès du comte d'Olivarès, dont il s'acquitta avec succès. Nommé à l'académie française en 1634, il fut fait maître d'hôtel chez le roi et interprète des ambassadeurs chez la reine. Il mourut en 1648. Ses poésies et ses lettres sont spirituelles, mais pleines d'affectation. On ne les lit plus. On connaît la querelle que suscita son fameux sonnet à Uranie, qui, comparé au sonnet de Benserade sur Job, divisa le monde littéraire en deux camps, les uranistes et les jobelins.

VOITURE, appareil destiné à porter des personnes, des marchandises, etc., d'un lieu à un autre. On distingue un très-grand nombre de voitures ; mais on donne quelquefois ce nom spécialement au carrosse. — On appelle encore ainsi le transport des personnes, des objets, etc. — La *lettre de voiture* est celle qui contient le dénombrement, les choses dont un voiturier est chargé et sur laquelle il en doit rendre compte pour recevoir son salaire.

VOITURIN, celui qui loue des chevaux, des chaises de poste à des voyageurs, et qui les conduit. Il ne se dit que des voituriers dont on se sert en Italie et dans les départements français qui en sont voisins.

VOIX, son appréciable que produit, en traversant la glotte, l'air chassé des poumons. La parole est la voix articulée. Les médecins nomment *voix croupale* l'altération de la voix qui survient dans le croup ; *voix convulsive*, un phénomène qui consiste dans la production de sons discordants, aigus et graves, et qui paraît dépendre de la contraction désordonnée des muscles du larynx.

VOIX (accept. div.). En musique, on appelle ainsi 1° la suite, la collection de tous les sons qu'une personne peut tirer de son organe en chantant ; c'est dans ce sens qu'on dit *voix de basse*, *de ténor*, etc. ; 2° les chanteurs pour lesquels une pièce de musique est composée. Ainsi l'on dit cantate à trois voix, pour trois chanteurs, etc. — En termes de grammaire, ce sont les différentes formes que prennent les verbes, selon qu'ils sont employés dans des propositions dont le sujet fait l'action ou la reçoit, est actif ou passif.

VOIX HUMAINE, jeu d'orgues, ainsi nommé à cause de sa ressemblance avec la voix de l'homme. La *voix angélique* était un jeu d'orgues qui sonnait l'octave en dessus de la voix humaine. Ce jeu a été abandonné à cause de sa qualité de son criarde.

VOL, action par laquelle les oiseaux, certains insectes et d'autres animaux se meuvent dans l'air. Voy. AILES, PLUMES, etc. — En termes de chasse, on appelle *chasse du vol* celle que l'on fait avec des oiseaux de proie.

VOL DU CHAPON, nom donné, dans certaines coutumes anciennes, à une certaine étendue de terrain telle que celle qui pourrait être délimitée par le vol d'un chapon. Cette quantité de terrain, estimée à un arpent environ, était située autour du principal manoir, et entrait avec ce dernier dans le préciput de l'aîné, qui partageait noblement avec ses frères.

VOL, action de prendre le bien d'autrui, soustraction frauduleuse d'une chose qui appartient à autrui. (Voy. le Code pénal, art. 379 à 401.) On appelle *vol domestique* celui qui est fait par des personnes qui sont aux gages de celui qui a été volé ; *vol avec effraction*, celui qui se fait en brisant et forçant toute clôture ou fermeture ; *vol de grand chemin*, celui qui a été commis dans les rues ou sur les grands chemins ; *vol de nuit*, celui qui s'est fait de nuit ; *vol public*, ce qui est pris frauduleusement sur les deniers publics ; *vol qualifié*, celui qui intéresse principalement l'ordre public, et qui est accompagné de circonstances graves qui demandent une punition exemplaire ; *vol simple*, celui qui ne blesse que l'intérêt des particuliers.

VOLA, la paume de la main, en latin.

VOLANT, petit morceau de bois, d'os, d'ivoire, de liége, garni de cuir, etc., percé de plusieurs trous où l'on fait entrer des plumes. On le pousse dans l'air avec des palettes ou des raquettes. Ce jeu était connu des anciens. — VOLANT se dit encore, 1° en termes d'horlogerie, d'une pièce qui se met sur le dernier pignon d'un rouage de sonnerie ou de répétition, et qui sert à ralentir le mouvement de ce rouage lorsque la pendule ou l'horloge sonne ; 2° de deux pièces de bois qui sont attachées en forme de croix à l'arbre du tournant, mises au dehors de la cage du moulin à vent, et qui, garnies d'échelons et de toiles, tournent par l'action du vent quand les toiles sont tendues. On les appelle aussi *volées* et *ailes de moulin*.

VOLATE, ancien ornement du chant qui n'est plus en usage.

VOLATIL, épithète donnée aux corps qui se réduisent en vapeur ou en gaz par l'action du feu ou à la température ordinaire de l'atmosphère. L'éther sulfurique est très-volatil. — ALCALI VOLATIL. Voy. AMMONIAQUE.

VOLATILISATION, phénomène produit par le passage d'une substance solide ou liquide à l'état gazeux. On pratique le plus souvent cette opération au moyen du feu.

VOLCAN, nom donné à des montagnes qui vomissent en certains temps de la fumée, des flammes, des cendres, des pierres, des torrents de matières en fusion, nommées *laves*, etc. Les volcans sont rarement en état d'éruption continuelle ; le plus souvent ils n'éclatent qu'à certaines époques. Plusieurs volcans rejettent de l'eau, d'autres de l'air. (Voy. SALSES.) Les plus célèbres volcans sont ceux du Vésuve et de l'Etna. On ignore la cause des volcans; on les attribue généralement au soulèvement de matières en combustion dans le sein de la terre.

VOIRON, montagne de Suisse, sur le bord du lac de Genève. Elle a 3,014 pieds de hauteur.

VOLCANO, île volcanique d'Italie, une des Lipari, à environ 6 lieues des côtes de Sicile, et 5 de l'île Lipari. Elle est tout entourée de rochers, et présente une pente roide et escarpée.

VOLCES, peuples gaulois de la Narbonnaise première. Ils étaient divisés en *Tectosages* et *Arécomiques* (principales villes, Toulouse et Nîmes). Le pays des Volces répond au Languedoc.

VOLE. En termes de jeux de cartes, *faire la vole*, c'est faire seul toutes les levées.

VOLÉE, vol soutenu et prolongé d'un oiseau. — En termes d'artillerie, c'est une décharge de plusieurs pièces qu'on tire en même temps. La *volée* d'un canon est la partie de la pièce comprise entre les tourillons et la bouche. — En termes de charron, la *volée* est une pièce de bois de traverse qui s'attache au timon d'un carrosse, d'un fourgon, d'un chariot, et à laquelle les chevaux sont attelés.

VOLERIE, terme de fauconnerie, chasse pour laquelle l'oiseau est dressé à voler d'autres oiseaux ou quelque autre sorte de gibier. La *haute volerie* est la volerie du faucon sur le héron, les canards, les grues; la *basse volerie*, celle du tiercelet, sur la perdrix, la pie, etc.

VOLET, terme d'ébénisterie, fermeture de bois sur le châssis par dedans les fenêtres. Ce sont des espèces de petites portes, appliquées sur les fenêtres, et qui sont de même longueur, de même largeur et de même hauteur que le vitrage. On appelle *volets brisés* ceux qui plient sur l'écrinçon ou se doublent sur l'embrasure; *volets d'orgues*, des espèces de grands châssis, partie cintrés par leur plan, et partie droits : ils servent à couvrir les tuyaux du buffet d'orgues; *volets de moulin à eau*, des planches arrangées autour de l'essieu d'une roue de moulin à eau, sur lesquelles l'eau faisant effort en coulant par-dessous, ou en tombant par-dessus, donne le mouvement à la roue. On les appelle encore *ailerons* ou *alichons*. — En marine, le *volet* est une petite boussole ou compas de route qui n'est point suspendue sur un balancier comme la boussole ordinaire, et dont on se sert sur les barques et sur les chaloupes.

VOLGA, le plus grand fleuve d'Europe, appelé *Idel* ou *Atel* par les Turks, prend sa source près du village de Volgino Verchoure, dans un petit lac de la partie O. du gouvernement de Tver, en Russie. Dans son cours immense, il touche les gouvernements de Moscou, et traverse ceux de Tver, Iaroslav, Kostroma, Nijni-Novgorod, Kazan, Simbirsk., Saratof et Astrakhan. C'est par soixante-cinq ou soixante-dix embouchures qu'il se décharge dans la mer Caspienne. Son cours est d'environ 740 lieues. Il n'offre aucune cataracte. Plus de dix mille barques chargées le descendent annuellement. Il est très-poissonneux, et ses bords ont un produit immense. Les principaux affluents du Volga sont l'*Oka*, la *Soura*, la *Sarpa*, la *Tvertza*, la *Samara*, la *Kozoma*, la *Kama*, les deux *Irghiz*, etc.

VOLHYNIE, gouvernement de la Russie d'Europe, borné au N. par les gouvernements de Grodno et de Minsk, à l'E. par celui de Kiev, au S. par celui de Podolie. Sa superficie est de 2,320 lieues carrées, et sa population de 1,500,000 habitants. Le sol est très-fertile, plein de belles forêts et de marécages étendus. On y trouve des papeteries, des verreries, des forges. Le chef-lieu est Jitomir, siège d'un évêché grec et d'un évêché catholique, ville assez grande, industrieuse et commerçante, avec un séminaire ecclésiastique et un gymnase.

VOLIGE, planche mince de bois blanc. — C'est encore la latte que l'on emploie pour l'ardoise.

VOLKAMERIA, genre de la famille des pyrénacées, renfermant des arbrisseaux à feuilles opposées et à fleurs très-belles. Ces plantes sont cultivées dans les jardins d'agrément.

VOLKHOF, rivière de Russie, dans le gouvernement de Novgorod, fait communiquer les lacs Ilmen et Ladoga.

VOLMAR (Isaac), docteur en droit, conseiller de l'archiduc Ferdinand-Charles, et l'un des plénipotentiaires de l'empereur pour le traité de paix de Westphalie, est auteur de *Mémoires* latins concernant les principales transactions entre les catholiques et les protestants, qui ont eu lieu à Munster et à Osnabruck (1643-1648). Il mourut en 1662.

VOLNAY, village du département de la Côte-d'Or, et à une lieue S.-O. de Beaune. Il est célèbre pour ses vignobles, qui produisent d'excellents vins.

VOLNEY (Constantin-François CHASSEBOEUF DE), né à Craon en Bretagne en 1755, embrassa avec ardeur les principes philosophiques du XVIIIᵉ siècle, et se livra à de nombreux voyages en Égypte et en Syrie. Il publia le récit de ce voyage à son retour à Paris en 1785. Enfermé pendant la terreur, il fut délivré par le 9 thermidor, et nommé professeur d'histoire aux écoles normales. Après le 18 brumaire, il reçut le titre de sénateur. Louis XVIII le nomma pair de France. Il mourut en 1820. On a encore de Volney des *Méditations sur les révolutions des empires*, livre devenu classique, et des ouvrages sur les langues orientales.

VOLO, petite ville d'Europe, dans la Thessalie, sur un golfe de l'Archipel auquel elle donne son nom. Population , 5,000 habitants. Elle est commerçante. C'est l'ancienne *Démétriade*.

VOLOGDA, gouvernement de la Russie d'Europe, borné au N. par celui d'Arkhangel, à l'E. par les monts Ourals qui le séparent de la Sibérie, au S. par les gouvernements de Perm, de Kostroma et de Viatka, à l'O. par ceux d'Olonej et de Novgorod. Sa superficie est de 11,445 lieues carrées, et sa population de 800,000 habitants. Le climat est rigoureux ; le sol plein de lacs, de marais et d'immenses forêts, fertile dans certains cantons. On y trouve des distilleries et des forges. — Le chef-lieu est VOLOGDA, ville épiscopale, située au confluent de la rivière Vologda avec la Soukhoua. Sa population est de 15,000 habitants. Elle est à 125 lieues E. de Saint-Pétersbourg. C'est une des villes les plus industrieuses de la Russie. C'est aussi l'entrepôt du commerce intérieur de tout le N. de la Russie d'Europe et de la Sibérie ; avantage qu'elle doit à sa position intermédiaire entre Saint-Pétersbourg, Arkhangel, Moscou et Kazan. Elle a un séminaire ecclésiastique et un gymnase.

VOLOGÈSE. Plusieurs rois parthes ont porté ce nom. — VOLOGÈSE Iᵉʳ ou ARSACE XXIII succéda à son père Vononès, l'an de J.-C. 50 ou 51. Il fit la guerre aux Romains, sous Claude et sous Néron, contre Corbulon, parce qu'il voulait placer sur le trône d'Arménie son frère Tiridate, et que ceux-ci appuyaient les prétentions de Tigrane ; il mourut en 90. — VOLOGÈSE II ou ARSACE XXVI régna de 121 à 150. — VOLOGÈSE III ou ARSACE XXVII fit la guerre aux Romains (165), et perdit plusieurs villes. Il mourut en 192. — VOLOGÈSE IV ou ARSACE XXX régna de 209 à 216.

VOLONTAIRES, nom donné aux soldats qui entrent dans un corps librement, sans solde et sans engagement, et seulement pour servir leur pays et apprendre le métier de la guerre.

VOLSQUES, peuples de l'Italie ancienne, habitaient le Latium. Leur territoire était borné au N. par le pays des Marses et des Herniques, au S. par la Campanie, à l'E. par les Rufrénéens, à l'O. par les Latins et les Rutules. La ville principale était ANTIUM. Les Romains furent longtemps en guerre avec les Volsques. Ils les subjuguèrent vers l'an 329 avant J.-C.

VOLTA (Alexandre), né à Côme en 1745, devint professeur de physique à l'université de Pavie, et mourut dans cette ville en 1826. Napoléon l'avait fait sénateur. Il était aussi membre de l'Institut de France. On lui doit d'importantes découvertes en physique, et notamment sur le galvanisme. Il a inventé la *pile* qui porte son nom, l'*électrophore*, le *condensateur*, l'*électromètre*, etc.

VOLTA, grande rivière de Guinée, sépare la côte d'Or de celle des Esclaves, et se jette dans le golfe de Guinée.

VOLTAIRE (François-Marie AROUET DE) naquit à Châtenay près Paris le 20 février 1694, et mourut à Paris le 30 mai 1778, à l'âge de quatre-vingt-quatre ans. Le nom de Voltaire fut célèbre de bonne heure. Sa première tragédie, *OEdipe*, fut jouée en 1718 : il avait vingt-quatre ans et sortait de la Bastille, où il avait été enfermé pour quelques vers satiriques. Mis une seconde fois à la Bastille, pour d'autres vers du même genre que les premiers, il en sortit pour aller en Angleterre. C'est là qu'il fit imprimer son poème de la *Henriade*. A son retour à Paris, il fit jouer ses principales pièces de théâtre, et dans le nombre *Zaïre*, qui passe pour la meilleure. Il alla s'établir ensuite dans la terre de Cirey, en Champagne, chez Mᵐᵉ du Châtelet, son amie ; il y passa plusieurs années, et y écrivit la plupart de ses ouvrages historiques. A la mort de Mᵐᵉ du Châtelet, il revint à Paris pour quelque temps ; de là il se rendit en Prusse, où le roi Frédéric l'avait appelé, et finit par se retirer à Ferney, près de Genève. Il n'en sortit que pour venir à Paris au commencement du règne de Louis XVI. Il y fut reçu avec enthousiasme, et y mourut. Les écrits de Voltaire sont très-nombreux ; il a travaillé dans tous les genres, et a joui de son vivant de la plus grande gloire littéraire qu'aucun écrivain ait jamais obtenue. Il était à la tête de l'école philosophique du XVIIIᵉ siècle, qui a vivement attaqué les abus de l'ancien régime, et qui a porté sa critique jusque sur les principes de la religion chrétienne.

VOLTE, nom donné, en termes de manége, à un certain mouvement que le cavalier fait faire au cheval en le menant en rond. On appelle *volte renversée* celle où le cheval, maniant de côté, a la tête tournée vers le centre, et la croupe vers la circonférence, de façon que le petit cercle se forme par les pieds de devant, et le grand par ceux de derrière. — En marine, ce mot est synonyme de route. C'est aussi l'action de s'agiter, de se placer, pour se disposer au combat. — En termes d'escrime, la *volte* est le mouvement pour éviter les coups de l'ennemi. *Volter*, c'est changer de place pour éviter les coups de l'adversaire.

VOLTERRE, ville de Toscane, à 12 lieues S.-O. de Florence, avec 5,000 habitants. Cette ville est ancienne, et porta jadis le nom de *Volaterrae*. Elle eut, au temps de sa puissance, jusqu'à 100,000 habitants. Elle est remarquable par son beau musée d'antiquités toscanes, par ses murs cyclopéens, ses sources salées et ses carrières d'albâtre, les plus belles de l'Europe.

VOLTERRE (Daniel RICCIAVELI DE), peintre et sculpteur, né en 1609 à Volterre, mort à Rome en 1666, fut élève de Peruzzi et de Michel-Ange. On a de lui de fort beaux tableaux.

VOLTIGE, action de monter légèrement à cheval, avec ou sans étriers, que le cheval reste en place ou qu'il galope. — C'est aussi une sorte de corde lâche sur laquelle on danse, on fait des exercices de parade, et, par extension, l'on fait servir le même mot à désigner ce genre d'exercice.

VOLTIGEUR, celui qui fait la voltige. Voy. l'article précédent. — Dans l'art militaire, les *voltigeurs* forment les compagnies d'élite, composées des hommes dont la

182

taille est de quatre pieds neuf à dix pouces. Ils ont la haute paye comme les grenadiers, et forment le dernier peloton du bataillon. Ils ont été établis par Napoléon pendant son consulat. Ils se distinguent à leurs épaulettes et autres ornements qui sont jaunes, et aux cors de chasse qui remplacent les grenades sur les pans de leurs habits et leur bonnet de police. Les voltigeurs sont destinés à combattre en tirailleurs. Ils ont des clairons au lieu de tambours.

VOLTI SUBITO, c'est-à-dire *tournez vite*, expression italienne très-usitée en musique, et que l'on écrit au bas des pages. On met le plus souvent l'abréviation V. S.

VOLTURNO, le *Vulturnus* des anciens, rivière du royaume de Naples, prend sa source dans l'Apennin, aux confins du comté de Molise, passe à Capoue, et se jette dans le golfe de Gaëte, près du bourg de *Volturno*, situé dans la province de Labour, à 5 lieues O. de Capoue.

VOLUBILES, nom donné aux parties des plantes qui se roulent en spirale autour des corps voisins. C'est surtout aux tiges que l'on donne cette épithète. Les *dextrovolubiles* sont celles dont la spirale va de droite à gauche, et les *sinistro-volubiles*, celles dont la spirale va de gauche à droite.

VOLUE, petite fusée qui tourne dans la navette des tisserands, et qui porte la tissure.

VOLUME, terme de physique, étendue d'un corps considéré relativement à la grandeur de ses dimensions. Un mètre cube de bois et un mètre cube de fer sont égaux en volume, mais non en pesanteur ni en densité. — En termes de monnaie, c'est l'épaisseur, la grandeur, le relief d'une médaille.

VOLUMNA (myth.), déesse de la bienveillance ou de la bonne intelligence. Chez les Romains, on l'invoquait principalement dans la cérémonie du mariage.

VOLUMNIE, femme de Coriolan, se joignit à Véturie, mère de ce héros, pour obtenir de lui qu'il cessât ses hostilités contre les Romains.

VOLUMNIUS (Titus), Romain, se signala par son amitié héroïque pour M. Lucullus, que le triumvir Antoine avait fait mettre à mort. Où lui fit un crime de ses regrets et de ses larmes, et il fut également condamné à mort. Il subit le supplice avec fermeté, et baisa, avant de recevoir le coup fatal, la main de son ami.

VOLUMNUS et VOLUMNA (myth.), divinités romaines que l'on invoquait dans la cérémonie des noces, afin qu'elles entretinssent la bonne intelligence entre les nouveaux époux.

VOLUPTÉ ou VOLUPIE (myth.), déesse des plaisirs des sens, était fille de l'Amour et de Psyché. On la représentait sous la figure d'une jeune et belle femme assise sur un trône et ayant la Vertu à ses pieds.

VOLUPTUAIRE, terme de jurisprudence, ce qui n'est fait que pour l'agrément, et non pour l'utilité.

VOLUSIEN (Caïus Vibius Volusianus), fils de l'empereur Gallus, fut associé à l'empire par son père, avec Hostilien, fils de Dèce (251). Il fut consul les deux années suivantes, et fut massacré avec son père par ses soldats en 253.

VOLUTE, terme d'architecture, ornement fait en forme de spirale que l'on voit aux chapiteaux ionique, corinthien et composite. Il y en a aussi aux consoles, aux modillons, et ailleurs. On appelle *volute d'envers* celle qui se contourne en dedans ; *volute angulaire,* celle qui est pareille dans les quatre faces d'un chapiteau ; *volute arasée,* celle dont le listel dans les trois *volutes* est sur la même ligne ; *volute à tige droite,* celle dont la tige parallèle au tailloir sort de derrière la fleur de l'abaque ; *volute saillante,* celle dont les circonvolutions se jettent en dehors ; *volute rentrante,* en dedans ; *volute ovale,* celle qui a les circonvolutions plus hautes que larges ; *volute évidée,* celle dont le canal d'une circonvolution est détaché du listel d'une autre par un vide à jour ; *volute fleuronnée,* celle dont le canal est enrichi d'un rinceau d'ornement ; *volute unissante,* celle qui semble sortir du vase par-dessus l'arc, et qui monte dans l'abaque.

VOLUTE. En histoire naturelle, c'est 1° le nom des coquilles univalves tournées en cône pyramidal ; 2° un genre de mollusques univalves. Leur coquille est cylindrique ou ovale, à base échancrée et sans canal, à ouverture plus longue que large. Ces coquilles sont assez recherchées.

VOLUTINA (myth.), déesse des Romains, avait soin des grains de blé dans leurs épis.

VOLVA ou VOLVE, continuation de l'extrémité inférieure du pédicule des champignons, laquelle, en forme de coiffe, recouvre entièrement ou en partie leur chapeau pendant la jeunesse. Quand la volva recouvre le chapeau en entier, elle est dite *complète,* et *incomplète* dans le cas contraire. On nomme *volvés* les champignons pourvus d'une volve.

VOLVIC, petite ville du département du Puy-de-Dôme, dans l'arrondissement et à une lieue et demie de Riom et 2 et demie de Clermont. Population, 3,200 habitants. On y exploite depuis plusieurs siècles une carrière de lave volcanique qui a servi à la construction des principales villes de la Limagne.

VOLVOCE, genre d'animalcules microscopiques, dont les espèces ont pour caractère commun d'être très-simples, sphériques et transparentes. On les trouve dans les eaux douces et salées, rarement dans les infusions.

VOLVULUS, un des noms de l'*iléus* ou *passion iliaque*.

VOMANO, rivière d'Italie, au royaume de Naples, dans l'Abruzze ultérieure. Elle prend sa source à quelque distance d'Amatri, et, après avoir mouillé Montorio, elle vient se perdre dans la mer Adriatique.

VOMER, mot latin qui signifie un soc de charrue, et qui désigne en anatomie un os de la face, formant la partie postérieure de la cloison des fosses nasales. Il est mince, aplati, quadrilatère, s'articule en bas avec les os maxillaires supérieurs et palatins, en haut avec le sphénoïde, l'ethmoïde, etc. Le nom de cet os lui vient de sa forme.

VOMIQUE, nom donné, en médecine, aux collections abondantes de pus formées dans la poitrine, et qui finissent par être expectorées par une sorte de vomissement.

VOMIQUE (Noix). Voy. STRYCHNOS.

VOMIQUIER. Voy. STRYCHNOS.

VOMISSEMENT, acte par lequel les substances solides ou liquides, contenues dans l'estomac, sont rejetées au dehors, en traversant l'œsophage, le pharynx, la bouche ou quelquefois les fosses nasales. Le vomissement a lieu dans un grand nombre de conditions différentes. La consistance et la composition des matières vomies sont extrêmement variables. Dans certaines maladies, on observe des vomissements de sang.

VOMITIF, nom donné aux substances pharmaceutiques ayant la propriété de provoquer le vomissement.

VOMITOIRES, nom donné aux portes de l'amphithéâtre chez les Romains.

VOMITURITION, effort inutile pour vomir. On appelle quelquefois ainsi le vomissement de peu de matière, ou celui qui a lieu presque sans effort.

VONCK, avocat, chef du parti patriotique lorsque les Brabançons s'opposèrent aux innovations de Joseph II, parti auquel on donna le nom de *vonckistes*. Pour se retira en Hollande en 1788, et devint président du comité secret de Bréda et de celui de Hasselt, association qui arma les premiers soldats du Brabant, qui sous Vander-Mersch chassèrent les troupes autrichiennes. Vonck conserva longtemps une grande influence dans les affaires des insurgés. Ayant perdu tout son crédit, il se retira à Lille en France, où il mourut en 1792.

VONDEL (JUSTE ou JOSSE DU), poète hollandais, né en 1687, mort en 1779, n'eut pour maître que son génie. On le regarde comme le Shakspeare de sa nation. Il a les beautés rudes, l'énergie et les défauts du poète anglais.

VONONÈS. Deux rois parthes ont porté ce nom. — VONONÈS 1er ou ARSACE XVIII, fils aîné de Phraates IV, passa une partie de sa jeunesse à Rome, où il était retenu en otage. Il fut rappelé l'an 4 de J.-C. Chassé de ses États par ses sujets, Auguste le fit dans la suite roi d'Arménie. — VONONÈS II ou ARSACE XXII succéda à Gotharzès l'an 50 de J.-C., et périt la même année.

VOORN, île de la Hollande méridionale, entre l'embouchure de la Meuse et du Vahal, à 3 lieues N.-E. de Bammel. Cette île abonde en grains, et a pour chef-lieu BRIEL.

VOPISCUS, auteur latin, né à Syracuse, est un de ceux dont les ouvrages forment la collection qui porte le nom d'*Historiæ Augustæ* (vers l'an 305 de J.-C.). Son style est élégant. On lui attribue les Vies d'Aurélien, de Tacite, de Florien, de Probus, de Firmus, de Carus, etc.

VORALBERG, seigneurie d'Allemagne, dépendante de l'Autriche et réunie au Tyrol, y forme le cercle de *Brégentz*. Sa capitale est BRÉGENTZ.

VORONÉJE ou VORONEJ, gouvernement de la Russie d'Europe, borné au N.-E. par celui de Tambov, à l'E. par celui de Saratof, au S. par les Kozaks du Don, à l'O. par les gouvernements de Karkhof et de Koursk. Sa superficie est de 2,575 lieues carrées, et sa population de 1,446,000 habitants. Les habitants sont agriculteurs. On y trouve aussi des distilleries, des brasseries, des fabriques de draps, salpêtre et savon. Le chef-lieu est VORONEJ, ancienne ville épiscopale, florissante par son commerce et son industrie, avec un gymnase, un séminaire ecclésiastique et une bibliothèque. Elle a 15,000 habitants.

VOSGES, chaînes de montagnes de France, partent du Jura et se partagent en plusieurs branches. La première suit le cours du Rhin jusqu'au mont Tonnerre ; la deuxième se joint aux Cévennes ; la troisième s'étend jusqu'aux Ardennes. Le sommet le plus élevé est le ballon d'Alsace. Plusieurs rivières y prennent leur source. Ces montagnes sont bien-boisées et couvertes de pâturages.

VOSGES, département français, région du N.-E., formé d'une partie de la Lorraine, et borné au N. par les départements de la Meuse et de la Meurthe, à l'E. par ceux du Haut-Rhin et du Bas-Rhin, au S. par ceux de la Haute-Saône et de la Haute-Marne, à l'O. par celui de la Haute-Marne. Il tire son nom d'une chaîne de montagnes sur les pentes de laquelle il est placé. Sa superficie est de 498,917 hectares, et sa population de 400,000 habitants. Il se divise en cinq arrondissements : *Epinal* (chef-lieu), *Méricourt, Neufchâteau, Remiremont, Saint-Dié*, et nomme cinq députés. Il est compris dans la troisième division militaire, le diocèse de Saint-Dié et le ressort de la cour d'appel et de l'académie de Nancy. Le revenu territorial est de 14,000,000 et demi. L'agriculture est dans un état florissant, et le produit du sol en céréales est de 850,000 hectolitres ; celui des vins de 172,000. On élève de nombreux bestiaux, dont le lait est employé à faire des fromages et du beurre. On exporte de l'avoine, du kirsch-wasser, des bestiaux, du houblon, des lins. Les hauts fourneaux, les forges, les fabriques d'acier, de ferblanc, de tôle, les tréileries, les coutelleries et les papeteries occupent le premier rang parmi les établissements industriels du département.

VOSS (Jean-Henri), critique et poète allemand, né à Sommersdorf en 1751, fut nommé en 1778 recteur du collége d'Otterndorf, dans le Hanovre. Appelé à l'université d'Heidelberg en 1805, il mourut en 1826. On lui doit les traductions d'Homère, de Virgile, d'Horace, d'Hésiode, de Théocrite, Bion et Moschus, de Tibulle, d'Aristophane, d'Aratus, des *Métamorphoses* d'Ovide, etc. Ses poëmes sont des idylles où l'on remarque *Louise, la Colline du géant, le Diable enchanté*, etc. On a encore de lui des *Lettres mythologiques*.

VOSSIUS (Gérard-Jean), né en 1577 près d'Heidelberg, accepta à Leyde en 1618 les fonctions de professeur d'éloquence et de chronologie. En 1633, il obtint la chaire d'histoire à Amsterdam. Il mourut en 1649. Il est surtout connu par son *Histoire du pélagianisme*.

VOSSIUS (Isaac), fils du précédent, né à Leyde en 1618, se consacra aux lettres, et devint maître de littérature grecque et bibliothécaire de la reine de Suède. Il mourut en 1689. Il a publié diverses éditions et des traités. Le plus curieux est celui *sur le Chant des poëmes et les forces du rhythme*.

VOTE, acte par lequel, dans une assemblée ou délibération quelconque, on manifeste sa volonté, soit verbalement, soit par écrit ou d'une tout autre manière. (Voy. ÉLECTEURS.) D'après les dispositions du Code pénal, le droit de vote peut, dans des cas particuliers, être interdit, en tout ou en partie, par les tribunaux jugeant correctionnellement.

VOTIAKS, peuplade de l'empire russe, habitant près des rivières Kama et Viatka, dans les gouvernements de Perm, Orenbourg et Viatka. Les hommes sont mal faits et de petite taille. Ils sont pour la plupart cultivateurs et chasseurs. Ils sont en petit nombre.

VOUÈDE. Voy. GUÈDE et PASTEL.

VOUET (Simon), peintre célèbre de l'école française, né à Paris en 1582, reçut une pension de Louis XIII. De son école sortirent Lebrun, Lesueur, Mignard. Premier peintre et maître de dessin du roi, il mourut en 1641. Ses tableaux sont peu remarquables, et semblent peu mériter la vogue dont ils ont joui.

VOUGE, espèce de pieu à large fer. — Serpe attachée à un long manche.

VOUGEOT, petite ville de France, dans le département de la Côte-d'Or, à une lieue et demie N. de Nuits. Elle est célèbre par le bon vin qu'elle produit.

VOUILLÉ, village du département de la Vienne, à 4 lieues O. de Poitiers. Il est célèbre par la bataille qui s'y livra entre Clovis et Alaric en 507. Le premier demeura vainqueur et seul maître des Gaules.

VOULLAND (Henri), né à Uzès en 1750, était avocat à Nimes lorsque la révolution éclata. Envoyé aux états généraux par le tiers état de la sénéchaussée de Nimes et de Beaucaire, il embrassa les principes de la révolution, et provoqua la réunion du comtat d'Avignon à la France. La session de l'assemblée constituante terminée, il fut nommé en 1792 député à la convention nationale, où il vota la mort du roi. Successivement secrétaire et président de cette assemblée, membre du comité de sûreté générale, et enfin président de la société des jacobins, il fut dévoué à la montagne. Cependant il fut un des premiers à concourir à la chute de Robespierre ; ce qui ne l'empêcha pas d'être arrêté comme un des complices de ce terrible conventionnel. Rendu à la liberté, il mourut en 1802.

VOULTE (LA), chef-lieu de canton du département de l'Ardèche, à 5 lieues du département de l'arrondissement de Privas. Population, 2,000 habitants. Cette ville, située sur les bords du Rhône, a un beau château qui a appartenu au duc de Ventadour. En récompense de la fidélité que les habitants montrèrent pour Louis XIII, ils ne furent point soumis à la taille, et ne payaient d'autres impôts que le vingtième auquel les biens nobles étaient seuls assujettis. La Voulte est célèbre par sa mine de fer très-riche.

VOUROUDRIOU, genre d'oiseaux. La seule espèce de ce genre a le sommet de la tête noirâtre avec des reflets verdâtres et cuivrés, un trait noir placé obliquement entre l'œil et le bec ; le reste de la tête, la gorge et le cou sont cendrés ; la poitrine et toutes les parties postérieures, d'un gris blanc ; le dessus du corps jusqu'au bout de la queue est d'un vert cuivré ; les ailes sont colorées de même, avec les grandes pennes d'un noir verdâtre ; les pieds sont rougeâtres, le bec d'un brun foncé. La longueur totale de ce bel oiseau est de quinze pouces. Il appartient à l'Amérique et à l'Océanie.

VOUSSOIR, nom donné, en architecture, à chacune des pierres disposées pour former une voûte. Elle sont taillées en forme de coin tronqué par le bas. Le voussoir du milieu reçoit le nom de *clef de voûte*. Quelquefois les voussoirs ont dans le haut une partie anguleuse qui vient se raccorder avec les assises de pierres avoisinant la voûte. On les distingue alors par la qualification de *voussoirs à croisettes*.

VOUSSURE, nom donné à la portion de voûte qui sert d'empatement à un plafond et en fait la liaison avec la corniche de la pièce. — On étend ce mot à toute sorte de courbures en voûte. Les voussures qui sont en dedans d'une baie de porte ou de fenêtre, derrière la fermeture, s'appellent *arrière-voussures*.

VOUTE, construction en arc de cercle, formée par l'assemblage de plusieurs pierres cunéiformes, c'est-à-dire taillées en coin, que l'on nomme *voussoirs*. Toutes ces pierres appuient l'une sur l'autre, et les deux premières posent sur les murs perpendiculaires, qui, dans ce cas, reçoivent le nom de *pieds-droits de la voûte*. On nomme *voûte en plein cintre* ou *en berceau* celle dont la courbure forme un demi-cercle parfait ; *voûte surbaissée*, celle qui n'offre qu'une portion de cercle plus ou moins considérable ; on la nomme encore *voûte plate* ; *voûte surmontée*, celle qui a plus d'élévation que le demi-cercle. Il y a encore les voûtes *en limaçon, en calotte, annulaire*, etc. ; mais les plus usitées sont celles que nous venons de nommer. — On appelle voûte d'un fer à cheval la partie intérieure de l'arc de ce même fer, laquelle est opposée à la pince.

VOUTE ACOUSTIQUE, voûte construite de façon que la voix de quelqu'un qui parle, même fort bas, d'un certain point, est entendue à un autre point très-distinctement.

VOUTE (anat.), nom donné à plusieurs parties qui sont convexes et arrondies par leur face supérieure, concaves et arquées par leur face inférieure, à la manière des voûtes de certains édifices. Ainsi la *voûte du crâne* est la partie supérieure de cette boîte osseuse ; la *voûte palatine* est la cloison horizontale qui sépare la bouche et les fosses nasales. Elle est formée par les os maxillaires et palatins et par le voile du palais. La *voûte à trois piliers* est une lame de substance médullaire molle, blanche, formée par les filets convergents des circonvolutions postérieures du lobe moyen.

VOUTE ou VOUTE, terme de marine, partie extérieure de l'arcasse, construite en voûte au-dessus du gouvernail.

VOUZIERS, chef-lieu d'arrondissement du département des Ardennes, sur la rive gauche de l'Aisne, à 12 lieues et demie S. de Mézières. Population, 2,400 habitants. Cette petite ville est industrieuse. Elle a été en 1792, à l'époque de l'invasion des Prussiens, un point stratégique assez intéressant. Elle a un tribunal de première instance, une société d'agriculture.

VOYANTS, nom que prenaient les gnostiques et quelques autres hérétiques pour marquer qu'ils étaient plus éclairés que les autres. — Dans l'Écriture, ce mot est synonyme de *prophète*.

VOYER, employé préposé à la police des chemins dans les campagnes et à celle des rues dans les villes.

VOYSIN (Daniel-François), né à Paris en 1654, devint conseiller au parlement, intendant du Hainaut (1688), puis successivement membre du conseil d'État (1694) et secrétaire d'État de la guerre, en remplacement de Chamillart (1709). En 1714, il devint chancelier de France. Il montra beaucoup de faiblesse et de vénalité, et mourut en 1717.

VRAC. On dit que des harengs sont salés en *vrac* lorsqu'on les a mis en tonne avec du sel, en attendant qu'on les mette avec soin dans les barils. On le dit aussi de ceux qu'on apporte tels qu'ils ont été mis dans les barils au moment de la pêche.

VREDELÉE, filet dont les deux bouts sont montés sur deux perches.

VRILLE, petit instrument de fer dont le bout est tourné en spirale, et qui est emmanché d'un morceau de bois couché de travers. Il sert à faire des trous. — En termes de botanique, ce mot se dit de certains appendices avec lesquels la vigne et quelques autres plantes s'attachent aux corps voisins. Il est synonyme de *cirrhe* ou *main*.

VRILLERIE, nom donné par les tailladiers à tous les menus ouvrages et outils de fer et d'acier qui servent aux orfèvres, armuriers, menuisiers et autres artisans, tels que limes, forets, ciseaux, poinçons, enclumes, marteaux, burins, vrilles, etc.

VRILLETTE, genre d'insectes de l'ordre des coléoptères pentamères, famille des serricornes. Ce genre est voisin des *dermestes*, dont il diffère par les antennes, qui sont plus longues, terminées en massue moins grosse, plus allongée. On trouve ces insectes en Europe.

VRILLIER, ouvrier qui fait des vrilles et autres légers outils.

VRILLIÈRE (Louis PHELIPEAUX DE LA), secrétaire d'État sous Louis XIII et Louis XIV, mort en 1700, ne dut son élévation qu'à la souplesse de son caractère, et prit très-peu de part à l'administration. — Son fils BALTHAZAR PHELIPEAUX DE LA VRILLIÈRE, conseiller clerc au parlement, quitta l'état ecclésiastique pour prendre la place de son père, et mourut en 1725, après avoir été dans la dépendance de Louis XIV et du régent. — Son fils LOUIS PHELIPEAUX, DUC DE LA VRILLIÈRE, né en 1705, s'appela aussi *comte de Saint-Florentin*. Nommé secrétaire d'État, puis ministre d'État (1751), il eut de nombreuses marques de bienveillance de la part du roi. Après sa mort, il fut forcé de se démettre (1775), et mourut en 1777, sans laisser de postérité.

VRILLON, petite tarière dont l'extrémité du fer est terminée comme celle d'une vrille.

VSÉVOLOD. Trois grands-princes de Russie ont porté ce nom. — VSÉVOLOD Ier, frère d'Isyaslaf, lui succéda en 1078, au préjudice de ses fils. Ce faible prince mourut en 1093. Il faut rapporter à son règne l'invasion des Bulgares dans les terres de Mourom. Sviatopolk lui succéda. — VSÉVOLOD OLGOVITCH régna après Yaropolk, et mourut en 1146, après un règne sans gloire. Igor lui succéda. — VSÉVOLOD III succéda à Michel en 1176, et mourut en 1212. Sous son règne eurent lieu les premières incursions des Lithuaniens. Georges lui succéda.

VUE, l'un des cinq sens spéciaux dont l'œil est l'organe immédiat, celui par lequel nous distinguons les couleurs et souvent la figure, la distance et le genre de mouvement des objets extérieurs. C'est aussi toutes sortes d'ouvertures par lesquelles on reçoit le jour dans les bâtiments. Ceux à qui appartient un mur mitoyen ne peuvent y pratiquer des vues sans le consentement de l'autre. Le propriétaire d'un mur non mitoyen ne peut avoir des vues droites sur la propriété de son voisin, s'il n'y a à 19 décimètres (6 pieds) d'éloignement entre le mur et les vues pratiquées et cette propriété. Il ne peut non plus y avoir des vues par côté ou obliques, s'il n'y a 6 décimètres (2 pieds) de distance. On appelle *vue de côté* une vue prise dans un mur de face, et qui est distante de 2 pieds du milieu d'un mur mitoyen en retour jusqu'au tableau de la croisée : on la nomme plus ordinairement *bée* ; *vue de prospect*, une vue libre dont on jouit par titre jusqu'à une certaine distance et au-delà de laquelle personne ne peut bâtir ni planter aucun arbre ; *vue dérobée*, une petite fenêtre pratiquée au-dessus d'une plinthe ou corniche, ou dans quelque ornement, pour éclairer en abat-jour des entresols ou petites pièces, et pour ne point gâter la décoration d'une façade ; *vue faîtière*, un petit jour pris vers le faîte d'un comble à la pointe d'un pignon ; *vue de servitude*, une vue qu'on est obligé de souffrir en vertu d'un titre qui en donne la jouissance au voisin ; *vue de souffrance*, celle dont on a la jouissance par le consentement d'un voisin, sans titre.

VUE. En termes de commerce, ce mot signifie le jour de la présentation d'une lettre de change à celui sur qui elle est tirée et qui doit la payer, par celui qui en est le porteur ou qui doit la recevoir. Quand on dit qu'une *lettre est payable à vue*, on entend qu'elle doit être payée sur-le-champ, sans remise, et dans le moment même qu'on la présente à la vue de celui sur qui elle est tirée ; on dit aussi une lettre payable à trois, cinq, trente, etc., jours de vue, c'est-à-dire à tant de jours après qu'on l'aura fait voir à celui qui doit la payer.

VUKOVAR, chef-lieu du comitat de Szirmegh (Esclavonie), sur le Danube, à 8 lieues S.-E. d'Essek, avec 5,000 habitants.

VULCAIN (myth.), l'*Héphaistos* des Grecs, le *Phta* des Égyptiens, dieu du feu, était fils de Jupiter et de Junon. Son père le précipita du ciel pour avoir tenté de délivrer sa mère, que Jupiter avait suspendue dans les airs. Selon d'autres, c'est sa mère elle-même, honteuse d'avoir donné le jour à un être laid et difforme. Il se cassa la jambe dans cette chute, et resta toujours boiteux. Il s'établit à Lemnos, y éleva des forges, et apprit aux hommes l'art de travailler les métaux. Il fabriqua, à l'aide des Cyclopes, les foudres de Jupiter, les armes d'Achille et d'Énée, le bouclier d'Hercule, le collier d'Hermione et le sceptre d'Agamemnon. Vulcain épousa Vénus (voy.), qui lui fut souvent infidèle. Dans les anciens monuments, on représente ce dieu barbu, à demi nu, portant un bonnet rond et pointu, et tenant de la main droite un marteau, et de la gauche des tenailles.

VULCANALES, fêtes de Vulcain, duraient huit jours. Elles commençaient le 23 août. Les rues de Rome étaient illuminées, et l'on allumait des feux où l'on laissait se consumer en entier les victimes.

VULCANIENNES (ILES), nom donné aux îles Éoliennes ou Lipari, dans lesquelles on plaçait la résidence de Vulcain.

VULCATIUS GALLICANUS, sénateur romain, vivait sous le règne de Dioclétien. C'est un des auteurs de l'*Histoire auguste*. Il ne nous reste de lui qu'un fragment qui traite de la révolte d'Avidius Cassius.

VULGATE, nom donné à la version latine des livres saints, telle qu'elle a été reconnue par le concile de Trente, et dont on se sert dans l'Église catholique. Il y en a eu plusieurs. Parmi les plus anciennes est la version appelée *italique*, *commune*, *ancienne*, faite sur le grec des Septante. Nous ne l'avons plus qu'éparse en divers manuscrits. Saint Jérôme donna une nouvelle traduction en 404 ou 405. C'est celle que suit l'Église. Dans cette traduction, les livres traduits de l'hébreu, dans lequel ils avaient été originairement écrits, sont de saint Jérôme ; pour ceux qui ne se trouvent qu'en grec, comme la Sagesse, l'Ecclésiastique, les Machabées, Baruch, etc., il n'y toucha point, et ils sont encore de l'ancienne Vulgate. Il traduisit aussi le Nouveau Testament sur le grec, à la prière du pape Damase. Les protestants rejettent la Vulgate.

VULNÉRAIRE, ce qui concerne les plaies, les blessures, synonyme de *traumatique*. — Les anciens appelaient ainsi les médicaments qu'ils croyaient bons à favoriser la consolidation des plaies. — *Vulnéraire suisse*. Voy. FALLTRANCK.

VULPIN, genre de la famille des graminées, renfermant des plantes que l'on trouve dans nos contrées. Les graines peuvent servir à faire du pain.

VULSINIENS, peuples de l'Étrurie, vers le S., habitaient entre le Tibre, la mer et le lac *Vulsinien* (lac de Bolsena). Leur capitale était VULSINIES (Bolsena), sur la rive septentrionale du lac de même nom.

VULSON (Marc DE), sieur DE LA COLOMBIÈRE, gentilhomme de la chambre du roi, mort en 1658. On a de lui la *Science héroïque*, traitant de la noblesse, de l'origine des armes, etc., un *Recueil de plusieurs pièces et figures d'armoiries*, le *Théâtre d'honneur et de chevalerie*, de *l'office des rois d'armes*.

VULTUEUSE, nom donné par certains médecins à la face rouge et gonflée qu'on observe dans quelques maladies.

VULTURNE, nom ancien du *Volturne*.

VULVAIRE. Voy. ARSÉNINE.

VYASA, philosophe indien, auteur d'un petit *traité* en quatre chapitres. C'est un ouvrage extrêmement obscur.

W

W, double lettre qui ne fait pas partie de notre alphabet français, et qui est propre aux peuples du nord de l'Europe. Les Russes seuls ne s'en servent pas. C'est surtout dans les langues allemande, hollandaise et anglaise que l'on rencontre souvent le *w*. — En marine, l'on emploie cette lettre pour désigner le mot *variation*.

WACE (Robert), ancien poète français, né dans l'île de Jersey en 1112. Il termina en France ses études, qu'il avait commencées en Normandie. Il fut clerc de la chapelle de Henri II, roi d'Angleterre, et chanoine de Bayeux. Il mourut en 1182. On a de lui plusieurs poèmes en vers alexandrins, une *Vie de saint Nicolas*, la *Chronique ascendante des ducs de Normandie*, l'*Établissement de la fête de la Conception de la Vierge* ; mais les plus connus de ses ouvrages sont le *Roman du Rou et des ducs de Normandie* (1160-1174) et le *Roman de Brut* (1155). C'est une chronique fabuleuse des rois d'Angleterre, composée d'après les anciennes légendes bretonnes.

WACKE. Voy. VAKE.

WAERMLAND ou VAERMLAND, ancienne province de Suède, formant aujourd'hui le gouvernement de *Carlstad*, appelé aussi quelquefois *Waermland*. Son sol, léger et sablonneux, produit néanmoins assez de froment, de seigle, de pommes de terre et d'avoine. Elle est riche en mines de fer, et en produit annuellement 300,000 quintaux.

WAGENAAR (Jean), écrivain célèbre, né à Amsterdam en 1709, fut nommé historiographe de cette ville en 1758, et mourut en 1773. Ses principaux ouvrages sont une *Histoire de Hollande*, depuis les temps les plus reculés jusqu'en 1751, en 21 volumes in-8°, l'*État actuel des Provinces-Unies*, la *Description historique de la ville d'Amsterdam*, le caractère de Jean de *Will mis dans son vrai jour*, et des *Opuscules historiques et politiques*.

WAGON, nom donné aux chars qui font partie des convois remorqués par les machines à vapeur. Ces chars sont construits de manière à transporter les personnes ou les fardeaux.

WAGRAM, village d'Autriche, à 2 lieues de Vienne. Il est célèbre par la victoire que les Français, commandés par Napoléon, y remportèrent le 6 juillet 1809 contre l'armée autrichienne, commandée par l'archiduc Charles. L'ennemi eut 3 généraux tués, 10 blessés, 24,000 hommes blessés ou tués, 20,000 prisonniers, 30 canons et plusieurs drapeaux. Les Français perdirent 3 généraux, et en eurent 24 de blessés, plus 20,000 soldats hors de combat.

WAHABIS ou WAHABITES, sectaires mahométans, fondés par *Abdel Wahab*, né vers la fin du XVIIe siècle dans le Nedjed, province d'Arabie. Ces sectaires ne croyaient pas que le Coran fût d'institution divine, regardaient Jésus-Christ, Mahomet et les autres prophètes, comme des sages aînés de Dieu, et n'adressaient leurs prières qu'à Dieu seul ; ils proscrivaient les cérémonies et les décorations funèbres comme impies. Leur frugalité était très-grande. Leur capitale était Dreyeh, à plusieurs journées de Bassora. L'autorité temporelle et spirituelle était partagée entre deux chefs. La secte des wahabites, dispersée dans tout l'Orient, subsiste encore.

WAHAL, bras méridional du Rhin, qui s'en détache près d'Emmerich, et se jette dans la mer du Nord à Briel.

WAILLY (Noël-François DE), né à Amiens en 1724, membre de l'Institut national, s'attacha à l'étude de la grammaire française, et en approfondit les principes. Il est mort en 1801. On a de lui une *Grammaire ou Principes généraux et particuliers de la langue française* ; de l'*Orthographe* ou *Moyens simples et raisonnés de diminuer ses imperfections dans la langue latine* ; plusieurs *traductions* et *éditions* Il a encore eu part à une édition du dictionnaire de l'académie.

WAILLY (Charles DE), architecte du roi, membre de l'Institut de France, né à Paris en 1729, étudia sous Servandoni. Il remporta le grand prix d'architecture, et alla à Rome, où il étudia avec ardeur les monuments antiques et les dessins des grands maîtres. Appelé à l'académie d'architecture, de peinture et de sculpture, il fut nommé par le roi contrôleur de ses bâtiments, et construisit la belle salle de l'Odéon. Nommé ensuite administrateur du musée central des arts et membre de l'Institut, il fut chargé par le gouvernement d'aller en Flandre et en Hollande recueillir les monuments des arts propres à l'ornement de ce musée. Il mourut en 1798.

WAKEFIELD, ville du comté d'Yorck, à peu de distance de la ville du même nom, en Angleterre, sur le Calder, rivière qui a été rendue navigable. Sa population est de 7,000 habitants. Elle a des fabriques de draps, chapeaux et des raffineries de sucre.

WALBOURG, jadis comté de Souabe, appartenant au roi de Wurtemberg. Le lieu le plus considérable est SCHEER, petite ville de 4,000 âmes.

WALDECK, principauté d'Allemagne, formée par l'ancien comté de Waldeck, qui faisait partie du cercle du Haut-Rhin, et bornée par les gouvernements prussiens de Minden, d'Aremberg et la Hesse électorale. Sa superficie est de 43 lieues carrées, et sa population de 56,000 habitants. Le sol, pierreux et couvert de bois, est assez fertile, et produit beaucoup de céréales. On y trouve des mines de fer, de plomb, de cuivre, des carrières de marbre et d'albâtre. Cette principauté a une constitution depuis 1816. Les états, composés de possesseurs de terres nobiliaires, des députés de treize villes, et de dix membres représentant les paysans, fixent les impôts et proposent les lois. Ils se réunissent annuellement dans la ville d'Arolsen. Les revenus du prince sont de 440,000 florins; la dette nationale est de 1,800,000 florins. Le prince a la seizième voix à la diète.— Cette principauté possède le comté de Pyrmont, et met sur pied 578 hommes. La capitale est KORBACH, avec 2,200 âmes et un gymnase. *Arolsen* avec 2,100 âmes, est le siége du gouvernement. La branche collatérale des princes de Waldeck possède *Melbe*, *Kœnigshagen* et *Berckheim*, ainsi qu'une partie du Limbourg.

WALDEMAR. Deux rois de Danemarck ont porté ce nom. WALDEMAR I*er*, *le Grand*, fils de saint Canut, naquit en 1131, fut élevé en Russie. Après la mort d'Erik III, il disputa le trône à Canut V et à Suénon III, qui voulaient s'en emparer. Suénon fit périr Canut V dans un festin qu'il lui avait donné. Il fut lui-même vaincu par Waldemar, et mourut dans le combat (1164). Waldemar, devenu seul roi, pardonna à tous ses ennemis, et châtia les Vendes qui pillaient les côtes du Danemarck. Ces peuples se soumirent et embrassèrent le christianisme. Waldemar mourut en 1181. On lui doit les codes appelés *la loi de Scanie* et la *loi de Séeland*. Une de ses filles, Ingeburge, épousa Philippe Auguste, roi de France.—
WALDEMAR II, *le Victorieux*, né en 1170, succéda en 1202 à son frère Canut VI. Il envoya en 1204 des secours à Erling, roi de Norvége, qui s'engageait à payer un tribut au Danemarck, reçut les hommages du duc de Prusse, rebâtit Lubeck et fonda Stralsund. Il embrassa le parti de l'empereur Frédéric II, antagoniste d'Othon, et en obtint en échange plusieurs provinces qui furent jointes à son royaume. En 1218, il attaqua et soumit les Esthoniens. Fait prisonnier par trahison par Henri, comte de Schwerin, il lève une armée pour se venger. Mais, vaincu (1225), il obtient la paix en 1229. Cette paix coûta au Danemarck le Holstein, le Mecklembourg et la Poméranie. Waldemar se consacra dès lors à la réforme des lois. Il publia le *Code du Jutland*, et mourut en 1241.

WALDSTAEDT ou LAC DES QUATRE-CANTONS, beau lac de Suisse, entre les cantons de Lucerne, Uri, Unterwalden et Schwitz, présente trois branches principales nommées d'après leur position lacs de Lucerne, de Schwitz et d'Uri. — Le nom de Waldstaedt est encore commun aux quatre-cantons que nous avons nommés plus haut.

WALKEREN, île populeuse et fertile de la Hollande, à l'embouchure du Hondt, et faisant partie de la Zélande. La capitale est MIDDELBOURG. La superficie de cette île est de 18 lieues carrées, et sa population de 30,000 habitants.

WALLACE ou WALLEYS (William), célèbre guerrier écossais, né en 1276, était fils d'un chevalier du comté de Renfrew. Il conçut le projet de délivrer l'Ecosse du joug que faisaient peser les Anglais sur cette nation, rassembla en 1295 une petite armée, et remporta plusieurs avantages sur les ennemis. Les Ecossais le proclamèrent leur général et vice-roi; il vainquit les Anglais commandés par le comte de Warren, et au nombre de 40,000 hommes, dans une grande bataille livrée en septembre 1297. Son armée s'accrut de jour en jour. Il résolut de marcher sur l'Angleterre, en envahit les comtés septentrionaux, y mit tout à feu à sang, poussa ses ravages jusqu'à Durham, et revint en Ecosse chargé de dépouilles. Edouard I*er*, roi d'Angleterre, qui était en Flandre, retourna à la hâte dans son royaume, et rassembla une armée de 87,000 hommes pour combattre Wallace. Il ne cessa de porter les armes contre les ennemis, même après qu'Edouard se fut entièrement emparé de l'Ecosse (1304). Ce prince mit sa tête à prix. Un de ses amis le trahit et le livra aux Anglais. Wallace fut décapité le 23 août 1305.

WALLENSTADT, petite ville de Suisse, dans le canton de Saint-Gall, près du lac de ce nom. Population, 3,000 habitants. Cette ville est un lieu de passage entre l'Allemagne et le canton des Grisons; elle est à 6 lieues d'Appenzell. — *Le lac Wallenstadt* a 4 lieues carrées. Il est très-profond dans certaines parties, et entouré de hautes montagnes. Il est très-poissonneux.

WALLENSTEIN ou WALDSTEIN (Albert-Wenceslas-Eusèbe), duc de Friedland, de Sagan et de Mecklembourg, né en 1583 en Bohême. L'empereur Mathias lui conféra la dignité de comte et le grade de colonel d'un régiment de cavalerie. Il fut nommé chambellan en 1617. La ligue des états de la basse Saxe s'étant élevée en 1625 contre l'empereur, Waldstein leva à ses frais une armée de 40,000 hommes, et en fut nommé généralissime. Il remporta une grande victoire sur le comte de Mansfeld en 1626, le poursuivit en Silésie, d'où il le chassa, et s'empara du Mecklembourg, de la Poméranie et du Brandebourg. L'empereur le récompensa par la concession d'un grand nombre de terres seigneuriales conquises. Les princes dépossédés appelèrent à leur secours Gustave-Adolphe, roi de Suède. Des intrigues de cour avaient amené Ferdinand à retirer le commandement à Waldstein. Tilly, qu'on opposa seul à Gustave, fut défait en plusieurs rencontres, et les Suédois pénétrèrent en Allemagne. L'empereur alarmé rappela Waldstein, et lui remit les pouvoirs (1632). Mais son courage et son habileté ne purent empêcher que les Suédois ne fussent vainqueurs à Lutzen, où Gustave perdit la vie. Il vengea cette défaite par la victoire de Steinau en 1633. Las de combattre pour un empereur défiant et jaloux de ses généraux, Waldstein, possesseur d'un nombre immense de souverainetés, conçut le projet de se rendre indépendant, et fit prêter par ses troupes et par ses officiers en 1634 le serment de défendre sa personne et de s'attacher à sa fortune. L'empereur alarmé le déclara déchu de ses pouvoirs, et donna le commandement de l'armée à Gallas et à Piccolomini, avec mission de l'amener mort ou vivant. Ce grand général, surpris à l'improviste par des traîtres qu'avait gagnés l'empereur, mourut assassiné le 21 février 1634.

WALLER (Edmond), poëte anglais, né à Coleshill en 1605. Il reçut de Charles I*er* l'accueil le plus favorable, devint à la cour prince, et chercha en 1643 à réduire la ville de Londres en son pouvoir; mais, ce dessein ayant été découvert, il fut mis en prison et condamné à une forte amende. Dès qu'il eut recouvré sa liberté, il alla en France. De retour en Angleterre, il flatta Cromwell et en fut bien accueilli. Charles II ne lui montra pas moins de considération. Il brilla encore sous Jacques I*er*, et mourut en 1687. On a de cet écrivain courtisan un *Poëme sur l'amour divin*, des *poésies*, des *discours* et des *lettres*.

WALLIS (Jean), mathématicien anglais, né à Ashford en 1616, fut ministre de l'église de Saint-Martin à Londres. Son talent lui procura en 1649 la chaire de géométrie à l'université d'Oxford, et en 1657 la charge de conservateur des archives. Il fut l'un des premiers membres de la société royale de Londres, à l'établissement de laquelle il contribua beaucoup. Wallis fut fut un des créateurs de l'enseignement des sourds-muets. Il mourut en 1703. On a de lui plusieurs ouvrages en latin; entre autres une *Arithmétique*, un traité des *Sections coniques*, l'*Arithmétique des infinis*, des *éditions* d'anciens ouvrages de mathématiques, etc.

WALLON ou WALEN, nom donné aux habitants de certaines provinces de Belgique, telles que l'Artois, le Hainaut, Namur, une partie de la Flandre, le Brabant, le pays de Liége, le Limbourg et le Luxembourg. Ils parlent la langue wallone ou ancien français, que quelques auteurs croient dérivée du gaulois. — Les *gardes wallones*, qui formaient autrefois une partie des troupes d'élite qu'entretenait l'Espagne, avaient reçu ce nom de ce qu'elles furent recrutées parmi les Wallons pendant tout le temps de la puissance espagnole dans les Pays-Bas.

WALPOLE (Robert), comte d'Oxford, ministre d'Etat anglais, né à Houghton dans le comté de Norfolk en 1676, entra en 1700 à la chambre des communes. Son éloquence lui donna bientôt une grande popularité. En 1708, il fut nommé secrétaire d'Etat au département de la guerre et trésorier de la marine. Il sortit des affaires en 1711 avec son protecteur Marborough. La chambre des communes l'accusa de corruption et de péculat, et l'expulsa de son sein. Il y rentra en 1714. Georges I*er*, devenu roi, nomma Walpole payeur général de son armée et membre du conseil privé, puis premier commissaire de la trésorerie, chancelier et sous-trésorier de l'échiquier. Premier ministre sous Georges I*er* et Georges II, il fut nommé pair de la Grande-Bretagne par ce dernier, et mourut en 1745. Le commerce, l'industrie et la navigation prirent un grand accroissement sous son ministère; mais son administration fut flétrie par les moyens qu'il employa à se faire des partisans.

WALPOLE (Horace), troisième fils du précédent, né en 1717. Nommé inspecteur général des exportations en 1738, il devint successivement huissier de l'échiquier et membre du parlement en 1741. Il prit l'année suivante la parole pour la défense de son père, et se borna depuis à voter pour le ministère jusqu'en 1761 que se termina sa carrière politique. En 1765, il alla à Paris, où il se lia avec M*me* Dudeffant, et se consacra désormais à la pratique des belles-lettres. Il mourut en 1797. On a de lui des *Anecdotes sur la peinture*, des *Doutes historiques sur la vie et sur le règne de Richard III*, un *Catalogue d'auteurs célèbres*, sa *Correspondance particulière*, des *Mémoires sur les dernières années du règne de Georges II*, *la Mère mystérieuse*, tragédie, *le Château d'Otrante*, roman; un *Essai sur le jardinage moderne*, et des *opuscules*.

WALSINGHAM, d'une ancienne famille d'Angleterre, né au commencement du XVI*e* siècle. La reine Elisabeth l'envoya deux fois en France en qualité d'ambassadeur. Il fut témoin dans son premier voyage du massacre de la Saint-Barthélemy, et faillit à y être enveloppé. Il s'acquitta si bien de cette ambassade que la reine le fit secrétaire d'Etat. Disgracié malgré les grands services qu'il avait rendus à l'Angleterre, il mourut en 1590. On a de lui des *Mémoires et Instructions pour les ambassadeurs*.

WALTON (Briand), évêque de Chester en Angleterre, naquit à Cleveland dans le comté d'Yorck en 1600. En 1639 il fut reçu docteur en théologie, et sacré évêque de Chester en 1660. Il mourut à Londres l'année suivante. Il s'est rendu célèbre par son édition de la Bible en neuf langues, connue sous le nom de *Bible polyglotte* ou *de Walton*. Commencée en 1653, elle fut achevée en 1657. Edmond Castell, Alexandre Huisch, Samuel Clarke, Thomas Hyde, Stokes, Welock, Herbert Thorndike, Edouard Potok et plusieurs autres aidèrent Walton dans ce travail.

WARADEIN, ville forte de Hongrie, sur le Koros, dans le comitat de Bihar, à 30 lieues de Temesvar. Population, 7,000 habitants. Elle a un archevêché catholique, un évêché grec, une académie et un gymnase. Elle possède des manufactures de laines, draps, étoffes de laine, etc. Ses environs renferment des sources d'eaux thermales et des carrières de marbre.

WARANDEUR, gens nommés, à Dunkerque, par le magistrat, pour assister aux salaisons des harengs.

WARASDIN, cercle de Croatie. Sa superficie est de 60 lieues carrées, et sa population de 95,000 habitants. La capitale de ce pays fertile est une ville forte, sur la Drave, à 50 lieues de Vienne, avec 4,500 habitants. Elle fait un commerce assez considérable, et possède dans ses environs des sources d'eaux thermales.

WARIN (Jean), sculpteur et graveur, né à Liége en 1604, entra en qualité de page au service du comte de Rochefort, prince du saint-empire. Plusieurs machines ingénieuses qu'il inventa pour frapper les médailles lui firent une grande réputation. Louis XIII lui donna la charge de conservateur des monnaies de France. Ce fut en ce temps-là que Warin fit le sceau de l'académie française, où il représenta Richelieu d'une manière si frappante, que cet ouvrage passe à juste titre pour son chef-d'œuvre. Ce fut encore lui qui grava les poinçons des monnaies lors de la conversion des monnaies que Louis XIII fit faire dans le royaume. Ce travail mérita à Warin la charge de graveur général pour les monnaies. Il mourut en 1672.

WARREN (Joseph), né à Roxbury en 1740 (États-Unis), était médecin à l'époque de la lutte de cette nation contre l'Angleterre. Il s'immisça dans toutes les affaires politiques de ces temps, et montra le plus grand zèle et le plus grand courage. En 1766, il devint un des principaux membres de l'assemblée secrète de Boston, et eut une grande part à tout ce qui fut décrété dans cette assemblée. Nommé président du congrès provincial, puis major général de l'armée républicaine, il fut tué dans le combat de Bunker en 1775.

WARTA, grande rivière de Pologne, prend naissance aux environs de Cracovie, et se jette dans l'Oder près de Custrin, après un cours de 110 lieues.

WARWICK, comté d'Angleterre, borné par ceux de Derby, Northampton, Oxford, Glocester et Stafford. Sa superficie est d'environ 128 lieues carrées, et sa population de 230,000 habitants. Le sol est très fertile, produit beaucoup de céréales et d'excellents pâturages qui nourrissent des bestiaux estimés. Le chef-lieu est Warwick, ville ancienne, à environ 85 lieues de Londres, avec 7,000 habitants. Cette ville renferme de nombreuses manufactures, et fait un commerce très actif. — Le comté de Warwick a été pour apanage à plusieurs hommes célèbres.

WARWICK (Richard Beauchamp, comte de), favori de Henri V, roi d'Angleterre. En 1412, il commanda une expédition contre la France, livrée à cette époque à des dissensions intestines. Ambassadeur au concile de Constance en 1414, puis auprès du duc de Bourgogne Jean sans Peur en 1416, il suivit Henri V en France, s'empara de la Roche-Guyon (1419), et devint un des principaux capitaines de l'armée anglaise. À la mort de Henri, il continua à faire la guerre à la France. Devenu gouverneur du nouveau roi Henri VI (1426), il eut beaucoup de part à la mort de Jeanne d'Arc. Nommé régent de France, en 1437, après que Henri eut reçu la couronne de France à Saint-Denis, il ne put repousser les armées victorieuses des Français, et mourut en 1439, avant d'avoir vu l'expulsion des Anglais de la France.

WARWICK (Richard Nevil, comte de), de la famille des Nevil, né au commencement du XVe siècle. Dans la guerre civile qui éclata à cette époque en Angleterre, il remporta en 1455, à Saint-Albans, une victoire complète, ainsi que sous les murs de Northampton en 1460, et le roi tomba entre ses mains. Richard proclama Edouard d'Yorck roi sous le nom d'Edouard IV, et fit enfermer Henri VI à la Tour de Londres. Il régna quelque temps sous le nom du roi qu'il avait fait; les seigneurs, lassés, se révoltèrent; il fut forcé de se réfugier en France. De retour en Angleterre, il releva la maison de Lancastre. Edouard fut forcé de s'enfuir en Hollande. Warwick, qui dès lors fut surnommé *le Faiseur de rois*, marcha sur Londres, retira de la Tour le roi Henri VI, et lui demanda pardon. Il fut créé régent. Edouard IV, ayant encore voulu tenter le sort des armes, vainquit (1471) ses ennemis à la bataille de Barnet, où Warwick trouva la mort. Ce fut le signal de la ruine de la maison de Lancastre.

WASHINGTON (Georges), un des fondateurs de la république des États-Unis, né à Bridge-Creek en Virginie en 1732: Il se distingua pendant la guerre que soutint la France contre l'Angleterre dans le Canada, et fut nommé commandant en chef de toutes les troupes du pays. À la paix, il donna sa démission. Lors du soulèvement des États-Unis, Washington provoqua, avec Franklin, Adams, Payne, etc., un congrès national, composé de députés de diverses provinces. Ce congrès choisit Washington pour généralissime (1775). Avec une armée faible et mal disciplinée, il s'empara de Boston, proclama (4 juillet 1776) l'indépendance des États-Unis de l'Amérique du Nord. Le 20 janvier 1783, l'Angleterre la reconnut par un traité. Washington en fut élu président à l'unanimité en 1787. Il contribua beaucoup par ses conseils à l'établissement d'une constitution sage et propre à affermir la puissance qu'il avait fondée. Réélu en 1793, il refusa la troisième présidence, et se retira à Mont-Vernon, où il se livra aux soins agricoles jusqu'à sa mort, arrivée en 1799.

WASHINGTON ou **Ville fédérale**, capitale des États-Unis d'Amérique, dans le district de Columbia, sur la rive septentrionale du Potomak. Cette ville est bâtie avec une grande régularité. Les principaux édifices sont le Capitole, construit en marbre blanc; l'hôtel du président de la république, entouré des quatre secrétaireries des affaires étrangères, de la trésorerie, de la guerre et de la marine; l'hôtel de ville, l'arsenal, le cirque, la caserne de la marine, la bibliothèque nationale, l'office général des postes; le conservatoire des arts, et plusieurs églises. Elle possède des sociétés de médecine, de botanique, de colonisation, historique, etc.; un institut national, un institut colombien, un pénitentiaire, une école lancastrienne, plusieurs banques, des imprimeries, papeteries, manufactures, fonderies de canons, et un beau chantier de construction. Washington a été fondée en 1792, en l'honneur de l'homme illustre dont elle porte le nom. Le siége du gouvernement y a été transféré en 1800. Sa population est de 25,000 âmes.

WAST ou **Waast**. Voy. **Vaast**.

WATELET (Claude-Henri), né à Paris en 1718, cultiva de bonne heure les lettres et les arts. Ayant reçu le titre de receveur général des finances, il ne se livra pas moins aux plaisirs de l'étude. L'académie française et plusieurs autres académies l'admirent dans leur sein. Il mourut en 1786. On a de lui un poëme sur l'*Art de peindre*, un *Essai sur les jardins*, plusieurs *tragédies*, un *Dictionnaire de peinture, de sculpture et de gravure*.

WATERFORD, comté d'Irlande, dans la province de Munster, borné par les comtés de Tipperary, Kilkenny, Cork, Wexford et le canal de Saint-Georges. Sa superficie est de 96 lieues carrées, et sa population de 128,000 habitants. Le sol est montagneux, mais fertile. Le chef-lieu est Waterford, près de la baie de ce nom, formé par l'embouchure de la Barrow dans la Suir, à 30 lieues de Dublin. Population, 29,000 habitants. C'est une grande ville, qui fait un commerce assez important.

WATERLOO, village des Pays-Bas, dans le Brabant méridional, à l'entrée de la forêt de Soigny, près du mont Saint-Jean, à 4 lieues de Bruxelles. C'est là que fut livrée, le 18 juin 1815, la célèbre bataille de ce nom, entre l'armée française, commandée par Napoléon, et l'armée anglo-prussienne, commandée par le duc de Wellington et Blücher. La défaite de l'armée française décida la seconde abdication de l'empereur, et mit fin aux cent jours.

WATT (James), né à Greenock en Angleterre en 1736, fut mis, dès l'âge de seize ans, en apprentissage chez un fabricant d'instruments de mathématiques, et se fixa à Glasgow pour exercer sa profession. En 1757, il fut nommé fabricant d'instruments de physique de l'université. Après de grands travaux et de nombreuses expériences, il reconnut tout le parti que la mécanique pouvait retirer de la force motrice propre à la vapeur, et découvrit la *machine à vapeur*. On a voulu attribuer cette invention à plusieurs physiciens qui avaient vécu avant lui. Il est possible que ces savants aient connu la puissance élastique de la vapeur; mais aucun n'a, avant Watt, inventé une machine, au moyen de laquelle ce corps, employé comme puissance motrice, engendrait un mouvement de rotation continu, régulier, constant. Watt mourut en 1820.

WATTEAU (Antoine), peintre célèbre, né à Valenciennes en 1684. Il fut reçu à l'académie de peinture de Paris en 1715, et mourut en 1721. Ses tableaux offrent des scènes champêtres ou comiques, quelquefois bouffonnes. Ils se distinguent par la naïveté, l'expression, la grâce des figures et la beauté du coloris. On le regarde même comme le premier coloriste de l'école française. Le musée du Louvre possède plusieurs tableaux de ce peintre, entre autres le *Voyage à Cythère*.

WAUWERMANS (Philippe), peintre célèbre, né à Harlem en 1620, mort en 1668, excella dans les paysages. Il les ornait de chasses, de haltes, de campements d'armée, de petits combats et d'autres petits sujets semblables. Ses tableaux sont remarquables par la beauté du travail, l'élégance, la correction des figures, l'accord et la vivacité des couleurs.

WEBER (Carl-Maria, baron de), compositeur célèbre, né à Eutin dans le Holstein en 1786, montra dès son enfance les plus grandes dispositions pour la peinture et la musique. En 1800, âgé de quatorze ans, il écrivit l'opéra de *Sylvana*, qui eut un grand succès, puis celui de *Pierre Schmoll* (1801). Il termina son éducation musicale chez le célèbre abbé Vogler (1803), et fut appelé à Breslau pour y remplir les fonctions de maître de chapelle. Son opéra de *Der Freyschütz*, qui parut à Berlin en 1822, plaça Weber au rang des plus grands maîtres. On l'a traduit en français sous le nom de *Robin des Bois*. Appelé à Londres, il y écrivit *Obéron*, son dernier chef-d'œuvre, et mourut en 1827. On encore de ce grand compositeur les opéras d'*Euriante*, *Abu-Hassan* et *Rubezall*, plusieurs belles *cantates*, des *symphonies* et des *sonates* pour le piano.

WEHMIQUE (**Cour**) ou **Sainte-Wehme**, célèbre tribunal secret qui répandit en Allemagne son pouvoir invisible et mystérieux, et qui comptait plus de cent mille initiés, liés entre eux par des serments terribles. Les siéges de ce tribunal redouté étaient en plein air et en public; il faisait assigner les personnes suspectes. Si l'accusé ne répondait pas à la troisième citation, il était présumé troubler la paix du pays, inscrit sur le registre des condamnés, c'est-à-dire sur le *livre de sang*, et les initiés étaient chargés de le poursuivre et de lui donner la mort. Les armes de la société étaient un poignard et un chevalier tenant un bouquet de roses; leur mot de reconnaissance, *wehem-gericht*. Les associés se nommaient entre eux *francs juges*, *sages* ou *voyants*. Le franc juge qui dévoilait le secret de l'ordre, ou cherchait à sauver un accusé, était déclaré traître, rayé de la liste des associés, et mis à mort. La Westphalie fut le principal théâtre de ce tribunal redoutable, que les empereurs n'osèrent détruire.

WEIMAR, grand-duché de Saxe. Sa superficie est de 182 lieues carrées, et sa population de 227,000 habitants, dont 10,000 catholiques et le reste juifs ou protestants. Il comprend la principauté de Weimar, laquelle se divise en cercle de *Weimar-Iéna*, cercle de *Neustadt*, et en principauté d'*Eisenach*. Le sol est montagneux, mais fertile, arrosé par l'Ilm et la Saale. On y recueille du vin et des céréales. Il y a en outre de belles forêts, des mines d'argent, de cuivre, de fer, de cobalt et des salines. On y élève beaucoup de bestiaux. L'industrie s'exerce sur les filatures de laine, la fabrication des bas et de la toile. Les revenus de l'Etat s'élèvent à environ 1,000,000 de thalers, et le grand-duché, qui a une voix à l'assemblée générale, fournit 2,010 hommes à l'armée de la confédération. La capitale est WEIMAR.

WEIMAR, sur l'Ilm, résidence de la famille royale, siége des tribunaux et de toutes les administrations. Population, 11,500 habitants. Weimar possède une bibliothèque ducale renfermant plus de 150,000 volumes, en outre des manuscrits, des gravures et des dessins; une belle cathédrale qui renferme les tombeaux des ducs, un gymnase, une école normale, une école de dessin, une maison de correction, un hôpital, un hospice d'orphelins, une maison de santé, un théâtre, un comptoir d'industrie nationale et un institut géographique.

WELCHES, nom primitif des Celtes qui ont peuplé la Gaule, le nord de la péninsule ibérique et plusieurs parties de la Grande-Bretagne. C'est de ce nom que les Romains firent *Galli* ou *Gaulois*. Le mot *welche* a passé dans notre langage usuel pour désigner des hommes ignorants, sans goût, ennemis de la raison et des lumières.

WENCESLAS. Voy. VENCESLAS.

WENERN, lac de Suède. Il est long de 35 lieues sur 20 de large; il est ainsi le plus grand de l'Europe après ceux de Ladoga et d'Onéga; il reçoit plusieurs affluents, parmi lesquels on remarque le *Clara-Elf*. La Gotha en sort pour aller se jeter dans le Cattégat. Le canal de Gothie réunit le Wenern au Wettern.

WENERSBORG, gouvernement de Suède. (Voy. ELFESBORG.) Le chef-lieu, qui a le même nom, est situé sur le lac Wenern, à l'endroit où la Gotha en sort pour aller se jeter dans le Cattégat. Sa population est de 2,000 habitants.

WERRA, rivière de la haute Saxe, prend sa source dans la forêt de Heldrieth, passe à Eisfeld, Hildburghausen, Meinungen, Kreutzberg, et se jette dans la Fulde à Minden, sur la limite du royaume de Hanovre et de la Hesse électorale, entre Gœttingue et Cassel. Le fleuve qui résulte de cette union prend le nom de *Weser*.

WERTHEIM, petite seigneurie de Bavière. Sa superficie est de 10 lieues carrées, et sa population de 12,000 habitants. La capitale est WERTHEIM, à 7 lieues de Wurtzbourg, avec 3,200 âmes. Cette ville est très-commerçante, et possède des fabriques de toiles et de cuirs.

WESER, fleuve d'Allemagne, le *Visurgia* des anciens, dans la basse Saxe, formé de la jonction de la Fulde et de la Werra près de Minden. Le Weser parcourt le Hanovre, le Brunswick, le comté de Cobourg-Lippe, la Westphalie, le territoire de Brême, le duché d'Oldenbourg, et se jette dans la mer du Nord au-dessous de Brême. Son cours est d'environ 75 lieues, et les navires le remontent jusqu'à Vegesach. Il porte bateau dans toute son étendue. Ce fleuve est un des plus importants pour le commerce de l'Allemagne.

WESLAY (Jean), né à Epworth en Angleterre en 1703, embrassa l'état ecclésiastique. Il fut le fondateur de la secte des méthodistes. En 1735, il s'embarqua pour la Géorgie, afin de convertir les habitants au christianisme. Il y resta jusqu'en 1778, et revint en Angleterre, où il prêcha la nouvelle doctrine. Il mourut en 1790. On a de lui des *sermons* et des *ouvrages* de théologie.

WESTERAS, WESTEROS ou WESTMANIE, gouvernement de Suède, comprenant la plus grande partie de l'ancienne province de Westmanie. Le sol, couvert de bois dans certaines parties, est, généralement, bien cultivé. La population de ce gouvernement est de 90,000 habitants. Le chef-lieu est WESTERAS ou WESTEROS, siége d'un évêché. C'est dans cette ville que la couronne de Suède, jusque-là élective, fut déclarée en 1544 héréditaire en faveur de tous les descendants mâles de Gustave Wasa.

WESTERBOTTEN (Bothnie occidentale), gouvernement de Suède, formé de la province de Westrobothnie et d'une partie de la Laponie. Ce pays est couvert de forêts, a environ 20,000 habitants, et sa capitale est UMEO, bâtie en 1620; elle a 1,400 âmes, une école et une société d'agriculture.

WESTERMANN (François-Joseph), né à Molsheim en Allemagne en 1764, était officier au service de France lorsque la révolution éclata. Nommé commandant de la légion du Nord, puis général de brigade, il justifia son avancement par sa bravoure et ses talents. Il passa dans la Vendée. Les revers qu'il éprouva le firent destituer et traduire à la barre de la convention nationale. S'étant justifié, il repartit pour la Vendée, incendia les villes de Thouars, Bressuire et Tiffanges, et ravagea les châteaux et les terres de MM. de Lescure et de la Rochejacquelin. Cette conduite ne put le sauver de la proscription. Traduit une deuxième fois devant le tribunal révolutionnaire, il fut condamné à mort, et subit le supplice avec courage.

WESTER-NORRLAND, gouvernement de Suède, dans le Norrland. Il correspond aux anciennes provinces de Medelpad et d'Angermanie. Voy. ce dernier mot.

WESTMANIE, ancienne province de Suède, dans la Suède propre, une des plus belles et des mieux cultivées. Elle forme aujourd'hui le gouvernement de *Westeras*, et une partie de celui d'*OErebro*.

WESTMINSTER, ancienne ville d'Angleterre (Middlesex), située sur la rive droite de la Tamise. Elle fait partie de Londres, quoiqu'elle ait une juridiction et des priviléges particuliers. Westminster a un pont superbe sur la Tamise, un palais où s'assemble le parlement, et qui renferme une salle qui a deux cent trente pieds de long sur soixante-dix de large, dont le plancher n'est soutenu par aucun pilier; une abbaye célèbre, renfermant une église magnifique, où l'on voit la sépulture des rois et grands personnages qui ont illustré leur pays.

WESTMORELAND, comté d'Angleterre, borné par ceux de Cumberland, Yorck et Lancastre. Sa superficie est de 165 lieues carrées, et sa population de 53,000 habitants. Le sol est coupé de monts et de vallées, très-boisé, arrosé par un grand nombre de ruisseaux. Le Westmoreland renferme des mines de cuivre, des carrières d'ardoises, pierres à chaux. Ses pâturages nourrissent de beaux et nombreux troupeaux. Le chef-lieu est APPLEBY, avec 1,200 habitants, à 80 lieues de Londres.

WESTPHALIE, province de la Prusse, comprise dans le grand-duché de Bade, bornée par le Hanovre, la Hesse, le Brunswick, le Nassau, le Coblentz et la province de Clèves-Berg. Sa superficie est d'environ 234 lieues carrées, et sa population de 1,110,000 habitants. La Westphalie renferme au N. des plaines boisées ou marécageuses. Au S., le sol est montagneux, fertile en céréales, légumes et fruits. On y élève beaucoup de bestiaux. La Westphalie forme trois régences : *Munster, Minden, Arensberg*. La capitale est MUNSTER. La Westphalie formait autrefois un des dix grands cercles de l'empire d'Allemagne, qui s'étendait du Rhin au Weser, de la Hesse à la mer du Nord. Parmi les nombreuses principautés qui s'y trouvaient comprises était le duché de Westphalie, qui avait pour capitale *Arensberg*. — En 1807, Napoléon créa pour son frère Jérôme Bonaparte, à qui il avait fait épouser Catherine, fille du roi de Wurtemberg, le royaume de Westphalie, confirmé par le traité de Tilsitt. Ce royaume se composa de la Hesse électorale, d'une partie de l'électorat de Hanovre, des duchés de Brunswick et de Magdebourg, de la principauté d'Halberstadt et de portions de la Saxe, ainsi que de l'ancien cercle de Westphalie. L'Elbe le séparait au N. du royaume de Prusse. Il était borné par le grand-duché de Hesse-Darmstadt et le territoire de Francfort-sur-le-Mein. Ce royaume, qui ne dura que six années, fut détruit en octobre 1813.

WESTROBOTHNIE, ancienne province de Suède, contenant la partie occidentale de la Bothnie, et formant aujourd'hui le gouvernement de *Westerbotten*.

WESTROGOTHIE ou GOTHIE OCCIDENTALE, ancienne province de Suède, formant aujourd'hui les trois gouvernements de *Gothembourg* ou *Bohus*, d'*Elfsborg* ou *Wenersborg*, et de *Skaraborg* ou *Mariestad*. Le sol de cette province est nu, sans trace de culture et de végétation dans une grande étendue.

WETTERN, grand lac de Suède. Il a 24 lieues de long sur 6 à 7 de large. Il est principalement compris dans l'Ostrogothie.

WEXFORD, comté d'Irlande, dans la province de Munster, borné par ceux de Wicklow, Waterford, Kilkenny et le canal de Saint-Georges. Sa superficie est de 120 lieues carrées, et sa population de 182,000 habitants. Ce comté est très-fertile, et produit de beaux pâturages, des céréales, des fruits. Le chef-lieu est WEXFORD, ancienne capitale du royaume, à 25 lieues de Dublin. Population, 11,000 habitants. Cette ville est bien bâtie, possède un beau pont, des fabriques de draps, un port très commerçant.

WEXIO, ville de Suède, chef-lieu du gouvernement de Kronoborg ou Kronoberg, et de la province de Smaland. Sa situation est délicieuse. Sa population est de 2,000 habitants. Elle est la résidence d'un évêque, du gouverneur et des autorités.

WEYMOUTH, jolie ville et port d'Angleterre, à l'embouchure de la petite rivière de la Wey, à 3 lieues de Dorchester. Population, 3,200 habitants. Weymouth a des bains de mer très-fréquentés.

WHIG. Voy. TORY.

WHIST, mot anglais qui signifie *chut!* et qui sert à désigner un jeu de cartes importé d'Angleterre en France. Le whist se joue à quatre joueurs associés deux à deux. Les partners sont vis-à-vis l'un de l'autre. C'est ordinairement le sort qui les choisit. On se sert pour le whist d'un jeu entier de cinquante-deux cartes qui se distribuent en commençant par la gauche. Il n'y a pas de talon. L'atout ou *triomphe* est fixé par la dernière carte, que le donneur laisse quelque temps à découvert, ce qu'il place dans son jeu après la première levée.

WHITBY, ville d'Angleterre, à 48 lieues d'Yorck. Population, 7,000 habitants. Cette ville a un port commode et commerçant. C'est la patrie du navigateur Cook.

WHITEHAVEN, ville maritime d'Angleterre, à 14 lieues de Carlisle. Population, 12,000 âmes. Cette ville a de beaux édifices, un port excellent. Le commerce est très-florissant. Whitehaven possède des manufactures importantes.

WHITE-RIVER, rivière des Etats-Unis, qui prend sa source dans la partie orientale de l'Arkansas et se jette dans le Mississipi, après un cours de 400 lieues.

WICK, capitale du comté de Caithness, en Ecosse, sur la mer du Nord. Population, 5,100 habitants. Elle renferme plusieurs manufactures.

WICKLOW, comté d'Irlande, borné par les comtés de Leinster, borné par les comtés de Dublin, Wexford, Kildare, Carlow et la mer d'Irlande. Sa superficie est de 96 lieues carrées, et sa population de 62,132 habitants. La capitale est WICKLOW, à 9 lieues de

1456 WIG WIN WIT

Dublin, à l'embouchure de la Leitrim. Population, 3,000 habitants. Cette ville a un port très-commerçant. Elle fait des exportations d'huile excellente.

WICLEF (Jean), né en 1324 dans le comté d'Yorck en Angleterre, étudia à l'université d'Oxford, et y professa ensuite avec éclat. Édouard III, qui le protégeait, lui donna le rectorat de Lutterworth et la collégiale de Westbury. Il attaqua le pouvoir temporel et spirituel des papes, prétendant que l'Église romaine n'avait aucune prééminence sur les autres Églises, et que l'on ne devait pas se soumettre à l'autorité des évêques. Il soutint que le ministère et la présence d'un prêtre étaient inutiles pour le mariage, attaqua l'eucharistie, la confession auriculaire, la messe. Wiclef eut de nombreux sectateurs. Un concile assemblé en 1382 condamna les erreurs de cet hérétique. Il mourut en 1387. On a de lui plusieurs ouvrages, entre autres un *Trialogue* et une *version* de la Bible.

WIED, comté d'Allemagne, sur la rive droite du Rhin. Il est partagé en deux parties : *Wied-Runkel*, capitale DIERFORD, *Wied-Neuwied*, avec une capitale de même nom. Ce comté appartient à la Prusse et au duché de Nassau.

WIELAND (Christophe-Martin), célèbre poète allemand, surnommé le *Voltaire de l'Allemagne*, né en 1733 à Oberholzheim, village de Souabe. En 1751, il écrivit le poëme *de la Nature des choses*, œuvre philosophique et enthousiaste qui rendit le nom de Wieland célèbre dans toute l'Allemagne. Il publia ensuite ses *Lettres morales*. Il vint à Weimar en 1762, et fut nommé par le duc de Saxe-Weimar son conseiller intime, puis professeur de philosophie au collége d'Erfurt. Il mourut en 1813. — On a encore de lui les romans d'*Agathon*, de *Peregrinus Protée*, *Musarion*, la *Philosophie des Grâces*, les *Nouvelles comiques*, les poëmes d'*Obéron* et d'*Idris*.

WIELIECZA, ville de Gallicie, dans le cercle et près de Bochnia, à 3 lieues de Cracovie, avec 3,400 habitants. Cette ville a des mines de sel d'un produit et d'un commerce immense, que l'on regarde comme les premières du monde.

WIENERWALD, chaîne de montagnes de la basse Autriche, parcourt le pays situé entre le Danube, la haute Autriche, la Hongrie et la Styrie.

WIESELBOURG, comitat de Hongrie, situé au delà du Danube, borné par l'Autriche et le comitat d'OEdembourg. Sa superficie est de 26 lieues carrées, et sa population de 35,000 habitants. Le chef-lien est WIESELBOURG, sur le Danube, à peu de lieues de Presbourg, avec 3,400 habitants.

WIGHT, île d'Angleterre, dans le comté de Hamps, près de Portsmouth. Elle a 11 lieues carrées, et sa population est de 23,800 habitants. Elle est partagée en deux parties par la rivière de Corves. Cette île est très-fertile, et produit beaucoup de gibier et de riches pâturages. Elle fait un grand commerce en grains, sel et fruits. Le chef-lieu est NEWPORT.

WIGNEROD (Marie-Madeleine), duchesse d'Aiguillon, d'une famille originaire du Poitou, fut produite à la cour par son oncle le cardinal de Richelieu. Elle devint dame d'atour de la reine Marie de Médicis. Son oncle lui acheta le duché d'Aiguillon en 1638. Après la mort du cardinal de Richelieu, elle se mit sous la direction de saint Vincent de Paule, et seconda toutes ses bonnes œuvres. Elle mourut en 1675 et légua son duché d'Aiguillon à sa nièce Marie-Thérèse, morte sans enfants avant elle, puis à son neveu Louis, marquis de Richelieu, dont le fils fut déclaré duc d'Aiguillon par un arrêt du parlement en 1731.

WIGTON, comté d'Écosse, borné par ceux d'Ayr, Kirkcudbright et la mer d'Irlande. Sa superficie est de 15 lieues car-

rées, et sa population de 27,000 habitants. Ce comté est montagneux, peu fertile, semé de lacs et de ruisseaux. On y élève beaucoup de bestiaux. La capitale est WIGTON, avec 3,000 habitants, à 25 lieues d'Édimbourg, avec un petit port.

WILBERFORCE (Villiam), membre de la chambre des communes en Angleterre, né à Hull en 1759, mort à Londres en 1833, s'est rendu célèbre par ses longs efforts pour l'abolition de la traite des nègres, efforts qui ont fini par être couronnés de succès.

WILFRID (Saint) ou WILLIFERDEZ, né en Angleterre, dans le comté de Northumberland vers l'an 634, ne fut fait évêque d'York en 664, et ne put néanmoins s'asseoir sur le siége épiscopal d'York qu'en 670. Il introduisit l'usage du plein-chant dans les églises de l'Angleterre septentrionale. Il alla prêcher le christianisme chez les Saxons, et mourut en 709. On fait sa fête le 12 octobre.

WILKES (John), né à Londres en 1727, fut d'abord grand shérif du comté de Buckingham (1754), puis porté à la chambre des communes en 1757 et 1761, il se jeta avec ardeur dans le parti de l'opposition, et se fit connaître par la publication du *North-Briton*. Ses violents libelles le firent condamner à un emprisonnement de vingt-deux mois, et expulser de la chambre des communes. Nommé en 1772 shérif de Londres et de Middlesex, puis lord maire, il fut envoyé à la chambre en 1774.

WILTS, comté d'Angleterre, borné par ceux de Glocester, Berks, Hamps, Dorset et Sommerset. Sa sup. est de 23 l. carr., et sa pop. de 45,000 hab. Le climat est doux et sain, très-vif sur les montagnes, tempéré dans les vallées. Au N. sont des monts boisés, très-fertiles; au S., des plaines très-riches et bien exploitées; au centre, des pâturages excellents. On y élève beaucoup de bestiaux; on recueille des céréales. L'industrie s'exerce sur les manufactures de draps, et le commerce sur la laine, le bois, les troupeaux et les pierres de construction. La capitale est SALISBURY.

WINCHELSEA, bourg d'Angleterre, dans le comté de Sussex, à 16 lieues de Londres environ. Population, 2,000 âmes. C'est une petite ville assez commerçante et industrieuse qui possède un port à l'embouchure de la Rye. C'est la patrie du roi Édouard Ier.

WINCHESTER, ville ancienne d'Angleterre, la principale du comté de Hamps, à 25 lieues de Londres. Population, 6,700 habitants. Elle a de belles constructions, entre autres une cathédrale d'une grande beauté, où sont ensevelis plusieurs rois et reines d'Angleterre. Winchester a été longtemps la résidence des rois saxons du West-Sex, et le siége d'un évêché suffragant de l'archevêché de Cantorbéry.

WINCKELMANN (Jean-Jochim), célèbre antiquaire, né à Steindall (Brandebourg) en 1717. Le comte de Bunan ayant entendu parler de ses vastes connaissances, se l'attacha en qualité de bibliothécaire. Il alla à Rome en 1754. Il publia en 1756 ses *Réflexions sur l'imitation des ouvrages grecs dans la sculpture et la peinture*. En 1763, il fut nommé président des antiquités à Rome, membre de plusieurs académies savantes, puis bibliothécaire du Vatican. En 1768, il quitta Rome pour voyager en Allemagne; il fut assassiné à Trieste en 1768 par un aventurier qui avait gagné sa confiance. Ce savant a laissé une *Histoire de l'art chez les anciens*, en allemand, traduit en français en 1782.

WINDSOR ou NEW-WINDSOR, belle ville d'Angleterre, sur la Tamise, dans le comté de Berks, à 8 lieues O. de Londres. Population, 4,500 habitants. Windsor possède un hôpital militaire, un théâtre et un hôtel de ville. On voit sur une hauteur voisine un magnifique château avec une terrasse et des jardins d'une grande beauté. Ce

château, construit par Guillaume le Conquérant, sert depuis sept siècles de résidence d'été aux rois d'Angleterre. La chapelle de Saint-Georges, attenante au château, est un édifice gothique et très-beau. Le forêt royale de Windsor a plus de 20 lieues de circuit.

WINNIPEG, grand lac du haut Canada, a 90 lieues du S. au N., et de 3 à 25 de l'E. à l'O. Il reçoit plusieurs rivières, et forme un grand nombre de petites îles.

WISBADEN, capitale du duché de Nassau, a 3 lieues de Mayence. Population, 5,500 habitants. Cette ville a plusieurs établissements scientifiques, des fabriques de chocolat, et ses environs renferment des sources d'eaux thermales très-fréquentées.

WISBY, capitale du gouvernement de *Gottland*, en Suède. Voy.

WISIGOTHS ou VISIGOTHS, une des grandes divisions de la famille gothe, comprenait les Goths occidentaux. Elle habitait primitivement au bord du Danube. L'histoire commence à parler de leurs incursions sur l'empire romain dès le IIe siècle de J.-C. Au IVe, Alaric fond sur Rome, qu'il saccage. Ses successeurs s'établissent dans le midi des Gaules, et fondent un grand empire (412). (Voy. ATAULPHE, THÉODORIC, etc.) Théodoric II soumit une grande partie de l'Espagne (456), et y établit la domination gothe. Clovis détruisit la puissance des Wisigoths dans les Gaules par la victoire de Vouillé (507), et leur dernier roi, Theudis, passa en Espagne. Vers l'an 713, les Wisigoths d'Espagne furent détruits par les Sarrasins d'Afrique.

WISSEMBOURG, sur la Lauter, à 12 lieues de Strasbourg, chef-lieu d'arrondissement du département du Bas-Rhin. Population, 6,097 habitants. Cette ville, qui, sous les Romains, porta le nom de *Sebusium*, fut pendant plusieurs siècles sous la domination d'une abbaye qui en était voisine. Mais enfin, s'étant agrandie et fortifiée, elle devint ville libre impériale. Louis XIV la prit en 1673. Wissembourg possède un tribunal de première instance et un collége. On compte cette ville au nombre des places fortes du département.

WITIKIND ou WITEKIND, chef célèbre des Saxons, se révolta contre Charlemagne. Il fut vainqueur au pied du mont Sinthal en 782; mais cette victoire ne fut suivie de nombreux revers. Charlemagne envoya à Witikind un de ses seigneurs pour l'exhorter à recevoir son amitié, et à se convertir au christianisme. Le chef saxon se rendit auprès de Charles à Attigny-sur-Aisne, et se fit baptiser en sa présence avec un grand nombre de ses compatriotes. Charles lui conféra le titre de duc de Saxe, titre simplement honorifique. Witikind, fidèle depuis lors à Charles, se fit tuer en 807 dans un combat contre Gérold, duc de Souabe. Plusieurs généalogistes ont fait de son fils le père de Robert le Fort, bisaïeul d'Hugues Capet, chef de la troisième race des rois de France.

WITT (Jean DE) naquit en 1625, et s'éleva à la dignité de pensionnaire de Hollande. Il exerça cette charge avec talent dans des temps très difficiles. Quoique Guillaume III fût encore enfant, un parti faisait de grands efforts pour l'élever à cette charge. Jean de Witt s'opposait de tout son pouvoir à cette élection, qu'il croyait contraire aux libertés de son pays. Soupçonné d'être d'intelligence avec l'ennemi, il manqua plusieurs fois d'être assassiné. Il obtint sa retraite quelque temps après ces tentatives criminelles. Le parti du prince d'Orange ayant prévalu en 1672, on accusa Corneille de Witt, frère de Jean, d'avoir voulu faire assassiner ce prince, et on le mit en prison à la Haye. Il fut condamné au bannissement. Mais, comme à frère le faisait sortir de prison pour satisfaire à cette sentence, la populace ameutée les massacra tous deux. Jean de Witt s'était signalé autant par ses talents que par sa modération. Il a laissé des *Négociations* et des *Mémoires*.

WITTENBERG, ville forte de Prusse, dans la régence de Mersebourg, à 25 lieues de Berlin. Population, 6,700 habitants. Elle a des fabriques de draps et de toiles. Son université a été réunie à celle de Halle. On voit dans cette ville la sépulture de Luther.

WLADISLAS. Sept rois de Pologne ont porté ce nom. — WLADISLAS Ier ou HERMAN succéda à Boleslas, son frère, en 1081. Il était le second fils de Casimir Ier. Il fit la guerre avec succès aux Poméraniens, qu'il soumit de nouveau à la Pologne. Il mourut en 1102. — WLADISLAS II succéda en 1139 à son père Boleslas III. Ses cruautés le firent haïr de ses sujets. Il se vit forcé de fuir de ses Etats, et mourut dans l'exil en 1163. — WLADISLAS III, dit *Laskonogi* ou *Jambes déliées*, succéda à son père Mieczyslas le Vieux en 1203. Renversé du trône à cause de ses cruautés en 1206, il mourut exilé en 1233. — WLADISLAS IV (des historiens le nomment WLADISLAS Ier), dit *Lokietek* ou *le Bref*, succéda à Leszko le Noir en 1295. En 1299, la noblesse le déclara déchu de ses droits, et appela au trône Venceslas. Le roi se réfugia en Hongrie, puis à Rome. Après la mort de son adversaire, il revint en Pologne, et fut reconnu par ses sujets. Il délivra la Pologne des Tatars par une victoire éclatante, où ils furent entièrement défaits. Wladislas mourut en 1333, à l'âge de soixante-treize ans. — WLADISLAS V ou II, surnommé *Jagellon*, monta sur le trône en 1386. Il unit par son mariage avec Kedwige la Lithuanie à la Pologne, qui n'ont plus formé qu'une grande nation. Restaurateur de l'université de Cracovie et destructeur des chevaliers teutoniques, ce monarque mourut en 1434. — WLADISLAS VI ou III, fils de Wladislas V, naquit en 1424, et régna aussi en Hongrie sous le nom de LADISLAS IV. — WLADISLAS VII ou IV, né en 1595, fils de Sigismond III Wasa, fut reconnu tzar par les Russes du vivant de son père. Mais sa mollesse et le peu d'habileté de Sigismond, qui rejeta les négociations avec la Russie, lui firent perdre ce trône. Sigismond envoya son fils contre les Turks et les Tatars. Cette guerre se termina par une paix avantageuse pour la Pologne. Proclamé roi en 1632, il fut obligé de voler au secours de Smolensk, que les Russes et près de se rendre. Il vainquit les ennemis, et délivra la ville en 1634. Le tzar Michel Féodor demanda et obtint la paix. Il mourut en 1648.

WOLF ou WOLFF (LE BARON Jean-Chrétien DE), célèbre philosophe allemand, né à Breslau en 1679, embrassa la doctrine de Leibnitz, en la mêlant à celle de Descartes, c'est-à-dire expliquant tout par des problèmes, des théorèmes, des lemmes et des corollaires mathématiques. Il alla professer la philosophie à Leipzig en 1703. Le roi de Suède le nomma conseiller de régence ; le tzar de Russie, vice-président de l'académie de Saint-Pétersbourg. Frédéric II, devenu roi de Prusse en 1740, lui donna en 1741 les titres de conseiller privé, de vice-chancelier, de professeur du droit de nature et des gens, et de chancelier de l'université. L'électeur de Bavière le nomma baron de l'empire. Il mourut en 1754. On a de lui un *Cours* et un *Dictionnaire de mathématiques*, la *Psychologie empirique*, la *Psychologie rationnelle*, la *Philosophie première* ou *Ontologie*, la *Cosmologie générale*, la *Théologie naturelle*, des *Traités du droit naturel et du droit des gens*.

WOLF ou WOLFF (Frédéric-Auguste), philosophe allemand, né à Haynrode près de Gœttingue en 1759, fut nommé professeur au gymnase d'Ilfeld, puis à l'université de Halle, avec la direction de l'institut pédagogique. Ses talents lui firent bientôt un nom célèbre dans toute l'Allemagne. Il consacra plusieurs années à des recherches sur Homère et ses ouvrages. Il publia sur ce sujet un ouvrage plein d'érudition, une *Edition critique d'Homère* ou *Prolégomènes*, dans lequel il chercha à prouver qu'Homère, tel qu'on l'avait fait, n'avait jamais existé. Wolf, créé conseiller d'Etat, puis professeur à l'université de Berlin, mourut en 1824. On a de lui les *éditions commentées* d'Hésiode, d'Homère, d'Hérodien, de Suétone, du *Banquet*, d'*Eutyphron*, de l'*Apologie* et du *Criton* de Platon, des *Nuées* d'Aristophane, de la harangue de Démosthène *contre Leptine*, etc., des *Lettres* à Heyne, des *Prolégomènes* à Homère, un *Tableau de la science des antiquités*, une *Histoire de la littérature romaine*, etc.

WOLFENBUTTEL, ville du duché et à 2 lieues de Brunswick. Population, 6,600 habitants. Cette ville, jadis capitale d'un duché appartenant à un prince de la maison de Brunswick, possède un arsenal, un château fort, une bibliothèque, et commerce en blé, fruits, lin, chanvre, houblon, café, bestiaux, verres, laine, grains, bois, fil, toiles, cuirs, porcelaines, sel, quincaillerie, etc.

WOLFRAM, mot suédois qui signifie *mine ferrugineuse*, et par lequel on désigne quelquefois le *scheelin ferruginé* de Haüy. Il est formé de beaucoup de tungstate de fer, d'un peu de manganèse et de silice. On l'emploie à l'extraction du tungstène.

WOLSEY (Thomas), né à Ipswich dans le comté de Suffolk en Angleterre en 1471, était fils d'un boucher. Il embrassa l'état ecclésiastique, et devint chapelain et aumônier du roi Henri VIII, qui le fit entrer dans le conseil, et qui se déchargea sur lui du gouvernement du royaume. Ce prince, après lui avoir donné successivement plusieurs évêchés, le fit archevêque d'York, grand chancelier du royaume et ministre d'Etat. Léon X le créa cardinal en 1515 et légat pour toute l'Angleterre. François Ier et Charles-Quint le comblèrent de biens pour le mettre dans leurs intérêts. Wolsey, après avoir favorisé l'empereur, se déclara en faveur de la France. Il s'opposa d'abord de tout son pouvoir à la répudiation de la reine Catherine d'Aragon ; mais, n'ayant pu dissuader le roi Henri VIII, il entra dans toutes les vues de ce prince. Le luxe et l'orgueil de Wolsey excitèrent contre lui la haine des Anglais. Anne de Boulen aigrit l'esprit du roi contre son ministre, et ce prince, docile aux plaintes de son épouse et de ses sujets, lui confisqua tous ses biens, et le dépouilla de ses charges et bénéfices. Wolsey, relégué dans le diocèse d'York, qu'il avait conservé, supporta avec grandeur d'âme sa disgrâce. Henri VIII envoya l'ordre de le conduire à la Tour de Londres. Surpris en chemin par une dyssenterie, il mourut à Leicester en 1533. Malgré son orgueil et sa vénalité, l'administration de Wolsey fut ferme et juste. Il protégea les lettres, et défendit toujours les intérêts de son maître.

WOODSTOCK, petite ville d'Angleterre, à 24 lieues de Londres. Cette ville de 1,500 âmes possède un palais et un parc d'une grande beauté.

WOOLWICH, ville d'Angleterre, dans le comté de Kent, à peu de distance de Londres. Population, 17,000 habitants. Cette ville a une école militaire, un arsenal et de beaux chantiers de construction.

WORCESTER, comté d'Angleterre, borné par ceux de Shrop, Stafford, Warwick, Hereford et Glocester. Sa superficie est de 64 lieues carrées, et sa population de 161,000 habitants. Ce pays est fertile. Il produit beaucoup de grains et de fruits, et nourrit de nombreux troupeaux. Le chef-lieu est WORCESTER, grande et belle ville, renommée par la Saverne, à 45 lieues de Londres. Population, 14,000 habitants. Cette ville a une très-belle cathédrale, et fait un grand commerce en porcelaine, velours, crêpes et gants.

WORMIENS (*clefs du crâne, os épactaux*), os dont l'existence est variable, et qui se développent dans les sutures des os du crâne dont ils font partie. Leur grandeur est aussi fort variable, et leur figure est irrégulière.

WORMS, ville d'Allemagne, chef-lieu de district dans la Hesse rhénane, autrefois ville impériale, située sur le Rhin, à 9 lieues de Mayence. Sa population, qui s'éleva jadis jusqu'à 60,000 habitants, est réduite à 8,000. Worms est entourée de fortifications. Elle est le siège d'un évêché souverain, comprenant sur les bords du Rhin 19 lieues carrées et 8,000 habitants. — Cette ville est très-ancienne. Après avoir appartenu aux Romains, qui la nommaient *Wormatia* et *Bormitomagus*, elle devint la résidence de Charlemagne et des Carlovingiens, et plus tard la capitale des ducs des Francs. L'empereur Henri V l'éleva au rang de ville impériale. Ce fut à Worms que Luther comparut (18 avril 1821) devant Charles V et la diète germanique. En 1743, on y conclut un traité célèbre entre la Grande-Bretagne, l'Autriche et la Sardaigne. Prise plusieurs fois par les Français, elle fut réunie à la France en 1801 et rendue à l'Allemagne en 1814.

WOUWERMANS. Voy. WAUWERMANS.

WREN (Christophe), né à Londres en 1632. Nommé en 1657 professeur d'astronomie au collège de Gresham à Londres, puis au collége Savilien à Oxford, il fut choisi en 1663 pour prendre place dans la société royale. En 1665, il fut mis au nombre des commissaires chargés de réparer l'église Saint-Paul ; en 1668, Wren fut nommé architecte du roi, charge qu'il perdit en 1718 ; en 1673, il résigna sa chaire à l'université d'Oxford. Président de la société royale en 1680 ; il fut deux fois député au parlement, et mourut en 1723. On a de lui plusieurs ouvrages en latin sur les mathématiques.

WURMSER (LE COMTE Dagobert-Sigismond DE), né en Alsace. Chargé en 1793 du commandement de l'armée autrichienne qui devait s'emparer de l'Alsace, Wurmser passa le Rhin, força les Français à se retirer des environs de Landau, et parvint rapidement au pied des Vosges. Haguenau, Drusnheim tombèrent en son pouvoir. Les Français reprirent l'avantage, et Pichegru défit entièrement Wurmser, qui fut forcé de quitter l'Alsace. Ce général reçut en 1795 le commandement de l'armée du Haut-Rhin, se rendit maître de Manheim, et reçut en récompense le grade de feld-maréchal. En 1796, il fut battu par Moreau à Rebach et à Frankental. Il passa en Italie pour secourir Mantoue. Il y fut constamment vaincu, notamment sur les bords du lac de Guarda, à Roveredo et dans les gorges de la Brenta. Cependant il parvint, à l'aide d'une marche hardie et savante, à faire lever le siège de Mantoue, et s'enferma dans cette ville. La place fut cernée de nouveau, et se rendit le 2 février 1797, après une belle résistance. Rendu à Vienne, Wurmser fut nommé commissaire général en Hongrie. Il mourut au mois d'août de la même année.

WURTEMBERG, royaume d'Europe, situé dans la partie S.-O. de l'Allemagne, et borné par la Bavière et le grand-duché de Bade. Sa superficie est de 1,286 lieues carrées. Le Wurtemberg est un pays très-montagneux ; le climat est en général doux et sain. Le sol est très-fertile. Le Wurtemberg est bien cultivé. L'agriculture et l'éducation du bétail sont les deux sources principales de la richesse nationale. L'industrie est très-active ; elle s'exerce sur la fabrication de la toile, du papier, des étoffes, du savon, de la porcelaine, du verre, de cuir, des ustensiles de fer ; on y trouve de belles manufactures et usines. Le commerce est très-florissant, et s'exerce sur le bois, le bétail, les grains, les vins, lainages, toiles, cuirs, huiles, tabacs et substances minérales. — La population est de 1,600,000 habitants, dont 1,089,000 luthériens, 800,000 catholiques et 11,000 juifs. — Le royaume de Wurtemberg est une monarchie héréditaire, faisant partie de la confédération germanique. La population est divisée en deux classes, la noblesse et la bourgeoisie. Le roi gouverne de concert avec les états, divisés en deux chambres, celle des nobles et celle des députés. Tous les habitants jouissent des mêmes droits civiques. Les revenus de l'Etat sont de 58,000,000. de francs, la dette de 57,000,000 et demi. L'armée est de 4,900 hommes en temps de paix, et de 16,800 en temps de guerre. Le contingent à l'armée fédérale est de 13,955 soldats.— Le royaume est divisé en quatre *kreis* ou cercles, *Neckar*, *Jagst* ou *Iaxt*, *Schwartzwald* ou *Forêt-Noire* et *Danube*. La capitale est STUTTGARD. — Le *Wurtemberg* tire son nom d'un château situé près de la ville de Canstatt. Dès le XII° siècle, il était gouverné par des comtes. Maximilien I°r, empereur, le donna à titre de duché au comte Everard. Le duc Frédéric I°r obtint le titre de roi à la suite du traité de Presbourg en 1805. En 1818, le roi Guillaume I°r a réglé avec les états la constitution qui régit encore de nos jours ce pays.

WURZBOURG ou WURTZBOURG, ville de Bavière, chef-lieu du cercle du Mein Inférieur, jadis siége d'un évêché souverain, qui étendait sa domination sur une superficie de 165 lieues carrées, renfermant 280,000 habitants. — Wurzbourg est situé sur le Mein, que traverse un beau pont de huit arches, long de cinq cent quarante pieds. Cette ville est défendue par le fort *Marienberg* ou *Frauenberg*. Elle est le siége d'un évêché, d'un commissariat général et d'une cour d'appel. Elle possède un beau palais royal, deux hôpitaux, une maison de correction, un asile pour les orphelins, une université catholique, fondée en 1403, des cabinets d'histoire naturelle et de physique, une bibliothèque, une école de médecine, un jardin botanique, un musée, un théatre, un gymnase, un séminaire, plusieurs écoles et couvents, et de belles églises. Le commerce et l'industrie s'exercent sur les vins, la fabrication des glaces, tabacs, cuirs, draps, couleurs, salpêtres, lainages, instruments de chirurgie. La population de Wurzbourg est de 22,600 habitants.

WYTHE (Georges), né en 1726 dans les Etats-Unis, mena une jeunesse très-déréglée. Ce ne fut qu'à l'âge de trente ans qu'il se livra à l'étude. Sans le secours d'aucun maître, il apprit le latin et le grec, et acquit en peu de temps la connaissance des lois de son pays et de l'Angleterre. Il s'instruisit également dans les sciences morales et physiques, et devint un habile mathématicien. Reçu avocat, il obtint de grands succès comme orateur et jurisconsulte. Lorsque l'indépendance des Etats-Unis fut déclarée, il se joignit au congrès, et fut député dans l'assemblée de la Virginie (1775). Après avoir achevé le nouveau code de lois qu'il avait été chargé d'établir avec ses collègues, il fut nommé juge de la haute cour de la chancellerie, et ensuite chancelier de la Virginie. Il occupa deux fois la présidence du collége des électeurs de ce pays, et mourut en 1806.

X

XAL

X, la vingt-troisième lettre de l'alphabet français. Elle ne se trouve au commencement que d'un très-petit nombre de noms propres, empruntés à des langues étrangères. — X, chez les Romains, était une lettre numérale qui valait 10. Surmontée d'un trait horizontal, elle vaut 10,000. Cette lettre joue un grand rôle dans l'ancienne numération romaine. Ainsi IX vaut 9 ; XI, 11 ; XII, 12 ; XIII, 13 ; XIV, 14 ; XV, 15 ; XVI, 16 ; XVII, 17 ; XVIII, 18 ; XIX, 19 ; XX, 20, etc. ; XL, 40 ; XC, 90, etc. La monnaie frappée à Amiens a pour marque la lettre X.

XABEGA, nom d'un filet avec lequel on pêche les sardines.

XACCA, philosophe indien dont les traditions font remonter l'existence à 1,000 ans avant J.-C., est regardé par les Japonais comme leur législateur. Ce peuple, auquel Xacca apprit la métempsycose et la théogonie chinoise, lui donna un rang parmi les dieux du premier ordre. D'après les brahmanes, Xacca a souffert quatre-vingt mille fois la métempsycose. Sa doctrine porte que les âmes des bêtes sont immortelles comme celles des hommes, et qu'elles seront récompensées ou punies dans une autre vie. Sa morale consistait dans ces cinq préceptes : Tu ne tueras point, tu ne voleras point, tu ne commettras point d'adultère, tu ne mentiras point, tu ne boiras point de liqueurs fortes.

XACO, nom donné au Japon au supérieur général des prêtres ou bonzes, à quelque secte ou classe qu'ils appartiennent.

XAINTRAILLES, ou SAINTRAILLES, ou SAINTE-TRAILLE (Jean POTON, seigneur de), un des guerriers les plus célèbres du temps de Charles VII, roi de France, fit ses premières armes en 1419. Il fut l'ami constant de Lahire, et le suivit dans presque tous les combats. Ses services, lorsque Charles VII fut remonté sur le trône, lui valurent les titres de bailli de Berry, de capitaine de la tour de Bourges, de Falaise et de Château-Thierry, de seigneur de Tonneins, etc., et enfin de maréchal de France en 1454. Il mourut à Bordeaux en 1461.

XALISCO, un des Etats du Mexique, sur le Grand-Océan, formé de l'ancienne intendance de Guadalaxara. Il est borné au N. par le Durango, au N.-E. par le Zacatecas, à l'E. par le Guanaxato, au S.-E. par le Valladolid, au S.-O. par le golfe de Californie et l'Océan. Sa superficie est de 9,612 lieues carrées, et sa population de 630,500 habitants. L'Etat de Xalisco est riche et fertile. Il renferme des mines d'or, de fer et d'argent, et produit du blé, froment, des fruits, du maïs, des légumes, du sucre, de la cochenille, du bétail, du gibier, etc.

XEN

XANTHE. Voy. SCAMANDRE.

XANTHICUS, un des mois de l'année des Juifs, qui répond à notre mois d'avril.

XANTHUS, un des plus anciens historiens de la Grèce, né à Sardes en Lydie vers l'an 503 avant J.-C. Il écrivit un ouvrage en quatre livres, les *Lydiaques*. Cet ouvrage, qui suggéra à Hérodote l'idée et le plan de celui qu'il nous a laissé, contenait la description géographique et physique de la Lydie, et l'histoire de cette contrée depuis les temps héroïques jusqu'à l'époque de l'auteur. Les Lydiaques ne sont point parvenues en entier jusqu'à nous. On en a quelques fragments.

XANTIPPE, femme de Socrate, était d'un caractère aussi emporté que celui de son mari était doux. Ce philosophe, qui eut la prendre pour compagne, n'ignorait pas, dit-on, sa mauvaise humeur. Xénophon lui demandant pourquoi donc il l'avait épousée, *Parce qu'elle exerce ma patience*, répondit Socrate, *et qu'en la souffrant je puis supporter tout ce qui peut m'arriver de la part des autres...*

XANTIPPE, général lacédémonien, était distingué autant par son courage que par l'austérité de ses mœurs. Il fut envoyé l'an 255 avant J.-C. au secours des Carthaginois contre les Romains. Il défit ceux-ci dans plusieurs rencontres, et, malgré la valeur active de Régulus, remit la république de Carthage sur l'offensive. Les Carthaginois le renvoyèrent après lui avoir donné de grands témoignages de reconnaissance. Il mourut ignoré à son retour dans sa patrie. — Un autre XANTIPPE, fils d'Ariphron, général grec, fut un de ceux qui rendirent les plus importants services à la Grèce. Secondé par Léotychide, roi de Sparte, il défit la flotte des Perses à Mycale, ville de la Carie, dans l'Asie-Mineure. Il marcha ensuite en Thessalie contre les Alevades. On ignore le reste de sa vie. Il fut père de Périclès.

XÉNIES (du mot grec *xénios*, étranger, hôte). Les Grecs nommaient ainsi les présents qu'ils faisaient à leurs hôtes pour renouveler l'amitié et le droit d'hospitalité. — On donne le surnom de *Xénios* ou *Xénius* à Jupiter, à Apollon et aux autres dieux protecteurs de l'hospitalité.

XÉNOCLÈS, poëte grec qui vivait vers la LXXXIXe olympiade, obtint contre Euripide le prix de tétralogie, c'est-à-dire des trois tragédies et du drame. Les trois tragédies de Xénoclès étaient OEdipe, Lycaon et les *Bacchantes*; le sujet du drame satirique était *Athamas*. Les pièces de Xénoclès ne sont pas venues jusqu'à nous.

XÉNOCRATE, un des plus célèbres philosophes de l'antiquité, né à Chalcédoine en Bithynie l'an 396 avant J.-C. Il s'attacha à l'école de Platon, et fut l'ami de ce grand homme. Il succéda en 340 avant J.-C. à Speusippe dans la direction de l'école, et fut le deuxième successeur de Platon. Il exigeait que ses disciples sussent les mathématiques avant de venir étudier sous lui. Les Athéniens l'envoyèrent en ambassade vers Philippe, roi de Macédoine, et plus tard vers Antipater. Ces deux princes ne purent jamais le corrompre par leurs présents. Xénocrate mourut en 304 avant J.-C. Il avait composé un *Traité de l'art de régner*, *six Livres de la nature*, *six Livres de la philosophie*, *un Livre des richesses*. Tous ces ouvrages sont perdus. Ce philosophe ramenait aux nombres et aux formules géométriques les idées les plus fondamentales de la philosophie.

XÉNOCRATE, médecin grec, né en Cilicie, vivait dans le 1er siècle de J.-C., sous l'empire de Néron. Il nous reste de lui un petit livre qui porte le titre *Xénocrate*, et qui traite de la nourriture que fournissent les animaux aquatiques.

XÉNODOCHION (des mots grecs *xénos*, étranger, et *déchomai*, accueillir, recevoir), nom donné par les Grecs aux maisons, espèces d'hospices, où ils recevaient gratuitement les étrangers qui voyageaient.

XÉNOGRAPHIE (des mots grecs *xénos*, étranger, et *graphô*, j'écris), science qui a pour objet la connaissance de toutes les langues étrangères écrites, anciennes et modernes, vivantes ou mortes, et des caractères qu'elles employaient.

XÉNOPHANES, philosophe grec, né à Colophon l'an 617 avant J.-C., vint s'établir dans la colonie d'Elée, sur la côte orientale de l'Italie. On ignore les événements de sa vie et l'époque de sa mort. Il fonda l'école d'Elée ou éléatique, qui produisit plusieurs hommes vertueux. Sa doctrine était que l'univers est un seul et même être. L'eau est le principe de tout. Une fois sortie de l'eau et constituée, la terre produit tout ce qui est. Le monde est régi par un seul Dieu, supérieur aux dieux et aux hommes, qui ne ressemble aux mortels ni par la figure ni par l'esprit, et qui dirige tout par la puissance de l'intelligence. Xénophanes a écrit des *élégies* dont nous avons des fragments. Il avait également exposé les principes de sa philosophie dans un poëme *sur la Nature*.

XÉNOPHON, fils de Gryllus, né à Athènes l'an 450 avant J.-C., disciple de Socrate, embrassa la carrière militaire, et alla au secours de Cyrus le Jeune dans son expédition contre son frère Artaxerxes. Ce philosophe guerrier s'immortalisa par la part qu'il eut à la fameuse retraite des 10,000

Grecs qui l'avaient suivi en Perse. Il s'attacha à Agésilas, roi de Sparte, qui l'amena au secours de cette ville, et s'y distingua par sa valeur. Exilé de sa patrie (393 avant J.-C.), il se retira à Corinthe, et y mourut l'an 360 avant J.-C. Xénophon est plus connu encore par ses écrits que par ses talents militaires. Nous avons de lui les *Helléniques* ou *Histoire grecque*, en sept livres, conduisant du point où en est resté Thucydide jusqu'à la bataille de Mantinée; l'*Anabase* ou expédition de Cyrus le Jeune contre Artaxerxès, et histoire de la retraite des Grecs, divisée en sept livres; les *Entretiens mémorables de Socrate*; l'*Apologie de Socrate*; le *Banquet des philosophes*; *Hiéron*, dialogue entre le roi des Perses et Simonide; des *Traités sur l'économie, sur la connaissance des chevaux, sur les devoirs d'un officier de cavalerie, sur la chasse, sur les revenus de l'Attique*, etc. Mais son plus célèbre ouvrage est la *Cyropédie*, histoire de Cyrus, roi des Perses, divisée en huit livres. Cet ouvrage renferme des vues profondes; mais il est regardé par les savants comme un roman historique. Xénophon reçut de ses concitoyens le surnom d'*Abeille attique*.

XÉNOPHON LE JEUNE, écrivain d'Ephèse, vivait aux IIIe et IVe siècles de J.-C. Il n'est connu que par ses *Ephésiaques*, roman grec en cinq livres, qui contient les *Amours d'Abrocôme et d'Anthia*.

XÉNOS, genre d'insectes de l'ordre des rhipiptères. C'est un très-petit animal fort singulier et qui, à l'état de larve, vit dans l'intérieur de l'abdomen des guêpes et y forme une sorte de tumeur. Cet insecte est peu connu.

XÉRASIE (du grec *xéros*, sec), maladie des cheveux qui deviennent secs, cessent de croître, et ressemblent à un duvet couvert de poussière.

XEREZ (en arabe, *Scharisch*). Deux villes d'Espagne portent ce nom: — La première, XEREZ DE LOS CABALLEROS, ainsi nommée parce qu'elle appartenait jadis aux templiers, est située en Estramadure, dans un terrain abondant en pâturages. — La deuxième, XEREZ DE LA FRONTERA, est en Andalousie, dans une belle campagne qu'environnent des coteaux couverts de vignes et d'oliviers, où s'arrose le Guadalète. Cette ville est grande, et possède 20,000 habitants. Il y a un bel hôtel de ville et une bibliothèque publique. Elle est la résidence d'un vicaire général de l'archevêque de Séville, d'un corrégidor et d'un alcade. Il y a des manufactures de draps, de toiles peintes et des haras pour la propagation des chevaux andalous. Mais son principal commerce consiste en huile, blé, légumes, oranges, citrons et autres fruits, et surtout en vin excellent, et dont on exporte annuellement 450,000 arrobes. Ce vin, n, dans son jeune âge, la couleur et le goût du champagne. En vieillissant, il devient jaune et prend du corps. On en connaît deux qualités : le doux, nommé *pajarete* ou *pacaret*; l'autre, un peu amer et stomachique, connu sous le nom de *xerez secco*. — Xerez est fameux dans l'histoire par une bataille qui se livra dans une plaine voisine de cette ville. Rodrigue, roi des Visigoths, chef d'une armée de 90,000 hommes, fut vaincu par les Arabes, au nombre de 22,500, commandés par Tarik-ben-Zeyad. Cette bataille, qui dura neuf jours entiers, eut lieu du 17 juillet au 26 du même mois de l'année 711 de J.-C. Rodrigue y perdit la vie. Le combat de Xerez mit fin à la monarchie des Visigoths, et fit passer l'Espagne sous la domination des Arabes.

XÉROPHAGIES (des mots grecs *xéros*, sec, et *phagein*, manger), nom donné, dans les premiers siècles de l'Eglise, à des jours de jeûne pendant lesquels on ne mangeait que du pain avec du sel, et on ne buvait que de l'eau. On y ajouta par la suite des légumes et des herbes ou quelques fruits. Ces grands jeûnes se faisaient les six jours de la semaine sainte, par dévotion, et non point par obligation. — Les anciens athlètes, dans le but d'augmenter leurs forces, faisaient un usage exclusif d'aliments secs.

XÉROPHTHALMIE, inflammation sèche de l'œil, avec cuisson, démangeaison et rougeur, sans augmentation dans la sécrétion des larmes et de la chassie.

XÉROTRIBIE (des mots grecs *xéros*, sec, et *tribô*, je frotte), nom donné, en médecine, à une friction faite avec la main ou autrement sur une partie malade, pour y rappeler la chaleur ou le mouvement.

XERXÈS Ier ou XERCÈS, cinquième roi des Perses depuis Cyrus, succéda à son père Darius en 486 avant J.-C. Il réduisit l'Egypte à l'obéissance, et y laissa pour satrape son frère Achéménès. Il résolut ensuite d'aller conquérir la Grèce, et employa quatre années à faire les préparatifs. Hérodote fait monter l'armée de Xerxès à plus de 5,000,000 d'hommes, et sa flotte à 1,200 vaisseaux. Xerxès lui-même se mit à la tête de l'armée. Il établit sur l'Hellespont un immense pont de bateaux sur lequel devaient passer ses troupes. L'ouvrage, une fois achevé, fut détruit en une nuit par une tempête. Le roi fit trancher la tête aux ouvriers, marquer les flots d'un fer rouge, et frapper de fouets la mer, au fond de laquelle on jeta des chaînes. Après cet acte insensé, Xerxès fit parcourir le mont Athos, pour ouvrir un passage à sa flotte. Son armée pénétra dans l'Attique en 480 avant J.-C. Après le passage des Thermopyles (voy. ce mot et LÉONIDAS), elle s'avança sans éprouver de résistance jusqu'à Athènes, qui fut détruite. Les Athéniens, à l'approche des ennemis, s'étaient enfuis sur leurs vaisseaux. La sanglante bataille de Salamine extermina la flotte des Perses; et Xerxès, laissant dans la Grèce Mardonius avec les restes de ses armées, revint seul dans ses Etats sur une barque de pêcheur. Désabusé de ses projets ambitieux, Xerxès s'abandonna aux charmes du luxe et de la mollesse. Artaban, capitaine de ses gardes, l'assassina pendant son sommeil, l'an 472 avant J.-C.

XERXÈS II, roi de Perse, succéda, en 425 avant J.-C., à Artaxerxès Longuemain, son père. Son règne ne fut signalé par aucun événement. Il fut assassiné un an après son élévation au trône par son frère Sogdien.

XESTÈS, mesure grecque pour les liquides, valait 2 cotyles, et était le 144e d'un métrêtès. Elle valait 5 décilitres 3 centilitres et demi.

XICOCO ou SIKOF, île du Japon. Elle est très-considérable, et a 8,000 milles carrés et 800,000 habitants.

XIMÉNÈS (DON FRANCISCO), né à Torrelaguna dans la Vieille-Castille (Espagne) en 1437, fit ses études à Alcala et à Salamanque, où il enseigna le droit pendant quelque temps. Il obtint un canonicat dans le diocèse de Siguenza, puis le grand vicariat du même. Dégoûté du monde, il entra quelque temps après chez les cordeliers de Tolède, puis se retira dans la solitude de Castanel. La reine Isabelle de Castille, qui avait entendu parler de ses talents et de ses vertus, le choisit pour son confesseur, et lui donna en 1495 l'archevêché de Tolède. Jules II lui donna plus tard le chapeau de cardinal; et le roi Ferdinand lui confia l'administration des affaires d'Etat. Il résolut ensuite de faire la guerre en Afrique, et marcha lui-même à la tête de ses troupes. Il s'empara d'Oran en 1509. Ferdinand le nomma en mourant régent de la Castille en 1516. Il réduisit à l'obéissance les grands qui refusaient de reconnaître Charles-Quint pour roi. Pour les humilier davantage, il permit aux bourgeois de porter les armes, et leur accorda de nombreux privilèges. Il réforma le gouvernement des îles, les armées, les monastères, punit sévèrement les hommes coupables de rapines et de concussions. Il mourut en 1517.

XIMÉNÈS (Rodrigo), né en Navarre, fut archevêque de Tolède au XIIIe siècle. Il mourut en 1247. On lui doit une *Histoire* d'*Espagne*, divisée en neuf livres, que nous avons dans le recueil des historiens de ce royaume, avec des remarques d'André Schott. Elle manque d'exactitude et de critique.

XIMO ou KIOU-SIOU, île du Japon, séparée de celle de Niphon par un étroit canal. Le chef-lieu est NANGASAKI. C'est la seule dont le port soit ouvert aux Européens.

XIPHIAS. Voy. ESPADON.

XIPHILIN (Jean), né à Trébisonde, fut d'abord moine. Il devint ensuite sénateur à Constantinople, puis patriarche de cette ville en 1064. Il avait voulu faire épouser son neveu à la veuve de l'empereur Constantin Ducas; mais son espérance fut déçue. Il mourut en 1075. — Son neveu JEAN XIPHILIN est connu pour avoir, sur la fin du XIe siècle, fait un abrégé des quarante-cinq derniers livres de Dion Cassius, qui comprennent l'histoire romaine depuis César et Pompée jusqu'au règne d'Alexandre, fils de Mammée.

XIPHOÏDE (des mots grecs *xiphos*, épée, et *eidos*, forme, ressemblance). On appelle ainsi un prolongement qui termine l'extrémité inférieure du sternum.

XIPHOÏDIEN, ce qui a rapport ou appartient à l'appendice xiphoïde. On nomme *ligament xiphoïdien* ou *costo-xiphoïdien* un petit faisceau fort mince, qui se porte du cartilage de prolongement de la septième côte à la face antérieure de l'appendice xiphoïde, où il s'insère en entrecroisant ses fibres avec celles du ligament opposé.

XUCAR ou SUCRO, rivière d'Espagne, qui prend sa source dans la Nouvelle-Castille, au mont Sierra-de-Cuenza. Elle se jette dans la mer Méditerranée, entre Cullera et Gandia.

XUTHUS, héros des premiers temps de la Grèce, fils d'Hellen, né en Achaïe, vint au secours des Athéniens, et contribua à les rendre victorieux de leurs ennemis. Le roi d'Athènes, Erechtée, lui donna par reconnaissance sa fille Créuse en mariage, et il lui succéda dans le royaume d'Attique. Il mourut laissant le trône à Ion.

XYLOBALSAMUM, nom donné dans les officines ou pharmacies aux petites branches de l'arbre qui produit la térébenthine et le baume de Judée.

XYLOPHAGES, famille d'insectes coléoptères. Leurs pattes ont quatre articles tous entiers. Leur tête n'est pas prolongée antérieurement en forme de museau ou de trompe. Les antennes ou filets de la tête sont plus grosses vers leur extrémité, ou forment une massue grosse, cylindrique et perfoliée dès sa base. Ces insectes vivent presque tous à l'état de larve dans les vieux bois.

XYLOPHORIE (du grec *xylos*, bois, et *phéró*, je porte), fête des Juifs, dans laquelle on portait solennellement du bois au temple pour l'entretien du feu sacré.

XYNOECIES, fêtes athéniennes, instituées par Thésée en mémoire de la réunion de l'Attique entière en une seule république.

XYPHANTHE, genre de la famille des légumineuses, renfermant des plantes à racine tubéreuse, à tige herbacée, épineuse et rouge, à feuilles à trois lobes aigus, à fleurs disposées en épis terminaux. Le légume est allongé et tordu.

XYSTARQUE. Voy. XYSTE.

XYSTE servait, chez les anciens, à divers usages. C'était, chez les Grecs, un grand portique où s'exerçaient les athlètes, et, chez les Romains, des allées d'arbres pour la promenade, etc. L'officier qui présidait aux xystes se nommait *xystarque*.

XYSTE, auteur grec, nous a laissé un ouvrage nommé *Enchiridion* (manuel), dont nous n'avons qu'une traduction latine où on lui a donné pour titre *Annulus*. C'est un recueil de sentences pythagoriciennes.

Y

Y, vingt-quatrième lettre de l'alphabet. On l'appelle *i grec*, parce qu'elle répond à l'*upsilon* (lettre *u*) des Grecs, dans les mots qui nous viennent de leur langue. Cette lettre en est considérée comme voyelle. Les Romains lui faisaient désigner le nombre 150. Surmontée d'un trait horizontal, elle signifiait 150,000. La monnaie frappée à Bourges était marquée de la lettre Y.

Y GREC, nom donné dans les glaceries à un outil de fer qui a un manche long d'environ quinze pieds, et qui présente à l'une des extrémités un crochet d'environ deux pouces, avec lequel on saisit la tête de la glace lorsqu'on veut la tirer à soi.

Y, **YE** ou **WYE**, golfe de la mer du Nord qui s'avance de 6 lieues dans les terres, et qui sépare la Hollande méridionale de la septentrionale. L'Y, à cause de son peu de largeur, est plutôt un bras de mer qu'un golfe. C'est sur ses bords qu'est bâtie Amsterdam.

YACHT ou **YAC** (prononcez *iaque*), bâtiment de luxe ayant la disposition d'une petite maison, et servant aux personnes aisées à se promener en mer ou à faire de courtes traversées. Les yachts ont d'un à trois mâts; leur port varie de 80 à 100 tonneaux. Les yachts sont principalement en usage en Angleterre. Le roi et la reine de cette nation ont leurs yachts particuliers, qui sont gréés comme des vaisseaux de ligne et commandés par des officiers supérieurs de la marine royale. On les nomme les *royal yachts*. — L'Angleterre a un petit pavillon appelé *yacht*, formé d'une croix rouge au milieu, de pièces blanches et bleues, qui forment aussi un carré dans le haut de leur pavillon de poupe.

YAFA. Voy. JAFA.

YAK, animal du genre bœuf, appelé aussi *buffle à queue de cheval* ou *vache grognante de Tartarie*. Il se distingue de ses congénères par sa queue garnie de tous côtés de longs poils comme celle du cheval. Cette espèce, qui ressemble au buffle par ses formes, en diffère cependant par ses cornes rondes et unies. Une grosse touffe de poils crépus couvre le sommet de sa tête; son pelage est ras et lisse en été, hérissé et plus fourni en hiver; sa couleur est noire. Le cou présente une sorte de crinière, et le dessous du corps est garni de crins touffus, longs et tombants. Les yaks habitent les montagnes du Thibet; leur caractère est irascible et farouche. Cependant on est parvenu à les réduire en domesticité. Les houppes dont les Chinois ornent leurs bonnets d'été sont faites avec des poils de yak, et c'est principalement avec sa queue que les Orientaux font des chasse-mouches.

YAMBO, petite ville d'Arabie, sur la côte orientale de la mer Rouge. Elle est port très-fréquenté pour aller à Médine, et qui sert d'entrepôt aux Turks. Le désert qui l'environne est un sable brûlant et stérile.

YANG-TSÉ-KIANG, grand fleuve de Chine, qui prend sa source dans le grand désert de Cobi ou Chamo, coule vers l'E.-S.-E., et se jette dans la mer de Chine près de Nankin. Son cours est de 820 lieues.

YAO, empereur chinois, monta sur le trône d'après les astronomes de ce pays l'an 2357 avant J.-C., et eut Chun pour successeur. Yao fut le premier Chinois qui fit faire des observations astronomiques pour chercher à découvrir les lois des mouvements des corps célestes. Il fit connaître au peuple les temps et les saisons, la durée de l'année, les solstices, les équinoxes et les constellations. Yao fut très-aimé de son peuple. Il mourut à l'âge de cent dix-huit ans, et le peuple porta son deuil pendant trois ans.

YARMOUTH, grande ville maritime d'Angleterre, dans le comté de Norfolk, à 45 lieues de Londres. Population, 20,000 habitants. On y pêche des harengs, des sardines et des maquereaux en grande quantité. A Yarmouth sont des bains de mer très-fréquentés.

YAROPOLK Ier, grand-duc de Russie, succéda à son père Sviatoslaf en 972. Son règne peut se résumer dans les guerres qu'il eut à soutenir contre ses frères. Yaropolk eut à combattre d'abord Oleg, qui fut vaincu et tué dans l'action. Vladimir, son autre frère, craignant l'ambition d'Yaropolk, lui déclara la guerre, et s'avança vers Kief, où Yaropolk s'était renfermé. Un traître conseilla à ce dernier de se mettre à la merci de son frère. Yaropolk y consentit; mais, à peine entré dans le palais de Sviatoslaf, deux soldats se jettent sur lui et le massacrent (980). Son frère Vladimir lui succéda. — YAROPOLK II succéda en 1132 à Mstislaf. Son règne fut ensanglanté par les querelles des princes de l'empire. Il mourut en 1139.

YAROSLAF Ier, grand-duc de Russie, était fils de Vladimir. Il reconnut le trône sur Sviatopolk, qui l'avait usurpé (1019), chassa les Petchénègues de son royaume. Ayant eu à se plaindre des Grecs, il leur déclara la guerre; mais cette guerre fut désastreuse, et l'entraîna aux dépens des revers aux Russes. La paix ayant été conclue, Yaroslaf forma des alliances avec plusieurs princes de l'Europe. Anne, une de ses filles, épousa Henri Ier, roi de France. Il mourut en 1054, laissant le trône à Ysiaslaf. Ce fut de ce prince le plus ancien code des lois civiles en Russie. — YAROSLAF II Vsévolodovitch succéda en 1238 à son frère Georges Vsévolodovitch. Il mit tous ses soins à réparer les désastres de la Russie, ruinée par les invasions des Tartares. Ceux-ci reparurent encore, soumirent la Russie, et Yaroslaf fut forcé de rendre hommage au kan des Tartares. Il mourut en 1247. — YAROSLAF III YAROSLAVITCH, fils du précédent, succéda en 1263 à son frère André. Ce fut un prince faible et sans courage, dont le règne offre peu d'événements. Il mourut en 1272.

YAROSLAVL (GOUVERNEMENT DE). Voy. IAROSLAVL.

YAWS, nom donné au *pian de Guinée*. Voy.

YÈBLE ou **HIÈBLE**, espèce du genre *sureau*. Cette espèce monte à un mètre de haut environ, et est remarquable par la beauté de ses fleurs. Elle se plaît dans les lieux frais, gras et fertiles, sur le bord des rivières et des chemins; mais elle a une odeur forte et désagréable. Ses propriétés médicamenteuses sont celles du sureau commun; elles ont seulement une plus grande activité. L'yèble est par sa présence sur la terre l'indice d'un terroir fertile; mais son abondance sur les champs cultivés nuit aux récoltes. Ses tiges et ses racines, jetées sur les fumiers, en augmentent la masse et les qualités.

YEDO ou **KIANG-HOU**, capitale du Japon, dans une grande plaine, au fond d'un golfe, et sur les bords du Tonyak. C'est une des villes les plus peuplées et les plus grandes du monde. Sa circonférence est estimée à 20 milles.

YÉMEN ou **ARABIE HEUREUSE**, la plus belle contrée de l'Arabie, dont elle forme la partie S.-O. Elle est bornée au N. par le Nedjed, à l'E. par l'Hadramaout, au S. par le détroit de Bab-el-Mandel, à l'E. par la mer Rouge. Sa superficie est évaluée à 2,500 lieues carrées. L'Yémen est un pays riant et fertile. Il produit beaucoup de café, aloès, myrrhe, encens, séné, drogues, médicaments, parfums, etc.; on en exporte aussi de l'or et de l'ivoire. La population est d'environ 3,000,000 d'habitants industrieux et très-commerçants. L'Yémen est gouverné par un émir qui réside à Sana. Il se divise en plusieurs districts. Ses principales villes sont *Moka*, *Aden*, *Damar*, *Taës*, etc.

YEUSE ou **CHÊNE VERT**, espèce du genre *chêne*, dont les feuilles sont vertes et persistantes toute l'année. L'yeuse vit isolée, rarement en famille, jamais en forêts. Elle ne vient spontanément que dans des lieux secs et sablonneux. Son bois très-lourd, un des plus compactes et des plus durs, est fort recherché dans les arts mécaniques. Elle croît très-lentement et une fois coupée, elle ne repousse plus qu'en buisson. Ses glands sont les plus souvent très-âpres et amers.

YEUSE (CHÊNE FAUSSE), espèce du genre *chêne*, qui se plaît sur les collines les plus sèches et les plus arides de l'Europe méridionale. Il s'élève à une hauteur médiocre, porte des feuilles rondes, persistantes, très-velues, petites, à bords épineux dans leur premier âge, entières dans leur vieillesse. Ses glands, que l'on mange crus ou cuits, ont le goût de la châtaigne, et sont contenus dans une cupule un peu hérissée.

YOLE, petit canot très-effilé et léger qui va à la voile et à l'aviron, mais qui n'est pas propre à porter de lourds fardeaux.

YON (Saint), prêtre et martyr, accompagna saint Denis de Paris lorsqu'il vint en France, et se fixa à Chartres. Après avoir travaillé à la conversion des infidèles de ce pays, il fut décapité le 5 d'août. On fait sa fête le même jour.

YON (SAINT), à Rouen, ancien chef-lieu de la congrégation des frères des écoles chrétiennes. Son établissement date de 1705. L'établissement de Saint-Yon fut assuré par lettres patentes de 1724. Il fut le chef-lieu de la congrégation jusqu'en 1770. A cette époque, le supérieur fixa sa résidence à Paris, et huit ans plus tard à Melun.

YONNE, rivière de France qui prend sa source dans le Morvan (département de la Nièvre), à 3 lieues de Château-Chinon. Elle entre près du bourg de Coulanges dans le département de l'Yonne, passe à Clamecy, Auxerre, Joigny, Sens, et se jette dans la Seine à Montereau-Fault-Yonne. Son cours a une longueur de 240,000 mètres. Elle commence à être navigable pour les petits bateaux à Clamecy, pour les grands à Auxerre. Ses principaux affluents sont la Cure, le Cousin, le Serain, l'Armançon et la Vannes.

YONNE, département français, formé de l'Auxerrois, du Sénonais et de quelques parties de la Bourgogne, de la Champagne et du Gâtinais. Il a pour limites au N. le département de Seine-et-Marne, à l'E. ceux de l'Aube et de la Côte-d'Or, au S. celui de la Nièvre, et à l'O. celui du Loiret. Il tire son nom de la principale rivière qui le traverse. Sa superficie est de 729,223 arpents métriques, et sa population de 80,000 habitants. Le département se divise en cinq arrondissements: *Auxerre* (chef-lieu), *Joigny*, *Sens*, *Tonnerre*, *Avallon*, et nommait cinq députés. Le revenu territorial est évalué à 17,520,000 francs. Il est compris dans la dix-huitième division militaire, le diocèse de Sens et le ressort de l'académie et de la cour royale de Paris. Le sol est très-fertile. Il produit annuellement 1,450,000 hectolitres de céréales, 1,110,000 de vins; la vigne est la culture la plus importante. L'industrie commerciale s'exerce sur la fabrication de carreaux, de tuiles, de pierres à fusil, du verre, de la faïence, d'ocre jaune et de blanc d'Espagne, sur la filature et le tissage des laines, la confection des serges, draps et couvertures. Le principal commerce est celui des céréales et des vins. On exporte 860,000 hectolitres de ces derniers. Les crûs les plus estimés sont ceux d'Auxerre, Avallon, Coulangé, Tonnerre, Joigny, Chablis.

YORCK, comté du N. de l'Angleterre, le plus grand de ce royaume. Il est borné à l'E. et au N.-E. par la mer du Nord; au S.

par l'Humber et le Trent, par les comtés de Derby et de Nottingham; à l'O. par ceux de Chester, de Lancastre et de Westmoreland, et au N. par la Tees. Sa superficie est de 898 lieues carrées, et sa population de 1,195,000 habitants. On la divise en trois parties : le *North-Riding*, l'*East-Riding* et le *West-Riding*. La capitale est Yorck.

YORCK, ville d'Angleterre, capitale du comté de ce nom, située dans la partie nommée East-Riding, sur l'Ouse et le Foss. Population, 28,000 hatitants. Cette ville, une des plus anciennes de la Grande-Bretagne, s'appelait autrefois *Eboracum*, et fut le séjour des empereurs Adrien, Septime Sévère et Constance. Elle passe aujourd'hui pour la capitale de l'Angleterre septentrionale et pour la deuxième ville du royaume. Yorck est environnée de murs. La cathédrale, ou *Yorck-Minster*, est un très-beau monument. Elle a 485 pieds de long et une tour haute de 187 pieds. Sa construction date de 1227 à 1377. Yorck fait un grand commerce de drogues, gants, toiles, galous, verre, articles de librairie et d'imprimerie, etc. Cette ville est le siége d'un archevêché dont le titulaire était jadis grand aumônier des reines d'Angleterre et avait droit de les sacrer.

YOUNG (Edouard), poëte anglais, né à Upham dans le comté de Hampt en 1684, entra dans les ordres, fut nommé chapelain du roi et ensuite curé de Wetlewin dans le comté d'Hereford. Il se maria en 1731 avec la veuve du colonel Lée, dont elle avait eu deux enfants. Après la mort de cette famille, le désespoir et l'isolement plongèrent Young dans une profonde mélancolie, d'où il ne sortit qu'à sa mort. C'est à cette mélancolie que l'on doit son poëme des *Nuits*, traduit en français par le Tourneur. On a encore d'Young d'autres productions poétiques, *les Frères*, *la Vengeance*, tragédie, des *satires*, des *Poésies morales*. Young mourut en 1765.

YOUNG (Arthur), célèbre agriculteur anglais, né dans le comté de Suffolk en 1741, fut d'abord commis chez un commerçant de vins. Ayant embrassé avec ardeur l'étude de l'agriculture, il résolut de parcourir l'Angleterre pour étudier la pratique des fermiers les plus habiles, et recueillit ainsi des connaissances très-étendues. Il voyagea ensuite en France, en Espagne et en Italie. A son retour en Angleterre, il fut nommé secrétaire du bureau d'agriculture, et mourut en 1820. On a de lui un grand nombre d'ouvrages agricoles, entre autres un *Manuel du fermier* et les *Annales de l'agriculture*. L'Angleterre lui doit la propagation des bêtes à laines fines, la substitution des bœufs aux chevaux pour le labourage, et l'introduction d'instruments aratoires perfectionnés.

YPRES ou Yperen, ville de la Belgique, dans la Flandre occidentale, à 12 lieues de Bruges, 7 de Lille. Sa population est de 16,000 habitants. Cette ville, grande et industrieuse, fait un commerce très-étendu en draps, toiles, cuirs, merceries, etc.

YPSILANTIS, famille grecque qui tire son origine de la maison impériale des Comnène, et qui a reçu un nouvel éclat de la part qu'elle a prise dans la guerre de l'indépendance grecque. Le premier membre à citer est Athanase Ypsilantis. Il vivait à la fin du siècle dernier, et jouissait de grandes faveurs auprès du sultan. Son fils Alexandre hérita de ces faveurs. Il fut d'abord drogman, puis hospodar de Valachie. Il travailla au plan qu'il avait conçu de faire un seul peuple des Grecs et des Osmanlis ; mais il excita les soupçons des Turks, qui le mirent à mort. — Constantin, fils d'Alexandre, fut d'abord drogman, puis hospodar de la Moldavie (1802) et de la Valachie, souleva les Grecs et les Serviens, et conçut le projet de rendre la Grèce libre; mais, ce dessein ayant avorté, Constantin se livra entièrement à l'étude des sciences jusqu'à sa mort. Il laissa plusieurs fils. — Alexandre, l'un d'eux, né en 1792, fut nommé colonel et aide de camp d'Alexandre, tzar de Russie, puis major général des hussards (1817). Il entra ensuite dans la société des hétéristes, qui voulaient délivrer la Grèce; mais le combat de Dragaschan ayant anéanti les espérances de cette ligue (1821), Ypsilantis fut arrêté et enfermé dans la citadelle de Munkatsch, en Hongrie, où il resta jusqu'en 1827. Il mourut l'année suivante. Son frère puîné, Démétrius, né en 1793, suivit son père en Russie en 1805, et se mit au service de cet empire. Pénétré d'un grand amour de la liberté, il adopta le plan des hétéristes, et se chargea (1821) d'insurger la Morée. Il figura dans la guerre de l'indépendance, et se retira des affaires en 1823. En 1825, lors de l'invasion d'Ibrahim-Pacha, il prit le commandement des Romaiotes et plus tard celui des forces de la Grèce orientale. Il donna sa démission en 1830, reprit ses fonctions en 1831, et mourut en 1832.

YRIARTE (Don Juan de), savant espagnol, né dans l'île de Ténériffe en 1702. Ses connaissances lui valurent la place de précepteur du duc de Béjar, du duc d'Albe et de don Manuel, infant de Portugal. Le roi Ferdinand VI le nomma son bibliothécaire et traducteur de la première secrétairerie d'Etat. Nommé membre de l'académie royale espagnole, il fut un de ceux qui travaillèrent le plus à la rédaction du dictionnaire et de la grammaire espagnole. Il mourut en 1771. On lui doit les *Codes royaux de la bibliothèque de Madrid*, la *Bibliothèque royale géographique de Madrid*, une *Bibliothèque mathématique* en latin, une *Paléographie grecque*, une *Grammaire latine*, un *Dictionnaire latin-espagnol* (1779).

YRIEIX (Saint-), sur la rive gauche de la Loue, chef-lieu d'arrondissement du département de la Haute-Vienne, à 10 lieues de Limoges. Population, 6,560 habitants. Cette ville doit son origine à un ancien monastère fondé vers la fin du VIe siècle par saint Yrieix, né à Limoges en 517. Une ville assez considérable entoura le monastère; elle fut fortifiée au moyen âge. C'est maintenant une ville industrieuse et commerçante. Saint-Yrieix possède un tribunal de première instance et une société d'agriculture. Elle renferme des fabriques de porcelaine et de faïence.

YROISE, bras de mer à l'entrée de Brest (Finistère), compris entre le Bec-du-Ras et l'île d'Ouessant, sorte de grand golfe borné au S.-E. par la chaussée des Saints et par beaucoup d'écueils dans les autres parties. Toute espèce de bâtiments peut mouiller dans l'Yroise avec des vents de terre

YSIASLAF. Trois grands-princes de Russie ont porté ce nom. — Ysiaslaf Ier succéda à Yaroslaf en 1054. La guerre civile éclata entre ce prince et ses frères. Chassé de ses Etats, Ysiaslaf s'enfuit chez Boleslas II, roi de Pologne, qui le replaça sur le trône. L'ambition de ses frères l'obligea à fuir une deuxième fois. Cependant il parvint à regagner son trône à l'aide de plusieurs milliers de Polonais qui s'étaient intéressés à son sort. Il mourut en 1077. Il avait remplacé la peine de mort par des amendes pécuniaires. Son frère Vsévolod lui succéda.—Ysiaslaf II Mstislavitch, fils de Mstislaf, fut d'abord, et du vivant de son père, prince de Polotsk et de Minsk. Il vit régner après Mstislaf, Yaropolk, Vsévolod et Igor. Sous ce dernier, il leva l'étendard de la révolte, battit l'armée d'Igor, le fit prisonnier, et monta sur le trône en 1146. Il eut à soutenir les armes de Georges, prince de Vladimir, qui le vainquit près de Kief. Exilé, il eut recours aux rois voisins, qui le replacèrent sur le trône. Il mourut en 1154. Rostislaf lui succéda. — Ysiaslaf III succéda en 1157 à Georges Dolgorouky. La Russie était alors divisée en plusieurs petits royaumes indépendants. Ysiaslaf régna à Kief en 1159. Il se vit forcé d'abandonner le trône et de le céder à Rostislaf, à la suite de guerres nombreuses. Il chercha en vain à recouvrer son royaume, et fut tué dans un combat vers 1162.

YSSEL, nom de deux rivières. La première, qui coule en Hollande, se jette dans l'*Yssel*, bras du Rhin qui va rejoindre le Zuyderzée. La deuxième est un petit cours d'eau qui se jette dans la Meuse un peu au-dessus de Rotterdam.

YSSINGEAUX, chef-lieu d'arrondissement du département de la Haute-Loire, à 6 lieues et demie du Puy. Population, 7,270 habitants. Yssingeaux est situé sur une colline très-élevée. C'est une ville triste et irrégulière, qui renferme un tribunal de première instance et une société d'agriculture. Elle fait un grand commerce en bestiaux, plomb, tourbe et soie.

YTTERBY ou Ytterbite, pierre noire, d'une cassure vitreuse, éclatante, composée d'yttria, de silice, de chaux, d'oxyde de fer et de manganèse. Elle a été ainsi nommée parce qu'elle se trouve en Suède, à Ytterby. C'est d'elle que l'on a tiré la première yttria.

YTTRIA, substance terreuse, que l'on présume être formée d'oxygène et d'yttrium. On la trouve dans l'ytterby et l'yttriotantalite. Elle est blanche, insipide. Sa pesanteur spécifique est de 4,842. Elle n'est point soluble dans l'eau, la potasse et la soude, mais dans les acides sulfurique, nitrique et hydrochlorique. L'yttria n'a point d'usages.

YTTRIOTANTALITE, pierre grise que l'on trouve quelquefois dans les minerais, et qui contient de l'yttria et du columbium ou tantale. On la trouve sous forme de morceaux de la grosseur d'une noisette.

YTTRIUM, nom donné au métal que l'on croit exister dans l'yttria, mais que l'on n'a pu encore obtenir.

YU, empereur chinois. Ses vertus le firent remarquer de Chun, qui l'associa aux travaux du gouvernement l'an 2224 avant J.-C. A la mort de Chun, Yu, qu'il avait appelé à lui succéder, et qui exerçait déjà depuis quinze ans l'autorité souveraine au nom de Chun, devint le chef suprême de l'empire. Avec lui commence la dynastie chinoise. Yu se fit aimer par ses excellentes qualités, et mourut en 2198 avant J.-C.

YU-NAM, province de la Chine, sur les frontières du royaume d'Ava. Sa superficie est de 7,916 lieues carrées, et sa population de 2,000,000 d'habitants. Cette province produit d'excellents chevaux, des rubis, de l'ambre, des saphirs, de la gomme, du zinc, de très-belles mines, etc. La capitale est Yu-Fou, avec une population de 21,000 habitants. Cette ville, autrefois considérable, fabrique les plus beaux tapis de la Chine.

YVERDUN ou Yverton, ville de Suisse, dans le canton de Vaud, à peu de distance de Lausanne et de Neufchâtel, à l'embouchure du Tiel et de l'Orbe, et avec un beau port. Sa population est de 2,482 habitants. Cette ville fait un grand commerce de vins, et fabrique des indiennes, de la faïence, etc.

YVES DE CHARTRES, né près de Beauvais vers l'an 1040, embrassa la vie ecclésiastique, et entra dans un monastère de chanoines réguliers. Il en fut nommé supérieur, et il le gouverna environ quatorze ans. Ses vertus et ses talents le firent nommer évêque de Chartres en 1091. Il reprocha au roi Philippe Ier la faute qu'il avait commise en se séparant de sa femme Berthe pour prendre Bertrade, épouse de Foulques, comte d'Anjou. Il mourut en 1150. Yves a composé plusieurs ouvrages. Les principaux sont des lettres, des sermons, une chronique, et un recueil des règles ecclésiastiques, tirées des lettres des papes, des canons, des conciles, des écrits des Pères, et des lois portées par les princes catholiques.

YVES (Saint), né en 1253, embrassa la vie ecclésiastique, reçut la prêtrise, et se consacra tout entier à la pénitence, jeûnait au pain et à l'eau trois jours de la semaine, outre les temps destinés par l'Eglise aux jeûnes publics. Il couchait sur la dure, portait un rude cilice, des sandales et une camisole de toile d'étoupes. Il fut fait curé de Tréguier, puis de Lohanec. Il se montra toujours l'ami et le soutien des pauvres, et mourut saintement en 1303. On fait sa fête le 19 mai.

YVES (Saint-), bourg d'Angleterre, dans le comté de Cornouailles, avec une population de 3,000 habitants. Cette ville a un mauvais havre rempli de sables. Elle commerce en sardines, ardoises. Près de Saint-Yves sont des mines de cuivre.

YVETOT. Voy. Ivetot.

Z

ZAC

Z, vingt-cinquième lettre et dix-neuvième consonne de notre alphabet. Chez les anciens Romains, Z valait 2,000, et surmonté d'un trait, 4,000,000. En Grèce, il valait 7, et, surmonté d'un accent aigu, 7,000.—Dans les sorts, il était regardé comme une lettre de mauvais augure.— Enfin Z était la marque de la monnaie frappée à Grenoble.

ZA, nom par lequel, dans le plain-chant, on désigne le si bémol.

ZAB, fleuve du Kourdistan, se jette dans le Tigre à Mossoul.

ZABARELLA (François), archevêque de Florence et cardinal, un des plus célèbres canonistes de son siècle, né à Padoue en 1339. Il conseilla la déposition du pape Jean XXIII, et mourut en 1417. On de lui un *Traité du schisme*, des *Commentaires* sur les Décrétales et les Clémentines, des *lettres*, etc.

ZABARELLA (Jacques), l'un des plus grands philosophes de son siècle, né à Padoue en 1533, fut membre de l'académie de cette ville, et mourut en 1589. On a de lui des *Commentaires* sur Aristote.

ZABATÉI ou Zabathaï-Sevi, né à Smyrne en 1626, était juif. Il se fit passer pour le Messie, et se fit de nombreux partisans. Arrêté par le sultan Mahomet, il se convertit au mahométisme pour sauver ses jours. Mais, comme il restait fidèle en réalité au culte des juifs, il fut mis en prison et y mourut en 1676.

ZABDAS, un des généraux des armées de Zénobie, fut envoyé par cette princesse avec une armée nombreuse contre les Egyptiens. Il les vainquit. On ne sait plus rien de sa vie, si ce n'est qu'il entra à Antioche par stratagème avec l'armée de Zénobie mise en fuite par Aurélien.

ZABDICÈNE, ancienne contrée d'Asie, située le long des deux rives du Tigre, et qui fit alternativement partie de l'Arménie et de la Mésopotamie. Bezabde en était la ville principale.

ZABIENS, anciens philosophes chaldéens qui rendaient un culte aux astres, et dont l'occupation principale était de former des talismans.

ZABULON, sixième fils de Jacob et de Lia, naquit en Mésopotamie vers l'an 1748 avant J.-C. Il eut pour fils Sared, Elon et Jabeël. Il donna son nom à une des douze tribus. Cette tribu s'étendait de l'E. à l'O. depuis la mer Méditerranée jusqu'à la mer de Tibériade.

ZACATECAS, Etat du Mexique. Sa superficie est de 2,355 lieues carrées, et sa population de 171,200 habitants. Il tire son nom d'un ancien peuple qui l'habitait. Il est sec et néanmoins fertile dans les vallées. La capitale est Zacatecas, à 50 lieues N.-E. de Guadalaxara, à 95 N.-O. de Mexico. Population, 32,000 habitants. Cette ville est très-importante par la richesse des mines d'argent qu'on exploite dans sa banlieue. Elle a un collège et un hôtel des monnaies.

ZACATULA, grand fleuve du Mexique, qui traverse la partie S.-O. de l'Etat de Mexico, et a son embouchure dans le Grand-Océan. Les riches mines d'argent de Tasco appartiennent à son bassin.

ZACCHIAS (Paul), né à Rome en 1584, fut à la fois littérateur, médecin, poëte, peintre et musicien. Innocent X le fit son premier médecin. Il mourut en 1659. On a de lui des *Questions médico-légales*, jadis très-célèbres, etc.

ZAC

ZACHARIE, fils de Jéroboam II, roi d'Israël, succéda à son père l'an du monde 3220 (780 avant J.-C.). Il ne régna que six mois. Ses impiétés attirèrent sur lui la colère de Dieu, qui permit qu'il fût tué par Sellum, fils de Jabés.

ZACHARIE, fils de Joïada, grand prêtre des Juifs, et de Jocabed, succéda à son père dans la souveraine sacrificature (vers l'an 836 avant J.-C.). Joas, roi de Juda, ne pouvant souffrir la liberté avec laquelle Zacharie reprochait au peuple le rétablissement de l'idolâtrie, le fit assommer à coups de pierres entre le vestibule du temple et l'autel.

ZACHARIE, le onzième des douze petits prophètes, était fils de Barachie et petit-fils d'Addo. Il revint de Babylone avec Zorobabel, commença à prophétiser la deuxième année du règne de Darius, fils d'Hystaspes, et excita le peuple à reconstruire le temple. C'est tout ce qu'on sait de sa vie. La prophétie de Zacharie est divisée en quatorze chapitres. Ses prophéties à l'égard du Messie sont très-précises et très-claires. Leur analyse a fourni à Bossuet un morceau très-éloquent de l'Histoire universelle.

ZACHARIE, prêtre juif, de la famille d'Abia, père de saint Jean Baptiste, était époux de sainte Elisabeth, cousine de la Vierge Marie. Ils n'avaient point d'enfants, et étaient avancés en âge. Un jour que Zacharie faisait ses fonctions au temple, un ange lui apparut et lui annonça qu'il aurait un fils. Comme il faisait difficulté de croire à la parole de l'ange, celui-ci lui prédit qu'en punition de son incrédulité il allait devenir muet jusqu'à l'entier accomplissement de la prophétie. En effet, sa langue se lia, et il ne recouvra l'usage de la parole que lorsque l'événement fut accompli. Il chanta, saisi d'un saint enthousiasme, le sublime cantique *Benedictus*. On ne sait plus rien de certain sur lui. Les Latins l'honorent le 5 novembre.

ZACHARIE, fils de Baruch, fut un homme distingué par ses vertus et par ses richesses. Il s'attira la haine des zélateurs, qui le traduisirent devant le sanhédrin, l'accusant de vouloir livrer Jérusalem aux Romains. Il fut absous par le tribunal; mais les zélateurs, furieux, le massacrèrent (67 de J.-C.).

ZACHARIE (Saint), pape, Grec de naissance, succéda à Grégoire III en 741. Il obtint de Luitprand, roi des Lombards, la restitution du patrimoine de Sabine. Il tint plusieurs conciles pour rétablir la discipline ecclésiastique, et mourut en 752. Etienne II ou III lui succéda. On fait sa fête le 15 mars. Nous avons de ce pape une traduction du latin en grec des Dialogues de saint Grégoire, des décrets et des lettres.

ZACHARIE LE SCOLASTIQUE, évêque de Mitylène, se trouva au concile de Constantinople de l'an 536. Nous avons de lui deux traités: l'un (*Ammonios*) est un dialogue sur la création du monde; l'autre est une réfutation du système des manichéens.

ZACHARIE, surnommé *le Chrysopolitain*, florissait vers le milieu du XIIe siècle. Nous avons de lui un *Commentaire sur la concorde des Evangiles*, et un recueil d'*homélies*.

ZACHÉE, un des officiers de Judas Machabée. — Prince des publicains, demeurait à Jéricho. Il était très-petit, et

ZAM

monta sur un sycomore afin de voir Jésus qui entrait en triomphe à Jérusalem. Jésus, arrivé près de lui, l'avertit de descendre, lui disant qu'il allait loger chez lui; c'est alors que Zachée prononça ces paroles remarquables: « Seigneur, je ne suis pas digne que vous entriez dans ma maison; mais dites un mot, et mon âme sera guérie. »

ZACYNTHE, ancien nom de l'île de *Zante*.

ZAGAIE. Voy. Sagaie.

ZAGRAB. Voy. Agram.

ZAIN, nom donné au cheval quand sa robe, toute d'une couleur, n'est semée d'aucune tache. Le noir zain est le plus commun.

ZAIRE ou ZAHIR. V. Congo.

ZALEUCUS, célèbre législateur des Locriens, peuple d'Italie, était disciple de Pythagore, et vivait vers l'an 550 avant J.-C. Il ne nous reste de ses lois que le préambule. On sait seulement que par une d'elles les adultères étaient condamnés à perdre la vue. Son fils s'étant rendu coupable de ce crime, Zaleucus voulut qu'il fût puni selon la rigueur des lois; mais, par un retour de bonté, il se fit crever un œil, et ordonna qu'on en crevât un à son fils.

ZALUSKI (André-Chrysostome), illustre Polonais, né en 1650, devint chancelier de Pologne et évêque de Varnie. Il perdit les sceaux, qui furent donnés à Jablonowski en 1708, et se retira à Gustadt, où il mourut en 1711. On a de lui une traduction en polonais de l'Histoire du Vieux et du Nouveau Testament de Royaumont.

ZAMA, ville d'Afrique, dans la Zeugitane, au S.-E., dans une plaine. Elle est célèbre par la bataille qui se livra près de ses murs, et où Annibal fut vaincu par Scipion. Elle mit fin à la deuxième guerre punique. Zama fut dans la suite détruite par les Romains. Elle se nomme aujourd'hui *Zamora*.

ZAMBÈZE, ou Couama, ou Quilimané, un des plus grands fleuves de l'Afrique, dans la partie occidentale. On ne connaît que la partie inférieure de son cours; toute la partie supérieure est encore livrée aux conjectures des géographes. Il arrose le Monomotapa, se jette dans le canal de Mozambique par quatre embouchures, dites *Luabo, Luabo, Couama* et *Quilimané*.

ZAMBI, montagne d'Afrique, en Nigritie, dans le royaume des Molouns. Elle a 2,458 toises de haut. — C'est aussi le nom d'un volcan d'Afrique, dans le Libolo (Afrique portugaise). Il a 2,380 toises de haut.

ZAMBI ou Lobos, nom donné au produit de l'union d'un nègre avec un Américain. Ils sont d'un noir brun cuivreux, et le plus souvent très-vigoureux. Les Brésiliens nomment les zambi *caribocos* et *cafusos*. On appelle encore *zambo* le descendant d'un nègre et d'une mulâtresse.

ZAMBRI, Hébreu, fils de Salu et chef de la tribu de Siméon, méprisant les ordres de Dieu, entra à la vue de tout le peuple dans une tente avec une Madianite nommée Cozbi, sa maîtresse. Phinées, fils du grand prêtre Eléazar, fut tellement indigné de cette action, qu'il les poignarda tous deux.

ZAMBRI, général de la cavalerie d'Ela, roi d'Israël, se révolta contre ce prince, le tua, extermina toute sa famille, et s'empara du royaume (929 avant J.-C.). Il ne régna que sept jours ; car, se voyant assiégé et près d'être pris par l'armée d'Israël, qui avait établi roi son général Amri, il se brûla dans son palais avec sa famille et ses richesses.

ZAMET, financier sous le règne de Henri IV, était de Lucques en Italie. On prétend qu'il avait été cordonnier de Henri III. Il fit une fortune rapide et prodigieuse. Il mourut à Paris à l'âge de soixante-deux ans, le 14 juillet 1614, avec les titres de conseiller du roi, gouverneur de Fontainebleau, surintendant de la maison de la reine mère, baron de Murat et de Billy. On dit qu'il répondit froidement au notaire qui passait le contrat de mariage d'une de ses filles, et lui demandait la qualité qu'il voulait prendre au contrat, qu'il n'avait que celle de seigneur de dixsept cent mille écus. Zamet faisait un usage magnifique de ses richesses. Il avait les premiers seigneurs de la cour à sa table, et Henri IV même mangeait quelquefois chez lui.

ZAMOLXIS, esclave et disciple de Pythagore, Gète de nation, accompagna son maître en Egypte. Après avoir étudié les coutumes des Egyptiens, il revint dans son pays, et s'occupa à polir les mœurs de ses compatriotes. Il reçut les honneurs divins après sa mort.

ZAMORA, province d'Espagne, dans le royaume de Léon, sur les frontières du Portugal, entre les provinces de Toro, Salamanque, Valladolid. Sa superficie est de 110 lieues carrées, et sa population de 100,000 habitants. Elle est montagneuse, mais néanmoins fertile et abondante en vins et en fruits. — Le chef-lieu est ZAMORA, ville épiscopale de 10,000 âmes, à 24 lieues S. de Léon. Elle commerce en vins, laines et peaux, et a des manufactures de serges. On y remarque principalement le beau pont sur le Douro. Les Français prirent cette ville d'assaut en janvier 1808.

ZAMORIN, titre que portait le souverain de Calicut avant la conquête de ce pays par les Portugais.

ZAMOYSKI (Jean), né dans la Russie-Rouge, fut envoyé à Paris et à Padoue pour achever son éducation. Il fut élu recteur de l'université de cette dernière ville, et composa alors ses livres du *Sénat romain* et du *Sénateur parfait*. De retour dans sa patrie, il fut élevé aux emplois les plus considérables de l'Etat, et fut des ambassadeurs envoyés à Paris pour offrir au duc d'Anjou la couronne de Pologne (1573). Etienne Battori, devenu roi, lui donna sa fille en mariage, et le titre de grand chancelier du royaume et de général de ses armées. Zamoyski se distingua dans sa guerre avec la Russie. Après la mort du roi (1586), il refusa la couronne qu'on lui offrait, et fit élire Sigismond III, prince de Suède. Il mourut en 1605.

ZAMOYSKI (André, comte), de la même famille que le précédent, embrassa d'abord la profession des armes, et suivit ensuite la carrière des fonctions publiques. Devenu sénateur et grand chancelier du royaume, il s'efforça d'apaiser les troubles au milieu desquels se fit l'élection de Stanislas Poniatowski à la couronne de Pologne. Quand il eut perdu l'espoir de remédier aux maux publics, il donna sa démission, après avoir motivé sa conduite dans un discours plein d'énergie. La diète l'ayant choisi pour former un code de lois, il remplit cette mission à la satisfaction de ses concitoyens. Il mourut en 1792.

ZAMPIÈRE (LE COMTE Camillo), né d'une noble et ancienne famille à Imola dans la Romagne en 1701, se livra avec succès à la culture des belles-lettres. Ses concitoyens l'employèrent dans des affaires importantes. Il fut ambassadeur et vingt-quatre fois gonfalonier. Il mourut en 1784. On a de lui des poésies latines et italiennes.

ZAMPIÉRI. Voy. DOMINIQUIN.

ZANCHIUS (Hieronimo), théologien protestant, né à Alzano en Italie en 1516. Il avait d'abord été dans la congrégation de Saint-Jean de Latran. Il quitta cet ordre, et voyagea en Suisse et en Allemagne. Ayant eu une chaire de théologie à Heidelberg, il y mourut en 1590.

ZANFARA, royaume de Nigritie, tributaire de l'Asben, situé près des royaumes d'Ouangara et de Cassima.

ZANGIACOMI (LE BARON Joseph) exerçait à la révolution la profession d'avocat à Nancy, où il était né. Nommé député à la convention nationale en 1792, il vota la détention de Louis XVI et son bannissement à la paix. Il passa ensuite au conseil des cinq cents, d'où il sortit en 1798. Devenu membre du tribunal de cassation et baron de l'empire, il conserva ses dignités à la restauration, et fut compris au nombre des conseillers d'Etat. Il mourut en 1825.

ZANGUEBAR, nom donné à une côte de l'Afrique orientale, qui commence au cap Delgado, et se termine à la Pointe-Basse, où commence la côte d'Ajan. Sa longueur est d'environ 250 lieues. Elle est malsaine et couverte de forêts. Les habitants sont nègres ou Arabes, et font le commerce d'or et d'ivoire avec les Portugais. Les principaux Etats sont les royaumes de *Quiloa*, de *Monbaza*, de *Mélinde* et de *Magadoxo*.

ZANHAGA, partie occidentale du Sahara, sur l'Atlantique.

ZANI, personnage bouffon dans les comédies, en Italie. Il se dit par corruption pour *Giovanni*, Jean.

ZANTE, une des îles Ioniennes, et la plus méridionale de toutes, à 4 lieues S. de Céphalonie. Elle a 6 ou 8 lieues de longueur sur 9 de largeur. Sa population est de 50,000 habitants. Le sol est volcanique, médiocrement fertile, exposé aux tremblements de terre. — La capitale est ZANTE, située sur la côte orientale, au fond d'une petite baie, avec environ 20,000 habitants. C'est la ville la plus grande, la mieux bâtie et la plus commerçante de l'Archipel. On y remarque d'assez beaux édifices, la place du marché (Piazza dell'Erbe), la cathédrale catholique, deux églises grecques, le palais des archives, la douane, l'arsenal, un théâtre, une bourse, un lycée. C'est le siége d'un archevêque grec et d'un évêque catholique.

ZANZIBAR ou ZANGUEBAR, île d'Afrique orientale, située sur la côte du Zanguebar. Elle a 18 lieues de long sur 6 à 8 de largeur. Elle est très-peuplée et importante à cause des relations commerciales qu'elle entretient avec les îles de France, de Bourbon et de Madagascar. Les habitants sont mahométans. On tire de cette île du sucre, des fruits, de l'or, de l'ivoire, etc.

ZAPANE, genre de la famille des pyrénacées, renfermant des plantes qui renferment un assez grand nombre d'espèces. Une d'elles, la *zapane citronnée*, est un arbrisseau cultivé généralement dans tous les jardins d'agrément, et dont les feuilles ont une délicieuse odeur de citron. On en remarque quelquefois l'infusion théiforme comme antispasmodique et légèrement excitante.

ZAPOL ou ZAPOLSKI (Jean DE), vayvode de Transylvanie, fut appelé par la noblesse hongroise contre les brigands qui désolaient leur pays, et reçut en récompense de ses services la couronne après la mort du roi Louis II (1526). Son élection fut traversée par Ferdinand d'Autriche, qu'un autre parti proclama roi. Après une guerre de plusieurs années, les deux prétendants firent entre eux (1538) un traité qui assura à l'un et à l'autre la possession de ce que les armes leur avaient acquis. Il mourut en 1540. Son fils Jean-Sigismond fut obligé de se contenter de la Transylvanie, et mourut en 1571 sans enfants.

ZAPOROGUES, ancienne tribu de Kozaks, qui formait une association puissante sur les bords de la mer Noire et du Dniéper. Elle a été dissoute par Catherine II en 1775. Les restes de cette tribu forment les Kozaks Tchernomorsk ou de la mer Noire. Bien différents de leurs ancêtres, qui vivaient dans le célibat et n'avaient d'autres femmes que celles qu'ils rencontraient dans leurs pénibles excursions, les Kozaks Tchernomorsk sont mariés, cultivateurs, et renommés par leurs mœurs pacifiques autant que par leur bravoure. Leur ville principale est IEKATÉRINODAR.

ZAPOTÈQUES, nation nombreuse du Mexique, dans l'Etat d'Oaxaca. Ses ancêtres se distinguaient des autres Américains par leurs progrès dans la civilisation, même avant d'avoir été soumis aux Mexicains.

ZARA, cercle de Dalmatie, dont la population est de 112,000 habitants. La capitale est ZARA, capitale du royaume de Dalmatie, sur une péninsule de l'Adriatique, qui forme une rade vaste et excellente, à 52 lieues S. de Laybach, et 60 lieues S.-E. de Venise. Population, 6,000 habitants. Elle est le siége du tribunal d'appel et d'un archevêché. Elle est renommée pour son marasquin, et importante par son industrie, son commerce et ses fortifications. On en retire des étoffes et des liqueurs.

ZARA. On nomme, dans le pays, *Zara de Schoss* ou *pays bas* la basse Moldavie, et *Zara de Suss* ou *pays haut*, la haute Moldavie.

ZARA, roi d'Ethiopie, fit la guerre à Asa, roi de Juda, et fut battu dans la vallée de Nephtali, à Séphata, près de Naresa, l'an 941 avant J.-C.

ZARAME, dieu gaulois, paraît avoir été le même que le Jupiter des Romains.

ZARATE (Augustin DE), Espagnol, fut envoyé au Pérou en qualité de trésorier général des Indes. Pendant son séjour dans ce pays, il recueillit des mémoires pour son *Histoire de la découverte et de la conquête du Pérou*, estimée malgré de nombreuses inexactitudes.

ZARATHAN, inflammation et endurcissement des mamelles, simulant le cancer de ces organes.

ZARDA, nom donné autrefois à certaines tumeurs inflammatoires auxquelles les chevaux sont sujets.

ZARENG, capitale du Seistan (Perse), à 60 lieues E. d'Ispahan.

ZARÈS, femme d'Aman, premier ministre et favori d'Assuérus, roi de Perse, lui conseilla de faire attacher Mardochée à un gibet. Elle y fut suspendue elle-même avec son mari l'an 505 avant J.-C.

ZARIADRAS était, avec Artaxias, gouverneur d'Arménie lorsque Antiochus le Grand fut battu par les Romains (170 ans avant J.-C.). Ils secouèrent tous deux le joug, et formèrent les deux royaumes de la grande et de la petite Arménie. Cette dernière échut à Zariadras.

ZÉBÉDÉE, père des apôtres saint Jacques et saint Jean l'Evangéliste. Nous ne savons rien de lui, sinon qu'il était pêcheur, que sa femme s'appelait Salomé, et que ses enfants le quittèrent pour suivre le Seigneur.

ZÈBRE, espèce du genre *cheval*, distinguée par son pelage rayé partout fort symétriquement de bandes brunes, plus ou moins noires, et disposées sur un fond blanc teinté de jaunâtre supérieurement. La hauteur du zèbre est de quatre pieds environ sur six au longueur, depuis le bout du museau jusqu'à l'origine de la queue, de six pieds onze pouces ou sept pieds. Sa tête et ses oreilles sont plus longues proportionnellement que chez le cheval; le cou est plus gros et plus court, et la queue terminée par une touffe de longs poils. Les zèbres habitent par troupes nombreuses les contrées montagneuses du midi de l'Afrique. Leur caractère est défiant et farouche.

ZÉBU, espèce du genre *bœuf*, regardée par la plupart des auteurs comme une variété du bœuf ordinaire. Il en diffère cependant par la taille, qui est moindre, et par une ou deux bosses graisseuses placées sur le garrot. Leur glotis n'ont souvent pas de cornes. Leur pelage est généralement gris en dessus et blanc en dessous. Leur queue est terminée par une touffe de poils noirs. Ils habitent les parties chaudes de l'Asie et de l'Afrique. Le zébu de Madagascar ressemble à notre bœuf; il en diffère par la saveur musquée de sa chair et la loupe graisseuse de son dos.

ZÉBU, une des îles Philippines. Elle forme, avec *Bohol*, la province espagnole de *Zébu*, où se trouve Zébu, petite ville, résidence de l'alcade et de l'évêque, avec un fort et environ 2,000 habitants.

ZÉDOAIRE, genre de la famille des balisiers, renfermant une plante des Indes orientales appelée aussi *kœmpférie ronde*, dont la racine est aromatique, stimulante, antispasmodique, mais peu usitée.

ZÉE. Voy. DORÉE.

ZEINAB, femme arabe, désespérée de la mort de son beau-frère Mazhah, tué par Ali, lieutenant de Mahomet, voulut empoisonner ce dernier. Mais elle ne put réussir. Mahomet, l'ayant fait venir devant lui, lui demanda les raisons de son attentat. « J'ai pensé, dit-elle, que si tu étais prophète tu connaîtrais le danger, et que, dans le cas contraire, nous serions délivrés de ta tyrannie.» On dit que Mahomet, surpris de son courage, lui pardonna. Des historiens disent que Mahomet fut réellement empoisonné.

ZÉLANDE ou ZEELAND, province de Hollande, bornée à l'O. par l'Océan. Elle a 58 lieues carrées et 90,000 habitants. Elle est composée de six îles principales, *Schouwen*, *Tholen*, *Nord-Béveland*, *Sud-Béveland*, *Duiveland* et *Walcheren*. Elle produit du blé, de la garance et des pâturages. Pour empêcher les inondations, on a partout construit des digues. La Zélande est très-commerçante, et forma sous l'empire les départements français des *Bouches-de-l'Escaut* et des *Bouches-de-la-Meuse*. Le chef-lieu est MIDDELBOURG.

ZÉLANDE (NOUVELLE-), groupe de l'océan Austral, se compose de deux vastes îles situées à 400 lieues S.-E. de la Nouvelle-Hollande. La plus septentrionale est *Ika-Na-Maoui*; l'autre, qui est la plus grande et qui en est séparée par le détroit de Cook, s'appelle *Tavaï-Pounamou*. La première a une longueur de 180 lieues; celle de la deuxième est de 200 lieues. Leur largeur varie de 10 à 60 lieues. La Nouvelle-Zélande est couverte de hautes montagnes, dont quelques-unes sont des volcans. Le climat est humide et tempéré; les ouragans y sont fort fréquents. La végétation est une popu superbe. Les indigènes forment tiennent lation de 150,000 âmes, et appartion y està la race polynésienne. Leur couleur est basanée, leur taille élevée; leurs traits sont agréables et réguliers. Ils se tatouent avec soin. Ils forment une infinité de petites tribus indépendantes, toujours en guerre. Ils sont anthropophages. — La Nouvelle-Zélande a été découverte en 1642 par Tasman. Elle a eu peu de relations avec les Européens jusqu'à ce jour.

ZÉLAS ou ZIÉLAS, fils de Nicomède 1er, roi de Bithynie, régna après son père (246 avant J.-C.) sur cette contrée et sur la partie du Pont occidental qui prit de lui le surnom de *Zélitide*. Il mourut après seize ans de règne, laissant le trône à son fils Prusias Ier.

ZÉLATEURS, secte de Juifs factieux, qui, affectant un zèle outré pour la liberté de leur patrie et le bien public, se livraient à toutes sortes d'excès et de crimes. C'était à l'époque de la guerre avec les Romains, vers l'an 67 de J.-C. On leur donna aussi le nom de *sicaires* ou d'*assassins*. Ils régnèrent à Jérusalem par la terreur, firent mourir les hommes les plus recommandables sous de vains prétextes. Après la prise de Jérusalem, les zélateurs subirent le sort des autres habitants.

ZÈLE (JUGEMENT DU), nom donné à l'action d'un Juif qui mettait à mort un criminel scandaleux sans attendre la sentence du juge. Cela ne se pouvait faire cependant que lorsque le crime se commettait en présence de dix Israélites au moins, et que le criminel averti persévérait dans sa faute.

ZELPHA, servante de Lia, devint femme du second rang de Jacob, et fut mère de Gad et d'Aser.

ZEMBLE (NOUVELLE-), la *Novaïa-Zemlia* (c'est-à-dire la nouvelle terre) des Russes, groupe d'îles de l'océan Glacial, dans l'Europe septentrionale, sur la côte et au N.-E. d'Arkhangel (Russie d'Europe). Sa longueur est de 200 lieues, et sa largeur de 20 à 30 lieues. La Nouvelle-Zemble est couverte de montagnes appartenant au système ouralien; le plus haut sommet, le mont *Glazowsky*, a 400 toises de haut, dans la grande île septentrionale du groupe. C'est dans cette même île que se trouve la ville dite *Sarytcheff*, le plus boréal de tout le globe. Cette terre est extrêmement froide et inhabitée. Elle est fréquentée par des animaux que les armateurs d'Arkhangel vont chasser pour avoir leurs peaux et fourrures.

ZEMINA, sacrifice expiatoire que les anciens faisaient dans les mystères d'Eleusis, pour effacer les fautes qui pouvaient avoir été commises dans la solennité.

ZEMPLIN, comitat de Hongrie, dans le cercle en deçà du Theiss. Sa superficie est de 80 lieues carrées, et sa population de 112,000 habitants. Sa capitale est UJHELY ou SATORALLIA-UJHELI.

ZENAS, général distingué du temps de Maxence, fut envoyé par ce prince en Afrique, et battit l'usurpateur Alexandre, dont la mort laissa Maxence libre possesseur de l'Afrique.

ZEND, une des deux langues qui se parlaient en Perse dans l'antiquité. C'est en *zend* qu'est écrit le *Zend-Avesta*, recueil des ouvrages sacrés où sont exposées les doctrines de Zoroastre. Ce recueil, appelé aussi *Livre d'Abraham*, fut écrit sur douze cents peaux, qui formaient douze gros volumes, et qui contenaient vingt et un traités appelés *Nasks* ou *Noscks*, et dont chacun a un titre particulier. Le seizième, intitulé *Zeratusht-Nama*, contient la vie de Zoroastre. Le Zend-Avesta fut abrégé après la mort de son auteur par un mage, et cet abrégé, écrit en langue persane, est le *Sad-Der*.

ZÉNIK. Voy. SURIKATE.

ZÉNITH, terme d'astronomie. C'est le point culminant du ciel qui se trouve directement sur notre tête, et par lequel passent tous les cercles verticaux. Il est diamétralement opposé au *nadir*. Ce mot vient de l'arabe *semt*. On l'appelle aussi le *pôle de l'horizon*, parce qu'il en est éloigné de 90 degrés.

ZENO (LE CHEVALIER Nicola), noble vénitien, équipa un vaisseau à ses frais, et fit voile vers l'Angleterre (en 1380). Surpris par une tempête, il fut jeté sur le rivage d'une île aujourd'hui inconnue, et gouvernée par un prince qu'il appelle *Zichmni*. Il fit venir son frère Antonio auprès de lui, et, après sa mort, Antonio envoya à son troisième frère Carolo Zeno la relation de ses voyages. Nicola Zeno, de la même famille, les publia en 1558 à Venise. On s'accorde à regarder cette histoire comme un roman.

ZENO (Carolo), célèbre Vénitien, entra d'abord dans l'état ecclésiastique, qu'il quitta pour porter les armes. Pour récompenser ses services, on le créa gouverneur du Milannis. Il eut plusieurs fois le commandement de la flotte des Vénitiens contre les Turks, et remporta des avantages considérables. Dans les dernières années de sa vie, il se consacra à l'étude des belles-lettres, et mourut en 1418.

ZENO (Apostolo), né en 1669 d'une illustre maison de Venise, mais d'une branche établio depuis longtemps dans l'île de Candie. Il établit à Venise l'académie *degli Animosi* en 1696, et le *Giornale de' letterati* (1710). Il en publia trente volumes qui vont jusqu'en 1719 exclusivement. Appelé à Vienne par l'empereur Charles VI, il fut fait historiographe de la cour impériale. Il mourut en 1750. Il a laissé de nombreux libretti d'opéras italiens, autrefois très-estimés; des dissertations savantes; des poésies, etc.

ZÉNOBIE, fille de Mithridate, roi d'Arménie, épousa Rhadamiste, roi d'Ibérie. Ce prince, ayant été chassé de son royaume par les Arméniens, elle l'accompagna dans sa fuite. Mais, comme elle était enceinte, elle ne put supporter les fatigues d'une longue marche, et supplia son époux de lui donner la mort. Après avoir longtemps résisté, celui-ci la frappa et la jeta dans l'Araxe. Ses vêtements la soutinrent sur l'eau. Retirée par des bergers, elle guérit de ses blessures, et se retira chez Tiridate, qui la reconnut pour reine. Ce fait, qui paraît fabuleux, a donné à Crébillon le sujet de sa tragédie, *Rhadamiste et Zénobie*.

ZÉNOBIE (Septimia Zenobia), reine de Palmyre. Fille d'un chef arabe, elle avait épousé Odenat, que Gallien, par reconnaissance pour ses services, s'adjoignit pour collègue, et à qui il donna le titre d'empereur des Romains. Zénobie, devenue maîtresse du trône et des conquêtes d'Odenat (267) après la mort de ce prince, qu'elle fut accusée d'avoir fait assassiner, régna en grande reine, cultiva avec succès les belles-lettres, et eut pour maître le célèbre Longin. Aurélien, reconnu empereur depuis deux ans, tourna ses armes contre elle. Vaincue après des prodiges de valeur, elle fut arrêtée et conduite à Rome. Aurélien la fit paraître à son triomphe (272). Il la traita ensuite avec honneur, et lui donna une terre à Tibur, où elle mourut au bout de plusieurs années de captivité.

ZÉNODORE, sculpteur célèbre, florissait au temps des empereurs romains Tibère et Néron. Il fit pour les Arverni, peuples des Gaules, une statue colossale de Mercure, qui, selon Pline, surpassait en grandeur tous les colosses de l'antiquité. Néron l'appela à Rome. Il y fit la statue de cet empereur, haute de cent dix pieds. Vespasien y fit substituer dans la suite la tête d'Apollon à la place de celle de Néron.

ZÉNODOTE, grammairien d'Ephèse, fut chargé par le premier Ptolémée de l'éducation de son fils, et du soin de la bibliothèque d'Alexandrie. Il ouvrit dans cette ville sa première école de grammaire. Il fut le premier qui corrigea les fautes qui s'étaient glissées dans les poésies d'Homère.

ZÉNON D'ÉLÉE, célèbre philosophe, né à Elée, en Italie, vers l'an 504 avant J.-C. Il fut disciple de Parménide. Il poussa les principes de son maître et de Xénophanes aux dernières conséquences. Il nia l'existence du mouvement; il n'y a cependant aucune apparence qu'il ait soutenu qu'il n'y a rien dans l'univers, comme certains auteurs le lui reprochent. C'est à lui que l'on doit l'invention de la dialectique, ou du moins la première idée d'en faire une science régulière. On prétend que Zénon, étant entré dans une conspiration contre Néarque, tyran d'Elée, ce dernier le fit piler dans un mortier. On dit aussi qu'il lui cracha sa langue à visage.

ZÉNON DE CITTIUM, philosophe, chef de la secte des stoïciens, naquit en 372 avant J.-C. dans l'île de Chypre. Après avoir été commerçant, il suivit l'école de Cratès le Cynique, Stilpon de Mégare, Xénocrate et Polémon. Arrivé à l'âge de cinquante ans, il ouvrit à Athènes dans le Pécile, le plus beau portique (en grec, *stoa*) de la ville, une école nouvelle. Ses disciples se nommèrent *stoïciens*. Zénon mourut en 274 avant J.-C., estimé pour ses talents et ses vertus.—Zénon admettait deux principes dans l'univers, l'un actif, l'autre passif; mais ces principes ne sont point distingués quant à l'essence. Ils ne sont qu'une même nature, qu'on appelle *matière* lorsqu'on se la représente comme le sujet de l'action, et *Dieu* lorsqu'on n'y considère que la raison et la puissance qui donnent la forme aux êtres particuliers. Dieu est éternel, universel et cause première; la matière est contemporaine de Dieu et éternelle; enfin l'univers est un tout animé et raisonnable. Toutes ses parties sont liées et réagissent les unes sur les autres. De là un enchaînement perpétuel de causes, de là le principe que tout est soumis aux lois de la nécessité. Le sage donc doit être impassible en présence des douleurs. Il n'est qu'un bien dans le monde, la *vertu*; il n'est qu'un mal, le *vice*. Tels sont les principaux dogmes de cette philosophie que Rome adopta, et qui fit éclore de grandes vertus.

ZÉNON DE SIDON, philosophe épicurien, qui eut au nombre de ses disciples Cicéron, Pompée et Pomponius Atticus. Il écrivit un traité contre les mathématiques, qui fut réfuté par Posidonius.

ZÉNON, fils de Polémon Ier, lui succéda au trône d'Arménie. On ignore l'époque de sa mort.

ZÉNON, surnommé *l'Isaurien*, empereur d'Orient, épousa en 458 Ariadne, fille de Léon Ier, et succéda à Léon II en 474. Sa vie déréglée le rendit si odieux, que sa belle-sœur Vérine et Basilisque le chassèrent du trône au bout de quelques mois; mais il y fut rétabli l'année suivante. Ses débauches et ses impôts excessifs le rendirent l'objet de la haine publique. Il persécuta les catholiques, et établit les charges vénales. Un jour qu'il était ivre, Ariadne sa femme le fit enterrer, disant qu'il était mort (491). Quand on ouvrit le cercueil, on le trouva couvert de sang et ses bras en lambeaux. Anastase Ier lui succéda.

ZÉNONIDE, impératrice d'Orient, femme de l'empereur Basilisque, était d'une beauté ravissante. Elle se déshonora par ses intrigues avec Hermate, neveu de son époux. Elle favorisa l'eutychianisme, et persécuta avec fureur ceux qui rejetaient cette doctrine. Zénon, étant remonté sur le trône, envoya Zénonide et son époux en exil, où ils moururent de faim et de froid l'an de J.-C. 476.

ZENZA, fleuve d'Afrique, dans la Nigritie, improprement nommé *Bengo*, à son embouchure, par les Portugais. Il prend sa source à l'O. du royaume de Ginga, et traverse les provinces portugaises du haut et du bas Goloungo, et celle d'Ambaca.

ZÉPHIRIN (Saint), pape, Romain de naissance, succéda à Victor Ier en 197. Il gouverna saintement l'Eglise, et mourut en 218. Ce fut sous son pontificat que commença la cinquième persécution. L'Eglise fait sa fête le 26 d'août. Callixte Ier lui succéda.

ZÉPHYRE (myth.), le *Favonius* des Latins, était, chez les Grecs, le vent d'occident. Il était fils d'Eole ou d'Astrée, et suivant les uns de l'Aurore, suivant les autres de la Furie ou Harpye Céléno. Les Grecs lui donnaient pour femme Chloris, et les Latins la déesse Flore. Les poëtes peignent Zéphyre sous la figure d'un jeune homme d'un air doux et serein: on lui donne des ailes de papillon et une couronne composée de toute espèce de fleurs.

ZÉPHYRS, nom donné à toute sorte de vents doux et agréables. Les anciens en faisaient les fils du dieu Zéphyre: on leur offrait une brebis blanche. Les marins appellent *zéphyr* un léger souffle de vent.

ZERBST, ville d'Allemagne, était autrefois chef-lieu du duché d'Anhalt-Zerbst. Depuis que cette ligne s'est éteinte en 1793, Zerbst est comprise dans le duché d'Anhalt-Dessau. Elle est importante par ses fabriques et ses établissements littéraires. Elle est le siége du tribunal d'appel des trois duchés d'Anhalt et des deux principautés de Schwarzbourg. Sa population est d'environ 8,000 habitants.

ZÉRETH, mesure hébraïque de longueur, égalait une demi-coudée. Le rational du grand prêtre avait un zéreth en carré. Saint Jérôme traduit ce mot par *palmus*.

ZERMAHBOUD. Voy. SEQUIN.

ZÉRO, caractère ou figure numérique dont la forme est 0. Il n'a pas de valeur propre; mais, quand il est joint à d'autres caractères placés à sa gauche, il sert alors à en augmenter la valeur de dix en dix. Ainsi 2 valant *deux*, 20 vaut 2 multiplié par 10 ou *vingt*. Dans l'arithmétique décimale, lorsqu'il y a d'autres caractères à sa droite, il sert au contraire à en diminuer la valeur de dix en dix: ainsi 3 valant *trois*, 0,3 vaudra 3 *dixièmes*; 0,03, *trois centièmes*; 0,003, *trois millièmes*, etc.— En musique, le zéro indique qu'il faut toucher une corde à vide.—Dans les thermomètres, le zéro sert à marquer la température de la glace fondante. On dit: le thermomètre est descendu à zéro, il est à tant de degrés au-dessus, au-dessous de zéro.

ZÉRYNTHION, caverne célèbre de Samothrace, était regardée comme une des portes de l'enfer. Elle était consacrée à Hécate.

ZEST, nom donné par les anciens perruquiers à une espèce de bourse de cuir ou de peau douce, qui s'enfle et qui se resserre par le moyen d'une baleine. Elle porte la poudre sur les cheveux ou sur la perruque, dans l'endroit qui en a besoin, par le moyen d'un petit tuyau d'ivoire ouvert à l'extrémité pour la laisser échapper.

ZESTE se dit d'une pellicule mince qu'on coupe sur le dessus de l'écorce d'une orange et d'autres fruits semblables.—C'est aussi ce qui est au dedans de la noix et qui la sépare en quatre parties.

ZÉTÉTIQUE (du grec *zétéô*, chercher). On appelle *méthode zététique* celle dont on se sert pour résoudre un problème de mathématiques. On nommait autrefois *zététiques* des philosophes qui, comme les pyrrhoniens, doutaient de tout et s'occupaient de la recherche de la vérité.

ZÉTHÈS. Voy. CALAIS.

ZETHUS, fils de Jupiter et d'Antiope, et frère d'Amphion. Il aida son frère à bâtir Thèbes et dans les vengeances qu'il exerça sur Lycus et Dyrcé, qui avaient persécuté Antiope.

ZEUGITANE, province de l'Afrique romaine, avait pour bornes à l'E. et au N. la Méditerranée, à l'O. la Numidie, et au S. la Byzacène. Tunis et Carthage en étaient les villes principales.

ZEUGITES ou ZYGITES, nom donné, chez les anciens, aux rameurs placés dans les galères à trois rangs de rames, entre les thalamites et les thranites. — C'était aussi le nom de ceux qui composaient la troisième classe des citoyens d'Athènes.

ZEUGMA (de *zeugnumi*, joindre, en grec), ville de Syrie, dans la Comagène, au S.-E., sur l'Euphrate, communiquait par un pont avec Apamée, située de l'autre côté du fleuve. Zeugma était très-fréquentée des Romains, qui passaient de là dans les contrées orientales.

ZEUS, nom grec de Jupiter. Il dérive de *zaô* (vivre), parce qu'il était considéré comme auteur de la vie.

ZEUXIDAME, roi de Lacédémone, de la race des Eurypontides, succéda à son père Théopompe, vers l'an 723 avant J.-C., et régna trente-trois ans. Son fils Anaxidame ou Archidame lui succéda.

ZEUXIPPE, roi de Sicyone en 1256, après Adraste, régna trente-deux ans.

ZEUXIS, célèbre peintre grec, florissait dans le ve siècle avant J.-C., et fut disciple d'Apollodore. Il acquit par ses talents d'immenses richesses, s'attira par sa fortune et sa gloire de nombreux ennemis. Parrhasius le vainquit dans une lutte artistique. Zeuxis mourut on ne sait en quelle année. Son plus célèbre ouvrage était l'*Hélène* qu'il avait faite pour les Agrigentins.

ZEVECOTIUS (Jacques), jurisconsulte et poëte, né à Gand, quitta le barreau pour embrasser la règle de Saint-Augustin, et se rallia à la réforme. Il obtint une chaire d'histoire et d'éloquence à Hardewick, et mourut en 1642. On a de lui des poésies latines, des tragédies, des sylves, des épigrammes, en latin; des *emblèmes*, en flamand, etc.

ZIANI. Plusieurs doges de Venise sont sortis de cette famille. — SEBASTIANO ZIANI succéda à Vital Michieli II en 1172. Il embellit Venise, chercha à lui donner l'empire de la mer, et institua la cérémonie des épousailles. (Voy. BUCENTAURE.) Il fit bâtir l'église de Saint-Marc, et mourut en 1178. Oro Malipietro lui succéda. — PIETRO ZIANI fut élu doge après Henrico Dandolo en 1205, régna jusqu'en 1229, et eut pour successeur Giacopo Tiépolo. — RENIÉRO ZIANI succéda à Martino Morosini en 1253, et mourut en 1267. Laurente Tiépolo lui succéda.

ZIBELINE, espèce du genre *marte*, dans la division des martes proprement dites. Sa taille est celle du putois; son pelage est d'un brun marron plus ou moins foncé; les parties inférieures du cou et de la gorge sont grisâtres; le dessous des pieds est entièrement garni de poils. Les fourrures de la zibeline sont très-recherchées, surtout en Orient. Cet animal habite le bord des fleuves, les lieux ombragés et les bois les plus épais. Il est très-agile et carnassier. Les zibelines de Sibérie sont les plus recherchées. On trouve parmi elles plusieurs variétés intéressantes: les unes sont grises, d'autres toutes blanches.

ZIÉGLER (Jacques), mathématicien et théologien célèbre, né à Landau (Bavière), florissait au commencement du xvie siècle. Il mourut en 1549. Ses principaux ouvrages sont: cinq *Livres contre les vaudois*, un *Livre de la construction de la sphère*, la *Description de la sainte terre*, des traités et commentaires nombreux.

ZIGZAG, suite de lignes tunes au-dessus de l'autre, formant entre elles des angles très-aigus. C'est encore le nom d'une sorte de machine composée de plusieurs pièces de bois ou de fer, attachées de manière qu'elles se plient les unes sur les autres, et que l'on allonge ou rétrécit à volonté; en termes de fortification, des ouvrages en boyaux de tranchée par lesquels on communique d'une parallèle à l'autre, à couvert des feux de la place.

ZIL, instrument de musique militaire des Turks. Ce sont deux bassins de cuivre que l'on place l'un contre l'autre, semblables aux cymbales adoptées depuis quelque temps dans notre musique.

ZIMBES, ou MOUZIMBOS, ou MANOUCA, nation nomade d'Afrique qui paraît errer sur les vastes espaces arrosés par le cours supposé du Zebi. Elle a acquis une terrible renommée par ses incursions faites vers la fin du xvie siècle, et poussées jusqu'à Mélinde et à Quiloa.

ZIMÉ ou YANGOMA, royaume qui fait partie du Laos siamois. Il est très-peu connu, et on en a fait une capitale de même nom.

ZIMISCÈS. Voy. JEAN, empereurs d'Orient.

ZIMMERMANN (Jean-Georges), célèbre médecin suisse, né à Burg, canton de Berne, en 1728, devint médecin du roi d'Angleterre en 1768. Frédéric le Grand le fit appeler dans la maladie à laquelle ce prince succomba, mais dont Zimmermann parvint à adoucir les vives douleurs. Il mourut en 1795, après avoir refusé les offres de Catherine de Russie, qui l'appelait auprès d'elle. On a de lui plusieurs ouvrages, entre autres un *Essai sur la solitude*.

ZINC, métal solide, d'un blanc bleuâtre, lamelleux, ductile, très-malléable, peu dur, d'une pesanteur spécifique de 7,1. Il est fusible et volatil. On le trouve dans la calamine, la blende (sulfure de zinc et de fer), et à l'état de carbonate. On l'obtient en décomposant la calamine à chaud par le charbon. On emploie ce métal pour faire des conduits, des baignoires, pour construire la pile de Volta et préparer un grand nombre de préparations chimiques.

ZINGANES ou TZINGARIS, nom que portent les Bohémiens établis dans toute l'Asie occidentale

ZINGARELLI (Nicolas), célèbre compositeur italien, né à Naples en 1752, fut élève de Fenaroli et Speranza. Il écrivit

184

plusieurs opéras qui eurent un grand succès, entre autres *Roméo et Juliette*, *Iphigénie*, *Inès de Castro*, *Artaxerce*, *Apelles et Campaspe*, la *Destruction de Jérusalem*. Venu à Paris en 1789, il donna à l'Opéra *Antigone*, qui eut peu de succès. Nommé maître de chapelle de la cathédrale de Milan, en 1806 il remplaça Guglielmi au Vatican, où il resta jusqu'en 1811. Murat le plaça à la tête du conservatoire de musique de Naples. Il est mort depuis quelques années.

ZINZENDORF (Nicolas-Louis, comte DE), né à Dresde en 1700, a fondé la secte des *frères hernutes* ou *moraves*. Il mourut en 1760.

ZINZOLIN, sorte de couleur qui est un violet rougeâtre.

ZIO, second mois de l'année sainte des Hébreux. C'est le même qu'on a depuis appelé *jiar*; il répond à la lune d'avril. On ne trouve ce nom qu'au troisième livre des Rois, chap. XI.

ZIPS, comitat de Hongrie, dans le cercle en deçà du Theiss. Il a 52 lieues carrées et 90,000 habitants. Il a des tisseranderies. Le chef-lieu est LEUTSCHAU.

ZIRCON, pierre rayant difficilement le quartz, jouissant à un très-haut degré de la double réfraction, infusible au chalumeau, composée de zircone, de silice et de fer. On en extrait la *zircone*.

ZIRCONE, substance terreuse, regardée comme un oxyde métallique, découverte en 1789, par Klaproth, dans le zircon. Elle est blanche, d'une pesanteur spécifique de 4,3, insoluble dans l'eau. Elle est sans usages.

ZIRCONIUM, métal que l'on croit exister dans la zircone.

ZISCABERG, lieu près de Prague, célèbre par la bataille qui y fut livrée entre les impériaux et Frédéric II en 1758.

ZISKA (Jean DE TROCZNOW, surnommé), né dans un bourg de Bohême appelé *Trocznow*, fut d'abord page de l'empereur Charles VI, entra au service de Pologne, et devint ensuite chambellan de Wenceslas, roi de Bohême. Il occupait cette fonction lors du supplice de Jean Huss en 1415. Il se déclara alors ouvertement contre le clergé, et se mit à la tête des hussites. Il disciplina ses troupes, s'empara de Pilsen et de Rabi, et gagna plusieurs victoires. Devenu aveugle par suite de ses blessures, il n'en continua pas moins ses courses, s'empara de la Bohême, détruisant les monastères et mettant tout au pillage. Il entra dans Prague en 1424, après un combat terrible, et mourut la même année, au moment où l'empereur Sigismond lui offrait le gouvernement de la Bohême.

ZITTANG, fleuve d'Asie, dans l'Inde transgangétique, naît dans le pays des Birmans, le traverse en partie, et, après avoir arrosé le Pégou, se rend à la mer par une embouchure extrêmement large.

ZITTAU, ville de Saxe, sur la Neiss, à 7 lieues S.-O. de Gorlitz. Elle a 10,000 habitants, et est renommée par ses blanchisseries, ses manufactures de toiles et d'étoffes de laine. Elle fait un grand commerce en bière, linge damassé, draps et toiles. Elle a un beau gymnase et une bibliothèque publique.

ZIZANIE, nom vulgaire de l'*ivraie*. Ce terme s'emploie au figuré comme synonyme de *discorde*, de *division*.

ZIZIM, nom vulgaire et incorrect de *Djem* (c'est-à-dire le *Majestueux*), prince ottoman, fils de Mahomet II et frère de Bajazet II, disputa le trône à son frère (1481). Vaincu et forcé de fuir, il se réfugia dans l'île de Rhodes, où il fut bien accueilli par Pierre d'Aubusson (1482), puis en France. Après diverses vicissitudes, où il fut constamment le jouet de sa mauvaise fortune, Zizim fut envoyé en Italie (1487), et y subit une nouvelle captivité. Charles VIII, roi de France, l'obtint du pape en 1495. Mais, peu de temps après son retour en France, il mourut empoisonné, dit-on, par son barbier.

ZIZITH, nom donné à des houppes de diverses couleurs que les Israélites portaient aux quatre coins de leurs manteaux.

ZLATOUST, gros village de la Russie d'Europe, dans le gouvernement d'Orenbourg et le cercle de Birsk. Il est très-important pour ses forges et surtout pour ses riches mines d'or découvertes dans ces dernières années.

ZLOCZOW, cercle du royaume de Gallicie (Pologne autrichienne). Il a pour capitale une ville de même nom.

ZNAIM, ville de Moravie, chef-lieu d'un cercle de même nom. Cette ville est située sur la Taïa, à 10 lieues S.-O. de Brunn et 13 lieues N.-O. de Vienne. Elle a un ancien et beau château. Sigismond y mourut en 1437.

ZOANTHROPIE, espèce de monomanie dans laquelle le malade croit être transformé en animal. La lycanthropie, la cynanthropie appartiennent à cette espèce de monomanie.

ZOBÉIR ou VIEUX-BASRA, petite ville de l'Irak-Arabi, à 4 lieues O. de Basra. Elle était jadis traversée par un canal aujourd'hui desséché, qu'on a pris pour l'Euphrate. Ses habitants protègent les caravanes qui traversent le désert.

ZOBÉIR, calife de la Mecque, né à Médine, fut promu à cette dignité l'an 63 de l'hégire, après la mort de Moawiah. Mais il ne jouit pas longtemps de ce titre; car les musulmans ne le reconnurent généralement que pendant cent vingt-huit jours. Marwan, fils de Nakem, fut alors nommé calife à Damas. Zobéir resta cependant jusqu'à l'an 71 de l'hégire à la Mecque, où il fut tué en combattant contre les troupes d'Hégiag, général du calife Abdelmelek. Son corps fut pendu à un gibet, et sa tête envoyée à Médine.

ZODIAQUE, zone ou bande imaginée dans le ciel, et dont l'écliptique occupe le milieu. Elle a 16 ou 18 degrés de largeur, c'est-à-dire 8 ou 9 de chaque côté de l'écliptique. On n'en fait pas usage dans l'astronomie. Elle sert seulement à indiquer l'espace dans lequel sont renfermées les planètes qui s'éloignent de l'écliptique d'environ 8 degrés. Le zodiaque est divisé en douze signes ou constellations. Ce sont le *Bélier*, le *Taureau*, les *Gémeaux*, l'*Ecrevisse*, le *Lion*, la *Vierge*, la *Balance*, le *Scorpion*, le *Sagittaire*, le *Capricorne*, le *Verseau* et les *Poissons*. L'on a retrouvé l'idée du zodiaque chez les Chaldéens, les Egyptiens (celui de Denderah est le plus célèbre), les Indiens et les Arabes.

ZOÉ (Sainte), chrétienne, femme de saint Nicostrate, fut arrêtée et mise en prison. Elle fut suspendue à un arbre sous lequel on avait allumé un feu de paille pourrie (286). On célèbre sa fête le 5 juillet.

ZOÉ CARBONOPSINE, quatrième femme de l'empereur Léon VI, avait une vertu mâle, un esprit élevé et une connaissance juste des affaires. Elle fut mère de Constantin Porphyrogénète, et fut chargée de sa tutelle et du gouvernement de l'État pendant sa minorité; elle s'acquitta de cette fonction avec le plus grand zèle, dissipa la révolte de Constantin Ducas, fit la paix avec les Sarrasins, et força les Bulgares à rentrer dans leur pays. Elle fut exilée par son fils quand il prit les rênes du gouvernement, et elle mourut dans sa retraite.

ZOÉ, fille de Constantin XI, fut ambitieuse, débauchée et cruelle. Elle épousa Argyre, qui devint empereur en 1028. Dégoûtée de ce prince, elle le fit étrangler dans un bain pour épouser et faire reconnaître empereur un orfèvre, nommé Michel Paphlagonien. Celui-ci abandonna l'empire à son frère Jean, qui le détrôna et qui fit enfermer dans un monastère, ainsi que Zoé. Rétablie en 1042 avec sa sœur Théodora, Zoé partagea sa couronne avec Constantin Monomaque, et l'épousa en troisièmes noces à l'âge de soixante ans. Elle mourut en 1050.

ZOÉ, fille du général Stylien et veuve de Théodore, épousa en secondes noces l'empereur Léon le Philosophe. Elle mourut le vingt et unième mois de cette union, en 893.

ZOEGA (Georges), célèbre antiquaire, né en 1755, à Dahler, en Jutland. Il voyagea en Italie, et se fixa à Rome. Il obtint en 1798 le titre de consul de Danemarck dans cette ville. Il mourut en 1809, avec le titre de professeur à l'université de Kiel, fonction qu'il ne remplit jamais. On a de lui un *Traité sur l'origine et l'usage des obélisques*, un *Catalogue raisonné des médailles impériales d'Alexandrie*.

ZOFFINGEN, ville de Suisse, chef-lieu d'un district du canton d'Argovie, à une lieue d'Aarbourg. Elle a de nombreuses fabriques de toiles et étoffes diverses, et une bibliothèque où l'on trouve des manuscrits très-curieux. Près de cette ville est une grande forêt qui fournit de magnifiques sapins.

ZOFIOVKA, célèbre maison de plaisance, en Russie, dans le gouvernement de Kiev, près d'Ouman. C'est la résidence des comtes Potocki. Elle a coûté plusieurs millions. C'est un monument que Nicolas-Félix Potocki éleva à la mémoire de son épouse nommé Sophie (Zofia).

ZOILE, né à Amphipolis, exerçait à Alexandrie, vers l'an 250 avant J.-C., la profession de sophiste et de grammairien. Il est célèbre par sa haine pour Homère. Ayant osé présenter à Ptolémée Philadelphe une critique des œuvres de ce poëte, il fut chassé avec indignation, et, selon d'autres, mis en croix et brûlé. — Son nom est resté synonyme de critique partial et jaloux.

ZOLLERN, château d'Allemagne, à 6 lieues de Tubingen, d'où vient le nom de la principauté de Hohenzollern.

ZOLOTTA ou ISELOTE, monnaie d'argent de Turquie, à cours pour 2 francs 64 centimes de notre monnaie.

ZONA, maladie qui consiste en des plaques rouges, surmontées de vésicules très-rapprochées et très-petites, et dans lesquelles se forme du pus qui s'y dessèche et donne naissance à des croûtes. Son nom vient de ce que son caractère est souvent disposé en ceinture (en grec, *zoné*; en latin, *zona*) autour du ventre. Les causes du zona sont très-obscures. Cette affection, qui est peu redoutable, dure de deux à quatre semaines, et se termine le plus souvent par la dessiccation des vésicules.

ZONAIRE, nom donné au cristal qui est entouré d'un rang de facettes, en forme de zone ou de ceinture.

ZONARE ou ZONARAS (Jean), historien grec du XIIe siècle, florissait vers l'an 1120. Il se fit moine dans l'ordre de Saint-Basile, après avoir été secrétaire d'État de l'empereur Alexis Comnène. Ses *Annales*, divisées en dix-huit livres, contiennent l'histoire des Juifs depuis le commencement du monde jusqu'à la prise de Jérusalem; celle des Romains depuis la fondation de Rome jusqu'à Constantin le Grand; et enfin l'histoire des années comprises depuis cet empereur jusqu'à la mort d'Alexis Comnène, arrivée l'an 1118. On a encore de lui des lettres, des traités, des commentaires de théologie, des poésies sacrées.

ZONE (du latin *zona*, bande ou ceinture), nom donné à un espace du globe terrestre renfermé entre deux cercles parallèles à l'équateur. Les géographes en comptent cinq, savoir : la *zone torride*, comprise entre les deux tropiques, et où la chaleur est excessive: elle a 47 degrés de largeur; les deux *zones tempérées* sont situées, l'une vers le nord (*zone tempérée boréale* ou *septentrionale*), l'autre vers le midi (*zone tempérée australe* ou *méridionale*); entre les tropiques et les cercles polaires : elles ont chacune 43 degrés de largeur; la chaleur y est modérée; les deux *zones glaciales* sont limitées par les pôles et les cercles polaires : on distingue la *zone glaciale boréale* ou *septentrionale*, et la *zone glaciale australe* ou *méridionale*; le froid y est excessif. — La

ZOR

même division a été adoptée pour le ciel.

ZONE. On appelle ainsi diverses couches dont un assez grand nombre de pierres précieuses sont formées. En conchyliologie, ce mot est synonyme de *bandes* ou *fascies*. Les physiciens nomment *zone lumineuse* un phénomène qui accompagne l'aurore boréale, et qui n'est autre chose qu'une sorte d'arc-en-ciel étroit et souvent irrégulier.

ZONE TENDINEUSE, cercle blanchâtre que l'on observe sur le pourtour de l'orifice auriculo-ventriculaire du côté droit du cœur.

ZOOLOGIE, partie de l'histoire naturelle qui traite des animaux (en grec, *zoon*). Voy. ANIMAL (Règne).

ZOONOMIE, science des lois qui régissent les actions organiques des animaux en général, connaissance de ces lois, physiologie des animaux. *Zoonomique* est ce qui a rapport à la zoonomie.

ZOOPHORIQUE, nom donné aux colonnes qui portent la figure d'un animal.

ZOOPHYTES (du grec *zôon*, animal, et *phyton*, plante), c'est-à-dire *animaux-plantes*, classe du règne animal, renfermant des êtres qui semblent participer par leurs formes des animaux et des végétaux. On les appelle encore *rayonnés* ou *radiaires*. Les naturalistes les ont subdivisés en *échinodermes*, *vers intestinaux*, *acaléphes*, *polypes* et *infusoires*.

ZOOSPERMES, nom donné aux animalcules qui vivent dans le sperme des animaux. Ils sont en nombre incalculable, et si petits, que, d'après certains auteurs, un grain de sable équivaudrait au volume de 2,000 de ces animalcules. M. Bory de Saint-Vincent en a fait un genre de l'ordre des gymnodés et de la famille des cercariées. Leur corps est non contractile, ovale, comprimé ou discoïde, terminé par un appendice caudiforme, long et distinct. On ignore le rôle que ces animalcules jouent dans l'acte de la génération.

ZOOTOMIE, anatomie des animaux.

ZOPISSA ou POIX NAVALE, espèce de résine grasse qu'on tire d'une partie de vieux pin. C'est aussi le vieil enduit de la carène des bâtiments qui ne sont pas doublés en cuivre. On s'en servait anciennement dans le Nord pour la conservation des bois.

ZOPYRE, seigneur persan, s'est rendu fameux par son dévouement à Darius, fils d'Hystaspes. Lorsque ce prince assiégeait Babylone, Zopyre se coupa le nez et les oreilles, et se présenta aux Babyloniens, en leur disant que c'était Darius qui l'avait mis en cet état. Les habitants, comptant qu'il se vengerait, lui confièrent la défense de Babylone, dont il ouvrit les portes à Darius. Ce prince lui donna en récompense le revenu de la province de Babylonie.

ZOPYRE, médecin qui donna à Mithridate, roi de Pont, la recette d'un antidote comme un remède assuré contre toutes sortes de poisons.

ZORILLE, division du genre des martes, renfermant des animaux qui ont, avec le système dentaire du putois, des ongles longs, robustes et propres à fouiller la terre; le museau court. La seule espèce connue est la *zorille* ou *putois du Cap*, ou *blaireau puant*. Elle exhale une odeur fort désagréable. Des bandes courtes, d'un blanc jaunâtre, s'étendent longitudinalement sur le fond embruni de son pelage. Ses cuisses et son ventre sont noirs, et sa queue est garnie de longs poils variés de noir et de blanc. Cette espèce habite l'Afrique méridionale. On ignore ses habitudes naturelles.

ZORNDORF, village de Prusse, à une lieue de Custrin. Il est célèbre par la bataille qui s'y livra entre Frédéric II et les Russes en 1758.

ZOROASTRE, célèbre philosophe, que l'on fait vivre du temps de Ninus, roi des Assyriens, 400 ans avant la guerre de Troie. Les Orientaux ont raconté sur son compte de nombreuses fables. Né en Perse, il se

ZUG

rendit habile dans l'astrologie, voyagea dans les Indes, et, de retour dans sa patrie, y fut le fondateur et le chef, ou plutôt le réformateur de cette secte de philosophes persans, appelés *mages*, qui adoraient la Divinité sous la forme du feu. Leur doctrine fondamentale consistait à reconnaître deux principes : l'un, *Oromaze*, le bien, représenté par la lumière; l'autre, *Ahrimane*, le mal, par les ténèbres. Zoroastre consigna ses règlements dans son livre, appelé *Zend-Avesta*.

ZOROBABEL, Juif célèbre, de la famille des rois de Juda. Ce fut entre ses mains que Cyrus remit les vases sacrés du temple, qu'il renvoyait à Jérusalem. Il se mit à la tête des Juifs qui habitaient la Babylonie, et les ramena dans leur patrie. Il jeta les fondements du temple vers l'an 535 avant J.-C., et y rétablit le culte du Seigneur.

ZOSIME (Saint), pape, Grec de naissance, succéda à Innocent Ier en 417. Il se laissa d'abord entraîner dans le pélagianisme par Célestius; mais, ayant reconnu ses erreurs, il excommunia les pélagiens, et les fit chasser de Rome. Il mourut en 418. Boniface Ier lui succéda. On a de Zosime des lettres. On lui attribue l'institution du cierge pascal et de la manipule que portent les diacres. On fait sa fête le 26 décembre.

ZOSIME, célèbre historien grec, vivait au ve siècle. On ignore les événements de sa vie. On sait seulement qu'il fut avocat et comte du fisc à Constantinople. On a de lui, sous le titre d'*Histoire moderne*, une histoire de l'empire romain, divisée en six livres, et conduisant depuis Auguste jusqu'aux règnes d'Honorius et de Théodose le Jeune, c'est-à-dire à l'an 410. Cet ouvrage, bien qu'il ne nous soit pas parvenu en entier, est très-recherché et d'un grand secours pour l'histoire des empereurs.

ZOSTÈRE, genre de la famille des aroïdées, renfermant des plantes à feuilles radicales graminiformes, très-longues et luisantes, qui croissent au fond de la mer. La *zostère maritime* est très-commune sur les bords de l'Océan et de la Méditerranée. On la ramasse pour servir d'engrais aux terres, pour faire de la soude, etc.

ZOUBOW (Platon), dernier favori de l'impératrice Catherine II, d'une famille peu connue, entra dans le régiment des gardes, où il devint bientôt lieutenant. Catherine, bien que sexagénaire, remarqua le jeune Zoubow, en en fit son plus cher favori. Mais, après la mort de Catherine, il dut quitter la Russie et se retirer en Allemagne, puis en Pologne. Il y mourut dans les premières années du XIXe siècle. — Ses frères, Valérien et Nicolas, morts tous deux en 1804, eurent également part aux bienfaits de Catherine.

ZUCCARELLI (Francisco), célèbre peintre paysagiste italien, né en 1702 à Pitigliano, mourut à Venise en 1789. Le musée du Louvre possède plusieurs de ses tableaux et dessins.

ZUCCHARO (Taddeo), né en 1529, mort en 1566. Ses ouvrages sont assez estimés. Son frère FRÉDÉRICO ZUCCHARO, né en 1543, mort en 1609, fut créé chevalier par le sénat de Venise, et établit à Rome une académie de peinture, dont il fut élu chef. Il a laissé des livres sur la peinture.

ZUENTIBOLD. Voy. ZWINTIBOLD.

ZUG, lac de Suisse, compris dans le canton du même nom. Il est très-poissonneux.

ZUG, le plus petit canton de la confédération suisse, dans laquelle il occupe le huitième rang. Sa superficie est de 14 lieues et demie carrées et sa population de 15,000 habitants. Il est borné par les cantons de Zurich, Schwitz, Lucerne et Argovie. Il est très-fertile. Les habitants s'occupent de l'éducation des bestiaux, et reçoivent des soins aux arbres fruitiers. Le canton de Zug est admis dans la confédération depuis 1352. Son gouvernement démocratique se compose d'une assemblée générale,

ZUR 1467

qui nomme les chefs du canton, d'assemblées communales, d'un conseil triple, qui a l'autorité législative, et d'un conseil cantonal, qui exerce le pouvoir judiciaire suprême et le pouvoir exécutif et administratif. Les habitants professent le catholicisme. Le canton est divisé en deux cercles, a pour chef-lieu Zug, fournit 1,250 francs et 250 soldats à la confédération.

ZUG, chef-lieu du canton suisse du même nom. C'est une jolie ville de 3,000 habitants, au pied d'une colline appelée *Zugerberg* et sur la rive du lac de Zug, à 8 lieues N.-E. de Lucerne. Cette ville possède une bibliothèque publique, un gymnase et deux écoles. Elle est assez commerçante, et fabrique des étoffes de fil et de laine.

ZUINGLE. Voy. ZWINGLE.

ZULIA, grande rivière de l'Amérique du Sud, dans la Colombie. Elle est formée par plusieurs courants qui arrosent la vallée de Cucuta dans le département de Bogota, passe devant San-Cajetano, et entre dans le lac de Maracaïbo; une autre branche, nommée *Zulia*, traverse une partie de la province de Mérida. Le Zulia donne son nom à un département. Des bateaux à vapeur le parcourent depuis plusieurs années.

ZULIA, département de la république de Venezuela, dans la Colombie. Sa population est de 162,000 habitants. Il se divise en quatre provinces, celles de *Maracaïbo*, *Coro*, *Truxillo* et *Mérida*. Sa capitale est MARACAIBO. Voy.

ZULPICH, nom moderne de *Tolbiac*.

ZUMALACARREGUY (Don Thomas), né en 1789 à Ormestegui, petite ville de la province de Guipuzcoa, en Espagne. Il prit les armes à l'époque de l'envahissement de sa patrie par les armées françaises. En 1823, il était colonel. Compris dans les mesures de proscription qui atteignaient les royalistes, il fut mis en retraite, et vécut tranquillement à Pampeline. Après la mort de Ferdinand 7, il embrassa le parti du prétendant don Carlos, qui le nomma maréchal de camp, puis major général de l'armée royale. Après de brillants faits d'armes, il fut frappé au siége de Bilbao d'un coup de feu. Il mourut au bout de quelques heures.

ZUMIQUE (ACIDE), acide qui existe dans les substances végétales qui ont passé à l'état acide. Il est liquide, incristallisable, à peine coloré et très-sapide. Il n'a point d'usages. Son nom signifie *nancéique*.

ZUMSTEEG (Jean-Rodolphe), violoniste et compositeur de musique, de la chapelle du duc de Wurtemberg, né vers 1760 dans le pays de Lauffenbourg. Il mourut en 1802. On a de lui *La Loi tartare*, *Renaud et Armide*, *Zalaor*, opéras, des compositions instrumentales, etc.

ZURBARAN (Francesco), peintre espagnol, né à Fuente de Cantos (Estramadure) en 1598, devint peintre du roi, et mourut en 1662. Ses tableaux sont remarquables par une admirable entente de la lumière et de la couleur, un style hardi, ferme et plein de vigueur. Le musée du Louvre possède plusieurs de ses tableaux. Il excellait à peindre les femmes et les moines.

ZUNDERERZ, minerai d'où l'on retire jusqu'à quinze pour cent d'argent, et qui a l'apparence et la couleur de l'amadou. Il est en feuillets ou en couches d'une texture fibreuse, d'un brun rougeâtre ou grisâtre. Il est opaque et friable. Son nom est allemand, et signifie mine d'amadou.

ZURICH (*Zurch*), lac de Suisse, dans les cantons de Zurich, Schwitz et Saint-Gall. Il a près de 8 à 10 lieues de superficie. Ses bords sont riants et fertiles. Il est très-poissonneux.

ZURICH, un des cantons suisses, le premier dans l'ordre de la confédération, borné au N. par ceux de Bade et Schaffouse, à l'E. par celui de Thurgovie, au S. par celui de Zug et de Schwitz, à l'O. par celui d'Argovie. Il s'étend dans la partie septentrionale du plateau de la Suisse, c'est-à-dire dans la partie la plus basse. Le sol est peu fertile, mais très-bien cultivé. Il produit des céréales, des fruits, des vignes, des pâturages renommés. L'industrie est très-active. Elle s'exerce, sur les soieries, cotonnades, toiles, draps, liqueurs. La superficie de ce canton est de 116 lieues carrées, et sa population de 225,000 habitants, professant presque tous la religion réformée. L'autorité suprême est confiée à un grand conseil, et l'administration à un petit conseil. Ce canton, qui est entré dans la confédération en 1351, lui donne 74,000 francs et 3,700 soldats. Il eut à supporter en 1436 une guerre célèbre avec les autres cantons. Sa capitale est Zurich.

ZURICH (*Zurch*), chef-lieu du canton suisse de même nom, sur le Limmat, à l'endroit où cette rivière sort du lac de Zurich. Population, 11,000 habitants. Elle est à 50 lieues N.-E. de Genève et 45 E. de Besançon. — Cette ville est ancienne. Elle reçut en 1218, des empereurs d'Autriche, les titres de ville libre et impériale. Elle se rallia une des premières à la ligue helvétique. C'est la ville la plus fortifiée de la Suisse, et celle qui a été prise le plus souvent. Occupée par les Français en 1798, elle fut reprise par les Autrichiens en juin 1799, et par les Russes le 18 août de la même année; mais les Français la reprirent le 25 septembre, sous la conduite du général Masséna, après un combat terrible. — Zurich est très-industrieuse et commerçante. On y remarque la maison des orphelins, le *münster* ou cathédrale, l'hôtel de ville, l'observatoire, l'académie ou le collège Carolin, l'école des arts, l'école de chant, l'institut des sourds-muets, l'institut politique, la bibliothèque publique, plusieurs sociétés savantes. Son commerce s'exerce sur les mousselines, les soieries, la gaze, les tissus de coton, etc., de ces fabriques. — Zurich est alternativement avec Berne et Lucerne la résidence de la diète.

ZURITA (Jérôme), d'une famille noble de Sarragosse, fut secrétaire de l'inquisition, et mourut en 1580. On a de lui l'*Histoire d'Aragon*, jusqu'à la mort de Ferdinand le Catholique, en 7 vol. in-folio. Elle est très-estimée.

ZUR-LAUBEN (Béat-Fidèle, etc., DE LA TOUR CHATILLON DE), d'une ancienne et illustre famille suisse, né à Zug en 1720, devint brigadier des armées du roi de France, capitaine au régiment des gardes suisses, et membre de l'académie des inscriptions et belles-lettres. Il mourut en 1770. On a de lui l'*Histoire militaire des Suisses*, des *Mémoires et Lettres du duc de Rohan sur la Valteline*, une *Bibliothèque militaire*, le *Code militaire des Suisses*, des *Tables généalogiques des maisons d'Autriche et de Lorraine*, etc.

ZUTZ, très-beau et grand village du canton des Grisons en Suisse, dans le haut Engadine.

ZUYDERZÉE, golfe de la mer d'Allemagne, sur les côtes de la Hollande. Il a 25 lieues du S. au N. sur 15 lieues de largeur. Sur ses bords sont les provinces de Hollande, d'Over-Yssel et de Frise.

ZWINGLE (Ulric), né à Wildehausen en Suisse, en 1487, embrassa l'état ecclésiastique, et devint curé à Glaris en 1506, et ensuite dans un gros bourg, nommé Notre-Dame des Ermites. Il se fit hérésiarque, et attaqua les indulgences, l'autorité du pape, le sacrement de pénitence, le péché originel, l'effet des bonnes œuvres, l'invocation des saints, le sacrifice de la messe, les lois ecclésiastiques, les vœux, le célibat des prêtres et l'abstinence des viandes. La discorde se mit entre les cantons suisses. Zurich s'éleva pour soutenir par les armes contre les autres cantons la doctrine de Zwingle; celui-ci marcha à la tête de son armée, qui fut vaincue par les catholiques, et Zwingle périt lui-même dans le combat (11 octobre 1531).

ZWINTIBOLD, fils naturel d'Arnould, empereur d'Allemagne, reçut de son père le royaume de Lorraine. Ses sujets lui préférèrent son frère Ludovic. Les deux frères se déclarèrent la guerre, et Zwintibold, vaincu, périt dans un combat sur les bords de la Meuse.

ZYGÉNIDES, tribu d'insectes de l'ordre des lépidoptères, famille des crépusculaires. Le principal genre est la *zygène*.

ZYGOMA, mot grec qui sert à désigner quelquefois l'os de la pommette ou os jugal.

ZYGOMATIQUE, ce qui se rapporte au zygoma. L'*apophyse zygomatique* ou *jugale* naît de la face externe de l'os temporal par deux racines, se dirige en avant, et vient s'articuler avec l'angle postérieur de l'os de la pommette, avec lequel elle forme l'*arcade zygomatique*. La *fosse zygomatique* est l'espace compris entre le bord postérieur de l'aile externe de l'apophyse ptérygoïde, et la crête qui descend de la tubérosité malaire au bord alvéolaire supérieur. — Le *muscle grand zygomatique*, obliquement placé au devant et sur les côtés de la face, est allongé, grêle et arrondi; il part de la face externe de l'os de la pommette, et se termine à la commissure des lèvres. Il agit surtout dans le rire. Le *muscle petit zygomatique* n'existe pas toujours. Placé au dedans du supérieur, il s'insère d'une part à l'os malaire et de l'autre dans la lèvre supérieure.

ZYGOSTATE, magistrat grec chargé de l'inspection des poids, des balances et des mesures, afin d'empêcher les fraudes.

ZYMOLOGIE, partie de la chimie qui traite de la fermentation.

ZYMOSIMÈTRE, instrument propre à faire apprécier le degré de la fermentation d'une liqueur.

ZYNTHIS ou Oxynthès, roi d'Athènes, succéda à Démophoon en 1174, mourut en 1162 avant J.-C., et eut Aphidas pour successeur.

ZYPOETAS, roi de Bithynie, monta sur le trône vers l'an 328 avant J.-C. Nicomède Ier lui succéda en 281 avant J.-C.

FIN.

ADDITIONS DE LA QUATRIÈME ÉDITION.

1856.

ALL

ADÉLAIDE (Eugène-Louise d'Orléans, Madame), fille de Louis-Philippe-Joseph, duc d'Orléans, née à Paris en 1777. Elevée par Madame de Genlis, elle quitta la France en 1792 et eut à souffrir de nombreuses fatigues et les plus grands dangers. Rentrée en France en 1814, elle suivit la fortune de son frère, depuis Louis-Philippe Ier, roi des Français, qu'elle a souvent, assure-t-on, assisté de ses conseils. Madame Adélaïde est morte à Paris en 1847, peu de mois avant la révolution de février.

AFFRE (Denis-Auguste), né à Saint-Rome de Tarn (Aveyron) en 1793, entra fort jeune au séminaire de Saint-Sulpice, et embrassa la carrière ecclésiastique. Ses talents lui valurent de professer le dogme à Saint-Sulpice. Successivement vicaire général des diocèses de Luçon et d'Amiens, il fut nommé en 1839 coadjuteur de l'évêque de Strasbourg ; il n'exerça point cette charge et fut promu en 1840 à l'archevêché de Paris. Il signala son épiscopat par plusieurs institutions utiles. En allant porter des paroles de paix pendant la lutte qui ensanglanta Paris en juin 1848, il reçut, au faubourg Saint-Antoine, une balle qui lui causa la mort. Cette mort héroïque l'a rendu à jamais célèbre ; il a laissé de nombreux écrits scientifiques et religieux.

AGUADO (Alexandre-Marie), né à Séville en 1784, embrassa la carrière militaire et suivit la fortune des armées françaises avec lesquelles il rentra en France. En 1815, il se livra au commerce à Paris et acquit une fortune des plus considérables. Ferdinand VII le créa marquis de Las Marismas et lui donna les fonctions de banquier du gouvernement à Paris, fonctions qu'il exerça de 1823 à 1830. Naturalisé Français en 1828, il est mort en 1842. Il s'était montré zélé protecteur des arts.

ALE, sorte de bière usitée principalement en Angleterre et dans la fabrication de laquelle on n'emploie point le houblon. On en distingue plusieurs espèces.

ALFÉNIDE, composition métallique résultant de l'alliage du cuivre, du zinc et du nickel avec une très-petite quantité de fer. Cette composition, qui imite l'argent, est employée dans les arts à divers usages.

ALGÉRIE, nom actuel des possessions françaises sur la côte septentrionale de l'Afrique. Ce pays peut être considéré comme complétement soumis à la France. La culture des céréales en Algérie est devenue très-importante, et les produits de ce pays, fécondé par les émigrants européens, sont admis sur nos marchés.

ALIBERT (Jean-Louis), né à Villefranche de Rouergue en 1766, étudia la médecine à Paris et fut reçu docteur en 1799. Médecin de l'hôpital Saint-Louis en 1803, il devint médecin ordinaire de Louis XVIII, professeur de matière médicale à la faculté de Paris, et mourut en 1837, laissant un grand nombre d'ouvrages, dont le plus fameux est le *Traité complet des maladies de la peau.*

ALLARD (Jean-François), né à Saint-Tropez (Var) en 1785, servit dans l'armée

AHN

française sous l'empire. A la restauration il se rendit en Orient et finit par devenir le conseiller et le général en chef de Rundjet-Sing, roi de Lahore, dont il créa l'armée à l'européenne et qu'il aida à fonder un puissant empire. Mort en 1839.

ALMA, nom d'une rivière de Crimée qui coule au nord de Sébastopol. C'est sur ses bords que l'armée russe s'était retranchée pour arrêter l'armée anglo-française, après son débarquement. Les retranchements furent enlevés et les Russes mis en déroute par les alliés le 20 septembre 1854. Les zouaves décidèrent le succès de la bataille.

ALUCITE, genre de l'ordre des lépidoptères, renfermant des insectes de petite taille, ornés de couleurs brillantes, et qui vivent sur les plantes dont leurs larves dévorent les feuilles et les jeunes pousses. *L'alucite du blé* cause souvent de graves dommages.

ALUMINIUM. Ce métal a été tout récemment extrait, à l'état isolé, par M. Deville. Il a la couleur de l'argent, mais il est plus tenace et caractérisé par une excessive légèreté.

AMPÉLIDÉES, famille de plantes, appelée aussi *Vinifères* (Voy. ce mot).

ANCELOT (François-Jacques-Arsène), né au Havre en 1794, remplit divers emplois dans l'administration de la marine ; il abandonna cette carrière pour se livrer à la culture des lettres. Le succès d'une tragédie, *Louis IX*, jouée en 1819, fut le prélude d'un grand nombre d'ouvrages dramatiques parmi lesquels on cite : *Fiesque, Maria Padilla, l'Espion, Léontine*, etc. M. Ancelot a également écrit le poëme *Marie de Brabant*, les *Épîtres familières*, des romans, etc. Entré à l'Académie française en 1841, mort en 1854.

ANDELOT, petite ville de la Haute-Marne, chef-lieu de canton, à 19 kil. de Chaumont, célèbre dans l'histoire de France par le traité qui y fut fait entre les rois Childebert II, Gontran et les leudes. Ces derniers obtinrent le droit de possession de leurs fiefs. De ce traité date l'établissement réel et définitif de la féodalité.

ANDROCÉE, nom employé pour désigner l'ensemble des organes sexuels mâles des fleurs.

ANGOULÊME (Louis-Antoine, duc d'), fils aîné de Charles X, né à Versailles en 1775, émigra en 1789 et épousa en 1799 sa cousine Marie-Thérèse, fille de Louis XVI. Rentré en France en 1814, il commanda l'armée française envoyée en Espagne en 1823. En 1830, il céda tous ses droits au son neveu le duc de Bordeaux et mourut à Goritz en 1844. Il avait pris le nom de comte de Marnes.

ANGOULÊME (Marie-Thérèse-Charlotte, duchesse d'), fille de Louis XVI et de Marie-Antoinette, née à Versailles en 1778, fut enfermée au Temple avec sa famille ; rendue à la liberté en 1795, elle épousa en 1799 son cousin le duc d'Angoulême, et rentra en France en 1814. Elle reprit de nouveau le chemin de l'exil en 1830 et mourut en 1851 à Frohsdorff.

ANHYDRE, combinaison chimique ou

ARN

substance minérale complétement dépourvue d'eau.

ANTOINE (Saint-), ordre religieux institué à la fin du XIe siècle par Gaston, gentilhomme dauphinois, à Vienne, pour soigner les malades attaqués du *feu sacré* ou *feu Saint-Antoine*. Les religieux portaient un T sur leur manteau. Ils eurent par la suite des maisons dans un grand nombre de villes. Cet ordre a été aboli à la révolution.

APOLOGÉTIQUES, écrits consacrés à la défense d'une opinion. On cite l'*Apologétique* de Tertullien contre les païens.

APOLOGUE, voy. Fable.

ARAGO (Dominique-François), né à Estagel (Pyrénées-Orientales) en 1786. Admis en 1803 à l'Ecole polytechnique, il se fit connaître par plusieurs travaux qui lui méritèrent l'entrée à l'académie des sciences en 1809 et la chaire d'analyse et de géodésie à l'Ecole polytechnique. Nommé député en 1830, Arago prit place à l'extrême gauche ; il porta souvent la parole, notamment contre les fortifications de Paris. Après 1848, il fut nommé membre du gouvernement provisoire. Il est mort en 1854 ; il était secrétaire perpétuel de l'académie des sciences, directeur de l'Observatoire, etc. Ce savant a fait de magnifiques découvertes en physique, notamment en optique et dans l'électricité. Il a laissé un grand nombre de rapports, mémoires et notices.

ARCHINE, mesure de longueur usitée en Russie et dans le Levant, vaut 70 centimètres environ. Elle est le tiers de la *sagène*.

ARÉNACÉ, nom donné, en géologie, aux roches composées de sable ou de substances qui se désagrégeant avec l'apparence du sable.

ARGENTINE (république), nom donné aux *Provinces-Unies du Rio de la Plata*.

ARLINCOURT (Victor, vicomte d'), littérateur, né près de Versailles en 1789, se fit connaître dans sa jeunesse par quelques poésies. Louis XVIII le fit maître des requêtes en 1814. Après la deuxième restauration, il se livra exclusivement au culte des lettres. Les romans le *Solitaire*, l'*Etrangère*, le *Renégat*, *Ipsiboé*, le *Brasseur-roi*, ont eu du succès. Le vicomte d'Arlincourt a écrit quelques poëmes. Il est mort en janvier 1856.

ARMATURE, assemblage de liens de fer qui contient les parties d'un ouvrage de maçonnerie ou de mécanique. Ce nom se donne, en physique, à des pièces de fer doux mises en contact avec des aimants, et qui produisent une grande puissance magnétique. — En musique, l'*armature* est la réunion des signes indiquant le ton et la mesure d'un morceau.

ARNAULT (Antoine-Vincent), né à Paris en 1766. Il se fit connaître dans le monde littéraire par ses tragédies de *Marius à Minturnes* et de *Lucrèce*. Il accompagna Napoléon en Égypte, fut ensuite un des organisateurs de l'instruction publique en France. Membre de la chambre des représentants pendant les cent jours, il fut exilé par la restauration et ne rentra en France qu'en 1819. Il rentra également à l'Institut en 1829 et devint secrétaire perpétuel de l'Académie française. Il est mort en 1834. On a de lui les *Souvenirs d'un sexagénaire*, la *Vie de Napoléon*, des *poésies*, des *fables*, etc.

ARPAD, chef des Hongrois, vint s'établir avec sa nation sur les bords de la Theiss, à la fin du IX⁰ siècle, et s'empara de la Pannonie. Ses descendants fondèrent une dynastie hongroise qui régna de 997 à 1301.

ASPIRANT, grade dans la marine. Il est placé immédiatement au-dessous de l'enseigne. Il y a des aspirants de deux classes.

ASTÉROIDE, petit corps planétaire errant dans l'espace. On donne aussi ce nom aux planètes télescopiques et aux bolides ou *étoiles filantes*.

ASTRÉE, petite planète télescopique, découverte en 1845 par M. Hencke. Elle fait sa révolution autour du soleil en 4 ans et un peu plus de deux mois.

ASTRUC (Jean), né près d'Alais (Gard) en 1684, étudia la médecine et fut successivement professeur à Toulouse, à Montpellier et à Paris. Il fut ensuite médecin du roi de Pologne, puis de Louis XV. Il est mort en 1766, laissant plusieurs ouvrages importants.

ATTELES. Voy. ECLISSES.

ATTOLE ou ATTOLON, dénomination géographique, que depuis longtemps l'usage a consacrée à désigner les groupes qui forment l'archipel des Maldives, et que M. Balbi a proposé d'étendre à toutes les réunions d'îles qui offrent le même caractère. « Ce sont de petites îles basses, dit ce géographe, groupées sur d'étroits plateaux madréporiques, qui ceignent un bassin ovale ou circulaire, et présentent des coupures plus ou moins accessibles aux pirogues ou aux navires. »

AUGE, petit pays faisant partie de la Normandie, arrosé par la Touque et renfermant les villes de Pont-l'Évêque, Dives, Exmes, Beaumont, Touques. Il est compris aujourd'hui dans les départements du Calvados et de l'Orne.

AUGER (Louis-Simon), né à Paris en 1772, se fit connaître par divers articles littéraires insérés dans les journaux du temps, et surtout par la publication des classiques latins. Il fut censeur sous la restauration. Nommé en 1816 membre de l'Académie française, il en devint secrétaire perpétuel et mourut en 1829.

AVOCATIER, LAURIER AVOCAT, LAURUS PERSEA, genre de plantes de l'Amérique méridionale. Ce sont des arbres pyramidaux de douze à quinze mètres. Le fruit est vert ou violet, semblable à une grosse poire, très-bon, et est mangé sous le nom d'avocat dans les colonies.

AZAIS (Pierre-Hyacinthe), né à Sorèze (Tarn) en 1766, est devenu célèbre par ses ouvrages philosophiques et par ses doctrines qu'on appelle le *Système des compensations*. Il est mort en 1845.

AZALÉE, genre de plantes de la famille des éricacées, également propres à l'Europe, à l'Asie et à l'Amérique septentrionale. Ce sont des arbrisseaux agréables par leurs corymbes floraux aux couleurs éclatantes, variant du blanc au rouge et au jaune foncé. Les semis ont produit une grande quantité de variétés remarquables par la beauté et la diversité du coloris.

BABRIUS, fabuliste grec; on ignore l'époque où il a vécu. Ses fables, qui ne sont qu'une imitation poétique de celles d'Ésope, sont remarquables par la pureté et l'élégance du style.

BACCARAT, petite ville du département de la Meurthe, chef-lieu de canton, à 24 kilomètres de Lunéville. Elle est célèbre par ses importantes fabriques de cristaux.

BAILLOT (Pierre-Marie-François), né près de Paris en 1771, d'une force prodigieuse sur le violon; il mourut en 1842, professeur du Conservatoire, et laissant des *Études*, diverses compositions musicales, l'*Art du violon*, etc.

BALACLAVA, petit port sur la côte de Crimée, au sud de Sébastopol, occupé et fortifié par l'armée anglaise pendant le siège de cette ville en 1854 et 1855.

BALBI (Adrien), né à Venise en 1782, est célèbre par ses nombreux travaux sur la géographie. La plupart de ses ouvrages ont été publiés à Paris. On cite surtout l'*Abrégé de géographie* et l'*Atlas ethnographique du globe*. Balbi est mort en 1848.

BALLANCHE (Pierre-Simon), né à Lyon en 1776, fut d'abord imprimeur-libraire. Il se livra ensuite au culte exclusif des lettres et se fit un nom par ses écrits philosophiques d'un style très-élevé. Il devint membre de l'Académie française en 1844 et mourut en 1847. On remarque parmi ses œuvres les *Essais de Palingénésie sociale* et les *Institutions sociales*.

BALME (col de), on nomme ainsi le passage des Alpes qui forme la limite du Haut-Valais et de la Savoie. L'Arve y prend sa source.

BALZAC (Honoré DE), célèbre et fécond romancier, né à Tours en 1799, mort en 1850. Il a laissé un très-grand nombre d'ouvrages, parmi lesquels on cite la *Physiologie du mariage*, la *Comédie humaine*, etc.

BAMBOCHADE, nom donné, en peinture, à de petits tableaux qui représentent des sujets grotesques, populaires et bas.

BANCO, mot italien signifiant *banque*, et qui est passé dans le langage français pour désigner les monnaies de compte. C'est ainsi qu'on dit une *rixdale banco*.

BAOUR-LORMIAN (Pierre-François-Louis), né à Toulouse en 1770, mort en 1854 à Paris, membre de l'Académie française. Poète correct, il est surtout célèbre par sa traduction en vers de la *Jérusalem délivrée* et d'*Ossian*, sa tragédie d'*Omasis*, etc.

BARBIER (Antoine-Alexandre), savant bibliographe, né en 1765, mort en 1825, bibliothécaire de Napoléon et du conseil d'État. Ses fonctions le rapprochèrent souvent de la personne de l'empereur, qui l'honora de son estime. On doit à Barbier un grand nombre d'ouvrages, parmi lesquels on distingue la *Nouvelle Bibliothèque d'un homme de goût*, en 5 volumes; des *Dissertations sur soixante traductions françaises de l'Imitation de Jésus-Christ*; le *Dictionnaire des ouvrages anonymes et pseudonymes*.

BARÈGE, sorte d'étoffe de laine, non croisée et très-légère, dont on se sert pour robes, fichus et écharpes de femmes.

BAROMETZ ou AGNEAU DE SCYTHIE, espèce de fougère de Tartarie, du genre *polypode*, dont la tige, longue d'un pied, est portée horizontalement sur quatre ou cinq racines, qui la tiennent élevée hors de terre. Sa surface est couverte d'un duvet assez long, soyeux et d'un jaune doré. On lui attribuait jadis des propriétés médicinales.

BARRÈRE DE VIEUZAC (Bertrand), né à Tarbes en 1755, était avocat en 1789. Député aux états généraux, il se montra partisan de la révolution. Envoyé à la convention nationale, il vota la mort du roi sans appel et sursis. Il fut du parti des montagnards, et défendit les proscriptions dans ses célèbres rapports. Après le 9 thermidor, il abandonna les montagnards, mais cette conduite ne le sauva pas des poursuites dirigées contre lui. Arrêté, il allait être déporté, lorsqu'il parvint à s'échapper des prisons de Saintes. Il fit partie de la chambre des cent jours. Proscrit à la deuxième restauration, il ne rentra en France qu'en 1830, et mourut en 1840 dans le mystère.

BARRETTE, bonnet de chœur porté par les ecclésiastiques. — C'est aussi un bonnet carré de couleur rouge, qui est un des insignes des cardinaux depuis Grégoire XIV.

BASSE-TERRE, chef-lieu de la colonie française de la Guadeloupe, a été érigée en 1850 en évêché, suffragant de l'archevêché de Bordeaux.

BASTIAT (Frédéric), économiste français, né à Bayonne en 1801, mort à Rome en 1850. Correspondant de l'Institut et représentant du peuple à l'assemblée constituante de 1848, il a laissé plusieurs ouvrages, entre autres les *Sophismes économiques*, les *Harmonies économiques*, etc., qui se distinguent par un grand talent de style et des vues originales.

BAUSSET (Henri-François DE), né à Pondichéry en 1748, embrassa l'état ecclésiastique, et devint évêque d'Alais, chanoine de Saint-Denis, et cardinal. Il mourut, en 1824, président du conseil de l'université, pair de France et membre de l'Académie française. On estime beaucoup son *Histoire de Bossuet* et celle de *Fénelon*.

BELLAC, chef-lieu d'arrondissement du département de la Haute-Vienne, à 37 kilomètres de Limoges. Population 4,000 habitants. Cette petite ville a des tanneries et des fabriques de chapeaux.

BELLART (Nicolas-François), né à Paris en 1761, se distingua comme avocat pendant la révolution. Membre du conseil général de la Seine, il fut un des premiers à provoquer la déchéance de Napoléon. Procureur général sous Louis XVIII, il soutint l'accusation dans le procès du maréchal Ney et prit souvent la parole dans les affaires de presse. Mort en 1826.

BELLE-ISLE (Charles-Louis FOUQUET DE), né à 1684 à Villefranche (Aveyron), se distingua dans les guerres de Flandre et d'Espagne. Il prit beaucoup de part aux négociations qui assurèrent la réunion de la Lorraine à la France; maréchal de France en 1740, il se signala dans la guerre de succession en Autriche, et dans la défense du Dauphiné et de la Provence. Ministre de la guerre en 1757, il mourut en 1761.

BELLUNE (Claude-Victor PERRIN, duc DE), né dans les Vosges en 1764, embrassa de bonne heure la carrière militaire. Il se distingua dans presque toutes les grandes expéditions de la république et de l'empire. A la restauration, il fut nommé major général de la garde royale, et en 1821 ministre de la guerre. Il conserva ce dernier poste jusqu'en 1823. Après la révolution de 1830, il prêta le serment exigé des pairs de France. Il mourut en 1842. Il était maréchal de France, et avait obtenu cette distinction sous l'empire.

BELON (Pierre), un de nos premiers naturalistes, né vers 1520 dans le Maine; il voyagea beaucoup en Europe, en Asie et en Afrique. La relation de ses voyages et ses ouvrages sur l'histoire naturelle des oiseaux et des poissons sont encore lus avec intérêt.

BÉNÉFICE DE CLERGIE, privilège qui exemptait les personnes appartenant, sous quelque rapport que ce fût, au clergé, de subir la peine de mort. Ce bénéfice existe encore en Angleterre pour certains cas.

BERCHOUX (Joseph), né à Lay (Loire) en 1761, est connu par quelques jolis poèmes et surtout par ceux de la *Gastronomie* et de la *Danse*. Il est mort en 1838.

BERNADOTTE (Charles-Jean), né à Pau en 1764, entra à seize ans dans l'armée française comme simple soldat, et parvint au grade de général. Ambassadeur à Vienne, puis ministre de la guerre (1799), général en chef de l'armée de l'Ouest, il fut créé maréchal de France par Napoléon (1804), et commandant de l'armée de Hanovre. Sa valeur lui mérita le titre de prince de Ponte-Corvo, après la bataille d'Austerlitz. Il continua de se distinguer dans les guerres avec l'Allemagne. En 1810, les états de Suède le désignèrent comme successeur futur de la couronne. Adopté par le roi Charles XIII, il lui succéda en 1818, et mourut en 1844, laissant la couronne à Oscar Iᵉʳ, son fils. Il a été regretté vivement par les Suédois, dont il avait su se faire aimer par la sagesse de son administration. Quant à sa conduite envers Napoléon et la France, c'est à l'histoire que le jugement en est réservé.

BERRE, étang formé par la Méditerranée, département des Bouches-du-Rhône. La rivière d'Arc et le canal de Craponne se rendent dans cet étang, qui fournit de riches salines.

BERRY (Charles-Ferdinand, duc de), second fils de Charles X, né à Versailles en 1778, émigra avec sa famille et entra dans l'armée de Condé. De retour en France, il épousa en 1816 la princesse Caroline de Naples. Il fut assassiné par Louvel le 13 février 1820. Son fils posthume, le duc de Bordeaux, comte de Chambord, naquit le 29 septembre 1820.

BERTHOUD (Ferdinand), horloger, né à Neufchâtel en Suisse en 1726, vint en France où il acquit une grande réputation, et devint membre de l'Institut et horloger-mécanicien de la marine. Il a fait les premières horloges marines, et a laissé plusieurs ouvrages sur l'horlogerie. Il est mort en 1807.

BERTON (Henri-Montan), né à Paris en 1767, mort en 1844 membre de l'Institut et professeur de composition au Conservatoire. On lui doit plusieurs opéras qui ont eu beaucoup de vogue : *Montano et Stéphanie, les Maris-Garçons, Aline, reine de Golconde, Françoise de Foix*, etc. — Son père, et son fils, mort en 1832, s'étaient également distingués dans la carrière musicale.

BERTRAND (Henri-Gratien), né à Châteauroux en 1773, fit les guerres de l'empire, et parvint au grade de général. Napoléon le fit grand maréchal du palais. Bertrand suivit l'empereur à l'île d'Elbe, revint avec lui en France, avec le titre de major général, et l'accompagna à Sainte-Hélène, où il resta jusqu'à sa mort, donnant au prince déchu les plus grandes marques d'un dévouement à toute épreuve. Rentré en France en 1821, il fut envoyé à la chambre des députés après 1830. Il est mort en 1844. Son tombeau sera placé à côté de celui de l'empereur, dans l'église des Invalides.

BERZÉLIUS (Jacques), né en Suède en 1779, est considéré comme un des premiers chimistes du XIXe siècle. On lui doit des découvertes très-importantes, comme la connaissance du selenium, du zirconium et d'autres corps simples ; les formules chimiques, etc. Il est mort en 1848, laissant un *Traité de chimie*, un *Traité des proportions chimiques*, des *Mémoires*, etc.

BEUDANT (François-Sulpice), né à Paris en 1787, est un des premiers minéralogistes de notre époque. Il professa la minéralogie à la faculté des sciences de Paris, devint membre de l'Institut et mourut en 1850, laissant de nombreux ouvrages, entre autres un *Cours élémentaire et général des sciences physiques*.

BIBLIS et CAUNUS, enfants de Miletus et de la nymphe Cyanée. Biblis conçut pour son frère une telle passion, que celui-ci s'éloigna dans le but d'empêcher un inceste. Il alla fonder la ville de *Caunus* ou *Quingi*, dans la Carie, sur le bord de la mer, vis-à-vis de la ville de Rhodes. Biblis fut changée en une fontaine intarissable, qui portait son nom.

BIEF ou BIEZ, petit canal destiné à détourner un cours d'eau approprié à divers usages. — Partie d'un canal entre deux écluses.

BIELLE, la pièce d'une machine qui communique le mouvement aux autres pièces. On en distingue de plusieurs sortes.

BIGOT DE PRÉAMENEU (Félix-Julien), né à Rennes en 1747, fut envoyé en 1791 à la législative où il vota constamment avec le parti modéré. Appelé au conseil d'État après le 18 brumaire, il fut membre de la commission chargée de préparer et de rédiger le Code civil. Il fut ministre des cultes de 1808 en 1814 ; il est mort en 1825, membre de l'Académie française.

BILABIÉ, épithète donnée aux parties des plantes qui sont divisées de manière à représenter deux sortes de lèvres.

BILLAUD-VARENNES (N.), né à la Rochelle, quitta la congrégation de l'Oratoire de Jésus pour se consacrer au barreau. Il embrassa avec ardeur la cause de la révolution. Commissaire de la commune de Paris en 1792, il fut un des moteurs des massacres de septembre. Député à la convention nationale, il se signala parmi les membres les plus exaltés, vota la mort de Louis XVI sans appel et sans sursis, et fut un des organisateurs du système connu sous le nom de *terreur*. L'accusation portée après le 9 thermidor contre Collot, Barrère et Vadier l'atteignit enfin, et il fut déporté à la Guyane, où il mourut vers 1819.

BILOBÉ, nom donné aux parties des plantes séparées en deux *lobes*.

BILOCULAIRE, nom donné aux parties des plantes qui offrent deux loges ou deux cavités.

BIVALVE, coquille composée de deux pièces semblables appelées *valves* et jointes ensemble par une charnière. L'huître, l'anodonte, la mulette, sont bivalves.

BLAINVILLE (Henri Ducrotay de), né près Dieppe en 1777, étudia avec ardeur les sciences naturelles et s'y fit de bonne heure un nom. Nommé en 1812 professeur d'anatomie et de zoologie à la faculté des sciences ; en 1830 professeur au Muséum ; en 1832 chargé du cours d'anatomie comparée, il a écrit un grand nombre d'ouvrages, entre autres un *Prodrome d'une nouvelle distribution méthodique du règne animal*. Mort en 1850.

BLENDE, sulfure de zinc natif, c'est-à-dire trouvé naturellement dans la terre.

BLONDE, dentelle fine de soie blanche ou noire. Ces dentelles atteignent souvent des prix considérables.

BLUTAGE, opération qui sépare la farine pure de tout corps étranger. L'instrument employé pour cette opération est le *blutoir* ou *bluteau*, sorte de tamis perfectionné et dont les mailles ont diverses dimensions suivant les qualités de farines qu'on veut obtenir.

BOJADOR (CAP), situé sur la côte occidentale de l'Afrique, fut découvert en 1433 par les Portugais.

BOMARSUND, forteresse des îles d'Aland, dans la mer Baltique, prise le 16 août 1854, par l'armée anglo-française ; elle était défendue par 2,400 Russes. Le général Baraguey-d'Hilliers, qui commandait le siège, a reçu à cette occasion le bâton de maréchal.

BONALD (Louis-Gabriel-Ambroise, vicomte DE), célèbre philosophe, né dans le département de l'Aveyron. Il se montra toujours partisan de l'ancien état de choses et de la philosophie catholique. Après 1814, il fut nommé membre de la chambre des députés de 1815, où il vota avec la majorité. Il fit partie de la même chambre dans plusieurs sessions, et fut nommé pair de France. Il était membre de l'Académie française depuis 1816. On a de lui la *Théorie du pouvoir politique et religieux dans la société civile, démontrée par le raisonnement et par l'histoire*, l'*Essai analytique sur les lois naturelles de l'ordre social*, la *Législation primitive du divorce*, des *Recherches philosophiques sur les premiers objets de connaissances humaines*, des *Mélanges littéraires, politiques et philosophiques*. Il est mort en 1840.

BONNET, le second estomac des ruminants.

BORY DE SAINT-VINCENT (J.-B.-Georges), né à Agen en 1780, voyagea pendant de nombreuses années, en se livrant à l'étude des sciences naturelles. Il fit ensuite les campagnes d'Allemagne et d'Espagne. Réfugié en Prusse après la réaction de 1815, il rentra en France en 1820, et devint en 1830 chef du bureau historique au dépôt de la guerre et maréchal de camp du génie. Il est mort en 1846, laissant de nombreux *Mémoires*, des *Notices*, un *Voyage dans les îles d'Afrique*, un *Traité de l'homme*, une *Histoire des animaux microscopiques*, etc.

BOSIO (Joseph-François), né à Monaco en 1766, est cité comme un des plus grands sculpteurs de notre époque. Il est mort en 1845 membre de l'Institut. On remarque parmi ses ouvrages la statue équestre de la place des Victoires, des groupes ou statues en grand nombre, les bas-reliefs de la colonne de la place Vendôme, etc.

BOTTA (Charles-Joseph-Guillaume), né à Saint-Georges (Piémont) en 1766, vint en France en 1806 et fut élu membre du corps législatif. Recteur de Nancy, puis de Rouen jusqu'en 1822, il est mort en 1837, laissant des ouvrages estimés d'histoire, écrits en italien, et qui ont été traduits en français. On remarque surtout l'histoire de l'Italie.

BOUDJOU, monnaie des indigènes de l'Algérie, vaut 1 fr. 86 c. Il y a des doubles boudjous et des quarts et huitièmes de boudjou.

BOUHIER (Jean), né à Dijon en 1673, devint président à mortier au parlement de cette ville et membre de l'Académie française. Il a laissé de nombreux ouvrages littéraires et des dissertations scientifiques.

BOUILLY (Jean-Nicolas), né à Tours, fut d'abord avocat au parlement de Paris, et se consacra ensuite à la littérature. On lui doit les paroles de plusieurs opéras, tels que : *les Deux Journées, la Jeunesse de Henri IV, Françoise de Foix*, etc. ; et plusieurs comédies, *Fanchon la Vielleuse, Haine aux femmes, l'Abbé de l'Espée*, etc. Il a fait aussi des *Contes*, des *Conseils à ma fille*, etc. Il est mort en 1842.

BOULEAU, genre de la famille des amentacées, renfermant des arbres de moyenne grandeur, employés comme agrément et pour leur bois blanc et léger, qui sert dans le charronnage et la tonnellerie. Ces arbres habitent les diverses parties du globe.

BOURBON (ILE), porte depuis 1848 le nom d'*Ile de la Réunion*.

BOURMONT (Louis-Auguste-Victor, comte DE), né en 1773 au château de Bourmont (Maine-et-Loire), était officier aux gardes françaises à l'époque de la révolution. Il servit ensuite dans l'armée de Condé et en Vendée. Il prit les armes dans les troupes impériales et se distingua pendant la campagne de Russie. Après la restauration, il fit la guerre d'Espagne, devint ministre de la guerre en 1829 et fut chargé en 1830 de l'expédition d'Alger, où il entra le 5 juillet. Créé maréchal de France le 22 du même mois, il fut forcé par la révolution de juillet de s'expatrier. Il prit part aux affaires de Vendée en 1833, puis alla offrir ses services à don Miguel de Portugal. Rentré en France en 1840, il est mort en 1846.

BOURRIENNE (FAUVELET DE), né à Sens en 1769, fut le condisciple de Napoléon à l'école de Brienne, et le suivit tour à tour en Italie et en Egypte avec les fonctions de secrétaire. Ministre plénipotentiaire à Hambourg (1804), directeur des postes (1813), préfet de police (1814), il suivit ensuite la fortune de Louis XVIII, qui le nomma ministre d'État. Il fut membre de la chambre des députés de 1815 à 1827, et siégea constamment au côté droit. Il est mort en 1834, laissant d'intéressants *Mémoires*.

BOYER (Alexis), né à Uzerche en 1757, étudia la médecine à Paris et devint successivement chirurgien de la Charité, professeur à la faculté, premier chirurgien de Napoléon, baron de l'empire, chirurgien consultant des rois Louis XVIII, Charles X et Louis-Philippe, membre de l'Institut, etc. Boyer est mort en 1833, laissant plusieurs ouvrages, entre autres un *Traité d'anatomie*, un *Traité des maladies chirurgicales*.

BRECHET, nom donné au *sternum* des

1472 BUG

oiseaux, qui donne attache aux muscles du vol.

BRENTE, mesure de liquides employée en Suisse et en Italie ; celle de Piémont vaut 56 litres 33.

BRILLAT-SAVARIN (Anthelme), né à Belley en 1755, fut d'abord avocat, député à la constituante, membre du tribunal de cassation. Il est mort en 1826, laissant un ouvrage plein d'esprit, la *Physiologie du Goût.*

BRISKA, voiture très-légère à quatre roues.

BRONGNIART (Alexandre), né à Paris en 1770 ; il fut professeur de minéralogie au Muséum, membre de l'Institut, et directeur de la manufacture de porcelaines de Sèvres depuis 1800 jusqu'à sa mort, survenue en 1847. Il a laissé de nombreux travaux scientifiques ; on cite son *Traité des arts céramiques.*

BROUSSE, l'ancienne *Prusa*, ville de la Turquie d'Asie, sur le flanc du mont Olympe. C'est une grande cité qui fait un commerce considérable. Brousse a été en 1855 le lieu de séjour de l'émir Abd-el-Kader. Elle a été en partie détruite la même année par de nombreux tremblements de terre.

BRUAT (Armand-Joseph), né à Colmar en 1796, fut, très-jeune, destiné à la marine ; il quitta l'école spéciale en 1815 et fit un chemin rapide. Capitaine de vaisseau en 1838, contre-amiral en 1846, vice-amiral en 1852, il prit part aux affaires du Levant sous la restauration ; après 1830, il reçut diverses missions dont il s'acquitta avec talent ; en 1843, il fut nommé gouverneur des Marquises et commissaire du roi près de la reine de Taïti. Rentré à Paris en 1847, il devint préfet maritime de Toulon en 1848, puis gouverneur de la Martinique, gouverneur général des Antilles (1849) ; enfin il reçut le commandement de l'escadre de l'Océan qu'il mena en Orient. Chargé en 1855 du commandement en chef des forces navales françaises devant Sébastopol, l'amiral Bruat a dirigé de brillantes expéditions, entre autres celle de Kertch qui a livré aux alliés la mer d'Azof. Au moment où il ramenait sa flotte en France, il est mort du choléra pendant la traversée (novembre 1855). Le gouvernement lui a fait de magnifiques funérailles.

BRUNEL (Marc-Isambart), né en Normandie en 1769, s'est distingué comme ingénieur, et surtout par la construction du fameux tunnel qui passe sous la Tamise à Londres (1823-1843). Mort en 1844.

BUCH, petite subdivision du Bordelais, portait le titre de *captalat.* Les seigneurs étaient appelés *captals* ou *capoudals.* La Teste de Buch était la principale ville de cette petite province.

BUCH (Léopold DE), né en Allemagne en 1774, est célèbre par ses voyages et ses écrits sur la géologie. Il est mort en 1853.

BUGEAUD DE LA PICONNERIE (Thomas-Robert), né à Limoges en 1784, s'engagea en 1804 comme simple soldat et devint colonel (1814) en passant par tous les grades, après avoir servi en Allemagne, Prusse, Pologne, et en Espagne. Licencié en 1815, il fut nommé en 1830 maréchal de camp et envoyé à la chambre des députés en 1831. Il fut chargé, en 1833, de la garde de la duchesse de Berry à Blaye, et eut à cette occasion un duel avec M. Dulong, qui perdit la vie dans cette rencontre. Il réprima l'émeute d'avril 1834, puis fut envoyé en Algérie, où il soumit une grande partie du pays, en remportant la célèbre bataille de l'Isly (14 juillet 1844). Créé maréchal de France, duc d'Isly, il fut remplacé dans le gouvernement général de l'Algérie par le duc d'Aumale (1847). Envoyé à l'assemblée nationale en 1848, il mourut l'année suivante. Le maréchal Bugeaud a laissé de nombreux *discours, mémoires,* sur l'art militaire, l'agriculture, etc.

CAR

BULOW (Frédéric-Guillaume DE), né en Prusse en 1755, embrassa l'état militaire et fit plusieurs campagnes avec divers grades. En 1808, il était général de brigade ; il remporta sur les Français les victoires de Mœckern (1813), Lukau, Grossbeeren et Dennewitz. Le roi lui donna le titre de comte de cette dernière ville. Bulow était à Waterloo, où il décida de la victoire. Il mourut en 1816.

BURNOUF (Jean-Louis), né à Urville (Manche) en 1775, suivit avec succès la carrière de l'enseignement et devint professeur d'éloquence latine au collége de France, inspecteur général des études, membre de l'Institut. Il est surtout connu par sa *Méthode pour étudier la langue grecque,* qui a eu un très-grand nombre d'éditions. Mort en 1844. — Son fils, EUGÈNE BURNOUF, né à Paris en 1801, mort en 1852, a laissé des ouvrages estimés sur les langues orientales.

BURNOUS, sorte de manteau de laine ordinairement blanche et à capuchon, dont l'usage, commun aux Arabes, s'est introduit en France et est devenu général.

BUSHEL, mesure de capacité pour les liquides, usitée en Angleterre, vaut 36 litres 344 m.

CACHUCHA, danse espagnole, d'un mouvement vif, sur la mesure à trois temps.

CADIS, étoffe de laine croisée, peu large et médiocrement fine, se fabriquait surtout dans le midi de la France.

CAILLÉ (René), né à Mauzé (Deux-Sèvres) en 1799, est célèbre par ses voyages en Afrique. Seul, au milieu d'incessants dangers, il visita les pays inconnus jusqu'à ce jour, entre autres Tembouktou, recueillant de nombreux documents géographiques. Récompensé, à son retour, par divers grands prix et la croix de la Légion d'honneur, Caillé est mort en 1838, laissant un *Journal* de son voyage.

CALÉDONIE (NOUVELLE-). L'île de la Mélanésie qui porte ce nom, a été occupée par les Français en 1853, ainsi que ses dépendances.

CALIFORNIE (NOUVELLE-). Cette contrée, devenue célèbre par les immenses gisements d'or qu'elle renferme, a été cédée par le Mexique aux Etats-Unis en 1848. La capitale est aujourd'hui Mallego.

CALOMARDE (Francesco-Thaddeo), né en Aragon en 1775, devint ministre de la justice en 1824 et se montra le partisan constant du système absolutiste. Il fut destitué en 1832 et se retira en France où il est mort en 1842.

CAMPENON (Vincent), né en 1772, se livra de bonne heure à la culture des belles-lettres, et devint commissaire impérial près l'Opéra-Comique, puis censeur royal. Membre de l'Académie française en 1816, il est mort en 1843, laissant divers poëmes, entre autres l'*Enfant prodigue.*

CANDOLLE (Augustin-Pyrame DE), né à Genève en 1778, étudia avec ardeur les sciences naturelles, et surtout la botanique. Il est mort en 1841, laissant la *Flore française,* le *Système naturel du règne végétal,* le *Prodrome de ce système,* l'*Organographie végétale,* la *Physiologie,* etc., etc. Son fils a continué ses travaux.

CAPELLE (Guillaume-Antoine Benoît, baron), né à Sales (Aveyron) en 1775, fut, sous l'empire, préfet de la Méditerranée et du Léman. Après la prise de Genève par les alliés (1813), Capelle fut confirmé par ordre de l'empereur. Louis XVIII le créa préfet de l'Ain, puis du Doubs, enfin de Seine-et-Oise. Ministre des travaux publics en 1830, il signa les fameuses ordonnances. Sorti de France après la révolution de Juillet, il y rentra quelques années plus tard et mourut en 1843.

CARÊME (Antoine), né à Paris en 1784, est le plus célèbre cuisinier de ce siècle. Il passa par tous les degrés de sa profession, et devint cuisinier de Talleyrand, puis du prince-régent d'Angleterre, de

CHA

l'empereur Alexandre et de plusieurs personnages éminents. Il est mort en 1833, laissant le *Pâtissier pittoresque,* le *Maître d'hôtel français,* le *Cuisinier parisien.*

CARIOPSE, fruit sec, ne contenant qu'une semence, et ne s'ouvrant pas naturellement. Le grain de blé est un cariopse.

CARPELLES, nom donné, en botanique, aux organes élémentaires, dont la réunion livre naissance au pistil et dont chacun ressemble à une petite feuille ployée en dedans sur elle-même. — C'est aussi chacun des fruits ou des pistils partiels dans une même fleur.

CARPENTIER (Pierre), né à Charleville (Ardennes) en 1697, entra dans la congrégation de Saint-Maur (ordre de saint Benoît), à Reims, et passa sa vie dans des travaux d'érudition. Il a contribué au *Glossaire* des écrivains de la moyenne et de la basse latinité (1733-36) ; un *alphabet tironien* et un très-grand nombre d'écrits sur la paléographie.

CARPIN (Jean DU PLAN), né en Italie au XIIIe siècle, entra dans l'ordre des Franciscains ; il est surtout connu par ses voyages chez les Mongols. Il recueillit dans ces voyages des documents pleins d'intérêt sur ces peuples jusqu'alors à peu près inconnus. A son retour, Carpin évangélisa les peuples du nord de l'Europe.

CARREL (Armand), né à Rouen en 1800, entra à l'école de Saint-Cyr, dont il sortit avec le grade de sous-lieutenant. Démissionnaire en 1823, il alla prêter secours aux révolutionnaires espagnols ; traduit devant un conseil de guerre à sa rentrée en France, il fut condamné à mort, puis acquitté. Il vint alors à Paris où il écrivit dans plusieurs revues et journaux, entre autres dans le *National,* dont il fut un des fondateurs. Après la révolution de juillet, il resta fidèle à ses opinions démocratiques. Carrel fut tué dans un duel avec M. Emile de Girardin (22 juillet 1836).

CARRY, sorte d'assaisonnement usité surtout dans l'Inde, et composé d'épices, de piment très-fort, etc. Ce nom est aussi donné à un mets mêlé dans lequel entre le carry comme assaisonnement.

CASTANOS (Francesco-Xaviero) duc de Baylen, né en 1753 en Biscaye, servit de bonne heure dans l'armée espagnole. Il vainquit le général français Dupont à Baylen, ce qui lui mérita son titre de noblesse, mais il fut défait à Tudela. Il contribua à la victoire de Vittoria en 1811. Nommé capitaine général, et, en 1843, tuteur de la reine Isabelle, il est mort en 1852.

CASTORINE, étoffe de laine mêlée au poil de castor ; elle est moelleuse et légère. — Etoffe pure de laine pure.

CELLULOSE, substance qui, dans les végétaux, forme la trame du tissu solide. Elle est ainsi nommée, parce qu'elle se compose presque toujours de cellules unies ensemble.

CENT, monnaie usitée aux Etats-Unis, et qui vaut la centième partie d'un dollar, ou environ 5 centimes de France.

CERCLE MURAL, cercle divisé, dont la direction coïncide avec le méridien et qui porte à son centre une lunette qui, en tournant, décrit le même plan que le cercle même. Ce cercle se place sur un mur, afin de lui donner une direction constante. Il sert à observer les hauteurs méridiennes des astres.

CHALAND, petit bâtiment à fond plat destiné à transporter des objets d'un navire dans un port ou dans l'intérieur des fleuves.

CHAMPAGNY (J.-B. NOMPÈRE DE), duc de Cadore, né à Roanne en 1756, servit d'abord dans la marine. Envoyé aux états généraux, membre de la constituante, il fut incarcéré comme noble en 93, mais le 9 thermidor le délivra. Appelé par Napoléon au conseil d'Etat, ambassadeur à Vienne en 1801, ministre de l'intérieur en 1804, des affaires étrangères en 1807, créé duc de Cadore, il contribua aux conférences d'Erfurth de 1808 et au traité de Vienne de 1809. Nommé en 1811 intendant de la couronne, il fut appelé à la chambre des pairs à la restauration, et conserva ce titre jusqu'à sa mort, survenue en 1834.

CHARDIN (Jean), né à Paris en 1643, est célèbre par ses voyages dans les Indes orientales et surtout en Perse. Il mourut en 1713 à Londres. Charles II l'avait créé *esquire*; on lui doit un *Journal* de son voyage.

CHARLES (Charles-Louis), archiduc d'Autriche, né en 1771, était fils de l'empereur Léopold II. Il fut nommé en 1796 feld-maréchal et chargé du commandement des armées sur le Rhin. Il repoussa les généraux Moreau et Jourdan, et prit Kehl (1796). Il prit part aux guerres d'Italie, de Suisse et d'Allemagne. Vainqueur de Masséna à Caldiero (1805), il fut battu par Napoléon à Wagram (1809). Il abandonna alors le commandement des armées autrichiennes, et vécut dans la retraite jusqu'à sa mort, survenue en 1847. Il a laissé des *Principes de stratégie* et une *Histoire de la campagne d'Allemagne et de Suisse en* 1799.

CHARLES-ALBERT-AMÉDÉE, roi de Sardaigne, né en 1798, fils de Charles-Emmanuel de Savoie-Carignan, fut appelé à la couronne après la mort de Charles-Félix. Il donna une constitution à son royaume et gouverna dans des idées libérales. Il eut, après 1848, à soutenir contre l'Autriche une guerre qui fut désastreuse pour l'armée sarde. Charles-Albert abdiqua en faveur de son fils Victor-Emmanuel II et se retira à Oporto (Portugal), où il mourut en 1849.

CHARLES (Alexandre-César), né à Beaugency (Loiret) en 1746, étudia la physique expérimentale, et fit des cours publics. Il fit en 1783 une ascension aérostatique qui eut un immense retentissement; Louis XVI lui donna une pension et un logement au Louvre; l'académie des sciences l'appela dans son sein. Il avait eu le premier la pensée de gonfler les ballons avec le gaz hydrogène. Il est mort en 1823, professeur au conservatoire des arts et métiers.

CHARLES III, ordre espagnol créé en 1771 par le roi Charles III, et consacré à la conception immaculée de la Vierge. La croix est à huit pointes, chargée de bleue. L'image de la Vierge est au milieu, et la devise est : *Virtuti et merito*. Le ruban est blanc et bleu.

CHARTISTES, nom donné, en Angleterre, à ceux qui réclament une charte dans les intérêts politiques du peuple.

CHATEAUBRIAND (François-Auguste, vicomte DE), né à Saint-Malo en 1768, embrassa la carrière militaire, qu'il abandonna bientôt pour se livrer au culte des lettres. En 1791, il s'embarqua pour l'Amérique, visita les Etats-Unis et les peuplades sauvages. De retour en France l'année suivante, il alla rejoindre les émigrés et l'armée prussienne. Après les revers de cette armée, Châteaubriand se rendit à Londres, où il vécut dans une extrême misère. De retour en France en 1800, il fit paraître le *Génie du christianisme*, dont le succès fut immense (1802); les *Martyrs* (1809), écrits à la suite d'un voyage en Orient; l'*Itinéraire de Paris à Jérusalem* (1811), *Bonaparte et les Bourbons*, brochure qui eut un grand retentissement. Louis XVIII le nomma ministre d'Etat, mais il ne conserva pas longtemps ces fonctions. Il écrivit *la Monarchie selon la Charte*, et publia dans le *Conservateur* des articles où les idées monarchiques s'alliaient au libéralisme. Ambassadeur à Berlin, puis à Londres, il fit partie en 1822 du congrès de Vérone, et devint ensuite ministre des affaires étrangères. Destitué huit mois après, il écrivit dans le *Journal des Débats* contre le ministère dirigé par M. de Villèle. En 1830, il refusa le serment au roi Louis-Philippe, et se démit de son siége à la chambre des pairs. Depuis ce moment, Châteaubriand vécut dans la retraite. Il est mort en 1848. En outre des ouvrages cités plus haut, il a laissé *les Natchez*, *Etudes sur la chute de l'Empire romain*, la *Vie de Rancé*, les *Mémoires d'outre-tombe*, etc., etc. Il était membre de l'Académie française et décoré de la plupart des ordres d'Europe.

CHAUVEAU-LAGARDE (Claude-François), né à Chartres en 1756, était avocat à l'époque de la révolution, dont il embrassa la cause avec modération; Il défendit devant le tribunal révolutionnaire Brissot et Charlotte Corday; mais son plaidoyer le plus fameux est celui qu'il prononça pour la reine Marie-Antoinette. Il fut nommé en 1828 conseiller à la cour de cassation et mourut en 1841.

CHÊNEDOLLÉ (Charles-Julien PIOULT DE), né à Vire (Calvados) en 1769, est un des bons poëtes de notre époque. Il est surtout connu par son poëme intitulé le *Génie de l'homme* et par ses *Etudes poétiques*. Nommé en 1830 inspecteur général de l'université, il se démit en 1832 et mourut l'année suivante.

CHÉNOPODÉES ou ATRIPLICÉES, famille naturelle dont l'*ansérine* dite *patte-d'oie* est le type. Elle renferme des plantes dont les feuilles sont en général émollientes et propres à la nourriture de l'homme.

CHERUBINI (Louis-Charles-Marie), né à Florence en 1760, est regardé comme un des plus remarquables compositeurs du XIXᵉ siècle. Il vint jeune et déjà célèbre à Paris, entra à l'Institut, devint surintendant de la musique de Louis XVIII et directeur du Conservatoire (1822), où il était professeur depuis longtemps. Il est mort en 1842, laissant un grand nombre d'opéras, parmi lesquels on cite *Démophon*, *Lodoïska*, *Elisa*, *Médée*, les *Deux journées*, les *Abencérages*, etc., et de la musique religieuse, entre autres plusieurs messes solennelles, des motets, etc.

CHEVERUS (Jean-Louis LEFEBVRE DE), né à Mayenne en 1768, se consacra dans sa jeunesse à la carrière ecclésiastique. Réfugié en Angleterre pendant la terreur, il alla aux Etats-Unis, et se distingua par sa charité et son zèle pour le catholicisme à Boston, dont Pie VII le nomma évêque en 1808. Appelé à l'évêché de Montauban en 1823, il s'y signala par son dévouement pendant l'inondation de 1826. Il passa à l'archevêché de Bordeaux la même année, et montra dans ce diocèse le zèle, la tolérance, la charité dont-il avait fait preuve à Boston et à Montauban. Cardinal en 1836, M. de Cheverus mourut quelques mois après, universellement regretté des hommes de tous les cultes et de tous les partis.

CHEVET, la partie d'une église située au-delà du maître-autel. Le chevet est le plus souvent circulaire.

CHLOROFORME, ou PERCHLORURE DE FORMYLE, substance composée de chlore, de carbone et d'hydrogène, incolore, huileuse, d'une odeur et d'une saveur agréables. On l'obtient en distillant l'esprit de vin avec du chlorure de chaux. Cette substance, découverte en 1831, est employée pour déterminer l'insensibilité dans les opérations chirurgicales.

CHRISTIERN ou CHRISTIAN VIII, roi de Danemark, né en 1786, succéda à Frédéric VI en 1839. Il est mort en 1848, laissant le trône à son fils Frédéric VII.

CIRCASSIENNE, étoffe de laine croisée, dont la chaîne est le plus souvent en coton.

CISSUS, genre de la famille des ampélidées, comprenant des plantes sarmenteuses et grimpantes. On cultive le *cissus à cinq feuilles* ou *vigne vierge* pour orner les murs intérieurs des cours.

CLAUSEL (Bertrand, comte), né à Mirepoix (Ariége) en 1772, fit les campagnes d'Espagne et de Portugal sous le convention. Il était chef de brigade en 1795.

Général en 1799, il fut envoyé en 1801 à Saint-Domingue, et à son retour, servit comme général de division aux armées du Nord, de Hollande, d'Italie, de Dalmatie et d'Allemagne. Passé en Espagne en 1809, il se distingua par sa valeur au combat des Arapiles. Condamné à mort par contumace en 1816 pour son dévoûment à Napoléon, il passa en Amérique; amnistié en 1820, il revint en France et fut élu député par le département de l'Ariége. Il fut nommé commandant de l'armée d'Afrique et maréchal de France (1831). Rappelé après la campagne de Constantine, il mourut dans la retraite en 1842.

CODA, mot italien qui signifie *queue*, et qui désigne, en musique, un certain nombre de mesures ajoutées à un morceau pour le terminer d'une manière vive et brillante.

CODEX, recueil de recettes ou de formules à l'usage des pharmaciens, et qui indiquent la quantité des substances dont se composent les médicaments.

CODRINGTON (Edouard, sir), né vers 1770, servit dans la marine et parvint au grade de vice-amiral (1825). Il commandait la flotte alliée lors de la grande victoire navale remportée à Navarin sur la flotte turque (20 octobre 1827). Il commanda la flotte anglaise devant Lisbonne en 1841 et mourut en 1851.

COLLODION, substance qu'on obtient en faisant plonger du coton dans une partie de salpêtre en poudre uni à trois parties d'acide sulfurique. Le coton trempé dans ce mélange, puis retiré et séché, est dissous ensuite dans l'éther et il forme une masse solide très-tenace. On se sert du collodion pour rendre les tissus imperméables, pour unir les lèvres d'une plaie, pour préparer les planches photographiques, etc.

COLMATAGE, opération qui a pour but d'exhausser un terrain immergé, au moyen de terres que l'on fait entraîner par les eaux. Cette opération est très-employée en Toscane. On nomme *colmates* les terres ainsi transportées par les eaux.

COMMUNISME, doctrine de la communauté des biens, remise en question par M. Cabet. Ses sectateurs, qui se nomment aussi *Icariens*, se sont fixés en 1848 à Nauvoo, ville des Etats-Unis, sur le Mississipi, fondée en 1839 par les Mormons, qui en furent expulsés en 1846.

CONCILIABULE, nom donné par les catholiques aux assemblées que tiennent les hérétiques pour régler les affaires de leur communion.

CONDITION DES SOIES, établissement public où les soies sont ramenées à un degré fixe et commun de siccité, afin que, lors de la vente des marchandises ayant lieu au poids, il y ait une garantie égale de sincérité pour le vendeur et l'acheteur. Les conditions existent sous la direction des chambres de commerce.

CONFLIT, terme de droit qui désigne l'acte de deux juridictions qui s'attribuent la connaissance d'une même affaire. On appelle *conflit d'attribution* les conflits existants entre les autorités d'ordres différents.

CONGÉABLE, domaine affermé pour un temps indéfini, mais dont le propriétaire peut toujours reprendre la jouissance en remboursant les dépenses d'amélioration.

CONNAISSANCE DES TEMPS, sorte de calendrier à l'usage des astronomes et des marins, contenant les positions relatives des astres, etc. Le bureau des longitudes à Paris publie chaque année la *Connaissance des temps*.

CONNÉ, nom donné aux feuilles opposées qui sont soudées par la base. Les feuilles du *chevrefeuille* sont *connées*.

CONTO, espèce d'unité en Portugal. Le *conto* de mille reis vaut environ 6,000 fr. de France.

CONTREDITS, écritures fournies par une partie pour combattre les pièces produites par l'adversaire.

CONVICT, mot anglais qui signifie convaincu, et qui est attribué aux criminels condamnés à la déportation.

COOLIS ou **COULIS**, nom donné aux Indiens qui s'engagent à travailler librement et durant un temps déterminé dans les colonies européennes.

COOPER (James-Fenimore), né aux Etats-Unis en 1789, suivit d'abord la carrière de la marine; il se consacra ensuite aux travaux littéraires et publia une série nombreuse de *romans* qui ont obtenu un très-grand succès, les uns comme ouvrages de mœurs, les autres comme peintures exactes et saisissantes des coutumes indiennes. Cooper est mort en 1851. Nous citerons parmi ses productions : *Précaution*, l'*Espion*, les *Pionniers*, le *Pilote*, *Lionel Lincoln*, le *Dernier des Mohicans*, la *Prairie*, le *Corsaire rouge*, le *Bravo*, les *Puritains d'Amérique*, etc., etc.

COPROLITHES, concrétions pierreuses qu'on regarde comme les excréments pétrifiés de certains poissons. On les trouve surtout dans le terrain houiller et le lias.

CORTOT (Jean-Pierre), né à Paris en 1787, mort en 1848, a été un des plus remarquables sculpteurs de notre siècle. On cite, parmi ses nombreux ouvrages : le *soldat de Marathon*, *Daphnis et Chloé*, la *statue de Louis XIII* à Paris, le *Triomphe de Napoléon* à l'arc de l'Etoile, etc. Il était membre de l'Institut depuis 1825.

COSME ou **COME** (Jean Baseilhac, dit le *frère*), né à Pougastroux, près de Tarbes, en 1703, entra dans l'ordre des feuillants en 1740. Les exercices religieux ne l'empêchèrent pas de se livrer à l'étude de la chirurgie et à la pratique de cet art, surtout en ce qui concerne l'opération de la taille. Il inventa la taille latérale et des procédés nouveaux pour diverses opérations. Le frère Côme mourut en 1781, universellement regretté pour sa science et sa piété. Il a laissé quelques ouvrages de chirurgie.

COTON-POUDRE ou **FULMI-COTON**, substance explosive obtenue en plaçant du coton dans un mélange d'acides nitrique et sulfurique concentrés. Lavé et desséché, le coton-poudre peut remplacer la poudre ordinaire.

COURVOISIER (Jean-Joseph-Antoine), né à Besançon en 1775, suivit d'abord la carrière des armes. Emigré en 1792, il servit dans l'armée de Condé, rentra en France en 1803 et embrassa la profession d'avocat. Nommé en 1815 avocat-général à Besançon, il fut élu député en 1818 et conserva ce titre jusqu'en 1822. Procureur général à Lyon en 1818, il fut appelé en 1829 au ministère de la justice, où il représenta le parti du centre gauche. Démissionnaire le 19 mai 1830, il vécut depuis dans la retraite jusqu'à sa mort, survenue en 1835.

CRACOVIE. La petite république de ce nom a été supprimée en 1846. On l'a donnée à l'Autriche, qui l'a incorporée dans la Gallicie.

CREPS, sorte de jeu qui se joue avec trois dés et un cornet. Tout son intérêt est d'amener un nombre convenu à l'avance. Ce jeu, surtout usité en Angleterre, est rangé parmi les jeux prohibés.

CRÉQUIER, c'est, en blason, un arbre en forme de chandelier à sept branches.

CRISPIN, personnage de l'ancienne comédie; c'est un valet, vêtu de noir, avec petit manteau, fraise blanche et une petite toque pour coiffure.

CUCULLE, partie du costume des moines; c'est celle qui recouvre la tête et se termine en pointe au sommet.

CYANHYDRIQUE (acide). Voy. Hydrocyanique.

DAGUERRE (Louis-Jacques), né à Cormeille (Seine-et-Oise) en 1789, se livra à la carrière de la peinture et surtout à l'art des décorations théâtrales. Il fut, avec Bouton, un des inventeurs du *diorama*. Mais sa plus belle découverte est celle du *daguerréotype*, qui lui valut la croix d'officier de la Légion d'Honneur et une pension. Daguerre est mort en 1851.

DANRÉMONT (Charles-Marie-Denis), né à Chaumont en 1783, embrassa la carrière des armes et fit toutes les campagnes de 1804 à 1814. Colonel en 1815, maréchal de camp en 1821, il commanda la 1re brigade de la 2e division de l'armée d'Afrique en 1830, et s'empara de Bône. Nommé lieutenant-général, puis pair de France, il fut chargé en 1837 des fonctions de gouverneur général des possessions françaises en Afrique. Il fut tué au siège de Constantine le 12 octobre, et ses restes furent déposés dans le caveau des Invalides.

DARSE, petit port naturel, convenable à de petits bâtiments. — C'est aussi la partie intérieure d'un port.

DAVID (Pierre-Jean), sculpteur, membre de l'Institut, né à Angers en 1792, mort à Paris en 1856, a laissé de nombreux ouvrages, entre autres la statue colossale du *roi René* à Aix, celle du *grand Condé* dans la cour de Versailles, le *fronton du Panthéon*, le *Philopœmen* dans le jardin des Tuileries, etc. Il a été représentant du peuple après la révolution de 1848 et a pris place dans la partie républicaine de l'assemblée nationale.

DEBRAUX (Emile), né à Ancerville (Lorraine) en 1798, mort en 1831, a partagé avec l'illustre Béranger le titre de chansonnier populaire de notre époque. Parmi ses chansons, on connaît surtout celles de *Bélisaire*, la *Colonne*, *T'en souviens-tu?* *Fanfan la Tulipe*.

DECANDOLLE (Augustin), un des plus célèbres botanistes du xixe siècle, né à Genève en 1778, vint de bonne heure en France, et fut chargé en 1806, par le gouvernement, d'études sur la botanique et l'agriculture de France. Il devint ensuite professeur de botanique à la faculté de Montpellier, et se retira en 1816 à Genève, où il mourut en 1841. Il a laissé un grand nombre d'ouvrages, parmi lesquels on cite les *Principes élémentaires de botanique*, la *Théorie élémentaire de botanique*, l'*Organographie végétale*, etc.

DELAVIGNE (Casimir), né au Havre en 1793, cultiva de bonne heure la poésie, et se fit connaître par les *Messéniennes*, odes patriotiques publiées en 1815. Il écrivit ensuite diverses tragédies jouées avec un grand succès, le *Paria*, les *Vêpres siciliennes*, *Marino Faliero*, *Louis XI*, les *Enfants d'Edouard*; les comédies l'*Ecole des Vieillards*, la *Popularité*, etc. Delavigne est mort en 1843, membre de l'Académie française.

DELITESCENCE, phénomène chimique en vertu duquel un corps se désagrège dans un liquide et se réduit en poussière plus ou moins ténue.

DENYS (Saint-), chef-lieu de l'île Bourbon ou de la Réunion, a été érigée en 1850 en évêché suffragant de l'archevêché de Bordeaux.

DENYS, surnommé le *Petit* à cause de sa taille, écrivain célèbre, né en Scythie, vint à Rome où il fut abbé d'un monastère. Il renouvela le cycle pascal de quatre-vingt-quinze ans, et introduisit le premier l'ère de Jésus-Christ. Il plaça la naissance du Sauveur quatre ans trop tard; mais cette erreur a été consacrée par l'usage. Il mourut vers l'an 550. Son principal ouvrage est un *Recueil de canons*.

DIDIA CLARA, fille de Didius Julianus et épouse du sénateur Cornelius Repentinus. Elle obtint, quand son père fut devenu empereur, le titre d'*Auguste*, et fit donner à son mari la charge de préfet du prétoire. Septime Sévère ses dépouilla de leurs titres et de leurs biens.

DILUTION, opération pharmaceutique dont le but est de séparer les parties les plus ténues d'une substance, par le moyen de lavages successifs.

DIMORPHIE, corps qui possède la propriété appelée *dimorphie* ou *dimorphisme*, c'est-à-dire qui est susceptible de cristalliser sous deux formes différentes.

DINOTHÉRIUM, animal dont on retrouve les débris fossiles. Il appartenait à l'ordre des pachydermes, était d'une taille gigantesque et armé de deux défenses inclinées vers la terre. Le dinothérium avait une trompe comme l'éléphant.

DOMINICAINE (république). Après la victoire des nègres dans la partie occidentale de Haïti, la partie orientale de cette île s'est constituée en république indépendante, composée d'habitants presque tous Espagnols d'origine. La capitale est *Santo-Domingo*.

DONIZETTI (Gaetano), compositeur, né à Bergame en 1798, mort en 1848. Doué d'une incroyable fécondité, ce compositeur a écrit plus de soixante opéras. On cite comme ses chefs-d'œuvre : *Lucia di Lammermoor*, *Anna Bolena*, l'*Elisire d'amore*, *Don Pasquale*, et les opéras français les *Martyrs*, la *Fille du régiment* et la *Favorite*.

DOURO, monnaie espagnole appelée aussi *peso* et *piastre forte*, vaut 5 fr. 43 c. Il y a des 1|2, des 1|4, des 1|8, des 1|16, des 1|5, des 1|10 et des 1|20 de *douro*. Cette monnaie a cours en Afrique, en Orient et dans l'Amérique méridionale.

DRAINAGE, opération qui a pour but l'assèchement d'un terrain humide, au moyen de conduits souterrains. Ce procédé, mis surtout en vogue par les agriculteurs anglais, a été introduit en France, où il a produit d'excellents résultats.

DRISSE, cordage destiné à hisser une voile, un pavillon, une vergue, etc. La *drisse* porte le nom de la partie qu'elle sert à hisser.

DROGUET, étoffe dont la chaîne est de laine, et la trame de lin et de coton.

DROSCHKI, voiture extrêmement légère, usitée en Russie. C'est une espèce de banc, monté sur quatre roues, que l'on conduit à grande guide.

DROUET D'ERLON, né à Reims en 1765, fit les guerres de la république et de l'empire. Il commanda un corps d'armée pendant les cent jours. Condamné à mort par contumace en 1816, il ne rentra en France qu'en 1825. En 1834, il fut nommé gouverneur général de l'Algérie et, l'année suivante, il fut rappelé. En 1843, il reçut le bâton de maréchal, et mourut en 1844.

DROUOT (le comte), né à Nancy en 1774, servit en Egypte, en Allemagne; se distingua à Wagram, à la Moskowa, etc., et dans la défense du territoire français en 1814. Il accompagna Napoléon à l'île d'Elbe, rentra en France avec lui et se signala par sa bravoure à Waterloo. Traduit devant un conseil de guerre à la restauration, il fut acquitté, et jusqu'à sa mort (1847) vécut dans la plus grande retraite, au milieu des pratiques de la charité et des vertus religieuses qu'il avait toujours conservées.

DROZ (François-Joseph), né à Besançon en 1773, servit d'abord dans l'armée du Rhin, puis abandonna la carrière des armes pour celle des lettres. Il se fit connaître par de nombreuses publications qui lui ouvrirent le chemin de l'Institut (1824). Il est mort en 1850. On cite son livre de la *Philosophie morale*, une *Histoire du règne de Louis XVI*, l'*Art d'être heureux*, etc.

DUMONT-D'URVILLE, né à Condé en 1790, entra jeune dans la marine. Capitaine de frégate en 1826, il explora l'Océanie avec les corvettes l'*Astrolabe* et la *Zélée*, retrouva les traces de la mort de Lapérouse, et fit paraître à son retour ses observations sous le titre de *Voyage de l'Astrolabe*. En 1837, il alla, vers le pôle, découvrir les terres Louis-Philippe et Adélie. Créé contre-amiral en 1840, il mourut victime de l'affreuse catastrophe survenue sur le chemin de fer de Versailles le 8 mai 1842.

DUPERRÉ (Victor), né à la Rochelle en 1775, entra fort jeune dans la marine, et se distingua dans les guerres avec les Anglais, contre lesquels il remporta une grande victoire le 23 août 1810, à l'Ile-de-France. Fait contre-amiral en 1811, il bloqua et bombarda Cadix en 1823. Il fut chargé de conduire la flotte expédiée sur Alger en 1830 et fut nommé amiral et pair de France. Ministre de la marine à plusieurs reprises après 1830, il est mort en 1846.

DUPONT (de l'Eure). (Jacques-Charles), né au Neubourg (Eure) en 1767, fut successivement avocat au parlement de Normandie, administrateur du district de Louviers, accusateur public près le tribunal criminel de l'Eure, conseiller au tribunal d'appel de Rouen (1800) et président du tribunal criminel d'Evreux. En 1811, il fut rappelé à Rouen comme conseiller, et peu après nommé président de la cour impériale. Il fut destitué en 1815. Les suffrages des électeurs l'avaient appelé successivement aux cinq cents, au corps législatif et à la chambre des députés, dont il fut vice-président (1814). Il se rangea sur les bancs de l'opposition. La révolution de juillet le porta au ministère de la justice, qu'il ne garda que peu de temps, pour se rejeter dans les rangs de l'opposition la plus avancée. La révolution de 1848 l'appela à faire partie du gouvernement provisoire. Retiré des affaires publiques depuis 1852; il est mort en 1855.

DUVAL (Alexandre-Pineu-), né à Rennes en 1767, a été l'un des plus féconds écrivains pour le théâtre français. Il est mort en 1842, membre de l'Institut. On a souvent joué la *Fille d'honneur*, le *Menuisier de Livonie*, la *Manie des Grandeurs*, les opéras le *Prisonnier, Joseph, Maison à vendre*.

EAU DE JAVELLE. Uni à la potasse, le chlore liquide constitue l'*eau de Javelle*, fréquemment employée dans le blanchiment du linge, et qui peut remplacer, comme désinfectant, les chlorures de soude et de chaux.

EAUSE, sur la Gelise, chef-lieu de canton du département du Gers, arrondissement de Condom. Population, 3,500 habitants. Cette petite ville fut jadis une cité importante nommée *Elusa*, capitale du pays des *Elusates*, et pendant quelque temps de la Novempopulanie ou troisième Aquitaine. Plus tard, elle fut le chef-lieu du pays d'Ausan, compris dans le bas Armagnac. Elle fut ruinée successivement par les Goths, les Sarrasins et les Normands. Au IXᵉ siècle, son évêché fut transféré à Auch, et ses habitants se fixèrent dans cette ville. Plus tard Eause fut reconstruite près de son ancien site, lequel porte encore le nom de *la Ciutat* (la Cité).

ECZÉMA, maladie de la peau qui a pour caractère l'existence de petites vésicules très-nombreuses; l'éruption est annoncée par une sorte de fourmillement et de chaleur à la peau. Cette affection se termine par la chute de l'épiderme. Quelquefois une suppuration s'établit et dure plus ou moins longtemps.

ÉGÉRIE, planète télescopique qui a l'apparence d'une étoile de 9e ou 10e grandeur. Elle a été récemment découverte.

ÉLECTEUR. La révolution de 1848 a supprimé le cens électoral et a établi le suffrage universel et direct. Tout Français âgé de 21 ans est électeur, pourvu qu'il jouisse de ses droits civils et politiques. La durée du domicile nécessaire pour être inscrit sur les listes électorales est fixée à six mois.

ÉLECTION D'AMI ou DÉCLARATION DE COMMAND, acte par lequel une personne qui avait traité ostensiblement pour son compte annonce qu'en réalité elle ne faisait qu'exécuter un mandat.

ÉLECTRO-AIMANT, fer doux aimanté au moyen d'un courant électrique.

ÉLECTRO-CHIMIE, science des combinaisons ou des décompositions déterminées par l'action de la pile électrique.

ÉLECTROSCOPE, instrument usité en physique pour déterminer la propriété électrique d'un corps ou l'intensité des forces électriques.

ÉLINGUE, cordage destiné à élever des fardeaux pour charger ou décharger un navire.

ENNÉAGYNÉE, nom donné en botanique, dans le système linnéen, à un ordre comprenant des plantes qui ont neuf pistils.

ÉPIGÉNIE, état des substances qui, sans changer de forme extérieure, subissent une transformation dans leurs éléments chimiques.

ÉPITHÉLIUM, épiderme très-mince qui recouvre les membranes muqueuses.

ÉRYTHÈME, affection de la peau, caractérisée par des taches rouges placées sur une ou plusieurs parties du corps. Cette maladie, qui ne présente aucun danger, ne dure que quelques jours.

ESCLAVAGE. L'esclavage a été aboli dans les colonies françaises par un décret du gouvernement provisoire, en 1848.

ESQUIROL (Jean-Etienne), né à Toulouse en 1772, s'est rendu célèbre comme médecin d'aliénés. Il fut directeur de la maison de Charenton de 1826 à 1844, année de sa mort. Il était membre de l'Académie des sciences morales. Il a laissé un *Traité des maladies mentales*.

ÉTHÉRISATION, suspension de la sensibilité, par l'inhalation de l'éther sulfurique convenablement préparé. On se sert de l'éthérisation dans les opérations chirurgicales. — On a étendu le sens de ce mot à la suspension de la sensibilité que produit le chloroforme.

ÉTIAGE, point où parvient un fleuve, une rivière, un ruisseau, à ses plus basses eaux.

ÉTIENNE (SAINT-). Cette ville, en vertu d'un décret, est devenue le chef-lieu du département de la Loire.

ÉTIENNE (Charles-Guillaume), né dans la Haute-Marne en 1778, devint censeur des journaux en 1810. Ses succès littéraires lui ouvrirent en 1811 les portes de l'Académie française, dont il fut exclu en 1815 et où il ne rentra qu'en 1829. Il écrivit beaucoup dans le *Constitutionnel* et la *Minerve*. Député de 1820 à 1830, il fut nommé pair de France. Il est mort en 1845. Ses comédies des *Deux Gendres, Brueys et Palaprat*, les *Maris en bonne fortune*, les opéras de *Gulistan, Cendrillon, Joconde*, le *Rossignol*, ont obtenu un légitime succès.

EUTERPE, planète télescopique découverte tout récemment. Elle fait sa révolution autour du soleil en 8 ans et 237 jours.

EXEQUATUR (en latin : *Qu'on exécute!*) ordonnance en vertu de laquelle un souverain autorise un consul étranger à exercer sur son territoire les fonctions qui lui sont confiées.

EXUTOIRE, nom donné aux ulcères artificiels établis pour agir comme dépuratifs, en détournant, par une suppuration permanente, le cours naturel des humeurs.

FASCIÉ, se dit des parties des plantes qui, au lieu d'être cylindroïdes, sont très-aplaties. On observe la *fascie* sur les tiges du chardon, du muflier, etc.

FAUCHER (Léon), né à Limoges en 1803, s'est d'abord distingué comme journaliste; après la révolution de 1848, il a pris une grande part, dans l'assemblée nationale, à la lutte des amis de l'ordre contre les idées subversives du temps; deux fois ministre de l'intérieur, il s'est fait remarquer par la vigueur de son administration. Mort à la fin de 1855 membre de l'Institut, il a laissé des *Etudes sur l'Angleterre*, et d'autres écrits estimés de politique et de finance.

FAURIEL (Claude), né à Saint-Etienne en 1772, devint professeur de littérature étrangère à la Faculté de Paris et membre de l'Académie des inscriptions. Il est mort en 1844. On cite ses *Chants populaires de la Grèce moderne*, l'*Histoire de la poésie provençale*, l'*Histoire de la Gaule méridionale*, etc.

FELETZ (Charles Dorimond DE), né dans la Corrèze en 1767, embrassa l'état ecclésiastique. Il s'est fait connaître par les articles littéraires qu'il écrivit pendant plus de 30 ans dans le *Journal des Débats*, qui ont été recueillis sous le titre de *Mélanges de philosophie, d'histoire et de littérature*. Il est mort en 1850 membre de l'Académie française.

FEUQUIÈRES (Manassès DE PAS, marquis DE), né à Saumur en 1630, parvint au grade de lieutenant général. Ambassadeur en Allemagne après la mort de Gustave-Adolphe, il releva le courage des Suédois, avec lesquels il forma un traité d'alliance utile à la France. Il écrivit la relation de son ambassade sous le titre de *Lettres et Négociations du marquis de Feuquières, ambassadeur du roi en Allemagne en 1633 et 1634*. Fait prisonnier au siège de Thionville (1639), il mourut l'année suivante en captivité.—Son fils ISAAC, lieutenant général, gouverneur de Toul et de Verdun, chargé successivement de diverses ambassades en Allemagne, en Suède et en Espagne, mourut à Madrid en 1688. — Le fils de ce dernier, ANTOINE DE PAS, marquis DE FEUQUIÈRES, né à Paris en 1648, entra à dix-huit ans dans le régiment du roi. Sa valeur et ses talents militaires l'élevèrent au grade de lieutenant général (1693). Il eut une très-grande part à la victoire de Nerwinde. La paix de Ryswick (1697) mit fin à sa carrière militaire. Pendant sa disgrâce, il écrivit des *Mémoires* qui parurent pour la première fois après sa mort, arrivée en 1711, sous le titre de *Mémoires sur la guerre*.

FIGARO, personnage comique créé par Beaumarchais dans ses trois pièces célèbres. *Figaro* est un valet adroit, sans scrupule, se prêtant à tout dans un but d'intérêt. A cause des réparties vives et acerbes de ce personnage, on en a donné le nom à des journaux satiriques.

FLORE, planète télescopique découverte il y a quelques années. Elle fait sa révolution autour du soleil en 1200 jours environ.

FORT-DE-FRANCE, chef-lieu de la colonie française de la Martinique. a été érigé, en 1850, en évêché, suffragant de l'archevêché de Bordeaux.

FOURIER (François-Charles-Marie), né à Besançon en 1772, mort en 1837, est le fondateur de l'*Ecole sociétaire* ou phalanstérienne. Il a laissé plusieurs ouvrages où sa doctrine est exposée. Le principal est le *Traité de l'association domestique agricole*.

FOURRÉE (monnaie), celle dont le dessus est d'or ou d'argent, et l'intérieur d'un métal inférieur.

FRANCIA (le docteur Rodriguez DE), né à l'Assomption en 1758, embrassa la profession d'avocat; et acquit assez d'influence pour se faire élire consul, puis dictateur, après l'expulsion des Espagnols de Buenos-Ayres (1814). Il exerça le pouvoir absolu pendant plusieurs années et mourut en 1840.

FRAYSSINOUS (Denis DE), né dans l'Aveyron en 1765, embrassa l'état ecclésiastique, et se fit connaître après 1802, par des *Conférences sur la religion*, prêchées à Saint-Sulpice et qui eurent un grand succès. Il devint premier aumônier de Louis XVIII, évêque d'Hermopolis, membre de l'Académie française, grand-maître de l'université, et, de 1824 à 1828, ministre des affaires ecclésiastiques. Il fut chargé en 1833 de l'éducation du duc de Bordeaux, et mourut en 1841.

FRUSTE, monnaie ou médaille dont l'effigie ou les caractères sont effacés ou défectueux. On applique aussi cette épithète aux statues, bas-reliefs, etc., endommagés par le temps.

FRUTESCENT, synonyme de *frutiqueux*, est plus souvent employé.

FUCHSIA, genre de la famille des onagariées, renfermant des arbrisseaux originaires du nouveau continent, d'un port élégant, et cultivés pour la beauté et la durée de leur floraison. Les fleurs sont en forme de clochettes suspendues à un long pédoncule. La culture a donné à ces fleurs les nuances et les formes les plus variées. L'introduction du *fuchsia*, découvert par le P. Plumier, religieux minime, a eu lieu à la fin du XVIIe siècle.

FULBERT, chanoine de Paris, oncle d'Héloïse. Il est célèbre par l'odieuse vengeance qu'il exerça envers Abailard, amant de sa nièce. On ignore l'époque de sa mort.

FULGURATION, nom scientifique des phénomènes appelés vulgairement *éclairs de chaleur*.

FUMEROLLES ou **FUMERELLES**, nom donné aux vapeurs blanches et épaisses qui s'échappent des crevasses du sol, principalement dans le voisinage des volcans.

FURIOSO (en italien *furieux*), terme de musique employé pour désigner un mouvement rapide et entraînant.

GALVANISATION, nom donné à l'opération par laquelle on recouvre un métal, par exemple le fer, d'une couche de zinc, en le plongeant dans du zinc en fusion. Cette opération a pour but de préserver le fer de l'oxydation.

GALVANOPLASTIE, art nouvellement découvert et qui a pour but de recouvrir, par l'action d'un courant galvanique, un métal inférieur d'une couche de métal plus précieux. C'est ainsi que des objets de cuivre sont argentés ou dorés.

GANNAL (Jean-Nicolas), né à Sarrelouis en 1791, est devenu célèbre par la découverte de son procédé pour l'embaumement des cadavres. Il est mort en 1852.

GARDON, petit poisson assez voisin de la carpe, et qui se trouve dans presque tous les cours d'eau de France. Il a les nageoires rouges, les écailles lisses et petites. Sa chair est blanche, mais pleine d'arêtes.

GARDE MUNICIPALE. Ce corps, supprimé en 1848, fut remplacé successivement par la *garde républicaine*, la *gendarmerie mobile* et la *garde de Paris*. Elle est chargée exclusivement du service de Paris. Son costume ne diffère de celui de la gendarmerie départementale que par les trèfles et les aiguillettes en fil orange, la bufleterie blanche; les officiers portent l'épaulette d'or.

GASTRALGIE, maladie qui consiste dans des douleurs de l'estomac, avec tiraillements et défaillances. Le plus souvent c'est un symptôme de gastrite chronique.

GAUDIN (Martin-Michel-Charles), né à Saint-Denis en 1756, remplit divers emplois dans la trésorerie française jusqu'en 1794. Napoléon le nomma en 1799 ministre des finances, et duc de Gaëte en 1809. On lui doit le système actuel des contributions directes, le cadastre, la cour des comptes. En 1815, il fut fait député; régent de la banque de 1820 à 1834, il est mort en 1844, avec la réputation d'un homme intègre et habile.

GAY-LUSSAC (Nicolas-François), né dans la Haute-Vienne en 1778, est mort en 1850, avec la réputation d'un des premiers physiciens et chimistes de l'Europe. Il est connu par ses travaux sur les gaz, et sur un grand nombre de corps et de substances. Membre de l'Institut, professeur de chimie au Muséum et à l'École Polytechnique, pair de France, etc., Gay-Lussac a publié plusieurs mémoires scientifiques. Il a inventé l'alcoomètre.

GEOFFROY-SAINT-HILAIRE (Etienne), célèbre naturaliste, né à Étampes en 1772, devint professeur de zoologie au Muséum et membre de l'Institut. Il est mort en 1844, laissant des ouvrages très importants, entre autres l'*Histoire naturelle des mammifères*, la *Philosophie anatomique*, et un grand nombre de *Mémoires*.

GEORGES ou **YOURY**. Trois grands-princes de Russie ont porté ce nom. — GEORGES ou YOURY, surnommé DOLGOROUKI, fils de Vladimir, régna après Rostislaf. Il bâtit Moscou, et mourut en 1157, après deux ans de règne. — GEORGES II, second fils de Vsévolod III, succéda à son père, à Vladimir, mais en fut chassé par son frère Constantin (1212-1216). Après sa mort (1219), il redevint roi. Il remporta quelques succès sur les Bulgares, et bâtit la ville de Nijni-Novgorod. Sous son règne eut lieu en 1223 la grande invasion des Tatars. La Russie fut mise à feu et à sang. Georges, fait prisonnier, fut mis à mort par le vainqueur (1238). Yaroslaf II lui succéda. — GEORGES DANIÉLOVITCH succéda à Michel Yaroslavitch en 1319, avec Dmitri et Alexandre Mikhaëlovitch, et mourut peu d'années après.

GÉRANDO (Joseph-Marie DE), né à Lyon en 1772, exerça divers emplois importants sous l'empire, entra au conseil d'État, et fut chargé en 1819 de la chaire de droit administratif à la faculté de droit de Paris. Pair de France en 1837, membre de l'Institut, il est mort en 1842. Ses ouvrages philosophiques sont l'*Histoire comparée des systèmes de philosophie*, du *Perfectionnement moral*, de la *Bienfaisance publique*.

GÉRARD (François-Pascal-Simon), peintre français, né à Rome en 1770, mort en 1837, fut élève de Brenet et de David. L'empire lui donna le titre de comte, la restauration celui de premier peintre du roi. Il était aussi membre de l'Institut. Parmi ses nombreux tableaux, on cite le *Sacre de Charles X*, *Bélisaire*, l'*Amour et Psyché*, la *Bataille d'Austerlitz*, *Corinne*, *Sainte Thérèse*.

GÉRARD (Maurice-Étienne), né dans la Meuse en 1773, s'engagea à 18 ans, et se distingua dans plusieurs guerres de l'empire et dans la campagne de France. Nommé député pendant la restauration, il vota avec le parti libéral, devint ministre de la guerre, réorganisa l'armée, créé maréchal de France en 1830. Il repoussa les Hollandais en 1832 et s'empara d'Anvers après un siège célèbre. Nommé en 1835 grand chancelier de la Légion d'Honneur, en 1838 commandant supérieur des gardes nationales de la Seine, il est mort en 1852.

GEYSER ou **GEISER**, volcan d'eau chaude.

GILLE, personnage de l'ancienne comédie. C'est une sorte de niais, habillé complètement de blanc, avec des manches longues, larges et pendantes.

GIPSY ou **GIPSIE**, nom donné quelquefois aux Bohémiens.

GOMBO, plante alimentaire dont le nom botanique est *hibiscus esculentus*. Voy. KETMIE.

GONG, instrument de métal (alliage de cuivre, d'étain et d'argent), de forme circulaire, relevé sur toute sa circonférence par un rebord assez grand, et, frappé avec une baguette garnie de peau, rend des sons très retentissants et d'un effet tout particulier. Le gong, originaire de l'Inde, a été introduit dans notre musique dramatique.

GONGYLES, nom donné, en botanique, aux corps reproducteurs que produisent les plantes cryptogames, tels que les lichens, les algues, etc.

GRAND-BASSAM, ville de Guinée (Afrique), sur les bords de l'Océan. Les Français y ont un comptoir depuis 1843.

GRAND-MAITRE, nom que portent les chefs de certains ordres militaires. La dignité se nomme *magistère*.

GRAND-ŒUVRE. Les alchimistes appelaient ainsi l'opération qui avait pour but de changer un métal inférieur en un métal plus précieux.

GRANDESSE, dignité de *grand* d'Espagne. (Voy. GRAND au n° 5.)

GRANDEUR (math.), tout ce qui est susceptible d'augmentation ou de diminution. — C'est aussi un titre qu'on donne aux évêques en France.

GRANDVILLE (Jean-Jacques), né à Nancy en 1804, s'est fait un nom par ses dessins corrects et emblématiques. On connaît ceux dont il a orné les fables de la Fontaine, les *Fleurs animées*, les *Étoiles*, l'*Autre Monde*, etc. Grandville est mort en 1847.

GRECQUE, nom donné à un ornement d'architecture composé d'une suite de lignes droites parallèles qui reviennent sur elles-mêmes en formant toujours des angles droits.

GRÉGOIRE XVI. Ce pontife, né à Bellune en 1765, appartenait à l'ordre des Camaldules. Cardinal en 1825, il fut élu pape en 1831. Il est mort en 1846. Il a eu pour successeur PIE IX.

GRÉGOIRE LE GRAND, ordre militaire, fondé par Grégoire XVI en 1831. La croix est octogone, d'or émaillé de rouge. L'image du pape saint Grégoire est au centre. Le ruban est rouge avec liséré orange.

GRÈGE, nom donné à la soie qui n'a subi aucune préparation, et telle qu'elle a été retirée des cocons.

GRIS-GRIS, nom donné par les habitants de l'Afrique méridionale aux talismans qu'ils portent habituellement sur eux. — C'est aussi le nom attribué par ces peuples aux sorciers.

GROAT, petite monnaie d'argent usitée en Angleterre. Elle vaut 42 centimes de France.

GROS, monnaie allemande. Les *gute groschen* de 12 *pfennige*, en usage dans la confédération germanique, valent environ 16 centimes; le *silber grosche* de Prusse vaut environ 12 centimes.

GROS-CANON, caractère d'imprimerie. Sa grande dimension ne le fait employer que dans les affiches.

GROSSETTO, monnaie d'Italie. A Venise, sa valeur est de 0 fr. 0021; en Dalmatie, elle est de près de 10 centimes.

GROSSO, monnaie de Venise de 12 grossetti, vaut 0 fr. 0255.

GROUCHY (Emmanuel, marquis DE), né à Paris en 1766, se distingua dans les armées sous la république et l'empire, et devint maréchal de France. Le retard que mit le maréchal Grouchy à amener un corps de réserve à la bataille de Waterloo fut la cause de notre défaite. Nommé pair de France en 1832, il est mort en 1847, laissant des fragments historiques.

GRUERIE. Dans l'ancien droit féodal, c'était la juridiction du roi sur les dommages produits dans certaines forêts; c'était aussi le nom donné à un droit prélevé sur les forêts. Les officiers chargés de connaître des délits et de percevoir les droits se nommaient *gruyers*.

GRUPPETTO, mot italien qui signifie petit groupe, et désigne en musique plusieurs sons accessoires qui se *groupent* autour d'un son principal. C'est un des agréments du chant.

GUILDER ou **GULDEN**, ou **GULDEN**, monnaie allemande, vaut : à Manheim, 2 fr. 85 c.; dans la Hesse-Darmstadt, 2 fr. 16 c.; dans le Brunswick, le *gulden* de 1764 vaut 2 fr. 89 c.; le *gulden commun*, fr. 59 c.; le *gulden* de 1795, 2 fr. 89 c. — Dans le Hanovre, cette monnaie vaut 8 fr. 70 c.; c'est une sorte d'or.

GUILLAUME Ier, roi des Pays-Bas, né à la Haye en 1772. Fils de Guillaume V, stathouder de Hollande, il ne rentra dans ce pays qu'en 1813 et prit le titre de roi en 1815. La Belgique se rendit indépendante en 1830. Il abdiqua en faveur de son fils Guillaume II et mourut en 1843. — GUILLAUME II, né en 1792, est mort 1849, laissant le trône à son fils GUILLAUME III, né en 1817.

GUILLAUME, monnaie d'or usitée en Hollande; elle vaut 21 fr. 84 c.

GUIMPE, partie du costume des religieuses; c'est une pièce de toile qui couvre le col et la poitrine ; quelquefois elle encadre le visage.

GUINÉE, toile de coton, à raies bleues et blanches, principalement en usage dans l'Inde et sur la côte méridionale de l'Afrique.

GUINGAMP, toile de coton fine et lustrée, que l'on fabrique surtout à Guingamp, ville du département des Côtes-du-Nord. — C'est aussi le nom d'une étoffe fabriquée à Pondichéry.

GUIRAUD (Alexandre, baron), né à Limoux en 1788, est mort en 1847, membre de l'Académie française. Ses principales œuvres sont les *Machabées*, tragédie, les *Poëmes et Chants élégiaques*, des romans chrétiens.

GUTTA-PERCHA, gomme-résine molle, solide, tenace, se mou!ant avec facilité et prenant les diverses formes qu'on lui donne. On s'en sert pour rendre les vêtements et la chaussure imperméables, pour en faire des tubes, des lanières, etc. On la retire de l'*isonandra*, arbre de la famille des sapotées, originaire des îles de l'Asie.

GYNÉCÉE, nom employé pour désigner l'ensemble des pistils ou organes femelles des fleurs.

HAHNEMANN (Samuel), né en Saxe en 1755, est connu par sa découverte de la médecine homœopathique, qui lui valut de nombreuses persécutions. Il se fixa à Paris, où il mourut en 1843, laissant des ouvrages pour expliquer sa doctrine.

HAITI. Une insurrection de nègres a éclaté en 1843, et a remplacé le gouvernement des mulâtres par une administration de nègres. Le président Soulouque s'est fait proclamer empereur sous le nom de Faustin Iᵉʳ.

HASCHISCH, nom donné à une composition formée de chanvre, de beurre et de sucre, et qui produit une ivresse extatique durant plusieurs heures. Cette préparation est très-usitée en Orient.

HACHURES, terme de blason, qui désigne les points ou traits indiquant les métaux. La hachure en points indique l'or ; celle de bas en haut, le rouge ; en travers, le bleu ; la hachure double, le noir ; l'absence de hachures désigne l'argent.

HANAP, vieux mot français qui signifiait un grand vase à boire.

HAUTE COUR DE JUSTICE, tribunal qui connaît en premier et dernier ressort des crimes politiques et des attentats à la sûreté de l'État. Ce tribunal, créé en 1843, se compose de juges pris parmi les membres de la cour de cassation, et de hauts jurés choisis parmi les conseillers généraux des départements.

HAUTESSE, titre donné au Sultan.

HÉBÉ, planète télescopique récemment découverte ; elle fait sa révolution autour du soleil en 1380 jours et demi.

HÉGÉMONIE, sorte de suprématie exercée alternativement par quelques villes dans les États fédératifs, dans l'ancienne Grèce, par exemple.

HÉLICE PROPULSIVE, machine destinée à remplacer, dans les navires à vapeur, les roues à aubes. Cette machine a une très-grande puissance.

HELICHRYSUM, genre de la famille des composées, renfermant des plantes remarquables par leurs belles fleurs, à involucres imbriqués, scarieux ; variant pour le coloris du blanc au pourpre, à reflets luisants. On les cultive dans les jardins d'ornement.

HÉLICOÏDE, ce qui a la forme d'une hélice. Ce mot désigne spécialement, en géométrie, la spirale parabolique.

HÉMICRANIE, nom scientifique de la *migraine*.

HÉMIONE, mammifère du genre *cheval*, intermédiaire entre le cheval et l'âne. Son pelage, très-ras, est d'un fauve très-pâle en dessus, blanc en dessous ; la crinière est noirâtre, et une bande noire s'étend sur toute la ligne du dos. Cet animal, originaire de l'Inde, est très-agile et sa course est rapide.

HÉMIOPIE, trouble des fonctions visuelles, qui ne permet d'apercevoir qu'une partie des objets.

HÉMIPLÉGIE, nom donné aux paralysies qui affectent toute une moitié du corps.

HENDÉCAGONE, polygone qui offre onze angles et onze côtés.

HENNIN, coiffure très-élevée en usage chez les dames aux xivᵉ et xvᵉ siècles.

HEPTAGONE, polygone qui présente sept angles et sept côtés.

HERMÉNEUTIQUE, se dit, en théologie, de la science qui établit le vrai sens des textes sacrés. Elle diffère de l'*exégèse*, qui établit le sens des choses et des mots. — En jurisprudence, ce mot désigne l'interprétation des sources du droit.

HERPÈS, maladie de la peau, qui présente pour caractères des vésicules groupées sur une surface enflammée et séparées les unes des autres. Ces éruptions n'offrent aucun danger.

HERSCHELL (Planète). Voy. URANUS.

HÉTÉROPTÈRES, insectes qui ont les élytres coriaces dans leur moitié antérieure, et transparents dans l'autre partie.

HEXAÈDRE, solide présentant six faces. Le *cube* est un *hexaèdre*.

HEXAGONE, polygone qui présente six angles et six côtés.

HONNEURS, nom donné à certains objets qu'on présente à l'offrande dans les sacres des rois, des évêques, etc.

HORTENSE (Eugénie DE BEAUHARNAIS), plus connue sous le nom de LA REINE), fille de Joséphine, depuis impératrice des Français, et du vicomte Alexandre de Beauharnais, née à Paris en 1783. Elle épousa, en 1802, Louis Bonaparte, qui devint roi de Hollande en 1806. Après l'abdication de son mari (1810), elle se retira, à la restauration, en Allemagne, puis à Arenemberg en Suisse, où elle est morte en 1837. Son fils est devenu empereur des Français sous le nom de Napoléon III.

HUDSON-LOWE, né en Irlande en 1770, mort en 1844, a acquis une triste célébrité pour avoir été le gardien de Napoléon à Sainte-Hélène. Il traita ce grand homme avec une indigne cruauté. Après la mort de Napoléon, il revint en Europe, où il erra longtemps sans trouver un asile, et finit par se retirer à Londres, où il est mort, en 1844, dans un état voisin de l'indigence.

HUMANN (Jean-Georges), né à Strasbourg en 1780, embrassa la carrière commerciale, et acquit par sa probité et son désintéressement la confiance de ses compatriotes, qui le nommèrent membre, puis président du conseil général de son département, et enfin membre de la chambre des députés. Il siégea, sous la restauration, avec les défenseurs de la charte, et fut un des 221 qui votèrent contre le ministère Polignac. Il revint à la chambre après 1830, et se fit remarquer dans les discussions de finance. Appelé à la pairie, il fut plusieurs fois ministre des finances, en 1832, 1834 et 1840. Il exerçait encore ces fonctions, quand la mort l'a frappé en 1842.

HYÈRES, groupe d'îles de la Méditerranée, faisant partie du département du Var, et situées à environ 4 lieues de la côte. Elles sont au nombre de quatre : *Porquerolles*, la plus grande et la plus à l'O., avec 100 à 200 habitants ; *Port-Croz*, très-peu habitée ; *Titan* et *Bagneau*, inhabitées. Ce sont les anciennes *Stœchades*.

HYÈRES, ville de France, chef-lieu de canton du département du Var, dans l'arrondissement et à 4 lieues E. de Toulon. Population, 10,500 habitants. Ce fut autrefois un port de mer ; aujourd'hui elle est distante de la mer d'une lieue. Le territoire de Hyères est d'une excessive fertilité ; la culture de l'oranger y existe de temps immémorial. On y cultive aussi les citronniers et les oliviers. Les oranges d'Hyères sont les meilleures de France.

HYGIE, planète télescopique découverte il y a peu d'années, fait sa révolution autour du soleil en 2,124 jours.

HYMENIUM, membranes qui, dans certaines plantes cryptogames, porte les corpuscules reproducteurs.

HYPATIE, jeune fille d'Alexandrie, fut élève de son père Théon, et devint célèbre par ses talents. Elle professa avec éclat la philosophie et les sciences exactes. Elle fut tuée dans une sédition, l'an 415 de J.-C. On lui attribue l'invention de l'aréomètre. Elle avait écrit plusieurs ouvrages qui ne nous sont point parvenus.

IBRAHIM-PACHA, fils de Méhémet-Ali, vice-roi d'Egypte, né vers 1786, se distingua dans les guerres dans le Sennaar et le Darfour, au siége de Jaffa, Kniffa et Saint-Jean-d'Acre, dont il se rendit maître. Il battit les Turcs à Konieh (1832). En 1839 il reprit les armes contre les Turcs et les défit à Nézib. Il vint en France en 1846, et mourut deux ans après en Égypte.

ICOGLANS, jeunes pages qui, dans les solennités publiques, accompagnent le sultan.

ICTINUS, architecte grec du siècle de Périclès, vivait vers l'an 430 avant J.-C. Il donna avec Callicrate les plans du temple de Minerve appelé *Parthénon*. Il fit aussi le temple de Cérès à Eleusis, et les portiques de la citadelle d'Athènes.

IDIOPATHIE, nom donné, en médecine, à toute maladie existant d'une manière principale et par elle-même, par opposition aux maladies secondaires qu'on appelle *sympathiques*.

ILICINÉES, famille de plantes dicotylédones, renfermant des arbrisseaux à feuilles persistantes, coriaces, aux fleurs petites et axillaires, au fruit en forme de baie. Le houx (*ilex*) est le type de cette famille.

INCOME-TAX, nom donné, en Angleterre, à l'impôt sur le revenu.

INCUNABLES ; on appelle ainsi les premiers produits de l'imprimerie, depuis son origine jusqu'au commencement du xviᵉ siècle.

INDUVIAL, nom donné, en botanique, au périanthe, qui persiste après la chute de la fleur en recouvrant le fruit en partie, comme on le voit dans la jacinthe.

INGÉNU, nom donné, à Rome, à l'homme qui était libre de naissance, par opposition à celui qui devenait libre par affranchissement après avoir été esclave, et qui portait le titre d'*affranchi*.

INHALATION, introduction de l'air dans les poumons, pendant le phénomène de la respiration. On donne aussi ce nom à l'introduction, dans les organes respiratoires, des gaz anesthésiques, comme l'éther, le chloroforme, etc.

INKERMANN, nom d'un village près de Sébastopol (Crimée), où l'armée russe attaqua le 5 novembre 1854 l'armée franco-anglaise, qui assiégeait Sébastopol. Les Anglais, surpris par les Russes, firent une résistance désespérée qui donna aux troupes françaises le temps d'arriver à leur secours ; les ennemis furent alors refoulés et perdirent beaucoup de monde dans leur retraite. Le général Bosquet commandait le corps d'armée français qui se distingua dans cette sanglante affaire.

INNERVATION, ensemble des phénomènes résultant de l'action du système nerveux.

IN PACE (en latin *dans la paix*), prison souterraine établie dans les anciens monastères, et où l'on renfermait les moines qui avaient commis quelque grand crime.

IN PARTIBUS INFIDELIUM (en latin *dans les contrées des infidèles*), nom donné aux titres évêpiscopaux qui sont pris d'une ville possédée par les infidèles. Ordinairement ces titres se donnent aux évêques coadjuteurs.

IN PETTO (en italien *dans le cœur*) ; ces mots s'appliquent aux nominations de cardinaux que le pape annonce, sans rendre publics les noms de ses élus.

INSAISISSABLE, nom donné, en procédure, aux objets que la loi défend de saisir, comme les provisions alimentaires, les rentes sur l'État, etc.

INSCRIT, terme de géométrie, qui désigne une figure placée dans une autre. Cette dernière s'appelle *circonscrite*.

INSTRUMENT (Jurispr.), acte public ou privé, qui établit un fait, une convention, un contrat. *Instrumenter*, c'est faire un acte public, un exploit, un procès-verbal.

INTERCURRENT, nom donné aux phénomènes morbides qui se présentent tout d'un coup et par intervalles.

IRÈNE, planète télescopique découverte en 1851; elle fait sa révolution autour du soleil en 4 ans 55 jours.

IRISATION, propriété en vertu de laquelle certains corps divisent les rayons solaires, de façon à produire sur l'organe de la vue l'impression de la série des couleurs de l'*iris* ou arc-en-ciel; dans ce cas, les corps sont dits *irisés*.

JACONAS, étoffe de coton assez fine, dont on se sert pour fabriquer des chemises, des cols, des bonnets de femme et des robes.

JACQUART (Marie-Joseph), mécanicien illustre, né à Lyon en 1752, est connu par le métier qu'il a inventé et qui a simplifié l'art du tissage. Il est mort en 1834. Sa ville natale lui a érigé une statue.

JACQUEMONT (Victor), naturaliste français, connu par son *Voyage dans l'Inde*. Mort en 1832.

JALLE, nom donné à des couches plus ou moins épaisses de cailloux que l'on rencontre, dans certaines localités, sous la terre végétale.

JAMBOSIER, genre de la famille des myrtées, appelé aussi *Eugénie*, et qui renferme des arbustes à feuilles opposées, entières, à fleurs blanches, à baies élégantes noires ou rouges. Une espèce fournit un fruit nommé *pomme de rose*, qui donne à la bouche une agréable saveur de rose. Ces arbrisseaux sont cultivés dans nos serres.

JAN, nom de la table au jeu du trictrac.

JAQUE, sorte de casaque que les soldats portaient autrefois sur les armes et sur la cuirasse.

JAQUELINE; on appelle ainsi, dans le nord de la France, des bouteilles de grès à large ventre, et des brocs de faïence, qui ont souvent la forme d'une femme assise.

JAROSSE. Voy. GESSE.

JEANNE LA FOLLE, reine de Castille, fille de Ferdinand le Catholique et d'Isabelle, épousa en 1496 Philippe le Beau, fils de l'empereur Maximilien, et en eut le célèbre Charles-Quint. Les nombreuses infidélités de son époux, qu'elle aimait avec passion, troublèrent sa raison, et le départ de Philippe en 1502 ne contribua pas peu à faire empirer cet état. En 1506, elle succéda conjointement avec lui à sa mère Isabelle comme reine de Castille, titre qu'elle porta toujours, même lorsque son fils Charles-Quint eut été proclamé roi en 1518. Jeanne la Folle mourut à Tordesillas en 1555, à l'âge de soixante-treize ans; il y en avait quarante qu'elle n'était pas sortie de son palais.

JEAN SANS PEUR, duc de Bourgogne, né à Dijon en 1371, succéda, en 1404, à Philippe le Hardi, son père. Il se distingua à la bataille de Nicopolis, où Bajazet le fit prisonnier. De retour en France, il fit assassiner à Paris le duc d'Orléans (1407). Il vainquit, en 1408, les Liégeois révoltés. Le prince, mêlé à toutes les luttes sanglantes de ce temps, s'empara de Paris en 1418, et fut assassiné l'année suivante à Montereau dans une entrevue avec le dauphin, depuis Charles VII. Philippe le Bon, son fils, lui succéda.

JECTISSE, nom donné aux terres remuées ou rapportées.

JENNER (Édouard), médecin anglais, né dans le comté de Glocester, en 1749. Il est fameux par la découverte de la vaccine (1776), qu'il publia après de longues observations. Il est mort en 1825.

JÉSUS, nom attribué à un papier d'une grande dimension, et le plus souvent d'une pâte très-fine.

JOUY (Étienne DE), né en 1764 près de Paris, servit d'abord dans les armées, et se consacra ensuite à la littérature. Il est connu par de nombreuses pièces de théâtre, entre autres les opéras de la *Vestale*, *Fernand Cortez*, *Moïse*, *Guillaume Tell*, la tragédie de *Sylla*; les articles de journaux qu'il signait l'*Ermite de la Chaussée-d'Antin*. Il est mort en 1846, membre de l'Académie française.

JUSTICIA, genre de la famille des acanthacées, renfermant des plantes originaires des Indes orientales, à feuilles persistantes, ovales-pointues, à fleurs en épis écarlates et brillantes. On nomme aussi ce genre *carmantine*.

KALMIA, genre de la famille des éricacées, renfermant de superbes arbrisseaux, originaires de l'Amérique septentrionale, remarquables par l'élégance de leurs fleurs rosées ou carnées, disposées en corymbes.

KAMIESCH, baie de la côte de Crimée près de Sébastopol, devenue célèbre pour avoir été occupée par la flotte et l'armée française pendant le siége de cette ville.

KARS, forteresse turque près d'Erzeroum, prise par l'armée russe sous le commandement du général Mouravieff le 28 novembre 1855, la garnison ayant été forcée par la famine à se rendre prisonnière de guerre.

KEAN, célèbre tragédien anglais, mort à Londres en 1833. Il était né dans cette ville en 1787.

KENNEDYA, genre de la famille des légumineuses, comprenant des plantes de la Nouvelle-Hollande, à tige ligneuse et grimpante, à feuilles à trois folioles, obtuses, soyeuses en dessus, à grandes et longues fleurs d'un pourpre foncé, à la gousse soyeuse. On les cultive comme plantes d'ornement.

KÉPI, coiffure militaire très-légère et de forme peu élevée, en usage dans certains corps de l'armée.

KERMESSES, fêtes célébrées en Belgique et en Hollande.

KHARATCH, tribut que payent au sultan les habitants de la Turquie dont la religion n'est pas le mahométisme.

KINBURN, forteresse russe près de l'embouchure du Dniéper dans la mer Noire; le fort a été pris par la flotte anglo-française en 1855.

KOPFSTUCK, monnaie d'argent autrichienne, vaut 86 centimes 50.

KORNILOFF, amiral russe qui commandait la flotte russe lorsqu'elle détruisit la flotte turque dans le port de Sinope, le 30 novembre 1853. Ce désastre ayant décidé les deux gouvernements de France et d'Angleterre, alliés du sultan, à envahir la Crimée et à mettre le siége devant Sébastopol, l'amiral Korniloff prit une part à la défense de cette ville et fut tué sur les remparts.

KOUSSO, poudre extraite de la *brayera*, plante de la famille des rosacées, originaire de l'Abyssinie; cette poudre est employée contre le *ténia* ou ver solitaire.

KREUTZER (Rodolphe), né à Versailles en 1766, est un des bons compositeurs et violonistes de ce siècle. Il devint professeur au Conservatoire et premier violon de la chapelle de Napoléon, membre de l'Institut et chef d'orchestre à l'Opéra (1817). Il est mort en 1831. On a de lui des *concertos* pour le violon, plusieurs opéras et ballets, *Lodoïska*, le *Carnaval de Venise*.

LABOURDONNAYE (le comte François-Régis DE), né à Angers en 1767, émigra en 1792, servit sous les ordres du prince de Condé, puis avec les Vendéens; il fut ensuite maire d'Angers et député en 1815; il proposa le 11 novembre la *loi d'amnistie*, d'après laquelle tous ceux qui avaient pris part à la révolution du 20 mars devaient être poursuivis par catégories. Il se montra constamment le défenseur des idées monarchiques. Retiré des affaires après 1830, il est mort il y a peu d'années.

LACRETELLE (Charles-Joseph), né à Metz en 1763, se livra de bonne heure à la culture des lettres. Il fut successivement membre du bureau de la presse (1800), censeur de 1810 à 1815, membre de l'Académie française (1811), enfin professeur d'histoire à la Faculté des lettres de Paris. Il est mort en 1854, laissant un grand nombre d'ouvrages sur des sujets littéraires et historiques.

LAFFITTE (Jacques), né à Bayonne en 1767, fut d'abord commis chez un banquier, puis devint son associé, et gouverneur de la Banque en 1814; député en 1815, il vota constamment avec l'opposition. Ministre des finances après la révolution de 1830, et président du conseil, il donna sa démission en 1831, et rentra dans les rangs de l'opposition jusqu'à sa mort, survenue en 1844.

LAFONTAINE (Auguste), fécond romancier allemand, dont les ouvrages offrent une peinture simple de la vie domestique. Né en 1759, mort en 1831.

LAHORE. Les Anglais ont pris possession de ce pays en 1840.

LAKISTES, poëtes anglais qui se sont surtout consacrés à la description des paysages.

LAMARQUE (Maximilien), né à Saint-Sever (Landes), partit comme simple soldat en 1792, se distingua à l'armée des Pyrénées, principalement à la prise de Fontarabie. Nommé général de division et chef d'état-major du roi de Naples, il s'empara de l'île de Caprée, défendue par les Anglais, et réputée imprenable. Lamarque se signala encore en Allemagne et en Espagne. Rentré en France, il reçut pendant les cent jours le commandement de Paris. Général en chef de l'armée de la Vendée, il parvint à éteindre cette malheureuse guerre. Proscrit au second retour du roi, il fut rappelé en France en 1818. Après la révolution de 1830, il fut nommé député, et se distingua à la tribune dans le parti de l'opposition. C'est à la suite de ses obsèques qu'ont eu lieu les troubles de juin en 1832.

LAMBEL (ou vieux français *lambeau*), terme de blason, qui désigne un filet horizontal placé à la partie supérieure de l'écu. Il sert à indiquer la qualité de puîné d'une famille.

LAMELLIBRANCHES, ordre de mollusques acéphales, comprenant ceux de ces animaux dont les branchies ont la forme de larges lamelles.

LAMELLIROSTRES, famille d'oiseaux palmipèdes, dont le bec épais est garni de lames dentées. Le canard est lamellirostre.

LAMIER, genre de la famille des labiées, renfermant des herbes vivaces, à tiges nombreuses, aux feuilles rugueuses en cœur allongé, dentées, rougeâtres en dessous, à fleurs blanches, rouges ou jaunes, placées en verticilles autour de la tige. Les feuilles du *lamier blanc* ou *ortie blanche* sont quelquefois employées comme aliment; les fleurs sont usitées en boisson dans la toux, les affections de poitrine.

LAMPAS, étoffe de soie très-forte, à grands dessins, à couleurs vives, est employée pour les ameublements.

LAMPADAIRE, candélabre suspendu et consistant en plusieurs plateaux sur lesquels les anciens posaient des lampes.

LANJUINAIS (le comte Jean-Denis DE), né à Rennes en 1753, embrassa la carrière du barreau, et fut reçu professeur de droit ecclésiastique en 1775. Il fut nommé député aux états généraux par l'assemblée du tiers état de la sénéchaussée de Rennes en 1789. Député à la convention nationale, il vota la réclusion et le bannissement du roi à la paix. Il combattit sans succès la création d'un tribunal extraordinaire, signala la commune usurpatrice et les excès des montagnards. Proscrit avec les girondins, il se retira à Rennes, et ne rentra à la convention qu'en 1795. Elu secrétaire du conseil des anciens, puis sénateur (1800), il se prononça contre le consulat à vie et l'établissement du gouvernement impérial. En 1814, il vota la déchéance de l'empereur, et fut nommé pair de France. Il est mort il y a peu d'années. On a de lui des *Constitutions de la nation française*, précédées d'un *Essai historique et politique sur la charte*, etc.

LA RÉUNION (île de). Voy. BOURBON (île).

LAROMIGUIÈRE (Pierre), ancien membre du tribunat, professeur de philosophie à Toulouse, puis à la faculté des lettres de Paris, membre de l'Institut, né à Lévignac, dans le Rouergue, en 1756 ; mort à Paris en 1837, a laissé des *Leçons de philosophie* ; il appartenait à l'école de Condillac, dont il a été le réformateur.

LARREY (Jean-Dominique), né en 1766 à Baudéan, près de Bagnères-de-Bigorre, entra dans le service de santé à l'armée du Rhin en 1792, et fit en qualité de chirurgien en chef les campagnes d'Egypte, d'Italie, d'Allemagne, d'Espagne et de Russie. Après 1815 il fut nommé chirurgien en chef de la garde royale, puis des Invalides. Il mourut en 1842, membre de l'Institut. On lui doit les ambulances volantes. Larrey a écrit quelques ouvrages de chirurgie.

LASCARS ; on appelle ainsi, dans l'Inde, les matelots indiens qui servent de matelots sur les navires européens.

LAS CASES (le comte DE), né dans le Languedoc, fut destiné à la carrière de marin. Il assista à l'expédition contre Gibraltar en 1782. Il émigra pendant la révolution, et se retira en Angleterre où il mit la première main à l'*Atlas* qu'il publia dans la suite sous le pseudonyme de *Lesage*. Revenu en France pendant le consulat, il reprit les armes en 1809, et devint chambellan de l'empereur, maître des requêtes et comte de l'empire. En 1814, il commandait la légion de la garde nationale de Paris. Il émigra de nouveau à la première restauration, et revint avec l'empereur qu'il suivit à Sainte-Hélène. Il a rédigé le *Mémorial*, où sont écrits les événements qui ont précédé la mort de l'empereur. Revenu en France, il fut envoyé à la chambre des députés ; il en faisait partie quand il est mort en 1842. — Son fils a été après lui député, puis sénateur sous le nouvel empire. Il est mort en 1855.

LASSO, longue lanière de cuir dont on se sert dans l'Amérique méridionale pour prendre les animaux sauvages ou pour terrasser un ennemi.

LASTING, étoffe de laine rase, mince, d'origine anglaise, dont on se sert pour confectionner des vêtements d'été.

LAVAL. Cette ville a été érigée en 1855 en évêché, suffragant de l'archevêché de Tours.

LEBRUN (Charles-François), duc de Plaisance, né en Normandie en 1739, fut en 1768 inspecteur général des biens de la couronne et secrétaire du chancelier Maupeou. En 1789, il fut envoyé à l'assemblée constituante. Membre des cinq cents en 1795, il contribua au coup d'Etat du 18 brumaire, et fut nommé troisième consul ; il réorganisa les finances et créa la cour des comptes. Napoléon le fit archi-trésorier, gouverneur de la Ligurie, puis, en 1810, de la Hollande. Il devint pair de France sous la restauration (1819), et vota toujours avec les membres libéraux de cette chambre. Il mourut en 1827.

LEMERCIER (Népomucène-Louis), poète, né à Paris en 1772, mort en 1842, membre de l'Académie française. Ses principaux ouvrages sont : *Agamemnon*, Frédégonde et Brunehaut, tragédies ; l'*Atlantiade*, poëme.

LÉGILE, étoffe dont on recouvre le pupitre sur lequel on chante l'épître et l'évangile à la grand'messe.

LEMNA, nom scientifique de la lentille d'eau ou *lenticule*. Cette plante est le type de la famille des lemnacées.

LENORMAND (Mademoiselle), célèbre devineresse, née à Alençon en 1772, s'établit à Paris, rue de Tournon, et eut une nombreuse clientèle qui venait la consulter sur l'avenir qu'elle prédisait à l'aide des cartes. Elle est morte en 1843, laissant quelques écrits, entre autres des *Mémoires sur Joséphine*.

LÉOPOLD. Deux ordres militaires portent ce nom. Le premier est autrichien, créé par l'empereur François en 1808, en mémoire de Léopold II, pour récompenser tous les mérites ; le ruban est rouge bordé de blanc, la croix a huit pointes, au milieu est un écusson portant les lettres F. I. A. (*Franciscus Imperator Austriæ*). — L'ordre belge de Léopold a été institué par le roi Léopold de Belgique en 1832. Le ruban est rouge moiré; la croix est blanche et porte d'un côté le chiffre du roi, de l'autre un lion.

LETRONNE (Jean-Antoine), né à Paris en 1787, se fit connaître de bonne heure par ses recherches savantes sur l'histoire et la géographie. Membre de l'Académie des inscriptions en 1816, directeur de la bibliothèque du roi en 1832, garde général des archives (1840), professeur au collège de France, etc., Letronne mourut, en 1848, laissant un très-grand nombre de Mémoires et de travaux importants d'archéologie.

LETTRES DE JUSSION, nom donné aux lettres que le roi adressait au parlement pour l'obliger à faire une chose que ce corps avait refusé d'exécuter.

LEUCHTEMBERG (Auguste, prince DE), fils du prince Eugène Beauharnais, était né en décembre 1810. Marié en janvier 1835 à la reine de Portugal Dona Maria, il fut nommé par elle commandant en chef de l'armée portugaise ; deux mois après, il mourut à Lisbonne.

LIGULE, nom donné aux stipules membraneuses axillaires que l'on trouve chez la plupart des graminées au sommet de la graine.

LION. Deux ordres militaires portent ce nom. L'ordre du *Lion néerlandais*, créé par Guillaume Ier, roi des Pays-Bas, en 1815, pour le mérite civil, a pour insignes une croix à quatre branches, offrant au milieu un lion couronné. Le ruban est bleu, avec une bande orange. — L'ordre du *Lion de Zaeringhen*, créé en 1812 par Charles, grand-duc de Bade, a pour insignes une croix d'or, portant d'un côté un lion, de l'autre les armes de la maison de Bade. Le ruban est vert avec une bordure orange.

LISFRANC (Jacques), né dans le département de la Loire en 1790, un des premiers médecins de notre époque. Mort en 1847, chirurgien en chef de la Pitié. Célèbre par ses opérations, Lisfranc ne l'est pas moins par son *Précis de médecine opératoire* et sa *Clinique chirurgicale*.

LLOYD, établissement où l'on s'occupe des assurances maritimes et autres. Créés d'abord en Angleterre, les Lloyds se sont propagés dans les grandes villes commerçantes du monde.

LOBAU (Georges Mouton, comte DE), né à Phalsbourg (Meurthe) en 1770, embrassa la carrière des armes en 1792, fit comme général de division les guerres d'Espagne et d'Allemagne, combattit à Waterloo, et fut longtemps exilé sous la restauration. Député de la Meurthe en 1828, il prit part à la révolution de 1830, fut nommé président de la commission provisoire, commandant en chef de la garde nationale, pair de France et maréchal (1831). Il est mort en 1838.

LOIRE. Le chef-lieu de ce département est transféré, à partir du 1er janvier 1856, de Montbrison à Saint-Etienne.

LOPHIODON, animal dont on retrouve les ossements fossiles et qui appartenait au groupe des pachydermes. Leur taille était considérable. On les distingue surtout par les dents molaires qui présentent des crêtes transversales.

LOUISE D'ORLÉANS, reine des Belges, fille aînée du roi Louis-Philippe Ier, naquit à Palerme en 1812. Elle épousa en 1832 le roi Léopold de Belgique, et mourut en 1850, ne laissant que des regrets et les souvenirs des plus nobles vertus.

LOUIS (le baron Louis-Dominique), né à Toul en 1755, entra dans la carrière ecclésiastique, et émigra à la révolution. Sous la restauration, il fut membre de la chambre des députés et ministre des finances en 1816 et 1818. Il fut un des promoteurs de la révolution de juillet, et ministre en 1830. Il est mort en 1831.

LOUIS-PHILIPPE Ier, roi des Français, né à Paris en 1773. Fils aîné de Louis-Philippe-Joseph, duc d'Orléans, ce prince, qui porta le titre de duc de Chartres jusqu'en 1793, adopta les principes de la révolution et se distingua dans l'armée française aux combats de Quiévrain, Valmy et Jemmapes (1792). Proscrit en 1793, il se réfugia successivement en Suisse, en Amérique, en Angleterre et en Italie ; il épousa en 1809 la princesse Marie-Amélie, fille du roi de Naples. Rentré en France à la restauration, il acquit une grande popularité par ses opinions et sa conduite libérales. Appelé à la lieutenance générale du royaume en 1830, il reçut le 9 août le titre de roi des Français. Son règne fut signalé par une paix soutenue avec les grandes puissances, les triomphes de l'Algérie, la prospérité des lettres et des arts, l'achèvement du palais de Versailles, le maintien de l'ordre à l'intérieur, le retour des cendres de Napoléon en France, l'établissement définitif de l'instruction primaire, la suppression des maisons de jeux et de la loterie, la construction des premiers chemins de fer français, etc. — Ce règne fut interrompu par la proclamation de la république du 24 février 1848 ; Louis-Philippe abdiqua en faveur de son petit-fils le comte de Paris et se retira en Angleterre, où il prit le titre de comte de Neuilly. Il mourut le 26 août 1850.

LUBRIFIER, signifie, en pathologie, oindre, rendre glissant.

LUMBAGO, affection douloureuse des lombes, caractérisée par une gêne dans les mouvements du tronc. Le repos, la transpiration guérissent promptement cette maladie.

MACADAM, chemin ferré au moyen de plusieurs couches de cailloux réduits en petits fragments. Le macadamisage, ou action de faire un macadam, tire son nom de l'inventeur, ingénieur anglais. Il est usité dans les grandes villes et sur les routes.

MACKAU (Ange-René-Armand, baron DE), né à Paris en 1788, commença novice matelot sur le vaisseau *le Véteran*, expédié en 1805 dans les Antilles. Nommé lieutenant et membre de la Légion d'honneur à la suite d'une action d'éclat, il était à 24 ans capitaine de frégate. Sous la restauration, il fit divers voyages, recueillit de précieux renseignements sur Madagascar et le Sénégal. Capitaine de vaisseau en 1819, il fut chargé de négociations commerciales dans l'Amérique du Sud et à Haïti, qui lui valurent le titre de contre-amiral en 1825. Membre du conseil de l'amirauté, il prit une grande part aux préparatifs de l'expédition d'Alger, reçut en 1831 le commandement de l'escadre des Dunes, puis celui de la station des Antilles. Chargé du gouvernement de la Martinique, il fut, après son retour en France, nommé pair de France, puis ministre de la marine. Il est mort en 1855.

MACLE. Voy. ANDALOUSITE. — En termes de blason, c'est une petite figure qui à l'aspect d'une maille de cuirasse.

MADAME, titre qui se donne aux femmes mariées. — Dans l'ancienne cour de France, ce mot désignait la princesse, femme du frère du roi, ou la fille aînée du roi ou du dauphin.

MADAPOLAM, étoffe de coton, forte et lisse, originaire de l'Inde; on s'en sert pour des vêtements légers.

MADÉFACTION, action de mouiller les substances employées en pharmacie et en chimie.

MADEMOISELLE, titre qui désignait, à l'ancienne cour de France, la fille aînée du frère du roi, ou la première princesse du sang, tant qu'elle n'était pas mariée.

MAESTOSO, mot italien qui signifie *majestueusement*, et qui indique, en musique, un mouvement lent, grave et solennel.

MAESTRO (en italien *maître*), titre attribué en Italie aux compositeurs de musique, et réservé en France pour ceux d'un grand mérite.

MAGISTÈRE. C'est ainsi qu'on désignait la dignité de grand maître de l'ordre de Malte.

MAILLECHORT, alliage métallique composé de zinc, de cuivre et de nickel, avec quelques atomes de fer et d'étain. Cet alliage, qui reçoit un beau poli et qui a presque la couleur de l'argent, est très-usité dans les arts.

MAISON (Nicolas-Joseph, marquis DE), né à Épinay en 1770, partit à vingt-deux ans comme officier pour repousser l'invasion des Prussiens, et monta de grade en grade par sa bravoure. Il se distingua à Manheim, à Austerlitz et à Iéna. Ses succès lui méritèrent le titre de général de division et de comte de l'empire. Il fut chargé en 1814 de défendre la ligne du Rhin. Il reconnut Louis XVIII, qui le nomma pair de France et gouverneur de Paris. Chargé de l'expédition de Morée, il conquit en Grèce son bâton de maréchal de France. Il fut un des premiers ministres de la révolution de juillet, que bientôt après il alla représenter à Saint-Pétersbourg et à Vienne. Appelé au ministère de la guerre le 12 mars 1835, il en sortit le 6 septembre de l'année suivante. Il est mort en 1840.

MALAKHOFF, nom d'une énorme tour qui dominait le côté sud de la place de Sébastopol et dont la prise par l'armée française, le 8 septembre 1855, décida l'abandon de cette ville par les Russes; le siège de Sébastopol avait duré un an. Les alliés y ont trouvé 100,000 projectiles et 4,000 pièces d'artillerie. Le général Pélissier, qui commandait en chef l'armée française, a été nommé à cette occasion maréchal de France. Les Russes étaient commandés par le prince Gortschakoff.

MALACOLOGIE, partie de l'histoire naturelle qui s'occupe des mollusques.

MALOPE, genre de la famille des malvacées, renfermant des plantes annuelles, dont les grandes fleurs, variant du rose foncé au blanc, ornent les plates-bandes de nos jardins.

MANGONNEAU, nom donné, dans le moyen âge, à une machine de guerre dont on se servait pour lancer des projectiles.

MAQUI ou MAKI, terrain inculte ou couvert de broussailles, où se réfugient, en Corse, les bandits.

MARABOTIN, petite monnaie d'or qui eut cours, pendant le moyen âge, en Languedoc, en Espagne et en Portugal. On en ignore la valeur.

MARCESCENT, qualification donnée, en botanique, aux plantes qui persistent longtemps après avoir été fanées et même desséchées.

MARET (Hugues, duc DE BASSANO), né à Dijon en 1763, fut un des créateurs du *Moniteur* en 1680. Ambassadeur à Naples en 1792, il fut ensuite trois ans prisonnier en Autriche, et échangé contre la duchesse d'Angoulême (1795). Nommé secrétaire d'État, il suivit Napoléon dans ses campagnes, rédigeant les bulletins et les instructions. Ministre des affaires étrangères, puis de la guerre, il fut exilé à la restauration, et ne revint en France qu'en 1820. Après avoir été ministre depuis 1830 pendant quelques jours, il est mort en 1839.

MARGINÉ, nom donné, en botanique, aux parties qui offrent une marge ou un rebord.

MARIA DA GLORIA (Dona), reine de Portugal, née en 1819, morte en 1853. Don Pédro de Bragance son père, empereur du Brésil, avait abdiqué en sa faveur la couronne de Portugal en 1826. Don Miguel son oncle, nommé régent pendant sa minorité, ayant usurpé le trône, Don Pédro lui fit la guerre pour rétablir sa fille dans ses droits. Elle régna depuis au milieu de nombreuses agitations qui n'ébranlèrent jamais complétement son autorité. La charte donnée en 1826 par Don Pédro fut modifiée en 1838, puis rétablie en 1842. Dona Maria avait été mariée deux fois, d'abord à un prince de Leuchtemberg, puis à un prince de Saxe-Cobourg. Elle a laissé sept enfants, dont l'aîné lui a succédé sous le nom de Don Pédro V.

MARIE D'ORLÉANS, fille du roi Louis-Philippe, née à Palerme en 1813, épousa en 1837 le duc Alexandra de Wurtemberg et mourut en 1839. Cette princesse possédait un talent remarquable pour les arts et pour la sculpture. On lui doit entre autres chefs-d'œuvre l'admirable statue de Jeanne d'Arc.

MARIE-LOUISE, née en 1791, fille de François Ier, empereur d'Autriche, épousa en 1810 Napoléon Ier, et le rendit père du roi de Rome; elle fut plusieurs fois régente, pendant l'absence de Napoléon. En 1815, elle reçut du congrès de Vienne le duché de Parme. Elle épousa le comte de Neipers, général autrichien, et mourut en 1847.

MARIGOT, sortes de canaux naturels, qui se jettent dans les fleuves avec une pente très-douce. C'est surtout en Afrique que l'on rencontre les marigots.

MARISTES ou frères de Marie, congrégation religieuse, composée d'ecclésiastiques qui se dévouent à l'instruction et aux missions. Constituée par ordonnance royale en 1823, cette congrégation a formé de nombreux établissements en France et dans les colonies.

MARMONT (Auguste-Frédéric-Louis VIESSE DE), né à Châtillon en 1774, servit avec distinction dans l'armée d'Italie, en Espagne, en Dalmatie; il administra ce dernier pays avec un dévouement qui lui mérita le titre de duc de Raguse. Il se signala encore à Wagram, à Znaïm, fut nommé maréchal de France en 1809, gouverna les provinces Illyriennes, commanda l'armée de Portugal; puis passa en Allemagne où il prit part aux grandes guerres du temps. Après une belle défense du territoire français et de Paris, il traita avec le gouvernement provisoire et les alliés. Louis XVIII le nomma pair et major général de la garde. Chargé en 1830 de réprimer l'insurrection qui fut la conséquence des ordonnances de juillet, il fut par la force des événements une inévitable disgrâce. Il est mort à Venise en 1852.

MARRYAT (Francis), né en Angleterre en 1792, servit d'abord dans la marine militaire et parvint au grade de capitaine. Il est connu par ses nombreux romans qui ont obtenu une grande vogue. Ils sont *Jacob fidèle*, *Pierre simple*, *l'Officier de marine*, etc. Il est mort en 1848.

MARTIGNAC (le vicomte Gaye DE), né à Bordeaux en 1776, fut d'abord avocat, secrétaire de l'abbé Siéyès lors de son ambassade à Berlin en 1798; après la seconde restauration, fut procureur général à Limoges, député de Lot-et-Garonne en 1821, commissaire civil à l'armée d'Espagne en 1823, ministre d'État, directeur général des domaines, enfin ministre de l'intérieur en 1827. Il se montra partisan d'une sage liberté et rallia l'opposition royaliste par le retour aux principes constitutionnels. Renversé par la formation du ministère Polignac en 1829, il est mort dans la retraite à Paris, en 1832, après avoir défendu devant la Chambre des pairs les ministres signataires des ordonnances de juillet.

MARS (Mlle MONVEL, dite Mlle), née en 1779, entra fort jeune au théâtre, et se fit un nom européen par la distinction et le naturel de son jeu, la grâce de sa diction et le charme de sa voix. Elle joua au Théâtre-Français jusqu'à l'âge de 62 ans. Mlle Mars est morte en 1847.

MASSALIA, nom latin de *Marseille*, désigne une planète microscopique, récemment découverte et dont la révolution autour du soleil s'accomplit en 1837 jours.

MASSETER, muscle placé à la partie postérieure de la joue, et incliné sur la branche de l'os maxillaire inférieur. Ce muscle sert aux mouvements de la mâchoire.

MATHIEU DE DOMBASLE (Christophe), né à Nancy en 1777, agronome éminent; il a puissamment contribué aux progrès de l'agriculture en France. Il est mort en 1843, laissant plusieurs ouvrages. Il a inventé une charrue qui porte son nom.

MAZÉE, nom donné à la fonte qui a éprouvé un affinage, dans des foyers, où la combustion a été fortement activée. L'opération s'appelle *mazéage*.

MÉDIATISATION, acte en vertu duquel de petites souverainetés sont unies à des États plus considérables. Ce terme est fréquemment employé en Allemagne.

MÉHÉMET-ALI, vice-roi d'Égypte, né à la Cavale en 1769, fut d'abord marchand, puis soldat, chef des Mamelouks, et enfin vice-roi après avoir fait déposer les deux gouverneurs Kosrew et Khurchid (1806). Ne pouvant réduire les Mamelouks à l'obéissance, il les fit tous massacrer (1er mars 1811). Il augmenta les possessions et les dépendances de sa vice-royauté en soumettant les Wahabites, le Nedja, la Nubie, etc. Il unit ses forces à celles du sultan dans la guerre de Grèce, mais il eut sa flotte détruite à Navarin (1827). Il s'empara de la Syrie, en 1831. En guerre ouverte avec la Porte qui refusait de sanctionner ses vues ambitieuses, il envoya contre les Turcs son fils Ibrahim, dont les succès lui garantirent la possession de la Syrie. Une nouvelle guerre s'alluma en 1839, Ibrahim gagna la bataille de Nezib. En présence de l'intervention de l'Europe, Méhémet dut restituer au sultan la Syrie, Candie, et les Nedjas, mais il obtint le gouvernement héréditaire de l'Égypte sous la suzeraineté de la Porte (1841). Il est mort en 1849, laissant le trône à son petit-fils Abbas-Pacha, qui, mort en 1855, a eu pour héritier Saïd-Pacha. Méhémet-Ali est surtout célèbre par les réformes qu'il a apportées dans l'administration et par ses efforts pour introduire en Égypte la civilisation européenne.

MELBOURNE, ville de l'Australie, qui n'existait pas en 1835, et qui à la fin de 1855 avait plus de 300,000 habitants.

MELPOMÈNE, planète télescopique nouvellement découverte, et qui fait sa révolution autour du soleil en 1270 jours.

MEMORANDUM, nom donné à l'acte par lequel le représentant d'une puissance explique une question, indique la marche d'une affaire, etc.

MÉNINGITE, inflammation des méninges, membranes qui enveloppent le cerveau. Cette maladie est extrêmement grave et se termine souvent d'une manière funeste.

MENTAGRE, nom donné à une variété de dartre qui affecte le menton, principalement chez les enfants dans leur jeune âge.

MÉPLAT, désigne, dans les arts, l'indication des différents plans d'un objet, au moyen de lignes graduées.

MERLETTE, se dit, en terme de blason, d'un oiseau représenté sans pieds ni bec.

MÉRODE (Frédérique, comte DE), se

distingua dans la guerre pour l'indépendance de la Belgique ; blessé au combat de Berghen, près d'Anvers, il mourut de ses blessures à Bruxelles en 1830.

MESEMBRYANTHÈME. Voy. Ficoïde.

MESSAGE, communication écrite transmise par le chef du pouvoir exécutif à une assemblée politique délibérante. On dit : le *message* du président des Etats-Unis, etc.

MÉTALLOIDES, corps simples qui ont l'apparence métallique. Ce mot désigne aussi, par extension, les corps simples non métalliques, comme le carbone, le soufre, le silicium, etc.

MÉTASTASE, terme de médecine, désigne le déplacement d'une maladie ou son changement de forme.

MÉTÉORISATION, enflure qui affecte les animaux ruminants, lorsqu'ils ont mangé en abondance des herbes humides, surtout le trèfle. Cette maladie, presque toujours facile à guérir par l'emploi de l'ammoniaque, est mortelle quand elle est abandonnée à elle-même. — Dans la médecine humaine, on emploie le mot *météorisation* ou celui de *météorisme*, pour désigner l'enflure qui survient pendant de graves maladies, ou qui provient de l'accumulation des gaz dans le tube alimentaire.

MÉTIS, petite planète découverte il y a peu d'années. Elle fait sa révolution autour du soleil en 1346 jours.

MEZZANINE, petit étage situé entre deux plus grands. Ce terme désigne aussi une fenêtre plus large que haute, ouverte dans une frise ou dans les entresols.

MEZZOFANTI (Giuseppe), né à Bologne en 1770, devint bibliothécaire du Vatican et cardinal en 1838. Il est mort en 1849. Un des hommes les plus savants de ce siècle, Mezzofanti parlait trente langues différentes avec une merveilleuse facilité.

MICKIEWICZ (Adam), né en Lithuanie en 1798, se livra à la littérature. Ces poésies trop empreintes de l'esprit national alarmèrent le gouvernement russe, qui l'exila en Crimée. De retour de l'exil, il alla en Allemagne, puis à Paris, où le gouvernement lui confia une chaire de littérature slave au collège de France. Il fut suspendu de ses leçons à la suite de quelques troubles auxquels elles avaient donné lieu. Le gouvernement anglais le chargea d'une mission en Orient. Il est mort à Constantinople en 1855, laissant un grand nombre d'ouvrages.

MILIAIRE, épithète donnée, en médecine, aux maladies dans lesquelles la peau présente de nombreuses élevures semblables à des grains de millet. — C'est aussi le nom d'une maladie de la peau, presque toujours accessoire et symptomatique.

MILL (James), célèbre économiste anglais, auteur de plusieurs ouvrages estimés. Né en 1774, mort près de Londres en 1836. Son fils a écrit plusieurs ouvrages sur les mêmes sujets, notamment des *Nouveaux principes d'économie politique*, qui ont paru en 1850.

MINORATIF, nom donné aux substances qui purgent doucement.

MOLÉ (le comte Louis-Matthieu), homme d'Etat, né en 1781. Il descendait du célèbre Matthieu Molé. Il se fit connaître de bonne heure par des *Essais de morale et de politique*, devint successivement auditeur, puis maître des requêtes au conseil d'Etat, préfet de la Côte-d'Or, conseiller d'Etat (1809), directeur général des travaux publics de l'empire, et grand juge (1813). Sous la restauration il entra à la chambre des pairs. Sous le gouvernement de 1830, il fut appelé plusieurs fois à siéger dans les conseils de la couronne. Renversé par la célèbre coalition de 1839, il ne fut rappelé au ministère qu'en 1848 ; mais la révolution était déjà un fait accompli. M. Molé fut ensuite, dans les assemblées de la république nouvelle, l'un des chefs des majorités conservatrices. Il est mort en 1855. Il était membre de l'Académie française, comte de l'empire, décoré de la plupart des ordres français et étrangers, etc.

MOLÈNE, genre de la famille des scrophularinées, renfermant des plantes herbacées, à feuilles assez larges, quelquefois cotonneuses ; à fleurs grandes à cinq divisions. Le *bouillon blanc* (*verbascum thapsus*) ou *molène commune*, est souvent employé, en médecine, comme émollient et adoucissant.

MOLITOR (Gabriel), né dans la Moselle en 1770, s'enrôla très-jeune dans l'armée, se distingua en Allemagne, en Suisse et en Italie. Général de division en 1800, il se signala dans plusieurs guerres de l'empire, surtout en Poméranie et en Hollande. En 1823, il commanda le 2e corps d'armée envoyé en Espagne et fut élevé à la dignité de maréchal de France. Il est mort en 1849 ; il avait été gouverneur général des Invalides et chancelier de la Légion-d'Honneur.

MONANDRIE, nom donné, dans le système botanique de Linnée, aux plantes dicotylédonées dont la fleur n'a qu'une seule étamine.

MONCEY (Adrien), duc de Conégliano, né près de Besançon en 1754, s'engagea très-jeune. A 21 ans il commandait en chef l'armée des Pyrénées-Orientales. Il se distingua aux campagnes d'Espagne, d'Italie, et fut nommé en 1804 maréchal de France, duc et sénateur. Il combattit encore en Espagne (1808), dans les diverses guerres de l'empire. Chargé de défendre Paris en 1814, il ne déposa les armes qu'à la signature de la capitulation. Disgracié dans les premiers temps de la restauration, il fut envoyé en Espagne en 1823, puis chargé des fonctions de gouverneur des Invalides. Il est mort en 1842, pair de France.

MONOCHROME, nom attribué aux peintures qui n'ont qu'une seule couleur.

MONTLOSIER (comte de), né à Clermont en 1754, fit partie de l'assemblée constituante de 1789, où il se distingua par son éloquence ; a écrit pendant la restauration un *Mémoire* contre les Jésuites qui fit beaucoup de bruit. Mort pair de France à Clermont-Ferrand en 1838, s'est beaucoup occupé d'agriculture dans les montagnes de l'Auvergne.

MORAINES, nom donné à des amas formés de débris de roches, et que l'on trouve sur les côtés ou au pied des glaciers.

MORALITÉS, pièces de l'ancien théâtre ; la plupart étaient des allégories, des morales en action.

MORBIDESSE, terme qui désigne, dans les arts, la délicatesse de l'exécution.

MORDANT, substance qui sert à fixer une couleur sur une étoffe, du papier, etc. Les mordants varient suivant la nature des objets sur lesquels les couleurs doivent s'appliquer.

MORMONS, secte nouvellement créée aux Etats-Unis, et qui tire son nom d'une bible qui aurait été écrite par un prophète juif appelé *Mormon*, environ 600 ans avant J.-C., et qui est la seule usitée chez ces sectaires. Les mormons se désignent par le nom de *Saints du dernier jour*. Ils pratiquent l'égalité, la communauté des biens, la pluralité des femmes. Fondée vers 1830 par Joseph Smith, cette secte est devenue très-nombreuse. Elle est principalement établie dans les plaines situées entre les monts Rocheux et la Sierra-Nevada, et leur établissement forme depuis 1850, sous le nom d'Utah, un nouveau territoire de l'Union américaine.

MORTADELLE, gros saucisson fabriqué particulièrement en Italie.

MOTU PROPRIO, mots latins qui signifient d'*un propre mouvement*, et qui se placent ordinairement dans les bulles et actes du pape, pour désigner que le saint Père agit de son plein gré, sans aucune influence étrangère.

MOTISLAF, grand prince de Russie, fils de Vladimir Monomaque, lui succéda en 1125, et se signala par ses expéditions militaires, principalement en Lithuanie. Il mourut en 1132, et eut pour successeur Yavopolk. Les historiens russes lui ont donné le nom de Grand. — Un autre Motislaf de Volhynie fut appelé au trône en 1167, et régna à Kief jusqu'en 1169, en même temps qu'André à Wladimir.

MUGUET, inflammation de la muqueuse buccale, caractérisée par l'établissement d'aphthes nombreux ou d'une sorte de membrane blanche sur les diverses parties de la bouche et même du larynx. Cette maladie, qui attaque surtout les enfants, est toujours dangereuse.

MULL-JENNY ou MULE-JENNY, métier à filer, inventé par l'Anglais Crampton en 1779, et employé dans les filatures de coton.

MUSSITATION, symptôme observé dans les maladies aiguës et qui consiste dans une difficulté de la parole, qui n'est plus qu'un murmure à peine intelligible.

MUTAGE, opération qui a pour but d'arrêter ou d'empêcher la fermentation d'une substance sucrée ou vineuse. On se sert à cet effet de l'acide sulfureux ou du sulfate de chaux. Le *soufrage* des vins est un *mutage* qui empêche toute fermentation ultérieure de rendre acides les vins.

MYÉLITE, inflammation de la moëlle épinière. C'est une maladie extrêmement grave et qui se termine presque toujours d'une manière funeste.

NAFÉ, nom donné au fruit de la *Ketmie comestible* ou *hibiscus esculentus*. On s'en sert pour fabriquer une pâte et un sirop, usités comme pectoraux.

NAIN JAUNE, jeu de cartes qui se joue avec 52 cartes. Au milieu d'une table on place un tableau divisé en cinq compartiments ; les quatre latéraux contiennent les figures du dix de carreau, du valet de trèfle, de la dame de pique et du roi de cœur. Au centre est un nain habillé de jaune portant un sept de carreau.

NAPOLITAINE, étoffe de laine lisse, teinte en pièce et non foulée, dont l'usage très-répandu autrefois, est un peu moins commun aujourd'hui.

NARGUILEH, longue pipe turque, formée d'un fourneau où brûle le tabac, et d'un tuyau qui traverse un vase plein d'eau parfumée ; en passant par ce vase, le tabac se refroidit et prend l'odeur de l'eau embaumée.

NAVICULAIRE, nom donné, en histoire naturelle, aux parties qui affectent les formes d'une nacelle.

NEPTUNE, grande planète, la plus éloignée de toutes, découverte en 1846 par M. Leverrier. Elle fait sa révolution autour du soleil en 60,127 jours. Elle est trente fois plus distante de lui que la terre.

NEPTUNIENS, nom donné, en géologie, aux terrains ou aux dépôts de formation marine.

NERVINS, médicaments que l'on emploie pour fortifier les nerfs.

NEUVIÈME (mus.), intervalle compris entre neuf notes diatoniques (*ut* 2 à ré 1). La *neuvième majeure* se compose de quatorze demi-tons, et la *neuvième mineure* (*ut* à ré bémol) de treize demi-tons. Cet intervalle est dissonnant. L'*accord de neuvième majeure* (*ut*, *mi*, *sol*, *si* bémol et *ré naturel*), se compose de *tierce majeure*, *quinte*, *septième mineure* et *neuvième majeure*. Il se place sur la cinquième note du ton majeur ou mineur, et fait sa résolution par *quarte supérieure* ou *quinte inférieure*. Dans cette résolution, la *tierce* monte d'un demi-ton, la *quinte* descend d'un degré, la *septième* et la *neuvième* descendent d'un degré. Cet accord a quatre renversements peu usités. Mais on emploie souvent l'*accord de septième de sensible*, qui n'est autre chose que l'*accord de neuvième majeure* sans fondamentale, et ses divers renversements.

— L'accord de neuvième mineure (ut, mi, sol, si bémol et ré bémol), ne diffère du précédent que par sa neuvième, qui est mineure. Il suit les mêmes règles. Ses renversements sont peu usités; mais on emploie souvent l'accord de septième diminuée, qui n'est que cet accord sans fondamentale, et ses divers renversements.
— L'accord de neuvième se marque dans son état normal par un 9, avec un accident qui indique si la neuvième est majeure ou mineure. L'accord de septième de sensible se marque par 7 avec un 5 barré au-dessous; le premier renversement par $, le deuxième par ⁴⁄₃ en faisant précéder le 4 d'une petite croix, et le troisième par un 2. — L'accord de septième diminuée se chiffre avec un 7 barré; le premier renversement par un 6 avec un 5 barré au-dessous; le deuxième renversement par un une croix devant le 4, et un bémol ou tout autre accident nécessaire devant le 3; le troisième renversement par un 2 précédé d'une croix.

NICHAN-IFTIHAR (en turc signe de gloire), décoration turque créée par le sultan Mahmoud II en 1831. Elle a pour insigne le chiffre du sultan entouré de diamants. Il y a des décorations de plusieurs classes.

NICOLAS I⁰ʳ, empereur de Russie, né le 6 juillet 1796, était le troisième fils de l'empereur Paul I⁰ʳ. Après la mort de son frère aîné, Alexandre I⁰ʳ, il monta sur le trône que lui laissait l'abdication du grand-duc Constantin, le 1ᵉʳ décembre 1825. Il montra une grande énergie en réprimant, dès le début de son règne, une sédition de l'armée. Il soutint en 1828 une guerre victorieuse contre la Perse et la Turquie; s'allia à l'Angleterre et à la France pour constituer le royaume de Grèce; assura l'incorporation de la Pologne à la Russie (1831) par une guerre sanglante et terrible. En 1840, il prit une part active aux opérations des puissances en Orient. Son voyage à Rome en 1845 et sa rencontre avec le pape Grégoire XVI sont célèbres. En 1849, il aida de ses armées le rétablissement de la paix en Hongrie. En 1853, il donna l'ordre d'envahir le territoire ottoman et provoqua ainsi une lutte gigantesque contre la Turquie, la France, l'Angleterre et le Piémont, unis pour s'opposer à ce nouvel empiétement de la Russie. La mort a surpris Nicolas au début de cette guerre. Il a succombé à une paralysie du poumon, le 2 mars 1855, laissant la couronne à son fils aîné, Alexandre II.

NICOTINE, substance composée de carbone, d'hydrogène et d'azote, qu'on extrait des feuilles de tabac fermentées. Cette substance, huileuse, d'une odeur forte et âcre, est très-vénéneuse.

NIMBE, cercle ou auréole que l'on place, dans les tableaux et les images, au-dessus de la tête de Dieu, de Jésus-Christ, de la sainte Vierge et des saints.

NIVÉOLE ou leucoium, genre de la famille des amaryllidées, renfermant des plantes d'agrément, à hampe basse, terminée par des fleurs blanches, solitaires ou en grappes. On cultive la nivéole de printemps ou perce-neige, dont les fleurs paraissent au mois de mars, et la nivéole d'été ou à bouquet, qui fleurit en mai.

NODIER (Charles), né à Besançon en 1780, se consacra de bonne heure à la littérature; il devint en 1825 bibliothécaire à l'Arsenal et membre de l'Académie française en 1833. Il est mort en 1844. Nodier s'est exercé sur tous les genres littéraires. Il a écrit des ouvrages de linguistique, des romans, entre autres la Fée aux Miettes, Jean Sbogar, etc., des livres historiques, comme le Dernier Banquet des Girondins, etc.

NOUILLES, sorte de préparation culinaire; c'est une pâte faite avec de la farine et des œufs et découpée comme le vermicelle.

NUCELLE (botan.), corps pulpeux placé au centre de l'ovule, dans la première période de son développement.

OBSTÉTRIQUE, partie de la science médicale qui s'occupe de l'art des accouchements.

O'CONNELL (Daniel), né en Irlande en 1775, fut reçu avocat en 1798, et se dévoua à l'émancipation des catholiques d'Irlande. Il créa une association qui s'étendit dans tout ce pays. Envoyé à la chambre des communes en 1828, il obtint, par sa persistance éloquente, l'émancipation des catholiques, la réforme parlementaire, l'abolition de plusieurs lois vexatoires, etc. Ses tentatives pour provoquer le rappel de l'union législative de l'Irlande et de l'Angleterre, lui valurent des procès où il se distingua par son talent. Il est mort en 1847.

OENOTHÉRÉES. Voy. ONAGRARIÉES.

OERSTED (Jean-Christian), né en Danemarck en 1774, devint professeur à l'université de Copenhague. Il est le fondateur de l'électro-magnétisme, et on lui doit de nombreux travaux et découvertes sur la physique. Il est mort en 1851 membre d'un grand nombre de sociétés savantes.

OIDIUM, genre de la famille des mucédinées, renfermant de très-petites plantes cryptogames, formées de filaments excessivement ténus, réunis par touffes. Ces parasites attaquent le bois pourri, les plantes mortes ou malades, les arbustes et même les arbres. On connaît les ravages causés par l'oidium tuckeri sur la vigne, ravages qui n'ont pu être utilement combattus par aucun des procédés préconisés depuis l'invasion de cette maladie.

OLTENITZA, ville sur la rive gauche du Danube, où les Russes furent battus par les Turcs, commandés par Omer-Pacha, le 2 novembre 1853. Ce fut la première affaire de la guerre d'Orient, qui devait prendre bientôt après une grande extension par l'intervention de la France et de l'Angleterre.

OPODELDOCH, baume à demi solide, transparent, formé d'alcool, de camphre, de savon, d'ammoniaque, de sel marin, d'huiles essentielles de thym et de romarin. On se sert de ce baume en frictions pour combattre les entorses et les douleurs rhumatismales.

ORDRE IMPÉRIAL DE LA LÉGION D'HONNEUR. L'effigie de Napoléon a été rétablie sur la croix de l'ordre, ainsi que l'aigle impériale.

ORLÉANS (Ferdinand, duc d'), né à Palerme en 1810, était le fils aîné de Louis-Philippe I⁰ʳ. Il fit ses études au collége Henri IV. Il prit en 1832 une part active au siège d'Anvers, puis il se signala en Algérie, notamment à la prise de Mascara, au passage des Portes de Fer, à l'attaque de Mouzaïa. Il créa et organisa les chasseurs de Vincennes en 1836. Ce prince, ami des arts et des lettres, mourut le 13 juillet 1842 des suites d'une chute de voiture; il avait épousé la princesse Hélène de Mecklembourg-Schwerin; il a laissé deux fils, le comte de Paris, né en 1838, et le duc de Chartres.

OSTÉOCOPES, douleurs aiguës dont le siège est dans les os ou le tissu osseux.

OTELLES, petites figures ovales et pointues, usitées dans le blason. — Ce mot désignait aussi, au moyen âge, les fers de lance.

OUDINOT (Nicolas-Charles), né à Bar-sur-Ornain en 1767, s'engagea à seize ans dans l'armée du Rhin et se signala par sa bravoure. La conquête de Trèves, Neubourg et autres villes, lui valut le titre de général de division. Il prit une part active aux campagnes de Suisse, d'Italie, d'Autriche, aux combats de Zurich, du Mincio, d'Austerlitz, de Friedland et de Wagram. Nommé maréchal de France, il s'empara de la Hollande en 1810 et se distingua dans la campagne de Russie et dans l'héroïque campagne de France. Oudinot devint sous la restauration pair de France, major-général de la garde royale, commandant en chef de la garde nationale. Il fit la guerre d'Espagne en 1823. En 1839 grand-chancelier de la Légion d'honneur, en 1842 gouverneur des Invalides, il est mort en 1847.

OZONE, nom donné à l'odeur que prend l'oxigène sous l'influence de l'électricité.

PAGANINI (Nicolas), né à Gênes en 1784, se distingua dès l'âge le plus tendre sur le violon, et devint le premier virtuose de son siècle. Il parcourut l'Europe donnant des concerts partout accueillis avec enthousiasme. Il était aussi compositeur distingué, et on l'a surnommé le Beethoven de l'Italie. Il est mort à Nice le 27 mai 1840. Les traits hardis qu'il exécutait sur le violon n'ont pu encore être imités par aucun artiste.

PANTIÈRE, sorte de filet que l'on tend verticalement, et qui sert à prendre à la fois un grand nombre d'oiseaux volant par troupes.

PANTOGRAPHE, instrument destiné à copier des gravures ou des dessins, en les amplifiant ou en réduisant dans la proportion qu'on veut : c'est instrument agit mécaniquement et n'exige aucune connaissance de l'art.

PAPPE, aigrette cotonneuse qui entoure ou surmonte les graines, dans le chardon, le seneçon, etc. — Une fleur est pappifère quand elle porte des pappes.

PARME. Le duché de Parme a été, en 1847, à la mort de Marie-Louise, réuni au duché de Lucques.

PARTHÉNOPE, planète télescopique, découverte tout récemment et qui fait sa révolution autour du soleil en 1399 jours.

PASKEWITCH (prince), né à Pultawa en 1782, servit d'abord en qualité de lieutenant de la garde et d'aide de camp de l'empereur Paul I⁰ʳ, en 1805, il se battit contre les Français dans les rangs des Autrichiens; se fit remarquer par ses talents militaires à l'expédition de Turquie (1807-1812); en revint avec le grade de général, et assista aux batailles de Smolensk, la Moskowa, Dresde et Leipsick. En 1814, il commandant la 2ᵉ division des grenadiers russes. Général en chef de l'armée du Caucase en 1826, il contraignit le shah de Perse à demander la paix ; puis il prit Kars et Erseroum aux Turcs. En 1831, placé à la tête de l'armée envoyée en Pologne, il prit Varsovie, ce qui lui valut le titre de prince de Varsovie et les fonctions de lieutenant du royaume de Pologne. Il commanda l'armée russe en 1849 dans la guerre de Hongrie ; et assista en 1853 au siège de Silistrie défendu par les Turcs. Il est mort en Pologne en 1856.

PASSAGE (astron.), moment où un corps céleste s'interpose entre d'autres corps et l'œil de l'observateur. On fait souvent usage du passage des astres pour certaines déterminations astronomiques. — Le passage d'un astre au méridien est le point où cet astre est le plus éleve.

PAT se dit, au jeu des échecs, du joueur qui ne peut faire marcher son roi sans le mettre en prise. La partie est nulle dans ce cas.

PATCHOULI, nom d'une espèce du genre pogostemon, de la famille des labiées. C'est une plante peu intéressante par sa fleur d'un violet pâle, mais remarquable par l'huile essentielle odorante que renferment ses feuilles employées comme parfums. Elle vient de l'Indo-Chine.

PATOUILLET. On nomme ainsi un appareil usité pour enlever aux minerais leurs parties terreuses. C'est une auge ou cuve où l'on introduit de l'eau.

PAULOWNIA, genre de la famille des scrophularinées, renfermant de beaux arbres au port élégant, aux feuilles grandes et opposées, aux fleurs d'un bleu violâtre, ponctuées de brun, placées en pyramides au sommet des rameaux, exhalant une agréable odeur de violette. Le *paulownia imperialis* est cultivé en France depuis 1834; il est originaire du Japon.

PAVANE, ancienne danse d'un caractère grave et sérieux.

PAVIE, nom donné aux pêches dont la chair est adhérente au noyau.

PÉAN, hymne que les anciens chantaient en l'honneur d'Apollon, vainqueur du serpent Python.

PÉDILUVE, terme synonyme de bain de pieds.

PEDRO (ordre de), créé en 1822 par Dom Pedro, empereur du Brésil. L'insigne est une étoile à 5 rayons qui porte un phénix en or avec les lettres P. I. (*Petrus, imperator*), et qui est suspendu à un ruban vert moiré.

PEEL (Sir Robert), né en Angleterre en 1778, entra à 21 ans à la chambre des communes, et peu de temps après fut appelé à diriger le ministère de l'intérieur. Il fit passer plusieurs mesures libérales, entre autres l'émancipation des catholiques, la suppression des prohibitions sur les céréales et autres denrées. Ce ministre libéral et éloquent, ami des réformes utiles, mourut en 1850 d'une chute de cheval.

PÉLARSONIUM, genre de la famille des Géraniacées, renfermant de magnifiques plantes d'ornement, à feuilles divisées, à fleurs grandes et parées des plus brillantes couleurs; ces fleurs ont 5 pétales inégaux et irréguliers. Les semis ont procuré un nombre considérable de variétés qui font les délices des amateurs.

PELLAGRE, maladie de la peau; celle-ci est le siège d'une inflammation chronique bornée aux parties exposées à l'air. Cette maladie, qui attaque de préférence les constitutions débiles, est très dangereuse. On l'observe surtout dans le Piémont, le Milanais et dans quelques parties de la France méridionale.

PÉNÉEN, terrain caractérisé par le grès rouge et où l'on ne rencontre qu'un petit nombre de fossiles.

PERTSTÉMON, genre de la famille des scrophularinées, renfermant des plantes du Mexique, à feuilles lancéolées, ornées pendant tout l'été de feuilles campanulées, en grappes, variant du blanc au rouge foncée. Ces plantes sont cultivées dans tous nos jardins d'agrément.

PÉPITE, masse plus ou moins grande d'or natif. On trouve les pépites dans les terrains meubles du Pérou, de la Californie, de l'Australie.

PÉRICLINS, nom donné, en botanique, à l'ensemble des bractées qui entourent les fleurs, dans les plantes de la famille des composées.

PÉRINÉE, espace entre l'anus et les parties sexuelles. La ligne qui le sépare en deux parts égales s'appelle *raphé*.

PÉRIPHÉRIE, contour d'une figure géométrique.

PÉRIPLE. Les Grecs nommaient ainsi les voyages de long cours autour d'un grand pays, ceux que nous appelons de *circumnavigation*.

PÉRISTOLE, mouvement des intestins, destiné à seconder et à compléter la digestion.

PÉRISTOME. Ce mot désigne aussi le bord extérieur de l'ouverture des coquilles. On le dit *réfléchi* lorsqu'il offre un rebord, comme dans l'*hélice chagrinée*.

PERS, nom donné aux objets dont la couleur est d'un bleu tirant sur le noir ou sur le vert.

PERSE, toile de coton peinte, à bouquets, usitée surtout pour la décoration des appartements.

PÈSE-LAIT. Voy. GALACTOMÈTRE.

PÉTUNIA, genre de la famille des solanées, renfermant des plantes très-rameuses, à rameaux visqueux et diffus, à feuilles ovales, entières, à fleurs se succédant tout l'été et l'automne, infundibuliformes, grandes, variant du rouge au blanc. Les semis ont produit des variétés de couleurs très-remarquables. Mélangés avec goût, les pétunias forment dans les jardins des massifs agréables. Ces plantes sont originaires de la Plata.

PEYRONNET (le comte Charles-Ignace DE), né à Bordeaux en 1775, était avocat avant la restauration. Depuis cette époque, il fut président du tribunal de 1re instance de Bordeaux, puis procureur-général près la cour de Bourges, député du Cher, procureur-général à Rouen; en 1822 il fut appelé au ministère de la justice qu'il ne conserva que peu de temps. Nommé comte (1822), pair de France, il fut désigné en 1829 comme membre du cabinet formé par le prince de Polignac, et qui rendit les fameuses ordonnances cause de la révolution de 1830. Après avoir été pendant quelques années prisonnier d'État à Ham, M. de Peyronnet a vécu dans la retraite et est mort à Bordeaux en 1854.

PFENNIG, petite monnaie de compte usitée en Allemagne. Elle vaut un centime.

PHLÉBITE, inflammation de la membrane intérieure des veines, quelquefois locale, d'autres fois générale. Dans ce dernier cas, c'est une affection très-grave.

PHOCEA, petite planète découverte il y a peu d'années, à Marseille. Elle fait sa révolution autour du soleil en 1350 jours.

PHOSPHÈNE, nom donné à des phénomènes lumineux qui se produisent lorsqu'on comprime avec la main l'œil dont les paupières sont abaissées.

PHOTOGRAPHIE, art de fixer sur du papier, ou une substance métallique, par la seule action de la lumière, l'image des objets. Voy. DAGUERRÉOTYPE.

PHYLLE, chacune des pièces dont se compose le calice d'une fleur. Le phylle est synonyme de *sépale*. On dit un *calice monophylle, polyphylle*, etc.

PHYSE, genre de mollusques qui habitent les eaux douces de France et dont la coquille univalve est très-ventrue, oblongue et terminée en pointe.

PICADOR (en espagnol, *piqueur*), celui qui, dans les combats de taureaux, attaque ces animaux avec une lance ferrée, afin de les exciter davantage.

PIÉCETTE, petite monnaie d'argent espagnole, vaut 1 fr. 8 cent. La demi-piécette ou *réal de vion* vaut 54 cent.— A Alger, la piécette vaut 47 cent.

PIÉTIN, maladie du pied des bêtes à cornes et des moutons; elle est contagieuse, et a pour cause l'humidité et la malpropreté. On la traite avec des lotions de chlorure de soude.

PIGMENT, matière placée sous la peau et qui lui donne les diverses couleurs que l'on remarque dans les variétés de l'espèce humaine.

PILAU, nom donné à un mets très-usité en Orient et composé de riz cuit à l'eau avec du beurre ou de la graisse et de morceaux de mouton hachés.

PINTE, mesure pour les liquides, fort usitée jadis; elle était le 8e du setier et valait 2 chopines. La pinte de Paris vaut environ 93 centilitres. 10 pintes valent 9 lit. 31 cent.

PISCICULTURE, art, anciennement connu et renouvelé de nos jours, de faire naître et d'élever des poissons. Deux pêcheurs des Vosges ont été les premiers à retrouver cette industrie, qui a été plus tard cultivée en grand. Un établissement spécial a été créé à Huningue aux frais du gouvernement. On espère repeupler ainsi les rivières et même la mer où différentes espèces de poissons commençaient à devenir rares.

PIQUÉ, étoffe de coton, formée de deux tissus, l'un fin et l'autre plus gros, appliqués l'un contre le second, et unis par des points, presque toujours en losange.

FLACER, nom espagnol dont on se sert dans l'Amérique méridionale pour désigner les terrains que l'on exploite afin d'y rechercher de l'or.

PLAGAL, mode usité en plain-chant, et qui est l'opposé du mode authentique.

La quinte est à l'aigu et la quarte au grave. Les 2e, 4e, 6e et 8e tons sont plagaux.

PLAINE, nom donné à cette partie des députés à la convention nationale, qui siégeaient au bas de cette assemblée, entre la montagne, et le côté droit. Ces députés n'étaient d'aucun parti arrêté, et se ralliaient tantôt à l'un, tantôt à l'autre.

PLANCHETTE, instrument en usage pour le levé des plans. C'est une planche rectangulaire, montée sur un genou et sur un pied à trois branches.

PLANÈTES; il faut ajouter aux planètes dont le nom est indiqué à la page 1098, les suivantes qui ont été découvertes dans ces dernières années : grande planète, *Neptune*; petites planètes : *Flore, Melpomène, Victoria, Urania, Euterpe, Iris, Métis, Phocéa, Massalia, Hébé, Fortuna, Parthénope, Thétis, Amphitrite, Astrée, Irène, Égérie, Lutétia, Thalie, Eunomia, Proserpine, Bellone, Cassiope, Psyché, Hygie* et *Thémis*.

PLUM-PUDDING (en anglais, *gâteau au raisin de Corinthe*), espèce de pâtisserie anglaise, dans la composition de laquelle entrent des raisins de Corinthe, du Rhum, etc.

PLUVIOMÈTRE. Voy. UDOMÈTRE.

POLACRE, petit bâtiment en usage sur la Méditerranée; il peut aller à rames, bien qu'il porte mât et voiles carrées.

POLARISCOPE, instrument d'optique dont le but est d'observer les phénomènes de la polarisation et de constater cette dernière.

POLKA, danse à 2 temps et d'origine polonaise, introduite en France en 1840.

POLYCHROISME, phénomène en vertu duquel certains corps cristallisés, transparents, offrent des couleurs différentes selon le sens dans lequel le rayon lumineux le pénètre.

POLYCHROMIE, action de peindre avec diverses couleurs les monuments ou les objets de sculpture.

POLYGYNIE, nom donné dans le système botanique de Linné aux ordres qui comprennent des plantes munies de plusieurs pistils dans la même fleur. Le rosier appartient à cet ordre.

POLYNOME, terme d'algèbre qui désigne une quantité composée de plusieurs parties. Avec deux parties, c'est un *binôme*; avec trois, un *trinôme*, etc.

POLYPTYQUE, tablette à écrire des anciens, qui avait plus de deux feuillets. — C'était aussi, au moyen âge, un livre contenant le détail des redevances féodales.

PONANT, mot synonyme d'*occident* ou de *couchant*.

PONEY, très-petit cheval à longs poils, en usage en Écosse et en Irlande.

PONGITIVE, douleur comparable à celle que fait éprouver une piqûre, l'action d'une pointe acérée.

PONT-NEUF, nom donné autrefois aux chansons qui étaient vulgarisées rapidement et qui se chantaient dans les rues.

POPELINE, étoffe dont la trame est de laine lustrée et la chaîne de soie.

POPULAGE, nom vulgaire du *caltha* ou *souci d'eau*, plante de la famille des renonculacées. Cette plante, vivace, a des feuilles en cœur, arrondies, crénelées; des fleurs d'un beau jaune, très-grandes, doublant par la culture.

POPULEUM, onguent composé de bourgeons récents de peupliers, de graisse de porc, de feuilles de pavot noir, de belladone, de jusquiame et de morelle noire. Cet onguent est usité comme calmant.

PORTE-DRAPEAU, sous-lieutenant chargé, dans chaque régiment, de porter le drapeau.

PORTE-OR, marbre noir orné de paillettes d'or ou de veines offrant la couleur de l'or.

PORTER, bière forte, de couleur très-foncée, en usage en Angleterre.

PORTULACÉES, famille de plantes dicotylédones, à feuilles épaisses et charnues, à fleurs régulières de 4 à 5 pétales insérés au fond du calice, à capsule généralement uniloculaire. Le *pourpier* est le type de cette famille.

POSITIF, petit buffet d'orgue placé en avant du grand orgue, et qui renferme des jeux particuliers.

POSTCOMMUNION, prière que le prêtre récite après la communion, à la fin de la messe.

POU-DE-SOIE ou POULT-DE-SOIE, étoffe de soie forte et bien garnie.

POUPE, l'arrière d'un navire; c'est le poste d'honneur.

POURRITURE, nom vulgaire de la *cachexie aqueuse*, maladie des bêtes à laine très dangereuse, et qui règne souvent dans de grandes proportions. Elle est due à un épanchement de sérosité dans le thorax ou l'abdomen.

POZZO DI BORGO, diplomate célèbre, né en Corse en 1764, fut envoyé comme représentant de son pays à l'Assemblée législative. Accusé par des envieux près de la Convention, il refusa de comparaître pour se justifier; il fit déclarer l'indépendance de la Corse, et devint président du conseil d'État de cette île. Forcé de se réfugier en Angleterre, puis à Vienne, il alla en 1804 offrir ses services à l'empereur de Russie. Dirigé principalement par la haine aveugle qu'il portait à l'empereur, il fut envoyé en qualité de ministre plénipotentiaire près du roi Louis XVIII, et se trouva au congrès d'Aix-la-Chapelle et de Vérone. Ambassadeur en France en 1823, puis à Londres en 1835, il est mort en 1842.

PRADIER (James), né à Genève en 1792, a été un des plus habiles sculpteurs de notre époque. Il est mort en 1852, membre de l'Institut. On cite ses statues du Printemps, des trois Grâces, de Sapho, de l'Industrie, etc.

PRALINES, amandes qu'on a fait bouillir dans du sucre fondu, quelquefois coloré en rouge.

PRAME, bateau à fond plat, à voiles et à rames, tirant peu d'eau, et pouvant néanmoins porter un poids considérable.

PRÉCEINTE, nom donné, en marine, au bordage épais qui forme comme la ceinture d'un bâtiment et qui en sépare les étages.

PRÉCORDIAL, tout ce qui a rapport au diaphragme.

PRÉLART, grosse toile goudronnée, qui sert à abriter les marchandises ou les objets dans les ports et sur les navires.

PROFÈS, nom donné aux religieux qui ont prononcé les vœux complets.

PROLIFÈRE, épithète attribuée, en botanique, à un organe qui donne naissance à un autre organe qu'il ne produit pas habituellement, ou qui est semblable à lui-même.

PRONUNCIAMIENTO, mot espagnol qui signifie *déclaration*, et qui désigne un acte par lequel un chef se déclare en état d'insurrection contre le gouvernement.

PROPHYLACTIQUES, remèdes qui ont pour but de prévenir les maladies.

PROTOGÈNE, roche formée de talc et de feldspath, et accidentellement de quartz. Elle est très-tenace et constitue le massif du Mont-Blanc et des montagnes voisines.

PROUE, nom que porte l'avant du navire.

PROVIGNAGE, opération agricole qui consiste à coucher en terre des branches d'arbres, lesquelles s'enracinent et produisent des pieds nouveaux, qui deviennent rapidement de la tige-mère. Ces pieds nouveaux se nomment *provins*. Le provignage est surtout usité pour la vigne.

PRURIGO, maladie de la peau, consistant en papules peu saillantes, larges, produisant une démangeaison intolérable.

PRURIT, synonyme de démangeaison vive, sans la présence d'une inflammation ou d'une éruption cutanée.

PSORIASIS, maladie de la peau, caractérisée par des plaques écailleuses blanches, affectant le plus souvent une partie limitée du corps. Cette maladie n'est pas redoutable, mais sa durée est longue.

PSYCHÉ, planète télescopique découverte en 1852, et qui fait sa révolution autour du soleil en 2,043 jours.

PTARMIQUE, synonyme de *sternutatoire*, ce qui provoque l'éternuement.

PTYALISME, synonyme de *salivation*.

PULTACÉ, nom donné aux substances qui ont la consistance d'une bouillie.

PURIN, eaux de fumier, provenant en grande partie de l'urine des animaux domestiques, et qu'on recueille pour s'en servir comme engrais.

PUSEYISME, doctrine religieuse dont le chef est le docteur Pusey, professeur à l'université d'Oxford. Cette doctrine, qui se rapproche du catholicisme, admet l'indépendance des pouvoirs spirituel et temporel, la confession auriculaire, l'invocation des saints, le sacrifice de la messe, etc. Les principaux partisans du docteur Pusey ont embrassé la foi catholique.

QUINAIRE, nom donné, en numismatique, au plus petit des trois modules des médailles romaines.

QUINOLA, nom du valet de cœur au jeu de reversis.

RABAN; c'est, en marine, un bout de cordage qui sert à faire une attache.

RABAT, petit morceau de crêpe noir, divisé en deux parties, que les ecclésiastiques portent attaché au cou, sur le devant de la poitrine. — Au théâtre, dans l'université, dans quelques congrégations religieuses, le rabat est blanc.

RABDOMANCIE. Voy. BAGUETTE DIVINATOIRE.

RAGLAN (James-Henri FITZROY SOMMERSET, baron), célèbre général anglais, était le neuvième fils du duc de Beaufort. Né en 1788, il entra au service en 1804, comme cornette au 4e dragons. Il fit sous Wellington les campagnes d'Espagne et de Portugal, et il combattit à Toulouse et à Waterloo. À cette dernière journée il était colonel. Il perdit un bras dans cette bataille. En 1818, il siégea aux communes, devint major général, lieutenant général, directeur général de l'artillerie, et entra à la chambre des lords. Il reçut en 1854 le commandement de l'armée anglaise envoyée en Orient, et prit une part brillante aux batailles de l'Alma et d'Inkermann. Il se fit remarquer par sa froide bravoure et ses soins assidus pour l'armée qui lui était confiée. Nommé feldmaréchal, il succomba le 28 juin 1855 à une attaque de choléra. Son corps fut rapporté en Angleterre, où on lui fit de splendides funérailles.

RAMPANT, terme qui désigne, dans le blason, les animaux représentés debout.

RAPPORT. En mathématiques, c'est la relation de deux quantités inégales. Le *rapport arithmétique* ou *par différence*, est la différence entre deux quantités; le *rapport géométrique* ou *par quotient*, est le quotient résultant de la division de l'une des quantités par l'autre.

RATANHIA, racine de *krameria*, arbre de la famille des polygalées, originaire du Pérou. Elle est longue, d'un jaune rougeâtre, d'une saveur amère. On l'emploie, à l'intérieur, comme astringent.

RÉCAMIER (Mme BERNARD, dame), née à Lyon en 1777, épousa M. Récamier, banquier à Paris. Son salon devint sous le consulat et l'empire le rendez-vous des personnages les plus illustres de l'époque. Madame Récamier est morte en 1849, laissant le souvenir d'une beauté ravissante, d'une inépuisable charité, d'une rare bienveillance et d'un esprit charmant.

RECORDER, magistrat chargé, dans quelques villes d'Angleterre, de veiller à l'observation des lois et de publier les arrêts des cours de justice.

RECUITE ou RECUIT, opération qui consiste à faire rougir des métaux et à les laisser refroidir lentement, afin de leur rendre l'élasticité qu'ils avaient perdue par la trempe ou le battage. — C'est aussi l'opération par laquelle une pièce de verre ou de céramique est soumise à l'action du feu, après avoir reçu la peinture.

REDAN, terme de fortification; désigne les angles saillants, pratiqués de distance en distance pour protéger l'enceinte.

RÉDEMPTION DES CAPTIFS. V. MERCI.

REDOWA, danse nouvelle.

RÉFRINGENT, corps qui fait dévier les rayons de lumière, qui opère la *réfraction*.

RÉGULIERS, nom donné aux religieux, parce qu'ils obéissent à des règles strictes et particulières.

RÉSISTENT se dit, en médecine, de l'état d'une partie, d'une tumeur, qui est tendue, qui offre de la résistance.

RÉSULTANTE, force qui résulte de l'action de plusieurs forces.

REVOLVER, pistolet d'origine anglaise, à plusieurs coups, et que l'on charge en le faisant tourner sur lui-même.

RIBORDS, bordages supérieurs de la carène d'un bâtiment.

RINCEAU, ornement qui consiste en branches ou plantes qui s'entrelacent ou qui se rencontrent de façon à faire des diversions agréables à l'œil.

ROOD, mesure anglaise de superficie, vaut 10 ares 11 centiares.

ROSE (ordre de la), fondé en 1829 par Dom Pedro, empereur du Brésil. Son insigne est une étoile à 6 rayons, portant les lettres P. A. (*Petrus et Amelia*) et l'inscription *Amor et fidelius*. Le ruban est rose, bordé de blanc.

ROSSI (Pellegrino, comte), né à Carrare en 1787, embrassa la carrière du droit. Exilé à cause de ses opinions libérales en 1815, il se retira à Genève, où il reçut le droit de bourgeoisie et fut pourvu d'une chaire de droit romain. Venu en France en 1832, il obtint la chaire d'économie politique au collège de France, et peu après celle de droit constitutionnel à la faculté de Paris. Membre de l'académie des sciences morales, pair de France, après avoir été naturalisé, il fut envoyé comme ambassadeur à Rome en 1845. En 1848, il accepta du saint-père les fonctions de chef de son ministère; il opéra d'utiles réformes dans le sens d'un libéralisme modéré. Le comte Rossi fut assassiné par un inconnu le 15 novembre 1848. Il a laissé de bons ouvrages de droit et d'économie politique.

ROSTRE, nom donné à l'extrémité de la bouche de certains insectes. — En botanique, c'est l'extrémité de l'éperon dans les corolles irrégulières.

ROY (Antoine, comte), né à Savigny (Haute-Marne) en 1764, était avocat au parlement de Paris au moment où la révolution éclata. Membre de la chambre des députés en 1815, il se montra le constant défenseur de la royauté constitutionnelle. Ministre des finances de 1819 à 1822, il fut nommé comte et pair de France; il fut encore ministre de 1818 à 1829. M. Roy est mort en 1847, laissant une très-grande fortune.

ROYER-COLLARD (Pierre-Paul), né dans la Marne en 1763, embrassa avec modération les principes de la révolution, et fut en 1797 député aux Cinq-Cents. Nommé en 1810 professeur d'histoire de la philosophie moderne à la faculté des lettres de Paris, il fut nommé député en 1815 et combattit les mesures antilibérales de la restauration. Membre de l'académie française en 1827, président de la Chambre en 1828, il conserva longtemps les fonctions de député et mourut en 1845. Royer-Collard a été un des fondateurs du régime constitutionnel en France.

RUBÉFIANT, épithète des médicaments qui provoquent la rougeur de la peau.

RUDE (François), sculpteur célèbre, né à Dijon en 1784; il obtint, dans sa jeunesse, des grands prix de l'Institut, et fit connaître par des productions pleines de goût et de talent. On cite *le jeune Pêcheur napolitain jouant avec une tortue*, *Mercure mettant ses talonnières*, les bustes ou statues de La Pérouse, de Dupin aîné, de Monge, de Jeanne d'Arc; enfin le groupe de *l'Appel aux armes*, qui décore un des piliers de l'arc de l'Étoile, à Paris. Rude est mort en 1855.

RUTABAGA, ou *navel de Suède*, espèce de chou cultivé à cause de sa racine à chair jaunâtre, robuste, très-rustique, et qui fournit une bonne nourriture aux bêtes à cornes et aux moutons, auxquels on les donne coupés par tranches.

SACELLE, nom que porte le fruit dont la graine unique est revêtue d'une enveloppe membraneuse.

SAGÈNE ou SASCHINE, mesure de longueur, usitée en Russie, vaut 2 m. 134.

SAINT-ARNAUD (A.), né à Paris en 1800, entra fort jeune au service ; surnuméraire aux gardes du corps du roi en 1815, il devint sous-lieutenant d'infanterie en 1818. Démissionnaire en 1827, il ne rentra au service qu'en 1831. Il passa dans la légion étrangère en 1836; il arriva au grade de maréchal de camp en 1845, après s'être distingué dans plusieurs occasions ; il commanda la province de Constantine en 1850, devint général de division en 1851 et dirigea une brillante expédition dans la Kabylie ; appelé à Paris, il fut créé ministre de la guerre en 1851 et maréchal de France en 1852. Il était en outre sénateur, grand écuyer, grand'croix de la Légion d'honneur. — En 1854, il reçut le commandement en chef de l'armée envoyée en Orient. Il opéra le 14 septembre un heureux débarquement en Crimée, et battit, le 20 septembre, à la bataille de l'Alma, les Russes commandés par le prince Menschikoff. Peu de jours après, le maréchal, dont la santé était chancelante depuis longtemps, succomba à une attaque de choléra (29 septembre). Ses restes furent rapportés en France et inhumés aux Invalides.

SAINT-PRIEST (Alexis DE), mort en 1851, membre de l'Académie française, ancien ministre plénipotentiaire, auteur d'une *Histoire de la Royauté*, d'une *Histoire de la conquête de Naples*, et de plusieurs autres écrits qui ont obtenu un légitime succès.

SALBANDES, couches qui séparent les filons de la roche qui les contient.

SANTON, nom donné aux moines turcs.

SAX-HORN, instruments en cuivre inventés par l'Allemand Sax, et qui remplacent les cors, l'ophycléide et le trombone. Ils forment une famille qui comprend divers instruments dont l'échelle est plus ou moins élevée, depuis la *contrebasse* jusqu'au *soprano*. Ces instruments, dont le principal mérite consiste dans la sonorité et l'égalité de son, font aujourd'hui la base fondamentale des musiques militaires.

SAXOPHONE, instrument à vent et en cuivre inventé par M. Sax. Il a 20 clefs.

SCALPER, se dit de l'opération par laquelle les sauvages enlèvent à leurs ennemis la peau du crâne avec la chevelure. Les *scalps* servent de trophées. La victime ne succombe pas toujours à cet acte barbare.

SCION, rejeton herbacé, encore tendre et flexible, d'un arbre.

SEBASTIANI DELLA PORTA (Horace), né en Corse en 1775, embrassa de bonne heure le parti des armes, servit en Italie avec distinction. Envoyé en 1802 à Constantinople, il remplit avec succès des missions difficiles. Rentré dans la carrière active, il se distingua en Allemagne, revint comme ambassadeur en Turquie en 1806, fit déclarer la guerre à la Russie, dirigea avec bonheur la défense de Constantinople contre les Anglais. Il servit ensuite en Espagne, en Russie et dans la campagne de France. Resté sans emploi sous la restauration, il fut élu député en 1819, vota avec le parti libéral; ministre des affaires étrangères après 1830, ambassadeur à Naples, puis à Londres, maréchal de France en 1840. Il est mort en 1852.

SECHIUM, genre de la famille des cucurbitacées, renfermant des plantes originaires des tropiques, grimpantes, dont une espèce, le *S. edule* ou *chayotte*, donne des fruits comestibles, très-gros, agréables au goût. Cette plante réussit très-bien en Algérie.

SÉCULIER, nom distinctif donné aux membres du clergé, par opposition aux *réguliers* qui appartiennent aux congrégations religieuses.

SÉMAPHORE, télégraphe en usage dans les ports et sur les côtes. Sa principale destination est d'annoncer l'arrivée et les manœuvres des bâtiments.

SEMINULES, corps reproducteurs dans les plantes cryptogames ou à organes sexuels invisibles.

SÉNAT. — Le sénat a été rétabli en France en 1852. C'est un des grands corps de l'État.

SERDAR-EKREM, titre de généralissime des armées en Turquie.

SERPILLIÈRE, grosse toile à grandes mailles qui sert à faire des tentes, des emballages, etc.

SEXTUOR, composition musicale écrite pour six voix ou six instruments.

SIBILATION, nom donné, en médecine, au sifflement qui se produit dans l'acte respiratoire, et qui accompagne un état catarrhal ou inflammatoire des bronches.

SIDDONS (Sarah), célèbre tragédienne anglaise, morte à Londres en 1831. Elle naquit en 1755, et était sœur de John et de Charles Kemble, acteurs comme elle.

SIDEROXYLON, genre de la famille des sapotacées, renfermant des arbres originaires de l'Afrique; une espèce, le *S. spinosum* ou *ragane*, est épineuse, à feuilles oblongues, persistantes, à fleurs verdâtres. Les fruits ont une coque dure et luisante, dont l'amande fournit de l'huile. Le bois de cet arbre est extrêmement dur.

SIGALLON (Xavier), peintre célèbre, né à Ozès, dans les Cévennes, en 1790, mort à Rome en 1837 ; a laissé plusieurs tableaux remarquables, entre autres une copie du célèbre *Jugement dernier* de Michel-Ange.

SILURIEN, terrain de transition, composé principalement de schistes ardoisés et de calcaires. Ce terrain est abondant en fossiles. On le trouve communément en Angleterre.

SIMOUN, vent brûlant qui souffle en Afrique du sud au nord. Ses effets sont terribles. Il brûle et dessèche tout sur son passage; c'est une tempête qui soulève des montagnes de sable, et l'on ne peut s'y soustraire qu'en se couchant sur la terre, en attendant que l'ouragan ait disparu.

SISMONDI (Charles SISMONDE DE), né en 1773 à Genève, est célèbre par ses importants ouvrages historiques, qui lui méritèrent d'être nommé associé de l'Institut. On cite son *Histoire des Français*, l'*Histoire des républiques italiennes*, les *Études sur les sciences morales*, etc. Il est mort en 1842.

SMALAH, nom que les Arabes donnent aux tentes dans lesquelles habitent un chef et sa famille, et où sont placés ses richesses, ses chevaux, etc. On se rappelle la prise célèbre de la smalah d'Abd-el-Kader par le duc d'Aumale, en 1843.

SODA-WATER, en anglais *eau de soude*, nom donné à de l'eau rendue gazeuse par le carbonate de soude qu'elle contient en dissolution. On s'en sert comme rafraîchissante, seule ou avec un sirop.

SOLICITOR, en anglais *solliciteur*, titre attribué, en Angleterre, aux avoués et aux fonctionnaires de l'ordre judiciaire.

SONDERBUND (en allemand *ligue séparative*), nom donné à la ligue que formèrent, en 1846, sept cantons catholiques suisses pour résister aux mesures anti-religieuses prises par la diète. On employa la force pour réduire le Sonderbund.

SOUFRAGE, opération qui a pour but d'empêcher la fermentation et par suite l'acidification des vins. Elle s'opère en faisant brûler dans l'intérieur des futailles une mèche soufrée avant de les remplir.

SOULIÉ (Frédéric), né à Foix en 1800, mort en 1847, avec la réputation d'un habile et fécond romancier. On cite ses *Mémoires du Diable*, les *Deux cadavres*, les drames de *Clotilde*, *Christine*, etc.

SOULT (Jean-de-Dieu), né à Saint-Amans-la-Bastide (Tarn) en 1769, s'enrôla à 16 ans, se signala par sa bravoure sur le Rhin, en Suisse, en Italie, et reçut le bâton de maréchal de France en 1804. Il prit part aux grandes luttes en Allemagne, mais se distingua surtout dans la guerre d'Espagne. Il remporta plusieurs victoires importantes, et forcé de quitter ce pays en 1812, il fit une retraite qui passe pour un chef-d'œuvre de stratégie. De retour en Espagne en 1813, il se retira lentement devant l'armée des alliés, combattit à Peyrehorade, Saint-Palais, Orthez, et enfin soutint à Toulouse, le 10 avril 1814, une bataille contre 80,000 Anglais, Espagnols et Portugais; il n'avait que 22,000 hommes. Exilé par la restauration, il revint en France en 1819; ministre de la guerre après juillet 1830, il remplit à plusieurs reprises ces fonctions, et se retira en 1847 avec le titre de maréchal général. Il est mort en 1852.

SOUMET (Alexandre), né en 1786 à Castelnaudary, membre de l'Académie française ; a été un des poètes les plus éminents de notre siècle. Les tragédies de *Jeanne d'Arc*, *Saül*, *Clytemnestre*, le *Gladiateur*, etc., ont eu beaucoup de succès, ainsi que son poème de la *Divine épopée*, et ses poésies diverses.

SPAGIRISME, école médicale qui prétendait expliquer les changements qui s'opèrent dans le corps humain, de la même façon que la chimie explique les changements survenus dans les corps inorganiques.

SPÉRONARE, petit bâtiment à fond plat, à un mât et à une seule voile. On s'en sert sur la Méditerranée.

SPONTINI (Gaspard), né dans les États Romains en 1778, mort en 1851, a été un des plus grands compositeurs de ce siècle. Ses opéras la *Vestale* (1807), *Fernand Cortez* (1809), ont eu un succès immense. On lui doit encore *Olympie* et *Agnès de Hohenstaufen*. Spontini était membre de l'Institut de France.

SPORT, en anglais *jeu*, *plaisir*; mot qui désigne, en France, les plaisirs des courses de chevaux, de la chasse. Un *sport-man* est un amateur de ces sortes de divertissements.

SQUAMMES, bractées, petites membranes qui sont attachées à la partie supérieure des fleurs, dans la famille des composées. Ce mot est quelquefois synonyme d'*écailles*.

SQUARE, en anglais *carré*, désigne une place publique dont le centre est occupé par un jardin.

STEAMER, nom anglais employé en France pour désigner les bateaux à vapeur.

STEEPLE-CHASE, en anglais *chasse au clocher*. Ces expressions s'emploient en France pour désigner une course à cheval, à travers toute sorte d'obstacles.

STÉRÉOSCOPE, instrument d'optique, de récente invention, et qui fait paraître en relief des images planes.

STERTOREUX, nom donné à la respiration qui, dans certains cas, imite le bruit de l'eau bouillante.

STOCK, terme de commerce, désigne ou sur les marchés ; — Il vient de l'anglais *stock*, qui signifie *provision*.

STOFF, étoffe de laine assez fine et brillante, usitée pour robes de femme.

STOMATES, petits orifices qu'on observe sur la peau des végétaux, et que l'on croit servir à la respiration.

STOP, terme de marine, synonyme de : *arrêtez-vous! arrêtez!*

STORTHING, nom que porte la diète ou assemblée législative de Norwége.

STUD-BOOK, en anglais *livre de haras*, se dit du registre où l'on inscrit les noms des chevaux d'élite pour en établir la filiation.

SUFFRUTESCENT, nom donné aux plantes qui se rapprochent, par leur nature ou leur port, des sous-arbrisseaux.

SULFHYDRIQUE (acide). Voy. HYDROSULFURIQUE (Ac.).

SUPPORTS, terme de blason, figures qui soutiennent un écusson.

SYCOM, nom donné quelquefois à la figue et aux fruits semblables.

SYLVESTRE (ORDRE DE SAINT-) ou de *l'Eperon d'or réformé*, nom donné à l'ordre de l'Eperon réformé par le pape Grégoire XVI en 1841. La croix est d'or à huit pointes émaillées de blanc ; entre les branches de la croix est un éperon d'or. Au centre est l'effigie du pape saint Sylvestre.

SYMPHORINE ou SYMPHORICARPOS, genre de la famille des caprifoliacées, renfermant de petits arbrisseaux touffus, cultivés dans nos jardins, à cause de leurs fruits ramassés, blancs ou rouges, d'un effet très-agréable.

SYRINGA. Voy. PHILADELPHE.

TANZIMAT, nom donné aux réformes opérées dans l'administration de l'empire ottoman.

TARGE, bouclier en usage au moyen âge. Il était échancré à droite pour laisser un passage à la lance.

TCHERVERT, mesure russe de capacité, vaut 209 litres 72.

TAXAS. Voy. IF.

TEILLAGE ou TILLAGE, opération qui a pour but de réduire les brins de lin ou de chanvre en étoupe ou en filasse.

TÉLAMONS, synonyme de *cariatides*, figures d'hommes qui supportent les corniches ou les entablements.

TÉLÉGRAPHIE ÉLECTRIQUE, procédé qui permet la transmission instantanée d'un signal, au moyen d'un courant électro-magnétique. Sur un cadran qui porte des lettres ou des signes conventionnels, se meuvent des aiguilles mises en communication avec un appareil galvanique et des fils conducteurs. Un signal fait sur un point quelconque, se reproduit également semblable sur l'appareil fixé à l'extrémité du fil, quelle que soit la distance que parcourt celui-ci. La télégraphie électrique, de récente invention, est aujourd'hui appliquée partout.

TENDER (en anglais *suivant*), nom donné au chariot placé après la locomotive sur les chemins de fers, et qui porte l'eau et le charbon nécessaires au fonctionnement de la machine.

TENOTOMIE, opération chirurgicale dont le but est de couper un organe qui est trop tendu ou trop court.

THALIE, planète télescopique récemment découverte, et qui fait sa révolution autour du soleil en 1571 jours.

THÉMIS, planète télescopique découverte en 1853. Sa révolution est de 1698 jours.

THÈQUE, nom donné, en botanique, à l'urne des mousses, qui renferme les séminules reproductrices.

THÉTIS, planète télescopique découverte en 1852, fait sa révolution en 1511 jours.

THORWALDSEN (Barthélemy), né en 1769, mort en 1844, a illustré le Danemarck par son talent supérieur pour la sculpture. Il a laissé un grand nombre de bas-reliefs tous célèbres.

THRIDACE, nom donné au suc de la laitue cultivée, dont on se sert pour calmer les nerfs, en l'administrant sous forme de pilules ou en sirop.

TITANITE ou SPHÈNE, substance vitreuse, assez brillante, formée d'un mélange de titane, de silice et de chaux, que l'on rencontre dans les terrains de cristallisation.

TORQUE, se dit en blason, d'un bourrelet rond, d'étoffe tortillée qui se place quelquefois au-dessus des armoiries.

TOULLIER, célèbre jurisconsulte français, auteur d'un excellent *Commentaire sur le Code civil*. Né en 1751, mort à Nantes en 1835.

TRAKTIR, pont sur la rivière de la Tchernaïa, près de Sébastopol ; les Russes y attaquèrent, le 16 août 1855, l'armée alliée qui assiégeait Sébastopol, et furent repoussés avec de grandes pertes. Le corps d'armée sarde, arrivé depuis peu de temps en Crimée, prit une part brillante à cette affaire.

TRANSEPT, galerie transversale d'une église qui sépare le chœur de la nef et des bas-côtés.

TRANSHUMANS, nom donné aux troupeaux qu'à certaines époques de l'année on mène paître à des distances plus ou moins éloignées de leur résidence habituelle.

TRANSPORTATION, mesure administrative en vertu de laquelle certains hommes sont *transportés* loin d'un pays. Cette mesure est employée en France depuis 1848. Les lieux de transportation sont actuellement la Guyane et l'Algérie. — Un décret du 16 février 1852 a prononcé la suppression des *bagnes*, qui doivent être remplacés par des colonies pénitentiaires.

TUMULUS, mot latin qui signifie *tombeau*, et qui désigne spécialement des masses de terre de forme conique que les anciens élevaient au-dessus des tombeaux. On en rencontre un très-grand nombre dans le centre et le midi de la France.

TURBINE, espèces de roues hydrauliques sous-marines, remplaçant les roues à lames, à augets, etc., mises en jeu par le courant ou la chute d'un filet d'eau qu'on veut utiliser à l'effet de mobiliser les diverses parties agissantes d'une usine quelconque. Les avantages des turbines sont d'utiliser 95 pour 100 de la force d'eau qu'elles employaient, de pouvoir marcher pendant les grandes eaux et de continuer cette marche durant les gelées. Ces machines sont faites en fonte de fer.

TURF, en anglais *gazon*, se dit du terrain sur lequel ont lieu les courses de chevaux.

ULLUCO ou OLLUCO, nom espagnol de l'*ullucus tuberosus*, plante de la famille des portulacées, originaires du Pérou, dont le tubercule jaune, lisse, assez volumineux, est alimentaire. Introduit en France en 1848, ce végétal n'a pas donné des résultats satisfaisants.

APIOS TUBEROSA, plante vivace qui a été préconisée pour remplacer la pomme de terre. Elle produit de longues tiges ou coulants souterrains qui se revêtent de tubercules féculents et d'une saveur agréable.

UNIO, nom latin du mollusque appelé *mulette*.

URANIE, planète télescopique récemment découverte et qui fait sa révolution en 1332 jours. Elle est placée entre Vesta et Euterpe.

URANIUM, corps simple métallique, extrait de l'urane ; on s'en sert dans la peinture sur porcelaine, et pour fabriquer des verres jaunes à reflets verts.

URUBU, oiseau très-voisin des vautours et commun dans l'Amérique méridionale. Son corps est noir en dessus et jaunâtre en dessous. Les urubus sont très-voraces ; on les rencontre communément dans les villes, où ils dévorent les immondices.

USCOQUE, tribu d'origine slave, fixée dans l'Illyrie, la Croatie et la Dalmatie. Les Uscoques se sont rendus célèbres par leurs pirateries.

VALEE (le maréchal), né à Brienne en 1776, servit sous la république et l'empire ; général de division depuis 1811, il dirigea en 1837 l'expédition de Constantine et s'empara de cette ville. Nommé maréchal de France et gouverneur de l'Algérie, il fit occuper les villes de Stora, Sétif, Blidah, et termina sa carrière militaire par l'expédition des Portes-de-Fer. De retour en France en 1840, il est mort en 1846.

VALENS (Fabius), général romain, né à Anagni, devint le favori de Néron, qui l'éleva rapidement aux premiers grades militaires. Il fit proclamer Vitellius après la mort de cet empereur, et vainquit Othon à Bédriac. Défait par l'armée de Vespasien, il fut mis à mort.

VALERIA, maison patricienne de Rome, faisait remonter son origine à Volusius, ami de Tatius, roi des Sabins. Les principales branches étaient les Publicola et les Maximus. — On a plusieurs lois de ce nom ; la plus célèbre est celle décrétée sous les auspices du consul Valérius Publicola, en 509 avant J.-C., et en vertu de laquelle il fut permis d'en appeler au peuple des jugements des magistrats et même des consuls.

VALÉRIANIQUE ou VALÉRIQUE (acide), extrait de la valériane ; cet acide a une odeur et une saveur désagréables ; — il est inflammable et forme avec le zinc, le fer et la quinine des *valérianates*, des oxydes fréquemment employés en médecine.

VALHALLA, nom que porte, dans la mythologie scandinave, le paradis d'Odin.

VALIDEH, titre que prend la mère du sultan régnant.

VARENNES, petite ville du département de la Meuse, dans le canton et l'arrondissement de Verdun. Sa population est de 1800 habitants. Elle est célèbre par l'arrestation de Louis XVI le 22 juin 1791.

VASIDUCTE, ligne saillante que l'on observe sous le tégument de la graine et qui est formée par les vaisseaux nourriciers.

VAVASSAL ou VAVASSEUR, vassal subordonné à un autre vassal.

VÉIES, puissante ville de l'Étrurie méridionale, au N.-O. de Rome, à quelque distance du Tibre. Ses habitants, les Véiens, furent longtemps en guerre avec les Romains. Enfin, après un siège de dix ans, cette ville fut prise par Camille, l'an 396 avant J.-C. Les Véiens furent transportés à Rome, où ils formaient la tribu véientine.

VÉLARIUM, immense toile dont les anciens recouvraient les théâtres, lesquels n'avaient pas de toit.

VÉNÉTIE, province de l'ancienne Italie, avait pour bornes au N. le Norique, à l'O. la Rhétie. La mer Adriatique baignait une grande partie de ses côtes. Ses habitants étaient les Vénètes. La Vénétie forme aujourd'hui les États de Venise.

VERANDA, pavillon construit légèrement, recouvert d'une toile ou d'un tissu de joncs. Les vérandas sont fort en usage en Amérique et dans l'Inde.

VERMOUT, liqueur formée de vin blanc dans lequel on a fait infuser de l'absinthe. On le boit à jeun pour exciter l'appétit.

VERNAL, synonyme de *printanier* en botanique.

VERSTE, mesure itinéraire des Russes, vaut 1 kilom. 67 mètres. La verste se divise en 1500 *arcines* ou 500 *sagènes*.

VESICANT, nom donné à ce qui produit des ampoules sur la peau, comme les cantharides, la moutarde, etc.

VÊTURE, acte par lequel un novice revêt l'habit de l'ordre.

VICTORIA, planète télescopique récemment découverte. Elle fait sa révolution solaire en 1303 jours 255, et est placée entre Melpomène et Vesta.

VICTORIA REGIA, genre de la famille des nymphacées, renfermant des plantes magnifiques originaires de la Guyane. D'un rhizome court et vertical sortent d'immenses feuilles orbiculaires, peltées, armées d'aiguillons et violâtres en dessous; des fleurs énormes, d'abord blanches, puis roses et enfin rouges, très-odorantes. Le fruit, de la grosseur d'une tête d'enfant, renferme plusieurs graines. La victoria exige, pour se développer, un vaste bassin dans lequel l'eau doit se renouveler et se maintenir à la température de 21° Réaumur. On a réussi à la cultiver dans quelques serres d'Europe.

VILLÈLE (le comte Joseph DE), né à Toulouse en 1773, servit d'abord dans la marine militaire, et s'établit en 1793 à l'île Bourbon. Rentré en France en 1807, il fut appelé en 1815 à la chambre des députés et prit place dans la majorité ultra-monarchique. Appelé au ministère des finances après 1820, il contribua à la guerre d'Espagne, opéra la conversion du 3 pour 100, fit décréter la septennalité de la chambre. Il quitta le ministère en 1827. Après la révolution de 1830, il rentra dans la vie privée. Il est mort près de Toulouse en 1853, avec la réputation d'un orateur de talent et d'un habile financier.

VITI ou FIDGI, grand archipel de l'Océanie, dans la Polynésie, à l'E.-S.-E. des Nouvelles-Hébrides, au N.-O. des îles Tonga. Il comprend plus de cent vingt îles ou îlots, dont soixante-dix environ sont habités. Viti-Levou, qui a 20,000 habitants, Vanoua-Levou, Kandabou, qui en ont 10,000, sont les îles les plus grandes et les plus peuplées. Après elles viennent N-Haou, qui a 5,000 habitants, Imbao, Banonou-Balabou, Oumbenga, qui en ont 2,000; Tabéouni, Lagouemba, Zizia, Benga, Mazounata, Kora, Totoïa, Motougou, Monala, Neïraï, etc., qui en ont 1,000. L'archipel Viti se prolonge dans une étendue de 100 lieues du N. au S. sur 90 de l'E. à l'O. Sa population totale est d'environ 80 à 100,000 habitants. Il a été principalement exploré par Cook, Wilson, Bligh, Tasman et d'Urville. Les Vitiens ou Fidgiens appartiennent à la race des Papouas. Leur peau est d'un noir tirant sur le chocolat, le nez et les lèvres sont gros, la chevelure est ample, très-frisée et noire, taillée en rond comme celle des Papouas. Les naturels sont grands et vigoureux. Le roi des îles Viti réside à Imbao; mais chaque île a son roi ou touï particulier. Les Vitiens observent l'usage du tatouage. Jusqu'à ce jour, leurs relations avec les Européens ont amené peu de changement dans leurs mœurs. L'archipel de Viti a été découvert en 1643 par Tasman.

VLADIKA, titre que porte le chef des Monténégrins.

VOLCANIQUE, nom donné, en géologie, aux roches ou aux terrains qui sont dus à l'action des volcans ou qui indiquent la présence d'anciens volcans.

VORORT, nom que porte le grand conseil de la confédération helvétique.

WEIGELIA, WEIGELA ou DIERVILLA, genre de la famille des caprifoliacées, renfermant des arbrisseaux très-élégants, dont une espèce, le *W. rosea*, originaire de la Chine, se pare en avril et en mai de fleurs roses, nombreuses, naissant à l'extrémité des rameaux. Cet arbrisseau est de pleine terre dans nos jardins.

WELLINGTON (Arthur WELLESLEY, duc DE), né en Irlande en 1769, entra fort jeune au service, et se distingua en Hollande et dans l'Inde; envoyé en Portugal en 1808, puis commandant en chef de l'armée anglaise, il remporta dans ce pays et en Espagne quelques avantages mêlés de revers; il entra à Madrid le 12 août 1812; refoulé par Soult, il reprit l'offensive en 1814, gagna la célèbre victoire de Vittoria, entra en France, atteignit Soult à Toulouse et lui livra le 10 avril 1814 une bataille qui est restée douteuse. Pendant les cent jours, Wellington, nommé généralissime des alliés, remporta la victoire de Waterloo, puis commanda l'armée d'occupation; il reçut d'immenses honneurs et récompenses pour prix de ses services. Il fut depuis plusieurs fois employé dans les affaires intérieures de son pays et prit part aux congrès d'Aix-la-Chapelle et de Vérone. Il est mort en 1852.

WHISKY, nom donné, en Angleterre, à de l'eau-de-vie de grains.

YARD, mesure anglaise de longueur, vaut 91 centimètres.

YATAGAN, long poignard recourbé dont se servent les Turcs et les Arabes.

YUCCA, genre de la famille des liliacées, renfermant des plantes de l'Amérique septentrionale, remarquables par leur port élégant. Du milieu d'une touffe de feuilles lancéolées, longues et piquantes, sort une tige florale très-rameuse, formant une pyramide de 150 à 500 fleurs pendantes, blanches, jaunâtres ou rosées, de la forme d'une petite tulipe. Ces plantes sont cultivées en pleine terre dans nos jardins.

ZAMIA, genre de la famille des cycadées, renfermant des plantes originaires du Cap, des Indes, de la Nouvelle-Hollande. Ces plantes sont cultivées en terre tempérée, à cause de leur aspect bizarre et de l'effet que produisent leurs folioles nombreuses.

ZINNIA, genre de la famille des composées, renfermant des plantes annuelles, dont les tiges sont surmontées de fleurs rouges, jaunes, blanches, violacées, et d'un charmant effet dans les parterres d'automne.

ZWANZIGER, pièce de monnaie autrichienne, vaut environ 80 centimes.

ZOLLVEREIN, union douanière formée entre plusieurs États de l'Allemagne. Elle date de 1828, mais elle n'a été décidément constituée qu'en 1833.

ZOUAVES, corps de l'armée française, institué pour la défense de notre colonie d'Afrique. Ils portent un uniforme turc. Les zouaves se sont distingués en 1854 et 1855 dans la campagne de Crimée.

www.ingramcontent.com/pod-product-compliance
Lightning Source LLC
Chambersburg PA
CBHW061948300426
44117CB00010B/1257